CB020631

CÓDIGO CIVIL COMENTADO

DOUTRINA E JURISPRUDÊNCIA

O GEN | Grupo Editorial Nacional – maior plataforma editorial brasileira no segmento científico, técnico e profissional – publica conteúdos nas áreas de concursos, ciências jurídicas, humanas, exatas, da saúde e sociais aplicadas, além de prover serviços direcionados à educação continuada.

As editoras que integram o GEN, das mais respeitadas no mercado editorial, construíram catálogos inigualáveis, com obras decisivas para a formação acadêmica e o aperfeiçoamento de várias gerações de profissionais e estudantes, tendo se tornado sinônimo de qualidade e seriedade.

A missão do GEN e dos núcleos de conteúdo que o compõem é prover a melhor informação científica e distribuí-la de maneira flexível e conveniente, a preços justos, gerando benefícios e servindo a autores, docentes, livreiros, funcionários, colaboradores e acionistas.

Nosso comportamento ético incondicional e nossa responsabilidade social e ambiental são reforçados pela natureza educacional de nossa atividade e dão sustentabilidade ao crescimento contínuo e à rentabilidade do grupo.

ANDERSON **SCHREIBER**
FLÁVIO **TARTUCE**
JOSÉ FERNANDO **SIMÃO**
MARCO AURÉLIO **BEZERRA DE MELO**
MÁRIO LUIZ **DELGADO**

CÓDIGO CIVIL COMENTADO

DOUTRINA E JURISPRUDÊNCIA

revista, atualizada e ampliada

gen

■ Fechamento desta edição: *06.09.2024*

■ **Atendimento ao cliente: (11) 5080-0751 | faleconosco@grupogen.com.br**

Editora Forense Ltda.
Uma editora integrante do GEN | Grupo Editorial Nacional
Travessa do Ouvidor, 11 – Térreo e 6º andar
Rio de Janeiro – RJ – 20040-040
www.grupogen.com.br

■ Capa: Aurélio Corrêa

CIP-BRASIL. CATALOGAÇÃO NA PUBLICAÇÃO
SINDICATO NACIONAL DOS EDITORES DE LIVROS, RJ

C61
6. ed.

Código civil comentado : doutrina e jurisprudência / Anderson Schreiber ... [et al.]. - 6. ed., rev., atual. e ampl. - [3. Reimp.] - Rio de Janeiro : Forense, 2025.
2.072 p. ; 24 cm.

ISBN 978-85-3099-542-3

1. Brasil. [Código civil (2002)]. 2. Direito civil - Brasil. I. Schreiber, Anderson.

24-93247 CDU: 347(81)

Meri Gleice Rodrigues de Souza - Bibliotecária - CRB-7/6439

DEDICATÓRIA

Para minha filha Marina, com amor.
Anderson Schreiber

À minha família: Leia, Laís, Enzo e Pietro, pelo tempo sonegado, agradecendo o apoio e o amor de sempre. Aos civilistas de todas as gerações, pelo legado deixado e pelos debates constantes.
Flávio Tartuce

Aos meus pais, a razão de ser de meu sucesso, de meus valores e de minha carreira, que desde cedo incentivaram não só os estudos, mas uma sólida formação moral.

Aos meus professores de Direito Civil, em especial meus amigos Álvaro Villaça Azevedo, Giselda Hironaka e Teresa Ancona Lopez, que me ensinaram a amar aquilo que seria meu vício, desde o início, e que exerce diariamente sobre mim uma atração e embriaguez inexplicáveis.
José Fernando Simão

Aos meus pais, Manoel e Nicéa, às minhas filhas, Madalena e Maria Rosa, e à minha mulher, Daniela, pelo amor verdadeiro e intenso compartilhado diariamente.

Aos professores e alunos pelas trocas de aprendizado e progresso, com gratidão e carinho.
Marco Aurélio Bezerra de Melo

Aos meus filhos queridos, Mário e Luiz Afonso, a todos os meus mestres do passado, especialmente minha eterna orientadora Maria Helena Diniz, e ao amigo Flávio Tartuce pela iniciativa tão feliz de reunir este grupo e pela oportunidade que me deu de integrá-lo.
Mário Luiz Delgado

SOBRE OS AUTORES

Anderson Schreiber

Professor Titular de Direito Civil da Universidade do Estado do Rio de Janeiro – UERJ. Professor Permanente do Programa de Pós-Graduação *Stricto Sensu* (Mestrado e Doutorado) da UERJ. Professor da Fundação Getulio Vargas – FGV. Doutor em Direito Privado Comparado pela *Università degli studi del Molise* (Itália). Mestre em Direito Civil pela UERJ. Pesquisador Visitante do *Max Planck Institut für ausländisches und internationales Privatrecht* (Alemanha). Membro da Academia Internacional de Direito Comparado. Procurador do Estado do Rio de Janeiro. Advogado e parecerista.

Flávio Tartuce

Pós-Doutor e Doutor em Direito Civil pela USP. Mestre em Direito Civil Comparado e Especialista em Direito Contratual pela PUCSP. Coordenador e Professor Titular permanente do programa de mestrado da Escola Paulista de Direito. Coordenador e Professor dos cursos de especialização em Direito Privado da Escola Paulista de Direito (EPD). Diretor da Escola Superior da Advocacia e Conselheiro Seccional da OABSP. Fundador e Primeiro Presidente do Instituto Brasileiro de Direito Contratual (IBDCont). Relator-Geral da Comissão de Juristas nomeada no âmbito do Senado Federal para a Reforma do Código Civil. Advogado, consultor jurídico e parecerista em São Paulo.

José Fernando Simão

Livre-docente, Doutor e Mestre em Direito Civil pela Faculdade de Direito da Universidade de São Paulo. Professor Associado do Departamento de Direito Civil da Faculdade de Direito da USP. Vice-Presidente do IBDCONT. Jurista da comissão de Reforma do Código Civil nomeada pelo Senado Federal.

Marco Aurélio Bezerra de Melo

Desembargador do TJRJ, Doutor e Mestre em Direito pela UNESA. Professor emérito da EMERJ. Professor titular de Direito Civil do IBMEC. Professor permanente do mestrado e doutorado da UNESA. Relator da Subcomissão de Direito das Coisas da Comissão de Juristas nomeados pelo Senado Federal para a Reforma do Código Civil.

Mário Luiz Delgado

Doutor em Direito Civil pela USP. Mestre em Direito Civil Comparado pela PUC-SP. Especialista em Direito Processual Civil pela UFPE. Professor dos cursos de pós-graduação da COGEAE – Coordenadoria-Geral de Especialização, Aperfeiçoamento e Extensão da PUCSP, da Escola Paulista de Direito (EPD), da Escola da Magistratura do Estado do Rio de Janeiro (EMERJ). Presidente da Comissão de Assuntos Legislativos do Instituto Brasileiro de Direito de Família (IBDFAM). Membro da Academia Brasileira de Direito Civil e da Academia Pernambucana de

Letras Jurídicas. Conselheiro da Câmara de Mediação e Arbitragem do Instituto dos Advogados de São Paulo (IASP). Membro do Instituto dos Advogados do Brasil (IAB), do Instituto dos Advogados de Pernambuco (IAP) e do Instituto dos Advogados de Minas Gerais (IAMG). Membro da Comissão de Juristas nomeada no âmbito do Senado Federal para a Reforma do Código Civil. Advogado, consultor jurídico e parecerista em São Paulo.

NOTA DOS AUTORES À 6ª EDIÇÃO

O nosso *Código Civil Comentado* chega a sua 6ª edição, em versão de enorme relevância, não só por questões teóricas, como também para a prática, por trazer comentários sobre o hoje Anteprojeto de Reforma do Código Civil.

Trata-se da primeira grande obra do Direito Privado Brasileiro, com toda essa extensão e magnitude, com mais de duas mil páginas, a trazer notas sobre as correspondentes proposições em todos os livros do Código Civil.

Como se sabe, em 24 de agosto de 2023, o Presidente do Senado Federal, Rodrigo Pacheco, nomeou e formou uma Comissão de Juristas para empreender os trabalhos de reforma e de atualização do Código Civil de 2002. O texto original que gerou a atual codificação privada é da década de 1970, estando desatualizada em vários aspectos, sobretudo em questões relativas ao Direito de Empresa, ao Direito de Família, ao Direito das Sucessões e em virtude das novas tecnologias. Voltou-se a afirmar, com muita força, que o atual Código Civil "já nasceu velho". Trata-se de um texto com mais de cinquenta anos de elaboração e que, por óbvio, se encontra muito desatualizado, como se pode perceber da leitura deste livro.

A comissão teve a Presidência do Ministro Luis Felipe Salomão e a Vice-Presidência do Ministro Marco Aurélio Bellizze, ambos do Superior Tribunal de Justiça, atuando como Relatores-Gerais o autor desta nota e a Professora Rosa Maria Andrade Nery. O prazo para o desenvolvimento dos trabalhos foi de cento e oitenta dias, tendo sido entregue formalmente o texto do Anteprojeto ao Congresso Nacional em 17 de abril de 2024.

Foram formados nove grupos de trabalho, de acordo com os livros respectivos do Código Civil e também com a necessidade de inclusão de um capítulo específico sobre o Direito Civil Digital, o que foi pedido no âmbito do Congresso Nacional. As composições das subcomissões, com os respectivos sub-relatores, foram as seguintes:

Na Parte Geral, Professor Rodrigo Mudrovitsch (relator), Ministro João Otávio de Noronha, Professora Estela Aranha e Juiz Rogério Marrone Castro Sampaio. Em Direito das Obrigações, Professor José Fernando Simão (relator) e Professor Edvaldo Brito. Em Responsabilidade Civil, Professor Nelson Rosenvald (relator), Ministra Maria Isabel Gallotti e Juíza Patrícia Carrijo. Quanto ao Direito dos Contratos, Professor Carlos Eduardo Elias de Oliveira (relator), Professora Angelica Carlini, Professora Claudia Lima Marques e Professor Carlos Eduardo Pianovski. Em Direito das Coisas, Desembargador Marco Aurélio Bezerra de Melo (relator), Professor Carlos Vieira Fernandes, Professora Maria Cristina Santiago e Desembargador Marcelo Milagres. Em Direito de Família, Juiz Pablo Stolze Gagliano (relator), Ministro Marco Buzzi, Desembargadora Maria Berenice Dias e Professor Rolf Madaleno. No Direito das Sucessões, Professor Mario Luiz Delgado (relator), Ministro Cesar Asfor Rocha, Professora Giselda Maria Fernandes Novaes Hironaka e Professor

Gustavo Tepedino. Para o livro especial do Direito Digital, Professora Laura Porto (relatora), Professor Dierle Nunes e Professor Ricardo Campos. Por fim, para o Direito de Empresa, Professora Paula Andrea Forgioni (relatora), Professor Marcus Vinicius Furtado Coêlho, Professor Flavio Galdino, Desembargador Moacyr Lobato e Juiz Daniel Carnio.

Também foram nomeados como membros consultores da Comissão de Juristas os Professores Ana Claudia Scalquette, Layla Abdo Ribeiro de Andrada e Maurício Bunazar, a Defensora Pública Fernanda Fernandes da Silva Rodrigues e o Juiz Federal Vicente de Paula Ataíde Jr.

No ano de 2023, foram realizadas três audiências públicas, em São Paulo (OABSP, em 23 de outubro), Porto Alegre (Tribunal de Justiça do Rio Grande do Sul, em 20 de novembro) e Salvador (Tribunal de Justiça da Bahia, em 7 de dezembro). Além da exposição de especialistas e debates ocorridos nesses eventos, muitos outros seminários jurídicos foram realizados em reuniões de cada subcomissão.

Foram também abertos canais para envio de sugestões pelo Senado Federal e oficiados mais de quatrocentos institutos e instituições jurídicas. Mais de duzentos deles mandaram propostas para a Comissão de Juristas, em um sistema democrático de participação não visto em processos anteriores, de elaboração e alteração da Lei Geral Privada Brasileira. Após um intenso trabalho no âmbito de cada grupo temático, em dezembro de 2023 foram consolidados os textos dos dispositivos sugeridos e enviados para a revisão dos relatores-gerais.

Em 2024, foi realizada uma nova audiência pública, em Brasília, com a presença do Ministro da Suprema Corte Argentina Ricardo Lorenzetti e da Professora Aída Kemelmajer. Na oportunidade, os juristas argentinos compartilharam conosco um pouco da sua experiência com a elaboração do Novo Código Civil daquele País, de 2014.

Também ocorreram, sucessivamente, os debates entre todos os membros da Comissão de Juristas, a formulação de "emendas de consenso", a votação dos textos, em abril de 2024, e a sua elaboração final, com a posterior entrega ao Presidente do Senado.

Sendo assim, a partir da edição de 2025 deste *Código Civil Comentado*, trazemos para estudo as normas projetadas, com comentários pontuais e exposição dos debates que foram travados, dentro e fora da Comissão de Juristas, sendo imperiosas, sem dúvida, uma reforma e uma atualização do Código Civil de 2002 diante dos novos desafios contemporâneos e por tudo o que está exposto nesta obra, desde a sua primeira edição.

Como o leitor perceberá, a grande maioria das proposições consolida as posições da doutrina majoritária – sobretudo as constantes dos enunciados aprovados nas *Jornadas de Direito Civil* – e da jurisprudência superior consolidada e a necessidade de atualização diante de leis especiais que sugiram nos últimos vinte anos. Todos os autores deste *Código Civil Comentado* participaram, direta ou indiretamente, dos debates em relação às propostas, tarefa que procurarão incrementar nos próximos anos.

Além dessa necessária inclusão do Anteprojeto de Reforma no nosso *Código Civil Comentado*, este livro foi devidamente atualizado para esta 6ª edição, com a inclusão de leis emergentes, das principais decisões dos Tribunais Superiores e dos Tribunais Estaduais, das recentíssimas alterações na Resolução n. 35 do Conselho Nacional de Justiça – a respeito do divórcio e do inventário extrajudiciais, de agosto de 2024 –, e de novas reflexões doutrinárias de todos os seus autores.

Mais uma vez, como sempre afirma o nosso coautor José Fernando Simão, é "com a absoluta certeza de contribuir com o presente, sem a presunção de adivinhar o futuro e com enorme respeito aos juristas do passado", que apresentamos a 6ª edição do nosso *Código Civil Comentado*, o "Código do nosso tempo".

São Paulo, início de setembro de 2024.

Flavio Tartuce, pelos autores.

PREFÁCIO

Muito me honrou o convite formulado pelos jovens e ilustres civilistas que compõem esta obra, intitulada *Código Civil Comentado – Doutrina e Jurisprudência*, lançada pela secular Editora Forense, que compõe atualmente o Grupo Editorial Nacional. Trata-se de livro que, sem dúvida alguma, vem para se alinhar às fileiras dos mais importantes comentários feitos à codificação privada de 2002.

A obra foi concebida por cinco prestigiados civilistas de uma mesma geração, todos entre a idade de 40 e 50 anos quando do lançamento desta primeira edição e com experiências anteriores. Convidaram-me para prefaciar esta obra – foi assim que exageradamente me disseram – pela influência doutrinária que tenho sobre os seus trabalhos e sobre os comentários que foram aqui desenvolvidos, o que me deixou muito feliz e emocionada. Fui escolhida como "madrinha" da obra, representando também a minha própria geração de civilistas, e, por isso, venho aqui recomendá-la à comunidade jurídica.

Como primeiro autor – e também coordenador-geral do livro –, o Professor Flávio Tartuce ficou responsável pelos comentários de parte dos contratos em espécie (do mandato ao compromisso) e por todo o Direito de Família, seara do Direito Privado que se tornou uma das suas especialidades, principalmente por influência dos estudos desenvolvidos junto ao IBDFAM (Instituto Brasileiro de Direito de Família). Tartuce há tempos atua comigo na atividade acadêmica, tanto na Escola Paulista de Direito – em cursos de especialização que coordenamos em conjunto –, como no programa de mestrado e doutorado da Faculdade Autônoma de Direito (FADISP), na qual temos disciplinas comuns. Foi meu orientando no doutorado da Faculdade de Direito da USP, sendo hoje um dos meus principais discípulos ou, como gosto e prefiro dizer, meu caríssimo filho acadêmico.

O Professor Anderson Schreiber – destacado membro da escola do Direito Civil Constitucional – ficou responsável pela Parte Geral do Código Civil, pela Teoria Geral dos Contratos e pela Responsabilidade Civil, temas que são de sua predileção e formam suas linhas de pesquisa principais. É ele Professor Titular da Faculdade de Direito da UERJ e tem se destacado com obras de grande impacto para o Direito Privado Contemporâneo Brasileiro. Além de uma apurada técnica, Schreiber tem o belo dom de analisar muito bem os fatos sociais contemporâneos, o que pode ser percebido por seus ótimos comentários nesta obra. É Doutor pela Universidade Molise, na Itália, e Mestre em Direito Civil pela própria UERJ. Nessa Universidade, Schreiber leciona em todos os níveis do ensino jurídico.

O terceiro autor deste *Código Civil* é o Professor José Fernando Simão, meu colega no Departamento de Direito Civil na Faculdade de Direito Civil da USP. Graduou-se por essa mesma Universidade e por ela também obteve os títulos de Mestre, Doutor e Livre-Docente em Direito Civil. Simão ficou responsável, nesta obra, pelos comentários relacionados às suas maiores especialidades, quais sejam: a Teoria Geral das Obrigações e o Direito das Sucessões. Merecem destaque o seu rigor científico e a sua constante preocupação em explicar o Direito Privado por meio de exemplos concretos, o que pode ser percebido pelo trabalho aqui desenvolvido. Não posso deixar de destacar a constante presença de Simão na Europa, notadamente em Portugal: lá tem coordenado eventos jurídicos importantes que congregam juristas do Brasil e daquele País.

O Professor Mário Luiz Delgado é o quarto participante da obra, tendo desenvolvido seus escritos sobre o Direito de Empresa, os Títulos de Crédito, os Atos Unilaterais e as Disposições Finais e Transitórias da codificação privada, com participação ativa na fase final de elaboração do Código Civil, como assessor do Deputado Ricardo Fiúza. Tem, também, grande experiência na elaboração de trabalhos em Códigos Comentados e Anotados, como já fez pela Editora Método, que hoje faz parte do Grupo Editorial Nacional. Mário Delgado também atua nos cursos que coordeno na FADISP e na EPD, sendo um dos mais ativos civilistas da atualidade. É Doutor em Direito Civil pela USP e Mestre em Direito Civil Comparado pela PUCSP, além de líder de várias entidades representativas de advogados e juristas.

Por fim, há a participação do Desembargador e Professor Marco Aurélio Bezerra de Melo, do Tribunal de Justiça do Rio de Janeiro, que dá o *toque jurisprudencial* a este trabalho coletivo. Ex-Defensor Público, Doutor em Direito pela Universidade Estácio de Sá e Professor Emérito da Escola da Magistratura do Estado do Rio de Janeiro, há tempos tem se dedicado ao estudo do Direito das Coisas e dos Contratos em Espécie, tendo ficado a seu cargo os comentários desses temas nesta obra. Relativamente aos Contratos em Espécie, o Desembargador comentou e analisou os dispositivos que tratam da compra e venda ao depósito. Pode aqui, com precisão, compartilhar algumas de suas experiências como julgador, sem deixar de demonstrar o dedicado civilista que é.

A interação entre a doutrina e a jurisprudência – sempre tão apreciada e buscada também por mim própria – parece ser o grande destaque deste *Código Civil Comentado*. Os julgados não foram tão somente expostos ou colacionados, mas analisados em uma abordagem crítica, logo após os comentários doutrinários e em constante conexão. O livro também traz um inédito complemento digital, o que tem sido uma preocupação desta casa editorial, propiciando uma rica e importante interação entre os autores e os seus leitores.

Assim, e por tudo isso, não posso esperar mais do que o sucesso pleno deste livro. Como honrada "madrinha" deste trabalho, portanto, tenho o grande prazer de indicá-lo ao público leitor que certamente terá êxito no que busca e procura numa obra deste perfil, isto é, num Código Civil Comentado, especialmente voltado para o bom desempenho da atividade profissional do operador do direito.

São Paulo, abril de 2019.

Giselda Maria Fernandes Novaes Hironaka
Professora Titular do Departamento de Direito Civil da Faculdade de Direito da USP.
Coordenadora Titular do programa de mestrado de doutorado da Faculdade Autônoma de Direito (FADISP).
Coordenadora Titular dos cursos de pós-graduação *lato sensu* da Escola Paulista de Direito (EPD).
Livre-Docente e Doutora em Direito Civil pela USP.
Advogada e consultora jurídica em São Paulo.

ÍNDICE SISTEMÁTICO DO CÓDIGO CIVIL

PARTE GERAL

LIVRO I
DAS PESSOAS

Anderson Schreiber

LIVRO II
DOS BENS

LIVRO III
DOS FATOS JURÍDICOS

PARTE ESPECIAL

LIVRO I
DO DIREITO DAS OBRIGAÇÕES

José Fernando Simão

LIVRO III
DO DIREITO DAS COISAS

Marco Aurélio Bezerra de Melo

LIVRO IV
DO DIREITO DE FAMÍLIA

Flávio Tartuce

LIVRO V
DO DIREITO DAS SUCESSÕES

José Fernando Simão

LIVRO COMPLEMENTAR

MÁRIO LUIZ DELGADO

CÓDIGO CIVIL

Lei n. 10.406, de 10 de janeiro de 2002

O Presidente da República,

Faço saber que o Congresso Nacional decreta e eu sanciono a seguinte Lei:

PARTE GERAL

LIVRO I
DAS PESSOAS

TÍTULO I
DAS PESSOAS NATURAIS

CAPÍTULO I
DA PERSONALIDADE E DA CAPACIDADE

Comentários de

Anderson Schreiber

Art. 1º Toda pessoa é capaz de direitos e deveres na ordem civil.

COMENTÁRIOS DOUTRINÁRIOS: O Código Civil inicia a disciplina das relações privadas tratando da *pessoa humana*, denominada pelo legislador como "pessoa natural". A Constituição da República consagra a dignidade da pessoa humana como um dos valores fundamentais da ordem jurídica (art. 1º, III), impondo a proteção e a promoção dos múltiplos aspectos da personalidade humana, o que justifica a sua posição privilegiada na codificação civil. O Código distingue duas noções fundamentais: a) personalidade e b) capacidade. A expressão *personalidade*, na teoria do Direito Civil, possui duas possíveis acepções, ambas refletidas no Código. Em sentido subjetivo, personalidade é a aptidão genérica para ser titular de direitos e obrigações. Isto significa que a pessoa pode figurar como parte de um contrato, ser devedora de tributos, proprietária de certo bem. Em síntese: pode estabelecer relações jurídicas. Daí se afirmar que aqueles dotados de personalidade são *sujeitos de direitos*. É neste sentido que se fala em personalidade no capítulo inicial do Código. A acepção objetiva, por sua vez, é a contida na alusão aos direitos da personalidade, tratados nos arts. 11 a 21 (ver comentários a tais artigos). Para que possa exercer pessoalmente os direitos de que é titular, a ordem jurídica exige que a pessoa humana, além de personalidade, seja dotada de *capacidade*. A doutrina costuma distinguir a capacidade em duas espécies: a) capacidade de direito; e b) capacidade de fato. A *capacidade de direito*, também chamada capacidade de gozo ou capacidade de aquisição, é usualmente definida como a aptidão para adquirir direitos na vida civil. Na ordem jurídica brasileira, na qual a personalidade é dotada de um sentido não meramente formal, mas substancial, reconhecendo-se a toda pessoa humana, sem restrições, a possibilidade de contrair direitos e obrigações – conforme elucida o artigo em comento –, a noção de capacidade de direito identifica-se inteiramente com a personalidade, razão pela qual se discute se a distinção mantém utilidade. Nosso Código Civil preserva a distinção, como se pode ver da comparação deste art. 1º, que emprega o termo "capaz" no sentido de capacidade de direito, com outros dispositivos da codificação, que aludem à "pessoa capaz", referindo-se à capacidade de fato (ver comentários ao art. 3º).

JURISPRUDÊNCIA COMENTADA: Analisando a situação jurídica da criança à luz da disciplina do Código Civil, asseverou o Tribunal de Justiça do Estado do Rio de Janeiro: "Nos termos do Código Civil, *toda* pessoa é capaz de direitos e deveres na ordem civil (art. 1º). A criança pode titularizar direito, mas não pode exercê-lo diretamente. Ela titulariza, mas, por não possuir pleno discernimento, sofre limitações para exercer diretamente o direito, ou seja, possui capacidade de direito, mas não possui plena capacidade de fato para exercê-la, dadas as suas condições biológicas" (TJRJ, AI 0028477-09.2015.8.19.0000, 27.ª Câmara Cível, Rel. Des. Marcos Alcino de Azevedo Torres, j. 05.08.2015).

REFORMA DO CÓDIGO CIVIL: O anteprojeto de lei para revisão e atualização do

Código Civil constante do relatório final dos trabalhos da comissão de juristas responsável pela revisão e atualização do Código Civil constituída pelo Senado Federal (doravante simplesmente "Anteprojeto") propõe a inserção, no art. 1º, de parágrafo único reconhecendo "personalidade internacional a todas as pessoas naturais em território nacional, garantindo-lhes direitos, deveres e liberdades fundamentais", nos termos de diversos tratados internacionais dos quais o Brasil é signatário.

Art. 2º A personalidade civil da pessoa começa do nascimento com vida; mas a lei põe a salvo, desde a concepção, os direitos do nascituro.

COMENTÁRIOS DOUTRINÁRIOS: O Código Civil estipula, como marco inicial da personalidade (em sentido subjetivo) da pessoa natural, o momento do nascimento com vida. Com isso, o Direito Civil brasileiro filia-se à corrente *natalista*, que se contrapõe à corrente *concepcionista*, segundo a qual a personalidade da pessoa humana inicia-se no momento da concepção. Embora o Código Civil brasileiro tenha seguido indiscutivelmente a corrente natalista, a parte final do dispositivo "põe, a salvo, desde a concepção, os direitos do nascituro". Vale dizer: embora não seja ainda dotado de personalidade em sentido subjetivo, isto é, de aptidão genérica para ser titular de direitos e obrigações, o nascituro tem alguns de seus interesses (futuros e eventuais) protegidos, desde logo, pela ordem jurídica. Por exemplo, o Código Civil admite que seja feita doação ao nascituro (art. 542) e reconhece vocação hereditária a pessoas "já concebidas" no momento da abertura da sucessão (arts. 1.798, 1.799, I, e 1.800, § 3º). A legislação especial também está repleta de exemplos de proteção aos interesses do nascituro. O Estatuto da Criança e do Adolescente (Lei n. 8.069/1990), por exemplo, declara expressamente, em seu art. 26, parágrafo único, a possibilidade de reconhecimento de paternidade, mesmo antes do nascimento. A doutrina discute se tais hipóteses configuram tecnicamente "direitos do nascituro", como afirma literalmente o art. 2º do Código Civil, ou mera expectativa de direito, a depender de um fato futuro (nascimento com vida) para produzir efeitos. Se o nascituro não detém personalidade, parece claro que não pode ser titular de direitos de nenhuma natureza. Tampouco a expectativa de direito é categoria que possa encontrar aqui adequada aplicação. Na expectativa de direito, o direito não existe por completo, mas já existe o sujeito, o que, no caso do nascituro, tecnicamente inexiste. O que ocorre em relação ao nascituro, a rigor, é a proteção objetiva pela ordem jurídica de interesses futuros e eventuais que poderão vir a se converter em direitos no momento do nascimento com vida do seu titular. Esses interesses futuros e eventuais do nascituro são protegidos objetivamente pela ordem jurídica, em atenção à probabilidade de que o titular venha a existir em breve e por razões de conveniência social. Questão que tem suscitado amplo debate na sociedade brasileira diz respeito à chamada proteção jurídica dos embriões, especialmente em face dos procedimentos de fertilização *in vitro*. Os embriões somente se tornam nascituros no momento em que são implantados no útero materno. Por isso, não gozam de personalidade, nem sequer têm interesses futuros e eventuais tutelados pela legislação. Ainda assim, há autores que sustentam que os embriões *in vitro* têm direito à vida e ao tratamento digno, por serem potencialmente pessoas humanas. A proposta deve ser examinada com extrema cautela, porque poderia criar obstáculo jurídico insuperável à discussão de temas importantíssimos, como as pesquisas com células-tronco e a descriminalização do aborto. A melhor abordagem aqui parece ser a imposição, em procedimentos de fertilização e pesquisas científicas que possam resultar no descarte de embriões humanos, de deveres de segurança e cuidado compatíveis com a especial natureza dos embriões, sem, contudo, pretender lhes atribuir personalidade jurídica. Nessa direção, o Enunciado n. 2 da *I Jornada de Direito Civil* afirma: "Sem prejuízo dos direitos da personalidade nele assegurados, o art. 2º do Código Civil não é sede adequada para questões emergentes da reprogenética humana, que deve ser objeto de um Estatuto próprio".

JURISPRUDÊNCIA COMENTADA: A extensão da proteção conferida à pessoa humana antes do nascimento é tema extremamente polêmico, que suscita acalorados debates na jurisprudência. O Superior Tribunal de Justiça já reconheceu a possibilidade de se indenizar com o seguro DPVAT mulher que teve a gravidez interrompida em razão de acidente automobilístico. Segundo a Lei n. 6.194/1974, os danos pessoais cobertos pelo seguro incluem a hipótese de morte (art. 3º), a ser paga na forma do art. 792 do Código Civil (art. 4º). Para caracterizar a ocorrência do dano indenizável (morte), o STJ defendeu a adoção da teoria concepcionista pela ordem jurídica brasileira: "[...] ao que parece, o ordenamento jurídico como um todo – e não apenas o Código Civil de 2002 – alinhou-se mais à teoria concepcionista para a construção da situação jurídica do nascituro, conclusão enfaticamente sufragada pela majoritária doutrina contemporânea. [...] Por outro ângulo, cumpre frisar que as teorias mais restritivas dos direitos do nascituro – natalista e da personalidade condicional – fincam raízes na ordem jurídica superada pela Constituição Federal de 1988 e pelo Código Civil de 2002. O paradigma no qual foram edificadas observava o cariz nitidamente patrimonialista dos direitos, razão pela qual se mostrava até mais confortável a defesa da tese de que o nascituro só detinha expectativa de direitos ou direitos condicionados a evento futuro, haja vista que se raciocinava, essencialmente, dentro da órbita dos direitos patrimoniais" (STJ, REsp 1.415.727/SC, 4.ª Turma, Rel. Min. Luis Felipe Salomão, j. 04.09.2014). Embora se concorde com o resultado obtido (indenização em virtude da interrupção da gravidez), não se concorda com os fundamentos empregados pelo tribunal, pelas razões já expostas. O Supremo Tribunal Federal, por sua vez, no que concerne à proteção do embrião, declarou a constitucionalidade do art. 5º da Lei de Biossegurança (Lei n. 11.105/2005), que permite "para fins de pesquisa e terapia, a utilização de células-tronco embrionárias obtidas de embriões humanos produzidos por fertilização *in vitro* e não utilizados no respectivo procedimento". Em significativa passagem da ementa do acórdão, que reflete o voto do relator, Min. Carlos Ayres Britto, afirma-se: "O Magno Texto Federal não dispõe sobre o início da vida humana ou o preciso instante em que ela começa. Não faz de todo e qualquer estádio da vida humana um autonomizado bem jurídico, mas da vida que já é própria de uma concreta pessoa, porque nativiva (teoria 'natalista', em contraposição às teorias 'concepcionista' ou da 'personalidade condicional'). E quando se reporta a 'direitos da pessoa humana' e até dos 'direitos e garantias individuais' como cláusula pétrea está falando de direitos e garantias do indivíduo-pessoa, que se faz destinatário dos direitos fundamentais 'à vida, à liberdade, à igualdade, à segurança e à propriedade', entre outros direitos e garantias igualmente distinguidos com o timbre da fundamentalidade (como direito à saúde e ao planejamento familiar). Mutismo constitucional hermeneuticamente significante de transpasse de poder normativo para a legislação ordinária. A potencialidade de algo para se tornar pessoa humana já é meritória o bastante para acobertá-la, infraconstitucionalmente, contra tentativas levianas ou frívolas de obstar sua natural continuidade fisiológica. Mas as três realidades não se confundem: o embrião é o embrião, o feto é o feto e a pessoa humana é a pessoa humana. Donde não existir pessoa humana embrionária, mas embrião de pessoa humana. O embrião referido na Lei de Biossegurança ('*in vitro*' apenas) não é uma vida a caminho de outra vida virginalmente nova, porquanto lhe faltam possibilidades de ganhar as primeiras terminações nervosas, sem as quais o ser humano não tem factibilidade como projeto de vida autônoma e irrepetível. O direito infraconstitucional protege por modo variado cada etapa do desenvolvimento biológico do ser humano. Os momentos da vida humana anteriores ao nascimento devem ser objeto de proteção pelo direito comum. O embrião pré-implanto é um bem a ser protegido, mas não uma pessoa no sentido biográfico a que se refere a Constituição" (STF, ADI 3.510/DF, Tribunal Pleno, j. 29.05.2008).

Art. 3º São absolutamente incapazes de exercer pessoalmente os atos da vida civil os menores de 16 (dezesseis) anos. (Redação dada pela Lei n. 13.146, de 2015)

COMENTÁRIOS DOUTRINÁRIOS: A *capacidade de fato* é a faculdade concreta de exercer por si mesmo os direitos, sem necessidade de assistente ou representante. Toda pessoa humana tem personalidade e capacidade de direito, mas não tem necessariamente capacidade de fato. Enquanto a capacidade de direito exprime a aptidão para ser titular de direitos (titularidade), a capacidade de fato diz respeito ao exercício de direitos. O Código Civil, na esteira da tradição romano-germânica, não estabelece requisitos para a aquisição da capacidade de fato. Emprega técnica diversa: lista as causas que privam as pessoas da capacidade de fato, ou, em outras palavras, lista as *incapacidades*. O regime das incapacidades priva o sujeito de direito do livre consentimento, na medida em que o condiciona à assistência ou à representação para a prática de atos da vida civil. Tal privação, contudo, encontrava justificativa no propósito de proteger o incapaz, mostrando-se historicamente aceitável na medida em que impedia que seu patrimônio fosse dilapidado por atos praticados sem o pleno discernimento acerca das consequências. As "escolhas" do incapaz ficavam, assim, pendentes de participação alheia, indispensável à validade e eficácia da sua própria declaração de vontade. O instituto das incapacidades, entretanto, tem sido objeto de releitura crítica nos últimos anos. A proteção à dignidade humana, que se reflete na garantia de autodeterminação da pessoa natural, impõe a flexibilização do regime codificado das incapacidades, que pretendia retirar por completo o incapaz da vida privada. A lógica empregada no Código Civil, segundo a qual a pessoa ou é capaz ou é incapaz (lógica binária, lógica do tudo ou nada), não mais se coaduna com a máxima proteção à pessoa. Hoje, impõe-se a *modulação* da incapacidade, reconhecendo-se à pessoa a mais ampla participação possível nos atos da vida civil. A lógica da capacidade *versus* incapacidade deve ser substituída por uma análise concreta da pessoa humana, verificando as suas reais possibilidades na vida civil. O Código Civil de 2002 falhou nesse sentido, ao reproduzir, com impressionante dose de desatualidade, o regime de incapacidade contido na codificação de 1916. A incapacidade se divide em duas espécies: a) a incapacidade absoluta e b) a incapacidade relativa. O art. 3º apresenta os *absolutamente incapazes*, ou seja, as pessoas que devem ser *representadas* por outras nos atos da vida civil (arts. 115 e ss.), sendo nulos os atos por eles praticados sem representação (art. 166, I). Os absolutamente incapazes são, atualmente, apenas os menores de 16 anos. A restrição da capacidade encontra fundamento na ausência de discernimento e maturidade, ínsita à condição dos menores de 16 anos na qualidade de pessoas em desenvolvimento. Ainda assim, não se deve excluir aprioristicamente a autonomia do menor no que se refere à sua esfera existencial – ou seja, seu projeto de vida, e não apenas a gestão de seu patrimônio –, no âmbito da qual deve prevalecer a aferição de seu concreto discernimento, e não critérios abstratos, sob pena de afronta à sua dignidade: "A vontade dos absolutamente incapazes, na hipótese do inc. I do art. 3º (menores de dezesseis anos) é juridicamente relevante na concretização de situações existenciais a eles concernentes, desde que demonstrem discernimento bastante para tanto" (Enunciado n. 138 da *III Jornada de Direito Civil*). Em sua redação originária, o art. 3º trazia um rol mais extenso de pessoas absolutamente incapazes. A redução da lista foi promovida pela Lei n. 13.146/2015, o *Estatuto da Pessoa com Deficiência*, que, no afã de combater os efeitos discriminatórios produzidos pela consideração de determinadas pessoas como absolutamente incapazes, reclassificou as situações antes enumeradas pelo dispositivo.

JURISPRUDÊNCIA COMENTADA: Ao apreciar a validade de contrato social constituído com a participação de uma menor de idade e registrado na Junta Comercial, o Tribunal de Justiça do Estado do Rio de Janeiro assentou que "os menores de 16 anos são absolutamente incapazes de exercer pessoalmente os atos da vida civil e devem, portanto, ser representados por ambos os pais, sem privilégios para um deles especificamente, nos moldes do artigo 1.634 do Código Civil. Isso porque em razão da pouca idade não atingiram discernimento para distinguir o que podem ou não fazer, o que lhes é conveniente ou prejudicial. Assim, se um absolutamente incapaz pratica um ato jurídico, através de sua própria manifestação volitiva, tal ato é nulo, por faltar o referido negócio um elemento substancial" (TJRJ, Ap. Cív. 0997195-66.2011.8.19.0002, 4.ª Câmara Cível, Rel. Des. Marco Antônio Ibrahim, j. 30.08.2017).

REFORMA DO CÓDIGO CIVIL: O Anteprojeto propõe a reinserção no rol dos absolutamente incapazes daqueles "que por nenhum meio possam expressar sua vontade, em caráter temporário ou permanente". Essa hipótese constava da redação original do art. 3º, tendo sido convertida em causa de incapacidade relativa pelo Estatuto da Pessoa com Deficiência em 2015 (v. comentários ao art. 4º). O Anteprojeto corrige a distorção ensejada por essa alteração que, conquanto bem-intencionada, afigurou-se contrária à melhor técnica jurídica, deixando sem proteção aquelas pessoas privadas da possibilidade de expressar sua vontade.

Art. 4º São incapazes, relativamente a certos atos, ou à maneira de os exercer: (Redação dada pela Lei n. 13.146, de 2015)

I – os maiores de dezesseis e menores de dezoito anos;

II – os ébrios habituais e os viciados em tóxico; (Redação dada pela Lei n. 13.146, de 2015)

III – aqueles que, por causa transitória ou permanente, não puderem exprimir sua vontade; (Redação dada pela Lei n. 13.146, de 2015)

IV – os pródigos.

Parágrafo único. A capacidade dos indígenas será regulada por legislação especial. (Redação dada pela Lei n. 13.146, de 2015)

COMENTÁRIOS DOUTRINÁRIOS: Ainda tratando da capacidade de fato, o artigo em comento enumera as hipóteses de *incapacidade relativa*, nas quais se exige, para a realização dos atos jurídicos em geral, que o incapaz seja assistido, sob pena de anulabilidade do ato (ver comentários ao art. 171, I). As situações ensejadoras de incapacidade relativa exprimem, em teoria, um menor comprometimento da capacidade de discernimento da pessoa natural, em comparação às situações que ensejam incapacidade absoluta (art. 3º). É o caso das *pessoas maiores de 16 e menores de 18 anos*. Em consonância com a lógica adotada pelo Estatuto da Criança e do Adolescente, que ressalta sua condição peculiar de pessoa em desenvolvimento, o Código Civil lhes reconhece uma progressiva ampliação de autonomia. Também são considerados relativamente incapazes os ébrios habituais (dipsômanos ou alcoólatras) e os *viciados em tóxicos* (toxicômanos). Destaque-se que não basta o consumo eventual ou mesmo frequente para subtrair da pessoa a plena capacidade, exigindo-se, isso sim, que o vício comprometa de modo contínuo a sua capacidade de condução da própria vida, fazendo-se necessária a assistência por um terceiro para a realização dos atos civis. A *impossibilidade, permanente ou transitória, de exprimir a vontade* figurava, até o ano de 2015, entre as causas de incapacidade absoluta. A razão é intuitiva: não é possível assistir alguém incapaz de exprimir qualquer vontade, sendo necessário que essa pessoa seja representada por outra. É o caso, por exemplo, da pessoa em estado de coma. Nada obstante, impulsionado pelo ímpeto de afastar o estigma da incapacidade absoluta, o Estatuto da Pessoa com Deficiência (Lei n. 13.146/2015) converteu a hipótese em causa de incapacidade meramente relativa, ensejando alguma perplexidade entre os civilistas. Para atribuir uma proteção adequada a tais pessoas, deverá se reconhecer ao "assistente" (curador) efetivos poderes de representação, permitindo sua atuação em nome do incapaz. Ademais, o inciso III deve ser interpretado de modo a abarcar apenas a efetiva impossibilidade fática de manifestação da vontade, excluindo as situações em que o processo de formação da vontade seja afetado por qualquer razão. É que, de acordo com o art. 6º do Estatuto da Pessoa com Deficiência, "a deficiência não afeta a plena capacidade civil da pessoa". Assim, a *pessoa com deficiência mental ou intelectual* é reputada por lei plenamente capaz. Trata-se de mais uma inovação que recebeu duras críticas de parte significativa da doutrina civilista, convicta de que, na prática, a alteração pode implicar verdadeira "desproteção" da pessoa. Com efeito, a deficiência intelectual pode se manifestar em diferentes intensidades, podendo comprometer de modo tão severo o discernimento da pessoa que algum regime protetivo será necessário. A possibilidade de instituição de curatela da pessoa com deficiência, prevista no art. 84, § 1º, do Estatuto, não parece suficiente para oferecer uma proteção satisfatória, pois não afeta a validade dos atos praticados anteriormente ao decreto da curatela. O artigo em comento também atribui incapacidade relativa aos *pródigos*, assim entendidos aqueles que dilapidam o próprio patrimônio desordenadamente. A adequação do enquadramento da prodigalidade como causa de incapacidade já era questionada ao tempo da edição do Código de 1916, mas acabou sendo mantida pelo legislador de 2002. A incapacidade dos pródigos, no entanto, se limita aos atos de disposição excessiva, que excedam a normal administração de bens, comprometendo de modo severo o patrimônio da pessoa. Por fim, em relação à capacidade dos índios, o parágrafo único do artigo em comento reconhece a especificidade da matéria, remetendo a regulação para lei especial. Nesse campo, merece destaque o Estatuto do Índio (Lei n. 6.001/1973), que submete os índios ainda não integrados à comunhão nacional a um regime tutelar (art. 7º), estabelecendo a nulidade dos "atos praticados entre o índio não integrado e qualquer pessoa estranha à comunidade indígena quando não tenha havido assistência do órgão tutelar competente" (art. 8º). Garante-se a qualquer indígena, contudo, a possibilidade de requerer, mediante o atendimento de determinados requisitos, sua liberação do regime tutelar, investindo-o na plenitude da capacidade civil (art. 9º).

JURISPRUDÊNCIA COMENTADA:

Questão reiteradamente enfrentada pelos Tribunais e que já chegou ao STJ diz respeito à da capacidade das pessoas idosas. A jurisprudência tem acertadamente afirmado que o simples fato da idade avançada não interfere na plena capacidade da pessoa, que tem como pedra de toque o seu discernimento: "A condição de idoso e o acometimento de doença incurável à época da celebração do contrato de convivência, por si, não é motivo de incapacidade para o exercício de direito ou empecilho para contrair obrigações, quando não há elementos indicativos da ausência de discernimento para compreensão do negócio jurídico realizado. Com o aumento da expectativa de vida do povo brasileiro, conforme pesquisa do IBGE, com a notória recente melhoria na qualidade de vida dos idosos e, com os avanços da medicina, não é razoável afirmar que a pessoa maior de 60 anos não tenha capacidade para praticar os atos da vida civil. Afirmar o contrário afrontaria diretamente o princípio da dignidade da pessoa humana e o da igualdade" (STJ, REsp

1.383.624/MG, 3.ª Turma, Rel. Min. Moura Ribeiro, j. 02.06.2015). O mesmo raciocínio se aplica ao analfabetismo, como também já decidiu o STJ: "Não padece de ineficácia a procuração outorgada pelo recorrente em face do analfabetismo, condição que não lhe retira a capacidade para os atos da vida civil, nos termos dos arts. 3º e 4º do CC" (STJ, REsp 1.111.676/PB, 5.ª Turma, Rel. Min. Arnaldo Esteves Lima, j. 19.11.2005). Sobre o *status* da pessoa com deficiência após a reforma legislativa promovida pelo Estatuto da Pessoa com Deficiência, confira-se o posicionamento do STJ: "A partir da entrada em vigor da Lei n. 13.146/2015, que ratifica a Convenção das Nações Unidas sobre os Direitos das Pessoas com Deficiência, somente são consideradas absolutamente incapazes de exercer pessoalmente os atos da vida civil os menores de 16 (dezesseis) anos. Em face disso, não é mais possível, portanto, inserir as pessoas com enfermidade ou deficiência mental no rol dos absolutamente incapazes. [...] Portanto, de acordo com o Estatuto da Pessoa com Deficiência, é possível que pessoas com enfermidade ou deficiência mental, que são 'plenamente capazes', sejam excepcionalmente sujeitas à curatela" (STJ, REsp 1.927.423/SP, 3.ª Turma, Rel. Min. Marco Aurélio Bellizze, j. 27.04.2021). O Supremo Tribunal Federal se manifestou sobre questão correlata ao julgar a constitucionalidade de preceito constante de lei complementar do Distrito Federal que condicionava o pagamento do benefício de aposentadoria por invalidez à apresentação de termo de curatela, determinando que o pagamento deveria ser realizado somente ao curador do segurado. Ao declarar a inconstitucionalidade da norma, o STF fixou a seguinte tese de repercussão geral: "A enfermidade ou doença mental, ainda que tenha sido estabelecida a curatela, não configura, por si, elemento suficiente para determinar que a pessoa com deficiência não tenha discernimento para os atos da vida civil" (STF, RE 918.315/DF, Tribunal Pleno, Rel. Min. Ricardo Lewandowski, j. 17.12.2022).

REFORMA DO CÓDIGO CIVIL: Além de reinserir "aqueles que por nenhum meio possam expressar sua vontade, em caráter temporário ou permanente" entre os absolutamente incapazes, revogando o atual inciso III do art. 4º, conforme destacado nos comentários ao art. 3º, o Anteprojeto propõe a substituição da redação do inciso II, que hoje contempla "os ébrios habituais e os viciados em tóxico", pela referência mais genérica àqueles "cuja autonomia estiver prejudicada por redução de discernimento, que não constitua deficiência, enquanto perdurar esse estado". Registre-se que essa nova redação expressamente exclui da sua incidência as pessoas com deficiência. A tais pessoas é dedicada a nova redação do parágrafo único do art. 4º, que, inspirado no art. 12, n. 2, da Convenção Internacional sobre os Direitos das Pessoas com Deficiência – internalizada com *status* de norma constitucional (CR, art. 5º, § 3º) –, determina: "As pessoas com deficiência mental ou intelectual, maiores de 18 (dezoito) anos, têm assegurado o direito ao exercício de sua capacidade civil em igualdade de condições com as demais pessoas, observando-se, quanto aos apoios e às salvaguardas de que eventualmente necessitarem para o pleno exercício dessa capacidade, o disposto nos arts. 1.767 a 1.783 deste Código". Registre-se que, com a substituição da redação do parágrafo único do art. 4º, o tema ali atualmente tratado, relativo à capacidade da pessoa indígena, deixaria de ser mencionado no Código Civil. Merece destaque, ainda, o novo art. 4º-A, proposto pelo Anteprojeto, que proclama que "a deficiência física ou psíquica da pessoa, por si só, não afeta sua capacidade civil".

Art. 5º A menoridade cessa aos dezoito anos completos, quando a pessoa fica habilitada à prática de todos os atos da vida civil.

Parágrafo único. Cessará, para os menores, a incapacidade:

I – pela concessão dos pais, ou de um deles na falta do outro, mediante instrumento público, independentemente de homologação judicial, ou por sentença do juiz, ouvido o tutor, se o menor tiver dezesseis anos completos;

II – pelo casamento;

III – pelo exercício de emprego público efetivo;

IV – pela colação de grau em curso de ensino superior;

V – pelo estabelecimento civil ou comercial, ou pela existência de relação de emprego, desde que, em função deles, o menor com dezesseis anos completos tenha economia própria.

COMENTÁRIOS DOUTRINÁRIOS: Ao completar 18 anos, a pessoa ingressa na maioridade, completando o desenvolvimento necessário para, de acordo com a lei, poder realizar de modo completamente autônomo os atos da vida civil, atingindo a capacidade plena. Este limite etário era de 21 anos na codificação anterior, mas foi reduzido atendendo às críticas de parcela da doutrina no sentido de que a vida contemporânea, especialmente com o desenvolvimento das tecnologias de comunicação, proporciona aos jovens acesso a um volume maior de informações, justificando a cessação antecipada da incapacidade. Note-se, contudo, que "a redução do limite etário para a definição da capacidade civil aos 18 anos não altera o disposto no art. 16, I, da Lei n. 8.213/1991, que regula específica situação de dependência econômica para fins previdenciários e outras situações similares de proteção, previstas em legislação especial" (Enunciado n. 3 da *I Jornada de Direito Civil*). A *emancipação* consiste na aquisição da plena capacidade civil antes da idade legal. O parágrafo único do artigo em comento enuncia as hipóteses nas quais o menor poderá ser emancipado, sendo a emancipação classificada pela doutrina em: a) voluntária; b) judicial; e c) legal. A *emancipação voluntária* é aquela concedida por ambos os pais, no exercício do poder familiar, não se submetendo à homologação judicial. Com o reconhecimento da possibilidade de multiparentalidade pelo STF (RE 898.060, j. 22.09.2016), essa regra deve ser interpretada como exigindo a concessão por todos os pais, não bastando dois deles. Na falta de um dos pais (ou seja, em caso de falecimento, ausência, perda do poder familiar etc.), poderá ser concedida por apenas um deles, ou melhor, sem a anuência do pai faltante. A falta não se confunde com a recusa de um dos pais em conceder a emancipação, hipótese na qual aqueles que desejam emancipar o filho deverão buscar o suprimento da vontade do pai discordante em juízo (art. 1.631, parágrafo único). Em razão dos efeitos perante terceiros, a lei exige a adoção de instrumento público. A *emancipação judicial* é aquela concedida pelo magistrado ao menor sob tutela. A lei não confere ao tutor o poder de emancipar o menor. O pupilo que desejar ser emancipado deverá buscar o Poder Judiciário, em procedimento de jurisdição voluntária (art. 725, I, do CPC) que deverá contar com a oitiva do tutor. Uma vez concedida a emancipação, cessa a tutela (art. 1.763, I, do CC). Nas modalidades voluntária e judicial, exige-se que o menor tenha 16 anos completos. Uma vez concedida a emancipação, ela será, em regra, irretratável, admitindo-se, contudo, seu desfazimento caso constatado algum vício de vontade: "A emancipação por concessão dos pais ou por sentença do juiz está sujeita à desconstituição por vício de vontade" (Enunciado n. 397 da *V Jornada de Direito Civil*). Por outro lado, a *emancipação legal* é aquela que se opera automaticamente por força dos fatos elencados nos incisos II a V. Impõe-se, portanto, examinar mais detidamente tais fatos. O *casamento* se revela incompatível com a incapacidade, entendendo o legislador que a condução da vida familiar requer uma maior autonomia dos consortes. A constituição de união estável, por sua vez, não afeta a (in) capacidade de seus integrantes, pois, tratando-se de situação fática, não é dotada da mesma publicidade do casamento, o que impede, em teoria, que produza efeitos que repercutem sobre a esfera de terceiros (por exemplo, aqueles que contratam com o menor). A meu ver, contudo, se os companheiros tiverem realizado a publicização da união estável por meio de registro no livro E do Registro Civil das Pessoas Naturais, conforme autorizado pelo art. 539 do Código Nacional de Normas da Corregedoria Nacional de Justiça do Conselho Nacional de Justiça – Foro Extrajudicial (Provimento n. 149/2023 do CNJ), não há razão para deixar de aplicar, analogicamente, aos companheiros, o disposto no inciso II do artigo em comento. O exercício de *emprego público efetivo*, ou seja, o vínculo profissional da pessoa com a Administração Pública, direta ou indireta, seja em emprego público (vínculo contratual, regido pela CLT) ou em cargo público (regime estatutário) também faz cessar a incapacidade do menor. Se o Estado reconhece a aptidão da pessoa para ingressar no serviço público deverá, por coerência, reconhecê-la em suas demais relações sociais. O vínculo com a administração, contudo, deve ser dotado de efetividade, não se operando a emancipação nos casos de cargo em comissão ou de contratos temporários, por exemplo. Essa modalidade de emancipação é rara, em razão dos limites etários impostos pelos diversos regimes jurídicos aplicáveis aos cargos e empregos públicos. Outra hipótese de emancipação indicada no artigo é a *colação de grau em ensino superior*, presumindo-se que, neste estágio do processo educacional, a pessoa já terá amealhado conhecimento suficiente para gerir a própria vida. Em razão do tempo necessário para a conclusão do ensino básico e, depois, do ensino superior, dificilmente essa situação se verifica na prática. Cessará a incapacidade, ainda, pelo ingresso do menor em uma relação de emprego ou pelo "estabelecimento civil ou comercial". Com esta expressão, o Código se refere à exploração de atividade econômica pelo menor, sem a relação de subordinação que caracteriza o contrato de trabalho. Será o caso do menor empresário individual ou profissional liberal. Note-se que a referência a estabelecimento "civil" ou "comercial", já constante do Código anterior, revela-se anacrônica, superada pela parcial unificação das relações obrigacionais operada pelo próprio Código Civil de 2002, revogando parte substancial do Código Comercial de

1850, bem como pela adoção da teoria da empresa (CC, arts. 966 e ss.), em detrimento da teoria dos atos de comércio. Exige a lei, em ambos os casos descritos no inciso V, dois requisitos cumulativos para que se opere a emancipação: a) ter o menor 16 anos completos e b) que o desenvolvimento de suas atividades lhe permita ter uma economia própria, ou seja, obter proveitos suficientes para seu sustento. O exercício da atividade econômica (com ou sem subordinação), que requer dedicação e seriedade, aliada à autonomia financeira, evidencia a efetiva capacidade do menor. Há que se destacar que a cessação superveniente do estado de fato autorizativo da emancipação (como ocorre, por exemplo, no caso de divórcio, exoneração do cargo público ou demissão do menor empregado) não reverte o menor emancipado à condição de incapaz: uma vez adquirida a "autonomia" necessária para a plena capacidade, esta se perpetua, salvo verificação de causa específica de incapacitação (por exemplo, a embriaguez habitual). Destaque-se, por fim, que a emancipação faz cessar a incapacidade, mas não antecipa a maioridade. Vale dizer: continuam incidindo sobre o emancipado as regras cujo suporte fático seja especificamente sua idade, e não sua capacidade. Justamente por isso, esclarece o Enunciado n. 530 da *VI Jornada de Direito Civil* que "a emancipação, por si só, não elide a incidência do Estatuto da Criança e do Adolescente".

JURISPRUDÊNCIA COMENTADA: No tocante à responsabilidade civil, tem entendido o STJ que "a emancipação voluntária, diversamente da operada por força de lei, não exclui a responsabilidade civil dos pais pelos atos praticados por seus filhos menores" (STJ, AgRg no Ag 1.239.557/RJ, 4.ª Turma, Rel. Min. Maria Isabel Gallotti, j. 09.10.2012). Trata-se de interpretação que busca evitar que os pais se utilizem da emancipação como meio de afastar a responsabilidade civil que lhes é legalmente imposta pelos atos do filho.

REFORMA DO CÓDIGO CIVIL: O Anteprojeto propõe alterações pontuais no art. 5º. Sugere, por exemplo, a substituição, no *caput*, da referência à "menoridade" por "incapacidade em razão da idade". Essa adaptação de linguagem insere-se no esforço mais amplo levado a cabo pelo Anteprojeto de eliminar do Código Civil o uso do termo "menor", em sintonia com o Estatuto da Criança e do Adolescente. Alterações na mesma linha são encontradas ao longo da nova redação do parágrafo único. O Anteprojeto sugere, ainda, o desmembramento do atual inciso I do parágrafo único, passando a tratar em incisos autônomos as hipóteses de emancipação voluntária e de emancipação judicial. Na linha que já era adotada nos comentários doutrinários *supra*, insere-se no inciso que se refere ao casamento também a união estável registrada no Cartório de Registro Civil das Pessoas Naturais como causa de emancipação legal, desde que realizada com a autorização dos representantes. Consta do Anteprojeto, ademais, um novo art. 5º-A: "A emancipação por concessão dos pais ou por sentença do juiz está sujeita à desconstituição pelas mesmas causas que invalidam os negócios jurídicos em geral". Incorpora-se à lei, desse modo, o entendimento constante do Enunciado n. 397 da *V Jornada de Direito Civil*, já anteriormente referido.

Art. 6º A existência da pessoa natural termina com a morte; presume-se esta, quanto aos ausentes, nos casos em que a lei autoriza a abertura de sucessão definitiva.

COMENTÁRIOS DOUTRINÁRIOS: O fim da personalidade se dá com a morte da pessoa natural, segundo o disposto no art. 6º do Código Civil. Precisar o momento da morte não é, contudo, tarefa simples. A doutrina mais recente se inclina pelo momento da morte cerebral, também chamada morte encefálica. O entendimento favorece a técnica dos transplantes, de capital importância na sociedade contemporânea, e tempera alguns efeitos tormentosos do extraordinário desenvolvimento tecnológico dos meios de prolongamento artificial da vida. Com efeito, esse critério foi adotado pela Lei n. 9.434/1997, ao dispor que "a retirada *post mortem* de tecidos, órgãos ou partes do corpo humano destinados a transplante ou tratamento deverá ser precedida de diagnóstico de morte encefálica, constatada e registrada por dois médicos não participantes das equipes de remoção e transplante, mediante a utilização de critérios clínicos e tecnológicos definidos por resolução do Conselho Federal de Medicina". Há determinadas situações nas quais há dúvida sobre o falecimento ou não de certa pessoa, optando a legislação, diante de determinadas circunstâncias qualificadoras, por presumir a sua morte. É o que ocorre, entre outros casos (ver comentários ao art. 7º), nas hipóteses em que a lei, diante da ausência, autoriza a abertura de sucessão definitiva: após dez anos do trânsito em julgado da sentença que concede a abertura da sucessão provisória (art. 37) e quando o ausente possui oitenta anos ou mais, datando de cinco anos as últimas notícias dele (art. 38).

JURISPRUDÊNCIA COMENTADA: O Superior Tribunal de Justiça vem entendendo pela "nulidade da sentença que julga ação de autor já falecido em momento anterior à sua propositura, dada a sua incapacidade de ser parte, que pressupõe, por óbvio, a existência de pessoa natural, que termina com a morte, segundo a dicção do art. 6º do Código Civil/2002. Precedentes: AgRg no AREsp 741.466/PR, Rel. Min. Mauro Campbell Marques, *DJe* 13.10.2015; AgRg no REsp 1.231.357/SP, Rel. Min. Leopoldo de Arruda Raposo, *DJe* 04.11.2015; e AgRg no AREsp 752.167/SC, Rel. Min. Og Fernandes, *DJe* 07.10.2015" (STJ, AgRg no REsp 1.191.906/RS, 1.ª Turma, Rel. Min. Napoleão Nunes Maia Filho, j. 15.09.2016).

REFORMA DO CÓDIGO CIVIL: O Anteprojeto propõe a substituição da referência à "existência da pessoa natural" por "*personalidade* da pessoal natural", em conformidade com a melhor técnica jurídica.

Art. 7º Pode ser declarada a morte presumida, sem decretação de ausência:

I – se for extremamente provável a morte de quem estava em perigo de vida;

II – se alguém, desaparecido em campanha ou feito prisioneiro, não for encontrado até dois anos após o término da guerra.

Parágrafo único. A declaração da morte presumida, nesses casos, somente poderá ser requerida depois de esgotadas as buscas e averiguações, devendo a sentença fixar a data provável do falecimento.

COMENTÁRIOS DOUTRINÁRIOS: O Direito Brasileiro não admite a chamada morte civil, prática aceita entre os romanos, que consistia na privação da personalidade de pessoa ainda viva, a título de punição. Muito diversa é a morte presumida, que o Código Civil brasileiro admite em determinadas situações nas quais há dúvida sobre o falecimento ou não de certa pessoa. Seu propósito consiste exclusivamente em facilitar a vida de familiares próximos, permitindo, por exemplo, a celebração de novo casamento e a sucessão nos bens do desaparecido. O art. 6º, conforme já analisado, presume a morte do ausente nos casos em que a lei autoriza a abertura da sua sucessão definitiva. O presente artigo, por sua vez, trata das situações que a morte é presumida independentemente da decretação da ausência da pessoa. A presunção se operará, em primeiro lugar, sobre aquelas pessoas que sabidamente se encontravam em perigo de vida, mas, desconhecendo-se o desfecho da situação, afigura-se extremamente provável a sua morte. Também se presumirá, em caso de guerra, a morte da pessoa desaparecida em campanha militar ou feita prisioneira. Nesse caso, a lei estabelece um prazo de dois anos após o término da guerra para que se presuma a morte. A declaração da morte presumida somente pode ocorrer após a realização de esforços significativos para a localização da pessoa desaparecida, evitando os transtornos decorrentes de uma possível declaração precipitada. Exige-se, em resguardo à segurança jurídica, que a sentença judicial que declare a morte presumida fixe a data do provável falecimento. Recorde-se que a presunção consiste em mero expediente de facilitação probatória: uma vez constatado que a pessoa presumida morta se encontra viva, afastam-se imediatamente os efeitos jurídicos da "morte". Solução diversa, negando o reconhecimento de personalidade a pessoa ainda viva, afrontaria gravemente a dignidade da pessoa humana. Relevante efeito patrimonial decorrente da morte é a sucessão dos bens do falecido, que passam a seus herdeiros. Admitir que o retorno do presumidamente morto pudesse a qualquer momento desfazer a transmissão da titularidade do patrimônio implicaria grave insegurança jurídica. De outro lado, parece excessivamente severo privar a pessoa de reaver os seus bens em qualquer circunstância. Daí parcela da doutrina admitir a aplicação analógica do art. 39 do Código Civil, que disciplina os efeitos patrimoniais do retorno do ausente após a sucessão provisória (quando, por força do art. 6º, passa também a ser presumidamente morto), permitindo que aquele que regressou nos dez anos seguintes à presunção de morte obtenha dos herdeiros a devolução dos bens no estado em que se encontram: "Os efeitos patrimoniais da presunção de morte posterior à declaração da ausência são aplicáveis aos casos do art. 7º, de modo que, se o presumivelmente morto reaparecer nos dez anos seguintes à abertura da sucessão, receberá igualmente os bens existentes no estado em que se acharem" (Enunciado n. 614 da *VIII Jornada de Direito Civil*).

Art. 8º Se dois ou mais indivíduos falecerem na mesma ocasião, não se podendo averiguar se

algum dos comorientes precedeu aos outros, presumir-se-ão simultaneamente mortos.

COMENTÁRIOS DOUTRINÁRIOS: A comoriência é a morte de duas ou mais pessoas em uma mesma ocasião. Quando isto ocorre, não se podendo determinar qual a ordem em que faleceram, o Código Civil presume, de modo relativo, que morreram simultaneamente. A regra tem importante aplicação em casos de acidentes aéreos e outras catástrofes que vitimam membros da mesma família, impedindo que se dê a sucessão entre os comorientes, o que poderia produzir resultados diversificados sobre os herdeiros sobreviventes. Embora o dispositivo se refira ao falecimento "na mesma ocasião", seu objetivo é disciplinar a questão da dúvida sobre o *tempo* da morte, daí não se exigir que os óbitos tenham uma causa comum, podendo se dar em contextos absolutamente distintos, bastando que não se possa "averiguar se algum dos comorientes precedeu aos outros". Registre-se, por fim, que, de acordo com a Enunciado n. 645 *da IX Jornada de Direito Civil*, "a comoriência pode ocorrer em quaisquer das espécies de morte previstas no direito civil brasileiro" (*v.g.*, morte real ou presumida, neste último caso, precedida ou não de declaração de ausência).

REFORMA DO CÓDIGO CIVIL: O Anteprojeto propõe o seguinte acréscimo na redação do dispositivo: "Se dois ou mais indivíduos, *com vocação hereditária recíproca*, falecerem...". O trecho sugerido aponta para a utilidade prática da norma geral contida no art. 8º, que se materializa no campo sucessório.

Art. 9º Serão registrados em registro público:

I – os nascimentos, casamentos e óbitos;

II – a emancipação por outorga dos pais ou por sentença do juiz;

III – a interdição por incapacidade absoluta ou relativa;

IV – a sentença declaratória de ausência e de morte presumida.

COMENTÁRIOS DOUTRINÁRIOS: O Código Civil elenca os fatos jurídicos concernentes ao estado civil da pessoa que devem ser registrados em registro público – no caso, o Registro Civil de Pessoas Naturais. O registro lhes confere publicidade, possibilitando que terceiros possam saber, por exemplo, se a pessoa com quem estão contratando é casada ou emancipada, antecipando o reflexo disso sobre a validade do negócio celebrado. Facilita, ainda, a prova de tais fatos, permitindo a emissão de certidões que atestem sua ocorrência. A questão é regulada pormenorizadamente na Lei n. 6.015/1973, a Lei de Registros Públicos, a partir de seu art. 29. Registre-se, ainda, que, com o objetivo de melhor adaptar a atividade registral aos recentes desenvolvimentos tecnológicos, o art. 37 da Lei n. 11.977/2009 havia determinado que os serviços de registros públicos instituíssem um sistema de registro eletrônico, que, no entanto, jamais foi efetivamente implementado. Em 27 de junho de 2022 foi promulgada a Lei n. 14.382, fruto da conversão da Medida Provisória n. 1.085/2021, dispondo de modo detalhado sobre o Sistema Eletrônico dos Registros Públicos (SERP), que viabiliza o registro público eletrônico dos atos e negócios jurídicos (Lei n. 14.382/2022, art. 3º, I).

REFORMA DO CÓDIGO CIVIL: O Anteprojeto propõe, entre outras alterações redacionais, a modificação do *caput* para se referir a fatos "registrados *ou averbados*". Essa alteração parece mitigar a distinção entre o art. 9º e o art. 10, que, atualmente, trata especificamente da averbação. Verifica-se, ainda, uma significativa ampliação do rol constante do art. 9º, sendo possível mencionar, exemplificativamente, a escritura pública de reconhecimento e de dissolução de união estável, a sentença ou outro ato que reconhecer a filiação e a sentença de perda da nacionalidade brasileira. O Anteprojeto sugere, por fim, a inclusão de dois novos parágrafos no art. 9º: o primeiro afastando a oponibilidade a terceiros dos efeitos patrimoniais da união estável não registrada e o segundo determinando que o reconhecimento de filiação socioafetiva de pessoa com menos de dezoito anos de idade seja feito necessariamente por sentença judicial e levado a registro.

Art. 10. Far-se-á averbação em registro público:

I – das sentenças que decretarem a nulidade ou anulação do casamento, o divórcio, a separação judicial e o restabelecimento da sociedade conjugal;

II – dos atos judiciais ou extrajudiciais que declararem ou reconhecerem a filiação;

III – (Revogado pela Lei n. 12.010, de 2009)

COMENTÁRIOS DOUTRINÁRIOS: Além dos fatos que devem ser registrados, o Código também elenca aqueles que devem ser *averbados* no Registro Civil de Pessoas Naturais. A averbação é o assentamento de atos acessórios, destinados a modificar um registro já realizado, merecendo a mesma publicidade desse último. O ato de averbação no RCPN encontra-se disciplinado nos arts. 97 e seguintes da Lei n. 6.015/1973, a Lei de Registros Públicos. Quanto ao inciso II do artigo em comento, que se refere a "atos judiciais ou extrajudiciais que declararem ou reconhecerem a filiação", esclarece o Enunciado n. 272 da *IV Jornada de Direito Civil* que a adoção não pode ser realizada por ato extrajudicial: "Não é admitida em nosso ordenamento jurídico a adoção por ato extrajudicial, sendo indispensável a atuação jurisdicional, inclusive para a adoção de maiores de dezoito anos". Trata do mesmo tema o Enunciado n. 273 da *IV Jornada de Direito Civil*, dispondo: "Tanto na adoção bilateral quanto na unilateral, quando não se preserva o vínculo com qualquer dos genitores originários, deverá ser averbado o cancelamento do registro originário de nascimento do adotado, lavrando-se novo registro. Sendo unilateral a adoção, e sempre que se preserve o vínculo originário com um dos genitores, deverá ser averbada a substituição do nome do pai ou mãe naturais pelo nome do pai ou mãe adotivos".

REFORMA DO CÓDIGO CIVIL: Na mesma linha observada em relação ao artigo anterior, o Anteprojeto propõe que o *caput* do art. 10 passe a referir a "averbação ou o registro". Também aqui se verifica a ampliação do rol constante do artigo, podendo-se mencionar como exemplos dos novos fatos listados a sentença de separação de corpos em que resta reconhecida a separação de fato e a sentença que determina a perda ou a suspensão da autoridade parental. O Anteprojeto propõe, ainda, a inclusão de dois novos parágrafos no art. 10. O primeiro determina a reserva, no assento de nascimento da pessoa natural, de "espaço para averbações decorrentes de vontade expressa pelo interessado que permitam a identificação de fato peculiar de sua vida civil, sem que isto lhe altere o estado pessoal, familiar ou político". Por sua vez, o segundo parágrafo determina que "a alteração judicial ou extrajudicial do nome civil da pessoa natural não induz, por si só, vínculo demonstrativo de conjugalidade, convivência, parentesco ou socioafetividade".

CAPÍTULO II
DOS DIREITOS DA PERSONALIDADE

Art. 11. Com exceção dos casos previstos em lei, os direitos da personalidade são intransmissíveis e irrenunciáveis, não podendo o seu exercício sofrer limitação voluntária.

COMENTÁRIOS DOUTRINÁRIOS: Os *direitos da personalidade* são aqueles direitos essenciais à proteção e promoção da dignidade da pessoa humana, encontrando seu fundamento normativo nos arts. 1º, III, e 5º da Constituição da República. A noção de personalidade, como já mencionado, deve ser considerada sob dois aspectos distintos: a) um *subjetivo*, que se identifica com a capacidade que tem toda pessoa (física ou jurídica) de ser titular de direitos e obrigações; e b) um *objetivo*, que exprime o conjunto de atributos próprios e exclusivos da pessoa humana merecedores de especial proteção da ordem jurídica. Nesse último sentido é que se fala em direitos da personalidade. O Código Civil de 2002, diferentemente de seu antecessor, passou a dedicar um capítulo aos direitos da personalidade em sua Parte Geral. A inserção dos direitos da personalidade na Parte Geral do Código Civil já exprime, por si só, admirável evolução em relação ao Código Civil de 1916, que era silente sobre a matéria. A inauguração de um capítulo dedicado à proteção da pessoa, em seus aspectos essenciais, deve ser interpretada como afirmação do compromisso de todo o Direito Civil com a tutela e a promoção da personalidade humana garantidas pela Constituição brasileira. Em que pese esse indiscutível mérito, o tratamento normativo dispensado aos direitos da personalidade pela nossa codificação afigura-se, em larga medida, insuficiente e anacrônico. De fato, o Código Civil contempla os direitos da personalidade à imagem e semelhança do paradigma dos direitos subjetivos, em especial o direito de propriedade, em orientação largamente equivocada. Além disso, deixa de oferecer parâmetros ao intérprete para ponderações diante de outros interesses merecedores de tutela, preferindo soluções prontas e acabadas, de caráter puramente estrutural, que dificilmente se conformam à realidade concreta. Nesse capítulo, tratou a codificação dos seguintes direitos da personalidade: direito ao próprio corpo, direito ao nome, direito à honra, direito à imagem (embora apenas reflexamente) e direito à privacidade. A primeira advertência diz respeito ao caráter não taxativo do rol de direitos da personalidade contemplados pelo Código Civil. Com efeito, a ausência de previsão no Código Civil não impede que outras manifestações da personalidade humana sejam consideradas merecedoras de tutela, por força da aplicação direta do art. 1º, III, da Constituição (como o direito à identidade pessoal, o direito à integridade psíquica, o direito à diferença, o direito ao esquecimento, entre outros), que funciona como verdadeira *cláusula geral de tutela da pessoa humana*. Na dicção do Enunciado n. 274 da *IV Jornada de Direito Civil*: "Os direitos da personalidade, regulados de maneira não exaustiva pelo Código Civil, são expressões da cláusula geral de tutela da pessoa humana, contida no art. 1º, inc. III, da Constituição (princípio da dignidade da pessoa humana). Em caso de colisão entre eles, como nenhum pode sobrelevar os demais, deve-se aplicar a técnica da ponderação". O art. 11 inaugura o capítulo de direitos da personalidade, atribuindo-lhes duas características: a *intransmissibilidade* e a *irrenunciabilidade*. Como manifestações essenciais da condição humana, os direitos da personalidade não podem ser alienados ou transmitidos a outrem, quer por ato entre vivos, quer em virtude da morte do seu titular. Nascem e morrem com aquela pessoa, não podendo ser cedidos, doados, emprestados, vendidos ou recebidos por herança. Não podem, igualmente, ser objeto de renúncia geral e permanente. Afinal, as situações existenciais encontram sua razão de ser na realização do interesse do titular, sendo dele indissociável – daí se falar em "titularidade orgânica" dos direitos da personalidade. Afirma, ainda, o art. 11 que os direitos da personalidade não podem no seu exercício "sofrer limitação voluntária". A redação do legislador aqui foi infeliz. Celebram-se cotidianamente contratos em que as pessoas concordam com certas limitações voluntárias ao exercício dos seus direitos da personalidade (como em contratos de licenciamento de uso de imagem celebrados por artistas e atletas ou, ainda, em contratos celebrados pelos participantes de *reality shows que concordam em sofrer limitações voluntárias à sua privacidade*). Tomado em sua literalidade, o dispositivo negaria qualquer efeito ao consentimento do titular no campo dos direitos da personalidade, representando uma restrição inconstitucional à autonomia existencial da pessoa humana. O tratamento radical conferido pelo Código deu ensejo à elaboração de enunciado em sentido diametralmente oposto, aprovado já na *I Jornada de Direito Civil*: "O exercício dos direitos da personalidade pode sofrer limitação voluntária, desde que não seja permanente nem geral" (Enunciado n. 4). Isso, contudo, não basta: ao lado da duração e do alcance da autolimitação, cumpre também analisar a sua intensidade (grau de restrição que impõe ao exercício dos direitos da personalidade) e sua finalidade (que deve estar vinculada a um interesse direto e imediato do seu próprio titular). Em outras palavras, compete ao jurista, através desses quatro parâmetros (duração, abrangência, intensidade e finalidade), verificar em cada situação concreta a legitimidade das autolimitações ao exercício dos direitos da personalidade. Em suma, a autolimitação ao exercício dos direitos da personalidade deve ser admitida pela ordem jurídica quando atenda genuinamente ao propósito de realização da personalidade do seu titular.

JURISPRUDÊNCIA COMENTADA: Em ação discutindo pedido de indenização por danos morais causados pela utilização comercial de gravação de voz supostamente sem a autorização do titular, assentou o Superior Tribunal de Justiça: "Não se discute que a voz encontra proteção nos direitos da personalidade, garantidos pela Constituição da República e previstos no Capítulo II da Parte Geral do Código Civil. A proteção à voz pode ser considerada direito autônomo da personalidade, ou mesmo parte integrante de outro direito inerente à pessoa, seja o direito à imagem, seja o direito à identidade pessoal. O simples fato de se tratar de direito da personalidade, porém, não afasta a possibilidade de exploração econômica da voz. O exercício dos direitos da personalidade, a despeito da redação literal do art. 11 do Código Civil, são passíveis de limitação voluntária, desde que limitada. [...] A possibilidade de limitação voluntária de alguns dos direitos da personalidade busca justamente proteger os interesses do próprio titular, que, podendo explorá-los economicamente, poderá deles melhor fruir. [...] Perfeitamente possível e válido, portanto, o negócio jurídico que tenha por objeto a gravação de voz, devendo-se averiguar apenas se foi ela gravada com autorização do seu titular e se sua utilização ocorreu dentro dos limites contratuais" (STJ, REsp 1.630.851/SP, 3.ª Turma, Rel. Min. Paulo de Tarso Sanseverino, j. 27.04.2017).

REFORMA DO CÓDIGO CIVIL: O Anteprojeto propõe uma completa reformulação do art. 11. O *caput* passa a prever uma verdadeira cláusula geral, ao determinar que "os direitos da personalidade se prestam à tutela da dignidade humana, protegendo a personalidade individual de forma ampla, em todas as suas dimensões". O

§ 1º traz uma norma de abertura, indicando que os direitos da personalidade previstos no Código não excluem outros oriundos de fontes normativas diversas. A matéria hoje contida no *caput* passa a ser tratada no § 2º, passando-se, porém, a admitir expressamente a limitação voluntária do exercício dos direitos da personalidade "quando não permanente e específica, respeitando à boa-fé objetiva e não baseada em abuso de direito de seu titular", em sintonia com o Enunciado n. 4 da *I Jornada de Direito Civil*. O § 3º trata da aplicação dos direitos da personalidade, estabelecendo a necessidade de atenção às circunstâncias do caso concreto e do recurso à técnica da ponderação. Finalmente, o § 4º determina que "a tutela dos direitos de personalidade alcança, no que couber e nos limites de sua aplicabilidade, os nascituros, os natimortos e as pessoas falecidas".

Art. 12. Pode-se exigir que cesse a ameaça, ou a lesão, a direito da personalidade, e reclamar perdas e danos, sem prejuízo de outras sanções previstas em lei.

Parágrafo único. Em se tratando de morto, terá legitimação para requerer a medida prevista neste artigo o cônjuge sobrevivente, ou qualquer parente em linha reta, ou colateral até o quarto grau.

COMENTÁRIOS DOUTRINÁRIOS: O presente artigo tem por objetivo reforçar os mecanismos de proteção da pessoa humana no momento patológico da violação dos direitos da personalidade, autorizando o recurso às tutelas a) ressarcitória (indenização ou reparação não pecuniária por danos); b) repressiva (cessação da lesão); e c) inibitória (cessação da ameaça ou lesão). Apesar disso, o debate em torno dos remédios cabíveis evidencia a insuficiência dessas técnicas, calcadas no binômio lesão-sanção, para propiciar a proteção integral que se deve dispensar à dignidade humana. É papel do intérprete não se ater somente às previsões estabelecidas no dispositivo, mas extrair do ordenamento meios adequados não só para proteger a pessoa humana, mas também para, na medida do possível, promover a sua dignidade na realidade brasileira. O parágrafo único do dispositivo em comento trata, por sua vez, de assunto tecnicamente delicado: a tutela dos direitos de personalidade *após a morte*. Não há dúvida de que, com a morte, a personalidade em sentido subjetivo (aptidão para adquirir direitos e obrigações) se extingue. Mas o que ocorre com a personalidade em sentido objetivo, assim entendido o conjunto de atributos essenciais da pessoa humana? Extingue-se com a pessoa? Se não se extingue, tampouco se transmite a quem quer que seja, já que é intransmissível por definição (art. 11). A ofensa fica, então, sem consequência? Diante desses impasses, o legislador optou por solução pragmática, atribuindo aos herdeiros legitimação para requerer medidas destinadas a fazer cessar a lesão ou ameaça aos direitos da personalidade do morto. Não se trata de uma concessão fantasmagórica, destinada a preservar a existencialidade do morto, mas de norma ditada pelo interesse social. Os direitos da personalidade projetam-se além da vida do seu titular. O atentado à honra do morto não repercute, por óbvio, sobre a esfera existencial da pessoa já falecida, mas produz efeitos no meio social. Deixar sem consequência uma violação desse direito poderia não apenas causar conflitos com familiares e admiradores do morto, mas também contribuir para um ambiente de baixa efetividade dos direitos da personalidade. O direito quer justamente o contrário: proteção máxima para os atributos essenciais à condição humana. Daí a necessidade de se proteger *post mortem* a personalidade, como valor objetivo, reservando a outras pessoas uma extraordinária legitimidade para pleitear a adoção das medidas necessárias a inibir, interromper ou remediar a violação. No que se refere aos legitimados para tal medida, tema que é objeto do parágrafo único do artigo em comento, o legislador parece ter se apegado excessivamente ao rol dos herdeiros, pensado e construído sob a ótica patrimonial. A postura cria abertura para uma invocação oportunista de direitos da personalidade por parte de parentes que, algumas vezes, não perseguem nada mais que o próprio enriquecimento. Nesses casos, trata-se de exercício abusivo da faculdade concedida pelo Código Civil, que deve ser sempre empregada de acordo com aquele que seria, em vida, o interesse do falecido. Além disso, deixou de mencionar entre os legitimados o companheiro, limitando-se ao "cônjuge sobrevivente", o que não tem impedido a doutrina de reconhecer, acertadamente, sua legitimidade: "O rol dos legitimados de que tratam os arts. 12, parágrafo único, e 20, parágrafo único, do Código Civil também compreende o companheiro" (Enunciado n. 275 da *IV Jornada de Direito Civil*).

JURISPRUDÊNCIA COMENTADA: Ao se referir à possibilidade de o lesado "reclamar perdas e danos" pela violação a direito da personalidade, o Código parece limitar a tutela reparatória dos danos morais ao pagamento de indenizações em dinheiro. Com efeito, no Direito Brasileiro, despatrimonializou-se o dano, mas não ainda a reparação. A lesão a um interesse extrapatrimonial continua recebendo uma única resposta na imensa maioria dos casos: a indenização em dinheiro, remédio típico de uma abordagem econômica do dano. Essa dualidade entre dano moral e indenização em dinheiro não gera apenas dificuldades de quantificação, mas sobretudo propaga nas vítimas o sentimento de impunidade, vinculado à percepção de quem pode pagar pode causar danos. Daí o surgimento, nos últimos anos, de um movimento de despatrimonialização não do dano, mas da sua reparação. Doutrina e jurisprudência têm se associado na criação e no desenvolvimento de meios não pecuniários de reparação do dano moral, como a retratação pública, a retratação privada e a veiculação de notícia da decisão judicial. Tais meios, esclareça-se, não necessariamente substituem ou eliminam a indenização em dinheiro, mas podem se somar a ela no sentido de reparar tanto quanto possível o dano moral sofrido pela vítima. E, por menos importantes que pareçam à primeira vista, os meios não pecuniários assumem muitas vezes mais efetividade na satisfação da vítima e na pacificação dos conflitos sociais. Exemplo interessante se extrai da recente jurisprudência do Supremo Tribunal Federal, em caso que discutia o dever do Estado de indenizar presos em condições degradantes. O Ministro Luís Roberto Barroso, em seu voto, ponderou que "diante do caráter estrutural e sistêmico das graves disfunções verificadas no sistema prisional brasileiro, a entrega de uma indenização em dinheiro confere uma resposta pouco efetiva aos danos morais suportados pelos detentos, além de drenar recursos escassos que poderiam ser empregados na melhoria das condições de encarceramento. É preciso, assim, adotar um mecanismo de reparação alternativo, que confira primazia ao ressarcimento *in natura* ou na forma específica dos danos, por meio da remição de parte do tempo de execução da pena, em analogia ao art. 126 da Lei de Execução Penal. A indenização em pecúnia deve ostentar caráter subsidiário, sendo cabível apenas nas hipóteses em que o preso já tenha cumprido integralmente a pena ou não seja possível aplicar-lhe a remição". Propôs, então, que se adotasse como fórmula preferencial de compensação pelos danos morais sofridos a "remição de 1 dia de pena por cada 3 a 7 dias de pena cumprida em condições atentatórias à dignidade humana". Embora a proposta não tenha sido, por razões específicas daquele caso, acolhida pelo plenário, contou com a adesão dos Ministros Luiz Fux e Celso de Mello (STF, RE 580.252/MS, j. 16.02.2017), exprimindo avanço significativo em direção à abertura da jurisprudência brasileira à reparação não pecuniária de danos morais nos casos em que tal remédio se revele adequado. Já no âmbito do Superior Tribunal de Justiça, decidiu-se que "o direito à retratação e ao esclarecimento da verdade possui previsão na Constituição da República e na Lei Civil, não tendo sido afastado pelo Supremo Tribunal Federal no julgamento da ADPF 130/DF. O princípio da reparação integral (arts. 927 e 944 do CC) possibilita o pagamento da indenização em pecúnia e *in natura*, a fim de se dar efetividade ao instituto da responsabilidade civil" (STJ, REsp 1.771.866/DF, 3.ª Turma, Rel. Min. Marco Aurélio Bellizze, j. 12.02.2019).

REFORMA DO CÓDIGO CIVIL: Além de algumas modificações redacionais no texto já existente, o Anteprojeto propõe alterações quanto aos legitimados para pleitear a tutela dos direitos da personalidade de pessoa falecida. Passa-se a mencionar, além do cônjuge, o "convivente" (termo utilizado em todo o Anteprojeto para designar aquele que vive em união estável, no lugar de "companheiro", expressão atualmente empregada pelo legislador). Já a legitimidade dos colaterais até o quarto grau assume natureza subsidiária, tornando-se restrita à hipótese de ausência de outros legitimados. O Anteprojeto propõe, ainda, a inclusão de um novo parágrafo, tratando da discordância dos legitimados acerca da pertinência da ação indenizatória, caso em que, segundo o Anteprojeto, "os legitimados podem assumir, na ação ou no procedimento em trâmite, a posição de parte que melhor lhes convier" (art. 12, § 2º).

Art. 13. Salvo por exigência médica, é defeso o ato de disposição do próprio corpo, quando importar diminuição permanente da integridade física, ou contrariar os bons costumes.

Parágrafo único. O ato previsto neste artigo será admitido para fins de transplante, na forma estabelecida em lei especial.

COMENTÁRIOS DOUTRINÁRIOS: O tratamento jurídico reservado ao corpo humano sofreu, ao longo da História, profunda influência do pensamento religioso. Visto, por muitos séculos, como uma dádiva divina, o corpo humano era considerado como merecedor de uma proteção superior aos desígnios individuais. O pensamento moderno rompeu com essa perspectiva, recolocando gradativamente a integridade corporal no campo da autonomia do sujeito. Nesse sentido, passou-se a falar em "direito ao próprio corpo", expressão que procura enfatizar que o corpo deve atender à realização da própria pessoa, e não aos interesses de qualquer entidade abstrata, como a Igreja, a família ou o Estado. A Constituição brasileira de 1988, em particular, reconhece o direito do ser humano à integridade psicofísica em uma série de dispositivos. Alguns ainda passam muito ao largo da realidade nacional, como o comando do art. 5º, inciso XLIX, que assegura "aos presos o respeito à integridade física e moral". Há longos caminhos a serem percorridos para se atribuir efetividade à tutela física e psíquica do ser humano, especialmente quando se pensa na população de rua, nos moradores de comunidades dominadas pelo crime e na população carcerária. O Código Civil de 2002 poderia ter contribuído de modo mais significativo para esse propósito. Limitou-se, contudo, a contemplar o direito à integridade psicofísica sob um único aspecto: a prática de atos de disposição do corpo humano. Em outras palavras, a codificação veio cuidar tão somente da relação entre a proteção ao corpo e a vontade do seu titular, procurando determinar em quais circunstâncias pode uma pessoa "dispor", no todo ou em parte, do seu próprio corpo. Reproduziu, assim, um paradigma antigo, centrado sobre o liberalismo jurídico. Em relação ao conteúdo da norma estampada no art. 13, três críticas importantes devem ser formuladas. Primeiramente, ao autorizar qualquer disposição do próprio corpo por "exigência médica", o art. 13 parece elevar a recomendação clínica a um patamar superior a qualquer avaliação ética ou jurídica. O termo "exigência" sugere um rigor terapêutico nem sempre presente em intervenções socialmente aceitas e amplamente difundidas, como as cirurgias plásticas puramente embelezadoras e os tratamentos estéticos definitivos (depilação permanente etc.). Daí a sugestão da doutrina de uma interpretação mais abrandada da expressão: "A expressão 'exigência médica' contida no art. 13 refere-se tanto ao bem-estar físico quanto ao bem-estar psíquico do disponente" (Enunciado n. 6 da *I Jornada de Direito Civil*). Em segundo lugar, ao vedar a disposição do próprio corpo que importe "diminuição permanente da integridade física", o preceito sugere, *a contrario sensu*, que estariam autorizadas reduções não permanentes, o que se mostra extremamente perigoso. Interpretando-se de modo literal o dispositivo, as inserções de *microchips* subcutâneos e outros mecanismos removíveis seriam considerados lícitos no Direito Brasileiro, mesmo que com finalidade puramente comercial. Além disso, resta consagrada, por via indireta, a ideia de que as partes regeneráveis do corpo humano merecem menor proteção do que as irrecuperáveis, protegendo-se apenas estas últimas contra os impulsos da autonomia privada. Tal concepção é perigosa e tem feito estrada especialmente no que diz respeito ao tratamento jurídico reservado às chamadas partes destacadas do corpo humano, como fio de cabelo, saliva, sêmen. Encaradas tradicionalmente como *res derelicta*, tais partículas carregam, hoje, a intimidade mais profunda da pessoa, representada pelo seu código genético (DNA). Por último, o artigo elege a noção de "bons costumes", ideia vaga e imprecisa, como critério limitador do exercício da autonomia corporal, o que pode causar sérias dificuldades em um terreno que sofre decisiva influência de inovações tecnológicas e científicas. Em uma sociedade plural, conceder aptidão proibitiva a uma noção tão imprecisa como a de "bons costumes" implica frear atitudes que podem vir a configurar modos inovadores de expressão artística, de manifestação intelectual ou de simples entretenimento (pense-se nas *performances* artísticas que utilizam o corpo, por vezes de modo extremo; em casos de *body modification*; ou, ainda, em modalidades desportivas extremas que implicam ferimentos frequentes como os torneios de *mixed-martial arts*). O parágrafo único do dispositivo autoriza expressamente a disposição do próprio corpo para fins de transplante, remetendo a sua regulamentação para lei especial. Trata-se da Lei do Transplante (Lei n. 9.434/1997), que versa sobre a "doação" de órgãos tanto em vida quanto *post mortem*. A legislação em questão impõe diversos requisitos específicos à "doação", muitos deles capazes, inclusive, de inviabilizar o procedimento (ver comentários ao art. 14). Por exemplo, no que tange às "doações" em vida para pessoas que não sejam cônjuges ou parentes do doador, a Lei n. 10.211 alterou o art. 9º da Lei n. 9.434 para passar a exigir a autorização judicial, dispensada apenas em caso de medula óssea. Não se faz necessário advertir para o caráter emergencial das situações que exigem a disposição de órgãos e tecidos, incompatíveis, por definição, com a necessidade de prévia aprovação formal por parte do Poder Judiciário.

JURISPRUDÊNCIA COMENTADA:

Acusada de corrupção de menores em seu país, a cantora mexicana Gloria Trevi foi detida no Brasil. Enquanto aguardava extradição para o México, descobriu-se grávida na carceragem da Polícia Federal, onde não tinha direito a receber visitas íntimas. O fato foi divulgado pela imprensa e gerou especulações de corrupção e até de um possível estupro por parte dos agentes federais brasileiros, suscitando ainda a inusitada tese de que teria havido uma inseminação artificial por meio de uma caneta. Gloria se recusou expressamente a realizar o exame de DNA que revelaria a paternidade da criança. Ainda assim, viu sua placenta coletada no momento do parto e congelada para a posterior realização do exame, tudo com a chancela do Supremo Tribunal Federal, que, no caso, prestigiou os "bens jurídicos constitucionais como 'moralidade administrativa', 'persecução penal pública' e 'segurança pública' que se acrescem – como bens da comunidade, na expressão de Canotilho – ao direito fundamental à honra (art. 5º, X, da CF), bem assim direito à honra e à imagem de policiais federais acusados de estupro da extraditanda, nas dependências da Polícia Federal, e direito à imagem da própria instituição, em confronto com o alegado direito da reclamante à intimidade e a preservar a identidade do pai de seu filho" (Rcl 2.040 QO/DF, Tribunal Pleno, Rel. Min. Neri da Silveira, j. 21.02.2002). Casos assim evidenciam a necessidade de se redimensionar a proteção legal reservada às partes destacadas do corpo. Na contramão do art. 13 do Código Civil, as diminuições físicas não permanentes assumem uma importância cada vez maior, diante de sua utilidade para procedimentos como a fecundação *in vitro*, o mapeamento genético e até mesmo a clonagem.

REFORMA DO CÓDIGO CIVIL: O Anteprojeto propõe relevantes aprimoramentos ao art. 13, excluindo as referências do preceito à "exigência médica" e aos "bons costumes". O resguardo do "bem-estar físico e psíquico de pessoa maior e capaz" passa a ser considerado causa justificadora do ato de disposição, incorporando-se o teor do Enunciado n. 6 da *I Jornada de Direito Civil*. Introduz-se, ainda, a vedação de atos que impliquem "limitação que, mesmo provisória, importe violação da dignidade humana".

Art. 14. É válida, com objetivo científico, ou altruístico, a disposição gratuita do próprio corpo, no todo ou em parte, para depois da morte.

Parágrafo único. O ato de disposição pode ser livremente revogado a qualquer tempo.

COMENTÁRIOS DOUTRINÁRIOS: Após tratar da disposição do corpo em vida, o Código Civil disciplina a sua disposição *post mortem*. Ao contrário do que fez ao tratar da disposição de órgãos em vida (art. 13, parágrafo único), a codificação eximiu-se de remeter a regulação da disposição *post mortem* para a lei especial. Pode-se concluir, portanto, que avocou para si o tratamento da matéria. O dispositivo exige a gratuidade do ato de disposição, afastando qualquer possibilidade de exploração econômica do cadáver. Vai além o dispositivo em comento, vinculando a validade do ato à persecução de um objetivo *científico* ou *altruístico*. Cogita-se, no primeiro caso, da transferência do corpo para universidades, a fim de viabilizar o estudo e pesquisa por alunos das áreas biomédicas. Já no segundo, tem-se em mira os transplantes de órgãos após a morte, disciplinados pela Lei n. 9.434/1997, a Lei do Transplante. O art. 4º da referida Lei prevê que "a retirada de tecidos, órgãos e partes do corpo de pessoas falecidas para transplantes ou outra finalidade terapêutica, dependerá da autorização do cônjuge ou parente, maior de idade, obedecida a linha sucessória, reta ou colateral, até o segundo grau inclusive, firmada em documento subscrito por duas testemunhas presentes à verificação da morte". O dispositivo é regulamentado pelos arts. 20 e 21 do Decreto n. 9.175/2017, que, confirmando a orientação adotada pela lei, exigem que o consentimento livre e esclarecido dos familiares seja expressamente consignado em um termo específico de autorização. No entanto, exigir autorização de cônjuge ou parente, firmada em documento subscrito por duas testemunhas presentes à verificação da morte, é impor burocracia que dificulta ao extremo a via já tormentosa do transplante *post mortem*. Pior: como restou vetado o parágrafo único que dispensava a autorização dos familiares para a retirada de órgãos diante de registro feito em vida pelo próprio falecido, a nova redação criada pela Lei n. 10.211 tem sido interpretada no sentido de que o aval da família se faz necessário mesmo nos casos em que o morto tenha deixado expressa autorização para o transplante. Tal interpretação subordina a autonomia corporal do indivíduo à vontade de terceiros, atribuindo a cônjuges e parentes um inusitado "direito sobre o corpo alheio", capaz de prevalecer mesmo contra a vontade do falecido. Trata-se de grave atentado contra o valor constitucional da dignidade humana, que pressupõe a plena autodeterminação individual em tudo aquilo que não gere risco para si ou para a coletividade. Esta interpretação revela-se, em uma palavra, inconstitucional. Deve-se, a meu ver, recorrer nessa matéria ao próprio art. 14 do Código Civil, que permite uma construção interpretativa mais compatível com os valores constitucionais. Isso porque, embora não tenha chegado a revogar expressamente a legislação especial, o art. 14 reconheceu sem qualquer ressalva a validade do ato de disposição gratuita do próprio corpo "para depois da morte", com fins altruísticos. Não exigiu, vale dizer, o aval dos familiares. Como o Código Civil de 2002 é norma posterior à Lei n. 10.211, de 2001, o reconhecimento irrestrito de validade da manifestação da vontade do "doador" deve assumir algum efeito inovador na ordem jurídica. Não se pode admitir que o legislador tenha trazido regra nova desprovida de qualquer utilidade simplesmente para confirmar o que a lei especial já afirmava. É possível, nessa direção, entender que o art. 14 da codificação inova em relação ao tecido legislativo anterior, tornando válido o ato praticado em vida pela pessoa humana com vistas à disposição gratuita do próprio corpo para depois da morte, independentemente de qualquer requisito adicional. O ato praticado em vida pelo falecido vale, portanto, mesmo sem o consentimento de cônjuges ou parentes, ou qualquer outra formalidade prevista no texto atual da Lei n. 9.434. Com isso, o art. 4º da Lei n. 9.434 passa a ter sua incidência limitada àqueles casos em que, não tendo havido manifestação em vida do doador, não seja possível aplicar o reconhecimento incondicional de validade do art. 14 do Código Civil. Em tais hipóteses, e apenas em tais hipóteses, dependerá de autorização dos familiares o transplante de órgãos, tecidos ou partes do corpo do falecido – já aí sem qualquer prevalência sobre a vontade do falecido, que jamais se exteriorizara num ou noutro sentido. Trata-se de interpretação acolhida expressamente pelo Enunciado n. 277 da *IV Jornada de Direito Civil*: "O art. 14 do Código Civil, ao afirmar a validade da disposição gratuita do próprio corpo, com objetivo científico ou altruístico, para depois da morte, determinou que a manifestação expressa do doador de órgãos em vida prevalece sobre a vontade dos familiares, portanto, a aplicação do art. 4º da Lei n. 9.434/1997 ficou restrita à hipótese de silêncio do potencial doador". Não é, porém, apenas para fins científicos ou altruísticos que se pode dispor do próprio cadáver. A destinação do corpo pode servir à realização de qualquer interesse do seu titular, desde que compatível com os valores constitucionais. Isso inclui, por exemplo, a eventual destinação ao congelamento para preservação por tempo determinado ou não (procedimento de criogenia). A pedra de toque nesses casos deve ser sempre a vontade do titular. Tal vontade não pode restar afastada pela vontade dos filhos, nem pelo interesse dos familiares na preservação de jazigos de família, tampouco pela simbologia das relações de afeto que descendentes possam procurar conservar por meio do costume de enterrar alguém ao lado daqueles que o falecido amou em vida. A vontade do titular não pode sequer ser afastada por costumes, oriundos de uma tradição religiosa cristã que, sem embargo de sua importância histórica na formação do Brasil, constitui juridicamente apenas uma dentre tantas outras opções religiosas e de crença que estamos livres para seguir, ou não seguir de modo algum. A proteção constitucional da liberdade religiosa (art. 5º, inc. VI) e de pensamento (art. 5º, inc. IV) impede que uma via seja privilegiada pela ordem jurídica em detrimento de todas as outras. Registre-se, ainda, que não se exige, à luz da ordem jurídica brasileira, forma específica para a exteriorização da vontade no tocante à destinação do próprio corpo. Está-se diante de uma escolha existencial que não produz, a princípio, qualquer prejuízo a terceiros, de modo que sua exteriorização pode se dar por qualquer meio, incluindo o meio verbal. O parágrafo único do artigo em comento explicita a livre revogabilidade do ato de disposição pelo titular do direito ao corpo, não se admitindo que qualquer pessoa seja obrigada a dispor do seu direito à integridade física por força de declaração de vontade unilateral pretérita.

JURISPRUDÊNCIA COMENTADA: O STJ já decidiu que "o procedimento da criogenia em seres humanos não possui previsão legal em nosso ordenamento jurídico", mas "deve-se aplicar a analogia jurídica (*iuris*), pois o nosso ordenamento jurídico, além de proteger as disposições de última vontade do indivíduo, como decorrência do direito ao cadáver, contempla diversas normas legais que tratam de formas distintas de destinação do corpo humano após a morte em relação à tradicional regra do sepultamento, dentre as quais podemos citar o art. 77, § 2º, da Lei de Registros Públicos, que disciplina a possibilidade de cremação do cadáver; a Lei n. 9.434/1997, que dispõe sobre a remoção de órgãos, tecidos e partes do corpo humano para fins de transplante e tratamento; o art. 14 do Código Civil, que possibilita a destinação do corpo, após a morte, para fins científicos ou altruísticos, dentre outras". O Tribunal ressaltou a inexistência de forma específica para a manifestação de última vontade nesse contexto, "sendo perfeitamente possível, portanto, aferir essa vontade, após o seu falecimento, por outros meios de prova legalmente admitidos". No caso concreto – considerando a legitimidade conferida a familiares pelos arts. 12, parágrafo único, e 20, parágrafo único, do Código Civil para a tutela *post mortem* dos direitos da personalidade do falecido –, entendeu-se "razoável concluir que a manifestação da filha [...] é a que traduz a real vontade de seu genitor em relação à destinação de seus restos mortais, visto que, sem dúvida alguma, é a que melhor pode revelar suas convicções e desejos, em razão da longa convivência com ele, que perdurou até o final de sua vida" (STJ, REsp 1.693.718/RJ, 3.ª Turma, Rel. Min. Marco Aurélio Bellizze, j. 26.03.2019).

REFORMA DO CÓDIGO CIVIL: O Anteprojeto propõe a inserção de novo parágrafo, que determina: "Havendo, por escrito, disposição do próprio titular, não há necessidade de autorização familiar e, em não havendo, esta será dada conforme a ordem de sucessão legítima". O dispositivo esclarece a prevalência da vontade do titular sobre a de seus familiares, na linha dos comentários doutrinários *supra*.

Art. 15. Ninguém pode ser constrangido a submeter-se, com risco de vida, a tratamento médico ou a intervenção cirúrgica.

COMENTÁRIOS DOUTRINÁRIOS: O art. 15 dá continuidade ao tratamento do direito ao corpo. Incorre, contudo, em imprecisão redacional. Ao afirmar que ninguém pode ser constrangido a submeter-se a tratamento médico ou intervenção cirúrgica, "com risco de vida", o legislador sugere, *a contrario sensu*, que, não havendo risco de vida, qualquer pessoa poderia ser constrangida a tratamentos médicos contrários à sua vontade. A despeito do que sugere o art. 15 do Código Civil, não há dúvida de que compelir pessoa consciente a se submeter, contra a sua vontade, a tratamento médico ou a intervenção cirúrgica, mesmo sem risco de vida, é conduta vedada, em regra, pelo ordenamento brasileiro. Toda a produção jurídica das últimas décadas em matéria de responsabilidade médica tem se concentrado sobre a necessidade de obtenção da concordância do paciente para qualquer espécie de tratamento. Em oposição à cultura paternalista que presidiu, no passado, a relação médico-paciente, tem-se ressaltado cada vez mais a necessidade de participação do enfermo nas decisões concernentes ao seu tratamento. Enfatiza-se, ademais, que tal participação não se restringe a uma autorização genérica para a realização dos procedimentos médicos necessários ou dirigidos à cura, mas importa no *consentimento informado* em relação a cada passo ou etapa da terapia. Somente em casos excepcionalíssimos, resultantes da ponderação com outros interesses constitucionalmente protegidos, poderá haver a submissão de pessoa a tratamento médico compulsório. É o caso das campanhas de vacinação obrigatória para prevenir epidemias ou, ainda, da internação compulsória imposta judicialmente a criminosos que sofrem de certos distúrbios psiquiátricos, instituídos com foco na tutela do direito à saúde do próprio paciente e da coletividade. Afora hipóteses dessa natureza, o consentimento do paciente deve ser sempre buscado, fornecendo-se a ele, de modo claro e palatável, toda a informação relevante sobre o tratamento e seus potenciais efeitos, positivos ou negativos, além de alternativas eventualmente disponíveis. Esta a concepção que restou consagrada no Enunciado n. 533 da *VI Jornada de Direito Civil*, ao dispor: "O paciente plenamente capaz poderá deliberar sobre todos os aspectos concernentes a tratamento médico que possa lhe causar risco de vida, seja imediato ou mediato, salvo as situações de emergência ou no curso de procedimentos médicos cirúrgicos que não possam ser interrompidos".

JURISPRUDÊNCIA COMENTADA: Religião que conta com numerosos adeptos no território brasileiro, as Testemunhas de Jeová não podem, consoante sua crença, receber transfusão de sangue. Apesar disso, muitos de seus seguidores acabam sendo submetidos contra sua vontade a procedimentos de transfusão, após serem sedados por médicos ou enfermeiros em hospitais e clínicas de todo o país. A prática, que pode resultar aos olhos do paciente em uma condenação divina ao tormento, vem quase sempre justificada com base em um direito do próprio paciente: o direito à vida. Diversos julgados acolhem esta tese, como se vê, a título ilustrativo, do seguinte acórdão do TJSP: "Em que pesem as convicções religiosas da apelante que, frise-se, lhe são asseguradas constitucionalmente, a verdade é que o que deve prevalecer, acima de qualquer credo, religião, é o bem maior tutelado pela Constituição Federal, a vida. Ora, sendo o direito à vida o principal direito individual, o bem jurídico de maior relevância tutelado pela ordem constitucional, à evidência que os demais direitos individuais dependem de sua existência. De que valeria a Constituição Federal tutelar direitos como a liberdade, igualdade, integridade moral, entre outros, sem que fosse assegurado o direito à vida?" (TJSP, Apelação 9131552-72.1999.8.26.0000, 3.ª Câmara de Direito Privado, Rel. Des. Flavio Pinheiro, j. 07.05.2002). Embora possa consistir em uma opção legítima do ponto de vista moral ou filosófico, a alegada supremacia do direito à vida não encontra qualquer fundamento jurídico em nosso sistema normativo. A Constituição de 1988 não reserva tratamento privilegiado à vida em face de outros interesses pessoais. Menciona o direito à vida no art. 5º, juntamente com tantos outros direitos como a igualdade, a segurança, a propriedade e a própria liberdade religiosa. Tal liberdade não abrange apenas o aspecto positivo, ou seja, a permissão para a realização de atos que atendam aos preceitos de cada religião, mas também o aspecto negativo, consubstanciado no direito de recusa à prática de atos que possam implicar violação às crenças da pessoa. Como se vê, nosso texto constitucional eximiu-se de estabelecer qualquer hierarquia entre a vida e outros direitos individuais. Papel prioritário reservou, isso sim, à dignidade da pessoa humana, eleita como fundamento da República no art. 1º, inciso III, da Constituição. Assim, os direitos individuais são protegidos apenas enquanto e na medida em que se dirigem à promoção da dignidade humana. Intolerável, portanto, que uma Testemunha de Jeová seja compelida, contra a sua livre manifestação de vontade, a receber transfusão de sangue, com base na pretensa superioridade do direito à vida sobre a sua liberdade de crença. Note-se que a priorização da vida representa, ela própria, uma "crença", já que não encontra amparo em nossa Constituição, refletindo, muitas vezes, convicções científicas e religiosas da comunidade médica, em detrimento das convicções do próprio paciente. A vontade do paciente deve ser respeitada, porque assim determina a tutela da dignidade humana, valor fundamental do ordenamento jurídico brasileiro. Também esta concepção, que se afigura mais adequada à luz da ordem constitucional, encontra reflexo em nossa jurisprudência: "A postulante é pessoa capaz, está lúcida e desde o primeiro momento em que buscou atendimento médico dispôs, expressamente, a respeito de sua discordância com tratamentos que violem suas convicções religiosas, especialmente a transfusão de sangue. Impossibilidade de ser a recorrente submetida a tratamento médico com o qual não concorda e que para ser procedido necessita do uso de força policial. Tratamento médico que, embora pretenda a preservação da vida, dela retira a dignidade proveniente da crença religiosa, podendo tornar a existência restante sem sentido. Livre-arbítrio. Inexistência do direito estatal de 'salvar a pessoa dela própria', quando sua escolha não implica violação de direitos sociais ou de terceiros. Proteção do direito de escolha, direito calcado na preservação da dignidade, para que a agravante somente seja submetida a tratamento médico compatível com suas crenças religiosas" (TJRS, Agravo de Instrumento 70032799041, 12.ª Câmara Cível, Rel. Des. Cláudio Baldino Maciel, j. 06.05.2010). No intuito de contribuir para a solução destes casos, o Enunciado n. 403 da *V Jornada de Direito Civil* sugere critérios para o controle de legitimidade da recusa: "O Direito à inviolabilidade de consciência e de crença, previsto no art. 5º, VI, da Constituição Federal, aplica-se também à pessoa que se nega a tratamento médico, inclusive transfusão de sangue, com ou sem risco de morte, em razão do tratamento ou da falta dele, desde que observados os seguintes critérios: a) capacidade civil plena, excluído o suprimento pelo representante ou assistente; b) manifestação de vontade livre, consciente e informada; e c) oposição que diga respeito exclusivamente à própria pessoa do declarante".

REFORMA DO CÓDIGO CIVIL: O Anteprojeto propõe a exclusão da problemática referência ao "risco de vida" como hipótese autorizativa de intervenção médica forçada. Sugere também a inclusão de três novos parágrafos que tratam de outros aspectos relevantes da tutela da personalidade no âmbito da atividade médica. Pretende introduzir na legislação a figura das *diretivas antecipadas de vontade*, por meio das quais a própria pessoa indica os tratamentos a que deseja ou não se submeter no caso de se tornar incapaz de expressar sua vontade – o chamado *testamento vital* ou *biológico* (Anteprojeto, art. 15, § 1º) – ou indica um representante para a tomada de decisões a respeito de sua saúde (Anteprojeto, art. 15, § 2º). Estabelece, ainda, o dever dos profissionais de saúde de prestar a melhor assistência possível ao paciente que validamente recusa um tratamento específico.

Art. 16. Toda pessoa tem direito ao nome, nele compreendidos o prenome e o sobrenome.

COMENTÁRIOS DOUTRINÁRIOS: O art. 16 do Código Civil inicia o tratamento do direito ao nome, esclarecendo de modo didático a sua composição por prenome e sobrenome (também referido como *patronímico*). A disciplina jurídica do nome abrange três aspectos: a) o direito de ter um nome, que é, na verdade, um poder-dever, já que, por força do caráter compulsório do registro de nascimento, ninguém pode deixar de ostentar um nome como signo que o identifica no meio social; b) o direito de interferir no próprio nome, que é a faculdade de obter a alteração do próprio nome nas hipóteses em que a lei assim autoriza; e, por fim, c) o direito de impedir o uso indevido do próprio nome por terceiros (presentes nos arts. 17 e 18). O Código Civil de 2002, no artigo em comento, reforça o primeiro desses aspectos, qual seja, a ideia de poder-dever do nome. Compreendido, historicamente, como instrumento necessário para garantir a segurança coletiva por meio da precisa identificação de cada indivíduo no meio social, o nome foi regulado no Brasil como verdadeira questão de Estado. Na esteira das normas que lhe antecederam, a Lei de Registros Públicos (Lei n. 6.015, de 31.12.1973) declarou a obrigatoriedade do registro do nascimento, com a indicação de nome composto de prenome e sobrenome. O referido diploma legislativo, em sua redação original, acolhia como regra geral a imutabilidade do nome, salvo raras exceções relacionadas a emendas e alterações previstas expressamente naquela lei e subordinadas à autorização judicial. A concepção rígida do nome, como sinal distintivo imodificável, foi sendo gradativamente temperada pela legislação brasileira, que passou a permitir a alteração em um conjunto variado de hipóteses, que abrange a) a retificação da grafia do nome em virtude do erro no registro, b) a tradução do nome estrangeiro em casos de naturalização, c) a alteração do prenome suscetível de expor o seu titular ao ridículo, d) a alteração ou substituição do prenome com a inclusão de apelido público notório, e) a alteração do nome em virtude de adoção, f) a alteração do nome no primeiro ano após a maioridade civil desde que não prejudique os nomes de família, g) a possibilidade de adoção do sobrenome de padrasto ou madrasta, e assim por diante. Finalmente, a Lei n. 14.382/2022 alterou a redação dos arts. 55 a 57 da Lei de Registros Públicos, afastando a regra geral de imutabilidade do nome da pessoa humana. Com efeito, a nova lei passou a prever expressamente a possibilidade de alteração imotivada do prenome, inclusive pela via extrajudicial (Lei de Registros Públicos, art. 56, *caput* e § 1º), além de instituir um amplo rol de hipóteses em que se permite a modificação do sobrenome (Lei de Registros Públicos, art. 57, *caput*). O nome deixa, assim, de ser uma imposição do destino, cuja alteração restava vedada pela ordem jurídica, para se tornar um genuíno espaço de autonomia existencial da pessoa humana. Nesse contexto, o "direito ao nome" – como proclamado pelo art. 16 do Código Civil – passa a ter real significado e sentido, tornando-se realmente um direito do seu titular. *Direito à identidade pessoal.* Contemporaneamente, tem-se reconhecido que à pessoa humana deve-se resguardar o direito de ter associado a seu nome aquilo que lhe diz respeito e, do mesmo modo, de não ter vinculados a si fatos ou coisas que nada digam consigo. Trata-se de enxergar o direito ao nome em uma nova perspectiva, mais ampla e mais substancial, que pode ser denominada de *direito à identidade pessoal*, abrangendo não só o nome como também os diferentes traços pelos quais a pessoa humana vem representada no meio social. Em um cenário de massificação das relações sociais e padronização dos procedimentos adotados em todas as searas da vida civil, o ser humano raramente é contemplado em sua particularidade única e genuína. O ritmo acelerado da vida contemporânea estimula a apreensão meramente parcial dos fatos e também das pessoas. A pessoa humana, em sua imensa complexidade, acaba representada sempre de modo apressado, incompleto, provisório e, não raro, falso. O direito à identidade pessoal não surge aí como mero instrumento de reação a violações pontuais ou como remédio para momentos patológicos. Atua também de modo promocional, estimulando o encontro do ser humano com a sua autêntica identidade.

JURISPRUDÊNCIA COMENTADA: Evidenciando o indissociável nexo entre nome e identidade pessoal, o Supremo Tribunal Federal, em decisão histórica, decidiu que "(1) O transgênero tem direito fundamental subjetivo à alteração de seu prenome e de sua classificação de gênero no registro civil, não se exigindo para tanto nada além da manifestação de vontade do indivíduo, o qual poderá exercer tal faculdade tanto pela via judicial como diretamente pela via administrativa. (2) Essa alteração deve ser averbada à margem do assento de nascimento, vedada a inclusão do termo 'transgênero'. (3) Nas certidões do registro não constará nenhuma observação sobre a origem do ato, vedada a expedição de certidão de inteiro teor, salvo a requerimento do próprio interessado ou por determinação judicial. (4) Efetuando-se o procedimento pela via judicial, caberá ao magistrado determinar, de ofício ou a requerimento do interessado, a expedição de mandados específicos para a alteração dos demais registros nos órgãos públicos ou privados pertinentes, os quais deverão preservar o sigilo sobre a origem dos atos" (STF, ADI 4.275, Tribunal Pleno, j. 1º.03.2018 e RE 670.422, j. 15.08.2018). Com efeito, a função do registro civil é dar segurança à vida em sociedade. Um registro civil que atribua a uma pessoa atributos que ela não ostenta na vida social é um registro "falso", "errado", que exige retificação.

Nome e gênero devem ser vistos não como estados registrais imutáveis ou verdades superiores ao seu titular, mas como um espaço essencial de realização da pessoa humana. O condicionamento da retificação à realização de procedimentos de adequação do sexo sobrepõe indevidamente uma suposta verdade biológica aos valores fundantes da ordem jurídica, calcados na dignidade humana. Na citada decisão da ADI 4.275, o STF não se limitou a extirpar a injustificável exigência de cirurgia. Afastou, ainda, a possibilidade de qualquer exigência referente a idade, perícia médica ou outros limites que pudessem obstar a tutela do direito à identidade. Nessa esteira, a maioria da Corte concluiu ser desnecessário que o pedido de retificação fosse realizado pela via judicial, podendo ser apresentado diretamente em cartório. Ponderou-se que, na ausência de requisitos para a alteração, a atuação jurisdicional ficaria esvaziada, nada impedindo que o oficial do registro civil suscite o procedimento de dúvida, submetendo a apreciação da matéria a um magistrado. Assegurou-se, por fim, o sigilo em relação ao procedimento, de modo que os documentos retificados não podem fazer referência às alterações, expondo a intimidade da pessoa transgênero. Na esteira da decisão do STF, foi editado o Provimento n. 73/2018 do CNJ, que dispõe sobre a averbação da alteração do prenome e do gênero nos assentos de nascimento e casamento de pessoa transgênero no Registro Civil das Pessoas Naturais, de modo a viabilizar o cumprimento da decisão. A matéria foi posteriormente incorporada ao Código Nacional de Normas da Corregedoria Nacional de Justiça do Conselho Nacional de Justiça – Foro Extrajudicial (Provimento n. 149/2023 do CNJ), sendo disciplinada nos arts. 516 e seguintes. Na mesma direção, a jurisprudência do Superior Tribunal de Justiça vinha flexibilizando a rigidez legal, revelando-se mais sensível a pleitos de alteração do nome, podendo-se citar, exemplificativamente: "No caso dos autos, há justificado motivo para alteração do prenome, seja pelo fato de a recorrente ser conhecida em seu meio social e profissional por nome diverso do constante no registro de nascimento, seja em razão da escolha do prenome pelo genitor remetê-la à história de abandono paternal, causa de grande sofrimento" (STJ, REsp 1.514.382/DF, 4.ª Turma, Rel. Min. Antonio Carlos Ferreira, j. 01.09.2020). Veja-se, ainda: "Na hipótese, a parte, que havia substituído um de seus patronímicos pelo de seu cônjuge por ocasião do matrimônio, fundamentou a sua pretensão de retomada do nome de solteira, ainda na constância do vínculo conjugal, em virtude do sobrenome adotado ter se tornado o protagonista de seu nome civil em detrimento do sobrenome familiar, o que lhe causa dificuldades de adaptação, bem como no fato de a modificação ter lhe causado problemas psicológicos e emocionais, pois sempre foi socialmente conhecida pelo sobrenome do pai e porque os únicos familiares que ainda carregam o patronímico familiar se encontram em grave situação de saúde. Dado que as justificativas apresentadas pela parte não são frívolas, mas, ao revés, demonstram a irresignação de quem vê no horizonte a iminente perda dos seus entes próximos sem que lhe sobre uma das mais palpáveis e significativas recordações – o sobrenome –, deve ser preservada a intimidade, a autonomia da vontade, a vida privada, os valores e as crenças das pessoas, bem como a manutenção e perpetuação da herança familiar, especialmente na hipótese em que a sentença reconheceu a viabilidade, segurança e idoneidade da pretensão mediante exame de fatos e provas não infirmados pelo acórdão recorrido" (STJ, REsp 1.873.918/SP, 3.ª Turma, Rel. Min. Nancy Andrighi, j. 04.03.2021). Confira-se, por fim, ainda no âmbito do STJ: "O ato do pai que, conscientemente, desrespeita o consenso prévio entre os genitores sobre o nome a ser dado ao filho, acrescendo prenome de forma unilateral por ocasião do registro civil, além de violar os deveres de lealdade e de boa-fé, configura ato ilícito e exercício abusivo do poder familiar, sendo motivação bastante para autorizar a exclusão do prenome indevidamente atribuído à criança" (STJ, REsp 1.905.614/SP, 3.ª Turma, Rel. Min. Nancy Andrighi, j. 04.05.2021). A mesma tendência era observada no âmbito dos tribunais locais, merecendo destaque o seguinte precedente: "Requerente idoso, com 60 anos de idade, que nasceu no interior no Nordeste e foi registrado aos 17 anos com o prenome Domingos, sendo negado pelo pai a escolha de outro nome. Relata situações de zombaria e constrangimentos desde a infância que se perpetuaram na vida adulta. Autor que busca atendimento pelo SUS, concluindo o psicólogo pela insuportabilidade da situação fática para o requerente, fato corroborado no parecer psicológico da equipe técnica de confiança do juízo (ETIC), no sentido de que ele não se reconhece como Domingos. [...] Embora o nome 'Domingos' seja comumente adotado e, abstratamente, não exponha a pessoa ao ridículo, a prova dos autos denota que as situações vexatórias e o constrangimento experimentados partem de interpretação do próprio requerente quanto ao seu prenome, não se podendo menosprezar o sentimento pessoal e as repercussões psicológicas advindas dos episódios narrados. [...] Desta feita, o caso é de reforma da sentença para julgar procedente o pedido, determinando-se a expedição de ofício ao RCPN para proceder a alteração do prenome do requerente para Guilherme" (TJRJ, Apelação Cível 0017690-09.2019.8.19.0087, 16.ª Câmara Cível, Rel. Des. Marco Aurélio Bezerra de Melo, j. 19.04.2022). A resolução de todas essas questões, no entanto, restou facilitada pelas inovações introduzidas pela Lei n. 14.382/2022, ao romper com o dogma da imutabilidade do nome.

REFORMA DO CÓDIGO CIVIL: O art. 16 é objeto de proposta de intensa reformulação pelo Anteprojeto. O *caput* passa a tratar, mais amplamente, da "identidade da pessoa natural", vedando-se expressamente "qualquer discriminação, quanto a gênero, a orientação sexual ou a características sexuais", o que confere maior densidade normativa ao objetivo fundamental da República de "promover o bem de todos, sem preconceitos de origem, raça, sexo, cor, idade e quaisquer outras formas de discriminação" (Constituição, art. 3º, IV). São acrescidos, ainda, sete parágrafos dedicados ao direito ao nome. Tais parágrafos incorporam as normas atualmente constantes do arts. 17, 18 e 19 do Código Civil, além de outros novos temas, como a mudança do nome (Anteprojeto, art. 16, § 6º) e a modificação do sobrenome de crianças e adolescentes por força de novo casamento ou união estável de seus ascendentes (Anteprojeto, art. 16, § 7º). Verifica-se, por fim, o acréscimo de um novo art. 16-A, dedicado à proteção ao nome, à marca e à identificação de atividades, serviços e produtos de pessoas jurídicas. Este último acréscimo não se ajusta com perfeição à afirmação constante do *caput* do art. 11 do próprio Anteprojeto, segundo o qual "os direitos da personalidade se prestam à tutela da dignidade humana", sendo certo que as normas voltadas à proteção das pessoas jurídicas podem ser alocadas no título dedicado a tais entes abstratos na própria parte geral da codificação civil (arts. 40 e ss.).

Art. 17. O nome da pessoa não pode ser empregado por outrem em publicações ou representações que a exponham ao desprezo público, ainda quando não haja intenção difamatória.

COMENTÁRIOS DOUTRINÁRIOS: Há na redação do art. 17 evidente confusão entre o direito ao nome e o direito à honra. O direito ao nome possui autonomia e sua tutela não pode ficar a depender da configuração de uma lesão à honra ou a qualquer outro atributo da personalidade. Já a exposição de qualquer pessoa "ao desprezo público" é vedada por afetar seu direito à honra, sendo evidente que o uso do nome assume, na redação do dispositivo, o caráter de mero instrumento da violação a outro atributo da personalidade. O direito à honra é consagrado pela Constituição da República em seu art. 5º, inciso X, ao lado de outros direitos da personalidade. No âmbito infraconstitucional, é marcante a atenção que o Código Penal dispensa ao tema, regulando especificamente os crimes de injúria, calúnia e difamação. Esse enfoque penal influenciou de modo inegável a tutela civil da honra. O Código Civil de 2002, como seu antecessor, emprega, em inúmeras oportunidades, os termos injúria, calúnia e difamação, tomando por empréstimo as noções do direito penal. Da doutrina penalista advém, ainda, a distinção entre a) honra objetiva, assim entendida a reputação de que goza a pessoa no meio social; e b) honra subjetiva, consubstanciada no sentimento que a própria pessoa ostenta em relação à sua integridade moral. No direito penal, a honra subjetiva é associada ao crime de injúria, enquanto a honra objetiva é o bem lesado pelos crimes de calúnia e difamação, extraindo-se da distinção importantes consequências na disciplina jurídica desses delitos. Os civilistas abraçam a dicotomia, dando-lhe novos usos, como casos de indenização por dano moral à pessoa jurídica, por exemplo, com base em reportagens que relatam fatos falsos, afetando a reputação da pessoa jurídica na sociedade (ver comentários ao art. 52). Além da confusão entre dois direitos autônomos, deve-se atentar para o risco de interpretação literal do dispositivo. Não é verdade que o nome de uma pessoa não pode ser empregado em publicações ou representações que a exponham ao desprezo público. A liberdade de informação, por exemplo, autoriza o uso de nome alheio para relatar fatos de interesse público e pode ocorrer que tais fatos, embora reflexos de uma situação verdadeira, acabem por expor a pessoa a desprezo público, como ocorre no caso das reportagens que denunciam situações de corrupção ou outros delitos. Também aqui o legislador parece ter optado por um enunciado normativo de aparência garantista e aplicação simples, mas não logrou solucionar diversos problemas que dizem respeito ao direito à honra e ao nome na atualidade, especialmente aqueles decorrentes de sua colisão com a liberdade de informação.

REFORMA DO CÓDIGO CIVIL: O Anteprojeto propõe o deslocamento da previsão constante do atual art. 17 para o § 2º do art. 16. Confere-se ao enunciado normativo uma nova redação, que passa a vedar, além da exposição ao desprezo público, o emprego do nome em publicações "que tenham fins econômicos ou comerciais". No lugar do atual art. 17, o Anteprojeto propõe um novo preceito dedicado ao direito à identidade pessoal, que abrangeria a proteção a "nome, imagem, voz, integridade psicofísica", além de "aspectos que envolvam orientação ou expressão de gênero, sexual, religiosa, cultural", entre outros (Anteprojeto, art. 17, § 1º). Destaque-se, por fim, a proposta de inclusão de um novo art. 17-A, tratando do "cerceamento abusivo da liberdade pessoal de ambulação, de expressão e de informação".

Art. 18. Sem autorização, não se pode usar o nome alheio em propaganda comercial.

COMENTÁRIOS DOUTRINÁRIOS: O propósito do legislador no presente artigo foi impedir que alguém obtenha benefícios econômicos com base na utilização do nome alheio. Aqui, a codificação parece ter se deixado levar pelo patrimonialismo que marcou o Código Civil de 1916. Todo o problema do uso indevido do nome aparece reduzido à sua repercussão econômica. A expressa coibição do uso do nome alheio em uma única hipótese (uso em propaganda comercial) sugere que, nos demais casos, a autorização é dispensada, o que não corresponde à melhor orientação na matéria. Muito ao contrário, é preciso estabelecer interpretação em que não se limite a vedação a simples "propaganda comercial". O art. 18 deve ser interpretado, com efeito, como norma puramente exemplificativa, destinada a regular apenas uma das muitas situações em que a utilização não autorizada do nome alheio pode ser considerada indevida. Outras há que não encontram previsão nem no art. 18, nem nos demais dispositivos que regulam a tutela do nome, como, por exemplo, o uso não autorizado do nome de alguém em propaganda eleitoral (não comercial) como evidência de apoio a determinado candidato. Outro aspecto relevante diz respeito ao reconhecimento pelo art. 18 da possibilidade de uso de nome alheio quando houver autorização do seu titular. A autorização, que pode ser emitida gratuitamente ou mediante remuneração, não será válida se assumir caráter geral e irrestrito, devendo o consentimento dirigir-se sempre a situação específica e bem delimitada. Como limitação ao exercício de um direito da personalidade, a autorização deve ser interpretada restritivamente, entendendo-se abrangida apenas a utilização com a qual tenha havido efetiva concordância do titular. Sem prejuízo disso, a autorização pode ser tácita, derivando do comportamento inequívoco do titular do nome, como no exemplo corriqueiro do passante que responde a uma pergunta formulada por repórter, informando, em seguida, o seu nome completo. Também aqui, entretanto, a interpretação há de ser restritiva, tomando-se como autorizado tão somente o uso do nome do entrevistado em relação ao fornecimento daquela resposta específica e contextualizada, sem que haja sugestão de associação a aspectos não abordados expressamente na pergunta.

JURISPRUDÊNCIA COMENTADA: O famoso apresentador de televisão Luciano Huck recorreu ao Poder Judiciário quando viu seu nome veiculado, sem qualquer autorização, no informe publicitário de um lançamento imobiliário de alto luxo. A construtora do imóvel e a sociedade de consultoria responsável pela comercialização das unidades foram citadas para contestar a ação. Em sua defesa, alegaram que tinham se limitado a reproduzir matéria jornalística publicada, tempos antes, na Revista *Veja São Paulo*. A matéria dava notícia da concentração de imóveis de alto luxo em certa rua da cidade, citando o apresentador Luciano Huck como um dos seus ilustres moradores. As rés reproduziram, em anexo ao informe publicitário, parte de reportagem, sustentando que, por essa razão, a autorização do mencionado era dispensável. O juiz de primeiro grau julgou improcedente o pedido formulado na ação proposta pelo apresentador. Sustentou, em síntese, que a situação não se enquadrava no art. 18 do Código Civil, por falta de vinculação direta e específica entre o anúncio e o nome de Luciano Huck. Afirmou, ademais, que o episódio não teria gerado mais que o mero aborrecimento do autor, sendo insuficiente para a configuração do dano moral. A sentença foi reformada pela 1.ª Câmara de Direito Privado do Tribunal de Justiça de São Paulo. Entenderam os Desembargadores que "é incontroversa a citação do nome do autor vinculado ao anúncio publicitário veiculado pelas rés. É certo que o informe publicitário das rés apenas anexou a matéria jornalística, contendo o nome do autor, já publicada em periódico semanal, mas não menos certo é que tal inserção deu enfoque comercial e econômico ao empreendimento imobiliário

Brazilian Art. O autor faz jus à indenização por uso indevido de seu nome" (Apelação Cível 9072060-76.2004.8.26.0000, Rel. Des. Paulo Eduardo Razuk, j. 28.09.2010). O acórdão demonstra, com razão, que o importante não é tanto a forma da utilização do nome alheio, mas a sua finalidade, que somente quando exprima outro interesse de igual hierarquia poderá ser invocada para dispensar a autorização do titular do nome.

REFORMA DO CÓDIGO CIVIL: O Anteprojeto propõe o deslocamento do enunciado normativo do atual art. 18 para o § 5º do art. 16, no qual a referência à "propaganda comercial" é substituída pela alusão mais ampla à utilização do nome "em publicidade, em marca, logotipo ou em qualquer forma de identificação de produto, mercadoria ou de atividade de prestação de serviços". Acrescenta-se, ainda, uma nova vedação ao emprego do nome alheio em "manifestações de caráter religioso ou associativo". O novo art. 18 proposto pelo Anteprojeto trata do direito da pessoa "de conhecer as suas origens ancestrais, biológicas, étnicas, culturais e sociais", ampliando o direito já reconhecido às pessoas adotadas pelo art. 48 do ECA, que determina: "O adotado tem direito de conhecer sua origem biológica, bem como de obter acesso irrestrito ao processo no qual a medida foi aplicada e seus eventuais incidentes, após completar 18 (dezoito) anos".

Art. 19. O pseudônimo adotado para atividades lícitas goza da proteção que se dá ao nome.

COMENTÁRIOS DOUTRINÁRIOS: O pseudônimo é um nome fictício criado pelo indivíduo. A repercussão marcante que o pseudônimo pode assumir no meio social justifica lhe seja reservada proteção legal idêntica àquela do nome. O uso de pseudônimo em propaganda comercial ou sua utilização de modo a expor seu titular ao desprezo público são práticas vedadas, por força da aplicação conjunta dos arts. 17, 18 e 19 do Código Civil. Além disso, embora seja livre a criação do pseudônimo, deve-se coibir a usurpação de pseudônimos já estabelecidos no meio social. No termo *pseudônimo* deve se entender incluída qualquer modalidade de nome fictício desenvolvida com finalidade lícita, ainda que tecnicamente distinta do pseudônimo. Exemplo ilustrativo é o da heteronímia, que se caracteriza pela criação de vários nomes aos quais se atribuem personalidades distintas. Ricardo Reis, Alberto Caeiro e Álvaro de Campos não são apenas nomes fictícios de Fernando Pessoa, mas instrumentos de manifestação artística de personalidades distintas e, sob diversos aspectos, contraditórias. Figura diversa do pseudônimo é o apelido, quase sempre, produto da iniciativa alheia, que ganha força no meio social, independentemente e às vezes até contra a vontade do apelidado. Justamente por essa razão, a lei não estende ao apelido a proteção do pseudônimo, nítida manifestação da liberdade intelectual do seu titular. Ainda assim, a lei autoriza que quem o desejar inclua no próprio nome o apelido, desde que público e notório (art. 58 da Lei n. 6.015). Desse modo, por iniciativa do titular, o apelido público notório pode vir a integrar ou mesmo substituir o prenome originário, passando a contar com a proteção jurídica que o ordenamento reserva ao nome. Embora esteja ao alcance de todos, o recurso vem normalmente utilizado por pessoas célebres, cujo apelido assume importância comercial, eleitoral ou institucional.

JURISPRUDÊNCIA COMENTADA: O Superior Tribunal de Justiça já teve a oportunidade de distinguir a categoria do pseudônimo do simples nome de banda, consignando a distinta tutela conferida pela ordem jurídica a cada uma dessas figuras: "Vale ressaltar, de início, que a designação de grupo musical por título genérico (p. ex.: Banda Eva) não se confunde com pseudônimo (p. ex.: Patativa do Assaré), apelido notório (p. ex.: Cazuza) ou nome artístico singular (p. ex.: Roberto Carlos) ou coletivo (p. ex.: Alvarenga e Ranchinho), esses quatro últimos utilizados por pessoas físicas para se apresentarem no meio artístico, identificando-se como artistas. Para pseudônimo, apelido notório e nome artístico singular ou coletivo são assegurados atributos protetivos inerentes à personalidade, inclusive a necessidade de prévio consentimento do titular como requisito para o registro da marca (Lei n. 9.279/96, art. 124, XVI). No caso de designação de grupo artístico por título genérico, a designação não identifica, nem se reporta, propriamente, às pessoas que compõem o conjunto, de modo que a impessoalidade permite até que os integrantes facilmente possam ser substituídos por outros sem que isso implique modificação essencial que prejudique a continuidade do grupo artístico. Por isso, não se pode falar em direito da personalidade nessa hipótese, como sucede no caso em debate, como bem decidiu a Corte Estadual. [...] Feitos esses esclarecimentos, fica afastada a alegação de violação ao art. 124, XVI, da Lei n. 9.279/96, sob a argumentação de que a recorrente, como detentora do título 'Pancake', não autorizara seu registro, como exigiria o referido dispositivo legal quando se trata de nome artístico, pois, como visto, de nome artístico não se cuida. Convém esclarecer, ainda, que a designação dada a 'banda musical' ou a um 'grupo musical' também não se constitui em nome empresarial ou em título de estabelecimento. Aliás, na espécie, não afirma a autora ser empresária individual ou ter constituído pessoa jurídica para organizar a atividade da banda. Trata-se, na realidade, de marca ('Pancake'), isto é, de um sinal, título ou palavra que se atribui como elemento distintivo de grupo artístico com atuação na atividade 'grupo musical', assegurando sua identidade de modo a diferenciá-lo dos demais existentes no mercado. De acordo com a normatização estabelecida pelo INPI – Instituto de Propriedade Industrial, o título de banda musical deve ser registrado como marca sob a classe 'grupo musical – 41', providência que, nos termos do art. 129 da Lei n. 9.279/96, confere ao titular a exclusividade no uso [...] Nesse contexto, diversamente do que entende a recorrente, a proteção relativa à designação, por título genérico, de banda ou grupo musical se subsume às regras da propriedade industrial, pois se trata de objeto suscetível de ampla possibilidade de registro como marca, a teor do art. 122 da Lei n. 9.279/96" (STJ, REsp 678.497/RJ, 4.ª Turma, Rel. Min. Raul Araújo, j. 20.02.2014).

REFORMA DO CÓDIGO CIVIL: A última previsão deslocada pelo Anteprojeto para o âmbito do art. 16 – mais especificamente, do seu § 3º – é a que consta do atual art. 19. O enunciado normativo também ganha uma redação mais abrangente, contemplando, além do pseudônimo, "o heterônimo, o nome artístico, as personas, os avatares digitais e outras técnicas de anonimização". Em consonância com o art. 5º, IV, da Constituição, que veda o anonimato, o § 4º do art. 16 esclarece que "é vedada a adoção de técnicas ou estratégias de qualquer natureza que conduzam ao anonimato, que levem à impossibilidade de identificar agentes e lhes imputar responsabilidade". Já o novo art. 19 proposto pelo Anteprojeto determina que "a afetividade humana também se manifesta por expressões de cuidado e de proteção aos animais que compõem o entorno sociofamiliar da pessoa". O preceito dialoga com a nova disciplina conferida aos animais, constante do art. 91-A do Anteprojeto (sobre o tema, v. comentários ao art. 82).

Art. 20. Salvo se autorizadas, ou se necessárias à administração da justiça ou à manutenção da ordem pública, a divulgação de escritos, a transmissão da palavra, ou a publicação, a exposição ou a utilização da imagem de uma pessoa poderão ser proibidas, a seu requerimento e sem prejuízo da indenização que couber, se lhe atingirem a honra, a boa fama ou a respeitabilidade, ou se se destinarem a fins comerciais.

Parágrafo único. Em se tratando de morto ou de ausente, são partes legítimas para requerer essa proteção o cônjuge, os ascendentes ou os descendentes.

COMENTÁRIOS DOUTRINÁRIOS: O direito à imagem exprime o controle que cada pessoa detém sobre sua representação externa, abrangendo qualquer tipo de reprodução de sua imagem ou de sua voz. O Código Civil, em momento infeliz, tratou da imagem conjuntamente com a honra, deixando de reconhecer autonomia ao direito à imagem. De fato, uma interpretação literal do art. 20 sugere que uma pessoa somente poderia se insurgir contra os usos não autorizados da sua imagem se "lhe atingirem a honra, a boa fama ou a respeitabilidade, ou se se destinarem a fins comerciais". A proteção da imagem ficaria, assim, dependendo da configuração de uma lesão à honra ou de uma finalidade comercial do uso da imagem. Muito ao contrário, a própria Constituição da República reconhece a autonomia do direito à imagem (art. 5º, X). É nesse sentido que deve ser lida a Súmula n. 403 do Superior Tribunal de Justiça, aprovada em 2009, segundo a qual "independe de prova do prejuízo a indenização pela publicação não autorizada de imagem de pessoa com fins econômicos ou comerciais". O art. 20 do Código Civil incorre em um segundo equívoco grave: deixa de contemplar a frequente colisão entre direito à imagem e liberdade de informação, direito fundamental que mais comumente entra em choque com o direito à imagem. Na literalidade do art. 20, não seria possível divulgar a imagem de uma pessoa sem sua autorização ainda que o fato retratado fosse verídico e houvesse legítimo interesse na circulação da informação no meio social, salvo no caso de ser necessária a divulgação à administração da justiça ou à manutenção da ordem pública. Por essa razão, alguns autores chegaram mesmo a sustentar a inconstitucionalidade do art. 20 do Código Civil brasileiro, em face das liberdades de expressão e de informação, consagradas no art. 5º da Constituição. Independentemente de se aderir ou não à tese da inconstitucionalidade do art. 20, o certo é que o Poder Judiciário deve, na análise dos casos envolvendo o uso indevido de imagem, avaliar se está diante de um legítimo exercício da liberdade de expressão ou de informação. Havendo, de um lado, legítimo exercício da liberdade de expressão ou informação e, de outro lado, uma ameaça ou lesão ao direito à imagem, competirá ao magistrado empregar a técnica da ponderação, a fim de verificar qual dos dois interesses deve prevalecer à luz das circunstâncias fáticas envolvidas. Para auxiliar o Poder Judiciário nessa difícil tarefa, a doutrina tem proposto parâmetros para tal ponderação: "A proteção à imagem deve ser ponderada com outros interesses constitucionalmente tutelados, especialmente em face do direito de amplo acesso à informação e da liberdade de imprensa. Em caso de colisão, levar-se-á em conta a notoriedade do retratado e dos fatos abordados, bem como a veracidade destes e, ainda, as características de sua utilização (comercial, informativa, biográfica), privilegiando-se medidas que não restrinjam a divulgação de informações" (Enunciado n. 279 da *IV Jornada de Direito Civil*). O parágrafo único do dispositivo tem o mesmo propósito do parágrafo único do art. 12, ou seja, elencar os legitimados para a tutela *post mortem* dos direitos da personalidade. A duplicação enseja perplexidade especialmente por veicular um rol diverso, excluindo sem qualquer razão aparente os colaterais. Ademais, aplicam-se a este parágrafo único as observações e críticas já apresentadas nos comentários ao art. 12.

JURISPRUDÊNCIA COMENTADA: A impossibilidade de utilização da imagem da pessoa "salvo se autorizada" serviu de fundamento para que, a partir da vigência do Código Civil, setores importantes da sociedade e mesmo diversas decisões judiciais afirmassem existir uma verdadeira proibição de venda de biografias não autorizadas. A questão, a rigor, se relaciona de modo mais íntimo com o direito à privacidade que com o direito à imagem. A tese de que biografias só podem circular se forem precedidas da autorização do biografado é uma tese inconstitucional porque faz com que o direito à privacidade prevaleça, *a priori* e em abstrato, sobre a liberdade de expressão. Foi o que reconheceu o Supremo Tribunal Federal no julgamento da ADI 4.815, ao conferir "interpretação conforme à Constituição aos arts. 20 e 21 do Código Civil, sem redução de texto, para, em consonância com os direitos fundamentais à liberdade de pensamento e de sua expressão, de criação artística, produção científica, declarar inexigível autorização de pessoa biografada relativamente a obras biográficas literárias ou audiovisuais, sendo também desnecessária autorização de pessoas retratadas como coadjuvantes (ou de seus familiares, em caso de pessoas falecidas ou ausentes)" (STF, Tribunal Pleno, Rel. Min. Cármen Lúcia, j. 10.06.2015). A associação autora da ADI pretendia, ainda, ver reconhecida a impossibilidade de proibição de circulação de livros em razão da tutela da honra ou da privacidade do biografado, o que não restou expressamente acolhido pela Corte. Ainda que alguns Ministros revelem adotar o entendimento segundo o qual a liberdade de expressão goza de proteção preferencial em relação aos direitos da personalidade – na esteira da posição norte-americana sobre o tema –, a Corte não se definiu a respeito disso. Com efeito, a tese de que uma biografia pode tratar de todo e qualquer aspecto da vida privada do biografado, sendo eventuais conflitos resolvidos por meio de indenização posterior ao biografado, é uma tese tecnicamente inconstitucional, pois faz com que a liberdade de expressão prevaleça *a priori* e em abstrato sobre a privacidade. A tese da indenização, note-se, não representa um "meio-termo" porque, em última análise, permite que a privacidade seja violada por quem quer que se disponha a pagar o preço da violação. Ora, o que a Constituição assegura a todo cidadão não é o direito a ser indenizado por violações à privacidade; é o direito à privacidade em si. A indenização é um remédio subsidiário, para quando nada mais funciona; não pode ser o remédio principal para a violação de um direito fundamental, protegido pelo Constituinte.

REFORMA DO CÓDIGO CIVIL: O Anteprojeto propõe a exclusão da parte final do *caput*, que condiciona a tutela do direito à imagem à configuração de uma lesão à honra ou de uma finalidade comercial do uso da imagem, assegurando, assim, autonomia ao direito à imagem. Sugere o Anteprojeto, ainda, a revogação do atual parágrafo único, eliminando a problemática duplicidade já observada *supra* em relação ao art. 12. São acrescidos ao art. 20, ademais, três novos parágrafos. O primeiro trata da ponderação entre os direitos "ao nome, à imagem e à privacidade de pessoa que exerça função pública" e o direito de informação e de crítica, apresentando como critério de "aferição da potencialidade ofensiva da ameaça ou da lesão" a sua proporcionalidade à autoridade exercida. Por sua vez, o § 2º enfrenta a questão da autoexposição da imagem e da privacidade, determinando que o exame de eventual lesão a esses atributos leve em conta "os limites e a amplitude da publicação, os direitos à informação e os de crítica". O § 3º, finalmente, estipula que, "independentemente da fama, relevância política ou social da atividade desempenhada pela pessoa, lhe é reservado o direito de preservar a sua intimidade contra interferências externas". Este último preceito toca de perto o art. 21, em que é disciplinado o direito à privacidade.

Art. 21. A vida privada da pessoa natural é inviolável, e o juiz, a requerimento do interessado, adotará as providências necessárias para impedir ou fazer cessar ato contrário a esta norma.

COMENTÁRIOS DOUTRINÁRIOS: Como a honra e a imagem, a privacidade encontra proteção no mais elevado patamar da ordem jurídica. O art. 5º, inciso X, da Constituição alude expressamente à inviolabilidade da "intimidade" e da "vida privada", assegurando "o direito a indenização pelo dano material ou moral decorrente de sua violação". Do legislador ordinário esperava-se que desenvolvesse o comando constitucional, especificando-o, de modo a regular situações mais corriqueiras e oferecer remédios para violações mais frequentes. Em vez disso, o Código Civil de 2002 preferiu se limitar a repetir, em seu art. 21, que a vida privada é inviolável. A redação não parece fazer jus à complexidade da questão da privacidade no mundo contemporâneo. A mera observação da vida cotidiana revela a violação sistemática da privacidade e, em alguns casos, justificadamente à luz da ordem jurídica. Por exemplo, o passageiro compelido a permitir a inspeção de sua bagagem de mão pelo raio X de um aeroporto tem, inegavelmente, violada a sua privacidade, mas compreenderá facilmente que tal violação justifica-se, na situação concreta, pelo direito de todos os passageiros, inclusive o próprio, à segurança nos aviões. A privacidade, portanto, se sujeita, como outros interesses existenciais, a ponderações que, à luz das circunstâncias concretas, a fazem ora prevalecer, ora assentir com a prevalência de outros interesses que, também voltados à proteção da pessoa humana, se mostram dignos em abstrato de igual proteção. A Constituição, nesse particular, tem a peculiar característica de ser mais específica que a codificação, chegando a detalhar instrumentos específicos de tutela da privacidade como o *habeas data*. A tradição inovadora inaugurada pela concepção do remédio heroico em pleno texto constitucional foi interrompida pelo Código Civil, que disciplinou a privacidade com olhos voltados para o passado, deixando sem resposta uma série de problemas debatidos na atualidade. O direito à intimidade e à vida privada são usualmente tratados como facetas do direito à privacidade. Parte da doutrina distingue os termos *intimidade* e *vida privada*, afirmando que a intimidade seria uma esfera mais restrita, correspondendo ao campo exclusivo que alguém reserva para si próprio, a salvo de qualquer intromissão social, enquanto a vida privada corresponderia a uma esfera mais ampla, que abrangeria também as relações pessoais mantidas pelo titular do direito. Nenhum dos dois conceitos afigura-se suficiente para dar conta da amplitude reservada, hoje, ao direito à privacidade, que passa a abranger também a faculdade de exercer controle sobre o uso, a circulação e o armazenamento dos seus próprios dados pessoais: "A tutela da privacidade da pessoa humana compreende os controles espacial, contextual e temporal dos próprios dados, sendo necessário seu expresso consentimento para tratamento de informações que versem especialmente o estado de saúde, a condição sexual, a origem racial ou étnica, as convicções religiosas, filosóficas e políticas" (Enunciado n. 404 da *V Jornada de Direito Civil*). Com efeito, a proteção dos dados referentes à pessoa humana consiste em um dos mais sensíveis desafios decorrentes do extraordinário avanço tecnológico ocorrido nas últimas décadas. A aprovação da Lei Geral de Proteção de Dados Pessoais (Lei n. 13.709/2018) veio, enfim, inserir o Brasil entre os países que contam com instrumentos para a proteção desse importante aspecto do direito fundamental à privacidade. Fortemente influenciada pelo regramento europeu sobre a matéria, a Lei n. 13.709/2018 define *dados pessoais* de modo amplo, como "informação relacionada a pessoa natural identificada ou identificável" (art. 5º, I). A referida lei prevê os princípios que devem reger as atividades de tratamento de dados (art. 6º), os requisitos necessários para a realização do tratamento (arts. 7º a 10), um rol de direitos do titular dos dados pessoais (art. 18), regras sobre o ressarcimento dos danos causados no âmbito do tratamento de dados (arts. 42 a 45), entre outras normas que, em conjunto, compõem um sistema abrangente e dinâmico de proteção de dados pessoais. Merece destaque o tratamento protetivo conferido aos chamados *dados sensíveis*, ou seja, dados pessoais sobre "origem racial ou étnica, convicção religiosa, opinião política, filiação a sindicato ou a organização de caráter religioso, filosófico ou político, dado referente à saúde ou à vida sexual, dado genético ou biométrico, quando vinculado a uma pessoa natural" (art. 5º, II). A definição legal não deve ser vista como taxativa, devendo a expressão *dado sensível* ser interpretada, a rigor, como qualquer informação relacionada a aspectos íntimos e existenciais da pessoa humana cuja divulgação possa atrair fundado risco sobre sua esfera jurídica. Daí por que o legislador, ao dispor sobre o tratamento dos dados sensíveis, exige consentimento do titular ou de seu responsável legal "de forma específica e destacada, para finalidades específicas", salvo nos casos em que o dado em questão for indispensável para proteção da vida ou da incolumidade física do titular ou de terceiro, para o cumprimento de obrigação legal ou regulatória pelo controlador, ou para outros fins especificamente indicados no art. 11 da Lei n. 13.709/2018. Cumpre registrar que a Lei n. 13.709/2018 foi aprovada com vetos, sendo o mais relevante deles aquele aposto à criação de agência reguladora com a atribuição precípua de zelar pela proteção dos dados pessoais. Como razão do veto, foi alegado vício de iniciativa. O problema foi finalmente contornado em dezembro de 2018, quando a Medida Provisória n. 869/2018, posteriormente convertida na Lei n. 13.853/2019, veio inserir na LGPD os arts. 55-A e seguintes, prevendo a criação da Autoridade Nacional de Proteção de Dados (ANPD). A ANPD foi incluída na LGPD como um "órgão da administração pública federal, integrante da Presidência da República" (art. 55-A, *caput*), tendo sido transformada em uma "autarquia de natureza especial, dotada de autonomia técnica e decisória", pela Medida Provisória n. 1.124/2022 (posteriormente convertida na Lei n. 14.460/2022). Trata-se de medida louvável, uma vez que a experiência de outros países mostra que a autonomia e a independência da autoridade fiscalizadora em relação ao Poder Executivo afiguram-se indispensáveis, pois o Poder Público, não raro, é um dos mais frequentes violadores da proteção de dados pessoais dos cidadãos. Apesar de a Medida Provisória n. 869 ter previsto a criação da ANPD em 27 de dezembro de 2018, a autoridade só foi efetivamente criada em agosto de 2020, por meio do Decreto n. 10.474. Por fim, em 10 de fevereiro de 2022, foi promulgada a Emenda Constitucional n. 115, que incluiu a proteção de dados pessoais entre os direitos e garantias fundamentais e fixou a competência privativa da União para legislar sobre proteção e tratamento de dados pessoais (arts. 5º, LXXIX, 21, XXVI, e 22, XXX, da CF). A Emenda Constitucional não era inteiramente necessária – pois proteção de dados pessoais já era um direito fundamental, inerente à privacidade (art. 5º, X) –, mas a alteração não deixa de ter um peso simbólico relevante em um país que ainda precisa desenvolver uma efetiva cultura de proteção aos dados pessoais.

PANDEMIA: Publicada em agosto de 2018, a LGPD previa originariamente que sua vigência teria início após decorridos 18 meses de sua publicação oficial (art. 65), ou seja, em fevereiro de 2020. Em 27 de dezembro de 2018, contudo, a entrada em vigor da LGPD foi prorrogada, passando, por força da Medida Provisória n. 869 (posteriormente convertida na Lei n. 13.853/2019), a estar prevista para 24 meses após a data de sua publicação, ou seja, agosto de 2020 (ressalvados, conforme destacado acima, os dispositivos referentes à ANPD). Com a irrupção da pandemia de covid-19, algumas vozes passaram a defender um novo adiamento da LGPD, alegando dificuldades de adaptação às novas regras durante o período da pandemia. Nessa esteira, foi editada, em 29 de abril de 2020, a Medida Provisória n. 959, que adiou a data de início da vigência da LGPD para 3 de maio de 2021. Em 10 de junho de 2020, porém, foi publicada a Lei n. 14.010/2020, que instituiu o chamado Regime Jurídico Emergencial e Transitório (RJET) de Direito Privado no período da pandemia de covid-19, que introduziu nova alteração na LGPD para adiar para 1º de agosto de 2021 a vigência dos dispositivos que estabeleciam sanções administrativas aplicáveis aos infratores da lei (arts. 52 a 54). Ocorre que, em razão de ampla mobilização de diversos setores da sociedade a favor da vigência imediata da LGPD, o dispositivo da Medida Provisória n. 959 que fixava a vigência da maior parte da LGPD para 3 de maio de 2021 não foi convertido em lei pelo Congresso Nacional, caducando assim que a Lei n. 14.058, fruto da conversão da MP n. 959, entrou em vigor, em 17 de setembro de 2020. Com isso, foi restaurada a norma que previa o início da vigência da LGPD em 14 de agosto de 2020, data que, no entanto, já havia ficado para trás. Com isso, considera-se que a LGPD entrou em vigor imediatamente após a sanção da Lei n. 14.058, ou seja, em 18 de setembro de 2020, ressalvadas as normas referentes às sanções administrativas, cujo início da vigência ocorreu em 1º de agosto de 2021, e as normas referentes à ANPD, que já estavam em vigor desde dezembro de 2018.

JURISPRUDÊNCIA COMENTADA: Sempre associado ao direito à privacidade, o chamado *direito ao esquecimento* tem ganhado destaque na mídia. O nome "direito ao esquecimento" induz em erro: não se trata de exigir o esquecimento de fatos pretéritos, nem de apagar o passado ou reescrever a História. O direito ao esquecimento deve ser visto não como direito a eliminar dados históricos (o nome esquecimento é, por isso mesmo, a rigor, impróprio), mas como direito da pessoa humana de se defender contra uma *recordação opressiva de fatos pretéritos* que podem minar a construção e reconstrução da sua identidade pessoal, apresentando-a à sociedade sob falsas luzes, de modo a fornecer ao público uma projeção do ser humano que não corresponde à sua realidade atual. Tecnicamente, o direito ao esquecimento é, portanto, um direito a) exercido necessariamente por uma pessoa humana, b) em face de agentes públicos ou privados que tenham a aptidão fática de promover representações daquela pessoa sobre a esfera pública (opinião social), incluindo veículos de imprensa, emissoras de TV, fornecedores de serviços de busca na internet etc., c) em oposição a uma recordação opressiva dos fatos, assim entendida a recordação que se caracteriza, a um só tempo, por ser desatual e recair sobre aspecto sensível da personalidade, comprometendo a plena realização da identidade daquela pessoa humana, ao apresentá-la sob falsas luzes à sociedade. A própria existência desse direito na ordem jurídica brasileira se afigura polêmica, sendo certo que parcela considerável da doutrina brasileira entende que simplesmente não existe um direito ao esquecimento, que, além de não constar expressamente da legislação brasileira, não poderia ser extraído de qualquer direito fundamental, nem mesmo do direito à privacidade e à intimidade. Um direito ao esquecimento seria, ademais, contrário à memória de um povo e à própria História da sociedade. A liberdade de informação prevaleceria sempre e *a priori*. Entendo, contudo, que a Constituição brasileira não permite hierarquização prévia e abstrata entre liberdade de informação e privacidade (da qual o direito ao esquecimento seria um desdobramento). Figurando ambos como direitos fundamentais, não haveria outra solução tecnicamente viável que não a aplicação do método de ponderação, com vistas à obtenção do menor sacrifício possível para cada um dos interesses em colisão. A jurisprudência do Superior Tribunal de Justiça já reconheceu a existência do direito ao esquecimento, afirmando, contudo, se tratar de "um direito de não ser lembrado contra sua vontade" (STJ, REsp 1.334.097/RJ, 4.ª Turma, Rel. Min. Luis Felipe Salomão, j. 28.05.2013). Tal interpretação acaba por convertê-lo em verdadeiro direito de propriedade sobre os acontecimentos pretéritos, caindo no equívoco de aplicar aos direitos da personalidade a lógica proprietária e produzindo um poder individual de controle sobre os fatos que não se coaduna com a liberdade de expressão e informação, protegida constitucionalmente. O Supremo Tribunal Federal examinou o tema no âmbito do RE 1.010.606/RJ, sendo fixada, por maioria, a seguinte tese: "É incompatível com a Constituição a ideia de um direito ao esquecimento, assim entendido como o poder de obstar, em razão da passagem do tempo, a divulgação de fatos ou dados verídicos e licitamente obtidos e publicados em meios de comunicação social analógicos ou digitais. Eventuais excessos ou abusos no exercício da liberdade de expressão e de informação devem ser analisados caso a caso, a partir dos parâmetros constitucionais – especialmente os relativos à proteção da honra, da imagem, da privacidade e da personalidade em geral – e as expressas e específicas previsões legais nos âmbitos penal e cível" (STF, RE 1.010.606/RJ, Tribunal Pleno, Rel. Min. Dias Toffoli, j. 11.02.2021). Registre-se que o STF se limitou a declarar incompatível com a Constituição uma determinada compreensão do direito ao esquecimento – que, de fato, não se revela adequada a um Estado Democrático de Direito, mas que difere da noção de direito ao esquecimento que aqui se defende. Destaque-se, ainda, que a segunda parte da tese aprovada pelo STF deixa em aberto a possibilidade de um juízo casuístico acerca da licitude da invocação de fatos pretéritos, à luz de parâmetros genéricos ("proteção da honra, da imagem, da privacidade e da personalidade em geral") que a Corte não chegou a especificar. Melhor teria sido que a Corte definisse como tais parâmetros se aplicam à hipótese, o que poderia efetivamente contribuir para a solução de casos concretos. O caráter excessivamente abstrato da tese aprovada por nossa Suprema Corte indica que o direito ao esquecimento continua vivo no direito brasileiro, desde que entendido de forma diversa daquela que foi rejeitada pelo STF. Nessa direção, como já se esperava, o tema acabou por voltar aos Tribunais Superiores, conquanto despido da polêmica nomenclatura (direito ao esquecimento) que acaba por contaminar a discussão com falsas percepções sobre a tutela que efetivamente se pretende ou se deveria pretender. Com efeito, o Superior Tribunal de Justiça já foi instado a realizar juízo de retratação no âmbito de decisões proferidas anteriormente à decisão do Supremo em casos envolvendo o chamado direito ao esquecimento, tendo, em mais de uma oportunidade, chancelado as decisões originalmente proferidas, tidas como "favoráveis" ao direito ao esquecimento. Nesse sentido, já afirmou o Superior Tribunal de Justiça: "não bastasse a literalidade da segunda parte da tese apresentada (Tema n. 786/STF), os pressupostos que alicerçaram o entendimento do Supremo Tribunal Federal foram coincidentes com aqueles nos quais se estruturou a decisão tomada no recurso especial pela Quarta Turma do STJ, justificando-se a confirmação do julgado proferido por este colegiado. De fato, no caso em exame, conforme análise pormenorizada dos fatos e julgamento dessa Turma, constatou-se exatamente a situação abusiva referida pelo Supremo, situação para a qual aquele Tribunal determinou: em sendo constatado o excesso na divulgação de fatos ou dados verídicos e licitamente obtidos e publicados em meios de comunicação social analógicos ou digitais, se proceda o julgador competente ao estancamento da violação, com base nas legítimas formas previstas pelo ordenamento" (STJ, REsp 1.334.097/RJ, 4.ª Turma, Rel. Min. Luis Felipe Salomão, j. 09.11.2021). De modo similar: "Da análise do acórdão proferido no presente recurso especial, verifica-se que não foi determinada a exclusão das notícias desabonadoras envolvendo a autora nos bancos de dados pertencentes às rés – isso nem sequer foi pleiteado na ação de obrigação de fazer –, havendo tão somente a determinação da desvinculação do nome da autora, sem qualquer outro termo, com a matéria referente à suposta fraude no concurso público da Magistratura do Rio de Janeiro (desindexação). O conteúdo, portanto, foi preservado. Na verdade, a questão foi decidida sob o prisma dos direitos fundamentais à intimidade e à privacidade, bem como à proteção de dados pessoais, e não com base no direito ao esquecimento, que significaria permitir que a autora impedisse a divulgação das notícias relacionadas com a fraude no concurso público, o que, como visto, não ocorreu" (STJ, REsp 1.660.168/RJ, 3.ª Turma, Rel. Min. Marco Aurélio Bellizze, j. 21.06.2022). Outra instigante questão analisada pela nossa jurisprudência relativa aos impactos das novas tecnologias sobre o direito à privacidade diz respeito à caracterização de ato ilícito pela divulgação de mensagens privadas trocadas por meio de aplicativos eletrônicos. Sobre o tema, decidiu o Superior Tribunal de Justiça: "O sigilo das comunicações é corolário da liberdade de expressão e, em última análise, visa a resguardar o direito à intimidade e à privacidade, consagrados nos planos constitucional (art. 5º, X, da CF/88) e infraconstitucional (arts. 20 e 21 do CC/02). No passado recente, não se cogitava de outras formas de comunicação que não pelo tradicional método das ligações telefônicas. Com o passar dos anos, no entanto, desenvolveu-se a tecnologia digital, o que culminou na criação da internet e, mais recentemente, da rede social WhatsApp, o qual permite a comunicação instantânea entre pessoas localizadas em qualquer lugar do mundo. Nesse cenário, é certo que não só as conversas realizadas via ligação telefônica, como também aquelas travadas através do WhatsApp são resguardadas pelo sigilo das comunicações. Em consequência, terceiros somente podem ter acesso às conversas de WhatsApp mediante consentimento dos participantes ou autorização judicial. Nas hipóteses em que o conteúdo das conversas enviadas via WhatsApp possa, em tese, interessar a terceiros, haverá um conflito entre a privacidade e a liberdade de informação, revelando-se necessária a realização de um juízo de ponderação. Nesse aspecto, há que se considerar que as mensagens eletrônicas estão protegidas pelo sigilo em razão de o seu conteúdo ser privado; isto é, restrito aos interlocutores. Ademais, é certo que ao enviar mensagem a determinado ou a determinados destinatários via WhatsApp, o emissor tem a expectativa de que ela não será lida por terceiros, quanto menos divulgada ao público, seja por meio de rede social ou da mídia. Assim, ao levar a conhecimento público conversa privada, além da quebra da confidencialidade, estará configurada a violação à legítima expectativa, bem como à privacidade e à intimidade do emissor, sendo possível a responsabilização daquele que procedeu à divulgação se configurado o dano. A ilicitude da exposição pública de mensagens privadas poderá ser descaracterizada, todavia, quando a exposição das mensagens tiver o propósito de resguardar um direito próprio do receptor" (STJ, REsp 1.903.273/PR, 3.ª Turma, Rel. Min. Nancy Andrighi, j. 24.08.2021).

PANDEMIA: Em 17 de abril de 2020, foi editada a Medida Provisória n. 954, que determinava a empresas de telefonia que compartilhassem com o IBGE a relação dos nomes, números de telefone e endereços de consumidores, pessoas físicas ou jurídicas, para fins de suporte à produção estatística oficial (censo) durante a pandemia de covid-19. Em decisão emblemática, o plenário do Supremo Tribunal Federal reconheceu a inconstitucionalidade da MP n. 954/2020, ao julgar quatro ações diretas de inconstitucionalidade ajuizadas contra a norma. De acordo com o STF, "na medida em que relacionados à identificação – efetiva ou potencial – de pessoa natural, o tratamento e a manipulação de dados pessoais hão de observar os limites delineados pelo âmbito de proteção das cláusulas constitucionais assecuratórias da liberdade individual (art. 5º, *caput*), da privacidade e do livre desenvolvimento da personalidade (art. 5º, X e XII), sob pena de lesão a esses direitos. O compartilhamento, com ente público, de dados pessoais custodiados por concessionária de serviço público há de assegurar mecanismos de proteção e segurança desses dados. [...] Consideradas a necessidade, a adequação e a proporcionalidade da medida, não emerge da Medida Provisória nº 954/2020, nos moldes em que editada, interesse público legítimo no compartilhamento dos dados pessoais dos usuários dos serviços de telefonia. Ao não definir apropriadamente como e para que serão utilizados os dados coletados, a MP nº 954/2020 desatende a garantia do devido processo legal (art. 5º, LIV, da CF), na dimensão substantiva, por não oferecer condições de avaliação quanto à sua adequação e necessidade, assim entendidas como a compatibilidade do tratamento com as finalidades informadas e sua limitação ao mínimo necessário para alcançar suas finalidades. Ao não apresentar mecanismo técnico ou administrativo apto a proteger, de acessos não autorizados, vazamentos acidentais ou utilização indevida, seja na transmissão, seja no tratamento, o sigilo, a higidez e, quando o caso, o anonimato dos dados pessoais compartilhados, a MP nº 954/2020 descumpre as exigências que exsurgem do texto constitucional no tocante à efetiva proteção dos direitos fundamentais dos brasileiros. Mostra-se excessiva a conservação de dados pessoais coletados, pelo ente público, por trinta dias após a decretação do fim da situação de emergência de saúde pública, tempo manifestamente excedente ao estritamente necessário para o atendimento da sua finalidade declarada. Agrava a ausência de garantias de tratamento adequado e seguro dos dados compartilhados a circunstância de que, embora aprovada, ainda não vigora a Lei Geral de Proteção de Dados Pessoais (Lei nº 13.709/2018), definidora dos critérios para a responsabilização dos agentes por eventuais danos ocorridos em virtude do tratamento de dados pessoais. O fragilizado ambiente protetivo impõe cuidadoso escrutínio sobre medidas como a implementada na MP nº 954/2020. O cenário de urgência decorrente da crise sanitária deflagrada pela pandemia global da covid-19 e a necessidade de formulação de políticas públicas que demandam dados específicos para o desenho dos diversos quadros de enfrentamento não podem ser invocados como pretextos para justificar investidas visando ao enfraquecimento de direitos e atropelo de garantias fundamentais consagradas na Constituição" (STF, ADIs 6.387, 6.388, 6.389, 6.390 e 6.393, Tribunal Pleno, Rel. Min. Rosa Weber, j. 07.05.2020). Esta decisão foi celebrada como a primeira decisão do Supremo Tribunal Federal a reconhecer a existência de um direito fundamental a proteção de dados pessoais no Brasil. Vale recordar que, conforme supradestacado, a Emenda Constitucional n. 115/2022 incluiu a proteção de dados pessoais expressamente entre os direitos e garantias fundamentais ao inserir o inciso LXXIX no art. 5º da Constituição.

CAPÍTULO III
DA AUSÊNCIA

SEÇÃO I
DA CURADORIA DOS BENS DO AUSENTE

Art. 22. Desaparecendo uma pessoa do seu domicílio sem dela haver notícia, se não houver deixado representante ou procurador a quem caiba administrar-lhe os bens, o juiz, a requerimento de qualquer interessado ou do Ministério Público, declarará a ausência, e nomear-lhe-á curador.

COMENTÁRIOS DOUTRINÁRIOS: Ausência é o estado, declarado por decisão judicial, da pessoa natural que se encontra em lugar incerto e da qual não se tem nenhuma notícia por prolongado período de tempo. De longa tradição no Direito Civil, o instituto da ausência tem forte conotação patrimonial. Toda a minuciosa disciplina da ausência é dirigida à transferência da administração e, em seguida, da propriedade dos bens do ausente, com o escopo de evitar que seu patrimônio permaneça à deriva, suscitando conflitos sociais. Note-se, nessa esteira, que o presente artigo condiciona a declaração de ausência à circunstância de a pessoa não haver deixado um representante, procurador ou outra pessoa para administrar seus bens e negócios. Sem embargo da forte conotação patrimonial do instituto, o Código Civil reconhece que a decretação de ausência produz alguns efeitos que transcendem os bens do ausente. Por exemplo, o art. 1.728, I, determina que os filhos menores de pais declarados ausentes sejam postos sob tutela. Problema dramático dizia respeito ao casamento, tendo a doutrina discutido, sob a vigência da codificação anterior, se a declaração de ausência rompia ou não o vínculo conjugal. O Código Civil de 1916 encaminhava-se pela negativa (art. 315). O Código Civil atual inverteu a orientação, determinando em seu art. 1.571, § 1º, que a sociedade conjugal extingue-se não apenas pela morte efetiva do cônjuge, mas também pela presunção de morte decorrente da ausência. No sistema atual, portanto, a abertura da sucessão definitiva opera, de pleno direito, o fim do matrimônio. Entretanto, como tal abertura leva mais de dez anos para ocorrer (CC, arts. 26 e 37), a via do divórcio, hoje ampla e incondicionada, pode se revelar, em certos casos, um caminho mais efetivo para o cônjuge do ausente. Verificada a presença de seus pressupostos, a ausência deve ser reconhecida por sentença judicial, de *natureza constitutiva* – vale dizer, essencial para a própria configuração do estado de ausência – e não meramente declaratória, como poderia parecer. O procedimento judicial poderá ser deflagrado por qualquer interessado ou mesmo pelo Ministério Público. Efeito da declaração de ausência, conforme o dispositivo em comento, é a nomeação de um curador para administrar os bens do ausente. Note-se que, ao contrário da declaração de ausência, a nomeação de curador só tem lugar no caso da existência de bens em abandono, uma vez que o propósito da curadoria é a gestão dos bens (*cura rei*), e não da pessoa do ausente. O CPC disciplina o procedimento de jurisdição voluntária de arrecadação dos bens do ausente nos seus arts. 744 e 745. A ausência ocorre em três fases sucessivas: a) curadoria dos bens do ausente (arts. 22 a 25); b) sucessão provisória do ausente (arts. 26 a 36); e c) sucessão definitiva do ausente (arts. 37 a 39). A primeira fase, como registrado, será meramente eventual, condicionada à existência dos bens do ausente que necessitem de curadoria.

JURISPRUDÊNCIA COMENTADA: Não obstante a tônica patrimonialista da disciplina legal do instituto, já decidiu o Superior Tribunal de Justiça, adotando orientação de viés personalista, que "a comprovação da propriedade não é condição *sine qua non* para a declaração de ausência", de modo que "se o ausente deixa interessados em condições de sucedê-lo, em direitos e obrigações, ainda que os bens por ele deixados sejam, a princípio, não arrecadáveis, há viabilidade de se utilizar o procedimento que objetiva a declaração de ausência" (STJ, REsp 1.016.023/DF, 3.ª Turma, Rel. Min. Nancy Andrighi, j. 27.05.2008).

Art. 23. Também se declarará a ausência, e se nomeará curador, quando o ausente deixar mandatário que não queira ou não possa exercer ou continuar o mandato, ou se os seus poderes forem insuficientes.

COMENTÁRIOS DOUTRINÁRIOS: O art. 22 do Código Civil, como visto, condicionou a declaração de ausência à circunstância de a pessoa não haver deixado um representante, procurador ou outra pessoa para administrar seus bens e negócios. O presente artigo equipara à inexistência de representante as hipóteses de presença de representante quando a) este não puder, ou mesmo quiser, exercer a curadoria, ou b) não possuir poderes suficientes para exercê-la adequadamente. Em ambos os casos, será necessário, além da declaração da ausência, a nomeação de um curador para administrar os bens do ausente.

Art. 24. O juiz, que nomear o curador, fixar-lhe-á os poderes e obrigações, conforme as circunstâncias, observando, no que for aplicável, o disposto a respeito dos tutores e curadores.

COMENTÁRIOS DOUTRINÁRIOS: Na decisão em que nomear o curador, o juiz deverá fixar seus deveres e obrigações, que irão variar de acordo com as necessidades do caso concreto (por exemplo, os tipos de bens que o ausente possui, o tipo de atividade econômica que ele desenvolvia etc.). Atribui-se ao juiz uma ampla flexibilidade na determinação dos poderes do curador, mas a lei determina a observância, naquilo que for compatível, das regras que disciplinam a atuação dos tutores e dos curadores (CC, arts. 1.728 a 1.783). A semelhança entre as situações jurídicas, que envolvem a atuação sobre a esfera jurídica de um terceiro, no interesse deste, recomendam o tratamento similar.

Art. 25. O cônjuge do ausente, sempre que não esteja separado judicialmente, ou de fato por mais de dois anos antes da declaração da ausência, será o seu legítimo curador.

§ 1º Em falta do cônjuge, a curadoria dos bens do ausente incumbe aos pais ou aos descendentes, nesta ordem, não havendo impedimento que os iniba de exercer o cargo.

§ 2º Entre os descendentes, os mais próximos precedem os mais remotos.

§ 3º Na falta das pessoas mencionadas, compete ao juiz a escolha do curador.

COMENTÁRIOS DOUTRINÁRIOS: O artigo em comento cuida da legitimidade para exercício da função de curador, estabelecendo uma ordem de preferência: a) em primeiro lugar, figura o cônjuge (salvo se separado judicialmente, ou de fato por mais de dois anos antes da declaração da ausência) – previsão que deve ser estendida igualmente ao companheiro –; b) em segundo lugar, os pais; c) em terceiro lugar, os descendentes (hipótese em que os mais próximos precedem os mais remotos). Não havendo qualquer destas pessoas, o juiz escolherá pessoa diversa para exercer a curadoria. O § 1º determina que se observem os impedimentos para o exercício da curadoria, que serão, por força do art. 24, aqueles previstos como causas de incapacidade para o exercício da tutela, constantes do art. 1.735 do Código. A ordem de preferência, fixada de forma rígida pelo legislador, pressupõe uma escala de proximidade com o ausente e, portanto, maior conhecimento acerca de seu patrimônio e interesse na sua conservação. Impõe-se, contudo, flexibilizar a ordem legal, reconhecendo como parâmetro principal o "melhor interesse do ausente". Assim, por exemplo, se houver um filho com capacidade técnica notoriamente superior à do cônjuge para administrar o patrimônio do ausente, será possível atribuir a curadoria ao descendente, em decisão fundamentada, ainda que o cônjuge também seja, a princípio, apto para exercê-la.

JURISPRUDÊNCIA COMENTADA: A jurisprudência tem destacado que a limitação do cônjuge separado para figurar como curador não exclui a sua legitimidade para ajuizar a ação declaratória de ausência, atribuída pelo art. 22 a "qualquer interessado". Nesse sentido, já decidiu o TJRS: "Conquanto a esposa separada de fato há mais de dois anos não tenha legitimidade para ser nomeada curadora do ausente (artigo 25, do CCB), ela tem plena legitimidade para pedir a declaração de ausência, diante do evidente interesse que tem em tal medida" (TJRS, Ap. Cív. 70036480580, 8.ª Câmara Cível, Rel. Des. Rui Portanova, j. 10.06.2010. Na mesma direção, TJSP, 1.ª Câmara de Direito Privado, Rel. Des. Christine Santini, j. 06.10.2015). Registre-se, a propósito, que a própria atribuição da curadoria ao cônjuge separado judicialmente, ou de fato por mais de dois anos antes da declaração da ausência, não é completamente excluída pelo art. 25: inexistente outro parente idôneo ao exercício da função, nada impede que o juiz indique o cônjuge como curador.

REFORMA DO CÓDIGO CIVIL: O Anteprojeto propõe a inserção de referência ao "convivente" ao lado do cônjuge, atentando à necessidade de tratamento isonômico entre o casamento e a união estável. Sugere, ademais, a alteração do *caput* para excluir (a) a menção à separação judicial – figura não recepcionada pela Emenda Constitucional 66/2010, conforme já decidiu o STF (RE 1.167.478/RJ, Tribunal Pleno, Rel. Min. Luiz Fux, j. 08.11.2023) – e (b) a exigência de que a separação de fato perdure por mais de anos para que se deixe de ter o cônjuge como legítimo curador.

SEÇÃO II
DA SUCESSÃO PROVISÓRIA

Art. 26. Decorrido um ano da arrecadação dos bens do ausente, ou, se ele deixou representante ou procurador, em se passando três anos, poderão os interessados requerer que se declare a ausência e se abra provisoriamente a sucessão.

COMENTÁRIOS DOUTRINÁRIOS: O artigo em comento estipula o prazo necessário à abertura da sucessão provisória, segunda fase do procedimento de ausência: a) um ano contado da arrecadação dos bens do ausente, como regra, ou b) três anos contados da arrecadação dos bens do ausente, caso ele tenha deixado um representante. Segundo o dispositivo, transcorrido tal prazo, poderá o interessado requerer a declaração de ausência e a deflagração da sucessão provisória. Há que se notar, contudo, que, havendo bens a serem arrecadados e não havendo representante do ausente, a declaração de ausência precederá, na forma do art. 22, a própria nomeação de curador para os bens. Desse modo, passado um ano da arrecadação, não haverá necessidade de nova declaração de ausência, apenas da abertura da sucessão provisória. De outro lado, havendo procurador para gerir os bens ou mesmo não tendo o ausente deixado bens, não haverá arrecadação, de modo que o prazo de três anos deverá ser contado do desaparecimento do ausente, ocorrendo ao seu término tanto a declaração de ausência como a abertura da sucessão provisória, simultaneamente. Com a sucessão provisória, os bens do ausente passam ao patrimônio dos herdeiros, mas não ainda de modo definitivo: transfere-se a eles a posse direta sobre os bens, mediante o atendimento de condições e sujeita a limitações especificadas nos artigos que compõem essa seção do Código. Evita-se, com isso, que os bens do ausente permaneçam à deriva, sem qualquer utilização, suscitando conflitos sociais.

REFORMA DO CÓDIGO CIVIL: O Anteprojeto propõe a uniformização do prazo necessário à abertura da sucessão provisória, nos seguintes termos: "Feita a arrecadação dos bens do ausente, o juiz mandará publicar editais na rede mundial de computadores, no sítio do tribunal a que estiver vinculado e na plataforma de editais do Conselho Nacional de Justiça em que permanecerão publicados por um ano ou, não havendo sítio, no órgão oficial ou na imprensa da comarca, durante um ano, reproduzida a publicação de dois em dois meses, anunciando a arrecadação e chamando o ausente a entrar na posse de seus bens. *Parágrafo único.* Findo o prazo previsto no edital, poderão os interessados requerer a abertura da sucessão provisória". Persiste, contudo, a omissão relativa à hipótese de não haver arrecadação de bens, referida nos comentários doutrinários *supra*. Destaque-se, ainda, que o preceito do Anteprojeto correspondente ao atual art. 26 está identificado como "art. 27", o que reflete sugestão da Assessoria do Senado Federal para alteração da ordem dos artigos por razão de pertinência temática.

Art. 27. Para o efeito previsto no artigo anterior, somente se consideram interessados:

I – o cônjuge não separado judicialmente;

II – os herdeiros presumidos, legítimos ou testamentários;

III – os que tiverem sobre os bens do ausente direito dependente de sua morte;

IV – os credores de obrigações vencidas e não pagas.

COMENTÁRIOS DOUTRINÁRIOS: Diferentemente do art. 22, que reconhece a legitimidade de qualquer interessado para o requerimento de declaração de ausência, o presente artigo especifica quem são os "interessados", referidos no dispositivo antecedente, que poderão pleitear a abertura da sucessão provisória. A lista trazida pelo legislador contempla as pessoas que possuem interesse no patrimônio do ausente, cuja tutela compõe a essência da sucessão provisória. Embora não conste ao lado do cônjuge no inciso I, o companheiro também será legitimado, por se tratar de herdeiro presumido do ausente (inciso II).

REFORMA DO CÓDIGO CIVIL: O Anteprojeto propõe inserir menção ao "convivente" ao lado de cônjuge no inciso I. Como referido nos comentários ao artigo anterior, a disposição correspondente ao atual art. 27 vem referida no texto do Anteprojeto como "art. 26", o que reflete sugestão da Assessoria do Senado Federal para alteração da ordem dos artigos por razão de pertinência temática.

Art. 28. A sentença que determinar a abertura da sucessão provisória só produzirá efeito cento e oitenta dias depois de publicada pela imprensa; mas, logo que passe em julgado, proceder-se-á à abertura do testamento, se houver, e ao inventário e partilha dos bens, como se o ausente fosse falecido.

§ 1º Findo o prazo a que se refere o art. 26, e não havendo interessados na sucessão provisória, cumpre ao Ministério Público requerê-la ao juízo competente.

§ 2º Não comparecendo herdeiro ou interessado para requerer o inventário até trinta dias depois de passar em julgado a sentença que mandar abrir a sucessão provisória, proceder-se-á à arrecadação dos bens do ausente pela forma estabelecida nos arts. 1.819 a 1.823.

COMENTÁRIOS DOUTRINÁRIOS: Com o trânsito em julgado da sentença que determina a sucessão provisória, torna-se possível a imediata abertura de eventual testamento e a realização do inventário e da partilha dos bens do ausente. Estes fatos se darão tal qual ocorreria na hipótese de morte do ausente. Não se trata, registre-se, de antecipar os efeitos da morte, uma vez que esta apenas passa a ser presumida com a abertura da sucessão definitiva (art. 6º). Em que pese dar ensejo a providências imediatas, a sentença apenas produzirá efeitos, imitindo os herdeiros presuntivos na posse dos bens, após o prazo de 180 dias contados da sua publicação pela imprensa. Tal publicação traduz nova tentativa de se alcançar o ausente. Os parágrafos do artigo em comento disciplinam as hipóteses de não atuação dos interessados, seja para requerer a sucessão provisória (§ 1º), seja para, após sua abertura, dar continuidade ao procedimento (§ 2º). Assim, caso se complete o prazo de um ou três anos (previsto no art. 26) para abertura da sucessão provisória, e nenhum dos interessados listados no art. 27 pleiteie a sucessão, atribui-se legitimidade ao Ministério Público para fazê-lo.

Art. 29. Antes da partilha, o juiz, quando julgar conveniente, ordenará a conversão dos bens móveis, sujeitos a deterioração ou a extravio, em imóveis ou em títulos garantidos pela União.

COMENTÁRIOS DOUTRINÁRIOS: O dispositivo prevê um mecanismo de proteção do patrimônio do ausente. Permite-se que o juiz, verificando a presença de bens móveis sujeitos a deterioração ou extravio, mediante um juízo de conveniência (*rectius*, adequação da medida para a preservação do patrimônio), converta esses bens em imóveis ou títulos garantidos pela União. A opção do magistrado por um ou outro caminho deverá ser devidamente justificada na sentença. A doutrina ressalva que certos bens móveis, mesmo que sujeitos a deterioração ou extravio, podem guardar valor afetivo ou de algum assumir importância existencial para o seu titular. Referidos bens móveis não deverão ser convertidos. Trata-se de orientação afinada com os valores constitucionais.

REFORMA DO CÓDIGO CIVIL: O Anteprojeto propõe a inclusão de um novo parágrafo contemplando precisamente a situação dos bens móveis dotados de valor afetivo, determinando, nesse caso, caber ao juiz "designar depositário para sua guarda e conservação".

Art. 30. Os herdeiros, para se imitirem na posse dos bens do ausente, darão garantias da restituição deles, mediante penhores ou hipotecas equivalentes aos quinhões respectivos.

§ 1º Aquele que tiver direito à posse provisória, mas não puder prestar a garantia exigida neste artigo, será excluído, mantendo-se os bens que lhe deviam caber sob a administração do curador, ou de outro herdeiro designado pelo juiz, e que preste essa garantia.

§ 2º Os ascendentes, os descendentes e o cônjuge, uma vez provada a sua qualidade de herdeiros, poderão, independentemente de garantia, entrar na posse dos bens do ausente.

COMENTÁRIOS DOUTRINÁRIOS: Em regra, os herdeiros interessados em se imitir na posse dos bens do ausente terão que prestar garantias suficientes para assegurar a restituição dos bens caso o ausente reapareça. A caução deverá ser prestada por meio da constituição ou de penhor ou de hipoteca, devendo o valor garantido corresponder ao quinhão atribuído ao interessado. O herdeiro que não puder prestar a garantia fica excluído da posse provisória, que será mantida com o curador ou atribuída a algum outro herdeiro escolhido pelo juiz, desde que preste a garantia. A efetiva abrangência desta norma é restringida significativamente pela exceção constante do § 2º, que autoriza a imissão na posse pelos herdeiros que sejam ascendentes, descendentes ou cônjuge (bem como companheiro) do ausente independentemente de prestação de garantia. Prestigia-se, com isso, o interesse dos parentes próximos no acesso aos bens em detrimento da proteção do ausente. Assim, a exigência de caução, proclamada com ares de generalidade pelo *caput* do artigo, acaba sendo aplicável apenas aos herdeiros testamentários (quando estes não guardem relação de parentesco abrangida pela exceção do § 2º) e aos herdeiros legítimos colaterais.

JURISPRUDÊNCIA COMENTADA: Sobre o tema, confira-se decisão do Tribunal de Justiça do Estado do Rio Grande do Sul: "Em que pese o Código Civil faça previsão apenas da imissão na posse de bens imóveis do ausente pelos herdeiros, omite-se na hipótese de existência de eventuais quantias depositadas, de titularidade do ausente. Assim, diante da boa administração dos bens do ausente pelos agravantes, inexistem motivos para negar o levantamento dos valores depositados em juízo, visto que, inclusive, os recorrentes ofereceram garantia hipotecária, não havendo, dessa forma, qualquer prejuízo ao ausente, que se encontra desaparecido há cerca de 40 anos" (TJRS, Ag 70.079.247.193, 8.ª Câmara Cível, Rel. Des. José Antônio Daltoé Cezar, j. 06.12.2018).

REFORMA DO CÓDIGO CIVIL: O Anteprojeto propõe inserir menção ao "convivente" no § 2º desse artigo, ao lado dos demais herdeiros, na mesma linha do que já sugere em outros dispositivos já comentados.

Art. 31. Os imóveis do ausente só se poderão alienar, não sendo por desapropriação, ou hipotecar, quando o ordene o juiz, para lhes evitar a ruína.

COMENTÁRIOS DOUTRINÁRIOS: A posse provisória recebida pelos herdeiros presuntivos não contempla a disponibilidade sobre os bens imóveis, evitando-se a impossibilidade de restituição na hipótese de retorno do ausente. Esta regra pode ser excepcionada por ordem judicial quando a alienação (ou hipoteca) do bem for necessária para evitar a sua ruína. O artigo ressalva ainda a hipótese de desapropriação, referência a rigor desnecessária, pois esta decorre de ato do Poder Público, e não do exercício pelo particular de poderes de disposição.

JURISPRUDÊNCIA COMENTADA: Embora o dispositivo apenas autorize a alienação dos imóveis do ausente para evitar sua ruína, há julgados que autorizam a alienação na hipótese de se tratar de bem em condomínio: "Em que pese o art. 31 do Código Civil vedar a alienação de bens imóveis, excetuando apenas o objetivo de evitar a ruína, na análise do caso concreto há de se conferir interpretação razoável à inalienabilidade, notadamente quando o imóvel não é de exclusiva propriedade do Ausente. [...] No caso, porque o condomínio afeta mais pessoas além do ausente e de seu círculo familiar, haverá alienação antecipada da cota, cumprindo, por cautela, estabelecer por meio de avaliação judicial seu preço mínimo, traduzindo-a em dinheiro que deverá ser trazido ao depósito judicial à conta da ausência, arrecadado e no momento adequado partilhado" (TJRS, Ag. 70.060.791.993, 8.ª Câmara Cível, Rel. Des. Alzir Felippe Schmitz, j. 16.10.2014). A interpretação se afigura razoável, mas não pode ser tomada como regra absoluta; há que se ponderar, em cada caso, o interesse dos demais condôminos na alienação do bem com o interesse legalmente tutelado de preservação do patrimônio do ausente, levando-se em consideração, ainda, o aproveitamento social que se extrai do bem em questão.

REFORMA DO CÓDIGO CIVIL: O Anteprojeto propõe a inclusão de um novo parágrafo endereçando precisamente a hipótese aduzida nos comentários à jurisprudência *supra*, qual seja, não ser o imóvel de propriedade exclusiva do ausente, determinando-se, nesse caso, a não incidência do *caput*, o que possibilita ao condômino dispor do bem, "desde que se deposite eventual quota parte em juízo".

Art. 32. Empossados nos bens, os sucessores provisórios ficarão representando ativa e passivamente o ausente, de modo que contra eles correrão as ações pendentes e as que de futuro àquele forem movidas.

COMENTÁRIOS DOUTRINÁRIOS: Uma vez operada a imissão dos sucessores provisórios na posse dos bens, passam eles a *representar processualmente* o ausente nas ações concernentes aos bens com os quais foram aquinhoados. Esta representação abrange tanto ações pretéritas (ajuizadas antes da imissão) como as futuras.

Art. 33. O descendente, ascendente ou cônjuge que for sucessor provisório do ausente, fará seus todos os frutos e rendimentos dos bens que a este couberem; os outros sucessores, porém, deverão capitalizar metade desses frutos e rendimentos, segundo o disposto no art. 29, de acordo com o representante do Ministério Público, e prestar anualmente contas ao juiz competente.

Parágrafo único. Se o ausente aparecer, e ficar provado que a ausência foi voluntária e injustificada, perderá ele, em favor do sucessor, sua parte nos frutos e rendimentos.

COMENTÁRIOS DOUTRINÁRIOS: A posse provisória concedida aos herdeiros presuntivos contempla o direito de se apropriar dos frutos e rendimentos dos bens do ausente. A extensão deste direito, contudo, varia a depender do tipo de herdeiro. Em se tratando de descendente, ascendente ou cônjuge (bem como companheiro), esse apossamento é pleno, sem necessidade de prestação de contas. Os demais sucessores provisórios, porém, ficam obrigados a capitalizar metade dos frutos e rendimentos obtidos, por meio da sua conversão em imóveis ou em títulos garantidos pela União (art. 29), prestando contas anuais ao juiz, tudo sob a fiscalização do Ministério Público. Retornando o ausente, fará jus a esta parcela dos frutos e rendimentos capitalizados, salvo se restar comprovado que sua ausência foi *voluntária* e *injustificada*, hipótese na qual os perderá em favor do sucessor. Com essa disposição, o legislador prestigia o sucessor que diligentemente resguardou o patrimônio, atribuindo-lhe uso, em detrimento do proprietário que injustificadamente o abandonou.

REFORMA DO CÓDIGO CIVIL: O Anteprojeto propõe inserir menção ao "convivente" no *caput*, além de outras pequenas alterações redacionais.

Art. 34. O excluído, segundo o art. 30, da posse provisória poderá, justificando falta de meios, requerer lhe seja entregue metade dos rendimentos do quinhão que lhe tocaria.

COMENTÁRIOS DOUTRINÁRIOS: Conforme já destacado, o herdeiro (testamentário ou legítimo colateral) que não puder prestar garantia fica excluído da posse provisória dos bens do ausente (v. art. 30). Se, contudo, comprovar que a garantia não foi prestada por falta de meios para fazê-lo, poderá o sucessor pleitear em juízo a entrega de metade dos frutos e rendimentos do quinhão que lhe caberia. Não se deve exigir, como sustenta parcela da doutrina, que esses rendimentos sejam necessários para a subsistência do sucessor. Isso porque o propósito do legislador aqui foi nitidamente mitigar o prejuízo sofrido pelo herdeiro desprovido de condição econômica para prestar a garantia exigida, e não apenas lhe assegurar a sobrevivência por meio de um rendimento mínimo. Não é por outra razão que o artigo estabelece um patamar fixo ("metade dos rendimentos do quinhão") sem correlação com as necessidades econômicas específicas do herdeiro excluído.

REFORMA DO CÓDIGO CIVIL: O Anteprojeto propõe alterações meramente redacionais no art. 34, como o esclarecimento de que o requerimento do excluído da posse deve ser endereçado ao "juízo da sucessão", no intuito de lhe conferir maior clareza. Há erro material na repetição do termo "posse provisória".

Art. 35. Se durante a posse provisória se provar a época exata do falecimento do ausente, considerar-se-á, nessa data, aberta a sucessão em favor dos herdeiros, que o eram àquele tempo.

COMENTÁRIOS DOUTRINÁRIOS: Se, durante a posse provisória, houver confirmação do efetivo falecimento do ausente e da data deste evento, cessará o estado de incerteza que fundamenta o próprio instituto da ausência. Nesse caso, deve-se reputar aberta a sucessão na data do óbito, servindo este momento para a determinação dos herdeiros. Em razão disso, pode ocorrer discrepância entre os herdeiros reais e os provisórios, podendo os primeiros, proprietários dos bens por força da *saisine* (art. 1.784), exigir dos segundos a entrega dos bens que compõem a herança.

Art. 36. Se o ausente aparecer, ou se lhe provar a existência, depois de estabelecida a posse provisória, cessarão para logo as vantagens dos sucessores nela imitidos, ficando, todavia, obrigados a tomar as medidas assecuratórias precisas, até a entrega dos bens a seu dono.

COMENTÁRIOS DOUTRINÁRIOS: O retorno do ausente ou a prova de que se encontra vivo afastam o estado de dúvida característico da ausência, fazendo cessar a sucessão provisória e seus efeitos para os herdeiros presuntivos, como a posse provisória e a apropriação dos frutos, devendo restituir-se ao (não mais) ausente seus bens e os rendimentos capitalizados por força do art. 33. Impõe-se aos sucessores provisórios imitidos na posse o dever de conservar os bens até o momento de sua efetiva entrega ao proprietário.

JURISPRUDÊNCIA COMENTADA: Embora raro na prática, há registros jurisprudenciais de situações em que o ausente, de fato, retorna, do que resultam, naturalmente, não apenas os efeitos substanciais analisados acima, com também a extinção do processo de ausência: "Declarada a ausência, durante os dez anos em que se prolonga a sucessão provisória, o reaparecimento do ausente leva à extinção do processo, devendo os bens que se encontram na posse dos herdeiros retornar ao seu proprietário" (TJSP, 10.ª Câmara de Direito Privado, Rel. Des. Carlos Alberto Garbi, j. 25.04.2017).

SEÇÃO III
DA SUCESSÃO DEFINITIVA

Art. 37. Dez anos depois de passada em julgado a sentença que concede a abertura da sucessão provisória, poderão os interessados requerer a sucessão definitiva e o levantamento das cauções prestadas.

COMENTÁRIOS DOUTRINÁRIOS: Após dez anos do trânsito em julgado da sentença que deferiu a abertura da sucessão provisória, poderão os interessados pleitear a sucessão definitiva do ausente, pela qual ele passa ser presumido morto (art. 6º), transmitindo-se aos herdeiros a propriedade dos seus bens. O longo lapso de tempo – dez anos – justifica-se pelo fato de que, na ausência, não há razão objetiva para se acreditar que o ausente tenha falecido. Daí a opção legislativa por um procedimento que se prolonga no tempo, distanciando gradativamente o ausente da titularidade de seu patrimônio. A conversão da sucessão provisória em definitiva não se opera automaticamente, dependendo de requerimento do interessado. Reputa-se interessado, aqui, o mesmo grupo de pessoas que pode pleitear a sucessão provisória, listado no art. 27. Além da transferência da propriedade, a sucessão definitiva importa também a devolução de eventuais cauções prestadas para a imissão na posse dos bens (v. comentários ao art. 30), que não mais se justificam num contexto em que a titularidade se torna tendencialmente definitiva.

JURISPRUDÊNCIA COMENTADA: Conforme destacado, o dispositivo em exame é expresso ao vincular a abertura da sucessão definitiva ao requerimento de interessados, como em geral reconhece a jurisprudência: "Percebe-se que, embora se cuide de três estágios, previstos nos artigos 22 a 39 do Código Civil, a declaração de ausência (sucessão provisória) é ação autônoma em relação à morte presumida com abertura de sucessão definitiva. Isso porque, além do lapso temporal de dez anos do trânsito em julgado da decisão judicial que declarou a ausência, faz-se necessário que a sucessão definitiva seja requerida pelos legitimados e declarada também por sentença, não podendo ser feita de forma automática" (TJRJ, CC 0009959-68.2015.8.19.0000, 22.ª Câmara Cível, Rel. Des. Odete Knaack de Souza, j. 12.05.2015). No entanto, há precedente judicial sustentando que o longo lapso de tempo transcorrido desde o momento a partir do qual poderia ter sido requerida a sucessão definitiva evidencia a remotíssima possibilidade de retorno, fazendo com que se reconheça, com base em um juízo pragmático, a morte presumida do ausente, justificada por uma suposta conversão automática da sucessão provisória em definitiva: "Desnecessidade de que tomem os interessados as providências para a transformação da sucessão provisória em definitiva – Hipótese em que, passados mais de dezessete anos do trânsito em julgado da declaração de ausência do mutuário, presume-se a sua morte" (TJSP, AC 994.08.118337-0, 1.ª Câmara de Direito Privado, Rel. Des. Luiz Antonio de Godoy, j. 31.08.2010). Embora a lógica deste tipo de decisão seja compreensível, não se afigura a solução tecnicamente mais adequada à luz do nosso direito positivo. Outra questão de relevo enfrentada pela jurisprudência refere-se ao momento em que se possibilita o pleito de indenização no caso de o ausente contar com seguro de vida. Em uma análise mais formalista, uma vez que a presunção de morte apenas se opera com a sucessão definitiva, somente neste momento seria devido o pagamento da indenização. Foi o que decidiu o Superior Tribunal de Justiça ao examinar o tema: "Transcorrido o interregno de um decênio, contado do trânsito em julgado da decisão que determinou a abertura da sucessão provisória, atinge sua plena eficácia a declaração de ausência, consubstanciada na morte presumida do ausente e na abertura da sua sucessão definitiva. [...] Estabelecida pela lei a presunção da morte natural da pessoa desaparecida, é o contrato de seguro de vida alcançado por esse reconhecimento, impondo-se apenas que se aguarde pelo momento da morte presumida e a abertura da sucessão definitiva" (STJ, REsp 1.298.963/SP, 3.ª Turma, Rel. Min. Paulo de Tarso Sanseverino, j. 26.11.2013). Em uma análise funcional, entretanto, há que se reconhecer que o objetivo do seguro de vida, muitas vezes, é o de proporcionar à família do falecido meios para prover a sua própria subsistência. Nestes casos, a espera por mais de uma década para o recebimento da indenização frustra completamente o escopo do contrato de seguro, podendo mesmo lançar no desamparo a família do ausente. Daí ser possível identificar decisões que entendem a simples declaração de ausência, antes mesmo da sucessão provisória, como suficiente para permitir o acesso ao seguro: "Não se mostra necessária, de outra parte, a abertura de sucessão provisória. Com efeito, segundo ponderou a Magistrada sentenciante, 'para fins de recebimento de seguro de vida a declaração de ausência, por si só, gera efeitos que garantem a indenização ao beneficiário. Ainda mais quando assim expressamente nomeado em vida pelo segurado. Como é o caso dos autos'" (TJRS, AC 70.014.267.082, 6.ª Câmara Cível, Rel. Des. Ubirajara Mach de Oliveira, j. 30.11.2006).

Art. 38. Pode-se requerer a sucessão definitiva, também, provando-se que o ausente conta oitenta anos de idade, e que de cinco datam as últimas notícias dele.

COMENTÁRIOS DOUTRINÁRIOS: Na hipótese de o ausente a) contar com mais de oitenta anos e b) já terem se passado pelo menos cinco anos desde as últimas notícias sobre seu paradeiro, o legislador estabelece um regime diferenciado, admitindo o requerimento da sucessão definitiva. Controverte a doutrina, contudo, acerca de se tratar de hipótese: a) de conversão antecipada da sucessão provisória em definitiva, dispensando-se o prazo de dez anos previsto no artigo antecedente; ou b) de sucessão definitiva "direta", sem a necessidade de observância das etapas anteriores, como a sucessão provisória ou mesmo a declaração de ausência. Este segundo entendimento parece o mais acertado, considerando que o fundamento do longo procedimento de ausência é a inexistência de razão objetiva para se acreditar que o ausente tenha falecido. Na presente hipótese, o regime jurídico diverso se explica justamente em razão da baixa probabilidade de estar ainda vivo o ausente, afastando a necessidade de dilação das fases. No mais, não se pode deixar de notar que o próprio dispositivo, em sua literalidade, não menciona a declaração de ausência ou sucessão provisória, elegendo como suporte fático exclusivamente os dados objetivos da idade e do período de tempo sem notícias, o que reforça a tese da desnecessidade de qualquer outra providência. A sucessão definitiva prevista nesse artigo também enseja a presunção de morte do ausente (art. 6º), razão pela qual talvez fosse melhor enquadrada no art. 7º, ao lado das outras situações nas quais se admite a presunção de morte sem que seja precedida do procedimento de ausência.

JURISPRUDÊNCIA COMENTADA: A controvérsia narrada acima se reflete em nossa jurisprudência. Há, portanto, de um lado, decisões que reconhecem a indispensabilidade da prévia declaração judicial de ausência: "A alegação do apelante no sentido de que o art. 38 do Código Civil dá guarida à sua pretensão não merece prosperar, haja vista que embora o apelado conte com mais de oitenta anos de idade e que há mais de cinco anos não se tenha notícias dele, certo é que ele ainda não foi declarado ausente, não se subsumindo, pois, os fatos narrados à previsão legal" (TJMG, AC 1.0390.11.003533-9/001, 7.ª Câmara Cível, Rel. Des. Belizário de Lacerda, j. 13.08.2013). Há, de outro lado, decisões criticando essa interpretação: "Não se desconhece o entendimento de que o prazo de cinco anos, do art. 38, só pode ser contado depois da declaração judicial de ausência, ou da autorização para abertura da sucessão provisória. Tais exigências não estão previstas em lei e podem, em termos práticos, neutralizar o tratamento diferenciado que estabeleceu o art. 38" (TJSP, CC 0072284-84.2015.8.26.0000, Câmara Especial, Rel. Des. Alves Braga Junior, j. 03.10.2016). A questão já foi examinada pela Terceira Turma do Superior Tribunal de Justiça, que concluiu, na mesma direção defendida nestes comentários, que "apenas a regra do art. 37 do CC/2002 pressupõe a existência da sucessão provisória como condição para a abertura da sucessão definitiva, ao passo que a regra do art. 38 do CC/2002, por sua vez, é hipótese autônoma de abertura da sucessão definitiva, de forma direta e independentemente da existência, ou não, de sucessão provisória" (STJ, REsp 1.924.451/SP, 3.ª Turma, Rel. Min. Nancy Andrighi, j. 19.10.2021).

REFORMA DO CÓDIGO CIVIL: O Anteprojeto propõe a inserção de um parágrafo esclarecendo que a hipótese versada no *caput* consiste em sucessão definitiva direta, deflagrada após a arrecadação de bens, superando a celeuma supradescrita.

Art. 39. Regressando o ausente nos dez anos seguintes à abertura da sucessão definitiva, ou algum de seus descendentes ou ascendentes, aquele ou estes haverão só os bens existentes no estado em que se acharem, os sub-rogados em seu lugar, ou o preço que os herdeiros e demais interessados houverem recebido pelos bens alienados depois daquele tempo.

Parágrafo único. Se, nos dez anos a que se refere este artigo, o ausente não regressar, e nenhum interessado promover a sucessão definitiva, os bens arrecadados passarão ao domínio do Município ou do Distrito Federal, se localizados nas respectivas circunscrições, incorporando-se ao domínio da União, quando situados em território federal.

COMENTÁRIOS DOUTRINÁRIOS: Apesar do nome, a sucessão definitiva do ausente não é de todo irreversível. Retornando nos dez anos seguintes à abertura da sucessão definitiva, o ausente tem direito a receber seus bens no estado em que se encontrem, os bens sub-rogados no lugar destes ou a quantia recebida com a sua venda. Seu direito, porém, limita-se aos bens (ou ao seu equivalente), não abrangendo os rendimentos capitalizados, devidos apenas caso o ausente retorne durante a sucessão provisória. Se o retorno do ausente ocorre após o prazo de dez anos, o entendimento doutrinário, baseado na interpretação *a contrario sensu* do art.

39, é de que o ausente nada recebe, rompendo-se definitivamente os laços da titularidade sobre os bens. Problema que pode se colocar aqui é a falta de recursos para a subsistência digna do ausente, hipótese na qual há de se recorrer às regras sobre alimentos contempladas na parte do Código dedicada ao direito de família. O prazo de dez anos referido no artigo em comento não limita apenas o direito do ausente sobre os bens, mas também o de eventuais ascendentes ou descendentes que ainda não tenham sido aquinhoados. Embora não lhe restitua o patrimônio, o retorno do ausente afasta a presunção de morte, restaurando todos os direitos da pessoa natural. O parágrafo único do dispositivo procura disciplinar a hipótese de não existirem interessados no patrimônio do ausente, que deixa de retornar. Determina, nessa hipótese, a aquisição da titularidade pelo Poder Público. A interpretação textual do aludido parágrafo único revela-se, porém, significativamente difícil. O preceito se refere literalmente à hipótese de nenhum interessado promover a sucessão definitiva "nos dez anos a que se refere este artigo" – ou seja, nos "dez anos seguintes à abertura da sucessão definitiva", conforme a redação do *caput* do artigo em comento. A previsão desafia a lógica, pois o prazo toma como ponto de partida a abertura da sucessão definitiva, que já há de ter sido, portanto, promovida por algum interessado. Uma alternativa seria entender que o preceito se refere *aos dez anos seguintes à abertura da sucessão provisória*, ou seja, o prazo eleito pelo art. 37 para autorizar o início da sucessão definitiva. Embora pudesse se revelar, em teoria, mais coerente, esta interpretação esbarra no art. 28, § 2º, que disciplina exatamente o mesmo problema: o destino dos bens do ausente quando, na sucessão provisória, não se identifica qualquer interessado, determinando que os bens sejam arrecadados na forma estabelecida pelos artigos 1.819 a 1.823, que tratam da herança jacente e vacante. O § 2º do art. 28 costuma ser interpretado como norma que impõe a aplicação, na ausência, de um regime análogo ao previsto no direito sucessório, com a administração dos bens por um curador durante um ano, seguindo-se a declaração de vacância, com a transmissão aos entes públicos da propriedade, que se mantém resolúvel por um período de cinco anos (no qual ainda se admite a habilitação de herdeiros), consolidando-se ao fim deste prazo. Note-se, contudo, que, conforme destacado nos comentários a tal artigo, a redação remete apenas à *arrecadação* dos bens na forma das regras sucessórias, e não à aplicação do restante do regime. Uma interpretação capaz de conciliar os arts. 39, parágrafo único, e 28, § 2º, seria a seguinte: não se identificando qualquer interessado no patrimônio do ausente até trinta dias após a o trânsito em julgado da sentença que determina a sucessão provisória, os bens deverão ser arrecadados e entregues a um curador. Passados dez anos do trânsito em julgado da sentença de sucessão provisória, opera-se a sucessão definitiva, com a presunção de morte do ausente e transferência da propriedade dos bens para o Município, Distrito Federal ou União, a depender da localização do bem. Registre-se que, nos dez anos subsequentes à sucessão definitiva, ainda será possível a restituição dos bens ao ausente que retornar.

REFORMA DO CÓDIGO CIVIL: O Anteprojeto propõe a supressão da referência no *caput* ao prazo de dez anos, de modo que o retorno do ausente (ou do herdeiro) a qualquer tempo após a abertura da sucessão definitiva lhe conferiria direito aos bens no estado em que se encontrem, aos bens sub-rogados no lugar destes ou à quantia recebida com a sua venda. Registre-se que o Anteprojeto mantém intocada a redação do parágrafo único, que, no entanto, aduz expressamente aos "dez anos a que se refere este artigo", o que merece retificação para se conformar ao *caput*.

TÍTULO II
DAS PESSOAS JURÍDICAS

CAPÍTULO I
DISPOSIÇÕES GERAIS

Art. 40. As pessoas jurídicas são de direito público, interno ou externo, e de direito privado.

COMENTÁRIOS DOUTRINÁRIOS: *Pessoa jurídica* é o ente a que a ordem jurídica atribui personalidade distinta daquela de seus membros ou instituidores, sendo o termo personalidade aí compreendido na sua acepção de aptidão para ser titular de direitos e obrigações. A pessoa jurídica, também chamada pessoa ideal ou coletiva, tem personalidade autônoma, distinta e independente da personalidade de seus membros. Toda a utilidade da pessoa jurídica reside, de fato, na distinção entre o seu patrimônio e os patrimônios de seus integrantes, que, em regra, não respondem pelas obrigações contraídas pelo ente moral (v. art. 49-A). Ao contrário da pessoa humana, que deve ser sempre reputada um fim em si mesma, a pessoa jurídica é um *instrumento* do ordenamento para a realização de determinados fins socialmente relevantes. No artigo em comento, o Código apresenta a classificação mais abrangente das pessoas jurídicas, que toma em conta o regime jurídico ao qual se submetem, entre a) pessoas jurídicas de direito privado (disciplinadas eminentemente pelo próprio Código Civil) e b) pessoas jurídicas de direito público, estas últimas classificadas em de direito público interno (v. art. 41) e de direito público externo (v. art. 42).

Art. 41. São pessoas jurídicas de direito público interno:

I – a União;

II – os Estados, o Distrito Federal e os Territórios;

III – os Municípios;

IV – as autarquias, inclusive as associações públicas; (Redação dada pela Lei n. 11.107, de 2005)

V – as demais entidades de caráter público criadas por lei.

Parágrafo único. Salvo disposição em contrário, as pessoas jurídicas de direito público, a que se tenha dado estrutura de direito privado, regem-se, no que couber, quanto ao seu funcionamento, pelas normas deste Código.

COMENTÁRIOS DOUTRINÁRIOS: O Código Civil se limita a enumerar as pessoas jurídicas de direito público interno, sem disciplinar seu regime jurídico, matéria afeita ao campo do direito público. Arrola, nessa esteira: a) os entes políticos que integram a estrutura da Federação (União, Estados, Distrito Federal e Municípios), b) os Territórios Federais (desprovidos de autonomia política, por integrarem a União, embora sejam dotados de personalidade jurídica própria), c) as autarquias, d) associações públicas, concluindo com e) uma amplíssima referência às "demais entidades de caráter público criadas por lei". Nada impede que o legislador, ao criar novas espécies de pessoas jurídicas de direito público, lhes atribua estrutura de direito privado, ou seja, determine que sejam regidas pelas normas do Código Civil, naquilo que forem compatíveis com a natureza pública da entidade, conforme esclarece o parágrafo único. Na tentativa de se especificar quais seriam essas figuras, editou-se o Enunciado n. 141 da *III Jornada de Direito Civil*: "A remissão do art. 41, parágrafo único, do Código Civil às pessoas jurídicas de direito público, a que se tenha dado estrutura de direito privado, diz respeito às fundações públicas e aos entes de fiscalização do exercício profissional".

JURISPRUDÊNCIA COMENTADA: Sobre a figura das fundações públicas, já decidiu o Superior Tribunal de Justiça: "A jurisprudência já afirmava [ao tempo da vigência do CC/2016] a existência de outra modalidade de fundação que não a tipicamente privada. Eram fundações cujas atividades eram precipuamente públicas, instituídas pelo poder público e mantidas com dotações orçamentárias extraídas das pessoas jurídicas de direito público interno. [...] Exatamente nesse sentido, o STF firmou sua jurisprudência, ao considerar as fundações públicas como espécie do gênero autarquias. [...] A questão, atualmente, não desperta a polêmica de outrora, já que o artigo 41 do Código Civil de 2002 dispõe que: 'Art. 41. São pessoas jurídicas de direito público interno: [...] V – *as demais entidades de caráter público criadas por lei'*. Portanto, as fundações criadas por lei, para a consecução de finalidades públicas, possuem natureza jurídica de direito público, assenhoreando-se de todas as prerrogativas inerentes a tal caracterização" (STJ, REsp 207.767/SP, 2.ª Turma, Rel. Min. Castro Meira, j. 20.11.2008).

REFORMA DO CÓDIGO CIVIL: O Anteprojeto propõe o acréscimo de um novo inciso ao art. 41 aludindo expressamente às fundações públicas.

Art. 42. São pessoas jurídicas de direito público externo os Estados estrangeiros e todas as pessoas que forem regidas pelo direito internacional público.

COMENTÁRIOS DOUTRINÁRIOS: As pessoas jurídicas de direito público externo por excelência são os Estados soberanos. O direito internacional público, contudo, trata de outros tipos de entidades, notadamente as organizações internacionais, às quais o art. 42 também reconhece personalidade jurídica. É o caso da Organização das Nações Unidas (ONU) e do Mercado Comum do Sul (MERCOSUL).

Art. 43. As pessoas jurídicas de direito público interno são civilmente responsáveis por atos dos seus agentes que nessa qualidade causem danos a terceiros, ressalvado direito regressivo contra os causadores do dano, se houver, por parte destes, culpa ou dolo.

COMENTÁRIOS DOUTRINÁRIOS: O art. 43 trata da responsabilidade civil das pessoas de direito público interno, reproduzindo substancialmente o § 6º do art. 37 da Constituição: "As pessoas jurídicas de direito público e as de direito privado prestadoras de serviços públicos responderão pelos danos que seus agentes, nessa qualidade, causarem a terceiros, assegurado o direito de regresso contra o responsável nos casos de dolo ou culpa". Nos Estados absolutistas, imperava a sua *irresponsabilidade* pelos danos causados aos seus súditos, incorporada na expressão oriunda do direito inglês, segundo a qual *the King can do no wrong*. Nesse campo, o avanço histórico é inegável. O Direito Brasileiro contemporâneo reconhece não apenas a possibilidade de responsabilização do Estado, como também consagra em sede constitucional uma *cláusula geral de responsabilidade objetiva do Estado*. Em outras palavras, a responsabilidade da pessoa jurídica de direito público independe de culpa, bastando que a atuação de um agente público, *nessa qualidade*, ou seja, no exercício da função administrativa, tenha causado dano à vítima. O dispositivo ressalva expressamente a possibilidade de exercício de direito de regresso por parte do Estado contra o agente causador do dano, aí sim condicionada à demonstração de que este último agiu com culpa, hipótese na qual já responderia pelo dano provocado de acordo com as regras gerais de responsabilidade civil (art. 186 c/c art. 927). O dispositivo, contudo, perdeu a oportunidade de, indo além do texto constitucional, sanar a controvérsia acerca da possibilidade de a vítima demandar diretamente em face do agente em vez de responsabilizar a pessoa jurídica de direito público. Outra controvérsia relevante diz respeito à responsabilidade do Estado por ato omissivo. Em um país cujo ordenamento é pródigo no reconhecimento de direitos (inclusive em face do Poder Público), mas tão carente em políticas públicas no sentido de protegê-los e efetivá-los, adverte-se que a imputação aos entes públicos dos danos decorrentes de suas omissões poderia conduzir a uma espécie de *pan-responsabilização* do Estado. No afã de evitar esse cenário, parte da doutrina passou a advogar que a responsabilidade dos entes públicos por omissão seria *subjetiva*, dependendo da prova da culpa, entendimento que atenta contra a expressa opção constitucional pela responsabilidade objetiva. Há, ainda, autores que propõem distinção entre a) a omissão genérica do Estado (por exemplo, falta de segurança pública) e b) a omissão específica do Estado (ausência de reação do policial que testemunhou o assalto), defendendo que, na primeira hipótese, a responsabilidade civil dependeria de prova da culpa. A rigor, a construção é útil, mas o tema nada tem com a culpa. A responsabilidade civil do Estado é sempre objetiva, por força da norma constitucional. O que se impõe é a verificação do nexo de causalidade entre o dano sofrido e a omissão administrativa. Assim, havendo uma causa capaz de romper o nexo entre a omissão do ente público e o dano sofrido pela vítima, impõe-se o afastamento da responsabilidade do Estado.

JURISPRUDÊNCIA COMENTADA: O Supremo Tribunal Federal foi chamado a se manifestar sobre a responsabilidade civil do Estado por omissão no caso de morte de detentos nos estabelecimentos prisionais. Em denso voto, que restou vitorioso, o Ministro Luiz Fux acolheu a tese aqui defendida de que "a responsabilidade civil estatal, segundo a Constituição Federal de 1988, em seu art. 37, § 6º, subsume-se à teoria do risco administrativo, tanto para as condutas estatais comissivas quanto para as omissivas, posto rejeitada a teoria do risco integral". Ponderou o Ministro Fux que "a omissão do Estado reclama nexo de causalidade em relação ao dano sofrido pela vítima nos casos em que o Poder Público ostenta o dever legal e a efetiva possibilidade de agir para impedir o resultado danoso". Especificamente sobre a situação examinada no recurso, concluiu: "*Ad impossibilia nemo tenetur*, por isso que nos casos em que não é possível ao Estado agir para evitar a morte do detento (que ocorreria mesmo que o preso estivesse em liberdade), rompe-se o nexo de causalidade, afastando-se a responsabilidade do Poder Público, sob pena de adotar-se *contra legem* e a *opinio doctorum* a teoria do risco integral, ao arrepio do texto constitucional. A morte do detento pode ocorrer por várias causas, como, *v.g.*, homicídio, suicídio, acidente ou morte natural, sendo que nem sempre será possível ao Estado evitá-la, por mais que adote as precauções exigíveis. A responsabilidade civil estatal resta conjurada nas hipóteses em que o Poder Público comprova causa impeditiva da sua atuação protetiva do detento, rompendo o nexo de causalidade da sua omissão com o resultado danoso" (STF, RE 841.526/RS, Tribunal Pleno, Rel. Min. Luiz Fux, j. 20.03.2016). Em 2019, o STF decidiu outra importante controvérsia ligada ao regime de responsabilidade civil do Estado, acerca da legitimidade passiva do agente causador do dano, aprovando a seguinte tese: "A teor do disposto no artigo 37, parágrafo 6º, da Constituição Federal, a ação por danos causados por agente público deve ser ajuizada contra o Estado ou a pessoa jurídica de direito privado, prestadora de serviço público, sendo parte ilegítima o autor do ato, assegurado o direito de regresso contra o responsável nos casos de dolo ou culpa" (STF, RE 1.027.633/SP, Tribunal Pleno, Rel. Min. Marco Aurélio, j. 14.08.2019). Merece destaque, embora a questão não tenha sido enfrentada pelo plenário, o seguinte trecho do voto do relator, sobre matéria que certamente suscitará debates nos tribunais: "Percebam que esse entendimento não inviabiliza a possibilidade de denunciação à lide em ações nas quais a Administração Pública é demandada por dano causado por agente. O deferimento da referida intervenção não modificará a posição do autor da demanda. Apenas ao Estado cumprirá demonstrar a culpa ou o dolo na conduta do preposto, facilitando pretensão regressiva. Haverá duas relações processuais distintas: entre a vítima do dano e o Estado; e entre o Estado e o agente público denunciado". Outra questão controvertida objeto de exame pelo STF consistiu na responsabilidade civil do Estado por danos causados a vítimas de disparos de armas de fogo em operações de segurança pública, especialmente quando não se afigura possível identificar a autoria do disparo. Sobre o tema, foi aprovada a seguinte tese de repercussão geral: "(i) O Estado é responsável, na esfera cível, por morte ou ferimento decorrente de operações de segurança pública, nos termos da Teoria do Risco Administrativo; (ii) É ônus probatório do ente federativo demonstrar eventuais excludentes de responsabilidade civil; (iii) A perícia inconclusiva sobre a origem de disparo fatal durante operações policiais e militares não é suficiente, por si só, para afastar a responsabilidade civil do Estado, por constituir elemento indiciário" (STF, ARE 1.385.315/RJ, Tribunal Pleno, Rel. Min. Luiz Edson Fachin, j. 11.04.2024).

REFORMA DO CÓDIGO CIVIL: O Anteprojeto propõe quatro modificações no art. 43: (a) a supressão da palavra "interno", que qualifica as pessoas jurídicas de direito público, tornando a redação do dispositivo mais simétrica àquela do art. 37, § 6º, da Constituição; (b) a inclusão de referência expressa às *pessoas jurídicas de direito privado prestadoras de serviço público*, também mencionadas no art. 37, § 6º, da Constituição; (c) a explicitação de que se trata de responsabilidade *independente de culpa*, vale dizer, objetiva; e (d) a explicitação de que o dano a ser reparado pode ser causado "por ação ou omissão" do agente público.

Art. 44. São pessoas jurídicas de direito privado:

I – as associações;

II – as sociedades;

III – as fundações.

IV – as organizações religiosas; (Incluído pela Lei n. 10.825, de 22.12.2003)

V – os partidos políticos. (Incluído pela Lei n. 10.825, de 22.12.2003)

VI – (Revogado pela Lei n. 14.382, de 27.06.2022)

§ 1º São livres a criação, a organização, a estruturação interna e o funcionamento das

organizações religiosas, sendo vedado ao poder público negar-lhes reconhecimento ou registro dos atos constitutivos e necessários ao seu funcionamento. (Incluído pela Lei n. 10.825, de 22.12.2003)

§ 2º As disposições concernentes às associações aplicam-se subsidiariamente às sociedades que são objeto do Livro II da Parte Especial deste Código. (Incluído pela Lei n. 10.825, de 22.12.2003)

§ 3º Os partidos políticos serão organizados e funcionarão conforme o disposto em lei específica. (Incluído pela Lei n. 10.825, de 22.12.2003)

COMENTÁRIOS DOUTRINÁRIOS: O art. 44 do Código Civil arrola as pessoas jurídicas de direito privado: a) associações; b) sociedades; c) fundações; d) organizações religiosas; e) partidos políticos; e f) empresas individuais de responsabilidade limitada (conhecidas como EIRELIs). As *sociedades* são pessoas jurídicas constituídas com objetivo de lucro para distribuição entre seus sócios. Sua disciplina é traçada no Livro II da Parte Especial do Código Civil, que, procedendo a uma parcial reunificação do direito privado, dedicou-se ao direito da empresa, em que, apesar do nome, se cuida também das sociedades simples ou não empresárias. A doutrina tradicionalmente extraía do art. 981 a exigência de que as sociedades sejam pluripessoais, ou seja, constituídas por mais de um sócio, admitindo-se a unipessoalidade apenas em hipóteses excepcionais. A tradição doutrinária foi, todavia, rompida por intervenções legislativas que vieram, gradativamente, enfraquecer a exigência de mais de um sócio. A mais recente ocorreu em 2019, quando a Lei n. 13.874 (Lei da Liberdade Econômica) alterou o Código Civil, de modo a introduzir expressamente a figura da sociedade limitada unipessoal (art. 1.052, §§ 1º e 2º). Alguns anos antes, em 2016, a Lei n. 13.247 alterara o Estatuto da Advocacia, introduzindo em seu art. 15 a figura da sociedade unipessoal de advocacia, inovação que reacendeu o debate quanto à pertinência, no plano teórico, da exigência de pluripessoalidade como característica essencial das sociedades. Tal discussão já havia entrado em pauta com a introdução, em 2011, das chamadas EIRELIs. As *EIRELIs*, criadas pela Lei n. 12.441/2011, não consistem em sociedades, tendo composição unipessoal, ou seja, uma única pessoa titular da totalidade do capital social (art. 980-A). Embora não qualificadas pela lei brasileira como sociedades, e sim como uma espécie autônoma de pessoa jurídica, aproximam-se, na prática, de sociedades unipessoais, que, conquanto vedadas pela nossa legislação (art. 981), sempre foram objeto de reflexão doutrinária no campo do Direito Comercial. Por meio da EIRELI, permite-se que o titular da empresa desenvolva sua atividade com um patrimônio separado do seu próprio, diversamente do que ocorre no caso do empresário individual e sem a necessidade de recorrer a um sócio (art. 980-A). Sem prejuízo das atenções que exige, tem a notável vantagem de evitar a prática de simulação na constituição de sociedades com parentes e familiares detentores de percentual ínfimo do capital social, que se tornou corriqueira no Brasil diante do regime de tributação mais favorável das pessoas jurídicas. Registre-se que a edição da Lei n. 14.195/2021, conhecida como Lei do Ambiente de Negócios – fruto da conversão em lei da Medida Provisória n. 1.040/2021 –, despertou uma intensa insegurança jurídica em relação ao destino das EIRELIs. Embora a MP n. 1.040 não dispusesse sobre o tema, a redação final do projeto de lei de conversão aprovado pelo Congresso Nacional previu a revogação expressa dos dispositivos do Código Civil que tratam da EIRELI, juntamente com a conversão das EIRELIs já existentes em sociedades limitadas unipessoais. O Presidente da República, no entanto, vetou as alíneas *a* e *e* do inciso XXIX do art. 57 da Lei n. 14.195/2021, que revogavam, entre outras normas, os artigos do Código Civil referentes à EIRELI. Restou sancionado, por outro lado, o art. 41 da Lei n. 14.195/2021, cujo *caput* determina que "as empresas individuais de responsabilidade limitada existentes na data da entrada em vigor desta Lei serão transformadas em sociedades limitadas unipessoais independentemente de qualquer alteração em seu ato constitutivo". Nesse contexto, surgiram duas visões possíveis. Uma interpretação mais literal da inovação legislativa aponta para a preservação da existência das EIRELIs, tendo em vista que, apesar da transformação compulsória das EIRELIs existentes em sociedades limitadas unipessoais, a manutenção da disciplina da EIRELI no Código Civil autorizaria a constituição de novas EIRELIs ainda hoje. Uma linha de interpretação mais centrada sobre o elemento teleológico (finalidade da norma), no entanto, destaca que a possibilidade de criação de novas EIRELIs seria contraditória com a determinação do art. 41 da Lei do Ambiente de Negócios. Por esta razão, a melhor interpretação parece ser a de que, apesar dos vetos presidenciais, a Lei n. 14.195/2021 ensejou a revogação (não já expressa, mas sim) tácita dos arts. 44, VI, e 980-A do Código Civil, não sendo admissível, portanto, a constituição de novas EIRELIs. O tema é, todavia, polêmico e o Poder Executivo agiu mal ao não permitir que se extraísse com clareza o propósito do veto: se a intenção foi preservar as EIRELIs, convinha vetar também o art. 41 da Lei n. 14.195/2021 que determinava a transformação compulsória. Para sanar a controvérsia instaurada, o Presidente da República editou, em 27 de dezembro de 2021, a Medida Provisória n. 1.085 (posteriormente convertida na Lei n. 14.382/2022), que, entre outras providências, revogou expressamente o inciso VI do art. 44 e o art. 980-A do Código Civil, tornando inconteste a extinção das EIRELIs. Ainda entre as espécies de pessoas jurídicas, cumpre mencionar as *associações*, que são as pessoas jurídicas constituídas pela união de pessoas para a realização de finalidades não lucrativas, encontrando-se disciplinadas nesse mesmo título do Código Civil a partir do art. 53. Essas regras sobre associações aplicam-se subsidiariamente às sociedades, por força do § 2º do presente dispositivo. No intuito de precisar a extensão desta aplicação subsidiária, editou-se o Enunciado n. 280 da *IV Jornada de Direito Civil*: "Por força do art. 44, § 2º, consideram-se aplicáveis às sociedades reguladas pelo Livro II da Parte Especial, exceto às limitadas, os arts. 57 e 60, nos seguintes termos: a) em havendo previsão contratual, é possível aos sócios deliberar a exclusão de sócio por justa causa, pela via extrajudicial, cabendo ao contrato disciplinar o procedimento de exclusão, assegurado o direito de defesa, por aplicação analógica do art. 1.085; b) as deliberações sociais poderão ser convocadas por iniciativa de sócios que representem 1/5 (um quinto) do capital social, na omissão do contrato. A mesma regra aplica-se na hipótese de criação, pelo contrato, de outros órgãos de deliberação colegiada". As *fundações* são as pessoas jurídicas que se formam pela afetação de determinados bens a certos fins preestabelecidos pelo seu instituidor. São reguladas logo após as associações, entre os artigos 62 e 69 do Código Civil. As *organizações religiosas* e os *partidos políticos* não configuram, a rigor, espécies de pessoas jurídicas, justificando-se sua presença no art. 44 em razão de sua relevância social. Trata-se, em verdade, de modalidades de *associações* dotadas de particularidades em seus regimes jurídicos: "Os partidos políticos, os sindicatos e as associações religiosas possuem natureza associativa, aplicando-se-lhes o Código Civil" (Enunciado n. 142 da *III Jornada de Direito Civil*). O § 1º do artigo, ao assegurar a liberdade de organização e funcionamento das entidades religiosas, busca tutelar, em última instância, a própria liberdade religiosa. Registre-se, contudo, a pertinente ressalva do Enunciado n. 143 da *III Jornada de Direito Civil*: "A liberdade de funcionamento das organizações religiosas não afasta o controle de legalidade e legitimidade constitucional de seu registro, nem a possibilidade de reexame, pelo Judiciário, da compatibilidade de seus atos com a lei e com seus estatutos". O § 3º do artigo em comento remete a organização dos partidos políticos para a legislação especial, no caso, a Lei n. 9.096/1995 (Lei dos Partidos Políticos).

JURISPRUDÊNCIA COMENTADA: Interessante decisão proferida pelo TRF-4 distingue as figuras das fundações privadas das fundações públicas: "Como regra, sabe-se que as fundações são pessoas jurídicas de direito privado, nos termos do artigo 44 do Código Civil, podendo ser consideradas, contudo, pessoas jurídicas de direito público, na hipótese de serem constituídas dessa forma, por lei (artigo 41, parágrafo único, do Código Civil), sendo necessária a verificação, no caso concreto, de como se deu a constituição da fundação. Considera-se pessoa jurídica de direito público, podendo beneficiar-se da isenção em questão, a fundação assim instituída por lei, bastando que lhe seja atribuída a titularidade de poderes públicos, submetendo-se suas relações ao direito público, o que não se deu no caso em tela. Com efeito, uma vez que se deu a constituição da fundação por meio de escritura pública, registrada no Registro Civil, não há falar em fundação pública, submetida ao direito público – sobretudo quando a única lei juntada aos autos foi editada por apenas um dos municípios que compõem a fundação, não tendo, portanto, legitimidade em relação aos 24 restantes. Mesmo em análise superficial do estatuto fundacional, se verifica que não se lhe aplica a disciplina de direito público, pois não há afetação de seu patrimônio, o qual pode ser alienado por mero parecer favorável do Conselho de Administração, assim como competiria também a esse Conselho aprovar o quadro de funcionários e o plano de salários – não por meio de lei, o que seria necessário, caso se tratasse, efetivamente, de entidade de direito público" (TRF-4, Ag 2005.04.01.006483-5/RS, 2.ª Turma, Rel. Des. Dirceu de Almeida Soares, j. 08.06.2005).

Art. 45. Começa a existência legal das pessoas jurídicas de direito privado com a inscrição do ato constitutivo no respectivo registro, precedida, quando necessário, de autorização ou aprovação do Poder Executivo, averbando-se

no registro todas as alterações por que passar o ato constitutivo.

Parágrafo único. Decai em três anos o direito de anular a constituição das pessoas jurídicas de direito privado, por defeito do ato respectivo, contado o prazo da publicação de sua inscrição no registro.

COMENTÁRIOS DOUTRINÁRIOS: A pessoa jurídica de direito privado encontra sua gênese no ato de manifestação de vontade de uma pessoa humana, que se consubstancia no ato constitutivo da pessoa jurídica. A partir de então, afirma-se já existir o ente moral; em termos mais técnicos, o negócio jurídico fundante já se revela válido e eficaz. Daí por que se afigura possível falar, por exemplo, em sociedade não personificada. O início da personalidade jurídica, no entanto, requer a inscrição do ato constitutivo da pessoa jurídica no registro competente, momento no qual se dá a efetiva dissociação patrimonial entre o ente abstrato e seus criadores. Eventual defeito do ato de constituição da pessoa jurídica, seja formal ou substancial, importará sua *anulabilidade*, submetida, de acordo com o parágrafo único, a prazo decadencial trienal. O termo *a quo* para a contagem do referido prazo é a data da publicação do ato de inscrição no registro.

JURISPRUDÊNCIA COMENTADA: A formalidade prevista no dispositivo assume relevância também no plano processual, para fins, por exemplo, de aferição de legitimidade ativa de associação para o ajuizamento de mandado de segurança coletivo (art. 21, Lei n. 12.016/2009). Nesse sentido, já decidiu o STJ que "deve ser mantida a decisão que reconheceu a ilegitimidade ativa da Assecon, uma vez que não fez prova pré-constituída de sua criação há mais de um ano, já que juntou aos autos cópia apócrifa de seu estatuto, desprovido de comprovação de registro em cartório. Ressalte-se que, para efeitos de efetiva existência legal da entidade, faz-se necessária a data da inscrição do ato constitutivo no respectivo registro, nos termos do artigo 45 do CC/2002. Tal documento, contudo, não foi juntado aos autos" (STJ, RMS 56.110/DF, 2.ª Turma, Rel. Min. Herman Benjamin, j. 14.05.2018).

Art. 46. O registro declarará:

I – a denominação, os fins, a sede, o tempo de duração e o fundo social, quando houver;

II – o nome e a individualização dos fundadores ou instituidores, e dos diretores;

III – o modo por que se administra e representa, ativa e passivamente, judicial e extrajudicialmente;

IV – se o ato constitutivo é reformável no tocante à administração, e de que modo;

V – se os membros respondem, ou não, subsidiariamente, pelas obrigações sociais;

VI – as condições de extinção da pessoa jurídica e o destino do seu patrimônio, nesse caso.

COMENTÁRIOS DOUTRINÁRIOS: O art. 46 discrimina as informações que devem ser declaradas no registro do ato constitutivo da pessoa jurídica. Trata-se, em linhas gerais, de aspectos essenciais da entidade que se pretende personalizar, como sua denominação e finalidades, de sua organização interna e das pessoas a ela vinculadas.

Art. 47. Obrigam a pessoa jurídica os atos dos administradores, exercidos nos limites de seus poderes definidos no ato constitutivo.

COMENTÁRIOS DOUTRINÁRIOS: O administrador é o *órgão* de gestão da pessoa jurídica responsável por manifestar a vontade desta. Em outras palavras, a pessoa jurídica é o centro de interesse ao qual são imputados os efeitos da declaração do administrador. Não se está aqui diante do fenômeno da representação, pois o administrador não é pessoa diversa que atua em nome da pessoa jurídica; ocorre, sim, verdadeira *presentação*, já que o administrador é um *órgão* integrante da pessoa jurídica. A vinculação da pessoa jurídica, todavia, restringe-se aos atos praticados pelo administrador dentro dos limites dos poderes que lhe foram atribuídos pelo ato constitutivo. A ineficácia do ato praticado em excesso de poderes não frustra a confiança dos terceiros que se relacionam com a pessoa jurídica, em razão da publicidade conferida ao ato constitutivo pelo registro. Registre-se que "o art. 47 não afasta a aplicação da teoria da aparência" (Enunciado n. 145 da *III Jornada de Direito Civil*). De fato, afigura-se merecedora de tutela a confiança legítima investida por terceiro diante de circunstâncias objetivas que indiquem que a pessoa que celebra o negócio em nome da pessoa jurídica efetivamente possui poderes para fazê-lo. Nesse caso, a pessoa jurídica restará vinculada à conduta do administrador aparente, tal qual ocorreria se celebrado por administrador regularmente dotado de poderes.

JURISPRUDÊNCIA COMENTADA: A teoria da aparência tem sido recorrentemente invocada por nossos tribunais para abrandar o rigor da previsão do art. 47, como exemplifica o seguinte caso julgado pelo Superior Tribunal de Justiça: "Caso concreto que versa acerca de ação de cobrança proposta com o objetivo de buscar o adimplemento dos valores devidos em razão de Termo de Compromisso firmado com o Cruzeiro Esporte Clube pela apresentação, ao clube, de jovem e promissor atleta. Clube recorrido que não nega ter sido assinado Termo de Compromisso por meio do qual o jogador foi apresentado ao clube e nele efetivamente atuou, tendo sido posteriormente negociado ao Clube de Regatas Vasco da Gama. Alegação, porém, de que o referido Termo de Compromisso foi assinado por quem não tinha poderes para representá-lo. Teoria da aparência que deve ser aplicada ao caso, porquanto o signatário, Diretor Geral do Futebol de Base, atuou em nome e no interesse do clube, em negócio jurídico que lhe gerou proveito econômico" (STJ, REsp 1.902.410/MG, 3.ª Turma, Rel. Min. Paulo de Tarso Sanseverino, j. 28.02.2023).

Art. 48. Se a pessoa jurídica tiver administração coletiva, as decisões se tomarão pela maioria de votos dos presentes, salvo se o ato constitutivo dispuser de modo diverso.

Parágrafo único. Decai em três anos o direito de anular as decisões a que se refere este artigo, quando violarem a lei ou estatuto, ou forem eivadas de erro, dolo, simulação ou fraude.

COMENTÁRIOS DOUTRINÁRIOS: Pode a administração da pessoa jurídica ser exercida por mais de uma pessoa, situação em que se coloca a questão de saber como se dá a exata composição da vontade da pessoa jurídica. Cabe ao ato constitutivo disciplinar esta matéria, determinando se haverá votação, o quórum a ser observado, entre outros aspectos. No silêncio do ato constitutivo, o Código estabelece que a vontade da pessoa jurídica será formada por meio da maioria dos votos dos administradores presentes no momento da decisão. O parágrafo único fixa o prazo decadencial de três anos para eventual anulação da decisão que não observe os critérios legais ou estatutários de formação da vontade em caso de administração coletiva. O dispositivo estende o mesmo prazo à anulação das decisões eivadas de erro, dolo, simulação ou fraude. Disso decorrem algumas questões relevantes. Em primeiro lugar, o dispositivo excepciona o prazo decadencial de quatro anos previsto de modo geral para a anulação em caso de erro, dolo ou fraude contra credores (art. 178). Em outras palavras, quando tais atos forem praticados no contexto de formação da vontade de pessoa jurídica, o prazo é reduzido para três anos. Note-se que o dispositivo não menciona os demais vícios do consentimento: coação, estado de perigo e lesão. Quanto aos dois últimos, a exigência de que o negócio imponha uma excessiva onerosidade às partes parece torná-los incompatíveis com a situação tratada nesse dispositivo. O mesmo não se aplica, contudo, à coação, que pode perfeitamente se verificar no processo deliberatório dos administradores. Uma interpretação literal do dispositivo implicaria preservar para a coação o prazo de quatro anos previsto no art. 178. Esta solução, contudo, criaria uma distinção injustificada no regime jurídico das invalidades das deliberações, razão pela qual se afigura mais adequado aplicar analogicamente o prazo trienal à hipótese de coação, por identidade de fundamento. Por fim, o parágrafo único inclui entre as situações submetidas ao prazo decadencial trienal a simulação, fenômeno tratado, sob a égide do Código de 1916 como causa de anulabilidade, mas convertido pelo Código de 2002 em hipótese de nulidade do negócio jurídico (art. 167). A manutenção, no regime específico das invalidades das decisões coletivas dos administradores, da simulação como causa de anulabilidade encontra fundamento na tentativa de estabilização das relações internas da pessoa jurídica, mas cria uma indesejável assimetria na disciplina da simulação.

PANDEMIA: Em razão do caráter essencialmente coletivo da formação da vontade das pessoas jurídicas, a sua administração exige frequentemente a realização de reuniões ou assembleias. No intuito de evitar a disseminação da covid-19, o art. 4º da Lei n. 14.010/2020, que instituiu o chamado Regime Jurídico Emergencial e Transitório (RJET) de Direito Privado, estabeleceu, na versão aprovada no Congresso Nacional, que "as pessoas jurídicas de direito privado referidas nos incisos I a III do art. 44 do Código Civil [associações, sociedades e fundações] deverão observar as restrições à realização de reuniões e assembleias presenciais até 30 de outubro de 2020, durante a vigência desta Lei, observadas as determinações sanitárias das autoridades locais". Note-se que a norma não vedava a realização de reuniões ou assembleias nesse período, mas apenas reafirmava a necessidade de observância às eventuais determinações das autoridades locais em relação às medidas de prevenção contra a covid-19 (o que, a rigor, nem sequer dependeria de previsão em lei federal). Ainda assim, a norma foi objeto de veto pelo Presidente da República, ao fundamento de que "a propositura legislativa contraria o interesse público ao gerar insegurança jurídica, uma vez que a matéria encontra- se em desacordo com a recente edição da Medida Provisória 931 de 2020, o que viola o art. 11, da Lei Complementar nº 95, de 1998. Ademais, o veto não pode abranger apenas parte do dispositivo, no caso a exclusão da menção às sociedades". Não havia, contudo, qualquer incompatibilidade efetiva com a MP n. 931/2020, que se limitava a autorizar sociedades anônimas, sociedades limitadas e sociedades cooperativas cujo exercício social se encerrasse entre 31 de dezembro de 2019 e 31 de março de 2020 a realizarem a assembleia geral ordinária no prazo de sete meses, contado do término do exercício social. Além de tratar de questões distintas, a norma do RJET era mais ampla, abrangendo as principais espécies de pessoas jurídicas de direito privado, enquanto a MP n. 931 tratava apenas de determinadas modalidades de sociedades. Na prática, o veto foi contornado com a conversão, em 28 de julho de 2020, da MP n. 931 na Lei n. 14.030/2020, que passou a estipular, no seu art. 7º, que "as associações, as fundações e as demais sociedades não abrangidas pelo disposto nos arts. 1º, 4º e 5º desta Lei deverão observar as restrições à realização de reuniões e de assembleias presenciais até 31 de dezembro de 2020, observadas as determinações sanitárias das autoridades locais", estabelecendo um prazo da vigência para essa restrição inclusive mais longo que aquele previsto no regime jurídico emergencial. O inciso I do parágrafo único do art. 7º da Lei n. 14.030/2020 também estabeleceu para "as associações, as fundações e as demais sociedades não abrangidas pelo disposto nos arts. 1º, 4º e 5º desta Lei [...] a extensão, em até 7 (sete) meses, dos prazos para realização de assembleia geral e de duração do mandato de dirigentes, no que couber". Retornando ao art. 4º da Lei do RJET, seu veto foi posteriormente derrubado pelo Congresso Nacional, mas a norma entrou em vigor apenas em 8 de setembro de 2020, quando já não oferecia mais grande utilidade, diante do disposto no *caput* do já mencionado art. 7º da Lei n. 14.030/2020. Em outra frente, o art. 5º do RJET estipulou que "a assembleia geral, inclusive para os fins do art. 59 do Código Civil, até 30 de outubro de 2020, poderá ser realizada por meios eletrônicos, independentemente de previsão nos atos constitutivos da pessoa jurídica", esclarecendo, no parágrafo único do dispositivo, que "a manifestação dos participantes poderá ocorrer por qualquer meio eletrônico indicado pelo administrador, que assegure a identificação do participante e a segurança do voto, e produzirá todos os efeitos legais de uma assinatura presencial". Registre-se que esse dispositivo não foi objeto de veto, tendo entrado em vigor em 12 de junho de 2020. A faculdade de realização de assembleias por meios eletrônicos coadunava-se com o escopo de assegurar o adequado funcionamento das pessoas jurídicas diante das restrições à circulação e à aglomeração de pessoas. O dispositivo dispensa a previsão expressa de votação por meio eletrônico nos atos constitutivos da pessoa jurídica, diante da excepcionalidade da pandemia. A orientação seguida no art. 5º do RJET restou permanentemente incorporada ao ordenamento jurídico com a inclusão, pela Lei n. 14.195/2021, do art. 48-A do Código Civil, ao qual se remete o leitor.

JURISPRUDÊNCIA COMENTADA: O Superior Tribunal de Justiça já reconheceu a aplicabilidade prazo decadencial trienal previsto no parágrafo único do art. 48 às ações anulatórias de deliberação social que excluiu sócio minoritário dos quadros de sociedade limitada: "embora o capítulo IV ('Da Sociedade Limitada') não disponha sobre o prazo para o sócio pedir a anulação da assembleia que decidiu por sua exclusão, o Código Civil definiu tal prazo em sua Parte Geral (Título II, Pessoas Jurídicas), restando inaplicável o art. 286 da Lei das Sociedades Anônimas. [...] Destarte, aplicável o prazo decadencial de três anos previsto no art. 48 do Código Civil" (STJ, REsp 1.459.190/SP, 4.ª Turma, Rel. Min. Luis Felipe Salomão, j. 15.12.2015). Ainda sobre o prazo decadencial trienal, o Superior Tribunal de Justiça já afastou a sua incidência na hipótese de o vício atacado ensejar a nulidade absoluta da deliberação: "Com a entrada em vigor do CC/02, decai em três anos o prazo para anular decisão assemblear de pessoa jurídica com administração coletiva. Observância do disposto no art. 48, parágrafo único, do CC/02. Contudo, a impossibilidade jurídica do objeto da deliberação assemblear acarreta a sua nulidade e não anulabilidade. O ato nulo não se submete a prazos prescricionais ou decadenciais" (STJ, REsp 1.776.467/PR, 3.ª Turma, Rel. Min. Moura Ribeiro, j. 25.11.2021).

PANDEMIA: Diversas ações foram ajuizadas por associações pleiteando a prorrogação do mandato do corpo diretivo em virtude da impossibilidade de realização de assembleias em razão da pandemia. O Tribunal de Justiça de São Paulo já entendeu que esse tipo de ação carece de interesse de agir, uma vez que o RJET "permitiu a realização de Assembleia Geral por meio virtual, bem como a atual fase da comarca permite a realização de eventos, desde que respeitadas as regras supracitadas" (TJSP, Ap. Cív. 1001046-97.2020.8.26.0586, 2.ª Câmara de Direito Privado, Rel. Des. Maria Salete Corrêa Dias, j. 30.11.2020). Ao apreciar caso semelhante, o mesmo tribunal entendeu que "o número de associados – 200 –, embora expressivo, não impede a realização de Assembleias virtuais e, atualmente, muitas pessoas já se encontram conectadas virtualmente pelo efeito causado da própria pandemia. Daí a razão pela qual os óbices apontados pela autora não se relevam hábeis a justificar a prorrogação dos mandatos" (TJSP, Ap. Cív. 1017030-73.2020.8.26.0602, 6.ª Câmara de Direito Privado, Rel. Des. Alexandre Marcondes, j. 08.09.2020). Ainda na mesma direção, confira-se: TJSP, AI 2043452-94.2021.8.26.0000, 8.ª Câmara de Direito Privado, Rel. Des. Salles Rossi, j. 15.03.2021. É possível, por outro lado, encontrar decisões reconhecendo que "as autoridades públicas editaram vários regramentos dispondo sobre medidas de enfrentamento da pandemia causada pelo coronavírus, instituindo período de isolamento social e recomendando que a circulação de pessoas se limite às necessidades urgentes. Com efeito, essas recomendações se estendem a todas as associações de pessoas, de modo que seus associados devem acatar as recomendações instituídas pelas autoridades a fim de se evitar a propagação do vírus, sendo prudente desestimular deslocamentos e aglomeração de um grande número de pessoas em suas sedes, principalmente quando seus componentes são de idade avançada, como o caso dos autos, até que seja possível a realização de assembleia presencial e se envide esforços na realização na modalidade virtual" (TJRJ, AI 0055014-66.2020.8.19.0000, 5.ª Câmara Cível, Rel. Des. Heleno Ribeiro Pereira Nunes, j. 15.09.2020).

REFORMA DO CÓDIGO CIVIL: O Anteprojeto propõe a inclusão no parágrafo único já existente de referência à coação, ao estado de perigo e à lesão, ao lado dos vícios já atualmente citados, resolvendo a disparidade de tratamento anteriormente apontada. Resta suprimida desse rol, por outro lado, a simulação, o que se revela adequado à sua qualificação como causa de nulidade, não já de anulabilidade. Propõe, ainda, a exclusão da referência à violação da lei ou do estatuto, bem como a inclusão de referência à "incapacidade relativa" como uma nova hipótese submetida ao prazo decadencial trienal. Propõe o Anteprojeto, ademais, o acréscimo de um novo parágrafo, dispondo sobre o termo *a quo* do referido prazo, que correria a partir da "publicação do ato de administração coletiva ou da sua ciência", o que ocorrer primeiro (Anteprojeto, art. 48, § 2º).

Art. 48-A. As pessoas jurídicas de direito privado, sem prejuízo do previsto em legislação especial e em seus atos constitutivos, poderão realizar suas assembleias gerais por meio eletrônico, inclusive para os fins do disposto no art. 59 deste Código, respeitados os direitos previstos de participação e de manifestação. (Incluído pela Lei n. 14.382, de 27.06.2022)

COMENTÁRIOS DOUTRINÁRIOS: O art. 48-A foi inserido no Código Civil, inicialmente, pelo art. 43 da Lei n. 14.195/2021, como fruto da conversão em lei da Medida Provisória n. 1.040/2021. Na esteira da maior popularização de aplicativos de comunicação instantânea, especialmente por meio de videochamadas, observada no curso da pandemia de covid-19, o dispositivo em comento passou a admitir expressamente a realização de assembleias gerais por meios eletrônicos para todas as espécies de pessoa jurídica de direito privado. Vale recordar que uma autorização excepcional para a utilização de meios eletrônicos vigorou de junho a outubro de 2020, nos termos do art. 5º da Lei n. 14.010/2020 (Lei do RJET): "A assembleia geral, inclusive para os fins do art. 59 do Código Civil, até 30 de outubro de 2020, poderá ser realizada por meios eletrônicos, independentemente de previsão nos atos constitutivos da pessoa jurídica. Parágrafo único. A manifestação dos participantes poderá ocorrer por qualquer meio eletrônico indicado pelo administrador, que assegure a identificação do participante e a segurança do voto, e produzirá todos os efeitos legais de uma assinatura presencial". O art. 48-A incorpora essa orientação permanentemente ao nosso ordenamento jurídico. O dispositivo não veicula qualquer restrição expressa ao meio eletrônico a ser empregado, sendo indevidas, portanto, quaisquer restrições apriorísticas. Independentemente do meio que seja empregado, afigura-se imperativa a observância dos direitos de participação e de manifestação dos integrantes da pessoa jurídica. Embora não tenha sido repetida a disposição do parágrafo único do art. 5º da Lei do RJET, parece evidente que o meio eletrônico eleito deverá assegurar, ainda, a identificação dos participantes e a segurança dos votos, restando dispensada a assinatura presencial. A assembleia poderá ser realizada por meio eletrônico inclusive para deliberar sobre a destituição de administradores e a alteração do estatuto de associações, matérias arroladas no art. 59 do Código Civil. Por fim, o art. 48-A ressalva eventuais disposições em sentido diverso que possam constar de legislação especial ou dos atos constitutivos da própria pessoa jurídica. Trata-se, portanto, de norma dispositiva. Registre-se que o *caput* do art. 43 da Lei n. 14.195/2021, que previa: *"A Lei nº 10.406, de 10 de janeiro de 2002 (Código Civil), passa a vigorar com as seguintes alterações, renomeado o Capítulo I do Subtítulo II do Título II do Livro II da Parte Especial para 'Das Normas Gerais das Sociedades':"*, foi vetado pela Presidência da República, embora o trecho com a redação do novo art. 48-A do Código Civil tenha sido mantido, o que gerou alguma controvérsia sobre se o art. 48-A teria efetivamente entrado em vigor ou se a sua eficácia teria restado prejudicada pelo veto ao *caput* do art. 43 da Lei n. 14.195/2021. Para sanar a controvérsia, a Medida Provisória n. 1.085, editada em 27 de dezembro de 2021, (a) revogou completamente o art. 43 da Lei n. 14.195/2021 (MP n. 1.085/2021, art. 20, X) – incluindo, portanto, o trecho que continha a redação do art. 48-A do Código Civil – e (b) inseriu novamente no Código Civil o art. 48-A (MP n. 1.085/2021, art. 14), com redação substancialmente igual a que lhe fora conferida pela Lei n. 14.195/2021. A Medida Provisória n. 1.085/2021 restou posteriormente convertida, pelo Congresso Nacional, na Lei n. 14.382/2022, que preservou o art. 48-A no Código Civil.

Art. 49. Se a administração da pessoa jurídica vier a faltar, o juiz, a requerimento de qualquer interessado, nomear-lhe-á administrador provisório.

COMENTÁRIOS DOUTRINÁRIOS: O art. 49 disciplina o problema de acefalia da pessoa jurídica, ou seja, da falta de administrador, seja qual for a razão. Em geral, o próprio Estatuto prevê mecanismos para superação desse quadro. Pode, entretanto, o Estatuto ser omisso quanto ao ponto, ou de modo mais geral, não se conseguir por meios internos superar a falta de administrador, com evidentes prejuízos à pessoa jurídica. Nesse caso, recai sobre o Poder Judiciário, mediante provocação de qualquer interessado, a prerrogativa de nomear um administrador provisório, para atuar até a escolha de um novo administrador pelos órgãos da própria pessoa jurídica, em caráter definitivo.

JURISPRUDÊNCIA COMENTADA: Exemplo de aplicação do dispositivo em exame extrai-se da jurisprudência do Tribunal de Justiça de Minas Gerais: "Anômala a situação de entidade sindical, nos termos permitidos pelo artigo 49 do NCC, deve o Judiciário nomear administração provisória" (TJMG, Ap. Cív. 2.0000.00.436952-0/000, 5.ª Câmara Cível, Rel. Des. Francisco Kupidlowski, j. 14.10.2004).

Art. 49-A. A pessoa jurídica não se confunde com os seus sócios, associados, instituidores ou administradores. (Incluído pela Lei n. 13.874, de 2019)

Parágrafo único. A autonomia patrimonial das pessoas jurídicas é um instrumento lícito de alocação e segregação de riscos, estabelecido pela lei com a finalidade de estimular empreendimentos, para a geração de empregos, tributo, renda e inovação em benefício de todos. (Incluído pela Lei n. 13.874, de 2019)

COMENTÁRIOS DOUTRINÁRIOS: A pessoa jurídica, também chamada pessoa ideal ou coletiva, tem personalidade autônoma, distinta e independente da personalidade de seus membros. Toda a utilidade da pessoa jurídica reside, de fato, na distinção entre o seu patrimônio e os patrimônios de seus integrantes, que, em regra, não respondem pelas obrigações contraídas pelo ente moral. Em 2019, a chamada Lei da Liberdade Econômica (Lei n. 13.874) – fruto da conversão em lei da Medida Provisória n. 881/2019 – incluiu no Código Civil o art. 49-A, que consagra expressamente a *autonomia da pessoa jurídica*. A alteração teve por escopo reforçar a importância da separação patrimonial. A utilidade da modificação legislativa é, contudo, questionável, pois a autonomia das pessoas jurídicas é noção tradicional no direito civil brasileiro, reconhecida pela unanimidade da doutrina e vinculada ao próprio conceito de pessoa abstrata. A alteração legislativa parece ter sido animada pelo propósito de coibir o que seria um uso pouco criterioso da desconsideração da personalidade jurídica pelos tribunais. A modificação, todavia, teve caráter meramente enunciativo. Do mesmo modo, o parágrafo único do art. 49-A não parece acrescentar qualquer comando normativo, mas simplesmente enunciar a licitude (de resto, evidente) da constituição de pessoas jurídicas para o desenvolvimento da atividade econômica. O acréscimo, registre-se, não logra afastar ou reduzir a aplicabilidade da noção de *função social da empresa*, que abrange, além dos fins enunciados naquele dispositivo, o atendimento a outros interesses que derivam dos valores constitucionais, como a redução das desigualdades sociais e econômicas e a erradicação da pobreza, entre outros (Constituição, art. 3º).

Art. 50. Em caso de abuso da personalidade jurídica, caracterizado pelo desvio de finalidade ou pela confusão patrimonial, pode o juiz, a requerimento da parte, ou do Ministério Público quando lhe couber intervir no processo, desconsiderá-la para que os efeitos de certas e determinadas relações de obrigações sejam estendidos aos bens particulares de administradores ou de sócios da pessoa jurídica beneficiados direta ou indiretamente pelo abuso. (Redação dada pela Lei n. 13.874, de 2019)

§ 1º Para os fins do disposto neste artigo, desvio de finalidade é a utilização da pessoa jurídica com o propósito de lesar credores e para a prática de atos ilícitos de qualquer natureza. (Incluído pela Lei n. 13.874, de 2019)

§ 2º Entende-se por confusão patrimonial a ausência de separação de fato entre os patrimônios, caracterizada por: (Incluído pela Lei n. 13.874, de 2019)

I – cumprimento repetitivo pela sociedade de obrigações do sócio ou do administrador ou vice-versa; (Incluído pela Lei n. 13.874, de 2019)

II – transferência de ativos ou de passivos sem efetivas contraprestações, exceto os de valor proporcionalmente insignificante; e (Incluído pela Lei n. 13.874, de 2019)

III – outros atos de descumprimento da autonomia patrimonial. (Incluído pela Lei n. 13.874, de 2019)

§ 3º O disposto no *caput* e nos §§ 1º e 2º deste artigo também se aplica à extensão das obrigações de sócios ou de administradores à pessoa jurídica. (Incluído pela Lei n. 13.874, de 2019)

§ 4º A mera existência de grupo econômico sem a presença dos requisitos de que trata o *caput* deste artigo não autoriza a desconsideração da personalidade da pessoa jurídica. (Incluído pela Lei n. 13.874, de 2019)

§ 5º Não constitui desvio de finalidade a mera expansão ou a alteração da finalidade original da atividade econômica específica da pessoa jurídica. (Incluído pela Lei n. 13.874, de 2019)

COMENTÁRIOS DOUTRINÁRIOS: A *desconsideração da personalidade jurídica* é instituto concebido na experiência anglo-saxônica como forma de permitir o salto sobre a pessoa jurídica para alcançar diretamente o patrimônio de seus sócios ou administradores. É usualmente referida com as expressões inglesas *disregard doctrine*, ou ainda, *lifting the corporate veil*, que consiste precisamente em "erguer o véu da pessoa jurídica" para atingir quem estiver por trás de sua utilização. O art. 50 do Código Civil ocupa-se do tema, filiando-se à chamada *teoria maior da desconsideração*, que exige, para que se atinja o patrimônio dos sócios ou administradores, a configuração de abuso da personalidade jurídica, caracterizado pelo desvio de finalidade ou pela confusão patrimonial. Não se trata, como se vê, de rendição ao subjetivismo, pois o abuso é visto aqui sob lente objetiva, podendo ser aferido a partir do exame objetivo da situação concreta (como no caso do sócio que paga por meio da pessoa jurídica suas contas pessoais ou mantém empréstimos com sua própria companhia). À teoria maior opõe-se a chamada *teoria menor da desconsideração*, que se contenta com a simples constatação de que a pessoa jurídica funciona como obstáculo ao ressarcimento de danos. Para alguns autores, é a corrente a que se teria filiado o Código de Defesa do Consumidor. Na verdade, o Código de Defesa do Consumidor, primeira norma relevante a versar sobre o tema em nossa experiência legislativa, pareceu acolher a teoria maior na primeira parte do *caput* do art. 28, em que alude a "abuso de direito, excesso de poder, infração da lei, fato ou ato ilícito ou violação dos estatutos ou contrato social". No restante do dispositivo, contudo, e especialmente no § 5º do art. 28, o Código de Defesa do Consumidor parece albergar a teoria menor da desconsideração, uma vez que alude simplesmente ao obstáculo para a reparação de danos. Toda a controvérsia que se instaurou a partir da publicação do Código de Defesa do Consumidor gira em torno de saber se o § 5º do art. 28 deve ser lido em consonância com o *caput*, caso em que o próprio parágrafo se torna inútil, ou se, ao contrário, deve ser lido de forma autônoma, caso em que o que se torna inútil é o *caput*. O STJ decidiu que "a teoria menor da desconsideração, acolhida em nosso ordenamento jurídico excepcionalmente no Direito do Consumidor e no Direito Ambiental, incide com a mera prova de insolvência da pessoa jurídica para o pagamento de suas obrigações, independentemente da existência de desvio de finalidade ou de confusão patrimonial. Para a teoria menor, o risco empresarial normal às atividades econômicas não pode ser suportado pelo terceiro que contratou com a pessoa jurídica, mas pelos sócios e/ou administradores desta, ainda que estes demonstrem conduta administrativa proba, isto é, mesmo que não exista qualquer prova capaz de identificar conduta culposa ou dolosa por parte dos sócios e/ou administradores da pessoa jurídica. A aplicação da teoria menor da desconsideração às relações de consumo está calcada na exegese autônoma do § 5º do art. 28, do CDC, porquanto a incidência desse dispositivo não se subordina à demonstração dos requisitos previstos no *caput* do artigo indicado, mas apenas à prova de causar, a mera existência da pessoa jurídica, obstáculo ao ressarcimento de prejuízos causados aos consumidores" (STJ, REsp 279.273/SP, 3.ª Turma, Rel. p/ Acórdão Min. Nancy Andrighi, j. 04.12.2003; no mesmo sentido, mais recentemente: STJ, REsp 1.658.568/RJ, 3.ª Turma, Rel. Min. Nancy Andrighi, j. 16.10.2018). Registre-se que, embora seja mais comumente aplicado às sociedades, o instituto da desconsideração encontra-se positivado nas disposições gerais sobre as pessoas jurídicas, a evidenciar sua incidência sobre toda e qualquer modalidade de ente moral, desde que presentes seus requisitos. Com efeito, "as pessoas jurídicas de direito privado sem fins lucrativos ou de fins não econômicos estão abrangidas no conceito de abuso da personalidade jurídica" (Enunciado n. 284 da *IV Jornada de Direito Civil*). O art. 50 do Código Civil sofreu expressivas modificações com a Lei da Liberdade Econômica (Lei n. 13.874/2019). O *caput* do artigo foi alterado para se explicitar que a desconsideração deverá atingir apenas os bens dos administradores ou sócios *direta ou indiretamente beneficiados pelo abuso da personalidade jurídica*. A alteração evita que a desconsideração venha a se dar em prejuízo de sócios ou administradores que não se favoreceram com o abuso, como sócios minoritários que não participam da administração da pessoa jurídica e podem não ter auferido qualquer vantagem com a má administração. Cumpre registrar, todavia, que administradores e sócios que participam da administração da pessoa jurídica (sócios-administradores) têm, também eles, o dever de *evitar* o abuso da personalidade jurídica e, nesse contexto, ainda que não tenham sido diretamente beneficiados pelo abuso, podem ser chamados a responder como beneficiários indiretos, especialmente nos casos em que os sócios e administradores diretamente beneficiados não tenham patrimônio suficiente para arcar com os danos causados. A Lei da Liberdade Econômica acrescentou, ainda, cinco novos parágrafos ao artigo em comento, no afã de estabelecer critérios objetivos para a aplicação da desconsideração da personalidade jurídica. Nessa direção, o § 1º define o que se deve entender por *desvio de finalidade*, aludindo à utilização da pessoa jurídica para (a) lesar credores e (b) praticar atos ilícitos de qualquer natureza. Apesar do conectivo "e", não se trata de requisitos cumulativos, bastando o uso da pessoa jurídica em um ou outro sentido para que se caracterize o desvio de finalidade. Ainda em relação a essa matéria, o § 5º estabelece que a mera expansão ou alteração da atividade originariamente desenvolvida pela pessoa jurídica não implica, por si só, desvio de finalidade. O § 2º detalha a segunda hipótese de abuso da personalidade jurídica, qual seja, a *confusão patrimonial*, a que o direito americano denomina *commingling of funds*. O referido dispositivo define a confusão patrimonial como a "ausência de separação de fato entre os patrimônios" dos sócios e da pessoa jurídica. Os dois primeiros incisos deste parágrafo descrevem exemplos corriqueiros de confusão patrimonial, como o cumprimento reiterado de obrigações do sócio ou administrador pela pessoa jurídica, ou vice-versa, e a transferência de ativos ou passivos sem efetiva contraprestação (excluída expressamente a incidência da desconsideração quando tais ativos ou passivos sejam de valor proporcionalmente insignificante). O terceiro inciso refere-se genericamente a "outros atos de descumprimento da autonomia patrimonial", possibilitando ao intérprete identificar, a partir de elementos do caso concreto, outras modalidades de confusão patrimonial, por exemplo, a prestação de garantia pela pessoa jurídica em negócio de interesse exclusivo do sócio (fiança da sociedade em contrato de locação residencial do sócio etc.). O § 3º permite a extensão das obrigações de sócios ou de administradores à pessoa jurídica, consagrando expressamente a chamada *desconsideração inversa da personalidade jurídica*, há muito admitida por nossa doutrina e jurisprudência. Com efeito, não obstante a desconsideração ter sido concebida para permitir que credores da pessoa jurídica alcançassem o patrimônio dos sócios ou administradores, admite-se a invocação da teoria para justificar o movimento inverso, especialmente naqueles casos em que o sócio tenha desviado bens de seu próprio patrimônio para a sociedade: "É cabível a desconsideração da personalidade jurídica denominada 'inversa' para alcançar bens de sócio que se valeu da pessoa jurídica para ocultar ou desviar bens pessoais, com prejuízo a terceiros" (Enunciado n. 283 da *IV Jornada de Direito Civil*). Por fim, o § 4º afasta a possibilidade de desconsideração da personalidade jurídica a partir da mera identificação de grupo econômico, exigindo, também nesses casos, a presença dos requisitos do desvio de finalidade ou da confusão patrimonial. Com efeito, aplicar a desconsideração da personalidade jurídica a partir da mera configuração de grupo econômico significaria apagar as fronteiras entre as diferentes personalidades jurídicas, transformando em regra aquilo que foi concebido para ser exceção. Sob o prisma processual, o atual Código de Processo Civil regula o chamado incidente de desconsideração da personalidade jurídica como uma nova modalidade de intervenção de terceiros, tratada nos artigos 133 a 137, de modo a assegurar a observância das garantias fundamentais processuais no campo da desconsideração.

JURISPRUDÊNCIA COMENTADA: Diante do quadro frequente de extinção irregular de sociedades, inúmeras decisões vinham entendendo que a prática afigurava-se idônea a autorizar a desconsideração da personalidade jurídica. A Segunda Seção do Superior Tribunal de Justiça, contudo, pacificou entendimento em sentido contrário, assentando que "tratando-se de regra de exceção, de restrição ao princípio da autonomia patrimonial da pessoa jurídica, a interpretação que melhor se coaduna com o art. 50 do Código Civil é a que relega sua aplicação a casos extremos, em que a pessoa jurídica tenha sido instrumento para fins fraudulentos, configurado mediante o desvio da finalidade institucional ou a confusão patrimonial. O encerramento das atividades ou dissolução, ainda que irregulares, da sociedade não são causas, por si só, para a desconsideração da personalidade jurídica, nos termos do Código Civil" (STJ, EREsp 1.306.553/SC, 2.ª Seção, Rel. Min. Maria Isabel Gallotti, j. 10.12.2014). Com efeito, a jurisprudência do STJ tem sido criteriosa na aplicação do instituto da desconsideração da personalidade jurídica, reformando decisões que deferem a desconsideração sem análise substancial dos requisitos exigidos pelo Código Civil: "A desconsideração da personalidade jurídica está subordinada a *efetiva* demonstração do abuso da personalidade jurídica, caracterizado pelo desvio de finalidade ou pela confusão patrimonial, e o benefício direto ou indireto obtido pelo sócio, circunstâncias que não se verificam no presente caso. [...] Inexistentes os requisitos previstos no art. 50 do CC/02, deve ser afastada a desconsideração da personalidade jurídica" (STJ, REsp 1.838.009/RJ, 3.ª Turma, Rel. Min. Moura Ribeiro, j. 19.11.2019). Especificamente em relação à desconsideração da personalidade jurídica de associações, decidiu o STJ: "É admissível a desconsideração da personalidade jurídica de associação civil, contudo a responsabilidade patrimonial deve ser limitada apenas aos associados que estão em posições de poder na condução da entidade, pois seria irrazoável estender a responsabilidade patrimonial a um enorme número de associados que pouco influenciaram na prática dos atos associativos ilícitos" (STJ, REsp 1.812.929/DF, 3.ª Turma, Rel. Min. Marco Aurélio Bellizze, j. 12.09.2023). O mesmo STJ já admitiu, em caráter excepcional, a incidência da desconsideração da personalidade jurídica sobre fundos de investimentos, em que pese a sua natureza jurídica condominial (Código Civil, art. 1.368-C): "Embora destituídos de personalidade jurídica, aos fundos de investimento são imputados direitos e deveres, tanto em suas relações internas quanto externas, e, não obstante exercerem suas atividades por intermédio de seu administrador/gestor, os fundos de investimento podem ser titular, em nome próprio, de direitos e obrigações. [...] A impossibilidade de responsabilização do fundo por dívidas de um único cotista, de obrigatória observância em circunstâncias normais, deve ceder diante da comprovação inequívoca de que a própria constituição do fundo de investimento se deu de forma fraudulenta, como forma de encobrir ilegalidades e ocultar o patrimônio de empresas pertencentes a um mesmo grupo econômico. Comprovado o abuso de direito, caracterizado pelo desvio de finalidade (ato intencional dos sócios com intuito de fraudar terceiros), e/ou confusão patrimonial, é possível desconsiderar a personalidade jurídica de uma empresa para atingir o patrimônio de outras pertencentes ao mesmo grupo econômico" (STJ, REsp 1.965.982/SP, 3.ª Turma, Rel. Min. Ricardo Villas Bôas Cueva, j. 05.04.2022). O STJ já decidiu, também, que não cabe condenação em honorários de sucumbência em decisões interlocutórias que resolvem incidente de desconsideração da personalidade jurídica (STJ, REsp 1.845.536/SC, 3.ª Turma, Rel. para acórdão Min. Marco Aurélio Bellizze, j. 26.05.2020).

REFORMA DO CÓDIGO CIVIL: O Anteprojeto propõe diversas alterações no art. 50. Acrescenta-se um novo parágrafo que esclarece a amplitude do âmbito de incidência da desconsideração, que "se aplica a todas as pessoas jurídicas de direito privado, nacionais ou estrangeiras, com atividade civil ou empresária, mesmo que prestadoras de serviço público" (Anteprojeto, art. 50, § 1º). Nessa direção, é acrescida ao *caput* a referência aos "associados" da pessoa jurídica, ao lado dos sócios e administradores, como potenciais atingidos pela desconsideração. Ainda nessa linha, a desconsideração da personalidade jurídica de associações é objeto de outro parágrafo acrescido ao art. 50, determinando que "a responsabilidade patrimonial será limitada aos associados com poder de direção ou com poder capaz de influenciar a tomada da decisão que configurou o abuso da personalidade jurídica" (Anteprojeto, art. 50, § 2º). A desconsideração inversa da personalidade jurídica, já tratada no atual § 3º, é também objeto de um novo parágrafo (Anteprojeto, art. 50, § 3º) que reproduz, com ligeiras alterações, o Enunciado n. 283 da *IV Jornada de Direito Civil*, transcrito nos comentários doutrinários *supra*. No entanto, não se exclui o parágrafo correspondente ao atual § 3º (Anteprojeto, art. 50, § 6º), o que merece, a meu ver, correção para evitar indesejável duplicidade. No parágrafo em que consta a definição de "desvio de finalidade", acrescenta-se a menção exemplificativa ao *abuso de direito* como ato ilícito (Anteprojeto, art. 50, § 4º). Finalmente, no parágrafo em que se define a "confusão patrimonial", acrescenta-se um novo inciso, no qual se prevê a configuração da confusão "pela prática pelos sócios ou administradores de atos reservados à sociedade, ou pela prática de atos reservados aos sócios ou administradores pela sociedade" (Anteprojeto, art. 50, § 5º, I).

Art. 51. Nos casos de dissolução da pessoa jurídica ou cassada a autorização para seu funcionamento, ela subsistirá para os fins de liquidação, até que esta se conclua.

§ 1º Far-se-á, no registro onde a pessoa jurídica estiver inscrita, a averbação de sua dissolução.

§ 2º As disposições para a liquidação das sociedades aplicam-se, no que couber, às demais pessoas jurídicas de direito privado.

§ 3º Encerrada a liquidação, promover-se-á o cancelamento da inscrição da pessoa jurídica.

COMENTÁRIOS DOUTRINÁRIOS: Trata o presente artigo da *extinção da pessoa jurídica*. Ocorrendo qualquer causa de extinção (o dispositivo se refere textualmente à dissolução ou cassação da autorização para funcionamento, o que não exclui outras possíveis causas), a personalidade jurídica do ente moral não se extingue imediatamente. Ingressa a pessoa jurídica em fase de *liquidação*, na qual se opera a realização do ativo, o pagamento do passivo e a destinação adequada do patrimônio remanescente. A personalidade jurídica subsiste durante a liquidação, possibilitando à pessoa jurídica a realização dos atos necessários nessa fase. Zelando pela publicidade do procedimento, os parágrafos do artigo em comento exigem a averbação da dissolução no registro competente e, uma vez encerrada a liquidação, o cancelamento da inscrição da pessoa jurídica. O § 2º estende às demais espécies de pessoas jurídicas as regras que disciplinam a liquidação das sociedades, contempladas com um regramento mais minucioso nessa matéria (arts. 1.033 a 1.038).

JURISPRUDÊNCIA COMENTADA: A extinção das pessoas jurídicas é matéria que suscita especial dificuldade diante dos processos falimentares, dada a complexidade do procedimento. Daí já ter o Superior Tribunal de Justiça decidido: "A decretação da falência, não obstante dissolva a sociedade empresária (art. 1.097 c/c o art. 1.044 do Código Civil) e promova o afastamento do empresário de suas atividades (art. 75 da Lei n. 11.101/2005), não induz à imediata extinção da pessoa jurídica devedora. Doutrinariamente, sabe-se que a massa falida possui, apenas, personalidade judiciária, para o fim de legitimar o síndico a promover, no interesse dos credores, a administração de universo de direitos e obrigações deixadas pelo falido. Essa legitimação, no entanto, não induz a extinção da personalidade jurídica do devedor. Com efeito, a pessoa jurídica já dissolvida pela decretação da falência subsiste durante seu processo de liquidação, sendo extinta, apenas, depois de promovido o cancelamento de sua inscrição perante o ofício competente. É o que se retira da literalidade do art. 51 do Código Civil" (STJ, REsp 1.359.273/SE, 1.ª Turma, Rel. p/ Acórdão Min. Benedito Gonçalves, j. 04.04.2013). Na mesma direção, ver STJ, AgRg no REsp 1.265.548/SC, 4.ª Turma, Rel. p/ Acórdão Min. Antonio Carlos Ferreira, j. 25.6.2019.

Art. 52. Aplica-se às pessoas jurídicas, no que couber, a proteção dos direitos da personalidade.

COMENTÁRIOS DOUTRINÁRIOS: O Código Civil não apenas coloca a pessoa jurídica ao lado da pessoa natural, mas regula a primeira à imagem e semelhança da segunda. Esse paralelismo encontra seu ápice no art. 52, no qual o Código estende à pessoa jurídica, "no que couber, a proteção dos direitos da personalidade". Os direitos da personalidade gravitam em torno da condição humana e, por isso mesmo, não têm qualquer relação com as pessoas jurídicas. As sociedades, as associações, as fundações e todas as demais espécies de entes abstratos detêm personalidade em sentido subjetivo, ou seja, possuem aptidão para a aquisição de direitos e obrigações. Não gozam, apesar disso, da especial proteção que o ordenamento jurídico reserva ao núcleo essencial da condição humana (personalidade em sentido objetivo). Assim, o legislador não poderia atrair para o âmbito da pessoa jurídica um sistema de tutela concebido, inspirado e desenvolvido sempre com olhos voltados ao humano. A extensão mostra-se mesmo impraticável em certos aspectos, como no tocante às normas que regulam aspectos da integridade física (arts. 13 a 15), absolutamente incompatíveis com as pessoas jurídicas. Outros aspectos, como a privacidade e a imagem, ainda poderiam em tese ser objeto de algum paralelo com a situação da pessoa jurídica, mas resta por demais evidente que os valores em jogo são distintos. O sigilo industrial de uma pessoa jurídica deve, claro, ser protegido, mas não pode ser equiparado à tutela da privacidade da pessoa humana, atributo que a Constituição da República trata com especial cuidado e atenção, qualificando-o como direito fundamental. Os interesses das pessoas jurídicas merecem e recebem proteção do Direito Brasileiro, mas tal proteção não pode ser confundida com a privilegiada tutela que se reserva aos atributos essenciais da condição humana, sob pena de se violar a primazia que a Constituição atribui à dignidade humana e aos aspectos existenciais da pessoa natural. Não foi outra a conclusão alcançada pelo Enunciado n. 286 da *IV Jornada de Direito Civil*: "Os direitos da personalidade são direitos inerentes e essenciais à pessoa humana, decorrentes de sua dignidade, não sendo as pessoas jurídicas titulares de tais direitos". Neste ponto é importante enfatizar que o art. 52, embora pouco claro, não chega a afirmar que as pessoas jurídicas *têm* direitos da personalidade, nem que a elas se aplicam, no que couber, certos direitos da personalidade. O que o art. 52 estende às pessoas jurídicas é tão somente a "proteção" dos direitos da personalidade, no que couber. Em outras palavras, o dispositivo autoriza que alguns instrumentos destinados à tutela dos direitos da personalidade sejam invocados em benefício das pessoas jurídicas. Nada mais. E mesmo essa extensão – limitada a alguns instrumentos protetivos – deve ser vista com cautela, atentando-se para a diversidade de fundamento das normas em questão.

JURISPRUDÊNCIA COMENTADA: Indiferente a essas sutilezas, o Superior Tribunal de Justiça tem repetido que "a pessoa jurídica pode sofrer dano moral" (Súmula n. 227). Ora, se o dano moral corresponde à violação de um direito da personalidade, e os direitos da personalidade consistem, por definição, em atributos essenciais à condição humana, não é difícil concluir que somente as pessoas humanas sofrem dano moral. A orientação é, contudo, seguida por Tribunais de todo o país, apesar da franca contradição com o conceito que a maior parte das nossas cortes ainda reserva ao dano moral: "Dor, sofrimento, humilhação", sentimentos de que a pessoa jurídica, por óbvio, não compartilha. Independentemente disso, o atentado à imagem, ao sigilo e, sobretudo, ao bom nome da pessoa jurídica são considerados pelas nossas cortes como fontes de dano moral. A rigor, tais atentados não atingem a dignidade humana, mas o patrimônio das pessoas jurídicas. Por exemplo, se uma matéria jornalística atribui falsamente a certa sociedade empresária o emprego de mão de obra escrava, o atentado ao bom nome da companhia não significa nada mais que a desvalorização da sua marca, com eventual queda nas vendas e desestímulo aos negócios. Tais danos são, tecnicamente, danos patrimoniais. Todavia, na tradição jurídica brasileira, o dano patrimonial precisa ser numericamente demonstrado, por meio de cálculos ou perícias. Exigir da pessoa jurídica que demonstre matematicamente o efeito negativo da matéria jornalística ofensiva significaria lhe impor prova impossível ou de extrema dificuldade, por envolver bens ideais (embora seguramente econômicos), como a desvalorização da marca junto ao público. Muito mais fácil foi rotular tal dano como dano moral, abrindo as portas para que o juiz promovesse a sua quantificação por arbitramento. Trata-se de um artifício útil. "Moraliza-se", por assim dizer, o dano patrimonial sofrido pela pessoa jurídica para permitir sua livre determinação pelo magistrado, dispensando-se o autor da prova quase impossível do prejuízo econômico experimentado em tais circunstâncias. Esse aspecto foi bem apontado pelo Ministro Luis Felipe Salomão, em acórdão no qual analisava a problemática específica dos danos morais à pessoa jurídica de direito público: "Em boa verdade, a Súmula n.

227 constitui solução pragmática à recomposição de danos de ordem material de difícil liquidação – em regra, microdanos – potencialmente resultantes do abalo à honra objetiva da pessoa jurídica [...]. Cuida-se, com efeito, de resguardar a credibilidade mercadológica ou a reputação negocial da empresa, que poderiam ser paulatinamente fragmentadas por violações a sua imagem, o que, ao fim e ao cabo, conduziria a uma perda pecuniária na atividade empresarial" (STJ, REsp 1.258.389/PB, 4.ª Turma, Rel. Min. Luis Felipe Salomão, j. 17.12.2013). A solução mais técnica seria, todavia, que o Código autorizasse ao magistrado o arbitramento dos danos patrimoniais de difícil cálculo. Registre-se, por fim, que, em relação aos entes despersonalizados, a jurisprudência do Superior Tribunal de Justiça ainda não parece estar pacificada, com decisões entendendo que, "não havendo falar em personalidade jurídica, menos ainda se poderá dizer do maltrato a direitos voltados à personalidade e, especialmente, àqueles ligados à honra objetiva" (STJ, AgInt no REsp 1.521.404/PE, 3.ª Turma, Rel. Min. Paulo de Tarso Sanseverino, j. 24.10.2017; no mesmo sentido: STJ, REsp 1.736.593/SP, 3.ª Turma, Rel. Min. Nancy Andrighi, j. 11.02.2020), enquanto outros julgados assentam que, "embora o condomínio não possua personalidade jurídica, deve-lhe ser assegurado o tratamento conferido à pessoa jurídica, no que diz respeito à possibilidade de condenação em danos morais, sendo-lhe aplicável a Súmula 227 desta Corte" (STJ, AgRg no AREsp 189.780/SP, 2.ª Turma, Rel. Min. Assusete Magalhães, j. 09.09.2014).

CAPÍTULO II
DAS ASSOCIAÇÕES

Art. 53. Constituem-se as associações pela união de pessoas que se organizem para fins não econômicos.
Parágrafo único. Não há, entre os associados, direitos e obrigações recíprocos.

COMENTÁRIOS DOUTRINÁRIOS: O Código Civil define associação como a "união de pessoas que se organizem para fins não econômicos". A definição não pode, todavia, ser interpretada de modo literal. Foi, há muito, superada a concepção de que a associação deveria ser uma entidade altruística. Admite-se que as associações desenvolvam atividades de caráter econômico, desde que não haja a *finalidade lucrativa*, ou seja, o objetivo primordial de produzir lucros e reparti-los entre os associados (*animus lucrandi*). O propósito lucrativo é característica das sociedades (art. 981), consistindo, como já visto, em traço distintivo marcante entre essa espécie de pessoa jurídica e as associações. Trata-se de entendimento cristalizado no Enunciado n. 534 da *VI Jornada de Direito Civil*: "As associações podem desenvolver atividade econômica, desde que não haja finalidade lucrativa". Não basta, contudo, um juízo puramente negativo sobre a finalidade perseguida pela associação, excluindo o fim lucrativo. Impõe-se que a organização dos associados tenha uma *finalidade merecedora de tutela*, valorada positivamente pela ordem jurídica. Esclarece o parágrafo único do artigo em comento que, nas associações, diferentemente do que ocorre nas sociedades, não se estabelecem entre os associados direitos e obrigações recíprocos: o vínculo jurídico do associado se dá direta e exclusivamente com a própria associação, nos termos do estatuto. A Constituição assegura, em seu art. 5º, inciso XVII, a plena liberdade de associação, vedada a de caráter paramilitar. Acrescenta, ainda, em seu inciso XX, que "ninguém poderá ser compelido a associar-se ou a permanecer associado". A liberdade de associação constitui, assim, direito fundamental, mas que se sujeita, naturalmente, à ponderação em caso de conflito com outros direitos fundamentais.

JURISPRUDÊNCIA COMENTADA: Diversos *condomínios de fato* surgem da associação informal de vizinhos, que, embora proprietários exclusivos de seus imóveis, decidem partilhar despesas comuns atinentes à segurança, limpeza e outros aspectos da vida comum, podendo ou não se organizar por meio da criação de associações de moradores. A principal questão referente ao condomínio de fato diz respeito à recusa no pagamento da quota condominial. De um lado, há quem sustente que a recusa implica enriquecimento sem causa do proprietário, que se locupleta às custas dos demais, além da possibilidade de aplicação ao condomínio de fato das normas que regem o condomínio edilício, inclusive no tocante à cobrança de taxas condominiais. Essa tese – que conta com o apoio de dois dos coautores desta obra coletiva, Flávio Tartuce e Marco Aurélio Bezerra de Melo – por muito tempo prevaleceu no Tribunal de Justiça do Estado do Rio de Janeiro, outrora consolidada em sua Súmula n. 79: "Em respeito ao princípio que veda o enriquecimento sem causa, as associações de moradores podem exigir dos não associados, em igualdade de condições com os associados, que concorram para o custeio dos serviços por elas efetivamente prestados e que sejam do interesse comum dos moradores da localidade". Tal enunciado foi cancelado em 2017, com base justamente na pouca sedimentação da matéria (TJRJ, Processo Administrativo 0032466-23.2015.8.19.0000, Órgão Especial, Rel. Des. Carlos Santos de Oliveira, j. 20.03.2017). De outro lado, situam-se os que enxergam na imposição da quota em condomínio de fato violação à liberdade constitucional de associação. Foi este o entendimento pacificado pela Segunda Seção do Superior Tribunal de Justiça, que, ao definir que "as taxas de manutenção criadas por associações de moradores não obrigam os não associados ou que a elas não anuíram", assentou: "na ausência de uma legislação que regule especificamente a presente matéria, prepondera, na hipótese, o exercício da autonomia da vontade a ser manifestado pelo proprietário ou, inclusive, pelo comprador de boa-fé, emanada da própria garantia constitucional da liberdade de associação e da legalidade, uma vez que ninguém pode ser compelido a fazer algo senão em virtude de lei. [...] A associação de moradores é mera associação civil e, consequentemente, deve respeitar os direitos e garantias individuais, aplicando-se, na espécie, a teoria da eficácia horizontal dos direitos fundamentais" (STJ, REsp 1.439.163/SP, 2.ª Seção, Rel. Min. Ricardo Villas Bôas Cueva, Rel. p/ Acórdão Min. Marco Buzzi, j. 11.03.2015). O Supremo Tribunal Federal julgou a matéria no final do ano de 2020, confirmando o entendimento do Superior Tribunal de Justiça de que a regra é a liberdade de associação, sendo ilegítima, a princípio, a cobrança de contribuições de proprietários não associados. O Ministro Dias Toffoli, relator do processo, destacou, contudo, que há duas situações em que tal cobrança será legítima: (a) se, como fruto da competência do Município para "promover, no que couber, adequado ordenamento territorial, mediante planejamento e controle do uso, do parcelamento e da ocupação do solo urbano" (CR, art. 30, VIII), houver lei municipal que preveja a obrigatoriedade da contribuição; e (b) se for aplicável ao caso concreto a Lei n. 13.465/2017, que inseriu na Lei de Parcelamento do Solo Urbano (Lei n. 6.766/1979) o art. 36-A ("As atividades desenvolvidas pelas associações de proprietários de imóveis, titulares de direitos ou moradores em loteamentos ou empreendimentos assemelhados, desde que não tenham fins lucrativos, bem como pelas entidades civis organizadas em função da solidariedade de interesses coletivos desse público com o objetivo de administração, conservação, manutenção, disciplina de utilização e convivência, visando à valorização dos imóveis que compõem o empreendimento, tendo em vista a sua natureza jurídica, vinculam-se, por critérios de afinidade, similitude e conexão, à atividade de administração de imóveis. Parágrafo único. A administração de imóveis na forma do *caput* deste artigo sujeita seus titulares à normatização e à disciplina constantes de seus atos constitutivos, cotizando-se na forma desses atos para suportar a consecução dos seus objetivos") e, no Código Civil, o art. 1.358-A ("Pode haver, em terrenos, partes designadas de lotes que são propriedade exclusiva e partes que são propriedade comum dos condôminos. [...] § 2º Aplica-se, no que couber, ao condomínio de lotes o disposto sobre condomínio edilício neste Capítulo, respeitada a legislação urbanística"), pois, segundo o Ministro Relator, "abriu-se a possibilidade de cotização entre os beneficiários das atividades desenvolvidas pelas associações, desde que assim previsto no ato constitutivo das organizações. Cabe aqui recordar que, por óbvio, a lei se dirige aos loteamentos regularmente constituídos, ou seja, com aprovação junto ao poder público municipal e competente registro no cartório de imóveis. Assim, para que exsurja para os beneficiários o dever obrigacional de contraprestação pelas atividades desenvolvidas pelas associações (ou outra entidade civil organizada) em loteamentos, é necessário que a obrigação esteja disposta em ato constitutivo firmado após o advento da Lei nº 13.465/2017 (e que este esteja registrado na matrícula atinente ao loteamento no competente Registro de Imóveis, a fim de se assegurar a necessária publicidade ao ato)". O Plenário aprovou, nessa direção, a seguinte tese de repercussão geral: "É inconstitucional a cobrança por parte de associação de taxa de manutenção e conservação de loteamento imobiliário urbano de proprietário não associado até o advento da Lei n. 13.465/2017, ou de anterior lei municipal que discipline a questão, a partir da qual se torna possível a cotização dos titulares de direitos sobre lotes em loteamentos de acesso controlado, que: (i) já possuindo lote, adiram ao ato constitutivo das entidades equiparadas a administradoras de imóveis ou (ii) sendo novos adquirentes de lotes, o ato constitutivo da obrigação esteja registrado no competente Registro de Imóveis" (STF, RE 695.911/SP, Tribunal Pleno, Rel. Min. Dias Toffoli, j. 18.12.2020).

REFORMA DO CÓDIGO CIVIL: O Anteprojeto propõe a substituição, no *caput*, da referência a "fins não *econômicos*" por "fins não *lucrativos*", incorporando o entendimento majoritário na doutrina e constante do Enunciado n. 534 da *VI Jornada de Direito Civil*.

Art. 54. Sob pena de nulidade, o estatuto das associações conterá:

I – a denominação, os fins e a sede da associação;

II – os requisitos para a admissão, demissão e exclusão dos associados;

III – os direitos e deveres dos associados;

IV – as fontes de recursos para sua manutenção;

V – o modo de constituição e de funcionamento dos órgãos deliberativos; (Redação dada pela Lei n. 11.127, de 2005)

VI – as condições para a alteração das disposições estatutárias e para a dissolução;

VII – a forma de gestão administrativa e de aprovação das respectivas contas. (Incluído pela Lei n. 11.127, de 2005)

COMENTÁRIOS DOUTRINÁRIOS: O art. 54 elenca expressamente as matérias essenciais sobre as quais o estatuto deve se pronunciar. Esta regra, contudo, não exclui a aplicação subsidiária do art. 46, que estabelece os requisitos do ato constitutivo das pessoas jurídicas em geral, naquilo que se mostre compatível com as associações. Por exemplo, exige-se que o estatuto se pronuncie sobre se os associados respondem, ou não, subsidiariamente pelas obrigações contraídas pela associação (art. 46, V). A ausência dos requisitos legais acarreta a nulidade do estatuto.

JURISPRUDÊNCIA COMENTADA: Em que pese o art. 54 ter se limitado a enumerar as matérias estatutárias, não poder haver dúvida de que, em seu conteúdo, as cláusulas devem estar afinadas com a tábua de valores da Constituição da República, impedindo, por exemplo, a recusa arbitrária de novos associados, conforme já decidiu o STJ: "As associações devem observar a teoria da eficácia horizontal dos direitos fundamentais, uma vez que o relacionamento vertical entre as normas – normas constitucionais e normas infraconstitucionais, por exemplo – deve ser apresentado, de tal forma, que o conteúdo de sentido da norma inferior deve ser aquele que mais intensamente corresponder ao conteúdo de sentido da norma superior. [...] A interpretação dos arts. 54 e 55 do Código Civil deve ser feita à luz dos princípios constitucionais, que impedem discriminações arbitrárias em associações profissionais" (STJ, AgInt no AREsp 330.494/SP, 4.ª Turma, Rel. Min. Maria Isabel Gallotti, j. 29.09.2016). Delicado caso foi julgado pelo Tribunal de Justiça do Estado do Rio de Janeiro, em que o autor, que postulava se associar ao Iate Clube do Rio de Janeiro, teve seu pleito negado pela administração da associação, atribuindo a decisão da entidade ao fato de ser homossexual. Como o regimento da comissão avaliadora previa o escrutínio secreto, e na ausência de outros elementos que apontassem qualquer tipo de preconceito em razão da orientação sexual do autor, o pedido foi julgado improcedente pelo Tribunal. Segundo o relator do acórdão, "a liberdade de associação não poderá ser interpretada, somente, considerando a pretensão daquele que pretende se associar, mas também deverá ser garantido aos integrantes de associação o critério próprio de escolha dos seus membros". Note-se, portanto, que a ausência de justificativa, por vezes, dificulta o controle judicial da manifestação dos associados.

REFORMA DO CÓDIGO CIVIL: O Anteprojeto propõe a alteração do inciso V para se referir não somente ao "modo de constituição e de funcionamento dos órgãos deliberativos", como consta da atual redação, mas também aos "termos inicial e final dos mandatos de seus dirigentes".

Art. 55. Os associados devem ter iguais direitos, mas o estatuto poderá instituir categorias com vantagens especiais.

COMENTÁRIOS DOUTRINÁRIOS: Em disposição aparentemente contraditória, o art. 55 do Código Civil determina a igualdade de direitos entre os associados, para, logo em seguida, autorizar o estatuto a instituir categorias com vantagens especiais. Interpretado em sua literalidade, o preceito implicaria mera exigência burocrática de se criar nova categoria de associado sempre que se lhe pretendesse atribuir um tratamento diferenciado. Esta interpretação, contudo, parece frustrar o próprio propósito do artigo. A ausência de fixação expressa de critérios autorizativos de tratamento diferenciado transfere para o intérprete essa delicada função. Diante de um estatuto que estabelece diferentes classes de associados, deve-se verificar se a distinção se faz de acordo com critérios razoáveis, objetivos e dignos de tutela pelo ordenamento jurídico. O estatuto poderá, portanto, estabelecer prerrogativas diferenciadas entre os associados, desde que a distinção se revele adequada à consecução das finalidades sociais e corresponda a diversos graus de capacidade participativa e contributiva dos associados. Na tentativa de se oferecer parâmetros mais específicos para a difícil questão acerca da atribuição de pesos diferentes aos votos das diversas classes de associados, editou-se o controvertido Enunciado n. 577 da *VII Jornada de Direito Civil*: "A possibilidade de instituição de categorias de associados com vantagens especiais admite a atribuição de pesos diferenciados ao direito de voto, desde que isso não acarrete a sua supressão em relação a matérias previstas no art. 59 do CC".

REFORMA DO CÓDIGO CIVIL: O Anteprojeto propõe uma nova redação para o *caput* do art. 55, que passaria a determinar: "Aos associados de uma mesma categoria deverão ser assegurados pelo estatuto direitos iguais, sendo vedada a atribuição de vantagens especiais a um associado individualmente". Outra alteração proposta consiste na inclusão de parágrafo único que, inspirado no Enunciado n. 577 da *VII Jornada de Direito Civil*, determina: "Admite-se a atribuição de pesos diferentes para a valoração de voto de associados de categorias distintas, ressalvado o disposto no § 1º do art. 59 deste Código".

Art. 56. A qualidade de associado é intransmissível, se o estatuto não dispuser o contrário.

Parágrafo único. Se o associado for titular de quota ou fração ideal do patrimônio da associação, a transferência daquela não importará, *de per si*, na atribuição da qualidade de associado ao adquirente ou ao herdeiro, salvo disposição diversa do estatuto.

COMENTÁRIOS DOUTRINÁRIOS: Afigura-se personalíssimo, como regra, o vínculo jurídico estabelecido entre o associado e a associação. Pressupõe o legislador uma especial aptidão do associado para contribuir com a finalidade social. Admite-se, contudo, que o estatuto, flexibilizando o caráter *intuitu personae* da relação, autorize a transmissibilidade da condição de associado. O parágrafo único do artigo em comento dissocia, nessa mesma esteira, a titularidade do vínculo associativo, presumidamente personalíssima, da titularidade da quota ou fração ideal do patrimônio da associação, direito patrimonial sobre os bens da pessoa jurídica que em nada afeta o fim social. Uma vez mais, autoriza-se que o estatuto estabeleça de modo diverso, instituindo a vinculação entre ambas as situações, de modo que a transmissão do direito patrimonial atraia também a condição de associado.

Art. 57. A exclusão do associado só é admissível havendo justa causa, assim reconhecida em procedimento que assegure direito de defesa e de recurso, nos termos previstos no estatuto. (Redação dada pela Lei n. 11.127, de 2005)

Parágrafo único. (Revogado pela Lei n. 11.127, de 2005)

COMENTÁRIOS DOUTRINÁRIOS: O artigo em comento trata do remédio drástico da *exclusão do associado*, condicionando-a a dois requisitos: a) ter fundamento em uma justa causa e b) observar procedimento que assegure direito de defesa e de recurso, nos termos previstos no estatuto. A ordem jurídica, portanto, interdita a exclusão arbitrária do associado, tanto da perspectiva substancial como da processual, o que, em última análise, atentaria contra o direito fundamental à liberdade de associação. O enunciado normativo não oferece qualquer parâmetro para a definição do que seria uma *justa causa* para a exclusão. Devem ser compreendidas como razões aptas a fundamentar a decisão de exclusão do associado a prática tanto de condutas incompatíveis com a finalidade social e o correto funcionamento da associação, como aquelas que atentem contra os valores fundamentais da ordem jurídica, desde que de algum modo relacionadas à associação. O procedimento de exclusão deve estar previsto no estatuto, que deve proporcionar, por força do art. 57, meios para o exercício do direito de defesa e de recurso. Pode-se mencionar, ainda, a necessidade de respeito ao contraditório. Em síntese, deve o estatuto prever um *devido processo*, um *justo processo*, sob pena de nulidade da decisão. Trata-se de projeção dos direitos fundamentais processuais sobre as relações privadas. Registre-se que a exigência de um processo justo não importa a observância das regras do processo judicial, devendo-se sempre atentar para as particularidades das estruturas associativas.

JURISPRUDÊNCIA COMENTADA: O fundamento constitucional da observância à garantia do devido processo legal nos procedimentos para exclusão de associados já foi afirmado pelo próprio Supremo Tribunal Federal, em caso no qual a União Brasileira de Compositores excluiu de seus quadros um associado sem que ao excluído tivesse sido assegurada a possibilidade de se defender das acusações. A relatora do processo na Segunda Turma, Ministra Ellen Gracie, apresentou voto sucinto, no qual afirmava que "a controvérsia envolvendo a exclusão de um sócio de entidade privada resolve-se a partir das regras do estatuto social e da legislação civil em vigor. Não tem, portanto, o aporte constitucional atribuído pela instância de origem". Prevaleceu, no entanto, o voto do Ministro Gilmar Mendes, entendendo que o "espaço de autonomia privada garantido pela Constituição às associações não está imune à incidência dos princípios constitucionais que asseguram o respeito aos direitos fundamentais de seus associados", de modo que a violação ao devido processo importaria a nulidade do procedimento de exclusão (STF, RE 201.819/RJ, 2.ª Turma, Rel. Min. Ellen Gracie, Red. p/ Acórdão Min. Gilmar Mendes, j. 11.10.2005). O Superior Tribunal de Justiça, por sua vez, já decidiu que "a justa causa para a exclusão de sócio se traduz em conduta grave, prejudicial à própria continuidade da atividade social, situação em que é possível até mesmo a dispensa da formação da maioria. [...] A discordância acerca da forma como a sociedade é administrada e a prática de atos de fiscalização, como ocorre na hipótese, faz parte do direito dos sócios, não configurando justa causa para exclusão de sócio" (STJ, REsp 1.280.051/MG, 4.ª Turma, Rel. Min. Raul Araújo, j. 1º.03.2016).

Art. 58. Nenhum associado poderá ser impedido de exercer direito ou função que lhe tenha sido legitimamente conferido, a não ser nos casos e pela forma previstos na lei ou no estatuto.

COMENTÁRIOS DOUTRINÁRIOS: O art. 58, embora inspirado pela mesma índole garantista subjacente ao artigo anterior, tem sido corretamente criticado pela doutrina por representar um verdadeiro truísmo. Com efeito, a vedação ao impedimento de exercício de direito ou função legitimamente conferidos não é preceito exclusivo da vida associativa, impondo-se como regra geral na ordem jurídica. Por outro lado, se o impedimento encontra fundamento em lei ou no estatuto não se afigura ilegítimo. A rigor, esse artigo nada acrescenta à disciplina jurídica das associações.

Art. 59. Compete privativamente à assembleia geral: (Redação dada pela Lei n. 11.127, de 2005)

I – destituir os administradores; (Redação dada pela Lei n. 11.127, de 2005)

II – alterar o estatuto. (Redação dada pela Lei n. 11.127, de 2005)

Parágrafo único. Para as deliberações a que se referem os incisos I e II deste artigo é exigido deliberação da assembleia especialmente convocada para esse fim, cujo quórum será o estabelecido no estatuto, bem como os critérios de eleição dos administradores. (Redação dada pela Lei n. 11.127, de 2005)

COMENTÁRIOS DOUTRINÁRIOS: Ao atribuir competência privativa à assembleia geral para destituir os administradores e alterar o estatuto, dois dos mais relevantes acontecimentos da vida associativa, o Código impediu definitivamente a delegação destas matérias a outros órgãos sociais. Em sua redação original, o parágrafo único exigia um rigoroso quórum para a aprovação dessas questões, o que despertava críticas por parte da doutrina. A Lei n. 11.127/2005 alterou a redação do dispositivo, delegando ao estatuto o papel de fixar o quórum e os critérios de eleição dos administradores.

PANDEMIA: O art. 5º da Lei n. 14.010/2020 (RJET) foi expresso ao estender a autorização de realização de assembleia geral por meios eletrônicos, até 30 de outubro de 2020, à assembleia realizada "para os fins do art. 59 do Código Civil", espancando qualquer dúvida que poderia haver nesse sentido. Para mais detalhes sobre esse tema, seja consentido remeter o leitor aos comentários ao art. 48.

JURISPRUDÊNCIA COMENTADA: Exige o parágrafo único que a assembleia que delibere sobre as matérias listadas seja "especialmente convocada para esse fim". Já decidiu o Superior Tribunal de Justiça, conferindo interpretação absolutamente razoável ao texto, que o preceito determina que a convocação para a assembleia destaque expressamente a finalidade de deliberar sobre o tema, e não que a assembleia se dedique exclusivamente ao assunto, podendo tratar, também, de outras questões, sem que isto implique a sua nulidade: "A norma é bastante clara acerca da convocação assemblear que delibera sobre a alteração do estatuto social, bastando que o ato convocatório faça referência expressa a essa finalidade, o que ocorreu no caso dos autos. Uma vez inexistindo cunho exclusivo na assembleia que resolve sobre alteração do estatuto, não se verifica, no caso em tela, qualquer óbice à inclusão de outros temas de interesse da coletividade no ato convocatório" (STJ, AgInt no REsp 1.727.941/SP, 3.ª Turma, Rel. Min. Paulo de Tarso Sanseverino, j. 12.11.2018).

REFORMA DO CÓDIGO CIVIL: O Anteprojeto propõe a inserção de um novo parágrafo nesse art. 59, determinando que, em relação às deliberações referidas nos incisos I e II do *caput*, os votos de todos os associados tenham o mesmo peso.

Art. 60. A convocação dos órgãos deliberativos far-se-á na forma do estatuto, garantido a 1/5 (um quinto) dos associados o direito de promovê-la. (Redação dada pela Lei n. 11.127, de 2005)

COMENTÁRIOS DOUTRINÁRIOS: A lei define um quinto dos associados como parcela suficientemente significativa de componentes para fins do exercício da pretensão de convocar os órgãos deliberativos da associação, ainda que sua vontade não baste para aprovar qualquer deliberação. Trata-se de regra imperativa, sendo nula disposição estatutária exigindo quórum mais elevado. Considerando, contudo, o escopo da regra de prestigiar o direito das minorias, deve-se admitir que o estatuto estipule quórum mais baixo, facilitando a sua convocação.

REFORMA DO CÓDIGO CIVIL: O Anteprojeto propõe a inclusão de dois novos parágrafos no art. 60 para tratar da hipótese de convocação de assembleia para nomeação de administrador provisório em caso de vacância da administração.

Art. 61. Dissolvida a associação, o remanescente do seu patrimônio líquido, depois de deduzidas, se for o caso, as quotas ou frações ideais referidas no parágrafo único do art. 56, será destinado à entidade de fins não econômicos designada no estatuto, ou, omisso este, por deliberação dos associados, à instituição municipal, estadual ou federal, de fins idênticos ou semelhantes.

§ 1º Por cláusula do estatuto ou, no seu silêncio, por deliberação dos associados, podem estes, antes da destinação do remanescente referida neste artigo, receber em restituição, atualizado o respectivo valor, as contribuições que tiverem prestado ao patrimônio da associação.

§ 2º Não existindo no Município, no Estado, no Distrito Federal ou no Território, em que a associação tiver sede, instituição nas condições indicadas neste artigo, o que remanescer do seu patrimônio se devolverá à Fazenda do Estado, do Distrito Federal ou da União.

COMENTÁRIOS DOUTRINÁRIOS: O art. 61 detalha as consequências patrimoniais da dissolução da associação. Em primeiro lugar, havendo cláusula no estatuto ou deliberação dos associados neste sentido, deve-se deduzir do total a quota ou fração ideal do patrimônio da associação decorrente de contribuição do associado, que lhe deve ser restituída. O remanescente do patrimônio líquido deve ser destinado a entidade de fins não econômicos (*rectius*, lucrativos) designada no estatuto. Prevê o artigo em comento que, na omissão do estatuto, o patrimônio deve ser destinado a instituição municipal, estadual ou federal, de fins idênticos ou semelhantes. Trata-se, contudo, de injustificada restrição à autonomia dos associados, devendo-se-lhes reconhecer a possibilidade de deliberar pela destinação do patrimônio a qualquer entidade de fins não lucrativos, tal qual poderiam ter feito no estatuto. É o que afirma o Enunciado n. 407 da *V Jornada de Direito Civil*: "A obrigatoriedade de destinação do patrimônio líquido remanescente da associação à instituição municipal, estadual ou federal de fins idênticos ou semelhantes, em face da omissão do estatuto, possui caráter subsidiário, devendo prevalecer a vontade dos associados, desde que seja contemplada entidade que persiga fins não econômicos".

CAPÍTULO III
DAS FUNDAÇÕES

Art. 62. Para criar uma fundação, o seu instituidor fará, por escritura pública ou testamento, dotação especial de bens livres, especificando o fim a que se destina, e declarando, se quiser, a maneira de administrá-la.

Parágrafo único. A fundação somente poderá constituir-se para fins de: (Redação dada pela Lei n. 13.151, de 2015)

I – assistência social; (Incluído pela Lei n. 13.151, de 2015)

II – cultura, defesa e conservação do patrimônio histórico e artístico; (Incluído pela Lei n. 13.151, de 2015)

III – educação; (Incluído pela Lei n. 13.151, de 2015)

IV – saúde; (Incluído pela Lei n. 13.151, de 2015)

V – segurança alimentar e nutricional; (Incluído pela Lei n. 13.151, de 2015)

VI – defesa, preservação e conservação do meio ambiente e promoção do desenvolvimento sustentável; (Incluído pela Lei n. 13.151, de 2015)

VII – pesquisa científica, desenvolvimento de tecnologias alternativas, modernização de sistemas de gestão, produção e divulgação de informações e conhecimentos técnicos e científicos; (Incluído pela Lei n. 13.151, de 2015)

VIII – promoção da ética, da cidadania, da democracia e dos direitos humanos; (Incluído pela Lei n. 13.151, de 2015)

IX – atividades religiosas; (Incluído pela Lei n. 13.151, de 2015)

X – (Vetado). (Incluído pela Lei n. 13.151, de 2015)

COMENTÁRIOS DOUTRINÁRIOS: A fundação é espécie de pessoa jurídica que se forma pela afetação de determinados bens a certos fins preestabelecidos pelo seu instituidor. Ao contrário da associação, que nasce de uma conjunção de esforços pessoais, uma verdadeira união de pessoas em torno de um mesmo fim (*universitas personarum*), o elemento dominante nas fundações é o material, consubstanciado na afetação de bens em torno de uma finalidade comum (*universitas bonorum*). Em que pese se tratar de um patrimônio afetado, a finalidade a que se dirige deverá representar a satisfação de interesse humano, razão pela qual a fundação não se desprende do controle de merecimento de tutela aplicável a qualquer exercício da liberdade individual. O parágrafo único do artigo em comento enuncia as finalidades para as quais podem ser constituídas fundações. Em sua redação original, o preceito se referia apenas a fins religiosos, morais, culturais ou de assistência. A Lei n. 13.151/2015 expandiu sensivelmente este rol. Em que pese o texto afirmar que a fundação "somente" poderá ser constituída para esses fins, a doutrina defendeu desde o primeiro momento uma exegese ampliativa. Com efeito, o escopo da regra é o de evitar a criação de fundações para fins ilegítimos, finalidade suficientemente resguardada pela atuação fiscalizatória do Ministério Público (art. 66). Daí a proposição do Enunciado n. 9 da *I Jornada de Direito Civil*: "Art. 62, parágrafo único: Deve ser interpretado de modo a excluir apenas as fundações com fins lucrativos". Isto, porém, não basta. Tal qual se defendeu em relação às associações (v. comentários ao art. 53), impõe-se quanto às fundações um controle positivo acerca do merecimento de tutela da finalidade perseguida, interpretação confirmada pela leitura dos fins expressamente previstos no parágrafo único, que não exprimem interesses simplesmente lícitos, mas sim dotados de particular relevância à luz da axiologia constitucional.

JURISPRUDÊNCIA COMENTADA: Sobre as chamadas fundações públicas de direito privado, o Superior Tribunal de Justiça já decidiu que tais entidades não são equiparadas à Fazenda Pública e que, portanto, não fazem jus a isenção de custas processuais: "Convivem no ordenamento jurídico brasileiro três tipos de fundação: fundação de direito privado, instituída por particulares; fundações públicas de direito privado, instituídas pelo Poder Público; e fundações públicas de direito público, que possuem natureza jurídica de autarquia. [...] Nos termos da jurisprudência do STF e do STJ, fundação pública é toda fundação instituída pelo Estado, podendo sujeitar-se ao regime público ou privado, a depender do estatuto da fundação e das atividades por ela exercidas. As fundações públicas de direito público são criadas por lei específica, também chamadas de fundações autárquicas. No caso das fundações públicas de direito privado, uma lei específica é editada autorizando sua criação. No caso dos autos, a entidade fundacional é de direito privado, filantrópica e de utilidade pública, cuja criação se deu por lei municipal autorizativa de doação de bem imóvel público, não se aplicando à hipótese, portanto, os critérios utilizados pelo acórdão recorrido para o arbitramento dos honorários advocatícios, nem mesmo a isenção de custas processuais" (STJ, REsp 1.409.199/SC, 4.ª Turma, Rel. Min. Luis Felipe Salomão, j. 10.03.2020).

Art. 63. Quando insuficientes para constituir a fundação, os bens a ela destinados serão, se de outro modo não dispuser o instituidor,

incorporados em outra fundação que se proponha a fim igual ou semelhante.

COMENTÁRIOS DOUTRINÁRIOS: É essencial para que a fundação atinja a sua finalidade que os bens que a compõem sejam suficientes para a consecução do fim almejado. Caso não o sejam, devem seguir o destino estipulado pelo próprio instituidor no ato constitutivo. Em caso de omissão, tais bens serão incorporados a outra fundação que se proponha a fim igual ou semelhante, de modo a garantir a promoção da função estabelecida pelo instituidor.

Art. 64. Constituída a fundação por negócio jurídico entre vivos, o instituidor é obrigado a transferir-lhe a propriedade, ou outro direito real, sobre os bens dotados, e, se não o fizer, serão registrados, em nome dela, por mandado judicial.

COMENTÁRIOS DOUTRINÁRIOS: Uma vez dotados os bens para a instituição da fundação e sendo esta efetivamente constituída, não se admite o arrependimento do instituidor. Caso ele resista em cumprir a promessa, pode o juiz determinar a tradição compulsória dos bens, assim como o registro dos bens em nome da fundação, de modo a transmitir à pessoa jurídica a titularidade dos direitos reais sobre a coisa.

Art. 65. Aqueles a quem o instituidor cometer a aplicação do patrimônio, em tendo ciência do encargo, formularão logo, de acordo com as suas bases (art. 62), o estatuto da fundação projetada, submetendo-o, em seguida, à aprovação da autoridade competente, com recurso ao juiz.

Parágrafo único. Se o estatuto não for elaborado no prazo assinado pelo instituidor, ou, não havendo prazo, em cento e oitenta dias, a incumbência caberá ao Ministério Público.

COMENTÁRIOS DOUTRINÁRIOS: O instituidor pode elaborar, ele próprio, o estatuto da fundação ou deixar o encargo àqueles a quem acometer a sua administração. O estatuto será, em qualquer caso, submetido ao Ministério Público, que poderá negar previamente o estatuto ou exigir mudanças ao interessado (art. 764, I, do CPC), situações nas quais é assegurado o recurso ao juiz para suprimento da aprovação do *Parquet* (art. 764 do CPC). O parágrafo único do artigo em comento prevê hipóteses excepcionais, em que o próprio órgão do Ministério Público elaborará o estatuto: a) quando este não for elaborado no prazo assinado pelo instituidor ou b) quando este não for elaborado em 180 dias, caso não haja prazo.

Art. 66. Velará pelas fundações o Ministério Público do Estado onde situadas.

§ 1º Se funcionarem no Distrito Federal ou em Território, caberá o encargo ao Ministério Público do Distrito Federal e Territórios. (Redação dada pela Lei n. 13.151, de 2015)

§ 2º Se estenderem a atividade por mais de um Estado, caberá o encargo, em cada um deles, ao respectivo Ministério Público.

COMENTÁRIOS DOUTRINÁRIOS: Por força de lei, o Ministério Público exerce atividade fiscalizatória no que concerne às fundações, fiscalização que a doutrina majoritária considera justificada pela especial relevância das finalidades que as fundações buscam realizar. Em que pese tal justificativa, a atuação do Ministério Público não deve se confundir com a do administrador: seu papel consiste tão somente em fiscalizar a administração, sem interferir nas escolhas legítimas do administrador. A atuação do *Parquet* deve se dar, ademais, sempre em consonância com a realização da finalidade fundacional, evitando-se embaraço indevido à administração do patrimônio que o instituidor destinou, por iniciativa própria, àquele propósito. O Código Civil estabelece a competência para o exercício dessa atribuição ao Ministério Público do Estado ou do Distrito Federal e Territórios de onde estiver situada a fundação. Caso a atividade da fundação se estenda por mais de uma zona territorial, caberá ao Ministério Público de cada uma delas fiscalizar as atividades desenvolvidas em sua respectiva localidade.

JURISPRUDÊNCIA COMENTADA: O vocábulo “velar” é empregado pelo dispositivo com acepção abrangente, compreendendo diversas condutas e poderes necessários para a tutela da fundação. Daí ter reconhecido o Superior Tribunal de Justiça a legitimidade do Ministério Público para ajuizamento de ação de responsabilidade em face de administrador de fundação por danos causados pela malversação do patrimônio fundacional: "O controle engendrado pelo Ministério Público, consoante prevê o art. 26 do Código Civil/2002 e os arts. 1.199 a 1.204 do CPC, realiza-se mediante exame do balanço anual, recebido dos órgãos diretivos da Fundação, o qual possibilita, com considerável precisão, a aferição acerca da vida patrimonial, econômica e financeira da instituição fiscalizada. A consecução dos objetivos finalísticos da Fundação é acompanhada pela Curadoria, a quem incumbe velar, na acepção mais ampla da palavra, qual seja, proteger, zelar e cuidar, a fim de que a fundação cumpra de forma eficiente os seus desígnios. Consectariamente, a ampliação conceitual do vocábulo 'velar', inserto no art. 26 do Código Civil de 1916 e reproduzido no art. 66 do novel Código Civil de 2002, justifica-se pela proporcionalidade entre os encargos atribuídos e os meios postos à disposição para a consecução daqueles, sob pena de inocuidade do 'dever-poder' atribuído ao Ministério Público no exercício de quão importante mister. À luz da legislação atinente à matéria, afere-se anomalia na administração da fundação, revela-se razoável que os interessados e, especialmente, o Ministério Público, no exercício de seu mister, sejam legitimados à propositura de ações judiciais aptas a coibir eventuais ingerências, possibilitando à fundação o cumprimento de sua finalidade precípua [...]" (STJ, REsp 776.549/MG, 1.ª Turma, Rel. Min. Luiz Fux, j. 15.05.2007).

REFORMA DO CÓDIGO CIVIL: O Anteprojeto propõe uma significativa reformulação do art. 66. A atual redação do dispositivo disciplina exclusivamente a atribuição (sobretudo aquela territorial) do Ministério Público. A nova redação proposta não reproduz as regras atuais, dando enfoque ao conteúdo substancial do velamento. Nessa esteira, determina-se que o velamento "destina-se a garantir o cumprimento da finalidade e das demais regras de natureza procedimental do estatuto da fundação" (Anteprojeto, art. 66, *caput*), não alcançando "o mérito das decisões de natureza operacional, fruto de juízos de conveniência e oportunidade" (Anteprojeto, art. 66, § 1º), entre as quais se encontrariam, de acordo com o próprio dispositivo, "a definição, a escolha de instalação, de sede ou filiais", "as opções de alocação de recursos nas estratégias para cumprimento das finalidades institucionais", entre outras matérias. O § 2º autoriza a dispensa do velamento pelo instituidor por meio de previsão expressa no ato de instituição. O § 3º, finalmente, afirma a cumulatividade do velamento com outras formas de fiscalização previstas em leis especiais relativas a contratações com o Poder Público.

Art. 67. Para que se possa alterar o estatuto da fundação é mister que a reforma:

I – seja deliberada por dois terços dos competentes para gerir e representar a fundação;

II – não contrarie ou desvirtue o fim desta;

III – seja aprovada pelo órgão do Ministério Público no prazo máximo de 45 (quarenta e cinco) dias, findo o qual ou no caso de o Ministério Público a denegar, poderá o juiz supri-la, a requerimento do interessado. (Redação dada pela Lei n. 13.151, de 2015)

COMENTÁRIOS DOUTRINÁRIOS: O presente artigo trata da *reforma do estatuto* da fundação, estabelecendo seus requisitos. Após estabelecer o quórum a ser observado (dois terços dos competentes para gerir e representar a fundação), o legislador veda que a alteração "contrarie ou desvirtue" a finalidade da fundação, a revelar a importância da análise funcional nesse campo. O artigo em comento requer, ainda, a aprovação por órgão do Ministério Público, que deve se dar no prazo máximo de 45 dias; vencido o prazo sem que haja a decisão ou sendo esta denegatória, faculta-se ao interessado pleitear em juízo o suprimento da aprovação ministerial. Aqui, considero haver excessiva burocratização da vida fundacional: se o *Parquet* não se pronuncia em 45 dias, o legislador deveria considerar tacitamente aprovada a alteração estatutária, em vez de compelir a administração da fundação a submeter a matéria ao juízo, com todos os ônus que o recurso ao Poder Judiciário implica. A opção do legislador merece, portanto, crítica.

JURISPRUDÊNCIA COMENTADA: O Tribunal de Justiça de Minas Gerais já teve a oportunidade de asseverar que, para a reforma do estatuto de fundação, "os votos proferidos por mandatário, ainda que na qualidade de representante de mais de um mandante, se apresentam absolutamente válidos" (TJMG, Ap. Cív. 1.0461.09.057140-1/002, 16.ª Câmara Cível, Rel. Des. Wagner Wilson, j. 15.02.2013).

Art. 68. Quando a alteração não houver sido aprovada por votação unânime, os administradores da fundação, ao submeterem o estatuto ao órgão do Ministério Público, requererão que se dê ciência à minoria vencida para impugná-la, se quiser, em dez dias.

COMENTÁRIOS DOUTRINÁRIOS: Em havendo discordância entre os votantes acerca da alteração do estatuto, o art. 68 reserva à minoria o poder de impugná-la diante do Ministério Público, de modo a permitir uma decisão mais instruída por parte do *Parquet*. Trata-se de norma que prestigia o *princípio democrático* na gestão das fundações. Aos administradores compete dar ciência aos vencidos da submissão da alteração estatutária ao Ministério Público, de forma a permitir o eventual exercício da impugnação.

Art. 69. Tornando-se ilícita, impossível ou inútil a finalidade a que visa a fundação, ou vencido o prazo de sua existência, o órgão do Ministério Público, ou qualquer interessado, lhe promoverá a extinção, incorporando-se o seu patrimônio, salvo disposição em contrário no ato constitutivo, ou no estatuto, em outra fundação, designada pelo juiz, que se proponha a fim igual ou semelhante.

COMENTÁRIOS DOUTRINÁRIOS: Ocorrerá a *extinção da fundação* caso sua finalidade se torne ilícita, impossível ou inútil por fato superveniente à formação da pessoa jurídica ou com o vencimento do seu prazo. O Código Civil trata de assegurar a destinação do patrimônio remanescente em conformidade com o estatuto ou, sendo este omisso, a alguma entidade semelhante à pessoa jurídica que se extingue.

JURISPRUDÊNCIA COMENTADA: Sobre a extinção da fundação, já decidiu o Tribunal de Justiça do Rio Grande do Sul: "a fundação privada, após a sua constituição e aquisição da personalidade jurídica com o registro, poderá se extinguir somente nos casos enumerados no art. 69 do CC, cumulado com as disposições contidas no art. 1.204 do CPC. [...] De mais a mais, sempre que possível, devemos preservar a vontade declarada pelo instituidor, interpretando restritivamente as regras de extinção contidas no estatuto material e no processual" (TJRS, Ap. Cív. 70020700399, 11.ª Câmara Cível, Rel. Des. Antônio Maria Rodrigues de Freitas Iserhard, j. 19.03.2008).

TÍTULO III
DO DOMICÍLIO

Art. 70. O domicílio da pessoa natural é o lugar onde ela estabelece a sua residência com ânimo definitivo.

COMENTÁRIOS DOUTRINÁRIOS: O *domicílio* é, segundo célebre definição, a sede jurídica da pessoa. Em relação à pessoa humana, o domicílio é "o lugar onde ela estabelece a sua residência com ânimo definitivo". Conjugam-se, assim, dois elementos: a) um material e externo, consubstanciado no fato da residência, e b) outro psíquico ou anímico e interno, que consiste na intenção de ali permanecer. Por residência, entende-se a morada habitual da pessoa. Não é qualquer residência, todavia, que configura domicílio, mas apenas a residência caracterizada pela intenção de definitividade, ainda que tal intenção possa se alterar no tempo. Daí a doutrina, de modo didático, graduar tais conceitos: a) *morada* (local da habitação), b) *residência* (morada permanente) e c) *domicílio* (residência com ânimo definitivo). Definições mais abstratas de domicílio foram formuladas em sede doutrinária no Brasil e no exterior, que acabaram por obscurecer uma ideia clara. Daí a importância de se manter nesse tema a simplicidade da noção: domicílio é o *domus*, o local onde o Direito supõe que a pessoa se encontra. Não se pode deixar de registrar que, embora a definição de domicílio no Código Civil seja aplaudida por nossa doutrina, a alusão ao "ânimo definitivo" não deixa de ser dotada de certo artificialismo. A rigor, não é exatamente o elemento volitivo da pessoa que caracteriza o domicílio, mas a sua exteriorização como residência definitiva em suas relações sociais. Se uma pessoa decide se mudar, terá já se despido do ânimo de permanência em relação à sua residência, mas continuará tendo ali seu domicílio, para fins jurídicos. O *animus* da pessoa é, a rigor, elemento de difícil acesso e natural instabilidade, de modo que uma noção de efeitos práticos tão relevantes como domicílio bem poderia dispensá-lo para sua configuração. A noção de domicílio assume, de fato, extrema relevância no Direito Civil e no direito em geral. Segundo o art. 7º da Lei de Introdução às Normas do Direito Brasileiro (Decreto-lei n. 4.657/1942), a "lei do país em que for domiciliada a pessoa determina as regras sobre o começo e o fim da personalidade, o nome, a capacidade e os direitos de família". É ainda o domicílio que determina o local onde a pessoa, habitualmente, terá de cumprir suas obrigações (art. 327 do CC) e, ainda, onde será aberta a sua sucessão hereditária (art. 1.785 do CC). Na seara processual, vige a regra que aponta, em princípio, o domicílio do réu como o foro apropriado para propositura das ações fundadas em direito pessoal e em direitos reais sobre bens móveis (art. 46 do CPC). Uma leitura civil-constitucional do domicílio suscita outros aspectos de maior importância à luz da proteção dos interesses existenciais da pessoa humana. Impõe-se uma abordagem do domicílio que não se limite à sua identificação para fins de cumprimento de direitos patrimoniais de terceiros, mas que também o eleve a centro de proteção substancial da pessoa humana, em suas garantias fundamentais. Por essa via, a abstração formal da noção de domicílio torna-se porta de entrada para uma valorização do espaço físico da residência ou morada, a merecer tutela privilegiada, como determina o Constituinte ao afirmar que "a casa é asilo inviolável do indivíduo" (art. 5º, XI, da CF). Nessa mesma direção, a Emenda Constitucional n. 26, de 14 de fevereiro de 2000, veio inserir expressamente, entre os direitos sociais (art. 6º), o direito à moradia, muito embora, a rigor, a ideia já estivesse implícita na lei fundamental. A alteração constitucional reforça a concepção de que a própria condição humana depende de uma referência espacial particular, de uma esfera de ocupação determinada, segura e inviolável, em que a personalidade possa se desenvolver plenamente, dignamente, impondo-se a garantia dos meios materiais razoavelmente necessários – e não apenas "mínimos", como se convencionou dizer no Brasil – para o pleno desenvolvimento da personalidade humana. O direito à moradia deve ser compreendido, portanto, não apenas como uma proteção contra a interferência de terceiros, mas, sobretudo, como uma garantia de acesso à moradia e um meio espacial de promoção da personalidade humana.

Art. 71. Se, porém, a pessoa natural tiver diversas residências, onde, alternadamente, viva, considerar-se-á domicílio seu qualquer delas.

COMENTÁRIOS DOUTRINÁRIOS: Pode ocorrer que os elementos que concorrem para qualificar o domicílio se configurem em mais de uma residência da mesma pessoa. Trata-se de situação cada vez mais frequente, especialmente com a evolução dos meios de transporte, não sendo incomum que os mais diversos profissionais mantenham domicílios em sua cidade de origem e naquela onde trabalham, paralelamente. O Código vigente mantém-se fiel à tradição brasileira, admitindo a configuração da *pluralidade domiciliar*, tomando-se como domicílio qualquer um desses locais de residência com ânimo definitivo.

Art. 72. É também domicílio da pessoa natural, quanto às relações concernentes à profissão, o lugar onde esta é exercida.

Parágrafo único. Se a pessoa exercitar profissão em lugares diversos, cada um deles constituirá domicílio para as relações que lhe corresponderem.

COMENTÁRIOS DOUTRINÁRIOS: Inovou o Código Civil ao estabelecer o *domicílio profissional* da pessoa natural como o lugar onde exerce sua profissão, o qual se torna relevante para efeitos atinentes às suas relações profissionais. Havendo *pluralidade de domicílios profissionais*, a doutrina sustenta que cada local será reputado domicílio apenas para efeito das relações correspondentes. Tal entendimento impõe uma análise finalística da relação examinada, de modo a estabelecer o nexo entre a relação jurídica em exame e aquela especial atividade profissional, de modo a determinar, caso a caso, o domicílio pertinente.

JURISPRUDÊNCIA COMENTADA: A fixação do domicílio é particularmente relevante para fins de definição da competência do juízo para a apreciação de determinadas demandas judiciais. Nessa esteira, confira-se a seguinte decisão do Superior Tribunal de Justiça: "Quando a Constituição Federal, em seu art. 109, § 3º, permite ao segurado demandar na Justiça Estadual de seu domicílio contra instituição de previdência social, 'sempre que a comarca não seja sede de vara ou juízo federal', não deve ser considerado como domicílio somente o lugar onde o demandante estabelece a sua residência com ânimo definitivo, mas qualquer uma das hipóteses de domicílio definidas pelo Código Civil de 2002, incluindo-se aí o(s) lugar(es) onde exerce a sua profissão" (STJ, CC 78.875/PR, 3.ª Seção, Rel. Min. Felix Fischer, j. 24.10.2007).

Art. 73. Ter-se-á por domicílio da pessoa natural, que não tenha residência habitual, o lugar onde for encontrada.

COMENTÁRIOS DOUTRINÁRIOS: Toda pessoa tem domicílio, encontrando-se indeclinavelmente associada a um determinado lugar. Na ausência de residência fixa, a lei compreende como seu domicílio "o lugar onde for encontrada". Assim, a ninguém é dado deixar de ter domicílio.

Art. 74. Muda-se o domicílio, transferindo a residência, com a intenção manifesta de o mudar.

Parágrafo único. A prova da intenção resultará do que declarar a pessoa às municipalidades dos lugares, que deixa, e para onde vai, ou, se tais declarações não fizer, da própria mudança, com as circunstâncias que a acompanharem.

COMENTÁRIOS DOUTRINÁRIOS: O Código reconhece a liberdade da pessoa de alterar seu domicílio. A mudança de domicílio não se opera com a simples transferência da residência, mas exige, no dizer da lei, "a intenção manifesta de o mudar". Recorde-se, neste ponto, a crítica já formulada acerca do recurso ao elemento anímico da pessoa para configurar o domicílio (v. comentários ao art. 70). Conforme destaca o parágrafo único do artigo em comento, a prova da intenção se dá por meio das declarações às Municipalidades e outras circunstâncias fáticas a serem analisadas em conjunto, como, por exemplo, a contratação de conta-corrente, a abertura de estabelecimento comercial, e assim por diante.

Art. 75. Quanto às pessoas jurídicas, o domicílio é:

I – da União, o Distrito Federal;

II – dos Estados e Territórios, as respectivas capitais;

III – do Município, o lugar onde funcione a administração municipal;

IV – das demais pessoas jurídicas, o lugar onde funcionarem as respectivas diretorias e

administrações, ou onde elegerem domicílio especial no seu estatuto ou atos constitutivos.

§ 1º Tendo a pessoa jurídica diversos estabelecimentos em lugares diferentes, cada um deles será considerado domicílio para os atos nele praticados.

§ 2º Se a administração, ou diretoria, tiver a sede no estrangeiro, haver-se-á por domicílio da pessoa jurídica, no tocante às obrigações contraídas por cada uma das suas agências, o lugar do estabelecimento, sito no Brasil, a que ela corresponder.

COMENTÁRIOS DOUTRINÁRIOS: O presente artigo estabelece o *domicílio das pessoas jurídicas*. Pessoas jurídicas não têm residência, mas *sede*, que consiste no local em que se concentra sua atividade diretiva, constando, normalmente, de seu estatuto, contrato social ou outros atos constitutivos. Caso a pessoa jurídica possua múltiplos estabelecimentos, em locais distintos – fenômeno hoje corriqueiro –, cada um dos estabelecimentos será, individualmente, reputado domicílio para as relações jurídicas ali travadas. Trata-se de regra salutar, que prestigia o concreto dinamismo das relações sociais em detrimento do critério formal da sede única. As entidades federativas também têm por domicílio seus centros administrativos: a) no caso da União, o Distrito Federal; b) no caso dos Estados, suas capitais; e c) no caso do Município, o "lugar onde funcione a administração municipal". Trata-se, portanto, do mesmo critério aplicado às pessoas jurídicas de direito privado.

JURISPRUDÊNCIA COMENTADA: O Superior Tribunal de Justiça explica a inspiração do dispositivo ora comentado: "O art. 75 do CC/02, como se vê, reconhece a possibilidade de pluralidade de domicílios para a pessoa jurídica de direito privado, visando, sobretudo, a facilitar a propositura de ação judicial contra a sociedade" (STJ, REsp 1.580.075/RJ, 3.ª Turma, Rel. Min. Nancy Andrighi, j. 11.12.2018). Ainda sobre a hipótese de pluralidade de domicílios, já decidiu o STJ: "Possuindo a pessoa jurídica diversos estabelecimentos em lugares diferentes, cada um deles será considerado domicílio para os atos nele praticados (art. 75 do CC) podendo a demanda ser proposta no foro do lugar onde se localiza a agência ou sucursal que tiver contraído a obrigação" (STJ, CC 53549/SP, 2.ª Seção, Rel. Min. Fernando Gonçalves, j. 27.02.2008).

Art. 76. Têm domicílio necessário o incapaz, o servidor público, o militar, o marítimo e o preso.

Parágrafo único. O domicílio do incapaz é o do seu representante ou assistente; o do servidor público, o lugar em que exercer permanentemente suas funções; o do militar, onde servir, e, sendo da Marinha ou da Aeronáutica, a sede do comando a que se encontrar imediatamente subordinado; o do marítimo, onde o navio estiver matriculado; e o do preso, o lugar em que cumprir a sentença.

COMENTÁRIOS DOUTRINÁRIOS: O domicílio é, em regra, voluntário, assim entendido o domicílio que deriva da livre escolha da pessoa. Denomina-se, ao revés, *domicílio necessário* aquele que não resulta de um ato de vontade da pessoa, mas é imposto por uma condição de dependência ou outro estado qualquer que a acomete. Tem domicílio necessário, por exemplo, o menor sob autoridade parental, cujo domicílio será forçosamente o domicílio dos pais. Modalidade específica de domicílio necessário é o chamado *domicílio legal*, imposto por lei a certas pessoas em decorrência de atividade ou profissão. É o caso do servidor público civil ou militar, que tem, por força de lei, domicílio onde exercer suas funções. É também o caso da pessoa presa, que tem domicílio onde cumpre sua pena. O Código Civil trata indistintamente do domicílio necessário e do domicílio legal no art. 76. É de se registrar que a maior parte das hipóteses de domicílio necessário não impede a existência de outro domicílio, voluntário ou até necessário, como no caso do servidor público que tem duas matrículas em locais distintos, exercendo em dois lugares suas funções. O domicílio necessário não é, portanto, exclusivo.

Art. 77. O agente diplomático do Brasil, que, citado no estrangeiro, alegar extraterritorialidade sem designar onde tem, no país, o seu domicílio, poderá ser demandado no Distrito Federal ou no último ponto do território brasileiro onde o teve.

COMENTÁRIOS DOUTRINÁRIOS: Se um agente diplomático brasileiro atua em país estrangeiro tem direito a alegar extraterritorialidade caso venha a ser citado no exterior. Se o fizer, poderá ou não indicar seu domicílio no país. Não indicando o domicílio, o demandante que pretende citá-lo poderá escolher entre o Distrito Federal ou o último domicílio efetivo do agente diplomático no Brasil. Trata-se de norma que, embora sugerindo uma espécie de domicílio necessário de caráter subsidiário aplicável aos agentes diplomáticos, bem poderia ter sido extirpada do Código Civil, revelando-se mais afeta ao direito processual.

REFORMA DO CÓDIGO CIVIL: O Anteprojeto propõe, em consonância com a crítica formulada *supra*, que o art. 77 se limite a estabelecer que "o agente diplomático do Brasil tem domicílio legal no último ponto do território brasileiro onde teve aquele domicílio".

Art. 78. Nos contratos escritos, poderão os contratantes especificar domicílio onde se exercitem e cumpram os direitos e obrigações deles resultantes.

COMENTÁRIOS DOUTRINÁRIOS: O art. 78 trata do *domicílio especial*, assim entendido aquele estabelecido como sede para determinada relação obrigacional. A norma autoriza a eleição de domicílio em "contratos escritos" para o exercício de direitos e cumprimento de obrigações deles resultantes. Distingue-se o domicílio especial do *domicílio geral*, destinado a centralizar indiscriminadamente as relações jurídicas da pessoa. A eleição de um domicílio especial para o exercício e cumprimento de obrigações não se confunde com outras duas questões jurídicas relevantes: a) a eleição de lei aplicável ao contrato, que é objeto do art. 9º do Decreto-lei n. 4.657/1942 (LINDB) e do art. 2º, § 2º, da Lei de Arbitragem; e b) a eleição de foro para dirimir controvérsias oriundas do contrato, autorizada pela lei civil e respeitada pela lei processual (art. 63 do CPC). O § 3º do art. 63 do novo Código de Processo Civil admite o controle de ofício pelo juiz da abusividade da cláusula de eleição, sem restringir sua abrangência às relações de consumo ou mesmo aos contratos de adesão.

JURISPRUDÊNCIA COMENTADA: No que concerne às relações de consumo, a cláusula de eleição de foro não se encontra listada no rol de cláusulas abusivas do art. 51, mas nossa jurisprudência tem considerado que "nos contratos de adesão, o foro de eleição contratual cede em favor do local do domicílio do devedor, sempre que constatado ser prejudicial à defesa do consumidor, podendo ser declarada de ofício a nulidade da cláusula de eleição pelo julgador" (STJ, AgRg no AREsp 476.551/RJ, 4.ª Turma, Rel. Min. Luis Felipe Salomão, j. 25.03.2014.). Considerando o caráter aberto decorrente da cláusula geral contida no art. 51, inciso IV, do Código de Defesa do Consumidor, a cláusula de eleição deverá ser reputada nula sempre que embaraçar o exercício do direito básico assegurado ao consumidor para a "facilitação da defesa de seus direitos" (art. 6º, VIII).

LIVRO II
DOS BENS

TÍTULO ÚNICO
DAS DIFERENTES CLASSES DE BENS

CAPÍTULO I
DOS BENS CONSIDERADOS EM SI MESMOS

SEÇÃO I
DOS BENS IMÓVEIS

Art. 79. São bens imóveis o solo e tudo quanto se lhe incorporar natural ou artificialmente.

COMENTÁRIOS DOUTRINÁRIOS: Em sentido amplo, bem pode ser definido como tudo aquilo que é desejado pelo homem a fim de atender a seus interesses. Quando tais interesses são amparados pelo ordenamento jurídico, o bem se qualifica, tornando-se bem jurídico. A doutrina civilista emprega, por vezes, o termo *coisa*, que deve ser compreendido como sinônimo de bem. Coisa ou bem é, portanto, noção que abrange, na atualidade, tanto os objetos materiais quanto os imateriais sobre os quais recaiam interesses juridicamente protegidos. Na prática, todavia, a expressão *coisa* acaba sendo usada mais frequentemente ao se tratar de bens que são ou podem ser objeto de direitos reais (o chamado *direito das coisas*). Registre-se que o conceito de bem ou coisa consiste em noção histórica e relativa, já que varia conforme as necessidades do homem em cada época e a sua própria noção de utilidade, tal qual reconhecida pelo direito. Registre-se que a doutrina mais tradicional, em franco descompasso com a Constituição brasileira, ainda identifica os bens jurídicos com aquilo que pode ser apropriado com exclusividade pelo homem. Trata-se de vício metodológico, vinculado à identificação entre o direito subjetivo e o direito de propriedade, que, em forte conotação patrimonialista, acaba por considerar como bem jurídico apenas aquilo que pode ser submetido à apropriação exclusiva de um indivíduo. Muito ao contrário, a proteção constitucional a interesses difusos e coletivos, de cunho extrapatrimonial, insuscetíveis de apropriação exclusiva, não retira do seu objeto (por exemplo, o meio ambiente ou os bens culturais) o caráter de bem jurídico, cuja titularidade é atribuída a todas as pessoas sem que o objeto em si pertença ou possa ser apropriado com exclusividade por alguém. É o interesse do homem, valorado pelo ordenamento jurídico, que converte determinada coisa em bem jurídico, merecedor de proteção, independentemente de adentrar o patrimônio individual de quem quer que seja. A codificação, pela própria desatualidade do projeto que lhe deu origem, repetiu substancialmente a estrutura e as disposições do Código Civil de 1916 sobre bens, limitando-se a correções técnicas pontuais. A Parte Geral da nossa atual codificação restringiu-se a classificar os bens em diferentes espécies. Não há aí uma *teoria geral dos bens*, como, às vezes, informam os manuais em nítido exagero. Nem se preocupou o legislador em traçar diretrizes substanciais para a apropriação e o uso dos bens na realidade social brasileira, como já propunha, à época da promulgação do Código, a doutrina mais avançada. Limitou-se, em abordagem puramente estrutural, a uma verdadeira *taxonomia dos bens*, aglutinando diferentes classificações, acompanhadas de algumas poucas regras relativas a cada espécie contemplada. A distinção entre bens móveis e imóveis foi a primeira dentre as muitas distinções tratadas pelo Código Civil. Nesse particular, padece nossa legislação de certo fetichismo da coisa imóvel, pois insiste em dotar os imóveis de uma estabilidade do título dominial que não reserva aos bens móveis. Se tais peculiaridades eram compreensíveis em uma economia essencialmente agrícola, centrada sobre a propriedade da terra, hoje perderam muito de sua razão em ser, em virtude do incremento da riqueza mobiliária, especialmente por meio de ações de sociedades anônimas, debêntures, quotas de fundos de investimentos, automóveis de luxo, aeronaves, embarcações e outros bens móveis que exprimem, não raro, valor econômico superior ao valor dos bens imóveis. Pior: a asfixia do espaço urbano e a desigual distribuição de terras no campo, problemas que assolam gravemente a sociedade brasileira, estão a exigir uma disciplina mais flexível dos bens imóveis, calcada não em uma vetusta estabilidade do título de propriedade, mas sim no seu *aproveitamento útil* e no atendimento de sua *função social*, como expressamente determina o texto constitucional e a própria codificação, ainda que de modo mais tímido (ver comentários ao art. 1.228). O Código Civil de 2002 perdeu, nesse sentido, a oportunidade de traçar já em sua Parte Geral uma disciplina efetivamente funcionalizada dos bens imóveis, limitando-se a repetir, com pontuais alterações, aquilo que já constava da codificação de 1916: um elenco de definições e regras de caráter puramente estrutural, que exibem maior compromisso com o conceitualismo oitocentista que com a concretização dos valores constitucionais nas relações privadas. As poucas alterações em relação à codificação anterior suscitaram controvérsias acadêmicas, mas causaram pouco ou nenhum impacto concreto na realidade fundiária brasileira. O art. 79 do Código Civil de 2002 afirma que "são bens imóveis o solo e tudo quanto se lhe incorporar natural ou artificialmente", não discriminando mais as acessões naturais, físicas ou intelectuais, como fazia o Código Civil de 1916 no art. 43, I a III. Consideram-se *bens imóveis por natureza* tanto o solo como tudo que a ele se incorpora naturalmente (*acessões naturais*), como as árvores. O Código se refere ainda aos bens que se incorporam ao solo artificialmente, por força do engenho humano (*acessões físicas*), como prédios e viadutos. O novo dispositivo desencadeou celeuma doutrinária acerca da permanência, no novo diploma, da antiga classe dos bens imóveis por acessão intelectual. Na *I Jornada de Direito Civil* foi aprovado o Enunciado n. 11 no sentido de que "não persiste no novo sistema legislativo a categoria dos bens imóveis por acessão intelectual, não obstante a expressão 'tudo quanto se lhe incorporar natural ou artificialmente', constante da parte final do art. 79 do CC". Alvo de veementes críticas por ter dilatado excessivamente o conceito de bem imóvel, nosso legislador – na esteira do que já havia feito o legislador italiano – substituiu a imobilização por acessão intelectual pelo instituto das *pertenças*, positivado no art. 93 (v. comentários ao art. 93).

JURISPRUDÊNCIA COMENTADA: Ao examinar a natureza jurídica de cobertura vegetal lenhosa destinada ao corte, consignou o Superior Tribunal de Justiça: "Conforme consta dos artigos 79 e 92 do Código Civil, salvo expressa disposição em contrário, as árvores incorporadas ao solo mantêm a característica de bem imóvel, pois acessórios do principal, motivo pelo qual, em regra, a acessão artificial recebe a mesma classificação/natureza jurídica do terreno sobre o qual é plantada. No entanto, essa classificação legal pode ser interpretada de acordo com a destinação econômica conferida ao bem, sendo viável transmudar a sua natureza jurídica para bem móvel por antecipação, cuja peculiaridade reside na vontade humana de mobilizar a coisa em função da finalidade econômica" (STJ, REsp 1.567.479/PR, 4.ª Turma, Rel. Min. Marco Buzzi, j. 11.06.2019).

REFORMA DO CÓDIGO CIVIL: O Anteprojeto propõe a manutenção da definição legal de bens imóveis, mas acrescenta expressa exceção a figura das pertenças, reforçando a sua distinção em relação à categoria dos bens imóveis por acessão intelectual.

Art. 80. Consideram-se imóveis para os efeitos legais:

I – os direitos reais sobre imóveis e as ações que os asseguram;

II – o direito à sucessão aberta.

COMENTÁRIOS DOUTRINÁRIOS: O artigo em comento trata dos *bens imóveis por determinação legal*, direitos reputados como bens imóveis por um artifício do legislador, a fim de atribuir maior gravidade, solenidade e segurança à sua transmissão. O Código Civil de 2002 deixou de inserir no rol dos imóveis por definição legal as apólices da dívida pública oneradas com cláusula de inalienabilidade, a que fazia menção a codificação de 1916, razão pela qual tais bens voltam ao seu estado natural de bens móveis.

JURISPRUDÊNCIA COMENTADA: O Superior Tribunal de Justiça já se valeu da natureza imóvel destes bens para "definir o termo inicial do prazo decadencial para terceiro/credor ajuizar ação pauliana, objetivando a anulação de cessão de direitos hereditários avençada entre herdeiro e genitor paterno a título gratuito". Segundo o Tribunal: "O art. 178, § 9º, V, 'b' do CC/1916 estabelece como termo inicial do prazo decadencial para requerer anulação de contrato por dolo, simulação ou fraude o dia em que se realizar o ato ou o contrato. Contudo, este dispositivo deve ser interpretado de forma adequada para que não seja efetivada situação absurda, qual seja, início da contagem do prazo decadencial quando sequer era conhecido o direito a ser postulado. [...] Nesta situação – quando postulada anulação de venda de imóvel – o STJ vem entendendo que o termo inicial do prazo decadencial deve ser a data do registro do respectivo título aquisitivo no Cartório Imobiliário. [...] Na hipótese sob julgamento, discute-se a invalidação de cessão gratuita de direitos hereditários, questão ainda não definida, especificamente, por este Tribunal. Em conformidade com a classificação de bens apresentada no art. 44, III do CC/1916 e repetida no art. 80, II do Novo Código Civil, os direitos hereditários são considerados, para efeitos legais, bens imóveis, o que já indica a possibilidade de aplicar o mesmo termo inicial estabelecido pela jurisprudência para contagem do prazo decadencial para pleitear anulação de venda de imóvel" (STJ, REsp 546.077/SP, 3.ª Turma, Rel. Min. Nancy Andrighi, j. 02.02.2006). A jurisprudência do STJ, ainda, identifica na própria legislação efeitos sistêmicos da qualificação de tais bens como imóveis: "É preciso, com efeito, para atendimento do art. 1.806 do Código Civil, a manifestação da vontade de renunciar seja transmitida em todas as etapas da exteriorização, por instrumento público ou termo judicial, não podendo ter o mesmo efeito a renúncia se na cadeia de transmissão da manifestação ocorre outorga ou substabelecimento de poderes por instrumento particular. [...] A exigência do instrumento público ou termo judicial, que também se caracteriza como instrumento público, constante do art. 1.806 do Cód. Civil/2001, é corolário necessário do disposto no art. 80, II, do mesmo Código, que considera bem imóvel a sucessão aberta, e do art. 108, ainda do mesmo Código, que exige a escritura pública como essencial à validade dos negócios jurídicos que visem 'à constituição, transferência, modificação ou renúncia de direitos reais sobre imóveis' – abrindo exceção apenas para imóveis de valor inferior a trinta vezes o maior salário-mínimo vigente no país, o que, aqui, não vem ao caso" (STJ, REsp 1.236.671/SP, 3.ª Turma, Rel. Min. Sidnei Beneti, j. 09.10.2012).

Art. 81. Não perdem o caráter de imóveis:

I – as edificações que, separadas do solo, mas conservando a sua unidade, forem removidas para outro local;

II – os materiais provisoriamente separados de um prédio, para nele se reempregarem.

COMENTÁRIOS DOUTRINÁRIOS: O Código preserva a natureza imóvel de bens que sejam, temporariamente, dotados de mobilidade. Tanto as "edificações que, separadas do solo, mas conservando a sua unidade, forem removidas para outro local" como "os materiais provisoriamente separados de um prédio, para nele se reempregarem" são bens cuja destinação econômico-social é a utilização como bens imóveis, justificando-se a opção do legislador por não modificar sua qualificação por causas meramente transitórias.

SEÇÃO II
DOS BENS MÓVEIS

Art. 82. São móveis os bens suscetíveis de movimento próprio, ou de remoção por força alheia, sem alteração da substância ou da destinação econômico-social.

COMENTÁRIOS DOUTRINÁRIOS: O artigo em comento trata dos *bens móveis*, assim entendidos aqueles suscetíveis de movimento próprio (semoventes) ou passíveis de remoção por força alheia sem alteração da sua substância ou destinação econômico-social. Os *semoventes* são os animais. Dentre as novas tendências em matéria de bens, tem-se o crescente reconhecimento da necessidade de reservar tratamento jurídico diferenciado aos animais. Se, por um lado, é certo que os animais não são sujeitos de direito, não podendo figurar como titulares de direitos ou obrigações, parece, por outro lado, cada vez mais difícil manter o tratamento atribuído aos animais pelo Código Civil brasileiro, que os qualifica simplesmente como bens móveis. Toda a legislação protetiva dos chamados "direitos dos animais" revela, em última análise, que os animais, conquanto objeto de direito, são destinatários se não de relações afetivas (as quais, em teoria, somente poderiam ser estabelecidas entre dois sujeitos), ao menos de aspirações afetivas da pessoa humana, consistindo, por isso mesmo, em partícipes da realização de seus interesses existenciais. Merece destaque, nesse sentido, o direito português que passou, por meio da Lei n. 8/2017, a afirmar no Código Civil: "Os animais são seres vivos dotados de sensibilidade e objeto de proteção jurídica em virtude da sua natureza" (art. 201-B). Quanto aos bens que podem ser movidos por força alheia, não basta o dado naturalístico da possibilidade de deslocamento. A referência à *destinação econômico-social*, inserida pelo Código Civil de 2002, confirma a superação do antigo posicionamento segundo o qual a distinção entre coisas móveis e imóveis atendia simplesmente a um critério físico ou natural. Registre-se que nada impede que o legislador atribua aos bens móveis, em determinadas hipóteses, alguma característica própria da disciplina dos bens imóveis. É o que ocorre, por exemplo, com a hipoteca: usualmente definida como a garantia real sobre bens imóveis, a hipoteca, por força de lei, aplica-se também aos navios e aeronaves (art. 1.473, VI e VII), bens que, nem por isso, perdem sua natureza jurídica de bens móveis.

JURISPRUDÊNCIA COMENTADA: Um dos desdobramentos da apontada tendência evolutiva na interpretação do regime jurídico dos animais se manifesta no debate, cada vez mais frequente em nossas cortes, acerca da possibilidade de se reconhecer, após a extinção da entidade familiar, direito de visitação ao animal de estimação. Tal direito já foi reconhecido pelo Superior Tribunal de Justiça, em acórdão relatado pelo Ministro Luis Felipe Salomão, para quem o fato de os animais serem qualificados como bens, objetos de propriedade, pelo art. 82 do Código Civil, não afasta a necessidade de um tratamento peculiar, em razão do especial vínculo afetivo estabelecido com os donos: "Os animais de companhia possuem valor subjetivo único e peculiar, aflorando sentimentos bastante íntimos em seus donos, totalmente diversos de qualquer outro tipo de propriedade privada. Dessarte, o regramento jurídico dos bens não se vem mostrando suficiente para resolver, de forma satisfatória, a disputa familiar envolvendo os *pets*, visto que não se trata de simples discussão atinente à posse e à propriedade". Portanto, embora não seja possível aplicar o instituto da guarda, típico do direito de família, sem subvertê-lo, concluiu-se que "na dissolução da entidade familiar em que haja algum conflito em relação ao animal de estimação, independentemente da qualificação jurídica a ser adotada, a resolução deverá buscar atender, sempre a depender do caso em concreto, aos fins sociais, atentando para a própria evolução da sociedade, com a proteção do ser humano e do seu vínculo afetivo com o animal" (STJ, REsp 1.713.167/SP, 4.ª Turma, j. 19.06.2018). O julgamento não foi, contudo, unânime, registrando-se dois votos vencidos no sentido de que não seria possível estabelecer limitações ao direito de propriedade com base no afeto, por ausência de previsão legal (Ministros Isabel Gallotti e Lázaro Guimarães), bem como voto que chegou ao mesmo resultado que aquele alcançado pelo relator, mas por fundamento diverso: entendeu o Ministro Marco Buzzi que a disciplina da propriedade seria suficiente para resolver o problema, pois o animal consistiria em bem adquirido na constância de regime de bens similar ao regime da comunhão universal (estabelecido na escritura de união estável naquele caso concreto), e, em se tratando de bem indiviso, mantiveram os ex-companheiros, após a extinção da relação, copropriedade e composse sobre o animal, aptas a justificar, sob enquadramento diverso, a assim chamada "visitação". A dispersão de entendimentos revela a complexidade da matéria, que ainda não se encontra pacificada. Questão análoga, também examinada pelo STJ, consiste na possibilidade de se fixar pensão alimentícia, após a separação do casal, em prol do animal de estimação adquirido no curso do casamento ou da união estável. Sobre o tema, decidiu o Tribunal: "As despesas com o custeio da subsistência dos animais são obrigações inerentes à condição de dono, como se dá, naturalmente com os bens em geral e, com maior relevância, em relação aos animais de estimação, já que a sua subsistência depende do cuidado de seus donos, de forma muito particularizada. [...] Se, em razão do fim da união, as partes, ainda que verbalmente ou até implicitamente, convencionarem, de comum acordo, que o animal de estimação ficará com um deles, este passará a ser seu único dono, que terá o bônus – e a alegria, digo eu – de desfrutar de sua companhia, arcando, por outro lado, sozinho, com as correlatas despesas" (STJ, REsp 1.944.228/SP, 3.ª Turma, Rel. p/ Acórdão Min. Marco Aurélio Bellizze, j. 18.10.2022).

REFORMA DO CÓDIGO CIVIL: O Anteprojeto propõe alteração puramente redacional no art. 82. Dedica, contudo, uma nova seção do capítulo relativo aos bens considerados em si mesmos à disciplina dos animais, atendendo a um forte anseio da sociedade brasileira. O novo art. 91-A qualifica os animais como "seres vivos sencientes e passíveis de proteção jurídica própria, em virtude da sua natureza especial", relegando a lei especial o detalhamento da sua proteção jurídica (Anteprojeto, art. 91-A, § 1º). Determina-se, ainda, que, "até que sobrevenha lei especial, são aplicáveis, subsidiariamente, aos animais as disposições relativas aos bens, desde que não sejam incompatíveis com a sua natureza, considerando a sua sensibilidade" (Anteprojeto, art. 91-A, § 2º).

Art. 83. Consideram-se móveis para os efeitos legais:

I – as energias que tenham valor econômico;

II – os direitos reais sobre objetos móveis e as ações correspondentes;

III – os direitos pessoais de caráter patrimonial e respectivas ações.

COMENTÁRIOS DOUTRINÁRIOS: O legislador, ao qualificar como bens móveis uma série de bens que, por sua natureza imaterial, não poderiam ser absorvidos pelos critérios empregados no artigo antecedente, lhes confere regime mais dinâmico que aquele reservado aos bens imóveis, facilitando especialmente a transferência de sua titularidade.

JURISPRUDÊNCIA COMENTADA: Já decidiu o Superior Tribunal de Justiça que os títulos de crédito se subsomem ao inciso III do artigo em comento: "Não se pretende nem seria razoável sustentar que títulos de crédito não configurem 'direitos pessoais de caráter patrimonial', bens móveis, portanto" (STJ, REsp 1.263.500/ES, 4.ª Turma, Rel. Min. Maria Isabel Gallotti, j. 05.02.2013).

REFORMA DO CÓDIGO CIVIL: O Anteprojeto, atentando à evolução tecnológica, propõe a inclusão, entre os bens móveis para efeitos legais, dos "conteúdos digitais dotados de valor econômico, tornados disponíveis, independentemente do seu suporte material".

Art. 84. Os materiais destinados a alguma construção, enquanto não forem empregados, conservam sua qualidade de móveis; readquirem essa qualidade os provenientes da demolição de algum prédio.

COMENTÁRIOS DOUTRINÁRIOS: Quanto aos materiais destinados à construção, não basta o mero propósito de emprego na obra para convertê-los em bem imóveis, sendo necessária sua efetiva incorporação ao bem em construção. De outro lado, uma vez demolida total ou parcialmente a obra, operando-se a separação definitiva dos bens, estes passam a ser reputados bens móveis. Recorde-se, contudo, que, em sendo provisória a separação, incide a norma do art. 81, II, do Código, que preserva a natureza imóvel do bem.

SEÇÃO III

DOS BENS FUNGÍVEIS E CONSUMÍVEIS

Art. 85. São fungíveis os móveis que podem substituir-se por outros da mesma espécie, qualidade e quantidade.

COMENTÁRIOS DOUTRINÁRIOS: Segundo antiga definição romana, as coisas fungíveis são as que se medem, se pesam ou se contam. Modernamente, afirma-se que os bens fungíveis não se identificam pela sua individualidade, mas pela quantidade e qualidade. Já os bens infungíveis têm individualidade própria, o que impede que o devedor entregue outros bens da mesma natureza em cumprimento à sua obrigação. São exemplos de bens fungíveis as laranjas que certo agricultor se obriga a entregar ao distribuidor de produtos agrícolas. É exemplo de bem infungível o quadro específico de um determinado artista plástico que um colecionador de arte adquire em leilão. É de se notar que a classificação dos bens como fungíveis ou infungíveis não deve ser realizada em abstrato, mas sim com base no interesse concreto das partes de cada relação jurídica. Assim, um boi pode ser bem fungível se vendido pelo pecuarista que se desfaz de certo número de cabeças de gado, mas pode ser bem infungível se vendido pelo mesmo pecuarista a um comprador que pretende adquirir aquele boi específico, animal reprodutor premiado em feiras pecuárias por sua particular genética, para garantir prole futura de qualidade. Da mesma forma, moedas e notas de dinheiro são bens fungíveis quando utilizadas como meio de pagamento, mas serão bens infungíveis se, já em desuso, vierem a ser adquiridas por um colecionador interessado em sua peculiar individualidade. O Código Civil reforçou a difundida noção que nega aos bens imóveis a possibilidade de serem fungíveis. Tal diretriz, se corresponde ao que é mais corriqueiro na vida prática, não pode ser tomada em sentido absoluto, bastando-se cogitar do célebre exemplo dos condôminos de um loteamento que pactuam que aquele que se retirar da sociedade receberá *"certa quantidade de lotes"*, que se afiguram fungíveis. Trata-se de consequência lógica da ideia de que a qualificação dos bens como fungíveis ou infungíveis depende, fundamentalmente, do concreto interesse das partes em cada relação jurídica. A distinção entre bens fungíveis e não fungíveis afigura-se extremamente relevante, produzindo efeitos jurídicos diferenciados. Pode-se mencionar, a título ilustrativo, as seguintes consequências da distinção: a) o empréstimo de coisas fungíveis configura mútuo (art. 586), ao passo que o empréstimo de coisas não fungíveis constitui comodato (art. 579); b) o depósito de coisas fungíveis segue a disciplina do mútuo (art. 645); c) a fungibilidade das dívidas é requisito para que se opere a compensação (art. 369); e d) o legado de coisa fungível será cumprido ainda que tal coisa inexista entre os bens deixados pelo testador (art. 1.915).

JURISPRUDÊNCIA COMENTADA: Conforme assinalado, a qualificação do bem como fungível ou infungível influencia o regime jurídico aplicável ao contrato de depósito, que se converte em irregular, aplicando-se a disciplina do mútuo, caso se trate de coisa fungível. Não raramente surgem dúvidas acerca da natureza do bem, como ilustra a seguinte decisão do Tribunal de Justiça de São Paulo: "Em relação à fungibilidade dos bens depositados, é necessário que se atente para a circunstância de ser o objeto do contrato coisa fungível por natureza, desde que haja permanecido nesta condição na relação contratual. Porém, se o objeto depositado, embora fungível por natureza, tornar-se infungível por disposição do negócio dos contratantes, o depósito deixa de ser irregular para transformar-se em um contrato comum de depósito, nos termos do artigo 901 do CPC. Em princípio, o milho depositado parece fazer parte da classificação de bens ditos fungíveis, conforme definição acima referida, os quais podem ser substituídos por outros da mesma espécie, qualidade e quantidade. Prosseguindo na análise dos documentos coligidos aos autos, observa-se que o bem depositado no armazém da requerida não foi especificamente individualizado, haja vista que não se fala em classe, tipo, grupo, safra, etc., a fim de se operar a infungibilidade por convenção das partes e tornar o depósito regular, sendo, por conseguinte, imprópria a ação de depósito eleita. De fato, o recibo de fl. 14 evidencia que se descreveu apenas a quantia de milho depositada, para permitir, em momento futuro, a devolução da mesma quantidade de milho, ou seu equivalente em pecúnia. Não a restituição dos mesmos grãos de milho" (TJSP, Apelação 0002628-55.2009.8.26.0160, 22.ª Câmara de Direito Privado, Rel. Des. Fernandes Lobo, j. 06.02.2014).

Art. 86. São consumíveis os bens móveis cujo uso importa destruição imediata da própria substância, sendo também considerados tais os destinados à alienação.

COMENTÁRIOS DOUTRINÁRIOS: O artigo em comento distingue os bens móveis em consumíveis e inconsumíveis. Os bens consumíveis (*usu consumuntur*, no dizer dos romanos) são aqueles cujo uso implica a destruição imediata de sua própria substância (*consumibilidade natural*), sendo também considerados consumíveis aqueles bens que se destinam à alienação (*consumibilidade jurídica*). Inconsumíveis são, ao contrário, aqueles bens que admitem uso constante, ou seja, que não são destruídos ou descartados por meio de sua utilização. Assim, são apontados como exemplos de bens consumíveis os alimentos e os livros destinados à venda que se encontram em uma livraria. Exemplo de bem inconsumível é o mesmo livro na propriedade de um estudante de direito. Registre-se que os bens inconsumíveis podem estar sujeitos a uma *deterioração gradativa* pelo uso. Isso, no entanto, não os converte em bens consumíveis. Vale lembrar, ainda, que a vontade das partes pode tornar inconsumível um bem consumível, como no exemplo do pescador que empresta o enorme peixe capturado para fotografia e posterior devolução (*ad pompam vel ostentationis causam*). Também aqui o critério da distinção repousa, em última análise, sobre o interesse das partes em sua concreta relação jurídica. Note-se que, embora os bens fungíveis sejam normalmente consumíveis, os conceitos de fungibilidade e consumibilidade não se confundem. A ideia de fungibilidade tem em vista, conforme já esclarecido, a relação entre bens da mesma natureza, dizendo respeito à possibilidade de sua substituição, ao passo que a ideia de consumibilidade leva em conta a destinação do bem. Assim, o agricultor que leva a leilão a maior abóbora já colhida em solo brasileiro tem, em suas mãos, um bem infungível. Ainda assim, será considerado consumível (*consumibilidade jurídica*), por estar sendo levado à venda. À exceção do art. 86, que os define, os bens consumíveis são mencionados pelo Código Civil uma única vez: no art. 1.392, no qual o próprio legislador cogita da hipótese de os bens consumíveis serem infungíveis, não podendo ser substituídos por equivalentes, caso em que o usufrutuário pagará ao nu-proprietário o seu valor ao tempo da restituição (v. comentários ao art. 1.392).

SEÇÃO IV
DOS BENS DIVISÍVEIS

Art. 87. Bens divisíveis são os que se podem fracionar sem alteração na sua substância, diminuição considerável de valor, ou prejuízo do uso a que se destinam.

COMENTÁRIOS DOUTRINÁRIOS: Outra distinção trazida pelo Código Civil diferencia os bens em divisíveis e indivisíveis. Na atualidade, salienta-se que a divisibilidade é própria de todos os corpos, pois, fisicamente, pode-se dividir até o átomo, antes considerado indivisível. E muitas descobertas mais recentes da ciência advêm de estudos e pesquisas realizadas em partículas que se encontram abaixo da escala nanométrica (1 nanômetro = 1 bilionésimo do metro). Do ponto de vista jurídico, contudo, são considerados divisíveis apenas aqueles bens "que se podem fracionar sem alteração na sua substância, diminuição considerável de valor ou prejuízo do uso a que se destinam". A definição é mais adequada que aquela que constava do Código Civil de 1916, restrita às características substanciais da coisa. Também aqui realça o legislador a destinação socioeconômica do bem, dando ensejo a uma interpretação calcada no aspecto funcional da relação jurídica concreta.

JURISPRUDÊNCIA COMENTADA: Um bom exemplo de aplicação dos critérios previstos no art. 87 encontra-se em julgado do Tribunal de Justiça de Santa Catarina, em ação de alienação de quinhão de coisa comum, no qual se discutia a possibilidade jurídica do pedido, em razão de alegada divisibilidade do imóvel. O quadro fático em exame foi assim narrado: "Alega a autora que não comporta divisão cômoda o terreno situado na Linha Ribeirão Caçador [...]. Sustenta que nele é realizada a criação de animais em regime de pastagem, o cultivo de diversos produtos, em especial o arroz, bem como a plantação de pinus. O réu, por sua vez, não impugnou totalmente o alegado, apenas esclareceu que a plantação de pinus encontra-se, em sua maioria, nos lotes que não fazem parte do condomínio. Todavia, acrescentou que três dos quatro lotes que compõem o terreno em litígio fazem parte de uma cadeia de montanhas cobertas de mata atlântica, as quais servem como meio de proteção das nascentes encontradas naquela área. Ademais, salientou que há uma represa no local, que abastece os municípios de Rio do Campo e Taiozinho". Tomando em consideração tais características, decidiu o Tribunal: "Constata-se, portanto, que o referido imóvel possui partes com várias características diferentes, sendo aproveitado para diversas atividades produtivas, de considerável retorno econômico, e além disso, existem áreas de preservação. Assim, forçoso é o reconhecimento da indivisibilidade do condomínio, ainda que exista uma separação de fato em quatro lotes, circunstância esta reconhecida pelas partes. Em primeiro lugar, porque tal divisão em lotes é apenas fática, uma vez que o aproveitamento da área se dá como um todo e o imóvel possui uma única matrícula, e em segundo, porque diante da diversidade geográfica e econômica do terreno, sua divisão poderia ocasionar a diminuição considerável do seu valor ou o prejuízo dos usos a que se destina. Com base nestes fundamentos, constatado que o bem é indivisível, afasta-se também a preliminar de impossibilidade jurídica do pedido" (TJSC, Ag 2007.036850-1, 3.ª Câmara Cível, Rel. Des. Marcus Tulio Sartorato, j. 13.05.2008).

Art. 88. Os bens naturalmente divisíveis podem tornar-se indivisíveis por determinação da lei ou por vontade das partes.

COMENTÁRIOS DOUTRINÁRIOS: O já comentado art. 87 combina os critérios naturalístico e socioeconômico para definir os bens divisíveis. O art. 88, por sua vez, esclarece que mesmo os bens que atendam a tais critérios podem ser reputados indivisíveis em determinadas circunstâncias. A *indivisibilidade legal* decorre de um juízo de conveniência legislativa acerca da preservação da unidade representada pelo bem, como ocorre com as partes comuns do condomínio edilício (art. 1.331, § 2º). Já a *indivisibilidade convencional* provém de um legítimo exercício da autonomia privada das partes, indicando a essencialidade, para a satisfação de seus interesses, da manutenção de um estado de indivisão do bem que seria divisível.

SEÇÃO V
DOS BENS SINGULARES E COLETIVOS

Art. 89. São singulares os bens que, embora reunidos, se consideram *de per si*, independentemente dos demais.

COMENTÁRIOS DOUTRINÁRIOS: Ao tratar dos bens singulares e coletivos, o Código Civil de 2002 adotou técnica diversa da codificação anterior, limitando-se a definir os bens singulares como os que se consideram *per se*, independentemente dos demais, e passando, logo, ao tratamento dos bens coletivos ou universalidades. Singulares são, em síntese, os bens tomados em sua individualidade. A utilidade da definição é questionável, sendo certo que o artigo em comento é mais fruto de reminiscência histórica que propriamente uma norma de aplicação efetiva, haja vista reproduzir quase um truísmo. As normas sobre bens coletivos, por sua vez, apresentam maior utilidade e são objeto dos artigos seguintes da codificação.

Art. 90. Constitui universalidade de fato a pluralidade de bens singulares que, pertinentes à mesma pessoa, tenham destinação unitária.

Parágrafo único. Os bens que formam essa universalidade podem ser objeto de relações jurídicas próprias.

COMENTÁRIOS DOUTRINÁRIOS: Os *bens coletivos* ou *universalidades* consistem no conjunto de bens singulares que, uma vez reunidos, adquirem uma unidade funcional, formando um todo orgânico. Na esteira do Direito Romano, contempla nossa codificação civil duas espécies de universalidades: a) a universalidade de fato (*universitas facti*) e b) a universalidade de direito (*universitas juris*). Considera-se universalidade de fato, na dicção do art. 90, "a pluralidade de bens singulares que, pertinentes à mesma pessoa, tenham destinação unitária", como ocorre em relação aos rebanhos, às bibliotecas e à frota de navios. O critério aqui é funcional, gravitando em torno da destinação atribuída aos bens. Não significa isto que o particular tenha dupla propriedade, sobre os bens singulares e, cumulativamente, sobre a universalidade – trata-se de olhar os mesmos (direitos sobre os) bens sob enfoques distintos, a depender do destino que lhes é reservado. Destaque-se, ainda, que o dispositivo exige que os bens sejam "pertinentes à mesma pessoa". Em sentido oposto, todavia, há que se mencionar o Enunciado n. 288 da *IV Jornada de Direito Civil*: "A pertinência subjetiva não constitui requisito imprescindível para a configuração das universalidades de fato e de direito". A utilidade da universalidade de fato resta consagrada no parágrafo único do dispositivo: pode ela ser objeto autônomo de relações jurídicas, no lugar dos diversos bens singularmente considerados. Por outro lado, a verificação da universalidade não impede o destaque dos bens singulares que a compõem, fato que não prejudica o caráter coletivo das demais, salvo se restar apenas um bem, situação que, naturalmente, descaracteriza a universalidade, passando o bem restante a ser bem singular (ver comentários ao art. 89).

JURISPRUDÊNCIA COMENTADA: O Tribunal de Justiça de Minas Gerais já qualificou como sociedade de fato a comissão de formatura formada por grupo de estudantes universitários e como universalidade de fato o acervo patrimonial constituído pela contribuição dos estudantes para a realização da formatura: "Ora, se o próprio contrato contém distinção formal de responsabilidades para a 'Comissão' e as Recorrentes, conferindo à primeira o *status* principal, cabendo às últimas responder na sua omissão, está nítida eleição contratual do titular dos direitos e deveres convencionados. [...] O Código de Processo Civil, em seu art. 12, VII, atribui capacidade processual às sociedades de fato, ao estatuir que as sociedades sem personalidade jurídica serão representadas pela pessoa a quem couber a administração dos seus bens [...] Não se perca de vista que, em relação ao conjunto dos estudantes que deliberaram por sua criação fática, a 'Comissão de Formatura' passa a integrar relações jurídico-materiais como uma universalidade de fato, sendo que o conjunto de seu acervo (formado pela contribuição pecuniária dos instituidores) pode ser objeto de relações jurídicas próprias, nos termos do art. 90 do NCC" (TJMG, Ap. Cív. 1.0216.05.031426-1/001, 13.ª Câmara Cível, Rel. Des. Fernando Botelho, j. 15.02.2008).

REFORMA DO CÓDIGO CIVIL: O Anteprojeto propõe a substituição, no *caput* desse artigo, da expressão "pertinentes à mesma pessoa" por "*titularizados* pela mesma pessoa". Além disso, inspirando-se no Enunciado n. 288 da *IV Jornada de Direito Civil*, suprarreferido, sugere a inclusão de um novo art. 90-A, que determina: "Também constitui universalidade de fato a pluralidade de bens singulares que tenham destinação funcional unitária, ainda que titularizados por pessoas distintas".

Art. 91. Constitui universalidade de direito o complexo de relações jurídicas, de uma pessoa, dotadas de valor econômico.

COMENTÁRIOS DOUTRINÁRIOS: A universalidade de direito (*universitas juris*) forma-se não pela reunião de bens, mas sim pela reunião de relações jurídicas. A universalidade de direito decorre sempre de determinação da lei (*v.g.*, patrimônio e herança), de modo que não atende a uma razão uniforme, realizando-se para diversos fins. Assim, a categoria acaba não contando com uma disciplina jurídica única. Repise-se aqui a controvertida exigência de que tais relações sejam de titularidade de uma mesma pessoa, referida nos comentários ao artigo antecedente (v. comentários ao art. 90). À universalidade de direito formada pelo complexo de situações jurídicas subjetivas patrimoniais de titularidade de uma pessoa denomina-se *patrimônio*. O ordenamento jurídico confere a esse conjunto de direitos de conteúdo mutável um tratamento unitário para que possa, nessa qualidade, promover interesses merecedores de tutela, sendo o exemplo mais evidente de função desempenhada pelo patrimônio o de servir como garantia geral para os credores. Sob influência da teoria clássica formulada por Aubry e Rau, é comum a associação pela doutrina entre as noções de *patrimônio* e *personalidade*, afirmando-se que o patrimônio seria a projeção econômica da personalidade civil. Tal associação traz algum risco, por ignorar a distinção qualitativa entre os interesses patrimoniais e os de natureza existencial, que gozam de proteção diferenciada à luz de sua posição axiologicamente superior. Discute a doutrina, ademais, se o patrimônio abrangeria apenas as situações ativas (*v.g.*, propriedade, crédito), ou se também incluiria as situações passivas (como as dívidas). Corolário da teoria clássica do patrimônio é o postulado da unidade, segundo o qual a cada pessoa corresponderia apenas um patrimônio. Superada a indevida associação entre personalidade e patrimônio, e entendido este como uma universalidade de direito, nada impede que uma mesma pessoa seja titular de mais de um patrimônio, convivendo o patrimônio geral com o *patrimônio separado* (ou *patrimônio de afetação*), tutelado com o escopo de realizar uma função específica. O patrimônio destacado submete-se a um regime jurídico diferenciado para o atendimento de suas finalidades, tornando-se total ou parcialmente imune à ação dos credores gerais, razão pela qual a maior parte da doutrina entende que sua criação somente pode ocorrer nas hipóteses autorizadas em lei. Exemplo de patrimônio separado pode ser visto na Lei de Incorporações Imobiliárias (Lei n. 4.591/1964), art. 31-A, que faculta a criação de um patrimônio afetado à consecução da incorporação e à entrega das unidades imobiliárias aos adquirentes.

JURISPRUDÊNCIA COMENTADA: O Superior Tribunal de Justiça já qualificou como universalidade de direito o patrimônio histórico e artístico tutelado de modo unitário: "Não obstante a variedade e numerosidade de bens individuais que o integram, o patrimônio cultural tombado ou protegido como conjunto (é o caso de Brasília) assume, em diversos sistemas jurídicos, a forma de *universitas rerum*. Ou seja, as qualidades históricas, artísticas, naturais ou paisagísticas do todo – como patrimônio comum e intangível dos cidadãos do País e até da humanidade – são vistas e reconhecidas unitariamente pelo Direito, em entidade ideal e complexa, que transcende a individualidade de cada um dos seus elementos-componentes. No Direito brasileiro, o Código Civil (art. 91) disciplina tal instituto como universalidade de direito ou *universitas iuris*" (STJ, REsp 840.918/DF, 2.ª Turma, Rel. p/ Acórdão Min. Herman Benjamin, j. 14.11.2008).

REFORMA DO CÓDIGO CIVIL: Na mesma linha da preocupação expressada no âmbito do art. 90 e do novo art. 90-A, o Anteprojeto propõe suprimir do art. 91 a expressão "de uma pessoa", acrescentando, na parte final do enunciado legislativo: "experimentadas por uma ou mais pessoas, conforme assim se tenha estabelecido".

CAPÍTULO II
DOS BENS RECIPROCAMENTE CONSIDERADOS

Art. 92. Principal é o bem que existe sobre si, abstrata ou concretamente; acessório, aquele cuja existência supõe a do principal.

COMENTÁRIOS DOUTRINÁRIOS: Os bens podem ser classificados não apenas quando considerados em si mesmos, mas também quando considerados reciprocamente. Nesse sentido, repetindo a codificação de 1916, o Código Civil atual conceitua o bem principal como aquele "que existe sobre si, abstrata ou concretamente". Por outro lado, considera bem acessório "aquele cuja existência supõe a do principal". O verbo "existir" empregado na definição legal precisa ser interpretado, a rigor, não como um estado natural do bem, mas sim como a destinação que lhe é reservada em cada relação jurídica. A distinção entre bens principais e acessórios tem importante consequência diante do chamado *princípio da gravitação jurídica*, segundo o qual o acessório segue a sorte do principal: *accessorium sequitur principale*, no dizer dos romanos. É o que determinava expressamente o art. 59 do Código Civil de 1916, e, muito embora a norma não tenha sido expressamente repetida na atual codificação civil, sua subsistência é unânime na nossa doutrina, já que entendimento contrário tornaria inútil a própria distinção entre bens principais e acessórios, uma vez que a lei não lhe reserva explicitamente nenhuma outra consequência. Alguns reflexos do princípio da gravitação jurídica podem ser colhidos em outros trechos da codificação: a) a obrigação de dar coisa certa abrange seus acessórios, ainda que não mencionados, exceto se o contrário resultar do título ou das circunstâncias do caso (art. 233 do CC); b) a nulidade da obrigação principal importa a nulidade da obrigação acessória, como se vê na disciplina da cláusula penal e do contrato de fiança; e c) a disposição de um crédito abrange todos os seus acessórios (art. 287).

JURISPRUDÊNCIA COMENTADA: O Superior Tribunal de Justiça já teve a oportunidade de examinar a natureza principal ou acessória de um contêiner, em relação à mercadoria nele transportada, para fins de extensão da pena de perdimento aplicada à mercadoria apreendida por abandono. Concluiu o STJ que, "definido, legalmente, como qualquer equipamento adequado à unitização de mercadorias a serem transportadas e não se constituindo embalagem da carga (Lei n. 9.611/98, art. 24 e parágrafo único), o contêiner tem existência concreta, destinado a uma função que lhe é própria (transporte), não dependendo, para atingir essa finalidade, de outro bem juridicamente qualificado como principal. Assim, a interpretação do art. 24 da Lei n. 9.611/98, à luz do disposto no art. 92 do Código Civil, não ampara o entendimento da recorrente no sentido de que a unidade de carga é acessório da mercadoria transportada, ou seja, que sua existência depende desta. Inexiste, pois, relação de acessoriedade que legitime sua apreensão ou perdimento porque decretada a perda da carga" (STJ, REsp 526.767/PR, 1.ª Turma, Rel. Min. Denise Arruda, j. 23.08.2005).

REFORMA DO CÓDIGO CIVIL: O Anteprojeto propõe a inclusão do seguinte parágrafo no art. 92: "Salvo disposição em contrário, o bem acessório segue o principal". Trata-se de nítida reprodução do art. 59 do Código Civil de 1916, explicitando o secular princípio da gravitação jurídica, assente em nossa doutrina e jurisprudência.

Art. 93. São pertenças os bens que, não constituindo partes integrantes, se destinam, de modo duradouro, ao uso, ao serviço ou ao aformoseamento de outro.

COMENTÁRIOS DOUTRINÁRIOS: Inovando em nossa tradição jurídica, o Código Civil de 2002 abandonou, como já visto, a categoria dos bens imóveis por acessão intelectual. Em seu lugar, tratou das chamadas *pertenças*, noção desenvolvida pela doutrina alemã do século XVIII. A nota característica de tais bens é sua destinação "ao uso, ao serviço ou ao aformoseamento" de outro bem. Vale dizer: as pertenças devem contribuir para uma otimização da funcionalidade do bem principal (é o caso do fogão, indispensável para viabilizar a moradia em imóveis residenciais) ou, ao menos, para o seu embelezamento (como quadros de parede e estátuas de jardim). Tal destinação deve ser objeto de aferição por critérios objetivos, descolada de cogitações acerca da vontade do titular do bem principal, conforme destaca o Enunciado n. 535 da *VI Jornada de Direito Civil*: "Para a existência da pertença, o art. 93 do Código Civil não exige elemento subjetivo como requisito para o ato de destinação". O caráter duradouro desta afetação afigura-se essencial para o estabelecimento da "relação de pertinencialidade". O artigo em comento ressalva a diferenciação das pertenças em relação às chamadas *partes integrantes*, que perdem a sua autonomia ao serem incorporadas à essência de um outro bem, como a telha utilizada para compor o telhado de uma casa ou o motor acoplado a uma embarcação. A doutrina contemporânea europeia tem visto a categoria das pertenças com alguma suspeita, destacando a imensa variabilidade na aplicação concreta do conceito, a depender, a rigor, de um profundo exame do caso concreto, em suas particulares circunstâncias.

JURISPRUDÊNCIA COMENTADA: A casuística na qualificação dos bens como pertenças já começa a se manifestar na jurisprudência do Superior Tribunal de Justiça, merecendo destaque dois julgados nos quais a questão foi discutida. Tais decisões ilustram o procedimento hermenêutico exigido para determinar a existência da relação de pertinencialidade, bem como operar a diferenciação entre as pertenças e partes integrantes. No primeiro caso, destacou o Ministro Relator: "No caso dos autos, penso que há um bem principal, o automóvel Mercedes Benz ML 320 AB54, e também as pertenças, os aparelhos de adaptação para direção por deficiente físico (acelerador e freio manuais), a induzir a aplicação da regra insculpida no art. 94 do CC, segundo a qual aquela espécie de acessórios, as pertenças, não segue o destino do bem principal a que se vinculam. É que o bem principal, o carro, tem 'vida' absolutamente independente dos aparelhos de aceleração e frenagem manuais, que a ele se encontram acoplados tão somente para viabilizar a direção por condutor com condições físicas especiais. Se retirados esses aparelhos, o veículo mantém-se veículo, não perde sua função ou utilidade, ao revés, recupera sua originalidade. Situação diferente ocorre, por exemplo, com os pneus do referido carro, estes partes integrantes, cuja separação promoveria sua destruição ou danificação, devendo, portanto, seguir o destino do principal" (STJ, REsp 1.305.183/SP, 4.ª Turma, Rel. Min. Luis Felipe Salomão, j. 18.10.2016). No segundo caso, decidiu o STJ que "o equipamento de monitoramento acoplado ao caminhão consubstancia uma pertença, a qual atende, de modo duradouro, à finalidade econômico-social do referido veículo, destinando-se a promover a sua localização e, assim, reduzir os riscos de perecimento produzidos por eventuais furtos e roubos, a que, comumente, estão sujeitos os veículos utilizados para o transporte de mercadorias, caso dos autos. Trata-se, indiscutivelmente, de 'coisa ajudante' que atende ao uso do bem principal. Desse modo, sua retirada do caminhão, tal como postulado pelo devedor fiduciante, por óbvio, não altera a natureza do bem principal, em nada prejudica sua função finalística, tampouco reflete uma depreciação econômica de tal monta que torne inviável, sob tal aspecto, a separação. Além disso, enquanto concebido como pertença, a destinação fática do equipamento de monitoramento em servir o caminhão não lhe suprime a individualidade e autonomia – o que permite, facilmente, a sua retirada –, tampouco exaure os direitos sobre ela incidentes, em especial, no caso, a propriedade" (STJ, REsp 1667227/RS, 3.ª Turma, Rel. Min. Marco Aurélio Bellizze, j. 26.06.2018).

REFORMA DO CÓDIGO CIVIL: O Anteprojeto propõe, além de alguns ajustes redacionais, o acréscimo de que as partes integrantes, com as quais não se confundem as pertenças, podem ser "essenciais ou não essenciais".

Art. 94. Os negócios jurídicos que dizem respeito ao bem principal não abrangem as pertenças, salvo se o contrário resultar da lei, da manifestação de vontade, ou das circunstâncias do caso.

COMENTÁRIOS DOUTRINÁRIOS: O artigo em comento inverteu a orientação fundada na tradição romana do *accessorium sequitur principale*, excluindo as pertenças da regra da gravitação jurídica aplicável aos demais bens acessórios. Desse modo, no Direito Brasileiro, a venda de um imóvel residencial não abarca o fogão, o ar-condicionado ou os quadros que decoram suas paredes. O artigo ressalva, em sua parte final, a possibilidade de que o contrário resulte "das circunstâncias do caso". A ressalva evidencia que, se a finalidade do legislador pátrio foi atribuir maior segurança no tráfego negocial desses bens, pode-se dizer, no mínimo, que não foi feliz na redação do enunciado normativo.

JURISPRUDÊNCIA COMENTADA: A autonomia do destino da pertença em relação ao bem principal tem sido aplicada pelo Superior Tribunal de Justiça especialmente no âmbito de ações de busca e apreensão fundadas no inadimplemento de contratos de empréstimo garantidos por alienação fiduciária, nas quais se afiguram corriqueiros pedidos dos devedores inadimplentes para manterem consigo os bens qualificados como pertenças. A Corte já decidiu que "o inadimplemento do contrato de empréstimo para aquisição de caminhão dado em garantia, a despeito de importar na consolidação da propriedade do mencionado veículo nas mãos do credor fiduciante, não conduz ao perdimento da pertença em favor deste. O equipamento de monitoramento, independentemente do destino do caminhão, permanece com a propriedade de seu titular, o devedor fiduciário, ou em sua posse, a depender do título que ostente, salvo se houver expressa manifestação de vontade nesse sentido, se a lei assim dispuser ou se, a partir das circunstâncias do caso, tal solução for a indicada, exceções de que, no caso dos autos, não se cogita" (STJ, REsp 1667227/RS, 3.ª Turma, Rel. Min. Marco Aurélio Bellizze, j. 26.06.2018). No mesmo sentido: STJ, REsp 1.305.183/SP, 4.ª Turma, Rel. Min. Luis Felipe Salomão, j. 18.10.2016.

Art. 95. Apesar de ainda não separados do bem principal, os frutos e produtos podem ser objeto de negócio jurídico.

COMENTÁRIOS DOUTRINÁRIOS: Frutos e produtos são utilidades que se retiram do bem principal. Os frutos são bens que se reproduzem periodicamente (*fructus est quid ex re nasci et renasci solet*), de modo que sua separação da coisa principal não afeta a substância da mesma. Os produtos, por outro lado, são bens cuja extração importa a gradual exaustão do bem principal. Assim, as pedras de uma pedreira ou o ouro de uma mina são produtos, enquanto o leite de uma vaca ou as maçãs de um pomar são frutos. O critério distintivo assenta, como se vê, na existência de um ciclo reprodutivo, que não degrada ou reduz o bem principal. Diferenciam-se os frutos em a) *percebidos* ou *colhidos*, quando já destacados do bem principal; b) *pendentes*, assim entendidos os que ainda não foram e ainda não deveriam ter sido separados do bem principal; e, finalmente, c) *percipiendos*, quando já deveriam ter sido colhidos, mas não o foram. A distinção tem grande relevância, especialmente no tocante aos efeitos da posse (v. comentários aos arts. 1.214 a 1.216). Os frutos podem ser ainda classificados em *naturais*, *industriais* e *civis*. São naturais os frutos que derivam da força orgânica da coisa principal. São industriais os frutos que derivam do esforço humano. Finalmente, consideram-se frutos civis os rendimentos derivados da coisa, como juros, aluguéis e rendas. Tanto frutos quanto produtos podem ser objeto de negócio jurídico, ainda que não separados do bem principal. Tornam-se, assim, *bens móveis por antecipação*. A distinção entre frutos e produtos apresenta, contudo, utilidade, fazendo-se sentir sobretudo na delimitação de certos direitos de gozo, como usufruto, que dá ao usufrutuário direito aos frutos da coisa (art. 1.394), mas não aos seus produtos.

Art. 96. As benfeitorias podem ser voluptuárias, úteis ou necessárias.

§ 1º São voluptuárias as de mero deleite ou recreio, que não aumentam o uso habitual do bem, ainda que o tornem mais agradável ou sejam de elevado valor.

§ 2º São úteis as que aumentam ou facilitam o uso do bem.

§ 3º São necessárias as que têm por fim conservar o bem ou evitar que se deteriore.

COMENTÁRIOS DOUTRINÁRIOS: Benfeitorias são, em definição amplamente aceita pela doutrina brasileira, as intervenções (obras ou despesas) realizadas em um bem com o propósito de conservá-lo, melhorá-lo ou embelezá-lo. À tríplice função corresponde a distinção, herdada da tradição romana, entre benfeitorias a) necessárias, b) úteis ou c) voluptuárias. São necessárias as benfeitorias que "têm por fim conservar o bem ou evitar que se deteriore". São úteis as benfeitorias que "aumentam ou facilitam o uso do bem". E, por fim, são voluptuárias "as de mero deleite ou recreio, que não aumentam o uso habitual do bem, ainda que o tornem mais agradável ou sejam de elevado valor". A aplicação concreta dessa classificação não pode prescindir da análise do contexto socioeconômico em que se dá o melhoramento, nem das características do bem principal que vem a sofrer o acréscimo. Na vida prática, é muitas vezes difícil definir se uma obra foi feita com o propósito de incrementar o uso do bem ou para mera conservação da coisa. Mesmo porque não é raro que os propósitos se combinem. Quem troca um quadro de luz de um apartamento por outro de espécie mais moderna tem, a um só tempo, a finalidade de conservar o imóvel, evitando eventual sobrecarga e curto-circuito das fiações, e a finalidade de ampliar o seu uso, permitindo a instalação de mais numerosos e mais potentes aparelhos eletrodomésticos. A classificação das benfeitorias em necessárias, úteis e voluptuárias assume importância significativa na disciplina da posse, dos contratos e de outras matérias. Por exemplo, o possuidor de má-fé tem direito a ser ressarcido das "benfeitorias necessárias" (art. 1.220), mas não das benfeitorias úteis e voluptuárias. Por sua vez, o locatário goza de direito de retenção no caso de benfeitorias necessárias ou, ainda, no caso de benfeitorias úteis realizadas com expresso consentimento do locador (art. 578), mas não no caso de benfeitorias voluptuárias. Em outro exemplo, o Código Civil autoriza o exercício do direito de retrato, no pacto adjeto de retrovenda, mediante a restituição pelo vendedor do preço e o reembolso das despesas efetuadas pelo comprador, incluindo "as que, durante o período de resgate, se efetuaram com a sua autorização escrita, ou para a realização de benfeitorias necessárias" (art. 505).

JURISPRUDÊNCIA COMENTADA: Exemplo da dificuldade de se qualificar as benfeitorias pode ser extraído de caso julgado pelo STJ, no qual se buscava classificar benfeitorias consubstanciadas em armários embutidos e carpete instalados no imóvel. Entendeu o tribunal local, discordando da sentença e da perícia realizada, que "a sentença consagrou direito do comprador a receber indenização pelas benfeitorias voluptuárias realizadas no imóvel, ao asseverar que as benfeitorias que se incorporarem no bem, ou seja, aquelas que não podem ser retiradas, deverão ser indenizadas, tais como os móveis embutidos. Com efeito, sem qualquer embasamento jurídico para tal decisão, porquanto, móveis embutidos são benfeitorias voluptuárias, e estas, diante da rescisão do contrato com a devolução do imóvel, não devem ser indenizadas. Da perícia, retira-se relação de benfeitorias realizadas no imóvel, estando equivocada a classificação como úteis, os itens lá inseridos (carpete e móveis da cozinha, fls. 195, autos n. 526/00). O artigo 96 e §§ 1º a 3º do novo Código Civil define as três espécies de benfeitorias. Os itens nominados na perícia como úteis, o são benfeitorias voluptuárias porque não aumentam o uso habitual do bem, apenas o tornam mais agradável (do memorial descritivo, o carpete a ser fornecido pelo vendedor era o de 6 mm e não de 10 mm)". Em sentido contrário, decidiu o STJ: "Tem-se como enquadrados na categoria de benfeitorias úteis, tanto os armários embutidos quanto o carpete instalado no imóvel, na ausência de outro piso, uma vez que tornam mais fácil sua utilização. Há que se considerar, por certo, que os imóveis atuais já trazem espaços específicos para a instalação dos armários embutidos, não havendo, na maioria das vezes, espaços disponíveis para outro tipo de móvel" (STJ, REsp 845.247/PR, 3.ª Turma, Rel. Min. Sidnei Beneti, j. 1º.07.2010).

Art. 97. Não se consideram benfeitorias os melhoramentos ou acréscimos sobrevindos ao bem sem a intervenção do proprietário, possuidor ou detentor.

COMENTÁRIOS DOUTRINÁRIOS: As benfeitorias devem resultar da ação voluntária de melhorar a coisa. Seu regime jurídico relaciona-se com a vedação ao enriquecimento sem causa, razão pela qual só se cogita de sua invocação quando a obra ou despesa é oriunda da atuação humana. Não se consideram benfeitorias, portanto, "os melhoramentos ou acréscimos sobrevindos ao bem sem a intervenção do proprietário, possuidor ou detentor", como ocorre no exemplo do bem imóvel que vem a ganhar bela vista por conta da demolição de viaduto situado à sua frente.

CAPÍTULO III
DOS BENS PÚBLICOS

Art. 98. São públicos os bens do domínio nacional pertencentes às pessoas jurídicas de direito público interno; todos os outros são particulares, seja qual for a pessoa a que pertencerem.

COMENTÁRIOS DOUTRINÁRIOS: O Código Civil define os *bens públicos* a partir da natureza do seu titular. Se o titular do bem é alguma das pessoas de direito público interno, arroladas no art. 41 da codificação, o bem é, por essa razão, público. A Constituição elenca os bens da União e dos Estados, respectivamente, em seus arts. 20 e 26. Os *bens particulares* são objeto de definição residual: qualificam-se como bens particulares todos aqueles que não sejam públicos. Os bens públicos se sujeitam a regime jurídico diferenciado, extraído de normas da Constituição, deste capítulo do Código Civil e de leis especiais de direito público. Parcela da doutrina civilista tem defendido a insuficiência da norma constante deste art. 98. Afirma-se que "o critério da classificação de bens indicado no art. 98 do Código Civil não exaure a enumeração dos bens públicos, podendo ainda ser classificado como tal o bem pertencente a pessoa jurídica de direito privado que esteja afetado à prestação de serviços públicos" (Enunciado n. 287 da *IV Jornada de Direito Civil*). Trata-se de interpretação que prestigia a função exercida pelo bem, estendendo o regime jurídico diferenciado dos bens públicos sempre que tal bem se encontrar afetado à promoção do interesse público.

JURISPRUDÊNCIA COMENTADA: O entendimento segundo o qual são públicos os bens de pessoas jurídicas de direito privado que estejam afetados à prestação de serviços públicos tem encontrado guarida na jurisprudência do Superior Tribunal de Justiça, especialmente em casos que discutem a possibilidade de usucapião de bens de propriedade da Caixa Econômica Federal vinculados ao Sistema Financeiro de Habitação: "Ora, segundo o art. 98 do CC/2002, são bens públicos aqueles pertencentes às pessoas jurídicas de direito público interno, e particulares, por exclusão, todos os demais. A despeito da literalidade do dispositivo legal, a doutrina especializada, atenta à destinação dada aos bens, considera também bem público aquele cujo titular é pessoa jurídica de direito privado prestadora de serviço público, quando o bem estiver vinculado à prestação desse serviço público. [...] Sob essa ótica, não obstante se trate de empresa pública, com personalidade jurídica de direito privado, ao atuar como agente financeiro dos programas oficiais de habitação e órgão de execução da política habitacional, explora serviço público, de relevante função social, regulamentado por normas especiais previstas na Lei n. 4.380/1964" (STJ, AgInt 1.712.101/AL, 3.ª Turma, Rel. Min. Paulo de Tarso Sanseverino, j. 15.05.2018). No mesmo sentido: STJ, REsp 1.448.026/PE, 3.ª Turma, Rel. Min. Nancy Andrighi, j. 17.11.2016.

Art. 99. São bens públicos:

I – os de uso comum do povo, tais como rios, mares, estradas, ruas e praças;

II – os de uso especial, tais como edifícios ou terrenos destinados a serviço ou estabelecimento da administração federal, estadual, territorial ou municipal, inclusive os de suas autarquias;

III – os dominicais, que constituem o patrimônio das pessoas jurídicas de direito público, como objeto de direito pessoal, ou real, de cada uma dessas entidades.

Parágrafo único. Não dispondo a lei em contrário, consideram-se dominicais os bens pertencentes às pessoas jurídicas de direito público a que se tenha dado estrutura de direito privado.

COMENTÁRIOS DOUTRINÁRIOS: O Código Civil repete a tripartição que já constava da codificação anterior, dividindo os bens públicos em a) de uso comum do povo, b) de uso especial e c) dominicais. Adota técnica legislativa curiosa ao elencar, nos incisos I e II, exemplos de bens de uso comum do povo e de uso especial, optando no inciso III por oferecer uma definição de bens dominicais. São considerados *bens públicos de uso comum do povo* aqueles que podem ser utilizados pela generalidade das pessoas, ainda que o acesso seja oneroso (v. comentários ao art. 103) ou submetido a determinados requisitos. É o caso dos "mares, rios, estradas, ruas e praças", entre outros. Os *bens públicos de uso especial* são aqueles utilizados pela Administração Pública na persecução de seus fins, "tais como os edifícios ou terrenos aplicados a serviço ou estabelecimento federal, estadual ou municipal". Por fim, os *bens públicos dominicais* (ou *dominiais*) são definidos no inciso III do artigo em comento como aqueles "que constituem o patrimônio da União, dos Estados, ou Municípios, como objeto de direito pessoal, ou real de cada uma dessas entidades". Trata-se, a rigor, de fórmula genérica e imprecisa, que não logra esclarecer o caráter distintivo dessa classe de bens. A classificação dos bens públicos como bens dominicais se opera, em verdade, de modo residual em relação às demais categorias. A ausência de concreta afetação ao interesse público faz com que o regime jurídico dos bens dominicais seja mais próximo do regime jurídico dos bens particulares, ainda que não se possa desconsiderar a existência de peculiaridades. O parágrafo único do artigo ora comentado retoma a polêmica figura das "pessoas jurídicas de direito público a que se tenha dado estrutura de direito privado", apresentada pelo parágrafo único do art. 41 da codificação, para acrescentar que os bens de sua titularidade serão, em regra, dominicais, ressalvada previsão legislativa em sentido diverso.

JURISPRUDÊNCIA COMENTADA: Valendo-se da classificação legal constante do art. 99 do Código Civil, já decidiu o Superior Tribunal de Justiça que "o espaço destinado ao estacionamento de veículos em órgão do Poder Judiciário é bem de uso especial, podendo ter a sua utilização restrita a serventuários e autoridades" (STJ, RMS 20.043/SP, 1.ª Turma, Rel. Min. Teori Zavascki, j. 08.08.2006).

Art. 100. Os bens públicos de uso comum do povo e os de uso especial são inalienáveis, enquanto conservarem a sua qualificação, na forma que a lei determinar.

COMENTÁRIOS DOUTRINÁRIOS: O artigo em comento inova em relação ao Código Civil de 1916, que considerava inalienáveis todos os bens públicos. A inalienabilidade restringe-se, segundo a atual codificação, aos bens de uso comum do povo e aos bens de uso especial, restando possível a alienação dos bens públicos dominicais. Por força de disposição da lei processual, os bens de uso comum do povo e de uso especial são também impenhoráveis (art. 833, I, do CPC: "São impenhoráveis: I – os bens inalienáveis [...]"). Esta característica encontra sua razão de ser no especial fim a que tais bens são destinados, fim que realiza, ao menos em teoria, o interesse social. Daí o artigo enfatizar que a inalienabilidade de tais bens perdura apenas "enquanto conservarem a sua qualificação", explicitando a possibilidade de *desafetação* dos bens, tornando-os dominicais, e, portanto, alienáveis. Registre-se que a alienação de bens públicos depende de requisitos próprios contidos em leis especiais de cada ente federativo.

JURISPRUDÊNCIA COMENTADA: O Superior Tribunal de Justiça já teve a oportunidade de sublinhar a importância do respeito, por parte da Administração, aos requisitos legalmente impostos para a desafetação do bem público para fins de alienação: "A doação de imóvel público, para fins de incentivo à atividade industrial, deve obedecer às exigências estabelecidas na legislação que desafetou o bem, sob pena de desconstituição do negócio jurídico e a reversão do imóvel ao patrimônio do ente público. [...] deixando o donatário de realizar a obrigação imposta na escritura pública e na lei municipal que desafetou o imóvel, o município pode requerer a reversão do bem ao seu patrimônio. O fundamento dessa assertiva nasce da análise dos arts. 100 e 101 do Código Civil, onde se lê que os bens públicos são inalienáveis, salvo no caso dos bens classificados como dominicais, que podem ser alienados desde que observadas as exigências da lei. Assim, para que a transação firmada entre o município de Timóteo e o recorrente, na qual se efetivou a doação de imóvel, produza seus efeitos é necessário o cumprimento das exigências da lei que permitiu a alienação do bem; caso contrário, o negócio jurídico poderá ser desfeito unilateralmente pelo ente público" (STJ, REsp 1.087.273/MG, 2.ª Turma, Rel. Min. Humberto Martins, j. 12.05.2009).

Art. 101. Os bens públicos dominicais podem ser alienados, observadas as exigências da lei.

COMENTÁRIOS DOUTRINÁRIOS: Enquanto os bens públicos de uso comum do povo e os bens públicos de uso especial são dotados de inalienabilidade, os bens dominicais, por não estarem afetados a uma finalidade pública, podem ser alienados pelo ente público titular, observados os requisitos previstos em lei. Atualmente, é possível encontrar normas gerais acerca da alienação de bens públicos na Lei n. 14.133/2021, nos arts. 76 e 77, bem como em normas próprias de cada ente federativo.

JURISPRUDÊNCIA COMENTADA: O Superior Tribunal de Justiça analisou interessante situação envolvendo a extinção de condomínio sobre bem indivisível (na forma do art. 1.322) do qual um dos condôminos era pessoa jurídica de direito público – no caso, um Município. Tal circunstância, no entender do referido Município, atraía a qualificação de bem público e, por conseguinte, a característica da inalienabilidade. Tratava-se, contudo, de imóvel residencial cuja fração ingressara na titularidade pública em decorrência de vacância de herança: bem dominical, portanto. Decidiu o STJ, naquela oportunidade, que "os bens dominicais não são inalienáveis. Pelo contrário: podem ser alienados 'nos casos e formas que a lei prescrever', dizia o art. 67 do Código Civil de 1916. Mais enfaticamente, o art. 101 do atual Código Civil estabelece: [...] A pessoa de direito público não tem o domínio de todo o bem, mas apenas de uma fração ideal, de 1/3. Assim, o seu direito de propriedade – proveniente da transmissão da fração ideal por herança jacente – está, necessariamente, relativizado pela imperiosa necessidade de preservação do direito dos demais condôminos, especialmente o direito potestativo de extinguir o condomínio, que não pode ficar comprometido. Assim, o regime de alienação do imóvel indivisível não pode ficar submetido aos desígnios de qualquer dos condôminos em particular. [...] A prévia autorização legislativa, no caso, é prescindível porque implícita, já que inerente ao regime jurídico dos bens em condomínio, que encerra, como se fez ver, o direito potestativo de cada um dos condôminos de requerer sua alienação judicial" (STJ, REsp 655.787/MG, 1.ª Turma, Rel. Min. Teori Zavascki, j. 09.08.2005).

Art. 102. Os bens públicos não estão sujeitos a usucapião.

COMENTÁRIOS DOUTRINÁRIOS: Ao determinar que nenhum bem público sujeita-se a usucapião, a codificação foi mais abrangente que a Constituição da República, segundo a qual "os imóveis públicos não serão adquiridos por usucapião" (arts. 183, § 3º, e 191, parágrafo único). O texto constitucional foi, em outras palavras, silente acerca dos bens públicos móveis. De qualquer modo, não se pode deixar de registrar a existência de rica e complexa discussão, na experiência jurídica brasileira atual, acerca dos efeitos do uso de bens imóveis públicos, especialmente diante da ocupação de encostas de morros e terrenos de marinha por comunidades em cidades como Rio de Janeiro e Recife. Parcela da doutrina tem, nessa esteira, defendido a possibilidade de usucapião de imóveis que se qualifiquem como bens públicos dominicais, interpretação que não deixa de colidir textualmente com a norma constitucional e com o artigo ora comentado. Há que se notar, todavia, que, embora venha sendo negado à posse desses terrenos o efeito *ad usucapionem*, nem por isso é possível considerá-la juridicamente irrelevante, havendo que se distinguir entre a posse como meio de aquisição da propriedade, reconhecido pela ordem jurídica, e a posse como estado de fato ao qual a ordem jurídica reconhece relevância e proteção para fins distintos da aquisição do título dominial. A matéria tem sido debatida também em nossa jurisprudência.

JURISPRUDÊNCIA COMENTADA: A jurisprudência do Superior Tribunal de Justiça tem invocado a vedação constitucional e legal à usucapião de bens públicos (arts. 183, § 3º, e 191, parágrafo único, da CR; art. 102 do CC) para afirmar a impossibilidade de posse particular sobre bens públicos. Sustenta-se que a impossibilidade de aquisição da propriedade pública pela posse demonstraria o caráter precário do direito do particular, caracterizando verdadeira detenção. Nessa esteira, o STJ editou em 2018 a Súmula n. 619, segundo a qual: "A ocupação indevida de bem público configura mera detenção, de natureza precária, insuscetível de retenção ou indenização por acessões e benfeitorias". A vedação à usucapião, contudo, não impede a configuração da posse, mas apenas a produção de um de seus efeitos específicos: a aquisição do domínio. Tecnicamente, a posse pode recair sobre qualquer espécie de bem público, sendo inadequado realizar limitações apriorísticas. O que o intérprete deve analisar, como em qualquer outro caso envolvendo posse, é se há exercício de poderes inerentes à propriedade. Se houver, configura-se a posse. Registre-se, ainda, que a própria legislação brasileira reconhece a possibilidade de posse particular sobre bens públicos, como prevê a Medida Provisória 2.220/2001, ao disciplinar a concessão de uso especial para fins de moradia. Uma vez caracterizada, a posse será oponível tanto a outros particulares como ao próprio Estado. A rejeição da tutela da posse frente ao ente público somente poderia ser explicada à luz de um suposto princípio da supremacia do interesse público sobre o particular, atualmente rejeitado pelos melhores publicistas. Aquele que confere ao bem função social merece ter sua situação jurídica protegida em face do proprietário que a negligenciou, seja tal proprietário um particular ou uma pessoa jurídica de direito público.

Art. 103. O uso comum dos bens públicos pode ser gratuito ou retribuído, conforme for estabelecido legalmente pela entidade a cuja administração pertencerem.

COMENTÁRIOS DOUTRINÁRIOS: A utilização pela generalidade das pessoas, nota característica dos bens de uso comum do povo, não exclui a prerrogativa reservada à Administração Pública de instituir a cobrança de uma retribuição pelo uso, em geral destinada à própria conservação do bem. É o caso dos pedágios em rodovias e da cobrança para entrada em museus e parques públicos.

LIVRO III
DOS FATOS JURÍDICOS

TÍTULO I
DO NEGÓCIO JURÍDICO

CAPÍTULO I
DISPOSIÇÕES GERAIS

Art. 104. A validade do negócio jurídico requer:

I – agente capaz;

II – objeto lícito, possível, determinado ou determinável;

III – forma prescrita ou não defesa em lei.

COMENTÁRIOS DOUTRINÁRIOS: De acordo com a doutrina tradicional, fato jurídico é o acontecimento em virtude do qual começam, se modificam ou se extinguem as relações jurídicas. Trata-se, em outras palavras, do acontecimento humano ou natural que produz efeitos jurídicos, provocando o nascimento, a modificação ou a extinção de relações jurídicas. Todos os acontecimentos poderiam, assim, ser divididos em a) fatos jurídicos, que produzem efeitos jurídicos; e b) fatos não jurídicos, que não produzem efeitos jurídicos. Nesse sentido, o casamento seria um exemplo de fato jurídico, enquanto um beijo seria um exemplo de fato não jurídico. A doutrina mais recente tem, contudo, desvelado o equívoco que subjaz a essa dicotomia. A divisão dos fatos em a) jurídico; e b) não jurídicos corresponde a uma visão ultrapassada do direito como mero garantidor de situações adquiridas, à luz de um ordenamento composto exclusivamente por regras, e não por princípios. Na atualidade, impõe-se, ao contrário, reconhecer que todo fato social é dotado de juridicidade. Caminhar em uma praia, dirigir um automóvel ou comer pipoca são fatos juridicamente relevantes na medida em que consubstanciam exercício de uma liberdade constitucionalmente assegurada. O beijo não consiste em fato não jurídico, mas sim no exercício da liberdade afetiva protegida pela ordem jurídica – fato jurídico, portanto. Nessa perspectiva, há que se fazer a distinção entre eficácia jurídica e relevância jurídica. Os fatos sociais têm sempre relevância jurídica porque toda a atividade social interessa ao direito. Podem ter, ainda, eficácia jurídica se o ordenamento lhe reserva um efeito jurídico individualizado, consubstanciado na criação, modificação ou extinção de uma situação jurídica subjetiva. Passear por um terreno é um fato juridicamente relevante; adquiri-lo por meio de um contrato é fato juridicamente relevante e eficaz na medida em que cria uma situação jurídica subjetiva (direito de propriedade). Assim, todo fato social é juridicamente relevante, ainda que não seja necessariamente produtor de efeitos jurídicos (eficaz). Os fatos jurídicos são divididos em duas espécies: a) de um lado, os chamados *fatos jurídicos naturais*, também chamados *fatos jurídicos em sentido estrito*, que consistem naqueles acontecimentos juridicamente relevantes que prescindem da vontade humana; e, b) de outro lado, os *fatos jurídicos humanos*, chamados simplesmente de *atos jurídicos*, assim entendidos aqueles acontecimentos juridicamente relevantes que resultam da atuação humana. Exemplo de fato jurídico natural é a avulsão, que consiste no desprendimento, por força natural violenta, de uma porção de terra que acaba por se unir ao terreno de outro proprietário (art. 1.251 do CC). Exemplo de ato jurídico é a especificação, assim entendido o ato daquele que, trabalhando sobre matéria-prima alheia, produz uma espécie nova, como uma escultura (art. 1.269). Os atos jurídicos, por sua vez, subdividem-se em duas espécies: a) os *atos jurídicos em sentido estrito*, em que os efeitos jurídicos decorrem do ato voluntário do agente, mas não se orientam conforme sua intenção; e b) os *negócios jurídicos*, que são declarações de vontade acolhidas pelo ordenamento para produzir efeitos jurídicos desejados pelo agente. No *ato jurídico em sentido estrito*, os efeitos são considerados efeitos *ex lege*, pois derivam diretamente da lei, que desconsidera a eventual intenção do agente por trás do comportamento voluntário. Exemplo de ato jurídico em sentido estrito é o reconhecimento voluntário de filho (art. 1.607), cujo efeito é a constituição de relação de filiação, disciplinada por lei. No *negócio jurídico*, ao contrário, a ordem jurídica concede ao agente exatamente o efeito que ele pretende obter, dizendo-se, por essa razão, que o efeito jurídico se verifica *ex voluntate*. É possível, portanto, delinear dois elementos distintivos na figura do negócio jurídico: a) um elemento voluntarístico, sempre externalizado por meio de uma declaração da vontade; e b) a produção de efeitos *ex voluntate*, associados ao *programa* que o agente pretende realizar com o cumprimento do ato. Exemplo de negócio jurídico é o testamento: a lei determina que o patrimônio do testador seja dividido conforme a intenção que o testador tiver declarado. Há que se notar que tanto o ato jurídico em sentido estrito quanto o negócio jurídico são atos voluntários do homem, mas, enquanto no ato jurídico em sentido estrito o efeito jurídico independe da intenção do agente, no negócio jurídico o efeito jurídico somente se verifica se tiver sido pretendido pelo agente. Os negócios jurídicos subdividem-se, por sua vez, em negócios jurídicos unilaterais, que se formam com uma única declaração de vontade (como no já citado exemplo do testamento) e negócios jurídicos bilaterais ou plurilaterais, que exigem mais de uma declaração de vontade para sua formação (contratos). Ao lado das figuras do ato jurídico em sentido estrito e do negócio jurídico, parcela da doutrina acrescenta, ainda, uma terceira espécie: c) os *atos-fatos jurídicos*, consubstanciados nos atos humanos cuja produção de efeitos não decorre de ato voluntário. Um exemplo seria o achado de tesouro por menor incapaz: uma vez descoberto, a lei determina que metade do tesouro encontrado pertencerá ao proprietário do prédio e a outra metade a quem tiver encontrado o tesouro (art. 1.264). Cumpre registrar, entretanto, que a validade científica da categoria dos atos-fatos jurídicos constitui objeto de intensa discussão em nossa doutrina. O art. 104 inaugura o título da codificação dedicado ao negócio jurídico, que assume papel de destaque na teoria do direito privado. O negócio jurídico não era conhecido no Direito Romano. Sua formulação deve-se à pandectística alemã, do século XIX, que pretendeu cristalizar em uma categoria abstrata o poder da vontade individual, em sua máxima expressão. A noção de negócio jurídico, registre-se, não encontrou acolhida na codificação civil brasileira de 1916, que tratava apenas do ato jurídico como gênero. Foi o Código Civil de 2002 que incorporou ao Direito Brasileiro a noção de negócio jurídico, reservando-lhe disciplina geral de forte conotação voluntarista. Parte da doutrina tem destacado que tal opção legislativa se dissocia do seu tempo, pois a categoria do negócio jurídico sofre severas críticas na atualidade, em diferentes países. Faz-se necessário, nessa esteira, enxergar o negócio jurídico à luz dos valores constitucionais. Se, no passado, a autonomia da vontade era vista como valor em si mesmo, assegurando eficácia ao negócio jurídico pelo simples fato de ser fruto da liberdade individual, hoje a situação afigura-se inteiramente diversa. O negócio jurídico não pode mais ser considerado um terreno absoluto da vontade, imune à incidência das normas constitucionais, mas deve ser visto como instrumento cujo merecimento de tutela deve ser permanentemente aferido à luz da tábua axiológica consagrada pela Constituição. Os efeitos de um negócio jurídico concreto não derivam da vontade dos celebrantes, mas decorrem e se justificam apenas na medida em que se reconhece a legitimidade dos fins perseguidos, e do modo como são perseguidos, naquele particular exercício da autonomia privada. A doutrina divide a análise do negócio jurídico em três planos: a) existência; b) validade; e c) eficácia. *Existência.* No plano da existência, situam-se os elementos essenciais do negócio jurídico, entendidos como aqueles *pressupostos de fato* necessários à sua ocorrência. A maior parte da doutrina identifica como elementos essenciais o sujeito, o objeto e a forma. Há, ainda, quem prefira aludir à vontade em lugar do sujeito. Faltando tais pressupostos, o negócio jurídico seria inexistente e, como tal, não produziria qualquer efeito independentemente de uma decisão judicial que o qualificasse como negócio inexistente. O vício seria, por assim dizer, mais grave que aquele que se verifica nos casos de invalidade, em que, como se verá adiante, o provimento jurisdicional é indispensável. Destaque-se que parcela expressiva da doutrina critica a própria noção de um plano da existência do negócio jurídico, por diferentes razões: a) a expressão "ato inexistente ou negócio inexistente" encerraria uma contradição nos próprios termos, pois ou o negócio jurídico se forma ou não se forma, faltando razão para se aludir a uma teoria da inexistência dos negócios jurídicos; b) a teoria da inexistência seria inexata, pois a afirmação de que o negócio jurídico inexistente dispensaria provimento jurisdicional seria falaciosa, na medida em que, se a "aparência" de negócio jurídico foi considerada suficiente para que se qualifique o negócio como inexistente, é porque já há fundada dúvida sobre a sua existência ou inexistência, dúvida que somente poderá ser afastada por um provimento jurisdicional; c) a teoria da inexistência seria inútil, porque poderia ser substituída com vantagens pela figura da nulidade, a qual já afasta a prescrição e já suprime retroativamente os efeitos do negócio; d) a teoria da inexistência seria inconveniente, por privar as partes das garantias de defesa que lhes caberiam em processo voltado ao reconhecimento ou decretação de invalidade. É de se notar que o Código Civil não faz referência expressa a um plano da existência, iniciando o tratamento do negócio jurídico pelos seus requisitos de validade. Assim, a teoria da inexistência permanece, entre nós, no campo doutrinário. *Validade.* Dos elementos essenciais do negócio jurídico exige a lei certas qualidades, que constituem os *requisitos de validade* do negócio jurídico. O art. 104 declara, nessa direção, que são requisitos de validade do negócio jurídico: a) "agente capaz"; b) "objeto lícito, possível, determinado ou determinável"; e c) "forma prescrita ou não defesa em lei". Requisito subjetivo da validade do negócio é a *capacidade do agente*: deve a pessoa que declara sua vontade ser dotada de *capacidade de fato ou de exercício*, estando apta a exercer por si mesma seus direitos, de acordo com a disciplina instituída nos arts. 3º e 4º do Código Civil. Em se tratando de pessoa absoluta ou relativamente incapaz, a validade de declaração dependerá, respectivamente, de sua adequada representação ou assistência. Quanto ao *objeto* do negócio jurídico, exige-se que seja a) *lícito*: em conformidade com os princípios e regras que compõem a ordem jurídica; b) *possível*: passível de realização, seja no plano fático (*possibilidade física*), seja no plano jurídico (*possibilidade jurídica*) – registre-se ser nebulosa a fronteira entre a licitude do objeto e a sua possibilidade jurídica; c) *determinado ou determinável*: vedando-se que o objeto seja totalmente indeterminado, o que importaria a inexequibilidade do negócio – assim, ainda que não seja possível determinar o objeto no momento de sua celebração, exige-se que seja passível de determinação até o momento de sua execução. A *forma* do negócio jurídico é o meio através do qual o agente exprime sua vontade. O Direito Brasileiro adota como regra a *liberalidade das formas*: podem as partes eleger a forma que lhes for mais conveniente, desde que a) não haja uma forma prevista em lei como obrigatória para aquele negócio; e b) a forma eleita não seja especificamente vedada pela lei. Ainda dentre os requisitos de validade do negócio jurídico, parte da doutrina sustenta ser necessária a presença de *causa lícita*. A causa do negócio jurídico consiste em uma das noções mais controversas do Direito Civil na tradição romano-germânica. Nosso Código Civil de 2002 não menciona a causa como elemento do negócio jurídico, assim como já não o fazia o Código Civil de 1916. Nas últimas décadas, o tema da causa parece ter tido seu desenvolvimento contido, paradoxalmente, não tanto pela falta de reconhecimento da importância da noção, mas justamente pela sua demasiada amplitude. Com efeito, a noção de causa é caracterizada atualmente por uma intensa fluidez: fala-se em *causa subjetiva, causa objetiva, causa abstrata, causa concreta, causa final, causa do negócio, causa do contrato, causa da obrigação* etc. A noção de causa ou, ao menos, os efeitos que a noção historicamente pretendia exercer sobre o controle de legitimidade dos negócios jurídicos – qual seja, permitir uma investigação acerca da *razão* pela qual as partes celebram certo negócio – têm, todavia, encontrado renovado terreno no campo da função social do contrato, prevista no art. 421 do Código Civil. Pode-se afirmar que a causa reaparece, nesse sentido, na ordem jurídica brasileira, embora sem referência nominal. Recupera-se a construção objetiva da causa como função do negócio jurídico, função socialmente útil e controlável pela ordem jurídica independentemente da vontade original do agente, que passa a estar em segundo plano.

JURISPRUDÊNCIA COMENTADA:

Acórdão ilustrativo do recurso da jurisprudência à teoria da tripartição dos planos do negócio jurídico foi proferido pelo Superior Tribunal de Justiça, discutindo a higidez de contrato de alienação fiduciária em garantia no âmbito de ação de busca e apreensão. Alegava o recorrente: "A inexistência do contrato de alienação fiduciária em razão da ausência de tradição real ou ficta, bem como em decorrência da falta de recebimento de qualquer quantia em dinheiro. [...] Argui que o contrato de alienação fiduciária não foi devidamente registrado no órgão competente, corroborando sua inexistência e invalidade". Entendeu o STJ: "A controvérsia instaurada remete aos sempre atuais ensinamentos de Pontes de Miranda, consistentes nos planos do negócio jurídico. [...] no sistema de nosso diploma civil, pode-se verificar que a tradição está, em regra, localizada dentro do plano da eficácia, estando geralmente associada aos contratos consensuais. Em situações específicas, pode estar inserida no plano da validade, caso se trate de contratos de natureza real. Nesse contexto, contratos consensuais são aqueles que se formam com a simples manifestação das partes envolvidas, a exemplo da locação, mandato e compra e venda. Já os contratos reais são aqueles que apenas se aperfeiçoam com a entrega da coisa (*traditio rei*), tais como o comodato, o depósito e o mútuo. Dessa forma, a meu sentir, a alienação fiduciária em garantia, por ser contrato de natureza real, a tradição constitui requisito de validade do negócio jurídico, e não de pressuposto de existência, como alegado pela parte ora recorrente. [...] Ao contrário do arguido, a exigência de registro do contrato de alienação fiduciária em garantia no cartório de título e documentos e a respectiva anotação do gravame no órgão de trânsito não constituem requisitos de validade do negócio, tendo apenas o condão de torná-lo eficaz perante terceiros" (STJ, REsp 1.190.372/DF, 4.ª Turma, Rel. Min. Luis Felipe Salomão, j. 15.11.2015).

REFORMA DO CÓDIGO CIVIL: O Anteprojeto propõe a inclusão de um novo requisito de validade dos negócios jurídicos: a "conformidade com as normas de ordem pública".

Art. 105. A incapacidade relativa de uma das partes não pode ser invocada pela outra em benefício próprio, nem aproveita aos cointeressados capazes, salvo se, neste caso, for indivisível o objeto do direito ou da obrigação comum.

COMENTÁRIOS DOUTRINÁRIOS: O regime das incapacidades, sem embargo de suas deficiências, foi historicamente desenhado com propósito de proteger o incapaz. A incapacidade absoluta, em razão de sua severidade, importa vício que atenta contra a ordem pública, podendo ser reconhecido de ofício. Já o vício oriundo da incapacidade relativa apenas pode ser invocado pelo próprio incapaz, nunca pela contraparte ou pelos cointeressados capazes. Mesmo quando invocada pelo incapaz (único legitimado, repita-se, a fazê-lo), a invalidade do negócio não aproveitará ao cointeressado capaz: anula-se o negócio apenas em relação ao incapaz, preservando-o quanto aos demais cointeressados. Tal solução, no entanto, se restringe aos negócios de objeto divisível. Por outro lado, em sendo indivisível o objeto, a anulação atingirá todo o negócio, conforme ressalva a parte final do artigo em comento. A presente temática volta a surgir na codificação no âmbito da disciplina do contrato de mútuo (v. comentários aos arts. 588 e 589).

Art. 106. A impossibilidade inicial do objeto não invalida o negócio jurídico se for relativa, ou se cessar antes de realizada a condição a que ele estiver subordinado.

COMENTÁRIOS DOUTRINÁRIOS: A impossibilidade originária do objeto, ou seja, aquela que é contemporânea ao momento de sua formação, tem o condão de macular a validade do negócio. A impossibilidade, aqui, pode ser tanto aquela que se verifica no mundo dos fatos (*impossibilidade física*) como aquela que decorre do ordenamento (*impossibilidade jurídica*). Para ser capaz de ensejar a invalidade do negócio, deve esta impossibilidade ser *absoluta*, ou seja, não estar ligada a condições específicas do declarante, afetando todas as pessoas que estivessem na mesma situação. A impossibilidade relativa não conduz à invalidade do negócio jurídico, devendo-se perquirir se houve ou não a assunção de risco no caso concreto. Preserva-se a validade, igualmente, na hipótese de se tratar de negócio subordinado a *condição suspensiva*: como a produção de efeitos apenas ocorrerá *se e quando* verificada a condição, apenas neste momento se afigura relevante indagar acerca da possibilidade do objeto. Caso a impossibilidade seja não já originária, mas sim superveniente à celebração do negócio jurídico, seus efeitos se projetam sobre o plano da eficácia, afetando (não o negócio em si, mas) a relação jurídica formada a partir do negócio, razão pela qual a situação é disciplinada no âmbito do direito das obrigações.

Art. 107. A validade da declaração de vontade não dependerá de forma especial, senão quando a lei expressamente a exigir.

COMENTÁRIOS DOUTRINÁRIOS: *Forma* do negócio jurídico é o meio através do qual o agente exprime sua vontade. A forma pode ser escrita, verbal, mímica, consistir no próprio silêncio ou, ainda, em atos dos quais se deduz a declaração de vontade. No Direito Contemporâneo, seja pela intensa influência do voluntarismo jurídico, seja pelas necessidades práticas atinentes à dinâmica do tráfego econômico, o formalismo cedeu passagem ao chamado princípio do consensualismo ou da liberalidade das formas, adotado por este art. 107. Assim, os negócios jurídicos não são, salvo disposição em contrário, solenes ou formais, podendo se realizar sob qualquer forma, ou seja, por escritura pública, por instrumento particular, verbalmente e assim por diante. Em algumas hipóteses excepcionais, todavia, a lei exige expressamente a obediência a certa forma, como no exemplo dos negócios jurídicos que visem à constituição, transferência, modificação ou renúncia de direitos reais sobre imóveis de valor superior a trinta vezes o maior salário mínimo vigente no país, os quais devem ser celebrados necessariamente por escritura pública (art. 108), ou, ainda, no exemplo das doações, que devem ser celebradas por escrito (art. 541), admitindo-se a forma verbal apenas nas chamadas doações manuais, assim entendidas aquelas relativas a bens móveis de pequeno valor cuja entrega se dê *incontinenti* à celebração do negócio (o que ocorre com frequência, por exemplo, na entrega de presentes de aniversário). O estudo da forma não deve ser confundido com o *formalismo*, que ocorre quando a forma é tomada como um fim em si mesmo. Se, no passado, a forma atendia exclusivamente a exigências de segurança jurídica, na atualidade, pode ser dirigida à garantia de interesses ou valores privilegiados do ordenamento constitucional. Assim, compete ao intérprete não apenas controlar o merecimento de tutela das formas tradicionais à luz da legalidade constitucional, mas também reconhecer na forma um instrumento de promoção dos valores fundamentais. O legislador brasileiro tem, de fato, se valido de exigências formais no escopo de garantir a tutela de interesses privilegiados à luz da Constituição, como se vê no caso da disciplina dos contratos de adesão, em relação aos quais determina o art. 54 do Código de Defesa do Consumidor que "serão redigidos em termos claros e com caracteres ostensivos e legíveis, cujo tamanho da fonte não será inferior ao corpo doze, de modo a facilitar sua compreensão pelo consumidor" (§ 3º), afirmando ainda que "as cláusulas que implicarem limitação de direito do consumidor deverão ser redigidas com destaque, permitindo sua imediata e fácil compreensão" (§ 4º). Tem-se aí exemplo da renovada importância da forma do negócio jurídico em uma perspectiva atenta à necessidade de concretização dos valores constitucionais nas relações privadas.

JURISPRUDÊNCIA COMENTADA: Acerca da validade de contrato atípico celebrado verbalmente, decidiu o Superior Tribunal de Justiça: "De acordo com os arts. 124 do CCom e 129 do CC/16 (cuja essência foi mantida pelo art. 107 do CC/02), não havendo exigência legal quanto à forma, o contrato pode ser verbal ou escrito. Até o advento do CC/02, o contrato de distribuição era atípico, ou seja, sem regulamentação específica em lei, de sorte que sua formalização seguia a regra geral, caracterizando-se, em princípio, como um negócio não solene, podendo a sua existência ser provada por qualquer meio previsto em lei. A complexidade da relação de distribuição torna, via de regra, impraticável a sua contratação verbal. Todavia, sendo possível, a partir das provas carreadas aos autos, extrair todos os elementos necessários à análise da relação comercial estabelecida entre as partes, nada impede que se reconheça a existência do contrato verbal de distribuição" (STJ, REsp 1.255.315/SP, 3.ª Turma, Rel. Min. Nancy Andrighi, j. 13.09.2011).

REFORMA DO CÓDIGO CIVIL: O Anteprojeto propõe a substituição da expressão "*declaração* de vontade" por "*exteriorização* de vontade".

Art. 108. Não dispondo a lei em contrário, a escritura pública é essencial à validade dos negócios jurídicos que visem à constituição, transferência, modificação ou renúncia de direitos reais sobre imóveis de valor superior a trinta vezes o maior salário mínimo vigente no País.

COMENTÁRIOS DOUTRINÁRIOS: O legislador excepciona o princípio da liberalidade das formas no caso de negócio jurídico envolvendo direitos reais sobre imóveis de valor superior a trinta vezes o maior salário mínimo vigente no País. Exige o artigo em comento que tais negócios se revistam da forma de escritura pública, sob pena de invalidade. Especificamente quanto ao valor, esclarece o Enunciado n. 289 da *IV Jornada de Direito Civil*: "O valor de 30 salários mínimos constante no art. 108 do Código Civil brasileiro, em referência à forma pública ou particular dos negócios jurídicos que envolvam bens imóveis, é o atribuído pelas partes contratantes, e não qualquer outro valor arbitrado pela Administração Pública com finalidade tributária".

JURISPRUDÊNCIA COMENTADA: Em sentido diametralmente contrário ao mencionado enunciado, tem-se a decisão do STJ no REsp 1.099.480/MG: "O artigo 108 do Código Civil, ao prescrever a escritura pública como essencial à validade dos negócios jurídicos que objetivem a constituição, transferência, modificação ou renúncia de direitos reais, refere-se ao valor do imóvel e não ao preço do negócio. Assim, havendo disparidade entre ambos, é aquele que deve ser levado em conta para efeito de aplicação da ressalva prevista na parte final desse dispositivo legal. [...] a avaliação levada a termo pela Fazenda Pública para fins de apuração do valor venal do imóvel é baseada em critérios objetivos, previstos em lei, os quais admitem aos interessados o conhecimento das circunstâncias consideradas na formação do *quantum* atribuído ao bem. [...] a interpretação dada ao art. 108 do CC pelas instâncias ordinárias é mais consentânea com a finalidade da referida norma, que é justamente conferir maior segurança jurídica aos negócios que envolvem bem imóveis. Saliente-se, no particular, que a escritura pública é ato realizado perante o tabelião, em que as partes manifestam sua vontade na realização de determinado negócio jurídico, observando todas as solenidades prescritas em lei; tal documento, portanto, demonstra de forma pública e solene a substância do ato, de modo que seu conteúdo goza de presunção de veracidade, trazendo, assim, maior segurança jurídica e garantia para a regularidade do negócio, neste caso, da compra e venda de bem imóvel" (STJ, REsp 1.099.480/MG, 4.ª Turma, Rel. Min. Marcio Buzzi, j. 02.12.2014). Especificamente sobre os contratos de doação, decidiu o STJ: "a escritura pública é indispensável para os negócios jurídicos sobre imóveis, nos termos descritos no art. 108, supracitado, sendo livre a pactuação da forma para os demais, desde que não haja determinação legal em sentido contrário. Dito isso, assenta-se que a previsão específica relativa à doação expressa do art. 541, *caput*, do CC (de que a sua consecução se fará mediante escritura pública ou instrumento particular) nada mais fez, na minha percepção, do que compilar, de forma sucinta, o sentido já existente na parte geral extraída dos arts. 107, 108 e 109 do CC. Diversamente da conclusão do TJMS, não vejo como aplicar o princípio da especialidade, o qual pressupõe a existência de um aparente conflito de normas, e de conflito efetivamente não se trata, pois, nos moldes acima alinhavados, ambas as regras coexistem harmonicamente, impondo-se apenas uma adequada interpretação. Dessa maneira, em interpretação sistemática dos arts. 107, 108, 109 e 541 do CC, a doação – por consistir na transferência de bens ou vantagens do patrimônio do doador para o do donatário –, quando recair sobre imóvel cujo valor supere o equivalente a 30 (trinta) salários mínimos, deve observar a forma solene, efetivando-se, com isso, mediante escritura pública" (STJ, REsp 1.938.997/MS, 3.ª Turma, Rel. Min. Marco Aurélio Bellizze, j. 28.09.2021).

REFORMA DO CÓDIGO CIVIL: O Anteprojeto propõe a exclusão da parte final do art. 107, tornando a exigência de escritura pública aplicável a todos os negócios jurídicos relativos a bens imóveis. Propõe, ainda, a inclusão de dois novos parágrafos: (a) o primeiro determinando a redução em 50% dos valores dos "emolumentos de escrituras públicas de negócios que tenham por objeto imóvel com valor venal inferior a trinta vezes o maior salário-mínimo vigente no País"; e (b) o segundo esclarecendo que, "em caso de dúvida e para as finalidades deste artigo, o valor do imóvel é aquele fixado pelo Poder Público, para os fins fiscais ou tributários".

Art. 109. No negócio jurídico celebrado com a cláusula de não valer sem instrumento público, este é da substância do ato.

COMENTÁRIOS DOUTRINÁRIOS: Se a liberalidade das formas é a regra, podem os agentes, no exercício de sua autonomia negocial, estipular que a validade do negócio dependerá de uma forma específica eleita pelas próprias partes, normalmente com o intuito de conferir maior segurança jurídica ao ato. A referência a "instrumento público" constante do artigo, portanto, assume caráter meramente exemplificativo, podendo as partes, a rigor, escolher qualquer forma lícita que desejarem.

REFORMA DO CÓDIGO CIVIL: O Anteprojeto propõe uma nova redação para o art. 109: "Se as partes acordarem forma específica de como deva ser celebrado negócio jurídico, para cujo ato a lei não prescreva ou proíba determinada forma, a escolhida será a da substância do ato". Tal dispositivo amplia a liberdade das partes de elegerem determinada forma como essencial à validade do negócio jurídico que concretamente celebram, ponto já abordado nos comentários *supra*.

Art. 110. A manifestação de vontade subsiste ainda que o seu autor haja feito a reserva mental de não querer o que manifestou, salvo se dela o destinatário tinha conhecimento.

COMENTÁRIOS DOUTRINÁRIOS: O negócio jurídico consiste, essencialmente, em uma declaração de vontade destinada a produzir efeitos legais. Caso a declaração não corresponda ao efetivo conteúdo da vontade do agente, que propositalmente subtrai sua real intenção do conhecimento da contraparte, configura-se a *reserva mental* ou *reticência*. O artigo em comento esclarece que o referido desencontro entre vontade real e vontade declarada não produzirá nenhum efeito, subsistindo a vontade declarada, ainda que falsa. Por outro lado, a reserva produzirá efeitos (a nulidade do negócio) se efetivamente conhecida pelo destinatário da declaração. Com isso, consagra-se norma interpretativa segundo a qual a interpretação dos negócios jurídicos não deve levar em conta as intenções subjetivas dos contratantes, mas tão somente a sua comum intenção, assim entendido o consenso alcançado em relação ao escopo do negócio jurídico celebrado. Registre-se que parte da doutrina entende haver, no caso da reserva mental conhecida da contraparte, um *negócio inexistente*, pois, a rigor, não chegou a se operar o encontro de vontades exigido nos negócios jurídicos bilaterais.

REFORMA DO CÓDIGO CIVIL: O Anteprojeto propõe, além de algumas modificações puramente redacionais – como a troca de "manifestação" por "exteriorização" da vontade –, a substituição do trecho final do dispositivo: onde se lê "salvo se dela o destinatário tinha conhecimento" passaria a constar "sendo nula essa exteriorização se dela o destinatário tinha conhecimento". Trata-se de mera explicitação do efeito já reconhecido à ciência do destinatário acerca da reserva mental do declarante.

Art. 111. O silêncio importa anuência, quando as circunstâncias ou os usos o autorizarem, e não for necessária a declaração de vontade expressa.

COMENTÁRIOS DOUTRINÁRIOS: Em regra, o *silêncio*, enquanto ausência de declaração de vontade, não produz nenhum efeito no âmbito da teoria geral dos negócios jurídicos. Nada obstante, o artigo em comento equipara o silêncio à anuência "quando as circunstâncias ou os usos o autorizarem, e não for necessária a declaração de vontade expressa". O ordenamento jurídico reconhece eficácia, portanto, apenas àquele *silêncio circunstanciado*, que somente se verifica quando o contexto negocial torna possível extrair da ausência de manifestação a concordância do agente. Na sociedade de consumo massificado, a ponderação dessas circunstâncias exige especial cautela. Não por outra razão, o Código de Defesa do Consumidor determina que os serviços prestados e os produtos remetidos ou entregues ao consumidor sem solicitação prévia equiparam-se às amostras grátis (art. 39, III c/c parágrafo único do CDC), afastando a possibilidade de se interpretar, nesses casos, o silêncio do consumidor como anuência.

JURISPRUDÊNCIA COMENTADA: Na mesma linha dos comentários tecidos, o Superior Tribunal de Justiça já decidiu: "o artigo 39 do CDC traz rol exemplificativo das condutas dos fornecedores consideradas abusivas, tais como o fornecimento ou a execução de qualquer serviço sem 'solicitação prévia' ou 'autorização expressa' do consumidor (incisos III e VI), requisitos legais que ostentam relação direta com o direito à informação clara e adequada, viabilizadora do exercício de uma opção desprovida de vício de consentimento da parte cujo déficit informacional é evidente. Nessa perspectiva, em se tratando de práticas abusivas vedadas pelo código consumerista, não pode ser atribuído ao silêncio do consumidor (em um dado decurso de tempo) o mesmo efeito jurídico previsto no artigo 111 do Código Civil (anuência/aceitação tácita), tendo em vista a exigência legal de declaração de vontade expressa para a prestação de serviços ou aquisição de produtos no mercado de consumo, ressalvada tão somente a hipótese de 'prática habitual' entre as partes" (STJ, REsp 1.326.592/GO, 4.ª Turma, Rel. Min. Luis Felipe Salomão, j. 07.05.2019).

Art. 112. Nas declarações de vontade se atenderá mais à intenção nelas consubstanciada do que ao sentido literal da linguagem.

COMENTÁRIOS DOUTRINÁRIOS: A *interpretação do negócio jurídico* se destina, essencialmente, a desvelar o significado e o alcance de normas instituídas pelas próprias partes na persecução do escopo negocial comum. Desse modo, a interpretação do negócio jurídico exige, indispensavelmente, o conhecimento acerca do que pretendiam as partes com o negócio celebrado. Enquanto o legislador se move guiado pelo interesse social, as partes se movem guiadas por interesses particulares, que o intérprete deve compreender em profundidade sob pena de interpretar mal o negócio jurídico celebrado. Nesse sentido, a adequada interpretação de um contrato de afretamento a casco nu, ainda que guiado por parâmetros jurídicos de ordem geral, não pode prescindir de um conhecimento mínimo das práticas negociais do setor marítimo e do seu funcionamento socioeconômico. A interpretação do negócio jurídico enfrenta, historicamente, o dilema entre o sentido subjetivo da vontade do contratante e o sentido objetivo da declaração. É conhecido o embate entre a *teoria da vontade* e a *teoria da declaração*. Enquanto a primeira confere primazia à vontade interna e psicológica do agente, a segunda toma como ponto de partida a vontade tal qual exteriorizada na declaração. A disputa secular entre a teoria da vontade e a teoria da declaração não se resolveu com a prevalência de qualquer delas, mas com a constatação de que *a tarefa do intérprete é buscar a intenção das partes consubstanciada na declaração de vontade*. Em outras palavras: a literalidade do texto é um limite à interpretação, mas, dentre as múltiplas possibilidades oferecidas pela linguagem, deve-se buscar não necessariamente o sentido mais evidente, mas aquele que mais se conforma à intenção comum dos contratantes. A interpretação do negócio jurídico, assim, não se restringe ao sentido literal da linguagem, mas deve exprimir a comum intenção das partes por trás das palavras empregadas. É nesse sentido que se interpreta o art. 112 do Código Civil.

JURISPRUDÊNCIA COMENTADA: O Superior Tribunal de Justiça examinou interessante caso no qual um sócio participou em contrato de mútuo celebrado entre sua sociedade e um banco, assinando na condição de "coobrigado interveniente avalista". O tribunal local entendeu que, sendo o aval garantia cambial, exclusiva dos títulos de crédito, seria nulo o aval dado em contrato, excluindo a responsabilidade do sócio pela dívida. O STJ, entretanto, alcançou solução distinta, com base nos parâmetros hermenêuticos oferecidos pelo art. 112 do Código Civil: "A principiologia adotada no art. 85 do CC/1916 – no que foi reafirmada, de modo mais eloquente, pelo art. 112 do CC/2002 –, visa conciliar eventuais discrepâncias entre os dois elementos formativos da declaração de vontade, quais sejam, o objetivo – consubstanciado na literalidade externada –, e o subjetivo – consubstanciado na internalidade da vontade manifestada, ou seja, na intenção do agente. Nessa linha, o art. 85 do CC/1916, embora manifeste predileção à intenção do agente, não afasta o elemento externo da vontade, conclusão extraída da fórmula 'mais' – e não exclusivamente – 'à sua intenção'. Verdade é que, se a investigação pura e simples da vontade interior do agente confere insegurança jurídica ao tráfego negocial – pois a documentação escrita da vontade é a garantia dos contratantes –, a leitura unicamente da literalidade da manifestação de vontade pode conduzir a injustiças. Daí por que o Código Civil de 2002 – mais técnico e explícito que o anterior –, não se apegou nem à vontade psíquica do agente, nem à literalidade da manifestação, mas à intenção consubstanciada nas declarações (...) Com efeito, o intérprete deve partir das declarações externadas para alcançar, na medida do possível, a manifestação efetivamente desejada, sem conferir relevância, dessa forma, à vontade omitida na declaração". Aplicando tais premissas ao caso concreto, concluiu o STJ que "é incontroverso que o ora recorrido assinou o contrato de mútuo como 'avalista-interveniente', circunstância que levou o acórdão ora impugnado, mantendo a sentença, a rejeitar a legitimidade passiva para a execução da dívida, uma vez que, como é de cursivo conhecimento, aval é instituto eminentemente cambiário, não produzindo efeitos fora do título de crédito ou título cambiariforme. [...] Porém, o próprio acórdão recorrido reconheceu que, no corpo do contrato, 'o agravado Abdo Aziz Nader assumiu a condição de coobrigado interveniente avalista, nos termos da cláusula 8.7 dos contratos firmados pelas partes, objeto da execução' (fl. 127), o que evidencia, deveras, que a manifestação de vontade consubstanciada na literalidade da expressão 'avalista' não correspondeu à intenção dos contratantes, cujo conteúdo era ampliar as garantias de solvência da dívida, com a inclusão do sócio da devedora como coobrigado. [...] a despeito de figurar no contrato como 'avalista-interveniente', o sócio da sociedade devedora pode ser considerado coobrigado, se assim evidenciar o teor da avença, conclusão que privilegia, a um só tempo, a boa-fé objetiva e a intenção externada pelas partes por ocasião da celebração" (STJ, REsp 1.013.976/SP, 4.ª Turma, Rel. Min. Luis Felipe Salomão, j. 17.05.2012).

Art. 113. Os negócios jurídicos devem ser interpretados conforme a boa-fé e os usos do lugar de sua celebração.

§ 1º A interpretação do negócio jurídico deve lhe atribuir o sentido que: (Incluído pela Lei n. 13.874, de 2019)

I – for confirmado pelo comportamento das partes posterior à celebração do negócio; (Incluído pela Lei n. 13.874, de 2019)

II – corresponder aos usos, costumes e práticas do mercado relativas ao tipo de negócio; (Incluído pela Lei n. 13.874, de 2019)

III – corresponder à boa-fé; (Incluído pela Lei n. 13.874, de 2019)

IV – for mais benéfico à parte que não redigiu o dispositivo, se identificável; e (Incluído pela Lei n. 13.874, de 2019)

V – corresponder a qual seria a razoável negociação das partes sobre a questão discutida, inferida das demais disposições do negócio e da racionalidade econômica das partes, consideradas as informações disponíveis no momento de sua celebração. (Incluído pela Lei n. 13.874, de 2019)

§ 2º As partes poderão livremente pactuar regras de interpretação, de preenchimento de lacunas e de integração dos negócios jurídicos diversas daquelas previstas em lei. (Incluído pela Lei n. 13.874, de 2019)

COMENTÁRIOS DOUTRINÁRIOS: O *caput* do art. 113 do Código Civil veicula parâmetros de interpretação dos negócios jurídicos. Consagra, em primeiro lugar, a função interpretativa da boa-fé objetiva, cláusula geral que impõe a adoção de comportamento compatível com a mútua lealdade e confiança nas relações jurídicas (v. comentários ao art. 422). O presente artigo refere-se à boa-fé como critério hermenêutico, exigindo que a interpretação das cláusulas prestigie sempre o sentido mais conforme à lealdade e à honestidade entre as partes. A boa-fé impede, aí, interpretações maliciosas, dirigidas a prejudicar a contraparte, mas vai além, impondo que se reserve ao negócio jurídico o significado mais leal e honesto. O segundo parâmetro interpretativo mencionado pelo artigo em comento é aquele que diz respeito aos *usos do lugar da celebração*, assim entendidas as práticas habitualmente adotadas em determinado local no que se refere a um certo negócio. Em 2019, a Lei da Liberdade Econômica (Lei n. 13.874) inseriu dois novos parágrafos no art. 113. O § 1º contempla *standards* de interpretação negocial. Estruturalmente, a opção por um novo parágrafo não parece ter sido a melhor, tendo em vista que o parágrafo desempenha o mesmo papel do *caput*, oferecendo parâmetros que se somam àqueles já constantes da cabeça do artigo, sem que haja qualquer razão aparente para a distinta alocação. Já sob o ponto de vista substancial o referido parágrafo indica expressamente *standards* interpretativos que já vinham sendo consagrados em sede doutrinária e jurisprudencial. O inciso I determina que seja atribuído ao negócio o sentido que "for confirmado pelo comportamento das partes posterior à celebração do negócio". Como já registrava o Enunciado n. 409 da *V Jornada de Direito Civil*: "Os negócios jurídicos devem ser interpretados não só conforme a boa-fé e os usos do lugar de sua celebração, mas também de acordo com as práticas habitualmente adotadas entre as partes". Com efeito, o comportamento das partes constitui o melhor indicativo do real significado que estas pretenderam conferir a determinada estipulação negocial. Em que pese o dispositivo referir-se exclusivamente ao comportamento posterior à celebração do negócio, a conduta das partes anteriormente à celebração não deve ser desprezada pelo intérprete, especialmente quando os atos de execução do negócio tenham precedido a formalização da vontade em um instrumento escrito. O inciso II impõe a adoção da interpretação que "corresponder aos usos, costumes e práticas do mercado relativas ao tipo de negócio", consagrando a interpretação extensiva já conferida pela doutrina à referência, constante do *caput* do art. 113, aos usos do lugar da celebração. Deve o intérprete, em suma, tomar em consideração as práticas habituais do mercado ou setor econômico em que se insere concretamente o negócio celebrado. Nenhum negócio jurídico existe no limbo, mas integra uma complexa tessitura de relações econômicas, que determinam o significado que deve ser atribuído à manifestação de vontade das partes. Também aí, portanto, andou bem o legislador. Já o inciso III constitui flagrante exemplo de má técnica legislativa: reporta-se à interpretação conforme à boa-fé, repetindo o critério constante do *caput* do artigo. O inciso IV, por sua vez, prevê a adoção do sentido "mais benéfico à parte que não redigiu o dispositivo, se identificável". Trata-se da máxima segundo a qual o negócio deve ser interpretado *contra proferentem* ou *contra stipulatorem*: quem redige a cláusula não pode se beneficiar da sua falta de clareza, devendo tal cláusula ser interpretada em favor da contraparte. Não se pode, contudo, generalizar demasiadamente a referida orientação hermenêutica. Em relações paritárias, nem sempre é fácil identificar quem redigiu a cláusula: uma parte pode não ter proposto a redação de certa cláusula, mas pode ter tido a oportunidade de modificá-la, decidindo por não o fazer. Em tais hipóteses, lançar sobre o redator todo o ônus interpretativo pode se afigurar desproporcional. A matéria deve ser aferida caso a caso. É de recordar que o Código Civil, em sua redação original, limitava a regra de preferência às relações contratuais de adesão (v. art. 423). Por fim, o inciso V afirma que a interpretação adotada deve "corresponder a qual seria a razoável negociação das partes sobre a questão discutida, inferida das demais disposições do negócio e da racionalidade econômica das partes, consideradas as informações disponíveis no momento de sua celebração". O referido inciso não prima pela melhor técnica: congrega diferentes expressões abertas, lançando considerável dose de insegurança sobre a interpretação contratual. A referência à "razoável negociação das partes" evoca um (excessivo) voluntarismo, ao remeter a atividade interpretativa a uma vontade hipotética, não declarada – e, portanto, inacessível ao intérprete. Manda inferir tal vontade hipotética das demais disposições do negócio e da "racionalidade econômica das partes", expressão que não é dotada de um conceito técnico-jurídico e abre demasiadamente as portas da interpretação contratual para o subjetivismo do intérprete. Registre-se que o art. 113, mesmo após a substancial ampliação promovida pela Lei da Liberdade Econômica, não esgota todos os critérios de interpretação existentes à luz da ordem jurídica brasileira. Assim, por exemplo, nos casos em que as partes sejam parceiras em múltiplos negócios jurídicos, a interpretação conferida a determinada cláusula de um destes negócios representa parâmetro relevante para interpretação a ser adotada para cláusula de igual redação constante de outro contrato. Além disso, convém observar que todos os *standards* hermenêuticos, listados ou não no art. 113, incidem concomitantemente sobre o negócio jurídico, demandando do intérprete um irrenunciável esforço de conjugação na determinação do sentido que deverá prevalecer ao final. A interpretação *contra stipulatorem*, por exemplo, não pode ser aplicada sem um exame do sentido apontado pelo comportamento das partes, não devendo o intérprete pinçar um critério que lhe pareça mais conveniente, em detrimento dos demais parâmetros interpretativos. O § 2º do art. 113, por sua vez, consagra expressamente a orientação, há muito dominante, de que o negócio jurídico, como fruto da autonomia privada, pode conter ele próprio regras de interpretação traçadas pelas próprias partes. E, de fato, tem se tornado cada vez mais frequente entre nós, por influência de práticas advocatícias do *common law*, a inserção em contratos de cláusulas destinadas a guiar a interpretação do próprio instrumento contratual. As partes podem, assim, não apenas determinar como devem ser interpretadas certas expressões, por meio das chamadas cláusulas de definição, mas também dispor sobre os modos de interpretação do negócio jurídico, estipulando, por exemplo, que nenhuma tolerância em relação ao descumprimento das obrigações contidas naquele contrato será interpretada como renúncia ao direito de exigir seu cumprimento no futuro. O efeito concreto dessas cláusulas sobre a interpretação do negócio jurídico e da relação negocial como um todo dependerá, sempre, de um conjunto de elementos interpretativos que não se limita à literalidade da cláusula, mas que tampouco pode ignorá-la como fruto que é do legítimo exercício da autonomia privada. Tais cláusulas, porém, especialmente quando estabelecerem critérios interpretativos diversos daqueles constantes da lei, não se furtam a um controle concreto quanto ao seu merecimento de tutela à luz da ordem jurídica brasileira. Assim, por exemplo, não será válida, entre nós, a cláusula que impeça o recurso à boa-fé objetiva como parâmetro de interpretação negocial, por ser a boa-fé expressão do próprio solidarismo constitucional (Constituição, art. 3º, I) nas relações privadas.

JURISPRUDÊNCIA COMENTADA:

Decisão do Tribunal de Justiça do Rio de Janeiro exemplifica o emprego da boa-fé como parâmetro hermenêutico em conflito envolvendo a interpretação de cláusula de contrato de prestação de serviços advocatícios: "Observa-se que, considerando a letra fria da cláusula contratual, o apelado cumpriu com a obrigação assumida, uma vez que apresentou a exceção de pré-executividade. Entretanto, válida uma análise mais aprofundada desta previsão contratual. O princípio da boa-fé objetiva, além de ser regra de conduta das partes, também assume função interpretativa, conforme artigo 113 do Código Civil, que significa que os negócios jurídicos hão de ser interpretados conforme o paradigma do homem probo. A própria redação do contrato deve refletir os parâmetros de retidão. No caso, percebe-se que a cláusula traz redação extremamente técnica, ao prever a apresentação de 'exceção de pré-executividade em trâmite na 4.ª Vara Cível de Bangu, Processo n. 2007.204.001593-3'. Ou seja, no contrato de prestação de serviços advocatícios cujas cláusulas foram elaboradas pelo profissional da área, previu-se especificamente a apresentação de um único incidente processual, mas não a realização da defesa da contratante naquela demanda. Qualquer pessoa que não possua conhecimento jurídico (caso da apelante), portanto, sem conhecimento técnico, entende que contratou o profissional para lhe defender, não somente para apresentar determinada peça técnica. Nota-se, assim, a inobservância do princípio da boa-fé por parte do apelado que se utilizou de seus conhecimentos técnicos para restringir sua atuação na defesa da apelante à apresentação de peça específica na execução. Assim, considerando que a apelante é pessoa leiga quanto aos termos jurídicos, a interpretação meramente literal da cláusula contratual não se revela a solução mais correta e justa para o deslinde do caso concreto, por afronta à boa-fé contratual e ausência de proporcionalidade" (TJRJ, Apelação Cível 0019357-43.2014.8.19.0204, 22.ª Câmara Cível,

Rel. Des. Carlos Santos de Oliveira, j. 07.12.2017). O mesmo TJRJ analisou complexo litígio envolvendo a interpretação de cláusula de contrato de afretamento de navios-sonda, valendo-se das inovações introduzidas pela Lei da Liberdade Econômica para dirimir a questão: "a busca da vontade manifestada pelas partes na demanda *sub judice* exige, indispensável e necessariamente, conhecimentos específicos das práticas negociais do setor petroleiro, das características de um contrato de afretamento marítimo, bem assim o seu funcionamento socioeconômico. Não é dado ao intérprete substituir-se às partes e a elas impor a sua interpretação pessoal, distanciada da funcionalidade econômica do contrato em berlinda, das alocações de risco, dos *trades off*. Em contenda de tamanha complexidade, onde as cifras ordinárias transitam na casa dos milhões de dólares, não há espaços para subjetivismos; os prejuízos para as partes serão gigantescos e inescusáveis. [...] Ajustando-se o princípio da boa-fé como cânone hermenêutico ao caso concreto, há que se considerar o fato de serem as partes empresas de grande porte e notória expertise nas atividades econômicas que desenvolvem, acostumadas com a celebração de contratos internacionais de grande vulto e, essencialmente, de grandes riscos, impondo-se ao intérprete, menos afeito às peculiaridades dos negócios jurídicos marítimos, respeitar as alocações de riscos realizadas pelas partes" (TJRJ, Apelação Cível 0208730-81.2018.8.19.0001, 25.ª Câmara Cível, Rel. Des. Werson Rêgo, j. 30.03.2022).

Art. 114. Os negócios jurídicos benéficos e a renúncia interpretam-se estritamente.

COMENTÁRIOS DOUTRINÁRIOS: O art. 114 impõe a adoção *de interpretação restritiva* em relação aos negócios jurídicos benéficos e à renúncia. A interpretação restritiva consiste em eleger, entre os diversos sentidos possíveis de uma declaração de vontade, aquele que se revele menos amplo. Os *negócios jurídicos benéficos* ou *gratuitos* são aqueles em que apenas uma das partes sofre sacrifício econômico. É o caso dos contratos de doação e de comodato, entre outros contratos nos quais se pratica uma liberalidade em favor de outrem. Justamente em virtude da ausência de contrapartida recebida pelo sacrifício assumido é que o legislador impõe a interpretação restritiva desses negócios, a fim de assegurar que o sacrifício não acabe sendo superior àquele realmente assumido. Também são interpretados restritivamente os atos de *renúncia*, assim entendidos aqueles por meio dos quais o sujeito abre mão da titularidade de uma situação jurídica subjetiva, sem recebimento de contrapartida.

JURISPRUDÊNCIA COMENTADA: O STJ recorreu à norma do art. 114 em acórdão em que se buscava determinar "a natureza do negócio jurídico celebrado entre as partes: se empréstimo, como defende a recorrente em sua petição inicial; ou doação, como afirma o recorrido em sua defesa". Entendeu o Tribunal que "quando se trata de doação, justamente por encerrar disposição gratuita e permanente do patrimônio, o contrato deve ser sempre interpretado restritivamente (art. 114 do CC/2002), inclusive para preservar o mínimo existencial do doador, evitando-lhe prejuízos decorrentes de seu ato de generosidade. Essa interpretação restritiva recai, em especial, sobre o elemento subjetivo do negócio – a intenção do doador de transferir determinado bem ou vantagem para outrem, sem qualquer contraprestação; o espírito de liberalidade – porquanto o elemento objetivo, que é a respectiva transferência, consubstancia-se na simples tradição ou registro, a depender da natureza móvel ou imóvel do bem doado. [...] A transferência de vultosa quantia da recorrente para o recorrido, sem a expressa estipulação de que se tratava de uma doação, induz à conclusão da existência da obrigação de restituí-la, e não o contrário, pois essa é a conduta ordinariamente esperada de quem a recebe por quem a entrega. A legítima expectativa da recorrente de receber, ainda que sem a cobrança de juros, o montante que havia transferido, aliada à ausência de prova escrita da alegada doação, evidencia que o contrato estabelecido entre as partes se trata, em verdade, de um mútuo gratuito verbal" (STJ, REsp 1.758.912/GO, 3.ª Turma, Rel. Min. Nancy Andrighi, j. 27.11.2018).

CAPÍTULO II
DA REPRESENTAÇÃO

Art. 115. Os poderes de representação conferem-se por lei ou pelo interessado.

COMENTÁRIOS DOUTRINÁRIOS: *Representação* é a técnica jurídica de atuação em nome de outrem. A representação faz com que os efeitos de um ato ou negócio jurídico recaiam não sobre quem o pratica, mas sobre a pessoa em nome de quem é praticado. O Direito Romano primitivo desconhecia a representação; a solenidade que cercava os atos jurídicos era tão elevada que se exigia que fossem pessoalmente praticados pelo interessado. A possibilidade da prática de um ato ou negócio jurídico por pessoa diversa daquela que sofre seus efeitos somente ganhou força durante a Idade Média, com o Direito Canônico. Ressalvados os atos jurídicos tidos como personalíssimos, a possibilidade de representação impera no Direito Contemporâneo, tornando-se cada vez mais relevante em um mundo globalizado, caracterizado pela circulação das pessoas e pela necessidade de celebração de negócios sem a presença física das partes. Tecnicamente, a representação, como agir em nome alheio, existe independentemente de o representante ter, de fato, recebido o poder de agir em nome do representado. Embora seja modernamente qualificado como requisito de eficácia e não como elemento essencial, o *poder de representação* não deixa de ter significativa importância na etiologia do instituto. É na origem do poder de representação que se centra a fundamental divisão nesta matéria, que distingue a) *representação legal*; e b) *representação voluntária*, distinção refletida no artigo em comento. Diz-se legal a representação quando o poder de representar deriva diretamente da lei, como no caso da atuação dos tutores em nome de seus pupilos ou a atuação dos pais em nome de seus filhos menores. Voluntária ou convencional é a representação quando o poder de representar surge por convenção entre as partes, como no exemplo do advogado que defende em juízo seu cliente ou daquele mandatário que pratica atos da vida civil em nome de um amigo em viagem pelo exterior. Para ocorrer a representação, basta que um negócio jurídico tenha sido *declaradamente* celebrado em nome de um terceiro com o fim de que sobre tal pessoa recaiam os seus efeitos. Basta, em outras palavras, a *contemplatio domini*, ou seja, a publicidade ou exteriorização do fato de que a atuação se dá em nome de um representado. Reside na *contemplatio domini* o núcleo central da representação. A *contemplatio domini* é, ainda, o elemento que permite diferenciar a representação de uma figura próxima, mas distinta, a que se denomina *interposição*. Na interposição, o agente age em nome próprio, mas *no interesse* de outrem. Não há representação, pois não há atuação em nome alheio. Falta a *contemplatio domini*. Se o marido vai à banca de jornais comprar uma revista a pedido de sua mulher, há interposição. Age no interesse alheio, mas em nome próprio. A obrigação de pagar que contrai perante a banca de jornal recai sobre si mesmo, não sobre o interessado na celebração do negócio jurídico. A situação é inteiramente diversa daquela de quem aluga o imóvel de um amigo que deixou a cidade. O contrato de locação será firmado por uma pessoa *em nome* da outra, e não apenas no seu interesse. Há aí representação. Os direitos e obrigações decorrentes do contrato de locação recairão sobre o amigo que deixou a cidade e não sobre quem pratica o negócio. Apesar da evidente diferença entre representação e interposição, alguns autores denominam a interposição de *representação indireta*, expressão que se deve rejeitar porque de representação não se trata. Há, ainda, quem chame a interposição de *representação imprópria*, que, como o próprio termo revela, não é propriamente representação, mas figura autônoma, razão pela qual melhor se afigura evitar qualquer nomenclatura que possa gerar confusão entre os dois institutos. Registre-se que o Código Civil, ao cuidar dos contratos em espécie, trouxe diversas novas modalidades contratuais que são centradas na ideia de interposição, como a comissão e a agência. Do representante diferencia-se, ainda, o *núncio* ou *mensageiro*. Embora atue em nome de outrem, o representante não fica jamais adstrito à simples transmissão da vontade do representado. Possui sempre certa margem de discricionariedade na sua atuação; compete-lhe, no mínimo, o exame da oportunidade de celebrar ou não o negócio nas circunstâncias em que se apresenta. Nisso justamente se distingue do núncio ou mensageiro, que é mero transmissor da declaração negocial de outrem. Não é por outra razão que do núncio se exige apenas a capacidade material de transmitir a mensagem que porta, enquanto do representante se exige plena capacidade jurídica.

JURISPRUDÊNCIA COMENTADA: Sobre a representação sindical, extrai-se de julgado do Superior Tribunal de Justiça que "a representação sindical é uma representação legal, estabelecida, como de regra, no art. 115 do Código Civil, tratando e limitando a representatividade do sindicato que tem legitimidade para falar em nome dos seus associados, os quais, por força constitucional, são empregados e empregadores" (STJ, AgRg no CC 48.372/MA, 1.ª Seção, Rel. Min. João Otávio de Noronha, j. 13.04.2005).

Art. 116. A manifestação de vontade pelo representante, nos limites de seus poderes, produz efeitos em relação ao representado.

COMENTÁRIOS DOUTRINÁRIOS: O poder de representação não é elemento essencial à existência da representação, mas tão somente requisito para sua eficácia. Tecnicamente, a representação, como agir em nome alheio, existe independentemente de o representante ter, de fato, recebido o poder de agir em nome do representado. A outorga do poder de representar dá-se por um negócio jurídico unilateral a que a doutrina denomina *procuração* (*procuratio*), de modo que não cabe ao representante "aceitar" a outorga. Assim, se a pessoa age em nome alheio, há representação, mas o representado somente restará vinculado se a atuação do representante tiver se dado nos limites dos poderes conferidos. A ausência do poder de representação frustra a própria finalidade do instituto, já que, em regra, impede que sobre o representado repercuta o negócio que foi firmado em seu nome. Todavia, não é isso razão suficiente para que, diante da ausência de poder, seja declarada a inexistência da representação. Primeiro, porque a atuação em nome de outrem ocorre de fato, independentemente de produzir ou não os efeitos jurídicos esperados. Segundo, porque mesmo que a atuação em nome de outrem se dê sem poderes, o efeito típico da representação (a vinculação direta do representado) poderá ainda ser atingido, seja por meio da espontânea atuação do representado, ratificando os atos praticados pelo inabilitado representante, seja por força da atuação da própria ordem jurídica, que, em defesa de valores relevantes, converterá em real a representação que não o era (teoria da representação aparente). O que caracteriza a existência da representação é, em síntese, a *contemplatio domini*, ou seja, a atuação em nome alheio, mas o efeito da representação, que é a vinculação do representado, somente ocorrerá se tiver agido o representante dentro dos poderes outorgados pelo representado por meio da *procuratio*. Daí a prática amplamente consagrada de se exigir vista e cópia da procuração antes de se celebrar um negócio jurídico com quem afirma estar agindo como representante de outrem.

JURISPRUDÊNCIA COMENTADA: O Superior Tribunal de Justiça reconheceu a configuração de representação aparente em caso no qual se buscava "saber se é possível o ajuizamento, por endossatário reconhecidamente terceiro de boa-fé, de execução embasada em duplicata com aceite aposto pelo diretor administrativo-financeiro de Associação", desprovido de poderes estatutários para a prática de atos cambiários. Decidiu o STJ: "Ademais, anoto que o valor da obrigação representada pela duplicata (R$ 25.000,00) adquirida em endosso não representa verba muito representativa para a Associação Comercial de uma grande capital, e que, à luz de um padrão médio objetivo e de atenção ordinária, foram tomadas as cautelas necessárias – havia nota fiscal, orçamento, contrato de prestação de serviços e duplicata aceita, e, como incontroverso e apurado nos autos, foi expedido *fax* para o número comercial da Associação, que enviou resposta confirmando a operação – antes da aquisição, mediante endosso, da cártula objeto de execução. O próprio Colegiado local qualifica a pessoa que deu o aceite como diretor administrativo-financeiro da Associação, e há apuração de que, de fato, agia e aparentava ser efetivo gestor. [...] Com efeito, é comum, em duplicatas mercantis e de serviços, notadamente naquelas que não representam valor tão significativo para a sociedade empresária ou associação aceitante, que um gerente ou funcionário designado dê o aceite, como forma de, respectivamente, o sócio administrador ou presidente desincumbirem-se dos demais afazeres – no caso, consoante apurado na sentença, o gerente efetivamente praticava atos, como o discutido nos autos. [...] Destaque-se que, em linha de princípio, não se afigura imprescindível à existência da representação a outorga convencional de poderes, mas a existência de poderes, outorgados ou não, os quais permitem a vinculação direta do representado nos negócios firmados pelo representante em seu nome. Os poderes definem o campo de eficácia vinculativa de acordo com os limites estabelecidos, ora pela outorga, ora pela lei, ora por situação fática consistente na atividade realizada declaradamente em nome de outrem (*contemplatio domini*), ainda que desprovida de ato jurídico de outorga de poderes (procuração). Neste último caso, a legítima aparência de representação, motivada pelo emprego de nome alheio (*la spendita del nome*), aliada a uma conduta culposa daquele em cujo nome se atuou, têm o condão de vinculá-lo aos negócios celebrados por aquele que, em razão das circunstâncias, efetivamente o representou (TEPEDINO, Gustavo. *Temas de Direito Civil*. Tomo III. Rio de Janeiro: Renovar, 2009, p. 131-134). Dessarte, tenho que proceder à tese recursal de que os atos negociais firmados são válidos e eficazes em face de terceiros de boa-fé, a atrair a disciplina da teoria da aparência, sob pena de ocasionar insegurança elevada nas relações jurídicas" (STJ, REsp 1.315.592/RS, 4.ª Turma, Rel. Min. Luis Felipe Salomão, j. 29.08.2017).

REFORMA DO CÓDIGO CIVIL: O Anteprojeto propõe a inclusão do seguinte parágrafo único: "A manifestação de vontade proveniente de representante aparente pode ser considerada eficaz com relação a terceiros de boa-fé, desde que existam elementos razoáveis para se concluir pela legitimidade do signatário, agindo em nome de outrem". Trata-se de expressa positivação da teoria da aparência, já amplamente reconhecida pela doutrina e pela jurisprudência.

Art. 117. Salvo se o permitir a lei ou o representado, é anulável o negócio jurídico que o representante, no seu interesse ou por conta de outrem, celebrar consigo mesmo.

Parágrafo único. Para esse efeito, tem-se como celebrado pelo representante o negócio realizado por aquele em quem os poderes houverem sido subestabelecidos.

COMENTÁRIOS DOUTRINÁRIOS: O Código Civil veicula nos arts. 117 e 119 normas relativas ao conflito de interesses entre o representante e o representado. O art. 117 traz uma *causa objetiva de anulabilidade*, consubstanciada no *autocontrato*, também chamado *contrato consigo mesmo*, ou seja, o contrato celebrado pelo representante, nesta qualidade, com si próprio. O representante figura aí em ambos os polos do contrato: em um deles necessariamente como representante e, no outro, como ele próprio ou como representante de um terceiro. Configura-se o autocontrato, por exemplo, quando aquele amigo a quem se deu procuração para locar o imóvel decide, ele próprio, ser inquilino, hipótese na qual figurará em ambos os polos do contrato: em um deles como representante do locador e, no outro, como locatário. De acordo com o art. 117, salvo se o permitir a lei ou o representado, o contrato consigo mesmo é *anulável*. Trata-se de situação objetiva, que independe de qualquer consideração subjetiva acerca dos benefícios extraídos ou não do autocontrato pelo representante. Por não haver prazo decadencial específico para esta hipótese, aplica-se a regra geral do art. 179, que fixa o prazo decadencial em dois anos.

JURISPRUDÊNCIA COMENTADA: O Tribunal de Justiça do Estado do Rio de Janeiro entendeu estar configurado um autocontrato em ação anulatória ajuizada por um condomínio na qual o "síndico do condomínio autor durante seu mandato realizou contrato de prestação de serviço de contabilidade e de pessoal com a sociedade ré, da qual é sócio e representante legal. Ao realizar o citado negócio jurídico, o segundo demandado representava tanto o contratante (Condomínio autor) quanto o contratado (primeiro réu), ou seja, era o representante de ambos os contratantes. [...] O ex-síndico não apresentou cópia de ata de assembleia geral ou qualquer outro documento que comprove que o autor permitiu ou aprovou a referida contratação" (TJRJ, Apelação Cível 0012510-51.2015.8.18.0087, 19.ª Câmara Cível, Rel. Des. Ferdinaldo Nascimento, j. 15.05.2018). Julgou-se, portanto, procedente o pedido de anulação do contrato.

REFORMA DO CÓDIGO CIVIL: O Anteprojeto propõe a alteração do *caput* para qualificar como anulável não somente o negócio jurídico celebrado pelo representante consigo mesmo, mas também aquele celebrado com "empresa na qual figure como sócio administrador". Propõe, ainda, a inclusão de um novo parágrafo, definindo prazo decadencial específico de "um ano, a contar da conclusão do negócio ou da cessação da incapacidade", para o exercício do direito potestativo de anulação do autocontrato.

Art. 118. O representante é obrigado a provar às pessoas, com quem tratar em nome do representado, a sua qualidade e a extensão de seus poderes, sob pena de, não o fazendo, responder pelos atos que a estes excederem.

COMENTÁRIOS DOUTRINÁRIOS: O art. 118 confere aos terceiros com quem o representante tratar a prerrogativa de exigir a prova da representação, resguardando seus interesses pela ciência da qualidade e da extensão dos poderes do representante. Essa prova se faz, em regra, pela apresentação ao terceiro do instrumento da procuração. O não atendimento deste dever legal pelo representante implica a sua vinculação direta perante o terceiro quanto aos atos que excedam os poderes conferidos.

Art. 119. É anulável o negócio concluído pelo representante em conflito de interesses com o representado, se tal fato era ou devia ser do conhecimento de quem com aquele tratou.

Parágrafo único. É de cento e oitenta dias, a contar da conclusão do negócio ou da cessação da incapacidade, o prazo de decadência para pleitear-se a anulação prevista neste artigo.

COMENTÁRIOS DOUTRINÁRIOS: O art. 119 traz *causa subjetiva de anulabilidade*, calcada no "conflito de interesses" entre representante e representado. É o caso, por exemplo, do representante que recebe procuração para comprar determinado bem, e o compra de sociedade da qual é sócio – embora o interesse do comprador representado seja o de adquirir o bem pelo valor mais baixo possível, é do interesse do representante, enquanto sócio da vendedora, que o negócio se realize pelo valor mais elevado, que se refletirá em seu próprio ganho, quando da distribuição dos lucros da sociedade. Tal situação só dá ensejo à anulação do negócio jurídico celebrado pelo representado "se tal fato era ou devia ser do conhecimento de quem com aquele tratou". Vale dizer: se a outra parte ignorava o conflito de interesses, o negócio permanecerá válido, em homenagem à sua boa-fé. O parágrafo único do artigo em comento fixa prazo decadencial breve para a anulação do negócio celebrado em conflito de interesses: 180 dias. Trata-se de prazo substancialmente menor que o prazo bienal aplicável na hipótese de autocontrato. A diversidade de tratamento procura tutelar o terceiro que participa do negócio jurídico, lançando sobre o representado – que elegeu o seu representante – o ônus de uma rápida atuação contra a má representação. Protege-se, assim, a segurança no tráfego negocial.

JURISPRUDÊNCIA COMENTADA: O Tribunal de Justiça de São Paulo suspendeu cautelarmente os efeitos de assembleia condominial em que entendeu ter ocorrido votação eivada de conflito de interesses. Tratava-se de assembleia geral extraordinária de condomínio na qual a administradora do condomínio, em situação de ausência maciça de condôminos, invocou a possibilidade de votar em nome dos ausentes, prevista na convenção, aprovando a renovação do contrato de administração do condomínio com a administradora. Entendeu o Tribunal, amparado no art. 119 do Código, que "a administradora votou em nome dos ausentes, representando os seus interesses e, a despeito de estar amparada pelo artigo 56, da Convenção do Condomínio, é manifesto o conflito de interesses na hipótese" (TJSP, Agravo de Instrumento 2052065-16.2015.8.26.0000, 34.ª Câmara de Direito Privado, Rel. Des. Nestor Duarte, j. 27.05.2015).

REFORMA DO CÓDIGO CIVIL: O Anteprojeto propõe, além de alteração meramente redacional no *caput*, a elevação do prazo decadencial de anulação previsto no parágrafo único, que passaria dos atuais 180 dias para 1 ano, igualando, portanto, os prazos relativos às hipóteses de conflito de interesses e de autocontrato (art. 117).

Art. 120. Os requisitos e os efeitos da representação legal são os estabelecidos nas normas respectivas; os da representação voluntária são os da Parte Especial deste Código.

COMENTÁRIOS DOUTRINÁRIOS: A dedicação de um capítulo inteiro de sua Parte Geral ao tema da representação sugere que a nova codificação reconheceu a plena autonomia do instituto, que na codificação anterior apenas era referida no âmbito da disciplina do contrato de mandato. O legislador parece, todavia, arrepender-se de tal avanço e voltar atrás no derradeiro dispositivo. A primeira parte do artigo tem pouca, se alguma, utilidade; a segunda é incoerente, porque, em oposição à própria existência de um capítulo dedicado à representação, remete o intérprete, em matéria de representação voluntária, à Parte Especial do Código Civil. Lá, a situação também é preocupante. Como na Parte Especial do Código de 1916, a única referência à representação está no tipo contratual do mandato. E ali os preceitos que se aplicam à representação voluntária em geral aparecem como normas relativas ao contrato de mandato, como se as duas figuras se confundissem. Há, contudo, relevantes razões que autorizam o entendimento de que *a representação voluntária independe do mandato*. Primeiro, a própria existência de um capítulo dedicado à representação já sugere que o mandato e a representação voluntária são institutos distintos. Além disso, é preciso notar que o art. 120 não remeteu a representação voluntária ao capítulo que cuida do mandato, mas à Parte Especial do Código Civil, que inclui outras figuras contratuais e menciona expressamente a possibilidade da criação de contratos atípicos. Mais: o que se remete para a Parte Especial não é o instituto da representação voluntária como um todo ou mesmo a sua forma, mas tão somente os seus requisitos e os seus efeitos, de tal modo que nada no sistema do Código impede que o intérprete extraia a essência da representação voluntária de dentro da disciplina do mandato e a utilize em outras espécies contratuais, previstas ou não pelo legislador de 2002. É o que ocorre com o parágrafo único do art. 710, em que o legislador permite, no âmbito do contrato de agência, que o proponente confira poderes ao agente para representá-lo. Não há aí, corretamente, alusão ao mandato, mas à representação de fonte voluntária, instituto que se descola do tipo contratual do mandato em nossa codificação. Em suma, há representação sem mandato.

CAPÍTULO III
DA CONDIÇÃO, DO TERMO E DO ENCARGO

Art. 121. Considera-se condição a cláusula que, derivando exclusivamente da vontade das partes, subordina o efeito do negócio jurídico a evento futuro e incerto.

COMENTÁRIOS DOUTRINÁRIOS: Já examinados os planos da existência e da validade do negócio jurídico (v. comentários ao art. 104), resta por analisar o plano da sua eficácia, de que o Código se ocupa a partir deste art. 121. A eficácia consiste na aptidão do negócio jurídico para produzir efeitos. Embora todo negócio jurídico existente e válido seja, a princípio, eficaz, sua eficácia pode ser limitada pela própria lei ou pela vontade das partes. Vale dizer: a questão da eficácia é tratada no Direito Brasileiro sob a perspectiva *negativa*, por meio dos chamados *fatores de ineficácia* do negócio jurídico. A ineficácia pode decorrer a) da lei, como acontece no testamento que não produz efeitos até a morte do testador; ou b) da convenção entre as partes, que podem subordinar a eficácia do negócio a certos *elementos acidentais*, como o termo, a condição ou o encargo, também chamados *modalidades do negócio jurídico*. As chamadas modalidades do negócio jurídico não são, diferentemente do que a expressão poderia sugerir, espécies de negócio jurídico. Consistem, isso sim, em *modos* de limitação voluntária da eficácia do negócio jurídico. Para evitar confusões, é preferível empregar a expressão *elementos acidentais* do negócio jurídico ou, em latim, *accidentalia negotti*, designação que remete à conhecida classificação tríplice, que distingue os elementos do negócio jurídico em a) *essentialia negotti*, elementos essenciais à configuração do negócio jurídico, como é o caso da coisa, do preço e do consenso, no âmbito dos contratos de compra e venda; b) *accidentalia negotti*, estipulações facultativamente adicionadas ao negócio para modificar suas consequências naturais; e c) *naturalia negotti*, elementos naturais, inseridos no negócio jurídico por meio de normas supletivas do ordenamento, se não forem afastadas pelas partes, como a responsabilidade do alienante em relação aos vícios redibitórios (CC, arts. 441 a 446). As principais modalidades do negócio jurídico são a) a condição; b) o termo; e c) o encargo. *Condição.* Na dicção do art. 121, considera-se condição "a cláusula que, derivando exclusivamente da vontade das partes, subordina o efeito do negócio jurídico a evento futuro e incerto". Tem-se condição, por exemplo, quando o comprador de um imóvel se obriga a pagar pelo bem o seu preço *se e quando* restar comprovada a regularidade da construção ali erigida junto à prefeitura da cidade. Para que se configure a condição, portanto, mostra-se essencial que o evento a que se subordina a eficácia do negócio seja não apenas *futuro*, como também *incerto*, sendo duvidosa a sua ocorrência futura. Tal incerteza consiste no critério que diferencia a condição do *termo*, modalidade caracterizada pela subordinação da eficácia do negócio jurídico a um evento futuro *e certo*. É importante registrar que não se enquadra no conceito de condição a assim chamada *condição legal*, que consiste, na verdade, em autêntico pressuposto do negócio jurídico. É o caso do testamento que, por força de lei, como já mencionado, somente produz efeitos após a morte do testador. A condição, em sentido técnico-jurídico, é sempre uma modalidade do negócio jurídico e, portanto, uma limitação *voluntária* à sua eficácia. Tem como fonte necessariamente a vontade das partes. Há duas espécies de condição: a) condição suspensiva; e b) condição resolutiva. Tem-se a condição suspensiva quando a eficácia do negócio jurídico só tem início após a realização do evento futuro e incerto (art. 125). Condição resolutiva, por outro lado, é aquela que não impede que o negócio produza efeitos desde logo, mas os faz cessar no momento em que se verifica o evento futuro e incerto (art. 127).

JURISPRUDÊNCIA COMENTADA: O Superior Tribunal de Justiça enfrentou caso envolvendo obrigação assumida no âmbito de um acordo de separação judicial, no qual o ex-marido obrigou-se ao pagamento da diferença entre o preço do imóvel que seria vendido pela ex-esposa e o que seria posteriormente comprado em substituição. Na segunda instância, a execução foi extinta pois "a cláusula que deixa ao exclusivo arbítrio da agravada o valor da diferença entre o preço dos imóveis, agasalha, indubitavelmente, condição puramente potestativa, sendo, portanto, inválida". No acórdão do recurso especial, no entanto, asseverou-se que "é pressuposto da condição, portanto, a subordinação do negócio a evento futuro e incerto. No caso ora em exame, a obrigação assumida pelo ex-marido não se subordina a evento futuro e incerto. Não se trata, portanto, de negócio jurídico sujeito à condição potestativa ou à condição puramente potestativa. [...] Na realidade, cuida-se de obrigação pecuniária ilíquida, pois seu objeto depende de prévia apuração, a qual somente poderá ser feita após a escolha do imóvel a ser adquirido pela recorrente" (STJ, REsp 970.143, 4.ª Turma, Rel. Min. Maria Isabel Gallotti, j. 15.02.2011).

Art. 122. São lícitas, em geral, todas as condições não contrárias à lei, à ordem pública ou aos bons costumes; entre as condições defesas se incluem as que privarem de todo efeito o negócio jurídico, ou o sujeitarem ao puro arbítrio de uma das partes.

COMENTÁRIOS DOUTRINÁRIOS: A primeira parte do art. 122 traz disposição criticável ao definir como lícitas "todas as condições não contrárias à lei, à ordem pública ou aos bons costumes". A menção aos bons costumes como causa de ilicitude não deixa de causar alguma perplexidade. No mais, a utilidade do trecho é duvidosa. A segunda parte do artigo veda, primeiramente, as chamadas *condições perplexas*, assim entendidas aquelas que encerram uma contradição atroz, capaz de privar de qualquer efeito o negócio. Tal condição não pode, por óbvio, ser admitida, na medida em que exprime uma *contradictio in terminis*, a retirar qualquer efeito do negócio jurídico. O dispositivo cuida, ainda, de coibir a chamada *condição puramente potestativa*, assim entendida aquela que subordina a eficácia do ato "ao puro arbítrio de uma das partes" (art. 122). A condição puramente potestativa equivale à chamada cláusula *si volam* (se eu quiser, se eu assim desejar), historicamente reprimida por deixar uma das partes e a própria segurança do negócio jurídico subordinadas ao mero capricho da outra parte. Alguns autores enfatizam a necessidade de distinguir a condição puramente potestativa da *condição simplesmente potestativa*, assim entendida aquela que depende da vontade do sujeito, mas também de circunstâncias externas que estão fora de uma esfera de puro arbítrio do agente (*v.g.*, se eu for morar em Paris, se eu vender minha casa), sendo esta espécie de condição admitida na ordem jurídica. A vedação à condição puramente potestativa não assenta na sua ilicitude, mas na sua inutilidade, por revelar a falta de seriedade do negócio jurídico celebrado. De fato, a vedação às condições puramente potestativas não pode ser aplicada sem a devida análise do escopo negocial perseguido pelas partes, ou seja, da função social e econômica que o negócio jurídico desempenha. A sofisticação das relações negociais tem dado ensejo, na realidade atual, a contratos aleatórios de toda espécie, muitos dos quais têm seus efeitos aparentemente condicionados ao simples arbítrio de um dos contratantes (aberturas de linha de crédito, opções de compra e venda de ações, pactos de *call option, put option* etc.). Uma análise mais profunda dessas situações pode revelar que, longe de sujeitar o ato ao mero capricho de um dos contratantes, retirando-lhe a seriedade, tais contratos assentam em um complexo intercâmbio de riscos e oportunidades cuja utilidade para as partes, embora aleatória, revela-se real e consistente. A aplicação da vedação legal à condição puramente potestativa não se pode, portanto, desprender do seu escopo, que é o de rejeitar o negócio jurídico pela falta de seriedade, consubstanciada no fato de, a um só tempo, vincular um dos contratantes e não vincular o outro. O fato de que o legislador brasileiro tenha vedado, no mesmo dispositivo, as condições perplexas e as condições puramente potestativas reforça o entendimento de que a finalidade da lei foi justamente evitar a inutilidade do negócio jurídico, por sua falta de seriedade, critério que deve ser seguido na análise dos casos concretos envolvendo essa matéria.

JURISPRUDÊNCIA COMENTADA: O Superior Tribunal de Justiça já decidiu, em rumoroso caso envolvendo a cessão do jogador Juninho pelo Ituano Futebol Clube ao São Paulo Futebol Clube, ser nula a cláusula que estipulava, na hipótese de o São Paulo negociar o passe do atleta nos 18 meses seguintes à celebração do contrato, o pagamento ao Ituano de um percentual sobre o valor da venda. Durante a vigência da cláusula, o clube inglês Middlesbrough formulou duas propostas de aquisição do jogador, que foram rejeitadas pelo São Paulo. No entanto, 40 dias após o término do prazo, o jogador finalmente foi vendido ao time inglês pelo valor de U$ 7.500.000,00, sem que o Ituano recebesse quantia alguma. O Tribunal entendeu que "exsurge, cristalino, o conteúdo puramente potestativo do contrato, que impôs a uma das partes a condição, apenas e tão somente, de mero espectador, em permanente expectativa, enquanto dava ao outro parceiro irrestritos poderes para decidir como bem lhe aprouvesse", concluindo então que "cometeu o contrato 'penalidade máxima', ao dispor, como o fez, sobre a venda do aplaudido atleta, devendo ser considerada sem efeito a cláusula, no que se refere ao limite de tempo dentro do qual teria o Ituano o direito de participar, em 25%, sobre o valor do negócio" (STJ, REsp 291.631/SP, 3.ª Turma, Rel. Min. Castro Filho, j. 04.10.2001).

Art. 123. Invalidam os negócios jurídicos que lhes são subordinados:

I – as condições física ou juridicamente impossíveis, quando suspensivas;

II – as condições ilícitas, ou de fazer coisa ilícita;

III – as condições incompreensíveis ou contraditórias.

COMENTÁRIOS DOUTRINÁRIOS: O artigo em comento lista uma série de condições que, apostas ao negócio jurídico, resultam não apenas na invalidade da própria condição, mas de todo o negócio jurídico. Refere-se, em primeiro lugar, às *condições impossíveis, física ou juridicamente*. Verificam-se tais condições quando a eficácia do negócio jurídico é subordinada a um evento que não se pode realizar em virtude da natureza das coisas ou do direito. Seus efeitos variam conforme sejam referidas condições suspensivas ou resolutivas. No primeiro caso, tratado neste artigo, invalidam o negócio. A condição impossível é, a rigor, uma *não condição*, pois não se trata de evento de ocorrência futura e incerta; ao contrário, sendo impossível, sabe-se desde logo que não se realizará. Assim, ao condicionar a eficácia do negócio a evento que nunca ocorrerá, impede-se de forma definitiva a produção de seus efeitos, razão pela qual o negócio é nulo. As *condições ilícitas* são aquelas cujo próprio conteúdo contrasta com as regras e princípios da ordem jurídica. A vedação a condições ilícitas revela-se particularmente importante na defesa da autonomia existencial dos envolvidos, evitando que negócios sejam subordinados à condição de não se casar ou conviver com determinada pessoa, adotar certa religião, escolher determinada profissão etc. As *condições de fazer coisa ilícita* têm sua validade inquinada por estimularem a prática de ilícitos. Parcela da doutrina advoga a extensão da norma para abarcar, inclusive, as *condições de não fazer coisa ilícita*, o que, embora cause certa estranheza, parece justificado: a condição de não assaltar um banco, por exemplo, toma como possível a prática de condutas atentatórias contra o ordenamento ao reputar evento futuro e incerto aquilo que, a rigor, corresponde a simples observância de um dever legal, em relação ao qual não se admite a alternativa de desrespeito. Daí a nulidade do negócio. O art. 123 alude, por fim, às *condições incompreensíveis*, assim entendidas aquelas cuja incongruência do conteúdo impede a realização da efetiva vontade das partes, bem como às *condições contraditórias* ou *perplexas*, que consistem, como já mencionado, naquelas que acabam por privar de todo efeito o negócio (v. comentários ao art. 122). O fundamento da invalidade do negócio subordinado a tais condições, repita-se, é a falta de seriedade que exprimem. Diferentemente do que ocorre com as condições impossíveis, aqui o legislador não diferencia os efeitos conforme a condição seja suspensiva ou resolutiva, levando a doutrina a defender que, em ambos os casos, o efeito deverá ser a nulidade do negócio.

JURISPRUDÊNCIA COMENTADA: Um bom exemplo de condição juridicamente impossível pode ser extraído de julgado do Tribunal de Justiça de Santa Catarina: "Compulsando o contrato de promessa de compra e venda encartado nos autos (fl. 19) vê-se que a perfectibilização do pacto *sub judice* dependeria do repasse da escritura definitiva de propriedade do imóvel e da contraprestação da integralização do pagamento do valor acordado, que somente ocorreria após o julgamento da ação de usucapião. No entanto, tal condição está eivada de nulidade porquanto, encontrando-se o imóvel localizado em terra de marinha, impossibilitada a transmissão de escritura definitiva de propriedade, pois patrimônio da União não pode ser usucapido" (TJSC, Apelação Cível 2004.034435-1, 3.ª Câmara de Direito Civil, Rel. Des. Sérgio Izidoro Heil, j. 15.04.2005). Sobre usucapião de bens públicos, v. comentários ao art. 102.

Art. 124. Têm-se por inexistentes as condições impossíveis, quando resolutivas, e as de não fazer coisa impossível.

COMENTÁRIOS DOUTRINÁRIOS: As *condições impossíveis* consistem, como já visto, na subordinação da eficácia do negócio jurídico a um evento que não se pode realizar em virtude da natureza das coisas ou do direito. Seus efeitos variam conforme sejam suspensivas ou resolutivas (v. comentários ao art. 123). No segundo caso, tratado neste artigo, reputam-se tais condições não apostas ao negócio. A condição impossível é, a rigor, uma *não condição*, pois não se trata de evento de ocorrência futura e incerta; ao contrário, sendo impossível, sabe-se desde logo que não se realizará. Assim, ao condicionar a cessação da eficácia do negócio a evento que nunca ocorrerá, impede-se que tal efeito se produza, importando tão somente na prorrogação da eficácia do ato. Daí a opção do legislador em "tê-las por inexistentes". Mesma solução deve ser aplicada, aliás, às *condições de não fazer coisa impossível*, que obrigatoriamente irão se concretizar. Tem-se, também aqui, uma *falsa condição*, desprovida da incerteza que caracteriza esse elemento acidental do negócio jurídico. Todavia, neste caso, não diferencia o legislador entre as condições suspensivas e resolutivas: segundo a letra da lei, ambas devem ser desconsideradas.

Art. 125. Subordinando-se a eficácia do negócio jurídico à condição suspensiva, enquanto esta se não verificar, não se terá adquirido o direito, a que ele visa.

COMENTÁRIOS DOUTRINÁRIOS: Como já visto, tem-se *condição suspensiva* quando a eficácia do negócio jurídico somente tem início após a realização do evento futuro e incerto. A eficácia do negócio fica, por assim dizer, "em suspenso" durante o *período de pendência*, que transcorre entre a celebração do negócio e o efetivo implemento da condição. O pai que doa ao filho um automóvel sob a condição de que o donatário seja aprovado em concurso público celebra negócio jurídico sob condição suspensiva. O art. 125 do Código Civil esclarece que, enquanto a condição suspensiva não ocorrer, não se adquire o direito que resulta do negócio jurídico, reservando-se à parte mera expectativa de direito.

JURISPRUDÊNCIA COMENTADA: O Superior Tribunal de Justiça apreciou caso envolvendo contrato de prestação de serviço advocatício com remuneração *ad exitum*, tendo o advogado renunciado ao mandato antes do julgamento de mérito e pleiteado arbitramento de honorários proporcionais ao tempo de sua atuação. Entendeu o STJ que "nas hipóteses em que estipulado o êxito como condição remuneratória dos serviços advocatícios prestados, a renúncia do patrono originário, antes do julgamento definitivo da causa, não lhe confere o direito imediato ao arbitramento de verba honorária proporcional ao trabalho realizado, revelando-se necessário aguardar o desfecho processual positivo para a apuração do *quantum* devido, observado o necessário rateio dos valores com o advogado substituto (aquele que veio a assumir a condução da demanda). [...] é certo que, nos contratos de prestação de serviços advocatícios *ad exitum*, a vitória processual constitui condição suspensiva (artigo 125 do Código Civil), cujo implemento é obrigatório para que o advogado faça jus à devida remuneração. Ou seja, o direito aos honorários somente é adquirido com a ocorrência do sucesso na demanda. Diante desse quadro, a rescisão unilateral do contrato, promovida pelo próprio mandatário – no exercício do direito potestativo de renúncia ao mandato –, não tem o condão de ilidir a supracitada condição, ficando os efeitos remuneratórios do pacto subordinados ao seu efetivo implemento, ressalvadas as hipóteses expressamente convencionadas" (STJ, REsp 1.337.749/MS, 4.ª Turma, Rel. Min. Luis Felipe Salomão, j. 14.02.2017).

Art. 126. Se alguém dispuser de uma coisa sob condição suspensiva, e, pendente esta, fizer quanto àquela novas disposições, estas não terão valor, realizada a condição, se com ela forem incompatíveis.

COMENTÁRIOS DOUTRINÁRIOS: Discute-se, em doutrina, se a condição suspensiva possui eficácia retroativa, de modo que, uma vez implementada a condição, tudo se opera como se o negócio tivesse produzido seus efeitos regulares desde a celebração. Parcela da doutrina vê no artigo em comento forte indicação de que esta teria sido a solução acolhida pelo Código, ao determinar que, com o implemento da condição, "não terão valor" os negócios celebrados sobre a coisa durante o estado de pendência. A rigor, no entanto, a pretensão do artigo parece ser mais singela: proteger o interesse do credor condicional, garantindo a adequada produção de efeitos pelo negócio na hipótese de implemento da condição. Daí a ressalva do artigo no sentido de que perdem a eficácia apenas os atos que forem incompatíveis com o negócio condicional.

REFORMA DO CÓDIGO CIVIL: O Anteprojeto propõe, além de alterações meramente redacionais, a substituição da expressão "não terão valor" por "são ineficazes", prestigiando a melhor técnica jurídica.

Art. 127. Se for resolutiva a condição, enquanto esta se não realizar, vigorará o negócio

jurídico, podendo exercer-se desde a conclusão deste o direito por ele estabelecido.

COMENTÁRIOS DOUTRINÁRIOS: *Condição resolutiva* é aquela que não impede que o negócio produza efeitos desde logo, mas os faz cessar no momento em que se verifica o evento futuro e incerto. Ao contrário do que ocorre na condição suspensiva, a aquisição do direito é imediata, todavia com caráter resolúvel, e permanecerá na esfera do adquirente *se e até quando* a condição resolutiva aconteça. O pai que doa ao filho um automóvel, estipulando no contrato que a entrega será imediata, mas que os efeitos do contrato cessarão se o filho não for aprovado em concurso público nos três anos seguintes, celebra negócio jurídico sob condição resolutiva.

REFORMA DO CÓDIGO CIVIL: O Anteprojeto propõe modificações puramente redacionais no art. 127, visando tornar o texto mais claro.

Art. 128. Sobrevindo a condição resolutiva, extingue-se, para todos os efeitos, o direito a que ela se opõe; mas, se aposta a um negócio de execução continuada ou periódica, a sua realização, salvo disposição em contrário, não tem eficácia quanto aos atos já praticados, desde que compatíveis com a natureza da condição pendente e conforme aos ditames de boa-fé.

COMENTÁRIOS DOUTRINÁRIOS: O implemento da condição resolutiva importa a cessação dos efeitos do negócio condicional. Sendo o negócio condicional de execução continuada ou periódica, de modo que seu cumprimento se estenda no tempo de maneira difusa ou por meio de atos sucessivos, determina o legislador que o implemento da condição não afeta a eficácia dos atos praticados no decorrer do negócio, salvo se incompatíveis com a natureza da condição ou desconformes à boa-fé. Trata-se de regra análoga ao art. 126, aplicável às condições suspensivas. Seu objetivo não é, portanto, instituir regra geral acerca da retroatividade ou irretroatividade das condições resolutivas, mas sim garantir que se operem os efeitos normais da resolução (excluindo, assim, os efeitos anteriores que com ela sejam incompatíveis) e a observância à boa-fé (objetiva), que realça a importância de se examinar o concreto contexto negocial para a delimitação de efeitos. Busca-se, em síntese, assegurar que a condição resolutiva atinja sua finalidade naquela específica relação jurídica. Note-se, contudo, que, ao ressalvar a possibilidade de disposição em contrário, o artigo em comento abre espaço para a atuação da autonomia privada, conformando no próprio negócio os efeitos temporais conferidos ao implemento da condição.

Art. 129. Reputa-se verificada, quanto aos efeitos jurídicos, a condição cujo implemento for maliciosamente obstado pela parte a quem desfavorecer, considerando-se, ao contrário, não verificada a condição maliciosamente levada a efeito por aquele a quem aproveita o seu implemento.

COMENTÁRIOS DOUTRINÁRIOS: O presente artigo disciplina o delicado problema da *condição maliciosamente obstada ou implementada*. Com efeito, as condições são pactuadas tendo em vista o curso normal dos acontecimentos, não se admitindo que qualquer das partes interfira para frustrar a normalidade desse fluxo, quer obstando o implemento de uma condição que lhe desfavoreça, quer implementando uma condição que lhe favoreça. A ordem jurídica, nestes casos, prescreve o efeito contrário àquele desejado pelo agente, reputando a) verificada a condição que maliciosamente se obstou ou b) não verificada a condição que maliciosamente se implementou. Em ambos os casos, exige o artigo que a atuação do agente seja *maliciosa*. A doutrina mais recente tem defendido que tal expressão deve ser interpretada não como referência à intencionalidade do agente, mas sim como uma vedação a condutas desleais, incompatíveis com o dever de cooperação que se extrai do princípio da boa-fé objetiva, e tendentes a frustrar o programa negocial. Não há, portanto, necessidade de prova de uma má intenção ou de um *animus nocendi* (ânimo de prejudicar): a malícia a que se refere o art. 129 pode ser extraída do comportamento objetivo adotado pelas partes. Parcela da doutrina destaca a necessidade de se excluir da incidência dessas normas as *condições simplesmente potestativas*, nas quais a dependência da vontade de uma das partes é da essência da condição. Tecnicamente, contudo, nas condições simplesmente potestativas o evento futuro e incerto não é objeto de uma interferência *maliciosa* da parte, de modo que nem sequer chega a se configurar o suporte fático da regra contida no art. 129.

JURISPRUDÊNCIA COMENTADA: O Superior Tribunal de Justiça, ao julgar processo no qual se discutia a incidência do art. 120 do Código Civil de 1916 – correspondente ao atual art. 129 –, decidiu: "Ainda que se entenda que a verificação ficta da condição exige prova do dolo, por se tratar de fatos ocorridos na vigência do Código Civil de 1916, não está tal elemento associado a um específico resultado, mas somente à prática intencional dos fatos que deram ensejo à não implementação da condição" (STJ, REsp 2.117.094/SP, 3.ª Turma, Rel. Min. Ricardo Villas Bôas Cueva, j. 05.03.2024). Consagra-se, assim, a tendência já marcante na doutrina de apreciação mais objetiva do requisito da atuação "maliciosa" do agente, associada comumente à identificação de uma conduta voluntária que exprima distanciamento dos padrões de lealdade e mútua confiança impostos pela boa-fé objetiva.

Art. 130. Ao titular do direito eventual, nos casos de condição suspensiva ou resolutiva, é permitido praticar os atos destinados a conservá-lo.

COMENTÁRIOS DOUTRINÁRIOS: A *expectativa de direito* é situação jurídica subjetiva instrumental que confere a seu titular a faculdade de realizar medidas de conservação do direito condicional, com vistas a conservar sua utilidade ou impedir seu perecimento. A doutrina mais tradicional restringia a aplicabilidade desta regra ao âmbito das condições suspensivas, uma vez que apenas nessas condições existiria "direito eventual". Tal entendimento foi rechaçado pelo Código Civil atual, que inclui na norma expressa referência à condição resolutiva. Hoje, portanto, não resta dúvida acerca da legitimidade da parte beneficiada por eventual resolução do negócio jurídico para praticar atos de conservação em relação aos direitos de que possa vir a se tornar titular.

Art. 131. O termo inicial suspende o exercício, mas não a aquisição do direito.

COMENTÁRIOS DOUTRINÁRIOS: Termo é o evento futuro *e certo*, ao qual se subordina a eficácia do negócio jurídico. São, em outras palavras, eventos que necessariamente acontecerão. Daí ser comum a associação dos termos com datas futuras. A rigor, todavia, o termo pode ser não apenas uma data, mas qualquer evento futuro cuja ocorrência seja indubitável: a morte de determinada pessoa, por exemplo, configura tecnicamente um termo. Nossa codificação reconhece duas espécies de termo: a) termo inicial e b) termo final. O termo inicial, também chamado *suspensivo* ou *dilatório*, é o que marca o início de eficácia do negócio jurídico. Os romanos chamavam-no *dies a quo*, expressão que ainda se emprega entre nós. Já o termo final, também chamado *resolutivo* ou *peremptório*, é aquele que marca o momento de cessação da eficácia do negócio jurídico: os romanos o denominavam *dies ad quem*. A aposição de um termo final ao negócio jurídico o converte em negócio jurídico temporário ou *ad tempus*. Assim, o vendedor que se obriga a entregar a coisa alienada no dia 23 de março de 2021 celebra negócio jurídico sujeito a termo inicial. Já o jogador de futebol que se compromete a jogar por certo clube até o fim do mesmo ano de 2021 celebra negócio jurídico sujeito a termo final. Os efeitos do negócio produzem-se, nesse último exemplo, não *a partir* de determinado evento futuro e certo, mas *até* a ocorrência de determinado evento futuro e certo. O termo se diferencia da condição, que constitui, como já visto, evento futuro *e incerto*. Há, também, importante diferença no campo dos efeitos. No caso da condição suspensiva, não há a aquisição do direito até que se verifique a condição. Isso porque, sendo a condição evento futuro e incerto, nada assegura que ocorrerá, de fato, tal aquisição, de modo que o ordenamento não confere mais que mera expectativa de direito ao titular do direito subordinado a condição suspensiva (art. 125). No termo inicial, ao contrário, é certo que o evento ocorrerá, de modo que o ordenamento atribui, desde logo, o direito em si, suspendendo tão somente o seu exercício. A diferença é relevantíssima, deixando o titular de um direito a termo em posição bem mais confortável que o titular de um direito eventual, uma vez que o primeiro pode praticar, desde logo, todos os atos que lhe são facultados como titular do direito em si, enquanto o segundo, não sendo ainda titular do direito, pode apenas praticar atos destinados à sua conservação para o futuro.

Art. 132. Salvo disposição legal ou convencional em contrário, computam-se os prazos, excluído o dia do começo, e incluído o do vencimento.

§ 1º Se o dia do vencimento cair em feriado, considerar-se-á prorrogado o prazo até o seguinte dia útil.

§ 2º Meado considera-se, em qualquer mês, o seu décimo quinto dia.

§ 3º Os prazos de meses e anos expiram no dia de igual número do de início, ou no imediato, se faltar exata correspondência.

§ 4º Os prazos fixados por hora contar-se-ão de minuto a minuto.

COMENTÁRIOS DOUTRINÁRIOS: *Prazo* é o lapso de tempo que se estende entre o termo inicial e o termo final. O art. 132 estabelece uma série de regras de contagem de prazo, que assumem evidente relevância prática. Tais regras possuem, no entanto, caráter supletivo, ressalvando o dispositivo a possibilidade de as partes estabelecerem regras distintas, de acordo com a sua conveniência. Há que se destacar ainda que os prazos processuais obedecem a normas próprias contidas na lei processual.

JURISPRUDÊNCIA COMENTADA: Acerca da contagem de prazo legal fixado em horas, o Superior Tribunal de Justiça já teve a oportunidade de decidir sobre a controvérsia decorrente de citação promovida por oficial de justiça, quando este não certifica o horário em que a citação foi realizada: "Consoante dispõe o art. 652 do Código de Processo Civil, citado o devedor, deverá, no prazo de 24 (vinte e quatro horas), pagar ou nomear bens à penhora. [...] Com efeito, reza o art. 132, § 4º, do Código Civil, correspondente ao art. 125, § 4º, do Código Civil revogado, que 'Os prazos fixados por hora contar-se-ão minuto a minuto'. Assim sendo, não constando no mandado a hora da citação dos executados, deve-se considerar como efetivada até o término do expediente do dia em que realizado esse ato, o qual, por sua vez, constituirá o termo *a quo* para o pagamento ou a nomeação de bens à penhora" (STJ, REsp 603.886/RJ, 5.ª Turma, Rel. Min. Laurita Vaz, j. 09.08.2005).

Art. 133. Nos testamentos, presume-se o prazo em favor do herdeiro, e, nos contratos, em proveito do devedor, salvo, quanto a esses, se do teor do instrumento, ou das circunstâncias, resultar que se estabeleceu a benefício do credor, ou de ambos os contratantes.

COMENTÁRIOS DOUTRINÁRIOS: Segundo o artigo em comento, os prazos fixados pelas partes presumem-se estabelecidos em favor dos devedores, nos contratos em geral, e dos herdeiros, no caso dos testamentos. Na prática, afirmar que um prazo foi estipulado "em favor" de alguém significa dizer que esta pessoa poderá antecipar a prática do ato para o qual se fixa o prazo, pois se o prazo a favorece, dele pode dispor. No tocante aos herdeiros, a regra possui alcance restrito, especialmente considerando a vedação de instituição de herdeiro a termo, constante do art. 1.898: "A designação do tempo em que deva começar ou cessar o direito do herdeiro, salvo nas disposições fideicomissárias, ter-se-á por não escrita". A doutrina assevera, de fato, que tal presunção aplica-se apenas em duas situações: a) na hipótese de legado a prazo (v. comentários ao art. 1.924); e b) na hipótese de encargo estipulado com prazo para cumprimento (v. comentários ao art. 1.897). Poderá o herdeiro, por força do art. 133, tanto pagar o legado ao legatário como cumprir o encargo estipulado antes do prazo fixado. Em relação aos contratos, presume-se o prazo em favor do devedor. Nossa legislação pressupõe que o credor possui interesse no mais pronto adimplemento, assumindo que os prazos eventualmente fixados no negócio jurídico serviram para conferir ao devedor tempo hábil para a realização da prestação devida. Desse modo, poderá o devedor prestar tão logo esteja apto, renunciando ao restante do prazo (estipulado em seu favor), de modo a se permitir a satisfação do interesse do credor assim que possível. Todavia, a dinamicidade das relações negociais dá ensejo a uma série de situações nas quais o próprio credor possui interesse na observância do prazo. Pense-se, por exemplo, no credor que adquire bens que precisem ser armazenados em ambiente específico. Caso a entrega se opere antes do dia previsto, é possível que o credor não tenha como armazená-los, ocasionando seu perecimento. Daí o legislador ressalvar a possibilidade de se extrair do "teor do instrumento", ou seja, de expressa declaração das partes, ou das próprias circunstâncias negociais, que o prazo foi estipulado em benefício do credor ou de ambos os contraentes, impedindo-se, nessas hipóteses, o cumprimento da prestação antes do término do prazo fixado.

Art. 134. Os negócios jurídicos entre vivos, sem prazo, são exequíveis desde logo, salvo se a execução tiver de ser feita em lugar diverso ou depender de tempo.

COMENTÁRIOS DOUTRINÁRIOS: O termo é elemento acidental do negócio jurídico que subordina sua eficácia a evento futuro e certo. Caso não seja estipulado termo (ou condição suspensiva), o Código, por meio do artigo em comento, atribui eficácia imediata ao negócio. Ressalva o legislador duas circunstâncias que autorizariam a postergação da produção de efeitos: a) "se a execução tiver de ser feita em lugar diverso"; ou b) "depender de tempo". Com efeito, contrariaria os deveres de cooperação fundados na boa-fé objetiva a exigência imediata, pelo credor, de prestações que, quer por sua natureza, quer pelas específicas circunstâncias negociais, demandam um certo lapso de tempo para sua execução. Já a referência da lei à execução em lugar diverso tem sido considerada imprópria e desnecessária por parte da doutrina. Imprópria porque a execução em lugar diverso da celebração não necessariamente demanda um tempo maior para execução. O desenvolvimento das tecnologias de comunicação, por exemplo, permite a prática de uma série de atos remotamente, possibilitando sua execução imediata em qualquer lugar. Recorde-se, ainda, a existência de pessoas jurídicas com estabelecimentos em locais diversos, o que pode viabilizar a pronta exequibilidade do objeto. Portanto, a rigor, a circunstância de a execução ter de ser feita em local diverso da celebração do negócio apenas resultará no diferimento da sua eficácia quando importar a concreta necessidade de um tempo maior para o cumprimento – situação que já se encontra completamente abrangida pela referência do artigo às prestações cuja execução "depender de tempo". Destaque-se, por fim, que o dispositivo reduz sua incidência aos negócios *inter vivos*. Os negócios *causa mortis* têm sua eficácia diferida por natureza, pois somente produzem efeitos com o falecimento do agente.

Art. 135. Ao termo inicial e final aplicam-se, no que couber, as disposições relativas à condição suspensiva e resolutiva.

COMENTÁRIOS DOUTRINÁRIOS: Determina o art. 135 que se apliquem supletivamente ao termo das regras sobre a condição. Tal aplicação deve sempre atentar às peculiaridades do instituto do termo, afastando a incidência de regras que se revelem incompatíveis com a *ratio* daquele elemento acidental do negócio. Não se aplica ao termo, por exemplo, a regra que determina a invalidade do negócio subordinado a condição ilícita (art. 123, II): a ilicitude é qualificação que recai sobre uma conduta humana voluntária, em relação a qual há alternativa de abstenção; sendo o termo evento futuro *e certo*, torna-se logicamente impossível a verificação de um *termo ilícito*. Por outro lado, aplica-se ao termo a regra que disciplina a interferência maliciosa na condição (art. 129): quando o termo for composto por fato futuro que inexoravelmente se verificará, mas exista incerteza acerca do momento exato, não poderá a parte que dele se aproveita interferir de forma maliciosa no curso natural dos acontecimentos, sob pena de se negar ao advento do termo todo e qualquer efeito.

Art. 136. O encargo não suspende a aquisição nem o exercício do direito, salvo quando expressamente imposto no negócio jurídico, pelo disponente, como condição suspensiva.

COMENTÁRIOS DOUTRINÁRIOS: Terceira e última modalidade ou elemento acidental de negócio jurídico contemplado em nosso Código Civil é o encargo ou modo, que consiste no ônus assumido pelo beneficiário de uma liberalidade. O ônus não deve ser de tal monta que possa configurar uma contraprestação. Nesse caso, a liberalidade desnatura-se em negócio jurídico bilateral. O encargo assenta, antes, sobre a ideia de uma restrição à parte beneficiada pelo negócio jurídico. Exemplo corriqueiro é a doação de livros a uma biblioteca, com o encargo de manter a integridade da coleção ou, ainda, de exibir placa com o nome do doador. Outro exemplo corriqueiro é o do legado deixado pelo testador com o encargo de lhe construir um túmulo ou de promover a celebração de missas em sufrágio da sua alma. Ao contrário da condição e do termo, o encargo não suspende nem a aquisição, nem o exercício do direito sobre o qual incide, a não ser que tenha sido imposto como condição suspensiva do negócio – hipótese em que deixa, obviamente, de ser encargo. Embora não obste a aquisição nem o exercício do direito a ele subordinado, o encargo pode afetar a eficácia do negócio jurídico se, uma vez exigido, não vier a ser cumprido. A legitimidade para exigir o seu cumprimento varia conforme o caso. As regras sobre o tema, bem como outras consequências do descumprimento do encargo, são traçadas na Parte Especial do Código Civil, na disciplina própria de cada espécie de liberalidade (*e.g.*, doação, legado).

Art. 137. Considera-se não escrito o encargo ilícito ou impossível, salvo se constituir o motivo

determinante da liberalidade, caso em que se invalida o negócio jurídico.

COMENTÁRIOS DOUTRINÁRIOS: A impossibilidade ou ilicitude do encargo não prejudica a eficácia de todo o negócio jurídico, mas apenas a do próprio encargo. Assim, se um sujeito realiza uma doação a uma biblioteca, com o encargo de que o donatário mantenha em sua fachada uma placa com o nome do doador, mas a utilização dessa placa acaba proibida por determinada lei urbanística, reputa-se não escrito o encargo. Se, contudo, o encargo constituir o "motivo determinante da liberalidade", ou seja, se restar verificado que sem o encargo o negócio jurídico não se teria realizado, a ineficácia alcançará a totalidade do ato. Não exige o artigo que o encargo seja "expresso" como motivo determinante, abrindo-se espaço para que o intérprete investigue, à luz das circunstâncias negociais, o grau de relevância do encargo na instituição da liberalidade.

CAPÍTULO IV
DOS DEFEITOS DO NEGÓCIO JURÍDICO

SEÇÃO I
DO ERRO OU IGNORÂNCIA

Art. 138. São anuláveis os negócios jurídicos, quando as declarações de vontade emanarem de erro substancial que poderia ser percebido por pessoa de diligência normal, em face das circunstâncias do negócio.

COMENTÁRIOS DOUTRINÁRIOS: *Defeitos do negócio jurídico* são vícios que maculam a higidez da declaração de vontade do agente, deflagrando a anulabilidade do negócio jurídico celebrado. São considerados defeitos do negócio jurídico pelo Código Civil brasileiro a) o erro; b) o dolo; c) a coação; d) a lesão; e) o estado de perigo; e f) a fraude contra credores. Verificando-se qualquer desses defeitos, o negócio jurídico pode ser anulado (v. comentários ao art. 171, II). A simulação era considerada um defeito do negócio jurídico pelo Código Civil de 1916, mas a atual codificação trata do tema como causa de nulidade, e não de anulabilidade, retirando a simulação do campo dos defeitos do negócio jurídico (v. comentários ao art. 167). A doutrina tradicionalmente classifica os defeitos do negócio jurídico em duas espécies: a) os *vícios do consentimento*, que revelam divergência entre a vontade declarada e aquela que seria a real vontade do agente; e b) os *vícios sociais*, que revelam divergência entre a vontade declarada e as exigências sociais. Vícios do consentimento são o erro, o dolo e a coação. Vício social é a fraude contra credores. Quanto aos defeitos da lesão e do estado de perigo, não há consenso. Parcela considerável da doutrina brasileira os insere entre os vícios do consentimento, assemelhando-os à coação. A meu ver, por razões que serão detalhadas nos comentários pertinentes, a lesão e o estado de perigo devem ser considerados vícios sociais. A discussão tem, contudo, pouca ou nenhuma relevância prática, na medida em que a consequência de qualquer dos defeitos do negócio jurídico é a mesma: a anulabilidade do negócio. O artigo em comento trata do erro. *Erro* ou *ignorância* é a falsa representação da realidade que influencia a declaração de vontade do agente. A aparente simplicidade da definição não deve iludir o intérprete: o erro constitui um dos problemas mais delicados sobre o qual se debruça a ciência jurídica. O efeito do erro é tornar anulável o negócio jurídico celebrado. Para que o efeito se produza, exige, todavia, o Código Civil de 2002 que o erro seja a) *substancial*, tal como definido no art. 139 (v. comentários ao art. 139); e b) *cognoscível*, assim entendido o erro "que poderia ser percebido por pessoa de diligência normal, em face das circunstâncias do negócio". Parte da doutrina afirma que, além de substancial e cognoscível, o erro deve ser *escusável*. Erro escusável é aquele que não deriva de uma falta de normal diligência por parte de quem o invoca. Se, ao contrário, o erro poderia ter sido evitado por aquele que o invoca, empregando a diligência do homem médio, então o erro será inescusável e não poderá, segundo tal entendimento, gerar a anulabilidade do negócio jurídico. Nem o Código Civil atual, nem a codificação anterior aludiam à escusabilidade como requisito do erro. Para alguns autores, a expressão "percebido por pessoa de diligência normal", empregada no artigo em comento, estaria a indicar, no fundo, a exigência de escusabilidade do erro. Tal associação não se sustenta, a meu ver, porque exigiria locução negativa: anulável seria o erro que *não* pudesse ser percebido pela pessoa de normal diligência. O que o Código Civil atual pretendeu aqui, em verdade, foi transferir o foco do declarante para o destinatário da declaração de vontade viciada. O legislador exige, para a anulação, que o erro pudesse ter sido percebido pelo destinatário da declaração.

O erro imperceptível ao destinatário da declaração não conduz à anulação do negócio, privilegiando-se a segurança das relações negociais. Daí o Enunciado n. 12 da *I Jornada de Direito Civil*, em que se lê: "Na sistemática do art. 138, é irrelevante ser ou não escusável o erro, porque o dispositivo adota o princípio da confiança". Registre-se, a propósito, que a introdução do requisito da cognoscibilidade do erro exprime uma mudança radical de visão em relação ao aludido defeito do negócio jurídico. Na vigência da codificação de 1916, o erro consistia possivelmente na mais intensa concessão ao voluntarismo jurídico, na medida em que permitia a anulação do negócio jurídico independentemente de qualquer análise do comportamento da outra parte. Enquanto os demais defeitos do negócio jurídico (dolo, coação, fraude contra credores e, àquela época, simulação) assentavam, em alguma medida, sobre a atitude do contratante que suporta o pedido de anulação, o erro prescindia de qualquer ato desse contratante que via o negócio jurídico ser anulado pelo erro da outra parte, erro do qual nem sequer precisava ter tido conhecimento anteriormente ao pleito de anulação. Ao passar a exigir, como requisito para a anulação, a cognoscibilidade ou perceptibilidade do erro pela parte que não o invoca, o legislador de 2002 atribuiu a esse tradicional defeito do negócio jurídico um caráter inter-relacional, freando o excessivo voluntarismo que fazia com que o vício de vontade de um dos contratantes pudesse comprometer a validade do negócio jurídico sem nenhuma consideração sobre a atuação efetiva ou potencial da contraparte. Parte dos autores sustenta, ainda, que a exigência legal de que o erro seja cognoscível não afasta, por si só, a exigência doutrinária de que seja escusável. Embora perceptibilidade do erro e escusabilidade do erro não sejam, de fato, incompatíveis, parece certo que a opção do legislador pela primeira noção exprime um distanciamento do parâmetro da escusabilidade, na medida em que se passa a olhar para o outro contratante. Se o que se exige agora é que o erro possa ter sido percebido, o fundamento da anulação parece se deslocar para a falta de cuidado do contratante que deixa de perceber o erro cognoscível, omissão que acaba levando a outra parte a celebrar o negócio jurídico eivado de erro. Nesse contexto, pouco importa se o erro é ou não escusável, se poderia ou não ser evitado pela normal diligência de quem erra. Uma vez sendo perceptível, tal erro deveria ser objeto de alerta por quem ingressa no negócio jurídico, evitando-se a falsa representação da realidade, ainda que inescusável (evitável pela diligência normal do agente que labora em erro).

JURISPRUDÊNCIA COMENTADA: A controvérsia acerca da exigência de escusabilidade do erro reflete-se em nossa jurisprudência. Não é raro encontrar decisões sustentando que "o erro que enseja a anulação de negócio jurídico, além de essencial, deve ser escusável, decorrente da falsa representação da realidade própria do homem mediano, perdoável, no mais das vezes, pelo desconhecimento natural das circunstâncias e particularidades do negócio jurídico. Vale dizer, para ser escusável, o erro deve ser de tal monta que qualquer pessoa de inteligência mediana o cometeria" (STJ, REsp 744.311/MT, 4.ª Turma, Rel. Min. Luis Felipe Salomão, j. 19.08.2010). Por outro lado, colhe-se no próprio STJ decisões em sentido oposto, afirmando expressamente que "de acordo com o art. 138 do CC/2002, não é necessário que o erro seja escusável ou justificável para que se dê a anulabilidade do negócio jurídico" (STJ, REsp 1.492.611/MG, 3.ª Turma, Rel. Min. Moura Ribeiro, j. 22.08.2017).

REFORMA DO CÓDIGO CIVIL: O Anteprojeto propõe acrescentar ao artigo a expressa afirmação da irrelevância da escusabilidade do erro, pondo fim à celeuma suprarrelatada.

Art. 139. O erro é substancial quando:

I – interessa à natureza do negócio, ao objeto principal da declaração, ou a alguma das qualidades a ele essenciais;

II – concerne à identidade ou à qualidade essencial da pessoa a quem se refira a declaração de vontade, desde que tenha influído nesta de modo relevante;

III – sendo de direito e não implicando recusa à aplicação da lei, for o motivo único ou principal do negócio jurídico.

COMENTÁRIOS DOUTRINÁRIOS: Após apontar a substancialidade como requisito do erro (art. 138), o Código tenta precisar o que se deve entender por erro substancial. Em linhas gerais, pode-se definir o *erro substancial* como aquele que recai sobre circunstâncias essenciais para a declaração de vontade, de modo que, fosse correta a representação da realidade, o agente não teria celebrado o negócio jurídico, tal como o fez. Os incisos do art. 139 especificam os casos em que o erro deve ser reputado substancial. O inciso I aponta como substancial o erro que interessa a) à *natureza do negócio* (*error in* *negotio*): o agente pensa estar celebrando negócio diverso do efetivo (*v.g.* assina contrato de doação supondo se tratar de compra e venda); b) ao *objeto principal da declaração* (*error in corpore*): o agente representa falsamente o bem que compõe o objeto da relação (pensa estar alienando uma cópia de uma pintura, quando, em verdade, está alienando o original); e c) às *qualidades essenciais ao objeto* (*error in susbstantia*): o agente tem falsa representação da realidade não sobre o bem em si, mas sobre suas características (compra bijuterias prateadas acreditando se tratar de prata). O inciso II do artigo em comento refere-se ao *erro quanto à pessoa* (*error in persona*) a quem se refere a declaração, que pode recair sobre a identidade desta (contrata certa pessoa acreditando se tratar de pessoa homônima) ou sobre suas qualidades (contrata professora de idioma acreditando se tratar de nativa da língua, quando não o é). O Código Civil de 2002 inovou ao considerar substancial, no inciso III do artigo em comento, o *erro de direito* (*error iuris*) se, "não implicando recusa à aplicação de lei, for o motivo único ou principal do negócio jurídico". O erro de direito consiste na falsa representação acerca do direito aplicável ou de sua interpretação. A noção choca-se, aparentemente, com a máxima *nemo jus ignorare consetur* (a ninguém é dado ignorar a lei), consubstanciada no art. 3º da Lei de Introdução às Normas do Direito Brasileiro. No erro de direito, contudo, não se trata de se escusar da aplicação da lei, com o argumento de não a conhecer, mas tão somente de permitir a anulação do negócio jurídico, com efeitos apenas entre as partes. Registre-se, por fim, que o rol do art. 139 não deve ser interpretado de modo taxativo, devendo ser considerado substancial todo erro que tenha tido influência determinante na celebração do negócio jurídico.

JURISPRUDÊNCIA COMENTADA: Exemplo de erro de direito que se extrai da jurisprudência do Superior Tribunal de Justiça diz respeito à aquisição de imóvel por quem, sendo seu possuidor por muitos anos, já o havia usucapido ao tempo do negócio. Decidiu, na ocasião, o STJ que "não parece crível que uma pessoa faria negócio jurídico para fins de adquirir a propriedade de coisa que já é de seu domínio, porquanto o comprador já preenchia os requisitos da usucapião quando, induzido por corretores da imobiliária, ora recorrente e também proprietária, assinou contrato de promessa de compra e venda do imóvel que estava em sua posse *ad usucapionem*. Portanto, incide o brocardo *nemo plus iuris*, isto é, ninguém pode dispor de mais direitos do que possui" (STJ, REsp 1.163.118/RS, 4.ª Turma, Rel. Min. Luis Felipe Salomão, j. 20.05.2014).

Art. 140. O falso motivo só vicia a declaração de vontade quando expresso como razão determinante.

COMENTÁRIOS DOUTRINÁRIOS: Em regra, os motivos que levam o agente a emitir sua declaração de vontade afiguram-se irrelevantes para o Direito Civil. A frustração da motivação subjetiva, interna e psicológica de uma ou ambas as partes, não produz efeito algum sobre o negócio jurídico celebrado. Como já advertiam os romanos, *falsa causa non nocet*. Daí afirmar o art. 140 que o falso motivo apenas viciará a declaração de vontade "quando expresso como razão determinante". Assim, quem adquire um livro em uma livraria para presentear certa pessoa acreditando ser seu aniversário não pode, a princípio, pretender anular o contrato de compra e venda da obra, sob o argumento de que se equivocou acerca da data. A livraria nada tem com o motivo subjetivo da aquisição, salvo se as próprias partes tiverem expressamente convertido tal motivo em uma razão determinante do negócio jurídico. Não há, todavia, necessidade de que se use, expressamente, a fórmula "razão determinante", mas tão somente que se possa extrair do negócio jurídico celebrado a explicitação do motivo como essencial à conclusão do ajuste. Não raro, o motivo que leva as partes a contratar vem expresso nos contratos sob a forma de "considerando", o que nem por isso deixa de atender ao requisito de explicitação exigido pelo art. 140 do nosso Código Civil. Registre-se que, sem prejuízo da literalidade do artigo em comento, parte da doutrina discute se, para a configuração do erro sobre motivo, é realmente necessário que tal motivo reste "expresso" como razão determinante do negócio jurídico. É instigante notar, por exemplo, que, no art. 139, III, do Código Civil, ao tratar do erro de direito, não exige o legislador o caráter expresso, limitando-se a aludir ao erro de direito como "motivo único ou principal" do negócio. Assim o faz seguramente porque o conhecimento (verdadeiro ou falso) das leis subjaz à contratação, não a integrando em termos expressos normalmente. Em outras palavras, não é usual que se inscreva como premissa de um instrumento contratual a interpretação que as partes reservam às regras legais. Entretanto, se não é necessário ser "expresso" o motivo jurídico, com maior razão não precisaria ser expresso o motivo fático, podendo ser considerada viciada a vontade desde que se identifique o falso motivo como razão determinante do negócio jurídico, assim entendida não apenas a razão expressa no negócio jurídico, mas também aquela que resulte inequivocamente das circunstâncias.

JURISPRUDÊNCIA COMENTADA: No intuito de preservar a segurança do tráfego negocial, a jurisprudência brasileira, de modo geral, tem sido rigorosa na exigência de que o motivo conste expressamente do negócio: "De acordo com o artigo 140 do Código Civil, o falso motivo só vicia a declaração de vontade quando expresso como razão determinante do negócio jurídico. Para alguns autores, como Daniel Eduardo Carnacchioni, o motivo expresso não precisa estar escrito, podendo ser comprovado por outras formas. [...] Essa, porém, não parece ser a melhor exegese do dispositivo legal em análise. J. M. Carvalho Santos, comentando o artigo 90 do Código Civil de 1916 (que corresponde ao atual artigo 140), assenta a necessidade de indicação induvidosa, expressa, do motivo. [...] No caso dos autos, o motivo para a realização do negócio não está previsto expressamente no contrato firmado entre as partes. [...] Apesar de o contrato não apontar expressamente o motivo determinante para a realização do negócio jurídico, a Corte de origem entendeu ser possível concluir, a partir da interpretação do contrato e da análise de sua execução, que a intenção da recorrida ao firmar o negócio era a compensação dos créditos. [...] No entanto, de acordo com a dicção do artigo 140 do Código Civil, a identificação de 'potenciais motivos' ou de suposta intenção não é suficiente para anular o contrato, pois somente a declaração expressa do motivo no instrumento consegue imprimir-lhe a qualidade de determinante, ensejando a anulação do negócio jurídico caso não se confirme. Nesse contexto, o motivo alegado pela recorrida, isto é, a pretensão de compensar os créditos, ainda que frustrada, é irrelevante na hipótese, permanecendo, também sob essa perspectiva, hígida a contratação havida entre as partes" (STJ, REsp 1.645.719/RJ, 3.ª Turma, Rel. Min. Ricardo Villas Bôas Cueva, j. 21.11.2017).

Art. 141. A transmissão errônea da vontade por meios interpostos é anulável nos mesmos casos em que o é a declaração direta.

COMENTÁRIOS DOUTRINÁRIOS: A declaração de vontade que forma o negócio jurídico pode ser manifestada pelo declarante direta ou indiretamente, por "meios interpostos", assim compreendidos tanto as pessoas (mensageiros) quanto os instrumentos (*e-mail*, *fax*, e mesmo os mais modernos aplicativos de mensagens instantâneas) empregados para exteriorizar a vontade declarada. Admite o Código que o erro ocorra justamente nesse processo de transmissão da declaração de vontade. É o caso do mensageiro que transmite declaração diversa daquela enviada. Para que se autorize a anulação do negócio nessas circunstâncias, faz-se necessária a presença dos mesmos requisitos exigidos para a configuração do erro na declaração direta: ser o erro em questão substancial e cognoscível.

REFORMA DO CÓDIGO CIVIL: O Anteprojeto propõe acrescentar ao artigo a explicitação de que os meios interpostos podem ser "físicos ou virtuais".

Art. 142. O erro de indicação da pessoa ou da coisa, a que se referir a declaração de vontade, não viciará o negócio quando, por seu contexto e pelas circunstâncias, se puder identificar a coisa ou pessoa cogitada.

COMENTÁRIOS DOUTRINÁRIOS: Ao erro substancial opõe-se o *erro acidental ou incidental*, que recai sobre aspectos secundários do negócio jurídico, não ensejando discrepância entre a vontade declarada e a vontade real que justifique a anulação da declaração de vontade. O erro acidental não chega a ser suficiente para que se conclua que o declarante teria deixado de celebrar o negócio jurídico, na sua ausência. Exemplo de erro acidental é a menção equivocada ao estado civil de um sujeito contemplado em ato de última vontade, que não será capaz de anular a disposição testamentária, caso seja possível a identificação do beneficiado.

Art. 143. O erro de cálculo apenas autoriza a retificação da declaração de vontade.

COMENTÁRIOS DOUTRINÁRIOS: Outra espécie de *erro acidental* trazida pelo Código Civil é o mero *erro de cálculo*, fruto de operação aritmética defeituosa, o qual autoriza apenas a retificação do negócio jurídico, não a sua anulação. Trata-se de erro não substancial.

Art. 144. O erro não prejudica a validade do negócio jurídico quando a pessoa, a quem a manifestação de vontade se dirige, se oferecer para executá-la na conformidade da vontade real do manifestante.

COMENTÁRIOS DOUTRINÁRIOS: O art. 144 permite ao destinatário da declaração de vontade viciada em erro evitar a anulação do negócio jurídico, oferecendo-se para cumprir o negócio jurídico em conformidade com a real intenção do declarante. Trata-se de exceção (defesa) que se mostra consentânea com o *princípio da conservação dos negócios jurídicos*, podendo ser invocada na própria contestação da ação anulatória.

SEÇÃO II

DO DOLO

Art. 145. São os negócios jurídicos anuláveis por dolo, quando este for a sua causa.

COMENTÁRIOS DOUTRINÁRIOS: *Dolo* é, em suma, o erro provocado. Tem-se dolo quando a falsa representação da realidade que influencia a declaração de vontade do agente não é espontânea, tendo origem em conduta comissiva ou omissiva, mas sempre deliberada, da contraparte ou de terceiro. A exemplo do erro, o dolo só provoca a anulabilidade do negócio jurídico quando tenha influenciado de modo determinante na sua celebração. Trata-se do chamado *dolus causam dans* ou *dolo principal*, que recai sobre aspecto essencial do negócio jurídico, de tal modo que se possa afirmar que o negócio não teria sido celebrado se não tivesse ocorrido a indução maliciosa em erro. Exige-se, ainda, que o meio empregado pelo agente malicioso seja idôneo a provocar o erro. Assim, certos artifícios, que poderiam ser considerados enganosos em relação a um consumidor, podem não ser suficientes a caracterizar o dolo em uma relação entre comerciantes ou empresários especializados no objeto do negócio. Não se deve confundir a) o dolo como defeito do negócio jurídico, e b) o dolo como modalidade de culpa, elemento do ato ilícito, que se revela na conduta intencionalmente dirigida a causar prejuízo a outrem (v. comentários ao art. 186). Embora ambas as noções assentem sobre a intenção nociva do agente, trata-se de conceitos distintos que possuem papel e efeitos próprios na dogmática do Direito Civil. O dolo de que trata o artigo em comento é o dolo-defeito, vício do consentimento, que gera a anulabilidade do negócio jurídico. No âmbito do dolo-defeito, a doutrina distingue, ainda, a) o *dolus malus*; e b) o *dolus bonus*. O *dolus malus* seria o dolo propriamente dito: aquele que se caracteriza pela vontade de iludir, com o propósito de prejudicar o declarante. Já o *dolus bonus* consistiria naquele conjunto de práticas usuais do comércio que não têm o escopo de iludir ou prejudicar, como a prática de enfatizar as qualidades do bem a ser vendido ou os exageros habitualmente utilizados na publicidade comercial. O *dolus bonus* não seria suficiente, segundo tal entendimento, para atrair os efeitos jurídicos do dolo. Aqui, cumpre distinguir, todavia, entre os exageros insuscetíveis de induzir em erro o declarante e, de outro lado, aquelas informações objetivamente falsas que podem acabar por iludi-lo. É certo que a ordem jurídica brasileira admite o *puffing*, prática publicitária voltada a enaltecer as características do produto, por vezes de modo exacerbado, mas sempre inofensivo (como nos *slogans* "o perfume que você nunca mais vai esquecer", "a cerveja mais saborosa do mundo" e assim por diante). Nossa legislação consumerista coíbe, no entanto, a publicidade enganosa, aquela que, utilizando informações inverídicas, pode produzir falsa representação da realidade (CDC, art. 37).

JURISPRUDÊNCIA COMENTADA: O Tribunal de Justiça do Rio de Janeiro entendeu restar configurado dolo na celebração de contrato de cessão de direitos de posse e uso sobre bem imóvel em relação ao qual existia vultosa dívida em aberto com o Fisco, apesar de constar no instrumento contratual cláusula segundo a qual todos os débitos fiscais se encontravam quitados: "Verifica-se que as partes celebraram contrato de cessão de direitos de posse e uso sobre imóvel no valor de R$ 36.000,00, bem como que o imóvel adquirido possui dívidas fiscais de R$ 67.198,79, sendo certo que a cláusula primeira do mencionado documento consta que as taxas e impostos até então incidentes se encontram quitados perante as respectivas Fazendas Públicas. [...] Outrossim, deve-se ressaltar, ainda, que os réus se limitaram a afirmar a legalidade do contrato, sob o fundamento de que, considerando o preço do valor venal apresentado e valor negociado, o imóvel foi vendido por um preço justo mesmo com a dívida que o apelado alega que desconhecia. Por outro lado, como bem salientado pelo juízo monocrático, a afirmação defensiva deixa claro que os réus tinham plena ciência da dívida fiscal no momento em que celebraram o negócio com o autor, sendo certo que não foi produzida qualquer prova de que essa informação foi repassada ao autor, tudo em franca dissonância com a Cláusula Primeira do pacto. Desta forma, no caso em exame, o autor logrou comprovar a ocorrência do dolo principal, previsto no artigo 145 do Código Civil. Registre-se que o valor da dívida fiscal equivale a aproximadamente 94% do valor pago pelo apelado" (TJRJ, Apelação Cível 0021444-03.2011.8.19.0066, 16.ª Câmara Cível, Rel. Des. Marco Aurélio Bezerra de Melo, j. 26.09.2014).

Art. 146. O dolo acidental só obriga à satisfação das perdas e danos, e é acidental quando, a seu despeito, o negócio seria realizado, embora por outro modo.

COMENTÁRIOS DOUTRINÁRIOS: O artigo em comento trata do *dolo incidental ou acidental (dolus incidens)*, assim entendido aquele a despeito do qual "o negócio seria realizado, embora por outro modo". O dolo acidental não compromete fundamentalmente a formação do negócio, mas recai sobre aspecto que, se verdadeiramente conhecido, conduziria a uma declaração de vontade em termos diversos. Por isso, produz tão somente o dever de indenizar as perdas e danos, mas não resulta na anulabilidade do negócio jurídico.

Art. 147. Nos negócios jurídicos bilaterais, o silêncio intencional de uma das partes a respeito de fato ou qualidade que a outra parte haja ignorado, constitui omissão dolosa, provando-se que sem ela o negócio não se teria celebrado.

COMENTÁRIOS DOUTRINÁRIOS: O dolo pode se verificar *por omissão*, quando uma das partes silencia sobre fato ou qualidade essencial à celebração do negócio jurídico. O dever de informação, imposto pela boa-fé objetiva também na fase pré-contratual, realça a repressão ao dolo omissivo. São exemplos de dolo por omissão a venda de automóvel entre particulares sem a informação de que sofrera amplo conserto por força de severo acidente (a chamada "perda total") ou a locação de imóvel por locador que silencia quanto à existência de vazamentos nas instalações hidráulicas do apartamento ou mesmo de conflitos de vizinhança recorrentemente gerados por excesso de ruído, se tinha conhecimento desses problemas.

JURISPRUDÊNCIA COMENTADA: O STJ já admitiu a possibilidade de se extrair, de um mesmo contexto fático, a configuração simultânea de dolo comissivo e omissivo: "Verifica-se disso e diante do cotejo dos autos, que há uma linha tênue entre o dolo e o erro. Isso porque parece ter havido, também, um induzimento malicioso à prática de ato prejudicial ao autor com o propósito de obter uma declaração de vontade que não seria emitida se o declarante não tivesse sido ludibriado – dolo (art. 92 do CC/1916). Em verdade, o dolo que enseja anulação não é apenas o comissivo, mas também o omissivo. [...] ao que se depreende, seja pelo dolo comissivo de efetuar manobras para fins de obtenção de uma declaração de vontade, seja pelo dolo omissivo na ocultação de fato relevante – ocorrência da usucapião –, entendo que também por esse motivo, há de se anular o negócio jurídico em comento" (STJ, REsp 1.163.118/RS, 4.ª Turma, Rel. Min. Luis Felipe Salomão, j. 20.05.2014).

Art. 148. Pode também ser anulado o negócio jurídico por dolo de terceiro, se a parte a quem aproveite dele tivesse ou devesse ter conhecimento; em caso contrário, ainda que subsista o negócio jurídico, o terceiro responderá por todas as perdas e danos da parte a quem ludibriou.

COMENTÁRIOS DOUTRINÁRIOS: O dolo nem sempre é fruto da malícia da contraparte, podendo resultar da interferência de pessoa estranha ao negócio jurídico. Trata-se do chamado dolo de terceiro. Com relação a este tema, o art. 148 contempla duas situações diversas. Na primeira, a parte que se aproveita do dolo tem, ou ao menos deveria ter, conhecimento acerca dele. Neste caso, soma-se ao dolo do terceiro a omissão dolosa da contraparte, que é conivente com a malícia. O Código autoriza, nessa hipótese, tanto a anulação do negócio quanto a responsabilização do terceiro e da parte beneficiada – responsabilidade em relação à qual a doutrina tem se inclinado por atribuir natureza solidária, em que pese a ausência de expressa previsão legal nesse sentido. Na segunda situação contemplada pelo artigo em comento, não se cogita do conhecimento pela contraparte, razão pela qual a ordem jurídica não lhe impõe o ônus de suportar o desfazimento do negócio, que se mantém hígido, sem prejuízo da responsabilidade do terceiro perante a vítima pelos danos que esta última tenha sofrido.

Art. 149. O dolo do representante legal de uma das partes só obriga o representado a responder civilmente até a importância do proveito que teve; se, porém, o dolo for do representante convencional, o representado responderá solidariamente com ele por perdas e danos.

COMENTÁRIOS DOUTRINÁRIOS: O dolo do representante torna anulável o negócio no qual figura o representado, em razão da dinâmica própria da representação (v. comentários ao art. 115). O representante que causou o dolo sempre responderá pelos danos decorrentes de sua conduta. O legislador, contudo, diferencia o regime de responsabilidade do representado, a depender da espécie de representação. Em se tratando de *representação convencional*, o representado responde *solidariamente* com o representante por todos os danos causados. Tal opção justifica-se diante da contribuição causal do representado para o dano, pois é o próprio representado quem, ao escolher mal o seu representante, deu ensejo ao vício. A doutrina identifica aí, usualmente, culpa *in eligendo* ou *in vigilando* do representado, mas o art. 149 não chega a exigir a demonstração pela vítima de qualquer tipo de culpa por parte do representado, que também não poderá se eximir de responsabilidade se demonstrar que agiu com diligência ímpar na sua escolha. Por outro lado, em se tratando de *representação legal*, o representado não possui, em regra, nenhuma participação na escolha do representante. Daí por que o legislador lhe atribui responsabilidade pelos danos sofridos pela vítima, em regime atenuado: a) fixando como valor máximo de indenização "a importância do proveito que teve"; e b) afastando a solidariedade com o representante no dever de reparar os danos causados. A limitação do valor da reparação ao valor do proveito obtido revela alguma confusão entre o direito de danos (responsabilidade civil) e o direito restitutório (vedação ao enriquecimento sem causa). Como o dispositivo não cogita de culpa ou criação de risco por parte do representado, fatores de imputação do dever de indenizar no Direito Brasileiro, a solução reservada pelo legislador nessa hipótese parece não se configurar tanto como uma "responsabilização atenuada" – como defende parte da doutrina –, mas como verdadeira hipótese de exclusão do enriquecimento injusto. Daí decorreria, contudo, solução diversa: somente o representante responderia pelos danos, enquanto ao representado caberia restituir o lucro que eventualmente tenha obtido em razão do negócio.

Art. 150. Se ambas as partes procederem com dolo, nenhuma pode alegá-lo para anular o negócio, ou reclamar indenização.

COMENTÁRIOS DOUTRINÁRIOS: Se ambas as partes agiram com dolo, nenhuma delas poderá alegá-lo para anular o negócio ou reclamar indenização. Trata-se do chamado *dolo recíproco*, que conduz à neutralização dos efeitos do dolo, de parte a parte. Guardadas as devidas distinções, a vedação à invocação do dolo recíproco encontra algum paralelo na tradição jurídica do *Common Law*, mais especificamente na máxima segundo a qual *equity must come with clean hands* (a equidade deve vir com mãos limpas).

SEÇÃO III

DA COAÇÃO

Art. 151. A coação, para viciar a declaração da vontade, há de ser tal que incuta ao paciente fundado temor de dano iminente e considerável à sua pessoa, à sua família, ou aos seus bens.

Parágrafo único. Se disser respeito a pessoa não pertencente à família do paciente, o juiz, com base nas circunstâncias, decidirá se houve coação.

COMENTÁRIOS DOUTRINÁRIOS: Coação é a ameaça de dano mediante a qual se constrange alguém a celebrar um negócio jurídico. A ameaça deve ser de tal intensidade que seja capaz de incutir no coacto um fundado temor. A doutrina sustenta, nesse sentido, que a) a ameaça deve ser *séria* e crível, enquanto b) o dano prometido deve ser suficientemente *grave*. Somente diante dessas circunstâncias pode-se reputar comprometida a vontade do coacto ao celebrar o negócio jurídico. O dano deve ser, ainda, c) *iminente*, assim entendido o dano que está prestes a acontecer: a ameaça de dano remoto, bem como a ameaça genérica não se mostram aptos a viciar o negócio jurídico por coação. A lesão prometida pelo coator, segundo o artigo em exame, pode ser endereçada a) ao próprio coacto (também denominado coagido ou paciente); b) à família do coacto; ou c) aos seus bens. Inovando em relação à codificação anterior, o parágrafo único admite também a configuração de coação quando d) a ameaça se dirigir a pessoa não pertencente à família daquele que sofre a coação. O legislador não exige qualquer vínculo entre o coacto e a vítima potencial, deixando ao juiz a tarefa de analisar as circunstâncias do caso para determinar se a ameaça se revela capaz de afetar a formação da vontade do coacto. A doutrina suscita também hipótese curiosa de coação mediante a ameaça de dano ao próprio coator, como no caso do filho que, para obter uma doação do pai, ameaça se suicidar ou se ferir. Em qualquer dessas hipóteses, a coação de que se cogita é a coação moral (*vis compulsiva*), e não a coação calcada em violência física (*vis absoluta*), que retira ao agente qualquer capacidade de escolha, suprimindo sua vontade. Se alguém, por exemplo, aponta uma arma a outra pessoa, ordenando que assine o contrato, o negócio jurídico daí resultante não será anulável, mas inexistente, por ausência absoluta de vontade do ameaçado. Não se terá aí vício do consentimento, mas absoluta ausência de consentimento, razão pela qual o negócio jurídico nem chega a existir. Falta-lhe um elemento essencial, resolvendo-se a questão no plano da existência, e não da validade (sobre a teoria da inexistência, v. comentários ao art. 104). O Código Civil de 1916 exigia, ainda, que o dano ameaçado fosse "igual, pelo menos, ao receiável do ato extorquido" (art. 98). A orientação encontrava origem na tradição romana, segundo a qual a coação exigia *timor maioris malitatis* (literalmente, o temor de um mal maior). A exigência afigurava-se inadequada, por impor excessiva dificuldade ao coagido, que seria forçado a dosar, em especial situação de perigo, a correspondência quantitativa entre dois danos futuros: aquele que era objeto da ameaça e aquele que lhe resultaria do negócio jurídico a ser celebrado sob coação. Além disso, podendo a ameaça recair sobre aspectos do patrimônio ou da personalidade da vítima ou, ainda, de seus familiares, a diversidade de natureza dos interesses envolvidos poderia impedir uma comparação quantitativa entre o dano ameaçado e o prejuízo material advindo do negócio jurídico que o coagido se vê compelido a celebrar. Caminhou bem, portanto, o Código Civil de 2002 ao suprimir o requisito do dano "igual, pelo menos, ao receiável".

JURISPRUDÊNCIA COMENTADA: A grande maioria das ações fundadas na alegação de coação são julgadas improcedentes em nossa jurisprudência por não restar caracterizado o "fundado temor de dano iminente e considerável". É possível encontrar em acórdão da lavra do Tribunal de Justiça do Rio de Janeiro situação exemplificativa da configuração do instituto, que tem sido reconhecida em casos drásticos: "Na petição inicial narra a autora, em síntese, que é mãe do Réu, com quem reside, além de sua mulher, enteada, uma neta e o cunhado que era interditado e, por ela, era cuidado (hoje já falecido). Aduz que por muito tempo já vinha ela e o cunhado interditado sofrendo maus-tratos pelo filho, por sua companheira e enteada, com agressões físicas e morais, que fora inclusive afastado da residência, decisão do II Juizado da Violência Doméstica e Familiar contra a mulher, no Processo 2007.205.016029-2. Sustenta a autora que, por denúncia ao Ministério Público, após estudo social realizado, que comprovou as privações e agressões contra o interditado, de forma que o Réu não lhe dava devida assistência, como curador, inclusive apropriando-se de numerário da pensão do interditado, fora ajuizada ação de remoção do curador, que fora extinta sem julgamento do mérito, em razão do falecimento do interditado. Assim, conta a autora que temia pela perda da casa, posto que descobriu que seu filho que lhe administrava o dinheiro não vinha honrando com o parcelamento da casa e vivia sob ameaças. Nesse quadro, ao fim, fora coagida a firmar com o Réu, seu filho, o contrato em questão, sobre o imóvel em que residem, transferindo-lhe os direitos aquisitivos sobre o bem, sem ao mesmo saber direito de seu conteúdo, posto que lhe foi permitida a consulta a um advogado. [...] Ressalte-se que todo acervo probatório dos autos é no sentido de corroborar a tese autoral. [...] Resta claro o preenchimento do requisito subjetivo para configuração da coação alegada pela autora, na forma do artigo 151 do Código Civil, viciando a declaração de vontade aposta no negócio jurídico entabulado com réu, em face do fundado temor criado com toda a situação e, principalmente, naquele momento específico" (TJRJ, Apelação 0011997-64.2008.8.19.0205, 9.ª Câmara Cível, Rel. Des. Inês da Trindade Chaves de Melo, j. 18.10.2011).

Art. 152. No apreciar a coação, ter-se-ão em conta o sexo, a idade, a condição, a saúde, o temperamento do paciente e todas as demais circunstâncias que possam influir na gravidade dela.

COMENTÁRIOS DOUTRINÁRIOS: Na avaliação da ameaça, deve-se levar em consideração não o homem médio, mas a própria vítima da coação, sua idade, seu estado de saúde, seu temperamento e demais características pessoais que possam influenciar na repercussão real da ameaça. Há, por exemplo, determinadas ameaças que repercutem mais intensamente sobre pessoas idosas ou sobre minorias sexuais. Ao intérprete compete, aqui, empregar um *critério concreto*, e não abstrato, a fim de aferir a gravidade da ameaça para fins de configuração da coação.

REFORMA DO CÓDIGO CIVIL: O Anteprojeto propõe substituir as circunstâncias ilustrativamente listadas no dispositivo por uma referência mais abrangente às "condições e características pessoais do coato", além de acrescer à parte final do enunciado normativo o seguinte trecho: "levando-o a tomar decisão que não tomaria em outras circunstâncias".

Art. 153. Não se considera coação a ameaça do exercício normal de um direito, nem o simples temor reverencial.

COMENTÁRIOS DOUTRINÁRIOS: A coação não se configura diante da ameaça de exercício normal de um direito ou de simples temor reverencial. *Temor reverencial* é o medo de desagradar figuras de autoridade, em relação às quais se tem especial admiração ou respeito, como pais, professores, médicos, patrões e sacerdotes. O temor reverencial não exprime verdadeira ameaça, tendo origem no interior da mente do paciente, razão pela qual, tecnicamente, não configura coação. Ao se referir ao "simples" temor reverencial, o legislador ressalva as situações em que, se valendo de seu impacto sobre a psicologia do coacto, a figura de autoridade realiza uma efetiva ameaça, aí sim configurando-se a coação. O *exercício normal de um direito* tampouco configura ameaça para fins de coação, pois não promete mal injusto, mas resultado esperado e em conformidade com o ordenamento. Assim, a promessa de ajuizar ação de despejo caso não seja pago o aluguel devido ou a promessa de resolver o contrato caso o inadimplemento não seja sanado não configuram coação. Note-se que o exercício do direito deve ser *regular*, isto é, legítimo à luz da ordem jurídica. A ameaça de exercício *abusivo* de um direito (v. comentários ao art. 187) pode, por outro lado, configurar coação.

JURISPRUDÊNCIA COMENTADA: O Tribunal de Justiça do Rio de Janeiro já qualificou como mero temor reverencial, inapto a justificar a anulação do ato, o casamento "realizado sob pressão de instituição religiosa" (TJRJ, Apelação 0001108-93.2004.8.19.0204, 7.ª Câmara Cível, Rel. Des. André Gustavo Corrêa de Andrade, j. 07.11.2007).

Art. 154. Vicia o negócio jurídico a coação exercida por terceiro, se dela tivesse ou devesse ter conhecimento a parte a que aproveite, e esta responderá solidariamente com aquele por perdas e danos.

COMENTÁRIOS DOUTRINÁRIOS: O presente artigo e o artigo seguinte tratam da *coação exercida por terceiro*. Tal qual ocorre no dolo de terceiro (art. 148), o legislador se vale aqui do critério do conhecimento da parte beneficiada sobre a existência do vício. Se a parte beneficiada conhecia ou devia conhecer a existência de coação, torna-se anulável o negócio, respondendo beneficiário e coator solidariamente perante a vítima por todos os danos causados. Entende-se que a parte beneficiada contribuiu para o vício, devendo suportar integralmente seus efeitos. A hipótese oposta é tratada no artigo seguinte (v. comentários ao art. 155).

Art. 155. Subsistirá o negócio jurídico, se a coação decorrer de terceiro, sem que a parte a que aproveite dela tivesse ou devesse ter conhecimento; mas o autor da coação responderá por todas as perdas e danos que houver causado ao coacto.

COMENTÁRIOS DOUTRINÁRIOS: Se a parte beneficiada pela *coação exercida por terceiro* não tinha nem devia ter conhecimento acerca da coação praticada, prestigia-se a sua boa-fé, preservando-se a validade do negócio celebrado mediante coação. Já o coator deverá responder por todos os danos causados ao coacto.

SEÇÃO IV
DO ESTADO DE PERIGO

Art. 156. Configura-se o estado de perigo quando alguém, premido da necessidade de salvar-se, ou a pessoa de sua família, de grave dano conhecido pela outra parte, assume obrigação excessivamente onerosa.

Parágrafo único. Tratando-se de pessoa não pertencente à família do declarante, o juiz decidirá segundo as circunstâncias.

COMENTÁRIOS DOUTRINÁRIOS: Inovou o Código Civil de 2002 ao incluir entre os defeitos do negócio jurídico a figura do *estado de perigo*, definido como a situação na qual "alguém, premido da necessidade de salvar-se, ou a pessoa de sua família, de grave dano conhecido pela outra parte, assume obrigação excessivamente onerosa". É o caso, por exemplo, da pessoa que, precisando de tratamento médico urgente, concorda em pagar quantia desproporcional ao procedimento que será efetuado ou deixar cheque em branco assinado na recepção do hospital. É, ainda, o caso da pessoa que, sujeita a violência iminente, aceita pagar preço excessivo pelo seu transporte a outra região da cidade. Há autores que enxergam similitude entre o estado de perigo e a coação (art. 151). Todavia, enquanto na coação a ameaça ou violência provém de uma pessoa interessada na prática do ato, no estado de perigo a ameaça decorre de simples circunstâncias de fato, que exercem decisiva influência na declaração da vontade do agente. A exemplo do que ocorre na coação, o legislador deixa a critério do juiz, na avaliação das circunstâncias concretas, a configuração do estado de perigo diante de risco que recaia sobre pessoa não pertencente à família do declarante. Para outros autores, o estado de perigo constitui mera especificação do instituto da lesão (v. comentários ao art. 157). Nosso Código Civil, contudo, cuida dos dois defeitos em separado, ainda que com notáveis semelhanças. Com efeito, a exemplo do que faz em relação à lesão, o legislador exige, para a configuração do estado de perigo, dois elementos: a) o elemento subjetivo; e b) o elemento objetivo. O elemento objetivo do estado de perigo consubstancia-se na assunção de obrigação excessivamente onerosa. A expressão não é idêntica àquela empregada na disciplina da lesão, na qual o Código Civil fala em "prestação manifestamente desproporcional ao valor da prestação oposta", mas a doutrina brasileira trata ambas as referências como sinônimas. É de se registrar, todavia, que o conceito legal do estado de perigo permitiria, em teoria, sua aplicação também a contratos unilaterais, como a doação, o que já não ocorre na lesão, em que o legislador alude expressamente à "prestação oposta". O elemento subjetivo é exigido pelo Código Civil na disciplina do estado de perigo tanto em relação à vítima como em relação à parte que se beneficia do negócio jurídico. Em relação à vítima, o elemento subjetivo caracteriza-se pela *situação de inferioridade* em que se encontra, qualificada pela necessidade de salvar a si ou a pessoa de sua família de grave dano. Já em relação à parte beneficiada, o elemento subjetivo caracteriza-se pelo *estado de consciência* quanto à ameaça que paira sobre o declarante. Com efeito, o Código Civil exige o conhecimento da contraparte a respeito do risco que recai sobre o declarante que se encontra ameaçado pelo perigo. A lei não requer, registre-se, a demonstração de um suposto *dolo de aproveitamento* ou de conduta maliciosa, como sustenta parte da doutrina, mas tão somente que o dano seja "conhecido pela outra parte". O requisito do conhecimento, registre-se, não aparece na disciplina da lesão. Durante a *III Jornada de Direito Civil* promovida pelo Conselho de Justiça Federal, em 2004, foi aprovado o seguinte enunciado: "Ao estado de perigo (art. 156) aplica-se, por analogia, o § 2º do art. 157" (Enunciado n. 148). Significa dizer que pode a parte beneficiada evitar a anulação do negócio jurídico celebrado em estado de perigo "se for oferecido suplemento suficiente, ou se a parte favorecida concordar com a redução do proveito". Trata-se de reflexo do *princípio de conservação dos negócios jurídicos*, que estimula sua preservação sempre que seja possível salvá-lo do vício que o macula. O enunciado contorna uma omissão evidente do Código Civil de 2002, que não alude, na disciplina do estado de perigo, à possibilidade de reequilíbrio do negócio jurídico – que se deve entender possível mesmo por iniciativa da própria parte prejudicada, na esteira da interpretação evolutiva que se tem defendido no tocante à lesão (v. comentários ao art. 157). Aliás, é de se notar que a codificação não alude tampouco ao efeito do estado de perigo: a anulabilidade do negócio jurídico, que se extrai também, por analogia, da disciplina da lesão. Aplicam-se, por fim, ao estado de perigo todas as considerações formuladas sobre a conservação do negócio lesivo, no tocante ao cabimento da ação revisional diretamente pela parte prejudicada (v. comentários ao art. 157).

JURISPRUDÊNCIA COMENTADA: O Superior Tribunal de Justiça já teve a oportunidade de esclarecer que a "obrigação excessivamente onerosa" à qual se refere o art. 156 deve ser interpretada em moldes objetivos, como a exigência de uma desproporção no conteúdo contratual: "O estado de perigo é vício de consentimento dual, que exige, para a sua caracterização, a premência da pessoa em se salvar, ou a membro de sua família e, de outra banda, a ocorrência de obrigação excessivamente onerosa, aí incluída a imposição de serviços desnecessários, conscientemente fixada pela contraparte da relação negocial. O tão só sacrifício patrimonial extremo de alguém, na busca de assegurar a sua sobrevida ou de algum familiar próximo, não caracteriza o estado de perigo, pois embora se reconheça que a conjuntura tenha premido a pessoa a se desfazer de seu patrimônio, a depauperação ocorrida foi conscientemente realizada, na busca pelo resguardo da própria integridade física, ou de familiar. Atividades empresariais voltadas especificamente para o atendimento de pessoas em condição de perigo iminente, como se dá com as emergências de hospitais particulares, não podem ser obrigadas a suportar o ônus financeiro do tratamento de todos que lá aportam em situação de risco à integridade física, ou mesmo à vida, pois esse é o público-alvo desses locais, e a atividade que desenvolvem com fins lucrativos é legítima, e detalhadamente regulamentada pelo Poder Público. Se o nosocômio não exigir, nessas circunstâncias, nenhuma paga exagerada, ou impor a utilização de serviços não necessários, ou mesmo garantias extralegais, mas se restringir a cobrar o justo e usual, pelos esforços realizados para a manutenção da vida, não há defeito no negócio jurídico que dê ensejo à sua anulação" (STJ, REsp 1.680.448/MG, 3.ª Turma, Rel. Min. Nancy Andrighi, j. 22.08.2017).

REFORMA DO CÓDIGO CIVIL: O Anteprojeto propõe a inclusão de novo parágrafo no art. 156, análogo ao atual § 2º do art. 157, permitindo a revisão do negócio jurídico, em vez da sua anulação, caso assim prefira a parte beneficiada pelo estado de perigo. Segue sem previsão expressa, contudo, a possibilidade de a revisão ser pleiteada diretamente pela parte prejudicada – remédio que, como se verá a seguir, o Anteprojeto confere à vítima de lesão.

SEÇÃO V
DA LESÃO

Art. 157. Ocorre a lesão quando uma pessoa, sob premente necessidade, ou por inexperiência, se obriga a prestação manifestamente desproporcional ao valor da prestação oposta.

§ 1º Aprecia-se a desproporção das prestações segundo os valores vigentes ao tempo em que foi celebrado o negócio jurídico.

§ 2º Não se decretará a anulação do negócio, se for oferecido suplemento suficiente, ou se a parte favorecida concordar com a redução do proveito.

COMENTÁRIOS DOUTRINÁRIOS: A lesão é instituto de trajetória milenar, que encontra origem na *laesio enormis* do Direito Romano, vício que assentava exclusivamente sobre a desproporção das prestações contratadas. A lesão chegaria ao Brasil por meio das *Ordenações Filipinas*, sancionadas ao fim do século XVI. Sua evolução na experiência jurídica brasileira restou interrompida pelo Código Civil de 1916, no qual a lesão foi abolida por influência do liberalismo jurídico que enxergava no instituto uma ameaça à segurança das relações negociais. Expulsa pela porta, a lesão acabaria voltando ao Direito Brasileiro pela janela, mais especificamente por meio da norma penal que reprimia o delito de usura real ou pecuniária (art. 4º, *b*, Decreto-lei n. 869/1938). Ali, contudo, a lesão foi tratada sob viés subjetivista, próprio do delineamento de condutas penais. O Código Civil de 2002, embora tenha o mérito de ter trazido a lesão de volta à legislação civil, acabou disciplinando o instituto entre os defeitos do negócio jurídico, cedendo, em parte, aos influxos daquela versão subjetivista. Assim, o art. 157 afirma ocorrer a lesão "quando uma pessoa, sob premente necessidade, ou por inexperiência, se obriga a prestação manifestamente desproporcional ao valor da prestação oposta". Como se vê, ao contrário do que ocorria com a *laesio enormis* romana, a configuração da lesão depende da conjugação de dois elementos: a) o elemento objetivo; e b) o elemento subjetivo. Em relação ao elemento objetivo, o art. 157 alude expressamente à desproporção manifesta da prestação em relação "ao valor da prestação oposta", razão pela qual a doutrina majoritária tem entendido que a lesão se aplica somente aos contratos bilaterais e onerosos, havendo mesmo autores que somente admitem sua incidência em contratos comutativos. Ao contrário, a lesão aplica-se também aos contratos aleatórios, desde que o desequilíbrio não se insira no âmbito do risco expressa ou inequivocamente assumido pelo contratante. Registre-se que o desequilíbrio entre as prestações deve ser *manifesto*, não se qualificando a lesão a partir do mero lucro, ainda que elevado, de uma das partes. O que se coíbe é a desproporção exagerada entre as prestações. O Código Civil deixou de traçar parâmetros fixos, deixando a matéria à apreciação judicial em face dos valores praticados no mercado para hipóteses semelhantes. Historicamente, pode-se colher alguns parâmetros de valor meramente indicativo: o Direito Romano, por exemplo, referia-se à lesão enorme (*laesio enormis*) quando o preço da venda era inferior à *metade do preço justo.* Os canonistas acrescentaram a isso a figura da *lesão enormíssima*, quando a diferença superava *dois* *terços daquele valor*. Do exame do Direito Comparado advêm, ainda, outros critérios, como os *sept douzièmes* (sete doze avos), extraídos da disciplina das vendas de imóveis no Código Civil francês, ou o de *más de la cuarta parte del valor de las cosas* (mais da quarta parte do valor das coisas), empregado pelo Código Civil espanhol ao tratar da lesão em contratos celebrados por tutores. São meros exemplos que não afastam o dever do juiz de avaliar a desproporção à luz do caso concreto e do negócio jurídico especificamente celebrado pelas partes. O desequilíbrio deve estar presente, ademais, já na gênese do contrato. O Código Civil é expresso nesse sentido, ao determinar no § 1º do art. 157 que seja apreciada "a desproporção das prestações segundo os valores vigentes ao tempo em que foi celebrado o negócio jurídico". Assim, se o desequilíbrio advém de fato superveniente à formação do contrato, não há que se invocar a lesão, devendo a parte prejudicada recorrer à resolução ou revisão contratual por onerosidade excessiva (v. comentários aos arts. 478-480 c/c o art. 317). Além do elemento objetivo, consubstanciado na desproporção entre as prestações, exige o legislador a presença de um elemento subjetivo para a configuração da lesão: o contratante que sofre o ônus excessivo deve ter se obrigado "sob premente necessidade, ou por inexperiência" (art. 157). Elevada doutrina enxergou aí a exigência de um *dolo de aproveitamento* de uma parte em relação à inexperiência da outra, entendimento influenciado pela origem penal do retorno da lesão ao Direito Brasileiro. Em que pese a autoridade do ensinamento, a letra da lei foi mais objetiva, não aludindo a nenhuma conduta maliciosa ou intenção de aproveitamento por parte do beneficiado. Nosso Código Civil nem sequer exige o *conhecimento* do beneficiado acerca da situação de necessidade ou inexperiência em que se encontra o declarante – diversamente do que fez em relação ao estado de perigo (v. comentários ao art. 156). Contenta-se com a necessidade ou inexperiência em si, sem ingressar em nenhuma avaliação do comportamento ou propósito da outra parte. Em suma, "a lesão de que trata o art. 157 do Código Civil não exige dolo de aproveitamento" (Enunciado n. 150 da *III Jornada de Direito Civil*). Embora o Código Civil tenha exigido a premente necessidade ou inexperiência do declarante para a configuração da lesão no Direito Brasileiro, o instituto começa a se distanciar dos impulsos voluntaristas para embasar o desenvolvimento de disciplina mais ampla de proteção contra a onerosidade excessiva, calcada em um princípio do equilíbrio contratual que, realmente, possa ser chamado de princípio, em vez de se limitar às regras específicas contidas na codificação. Na experiência internacional, colhem-se, inclusive, exemplos de maior abertura, como o dos *Princípios do Unidroit para os Contratos Comerciais Internacionais*, que apresentam rol bem mais amplo de situações ao tratar da chamada *gross disparity* (art. 3.2.7), instituto assemelhado à nossa lesão. Ali, além da premente necessidade ou inexperiência, alude-se a fatores como o estado de dependência do contratante prejudicado (*dependence*), sua improvidência (*improvidence*) ou, mesmo, sua falta de habilidade negocial (*lack of bargaining skill*), em rol que é, além de tudo, declaradamente exemplificativo (*among other factors*). Tenho sustentado que também o art. 157 do Código Civil brasileiro deve ser interpretado como norma exemplificativa no tocante às suas referências à premente necessidade ou inexperiência do contratante. Tais expressões não devem servir de obstáculo à apreciação de situações semelhantes (como o estado de dependência) que possam não ter tido a fortuna de adentrar o literal enunciado daquela norma. Devem ser abandonadas, ainda, outras posturas hermenêuticas restritivas ao reconhecimento do elemento subjetivo, como aquela segundo a qual "a lesão acarretará a anulação do negócio jurídico quando verificada, na formação deste, a desproporção manifesta entre as prestações assumidas pelas partes, não se presumindo a premente necessidade ou a inexperiência do lesado" (Enunciado n. 290 da *IV Jornada de Direito Civil*). Pelo contrário, em uma perspectiva compromissada com o equilíbrio contratual na formação do contrato, o próprio ingresso do contratante em contrato manifestamente desequilibrado deve servir de indício do especial estado subjetivo exigido pelo art. 157. A celebração de um contrato desequilibrado não é situação normal, afigurando-se suficiente para inverter o ônus da prova em relação à contratação de obrigação manifestamente desproporcional em relação à prestação oposta. Em outras palavras, a verificação do requisito objetivo deve autorizar uma presunção de configuração do requisito subjetivo, cabendo à parte beneficiada pelo desequilíbrio o ônus de provar a ausência deste. O efeito da lesão é a anulabilidade do negócio jurídico. O Código Civil, contudo, prevê expressamente a possibilidade de conservação do negócio por iniciativa da parte beneficiada, que pode oferecer suplemento ou concordar com a redução do seu proveito, de modo a eliminar a excessiva onerosidade. O § 2º do art. 157 afirma que não se decretará a anulação do negócio "se for oferecido suplemento suficiente, ou se a parte favorecida concordar com a redução do proveito". O dispositivo reflete, também aqui, o princípio da conservação dos negócios jurídicos. Tal alternativa, como já se destacou no exame do estado de perigo, deve ser facultada também à parte prejudicada, a quem se deve assegurar o direito de pleitear a revisão do negócio. Com efeito, a revisão judicial do negócio jurídico caracterizado pela lesão pode ocorrer independentemente da iniciativa e da concordância da parte beneficiada. A possibilidade é defendida por bravos autores e restou consagrada no Enunciado n. 291 da *IV Jornada de Direito Civil*: "Nas hipóteses de lesão previstas no art. 157 do Código Civil, pode o lesionado optar por não pleitear a anulação do negócio jurídico, deduzindo, desde logo, pretensão com vista à revisão judicial do negócio por meio da redução do proveito do lesionador ou do complemento do preço". Embora o legislador brasileiro pareça ter se inclinado na direção oposta ao inserir, por meio da Lei n. 13.874/2019 (Lei da Liberdade Econômica), nos arts. 421, parágrafo único, e 421-A, III, referências a um suposto caráter excepcional da revisão contratual, impõe-se ao intérprete prestigiar, nessa matéria, o princípio do equilíbrio contratual, em razão do seu *status* constitucional, calcado na isonomia substancial e na solidariedade social. Compete, portanto, ao intérprete, sempre que possível, privilegiar o reequilíbrio do contrato (por meio da revisão) em detrimento da sua extinção via anulação. Não se pode deixar de registrar que o Código de Defesa do Consumidor também se ocupa do desequilíbrio originário das prestações, reservando ao consumidor proteção mais ampla que ao contratante ordinário, como se vê nos seus arts. 6º, V, e 51, IV. Para parte da doutrina, também aí se está a tratar de lesão, embora os pressupostos sejam mais diminutos se comparados aos do Código Civil. Também o efeito na legislação consumerista é distinto: nulidade ou revisão contratual.

JURISPRUDÊNCIA COMENTADA: O Superior Tribunal de Justiça já decidiu favoravelmente à aplicação do instituto da lesão aos contratos aleatórios: "Consubstancia lesão a desproporção existente entre as prestações de um contrato no momento da realização do negócio, havendo para uma das partes um aproveitamento indevido decorrente da situação de inferioridade da outra parte. O instituto da lesão é passível de reconhecimento também em contratos aleatórios, na hipótese em que, ao se valorarem os riscos, estes forem inexpressivos para uma das partes, em contraposição àqueles suportados pela outra, havendo exploração da situação de inferioridade de um contratante. Ocorre lesão na hipótese em que um advogado, valendo-se de situação de desespero da parte, firma contrato *quota litis* no qual fixa sua remuneração *ad exitum* em 50% do benefício econômico gerado pela causa" (STJ, REsp 1.155.200/DF, 3.ª Turma, Rel. Min. Massami Uyeda, Red. p/ Acórdão Min. Nancy Andrighi, j. 22.02.2011). Já em relação à aferição do requisito subjetivo a jurisprudência do STJ tem caminhado no sentido oposto ao defendido nestes comentários: "Para a caracterização do vício de lesão, exige-se a presença simultânea de elemento objetivo – a desproporção das prestações – e subjetivo – a inexperiência ou a premente necessidade, que devem ser aferidos no caso concreto. Tratando-se de negócio jurídico bilateral celebrado de forma voluntária entre particulares, é imprescindível a comprovação dos elementos subjetivos, sendo inadmissível a presunção nesse sentido" (STJ, REsp 1.723.690/DF, 3.ª Turma, Rel. Min. Ricardo Villas Bôas Cueva, j. 06.08.2019).

REFORMA DO CÓDIGO CIVIL: O Anteprojeto propõe a inclusão de diversos parágrafos no art. 157. O primeiro deles institui uma presunção de configuração da premente necessidade ou da inexperiência do lesado diante da "patente vulnerabilidade ou hipossuficiência da parte". Embora bem-intencionada, buscando a flexibilização da demonstração do elemento subjetivo, a proposta se afigura ainda tímida, a nosso ver, na linha do que já se afirmava nos comentários doutrinários *supra*: o elemento subjetivo da lesão deve ser objeto de presunção relativa a partir da constatação do elemento objetivo, uma vez que a manifesta desproporcionalidade entre prestações traduz, em regra, situação anômala, indiciária de alguma patologia no processo de formação do negócio jurídico. O segundo acréscimo sugerido pelo Anteprojeto consiste na possibilidade de ajuizamento de ação revisional diretamente pela parte prejudicada, na linha do Enunciado n. 291 da *IV Jornada de Direito Civil*. Tal inovação é meritória, mas deveria, a nosso ver, ter sido refletida também na disciplina do estado de perigo. O último parágrafo proposto pelo Anteprojeto explicita que a caracterização da lesão não exige dolo de aproveitamento, em conformidade com o entendimento amplamente majoritário e com o Enunciado n. 150 da *III Jornada de Direito Civil*.

SEÇÃO VI
DA FRAUDE CONTRA CREDORES

Art. 158. Os negócios de transmissão gratuita de bens ou remissão de dívida, se os praticar o devedor já insolvente, ou por eles reduzido

à insolvência, ainda quando o ignore, poderão ser anulados pelos credores quirografários, como lesivos dos seus direitos.

§ 1º Igual direito assiste aos credores cuja garantia se tornar insuficiente.

§ 2º Só os credores que já o eram ao tempo daqueles atos podem pleitear a anulação deles.

COMENTÁRIOS DOUTRINÁRIOS: Configura-se a *fraude contra credores* quando o devedor insolvente, ou na iminência de se tornar insolvente, celebra negócios jurídicos que desfalcam seu patrimônio em detrimento da garantia que tal patrimônio representa para seus credores. São tradicionalmente apontados como elementos caracterizadores da fraude contra credores: a) o *eventus damni*, que é o prejuízo objetivamente causado ao credor, por tornar o devedor insolvente ou por ter agravado ainda mais seu estado de insolvência; e b) o *consilium fraudis*, definido como a intenção do devedor ou do devedor aliado com terceiro de ilidir os efeitos da cobrança pelos credores. Aqui, do mesmo modo que em alguns outros defeitos do negócio jurídico, conjuga-se um elemento objetivo com um elemento subjetivo. A exigência do *consilium fraudis* tem passado por progressiva relativização na ciência jurídica contemporânea, dispensando-se a tormentosa prova da *intenção de prejudicar*, quer nas transmissões gratuitas, quer nas onerosas. A doutrina mais moderna afirma, de fato, que a ordem jurídica não exige uma *intenção* de causar prejuízo, mas mera *consciência* do dano que se está a causar. O Código Civil dispensa o *consilium fraudis* na hipótese de *transmissão gratuita de bens ou remissão de dívidas*, contemplada no artigo ora comentado. Permite, nesse sentido, a anulação do ato praticado pelo devedor "ainda quando ignore" seu próprio estado de insolvência. Atende aqui o legislador ao fato de que, nas transferências gratuitas, aquele que celebra o negócio jurídico com o devedor não sofrerá efetivo prejuízo com a anulação do negócio jurídico, já que é mero beneficiário do ajuste, não tendo dado nada em troca daquilo que recebeu, enquanto o credor do devedor insolvente sofrerá o *eventus damni*, sendo prejudicado na satisfação do seu direito de crédito. Entre as duas posições, a lei dá preferência, por essas razões, ao credor, facilitando a anulação. É o que ocorre nas doações feitas pelo devedor a filhos, netos e outros familiares, no afã de evitar a captura do seu patrimônio. Podem ser anuladas independentemente da prova de conhecimento dos beneficiários dessas transmissões acerca do seu caráter fraudulento. A fraude contra credores diferencia-se de outras espécies de fraude, que têm requisitos e efeitos próprios na ordem jurídica brasileira. Assim, a fraude contra credores distingue-se da *fraude à lei*, que se destina a fraudar a aplicação de lei imperativa, conduzindo à nulidade do ato, nos termos do art. 166, VI, do Código Civil, e não à sua anulabilidade. Distingue-se, ainda, da *fraude à execução* (art. 792 do CPC), que exige a preexistência da lide e conduz à ineficácia da alienação em face do credor, e não a sua invalidade (nulidade ou anulabilidade). O Código Civil é explícito em afirmar a *anulabilidade* do negócio como consequência da fraude contra credores. Não obstante, parcela da doutrina tem sustentado que melhor seria qualificar a situação como mera ineficácia do ato perante o credor, o que já satisfaria o seu interesse. Tal interpretação, contudo, contrasta com a inequívoca opção legislativa de sanar a fraude pela anulação do ato, promovendo o retorno do bem ao acervo do devedor, permitindo sua utilização para a satisfação de outros eventuais credores (art. 165). O direito potestativo de anular o negócio fraudulento é conferido, em regra, aos credores quirografários, ou seja, aqueles que, na hipótese de inadimplemento, contam apenas com a "garantia geral dos credores" sobre o patrimônio do devedor. Todavia, o § 1º estende esse direito aos credores protegidos por garantias, desde que estas se tornem insuficientes. O dispositivo não exige que tal insuficiência seja objeto de reconhecimento judicial previamente ao ajuizamento da ação anulatória, como corretamente tem apontado a doutrina. Em igual sentido, dispõe o Enunciado n. 151 da *III Jornada de Direito Civil*: "O ajuizamento da ação pauliana pelo credor com garantia real (art. 158, § 1º) prescinde de prévio reconhecimento judicial da insuficiência da garantia". O § 2º do artigo em comento esclarece, por sua vez, que apenas terão direito à anulação "os credores que já o eram ao tempo" dos atos fraudulentos. Isso porque apenas esses credores terão sua garantia geral desfalcada pelas alienações. Adverte o Enunciado n. 292 da *IV Jornada de Direito Civil*: "Para os efeitos do art. 158, § 2º, a anterioridade do crédito é determinada pela causa que lhe dá origem, independentemente de seu reconhecimento por decisão judicial". Há quem defenda a flexibilização da ideia de que somente os credores que já o eram ao tempo da alienação podem pleitear a anulação do ato, sustentando que pessoas na iminência de se tornar credores ao tempo da alienação também fariam jus ao remédio.

JURISPRUDÊNCIA COMENTADA: Em que pese a opção textual do Código pela anulabilidade do negócio viciado por fraude contra credores, a jurisprudência do STJ tem se inclinado por reconhecer como sua consequência a ineficácia relativa: "A fraude contra credores não gera a anulabilidade do negócio – já que o retorno, puro e simples, ao *status quo ante* poderia inclusive beneficiar credores supervenientes à alienação, que não foram vítimas de fraude alguma, e que não poderiam alimentar expectativa legítima de se satisfazerem à custa do bem alienado ou onerado. Portanto, a ação pauliana, que, segundo o próprio Código Civil, só pode ser intentada pelos credores que já o eram ao tempo em que se deu a fraude (art. 158, § 2º; art. 106, parágrafo único, do CC/1916), não conduz a uma sentença anulatória do negócio, mas sim à de retirada parcial de sua eficácia, em relação a determinados credores, permitindo-lhes excutir os bens que foram maliciosamente alienados, restabelecendo sobre eles, não a propriedade do alienante, mas a responsabilidade por suas dívidas" (STJ, REsp 506.312/MS, 1.ª Turma, Rel. Min. Teori Zavascki, j. 15.08.2006). No mesmo sentido: "A ação pauliana cabe ser ajuizada pelo credor lesado (*eventus damni*) por alienação fraudulenta, remissão de dívida ou pagamento de dívida não vencida a credor quirografário, em face do devedor insolvente e terceiros adquirentes ou beneficiados, com o objetivo de que seja reconhecida a ineficácia (relativa) do ato jurídico – nos limites do débito do devedor para com o autor" (STJ, REsp 1.100.525/RS, 4.ª Turma, Rel. Min. Luis Felipe Salomão, j. 16.04.2013).

Art. 159. Serão igualmente anuláveis os contratos onerosos do devedor insolvente, quando a insolvência for notória, ou houver motivo para ser conhecida do outro contratante.

COMENTÁRIOS DOUTRINÁRIOS: Na hipótese de transmissão onerosa, o legislador também relativiza a exigência de *consilium fraudis* ao autorizar a anulação quando "a insolvência for notória, ou houver motivo para ser conhecida do outro contratante". A concepção voluntarista da fraude contra credores vai cedendo passagem a uma compreensão mais objetiva do instituto, dirigida à ampliação da proteção dos credores independentemente da caracterização da intenção maliciosa do devedor. O que se deve ter em mente na aplicação da fraude contra credores não é a vontade subjetiva do devedor, mas o sopesamento entre os direitos dos credores e os direitos daqueles que celebram o negócio jurídico com o devedor, confiando na sua segurança. Sempre que a insolvência for notória, seja conhecida ou deva ser conhecida do outro contratante, a ordem jurídica privilegia o credor, cujo título jurídico sobre o patrimônio do devedor já existia ao tempo da celebração do negócio jurídico, permitindo sua anulação.

Art. 160. Se o adquirente dos bens do devedor insolvente ainda não tiver pago o preço e este for, aproximadamente, o corrente, desobrigar-se-á depositando-o em juízo, com a citação de todos os interessados.

Parágrafo único. Se inferior, o adquirente, para conservar os bens, poderá depositar o preço que lhes corresponda ao valor real.

COMENTÁRIOS DOUTRINÁRIOS: O artigo em comento trata de hipótese específica em que se afasta a configuração da fraude, evitando o prejuízo ao credor. Com efeito, caso o adquirente ainda não tenha pago o preço devido pela alienação dos bens, poderá consigná-lo em juízo, permitindo aos credores acesso ao fruto da alienação. Se o preço pactuado for aproximadamente o preço corrente, assim entendido como o valor de mercado da coisa alienada, bastará o seu depósito. Se expressivamente inferior, deverá o adquirente depositar também a diferença, de modo a se alcançar o valor de mercado do bem. Assim fazendo, o adquirente elide o *eventus damni* e, por consequência, impede o desfazimento do negócio jurídico celebrado.

Art. 161. A ação, nos casos dos arts. 158 e 159, poderá ser intentada contra o devedor insolvente, a pessoa que com ele celebrou a estipulação considerada fraudulenta, ou terceiros adquirentes que hajam procedido de má-fé.

COMENTÁRIOS DOUTRINÁRIOS: Denomina-se *ação pauliana* a ação destinada a atacar os atos praticados em fraude contra os credores. Sua legitimidade ativa recai, invariavelmente, sobre o credor prejudicado. O artigo ora em comento disciplina a sua *legitimidade passiva*, apontando, inicialmente, para o devedor insolvente e a pessoa que com ele celebrou o negócio fraudulento. Há, aqui, litisconsórcio passivo necessário, em que pese o emprego da palavra "ou" pelo art. 161, uma vez que ambos necessariamente sofrerão os efeitos da sentença desconstitutiva do negócio. Poderá o credor, ainda, incluir na ação os terceiros que tenham sucessivamente adquirido o bem. Comprovada a sua má-fé, os terceiros também sofrerão os efeitos da ação anulatória, quando incluídos em litisconsórcio passivo com o devedor e o adquirente inicial.

JURISPRUDÊNCIA COMENTADA: Embora afaste a legitimidade passiva dos adquirentes de boa-fé, o Código não explicita a consequência da impossibilidade de restituição do bem pelos réus ao credor fraudado. A jurisprudência do Superior Tribunal de Justiça esclarece que, sendo impossível a restituição *in natura*, deve tal restituição se operar pelo equivalente: "Em consonância com o art. 109 do CC/1916 (com redação correspondente no art. 161 do CC/2002), tendo havido sucessivos negócios fraudulentos, cabe resguardar os interesses dos terceiros de boa-fé e condenar tão somente os réus que agiram de má-fé, em prejuízo do autor, a indenizar-lhe pelo valor equivalente ao do bem transmitido em fraude contra o credor" (STJ, REsp 1.145.542/RS, 3.ª Turma, Rel. Min. Sidnei Beneti, j. 11.03.2014). No mesmo sentido: "O acórdão reconhece que há terceiros de boa-fé, todavia, consigna que, reconhecida a fraude contra credores, aos terceiros de boa-fé, ainda que se trate de aquisição onerosa, incumbe buscar indenização por perdas e danos em ação própria. Com efeito, a solução adotada pelo Tribunal de origem contraria o artigo 109 do Código Civil de 1916 – correspondente ao artigo 161 do Código Civil de 2002 – e também afronta a inteligência do artigo 158 do mesmo Diploma – que tem redação similar à do artigo 182 do Código Civil de 2002 –, que dispunha que, anulado o ato, restituir-se-ão as partes ao estado, em que antes dele se achavam, e não sendo possível restituí-las, serão indenizadas com o equivalente" (STJ, REsp 1.100.525/RS, 4.ª Turma, Rel. Min. Luis Felipe Salomão, j. 16.04.2013).

Art. 162. O credor quirografário, que receber do devedor insolvente o pagamento da dívida ainda não vencida, ficará obrigado a repor, em proveito do acervo sobre que se tenha de efetuar o concurso de credores, aquilo que recebeu.

COMENTÁRIOS DOUTRINÁRIOS: O pagamento ao credor de dívida não vencida constitui, em regra, uma faculdade do devedor. Isto porque os prazos estipulados nos contratos se consideram fixados em favor do devedor, que pode deles dispor. Assim, se o crédito já existe, sendo apenas inexigível, pode o devedor antecipar o cumprimento da sua obrigação. Todavia, se o devedor estiver insolvente, o pagamento de dívida vincenda configura indubitável prejuízo aos credores das dívidas já vencidas. Daí o artigo em comento impor o dever de restituição ao credor beneficiado pelo pagamento antecipado. Note-se que o dispositivo restringe tal dever ao credor *quirografário*: o credor com garantia real ou privilégio tem direito a receber em prioridade aos quirografários.

Art. 163. Presumem-se fraudatórias dos direitos dos outros credores as garantias de dívidas que o devedor insolvente tiver dado a algum credor.

COMENTÁRIOS DOUTRINÁRIOS: Caracterizado o estado de insolvência do devedor, impõe-se a instauração de concurso entre os diversos credores para garantir entre aqueles da mesma classe um tratamento igualitário (*par conditio creditorum*). A concessão de garantia real a um dos credores quirografários abala a igualdade entre eles e prejudica a garantia geral dos credores, pela afetação de um bem a um credor específico. Daí a *presunção de fraude* instituída pelo art. 163.

Art. 164. Presumem-se, porém, de boa-fé e valem os negócios ordinários indispensáveis à manutenção de estabelecimento mercantil, rural, ou industrial, ou à subsistência do devedor e de sua família.

COMENTÁRIOS DOUTRINÁRIOS: O artigo em comento estabelece presunção de boa-fé em relação aos negócios praticados pelo devedor insolvente que se afigurem indispensáveis a) "à manutenção de estabelecimento mercantil, rural, ou industrial", pois é através da exploração de suas atividades econômicas que o devedor retira não apenas o seu sustento, como gera lucros capazes de permitir o pagamento das dívidas em aberto; b) "à subsistência do devedor e de sua família", tutelando o legislador aí, diretamente, a dignidade da pessoa humana e a solidariedade familiar. A presunção estabelecida pelo art. 164 é uma presunção relativa, podendo ser afastada caso um dos credores demonstre o caráter fraudulento do negócio praticado. Tal presunção, registre-se, abrange apenas aqueles negócios "ordinários", que não escapem à normalidade dos atos necessários aos fins mencionados no dispositivo legal.

Art. 165. Anulados os negócios fraudulentos, a vantagem resultante reverterá em proveito do acervo sobre que se tenha de efetuar o concurso de credores.

Parágrafo único. Se esses negócios tinham por único objeto atribuir direitos preferenciais, mediante hipoteca, penhor ou anticrese, sua invalidade importará somente na anulação da preferência ajustada.

COMENTÁRIOS DOUTRINÁRIOS: Julgada procedente a ação pauliana, anula-se o negócio praticado em fraude contra credores. Tem-se, como consequência, o retorno das partes ao *status quo ante*, com a retirada do bem do patrimônio do terceiro que negociou com o devedor. Tal bem, todavia, não retorna à disponibilidade do devedor, sendo automaticamente direcionado ao acervo sobre o qual se opera o concurso de credores. Caso a fraude tenha se dado mediante a instituição de garantias reais, nada há para restituir, limitando-se os efeitos da sentença à desconstituição da garantia.

CAPÍTULO V
DA INVALIDADE DO NEGÓCIO JURÍDICO

Art. 166. É nulo o negócio jurídico quando:

I – celebrado por pessoa absolutamente incapaz;

II – for ilícito, impossível ou indeterminável o seu objeto;

III – o motivo determinante, comum a ambas as partes, for ilícito;

IV – não revestir a forma prescrita em lei;

V – for preterida alguma solenidade que a lei considere essencial para a sua validade;

VI – tiver por objetivo fraudar lei imperativa;

VII – a lei taxativamente o declarar nulo, ou proibir-lhe a prática, sem cominar sanção.

COMENTÁRIOS DOUTRINÁRIOS: O Código Civil de 2002 cuida da invalidade do negócio jurídico em geral, após se ocupar dos defeitos do negócio jurídico. A ordenação dos temas é criticável, na medida em que os defeitos nada mais são do que causas de uma espécie de invalidade. Como se sabe, o gênero invalidade divide-se em duas espécies: a) nulidade e b) anulabilidade. A nulidade distingue-se da anulabilidade em diversos aspectos, disciplinados neste capítulo do Código Civil. As distinções entre a nulidade e anulabilidade decorrem de uma diferença essencial sempre repetida pela doutrina: enquanto a nulidade deriva da afronta a um interesse de ordem pública, lesando toda a sociedade, a anulabilidade deriva de uma desconformidade menos grave do negócio com a ordem jurídica, ferindo apenas interesses particulares. Registre-se, ainda na mesma direção, que o legislador brasileiro dispensa o critério do prejuízo para a configuração da nulidade, deixando de incorporar o velho adágio francês segundo o qual *pas de nullité sans grief* (não há nulidade sem prejuízo). Assim, os negócios jurídicos podem ser declarados nulos independentemente de haver configuração de prejuízo para qualquer das partes ou terceiros, mantendo-se coerente aí o legislador com o pressuposto de que tais negócios ofendem por si só a ordem jurídica e estimulam um ambiente negocial nocivo. O legislador elenca as *causas de nulidade* no art. 166 do Código Civil. A primeira delas é a *incapacidade absoluta do agente*. Como resultado da drástica modificação operada pelo Estatuto da Pessoa com Deficiência, são considerados absolutamente incapazes pelo Direito Brasileiro única e exclusivamente os menores de 16 anos (art. 3º). Por outro lado, o art. 6º do Estatuto proclama a "plena capacidade civil" da pessoa com deficiência, sem qualquer ressalva. Extrai-se desse panorama que, de acordo com a literalidade dos diplomas mencionados, mesmo a pessoa que tenha sua capacidade de compreensão completamente prejudicada em razão de uma deficiência psíquica não teria sua capacidade afetada, o que excluiria a incidência do art. 166, I, como causa de nulidade dos negócios porventura celebrados. Há diversas propostas interpretativas buscando contornar o problema, evitando que se reconheça a validade dos atos da pessoa com deficiência psíquica que lhe sejam prejudiciais, embora a doutrina ainda não tenha alcançado um consenso mínimo acerca de qual delas deva prevalecer. O importante, nesta matéria, é impedir que negócios jurídicos celebrados sem o necessário discernimento venham a produzir efeitos nocivos sobre pessoas merecedoras de proteção. Também há nulidade, nos termos do artigo em comento, quando o objeto do negócio jurídico é *ilícito* (desconforme a ordem jurídica brasileira), *impossível* (material ou juridicamente, no momento da celebração do negócio) ou *indeterminável* (o que inviabilizaria o cumprimento do negócio). Em síntese, o inciso II do art. 166 espelha as exigências constantes do art. 104, II, especificando a consequência de sua inobservância (v. comentários ao art. 104). O mesmo ocorre com o requisito da *forma* (art. 166, III), que, a princípio livre, deve observar eventuais exigências da lei, sob pena de nulidade do negócio. O mero reconhecimento da relevância da forma do negócio não significa chancela a qualquer tipo de formalismo ou fetichismo da forma, pois a forma assume importância enquanto elemento garantidor de interesses privilegiados pela ordem jurídica (v. comentários ao art. 107). A referência a "solenidade que a lei considere essencial para a sua validade", presente no inciso V do art. 166, a rigor, apenas reforça aquilo que já consta do seu inciso IV, em que pese a insistência de parcela da doutrina em tentar distinguir *forma* e *solenidade*. Como já visto no estudo dos artigos dedicados ao erro, a *motivação* subjetiva, interna e psicológica de uma ou ambas as partes, não produz, em regra, nenhum efeito sobre o negócio jurídico celebrado, afigurando-se irrelevante para o Direito Civil (v. comentários ao art. 140). Flexibilizando parcialmente este axioma, o Código considera nulo o negócio jurídico quando seu motivo for, cumulativamente, a) ilícito; b) comum a ambas as partes; e c) determinante para a celebração do negócio jurídico. Ao contrário do art. 140, que trata do erro sobre os motivos exigindo que se trate de motivo expresso, o art. 166 não faz semelhante exigência, admitindo-se que tal motivo seja extraído pelo intérprete das circunstâncias negociais. Também configura causa de nulidade do negócio jurídico a *fraude à lei*. Verifica-se quando o negócio é celebrado com o objetivo de escapar à incidência de uma norma imperativa, alcançando um resultado vedado, de modo cogente, pela legislação. Trata-se de figura na qual avulta o aspecto funcional: não é o negócio em si que repugna a ordem jurídica, mas sim o propósito para o qual foi celebrado. A nulidade aqui deriva da infração à ordem pública. A derradeira causa de nulidade contemplada pelo artigo em comento é a *infração à lei*. Assim, será nulo o negócio quando a "lei taxativamente o declarar nulo, ou proibir-lhe a prática, sem cominar sanção". A primeira parte do trecho revela-se desnecessária. A segunda parte exprime o que parte da doutrina tem denominado *nulidade virtual*, consubstanciada na celebração de negócio que é vedado pela lei, sem a previsão de sanção específica. É o caso, por exemplo, do chamado *pacta corvina* (pacto do corvo), que nossa codificação proíbe expressamente no art. 426, sem lhe cominar sanção ("Art. 426. Não pode ser objeto de contrato a herança de pessoa viva"). O rol do art. 166, portanto, não é taxativo, podendo a nulidade se estender sobre outras hipóteses previstas na legislação, com ou sem expressa referência à nulidade. A opção legislativa não deixa de merecer alguma crítica, pois, consistindo a nulidade na mais grave sanção que o Direito Civil reserva ao negócio jurídico, sua aplicação residual a todas as hipóteses em que determinado negócio é vedado pela lei pode provocar inconvenientes que não se verificariam diante da aplicação de outros efeitos, como a anulabilidade ou a ineficácia relativa.

JURISPRUDÊNCIA COMENTADA: Exemplo de negócio nulo por ilicitude do objeto pode ser colhido na jurisprudência do Superior Tribunal de Justiça: "Constitui requisito de validade do negócio jurídico o objeto lícito. A ocupação de bem público, embora dela possam surgir interesses tuteláveis, é precária. É nulo de pleno direito o negócio jurídico representado por instrumento particular de cessão de direitos referentes a bem imóvel situado em loteamento irregular compreendido em área de domínio público" (STJ, REsp 1.025.552/DF, 4.ª Turma, Rel. p/ Acórdão Min. Maria Isabel Gallotti, j. 04.04.2017). Sobre os efeitos da nulidade, já decidiu o STJ: "a assertiva segundo a qual o negócio jurídico nulo é desprovido de qualquer efeito é um evidente exagero. Na verdade, os efeitos de que é desvestido o negócio nulo são aqueles próprios para os quais o ato foi praticado, não havendo empeço a que, em razão da própria natureza das coisas, outro efeito a ele possa ser atribuído, desde que não afronte lei imperativa" (STJ, REsp 1.273.955/RN, 4.ª Turma, Rel. Min. Luis Felipe Salomão, j. 24.04.2014).

REFORMA DO CÓDIGO CIVIL: O Anteprojeto propõe a alteração do inciso III, suprimindo a exigência de que a ilicitude do motivo determinante seja "comum a ambas as partes". Sugere, ainda, a alteração do inciso VI, que assumiria a seguinte redação: "fraudar lei imperativa ou norma de ordem pública". Esta última alteração reflete a introdução explícita da "conformidade com as normas de ordem pública" entre os requisitos de validade do negócio jurídico (v. comentários ao art. 104).

Art. 167. É nulo o negócio jurídico simulado, mas subsistirá o que se dissimulou, se válido for na substância e na forma.

§ 1º Haverá simulação nos negócios jurídicos quando:

I – aparentarem conferir ou transmitir direitos a pessoas diversas daquelas às quais realmente se conferem, ou transmitem;

II – contiverem declaração, confissão, condição ou cláusula não verdadeira;

III – os instrumentos particulares forem antedatados, ou pós-datados.

§ 2º Ressalvam-se os direitos de terceiros de boa-fé em face dos contraentes do negócio jurídico simulado.

COMENTÁRIOS DOUTRINÁRIOS: A *simulação* consubstancia-se na declaração enganosa de vontade. Há, no negócio simulado, uma deliberada divergência entre a vontade declarada e a vontade real. Grassa elevada dificuldade conceitual no campo da simulação, que advém, em parte, da omissão do Código Civil de 2002, que não definiu o instituto em nenhum momento. Limitou-se a listar hipóteses no § 1º do artigo em comento. De modo geral, a doutrina afirma que a simulação demanda a confluência de três elementos: a) a divergência entre o negócio jurídico celebrado e os efeitos perseguidos pelos declarantes; b) um acordo simulatório entre os declarantes; e c) o intuito de enganar terceiros. A existência de um acordo entre declarante e declaratário é o que distingue a simulação da *reserva mental*, na qual o declarante manifesta vontade para realização de negócio jurídico que não deseja efetivamente, mas sem o conhecimento da outra parte (art. 110). A reserva mental não vicia o negócio jurídico. O intuito de enganar terceiros, por sua vez, serviria, segundo a doutrina, a diferenciar a simulação das chamadas declarações não sérias, como as lúdicas, jocosas ou teatrais. Registre-se que o intuito de enganar terceiro não implica necessariamente intuito de causar dano ou violar a lei. Se houver também intuito de causar dano, reputa-se *maliciosa* a simulação. É o caso de uma venda em que se simula um preço maior que o efetivamente pago para prejudicar o titular de direito de preferência, ou um preço menor para prejudicar o Fisco. Se as partes, ao contrário, estiverem de boa-fé, a simulação é chamada *inocente*, como no exemplo do comodante que opta por um comodato por prazo indeterminado, disfarçando uma doação que deseja realizar, mas não celebra abertamente para não magoar o terceiro que lhe presenteou com o bem. O Código Civil de 1916, em seu art. 103, determinava que somente a simulação maliciosa gerava a anulabilidade do negócio jurídico, sendo inócua a simulação inocente. O dispositivo já era controvertido àquela época e sua supressão no Código Civil vigente, com a transferência da simulação para o campo das nulidades, veio reforçar o entendimento de que "toda simulação, inclusive a inocente, é invalidante" (Enunciado n. 152 da *III Jornada de Direito Civil*). Cabe referir, nesse ponto, contudo, à distinção entre simulação *absoluta* e *relativa*. Por simulação absoluta entende-se a realização de um negócio de conteúdo vazio, porque, em verdade, realiza-se tal negócio para não ter nenhum efeito. Por exemplo, uma venda simulada com a finalidade de facilitar o despejo de inquilinos ou com a finalidade de ocultar o patrimônio de pessoa na iminência de sofrer bloqueio de bens configura simulação absoluta. Já a simulação relativa, também denominada *dissimulação*, é aquela que, segundo a doutrina, contém dois negócios: a) o negócio simulado, que esconde ou camufla outro negócio, que é b) o negócio jurídico dissimulado, o qual exprime a verdadeira intenção das partes. Determina a lei que subsistirá o negócio jurídico dissimulado se válido for na substância e na forma. Com efeito, "na simulação relativa, o aproveitamento do negócio jurídico dissimulado não decorre tão somente do afastamento do negócio jurídico simulado, mas do necessário preenchimento de todos os requisitos substanciais e formais de validade daquele" (Enunciado n. 293 da *IV Jornada de Direito Civil*). A preservação do negócio dissimulado explica-se, teoricamente, em homenagem à ideia de *conservação dos negócios jurídicos*, que o Código Civil de 2002 encampou em diversas passagens. A subsistência do negócio jurídico dissimulado apresenta, contudo, desafios práticos relevantes. É que, a rigor, nenhum dos declarantes emitiu sua manifestação de vontade no sentido da formação do negócio dissimulado, de tal maneira que, na maior parte dos casos, afigura-se impossível afirmar que desejavam efetivamente aquele negócio. A subsistência do negócio jurídico dissimulado fornece, porém, solução à maior parte das hipóteses de simulação inocente, pois permite conjugar a nulidade da simulação com a preservação do negócio jurídico que não fere os interesses de quem quer que seja. No mencionado exemplo do comodato celebrado pelo comodante que queria doar o bem, mas temia magoar aquele que, no passado, o havia presenteado com a coisa, haveria tecnicamente nulidade do comodato, mas subsistência da doação, desde que preenchidos os requisitos formais e substanciais para este último negócio. O Código Civil de 1916 vedava a alegação da simulação por qualquer dos seus partícipes (art. 104). A doutrina enxergava aí um reflexo do antigo adágio segundo o qual *nemo auditur propriam turpitudinem allegans* (a ninguém é dado alegar sua própria torpeza). Sendo elemento indispensável à simulação o acordo simulatório, parecia imoral que os declarantes extraíssem benefício da alegação de uma simulação da qual eram, por assim dizer, coautores. O Código Civil de 2002 não repetiu o preceito, mas parte da nossa doutrina continua a sustentar tal entendimento. É de se observar, porém, que a transposição da simulação para o campo das nulidades do negócio jurídico advoga em sentido oposto, isto é, no sentido de que a simulação pode ser invocada por qualquer das partes, devendo, inclusive, ser reconhecida de ofício pelo juiz a qualquer tempo (art. 168). Daí afirmar-se que, "sendo a simulação uma causa de nulidade do negócio jurídico, pode ser alegada por uma das partes contra a outra", bem como que "sua alegação prescinde de ação própria" (Enunciados n. 294 da *IV Jornada de Direito Civil* e n. 578 da *VII Jornada de Direito Civil*). O efeito da declaração de nulidade de negócio jurídico verifica-se *ex tunc* (retroativamente), fulminando o ato em sua origem e extirpando todos os seus efeitos. É o que ocorre diante da simulação. Tal retroatividade deve, contudo, ser atenuada perante terceiros de boa-fé, que acreditaram na aparência do negócio jurídico simulado. Por exemplo, se uma compra e venda de imóvel é feita com o intuito de disfarçar uma doação, evitando-se a incidência do respectivo tributo, mesmo que venha a ser, posteriormente, declarada sua nulidade, o corretor de imóveis não deixa de fazer jus à sua comissão se da simulação não tinha conhecimento, pois se qualifica como terceiro de boa-fé. Trata-se, a rigor, de uma ponderação entre o interesse público que anima a nulidade e a tutela da boa-fé e da segurança jurídica nas relações negociais, cujo balanceamento resulta em atenuação da eficácia retroativa da nulidade, sem afastá-la de todo.

JURISPRUDÊNCIA COMENTADA: Exemplo instigante de simulação que se extrai da jurisprudência do Superior Tribunal de Justiça envolveu a compra e venda de ações por pessoa que não era a real interessada no negócio, com o fito de burlar o pacto que instituiu entre os acionistas com direito de preferência: "Diante da impossibilidade de aquisição das ações diretamente pelo acionista principal, que se comprometera a observar o direito de preferência, o negócio jurídico operou-se por intermédio de seu filho, com dinheiro aportado pelo pai". A referida corte concluiu que "há simulação, causa de nulidade do negócio jurídico, quando, com o intuito de ludibriar terceiros, o negócio jurídico é celebrado para garantir direitos a pessoas diversas daquelas às quais realmente se conferem ou transmitem". Registrou, ainda, que "diante da enorme dificuldade de produção de prova cabal e absoluta da ocorrência de simulação, é facultado ao julgador valer-se das regras de experiência, bem como de indícios existentes no processo para considerar presente o vício que invalida o negócio jurídico" (STJ, REsp 1.620.702/SP, 3.ª Turma, Rel. Min. Ricardo Villas Bôas Cueva, j. 22.11.2016). Já sobre as consequências da transposição da simulação para o campo das nulidades no Código Civil de 2002, decidiu o STJ que, "com o advento do CC/2002 ficou superada a regra que constava do art. 104 do CC/1916, pela qual, na simulação, os simuladores não poderiam alegar o vício um contra o outro, pois ninguém poderia se beneficiar da própria torpeza. O art. 167 do CC/2002 alçou a simulação como causa de nulidade do negócio jurídico. Sendo a simulação uma causa de nulidade do negócio jurídico, pode ser alegada por uma das partes contra a outra (Enunciado nº 294/CJF da *IV Jornada de Direito Civil*)" (STJ, REsp 1.501.640/SP, 3.ª Turma, Rel. Min. Moura Ribeiro, j. 27.11.2018).

REFORMA DO CÓDIGO CIVIL: O Anteprojeto propõe a introdução de novos parágrafos que, de modo geral, incorporam entendimentos doutrinários já consolidados. Determinam tais parágrafos que: (a) a simulação inocente também conduz à invalidade do negócio jurídico, na linha do Enunciado n. 152 da *III Jornada de Direito Civil*; (b) a simulação pode ser alegada por uma das partes contra a outra, na linha do Enunciado n. 294 da *IV Jornada de Direito Civil*; e (c) "o reconhecimento da simulação prescinde de ação judicial própria, mas a decisão incidental que a reconhecer fará coisa julgada". Quanto a este último acréscimo, sua parte inicial incorpora o Enunciado n. 578 da *VII Jornada de Direito Civil*. Sua parte final, contudo, versa sobre matéria estritamente processual (coisa julgada).

Art. 168. As nulidades dos artigos antecedentes podem ser alegadas por qualquer interessado, ou pelo Ministério Público, quando lhe couber intervir.

Parágrafo único. As nulidades devem ser pronunciadas pelo juiz, quando conhecer do negócio jurídico ou dos seus efeitos e as encontrar provadas, não lhe sendo permitido supri-las, ainda que a requerimento das partes.

COMENTÁRIOS DOUTRINÁRIOS: Como já visto, os vícios que ensejam a nulidade do negócio jurídico afrontam interesses de ordem pública, lesando toda a sociedade. Daí por que a nulidade pode ser alegada não apenas pelas próprias partes do negócio, mas também por terceiros interessados, assim entendidos aqueles que têm sua esfera jurídica de alguma forma afetada pelo negócio. Também o Ministério Público tem legitimidade para alegar a nulidade nos casos em que "lhe couber intervir". O parágrafo único impõe ao próprio juiz o *dever* de declarar a nulidade do negócio de ofício, ou seja, independentemente de provocação, a qualquer tempo em que venha a ter conhecimento do vício. Note-se que decretação *sem provocação* pelas partes não se confunde com a decretação *sem manifestação* das partes. O princípio do contraditório representa garantia constitucional fundamental, inscrita no art. 5º, LV, da Lei Maior, e densificada pelo art. 10 do Código de Processo Civil: "O juiz não pode decidir, em grau algum de jurisdição, com base em fundamento a respeito do qual não se tenha dado às partes oportunidade de se manifestar, ainda que se trate de matéria sobre a qual deva decidir de ofício". Assim, mesmo o reconhecimento de ofício da nulidade exige que o juiz ouça as partes sobre o assunto, vedando-se a prolação de decisões em caráter de surpresa, o que afrontaria, ainda, o princípio da boa-fé objetiva, em tudo aplicável ao processo civil.

JURISPRUDÊNCIA COMENTADA: Acerca da legitimidade ativa para ajuizamento de ação declaratória de nulidade, já decidiu o Superior Tribunal de Justiça: "As nulidades decorrentes de simulação podem ser suscitadas por qualquer interessado, assim entendido como aquele que mantenha frente ao responsável pelo ato nulo uma relação jurídica ou uma situação jurídica que venha a sofrer uma lesão ou ameaça de lesão em virtude do ato questionado. Ainda que, como regra, a legitimidade para contestar operações internas da sociedade seja dos sócios, hão de ser excepcionadas situações nas quais terceiros estejam sendo diretamente afetados, exatamente como ocorre na espécie, em que a administração da sócia majoritária, uma *holding* familiar, é exercida por usufrutuário, fazendo com que os nu-proprietários das quotas tenham interesse jurídico e econômico em contestar a prática de atos que estejam modificando a substância da coisa dada em usufruto, no caso pela diluição da participação da própria *holding* familiar em empresa por ela controlada" (STJ, REsp 1.424.617/RJ, 3.ª Turma, Rel. Min. Nancy Andrighi, j. 06.05.2014). Ao examinar a possibilidade de reconhecimento da nulidade de negócio jurídico simulado em sede de embargos de terceiro, concluiu o STJ que, "sendo a simulação causa de nulidade absoluta do negócio jurídico (e não anulabilidade), que deve até mesmo ser reconhecida de ofício pelo juiz quando dela tomar conhecimento, nos termos do parágrafo único, do art. 168, do CC/02 [...], sua alegação prescinde de ação própria", de modo que "não há como se restringir o seu reconhecimento em embargos de terceiro" (STJ, REsp 1.927.496/SP, 3.ª Turma, Rel. Min. Moura Ribeiro, j. 27.04.2021).

Art. 169. O negócio jurídico nulo não é suscetível de confirmação, nem convalesce pelo decurso do tempo.

COMENTÁRIOS DOUTRINÁRIOS: Por derivar de uma afronta à ordem pública, a nulidade é considerada *insanável*. Não pode o negócio nulo, portanto, ser *confirmado* (ou *ratificado*, na expressão empregada pelo Código de 1916). Em outras palavras, as partes não podem conferir ao negócio jurídico nulo validade, uma vez que o vício não fere os interesses particulares dos agentes, mas o interesse público. A nulidade tampouco "convalesce pelo decurso do tempo". Significa dizer que a nulidade é *imprescritível*. A nulidade poderia, portanto, ser reconhecida décadas depois da celebração do negócio, impondo seu desfazimento com efeitos retroativos. Parcela da doutrina, contudo, tem defendido uma importante distinção neste campo: apenas a *declaração* da nulidade seria imprescritível, enquanto a *desconstituição de seus efeitos patrimoniais* estaria sujeita a prescrição. Afirma-se, nesse sentido, que, "resultando do negócio jurídico nulo consequências patrimoniais capazes de ensejar pretensões, é possível, quanto a estas, a incidência da prescrição" (Enunciado n. 536 da *VI Jornada de Direito Civil*). Tal entendimento insere-se em um movimento mais amplo em defesa da *atenuação dos rigores da nulidade*. Institutos como a redução (art. 184) e a conversão do negócio jurídico (art. 170) exprimem a atenuação destes rigores em prol da preservação da utilidade socioeconômica de negócios jurídicos que, conquanto nulos, podem ser aproveitados em parte ou de outro modo. Tal atenuação tem sido percebida também com base na influência de outras noções jurídicas. Por toda parte, por exemplo, os Tribunais têm se revelado mais complacentes com as chamadas *nulidades de forma*, preservando os efeitos de negócios jurídicos que, mesmo celebrados sem a observância da forma legal ou solenidades consideradas indispensáveis à sua validade, produziram por anos a fio seus efeitos, de tal modo que suprimir seus efeitos, ainda mais de modo retroativo (*ex tunc*), representaria verdadeira afronta às expectativas não apenas das partes, mas de todos aqueles que foram, de alguma maneira, tocados pelo negócio jurídico nulo. Por exemplo, a doação de imóvel, ainda que feita sem a necessária escritura pública, não pode ser absolutamente desconsiderada pelo direito tempos depois sob o argumento da sua nulidade, se as partes ao longo de anos se comportaram como se a doação tivesse validamente ocorrido. Trata-se de aplicação do princípio da boa-fé objetiva e, mais especificamente, da proibição do comportamento contraditório, sintetizada no brocardo latino segundo o qual *nemo potest venire contra factum proprium* (ninguém pode vir contra o próprio fato). A proibição de comportamento contraditório pode abranger também hipóteses de nulidades substanciais, que não se limitem à forma. Se duas sociedades empresárias celebram contrato com cláusula de indexação de pagamentos ao dólar fora das hipóteses autorizadas pela legislação brasileira e cumprem esse contrato regularmente por anos a fio, deve o Poder Judiciário declará-lo nulo por ferir o curso forçado da moeda nacional (art. 318) e cancelar todos os seus efeitos desde a data de sua celebração? Parece, aí, que o comportamento das partes deve desempenhar relevante papel, pois a aplicação fria dos efeitos da nulidade poderia gerar um resultado incompatível com a boa-fé objetiva, a qual, assim como as normas em que se inspiram as hipóteses de nulidade, também exprime um interesse público, de caráter cogente e imperativo. Ainda no campo da atenuação dos rigores da nulidade, há que se mencionar a proteção aos terceiros de boa-fé, pois mesmo os negócios jurídicos nulos podem produzir efeitos, em atenção à segurança das relações jurídicas. Daí se afirmar, de modo mais amplo, que "a previsão contida no art. 169 não impossibilita que, excepcionalmente, negócios jurídicos nulos produzam efeitos a serem preservados quando justificados por interesses merecedores de tutela" (Enunciado n. 537 da *VI Jornada de Direito Civil*). Todos esses exemplos demonstram que a assim chamada *teoria das nulidades* está a exigir urgente revisão crítica por parte da doutrina, quer no tocante aos efeitos do negócio jurídico nulo, quer na distinção entre os efeitos da nulidade e da anulabilidade, cuja fronteira já não parece tão nítida quanto outrora. O tecido do Código Civil não contribui para um tratamento sistemático da matéria, na medida em que a técnica empregada pelo legislador consiste em apontar hipóteses específicas de invalidade, por vezes muito distintas entre si. O Direito Brasileiro continua à espera de uma construção mais uniforme que, a um só tempo, assegure consistência teórica ao regime das invalidades e assuma a natural preferência da ordem jurídica por remédios de efeitos não terminativos, que privilegiem, na medida do possível, a conservação dos negócios jurídicos que tenham gerado resultados úteis do ponto de vista socioeconômico ou em cuja preservação as partes e terceiros possam ter depositado sua confiança.

JURISPRUDÊNCIA COMENTADA: O Superior Tribunal de Justiça já teve a oportunidade de examinar instigante situação envolvendo a aplicação intertemporal do art. 169 do Código Civil: "O negócio jurídico nulo não se convalesce com a passagem do tempo nem é suscetível de confirmação pelas partes. Porém, isso não impede que, depois de removido o óbice que gerou a nulidade do negócio, as partes renovem o ato antes nulo, inclusive com efeitos retroativos, sem os vícios que antes inquinavam o contrato. Tal conclusão se extrai da mesma lógica de direito intertemporal segundo a principiologia do *tempus regit actum*. É dizer, se é verdade que o direito futuro não convalida ato jurídico nulo praticado no passado, também é certo que o direito pretérito e já superado não invalida ato praticado no futuro, muito menos tem a força de impedir a prática de ato disciplinado por um novo cenário normativo. Assim, não mais existindo o óbice legal que antes invalidava o ato, as partes contratantes podem renovar o negócio jurídico outrora nulo sem incorrer nos mesmos vícios e, em razão da autonomia da vontade, manifesta ou tácita, fazer retroagir os efeitos da renovação à origem da relação negocial" (STJ, REsp 1.273.955/RN, 4.ª Turma, Rel. Min. Luis Felipe Salomão, j. 24.04.2014). Acerca dos efeitos do tempo sobre o negócio jurídico *simulado*, decidiu acertadamente o STJ: "A simulação gera nulidade absoluta do negócio jurídico simulado, insuscetível, portanto, de prescrição ou decadência, nos termos dos arts. 167 e 169 do CC/2002" (STJ, EDcl no AgRg no Ag 1.268.297/RS, 4.ª Turma, Rel. Min. Antonio Carlos Ferreira, j. 28.05.2019).

REFORMA DO CÓDIGO CIVIL: O Anteprojeto propõe a inclusão de dois novos parágrafos no art. 169. O primeiro determina que "prescrevem conforme as regras deste Código as pretensões fundadas em consequências patrimoniais danosas decorrentes do negócio jurídico nulo". O preceito volta-se a incorporar o entendimento consagrado no Enunciado n. 536 da *VI Jornada de Direito Civil*, referido nos comentários doutrinários *supra*. O segundo parágrafo determina que "a previsão contida no *caput* não impossibilita que, excepcionalmente, negócios jurídicos nulos produzam efeitos decorrentes da boa-fé, ao menos de uma das partes, a serem preservados quando justificados por interesses merecedores de tutela", texto que se assemelha ao teor do Enunciado n. 537 da *VI Jornada de Direito Civil*.

Art. 170. Se, porém, o negócio jurídico nulo contiver os requisitos de outro, subsistirá este quando o fim a que visavam as partes permitir supor que o teriam querido, se houvessem previsto a nulidade.

COMENTÁRIOS DOUTRINÁRIOS: *Conversão do negócio jurídico* é o procedimento por meio do qual o intérprete requalifica um negócio jurídico inválido mediante o aproveitamento dos seus elementos não afetados pela invalidade. Trata-se de aplicação do brocardo latino segundo o qual *utile per inutile non vitiatur* (o útil não se vicia pelo inútil). A conversão, note-se, não modifica a vontade das partes. O que se converte não é a declaração de vontade em sua substância, mas o negócio jurídico em que tal declaração se qualifica. Para se operar a conversão, é necessária a presença de dois requisitos: um requisito objetivo e um requisito subjetivo. Sob o prisma objetivo, o negócio jurídico reputado como nulo deve conter os requisitos do negócio jurídico sucedâneo. Em outras palavras, "o aspecto objetivo da convenção requer a existência do suporte fático no negócio a converter-se" (Enunciado n. 13 da *I Jornada de Direito Civil*). No campo subjetivo, é preciso restar verificado que, se as partes tivessem ciência da nulidade do negócio jurídico primitivo, mesmo assim teriam desejado celebrar o negócio jurídico sucedâneo. Tais requisitos são alvo de crítica na doutrina. O primeiro requisito revela o excessivo apego do Código Civil de 2002 à perspectiva estrutural do negócio jurídico, quando melhor teria sido seguir o exemplo da codificação civil holandesa, a qual exige apenas que o negócio nulo e o seu sucedâneo desempenhem a mesma função. Já o segundo requisito traduz concepção excessivamente voluntarista do negócio jurídico, submetendo a conversão a uma pesquisa virtual da vontade das partes, artificiosa e irrelevante quando se parte da premissa de que o instituto da conversão visa atender à ideia de preservação da utilidade socioeconômica do negócio jurídico celebrado. A conversão do negócio jurídico distingue-se em a) *substancial* ou b) *formal*. A conversão substancial avulta em importância, pois toca a própria natureza do negócio, enquanto a conversão formal restringe-se à nulidade da forma adotada para o negócio, sem atingi-lo na sua essência (por exemplo, uma escritura pública nula que passa a valer como instrumento particular). Parte da doutrina alude, ainda, a c) conversão *legal* do negócio jurídico, que se realiza quando a conversão não é provocada pelo intérprete, mas determinada em enunciado normativo expresso. É o que ocorre, por exemplo, no art. 431 do Código Civil, que converte a aceitação fora do prazo em nova proposta. A doutrina aponta como exemplos de conversão do negócio jurídico: a) a compra e venda sem escritura pública, que pode ser convertida em promessa de compra e venda; b) a hipoteca sem autorização do cônjuge, que pode ser convertida em confissão de dívida; c) o trespasse de estabelecimento sem escritura pública, que pode ser convertido em venda singular de bens móveis; d) a alienação do usufruto, que pode ser convertida em cessão de seu exercício; e) a doação de bem inalienável, que pode ser convertida em constituição de usufruto, uso ou habitação; f) a renúncia antecipada de prescrição (proibida), que pode ser convertida em interrupção de prescrição.

JURISPRUDÊNCIA COMENTADA: Exemplo curioso de conversão colhe-se na jurisprudência do Superior Tribunal de Justiça: uma mulher transferiu para a filha o produto da venda de um imóvel, com o objetivo de custear tratamento médico do qual necessitava a neta. Cinco anos depois, mãe e filha celebraram "contrato de compra e venda de direitos de herança", pelo qual buscavam atribuir ao negócio anterior o caráter de adiantamento de legítima. Após a morte da filha, a autora ajuizou ação em face do espólio pleiteando o retorno ao seu patrimônio do valor doado. O tribunal de origem julgou a demanda improcedente, entendendo que a transferência patrimonial teria sido uma liberalidade da avó em benefício da saúde da neta, não constituindo adiantamento de legítima, e que o "contrato" celebrado posteriormente seria nulo, por dispor da herança de pessoa viva. O STJ, reformando a decisão, realizou a conversão substancial do negócio. Afirmou-se que a doação da quantia para a filha da autora seria um negócio nulo, "porque preterida solenidade que a lei considera essencial para sua validade (art. 166, V, do CC/2002): a escritura pública ou instrumento particular". Estariam presentes, no entanto, os requisitos de outro negócio jurídico: o contrato de mútuo gratuito, uma vez que houve a entrega de quantia de dinheiro, e era possível extrair do "contrato" posteriormente celebrado entre as partes (não obstante também se tratar de negócio nulo, *pacta corvina*) a intenção da beneficiária em restituir o valor. Concluiu o STJ ser "razoável e perfeitamente aceitável, à vista de todo o exposto, a conclusão no sentido de que, se houvessem previsto a nulidade do suposto contrato de doação, por ausência de formalidade essencial para a caracterização da alegada 'antecipação de legítima', teriam mãe e filha celebrado contrato de mútuo gratuito, por prazo indeterminado, o que autoriza, na hipótese, a respectiva conversão" (STJ, REsp 1.225.861/RS, 3.ª Turma, Rel. Min. Nancy Andrighi, j. 22.04.2014).

Art. 171. Além dos casos expressamente declarados na lei, é anulável o negócio jurídico:

I – por incapacidade relativa do agente;

II – por vício resultante de erro, dolo, coação, estado de perigo, lesão ou fraude contra credores.

COMENTÁRIOS DOUTRINÁRIOS: Enquanto os vícios ensejadores de nulidade exprimem afronta a interesses de ordem pública, a anulabilidade do negócio jurídico responde a uma desconformidade menos grave do negócio com a ordem jurídica, ferindo apenas interesse particular. Daí conferir-se ao lesado um direito potestativo de anular o negócio, em vez de extirpar seus efeitos desde o início. O regime jurídico da anulabilidade, descrito neste artigo e nos dispositivos seguintes, revela, de modo geral, uma reação menos intensa da ordem jurídica, bem como uma maior permeabilidade a mecanismos de conservação do negócio. O art. 171 limita-se a elencar as causas de anulabilidade. A primeira delas é a incapacidade relativa do agente. A incapacidade relativa, em tese, é indicativa de alguma capacidade de discernimento, tornando menos grave o vício oriundo dessa espécie de invalidade. A doutrina tem criticado a inclusão no rol dos relativamente incapazes, pelo Estatuto da Pessoa com Deficiência, das pessoas que, "por causa transitória ou permanente, não puderem exprimir sua vontade" (v. comentários ao art. 4º). A perplexidade causada pela alteração reflete-se no regime de invalidades, sendo difícil compreender como seria possível reputar anulável o ato de quem não pode exprimir sua vontade. Também provocam a anulabilidade do ato os defeitos do negócio jurídico (erro, dolo, coação, estado de perigo, lesão ou fraude contra credores), que maculam a vontade do agente, em razão da divergência seja entre as vontades real e declarada, seja entre a vontade declarada e as exigências sociais. Reforça-se, aqui, a opção do legislador brasileiro por atribuir à fraude contra credores o efeito da anulabilidade, e não da ineficácia relativa, como sustenta parte da doutrina. Recorde-se, ainda, a existência de outras causas de anulabilidade difusamente previstas no Código, como a celebração de contrato consigo mesmo (art. 117) e a alienação de bens imóveis sem a autorização do cônjuge (art. 1.647 c/c art. 1.649). Registre-se que o art. 13 da Lei n. 14.118/2021 dispensa a autorização do cônjuge para a celebração de contratos por mulheres no âmbito do Programa Casa Verde e Amarela na hipótese de estas serem chefe de família, de modo que a ausência da outorga, neste caso, não implicará a anulabilidade do negócio.

REFORMA DO CÓDIGO CIVIL: O Anteprojeto propõe a inclusão de dois novos parágrafos no art. 171, tratando da hipótese de anulabilidade do negócio jurídico em razão da incapacidade relativa do agente. Determina o § 1º que, "ressalvados os direitos de terceiros de boa-fé, caso demonstrada a preexistência de incapacidade relativa, a anulabilidade pode ser arguida, mesmo que o ato tenha sido realizado antes da sentença de interdição ou da instituição de curatela parcial". Consagra-se, assim, o entendimento majoritário de que a anulabilidade do negócio se vincula diretamente ao estado de incapacidade relativa, não já à sentença que reconhece tal incapacidade e institui a curatela. O § 2º, por sua vez, determina que "subsiste o negócio jurídico, se ficar demonstrado que não era razoável exigir que a outra parte soubesse do estado de incapacidade relativa daquele com quem contratava".

Art. 172. O negócio anulável pode ser confirmado pelas partes, salvo direito de terceiro.

COMENTÁRIOS DOUTRINÁRIOS: *Confirmação* (ou *ratificação*) é a declaração de vontade destinada a superar o defeito que inquina o negócio anulável. Atendendo a anulabilidade aos interesses das próprias partes, admite-se que os declarantes possam *confirmar* o negócio inválido, tornando-o perfeito. Esclarece a doutrina que, a rigor, a confirmação não é realizada "pelas partes", mas tão somente pelo titular do direito potestativo de anular.

Art. 173. O ato de confirmação deve conter a substância do negócio celebrado e a vontade expressa de mantê-lo.

COMENTÁRIOS DOUTRINÁRIOS: Exige-se que o ato de confirmação contenha a) "a substância do negócio celebrado", vale dizer, indique precisamente qual negócio pretende confirmar, descrevendo os elementos essenciais à sua identificação (objeto, data da celebração etc.); e b) "a vontade expressa de mantê-lo", assim entendida a declaração de vontade que compõe o núcleo do ato jurídico de confirmação. Controverte a doutrina acerca da necessidade de observância de eventual requisito de forma, no caso de ser solene o negócio anulável que se pretende confirmar.

Art. 174. É escusada a confirmação expressa, quando o negócio já foi cumprido em parte pelo devedor, ciente do vício que o inquinava.

COMENTÁRIOS DOUTRINÁRIOS: Trata o art. 174 da *confirmação tácita* do negócio jurídico anulável. O declarante que, conhecendo a existência do vício, executa total ou parcialmente o negócio, pratica conduta incompatível com o posterior exercício do seu direito potestativo de anulação. Daí por que o legislador confere a tal situação os mesmos efeitos da confirmação expressa. Atenta à *ratio* do dispositivo, a doutrina aponta que não apenas o cumprimento, mas a prática de qualquer ato incompatível com a invalidade, como no caso de alienação do bem a terceiros, implica confirmação tácita. Destaque-se que, em qualquer caso, o conhecimento acerca do vício revela-se essencial à convalidação, sendo impossível confirmar algo que não se sabe estar viciado.

Art. 175. A confirmação expressa, ou a execução voluntária de negócio anulável, nos termos dos arts. 172 a 174, importa a extinção de todas as ações, ou exceções, de que contra ele dispusesse o devedor.

COMENTÁRIOS DOUTRINÁRIOS: O art. 175 explicita o *efeito da confirmação*. A referência à "extinção de todas as ações, ou exceções, de que contra ele [negócio anulável] dispusesse o devedor" exprime a extinção do direito potestativo de anular o negócio. O efeito aplica-se tanto na hipótese de confirmação expressa quanto na hipótese de confirmação tácita.

Art. 176. Quando a anulabilidade do ato resultar da falta de autorização de terceiro, será validado se este a der posteriormente.

COMENTÁRIOS DOUTRINÁRIOS: Nas hipóteses em que a ordem jurídica exige, além da declaração de vontade das próprias partes, a autorização de um terceiro, sob pena de anulabilidade, a posterior emissão da autorização exclui a própria razão da anulabilidade, que deve ser afastada. É o que ocorre, por exemplo, com a outorga conjugal que deixa de ser concedida para a prestação do aval (art. 1.647 c/c art. 1.649). A outorga conjugal posterior valida o aval que havia sido prestado sem o consentimento do cônjuge.

Art. 177. A anulabilidade não tem efeito antes de julgada por sentença, nem se pronuncia de ofício; só os interessados a podem alegar, e aproveita exclusivamente aos que a alegarem, salvo o caso de solidariedade ou indivisibilidade.

COMENTÁRIOS DOUTRINÁRIOS: O art. 177 agrupa uma série de elementos relevantes do regime jurídico da anulabilidade. Por traduzir ofensa a interesses particulares, a anulabilidade somente pode ser invocada pelo próprio interessado. O magistrado não pode reconhecer a anulabilidade de ofício, nem pode se substituir ao particular no juízo acerca da conveniência ou não do exercício de tal direito. A sentença que decreta a anulação tem natureza constitutiva negativa: até sua prolação, o negócio jurídico, a despeito da anulabilidade, é plenamente eficaz. Note-se, portanto, que a anulação depende de decisão judicial, não podendo nunca ser efetuada extrajudicialmente. A doutrina alerta que a exigência de decretação por sentença não implica limitar a sua alegação à petição inicial, podendo ser invocada como defesa (exceção) pelo réu em sede de contestação. Por fim, afirma o artigo em comento que a anulação, em caso de múltiplas partes, "aproveita exclusivamente aos que a alegarem", em total coerência com a caráter particular dos interesses resguardados. Suprimem-se os efeitos do negócio jurídico anulável em relação àquele que promoveu a anulação, mantendo-se o negócio hígido para os demais. O artigo ressalva, contudo, duas situações: a indivisibilidade e a solidariedade, que o legislador considerou incompatíveis com o referido fracionamento. Nesses casos, os efeitos da anulação se estendem a todos os coobrigados, inclusive aos que não alegaram o vício.

Art. 178. É de quatro anos o prazo de decadência para pleitear-se a anulação do negócio jurídico, contado:

I – no caso de coação, do dia em que ela cessar;

II – no de erro, dolo, fraude contra credores, estado de perigo ou lesão, do dia em que se realizou o negócio jurídico;

III – no de atos de incapazes, do dia em que cessar a incapacidade.

COMENTÁRIOS DOUTRINÁRIOS: As causas de anulabilidade fazem surgir para o interessado o direito potestativo de anular o negócio. Os direitos potestativos submetem-se a prazos de natureza decadencial, e não prescricional. O Código fixa um prazo comum de quatro anos para a anulação dos negócios maculados por defeitos e dos negócios celebrados por relativamente incapazes, explicitando, em cada caso, o termo inicial pertinente. No caso dos defeitos do negócio jurídico, a regra é que os prazos correm a partir do dia da celebração do negócio, exceção feita à coação, na qual a afetação da vontade provocada pela ameaça de mal grave persiste enquanto durar tal ameaça, impedindo que o coacto promova a anulação. Daí o legislador postergar o início do prazo para o dia em que efetivamente cessar o estado de ameaça. Lógica similar aplica-se aos casos de incapacidade relativa: enquanto persistir sua causa, o incapaz que celebrou negócio desassistido não possui discernimento suficiente para que lhe seja exigível a propositura da ação anulatória, iniciando-se o transcurso do prazo decadencial apenas no dia em que for alcançada a capacidade plena.

JURISPRUDÊNCIA COMENTADA: Já decidiu o Superior Tribunal de Justiça: "aplica-se o prazo decadencial de 4 (quatro) anos nas demandas em que houve a migração do participante de plano de benefícios, por meio de transação extrajudicial, e que buscam a aplicação de critérios estatutários extintos. Isso porque seria necessário declarar-se previamente a nulidade, por vício de consentimento, do ato negocial transigido, com a repristinação do contrato original" (STJ, EDcl no AgInt no REsp 1.341.656/RS, 3.ª Turma, Rel. Min. Ricardo Villas Bôas Cueva, j. 12.08.2019).

REFORMA DO CÓDIGO CIVIL: O Anteprojeto propõe a inclusão de parágrafo único determinando que, "em se tratando de anulabilidade de atos ou negócios jurídicos que admitam registro, o prazo decadencial será contado deste ou de sua ciência, o que ocorrer primeiro".

Art. 179. Quando a lei dispuser que determinado ato é anulável, sem estabelecer prazo para pleitear-se a anulação, será este de dois anos, a contar da data da conclusão do ato.

COMENTÁRIOS DOUTRINÁRIOS: O Código Civil prevê prazo residual de decadência para o exercício do direito potestativo de anular o negócio jurídico. Não se enquadrando a hipótese de anulabilidade no rol traçado no artigo anterior (v. comentários ao art. 178), e não havendo regra específica, o prazo decadencial será de dois anos, contados da data de celebração do negócio. Esta regra de caráter geral não isenta o intérprete de investigar, em cada hipótese específica, se a situação apresenta peculiaridades capazes de recomendar, tal qual ocorre com a coação e a incapacidade relativa, a postergação do início da contagem do prazo fundada em um juízo de concreta impossibilidade do prejudicado de agir para anular o negócio. Um bom exemplo encontra-se no Enunciado n. 538 da *VI Jornada de Direito Civil*: "No que diz respeito a terceiros eventualmente prejudicados, o prazo decadencial de que trata o art. 179 do Código Civil não se conta da celebração do negócio jurídico, mas da ciência que dele tiverem".

JURISPRUDÊNCIA COMENTADA: Extrai-se da jurisprudência do Superior Tribunal de Justiça exemplo de situação na qual se aplica o dispositivo legal em exame: "a venda de bem imóvel de ascendente a descendente é ato anulável, sujeitando o direito do interessado em desconstituí-la ao prazo decadencial previsto no art. 179 do Código Civil vigente" (STJ, EDcl no REsp 1.198.907/RS, 4.ª Turma, Rel. Min. Antonio Carlos Ferreira, j. 09.09.2014).

REFORMA DO CÓDIGO CIVIL: O Anteprojeto propõe alterar a parte final do dispositivo, relativa ao termo *a quo* do prazo decadencial, que passaria a dispor: "[...] a contar da data da conclusão do ato, do seu eventual registro ou da sua ciência, o que ocorrer primeiro". A alteração visa nitidamente harmonizar o art. 179 com o parágrafo único proposto para o art. 178.

Art. 180. O menor, entre dezesseis e dezoito anos, não pode, para eximir-se de uma obrigação, invocar a sua idade se dolosamente a ocultou quando inquirido pela outra parte, ou se, no ato de obrigar-se, declarou-se maior.

COMENTÁRIOS DOUTRINÁRIOS: A ordem jurídica reage à má-fé do menor relativamente incapaz que celebra negócio jurídico mentindo ou omitindo a sua idade. O artigo em comento impede que o menor que assim agir venha depois a pretender anular o negócio sob o argumento da menoridade. Entende o legislador que o menor entre dezesseis e dezoito anos já goza de suficiente discernimento para compreender a reprovabilidade de sua conduta, afastando o regime protetivo do relativamente incapaz em prestígio à boa-fé (subjetiva) da contraparte. A rigor, é a proteção à boa-fé, e não qualquer afã de punição do menor, o fundamento último da norma em exame. Daí por que, ainda que o menor tenha agido dolosamente, o negócio jurídico continuará passível de anulação se a contraparte conhecia a idade real do menor. Exige-se, assim, cumulativamente, para incidência do art. 180: a) a má-fé do menor; e b) a boa-fé da contraparte.

REFORMA DO CÓDIGO CIVIL: O Anteprojeto propõe alterações redacionais no art. 180, como a substituição do termo "menor" por "adolescente".

Art. 181. Ninguém pode reclamar o que, por uma obrigação anulada, pagou a um incapaz, se não provar que reverteu em proveito dele a importância paga.

COMENTÁRIOS DOUTRINÁRIOS: Tem-se no art. 181 mais uma manifestação do regime protetivo reservado aos incapazes: invalidado o negócio com fundamento na incapacidade, o dever de restituir do incapaz (art. 182) fica condicionado à verificação de que este obteve concreto proveito com o ajuste. Se, por qualquer razão, a importância paga ao incapaz não tiver se revertido em seu favor, receberá de volta a prestação que eventualmente tenha realizado, sem que tenha o dever de restituir aquilo que recebeu. O dispositivo vai além, atribuindo à contraparte o ônus de demonstrar que a prestação executada se reverteu em prol do incapaz, instituindo, *a contrario sensu*, uma presunção relativa de que o incapaz não se beneficiou do negócio inválido. Registre-se, por fim, que, embora a redação do artigo aluda expressamente a obrigação "anulada", a regra ora examinada aplica-se tanto a negócios nulos quanto a anuláveis. Não faria sentido, com efeito, limitar a proteção instituída à hipótese de anulação, conferindo ao relativamente incapaz uma proteção mais intensa que aquela reservada aos absolutamente incapazes, cujos negócios celebrados são nulos em razão da maior gravidade do vício.

Art. 182. Anulado o negócio jurídico, restituir-se-ão as partes ao estado em que antes dele se achavam, e, não sendo possível restituí-las, serão indenizadas com o equivalente.

COMENTÁRIOS DOUTRINÁRIOS: Determina o Código Civil que, uma vez invalidado um negócio jurídico, as partes devem retornar ao estado em que se encontravam antes do negócio inválido. O retorno ao *status quo ante* configura, juntamente com a liberação das partes do cumprimento de prestações futuras, efeito típico da invalidação do negócio. O retorno ao estado anterior opera-se, concretamente, pela restituição de parte a parte das prestações já realizadas. A rigor, o presente dispositivo infirma a sempre repetida lição segundo a qual a nulidade produziria efeitos *ex tunc*, enquanto a anulabilidade se daria *ex nunc*. Ao referir-se ao negócio "anulado", o artigo atribui o efeito usualmente reconhecido pela doutrina ao negócio nulo: "Restituir-se-ão as partes ao estado em que antes dele se achavam". Segundo a letra do artigo, portanto, mesmo a anulação do negócio produziria efeitos retroativos, desfazendo-se todos os efeitos operados desde a celebração. Daí o entendimento de parte da doutrina de que a regra do art. 182 seria aplicável tanto às nulidades como às anulabilidades. Conforme esclarece a parte final do art. 182 do Código Civil, não sendo possível a restituição *in natura*, far-se-á a restituição por meio do equivalente pecuniário. Afigura-se imprópria a referência do enunciado a "indenização" pelo equivalente, revelando a frequente confusão entre os campos do direito de danos (responsabilidade civil) e do direito restitutório (vedação ao enriquecimento sem causa). A responsabilidade civil disciplina a indenização por danos sofridos, enquanto o enriquecimento sem causa assegura a restituição a quem de direito da vantagem indevidamente atribuída a outrem. O efeito suscitado pela invalidação do negócio distancia-se da responsabilidade civil por não envolver qualquer indagação acerca do dano sofrido pela parte em razão da impossibilidade de restituição. Insere-se no âmbito da vedação ao enriquecimento sem causa, uma vez que a invalidação do negócio faz desaparecer a própria causa de atribuição da prestação aos seus credores, impondo a sua restituição a quem prestou. Na impossibilidade de assim fazê-lo, a ordem jurídica tenta assegurar resultado aproximado, determinando que se restitua à parte o equivalente pecuniário (não do dano, mas) da prestação que se impossibilitou. Trata-se, a rigor, de *restituição pelo equivalente*, e não de indenização pelo equivalente, como equivocadamente refere o dispositivo.

JURISPRUDÊNCIA COMENTADA: A jurisprudência do Superior Tribunal de Justiça já teve a oportunidade de explicitar que o art. 182 aplica-se também às hipóteses de nulidade, e não apenas de anulabilidade: "Constatado que o retorno à situação fática anterior é inviável, não resta ao julgador que declarou nulo negócio jurídico, outro caminho que não a determinação da resolução mediante recompensa monetária, nos termos do art. 182 do Código Civil, que também se aplica à nulidade absoluta" (STJ, REsp 1.353.864/GO, 3.ª Turma, Rel. Min. Sidnei Beneti, j. 07.03.2013).

Art. 183. A invalidade do instrumento não induz a do negócio jurídico sempre que este puder provar-se por outro meio.

COMENTÁRIOS DOUTRINÁRIOS: O negócio jurídico não se confunde com o instrumento negocial. Enquanto o *negócio jurídico* é a declaração de vontade que produz os efeitos desejados pela agente, o *instrumento negocial* consiste em uma das formas de manifestação exterior das declarações de vontade. A independência conceitual entre negócio e instrumento permite, por exemplo, que um mesmo instrumento contratual possa conter mais de um contrato. O art. 183 vale-se desta distinção para especificar os efeitos da invalidade por vício de forma. É antiga, entre nós, a distinção entre a forma *ad solemnitatem* e *ad probationem tantum*. A primeira consubstancia, segundo a doutrina, elemento essencial do negócio, integrando a própria substância do ato (*forma dat esse rei*). A segunda consistiria em mero meio de prova. Apenas quanto a esta última a doutrina admite a aplicação da regra do art. 183. Sempre que a forma for *ad solemnitatem*, a invalidade do instrumento configurará vício de forma que gera a nulidade do negócio (art. 166, IV). Caso, diversamente, se trate de forma *ad probationem tantum*, afigura-se possível preservar a validade do negócio desde que a função do instrumento – provar a existência e conteúdo do negócio – possa ser alcançada por outro meio.

Art. 184. Respeitada a intenção das partes, a invalidade parcial de um negócio jurídico não o prejudicará na parte válida, se esta for separável; a invalidade da obrigação principal implica a das obrigações acessórias, mas a destas não induz a da obrigação principal.

COMENTÁRIOS DOUTRINÁRIOS: O artigo em comento contempla o instituto da *redução do negócio jurídico*, que é considerada uma expressão do princípio da conservação dos contratos e do aforismo latino segundo *utile per inutile non vitiatur*. A redução do negócio jurídico consiste no procedimento interpretativo que permite a preservação da parte válida do ajuste, em sendo separável do todo. A redução não deve ser confundida com a conversão do negócio jurídico (art. 170). Ao contrário da conversão, a redução não importa uma mudança de qualificação do negócio jurídico, mas tão somente uma limitação interpretativa. O instituto da redução já constava da codificação de 1916, mas o Código Civil atual acrescentou, ao início do art. 184, a ressalva de que a redução deve ocorrer "respeitada a intenção das partes". A inovação na redação do dispositivo, remetendo à vontade das partes, tem sido considerada ociosa por parte da doutrina. Deve, além disso, ser interpretada com cautela, sob pena de impor uma leitura excessivamente subjetivista ao negócio jurídico, desviando o instituto da redução da sua real finalidade, que consiste na preservação da parcela ainda útil à realização da função que o negócio jurídico desempenha. A segunda parte do art. 184 consagra, no âmbito obrigacional, o *princípio da gravitação jurídica* (v. comentários ao art. 92), segundo o qual o acessório segue o destino do principal. Assim, a invalidade da obrigação principal contamina a validade das obrigações acessórias, enquanto a invalidade destas últimas não impacta a validade da obrigação principal.

JURISPRUDÊNCIA COMENTADA: Sobre a aplicação do dispositivo em comento, o Superior Tribunal de Justiça já teve a oportunidade de consignar: "Nos termos do art. 184 do CC/2002, a nulidade parcial do contrato não alcança a parte válida, desde que essa possa subsistir autonomamente. Haverá nulidade parcial sempre que o vício invalidante não atingir o núcleo do negócio jurídico. Ficando demonstrado que o negócio tem caráter unitário, que as partes só teriam celebrado se válido fosse em seu conjunto, sem possibilidade de divisão ou fracionamento, não se pode cogitar de redução, e a invalidade é total. O princípio da conservação do negócio jurídico não deve afetar sua causa ensejadora, interferindo na vontade das partes quanto à própria existência da transação" (STJ, REsp 981.750/MG, 3.ª Turma, Rel. Min. Nancy Andrighi, j. 13.04.2010).

TÍTULO II
DOS ATOS JURÍDICOS LÍCITOS

Art. 185. Aos atos jurídicos lícitos, que não sejam negócios jurídicos, aplicam-se, no que couber, as disposições do Título anterior.

COMENTÁRIOS DOUTRINÁRIOS: Os atos jurídicos lícitos subdividem-se nas seguintes espécies: a) os *atos jurídicos em sentido estrito*, em que os efeitos jurídicos decorrem do ato voluntário, mas não se orientam conforme a intenção do agente; e b) os *negócios jurídicos,* que consistem em declarações de vontade acolhidas pelo ordenamento para produzir efeitos jurídicos desejados pelo agente. No *ato jurídico em sentido estrito*, os efeitos são ditos *ex lege*, pois derivam diretamente da lei, que desconsidera a eventual intenção do agente por trás do comportamento voluntário. No *negócio jurídico*, ao contrário, a ordem jurídica concede ao agente exatamente o efeito que pretende, dizendo-se, por essa razão, que produz um efeito jurídico *ex voluntate* (v. comentários ao art. 104). O amplo desenvolvimento da teoria do negócio jurídico, especialmente na doutrina alemã, não teve correspondente no campo dos atos jurídicos *stricto sensu*. De fato, o interesse no estudo do negócio jurídico vem justamente de sua concepção voluntarista; decorrendo da vontade do agente os seus efeitos, necessário se faz examinar os vícios que podem se abater sobre essa vontade, as consequências disso para os efeitos do negócio jurídico, e assim por diante. No ato jurídico *stricto sensu*, em que os efeitos decorrem diretamente da lei, pouca interferência tem o fator volitivo. Cada ato jurídico possuirá, assim, requisitos próprios, disciplinados especificamente pela lei, o que dificulta ou, quiçá, torna mesmo desnecessário o desenvolvimento de uma teoria geral dos atos jurídicos em sentido estrito. Enquanto ao negócio jurídico o legislador reservou toda uma disciplina geral, traçada no passado sob a rubrica do gênero atos jurídicos, ao ato jurídico em sentido estrito dedicou apenas a disposição do seu art. 185. O dispositivo, aliás, tem sido alvo de críticas por afirmar que a disciplina dos negócios jurídicos se aplica aos atos jurídicos lícitos "no que couber". A própria diferença ontológica entre o negócio jurídico – fundado na intenção do agente de produzir o efeito jurídico – e o ato jurídico – em que a intenção do agente é, como visto, irrelevante, bastando o seu comportamento voluntário – não recomenda a aplicação extensiva ao ato jurídico de qualquer dispositivo que valorize a intenção. A aplicabilidade da disciplina do negócio jurídico ao ato jurídico *stricto sensu* deve ficar, assim, restrita às normas que não se centrem na intenção do declarante, por exemplo, as que tratam da forma do negócio jurídico ou da incapacidade do agente (art. 104, I e III, entre outros, do CC). Registre-se, por fim, que os atos jurídicos em sentido estrito acabam por encontrar regulação na Parte Especial da codificação, com regras próprias para cada gênero de ato jurídico, solução que, de resto, não difere substancialmente daquela adotada nas codificações estrangeiras que acolhem a distinção entre as duas categorias. Qualquer assimilação entre ato e negócio jurídico deve ser evitada.

REFORMA DO CÓDIGO CIVIL: O Anteprojeto propõe a ampliação do escopo do Título II para tratar também "Da Licitude dos Atos e das Atividades Jurídicas", sugerindo a inclusão do art. 185-A: "A atividade decorrente de série de atos coordenados sob um fim comum será considerada lícita se lícitos forem os atos praticados e o fim visado".

TÍTULO III
DOS ATOS ILÍCITOS

Art. 186. Aquele que, por ação ou omissão voluntária, negligência ou imprudência, violar direito e causar dano a outrem, ainda que exclusivamente moral, comete ato ilícito.

COMENTÁRIOS DOUTRINÁRIOS: Ato ilícito é o ato humano voluntário (ação ou omissão) que, violando a ordem jurídica, causa dano a outrem. O ato ilícito pode, assim, ser decomposto em três elementos, a saber: a) conduta culposa (culpa ou dolo) do agente; b) dano; e c) nexo de causalidade entre a conduta culposa e o dano. *Culpa.* A configuração do ato ilícito depende, em primeiro lugar, de dolo ou culpa por parte do agente. Exige-se que a conduta voluntária do sujeito (ação ou omissão) tenha se caracterizado pela intenção de causar o prejuízo (dolo) ou pela falta de observância de um dever jurídico (culpa). Como se vê, a identificação da culpa ou dolo – noções reunidas sob a denominação de culpa *lato sensu* – depende de uma valoração da conduta do sujeito. Daí chamar-se de *responsabilidade subjetiva* aquela responsabilidade fundada na culpa ou, mais precisamente, no ato ilícito que tem a culpa como um de seus elementos. A própria noção de culpa transformou-se ao longo do tempo. Se, antes, a culpa era vista como uma espécie de "pecado jurídico", a exigir a prova de uma falha psicológica do agente que pudesse ser considerada reprovável à luz das circunstâncias concretas, hoje a culpa é vista como a violação a um dever jurídico. A passagem dessa noção psicológica de culpa para uma noção normativa de culpa reflete a necessidade de superar antigas dificuldades de demonstração da culpa, que faziam com que se exigisse da vítima verdadeira *probatio diabolica* e que acabariam contribuindo para o surgimento da responsabilidade objetiva (v. comentários ao art. 927). *Nexo causal.* O nexo de causalidade é o elemento que liga a conduta culposa do agente ao dano sofrido pela vítima. Para que surja o dever de indenizar, é preciso que o dano verificado consista em uma consequência da ação ou omissão do agente. O nexo causal (relação de causa e consequência) é originariamente um conceito lógico, e não jurídico. Todavia, a fim de se evitar uma excessiva responsabilização dos indivíduos na vida social, a ciência jurídica tem historicamente procurado qualificar o nexo causal que seria aceito pelo direito como apto a produzir, juntamente com os outros elementos do ato ilícito, a obrigação de indenizar. Nesse sentido, desenvolveram-se numerosas teorias, de que são apenas exemplos a teoria da equivalência das condições, a teoria da causalidade adequada, a teoria da causalidade eficiente e a teoria da causalidade direta e imediata. Nosso Código Civil afirma no art. 403: "Ainda que a inexecução resulte de dolo do devedor, as perdas e danos só incluem os prejuízos efetivos e os lucros cessantes por efeito dela direto e imediato, sem prejuízo do disposto na lei processual". A norma tem sido vista como acolhimento legislativo da teoria da causalidade direta e imediata, que limita o dever de indenizar às consequências direta e imediatamente derivadas da conduta culposa. O dispositivo, embora situado na parte do Código Civil dedicada ao direito das obrigações, aplica-se também à responsabilidade civil aquiliana (extracontratual ou, mais tecnicamente, extraobrigacional). Assim, se o agente provoca um acidente de trânsito que resulta em lesão à integridade física da vítima e ela recebe tratamento em hospital, em que contrai infecção hospitalar que provoca sua morte, o agente responde pela lesão à integridade física, mas não pela perda da vida da vítima, cuja causa direta e imediata não foi o acidente de trânsito, mas a infecção hospitalar. É evidente que a vítima nem sequer teria ido ao hospital se o acidente de trânsito não tivesse acontecido, mas o acidente de trânsito é causa meramente remota ou indireta da morte. Em outras palavras: a morte da vítima consiste, no exemplo dado, em *dano indireto*, também chamado *dano por ricochete*, que não gera responsabilidade do motorista. A indenização pela perda do ente querido, nessa hipótese, deve ser buscada perante o hospital. A teoria da causalidade direta e imediata fornece um critério inegavelmente seguro para evitar uma responsabilidade civil *ad infinitum*. É certo, por outro lado, que, em alguns casos, sua aplicação pode se revelar injusta ou insuficiente. Isso ocorre sempre que se está diante de danos que, embora não sejam diretamente resultantes da conduta culposa do agente, derivam necessariamente do seu resultado imediato, sem a intervenção de qualquer outra causa. Veja-se um exemplo: uma indústria polui um rio, gerando a mortandade de peixes. O dano causado diretamente pela conduta da indústria poluente é a mortandade de peixes, um dano ambiental de natureza extrapatrimonial. É certo, todavia, que, como consequência desse dano, um segundo dano ocorrerá: o pescador local, que vive da pesca, não poderá pescar e vender seus peixes no mercado, sofrendo, portanto, uma perda econômica de receitas razoavelmente esperadas (lucros cessantes). Esse dano patrimonial é um dano indireto, pois resulta não diretamente da conduta da indústria poluente, mas do dano direto dela derivado, qual seja, a mortandade de peixes. Trata-se, todavia, de um dano indireto *necessário*, isto é, um dano que deriva necessariamente do dano anterior, sem que para tanto seja preciso a intervenção de qualquer outra causa. Tal dano indireto necessário deve ser indenizado pelo agente. Trata-se do que elevada doutrina denomina subteoria da necessariedade causal, vista como uma espécie de desdobramento (*rectius*: atenuação) da teoria da causalidade direta e imediata (v. comentários ao art. 403). Em meio a essas complexas discussões, impõe-se registrar que "o reconhecimento da dificuldade em identificar o nexo de causalidade não pode levar à prescindibilidade da sua análise" (Enunciado n. 659 da *IX Jornada de Direito Civil*). *Dano.* O dano é elemento indispensável do ato ilícito. Tradicionalmente, conceitua-se o dano como a lesão a um interesse juridicamente protegido, a abranger tanto o dano patrimonial quanto o dano moral. Nem todo dano, contudo, é ressarcível. A doutrina afirma que somente se repara o dano que seja *certo e atual*. A exigência de que o dano seja certo impede a reparação de danos meramente hipotéticos. Indenizam-se os *lucros cessantes* e até a *perda da chance*, mas o dano eventual, meramente hipotético, este permanece à margem do dever de reparação. Por sua vez, a atualidade do dano exige que já tenha se verificado ao tempo da responsabilização, impedindo, em regra, a indenização de danos futuros, o que não se confunde com danos ainda não liquidados (isto é, tornados líquidos, quantificados). Há duas espécies principais de danos no Direito Brasileiro: a) o dano patrimonial; e b) o dano moral. O *dano patrimonial* é entendido como a lesão a um interesse jurídico passível de valoração econômica. O dano patrimonial subdivide-se em a) danos emergentes; e b) lucros cessantes. Os *danos emergentes* são os prejuízos econômicos efetivamente sofridos pela vítima. Já os *lucros cessantes* consistem nos ganhos que a vítima razoavelmente deixou de auferir (v. comentários ao art. 402). Em um exemplo corriqueiro, se o motorista de táxi tem seu veículo atingido em acidente de trânsito, sofrerá danos emergentes, que consistem na diminuição patrimonial experimentada pelo decréscimo no valor do seu automóvel, mas também lucros cessantes, consubstanciados na perda das receitas diárias que auferiria por todo o tempo em que o veículo estiver indisponível, em conserto, na oficina. Enquanto os danos emergentes são tradicionalmente calculados pela simples comparação entre o patrimônio da vítima antes e depois do evento danoso, a aferição e a quantificação dos lucros cessantes exigem um juízo mais sofisticado, de valoração daquilo que *razoavelmente* a vítima obteria *se* o evento danoso não tivesse ocorrido. Há, nos lucros cessantes, certa valoração hipotética daquilo que ocorreria em uma cadeia de eventos que não é aquela que se verificou na realidade. O *dano moral*, por sua vez, deve ser compreendido como a lesão a um interesse jurídico atinente à personalidade humana e, por isso mesmo, insuscetível de valoração econômica. A discussão sobre a reparabilidade ou não do dano moral encontra-se, hoje, superada. Aos velhos argumentos de que seria imoral reparar a dor com dinheiro opõe-se expressamente o art. 5º da Constituição, que reconhece o dever de reparar o dano moral (incisos V e X). No mesmo sentido, o art. 186 do Código Civil reconhece a configuração do ato ilícito mesmo em caso de *dano exclusivamente moral*. As discussões se voltam atualmente para o próprio conceito de dano moral. Duas grandes correntes doutrinárias se contrapõem nesse campo: a) a corrente subjetiva, que compreende o dano moral como *dor, sofrimento e humilhação*; e b) a corrente objetiva, que define o dano moral como a *lesão a um interesse jurídico atinente à personalidade humana*, conforme apresentado nestes comentários. A distinção conceitual entre as duas correntes é relevante, na medida em que, embora usualmente a lesão a um interesse jurídico existencial provoque reações emocionais negativas, isso nem sempre ocorre. Assim, a publicação de matéria jornalística imputando falsamente a prática de crime a uma pessoa que se encontra em estado de coma resultará em dano moral para os defensores da corrente objetiva (lesão à honra), mas não para os defensores da corrente subjetiva, uma vez que o estado de inconsciência do paciente impedirá a ocorrência de reações emocionais negativas, como dor, sofrimento e humilhação. Doutrina e jurisprudência têm afirmado que o dano moral é *in re ipsa*, ou seja, deriva inexoravelmente da prova da conduta lesiva. Na teoria do dano *in re ipsa* parece, contudo, residir um grave erro de perspectiva, ligado à configuração do dano moral com base na dor, sofrimento e humilhação. Por essa ótica, parece mesmo que a prova do dano deve ser dispensada, na medida em que seria inusitado e, antes disso, ineficaz exigir que a vítima prove que sofreu. A prova da dor deve, por óbvio, ser dispensada, mas isso não dispensa a prova do dano moral em si, isto é, da lesão a um interesse jurídico atinente à personalidade humana. Quem alega o dano moral deve demonstrar a ocorrência da lesão, tal como ocorre no dano patrimonial. Exige-se a prova da concreta afetação (*rectius*: lesão) de algum aspecto da sua personalidade. Em certos casos, tal prova será simples, porque dotada de materialidade: por exemplo, os danos morais por lesão à integridade física (*v.g.*, ferimento ou perda de membro) deixam traços materiais que facilitam sua demonstração. Em outros casos, a prova é considerada mais difícil, justamente por faltar-lhe materialidade visível. É o que ocorre, normalmente, no dano à honra, no dano à privacidade e assim por diante. Quem, nesse sentido, alega dano à honra por força de uma notícia falsa veiculada em jornal ou revista pode enfrentar dificuldade em demonstrar que a sua reputação foi efetivamente abalada pela conduta lesiva. Nessas hipóteses, pode o juiz se valer de presunções, mas isso não exime o autor de tentar demonstrar o dano sofrido por todos os meios de prova admitidos. A exigência desses três elementos afasta o conceito legal de ato ilícito de sua noção intuitiva, de ato humano contrário ao direito, razão pela qual deve-se considerar que a noção de ato ilícito, prevista no art. 186, não esgota o campo da ilicitude *lato sensu* (*rectius*, antijuridicidade). Em outras palavras, o ato ilícito não se confunde com a mera conduta culposa. Não há ato ilícito sem dano ou nexo de causalidade.

PANDEMIA: A Lei n. 14.046/2020 (fruto da conversão da Medida Provisória n. 948/2020), que dispõe sobre medidas emergenciais para atenuar os efeitos da crise decorrente da pandemia da covid-19 nos setores de turismo e de cultura, estabelece, no seu art. 5º, que "eventuais cancelamentos ou adiamentos dos contratos de natureza consumerista regidos por esta Lei caracterizam hipótese de caso fortuito ou de força maior, e não são cabíveis reparação por danos morais, aplicação de multas ou imposição das penalidades previstas no art. 56 da Lei nº 8.078, de 11 de setembro de 1990, ressalvadas as situações previstas no § 7º do art. 2º e no § 1º do art. 4º desta Lei, desde que caracterizada má-fé do prestador de serviço ou da sociedade empresária". Note-se que o dispositivo, além de sua péssima redação, qualifica como caso fortuito ou de força maior qualquer hipótese de cancelamento ou adiamento da execução dos contratos regidos pela lei, parecendo dispensar (ou, no mínimo, presumir) os requisitos previstos no art. 393 do Código Civil. Produz-se, com isso, uma restrição arbitrária ao cabimento da reparação por dano moral, que constitui verdadeiro direito fundamental (CF, art. 5º, X), apenas podendo ser limitado diante da colisão com outros direitos fundamentais. A Lei n. 14.046/2020 sofreu diversas alterações por meio da Lei n. 14.186/2021, sendo lamentável que o referido art. 5º tenha passado incólume, sem qualquer aperfeiçoamento redacional.

JURISPRUDÊNCIA COMENTADA: A questão do conceito do dano moral, como visto, segue polêmica na jurisprudência nacional. Concepções subjetiva e objetiva são frequentemente invocadas pela jurisprudência do Superior Tribunal de Justiça, como se entre elas não houvesse qualquer distinção. Adota-se, não raramente, uma espécie de concepção "mista", agregando elementos de ambas as correntes: "o dano moral tem sido definido como a lesão a atributos da pessoa, enquanto ente ético e social, dos quais se destacam a honra, a reputação e as manifestações do intelecto; o atentado à parte afetiva e/ou à parte social da personalidade, que, sob o prisma constitucional, encontra sua fundamentação no princípio da dignidade da pessoa humana, previsto no art. 1º, inc. III, da CF. Considerada essa dimensão do dano moral – e para frear a atual tendência de vulgarização e banalização desse instituto, com as quais rotineiramente se depara o Poder Judiciário –, ele não pode ser confundido com a mera contrariedade, desconforto, mágoa ou frustração de expectativas, cada vez mais comuns na vida cotidiana, mas deve se identificar, em cada hipótese concreta, com uma verdadeira agressão ou atentado à dignidade da pessoa humana, capaz de ensejar sofrimentos e humilhações intensos, descompondo o equilíbrio psicológico do indivíduo por um período de tempo desarrazoado" (STJ, REsp 1.660.152/SP, 3.ª Turma, Rel. Min. Nancy Andrighi, j. 14.08.2018). Este amálgama também podia ser observado na rumorosa Súmula n. 75 do Tribunal de Justiça do Rio de Janeiro que afirmava: "O simples descumprimento de dever legal ou contratual, por caracterizar mero aborrecimento, em princípio, não configura dano moral, salvo se da infração advém circunstância que atenta contra a dignidade da parte". Essa referência ao "mero aborrecimento", reflexo da concepção subjetiva, acabava por sobrepor-se ao exame do verdadeiro problema, a concreta verificação de um "atentado contra a dignidade humana". A polêmica súmula foi finalmente revogada em 2018, por decisão do Órgão Especial do TJRJ, na qual se assentou: "Como forma de combater as injustiças daí advindas, sobretudo, as experimentadas pelos hipossuficientes, doutrina e jurisprudência evoluíram no sentido de que o dano moral pode, sim, advir do inadimplemento contratual ou legal, desde que reste configurada, no caso concreto, lesão a quaisquer dos direitos inerentes à personalidade, sendo despiciendo verificar a presença de elementos de cunho subjetivo, tais como a dor, o sofrimento, a humilhação, etc. Ou seja, passou-se a defender a teoria objetiva do dano moral, fundada na violação a direito da personalidade, em detrimento da teoria subjetiva, na qual se enquadra o mero aborrecimento tratado pela súmula ora questionada" (TJRJ, Processo Administrativo 0056716-18.2018.8.19.0000, Órgão Especial, Rel. Des. Mauro Pereira Martins, j. 17.12.2018). A decisão reportou-se, ainda, ao Enunciado n. 445 da *V Jornada de Direito Civil*, que dispõe que "o dano moral indenizável não pressupõe necessariamente a verificação de sentimentos humanos desagradáveis como dor ou sofrimento". O próprio enunciado, contudo, afigura-se criticável, ao afirmar que o dano moral não pressupõe "necessariamente" sentimentos desagradáveis, quando, na verdade, as noções não guardam qualquer relação. Com efeito, o dano moral consiste, a rigor, em violação à dignidade da pessoa humana, que independe completamente da reação emocional da vítima (aborrecimento ou não, dor ou não, sofrimento ou não). Além disso, não há qualquer razão para que seja excluída a compensação em razão da menor intensidade da lesão à dignidade humana. Se, no campo do dano patrimonial, mesmo os danos de menor valor podem e devem ser indenizados, com ainda maior razão, no campo do dano moral, lesões de menor intensidade merecem compensação, por força da primazia que assumem os valores existenciais em nossa Constituição.

REFORMA DO CÓDIGO CIVIL: O Anteprojeto propõe uma significativa mudança no art. 186, tratando da "ilicitude civil" como conceito distinto do ato ilícito (deflagrador da obrigação de reparar o dano). Nessa direção, o Anteprojeto propõe que o *caput* do art. 186 passe a afirmar que "a ilicitude civil decorre de violação a direito". A consequência dessa ilicitude, contudo, não consta desse dispositivo, mas, sim, do § 3º do art. 927-A, também proposto pelo Anteprojeto, que determina: "Sem prejuízo do previsto na legislação especial, a tutela preventiva do ilícito é destinada a inibir a prática, a reiteração, a continuação ou o agravamento de uma ação ou omissão contrária ao direito, independentemente da concorrência do dano, ou da existência de culpa ou dolo. Verificado o ilícito, pode ainda o interessado pleitear a remoção de suas consequências e a indenização pelos danos causados". De acordo com o Anteprojeto, o atual texto do *caput* do art. 186 é transposto, com algumas alterações, para o parágrafo único, ganhando a seguinte redação: "Aquele que, por ação ou omissão voluntária, negligência, imprudência ou imperícia, violar direito e causar dano a outrem, responde civilmente". A manutenção da tríade "negligência, imprudência ou imperícia" precedida de vírgula poderia ter sido corrigida. A nova redação suprime a referência, que já era meramente exemplificativa, ao dano moral. Além disso, na parte final do parágrafo único do art. 186, substitui-se a expressão "comete ato ilícito" por "responde civilmente", associando prontamente o ato ilícito à sua consequência, que é o surgimento da obrigação de reparar o dano.

Art. 187. Também comete ato ilícito o titular de um direito que, ao exercê-lo, excede manifestamente os limites impostos pelo seu fim econômico ou social, pela boa-fé ou pelos bons costumes.

COMENTÁRIOS DOUTRINÁRIOS: O artigo em comento atribui uma nova roupagem à noção de *abuso do direito*. O conceito de abuso do direito tem origem na jurisprudência francesa e foi desenvolvido para impedir os resultados iníquos derivados do exercício de direitos subjetivos, aos quais a dogmática liberal havia dado um caráter absoluto. Em sua concepção original, o ato abusivo identificava-se com o ato emulativo, ou seja, aquele praticado com o exclusivo intuito de causar dano a outrem. Entretanto, a noção de abuso do direito foi gradativamente se distanciando da noção de ato emulativo. A intenção de prejudicar já não servia mais de fundamento exclusivo à coibição de todas as hipóteses de ato abusivo. Doutrina e jurisprudência empenharam-se na busca de critérios menos intimistas. A figura foi remetida à proteção aos bons costumes ou ao conteúdo moral do direito. Outras vezes, perdeu-se em referências mais etéreas aos princípios do direito natural ou ao espírito do ordenamento jurídico. Conseguiu-se, finalmente, certo consenso em torno da associação do abuso do direito ao próprio conceito de direito subjetivo, e da definição do ato abusivo como aquele que supera os limites ou os fins econômicos e sociais do próprio direito subjetivo exercido. A crise da própria noção de direito subjetivo, no âmbito do processo de solidarização do direito, e o reconhecimento de outros mecanismos de controle de legitimidade das situações jurídicas subjetivas puseram em xeque a figura. Dentre as inúmeras razões apontadas pela doutrina para o ocaso do abuso do direito, desponta em importância o desenvolvimento da cláusula geral de boa-fé objetiva. No âmbito dos meios de controle judicial da autonomia privada, a boa-fé objetiva apresenta, de fato, uma feição mais moderna e mais intensa que a do abuso do direito. Não se pode ignorar, todavia, o esforço doutrinário mais recente em recuperar o amplo papel do abuso do direito. De todas as inúmeras teorias que se propõem a explicar o conceito de abuso do direito, a que, hoje, se reconhece como essencial à categoria, é a contrariedade ao fundamento axiológico-normativo do direito exercido. Assim, abusa do direito quem o exerce de forma aparentemente regular, mas em contradição com os valores que o ordenamento pretende por meio dele realizar. O abuso do direito ganha, sob essa concepção, a tarefa de conformar a autonomia privada aos valores que o ordenamento jurídico pretende, por meio daquela situação subjetiva específica, tutelar. A abrangente tarefa acabou dando ensejo a conceituações ecléticas de abuso do direito, vinculadas ora à função econômica e social do direito, ora aos bons costumes e à boa-fé objetiva. O Código Civil brasileiro, inspirando-se na codificação portuguesa, adotou a concepção eclética do ato abusivo, neste art. 187. Embora sem empregar a expressão "abuso do direito", o legislador brasileiro aproveitou-se de sua tradição em nossa experiência para criar uma ampla cláusula geral de controle de legitimidade do exercício de situações jurídicas subjetivas. Não obstante o art. 187 iniciar pela afirmação de que "também comete ato ilícito", a melhor técnica não recomendaria a alusão inicial ao "ato ilícito", figura de pressupostos próprios, já estabelecidos no art. 186 da codificação, que se distingue tradicionalmente do exercício inadmissível dos direitos, ato lícito, ao menos em sua aparência. A associação entre as duas situações, tão distintas entre si, ainda que seja possível remetê-las a uma ilicitude *lato sensu*, contrariou a tradição nacional, prestando desserviço à identificação bem mais sutil dos atos que se fundam em direitos reconhecidos, mas violam seu embasamento axiológico e finalístico. De ato ilícito em sentido técnico, portanto, não cuida o art. 187 do Código Civil (v. comentários ao art. 186). As figuras guardam em comum, contudo, a possibilidade de ensejarem uma mesma consequência jurídica: a responsabilidade civil. Isso, porém, não deve implicar nenhuma confusão entre os institutos. Por um lado, a responsabilidade civil decorrente do ato abusivo prescinde da demonstração de culpa, elemento ínsito ao ato ilícito – em outras palavras, "a responsabilidade civil decorrente do abuso do direito independe de culpa e fundamenta-se somente no critério objetivo-finalístico" (Enunciado n. 37 da *I Jornada de Direito Civil*). Por outro, o dano, segundo elemento do ato ilícito, não é essencial para a qualificação do exercício enquanto abusivo – ou seja, "o abuso de direito é uma categoria jurídica autônoma em relação à responsabilidade civil. Por isso, o exercício abusivo de posições jurídicas desafia controle independentemente de dano" (Enunciado n. 539 da *VI Jornada de Direito Civil*). Daí a doutrina destacar que os efeitos do abuso não se restringem ao dever de indenizar, também autorizando, por exemplo, a própria supressão da eficácia do ato. Diz-se, nesse sentido, que "o abuso do direito impede a produção de efeitos do ato abusivo de exercício, na extensão necessária a evitar sua manifesta contrariedade à boa-fé, aos bons costumes, à função econômica ou social do direito exercido" (Enunciado n. 617 da *VIII Jornada de Direito Civil*). Em um esforço para conciliar essa perspectiva funcional com o esquema tradicional da teoria dos fatos jurídicos, a doutrina tem proposto a inclusão, sob a rubrica dos fatos ilícitos *lato sensu* (reprovados pelo direito), ao lado do tradicional ato ilícito (art. 186), de uma categoria dos *atos antijurídicos*, apta a abarcar o amplo espectro de situações contrárias ao direito que extravasam a esfera do ato ilícito – entre elas, o ato abusivo.

JURISPRUDÊNCIA COMENTADA: A verificação do abuso de direito, por exigir a análise da finalidade do exercício em concreto, assume contornos particularmente casuísticos. Há diversos exemplos de aplicação da noção de abuso do direito por nossos Tribunais. O Superior Tribunal de Justiça decidiu que incorre em *abuso da liberdade de informação* "o órgão de imprensa que, apesar de divulgar fato verídico, relaciona a notícia à manchete de caráter manifestamente ofensivo à honra da vítima de crime de estupro de vulnerável, atribuindo à adolescente conduta ativa ante o fato ocorrido, trazendo menções injuriosas a sua honra" (STJ, REsp 1.875.402/SP, 4.ª Turma, Rel. Min. Marco Buzzi, j. 23.04.2024). Já o Tribunal de Justiça de Minas Gerais identificou *abuso do direito de cobrança* no "procedimento do síndico que, em nome do condomínio, divulga e dá publicidade à inadimplência de condômino, enviando aos demais moradores cópia da sentença condenatória da ação de cobrança de taxas condominiais" (TJMG, Ap. Cív. 2493015-64.2005.8.13.0145, 12.ª Câmara Cível, Rel. Des. Alvimar de Ávila, j. 14.11.2007). O Tribunal de Justiça do Tocantins, por sua vez, afirmou que configura *abuso do direito de petição* "a representação feita no Conselho de Ética da Ordem dos Advogados do Brasil, com o fim evidente de causar dano à imagem profissional do causídico, fundamentada em inverdades alegadas e não provadas" (TJTO, Apelação 0015337-46.2016.827.0000, 3.ª Turma da 2.ª Câmara Cível, Rel. Des. Ângela Prudente, j. 21.06.2017). Em São Paulo, a corte estadual qualificou como *abuso do poder familiar* a negativa infundada do pai em autorizar que a mãe levasse os filhos menores para visitá-la em sua residência no exterior, uma vez que "não logrou demonstrar qualquer prejuízo que adviria para os menores com a ida à Suíça, isto é, o recorrido não indica fato prejudicial aos filhos que não recomende a autorização para a sua viagem", o que levou o Tribunal a suprir o consentimento (TJSP, Apelação 0013350-76.2011.8.26.0032, 3.ª Câmara de Direito Privado, Rel. Des. Beretta da Silveira, j. 05.02.2013). Hipótese recorrentemente admitida pelos nossos Tribunais é a de *abuso do direito de ação*. Nesse sentido, instigante caso apreciado pelo Superior Tribunal de Justiça, no qual um padre impetrou *habeas corpus* com pedido liminar para impedir o procedimento de interrupção de gestação de um feto diagnosticado com síndrome de Body Stalk, "denominação dada a um conjunto de malformações fetais que inclui um grande defeito da parede abdominal, cifoescoliose e cordão umbilical curto ou ausente". Afirma-se ser o "mais raro dentre todos os defeitos da parede abdominal com ocorrência média de 1 caso para cada 14.273 nascimentos. Não há um defeito cromossômico específico que acompanhe a síndrome e a mesma é sempre letal", razão pela qual a interrupção já contava com alvará judicial obtido pela gestante. A medida liminar foi deferida, suspendendo o tratamento para interromper a gravidez, que prosseguiu até seu termo natural, dando à luz a criança, que faleceu 1 hora e 40 minutos após o parto. O Superior Tribunal de Justiça, reformando a decisão do tribunal de origem em ação indenizatória ajuizada pelos pais, assentou que "esse tipo de ação faz medrar, em seara imprópria, o corpo de valores que defende – e isso caracteriza o abuso de direito – pois a busca, mesmo que por via estatal, da imposição de particulares conceitos a terceiros, tem por escopo retirar de outrem, a mesma liberdade de ação que vigorosamente defende para si" (STJ, REsp 1.467.888/GO, 3.ª Turma, Rel. Min. Nancy Andrighi, j. 20.10.2016). Tamanha a frequência desse tipo de demanda que o Tribunal de Justiça do Rio de Janeiro aprovou em 20 de março de 2017 o Enunciado n. 374 de sua Súmula de Jurisprudência Predominante: "O abuso do direito de demandar gera o direito à indenização". Foi também para interditar o exercício abusivo do direito de demandar em detrimento da liberdade de expressão que o STF conferiu interpretação conforme a Constituição ao art. 53 do Código de Processo Civil e aos arts. 186 e 927, *caput*, do Código Civil, fixando a seguinte tese: "1. Constitui assédio judicial comprometedor da liberdade de expressão o ajuizamento de inúmeras ações a respeito dos mesmos fatos, em comarcas diversas, com o intuito ou o efeito de constranger jornalista ou órgão de imprensa, dificultar sua defesa ou torná-la excessivamente onerosa. 2. Caracterizado o assédio judicial, a parte demandada poderá requerer a reunião de todas as ações no foro de seu domicílio. 3. A responsabilidade civil de jornalistas ou órgãos de imprensa somente estará configurada em caso inequívoco de dolo ou culpa grave (evidente negligência profissional na apuração dos fatos)" (STF, ADI 7.055 e ADI 6.792, Tribunal Pleno, Red. p/ acórdão Min. Luís Roberto Barroso, j. 22.05.2024).

Art. 188. Não constituem atos ilícitos:

I – os praticados em legítima defesa ou no exercício regular de um direito reconhecido;

II – a deterioração ou destruição da coisa alheia, ou a lesão a pessoa, a fim de remover perigo iminente.

Parágrafo único. No caso do inciso II, o ato será legítimo somente quando as circunstâncias o tornarem absolutamente necessário, não excedendo os limites do indispensável para a remoção do perigo.

COMENTÁRIOS DOUTRINÁRIOS: O Código Civil contempla, em seu art. 188, atos que, embora apresentem ou aparentem apresentar todos os elementos necessários à sua qualificação como ilícitos, têm sua ilicitude excluída por determinação legal. São os atos praticados a) em legítima defesa, b) no exercício regular de um direito ou c) em estado de necessidade. Trata-se das chamadas *excludentes de ilicitude*. Considera-se em *legítima defesa* aquele que, "usando moderadamente dos meios necessários, repele injusta agressão, atual ou iminente, a direito seu ou de outrem" (Código Penal, art. 25). Trata-se de exceção à regra geral que veda a autotutela, especialmente envolvendo força física. Reconhece a ordem jurídica a existência de situações nas quais a urgência torna inviável o recurso à proteção do Estado. O Código Civil não oferece uma definição para o instituto, mas a doutrina nacional tem chancelado a invocação da regra constante do Código Penal, da qual se pode extrair os seguintes elementos: a) *agressão injusta*: a conduta repelida deve ser contrária à ordem jurídica como um todo; b) *atual ou iminente*: o uso da força se legitima em razão da urgência da situação; em se tratando de agressão cuja consumação se dará apenas no futuro, deve ser buscada a tutela estatal – por outro lado, caso já tenha cessado a agressão, desnatura-se a defesa em vingança privada, repudiada pelo ordenamento; c) *a direito próprio ou alheio*: não se limita o instituto à proteção de direitos de titularidade própria, nem há uma restrição apriorística dos direitos passíveis de proteção, que podem ser tanto patrimoniais como existenciais; d) *emprego moderado dos meios necessários à defesa*: a conduta de quem lesa direitos do agressor para defender aqueles próprios ou alheios deve ser orientada pelos postulados da *proporcionalidade* e da *razoabilidade* – em se tratando de situação de risco, não é possível uma rigorosa aferição sobre se o meio era o único possível ou se seu emprego se deu com a intensidade estritamente necessária para impedir a agressão, mas se reprime o excesso flagrante, que converteria a própria defesa em agressão injusta. Igualmente lícito é o *exercício regular de um direito reconhecido*, situação que, a rigor, nem sequer constitui uma verdadeira excludente da ilicitude, pois ausente a contrariedade à ordem jurídica caracterizadora do ato ilícito. Assim, ainda que a conduta gere dano a terceiros, não se tratará de dano *injusto*, razão pela qual não será indenizado. Sob a vigência da codificação de 1916, da excludente relativa ao exercício regular de um direito, a doutrina extraía, *a contrario sensu*, a vedação ao abuso do direito. A construção não se faz mais necessária em face do art. 187 do Código Civil atual. O *estado de necessidade*, por fim, é instituto que, tal qual a legítima defesa, encontra sua *ratio* na proteção a direitos. A ameaça no estado de necessidade, no entanto, não decorre de uma agressão por outra pessoa, mas sim de uma situação de fato que gere perigo de dano iminente (um incêndio ou enchente, por exemplo), cuja remoção implique lesão a direito – existencial ou patrimonial – de terceiro. Afirma o parágrafo único que "o ato será legítimo somente quando as circunstâncias o tornarem absolutamente necessário, não excedendo os limites do indispensável para a remoção do perigo". Uma vez mais, a exigência deve ser lida como a consagração da observância aos postulados da *proporcionalidade* e da *razoabilidade*, afastando-se interpretações que enfatizem uma "absoluta" necessidade e o limite do "indispensável" – recorde-se que a pessoa em situação de perigo iminente fatalmente não terá condições de realizar uma avaliação tão criteriosa. Nada obstante o afastamento da ilicitude pelo estado de necessidade, o Código Civil impõe o dever de indenizar quando a vítima não foi a causadora do perigo (art. 929), caracterizando hipótese de *responsabilidade civil por ato lícito*.

JURISPRUDÊNCIA COMENTADA: Nossos Tribunais têm corretamente afastado a configuração da excludente de legítima defesa quando esta é *putativa*, ou seja, fruto de um erro de percepção dos fatos, tendo o autor equivocadamente concluído estar presente a situação de agressão injusta, quando tal crença não se afigurava razoável. Decidiu-se, nesse sentido: "A legítima defesa putativa supõe negligência na apreciação dos fatos, e por isso não exclui a responsabilidade civil pelos danos que dela decorram" (STJ, REsp 513.891/RJ, 3.ª Turma, Rel. Min. Ari Pargendler, j. 20.03.2007).

TÍTULO IV
DA PRESCRIÇÃO E DA DECADÊNCIA

CAPÍTULO I
DA PRESCRIÇÃO

SEÇÃO I
DISPOSIÇÕES GERAIS

Art. 189. Violado o direito, nasce para o titular a pretensão, a qual se extingue, pela prescrição, nos prazos a que aludem os arts. 205 e 206.

COMENTÁRIOS DOUTRINÁRIOS: Prescrição e decadência são institutos que traduzem a influência do tempo sobre o exercício dos direitos. Destinam-se, em última análise, a impedir a eternização de conflitos na vida social, extinguindo posições jurídicas que seus respectivos titulares não façam valer após certo lapso temporal. O estudo da prescrição e da decadência consiste em um dos campos mais áridos do Direito Civil. O tema é dominado, na esfera legislativa, por uma técnica normativa regulamentar, que resulta em dispositivos legais de caráter muito específico, e, na esfera doutrinária, por um forte dogmatismo, dificultando a influência dos valores constitucionais sobre esses dois institutos. Para parte da doutrina, existem duas espécies de prescrição, de efeitos inteiramente opostos, a saber, a) a *prescrição extintiva* ou *liberatória*, a que o Código Civil denomina simplesmente prescrição; e b) a *prescrição aquisitiva*, em que o lapso do tempo não extingue, mas cria um direito, em especial um direito real para aquele que possui a coisa por certo lapso de tempo. A prescrição aquisitiva não é tratada pelo nosso Código Civil como modalidade de prescrição, e sim com o nome de usucapião, figura autônoma pertencente ao campo específico dos direitos reais. Se, por um lado, há consenso em que a prescrição extingue, não há unanimidade sobre o que ela extingue. Há três correntes doutrinárias sobre essa temática no Brasil. Para a primeira corrente, a prescrição extingue o próprio direito em si. Para a segunda corrente, a prescrição extingue apenas a *ação*, e não o direito em si, que ainda pode ser atendido espontaneamente pelo titular do dever jurídico correspondente. De fato, quem efetua o pagamento de uma dívida já prescrita não pode exigir restituição do que pagou, conforme expressamente registra o art. 882 do Código Civil brasileiro. Disso se extrai que o direito continua "vivo". Houvesse sido extinto o direito de crédito, o pagamento da dívida prescrita geraria uma transferência patrimonial desprovida de causa, em outras palavras, um enriquecimento sem causa, que autorizaria quem pagou a exigir restituição. Daí se conclui que a prescrição não fulmina o direito. Fulminaria, então, para essa segunda corrente, a ação. Os adeptos da terceira e última corrente sustentam que a prescrição não atinge nem o direito material, que ainda pode ser atendido espontaneamente, nem o direito de ação, que, autônomo e abstrato, se exerce, de acordo com a processualística contemporânea, em face do Estado, com vistas à obtenção de um provimento jurisdicional que independe do direito em si. O que a prescrição atinge, portanto, é a *pretensão de direito material*, a *Anspruch* do direito alemão, que consiste na exigibilidade, judicial ou não, daquele direito. A pretensão não se confunde com o direito de ação: é noção de direito material e somente existe no direito subjetivo, que atribui ao seu titular o direito a uma prestação. Celebro com o vendedor um contrato de compra e venda de um livro, a ser entregue em três dias. Passados os três dias, se não tiver sido efetuada a prestação, há violação ao meu direito subjetivo de receber o bem nos termos contratados. Inicia-se, então, o prazo para o exercício da pretensão. A chamada *teoria da pretensão* foi expressamente acolhida pelo Código Civil de 2002, em seu art. 189. Pode-se afirmar, portanto, que, de acordo com o direito positivo brasileiro, a prescrição conduz à extinção da pretensão. Perde o titular do direito não o direito material em si, nem o direito de ação, hoje considerado abstrato e autônomo, mas tão somente a faculdade de exigir o atendimento daquele direito material. A prescrição deve, então, ser definida como a extinção de uma pretensão pelo decurso de certo lapso de tempo previsto em lei. O legislador, em outras palavras, impõe prazos prescricionais para o exercício das pretensões. A prescrição tem, segundo a doutrina, duplo fundamento. Primeiro, destina-se a atribuir estabilidade às relações sociais, consolidar situações jurídicas que se preservaram inalteradas no tempo. A prescrição desempenha, assim, um papel apaziguador, vinculado às aspirações de segurança jurídica e, por isso mesmo, considerado hoje um instituto de ordem pública. A doutrina indica, ainda, um segundo fundamento para a prescrição: sancionar a inércia do titular do direito que deixa de exercê-lo. Invoca-se aqui o brocardo latino *dormientibus non succurrit jus*: o direito não socorre a quem dorme. Resgata-se, no mesmo sentido, a máxima *iura scripta vigilantibus*: as leis são escritas para os vigilantes. Esse fundamento punitivo, contudo, explica-se por razões históricas, em especial pela necessidade de se identificar uma justificativa fundada na culpa do sujeito de direito antes de lhe impor uma perda tão significativa quanto aquela decorrente da prescrição. Trata-se de uma necessidade muito sentida em períodos históricos anteriores, marcados pelo liberal-individualismo jurídico e por uma verdadeira aversão à intervenção do Estado na regulação dos interesses privados. Hoje, todavia, não encontra mais respaldo no ordenamento jurídico brasileiro. Já no seu preâmbulo, a Constituição brasileira exprime seu compromisso com a "segurança", compromisso que enfatiza ao repetir o termo entre os direitos e garantias fundamentais (art. 5º, *caput*), reconduzindo-se, portanto, ao imperativo constitucional de segurança jurídica o fundamento axiológico da prescrição no Direito Brasileiro, sem necessidade de se recorrer a uma ideologia punitiva. Do fundamento constitucional do instituto no princípio da segurança jurídica se extrai o caráter de ordem pública da prescrição, do qual deriva a possibilidade de seu reconhecimento de ofício pelo juiz, independentemente de iniciativa de qualquer das partes. O Código Civil de 2002, na redação original do art. 194, impedia o reconhecimento *ex officio* da prescrição, dando ao instituto a conotação de meio de defesa centrado na vontade do réu. Em 2006, a Lei n. 11.280 revogou o art. 194 da codificação civil e alterou o § 5º do art. 219 do Código de Processo Civil então vigente, que passou a ter a seguinte redação: "O juiz pronunciará, de ofício, a prescrição". O atual Código de Processo Civil, de 2015, confirmou tal orientação ao determinar no art. 332, § 1º, que "o juiz também poderá julgar liminarmente improcedente o pedido se verificar, desde logo, a ocorrência de decadência ou de prescrição". A possibilidade de reconhecimento de ofício da prescrição é mesmo mais consentânea com o caráter de ordem pública que a doutrina civilista já reservava ao instituto. É de se registrar, todavia, que o reconhecimento de ofício da prescrição não pode ocorrer sem que as partes tenham a oportunidade de se manifestar sobre o tema. É o entendimento consagrado no Enunciado n. 581 da *VII Jornada de Direito Civil*: "[...] a decretação *ex officio* da prescrição ou da decadência deve ser precedida de oitiva das partes". No mesmo sentido, dispõe o parágrafo único do art. 487 do atual Código de Processo Civil: "Ressalvada a hipótese do § 1º do art. 332, a prescrição e a decadência não serão reconhecidas sem que antes seja dada às partes oportunidade de manifestar-se". Em outras palavras, não pode o magistrado surpreender as partes reconhecendo de ofício a prescrição sem que elas tenham tido prévia oportunidade de se manifestar sobre a matéria. Trata-se de um reflexo do princípio da boa-fé objetiva no processo civil, reconhecido expressamente pelo Código de Processo Civil. É intensa a polêmica no Direito Brasileiro acerca do exato momento a partir do qual passa a fluir o prazo prescricional. A literalidade do art. 189, ao proclamar que "violado o direito, nasce para o titular a pretensão, a qual se extingue, pela prescrição", parece apontar para o momento da violação do direito como termo *a quo* dos referidos prazos. Parcela da doutrina, no entanto, se insurge contra a injustiça gerada nos casos em que a pretensão, embora em tese já exista, não pode ser concretamente exercida, seja porque o lesado ainda não teve ciência da violação ao seu direito, seja por desconhecer a autoria da lesão. Nessa esteira, editou-se o Enunciado n. 14 da *I Jornada de Direito Civil*: "1) O início do prazo prescricional ocorre com o surgimento da pretensão, que decorre da exigibilidade do direito subjetivo; 2) o art. 189 diz respeito a casos em que a pretensão nasce imediatamente após a violação do direito absoluto ou da obrigação de não fazer". O legislador do Código de Defesa do Consumidor, também atento à questão, dispôs expressamente que se inicia "[...] a contagem do prazo a partir do conhecimento do dano e de sua autoria" (art. 27).

JURISPRUDÊNCIA COMENTADA: O Superior Tribunal de Justiça tem se revelado sensível à questão do termo inicial do prazo prescricional, tendo em diversas oportunidades afirmado que o art. 189 não vincula o início de tal prazo ao momento da ocorrência da lesão: "O prazo prescricional é contado, em regra, a partir do momento em que configurada lesão ao direito subjetivo, sendo desinfluente para tanto ter ou não seu titular conhecimento pleno do ocorrido ou da extensão dos danos (art. 189 do CC/2002). O termo inicial do prazo prescricional, em situações específicas, pode ser deslocado para o momento de conhecimento da lesão, aplicando-se excepcionalmente a *actio nata* em seu viés subjetivo" (STJ, REsp 1.605.604/MG, 3.ª Turma, Rel. Min. Ricardo Villas Bôas Cueva, j. 20.04.2021). Em sentido similar: "O STJ possui entendimento sedimentado na teoria da *actio nata* acerca da contagem do prazo prescricional, segundo a qual a pretensão nasce quando o titular do direito subjetivo violado obtém plena ciência da lesão e de toda a sua extensão, bem como do responsável pelo ilícito, inexistindo, ainda, qualquer condição que o impeça de exercer o correlato direito de ação" (STJ, REsp 1.460.474/PR, 3.ª Turma, Rel. Min. Nancy Andrighi, j. 28.08.2018). Questão particularmente delicada consiste na determinação do termo inicial do prazo prescricional da pretensão reparatória por danos causados por abuso sexual de crianças e adolescentes, tendo decidido o STJ muito acertadamente o seguinte: "No caso de violência sexual ocorrida na infância e na adolescência, não é razoável exigir da vítima a imediata atuação no exíguo prazo prescricional de 3 (três) anos após atingir a maioridade civil (art. 206, § 3º, V, do CC/2002). Em virtude da complexidade do trauma associado ao abuso sexual infantil, é possível que, aos 21 (vinte e um) anos de idade, a vítima ainda não tenha plena consciência de toda a extensão do dano sofrido e das consequências desse fato ao longo de sua vida. Dessa forma, é imprescindível conceder à vítima a oportunidade de comprovar o momento em que constatou os transtornos decorrentes do abuso sexual, a fim de estabelecer o termo inicial de contagem do prazo prescricional para a reparação civil" (STJ, REsp 2.123.047/SP, 4.ª Turma, Rel. Min. Antonio Carlos Ferreira, j. 23.04.2024). Outra questão de grande relevância decidida pelo STJ diz respeito à impossibilidade de cobrança de dívidas prescritas pela via extrajudicial: "A pretensão se submete ao princípio da indiferença das vias, podendo ser exercida tanto judicial, quanto extrajudicialmente. Ao cobrar extrajudicialmente o devedor, o credor está, efetivamente, exercendo sua pretensão, ainda que fora do processo. Se a pretensão é o poder de exigir o cumprimento da prestação, uma vez paralisada em razão da prescrição, não será mais possível exigir o referido comportamento do devedor, ou seja, não será mais possível cobrar a dívida. Logo, o reconhecimento da prescrição da pretensão impede tanto a cobrança judicial quanto a cobrança extrajudicial do débito" (STJ, REsp 2.088.100/SP, 3.ª Turma, Rel. Min. Nancy Andrighi, j. 17.10.2023). Tal entendimento foi endossado também pela Quarta Turma do Tribunal: STJ, AgInt no REsp 2.104.168/SP, 4.ª Turma, Rel. Min. Raul Araújo, j. 08.04.2024. Outra questão relevante diz respeito ao manejo de pretensões distintas para atingir um mesmo resultado prático (*e.g.*, cobrança de dívida e busca e apreensão de bens alienados fiduciariamente), tendo decidido o STJ que a prescrição de uma delas não impede o exercício das demais: "De fato, a busca pela satisfação de um crédito pode ser feita por meio de instrumentos processuais diversos, cada um deles sujeito a prazo prescricional específico. Se prescrita a pretensão de cobrança de dívida civil, todavia existindo no ordenamento outro instrumento jurídico-processual com equivalente resultado, cujo exercício não tenha sido atingido pelo fenômeno prescricional, descabe subtrair do credor o direito à perseguição de seu crédito por qualquer outro meio, sob pena de estender os efeitos da prescrição para o próprio direito subjetivo" (STJ, REsp 1.503.485/CE, 4.ª Turma, Rel. Min. Antonio Carlos Ferreira, j. 04.06.2024).

REFORMA DO CÓDIGO CIVIL: O Anteprojeto propõe a inclusão de três parágrafos no art. 189, todos tratando do termo *a quo* do prazo prescricional. O § 1º afirma que "o início do prazo prescricional ocorre com o surgimento da pretensão, que decorre da exigibilidade do direito subjetivo". O § 2º diz respeito especificamente à hipótese de responsabilidade civil extracontratual, no âmbito da qual se determina que "a contagem do prazo prescricional inicia-se a partir do momento em que o titular do direito tem conhecimento ou deveria ter, do dano sofrido e de quem o causou". É ainda à responsabilidade civil extracontratual que se dedica o § 3º, ao determinar que, "quando o dano, por sua natureza, só puder ser conhecido em momento futuro, o prazo contar-se-á do momento em que dele, e de seu autor, tiver ciência o lesado, observado que, independentemente do termo inicial, o termo final da prescrição não excederá o prazo máximo de 10 anos, contados da data da violação do direito".

Art. 190. A exceção prescreve no mesmo prazo em que a pretensão.

COMENTÁRIOS DOUTRINÁRIOS: Há direitos cuja invocação tanto pode se dar pela formulação em ação própria como pela apresentação de exceções (defesas) perante pleitos já formulados. Tecnicamente, apenas as exceções vinculadas a uma pretensão em tese exercitável por via autônoma (ditas dependentes ou impróprias), sujeitam-se a prescrição. Por outro lado, as exceções que não representem o exercício de pretensão alguma (pense-se no réu que simplesmente alega já ter pago a dívida), logicamente não se sujeitarão a qualquer tipo de prazo prescricional. É o entendimento que restou consagrado no Enunciado n. 415 da *V Jornada de Direito Civil*: "O art. 190 do Código Civil refere-se apenas às exceções impróprias (dependentes/não autônomas). As exceções propriamente ditas (independentes/autônomas) são imprescritíveis".

Art. 191. A renúncia da prescrição pode ser expressa ou tácita, e só valerá, sendo feita, sem prejuízo de terceiro, depois que a prescrição se consumar; tácita é a renúncia quando se presume de fatos do interessado, incompatíveis com a prescrição.

COMENTÁRIOS DOUTRINÁRIOS: Sendo a prescrição um instituto de ordem pública, deveria ser irrenunciável. O Código Civil, todavia, admite no art. 191 que se renuncie à prescrição, expressa ou tacitamente, desde que a renúncia se dê sem prejuízo de terceiro e depois que "a prescrição se consumar". Não se trata, a rigor, de contradição, mas de simples má técnica do legislador de 2002. O que se tem no presente artigo, como sua própria linguagem já permite compreender, não é tecnicamente uma renúncia à prescrição, pois a prescrição já terá se consumado e a pretensão, portanto, já terá sido extinta, não podendo ser ressuscitada. O que pretendeu, na verdade, o Código Civil foi simplesmente afirmar que o titular de um dever jurídico pode, a qualquer tempo, cumpri-lo espontaneamente, atendendo ao direito correspondente, ainda que já transcorrido o prazo prescricional e extinta a pretensão. Não se tem aí renúncia em sentido técnico, mas simples efeito da prescrição, que atinge, como já visto, não o direito em si, mas a sua mera exigibilidade (v. comentários ao art. 189). Assim, o devedor que paga a dívida não renuncia à prescrição, mas simplesmente a ignora, atendendo espontaneamente ao direito subjetivo do credor, que permanece vivo. Pode ocorrer, contudo, que o devedor não pague o que deve, mas se comprometa a pagar em breve, mesmo que já transcorrido o prazo prescricional, e ofereça garantia desse pagamento futuro. Também nessas hipóteses não se tem, a rigor, renúncia à prescrição, nem renovação do prazo prescricional já extinto. O que ocorre em tais situações é ou uma novação da dívida, com deflagração de novo prazo prescricional, ou, se ausente a novação, um comportamento fático do devedor que, conquanto sem chegar a se qualificar juridicamente como uma substituição da dívida anterior por uma nova, pode ser capaz de despertar no credor uma expectativa de pagamento, naquelas circunstâncias concretas. A legitimidade de tal expectativa deverá ser examinada pelo juiz no caso concreto, sendo eventualmente tutelada por força da boa-fé objetiva, e não em virtude da exigibilidade do direito material, extinta que foi pelo decurso do prazo prescricional. O que se vê, em síntese, é que o Código Civil de 2002, embora acolhendo no art. 189 a noção de que a prescrição não extingue o direito em si, mas simplesmente a pretensão, acabou mantendo a redação de certos dispositivos da codificação de 1916 que não se filiavam à teoria da pretensão. É precisamente o caso do art. 191, que exige, por essa razão, redobrada atenção do intérprete.

JURISPRUDÊNCIA COMENTADA: Sobre a renúncia tácita à prescrição, já decidiu o Superior Tribunal de Justiça: "A renúncia tácita da prescrição somente se viabiliza mediante a prática de ato inequívoco de reconhecimento do direito pelo prescribente. Em outras palavras, é renúncia que se presume dos fatos do interessado incompatíveis com a prescrição" (STJ, REsp 1.462.624/RJ, 3.ª Turma, Rel. p/ Acórdão Min. João Otávio de Noronha, j. 16.06.2015). Reconhecendo a configuração da renúncia tácita, já decidiu a mesma Corte: "A prática de atos pelo ente público, que importem em reconhecimento inequívoco do direito da parte contrária, como a realização de pagamentos das verbas controvertidas aos exequentes (servidores públicos), são incompatíveis com os efeitos da prescrição. Reconhecimento, na hipótese, da renúncia tácita ao prazo prescricional, nos termos do art. 191 do Código Civil" (STJ, AgRg no REsp 1.100.377/RS, 5.ª Turma, Rel. Min. Marco Aurélio Bellizze, j. 12.3.2013. No mesmo sentido: STJ, 2.ª Turma, REsp 1.827.462/PE, Rel. Min. Herman Benjamin, j. 11.9.2019. Ainda na mesma direção, afirmou o STJ: "O ato administrativo de reconhecimento do direito pelo devedor importa (a) interrupção do prazo prescricional, caso ainda esteja em curso (art. 202, VI, do CC de 2002); ou (b) sua renúncia, quando já se tenha consumado (art. 191 do CC de 2002)" (STJ, REsp 1.270.439/PR, 1.ª Seção, Rel. Min. Castro Meira, j. 26.6.2013). No entanto, especificamente quanto à configuração de renúncia tácita em razão do reconhecimento pela Administração Pública do direito buscado pelo particular em sede de processo administrativo, a 1.ª Seção pacificou o entendimento de que "não ocorre renúncia tácita à prescrição (art. 191 do Código Civil), a ensejar o pagamento retroativo de parcelas anteriores à mudança de orientação jurídica, quando a Administração Pública, inexistindo lei que, no caso concreto, autorize a mencionada retroação, reconhece administrativamente o direito pleiteado pelo interessado" (STJ, REsp 1.925.193/RS, 1.ª Seção, Rel. Min. Sérgio Kukina, j. 13.09.2023). Ainda sobre a configuração da renúncia tácita, já decidiu a Corte: "O pagamento de obrigação prescrita não configura mera liberalidade, pois a prescrição não extingue a obrigação, apenas afastando a sua exigibilidade. Pagamento parcial que configura renúncia tácita à prescrição, nos termos do art. 191 do CC" (STJ, AgRg no REsp 1.398.718/RS, 3.ª Turma, Rel. Min. Paulo de Tarso Sanseverino, j. 15.9.2016). Por outro lado, não configura renúncia tácita, no entendimento do STJ, a mera omissão do beneficiário ao não invocá-la em contestação: "é equivocado o entendimento contido no acórdão recorrido de ter havido renúncia à afirmada prescrição – tão somente por não ter sido invocada pela ré em sede de contestação –, pois, para a sua constatação, é indispensável que o devedor expresse, de maneira induvidosa, a sua pretensão de pagar a dívida prescrita, a par de ser solução incompatível com a inteligência dos arts. 193 do CC/2002 e 219 do CPC/1973, que estabelecem, respectivamente, que a prescrição pode ser alegada em qualquer grau de jurisdição e que deve ser pronunciada de ofício" (STJ, REsp 1.360.269/RJ, 4.ª Turma, Rel. Min. Luis Felipe Salomão, j. 27.11.2018).

Art. 192. Os prazos de prescrição não podem ser alterados por acordo das partes.

COMENTÁRIOS DOUTRINÁRIOS: No Direito Brasileiro, é vedada a alteração dos prazos prescricionais por acordo entre as partes. A inalterabilidade decorre do caráter de ordem pública que a maior parte da doutrina atribui ao instituto da prescrição, fundado na estabilização das relações sociais e na segurança jurídica, preocupações de toda a sociedade que as partes não podem, em atendimento aos seus exclusivos interesses individuais, descartar.

Art. 193. A prescrição pode ser alegada em qualquer grau de jurisdição, pela parte a quem aproveita.

COMENTÁRIOS DOUTRINÁRIOS: Tem-se, no art. 193, mais um reflexo do caráter de ordem pública da prescrição: a possibilidade de ser alegada em qualquer grau de jurisdição. Assim, ainda que não suscitada como preliminar na contestação, a prescrição segue podendo ser invocada até o encerramento das vias ordinárias. Tem-se excluído a possibilidade de alegar a prescrição pela primeira vez perante o Supremo Tribunal Federal ou o Superior Tribunal de Justiça no âmbito dos recursos extraordinário e especial, em razão dos regimes específicos de tais recursos, incompatíveis com a análise de questões de fato, como a inércia que conduz à prescrição.

JURISPRUDÊNCIA COMENTADA: O Superior Tribunal de Justiça tem garantido, com base no dispositivo, a possibilidade de se arguir a prescrição em grau de apelação, ainda que esgotada a primeira instância sem que dela se cogitasse: "A teor do art. 162 do Código Civil/1916, que hoje encontra correspondência no art. 193 do Código Civil vigente, a prejudicial de prescrição pode ser suscitada em qualquer grau de jurisdição, pela parte a que aproveita. Assim, cuidando-se de prescrição extintiva, arguida ainda em grau de jurisdição ordinária, irrelevante o fato da questão ter sido trazida apenas em sede de apelação, mesmo que não deduzida na fase própria de defesa" (STJ, REsp 767.246/RJ, 4.ª Turma, Rel. Min. Jorge Scartezzini, j. 19.10.2006).

REFORMA DO CÓDIGO CIVIL: O Anteprojeto propõe a seguinte nova redação para o art. 193: "A prescrição pode ser alegada pela parte a quem aproveita e será conhecida a qualquer tempo pelo julgador, nas instâncias ordinária ou extraordinária, respeitado o contraditório".

Art. 194. (Revogado pela Lei n. 11.280, de 2006)

Art. 195. Os relativamente incapazes e as pessoas jurídicas têm ação contra os seus assistentes ou representantes legais, que derem causa à prescrição, ou não a alegarem oportunamente.

COMENTÁRIOS DOUTRINÁRIOS: A consumação da prescrição extingue a pretensão, privando, na prática, o titular de um direito da possibilidade de exercê-lo. Importa, assim, inegável prejuízo ao seu titular. O art. 195 explicita o direito de ser indenizado por esse dano sempre que a extinção da pretensão for imputável a pessoa distinta do titular. Refere-se, assim, aos pais, tutores ou curadores dos relativamente incapazes e aos órgãos da pessoa jurídica "que derem causa à prescrição, ou não a alegarem oportunamente". O artigo nada fala em relação aos absolutamente incapazes, pois contra eles não corre a prescrição (art. 198, I), afigurando-se impossível a configuração do suporte fático da norma. A doutrina controverte acerca da natureza dessa responsabilidade. De um lado, afirma-se que a supressão da referência presente no Código de 1916 à prescrição "por dolo, ou negligência" dos representantes, somada aos termos taxativos da redação do atual art. 195, sugeriria opção do legislador pela responsabilidade objetiva. De outro lado, critica-se a severidade do regime de responsabilidade objetiva especialmente em relação aos assistentes e representantes dos relativamente incapazes, pessoas em geral sem conhecimento técnico-jurídico que exercem um encargo não remunerado, as quais, por essas razões, deveriam responder apenas em caso de culpa.

Art. 196. A prescrição iniciada contra uma pessoa continua a correr contra o seu sucessor.

COMENTÁRIOS DOUTRINÁRIOS: A prescrição incide sobre a pretensão relacionada a determinado direito subjetivo, não guardando conexão, em regra, com a pessoa específica do titular. Disso decorre a regra do art. 196, que determina a fluência do prazo contra eventual sucessor do titular, caso tenha ocorrido a sucessão a título individual (cessionário) ou universal (herdeiro), regra identificada pela expressão latina *accessio temporis*. Trata-se de mais uma evidência de que a prescrição não tem como inspiração punir a inércia, mas simplesmente atribuir estabilidade às relações sociais.

SEÇÃO II
DAS CAUSAS QUE IMPEDEM OU SUSPENDEM A PRESCRIÇÃO

Art. 197. Não corre a prescrição:

I – entre os cônjuges, na constância da sociedade conjugal;

II – entre ascendentes e descendentes, durante o poder familiar;

III – entre tutelados ou curatelados e seus tutores ou curadores, durante a tutela ou curatela.

COMENTÁRIOS DOUTRINÁRIOS: Suspensão e impedimento da prescrição são institutos assemelhados, configurando obstáculos ao fluxo do prazo prescricional. A diferença entre o impedimento e a suspensão da prescrição diz respeito ao momento da sua ocorrência, que, no caso do impedimento, antecede o termo inicial do prazo prescricional, que nem sequer começa a correr. A suspensão, ao revés, somente se verifica posteriormente ao início do prazo prescricional, que é paralisado para, finda a causa suspensiva, voltar a fluir pelo tempo remanescente. As causas de impedimento ou suspensão fundam-se não na diligência do titular da pretensão, mas no seu *status* pessoal, revelando razões de ordem moral e ética que afastam o transcurso da prescrição por uma reconhecida dificuldade de ação do titular da pretensão. O art. 197 trata de relações de natureza familiar ou assistencial, que pressupõem um estreito laço de afeição ou confiança entre as pessoas, impedindo que estas relações sejam perturbadas pela necessidade do exercício de pretensões com a finalidade de impedir o escoamento do prazo prescricional. A doutrina brasileira majoritária considera o rol taxativo, mas admite alguma margem de interpretação. Por exemplo, equipara-se à situação dos cônjuges aquela dos companheiros na constância da união estável, mesmo que se reconheça a origem espontânea e informal dessa entidade familiar autônoma: "Não corre a prescrição entre os companheiros, na constância da união estável" (Enunciado n. 296 da *IV Jornada de Direito Civil*).

PANDEMIA: O art. 3º da Lei n. 14.010/2020, que instituiu o chamado Regime Jurídico Emergencial e Transitório (RJET) de Direito Privado no período da pandemia de covid-19, estabeleceu que "os prazos prescricionais consideram-se impedidos ou suspensos, conforme o caso, a partir da entrada em vigor desta Lei [isto é, 12 de junho de 2020] até 30 de outubro de 2020". Trata-se de medida inspirada no objetivo de preservar a possibilidade de exercício de direitos, que, por razões práticas, restou enormemente dificultado durante o período em que houve restrições à circulação de pessoas (*lockdown* etc.) em virtude da pandemia. Ainda que se compreenda a motivação, a solução eleita pelo legislador emergencial não foi a melhor, seja porque (a) a referida lei foi aprovada apenas em junho de 2020, ficando fora do seu campo de incidência os direitos que prescreveram ao longo dos meses mais severos da pandemia, como abril e maio daquele ano; seja, especialmente, porque (b) o impedimento ou a suspensão produzirão efeitos por muitos anos no direito brasileiro, tendo em vista que há prazos bem longos em nossa ordem jurídica, como o prazo de dez anos da responsabilidade contratual, consoante o entendimento do STJ. Na contagem desses prazos se terá de computar, por toda a próxima década, os meses de impedimento ou suspensão mencionados na Lei n. 14.010/2020. Bem melhor teria sido se o legislador tivesse determinado simplesmente a prorrogação por mais cinco ou seis meses dos prazos que estavam para findar naquela mesma janela temporal (12 de junho a 30 de outubro de 2020). A prorrogação do termo final dos prazos prescricionais teria alcançado o mesmíssimo efeito prático que a suspensão, mas teria a vantagem de se limitar a vigorar por um período relativamente curto de tempo, sem macular por longos anos a contagem de prazos prescricionais de direitos cujo exercício não terá sido, em nada, prejudicado pela pandemia. O legislador, portanto, embora bem-intencionado, agiu mal, não obstante diferentes alertas doutrinários nesse sentido em artigos publicados quando o RJET ainda se encontrava em discussão. O equívoco confirma o drama habitual das legislações de emergência, que, sem a adequada consulta ao meio acadêmico, acabam produzindo resultados que não são os melhores, na tentativa de dar uma resposta rápida a problemas urgentes. Destaque-se, por fim, que o § 1º do art. 3º da Lei do RJET dispõe que "este artigo não se aplica enquanto perdurarem as hipóteses específicas de impedimento, suspensão e interrupção dos prazos prescricionais previstas no ordenamento jurídico nacional". Embora o dispositivo afirme a sua "não aplicação", a intenção do legislador parece ter sido, a rigor, esclarecer que essas causas de impedimento e suspensão deveriam coexistir, de modo que, incidindo sobre a pretensão alguma das causas previstas nos arts. 197 a 200 do Código Civil, por exemplo, tais dispositivos seguiriam produzindo seus efeitos regularmente, podendo acarretar, inclusive, a paralisação do fluxo do prazo prescricional além da data limite de 30 de outubro de 2020, quando cessou a eficácia do regime emergencial. Por outro lado, se o prazo prescricional já se encontrava suspenso ou impedido, com base no Código Civil, desde antes da entrada em vigor do RJET, e a causa desse obstáculo veio a cessar durante a vigência do RJET, o prazo manteve-se impedido ou suspenso até o dia 30 de outubro de 2020, em razão do regime emergencial. Especificamente quanto à hipótese de interrupção da prescrição, seja consentido remeter o leitor aos comentários ao art. 202.

JURISPRUDÊNCIA COMENTADA: A respeito dos efeitos da separação (judicial ou de fato) sobre a fluência do prazo prescricional já decidiu o Superior Tribunal de Justiça: "Tanto a separação judicial (negócio jurídico) como a separação de fato (fato jurídico), comprovadas por prazo razoável, produzem o efeito de pôr termo aos deveres de coabitação, de fidelidade recíproca e ao regime matrimonial de bens (elementos objetivos) e revelam a vontade de dar por encerrada a sociedade conjugal (elemento subjetivo). Não subsistindo a finalidade de preservação da entidade familiar e do respectivo patrimônio comum, não há óbice em considerar passível de término a sociedade de fato e a sociedade conjugal. Por conseguinte, não há empecilho à fluência da prescrição nas relações com tais coloridos jurídicos" (STJ, REsp 1.660.947/TO, 3.ª Turma, Rel. Min. Moura Ribeiro, j. 05.11.2019; no mesmo sentido: STJ, REsp 1.693.732/MG, 3.ª Turma, Rel. Min. Nancy Andrighi, j. 05.05.2020).

PANDEMIA: Ao apreciar a consumação da prescrição intercorrente no curso de uma execução, o Tribunal de Justiça do Distrito Federal e dos Territórios entendeu ser "inviável a aplicação da suspensão dos prazos prescricionais prevista no artigo 3º da Lei n. 14.010/2020 quando a prescrição intercorrente houver se consumado antes da entrada em vigor da referida Lei" (TJDFT, Ap. Cív. 0018027-37.2015.8.07.0001, 5.ª Turma Cível, Rel. Des. Hector Valverde, j. 25.11.2020). Já o Tribunal de Justiça de São Paulo reformou decisão de primeira instância que havia reconhecido de ofício a consumação da prescrição anteriormente ao início da vigência da Lei do RJET: "hipótese em que a prescrição teria se implementado em 14.4.20, em plena vigência do estado de calamidade pública relacionado à pandemia da covid-19, o que teve início em 20.3.20, consoante declarado no art. 1º, parágrafo único, da Lei n. 14.010/20, reportando-se ao Decreto Legislativo nº 6. Sem significado a circunstância de o art. 3º da citada lei, disciplinando os prazos prescricionais e decadenciais no período da pandemia, apenas determinar a suspensão desses prazos no período decorrido entre a entrada em vigor daquele diploma (10.6.20) e 30.10.20. Interessa que a verificação ou não da prescrição é algo que se afere diante do caso concreto. E o julgador não pode deixar de ter em conta que grande parte das pessoas, em função da deflagração do estado de calamidade pública, esteve impossibilitada de praticar inúmeros atos da vida civil, a ponto de se ter adiado até mesmo tratamentos médico-hospitalares, principalmente no período inicial da quarentena. Obviamente, tais pessoas também se viram impossibilitadas ou, no mínimo, encontraram grandes dificuldades para o exercício oportuno dos respectivos direitos, para o que haviam de localizar e reunir documentos, constituir advogado etc. Em face desse cenário, não é caso de reconhecer desleixo da autora na vinda a juízo, só o que justificaria a proclamação de prescrição. Consequente reforma da sentença, para que se retome o processamento do feito, como de direito" (TJSP, Ap. Cív. 1001907-65.2020.8.26.0010, 19.ª Câmara de Direito Privado, Rel. Des. Ricardo Pessoa de Mello Belli, j. 04.12.2020).

REFORMA DO CÓDIGO CIVIL: O Anteprojeto propõe as seguintes alterações nos incisos do art. 197: (a) no inciso I, insere referência aos conviventes, ao lado dos cônjuges, na linha do Enunciado n. 296 da *IV Jornada de Direito Civil*; (b) no inciso II, substitui a expressão "poder familiar" por "autoridade parental", em conformidade com as alterações propostas no livro do direito de família (v. comentários ao art. 1.630); e, (c) no inciso III, inclui referência à guarda, ao lado da tutela e da curatela.

Art. 198. Também não corre a prescrição:
I – contra os incapazes de que trata o art. 3º;
II – contra os ausentes do País em serviço público da União, dos Estados ou dos Municípios;
III – contra os que se acharem servindo nas Forças Armadas, em tempo de guerra.

COMENTÁRIOS DOUTRINÁRIOS: O art. 198 traz causas de suspensão que não assentam em uma especial relação entre as partes, mas sim em circunstâncias específicas do titular da pretensão que dificultam o seu exercício, justificando uma proteção contra fluência do prazo. É o caso, por exemplo, dos absolutamente incapazes (atualmente, apenas os menores de 16 anos), privados do discernimento necessário para a tutela de seus direitos. Mais uma vez, admite-se interpretação extensiva. Daí se defender em doutrina a suspensão da prescrição contra o ausente, embora não seja ele incapaz. Confira-se, nessa direção, o teor do Enunciado n. 156 da *III Jornada de Direito Civil*: "Desde o termo inicial do desaparecimento, declarado em sentença, não corre a prescrição contra o ausente". Há de se destacar, por fim, grave problema criado pelo Estatuto da Pessoa com Deficiência, que ao transformar a) aqueles que "por causa transitória ou permanente, não puderem exprimir sua vontade" em relativamente incapazes (art. 4º, III) e b) pessoas que podem ter severa deficiência psíquica em plenamente capazes (EPD, art. 6º), permitiu a fluência da prescrição, que lhes prejudica. Para solucionar a questão é de se entender que a alteração legislativa não afasta a identidade de fundamento entre a suspensão da prescrição para os absolutamente incapazes e aquelas pessoas, razão pela qual também a elas deve ser aplicada, por analogia, a suspensão da fluência dos prazos prescricionais.

JURISPRUDÊNCIA COMENTADA: No tocante ao absolutamente incapaz, a jurisprudência anterior ao Estatuto da Pessoa com Deficiência vinha decidindo reiteradamente que o prazo prescricional deixa de correr mesmo antes da sentença de interdição, desde o momento em que já verificado o estado fático de incapacidade: "A suspensão do prazo prescricional aos absolutamente incapazes de exercer pessoalmente os atos da vida civil (art. 198, I, do CC; art. 169, I, do CC/16) ocorre no momento em que se manifesta a incapacidade do indivíduo, sendo a sentença de interdição, para esse fim específico, meramente declaratória" (STJ, REsp 1.241.486/RS, 2.ª Turma, Rel. Min. Eliana Calmon, j. 18.10.2012). Esta questão perdeu relevância com a restrição dos absolutamente incapazes aos menores de 16 anos, mas pode retomar sua utilidade caso se admita a aplicação analógica do artigo para abarcar as pessoas com severa deficiência psíquica ou impossibilitadas de exprimir sua vontade, a fim de esclarecer que, nesses casos, a suspensão da prescrição não depende de eventual sentença de curatela.

REFORMA DO CÓDIGO CIVIL: O Anteprojeto propõe nova redação ao inciso I, que passaria a contemplar tanto os absolutamente incapazes quanto os relativamente incapazes, "estes últimos enquanto não lhes for dado assistente".

Art. 199. Não corre igualmente a prescrição:
I – pendendo condição suspensiva;
II – não estando vencido o prazo;
III – pendendo ação de evicção.

COMENTÁRIOS DOUTRINÁRIOS: Problema que se diferencia tecnicamente daquele atinente às causas de impedimento e suspensão da prescrição é o da simples ausência de pretensão. O legislador brasileiro ocupa-se, no artigo em comento, de situações em que inexiste, ainda, pretensão exercível. Por exemplo, alude à pendência de condição suspensiva, bem como à pendência de ação de evicção em relação à pretensão do potencial evicto em face do alienante. Aqui, não há ainda exigibilidade do direito subjetivo, porque tal direito ainda não restou violado. Diante da acolhida da teoria da pretensão no art. 189, o rol do art. 199 poderia mesmo ser considerado supérfluo, tendo sido preservado na codificação mais por amor à tradição que por razões de fundo.

JURISPRUDÊNCIA COMENTADA: O Superior Tribunal de Justiça entendeu estar configurada a hipótese prevista no inciso I do art. 199 do Código Civil em caso no qual "o instrumento negocial estipula cláusula *quota litis* e condiciona o recebimento da referida verba à liberação dos valores da condenação", concluindo que "a existência de cláusula *quota litis* em contrato de prestação de serviços advocatícios faz postergar o início da prescrição até o momento da implementação da condição suspensiva" (STJ, REsp 1.605.604/MG, 3.ª Turma, Rel. Min. Ricardo Villas Bôas Cueva, j. 20.04.2021). Ainda de acordo com a jurisprudência do STJ, "o vencimento antecipado da dívida livremente pactuado entre as partes, por não ser uma imposição, mas apenas uma garantia renunciável, não modifica o início da fluência do prazo prescricional, prevalecendo, para tal fim, o termo indicado no contrato (arts. 192 e 199, II, do CC)" (STJ, REsp 1.489.784/DF, 3.ª Turma, Rel. Min. Ricardo Villas Bôas Cueva, j. 15.12.2015). Na mesma direção: STJ, AgInt no REsp 1.576.189/DF, 3.ª Turma, Rel. Min. Marco Aurélio Bellizze, j. 14.08.2018.

Art. 200. Quando a ação se originar de fato que deva ser apurado no juízo criminal, não correrá a prescrição antes da respectiva sentença definitiva.

COMENTÁRIOS DOUTRINÁRIOS: Há inúmeros fatos jurídicos que, além de ensejarem o surgimento de pretensões na esfera civil, qualificam-se como ilícitos penais. O art. 200 constitui inovação da codificação de 2002 com o escopo de oferecer uma resposta adequada ao problema, que já vinha sendo enfrentado pelos nossos Tribunais, relativo à fluência simultânea do prazo prescricional cível com o processo criminal. A literalidade do dispositivo, no entanto, não contribui para uma adequada composição do problema. Com efeito, atentando-se para o dado empírico de que muitos crimes não dão ensejo a apurações no juízo criminal, a submissão do início do prazo prescricional à sentença penal definitiva (*rectius*: ao trânsito em julgado da decisão) importaria verdadeiras hipóteses de imprescritibilidade, certamente não imaginadas pelo legislador. O preceito, portanto, deve ser interpretado como causa suspensiva, e não impeditiva do prazo prescricional, de modo que, tornando-se concretamente exercitável a pretensão no âmbito civil, passa a fluir o prazo prescricional, que se suspende com a eventual deflagração de processo criminal, voltando a correr com o trânsito em julgado da sentença penal.

JURISPRUDÊNCIA COMENTADA: Animada pelo mesmo propósito de evitar situações de imprescritibilidade, a jurisprudência do STJ tem afirmado que "o comando do art. 200 do CC/2002 incide quando houver relação de prejudicialidade entre as esferas cível e penal, isto é, quando a conduta originar-se de fato também a ser apurado no juízo criminal", ressalvando, contudo, ser "fundamental a existência de ação penal em curso ou ao menos inquérito policial em trâmite" (STJ, REsp 1.704.525/AP, 3.ª Turma, Rel. Min. Nancy Andrighi, j. 12.12.2017). Também já decidiu o STJ que "o prazo prescricional da pretensão indenizatória deduzida contra o autor do ato ilícito flui a partir do trânsito em julgado da sentença penal, ainda que este tenha reconhecido a prescrição da pretensão punitiva" (STJ, AgInt nos EDcl no AREsp 1.311.109/SP, 3.ª Turma, Rel. Min. Marco Aurélio Bellizze, j. 26.08.2019). Em sentido similar: "O art. 200 do CC/02 incidirá independentemente do resultado alcançado na esfera criminal. Tal entendimento prestigia a boa-fé objetiva, impedindo que o prazo prescricional para deduzir a pretensão reparatória se inicie previamente à apuração definitiva do fato no juízo criminal, criando uma espécie legal de *actio nata*. Na espécie, houve a propositura de ação penal, na qual foi declarada a ilegitimidade ativa do Ministério Público em relação a um dos delitos e o réu foi absolvido do outro. Tais circunstâncias, todavia, não afastam a incidência do art. 200 do CC/02, remanescendo hígida a pretensão" (STJ, REsp 1.987.108/MG, 3.ª Turma, Rel. Min. Nancy Andrighi, j. 29.03.2022).

REFORMA DO CÓDIGO CIVIL: O Anteprojeto propõe a inclusão de parágrafo único com a seguinte redação: "Aplica-se o disposto no *caput* somente após a instauração do inquérito policial ou com o recebimento da denúncia ou da queixa, retroagindo seus efeitos à data do ato, desde que não decorrido o prazo de 5 (cinco) anos".

Art. 201. Suspensa a prescrição em favor de um dos credores solidários, só aproveitam os outros se a obrigação for indivisível.

COMENTÁRIOS DOUTRINÁRIOS: O impedimento e a suspensão da prescrição se justificam por razões de ordem moral e ética que afastam o transcurso da prescrição por uma reconhecida dificuldade de ação do titular da pretensão. Daí por que, em regra, apenas ao credor solidário que se encontra nessa situação de dificuldade aproveita o impedimento ou suspensão do prazo prescricional. A indivisibilidade da prestação, contudo, torna incindível a fração da prestação prescrita daquela que ainda não prescreveu, razão pela qual deve a suspensão aproveitar a todos.

REFORMA DO CÓDIGO CIVIL: O Anteprojeto propõe alterações meramente redacionais no art. 201, como a substituição do termo "obrigação" por "objeto da prestação".

SEÇÃO III
DAS CAUSAS QUE INTERROMPEM A PRESCRIÇÃO

Art. 202. A interrupção da prescrição, que somente poderá ocorrer uma vez, dar-se-á:

I – por despacho do juiz, mesmo incompetente, que ordenar a citação, se o interessado a promover no prazo e na forma da lei processual;

II – por protesto, nas condições do inciso antecedente;

III – por protesto cambial;

IV – pela apresentação do título de crédito em juízo de inventário ou em concurso de credores;

V – por qualquer ato judicial que constitua em mora o devedor;

VI – por qualquer ato inequívoco, ainda que extrajudicial, que importe reconhecimento do direito pelo devedor.

Parágrafo único. A prescrição interrompida recomeça a correr da data do ato que a interrompeu, ou do último ato do processo para a interromper.

COMENTÁRIOS DOUTRINÁRIOS: As causas de interrupção da prescrição são listadas no art. 202 do Código Civil. A prescrição se interrompe quer em razão de atos do titular da pretensão que rompam sua inércia no tocante à exigibilidade do direito (incisos I a V), seja por "ato inequívoco, ainda que extrajudicial, que importe reconhecimento do direito pelo devedor" (inciso VI). O rol de causas de interrupção é considerado taxativo. Porém, tem sido admitida, em algumas hipóteses, interpretação extensiva e aplicação analógica, como no caso de início de procedimento arbitral, que se entende abrangido pela referência do inciso I do artigo em comento ao despacho citatório do juiz. Sendo interrompida a prescrição por qualquer das causas interruptivas, o prazo volta a fluir integralmente "da data do ato que a interrompeu, ou do último ato do processo para a interromper". Em outras palavras, recomeça-se a contar o prazo do zero, como se jamais tivesse fluído. A interrupção, como se vê, poderia levar a sucessivos recomeços do prazo prescricional, "eternizando" a pretensão do titular. Para evitar tal inconveniente, o Código Civil determinou, no *caput* do art. 202, que interrupção só pode ocorrer "uma única vez", sanando com isso celeuma que imperava na doutrina acerca da matéria sob a vigência da codificação anterior. Assim, ainda que o titular do direito seja diligente a mais não poder, atuando diariamente para resguardar sua posição jurídica, corre o risco de perder sua pretensão pelo decurso do tempo, porque o Código Civil limita a uma única vez a possibilidade de interrupção. Parece claro, portanto, que o art. 202 introduz inovação incompatível com um suposto caráter punitivo da prescrição, empurrando-a em definitivo para o campo (mais objetivo) da segurança jurídica e da paz social. Questão prática relevante nesse campo diz respeito à interrupção ou não da prescrição diante de despacho judicial ordenando a citação em ação judicial para cobrança de dívida cujo prazo prescricional já tenha sido interrompido uma vez por força de outra causa de interrupção (por exemplo, protesto judicial). Se a vedação à nova interrupção fosse interpretada literalmente, a ação judicial correria simultaneamente ao prazo prescricional, o que, considerando a longa duração dos processos judiciais, resultaria seguramente em cobrança ineficaz. Daí a jurisprudência vir entendendo, na esteira da melhor doutrina, que a norma do art. 202 não exclui o efeito interruptivo da prescrição decorrente da citação para resposta a processo judicial. Registre-se, ainda quanto à hipótese do inciso I, que o § 1º do art. 240 do CPC é explícito ao determinar que a interrupção "retroagirá à data de propositura da ação", protegendo o credor frente a eventual demora na realização da citação.

PANDEMIA: Conforme destacado nos comentários ao art. 197, o art. 3º do RJET estabeleceu que "os prazos prescricionais consideram-se impedidos ou suspensos, conforme o caso, a partir da entrada em vigor desta Lei [isto é, 12 de junho de 2020] até 30 de outubro de 2020", acrescentando, no § 1º, que "este artigo não se aplica enquanto perdurarem as hipóteses específicas de impedimento, suspensão e interrupção dos prazos prescricionais previstas no ordenamento jurídico nacional". Embora o *caput* do art. 3º veicule uma nova hipótese de impedimento ou suspensão, o § 1º afirma que tal regra não se aplica "enquanto perdurarem" não apenas outras hipóteses específicas de impedimento ou suspensão, como também hipóteses de interrupção da prescrição. Ocorre que, enquanto as causas de interrupção ou suspensão consistem em fatos que se protraem no tempo, a interrupção da prescrição opera-se, em regra, por atos pontuais, que não perduram, o que dificulta a interpretação do preceito. A melhor exegese, contudo, parece ser aquela segundo a qual, ocorrida uma causa de interrupção que atinja um prazo prescricional que já estava em curso anteriormente à entrada em vigor do RJET – e que foi suspenso pelo art. 3º desta lei –, tal prazo deverá recomeçar, voltando a correr, porém, apenas em 30 de outubro de 2020.

JURISPRUDÊNCIA COMENTADA: A Corte Especial do Superior Tribunal de Justiça firmou, em 2018, relevante entendimento sobre a eficácia interruptiva da citação: "O inciso I do art. 202 do Código Civil/2002 condiciona o efeito interruptivo da prescrição, a partir do despacho que ordenar a citação, 'se o interessado a promover no prazo e na forma da lei processual'. É consequência inarredável das normas de regência que não há interrupção da prescrição (i) se a citação ocorre depois da implementação do prazo prescricional, salvo demora imputável à administração judiciária (§ 3.º do art. 240 do CPC/2015); ou, mesmo antes, (ii) se a citação não obedece a forma da lei processual. Nessa segunda perspectiva, se a ação é endereçada à parte ilegítima, claramente não foi observada a forma da lei processual e, por conseguinte, não há falar em interrupção do prazo prescricional" (STJ, EAREsp 1.294.919/PR, Corte Especial, Rel. Min. Laurita Vaz, j. 05.12.2018). Ainda, como já destacado, em atenção ao problema prático que poderia ser gerado por uma interpretação radical da chamada regra da "unicidade" da interrupção da prescrição, algumas decisões judiciais vêm admitindo a sua flexibilização quando a segunda interrupção se dá com o início do processo judicial: "O protesto do cheque interrompe o prazo prescricional e o despacho que determina a citação torna a interrompê-lo. A leitura do art. 202, *caput*, do Código Civil, não faz de maneira literal. A interrupção do prazo prescricional prevista nos incisos II a VI do art. 202, do Código Civil, não impede nova interrupção prevista no art. 202, I, do mesmo código, sendo esta a correta interpretação do referido artigo" (TJMG, Embargos de Declaração 0371829-53.2006.8.13.0637, 18.ª Câmara Cível, Rel. Des. Sérgio André da Fonseca Xavier, j. 25.08.2015). Em igual sentido: "Prescrição do cheque que, embora tenha sido interrompida em 30.07.2003, foi novamente interrompida em 16.12.2003, com o despacho que ordenou a citação" (TJSP, Apelação 9180901-63.2007.8.26.0000, 23.ª Câmara de Direito Privado, Rel. Des. José Marcos Marrone, j. 05.03.2008). Em sentido contrário, no entanto, o STJ já decidiu que "o legislador, ao determinar a unicidade da interrupção prescricional, não diferenciou, para aplicação do princípio, a causa interruptiva em razão de citação processual (inciso I) daquelas ocorridas fora do processo judicial (incisos II a VI)" (STJ, REsp 1.786.266/DF, Rel. Min. Antonio Carlos Ferreira, 4.ª Turma, j. 11.10.2022. Na mesma direção: STJ, REsp 1.924.436/SP, Rel. Min. Nancy Andrighi, 3.ª Turma, j. 10.08.2021, e STJ, REsp 1.504.408/SP, Rel. p/ acórdão Min. Nancy Andrighi, 3.ª Turma, j. 17.09.2019). Já sobre a hipótese interruptiva constante do inciso V do art. 202 (ato judicial que constitua em mora o devedor), o STJ, examinando caso em que um dos contratantes ajuizou uma ação de busca e apreensão fundada no inadimplemento da cédula de crédito comercial garantida por alienação fiduciária e, posteriormente, ajuizou ação de execução da referida cédula de crédito comercial, entendeu ser "patente que a finalidade da ação de busca e apreensão é o cumprimento da obrigação expressa na cédula de crédito comercial – assim como o é a ação de execução, proposta com base no mesmo título. Não é possível afastar a constituição em mora do devedor – fato que, a teor do já mencionado art. 202, inciso V, e parágrafo único, do Código Civil, implicou a interrupção da prescrição até o trânsito em julgado do processo" (STJ, REsp 1.135.682/RS, 4.ª Turma, Rel. Min. Maria Isabel Gallotti, j. 13.04.2021). Na mesma direção: STJ, AgRg no AREsp 763.058/RS, 4.ª Turma, Rel. Min. Raul Araújo, j. 03.12.2015. Acerca da hipótese prevista no inciso VI do art. 202 (ato inequívoco, ainda que extrajudicial, que importe reconhecimento do direito pelo devedor) decidiu o STJ: "Para a interrupção da prescrição com base no art. 172, V, do CC/1916 (art. 202, VI do CC/2002) é suficiente a prática de ato inequívoco de reconhecimento do direito pelo prescribente, *sendo desnecessário que esse ato seja dirigido ao credor*" (STJ, REsp 1.002.074/RS, 4.ª Turma, Rel. Min. João Otávio de Noronha, j. 04.08.2011). No mesmo sentido: STJ, AgInt no REsp 1.475.681/SP, 3.ª Turma, Rel. Min. Marco Aurélio Bellizze, j. 19.08.2019. É de se notar, por fim, que o legislador não inclui entre as causas de interrupção a notificação extrajudicial ao devedor, prática comum na advocacia. Sobre o tema, já decidiu o STJ que "a notificação extrajudicial não tem o condão de interromper o prazo prescricional [...] porque não está entre as causas interruptivas da prescrição previstas pelo art. 202 do CC" (STJ, AgRg no REsp 1.553.565/DF, 2.ª Turma, Rel. Min. Herman Benjamin, j. 03.12.2015). Na mesma direção: STJ, AgInt no AREsp 1.656.629/MT, 4.ª Turma, Rel. Min. Antonio Carlos Ferreira, j. 22.11.2021.

REFORMA DO CÓDIGO CIVIL: O Anteprojeto propõe diversas alterações no art. 202, dentre as quais vale destacar: (a) incorpora-se ao inciso I a retroatividade da interrupção à data da propositura da ação, harmonizando o Código Civil com o art. 240, § 1º, do CPC; (b) a regra da unicidade da interrupção passa a excepcionar, expressamente, a interrupção fundada na citação, na linha dos comentários *supra* (Anteprojeto, art. 202, § 2º); (c) incorpora-se a interpelação extrajudicial como causa interruptiva (Anteprojeto, art. 202, II); (d) a constituição em mora por ato extrajudicial passa a figurar como causa interruptiva (Anteprojeto, art. 202, IV); e (e) a propositura de ação revisional passa a ser expressamente tida como ato inequívoco que importa reconhecimento do direito pelo devedor (Anteprojeto, art. 202, V).

Art. 203. A prescrição pode ser interrompida por qualquer interessado.

COMENTÁRIOS DOUTRINÁRIOS: Tem interesse na interrupção da prescrição, em primeiro lugar, o próprio titular da pretensão. O art. 203 estende a legitimidade para interromper o curso do prazo ao seu representante legal e ao terceiro que tenha legítimo interesse em fazê-lo. O interesse a que alude o artigo deve ser interpretado como o *interesse jurídico*, que se consubstancia na potencialidade de ter a própria esfera jurídica afetada em razão de relação jurídica estabelecida com o titular. É o caso, por exemplo, do credor que interrompe a prescrição de crédito de titularidade do seu devedor, evitando a insolvência deste, de modo a evitar risco ao adimplemento da obrigação.

Art. 204. A interrupção da prescrição por um credor não aproveita aos outros; semelhantemente, a interrupção operada contra o codevedor, ou seu herdeiro, não prejudica aos demais coobrigados.

§ 1º A interrupção por um dos credores solidários aproveita aos outros; assim como a interrupção efetuada contra o devedor solidário envolve os demais e seus herdeiros.

§ 2º A interrupção operada contra um dos herdeiros do devedor solidário não prejudica os outros herdeiros ou devedores, senão quando se trate de obrigações e direitos indivisíveis.

§ 3º A interrupção produzida contra o principal devedor prejudica o fiador.

COMENTÁRIOS DOUTRINÁRIOS: O *caput* do art. 204 consagra a regra de que os efeitos da interrupção se limitam ao credor que a deflagrou, não aproveitando aos demais cocredores, e ao devedor contra quem foi realizado o ato interruptivo, não prejudicando outros codevedores. Diferentemente das causas de suspensão, amparadas por causas subjetivas, as causas de interrupção possuem índole objetiva, razão pela qual, na hipótese de solidariedade, excepciona-se a regra do *caput* do artigo em comento, estendendo-se os efeitos da interrupção a todos os credores ou devedores solidários. Falecendo, todavia, um dos devedores solidários, e havendo múltiplos sucessores, a solidariedade não se transmite a cada um deles individualmente, o que justifica a regra estampada no § 2º do artigo, salvo quando o objeto da relação for indivisível, impossibilitando o fracionamento. Destaca, por fim, o legislador que "a interrupção produzida contra o principal devedor prejudica o fiador", norma que se explica em razão da natureza acessória da fiança.

JURISPRUDÊNCIA COMENTADA: Sobre os efeitos da interrupção da prescrição sobre o fiador, já decidiu o Superior Tribunal de Justiça:

"O Código Civil, em seu art. 204, *caput*, prevê, como regra, o caráter pessoal do ato interruptivo da prescrição, haja vista que somente aproveitará a quem o promover ou prejudicará aquele contra quem for dirigido (*persona ad personam non fit interruptio*). Entre as exceções, previu o normativo que, interrompida a prescrição contra o devedor afiançado, *ipso facto*, estará interrompida a pretensão acessória contra o garante fidejussório (princípio da gravitação jurídica), nos termos do art. 204, § 4º, do CC. A interrupção operada contra o fiador não prejudica o devedor afiançado (a recíproca não é verdadeira), haja vista que o principal não acompanha o destino do acessório e, por conseguinte, a prescrição continua correndo em favor deste. Como disposição excepcional, a referida norma deve ser interpretada restritivamente, e, como o legislador previu, de forma específica, apenas a interrupção em uma direção – a interrupção produzida contra o principal devedor prejudica o fiador –, não seria de boa hermenêutica estender a exceção em seu caminho inverso. No entanto, a interrupção em face do fiador poderá, sim, excepcionalmente, acabar prejudicando o devedor principal, nas hipóteses em que a referida relação for reconhecida como de devedores solidários, ou seja, caso renuncie ao benefício ou se obrigue como principal pagador ou devedor solidário, a sua obrigação, que era subsidiária, passará a ser solidária, e, a partir de então, deverá ser norteada por essa sistemática (CC, arts. 204, § 1º, e 275 a 285)" (STJ, REsp 1.276.778/MS, 4.ª Turma, Rel. Min. Luis Felipe Salomão, j. 28.03.2017).

SEÇÃO IV
DOS PRAZOS DA PRESCRIÇÃO

Art. 205. A prescrição ocorre em dez anos, quando a lei não lhe haja fixado prazo menor.

COMENTÁRIOS DOUTRINÁRIOS: O mérito do Código Civil de 2002 em matéria de prescrição foi sistematizar os prazos prescricionais que, na codificação de 1916, eram listados conjunta e confusamente com prazos de decadência. O Código Civil atual distinguiu melhor os dois campos, reunindo a imensa maioria dos prazos prescricionais nos arts. 205 e 206, este último com múltiplos parágrafos e incisivos. De modo geral, o Código Civil de 2002 reduziu sensivelmente os prazos prescricionais, atento à maior celeridade da vida contemporânea, com seus meios velozes de comunicação e de transporte, que facilitam cada vez mais o exercício dos direitos. Em que pese parcela da doutrina vislumbrar no art. 205 um prazo geral de prescrição, o dispositivo deve ser lido, a rigor, como um prazo subsidiário, aplicável excepcionalmente, na ausência de prazo mais adequado constante do art. 206. Destaque-se, com efeito, a minudência do legislador ao dispor em nada menos de 5 parágrafos e 17 incisos no art. 206 sobre as mais variadas pretensões, revelando a tentativa de especificar o maior número possível de prazos. Vale notar, ainda, que o prazo do art. 205 afigura-se o dobro do maior prazo do art. 206, a revelar a cautela do legislador quanto a situações não abrangidas pelo art. 206, bem como a excepcionalidade de sua incidência. Daí ser criticável certo movimento doutrinário e jurisprudencial de "fuga para o prazo decenal", redirecionando pretensões inequivocamente abrangidas pelo art. 206, ou a tal dispositivo reconduzíveis em razão da identidade de *ratio* com as hipóteses ali previstas, de modo a frustrar o cristalino propósito legislativo de redução dos prazos.

JURISPRUDÊNCIA COMENTADA: Questão extremamente polêmica, relacionada justamente à definição da aplicabilidade do art. 206 ou do art. 205, enfrentada pelo Superior Tribunal de Justiça diz respeito à fixação do prazo prescricional aplicável à pretensão à reparação civil decorrente de inadimplemento obrigacional. Em 2018, a Segunda Seção havia decidido que, "nas controvérsias relacionadas à responsabilidade contratual, aplica-se a regra geral (art. 205 CC/2002) que prevê dez anos de prazo prescricional e, quando se tratar de responsabilidade extracontratual, aplica-se o disposto no art. 206, § 3º, V, do CC/2002, com prazo de três anos". Entendeu o Tribunal que "para o efeito da incidência do prazo prescricional, o termo 'reparação civil' não abrange a composição da toda e qualquer consequência negativa, patrimonial ou extrapatrimonial, do descumprimento de um dever jurídico, mas, de modo geral, designa indenização por perdas e danos, estando associada às hipóteses de responsabilidade civil, ou seja, tem por antecedente o ato ilícito. Por observância à lógica e à coerência, o mesmo prazo prescricional de dez anos deve ser aplicado a todas as pretensões do credor nas hipóteses de inadimplemento contratual, incluindo o da reparação de perdas e danos por ele causados. Há muitas diferenças de ordem fática, de bens jurídicos protegidos e regimes jurídicos aplicáveis entre responsabilidade contratual e extracontratual que largamente justificam o tratamento distinto atribuído pelo legislador pátrio, sem qualquer ofensa ao princípio da isonomia" (STJ, EREsp 1.280.825/RJ, 2.ª Seção, Rel. Min. Nancy Andrighi, j. 27.02.2018). Em 2019, porém, a questão foi submetida à Corte Especial do STJ, que chegou à conclusão ligeiramente distinta. O entendimento que prevaleceu, capitaneado pelo Ministro Felix Fischer, foi aquele segundo o qual "o caráter secundário assumido pelas perdas e danos advindas do inadimplemento contratual impõe seguir a sorte do principal (obrigação anteriormente assumida). Dessa forma, enquanto não prescrita a pretensão central alusiva à execução da obrigação contratual, sujeita ao prazo de dez anos (caso não exista previsão de prazo diferenciado), não pode estar fulminado pela prescrição o provimento acessório relativo à responsabilidade civil atrelada ao descumprimento do pactuado". Ainda de acordo com o Tribunal, "não se mostra coerente ou lógico admitir que a prestação acessória prescreva em prazo próprio diverso da obrigação principal, sob pena de se permitir que a parte lesada pelo inadimplemento promova demanda visando garantir a prestação pactuada, mas não mais possa optar pelo ressarcimento dos danos decorrentes" (STJ, EREsp 1.281.594/SP, Corte Especial, Rel. p/ Acórdão Min. Felix Fischer, j. 15.05.2019). O prazo trienal previsto no art. 206, § 3º, V, seria reservado, segundo o Tribunal, para as hipóteses de responsabilidade civil extracontratual. Esta interpretação, contudo, é alvo de severas críticas por parte da doutrina, que aponta a inequívoca redação do art. 206, § 3º, V, ao assentar o prazo trienal para "a pretensão de reparação civil", expressão propositalmente abrangente que buscaria superar as dificuldades suscitadas pela necessidade de se qualificar, caso a caso, a natureza contratual ou aquiliana da responsabilidade – distinção hoje cada vez mais debatida –, além de se harmonizar com o prazo quinquenal previsto no CDC para as pretensões reparatórias fundadas em fato do produto ou do serviço (CDC, art. 27). Foi essa a conclusão que havia sido alcançada na *V Jornada de Direito Civil*, em que restou aprovado o Enunciado n. 419: "O prazo prescricional de três anos para a pretensão de reparação civil aplica-se tanto à responsabilidade contratual quanto à responsabilidade extracontratual".

REFORMA DO CÓDIGO CIVIL: O Anteprojeto propõe a redução do prazo prescricional geral e subsidiário de 10 para 5 anos, em linha com a crescente velocidade das relações sociais contemporâneas. Acrescenta-se, ainda, parágrafo único ao art. 205, que determina: "Aplica-se o prazo geral do *caput* deste artigo para a pretensão de reparação civil, derivada da responsabilidade contratual ou extracontratual, e para a pretensão de ressarcimento por enriquecimento sem causa". A proposta pretende encerrar a celeuma suprarrelatada, conferindo um tratamento inequivocamente uniforme às pretensões reparatórias de fonte contratual e aquiliana, em prestígio à segurança jurídica.

Art. 206. Prescreve:

§ 1º Em um ano:

I – a pretensão dos hospedeiros ou fornecedores de víveres destinados a consumo no próprio estabelecimento, para o pagamento da hospedagem ou dos alimentos;

II – a pretensão do segurado contra o segurador, ou a deste contra aquele, contado o prazo:

a) para o segurado, no caso de seguro de responsabilidade civil, da data em que é citado para responder à ação de indenização proposta pelo terceiro prejudicado, ou da data que a este indeniza, com a anuência do segurador;

b) quanto aos demais seguros, da ciência do fato gerador da pretensão;

III – a pretensão dos tabeliães, auxiliares da justiça, serventuários judiciais, árbitros e peritos, pela percepção de emolumentos, custas e honorários;

IV – a pretensão contra os peritos, pela avaliação dos bens que entraram para a formação do capital de sociedade anônima, contado da publicação da ata da assembleia que aprovar o laudo;

V – a pretensão dos credores não pagos contra os sócios ou acionistas e os liquidantes, contado o prazo da publicação da ata de encerramento da liquidação da sociedade.

§ 2º Em dois anos, a pretensão para haver prestações alimentares, a partir da data em que se vencerem.

§ 3º Em três anos:

I – a pretensão relativa a aluguéis de prédios urbanos ou rústicos;

II – a pretensão para receber prestações vencidas de rendas temporárias ou vitalícias;

III – a pretensão para haver juros, dividendos ou quaisquer prestações acessórias, pagáveis, em períodos não maiores de um ano, com capitalização ou sem ela;

IV – a pretensão de ressarcimento de enriquecimento sem causa;

V – a pretensão de reparação civil;

VI – a pretensão de restituição dos lucros ou dividendos recebidos de má-fé, correndo o prazo da data em que foi deliberada a distribuição;

VII – a pretensão contra as pessoas em seguida indicadas por violação da lei ou do estatuto, contado o prazo:

a) para os fundadores, da publicação dos atos constitutivos da sociedade anônima;

b) para os administradores, ou fiscais, da apresentação, aos sócios, do balanço referente ao exercício em que a violação tenha sido praticada, ou da reunião ou assembleia geral que dela deva tomar conhecimento;

c) para os liquidantes, da primeira assembleia semestral posterior à violação;

VIII – a pretensão para haver o pagamento de título de crédito, a contar do vencimento, ressalvadas as disposições de lei especial;

IX – a pretensão do beneficiário contra o segurador, e a do terceiro prejudicado, no caso de seguro de responsabilidade civil obrigatório.

§ 4º Em quatro anos, a pretensão relativa à tutela, a contar da data da aprovação das contas.

§ 5º Em cinco anos:

I – a pretensão de cobrança de dívidas líquidas constantes de instrumento público ou particular;

II – a pretensão dos profissionais liberais em geral, procuradores judiciais, curadores e professores pelos seus honorários, contado o prazo da conclusão dos serviços, da cessação dos respectivos contratos ou mandato;

III – a pretensão do vencedor para haver do vencido o que despendeu em juízo.

COMENTÁRIOS DOUTRINÁRIOS: O art. 206 elenca diversas pretensões, organizadas segundo os prazos prescricionais que lhes são atribuídos pelo legislador. Conforme já destacado, uma das marcas do regime jurídico instituído pelo Código Civil de 2002 na matéria foi a sensível redução de prazos: os prazos do art. 206 variam entre um e cinco anos, apenas. Apesar da sistematização interna dos prazos, que merece aplausos, a codificação falhou ao exibir absoluta indiferença à legislação especial. Por exemplo, ao regular o prazo da pretensão de "reparação civil", que abrange um universo amplíssimo de pretensões, não atentou para situações específicas às quais o legislador especial já vinha reservando tratamento diferenciado, como a pretensão de reparação civil por danos decorrentes de fato do produto ou do serviço (CDC, art. 27). Ao Código Civil competia, no mínimo, ter ressalvado ali a existência de prazos específicos na legislação especial, como fez em outros incisos (*v.g.*, art. 206, § 3º, VIII). A indiferença do Código à legislação especial, fruto da própria desatualidade do projeto original, elaborado na década de 1970, marca todos os setores da codificação de 2002, mas produz efeitos especialmente nocivos no campo da prescrição e da decadência, que deveria primar justamente pela segurança e pela certeza. A grave omissão lança sobre o intérprete o ônus de sistematizar os diversos prazos estabelecidos nas leis especiais com aqueles previstos no Código Civil, quase sempre mais reduzidos.

JURISPRUDÊNCIA COMENTADA: Em que pese se fundar na segurança jurídica, poucas matérias suscitam tantas controvérsias como a prescrição, matéria que, pela própria natureza do instituo, naturalmente deságua no Poder Judiciário. A título meramente exemplificativo, pode-se mencionar tema complexo e que tem recebido tratamento inadequado pela jurisprudência do Superior Tribunal de Justiça: aquele relativo à prescrição do dano moral. Tem-se entendido que os danos morais não apenas se sujeitam a prescrição, como seguem o prazo aplicável à responsabilidade civil em geral. Em sentido contrário, todavia, a Primeira Turma do Superior Tribunal de Justiça, na análise especialmente de casos de dano moral decorrente de perseguições políticas durante a Ditadura Militar, consolidou o valioso entendimento de que a pretensão de reparação de danos à pessoa humana é imprescritível. Destacou o STJ, naquela ocasião: "À luz das cláusulas pétreas constitucionais, é juridicamente sustentável assentar que a proteção da dignidade da pessoa humana perdura enquanto subsiste a República Federativa, posto seu fundamento. Consectariamente, não há falar em prescrição da pretensão de se implementar um dos pilares da República, máxime porque a Constituição não estipulou lapso prescricional ao direito de agir, correspondente ao direito inalienável à dignidade" (STJ, REsp 959.904/PR, 1.ª Turma, Rel. Min. Luiz Fux, j. 23.04.2009). A orientação restou, inclusive, consagrada no enunciado n. 647 da Súmula do STJ: "São imprescritíveis as ações indenizatórias por danos morais e materiais decorrentes de atos de perseguição política com violação de direitos fundamentais ocorridos durante o regime militar". Como consequência de uma violação à dignidade humana, a pretensão reparatória de danos morais não deve, de fato, subordinar-se à prescrição. A imprescritibilidade funciona aí como instrumento de tutela da personalidade humana, valor superior, na axiologia constitucional, à segurança jurídica que inspira o instituto da prescrição. Não há razão, portanto, para se limitar a referida imprescritibilidade a situações pontuais, ligadas ao regime de exceção.

REFORMA DO CÓDIGO CIVIL: O Anteprojeto propõe a revogação dos parágrafos segundo, quarto e quinto do art. 206. Há, assim, paralelamente ao prazo geral e subsidiário de 5 anos, previsto no art. 205 do Anteprojeto, dois prazos especiais, de 1 e de 3 anos, previstos no art. 206. Nessa esteira: (a) a "pretensão para haver prestações alimentares", que atualmente prescreve em 2 anos, passaria a se submeter ao prazo trienal (Anteprojeto, art. 206, § 3º, I); e (b) a "pretensão relativa à tutela", que atualmente prescreve em 4 anos, também passaria a se submeter ao prazo trienal (Anteprojeto, art. 206, § 3º, X). Registre-se, ainda, a inclusão de novas pretensões sem correspondência no texto vigente, submetidas ao prazo de 1 ano, como "a pretensão para o dono da mercadoria postular indenização sobre perdas e avarias das coisas transportadas, a contar de 60 (sessenta) dias após o desembarque" (Anteprojeto, art. 206, § 1º, VI), e ao prazo de 3 anos, como a "pretensão para exigir a recompensa estipulada, contado o prazo do preenchimento da condição ou da realização do serviço referido no art. 855" (Anteprojeto, art. 206, § 3º, XI).

Art. 206-A. A prescrição intercorrente observará o mesmo prazo de prescrição da pretensão, observadas as causas de impedimento, de suspensão e de interrupção da prescrição previstas neste Código e observado o disposto no art. 921 da Lei n. 13.105, de 16 de março de 2015 (Código de Processo Civil). (Redação dada pela Lei n. 14.382, de 27.06.2022)

COMENTÁRIOS DOUTRINÁRIOS: Denomina-se prescrição intercorrente aquela operada no curso da marcha processual. Deixando o autor da ação de realizar ato necessário ao prosseguimento do processo judicial, sua inércia ocasiona o início do fluxo de novo prazo prescricional. O direito brasileiro tradicionalmente não contava com normas gerais de direito positivo acerca desse fenômeno. No afã de impedir a paralisia de ações judiciais em razão da desídia do autor, nossa jurisprudência passou a reconhecer e aplicar, mesmo na ausência de disposição legal expressa, o instituto da prescrição intercorrente. O Código de Processo Civil de 2015 trouxe normas de direito positivo sobre a prescrição intercorrente, limitada, contudo, ao fenômeno da paralisação do processo de execução por força do insucesso da penhora. Em 2017, a Lei n. 13.467 inseriu na Consolidação das Leis Trabalhistas o art. 11-A, tratando da prescrição intercorrente nas execuções trabalhistas. Em 2021, foi editada a Medida Provisória n. 1.040, posteriormente convertida na Lei n. 14.195/2021, cujo art. 43 inseriu no Código Civil o art. 206-A, norma geral acerca da prescrição intercorrente. O dispositivo condensa, essencialmente, três distintos comandos: (a) o prazo prescricional aplicável à prescrição intercorrente é igual ao prazo incidente sobre a pretensão original (entendimento que, de certo modo, já se encontrava cristalizado no enunciado n. 150 da Súmula do Supremo Tribunal Federal: "Prescreve a execução no mesmo prazo de prescrição da ação"); (b) o curso do prazo da prescrição intercorrente poderá ser impedido, suspenso ou interrompido nas hipóteses previstas entre os arts. 197 e 204 do Código Civil; e (c) em se tratando de processo de execução ou de fase de cumprimento de sentença, devem ser observados os comandos do art. 921 do Código de Processo Civil, que contém normas específicas sobre a suspensão, a interrupção e o termo inicial da prescrição intercorrente. Com efeito, a grande questão suscitada pela inserção do art. 206-A no Código Civil parece ser justamente a dúvida acerca da abrangência do instituto: seria a prescrição intercorrente limitada à chamada "pretensão executiva", como tradicionalmente se sustenta, ou, diversamente, teria essa modalidade de prescrição passado a incidir também sobre a inércia do autor da ação no âmbito do processo de conhecimento? Em que pese o dispositivo em comento não estabelecer qualquer restrição à sua incidência, convém recordar a regra constante do parágrafo único do art. 202 do Código Civil, que estabelece que "a prescrição interrompida recomeça a correr da data do ato que a interrompeu, *ou do último ato do processo para a interromper*", norma incompatível com a fluência da prescrição intercorrente no âmbito do processo de conhecimento. Além disso, o dispositivo remete expressamente ao art. 921 do Código de Processo Civil, que trata tão somente de processos de execução. De fato, é nessa espécie de processo que a inércia da parte interessada pode acabar eternizando a demanda, diversamente do que ocorre no processo de conhecimento que segue prazos específicos para sua evolução. Registre-se, por fim, que o tema da prescrição intercorrente, por sua própria natureza, vinha recebendo uma maior atenção da doutrina processualista, o que torna particularmente curiosa a sua inserção no âmbito do Código Civil. De todo modo, cabe, agora, à doutrina civilista envidar os esforços necessários ao enquadramento sistemático da prescrição intercorrente, de maneira a assegurar a indispensável unidade do ordenamento jurídico. Registre-se que o *caput* do art. 43 da Lei n. 14.195/2021, que previa: "*A Lei nº 10.406, de 10 de janeiro de 2002 (Código Civil), passa a vigorar com as seguintes alterações, renomeado o Capítulo I do Subtítulo II do Título II do Livro II da Parte Especial para 'Das Normas Gerais das Sociedades':*", foi vetado pela Presidência da República, embora o trecho com a redação do novo art. 206-A do Código Civil tenha sido mantido, o que gerou alguma controvérsia sobre se o art. 206-A teria efetivamente entrado em vigor ou se a sua eficácia teria restado prejudicada pelo veto ao *caput* do art. 43 da Lei n. 14.195/2021. Para sanar a controvérsia, a Medida Provisória n. 1.085, editada em 27 de dezembro de 2021, (a) revogou completamente o art. 43 da Lei n. 14.195/2021 (MP 1.085/2021, art. 20, X) – incluindo, portanto, o trecho que continha a redação do art. 206-A do Código Civil – e (b) inseriu novamente no Código Civil o art. 206-A (MP n. 1.085/2021, art. 14), com redação substancialmente igual a que lhe fora conferida pela Lei n. 14.195/2021. A Medida Provisória n. 1.085/2021 restou posteriormente convertida, pelo Congresso Nacional, na Lei n. 14.382/2022, que preservou o art. 206-A no Código Civil.

CAPÍTULO II
DA DECADÊNCIA

Art. 207. Salvo disposição legal em contrário, não se aplicam à decadência as normas que impedem, suspendem ou interrompem a prescrição.

COMENTÁRIOS DOUTRINÁRIOS: Instituto também voltado à estabilização das relações sociais por força do transcurso do tempo, a decadência caminha ao lado da prescrição desde o Direito Romano. Distingui-las nunca foi tarefa fácil. Diversos critérios sucederam-se historicamente na doutrina para diferenciar os dois institutos. Vinculavam-se ora à relação entre a origem do direito e da ação, ora ao próprio objeto da extinção, ora ainda à natureza condenatória ou constitutiva da ação disponível, afirmando-se que a ação condenatória se sujeitava à prescrição e a ação constitutiva sujeitava-se à decadência. Entretanto, o critério mais aceito pela doutrina atual é aquele que procura extremar a prescrição da decadência a partir da natureza das situações jurídicas subjetivas que as originam. A prescrição assenta na pretensão, que nasce da violação do direito subjetivo. Há direitos, contudo, que são desprovidos de pretensão, direitos em que a exigibilidade (*facultas exigendi*) não chega a surgir. São os direitos potestativos, que exprimem o poder do seu titular de interferir na esfera jurídica alheia por declaração unilateral de vontade. Os direitos potestativos não podem, por isso mesmo, ser violados, porque não dependem para a realização senão da vontade dos seus titulares, e, não podendo ser violados, não dão ensejo ao nascimento de pretensão. Exemplo de direito potestativo é o direito de anular um negócio jurídico por vício do consentimento ou o direito de revogar mandato ou, ainda, o direito de exigir a divisão do condomínio. Aos direitos potestativos, que não dão margem à pretensão, o legislador aplica prazos de decadência. Em outras palavras, atento ao intenso poder que os direitos potestativos atribuem ao seu titular (de interferir unilateralmente na esfera jurídica alheia), o legislador estabelece, de pronto, um prazo para o seu exercício, sob pena de extinção do próprio direito. São, em outras palavras, direitos que já nascem premidos por um prazo. A decadência pode ser, portanto, definida como a perda do direito potestativo pelo transcurso do prazo previsto em lei. Não extingue a pretensão, que aí inexiste, extingue o próprio direito potestativo. Quanto aos prazos legais de decadência, o Código Civil de 2002 não seguiu o impulso de sistematização que o guiou no campo da prescrição. Os prazos decadenciais continuam espalhados caoticamente pela codificação. São, de modo geral, mais curtos que os prazos prescricionais, em virtude da própria intensidade do poder que detém o titular do direito potestativo de interferir unilateralmente na esfera jurídica alheia. Além da diversidade conceitual e de sistematização, prescrição e decadência diferenciam-se também quanto aos efeitos. Os prazos decadenciais são fatais. Vale dizer: não se sujeitam às causas de impedimento, suspensão ou interrupção previstas para a prescrição. A diferença de tratamento justifica-se, uma vez que, como visto, a satisfação do direito potestativo depende exclusivamente do seu titular. Assim, de duas uma: ou o titular agiu e seu direito foi atendido, não tendo mais razão de ser a decadência, ou não agiu e a decadência segue seu curso. Não há razão para impedir, suspender ou interromper a fluência do prazo decadencial à espera de um comportamento do devedor, porque não se está diante de um direito a uma prestação. O comportamento do devedor é irrelevante para a satisfação do direito potestativo. A ressalva ao início do artigo explicita que a fatalidade, embora prevista como regra, não é da essência do instituto, podendo o legislador contemplar situações que obstem o curso do prazo decadencial. É o que se verifica, por exemplo, no art. 208 do próprio Código Civil.

PANDEMIA: A Lei n. 14.010/2020, que dispõe sobre o Regime Jurídico Emergencial e Transitório das relações jurídicas de Direito Privado no período da pandemia de covid-19, determinou, em seu art. 3º, o impedimento ou a suspensão de todos os prazos prescricionais no período entre 12 de junho e 30 de outubro de 2020, sendo certo que o § 2º do mesmo dispositivo expressamente estendeu a determinação de impedimento ou suspensão aos prazos decadenciais no mesmo período, criando uma nova exceção legal à regra geral prevista no art. 207 do Código Civil. Como já destacado nos comentários ao art. 197, o impedimento ou a suspensão previstos pela Lei n. 14.010/2020 não representaram a melhor solução, que seria alcançada por meio da simples prorrogação dos prazos que se encerrassem no mesmo período. O impacto negativo aqui se promete, porém, menor que aquele que ocorre no campo da prescrição, tendo em vista que os prazos decadenciais são, em geral, mais curtos.

JURISPRUDÊNCIA COMENTADA: A regra prevista no art. 207 do Código Civil alcança não apenas os prazos decadenciais constantes do Código Civil, mas também aqueles instituídos pela legislação especial, como já decidiu o Superior Tribunal de Justiça: "O prazo quinquenal, estabelecido no art. 54 da Lei nº 9.784/1999, para que a administração possa anular os atos de que decorram efeitos favoráveis para os destinatários, tem natureza decadencial, o que afasta a incidência dos arts. 190 do Código Civil e 219 do Código de Processo Civil. Aplica-se, em vez disso, o art. 207 do CC, segundo o qual, salvo previsão legal expressa – inexistente na Lei nº 9.784/1999 –, não se aplicam à decadência as normas que impedem, suspendem ou interrompem a prescrição" (STJ, REsp 1.103.105/RJ, 6.ª Turma, Rel. Min. Og Fernandes, j. 03.05.2012). Ainda na mesma direção, confira-se: "o prazo de 05 (cinco) anos, previsto na Lei nº 9.784/99, para que a Administração Pública anule os atos de que decorram efeitos favoráveis para os administrados, tem natureza decadencial. Nos termos do art. 207 do Código Civil, a menos que exista previsão legal expressa, não se aplicam à decadência as normas que impedem, suspendem ou interrompem a prescrição. Portanto, a regra geral é a ausência de suspensão ou interrupção dos prazos decadenciais, que poderá ser excepcionada por expressa previsão legal em contrário. No caso, o art. 54 da Lei n. 9.784/99 fixou prazo decadencial de cinco anos para a Administração anular seus próprios atos, não prevendo, todavia, qualquer causa de suspensão ou interrupção desse prazo. Assim, embora possível, em tese, a suspensão e interrupção de prazos decadenciais, deve ser aplicada ao caso a regra geral do art. 207 do Código Civil, dada a ausência de previsão expressa na Lei n. 9.784/99" (STJ, REsp 1.148.460/PR, 2.ª Turma, Rel. Min. Castro Meira, j. 19.10.2010).

PANDEMIA: Ao julgar ação de despejo, o Tribunal de Justiça de São Paulo decidiu: "nos moldes indicados pelo Autor, a Lei nº 14.010/20, que introduziu o Regime Jurídico Emergencial e Transitório das relações jurídicas de Direito Privado (RJET) no período da pandemia do coronavírus (covid-19), suspendeu os prazos prescricionais e decadenciais até o dia 30.out.2020, bem como obstou a concessão de liminar de despejo até a referida data. [...] Assim, com a suspensão dos prazos e a impossibilidade de concessão de despejo liminar até o dia 30.out.2020, o prazo reiniciou-se em 31.out.2020, de forma que a presente ação de despejo, ajuizada em 04.11.2020, é temporânea e apta a preencher os requisitos legais estabelecidos" (TJSP, AI 2267301-48.2020.8.26.0000, 28.ª Câmara de Direito Privado, Rel. Des. Berenice Marcondes Cesar, j. 18.12.2020). Ao apreciar uma ação rescisória, o mesmo Tribunal afirmou: "segundo prescreve a norma disposta no artigo 975, *caput*, do Código de Processo Civil, 'o direito à rescisão se extingue em 2 (dois) anos contados do trânsito em julgado da última decisão proferida no processo'. Portanto, em regra, o termo inicial para o ajuizamento de ação rescisória coincide com o trânsito em julgado da última decisão proferida no processo. A regra disposta no artigo 3º da Lei nº 14.010/20 estabelece que 'os prazos prescricionais consideram-se impedidos ou suspensos, conforme o caso, a partir da entrada em vigor desta Lei até 30 de outubro de 2020', prevendo a norma do § 2º do mesmo dispositivo legal que essa sistemática se aplicaria à decadência. A regra legal mencionada é clara ao definir que a suspensão ou impedimento só passariam a incidir a partir da entrada em vigor da lei, sem previsão de que alcançaria atos ou fatos pretéritos. A Lei nº 14.010/20 só foi publicada em 12 de junho de 2020, data em que entrou em vigor, consoante previsto em seu artigo 21. Desta forma, quando a lei entrou em vigor, a decadência já havia fulminado o direito à desconstituição da decisão impugnada, cujo termo final ocorreu em 14 de maio de 2018" (TJSP, Ação Rescisória 2258371-41.2020.8.26.0000, 15.º Grupo de Câmaras de Direito Privado, Rel. Des. Lino Machado, j. 16.12.2020).

REFORMA DO CÓDIGO CIVIL: O Anteprojeto propõe a inclusão de parágrafo único que incorpora o já referido entendimento do Superior Tribunal de Justiça no sentido de que o art. 207 se aplica também aos prazos decadenciais previstos na legislação especial.

Art. 208. Aplica-se à decadência o disposto nos arts. 195 e 198, inciso I.

COMENTÁRIOS DOUTRINÁRIOS: O art. 208 atrai para o campo da decadência duas regras do regime da prescrição. Extrai-se do art. 195 a responsabilidade do assistente e do representante dos relativamente incapazes e das pessoas jurídicas pela decadência à qual derem causa. Do art. 198, I, por sua vez, colhe-se o impedimento do transcurso do prazo decadencial contra os absolutamente incapazes, exprimindo a ampla tutela da pessoa humana, em especial da criança e do adolescente, na ordem jurídica brasileira.

JURISPRUDÊNCIA COMENTADA: Já decidiu o Superior Tribunal de Justiça que "o prazo para o ajuizamento da ação rescisória é de decadência (art. 495, CPC), por isso aplica-se-lhe a exceção prevista no art. 208 do Código Civil de 2002, segundo a qual os prazos decadenciais não correm contra os absolutamente incapazes" (STJ, REsp 1.165.735/MG, 4.ª Turma, Rel. Min. Luis Felipe Salomão, j. 06.09.2011). No mesmo sentido: STJ, REsp 1.403.256/MG, 3.ª Turma, Rel. Min. Ricardo Villas Bôas Cueva, j. 07.10.2014.

Art. 209. É nula a renúncia à decadência fixada em lei.

COMENTÁRIOS DOUTRINÁRIOS: É vedado ao beneficiado renunciar à decadência, quando esta encontrar sua fonte imediatamente na lei. Também não se pode reduzir ou ampliar prazo legal de decadência. Atende-se, aqui, à necessidade de estabilização das relações sociais que reserva caráter de ordem pública ao instituto.

JURISPRUDÊNCIA COMENTADA: Sobre o tema, já decidiu o Superior Tribunal de Justiça: "Ao contrário da decadência convencional, a decadência legal é considerada matéria de ordem pública, pois o interesse público demanda a extinção do direito não utilizado em determinado lapso temporal. Mesmo que assim quisesse a União ou o INSS, seria nula eventual tentativa de renúncia à decadência legal" (STJ, REsp 1.670.907/RS, 2.ª Turma, Rel. Min. Herman Benjamin, j. 13.08.2019).

REFORMA DO CÓDIGO CIVIL: O Anteprojeto propõe a inclusão de um trecho na parte final do artigo em comento, esclarecendo que "a decadência convencional pode ser renunciada pela parte a quem aproveita, na forma do art. 191 deste Código".

Art. 210. Deve o juiz, de ofício, conhecer da decadência, quando estabelecida por lei.

COMENTÁRIOS DOUTRINÁRIOS: Também a decadência, por conta de sua natureza de ordem pública, deve ser reconhecida de ofício pelo juiz. Não há, a partir da Lei n. 11.280/2006, qualquer diferença entre os regimes da decadência e da prescrição quanto ao ponto. Recorde-se, nessa esteira, a vedação à surpresa das partes, que, sem prejuízo do reconhecimento *ex officio* pelo juiz, devem ter tido a prévia oportunidade de se manifestar sobre a matéria (v. comentários ao art. 189).

JURISPRUDÊNCIA COMENTADA: Sobre o tema, já decidiu o Superior Tribunal de Justiça: "A decadência, enquanto matéria de ordem pública cognoscível de ofício (art. 210 do CC/2002), pode ser suscitada em Embargos de Declaração ao acórdão proferido pela Corte de origem, sem que isto configure inovação recursal" (STJ, AgInt no AREsp 629.004/RJ, 1.ª Turma, Rel. Min. Napoleão Nunes Maia Filho, j. 10.06.2019).

REFORMA DO CÓDIGO CIVIL: O Anteprojeto propõe estender a possibilidade de conhecimento de ofício da decadência, atualmente restrita à decadência legal, também à decadência convencional.

Art. 211. Se a decadência for convencional, a parte a quem aproveita pode alegá-la em qualquer grau de jurisdição, mas o juiz não pode suprir a alegação.

COMENTÁRIOS DOUTRINÁRIOS: O art. 211 encerra a disciplina da decadência trazendo regra específica acerca da *decadência convencional*, instituída por acordo entre as partes. Sua gênese na autonomia privada afasta a natureza de ordem pública, não se coadunando com a declaração de ofício. Nada obstante, o Código admite a sua alegação pelo interessado "em qualquer grau de jurisdição", ressalvados os recursos especial e extraordinário em que a jurisprudência tem resistido a discutir o tema, tendo em vista implicar, em seu entendimento, reexame de matéria de fato (v. comentários ao art. 193).

JURISPRUDÊNCIA COMENTADA: Sobre a decadência convencional, já decidiu o STJ que é lícita a convenção de prazo decadencial para a utilização de diárias adquiridas em clube de turismo. Segundo aquele Tribunal, "o Código de Defesa do Consumidor não se dedicou ao estabelecimento de regras específicas acerca da estipulação de prazos decadenciais às relações de consumo, de modo que se mantêm plenamente eficazes as regras de direito civil, que, por sua vez, admitem a convenção da decadência (art. 211, CC/2002). Nesse contexto, não há dúvida de que é possível a convenção do prazo para utilização das diárias adquiridas, restando tão somente verificar se esta convenção violaria o art. 51 do CDC. Com efeito, ao estabelecer as normas destinadas à proteção contratual do consumidor, o legislador não revogou a liberdade contratual, impondo-se apenas uma maior atenção ao equilíbrio entre as partes, numa relação naturalmente desequilibrada. A proteção contratual não é, portanto, sinônimo de impossibilidade absoluta de cláusulas restritivas de direito, mas de imposição de razoabilidade e proporcionalidade, sempre se tomando em consideração a natureza do serviço ou produto contratado" (STJ, REsp 1.778.574/DF, 3.ª Turma, Rel. Min. Marco Aurélio Bellizze, j. 18.06.2019).

REFORMA DO CÓDIGO CIVIL: O Anteprojeto propõe, na mesma linha da alteração que se pretende promover no art. 210, nova redação para o art. 211: "A decadência legal ou convencional pode ser alegada pela parte a quem aproveita ou conhecida de ofício pelo julgador, a qualquer tempo". A referência ao conhecimento de ofício reitera o comando que já consta do art. 210 do Anteprojeto.

TÍTULO V
DA PROVA

Art. 212. Salvo o negócio a que se impõe forma especial, o fato jurídico pode ser provado mediante:

I – confissão;

II – documento;

III – testemunha;

IV – presunção;

V – perícia.

COMENTÁRIOS DOUTRINÁRIOS: O Código Civil encerra o livro dedicado aos fatos jurídicos com o exame da prova. Prova é o meio de demonstração da existência de um fato jurídico. Há intensa polêmica acerca da opção realizada pelo legislador de preservar no Código Civil regras destinadas à disciplina das provas, matéria que, para parte expressiva da doutrina nacional, teria natureza eminentemente processual. Essa opção foi, todavia, reafirmada com a edição do Código de Processo Civil de 2015, que dedicou um longo capítulo às provas (arts. 369 a 484), sem revogar os artigos da codificação civil que tratam da matéria, limitando-se a realizar modificações pontuais. Cabe ao intérprete zelar pela unidade do ordenamento jurídico, individuando no caso concreto a normativa aplicável. O artigo em comento evidencia, na parte inicial do *caput*, a relação entre forma do negócio e prova. Sendo a forma o meio pelo qual o agente exprime sua vontade, esse meio de exteriorização certamente assume relevância para a demonstração da própria declaração de vontade. É antiga entre nós a distinção entre a forma *ad solemnitatem* e *ad probationem tantum*. A primeira consubstanciaria um elemento essencial do negócio jurídico, integrando a própria substância do ato (*forma dat esse rei*). A segunda seria mero meio de prova. Parcela considerável da doutrina, porém, critica a distinção, afirmando que, se a lei exige uma determinada forma para a prova da existência do ato, a forma passa a lhe integrar a substância. O presente artigo arrola diversos meios admitidos para a prova de fatos jurídicos, em rol que deve ser considerado meramente exemplificativo, diante da clareza solar do art. 369 do CPC: "As partes têm o direito de empregar todos os meios legais, bem como os moralmente legítimos, ainda que não especificados neste Código, para provar a verdade dos fatos em que se funda o pedido ou a defesa e influir eficazmente na convicção do juiz". A admissibilidade de meios de prova atípicos é, de resto, corolário da *garantia constitucional da ampla defesa*, que abarca, na dicção do art. 5º, LV, da Constituição, "os meios e recursos a ela inerentes". Nesta seara, avulta em importância, diante dos desenvolvimentos tecnológicos mais recentes, a admissibilidade dos *documentos eletrônicos* como meio de prova, tal como reconhecida pelo Enunciado n. 297 da *IV Jornada de Direito Civil*: "O documento eletrônico tem valor probante, desde que seja apto a conservar a integridade de seu conteúdo e idôneo a apontar sua autoria, independentemente da tecnologia empregada".

JURISPRUDÊNCIA COMENTADA: O Tribunal de Justiça de São Paulo já teve a oportunidade de valorar diversos *e-mails* para fins de comprovação da celebração de contrato de prestação de serviço: "Reconhecidamente, a origem eletrônica não afasta a natureza da prova, conforme a previsão expressa do artigo 212 do Código Civil (inciso II). O entendimento doutrinário e jurisprudencial corrobora com esse entendimento, conforme se verifica pelos enunciados 297 e 298 do Conselho de Justiça Federal [...] Logo, os documentos juntados pela autora são suficientes para comprovar a prestação do serviço na forma alegada, uma vez que a apelante não os impugnou a fim de refutar a autoria ou comprovar qualquer fraude, limitando-se a sustentar que a simples juntada de *e-mails* não comprova a prestação do serviço. Diga-se, o documento eletrônico está sujeito à falsificação tal qual qualquer documento de origem não eletrônica, devendo haver o mínimo de verossimilhança na alegação, a fim de afastar sua utilização" (TJSP, Apelação 0160589-40.2012.8.26.0100, 30.ª Câmara de Direito Privado, Rel. Des. Maria Lúcia Pizzotti, j. 06.05.2015).

REFORMA DO CÓDIGO CIVIL: O Anteprojeto propõe uma total reformulação do art. 212, substituindo a atual lista exemplificativa constante do *caput* e dos seus incisos por uma cláusula geral mais consentânea com o princípio da ampla defesa: "O fato jurídico pode ser provado por qualquer meio lícito de prova, inclusive por documentos digitais, desde que assegurada sua integridade e autenticidade, por meios tecnológicos atuais e idôneos". A preocupação com os meios de prova eletrônicos reflete-se, ainda, no § 1º que o Anteprojeto pretende incluir no artigo: "A utilização de tecnologia digital para a emissão de documentos contratuais deverá garantir a viabilidade de seu arquivamento ou a de sua impressão". O § 2º cuida da possibilidade de negócios jurídicos processuais relativos à prova, em consonância com a ampla autonomia reconhecida às partes para a celebração de negócios processuais pelo art. 190 do Código de Processo Civil. Por fim, o Anteprojeto propõe a inclusão de um art. 212-A, com a seguinte redação: "O estado da pessoa somente se prova nos termos dos arts. 9º e 10 deste Código".

Art. 213. Não tem eficácia a confissão se provém de quem não é capaz de dispor do direito a que se referem os fatos confessados.

Parágrafo único. Se feita a confissão por um representante, somente é eficaz nos limites em que este pode vincular o representado.

COMENTÁRIOS DOUTRINÁRIOS: A *confissão* consiste, segundo o art. 389 do Código de Processo Civil, na admissão da verdade de fato contrário aos interesses do próprio confitente. O art. 213 do Código Civil subordina a eficácia probatória da confissão à titularidade, pelo confitente, da faculdade de disposição do direito sobre o qual versa o fato. A razão é simples: se não pode o agente dispor de determinado direito, também não poderá praticar ato que produza efeito equivalente à disposição. Daí afirmar o CPC, de modo ainda mais claro: "Art. 392. Não vale como confissão a admissão, em juízo, de fatos relativos a direitos indisponíveis. § 1º A confissão será ineficaz se feita por quem não for capaz de dispor do direito a que se referem os fatos confessados". O parágrafo único do artigo em comento permite a realização da confissão por representante. Por ser a confissão contrária, por definição, ao interesse do confitente, a atuação do representante na realização de confissão causa alguma perplexidade, uma vez que o representante é justamente aquele que age em nome e no interesse do representado. Daí se impor controle rigoroso dos poderes do representante para fins de prestar confissão, devendo-se exigir poderes especiais na procuração, preferencialmente com a circunscrição dos fatos a serem confessados, sob pena de se perder a força probatória da confissão.

Art. 214. A confissão é irrevogável, mas pode ser anulada se decorreu de erro de fato ou de coação.

COMENTÁRIOS DOUTRINÁRIOS: A confissão consubstancia-se em simples declaração de veracidade acerca de determinado fato, e não declaração de vontade destinada à produção de efeitos jurídicos desejados (negócio jurídico), razão pela qual se nega ao confitente a possibilidade de "desfazer seus efeitos" mediante nova declaração. Uma vez proferida, adquire imediatamente eficácia probatória, insuscetível de revogação. Nada obstante, a identificação de vício na formação da vontade pode comprometer o conteúdo da declaração. Assim, mesmo não se tratando de ato negocial, o presente dispositivo admite a anulação da confissão em casos de vício da vontade, elencando o erro de fato e a coação como ensejadores de anulabilidade. A anulação, recorde-se, depende de sentença judicial desconstitutiva (art. 393, parágrafo único, do CPC). Durante a vigência do Código de Processo Civil de 1973, havia grande controvérsia na doutrina acerca da disparidade no rol de vícios elencados pelas codificações civil e processual, uma vez que o CPC previa a possibilidade de anulação também no caso de dolo, além das duas hipóteses também arroladas pelo Código Civil (art. 352, do CPC/1973). O novo Código de Processo Civil, contudo, em seu art. 393, optou por reproduzir a redação empregada pelo legislador de 2002, excluindo a menção ao dolo. Não se deve extrair dessa escolha legislativa a impossibilidade de anular a confissão em caso de dolo. Em verdade, o dolo nada mais é que o erro provocado por terceiro, de modo que a redação de ambas as codificações já abarca, implicitamente, o dolo. Ao se referir exclusivamente ao erro de fato, exclui o legislador do âmbito de incidência da norma o erro de direito. Isso porque, constituindo a confissão o reconhecimento da existência de um fato, pouco importa ter sido proferida tendo em vista uma errônea percepção de suas consequências jurídicas.

Art. 215. A escritura pública, lavrada em notas de tabelião, é documento dotado de fé pública, fazendo prova plena.

§ 1º Salvo quando exigidos por lei outros requisitos, a escritura pública deve conter:

I – data e local de sua realização;

II – reconhecimento da identidade e capacidade das partes e de quantos hajam comparecido ao ato, por si, como representantes, intervenientes ou testemunhas;

III – nome, nacionalidade, estado civil, profissão, domicílio e residência das partes e demais comparecentes, com a indicação, quando necessário, do regime de bens do casamento, nome do outro cônjuge e filiação;

IV – manifestação clara da vontade das partes e dos intervenientes;

V – referência ao cumprimento das exigências legais e fiscais inerentes à legitimidade do ato;

VI – declaração de ter sido lida na presença das partes e demais comparecentes, ou de que todos a leram;

VII – assinatura das partes e dos demais comparecentes, bem como a do tabelião ou seu substituto legal, encerrando o ato.

§ 2º Se algum comparecente não puder ou não souber escrever, outra pessoa capaz assinará por ele, a seu rogo.

§ 3º A escritura será redigida na língua nacional.

§ 4º Se qualquer dos comparecentes não souber a língua nacional e o tabelião não entender o idioma em que se expressa, deverá comparecer tradutor público para servir de intérprete, ou, não o havendo na localidade, outra pessoa capaz que, a juízo do tabelião, tenha idoneidade e conhecimento bastantes.

§ 5º Se algum dos comparecentes não for conhecido do tabelião, nem puder identificar-se por documento, deverão participar do ato pelo menos duas testemunhas que o conheçam e atestem sua identidade.

COMENTÁRIOS DOUTRINÁRIOS: Documento é qualquer representação de um fato, por força de atividade humana. Pode ser escrito, por meio de imagens, sons, ou qualquer outro instrumento idôneo a demonstrar a existência do fato. É mais frequente, contudo, a utilização do termo documento em referência à representação por escrito. Os documentos podem ser *públicos* ou *particulares*, a depender da participação na sua formação de agente da administração pública, em exercício de suas funções. A *escritura pública* é documento público formado por agentes titulares de função notarial. A participação do oficial do tabelionato de notas no ato lhe confere força de prova plena em razão da fé pública da qual o agente é dotado. "A amplitude da noção de 'prova plena' (isto é, 'completa') importa presunção relativa acerca dos elementos indicados nos incisos do § 1º, devendo ser conjugada com o disposto no parágrafo único do art. 219" (Enunciado n. 158 da *III Jornada de Direito Civil*). Os parágrafos do artigo oferecem minuciosa descrição dos requisitos formais da escritura pública e do procedimento para sua feitura. O Provimento n. 100 do Conselho Nacional de Justiça, publicado em 26 de maio de 2020, passou a disciplinar a prática de ato notarial eletrônico, assim compreendido o "conjunto de metadados, gravações de declarações de anuência das partes por videoconferência notarial e documento eletrônico, correspondentes a um ato notarial" (art. 2º, VI). Referido ato normativo atribui um maior grau de segurança e modernidade à atividade notarial, cuja disciplina geral ainda se centrava essencialmente sobre atos presenciais e documentos físicos. Uma importante inovação do Provimento n. 100/2020 do CNJ foi a criação do Sistema de Atos Notariais Eletrônicos (*e-notariado*), padronizando a prática dos atos notariais eletrônicos em âmbito nacional (art. 7º) e disponibilizando funcionalidades como sistemas para realização de videoconferências para gravação do consentimento das partes, fornecimento de certificados digitais notarizados e assinaturas eletrônicas notarizadas, entre outras (art. 10). Posteriormente, o Provimento n. 100/2020 foi revogado pelo Provimento n. 149 do CNJ, de 30 de agosto de 2023, que instituiu o Código Nacional de Normas da Corregedoria Nacional de Justiça do Conselho Nacional de Justiça – Foro Extrajudicial. O Provimento n. 149 passou a regulamentar os serviços notariais e de registro, incorporando o conteúdo do antigo Provimento n. 100 (arts. 284 e seguintes). Desse modo, em se tratando de escritura pública eletrônica, sua celebração deverá atender não apenas ao art. 215 do Código Civil, mas também às regras específicas do Provimento n. 149/2023 do CNJ.

JURISPRUDÊNCIA COMENTADA: Sobre a natureza da presunção de veracidade da escritura pública, veja-se a interpretação conferida pelo Superior Tribunal de Justiça: "A fé pública atribuída aos atos dos servidores estatais e aos documentos por eles elaborados, não tem o condão de atestar a veracidade do que é tão somente declarado, de acordo com a vontade, boa ou má-fé das partes, pois a fé pública constitui princípio do ato registral que protege a inscrição dos direitos, não dos fatos subjacentes a ele ligados. As declarações prestadas pelas partes ao notário, bem ainda o documento público por ele elaborado, possuem presunção relativa (*juris tantum*) de veracidade, admitindo-se prova em contrário" (STJ, REsp 1.288.552/MT, 4.ª Turma, Rel. Min. Marco Buzzi, j. 24.11.2020). Confira-se, na mesma direção: "A presunção do art. 215 do CC/02 implica, de um lado, a desnecessidade de se provar os fatos contidos na escritura pública, à luz do que dispõe o art. 334, IV, do CPC, e, de outro, a inversão do ônus da prova, em desfavor de quem, eventualmente, suscite a sua invalidade" (STJ, REsp 1.438.432/GO, 3.ª Turma, Rel. Min. Nancy Andrighi, j. 22.04.2014).

REFORMA DO CÓDIGO CIVIL: O Anteprojeto propõe diversas alterações no art. 215, merecendo destaque: (a) a inclusão no *caput* de expressa referência à escritura eletrônica; (b) a substituição, também no *caput*, da referência à "prova plena" por "prova com presunção relativa de existência e validade do que nela estiver declarado", na linha do Enunciado n. 158 da *III Jornada de Direito Civil* e da jurisprudência do STJ; (c) a inclusão de referência ao convivente, ao lado do cônjuge, no inciso III do § 1º; e (d) a inclusão, no § 2º, da possibilidade de o tabelião providenciar assinatura eletrônica a quem não puder ou não souber escrever.

Art. 216. Farão a mesma prova que os originais as certidões textuais de qualquer peça judicial, do protocolo das audiências, ou de outro qualquer livro a cargo do escrivão, sendo extraídas por ele, ou sob a sua vigilância, e por ele subscritas, assim como os traslados de autos, quando por outro escrivão consertados.

COMENTÁRIOS DOUTRINÁRIOS: O dispositivo em comento equipara às peças originais de processo judicial as certidões e os traslados emitidos por oficial que goze de fé pública, desde que observados os requisitos estabelecidos pela lei. Enquanto os *traslados* são reproduções integrais do documento original, as *certidões* consubstanciam-se em simples atestados da existência e do conteúdo do documento original. A observância aos requisitos legais confere às certidões e aos traslados a mesma força probante dos documentos originais.

Art. 217. Terão a mesma força probante os traslados e as certidões, extraídos por tabelião ou oficial de registro, de instrumentos ou documentos lançados em suas notas.

COMENTÁRIOS DOUTRINÁRIOS: O presente artigo segue tratando da força probatória de traslados e certidões, agora referindo-se aos extraídos por oficiais públicos de função notarial (tabelião, oficial de registro, cônsul etc.) dos documentos presentes em suas notas. Observados os requisitos dispostos no artigo em comento, a prova relativa aos fatos atestados por esses documentos dispensa a apresentação dos originais, sendo dotados de presunção relativa de veracidade.

Art. 218. Os traslados e as certidões considerar-se-ão instrumentos públicos, se os originais se houverem produzido em juízo como prova de algum ato.

COMENTÁRIOS DOUTRINÁRIOS: Atribui o presente artigo a natureza de *instrumento público* (vale dizer, *escritura pública*) às certidões e traslados expedidos pelo escrivão, quando reproduzam prova ou ato realizado ao longo do processo judicial. Por conseguinte, poderão ser utilizados na prática de atos para os quais a lei exige a solenidade da escritura pública. Aproxima-se, com isso, o escrivão do papel exercido por oficial de função notarial.

Art. 219. As declarações constantes de documentos assinados presumem-se verdadeiras em relação aos signatários.

Parágrafo único. Não tendo relação direta, porém, com as disposições principais ou com a legitimidade das partes, as declarações enunciativas não eximem os interessados em sua veracidade do ônus de prová-las.

COMENTÁRIOS DOUTRINÁRIOS: A aposição de assinatura em documento particular induz presunção relativa de veracidade contra o subscritor: quem declara algo (e assina) não pode simplesmente ignorar ou rechaçar aquilo que declarou. Essa presunção alcança apenas as *declarações dispositivas*, referentes à essência do ato, ficando as *declarações enunciativas*, de caráter meramente circunstancial, dependentes de prova pelo interessado. Registre-se que o vertiginoso crescimento das interações por meios digitais, inclusive para a circulação de documentos e a realização de atos jurídicos em geral, ensejou a necessidade de desenvolvimento de meios para viabilizar a subscrição desses atos. Difundiu-se, na praxe, a utilização de versões digitalizadas das assinaturas manuscritas, expediente que, embora dotado de grande praticidade, reveste-se de pouca segurança jurídica, ante a facilidade de reprodução da mesma assinatura em outros documentos não desejados pelo signatário. Para lidar com essa questão, a Medida Provisória n. 2.200-2/2001 já havia instituído a Infraestrutura de Chaves Públicas Brasileira (ICP-Brasil), com vistas a "garantir a autenticidade, a integridade e a validade jurídica de documentos em forma eletrônica, das aplicações de suporte e das aplicações habilitadas que utilizem certificados digitais, bem como a realização de transações eletrônicas seguras" (MP 2.200-2, art. 1º), tornando possível a aposição de assinaturas cuja autenticidade pode ser atestada pelo uso de criptografia (MP 2.200-2, art. 6º). Em 2006, a Lei n. 11.419 (Lei do Processo Eletrônico) trouxe regras específicas para as assinaturas em atos processuais em processos judiciais tramitando por meio eletrônico. De acordo com essa norma, consideram-se como "assinatura eletrônica as seguintes formas de identificação inequívoca do signatário: a) assinatura digital baseada em certificado digital emitido por Autoridade Certificadora credenciada, na forma de lei específica; b) mediante cadastro de usuário no Poder Judiciário, conforme disciplinado pelos órgãos respectivos". Finalmente, a Lei n. 14.063/2020 veiculou regras próprias para o uso de assinaturas eletrônicas em interações com entes públicos, abrangendo: (a) a interação interna dos entes públicos, assim entendidos os órgãos e entidades da administração direta, autárquica e fundacional dos Poderes e órgãos constitucionalmente autônomos dos entes federativos; (b) a interação entre pessoas naturais ou pessoas jurídicas de direito privado e os entes públicos; e (c) a interação entre os diferentes entes públicos (Lei n. 14.063, art. 2º). A Lei n. 14.063 é expressa ao excluir do seu âmbito a disciplina do uso de assinaturas eletrônicas em processos judiciais (Lei n. 14.063, art. 2º, parágrafo único, I), que segue regido pela Lei do Processo Eletrônico. O diploma define *assinatura eletrônica* como "os dados em formato eletrônico que se ligam ou estão logicamente associados a outros dados em formato eletrônico e que são utilizados pelo signatário para assinar, observados os níveis de assinaturas apropriados para os atos previstos nesta Lei" (Lei n. 14.063, art. 3º, II), classificando as assinaturas eletrônicas que podem ser usadas nas interações com entes públicos em três espécies que variam conforme o "nível de confiança sobre a identidade e a manifestação de vontade de seu titular": (a) assinatura eletrônica simples, (b) assinatura eletrônica avançada e (c) assinatura eletrônica qualificada (Lei n. 14.063, art. 4º). De acordo com o art. 5º da Lei n. 14.063, "ato do titular do Poder ou do órgão constitucionalmente autônomo de cada ente federativo estabelecerá o nível mínimo exigido para a assinatura eletrônica em documentos e em interações com o ente público". Registre-se, por fim, que o Provimento n. 149/2023 do CNJ (v. comentários ao art. 215) possui regras específicas sobre a utilização de assinatura eletrônica notarizada – assim entendida "qualquer forma de verificação de autoria, integridade e autenticidade de um documento eletrônico realizada por um notário, atribuindo fé pública" (art. 285, I) – e assinatura digital – definida como "resumo matemático computacionalmente calculado a partir do uso de chave privada e que pode ser verificado com o uso de chave pública, cujo certificado seja conforme a Medida Provisória n. 2.200-2/2001 ou qualquer outra tecnologia autorizada pela lei" (art. 285, III) – para a prática de atos no âmbito do Sistema de Atos Notariais Eletrônicos (*e-notariado*).

JURISPRUDÊNCIA COMENTADA: Acerca da interpretação do parágrafo único do art. 219, decidiu o Superior Tribunal de Justiça: "Há, porém, que se diferenciar as declarações dispositivas das declarações enunciativas, conforme estipulava o parágrafo único do art. 131 do CC/16 (atual parágrafo único do art. 219 do CC/02). Declarações dispositivas são aquelas relativas à essência do próprio negócio jurídico; já as declarações enunciativas guardam alguma pertinência com o negócio firmado, em maior ou menor grau. Se tais enunciações, apesar de não dizerem respeito a manifestações de vontade estruturantes do negócio, ainda assim mantiverem com estas relação próxima, ambas repartirão a mesma força probante; caso contrário, não são mais do que começo de prova – ainda que inseridas em instrumento público" (STJ, REsp 885.329/MG, 3.ª Turma, Rel. Min. Nancy Andrighi, j. 25.11.2008).

REFORMA DO CÓDIGO CIVIL: O Anteprojeto propõe incluir no *caput* do art. 219 (a) expressa referência a documentos assinados por meio digital e (b) explicitação de que a presunção de veracidade decorrente da assinatura do documento é relativa, conforme apontado nos comentários doutrinários *supra*.

Art. 220. A anuência ou a autorização de outrem, necessária à validade de um ato, provar-se-á do mesmo modo que este, e constará, sempre que se possa, do próprio instrumento.

COMENTÁRIOS DOUTRINÁRIOS: Por vezes, a ordem jurídica subordina a validade de um ato à anuência ou autorização de um terceiro, em situações nas quais o legislador reputa importante que este tenha ciência e exprima sua concordância com a sua realização. É o caso da outorga conjugal necessária aos atos listados no art. 1.647 do Código Civil (ressalvada a exceção constante do art. 13 da Lei n. 14.118/2021, referente aos contratos celebrados por mulheres chefes de família no âmbito do Programa Casa Verde e Amarela). O art. 220 vincula a prova da autorização ao emprego da mesma forma exigida para o ato autorizado. Por integrar um negócio unitário, a lei prevê que a anuência deve, sempre que possível, constar do mesmo instrumento que contempla o restante do ato.

Art. 221. O instrumento particular, feito e assinado, ou somente assinado por quem esteja na livre disposição e administração de seus bens, prova as obrigações convencionais de qualquer valor; mas os seus efeitos, bem como os da cessão, não se operam, a respeito de terceiros, antes de registrado no registro público.

Parágrafo único. A prova do instrumento particular pode suprir-se pelas outras de caráter legal.

COMENTÁRIOS DOUTRINÁRIOS: O instrumento particular assinado é dotado de eficácia probatória quanto às obrigações ali assumidas. Pode o instrumento ser feito e subscrito pelo declarante ou, simplesmente, feito por terceiro e subscrito pelo declarante. Exige-se, contudo, que o declarante tenha a livre disposição e administração de seus bens. O valor da obrigação é irrelevante, em regra, mas cumpre atentar para as normas especiais que elegem o *quantum* obrigacional como critério para a imposição de solenidades. A opção do declarante por formalizar o ato em instrumento particular não exclui a possibilidade de recurso a outros meios de prova, como esclarece o parágrafo único do artigo em comento. A oponibilidade da eficácia do instrumento a terceiros depende do seu registro público, conferindo publicidade ao seu teor.

JURISPRUDÊNCIA COMENTADA: Esclarecendo a conexão entre o presente artigo e o princípio da liberdade das formas, já decidiu o Superior Tribunal de Justiça: "O art. 221 do Código Civil limita-se a definir os meios de prova do negócio jurídico, sem impor requisitos como condição à sua validade e eficácia, notadamente porque a prova do instrumento particular, segundo o disposto no parágrafo único do mesmo preceito normativo, pode ser suprida por outras de caráter legal" (STJ, REsp 1.521.383/RS, 3.ª Turma, Rel. Min. Ricardo Villas Bôas Cueva, j. 30.09.2016).

Art. 222. O telegrama, quando lhe for contestada a autenticidade, faz prova mediante conferência com o original assinado.

COMENTÁRIOS DOUTRINÁRIOS: O *telegrama* constitui prova documental dotada de presunção relativa de veracidade, tendo o mesmo valor probatório de um documento particular por funcionar como cópia legítima, capaz de realizar a mesma prova que o original. Todavia, impugnada a autenticidade do telegrama, deve ser conferida a mensagem com o documento original conservado no órgão expedidor, exigindo-se, ainda, que este esteja assinado. A doutrina sugere uma interpretação ampliativa do instituto, de forma a compreender não só o telegrama, mas qualquer forma de transmissão de mensagem equiparável. Tal entendimento foi adotado pelo Código de Processo Civil, que, no art. 413, conferiu força probatória equivalente à de documento particular ao "telegrama, o radiograma ou qualquer outro meio de transmissão". Diante dos notáveis avanços tecnológicos vividos nos últimos anos, principalmente no que tange aos meios de comunicação eletrônicos instantâneos, o dispositivo vem perdendo relevância prática.

REFORMA DO CÓDIGO CIVIL: O Anteprojeto propõe a revogação do art. 222, que se tornou anacrônico.

Art. 223. A cópia fotográfica de documento, conferida por tabelião de notas, valerá como prova de declaração da vontade, mas, impugnada sua autenticidade, deverá ser exibido o original.

Parágrafo único. A prova não supre a ausência do título de crédito, ou do original, nos casos em que a lei ou as circunstâncias condicionarem o exercício do direito à sua exibição.

COMENTÁRIOS DOUTRINÁRIOS: O art. 223 trata do valor probatório da reprodução fotográfica de documento público ou particular. A cópia, quando autenticada por tabelião, serve de prova do documento original, independentemente de sua natureza. A presunção de autenticidade, contudo, é relativa, perdurando enquanto não for impugnada pela parte oposta. A cartularidade ínsita ao regime dos títulos de crédito fez com que o legislador excepcionasse, em tal campo, a regra prevista no *caput* do artigo em comento. O mesmo vale para qualquer outra situação na qual a lei exija expressamente a apresentação do original.

Art. 224. Os documentos redigidos em língua estrangeira serão traduzidos para o português para ter efeitos legais no País.

COMENTÁRIOS DOUTRINÁRIOS: O Código Civil prestigia o vernáculo ao subordinar a eficácia de documentos redigidos em língua estrangeira à sua tradução para o português. Exige-se, ainda, que a tradução seja realizada por *tradutor e intérprete público*, dotado de fé pública (Lei n. 14.195/2021, art. 27, § 1º). A regra, contudo, não deve justificar ufanismos, devendo ser compreendida como a exigência de que os documentos possam ser compreendidos e aceitos como verdadeiros no Brasil.

JURISPRUDÊNCIA COMENTADA: O Superior Tribunal de Justiça já reconheceu, acertadamente, a possibilidade de flexibilização da exigência contida no art. 224: "Como a ausência de tradução do instrumento de compra e venda, redigido em espanhol, contendo informações simples, não comprometeu a sua compreensão pelo juiz e pelas partes, possibilidade de interpretação teleológica, superando-se os óbices formais, das regras dos arts. 157 do CPC e 224 do CC/02" (STJ, REsp 924.992/PR, 3.ª Turma, Rel. Min. Paulo de Tarso Sanseverino, j. 19.05.2011).

REFORMA DO CÓDIGO CIVIL: O Anteprojeto propõe a inclusão de parágrafo único no art. 224, que acertadamente autoriza a dispensa da tradução em processo judicial quando "for possível a completa compreensão do documento pelas partes, por seus procuradores e pelo juiz".

Art. 225. As reproduções fotográficas, cinematográficas, os registros fonográficos e, em geral, quaisquer outras reproduções mecânicas ou eletrônicas de fatos ou de coisas fazem prova plena destes, se a parte, contra quem forem exibidos, não lhes impugnar a exatidão.

COMENTÁRIOS DOUTRINÁRIOS: Os documentos consubstanciados em reproduções de imagens e sons, independentemente do meio pelo qual forem produzidos, são dotados de eficácia probatória relativa. Presume-se, em princípio, sua autenticidade, admitindo-se que seja impugnada pela parte contra quem forem exibidos, cabendo ao juiz determinar, nesse caso, a realização de perícia para investigar a autenticidade do documento. Registre-se que "os arquivos eletrônicos incluem-se no conceito de 'reproduções eletrônicas de fatos ou de coisas' do art. 225 do Código Civil, aos quais deve ser aplicado o regime jurídico da prova documental" (Enunciado n. 298 da *IV Jornada de Direito Civil*). Contemporaneamente, desponta como grande desafio nessa matéria os chamados *deep fakes*, vídeos sintetizados com o auxílio de inteligência artificial, inserindo elementos falsos com elevado grau de realismo.

Art. 226. Os livros e fichas dos empresários e sociedades provam contra as pessoas a que pertencem, e, em seu favor, quando, escriturados sem vício extrínseco ou intrínseco, forem confirmados por outros subsídios.

Parágrafo único. A prova resultante dos livros e fichas não é bastante nos casos em que a lei exige escritura pública, ou escrito particular revestido de requisitos especiais, e pode ser ilidida pela comprovação da falsidade ou inexatidão dos lançamentos.

COMENTÁRIOS DOUTRINÁRIOS: Presumem-se verdadeiras as informações constantes dos livros empresariais, cuja escrituração é obrigação do empresário (art. 1.179). Em razão de serem mantidos pelo próprio empresário, esses documentos sempre possuem eficácia probatória *contra* o empresário. Para que funcionem em favor do empresário, exige-se a) que a escrituração não esteja inquinada por vícios extrínsecos ou intrínsecos, corroborando sua idoneidade; e b) sua confirmação por outros elementos probatórios, ilidindo a suspeita que recai pela invocação de documento de autoria própria. Os livros serão, portanto, mero "princípio de prova" em favor do empresário. O parágrafo único do artigo em comento reconhece a possibilidade de se demonstrar concretamente a falsidade das informações lançadas, reforçando, ainda, a necessidade de se respeitar eventuais solenidades instituídas por lei.

Art. 227. (Revogado pela Lei n. 13.105/2015.)

Parágrafo único. Qualquer que seja o valor do negócio jurídico, a prova testemunhal é

admissível como subsidiária ou complementar da prova por escrito.

COMENTÁRIOS DOUTRINÁRIOS: O *caput* do art. 227 excluía a admissibilidade de prova exclusivamente testemunhal para os negócios cujo valor ultrapassasse o décuplo do maior salário mínimo vigente no país ao tempo da celebração. Tratava-se de exemplo de forma *ad probationem tantum* invocado pela doutrina: a forma escrita ali não era necessária à validade do ato, mas apenas para sua prova. A norma era objeto de severas críticas pela doutrina, por restringir indevidamente o direito constitucional à produção de provas, sendo reiteradamente flexibilizada pela jurisprudência. Acertou, portanto, o Código de Processo Civil de 2015 ao revogar o preceito. Afastada a vedação à prova exclusivamente testemunhal, não há que se falar em caráter subsidiário ou complementar à prova escrita, como faz o parágrafo único do artigo em comento, que deveria ter sido abarcado pela revogação da cabeça do artigo.

REFORMA DO CÓDIGO CIVIL: O Anteprojeto propõe a revogação do parágrafo único do art. 227, solucionando a incongruência apontada nos comentários doutrinários a esse dispositivo.

Art. 228. Não podem ser admitidos como testemunhas:

I – os menores de dezesseis anos;

II – (Revogado pela Lei n. 13.146/2015);

III – (Revogado pela Lei n. 13.146/2015);

IV – o interessado no litígio, o amigo íntimo ou o inimigo capital das partes;

V – os cônjuges, os ascendentes, os descendentes e os colaterais, até o terceiro grau de alguma das partes, por consanguinidade, ou afinidade.

§ 1º Para a prova de fatos que só elas conheçam, pode o juiz admitir o depoimento das pessoas a que se refere este artigo.

§ 2º A pessoa com deficiência poderá testemunhar em igualdade de condições com as demais pessoas, sendo-lhe assegurados todos os recursos de tecnologia assistiva. (Incluído pela Lei n. 13.146/2015.)

COMENTÁRIOS DOUTRINÁRIOS: O Código Civil lista determinadas pessoas que, em razão de certas características pessoais, não podem ser admitidas como testemunhas. O Código de Processo Civil possui regra análoga e mais detalhada em seu art. 447, no qual classifica os proibidos de depor como testemunhas em incapazes, impedidos e suspeitos. Os *menores de 16 anos* têm o testemunho obstado em razão de seu discernimento ainda incompleto. Os *interessados no litígio*, os *amigos íntimos ou os inimigos capitais das partes* e alguns familiares ("os cônjuges, os ascendentes, os descendentes e os colaterais, até o terceiro grau de alguma das partes, por consanguinidade, ou afinidade") têm a sua credibilidade abalada seja pelo seu interesse (jurídico, moral ou econômico) no objeto do conflito, seja pela sua forte vinculação pessoal (positiva ou negativa) ou familiar com uma das partes. O legislador, contudo, reconhece a possibilidade de situações excepcionais em que seja necessário o depoimento dessas pessoas (art. 447, § 4º, do CPC), como os casos em que se precise provar fatos que só elas conheçam. Nessas hipóteses, os depoimentos "serão prestados independentemente de compromisso, e o juiz lhes atribuirá o valor que possam merecer" (art. 447, § 5º, do CPC). O Estatuto da Pessoa com Deficiência revogou os incisos II e III do artigo em comento, que vedavam o depoimento daqueles que, "por enfermidade ou retardamento mental, não tiverem discernimento para a prática dos atos da vida civil", assim como dos "cegos e surdos, quando a ciência do fato que se quer provar dependa dos sentidos que lhes faltam". Por outro lado, incluiu o § 2º no art. 228, de perfil promocional e inclusivo, autorizando o depoimento das pessoas com deficiência, assegurado o acesso a recursos tecnológicos que lhes auxiliem no depoimento. Isso não impede, por certo, que o juiz valore o depoimento prestado, o que não difere da regra aplicável a qualquer outra testemunha, sendo mesmo desnecessárias proibições expressas como aquelas constantes dos preceitos revogados. O Código de Processo Civil, cuja vigência se iniciou posteriormente à do Estatuto da Pessoa com Deficiência, infelizmente incluiu entre os incapazes, proibidos de depor como testemunhas, "o que, acometido por enfermidade ou retardamento mental, ao tempo em que ocorreram os fatos, não podia discerni-los, ou, ao tempo em que deve depor, não está habilitado a transmitir as percepções" e "o cego e o surdo, quando a ciência do fato depender dos sentidos que lhes faltam" (art. 447, § 1º, II e IV, do CPC). Com isso, desfez aparentemente parte da alteração promovida no Código Civil pelo EPD. Note-se, entretanto, que, como não houve revogação expressa do novo § 2º do art. 228, parte da doutrina tem se inclinado por prestigiar a regra do Código

Civil em detrimento da regra do CPC, uma vez que a primeira se revela mais afinada não apenas com a proteção constitucional às pessoas com deficiência, mas também com a própria tendência do direito probatório mais atual de evitar exclusões apriorísticas de meios de prova.

JURISPRUDÊNCIA COMENTADA: Sobre a extensão a ser conferida ao inciso V do artigo em comento, já afirmou o Superior Tribunal de Justiça que ali não se enquadra a ex-namorada: "A agravante, na condição de ex-namorada, não se enquadra no rol do art. 228 do Código Civil, segundo o qual não podem ser admitidos como testemunhas os cônjuges, os ascendentes, os descendentes e os colaterais, até o terceiro grau de alguma das partes, por consanguinidade, ou afinidade" (STJ, AgRg no AREsp 1.339.374/SP, 5.ª Turma, Rel. Min. Reynaldo Soares da Fonseca, j. 04.10.2018).

REFORMA DO CÓDIGO CIVIL: O Anteprojeto propõe diversas alterações no art. 228, a maioria delas meramente redacional. Afigura-se substancial, no entanto, a proposta de revogação do inciso I, passando a se admitir o depoimento de menores de 16 anos como testemunhas. Nessa direção, determina o novo § 3º, cuja inclusão é sugerida pelo Anteprojeto, que o depoimento de crianças e adolescentes observe, no que couber, o disposto nos arts. 699 e 699-A do Código de Processo Civil e na Lei n. 13.431/2017, que estabelece o sistema de garantia de direitos da criança e do adolescente vítima ou testemunha de violência.

Art. 229. (Revogado pela Lei n. 13.105/2015.)

Art. 230. (Revogado pela Lei n. 13.105/2015.)

Art. 231. Aquele que se nega a submeter-se a exame médico necessário não poderá aproveitar-se de sua recusa.

COMENTÁRIOS DOUTRINÁRIOS: Há diversos fatos cuja comprovação depende de um juízo técnico que escapa à *expertise* do magistrado. Em relação àqueles cuja natureza demanda uma *perícia médica* (como comprovação de parentesco biológico ou de uma causa de deficiência intelectual), surge a delicada questão de determinar a possibilidade ou não de submissão coercitiva de uma pessoa a uma intervenção corporal. Diante da conhecida resposta negativa oferecida pela jurisprudência das Cortes Superiores (comentada a seguir), tornou-se necessário o recurso a presunções, diretriz que acabou sendo incorporada ao Código Civil. O artigo em comento indica que a recusa da parte a se submeter a exame médico acarreta a presunção de existência de fato desfavorável à parte recalcitrante, que fica impedida de se aproveitar de sua recusa. Assim, a negativa do réu à realização de exame de DNA no âmbito de ação de investigação de paternidade implica presunção de paternidade biológica.

JURISPRUDÊNCIA COMENTADA: Em precedente conhecido, julgado em 1994, o Supremo Tribunal Federal decidiu pela impossibilidade de se forçar o réu à realização do exame, ainda que mediante a mera entrega de um fio de cabelo. Afirmou a Corte Suprema que ninguém pode ser conduzido "debaixo de vara" a realizar exame de DNA. Extrai-se do voto vencedor do Ministro Marco Aurélio trecho revelador da posição adotada pelo Tribunal: "Onde ficam a intangibilidade do corpo humano, a dignidade da pessoa, uma vez agasalhada a esdrúxula forma de proporcionar a uma das partes, em demanda cível, a feitura de certa prova? [...] É irrecusável o direito do paciente de não permitir que se lhe retire, das próprias veias, porção de sangue, por menor que seja, para a realização do exame. A recusa do paciente há de ser resolvida não no campo da violência física, da ofensa à dignidade, mas no plano instrumental, reservado ao juízo competente – ou seja, o da investigação de paternidade – a análise cabível e a definição, sopesadas a prova coligada e a recusa do réu" (STF, HC 71.373-4/RS, Plenário, j. 10.11.1994). O mesmo caminho foi seguido pelo Superior Tribunal de Justiça, cuja Súmula n. 301 afirma: "Em ação investigatória, a recusa do suposto pai a submeter-se ao exame de DNA induz presunção *juris tantum* de paternidade". Restou vencido, no julgamento ocorrido no STF, o Ministro Francisco Rezek, que, em voto precioso, realizou ponderação entre, de um lado, o direito à intangibilidade e intimidade do réu, e, de outro, o direito ao conhecimento da origem biológica, concluindo pela prevalência deste último. Com efeito, o interesse de quem promove uma ação judicial de investigação de paternidade não é atendido pela condenação de um suposto pai, por razões puramente processuais. O interesse do autor consiste, bem antes disso, em saber se o réu, verdadeiramente, é pai. Já destacara o Ministro Carlos Velloso, no julgamento aludido, que a confissão ficta "não resolve" o problema da criança, que continua privada da identificação da sua real paternidade. Seu direito ao conhecimento da origem genética permanece irrealizado. Na solução dada pelo Supremo, a ação investigatória acaba tratada sob perspectiva exclusivamente patrimonial, acreditando-se resolvido o drama humano pela indicação de um pai presumido, de quem se pode cobrar alimentos e outras verbas. Muito ao contrário, a ação investigatória atende a um propósito profundamente existencial e está a exigir outra abordagem por parte dos nossos Tribunais. Não há dúvida de que a privacidade e a intimidade corporal do suposto pai são direitos da personalidade, constitucionalmente protegidos. Assim, merecem a tutela mais ampla possível. Por exemplo, deve-se reconhecer ao réu o direito de requerer o exaurimento de outros meios de prova, sendo exemplo o caso do jogador de futebol que, sem se recusar ao exame de DNA, solicitou que o mesmo exame fosse antes realizado pelo namorado da mãe, que registrara a criança como seu filho. Em última análise, contudo, não havendo outro caminho seguro para a confirmação (ou exclusão) da alegada paternidade, devem os direitos do suposto pai ser ponderados com o direito também constitucional da criança à identificação da sua origem biológica, expressão da sua dignidade humana. Embora o resultado da ponderação sempre dependa das circunstâncias de cada caso concreto, a prevalência há de pender aqui para a tutela do interesse do filho, já que exigir de alguém um fio de cabelo ou uma gota de sangue representa sacrifício mínimo diante da importância que assume o conhecimento de cada um sobre sua própria origem biológica.

Art. 232. A recusa à perícia médica ordenada pelo juiz poderá suprir a prova que se pretendia obter com o exame.

COMENTÁRIOS DOUTRINÁRIOS: O art. 232 trata da mesma questão objeto do dispositivo anterior: a recusa da parte em realizar perícia médica, confirmando a solução já indicada por aquele preceito. O elemento literal até permitiria traçar uma distinção entre os dois artigos: a) enquanto o art. 231 veda a conduta da parte de invocar a recusa a seu favor, b) o art. 232 permite que o juiz valore a recusa como apta a suprir a prova do fato. Em última instância, porém, ambos convergem para a criação de uma presunção de ocorrência do fato que, nada obstante, será objeto de valoração pelo juiz com os demais elementos do caso, não ficando o magistrado adstrito a confirmar acriticamente a presunção formada. São claras no sentido da afirmação de uma presunção a Súmula n. 301 do STJ ("Em ação investigatória, a recusa do suposto pai a submeter-se ao exame de DNA induz presunção *juris tantum* de paternidade"), assim como a Lei n. 8.560/1992 ("Art. 2º-A. Na ação de investigação de paternidade, todos os meios legais, bem como os moralmente legítimos, serão hábeis para provar a verdade dos fatos. § 1.º A recusa do réu em se submeter ao exame de código genético – DNA gerará a presunção da paternidade, a ser apreciada em conjunto com o contexto probatório. § 2º. Se o suposto pai houver falecido ou não existir notícia de seu paradeiro, o juiz determinará, a expensas do autor da ação, a realização do exame de pareamento do código genético (DNA) em parentes consanguíneos, preferindo-se os de grau mais próximo aos mais distantes, importando a recusa em presunção da paternidade, a ser apreciada em conjunto com o contexto probatório").

JURISPRUDÊNCIA COMENTADA: Ainda em relação à recusa ao exame de DNA, é possível identificar decisões de Tribunais locais insurgindo-se contra a orientação consagrada pelos Tribunais superiores, apontando novos rumos a serem seguidos na matéria: "Decisão do Tribunal Pleno do Supremo Tribunal Federal proferida em 1994 no HC 71.373-4 pela impossibilidade da realização do exame de forma coercitiva, em prestígio ao princípio da integridade física. Na época foram três os votos dissonantes, dos Ministros Francisco Rezek (Relator original), Sepúlveda Pertence e Ilmar Galvão, os quais consideraram que havendo dois direitos subjetivos em conflito, o da criança à sua real identidade e o do suposto pai à sua integridade física, deveria prevalecer o interesse superior da criança. Decisão que merece ser revista à luz da evolução tecnológica e também quanto à interpretação da norma constitucional. O direito ao conhecimento da verdade biológica está inserido no princípio da dignidade da pessoa humana e se o exame de DNA realizado com o fornecimento de saliva ou um fio de cabelo está inserido no princípio da integridade física, não há dúvidas de que quando ponderarmos os dois princípios na análise deste caso concreto o princípio da dignidade da pessoa humana irá de sobrepor ao princípio da integridade física, podendo ser determinado pelo Juízo o fornecimento do material para o exame de DNA" (TJRJ, Apelação 0096805-18.1997.8.19.0001, 6.ª Câmara Cível, Rel. Des. Nagib Slaibi Filho, j. 07.04.2010).

REFORMA DO CÓDIGO CIVIL: O Anteprojeto propõe a revogação do art. 232, sanando a duplicidade em relação ao art. 231 apontada nos comentários doutrinários *supra*.

PARTE ESPECIAL

LIVRO I
DO DIREITO DAS OBRIGAÇÕES

TÍTULO I
DAS MODALIDADES DAS OBRIGAÇÕES

CAPÍTULO I
DAS OBRIGAÇÕES DE DAR

Comentários de

JOSÉ FERNANDO SIMÃO

COMENTÁRIOS DOUTRINÁRIOS INTRODUTÓRIOS: O artigo em comento inaugura as modalidades das obrigações, que é o primeiro dos temas que a teoria geral disciplina. O conceito tradicional de obrigação que vem das fontes romanas é o seguinte: a obrigação é vínculo jurídico que une o credor (sujeito ativo) ao devedor (sujeito passivo) e tem por objeto uma prestação de dar, fazer ou não fazer. É de Clóvis do Couto Silva o conceito complementar de obrigação. Não se trata de conceito excludente ou invalidante do anterior, mas sim que completa, traz outra visão da categoria obrigacional. Para ele, a obrigação é um processo, ou seja, um conjunto de atos ordenados praticados pelo devedor que levam à satisfação do credor. A boa-fé objetiva é o princípio que norteia o processo obrigacional. Afinal, nas palavras de Clóvis do Couto e Silva o adimplemento atrai, polariza. As obrigações, quanto à prestação, podem ser classificadas em três espécies: dar, fazer e não fazer. A obrigação de dar tem por característica uma entrega, a tradição. As obrigações de fazer e não fazer serão definidas oportunamente. É verdade que em algumas hipóteses a obrigação de dar pode se confundir com a de fazer. O que as diferencia é o núcleo central da prestação. Se o devedor entrega o que já está pronto, a obrigação é de dar (dar – fazer = dar). Se o devedor primeiro faz e depois entrega, a obrigação é de fazer (fazer + dar = fazer). É por isso que se o cliente compra na padaria um bolo que está pronto estamos diante de uma prestação de dar e o contrato é de compra e venda. Se o cliente chega à padaria e encomenda um bolo a ser feito, a prestação é um fazer e o contrato é de prestação de serviços. A obrigação de dar se divide em duas espécies: dar coisa certa (obrigação específica) e dar coisa incerta (obrigação genérica). A obrigação de dar coisa certa é aquela cujo objeto mediato é determinado, individualizado. João deve dar o carro Ford Focus placa FAH 6763. O artigo é definido "o" carro, "a" vaca. Já a coisa incerta é indicada ao menos quanto ao seu gênero e quantidade (art. 247 do CC/2002).

SEÇÃO I
DAS OBRIGAÇÕES DE DAR COISA CERTA

Art. 233. A obrigação de dar coisa certa abrange os acessórios dela embora não mencionados, salvo se o contrário resultar do título ou das circunstâncias do caso.

COMENTÁRIOS DOUTRINÁRIOS: O art. 233 é desdobramento da regra clássica pela qual o acessório segue o principal. É decorrência do chamado princípio da gravitação. É verdade que a regra geral contida no Código Civil de 1916 no art. 59 não mais foi reproduzida ("Art. 59. Salvo disposição especial em contrário, a coisa acessória segue a principal"), restando desdobramentos específicos como o que ora se comenta. A compra e venda ou a doação que tenha por objeto a coisa certa inclui seus acessórios tais como frutos, produtos e benfeitorias. A venda da fazenda inclui as construções, plantações e frutos pendentes. A regra comporta exceções: a vontade das partes (que resulta do título ou circunstâncias do caso) e as pertenças que, por lei, não seguem o principal (art. 93 do CC/2002). No exemplo das pertenças, temos a venda da fazenda com "porteira fechada" que inclui as pertenças e com "porteira aberta" em que as pertenças não seguem o principal. Se o contrato determinar a exclusão dos acessórios (título firmado pelas partes) é a vontade que afastará a regra. Por exemplo, se houver venda da fazenda em plena safra de laranjas e o contrato determinar que as laranjas pertencem ao vendedor. Da mesma forma, as circunstâncias do caso podem indicar a exclusão. Quando se fala em circunstâncias do caso, estamos diante de consentimento tácito em que o acessório não segue o principal. Pode haver costumes locais ou apenas usos comerciais pelos quais o acessório não seguirá o principal. Em suma, trata-se de exceção decorrente de *quaestio facti*, ou seja, das circunstâncias fáticas do caso concreto.

JURISPRUDÊNCIA COMENTADA: Curioso notar que a regra é aplicada pelos Tribunais nem sempre de maneira correta. O salário e o pagamento de fundo de garantia são obrigações de dar coisa incerta, pois o dinheiro é bem fungível e interessa ao credor apenas receber a quantia devida. Logo, a invocação do artigo em comento para obrigação pecuniária é inútil e equivocada: "Nos embargos de declaração interpostos contra o acórdão recorrido (fls. 1.869/1.880), o reclamante arguiu que competia ao reclamado comprovar a regularidade dos depósitos do FGTS, inclusive da multa fundiária e, nesse aspecto, o tribunal regional manteve o acórdão recorrido que indeferiu o pedido desta natureza. Diante disso, observa-se que o acórdão não merece reparos, pois, à luz do princípio da gravitação jurídica, o acessório segue o principal (art. 233 do CC/2002). Assim, sendo incontroverso nos autos, de acordo com a sentença, que o reclamante pediu demissão, bem como consignado no acórdão recorrido que inexiste comprovação de pagamento de multa fundiária em favor do obreiro, não há falar em condenação do reclamado no pagamento de expurgos inflacionários nesse aspecto, devendo ser mantida a decisão esposada no tribunal regional sobre o assunto, uma vez que os expurgos inflacionários possuem natureza acessória em relação à multa fundiária e, por isso, seguem o principal. Recurso de revista não conhecido" (TST, RR 0001358-45.2012.5.15.0128, 3.ª Turma, Rel. Min. Mauricio Godinho Delgado, *DEJT* 06.04.2018, p. 1.058). O artigo que deveria ter sido invocado era o 59 do CC/1916 pelo qual o acessório (expurgos fundiários) segue o principal (multa). Mas, como ele não tem correspondente no atual CC, indicou-se o art. 233. Mesmo equívoco se revela em decisão do TJCE: "Em caso de impossibilidade de cumprimento do contrato, o juízo *a quo* realizará a conversão da obrigação em perdas e danos em favor do promovente, ora apelante (inteligência do disposto no art. 233 e seguintes do Código Civil de 2002)" (TJCE, APL 0167209-27.2015.8.06.0001, 2.ª Câmara de Direito Privado, Rel. Des. Teodoro Silva Santos, j. 08.08.2018, *DJCE* 14.08.2018, p. 62). A conversão em perdas e danos não se trata de hipótese de obrigação de dar coisa certa, já que dar dinheiro é obrigação genérica. O TJSP, ao decidir sobre a entrega de sacas de café entendeu que "mister se faz reconhecer que o acordo judicial a que se refere a autora Cocapec junge o réu Evandro apenas à entrega das sacas de café, e não à transferência da titularidade do imóvel rural. Em outros termos, o objeto da obrigação é a própria mercadoria semeada, e não o terreno onde foi cultivada, de sorte que, não promovida a entrega do produto nos termos do que ora avençado, surge o dever de reparação em perdas e danos" (APL 0016089-83.2009.8.26.0196, AC 8317811, 27.ª Câmara de Direito Privado, Franca, Rel. Des. Ana Catarina Strauch, j. 17.03.2015). O acórdão se revela curioso, pois "dar sacas de café" é o clássico exemplo de obrigação de dar coisa incerta e, portanto, a regra aplicável não poderia ser a do art. 233, mas sim a dos arts. 243 e seguintes, salvo se houvesse ocorrido a escolha já cientificada à outra parte (art. 245 do CC).

Art. 234. Se, no caso do artigo antecedente, a coisa se perder, sem culpa do devedor, antes da tradição, ou pendente a condição suspensiva, fica resolvida a obrigação para ambas as partes; se a perda resultar de culpa do devedor, responderá este pelo equivalente e mais perdas e danos.

COMENTÁRIOS DOUTRINÁRIOS: A partir do art. 234, temos as questões da perda da coisa certa e de sua deterioração, ora com culpa, ora sem culpa do devedor e suas consequências. Esses dispositivos cuidam da responsabilidade civil decorrente do inadimplemento da obrigação de dar coisa certa. O art. 234 do CC/2002 cuida da perda ou perecimento da coisa certa. O objeto deixa de existir ou mesmo existindo fisicamente já não tem mais a função que tinha. Uma vaca, ao virar bifes, perece, pois a função da vaca difere substancialmente da função dos bifes. Da mesma forma o carro que explode. A carcaça do carro não é carro em termos jurídicos. Antes de explicarmos a regra, cabe uma observação. Na obrigação de dar, a propriedade da coisa só se transfere com a tradição. Antes da tradição, a coisa certa se mantém na propriedade do vendedor, do permutante, do doador, daquele que a prometeu em pagamento etc. E na qualidade de dono, é ele que suporta a perda, que sofre a perda (*res perit domino* – a coisa perece para o dono). O sistema brasileiro é fiel à tradição romana. Diferentemente, o Código Civil italiano e o Código Civil português adotam a regra francesa pela qual o contrato é que transfere a propriedade, independentemente da tradição. Assim, se a coisa se perde **sem culpa do devedor**, a obrigação se extingue, se resolve e as partes voltam ao estado anterior (*statu quo ante*). Não cabem perdas e danos ou juros. Apagam-se os efeitos do contrato. A locução "sem culpa do devedor" significa que a perda se deu por caso fortuito ou força maior (art. 393 do CC/2002). Não houve por parte do devedor negligência, imprudência ou imperícia. Se o vendedor (devedor do carro) deve entregar o carro e este perece por força da enchente, a obrigação se resolve e as partes voltam ao estado anterior. Cabe ao vendedor restituir o preço pago acrescido de correção monetária desde o desembolso. Não incidem juros de mora, pois mora pressupõe culpa do devedor (no caso, o vendedor do carro). Há pagamento de juros se o vendedor se negar a restituir o valor recebido quando o comprador assim exigir. Com a notificação, o vendedor (devedor do carro e agora do dinheiro pago) estará em mora. A devolução do dinheiro não é indenização. É apenas restituição ao estado anterior. Evita-se enriquecimento sem causa. Contudo, se a coisa se perder **com culpa** do devedor (dono da coisa), que agiu com negligência, imprudência ou imperícia, este responderá pelo equivalente (valor da prestação perdida) e pelas perdas e danos (danos emergentes, lucros cessantes, além de correção monetária, juros de mora e honorários de advogado – sobre honorários de advogado ver comentários ao art. 389 do CC/2002). A prova do prejuízo cabe ao credor. Dois exemplos ajudam a esclarecer a questão. No contrato de compra e venda, o vendedor recebe o preço da vaca (R$ 5.000,00), mas não a entrega ao comprador, pois, por negligência, deixa a vaca morrer. Deverá restituir o valor recebido (que funciona como equivalente), mais perdas e danos (lucros cessantes, por exemplo). Se o valor da vaca aumentou (imaginemos uma valorização da vaca entre a data da compra e a da entrega, que não ocorreu), o vendedor pagará o valor acrescido, mais juros de mora, correção monetária e honorários de advogado. Na promessa de recompensa a regra é semelhante. João promete recompensar com o cão labrador Rex (cão com vários prêmios e de grande valor), quem lhe restituir seu cão perdido da raça São Bernardo de nome Beethoven. Pedro acha Beethoven e o restitui a João que, contudo, por culpa, perdeu Rex. Pedro tem direito ao valor de Rex (equivalente), mais perdas e danos (danos emergentes, lucros cessantes). O mesmo raciocínio se aplica à condição suspensiva que submete os efeitos do negócio jurídico a um evento futuro e incerto. A condição suspensiva impede que o negócio jurídico produza efeitos. Os efeitos ficam suspensos. É por isso que se a coisa se perder pendente condição suspensiva, o negócio se resolve, está desfeito. Maria promete doar a Pedro seu carro Volvo se a empresa em que Pedro trabalha faturar 1 milhão de reais em 2020. Antes de terminar 2020, o faturamento ainda não foi atingido e o Volvo é destruído pela queda de uma árvore. A obrigação se resolve, se extingue, e ainda que a empresa fature 1 milhão de reais ao fim de 2020, Maria nada deve. Se, contudo, por descuido de Maria o carro for furtado, implementando-se a condição de faturamento até o fim de 2020, Maria deve o equivalente (valor do carro em dinheiro), mais perdas e danos.

JURISPRUDÊNCIA COMENTADA: A decisão do TJ/SP cuida de impossibilidade de transmissão da propriedade, pois a unidade adquirida pelo comprador foi alienada pelo vendedor a um terceiro. Efetivamente, a situação se equipara à perda culposa da coisa pelo vendedor, pois o comprador não poderá ter a coisa para si. Assim, restou decidido pelo Tribunal que: "a requerida deve responder pelo equivalente em dinheiro da coisa perdida, mais perdas e danos, nos termos do art. 234 do Código Civil. Autor que faz jus, ainda, à majoração da indenização por danos morais fixada pela sentença. Prejuízos de ordem extrapatrimonial configurados" (TJSP, APL 1022366-56.2013.8.26.0100, Acórdão 11137431, 1.ª Câmara de Direito Privado, São Paulo, Rel. Des. Francisco Loureiro, j. 05.02.2018, *DJESP* 19.02.2018, p. 2.682).

Art. 235. Deteriorada a coisa, não sendo o devedor culpado, poderá o credor resolver a obrigação, ou aceitar a coisa, abatido de seu preço o valor que perdeu.

COMENTÁRIOS DOUTRINÁRIOS: Deterioração significa que a coisa continua a existir, ainda desempenha sua função, mas com valor reduzido. Um carro que é batido e fica apenas com a lataria amassada é um carro deteriorado. Um livro que é comido parcialmente por traças, mas prossegue legível, é um livro deteriorado. A questão da deterioração da coisa certa é tratada em dois dispositivos: sem culpa do devedor (art. 235 do CC/2002) e com culpa do devedor (art. 236 do CC/2002). Se não houve culpa do devedor, a deterioração decorre de caso fortuito ou de força maior. Logo, não há perdas e danos. Há uma alternativa em favor do credor: a resolução da obrigação e as partes voltam ao estado anterior ou o credor aceita a coisa no estado em que se encontra abatendo-se o valor da deterioração. Quem sofre a perda (o mais) e também a deterioração (o menos) é o proprietário (*res perit domino*). Pedro vende o carro a Maria e no dia da entrega há uma forte chuva de granizo. A lataria fica amassada desvalorizando o carro em R$ 3.000,00. Como Pedro não teve culpa, Maria pode optar por desfazer o contrato (resolução) recebendo os valores que pagou a Pedro com correção monetária, ou, aceitar o carro como se encontra abatendo do preço o valor do dano que a coisa sofreu. O credor não poderá pedir indenização de qualquer natureza, pois não há culpa do devedor.

Art. 236. Sendo culpado o devedor, poderá o credor exigir o equivalente, ou aceitar a coisa no estado em que se acha, com direito a reclamar, em um ou em outro caso, indenização das perdas e danos.

COMENTÁRIOS DOUTRINÁRIOS: Em havendo culpa do devedor na deterioração (negligência, imprudência e imperícia), o devedor responderá pelos danos causados (danos emergentes, lucros cessantes), além dos juros de mora, correção monetária e honorários de advogado. A prova do prejuízo cabe ao credor. Além das perdas e danos, o credor terá uma alternativa: aceitar a coisa no estado em que se encontra ou exigir o equivalente. Pedro vende o carro a Maria e no dia da entrega, por culpa sua, bate o carro e a lataria fica amassada desvalorizando o carro em R$ 3.000,00. Como Pedro teve culpa, Maria pode optar por desfazer o contrato (resolução) recebendo os valores que pagou a Pedro com correção monetária, mais perdas e danos. Esse desfazimento decorre do art. 475 do CC/2002. Maria pode, ainda, aceitar o carro como se encontra abatendo do preço o valor do dano que a coisa sofreu, além de cobrar perdas e danos. Deve-se esclarecer, então, a questão do equivalente mencionado no dispositivo. Essa regra, quanto ao equivalente, terá aplicação nos atos unilaterais (promessa de doação) ou nos contratos unilaterais (doação). Maria doa a Antônia o carro por meio de contrato escrito. Dois dias antes da entrega, Maria, embriagada, bate o carro e amassa a lataria. Antônia pode exigir o valor do carro em dinheiro (equivalente) mais perdas e danos. Pode, ainda, ficar com o carro batido e exigir as perdas e danos (danos emergentes para se reparar o carro e lucro cessante pelos dias em que não pôde usar o carro). Da análise dos arts. 234, 235 e 236 do CC/2002 percebe-se a primeira regra de ouro das obrigações: sem culpa do devedor não há perdas danos, pois o sistema é de responsabilidade objetiva.

JURISPRUDÊNCIA COMENTADA: Os exemplos com carros se repetem na doutrina e na jurisprudência. Se o carro foi entregue com avarias, estamos diante de clara aplicação do art. 236. Assim, temos que "a empresa promovida não entregou o bem móvel adquirido nos termos ofertados. A promovente pensava adquirir veículo zero-quilômetro, novo, porém, no momento da tradição do bem, verificou que o mesmo encontrava-se defeituoso com avarias notoriamente detectadas a olho nu. As fotos anexadas aos autos são categóricas neste sentido. 5. Tendo em vista que a parte promovente recebeu o bem no estado em que se encontrava, há que se ressarcir as perdas e danos suportadas com a deterioração do bem" (TJCE, APL 0001279-53.2006.8.06.0071, 2.ª Câmara de Direito Privado, Rel. Des. Teodoro Silva Santos, j. 21.06.2017, *DJCE* 27.06.2017). Em caso de apreensão de veículo por conta de alienação fiduciária inadimplida, tendo o carro sido restituído ao devedor que quitou a dívida, com danos ocorridos no período do depósito em que o carro ficou apreendido, decidiu o TJSP conceder a indenização pelos danos materiais e não pelos morais em favor do devedor Luiz: "Comparado o termo de vistoria de fls. 126 e a nota fiscal de fls. 10, o apelante LUIZ demonstrou o prejuízo suportado no período de vigência do depósito, com avarias ao veículo. Independentemente de ter dado causa à apreensão, há direito à indenização pelas perdas e danos. [...] Em que pese o prejuízo suportado durante a vigência do depósito, dos fatos narrados pelo apelante LUIZ, nada há a demonstrar que existiu infringência a direito da personalidade. Para o que foi relatado e comprovado no processo, identifico o simples inadimplemento contratual, com os desdobramentos esperados por aquele que tem suas expectativas de negócio frustradas. No caso, nada aponta para a ocorrência de situação excepcional, cujos transtornos ultrapassam a razoabilidade" (TJSP, AC 1001555-34.2018.8.26.0445, 33.ª

Câmara de Direito Privado, Pindamonhangaba, Rel. Sá Moreira de Oliveira, j. 07.10.2019).

Art. 237. Até a tradição pertence ao devedor a coisa, com os seus melhoramentos e acrescidos, pelos quais poderá exigir aumento no preço; se o credor não anuir, poderá o devedor resolver a obrigação.

Parágrafo único. Os frutos percebidos são do devedor, cabendo ao credor os pendentes.

COMENTÁRIOS DOUTRINÁRIOS: Conforme já explicamos anteriormente, até a tradição a coisa pertence ao devedor. É com a tradição ou entrega que haverá a transmissão da propriedade. Se o proprietário sofre os ônus (perda ou deterioração em razão do brocardo *res perit domino*), tem também os bônus, que são os acréscimos. Imagine-se a venda de uma gleba de terras com 100 hectares. Antes da transmissão do pagamento e da escritura pública de venda e compra, por avulsão (ver art. 1.251 do CC/2002) a gleba passa a ter 110 hectares. É verdade que só o registro do título (escritura pública) no Registro de Imóveis transferirá a propriedade. Assim, o vendedor da gleba (devedor da coisa e credor do preço) poderá exigir o pagamento de um preço suplementar, e o comprador (credor da coisa e devedor do preço) terá a opção de resolver a obrigação, se não o aceitar. Se assim não fosse haveria enriquecimento sem causa do comprador que, não sendo dono da coisa, teria as vantagens decorrentes do acréscimo. A regra do parágrafo único novamente revela que o acessório segue o principal. Os frutos, como acessórios, quandc destacados do principal (frutos percebidos), pertencem ao devedor (dono da coisa). Já os frutos pendentes, ligados ao principal quando da entrega, cabem ao credor, pois o acessório segue o principal. Sobre os frutos pendentes, temos a regra do art. 1.215 do CC/2002: "Os frutos naturais e industriais reputam-se colhidos e percebidos, logo que são separados; os civis reputam-se percebidos dia por dia". Pedro vende a Antônio o imóvel que está alugado a Maria e lhe transfere a posse indireta da casa no dia 15. Maria deve aluguel (fruto civil) a Pedro por 15 dias e a Antônio por 15 dias.

Art. 238. Se a obrigação for de restituir coisa certa, e esta, sem culpa do devedor, se perder antes da tradição, sofrerá o credor a perda, e a obrigação se resolverá, ressalvados os seus direitos até o dia da perda.

COMENTÁRIOS DOUTRINÁRIOS: A obrigação de restituir é modalidade da obrigação de dar. Significa dar de volta. Em suma, aquele que tem a posse direta e deve restituir, devolver o bem, é o devedor. Aquele a quem o bem deve ser restituído é o credor. Assim, o locatário, o comodatário, o depositário e o usufrutuário são devedores. Já locador, comodante, depositante e nu-proprietário são credores. A mesma lógica do art. 234 se mantém. Se a coisa se perde (deixa de existir ou não cumpre mais sua função) sem culpa do devedor, a obrigação se extingue (hipótese de caso fortuito ou de força maior). Não há perdas e danos. É o caso de João pedir emprestado (comodato) o carro de Maria e este se perder por força de um roubo. João não poderá restituir o carro, mas a perda se deu por força maior. Maria nada recebe: nem o valor do carro roubado (equivalente), nem as perdas e danos. A regra não é nova e já se encontrava no Código de Hamurabi. É desdobramento do brocardo *res perit domino*. Sem culpa, não há pagamento de perdas e danos: dano emergente e lucro cessante. Pode haver, para alguns, uma ideia de injustiça na regra. Contudo, quando da análise do art. 241, demonstraremos que a injustiça só é aparente. Por fim, o artigo garante ao credor (proprietário, em regra) os direitos até o dia da perda. É o exemplo do carro alugado que se perde sem culpa do devedor. Os aluguéis são devidos até o dia da perda. Ainda que o credor não possa exigir o bem que se perdeu por força maior, poderá exigir os aluguéis devidos até a perda. Da mesma forma, o credor pode ser devedor de certa prestação por força de contrato. Assim, o fato de a coisa ter sido perdida sem culpa não exonera o credor da prestação devida até o momento da perda. É o caso do comodante que se obriga a pagar ao comodatário as despesas de conservação da coisa ou os danos que ele causar. Ainda que a coisa pereça, as prestações já vencidas antes da perda, devem ser pagas pelo credor (comodante) ao devedor (comodatário). Em suma, os efeitos da perda são *ex nunc*, não retroativos, produzidos da perda em diante. Na realidade, a exceção é desnecessária, pois, por lógica, os efeitos da perda não poderiam ser retro-operantes. Se assim fosse, necessária seria a manifestação do legislador.

JURISPRUDÊNCIA COMENTADA: Roubo e furto são exemplos clássicos de força maior que fazem desaparecer o dever de restituir o bem emprestado, locado ou arrendado. Contudo, se houve *leasing* (locação com opção de compra), "a não contratação de seguro nos termos da obrigação avençada demonstra que a arrendatária assumiu os riscos decorrentes de sua omissão, não afastando a sua responsabilidade civil pela devida restituição do bem ou, diante de impossibilidade, o pagamento equivalente às perdas e danos. 3. Recurso conhecido e desprovido. Sentença mantida" (TJDF, APC 2016.04.1.010548-6, Acórdão 108.5149, 8.ª Turma Cível, Rel. Des. Eustáquio de Castro, j. 22.03.2018, *DJDFTE* 03.04.2018). Vale a regra *res perit emptoris* (a coisa perece para o comprador). Se o bem pegou fogo e com isso pereceu, por óbvio a locação se extingue: "A locação consiste na cessão do uso ou gozo da coisa em troca de uma retribuição pecuniária, isto é, tem por objeto poderes ou faculdades inerentes à propriedade. Assim, extinta a propriedade pelo perecimento do bem, também se extingue, a partir desse momento, a possibilidade de usar, fruir e gozar desse mesmo bem, o que inviabiliza, por conseguinte, a manutenção do contrato de locação. O mutualismo que está na base dessa relação jurídica pressupõe, necessariamente, a existência de prestações e contraprestações recíprocas, sendo certo que a quebra desse sinalagma pode configurar enriquecimento sem causa vedado pelo ordenamento pátrio" (REsp 1707405/SP, 3.ª Turma, Rel. Min. Ricardo Villas Bôas Cueva, Rel. p/ Acórdão Min. Moura Ribeiro, j. 07.05.2019, *DJe* 10.06.2019).

Art. 239. Se a coisa se perder por culpa do devedor, responderá este pelo equivalente, mais perdas e danos.

COMENTÁRIOS DOUTRINÁRIOS: No caso de culpa do devedor (negligência, imprudência ou imperícia), mantém-se a lógica do sistema (ver art. 234 do CC/2002, segunda parte) e ele responderá pelo equivalente (valor da coisa perdida), mais perdas e danos. É o caso de João pedir emprestado (comodato) o carro de Maria e este se perder por força de negligência de João que, sabendo se tratar de um lugar perigoso, estaciona o carro na rua. João não poderá restituir o carro, mas responderá pelo seu valor (equivalente) e pelas perdas e danos.

JURISPRUDÊNCIA COMENTADA: Culpa significa negligência ou imprudência, ou seja, descuido. Cabem ao possuidor direto (locatário, depositário ou comodatário) a guarda e conservação da coisa. Assim, "havendo indícios de que a locatária não cumpriu com seu dever de guardar e zelar pelo bem de outrem, não merece guarida a alegação de caso fortuito para excluir sua responsabilidade. Nos termos dos arts. 239 e 240 do Código Civil, se a coisa restituível se deteriorar por culpa do devedor, responderá este pelo equivalente, mais perdas e danos. À falta de evidências do valor pago a título de aluguel, o montante deve ser apurado em liquidação de sentença" (TJMG, APCV 1.0045.14.002899-9/001, Rel. Des. Mônica Libânio, j. 24.10.2018, *DJEMG* 30.10.2018). Havendo o carro sido apreendido por força de decisão liminar – pois o devedor em alienação fiduciária não pagou a dívida – e, posteriormente, sendo a liminar revogada, o carro apreendido deveria ser restituído ao devedor. Claramente, há uma obrigação de dar de volta. Contudo, isso se tornou impossível, pois o carro apreendido foi alienado a um terceiro de boa-fé. Decidiu o TJSP que "portanto, revogada a liminar, e, diante da impossibilidade de devolução do bem pelo agente financeiro, nada obsta que o devedor da obrigação (Banco), deposite o equivalente em dinheiro, cabendo se solucionar, apenas, o quanto deve ser depositado em relação ao bem. No caso concreto, a quantia equivalente ao automóvel deverá ser o valor de mercado do bem na data da revogação da liminar, o que poderá ser apurado com base em publicações especializadas, notadamente a Tabela FIPE, substituindo-se, dessa forma, a obrigação de restituição do próprio bem vendido pelo Banco (TJSP, AI 2143135-17.2015.8.26.0000, 26.ª Câmara de Direito Privado, Guarujá, Rel. Antonio Nascimento, j. 18.02.2016). O julgado admitiu, ainda, diante da venda prematura pelo credor fiduciante, que eventuais perdas e danos em favor do devedor fossem apuradas em liquidação de sentença.

Art. 240. Se a coisa restituível se deteriorar sem culpa do devedor, recebê-la-á o credor, tal qual se ache, sem direito a indenização; se por culpa do devedor, observar-se-á o disposto no art. 239.

COMENTÁRIOS DOUTRINÁRIOS: A regra em comento é desdobramento do art. 238. Se houver deterioração da coisa certa, sem culpa do devedor, o credor, como dono da coisa, ficará com ela no estado em que se encontrar. Não se pode cobrar perdas e danos se a deterioração se deu por caso fortuito ou força maior. É o caso de João pedir emprestado (comodato) o carro de Maria e este ter a pintura danificada por força de uma chuva de granizo. João restituirá o carro danificado por força maior e Maria nada poderá reclamar. Sem culpa, não há direito a perdas e danos. Se a deterioração se der por culpa do devedor, surge a responsabilidade por perdas e danos. É o caso de João pedir emprestado (comodato) o carro de Maria e este ser batido em razão da imperícia do comodatário ao dirigir. João restituirá o carro danificado por sua culpa e Maria poderá reclamar as perdas e danos: dano emergente e lucro cessante. Prevê o Enunciado n. 15, aprovado na *I Jornada de Direito Civil*, no ano de 2002, que "as disposições do art. 236 do novo Código Civil também são aplicáveis à hipótese do art. 240, *in fine*". O enunciado é curioso, pois o art. 236 cuida da deterioração na obrigação de dar coisa certa. O dispositivo admite que o credor, havendo deterioração culposa, poderá optar em receber o equivalente da coisa deteriorada ou aceitar a coisa no estado em que se encontra, além das perdas e danos em ambas as hipóteses. No artigo em comento, estamos diante de uma obrigação de restituir a coisa certa para seu proprietário. É o locatário ou comodatário que devolvem o bem ao locador ou comodante. A opção pelo equivalente na obrigação de restituir não faz sentido. O credor, dono do carro que foi batido por culpa do devedor, optaria por pedir o valor do carro, "abandonando" a propriedade do veículo em favor do devedor? Isso se revela ilógico e contra os dispositivos legais em comento. O mecanismo não pode ocorrer na obrigação de restituir em que o bem deve ser devolvido ao dono. Assim vejamos. João pede emprestado (comodato) o carro de Maria e este é batido em razão da imperícia do comodatário ao dirigir. João, por opção de Maria, não restituirá o carro danificado, mas lhe pagará o valor de um carro não batido? Essa orientação do Enunciado n. 15 padece de lógica.

JURISPRUDÊNCIA COMENTADA: Em caso de comodato, existe a obrigação do devedor comodatário de restituir o bem ao fim do contrato. No caso concreto, o comodatário restituiu o carro ao comodante com motor fundido, não havendo nos autos prova da culpa do comodatário. Assim decidiu o TJSP: "A despeito das afirmações do apelante, os elementos dos autos revelam que o motor alienado à ré já se encontrava defeituoso desde o momento de sua entrega. [...] Por fim, os fatos narrados pelo autor não são suficientes para gerar abalo moral indenizável" (TJSP, AC 0017406-72.2010.8.26.0361, 26.ª Câmara de Direito Privado, Rel. Antonio Nascimento, j. 30.01.2013).

Art. 241. Se, no caso do art. 238, sobrevier melhoramento ou acréscimo à coisa, sem despesa ou trabalho do devedor, lucrará o credor, desobrigado de indenização.

COMENTÁRIOS DOUTRINÁRIOS: O dispositivo segue a lógica dos ônus e bônus. Se o proprietário (credor da coisa certa na obrigação de restituir) sofre a perda, ele também lucra como dono que é. O acréscimo ou melhoramento valoriza a coisa a ser devolvida e traz vantagens ao credor como dono. Por isso não há qualquer injustiça na previsão do art. 238 pela qual o credor sofre os efeitos da perda da coisa incerta sem culpa do devedor. Há uma lógica dos ônus e dos bônus no sistema. Aqui a locução "lucrará o credor" só significa que ele terá a vantagem do acréscimo, por ser dono. Assim, da mesma forma, quando a lei utiliza a locução "desobrigado de indenização", só quer dizer que não haverá qualquer pagamento pelas melhorias. Indenização não tem o sentido técnico de tornar indene, de "apagar o dano".

Art. 242. Se para o melhoramento, ou aumento, empregou o devedor trabalho ou dispêndio, o caso se regulará pelas normas deste Código atinentes às benfeitorias realizadas pelo possuidor de boa-fé ou de má-fé.

Parágrafo único. Quanto aos frutos percebidos, observar-se-á, do mesmo modo, o disposto neste Código, acerca do possuidor de boa-fé ou de má-fé.

COMENTÁRIOS DOUTRINÁRIOS: Se houver despesa ou trabalho do devedor, aplicam-se as regras do possuidor de boa ou de má-fé com relação às benfeitorias (arts. 1.219 e 1.220 do CC/2002). A questão da má-fé passa por duas análises. Primeiro, o comodatário, o locatário e o depositário têm posse justa em razão do contrato. Contudo, sabem que não são proprietários, que possuem diretamente bem alheio. Se realizam melhorias ou dispêndios, agem como se fossem possuidores de má-fé. Segundo, se, findo o contrato se negam a restituir o bem, sua posse passa a ser injusta e eivada da precariedade, pois sabem que possuem bem alheio e que não podem fazer benfeitorias sobre a coisa. Serão, então, possuidores de má-fé. Logo, em ambos os casos, incidirá a regra do art. 1.220 do CC/2002: "Ao possuidor de má-fé serão ressarcidas somente as benfeitorias necessárias; não lhe assiste o direito de retenção pela importância destas, nem o de levantar as voluptuárias". Em suma, o devedor da obrigação de restituir coisa certa, sabendo-se não proprietário da coisa, só poderá cobrar pelas benfeitorias necessárias, ou seja, aquelas de conservação da coisa, sem direito de retenção. Deve restituir a coisa ao proprietário e depois lhe cobrar pela benfeitoria necessária. Nenhum direito terá quanto às benfeitorias úteis e voluptuárias. Para fins de locação de imóvel urbano, temos a Lei especial 8.245/1991 com regra própria sobre as benfeitorias (arts. 35 e 36). E quando o devedor estará de boa-fé? Se estiver na posse do bem, acreditando-se proprietário, e tiver que restituí-lo ao real proprietário por força da invalidade ou ineficácia do contrato. É o caso de o comprador, com base em mandato falso, adquirir certo bem. Declarado nulo o mandato, nula será a venda e a coisa deverá ser restituída a seu real proprietário. Até que o adquirente saiba da nulidade, será considerado possuidor de boa-fé. Isso porque desconhece, ignora o vício da posse. Aplica-se, então, a regra do art. 1.219 do Código Civil: "O possuidor de boa-fé tem direito à indenização das benfeitorias necessárias e úteis, bem como, quanto às voluptuárias, se não lhe forem pagas, a levantá-las, quando o puder sem detrimento da coisa, e poderá exercer o direito de retenção pelo valor das benfeitorias necessárias e úteis". Idêntica questão se coloca com relação aos frutos, incidindo a regra do art. 1.216 para o possuidor de má-fé e a do art. 1.214 para o possuidor de boa-fé. Pelo art. 1.214, "o possuidor de boa-fé tem direito, enquanto ela durar, aos frutos percebidos" e pelo art. 1.216 "o possuidor de má-fé responde por todos os frutos colhidos e percebidos, bem como pelos que, por culpa sua, deixou de perceber, desde o momento em que se constituiu de má-fé; tem direito às despesas da produção e custeio". Frutos percebidos são aqueles destacados, separados do principal. Percipiendos são os frutos que deveriam ter sido colhidos, mas não o foram e, portanto, pereceram. Assim, o depositário do imóvel que recebe os aluguéis em nome do proprietário deve restituir esses frutos civis junto com a coisa quando o depositante assim o exigir (art. 1.216 do CC/2002). É um possuidor que recebe os efeitos da posse de má-fé. Contudo, aquele que acredita ser proprietário do bem, mas posteriormente o contrato é invalidado, desconhece o vício da posse até que seja citado da ação que busca o reconhecimento da invalidade, e, assim, pode reter os frutos já percebidos. No exemplo *supra*, todos os aluguéis que receber até a citação são considerados frutos percebidos e não são restituídos, portanto.

REFORMA DO CÓDIGO CIVIL: Pretende-se criar o art. 242-A com a seguinte redação: "Art. 242-A. Aquele que se obriga pessoalmente a dar coisa certa, sabendo não ser titular ao tempo do negócio, fica obrigado a adquirir a coisa para transferi-la". Trata-se de decorrência natural de contrato inicialmente ineficaz que ganha eficácia apenas quando a coisa é adquirida. Qual a consequência da não aquisição por aquele que promete? Responde por perdas e danos.

SEÇÃO II

DAS OBRIGAÇÕES DE DAR COISA INCERTA

Art. 243. A coisa incerta será indicada, ao menos, pelo gênero e pela quantidade.

COMENTÁRIOS DOUTRINÁRIOS: A obrigação de dar coisa incerta é aquela cujo objeto mediato é apenas indicado pelo gênero e quantidade. É a chamada obrigação genérica. O gênero não se confunde com a espécie. O gênero (do latim *genus*) reúne um grupo de coisas ou indivíduos com semelhanças, mas não idênticos. O gênero cão tem muitas espécies: maltês, labrador, dálmata etc. O gênero gado bovino tem várias espécies: nelore, holandês, jersey. João deve a José uma (quantidade) vaca (gênero). Normalmente, além do gênero se indicam as qualidades da coisa. Isso não é essencial para a configuração da obrigação de dar coisa incerta, mas é comum. João deve a José uma (quantidade) vaca (gênero) nelore branca e sem chifres (qualidades do gênero). Não se confunde a coisa incerta com a fungibilidade do bem. A fungibilidade serve para classificar a coisa em si mesma: coisa fungível é a que pode ser substituída por outra de mesma qualidade e quantidade. Uma caneta da marca BIC de cor azul é fungível. O dinheiro (como valor) é fungível. A incerteza está na determinação do objeto mediato e não no objeto em si. Pode-se imaginar uma obrigação de dar coisa incerta cujos objetos mediatos sejam infungíveis. João deve a José um quadro de Leonardo da Vinci. Se a coisa for indicada apenas por sua quantidade (João deve a Pedro 40) ou por seu gênero (João deve vacas a José), a obrigação é nula (art. 104, II, do CC/2002), pois o objeto é indeterminável. As obrigações de dar dinheiro, chamadas de pecuniárias (na origem latina vem de *pecus*, gado) são exemplos de obrigação de dar coisa incerta. É por isso que na *III Jornada de Direito Civil* aprovou-se o Enunciado n. 160: "A obrigação de creditar dinheiro em conta vinculada de FGTS é obrigação de dar, obrigação pecuniária, não afetando a natureza da obrigação a circunstância de a disponibilidade do dinheiro depender da ocorrência de uma das hipóteses previstas no art. 20 da Lei n. 8.036/1990". A lei que cuida do FGTS determina que a conta não pode ser movimentada senão nas hipóteses do art. 20, ou seja, demissão sem justa causa, falecimento do trabalhador etc. A indisponibilidade das contas de FGTS não muda a natureza da obrigação de quem deve depositar os valores devidos: dar coisa incerta.

JURISPRUDÊNCIA COMENTADA: Em se tratando de sacas de café (no caso concreto "378.720 – trezentos e setenta e oito mil, setecentos e vinte – quilos de Café Arábica armazenados em sacas de 60 kg e/ou Big Bag's"), bens fungíveis e consumíveis, o TJSP entendeu ser possível sua alienação fiduciária, pois "o § 3º do artigo 66-B, incluído na Lei nº 4.728/65 pela Lei nº 10.931/04, apenas dispõe sobre a possibilidade da alienação fiduciária de coisa fungível, ausente qualquer disposição a respeito da consumibilidade ou não desse bem". E, para a execução da garantia, o contrato admitia "por outros de mesma espécie, qualidade e quantidade, para o que renuncia expressamente o CLIENTE/INTERVENIENTE ao direito de apresentar qualquer impugnação ou oposição nesse sentido (fls. 69)". Concluiu o TJSP que, "deste modo, nada impede seja a garantia executada na forma de quaisquer sacas de café que atendam às especificações descritas acima, ressalvada a eventual discussão quanto a prejuízos, inclusive de terceiros, pelas vias próprias" (TJSP, AP 1119030-18.2014.8.26.0100, 33.ª Câmara de Direito Privado, São Paulo, Rel. Sá Moreira de Oliveira, j. 28.08.2017). Há outro bom exemplo de obrigação genérica quando a decisão judicial determina a substituição de determinado veículo por outro de igual valor. No caso concreto, decidiu o TJSP que "o veículo objeto da lide era o de marca/modelo Chevrolet Classic LS, ano modelo/fabricação 2011/2011, zero-quilômetro, no valor de R$ 27.890,00, correspondente a março de 2011. Isso quer significar que a substituição constante da condenação imposta deve ser feita por outro veículo no mesmo valor mencionado para o mês de março de 2011, que deve ser devidamente atualizado. Portanto, a apresentação de um veículo Chevrolet Classic ano 2012 pelo valor de R$ 21.239,00 em novembro de 2015, conforme Tabela FIPE, não atende ao comando sentencial" (TJSP, AI 2107955-03.2016.8.26.0000, 25.ª Câmara de Direito Privado, Limeira, Rel. Claudio Hamilton, j. 25.08.2016).

Art. 244. Nas coisas determinadas pelo gênero e pela quantidade, a escolha pertence ao devedor, se o contrário não resultar do título da obrigação; mas não poderá dar a coisa pior, nem será obrigado a prestar a melhor.

COMENTÁRIOS DOUTRINÁRIOS: A incerteza é transitória. Para que o processo obrigacional chegue a seu fim, para que ocorra o adimplemento, a incerteza deve cessar. É por meio da escolha ou concentração que cessa a incerteza. Veremos que não basta a escolha, mas esta deve ser cientificada ao credor (art. 245 do CC/2002). Por lei, a escolha cabe ao devedor em razão do princípio do *favor debitoris*. Essa é uma regra de ouro que permeia todo o direito das obrigações. A lei facilita o cumprimento da obrigação pelo devedor, suaviza a forma de cumprimento, pois é dele o fardo obrigacional. Não o faz por "bondade", mas por pragmatismo, já que aumenta as chances de o devedor cumprir a obrigação, o que é bom para o credor. Se a escolha é do devedor, este não pode escolher dar o pior do gênero (o que seria bom para ele e ruim para o credor), nem pode ser obrigado a dar o melhor do gênero (o que seria ruim para ele e bom para o credor). O critério de escolha é o da medianidade: nem o melhor, nem o pior do gênero. A mesma regra se aplica ao herdeiro que deve escolher a coisa incerta para cumprir o legado (art. 1.929 do CC/2002). Trata-se de regra supletiva da vontade das partes por duas razões: primeira, o critério da escolha pode ser definido pelas partes, ou seja, pode-se autorizar o devedor a entregar o pior do gênero ou obrigá-lo a entregar o melhor; segunda, que a escolha pode ser concedida ao credor por força da vontade. Se a escolha for concedida ao credor, o critério da medianidade não mais se aplica. O credor pode escolher o pior ou o melhor do gênero. É uma questão de lógica. Se o devedor concordou em dar o direito de escolha ao credor é porque optou por ceder a decisão quanto ao objeto a receber. Essa decisão tem seu preço: a liberdade ampla do credor. É exatamente o que ocorre no legado de coisa incerta cuja escolha, por testamento, é do legatário (art. 1.931 do CC/2002), que é credor da coisa incerta. Aliás, se o devedor quiser restringir a liberdade de escolha do credor, que o faça expressamente, ou seja, que o contrato indique qual critério deve por ele ser seguido. No silêncio, a liberdade do credor é total. Sendo a escolha do credor, se este não exercer o direito no prazo de cinco dias após a citação, o direito de escolha é devolvido ao devedor (ver comentários ao art. 324 do CC e, ainda, o art. 543 do CPC/2015). O Código Civil não menciona a escolha por terceiros, mas se a lei não a proíbe, essa é possível. A escolha por terceiro, também, não segue o critério da medianidade, salvo expressa previsão nesse sentido.

JURISPRUDÊNCIA COMENTADA: Em caso de indicação por médico de prótese importada (obrigação claramente genérica), o TJSP entendeu que a escolha da marca cabe ao devedor e não ao credor (paciente): "Por outra, não houve exigência de fornecedor ou de marca comercial da prótese (fls. 255), pois o relatório médico do apelado é claro quanto à recomendação de prótese 'importada', em razão da reputada eficácia de aparelhos. [...] Situação que evidentemente não resta descaracterizada pela justificada recomendação médica de fornecimento de prótese importada, desvirtuada de indicação de marca ou outro característico afim apto a inviabilizar expediente licitatório para sua aquisição" (TJSP, AP 0035856-65.2012.8.26.0564, 13.ª Câmara de Direito Privado, São Bernardo do Campo, Rel. Berolli Thomaz, j. 13.05.2015).

Art. 245. Cientificado da escolha o credor, vigorará o disposto na Seção antecedente.

COMENTÁRIOS DOUTRINÁRIOS: O dispositivo pretende esclarecer a redação do Código Civil anterior. Determina que a escolha pelo devedor deve ser cientificada, informada ao credor. A regra esclarece que a decisão não é um processo volitivo interno e que morre dentro daquele que constrói o processo. Deve ser manifestada e informada à outra parte. Por isso abandona-se a locução "feita a escolha" anteriormente utilizada pelo revogado CC/1916. É verdade que a redação não é das melhores, pois, se a escolha for do credor, é ele que deve cientificar o devedor. E, se for do terceiro, credor e devedor devem ser informados.

Art. 246. Antes da escolha, não poderá o devedor alegar perda ou deterioração da coisa, ainda que por força maior ou caso fortuito.

COMENTÁRIOS DOUTRINÁRIOS: Aqui há o traço que claramente distingue a obrigação de dar coisa certa daquela de dar coisa incerta. A perda da coisa. Isso porque, enquanto a coisa certa perece, a incerta não, pois gênero não perece (*genus non perit*). Não se pode alegar a perda de um carro Ford Focus, pois se trata de um gênero, mas é possível a perda do carro Ford Focus FAH 6763. Assim, a causa da perda do gênero (com culpa ou sem culpa do devedor) passa a ser irrelevante, pois a obrigação persiste com o perecimento da coisa. Se João deve a José uma vaca nelore, o fato de todas as vacas de seu rebanho terem perecido por força da febre aftosa (sem culpa) ou por força de João ter deixado a porteira aberta e o rebanho ter escapado (com culpa), não o libera da obrigação de prestar uma vaca. João que compre a vaca e a entregue a José. Se não o fizer, responderá por perdas e danos independentemente de ter culpa ou não. Contudo, o contrato pode limitar o gênero e a obrigação recebe o nome de quase genérica. Aqui, o gênero pode perecer. João deve a José uma vaca de seu rebanho. Maurício deve a Renato um livro de sua biblioteca. Se todo o gado do rebanho ou todos os livros da biblioteca perecerem sem culpa do devedor, a obrigação se resolve, se extingue, e não se fala em perdas e danos. Caso haja culpa do devedor, este responderá por perdas e danos. Nota importante de natureza processual é que o CPC/2015 admite a tutela específica na obrigação de dar coisa certa e incerta. Sobre as coisas incertas temos: "Art. 498. Na ação que tenha por objeto a entrega de coisa, o juiz, ao conceder a tutela específica, fixará o prazo para o cumprimento da obrigação. Parágrafo único. Tratando-se de entrega de coisa determinada pelo gênero e pela quantidade, o autor individualizá-la-á na petição inicial, se lhe couber a escolha, ou, se a escolha couber ao réu, este a entregará individualizada, no prazo fixado pelo juiz".

JURISPRUDÊNCIA COMENTADA: Nas obrigações genéricas não se pode invocar a força maior para liberação do devedor, que, com culpa ou não, deve entregar a prestação, pois gênero não perece. Assim temos: "Em se tratando de contrato de compra e venda de soja para entrega futura, em que a obrigação consiste em dar coisa incerta ou fungível, identificada tão somente pelo gênero e pela quantidade, a sua regulamentação está no art. 243 e ss. do Código Civil, caso em que a perda ou deterioração da coisa, antes da escolha, não pode ser alegada pelo devedor para fins de se eximir do cumprimento da obrigação, ainda que por força maior ou caso fortuito (art. 246, do CC). Inaplicabilidade da regra do art. 234, do Código Civil, que se refere a perda da coisa, em obrigações de dar coisa certa" (TJGO, AC 0196943-87.2013.8.09.0137, 2.ª Câmara Cível, Rio Verde, Rel. Des. Zacarias Neves

Coelho, *DJGO* 25.04.2016, p. 186). Acertada a decisão de extinguir a obrigação de dar sem perdas e danos em favor do credor na hipótese de venda de "coberturas" para a reprodução de equinos em que o calor mata antes de se realizar a cópula. Novamente, as doses de sêmen são coisas incertas e a obrigação é quase-genérica (doses de sêmen do cavalo Victory Fly). Mas fato é que a morte do cavalo sem a anterior coleta do sêmen extinguiu o gênero restrito: "Compra e venda de 10 coberturas para reprodução de equinos. Morte do semovente. Ação indenizatória. R. sentença de parcial procedência, com apelo só da autora. Perecimento do objeto do pacto (falecimento do cavalo Victory Fly VM) que decorreu sem culpa e/ou dolo da empresa (ou prepostos) proprietária do garanhão. Art. 235 do CC. Brocardo *ad impossibilia nemo tenetur*. Ocorrência de força maior. Devolução do valor pago pela compradora que se impõe. Restituição do *status quo ante*. Inexistente, contudo, a obrigação de indenizar por eventuais perdas e danos" (TJSP, APL 1078235-62.2017.8.26.0100, 27.ª Câmara de Direito Privado, São Paulo, Rel. Campos Petroni, j. 31.01.2019). Contudo, o fundamento não nos parece correto (art. 235 do CC). O fundamento é efetivamente o perecimento do gênero em obrigação quase-genérica. Em caso de entrega de soja que se perdeu, exigindo o credor pagamento por entrega de soja e não seu equivalente em dinheiro, o TJSP entendeu que "é verdade que se trata de coisa incerta posto que determinada, ou determinável, por gênero e quantidade, como dispõe o art. 243, do Código Civil. No caso concreto, são pleiteadas 17.599,429 toneladas de soja a granel (padrão ANEC nº 41). Assim, nada obstante a própria agravante afirmar que a coisa pereceu, remanesce o interesse do credor na entrega da coisa, ainda que incerta, sobretudo porque *genus nunquam perit*" (TJSP, AG 2052006-96.2013.8.26.0000, 35.ª Câmara de Direito Privado, Santos, Rel. Artur Marques, j. 27.01.2014).

CAPÍTULO II
DAS OBRIGAÇÕES DE FAZER

Art. 247. Incorre na obrigação de indenizar perdas e danos o devedor que recusar a prestação a ele só imposta, ou só por ele exequível.

COMENTÁRIOS DOUTRINÁRIOS: A obrigação de fazer consiste na realização de uma tarefa, em uma ação. As prestações do empreiteiro da obra e do prestador de serviços são de fazer. Conforme já dissemos, se o devedor entrega o que está pronto, a obrigação é de dar. Se faz e depois entrega, a obrigação é de fazer. Se Maria contrata Pedro para engarrafar água de sua fonte, a prestação de Pedro é um fazer, ainda que ao final entregue a Maria os garrafões de água. O núcleo central é o fazer. Se João compra um terno em uma loja e esta se obriga a fazer a barra (calça está muito comprida), temos uma prestação de fazer (a costura) e outra de dar (entregar a calça). As obrigações de fazer podem ser fungíveis ou infungíveis. A obrigação fungível é aquela em que a figura do devedor não é relevante. Interessa ao credor apenas o fazer, independentemente de quem faça. Se se contrata uma pessoa para limpar a fachada, ainda que venha outra fazer o serviço, o que interessa ao credor é a limpeza e não quem a faça. A obrigação infungível é aquela em que a figura do devedor é relevante, logo, não pode ser substituído por outro. É chamada de *intuitu personae*. A fungibilidade, portanto, não é da prestação, mas sim do devedor. Se a prestação fosse fungível, por absurdo, poder-se-ia contratar um pedreiro para reformar o muro e ele faria uma piscina. O inadimplemento da obrigação de fazer se revela na inércia do devedor, numa abstenção. É um deixar de agir. Caso haja inadimplemento da obrigação de fazer, deve-se analisar se há ou não culpa do devedor e se a obrigação é fungível ou infungível. Se não houver culpa do devedor, a obrigação se extingue (ver artigo seguinte). Se houver culpa, cabem sempre as perdas e danos (ver também artigo seguinte). Contudo, ao credor, há interesse no cumprimento da própria prestação e não apenas a indenização que acaba por ser um sucedâneo. É por isso que o credor conta com tutelas específicas para a obtenção da própria prestação de fazer, independentemente das perdas e danos (tutela genérica). O art. 497 do CPC/2015 traz essa hipótese: "Na ação que tenha por objeto a prestação de fazer ou de não fazer, o juiz, se procedente o pedido, concederá a tutela específica ou determinará providências que assegurem a obtenção de tutela pelo resultado prático equivalente". O art. 536 exemplifica essas tutelas: "§ 1º Para atender ao disposto no *caput*, o juiz poderá determinar, entre outras medidas, a imposição de multa, a busca e apreensão, a remoção de pessoas e coisas, o desfazimento de obras e o impedimento de atividade nociva, podendo, caso necessário, requisitar o auxílio de força policial". A astreinte ou multa cominatória é um dos exemplos de tutela específica. Esta serve para compelir o devedor a fazer o que não fez. Como o sistema não comporta que se force o devedor a fazer o que não quer por meio de castigos ou ameaças físicas (*nemo potest cogi ad factum*), a coerção acaba ficando no campo monetário. A astreinte não se confunde com a cláusula penal que tem caráter indenizatório, ou seja, é uma prefixação das perdas e danos pelas partes contratantes (arts. 408 a 416 do CC). A multa cominatória pode estar presente em contrato ou ser fixada pelo juiz. De qualquer forma, o juiz fará o controle da *astreinte*. Se achá-la de pouco valor e sem resultado para coerção, poderá aumentá-la. Se o valor fixado em contrato for excessivo, poderá reduzi-la (art. 537 do CPC/2015: "§ 1º O juiz poderá, de ofício ou a requerimento, modificar o valor ou a periodicidade da multa vincenda ou excluí-la, caso verifique que: I – se tornou insuficiente ou excessiva; II – o obrigado demonstrou cumprimento parcial superveniente da obrigação ou justa causa para o descumprimento."). Dúvida não há de que o valor da multa cominatória pertence ao exequente e não a um fundo qualquer gerido pelo Ministério Público (art. 537 do CPC/2015: "§ 2º O valor da multa será devido ao exequente."). Deve-se frisar que a possibilidade de multa cominatória foi ampliada para as obrigações de dar coisa certa e incerta (ver art. 498 do CPC/2015).

JURISPRUDÊNCIA COMENTADA: Interessante a orientação do STJ de, em matéria ambiental, admitir dupla indenização: aquela *in natura* e aquela *in pecunia*. Assim, a obrigação de fazer é utilizada para a reparação ambiental: "É pacífico nesta Corte Superior o entendimento segundo o qual é possível a cumulação entre as obrigações de recompor/restaurar/recuperar as áreas afetadas por danos ambientais e a obrigação de indenizar em pecúnia. 2. Conforme assentou a Segunda Turma no julgamento do REsp 1.180.078/MG (Rel. Min. Herman Benjamin, *DJe* de 28/02/2012): 'A cumulação de obrigação de fazer, não fazer e pagar não configura *bis in idem*, porquanto a indenização não é para o dano especificamente já reparado, mas para os seus efeitos remanescentes, reflexos ou transitórios, com destaque para a privação temporária da fruição do bem de uso comum do povo, até sua efetiva e completa recomposição, assim como o retorno ao patrimônio público dos benefícios econômicos ilegalmente auferidos'" (AgInt no REsp 1751551/RJ, 2.ª Turma, Rel. Min. Mauro Campbell Marques, j. 13.12.2018, *DJe* 19.12.2018). A questão do controle da astreinte pelo magistrado há muito está consolidada pela jurisprudência. A alteração pode ocorrer em qualquer momento do processo. O STJ admite, inclusive, a alteração do valor da astreinte mesmo em sede de recurso especial: "A jurisprudência desta Corte firmou posicionamento no sentido da possibilidade de alteração do valor da multa diária, em recurso especial, apenas em casos excepcionalíssimos, diante da manifesta exorbitância do valor ou de flagrante impossibilidade de cumprimento da medida, circunstâncias inexistentes no presente caso" (EDcl no AgInt no AREsp 978.840/BA, 3.ª Turma, Rel. Min. Ricardo Villas Bôas Cueva, j. 03.12.2018, *DJe* 06.12.2018). Em contrato firmado entre um município e uma empresa de tecnologia para produção de ambiente virtual visando à criação de notas fiscais eletrônicas, em que o ambiente de teste deveria ser desativado após a entrega do definitivo, o TJSP entendeu que a prestação de fazer (desativar o ambiente virtual) ainda não poderia ser exigida pelo município, pois, "com a aprovação final formalizada tal como consta do contrato, o município obterá o bloqueio ou indisponibilização do ambiente de testes. Sem cumprir sua parte no contrato, qual seja a aprovação final, não poderá o município exigir o bloqueio. A aprovação não pode ser considerada como havida da forma tácita, uma vez que o ambiente de teste continuou necessário enquanto atualizado o sistema oficial e treinados seus usuários. Justamente a aprovação final do sistema oficial formalizada é que significa a dispensa do ambiente experimental para a sua finalidade contratual e faz cessar permanentemente a possibilidade de sua utilização".

Art. 248. Se a prestação do fato tornar-se impossível sem culpa do devedor, resolver-se-á a obrigação; se por culpa dele, responderá por perdas e danos.

COMENTÁRIOS DOUTRINÁRIOS: O disposto segue a lógica do sistema obrigacional. Em não havendo culpa do devedor, a obrigação de fazer, assim como a de dar, se extingue e as partes voltam ao estado anterior (*statu quo ante*). É o caso de pedreiro que se acidenta e não consegue fazer a obra. Do arquiteto que sofre um derrame e não mais pode desenhar. Se o contratante tiver pagado ao prestador de serviços, o valor deve ser a ele restituído com correção monetária. Não se fala em juros, pois não há mora. Não haverá pagamento de perdas e danos. Se houver culpa do devedor, haverá pagamento de indenização (danos emergentes e lucros cessantes). A prova do prejuízo cabe ao credor. O pagamento da indenização não se altera por existir *astreinte* fixada pelo juiz (art. 500 do CPC/2015: "A indenização por perdas e danos dar-se-á sem prejuízo da multa fixada periodicamente para compelir o réu ao cumprimento específico da obrigação."). Isso decorre da natureza coercitiva e não indenizatória da multa cominatória.

JURISPRUDÊNCIA COMENTADA: O TJSP, em processo no qual a certo município foi determinada a realização de uma cirurgia sob pena de pagamento de multa diária de R$ 1.000,00, decidiu que "por causa da demora na realização do procedimento houve mudança na orientação clínica, já não sendo recomendada a cirurgia (agora com atendimento na rede estadual), ao menos até o momento. Se já não pode ser feita a cirurgia, inegável que não se trata, nesta fase, de descumprimento da obrigação de fazer, a qual tornou-se inviável; tanto é que o autor ingressou com ação de indenização por conta exatamente desta impossibilidade (situação incontroversa), aplicando-se, então, o disposto no art. 248 do Código Civil (TJSP, AI 2112031-65.2019.8.26.0000, 1.ª Câmara de Direito Público, São Vicente, Rel. Luís Francisco Aguilar Cortez, j. 29.10.2019). Quanto à noção de culpa do devedor, se a prestação não é realizada por fato atribuível ao credor, culpa não há e não há dever de indenizar: "não havendo culpa imputável ao exequente, não há como converter a obrigação em perdas e danos" (TJSP, AP 0004156-61.2018.8.26.0079, 27.ª Câmara de Direito Privado, Botucatu, Rel. Ana Catarina Strauch, j. 30.10.2019).

Art. 249. Se o fato puder ser executado por terceiro, será livre ao credor mandá-lo executar à custa do devedor, havendo recusa ou mora deste, sem prejuízo da indenização cabível.

Parágrafo único. Em caso de urgência, pode o credor, independentemente de autorização judicial, executar ou mandar executar o fato, sendo depois ressarcido.

COMENTÁRIOS DOUTRINÁRIOS: Na hipótese de obrigação de fazer fungível, há uma outra medida específica admitida, além da multa cominatória, qual seja, a contratação de um terceiro para fazer no lugar do devedor. Isso pressupõe o inadimplemento culposo do devedor e, por isso, a lei fala em recusa ou mora deste. Novamente, a tutela específica pode ser cumulada com perdas e danos, cuja prova do prejuízo cabe ao credor. Trata-se de situação interessante, porque a contratação de um terceiro para fazer no lugar do devedor exige um pedido judicial do credor. Cabe ao juiz autorizar essa contratação que será custeada pelo devedor inadimplente. O procedimento está descrito nos arts. 815 a 821 CPC/2015: o juiz ouvirá as partes (credor e devedor) e caberá ao credor exequente adiantar os valores previstos na proposta apresentada pelo terceiro. Realizada a prestação, o juiz ouvirá as partes no período de dez dias e considerará satisfeita a prestação. Essa possibilidade de contratação de terceiro às custas do devedor pressupõe que o credor já tenha pagado ao devedor pela prestação de fazer. Se o pagamento não ocorreu, não pode o credor compelir o devedor a pagar a um terceiro pelo que não recebeu. O credor "ganharia" a prestação de fazer. Isso significaria enriquecimento injustificado do credor. O credor não precisa se valer dessa medida que, na prática, é pouco utilizada por sua complexidade e demora. Pode, simplesmente, se valer da tutela geral das perdas e danos e, por meio da resolução culposa do contrato, pedir de volta o preço pago. Em caso de urgência, a lei admite autotutela. O credor contrata a realização da prestação com um terceiro e depois cobra o devedor. Note-se que se um passageiro é abandonado pela companhia aérea, pois seu voo foi cancelado, pode ele, ato contínuo, adquirir um bilhete aéreo na companhia concorrente e receber o serviço de transporte por um terceiro. Há uma evidente urgência em não ficar sem o transporte. A medida se aplica não só aos casos de inadimplemento absoluto (prestação inútil ao credor), mas também aos casos de mora (prestação ainda útil ao credor – arts. 394 e seguintes do CC/2002). Nesse sentido, temos o Enunciado n. 103 da *I Jornada de Direito Processual Civil*: "Pode o exequente – em execução de obrigação de fazer fungível, decorrente do inadimplemento relativo, voluntário e inescusável do executado – requerer a satisfação da obrigação por terceiro, cumuladamente ou não com perdas e danos, considerando que o *caput* do art. 816 do CPC não derrogou o *caput* do art. 249 do Código Civil".

JURISPRUDÊNCIA COMENTADA: Em matéria ambiental, há mais de uma decisão determinando: "conquanto seja da obrigada o ônus de cumprir as obrigações assumidas no Termo de Ajustamento de Conduta firmado, restou demonstrado o seu descumprimento, fato que enseja o reconhecimento de que, em caso de inércia comprovada do devedor, é possível, nos termos dos arts. 633 e 634 do CPC, o cumprimento da obrigação por terceiro, às expensas daquele, sendo de rigor o não provimento recursal" (Agravo de Instrumento

2055917-48.2015.8.26.0000, 2.ª Câmara Reservada ao Meio Ambiente, Rel. Des. Paulo Ayrosa, j. 13.08.2015). São hipóteses em que há obrigação de fazer, consistente em apresentação de plano de recuperação da área degradada (PRAD), que não é efetuada em fase de cumprimento de sentença (TJSP, AI 2000830-68.2019.8.26.0000, 2.ª Câmara Reservada ao Meio Ambiente, Ilhabela, Rel. Luis Fernando Nishi, j. 16.05.2019). Prestigiar a execução por um terceiro em vez de converter a obrigação em perdas e danos é a melhor solução; atende ao princípio da conservação do negócio jurídico. Assim muito bem decidiu o TJSP: "o pedido principal do condomínio é a execução das obras necessárias para os reparos no empreendimento a expensas da ré, e, em caráter subsidiário, se por qualquer modo a ré não tivesse condições de cumprir referida obrigação, que seja o autor autorizado a executá-la à custa da ré, incidindo também a multa cominatória. Artigos 247 e 249 do Código Civil. Nos casos em que a obrigação é fungível, não há necessidade de converter a execução da obrigação de fazer em perdas e danos, pois será possível obter o mesmo resultado previsto originalmente. A conversão em perdas e danos é solução a ser evitada, pois melhor será, em geral, a obtenção da própria prestação devida. No caso dos autos, por se tratar se obrigação fungível, plenamente possível, em caso de não execução da obra por parte do devedor, a execução das obras, descritas no laudo pericial e nos esclarecimentos do perito, a expensas do réu" (TJSP, AI 0138009-50.2011.8.26.0100, 8.ª Câmara de Direito Privado, São Paulo, Rel. Silvério da Silva, j. 19.12.2018).

CAPÍTULO III
DAS OBRIGAÇÕES DE NÃO FAZER

Art. 250. Extingue-se a obrigação de não fazer, desde que, sem culpa do devedor, se lhe torne impossível abster-se do ato, que se obrigou a não praticar.

COMENTÁRIOS DOUTRINÁRIOS: A obrigação de não fazer consiste numa abstenção. Quedar-se inerte. O devedor cumpre a obrigação de não fazer simplesmente nada realizando. É exemplo de obrigação de não fazer aquela que nasce do contrato de exclusividade de certo ator com a emissora de televisão. Do comerciante que vende o ponto comercial e não pode desenvolver atividade no mesmo ramo comercial em certa distância. É o que se depreende do art. 1.147 do CC: "Não havendo autorização expressa, o alienante do estabelecimento não pode fazer concorrência ao adquirente, nos 5 (cinco) anos subsequentes à transferência". Muito se discute sobre a validade de certas obrigações de não fazer por tolherem a liberdade humana, o agir. Haveria em alguns casos ilicitude do objeto? Exemplifica-se. Se certo empregado, por previsão contratual, após o término de seu contrato de trabalho fica proibido de trabalhar em empresa concorrente (segredos industriais, por exemplo) a cláusula de não fazer tem validade? A limitação perpétua certamente é nula no Direito Brasileiro. Esbarra na noção de liberdade como valor jurídico protegido. As cláusulas temporárias têm sido aceitas, desde que haja uma contraprestação ao empregado. Já que o trabalho lhe garante o sustento, a proibição temporária de trabalho deve ser remunerada para se evitar o abuso de direito. A ação de devedor implica inadimplemento. Se faz o que não poderia por força do contrato, há inadimplemento. Sobre a mora nas obrigações de não fazer falaremos nos comentários ao art. 390. O dispositivo em comento segue a lógica de toda a teoria geral das obrigações. Se não há culpa do devedor, a obrigação se extingue. Não há que se falar em perdas e danos. É o caso de um contrato de exclusividade de um franqueado que não pode, em suas lojas, vender produtos de uma marca concorrente. Contudo, por força de lei, há determinação de que todas as lojas que exercem aquele ramo de atividade vendam, pelos menos, duas marcas distintas. Ao cumprir a lei, sem culpa sua, o devedor inadimpliu a obrigação de não fazer, que se extinguiu. Se houve pagamento pela prestação de não fazer, com a extinção da obrigação, o valor deve ser restituído ao credor.

JURISPRUDÊNCIA COMENTADA: Duas empresas firmaram um acordo pelo qual uma delas "se comprometeu a não mais se identificar perante o mercado ou consumidores como 'Ultra' ou 'Ultratec', sob pena da incidência de cláusula penal (multa), ocorrendo a cessão da marca 'Ultratec' perante o INPI, além do investimento de muito capital para a transformação de sua imagem e apresentação". Há uma obrigação de não fazer: não se identificar como Ultra ou Ultratec. Ocorre que "o uso da marca 'ULTRATEC' após o acordo firmado pelas partes, como bem reconhecido pela decisão atacada [...], vez que a transcrição do vídeo confirma ter ocorrido a evidente associação da razão social UTC à Ultratec, justamente o que a agravante se comprometeu a não fazer. O móvel do acordo ficou claramente indicado na cláusula acima transcrita, assim como pela análise de todo o instrumento de acordo, qual seja, dissociar a empresa agravante do Grupo Ultra ou Ultratec. Já o vídeo institucional, a pretexto de contar a história da empresa UTC promoveu exatamente o contrário, associando ambas as empresas como se pertencessem ao mesmo grupo econômico, perante qualquer pessoa que tivesse acesso ao vídeo, cliente, fornecedor ou consumidor. O compromisso assumido foi quebrado pela agravante e o uso indevido da marca se configurou". Assim, aplicou o juiz a astreinte que as partes ajustaram em acordo para hipótese de inadimplemento da obrigação de não fazer. O TJSP concluiu que "a pretendida extinção da obrigação de não fazer com sustento no artigo 250 do Código Civil também não se adéqua ao caso em exame, vez que não se verifica qualquer causa que pudesse gerar referida extinção. A obrigação de não fazer é de abstenção e não se vislumbra impossibilidade de cumprimento da obrigação, tanto que a própria agravante noticia ter gasto alguns milhões para alterar sua marca e ficar conhecida no mercado brasileiro e no exterior de outra forma. O vídeo institucional foi confeccionado a pedido da agravante e suas imagens deveriam se distanciar da empresa agravada e da marca Ultratec, o que não se verificou, contudo. Observa-se que não é somente a exibição de imagem num galpão industrial que permitiu a conclusão de descumprimento da obrigação, mas sim a utilização da marca num vídeo de importância crucial para conhecimento, por terceiros, das origens da empresa" (TJSP, AI 0101426-75.2011.8.26.0000, 10.ª Câmara de Direito Privado, São Paulo, Rel. Marcia Dalla Déa Barone, j. 27.09.2011).

Art. 251. Praticado pelo devedor o ato, a cuja abstenção se obrigara, o credor pode exigir dele que o desfaça, sob pena de se desfazer à sua custa, ressarcindo o culpado perdas e danos.

Parágrafo único. Em caso de urgência, poderá o credor desfazer ou mandar desfazer, independentemente de autorização judicial, sem prejuízo do ressarcimento devido.

COMENTÁRIOS DOUTRINÁRIOS: A mesma lógica do inadimplemento culposo das obrigações de fazer se aplica às obrigações de não fazer. A indenização por perdas e danos pode sempre ser cobrada, cabendo ao credor a prova do prejuízo. Essa é a tutela genérica admitida pelo CPC. As *astreintes* ou multa cominatória são admitidas expressamente pelo CPC/2015 (ver art. 536 e comentários ao art. 247) para o inadimplemento culposo da obrigação de não fazer. Há, no sistema processual, outras tutelas específicas para que o inadimplemento cesse, ou seja, para se garantir a abstenção: o juiz poderá determinar, entre outras medidas, a imposição de multa, a busca e apreensão, a remoção de pessoas e coisas, o desfazimento de obras e o impedimento de atividade nociva, podendo, caso necessário, requisitar o auxílio de força policial (art. 536, § 1º, do CPC/2015). Exemplo disso se dá na apreensão de certa bibliografia das livrarias que, por acordo entre credor e devedor, não poderia ser vendida. Outro exemplo seria o encerramento das atividades de uma loja que foi aberta ferindo a cláusula de não concorrência. O art. 822 do CPC/2015 prevê que "se o executado praticou ato a cuja abstenção estava obrigado por lei ou por contrato, o exequente requererá ao juiz que assine prazo ao executado para desfazê-lo". A possibilidade de desfazimento às custas do devedor passa pelo mesmo procedimento da obrigação de fazer. Haverá necessidade de um processo judicial para se contratar um terceiro para desfazer o que foi feito, às custas do devedor. É a hipótese de uma cláusula de não construção em certa área, que é descumprida pelo devedor. Nessa hipótese pode-se contratar um terceiro para desfazer o que foi feito. Diferentemente da obrigação de fazer (ver comentários ao art. 249), aqui, o desfazimento fará parte da reparação *in natura* e não exigirá prévio pagamento da prestação ao devedor. Em vez de o credor pagar para alguém desfazer e depois cobrar do devedor como parte da reparação civil, já aciona o devedor para custear ao terceiro. Assim, dispõe o art. 823 do CPC/2015 que "havendo recusa ou mora do executado, o exequente requererá ao juiz que mande desfazer o ato à custa daquele, que responderá por perdas e danos. Parágrafo único. Não sendo possível desfazer-se o ato, a obrigação resolve-se em perdas e danos, caso em que, após a liquidação, se observará o procedimento de execução por quantia certa". Em caso de urgência, a lei admite autotutela. O credor contrata, por exemplo, o desfazimento imediato de uma obra que coloca em risco sua segurança ou a higidez de um prédio, e depois cobra ao devedor.

JURISPRUDÊNCIA COMENTADA: Certa empresa é condenada a "abster-se de usar por qualquer meio a marca 'Delta' e a não prosseguir no respectivo procedimento de registro, sob pena de multa diária (CPC, art. 537)". Posteriormente, essa mesma empresa não formula junto ao INPI desistência do pedido de registro. O TJSP entendeu que a obrigação negativa (não prosseguir no procedimento de registro) não se confunde com a obrigação positiva (apresentar desistência do procedimento). Assim, "não se pode considerar que a agravada incorreu em descumprimento ao não comprovar ter apresentado pedido de desistência de registro no INPI. Em outras palavras, nos termos como proferida a sentença, descumprimento haveria se a agravante, credora, demonstrasse que a agravada continuou a usar a marca 'Delta' ou prosseguiu com a pretensão de registro junto ao INPI, ou seja, que permaneceu incorrendo em práticas a cuja abstenção foi obrigada por sentença" (TJSP, AI 2017166-84.2018.8.26.0000, 1.ª Câmara Reservada de Direito Empresarial, São Paulo, Rel. Alexandre Lazzarini, j. 23.05.2018).

CAPÍTULO IV
DAS OBRIGAÇÕES ALTERNATIVAS

Art. 252. Nas obrigações alternativas, a escolha cabe ao devedor, se outra coisa não se estipulou.

COMENTÁRIOS DOUTRINÁRIOS: A obrigação pode ser simples ou complexa quanto ao objeto. Será simples se houver apenas um objeto. João deve construir o muro para José. Maria deve entregar o carro a Fernanda. Se a obrigação tiver mais de uma prestação (objeto próximo ou mediato), ela se classifica em conjuntiva (cumulativa) ou alternativa (disjuntiva). Será conjuntiva se houver mais de uma prestação no vínculo (*in obligatione*), e todas devem ser cumpridas para a satisfação do credor (*in solutione*). Pedro deve dar o carro **E** construir a piscina. Maria deve fazer duas camisas **E** pagar R$ 10.000,00 (conjunção aditiva **E**). Será alternativa se houver mais de uma prestação no vínculo (*in obligatione*), e o devedor cumpre apenas uma delas para a satisfação do credor (*in solutione*). Pedro deve dar o carro **OU** construir a piscina. Maria deve fazer duas camisas **OU** pagar R$ 10.000,00. (conjunção alternativa **OU**). O fato de haver mais de um lugar ou forma de pagamento não transforma a obrigação em alternativa. Se a loja permite pagamento em cartão ou dinheiro, temos duas formas de pagamento, mas a prestação é única: dar certa quantia pecuniária. Em razão do favor *debitoris*, a escolha ou concentração cabe ao devedor, pois é dele o fardo obrigacional. A lei facilita o cumprimento da prestação pelo devedor, pois isso aumenta a chance de adimplemento, o que, em última instância, é bom para o credor. Por força de contrato, a escolha pode ser do credor ou de um terceiro. No CPC/2015, há regra expressa sobre o tema exatamente para garantir que o adimplemento ocorra: "Art. 800. Nas obrigações alternativas, quando a escolha couber ao devedor, esse será citado para exercer a opção e realizar a prestação dentro de 10 (dez) dias, se outro prazo não lhe foi determinado em lei ou em contrato. § 1º Devolver-se-á ao credor a opção, se o devedor não a exercer no prazo determinado. § 2º A escolha será indicada na petição inicial da execução quando couber ao credor exercê-la".

JURISPRUDÊNCIA COMENTADA: Em ação coletiva, a empresa ré foi condenada alternativamente à "emissão das ações ou seu pagamento, na forma mais favorável ao consumidor adquirente. Se assim o é, não há, ao devedor, direito de escolha de emissão de ações, como se pretende nas defesas da Telefônica, a pretexto de aplicação dos arts. 252 do Código Civil e 800 do Código de Processo Civil. Claramente se vê que a pretensão de efetuar a emissão de ações é desvantajosa ao consumidor em cotejo com a opção de pagamento do valor das ações que deixaram de ser emitidas à época própria, razão pela qual se afastam as teses ofertadas pela ré" (TJSP, AI 2099639-64.2017.8.26.0000, 4.ª Câmara de Direito Privado, Presidente Prudente, Rel. Enio Zuliani, j. 30.10.2019).

§ 1º Não pode o devedor obrigar o credor a receber parte em uma prestação e parte em outra.

COMENTÁRIOS DOUTRINÁRIOS: Na obrigação alternativa, temos mais de uma prestação no vínculo obrigacional e, no momento do adimplemento, apenas uma é cumprida. Se o devedor pudesse entregar parte de uma prestação e parte da outra não estaria cumprindo o contrato, mas sim entregando prestação estranha ao vínculo, ou seja, não avençada pelas partes. Há uma vedação expressa no art. 313 quanto a isso: o credor não é obrigado a receber prestação diversa, ainda que mais valiosa. Se aceitar, ocorre dação em pagamento (arts. 356 e seguintes do CC/2002). Se Maria deve 100 caixas de alface ou 100 caixas de tomate, não poderá entregar 50 de cada. Se o fizer, estará inadimplindo a obrigação.

§ 2º Quando a obrigação for de prestações periódicas, a faculdade de opção poderá ser exercida em cada período.

COMENTÁRIOS DOUTRINÁRIOS: Novamente se verifica aqui o *favor debitoris*. A renovação da escolha por período é benéfica ao devedor e facilita o cumprimento da prestação. A norma não é de ordem pública e pode ser afastada por contrato. Se o vendedor de hortaliças tiver de entregar ao restaurante 100 caixas de alface ou 100 caixas de tomate todos os meses por um ano, a cada mês sua opção de escolha se renova. Não haverá *suppressio* por abandono de posição jurídica.

§ 3º No caso de pluralidade de optantes, não havendo acordo unânime entre eles, decidirá o juiz, findo o prazo por este assinado para a deliberação.

COMENTÁRIOS DOUTRINÁRIOS: A escolha pode ser exercida por uma única pessoa (obrigações simples quanto ao sujeito) ou por mais de uma pessoa se a obrigação contiver mais de um devedor ou mais de um credor. É a chamada pluralidade de optantes. Nessa hipótese, a escolha deve se dar por unanimidade e não por maioria. Se dois devedores querem entregar 1.000 litros de álcool e o outro 1.000 quilos de açúcar, o juiz concederá um prazo para que o acordo seja obtido. Se não, após ouvir as partes, decide ele qual prestação deva ser cumprida. A escolha é um direito dos optantes, mas que a lei transforma em ônus: se não exercerem o direito, o juiz decidirá. Isso é necessário para que o processo obrigacional chegue a seu fim, que é o adimplemento.

§ 4º Se o título deferir a opção a terceiro, e este não quiser, ou não puder exercê-la, caberá ao juiz a escolha se não houver acordo entre as partes.

COMENTÁRIOS DOUTRINÁRIOS: Da mesma forma, a vontade pode determinar que um terceiro (nem credor, nem devedor) realize a escolha. Pode-se estabelecer a escolha por uma pessoa estranha ao vínculo (João escolherá a prestação) ou uma lista de possíveis indicados a escolher (João escolherá a prestação. Se ele não quiser ou não puder, Maria escolherá. Se ela não quiser ou não puder, Fernanda escolherá). Se, por acaso, o terceiro não puder ou não quiser escolher, o juiz, novamente, fixa um prazo às partes (credor e devedor) para que realizem a escolha. Nesse parágrafo e no anterior, o juiz dá uma oportunidade de escolha pelas partes. Se não houver consenso, o juiz decide para que o processo obrigacional chegue a seu fim: o adimplemento.

Art. 253. Se uma das duas prestações não puder ser objeto de obrigação ou se tornada inexequível, subsistirá o débito quanto à outra.

COMENTÁRIOS DOUTRINÁRIOS: Os arts. 253 a 256 cuidam da perda de uma ou de todas as prestações na obrigação alternativa, ora por culpa do devedor, ora sem culpa deste. A solução variará, ainda, se a escolha for do devedor ou se, por vontade, a escolha foi dada ao credor. O art. 253 cuida da perda de uma prestação sem culpa do devedor. Se, sem culpa do devedor, uma das prestações perecer (caso fortuito ou força maior), a obrigação passa a ser simples e o devedor cumpre a prestação restante. É a chamada concentração involuntária. Independentemente de a escolha ser do credor ou do devedor, não há que se falar em perdas e danos, pois a perda de uma das prestações não foi culposa. João deve a Antônia a vaca Mimosa ou o cavalo Trovão. O raio mata a vaca Mimosa. João entrega o cavalo Trovão e não há perdas e danos. A perda culposa é tratada nos arts. 254 e 255.

Art. 254. Se, por culpa do devedor, não se puder cumprir nenhuma das prestações, não competindo ao credor a escolha, ficará aquele obrigado a pagar o valor da que por último se impossibilitou, mais as perdas e danos que o caso determinar.

COMENTÁRIOS DOUTRINÁRIOS: O art. 254 cuida da perda de todas as prestações por culpa do devedor na hipótese de escolha deste. Se o devedor tinha o direito de escolha, para o credor não é relevante saber a razão pela qual a primeira prestação pereceu. Tendo o direito de escolha o devedor, a perda da primeira prestação é ato lícito, está no campo do exercício de uma posição jurídica pelo devedor. Contudo, quando perece a última, por culpa do devedor, verifica-se o ato ilícito, razão pela qual o credor pode exigir o valor desta mais perdas e danos. Exemplificamos. João deve a Antônia a vaca Mimosa ou o cavalo Trovão. O raio mata a vaca Mimosa (perda sem culpa de João) e João deixa, por negligência, o cavalo Trovão escapar. Nessa hipótese, João só responde pelo valor do cavalo mais perdas e danos que Antônia deverá comprovar. Da mesma forma, João deve a Antônia a vaca Mimosa ou o cavalo Trovão. João faz um churrasco com a vaca Mimosa (perda com culpa – em sentido amplo – de João) e João deixa, por negligência, o cavalo Trovão escapar. Nessa hipótese, João só responde pelo valor do cavalo mais perdas e danos que Antônia deverá comprovar. Note-se, então, que, como a escolha era do devedor, irrelevante a razão pela qual se perdeu a primeira prestação.

Art. 255. Quando a escolha couber ao credor e uma das prestações tornar-se impossível por culpa do devedor, o credor terá direito de exigir a prestação subsistente ou o valor da outra, com perdas e danos; se, por culpa do devedor, ambas as prestações se tornarem inexequíveis, poderá o credor reclamar o valor de qualquer das duas, além da indenização por perdas e danos.

COMENTÁRIOS DOUTRINÁRIOS: Neste artigo, temos a perda de uma ou de todas as prestações por culpa do devedor. A escolha da prestação é do credor. Se uma das prestações perecer por culpa do devedor, o credor poderá escolher a prestação restante mais perdas e danos ou o valor da que se perdeu (equivalente em dinheiro) mais perdas e danos. Em ambas as hipóteses deverá o credor provar os prejuízos que teve para receber indenização. Pode parecer ao intérprete que o credor, escolhendo a prestação remanescente, não poderia cobrar perdas e danos. Afinal, em tese, o devedor não causou prejuízos ao credor, já que ele escolheu a prestação remanescente. Contudo, se o credor provar os danos pela perda da escolha, fará jus à indenização. João deve a Antônia a vaca Mimosa ou o cavalo Trovão. João faz um churrasco com a vaca Mimosa (perda com culpa – em sentido amplo – de João) e o cavalo Trovão é escolhido por Antônia. Antônia pode provar que a escolha do cavalo que valia R$ 1.000,00 a menos que a vaca lhe deu prejuízo. Assim, pode cobrar por tal dano. Se todas as prestações perecerem por culpa do devedor, o credor poderá escolher o valor de qualquer uma delas (equivalente em dinheiro à prestação perdida) mais perdas e danos. Deverá o credor provar os prejuízos que suportou com a perda das prestações. Note-se que, quer ocorra a perda de uma das prestações, quer ocorra a perda de todas as prestações, a lei mantém com o credor o direito de escolha.

JURISPRUDÊNCIA COMENTADA: O STJ equiparou à perda da prestação quando o devedor grava de ônus real um dos imóveis que poderia ser escolhido pelo credor. O ônus real teria por efeito impossibilitar a escolha desse imóvel pelo credor, já que implica grande desvalorização de uma das prestações. "Nas obrigações alternativas a escolha é a concentração da obrigação na prestação indicada, momento no qual torna-se simples, pelo que, apenas a escolhida poderá ser reclamada. 2. Segundo dispõe o art. 255 do Código Civil, se a escolha couber ao credor e uma das prestações houver perecido, pode escolher a outra ou optar pelo valor da perdida mais perdas e danos. 3. Devedor de obrigação alternativa que grava com ônus reais imóvel que era objeto de possível escolha pelo credor, sem adverti-lo de tal hipótese, torna viciosa escolha, mormente quando não honrar a obrigação com credor hipotecário que, posteriormente, vem a executar a garantia. Assim, concentrada a obrigação em prestação inexigível por culpa do devedor, terá o credor o direito de exigir a prestação subsistente ou o valor da outra. 4. Recurso especial conhecido e provido" (REsp 1.074.323/SP, 4.ª Turma, Rel. Min. João Otávio de Noronha, j. 22.06.2010).

Art. 256. Se todas as prestações se tornarem impossíveis sem culpa do devedor, extinguir-se-á a obrigação.

COMENTÁRIOS DOUTRINÁRIOS: O derradeiro dispositivo cuida da perda de todas as prestações sem culpa do devedor. Seguindo-se a regra geral das obrigações (ver comentários aos arts. 234, 235 e 236), se não há culpa, a obrigação se resolve, se extingue, e as partes voltam ao estado anterior (*statu quo ante*). Não há perdas e danos. Se João deve a Antônia a vaca Mimosa ou o cavalo Trovão, e uma enchente mata ambos os animais, a obrigação se resolve e não há perdas e danos. Caso Antônia já tenha pagado o preço, este lhe será restituído por João acrescido de correção monetária.

CAPÍTULO V
DAS OBRIGAÇÕES DIVISÍVEIS E INDIVISÍVEIS

Art. 257. Havendo mais de um devedor ou mais de um credor em obrigação divisível, esta presume-se dividida em tantas obrigações, iguais e distintas, quantos os credores ou devedores.

COMENTÁRIOS DOUTRINÁRIOS: As obrigações com relação aos sujeitos podem ser simples ou complexas. A obrigação será simples se tiver um só credor e um só devedor. A obrigação será complexa se tiver mais de um credor e/ou mais de um devedor. As obrigações divisíveis, indivisíveis e solidárias são complexas quanto ao sujeito. A obrigação será divisível quando o objeto da prestação (objeto mediato ou remoto) puder ser fracionado sem sua destruição ou perda de sua utilidade. Assim, se Maria e Carlos devem 100 camisas à Márcia, a prestação é divisível e a obrigação também o é. Se Maria e João devem pagar R$ 10.000,00 a Pedro, a prestação é divisível, logo, a obrigação também o é. A obrigação presume-se dividida em partes iguais entre os tantos credores e/ou os tantos devedores (*concursu partes fiunt*). Se Maria e Carlos devem 100 camisas à Márcia, a credora só poderá exigir 50 camisas de cada devedor. Se Maria e João devem pagar R$ 10.000,00 a Pedro, Pedro só pode cobrar R$ 5.000,00 de cada devedor. Há uma presunção simples (*iuris tantum*) de divisão em partes iguais. Contudo, a vontade ou a lei podem estabelecer divisão em partes desiguais. Na questão condominial, por exemplo, as despesas são pagas e os frutos recebidos na proporção da quota condominial (*vide* art. 1.315 do CC). Sobre a divisibilidade da cláusula penal em obrigação divisível, ver comentários ao art. 415 do CC.

Art. 258. A obrigação é indivisível quando a prestação tem por objeto uma coisa ou um fato não suscetíveis de divisão, por sua natureza, por motivo de ordem econômica, ou dada a razão determinante do negócio jurídico.

COMENTÁRIOS DOUTRINÁRIOS: É curiosa a opção do dispositivo em definir obrigação indivisível. Isso porque, na Parte Geral, a definição de negócio jurídico anteriormente prevista no CC/1916 não foi repetida, em razão de uma visão dos autores do Anteprojeto pela qual não cabe à lei, mas sim à doutrina, cuidar da definição de institutos. Aqui, não se seguiu essa orientação. No Projeto 634/1975, já constava o texto do atual do art. 258 do CC, que não sofreu nenhuma alteração no trâmite legislativo. Apenas mudou o número do artigo, que antes era 256. Foi Miguel Reale, em sua coluna no jornal *O Estado de S. Paulo*, que defendeu a existência do artigo que se comenta: "O dispositivo constitui um dos pouquíssimos casos em que o novo código fixa uma definição, só o fazendo para atender a razões sistemáticas. Em regra, as definições do Código anterior foram substituídas por normas que descrevem a constituição ou formação do ato ou negócio jurídico, ao invés de dar-lhe as notas conceituais. É nesse sentido, aliás, que na Exposição de Motivos se diz que foi preferida uma linguagem 'operacional' à 'conceitual', o que deu lugar a mal-entendidos por se atribuir ao termo 'operacional' um sentido físico ou mecânico". Fato é que a partir da vigência do CC/2002, as obrigações serão indivisíveis apenas nas hipóteses em que o art. 258 indica. A indivisibilidade da prestação implica indivisibilidade da obrigação. A indivisibilidade pode decorrer da natureza do objeto que, se fracionado, perece ou perde sua utilidade. É o caso de um apartamento, de um carro ou de um animal. Há ainda motivos de ordem econômica em que a divisão gera perda de valor econômico da prestação. Por fim, existem razões determinantes do negócio que indicam a indivisibilidade, pois o fracionamento da prestação inviabiliza o negócio entabulado pelas partes. Imaginemos que dois irmãos vendem 5.000m² de um terreno cada um, sendo que, sem os 10.000m², o construtor não pode edificar o prédio. Ainda que haja divisibilidade por natureza (o adquirente poderia exigir 5.000m² de um e 5.000m² de outro), a razão determinante do negócio impede o fracionamento. O credor pode exigir 10.000m² de qualquer um deles.

Art. 259. Se, havendo dois ou mais devedores, a prestação não for divisível, cada um será obrigado pela dívida toda.
Parágrafo único. O devedor, que paga a dívida, sub-roga-se no direito do credor em relação aos outros coobrigados.

COMENTÁRIOS DOUTRINÁRIOS: Há no presente artigo situação de pluralidade de devedores: dois ou mais devedores obrigados à prestação por inteiro. Em termos técnicos, cada devedor responde pelo todo (responsabilidade ou *Haftung*), mas só deve parte da prestação (dívida ou *Schuld*). É por isso que se João e José devem um cavalo a Maria, Maria pode exigir de cada um deles o cavalo por inteiro (indivisível por natureza), mas aquele que pagar (entregando o cavalo) pode exigir seu quinhão no débito do outro codevedor. Isso porque pagou 100% (*Haftung*) quando só devia 50% (*Schuld*). Como o devedor que paga o todo paga mais do que deve, ele cobra dos demais devedores a importância paga a mais, de maneira divisível, com a vantagem da sub-rogação. Nesse ponto, indivisibilidade com pluralidade de devedores e solidariedade passiva produzem os mesmos efeitos (ver art. 283 do CC/2002).

Art. 260. Se a pluralidade for dos credores, poderá cada um destes exigir a dívida inteira; mas o devedor ou devedores se desobrigarão, pagando:

I – a todos conjuntamente;

II – a um, dando este caução de ratificação dos outros credores.

COMENTÁRIOS DOUTRINÁRIOS: Neste dispositivo, o Código Civil cuida da obrigação indivisível com pluralidade de credores. Curiosamente, só retoma a pluralidade de devedores no art. 263 que, em termos técnicos, deveria se seguir ao 259. Há pluralidade de credores quando cada um deles poderá exigir a dívida por inteiro, de maneira integral. Novamente, deve-se notar que cada credor pode exigir a dívida toda (*Haftung*), mas só é credor de parte dela (*Schuld*). Aquele credor que recebe o todo paga, em dinheiro, aos demais credores seus quinhões no crédito. Há, contudo, um problema a ser resolvido pela lei: o risco de um credor receber a totalidade da prestação e não pagar aos demais seus quinhões no crédito. Assim, para o devedor pagar bem (leia-se ficar liberado da obrigação) só deve pagar de duas maneiras: a) Pagando a todos os credores conjuntamente. Os credores, evidentemente, podem outorgar procuração para que uns recebam pelos outros. b) Pagar a apenas um dos credores exigindo deste uma garantia representada por um bem móvel ou imóvel. É a chamada caução de ratificação. Ratificação, pois conforma que o pagamento pelo devedor ocorreu. Quanto aos efeitos deste dispositivo podemos imaginar três situações. Primeira: o devedor exigiu do credor a caução e o credor que recebeu a prestação pagou aos demais credores seus quinhões no crédito. O devedor restitui a caução ao credor que a deu. Segunda: o devedor exigiu do credor a caução e o credor que recebeu a prestação não pagou aos demais credores seus quinhões no crédito. O devedor fornece a caução aos demais credores que a executam. O devedor por nada responde. Terceira: o devedor não exigiu do credor a caução e o credor que recebeu a prestação não pagou aos demais credores seus quinhões no crédito. O devedor pagou mal (errou na forma de pagamento) e pagará duas vezes, ou seja, pagará aos demais credores seus quinhões no crédito e terá que reaver do credor que recebeu a prestação por inteiro esses valores. Essa regra difere totalmente da existente para a solidariedade ativa (ver art. 267 do CC/02).

Art. 261. Se um só dos credores receber a prestação por inteiro, a cada um dos outros assistirá o direito de exigir dele em dinheiro a parte que lhe caiba no total.

COMENTÁRIOS DOUTRINÁRIOS: É essa regra que indica que na obrigação indivisível com pluralidade de credores, cada credor pode exigir a prestação toda (*Haftung*), mas só tem direito à parte dela (*Schuld*). É essa razão da intrincada regra do artigo anterior com relação às duas formas de pagamento: a todos conjuntamente ou a cada um dos credores exigindo deste uma garantia (caução de ratificação). Não há sub-rogação por ausência de disposição legal.

Art. 262. Se um dos credores remitir a dívida, a obrigação não ficará extinta para com os outros; mas estes só a poderão exigir, descontada a quota do credor remitente.

COMENTÁRIOS DOUTRINÁRIOS: O dispositivo prossegue com a pluralidade de credores. Cuida da remissão ou perdão da dívida. Remissão é negócio jurídico bilateral e, para existir, depende da concordância do perdoado (ver arts. 385 e seguintes do CC/2002). Se todos os credores perdoam o devedor e este aceita o perdão, a obrigação está extinta integralmente. Se apenas um dos credores perdoar a dívida (remissão parcial) e o devedor aceitar, os demais credores podem exigir sua quota no débito, mas, prevê a lei, "descontada a quota do credor remitente". Há um problema prático. Se João e José são credores do apartamento n. 72 do Condomínio Edifício Rio Branco, que vale R$ 500.000,00 e apenas José perdoa Maria (que aceita o perdão), como João poderá cobrar metade do apartamento? A solução deve observar o art. 313 do CC/2002. João exigirá de Maria o apartamento por inteiro (pois é impossível que seja fisicamente fracionado) e pagará, em dinheiro, o valor da quota perdoada (R$ 250.000,00). Não se pode aventar possibilidade de Maria pagar a João R$ 250.000,00. Maria não deve dinheiro e sim imóvel.

Parágrafo único. O mesmo critério se observará no caso de transação, novação, compensação ou confusão.

COMENTÁRIOS DOUTRINÁRIOS: As outras formas indiretas de pagamento (em que pese a transação ter sido alçada a espécie de contrato pelo

CC/2002) produzem idênticos efeitos no artigo em comento. A extinção parcial com relação a um dos credores de bem indivisível não altera o direito de os demais cobrarem seus quinhões no crédito. O credor que perdoou, com relação ao qual ocorreu novação (ver arts. 360 e seguintes do CC/2002), compensação (ver arts. 368 e seguintes do CC/2002) ou confusão (ver arts. 381 e seguintes do CC/2002) nada poderá cobrar do devedor. Para os demais credores, nada se altera, mas haverá necessidade de se pagar ao devedor a quota perdoada, ou sobre a qual se operou confusão, novação ou compensação.

REFORMA DO CÓDIGO CIVIL: Pretende-se alterar o *caput* do art. 262, que passaria a ter a seguinte redação: "Art. 262. Se um dos credores remitir a dívida, a obrigação não ficará extinta para os outros, mas estes só a poderão exigir, descontada a quota do credor remitente". A proposta simplesmente remove a palavra "com". Trata-se, assim, de mero ajuste de linguagem que não afeta o sentido da norma.

Art. 263. Perde a qualidade de indivisível a obrigação que se resolver em perdas e danos.

COMENTÁRIOS DOUTRINÁRIOS: O dispositivo retoma a pluralidade de devedores. Aqui estamos diante da perda culposa da prestação (ver arts. 234 e 247 do CC/2002). A consequência da culpa (negligência, imprudência ou imperícia do devedor) é a responsabilidade pelas perdas e danos (danos emergentes e lucros cessantes), bem como pelos juros de mora, correção monetária e honorários de advogado (ver art. 389 do CC/2002).

§ 1º Se, para efeito do disposto neste artigo, houver culpa de todos os devedores, responderão todos por partes iguais.

Se todos os devedores forem culpados, dúvida não há de que todos responderão pelas perdas e danos. A questão que se coloca é saber se de maneira divisível ou solidária. Se seguida a regra geral da responsabilidade civil, sendo o ilícito, causa do dano, praticado por mais de uma pessoa, todos responderiam solidariamente (art. 942 do CC/2002). Contudo, o art. 263 tem uma regra especial. Como a indivisibilidade é do objeto e esta deixou de existir quando a obrigação se converteu em pagamento de perdas e danos (a obrigação pecuniária é divisível), cada devedor só responde por seu quinhão do débito. A regra do art. 263 afasta a incidência do art. 942. Por exemplo, João e Maria devem um cavalo que vale R$ 5.000,00 a Antônio, e o cavalo foge por negligência dos dois devedores. Cada devedor responde pelo equivalente (valor do cavalo) em partes iguais. Supondo, ainda, que Antônio teve, a título de lucro cessante (pois o cavalo participaria de um rodeio em Barretos), um prejuízo de R$ 1.000,00 (perdas e danos), cada devedor responderia de maneira divisível (*concursu partes fiunt*) por R$ 3.000,00.

§ 2º Se for de um só a culpa, ficarão exonerados os outros, respondendo só esse pelas perdas e danos.

Se apenas um dos devedores for culpado, dúvida não há de que apenas ele responderá pelas perdas e danos. A questão que se coloca é saber se, pelo equivalente (valor da prestação perdida), a responsabilidade será só do culpado ou de todos os devedores. A resposta está no Enunciado n. 540 da *VI Jornada de Direito Civil*, de minha autoria: "Havendo perecimento do objeto da prestação indivisível por culpa de apenas um dos devedores, todos respondem, de maneira divisível, pelo equivalente e só o culpado, pelas perdas e danos". A lógica do enunciado é a seguinte: a culpa de um dos devedores não libera os demais da prestação devida. Ainda que não tenham tido culpa (e, por isso, não respondam pelas perdas e danos), o valor do equivalente (ou seja, da prestação) prossegue, sendo devido por todos, só que de maneira divisível. Os devedores não culpados não perdem a qualidade de devedores por conta da perda da prestação. Por exemplo, João e Maria devem um cavalo que vale R$ 5.000,00 a Antônio, e o cavalo foge por negligência exclusiva de João. Cada devedor responde pelo equivalente (valor do cavalo) em partes iguais. Considerando, ainda, que Antônio teve, a título de lucro cessante (pois o cavalo participaria de um rodeio em Barretos), um prejuízo de R$ 1.000,00 (perdas e danos), por tal importância só responderá o culpado, ou seja, João. Assim, Maria responderá por R$ 2.500,00 (metade do valor do cavalo) e João por R$ 3.500,00. Curiosamente, se houver cláusula penal prefixando perdas e danos, por eles todos os devedores responderão, mas de maneira divisível, ou seja, pela quota de cada devedor. O culpado responderá pela integralidade da multa (ver art. 414 do CC).

REFORMA DO CÓDIGO CIVIL: Pretende-se alterar o § 2º do art. 263, que passaria a ter a seguinte redação: "§ 2º Se for de um só a culpa, ficarão exonerados os outros quanto às perdas e danos, respondendo todos pelo equivalente". A redação atual § 2º do artigo em comento é pouco clara. A alteração esclarece que a exoneração dos não culpados pelo perecimento do objeto da prestação indivisível só abrange as perdas e danos, mas não o equivalente. Todos seguem divisivelmente responsáveis pelo valor do equivalente, agora em dinheiro. Segue-se, desse modo, o que é defendido pela maior parte da doutrina e pelo Enunciado n. 540 *da VI Jornada de Direito Civil.*

CAPÍTULO VI
DAS OBRIGAÇÕES SOLIDÁRIAS

SEÇÃO I
DISPOSIÇÕES GERAIS

Art. 264. Há solidariedade, quando na mesma obrigação concorre mais de um credor, ou mais de um devedor, cada um com direito, ou obrigado, à dívida toda.

COMENTÁRIOS DOUTRINÁRIOS: Na solidariedade, assim como na indivisibilidade, há um descompasso entre dívida (*Schuld*) e responsabilidade (*Haftung*). A responsabilidade é maior que a dívida, pois a solidariedade é uma garantia. Isso se verifica no momento de se exercer o regresso entre os codevedores ou os cocredores conforme explicaremos a seguir. Esse dispositivo traz a estrutura da obrigação solidária. Temos duas relações: a interna e a externa. Assim vejamos. Na solidariedade ativa, em que há pluralidade de credores, aplicam-se os arts. 267 a 274 do Código Civil. Como cada um dos credores pode exigir a dívida toda, há uma **relação interna** entre os cocredores e uma **relação externa** entre os credores solidários e o devedor. A solidariedade está na relação externa. É por isso que, quando o devedor paga integralmente a dívida, a solidariedade acaba e cada credor pode cobrar daquele que recebeu seu quinhão no crédito. Se A, B, C, D e E são credores solidários da importância de R$ 100.000,00 e o devedor paga a totalidade da dívida para A, a solidariedade se extingue e B, C, D e E poderão cobrar seu quinhão no crédito, ou seja, R$ 20.000,00. Temos *Haftung* de R$ 100.000,00 e *Schuld* de apenas R$ 20.000,00. Na solidariedade passiva, em que há pluralidade de devedores, aplicam-se os arts. 275 a 285 do Código Civil. Cada um dos devedores responde pela dívida toda. Há uma **relação interna** entre os codevedores e uma **relação externa** entre os devedores solidários e o credor. A solidariedade está na relação externa. É por isso que, quando o devedor paga integralmente a dívida, a solidariedade acaba e, no momento do regresso, só pode cobrar dos codevedores seu quinhão no débito. Se A, B, C, D e E são devedores solidários da importância de R$ 100.000,00 e o credor cobra a totalidade da dívida para A, a solidariedade se extingue e B, C, D e E devem pagar a A seu quinhão no crédito, ou seja, R$ 20.000,00. Temos *Haftung* de R$ 100.000,00 e *Schuld* de apenas R$ 20.000,00. Se a solidariedade for simultaneamente ativa e passiva, é chamada pela doutrina de mista e se aplicam as regras dos arts. 267 a 285.

Art. 265. A solidariedade não se presume; resulta da lei ou da vontade das partes.

COMENTÁRIOS DOUTRINÁRIOS: Esse dispositivo é de suma importância para a compreensão das obrigações complexas quanto ao sujeito. A solidariedade não é regra no sistema brasileiro, assim como não era a regra para os romanos. Se uma obrigação tiver mais de um credor e/ou mais de um devedor, em regra, ela será divisível, se o objeto for divisível (ex.: João e José devem dar R$ 100,00) e será aplicado o art. 257 do CC/2002. Será indivisível a obrigação, se o objeto assim o for (João e José devem dar o carro) e serão aplicados os arts. 258 a 263 do CC/2002. O simples fato de existirem dois devedores, ao contrário do senso comum, não os transforma em devedores solidários. Isso porque a solidariedade é exceção e só se aplica por força de lei ou da vontade. Nas dívidas em dinheiro, ditas pecuniárias, a obrigação será, em regra, divisível, salvo previsão contratual em sentido contrário. Caso, então, haja regra de solidariedade, abandonam-se os dispositivos anteriores e se aplicam os arts. 264 a 285 do CC/2002. É por isso que, contrariando o senso comum, é possível obrigação solidária de bem indivisível. Se João e José devem o cavalo a Paula, a obrigação é indivisível (arts. 258 a 263). Se João e José emprestaram o cavalo a Paula e devem restituir, a obrigação é solidária por força do art. 585 do CC/2002, e devem ser aplicados os artigos 275 a 285 do CC/2002. O Código Civil traz diversas hipóteses de solidariedade passiva. São elas: art. 149 (dolo); art. 154 (coação); art. 177 (anulabilidade); arts. 201

e 204 (prescrição); art. 365 (novação); art. 383 (confusão); art. 388 (remissão); art. 518 (compra e venda; art. 585 (comodato); art. 639 (comodato); art. 698 (contrato de comissão); arts. 733 e 756 (contrato de transporte); arts. 828, 829 e 839 (fiança); art. 844, § 3º (transação); art. 867 (gestão de negócios); art. 914 § 1º (endosso); art. 942 (responsabilidade civil); art. 990, parágrafo único do art. 993, parágrafos únicos dos arts. 1.003, 1.009, 1.012, 1.016, 1.023, 1.036, 1.039, 1.045, 1.052, § 1º do art. 1.055, § 1º do art. 1.091, § 2º do art. 1.095, parágrafo único do art. 1.157 e parágrafo único do art. 1.177 (sociedade); art. 1.146 (estabelecimento); art. 1.317 (condomínio); art. 1.460 (penhor); art. 1.644 (regime de bens); art. 1.752, § 2º (tutela); art. 1.986 (testamento). Além desses dispositivos do Código Civil, em matéria trabalhista temos a responsabilidade solidária do grupo econômico de empregadores (art. 2º, § 2º da CLT) e pelas custas em dissídios coletivos (art. 789, § 4º da CLT). As hipóteses de solidariedade ativa são raras. Para maior aprofundamento do porquê, confiram-se os comentários ao art. 267 do CC/2002. Há, na lei do inquilinato, uma hipótese: o imóvel urbano locado por mais de uma pessoa. Todos os locadores são considerados credores solidários (art. 2º da Lei n. 8.245/1991). Reforçando o texto de lei, aprovou-se o Enunciado n. 22 na *I Jornada de Direito Comercial*, pelo qual "não se presume solidariedade passiva (art. 265 do Código Civil) pelo simples fato de duas ou mais pessoas jurídicas integrarem o mesmo grupo econômico". É a correta interpretação da lei.

JURISPRUDÊNCIA COMENTADA: Em termos de cobrança de água e esgoto do Condomínio Edilício, temos a correta orientação do STJ pela qual "no que tange à aventada ofensa aos arts. 1.315 e 1.317 do CC, sabe-se que a natureza jurídica da remuneração dos serviços de água e esgoto, prestados por concessionária de serviço público, é de tarifa. Subsome-se, assim, ao regime jurídico de Direito Privado, segundo o qual cada condômino se obriga proporcionalmente ao seu quinhão na dívida contraída por todos os condôminos, sem a discriminação da parte de cada um na obrigação, nem a estipulação de solidariedade, nos termos dos citados dispositivos. Em verdade, a adoção de um entendimento contrário vai também de encontro com a redação do art. 265 do Código Civil, segundo o qual 'a solidariedade não se presume; resulta da lei ou da vontade das partes'" (REsp 1365419/SP, 2.ª Turma, Rel. Min. Mauro Campbell Marques, j. 06.08.2013). Não há no Código Civil nenhuma regra de solidariedade passiva entre os condôminos, logo, a obrigação é divisível.

Art. 266. A obrigação solidária pode ser pura e simples para um dos cocredores ou codevedores, e condicional, ou a prazo, ou pagável em lugar diferente, para o outro.

COMENTÁRIOS DOUTRINÁRIOS: Esse dispositivo indica que, na solidariedade, as relações jurídicas entre o credor e os devedores (na solidariedade passiva) e os credores e o devedor (na solidariedade passiva) são plúrimas. Não há unicidade de relações jurídicas. Se houvesse uma única relação essa seria idêntica para todos os cocredores (ativa) ou codevedores (passiva). Se uma delas pode ser pura e simples (sem termo, encargo ou condição), e a outra pode ser a prazo (termo final) ou com condição (suspensiva ou resolutiva), bem como pagável em lugar diferente, claro está que há uma obrigação para cada um dos devedores (passiva) ou credores (ativa). A lei não menciona, mas as diferenças entre as relações jurídicas podem dizer respeito a outras questões, conforme prevê o Enunciado n. 347 da *IV Jornada de Direito Civil*: "A solidariedade admite outras disposições de conteúdo particular além do rol previsto no art. 266 do Código Civil". Assim, pode-se imaginar que as relações sejam diferentes quanto ao modo de pagamento. O devedor A deve pagar em dinheiro e o devedor B pode pagar em cartão ou dinheiro. O devedor A deve pagar à vista e o devedor B em 5 parcelas mensais e sucessivas. Ainda, a obrigação de A pode vir acompanhada de cláusula penal (multa pelo descumprimento) para a hipótese de inadimplemento e a de B, não.

SEÇÃO II

DA SOLIDARIEDADE ATIVA

Art. 267. Cada um dos credores solidários tem direito a exigir do devedor o cumprimento da prestação por inteiro.

COMENTÁRIOS DOUTRINÁRIOS: A solidariedade ativa permite que cada um dos credores, individualmente, possa cobrar a totalidade da dívida do devedor comum. Aliás, se podem o mais, podem o menos. Cada credor pode cobrar individualmente a prestação de maneira parcial, ou seja, apenas parte da dívida. O mecanismo de pagamento, portanto, difere radicalmente da obrigação indivisível com pluralidade de credores em que se exige o pagamento conjunto a todos os credores ou fornecimento de caução de ratificação (ver art. 260 do CC/2002). Há uma verdadeira "autorização legal" que permite a cada credor receber o total ou parcialmente a prestação. É verdade que se receber o todo ou parte da prestação, o credor solidário deverá ratear, dividir o valor recebido com todos os cocredores. Como já vimos, a responsabilidade (*Haftung*) é pelo todo, mas a dívida (*Schuld*) é só por uma parte. Aqui temos uma vantagem e uma desvantagem da solidariedade ativa. Se um dos credores receber apenas uma parte da prestação do credor, deverá dividir esse valor com os demais, qualquer que seja ele. Se A, B, C, D e E são credores solidários da importância de R$ 100.000,00 e o devedor paga R$ 20.000,00 para A, este deverá pagar R$ 4.000,00 para B, C, D e E. Não vale o raciocínio pelo qual a quota de A é de R$ 20.000,00, logo, ele recebeu sua quota e nada paga aos demais. Assim, se o devedor pagar a A esta quantia e depois do pagamento, ele se tornar insolvente, A deve dividir o valor recebido com os demais credores. Se a obrigação fosse divisível, e A recebesse R$ 20.000,00, ou seja, sua parte no crédito, nada teria ele que pagar aos cocredores. Mas é nisso, também, que reside a grande desvantagem da solidariedade ativa. Se A pode receber todo o valor da prestação, há um risco para os demais credores de que A não os pague. Assim, o risco de inadimplemento do devedor se desloca para o risco de não pagamento dos quinhões pelo credor solidário que recebeu o todo. É por isso que os contratos, na prática, muitas vezes afastam essa solidariedade ativa, criando divisibilidade da prestação em dinheiro. Os cocredores preferem assumir o risco de o devedor não lhes pagar a assumir o risco de um dos cocredores não lhes pagar.

Art. 268. Enquanto alguns dos credores solidários não demandarem o devedor comum, a qualquer daqueles poderá este pagar.

COMENTÁRIOS DOUTRINÁRIOS: Como se viu pelos comentários ao artigo anterior, qualquer credor pode receber a dívida toda ou parte dela. Contudo, determina o artigo em comento que, se houver demanda proposta por um dos credores solidários, o devedor só poderá pagar ao autor da ação. Note-se que se um credor solidário pode receber integralmente a dívida, nada impede que um ou alguns proponham a ação de cobrança. Não há litisconsórcio necessário entre os cocredores. Por que após a propositura da ação apenas se pode pagar ao autor da ação? A razão é óbvia. Se o devedor pudesse, mesmo com a ação proposta, pagar aos demais credores, poderia ele, para se furtar das verbas de sucumbência, pagar a um dos demais credores e, em contestação, alegar que o autor da ação demanda dívida já paga. Agora a lei merece um reparo, pois pode haver uma demanda já proposta da qual o devedor não tenha ciência. Por isso que somente após a citação é que a regra deve ser aplicada. Contudo, se o devedor tiver ciência da demanda antes da citação, a regra terá aplicação desde o momento da ciência, e não a partir da citação.

Art. 269. O pagamento feito a um dos credores solidários extingue a dívida até o montante do que foi pago.

COMENTÁRIOS DOUTRINÁRIOS: O artigo é decorrência natural dos dois dispositivos anteriores. Se cada credor pode exigir a dívida total ou parcialmente (art. 267) e se o devedor pode pagar a qualquer um dos credores (art. 268), resta claro que qualquer um dos credores pode dar quitação total ou parcial da dívida. É por isso que o pagamento a um dos credores solidários produz o seu efeito natural: a extinção da dívida com a liberação do devedor. Se o pagamento for parcial, a liberação será parcial. Se foi integral, a liberação é total.

Art. 270. Se um dos credores solidários falecer deixando herdeiros, cada um destes só terá direito a exigir e receber a quota do crédito que corresponder ao seu quinhão hereditário, salvo se a obrigação for indivisível.

COMENTÁRIOS DOUTRINÁRIOS: O dispositivo é interessante, pois conjuga a lógica da obrigação solidária com as regras de direito das sucessões. O crédito, com a morte, se transfere aos herdeiros do credor. É um bem móvel como outro qualquer (princípio da *saisine* – art. 1.784 do CC/2002). A questão que se coloca é saber qual é o quinhão de credor solidário a ser transferido a seus herdeiros. Novamente precisamos recorrer aos conceitos de dívida (*Schuld*) e responsabilidade (*Haftung*). Se temos cinco credores solidários da importância de R$ 100.000,00, cada credor pode exigir a dívida toda

(*Haftung*), mas só é credor de parte dela. Se A, B, C, D e E são credores solidários da importância de R$ 100.000,00 e o devedor paga a totalidade da dívida para A, a solidariedade se extingue e B, C, D e E poderão cobrar seu quinhão no crédito, ou seja, R$ 20.000,00. Temos *Haftung* de R$ 100.000,00 e *Schuld* de apenas R$ 20.000,00. Logo, no exemplo acima, se o credor solidário A falece e deixa A1 e A2 como únicos herdeiros, A1 só pode exigir do devedor R$ 10.000,00 (seu quinhão hereditário). Com a morte, cessa a solidariedade para os herdeiros do falecido e se verifica a refração do crédito. Contudo, há três hipóteses em que haverá a possibilidade de se cobrar a dívida integralmente: a) se o credor deixou apenas um herdeiro. Nesta hipótese, não ocorre refração do crédito e o único herdeiro pode cobrar exatamente aquilo que o falecido poderia; b) se A1 e A2 agirem conjuntamente, pois, nesta hipótese, reunidos, representam todo o patrimônio de A. É a ideia pela qual a reunião dos herdeiros implica o não fracionamento do crédito e, assim, poderão cobrar o valor integral tal como o falecido credor poderia fazê-lo; c) se a prestação for indivisível em razão da impossibilidade de fracionamento dessa. Se o único herdeiro ou os herdeiros reunidos receberem o todo, deverão pagar aos cocredores suas quotas no crédito. Em suma, havendo um único herdeiro ou todos agindo conjuntamente, as regras da solidariedade não se alteram. Como nota final, deve-se frisar que, quanto ao fato de um dos credores solidários ter morrido, para os demais credores as regras da solidariedade se mantêm. Não há transformação da natureza jurídica da obrigação quanto aos credores solidários que permanecem vivos.

Art. 271. Convertendo-se a prestação em perdas e danos, subsiste, para todos os efeitos, a solidariedade.

COMENTÁRIOS DOUTRINÁRIOS: A solidariedade não tem relação com o objeto. É uma garantia. Assim, ainda que o objeto pereça por culpa do devedor e a obrigação se converta em perdas e danos, a solidariedade se mantém intacta. Se João e José são credores solidários de um cavalo que Maria lhes deve e, por culpa de Maria o cavalo foge, os credores poderão cobrar de Maria o valor do cavalo (equivalente), mais perdas e danos de maneira solidária. Assim, cada um dos credores poderá exigir da devedora o valor integralmente. Recebido o valor total ou parcialmente, essa importância será rateada, dividida, entre os cocredores.

Art. 272. O credor que tiver remitido a dívida ou recebido o pagamento responderá aos outros pela parte que lhes caiba.

COMENTÁRIOS DOUTRINÁRIOS: O dispositivo segue a lógica da solidariedade ativa. Se um dos credores pode receber o todo e dar quitação ao devedor, pode também perdoar, remitir o todo. Se o fizer, contudo, assume ele a posição de devedor quanto aos demais credores (relação interna). Se temos cinco credores solidários da importância de R$ 100.000,00, cada credor pode exigir a dívida toda (*Haftung*), mas só é credor de parte dela. Se A, B, C, D e E são credores solidários da importância de R$ 100.000,00 e o credor A perdoa a totalidade da dívida, a solidariedade se extingue e B, C, D e E poderão cobrar de A (credor que remitiu a dívida) seu quinhão no crédito, ou seja, R$ 20.000,00. Se temos cinco credores solidários da importância de R$ 100.000,00, cada credor pode exigir a dívida toda (*Haftung*), mas só é credor de parte dela. Se A, B, C, D e E são credores solidários da importância de R$ 100.000,00 e A perdoa o devedor em R$ 20.000,00, a solidariedade não se extingue e B, C, D e E poderão cobrar solidariamente o devedor da importância de R$ 80.000,00. Recebido esse valor, ele será rateado entre B, C, D e E. Como A perdoou o devedor no limite de seu quinhão, nada receberá desse valor. E se A, tendo perdoado R$ 20.000,00, receber a importância de R$ 80.000,00? Como ele perdoou o devedor, paga a cada um dos credores (B, C, D e E) R$ 20.000,00.

Art. 273. A um dos credores solidários não pode o devedor opor as exceções pessoais oponíveis aos outros.

COMENTÁRIOS DOUTRINÁRIOS: Trata-se de regra análoga à existente para solidariedade passiva (ver art. 281 do CC). As exceções gerais são opostas a qualquer dos credores; as pessoais apenas ao credor ao qual se referem. Por isso, se o credor A for cobrar o devedor e a dívida estiver prescrita, essa exceção geral poderá ser oposta a ele e a qualquer outro credor. Contudo, se o credor A for cobrar a dívida, mas o devedor tiver a exceção da compensação com relação ao credor B, essa defesa não pode ser deduzida contra A, se não no limite do quinhão em que a compensação se operou. Vejamos. O devedor deve aos credores solidários A, B, C e D a quantia de R$ 100.000,00. Contudo, B deve para o devedor a importância de R$ 100.000,00. Se A for cobrar o devedor, a compensação a ser alegada como exceção se limita a R$ 25.000,00, pois se trata de exceção pessoal.

Art. 274. O julgamento contrário a um dos credores solidários não atinge os demais, mas o julgamento favorável aproveita-lhes, sem prejuízo de exceção pessoal que o devedor tenha direito de invocar em relação a qualquer deles. (*Redação dada pela Lei n. 13.105, de 2015*)

COMENTÁRIOS DOUTRINÁRIOS: Esse dispositivo não encontra correspondência no Código Civil de 1916 e, também, teve sua redação original sensivelmente alterada pela Lei n. 13.105/2015 (CPC/2015). A redação original era a seguinte: "O julgamento contrário a um dos credores solidários não atinge os demais; o julgamento favorável aproveita-lhes, a menos que se funde em exceção pessoal ao credor que o obteve". A segunda parte da redação original do dispositivo foi considerada, por boa parte da doutrina, confusa e, mais do que isso, capaz de conduzir a uma solução desprovida de sentido, na medida em que a consequência do acolhimento de uma exceção seria a improcedência da ação, é dizer, o credor (autor da ação) teria contra si um julgamento desfavorável pelo fato de ter sido acolhida exceção apresentada pelo devedor (réu da ação). No entanto, alguns doutrinadores apresentavam interpretação que nos parece mais adequada: o resultado favorável ao credor que ajuizou a ação não se estenderá aos demais quando tal resultado houver sido obtido com base na oposição de posição jurídica ativa do credor à posição jurídica ativa apresentada pelo devedor como defesa para ilidir o pagamento pessoal. O exemplo comumente apresentado é o seguinte: A, B, C e D são credores de E. Antes de se iniciar o prazo prescricional da pretensão, A se casa com E. Após 15 anos, B ajuíza ação de cobrança contra E, que alega a ocorrência de prescrição. O julgador acolhe a alegação e julga improcedente a ação ajuizada por B. Essa decisão não prejudicará os credores A, C e D. Imagine-se que um mês após seu divórcio, A ajuíze ação de cobrança contra E, que, mais uma vez, alega a ocorrência de prescrição. Ao se manifestar sobre tal alegação, A apresenta exceção (em sentido material) consistente no fato de não ter corrido prescrição contra si por até então ser cônjuge do réu (art. 168, I, do Código Civil). O julgador reconhece a inexistência de prescrição e julga favoravelmente ao autor. Pelo fato de o resultado favorável ter por fundamento uma especial situação jurídica do autor (ter sido casado com o réu), não se estende aos demais credores. Seja como for, a atual redação do dispositivo não mais faz qualquer distinção, de modo que, qualquer que seja o fundamento que ensejou a procedência da ação, o resultado favorável se estenderá aos demais credores.

SEÇÃO III
DA SOLIDARIEDADE PASSIVA

Art. 275. O credor tem direito a exigir e receber de um ou de alguns dos devedores, parcial ou totalmente, a dívida comum; se o pagamento tiver sido parcial, todos os demais devedores continuam obrigados solidariamente pelo resto.

Parágrafo único. Não importará renúncia da solidariedade a propositura de ação pelo credor contra um ou alguns dos devedores.

COMENTÁRIOS DOUTRINÁRIOS: A solidariedade passiva gera um efeito que a aproxima da obrigação indivisível com pluralidade de devedores: cada um dos devedores é obrigado à dívida toda perante o credor (ver art. 259 do CC/2002). Contudo, na solidariedade é possível o fracionamento da prestação (o que não ocorre na indivisibilidade), razão pela qual o pagamento parcial gera extinção parcial da dívida, mas o remanescente prossegue sendo devido de maneira solidária. A extinção parcial da dívida não tem o condão de transformar a obrigação solidária em divisível. Se A, B, C, D e E são devedores solidários da importância de R$ 100.000,00 e o credor cobra a A apenas R$ 20.000,00, recebendo tal importância, a solidariedade prossegue e A, B, C, D e E devem pagar ao credor, de maneira solidária, R$ 80.000,00. Segundo o Enunciado n. 348 da *IV Jornada de Direito Civil*: "O pagamento parcial não implica, por si só, renúncia à solidariedade, a qual deve derivar dos termos expressos da quitação ou, inequivocamente, das circunstâncias do recebimento da prestação pelo credor". O enunciado deve ser compreendido da seguinte maneira. A renúncia à solidariedade é direito do credor que poderá fazê-lo em benefício de um, alguns, ou todos os devedores. A renúncia é negócio jurídico unilateral e só depende da vontade, logo, da capacidade do credor. Assim, pode o credor, na quitação parcial, efetivar a renúncia com relação ao devedor que paga, ou quanto aos demais. O parágrafo único traz regra clara e importante. O fato de o credor optar por demandar um ou mais devedores solidários não implica perda ou renúncia da solidariedade. Essa só cessa quando o credor recebe o pagamento integral. Não haveria razão para que o credor fosse privado da garantia que é a solidariedade antes de ter o crédito inteiramente quitado. Se, após a propositura da ação contra um dos devedores solidários, resolver demandar os demais, como a causa de pedir é a mesma e o pedido também, deverá haver reunião das ações por conexão.

JURISPRUDÊNCIA COMENTADA: A solidariedade traz uma grande vantagem ao credor. Ele escolhe o quanto cobrar e de qual devedor cobrar. Por isso o STJ assim decidiu com relação ao empréstimo compulsório: "Decidiu-se, ainda, que é faculdade do contribuinte eleger apenas um dos devedores solidários para figurar no polo passivo da demanda em que se postula a correção monetária do empréstimo compulsório sobre energia elétrica, consoante previsto no art. 275 do Código Civil, que regula a solidariedade passiva" (STJ, Agravo Interno no Conflito de Competência 142.417/RS, 1.ª Seção, Rel. Min. Napoleão Nunes Maia Filho, j. 23.11.2016). O STJ admite a inclusão dos demais devedores no polo passivo pelo credor: "[...] conforme o art. 275, *caput* e parágrafo único, do CC, é faculdade do credor escolher a qual ou a quais devedores direcionará a cobrança do débito comum, sendo certo que a propositura da ação de conhecimento contra um deles não implica a renúncia à solidariedade dos remanescentes, que permanecem obrigados ao pagamento da dívida. Ressalte-se que essa norma é de direito material, restringindo-se sua aplicação ao momento de formação do processo cognitivo, quando, então, o credor pode incluir no polo passivo a demanda de todos, alguns ou um específico devedor. Sob essa perspectiva, a sentença somente terá eficácia em relação aos demandados, não alcançando aqueles que não participaram da relação jurídica processual, nos termos do art. 472 do CPC e conforme a jurisprudência do STJ (REsp 1.169.968/RS, 3.ª Turma, *DJe* 17.03.2014; e AgRg no AREsp 275.477/CE, 1.ª Turma, *DJe* 08.04.2014)" (STJ, REsp 1.423.083/SP, Rel. Min. Luis Felipe Salomão, j. 06.05.2014).

Art. 276. Se um dos devedores solidários falecer deixando herdeiros, nenhum destes será obrigado a pagar senão a quota que corresponder ao seu quinhão hereditário, salvo se a obrigação for indivisível; mas todos reunidos serão considerados como um devedor solidário em relação aos demais devedores.

COMENTÁRIOS DOUTRINÁRIOS: Esse dispositivo traz uma regra interessante que consagra o princípio da refração do débito. Seu alcance precisa ser bem delimitado sob pena de incorreta compreensão e, ademais, os princípios do direito das sucessões devem ser explicados. Por força do art. 1.792 do CC/2002, o herdeiro não responde por encargos superiores às forças da herança, ou seja, os bens do morto respondem por suas dívidas. Os bens do herdeiro, sem qualquer relação com o que herdou, não respondem pelas dívidas do morto. Pelas regras de inventário, cabe ao inventariante primeiramente pagar todas as dívidas do morto, para, então realizar a partilha dos bens entre os herdeiros de acordo com a vocação hereditária (sucessão legítima) ou vontade do *de cujus* (sucessão testamentária). Se as dívidas do falecido forem integralmente pagas, o artigo em comento não terá qualquer aplicação. Contudo, pode ocorrer de, após a partilha dos bens do falecido, um determinado credor demandar os herdeiros do falecido devedor solidário. A pergunta que surge é: quanto o credor poderá cobrar desses herdeiros? Se A, B, C, D e E são devedores solidários da importância de R$ 100.000,00 temos *Haftung* de R$ 100.000,00 e *Schuld* de apenas R$ 20.000,00. Se A falece, para os demais devedores solidários (B, C, D e E) nada se altera e eles prosseguem responsáveis pela importância de R$ 100.000,00. Deixando A apenas dois herdeiros, A1 e A2, cada um herda R$ 10.000,00 pois a dívida (*Schuld*) de seu pai era de R$ 20.000,00. Logo, em razão da refração, A1 e A2 só podem ser cobrados pelo quinhão herdado. A refração tem três exceções em que se poderá cobrar o valor integral da dívida (no exemplo acima, R$ 100.000,00): a) se o falecido deixou um único herdeiro; b) se o credor cobrar de todos os herdeiros conjuntamente. Nessas hipóteses, verifica-se que o patrimônio do devedor não foi fracionado, dividido, quer seja porque o herdeiro é único (letra *a*), quer seja porque o credor reuniu todo o patrimônio do falecido quando cobrou de todos os herdeiros conjuntamente (letra *b*). É exatamente por isso que, se o credor cobrar o espólio do falecido devedor solidário, antes que haja partilha, poderá cobrar a totalidade do crédito (no exemplo *supra*, R$ 100.000,00) porque sendo espólio, não houve fracionamento do patrimônio. Se os herdeiros A1 e A2, reunidos, pagarem R$ 100.000,00 ao credor, terão direito de regresso contra B, C, D e E quanto às suas quotas no débito. A1 poderá cobrar, apenas, R$ 10.000,00 de B, R$ 10.000,00 de C, R$ 10.000,00 de D e R$ 10.000,00 de E. Da mesma forma A2. No momento do regresso, a prestação é divisível tanto no polo ativo (entre A1 e A2), quanto no polo passivo (B, C, D e E). c) se a prestação for indivisível, pois nessa hipótese a indivisibilidade do objeto (seja ela física, seja ela decorrente da lei ou da vontade) impede o fracionamento da prestação. Cabe uma nota derradeira: os bens que garantem o pagamento do credor são, exclusivamente, os que o herdeiro recebeu do morto e os sub-rogados em seu lugar. Jamais bens do herdeiro que foram anteriores à partilha ou bens que não tenham sido transmitidos pelo morto.

Art. 277. O pagamento parcial feito por um dos devedores e a remissão por ele obtida não aproveitam aos outros devedores, senão até à concorrência da quantia paga ou relevada.

COMENTÁRIOS DOUTRINÁRIOS: O dispositivo demonstra a estrutura da obrigação solidária a partir da extinção parcial da obrigação pela remissão (perdão) ou pagamento. A remissão (grafia com SS) ou perdão é negócio jurídico bilateral que se forma a partir de um acordo de vontades, e, portanto, difere da remição (grafia com Ç), que é a extinção de um direito real por força do pagamento. Quando a dívida é paga e se extingue, ela é remitida. Quando a hipoteca é extinta por força do pagamento da dívida, ela é remida. A solidariedade gera um feixe obrigacional que estrangula relações autônomas, razão pela qual cada devedor tem uma relação jurídica autônoma para com o credor. Se um devedor é integralmente perdoado, para ele desaparece a relação obrigacional, mas os demais devedores prosseguem presos pela solidariedade (*Haftung*), descontando-se o valor da quota remitida. Se A, B, C, D e E são devedores solidários da importância de R$ 100.000,00 temos *Haftung* de R$ 100.000,00 e *Schuld* de apenas R$ 20.000,00. Assim, se A é perdoado pelo credor e aceita o perdão (negócio jurídico bilateral exige a aceitação do devedor), o credor nada poderá cobrar de A, mas poderá cobrar R$ 80.000,00 total ou parcialmente de B, C, D ou E, pois a solidariedade se mantém. O pagamento produz efeito distinto em sendo parcial, pois não libera o devedor se não no limite do valor pago. Se A, B, C, D e E são devedores solidários da importância de R$ 100.000,00 temos *Haftung* de R$ 100.000,00 e *Schuld* de apenas R$ 20.000,00. Assim, se A pagar R$ 20.000,00 ao credor, este não poderá alegar que pagou a sua parte da dívida e, portanto, nada mais deve, pois responde por R$ 100.000,00. O credor poderá cobrar R$ 80.000,00 total ou parcialmente de A, B, C, D ou E, pois a solidariedade se mantém, descontando-se, abatendo-se a quota paga. O pagamento parcial, por óbvio, não implica renúncia da solidariedade, pois o pagamento muda o valor da dívida (*Schuld*), mas não afeta a responsabilidade (*Haftung*). Nesse sentido, o Enunciado n. 348 da *IV Jornada de Direito Civil*: "O pagamento parcial não implica, por si só, renúncia à solidariedade, a qual deve derivar dos termos expressos da quitação ou, inequivocamente, das circunstâncias do recebimento da prestação pelo credor".

JURISPRUDÊNCIA COMENTADA: O STJ entende que o perdão precisa ser bilateral, ou seja, com a concordância do devedor e claro e inequívoco consentimento do credor. Equivoca-se ao mencionar que não há remissão tácita (ver art. 386 do CC). Aplica corretamente o dispositivo pelo qual os herdeiros são considerados como um único devedor perante os demais devedores solidários: "[...] não há falar-se em aplicação do art. 277 do Código Civil pela ausência de habilitação dos sucessores nos autos, pois não existe remissão tácita, mormente decorrente de conduta do próprio devedor. Outrossim, os herdeiros são considerados devedores solidários em relação aos demais devedores (art. 276 do CC) e o credor tem direito a exigir e receber de um ou de alguns dos devedores a dívida comum (art. 275 do CC)" (STJ, AgRg no AREsp 800058/PR, 4.ª Turma, Rel. Min. Maria Isabel Gallotti, j. 15.12.2015).

Art. 278. Qualquer cláusula, condição ou obrigação adicional, estipulada entre um dos devedores solidários e o credor, não poderá agravar a posição dos outros sem consentimento destes.

COMENTÁRIOS DOUTRINÁRIOS: O artigo comprova que as relações jurídicas dos devedores solidários são autônomas e individuais presas em um feixe, mas que não as torna únicas. Assim, as cláusulas firmadas entre um dos devedores e o credor que piorem (a lei utiliza o termo "agravar") a situação dos outros só atingem (eficácia) aquele devedor que as ajustou, mas não os demais. É situação de eficácia relativa. Imaginemos que um dos devedores solidários estipula com o credor a redução do prazo para pagamento, ou aumenta a taxa de juros em caso de mora, ou, ainda, estipula cláusula penal que originalmente não existia para a hipótese de mora ou inadimplemento absoluto. A situação dos demais devedores fica agravada, piora, e, logo, tal estipulação só atinge o devedor que a ajustou. A solidariedade passiva não implica mandato entre os codevedores, logo, nessa hipótese, o devedor solidário só vincula a si próprio. Contudo, se houver um benefício, *a contrario sensu*, esse atinge todos os devedores. Assim, se houver a dilação do prazo para um dos devedores, ou a redução da taxa de juros moratórios, todos os demais contam com o benefício. Se a lei pretendesse retirar a comunicabilidade do benefício, o teria feito expressamente. Assim, o benefício atinge todos os devedores solidários e o agravamento só o devedor que o ajustou.

Art. 279. Impossibilitando-se a prestação por culpa de um dos devedores solidários, subsiste para todos o encargo de pagar o equivalente; mas pelas perdas e danos só responde o culpado.

COMENTÁRIOS DOUTRINÁRIOS: O dispositivo indica que a solidariedade não tem relação com o objeto devido. Trata-se de uma garantia. É por isso que a perda do objeto não altera os efeitos da obrigação. Vejamos. Se o objeto perece sem culpa dos devedores solidários, a obrigação se extingue e as partes retornam ao estado anterior (*statu quo ante*). Contudo, o art. 279 cuida da perda culposa da prestação (ver arts. 234 e 247 do CC/2002). A consequência da culpa (negligência, imprudência ou imperícia do devedor) é a responsabilidade pelas perdas e danos (danos emergentes e lucros cessantes), bem como pelos juros de mora, correção monetária e honorários de advogado (ver art. 389 do CC/2002). Se todos os devedores forem culpados, dúvida não há de que todos respondem pelas perdas e danos e de maneira solidária, pois o credor não vê sua garantia diminuída porque a prestação se perdeu. Em suma, segue-se a regra geral da responsabilidade civil, pela qual, sendo o ilícito, causa do dano, praticado por mais de uma pessoa, todos responderiam solidariamente (art. 942 do CC/2002). A regra do art. 279 confirma a incidência do art. 942. Por exemplo, João e Maria devem um cavalo que vale R$ 5.000,00 a Antônio, e o cavalo foge por negligência dos dois devedores. Cada devedor responde pelo equivalente (valor do cavalo) de maneira solidária. Considerando, ainda, que Antônio teve, a título de lucro cessante (pois o cavalo participaria de um rodeio em Barretos), um prejuízo de R$ 1.000,00 (perdas e danos), ambos os devedores responderão solidariamente por R$ 6.000,00. A regra afasta o instituto da indivisibilidade do da solidariedade (ver comentários ao art. 263). Se apenas um dos devedores for culpado, dúvida não há de que apenas ele responderá pelas perdas e danos. Quanto ao equivalente (valor da prestação perdida), a responsabilidade será solidária de todos os devedores. Por exemplo, João e Maria devem um cavalo que vale R$ 5.000,00 a Antônio, e o cavalo foge por negligência exclusiva de João. Ambos respondem solidariamente pelo equivalente (valor do cavalo). Considerando, ainda, que Antônio teve a título de lucro cessante (pois o cavalo participaria de um rodeio em Barretos), um prejuízo de R$ 1.000,00 (perdas e danos), por tal importância só responderá o culpado, ou seja, João. Assim, Maria responderá por R$ 5.000,00 (valor do cavalo) e João por R$ 6.000,00 (valor do cavalo mais perdas e danos). Note-se que, se João pagar os R$ 6.000,00 ou Maria os R$ 5.000,00 ao credor, haverá o direito de regresso quanto a R$ 2.500,00 (ver art. 283).

Art. 280. Todos os devedores respondem pelos juros da mora, ainda que a ação tenha sido proposta somente contra um; mas o culpado responde aos outros pela obrigação acrescida.

COMENTÁRIOS DOUTRINÁRIOS: O dispositivo merece especial atenção, pois, até o presente momento, todos os artigos comentados seguem a regra de ouro n. 1 das obrigações (ver art. 236) pela qual, somente havendo culpa, o devedor responde pelas perdas e danos. O art. 280 impõe a todos os devedores, culpados ou não, a responsabilidade pelos juros de mora. Em suma, na relação externa (entre os devedores solidários e o credor), os juros de mora são devidos por todos os devedores, bastando que um deles tenha agido com culpa. Na relação interna (entre os codevedores solidários), só responderá o devedor efetivamente culpado. Vejamos. Se A, B, C, D e E são devedores solidários da importância de R$ 100.000,00, e por culpa de A o pagamento não ocorre na data avençada, todos os devedores responderão solidariamente pela dívida, mais juros de mora. Supondo que B pague integralmente o valor devido (R$ 100.000,00) e juros de mora (R$ 1.000,00). No momento do regresso poderá cobrar de cada devedor solidário a importância de R$ 20.000,00, mas apenas de A os juros (R$ 1.000,00). Na relação interna, para fins de regresso, o codevedor deve provar a culpa no inadimplemento que acarretou o pagamento de juros. Trata-se de claro *favor creditoris*, pois basta o credor provar a culpa de um dos devedores (culpa essa que se presume na responsabilidade contratual), que todos os demais devedores poderão ser cobrados dos juros. Há um rompimento com a regra do *favor debitoris*, sem que haja razão clara para isso. No sistema das Ordenações, não havia clareza quanto a isso. A regra tem caráter pragmático: evitar a multiplicidade de demandas. Se assim não fosse, o credor deveria cobrar o principal de qualquer dos devedores, à sua escolha, mas propor uma nova ação para fins de juros em face apenas do culpado. A outra possível explicação para a regra vem de Carvalho Santos. Para ele, a obrigação solidária é única, ou seja, não há uma multiplicidade de relações presas em um feixe. Então, os juros, como acessórios, seguem o principal e podem ser cobrados de qualquer um dos devedores. Essa lógica nega a essência da solidariedade, que é a existência de obrigações diversas que se encontram enfeixadas pela solidariedade. Se assim não fosse, a renúncia da solidariedade em favor de todos os devedores solidários (ver art. 282), operaria um verdadeiro milagre de multiplicação: uma relação única se transformaria em muitas outras. Cremos mais adequada a explicação que vem da doutrina francesa. Se todos os devedores solidários respondem pela prestação inadimplida, permitir a cobrança de juros de todos os devedores decorre da ideia de economia processual. Não faria sentido permitir ao credor cobrar o principal de um dos devedores não culpados, mas exigir uma nova ação a ser movida pelo culpado para apenas exigir os juros de mora. É para facilitar a cobrança, sem multiplicidade de demandas, que os juros são pagos por qualquer dos devedores solidários, inclusive aqueles não culpados. Fato é que, se a obrigação se perpetua pelo inadimplemento, e isso ocorre com a mora, prossegue esta sendo solidária para todos os efeitos.

Art. 281. O devedor demandado pode opor ao credor as exceções que lhe forem pessoais e as comuns a todos; não lhe aproveitando as exceções pessoais a outro codevedor.

COMENTÁRIOS DOUTRINÁRIOS: As exceções são defesas e podem ser gerais (comuns a todos os devedores) ou pessoais (atingem um devedor apenas). A nulidade absoluta por vício de forma, por nulidade do objeto, por incapacidade do credor são exemplos de exceções gerais. Podem ser invocadas por qualquer um dos devedores demandados. A prescrição, se não houve suspensão em favor de um dos devedores, é exceção geral. Isso porque a suspensão da prescrição não beneficia os demais devedores solidários, salvo se a obrigação for indivisível (art. 201). Se a exceção for pessoal de um devedor, só ele poderá invocá-la, pois as obrigações são autônomas e apenas presas pelo feixe da solidariedade. É o caso de um termo em favor de um dos devedores que não beneficia os demais. Se a renúncia da solidariedade beneficiou apenas um dos devedores solidários, pode ele invocar tal renúncia pessoal para não responder além de sua quota no débito.

Art. 282. O credor pode renunciar à solidariedade em favor de um, de alguns ou de todos os devedores.

Parágrafo único. Se o credor exonerar da solidariedade um ou mais devedores, subsistirá a dos demais.

COMENTÁRIOS DOUTRINÁRIOS: A renúncia, diferentemente da remissão, é negócio jurídico unilateral, ou seja, só depende da vontade do credor e de sua capacidade de fato para ser válida. A renúncia, diferentemente da remissão, modifica a responsabilidade (*Haftung*), mas não a dívida (*Schuld*). A renúncia à solidariedade pode beneficiar todos os devedores solidários, alguns ou apenas um deles. Vejamos. Se A, B, C, D e E são devedores solidários da importância de R$ 100.000,00 temos *Haftung* de R$ 100.000,00 e *Schuld* de apenas R$ 20.000,00. Se o credor renuncia à solidariedade com relação a todos os devedores solidários (abriu mão de garantia, *Haftung*), a dívida (*Schuld*) se mantém em R$ 100.000,00, mas passa a ser divisível e cada devedor só pode ser cobrado por R$ 20.000,00. A regra é distinta da remissão, pois, se todos os devedores solidários forem perdoados e aceitarem o perdão, a obrigação se extingue (ver art. 277). Questão mais complexa diz respeito à renúncia que beneficia apenas um dos devedores solidários. Se A, B, C, D e E são devedores solidários da importância de R$ 100.000,00 temos *Haftung* de R$ 100.000,00 e *Schuld* de apenas R$ 20.000,00. Se o credor renuncia à solidariedade com relação apenas a A, dúvida não há de que dele só poderá cobrar R$ 20.000,00. Se um dos devedores solidários for beneficiado pela renúncia, o valor da dívida não se altera, mas o beneficiado só responde por sua quota no débito. Rompe-se o feixe da solidariedade para aquele beneficiado pela renúncia (perda parcial de eficácia da solidariedade). Novamente, a regra difere do perdão que beneficia apenas um dos devedores solidários. Conforme dissemos ao comentar o art. 277, se um devedor é integralmente perdoado, para ele desaparece a relação obrigacional, mas os demais devedores prosseguem presos pela solidariedade (*Haftung*), descontando-se o valor da quota remitida. Questão mais complexa diz respeito aos demais devedores solidários não beneficiados pela renúncia. Quanto o credor poderá cobrar de cada um deles? Se A, B, C, D e E são devedores solidários da importância de R$ 100.000,00 temos *Haftung* de R$ 100.000,00 e *Schuld* de apenas R$ 20.000,00. Se o credor renuncia à solidariedade com relação apenas a A, poderá cobrar de B, C, D ou E a importância de R$ 80.000,00, de maneira solidária. Esse é o teor do Enunciado n. 349 da *IV Jornada de Direito Civil*: "Com a renúncia à solidariedade quanto a apenas um dos devedores solidários, o credor só poderá cobrar do beneficiado a sua quota na dívida, permanecendo a solidariedade quanto aos demais devedores, abatida do débito a parte correspondente aos beneficiados pela renúncia". A lógica é a seguinte: se o credor renunciou à solidariedade, abriu mão de parte da garantia, logo não poderá cobrar dos demais devedores o débito integralmente. Há autores que defendem (por todos ver Gustavo Tepedino em seu *Código Civil comentado*) que o credor poderia prosseguir cobrando a integralidade da dívida dos devedores não beneficiados pela renúncia. A base para a interpretação é que o art. 282 não reproduziu a parte final do parágrafo único do art. 912 "abatendo no débito a parte correspondente aos devedores, cuja obrigação remitiu (art. 914)". Era assim redigido o dispositivo do CC revogado: "Art. 912. O credor pode renunciar a solidariedade em favor de um, alguns, ou todos os devedores. Parágrafo único. Se o credor exonerar da solidariedade um ou mais devedores, aos outros só lhe ficará o direito de acionar, abatendo no débito a parte correspondente aos devedores, cuja obrigação remitiu (art. 914)". O artigo do CC/1916 continha um equívoco ao confundir remissão (da dívida) com renúncia da solidariedade. A parte final foi suprimida pois misturava a extinção parcial da dívida (por isso falava em obrigação remitida, perdoada) com a simples renúncia de solidariedade. O fato de a remissão parcial e a renúncia em favor de um dos devedores solidários ter por efeito uma redução do valor a ser cobrado dos demais devedores solidários (pois estes só respondem abatendo-se a quota do perdoado – art. 277 – ou do beneficiado pela renúncia – art. 282) não iguala os institutos da remissão e do perdão. Há uma semelhança eficacial com fundamentos diversos (remissão atinge *Schuld* e renúncia atinge *Haftung*), mas há diferenças evidentes (ver comentários ao art. 284 do CC). A figura do chamamento ao processo pressupõe a solidariedade passiva. É por isso que dispõe o art. 130 do CPC/2015 que "é admissível o chamamento ao processo, requerido pelo réu dos demais devedores solidários, quando o credor exigir de um ou de alguns o pagamento da dívida comum" (inciso III). O chamamento permite que o devedor solidário (réu na ação promovida pelo credor) obtenha na própria sentença o direito de regresso contra os demais codevedores solidários (art. 132 do CPC/2015: "A sentença de procedência valerá como título executivo em favor do réu que satisfizer a dívida, a fim de que possa exigi-la, por inteiro, do devedor principal, ou, de cada um dos codevedores, a sua quota, na proporção que lhes tocar"). Isso não afeta o credor que poderá cobrar integralmente a dívida de um dos devedores solidários (ver comentários ao art. 275), mas facilita o direito de regresso para quem pagou a dívida toda. Correto o entendimento do Enunciado n. 351 da *IV Jornada de Direito Civil* pelo qual "a renúncia à solidariedade em favor de determinado devedor afasta a hipótese de seu chamamento ao processo". Isso porque, se um dos devedores foi beneficiado pela renúncia, para ele não há solidariedade e sua relação se tornou autônoma quanto às demais.

REFORMA DO CÓDIGO CIVIL: Pretende-se alterar o parágrafo único do artigo e criar um § 2º. Os parágrafos passariam, se aprovada a reforma, a ter a seguinte redação: "§ 1º Se o credor exonerar da solidariedade um ou mais devedores, ela subsistirá para os demais obrigados, abatendo-se do débito a parte correspondente a dos devedores beneficiados pela renúncia. § 2º Poderá o credor, porém, cobrar daquele liberado da solidariedade a quota por ele devida". O § 1º esclarece o que é anteriormente comentado, ou seja, se o credor renunciou à solidariedade, abriu mão de parte da garantia, logo não poderá cobrar dos demais devedores o débito integralmente. No entanto, diferentemente da remissão, a renúncia à dívida não implica extinção desta para o beneficiado pela renúncia. Nesse sentido, a inclusão do § 2º esclarece que, mesmo com a renúncia, pode ainda o credor cobrar do indivíduo liberado da solidariedade, porém nos limites da quota por ele devida.

Art. 283. O devedor que satisfez a dívida por inteiro tem direito a exigir de cada um dos codevedores a sua quota, dividindo-se igualmente por todos a do insolvente, se o houver, presumindo-se iguais, no débito, as partes de todos os codevedores.

COMENTÁRIOS DOUTRINÁRIOS: O direito de regresso é próprio da solidariedade passiva, pois conforme se explicou à exaustão, o devedor responde pelo todo (*Haftung*), mas só deve parte da dívida (*Schuld*). Com o pagamento integral, acaba a relação externa (que une os devedores ao credor) e o direito de regresso se dará de maneira divisível: cada devedor paga àquele que quitou a dívida junto ao credor apenas seu quinhão da dívida. Se A, B, C, D e E são devedores solidários da importância de R$ 100.000,00 temos *Haftung* de R$ 100.000,00 e *Schuld* de apenas R$ 20.000,00. Assim, se A paga a integralidade da dívida, poderá cobrar de cada codevedor (B, C, D e E) apenas R$ 20.000,00 pois a solidariedade que estava na relação externa se extingue com o pagamento. Para ser possível cobrar de B, por exemplo, R$ 80.000,00, os codevedores devem avençar contratualmente essa possibilidade, pois a solidariedade não se presume (art. 265 do CC). Há uma presunção de igualdade de quinhões entre os codevedores que decorre da aplicação do art. 257 para a relação interna. Se são cinco devedores solidários, presume-se que cada um deva 1/5 do valor devido. No momento do regresso, se um dos devedores se tornar insolvente (dívidas superam o valor de seus bens), sua quota será rateada, dividida, entre todos os devedores solidários. Se A, B, C, D e E são devedores solidários da importância de R$ 100.000,00 temos *Haftung* de R$ 100.000,00 e *Schuld* de apenas R$ 20.000,00. Assim, se A paga a integralidade da dívida, poderá cobrar de cada devedor apenas R$ 20.000,00. Supondo que E seja insolvente, o seu quinhão será rateado entre A, B, C e D, ou seja, A poderá cobrar de B, C e D R$ 25.000,00 (R$ 20.000,00 por eles devidos e R$ 5.000,00, parte da quota de E). A regra do art. 283 também se aplica ao pagamento parcial. É decorrência da relação interna entre os codevedores e, por isso, o Projeto Clóvis, em seu art. 1.059, apenas mencionava "depois de haver pago, tem o devedor direito de exigir [...]". Não há divergência na doutrina quanto ao efeito do pagamento parcial e a possibilidade de regresso. Se A, B, C, D e E são devedores solidários da importância de R$ 100.000,00 temos *Haftung* de R$ 100.000,00 e *Schuld* de apenas R$ 20.000,00. Assim, se A paga R$ 10.000,00 ao credor, poderá cobrar de cada devedor R$ 2.000,00, pois na relação interna (entre os codevedores) a obrigação é divisível.

Art. 284. No caso de rateio entre os codevedores, contribuirão também os exonerados da solidariedade pelo credor, pela parte que na obrigação incumbia ao insolvente.

COMENTÁRIOS DOUTRINÁRIOS: A regra já estava no Código Civil de 1916 e assim se mantém. Isso porque a renúncia à solidariedade pelo credor não pode agravar a situação dos demais devedores, que poderão ter que arcar com a quota do insolvente por conta de um negócio jurídico unilateral e que depende somente da vontade do credor. A questão comporta duas observações. Se a renúncia da solidariedade beneficiou todos os devedores, a solidariedade acabou e a regra do art. 184 não se aplica. Se beneficiou apenas um (ou alguns) dos devedores, permanece a possibilidade de rateio da quota do insolvente entre todos os devedores solidários. Se A, B, C, D e E são devedores solidários da importância de R$ 100.000,00 temos *Haftung* de R$ 100.000,00 e *Schuld* de apenas R$ 20.000,00. Se o credor renuncia à solidariedade com relação apenas a A, poderá cobrar de A apenas R$ 20.000,00 e de B, C, D ou E a importância de R$ 80.000,00, de maneira solidária. Se B pagar R$ 80.000,00 ao credor e, no momento do regresso E estiver insolvente, B poderá cobrar de C e D a quantia de R$ 25.000,00 (R$ 20.000,00 por eles devidos e R$ 5.000,00, parte da quota de E) e de A apenas a quota do insolvente (R$ 5.000,00). Em caso de perdão (remissão da dívida), a situação é distinta. Ocorrendo perdão, há extinção parcial da dívida, ou seja, uma das relações obrigacionais (que estava presa em razão do feixe da solidariedade) se extingue. Não se trata de simples redução de garantia (*Haftung*), mas redução da dívida (*Schuld*). É por isso que acertadamente prevê o Enunciado n. 350 da *IV Jornada de Direito Civil* que "a renúncia à solidariedade diferencia-se da remissão, em que o devedor fica inteiramente liberado do vínculo obrigacional, inclusive no que tange ao rateio da quota do eventual codevedor insolvente, nos termos do art. 284". Se A, B, C, D e E são devedores solidários da importância de R$ 100.000,00 temos *Haftung* de R$ 100.000,00 e *Schuld* de apenas R$ 20.000,00. Se o credor perdoa apenas A (que aceita o perdão) nada poderá cobrar de A e poderá cobrar de B, C, D ou E a importância de R$ 80.000,00, de maneira solidária. Se B pagar R$ 80.000,00 ao credor e, no momento do regresso E estiver insolvente, B poderá cobrar de C e D a quantia de R$ 26.666,00 (R$ 20.000,00 por eles devidos e R$ 6.666,00, que é parte da quota de E) e de A nada poderá cobrar.

REFORMA DO CÓDIGO CIVIL: Pretende-se criar um parágrafo único no art. 284, o qual teria a seguinte redação: "Parágrafo único. O disposto no *caput* não se aplica aos beneficiados pela remissão". A inserção do parágrafo, seguindo o Enunciado n. 350 da *IV Jornada de Direito Civil* e o que é explicado nos comentários anteriores, esclarece que devedor cuja dívida foi remitida não participa do rateio da quota de eventual codevedor insolvente. Lembra-se de que, com o perdão (remissão), há extinção parcial da dívida, ou seja, uma das relações obrigacionais que estava presa em razão do feixe da solidariedade se extingue. Diferentemente do caso da renúncia, em que apenas a garantia diminui, aqui a dívida é reduzida; portanto, é acertada a regra trazida no § 2º.

Art. 285. Se a dívida solidária interessar exclusivamente a um dos devedores, responderá este por toda ela para com aquele que pagar.

COMENTÁRIOS DOUTRINÁRIOS: Há dívidas que interessam exclusivamente a um dos devedores solidários. Se o locador do imóvel urbano exigir como garantia uma fiança e, por força de contrato, o fiador se tornar devedor solidário juntamente com o locatário, o fiador não tem benefício com a dívida, apesar de ser devedor solidário. Nessa hipótese, no momento do regresso, o fiador cobra a integralidade da dívida, sem nada abater. Vejamos duas situações. A e B são devedores solidários da importância de R$ 100.000,00 e a dívida beneficia a ambos. A paga ao credor a totalidade da dívida. No momento do regresso contra B, A deve abater sua parte na dívida (R$ 50.000,00) e cobrar de B o restante. Contudo, se A for fiador e devedor solidário por força do contrato, da importância de R$ 100.000,00, a dívida beneficia apenas B. Se A pagar ao credor a totalidade da dívida, no momento do regresso contra B, A poderá cobrar R$ 100.000,00.

TÍTULO II
DA TRANSMISSÃO DAS OBRIGAÇÕES

COMENTÁRIOS DOUTRINÁRIOS INTRODUTÓRIOS: Após tratar das modalidades das obrigações, o Código Civil, seguindo a noção de processo obrigacional, disciplina a sua transmissão. Em suma, após o nascimento da obrigação, esta pode ser transferida na sua integralidade por meio da cessão de contrato (polo ativo e passivo), ou pode haver transmissão de um dos polos apenas: cessão de crédito quando se transmite o polo ativo e assunção de dívida quando se assume o polo passivo. O Código Civil brasileiro não disciplina, como o fazem os Códigos italiano e português, a cessão da posição contratual.

CAPÍTULO I
DA CESSÃO DE CRÉDITO

Art. 286. O credor pode ceder o seu crédito, se a isso não se opuser a natureza da obrigação, a lei, ou a convenção com o devedor; a cláusula proibitiva da cessão não poderá ser oposta ao cessionário de boa-fé, se não constar do instrumento da obrigação.

COMENTÁRIOS DOUTRINÁRIOS: O crédito, como qualquer bem, material ou imaterial, pode ser transferido pelo credor por meio de negócio jurídico bilateral, que é a cessão de crédito. Para tanto, deve haver a vontade do credor primitivo ou originário (cedente) e daquele que se tornará credor com a cessão (cessionário), além de ser necessária a capacidade de fato de ambos para sua validade. O devedor não é parte na cessão de crédito (*vide* comentários ao art. 290). Assim como os bens são em regra alienáveis, o crédito (que é um bem imaterial) pode ser cedido, salvo se a isso se opuser a natureza da obrigação (a obrigação alimentar é personalíssima e não pode ser cedida), a lei ou a vontade das partes (credor e devedor avençam a inacessibilidade do crédito). Nessa hipótese, assim como na venda por quem não é dono (*a non domino*), a cessão será ineficaz e não produzirá efeitos. A obrigação mantém em seu polo ativo o credor original para todos os efeitos. A cláusula proibitiva da cessão vincula apenas os contratantes, ou seja, o credor e o devedor, não atingindo terceiros (como o cessionário, por exemplo). É o princípio *res inter alios acta*. É por isso que a parte final do dispositivo em comento prevê que "a cláusula proibitiva da cessão não poderá ser oposta ao cessionário de boa-fé, se não constar do instrumento da obrigação". O Código Civil expressamente exige que haja essa menção. Em suma, ainda que o cessionário saiba de um acordo verbal entre o cedente e o devedor que preveja a proibição da cessão, o sistema exige a regra escrita. Há um sacrifício da boa-fé para se observar a segurança jurídica.

Art. 287. Salvo disposição em contrário, na cessão de um crédito abrangem-se todos os seus acessórios.

COMENTÁRIOS DOUTRINÁRIOS: É a velha máxima pela qual o acessório segue o principal. A cessão do crédito implica a cessão das garantias (reais e pessoais), bem como dos juros, cláusula penal, arras etc. Como a figura do devedor está mantida, é irrelevante a mudança do polo ativo da obrigação, razão pela qual todas as garantias se mantêm intactas, inclusive a fiança.

Art. 288. É ineficaz, em relação a terceiros, a transmissão de um crédito, se não celebrar-se mediante instrumento público, ou instrumento particular revestido das solenidades do § 1º do art. 654.

COMENTÁRIOS DOUTRINÁRIOS: O Código Civil de 2002 é mais técnico que o anterior ao substituir "não vale" por "é ineficaz" em relação a terceiros a cessão que não observar a forma prescrita em lei. Onde se dará o registro? No Registro de Títulos e Documentos. Para o crédito hipotecário, além desse registro, deve ocorrer averbação também no Registro de Imóveis (averbação – art. 167, I, 2, da Lei n. 6.015/1973). Note-se que, com relação ao cedente e ao cessionário (credor originário e novo credor), a cessão tem forma livre, podendo ser verbal. Com relação a terceiros (por exemplo, um credor do cedente que, com a cessão, perderá a chance de penhorar tal crédito), a cessão só produz efeitos se for por instrumento público ou por instrumento particular e, nesse caso, com os requisitos previstos para o mandato por instrumento particular. Os requisitos do art. 654, § 1º são os seguintes: "§ 1º O instrumento particular deve conter a indicação do lugar onde foi passado, a qualificação do outorgante e do outorgado, a data e o objetivo da outorga com a designação e a extensão dos poderes conferidos". Deve, ainda, a cessão de crédito ser registrada no Registro de Títulos e Documentos para fins de eficácia em relação a terceiros (art. 129, 9º da Lei n. 6.015/1973). Se a forma for pública, não se exigem os requisitos do art. 654 para que a cessão produza efeitos em relação a terceiros. Não observada a forma pública ou os requisitos do art. 654, § 1º, a cessão não padecerá de nulidade, mas apenas de ineficácia quanto aos terceiros, obrigando o cedente e o cessionário para todos os efeitos. Como o devedor participou da relação creditória que está sendo cedida, ele tem ciência da existência do crédito e de sua extensão. Logo, para o devedor, que é um terceiro em posição especial, por conhecer o crédito, prevê o Enunciado n. 618 da *VIII Jornada de Direito Civil* o seguinte: "O devedor não é terceiro para fins de aplicação do art. 288 do Código Civil, bastando a notificação prevista no art. 290 para que a cessão de crédito seja eficaz perante ele". Tecnicamente, terceiro ele é, pois da cessão não é parte, já que efetivamente dela fazem parte apenas o cedente e o cessionário. Assim, seguindo Orlando Gomes e Carvalho Santos, o denominamos terceiro em posição especial e, para ele, a cessão produz todos os efeitos mesmo não sendo observados os requisitos do artigo em comento.

Art. 289. O cessionário de crédito hipotecário tem o direito de fazer averbar a cessão no registro do imóvel.

COMENTÁRIOS DOUTRINÁRIOS: Em se tratando de direito real, prevalece o princípio da publicidade. É o registro e a averbação junto ao registro de imóveis que fazem nascer o direito real sobre imóveis ou dão publicidade de certos negócios jurídicos gerando efeitos *erga omnes*. É o que ocorre, por exemplo, com a averbação do contrato de locação junto à matrícula do imóvel para fins de adjudicação do imóvel pelo locatário preterido pela preferência (art. 33 da Lei n. 8.245/1991). Com a averbação da cessão garantida pela hipoteca, haverá ciência de terceiros por força da publicidade. Assim, se um terceiro adquirir o imóvel e quiser remir a hipoteca (remição) pagando a dívida, deverá pagar ao cessionário e não ao cedente. Para o devedor, persiste a necessidade de notificação do art. 290.

Art. 290. A cessão do crédito não tem eficácia em relação ao devedor, senão quando a este notificada; mas por notificado se tem o devedor que, em escrito público ou particular, se declarou ciente da cessão feita.

COMENTÁRIOS DOUTRINÁRIOS: O devedor não é parte na cessão de crédito. É por isso que a cessão existe, é válida e eficaz quando há o encontro das vontades do cedente e do cessionário. A eficácia, contudo, dirá respeito somente às partes. Para que a cessão seja eficaz com relação ao devedor, este deve ser notificado. A eventual oposição do devedor à cessão é irrelevante, bem como sua discordância. A cessão é válida ainda que o devedor dela discorde. A notificação será expressa quando partir do cedente ou do cessionário e, nessa hipótese, a lei não exige forma. Poderá ser, inclusive, verbal, e isso não compromete a validade da notificação. Contudo, admite-se a notificação presumida quando o devedor se declara ciente da cessão de crédito. Esta será necessariamente por escrito, sob pena de nulidade. A lei admite o instrumento público (lavrado pelo Tabelionato de Notas) ou particular. Isso garante segurança jurídica. Evitam-se dúvidas quanto à efetiva ciência da cessão por parte do devedor. A notificação não tem por escopo a obtenção de concordância do devedor. Ainda que ele se oponha à cessão, esta produzirá todos os seus efeitos, pois o devedor é um terceiro que dela não faz parte. Antes da notificação, o cedente será considerado, para o devedor, credor putativo e, portanto, se o devedor lhe pagar, terá pagado bem (agiu de boa-fé, pois desconhecia a cessão) e estará exonerado da prestação. Caberá ao cessionário (credor real) cobrar do cedente (credor putativo) (ver comentários ao art. 292). Depois da notificação, o devedor tem ciência da cessão. Se pagar ao cedente, terá pagado mal (agiu de má-fé, pois conhecia a cessão) e não estará exonerado da prestação. Caberá ao cessionário (credor real) cobrar do devedor o valor devido. É o conhecido brocardo: quem paga mal, paga duas vezes (ver arts. 308 e 310 do CC).

JURISPRUDÊNCIA COMENTADA: É nesse sentido a jurisprudência do STJ. A notificação não é necessária para que ocorra a cessão de crédito e permite ao cessionário, mesmo sem notificar o devedor, que pratique todos os atos necessários à conservação do crédito. Assim, "a jurisprudência desta Corte Superior já firmou o entendimento de que a ausência de notificação quanto à cessão de crédito, prevista no art. 290 do Código Civil, não isenta o devedor do cumprimento da obrigação nem impede o registro do seu nome em órgãos de restrição ao crédito quando inadimplente, apenas dispensa o devedor que tenha prestado a obrigação diretamente ao cedente de pagá-la novamente ao cessionário" (STJ, AgInt no AREsp 1156325/SP, 3.ª Turma, Rel. Min. Ricardo Villas Bôas Cueva, j. 24.04.2018). Também, seguindo o raciocínio de que a notificação serve apenas para que o devedor saiba a quem pagar temos "o objetivo da notificação prevista no art. 290 do Código Civil é informar ao devedor quem é o seu novo credor, a fim de evitar que se pague o débito perante o credor originário, impossibilitando o credor derivado de exigir do devedor a obrigação então adimplida. A falta de notificação não destitui o novo credor de proceder aos atos que julgar necessários para a conservação do direito cedido. Precedentes (...)" (AgRg no REsp 1299460/SP, 4.ª Turma, Rel. Min. Marco Buzzi, j. 10.03.2015). Exatamente no sentido do que explicamos nestes comentários, temos: "A controvérsia cinge-se, na verdade, a saber se a citação da devedora em ação movida pelo cessionário atende a finalidade precípua do art. 290 do Código Civil, que é a de 'dar ciência' ao devedor do negócio, por meio de 'escrito público ou particular'. Pelo que se pode inferir da norma sob análise (art. 290 do Código Civil: 'A cessão do crédito não tem eficácia em relação ao devedor, senão quando a este notificada; mas por notificado se tem o devedor que, em escrito público ou particular, se declarou ciente da cessão feita'), a finalidade é informar ao devedor quem é o seu novo credor. É importante ressaltar que o devedor fica dispensado de ter de pagar novamente ao credor-cessionário, se já saldou a dívida diretamente com o credor originário. Ademais, o devedor pode opor ao credor-cessionário as exceções de caráter pessoal que teria em relação ao credor-cedente, anteriores a transferência do crédito e também posteriores, até o momento da cobrança, conforme dispõe o art. 294 do Código Civil ('O devedor pode opor ao cessionário as exceções que lhe competirem, bem como as que, no momento em que veio a ter conhecimento da cessão, tinha contra o cedente'). Cabe ressaltar que, segundo precedente deste Tribunal Superior, '[a] falta de notificação do devedor sobre a cessão do crédito não torna a dívida inexigível (art. 290 do CC/02)' (REsp 1.882.117/MS, 3.ª Turma, Rel. Min. Nancy Andrighi, *DJe* 12.11.2020). Nesse contexto, se a ausência de comunicação da cessão do crédito não afasta a exigibilidade da dívida, a questão está melhor decidida pelo acórdão paradigma, ao considerar suficiente a citação do devedor na ação de cobrança ajuizada pelo credor-cessionário para atender ao comando do art. 290 do Código Civil, que é o de 'dar ciência' ao devedor do negócio, por meio de 'escrito público ou particular'. Com efeito, a partir da citação, o devedor toma ciência inequívoca da cessão de crédito e, por conseguinte, a quem deve pagar. Assim, a citação revela-se suficiente para cumprir a exigência de cientificar o devedor da transferência do crédito" (EAREsp 1.125.139-PR, Corte Especial, Rel. Min. Laurita Vaz, j. 06.10.2021, m.v.).

REFORMA DO CÓDIGO CIVIL: Pretende-se criar um parágrafo único no art. 290 com a seguinte redação: "Parágrafo único. Para os fins do disposto no art. 288, não se considera terceiro o devedor do crédito cedido, mas a sua notificação será feita por instrumento particular, com as exigências do art. 654". Como explicado nos comentários ao art. 288, o devedor participou da relação creditória que está sendo cedida; assim, ele tem ciência da existência do crédito e de sua extensão. Portanto, deve ele ser considerado terceiro em posição especial. Segundo a proposta original da subcomissão de obrigações, para o devedor, na posição de terceiro especial que tem ciência do crédito, a eficácia da cessão perante ele estaria condicionada à mera notificação por instrumento particular simples. Tratar-se-ia, portanto, de exceção ao art. 288, que exige instrumento público ou instrumento particular com as formalidades do art. 654. A relatoria-geral da Comissão, no entanto, alterou o parágrafo proposto pela subcomissão e adicionou a exigência de que o instrumento público deve seguir os requisitos do art. 654. Perde o parágrafo único, assim, totalmente a razão de existir, uma vez que a exceção torna-se exatamente igual à regra, ou seja, a forma de notificação do terceiro e do devedor (terceiro em posição especial) passa a ser a mesma.

Art. 291. Ocorrendo várias cessões do mesmo crédito, prevalece a que se completar com a tradição do título do crédito cedido.

COMENTÁRIOS DOUTRINÁRIOS: A regra pressupõe que o credor (na qualidade de cedente) transferiu o mesmo crédito a mais de uma pessoa. Nessa hipótese, temos um problema de titularidade do crédito. Qual dos cessionários será o efetivo credor se o crédito foi cedido mais de uma vez? A lei responde que será aquele que portar o título de crédito cedido. Isso significa que se A cedeu o crédito a B e posteriormente o cedeu a C, não importa qual cessão ocorreu antes, mas sim qual dos cessionários está com o título de crédito. Isso garante segurança jurídica, já que o devedor pagará a quem tem o título de crédito, pois, por lei, esse se presume credor. O critério da posse do título só faz sentido se foram cumpridos os requisitos dos arts. 288 (para terceiros) e 290 (para o devedor). Se não foram cumpridos, a cessão é ineficaz para terceiros (art. 288) ou para o devedor (art. 290). Assim, se a primeira cessão de crédito foi verbal e o devedor não foi dela notificado, e a segunda cumpriu as regras dos arts. 288 e 290, mesmo estando o cessionário da primeira com o título de crédito, a segunda cessão é que prevalece por força da eficácia que a lei lhe confere. O devedor poderá pagar ao segundo cessionário e terá pagado bem. Se o crédito não for representado por um título (crédito que determinada pessoa tem na União Federal por meio de precatório), prevalecerá o critério da anterioridade da cessão.

Art. 292. Fica desobrigado o devedor que, antes de ter conhecimento da cessão, paga ao credor primitivo, ou que, no caso de mais de uma cessão notificada, paga ao cessionário que lhe apresenta, com o título de cessão, o da obrigação cedida; quando o crédito constar de escritura pública, prevalecerá a prioridade da notificação.

COMENTÁRIOS DOUTRINÁRIOS: São duas as hipóteses contempladas no artigo em comento. A primeira é aquela do devedor que paga ao cedente antes de notificado da cessão. Como dissemos (art. 290, o devedor age de boa-fé e está exonerado da obrigação). Apesar de o credor real ser o cessionário, a boa-fé do devedor (desconhecimento da cessão) faz com que o cessionário nada possa cobrar do cedente. Caberá ao cessionário, credor real, cobrar do cedente (credor putativo). Note-se que a lei fala em pagamento "antes de ter conhecimento da cessão". Se o devedor, antes de notificado, tiver ciência da cessão, sua boa-fé é afastada e, se pagar ao cedente, terá pagado mal e pagará duas vezes (uma ao cedente e uma ao cessionário). A segunda é aquela em que o crédito foi cedido mais de uma vez pelo cedente e o devedor foi notificado de todas as cessões (quando não for notificado, temos a regra do art. 291). Nessa hipótese, o devedor pagará ao portador do título do crédito, pois, por presunção, ele é o credor real. No caso de escritura pública, se duas pessoas se disserem credoras em razão de cessões sucessivas de crédito, quem notificar primeiro o devedor assim o será considerado para fins de pagamento. O devedor paga bem em pagando a quem o notificou em primeiro lugar. Se pagar a quem não é mais credor (em razão da nova cessão de crédito) estará de boa-fé e exonerado da obrigação, cabendo ao credor real cobrar o putativo. Isso fasta a insegurança do devedor sobre a quem deve pagar.

Art. 293. Independentemente do conhecimento da cessão pelo devedor, pode o cessionário exercer os atos conservatórios do direito cedido.

COMENTÁRIOS DOUTRINÁRIOS: O artigo reforça a ideia de que a cessão de crédito é negócio bilateral, que depende apenas da vontade do cedente e do cessionário. A vontade do devedor é irrelevante. Ultimada a cessão pelas vontades do cedente e do cessionário, a cessão produz todos os seus efeitos com relação a ambos. O cessionário é, então, o credor, que poderá agir como tal, ainda que o devedor desconheça tal *status*. O cessionário poderá cobrar a dívida vencida, interromper a prescrição, exigir a entrega do bem (se a prestação for de dar), a realização da obra ou serviço (se a prestação for de fazer), a abstenção do devedor (se a prestação for de não fazer), notificar terceiros cuja conduta possa impedir a realização da prestação. A cobrança da dívida, mesmo antes da notificação ao devedor, implicará, quando de sua citação, que a ciência lhe foi dada. A citação terá os efeitos da notificação prevista no art. 290 do CC.

Art. 294. O devedor pode opor ao cessionário as exceções que lhe competirem, bem como as que, no momento em que veio a ter conhecimento da cessão, tinha contra o cedente.

COMENTÁRIOS DOUTRINÁRIOS: Conforme já explicado nos comentários aos arts. 290, 292 e 293, o devedor não é parte na cessão de crédito e nem pode a ela se opor. Sua oposição ou discordância não produzem efeitos e são irrelevantes. Contudo, o devedor, quando notificado da cessão, poderá opor as exceções que tinha em relação ao cedente e estas produzirão efeitos contra o cessionário. É o exemplo de cessão de obrigação nula ou extinta. Se o devedor já pagou ao cedente, ou se ocorreu compensação de dívidas (ver comentários ao art. 377 do CC) extinguindo a obrigação cedida, caberá ao devedor opor tais defesas ao cessionário. Nesse momento, as exceções atingirão o cessionário mesmo que se refiram à pessoa do cedente. Se uma obrigação for nula por incapacidade do cedente, ou anulável por vício de consentimento (o devedor contraiu a dívida em estado de perigo ou por coação), tais defesas atingem o cessionário, ainda que este as desconheça. Se não o fizer, ou seja, se não opuser as exceções de que dispunha contra o cedente, perde o direito de opô-las posteriormente. É uma questão de lealdade do devedor para com o cessionário. A lei não traz prazos para que o devedor realize a oposição das exceções. Todavia, deverá fazê-lo de imediato para que não gere ao cessionário a expectativa de que inexistam tais exceções. A parte final do art. 1.072 do CC/1916, que mencionava a simulação ("Art. 1.072. O devedor pode opor tanto ao cessionário como ao cedente as exceções que lhe competirem no momento em que tiver conhecimento da cessão; mas, não pode opor ao cessionário de boa-fé a simulação do cedente"), foi suprimida pelo atual Código Civil. Na vigência do revogado Código Civil, havia regra expressa que impedia que os simuladores invocassem a simulação em ação entre si ou contra terceiros (art. 104 do CC/1916). Isso porque a simulação gerava, apenas, anulabilidade do negócio jurídico (art. 147, II, do CC/1916) e não era, portanto, matéria de ordem pública. Como a simulação passou a ser causa de nulidade do negócio jurídico (art. 167 do CC/2002), a regra do art. 104 não foi reproduzida pelo Código Civil atual e, portanto, pode haver alegação de simulação pelos próprios simuladores. A ordem pública (decorrente da nulidade absoluta) se sobrepõe ao adágio pelo qual ninguém pode se beneficiar da própria torpeza.

JURISPRUDÊNCIA COMENTADA: Há uma questão técnica importante. Existindo a notificação ao devedor, deverá ele, desde logo, efetuar a oposição das exceções. Se a notificação não ocorrer, quando o devedor poderá opor as exceções previstas no presente artigo? Quando responder à demanda de cobrança. Assim, decidiu o STJ: "1. A cessão de crédito não tem eficácia em relação ao devedor, senão quando a este notificada. Isso não significa, porém, que a dívida não possa ser exigida quando faltar a notificação. 2. O objetivo da notificação é informar ao devedor quem é o seu novo credor, isto é, a quem deve ser dirigida a prestação. A ausência da notificação traz essencialmente duas consequências: Em primeiro lugar dispensa o devedor que tenha prestado a obrigação diretamente ao cedente de pagá-la novamente ao cessionário. Em segundo lugar permite que devedor oponha ao cessionário as exceções de caráter pessoal que teria em relação ao cedente, anteriores à transferência do crédito e também posteriores, até o momento da cobrança (art. 294 do Código Civil). 3. A falta de notificação não interfere com a existência ou exigibilidade da dívida, sendo de se admitir, inclusive, a inscrição indevida em cadastros de inadimplentes em caso de não pagamento, observadas as formalidades de estilo (art. 43, § 2º, Código de Defesa do Consumidor)" (AgRg no REsp 1408914/PR, 3.ª Turma, Rel. Min. Sidnei Beneti, j. 22.10.2013). Em suma, quando o devedor tiver ciência da cessão deverá, de imediato, realizar a oposição das exceções pessoais.

Art. 295. Na cessão por título oneroso, o cedente, ainda que não se responsabilize, fica responsável ao cessionário pela existência do crédito ao tempo em que lhe cedeu; a mesma responsabilidade lhe cabe nas cessões por título gratuito, se tiver procedido de má-fé.

COMENTÁRIOS DOUTRINÁRIOS: Trata-se de hipótese de cessão de crédito inexistente. Trata-se de verdadeira evicção (arts. 447 a 457 do CC) em que a crédito não pode ser cobrado pelo cedente, pois não existe. São as hipóteses de dívidas já pagas, extintas por compensação ou inválidas. A responsabilidade do cedente para com o cessionário surge por força de lei, mas pode ser reduzida ou afastada pelo acordo de vontade entre as partes. A responsabilidade é diferente nas hipóteses de cessão gratuita ou onerosa. Na cessão onerosa, o cedente "vendeu" o crédito e recebeu um valor por isso. Na cessão gratuita, o cedente praticou uma liberalidade sem nenhuma vantagem. Na cessão onerosa, o cedente responde pelo valor do crédito cedido (valor da coisa ao tempo em se evenceu – art. 450, parágrafo único, do CC), não podendo o valor ser inferior ao que o cessionário pagou ao cedente (art. 450, *caput,* do CC). Na cessão gratuita, como o cedente não teve qualquer vantagem ou contraprestação, a responsabilidade só surge se provada sua má-fé, ou seja, que cedeu um crédito que sabia ser inexistente.

Má-fé, nos termos do art. 295, significa conhecimento pelo cedente da inexistência do crédito. Nessa hipótese, o cedente paga ao cessionário o valor do crédito cedido na data em se evenceu. Há uma questão teórica a ser respondida: na hipótese de cessão de crédito em que o crédito é inexistente (porque já pago, por exemplo), a cessão seria inexistente, inválida ou ineficaz? A lei resolve essa questão no plano da eficácia, determinando a responsabilidade do cedente por evicção (que dependerá de má-fé em caso de cessão gratuita). Contudo, em termos teóricos, se o objeto é inexistente, inexistente é também o negócio jurídico.

Art. 296. Salvo estipulação em contrário, o cedente não responde pela solvência do devedor.

COMENTÁRIOS DOUTRINÁRIOS: A cessão do crédito não implica responsabilidade do cedente pelo seu pagamento. É chamada de *pro soluto*. Os riscos da cessão são do cessionário que assume os bônus e os ônus de se tornar proprietário de um crédito. Assim, se o cessionário adquire um crédito de um devedor insolvente que, posteriormente, herda bens de seu pai, terá as vantagens desse aumento patrimonial. Se, por outro lado, o devedor já estiver insolvente ou se tornar após a cessão, sofrerá os prejuízos dessa situação. Há uma hipótese em que o cedente responderá pela insolvência: se por ela se obrigou (art. 297 do CC). Se agiu com dolo (arts. 145 a 150 do CC), a cessão é anulável e o cedente responde pelas perdas e danos. A má-fé do cedente que, conhecendo a insolvência, engana o cessionário, não pode ser premiada.

Art. 297. O cedente, responsável ao cessionário pela solvência do devedor, não responde por mais do que daquele recebeu, com os respectivos juros; mas tem de ressarcir-lhe as despesas da cessão e as que o cessionário houver feito com a cobrança.

COMENTÁRIOS DOUTRINÁRIOS: Em havendo cessão *pro solvendo* pela qual o cedente expressamente se responsabiliza pelo pagamento do crédito cedido, sua responsabilidade é limitada ao valor que recebeu para alienar o crédito, acrescido de juros. Assim, se cedeu por R$ 10.000,00 um crédito de R$ 100.000,00, sua responsabilidade será por apenas R$ 10.000,00 acrescidos de juros. A quais juros se refere o artigo: moratórios ou compensatórios? São os compensatórios, por fazerem parte da indenização na hipótese de inadimplemento de dívidas pecuniárias (ver art. 404 do CC). Poderão ainda incidir juros moratórios se houver resistência do cedente em pagar os valores devidos – hipótese em que ocorre inadimplemento culposo. Em regra, não há juros de mora, pois o dispositivo não impõe pagamento de perdas e danos pelo cedente ao cessionário. Arca, também com as despesas da cessão (emolumentos com escritura pública, despesas com advogado, despesas com notificação do devedor etc.) e com a cobrança do devedor (custo de eventual notificação ou protesto, custo da demanda incluindo honorários de advogado etc.). A responsabilidade do cedente é subsidiária ao devedor. A solidariedade não se presume (art. 265 do CC). Logo, ainda que assuma tal responsabilidade (*pro solvendo*), poderá dela se exonerar provando que o cessionário não tomou todas as medidas necessárias à satisfação do crédito pelo devedor.

Art. 298. O crédito, uma vez penhorado, não pode mais ser transferido pelo credor que tiver conhecimento da penhora; mas o devedor que o pagar, não tendo notificação dela, fica exonerado, subsistindo somente contra o credor os direitos de terceiro.

COMENTÁRIOS DOUTRINÁRIOS: O crédito, como qualquer outro bem, pode ser objeto de penhora pelos credores do cedente. Com a penhora, o crédito não pode ser cedido e, se o for, a cessão será ineficaz quanto ao exequente, não produzindo efeitos para ele. Isso porque o exequente já tem direitos sobre o crédito penhorado. Para ele, a cessão é ineficaz, mas produz todos os efeitos com relação a terceiros (obedecido o preceito do art. 28 do CC). Contudo, para fins de aplicação da regra, a lei exige que o cedente tenha conhecimento da penhora. Se não tiver conhecimento, a cessão é eficaz e produz todos os efeitos. A ciência do cedente quanto à penhora se dará quando da intimação do advogado da decisão judicial que a determinar. Há, também, a questão do devedor que, desconhecendo a penhora, paga ao cessionário o crédito. Se desconhecia a penhora, agiu de boa-fé e caberá ao exequente demandar o cessionário para exercer os direitos decorrentes da penhora. Se o devedor foi notificado da penhora e pagou ao cessionário, prossegue ele responsável pela dívida perante o exequente. O mesmo efeito da notificação terá a averbação da penhora.

O CPC/2015 (art. 799, IX) prevê que incumbe ao exequente "proceder à averbação em registro público do ato de propositura da execução e dos atos de constrição realizados, para conhecimento de terceiros".

CAPÍTULO II
DA ASSUNÇÃO DE DÍVIDA

COMENTÁRIOS DOUTRINÁRIOS INTRODUTÓRIOS: Após tratar da transmissão do polo ativo da obrigação, o Código Civil trata da transmissão do polo passivo. Diferentemente do Código Civil português e do italiano, o Código Civil brasileiro não trata da cessão da posição contratual. Os termos cessão de débito e assunção de dívida eram utilizados indistintamente pela doutrina na vigência do Código Civil de 1916 quando a matéria não tinha disciplina legal. Efetivamente, o termo "assunção" é mais adequado para a compreensão da figura. Isso porque o débito implica para o devedor uma perda de bens, um verdadeiro fardo. Não se cede um fardo, não se adquire um débito, mas sim se assume. É por essa razão que o Código Civil utiliza o termo assunção de dívida já que um terceiro (assuntor) assumirá a posição jurídica de devedor. São três as figuras na assunção de débito: o devedor primitivo ou originário que transfere o débito, o novo devedor (assuntor) que o assume e o credor. Como o patrimônio do devedor responde por suas dívidas (arts. 391 e 942 do CC), o ingresso de um novo devedor com a saída do originário pode ser extremamente prejudicial ao credor. É por isso que, na assunção, a vontade do credor será necessária para que ela se verifique. O silêncio do credor significa que a assunção não ocorreu (a exceção se encontra no art. 303). Em suma, ainda que o devedor e o assuntor fixem um prazo para que o credor declare sua aceitação, esgotado tal prazo sem manifestação expressa do credor, a assunção tem-se por não ocorrida (parágrafo único do art. 303 do CC). A vontade do credor é elemento necessário à existência da assunção. A assunção de dívida pode ser dividida em espécies de acordo com o critério da concordância do devedor primitivo e da manutenção de sua responsabilidade. De acordo com o critério da concordância do devedor primitivo, a assunção pode ocorrer por duas formas: expromissão ou delegação. Ocorrerá expromissão quando o assuntor acorda com o credor em assumir o polo passivo da obrigação e o devedor originário dela não participa. A expromissão pode ocorrer contra a vontade do devedor originário. Ocorrerá delegação quando o devedor originário e o assuntor avençam a assunção e o credor com ela concorda. Na expromissão temos apenas duas vontades (assuntor e credor) e na delegação temos três vontades (devedor originário, assuntor e credor). Expromissão não se confunde com perdão em termos estruturais: no perdão (remissão), a vontade do devedor é necessária e está no plano da existência. Sem vontade do devedor, não há remissão. Na expromissão, basta a vontade do credor e do assuntor. De acordo com o critério da liberação do devedor primitivo, a assunção poderá ser liberatória ou cumulativa. Será liberatória se o devedor primitivo ficar exonerado da dívida, nada mais devendo ao credor. Será cumulativa, se o assuntor passar a ser devedor principal e o devedor primitivo o devedor subsidiário. Na segunda hipótese, por inexistência de regras no Código Civil, por analogia aplicam-se as regras da fiança, ocupando o devedor primitivo a posição de fiador. Assim, se o devedor primitivo pagar a dívida, terá ele direito de regresso em face do assuntor, e, por se tratar de terceiro interessado, terá as vantagens da sub-rogação (arts. 346 e seguintes do CC). Se, por contrato, se estabelecer entre o devedor primitivo e o assuntor solidariedade, a assunção fica desnaturada, já que ambos respondem pela dívida toda. Nessa hipótese aplicam-se os arts. 275 a 285 do Código Civil. Os artigos sobre assunção de dívida têm sido alvo de críticas da doutrina por sua falta de clareza, conforme se observará.

Art. 299. É facultado a terceiro assumir a obrigação do devedor, com o consentimento expresso do credor, ficando exonerado o devedor primitivo, salvo se aquele, ao tempo da assunção, era insolvente e o credor o ignorava.

Parágrafo único. Qualquer das partes pode assinar prazo ao credor para que consinta na assunção da dívida, interpretando-se o seu silêncio como recusa.

COMENTÁRIOS DOUTRINÁRIOS: No sistema brasileiro, a assunção é, em regra, liberatória, nos termos do art. 303. Será cumulativa em duas hipóteses: por força de contrato ou por força da insolvência do assuntor. Nesse sentido, Enunciado n. 16 da *I Jornada de Direito Civil*: "O art. 299 do Código Civil não exclui a possibilidade da assunção cumulativa da dívida quando dois ou mais devedores se tornam responsáveis pelo débito com a concordância do credor". Na hipótese em que, quando da assunção, o assuntor era insolvente (dívidas em valor superior aos bens) e o credor ignorava, a assunção, por lei, é cumulativa. Se o credor sabia da insolvência do assuntor (estava de má-fé), o devedor primitivo está liberado da obrigação. Caso contrário, o devedor primitivo prossegue no polo passivo na qualidade de devedor subsidiário. Em se tratando de cessão de posição contratual, ou seja, o cessionário assume os polos ativo e passivo da relação jurídica, como todos os efeitos que disso decorrem, apesar da ausência de previsão legal, aplica-se a regra do art. 299 do CC conforme o Enunciado n. 648 do CJF, aprovado na *IX Jornada de Direito Civil*: ("Aplica-se à cessão da posição contratual, no que couber, a disciplina da transmissão das obrigações prevista no CC, em particular a expressa anuência do cedido, *ex vi* do art. 299 do CC").

Art. 300. Salvo assentimento expresso do devedor primitivo, consideram-se extintas, a partir da assunção da dívida, as garantias especiais por ele originariamente dadas ao credor.

COMENTÁRIOS DOUTRINÁRIOS: O dispositivo é de redação confusa, pois menciona uma categoria de garantias (garantias especiais) que não é utilizada pela doutrina, nem mencionada pela legislação brasileira. Podemos imaginar dois tipos de garantias: as garantias prestadas pelo próprio devedor e as garantias prestadas por terceiros (fiança, hipoteca ou penhor de um bem de um terceiro que não o devedor). As garantias prestadas por terceiros ao credor levam em conta a figura do devedor. Mesmo porque se o devedor não pagar a dívida e as garantias prestadas por terceiros forem executadas, os terceiros terão direito de regresso. É por isso que tais garantias se extinguem com a assunção, salvo expresso assentimento do terceiro com sua manutenção. Por outro lado, temos as garantias prestadas pelo próprio devedor primitivo, tais como hipoteca e penhor de bens do próprio devedor. Essas garantias também se extinguem, se não houver concordância do devedor com a assunção. Em suma, na assunção por delegação, as garantias prestadas pelo devedor originário se mantêm, mas na expromissão não, essas garantias se extinguem. É esse o teor do Enunciado n. 352 da *IV Jornada de Direito Civil*: "Salvo expressa concordância dos terceiros, as garantias por eles prestadas se extinguem com a assunção da dívida; já as garantias prestadas pelo devedor primitivo somente serão mantidas se este concordar com a assunção". É esse o teor do art. 599 do Código Civil português que serviu de modelo para o art. 303 do Código Civil. O Enunciado n. 422 segue de maneira pouco clara o mesmo entendimento. É com a vontade do devedor primitivo ou do terceiro que se mantêm as garantias originalmente prestadas: "A expressão 'garantias especiais' constante do art. 300 do CC/2002 refere-se a todas as garantias, quaisquer delas, reais ou fidejussórias, que tenham sido prestadas voluntária e originariamente pelo devedor primitivo ou por terceiro, vale dizer, aquelas que dependeram da vontade do garantidor, devedor ou terceiro para se constituírem".

REFORMA DO CÓDIGO CIVIL: Pretende-se criar um parágrafo único e fazer uma alteração no *caput* do art. 300, que passaria a ter a seguinte redação: "Art. 300. Salvo assentimento expresso do devedor primitivo, consideram-se extintas, a partir da assunção da dívida, as garantias por ele originariamente dadas ao credor. Parágrafo único. Ficam extintas todas as garantias prestadas por terceiros se eles não as ratificarem expressamente". Em relação ao *caput*, elimina-se o adjetivo "especiais" dado às garantias, que, conforme explicado anteriormente, não é utilizado nem pela doutrina nem pela legislação brasileira e, portanto, deixa a norma confusa. A criação do parágrafo único, por sua vez, esclarece que as garantias prestadas por terceiros se extinguem com a assunção da dívida, salvo se tais garantias forem expressamente ratificadas por esses terceiros. Isso vai direitamente ao encontro do que é defendido nos comentários anteriores e no Enunciado n. 352 da *IV Jornada de Direito Civil*.

Art. 301. Se a substituição do devedor vier a ser anulada, restaura-se o débito, com todas as suas garantias, salvo as garantias prestadas por terceiros, exceto se este conhecia o vício que inquinava a obrigação.

COMENTÁRIOS DOUTRINÁRIOS: A nulidade ou anulação da assunção pressupõe o regresso das relações jurídicas ao estado anterior. Apagam-se os efeitos da assunção, salvo com relação às garantias prestadas por terceiros. Há um defeito no texto de lei. Fala-se em anulação e não em nulidade. O Enunciado n. 423 da *V Jornada de Direito Civil*, corrige esse equívoco: "O art. 301 do CC deve ser interpretado de forma a também abranger os negócios jurídicos nulos e a significar a continuidade da relação obrigacional originária em vez de 'restauração', porque, envolvendo hipótese de transmissão, aquela relação nunca deixou de existir". Invalidada a assunção, a dívida originária se restabelece com seus acessórios (multas, juros e garantias). Contudo, por uma questão de proteção da confiança, as garantias prestadas por terceiros que se extinguiram com a assunção prosseguem extintas. Há uma exceção: se o terceiro garantidor conhecia o vício que inquinava a assunção. Isso porque o terceiro agiu de má-fé. Nessa hipótese, a garantia prestada pelo terceiro se restabelece. Se o fiador desconhece o fato de o assuntor ter sido coagido pelo locatário a assumir a dívida, anulada a assunção pelo vício do consentimento, a fiança permanece extinta. Se, por outro lado, o fiador sabia da coação ou dela participou, a fiança se restabelece e volta a produzir efeitos.

REFORMA DO CÓDIGO CIVIL: Pretende-se alterar o art. 301, que passaria a ter a seguinte redação: "Art. 301. Se a substituição do devedor vier a ser invalidada, restaura-se o débito, com todas as suas garantias, salvo as garantias prestadas por terceiros, exceto se estes conheciam o vício que inquinava a obrigação". A redação proposta na reforma troca a palavra "anulada" por "invalidada". Corrige-se o erro do artigo e deixa-se claro, desse modo, que os efeitos nele trazidos se aplicam também aos casos de nulidade (não apenas anulabilidade) da substituição do devedor.

Art. 302. O novo devedor não pode opor ao credor as exceções pessoais que competiam ao devedor primitivo.

COMENTÁRIOS DOUTRINÁRIOS: O assuntor, tanto no caso de expromissão quanto de delegação, participou da assunção de dívidas. Logo, se o fez, deveria ter ressalvado qualquer exceção pessoal que cabia ao devedor primitivo alegar. Assim, se assumiu uma dívida anulável por incapacidade do devedor primitivo, ou por dolo do credor, não poderá alegar tal invalidade em face do credor. Se a exceção for geral, o assuntor conserva o direito de alegá-la. Isso se verifica com a dívida prescrita ou extinta por pagamento direto ou compensação.

Art. 303. O adquirente de imóvel hipotecado pode tomar a seu cargo o pagamento do crédito garantido; se o credor, notificado, não impugnar em trinta dias a transferência do débito, entender-se-á dado o assentimento.

COMENTÁRIOS DOUTRINÁRIOS: Estamos diante de uma exceção e, como tal, a hipótese do art. 303 se interpreta restritivamente. Na hipótese de obrigação garantida por hipoteca, o adquirente do imóvel hipotecado pode notificar o credor para assumir a dívida, liberando o devedor primitivo. Nessa hipótese, no silêncio do credor, após trinta dias (contados do recebimento pelo credor da notificação do assuntor), considera-se aceita a assunção. A razão de ser da regra é a seguinte: se há hipoteca garantindo a dívida, a substituição do devedor é pouco ou nada gravosa ao credor, já que há uma garantia real. É por isso que seu silêncio implica, excepcionalmente, aceitação. Naturalmente, o credor pode se opor à assunção mesmo havendo hipoteca. Isso se verifica, por exemplo, quando o valor da dívida é superior ao valor do bem dado em garantia. É por isso que o Enunciado n. 353 da *IV Jornada de Direito Civil* assim dispõe: "A recusa do credor, quando notificado pelo adquirente de imóvel hipotecado comunicando-lhe o interesse em assumir a obrigação, deve ser justificada". Se não houver motivo, estamos diante do abuso de direito. Da mesma forma, isso se verifica quando o credor hipotecário tem ciência de reiterados pagamentos feitos por terceiro e a eles não se opõe.

> Enunciado n. 424 da *V Jornada de Direito Civil*: "A comprovada ciência de que o reiterado pagamento é feito por terceiro no interesse próprio produz efeitos equivalentes aos da notificação de que trata o art. 303, segunda parte".

A ciência do credor do pagamento por terceiro importa aceitação tácita da assunção. Isso se verifica, por exemplo, quando o banco credor recebe de um terceiro, que dele é correntista, o pagamento das parcelas da dívida. Estas são debitadas automaticamente na conta do terceiro correntista. Há uma questão a ser formulada, já que a lei apenas menciona os efeitos do silêncio para dívida garantida por hipoteca: se a dívida for garantida por penhor, anticrese ou mesmo por propriedade fiduciária, caberá também a regra do artigo em comento? Por se tratar de exceção, entendemos que não é possível fazer aplicação analógica ou extensiva. Isso porque poderia o Código Civil ter utilizado o gênero "garantia real", mas optou pela espécie "hipoteca". Em suma, para as demais garantias reais, o silêncio não implica aceitação pelo credor da assunção; apenas havendo hipoteca, o silêncio do credor produz tal efeito.

REFORMA DO CÓDIGO CIVIL: Pretende-se adicionar um parágrafo único ao art. 303 com a seguinte redação: "Parágrafo único. Ao cessionário do crédito garantido por propriedade fiduciária, aplica-se o disposto no *caput*". O texto, se aprovado, estende a exceção desse artigo ao crédito garantido por propriedade fiduciária. A razão é que, como no caso da hipoteca, havendo alienação fiduciária como garantia, a substituição do devedor é pouco ou nada gravosa ao credor e, assim, excepcionalmente, o silêncio implicaria aceitação. Frise-se, lembrando a regra básica de hermenêutica, que essa exceção continua sendo interpretada restritivamente e, portanto, o artigo não se aplica em casos de penhor ou anticrese.

REFORMA DO CÓDIGO CIVIL

CAPÍTULO III
DA CESSÃO DA POSIÇÃO CONTRATUAL

Pretende-se criar um novo capítulo no Código Civil para tratar da cessão da posição contratual. A ideia de cessão de crédito, polo ativo da obrigação, já é consagrada há séculos na História do Direito e estava prevista no Código Civil de 1916 (arts. 1.065 a 1.078). A assunção de dívida é instituto mais recente que apareceu legislativamente (reconhecido a primeira vez no Código Civil alemão de 1896) e não estava prevista no Código de 1916. Agora, se aprovado o texto da reforma, o Brasil dá mais um passo e começa a disciplinar a cessão de posição contratual, ou seja, a transferência da integralidade de direitos e deveres nascidos do contrato. O instituto, que, como explica Sérgio Nascimento em sua tese de doutorado, é positivado pela primeira vez no Código italiano de 1942, melhora o tráfego negocial e é necessidade própria de economias mais desenvolvidas. As regras sugeridas, portanto, inspiram-se no Código Civil italiano e no Código Civil português.

Art. 303-A. Qualquer uma das partes pode ceder sua posição contratual, desde que haja concordância do outro contraente.

Parágrafo único. Se o outro contraente houver concordado previamente com a cessão, esta somente lhe será oponível quando dela for notificado ou, por outra forma, tomar ciência expressa.

COMENTÁRIOS DOUTRINÁRIOS: Pretende-se criar o art. 303-A. O objetivo é permitir a cessão contratual, sob a condição de concordância do cedido. A primeira parte do *caput* permite que a cessão seja feita por qualquer das partes do contrato, enquanto a segunda parte exige a concordância do outro contratante. A concordância é necessária, pois a cessão engloba os direitos e as obrigações, logo o patrimônio do cedido deixa de responder pelas dívidas oriundas do contrato cedido. O parágrafo único do dispositivo recepciona a hipótese em que o contratante cedido já tenha concordado com eventual cessão futura do contrato, por exemplo, em casos em que exista cláusula expressa no próprio contrato que será futuramente cedido. O dispositivo projetado deixa claro que, nessas situações, tal cessão só produzirá efeitos contra o cedido se este for notificado, ou tomar ciência de forma expressa, sobre a ocorrência dela. A razão da necessidade de notificação do cedido que já concordou anteriormente com eventual cessão contratual é de que, na eventualidade de o cedido não tomar ciência sobre a efetivação dessa cessão, este correria o risco de continuar o cumprimento de suas obrigações contratuais perante o antigo contraente (cedente) e, nesse caso, o cessionário não poderia exigir novamente o cumprimento dessas obrigações já cumpridas.

Art. 303-B. A cessão da posição contratual transfere ao cessionário todos os direitos e deveres, objetos da relação contratual, inclusive os acessórios da dívida e os anexos de conduta, salvo expressa disposição em sentido contrário.

COMENTÁRIOS DOUTRINÁRIOS: Pretende-se criar o art. 303-B. O objetivo aqui é consignar expressamente que o instituto da cessão de contrato não se limita aos efeitos de transferência apenas dos créditos e das dívidas, afastando a ideia de que tal instituto seja uma simples soma das cessões de crédito e assunção de dívida. Ao contrário, a cessão de contrato compreende a cessão da posição contratual, compreendendo, nesse sentido, todas as obrigações e direitos objetos da relação contratual. Incluem-se, por exemplo, os direitos formativos, tal como eventual direito de resolução, possibilidades de denúncia cheia ou vazia, além de todas as faculdades que derivam da posição jurídica cedida (o que inclui os deveres anexos).

Art. 303-C. O cedente garante ao cessionário a existência e a validade do contrato, mas não o cumprimento dos seus deveres e obrigações.

COMENTÁRIOS DOUTRINÁRIOS: Pretende-se criar o art. 303-C. O objetivo é esclarecer que a existência e a validade do contrato cedido devem ser garantidas por parte do cedente, não dando margem para eventual cessão de contrato inválido ou inexistente sem a previsão de responsabilidade pela lei. A regra presume a participação do cedente na formação do contrato, e, dessa forma, considerando que os pressupostos de existência e validade se conectam ao momento da gênese contratual, a lei atribui ao cedente essa responsabilidade. Por outro lado, a lei ressalva que não recai ao cedente a responsabilização pelo adimplemento das obrigações do contrato, já que essa questão se encontra em outra esfera, a do cumprimento da relação contratual. Se assim não fosse, o cedente tornar-se-ia verdadeiro corresponsável/garantidor do contrato. A lei não afasta, porém, a possibilidade de eventual ajuste em sentido contrário, ficando a cargo das partes contratantes exercer suas autonomias privadas para implementar a figura de hipotético cedente garantidor. Isso já acontece na cessão de crédito que pode ocorrer com cláusula *pro soluto* (não responde pelo pagamento) ou *pro solvendo* (novo contratante responde se o antigo não paga).

Art. 303-D. Com a cessão da posição contratual, o cedente libera-se de seus deveres e de suas obrigações e extinguem-se as garantias por ele prestadas.

Parágrafo único. Com relação às garantias prestadas por terceiros, extinguem-se aquelas as dadas para garantir prestações do cedente, mas não aquelas que garantem prestações do cedido.

COMENTÁRIOS DOUTRINÁRIOS: Pretende-se criar o art. 303-D. O objetivo no *caput* é esclarecer que, com a cessão do contrato, o cedente, além de deixar de ter os bônus advindos do contrato que visa ceder, libera-se de seus ônus dele decorrentes, como no caso de existência de garantias por ele prestadas. Já no parágrafo único, trabalha-se com duas hipóteses em relação às garantias prestadas por terceiros. A primeira delas se dá nas situações em que o terceiro garante as obrigações do cedente. Nesses casos, a lei não poderia obrigar o terceiro garantidor a continuar prestando garantia para outra pessoa (cessionário), já que existe evidente relação de confiança (ou ao menos de garantia patrimonial) na pessoa do garantido, e, com a cessão do contrato desta para o cessionário, tal confiança (ou patrimônio para eventual regresso) deixaria de existir. A lei não impede, porém, que as partes ajustem o contrário. A segunda hipótese trata dos casos em que o terceiro garante as obrigações do cedido. Nessas circunstâncias, entretanto, a pessoa do cedido permanece a mesma, e, consequentemente, o risco permanece o mesmo. Assim, não haveria razão para que as garantias prestadas em seu favor deixem de se manter hígidas.

Art. 303-E. Uma vez cientificado da cessão da posição contratual, o cedido pode opor ao cessionário as exceções que, em razão do contrato cedido, contra ele dispuser.

COMENTÁRIOS DOUTRINÁRIOS: Pretende-se criar o art. 303-E. Por uma questão de boa-fé, cabe ao cedido, ao ter ciência da cessão, comunicar ao cessionário as defesas que teria quanto ao cedente. Isso porque é o momento de informar ao novo contratante eventuais fatos que signifiquem invalidade ou ineficácia do crédito. A regra é análoga àquela existente na cessão de crédito. Se o cedido não alegar as defesas, perde o direito de fazer a oposição em momento posterior.

TÍTULO III
DO ADIMPLEMENTO E EXTINÇÃO DAS OBRIGAÇÕES

CAPÍTULO I
DO PAGAMENTO

COMENTÁRIOS DOUTRINÁRIOS INTRODUTÓRIOS: Os termos pagamento, adimplemento e cumprimento são utilizados indistintamente pela doutrina. Pagar vem do latim *pacare*, cujo radical tem *pax* ou paz. Quem paga, apazigua, traz a paz. Há divergência doutrinária quanto aos vocábulos em questão. Há autores que entendem que pagamento e adimplemento são sinônimos e a distinção é irrelevante (Orlando Gomes). Para outros, dar dinheiro é pagar e, para todas as demais prestações (dar coisa que não dinheiro, fazer e não fazer), o termo correto é adimplemento (Pontes de Miranda). Para outros, adimplemento é gênero e pagamento espécie. Pagamento é apenas o direto, quando se cumpre voluntariamente a prestação avençada extinguindo a obrigação. Se a obrigação se extingue por meios que equivalem ao pagamento (dação, novação, compensação etc.) estamos diante de adimplemento (Silvio Rodrigues). O estudo do pagamento se dá em dois blocos de regras: pagamento direto (arts. 304 a 333 do CC) e pagamento indireto ou formas indiretas de adimplemento (arts. 334 a 388 do CC).

O estudo do pagamento direto se divide em:

a) quem deve pagar – *solvens*;
b) a quem se deve pagar – *accipiens*;
c) objeto do pagamento;
d) prova do pagamento;
e) lugar do pagamento;
f) tempo do pagamento.

Já o estudo do pagamento indireto se divide em:

a) pagamento em consignação;
b) pagamento com sub-rogação;
c) imputação do pagamento;
d) dação em pagamento;
e) novação;
f) compensação;
g) confusão;
h) remissão.

SEÇÃO I
DE QUEM DEVE PAGAR

Art. 304. Qualquer interessado na extinção da dívida pode pagá-la, usando, se o credor se opuser, dos meios conducentes à exoneração do devedor.

Parágrafo único. Igual direito cabe ao terceiro não interessado, se o fizer em nome e à conta do devedor, salvo oposição deste.

COMENTÁRIOS DOUTRINÁRIOS: O devedor é o sujeito passivo da obrigação (de quem a prestação é exigida) e sujeito ativo do pagamento, pois é ele que o realiza. Aquele que paga é chamado de *solvens*, pois solver é sinônimo de pagar, adimplir. Para o processo obrigacional atingir sua finalidade, seu fim, que é o adimplemento, o sistema admite que, além do devedor, terceiros efetuem o pagamento. Não sendo a obrigação personalíssima (*intuitu personae* – *vide* art. 247 do CC), qualquer pessoa pode cumprir a prestação. As obrigações de dar dinheiro não são personalíssimas. É por isso que terceiros podem pagar. O terceiro é aquele estranho ao vínculo obrigacional principal. Os terceiros podem ser juridicamente interessados ou não interessados. Os terceiros interessados são aqueles que podem sofrer as consequências do inadimplemento pelo devedor. É o caso do fiador que responde subsidiariamente (por lei) ou solidariamente (por força de contrato) na hipótese de não pagamento pelo devedor principal. É também o sublocatário que poderá ser despejado se o sublocador não pagar o aluguel ao locador. Os terceiros não interessados são aqueles que pagam por motivos pessoais, mas que não sofrem as consequências do inadimplemento. É o pai que paga a dívida do filho maior e capaz. A amiga que paga a dívida do amigo. O pagamento pode ser realizado, então, pelo próprio devedor, por um terceiro interessado ou não interessado. O pagamento por terceiros pode ser direto ou indireto, por meio da consignação em pagamento (arts. 334 a 345 do CC). Não é só o terceiro interessado que pode se valer da consignação. Interessa ao sistema o pagamento em si e não quem o realiza. O devedor e o terceiro dispõem de idênticos meios de pagamento, pois a finalidade do processo obrigacional é o adimplemento. Contudo, o devedor pode se opor ao pagamento pelos terceiros. A oposição deve ter um motivo jurídico. O devedor não poderá se opor por simples questão de briga com o terceiro, por aspectos religiosos ou políticos. O adimplemento atrai, polariza, nas palavras de Clóvis do Couto e Silva. Logo, o sistema é criado para facilitar o pagamento. Se houver justo motivo de ordem jurídica para o devedor se opor ao pagamento, o terceiro não terá direito ao reembolso (*vide* comentários ao art. 305). Se não houver motivo, o terceiro poderá reaver o que pagou.

REFORMA DO CÓDIGO CIVIL: Pretende-se alterar o parágrafo único desse artigo, que passaria a ter a seguinte redação: "Parágrafo único. Igual direito cabe ao terceiro não interessado, se o fizer em nome e à conta do devedor". Como anteriormente explicado, a oposição que a redação do atual artigo menciona é jurídica. No entanto, o texto atual dá abertura a entendimento equivocado de que pode ser qualquer tipo de oposição (por exemplo, uma oposição por motivos partidários, amorosos, religiosos etc.). A Comissão optou por remover o trecho "salvo oposição desse", a fim de satisfazer a finalidade do processo obrigacional, qual seja, a satisfação do credor. Mesmo se aprovada a reforma, ainda será possível, a partir de uma leitura sistêmica do Código, que o devedor apresente oposição jurídica, embora o texto do projeto não diga expressamente.

Art. 305. O terceiro não interessado, que paga a dívida em seu próprio nome, tem direito a reembolsar-se do que pagar; mas não se sub-roga nos direitos do credor.

Parágrafo único. Se pagar antes de vencida a dívida, só terá direito ao reembolso no vencimento.

COMENTÁRIOS DOUTRINÁRIOS: O pagamento por terceiro interessado gera dois efeitos: o terceiro pode reaver do devedor o que pagou para exonerá-lo com a vantagem da sub-rogação (art. 346, III do CC). Assim, o fiador que paga a dívida ao credor, pode cobrar do devedor a quantia paga e substituir o credor em todos os direitos e garantias. O pagamento por terceiro não interessado pode se dar em nome do devedor (a quitação é dada ao próprio devedor) ou em nome do terceiro (na quitação se menciona que João pagou a dívida de José). Se o pagamento for feito em nome do devedor, o terceiro nada poderá cobrar. Ocorreu uma liberalidade. Os efeitos equivalem aos da doação. Se o pagamento foi feito em nome do terceiro, este pode cobrar do devedor as quantias pagas, mas sem a vantagem da sub-rogação. Isso significa que, se a amiga pagar a dívida do amigo junto ao banco e este contava com uma garantia hipotecária, a amiga não poderá executar tal garantia, que se extingue com o pagamento. Há, por fim, a questão do parágrafo único. O prazo para pagamento (termo final) existe, nos contratos, em favor do devedor (art. 133 do CC). Assim, se o pagamento pelo terceiro ocorrer antes do vencimento, o devedor conserva o direito ao prazo e, portanto, o reembolso só pode ser exigido após a data em que o vencimento ocorreria. Se a dívida vence em 21.08.2021 e o terceiro a paga em 21.08.2020, precisará esperar um ano para exigir o reembolso. A mora do devedor não se inicia antes disso. A regra dos arts. 304 e 305 encontram exceção no artigo seguinte, em que o terceiro interessado (305) ou o não interessado que paga em seu próprio nome (304) não poderão obter o reembolso do que pagaram.

JURISPRUDÊNCIA COMENTADA: Interessante a decisão do STJ sobre o tema em que um sobrinho pagou despesas de sua tia e depois pretendeu receber os valores do espólio: "1. Trata-se de ação de cobrança movida por sobrinho contra seus tios, objetivando a condenação dos réus ao reembolso do quanto despendido no tratamento médico de sua tia, além das despesas com remédios, internação, sepultamento e produtos destinados aos animais de estimação da falecida. 2. Nos termos do art. 1.697 do Código Civil, ao autor, sendo parente de terceiro grau na linha colateral, não cabia obrigação alimentar. 3. Ao pagar as despesas em decorrência de obrigação moral e com intenção de fazer o bem, o recorrente tornou-se credor dos recorridos, nos termos do art. 305 do Código Civil. 3. Não tendo natureza alimentar o crédito do autor, limita-se a responsabilidade dos réus ao valor da herança – art. 1.997 do Código Civil. 4. Recurso especial não provido" (STJ, REsp 1510612/SP, 3.ª Turma, Rel. Min. Ricardo Villas Bôas Cueva, j. 26.04.2016).

Art. 306. O pagamento feito por terceiro, com desconhecimento ou oposição do devedor, não obriga a reembolsar aquele que pagou, se o devedor tinha meios para ilidir a ação.

COMENTÁRIOS DOUTRINÁRIOS: Conforme dissemos, o terceiro não interessado que paga em nome próprio e o terceiro interessado têm direito ao reembolso das quantias pagas. Contudo, se o terceiro paga com oposição do devedor que tem motivos jurídicos para não pagar, ou com desconhecimento do devedor que tinha motivos jurídicos para não pagar (meios de ilidir, obstar a ação), o terceiro perde o direito ao reembolso. Assim, se o terceiro paga dívida extinta por compensação ou pagamento, com o desconhecimento do devedor, nada poderá dele cobrar. Deverá, sim, repetir o indébito com relação ao credor que acabou por receber duas vezes. Da mesma forma se o terceiro paga dívida prescrita. Nessa hipótese, o devedor tinha meios para ilidir a cobrança e nada pagará ao terceiro. Todavia, o terceiro não poderá, no caso de prescrição, cobrar do credor, pois a dívida prescrita existe, mas não é exigível. Quem paga dívida prescrita não pode repetir o indébito, pois dívida há.

REFORMA DO CÓDIGO CIVIL: Pretende-se alterar o art. 306, que passaria a ter a seguinte redação: "Art. 306. O pagamento feito por terceiro, interessado ou não, com desconhecimento ou oposição do devedor, não obriga a reembolsar aquele que pagou, desde que o devedor tivesse meios para ilidir a ação". A reforma na parte inicial esclarece que qualquer terceiro (interessado ou não), não apenas o interessado, pode solver dívida alheia. É uma concretização do processo obrigacional. A mudança na parte final do artigo é apenas um ajuste de redação que visa deixar o dispositivo mais claro.

Art. 307. Só terá eficácia o pagamento que importar transmissão da propriedade, quando feito por quem possa alienar o objeto em que ele consistiu.

Parágrafo único. Se se der em pagamento coisa fungível, não se poderá mais reclamar do credor que, de boa-fé, a recebeu e consumiu, ainda que o solvente não tivesse o direito de aliená-la.

COMENTÁRIOS DOUTRINÁRIOS: Pagamento por meio de transferência da propriedade exige que o devedor seja dono da coisa, sob pena de ineficácia. Não se pode transferir um direito (de propriedade) que não se tem. Se Maria vender a casa de João para Paulo, a venda é ineficaz e não produz efeitos. Com os bens fungíveis, contudo, há um problema. A coisa dada em pagamento não pertencia ao *solvens*, mas já foi consumida pelo credor que ignorava tal fato. Tal pagamento é eficaz e não pode ser reavido. Maria entrega a Paula 100 sacas de soja que roubou de Pedro. Paula transforma a soja em farinha e faz pães que são vendidos. Paula, de boa-fé, ignorava que a soja fora roubada. Nessa hipótese, Pedro não pode exigir a soja de Paula, pois esta já foi consumida. Terá direito de exigir 100 sacas de soja de Maria, além das perdas e danos.

REFORMA DO CÓDIGO CIVIL: Pretende-se adicionar um § 2º ao art. 307 com a seguinte redação: "§ 2º Se pactuada obrigação de dar coisa certa, sabendo não ser dela titular ao tempo do negócio, será o obrigado considerado inadimplente tão logo expire o prazo avençado para o pagamento, podendo o credor reclamar-lhe a devolução do preço, além de perdas e danos, salvo tenha, até então, adquirido a coisa". A ideia do dispositivo é prever a hipótese em que o devedor que não é dono da coisa certa no momento da formação do negócio, ainda assim, se obrigue a entregá-la ao credor. Nesse caso, o devedor da coisa será obrigado a cumprir o ajustado, no prazo combinado, e, caso não o faça, será considerado inadimplente, pois prometeu, mas não cumpriu. Surgem os consectários do inadimplemento (art. 389 do CC). Como resultado, o devedor poderá ser forçado pelo credor à devolução do valor eventualmente já pago pela coisa, devidamente atualizado, inclusive juros de mora, e, ainda, à indenização por perdas e danos. Caso, contudo, a coisa prometida tenha sido adquirida pelo contratante do seu dono, afastam-se os efeitos do inadimplemento e aquele que prometeu nada paga. Questão interessante é saber se a aquisição ocorreu após o prazo prometido. Nessa hipótese, mora houve e haverá dever de pagar os juros pelo atraso (entre a data prometida para entrega e a efetiva aquisição pelo contratante).

SEÇÃO II
DAQUELES A QUEM SE DEVE PAGAR

Art. 308. O pagamento deve ser feito ao credor ou a quem de direito o represente, sob pena de só valer depois de por ele ratificado, ou tanto quanto reverter em seu proveito.

COMENTÁRIOS DOUTRINÁRIOS: O credor é o sujeito ativo da obrigação (pois exige a prestação) e passivo do pagamento (pois o recebe do devedor ou de um terceiro). Aquele a quem se deve pagar é o *accipiens*. O pagamento pode ser feito ao próprio credor ou a seu representante legal (pais no caso dos filhos menores, tutores com relação aos pupilos) ou convencional (mandatário que recebe o pagamento pelo mandante). Se o pagamento for feito a quem não é credor, não terá o efeito de liberar, exonerar o devedor. É por isso que a lei se equivoca ao utilizar a locução "sob pena de só valer". Na realidade, o pagamento feito a quem não é credor é ineficaz, ou seja, não produz efeito liberatório. É esse o teor do Enunciado n. 425 da *V Jornada de Direito Civil*: "O pagamento repercute no plano da eficácia, e não no plano da validade como preveem os arts. 308, 309 e 310 do Código Civil". O brocardo "quem paga mal, paga duas vezes" só deve ser utilizado quando o devedor paga a quem não é credor ou seu representante, pois nessa hipótese continua devendo a prestação ao credor. Se Maria deve a Antônia, mas por um erro paga à irmã de Antônia, Maria pagou mal e poderá ser cobrada pela credora (pagou mal e pagará duas vezes). Em duas hipóteses, o pagamento feito a quem não é credor, é eficaz, ou seja, libera o devedor. A primeira se verifica se o credor confirmar, ratificar o pagamento. Nessa hipótese, a manifestação de vontade do credor é suficiente para liberar o devedor. Se o credor confirmar o pagamento feito a terceiros e depois pretender cobrar a dívida do devedor, estará afrontando a boa-fé objetiva em nítido comportamento contraditório (*venire contra factum proprium*). A segunda ocorre se o devedor provar que, apesar de ter pagado a quem não era credor, o pagamento reverteu em benefício deste. Se o credor pudesse cobrar duas vezes a prestação, tendo dela se beneficiado, haveria claro enriquecimento sem causa. Assim, o devedor pode provar que, apesar de ter pagado a dívida para o irmão do credor, este utilizou o dinheiro para pagar o plano de saúde, o condomínio, a conta de luz do próprio credor. Nessa segunda hipótese há um dado objetivo. O credor teve a vantagem econômica do pagamento e nada pode reclamar do devedor. O fato de o credor pretender utilizar o dinheiro de uma maneira diversa (ele iria viajar e não pagar o plano de saúde) é irrelevante. Objetivamente, houve a vantagem do pagamento.

REFORMA DO CÓDIGO CIVIL: Pretende-se alterar o art. 308, que passará a ter a seguinte redação: "Art. 308. O pagamento deve ser feito ao credor ou a quem de direito o represente, sob pena de só ser eficaz depois de por ele ratificado ou tanto quanto reverter em seu proveito". O pagamento feito a quem não é credor é ineficaz, e não inválido, como anteriormente foi explicado. A redação proposta substitui a expressão "só valer" para "só ser eficaz", dando redação mais técnica e afastando-se da linguagem popular.

Art. 309. O pagamento feito de boa-fé ao credor putativo é válido, ainda provado depois que não era credor.

COMENTÁRIOS DOUTRINÁRIOS: Credor putativo ou aparente é aquele que aos olhos do mundo parece ser credor, quando na realidade não o é. É o caso do cedente que, após a cessão de crédito, não é mais credor, mas será credor aparente antes de notificar o devedor da cessão (ver art. 290 do CC). O problema do pagamento ao credor putativo é verificar se o devedor está liberado da obrigação (pagou bem) ou se pagou mal e deverá pagar novamente. A resposta passa pela boa-fé do devedor. Se o devedor desconhecia, não sabia que o credor era putativo, estava de boa-fé, logo, o pagamento o libera da obrigação e produz efeito de extingui-la. O devedor que paga ao cedente antes de notificado da cessão, paga bem, apesar de pagar ao credor aparente. Nessa hipótese, caberá ao credor real (cessionário), cobrar o credor aparente. Se o devedor sabia que o credor aparente não era realmente credor e mesmo assim realizou o pagamento, agiu de má-fé e, portanto, pagou mal, logo, pagará duas vezes: uma ao credor putativo (cedente) e outra ao credor real (cessionário). Nessa segunda hipótese, o devedor poderá cobrar o credor putativo para lhe restituir o que indevidamente recebeu. Isso porque o sistema faz uma opção de evitar enriquecimento sem causa, mesmo nas hipóteses de má-fé. A solução passa pela aplicação analógica do art. 312 do CC. Para concluir, deve-se observar que, assim como ocorreu com o artigo anterior, a lei utiliza o termo "válido", quando na realidade deveria mencionar "eficaz". É esse o teor do Enunciado n. 425 da *V Jornada de Direito Civil*: "O pagamento repercute no plano da eficácia, e não no plano da validade como preveem os arts. 308, 309 e 310 do Código Civil".

REFORMA DO CÓDIGO CIVIL: Pretende-se alterar o art. 309, que passará a ter a seguinte redação: "Art. 309. O pagamento feito de boa-fé ao credor putativo é eficaz, ainda provado depois que não era credor". A mudança desse artigo tem o mesmo sentido da mudança do art. 308, já que mais uma vez o Código atualmente fala em "válido", mas, na realidade, deveria se falar em "eficaz", uma vez que o pagamento repercute no plano da eficácia. A proposta dá redação mais técnica ao texto e se afasta da linguagem popular.

Art. 310. Não vale o pagamento cientemente feito ao credor incapaz de quitar, se o devedor não provar que em benefício dele efetivamente reverteu.

COMENTÁRIOS DOUTRINÁRIOS: Se o credor é incapaz, quer seja absolutamente (art. 3º do CC), quer seja relativamente (art. 4º do CC), o pagamento deverá ser feito a seu representante legal. O pagamento feito ao incapaz não libera o devedor, ou seja, é ineficaz. Novamente e por falta de precisão terminológica, o Código Civil utiliza a locução "não vale" e, mais uma vez, mencionamos o teor do Enunciado n. 425 da *V Jornada de Direito Civil*: "O pagamento repercute no plano da eficácia, e não no plano da validade como preveem os arts. 308, 309 e 310 do Código Civil". O pagamento, cuja natureza jurídica é controversa, pois é tratado por muitos autores como ato-fato jurídico, não poderia ser nulo ou anulável, a depender da incapacidade do credor. Os atos-fatos jurídicos não passam pelo plano da validade, mas apenas da existência e da eficácia. A quitação pode ser nula (se dada por absolutamente incapaz) ou anulável (se dada por relativamente incapaz sem assistência). Mas não é disso que trata o artigo em questão. Assim, o pagamento feito a incapaz de quitar não libera o devedor (assim como o mútuo a menor não o obriga a restituição – art. 588 do CC). A solução é no plano da eficácia. Pagando diretamente ao incapaz, o devedor pagou mal e, logo, pagará duas vezes. A ressalva da parte final do art. 310 não cuida de convalidar o "pagamento nulo ou anulável", mas sim de dar eficácia a ele. Se o devedor provar que o pagamento feito ao menor resultou em seu benefício, estará liberado da obrigação, ou seja, o pagamento é eficaz. É o exemplo do menor que recebe o dinheiro do credor e paga seu plano de saúde ou adquire livros para escola.

REFORMA DO CÓDIGO CIVIL: Pretende-se alterar o art. 310, que passará a ter a seguinte redação: "Art. 310. É ineficaz o pagamento cientemente feito ao credor incapaz de quitar, se o devedor não provar que, em benefício dele, efetivamente reverteu". Novamente o legislador é pouco técnico e trata o pagamento no plano da validade em vez de no da eficácia. A reforma dá redação mais técnica e se afasta da linguagem popular e, por isso, sugere a alteração de "Não vale" para "É ineficaz".

Art. 311. Considera-se autorizado a receber o pagamento o portador da quitação, salvo se as circunstâncias contrariarem a presunção daí resultante.

COMENTÁRIOS DOUTRINÁRIOS: Se o devedor paga a quem não é credor, mas está de posse da quitação, presume-se que o portador tem mandato para receber a prestação. É um desdobramento lógico da boa-fé do devedor. Vejamos. O devedor vai à casa do credor (dívida portável) para pagar o aluguel, mas este não está para receber a importância devida. Lá está o irmão do credor com o recibo (quitação) dado pelo próprio credor. Nada mais lógico que o devedor pague ao portador da quitação. Se o credor provar que o devedor não poderia ter pagado ao portador da quitação, poderá cobrar novamente e o pagamento é ineficaz. É difícil se imaginar um exemplo em que o devedor não pagaria ao portador da quitação. Eventualmente, se notasse que a assinatura dada na quitação é totalmente diferente daquela do credor, sendo falsa, portanto, não poderia realizar o pagamento, sob pena de ter pagado mal.

Art. 312. Se o devedor pagar ao credor, apesar de intimado da penhora feita sobre o crédito, ou da impugnação a ele oposta por terceiros, o pagamento não valerá contra estes, que poderão constranger o devedor a pagar de novo, ficando-lhe ressalvado o regresso contra o credor.

COMENTÁRIOS DOUTRINÁRIOS: O problema novamente se dá com relação a penhora do crédito (no caso de cessão de crédito, *vide* art. 298 do CC). A quem pagará o devedor: ao credor ou ao exequente que penhorou o crédito? Se o devedor desconhece a penhora e paga ao credor, ele age de boa-fé e o exequente nada pode reclamar com relação a ele. Se o devedor tem ciência da penhora, quer seja pelo fato de ter sido dela intimado, quer seja pelo fato de a penhora ter sido averbada (art. 799,

IX do CPC/2015), e mesmo assim pagar ao credor, terá agido de má-fé e poderá ser cobrado novamente pelo exequente. Nessa hipótese, o devedor poderá cobrar do credor (pelo regresso) os valores pagos, sob pena de enriquecimento sem causa desse. Há um dilema posto: evitar o enriquecimento sem causa do credor apesar da má-fé do devedor ou punir o devedor por ter sido torpe, permitindo o enriquecimento sem causa do credor? O Código Civil opta, em vários dispositivos, por evitar o enriquecimento sem causa, mesmo concedendo direitos a quem age de má-fé (*vide* arts. 1.216 e 1.220 do CC).

SEÇÃO III

DO OBJETO DO PAGAMENTO E SUA PROVA

Art. 313. O credor não é obrigado a receber prestação diversa da que lhe é devida, ainda que mais valiosa.

COMENTÁRIOS DOUTRINÁRIOS: É a velha máxima *aliud por alio invito creditores solve non potest*. A regra que no Código Civil de 1916 inaugurava a Seção I, do Capítulo I, Título I do Livro III, "Das Obrigações de Dar Coisa Certa", está topologicamente mais bem disposta no Código Civil de 2002 ao cuidar do objeto do pagamento. Isso porque tal regra não se aplica apenas às obrigações de dar, mas também às obrigações de fazer e não fazer. Assim, o dono da obra que contrata o empreiteiro para fazer o muro, não pode ser obrigado a receber uma piscina, ainda que mais valiosa. Da mesma forma que o credor não pode ser obrigado a aceitar prestação mais valiosa, o devedor não pode ser compelido a prestar coisa menos valiosa. O credor de uma BMW 2020 não pode exigir do devedor um Fusca 1979. A prestação devida é a contratada ou prevista no vínculo obrigacional (no caso de ilícito ou de atos unilaterais). Nem mais, nem menos. Somente ela sendo realizada, libera-se o devedor do vínculo obrigacional. Se o credor aceitar prestação diversa da contratada, ocorre dação em pagamento (arts. 356 a 359 do CC) e não pagamento direto.

JURISPRUDÊNCIA COMENTADA: Muito interessante a decisão do TJSP pela qual as partes firmaram "contrato de cessão de direito de uso de hangar aeroportuário" – mas o Departamento Aeroviário de São Paulo não aprovou o contrato firmado, determinando realização de novo contrato pelos litigantes, de modo a prever a reversão de eventuais benfeitorias em favor da administração pública. Invocando o art. 313 do CC, o Tribunal entendeu que ocorrera extinção sem culpa das partes e que essas retornavam ao *statu quo ante*, com a devolução das quantias pagas, sem qualquer indenização (TJSP, APL 1107541-81.2014.8.26.0100, 31.ª Câmara Extraordinária de Direito Privado, São Paulo, Rel. Rosangela Telles, j. 07.08.2018). A decisão é perfeita, mas o fundamento curioso. Ao se exigir a celebração de novo contrato por ato do Estado, não estamos diante de "prestação diversa da contratada", mas sim da estipulação de nova avença com o mesmo objeto: o objeto imediato prossegue sendo o "dar" e o objeto mediato "a posse do hangar". Aqui, o fato de terceiro (exigência do DAESP) provocou a extinção do acordo.

Art. 314. Ainda que a obrigação tenha por objeto prestação divisível, não pode o credor ser obrigado a receber, nem o devedor a pagar, por partes, se assim não se ajustou.

COMENTÁRIOS DOUTRINÁRIOS: No Código Civil de 1916, a regra se encontrava no Capítulo V, do Título I do Livro III, "Das Obrigações Divisíveis e Indivisíveis". A topologia não era adequada, pois a obrigações divisíveis e indivisíveis pressupõem pluralidade de sujeitos (mais de um credor e/ou mais de um devedor). A regra em comento não exige pluralidade de partes se aplicando às obrigações simples e às complexas e, por isso, fica bem posta na disciplina do objeto do pagamento. Trata-se do princípio da identidade física da prestação. Ainda que o objeto seja divisível por sua natureza, o credor não é obrigado a receber, nem o devedor a pagar, em partes, se assim não se ajustou. Se João deve R$ 20.000,00 a Maria (obrigação simples, pois só há um credor e um devedor), João não pode pagar apenas R$ 5.000,00, que estará inadimplente, salvo ajuste das partes em sentido contrário. Da mesma forma, se João e Pedro devem R$ 20.000,00 a Maria (obrigação é complexa e divisível, pois há um credor e dois devedores), cada devedor deve R$ 10.000,00 (ver art. 257 do CC). Pedro não pode pagar apenas R$ 5.000,00, que estará inadimplente, salvo ajuste das partes em sentido contrário.

JURISPRUDÊNCIA COMENTADA: O CPC/2015 suaviza, abranda essa regra no momento da execução em seu art. 916: "No prazo para embargos, reconhecendo o crédito do exequente e comprovando o depósito de trinta por cento do valor em execução, acrescido de custas e de honorários de advogado, o executado poderá requerer que lhe seja permitido pagar o restante em até 6 (seis) parcelas mensais, acrescidas de correção monetária e de juros de um por cento ao mês". Cabe ao juiz autorizar ou não o fracionamento da prestação. O credor não pode ser compelido ao fracionamento. Assim, temos a decisão do Tribunal Paulista, pela qual "agravante que está pagando a dívida alimentar, de forma parcelada, espontaneamente – Juízo que indeferiu aludida forma de pagamento, ao argumento de que a credora não concorda com o parcelamento – Decisão mantida – Judiciário que não pode impor à agravada o recebimento da dívida, como pugnado pelo agravante – Inteligência do art. 314 do Código Civil – Recurso improvido (TJSP, Agravo de Instrumento 2173771-97.2014.8.26.0000, 2.ª Câmara de Direito Privado, Rel. Des. José Joaquim dos Santos, *DJ* 03.03.2015)" (TJSP, Apelação 1013728-69.2014.8.26.0562, 28.ª Câmara Extraordinária de Direito Privado, Rel. Des. Conti Machado, j. 20.02.2017).

Art. 315. As dívidas em dinheiro deverão ser pagas no vencimento, em moeda corrente e pelo valor nominal, salvo o disposto nos artigos subsequentes.

COMENTÁRIOS DOUTRINÁRIOS: Trata-se do princípio do nominalismo. As dívidas em dinheiro não sofrem alteração de seu valor durante o prazo para pagamento. Se a dívida de R$ 1.000,00 foi contraída em 20.01.2020 e o contrato prevê o prazo para pagamento em 20.03.2020, o devedor pagará exatamente R$ 1.000,00 sem qualquer acréscimo, pois não há, no prazo para pagamento, incidência de juros ou correção monetária. Há, ainda, a preservação do curso forçado da moeda nacional, ou seja, do real. Por isso não se pode avençar pagamento, no Brasil, com moeda estrangeira, salvo exceções legais (ver art. 318). Note-se que a regra se encontra na Seção II, "Do Objeto do Pagamento" e, portanto, não há mora ou inadimplemento em questão. É importante frisar que, na hipótese de mora, a regra é outra (art. 389 do CC), em que há incidência automática de juros e correção monetária. Na hipótese de dívida de valor, em que o dinheiro é fixado para aquisição de certos bens, há automática incidência de correção monetária. Para essas dívidas, a expressão em dinheiro (R$ 1.000,00) representa o que é devido para permitir que se adquiram certos bens. Se João deve ao Banco a quantia de R$ 1.000,00, a dívida é de dinheiro. Se deve a seu filho a título de pensão alimentícia, a dívida é de valor. As dívidas de valor, diferentemente das dívidas de dinheiro, são monetariamente corrigidas ainda que não haja previsão na sentença ou contrato para tanto. É por isso que determina o art. 1.710 do CC que "as prestações alimentícias, de qualquer natureza, serão atualizadas segundo índice oficial regularmente estabelecido". O índice oficial de correção monetário é o IPCA. Para que, no prazo do pagamento, haja variação do valor da dívida em dinheiro, deve haver expressa previsão contratual (ver art. 316 do CC).

Art. 316. É lícito convencionar o aumento progressivo de prestações sucessivas.

COMENTÁRIOS DOUTRINÁRIOS: As partes podem, por contrato, prever alteração do valor da prestação com o decorrer do tempo. Essa alteração pode ser simplesmente com relação ao próprio valor, independentemente de juros ou de correção monetária. Assim, no primeiro ano da locação o aluguel é de R$ 1.000,00 e no segundo ano o valor é de R$ 1.500,00. Também, podem as partes prever juros remuneratórios ou compensatórios a serem pagos pelo devedor no prazo para pagamento. Os juros são os frutos civis produzidos pelo capital e terão incidência avençada pelas partes: mensal, semestral, anual. Assim, Maria deve a João R$ 100.000,00 que serão pagos no prazo de um ano. Contudo, as partes avençam que, mensalmente, Maria pagará a João 1% do valor devido a título de juros remuneratórios. Os juros sofrem limite quanto a seu valor (ver art. 406 do CC). Já a correção monetária é a reposição do valor de compra da moeda em razão da inflação. Para que, no prazo para pagamento, incida correção monetária, é necessária expressa previsão contratual. Assim, se João deve ao Banco o valor de R$ 500.000,00 que será pago em cinco parcelas anuais no mês de dezembro de cada ano, podem as partes prever que o valor será monetariamente corrigido. O índice oficial de correção monetária é o IPCA – Índice Nacional de Preços ao Consumidor Amplo – que é medido mensalmente pelo IBGE – Instituto Brasileiro de Geografia e Estatística. Há outros índices muito utilizados na prática contratual e um deles é o IGP-M – Índice Geral de Preços do Mercado – que não é um índice oficial, pois é medido por uma entidade privada, que é a Fundação Getúlio Vargas. Esse índice é formado pelo IPA-M (Índice de Preços por Atacado – Mercado), IPC-M (Índice de Preços ao Consumidor – Mercado) e INCC-M (Índice Nacional do Custo da Construção – Mercado), com pesos de 60%, 30% e 10%, respectivamente. Sobre a correção monetária, há que se lembrar que a Medida Provisória que criou o Plano Real em 1994 e, posteriormente, foi convertida na Lei n. 10.192 de 2001 proíbe a incidência de correção monetária em periodicidade inferior a um ano. Será nula a cláusula que contiver previsão com prazo inferior (art. 2º, § 1º, da Lei n. 10.192/2001). A razão de ser da regra é econômica, e não jurídica. Toda vez que se aplica o índice de correção monetária há uma tendência de se elevar também o preço. Logo, a correção, que seria um remédio para a inflação, acaba alimentando-a também. Assim, se Maria comprar o carro de Pedro em três parcelas mensais e sucessivas de R$ 20.000,00 será nula a cláusula de correção monetária, mas é possível que as partes avencem juros remuneratórios para o período. A chamada cláusula de escala móvel é aquela pela qual se estabelece uma variação dos valores de acordo com índices ou critérios tais como o IGP-M, o IPC, o SECOVI para construção civil etc.

Art. 317. Quando, por motivos imprevisíveis, sobrevier desproporção manifesta entre o valor da prestação devida e o do momento de sua execução, poderá o juiz corrigi-lo, a pedido da parte, de modo que assegure, quanto possível, o valor real da prestação.

COMENTÁRIOS DOUTRINÁRIOS: O art. 317, na sua origem, é de simplicidade franciscana. Note-se que o dispositivo se encontra logo após o princípio do nominalismo (art. 315) e sua exceção, a cláusula de escala móvel (art. 316). A revisão contratual da prestação pelo juiz (art. 317) vem para permitir, exclusivamente, que o juiz fixe correção monetária em contrato no qual as partes não avençaram. É por isso que o dispositivo menciona "o valor real da prestação", ou seja, o valor acrescido de correção monetária e que se alterou em razão da inflação. Contudo, a leitura que a doutrina dele fez o transforma em um dos principais artigos da codificação. A doutrina viu no dispositivo uma cláusula geral de revisão da prestação contratual que se altera entre o momento da formação do contrato (plano da existência) e o momento de sua execução ou cumprimento (plano da eficácia). Para que o juiz possa realizar a revisão contratual, deve haver i) manifesta desproporção entre o valor da prestação no momento da formação e o da execução e ii) a desproporção decorrer de motivos imprevisíveis. Note-se que o contrato nasce equilibrado e o sinalagma funcional sofre um desequilíbrio. É por isso que estamos no plano da eficácia a permitir a revisão contratual. Se o contrato já nascesse desequilibrado (como ocorre no vício do estado de perigo – art. 156 do CC – e da lesão – art. 157 do CC), o problema seria no sinalagma genético e o contrato inválido (plano da validade). O dispositivo tem por base dois princípios relevantes: a conservação do negócio jurídico e a função social em sua eficácia interna. A conservação interessa aos contratantes e o equilíbrio garante que se atenda à função social como norma de ordem pública que é (ver art. 2.035 do CC). O art. 317 adota a teoria da imprevisão, que é desdobramento da medieval cláusula *rebus sic stantibus*. A cláusula *rebus* foi criada pelos canonistas para justificar o abrandamento da obrigatoriedade dos contratos (*pacta sunt servanda*). Assim, *contractus qui habent tractum successivum et dependentiam de futuro, rebus sic stantibus inteliguntur*, "os contratos de trato sucessivo e que dependem de evento futuro (termo) devem ser compreendidos 'estando assim as coisas'". Se as coisas mudam, o contrato pode ser resolvido. A teoria da imprevisão conheceu seu ápice na França com a Lei *Faillot*, de 1918, que em razão da Grande Guerra, permitiu a resolução judicial dos contratos. Desde a *I Jornada de Direito Civil*, em razão das dificuldades em se estabelecer o conceito de "motivos imprevisíveis", tentou-se alargar seu significado. "Enunciado n. 17 da *I Jornada de Direito Civil*: 'A interpretação da expressão 'motivos imprevisíveis' constante do art. 317 do novo Código Civil deve abarcar tanto causas de desproporção não previsíveis como também causas previsíveis, mas de resultados imprevisíveis'". Por outro lado, os comercialistas, profundamente apegados à noção e obrigatoriedade dos contratos, tendem a reduzir os poderes do juiz em matéria de revisão e resolução dos contratos empresariais: "Enunciado n. 23 da *I Jornada de Direito Comercial*: 'Em contratos empresariais, é lícito às partes contratantes estabelecer parâmetros objetivos para a interpretação dos requisitos de revisão e/ou resolução do pacto contratual.' [...] Enunciado n. 35 da *I Jornada de Direito Comercial*: 'Não haverá revisão ou resolução dos contratos de derivativos por imprevisibilidade e onerosidade excessiva (arts. 317 e 478 a 480 do Código Civil)'". O primeiro enunciado parte da premissa pela qual o contrato empresarial é majoritariamente paritário e as partes podem, validamente, estabelecer parâmetros para as hipóteses de motivos imprevisíveis alterarem as prestações. Se for de adesão o contrato (como se verifica no caso da franquia), o enunciado deixa de ter aplicação, pois os parâmetros objetivos seriam impostos por uma das partes. Realmente os contratos de derivativos têm em seu cerne o risco. São contratos em que se deriva a maior parte de seu valor de um ativo (físico como a soja ou financeiro como taxa de juros), taxa (preço do euro ou dólar) ou índice (Nasdaq ou Euribor). Assim, a variação de preço, mesmo que brutal ou excessiva, faz parte da regra desse tipo de contrato. Não há que se falar em risco extraordinário para quem opta por esse tipo de contratação.

PANDEMIA: A pandemia decorrente da covid-19 colocou o direito contratual brasileiro em um dilema existencial que nunca havia sido experimentado na vigência do Código Civil de 1916: é possível resolver contratos ou fazer a revisão de suas prestações em razão do momento único experimentado pela economia mundial, por força do chamado "isolamento social"? Em caso positivo, como se efetiva a revisão das prestações? É verdade que, em termos econômicos, o Brasil passou pelos efeitos devastadores da crise de 1929 decorrente da quebra da bolsa de Nova York, do problema com o petróleo nos anos 1970, quando os produtores do combustível resolveram reduzir a produção de barris aumentando o preço, das sucessivas crises econômicas e dos planos "milagrosos" para combater a inflação (de congelamento de preços a confisco da poupança) que afetaram nossa economia. Contudo, duas notas distinguem a crise atual. A primeira é que todos esses eventos históricos ocorreram em um mundo que não era globalizado como o atual e, em nenhum deles, verificou-se o *lockdown* de 80% do PIB mundial (a economia começou a colapsar na China e o colapso deu, literalmente, a volta de 360 graus pelo globo). A segunda é que os efeitos dos eventos anteriormente existentes não geraram consequências iguais ao isolamento para fins de saúde pública com extensão tão grandiosa. Evidentemente, durantes as duas guerras, houve cidades bombardeadas, que tiveram lojas destruídas, hotéis fechados, cancelamento de eventos culturais, mas o fato é que as demais prosseguiam, com menor ou maior liberdade, com sua rotina, como se a guerra fosse um evento apenas a ser ouvido no rádio. É verdade que o art. 317 se encontra como exceção ao princípio do nominalismo (previsto no art. 315) e que, portanto, ocorrendo, por motivo imprevisível, aumento da inflação (deflação é bem incomum no Brasil, mas ocorreu em 2020, como efeito do *lockdown*), pelo dispositivo, o juiz faria o reequilíbrio do contrato com a inserção do índice oficial de correção monetária, que é o INPC. Contudo, a leitura da doutrina foi além do texto e da literalidade da regra contida no dispositivo. Parte relevante e majoritária da doutrina entendeu que o art. 317 permite ao juiz uma revisão das prestações contratuais caso haja desequilíbrio, mesmo que nenhuma relação tenha com a correção monetária. A leitura expandida do conteúdo da norma decorre de duas questões. A primeira é que o Código Civil brasileiro não optou por cuidar da revisão contratual em capítulo ou seção específica; trouxe, apenas, o art. 479, que comentaremos a seguir. A segunda é que a leitura não literal do dispositivo atende a um princípio basilar do sistema, que é o da conservação do negócio jurídico. Assim, com acerto, a doutrina deu ao art. 317 o fundamento para revisão contratual em geral, desde que o desequilíbrio superveniente à formação tenha por causa algo imprevisível (o Código Civil adota a Teoria da Imprevisão, nos moldes pensados pelos franceses quando da emblemática decisão do Conseil D'État em 1916, referente ao contrato de distribuição de gás de Bordeaux e depois tomada como base para a Lei Faillot de 1918). É uma das teorias modernas cuja origem remonta à cláusula *rebus sic stantibus* (estando assim as coisas). Em sentido contrário, há corrente minoritária (por todos, temos Francisco Marino), para quem o dispositivo se aplica apenas às prestações pecuniárias, pois o art. 315 do Código Civil enuncia o princípio do nominalismo, ao incluir a expressão "salvo o disposto nos artigos subsequentes". Os elementos que compõem o tipo civil a permitir que haja revisão contratual com objetivo de se reequilibrarem as prestações, para garantir a manutenção do sinalagma que existia quando da formação do contrato e se perdeu são: (i) desproporção manifesta entre o valor da prestação no momento da contratação (formação do vínculo) e o momento de sua execução (fase de cumprimento da prestação). O contrato nasce equilibrado, ou seja, não tem problema algum com o sinalagma genético (o da formação). Se problema houver, o sistema resolve a questão no plano da validade e é por isso que o estado de perigo (art. 156 do CC) e a lesão (art. 157 do CC) são causas de anulabilidade do negócio jurídico (não pode haver revisão, portanto). O art. 317, ao admitir a revisão contratual pelo juiz, cuida do plano da eficácia e de se buscar o sinalagma funcional. A desproporção deve ser manifesta. Dois exemplos deixam clara a exigência legal. Há um contrato de prestação de serviços educacionais para crianças em fase de alfabetização (5 anos de idade) e por ele os pais pagam a importância de R$ 3.000,00 por mês. Com a pandemia, a escola inicia um sistema de aulas virtuais, com carga horária bem inferior à das aulas presenciais (que existiam quando da formação) e com um grau de aprendizado dos menores que tende a zero. Há desproporção manifesta e cabe ao juiz reduzir a prestação paga, por meio do art. 317. Há, por outro lado, um contrato de prestação de serviços educacionais cujo objeto é a graduação em Direito e, por mês, o aluno paga R$ 3.000,00. Com a pandemia, o serviço passa a ser virtual (ao vivo *on-line*), mantidos o conteúdo inicialmente contratado e a carga horária original. Pode o aluno requerer revisão do valor contratado? A resposta é negativa. Pode o aluno pedir a resolução contratual sem pagamento de qualquer multa ou penalidade? A resposta é positiva e será dada no decorrer das presentes reflexões, mas, certamente, o fundamento do pleito resolutivo não será o art. 317 do Código Civil; (ii) a desproporção tem por causa, por razão de ser, motivos imprevisíveis. Aqui não há qualquer dúvida. A revisão não depende apenas de ter ocorrido mudança de base objetiva do negócio jurídico (como determina o CDC – art. 6º, V), mas há que se admitir a revisão apenas, somente, se o motivo for imprevisível. É necessário o exame das razões que levaram o contrato a se desequilibrar. Se os motivos eram previsíveis, estavam esses incluídos na noção de risco contratual já assumidos e assimilados pelas partes contratantes. Se imprevisíveis os motivos, possível a revisão. Há efetivamente uma tentativa da doutrina, há tempos, de releitura da imprevisibilidade conforme o Enunciado n. 17 do CJF: "A interpretação da expressão 'motivos imprevisíveis' constante do art. 317 do novo Código Civil deve abarcar tanto causas de desproporção não previsíveis como também causas previsíveis, mas de resultados imprevisíveis". Desse enunciado se conclui que causas previsíveis, mas com efeitos imprevisíveis, são consideradas imprevisíveis. A noção de imprevisão está em duas perspectivas: o evento em si ou apenas seus efeitos. Exemplifico. A passagem de um tufão é previsível em certa época do ano nos Estados Unidos da América. Contudo, em certo ano, a destruição decorrente do tufão é muito maior do que a destruição que tal fenômeno causa normalmente. O efeito é imprevisível, então. Seguindo velhos exemplos da doutrina (Oertman fala em um rio congelado), se as ferrovias ficam destruídas por causa do tufão (evento previsível, mas efeito imprevisível) e a mercadoria tem de ser transportada por avião, o aumento do custo (do baixo custo de envio por trem ao altíssimo custo de envio por avião) desequilibra o contrato, permitindo, por meio do art. 317, sua revisão, se a lei brasileira fosse aplicável. Há, em tese, possibilidade de previsão de uma pandemia em âmbito mundial? Em um mundo unido pelo transporte aéreo relativamente barato, a resposta é afirmativa. É previsível o *lockdown* econômico e o isolamento social decorrentes? A resposta é negativa, logo, a covid-19 é motivo imprevisível para fins de revisão contratual. A assertiva deve ser lida *cum grano salis*. O desequilíbrio das prestações (desproporção manifesta) deve ter por fundamento circunstâncias objetivas e não ligadas à pessoa do devedor de maneira subjetiva. É por isso que Arnoldo Medeiros da Fonseca, em obra clássica sobre o tema (*Caso fortuito e teoria da imprevisão*) repudia duas teorias que pretendem dar ao devedor direito de revisão contratual (ou resolução) por causa de seu empobrecimento, desemprego ou doença incapacitante. A primeira teoria é a do estado de necessidade. Por ela, "surpreendido com uma imprevista e superveniente *dificultas prestationes*, encontrar-se-ia o devedor num verdadeiro estado de necessidade que o escusaria do inadimplemento, podendo liberar-se sem pagamento de indenização". Há uma questão relevante: o estado de necessidade não exige contraposição de dois bens em que se cause o mal menor? Vejamos o que dispõe o art. 188 do Código Civil: "Não constituem atos ilícitos: [...] II – **a deterioração ou destruição da coisa alheia, ou a lesão a pessoa, a fim de remover perigo iminente**. Parágrafo único. No caso do inciso II, o ato será legítimo somente quando as circunstâncias o tornarem absolutamente necessário, não excedendo os limites do indispensável para a remoção do perigo". É requisito para aplicação da regra do estado de necessidade que haja dois valores em choque: perigo de um lado e dano a bens de outro. Fala-se em "remição do perigo". É o caso do motorista que abalroa um carro estacionado para não atropelar uma criança. E mesmo sendo lícito o ato, o motorista indeniza o dono do carro e terá ação de regresso contra os responsáveis legais do menor. A conclusão de Arnoldo Medeiros da Fonseca é impecável: "Entendemos também que tal doutrina parte do pressuposto errôneo de que o não cumprimento de uma obrigação, pela sua onerosidade excessiva, constitui sempre um direito superior ao do credor de vê-la executada". A segunda teoria é a da impossibilidade econômica. Segundo a teoria, "uma prestação ultrapassando as forças do devedor, deve ser havida por economicamente impossível". O subsídio estaria na boa-fé e na equidade. Assim, haveria um "impossível" em sentido econômico. Segundo Arnoldo Medeiros da Fonseca, "por mais humana e equitativa que, à primeira vista, possa parecer a nova doutrina, suas conclusões provocaram objeções impressionantes".

É por isso que o autor tece críticas severíssimas a ela que são: "dificuldades de prova a que conduziria essa teoria, ausência, para o juiz, de elementos para decidir o caso concreto, **o esquecimento por parte dela, da pessoa do credor e dos interesses da coletividade, ligados à estabilidade das convenções**". Se o desemprego for causa suficiente para a revisão contratual, duas consequências nefastas daí decorreriam. A primeira é que todos os contratos firmados pelo devedor, agora desempregado, passariam por necessário crivo judicial com o intuito de sua revisão. Haveria para os credores, portanto, um risco inerente de se negociar com a pessoa que tem emprego, por conta da possibilidade de demissão. A segunda consequência é que qualquer grave crise econômica, oriunda ou não de pandemias, que gerasse desemprego ou redução de salário, daria a possibilidade de ampla revisão contratual. Essa noção é repudiada pelos clássicos, e há muitas décadas, que todos, sem exceção, afirmam que "de acordo com a melhor doutrina, aceita pela jurisprudência, não constituem casos fortuitos ou de força maior: a moléstia do devedor" (Ac. do Tribunal de São Paulo, em 16 de junho de 1920, na *Revista dos Tribunais*, v. 55, p. 114) e "a crise econômica e financeira" (J. X. Carvalho de Mendonça, obr. e loc. cits., Parecer do Procurador Arthur Ribeiro na *Revista Forense*, v. 2, p. 96). Ao se aplicar a teoria da impossibilidade econômica, a base estrutural do contrato (*pacta sunt servanda*) ficaria tão corroída por esse enorme risco inserido pela doutrina (questão pessoal do devedor que permite revisão das prestações) que poria em xeque a existência do princípio da obrigatoriedade, já que tão comuns e corriqueiras seriam as exceções. É por isso que Agostinho Alvim faz crítica contundente à parte minoritária da doutrina: "já vimos sustentar, ao nosso ver erroneamente, que de um modo geral, a crise econômica, quando aguda, constitui caso fortuito". A revisão é desejável, pois garante a conservação do negócio jurídico e não sua extinção (resolução). A conservação do negócio jurídico interessa às partes que desejam o resultado econômico do contrato. Há uma questão relevante, contudo. O juiz não pode ser contratante, ou seja, a sua vontade não pode ser elemento de alteração do conteúdo do contrato. É por isso que a revisão deve se dar dentro dos parâmetros escolhidos pelos contratantes quando da contratação. Não pode o juiz, por exemplo, alterar o índice de correção monetária contratado (IGPM por INPC) sem expressa autorização legal. Não pode o juiz alterar o objeto do contrato, determinando, por exemplo, que a obrigação de dar coisa certa se converta em obrigação pecuniária, por afronta ao art. 313 do Código Civil. Não pode o juiz, no contrato educacional, exigir redução ou ampliação de carga horária de forma a mudar as prestações firmadas. Pode, contudo, em busca do sinalagma perdido, reduzir o valor da prestação pecuniária paga pelo aluno se o serviço educacional *on-line* está sendo prestado com carga reduzida ou com qualidade inferior à do contratado originalmente; o diferimento de parte do preço (suspensão parcial de eficácia) para um momento futuro é um dos mecanismos de revisão a serem adotados. A loja de rua está fechada por conta das medidas sanitárias; o aluguel pode ser diferido para momento futuro, de forma a evitar a resolução. Há situações em que a revisão exigirá a redução da prestação por razões óbvias. O valor que o lojista do *shopping center* paga para o fundo de promoção, que simplesmente não fará campanhas publicitárias por um longo período em que o *shopping* estiver fechado, deve ser sensivelmente reduzido, de modo a custear, apenas, as despesas já existentes antes da determinação do Poder Público de cessação das atividades. Em escrito anterior, forneci alguns critérios de revisão contratual em tempos de pandemia e tais critérios têm sido utilizados em diversos julgados no Brasil. A ideia é buscar o reequilíbrio do contrato com base em divisão de prejuízos, sendo observados alguns critérios: (i) análise do lucro decorrente do contrato, de acordo com a atividade desenvolvida. A parcela da remuneração que corresponde ao lucro deve ser diferida para pagamento quando do estabelecimento da "normalidade" ou retomada das circunstâncias anteriores. Caso isso não seja possível, a redução para patamares mínimos se impõe; (ii) análise decorrente da capacidade econômico-financeira das partes contratantes. A revisão da locação em que figura como locatária empresa de um grande grupo empresarial que tem um caixa suficiente para suportar a pandemia não pode ser igual à revisão daquela pequena loja de *shopping*, que só tem um estabelecimento. A capacidade econômica da empresa educacional não pode ser comparada ao poder de compra de cada consumidor estudante. Balanços das empresas serão parâmetro para se postergar no tempo o cumprimento de certas prestações; (iii) análise do ramo de atividade e seu potencial de mais rápida ou mais lenta recuperação. No setor de energia elétrica, por exemplo, com o fim da pandemia, muitos estabelecimentos voltam a funcionar e a demanda volta a crescer. O juiz deve considerar o período de diferimento do pagamento das prestações a partir do prisma do tempo de recuperação daquele setor ou atividade; (iv) evitar, a qualquer custo, a moratória completa, pois ela gera a ruptura do elemento preço, uma sensação de caos social e, no mais das vezes, graves danos à outra parte. Diferir no tempo parte da prestação devida afastando-se os encargos da mora é forma de recomposição do sinalagma funcional. Em se tratando de revisão contratual, o dispositivo legal a ser utilizado será o art. 317, quando a revisão for feita pelo juiz sem a iniciativa ou concordância das partes; ou o art. 479, quando a parte (beneficiada pela onerosidade excessiva) se oferecer para devolver ao contrato seu equilíbrio original que se perdeu por acontecimentos extraordinários e imprevisíveis (*vide* art. 478). Equívoco doutrinário se revela, portanto, no Enunciado n. 176 do CJF que quer ler no art. 478 o que não está escrito, "esquecendo" que o Código Civil traz base legal para revisão em seu art. 317: "Em atenção ao princípio da conservação dos negócios jurídicos, o art. 478 do Código Civil de 2002 deverá conduzir, sempre que possível, à revisão judicial dos contratos e não à resolução contratual". A resolução contratual não passa pelo art. 317 do Código Civil, mas apenas e tão somente pelo art. 478, quando o motivo invocado para a extinção do vínculo for a onerosidade excessiva, salvo se a relação for de consumo, em que basta a mudança da base objetiva do negócio para que seja possível a resolução. A longa e sedimentada evolução histórica do direito civil indica que a mudança das circunstâncias entre o momento da formação do contrato e o de sua execução, que gera alteração na base objetiva do negócio (Oertmann e Larenz) é motivo suficiente para resolução contratual, desde o momento em que os canonistas desenharam a cláusula *rebus sic stantibus*. É a teoria da base objetiva que sedimenta, que traz os fundamentos para os pedidos de resolução contratual em razão da covid-19, quando a prestação for de cumprimento possível (se for impossível – como, por exemplo, realização de um *show*, concerto musical ou viagem de avião com voos cancelados –, estamos diante de resolução por força maior nos termos do art. 393 do CC). As lições de Karl Larenz que aqui compilo literalmente ou por paráfrases (*Base del negocio jurídico y cumplimiento de los contratos*. Santiago: Olejnik, 2018) são essenciais para a compreensão da teoria da base objetiva. A base objetiva do contrato é o conjunto de circunstâncias cuja existência ou persistência pressupõe devidamente o contrato, saibam ou não os contratantes, já que, se não fosse assim, não se atingiria o fim do contrato, o propósito das partes contratantes. Em suma, se posteriormente à contratação se realiza uma transformação fundamental nas circunstâncias, possibilidade essa que não havia sido pensada pelos contratantes, nem levada em conta quando ponderaram seus interesses e ao distribuir os riscos, pode ocorrer de o contrato perder por completo seu sentido original e ter consequências totalmente distintas daquelas que as partes haviam projetado ou deveriam projetar. A relação contratual é afetada por uma variação imprevista das circunstâncias com tal intensidade que sua manutenção não se justifica, apesar do princípio tão importante da obrigatoriedade do contrato. Está rompida a base objetiva do negócio jurídico quando há destruição da relação de equivalência das prestações. Assim, "atenta contra a boa-fé que uma das partes insista em exigir a prestação, quando as relações de valor se transformaram tanto que o devedor receberia por sua prestação uma contraprestação que não poderia estar nem próxima, de acordo com a finalidade do contrato, ao que deveria consistir". Há por fim mais um elemento que compõe a base objetiva: a impossibilidade de se alcançar o fim do contrato. Trata-se da finalidade objetivamente considerada. É a impossibilidade de fruição do objeto do contrato (*impossibilité de jouissance*). O exemplo da locação de imóveis para bares e restaurantes com salões de baile, na Alemanha, no início da Segunda Guerra Mundial, é demais parecido com o ocorrido por força da pandemia, na atualidade. A finalidade da locação (baile ou clube noturno) se tornou inexequível por força da proibição pelo Reich da realização dessas atividades quando do início da guerra. O locador podia alegar que, apesar da proibição de determinadas diversões, não se alterou a condição do imóvel, ou seja, "sua aptidão para certo fim". Contudo, conforme leciona Krückmann, "a prestação é perfeitamente possível antes e depois, mas resulta inútil ao credor". É exatamente por isso que os locatários têm direito de resolução do contrato, sem pagamento de multas (cláusula penal) ou de perdas e danos de qualquer natureza, quando as lojas ficam fechadas por ordem do Poder Público. Conclui Larenz, que a base do negócio em sentido objetivo desaparece quando, por obra de uma transformação de tal índole, resulta inalcançável o propósito de uso de uma das partes. A finalidade expressa no contrato, em seu conteúdo, não é alcançada.

JURISPRUDÊNCIA COMENTADA: Não se pode afirmar que existe verdadeira jurisprudência relativa à pandemia e a seus efeitos. Jurisprudência exige uma reiteração de decisões em um mesmo sentido e um amadurecimento dos tribunais que uniformizam sua forma de compreensão do fenômeno jurídico. Isso não afasta um fato notório. Muitos julgados em matéria contratual, por força da covid-19 e com base no art. 317, foram proferidos.

Contudo, ao final do presente item, as decisões do STJ proferidas em 2022 são comentadas para que se verifique como o tema começa a ser tratado por aquela Corte. Dessa forma, optei por separar as decisões por grupos e temas. Não se trata, no momento, de jurisprudência, mas sim de decisões (muitas vezes díspares) que revelam a percepção do impacto do *lockdown* e dos efeitos do vírus em matéria contratual. Assim, com relação à **locação de imóvel urbano**, temos: (i) **manutenção do contrato em todos os seus termos** – *pacta sunt servanda*: "O art. 317, do CC (teoria da imprevisão), além de não prever a figura da suspensão contratual, não se encontra devidamente alicerçado quanto às premissas fáticas. A agravante não foi capaz de demonstrar, em cognição sumária, a desproporção manifesta entre as prestações (alteração no sinalagma genético). Diferentemente do que parece defender a agravante, a desproporção não é implicação lógica da pandemia, como se fosse mero devir da crise. A análise deve ser feita casuisticamente, com a devida comprovação do suporte fático do instituto. [...] Muitas empresas se adaptaram à crise, passando a prestar seus serviços por meios alternativos (p. ex., meios digitais). Poderia a agravante ter instruído sua inicial com análise apurada acerca de suas finanças, só a planilha em Excel não é suficiente. Acaso tivesse lançado mão desse discriminativo analítico, o Poder Judiciário estaria apto ao exame casuístico, onde se cotejaria a realidade financeira da empresa com as prestações mantidas pelo contrato de locação. Como não agiu dessa forma, pede alívio financeiro sem evidenciar a asfixia. Decisão agravada mantida" (TJSP, AgI 2205249-16.2020.8.26.0000, 30.ª Câmara de Direito Privado, São Paulo, Rel. Maria Lúcia Pizzotti, j. 20.01.2021); e "diferentemente do que parece defender a agravante, *a desproporção não é implicação lógica da pandemia, como se fosse mero devir da crise. A análise deve ser feita casuisticamente, com a devida comprovação do suporte fático do instituto*. [...] Não há elementos que evidenciem a verossimilhança de suas alegações, já que não há qualquer comprovação de que houve, de fato, redução do faturamento ou crise financeira de tal monta a ensejar a suspensão do contrato de fornecimento de energia. Ademais, importante lembrar que a agravante é uma padaria/lanchonete, que, de acordo com os critérios estabelecidos pelo Plano de Contingenciamento da covid-19 apresentado pela Prefeitura Municipal da Capital, se trata de atividade essencial, motivo pelo qual, não houve fechamento completo, durante todo o período de quarentena na Capital ainda que restrito o consumo no local" (TJSP, AgIC 2158635-50.2020.8.26.0000/50000, 30.ª Câmara de Direito Privado, São Paulo, Rel. Maria Lúcia Pizzotti, j. 15.01.2021; (ii) **revisão com base na capacidade econômico-financeira das partes contratantes**: "Com efeito, apesar de haver uma dificuldade recíproca em virtude de um fato externo de notória gravidade, o valor fixado pelo Juízo de primeiro grau distancia sobremaneira o interesse de cada um dos contratantes, sendo prudente trazer mais equilíbrio à questão [...]. Pronunciamento que, em tutela cautelar de caráter antecedente, reduziu o aluguel em 90% do total, no período de 1° de abril a 10 de maio de 2020 – decisão do relator que, em agravo de instrumento, indeferiu o pedido de antecipação da tutela recursal – insurgência. Dou parcial provimento ao agravo interno para determinar a redução do aluguel em 50% do valor total, provisoriamente, até decisão da turma julgadora" (TJSP, AgIC 2084418-36.2020.8.26.0000/50000, 33.ª Câmara de Direito Privado, São Paulo, Rel. Luiz Eurico, j. 16.05.2020); "e como explicitado no recurso, a locatária está impedida de exercer suas atividades comerciais em razão do fechamento do comércio e dos *shopping centers*, local onde a agravante possui seu estabelecimento, razão pela qual há fundamento nos argumentos trazidos, pois dependia do seu faturamento para arcar com as despesas mensais, principalmente os encargos locatícios. Assim, considerando que a avença havia sido firmada em período de normalidade, em uma análise perfunctória, entendo caracterizados os motivos imprevisíveis e inevitáveis previstos no artigo 317 do Código Civil. Desta feita, considerando o cenário atual, bem como a função social do contrato, concede-se a *tutela de urgência apenas para determinar a suspensão do pagamento do aluguel*, considerando que o fundo de promoção não está sendo cobrado da locatária (cf. fls. 62 dos autos principais) enquanto perdurar a suspensão das atividades da agravante e da agravada. As despesas condominiais também devem ser arcadas pela agravante, pois observo que já fora concedido 20% de desconto, conforme se extrai das fls. 61 dos autos principais, sendo certo que a revisão de toda a verba locatícia será analisada pelo magistrado *a quo* quando do julgamento do feito" (TJSP, AgI 2077749-64.2020.8.26.0000, 32.ª Câmara de Direito Privado, São Paulo, Rel. Ruy Coppola, j. 01.06.2020); (iii) **revisão ou manutenção com base no ramo de atividade e sua rápida ou lenta recuperação**: no primeiro grupo, o ramo não foi afetado diretamente pela pandemia e o aluguel foi mantido: "Os inegáveis e drásticos efeitos da crise econômica gerada pela pandemia pedem análise criteriosa a partir de aspectos variados, inclusive sob o prisma da efetiva interferência na base objetiva da relação jurídica; e, em matéria locatícia, como a presente nos autos, é para logo questionável que se possa equiparar a dificuldade de cumprimento da obrigação advinda a uma das partes, por fatores de ordem estranha ao contrato, a um desequilíbrio das prestações do negócio jurídico, objetivamente tomadas. [...] Além disso, no caso dos autos, cabe ressaltar que a locatária não sofreu qualquer interferência sobre a posse direta do imóvel, permanecendo em plena atividade durante a pandemia, ante o caráter essencial do serviço prestado. Dessa forma, não se pode falar propriamente em quebra da base objetiva do negócio, a tanto não correspondendo a mera diminuição de receita por parte da inquilina, aspecto irrelevante para atenuar a força vinculante do contrato no tocante às obrigações assumidas. Por fim, pondera-se que não se trata de forma alguma de ignorar as consequências da crise ou a dramática realidade de muitos que buscam o Judiciário concretamente impedidos de honrar seus compromissos. O fato entretanto é que a busca de ruptura unilateral das bases objetivas de relações contratuais, por solução adjudicada, é caminho a ser nas circunstâncias avaliado com extrema cautela, sobretudo se apresentando fundamental, como tem sido insistentemente apregoado por respeitáveis pronunciamentos de estudiosos, a busca por soluções negociadas que obtenham, em perspectiva pessoal e adequada ao caso concreto, fórmulas propícias a possibilitar a superação do momento atípico"; "Posto de combustíveis. Pedido de tutela antecipada antecedente voltado à redução provisória de aluguel comercial em função da pandemia causada pelo novo coronavírus. Concessão de 50% de desconto pela r. decisão agravada. Descabimento. Continuidade da atividade exercida pela autora. Ausência por outro lado de quebra da base objetiva do negócio ou de desproporção das prestações, não calculadas ou previstas em função da capacidade econômica da locatária ou do maior ou menor sucesso de sua atividade. Decisão agravada reformada" (TJSP, AgI 2158140-06.2020.8.26.0000, 29.ª Câmara de Direito Privado, Atibaia, Rel. Fabio Tabosa, j. 26.09.2020); iv) revisão do aluguel em locação e duração da redução: "[...] A situação vivenciada pelas sociedades em todo o mundo, em razão da pandemia da covid-19, não cuida de força maior ou caso fortuito, pois o fundamento do pedido do ora apelante no bojo da presente ação de revisão de contrato de aluguel não é a disseminação do novo Coronavírus, mas sim o conjunto de decisões político-administrativas de governantes, que, em maior ou menor extensão, adotaram medidas restritivas das atividades econômicas. Tanto é que, nas últimas pandemias enfrentadas pelo país, não foram adotadas medidas semelhantes de 'quarentena', de 'lockdown', de 'isolamento horizontal', dentre outras. 2. Atende aos critérios da equidade a decisão proferida pelo il. juízo *a quo*, que permitiu a redução de 50% do valor do aluguel pago pela apelante à parte apelada até a prolação da r. sentença, como forma de se atender ao princípio da conservação dos contratos, levando-se em consideração a excepcionalidade da situação vivenciada pela sociedade, e buscando-se – a despeito da existência de regras jurídicas claras e específicas aplicáveis ao caso – a adoção de uma solução adequadamente justa. O pleito, portanto, de reforma da r. decisão para que seja deferida a manutenção da redução do aluguel convencionado para 50% do valor vigente até o fim das medidas de quarentena não comporta acolhimento, pois não encontra fundamento legal. 3. Recurso improvido" (TJSP, Apelação Cível 1066345-24.2020.8.26.0100, 35.ª Câmara de Direito Privado, Rel. Artur Marques, j. 19.07.2021, *DJESP* 21.07.2021); "Apelação. Ação de revisão contratual. Cerceamento de defesa da Autora. Inocorrência. Prova relativa a faturamento regular e demais questões financeiras relativas à execução de contrato de locação que eram todas documentais e pré-constituídas quanto ao ajuizamento da demanda. Revisão de contrato de locação em *Shopping Center* em razão de restrições do Poder Público decorrentes da conjuntura de pandemia atual. Aplicação da teoria da base objetiva do contrato, com onerosidade da prestação suportada pela Locatária. Revisão temporária de cláusulas contratuais. Possibilidade. Ré que adotou revisão dos contratos no período em que efetivamente esteve impedida de exercer atividades econômicas em razão de restrições do Poder Público. Impossibilidade de extensão indefinida de revisão contratual, principalmente porque permitida a retomada, ainda que parcial, das atividades empresariais das partes, sendo certo que a ambas afetam as restrições advindas da pandemia atual. Risco futuro e eventual de cobranças indevidas não justifica intervenção atual do Poder Judiciário" (TJSP, Apelação Cível 1021482-52.2020.8.26.0562, 28.ª Câmara de Direito Privado, Rel. Berenice Marcondes Cesar, j. 08.09.2021, *DJESP* 09.09.2021). Com relação ao contrato de mútuo firmado com um banco, temos: (i) decisões que mantêm o contrato em todos os seus termos, prestigiando o princípio da obrigatoriedade: "Tutela de urgência. Pretensão de suspensão no pagamento das parcelas do financiamento para aquisição de veículo e afastamento dos efeitos da mora em razão da covid-19. Pandemia que, por si só, não justifica a pretensão. Discordância do credor. Contrato já sobrestado e renegociado recentemente pela instituição financeira. Descabimento no caso. Requisitos para concessão desta medida, nos termos do art. 300 do CPC, ainda não configurados. Necessidade de manutenção dos termos pactuados, inclusive em relação à possibilidade de execução diante do princípio da força obrigatória do contrato. Decisão reformada para indeferir a tutela de urgência. Recurso provido. [...] Isto porque, apesar da situação financeira relatada, a própria agravada confirma que o banco 'realizou uma novação no contrato com atualização dos valores em aberto, com a primeira parcela em dezembro do corrente ano' (fls. 17), demonstrando, assim, que já houve uma renegociação por parte da instituição financeira. Assim, diante da manifesta discordância do credor, prevalece o princípio da força obrigatória do contrato" (TJSP, AgI 2276446-31.2020.8.26.0000, 14.ª Câmara de Direito Privado, Bragança Paulista, Rel. Thiago de Siqueira, j. 19.01.2021); "Ação revisional – Dívida bancária – Pretensão de suspensão por 120 (cento e vinte dias), realocando as respectivas parcelas para o final do contrato em função da pandemia do covid-19, sem a incidência de encargos moratórios e com a redução da Taxa Selic – Sentença de procedência – Insurgência do banco – A pandemia do Coronavírus pode ser considerada como fato imprevisível, porém não suficientemente apta a ensejar a aplicação da teoria da imprevisão e permitir a resolução e/ou revisão dos contratos (acordos extrajudiciais), posto que prevalece o princípio da força obrigatória dos contratos – A despeito de se lamentar a situação da autora, a hipótese é de improcedência da ação – Sentença reformada – Apelo provido" (TJSP, Apelação Cível 1000599-75.2020.8.26.0080, 12.ª Câmara de Direito Privado, Rel. Jacob Valente, j. 11.08.2021, *DJESP* 25.08.2021); e (ii) decisão que permite a suspensão do pagamento em razão do ramo de atividade da devedora: "Agravo de instrumento. Ação de obrigação de fazer. Pedidos de suspensão do pagamento das parcelas dos contratos de financiamento de três veículos utilizados para transporte escolar, durante o período de suspensão das aulas devido à pandemia de covid-19, bem como de não negativação do nome da autora e sua manutenção na posse dos veículos. Deferimento do pedido em sede de Primeiro Grau. Insurgência da parte ré. Contratos de financiamento de veículo. Prestação de serviço de transporte escolar. Atividade abalada pela situação da pandemia de covid-19 que assola o país. Suspensão e posterior retomada apenas parcial das aulas nas escolas do Estado de São Paulo por ordem do Poder Público. Situação imprevisível e extraordinária relacionada à pandemia mundial. Razoabilidade da suspensão do pagamento das parcelas contratuais tal qual fixado na r. decisão agravada. Recurso não provido" (TJSP, AI 2004856-41.2021.8.26.0000, 24.ª Câmara de Direito Privado, Rel. Lidia Conceição, j. 21.07.2021, *DJESP* 22.07.2021). Há, ainda, um debate no setor de energia elétrica, em que o contratante é obrigado a comprar um mínimo de energia (*take or pay*), mas, em razão do *lockdown* e da suspensão das atividades, o comprador não quer pagar esse valor mínimo contratado. O TJSP entendeu que havia justo motivo para não pagamento do valor mínimo: "Insurgência contra a respeitável decisão que indeferiu a tutela de urgência pleiteada pela requerente (agravante), para determinar a suspensão provisória de sua obrigação de aquisição de volume mínimo de energia elétrica contratada ('take or pay'), sob o fundamento de que, embora os efeitos da pandemia sejam considerados como motivo de força maior, o pacto celebrado estabelece consumo mínimo nesta hipótese, a fim de preservar o equilíbrio financeiro do contrato. Pretensão de suspensão provisória da obrigação contratual, enquanto perdurar o motivo de força maior. A crise gerada pela pandemia do novo coronavírus configura-se como caso fortuito, ou força maior, por ser um evento imprevisível e não relacionado aos riscos inerentes à atividade empresarial da agravante, cujos efeitos não se pode evitar ou impedir. Probabilidade do direito invocado (paralisação das atividades da agravante, com queda abrupta de seu consumo mensal de energia elétrica) e risco de dano (negativação decorrente de inadimplência e encerramento das atividades da empresa) demonstrados pela recorrente. Evento imprevisto e excepcional que possibilita a revisão temporária do contrato para restabelecer o equilíbrio e a paridade entre os contratantes, conforme prevê o próprio contrato. Exegese dos artigos 317, 393 e 421 do Código Civil. Risco de dano inverso à agravada não demonstrado, devido a sua especialização no setor de venda de energia elétrica. Decisão reformada. Recurso de agravo de instrumento em parte provido para autorizar à agravante o pagamento pela energia elétrica efetivamente consumida, no prazo de 30 (trinta) dias após apuração e faturamento, e ainda, determinar que a agravada se abstenha de efetuar cobranças ou de negativar o nome da recorrente, até o julgamento da lide principal, sob pena de multa diária de R$ 500,00 (quinhentos reais), limitada a R$ 10.000,00 (dez mil reais), que corresponde ao valor atribuído à causa" (TJSP, AgI 2180978-40.2020.8.26.0000, 25.ª Câmara de Direito Privado,

Campinas, Rel. Marcondes D'Angelo, j. 05.11.2020). Em caso análogo, o TJSP entendeu que, como a concessionária "expediu uma 'Notificação de Evento de Caso Fortuito/Força Maior', em que expressamente aludiu a 'circunstâncias inteiramente fora de controle da concessionária e desconexas dos riscos ínsitos à sua atividade', 'efeitos inevitáveis e não preveníveis da pandemia de covid-19' e 'autêntico e inquestionável caso fortuito/evento de força maior, nos termos da lei e do referido contrato', e como a cláusula 24.1 contém a seguinte previsão: '24.1 Caso uma das PARTES não possa cumprir qualquer das obrigações ora determinadas por motivo de força maior ou caso fortuito, nos termos do Código Civil Brasileiro, desde que devidamente comprovada, o presente CONTRATO deverá permanecer em vigor, mas a obrigação afetada ficará suspensa pelo mesmo período em que perdurar o evento e proporcionalmente aos seus efeitos', era possível o afastamento da cláusula contratual *take or pay* para que se pagasse apenas a energia efetivamente consumida" (TJSP, Apelação Cível 1042395-83.2020.8.26.0100, 13.ª Câmara de Direito Privado, Rel. Ana de Lourdes Coutinho Silva da Fonseca, j. 28.04.2021, *DJESP* 28.04.2021). Há outra decisão do TJSP em igual sentido: "Apelação. Prestação de serviços. Energia elétrica. Cláusula *take or pay*. Aplicação da teoria da imprevisão. Covid-19. Litigantes que celebraram dois contratos coligados que acabam por impor à apelada a cobrança de valor mínimo por acesso ao sistema de distribuição de energia, ainda que não haja efetivo uso dos serviços contratados. O cerne da controvérsia é avaliar, a partir da teoria da imprevisão, a viabilidade jurídica da revisão da cláusula *take or pay* prevista no contrato celebrado entre os litigantes, haja vista os nefastos efeitos econômicos decorrentes da pandemia da covid-19. A despeito da viabilidade e legalidade, *prima facie*, de cobrança por acesso à rede elétrica, independentemente do número de quilowatts por hora consumidos, a existência de fato superveniente e imprevisível capaz de desequilibrar as prestações pactuadas permite que haja revisão pontual do contrato. Inteligência do art. 317 do Código Civil. Apelada que demonstrou brutal queda de faturamento e necessidade de fechamento de suas instalações em virtude de medidas estaduais e municipais de distanciamento social. D. Magistrado de origem que reconheceu, acertadamente, que o faturamento deveria se dar de acordo com o efetivo consumo de energia, até o final das restrições à atividade econômica ou até o término do ano de 2020. Priorização ao princípio da socialidade e respeito à função social do contrato. Divisão equitativa dos riscos negociais. Sentença mantida. Recurso não provido" (TJSP, Apelação Cível 1018231-12.2020.8.26.0114, 31.ª Câmara de Direito Privado, Campinas, Rel. Rosangela Telles, j. 18.03.2021, *DJESP* 18.03.2021, sem destaques no original). O STJ proferiu duas decisões sobre o tema da revisão: uma admite a revisão e a outra, não. O **primeiro caso** cuida de locação não residencial na modalidade de *coworking*, ou seja, a locadora é empresa que aluga espaços para uso da locatária (normalmente esse espaço individual é maior ou menor a depender das necessidades da locatária) e há possibilidade de uso de espaços comuns (salas de reunião, uso de equipamentos como máquinas de café etc.) mediante agendamento prévio e o pagamento de um valor extra pelo uso desses dispositivos. É o REsp 1.984.277 de relatoria do ministro Luis Felipe Salomão que foi julgado em 16 de agosto de 2022. No caso da locação no sistema de *coworking*, a locatária alega que em razão da pandemia não pôde exercer suas atividades, pois havia norma distrital (Decreto Distrital n. 40.539/2020) determinando o confinamento e a cessação de atividades. A ação foi julgada procedente pelo TJ/DF que assim decidiu: "3 – Tratando-se a atividade do autor do ramo de coworking resta evidente o impacto econômico na atividade desempenhada, decorrente das medidas adotadas para preservação da saúde pública, mostrando-se possível a excepcional intervenção do Judiciário no contrato livremente firmado entre as partes. 4 – Dessa forma, a locadora não ficará totalmente privada dos rendimentos do imóvel, nem se exigirá o cumprimento de prestação momentaneamente excessiva ao locatário, o que se reputa justo e coerente e resguarda os interesses de ambas as partes, com a preservação da empresa e do contrato firmado entre eles". A decisão autorizou a locatária "a efetuar o pagamento do aluguel decorrente do Contrato n. 1.813, correspondente à sala 717, com desconto de 50%, passando, assim, a vigorar o valor de R$ 1.657,84, pelo prazo inicial de três meses". O fundamento para se admitir a revisão temporária do valor devido foi o seguinte: o faturamento da locatária teve uma redução de 27% em razão da pandemia e, portanto, "não se está afastando de todo o pacta sunt servanda, mas sim aplicando-se o princípio *rebus sic stantibus* cujo teor indica que o contrato só poderá manter as mesmíssimas condições enquanto as coisas estiverem do mesmo modo. Por isto somente foram reduzidos os aluguéis de três meses, dada o gradativo retorno das atividades comerciais no Distrito Federal. Nesta toada, a despeito de apelante afirmar que já concedera um desconto ao autor no ano de 2019, a situação vivenciada no país no início do ano de 2020 era absolutamente imprevisível e os prejuízos eventualmente sofridos neste período perdurarão para todos e não somente para o réu ou para o autor". O STJ manteve a decisão em questão: "Consoante as diretrizes firmadas no julgamento do REsp n. 1.998.206/DF, 'a revisão dos contratos em razão da pandemia não constitui decorrência lógica ou automática, devendo ser analisadas a natureza do contrato e a conduta das partes – tanto no âmbito material como na esfera processual –, especialmente quando o evento superveniente e imprevisível não se encontra no domínio da atividade econômica das partes' (REsp n. 1.998.206/DF, de minha relatoria, Quarta Turma, julgado em 14.06.2022, DJe de 04.08.2022). 3. Na hipótese, ficou demonstrada a efetiva redução do faturamento da empresa locatária em virtude das medidas de restrição impostas pela pandemia da Covid-19. Por outro lado, a locatária manteve-se obrigada a cumprir a contraprestação pelo uso do imóvel pelo valor integral e originalmente firmado, situação que evidencia o desequilíbrio econômico e financeiro do contrato. 4. Nesse passo, embora não se contestem os efeitos negativos da pandemia nos contratos de locação para ambas as partes – as quais são efetivamente privadas do uso do imóvel ou da percepção dos rendimentos sobre ele – no caso em debate, considerando que a empresa locatária exercia a atividade de coworking e teve seu faturamento drasticamente reduzido, a revisão do contrato mediante a redução proporcional e temporária do valor dos aluguéis constitui medida necessária para assegurar o restabelecimento do equilíbrio entre as partes". Como fundamento da decisão, o STJ cita lições que proferi sobre o tema nesses comentários ao art. 317 do CC: "Sobre a questão, vale mencionar as ponderações de José Fernando Simão, em obra já referenciada, no sentido de que 'o desequilíbrio das prestações (desproporção manifesta) deve ter por fundamento circunstâncias objetivas e não ligadas à pessoa do devedor de maneira subjetiva'. Veja-se: '[...] Ao se aplicar a teoria da impossibilidade econômica, a base estrutural do contrato (pacta sunt servanda) ficaria tão corroída por esse enorme risco inserido pela doutrina (questão pessoal do devedor que permite revisão das prestações) que poria em xeque a existência do princípio da obrigatoriedade, já que tão comum e corriqueiras seriam as exceções' (SCHREIBER, Anderson. et al. Código Civil comentado: doutrina e jurisprudência. 3. ed. Rio de Janeiro: Forense, 2021, p. 211-214". O segundo caso, também de Relatoria do ministro Luis Felipe Salomão (REsp n. 1.998.206/DF, Quarta Turma, julgado em 14.06.2022, DJe 04.08.2022), a decisão foi pelo indeferimento do pleito revisional. Trata-se de contrato de prestação de serviços educacionais em que os alunos (por seus pais) pretendem reduzir o preço da mensalidade paga entre março de 2020 até a normalização das aulas. O TJ/DF entendeu não ser cabível a revisão. Os fundamentos são os seguintes: "4. Apenas de forma excepcional é admitida a intervenção judicial na vontade livremente manifestada pelas partes ao contratar. 5. As instituições de ensino foram inicialmente, impedidas de cumprir as obrigações nos moldes em que foram contratadas, atendendo a decretos expedidos pelo Poder Público com vistas à promoção do isolamento social, ou seja, não o fizeram por vontade própria e sim por questões sanitárias, sob pena de virem a sofrer severas sanções em caso de inobservância. 5. Não é toda e qualquer intercorrência que poderá vir a trazer modificações às condições originais do contrato e, para que isso venha a ocorrer, a parte autora tem que se desincumbir de seu ônus de provar, de forma concreta, que houve mudança severa das bases objetivas do negócio e das condições econômico-financeiras das partes envolvidas, de modo a justificar a revisão postulada. 6. A intervenção do Judiciário sobre a atividade econômica – em especial aquela desenvolvida por particulares – reveste-se de caráter subsidiário e excepcional, notadamente diante do prestígio de que goza a liberdade contratual no ordenamento jurídico (Lei n. 13.874/2019, art. 2º, inc. I e III). 7. Não havendo nos autos provas do efetivo abalo das finanças da família, tampouco que a escola deixou de prestar o serviço educacional a que foi contratada, mediante as adaptações para a modalidade não presencial, atendendo as medidas sanitárias impostas pelo Estado, o indeferimento do pedido é medida que se impõe". O fundamento está perfeito: se as aulas foram dadas no sistema de *home schooling*, ou seja, ao vivo *on-line*, o contrato foi cumprido. A mudança do presencial para o sistema ao vivo on-line se fez necessária pelo isolamento imposto por leis e decretos. É por isso que o STJ manteve a decisão: "Conforme tive a oportunidade de me manifestar, há consenso doutrinário de que as relações contratuais privadas são regidas, em linha de princípio, por três vertentes revisionistas, quais sejam: a) a teoria da base objetiva do contrato, aplicável, em regra às relações de consumo (art. 6º, inciso V, do CDC); b) a teoria da imprevisão (art. 317 do CC); e c) a teoria da onerosidade excessiva (art. 478 do CC). [...] A análise do desequilíbrio econômico e financeiro deve ser realizada, portanto, com base no grau do desequilíbrio e nos ônus a serem suportados pelas partes, na específica situação de o evento superveniente não se encontrar na esfera de responsabilidade da atividade econômica do fornecedor, como ocorre no caso em análise". E, assim, o STJ concluiu: "Nessa linha, para exame do caso em questão, destacam-se os seguintes pontos: a) o contrato de prestação de serviços de educação continuaram a ser prestados; b) a redução do número de aulas foi não apenas autorizada por diplomas legais, mas imposta em razão das medidas sanitárias do combate ao novo coronavírus; tal circunstância, ao contrário do que sustenta a recorrente, não se encontra no âmbito do risco de atividade empresarial, revelando-se, em verdade, absolutamente apartada do negócio jurídico; c) o fato, embora superveniente e mesmo extraordinário, não inviabilizou as aulas contratadas, mas apenas aquelas de caráter extracurricular (aulas de cozinha experimental, educação física, robótica, laboratório de ciências e arte/música), embora tenham sido contratadas; d) a não prestação do serviço, em sua inteireza, por sua vez, decorreu de fato alheio às atividades da escola, posto que esta não apenas não poderia prestar os serviços que exigiam a presença dos alunos, como também se encontrava impedida de prestar os serviços de maneira presencial; e) por outro lado, a redução da carga horária foi autorizada pela Lei n. 14.040/2020, que previu diversas formas de compensação da redução da carga horária. Nesse contexto, penso que, embora os serviços não tenham sido prestados da forma como contratado, não há se falar em falha do dever de informação ou desequilíbrio econômico-financeiro imoderado para a consumidora. A mera alegação de redução de condições financeiras da recorrente, por sua vez, e o incremento dos gastos com serviços de tecnologia, não inviabilizaram a continuidade da prestação dos serviços".

REFORMA DO CÓDIGO CIVIL: Pretende-se alterar o art. 317, que passará a ter a seguinte redação: "Art. 317. Se, em decorrência de eventos imprevisíveis, houver alteração superveniente das circunstâncias objetivas que serviram de fundamento para a constituição da obrigação e que isto gere onerosidade excessiva, excedendo os riscos normais da obrigação, para qualquer das partes, poderá o juiz, a pedido do prejudicado, corrigi-la, de modo que assegure, tanto quanto possível, o valor real da prestação. Parágrafo único. Para os fins deste artigo devem ser também considerados os eventos previsíveis, mas de resultados imprevisíveis". O dispositivo projetado cria uma regra geral de revisão das prestações, sejam elas contratuais (quando houver acordo de vontade no momento da formação), sejam elas simplesmente previstas em negócios jurídicos unilaterais (como a promessa de recompensa, por exemplo). A regra põe fim a uma discussão que atualmente encanta parte minoritária da doutrina. Para estes, o art. 317 só permite revisão da prestação que se altera supervenientemente à sua formação para fins de correção monetária, porque o art. 317 é uma exceção ao art. 315, que cuida do nominalismo. Logo, a aplicação atual do dispositivo seria muito restrita. Com a reforma, o artigo assume o que já diz a doutrina majoritária e a jurisprudência atualmente: é uma cláusula geral de revisão das prestações, e não apenas para garantir o valor de compra da moeda que se alterou em razão da inflação. Qualquer desequilíbrio que gere onerosidade excessiva pode ser motivo do pedido de revisão, bastando que decorra de eventos imprevisíveis. O dispositivo permite ao magistrado maior poder de revisão, como, de resto, já têm feito os Tribunais com os contratos que sofreram os efeitos da pandemia.

Art. 318. São nulas as convenções de pagamento em ouro ou em moeda estrangeira, bem como para compensar a diferença entre o valor desta e o da moeda nacional, excetuados os casos previstos na legislação especial.

COMENTÁRIOS DOUTRINÁRIOS: O real, como moeda nacional, é um dos elementos da soberania da nação. É por esse motivo que se garante seu curso forçado, ou seja, não se pode impedir o devedor de pagar sua dívida em real. Essa prática é atentatória à soberania. É por isso que são nulas as convenções de pagamento em metais preciosos (ouro ou prata), bem como em moeda estrangeira (dólar, libra, euro). A questão é de ordem pública. A nulidade está desdobrada para o pagamento e para a indexação (para compensar a diferença entre o valor desta e o da moeda nacional). Se a empresa A vender cadeiras para a empresa B e o contrato determinar o pagamento de 100 dólares americanos, a cláusula é nula e o pagamento será feito em reais, de acordo com a cotação do dólar quando da contratação (não é o dólar do dia do pagamento, pois a indexação também é proibida). Da mesma forma, se a empresa A vender cadeiras para a empresa B e o contrato determinar o pagamento em reais de quantia equivalente a 100 dólares americanos, a cláusula é nula e o pagamento será feito em reais, de acordo com a cotação do dólar quando da contratação. Novamente, o preço a ser fixado será em reais na data da venda. Não haverá correção monetária alguma, pois o juiz não pode substituir a vontade das partes (cláusula dólar) pela sua própria (inserindo o IGP-M, por exemplo). O artigo admite exceções em que o pagamento pode ser feito em moeda estrangeira e essa pode servir como indexador. Historicamente, tratava-se do art. 1º do Decreto-lei n. 857 de 1969 que tinha texto semelhante ao artigo em comento e prestigiava o curso forçado da moeda nacional: "São nulos de pleno direito os contratos, títulos e quaisquer documentos, bem como as obrigações que exequíveis no Brasil, estipulem pagamento em ouro, em moeda estrangeira, ou, por alguma forma, restrinjam ou recusem, nos seus efeitos, o curso legal do cruzeiro". Aliás, o Decreto n. 23.501 de novembro de 1933 já trazia essa proibição de pagamento em ouro ou outra espécie de moeda que não os mil réis. É por isso que os dispositivos do CC de 1916 (§§ 1º a 4º do art. 947) referentes ao tema encontravam-se revogados quando o atual CC entrou em vigor, já que esses dispositivos admitiam a indexação em moeda estrangeira, bem como seu uso para pagamento. Note-se que, em 29 de dezembro de 2021, promulgou-se uma nova lei sobre o tema: Lei n. 14.286/2021, que entrou em vigor em 29 de dezembro de 2022, após *vacatio legis* de um ano (art. 29 da Lei n. 14.286/2021). A lei revoga expressamente o Decreto n. 857/1969 (vide art. 28, inciso XIV). Com a entrada em vigor da lei em questão, temos as seguintes exceções: "Art. 13. A estipulação de pagamento em moeda estrangeira de obrigações exequíveis no território nacional é admitida nas seguintes situações: I – nos contratos e nos títulos referentes ao comércio exterior de bens e serviços, ao seu financiamento e às suas garantias; II – nas obrigações cujo credor ou devedor seja não residente, incluídas as decorrentes de operações de crédito ou de arrendamento mercantil, exceto nos contratos de locação de imóveis situados no território nacional; III – nos contratos de arrendamento mercantil celebrados entre residentes, com base em captação de recursos provenientes do exterior; IV – na cessão, na transferência, na delegação, na assunção ou na modificação das obrigações referidas nos incisos I, II e III do *caput* deste artigo, inclusive se as partes envolvidas forem residentes; V – na compra e venda de moeda estrangeira; VI – na exportação indireta de que trata a Lei n. 9.529, de 10 de dezembro de 1997; VII – nos contratos celebrados por exportadores em que a contraparte seja concessionária, permissionária, autorizatária ou arrendatária nos setores de infraestrutura; VIII – nas situações previstas na regulamentação editada pelo Conselho Monetário Nacional, quando a estipulação em moeda estrangeira puder mitigar o risco cambial ou ampliar a eficiência do negócio; IX – em outras situações previstas na legislação. O parágrafo único do dispositivo confirma o que prevê o art. 318 do CC: "A estipulação de pagamento em moeda estrangeira feita em desacordo com o disposto neste artigo é nula de pleno direito".

Art. 319. O devedor que paga tem direito a quitação regular, e pode reter o pagamento, enquanto não lhe seja dada.

COMENTÁRIOS DOUTRINÁRIOS: O pagamento é um direito do devedor, pois extingue a obrigação, e a quitação é a prova do pagamento. Por isso o devedor tem o direito de reter o pagamento se o credor se recusar a dar quitação. É hipótese clara de mora do credor que permite ao devedor efetuar a consignação em pagamento (art. 335, inc. I do CC). A consignação não é um dever, é uma faculdade que traz grande vantagem ao devedor: evitar que o credor impute a ele a culpa pelo não pagamento e os efeitos da mora ou do inadimplemento absoluto. Na responsabilidade contratual, havendo inadimplemento, a culpa do devedor é presumida, cabendo a ele afastá-la para que não se configure sua mora.

REFORMA DO CÓDIGO CIVIL: Pretende-se alterar o art. 319, dando-lhe a seguinte redação: "Art. 319. O devedor que paga tem direito à quitação regular, ainda que por meio digital, e pode reter o pagamento, enquanto aquela não lhe seja dada". Uma das premissas da reforma do Código Civil era adequá-lo às novas tecnologias. A mudança proposta nesse artigo cumpre tal papel e elucida que a quitação pode também ser dada por meio digital.

Art. 320. A quitação, que sempre poderá ser dada por instrumento particular, designará o valor e a espécie da dívida quitada, o nome do devedor, ou quem por este pagou, o tempo e o lugar do pagamento, com a assinatura do credor, ou do seu representante.

Parágrafo único. Ainda sem os requisitos estabelecidos neste artigo valerá a quitação, se de seus termos ou das circunstâncias resultar haver sido paga a dívida.

COMENTÁRIOS DOUTRINÁRIOS: A quitação é negócio jurídico unilateral que exige a capacidade de fato do credor ou de seu representante para valer. Se o absolutamente incapaz der a quitação, ela será nula. Se o relativamente incapaz der a quitação sem a assistência, ela será anulável. Isso não se confunde com o fato de o pagamento liberar ou não o devedor (ver art. 310 do CC). O Código Civil menciona a possibilidade de quitação por instrumento particular. Assim, não há possibilidade de quitação verbal, pois isso seria fonte de grande insegurança. Assim, a quitação será necessariamente por instrumento particular ou público, sob pena de nulidade (art. 104, inc. III, do CC). Ainda, a quitação deve observar outros requisitos para ser válida: "O valor e a espécie da dívida quitada, o nome do devedor, ou quem por este pagou, o tempo e o lugar do pagamento, com a assinatura do credor, ou do seu representante". Note-se que o Código Civil admite que a quitação seja dada em nome do devedor ou do terceiro que pagou a dívida (ver arts. 304 e 305 do CC). Ausente um ou alguns dos requisitos, a quitação pode ser considerada válida pelo juiz se as circunstâncias indicarem que a dívida foi paga. Imaginemos uma quitação de um aluguel de imóvel urbano em que, a cada mês, a quitação não menciona o valor, mas indica apenas que o aluguel daquele mês foi pago. Falta valor, mas há clareza de que houve adimplemento. O nome popular da quitação é recibo de pagamento.

REFORMA DO CÓDIGO CIVIL: Pretende-se alterar o art. 320, que passará a ter a seguinte redação: "Art. 320. A quitação, que sempre poderá ser dada por instrumento particular, poderá designar o valor e a espécie da dívida quitada, o nome do devedor ou quem por este pagou, o tempo e o lugar do pagamento, com a assinatura do credor, física ou digital ou a do seu representante. Parágrafo único. Ainda sem os requisitos estabelecidos neste artigo, será eficaz a quitação, se de seus termos e circunstâncias resultar haver sido paga a dívida". A mudança segue a lógica pela qual o pagamento feito a quem não é credor é ineficaz, e não inválido. Portanto, a quitação, *a contrario sensu*, será eficaz, liberatória do devedor, e não inválida. É por isso que a redação proposta substitui a expressão "valerá" para "será eficaz", dando redação mais técnica e afastando-se da linguagem popular. Além disso, a proposta faz pequenos ajustes redacionais no dispositivo e, a fim de adaptar os artigos às novas tecnologias, deixa claro que a assinatura do credor ou de seu representante pode ser também digital.

Art. 321. Nos débitos, cuja quitação consista na devolução do título, perdido este, poderá o devedor exigir, retendo o pagamento, declaração do credor que inutilize o título desaparecido.

COMENTÁRIOS DOUTRINÁRIOS: Há certas obrigações que estão representadas por títulos de crédito. É o caso de notas promissórias que representam a dívida. Nessa hipótese, a quitação é a restituição ao devedor do próprio título, pois se assim não fosse, mesmo tendo pagado e recebido a quitação, o título poderia ser repassado a terceiros e seu pagamento novamente exigido do devedor. A recusa da devolução do título ao devedor implica mora do credor. Pode o devedor reter o pagamento e realizar sua consignação (art. 335, inc. I, do CC). Se o título foi perdido, caberá uma declaração do credor com tal informação para que o devedor tenha a segurança de que não será dele exigido novamente o pagamento. Caso um terceiro apresente o título ao devedor exigindo novamente o pagamento, o devedor exibirá a declaração do credor e não será obrigado a pagar novamente. O terceiro poderá cobrar a dívida do credor, portanto.

Art. 322. Quando o pagamento for em quotas periódicas, a quitação da última estabelece, até prova em contrário, a presunção de estarem solvidas as anteriores.

COMENTÁRIOS DOUTRINÁRIOS: O dispositivo é de grande utilidade e revela a prática contratual do credor quanto às prestações. Se não recebeu uma das prestações, o credor normalmente não aceita receber as que se vencem depois ou ressalva tal fato na quitação. É isso o que normalmente acontece (*id quod plerumque fit*). Se recebeu a prestação posterior e deu quitação sem qualquer ressalva, há contra ele uma presunção simples de que as anteriores foram quitadas. Nos contratos de trato sucessivo ou de prestações diferidas, o pagamento da última presume que todas as anteriores foram pagas. Como se trata de presunção simples ou *iuris tantum*, pode o credor fazer a prova de que mesmo tendo recebido a última prestação, não recebeu as anteriores.

Art. 323. Sendo a quitação do capital sem reserva dos juros, estes presumem-se pagos.

COMENTÁRIOS DOUTRINÁRIOS: Novamente, o sistema se baseia na experiência da prática contratual. Novamente, a lei cria uma presunção de pagamento contra o credor de que, se recebeu o principal, os juros estão quitados. Como os juros são acessórios, devem ser pagos antes do principal. É o que acontece normalmente. Se o credor normalmente recebesse primeiro o capital e depois os juros, haveria uma perda substancial para ele, pois a coisa frugífera é o capital. Juros não produzem juros. Daí ser lógico que o credor só receba o capital se os juros já foram quitados. Se o credor deu a quitação do principal, há grande probabilidade de os juros já terem sido quitados, razão pela qual há uma presunção simples de pagamento, que o credor poderá afastar provando que os juros não foram pagos. A forma mais simples de se provar tal fato é ressalvando na quitação que, apesar do pagamento do principal, os juros não foram pagos.

Art. 324. A entrega do título ao devedor firma a presunção do pagamento.

Parágrafo único. Ficará sem efeito a quitação assim operada se o credor provar, em sessenta dias, a falta do pagamento.

COMENTÁRIOS DOUTRINÁRIOS: Se o título é a prova da existência do crédito, normalmente ele fica em posse do credor que poderá, por meio dele, exigir o pagamento. O fato de o título estar na posse do devedor indica que o credor já recebeu a dívida, por presunção simples. Assim, se a confissão de dívida é restituída ao devedor, presume-se quitada a dívida nela contida. Da mesma forma, se o credor restitui ao devedor a nota promissória. Isso porque sem o título, a cobrança não seria possível. Note-se que o título deve ter sido entregue pelo credor, voluntariamente, ao devedor. Se o título foi tomado do credor por coação, ou foi entregue ao devedor por um terceiro, a presunção de pagamento cederá. É por isso que a lei confere o prazo decadencial de sessenta dias para afastar a presunção simples (*iuris tantum*) de pagamento decorrente do fato de o devedor estar na posse do título. O credor poderá ter dificuldades práticas de provar que não recebeu a dívida representada pelo título que está em posse do devedor. Supondo que os pagamentos do devedor se dessem por depósito em conta, o credor poderá provar que nada recebeu naquele mês.

REFORMA DO CÓDIGO CIVIL: Pretende-se alterar a redação do parágrafo único do art. 324, a qual passaria a ser a seguinte: "Parágrafo único. Ficará sem efeito a quitação assim operada se o credor provar, em sessenta dias, a falta do pagamento, ressalvado ao devedor o direito de demonstrar ter-se tratado de remissão". Há aparente antinomia entre o texto dos arts. 324 e 386, já que o primeiro trata a devolução do título ao devedor como sinal de pagamento e o segundo, por sua vez, como forma de remissão da dívida. A redação proposta harmoniza os dois artigos.

Art. 325. Presumem-se a cargo do devedor as despesas com o pagamento e a quitação; se ocorrer aumento por fato do credor, suportará este a despesa acrescida.

COMENTÁRIOS DOUTRINÁRIOS: As despesas com o pagamento e a quitação naturalmente são do devedor. Se for necessário transportar, medir, pesar ou contar, o devedor arca com essas despesas, pois é dele o fardo obrigacional. Essas despesas permitem que ele cumpra a prestação, o que implica a extinção da obrigação. Contudo, se houver acréscimo do valor que o devedor naturalmente suportaria cuja causa seja imputável ao credor, em razão do *favor debitoris* (ver comentários ao art. 244 do CC), caberá ao credor suportar tal acréscimo. É o caso de descrito no revogado art. 946 do Código Civil de 1916: o credor que muda de domicílio e acresce, em muito, o valor do transporte da coisa devida. A hipótese de morte do credor que obriga o devedor a pagar a cada um dos herdeiros seu quinhão no crédito também gera ao devedor um custo maior para conseguir realizar o pagamento. Curiosamente, se o acréscimo da despesa se der por força maior, a lei mantém com o devedor a obrigação de arcar com esse custo. Isso se repete no art. 329 quanto ao lugar do pagamento. Nessa hipótese, não se opera o *favor debitoris*. Se o cavalo não puder ser entregue na fazenda do credor porque esta alagou e o devedor tiver de transportar o animal para outra cidade, será dele o custo de transporte.

Art. 326. Se o pagamento se houver de fazer por medida, ou peso, entender-se-á, no silêncio das partes, que aceitaram os do lugar da execução.

COMENTÁRIOS DOUTRINÁRIOS: O pagamento por medida ou peso pode variar de acordo com o local em que a prestação deva ser cumprida. Se o vendedor prometeu entregar 10 alqueires de terra na cidade de Mariana, Minas Gerais, isso implicará a entrega de 480.400m² (o alqueire mineiro e o goiano têm 48.400m²). Se a entrega for de terra localizada em Jaú, São Paulo, ela será de 240.200m² (o alqueire paulista tem 24.200m²). No Brasil, o sistema adotado para pesos e medidas é o métrico (metro, litro e quilograma). No passado, a questão se revelava mais importante. Antes da uniformização, em Portugal, tínhamos o exemplo clássico do côvado que em regra media 3 palmos (ou 66 centímetros), mas poderia ser maior ou menor a depender da localidade. E não é só. A libra (medida de peso) variava, pois a de tradição romana era mais leve que a árabe. Hoje, o dispositivo fica com a utilidade bem restrita ao exemplo dos alqueires.

SEÇÃO IV
DO LUGAR DO PAGAMENTO

Art. 327. Efetuar-se-á o pagamento no domicílio do devedor, salvo se as partes convencionarem diversamente, ou se o contrário resultar da lei, da natureza da obrigação ou das circunstâncias.

Parágrafo único. Designados dois ou mais lugares, cabe ao credor escolher entre eles.

COMENTÁRIOS DOUTRINÁRIOS: Há dois tipos de obrigações se as classificarmos de acordo com o lugar do pagamento: as quesíveis e as portáveis. A obrigação será quesível se o pagamento tiver de ser realizado no domicílio do devedor. É a regra no Código Civil, pois facilita o cumprimento da prestação. É, novamente, um desdobramento do princípio do *favor debitoris* (ver comentários ao art. 244 do CC). Sendo a obrigação quesível (*quérable* em francês), o devedor não terá qualquer despesa com o transporte da coisa, nem com seu próprio deslocamento para solvê-la. É o credor que se dirige ao domicílio do devedor. Se, por força de lei ou de contrato, a dívida tiver que ser paga em lugar diverso (que não o domicílio do devedor), a dívida será chamada de portável (*portable*). Portar é carregar. O devedor sai de seu domicílio e leva a prestação ao domicílio do credor ou a outro lugar por ele ou pela lei indicado. No caso da entrega de bens móveis, no silêncio do contrato, o lugar do pagamento será onde elas se encontram. No caso de escritura pública a ser lavrada por Tabelião de Notas, no silêncio do contrato, prevalece o lugar onde o imóvel se localiza. Se comprador e vendedor têm relação comercial longeva em que, por repetidas vezes, se entregou a coisa vendida em lugar determinado, as circunstâncias indicam que será lá o lugar do pagamento. É o caso do vendedor de bois que entrega periodicamente o gado ao comprador em cidade que não é domicílio de nenhuma das partes. O pagamento por boleto bancário permite que o cumprimento se dê no domicílio do devedor (que poderá, muitas vezes, pagar em sua própria casa pela *internet*) ou em domicílio diverso (o devedor pode estar de férias em outro Estado e pagar o boleto no banco daquela localidade). Nessa hipótese, há em favor do devedor o direito de escolher onde pagar. Note-se que, curiosamente, a distinção entre dívida quesível e portável passa a ser inútil nessa situação, pois o devedor não espera que o credor venha até ele receber a prestação (o que ocorre na dívida quesível), nem o devedor irá ao domicílio do credor para pagar (o que ocorre na dívida portável). O parágrafo único do artigo em comento traz exceção ao *favor debitoris*: se houver dois ou mais lugares designados para o pagamento, a escolha caberá ao credor. O Código Civil em praticamente toda a teoria geral das obrigações dá ao devedor o direito de escolha. Aqui temos uma exceção. Essa opção em favorecer o credor estava prevista já no Esboço de Teixeira de Freitas (art. 1.055, 2º), no Projeto Beviláqua (art. 1.094) e foi mantida no Projeto Câmara (art. 951). Curiosamente, na Consolidação das Leis Civis de Teixeira de Freitas a opção em favor do credor não existia, e na Nova Consolidação das Leis Civis de Carlos de Carvalho só existia a regra do *caput* do art. 327 (era o art. 929). Não havia, também, benefício algum em favor do credor.

Art. 328. Se o pagamento consistir na tradição de um imóvel, ou em prestações relativas a imóvel, far-se-á no lugar onde situado o bem.

COMENTÁRIOS DOUTRINÁRIOS: A regra não distingue a tradição do imóvel (entrega do bem quanto à posse) da constituição do direito real que se dará, no mais das vezes, pelo registro do título junto ao registro de imóveis. É normal que o adquirente do imóvel, ao receber sua posse, faça uma verificação de seu estado, tamanho etc. É por isso que o pagamento ocorre, de acordo com o que normalmente se verifica, no lugar onde o imóvel se situa (tradição). Contudo, nada impede que haja tradição ficta por simples entrega das chaves, efetivando assim o pagamento. Nessa hipótese, o pagamento pode ocorrer em lugar diverso daquele onde o imóvel se situa. Não se trata de norma de ordem pública e pode ser afastada pela vontade das partes. É o caso do inquilino que compra o imóvel que já utiliza (constituto possessório). No entanto, se o artigo for interpretado exclusivamente como a transmissão da propriedade em favor do adquirente, dúvida não há de que essa ocorrerá no lugar onde o imóvel estiver matriculado que, nem sempre, é a cidade onde ele se situa. Há cidades que não têm Registro de Imóveis e, portanto, a transmissão da propriedade se dará com o registro do título em cidade diversa daquela em que o bem se situa. Quanto às prestações "relativas ao imóvel", não se pode concluir que são prestações de dar dinheiro, tais como a prestação que o devedor paga ao credor hipotecário do imóvel ou que o locatário paga ao locador. Essas dívidas são portáveis por força do *favor debitoris*. As prestações relativas ao imóvel são aquelas em que há um fazer a ser realizado no imóvel. É a prestação do empreiteiro que reforma a casa. Era melhor o projeto Beviláqua, que previa uma presunção simples quanto ao lugar do pagamento de bem imóvel (art. 1.905: "presume-se que deve ser feito no lugar de sua situação").

Art. 329. Ocorrendo motivo grave para que se não efetue o pagamento no lugar determinado, poderá o devedor fazê-lo em outro, sem prejuízo para o credor.

COMENTÁRIOS DOUTRINÁRIOS: A regra não estava prevista no revogado Código e mostra, novamente, que o sistema favorece o devedor. Se o devedor pagar em lugar diverso do contratado, estará em mora (ver art. 394 do CC) e responderá por perdas e danos. Contudo, em situação excepcional, havendo motivo grave, poderá o devedor prestar em lugar diverso sem que seja considerado culpado. A única consequência é que ele arca com as despesas decorrentes do pagamento em lugar diverso. Note-se que motivo grave é conceito indeterminado a ser analisado de acordo com as circunstâncias do caso concreto. Havendo risco à saúde, segurança ou integridade física do devedor poderá ele pagar em lugar diverso do contratado ou consignar a prestação (art. 335, inc. III). A opção será do devedor. Ainda que o motivo grave decorra da força maior (infestação de ratos com risco de peste bubônica, gripe suína ou aviária), o devedor arca com a despesa do pagamento (art. 325). Se a dívida é portável e o credor reside em área epidêmica ou de enorme violência urbana, o devedor não será obrigado a colocar sua vida em risco. Poderá entregar a prestação em lugar diverso ou consigná-la, à sua escolha. Se o motivo grave for imputável ao credor, será ele a arcar com as despesas acrescidas (ver art. 325).

REFORMA DO CÓDIGO CIVIL: Pretende-se acrescentar um parágrafo único ao art. 329 com a seguinte redação: "Parágrafo único. Se o motivo do não pagamento decorrer de razão objetiva, os custos lhes serão divididos igualmente". A proposta reafirma o princípio do *favor debitoris* e desonera o devedor, uma vez que, se ninguém deu causa ao "motivo" mencionado no artigo, não há razão para onerar apenas o devedor e os custos devem ser divididos de maneira salomônica entre credor e devedor.

Art. 330. O pagamento reiteradamente feito em outro local faz presumir renúncia do credor relativamente ao previsto no contrato.

COMENTÁRIOS DOUTRINÁRIOS: É um dos artigos mais interessantes do atual Código Civil, pois demonstra que havendo divergência entre o lugar do pagamento previsto em contrato e o lugar em que o pagamento efetivamente ocorre de maneira reiterada (por diversas vezes), o lugar fático prevalece sobre o contratado. Se o contrato prevê que o pagamento do aluguel deve ser realizado no domicílio do credor, mas o credor passa mensalmente no domicílio do devedor para recebê-lo, o lugar de cumprimento da prestação passa a ser o do domicílio do devedor. A dívida que, contratualmente, era portável, passou a ser quesível. O comportamento reiterado das partes modifica o lugar do pagamento ainda que o contrato tenha cláusula expressa dizendo que qualquer mudança não implica novação e é mera tolerância. É a proteção da confiança que o dispositivo consagra. Assim, verifica-se a *suppressio* (figura parcelar da boa-fé objetiva – *vide* art. 422 do CC) quanto ao lugar previsto em contrato, pois as partes abandonaram uma posição jurídica. Por outro lado, surge um novo lugar para pagamento, ou seja, aquele em que o pagamento tem ocorrido de maneira reiterada (*surrectio*, que é a aquisição de uma posição jurídica em razão da *suppressio*). Não é feliz a redação do dispositivo. Não "faz presumir" renúncia, mas gera efetiva mudança do lugar do pagamento. A vontade contratualmente estabelecida cede diante do novo lugar fático do pagamento. Não há como se fazer prova em sentido contrário. O abandono da posição gera efeitos e não "faz presumir" a mudança.

SEÇÃO V
DO TEMPO DO PAGAMENTO

Art. 331. Salvo disposição legal em contrário, não tendo sido ajustada época para o pagamento, pode o credor exigi-lo imediatamente.

COMENTÁRIOS DOUTRINÁRIOS: Há dois tipos de obrigação quanto ao tempo do pagamento: com prazo de vencimento ou sem prazo de vencimento. Se prazo houver, ele existe em favor do devedor, que não é obrigado a pagar a dívida se não no dia do vencimento (art. 133 do CC). Assim, se a prestação vence no dia 15 de março de 2020, pode o devedor pagar até o dia 15 de março, mas nada impede que pague antecipadamente. Se a obrigação não tem prazo de vencimento, o pagamento pode ser exigido de imediato pelo credor, salvo as exceções legais. Há algumas exceções. Pelo art. 134 do Código Civil, o credor terá que conceder um prazo para a execução se a prestação tiver de ser cumprida em lugar diverso ou depender de tempo. É a hipótese da empreitada em que a obra necessita de tempo para ser realizada. Há contratos em que a lei indica o prazo para cumprimento da prestação se o contrato não o contiver. No caso do comodato, o prazo é aquele necessário para o uso da coisa emprestada (art. 581 do CC) e no mútuo de dinheiro, o prazo é de no mínimo trinta dias (art. 592, inc. II, do CC). No sistema das Ordenações, seguindo a tradição romana, se prazo não houvesse, o devedor teria dez dias para cumprir a prestação (Livro IV, Título 50, § 1º).

JURISPRUDÊNCIA COMENTADA: O STJ já decidiu, corretamente, que, se as partes não ajustam prazo de cumprimento da prestação e preveem ajuste futuro para pagamento, sob pena de se tornar frustrado o processo obrigacional, a prestação pode ser exigida desde logo. A ausência de prazo convencionado não poderia ter por efeito a manutenção *ad eternum* do vínculo obrigacional: "O vencimento da obrigação constante na confissão de dívida restou regulada por cláusula contratual, cujo teor dispôs que a efetivação do pagamento dar-se-ia de acordo com ajuste futuro a ser estabelecido entre as partes. De fato, o acordo nesse sentido inviabiliza a exigência da prestação pelo credor, que, para tal, necessitará da atuação (e mesmo da cooperação) do devedor. Inconcebível, assim, que o implemento da condição para que a obrigação, líquida e confessadamente existente possa ser exigida fique ao alvedrio do devedor. Nesse contexto, ante a inexistência de estabelecimento de termo definido para o cumprimento da obrigação inserta na confissão de dívida, há que se considerar tratar-se de vencimento à vista, nos termos do art. 331 do Código Civil" (REsp 1489913/PR, 3.ª Turma, Rel. Min. Marco Aurélio Bellizze, j. 11.11.2014).

Art. 332. As obrigações condicionais cumprem-se na data do implemento da condição, cabendo ao credor a prova de que deste teve ciência o devedor.

COMENTÁRIOS DOUTRINÁRIOS: A condição suspensiva retira a eficácia do negócio jurídico até que ocorra o evento futuro e incerto. Não se pode, então, exigir a prestação do devedor antes de verificada a condição. Com a ocorrência do evento futuro e incerto, há o implemento da condição e a prestação passa a ser exigível. Nasce, assim, a pretensão. A ciência do implemento da condição pelo devedor é essencial, e, por isso, cabe ao credor provar que ele teve ciência. Como a prova cabe ao credor, poderá ele notificar o devedor sobre implemento da condição de forma a evitar debates sobre o conhecimento do surgimento da pretensão. Há eventos que são notórios e independem de prova da ciência pelo devedor. No velho exemplo "dar-te-ei um carro se o São Paulo Futebol Clube for campeão brasileiro em 2020", o resultado do campeonato é algo notório, ainda que o devedor não saiba o resultado. No caso de condição resolutiva, o evento futuro e incerto implica a ineficácia do negócio jurídico, que para de produzir efeitos. Ocorrendo o evento, o negócio jurídico se resolve, está desfeito. As pretensões que podem surgir decorrerão da resolução, da extinção do negócio jurídico. Não nos parece que o dispositivo trata dessa situação de desfazimento do negócio jurídico por condição resolutiva. A resolução ocorre em várias situações que não de condição resolutiva e não necessita de regra específica para gerar seus efeitos.

Art. 333. Ao credor assistirá o direito de cobrar a dívida antes de vencido o prazo estipulado no contrato ou marcado neste Código:

I – no caso de falência do devedor, ou de concurso de credores;

II – se os bens, hipotecados ou empenhados, forem penhorados em execução por outro credor;

III – se cessarem, ou se se tornarem insuficientes, as garantias do débito, fidejussórias, ou reais, e o devedor, intimado, se negar a reforçá-las.

Parágrafo único. Nos casos deste artigo, se houver, no débito, solidariedade passiva, não se reputará vencido quanto aos outros devedores solventes.

COMENTÁRIOS DOUTRINÁRIOS: Como já dito nos comentários ao art. 331, nos contratos o termo existe em favor do devedor, que não pode ser cobrado antes do vencimento (ver art. 133 do CC). Contudo, em situações específicas, a lei faz com que o devedor perca o prazo que teria para pagamento fazendo com que a dívida vença antecipadamente. Note-se que o vencimento antecipado não é efeito natural da obrigação. Só ocorrerá por força de vontade (contrato ou testamento) ou de lei. Assim, se o comprador tiver o preço parcelado em 5 vezes e não pagar a segunda parcela, não haverá vencimento automático das parcelas de números 3, 4 e 5. Isso só ocorre se houver expressa previsão contratual. Um exemplo em que o contrato pode prever o vencimento antecipado da dívida diz respeito à venda do imóvel hipotecado. O art. 1.475 do CC diz que é nula a cláusula que proíbe a alienação do imóvel hipotecado, mas permite que, por contrato, as partes avencem que, nessa hipótese, há vencimento antecipado da dívida. O art. 333 traz três hipóteses de vencimento antecipado e as razões são diversas. No primeiro inciso, havendo falência (pessoa jurídica que se organiza como empresa) ou insolvência do devedor (demais pessoas jurídicas e pessoas físicas), os bens do devedor são insuficientes para pagamento das dívidas, abrindo-se, então, um concurso de credores. Isso significa que todos os bens do devedor são arrecadados e partilhados entre os credores de acordo com uma ordem de privilégios e preferências (ver arts. 955 a 965 do CC). O vencimento antecipado permite a todos os credores participarem, em condições de igualdade (*conditio pars creditoris*), respeitada a ordem legal, do rateio dos bens. Não seria justo aguardar o prazo de vencimento da dívida, para um ou alguns credores, para, então, estes participarem do rateio, pois o tempo implicaria risco de o credor nada receber. Na segunda hipótese, o bem dado em garantia real (penhor – bem empenhado – ou hipoteca – bem hipotecado) é penhorado (constrição judicial) por um credor quirografário (sem garantia real). O credor hipotecário e pignoratício tem preferência sobre os créditos pessoais de qualquer espécie (ver art. 961 do CC). Assim, se o credor hipotecário ou pignoratício quiser exercer sua preferência, a dívida deve estar vencida. Vejamos. João dá um imóvel em hipoteca ao Banco (a dívida será paga em 20 anos) e contrai uma dívida com seu vizinho Pedro para ser paga em 60 dias. Ao fim de 60 dias, Pedro não recebe o valor devido e executa João, penhorando a casa dada em hipoteca. A penhora pelo credor quirografário Pedro é possível, pois apesar de a hipoteca existir, a casa prossegue no patrimônio de João. Para que o Banco possa exercer sua preferência como credor hipotecário, a dívida se vence antecipadamente, ou seja, João perde o prazo de 20 anos que teria para pagamento. A terceira hipótese é muito interessante, pois parte da premissa de que o tempo implica um aumento de risco para o credor. Se a obrigação está reforçada por uma garantia real (hipoteca, penhor etc.) ou pessoal (chamada de fidejussória como o aval ou a fiança), o decurso do tempo e as mudanças patrimoniais do devedor implicam menos risco ao credor. A garantia aumenta as chances de recebimento do crédito e reduz os riscos do passar do tempo. Se a garantia se perdeu (o bem empenhado foi furtado ou o fiador morreu) ou se tornar insuficiente (parte dos bens empenhados foi furtada, o fiador se tornou insolvente), há um aumento de risco de não recebimento pelo credor que é agravado pelo tempo. É por isso que nessa hipótese, o devedor intimado deve reforçar a garantia. Isso significa dar outra garantia que reconduza a obrigação à segurança inicialmente existente. Não precisa ser a mesma modalidade de garantia. Com a morte do fiador, o credor pode oferecer uma casa em hipoteca. Se isso não ocorre, o decorrer do tempo aumenta, para o credor, o risco de não receber a dívida. Por essa razão, há vencimento antecipado. A *ratio legis* é evitar que o decurso do tempo prejudique o credor que se viu privado da garantia. Na legislação especial há regra análoga. A Lei n. 8.245/1991 que cuida da locação de imóvel urbano prevê, em seu art. 40, que o locador poderá exigir novo fiador ou nova modalidade de garantia se o fiador falecer, se exonerar (perda da garantia) ou alienar ou gravar todos seus bens imóveis (garantia insuficiente). Se o locatário não oferecer nova garantia em trinta dias, caberá a retomada do imóvel (resolução da locação) pelo locador (art. 40, parágrafo único, da Lei n. 8.245/1991).

JURISPRUDÊNCIA COMENTADA: O STJ já decidiu, corretamente, conforme *Informativo n. 755*, que, “Contrato de arrendamento mercantil. Inadimplemento do arrendatário. Cláusula que prevê o vencimento antecipado da dívida. Abusividade.

Não configuração" (REsp 1.699.184-SP, Rel. Min. Luis Felipe Salomão, 4.ª Turma, v.u., j. 25.10.2022). São essas as razões da decisão: "De fato, o art. 333 do CC prescreve uma série de situações em que se dá o vencimento antecipado, conferindo ao credor ao direito de cobrar a dívida antes de vencido prazo estipulado no contrato ou marcado na legislação. Quanto ao ponto, a doutrina observa que o rol do dispositivo acima 'não é taxativo (*numerus clausus*), mas exemplificativo (*numerus apertus*)', tendo a hipótese incidência genérica. Nessa linha, conclui: 'De qualquer forma, é comum, em obrigações garantidas ou não por direitos reais, estipular o vencimento antecipado da dívida pelo inadimplemento. A lei não estabelece qual o número de parcelas inadimplidas que gera antecipação. Dessa forma, é possível estabelecer pelo instrumento que a impontualidade de uma única parcela gera tal efeito'. Em âmbito jurisprudencial, esta Corte já afirmou que, fundado também no princípio da autonomia da vontade, podem os contratantes estipular o vencimento antecipado das obrigações, 'como sói ocorrer nos mútuos feneratícios, em que o inadimplemento de determinado número de parcelas acarretará o vencimento extraordinário de todas as subsequentes, ou seja, a integralidade da dívida poderá ser exigida antes de seu termo' [...] Destarte, parece não haver dúvidas quanto à não abusividade, ao menos em tese, de cláusula contratual que preveja o vencimento antecipado do acordo ajustado. No mesmo sentido dessa conclusão, a doutrina estabelece nos seguintes termos: 'tem-se debatido se a cláusula de vencimento antecipado é abusiva, mormente se incluída em contratos de consumo. De fato, em regra, pela previsão expressa da lei, não há que se falar em abusividade, salvo se outro direito do consumidor for atingido pela convenção' (REsp 1.489.784/DF, relator Ministro Ricardo Villas Bôas Cueva, Terceira Turma, julgado em 15.12.2015, *DJe* 03.02.2016)".

REFORMA DO CÓDIGO CIVIL: Pretende-se alterar o inciso III e o parágrafo único e criar um inciso IV no art. 333. As mudanças propostas são as seguintes: "Art. 333. [...] III – cessadas ou tornadas insuficientes as garantias do débito, fidejussórias ou reais, e o devedor, intimado, negar-se a reforçá-las; IV – nas hipóteses convencionadas entre as partes para a antecipação do pagamento. Parágrafo único. Nos casos deste artigo, a dívida solidária não se considera vencida quanto aos outros solventes". Quanto ao inciso III e ao parágrafo único, trata-se de mero ajuste de linguagem que em nada altera o sentido da norma. O inciso IV, por sua vez, só visa deixar claro que as partes podem convencionar mais hipóteses de vencimento antecipado. O acréscimo, de bom rigor, não é necessário, apenas é didático. Em direito das obrigações, tudo será permitido por autonomia privada se a lei nada disser em contrário.

CAPÍTULO II
DO PAGAMENTO EM CONSIGNAÇÃO

Art. 334. Considera-se pagamento, e extingue a obrigação, o depósito judicial ou em estabelecimento bancário da coisa devida, nos casos e forma legais.

COMENTÁRIOS DOUTRINÁRIOS: A consignação é o depósito da coisa devida pelo devedor ou terceiro visando à extinção da obrigação. Podem ser objeto da consignação bens móveis, imóveis e não apenas dinheiro, como indica o senso comum. É possível que o empreiteiro consigne a obra pronta, ainda que não haja, por óbvio, o depósito em sentido físico. A vantagem da consignação é se conseguir obter a quitação e a liberação do devedor. Ademais, se o devedor não efetuar o pagamento, ainda que por culpa do credor, haverá uma presunção de culpa contra ele e caberá ao devedor afastá-la. A consignação em pagamento permite ao devedor que evite os ônus de afastar a presunção de culpa pelo não pagamento. Se a obrigação for pecuniária e o objeto devido for dinheiro, há para o devedor uma opção: a consignação judicial ou a extrajudicial. O procedimento de consignação extrajudicial está disciplinado nos parágrafos do art. 539 do CPC/2015. Tratando-se de obrigação em dinheiro, poderá o valor ser depositado em estabelecimento bancário, oficial onde houver, situado no lugar do pagamento, cientificando-se o credor por carta com aviso de recebimento, assinalado o prazo de dez dias para a manifestação de recusa (art. 539, § 1º). Estabelecimento bancário oficial é um banco público, ou seja, o Banco do Brasil e a Caixa Econômica Federal. Se determinado Estado tiver um banco público estadual, a consignação pode ser feita nesse estabelecimento. Decorrido o prazo de dez dias, contado do retorno do aviso de recebimento, sem a manifestação de recusa, considerar-se-á o devedor liberado da obrigação, ficando à disposição do credor a quantia depositada (art. 539, § 2º). Isso equivale à própria quitação. Ocorrendo a recusa, manifestada por escrito ao estabelecimento bancário, poderá ser proposta, dentro de um mês, a ação de consignação, instruindo-se a inicial com a prova do depósito e da recusa (art. 539, § 3º). É prazo que segue a regra do Código Civil sobre o termo: vence no dia correspondente do mês seguinte (art. 132, § 3º do CC). Note-se que a consignação, então, tomará a forma judicial. A recusa impede a liberação do devedor, que criará a possibilidade de contraditório com a propositura da demanda. Esse prazo de um mês não se conta em dias úteis, como determina o CPC. Não proposta a ação no prazo de um mês, ficará sem efeito o depósito, podendo levantá-lo o depositante (art. 539, § 4º). A obrigação não foi extinta, portanto. A consignação judicial está prevista nos arts. 542 e seguintes do CPC/2015. Segundo o art. 542, na petição inicial, o autor (devedor ou terceiro) requererá: o depósito da quantia ou da coisa devida, a ser efetivado no prazo de 5 (cinco) dias contados do deferimento e a citação do réu (credor) para levantar o depósito ou oferecer contestação. Não realizado o depósito no prazo de cinco dias contados do deferimento, o processo será extinto sem resolução do mérito.

Art. 335. A consignação tem lugar:

I – se o credor não puder, ou, sem justa causa, recusar receber o pagamento, ou dar quitação na devida forma;

II – se o credor não for, nem mandar receber a coisa no lugar, tempo e condição devidos;

III – se o credor for incapaz de receber, for desconhecido, declarado ausente, ou residir em lugar incerto ou de acesso perigoso ou difícil;

IV – se ocorrer dúvida sobre quem deva legitimamente receber o objeto do pagamento;

V – se pender litígio sobre o objeto do pagamento.

COMENTÁRIOS DOUTRINÁRIOS: Não será qualquer depósito que implicará consignação em pagamento. Há depósitos que são formas de pagamento direto. Quando a parte deposita nos autos as custas periciais, ocorre pagamento direto. Quando a parte vencida deposita o valor da condenação, há pagamento direto. As hipóteses de consignação são apenas as previstas em lei. As duas primeiras cuidam da mora do credor. As demais, com exceção da última, cuidam de questões relacionadas ao credor e a última cuida de litígio sobre o objeto. Assim temos a mora do credor em obrigação portável (ver art. 327 do CC), quando se recusa a receber o pagamento ou dar quitação (art. 335, I). O inciso I menciona que a consignação pode ocorrer quando a recusa do credor for "sem justa causa". Compreenda-se, aqui, que justa causa é um motivo justo para o credor se recusar a receber o pagamento: o devedor quer pagar menos do que deve, o devedor quer pagar com prestação diversa da devida, o devedor quer pagar o capital sem ter pagado os juros. A locução "sem justa causa" não significa que o credor deve agir de maneira culposa. A mora do credor ocorre independentemente de culpa (ver comentários ao art. 396). Assim, ainda que o credor não possa receber porque está doente ou fisicamente impossibilitado (uma enchente, um tornado), haverá mora do credor. Logo, a "justa causa" está relacionada ao mau cumprimento da prestação pelo devedor. A leitura desse inciso coincide com a regra do CPC/2015 (art. 544) pela qual o réu (credor), em defesa, pode alegar que não houve recusa ou mora em receber a quantia ou a coisa devida ou que foi justa a recusa. O inciso II cuida da mora do credor em obrigação quesível (ver art. 327 do CC). Se o credor não busca a prestação, está em mora ainda que não tenha culpa (ver comentários ao art. 396). Assim, o devedor pode consignar a prestação para que não lhe seja imputado o ônus pelo inadimplemento. O inciso III cuida de várias hipóteses: a) se o credor for incapaz de quitar, quer seja em razão da idade, quer seja em razão de deficiência (hipóteses dos arts. 3º e 4º do CC), o pagamento deve ser feito a seu representante legal. Se este não for localizado, caberá a consignação. Não se trata de consignação de toda prestação devida a incapaz, pois, se o fosse, não teria o representante legal qualquer função; b) se o credor for desconhecido, a consignação será necessariamente judicial sem a indicação do credor. É a hipótese em que morre o credor (locador), e o locatário desconhece seus herdeiros; c) se o credor for declarado ausente (ver arts. 22 e seguintes do CC), haverá a nomeação de um curador que administrará os bens do ausente. Logo, ao curador o pagamento deve ocorrer. Só caberá a consignação se houver ausência (desaparecimento) no sentido físico, sem que o procedimento de arrecadação dos bens do ausente tenha se iniciado; d) se o credor residir em lugar incerto, o pagamento direto é impossível. No romance *Amor nos tempos do cólera*, de Gabriel García Márquez, as personagens moram em um barco do qual nunca saem. A consignação permite um pagamento que seria impossível de outra maneira; e) se o credor residir em lugar perigoso, o pagamento direto implicará riscos à saúde ou à integridade física do devedor, razão pela qual se permite a consignação ou que o devedor pague em lugar diverso do contratado (ver art. 329 do CC). São duas as opções do devedor, sendo que se optar por pagar em lugar diverso, arcará com os custos acrescidos dessa opção. A consignação terá uma vantagem: será feita no lugar do pagamento, sem custo adicional ao devedor; f) se houver dúvida sobre quem seja o credor, a consignação é feita judicialmente e todos os possíveis credores são citados. A partir da citação, a lide se estabelece entre eles (art. 548, inc. III, do CPC/2015: "Comparecendo mais de um, o juiz declarará efetuado o depósito e extinta a obrigação, continuando o processo a correr unicamente entre os presuntivos credores, observado o procedimento comum") e o devedor fica livre dos riscos de pagar mal e ter que pagar duas vezes (ver art. 308 do CC). Esta é a determinação do art. 547 do CPC/2015: "Se ocorrer dúvida sobre quem deva legitimamente receber o pagamento, o autor requererá o depósito e a citação dos possíveis titulares do crédito para provarem o seu direito". É o caso de pessoa que falece separada de fato há menos de dois anos e em união estável. Esposa e companheira são herdeiras por força de lei (ver art. 1.831 do CC). Se sobre a coisa pender litígio, há risco de o devedor pagar mal ao pagar àquele que não é dono. Logo, admite-se a consignação para que o devedor não suporte as consequências do art. 308, pois quem paga mal (a quem não é credor ou seu representante), paga duas vezes. É o caso do locatário ou comodatário do animal que é cientificado de uma ação reivindicatória na qual se discute a propriedade do animal.

REFORMA DO CÓDIGO CIVIL: Pretende-se, com exceção do inciso IV, fazer pequenas alterações em todo o art. 335 e adicionar a ele mais um inciso. Se aprovada a reforma, o artigo passaria a ter a seguinte redação: "Art. 335. A consignação, judicial ou extrajudicial, tem lugar: I – se o credor não puder ou, sem justa causa, recusar-se a receber o pagamento ou dar quitação na devida forma; II – se o credor não for nem mandar receber a coisa no lugar, no tempo e na condição devidos; III – se o credor for incapaz de receber, for desconhecido, declarado ausente ou residir em lugar incerto ou em de acesso perigoso ou difícil; IV – se ocorrer dúvida sobre quem deva legitimamente receber o objeto do pagamento; V – se pender litígio sobre o objeto do pagamento; VI – se o devedor que cumpriu a obrigação, recusar-se a receber a coisa que deixou em garantia com o credor". As mudanças são meros ajustes de linguagem e em nada alteram o conteúdo da norma. Quanto à inclusão do inciso VI, passa o artigo a trazer explicitamente a possibilidade de consignação da coisa dada em garantia se o devedor que cumpriu a obrigação principal recursar-se a recebê-la de volta. Quando cumprida a obrigação principal, o devedor da prestação passa a ser credor da coisa dada em garantia (já que a prestação foi cumprida) e o credor da prestação principal, devedor da garantia. Dessa forma, a consignação da coisa dada em garantia (estando extinta a obrigação principal) diante da recusa do devedor da obrigação já era autorizada pelo inciso I do artigo em comento. No entanto, optou-se por deixar essa possibilidade de consignação mais explícita com a inclusão do inciso VI. Nada de simples explicitação de algo já autorizado pelo texto original do CC.

Art. 336. Para que a consignação tenha força de pagamento, será mister concorram, em relação às pessoas, ao objeto, modo e tempo, todos os requisitos sem os quais não é válido o pagamento.

COMENTÁRIOS DOUTRINÁRIOS: O efeito do pagamento é liberar o devedor, extinguir a obrigação. O devedor, portanto, deverá se valer da consignação cumprindo todos os requisitos que dão eficácia liberatória ao pagamento direto. Assim, deve ser a prestação consignada em favor daquele a quem se deve pagar (credor ou seu representante legal), o objeto deve ser aquele devido (se o objeto for diverso, esbarra-se no art. 313 do CC), o modo de pagamento avençado (o devedor de quantia em dinheiro, não pode consignar por meio de cheque) e no lugar devido (esse requisito está no art. 337 do CC). Note-se que o art. 544 do CPC/2015 admite como alegação do credor (réu na consignação) a ausência desses elementos exigidos pelo artigo em comento: o depósito não se efetuou no prazo ou no lugar do pagamento ou que o depósito não é integral (essa alegação somente será admissível se o réu indicar o montante que entende devido). Além desses requisitos, a lei menciona que a consignação deve ocorrer no tempo do pagamento, o que gera uma questão curiosa. Se o credor se recusar a receber a prestação ou dar quitação, ou deixar de buscar a prestação devida (art. 335, I e II), a consignação não será no dia do vencimento. Se o devedor for muito ágil, fará, pelo menos no dia seguinte ao vencimento. Será impossível cumprir a exigência legal. Contudo, há uma outra questão interessante. Se o devedor simplesmente consignar, em razão da mora do credor, muito tempo após o vencimento, só por essa razão, a ação de consignação deve ser julgada improcedente? Entendemos que não. Se a mora é do credor, o devedor poderá pagar a qualquer tempo ou até que o credor exija o pagamento (ver art. 331 do CC). Assim, não há razão para se impedir a consignação tardia. Novamente, o problema para o devedor será se livrar da presunção de culpa que existe contra si por conta do não pagamento. Da mesma forma, se houver dúvida sobre quem seja o credor ou a coisa for litigiosa. Nessas hipóteses, a consignação, ainda que extemporânea, é a única forma de liberar o devedor do vínculo obrigacional. Assim, ainda que extemporânea a consignação, deve o juiz admiti-la, mesmo que, no caso concreto, imponha ao devedor as consequências da mora. Preenchidos os requisitos legais, a consignação produz os efeitos do pagamento e libera o devedor. Assim, novamente (ver comentários aos arts. 308, 309 e 310), a lei se utiliza de termo não técnico ao mencionar o pagamento válido ("sem os quais não é válido o pagamento"). Correto seria dizer "sem os quais não é eficaz o pagamento".

JURISPRUDÊNCIA COMENTADA: O exemplo clássico de ineficácia da consignação sem a liberação do devedor é o depósito feito a menor, ou seja, em valor inferior ao efetivamente devido ao credor. Assim, corretamente já decidiu o STJ que "há improcedência do pedido em ação de consignação em pagamento na hipótese em que o autor, na qualidade de terceiro interessado, pretende pagar dívida referente a título judicial transitado em julgado, mas não deposita o valor das custas e honorários advocatícios constantes do título, porque, nos termos do art. 336 do Código Civil, a consignação, para ser completa e com força de pagamento, deve conter o valor total da prestação devida, mais juros, correção monetária e eventuais despesas oriundas de sua cobrança" (AgRg no REsp 947460/RS, 4.ª Turma, Rel. Min. Maria Isabel Gallotti, j. 27.03.2012). Ainda sobre o valor devido, há uma questão interessante que surge no âmbito do SFH, que, em conformidade com o Plano de Comprometimento da Renda (Lei n. 8.692/1993), com a redução da renda do mutuário, este a viu comprometida em percentual superior ao máximo estabelecido no contrato. Surge, segundo a lei, o direito "à revisão do seu valor, para adequar a relação encargo mensal/renda ao referido percentual máximo" (art. 4º, § 1º). Essa revisão não implica extinção da prestação, mas sim uma "acomodação" à nova situação financeira do mutuário. O mutuário calculou unilateralmente os valores que entendia devidos e propôs a ação de consignação. Contudo, segundo orientação do STJ, em perfeita sintonia com o texto do Código Civil, isso não é possível: "Tem-se singela ação de consignação em pagamento, com a qual se busca simplesmente a quitação e extinção das obrigações do mutuário, sem levar em conta a necessidade de realizar seu direito de renegociação da dívida nos termos, mais abrangentes, acima dispostos. Assim, descabe impor ao mutuante que simplesmente aceite a quitação das obrigações do mutuário pelo pagamento em consignação de valores calculados unilateralmente, de forma estranha às condições legais e contratualmente pactuadas, pois a redução do valor das prestações implica a necessária dilação do prazo do financiamento, e não apenas a simples redução do valor da parcela do empréstimo para adequá-la ao percentual de comprometimento da nova renda. Precedentes citados: AgRg no Ag 887.024-PR, 3.ª Turma, *DJe* 08.10.2008; REsp 886.846-DF, Rel. Min. Raul Araújo, j. 07.06.2016, *DJe* 1º.07.2016" (*Informativo* n. *586* do STJ).

REFORMA DO CÓDIGO CIVIL: Pretende-se alterar o art. 336, que passaria a ter a seguinte redação: "Art. 336. Para que a consignação tenha força de extinguir a obrigação, será mister concorram, em relação às pessoas, ao objeto, ao modo e ao tempo, todos os requisitos sem os quais não é eficaz o pagamento ou a desoneração do obrigado". Como anteriormente explicado, quando o artigo em comento diz "Para que a consignação tenha força de pagamento", ele quer, na realidade, se referir ao efeito do pagamento, qual seja, a extinção da obrigação. A redação proposta é mais direta e clara que a atual ao falar de força para extinguir a obrigação em vez de força de pagamento. Além disso, a redação proposta acertadamente troca o adjetivo "válido" por eficaz, pois a consignação, assim como o pagamento, repercute no plano da eficácia.

Art. 337. O depósito requerer-se-á no lugar do pagamento, cessando, tanto que se efetue, para o depositante, os juros da dívida e os riscos, salvo se for julgado improcedente.

COMENTÁRIOS DOUTRINÁRIOS: O dispositivo completa os requisitos de eficácia da consignação e esclarece seus efeitos. O último requisito para a consignação liberar o devedor da obrigação diz respeito ao lugar do pagamento: será o lugar em que ocorreria o pagamento direto. Se quesível a prestação, a consignação deve ocorrer no domicílio do devedor (ver art. 327 do CC), se portável, no domicílio do credor ou onde houver previsão para pagamento. Com a procedência da ação de consignação (ou, no caso da extrajudicial, com o silêncio do credor), a obrigação está extinta com seus acessórios (tais como os juros compensatórios) e não há qualquer efeito da mora – pagamento de perdas e danos, juros de mora, correção monetária e honorários de advogado. Há também a questão dos riscos com a deterioração ou perecimento da coisa. Isso porque se o devedor estiver em mora, há um aumento de sua responsabilidade, pois arcará inclusive com os danos decorrentes do caso fortuito ou da força maior (ver art. 957). Com a consignação julgada procedente, caracteriza-se a mora do credor (incisos I e II do art. 335) ou a simples liberação do devedor (demais incisos do art. 335). Se, por qualquer motivo, a consignatória for julgada improcedente, o depósito realizado não tem efeito de pagamento, ou seja, o devedor estará em mora, arcando com todos os seus efeitos (ver art. 395 do CC): perdas e danos (eventual cláusula penal, por exemplo), juros de mora, correção monetária e honorários de advogado. Note-se que a decisão de improcedência na ação consignatória não constitui o devedor em mora: apenas reconhece a ineficácia do depósito e a mora que já ocorreu na data do vencimento da prestação (se a mora for *ex re* – ver art. 397 do CC) ou da notificação para pagamento (se a mora for *ex persona* – ver parágrafo único do art. 397 do CC). Em suma, ao consignar, o devedor assume o risco de, com a demora natural da demanda, ter que arcar com juros e correção monetária desde o vencimento da prestação cujo valor se consignou, se a ação for julgada improcedente. Há regra idêntica no CPC/2015 (art. 540): "Requerer-se-á a consignação no lugar do pagamento, cessando para o devedor, à data do depósito, os juros e os riscos, salvo se a demanda for julgada improcedente".

Art. 338. Enquanto o credor não declarar que aceita o depósito, ou não o impugnar, poderá o devedor requerer o levantamento, pagando as respectivas despesas, e subsistindo a obrigação para todas as consequências de direito.

COMENTÁRIOS DOUTRINÁRIOS: A lei garante o chamado "direito de arrependimento" por parte do devedor ao fazer a consignação. Enquanto o credor não declarar que aceita o depósito, o devedor poderá levantá-lo, pois no momento em que declara a aceitação (consignação judicial) ou se quedou inerte após dez dias da ciência da consignação (extrajudicial), o bem consignado já pertence ao credor. Se houver impugnação, há o contraditório instaurado e, então, não pode o devedor unilateralmente desistir da demanda, sem a oitiva do credor. Isso porque pelo art. 485, § 4º do CPC, oferecida a contestação, o autor não poderá, sem o consentimento do réu, desistir da ação. Para levantar a quantia, deverá arcar com as despesas de depósito. Se for uma coisa móvel, terá de custear as despesas com o depositário judicial, por exemplo. Arcará, ainda, com as custas processuais iniciais. A parte final do dispositivo é inútil. Se o depósito foi levantado, não há liberação do devedor, pois não houve decisão judicial. A obrigação, evidentemente, não se extinguiu e prossegue produzindo seus efeitos.

REFORMA DO CÓDIGO CIVIL: Pretende-se alterar o art. 338, que passaria a ter a seguinte redação: "Art. 338. Enquanto o credor não declarar que aceita o depósito ou não o impugnar, poderá o devedor requerer o levantamento do dinheiro ou o assenhoramento da coisa, pagando as respectivas despesas, e subsistindo a obrigação para todas as consequências de direito". A mudança é apenas de redação e não altera o sentido da norma. É mais acertado falar de "assenhoramento da coisa" do que de "levantamento da coisa", porque coisas que não sejam dinheiro serão objeto de "assenhoramento", e a redação proposta faz ajuste nesse sentido. Um animal ou um veículo será assenhorado. O dinheiro será levantado.

Art. 339. Julgado procedente o depósito, o devedor já não poderá levantá-lo, embora o credor consinta, senão de acordo com os outros devedores e fiadores.

COMENTÁRIOS DOUTRINÁRIOS: O art. 339 complementa o anterior: se antes da aceitação do credor ou de sua contestação, o devedor pode levantar a coisa depositada, depois de julgada procedente a ação (consignação judicial) ou do silêncio do credor após dez dias da ciência do depósito (consignação extrajudicial), só o credor poderá fazê-lo. Isso porque a obrigação se extinguiu e o devedor liberado do vínculo não tem mais qualquer direito sobre a coisa depositada. É por isso que dispõe o art. 546

do CPC: "Julgado procedente o pedido, o juiz declarará extinta a obrigação e condenará o réu (credor) ao pagamento de custas e honorários advocatícios". Curiosa a parte final do dispositivo ao prever que o credor não pode consentir que o devedor levante a coisa depositada, "senão de acordo com os outros devedores e fiadores". O que significa levantar o depósito? Se a obrigação foi extinta, ao levantar o devedor o depósito surgiria uma nova obrigação para o devedor? Vejamos. Com a procedência da ação (consignação judicial) ou com o silêncio do credor após dez dias da ciência do depósito (consignação extrajudicial), a obrigação se extinguiu, o que beneficia os codevedores (na solidariedade ou na obrigação indivisível com pluralidade de devedores), bem como terceiros garantidores (fiador, terceiro que deu bem em garantia real etc.). Se o devedor "levanta o depósito", está ele criando uma nova obrigação, pois a antiga se extinguiu. Nova obrigação, portanto, não prejudica os antigos devedores, nem os terceiros. Só o devedor está obrigado à nova obrigação. Esse é o alcance da norma em comento. Não há como se recriar uma obrigação extinta. Há surgimento de uma nova obrigação.

REFORMA DO CÓDIGO CIVIL: Pretende-se fazer pequena alteração redacional nesse artigo: "Art. 339. Julgado procedente o depósito, o consignante já não mais poderá levantá-lo, embora o credor o consinta, senão de acordo com os outros devedores e fiadores". Troca-se a palavra "devedor" para "consignante". Isso porque um terceiro, que não o devedor, pode ser o consignante. Trata-se apenas de um ajuste de adequação da norma às regras da consignação.

Art. 340. O credor que, depois de contestar a lide ou aceitar o depósito, aquiescer no levantamento, perderá a preferência e a garantia que lhe competiam com respeito à coisa consignada, ficando para logo desobrigados os codevedores e fiadores que não tenham anuído.

COMENTÁRIOS DOUTRINÁRIOS: Com a aceitação do depósito por parte do credor, quer seja na ação judicial por meio de petição nos autos, quer seja na consignação extrajudicial com o simples silêncio, a obrigação se extinguiu. A coisa depositada passa à propriedade do credor e o pagamento produz seu efeito ao liberar o devedor. Se o credor, aceitando a coisa, concorda que o devedor a levante, novamente, temos a questão que se colocou no artigo antecedente. O que significa levantar o depósito? Se a obrigação foi extinta, ao levantar o devedor o depósito, surge uma nova obrigação para o devedor? Com a aceitação do depósito, temos a concordância do devedor com a extinção da ação e da obrigação. O mesmo efeito produz o silêncio na consignação extrajudicial. Assim, impossível será o credor autorizar o devedor a levantar o depósito "recriando" uma obrigação extinta. Se o fizer, surge uma nova obrigação que pode ter o mesmo objeto e extensão da anterior, mas, por ser uma nova obrigação não obriga os codevedores (solidariedade passiva ou obrigação indivisível com pluralidade de devedores), nem terceiros garantidores. Há uma segunda consequência: o credor perde a preferência sobre a coisa. Imaginemos que o bem móvel consignado tenha sido dado em penhor ou o imóvel consignado em hipoteca. Quando o credor aceita o depósito e depois, em nítido comportamento contraditório, autoriza o devedor a levantar o bem, perde a garantia e a preferência. A razão de ser da regra que acaba por punir o credor com a perda da garantia tem sua razão. A finalidade do processo obrigacional é o adimplemento que, nas palavras de Clóvis do Couto e Silva, atrai, polariza. Se foi feita a consignação pelo devedor e o credor a aceitou, extinta está a obrigação. A atitude do credor em autorizar que o devedor levante o depósito faz surgir nova obrigação entre as partes, o que frustra o sentido da própria consignação. Curiosamente, a lei atribui o mesmo efeito se o credor contestar a lide. Contestada a lide, há clara oposição do credor à consignação. Se ele aceita que o devedor levante a coisa depositada, abre mão de que a ação seja julgada. É por isso que a lei o pune lhe retirando a preferência e as garantias. Se optou por não deixar a matéria ser julgada, abre mão das vantagens que decorriam do contrato.

REFORMA DO CÓDIGO CIVIL: Pretende-se fazer pequenas alterações no art. 340, que passaria a ter a seguinte redação: "Art. 340. O credor que, depois de contestar a ação consignatória ou aceitar o depósito, aquiescer no levantamento, perderá a preferência e a garantia que lhe competiam com respeito à coisa consignada, ficando para logo desobrigados os codevedores e fiadores que não tenham anuído". Trocou-se o termo "lide" por "ação consignatória" e removeu-se o hífen na palavra "co-devedores", ou seja, apenas alterações de linguagem que não mudam o conteúdo da norma.

Art. 341. Se a coisa devida for imóvel ou corpo certo que deva ser entregue no mesmo lugar onde está, poderá o devedor citar o credor para vir ou mandar recebê-la, sob pena de ser depositada.

COMENTÁRIOS DOUTRINÁRIOS: Corpo certo é o bem infungível, que não pode ser substituído por outro, bem como o bem fungível que é indicado, individualizado, pela vontade de uma ou ambas as partes. É o caso de haver escolha de bens fungíveis na obrigação genérica. Se o devedor escolhe as 10 vacas do rebanho que deva entregar, o corpo é certo, apesar de o bem ser fungível. Se o pagamento tiver de ocorrer no lugar onde a coisa se encontra, por força de lei ou de contrato, a lei faculta ao devedor, antes de consignar a coisa, a notificação ao credor para vir ou mandar receber a coisa. Isso significa que, apenas nessa hipótese, a consignação pode ser retardada pela prévia notificação. Há uma faculdade para o devedor que não precisa depositar na data de vencimento. Contudo, por se tratar de faculdade, pode o devedor simplesmente consignar a coisa devida sem a notificação.

REFORMA DO CÓDIGO CIVIL: Pretende-se alterar minimamente o art. 341, que passaria a ter a seguinte redação: "Art. 341. Se a coisa devida for imóvel ou corpo certo que deva ser entregue no mesmo lugar onde está, poderá o consignante citar o consignatário para vir ou mandar recebê-la, sob pena de ser depositada". São, novamente, mudanças de linguagem, muito similares àquelas propostas no art. 339, que em nada alteram o sentido da norma: troca-se "devedor" por "consignante" e "credor" por "consignatário". Ajusta-se a mudança à ideia pela qual o devedor não será necessariamente o consignante, que pode ser um terceiro. O consignatário, por óbvio, será o credor ou seu representante legal ou convencional.

Art. 342. Se a escolha da coisa indeterminada competir ao credor, será ele citado para esse fim, sob cominação de perder o direito e de ser depositada a coisa que o devedor escolher; feita a escolha pelo devedor, proceder-se-á como no artigo antecedente.

COMENTÁRIOS DOUTRINÁRIOS: Nas obrigações de dar coisa incerta há um direito de escolha que, por lei, será do devedor (art. 244). É uma decorrência do *favor debitoris*, ou seja, a lei facilita o cumprimento da prestação pelo devedor, pois é dele o fardo obrigacional. Contudo, por força da vontade (de ambas as partes no contrato ou do testador no testamento), o direito de escolha pode ser transferido ao credor. Na consignação haverá uma fase prévia: o credor deve exercer o direito de escolha para que a prestação possa ser cumprida. O direito de escolha precisa ser exercido sob pena de paralisia do processo obrigacional. Se não o fizer, o direito de escolha passa ao devedor que consignará o bem que escolher. O prazo para exercício do direito de escolha pelo credor vem no art. 543 do CPC: "Se o objeto da prestação for coisa indeterminada e a escolha couber ao credor, será este citado para exercer o direito dentro de 5 (cinco) dias, se outro prazo não constar de lei ou do contrato, ou para aceitar que o devedor a faça, devendo o juiz, ao despachar a petição inicial, fixar lugar, dia e hora em que se fará a entrega, sob pena de depósito". Sobre o critério de escolha pelo credor, não haverá que seguir a noção de medianidade, podendo escolher o que quiser do gênero (ver comentários ao art. 244 do CC).

REFORMA DO CÓDIGO CIVIL: Pretende-se alterar a redação do art. 342, que passaria ter o seguinte texto: "Art. 342. Se a escolha da coisa indeterminada competir ao credor, será ele citado para esse fim, sob cominação de perder o direito, bem como ser depositada a coisa que o devedor escolher; feita a escolha pelo de vedor, proceder-se-á como no artigo antecedente". A redação proposta faz pequenos ajustes de linguagem e em nada altera o conteúdo da norma.

Art. 343. As despesas com o depósito, quando julgado procedente, correrão à conta do credor, e, no caso contrário, à conta do devedor.

COMENTÁRIOS DOUTRINÁRIOS: As despesas serão arcadas pelo sucumbente. Se a ação for julgada procedente, o devedor agiu bem ao consignar e serão do credor as despesas com sua realização: custas iniciais, custas de preparo de apelação, custas de pagamento de um depositário, custas de conservação da coisa. Se improcedente, o devedor consignou mal, logo, está em mora e arcará com as verbas de sucumbência e todas as despesas decorrentes do depósito.

REFORMA DO CÓDIGO CIVIL: Pretende-se alterar o art. 343, que passaria a ter a seguinte redação: "Art. 343. As despesas com o depósito, quando julgado procedente, correrão à conta do consignatário e, no caso contrário, à conta do devedor". O artigo proposto troca "credor" por "consignatário". Trata-se de mero ajuste de linguagem e em nada altera o conteúdo da norma. A redação original era melhor que a sugerida no Projeto.

Art. 344. O devedor de obrigação litigiosa exonerar-se-á mediante consignação, mas, se pagar a qualquer dos pretendidos credores, tendo conhecimento do litígio, assumirá o risco do pagamento.

COMENTÁRIOS DOUTRINÁRIOS: Se a coisa é litigiosa, o devedor poderá pagar a um dos litigantes, mas assumirá um risco. Se pagar àquele que posteriormente vencer a demanda e for reconhecido como titular do bem, terá pagado bem e a obrigação estará extinta. Se escolheu quem não era credor, pagou mal e pagará duas vezes. É por isso que, conhecendo o litígio, o devedor assume os riscos de pagar mal. Risco, aqui, significa não ser liberado da obrigação por ter pagado a quem não era credor (ver art. 308 do CC). Não pode o credor "decidir" quem é efetivamente o credor da prestação devida. Esse dispositivo pressupõe obrigações vencidas; o próximo, as que se vencem no curso do processo.

REFORMA DO CÓDIGO CIVIL: Pretende-se alterar o art. 344, que passaria a ter a seguinte redação: "Art. 344. O devedor de obrigação litigiosa exonerar-se-á mediante consignação mas, se pagar a qualquer dos pretendidos credores, tendo conhecimento do litígio, assumirá o risco do pagamento". A Comissão fez mera correção de linguagem (retirada de uma vírgula do texto original) e, portanto, o sentido da norma permanece inalterado.

Art. 345. Se a dívida se vencer, pendendo litígio entre credores que se pretendem mutuamente excluir, poderá qualquer deles requerer a consignação.

COMENTÁRIOS DOUTRINÁRIOS: Esse dispositivo reproduz o debate anterior para as prestações que vencerem no curso do processo com relação à coisa litigiosa. Imaginemos que A comprou a casa de B e pagará o preço em 30 dias. Antes do prazo se esgotar, é notificado por C que move contra B uma ação reivindicatória, discutindo a propriedade do bem alienado. Na dúvida sobre quem seja o credor, cabe ao devedor consignar e citar ambos para que provem quem apenas ostenta a qualidade de credor (e não ficará com o pagamento) e quem é efetivamente credor (que o receberá). É por isso que o CPC/2015, em seu art. 547, dispõe que, "se ocorrer dúvida sobre quem deva legitimamente receber o pagamento, o autor requererá o depósito e a citação dos possíveis titulares do crédito para provarem o seu direito". E nessa hipótese, nos termos do art. 548, III, "comparecendo mais de um, o juiz declarará efetuado o depósito e extinta a obrigação, continuando o processo a correr unicamente entre os presuntivos credores, observado o procedimento comum". Note-se que o devedor fica desde logo exonerado da obrigação. O pagamento por depósito produz efeitos liberatórios plenos.

REFORMA DO CÓDIGO CIVIL: Pretende-se alterar o art. 345, que passaria a ter a seguinte redação: "Art. 345. Vencendo a dívida e pendendo litígio entre credores que se pretendem mutuamente excluir, poderá qualquer deles requerer a consignação". A mudança corrige apenas questões de linguagem e em nada altera o conteúdo da norma. A Comissão pretende também criar um art. 345-A com a seguinte redação "Art. 345-A. A consignação de quantia ou de coisa pode ser feita extrajudicialmente, em tabelionato de notas, procedida de notificação do consignatário". Uma das premissas da reforma foi a desburocratização e a desjudicialização. A inclusão desse artigo é uma expressão disso. Se aprovado o texto da reforma, será possível consignar, além de por meio do juízo ou de estabelecimento bancário (art. 334), mediante o tabelionato de notas. Por fim, o texto entregue ao Senado Federal inclui um art. 345-B com a seguinte redação: "Art. 345-B. O depósito extrajudicial se dará no lugar do pagamento, do cumprimento da obrigação, da devolução da coisa ou do domicílio do consignatário, conforme fixado em contrato, determinado por lei ou decorrente das circunstâncias do caso. Parágrafo único. Se notificado, extrajudicialmente, por tabelião de notas, o consignatário não for encontrado, não responder, não impugnar ou não aceitar o depósito, o valor ou a coisa consignados serão devolvidos ao consignante, após o pagamento das despesas". Por sua vez, esse artigo pretende disciplinar as regras gerais para a aplicação do instituto da consignação extrajudicial, estabelecendo regras de competência territorial e procedimentais, especialmente o procedimento a ser seguido para os casos em que a consignação não seja revertida em pagamento aceito pelo credor, hipótese em que o valor será devolvido ao devedor com a retenção das despesas cartorárias.

CAPÍTULO III
DO PAGAMENTO COM SUB-ROGAÇÃO

COMENTÁRIOS DOUTRINÁRIOS INTRODUTÓRIOS: A sub-rogação é substituição. Há uma mudança. São duas as espécies de sub-rogação: a sub-rogação real e a pessoal. Sub-rogação real é a substituição de uma coisa por outra. Vejamos. Pessoa casada pelo regime da comunhão parcial de bens que vende bem particular e com a quantia recebida compra outro na constância do casamento. O novo bem é sub-rogado, ou seja, prossegue sendo particular apesar de onerosamente adquirido na constância do casamento (ver art. 1.659, I do CC). Sub-rogação pessoal ocorre quando o credor recebe o pagamento e há transferência a um terceiro de todas as ações garantias e privilégios contra o devedor primitivo e seus fiadores. São duas as espécies de sub-rogação pessoal. A sub-rogação legal (art. 346) e a convencional (art. 347).

Art. 346. A sub-rogação opera-se, de pleno direito, em favor:

I – do credor que paga a dívida do devedor comum;

II – do adquirente do imóvel hipotecado, que paga a credor hipotecário, bem como do terceiro que efetiva o pagamento para não ser privado de direito sobre imóvel;

III – do terceiro interessado, que paga a dívida pela qual era ou podia ser obrigado, no todo ou em parte.

COMENTÁRIOS DOUTRINÁRIOS: A sub-rogação legal decorre de um fato jurídico previsto em lei e independe da concordância ou ciência das partes. Basta a ocorrência de determinado fato jurídico para que ela ocorra. É automática. São três as hipóteses de sub-rogação legal. A primeira diz respeito ao pagamento pelo credor da dívida do devedor comum. A hipótese deve ser bem compreendida. Vejamos. São dois credores de um mesmo devedor e um dos credores paga ao outro a dívida do devedor comum. A deve para B e concede garantia real (hipoteca). A deve para C e não concede garantia alguma (C é credor quirografário). C paga para B dívida de A e se sub-roga na hipoteca e, agora, passa a ser credor hipotecário e quirografário. A grande vantagem de C é que ele poderá penhorar o bem dado em garantia (tanto como credor hipotecário, quanto hipotecário) e controlar sua execução. Na vigência do CC/1916 tínhamos dois requisitos: que fossem dois credores de um devedor comum e que um deles tivesse um crédito preferencial. Contudo, o CC/2002 não manteve a parte final do inciso I (a quem competia direito de preferência). Isso significa que, a partir da vigência do atual Código, não se exige o crédito preferencial. Basta que sejam dois credores do mesmo devedor para que o pagamento de um deles ao outro gere a sub-rogação. Na segunda hipótese, temos a remição (remir, pagar para extinguir o direito real) da hipoteca. O adquirente do imóvel hipotecado que paga a dívida para resgatar a hipoteca. A sub-rogação aqui é curiosa, pois, com relação à garantia hipotecária, ela não se verifica, já que com o pagamento da dívida a hipoteca se extingue. A vantagem para o adquirente é que, com a sub-rogação, ele passa a ser titular do crédito com os demais acessórios: juros, multa etc. A terceira hipótese é do terceiro interessado (ver arts. 304 e 305 do CC). Ao pagar a dívida, o terceiro interessado pode cobrar o que pagou com a vantagem da sub-rogação, ou seja, passa a ser credor do devedor com todos os direitos e garantias que o credor primitivo dispunha. É verdade que se o devedor tinha motivos para ilidir a cobrança (dívida extinta por compensação ou pretensão paralisada por prescrição), o terceiro interessado sequer terá direito de regresso (ver art. 306 do CC).

REFORMA DO CÓDIGO CIVIL: Pretende-se alterar os incisos II e III do art. 346, que passarão a ter a seguinte redação: "Art. 346. A sub-rogação opera-se, de pleno direito, em favor: [...] II – do adquirente do imóvel hipotecado e do cessionário do crédito garantido por propriedade fiduciária que paga a credor, bem como do terceiro que efetiva o pagamento para não ser privado de direito sobre imóvel; III – do terceiro interessado que paga a dívida pela qual era ou podia ser obrigado, no todo ou em parte".

Visa-se, com isso, dispor expressamente a possibilidade do cessionário do crédito garantido por propriedade fiduciária se sub-rogar de forma automática aos direitos do crédito cedido, com as mesmas características inerentes à sua natureza. Também possibilita que um terceiro que efetiva o pagamento de débito sobre um imóvel a perderia o direito, caso devedor fiduciário não o efetuasse a tempo e modo, sub-rogue-se de forma automática à posição do credor fiduciário. Considerando que, conforme já aduzimos anteriormente nos comentários ao art. 346, à sub-rogação é imprescindível a previsão legal, se do contrato nada constar, faz-se relevante a atualização do dispositivo em comento para estender a possibilidade de sub-rogação que já ocorre na hipoteca para a alienação fiduciária em garantia, já que esta é muito mais utilizada hoje em dia do que aquela como modo de garantir transações imobiliárias. Sobre as alterações no inciso III do dispositivo em tela, restringem-se a mudanças gramaticais.

Art. 347. A sub-rogação é convencional:

I – quando o credor recebe o pagamento de terceiro e expressamente lhe transfere todos os seus direitos;

II – quando terceira pessoa empresta ao devedor a quantia precisa para solver a dívida, sob a condição expressa de ficar o mutuante sub-rogado nos direitos do credor satisfeito.

COMENTÁRIOS DOUTRINÁRIOS: A sub-rogação convencional é negócio jurídico bilateral, pois nasce do acordo de vontades. Por lei, sub-rogação não ocorreria. São duas hipóteses. A primeira é o acordo entre o credor e o terceiro, quando o credor recebe o pagamento e, expressamente, transfere ao terceiro seus direitos. Trata-se, em regra, de terceiro não interessado (ver arts. 305 e 306 do CC), porque, se fosse terceiro interessado, essa sub-rogação seria automática. Nada impede, contudo, que o terceiro interessado faça um acordo com o credor para que seja convencional a sub-rogação. A diferença de efeitos se estudará nos comentários ao art. 350 do CC. A segunda é o acordo entre o devedor e o terceiro, que empresta ao devedor dinheiro para quitar a dívida. A condição negocial do empréstimo é a sub-rogação.

JURISPRUDÊNCIA COMENTADA: Temos, então, que o pagamento pelo segurador à vítima do dano (credor), gera sub-rogação em favor do segurador (novo credor) em face do segurado (devedor). Isso porque os contratos de seguro têm essa característica. O segurador compra o risco do segurado, mas se sub-roga em seus direitos. Assim, "o contrato firmado entre o segurado e o causador do dano (fabricante de produto defeituoso) se caracteriza como de consumo, para fins de pagamento da indenização securitária, razão pela qual a seguradora sub-roga-se nos direitos e ações que caberiam ao segurado contra o autor do sinistro nos limites do contrato de seguro (art. 12, § 3º, do CDC). Precedentes citados: EDcl no REsp 257.833-SP, *DJ* 04.06.2001; REsp 802.442-SP, Rel. Min. Luis Felipe Salomão, j. 02.02.2010" (*Informativo* n. *421*).

Art. 348. Na hipótese do inciso I do artigo antecedente, vigorará o disposto quanto à cessão do crédito.

COMENTÁRIOS DOUTRINÁRIOS: A sub-rogação convencional por acordo entre o credor e o terceiro que paga a dívida do devedor se rege pelas regras da cessão de crédito (arts. 286 a 298 do CC). Contudo, a sub-rogação não se confunde com a cessão de crédito. Na cessão de crédito ocorre transferência do crédito existente. O cedente pode receber pelo crédito (cessão onerosa), mas não recebe o valor devido pelo devedor. Já na sub-rogação o credor recebe o valor devido, ocorrendo, para ele, a extinção da obrigação. É por isso que a cessão se encontra no capítulo da transmissão das obrigações (uma única obrigação tem o polo ativo alterado) e a sub-rogação no capítulo da extinção da obrigação (pois o credor originário tem a obrigação extinta). Ainda que a disciplina legal seja a mesma por força do art. 348 do CC, em termos estruturais os institutos não se confundem.

Art. 349. A sub-rogação transfere ao novo credor todos os direitos, ações, privilégios e garantias do primitivo, em relação à dívida, contra o devedor principal e os fiadores.

COMENTÁRIOS DOUTRINÁRIOS: Os efeitos da sub-rogação vêm descritos nesse dispositivo. Como o sub-rogado fica na idêntica posição que ocupava o credor antes de receber o pagamento, os direitos que o sub-rogado tem são exatamente os mesmos que aquele tinha. É por isso que, se o credor for um banco que pode cobrar os juros além dos limites da lei da usura (ver comentários ao art. 406), o sub-rogado, mesmo não sendo banco, pode cobrar do devedor os juros convencionados. Contudo, em se tratando de sub-rogação convencional, a extensão e os limites da transferência serão avençados entre as partes. É por isso que a sub-rogação convencional pode afastar total ou parcialmente os efeitos do dispositivo que se comenta.

Art. 350. Na sub-rogação legal o sub-rogado não poderá exercer os direitos e as ações do credor, senão até à soma que tiver desembolsado para desobrigar o devedor.

COMENTÁRIOS DOUTRINÁRIOS: O presente dispositivo tem uma regra baseada na vedação ao enriquecimento sem causa. Ocorrendo sub-rogação legal, há um limite no exercício dos direitos dela decorrente: o valor que o sub-rogado pagou ao credor para exonerar o devedor. Assim, se o fiador pagou ao locador em demanda judicial de cobrança de aluguéis não pagos R$ 10.000,00 mais as custas processuais (R$ 500,00) e honorários de sucumbência (R$ 1.000,00), poderá cobrar do devedor a importância de R$ 11.500,00. Se a dívida originária do locatário era de R$ 20.000,00, mas o fiador, após negociação com o locador, reduziu-a para R$ 10.000,00, o reembolso será limitado ao valor pago e não ao valor devido originalmente. A mesma limitação se aplica à sub-rogação convencional? A resposta é negativa, pois esta tem caráter especulativo. É de sua essência pagar menos (ao credor) para receber o todo (do devedor). Não há que se falar em enriquecimento sem causa. A causa é o próprio negócio jurídico bilateral que avençou a sub-rogação. A situação do devedor não fica pior. Ele continua devendo a mesma quantia e com os mesmos acessórios, mas agora ao sub-rogado. Essa é a leitura que prevalece desde os debates quanto ao projeto do Código Beviláqua. Ainda no início do século XIX, Beviláqua pretendia expandir a regra do dispositivo à sub-rogação convencional. Disse ele que vingou a opinião contrária por força de Oliveira Figueiredo e que, portanto, resta apenas aos devedores, quando convencionarem a sub-rogação com aqueles que lhes emprestarem dinheiro, limitar os efeitos do reembolso sempre que o pagamento não for total. Para a sub-rogação convencional decorrente do acordo com o credor e o sub-rogado, João Luiz Alves defende a não aplicação da regra da limitação, exatamente porque ela produz efeitos da cessão de crédito. Para o bem ou para o mal, causa há e a especulação é da natureza da sub-rogação convencional. Há quem discorde dessa orientação entendendo que, por analogia, a regra do art. 350 se aplica à sub-rogação convencional. Isso porque a base ética do CC/2002 não permite a leitura especulativa do instituto (por todos, Judith Martins-Costa).

REFORMA DO CÓDIGO CIVIL: Pretende-se adicionar um parágrafo único ao art. 350 com a seguinte redação: "Parágrafo único. O disposto no *caput* não se aplica à sub-rogação convencional". Embora uma doutrina minoritária entendesse que o disposto no *caput* também se aplicava à sub-rogação convencional, a maior parte dos doutrinadores entende que há um caráter especulativo na sub-rogação convencional, e, portanto, não há nela a limitação do *caput* desse artigo. O texto, se aprovado, positiva o entendimento majoritário e expressamente autoriza que se pague menos ao credor para receber o todo do devedor, auferindo, assim, lucro por meio dessa sub-rogação.

Art. 351. O credor originário, só em parte reembolsado, terá preferência ao sub-rogado, na cobrança da dívida restante, se os bens do devedor não chegarem para saldar inteiramente o que a um e outro dever.

COMENTÁRIOS DOUTRINÁRIOS: Se o pagamento ao credor originário for parcial, ele e sub-rogado ocupam simultaneamente a posição de credores. Há, portanto, uma transferência parcial, e não integral dos direitos. Isso pode gerar um conflito entre ambos os credores, notadamente se os bens do devedor não forem suficientes para pagar a dívida toda. Assim, primeiro receberá o credor primitivo e, depois, o sub-rogado. Se os bens do devedor forem suficientes para quitar a dívida toda, o dispositivo não terá aplicação. Em suma, a pretensão do sub-rogado só poderá ser exercida após a satisfação do credor originário. O sub-rogado não está impedido de demandar o devedor. O devedor não pode alegar em defesa a primazia dos direitos do credor primitivo. Só este poderá fazê-lo. Isso significa que, se o sub-rogado se adiantar ao credor e penhorar bens do devedor comum, o credor primitivo pode pedir a ineficácia temporária da penhora até que seja satisfeito.

CAPÍTULO IV
DA IMPUTAÇÃO DO PAGAMENTO

Art. 352. A pessoa obrigada por dois ou mais débitos da mesma natureza, a um só credor,

tem o direito de indicar a qual deles oferece pagamento, se todos forem líquidos e vencidos.

COMENTÁRIOS DOUTRINÁRIOS: Imputar é indicar, escolher, apontar. Ocorre imputação quando o devedor tem para com o mesmo credor mais de uma dívida e todas elas são vencidas, líquidas (certas quanto à existência e determinadas quanto ao valor) e fungíveis entre si, e o devedor indica qual delas está pagando. A fungibilidade é verificada entre as prestações, e não com relação aos objetos isolados de cada uma delas. Se João deve a José um cão dálmata e João deve a José um cão labrador, os cães são isoladamente fungíveis, mas não entre si. O direito de imputar é do devedor que, ao contrário do senso comum, não é obrigado a quitar a dívida mais antiga, salvo previsão contratual. Novamente, estamos diante do *favor debitoris*. O credor não pode recusar, preenchidos os requisitos legais, a indicação do devedor. Se a recusa ocorrer, é direito do devedor se valer da consignação em pagamento (ver arts. 334 a 345 do CC). Contudo, deve-se ressaltar que a imputação parcial não é possível por força do princípio da identidade física da prestação (ver art. 314 do CC). Assim, se Maria deve R$ 500,00 a Antônia e deve também R$ 1.000,00 a Antônia e pagar a quantia de R$ 500,00, não poderá exigir de Antônia a imputação parcial na dívida de R$ 1.000,00. Nessa situação, Maria não tem direito à imputação, mas apenas ao pagamento direto da dívida de menor valor. A vontade (quer seja por contrato, quer seja por testamento) pode afastar a regra do presente artigo transferindo ao credor o direito de imputação ou mesmo prevendo que a imputação se dará quanto à dívida mais antiga. A norma em comento não é de ordem pública.

Art. 353. Não tendo o devedor declarado em qual das dívidas líquidas e vencidas quer imputar o pagamento, se aceitar a quitação de uma delas, não terá direito a reclamar contra a imputação feita pelo credor, salvo provando haver ele cometido violência ou dolo.

COMENTÁRIOS DOUTRINÁRIOS: É verdade que a imputação atende ao *favor debitoris* como regra que permeia toda a teoria geral das obrigações. Contudo, se o devedor, ao pagar, não fizer a indicação de qual dívida escolheu, esse direito passa ao credor, que o fará na quitação. A parte final do dispositivo é inútil. Se o credor impediu o devedor, por meio de violência ou dolo, de exercer o direito de imputação, basta que o devedor realize a consignação da dívida que escolheu pagar e faça prova na ação de que tal direito lhe foi subtraído. O dispositivo pressupõe que o credor exerceu o direito de escolha porque o devedor não o fez quando pagou. Se o devedor não o fez por violência ou dolo do credor, o devedor ainda poderá fazê-lo. Se nem o devedor nem o credor exercem o direito de imputação, é a lei que determinará qual das dívidas será extinta (ver comentários ao art. 355 do CC).

Art. 354. Havendo capital e juros, o pagamento imputar-se-á primeiro nos juros vencidos, e depois no capital, salvo estipulação em contrário, ou se o credor passar a quitação por conta do capital.

COMENTÁRIOS DOUTRINÁRIOS: A regra que se comenta segue a mesma lógica do que prevê o art. 323 com relação à quitação. O sistema se baseia na experiência da prática contratual. Os juros, como acessórios, devem ser pagos antes do principal. Isso porque, se o credor recebesse primeiro o capital, e depois os juros, haveria uma perda substancial para ele, pois a coisa frugífera é o capital. Juros não produzem juros. Daí ser lógico que o credor só receba o capital, se os juros já foram pagos. Isso retira do devedor o direito de escolha. Se Maria deve a Antônia R$ 1.000,00 a título de capital (principal) e R$ 1.000,00 a título de juros, Maria não tem direito de escolha: deverá pagar os juros. A recusa de Antônia em aceitar imputação no capital é justa e tem amparo no sistema.

JURISPRUDÊNCIA COMENTADA: A orientação da jurisprudência é exatamente essa: a escolha cabe ao devedor no momento do pagamento. Ele indicará qual prestação está pagando, mas a imputação se dá primeiro nos juros, e não no capital. À tal conclusão chegou o Superior Tribunal de Justiça no julgamento do tema de repercussão geral 426: "Sistema Financeiro da Habitação – SFH. Forma de imputação dos pagamentos mensais. Aplicação, na ausência de estipulação contratual em outro sentido, do critério previsto no Código Civil. 1. Salvo disposição contratual em sentido diferente, aplica-se aos contratos celebrados no âmbito do Sistema Financeiro da Habitação a regra de imputação prevista no art. 354 do Código Civil de 2002, que reproduz o art. 993 do Código Civil de 1916 e foi adotada pela RD BNH 81/1969. 2. Recurso conhecido em parte e, nessa parte, provido. Acórdão sujeito ao regime do art. 543-C do CPC e da Resolução STJ 08/08" (REsp 1194402/RS, Corte Especial, Rel. Min. Teori Albino Zavascki, j. 14.10.2011). Assim, a Corte reforçou a ideia de que obrigar o credor a aceitar a imputação no capital sem que haja pagamento dos juros é algo que o priva dos frutos civis, e não é admitido pelo sistema vigente; "nesse contexto, há entendimento doutrinário no sentido de que, por se tratar de situação excepcional, em que se admite o pagamento parcial de dívida líquida, não seria lícito ao devedor constranger o credor a imputar o pagamento no capital antes de pagos os juros vencidos, tendo em vista que este, ao ser privado dos frutos civis decorrentes da obrigação, ficaria prejudicado. Por outro lado, a capitalização de juros, juridicamente, corresponde ao fenômeno de inserir no capital principal os juros apurados no período anterior para em seguida fazer incidir novos juros relativos ao período subsequente. Trata-se, ademais, de instituto cuja licitude em contratos bancários já foi admitida, desde que pactuada, pela Segunda Seção do STJ mediante a sistemática dos recursos repetitivos (REsp 973.827/RS, *DJe* 24.09.2012; REsp 1.518.005/PR, Rel. Min. Marco Aurélio Bellizze, j. 13.10.2015, *DJe* 23.10.2015)" (*Informativo* n. *572* do STJ). Caso haja acordo entre o devedor e o credor, a imputação pode ocorrer primeiro no capital e depois nos juros. Todavia, conforme já explicado, há um inconveniente grande para o credor, pois os juros, como frutos civis que são, não produzem frutos. A regra da imputação primeiro ao juros e só depois ao capital é confirmada pelo STJ como forma de *favor debitoris* (veja *Informativo* n. *669*): "a imputação dos pagamentos primeiramente nos juros é instituto que, via de regra, alcança todos os contratos em que o pagamento é diferido em parcelas, porquanto tem por objetivo diminuir a oneração do devedor, evitando-se que os juros sejam integrados ao capital para somente depois abater o valor das prestações, de modo a evitar que sobre eles incida novo cômputo de juros. Nessa linha é a jurisprudência do Superior Tribunal de Justiça, admitindo a utilização do instituto quando o contrato não disponha expressamente em contrário" (AgInt no REsp 1.843.073-SP, 3.ª Turma, Rel. Min. Marco Aurélio Bellizze, j. 30.03.2020, *DJe* 06.04.2020, v.u.).

Art. 355. Se o devedor não fizer a indicação do art. 352, e a quitação for omissa quanto à imputação, esta se fará nas dívidas líquidas e vencidas em primeiro lugar. Se as dívidas forem todas líquidas e vencidas ao mesmo tempo, a imputação far-se-á na mais onerosa.

COMENTÁRIOS DOUTRINÁRIOS: Deixando o devedor de indicar qual dívida está pagando e o credor não indicando a quitação, a lei traz o critério de imputação: a dívida mais antiga se extingue primeiro. Isso é comum nos contratos de trato sucessivo. O locatário deve as prestações de março e de abril e em maio deposita o valor de uma delas sem identificá-la. Se o credor não deu quitação escrita, a imputação ocorreu na prestação de março. Se por acaso houver duas dívidas que se vencem na mesma data, a imputação se dará na mais onerosa ao devedor, ou seja, a dívida que se extingue antes é aquela mais pesada, pior ao devedor. Assim, se João deve a José R$ 1.000,00 com vencimento em 5 de maio de 2020 e contrai nova dívida de igual valor e com vencimento na mesma data, mas que prevê multa para hipótese de inadimplemento, João, pagando a quantia de R$ 1.000,00 estará pagando, segundo previsão legal, aquela que tem a cláusula penal, pois essa é a mais onerosa. É, novamente, um desdobramento do *favor debitoris*. Problema se dá se todas as dívidas vencerem na mesma data e nenhuma for mais onerosa que a outra. O revogado Código Comercial no art. 433, n. 4, determinava o rateio proporcional entre elas da quantia paga, não se extinguindo nenhuma delas. A solução não mais persiste no sistema por conta da revogação da Primeira Parte do Código Comercial pelo Código Civil de 2002 (ver art. 2.045 do CC). Contudo, sem o dispositivo, não seria possível a imputação parcial, já que o credor não é obrigado a aceitar a prestação em partes se não há autorização contratual ou previsão legal (ver art. 314 do CC). A doutrina mantém esta solução por ausência de outra melhor: segue-se a tradição do Direito Romano de imputação proporcional em todas as obrigações. O credor é punido por não ter exercido seu direito de imputação. É a solução histórica e consagrada nos sistemas cuja origem é romana.

REFORMA DO CÓDIGO CIVIL: Pretende-se adicionar um parágrafo único ao art. 355 com a seguinte redação: "Parágrafo único. Sendo as dívidas da mesma data e de igual onerosidade, entende-se feito o pagamento por conta de todas em devida proporção". Tendo as dívidas a mesma onerosidade e de mesma data, deveria haver critério para desempate, o qual, como anteriormente explicado, havia sumido com a revogação pelo Código Civil de 2002 de parte do Código Comercial. Se aprovado o texto proposto pela Comissão, repristinar-se-á exatamente a mesma regra do Código Comercial.

CAPÍTULO V
DA DAÇÃO EM PAGAMENTO

Art. 356. O credor pode consentir em receber prestação diversa da que lhe é devida.

COMENTÁRIOS DOUTRINÁRIOS: A dação em pagamento ocorre quando o credor aceita prestação diversa da que lhe é devida para extinguir a obrigação. A dação afasta a incidência da regra do art. 313 do Código Civil por força da vontade do credor. No antigo Código Civil, havia menção pela qual a dação não poderia ocorrer por meio de entrega de dinheiro. Isso porque o conceito legal de dação se limitava à obrigação de dar (daí o uso do termo "coisa") e, assim, o antigo Código Civil entendia que, quando o credor aceitava dinheiro, ocorria pagamento direto e não dação. Havia um equívoco quanto à dação não poder ocorrer com entrega de dinheiro. Isso porque se a prestação da obrigação de dar fosse uma coisa que não dinheiro, a aceitação de dinheiro pelo credor era dação em pagamento. Se o dono do cão perdido promete em recompensa para quem achar o animal outro cão da mesma raça e idade, aquele que acha o cão perdido faz jus ao cão prometido. Se o promitente oferecer, em vez do animal prometido, R$ 10.000,00 e o credor aceitar, temos dação em pagamento por meio de dinheiro. O conceito de dação foi ampliado no atual Código Civil. A dação pode ocorrer nas obrigações de dar, fazer e não fazer. Se o credor de uma piscina (obrigação de fazer) aceitar em pagamento um automóvel, ocorre dação. Da mesma forma, se o credor de uma piscina (obrigação de fazer) aceitar em pagamento um muro (obrigação de fazer), a dação se verifica. É verdade que os exemplos mais comuns são com as prestações de dar. O credor de R$ 100.000,00 aceita um carro ou um apartamento em pagamento.

JURISPRUDÊNCIA COMENTADA: A dação em pagamento mais comum é aquela em que se deixa de pagar dinheiro, pois o credor aceita um bem imóvel ou móvel em pagamento. Tanto isso é comum que os julgados do STJ, ao mencionarem os bens recebidos por instituições financeiras quando do inadimplemento do devedor, expressamente mencionam a dação: "Acórdão em sede de recurso repetitivo, Tema 558, STJ: 'Recurso Especial. Ex-mutuário. Pretensão à celebração de contrato de arrendamento imobiliário especial. Art. 38 da Lei n. 10.150/2000. Faculdade da instituição financeira. 1. Prescreve o art. 38 da Lei n. 10.150/2000 que as instituições financeiras captadoras de depósitos à vista e que operem crédito imobiliário estão autorizadas, e não obrigadas, a promover contrato de Arrendamento Imobiliário Especial com Opção de Compra, dos imóveis que tenham arrematado, adjudicado ou recebido em dação em pagamento por força de financiamentos habitacionais por elas concedidos. 2. Julgamento afetado à Segunda Seção com base no procedimento estabelecido pela Lei n. 11.672/2008 (Lei dos Recursos Repetitivos) e pela Resolução STJ n. 8/2008. 3. Recurso especial a que se nega provimento'" (REsp 1161522/AL, 2.ª Seção, Rel. Min. Maria Isabel Gallotti, j. 12.12.2012).

Art. 357. Determinado o preço da coisa dada em pagamento, as relações entre as partes regular-se-ão pelas normas do contrato de compra e venda.

COMENTÁRIOS DOUTRINÁRIOS: A dação em pagamento, tendo por objeto uma coisa, em regra, seguirá as regras da compra e venda, salvo se o bem dado em pagamento for um crédito, hipótese em que seguirá as regras da cessão de crédito (ver art. 358). Assim, as regras dos arts. 481 a 504 terão aplicação, no que couber. Se a dação consistir num fazer, seguirá as regras da prestação de serviços (arts. 593 a 609 do CC) ou da empreitada (arts. 610 a 626 do CC) a depender do tipo de fazer que se avence para extinguir a obrigação.

JURISPRUDÊNCIA COMENTADA: No caso de dação de bem imóvel, assim como na compra e venda, sendo o imóvel de valor superior a 30 salários mínimos, será necessária a escritura pública para a validade da dação e, por fim, é necessário o registro do instrumento público de dação junto ao Registro de Imóveis para que ocorra a transferência da propriedade. Essa é a orientação da jurisprudência. Assim vejamos: "AR. *Shopping Center*. Cessão. Dação. Obrigação de fazer. Perdas. Danos. A dação em pagamento, por envolver bens imóveis, é negócio jurídico solene, não se completando pela simples tradição, mas somente com a lavratura de escritura pública. No caso, a recusa de entregar os bens mediante a lavratura da escritura definitiva para completar a dação em pagamento enseja a ação que se resolve em perdas e danos, a fim de obter o cumprimento da obrigação contratual de fazer e não de dar (arts. 878 a 881 do CC/1916 e arts. 461, 632 a 641 do CPC), as quais são diferenciadas. Outrossim, a ação rescisória é via imprópria para corrigir injustiças dessa natureza, mormente de acertar uma obrigação e, ao final, ser descumprida sob alegação de haver erro de fato quanto ao valor da coisa devida pela entrega de lojas de *shopping center* ou parcela sobre a área total construída. Cabível a reversão do depósito, *ex vi* do art. 488, II, do CPC. AR 3.534/RS, Rel. Min. Fernando Gonçalves, julgado em 22/8/2007". *Informativo* n. *328* (período de 20 a 24 de agosto de 2007).

Art. 358. Se for título de crédito a coisa dada em pagamento, a transferência importará em cessão.

COMENTÁRIOS DOUTRINÁRIOS: Há um equívoco no texto de lei. A dação pode ocorrer ainda que o crédito não esteja representado por um título. Se João tem um precatório de R$ 100.000,00 para receber da União Federal, há um crédito, mas não um título. João pode dar a Maria em pagamento esse crédito, mesmo sem que haja título. Basta o acordo de vontade entre eles que, para valer contra terceiros, necessitará dos requisitos do art. 288 do CC. Assim, as regras da cessão de crédito se aplicam toda vez que um crédito for dado em pagamento, seja ele representado ou não por um título de crédito (nota promissória, por exemplo). Assim como ocorre na cessão de crédito, o devedor deve ser notificado para que a dação produza efeitos com relação a ele (art. 290 do CC), mas sua discordância ou oposição à dação será irrelevante, já que não é parte da dação em pagamento. Notificado da dação, o devedor deverá opor as exceções que lhe competiam (art. 294). Quem deu o crédito em pagamento não responde pelo pagamento, pois a dação, assim como a cessão, é *pro soluto*, e não *pro solvendo* (ver arts. 295 e 296 do CC).

Art. 359. Se o credor for evicto da coisa recebida em pagamento, restabelecer-se-á a obrigação primitiva, ficando sem efeito a quitação dada, ressalvados os direitos de terceiros.

COMENTÁRIOS DOUTRINÁRIOS: Se as regras da compra e venda se aplicam à dação em pagamento e na compra e venda o vendedor responde pela evicção, em tese, a regra do art. 359 seria dispensável. Contudo, a perda do bem dado em pagamento por evicção historicamente poderia produzir um de dois efeitos: o restabelecimento da obrigação extinta pela dação (solução romana de Marciano) ou o surgimento em favor do credor do direito de indenização contra aquele que deu a coisa em pagamento (Ulpiano). A solução brasileira, desde a vigência do Código Civil de 1916, é a de Marciano. Se a quitação dada fica sem efeito, pagamento não houve e o devedor não está liberado da obrigação. Questão complexa é saber se as garantias prestadas por terceiros se restabelecem ou não com a evicção. Quanto à fiança, o próprio Código Civil dá a resposta (art. 837, III): o fiador, ainda que devedor solidário, ficará desobrigado se o credor, em pagamento da dívida, aceitar amigavelmente do devedor objeto diverso do que este era obrigado a lhe dar, ainda que depois venha a perdê-lo por evicção. Assim, sobra a questão das garantias reais prestadas por terceiros, tais como a hipoteca e o penhor. A solução deve ser a aplicação analógica do art. 301 do Código Civil para fins de assunção de dívida: se o terceiro que prestou a garantia sabia do vício de direito que maculava a coisa perdida por evicção, a garantia ressurge (agiu de má-fé) e, se desconhecia o vício, a garantia está efetivamente extinta, pois agiu de boa-fé (aqui, na modalidade subjetiva, como estado psicológico, de consciência).

CAPÍTULO VI
DA NOVAÇÃO

Art. 360. Dá-se a novação:

I – quando o devedor contrai com o credor nova dívida para extinguir e substituir a anterior;

II – quando novo devedor sucede ao antigo, ficando este quite com o credor;

III – quando, em virtude de obrigação nova, outro credor é substituído ao antigo, ficando o devedor quite com este.

COMENTÁRIOS DOUTRINÁRIOS: A novação é a criação de uma obrigação nova para extinguir uma antiga. A natureza jurídica da novação é de negócio jurídico bi ou plurilateral, pois nasce do acordo de vontades e jamais da lei. São três as espécies de novação: novação objetiva (art. 360, I), novação subjetiva passiva (art. 360, II) e novação subjetiva ativa (art. 360, III). Há novação objetiva quando a nova obrigação tem objeto diferente daquele da antiga, mas as partes são as mesmas. É o exemplo clássico de novação. A pessoa deve ao banco e, após o inadimplemento avença com o banco uma repactuação da dívida com novas regras e condições contratuais (novo vencimento, novos juros etc.). Há novação subjetiva passiva quando a nova obrigação tem devedor diferente daquele da primeira, mas o objeto e o credor são os mesmos. A novação subjetiva passiva, assim como a assunção de dívida pode ocorrer por expromissão (acordo entre o novo devedor e o credor) ou por delegação (acordo entre o novo e o antigo devedor com a concordância do credor). Em ambas as modalidades, o devedor originário nada deve ao novo devedor. Não há direito de o novo devedor cobrar o antigo. Expromissão e delegação são meios tanto de assunção de dívida quanto de novação, sem qualquer conteúdo em si. A diferença entre novação e assunção de dívida é que, na assunção, há simples transferência da obrigação e, na novação, extingue-se uma obrigação e se cria outra. Vejamos. Se o devedor faz um acordo com um terceiro pelo qual este passa a ser devedor e o credor concorda, haverá assunção de dívida por delegação, se a obrigação for uma só e o terceiro assumir o polo passivo, ou, será novação por delegação, se as partes criarem uma obrigação para extinguir uma antiga. Se o terceiro faz um acordo com o credor, sem a participação do devedor pelo qual, ele, terceiro, passa a ser devedor, haverá assunção de dívida por expromissão, se a obrigação for uma só e o terceiro assumir o polo passivo, ou, será novação por expromissão, se as partes criarem uma obrigação para extinguir outra, antiga. Há novação subjetiva ativa quando a nova obrigação tem credor diferente daquele da obrigação extinta, mas o objeto e o devedor são os mesmos. A novação subjetiva ativa difere da cessão de crédito porque, na cessão, ocorre simples transferência da obrigação e, na novação, extingue-se uma obrigação, surgindo outra, nova.

JURISPRUDÊNCIA COMENTADA: A emissão de um cheque que representa a obrigação não é novação, pois só há uma única obrigação. Em sede de recurso repetitivo entendeu o STJ: "[...] como em regra a emissão do cheque não implica novação, e o seu pagamento resulta na extinção da obrigação fundamental, o prazo prescricional para a cobrança do crédito oriundo da relação fundamental conta-se a partir do dia seguinte à 'data de emissão estampada na cártula' – quando, então, é possível cogitar (caracterizar) inércia por parte do credor" (REsp 1423464/SC, 2.ª Seção, Rel. Min. Luis Felipe Salomão, j. 27.04.2016).

Art. 361. Não havendo ânimo de novar, expresso ou tácito mas inequívoco, a segunda obrigação confirma simplesmente a primeira.

COMENTÁRIOS DOUTRINÁRIOS: São elementos da novação: a obrigação originária (que será extinta); a nova obrigação (que surge para extinguir a primeira) e o *animus novandi* ou intenção de novar. Não se pode presumir novação, pois a criação de uma nova obrigação depende da vontade das partes, que deve ser inequívoca. Assim, se a intenção de novar não for inequívoca, a segunda obrigação só confirma a primeira. Se não houver *animus*, a segunda obrigação não extingue a primeira, mas apenas a confirma. O *animus*, segundo orientação histórica, deveria ser expresso. Isso para se evitar dúvidas quanto à existência da novação. Contudo, o Código Civil dispõe que a intenção de novar pode ser expressa ou tácita, desde que inequívoca. A solução é boa e precisa. Ainda que o acordo não mencione expressamente a novação, se houver incompatibilidade entre a antiga e a nova obrigação, a novação ocorreu em razão da intenção tácita. É o caso dos acordos que são feitos com as empresas de cartão de crédito, em que a pessoa ajusta nova condição de pagamento dos débitos pretéritos e cancela o cartão. A nova dívida, agora parcelada e repactuada, extinguiu a antiga, ainda que não haja menção expressa.

JURISPRUDÊNCIA COMENTADA: Revela-se curiosa a orientação do STJ em situação de clara novação com *animus* tácito: "Com efeito, em regra, a renegociação de dívida, com, *v.g.*, prorrogação do prazo para pagamento, redução dos encargos futuros e apresentação de novas garantias, tem, apenas, o efeito de roborar a obrigação, sem nová-la (arts. 361 do CC/2002 e 1.000 do CC/1916). 2. Em não havendo ânimo de novar e substituição da natureza da obrigação de pagar ao banco o capital originariamente emprestado acrescido dos encargos financeiros, é inviável falar em novação objetiva quando o banco e o devedor firmarem confissão e renegociação de dívida existente, mesmo que implique o prolongamento, a redução dos encargos pactuados, a apresentação de novas garantias, a modificação da taxa de juros, a concessão de prazo de carência, ou a redução do débito" (STJ, REsp 1231373/MT, 4.ª Turma, Rel. Min. Luis Felipe Salomão, j. 07.02.2017). Isso porque essas renegociações são, em regra, novação objetiva que tem por fim a extinção da obrigação original. A mudança de objeto deve ser radical para que exista o *animus novandi*. Uma simples mudança de data de vencimento da prestação ou do lugar ou forma do pagamento não implica novação. E assim, com acerto o STJ tem entendido que "ocorrendo nova pactuação da dívida bancária, quando a alteração resultante da convenção das partes dá-se tão somente em relação aos elementos acessórios da relação creditória (tais como, por exemplo, prorrogação, encurtamento, ou supressão de algum prazo; mudança do lugar de cumprimento; questões relativas aos juros e à cláusula penal), não existindo dúvida acerca da permanência da obrigação e da manutenção dos elementos originais, reputa-se descaracterizado o instituto da novação" (STJ, REsp 921046/SC, 4.ª Turma, Rel. Min. Luis Felipe Salomão, j. 12.06.2012).

Art. 362. A novação por substituição do devedor pode ser efetuada independentemente de consentimento deste.

COMENTÁRIOS DOUTRINÁRIOS: A regra em comento admite a novação por expromissão, ou seja, sem a concordância do devedor. Não menciona a possibilidade de novação por delegação, pois nesta modalidade o devedor participa, decorre de sua vontade, logo, está no campo da autonomia privada. Note-se que há um paralelo com a assunção de dívida que também pode ocorrer por expromissão (ver comentários aos arts. 299 e 360). O fundamento da possibilidade de expromissão é que o terceiro, interessado ou não interessado, pode pagar a dívida alheia e não necessita de autorização do devedor. Se pode pagar, pode também, por novação, se tornar devedor.

Art. 363. Se o novo devedor for insolvente, não tem o credor, que o aceitou, ação regressiva contra o primeiro, salvo se este obteve por má-fé a substituição.

COMENTÁRIOS DOUTRINÁRIOS: Há, novamente, uma relação de proximidade com a assunção de dívida. O art. 299 expressamente prevê a exoneração do devedor primitivo em ocorrendo a assunção. Assim, se o assuntor não pagar o que deve ou se tornar insolvente após a assunção, o credor nada poderá cobrar do devedor primitivo. Todavia, se no momento da assunção, o assuntor estava insolvente e o credor ignorava tal fato, o devedor primitivo prossegue sendo subsidiariamente responsável (ver comentários ao art. 299). O artigo em comento também indica a liberação do devedor primitivo em razão da extinção da obrigação que o vinculava ao credor. Contudo, se o novo devedor estava insolvente quando da novação e a substituição se deu por má-fé do antigo devedor, este prossegue responsável pela dívida. Em ambos os institutos, a boa-fé é analisada: na assunção, verifica-se a boa-fé subjetiva do credor que desconhecia a insolvência do assuntor, e, na novação, verifica-se a má-fé do devedor originário que, sabendo da insolvência do novo devedor, se fez substituir. Provada a má-fé do devedor primitivo na novação subjetiva passiva, ele permanecerá, nos moldes da assunção cumulativa (ver art. 299), o devedor primitivo, e será subsidiariamente responsável pelo pagamento, ocupando uma posição de garantidor. O novo devedor, ainda que insolvente, permanece na posição de principal responsável.

Art. 364. A novação extingue os acessórios e garantias da dívida, sempre que não houver estipulação em contrário. Não aproveitará, contudo, ao credor ressalvar o penhor, a hipoteca ou a anticrese, se os bens dados em garantia pertencerem a terceiro que não foi parte na novação.

COMENTÁRIOS DOUTRINÁRIOS: A questão das garantias da dívida é mais bem trabalhada na novação do que na assunção de dívida (ver comentários ao art. 300). Isso porque as garantias prestadas pelo próprio devedor só se mantêm se ele expressamente concordar. Em regra, tais garantias se extinguem. Assim, na novação por expromissão, as garantias prestadas pelo devedor se extinguem, e, na novação por delegação, a manutenção dependerá de expressa manifestação de vontade do devedor originário. Já as garantias prestadas por terceiros (há regra específica sobre a fiança no art. 366 do CC) cessam com a novação. A razão é óbvia. O terceiro garantidor que deu o bem em penhor, hipoteca ou anticrese para assegurar a obrigação de determinado devedor terá contra ele direito de regresso. Logo, o patrimônio do devedor é de grande importância para o terceiro garantidor quando for reaver dele o valor do bem tomado pelo credor. A troca de devedor significa alteração do patrimônio que responderá pelo regresso. Caso o terceiro garantidor dê sua anuência expressa, a garantia se mantém. Se não, a garantia se extingue. Sobre os acessórios outros, tais como cláusula penal, juros, arras etc., a extinção da obrigação os atinge diretamente. Se a prestação principal se extinguiu, natural que os acessórios também cessem. Afinal, o acessório segue o principal.

Art. 365. Operada a novação entre o credor e um dos devedores solidários, somente sobre os bens do que contrair a nova obrigação subsistem as preferências e garantias do crédito novado. Os outros devedores solidários ficam por esse fato exonerados.

COMENTÁRIOS DOUTRINÁRIOS: A novação extingue a obrigação primitiva. Assim, se um dos devedores solidários novar a obrigação anterior, todos os demais devedores estão exonerados da obrigação. A nova obrigação não os atinge, pois não participaram de sua formação. Se um dos devedores solidários pode ser compelido a pagar o todo, pode ele também novar o todo. Isso significa que a novação só obriga aquele devedor solidário que criou a nova obrigação. Obriga com seus bens e com as novas garantias por ele prestadas decorrentes da novação. A pergunta que surge é: ele poderia exercer o direito de regresso contra os codevedores em razão da novação? (art. 283 do CC). Regresso pressupõe pagamento ao credor. A novação é extinção sem pagamento, por sua estrutura jurídica. Assim, não há que se falar em direito de regresso contra os codevedores exonerados pela novação. A manutenção das garantias dadas por terceiros depende da concordância destes (ver arts. 364 e 366 do CC) e as garantias dadas pelo próprio devedor solidário que novou a obrigação só se mantêm se houver avença expressa. Eventuais garantias prestadas pelos codevedores solidários também deixam de existir com a novação da qual não participaram.

Art. 366. Importa exoneração do fiador a novação feita sem seu consenso com o devedor principal.

COMENTÁRIOS DOUTRINÁRIOS: O artigo dá destaque à obrigação acessória decorrente de fiança que poderia, sem qualquer problema, ser tratada no art. 364 com as demais garantias. Há uma intenção clara do legislador em esclarecer os efeitos da novação sobre a fiança, porque é ela a mais comum das garantias em certos tipos contratuais e, certamente, fonte de problemas. A fiança se extingue com a novação. A manutenção pode se dar se o fiador participar da nova obrigação que extingue a primitiva e, nessa hipótese, surge uma nova fiança, ou se concordar com a sua criação, mesmo sem dela participar. Nessa, a fiança é mantida em todos os seus termos. A novação não se confunde com a exoneração. A novação implica extinção no plano da eficácia por força da criação de uma nova obrigação que, portanto, não contou com a vontade do fiador. A exoneração é também uma forma de extinção no plano da eficácia que, como espécie de resilição que é (ver art. 473 do CC), depende da manifestação de vontade do fiador. Seus efeitos não são idênticos. Nesse sentido, o Enunciado n. 547 da *VI Jornada de Direito Civil*: "Na hipótese de alteração da obrigação principal sem o consentimento do fiador, a exoneração deste é automática, não se aplicando o disposto no art. 835 do Código Civil quanto à necessidade de permanecer obrigado pelo prazo de 60 (sessenta) dias após a notificação ao credor, ou de 120 (cento e vinte) dias no caso de fiança locatícia".

JURISPRUDÊNCIA COMENTADA: Se há alguma alteração contratual que não importe novação, ficando mantida a obrigação afiançada, mantida está a própria fiança. Contudo, se a alteração contratual agravar a situação do devedor principal, o fiador prossegue responsável por aquilo que se obrigou, sem qualquer ampliação de sua responsabilidade. É o caso do acordo entre o locatário e o locador para aumentar o valor da locação. O fiador prossegue responsável pelo valor anterior. Nesse sentido, temos: "Nas alterações contratuais realizadas pelo locatário e por terceiro, ainda que unilateralmente, deve haver anuência expressa dos fiadores no que diz respeito às modificações efetivadas na avença para que possam responder pelos encargos contratuais devidos após o transcurso do lapso temporal pactuado" (STJ, AgRg. no REsp 1.379.057/DF, 4.ª Turma, Rel. Min. Isabel Gallotti, j. 20.10.2015).

Art. 367. Salvo as obrigações simplesmente anuláveis, não podem ser objeto de novação obrigações nulas ou extintas.

COMENTÁRIOS DOUTRINÁRIOS: Não se pode extinguir, por impossibilidade lógica, o que já está extinto. Assim, a obrigação extinta por pagamento ou compensação não pode ser novada. Da mesma forma, a obrigação nula. A nulidade absoluta (art. 166) tem relação com a ordem pública e por isso não se convalida nem com o decurso do tempo, nem por meio da vontade das partes (art. 169 do CC). Já as obrigações anuláveis (art. 171 do CC) se convalidam pelo decurso do tempo e podem ser confirmadas, ratificadas, pela vontade das partes (art. 172). É por isso que podem ser novadas. A dívida prescrita também pode ser novada. Isso porque, apesar de inexigível (não há *Haftung* ou responsabilidade), a dívida existe (*Schuld*). Se a dívida prescrita pode ser paga sem que haja repetição de indébito (ver art. 882), a dívida existe, logo, pode ser novada. A inexigibilidade não retira a possibilidade de novação. É verdade que os romanos admitiam a novação da obrigação natural. Contudo, se a obrigação natural for considerada uma simples obrigação moral (como afirma Beviláqua), ou inexistente (conforme Carvalho de Mendonça), a novação não será possível.

CAPÍTULO VII
DA COMPENSAÇÃO

Art. 368. Se duas pessoas forem ao mesmo tempo credor e devedor uma da outra, as duas obrigações extinguem-se, até onde se compensarem.

COMENTÁRIOS DOUTRINÁRIOS: Ocorre compensação quando entre o mesmo credor e o mesmo devedor existem dívidas recíprocas e as dívidas são vencidas (líquidas, pois certas quanto à existência e determinadas quanto ao valor) e fungíveis entre si. Se A deve 100 para B e B deve 80 para A, ocorre compensação quanto à dívida de menor valor, restando um crédito de 20 em favor de B. Presentes os requisitos legais, a compensação é automática e independe de acordo das partes ou de decisão judicial. Isso decorre do programa obrigacional e da sua finalidade. O adimplemento atrai, polariza (Clóvis do Couto e Silva). Toda a interpretação dos dispositivos do Código Civil segue esse pilar, essa base. A importância do adimplemento se verifica em toda a teoria geral das obrigações. É por isso que terceiros interessados ou não interessados podem pagar, pois o adimplemento atrai, polariza. É por isso que a lei tem por base o *favor debitoris*, ou seja, facilitar o cumprimento da prestação pelo devedor é aumentar as chances de adimplemento, que é a finalidade do processo obrigacional. É por isso que, se o credor não escolhe a prestação devida, o direito passa ao devedor que poderá, então, pagar e extinguir o vínculo obrigacional. Há um interesse social no adimplemento, pois o pagamento vem de *pacare*, dar a paz, ou seja, pôr fim à relação jurídica obrigacional que é, por natureza, transitória. Em suma, a interpretação melhor do instituto da compensação é aquela que conclui pelo adimplemento automático, *ope legis*, independentemente da vontade das partes, em verificados os requisitos da compensação. Se ausentes os requisitos (*vide* art. 369), a compensação só ocorrerá por vontade das partes e será, portanto, convencional. Pode haver compensação entre uma obrigação civil (com o vínculo composto por dívida e responsabilidade) e uma obrigação natural (em que há dívida, mas não responsabilidade)? A doutrina afirma que não devem ser ambas exigíveis (De Page, M. I. Carvalho de Mendonça, Planiol, Ripert e Boulanger, Ruggiero e Maroi todos citados por Caio Mário da Silva Pereira), porque a *obligatio naturalis*, não dispondo de pretensão, não é exigível. É por isso que dívida prescrita não se compensa com dívida em que a pretensão ainda existe (é eficaz).

Art. 369. A compensação efetua-se entre dívidas líquidas, vencidas e de coisas fungíveis.

COMENTÁRIOS DOUTRINÁRIOS: As dívidas devem ser recíprocas: A deve para B e B deve para A. Se A deve duas vezes para B, o que se discute é a imputação (arts. 352 a 355). As dívidas devem ser vencidas. Isso significa que ambas são exigíveis. Se condicionais (elemento futuro e incerto) ou a termo (elemento futuro e certo), não haverá compensação legal. Se A deve para B R$ 5.000,00 e B deve para A R$ 4.000,00, mas a primeira dívida se venceu e a segunda só vence em um ano, não há compensação. As dívidas devem ser líquidas, ou seja, certas quanto à existência e determinadas quanto ao valor. Se A toma emprestado de B R$ 5.000,00 e B bate no carro de A, a primeira dívida é líquida, já a segunda ilíquida. Há uma incerteza, pois B pode ter batido no carro de A por culpa exclusiva de A (rompe nexo causal e faz desaparecer o dever de indenizar). E, ainda que seja B devedor, o valor não é determinado. Deve haver fungibilidade entre si nas prestações a se compensarem. Se A deve para B 50 sacas de café "Novo Mundo" e B deve para A 50 sacas de café "Bourbon", a compensação não será possível.

JURISPRUDÊNCIA COMENTADA: Havendo incerteza quanto a um dos créditos, a compensação não se opera. A incerteza retira a qualidade de liquidez. É o caso do empregador que vende um carro ao empregado e este não quer pagar pelo veículo, alegando que tem créditos trabalhistas. Contudo, os supostos créditos trabalhistas não tinham tido reconhecimento pela vontade das partes, nem reconhecimento por decisão judicial. Assim, o STJ decidiu que "'a compensação efetua-se entre dívidas líquidas, vencidas e de coisas fungíveis'. Precedentes. 2. No caso, o eg. Tribunal de origem, analisando o acervo probatório carreado aos autos, concluiu que não ficou comprovada a existência de crédito líquido e vencido em favor da parte ora agravante contra o agravado, reputando como inviável a pretensão de compensação" (AgInt no AREsp 911525/RN, 4.ª Turma, Rel. Min. Raul Araújo, j. 13.09.2016).

Art. 370. Embora sejam do mesmo gênero as coisas fungíveis, objeto das duas prestações, não se compensarão, verificando-se que diferem na qualidade, quando especificada no contrato.

COMENTÁRIOS DOUTRINÁRIOS: O dispositivo apenas esclarece que a fungibilidade não diz respeito a cada uma das prestações isoladamente, mas é uma fungibilidade relativa: considera as prestações entre si. Se A deve uma caneta a B e B deve uma vaca a A, a caneta é fungível e a vaca também o é. Mas não são fungíveis entre si. Por isso que se trata de uma fungibilidade relativa. Não basta haver identidade de gênero, mas as qualidades devem coincidir. Cão labrador não se compensa com cão maltês, apesar de ambos serem cães (mesmo gênero). Açúcar refinado não se compensa com açúcar mascavo, apesar de ambos serem do mesmo gênero. Isso porque o credor não é obrigado a aceitar prestação diversa, ainda que mais valiosa (art. 313 do CC). É por isso que, na prática, a compensação ocorre nas dívidas pecuniárias: dívidas de dinheiro.

Art. 371. O devedor somente pode compensar com o credor o que este lhe dever; mas o fiador pode compensar sua dívida com a de seu credor ao afiançado.

COMENTÁRIOS DOUTRINÁRIOS: A redação do dispositivo é hermética e pouco clara. Na primeira parte do dispositivo, percebe-se que o devedor pode, presentes os requisitos legais, alegar compensação quando cobrado pelo credor. Isso é natural e decorre da própria noção de compensação. O fiador, por sua vez, pode: a) alegar compensação entre o que ele deve ao credor e o que o credor deve a ele e, nessa hipótese, terá direito de regresso contra o afiançado, pois seu crédito foi perdido pela compensação, e b) opor ao credor uma compensação que se operou entre o credor e o afiançado. Isso porque se assim não fosse, o fiador pagaria uma dívida já extinta pela compensação. Assim vejamos. João é fiador de José e Pedro é o credor. José deve para Pedro, pois não pagou aluguel. Pedro deve para José pois tomou emprestado dinheiro e não pagou. João, demandado por Pedro para pagar a dívida de José, poderá alegar a compensação das dívidas entre José e Pedro, mesmo sendo um terceiro, já que é fiador. Por outro lado, não pode o devedor alegar compensação de dívidas existentes entre o credor e o fiador. Isso agravaria a situação do próprio fiador. Vejamos. João é fiador de José e Pedro é o credor. José deve para Pedro, pois não pagou aluguel. Pedro deve para João (o fiador) pois tomou emprestado dinheiro e não pagou. José, demandado por Pedro para pagar sua dívida, não poderá alegar a compensação das dívidas entre João e Pedro, de acordo com a primeira parte do artigo que se comenta. Nessa hipótese em que o fiador é cobrado pelo credor, pode ele opor a compensação, que não será automática. Isso porque o fiador é mero garantidor, ainda que por contrato se torne principal pagador ou devedor solidário. A regra da compensação, para ele, não pode ser a mesma existente para o devedor. É uma exceção à compensação automática, pois dependerá da vontade do fiador em alegá-la. João é fiador de José e Pedro é o credor. José deve para Pedro, pois não pagou aluguel. Pedro deve para João (o fiador) pois tomou emprestado dinheiro e não pagou. João, demandado por Pedro para pagar a dívida de José, poderá alegar a compensação das dívidas entre ele (fiador) e Pedro (credor). Essa compensação não é automática. Depende da vontade de João. Se ele utilizar a compensação, terá direito de regresso contra José.

REFORMA DO CÓDIGO CIVIL: Pretende-se alterar o art. 371, que passaria a ter a seguinte redação: "Art. 371. O devedor somente pode compensar com o credor o que este lhe dever. Parágrafo único O fiador pode alegar, em seu favor, a compensação que o devedor afiançado poderia arguir perante o credor, mas deixou de fazê-lo". Como anteriormente comentei, a redação do artigo é pouco clara. A proposta de mudança só visa deixar o artigo mais claro e em nada altera o conteúdo da norma.

Art. 372. Os prazos de favor, embora consagrados pelo uso geral, não obstam a compensação.

COMENTÁRIOS DOUTRINÁRIOS: Como se viu, dívidas vencidas não se compensam automaticamente com dívidas vincendas. Contudo, há prazos concedidos pelo credor como um aumento, uma extensão do prazo original. São os chamados prazos "de favor". Passado o prazo original, estando iniciada essa extensão de prazo, a compensação ocorre, pois o prazo de favor não a impede. A deve para B R$ 80.000,00 a serem pagos em 15 de janeiro de 2020 e B deve para A R$ 100.000,00 a serem pagos em 15 de fevereiro de 2020. Se A pede para B uma dilação de prazo e B concede mais 60 dias (prazo de favor), no dia 15 de fevereiro se operará a compensação. Esse novo prazo (de favor) não a impede.

Art. 373. A diferença de causa nas dívidas não impede a compensação, exceto:

I – se provier de esbulho, furto ou roubo;

II – se uma se originar de comodato, depósito ou alimentos;

III – se uma for de coisa não suscetível de penhora.

COMENTÁRIOS DOUTRINÁRIOS: A diferença de causas não impede a compensação. Assim, o fato de uma dívida decorrer de ato lícito e a outra de ato ilícito não impede sua compensação. O condômino deve taxa condominial (dívida que nasce de um ato lícito) e o condomínio, por seu empregado, causa um dano ao apartamento do condômino devedor (ato ilícito). Sendo as dívidas líquidas e vencidas, a compensação se opera. A regra comporta exceções. A diferença de causas impedirá a compensação se: a) uma das dívidas provier de esbulho (tomada de posse do bem mediante violência), furto (subtração de coisa alheia móvel) ou roubo (uso de violência para obter-se o bem alheio). São situações que constituem ilícito criminal ou de grande reprobabilidade para o Direito Civil. Dessas situações, o direito não admite que advenham consequências jurídicas; b) uma das dívidas provier de comodato ou depósito. No comodato, há o empréstimo de um bem infungível. A infungibilidade impede a compensação. No depósito, o depositante guarda, conserva e restitui bem alheio. O bem depositado normalmente é infungível, o que impediria a compensação. Agora, ainda que o depósito seja irregular e o bem seja fungível, ainda assim há o elemento confiança. O depositante confia que o depositário devolverá o bem. É por isso que a compensação não é possível, ainda que o bem seja fungível, pois haveria quebra de confiança; c) uma das dívidas for alimentar. Os alimentos têm por objetivo a subsistência do credor, a manutenção da vida, do vestuário, dos estudos etc. Se possível fosse a compensação, haveria comprometimento de sua função, colocando em risco a subsistência do credor. É por isso que não há compensação; d) a coisa não for suscetível de penhora. A impenhorabilidade implica que o bem não pode ter a propriedade transferida por força de constrição judicial. Assim, por ser impenhorável, a compensação se frustra, pois não se ultimaria com a transferência da propriedade.

JURISPRUDÊNCIA COMENTADA: A jurisprudência tem admitido compensação parcial diferida no tempo nas hipóteses em que, por exemplo, o credor de alimentos recebe duas vezes, no mesmo mês, a pensão alimentícia. Assim temos: "Se as prestações forem cumpridas de modo distinto do que ficou estabelecido em sentença, mas em favor do alimentando, notadamente em relação às suas necessidades básicas, possibilita-se a mitigação dessa regra e a consequente compensação com o intuito de evitar o enriquecimento sem causa do credor de alimentos. Em casos excepcionais, a regra geral deve ser afastada de forma a evitar o enriquecimento sem causa do credor de alimentos" (STJ, RCD-HC 478.165/SE, Rel. Min. Marco Aurélio Bellizze, j. 28.11.2018). Essa é a correta interpretação da impossibilidade de compensação. Limita-se a valores que não ponham em risco a subsistência do credor (alimentando), mas não gera um enriquecimento sem causa deste. É a solução salomônica e harmônica às regras do sistema. Há orientações em sentido contrário: "Os efeitos da sentença proferida em ação de revisão de alimentos, seja em caso de redução, majoração ou exoneração, retroagem à data da citação (art. 13, § 2º, da Lei n. 5.478/1968), ressalvada a irrepetibilidade dos valores adimplidos e a impossibilidade de compensação do excesso pago com prestações vincendas" (STJ, REsp 1.785.096/SP, Rel. Min. Paulo de Tarso Sanseverino, j. 12.12.2018).

Art. 374. (Revogado pela Lei n. 10.677, de 22.05.2003.)

Art. 375. Não haverá compensação quando as partes, por mútuo acordo, a excluírem, ou no caso de renúncia prévia de uma delas.

COMENTÁRIOS DOUTRINÁRIOS: A vontade de excluir a compensação, que, por lei, seria automática, pode operar, por meio de acordo de vontade (negócio jurídico bilateral), em que as partes estabelecem previamente que, se dívidas recíprocas surgirem, ainda que preenchidos os requisitos legais da compensação, esta não ocorrerá por meio de uma única vontade (a renúncia). A renúncia é negócio jurídico unilateral em que uma das partes abre mão de invocar a compensação futura. Isso só é possível se a compensação ainda não ocorreu. Trata-se de renúncia prévia. Note-se que na hipótese de renúncia, isso só vincula quem renunciou e não a outra parte. Se A deve para B R$ 80.000,00 e renuncia ao direito de invocar a compensação e B deve para A R$ 100.000,00, quando A for cobrar B, B pode invocar a compensação e, por reconvenção ou pedido contraposto, cobrar R$ 20.000,00. Se B for cobrar de A R$ 100.000,00, como A renunciou ao direito de invocar a compensação, A não poderá alegar tal matéria como defesa e deverá pagar o valor devido, podendo depois cobrar seu crédito de R$ 80.000,00.

Art. 376. Obrigando-se por terceiro uma pessoa, não pode compensar essa dívida com a que o credor dele lhe dever.

COMENTÁRIOS DOUTRINÁRIOS: A redação do artigo em comento é bastante criticável. Curiosamente, o art. 1.019 do CC/1916 tinha idêntica redação. O problema é a parte inicial do dispositivo: quem se obriga por um terceiro é um garantidor (fiador, terceiro que dá bem em penhor ou hipoteca) e não é sobre isso que dispõe o art. 376. Na realidade, inspirado no art. 135 do Código Federal Suíço das Obrigações, o dispositivo cuida da hipótese de estipulação em favor de terceiros. O melhor exemplo deste instituto é o seguro de vida. O estipulante contrata em seu próprio nome com outra pessoa (promitente), que se obriga a cumprir determinada prestação em favor do terceiro (beneficiário). Assim, a redação do Projeto Clóvis Beviláqua (art. 1.159) permite compreender o dispositivo: "Aquele que se obrigou em favor de um terceiro não pode compensar essa obrigação com o que lhe deve o estipulante". Assim vejamos. Se João contrata com o Banco um seguro de vida em favor de Maria, João é o estipulante e Maria a beneficiária. Caso João tenha, ainda, um mútuo com o Banco, pelo qual é devedor, quando morrer, o Banco não pode deixar de pagar o seguro de vida para Maria, alegando compensação com a dívida do mútuo. O devedor (promitente) não pode deixar de pagar o beneficiário por ter um crédito com o estipulante. É essa a interpretação adequada que a doutrina dá ao dispositivo. Contudo, em razão da má redação do art. 376 (herdada do art. 1.019 do Código Beviláqua) temos uma segunda leitura do texto de lei pela doutrina. Outra possível leitura que o dispositivo comporta é a seguinte. A deve para B. C avença com B que se A não lhe pagar, ele paga e se torna devedor subsidiário (**obrigando-se por terceiro uma pessoa**). Supondo que C tenha um crédito com relação a B. C não poderá deixar de pagar o que A deve a B alegando a compensação pois B lhe deve (**não pode compensar essa dívida com a que o credor dele lhe deve**). O credor de A (que é B) é simultaneamente devedor de C (que assumiu um papel de garantidor). C não pode deixar de responder pela dívida de A junto a B alegando que B lhe deve e que a compensação operou.

REFORMA DO CÓDIGO CIVIL: Pretende-se alterar o art. 376, que passaria a ter a seguinte redação: "Art. 376. Aquele que se obrigou em favor de terceiro, não pode compensar essa obrigação com outra que o credor do terceiro lhe dever".

Art. 377. O devedor que, notificado, nada opõe à cessão que o credor faz a terceiros dos seus direitos, não pode opor ao cessionário a compensação, que antes da cessão teria podido opor ao cedente. Se, porém, a cessão lhe não tiver sido notificada, poderá opor ao cessionário compensação do crédito que antes tinha contra o cedente.

COMENTÁRIOS DOUTRINÁRIOS: Novamente temos a questão da cessão de crédito e seus efeitos. Conforme já expusemos na análise do instituto (ver comentários aos arts. 286 e 290 do CC), na cessão de crédito deve haver a vontade do credor primitivo ou originário (cedente) e daquele que se tornará credor com a cessão (cessionário), além de ser necessária a capacidade de fato de ambos para sua validade. O devedor não é parte na cessão de crédito. É por isso que a cessão existe, é válida e eficaz quando há o encontro das vontades do cedente e do cessionário. A eficácia, contudo, dirá respeito somente às partes. Para que a cessão seja eficaz com relação ao devedor este deve ser notificado. A eventual oposição do devedor à cessão é irrelevante, bem como sua discordância. A cessão é válida ainda que o devedor dela discorde. É com a notificação ao devedor que este poderá opor as exceções que tinha em relação ao cedente e essas produzirão efeitos contra o cessionário. É o exemplo de cessão de obrigação nula ou extinta. Se o devedor já pagou ao cedente extinguindo a obrigação cedida, caberá ao devedor opor tais defesas ao cessionário. Nesse momento, as exceções atingirão o cessionário mesmo que se refiram à pessoa do cedente. É por isso que, se no momento da notificação não opuser a compensação existente (que poderia ter alegado com relação ao cedente), não poderá opô-la ao cessionário. É no momento da notificação que deve informar ao cessionário da compensação já verificada, sob pena de perder o direito de fazê-lo. Se não opuser a defesa da compensação, poderá o cessionário cobrar a dívida normalmente. Se, contudo, o devedor não foi notificado da cessão, não teve ele oportunidade de invocar a compensação, razão pela qual, no momento em que for cobrado pelo cessionário, "poderá opor ao cessionário compensação do crédito que antes tinha contra o cedente".

Art. 378. Quando as duas dívidas não são pagáveis no mesmo lugar, não se podem compensar sem dedução das despesas necessárias à operação.

COMENTÁRIOS DOUTRINÁRIOS: Não é requisito da compensação que as dívidas sejam pagáveis no mesmo lugar. Assim, a diferença de lugar de pagamento não impede a compensação. Vejamos. A deve para B R$ 100.000,00 a serem pagos em Manaus e B deve para A R$ 80.000,00 a serem pagos em Curitiba. Vencidas ambas as dívidas, a compensação ocorreu e A só deve R$ 20.000,00 para B. Nessa hipótese, não há despesa necessária à operação. Se despesas houver para o pagamento em lugar diverso do contrato, determina o Código Civil que "**não se podem compensar sem dedução das despesas necessárias à operação**". Novamente há um problema de redação do Código Civil. Vejamos com exemplos. Se João deve a Maria 100 bois a serem entregues em São Paulo e Maria deve a João 80 bois a serem entregues em Araçatuba, com a compensação ocorre extinção parcial da dívida e Maria deverá entregar 20 bois em São Paulo. A despesa com a entrega será de Maria (art. 325 do CC), devedora, não cabendo qualquer "dedução de despesas". O cálculo da prestação pode variar de acordo com o lugar do pagamento. Se João deve a Maria 100 bois a serem entregues em Ribeirão Preto e receberá o valor das arrobas fixadas naquela praça e Maria deve a João 80 bois a serem entregues em Araçatuba e receberá o valor das arrobas fixadas naquela praça. Ocorrida a compensação, Maria deverá entregar 20 bois em Ribeirão Preto e por eles receberá o preço da arroba naquela praça. Note-se que não é uma questão de "dedução de despesas", mas de cálculo do valor devido. As despesas com o transporte só poderão ser deduzidas se o contrato inverter a regra geral do art. 325 do CC. Se João deve a Maria 100 bois a serem entregues em São Paulo e Maria deve a João 80 bois a serem entregues em Araçatuba, com a compensação, ocorre extinção parcial da dívida e Maria deverá entregar 20 bois em São Paulo, ficando estabelecido no contrato que João arca com as despesas de transporte. A despesa com a entrega será de João cabendo então "dedução da despesa" de transporte das 20 cabeças.

REFORMA DO CÓDIGO CIVIL: Pretende-se alterar o art. 378, que passaria a ter a seguinte redação: "Art. 378. Duas dívidas não pagáveis no mesmo lugar, não se podem compensar, sem dedução das despesas necessárias ao pagamento daquela que havia de ser satisfeita em lugar diverso do domicílio do devedor ou do lugar da compensação" A proposta tem o objetivo de ajustar a redação do artigo em tela para melhor adequá-la ao seu real sentido. Conforme já explicado nos comentários do art. 378, *supra*, a redação proposta arruma equívoco da redação atual para deixar claro que não é requisito para a compensação que as dívidas sejam pagáveis no mesmo lugar; o que ocorre, em verdade, é que, na eventualidade de existirem despesas para pagamento em lugar diverso ao estabelecido em contrato previamente pelas partes que devem entre si, para o cálculo do débito restante após a compensação, deve-se considerar a variação do valor da prestação de acordo com o lugar do pagamento.

Art. 379. Sendo a mesma pessoa obrigada por várias dívidas compensáveis, serão observadas, no compensá-las, as regras estabelecidas quanto à imputação do pagamento.

COMENTÁRIOS DOUTRINÁRIOS: A compensação implicará a extinção da dívida. Contudo, pode haver uma multiplicidade de dívidas entre as partes e, como a compensação é automática, pode haver uma questão sobre quais dívidas se compensaram. As regras serão as da imputação em pagamento. Note-se, contudo, que o antigo Código Civil mencionava os artigos da imputação (arts. 991 a 994 do CC/1916). O Código Civil atual não faz referência aos dispositivos e acerta em não o fazer. Pelas regras de imputação, a indicação cabe ao devedor (art. 352 do CC/2002), que, se não o fizer, a escolha passa ao credor (art. 353 do CC/2002) e, finalmente, se nenhum dos dois indicar, a lei traz regras de imputação (art. 355 do CC/2002). Todavia, como a compensação é automática, se aplica de pleno direito, as regras dos arts. 352 e 353 não têm utilidade. A vontade do devedor e do credor não é relevante para a compensação. Assim, o artigo que efetivamente se aplica à multiplicidade de dívidas para fins de compensação é o art. 355 do CC/2002 (antigo art. 994). A imputação se dá na dívida mais antiga e, se ambas se vencerem no mesmo prazo, na mais onerosa ao devedor em razão do princípio do *favor debitoris* (ver comentários ao art. 355 do CC). Se A deve para B R$ 100.000,00 cujo vencimento é 20 de agosto de 2020 e também deve R$ 100.000,00 cujo vencimento é 20 de setembro de 2020 e B deve para A R$ 80.000,00 cujo vencimento é 5 de setembro de 2020, no dia 5 de setembro ocorrerá a compensação quanto à dívida vencida em 20 de agosto (compensação de R$ 80.000,00), pois não pode haver compensação com dívida vincenda. Se A deve para B R$ 100.000,00 cujo vencimento é 20 de agosto de 2020 e também deve R$ 100.000,00 cujo vencimento é 20 de setembro de 2020 e B deve para A R$ 80.000,00 cujo vencimento é 5 de outubro de 2020, no dia 5 de outubro ocorrerá a compensação quanto à dívida vencida em 20 de agosto (compensação de R$ 80.000,00), pois, pelas regras da imputação, o pagamento se imputa à dívida mais antiga (art. 355 do CC). Se A deve para B R$ 100.000,00 cujo vencimento é 20 de agosto de 2020 e também deve R$ 100.000,00 cujo vencimento é 20 de setembro de 2020, sendo que na segunda dívida há uma multa para hipótese de inadimplemento de 10% (cláusula penal moratória) e B deve para A R$ 80.000,00 cujo vencimento é 5 de outubro de 2020, no dia 5 de outubro ocorrerá a compensação quanto à dívida vencida em 20 de setembro (compensação de R$ 80.000,00), pois, pelas regras da imputação, o pagamento se imputa à dívida mais onerosa, mais pesada ao devedor (art. 355 do CC).

Art. 380. Não se admite a compensação em prejuízo de direito de terceiro. O devedor que se torne credor do seu credor, depois de penhorado o crédito deste, não pode opor ao exequente a compensação, de que contra o próprio credor disporia.

COMENTÁRIOS DOUTRINÁRIOS: Assim como a remissão não pode prejudicar terceiros (ver comentários ao art. 385), a compensação não poderá fazê-lo. A compensação não pode ser admitida nas hipóteses em que o pagamento direto não o seria. A aplicação do artigo pressupõe se imaginar que um dos devedores está insolvente. Se a compensação se operar, há um prejuízo à *conditio pars creditoris*, ou seja, à igualdade de condição entre os credores. Assim imaginemos que A deve para B R$ 100.000,00 e também deve para C R$ 100.000,00. Por outro lado, B deve para A R$ 100.000,00. No momento do vencimento da dívida de B para com A, A está insolvente. Se a compensação ocorresse, B receberia a integralidade de seu crédito e C nada. A compensação não é possível, o crédito de B entra em concurso de credores. A segunda parte pretende proteger terceiros (não o próprio credor ou o devedor) dos efeitos da compensação. Vejamos dois exemplos. A deve para B R$ 100.000,00 e C, credor de B, penhora essa importância. Posteriormente, surge uma obrigação pela qual B deve para A R$ 100.000,00 estando presentes os requisitos para a compensação. Como o crédito de A para com B é posterior à penhora de C, B não poderá alegar compensação em relação ao exequente para afastar a penhora que já se efetivou. A deve para B R$ 100.000,00 e, posteriormente, surge uma obrigação pela qual B deve para A R$ 100.000,00 estando presentes os requisitos para a compensação. Após a ocorrência da compensação, C, credor de B, penhora a importância que A devia a B. Como a penhora de C é posterior à compensação, B poderá alegar compensação em relação ao exequente para afastar a penhora que atingiu crédito inexistente.

CAPÍTULO VIII
DA CONFUSÃO

Art. 381. Extingue-se a obrigação, desde que na mesma pessoa se confundam as qualidades de credor e devedor.

COMENTÁRIOS DOUTRINÁRIOS: Há duas espécies de confusão: a confusão real e a pessoal. A confusão real ocorre quando há mistura de substâncias líquidas de proprietários diferentes que não podem ser separadas. Forma-se um condomínio (arts. 1.272 a 1.274 do CC). O exemplo é a mistura de água e vinho. A confusão pessoal é a reunião em uma mesma pessoa das qualidades de credor e devedor. Como ninguém pode ser credor de si próprio, a obrigação se extingue. Dois exemplos ajudam a compreender a questão. A empresa A deve para a empresa B e a empresa A é incorporada pela empresa B (incorporação da pessoa jurídica). A empresa incorporada se extingue e a confusão se opera. O sobrinho deve para o tio, e o tio, por testamento, nomeia o sobrinho seu único herdeiro. Com o falecimento do tio, o sobrinho herda seus bens entre os quais o crédito que o tio tinha para com ele. Ocorre, então, a confusão. Se o sócio deve para a empresa ou a empresa deve para o sócio, não se verifica a confusão, pois a empresa tem personalidade jurídica distinta da de seus membros.

JURISPRUDÊNCIA COMENTADA: É por conta da diversidade de personalidades jurídicas que o STJ entende que, "tratando-se de caso de execução fiscal ajuizada pelo Município de Belo Horizonte, na qual foi nomeado curador especial da Defensoria Pública estadual, é cabível a condenação em honorários, não caracterizando o instituto da confusão encartado no art. 381, do Código Civil de 2002, porquanto são pessoas jurídicas distintas. O tema inclusive já foi julgado pela sistemática dos recursos repetitivos (art. 543-C do CPC), no REsp n. 1.108.013 – RJ, Corte Especial, Rel. Min. Eliana Calmon, julgado em 3.6.2009. 2. Agravo regimental não provido" (STJ, AgRg no AgRg no REsp 805689/MG, 2.ª Turma, Rel. Min. Mauro Campbell Marques, j. 23.06.2009).

Art. 382. A confusão pode verificar-se a respeito de toda a dívida, ou só de parte dela.

COMENTÁRIOS DOUTRINÁRIOS: Há duas espécies de confusão pessoal: confusão própria ou total é a que atinge a totalidade da dívida; e confusão imprópria ou parcial que só atinge parte da dívida. Exemplo disso ocorre quando o sobrinho João deve para o tio a importância de R$ 1.000,00. Por testamento, o tio nomeia João e Maria como únicos herdeiros. Com a morte do credor, ocorre confusão na metade do crédito e João prossegue devedor de R$ 500,00 para Maria.

Art. 383. A confusão operada na pessoa do credor ou devedor solidário só extingue a obrigação até a concorrência da respectiva parte no crédito, ou na dívida, subsistindo quanto ao mais a solidariedade.

COMENTÁRIOS DOUTRINÁRIOS: Os efeitos da remissão e da confusão na obrigação solidária são idênticos. Assim, como faz o art. 277 do CC, este dispositivo em comento demonstra a estrutura da obrigação solidária a partir da extinção parcial da obrigação pela confusão imprópria ou parcial. A solidariedade gera um feixe obrigacional que estrangula relações autônomas, razão pela qual cada devedor tem uma relação jurídica autônoma para com o credor. Se com relação a devedor solidário ocorrer a confusão, para ele desaparece a relação obrigacional, mas os demais devedores prosseguem presos pela solidariedade (Haftung), descontando-se o valor da quota em que a confusão operou. Se A, B, C, D e E são devedores solidários da importância de R$ 100.000,00 temos Haftung de R$ 100.000,00 e *Schuld* de apenas R$ 20.000,00. Assim, se com relação a A ocorre a confusão, A passa a ser credor de si próprio e nada poderá cobrar dele mesmo, mas poderá cobrar R$ 80.000,00 total ou parcialmente de B, C, D ou E, pois a solidariedade se mantém. As regras dos arts. 283 e 284 não terão aplicação, pois não há na confusão pagamento para gerar direito de regresso.

Art. 384. Cessando a confusão, para logo se restabelece, com todos os seus acessórios, a obrigação anterior.

COMENTÁRIOS DOUTRINÁRIOS: Imaginemos que o sobrinho deve para o tio, e o tio, por testamento, nomeia o sobrinho seu único herdeiro. Com o falecimento do tio, o sobrinho herda seus bens entre os quais o crédito que o tio tinha para com ele. Ocorre, então, a confusão. Posteriormente à morte, surge um filho do testador que era dele desconhecido e ocorre o rompimento do testamento (arts. 1.973 a 1.975 do CC). O testamento não produz efeito algum e o sobrinho volta a ser devedor do filho de seu tio. Como a dívida que está extinta ressurge cessada a confusão? Trata-se na realidade de situação de pós-eficácia da obrigação. A confusão não extinguiu a dívida, mas paralisou seus efeitos. É por isso que produz efeitos distintos da novação. Cessada a confusão, a obrigação volta a produzir efeitos. No período de confusão, não há incidência de juros, nem corre a prescrição. A obrigação não produz qualquer efeito. As garantias prestadas pelo próprio devedor ou por terceiros então existentes são consideradas pós-eficacizadas pela cessão da confusão e, portanto, se mantêm íntegras. Em suma, a confusão é causa de ineficácia e não de extinção da obrigação.

CAPÍTULO IX
DA REMISSÃO DAS DÍVIDAS

Art. 385. A remissão da dívida, aceita pelo devedor, extingue a obrigação, mas sem prejuízo de terceiro.

COMENTÁRIOS DOUTRINÁRIOS: A remissão ou perdão é negócio jurídico bilateral pelo qual a obrigação se extingue sem que o credor tenha qualquer acréscimo patrimonial. É uma liberalidade que, assim como a doação, não lhe traz qualquer vantagem patrimonial. Como negócio jurídico bilateral que é, exige a concordância do perdoado. Logo, remissão difere de renúncia em que basta a vontade do renunciante para que a renúncia exista e produza efeitos. O perdão não é comum no tráfego negocial. Revela-se situação inusual. É por isso que deve estar presente a intenção clara do credor em perdoar, remitir o devedor. A vontade de perdoar deve ser clara e inequívoca, pois, na dúvida, perdão não ocorreu. A remissão tem por objeto créditos entre particulares. As dívidas em que o Poder Público é credor podem sofrer anistia de acordo com os critérios do direito administrativo. A remissão é ineficaz se prejudicar terceiros, assim como o é a compensação (ver art. 380 do CC/2002). Imaginemos que A deve para B e B deve para C. B perdoa A extinguindo a dívida. Com o perdão, C é prejudicado, pois o crédito (de A para com B) lhe garantia o pagamento. Para C, o perdão não produz efeitos. Haverá uma ineficácia relativa do perdão. A remissão existe, é válida e eficaz para as partes e terceiros, com exceção de C. O crédito perdoado não retorna ao patrimônio de B, mas C poderá penhorá-lo diretamente de A, pois para ele o perdão não produz efeitos. Isso quer dizer que outros credores de B não poderão se valer desse crédito cuja remissão foi tida por ineficaz. Não há necessidade de provar os requisitos da fraude contra credores. Basta a C provar que foi prejudicado pelo perdão. Contudo, surge uma questão: se o credor renunciar ao crédito (a renúncia não se confunde com a remissão, pois é negócio jurídico unilateral e produz efeitos apenas com a vontade de renunciante, sendo irrelevante a vontade de devedor) em prejuízo de terceiros, essa renúncia é ineficaz (aplicação por analogia da regra do art. 385) ou anulável, por fraude contra credores (nos termos dos arts. 158 e seguintes)? A diferença é muito relevante. Sendo ineficaz, conforme já dito, a renúncia só não produziria efeitos ao terceiro prejudicado, mas produziria para todos os demais. Já, sendo anulável, as partes voltam ao *statu quo ante*, o crédito volta ao patrimônio do devedor e pode ser penhorado por qualquer pessoa. No sistema brasileiro, a regra da fraude contra credores é a anulabilidade (em que pesem decisões do STJ tratarem a matéria como causa de ineficácia, em total contrariedade ao texto da lei) e, portanto, havendo renúncia, esta será anulável se presentes os requisitos da fraude (arts. 158 e seguintes) e não, simplesmente, ineficaz, como é o perdão por força da norma em comento. A invalidade é regra; a ineficácia exceção, quando prevista em lei, como se verifica no art. 385 do CC.

Art. 386. A devolução voluntária do título da obrigação, quando por escrito particular, prova desoneração do devedor e seus coobrigados, se o credor for capaz de alienar, e o devedor capaz de adquirir.

COMENTÁRIOS DOUTRINÁRIOS: Há duas espécies de remissão: a expressa e a tácita. A remissão expressa é aquela em que a manifestação de vontade indica que o perdão ocorreu. A remissão tácita decorre de atos que indicam que o credor não quer receber o crédito e o devedor com isso concorda. Há uma conduta das partes incompatível com a conservação do crédito. A remissão libera o devedor e todos os garantidores. Não libera, contudo, os codevedores solidários (ver comentários aos arts. 277 e 388 do CC), nem o de bem indivisível (ver comentários ao art. 262 do CC). Exemplo clássico se verifica quando o credor restitui ao devedor o título que representa a dívida. É o caso do credor que, em vez de depositar o cheque, o devolve ao devedor. O credor, normalmente, deposita o cheque em sua conta para receber os valores devidos. Se o devolve, é porque perdoou o devedor. O dispositivo é interessante se cotejado com o art. 324 pelo qual a entrega do título firma presunção de pagamento. Há uma aparente contradição entre os dispositivos. Se o credor restitui o instrumento particular ao devedor, nada mais poderá cobrar, quer porque recebeu o valor devido (e a restituição equivale à quitação), quer porque o perdoou e liberou o devedor do pagamento (e a restituição equivale ao perdão). Se o devedor estiver com o título da dívida e o credor pretender cobrar a prestação devida, caberá a ele provar que a quitação não ocorreu, invocando o parágrafo único do art. 324 e, ao devedor, incumbirá a prova de eventual perdão. Há alguns títulos cuja devolução, pela prática comercial, indica quitação. É o caso da nota promissória que, após o pagamento, costumeiramente é devolvida ao devedor. Há títulos cuja devolução só pode implicar perdão, pois não é usual sua restituição. É o caso do cheque. Agora imaginemos que o devedor confessa uma dívida por instrumento particular. Se a única via da confissão lhe é dada pelo credor, este não mais poderá cobrar a dívida. Se ocorreu pagamento ou perdão, apenas a situação fática de deslocamento patrimonial (pagamento) ou não (perdão) indicará diante de qual instituto estamos. Há que se notar, ainda, que a parte final do artigo ("se o credor for capaz de alienar, e o devedor capaz de adquirir") ficou topologicamente mal alocada. Está fora de lugar. Deveria estar no artigo antecedente, que inicia a disciplina da remissão, já que se trata de um requisito de validade da remissão. No Código Civil de 1916 esse requisito de validade se encontrava no art. 1053, o primeiro a tratar do tema ("Art. 1.053. A entrega voluntária do título da obrigação, quando for escrito particular, prova a desoneração do devedor e seus coobrigados, se o credor for capaz de alienar, e o devedor, capaz de adquirir"). Sendo negócio jurídico bilateral, na firmação são necessárias duas vontades: a do credor e a do devedor. É por isso que o perdão, para ser válido, exige a capacidade de quem perdoa e de quem é perdoado. Se houver incapacidade absoluta ou relativa de um ou de ambos, a remissão será nula ou anulável.

JURISPRUDÊNCIA COMENTADA: Como o perdão não é comum nas relações comerciais, o STJ corretamente decidiu que é necessária a prova inequívoca da vontade de perdoar, não bastando a devolução do título ao devedor: "Compromisso de compra e venda. Entrega de título ao devedor pelo credor. Presunção relativa possível de ser elidida. Remissão da dívida. Inexistência do ânimo de perdoar. Descaracterização" (STJ, REsp 76153/SP, 4.ª Turma, Rel. Min. Sálvio de Figueiredo Teixeira, j. 05.12.1995).

Art. 387. A restituição voluntária do objeto empenhado prova a renúncia do credor à garantia real, não a extinção da dívida.

COMENTÁRIOS DOUTRINÁRIOS: Novamente se faz necessária a distinção entre *Schuld* (dívida) e *Haftung* (responsabilidade). O devedor ou terceiros podem dar bens em garantia. O penhor é a garantia representada por bem móvel. É o caso de o devedor entregar ao banco o relógio de ouro ou uma joia de família. O bem empenhado é simples garantia (*Haftung*) e não afeta a dívida. É por isso que a devolução do bem dado em garantia não implica perdão. É simples renúncia de garantia. Se o devedor deve R$ 5.000,00 ao Banco e deu um relógio em penhor e se o Banco devolve o relógio ao devedor, a dívida se mantém em R$ 5.000,00 ocorrendo, apenas renúncia de garantia.

Art. 388. A remissão concedida a um dos codevedores extingue a dívida na parte a ele correspondente; de modo que, ainda reservando o credor a solidariedade contra os outros, já lhes não pode cobrar o débito sem dedução da parte remitida.

COMENTÁRIOS DOUTRINÁRIOS: A regra em certa medida se revela inútil, pois o art. 277 do CC já traz disposição nesse sentido. O perdão parcial extingue parcialmente a dívida. Se um devedor é integralmente perdoado, para ele desaparece a relação obrigacional, mas os demais devedores prosseguem presos pela solidariedade (*Haftung*), descontando-se o valor da quota remitida. Se A, B, C, D e E são devedores solidários da importância de R$ 100.000,00 temos *Haftung* de R$ 100.000,00 e *Schuld* de apenas R$ 20.000,00. Assim, se A é perdoado pelo credor e aceita o perdão (negócio jurídico bilateral exige a aceitação do devedor), o credor nada poderá cobrar de A, mas poderá cobrar R$ 80.000,00 total ou parcialmente de B, C, D ou E, pois a solidariedade se mantém.

JURISPRUDÊNCIA COMENTADA: Em um julgado bastante interessante em que houve um pagamento parcial pelo devedor solidário de pequena importância, e, ainda, o perdão desse devedor, o STJ entendeu corretamente que "na hipótese, em uma execução contra cinco devedores solidários, em razão do pagamento parcial e irrisório com remissão obtida por um deles (art. 277 do CC), entendeu o Tribunal que os outros codevedores continuariam responsáveis pelo total do débito cobrado (montante aproximado de R$ 3.500.000,00 – três milhões e meio de reais), abatida tão somente a quantia paga de R$ 20.013,69 (vinte mil treze reais e sessenta e nove centavos); sendo que, em verdade, deverá ser abatida a quota-parte correspondente ao remitido, isto é, 1/5 (um quinto) do valor total executado" (STJ, REsp 1.478.262/RS, 4.ª Turma, Min. Rel. Luis Felipe Salomão, j. 21.10.2014). Correta a decisão. Se um dos devedores solidários foi perdoado, a quota perdoada não pode ser cobrada dos demais devedores.

TÍTULO IV
DO INADIMPLEMENTO DAS OBRIGAÇÕES

COMENTÁRIOS DOUTRINÁRIOS INTRODUTÓRIOS: O Título IV cuida da situação patológica em que a obrigação foi descumprida, inadimplida. Há, portanto, uma anormalidade no processo obrigacional. Assim, enquanto nos títulos anteriores a obrigação era estudada de acordo com suas modalidades, depois vinha a sua transmissão e finalmente o adimplemento (fim almejado do processo obrigacional), agora se verifica uma extinção anormal pelo descumprimento. O Código Civil divide a responsabilidade civil em contratual (arts. 389 a 420) e extracontratual ou aquiliana (arts. 927 a 954). Os artigos que serão comentados estão inseridos no âmbito da responsabilidade contratual em que há um vínculo obrigacional entre as partes e as prestações são descumpridas. É verdade que há dispositivos da responsabilidade contratual que igualmente se aplicam à extracontratual, tais como a noção de caso fortuito ou força maior (art. 393), o início dos juros (art. 398) e o valor das perdas e danos (art. 402). Descumprida a obrigação, o sistema exige que se analise se houve ou não culpa do devedor. Os efeitos são distintos. Se não houve culpa do devedor, estamos diante de uma hipótese de caso fortuito ou de força maior e a obrigação se extingue, retornando as partes ao estado anterior (*statu quo ante*). A resolução gera um efeito de apagar a obrigação, como se nunca tivesse existido. Não há que se aplicar os termos do art. 389. Havendo culpa, podemos ter mora ou inadimplemento absoluto (ver comentários ao art. 396 do CC). O efeito de ambos os institutos é o surgimento do dever de reparar o dano (perdas e danos), além do pagamento de correção monetária, juros de mora e honorários de advogado. Ocorrendo inadimplemento absoluto, a prestação perde a utilidade para o credor (art. 395, parágrafo único). Na mora, a prestação ainda é útil e ainda pode ser cumprida. Há, contra o devedor, uma presunção simples de culpa em ocorrendo o inadimplemento e será dele, o devedor, a obrigação de provar que descumpriu a obrigação por caso fortuito ou força maior (art. 373, II). É por isso que o Enunciado n. 548 da *VI Jornada de Direito Civil* prevê que, "caracterizada a violação de dever contratual, incumbe ao devedor o ônus de demonstrar que o fato causador do dano não lhe pode ser imputado".

CAPÍTULO I
DISPOSIÇÕES GERAIS

Art. 389. Não cumprida a obrigação, responde o devedor por perdas e danos, mais juros, atualização monetária e honorários de advogado. (Redação dada pela Lei nº 14.905, de 2024)

Parágrafo único. Na hipótese de o índice de atualização monetária não ter sido convencionado ou não estar previsto em lei específica, será aplicada a variação do Índice Nacional de Preços ao Consumidor Amplo (IPCA), apurado e divulgado pela Fundação Instituto Brasileiro de Geografia e Estatística (IBGE), ou do índice que vier a substituí-lo. (Incluído pela Lei nº 14.905, de 2024)

COMENTÁRIOS DOUTRINÁRIOS: Vamos aos efeitos do inadimplemento culposo da obrigação. As perdas e danos em matéria contratual muitas vezes estão prefixadas pelas partes por meio da cláusula penal, popularmente denominada de multa contratual (sobre o tema ver arts. 408 e seguintes do CC). Há, ainda, a obrigação de o devedor pagar juros de mora, correção monetária e honorários de advogado. Os juros serão analisados em seu *locus* próprio (art. 406). Correção monetária é a reposição do valor de compra da moeda em razão da inflação. Para que, no prazo para pagamento, incida correção monetária, é necessária expressa previsão contratual. Assim, se João deve ao Banco o valor de R$ 500.000,00, que será pago em 10 de maio de 2020, se o pagamento não ocorrer, no dia 11 se inicia a mora e, com ela, a correção monetária. O índice oficial de correção monetária sempre foi, desde a promulgação deste Código, o IPCA – Índice Nacional de Preços ao Consumidor Amplo –, que é medido mensalmente pelo IBGE – Instituto Brasileiro de Geografia e Estatística. A Lei n. 14.905/2024, que incluiu um parágrafo único no artigo em comento, passou apenas a explicitar que o IPCA é índice oficial e, portanto, deve ser aplicado quando outro não for convencionado. Há ainda, a ressalva de que se o IPCA for extinto, em seu lugar, fica o novo índice oficial que vier a ser criado. Há outros índices muito utilizados na prática contratual e um deles é o IGP-M – Índice Geral de Preços do Mercado – que não é um índice oficial, pois é medido por uma entidade privada, que é a Fundação Getúlio Vargas. Esse índice é formado pelo IPA-M (Índice de Preços por Atacado – Mercado), IPC-M (Índice de Preços ao Consumidor – Mercado) e INCC-M (Índice Nacional do Custo da Construção – Mercado), com pesos de 60%, 30% e 10%, respectivamente. Os Tribunais de Justiça costumam ter uma tabela com os índices de correção monetária para facilitar os cálculos dos advogados. Sobre a correção monetária, a incidência é mensal. Para o cálculo de sua incidência, divide-se o valor pelo índice do mês em que estamos e se multiplica pelo índice do mês em que a correção teve início. Em termos de danos morais, a correção monetária do valor da indenização incide desde a data do arbitramento (Súmula n. 362, Corte Especial, j. 15.10.2008, *DJe* 03.11.2008). Quanto aos honorários de advogado, a questão é polêmica. Historicamente, a condenação em honorários de advogado pressupunha uma demanda em que uma das partes é vencida. Assim, o pagamento de honorários de advogado significava pagar as verbas sucumbenciais. Essa é a leitura que se extrai do Enunciado n. 161 da *III Jornada de Direito Civil*: "Os honorários advocatícios previstos nos arts. 389 e 404 do Código Civil apenas têm cabimento quando ocorre a efetiva atuação profissional do advogado". Contudo, os honorários devidos pela parte vencida, por força do Estatuto da Advocacia, pertencem ao advogado e não à parte vitoriosa. Esse é o teor do art. 23 da Lei n. 8.906/1994 ("Os honorários incluídos na condenação, por arbitramento ou sucumbência, pertencem ao advogado, tendo este direito autônomo para executar a sentença nesta parte, podendo requerer que o precatório, quando necessário, seja expedido em seu favor"), que agora está confirmado pelo art. 85 do CPC/2015 ("A sentença condenará o vencido a pagar honorários ao advogado do vencedor"). É por isso que parte da doutrina admite que o devedor pague ao credor os honorários contratuais, ou seja, aqueles que o credor, por força de contrato, pagou a seu advogado. O Enunciado n. 426 da *V Jornada de Direito Civil* expressamente autoriza essa cobrança: "Os honorários advocatícios previstos no art. 389 do Código Civil não se confundem com as verbas de sucumbência, que, por força do art. 23 da Lei n. 8.906/1994, pertencem ao advogado". A responsabilidade civil contratual, em termos de prescrição, passou por uma releitura do STJ, que entendeu que o prazo para cobrança das perdas e danos, quer haja mora, quer haja inadimplemento, é de dez anos (ver jurisprudência comentada).

JURISPRUDÊNCIA COMENTADA: Em se tratando de responsabilidade civil contratual, as perdas e danos normalmente se restringem aos danos materiais, ou seja, aos danos emergentes e aos lucros cessantes. Não basta que haja descumprimento do contrato para que surja o dever de indenizar por danos morais. Nesse sentido, "somente haverá indenização por danos morais se, além do descumprimento do contrato, ficar demonstrada circunstância especial capaz de atingir os direitos de personalidade, o que não se confunde com o mero dissabor. O simples atraso em baixar gravame de alienação fiduciária no registro do veículo automotor não é apto a gerar, *in re ipsa*, dano moral, sendo indispensável demonstrar a presença de efetivas consequências que ultrapassem os aborrecimentos normais vinculados a descumprimento contratual. Nessa linha: REsp n. 1.653.865/RS, Rel. Ministra Nancy Andrighi, Terceira Turma, julgado em 23.05.2017, *DJe* 31.05.2017. 5. Recurso especial parcialmente conhecido e desprovido" (REsp 1.599.224/RS, 4.ª Turma, Rel. Min. Antonio Carlos Ferreira, j. 08.08.2017). O tema será mais bem analisado no estudo do art. 402 do CC. As decisões do STJ sobre a possibilidade de se cobrar do devedor os honorários contratuais ainda divergem. Em matéria trabalhista, temos a orientação capitaneada pela Ministra Nancy Andrighi: "Os honorários convencionais integram o valor devido a título de perdas e danos, nos termos dos arts. 389, 395 e 404 do CC/2002. 5. O pagamento dos honorários extrajudiciais como parcela integrante das perdas e danos também é devido pelo inadimplemento de obrigações trabalhistas, diante da incidência dos princípios do acesso à justiça e da restituição integral dos danos e dos arts. 389, 395 e 404 do CC/2002, que podem ser aplicados subsidiariamente no âmbito dos contratos trabalhistas, nos termos do art. 8º, parágrafo único, da CLT" (REsp 1.027.797/MG, 3.ª Turma, Rel. Min. Nancy Andrighi, j. 23.02.2011). Mas o próprio Tribunal já decidiu em sentido contrário: "Não se cogita de perdas e danos, nem de condenação da parte contrária ao ressarcimento dos honorários contratuais, pois a sucumbência sofrida no âmbito processual, via de regra, encontra-se regulada nos arts. 20 a 35 do CPC, não compreendendo, portanto, o ressarcimento das despesas com honorários contratuais. Precedentes: AgRg no AREsp 477.296/RS, 4.ª Turma, Rel. Min. Antônio Carlos Ferreira, *DJe* 02.02.2015; AgRg no AREsp 516.277/SP, 4.ª Turma, Rel. Min. Marco Buzzi, *DJe* 04.09.2014; AgRg no REsp 1.229.482/SP, 3.ª Turma, Rel. Min. Paulo de Tarso Sanseverino, *DJe* 23.11.2012" (REsp 1.480.225/SP, 2.ª Turma,

Rel. Min. Og Fernandes, j. 25.08.2015). Além dessa orientação de 2011 pela inclusão dos honorários contratuais na verba de sucumbência, temos outras orientações nesse sentido: "Os valores pagos ao advogado contratado integram as perdas e danos, os quais devem ser ressarcidos quando provada a imprescindibilidade da ação e a razoabilidade do valor pago" (AgRg no REsp 1354856/MG, 3.ª Turma, Rel. Min. Villas Bôas Cueva, j. 15.09.2015). Mas, curiosamente, o mesmo STJ mais recentemente afirma: "Consoante entendimento da Segunda Seção desta Corte, a contratação de advogado para atuação judicial na defesa de interesses das partes não se pode constituir em dano material passível de indenização, porque inerente ao exercício regular dos direitos constitucionais de contraditório, ampla defesa e acesso à Justiça" (AgRg no REsp 1.449.412, 4.ª Turma, Rel. Min. Raúl Araújo, j. 19.09.2019). O tema, portanto, é absolutamente controvertido em sede jurisprudencial. Em termos de prazo prescricional, o STJ consolidou o seguinte posicionamento: "Esta Corte Superior de Justiça firmou entendimento no sentido de que nas pretensões que tenham como fundamento a responsabilidade contratual incide o prazo prescricional decenal, nos termos do art. 205 do CC/2002" (STJ, AgInt no REsp 1942834/MG, Proc. 2021/0175921-5, 3.ª Turma, Rel. Min. Nancy Andrighi, j. 20.09.2021, *DJe* 22.09.2021). Em igual sentido, temos: "A prescrição trienal atinente à responsabilidade civil aquiliana ou extracontratual (art. 206, § 3º, V, do CC) não incide nas pretensões indenizatórias do credor prejudicado por descumprimento negocial" (STJ, AgInt nos EREsp 1533276/MG, Proc. 2015/0075943-7, 2.ª Seção, Rel. Min. Ricardo Villas Bôas Cueva, j. 20.04.2021, *DJe* 26.04.2021). Há decisões mais antigas, antes da uniformização do entendimento pela Segunda Seção do STJ, aplicando o prazo de três anos do art. 206, § 3º, V, do CC: "A regra do artigo 206, § 3º, V, do Código Civil regula o prazo prescricional relativo às ações de reparação de danos na responsabilidade civil contratual e extracontratual" (STJ, AgInt no AREsp 1136518/BA, Proc. 2017/0172047-1, 3.ª Turma, Rel. Min. Moura Ribeiro, j. 19.06.2018, *DJe* 28.06.2018).

REFORMA DO CÓDIGO CIVIL: Pretende-se adicionar dois parágrafos ao art. 389 com a seguinte redação: "§ 1º Os honorários de advogado previstos no *caput* são os contratualmente fixados entre as partes, desde que haja efetiva prova do seu prévio pagamento e que conste da ação ajuizada a específica pretensão de reembolso da despesa efetivamente realizada pelo credor. § 2º Os honorários contratuais previstos neste artigo não excluem os honorários sucumbenciais tratados na lei processual". A Comissão optou por seguir a doutrina majoritária e, se aprovado o texto proposto, o credor poderá também cobrar do devedor, se não cumprida a obrigação, os honorários contratuais de advogados (aqueles devidos pelo cliente a seu patrono em decorrência da prestação de serviços) O § 1º faz, no entanto, importante ressalva e diz que é necessária a efetiva prova de pagamento. Essa regra serve para evitar fraudes. Por exemplo, imaginemos que João faça um contrato com Pedro dizendo que pagará R$ 1.000.000,00 para ele cobrar José. Ele efetivamente pagará esse valor? Não, pagará R$ 500.000,00. No entanto, por fraude, cobrará de José (devedor) R$ 1.000.000,00. A necessidade de efetiva prova de pagamento evita situações como essa. Além disso, é necessário que, na ação ajuizada, se faça pedido específico para o reembolso da despesa com advogados. O honorário contratual tem natureza distinta do honorário sucumbencial. O primeiro tem natureza de contraprestação ao serviço prestado e é devido ao credor (que pagou a seu advogado); já o segundo tem natureza processual e é devido aos patronos do vencedor da demanda nos termos do Estatuto da Advocacia. Assim, dispõe o § 2º que os honorários contratuais do art. 389 não excluem os sucumbenciais da lei processual. Por fim, uma questão é digna de reflexão: há limite para o valor como honorário contratual? A lei deve fixar esse limite máximo? Existiram propostas para limitar os honorários contratuais a partir de um percentual de valor de causa. A Comissão, no entanto, rejeitou essas ideias, pois considerou a existência de ações (por exemplo, o mero reconhecimento de paternidade) em que normalmente os honorários contratuais ultrapassam o valor de causa. Os honorários exorbitantes, entretanto, graças à figura do abuso do direito, não poderão ser cobrados do devedor. Imagine que João precise cobrar uma dívida de R$ 5.000,00 de José e, para isso, pague a um advogado honorários contratuais de R$ 40.000,00. Ele tem o direito de fazer isso, porém não pode repassar esse ônus ao devedor, pois, se o fizer, abusará do direito. Os honorários contratuais poderão ser cobrados da outra parte considerando o parâmetro da razoabilidade.

Art. 390. Nas obrigações negativas o devedor é havido por inadimplente desde o dia em que executou o ato de que se devia abster.

COMENTÁRIOS DOUTRINÁRIOS: Nas obrigações negativas, a prestação é um não fazer, consiste em uma abstenção (ver arts. 250 e 251). O inadimplemento ocorre quando há a prática de um ato que, por força de lei ou contrato, não poderia ter sido praticado pelo devedor. Há um importante debate sobre a existência ou não de mora nas obrigações negativas. Note-se que na redação do art. 961 do revogado CC, falava-se em "constituído em mora" ("Art. 961. Nas obrigações negativas, o devedor fica constituído em mora, desde o dia em que executar o ato de que se devia abster"). Havendo culpa, podemos ter mora ou inadimplemento absoluto (ver comentários ao art. 394 do CC). O efeito de ambos os institutos é o surgimento do dever de reparar o dano (perdas e danos), além do pagamento de correção monetária, juros de mora e honorários de advogado. Contudo, há uma importantíssima diferença entre os institutos: ocorrendo inadimplemento absoluto, a prestação perde a utilidade para o credor (art. 395, parágrafo único) e não mais pode ser cumprida. Na mora, a prestação ainda é útil e ainda pode ser cumprida, mesmo que com atraso. Há autores que entendem que o descumprimento da obrigação de não fazer implica, sempre, em inadimplemento absoluto (Clóvis Beviláqua, por exemplo). A doutrina, contudo, aceita a possibilidade de mora nas obrigações negativas (por todos, Pontes de Miranda), em que pese, muitas vezes, o fazer o que não poderia ser feito implicar inutilidade da prestação ao credor. Vejamos. Se determinada pessoa cede à outra o direito de vender bebidas em um *show* e se obriga a não vender bebidas naquele dia, mas apenas comida, e descumpre a obrigação vendendo bebidas, com o fim do *show*, o contrato se esgotou e com ele a própria utilidade da prestação (não vender bebidas em 18 de janeiro de 2020). Verifica-se inadimplemento absoluto da obrigação de fazer que se resolverá em perdas e danos (art. 251 do CC). Se, contudo, determinado dono de uma livraria vende a loja e se compromete a não abrir outra loja no mesmo ramo em certa região da cidade, mas o faz, haverá mora de sua parte na obrigação de não fazer, pois a prestação (abstenção na venda de livros) ainda é útil ao credor. O problema que surge é sobre o início da mora nas obrigações negativas. Com a alteração de redação trazida pelo art. 390 do Código Civil atual pergunta-se: a regra em comento se aplica apenas ao inadimplemento absoluto ou também à mora? Entendo necessário o cotejo de duas regras do Código Civil de 2002: a) art. 390 – devedor da obrigação de não fazer está inadimplente desde o dia que praticou o ato que não poderia; b) art. 397 – o inadimplemento da obrigação, positiva e líquida, no seu termo, constitui de pleno direito em mora o devedor. Há uma regra que menciona o termo inicial do inadimplemento nas obrigações negativas (art. 390) e outra que menciona o termo inicial da mora nas obrigações positivas (art. 397). Em conclusão, se fizermos a interpretação pela qual o art. 390 traz uma regra geral de inadimplemento e o art. 397 uma regra especial sobre a mora, em que só menciona as obrigações positivas, poder-se-ia concluir que, nas obrigações negativas, a mora dependeria de interpelação judicial ou extrajudicial. Sobre a possibilidade de existência de mora em obrigações negativas temos o *Enunciado* n. *647* do CJF, aprovado na *IX Jornada de Direito Civil*, em 2022: "Art. 251: A obrigação de não fazer é compatível com o inadimplemento relativo (mora), desde que implique o cumprimento de prestações de execução continuada ou permanente e ainda útil ao credor". O enunciado consagra tese há muito por mim defendida. A mora é possível nas obrigações negativas em se considerando a utilidade da prestação para o credor.

JURISPRUDÊNCIA COMENTADA: Na vigência do antigo Código Civil, em virtude da regra expressa do art. 961, a questão não se colocava: "Restou, portanto, conforme o quadro fático delimitado pelo e. Tribunal de origem, incontroversa a existência da cláusula de exclusividade na exploração de 'restaurante' em favor do ora recorrido, assim como o seu descumprimento em virtude da abertura, no mesmo local (área de alimentação), de outra loja concorrente, exploradora da mesma atividade comercial. Depreende-se, no entanto, que tal cláusula contratual se consubstancia numa obrigação de cunho negativo e, dessa forma, aplica-se o disposto no art. 961 do Código Civil de 1916. Nesse sentido, esta Corte já teve a oportunidade de se manifestar sobre a desnecessidade de interpelação ou notificação na hipótese de inadimplemento de obrigação negativa" (STJ, REsp 712213/DF, 5.ª Turma, Rel. Min. Felix Fischer, j. 06.12.2005). Contudo, com a redação dos arts. 390 e 397 do CC/2002, concluímos que essa orientação está superada, ou seja, nas obrigações negativas, a mora depende de interpelação judicial ou extrajudicial.

Art. 391. Pelo inadimplemento das obrigações respondem todos os bens do devedor.

COMENTÁRIOS DOUTRINÁRIOS: O artigo em comento não tinha correspondente no Código Civil de 1916 que só mencionava a responsabilidade patrimonial para as hipóteses de ato ilícito extracontratual (art. 1.518). O CPC/2015 (art. 789), como já fazia o CPC de 1973, traz regra sobre o tema da responsabilidade patrimonial do devedor: "O devedor responde com todos os seus bens presentes e futuros para o cumprimento de suas obrigações, salvo as restrições estabelecidas em lei". Desde o Direito Romano, com a Lex Poetelia Papiria de 326 a.C., quando do Período Republicano, a responsabilidade do devedor deixou de ser pessoal e passou a ser patrimonial. O devedor não mais respondia com seu corpo, e sim com seus bens. Na atualidade, há um resquício de prisão civil que a Constituição Federal admite: a prisão do devedor de alimentos (art. 5º, inciso LXVII). O STF aboliu a prisão do depositário infiel do sistema (ver comentários ao art. 652 do CC). Há um problema de redação no dispositivo. Se a interpretação literal for feita, o devedor responderá com todos os seus bens. O adjetivo "todos" é inexato. Por isso, melhor a redação do CPC que menciona as exceções legais. Como forma de se garantir um patrimônio mínimo ao devedor, que lhe assegure uma vida digna, há bens que são impenhoráveis. O melhor exemplo disso é o bem de família (Lei n. 8.009/1990). A proteção do devedor garante o mínimo existencial e não permite interpretação que exceda tal mínimo.

JURISPRUDÊNCIA COMENTADA: Como a lei do bem de família só garante ao devedor o mínimo existencial, temos que é por isso que, em caso de o devedor morar em imóvel composto por duas matrículas, o direito recai sobre uma delas e o outro imóvel, ainda que encravado, poderá ser penhorado pelo credor: "O imóvel encravado, por ter matrícula própria, constitui um segundo bem imóvel do executado, à parte, pois, daquele em que está situada a residência do devedor (bem de família). Com efeito, é possível a penhora do imóvel encravado, devendo o Juízo, para prevenir conflitos e angariar o sucesso da atividade jurisdicional na execução, previamente à expropriação do bem, tomar todas as medidas necessárias para assegurar a cabal indenização – isto, quando o imóvel serviente de passagem não for do próprio executado – e também para delimitar judicialmente a passagem, estabelecendo o rumo, sempre levando em conta, para a fixação de trajeto e largura, a menor onerosidade possível ao prédio vizinho e a finalidade do caminho" (STJ, REsp 1268998/RS, 4.ª Turma, Rel. Min. Luis Felipe Salomão, j. 28.03.2017).

REFORMA DO CÓDIGO CIVIL: Pretende-se mudar o art. 391, que passaria a ter a seguinte redação: "Art. 391. Pelo inadimplemento das obrigações, respondem todos os bens do devedor, suscetíveis de penhora". Conforme explicado nos comentários doutrinários anteriores, esse artigo tem uma imprecisão no atual Código. Não são todos os bens que pertencem ao devedor que são suscetíveis de penhora, como é o caso, por exemplo, do bem de família. Na reforma, adota-se redação, inspirada no artigo 601.º do Código Civil português, que esclarece que só respondem os bens do devedor suscetíveis de penhora.

Art. 392. Nos contratos benéficos, responde por simples culpa o contratante, a quem o contrato aproveite, e por dolo aquele a quem não favoreça. Nos contratos onerosos, responde cada uma das partes por culpa, salvo as exceções previstas em lei.

COMENTÁRIOS DOUTRINÁRIOS: A linguagem hermética do art. 392 pode induzir o leitor em erro. Trata-se de um desdobramento pelo qual os iguais devem ser tratados de maneira igual e os desiguais de maneira desigual na medida em que se desigualem. Há contratos em que ambas as partes têm vantagens e desvantagens, ou seja, o sacrifício patrimonial é recíproco. Tais contratos são chamados de onerosos. São exemplos: a compra e venda, a locação, a permuta. Há contratos em que uma das partes tem vantagens e a outra apenas desvantagens, ou seja, o sacrifício patrimonial é de uma delas apenas. Tais contratos são chamados de gratuitos. São exemplos: o comodato, a doação, o mútuo. Assim vejamos. Nos contratos onerosos, os iguais são tratados de maneira igual e ambos os contratantes respondem pelos prejuízos decorrentes de dolo (prejuízo causado com intenção) e de simples culpa (prejuízo causado sem intenção, mas com descuido). Nos contratos gratuitos, os desiguais são tratados de maneira desigual. O contratante que tem a vantagem patrimonial (comodatário, donatário, mutuário) responde pelos prejuízos decorrentes de dolo (prejuízo causado com intenção) e de simples culpa (prejuízo causado sem intenção, mas com descuido). Já o contratante que não tem vantagem alguma (comodante, doador, mutuante), somente responde por dolo (prejuízo causado com intenção), mas não por culpa. O art. 392 tem duas exceções em matéria contratual: a) contrato de depósito: apesar de ser benéfico ao depositante que, em regra, nada paga ao depositário, o último responde pelos prejuízos culposos (ver art. 629 do CC); b) contrato de mandato: apesar de o mandato, em regra, ser gratuito, o mandatário responde por simples culpa (ver art. 667 do CC).

JURISPRUDÊNCIA COMENTADA: A Súmula n. 145 do STJ, de 1995, reproduz exatamente a noção pela qual no transporte, por ser contrato gratuito, o transportador só responde por dolo ou culpa grave. Ela prevê que: "No transporte desinteressado, de simples cortesia, o transportador só será civilmente responsável por danos causados ao transportado quando incorrer em dolo ou culpa grave". O transportador que não tem qualquer vantagem tem sua responsabilidade limitada ao dolo e à culpa grave, que ao dolo se equipara. Há controvérsia, contudo, se a súmula ainda tem aplicabilidade em razão da redação do art. 736 do CC (ver comentários ao artigo).

Art. 393. O devedor não responde pelos prejuízos resultantes de caso fortuito ou força maior, se expressamente não se houver por eles responsabilizado.

Parágrafo único. O caso fortuito ou de força maior verifica-se no fato necessário, cujos efeitos não era possível evitar ou impedir.

COMENTÁRIOS DOUTRINÁRIOS: O sistema não distingue, quanto aos efeitos, o caso fortuito da força maior. Em ambas as hipóteses há rompimento de nexo causal, o que faz desaparecer o dever de indenizar. Mas o que se considera caso fortuito ou de força maior? São fatos necessários cujos efeitos não era possível evitar ou impedir. O conceito de "não impedir" passa por previsibilidade do evento. Passa por evitabilidade de seus efeitos de acordo com o *standard* do homem médio, ou seja, não a pessoa em concreto do devedor. Assim, as condições pessoais do devedor não são levadas em conta para a verificação desses elementos. O furacão pode ser previsto com grande grau de certeza pela meteorologia, mas seus efeitos são inevitáveis e, por isso, rompe o nexo causal. A greve que é informada ao público pode ser prevista, mas a cidade para sem o transporte público, e não há como evitar o efeito. Há diversas teorias que pretendem distinguir os conceitos de caso fortuito e de força maior (por todos, Washington de Barros Monteiro, *Curso de Direito Civil*: Obrigações, Segunda parte). As que se destacam são aquelas que tratam os fatores da natureza e o fato humano como elemento de distinção. Curiosamente, os autores divergem com esses critérios. Para alguns, se o evento está ligado à natureza, estamos diante de força maior, e, se está ligado ao ser humano, estamos diante de caso fortuito (por todos, Carvalho Santos). Para outros, é exatamente o contrário: se o evento está ligado à natureza, estamos diante de caso fortuito e se está ligado à atividade humana, estamos diante de força maior (por todos, Clóvis Beviláqua). Há, ainda, os que utilizam o critério de previsibilidade como diferenciador. Se o evento for previsível, estamos diante de caso fortuito, mas se imprevisível estamos diante da força maior. A importante distinção se dá no âmbito do direito do consumidor, que abandona as categorias do caso fortuito e de força maior e adota a noção de fortuito interno e externo. O fortuito interno está ligado à atividade do fornecedor e o externo é estranho à atividade. É por isso que o fortuito externo afasta o dever de indenizar e o interno não. É esse o teor do Enunciado n. 443 da *V Jornada de Direito Civil*: "O caso fortuito e a força maior somente serão considerados como excludentes da responsabilidade civil quando o fato gerador do dano não for conexo à atividade desenvolvida". Se há uma explosão em um posto de gasolina em razão de faísca ou uso de celular, temos um fortuito interno ligado ao risco da atividade. Se um avião cai sobre o posto de gasolina que explode, o fortuito é externo. Apesar de o Código Civil não mencionar expressamente, a culpa ou ato de terceiro também serve como excludente do dever de indenizar.

PANDEMIA: A grave epidemia de Covid-19 e o encerramento de várias atividades como forma de isolamento social para se evitar o alastramento da doença e a saturação dos sistemas privado e público de saúde recolocaram no debate os velhos conceitos de caso fortuito ou de força maior. O debate que se travou, muitas vezes, invocava equivocadamente os conceitos por absoluto desconhecimento técnico. O assunto merece reflexão e aprofundamento após o caos e colapso contratual verificado em 2020. Em termos de efeitos, em ocorrendo o caso fortuito ou de força maior, a lei autoriza: (i) a resolução do contrato, seu desfazimento, sua extinção, com efeitos *ex nunc*, ou seja, do momento em que se declarou a resolução para frente; e (ii) irresponsabilidade do devedor pelos prejuízos causados ao credor. O fato necessário torna a prestação impossível de ser cumprida. Nos exemplos de manuais, há uma greve geral em São Paulo que impede a locomoção de pessoas. O devedor não consegue chegar no domicílio do credor para efetuar o pagamento. Também é exemplo dos manuais a impossibilidade física de se levar o cavalo ao credor quando o trânsito colapsa. Duas questões merecem reflexão. A primeira é que se a "impossibilidade" é passageira, a força maior não tem aplicação. Ainda, se a prestação é exequível, porém de maneira mais custosa ao devedor, não estamos diante da força maior em seu sentido clássico. Isso porque há uma figura específica para resolver exatamente essa situação. Há categoria própria. Não se desconhece a leitura de parte da doutrina, em tempos em que o Código Civil de 1916 não cuidava da figura da revisão contratual, nem da onerosidade excessiva. É por isso que a doutrina antiga, ainda apegada ao *BGB* em sua versão original (a partir de Hedemann), entendia que seria impossível a prestação "cujo cumprimento exija do devedor esforço extraordinário e injustificável" (por todos, Orlando Gomes). Há uma pandemia e, por ato do Poder Executivo, os *shoppings centers* fecham. Não há público, não há faturamento. O *shopping center* cobra dos lojistas a componente fixa do aluguel. Há uma pandemia e o comércio de rua, por ato do Estado, fecha suas portas. Não há público e o lojista precisa pagar o aluguel. A pergunta que cabe em ambos os casos é: há uma impossibilidade de se cumprir a prestação que é pecuniária (dar dinheiro)? A resposta é negativa e desenvolvo o tema com mais vagar nos comentários ao art. 317. Da mesma forma, a ausência de passageiros em aviões. Não há impedimento para o transporte ocorrer, mas há custos altos para transportar poucos passageiros. E, ainda que as empresas, sem faturamento, não tivessem dinheiro para pagar o aluguel, força maior é um conceito que não se aplica aos exemplos dados. Há hipóteses em que a força maior resulta da pandemia? Há e são relacionadas à prestação de fazer: a empreitada não pode prosseguir por força da pandemia. Não se podem reunir os pedreiros e demais funcionários em tempo de quarentena ou isolamento. Ainda que não haja proibição expressa de cessação das obras pelo Poder Público, o empreiteiro pode suspendê-las para não colocar em risco a vida e a saúde dos funcionários; a prestação de serviços de limpeza realizada em favor de uma empresa, porque o prefeito de certa cidade decreta quarentena que, efetivamente, proíbe o cidadão de sair de sua casa; da mesma forma, os *shows*, os espetáculos, as festas de casamento que foram cancelados pelas restrições da pandemia. Nessas hipóteses, o contrato se resolve e as partes voltam ao estado anterior, sem falar em perdas e danos. Tanto para a hipótese de transporte aéreo (Lei n. 14.034/2020) como para a hipótese de eventos sociais e culturais (Lei n. 14.046/2020), duas leis especiais foram aprovadas durante a pandemia e, agora, tratarei delas. Primeiramente, a Lei n. 14.046, de agosto de 2020, alterada pela Lei n. 14.186/2021, que "Dispõe sobre medidas emergenciais para atenuar os efeitos da crise decorrente da pandemia da Covid-19 nos setores de turismo e de cultura". O objetivo da Lei é afastar a regra do CDC pela qual o consumidor tem direito ao reembolso integral e em parcela única do que pagou, caso o serviço não seja prestado pelo fornecedor, ainda que por força maior ou caso fortuito (conforme doutrina consumerista: fortuito externo). Pelo texto da Lei n. 14.046, alterada pela Lei n. 14.186/2021, art. 2º, temos que "na hipótese de adiamento ou de cancelamento de serviços, de reservas e de eventos, incluídos shows e espetáculos, de 1º de janeiro de 2020 a 31 de dezembro de 2021, em decorrência da pandemia da covid-19, o prestador de serviços ou a sociedade empresária não serão obrigados a reembolsar os valores pagos pelo consumidor, desde que assegurem: I – a remarcação dos serviços, das reservas e dos eventos adiados; ou II – a disponibilização de crédito para uso ou abatimento na compra de outros serviços, reservas e eventos disponíveis nas respectivas empresas. § 1º As operações de que trata o *caput* deste artigo ocorrerão sem custo adicional, taxa ou multa ao consumidor, em qualquer data a partir de 1º de janeiro de 2020, e estender-se-ão pelo prazo de 120 (cento e vinte) dias, contado da comunicação do adiamento ou do cancelamento dos serviços, ou 30 (trinta) dias antes da realização do evento, o que ocorrer antes. § 2º Se o consumidor não fizer a solicitação a que se refere o § 1º deste artigo no prazo assinalado de 120 (cento e vinte) dias, por motivo de falecimento, de internação ou de força maior, o prazo será restituído em proveito da parte, do herdeiro ou do sucessor, a contar da data de ocorrência do fato impeditivo da solicitação. § 3º O fornecedor fica desobrigado de qualquer forma de ressarcimento se o consumidor não fizer a solicitação no prazo estipulado no § 1º ou não estiver enquadrado em uma das hipóteses previstas no § 2º deste artigo". O § 4º da MP n. 948 (convertida na Lei n. 14.046) assim dispunha: "§ 4º Na hipótese de impossibilidade de ajuste, nos termos dos incisos I a II do *caput*, o prestador de serviços ou a sociedade empresária deverá restituir o valor recebido ao consumidor, atualizado monetariamente pelo Índice Nacional de Preços ao Consumidor Amplo Especial – IPCA-E, no prazo de doze meses, contado da data de encerramento do estado de calamidade pública reconhecido pelo Decreto Legislativo nº 6, de 2020". Contudo, a redação dada pela Lei n. 14.046 é bem distinta: "§ 4º O crédito a que se refere o inciso II do *caput* deste artigo poderá ser utilizado pelo consumidor no prazo de 12 (doze) meses, contado da data de encerramento do estado de calamidade pública reconhecido pelo Decreto Legislativo nº 6, de 20 de março de 2020". Esse prazo para utilização do crédito se alterou com a nova redação do § 4º dada pela Lei n. 14.186/2021: "O crédito a que se refere o inciso II do *caput* deste artigo poderá ser utilizado pelo consumidor até 31 de dezembro de 2022". A MP n. 948 continha, ainda, o mal escrito, confuso e ineficaz art. 5º, um verdadeiro acinte ao sistema e à inteligência do operador do Direito. Já adianto que a Lei n. 14.046 ajustou o grotesco erro contido na MP. Seguem os principais questionamentos que o tema suscita. 1. **Direito do consumidor ao reembolso do valor pago: existe ainda que o fornecedor assegure a remarcação do *show* ou evento ou disponibilize um crédito para abatimento em eventos ou *shows* futuros?** Interpretar é uma arte que segue princípios e tem uma lógica própria. É por isso que a lei é lida de maneira sistemática e com base em sua finalidade (teleologia). Qual é o objetivo da lei? Evitar que, com o cancelamento de *shows* e eventos por força das normas sanitárias que impedem aglomeração (fortuito externo), o fornecedor tenha que, de uma única vez, devolver todos os valores recebidos dos consumidores. A devolução em parcela única à vista é causa de danos econômicos graves que podem implicar a ruína do empresário. É por isso que o art. 2º estabelece que, na hipótese de adiamento ou de cancelamento de serviços, de reservas e de eventos, incluídos shows e espetáculos, de 1º de janeiro de 2020 a 31 de dezembro de 2021, em decorrência da pandemia da covid-19, o prestador de serviços ou a sociedade empresária não serão obrigados a reembolsar os valores pagos pelo consumidor, desde que assegurem "a remarcação dos serviços, das reservas e dos eventos cancelados ou a disponibilização de crédito para uso ou abatimento na compra de outros serviços, reservas e eventos, disponíveis nas respectivas empresas". A pergunta que surge é a seguinte: se o evento for remarcado para 2025, o fornecedor atende ao disposto na Lei e não precisa reembolsar o consumidor? Outra pergunta: se o fornecedor informar que o consumidor tem um crédito para qualquer *show* futuro, o consumidor perde o direito de reembolso? A resposta, por óbvio, é não. Há um ponto que norteia a interpretação das normas que cuidam de Direito do Consumidor: o risco da atividade – assim como o lucro – é apenas do fornecedor. O fornecedor não divide lucros quando os tem, e não pode dividir prejuízo se os tiver. A força maior (fortuito externo) permite o rompimento de nexo causal e a extinção do contrato. É por isso que as partes retornam ao estado anterior, *statu quo ante*, e o consumidor é apenas reembolsado (não pode cobrar perdas e danos). Agora, a Lei n. 14.046 não determina que o consumidor seja obrigado a aceitar a remarcação do *show* (ele pode já ter morrido em 2025, ter um impedimento para a nova data, ter se mudado do país, perdido interesse no *show* ou evento etc.). Da mesma forma, o consumidor não tem, necessariamente interesse em ficar com um crédito. A única interpretação sistemática e teleológica (a gramatical não se faz adequada) é que o consumidor não é obrigado a aceitar a remarcação (inciso I) ou o crédito (inciso II). Pode sim, se valer do reembolso como primeira opção, hipótese em que a devolução deve ser feita nos termos do § 6º do art. 2º da Lei n. 14.046/2020: "§ 6º O prestador de serviço ou a sociedade empresária deverão restituir o valor recebido ao consumidor até 31 de dezembro de 2022, somente na hipótese de ficarem impossibilitados de oferecer a remarcação dos serviços ou a disponibilização de crédito referidas nos incisos I e II do *caput* deste artigo". Então vamos ler, de acordo com a finalidade da norma, o art. 2º da Lei n. 14.046/2020: "Se o consumidor não aceitar as soluções previstas nos incisos I e II do *caput*, o prestador de serviços ou a sociedade empresária deverão restituir o valor recebido ao consumidor, até 31 de dezembro de 2022, com acréscimo de correção monetária (índice oficial – ver comentário ao art. 316) contada da data em que o pagamento pelo consumidor foi realizado até a efetiva devolução pelo fornecedor, em parcela única, sob pena de incorrer em mora". O direito ao reembolso não deixa de existir, não some, não fica diminuído quando o fornecedor remarca *show* ou lhe dá um crédito, pois o risco (e o lucro) da atividade é do fornecedor. 2. **Imposição ao consumidor de penalidades, caso não manifeste sua opção (aceitar a remarcação, ficar com um crédito ou ser reembolsado) dentro de 120 dias (art. 2º, § 1º da Lei n. 14.046).** A dúvida a ser esclarecida aqui é a seguinte: ultrapassados os 120 dias, o fornecedor pode cobrar penalidades contratuais? Não há qualquer problema, pois a Lei autoriza a aplicação da cláusula penal mesmo sem culpa do consumidor. É uma situação atípica, pois impor perda (parcial) de parte do valor pago, sem culpa, é uma perversão do sistema. Contudo, a Lei pode suavizar, abrandar a regra do art. 393 do Código Civil impondo responsabilidade civil sem culpa. Trata-se de aplicação de multa contratual (cláusula penal que já estava prevista no contrato) para a demora pelo consumidor (deixou passar 120 dias) na opção do exercício de seus direitos. A pergunta que se faz é outra: esse prazo de 120 dias foi suspenso/impedido pelo RJET? A resposta é afirmativa e o prazo está paralisado desde 12 de junho de 2020. O prazo só se reinicia (se já tinha começado a correr) ou se inicia (se ainda não tinha começado a correr) em 31 de outubro de 2020 (Lei n. 14.010/2020, art. 3º). A decadência trazida pela MP n. 948/2020, e depois reproduzida pela Lei n. 14.046/2020, foi obstada pela Lei n. 14.010/2020. Essa multa, contudo, pode ser reduzida pelo juiz se ultrapassar o valor da obrigação principal (art. 412 do CC) ou se for considerada excessiva em razão das circunstâncias do negócio jurídico (art. 413 do CC). Se multa não houver pelo contrato firmado entre consumidor e fornecedor, não pode ser criada nesse momento. 3. **O Procon pode aplicar as penalidades previstas no art. 56 do CDC, em que pese o conteúdo do art. 5º da Lei n. 14.046/2020?** Vejamos o teor do art. 5º da MP n. 948/2020: "Art. 5º. Eventuais cancelamentos ou adiamentos dos contratos de natureza consumerista regidos por esta Lei caracterizam hipótese de caso fortuito ou de força maior, e não são cabíveis reparação por danos morais, aplicação de multas ou imposição das penalidades previstas no art. 56 da Lei nº 8.078, de 11 de setembro de 1990, ressalvadas as situações previstas no § 7º do art. 2º e no § 1º do art. 4º desta Lei, desde que caracterizada má-fé do prestador de serviço ou da sociedade empresária". Caso fortuito ou força maior, segundo a definição do Código Civil, art. 393, parágrafo único, é "o evento necessário cujo efeito não é possível evitar ou impedir". A pandemia, para fins de *shows* e eventos, é força maior. Seu efeito é o cancelamento ou adiamento de *shows* e eventos. Cabe indenização por dano moral se o inadimplemento da prestação se deu por força maior (fortuito externo)? A resposta é negativa. Não cabe, de forma alguma, indenização. A questão do art. 56 do CDC é um pouco mais complexa, pois o dispositivo permite aplicação de sanções administrativas, quais sejam: multa; apreensão do produto; inutilização do produto; cassação do registro do produto junto ao órgão competente; proibição de fabricação do produto; suspensão de fornecimento de produtos ou serviços; suspensão temporária de atividade; revogação de concessão ou permissão de uso; cassação de licença do estabelecimento ou de atividade; interdição, total ou parcial, de estabelecimento, de obra ou de atividade; intervenção administrativa e imposição de contrapropaganda. Qual a premissa que permite a imposição da sanção? Diz o *caput* do art. 56 que são as infrações das normas de defesa do consumidor. Indago: cancelamento de *shows* e eventos por força da pandemia pode ser considerado uma infração? A resposta é negativa, por se tratar de fortuito externo. Agora, a empresa fornecedora se recusar a devolver o dinheiro imediatamente (o fracionamento em 12 prestações que existia na MP n. 948 não subsiste na Lei n. 14.046), sob a alegação de que remarcou o *show* ou evento ou de que concedeu um crédito ao consumidor, interpretando a norma de maneira gramatical – ignorando a finalidade protetiva do sistema consumerista e, ainda, transferindo ao consumidor o risco de sua atividade – é, claramente, infração às normas de defesa do consumidor. Cabe a imposição de multas, portanto. A segunda lei especial é a Lei n. 14.034, de agosto de 2020, que decorre da conversão da MP n. 925/2020. O seu objeto vem no art. 1º: "Esta Lei prevê medidas emergenciais para atenuar os efeitos da crise decorrente da pandemia da Covid-19 na aviação civil brasileira". O art. 3º indica que o cancelamento dos voos em razão da covid-19 é efetivamente hipótese de força maior e extingue o contrato (resolução sem culpa), e assim dispõe, após as alterações da Lei n. 14.174/2021, o reembolso do valor da passagem aérea devido ao consumidor por cancelamento de voo no período compreendido entre 19 de março de 2020 e 31 de dezembro de 2021 será realizado pelo transportador no prazo de 12 (doze) meses, contado da data do voo cancelado, observadas a atualização monetária calculada com base no INPC e, quando cabível, a prestação de assistência material, nos termos da regulamentação vigente. Em seu § 1º temos: "Em substituição ao reembolso na forma prevista no *caput* deste artigo, poderá ser concedida ao consumidor a opção de receber crédito de valor maior ou igual ao da passagem aérea, a ser utilizado, em nome próprio ou de terceiro, para a aquisição de produtos ou serviços oferecidos pelo transportador, em até 18 (dezoito) meses, contados de seu recebimento". O § 2º do art. 3º oferece uma alternativa: "§ 2º Se houver cancelamento de voo, o transportador deve oferecer ao consumidor, sempre que possível, como alternativa ao reembolso, as opções de reacomodação em outro voo, próprio ou de terceiro, e de remarcação da passagem aérea, sem ônus, mantidas as condições aplicáveis ao serviço contratado". Se o fornecedor deve oferecer, a escolha entre o reembolso (§ 1º) ou remarcação (§ 2º) é do consumidor. Mantém-se a lógica pela qual a escolha, nas relações de consumo, cabe ao consumidor e não ao fornecedor. Aliás, é exatamente por isso que o § 1º antecede ao 2º. Da mesma forma, a desistência pelo consumidor também decorre de força maior, por conta do texto de lei. Mas, curiosamente, mesmo em se tratando de força maior, poderá haver pagamento de perdas e danos pelo consumidor (fala-se em "penalidade contratual"). É por isso que o art. 3º, § 3º, assim dispõe: "3º O consumidor que desistir de voo com data de início no período entre 19 de março de 2020 e 31 de dezembro de 2021 poderá optar por receber reembolso, na forma e no prazo previstos no *caput* deste artigo, sujeito ao pagamento de eventuais penalidades contratuais, ou por obter crédito, perante o transportador, de valor correspondente ao da passagem aérea, sem incidência de quaisquer penalidades contratuais, o qual poderá ser utilizado na forma do § 1º deste artigo (Lei n. 14.174/2021)". A lei é ilógica e contraria a noção de força maior ou fortuito externo. O cancelamento pelo consumidor, em época pandêmica, com risco à saúde e à vida, não poderia gerar nenhum pagamento de multa (penalidade contratual). Há uma "pressão" indevida da lei para o consumidor optar pelo crédito e não pelo reembolso. É literalmente uma opção de fundo econômico e não tem base jurídica. Contudo, não há nenhum problema jurídico em transferir ao consumidor, em situação excepcional, a penalidade por exercer uma opção. Essa norma contraria o CDC? Sim, afasta uma regra geral por meio de uma lei especial de mesma hierarquia. Assim, não há qualquer inconstitucionalidade. O Código Brasileiro de Aeronáutica (Lei n. 7.565/1986) foi alterado pela Lei n. 14.034/2020 e isso interessa diretamente para análise do art. 393 do CC. Vejamos. O art. 256 já dispunha que o transportador responde pelo dano decorrente: "I – de morte ou lesão de passageiro, causada por acidente ocorrido durante a execução do contrato de transporte aéreo, a bordo de aeronave ou no curso das operações de embarque e desembarque; II – de atraso do transporte aéreo contratado". Contudo, o § 1º ganha duas exceções, sendo que a segunda delas nos interessa: "§ 1º O transportador não será responsável: [...] II – no caso do inciso II do *caput* deste artigo, se comprovar que, por motivo de caso fortuito ou de força maior, foi impossível adotar medidas necessárias, suficientes e adequadas para evitar o dano". Em suma, no caso de atraso do transporte, o transportador tem um motivo para não pagar indenização por dano moral ou material: provar que o atraso decorre de caso fortuito ou de força maior e que foi impossível adotar medidas para evitar o dano. Fornecer alimentação e hospedagem se o voo foi remarcado, é sempre possível e disso não fica exonerado o transportador. Prestar informações adequadas e completas quanto ao cancelamento ou mudança de voo em razão da força maior é outro dever que não fica atenuado em razão do dispositivo. Deve o transportador prestá-lo integralmente. Em uma situação de normalidade, tomar todas as medidas para reduzir o atraso (alocação de nova aeronave ou tripulação para o voo) é possível e adequado. Trata-se de um fortuito interno pelo qual responde o transportador. Assim, o dispositivo, a meu ver, tem alcance bastante limitado para fins de exoneração da responsabilidade civil do transportador por atraso de voo. Há no Código Brasileiro de Aeronáutica, agora, a descrição de eventos considerados como caso fortuito ou de força maior para fins de exoneração da responsabilidade: restrições ao pouso ou à decolagem decorrentes de condições meteorológicas adversas impostas por órgão do sistema de controle do espaço aéreo; restrições ao pouso ou à decolagem decorrentes de indisponibilidade da infraestrutura aeroportuária; restrições ao voo, ao pouso ou à decolagem decorrentes de determinações da autoridade de aviação civil ou de qualquer outra autoridade ou órgão da Administração Pública, que será responsabilizada; e decretação de pandemia ou publicação de atos de Governo que dela decorram, com vistas a impedir ou a restringir o transporte aéreo ou as atividades aeroportuárias. De qualquer maneira, a própria lei, mesmo diante do caso fortuito ou de força maior, nas hipóteses criadas pela Lei n. 14.034/2020, não desobriga o transportador "de oferecer assistência material ao passageiro, bem como de oferecer as alternativas de reembolso do valor pago pela passagem e por eventuais serviços acessórios ao contrato de transporte, de reacomodação ou de reexecução do serviço por outra modalidade de transporte, inclusive nas hipóteses de atraso e de interrupção do voo por período superior a 4 (quatro) horas" (art. 256, § 4º). Pode a lei afastar responsabilidade civil do transportador descrevendo hipóteses de caso fortuito ou de força maior? A resposta é novamente afirmativa e não gera qualquer inconstitucionalidade. O CDC não prevê expressamente o fortuito externo como causa de exoneração da responsabilidade do fornecedor, mas a doutrina, hoje, de maneira esmagadora, admite tal causa de quebra de nexo causal em que o fornecedor não responde pelos danos causados. É por isso que a lei especial (Código Brasileiro de Aeronáutica, alterado pela Lei n. 14.034/2020) pode, sim, descrever as hipóteses de fortuito externo como o fez. A lei especial afasta a incidência da lei geral. Em conclusão, a pandemia não implica impossibilidade de toda e qualquer prestação contratual. Assim, não se trata de caso fortuito ou de força maior e não terá aplicação o art. 393 do CC se possível for o serviço remoto, por *home office*, o serviço deve ser prestado em tempos de pandemia. É o que ocorre com advogados, contadores etc. Sendo possível o trabalho remoto (e muitas vezes o é), não há que se alegar impossibilidade da prestação porque o devedor não pode sair de casa, e, portanto, não se aplica o art. 393 do Código Civil.

JURISPRUDÊNCIA COMENTADA: Foi com precisão que o STJ resumiu a questão do conceito de caso fortuito e de força maior: "Na circunstância concreta o que se deve considerar é se houve impossibilidade absoluta que afetou o cumprimento da prestação, o que não se confunde com dificuldade ou onerosidade. O que se considera é se o acontecimento natural, ou o fato de terceiro, erigiu-se como barreira intransponível à execução da obrigação. [...] A inevitabilidade do evento é outro elemento a ser considerado, igualmente de forma concreta. O fato deve ser irresistível, invencível, atuando com força indomável e inarredável. O que se considera é se o evento não podia ser impedido nos seus efeitos. O fato resistível, que pode ser superado, não constitui evento a autorizar a exoneração. É perfeitamente possível que o fato seja imprevisível, mas suas consequências evitáveis. Se o devedor não toma medidas para evitá-la, tipifica-se o inadimplemento e não a impossibilidade com apoio no caso fortuito ou força maior" (STJ, REsp 1.564.705-PE, Rel. Min. Ricardo Villas Bôas Cueva, j. 16.08.2016, v.u.). É por isso que o fato de o MST invadir o imóvel objeto de cédula de crédito rural hipotecária não torna o crédito inexigível. A prestação do devedor, de pagar o empréstimo, não se torna cumprimento prejudicado pela invasão. Em matéria de transporte urbano, o assalto é considerado fortuito externo e afasta a responsabilidade do transportador. Isso porque o transportador não dispõe de meios de evitar o assalto, mesmo sendo esse previsível. A segurança por assalto incumbe ao Estado e não ao particular. É por isso que "'o fato inteiramente estranho ao transporte (assalto no interior de ônibus) constitui caso fortuito, excludente de responsabilidade da empresa transportadora. Entendimento pacificado pela eg. Segunda Seção desta Corte. Precedentes' (AgRg no AREsp n. 531.739/SP, Rel. Min. Raul Araújo, 4.ª Turma, j. 05.02.2015, *DJe* 23.02.2015)" (STJ, AgInt-AREsp 1.013.560/PR, 4.ª Turma, Rel. Min. Antonio Carlos Ferreira, *DJe* 17.03.2017). Da mesma forma, em se tratando de roubo de mercadorias que estão sendo transportadas, o STJ decidiu que "roubo de mercadoria transportada, praticado mediante ameaça exercida com arma de fogo, é fato desconexo ao contrato de transporte e, sendo inevitável, diante das cautelas exigíveis da transportadora, constitui-se em caso fortuito ou força maior, excluindo-se sua responsabilidade pelos danos causados, nos termos do CC/2002. 6. Conforme jurisprudência do STJ, 'se não for demonstrado que a transportadora não adotou as cautelas que razoavelmente dela se poderia esperar, o roubo de carga constitui motivo de força maior a isentar a responsabilidade daquela' (REsp 435.865/RJ, 2.ª Seção)" (STJ, REsp 1.660.163/SP, 3.ª Turma, Rel. Min. Nancy Andrighi, j. 06.03.2018). Há um debate interessante sobre a validade de cláusula contratual cujo teor é limitar ou isentar o banco de qualquer responsabilidade decorrente de roubo, furto ou extravio de bens dados em penhor. Temos, assim, as seguintes decisões: "1. De acordo com o entendimento desta Corte, no caso de roubo/furto na agência bancária de joias dadas em penhor, é abusiva a cláusula que estipula a indenização ao correspondente a 1,5 (uma vez e meia) o valor da avaliação da joia, de modo que a indenização deve ter por base seu valor de mercado. 2. Recurso especial provido" (STJ, REsp 1478621/SP, Proc. 2014/0220612-7, Rel. Min. Luis Felipe Salomão, *DJ* 09.06.2016). A conclusão da decisão é a seguinte: "Na hipótese de roubo ou furto de joias que se encontravam depositadas em agência bancária, por força de contrato de penhor, o credor pignoratício, vale dizer, o banco, deve pagar ao proprietário das joias subtraídas a quantia equivalente ao valor de mercado das mesmas, descontando-se os valores dos mútuos referentes ao contrato de penhor". Daí o entendimento sumulado (Súmula n. 638 do STJ): "*É abusiva a cláusula contratual que restringe a responsabilidade de instituição financeira pelos danos decorrentes de roubo, furto ou extravio de bem entregue em garantia no âmbito de contrato de penhor civil*". Em sentido oposto, entende o STJ que a cláusula é válida em se tratando de bens depositados em cofre bancário: "Contrato de aluguel de cofre. Cláusula limitativa. Ausência de abusividade. Nos contratos de aluguel de cofre, não é abusiva a cláusula que impõe limite aos valores e objetos que podem ser armazenados, sobre os quais incidirá a obrigação de segurança e proteção" (STJ, AgInt no AREsp 772822/SP, Proc. 2015/0216241-6, 4.ª Turma, Rel. Min. Maria Isabel Gallotti, j. 30.08.2018, *DJe* 11.09.2018); e, também: "O STJ possui entendimento no sentido de que a cláusula limitativa de uso não ofende o Código de Defesa do Consumidor, pois pode restringir o objeto do contrato e, com isso, delimitar a extensão da obrigação, mas não é excludente de responsabilidade do banco" (AgInt no AREsp 1268514/SP, 4.ª Turma, Rel. Min. Luis Felipe Salomão, *DJe* 24.08.2018). Em termos de culpa de terceiro como causa de rompimento de nexo causal, temos: "Nesse contexto, não obstante o alto grau de reprovabilidade da conduta, a importunação ofensiva ao pudor, ainda que praticada nas dependências da recorrida, não gera o dever de indenizar a passageira, por se tratar de ato doloso praticado por terceiro, estranho à prestação do serviço de transporte, e que não guarda nexo de causalidade com o serviço prestado, não sendo abarcado, portanto, pela cláusula de incolumidade" (STJ, REsp 1812610/SP, Proc. 2019/0127277-2, Rel. Min. Raul Araújo, *DJ* 13.08.2021).

PANDEMIA: De maneira atécnica, o TJMG determinou a revisão contratual do fornecimento de energia elétrica com base no art. 393 do CC, quando o correto seria a aplicação do art. 317: "Aplica-se a máxima 'rebus sic stantibus', porque surgiu um caso fortuito que autoriza a consumidora ter revista relação contratual. Verifica-se, também, o risco de dano grave durante o processamento do feito, em relação à impossibilidade de suspensão do fornecimento de energia elétrica por parte da Cemig, assim como a adoção de outras penalidades resultantes do não pagamento das faturas relativas aos meses vincendos, referente ao valor total contratado que, por fatores alheios à vontade das partes, não condiz com a atual situação de funcionamento do comércio. Pelo exposto, DOU PROVIMENTO AO RECURSO, para deferir a tutela de urgência, determinando que, durante o período em que perdurar as medidas emergenciais de isolamento social, com determinação de fechamento e/ou redução das atividades dos estabelecimentos comerciais situados em *shopping center*, a CEMIG adote o consumo efetivo dos agravantes para fins de faturamento do uso da energia elétrica, com efeito retroativo ao faturamento de abril/2020, considerando a data das notificações extrajudiciais" (TJMG, AgI 1.0000.20.065257-6/001, 4.ª Câmara Cível, Rel. Renato Dresch, j. 19.11.2020). Corretamente decidiu o TJSP em caso de transporte aéreo em que a suspensão dos voos ocorreu' por conta do vírus: "Autor que encontrava-se na Europa, com previsão de retorno em 19/03/2020, momento em que iniciou-se a devastação do vírus, fechamentos de fronteiras, além de *lockdown*, restando pela impossibilidade de responsabilizar a companhia aérea pelo cancelamento do voo para trazer o autor de volta do continente europeu em meio a todos esses fatores externos, decorrentes da pandemia pelo covid-19 – voo cancelado em pleno início da pandemia, deflagrado o caso fortuito externo, o que afasta a responsabilidade objetiva da companhia aérea – exegese dos arts. 393 e 734 do Código Civil – danos materiais e morais indevidos. [...] Por óbvio que a companhia aérea não poderia ser responsabilizada pela impossibilidade de trazer o autor de volta do continente europeu em meio a todos esses fatores externos, decorrentes da pandemia pelo covid-19, em 19 de março de 2020. Não havia como sequer ser exigido da companhia aérea que simplesmente realocasse o autor em outro voo ou prestasse esse auxílio material de acomodar todos seus passageiros impossibilitados de embarque, e por tempo indefinido, já que os países começavam a fechar fronteiras e aeroportos. [...] Portanto, o cancelamento em questão, claramente, não pode ser considerado como falha na prestação de serviço de transporte aéreo internacional. Trata-se de fortuito externo. Assim, não há como imputar à ré qualquer dever de indenizar, pela ocorrência de motivo de força maior ou, no mínimo, um fortuito externo, que afasta a responsabilidade do transportador" (TJSP, AP 1008887-49.2020.8.26.0003, 15.ª Câmara de Direito Privado, São Paulo, Rel. Achile Alesina, j. 09.12.2020). Em caso de atraso de voo, em tempos de pandemia, o TJSP decidiu: "Transporte aéreo nacional – pandemia da covid- 19 – relação de consumo – fortuito externo – realocação dos autores no voo do dia seguinte – atraso de 17 (dezessete) horas do horário programado – pretensão ao reconhecimento de danos morais – impossibilidade – voo cancelado em pleno início da pandemia – deflagrado o caso fortuito externo, o que afasta a responsabilidade objetiva da companhia aérea – exegese dos arts. 393 e 734 do Código Civil – precedentes – fixação de honorários recursais – sentença mantida – recurso não provido. Evidente que não se trata de fortuito interno, como rotineiramente conjecturado. É caso fortuito externo. É de mister sua distinção no que toca com o fortuito externo, ou seja, aqueles fatos provenientes de circunstâncias exteriores ao agente e ao bem causador dos danos. Situações imprevisíveis e incontroláveis. Um típico exemplo de fortuito externo: tsunamis, terremotos. Voltando ao presente caso, é de se destacar que diante desse novo cenário caótico e imprevisível naquela ocasião, não haveria mesmo outra alternativa à ré senão cancelar os voos previstos no fatídico dia. Não há danos morais a indenizar. De outra sorte, se o cancelamento de voo fosse por motivo de condições climáticas e em circunstâncias habituais, o desfecho certamente seria outro, porquanto que se trata de fortuito interno. 'In casu', sendo imprevisível o fato que é, enquadra-se a pandemia seguida de quarentena na categoria de caso fortuito externo, excluindo, por conseguinte, a responsabilidade civil do fornecedor, nos moldes dos arts. 393 e 734, ambos do Código Civil ('O transportador responde pelos danos causados às pessoas transportadas e suas bagagens, salvo motivo de força maior, sendo nula qualquer cláusula excludente da responsabilidade')" (TJSP, AP 1005895-18.2020.8.26.0003, 15.ª Câmara de Direito Privado, São Paulo, Rel. Achile Alesina, j. 19.10.2020). Em sentido contrário, quando a pandemia é usada como "desculpa" para descumprir o contrato, o TJSP decidiu: "Transporte aéreo internacional. Falha na prestação do serviço. Cancelamento de voo. Alegação de fechamento do aeroporto de destino em razão da pandemia do covid-19. Passageira, todavia, que adquire bilhete de outra empresa e com partida nove horas mais tarde. Alegação de fortuito externo afastada. Caso, ademais, de falta de prestação de assistência. Responsabilidade pelos prejuízos com a aquisição das novas passagens. Dano moral. Arbitramento em cinco mil reais dadas as peculiaridades do caso. Sentença de improcedência reformada. Apelação parcialmente provida. Asseverou a apelante que nenhuma assistência lhe foi prestada; a apelada, na mesma linha de conduta, nada demonstrou em contrário. Daí se concluir que não se está em face daqueles casos que cristalizam fortuito ou força maior, ou seja, o 'fato necessário, cujos efeitos não era possível evitar ou impedir' (art. 393 do Cód. Civil). Diante desse cenário, justificativa que se mostrou inconsistente, deve a apelada suportar os ônus do cancelamento do voo e da falta de assistência, em razão do inadimplemento do contrato de transporte, reembolsando a apelante pelos gastos que teve com a aquisição dos novos bilhetes, conforme está na petição inicial e foi demonstrado pelos documentos que a acompanham" (TJSP, AP 1043731-25.2020.8.26.0100, 37.ª Câmara de Direito Privado, São Paulo, Rel. José Tarciso Beraldo, j. 19.01.2021). Ainda quanto à passagem aérea e hospedagem (pacote de viagens), o TJSP entendeu ser responsável a empresa que vendeu a passagem pelo reagendamento da viagem ou desfazimento do negócio com restituição dos valores pagos. Permitiu-se, assim, a opção do consumidor pela manutenção do contrato (em novas datas) ou por sua resolução, mas não se deferiu pagamento de perdas e danos, pois não houve culpa da empresa vendedora, já que a pandemia é considerada força maior: "Processual civil – Apelação – Prestação de serviços – Turismo – Legitimidade passiva – Preliminar rejeitada. Descabimento. Empresa que efetuou a venda das passagens aéreas e por eles recebeu, sendo legitimada a responder aos termos da ação que pretende o reagendamento da viagem ou o desfazimento do negócio e restituição dos valores pagos. Jurisprudência que se posiciona no sentido de que a operadora de turismo – figura a que a ré Decolar.com é equiparada – responde pela falha na prestação dos serviços, eis que integrante da cadeia de fornecedores. Prestação de serviços – Turismo – Ação de obrigação de fazer ou reparação de danos materiais e morais – Cancelamento de voo – Alegação de caso fortuito ou de força maior, por conta da pandemia pela covid-19 – Pertinência – Cancelamento de voo e reagendamento decorrente da grave crise sanitária – Lei nº 14.034/2020 e Lei nº 14.046/2020 – Obrigação de reagendamento ou restituição dos valores pagos – Pertinência – Danos imateriais – Não configuração – Sentença parcialmente reformada – Recurso parcialmente provido, com observação. I- O cancelamento do voo pela companhia aérea parceira da ré e reagendamento do mesmo por mais de uma vez, sem uma solução final, derivou do estado de pandemia global e das restrições havidas pelos países de ingresso de pessoas em razão das restrições sanitárias impostas, mas não retira dos consumidores seu direito ao reagendamento das viagens e hospedagens contratadas e pagas ou, na impossibilidade, na restituição das quantias pagas; II- Os transtornos pelos quais passaram os autores não podem ser imputados à ação voluntária da ré, mas das condições sanitárias derivadas da covid-19, com restrições governamentais de circulação de pessoas, razão pela qual não há como se reconhecer a caracterização de dano imaterial por culpa da ré" (TJSP, Apelação Cível 1001807-96.2021.8.26.0068, Rel. Paulo Ayrosa, j. 29.09.2021, 31.ª Câmara de Direito Privado, *DJESP* 29.09.2021)". Em termos de *shows*, a pandemia efetivamente torna impossível a sua realização por conta do distanciamento social, e as partes devem retornar ao estado anterior: "Ação de restituição de quantia paga – aquisição de ingressos para festival de música – cancelamento do evento devido à pandemia do coronavírus – devolução dos valores – possibilidade – Medida Provisória 948/2020 – Como se denota acima, a questão *sub judice* centra-se na restituição de valor desembolsado à aquisição, pelo autor, da ré, de ingresso ao evento Lollapalooza, o qual foi adiado em virtude da pandemia de covid-19 (Coronavírus). De se ver que a situação em comento derivou de caso fortuito, ou seja, de fato cujos efeitos não era possível evitar ou impedir, *ex vi* do parágrafo único do art. 393 do Código Civil. Nesse vértice, impõe-se à requerida o dever de reembolsar a quantia quitada pelo requerente pelo evento não realizado, sem a incidência de multa ou de quaisquer abatimentos, sob pena de enriquecimento ilícito, pois igualmente o consumidor não deu causa à inexecução contratual. Aplicável, todavia, ao reembolso, é o comando derivado da Medida Provisória nº 948, de 8 de abril de 2020, que dispôs sobre medidas emergenciais para os setores de turismo e cultura ante a pandemia da covid-19" (TJSP, AP 1019336-24.2020.8.26.0114, 26.ª Câmara de Direito Privado, Campinas, Rel. Vianna Cotrim, j. 17.11.2020). Ainda a respeito de *show* cancelado, temos: "Ação de Indenização por Danos Materiais – Pedido inicial amparado no cancelamento de *Show* da Cantora Taylor Swift em razão da pandemia de covid-19, agendado para a data de 18 de julho de 2020 no Allianz Park – Sentença de procedência proferida pela MM. Juíza Drª Cláudia Thome Toni para restituir às autoras o valor de R$ 608,00, em 12 parcelas, vencendo-se a primeira parcela em 15 dias do trânsito em julgado, mediante oportuna intimação em fase de cumprimento de sentença para a comprovação do pagamento – Irresignação da requerida sustentado a aplicação da Lei n. 14.046/20, tendo a autora direito apenas ao crédito do valor pago, a ser usado oportunamente – Consumidora que adquiriu ingressos para o *Show* da Taylor Swift e não qualquer outro, motivo pelo qual, não garantindo a ré que referido *show* será realizado, deve restituir à consumidora o valor total pago pelo ingresso, conforme determinado na sentença – Em que pese o cancelamento não tenha ocorrido por culpa da ré, mas sim em razão de força maior (pandemia), é certo que a prestadora de serviços não comprovou ter realizado qualquer gasto em razão do cancelamento do *show*, sendo de rigor a restituição do valor à consumidora – Sentença bem prolatada e que deu correta solução à lide, motivo pelo qual merece ser mantida por seus próprios fundamentos – Inteligência do art. 46, da Lei nº 9.099/95 – Imposição à recorrente do pagamento de honorários advocatícios, ora fixados, por equidade em R$ 500,00 – Recurso improvido" (TJSP, RI 0001364-42.2021.8.26.0011, 1.ª Turma Recursal Cível, Rel. Cláudia Barrichello, j. 28.10.2021, *DJESP* 28.10.2021); "Cancelamento de *show* em razão da pandemia mundial – impossibilidade de a empresa tomar para si o numerário utilizado pelo consumidor para aquisição de ingressos – não demonstração de remarcação do serviço ou de eventos futuros de interesse do consumidor que poderiam servir para compensação do crédito na forma da Lei n.º 14.046/20 – Ação julgada procedente para determinar a restituição – Sentença bem lançada, mantida pelos próprios fundamentos" (TJSP, RI 1009228-57.2021.8.26.0224, 1.ª Turma Cível, Rel. Daniel Issler, j. 04.11.2021, *DJESP* 04.11.2021). Se a empresa que promoveu o *show* ofereceu alternativa (remarcação), o consumidor não pode pedir o reembolso conforme a seguinte decisão do TJSP: "Ação de devolução de quantia e de indenização por danos morais julgada parcialmente procedente – Aquisição de ingresso para *show* de música – cancelamento do evento em razão da pandemia de covid-19 – Empresa ré prestadora de serviços culturais – Incidência da Lei nº 14.046/2020 – Reconhecimento – Regramento excepcional que autoriza a não devolução da quantia paga mediante o oferecimento de alternativas ao consumidor – Ressarcimento devido somente na impossibilidade da adoção de uma das alternativas dentro do limite temporal estabelecido na referida lei – Falta de interesse de agir do autor no tocante ao pleito de restituição – Caracterização – Extinção sem resolução do mérito" (TJSP, Apelação Cível 1013367-16.2020.8.26.0506, 30.ª Câmara de Direito Privado, Rel. Andrade Neto, j. 29.09.2021, *DJESP* 30.09.2021). Começam a surgir decisões a respeito de contratos firmados já com o caos pandêmico instalado (após março de 2020), em que a pandemia é usada como fundamento para a extinção contratual. Com razão, o TJSP não admitiu a ocorrência de força maior e determinou a responsabilização civil da devedora: "Compra e venda. Bem móvel. Escavadeira. Ação de rescisão contratual. Sentença de improcedência. Apelo da autora, revendedora dos produtos da fabricante. Alegação, não comprovada, de impossibilidade de entrega do bem pela fabricante em razão de falta de matéria-prima para fabricação do equipamento, decorrente da pandemia de covid-19. Contrato de compra e venda celebrado em 21/08/2020, época em que a pandemia já estava instalada no país, não subsistindo a alegação de caso fortuito ou força maior. Sentença mantida" (TJSP, Apelação Cível 1037633-70.2020.8.26.0602, 26.ª Câmara de Direito Privado, Rel. Carlos Dias Motta, j. 02.06.2021, *DJESP* 02.06.2021). E imputou-se culpa à vendedora: "Por outro lado, situação dos autos evidencia o fato que a r. sentença bem observou, de não ter a autora tomado as cautelas necessárias previamente à celebração do contrato, como verificar com o fabricante a disponibilidade de entrega do equipamento". Da mesma forma, se o contrato de transporte aéreo é alterado unilateralmente pela empresa transportadora após a retomada dos voos, a pandemia não pode ser usada como "desculpa", como argumento falacioso para se exonerar dos danos decorrentes de alteração. Há sim, todos os pressupostos da responsabilidade civil, para que surja o dever de indenizar: "Ação indenizatória – Transporte aéreo nacional – Voo de Guarulhos/SP com destino a Sinop/MT – Cancelamento unilateral dos voos de ida e volta, com alteração de data e horário, por reestruturação da malha aérea – Chegada ao local de destino com mais de 24 horas de atraso do inicialmente contratado e retorno um dia antes do previsto – Improcedência – Descabimento – Aplicação do Código de Defesa do Consumidor – Prestação de serviços inadequada importando em responsabilidade objetiva da companhia aérea (art. 14 do CDC)– Falha na prestação de serviço evidenciada – Alegação de que a reestruturação ocorreu em razão da pandemia do covid-19, aplicando-se a Resolução 556/2020 da ANAC – Requerida não comprovou impossibilidade de manutenção do voo devido a pandemia, não restando evidenciada suas alegações – Inaplicabilidade da solução 556/2020 da ANAC – Fortuito interno caracterizado – Fato inerente ao próprio risco da atividade empresarial do transporte aéreo – Inocorrência de caso fortuito ou força maior a excluir a responsabilidade civil da transportadora – Danos morais que se caracterizam pelo atraso para chegada ao destino e adiantamento do retorno, evidenciando a falha na prestação dos serviços da requerida, acarretando a perda de participar do aniversário da irmã do requerente – Indenização arbitrada em consonância com os princípios da razoabilidade e proporcionalidade – Dano material (pernoite de diária de hotel) não comprovada – Recurso provido em parte" (TJSP, Apelação Cível 1008340-62.2021.8.26.0071, 13.ª Câmara de Direito Privado, Rel. Francisco Giaquinto, j. 26.08.2021, *DJESP* 26.08.2021).

CAPÍTULO II
DA MORA

Art. 394. Considera-se em mora o devedor que não efetuar o pagamento e o credor que não quiser recebê-lo no tempo, lugar e forma que a lei ou a convenção estabelecer.

COMENTÁRIOS DOUTRINÁRIOS: A doutrina divide o inadimplemento, tradicionalmente, em dois institutos: inadimplemento relativo (mora) ou inadimplemento absoluto. A diferença entre os institutos não se verifica, como podem pensar alguns, no fato de a mora significar simples atraso no cumprimento e o inadimplemento absoluto o total descumprimento. Tal assertiva revela dois equívocos. O primeiro é que o atraso no cumprimento da prestação pode gerar inadimplemento absoluto, mora, ou simples retardamento sem culpa. Explico. Se a prestação perder a utilidade para o credor, estamos diante de inadimplemento absoluto (art. 395, parágrafo único, do CC). Para não ficarmos no lugar-comum dos manuais (que sempre mencionam a costureira que entrega à noiva o vestido no dia seguinte ao casamento), pensemos no exemplo de um exportador de café que enviará ao exterior um grande lote de café. O vendedor das sacas, culposamente, atrasa a entrega do café em oito horas e, quando chega ao porto, o navio já partiu. Evidente que se trata de inadimplemento absoluto, pois as sacas são inúteis ao comprador que as adquiriu exatamente com o único objetivo de exportá-las. Se, por outro lado, o comprador tem uma empresa de torrefação de café em que transformará os grãos em pó de café, o atraso culposo de oito horas significará mora, pois a prestação ainda é útil ao credor. Na hipótese de inadimplemento absoluto, o credor poderá cobrar as perdas e danos decorrentes da conduta culposa do devedor, que não poderá cumprir a prestação em razão de sua inutilidade. Já na hipótese de mora, como a prestação ainda é útil, o devedor poderá purgá-la (*emendatio morae*), ou seja, entregar as sacas de café e indenizar o credor quanto aos prejuízos sofridos (art. 401, II, do CC). Assim, o devedor pagará ao credor o valor das horas em que a fábrica de beneficiamento do café ficou parada aguardando as sacas que não chegaram na hora avençada. O segundo ponto que invalida a afirmação pela qual mora é o simples atraso é que o conceito de mora no Brasil é tríplice: a mora se verifica se o cumprimento se dá fora do tempo, do local e da forma estabelecidos por lei ou contrato (art. 394 do CC). É verdade que o vocábulo latino *mora*, é radical da palavra demora. É verdade também que, em outros países, a noção de mora é sempre ligada ao atraso. O Projeto Clóvis Beviláqua, do qual se originou o Código Civil de 1916, ao definir mora, em seu art. 110, assim o fazia: "Ficarão constituídos em mora o devedor que não efetuar o pagamento e o credor que não o quiser receber no **tempo** oportuno". Na Câmara dos Deputados, o artigo sofreu emenda e passou a ter a seguinte redação: "Art. 956. Considera-se em mora o devedor que não efetuar o pagamento e o credor que o não quiser receber no **tempo, lugar e pelo modo convencionados**". E, finalmente, o artigo recebeu a seguinte redação quando da promulgação do Código Civil de 1916: "Art. 955. Considera-se em mora o devedor que não efetuar o pagamento e o credor que o não quiser receber no **tempo, lugar e forma convencionados**". Assim, se o devedor pagar no dia certo, na forma certa, mas no lugar errado estará em mora e responderá pelos prejuízos. É o caso de devedor entregar sem a ciência do credor os animais na Fazenda Santa Lúcia localizada em Palmas, quando deveria entregar na Fazenda Santo Antônio localizada em Teresina. As despesas que o comprador terá para transportar os animais de uma fazenda à outra serão arcadas pelo vendedor. Também, se o devedor deve pagar o aluguel em dinheiro e o faz por meio de cheque, na data certa e no lugar certo, estará em mora quanto à forma. O cheque pode demorar alguns dias para compensar e o locador entra no cheque especial, nesse período, pagando juros ao banco. Em ambos os casos, o pagamento ocorreu na data certa, mas mesmo assim o devedor está em mora. Tanto credor quanto devedor podem estar em mora. A mora do devedor (ver arts. 395, 396 e 399) é chamada de mora *debitoris*, *debendi* ou *solvendi*. A mora do credor (ver art. 400) é chamada de mora *creditoris*, *credendi* ou *accipiendi*. Se ambos estiverem em mora, nenhum deles estará. Na mora recíproca, há uma compensação de moras e, portanto, não há qualquer produção de efeitos, não se aplicando os arts. 395, 399 e 400 do Código Civil.

REFORMA DO CÓDIGO CIVIL: Pretende-se adicionar um parágrafo único ao art. 394 com a seguinte redação: "Parágrafo Único. Nas obrigações negativas, o devedor incorre em mora desde o dia em que executou o ato em que devia se abster". Há um importante debate sobre a existência ou não de mora nas obrigações negativas (ver comentários ao art. 390). A reforma, se aprovada, seguindo a doutrina majoritária (por todos, Pontes de Miranda) e a regra do art. 961 do CC revogado ("Art. 961. Nas obrigações negativas, o devedor fica constituído em mora, desde o dia em que executar o ato de que se devia abster."), reinsere explicitamente no Código a possibilidade de mora em obrigações negativas.

Art. 395. Responde o devedor pelos prejuízos a que sua mora der causa, mais juros, atualização dos valores monetários e honorários de advogado. (Redação dada pela Lei nº 14.905, de 2024)

Parágrafo único. Se a prestação, devido à mora, se tornar inútil ao credor, este poderá enjeitá-la, e exigir a satisfação das perdas e danos.

COMENTÁRIOS DOUTRINÁRIOS: O dispositivo traz a diferença entre mora e inadimplemento absoluto. A utilidade da prestação para o credor. Claro que a análise da utilidade da prestação é objetiva e não passa pela simples vontade do credor em aceitá-la ou não. É por isso que o Enunciado n. 395/CJF prevê que "a inutilidade da prestação que autoriza sua recusa por parte do credor deverá ser aferida objetivamente, consoante o princípio da boa-fé e a manutenção do sinalagma e não de acordo com o mero interesse subjetivo do credor". Note-se que, pelo dispositivo em comento, o efeito da mora do devedor é o pagamento de perdas e danos, de juros de mora, correção monetária e honorários de advogado. Há uma repetição do art. 389 do CC (ver comentários ao dispositivo). Quanto à atualização do dispositivo trazida pela Lei n. 14.905/2024, trata-se apenas de um ajuste redacional que não altera o sentido da norma. Os arts. 389 e 395 do CC diziam, antes da Lei n. 14.905/2024, que deveria haver "atualização monetária segundo índices oficiais regularmente estabelecidos". No entanto, com a recente mudança, foi incluído um parágrafo único no art. 389 que explicitou qual o índice deve ser utilizado (IPCA). Perde-se, assim, tanto no art. 389 quanto neste, o sentido em se utilizar a locução "índices oficiais regularmente estabelecidos".

JURISPRUDÊNCIA COMENTADA: Se a prestação ainda for útil ao credor, estamos diante de mora e caberá, inclusive, como forma de compelir o devedor a cumpri-la, a fixação de multa cominatória para seu cumprimento: "Ainda no ponto, cumpre firmar outras importantes premissas, principalmente a de que a multa pecuniária tem campo natural de incidência no estado de *mora debitoris*, ou seja, enquanto ainda há interesse do credor no cumprimento da obrigação, descartando-se sua aplicabilidade nas hipóteses de inadimplemento absoluto. Por não gerar efeitos com repercussão no mundo dos fatos, mas apenas ressarcitórios e intimidatórios, a multa deve guardar feição de *ultima ratio*, cabendo ao magistrado, no momento de aferir a medida mais adequada para garantir o adimplemento da obrigação de fazer ou não fazer, ter sempre em mira que o próprio sistema de tutela específica previsto no art. 461 do CPC confere a possibilidade da adoção de providências muito mais eficazes, que significam a pronta satisfação do direito do demandante" (STJ, REsp 949.509/RS, 4.ª Turma, Rel. p/ acórdão Min. Marco Buzzi, j. 08.05.2012). A questão do prazo prescricional para a cobrança de indenização por descumprimento do contrato ainda é controversa. De acordo com o STJ, há duas possíveis decisões: prazo de dez anos (art. 205 do CC) ou prazo de três anos (art. 206, § 3º, V do CC). Pela primeira corrente temos: "Nesse sentido, o art. 205 do CC/2002 mantém a integridade lógica e sistemática da legislação civil. Assim, quando houver mora, o credor poderá exigir tanto a execução específica como o pagamento por perdas e danos, pelo prazo de dez anos. Da mesma forma, diante do inadimplemento definitivo, o credor poderá exigir a execução pelo equivalente ou a resolução contratual e, em ambos os casos, o pagamento de indenização que lhe for devida, igualmente pelo prazo de dez anos. Por observância à lógica e à coerência, portanto, o mesmo prazo prescricional de dez anos deve ser aplicado a todas as pretensões do credor nas hipóteses de inadimplemento contratual, incluindo o da reparação de perdas e danos por ele causados" (EREsp 1.280.825/RJ, 2.ª Seção, Rel. Min. Nancy Andrighi, j. 27.06.2018, m.v.). Pelo prazo de três anos temos: "O termo 'reparação civil', constante do art. 206, § 3º, V, do CC/2002, deve ser interpretado de maneira ampla, alcançando tanto a responsabilidade contratual (arts. 389 a 405) como a extracontratual (arts. 927 a 954), ainda que decorrente de dano exclusivamente moral (art. 186, parte final), e o abuso de direito (art. 187). Assim, a prescrição das pretensões dessa natureza originadas sob a égide do novo paradigma do Código Civil de 2002 deve observar o prazo comum de três anos. Ficam ressalvadas as pretensões cujos prazos prescricionais estão estabelecidos em disposições legais especiais. 3. Na *V Jornada de Direito Civil*, do Conselho da Justiça Federal e do Superior Tribunal de Justiça, realizada em novembro de 2011, foi editado o Enunciado n. 419, segundo o qual 'o prazo prescricional de três anos para a pretensão de reparação civil aplica-se tanto à responsabilidade contratual quanto à responsabilidade extracontratual'" (STJ, REsp 1.281.594/SP, 3.ª Turma, Rel. Min. Marco Aurélio Bellizze, *DJe* 28.11.2016).

REFORMA DO CÓDIGO CIVIL: Pretende-se alterar o parágrafo único e criar um novo parágrafo no art. 395: "Art. 395. Responde o devedor pelos prejuízos a que sua mora der causa, mais juros, atualização dos valores monetários, segundo índices oficiais regularmente estabelecidos e honorários contratuais de advogado. § 1º Se a prestação, devido à mora, tornar-se inútil ao credor, este poderá rejeitá-la e exigir a resolução da obrigação, sem prejuízo de eventuais perdas e danos. § 2º A inutilidade da prestação não será aferida por critérios subjetivos do credor mas, objetivamente, consoante os princípios da boa-fé e da conservação do negócio jurídico". Como explicado nos comentários doutrinários desse artigo, a inutilidade da prestação tem que ser analisada de forma objetiva, e não de maneira subjetiva. A inclusão do § 2º visa esclarecer justamente isso. O § 1º, por sua vez, sofreu pequenas alterações para deixá-lo mais claro, sem mudança relevante de significado.

Art. 396. Não havendo fato ou omissão imputável ao devedor, não incorre este em mora.

COMENTÁRIOS DOUTRINÁRIOS: O elemento essencial para a verificação da mora do credor é a culpa. Sem culpa, não há mora, mas simples retardo ou atraso sem qualquer incidência dos arts. 395 e 399 do Código Civil. Se o devedor não consegue entregar o animal vendido, pois a estrada inundou, entregará fora do prazo sem que haja pagamento de perdas e danos (representadas ou não por cláusula penal), de juros e correção monetária. Frise-se, novamente, que, havendo o atraso, há uma presunção de culpa contra o devedor que por ele deve ser afastada. Caberá a ele provar que esteve diante de caso fortuito ou de força maior (art. 373, II, do CPC/2015). É por isso que nos termos do Enunciado n. 354 da *IV Jornada de Direito Civil*: "A cobrança de encargos e parcelas indevidas ou abusivas impede a caracterização da mora do devedor". Isso porque, se há encargos abusivos, o devedor não tem culpa e logo não está em mora.

JURISPRUDÊNCIA COMENTADA: É por força da presunção de culpa que milita contra o devedor que temos a Súmula n. 380 do STJ: "A simples propositura da ação de revisão de contrato não inibe a caracterização da mora do autor". E nem poderia. Alegar a revisão contratual não ilide a culpa do devedor. A mora se caracteriza da mesma forma. Somente ao final da ação, com o trânsito em julgado, é que a mora pode ser afastada para se reconhecer que houve mero retardo. A Súmula n. 72 do STJ reforça a necessidade de culpa para fins de extinção do contrato e apreensão do bem: "A comprovação da mora é imprescindível à busca e apreensão do bem alienado fiduciariamente". Sem culpa, não há mora e, sem mora, não há como se tomar o bem.

REFORMA DO CÓDIGO CIVIL: Pretende-se adicionar um parágrafo único ao art.

396 com a seguinte redação: "Parágrafo único. A mora do credor independe de culpa". A doutrina absolutamente majoritária defende que a mora do credor não depende de culpa (ver comentários ao art. 400). Nas palavras de Silvio Rodrigues, "se o credor que recusa a prestação pudesse escapar à pecha de moroso, por ter agido sem culpa, tal fato iria sobrecarregar o fardo do devedor que também sem culpa passaria a responder por este acréscimo dos riscos" (RODRIGUES, Silvio. *Direito civil*: parte geral das obrigações. São Paulo: Saraiva, 1997. p. 266). Assim, seguindo o princípio do *favor debitoris*, que é fundamento da Teoria Geral das Obrigações, a Comissão sugere explicitar a desnecessidade de culpa para a caracterização da mora do credor.

Art. 397. O inadimplemento da obrigação, positiva e líquida, no seu termo, constitui de pleno direito em mora o devedor.

Parágrafo único. Não havendo termo, a mora se constitui mediante interpelação judicial ou extrajudicial.

COMENTÁRIOS DOUTRINÁRIOS: Quanto ao termo inicial da mora, temos duas espécies de mora: a mora automática ou *ex re* que independe de qualquer atitude do credor e a mora *ex persona* que exige do credor a notificação do devedor para que se inicie. O *caput* do art. 397 traz a mora *ex re*: a obrigação deve ser positiva (dar ou fazer) e líquida (certa quanto à existência e determinada quanto ao valor) com data de vencimento para que ocorra de pleno direito (*dies interpellat pro homine* – o dia interpela pelo homem). São mais comuns as hipóteses de mora *ex re* do que *ex persona*. Assim, qualquer dívida com valor certo e data de pagamento implicará início da mora no dia seguinte ao vencimento. O parágrafo único do art. 397 traz a mora *ex persona*: não havendo prazo de vencimento ou sendo a obrigação negativa (ver comentários ao art. 390 do CC), a mora dependerá de interpelação ao devedor. Aqui, pode-se afirmar que os termos interpelação ou notificação podem ser usados indistintamente, pois o que deve fazer o credor é exigir o pagamento. A prova dessa liberdade no uso dos termos é que o Enunciado n. 427 da *V Jornada de Direito Civil* menciona "notificação" e afirma ser "válida a notificação extrajudicial promovida em serviço de registro de títulos e documentos de circunscrição judiciária diversa da do domicílio do devedor". Por outro lado, o Enunciado n. 619 da *VIII Jornada de Direito Civil* se utiliza de interpelação extrajudicial, afirmando que ela "admite meios eletrônicos como *e-mail* ou aplicativos de conversa *on-line*, desde que demonstrada a ciência inequívoca do interpelado, salvo disposição em contrário no contrato". Há alguns contratos em que a mora é necessariamente *ex persona*, ou seja, depende de notificação ou interpelação para ter início, mesmo sendo a obrigação líquida, positiva e com data de vencimento. Nos contratos imobiliários, quer seja de imóvel não loteado (Decreto-lei n. 58/1937 com a alteração do Decreto-lei n. 745/1969) ou loteado (Lei n. 6.766/1979) há necessidade de constituição em mora. Vejamos: a) art. 32 da Lei n. 6.766/1979: "Vencida e não paga a prestação, o contrato será considerado rescindido 30 (trinta) dias depois de constituído em mora o devedor. § 1º Para os fins deste artigo o devedor-adquirente será intimado, a requerimento do credor, pelo Oficial do Registro de Imóveis, a satisfazer as prestações vencidas e as que se vencerem até a data do pagamento, os juros convencionados e as custas de intimação"; b) art. 22 do Decreto-lei n. 58/1937 e art. 1º do Decreto-lei n. 745/1969: "Os contratos, sem cláusula de arrependimento, de compromisso de compra e venda e cessão de direitos de imóveis não loteados, cujo preço tenha sido pago no ato de sua constituição ou deva sê-lo em uma, ou mais prestações, desde que, inscritos a qualquer tempo, atribuem aos compromissos direito real oponível a terceiros, e lhes conferem o direito de adjudicação compulsória" e como consequência nós temos que, "ainda que não tenham sido registrados junto ao Cartório de Registro de Imóveis competente, o inadimplemento absoluto do promissário comprador só se caracterizará se, interpelado por via judicial ou por intermédio de cartório de Registro de Títulos e Documentos, deixar de purgar a mora, no prazo de 15 (quinze) dias contados do recebimento da interpelação". A desnecessidade de registro do compromisso de compra e venda junto ao registro de imóveis que decorria apenas da Súmula n. 76 do STJ (a falta de registro do compromisso de compra e venda de imóvel não dispensa a prévia interpelação para constituir em mora o devedor), hoje, está prevista expressamente no art. 1º do Decreto-lei n. 745/1969.

JURISPRUDÊNCIA COMENTADA: A orientação do Código Civil no tocante à mora automática é acompanhada pela jurisprudência: "[...] considerando que o contrato versa sobre obrigação positiva e com termo certo, verifica-se que o aresto impugnado, ao entender que a ocorrência de mora independia de prévia interpelação dos devedores, decidiu em consonância com a jurisprudência pacífica do STJ, firmada no sentido de que em tais casos está configurada a mora *ex re*, na qual é dispensável a prévia interpelação para ser constituída" (STJ, AgInt no AREsp 439.516/PR, 4.ª Turma, Rel. Min. Antonio Carlos Moreira, j. 06.02.2018). O caso decidido tratava-se de contrato de compra e venda de imóvel rural em que o contrato especificou a data de vencimento de cada parcela do preço. Há duas questões interessantes a se abordar: o contrato de seguro e de *leasing*. No contrato de seguro, a orientação do STJ é de que a rescisão contratual depende de notificação ao segurado. Assim, o simples fato de o segurado não pagar o prêmio (valor que o segurado paga ao segurador) não permite a resolução contratual automática. É necessária a notificação. Assim: "A jurisprudência firmada neste Sodalício é no sentido de que o mero atraso no pagamento de prestação do prêmio do seguro não importa em desfazimento automático do contrato, para o que se exige, ao menos, a prévia constituição em mora do contratante pela seguradora, mediante interpelação" (STJ, AgInt no AREsp 1.266.077/RO, 4.ª Turma, Rel. Min. Luis Felipe Salomão, j. 18.09.2018). Em igual sentido, para fins de permitir a purgação da mora pelo devedor, o STJ sumulou o seguinte entendimento: "No contrato de arrendamento mercantil (*leasing*), ainda que haja cláusula resolutiva expressa, é necessária a notificação prévia do arrendatário para constituí-lo em mora" (Súmula n. 369). Note-se que, tanto no caso do seguro quanto no do *leasing*, a notificação é exigida para se permitir a purgação da mora pelo devedor que, assim, restabelece a normalidade da relação contratual, impossibilitando seu desfazimento. Como ambos os contratos são por adesão, o STJ entendeu que a notificação garante um maior equilíbrio contratual ao facultar ao devedor o pagamento das parcelas em atraso. Há aqui uma confusão entre a natureza da mora e a questão da resolução contratual. Em ambas as hipóteses (seguro e *leasing*) a mora prossegue sendo automática, mas a notificação é exigida como requisito da resolução (impropriamente chamada de rescisão) do contrato. A mora prossegue sendo *ex re* (para fins de juros, por exemplo) e a notificação é um requisito apenas para permitir a resolução. Se o credor quiser cobrar as parcelas em atraso, a notificação não é necessária. No caso do contrato de seguro, o STJ entende que: "A pretensão da recorrida, de que a mora incidente na espécie é *ex re* pela inserção de aviso no boleto, assim como entendeu o TJMS, não se sustenta. A prevalecer essa interpretação, o seguro estaria suspenso no dia seguinte ao primeiro atraso, dispensando a recorrida da indispensável constituição em mora, o que contraria a jurisprudência desta Corte, como visto acima" (STJ, REsp 1701213/MS, Proc. 2017/0252223-1, Rel. Min. Maria Isabel Gallotti, *DJ* 05.10.2021). A respeito do termo inicial dos juros, ver a jurisprudência comentada do art. 405 do CC.

Art. 398. Nas obrigações provenientes de ato ilícito, considera-se o devedor em mora, desde que o praticou.

COMENTÁRIOS DOUTRINÁRIOS: Em se tratando de ilícito extracontratual, aplica-se o art. 398 do Código Civil. Apesar de não mencionar expressamente sua aplicação apenas ao ilícito extracontratual, para as hipóteses de inadimplemento do contrato temos as regras dos arts. 390 (para as obrigações negativas) e 397 (para as positivas com ou sem prazo de vencimento). Logo, só resta ao art. 398 um campo de aplicação e, nesse ponto, não há divergência doutrinária: o ilícito extracontratual. Por opção do legislador de 1916, repetida pelo de 2002, a regra está tratada com dispositivos da responsabilidade contratual. É o caso da batida de automóveis, dos danos morais por ofensa à honra, dos danos ao corpo, da indevida negativação no Serasa ou no SPC, dos danos causados pelos médicos em tratamentos, pelos advogados nos erros profissionais etc.

JURISPRUDÊNCIA COMENTADA: A orientação pela qual na responsabilidade extracontratual os juros se iniciam com a ocorrência do ato ilícito é confirmada pelo STJ: "Houve exaustivo debate a respeito do termo inicial dos juros de mora em casos de responsabilidade, contratual e extracontratual. De fato, firmou-se, nesse debate, a tese de que, em caso de responsabilidade extracontratual, os juros moratórios deveriam começar a correr a partir do ato danoso (ou, como se denominava à época, do delito civil), e não a partir da citação, como normalmente ocorre nas relações contratuais" (STJ, REsp 1.270.983/SP, 3.ª Turma, Rel. Min. Luis Felipe Salomão, j. 08.03.2016). E dessa lógica decorre o teor da Súmula n. 54 do STJ: "Os juros moratórios fluem a partir do evento danoso, em caso de responsabilidade extracontratual". Interessante notar que, efetivamente, essa Súmula tem cabimento se a indenização for paga em prestação única a título de dano moral ou material. Contudo, se a título de lucro cessante houver um pensionamento mensal, tem razão o STJ ao afirmar que, "embora se trate de relação extracontratual, observa-se que a prestação não é de cunho singular (pagável uma única vez), sendo, na verdade, obrigação de trato sucessivo. Dessa forma, os juros moratórios a serem acrescidos ao valor pago a título de pensão mensal não devem ser contabilizados a partir do ato ilícito (por não ser uma quantia singular), tampouco da citação (por não ser ilíquida). Com efeito, o art. 397, *caput*, do CC/2002 (art. 960 do CC/1916) – segundo o qual 'O inadimplemento da obrigação, positiva e líquida, no seu termo, constitui de pleno direito em mora o devedor' –, adotando o adágio *dies interpellat pro homine* (o termo interpela em lugar do credor), regula a mora *ex re*, na qual o mero advento do tempo, sem o cumprimento da obrigação positiva e líquida, constitui o devedor automaticamente em mora, haja vista que, sendo o devedor sabedor da data em que deve ser adimplida a obrigação líquida, descabe advertência complementar por parte do credor" (STJ, REsp 1.270.983/SP, 3.ª Turma, Rel. Min. Luis Felipe Salomão, j. 08.03.2016). A respeito do termo inicial dos juros, ver a jurisprudência comentada do art. 405 do CC.

REFORMA DO CÓDIGO CIVIL: Pretende-se alterar o art. 398, que passaria a ter a seguinte redação: "Art. 398. Nas obrigações provenientes de ato ilícito extracontratual, considera-se o devedor em mora, desde que o praticou". A nova redação esclarece que esse artigo só se aplica aos ilícitos extracontratuais. Conforme foi explicado nos comentários doutrinários anteriores, nos casos de inadimplemento contratual seguem-se as regras do art. 390 (obrigações negativas) e do art. 397 (para as positivas com ou sem prazo de vencimento).

Art. 399. O devedor em mora responde pela impossibilidade da prestação, embora essa impossibilidade resulte de caso fortuito ou de força maior, se estes ocorrerem durante o atraso; salvo se provar isenção de culpa, ou que o dano sobreviria ainda quando a obrigação fosse oportunamente desempenhada.

COMENTÁRIOS DOUTRINÁRIOS: Além dos efeitos previstos no art. 395, a mora produz um outro e importante efeito: aumento da responsabilidade do devedor. O devedor em mora passa a responder pelos prejuízos decorrentes do caso fortuito ou de força maior. Essa ampliação da responsabilidade civil dá poucas chances de o devedor não indenizar o credor, já que responderá inclusive pelos fatos necessários cujos efeitos não era possível evitar ou impedir, afastando a incidência do art. 393. Há duas exceções no dispositivo: uma de fácil compreensão, que remonta ao *Digesto*, e outra mais complexa, que é explicada na obra de Agostinho Alvim (*Da inexecução das obrigações e suas consequências*. Rio de Janeiro: Ed. Jurídica e Universitária, 1965). O devedor em mora não responde pelos prejuízos decorrentes do caso fortuito e da força maior se: a) provar que os prejuízos teriam ocorrido ainda que a obrigação tivesse sido oportunamente desempenhada. Isso significa que o devedor pode provar que, mesmo se tivesse cumprido a obrigação na data certa, no lugar certo e na forma certa, o prejuízo teria ocorrido. É o caso do cavalo emprestado, que vem do Direito Romano. Se Tício empresta a seu vizinho Mévio o cavalo que deve ser devolvido em 10 de janeiro, mas Mévio não devolve e, já em mora, há uma enchente (força maior) que mata o cavalo afogado, o devedor responde pelas perdas e danos. Contudo, se Mévio provar que os cavalos de Tício (credor) também morreram em razão da mesma enchente, Mévio nada paga a Tício. O ônus de provar que "o prejuízo teria ocorrido ainda que a obrigação tivesse sido oportunamente desempenhada" é do devedor (art. 373, II, do CPC/2015). Provado tal fato, o devedor nada indeniza, pois se o fizesse haveria enriquecimento injustificado do credor. O credor, contudo, pode tomar para si o ônus da prova para demonstrar que o prejuízo **não** teria ocorrido, ainda que a obrigação tivesse sido cumprida no tempo, lugar e forma avençados (art. 375, I, do CPC/2015). No caso dos cavalos, Tício poderia provar que o cavalo que Mévio deveria restituir em 10 de janeiro, mas não o fez, estaria em um rodeio, na data da enchente, na cidade vizinha, e não teria morrido afogado; b) provar isenção de culpa. A interpretação do dispositivo só pode ser a seguinte. Se o devedor provar isenção de culpa não há mora, mas simples retardo (art. 396 do CC) e, assim, o devedor não responde pelos efeitos da mora, não havendo incidência dos arts. 395, nem 399 do CC. Assim, com a isenção de culpa não há mora e se retorna à regra do art. 393 pela qual o devedor não responde pelo caso fortuito ou de força maior. Há outra possibilidade de compreensão desta exceção. O dispositivo, ao adotar o termo "mora", utiliza-o como sinônimo de atraso. Assim, se o atraso for culposo, há mora. Se o atraso não for culposo, há "mora" (não em seu sentido técnico) sem a incidência da responsabilidade do devedor pelo caso fortuito ou pela força maior. Estaríamos diante de atraso ou "mora" (acepção vulgar e não jurídica) não culposa.

REFORMA DO CÓDIGO CIVIL: Pretende-se alterar o art. 399, que passaria a ter a seguinte redação: "Art. 399. O devedor em mora responde pela impossibilidade da prestação, embora essa impossibilidade resulte de caso fortuito ou de força maior, se estes ocorrerem durante o atraso, salvo demonstrado que o dano sobreviria ainda quando a obrigação fosse oportunamente desempenhada". A redação do artigo atual diz que a "ausência de culpa" faz que o devedor em mora não responda pela impossibilidade da prestação graças a caso fortuito ou a força maior. Isso, como demonstro anteriormente, é um erro, uma vez que, se não há culpa, como ensina Agostinho Alvim, não há mora; portanto, o devedor (que não está em mora) não responde pela impossibilidade da prestação se esta resultar de força maior ou de caso fortuito. A redação proposta pela Comissão corrige a imprecisão que historicamente é apontada pela boa doutrina.

Art. 400. A mora do credor subtrai o devedor isento de dolo à responsabilidade pela conservação da coisa, obriga o credor a ressarcir as despesas empregadas em conservá-la, e sujeita-o a recebê-la pela estimação mais favorável ao devedor, se o seu valor oscilar entre o dia estabelecido para o pagamento e o da sua efetivação.

COMENTÁRIOS DOUTRINÁRIOS: A mora do credor, diferentemente da mora do devedor, não exige culpa para se caracterizar. Essa diferença parte da premissa pela qual o devedor suporta o fardo obrigacional e o credor tem apenas as vantagens da relação jurídica. É por isso que o credor entra em mora, tendo ou não culpa. Explicamos. Se João deve o cavalo a José e na data avençada para pagamento vai entregar o animal na fazenda do credor e José não está lá para receber a prestação, José estará em mora. José pode ter simplesmente esquecido da entrega do cavalo (culpa) ou estar hospitalizado e não poder receber o cavalo (caso fortuito ou força maior). Em ambos os casos, haverá mora do devedor. Pode haver uma aparência de injustiça na regra. Como o credor que está hospitalizado, que não teve culpa, estará em mora? O sistema tem que tomar uma decisão. Apesar do fato de o credor não ter tido culpa nessa hipótese, o devedor também não teve, pois estava no lugar certo, na data certa e não conseguiu cumprir a prestação. O devedor terá despesas acrescidas com o não recebimento da prestação pelo credor, mesmo não tendo ele qualquer culpa. No exemplo do cavalo, deverá regressar com o animal para sua fazenda, alimentar o animal, cuidar do animal, e, novamente, transportar o animal ao credor. Note-se que a lei poderia ter dado duas soluções: a primeira seria impor uma divisão dessas despesas entre credor e devedor. A segunda seria imputá-las ao credor. A segunda opção parte da premissa pela qual a lei deve suavizar o fardo obrigacional (*favor debitoris*), como forma de estimular o cumprimento da prestação pelo devedor. É por isso, pelo *favor debitoris*, que o credor suportará os efeitos da mora, mesmo sem culpa sua. Cabe ainda uma nota. Se o credor se recusar a receber a prestação por um motivo juridicamente permitido, não haverá mora sua, mas sim do devedor. É o caso de o devedor pretender pagar menos do que deve, em afronta ao art. 314 do CC, ou pagar prestação diferente da devida, em afronta ao art. 313 do CC. Os efeitos da mora do credor são três: a) o credor responderá pelas despesas de conservação da coisa, ou seja, as benfeitorias necessárias. Assim, o devedor que realizou tais gastos terá direito de cobrá-los do credor; b) há uma redução da responsabilidade do devedor pelos prejuízos. Afasta-se a regra do art. 392 e o devedor só responderá pelos prejuízos que causar com dolo, com intenção, não respondendo por simples culpa; c) se o preço da coisa variar entre a data em que deveria ter cumprido a prestação e a data em que efetivamente cumpriu, o devedor poderá exigir o preço mais alto. Vejamos. Se João vende a Maria 1 saca de café pelo preço de R$ 100,00 para entrega em 18 de abril e, nada data avençada, Maria não está lá para receber o café, Maria está em mora. Um mês depois, João regressa com o café que, naquele momento, vale R$ 120,00. Maria pagará, não R$ 100,00, mas sim o novo preço, que é mais alto. Se, ao contrário, o preço do café cair e a saca valer R$ 80,00, Maria paga R$ 100,00 a João.

Art. 401. Purga-se a mora:

I – por parte do devedor, oferecendo este a prestação mais a importância dos prejuízos decorrentes do dia da oferta;

II – por parte do credor, oferecendo-se este a receber o pagamento e sujeitando-se aos efeitos da mora até a mesma data.

COMENTÁRIOS DOUTRINÁRIOS: Como na mora, a prestação ainda é útil ao credor (ver art.

395 do CC), a obrigação pode ser cumprida tanto pelo credor quanto pelo devedor, por meio de purgação ou emenda da mora (*emendatio morae*). Com a purgação da mora, a obrigação é reconduzida à normalidade, ou seja, por ficção, a mora não ocorreu. No caso da mora do devedor, não basta cumprir a prestação devida. A purgação exige que ele pague as perdas e danos decorrentes da mora (muitas vezes quantificadas pela cláusula penal ou multa), além dos juros de mora, correção monetária e honorários de advogado. A purgação pode ocorrer de maneira extrajudicial (simples depósito em conta, por exemplo), ou por meio de consignação em pagamento se o credor se recusar a aceitar a purga ou mesmo na ação movida pelo credor em que o devedor é réu para resolução (extinção do contrato). O direito de purgar a mora existe até o momento que antecede a contestação. Se o devedor contestar a ação que pretende a resolução (extinção) do contrato, perde o direito de purgar a mora. Note-se que se o contrato contiver cláusula resolutiva expressa (ver art. 474 do CC) pela qual o inadimplemento do devedor gera automática extinção do contrato, a purgação da mora não é possível. O inadimplemento extinguiu a obrigação e não se pode purgar a mora se a relação contratual não mais existe. Se o credor vier a aceitar tal pagamento, há o surgimento de uma nova obrigação entre as partes. Não há, em regra, limitação do direito de purgar a mora por parte do devedor. O limite geral será o abuso de direito do art. 187 do CC. Há, contudo, leis que limitam tais direitos ou mesmo geram requisitos para que a purgação ocorra. Assim, a Lei de Locação (art. 62, parágrafo único, da Lei n. 8.245/1991) prevê que não se admitirá a emenda da mora se o locatário já houver utilizado essa faculdade nos 24 meses imediatamente anteriores à propositura da ação. A purgação da mora a que se refere o dispositivo abrange a modalidade judicial ou extrajudicial.

JURISPRUDÊNCIA COMENTADA: Na alienação fiduciária de bens imóveis (Lei n. 9.514/1997), tem-se admitido a purgação da mora mesmo após a consolidação da propriedade na mão do credor até a assinatura do auto de arrematação (art. 34 do Decreto-lei n. 70/1996). É nesse sentido a orientação do STJ: "O devedor pode purgar a mora em 15 (quinze) dias após a intimação prevista no art. 26, § 1º, da Lei n. 9.514/1997, ou a qualquer momento, até a assinatura do auto de arrematação (art. 34 do Decreto-lei n. 70/1966). Aplicação subsidiária do Decreto-lei n. 70/1966 às operações de financiamento imobiliário a que se refere a Lei n. 9.514/1997 (REsp 1462210/RS, 3.ª Turma, Rel. Min. Ricardo Villas Bôas Cueva, j. 18.11.2014, *DJe* 25.11.2014)" (STJ, AgInt no REsp 1567195/SP, 3.ª Turma, Rel. Min. Paulo de Tarso Sanseverino, j. 13.06.2017, *DJe* 30.06.2017). Para a purgação da mora, na hipótese de alienação fiduciária de bens móveis, havia uma regra com a exigência de pagamento pelo devedor de, pelos menos, 40% do valor devido (art. 3º, § 1º, do Decreto-lei n. 911/1969). Assim, temos a Súmula n. 284 do STJ: "A purga da mora, nos contratos de alienação fiduciária, só é permitida quando já pagos pelo menos 40% (quarenta por cento) do valor financiado". Contudo, a Lei n. 10.931 de 2004 retirou a possibilidade de o devedor purgar a mora nesse tipo de contrato. É por isso que o STJ, em decisão de recurso repetitivo (tema 722), assim decidiu: "Nos contratos firmados na vigência da Lei n. 10.931/2004, compete ao devedor, no prazo de 5 (cinco) dias após a execução da liminar na ação de busca e apreensão, pagar a integralidade da dívida – entendida esta como os valores apresentados e comprovados pelo credor na inicial –, sob pena de consolidação da propriedade do bem móvel objeto de alienação fiduciária" (STJ, REsp 1418593/MS, 2.ª Seção, Rel. Min. Luis Felipe Salomão, j. 14.05.2014, *DJe* 27.05.2014). Em idêntico sentido, temos: STJ, REsp 1951345/SP, Proc. 2021/0232740-7, Rel. Min. Marco Aurélio Bellizze, *DJ* 13.08.2021. Para bens imóveis, continua sendo possível a purgação da mora, por força da Lei n. 9.514/1997: "Na alienação fiduciária de bem imóvel, o devedor pode purgar a mora somente até a lavratura do auto de arrematação, mediante o pagamento integral do débito" (STJ, AgInt no REsp 1925380/SP, Proc. 2021/0061969-2, 3.ª Turma, Rel. Min. Nancy Andrighi, j. 16.08.2021, *DJe* 19.08.2021).

CAPÍTULO III
DAS PERDAS E DANOS

Art. 402. Salvo as exceções expressamente previstas em lei, as perdas e danos devidas ao credor abrangem, além do que ele efetivamente perdeu, o que razoavelmente deixou de lucrar.

COMENTÁRIOS DOUTRINÁRIOS: A noção de perdas e danos em matéria contratual se restringe aos danos materiais, e não aos extrapatrimoniais, quais sejam os danos emergentes e os lucros cessantes. O dano extrapatrimonial (moral e estético) não é consequência automática do descumprimento do contrato pelo devedor, ainda que esse descumprimento aborreça o credor. É por isso que o Enunciado n. 159 do CJF prevê que "o dano moral, assim compreendido todo o dano extrapatrimonial, não se caracteriza quando há mero aborrecimento inerente a prejuízo material". Há um equívoco, com relação ao dano moral, na extensão da responsabilidade contratual, que deve ser esclarecido desde logo. A responsabilidade contratual se limita ao descumprimento das prestações contratuais e nada mais. Se o cirurgião plástico recebe do paciente R$ 5.000,00 para fazer a cirurgia e não faz, estamos diante de responsabilidade contratual. Há inadimplemento. Se erra e deixa cicatrizes, a responsabilidade é extracontratual e daí surgem os danos morais. Da mesma forma, o empreiteiro que atrasa a entrega da obra descumpre a prestação e sua responsabilidade é contratual. Contudo, se o adquirente do apartamento for visitar a obra e um tijolo cair em sua cabeça, a responsabilidade é extracontratual. Isso porque a queda do tijolo não tem relação com as prestações de dar (do adquirente), nem de fazer (do empreiteiro). Os danos emergentes são chamados de danos negativos; é o prejuízo representado por uma perda, uma diminuição do patrimônio. Algo que o credor tinha e deixou de ter. É difícil imaginar um dano emergente no descumprimento do contrato de dar dinheiro. É por isso que o art. 404 do Código Civil fala em juros, custas e honorários de advogado. Tanto isso é verdade que o parágrafo único do artigo em questão permite ao credor cobrar os prejuízos que excederem os juros de mora. Há um exemplo que pode servir de base para o raciocínio. O devedor não paga o credor na data avençada e, com isso, o credor entra no limite do cheque especial para pagar suas contas. Esse valor é dano emergente decorrente do inadimplemento. Contudo, no caso concreto, não seria um dano direto, ou seja, não haveria nexo de causalidade (ver art. 403 do CC). O lucro cessante é o valor que o credor razoavelmente deixou de lucrar. Assim, é algo que deixou de receber. Não há redução do patrimônio. Deixa de haver um acréscimo patrimonial.

JURISPRUDÊNCIA COMENTADA: São raras as hipóteses em que o inadimplemento contratual tem por efeito o dano moral. A jurisprudência tem admitido, com acerto, que, no caso de descumprimento do contrato de seguro-saúde pelos planos, o segurado sofre dano moral, pois, afinal, o sofrimento com a saúde e o risco de não ter atendimento ultrapassam, em muito, um mero aborrecimento. É por isso que, segundo o STJ, "a jurisprudência desta Corte reconhece o direito ao ressarcimento dos danos morais advindos da injusta recusa de manutenção da cobertura de seguro-saúde, pois tal fato agrava a situação de aflição psicológica e de angústia no espírito do segurado, uma vez que, ao pedir a autorização da seguradora, já se encontra em condição de dor, de abalo psicológico e com a saúde debilitada" (STJ, AgInt no AREsp 1169303/PE, 3.ª Turma, Rel. Min. Moura Ribeiro, j. 05.06.2018, *DJe* 15.06.2018). Em igual sentido, temos: STJ, AgInt no REsp 1890559/SP, Proc. 2020/0210428-4, 3.ª Turma, Rel. Min. Ricardo Villas Bôas Cueva, j. 30.08.2021, *DJe* 03.09.2021. A entrega do imóvel pelo construtor traz exemplos de danos emergentes e de lucros cessantes. Quando o comprador precisa alugar um imóvel porque a construtora atrasou a obra, estamos diante de danos emergentes. Quando o comprador de um imóvel comercial está privado do uso do imóvel pelo atraso na entrega, tem os lucros cessantes decorrentes do não uso. É isso que se verifica nas decisões do STJ: "Prevalece nessa Corte o entendimento esposado no paradigma de que descumprido o prazo para a entrega do imóvel objeto do compromisso de compra e venda, é cabível a condenação da vendedora por lucros cessantes, havendo a presunção de prejuízo do adquirente, ainda que não demonstrada a finalidade negocial da transação" (STJ, EREsp 1.341.138/SP, 2.ª Seção, Rel. Min. Isabel Gallotti, j. 09.05.2018, v.u.). Há que se ter cuidado, apenas, para que não haja confusão conceitual. Se o adquirente do imóvel, em razão do atraso, aluga outro para morar, poderá cobrar como dano emergente o valor do aluguel, mas isso não pode ser cumulado com lucro cessante pela não entrega. Se possível fosse, o adquirente ganharia duas vezes pela mesma posse: a que ele pagou aluguel e a que ele usaria se a entrega tivesse ocorrido. É com razão que o STJ decidiu: "O dano material decorrente do atraso na entrega de imóvel residencial pode ser classificado como dano emergente ou lucros cessantes, sendo ambos as duas faces da mesma moeda. O dano, seja em qual dessas rubricas for classificado, será o mesmo: a privação da fruição do imóvel. 2. A concessão de indenização pelos danos emergentes decorrentes da demora na entrega do imóvel, com o pagamento dos gastos de moradia despendidos pelo autor no período da mora, exclui a possibilidade de percepção de lucros cessantes pelo mesmo fato, pois o bem estaria lhe servindo de moradia" (STJ, AgInt no AgRg no AREsp 795.125/RJ, 4.ª Turma, Rel. Min. Maria Isabel Gallotti, j. 12.11.2018). Interessante notar que o dano emergente deve ser efetivo. A perda de algo que o credor tinha em seu patrimônio. Em um caso de negativa de empréstimo pelo banco a certo consumidor, o STJ decidiu que tal fato "não representou qualquer alteração no patrimônio da vítima, antes ou depois do ilícito (negativação indevida), já que impediu tanto o acréscimo de bens quanto a aquisição da dívida equivalente. Nessa perspectiva, admitir-se o reconhecimento de dano emergente pelo valor que seria objeto do mútuo frustrado seria, por via oblíqua, autorizar a teratológica condenação com liquidação equivalente a 'dano zero' ou 'sem resultado positivo'. Dessa forma, não há perda material efetiva pela conduta da negativa de crédito, carecendo o ressarcimento por dano emergente de suporte fático, consistindo a condenação, nessas condições, em verdadeira hipótese de enriquecimento ilícito" (REsp 1.369.039/RS, 3.ª Turma, Rel. Min. Ricardo Villas Bôas Cueva, j. 04.04.2017). A decisão é perfeita. Se o banco deixou de emprestar, não há dano algum, pois o patrimônio da pessoa permaneceu inalterado. Sobre os cálculos dos lucros cessantes, temos: "A reparação de danos patrimoniais tem por finalidade fazer com que o lesado não fique numa situação nem melhor nem pior do que aquela que estaria se não tivesse ocorrido o evento danoso, evitando o enriquecimento sem causa. O Código Civil de 2002, em seu art. 402, estabelece a razoabilidade como critério para aferição dos lucros cessantes ('o que razoavelmente deixou de lucrar'). A aplicação concreta do critério da razoabilidade exige cautela e bom senso para que a reparação do dano seja integral, mas sem permitir que o ressarcimento dos lucros cessantes constitua motivo para o enriquecimento indevido da parte lesada pelo inadimplemento. No cálculo da indenização dos lucros cessantes, deve ser apurado o lucro líquido, descontadas as despesas operacionais, inclusive eventuais tributos, o que somente é possível mediante o procedimento da liquidação de sentença (art. 509 do CPC/2015)" (STJ, REsp 1689746/PR, Proc. 2017/0191483-6, 3.ª Turma, Rel. Min. Paulo de Tarso Sanseverino, j. 04.05.2021, *DJe* 10.05.2021).

Art. 403. Ainda que a inexecução resulte de dolo do devedor, as perdas e danos só incluem os prejuízos efetivos e os lucros cessantes por efeito dela direto e imediato, sem prejuízo do disposto na lei processual.

COMENTÁRIOS DOUTRINÁRIOS: Há duas questões importantes no artigo em comento. A primeira é que o dolo não é fator de agravamento da responsabilidade civil. A indenização não é maior, nem menor, pelo fato de o devedor descumprir o contrato e causar os prejuízos intencionalmente (dolo) ou por mero descuido (culpa). Contudo, deve-se salientar que, havendo dolo, a limitação de prejuízo estabelecida pela cláusula penal ou multa deve ser afastada, não se aplicando aquela do art. 416. Se o contrato, para afastar a responsabilidade civil do devedor, contiver cláusulas de irresponsabilidade ou de limitação de responsabilidade civil, e o devedor agir com dolo (intenção de causar o prejuízo), tais cláusulas serão ineficazes sob pena de se ferir o caráter ético do direito e premiar a torpeza do devedor. O dispositivo trata do nexo causal entre a conduta do devedor e os prejuízos experimentados pelo credor. Quais são os prejuízos indenizáveis? Em matéria de responsabilidade contratual, dúvida não há de que o sistema adota a teoria dos danos diretos e imediatos, ou seja, a teoria pela qual só não haverá reparação do dano decorrente do inadimplemento do contrato. Para a responsabilidade extracontratual, há grande controvérsia (ver art. 187 do CC). Por essa teoria, há o dever de indenizar se a conduta do devedor for causa direta e imediata do dano experimentado pelo credor. Afasta-se o chamado *damnum remotum* ou indireto. Ainda, se entre a conduta e o dano houver uma conduta de terceiro (fato de terceiro) ou culpa exclusiva do credor, ou, ainda, caso fortuito ou força maior, não há dever de indenizar. No conhecido exemplo do engenheiro cujo erro de projeto de edifício faz despencar o prédio e destruir todos os móveis que estão lá dentro, o erro de projeto (conduta) é causa direta e imediata da responsabilidade por indenizar os móveis destruídos pela queda. Contudo, se a mesma queda derrubou o muro e permitiu que ladrões roubassem os móveis do jardim (que estavam intactos após a queda do prédio), há um fato de terceiro que rompe o nexo causal. Da mesma forma, se o locador, de maneira ilícita, retira todos os móveis do locatário inadimplente da casa, deixando-os na calçada (abuso do direito do locador que deveria promover uma ação de despejo) e depois vem uma forte chuva que estraga os móveis, o locador não responde pelos estragos da chuva. O raciocínio "se o locador não tivesse retirado os móveis a chuva não os teria estragado" não pode ser aplicado. Seria a aplicação, que não é possível, da *conditio sine qua non* (ver comentários ao art. 187 do CC). A conduta é causa do dano quando for causa necessária, ou seja, ao inadimplemento se atribua o dano de maneira exclusiva (sem outros fatores como culpa do credor ou de terceiro). Se o dano é imediato, entre a conduta e ele não ocorreu nenhum intervalo, lapso temporal. Se o dano é direto, é aquele que segue em linha reta. Há uma sinonímia entre dano direto e imediato na língua portuguesa. Se foi direto a Jaú, ele o foi sem interrupção, sem paradas, de maneira imediata.

JURISPRUDÊNCIA COMENTADA: Há interessante decisão do STJ em que uma empresa teve seu nome indevidamente inscrito nos cadastros de maus pagadores (Serasa, SPC) e, em razão dessa inscrição indevida teria falido. A decisão não admitiu nexo causal entre a inscrição e o insucesso da empresa: "Sendo incontroverso que o insucesso da empresa não decorreu diretamente do evento danoso, inscrição indevida, e ausentes indícios objetivos de que o lucro poderia ser razoavelmente esperado até os dias atuais caso o ato ilícito não tivesse ocorrido, os lucros cessantes devem ser delimitados entre janeiro/1992, início da diminuição dos lucros da empresa, e o fim de suas atividades em junho/1996" (REsp 1.553.790/PE, 3.ª Turma, Rel. Min. Ricardo Villas Bôas Cueva, j. 25.10.2016). Realmente, imputar todo o insucesso de uma atividade empresarial a um apontamento indevido é algo que foge da teoria do nexo adotada pelo CC. Seria algo admissível na teoria da *conditio sine qua non*, ou seja, a teoria da equivalência das condições, que não é admitida pelo sistema brasileiro.

Art. 404. As perdas e danos, nas obrigações de pagamento em dinheiro, serão pagas com atualização monetária, juros, custas e honorários de advogado, sem prejuízo da pena convencional. (Redação dada pela Lei nº 14.905, de 2024)

Parágrafo único. Provado que os juros da mora não cobrem o prejuízo, e não havendo pena convencional, pode o juiz conceder ao credor indenização suplementar.

COMENTÁRIOS DOUTRINÁRIOS: O *caput* do dispositivo repete o art. 389 do CC ao qual remetemos o leitor. A questão da correção monetária é trabalhada nos comentários ao art. 315 do CC e a dos juros no art. 406 do CC. A pena convencional é a cláusula penal, matéria tratada nos arts. 408 e seguintes do CC. O interessante do presente dispositivo é seu parágrafo único, que tem origem no Anteprojeto do Código das Obrigações de Caio Mário da Silva Pereira. Já era mencionado pela doutrina como algo desejado ao sistema, mas que, por falta de previsão no CC/1916, não poderia ser aplicado. Trata-se de consequência do princípio da reparação integral do dano e, por isso, se os juros de mora não cobrem os prejuízos, provando o credor tal fato (é dele o ônus da prova), o devedor pagará indenização suplementar. Há uma questão importante a se mencionar. Se a obrigação inadimplida não contiver cláusula penal (ver arts. 408 e seguintes), bastará ao credor provar que os juros de mora são insuficientes para a completa indenização. Se, contudo, houver cláusula penal, em regra, esta será o valor máximo da indenização (ver comentários ao art. 416) e, então, o credor não poderá cobrar indenização suplementar, mesmo que os prejuízos sejam superiores ao valor da cláusula penal. É por isso que o parágrafo único do art. 404 só terá aplicação em duas hipóteses: a) não há cláusula penal avençada pelas partes; b) há cláusula penal, mas o contrato admite que o credor cobre os prejuízos suplementares, desde que faça prova que o dano excedeu o valor da cláusula penal. Caberá ao juiz, verificando o inadimplemento e a inexistência de cláusula penal, a análise de uma questão fática: o valor dos juros é insuficiente para a indenização completa do credor. Quanto à atualização trazida pela Lei n. 14.905/2024, trata-se apenas de ajuste redacional que não altera o sentido da norma. A *ratio* da alteração, nesse caso, é mesma da mudança do art. 395 (ver comentários aos arts. 389 e 395).

REFORMA DO CÓDIGO CIVIL: Pretende-se adicionar um § 2º ao art. 404 com a seguinte redação: "§ 2º A correção monetária do valor da indenização do dano moral incide desde a data do seu arbitramento". A Comissão, com a adição desse parágrafo, positiva exatamente o texto trazido na Súmula 362 do Superior Tribunal de Justiça sobre o momento em que passa a incidir a correção monetária da indenização do dano moral.

Art. 405. Contam-se os juros de mora desde a citação inicial.

COMENTÁRIOS DOUTRINÁRIOS: Esse dispositivo exige uma explicação. Os juros de mora são devidos a partir do momento em que há mora. É por isso que, topologicamente, ele vem depois dos dois dispositivos que cuidam do início da mora (arts. 397 e 398 do CC). Assim, temos que o art. 405 não se aplica: a) quando a obrigação por positiva (dar e fazer), líquida, com prazo de vencimento, pois a mora é *ex re* e, iniciando-se no dia seguinte à data do pagamento inadimplido, começam a fluir os juros de mora; b) no ato ilícito extracontratual, em que os juros começam a fluir da data do ilícito. É por isso que o Enunciado n. 163 da *III Jornada de Direito Civil*, assim prevê: "A regra do art. 405 do novo Código Civil aplica-se somente à responsabilidade contratual, e não aos juros moratórios na responsabilidade extracontratual, em face do disposto no art. 398 do novo Código Civil, não afastando, pois, o disposto na Súmula n. 54 do STJ". Então, em que hipóteses temos a aplicação do art. 405 do CC? Apenas e tão somente para as obrigações em que a mora seja *ex persona*, ou seja, dependa de um ato do credor para constituir o devedor em mora. Assim vejamos. Há um contrato de mútuo de dinheiro pelo qual não há prazo estipulado para a devolução da quantia devida. Os juros se iniciaram com a notificação ou interpelação, pois assim se inicia a mora. Se notificação não houve, será a citação que exercerá seu papel, ou seja, constituirá o devedor em mora e dará início à fluência dos juros. É esse o teor do Enunciado n. 428 da *V Jornada de Direito Civil*: "Os juros de mora, nas obrigações negociais, fluem a partir do advento do termo da prestação, estando a incidência do disposto no art. 405 da codificação limitada às hipóteses em que a citação representa o papel da notificação do devedor ou àquelas em que o objeto da prestação não tem liquidez". A questão fica bem esclarecida com a redação do art. 240 do CPC/2015: "A citação válida, ainda quando ordenada por juízo incompetente, induz litispendência, torna litigiosa a coisa e constitui em mora o devedor, ressalvado o disposto nos arts. 397 e 398 da Lei n. 10.406, de 10 de janeiro de 2002 (Código Civil)". Para o pagamento do DPVAT, ou seja, da indenização decorrente do seguro obrigatório, prevê a Súmula n. 426 do STJ o seguinte: "Os juros de mora na indenização do seguro DPVAT fluem a partir da citação". Contudo, se o beneficiário do seguro notificou o segurador para pagamento, os juros devem ser contados, a partir da constituição, em mora.

JURISPRUDÊNCIA COMENTADA: Esse julgado emblemático sintetiza toda a questão do termo inicial dos juros a partir da leitura dos arts. 397, 398 e 405 do CC: "Interpretando-se os arts. 960, 961 e 962 do CC de 1916 (correspondentes aos arts. 390, 397 e 398 do CC/2002), infere-se que a mora do devedor pode-se configurar de distintas formas, de acordo com a natureza da relação jurídico-material estabelecida entre as partes ou conforme exigência legal. Assim, em caso de: (I) responsabilidade contratual, relativa à obrigação positiva e líquida e com termo certo, da qual resulta a mora *ex re*, os juros moratórios incidem a partir do vencimento; (II) responsabilidade contratual que não possui termo previamente determinado ou que a lei exige interpelação, na qual o inadimplemento leva à mora *ex persona*, o termo inicial dos juros de mora será, normalmente, a data da notificação ou protesto, quando for exigida interpelação extrajudicial, e a data da citação, quando exigir-se a interpelação judicial; (III) obrigação de não fazer, negativa, o devedor é havido por inadimplente desde o dia em que pratica o ato que lhe era vedado, ficando, assim, constituído em mora nesta data; (IV) responsabilidade extracontratual, os juros de mora fluem a partir do evento danoso (Súmula 54/STJ). 3. Nos termos da jurisprudência desta Corte Especial, ainda que o débito seja cobrado por meio de ação monitória, se a obrigação for positiva e líquida e com vencimento certo, devem os juros de mora fluírem a partir da data do inadimplemento – a do respectivo vencimento –, nos termos em que definido na relação de direito material. Precedentes (EREsp 1.250.382/RS)" (STJ, EAREsp 502132/RS, Proc. 2014/0085724-3, Corte Especial, Rel. Min. Raul Araújo, j. 05.05.2021, *DJe* 03.08.2021).

REFORMA DO CÓDIGO CIVIL: Pretende-se alterar o art. 405, que passaria a ter a seguinte redação: "Art. 405. Contam-se os juros de mora, desde a citação inicial, ressalvadas as hipóteses previstas nos arts. 397 e 398 deste Código". Conforme explicado nos comentários doutrinários anteriores, são duas as exceções à aplicação do art. 405: uma trazida no art. 397 e outra trazida no art. 398. A alteração redacional proposta na reforma visa explicitar tais exceções em que os juros não se iniciam com a citação. Essa parte da reforma garante clareza quanto ao início dos juros, pois explicita que o art. 405 não tem aplicação nas hipóteses dos arts. 397 e 398.

CAPÍTULO IV
DOS JUROS LEGAIS

Art. 406. Quando não forem convencionados, ou quando o forem sem taxa estipulada, ou quando provierem de determinação da lei, os juros serão fixados de acordo com a taxa legal. (Redação dada pela Lei nº 14.905, de 2024)

§ 1º A taxa legal corresponderá à taxa referencial do Sistema Especial de Liquidação e de Custódia (Selic), deduzido o índice de atualização monetária de que trata o parágrafo único

do art. 389 deste Código. (Incluído pela Lei nº 14.905, de 2024)

§ 2º A metodologia de cálculo da taxa legal e sua forma de aplicação serão definidas pelo Conselho Monetário Nacional e divulgadas pelo Banco Central do Brasil. (Incluído pela Lei nº 14.905, de 2024)

§ 3º Caso a taxa legal apresente resultado negativo, este será considerado igual a 0 (zero) para efeito de cálculo dos juros no período de referência. (Incluído pela Lei nº 14.905, de 2024)

COMENTÁRIOS DOUTRINÁRIOS: O dispositivo sempre encerrou muitas controvérsias a respeito da taxa legal de juros. De início, vamos explicar as espécies de juros e, depois, em breve análise histórica, demonstraremos a controvérsia. Os juros são acessórios, ou seja, frutos civis produzidos pelo principal, que é o capital (é o preço de uso do capital). Juros e correção monetária não se confundem. A correção monetária é a atualização ou reposição do valor de compra da moeda, que se altera em razão da inflação. A correção monetária não é um acessório, mas sim o principal (ver comentários ao art. 316 do CC). Os juros podem ser classificados de acordo com sua função e sua origem. De acordo com sua função, temos: a) juros compensatórios (ou remuneratórios): são os frutos produzidos pelo capital, utilizado por um terceiro, que não seja o proprietário (ex.: juros pagos pelo banco nas aplicações financeiras). Independem de culpa e necessitam de expressa previsão contratual (ver comentários ao art. 316), salvo nas hipóteses de mútuo feneratício (com finalidade econômica), em que são presumidos (art. 591 do CC/2002); b) juros moratórios: são devidos na hipótese de inadimplemento culposo, relativo (mora) ou absoluto, do devedor. Independem de prova do prejuízo ou previsão contratual. De acordo com sua origem, temos: a) juros convencionais: decorrem de estipulação contratual. O Decreto n. 22.626/1933 (Lei da Usura) proíbe que os juros sejam estipulados em superior ao dobro da taxa legal e menciona o art. 1.062 do CC/1916; b) juros legais: são aqueles previstos no art. 406 do CC/2002. A questão sobre a taxa legal de juros no Brasil era polêmica desde a vigência do Código Civil de 2002. Um breve histórico ajuda na compreensão da questão. O Código Civil de 1916, em seu art. 1.062, determinava que a taxa de juros moratórios fosse de 6% ao ano, quando não convencionada. A Lei da Usura (Decreto n. 22.626/1933) permite que os juros convencionais sejam de até o dobro da taxa legal e, portanto, os juros convencionais poderiam atingir patamar de 12% ao ano. A Constituição Federal de 1988, em seu art. 192, § 3º, dispunha que "as taxas de juros reais, nelas incluídas comissões e quaisquer outras remunerações direta ou indiretamente referidas à concessão de crédito, não poderão ser superiores a doze por cento ao ano; a cobrança acima deste limite será conceituada como crime de usura, punido, em todas as suas modalidades, nos termos que a lei determinar". Tal dispositivo foi tido pelo STF como não autoaplicável, ou seja, dependente de regulamentação por lei complementar (Súmula n. 648 do STF que repetiu entendimento já constante da ADIn n. 4 assim dispõe: "A norma do § 3º do art. 192 da Constituição, revogada pela EC n. 40/2003, que limitava a taxa de juros reais a 12% ao ano, tinha sua aplicabilidade condicionada à edição de lei complementar"). O dispositivo, contudo, sem ter ocorrido edição de lei para regulamentá-lo, foi revogado pela Emenda 40/2003. Assim, nunca chegou a produzir efeitos. Com a edição do Código Civil de 2002, a locução "a taxa que estiver em vigor para a mora do pagamento de impostos devidos à Fazenda Nacional" gerou polêmica na doutrina por sua falta de operabilidade. A taxa de juros seria a de 1% ao mês prevista no Código Tributário Nacional ou seria a Taxa Selic? a) Taxa Selic. É o Sistema Especial de Liquidação e Custódia. Note-se que "custódia" é guarda, conservação de algo. Então, por que a "taxa de juros" tem a palavra custódia? O Sistema Especial de Liquidação e Custódia é aquele em que se registram transações e se efetua custódia de títulos federais. Assim, o Brasil emite títulos e os oferece ao investidor, que recebe uma remuneração por ser credor desses títulos. O Selic custodia, guarda esses títulos. Pela remuneração, o Brasil paga uma taxa aos investidores e essa taxa, que é paga pelo Brasil, tem o nome de Selic. Em 1995, a Selic passou a ser utilizada na cobrança dos devedores da União Federal. A taxa do Sistema Especial de Liquidação e Custódia (Selic) foi criada pela Lei n. 9.065/1995, que teve sua origem na Medida Provisória n. 947, de 22.03.1995 (reeditada 972/1995, em 20.04.1995, e 998, em 19.05.1995), cujo art. 13 dispõe: "Art. 13. A partir de 1º de abril de 1995 os juros de que tratam a alínea 'c' do parágrafo único do art. 14 da Lei n. 8847, de 28 de janeiro de 1994 com redação dada pelo artigo 6º da Lei n. 8850, de 28 de janeiro de 1994 e pelo artigo 90 da Lei n. 8.981/95 o artigo 84, inciso I, e o artigo 91, parágrafo único, alínea 'a.2', da Lei n. 8.981/95, serão equivalentes à taxa referencial do Sistema Especial de Liquidação e de Custódia – Selic – para títulos federais, acumulada mensalmente". Assim, a Selic foi introduzida no sistema interno, para os devedores da União em termos de tributos. A meta da Taxa Selic é fixada nas reuniões do COPOM – Comitê de Política Monetária –, que ocorrem a cada 45 dias. A taxa, em si, que se efetivou, é posteriormente publicada no *site* da Receita Federal (http://idg.receita.fazenda.gov.br/orientacao/tributaria/pagamentos-e-parcelamentos/taxa-de-juros-selic#-Taxaselic). a SELIC não é, por natureza, taxa de juros. É uma taxa mais ampla de remuneração financeira cujo cômputo já considera a inflação do período. Não é taxa de juros, mas uma taxa híbrida. Isso porque, em sua criação, era utilizada apenas para pagar os investidores estrangeiros que adquiriam títulos brasileiros. Para estes, interessa a remuneração paga, não havendo razão nem o costume de se fracionar os juros da correção. b) entendia-se, antes da Lei n. 14.905/2024 e da uniformização de jurisprudência do STJ, que a taxa de juros a que se referia o art. 406 é do art. 161, § 1º, do CTN e é de 1% ao mês. Nesse sentido, temos o Enunciado n. 20 da *I Jornada de Direito Civil*: "A taxa de juros moratórios a que se refere o art. 406 é a do art. 161, § 1º, do Código Tributário Nacional, ou seja, um por cento ao mês". A Lei n. 14.095/2024, no entanto, transforma totalmente o cenário. Com o novo texto, a taxa de juros legais passa a ser SELIC, deduzido o IPCA. Erra, ao meu ver, o legislador. Não pode ser taxa de juros o que não tem natureza jurídica de juros, uma taxa de remuneração que cuida de política macroeconômica. Além disso, a necessidade se descontar a correção monetária embutida na SELIC, para, depois, se aplicar o índice contratual, gera uma total inoperabilidade do sistema. O cálculo dos juros legais se torna tão complexo que, segundo o § 2º do artigo em comento, o Conselho Monetário Nacional precisará criar uma metodologia de cálculo. O § 3º traz regra interessante. A taxa de juros legais não pode ser negativa. Embora existam países, principalmente nórdicos, em que a prática de juros negativos é relativamente comum, esta prática não tem se verificado na realidade brasileira, que é inflacionária por excelência. Uma última nota. Se não houver previsão contratual para os juros e a mora se iniciou na vigência do Código Civil de 1916 e prossegue até o momento, pelo princípio *tempus regit actum* haverá a seguinte situação: para os meses que antecedem 10 de janeiro de 2003, os juros legais de mora serão de 0,5% ao mês (art. 1.062 do CC/1916) e, para os meses posteriores, os juros serão os do art. 406 do CC/2002, ou seja, 1%. Esse é o teor do Enunciado n. 164 da *III Jornada de Direito Civil*: "Tendo início a mora do devedor ainda na vigência do Código Civil de 1916, são devidos juros de mora de 6% ao ano, até 10 de janeiro de 2003; a partir de 11 de janeiro de 2003 (data de entrada em vigor do novo Código Civil), passa a incidir o art. 406 do Código Civil de 2002". A orientação é confirmada pelo STJ no Recurso Repetitivo 176: "Tendo sido a sentença exequenda prolatada anteriormente à entrada em vigor do Novo Código Civil, fixados juros de 6% ao ano, correto o entendimento do Tribunal de origem ao determinar a incidência de juros de 6% ao ano até 11 de janeiro de 2003 e, a partir de então, da taxa a que alude o art. 406 do Novo CC, conclusão que não caracteriza qualquer violação à coisa julgada". Portanto, o Superior Tribunal de Justiça confirmou que para a mora existente na vigência do CC/02 temos a taxa SELIC, com o abatimento da correção monetária. A grande questão que surge é: até que o Banco Central defina a metodologia de cálculo, como se dará aplicação à regra trazida pela Lei n. 14.905/2024? Temos de seguir uma lógica: os juros legais são os da taxa SELIC. Contudo, a própria norma manda abater a correção monetária que é medida pelo IPCA. Assim, o cálculo dos juros a cada mês são: taxa SELIC – IPCA. Um cálculo aritmético linear. Em maio de 2024 a SELIC foi de 0,83% sendo a taxa anual de 10,5%. Já o IPCA naquele mês foi de 0,46% refletindo uma inflação nos 12 meses (junho 2023-maio 2024) de 4,23%. Logo, a taxa de juros de maio de 2024 é 0,83 – 0.46 = 0.37%.

JURISPRUDÊNCIA COMENTADA: Nos Tribunais, a questão da taxa legal de juros é muito controversa. Pela aplicação dos juros de 1% ao mês temos: "Razão assiste à parte, porquanto, deve ser observada, no tocante aos juros legais, a taxa de 0,5% ao mês (art. 1.062 do Código Civil de 1916), até o dia 10.01.2003; e a partir de 11.01.2003, marco inicial da vigência do novo Código Civil, deve ser aplicada a taxa prevista no artigo 406 desse último. Confiram-se: Embargos de declaração. Recurso especial. Responsabilidade civil. Abertura de conta corrente. Documentação falsa. Forma de correção dos valores arbitrados a título de danos morais. Questões novas. Omissão inexistente. [...] 3. Os juros moratórios, tratando-se de responsabilidade extracontratual, incidem a partir do evento danoso (Súmula n. 54/STJ), no percentual de 0,5% (meio por cento) ao mês na vigência do Código Civil de 1916 e de 1% (um por cento) ao mês na vigência do Código Civil de 2002 (STJ, EDcl no REsp 671.964/BA, Rel. Ministro Fernando Gonçalves, 4.ª Turma, julgado em 18/08/2009, *DJe* 31/08/2009)" (STJ, AgInt-EDcl-AREsp 216.417/RJ, Proc. 2012/0168216-2, 4.ª Turma, Rel. Des. Fed. Conv. Lázaro Guimarães, j. 14.08.2018, *DJe*

21.08.2018). "Termo inicial dos juros de mora. Data da citação. Precedentes. 5. Art. 406 do Código Civil. Percentual de 1% ao mês. Incidência da Súmula n. 83 desta corte" (STJ, REsp 1.575.125/PB, Proc. 2015/0318341-4, 3.ª Turma, Rel. Min. Marco Aurélio Bellizze, *DJe* 13,09,2017). Pela Selic temos: "1. Os juros de mora incidem desde o vencimento da obrigação positiva e líquida, sendo desinfluente o fato de ter sido utilizada ação monitória. Súmula n. 83/STJ. 2. A taxa de juros prevista no art. 406 do Código Civil c/c art. 161, § 1º, do CTN é a taxa referencial do Sistema Especial de Liquidação e Custódia – Selic, por ser ela que incide como juros de mora dos tributos federais. Provimento. RESP 1.111.117/PR, representativo de controvérsia. Rel. Ministro Luis Felipe Salomão, Rel. p/ Acórdão Ministro Mauro Campbell Marques, Corte Especial, julgado em 02/06/2010, *DJe* 02/09/2010. 3. Recurso Especial parcialmente provido" (STJ, REsp 1.554.412/MG, Proc. 2015/0180592-2, Rel. Min. Luis Felipe Salomão, j. 28.11.2018, *DJe* 05.12.2018). "1. Imprescindível a previsão contratual da capitalização anual de juros no contrato bancário, o que não restou comprovado no caso. 2. Após a vigência do CC/2002, os juros moratórios são devidos em consonância com o índice estabelecido pela Taxa Selic (art. 406 do CC/2002), que engloba correção monetária e juros, não podendo com eles ser cumulada. 3. Recurso Especial provido em parte" (STJ, REsp 1.626.025/PR, Proc. 2016/0240932-3, Rel. Min. Luis Felipe Salomão, j. 05.12.2018, *DJe* 12.12.2018). "Aplica-se a Taxa Selic para calcular os juros moratórios previstos no art. 406 do CC/2002, não sendo possível cumulá-la com correção monetária. Precedentes. 3. A existência de fundamento do acórdão recorrido não impugnado – quando suficiente para a manutenção de suas conclusões – impede a apreciação do Recurso Especial. 4. Recurso Especial parcialmente conhecido do [...] e, nessa parte, provido. Recurso Especial de [...] não conhecido" (STJ, REsp 1.702.350/PR, Proc. 2017/0246892-8, Rel. Min. Nancy Andrighi, j. 23.05.2018, *DJe* 29.05.2018). As decisões de aplicação da taxa Selic prosseguem: "Esta Corte firmou entendimento no sentido de que a fixação da taxa dos juros moratórios, a partir da entrada em vigor do artigo 406 do Código Civil de 2002, deve ser com base na taxa Selic" (STJ, AgInt no REsp 1918258/RS, Proc. 2021/0022888-6, 4.ª Turma, Rel. Min. Luis Felipe Salomão, j. 20.09.2021, *DJe* 27.09.2021); e, em igual sentido: STJ, AgInt no REsp 1752361/MG, Proc. 2018/0170572-5, 4.ª Turma, Rel. Min. Raul Araújo, j. 21.06.2021, *DJe* 01.07.2021). Contudo, há decisões dos Tribunais de Justiça aplicando o CTN: "Acidente de trânsito. Ação regressiva da seguradora. A aplicação de juros moratórios de 1% ao mês sobre o valor da condenação está de acordo com o que estabelecem o art. 406 do Código Civil e o art. 161, § 1º, do Código Tributário Nacional. Precedentes desta Col. Câmara e E. Corte. Recurso provido" (TJSP, Apelação Cível 1005171-25.2020.8.26.0161, 34.ª Câmara de Direito Privado, Rel. Gomes Varjão, j. 10.08.2021, *DJESP* 10.08.2021); "Juros de mora e correção monetária. Previsão expressa. Substituição pela taxa Selic. Impossibilidade. Juros de mora. Juros legais. 1% ao mês. Verificado que o título judicial em execução previu, expressamente, a aplicação ao caso de juros de mora e de correção monetária não é devido, em sede de cumprimento de sentença, ainda que provisório, se alterar o julgamento, especialmente para substituição pela taxa Selic, o que não admite a cumulação com a correção monetária prevista. Os juros legais em vigor para a mora do pagamento de impostos da Fazenda Nacional, a que se refere o art. 406 do Código Civil, são aqueles previstos no artigo 161, § 1º, do CTN, ou seja, no percentual de 1% ao mês" (TJDF, Agravo de Instrumento 0708255-02.2021.8.07.0000, 5.ª Turma Cível, Rel. Ana Cantarino, j. 26.05.2021, *DJe* 08.06.2021). O tema ainda não foi pacificado pelo STJ; a controvérsia persiste. Em março de 2024, o STJ finalmente decidiu que a taxa do art. 406 é mesmo a Selic (REsp 1.795.982). Sendo a Selic a taxa de juros, ela não pode ser cumulada com a correção monetária, que já está em seu cômputo.

REFORMA DO CÓDIGO CIVIL: Pretende-se alterar o art. 406, que passaria a ter a seguinte redação: "Art. 406. Quando os juros moratórios não forem convencionados ou assim forem sem taxa estipulada, ou quando provierem de determinação da lei, serão fixados segundo a taxa mensal de 1% (um por cento) ao mês. Parágrafo único. Os juros moratórios, quando convencionados, não poderão exceder o dobro da taxa prevista no *caput*". Conforme comentado, esse dispositivo sempre trouxe muitas controvérsias e gerou insegurança jurídica no País. Por esse motivo, a Comissão de Reforma e Atualização do Código Civil teve grande preocupação com a norma em comento. A subcomissão de obrigações, da qual tive o prazer de ser relator, apresentou três propostas para esse artigo. A primeira dizia que, quando não estipulados, os juros seguiriam a taxa Selic e eles não poderiam ser convencionados em valores maiores do que o dobro de tal taxa. A segunda proposta dizia que, caso a taxa não fosse convencionada, os juros seriam de 0,5% ao mês. Ainda, nesta segunda proposta, os juros em contratos por adesão não poderiam ser convencionados em valores maiores do que 1% ao mês e, em relação a contratos paritários, a convenção das partes não poderia estabelecer valor maior do que o dobro da remuneração da poupança. A terceira proposta, por fim, foi a acolhida pela Comissão e está supratranscrita. Se o projeto de reforma do Código Civil for aprovado, os juros moratórios serão de 1% ao mês quando não convencionados. Se convencionados, não poderão exceder 2% ao mês. Conforme visto anteriormente, o art. 406 passou por recente mudança, alterando-se profundamente a taxa legal de juros. Ainda assim, a Comissão entendeu por bem oferecer sua sugestão quanto à redação aqui comentada por sua maior operabilidade do sistema do que a redação atual, tal como exposto nos comentários ao artigo.

Art. 407. Ainda que se não alegue prejuízo, é obrigado o devedor aos juros da mora que se contarão assim às dívidas em dinheiro, como às prestações de outra natureza, uma vez que lhes esteja fixado o valor pecuniário por sentença judicial, arbitramento, ou acordo entre as partes.

COMENTÁRIOS DOUTRINÁRIOS: Os juros de mora são consectários naturais da mora ou do inadimplemento absoluto culposo do devedor. Note-se que há uma presunção absoluta de prejuízo (*iuris et de iure*) que não pode ser afastada com prova em sentido contrário. O fato de alguém (devedor) estar com capital alheio (alheio não no sentido de propriedade, mas ao qual faz jus o credor) gera a presunção de que o credor perdeu dinheiro e o devedor teve uma vantagem pecuniária. Se o locatário não paga o aluguel, o credor (locador) está privado do uso do dinheiro e o devedor está se beneficiando dele (em uma aplicação financeira, por exemplo), por presunção legal. O artigo determina que os juros de mora são devidos em todas as prestações inadimplidas (dar, fazer e não fazer), e não apenas nas obrigações de dar dinheiro. Contudo, há uma questão de se fixar a base sobre a qual incidem os juros. Nas obrigações pecuniárias (dar dinheiro), os juros se calculam com relação ao valor da própria prestação. Para as prestações de outra natureza (fazer uma obra, dar um carro), os juros são devidos da mesma maneira, mas se contam sobre o valor pecuniário da prestação inadimplida. Tal valor pode ser determinado por sentença, por arbitramento ou por acordo entre as partes. Assim, se o devedor não fez a obra, as perdas e danos podem estar representados por uma cláusula penal (multa contratual) e sobre esse valor acordado pelas partes incidem os juros. Contudo, o juiz pode fixar o valor da prestação inadimplida e, então, teremos a base de cálculo dos juros. A locução "desde que" não indica o início da fluência dos juros, que seguirá as regras dos arts. 397, 398 e 405 do CC. Trata de como são fixados os juros de mora em obrigações que não de dar dinheiro. Fixado o valor, tem-se a base de incidência dos juros. Somente isso. O início dos juros, repita-se, não é tratado nesse dispositivo.

CAPÍTULO V
DA CLÁUSULA PENAL

Art. 408. Incorre de pleno direito o devedor na cláusula penal, desde que, culposamente, deixe de cumprir a obrigação ou se constitua em mora.

COMENTÁRIOS DOUTRINÁRIOS: Cláusula penal é a obrigação acessória a um contrato, pela qual o devedor se obriga a uma prestação determinada no caso de descumprimento do contrato ou de qualquer uma de suas cláusulas. É a chamada multa contratual ou pena convencional. A doutrina se divide quanto à sua função. O termo "pena" leva parte da doutrina a considerar a cláusula penal uma sanção, ou seja, uma punição ao devedor inadimplente (por todos Rubens Limongi França). Parte da doutrina à qual nos filiamos vê na cláusula penal a função (histórica, diga-se de passagem) de servir com prefixação do valor das perdas e danos. Essa função de "ajuste prévio do valor da indenização" é que se percebe de todos os artigos do Código Civil brasileiro sobre o tema. A ideia de punição não passa pelo sistema brasileiro revelando-se contrária à disciplina do instituto no Brasil. É por isso que contrariamente ao pensamento de alguns autores (por todos Clóvis Beviláqua), discordamos da possibilidade de cláusula penal em negócio jurídico unilateral, tal como o testamento. O testador não poderia, unilateralmente, fixar uma cláusula penal prefixando prejuízos de terceiros. Se o testador previr que o herdeiro deve, em dez dias após sua morte, R$ 10.000,00 (valor que sai da parte disponível) ao legatário sob pena de multa de 10%, estamos diante de clara punição sem conteúdo indenizatório. A disciplina da cláusula penal não se aplica ao caso em tela. Uma única vontade (testador) não pode vincular outras vontades (herdeiro e legatário) quanto à fixação de futuros prejuízos. É de grande utilidade a cláusula penal, pois, como se verá (art. 416), faz presumir de maneira absoluta a existência de um dano e o valor da indenização devida. Dispensa o credor de provar a existência do dano, bem como de quantificá-lo. Há outra função (claramente secundária) que desempenha a cláusula penal: estimular o devedor a cumprir a obrigação. Havendo multa, a obrigação se torna mais onerosa ao devedor, que estará estimulado a cumpri-la no tempo, lugar e forma. Há uma importante distinção entre cláusula penal e *astreinte* (ou multa cominatória): enquanto a *astreinte* tem caráter cominatório (coercitivo), a cláusula penal tem natureza indenizatória (portanto, o contrato pode conter ambas as multas). Também a limitação prevista no art. 412 do CC/2002, em nossa opinião, não se aplica à *astreinte* (ver comentários ao art. 249 do CC; a jurisprudência comentada em sentido contrário está compilada no art. 412). Sobre a questão de eventual possibilidade de cumulação da cláusula penal com as arras, sugerimos a leitura dos comentários ao art. 419 do CC.

JURISPRUDÊNCIA COMENTADA: A cláusula penal não é exclusiva dos contratos comutativos. Nos contratos aleatórios, em que não há certeza da contraprestação ou da extensão, podem as partes avençar uma obrigação acessória para prefixação das perdas e danos. Assim, já se decidiu: "Nos contratos agrícolas de venda para entrega futura, de natureza aleatória, em razão do risco pela futuridade e incerteza, as partes podem convencionar cláusula penal, obrigação acessória de responsabilidade, cuja natureza tem duplo escopo: coercitivo e indenizatório (artigo 408 e seguintes do Código Civil). Logo, no caso de inadimplemento total da obrigação, a multa contratual assume a modalidade compensatória, cuja exclusão não se justifica, por força do princípio do *pacta sunt servanda*, notadamente se não demonstrada a infringência aos princípios da boa-fé objetiva, a função social do contrato, e se não verificado desequilíbrio contratual que deva ser combatido" (TJGO, AC 0196943-87.2013.8.09.0137, 2.ª Câmara Cível, Rio Verde, Rel. Des. Zacarias Neves Coelho, *DJGO* 25.04.2016, p. 186).

Art. 409. A cláusula penal estipulada conjuntamente com a obrigação, ou em ato posterior, pode referir-se à inexecução completa da obrigação, à de alguma cláusula especial ou simplesmente à mora.

COMENTÁRIOS DOUTRINÁRIOS: Não há dúvidas de que a cláusula penal é obrigação acessória, ou seja, acompanha uma obrigação principal. Aliás, o próprio texto do art. 412 menciona que seu valor não pode exceder ao da obrigação principal. A cláusula penal só produzirá efeitos se a obrigação principal for descumprida. Assim, nada impede que a cláusula penal nasça após a obrigação principal ou seja estipulada em instrumento diverso. O contrato pode nascer sem a previsão de multa e, por aditivo, as partes podem avençá-la. Isso significa que, cumprida a obrigação principal pelo pagamento, extinta estará a cláusula penal. Ainda, a invalidade do contrato (nulidade ou anulabilidade) contamina a cláusula penal. Ao contrário, a invalidade da cláusula penal não contamina a obrigação principal. Se uma pessoa plenamente capaz firma um contrato de empréstimo e, posteriormente, torna-se incapaz por prodigalidade e avença uma multa para o descumprimento desse mútuo, sem a assistência do curador, a cláusula penal é anulável e o mútuo não. O dispositivo traz as duas espécies de cláusula penal: cláusula penal moratória e cláusula penal compensatória: a) compensatória: é aquela aplicada para a hipótese de descumprimento absoluto da obrigação (inexecução completa da obrigação). Exemplo clássico é o contrato de locação de imóvel urbano. Se o inquilino desocupar o imóvel antes do prazo avençado para locação, paga uma multa equivalente a três aluguéis. Há uma alternatividade em favor do credor (ver comentários ao art. 410); b) moratória: aplica-se às hipóteses de mora (art. 394 do CC/2002). Exemplo disso se verifica na previsão contratual pela qual se o inquilino não pagar o aluguel no vencimento pagará multa de 10%. Nessa hipótese, há uma cumulatividade, pois paga-se a prestação acrescida da cláusula penal. O descumprimento de uma única cláusula pode implicar a incidência tanto da cláusula compensatória, quanto da moratória a depender do caso concreto. Se a prestação é descumprida fora do tempo, do lugar e da forma, a cláusula descumprida implica mora, pois a prestação poderá ser exigida cumulativamente com a multa moratória. É o caso do inquilino que descumpre a prestação de segurar o imóvel contra incêndio. Deverá efetivar o seguro e pagar a multa moratória. Por outro lado, se o vendedor entregar o café (vendido para exportação) com algumas horas de atraso e o navio que o transportaria já partiu, a prestação não mais poderá ser cumprida (navio já partiu) e há incidência da cláusula penal compensatória. Não se exigirão o café e a multa, mas apenas a multa. O critério, portanto, para a avaliação da cláusula penal que garante o descumprimento de uma determinada cláusula dependerá do teor dessa cláusula e dos efeitos do descumprimento. A cumulatividade ou não é uma pista que o contrato dará para saber a diferença. A real distinção entre elas pode depender do próprio texto do contrato e seus efeitos. Se o contrato determinar que o descumprimento de certa cláusula gera ao credor o direito de exigi-la cumulada com a multa, há claramente uma cláusula penal moratória. Se o contrato mencionar que, com o inadimplemento, o credor pode optar entre a prestação ou a cláusula penal, esta será compensatória.

Art. 410. Quando se estipular a cláusula penal para o caso de total inadimplemento da obrigação, esta converter-se-á em alternativa a benefício do credor.

COMENTÁRIOS DOUTRINÁRIOS: Estamos diante de uma cláusula penal compensatória em que o inadimplemento é absoluto, ou seja, a prestação não foi cumprida (inexecução foi total, completa). Não é a utilidade da prestação que distingue a cláusula penal moratória e a compensatória. É a extensão do inadimplemento que o faz. A possibilidade física de cumprimento da prestação interessa à aplicação do dispositivo. Vejamos. Se João deve a Antônia seu carro da marca Ford, modelo Focus, XPTO6367 e por culpa de João, o carro é destruído pela enchente, há impossibilidade física da prestação e Antônia pode exigir apenas a indenização pela perda do carro que, por contrato, pode estar prefixada em uma cláusula penal compensatória. Não há alternatividade alguma. Se João deve a Antônia seu carro da marca Ford, modelo Focus, XPTO6367 e João se nega a entregar o carro, há possibilidade física da prestação e Antônia pode exigir: a) a entrega do carro ou b) a cláusula penal que, por contrato, pode estar prefixada em uma cláusula penal compensatória. Há efetivamente alguma alternatividade. O que não pode ocorrer é se exigir a prestação devida cumulada com a cláusula penal compensatória, pois o credor receberia duas vezes a prestação (uma *in natura* e outra na forma de perdas e danos prefixadas). Isso não se verifica no caso de cláusula penal moratória (ver art. 411 do CC). Há também uma normal correlação entre a cláusula penal compensatória e o valor do objeto da prestação. Normalmente, se fixada em percentuais, estamos diante de uma cláusula penal moratória. Escolhida a cláusula penal pelo credor, a obrigação original desaparece. Nada mais poderá o credor exigir.

JURISPRUDÊNCIA COMENTADA: A leitura do STJ é precisa ao distinguir as espécies de cláusula penal. Inadimplemento completo significa aplicação da cláusula penal compensatória: "Enquanto a cláusula penal moratória manifesta com mais evidência a característica de reforço do vínculo obrigacional, a cláusula penal compensatória prevê indenização que serve não apenas como punição pelo inadimplemento, mas também como prefixação de perdas e danos. A finalidade da cláusula penal compensatória é recompor a parte pelos prejuízos que eventualmente decorram do inadimplemento total ou parcial da obrigação. Tanto assim que, eventualmente, sua execução poderá até mesmo substituir a execução do próprio contrato. Não é possível, pois, cumular cláusula penal compensatória com perdas e danos decorrentes de inadimplemento contratual" (REsp 1.335.617/SP, 3.ª Turma, Rel. Min. Sidnei Beneti, j. 27.03.2014).

Art. 411. Quando se estipular a cláusula penal para o caso de mora, ou em segurança especial de outra cláusula determinada, terá o credor o arbítrio de exigir a satisfação da pena cominada, juntamente com o desempenho da obrigação principal.

COMENTÁRIOS DOUTRINÁRIOS: Nessa espécie, temos o cumprimento da prestação acrescido da cláusula penal. Não há uma alternatividade, e sim uma cumulatividade. Imaginemos que o contrato preveja que, se o café for entregue pelo vendedor em lugar diverso do avençado, o vendedor paga ao comprador uma multa de 10% do valor das sacas de café. Essa multa é claramente cláusula penal moratória, pois o comprador exigirá o café e a multa. Note-se que esse dispositivo indica que a cláusula penal moratória e a compensatória não têm por diferença a utilidade da prestação para o credor (que é o que difere a mora do inadimplemento absoluto nos termos do art. 396 do CC). A própria lei determina que a cláusula moratória se aplica ao descumprimento de uma parte do contrato (mora ou cláusula específica). As partes não se confundem com o todo. Ao se descumprir o todo, aplica-se cláusula penal compensatória; já a parte, cláusula penal moratória. Não há qualquer vedação ou contradição em cobrar o valor da cláusula penal moratória e também juros de mora. Isso porque os juros são frutos civis que são pagos pela privação do uso do capital por quem de direito. A lei expressamente autoriza a cobrança das perdas e danos, representadas ou não pela cláusula penal, e também de juros (arts. 389 e 394 do CC).

Há um interessante debate na doutrina a respeito do chamado abono de pontualidade. São os chamados 'descontos' ao devedor que pagar antes do prazo de vencimento. Vejamos. O contrato prevê que se a mensalidade escolar no importe de R$ 1.000,00 for paga até o dia 5 do mês, há um desconto de 20%, se paga até o dia 10, o desconto é de 10% e se paga na data do vencimento, dia 15, não há desconto. Entretanto, se houver atraso a multa moratória é de 10%. Qual o valor efetivo da prestação escolar? R$ 1.000,00 ou R$ 800,00, já que se paga antes da data de vencimento há um 'desconto'? A data real de pagamento é o dia 5 e não dia 15. Na realidade, o valor da prestação é R$ 800,00, pois se deve descontar o abono de pontualidade de 20%, que é cláusula penal disfarçada. Então, temos no contrato duas cláusulas penais cumuladas: a primeira, que transforma o valor da prestação de R$ 800,00 em R$ 1.000,00 e a segunda, aplicada após o vencimento, que transforma o valor de R$ 1.000,00 em R$ 1.100,00. O abono de pontualidade é forma de se cobrar multa sobre multa mascarando o valor da prestação e a data real de vencimento. Ele exerce a exata função da cláusula penal: estimular o devedor a cumprir a prestação e já prever o valor das perdas e danos caso haja inadimplemento.

JURISPRUDÊNCIA COMENTADA: O STJ tem orientação distinta quanto ao abono de pontualidade. Entende que a prática é lícita e decorre da autonomia privada. Assim: "O denominado 'desconto de pontualidade', concecido pela instituição de ensino aos alunos que efetuarem o pagamento das mensalidades até a data do vencimento ajustada, não configura prática comercial abusiva. Em relação à natureza jurídica, pode-se afirmar que o abono por pontualidade e a multa contratual possuem, como traço em comum, o propósito de instar a outra parte contratante a adimplir a sua obrigação, de garantir o cumprimento da obrigação ajustada. Porém, diversamente do desconto por pontualidade, a multa contratual, concebida como espécie de cláusula penal (no caso, cláusula penal moratória), assume um nítido viés coercitivo e punitivo, na medida em que as partes, segundo o princípio da autonomia privada, convencionam a imposição de uma penalidade na hipótese de descumprimento da obrigação, cujo limite, nos contratos civis, é de 10% sobre o valor da dívida (arts. 8º e 9º do Decreto n. 22.626/1933); nas dívidas condominiais, de 2% (art. 1.336, § 1º, do CC); e nos contratos de consumo, de 2%" (STJ, REsp 1.424.814/SP, 3.ª Turma, Rel. Min. Marco Aurélio Bellizze, j. 04.10.2016). Em idêntico sentido, temos mais decisões do STJ: AgInt no REsp 1894518/SP, 3.ª Turma, Rel. Min. Marco Aurélio Bellizze, j. 01.03.2021, *DJe* 03.03.2021; e REsp 1745916/PR, 3.ª Turma, Rel. Min. Nancy Andrighi, j. 19.02.2019, *DJe* 22.02.2019. Quanto ao atraso na entrega de obra por construtora, o STJ, em recurso repetitivo, firmou as seguintes teses: Tema 970: "A cláusula penal moratória tem a finalidade de indenizar pelo adimplemento tardio da obrigação, e, em regra, estabelecida em valor equivalente ao locativo, afasta-se sua cumulação com lucros cessantes"; e Tema 971: "No contrato de adesão firmado entre o comprador e a construtora/incorporadora, havendo previsão de cláusula penal apenas para o inadimplemento do adquirente, deverá ela ser considerada para a fixação da indenização pelo inadimplemento do vendedor. As obrigações heterogêneas (obrigações de fazer e de dar) serão convertidas em dinheiro, por arbitramento judicial". E, confirmando a adoção dessa orientação, temos: "A jurisprudência da Segunda Seção do STJ, firmada na sistemática dos recursos repetitivos, é de que, 'no caso de descumprimento do prazo para a entrega do imóvel, incluído o período de tolerância, o prejuízo do comprador é presumido, consistente na injusta privação do uso do bem, a ensejar o pagamento de indenização, na forma de aluguel mensal, com base no valor locatício de imóvel assemelhado, com termo final na data da disponibilização da posse direta ao adquirente da unidade autônoma'" (STJ, REsp 1.729.593/SP, 2.ª Seção, Rel. Min. Marco Aurélio Bellizze, j. 25.09.2019, *DJe* 27.09.2019).

Art. 412. O valor da cominação imposta na cláusula penal não pode exceder o da obrigação principal.

COMENTÁRIOS DOUTRINÁRIOS: Havendo cláusula penal há uma prefixação das perdas e danos pelas partes. Há uma presunção absoluta de dano (*iuris et de iuri*) e que não admite prova em sentido contrário. Não poderá o devedor provar que dano não existiu ou que, tendo existido, seu valor é inferior ao da cláusula penal. É em razão dessa presunção absoluta de dano que o sistema limita o valor da cláusula penal ao valor da prestação principal. A disposição é de ordem pública, pois visa evitar o enriquecimento injustificado. Em se tratando de cláusula penal moratória, os limites costumeiros são de 20% do valor da prestação inadimplida para as relações civis e empresariais e de 2% para as relações de consumo, conforme se verá. Esse limite de 20% para as relações civis e empresariais é resultado de longa experiência histórica e de uma verdadeira repetição de condutas em matéria contratual. É por isso que as multas que passam 20% acabam por destoar do cenário contratual. Há na legislação especial limitações específicas. Assim vejamos: a) Lei da usura – Art. 9º do Decreto n. 22.626/1933: "Não é válida a cláusula penal superior a importância de 10% do valor da dívida"; b) CDC – "Art. 52. § 1º As multas de mora decorrentes do inadimplemento de obrigações no seu termo não poderão ser superiores a dois por cento do valor da prestação". Há uma dúvida se essa limitação se restringe aos contratos bancários (*caput* do artigo) ou a todos os contratos de consumo; c) Taxa condominial – Art. 1.336 do CC: "§ 1º O condômino que não pagar a sua contribuição ficará sujeito aos juros moratórios convencionados ou, não sendo previstos, os de um por cento ao mês e multa de até dois por cento sobre o débito"; d) Lei n. 13.786/2018 que alterou o texto da Lei n. 4.591/1964 com a criação do art. 67-A que assim dispõe: "Em caso de desfazimento do contrato celebrado exclusivamente com o incorporador, mediante distrato ou resolução por inadimplemento absoluto de obrigação do adquirente, este fará jus à restituição das quantias que houver pago diretamente ao incorporador, atualizadas com base no índice contratualmente estabelecido para a correção monetária das parcelas do preço do imóvel, delas deduzidas, cumulativamente: [...] II – a pena convencional, que não poderá exceder a 25% (vinte e cinco por cento) da quantia paga"; e) Lei n. 13.786/2018 que alterou o texto da Lei n. 4.591/1964 com a criação do art. 67-A que assim dispõe "§ 5º Quando a incorporação estiver submetida ao regime do patrimônio de afetação, de que tratam os arts. 31-A a 31-F desta Lei, o incorporador restituirá os valores pagos pelo adquirente, deduzidos os valores descritos neste artigo e atualizados com base no índice contratualmente estabelecido para a correção monetária das parcelas do preço do imóvel, no prazo máximo de 30 (trinta) dias após o habite-se ou documento equivalente expedido pelo órgão público municipal competente, admitindo-se, nessa hipótese, que a pena referida no inciso II do *caput* deste artigo seja estabelecida até o limite de 50% (cinquenta por cento) da quantia paga"; f) Lei n. 13.786/2018 que alterou a Lei n. 6.766/1979 com a criação do art. 32-A que tem a seguinte redação: "Em caso de resolução contratual por fato imputado ao adquirente, respeitado o disposto no § 2º deste artigo, deverão ser restituídos os valores pagos por ele, atualizados com base no índice contratualmente estabelecido para a correção monetária das parcelas do preço do imóvel, podendo ser descontados dos valores pagos os seguintes itens [...] II – o montante devido por cláusula penal e despesas administrativas, inclusive arras ou sinal, limitado a um desconto de 10% (dez por cento) do valor atualizado do contrato". Há uma importante nota a se fazer. Se a cláusula penal exceder o limite do art. 412 ou das regras especiais, o excesso é considerado ineficaz, ou seja, só produzirá efeitos no limite legal. Assim, se a convenção contiver previsão de multa de 20% (como era possível anteriormente à vigência do CC/2002), a partir de 10 de janeiro de 2003 prevalece a multa do atual art. 1.336, ou seja, de apenas 2%. O que supera o limite legal é ineficaz. Nessas hipóteses, em que a cláusula penal supera o limite legal, a eliminação do excesso se dará por meio de pedido da parte interessada, para afastar o enriquecimento sem causa. Contudo, mesmo respeitados os limites legais, quer seja o limite do art. 412, quer seja aquele previsto em regra especial, a cláusula penal ainda poderá ser reduzida nas hipóteses do art. 413 do CC.

JURISPRUDÊNCIA COMENTADA: Temos duas questões interessantes sobre o limite da cláusula penal na jurisprudência. A primeira diz respeito à limitação de 2% imposta pelo CDC. A maioria das decisões envolvendo a redução da multa para 2% ocorre nos contratos bancários. No entanto, o artigo não se limita a esse tipo de contrato, conforme se vê pela aplicação do dispositivo a outros contratos, como os de telefonia: "Os contratos de prestação de serviços de telefonia, por envolver relação de consumo, estão sujeitos à regra prevista no § 1º do art. 52 do Código de Defesa do Consumidor, segundo a qual é de até 2% do valor da prestação (e não de 10%) a multa de mora decorrente do inadimplemento de obrigação no seu termo" (STJ, REsp 436.224/DF, Rel. Min. Teori Albino Zavascki, j. 18.12.2007); e ainda "a interpretação desse dispositivo legal não pode ficar adstrita à sua mera posição topológica em detrimento da sua interpretação sistemática e teleológica, motivo pelo qual se evidencia despropositado o debate a respeito da inaplicabilidade da limitação de 2% prevista no § 1º do art. 52 do CDC a contrato que não envolva outorga de crédito ou concessão de financiamento" (STJ, REsp 476.649/SP, 3.ª Turma, Rel. Min. Nancy Andrighi, j. 20.11.2003). A melhor orientação é a dada pelo TJ/SP que aplicou a limitação ao contrato de prestação de serviços educacionais: "correta a incidência da multa de 2% sobre o valor das parcelas em atraso, prevista na cláusula 5ª, parágrafo 1º, da avença, respeitando o previsto no art. 52, § 2º, do Código de Defesa do Consumidor" (TJSP, AC 1040881-58.2017.8.26.0114, 32.ª Câmara de Direito

Privado, Rel. Des. Ruy Coppola, j. 10.01.2019). A segunda diz respeito às multas condominiais que eram de 20% nas convenções laboradas anteriormente à vigência do CC/2002 por permissão da Lei n. 4.591/1964. É pacífica a orientação do STJ: "A multa por atraso prevista na convenção de condomínio, que tinha por limite legal máximo o percentual de 20% previsto no art. 12, parágrafo 3º, da Lei n. 4.591/1964, vale para as prestações vencidas na vigência do diploma que lhe dava respaldo, sofrendo automática modificação, no entanto, a partir da revogação daquele teto pelo art. 1.336, parágrafo 1º, em relação às cotas vencidas sob a égide do Código Civil atual" (STJ, REsp 746.589/RS, 4.ª Turma, Rel. Min. Aldir Passarinho Junior, j. 15.08.2006, *DJ* 18.09.2006, p. 327). Sobre a aplicação analógica da limitação da cláusula penal à astreinte (ver comentários aos arts. 249 e 408 do CC), a meu ver equivocada, em razão da natureza compensatória da cláusula penal e coercitiva da astreinte, o STJ confirmou a incidência da multa de R$ 3,134 milhões a ser paga pelo Banco Santander, que deveria ter tirado o nome do devedor do cadastro de maus pagadores e não o fez. A astreinte foi fixada em R$ 3.000,00 ao dia. Posteriormente, o Banco recebeu uma ordem de transferir ao juízo o valor da condenação sob pena de multa diária de R$ 10.000,00 e também ignorou a ordem. Assim, o STJ afasta a aplicação da regra do art. 412 e prestigia as decisões judiciais que o devedor teima em descumprir. Dispõe a decisão: "admitir que a multa fixada em decorrência do descumprimento de uma ordem de transferência de numerário seja, em toda e qualquer hipótese, limitada ao valor da obrigação é conferir à instituição financeira livre-arbítrio para decidir o que melhor atende aos seus interesses. 11. O destinatário da ordem judicial deve ter em mente a certeza de que eventual desobediência lhe trará consequências mais gravosas que o próprio cumprimento da ordem, e não a expectativa de redução ou de limitação da multa a ele imposta, sob pena de tornar inócuo o instituto processual e de violar o direito fundamental à efetividade da tutela jurisdicional" (REsp 1.840.693/SC, Rel. Min. Ricardo Villas Bôas Cueva, j. 26.05.2020). Há decisão interessante do TJSP em que a multa cominatória de valor de R$ 364.000,00 é reduzida para R$ 10.000,00 por conta da desnecessidade superveniente da obrigação de fazer uma cirurgia: "No cumprimento de sentença o autor pediu a multa total no valor de R$ 364.595,12, em janeiro/2017, mas não se tem nos autos exatamente desde quando houve determinação médica contrária à cirurgia; isto porque, a partir do momento no qual não poderia ser feito o procedimento, não poderia continuar incidindo multa pelo seu descumprimento. É verdade que não se confundem a indenização (buscada em ação própria) com o caráter coercitivo da multa diária, a fim de que se cumpra a obrigação, porém, se a obrigação tornou-se impossível, a função coercitiva da multa está prejudicada. Evidentemente, contudo, houve algum atraso, injustificado inicialmente, quanto ao cumprimento da obrigação (enquanto ele era possível), por isso, cabe alguma condenação ao pagamento de multa; considero, então, viável a aplicação da multa total no valor de R$ 10.000,00 (dez mil reais), consideradas as circunstâncias acima descritas e a possibilidade de apurar culpa do Munícipio na ação própria já existente" (TJSP, AI 2112031-65.2019.8.26.0000, 1.ª Câmara de Direito Público, São Vicente, Rel. Luís Francisco Aguilar Cortez, j. 29.10.2019).

REFORMA DO CÓDIGO CIVIL: Pretende-se incluir um parágrafo único no art. 412 com a seguinte redação: "Parágrafo único. A limitação prevista no *caput* não se aplica à multa cominatória". A multa cominatória e a cláusula penal têm naturezas distintas: a primeira tem caráter coercitivo; a segunda, indenizatório. Sempre defendemos (ver comentários ao art. 408) que não podia se aplicar analogicamente a limitação do art. 412 às multas cominatórias, sob pena de mitigar seu efeito coercitivo e incentivar o inadimplemento. Todavia, a jurisprudência continua a limitar o valor da multa cominatória ao valor da obrigação principal. Dessa forma, propõe-se que o parágrafo único seja acrescentado no artigo em comento, a fim de se vedar expressamente a limitação da *astreinte*.

Art. 413. A penalidade deve ser reduzida equitativamente pelo juiz se a obrigação principal tiver sido cumprida em parte, ou se o montante da penalidade for manifestamente excessivo, tendo-se em vista a natureza e a finalidade do negócio.

COMENTÁRIOS DOUTRINÁRIOS: A redução da cláusula penal caso supere o valor da obrigação principal prevista no artigo anterior tem uma facilidade: o juiz simplesmente a reduz ao limite. A operação se revela simples, bastando que se saiba o valor da obrigação principal. A redução que prevê o art. 413 é bem mais complexa. Parte-se da premissa de que a cláusula penal não excedeu o teto previsto no art. 412 e/ou nas regras especiais. Todavia, mesmo no limite legal, o juiz deverá reduzir o seu valor em duas hipóteses: a) se a obrigação foi cumprida em parte. Se a cláusula penal prefixa os prejuízos pelo inadimplemento total do contrato, havendo cumprimento parcial, os prejuízos foram menores que o valor da cláusula penal. É por essa razão que o cumprimento parcial do contrato implica necessariamente redução da cláusula penal; b) se o montante for manifestamente excessivo tendo-se em vista a finalidade e a natureza do negócio. Há contratos gratuitos e contratos onerosos. A natureza distinta do contrato altera a lógica da cláusula penal. Em um contrato gratuito, em que apenas uma das partes tem a vantagem, a cláusula penal pode ser mais pesada quanto a ela. É o caso de o comodatário não restituir o bem emprestado. Pode haver uma cláusula penal mais pesada para essa hipótese. Assim, a lei permite ao comodante que cobre do comodatário um aluguel pelo uso da coisa durante o período de sua mora. Para a hipótese de não pagamento de valor, em sendo o contrato gratuito e com vantagens apenas para o comodatário, a multa pode ser maior (50%, por exemplo) e isso não significará que é excessiva. Caso fosse uma locação de imóvel urbano, contrato oneroso com vantagens e desvantagens recíprocas, a multa deve seguir a praxe do mercado e se limitar a 20%. A cláusula penal de 50% imposta pela Lei n. 13.786/2018, que alterou o texto da Lei n. 4.591/1964, com a criação do art. 67-A no caso de desistência da aquisição pelo adquirente do imóvel sujeito ao regime do patrimônio de afetação, revela-se excessiva, *ab initio*. Primeiro, porque a multa nasce em um contrato por adesão em que o adquirente não pode debater seu conteúdo (natureza do negócio). Depois, porque trata de aquisição da casa própria (muitas vezes, finalidade do negócio). Por último, porque é superior a todas as demais multas previstas no ordenamento jurídico brasileiro. Note-se que o critério para se verificar se a cláusula penal é ou não excessiva diz respeito à natureza da obrigação e sua finalidade. Não se confunde com a noção de onerosidade excessiva em que as prestações nascem equilibradas e, por um motivo superveniente à formação do contrato, se desequilibram de maneira a permitir a resolução ou revisão (art. 478 do CC). No artigo que se comenta, há um problema já na formação do contrato (sinalagma genético) em que a cláusula penal já se revela excessiva, mesmo nos limites legais (art. 412 ou regras especiais). Com razão, o Enunciado n. 358 da *IV Jornada de Direito Civil*, pelo qual "o caráter manifestamente excessivo do valor da cláusula penal não se confunde com a alteração das circunstâncias, a excessiva onerosidade e a frustração do fim do negócio jurídico, que podem incidir autonomamente e possibilitar sua revisão para mais ou para menos". A redução se faz pelo critério da equidade, e não da proporção. O advérbio *proporcionalmente* (do art. 924 do CC/1916) não é mais utilizado pelo texto de lei. Foi substituído pelo advérbio *equitativamente*. O conceito de equidade é o de justiça no caso concreto, com a possibilidade de abrandamento dos rigores da lei, de acordo com as peculiaridades do caso. O juiz deve suavizar o rigor legislativo, levando em conta o caso concreto que está *sub judice*. Exemplifica-se. Um agricultor se compromete a realizar a entrega mensal de hortaliças, pelo prazo de três anos, a um restaurante. A cláusula penal fixada para hipótese de inadimplemento é de R$ 3.000,00. Se o agricultor cumprir o contrato por um período de dois anos e, culposamente, deixar de entregar as hortaliças apenas no terceiro e último ano da avença, qual seria o valor da multa a ser fixada se o juiz deve reduzi-la equitativamente em razão do parcial cumprimento do contrato? Se a conta tomasse por base a proporção (art. 924 do CC/1916), o cálculo seria meramente aritmético: 2/3 do contrato foram cumpridos, reduz-se a multa em 2/3 e, portanto, o valor da cláusula penal seria de apenas R$ 1.000,00. Entretanto, equidade não é proporção e o cálculo não é simplesmente aritmético. Deve o juiz considerar as peculiaridades do contrato específico e quão prejudicial foi ao restaurante ficar sem as hortaliças. Aumenta-se o poder do juiz no ato decisório, não sem antes se esclarecer que a decisão por equidade deve ser igualmente motivada. Tem razão, assim, o Enunciado n. 359 da *IV Jornada de Direito Civil*: "A redação do art. 413 do Código Civil não impõe que a redução da penalidade seja proporcionalmente idêntica ao percentual adimplido". A lei especial pode, contudo, afastar o critério da equidade e adotar o da proporção. É o que ocorre com a Lei do Inquilinato (8.245/1991) que em seu art. 4º expressamente dispõe que, se o locatário devolver o imóvel antes do fim do prazo da locação, pagará ao locador "multa pactuada, proporcional ao período de cumprimento do contrato". A questão da locação é interessante, pois a lei foi alterada em 2009 pela Lei n. 12.112, que efetivamente utilizou o advérbio "proporcionalmente" e retirou a remissão ao art. 924 do CC/1916. É por isso que no período de 11 de janeiro de 2003 (vigência do CC/2002) até janeiro de 2010 (quando entrou em vigor a Lei n. 12.112) a redução da multa se dava por equidade (Enunciado n. 357 da *IV Jornada de Direito Civil*: "O art. 413 do Código Civil é o que complementa o art. 4º da Lei n. 8.245/1991"). A partir de 2010, com a alteração legal, a proporção passou a ser o critério de redução da cláusula penal e assim prossegue sendo. Há uma questão controversa, contudo. Seria a norma do artigo em comento uma norma de ordem pública? Quais os efeitos dessa conclusão? É verdade que o art. 413 utiliza o verbo "deve", e não "poderá", como fazia o revogado Código Civil ("Art. 924. Quando se cumprir em parte a obrigação, poderá o juiz reduzir proporcionalmente a pena estipulada para o caso de mora, ou de inadimplemento"). Contudo, há que se compreender que a questão aqui é de direito patrimonial disponível. Não há interesse público na redução da cláusula penal que obedece aos limites legais do art. 412 e normas especiais. As partes podem, por contrato, estabelecer irredutibilidade da cláusula penal ou regras próprias para a redução, como, por exemplo, uma relação entre prazo cumprido e redução da multa (quanto maior o prazo cumprido pelo devedor, menor a multa contratual). Da mesma forma, pode o devedor simplesmente não invocar a regra do art. 413 por achar adequado o valor da cláusula penal. A questão não é de ordem pública. Está no campo da autonomia privada. É por isso que os Enunciados 355 e 356, que seriam perfeitamente lógicos quando aplicados aos contratos de adesão, em que o aderente não pode debater o conteúdo do contrato, revelam-se equivocados ao se aplicarem a todo e qualquer contrato. A leitura dos enunciados deve ser restrita aos contratos por adesão. "Enunciado n. 355 da *IV Jornada de Direito Civil*: Não podem as partes renunciar à possibilidade de redução da cláusula penal se ocorrer qualquer das hipóteses previstas no art. 413 do Código Civil, por se tratar de preceito de ordem pública. Enunciado n. 356 da *IV Jornada de Direito Civil*: Nas hipóteses previstas no art. 413 do Código Civil, o juiz deverá reduzir a cláusula penal de ofício". A matéria não é de ordem pública, é questão puramente patrimonial que só interessa aos contratantes. Permitir ao juiz, em um contrato paritário, mormente entre hipersuficientes, controlar a cláusula penal, é ignorar a base do contrato: a autonomia das partes e sua vontade. Exatamente por não ser matéria de ordem pública, exatamente por se admitir que nos contratos paritários as partes podem ajustar uma não redução da multa, é que na *II Jornada de Direito Comercial* aprovou-se o Enunciado n. 67: "Na locação *built to suit*, é válida a estipulação contratual que estabeleça cláusula penal compensatória equivalente à totalidade dos alugueres a vencer, sem prejuízo da aplicação do art. 416, parágrafo único, do Código Civil". No contrato *built to suit*, o locatário encomenda ao dono do terreno a construção (ou reforma substancial) de certo imóvel para que este seja adequado à sua atividade. É o que fazem os bancos quando precisam de uma agência. Firmam esse contrato em que o prédio é construído e depois locado por longos períodos. Nesse contrato, claramente atípico misto, a cláusula não pode ser reduzida pelo juiz, ainda que equivalha à totalidade dos alugueres a vencer, pois os aluguéis não remuneram apenas a posse do locatário, mas também as despesas do locador na construção. Com a edição do Enunciado n. 649 do CJF, aprovado na *IX Jornada de Direito Civil*, em 2022, as leitura dos Enunciados n. 355 e n. 356 devem ser revistas, pois "o art. 421-A, inc. I, confere às partes a possibilidade de estabelecerem critérios para a redução da cláusula penal, desde que não seja afastada a incidência do art. 413". A Lei da Liberdade Econômica permite abrandamento do art. 413. É válida a cláusula contratual que, por exemplo, em contrato de locação, preveja que quanto maior for o tempo de permanência do locatário no imóvel, menor é a multa que ele paga se sair antecipadamente. Novamente, prevaleceu entendimento que eu já defendia há anos inclusive nas edições anteriores deste *Código Civil comentado*. A justificativa do enunciado assim dispõe: "a faculdade conferida pelo art. 421-A, inc. I, está restrita ao estabelecimento de parâmetros para a interpretação dos 'pressupostos' de uma intervenção, o que difere do afastamento da possibilidade de intervenção. As partes poderão, por exemplo, explicitar a finalidade da penalidade e as justificativas para o seu valor. Da mesma forma, poderão ser estabelecidos parâmetros tanto para a verificações do excesso, quanto para a eventual redução. A autonomia conferida pelo art. 421-A, inc. I, não pode servir como mecanismo de burla do caráter cogente do art. 413".

JURISPRUDÊNCIA COMENTADA: Interessante a decisão do STJ a respeito dos contratos de telefonia e TV a cabo com a chamada cláusula de fidelização. Em razão dessa cláusula, não pode o consumidor resolver o contrato, se não pagando multa integral, sem qualquer redução. A cláusula, em contrato de adesão, foi tida por abusiva exatamente por desconsiderar o cumprimento parcial da prestação pelo consumidor. Assim vejamos: "Nada obstante, em que pese ser elemento oriundo de convenção entre os contratantes, a fixação da cláusula penal não pode estar indistintamente ao alvedrio destes, já que o ordenamento jurídico prevê normas imperativas e cogentes, que possuem a finalidade de resguardar a parte mais fraca do contrato, como é o caso do art. 412 do Código Civil ('O valor da cominação imposta na cláusula penal não pode exceder o da obrigação principal'). 4. A citada preocupação reverbera, com maior intensidade, em se tratando de contrato de adesão, como o de prestação de serviços de telecomunicações, o que motivou a ANATEL a expedir a Resolução n. 632/2014, a fim de regular a forma de cálculo da multa a ser cobrada em caso de resilição antecipada dos contratos com fidelização. 5. O referido regulamento entrou em vigor em 07 de julho de 2014 e, a partir de então, as prestadoras de serviço de TV a cabo (assim como as demais prestadoras de serviços de telecomunicações) são obrigadas a oferecer contratos de permanência aos consumidores – vinculados aos contratos de prestação de serviços com cláusula de fidelização – e a calcular a multa fidelidade proporcionalmente ao valor do benefício concedido e ao período restante para o decurso do prazo mínimo estipulado. 6. Contudo, mesmo antes da vigência do citado normativo, revelava-se abusiva a prática comercial adotada pela prestadora do serviço de TV a cabo, que, até 2011, cobrava a multa fidelidade integral dos consumidores, independentemente do tempo faltante para o término da relação de fidelização. 7. Isso porque a cobrança integral da multa, sem computar o prazo de carência parcialmente cumprido pelo consumidor, coloca o fornecedor em vantagem exagerada, caracterizando conduta iníqua, incompatível com a equidade, consoante disposto no § 1º e inciso IV do art. 51 do código consumerista" (STJ, REsp 1.362.084/RJ, 4.ª Turma, Rel. Min. Luís Felipe Salomão, j. 16.05.2017). A decisão segue a lógica da abusividade da cláusula penal em contrato por adesão, pois o estipulante impõe e o aderente aceita. O tema da redução da cláusula penal de ofício, bem como em contratos paritários, é ainda controverso, mas nota-se que os Tribunais admitem a aplicação do art. 413 mesmo a contratos de fornecimento entre grandes empresas, ou seja, contratos claramente mercantis e entre partes hipersuficientes. A redução ocorreu no contrato entre duas empresas (Brasil Madeiras Ltda. e Melhoramentos Florestal S/A), de compra e venda de 150.000 metros estéreos de árvores, no valor de R$ 1.099.500,00: "A cláusula penal, em que pese ser elemento oriundo de convenção entre os contratantes, sua fixação não fica ao total e ilimitado alvedrio deles, porquanto o atual Código Civil introduziu normas de ordem pública, imperativas e cogentes, que possuem o escopo de preservar o equilíbrio econômico financeiro da avença, afastando o excesso configurador de enriquecimento sem causa de qualquer uma das partes. A redução da cláusula penal pelo magistrado deixou de traduzir uma faculdade restrita às hipóteses de cumprimento parcial da obrigação e passou a consubstanciar um poder/dever de coibir os excessos e os abusos que venham a colocar o devedor em situação de inferioridade desarrazoada. Nesse sentido, é o teor do Enunciado n. 356 da *IV Jornada de Direito Civil*, o qual dispõe que 'nas hipóteses previstas no art. 413 do Código Civil, o juiz deverá reduzir a cláusula penal de ofício'. Do mesmo modo, o Enunciado n. 355 da referida *Jornada* consigna que as partes não podem renunciar à possibilidade de redução da cláusula penal se ocorrer qualquer das hipóteses previstas no art. 413 do Código Civil, por se tratar de preceito de ordem pública" (STJ, REsp 1.447.247/SP, 4.ª Turma, Rel. Min. Luis Felipe Salomão, j. 19.04.2018).

REFORMA DO CÓDIGO CIVIL: Pretende-se adicionar um parágrafo único ao art. 413 com a seguinte redação: "Parágrafo único. Em contratos paritários e simétricos, o juiz não poderá reduzir o valor da cláusula penal sob o fundamento de ser manifestamente excessiva, mas as partes, contudo, podem estabelecer critérios para a redução da cláusula penal". A inclusão do parágrafo, se aprovada, proíbe que o juiz reduza a cláusula penal sob fundamento de ser excessiva. A norma desse artigo, como nos comentários doutrinários dele já defendia, não é de ordem pública. Permitir ao juiz, em um contrato paritário e simétrico, controlar a cláusula penal é um ataque à autonomia da vontade. A razão de ser da possibilidade de redução da cláusula penal é o princípio do equilíbrio. Em um contrato paritário, em que as cláusulas foram amplamente negociadas e debatidas, a redução da cláusula penal pelo juiz coloca em xeque o equilíbrio contratual. Assim, o texto, se aprovado, só permitirá a redução por excessividade em contratos simétricos e paritários se as partes convencionaram critérios para isso.

Art. 414. Sendo indivisível a obrigação, todos os devedores, caindo em falta um deles, incorrerão na pena; mas esta só se poderá demandar integralmente do culpado, respondendo cada um dos outros somente pela sua quota.

Parágrafo único. Aos não culpados fica reservada a ação regressiva contra aquele que deu causa à aplicação da pena.

COMENTÁRIOS DOUTRINÁRIOS: Há no presente artigo situação de pluralidade de devedores:

dois ou mais devedores obrigados à prestação por inteiro. Em termos técnicos, cada devedor responde pelo todo (responsabilidade ou *Haftung*), mas só deve parte da prestação (dívida ou *Schuld*). É por isso que, se João e José devem um cavalo a Maria, Maria pode exigir de cada um deles o cavalo por inteiro (indivisível por natureza), mas aquele que pagar (entregando o cavalo) pode exigir seu quinhão no débito do outro codevedor. Isso porque pagou 100% (*Haftung*), quando só devia 50% (*Schuld*). A cláusula penal representa a indenização prefixada pelas partes. Logo, em tese, apenas o culpado pagaria seu valor ao credor e não todos os devedores de coisa indivisível. Seria uma decorrência lógica do art. 263, § 2º do CC (ver comentários). Contudo, o art. 414 impõe, assim como o faz o art. 280 no caso da obrigação solidária, obrigação de todos os devedores pela culpa de apenas um deles. É por isso que temos duas situações: a) se o culpado for demandado pelo credor, ele paga integralmente o valor da cláusula penal e não terá nenhum direito quanto aos demais devedores; b) se um dos devedores não culpado for demandado, ele só pagará a sua parte na cláusula penal, pois o dinheiro é divisível. Contudo, haverá direito de regresso daquele devedor que pagou sua quota da cláusula penal quanto ao culpado. No entanto, se a cláusula penal for indivisível (perda de um bem indivisível), todos responderão integralmente por ela. Nessa hipótese, o devedor não culpado que solver integralmente a cláusula penal, terá direito de regresso também da totalidade contra o devedor culpado. Se João e José devem o cavalo Trovão a Maria e no contrato preveem que o não pagamento do cavalo implica, a título de indenização, a entrega da vaca Mimosa, Maria pode exigir de cada um deles a vaca por inteiro, pois o objeto da cláusula penal é indivisível por natureza. Contudo, se João for culpado pela perda do cavalo e José for demandado pela vaca, poderá exigir de João o valor integral da vaca. Se João for demandado, ao contrário, nada poderá cobrar de José.

Art. 415. Quando a obrigação for divisível, só incorre na pena o devedor ou o herdeiro do devedor que a infringir, e proporcionalmente à sua parte na obrigação.

COMENTÁRIOS DOUTRINÁRIOS: A obrigação será divisível quando o objeto da prestação (objeto mediato ou remoto) puder ser fracionado sem sua destruição ou perda de sua utilidade (ver art. 257 do CC). Assim, se Maria e Carlos devem 100 camisas a Márcia, a prestação é divisível e a obrigação também o é. Se Maria e João devem pagar R$ 10.000,00 a Pedro, a prestação é divisível, logo, a obrigação também o é. A obrigação presume-se dividida em partes iguais entre os tantos credores e/ou os tantos devedores (*concursu partes fiunt*). Se Maria e Carlos devem 100 camisas a Márcia, a credora só poderá exigir 50 camisas de cada devedor. Se Maria e João devem pagar R$ 10.000,00 a Pedro, Pedro só pode cobrar R$ 5.000,00 de cada devedor. A mesma lógica se mantém quanto à cláusula penal. Se um dos devedores é culpado, só dele será cobrada a sua quota da cláusula penal. Se Maria e João devem pagar R$ 10.000,00 a Pedro e estipulam, pela mora, uma cláusula penal de 10%, Pedro só pode cobrar R$ 5.000,00 de cada devedor. Logo, se Maria atrasar, a multa de 10% incidirá só sobre R$ 5.000,00. Pedro não responde pela mora de Maria. Se todos forem culpados, a cláusula penal será de responsabilidade de todos, mantendo-se a divisibilidade. Assim, se Maria e Carlos devem 100 camisas a Márcia e se estipula que, no caso da não entrega das camisas a cláusula penal compensatória é de R$ 1.000,00, a credora só poderá exigir R$ 500 de cada devedor se as camisas não forem entregues.

Art. 416. Para exigir a pena convencional, não é necessário que o credor alegue prejuízo.

Parágrafo único. Ainda que o prejuízo exceda ao previsto na cláusula penal, não pode o credor exigir indenização suplementar se assim não foi convencionado. Se o tiver sido, a pena vale como mínimo da indenização, competindo ao credor provar o prejuízo excedente.

COMENTÁRIOS DOUTRINÁRIOS: O dispositivo traz a regra mais importante sobre a cláusula penal: a presunção absoluta de danos e sua limitação. A cláusula penal realmente traz grande vantagem ao credor, que não precisa provar a existência dos danos e sua extensão. Ocorrendo o inadimplemento da obrigação, surge o dever de se reparar o dano, que é presumido de maneira absoluta. O valor da cláusula penal é devido ainda que o dano não exista ou seja de valor menor ao avençado. É por isso que a cláusula penal traz também uma vantagem ao devedor: a limitação de sua responsabilidade. Sabe ele, ao iniciar o programa obrigacional, o máximo que perderá se inadimplir a obrigação. Assim, a cláusula penal não representa uma vantagem apenas para o credor. Há uma vantagem para o devedor, que é a limitação. É por isso que o credor não tem uma faculdade: exigir o valor da cláusula penal ou, sendo os prejuízos maiores que seu valor, demandar o devedor pela integralidade dos danos. Não, a regra do jogo não é essa. O credor só pode cobrar o valor da cláusula penal e mais nada. Há duas exceções: a) se o devedor agiu com dolo na fixação da cláusula penal, ocultando, por exemplo, um prejuízo já existente, ou, se agiu com dolo para causar o prejuízo, valendo-se, posteriormente, da cláusula penal como forma de irresponsabilidade. O dolo na contratação é vício do consentimento apto a invalidar a cláusula penal, mantendo-se o contrato válido e eficaz (ver art. 409 do CC). O dolo na causação do dano é manifestação de torpeza da qual o contratante não pode ter benefícios. Nessa hipótese, os prejuízos excedentes ao valor da cláusula penal poderão ser cobrados pelo credor; b) se o contrato autorizar ao credor a cobrança de prejuízos excedentes ou suplementares. Aqui o jogo tem regra distinta por força da vontade das partes. O devedor admite que o credor poderá, provando que os danos superam o valor da cláusula penal, recebê-la como mínimo da indenização, bem como receber os prejuízos excedentes que provar. A cláusula contratual, normalmente, fixa o valor da multa e depois prossegue "ressalvado o direito de cobrança dos prejuízos suplementares pelo credor". Essa frase indica que a multa servirá como mínimo, e não como máximo de indenização e, nesse jogo, o devedor pode pagar valores superiores ao da cláusula penal. Quanto à prova que caberá ao credor, temos uma questão de lógica. Se a multa for de R$ 5.000,00 e o prejuízo efetivo de R$ 7.000,00 caberá ao credor provar apenas R$ 2.000,00 (porque R$ 5.000,00 são presumidos) ou deverá provar R$ 7.000,00 para ter direito aos prejuízos suplementares? Deverá provar R$ 7.000,00. Se o credor provar que seus prejuízos foram de R$ 3.000,00, note-se que não excederam o valor da multa (R$ 5.000,00), logo, ele só terá direito ao valor da multa e nada mais. Para ganhar um valor superior ao da cláusula penal, deve provar que os prejuízos superam seu valor. Se não houver prova do excesso, do valor a maior dos danos, o credor se restringe a receber o valor da cláusula penal (mínimo de indenização); c) Se o contrato for por adesão, a limitação dos prejuízos ao valor da cláusula penal poderá ser extremamente danosa ao aderente. É por isso que se admite que, se o estipulante impôs certa cláusula penal que prejudica ao aderente, a cláusula é relativamente ineficaz e o aderente pode, provando os prejuízos suplementares, cobrar a totalidade das perdas e danos do devedor. O fundamento é a renúncia prévia de direitos pelo aderente (ver art. 424 do CC). Esse é o teor do Enunciado n. 430 da *V Jornada de Direito Civil*: "No contrato de adesão, o prejuízo comprovado do aderente que exceder ao previsto na cláusula penal compensatória poderá ser exigido pelo credor independentemente de convenção".

REFORMA DO CÓDIGO CIVIL: Pretende-se incluir um § 2º no art. 417 com a seguinte redação: "§ 2º Nos contratos de adesão, independentemente de convenção, poderá o aderente pleitear perdas e danos complementares, desde que comprove prejuízos que excedam ao previsto na cláusula penal". A regra incluída no projeto positiva a Enunciado n. 430 da *V Jornada de Direito Civil*, já exposto, e é um desdobramento do art. 424, que não admite, em contratos por adesão, renúncia prévia a direitos decorrentes da natureza do contrato.

CAPÍTULO VI
DAS ARRAS OU SINAL

Art. 417. Se, por ocasião da conclusão do contrato, uma parte der à outra, a título de arras, dinheiro ou outro bem móvel, deverão as arras, em caso de execução, ser restituídas ou computadas na prestação devida, se do mesmo gênero da principal.

COMENTÁRIOS DOUTRINÁRIOS: Constitui quantia em dinheiro ou coisa móvel dada por uma das partes à outra em confirmação à conclusão de um contrato ou para permitir arrependimento. O nome popular das arras é sinal. As arras têm natureza real, ou seja, somente se aperfeiçoam com a entrega do objeto. Ainda que o contrato que preveja as arras tenha natureza consensual (tal como a compra e venda, por exemplo), antes da entrega da coisa móvel ou dinheiro, há apenas uma promessa de arras. São duas as espécies de arras: a) confirmatórias: representam prova de que o contrato foi celebrado. Tais arras decorrem da obrigatoriedade do contrato (*pacta sunt servanda*) e não permitem arrependimento. Estão nos arts. 418 e 419 do CC; b) penitenciais: permitem o arrependimento das partes e, portanto, abrandam o princípio da obrigatoriedade. Representam uma exceção ao princípio *pacta sunt servanda*, pois facultam o arrependimento. Estão disciplinadas no art. 420 do CC. O dispositivo em comento trata da hipótese em que as arras são confirmatórias e, portanto, o contrato deve ser cumprido pelas partes. Se as arras forem dadas em dinheiro ou na mesma espécie da obrigação principal, são consideradas princípio de pagamento. Assim, se João compra o carro de Maria por R$ 30.000,00 e paga a título de arras R$ 2.000,00, elas são abatidas do preço total, pois funcionam como princípio de pagamento. Se as arras não coincidirem com a prestação principal, elas devem ser restituídas ao devedor quando concluída a prestação devida. Assim, se João vende o carro a Antônia por R$ 30.000,00 e ela dá em arras seu relógio de ouro para confirmar a compra, findo o pagamento, João devolve o relógio a Antônia.

Art. 418. Na hipótese de inexecução do contrato, se esta se der: (Redação dada pela Lei nº 14.905, de 2024)

I – por parte de quem deu as arras, poderá a outra parte ter o contrato por desfeito, retendo-as; (Incluído pela Lei nº 14.905, de 2024)

II – por parte de quem recebeu as arras, poderá quem as deu haver o contrato por desfeito e exigir a sua devolução mais o equivalente, com atualização monetária, juros e honorários de advogado. (Incluído pela Lei nº 14.905, de 2024)

COMENTÁRIOS DOUTRINÁRIOS: As arras, em regra, são confirmatórias e decorrem do princípio *pacta sunt servanda*. É por isso que as arras farão parte da indenização a ser paga pela parte culpada (inadimplente) à parte inocente. a) **Inadimplemento por quem deu as arras**. Assim, temos que, se a parte que deu as arras não cumprir o contrato, as arras ficam com a parte inocente (mínimo de indenização), que poderá, ainda, pedir a resolução do contrato por inadimplemento ("haver o contrato por desfeito"). Se o contrato contiver cláusula resolutiva expressa (ver art. 474), a resolução é automática, bastando o simples inadimplemento. b) **Inadimplemento por quem recebeu as arras**. Se a parte que deu as arras não cumprir o contrato, as arras devem ser devolvidas à outra parte mais seu equivalente (mínimo de indenização), que poderá, ainda, pedir a resolução do contrato por inadimplemento ("haver o contrato por desfeito"). Se o contrato contiver cláusula resolutiva expressa (ver art. 474), a resolução é automática, bastando o simples inadimplemento. A lei não utiliza o termo "dobro", pois objetos não têm dobro (só dinheiro tem). Se João deu um cavalo em arras e se arrepende, João perde o cavalo. Se Maria recebeu o cavalo em arras e se arrepende, Maria devolve o cavalo mais seu valor em dinheiro. O dinheiro é o equivalente universal. Se João deu R$ 1.000,00 em arras e se arrepende, João perde o dinheiro. Se Maria recebeu R$ 1.000,00 em arras e se arrepende, Maria devolve os R$ 1.000,00, com correção monetária desde a data do recebimento (momento em passou a usufruir do dinheiro), mais juros de mora iniciados com o inadimplemento, tendo a obrigação data de vencimento (ver art. 397), mais honorários de advogado, em dobro. A recente atualização do dispositivo, trazida pela Lei n. 14.905/2024, faz pequenas mudanças redacionais e desloca o conteúdo que antes estava no *caput* do dispositivo para dois incisos, sem, contudo, alterar o sentido da norma. A racionalidade da principal mudança redacional do artigo em comento é a mesma das mudanças, também trazidas pela Lei n. 14.905/2024, nos arts.395 e 404 do CC (ver comentários aos arts. 389 e 395).

JURISPRUDÊNCIA COMENTADA: Se o valor das arras for excessivo, poderá este ser reduzido pelo juiz em aplicação analógica ao art. 413 do CC? A resposta é afirmativa. Imaginemos que o comprador dê a título de arras 90% do preço do imóvel e depois descumpra o contrato. Poderia o vendedor reter a totalidade do valor? A orientação jurisprudencial do STJ é no sentido de que a fixação das arras confirmatórias se dá em percentual inferior a 20% do valor do bem, variando, mais precisamente, entre 10% e 20% (AgRg no REsp 1.013.249-PE, 4.ª Turma, *DJe* 08.06.2010; REsp 355.818-MG, 4.ª Turma, *DJ* 13.10.2003). Assim, se o valor for superior (10 a 20%), para evitar desequilíbrio entre os contratantes, o STJ tem entendido que "convém esclarecer que o valor dado a título de arras confirmatórias deve ser integralmente perdido, ou seja, quando a parte que deu as arras não executar o contrato, não terá direito à devolução do 'sinal' por ter dado causa à rescisão. Mas, se o valor do pagamento inicial englobava mais do que o sinal, o percentual de retenção deve ser reduzido. Isso porque não é razoável o entendimento de que todo o referido valor inicial pago seja enquadrado como sinal ou arras confirmatórias e, em consequência, sujeite-se ao perdimento em prol do vendedor. Entender de forma diversa implicaria onerar excessivamente a parte que deu as arras, ainda que a ela tenha sido atribuída culpa pela rescisão do contrato, e beneficiar a parte que as recebeu" (REsp 1.513.259/MS, 3.ª Turma, Rel. Min. João Otávio de Noronha, j. 16.02.2016). Essa é a orientação que decorre do Enunciado n. 165 da *III Jornada de Direito Civil* do CJF: "Em caso de penalidade, aplica-se a regra do art. 413 ao sinal, sejam as arras confirmatórias ou penitenciais".

Art. 419. A parte inocente pode pedir indenização suplementar, se provar maior prejuízo, valendo as arras como taxa mínima. Pode, também, a parte inocente exigir a execução do contrato, com as perdas e danos, valendo as arras como o mínimo da indenização.

COMENTÁRIOS DOUTRINÁRIOS: Note-se que o Código Civil indica que, sendo as arras confirmatórias, prevalece o princípio *pacta sunt servanda* e, portanto, há uma outra opção para a parte inocente (além da resolução do contrato – ver art. 418) que é exigir a execução do contrato. O princípio da conservação do negócio jurídico indica que, havendo interesse no contrato, razão não há para o sistema deixar de permitir sua execução. Assim, se Maria vende a Pedro ações de sua empresa pela importância de R$ 1.000.000,00 e recebe de sinal R$ 100.000,00. O contrato não permite o arrependimento das partes, logo, as arras são confirmatórias. Pedro "desiste" da compra. Maria tem duas opções: a) exigir o preço restante (R$ 900.000,00), mais a cobrança de eventuais prejuízos que ela teve (deverá prová-los) pela desistência de Pedro. Como as arras foram início de pagamento da compra, Maria deverá provar todos os prejuízos para que tenha indenização; b) considerar desfeito o contrato, ficar com o sinal de R$ 100.000,00 como taxa mínima de indenização e, provando prejuízos superiores ao valor do sinal, receber o prejuízo suplementar. E se Maria "desistir" da venda? Pedro tem duas opções: a) paga o preço restante (R$ 900.000,00) e fica com as ações vendidas, e terá direito à cobrança de eventuais prejuízos que ele teve (deverá prová-los) pela desistência de Maria. Como as arras foram início de pagamento da compra, Pedro deverá provar todos os prejuízos para que tenha indenização; b) considerar desfeito o contrato, receber de Maria o sinal de R$ 100.000,00, mais correção monetária, juros de mora e honorários de advogados, em dobro. Tal valor será uma taxa mínima de indenização. Se Pedro provar que os prejuízos foram superiores a esse valor, receberá o prejuízo suplementar.

JURISPRUDÊNCIA COMENTADA: Surge uma questão curiosa: como a indenização a título de arras dialoga com a indenização prevista na cláusula penal? A cláusula penal é a prefixação das perdas e danos pela vontade das partes. As arras confirmatórias serão o valor mínimo de indenização em caso de inadimplemento. Temos duas previsões contratuais (arras confirmatórias e cláusula penal compensatória) com uma coincidência (parcial) de função: a indenizatória. É parcial, pois as arras que têm natureza real (surgem com a entrega) servem para confirmar a existência do contrato e, a cláusula penal, não. Mesmo assim, se o credor se utilizar do mecanismo das arras e ainda cumular com a cláusula penal, teria ele dupla indenização pelo mesmo ilícito culposo do devedor: descumprimento do contrato. É por isso que decidiu o STJ que "na hipótese de inexecução do contrato, revela-se inadmissível a cumulação das arras com a cláusula penal compensatória, sob pena de ofensa ao princípio do *non bis in idem*" (REsp 1.617.652/DF, 3.ª Turma, Rel. Min. Nancy Andrighi, j. 26.09.2017). Há acerto na fundamentação do julgado: "A função indenizatória das arras se faz presente não apenas quando há o lícito arrependimento do negócio (art. 420), mas principalmente quando ocorre a inexecução do contrato". Assim, ao credor restará a opção: cláusula penal ou arras confirmatórias. Se optar pelas arras, ficará adstrito ao regime dos arts. 418 e 419 do CC. Se optar pela cláusula penal, e o contrato não contiver a possibilidade de cobrança dos prejuízos suplementares (ver comentários ao art. 416), essa valerá como o máximo de indenização. Estará, ainda, sujeito aos limites do art. 412 do CC, com a possibilidade de redução por força do art. 413. Como o contrato tem os dois mecanismos, cabe ao credor escolher um deles e adotar seu regime em sua inteireza. Não será possível escolher os benefícios de ambos os regimes.

Art. 420. Se no contrato for estipulado o direito de arrependimento para qualquer das partes, as arras ou sinal terão função unicamente indenizatória. Neste caso, quem as deu perdê-las-á em benefício da outra parte; e quem as recebeu devolvê-las-á, mais o equivalente. Em ambos os casos não haverá direito a indenização suplementar.

COMENTÁRIOS DOUTRINÁRIOS: Em regra, as arras confirmam o contrato. Contudo, por vontade das partes, elas podem permitir o arrependimento. É por isso que as arras penitenciais devem estar expressas em contrato. Na dúvida, as arras são confirmatórias (decorrem do preceito *pacta sunt servanda*). O arrependimento será, por força do contrato, um direito e, portanto, um ato lícito. E, se o arrependimento for conferido, deve ele ser exercido antes de iniciada a execução (cumprimento do contrato). Se o contrato tiver seu cumprimento iniciado, não há mais como se exercer o arrependimento. Maria vende a Pedro ações de sua empresa pela importância de R$ 1.000.000,00 e recebe de sinal R$ 100.000,00. O contrato permite o arrependimento das partes. Tal direito deve ser exercido antes de o restante do preço ser pago. Se o for, não há como se arrepender de um contrato cuja prestação de uma das partes já foi iniciada ou totalmente cumprida. Ocorrendo o exercício do lícito direito de arrependimento por aquele que deu as arras, este perdê-las-á. Ocorrendo o exercício do lícito direito de arrependimento por aquele que recebeu as arras, este as restituirá mais seu equivalente. A lei não utiliza o termo "dobro", pois objetos não têm dobro (só dinheiro tem). Se João deu um cavalo em arras e se arrepende, João perde o cavalo. Se Maria recebeu o cavalo em arras e se arrepende, Maria devolve o cavalo mais seu valor em dinheiro. O dinheiro é o equivalente universal. Se João deu R$ 1.000,00 em arras e se arrepende, João perde o dinheiro. Se Maria recebeu R$ 1.000,00 em arras e se arrepende, Maria devolve os R$ 1.000,00, com correção monetária desde a data do recebimento (momento em passou a usufruir do dinheiro), em dobro. Não há juros, nem honorários de advogado, pois não há culpa (logo, não há mora – ver art. 396 do CC). Note-se que, sendo as arras penitenciais, esse é o único efeito do arrependimento. É isso que diferencia as arras penitenciais das confirmatórias. O credor nada mais pode exigir. Não pode exigir o cumprimento da prestação, não pode exigir indenização suplementar. Não há aplicação das regras dos arts. 418 e 419 que cuidam exclusivamente das arras confirmatórias. Nesta hipótese, ainda que o contrato tenha uma cláusula penal (multa), esta não pode ser cobrada daquele que se arrepender. A cláusula penal pressupõe o descumprimento culposo (ato ilícito) da obrigação. Havendo arras penitenciais, o arrependimento é um direito e ato lícito, portanto. As arras penitenciais seguem a lógica das confirmatórias quanto à possibilidade de sua redação. As arras comuns, de acordo com a praxe comercial, são de 10 a 20%. Se excessivas, o Enunciado n. 165 da *III Jornada de Direito Civil* do CJF permite que "em caso de penalidade, aplica-se a regra do art. 413 ao sinal, sejam as arras confirmatórias ou penitenciais".

JURISPRUDÊNCIA COMENTADA: Exatamente conforme por nós explicado, temos: "Arras que não podem ser classificadas como penitenciais. Direito de arrependimento inexistente. A caracterização das arras como penitenciais exige a estipulação no contrato do direito de arrependimento para qualquer das partes, o que não se verifica no caso concreto" (STJ, AgInt no AREsp 1526985/RJ, Proc. 2019/0177517-3, 3.ª Turma, Rel. Min. Marco Aurélio Bellizze, j. 11.05.2021, *DJe* 14.05.2021).

TÍTULO V
DOS CONTRATOS EM GERAL

CAPÍTULO I
DISPOSIÇÕES GERAIS

SEÇÃO I
PRELIMINARES

Comentários de
ANDERSON SCHREIBER

Art. 421. A liberdade contratual será exercida nos limites da função social do contrato. (Redação dada pela Lei n. 13.874, de 2019)

Parágrafo único. Nas relações contratuais privadas, prevalecerão o princípio da intervenção mínima e a excepcionalidade da revisão contratual. (Incluído pela Lei n. 13.874, de 2019)

COMENTÁRIOS DOUTRINÁRIOS: O contrato é usualmente definido pela doutrina brasileira como o acordo de vontades destinado a criar, modificar ou extinguir obrigações. Significa dizer que, ainda hoje, o contrato é apreendido sob a ótica da sua gênese voluntarista (o acordo de vontades) a que todos os seus efeitos são remetidos. O artigo em comento, que não encontrava paralelo na codificação de 1916, veio, em boa hora, romper com essa tradição individual-voluntarista, reservando primordial importância ao elemento funcional do contrato, ao qual imputa ainda uma conotação social. Um Direito Civil comprometido com os valores solidários da Constituição de 1988 não pode viver constantemente à cata de um artificioso reenvio às declarações originárias de vontade dos contratantes. Em primeiro lugar, porque a intenção dos particulares não se exprime exclusivamente em declarações negociais, mas se renova continuamente por seu agir cotidiano. O contrato é, antes de tudo, uma relação concreta, um processo prolongado, caracterizado pela coordenação de múltiplos atos e atitudes, que antecedem o negócio jurídico, que o sucedem e que, algumas vezes, o dispensam (como se vê no exemplo das chamadas *relações contratuais de fato*), destinando-se a um fim concreto. A atuação efetiva dos contratantes na persecução desse fim revela, frequentemente com mais precisão e clareza que o negócio jurídico originário, a sua genuína vontade e, especialmente, o seu propósito comum (v. art. 113, § 1º, I). Nesse sentido, parte da doutrina tem destacado que a expressão contrato deve ser vista, hoje, com duplo significado, designando não apenas a) o negócio jurídico fundante da relação contratual (o acordo de vontades destinado a criar, modificar ou extinguir obrigações); mas também b) a relação jurídica que se forma e se desenvolve, a partir desse negócio jurídico fundante, na concreta atuação das partes em prol de seu escopo comum. Em segundo lugar, é importante notar que o contrato consiste em fruto do exercício da autonomia privada no campo patrimonial, dirigindo-se necessariamente a um fim. A ordem jurídica atribui efeitos jurídicos ao contrato, mas não o faz simplesmente porque se trata de um exercício de liberdade individual dos contratantes. A ordem jurídica avalia o fim perseguido pelas partes no exercício da sua liberdade de contratar, exigindo que exprima alguma utilidade social. Em outras palavras, o contrato não é considerado merecedor de tutela apenas porque atende aos interesses individuais dos contratantes, mas sim porque se vislumbra em cada contrato um fim socialmente útil que deverá ser igualmente atendido. Daí por que o Código Civil brasileiro inicia o título dedicado aos contratos com a afirmação de que a liberdade contratual será exercida "nos limites da função social do contrato". A disposição do art. 421 merece aplausos no sentido de que retira o contrato do campo puramente individual, para lhe exigir benefícios que transcendam a esfera particular daqueles que celebraram o contrato, promovendo interesses socialmente relevantes. Sem prejuízo do mérito da inovação, é de se ressaltar que o Código Civil de 2002 deveria ter ido além, especificando como se deve concretizar a função social do contrato. Hoje, um dos maiores desafios da doutrina e da jurisprudência no campo contratual consiste justamente em identificar o que se deve entender por função social do contrato e como é possível atendê-la. Aqui, convém recorrer a outro campo onde a trajetória da noção de função social é já mais antiga e sedimentada: o campo do direito de propriedade. De fato, é nos estudos sobre propriedade que nasce a ideia de função social. Como reação ao individualismo excessivo que caracterizava o direito de propriedade, a doutrina europeia passa a decompor o direito de propriedade em dois aspectos: a) estrutura; e b) função. Enquanto a estrutura revela "como é" o direito de propriedade (quais as faculdades que integram o domínio, como funcionam essas faculdades etc.), a função responde à pergunta: "para que serve esse direito?" ou, mais precisamente, para que fins a ordem jurídica o reconhece e o tutela. A função corresponde, em outras palavras, aos interesses que a ordem jurídica pretende realizar por meio do direito em questão. O surgimento de uma leitura funcional da propriedade tinha um propósito ideologicamente bem definido: opor-se à visão dominante sobre o direito de propriedade, que ainda o enxergava como o direito do proprietário de usar, gozar e dispor de suas coisas "de modo mais absoluto". A abordagem funcional pretendeu realçar que, além dos interesses individuais do proprietário, o direito de propriedade deve servir à coletividade, tendo o proprietário o dever de atribuir ao bem apropriado alguma utilidade social ou, em outras palavras, o dever de promover a realização de interesses sociais relevantes. Daí a denominação "função social" da propriedade, consagrada, entre nós, já na Constituição brasileira de 1946. Naquele texto constitucional, a noção apareceu, contudo, de modo genérico. Diante disso, os juristas, ainda influenciados pelo liberalismo jurídico, não chegavam a acordo sobre quais seriam os interesses sociais que a propriedade deveria realizar e nada de concreto era efetivamente exigido dos proprietários. A genuína transformação no tratamento jurídico da propriedade só viria com a Constituição de 1988, que teve o cuidado de especificar, em relação à propriedade imobiliária urbana e rural, *quais* interesses sociais deveriam ser atendidos para que restasse cumprida, minimamente, a função social da propriedade (art. 186 da CR), sem prejuízo de outros interesses sociais que assumam relevância nos casos concretos. A função social do contrato nada mais é que a tentativa do legislador civil de atrair para o campo contratual a saudável transformação verificada no campo do direito de propriedade. A construção da função social é, em tese, aplicável a qualquer instituto jurídico. É de se observar, contudo, que a construção da função social da propriedade está intimamente ligada ao reconhecimento da pluralidade do domínio ou, em outras palavras, ao reconhecimento de que não existe uma propriedade, mas várias propriedades distintas, conforme a célebre lição de Salvatore Pugliatti. Assim, a função social da propriedade imobiliária rural é inevitavelmente distinta da função social da propriedade imobiliária urbana. Tratar da função social de qualquer instituto – propriedade, empresa ou contrato – sem atenção à ampla diversidade de situações jurídicas reunidas sob o mesmo rótulo representaria grave equívoco metodológico, por contrariar, em larga medida, a própria inspiração da abordagem funcional. Daí ter caminhado bem o Constituinte de 1988, ao abandonar o plano metalinguístico, para especificar normativamente interesses sociais relevantes que a propriedade imobiliária urbana e propriedade imobiliária rural devem atender. Ao tratar da função social do contrato, o Código Civil brasileiro não seguiu o bom exemplo dado pela Constituição de 1988 em matéria de propriedade. O art. 421 da codificação condiciona o exercício da liberdade de contratar ao cumprimento da função social do contrato, sem nem sequer apresentar um conceito. Tampouco estabelece elementos ou parâmetros mínimos para a aferição do seu atendimento em tipos contratuais específicos. Nesse sentido, o Código Civil de 2002, em matéria contratual, assemelha-se à Carta Constitucional de 1946, que se limitou a anunciar a existência da função social da propriedade, sem aportar elementos mais concretos que permitissem uma aplicação efetiva da noção. À falta de parâmetros normativos, a doutrina brasileira tem se limitado a indicar, de modo meramente ilustrativo, alguns interesses sociais relevantes que devem ser cumpridos pelos contratos em geral, como a proteção do meio ambiente e o respeito à livre concorrência. Apresentada dessa forma genérica, a função social do contrato acaba soando como *mero pleonasmo*, segundo o qual a liberdade contratual deve respeitar o que já deveria ser respeitado por força de outras normas jurídicas, em especial normas constitucionais. No mesmo sentido caminham as definições que apresentam a função social do contrato como a necessidade de respeito à ordem pública, que, por óbvio, deve ser respeitada independentemente da norma contida no art. 421, ou seja, independentemente de os contratos *terem ou não* função social. Se a função social do contrato representasse apenas isso, não consistiria em um princípio jurídico, mas em mero enunciado confirmador de que o contrato não afasta a aplicação das normas jurídicas de caráter cogente – circunstância que, de resto, nunca foi rejeitada, nem mesmo pelos mais árduos defensores do liberal-individualismo jurídico. Há, ainda, autores que definem a função social do contrato como um conceito-síntese, que teria o condão de impor aos contratantes o respeito ao princípio do equilíbrio contratual e ao princípio da boa-fé objetiva – princípios que, como se verá adiante, possuem independência conceitual e base normativa própria, sendo aplicáveis às relações contratuais independentemente da disposição do art. 421. Ao contrário de ampliar, tais teses restringem a função social do contrato, na medida em que lhe atribuem um papel que já é realizado por outros princípios e regras jurídicas. Com isso, a função social do contrato ficaria esvaziada de conteúdo próprio, tornando-se puro eco de noções outras que a lei já consagra expressamente. Outro equívoco comum consiste em definir a função social do contrato como princípio que atua na proteção dos contratantes. Nessa linha de entendimento, o art. 421 atribuiria função social a todo e qualquer contrato, reconhecendo uma espécie de utilidade social no contrato em si, por definição legal. A norma em questão atuaria, assim, na defesa dos contratantes *contra* terceiros, como no caso da chamada responsabilidade do terceiro cúmplice por lesão ao crédito (v. comentário ao art. 608). O erro dessa abordagem é flagrante, na medida em que, contrariamente a toda tradição desenvolvida no terreno do direito de propriedade, vem converter a função social do contrato em uma norma de proteção dos interesses particulares. A proteção contra a interferência de terceiros, nas situações em que se justifique, deve ser buscada com base em outros fundamentos (como a boa-fé objetiva), mas não com base na função social, que restaria, nesse caso, desprovida de qualquer caráter genuinamente social. Em resumo, à função social do contrato deve ser reservado um papel a) autônomo em relação aos demais princípios contratuais e b) voltado especificamente à realização de interesses sociais relevantes, ou seja, interesses da sociedade como um todo que se relacionem àquele contrato específico, justamente quando tais interesses *não coincidem* com os interesses dos contratantes. É aí que a função social revela seu importante papel no direito dos contratos. Em um exemplo didático, suponha-se que um laboratório celebre com determinada clínica privada um contrato de fornecimento de determinado medicamento com cláusula de exclusividade. Suponha-se, ainda, que uma epidemia venha a se abater sobre a população daquela região, que, embora disposta a comprar o medicamento, fica impossibilitada de adquiri-lo diretamente com o laboratório por força da cláusula de exclusividade. O juiz pode, diante do interesse social à saúde, concretamente ameaçado no caso em questão, suspender a eficácia da cláusula de exclusividade em virtude da função social do contrato. O dispositivo contratual, no caso concreto, choca-se com um interesse socialmente relevante. A liberdade de contratar encontra, por assim dizer, um "limite" na realização desse interesse, ficando a eficácia da cláusula suspensa até que tal interesse tenha sido atendido e com os necessários ajustes na dinâmica econômica do contrato. Isso ocorre porque cada exercício concreto de liberdade contratual pelos contratantes está permanentemente condicionado ao atendimento de interesses sociais que se afigurem relevantes naquela situação particular. A ordem jurídica realiza um juízo de merecimento de tutela (*meritevolezza*) de cada ato da vida contratual, à luz dos interesses sociais que toquem aquele contrato específico. Evidentemente, nada disso significa que o contrato celebrado entre as partes possa ser simplesmente apagado ou desconsiderado, bastando para isso a invocação genérica de algum interesse supraindividual qualquer. Como a Constituição brasileira reconhece o valor social da livre-iniciativa (art. 1º, inc. IV), o exercício da liberdade contratual afigura-se legítimo sempre que estiver em conformidade com os valores constitucionais. Registre-se que a atual redação do art. 421 é fruto de alteração promovida pela Lei da Liberdade Econômica (Lei n. 13.874/2019). Dispunha a redação original: "A liberdade de contratar será exercida em razão e nos limites da função social do contrato". A LLE substituiu a expressão "liberdade *de contratar*" por "liberdade *contratual*", atendendo à reivindicação de setores da doutrina que veem nas locuções significados distintos, reservando à primeira a liberdade de celebrar ou não um contrato, e à segunda a liberdade de estipulação do conteúdo contratual. Excluiu-se, ainda, a referência ao exercício da liberdade contratual "em razão" da função social do contrato, modificação de cunho mais ideológico que efetivamente aplicativo. A rigor, a vocação do princípio da função social para conformar internamente o conteúdo dos atos de autonomia privada não decorre de qualquer opção redacional do legislador ordinário, mas sim da opção valorativa do Constituinte originário de eleger como fundamento da República brasileira o *valor social da livre-iniciativa* (art. 1º, IV), influenciando decisivamente o próprio conceito de função social do contrato em nosso sistema jurídico. A LLE também introduziu no artigo em exame um novo parágrafo único, em que se lê: "Nas relações contratuais privadas, prevalecerão o princípio da intervenção mínima e a excepcionalidade da revisão contratual". A redação é, no mínimo, infeliz. Inexiste um "princípio da intervenção mínima" que possa ser consagrado no Código Civil como lei ordinária; a intervenção do Estado nas relações contratuais de natureza privada, bem como sua efetiva gradação, decorre da conjugação das normas constitucionais que impõem ou vedam a intervenção do Estado em determinados setores da vida econômica e social. A LLE parece ter se deixado levar aqui por certa acepção ideológica, que enxerga o Estado como inimigo da liberdade de contratar, quando, na verdade, a presença do Estado – e, por conseguinte, do Estado-juiz e do próprio Direito – afigura-se necessária para assegurar o exercício da referida liberdade. No que tange à revisão contratual, a LLE também parece ter incorrido nessa falsa dicotomia entre atuação do Estado-juiz e liberdade de contratar, quando, bem ao contrário, a revisão contratual privilegia o exercício dessa liberdade ao preservar a relação contratual estabelecida livremente entre as partes, diversamente do que ocorre com a resolução contratual – remédio mais drástico que, porém, permanece disponível para todo contratante nas mesmas situações em que a revisão é cabível, em conformidade com o art. 478 do Código Civil, sem que o legislador de 2019 se tenha preocupado em lhe atribuir qualquer excepcionalidade. Se a intenção da lei foi evitar que revisões judiciais de contratos resultem em alterações excessivas do pacto estabelecido entre as partes, empregou meio inadequado: afirmar que a revisão contratual deve ser excepcional nada diz, porque não altera as hipóteses em que a revisão se aplica, hipóteses que são expressamente delimitadas no próprio Código Civil. O novo parágrafo único tampouco indica parâmetros, critérios ou limites à revisão contratual, o que leva a crer que a alteração não produzirá qualquer efeito prático relevante no modo como a revisão contratual é aplicada na jurisprudência brasileira – aplicação que, de resto, já se dá, em regra, com bastante cautela e parcimônia, sem interferências inusitadas no conteúdo contratual. Decisões escatológicas existem, como sempre continuarão existindo, em número reduzido. Esse não é um problema decorrente do texto da norma e, portanto, não se resolve com a enunciação constante do novo parágrafo único do art. 421.

JURISPRUDÊNCIA COMENTADA: A incerteza da doutrina em definir o exato conteúdo da função social do contrato repercute sobre as decisões de nossas cortes judiciais. Verifica-se, a título ilustrativo, que, na maior parte das vezes em que é invocada pelo Superior Tribunal de Justiça, a função social aparece desprovida de um conteúdo normativo autônomo, servindo de mero "reforço" da aplicação de outro instituto específico, frequentemente ao lado de algum outro princípio ou conceito jurídico indeterminado. Veja-se um exemplo: "Dentre os diversos mecanismos de proteção ao consumidor estabelecidos pela lei, a fim de equalizar a relação faticamente desigual em comparação ao fornecedor, destacam-se os arts. 39 e 51 do CDC, que, com base nos princípios da função social do contrato e da boa-fé objetiva, estabelecem, em rol exemplificativo, as hipóteses, respectivamente, das chamadas práticas abusivas, vedadas pelo ordenamento jurídico, e das cláusulas abusivas, consideradas nulas de pleno direito em contratos de consumo, configurando nítida mitigação da força obrigatória dos contratos (*pacta sunt servanda*)" (STJ, REsp 1.699.780/SP, 3.ª Turma, Rel. Min. Marco Aurélio Bellizze, j. 11.09.2018). Em outro acórdão, afirmou a Corte: "Trata-se de uma relação contratual de direito privado, em que a parte ré invoca a inusitada tese de nada ter de pagar, embora seja incontroverso que tenha mesmo ocasionado custos ao hospital privado – que não atende pelo SUS. Com efeito, evidentemente, não pode ser imposto pelo Estado – ainda que em sua função jurisdicional – que a sociedade empresária assuma as despesas decorrentes da prestação do serviço emergencial, cuja prestação, como expressamente reconhece a Corte local, nem mesmo poderia ser recusada pelo nosocômio – ensejando enriquecimento sem causa para o consumidor. [...] Os princípios da função social do contrato, boa-fé objetiva, equivalência material e moderação impõem, por um lado, seja reconhecido o direito à retribuição pecuniária pelos serviços prestados e, por outro lado, constituem instrumentário que proporcionará ao julgador o adequado arbitramento do valor a que faz jus o hospital" (STJ, AgInt no REsp 1.278.178/MG, 4.ª Turma, Rel. Min. Luis Felipe Salomão, j. 18.05.2017).

REFORMA DO CÓDIGO CIVIL: O Anteprojeto propõe diversas modificações nesta primeira seção das disposições gerais relativas aos contratos. Verifica-se, por exemplo, a inclusão de normas sobre a função dos tipos contratuais e as circunstâncias relevantes para a sua identificação (Anteprojeto, arts. 421-A e 421-B), a interpretação conjunta de contratos distintos (Anteprojeto, art. 421-E), a instituição de fideicomisso por ato entre vivos (Anteprojeto, art. 426-A), entre outras disposições normativas sobre temas que não constam atualmente da codificação civil. Especificamente em relação ao art. 421, o Anteprojeto propõe, no parágrafo já existente, a substituição do termo "relações contratuais privadas" por "contratos civis e empresariais, paritários" (Anteprojeto, art. 421, § 1º), reduzindo o campo de atuação dos supostos princípios da intervenção mínima e da excepcionalidade da revisão contratual. O Anteprojeto sugere, ainda, a inclusão de um novo parágrafo determinando a nulidade da cláusula contratual violadora da função social (Anteprojeto, art. 421, § 2º). Incorpora-se, assim, em parte, o entendimento consagrado no Enunciado n. 431 da *V Jornada de Direito Civil*: "A violação do art. 421 conduz à invalidade ou à ineficácia do contrato ou de cláusulas contratuais".

Art. 421-A. Os contratos civis e empresariais presumem-se paritários e simétricos até a presença de elementos concretos que justifiquem o afastamento dessa presunção, ressalvados os regimes jurídicos previstos em leis especiais, garantido também que: (Incluído pela Lei n. 13.874, de 2019)

I – as partes negociantes poderão estabelecer parâmetros objetivos para a interpretação das cláusulas negociais e de seus pressupostos de revisão ou de resolução; (Incluído pela Lei n. 13.874, de 2019)

II – a alocação de riscos definida pelas partes deve ser respeitada e observada; e (Incluído pela Lei n. 13.874, de 2019)

III – a revisão contratual somente ocorrerá de maneira excepcional e limitada. (Incluído pela Lei n. 13.874, de 2019)

COMENTÁRIOS DOUTRINÁRIOS: A preocupação com indevidas interferências no conteúdo contratual, que motivou a inserção do parágrafo único no art. 421, também parece ter se refletido no novo art. 421-A, que consiste igualmente em fruto das alterações promovidas pela chamada Lei da Liberdade Econômica (Lei n. 13.874/2019). O *caput* da norma emprega classificação pouco técnica ao se referir a "contratos civis e empresariais", destoando da sistemática adotada pelo Código Civil, que teve como uma de suas principais diretrizes extinguir a dualidade antes existente entre as obrigações civis e mercantis. De resto, a distinção não produz qualquer consequência no âmbito do próprio art. 421-A, que deixou de reservar efeitos diferentes para uma ou outra das supostas espécies de contrato. Trata-se, na verdade, de um resquício de versões anteriores do projeto de lei, que diferenciavam as duas espécies e foram duramente criticadas pela doutrina antes da publicação da versão final da Lei da Liberdade Econômica. Quanto ao seu conteúdo, o art. 421-A presume os contratos "paritários e simétricos", reforçando a igualdade de forças entre os contratantes. A eventual caracterização da vulnerabilidade de um dos contratantes continua a afastar tal presunção, sempre relativa. A presunção legal não isenta o intérprete de examinar concretamente a igualdade de forças entre os contratantes. A parte inicial do inciso I do artigo em comento, que autoriza às partes pactuar cláusulas sobre a interpretação do negócio jurídico, constitui, a rigor, repetição desnecessária do conteúdo do § 2º do art. 113. No que se refere à possibilidade de estipulação de pressupostos para revisão e resolução contratual, prevista na parte final do mesmo inciso, a regra oferece pouca ou nenhuma novidade: os contratantes sempre puderam, no exercício de sua autonomia privada, estabelecer parâmetros objetivos (ou subjetivos) para a interpretação dos requisitos de revisão ou resolução do contrato. Tal faculdade, há muito reconhecida pela doutrina, não exclui a necessidade de um juízo concreto de merecimento de tutela para determinar, em cada caso, a compatibilidade dos parâmetros contratualmente estabelecidos com a ordem jurídica brasileira, atentando especialmente para a impossibilidade de afastamento do princípio do equilíbrio contratual, que tem fundamento nos princípios constitucionais da isonomia e da solidariedade social. Por sua vez, o inciso II do novo art. 421-A reforça genericamente a importância de observar a alocação de riscos definida pelas partes, quando o foco deveria recair sobre o aperfeiçoamento dos institutos relacionados a essa matéria, com a indicação de parâmetros que auxiliassem os magistrados na árdua tarefa de intervir no conteúdo contratual, quando tal intervenção se faz necessária, à luz das demais normas do Código Civil. Por fim, o inciso III do dispositivo repete o que já se encontra no parágrafo único do art. 421, examinado anteriormente, em mais um exemplo de má técnica legislativa. A obsessão da chamada Lei da Liberdade Econômica em afirmar e reafirmar a excepcionalidade da revisão contratual revela uma característica um tanto inusitada da Lei n. 13.874/2019, que é o emprego de repetição pleonástica de expressões genéricas, que parecem perseguir um compromisso liberal sem uma efetiva modificação dos requisitos legais para a aplicação dos institutos que exprimem, em alguma medida, intervenção do Estado nos contratos. O chamado princípio da intervenção mínima sintetiza, à perfeição, essa curiosa postura legislativa, pois, embora referido nominalmente no novo parágrafo único do art. 421, não corresponde a uma noção jurídica consagrada doutrinariamente (como ocorre, por exemplo, com a função social do contrato, à qual parece ter se tentado contrapor), nem se reflete nas passagens mais técnicas do Código Civil em que a referida orientação ideológica poderia ter se proposto a alguma efetiva modificação das regras aplicáveis à atividade contratual. Inserido do modo como o foi, soa mais como bandeira política do que como uma alteração responsável da legislação brasileira.

REFORMA DO CÓDIGO CIVIL: O Anteprojeto propõe o deslocamento e desmembramento da norma constante do atual art. 421-A. Seu *caput* é substancialmente reproduzido no art. 421-C do Anteprojeto, que conta, ainda, com dois novos parágrafos. O primeiro veicula "parâmetros adicionais" de interpretação específicos para os chamados contratos empresariais, podendo-se destacar exemplificativamente os seguintes parâmetros: "os tipos contratuais que são naturalmente díspares ou assimétricos, próprios de algumas relações empresariais, devem receber o tratamento específico que consta de leis especiais, assim como os contratos que decorram da incidência e da funcionalidade de cláusulas gerais próprias de suas modalidades" (**Anteprojeto,** art. 421-C, § 1.º, I), e "são lícitas em geral as cláusulas de não concorrência pós-contratual, desde que não violem a ordem econômica e sejam coerentemente limitadas no espaço e no tempo, por razoáveis e fundadas cláusulas contratuais" (**Anteprojeto,** art. 421-C, § 1º, IV). O § 2º, por sua vez, determina que, "nos contratos empresariais, quando houver flagrante disparidade econômica entre as partes, não se aplicará o disposto neste artigo". Os incisos do atual art. 421-A, por seu turno, encontram-se parcialmente reproduzidos no art. 421-D do Anteprojeto, que conta com o seguinte *caput*: "Salvo nos contratos de adesão ou por cláusulas predispostas em formulários, as partes podem, para a garantia da paridade contratual, sem prejuízo dos princípios e das normas de ordem pública, prever, fixar e dispor a respeito de: [...]". Os incisos IV e V desse dispositivo aludem a "glossário com o significado de termos e de expressões utilizados pelas partes na redação do contrato" e a "interpretação de texto normativo", reproduzindo, portanto, aquele que já é o entendimento da doutrina e o habitual na prática advocatícia.

Art. 422. Os contratantes são obrigados a guardar, assim na conclusão do contrato, como em sua execução, os princípios de probidade e boa-fé.

COMENTÁRIOS DOUTRINÁRIOS: O art. 422 consagra a aplicação da boa-fé objetiva nas relações contratuais. A boa-fé objetiva foi amplamente desenvolvida pela doutrina e jurisprudência alemãs a partir do fim do século XIX, com base no § 242 do BGB, em que se lê: "O devedor está adstrito a realizar a prestação tal como exija a boa-fé, com consideração pelos costumes do tráfego". Tal dispositivo do Código Civil alemão guarda inegável semelhança com o art. 422 da nossa codificação. A boa-fé aí mencionada não é, como se vê, a *boa-fé subjetiva*, também chamada de boa-fé possessória e definida como estado psicológico de ignorância acerca dos vícios que maculam um direito real. Diversamente, a interpretação dada ao § 242 do BGB trouxe uma concepção objetiva da boa-fé como *standard* de conduta leal e confiável (*Treu und Glauben*), a vincular, independentemente de considerações subjetivistas, os contratantes. No Brasil, a boa-fé objetiva foi incorporada pela jurisprudência a partir da década de 1970, tendo seu ingresso formal no ordenamento positivo ocorrido apenas duas décadas mais tarde, por meio do Código de Defesa do Consumidor. O Código Civil brasileiro de 2002 encampou a noção em diversas passagens, assumindo maior importância os arts. 113 e 187, ambos situados na Parte Geral da codificação, e o presente art. 422, que se situa no título dedicado aos contratos. A esses três dispositivos da nossa codificação civil tem-se, não sem algum esforço hermenêutico, conectado a construção dogmática que atribui à boa-fé objetiva uma tríplice função no sistema jurídico: a) servir de cânone interpretativo dos negócios jurídicos e, portanto, também dos contratos (art. 113); b) impedir o exercício de direitos quando tal exercício se mostrar, concretamente, contrário aos parâmetros de comportamento leal e confiável nas relações jurídicas e, portanto, também nas relações contratuais (art. 187); e c) criar deveres anexos ou acessórios à prestação principal, como deveres de cuidado, de informação e de assistência. A essa última função tem sido associado o art. 422, ora em comento, o que se explica pelo fato de que, embora sua redação possua, a rigor, maior abrangência, as demais funções da boa-fé objetiva já se encontram cobertas pelos dois dispositivos legais mencionados anteriormente. Em sua função hermenêutica, a boa-fé objetiva impõe que a interpretação dos negócios jurídicos privilegie sempre o sentido mais conforme a lealdade e confiança recíprocas entre as partes (v. comentário ao art. 113). Na sua função proibitiva, a boa-fé objetiva impede o exercício de direitos que, embora legal ou contratualmente assegurados, não se conformem aos *standards* de comportamento leal entre as partes (v. comentário ao art. 187). Na função associada ao artigo em comento, a boa-fé objetiva apresenta-se como fonte criadora de deveres anexos à prestação principal, impondo às partes deveres outros que não aqueles previstos no contrato, como o dever de informação, o dever de segurança, o dever de sigilo, o dever de colaboração para o integral cumprimento dos fins contratuais, e assim por diante. Esses deveres *anexos* – também chamados de *acessórios, laterais, instrumentais* ou *tutelares* – variam de acordo com cada relação jurídica concreta da qual decorram. Por isso mesmo, tais deveres independem da vontade das partes, incidindo *quando e na medida em que* imponham os parâmetros de mútua lealdade e confiança. Todos esses papéis desempenhados pela boa-fé não se limitam, como poderia fazer crer a redação do art. 422, à "conclusão" (*rectius*: celebração) do contrato e à sua "execução". De um lado, impõe-se que as partes se comportem de modo leal mesmo antes da conclusão do contrato, desde a chamada fase das tratativas, sendo certo que a violação à boa-fé objetiva durante as negociações preliminares pode dar ensejo à *responsabilidade civil pré-contratual*. De outro lado, o exaurimento da execução do contrato, por força do termo final de seu prazo de vigência ou por qualquer outra razão, não exime os contratantes de seguirem observando a boa-fé objetiva, abstendo-se, em especial, de qualquer ato que possa frustrar *a posteriori* os efeitos esperados do contrato – hipótese em que a violação à boa-fé objetiva deflagra a chamada *responsabilidade pós-contratual* ou *post pactum finitum*. Em suma, "a boa-fé objetiva deve ser observada pelas partes na fase de negociações preliminares e após a execução do contrato, quando tal exigência decorrer da natureza do contrato" (Enunciado n. 170 da *III Jornada de Direito Civil*).

PANDEMIA: A boa-fé objetiva impõe uma conduta proativa dos contratantes, com vistas à renegociação de contratos afetados pela pandemia nas hipóteses de desequilíbrio contratual superveniente, impossibilidade temporária da prestação e frustração temporária do fim contratual (v. comentários ao art. 479). A boa-fé objetiva também impõe, por outro lado, que o contratante que não sofre impacto concreto em seu contrato abstenha-se de invocar, artificialmente, a pandemia para fins de obtenção de vantagens injustificadas. Vale dizer: a invocação abusiva da pandemia, tumultuando o programa contratual, também exprime violação à boa-fé objetiva, a deflagrar as consequências previstas em nossa legislação, em especial as tutelas inibitória e reparatória (v. comentários ao art. 187).

JURISPRUDÊNCIA COMENTADA: A boa-fé objetiva alcançou grande prestígio na jurisprudência brasileira. Em grande parte dessas decisões, o emprego da noção afigura-se atécnico, refletindo a dificuldade de nossos Tribunais, de modo geral, em lidar com conceitos jurídicos de conteúdo mais aberto. Há, atualmente, uma *superutilização* da boa-fé objetiva. Nada obstante, o sólido repertório doutrinário que se formou em torno do instituto permite identificar decisões que aplicam de maneira adequada a boa-fé objetiva, em suas múltiplas potencialidades. Técnica de sucesso em nossa jurisprudência tem sido o recurso a figuras intermediárias que evidenciam violações à boa-fé objetiva, como a falta do dever de informação. Destaque-se, nesse sentido, acórdão do STJ sobre o dever de informação surgido no âmbito da relação médico-paciente: "É uma prestação de serviços especial a relação existente entre médico e paciente, cujo objeto engloba deveres anexos, de suma relevância, para além da intervenção técnica dirigida ao tratamento da enfermidade, entre os quais está o dever de informação. O dever de informação é a obrigação que possui o médico de esclarecer o paciente sobre os riscos do tratamento, suas vantagens e desvantagens, as possíveis técnicas a serem empregadas, bem como a revelação quanto aos prognósticos e aos quadros clínico e cirúrgico, salvo quando tal informação possa afetá-lo psicologicamente, ocasião em que a comunicação será feita a seu representante legal. [...] Haverá efetivo cumprimento do dever de informação quando os esclarecimentos se relacionarem especificamente ao caso do paciente, não se mostrando suficiente a informação genérica. Da mesma forma, para validar a informação prestada, não pode o consentimento do paciente ser genérico (*blanket consent*), necessitando ser claramente individualizado. O dever de informar é dever de conduta decorrente da boa-fé objetiva e sua simples inobservância caracteriza inadimplemento contratual, fonte de responsabilidade civil *per se*. A indenização, nesses casos, é devida pela privação sofrida pelo paciente em sua autodeterminação, por lhe ter sido retirada a oportunidade de ponderar os riscos e vantagens de determinado tratamento, que, ao final, lhe causou danos, que poderiam não ter sido causados, caso não fosse realizado o procedimento, por opção do paciente" (STJ, REsp 1.540.580/DF, 4.ª Turma, Rel. Min. Luis Felipe Salomão, j. 02.08.2014). Veja-se, na mesma direção, uma das muitas decisões do STJ que aplicam a proibição de comportamento contraditório (*nemo potest venire contra factum proprium*), como modalidade de violação à boa-fé objetiva: "fere a boa-fé objetiva a conduta da locatária que, após exercer a posse direta do imóvel por mais de duas décadas, alega a ilegitimidade do locador em ajuizar a ação de despejo por falta de pagamento. Sabe-se que uma das funções da boa-fé objetiva é impedir que uma das partes contratantes retorne sobre seus próprios passos depois de estabelecer relação cuja seriedade o outro pactuante confiou, pois a ninguém é dado contrariar os próprios atos. [...] *In casu*, a ora agravante, na qualidade de locatária, estabeleceu contrato de locação com o promitente comprador do imóvel, permaneceu pacificamente com a posse direta do bem por mais de duas décadas, pagou mês a mês os aluguéis, e, somente quando passou à condição de inadimplente, resolveu alegar a ilegitimidade do locador em ajuizar a ação de despejo. Como se vê, o pagamento dos aluguéis, por mais de duas décadas, configurou conduta apta a transcender a esfera da locatária para refletir fática e objetivamente sobre o promitente comprador, estimulando-o a criar legítima confiança de que a obrigação continuaria sendo adimplida" (STJ, AgRg nos EDcl nos EDcl no Ag 704.933/SP, 6.ª Turma, Rel. Min. Maria Thereza de Assis Moura, j. 24.08.2009). Por fim, merece registro julgado daquela corte superior tratando do delicado tema da responsabilidade pré-contratual por ruptura das tratativas: "o princípio da boa-fé objetiva já incide desde a fase de formação do vínculo obrigacional, antes mesmo de ser celebrado o negócio jurídico pretendido pelas partes. Na verdade, antes da conclusão do negócio jurídico, são estabelecidas entre as pessoas certas relações de fato, os chamados 'contatos sociais', dos quais emanam deveres jurídicos, cuja violação importa responsabilidade civil. [...] No caso concreto, consta no acórdão recorrido que a empresa de eventos (ora recorrida) e a empresa varejista (ora recorrente) iniciaram, em dezembro de 2004, tratativas para a realização do evento 'A MAIOR LOJA DE INFORMÁTICA DO BRASIL', programado para junho de 2005 e orçado em R$ 1.075.000,00. As partes reuniram-se por diversas vezes e trocaram vários *e-mails*. A empresa de eventos realizou uma visita técnica, elaborou memoriais descritivos e, segundo alega, iniciou a contratação de terceiros, efetuando despesas da ordem de R$ 200.000,00. O evento, porém, foi adiado e, posteriormente, cancelado pela empresa varejista, não tendo havido a formalização de um contrato. O Tribunal de origem, soberano na análise das provas, considerou que o comportamento das partes, teria criado na empresa de eventos a 'induvidosa expectativa' (cf. fl. 491) de que o contrato viria a ser celebrado, fato que, aliado à iminência do evento, justificaria o início da contratação de terceiros antes mesmo da formalização do contrato. Então, partindo-se do cenário fático delineado pelo Tribunal *a quo*, pode-se concluir, com base nos subsídios doutrinários acima colacionados, que o cancelamento do evento pela empresa varejista ofendeu o princípio da boa-fé objetiva, gerando uma responsabilidade pré-contratual" (STJ, REsp 1.367.955/SP, 3.ª Turma, Rel. Min. Paulo de Tarso Sanseverino, j. 18.03.2014).

REFORMA DO CÓDIGO CIVIL: O Anteprojeto propõe a alteração do art. 422 para que passe a se referir à incidência dos princípios da boa-fé e da probidade não somente na conclusão e na execução do contrato, como também nas "tratativas iniciais [...] bem como na fase de sua eficácia pós-contratual". A proposta incorpora o entendimento amplamente aceito pela doutrina nacional, defendido pioneiramente entre nós por Antonio Junqueira de Azevedo e consagrado no Enunciado n. 170 da *III Jornada de Direito Civil*. O Anteprojeto sugere, ainda, a inclusão de um art. 422-A, que, também na esteira de entendimentos firmados nos Enunciados n. 363 da *IV Jornada de Direito Civil* e n. 21 da *I Jornada de Direito Civil*, determina: "Os princípios da confiança, da probidade e da boa-fé são de ordem pública e sua violação gera o inadimplemento contratual". A qualificação da violação à boa-fé objetiva como inadimplemento contratual ou como violação à lei (extracontratual) ou, ainda, como *tertium genus* (especialmente em matéria de responsabilidade pré-contratual) é, atualmente, questão ainda não de todo pacificada na doutrina, embora a jurisprudência do STJ trate do tema habitualmente como hipótese de inadimplemento contratual, conforme refletido no Anteprojeto.

Art. 423. Quando houver no contrato de adesão cláusulas ambíguas ou contraditórias, dever-se-á adotar a interpretação mais favorável ao aderente.

COMENTÁRIOS DOUTRINÁRIOS: Contratos de adesão são aqueles elaborados unilateralmente por um dos contratantes, que o apresenta ao outro, chamado de *aderente*, para aceitação em bloco do seu conteúdo. O aderente não tem a oportunidade de discutir ou negociar as cláusulas do contrato, podendo apenas aceitá-lo ou rejeitá-lo no todo (*take it or leave it*, na expressão norte-americana). O contrato de adesão pode ocorrer em casos isolados, mas sua utilização é mais frequente em cenários de contratação em massa, nos quais um dos contratantes a) tem interesse em uniformizar as suas relações contratuais por meio de um instrumento contratual padronizado; e b) detém o poder econômico ou estratégico necessário para impor o seu instrumento contratual ao outro contratante de modo rígido e unilateral. No passado, chegou-se a discutir se o contrato de adesão representava efetivamente um contrato, na medida em que aderir não é exatamente o mesmo que acordar: a liberdade de contratar do aderente fica, em tal situação, reduzida à opção de aceitar ou não o contrato tal qual apresentado pelo outro contratante. Basta pensar no cliente que procura um banco para celebrar um contrato de conta corrente ou de cartão de crédito: receberá formulários para preencher e um contrato pronto e acabado no qual será solicitada a sua assinatura, sem nenhuma chance de alteração dos termos e condições ali estampados. O mesmo acontece em diversos outros campos da vida comum: a contratação de serviço de telefonia celular, a contratação de seguros de automóvel, a contratação de planos de saúde são apenas alguns exemplos de áreas em que é bastante comum o recurso a contratos de adesão. Em nenhum desses casos, o aderente tem liberdade de discutir, negociar ou alterar o conteúdo do contrato proposto. Na sempre lembrada lição de Enzo Roppo, a liberdade contratual do mais forte expande-se a ponto de sacrificar a liberdade contratual do contratante mais fraco, provando que a liberdade de contratar, em um cenário de desigualdade, é sempre uma liberdade autofágica. Convém registrar que as especiais proteções concedidas ao aderente não são afastadas pela sua eventual interferência na redação de uma ou outra cláusula do contrato. Com efeito, em alguns casos, o aderente logra obter a rasura ou a alteração, por vezes até de modo manuscrito, de uma ou outra disposição contratual que considere inaceitável. Essa pontual oportunidade não descaracteriza o contrato de adesão, se, no todo, ainda se puder identificar o poder de imposição do outro contratante, razão primeira da proteção legal dispensada ao aderente. O Código de Defesa do Consumidor chega a afirmar expressamente que "a inserção de cláusula no formulário não desfigura a natureza de adesão do contrato" (art. 54, § 1º). Embora sob permanente suspeita da ordem jurídica, o contrato de adesão é admitido e aceito como parte da vida contemporânea, caracterizada por um certo *fordismo* contratual, ou seja, pela produção de contratos idênticos em série (contratos *standard*). Essa figura recebe proteção especial no âmbito das relações consumeristas pelo já mencionado art. 54 do Código de Defesa do Consumidor. O Código Civil também assegura especiais direitos ao aderente, no afã de protegê-lo dos abusos que podem resultar da contratação por adesão. O art. 423 determina, nesse sentido, que, "quando houver no contrato de adesão cláusulas ambíguas ou contraditórias, dever-se-á adotar a interpretação mais favorável ao aderente". A interpretação pró-aderente, a rigor, não se limita a "cláusulas ambíguas ou contraditórias", mas abrange todas as cláusulas do contrato, pelo simples fato de que concluir pela ambiguidade ou contradição de certa cláusula não é algo que antecede, mas sim que sucede o processo de interpretação. A interpretação do contrato de adesão deve se dar sempre, portanto, em favor do aderente. Figura semelhante aos contratos de adesão, mas que representa, sob certo aspecto, um passo adicional rumo ao esvaziamento do papel da vontade do contratante mais frágil, é a contratação por meio de *condições contratuais gerais*. Nessa espécie de contratação, o aderente ingressa em condições predeterminadas pelo outro contratante (predisponente) para uma generalidade indefinida de contratos futuros. A elaboração das condições contratuais gerais antecede, portanto, a formação do contrato e, não raro, é veiculada por meio de instrumentos unilaterais como "termos de condições de uso do serviço" ou "regulamentos", aos quais os futuros contratos remetem. O Código Civil brasileiro perdeu a oportunidade de tratar expressamente das condições contratuais gerais, já conhecidas há algum tempo da nossa prática negocial. À falta de disciplina específica, as condições contratuais gerais devem ser compreendidas como parte integrante de relações contratuais de adesão, atraindo a incidência dos arts. 423 e 424 do Código Civil.

JURISPRUDÊNCIA COMENTADA: A qualificação da maior parte dos contratos de adesão como relações de consumo faz com que as principais controvérsias sobre o tema sejam resolvidas a partir da aplicação do CDC. Entretanto, a adoção pelo Superior Tribunal de Justiça de uma postura mais restritiva no que se refere à caracterização de determinadas relações como relações de consumo, especialmente com a edição no ano de 2018 da Súmula n. 608 ("Aplica-se o Código de Defesa do Consumidor aos contratos de plano de saúde, salvo os administrados por entidades de autogestão"), tem reforçado a necessidade de se recorrer à disciplina do Código Civil para a adequada tutela do aderente. Por exemplo, em caso envolvendo a "negativa de cobertura de exames clínicos para tratamento de síndrome carinoide", afirmou o STJ: "a Segunda Seção assentou que não se aplica a Súmula n. 469/

STJ para as operadoras de plano de saúde na modalidade autogestão, afastando-se, portanto, as normas consumeristas para solucionar a presente controvérsia. No particular, entretanto, verifica-se que o Tribunal de origem não solucionou a lide exclusivamente à luz das normas do CDC. Ao contrário do que pretende persuadir a recorrente, em expresso e significativo excerto do raciocínio desenvolvido no acórdão recorrido, o TJ/SC registrou: 'ainda que não se aplicasse o CDC, não se poderia aplicar uma restrição em cláusula contratual que não a prevê', sobretudo porque, em se tratando de pacto de adesão, 'a discussão versa sobre a negativa de pagamento pela ré de exames que não encontram restrição no contrato' (e-STJ fl. 214). Há invocação de precedente nas razões de decidir desde o primeiro grau de jurisdição ressaltando que seria, inclusive, 'inevitável analisar a demanda à luz do Código Civil' (e-STJ fl. 127). Nesse contexto, a avaliação acerca da abusividade da conduta da recorrente ao negar o tratamento prescrito pelo médico do usuário efetivamente atrai a incidência do disposto no art. 423 do Código Civil, pois as cláusulas ambíguas ou contraditórias devem ser interpretadas em favor do aderente. No particular, em análise das provas e das cláusulas contratuais, o acórdão recorrido consignou que 'o contrato firmado pelas partes é abrangente, mencionando de forma genérica exames complementares, serviços auxiliares, tratamentos especializados', em que 'não há nenhuma ressalva no sentido de que os exames determinados pelo médico não são cobertos' (e-STJ fl. 214). Essa conjuntura demonstra que quando houver previsão contratual de cobertura da doença e respectiva prescrição médica do meio para o restabelecimento da saúde, independente da incidência das normas consumeristas, é dever da operadora de plano de saúde oferecer o tratamento indispensável ao usuário. Embora recente o posicionamento estável da jurisprudência da Segunda Seção acerca da inaplicabilidade do CDC às entidades de autogestão, deve ser ressaltada a firme orientação das Turmas de Direito Privado de que o médico ou o profissional habilitado – e não o plano de saúde – é quem estabelece, na busca da cura, a orientação terapêutica a ser dada ao usuário acometido de doença coberta" (STJ, REsp 1.639.018/SC, 3.ª Turma, Rel. Min. Nancy Andrighi, j. 27.02.2018).

REFORMA DO CÓDIGO CIVIL: O Anteprojeto propõe uma reformulação do art. 423, passando a constar do *caput* uma definição de contrato de adesão muito similar àquela que já se encontra no art. 54, *caput*, do Código de Defesa do Consumidor. O § 1º determina que "as cláusulas postas para adesão, no contrato escrito ou disponibilizado em espaço virtual, serão redigidas em termos claros e com caracteres ostensivos e legíveis, de modo a facilitar a sua compreensão pelo aderente". No Anteprojeto, a regra da interpretação mais favorável ao aderente passa a figurar no § 2º desse dispositivo legal.

Art. 424. Nos contratos de adesão, são nulas as cláusulas que estipulem a renúncia antecipada do aderente a direito resultante da natureza do negócio.

COMENTÁRIOS DOUTRINÁRIOS: O artigo em comento insere-se no campo da tutela do contratante aderente em contratos de adesão (v. comentário ao art. 423). O legislador considera nulas cláusulas que importem antecipada renúncia a direito essencial do aderente, assim entendidos aqueles direitos que resultam da própria natureza do negócio. Assim, por exemplo, em contrato de hospedagem celebrado por mera adesão do hóspede a um instrumento pré-confeccionado pelo hotel, será nula a cláusula por meio da qual o hóspede renuncia ao direito de pleitear indenização pelo desaparecimento de suas bagagens ou outros pertences deixados no quarto. Trata-se de renúncia antecipada a um direito essencial do hóspede, que resulta da própria natureza da hospedagem em hotéis, que abrange, por definição, não apenas a acolhida do hóspede, mas também a guarda de seus pertences. O mesmo ocorre em estacionamentos que, operando por meio de contratos de adesão, advertem, não raro por meio de avisos ou informações constantes do verso dos tíquetes que não respondem perante seus clientes por eventual avaria ou furto dos veículos ou de quaisquer objetos deixados no interior dos automóveis. A advertência não produz qualquer efeito jurídico, tendo em vista a nulidade da disposição contratual que, em contratos de adesão (ou em condições contratuais gerais, que os integram – ver comentário ao art. 423), importe renúncia ao direito de guarda que resulta da própria natureza desses contratos. Os enunciados aprovados nas Jornadas de Direito Civil trazem, ainda, outros exemplos: "A cláusula de renúncia antecipada ao direito de indenização e retenção por benfeitorias necessárias é nula em contrato de locação de imóvel urbano feito nos moldes do contrato de adesão" (Enunciado n. 433 da *V Jornada de Direito Civil*); "No contrato de fiança é nula a cláusula de renúncia antecipada ao benefício de ordem quando inserida em contrato de adesão" (Enunciado n. 364 da *IV Jornada de Direito Civil*).

JURISPRUDÊNCIA COMENTADA: Os contratos de plano e seguro de saúde, em razão de especial natureza do interesse do aderente, têm se revelado pródigos para a identificação de cláusulas nulas por renúncia antecipada a direito essencial: "a Segunda Seção desta Corte Superior consagrou o entendimento de não se aplicar o Código de Defesa do Consumidor (CDC) ao contrato de plano de saúde administrado por entidade de autogestão, haja vista a inexistência de relação de consumo (Súmula n. 608/STJ). Todavia, ao contrato sob exame podem ser aplicadas as normas gerais do Código Civil (CC). Assim, embora na Saúde Suplementar o tratamento médico em domicílio não tenha sido incluído no rol de procedimentos mínimos ou obrigatórios que devam ser oferecidos pelos planos de saúde, a cláusula contratual que importe em vedação da internação domiciliar como alternativa de substituição à internação hospitalar se mostra abusiva com base nos arts. 423 e 424 do CC, já que, da natureza do negócio firmado, há situações em que tal procedimento é altamente necessário para a recuperação do paciente sem comprometer o equilíbrio financeiro do plano considerado coletivamente" (STJ, REsp 1.185.766/MS, 3.ª Turma, Rel. Min. Ricardo Villas Bôas Cueva, j. 12.06.2018).

Art. 425. É lícito às partes estipular contratos atípicos, observadas as normas gerais fixadas neste Código.

COMENTÁRIOS DOUTRINÁRIOS: São chamados contratos *típicos* ou *nominados* aqueles que a lei denomina e disciplina por meio de um conjunto de regras específicas. É o caso, por exemplo, do contrato de transporte, que o Código Civil nomeia e disciplina por meio das regras estampadas nos arts. 730 a 756. Fala-se, nesse sentido, em *tipo contratual* para designar o regramento específico e detalhado, a exemplo do que ocorre com o tipo penal no campo criminal. Por outro lado, são chamados contratos *atípicos* ou *inominados* aqueles que a lei não disciplina expressamente. São exemplos de contratos atípicos os contratos de cessão de uso de imagem e o contrato de EPC (*engineering, procurement and construction*). O Código Civil brasileiro permite expressamente a celebração de contratos atípicos no art. 425. Sendo o Direito Contratual um campo de exercício da autonomia privada, a permissão para a celebração de contratos atípicos já era reconhecida mesmo sob a vigência do Código Civil de 1916, que não continha norma expressa nesse sentido. É de se enfatizar, todavia, que os contratos atípicos não representam um universo isolado de regras criadas pelas próprias partes. Todo contrato, típico ou atípico, insere-se dentro do sistema jurídico, devendo observar princípios e normas que integram a teoria geral dos contratos, como o princípio da boa-fé objetiva e o princípio da função social do contrato.

JURISPRUDÊNCIA COMENTADA: O Superior Tribunal de Justiça já recorreu à autonomia concedida às partes para a criação de contratos atípicos a fim de reconhecer a admissibilidade do negócio de cessão de posição contratual na ordem jurídica brasileira: "Sobre o instituto em comento, necessário salientar inexistir, no ordenamento jurídico brasileiro, disciplina específica. De fato, a despeito de sua utilidade e relevância prática, essa modalidade de transmissão de obrigações não foi objeto de regulamentação pelo legislador do Código Civil de 1916, tampouco por aquele do diploma civilista de 2002. [...] Não obstante, a admissibilidade deste instituto, à luz do Direito Brasileiro, encontrou e ainda encontra respaldo nos postulados da autonomia da vontade (autonomia privada), liberdade contratual, bem como na possibilidade de celebração de contratos atípicos. No âmbito do atual Código Civil, destaca-se o disposto em seu artigo 425, a saber: 'É lícito às partes estipular contratos atípicos, observadas as normas gerais fixadas neste Código.' Acrescente-se que, ainda sob a égide do Código Civil de 1916, esta Corte já admitira a figura em exame, ao argumento de que 'o ordenamento jurídico não coíbe a cessão de contrato que pode englobar ou não todos os direitos e obrigações, pretéritas, presentes ou futuras, como ocorreu em caso, pois é contrato de forma livre" (STJ, REsp 1.036.530/SC, 4.ª Turma, Rel. Min. Marco Buzzi, j. 25.03.2014).

Art. 426. Não pode ser objeto de contrato a herança de pessoa viva.

COMENTÁRIOS DOUTRINÁRIOS: O Código Civil veda expressamente o chamado *pacta corvina*, assim entendido o contrato sobre herança de pessoa viva. Tal contrato é reputado nulo pelo Direito Brasileiro (v. comentário ao art. 166, VII).

A regra finca suas raízes no Direito Romano, muito embora este não conhecesse uma interdição total de tais negócios. Encontram-se na doutrina variadas explicações para a vedação ao *pacta corvina*, merecendo destaque aquelas que assentam sobre o desincentivo a condutas antissociais que esses acordos podem despertar, não faltando autores que enxergam em tais ajustes imoral estímulo para que se deseje a morte do titular do patrimônio ou até mesmo, em última instância, para que se pratiquem homicídios. Há, ainda, que se ressaltar a incompatibilidade desse tipo de contrato com a liberdade necessária às disposições de última vontade, revogáveis por essência. Em nossa experiência jurídica, prevalece historicamente uma interpretação rigorosa da proibição, alcançando todo e qualquer negócio que tenha por objeto herança de pessoa viva. Não se submetem à regra aqueles contratos que, ainda que possuam eficácia vinculada à morte de alguém, tenham objeto diverso, como a compra e venda de imóvel submetida a termo consubstanciado no falecimento de terceiro residente no bem. Na esteira do debate contemporâneo acerca da necessária ampliação da autonomia privada no âmbito sucessório, discute-se a possibilidade de se reconhecer, ainda que em circunstâncias pontuais, a validade dos pactos sucessórios.

JURISPRUDÊNCIA COMENTADA: Amparado na vedação ao *pacta corvina*, decidiu o Superior Tribunal de Justiça: "revela-se nula a partilha de bens realizada em processo de separação amigável que atribui ao cônjuge varão promessa de transferência de direitos sucessórios ou doação sobre imóvel pertencente a terceiros [seus sogros, ainda vivos à época da partilha], seja por impossível o objeto, seja por vedado contrato sobre herança de pessoas vivas" (STJ, REsp 300.143/SP, 4.ª Turma, Rel. Min. Aldir Passarinho Junior, j. 21.11.2006).

REFORMA DO CÓDIGO CIVIL: O Anteprojeto propõe uma significativa ampliação do espaço de autonomia privada em matéria sucessória, o que se reflete nesse dispositivo. Embora o *caput* seja preservado sem qualquer alteração, o Anteprojeto sugere o acréscimo de seis novos parágrafos, o primeiro dos quais determina que a vedação constante do *caput* não se aplica aos negócios jurídicos (a) "firmados, em conjunto, entre herdeiros necessários, descendentes, que disponham diretivas sobre colação de bens, excesso inoficioso, partilhas de participações societárias, mesmo estando ainda vivo o ascendente comum", ou (b) "que permitam aos nubentes ou conviventes, por pacto antenupcial ou convivencial, renunciar à condição de herdeiro" (Anteprojeto, art. 426, § 1º, I e II). Quanto ao pacto de renúncia à herança entre nubentes ou conviventes, o Anteprojeto acrescenta que: (a) deverá ocorrer por meio de pacto antenupcial ou de escritura pública pós-nupcial, na hipótese de casamento, ou por meio de escritura pública de união estável; (b) a renúncia deverá ser recíproca (Anteprojeto, art. 426, § 2º); (c) a renúncia pode ser condicionada à sobrevivência ou não de parentes sucessíveis de qualquer classe, bem como de outras pessoas, não sendo necessário que tal condição seja recíproca (art. 426, § 3º); (d) a renúncia não implica perda do direito real de habitação, salvo expressa previsão dos cônjuges ou conviventes (Anteprojeto, art. 426, § 4º); e (e) a renúncia será ineficaz se, no momento da morte do cônjuge ou convivente, o falecido não deixar parentes sucessíveis, segundo a ordem de vocação hereditária (Anteprojeto, art. 426, § 6º). Apesar da ampliação da liberdade contratual em matéria sucessória, o § 5º do art. 426 do Anteprojeto afirma que "são nulas quaisquer outras disposições contratuais sucessórias que não as previstas neste código, sejam unilaterais, bilaterais ou plurilaterais".

SEÇÃO II
DA FORMAÇÃO DOS CONTRATOS

Art. 427. A proposta de contrato obriga o proponente, se o contrário não resultar dos termos dela, da natureza do negócio, ou das circunstâncias do caso.

COMENTÁRIOS DOUTRINÁRIOS: O Código Civil de 2002, seguindo a mesma orientação traçada pela codificação civil de 1916, tratou da formação do contrato a partir de um esquema binário, composto de duas declarações unilaterais de vontade: a) a proposta e b) a aceitação. Consistindo o contrato em acordo de vontades destinado a produzir efeito obrigacional, sua formação resultaria, assim, do encontro dessas duas declarações de vontades distintas. A leitura dos arts. 427 a 435 do Código Civil sugere que o proponente deve apresentar a proposta, com os elementos essenciais do contrato, ao seu destinatário – o chamado *oblato* –, o qual, por sua vez, analisa a proposta e decide se a aceita, se a recusa ou se a aceita com modificações.

No primeiro caso, forma-se o contrato; no segundo caso, não se forma; e, no terceiro caso, a aceitação com modificações é considerada uma nova proposta (art. 431), submetida ao crivo do antigo proponente, agora convertido em oblato, o qual se encontrará novamente diante das três opções mencionadas. O elegante esquema é raro, na prática. De fato, embora a formação do contrato possa ocorrer desse modo em alguns casos, com uma proposta pronta e acabada sendo enviada a um destinatário, que a examina para, em seguida, dizer se a aceita ou não, ou se a aceita com modificações, tal procedimento é raro no dia a dia dos negócios. O mais comum é que a formação do contrato se dê de outras formas, mais ou menos rígidas do que sugere o Código Civil. No mercado de consumo, por exemplo, a proposta toma usualmente a forma de uma oferta ao público, com elementos que são imodificáveis, não se concedendo aos destinatários (consumidores) a chance de aceitar a oferta com modificações, mas podendo tão somente aceitá-la ou não, em uma forma de contratação por adesão (*take it or leave it*), em termos já examinados (v. comentário ao art. 423). Por outro lado, no âmbito de negócios mais complexos, entre partes situadas em relativa paridade jurídica e econômica, o mais frequente é que as declarações de vontade não sejam emitidas unilateralmente, nem pelo proponente, nem pelo aceitante, mas sejam bilateralmente construídas por meio de negociações preliminares, compostas por uma multiplicidade de contatos, reuniões, conferências telefônicas, elaboração e revisão conjuntas de minutas de contrato e uma série de outros atos que vão construindo, gradativamente, ponto a ponto, o consenso entre as partes, as quais só emitem efetivamente uma declaração de vontade no momento da reunião final de assinatura do instrumento contratual (o chamado *closing* ou fechamento da operação). Nessas circunstâncias, a própria identificação de quem é o proponente e de quem é o aceitante revela-se artificiosa, já que ambos os contratantes construíram conjuntamente o acordo de vontades, não se podendo, senão por uma ficção jurídica, indicar um deles como o autor de uma proposta e outro como emissor de uma aceitação. Na prática a formação dos contratos ou é mais rígida do que sugere o Código Civil (com uma oferta imodificável ao público) ou é menos rígida (como uma construção conjunta e gradativa do acordo de vontades), afigurando-se rara a aplicação do modelo binário que o legislador, ainda preso ao passado, retratou nos arts. 427 a 435. Deve-se, de qualquer modo, buscar compreender a sistemática acolhida pela lei. Segundo o esquema legal, a formação do contrato inicia-se com a formulação de uma proposta. *Proposta* é a declaração receptícia de vontade que já contém os elementos essenciais do contrato que o proponente pretende celebrar. A proposta obriga o proponente: quem faz a proposta já está *vinculado* pelos seus termos, de tal modo que, se o oblato (destinatário da proposta) vier a aceitá-la, o contrato se formará independentemente de nova manifestação do proponente. Toda e qualquer proposta deve, para ser considerada juridicamente como tal, conter os elementos essenciais do contrato. Uma proposta de contrato de compra e venda deve, por exemplo, conter a definição do objeto e do preço. Faltando qualquer desses elementos, não se considera uma proposta, mas simples *invitatio ad offerendum* ou, em outras palavras, mero convite do emissor para que lhe sejam dirigidas propostas. Excepcionalmente, não será considerada obrigatória a proposta se a) contiver ressalva acerca do seu caráter não vinculante ou b) a ausência de efeito obrigacional derivar da natureza do negócio ou das circunstâncias do caso concreto. Assim, se o proponente tem intenção de formular uma proposta não vinculante, o ideal é que faça ressalva expressa nesse sentido, por escrito em caso de proposta escrita ou perante testemunhas em caso de proposta verbal. Isso porque, em regra, a proposta é obrigatória e, mesmo que, no seu íntimo, o proponente não tenha pretendido ficar obrigado pelos seus termos, o efeito vinculante estará presente se o afastamento de tal efeito não tiver se dado de modo inequívoco.

Art. 428. Deixa de ser obrigatória a proposta:

I – se, feita sem prazo a pessoa presente, não foi imediatamente aceita. Considera-se também presente a pessoa que contrata por telefone ou por meio de comunicação semelhante;

II – se, feita sem prazo a pessoa ausente, tiver decorrido tempo suficiente para chegar a resposta ao conhecimento do proponente;

III – se, feita a pessoa ausente, não tiver sido expedida a resposta dentro do prazo dado;

IV – se, antes dela, ou simultaneamente, chegar ao conhecimento da outra parte a retratação do proponente.

COMENTÁRIOS DOUTRINÁRIOS: Embora obrigado pela proposta, o proponente não fica obrigado para sempre. O art. 428 disciplina, de modo detalhado, o *fim da eficácia obrigacional da proposta*. Se a própria proposta contém um prazo para aceitação, esse é o prazo em que o destinatário deve expedir a aceitação. Findo o prazo, se o oblato não tiver expedido a aceitação, o proponente não estará mais vinculado. Em que pese o inciso III se referir apenas ao oblato ausente, aplica-se também ao oblato presente, porque a indicação de um prazo pelo proponente estende a eficácia obrigacional da proposta pelo referido lapso de tempo. Se a proposta for feita sem prazo, é de se verificar a quem foi dirigida: a) se dirigida a pessoa presente, a proposta perde o efeito obrigacional se não for aceita de imediato (art. 428, I); b) se dirigida a pessoa ausente, a proposta perde o efeito obrigacional se "tiver decorrido tempo suficiente para chegar a resposta ao conhecimento do proponente", sem que tal resposta tenha chegado (art. 428, II). Em relação a essa última hipótese, é de se registrar que a noção de "tempo suficiente" consiste, por óbvio, em uma noção aberta, variando de acordo com o tipo e complexidade do negócio proposto, a distância entre as partes, o meio de comunicação empregado, a eventual diferença de idiomas e outros fatores. Enquanto para uma proposta de venda de uma dúzia de canetas, encaminhada por *e-mail*, o transcurso de dois ou três dias pode ser considerado suficiente, o mesmo lapso de tempo seguramente não será tido como suficiente para a análise de uma proposta de compra e venda de imóvel. Caso surja um conflito em torno da preservação ou não da eficácia obrigacional da proposta, diante da chegada de uma aceitação que o proponente considera tardia, a solução terá de ser dada, em última análise, pelo juiz, razão pela qual se faz sempre recomendável que em propostas dirigidas a pessoas ausentes o proponente estabeleça expressamente um prazo para aceitação. Convém registrar que é considerado ausente o oblato que não esteja em comunicação interativa, em tempo real, com o proponente, ainda que fisicamente situado no mesmo lugar. Por exemplo, dois internautas sentados em uma mesma *lan house* não podem ser considerados presentes se a proposta é enviada por *e-mail*, já que o destinatário não necessariamente acessará a sua caixa de *e-mails* naquele exato momento. De igual modo, são consideradas presentes pessoas que estejam em comunicação interativa, em tempo real, ainda que situadas em local distinto. Assim, se uma proposta é feita por telefone, o oblato considera-se pessoa presente, ainda que esteja situado a quilômetros de distância do proponente. Como se vê, o critério empregado para distinguir pessoas ausentes e presentes para fins de eficácia obrigacional não é físico ou geográfico, mas *comunicativo (interação em tempo real)*. Em qualquer caso, pode sempre o proponente retratar-se da proposta, enviando ao oblato uma retratação que, se chegar antes ou simultaneamente com a proposta, privará esta última de eficácia obrigacional (art. 428, IV), tendo-se aí uma espécie de proposta "natimorta".

JURISPRUDÊNCIA COMENTADA: Colhe-se da jurisprudência do Tribunal de Justiça de Minas Gerais interessante exemplo da relevância da tempestividade da retratação para que esta produza seus efeitos: "Depreende-se dos autos que em 30 de junho de 2006 o apelante propôs ao apelado de transação, para que a dívida fosse extinta mediante o pagamento de R$ 18.000,00, acrescido de custas cartorárias, judiciais e de tributos (f. 46). O apelante sustentou que a recusa ao recebimento de tal valor decorreu de posterior retificação da proposta realizada, na qual teria comunicado ao apelado que a transação seria implementada mediante pagamento de montante de R$ 40.510,79. O documento de f. 47 dos autos não comprova que o apelado teve ciência da retificação da proposta de transação, nem mesmo a data em que teria supostamente ocorrido o recebimento de tal correspondência. Não obstante, da própria data de emissão do referido documento, pode-se destacar que este foi confeccionado em data posterior ao recebimento da anterior proposta pelo apelado (ff. 46/47). A regra geral imposta pelo art. 427 do Código Civil é no sentido de que a proposta é irrevogável, ficando o proponente a ela vinculado, salvo verificado a ocorrência de alguma das hipóteses excepcionais, arroladas no art. 428 do mesmo diploma legal [...] Depreende-se do supratranscrito dispositivo legal que a retratação somente surte efeito caso implementada antes, ou ao menos simultaneamente ao conhecimento do oblato acerca da proposta formulada. Não tendo sido este o caso vertente, conforme já acentuado, a retratação operada é inapta a tornar ineficaz a proposta realizada e aceita pelo oblato" (TJMG, AC 1.0351.06.072493-4/001, 9.ª Câmara Cível, Rel. Des. Pedro Bernardes, j. 26.06.2012).

REFORMA DO CÓDIGO CIVIL: O Anteprojeto propõe, além de alterações redacionais, um melhor delineamento da distinção entre ausentes e presentes para fins da eficácia obrigacional das propostas. Nessa direção, a referência à contratação por telefone ou outro meio de comunicação semelhante, constante do atual inciso I, é deslocada para um novo parágrafo, que menciona como exemplo de contratação entre pessoas presentes também aquela realizada por "videoconferência, aplicativos digitais de comunicação instantânea ou síncrona ou por qualquer outro meio de comunicação semelhante, em que os contratantes também permaneçam simultaneamente conectados" (Anteprojeto, art. 428, § 2º). Outro parágrafo é dedicado à explicitação da noção de contratação com pessoa ausente, em que se afirma: "A proposta realizada por correio eletrônico, por outro aplicativo digital ou por ferramenta de envio de mensagens que, por sua natureza, admita que o conhecimento da proposta ocorra de modo assíncrono à sua remessa, gera a contratação entre ausentes" (Anteprojeto, art. 428, § 1º).

Art. 429. A oferta ao público equivale a proposta quando encerra os requisitos essenciais ao contrato, salvo se o contrário resultar das circunstâncias ou dos usos.

Parágrafo único. Pode revogar-se a oferta pela mesma via de sua divulgação, desde que ressalvada esta faculdade na oferta realizada.

COMENTÁRIOS DOUTRINÁRIOS: O artigo em comento disciplina a chamada *oferta ao público*, que nada mais é que uma proposta dirigida a um conjunto indeterminado de destinatários. A oferta ao público, portanto, é uma espécie de proposta e, nessa condição, também obriga o seu emissor, chamado de *ofertante*, desde que, tal como a proposta, contenha os elementos essenciais do contrato. Assim, se alguém faz publicar anúncio dizendo "vendo Opala Silverstar 1982", não há aí uma proposta, nem uma oferta ao público, porque carece o anúncio de um elemento essencial da compra e venda, qual seja, o preço. O anunciante, portanto, não está sujeito ao efeito obrigacional característico da proposta, até porque, ausente o preço, nem se saberia dizer ao que exatamente o anunciante estaria obrigado, já que a venda pressupõe um preço que não foi divulgado. Trata-se de mero *invitatio ad offerendum* (convite do emissor para que lhe sejam dirigidas propostas). Se, todavia, o anúncio afirmasse "vendo Opala Silverstar 1982 por R$ 4.000,00", ter-se-ia uma oferta ao público, pois, já tendo sido definidos os elementos essenciais do contrato, o anunciante estaria obrigado pelos seus termos. Nas relações de consumo, a abrangência do efeito vinculante da oferta ao público é mais extensa. Isso porque o Código de Defesa do Consumidor, nos arts. 30 a 35, estende o caráter vinculante a qualquer "informação ou publicidade, suficientemente precisa, veiculada por qualquer forma ou meio de comunicação". Vale dizer: o Código de Defesa do Consumidor considera vinculantes todas as informações veiculadas pelo fornecedor, desde que suficientemente precisas. Essa é uma peculiaridade das relações de consumo, não tendo o Código Civil seguido a mesma orientação nas chamadas relações paritárias, em que o efeito obrigacional fica restrito às ofertas que já contenham os elementos essenciais do contrato (ofertas em sentido técnico). Informações veiculadas por meio de apresentações ou comunicações que ainda não contenham a definição de tais elementos podem, eventualmente, resultar em responsabilidade pré-contratual, mas não possuem efeito vinculante, nem passam a integrar o contrato, como ocorre no campo consumerista. O parágrafo único do artigo em comento autoriza a revogação da oferta ao público, desde que tal possibilidade tenha sido ressalvada na própria oferta. Deve-se, neste caso, adotar a mesma via de publicização empregada na oferta. Garante-se, com isso, tanto uma margem de flexibilidade ao ofertante como a preservação das expectativas do público, que, uma vez alertado da possibilidade de revogação, poderá tomar conhecimento da retirada da oferta. O intuito do legislador é que a revogação alcance o mesmo público da oferta, e, como se sabe, o público varia de acordo com o meio de publicidade. Assim, por exemplo, a oferta formulada em jornal impresso não poderá ser revogada por meio de anúncio exclusivamente divulgado na edição eletrônica do mesmo periódico.

JURISPRUDÊNCIA COMENTADA: O Superior Tribunal de Justiça analisou instigante caso, no qual "após terem sido suspensos os processos de migração [compulsória de participantes do plano de benefícios REG/REPLAN para o plano REB] por força de decisão judicial proferida em outro feito, a FUNCEF publicou, em seu sítio na internet, a possibilidade de cancelamento, pelo participante, da opção anteriormente feita de transferência de planos, caso esta ainda não tivesse sido finalizada. Ocorre que, passados alguns meses, foi veiculada outra informação no *site* da entidade no sentido de que todos os requerimentos de desistência seriam indeferidos". A Corte, na fundamentação de sua decisão, enfrentou não apenas a questão do caráter vinculante da oferta ao público, como também da eficácia temporal da revogação: "a oferta ao público, entendida como a divulgação de produto ou serviço a uma coletividade de pessoas utilizando um meio de comunicação de massa, equivale à proposta, caso apresente os requisitos essenciais do contrato, possuindo, portanto, o efeito de vincular o ofertante a partir da difusão da informação ao público-alvo. [...] Desse modo, é direito do aceitante exigir o cumprimento forçado do que foi declarado se a oferta dirigida ao público for feita apropriadamente, não sendo permitido ao ofertante arrepender-se. Com efeito, tal tipo de divulgação faz parte do risco da atividade, sendo ínsitos os deveres de bem informar e de não enganar, de forma que há completa vinculação com o conteúdo divulgado. Caso contrário, a oferta, caso perca a eficácia obrigatória, poderá se transmudar em propaganda enganosa ou abusiva, sobretudo se induzir no público-alvo uma falsa percepção da realidade, ao frustrar as legítimas expectativas criadas pela informação veiculada, em desprestígio à boa-fé objetiva e ao princípio da confiança. Na espécie, a FUNCEF publicou na sua página da internet a possibilidade de cancelamento, pelo participante, da opção pela migração do plano de benefícios REG/REPLAN para o plano REB desde que o processo de transferência ainda não tivesse findado. [...] Constata-se, assim, que as declarações da recorrente feitas em seu *site* oficial caracterizam verdadeira oferta ao público, integrando, pois, o contrato de previdência complementar, a tornar obrigatório o seu cumprimento por quem quisesse cancelar a opção de migração do plano REG/REPLAN para o plano REB se tal processo não tivesse sido concluído. Ao se divulgar, meses depois, a informação de que todos os pedidos de desistência da migração seriam sumariamente indeferidos, não foram observadas as expectativas geradas no público, que confiou na mensagem outrora veiculada, incitando, no lugar, o erro e o engano. [...] Logo, não poderia a FUNCEF se esquivar de sua responsabilidade, visto que deve assumir o risco da oferta feita aos participantes, não podendo ser tolhido o direito do desistente quanto à migração de planos de benefícios por simples orientação *a posteriori* da patrocinadora, entidade diversa do próprio fundo de pensão, ainda mais porque a revogação da proposta ao público opera somente efeitos *ex nunc*, não alcançando, dessa forma, a situação dos autores" (STJ, REsp 1.447.375/SP, 3.ª Turma, Rel. Min. Ricardo Villas Bôas Cueva, j. 13.12.2016).

REFORMA DO CÓDIGO CIVIL: O Anteprojeto propõe diversas modificações, redacionais e substanciais, no art. 429. No *caput*, passa-se a mencionar os "costumes" ao lado dos usos como possível causa autorizadora da exclusão da eficácia obrigacional da oferta ao público que encerre os requisitos essenciais ao contrato. No parágrafo já existente, passa-se a exigir que a possibilidade de revogação conste "claramente" do texto inicial da oferta (Anteprojeto, art. 429, § 1º). O Anteprojeto propõe, ademais, a inclusão de dois novos parágrafos no art. 429. O primeiro deles afirma que "as regras previstas neste artigo têm aplicação aos ambientes virtuais e aos aplicativos digitais" (Anteprojeto, art. 429, § 2º). O segundo parágrafo incluído pelo Anteprojeto determina que "a oferta ao público, suficientemente precisa, além de obrigar o ofertante que a veicular ou dela se utilizar, integra o contrato a ser celebrado" (art. 429, § 3º), traçando nítido paralelo com o Código de Defesa do Consumidor, como ocorre em outros dispositivos do Anteprojeto.

Art. 430. Se a aceitação, por circunstância imprevista, chegar tarde ao conhecimento do proponente, este comunicá-lo-á imediatamente ao aceitante, sob pena de responder por perdas e danos.

COMENTÁRIOS DOUTRINÁRIOS: O oblato, ao receber a proposta, pode aceitá-la. No sistema desenhado pelo Código Civil, o encontro da aceitação com a proposta resulta na formação do contrato. A *aceitação* pode ser expressa, mas também pode ser *tácita*, resultando de um ato concreto do oblato que revele, de modo inequívoco, a sua concordância com a proposta, como a remessa da mercadoria que o proponente se propunha a adquirir. A ordem jurídica não exige, portanto, uma forma específica para a aceitação, assim como não a exige para a proposta. Não há tampouco vinculação entre a forma da proposta e a forma da aceitação. Uma proposta feita por instrumento escrito pode ser aceita verbalmente ou até tacitamente, como no exemplo dado acima. Em regra, reputa-se formado o contrato entre ausentes no momento em que a aceitação é expedida (art. 434). Todavia, caso o proponente fixe um prazo para resposta, a ordem jurídica flexibiliza a regra da expedição (art. 434, III), tendo o negócio por completo apenas com o recebimento da aceitação dentro do prazo. Se o proponente vier a receber a aceitação após o prazo apontado, contudo, deverá comunicar tal fato ao aceitante imediatamente, evitando que esse último permaneça confiando na formação de um contrato que não ocorreu. O proponente omisso nesse aviso responde pelas perdas e danos que o aceitante vier a sofrer em decorrência da ruptura dessa expectativa, como, por exemplo, gastos que tenham sido realizados para o cumprimento do contrato.

REFORMA DO CÓDIGO CIVIL: O Anteprojeto propõe tornar mais explícitos os efeitos da aceitação intempestivamente recebida pelo proponente, passando a afirmar expressamente, no *caput*, a ineficácia da aceitação nesse caso. Além disso, a obrigação do proponente de informar o atraso da resposta ao aceitante, sob pena de perdas e danos, passa a constar de um novo parágrafo único.

Art. 431. A aceitação fora do prazo, com adições, restrições, ou modificações, importará nova proposta.

COMENTÁRIOS DOUTRINÁRIOS: Expressa ou tácita, a aceitação precisa ser realizada em tempo, porque o efeito obrigatório da proposta não perdura para sempre. A comunhão entre proposta e aceitação, se ocorrida a destempo, não forma o contrato, pois encontra o proponente já desobrigado. Nos termos do artigo em comento, a aceitação tardia é interpretada como *nova proposta*. O mesmo acontece se a aceitação vem acompanhada de adições, restrições, ressalvas ou qualquer forma de alteração dos termos da proposta recebida. Nessa hipótese, a ordem jurídica considera ter havido não uma aceitação, mas, igualmente, nova proposta. Com efeito, pressupondo o contrato um acordo de vontades, a "aceitação" acompanhada de modificações não exprime efetiva concordância, não podendo dar ensejo à formação do negócio jurídico bilateral. A aceitação modificativa ou com ressalva configura, portanto, uma nova proposta ou, como se costuma dizer na prática negocial, uma *contraproposta*. O antigo proponente torna-se, então, oblato, podendo aceitar ou não a contraproposta, ou, ainda, aceitá-la com outras modificações ou ressalvas, caso em que se tem, mais uma vez, nova proposta, e assim sucessivamente até que se chegue ao consenso ou não.

JURISPRUDÊNCIA COMENTADA: A jurisprudência tem ressaltado a importância de se verificar a regularidade da suposta aceitação, sob pena de conversão em nova proposta, a qual, desprovida de aceitação, não dá ensejo à efetiva formação do negócio: "No presente caso, respeitado o entendimento do magistrado sentenciante, a r. sentença deve ser anulada, uma vez que a aceitação do acordo se deu fora do prazo concedido pelo apelante. Consoante art. 431, do Código Civil, a aceitação fora do prazo importará nova proposta. No caso vertente, constou no termo de audiência (realizada em 04.10.06) que o apelado teria o prazo de dez dias para consultar os condôminos acerca da proposta e peticionar nos autos, informando se a aceitaria ou não. Ocorre que, conforme se verifica às fls. 118, somente em 18.10.06, portanto fora do prazo, foi protocolada petição na qual se informou a aceitação da proposta. Assim, o negócio jurídico não chegou a existir, por falta de aceitação, razão pela qual não poderia ter sido homologado" (TJSP, Apelação 0026360-31.2007.8.26.0000, 34.ª Câmara de Direito Privado, Rel. Des. Gomes Varjão, j. 14.03.2011).

Art. 432. Se o negócio for daqueles em que não seja costume a aceitação expressa, ou o proponente a tiver dispensado, reputar-se-á concluído o contrato, não chegando a tempo a recusa.

COMENTÁRIOS DOUTRINÁRIOS: O Direito Brasileiro não exige que a aceitação do contrato seja expressa, admitindo a aceitação tácita, pautada em um comportamento do oblato. O art. 432 vai além, instituindo hipóteses em que o simples silêncio faz presumir a aceitação. É o que ocorre quando "o negócio for daqueles em que não seja costume a aceitação expressa", ou seja, quando a dinâmica das relações negociais anteriores entre as mesmas partes ou no mesmo setor negocial cria uma justa expectativa de aceitação do negócio pelo silêncio. A hipótese em que "o proponente tiver dispensado" a aceitação deve ser vista com cautela: é evidente que a proposta não pode vincular o oblato em razão de uma opção unilateral do proponente em dispensar a aceitação.

JURISPRUDÊNCIA COMENTADA: O Superior Tribunal de Justiça recorreu à praxe do mercado de seguros para entender caracterizada a aceitação da seguradora em caso no qual esta tentava elidir o dever de indenizar com base em suposto não aperfeiçoamento do contrato, que apenas ocorreria com a emissão da apólice. Entendeu o STJ que "é fato notório que o contrato de seguro é celebrado, na prática, entre a corretora e o segurado, de modo que a seguradora não manifesta expressamente sua aceitação quanto à proposta, apenas a recusa ou emite, diretamente, a apólice do seguro, enviando-a ao contratante, juntamente com as chamadas condições gerais do seguro. Bem a propósito dessa praxe, a própria Susep disciplinou que a ausência de manifestação por parte da seguradora, no prazo de 15 (quinze) dias, configura aceitação tácita da cobertura do risco, conforme dispõe o art. 2º, *caput* e § 6º, da Circular Susep n. 251/2004. [...] Com efeito, havendo essa prática no mercado de seguro, a qual, inclusive, recebeu disciplina normativa pelo órgão regulador do setor, há de ser aplicado o art. 432 do Código Civil" (STJ, REsp 1.306.367/SP, 4.ª Turma, Rel. Min. Luis Felipe Salomão, j. 20.03.2014).

Art. 433. Considera-se inexistente a aceitação, se antes dela ou com ela chegar ao proponente a retratação do aceitante.

COMENTÁRIOS DOUTRINÁRIOS: A adoção da teoria da expedição pelo Código Civil se deu com diversas mitigações (v. comentários ao art. 423), dentre as quais a previsão deste art. 433, que permite ao aceitante retratar-se da aceitação já expedida. A regra espelha permissão que o Código Civil reserva também ao proponente. Para que a retratação do aceitante surta efeitos, deve chegar ao conhecimento do proponente antes ou simultaneamente à aceitação. Caso chegue posteriormente, já estará formado o contrato, de nada valendo a retratação. Em que pese a redação do dispositivo, o caso não é tecnicamente de inexistência da aceitação, mas, antes, de perda superveniente de eficácia da aceitação já emitida.

JURISPRUDÊNCIA COMENTADA: Amparada no art. 433, nossa jurisprudência tem rechaçado os efeitos da retratação extemporânea. Confira-se, a título ilustrativo, o seguinte acórdão, em que se concluiu: "Noutro quadrante, cumpre perquirir acerca da validade da retratação encaminhada pela recorrente via fax em 29 de novembro de 2011, uma vez que, segundo alega, seria hábil a invalidar o acordo extrajudicial feito, nos termos do art. 433 do Código Civil. [...] No feito em tela, em análise a retratação de fls. 139/140 verifica-se que a mesma ocorreu em 29 de novembro de 2006, tendo sido enviada por fax na mesma data, conforme documento de fl. 141. Ocorre que, considerando os documentos de fls. 115/116, constata-se que o acordo feito pelas partes foi perfectibilizado em 27 de novembro de 2006, não mais comportando retratação após essa data. Com efeito, no momento em que a recorrente assinou, por seu representante legal, o instrumento da avença e reconheceu a firma perante o cartório, o negócio jurídico firmado já possui validade no mundo jurídico" (TJRN, AC 2010.015943-8, Rel. Des. Expedito Ferreira, j. 17.05.2011).

REFORMA DO CÓDIGO CIVIL: O Anteprojeto propõe, na linha dos comentários doutrinários *supra*, substituir a qualificação da aceitação recebida posterior ou simultaneamente à retratação, que passa de "inexistente" a "ineficaz", prestigiando a melhor técnica jurídica. Sugere, ainda, a inclusão de trecho no final do artigo, explicitando que, na hipótese descrita, "o contrato não será considerado como formado".

Art. 434. Os contratos entre ausentes tornam-se perfeitos desde que a aceitação é expedida, exceto:

I – no caso do artigo antecedente;

II – se o proponente se houver comprometido a esperar resposta;

III – se ela não chegar no prazo convencionado.

COMENTÁRIOS DOUTRINÁRIOS: Nos casos em que a aceitação é emitida em relação a uma proposta ainda obrigatória, torna-se relevante determinar precisamente qual o momento de formação do contrato. Se a aceitação é emitida entre pessoas presentes, não há dúvida: o contrato se forma no exato momento em que o aceitante emite sua declaração de vontade, seja verbalmente, seja por escrito, seja, ainda, por meio do ato inequívoco do qual se extrai a aceitação tácita. Por outro lado, se a aceitação é emitida por pessoa ausente, coloca-se o problema de determinar em que momento específico o contrato se forma: a) no momento em que o aceitante envia a aceitação; b) no momento em que o proponente a recebe; c) no momento em que o aceitante toma ciência desse recebimento; ou d) em algum outro momento distinto. Diferentes "teorias" surgiram para defender a formação do contrato em cada um desses momentos. Fala-se em a) *teoria da expedição*, para sustentar que o contrato se forma no momento em que a aceitação é expedida; em b) *teoria da recepção*, para sustentar que o contrato se forma no momento em que a aceitação é recebida; em c) *teoria da confirmação*, para sustentar que o contrato se forma no momento em que o aceitante recebe a confirmação de que o proponente recebeu a aceitação, entre outras construções de menor relevância. A rigor, não se tem aí verdadeiras teorias, mas diferentes pontos de vista sobre o momento de formação do contrato. Embora às vezes a doutrina faça parecer que se trata de uma questão lógica, resultado de investigação científica, o que se tem nessa discussão é, essencialmente, um balanceamento entre, de um lado, a necessidade de garantir a segurança das partes quanto à formação do contrato e, de outro, a necessidade de imprimir agilidade às relações contratuais. A teoria da confirmação, por exemplo, prima pela segurança, na medida em que o contrato somente se considera formado quando o aceitante é comunicado do recebimento da aceitação, mas, se aplicada aos contratos formados por correspondência física (não eletrônica), comprometeria a celeridade da formação do vínculo contratual, exigindo sucessivas comunicações entre as partes, nem sempre ágeis na sua tramitação física. Para os contratos em geral, o Direito Brasileiro adota a *teoria da expedição*, com algumas mitigações. Fala-se, nesse sentido, em *teoria da expedição mitigada*. O art. 434 determina que "os contratos entre ausentes tornam-se perfeitos desde que a aceitação é expedida", exceto nas seguintes situações: a) se a retratação do aceitante chegar ao proponente antes ou juntamente com a aceitação (v. comentários ao art. 433); b) se o proponente se houver comprometido a esperar o recebimento da resposta para considerar formado o contrato, refletindo a vinculação do proponente aos termos de sua própria proposta; e c) se a aceitação, embora expedida, chegar ao proponente após o prazo indicado na proposta, situação que pode ensejar a responsabilidade do proponente caso não comunique tal fato ao aceitante imediatamente (art. 430). São formas que o legislador encontra para reduzir a insegurança gerada pela teoria da expedição. Nos contratos eletrônicos, tal insegurança alcança nível elevado porque o aceitante, por vezes, limita-se a clicar uma tecla ou um botão, sem que lhe reste qualquer prova desse ato; só o proponente poderá afirmar se a aceitação foi expedida e recebida. Por essa razão, tem-se defendido a incidência da teoria da recepção no caso específico dos contratos eletrônicos. Trata-se de orientação refletida no Enunciado n. 173 da *III Jornada de Direito Civil*: "A formação dos contratos realizados entre pessoas ausentes, por meio eletrônico, completa-se com a recepção da aceitação pelo proponente". Esse entendimento não resolve o problema da formação dos contratos eletrônicos, na medida em que o consumidor continua sem saber se o seu pedido de compra foi recebido, questão que permanece inteiramente na esfera de poder do fornecedor. Melhor solução pode ser encontrada na teoria da confirmação, que exige do fornecedor que confirme o recebimento da aceitação, como fazem diversos sítios eletrônicos que, diante da conclusão de compra pelo consumidor, expedem *e-mail* de confirmação.

JURISPRUDÊNCIA COMENTADA: O Tribunal de Justiça de São Paulo já rechaçou tentativa de aplicação do Enunciado n. 173 da *III Jornada de Direito Civil* às contratações por *e-mail*, assinalando: "Consta da sentença que houve negociação por *e-mail*, sendo a regra aplicável a do art. 434 do CC [...] Consoante a regra aplicável ao caso, do art. 434 do CC, que dispõe sobre o momento da formação do contrato entre ausentes e sendo a negociação realizada por meio de correio eletrônico, prevalece a teoria da expedição, com o envio da mensagem virtual. Esta é a opção da lei substantiva, que considera perfeito o contrato com a remessa de resposta favorável. Significa dizer que o momento da formação do contrato entre ausentes não é aquele em que o oblato recebe a proposta, mas aquele em que sua aceitação é expedida, ou seja, enviada ao proponente, como expressamente determinado no artigo 434 do Código Civil. Este termo serve então para contagem de prazo de entrega" (TJSP, Apelação 1037218-78.2014.8.26.0576, 32.ª Câmara de Direito Privado, Rel. Des. Kioitsi Chicuta, j. 15.10.2015).

REFORMA DO CÓDIGO CIVIL: O Anteprojeto propõe diversas alterações no art. 434. A redação do inciso II é modificada para tornar mais clara a hipótese ali retratada. O Anteprojeto insere, ademais, um inciso IV no *caput*, apontando como caso de mitigação à teoria da expedição também a hipótese "de o proponente indicar na proposta forma diversa como ela deva ser aceita". O Anteprojeto propõe, ainda, a inclusão de três novos parágrafos no art. 434. O primeiro trata do efeito retroativo do recebimento da aceitação, tendo-se o contrato por formado desde o momento da expedição da aceitação. Por sua vez, o segundo parágrafo determina que "se o proponente não receber a aceitação por fato alheio à sua vontade será considerada ineficaz". O terceiro parágrafo, finalmente, dedica-se especificamente aos "contratos celebrados entre ausentes por correio eletrônico, por aplicativo de mensagens ou por outro meio de comunicação semelhante", determinando que, nesses casos, "comprova-se a recepção da aceitação pela resposta do proponente ou por ferramenta de identificação de recebimento de mensagens, independentemente da confirmação da efetiva leitura".

Art. 435. Reputar-se-á celebrado o contrato no lugar em que foi proposto.

COMENTÁRIOS DOUTRINÁRIOS: O *local da contratação* afigura-se relevante, junto com o tempo da celebração, para a definição da legislação aplicável ao contrato, partindo de paradigmas da ciência jurídica que, embora consagrados e difundidos, começam a ser questionados diante do avanço das tecnologias. A formação de contratos por meio da internet, por exemplo, põe em xeque a certeza com que se definia outrora o lugar do contrato, evidenciando as deficiências dos critérios tradicionais de determinação da sede espacial da relação contratual. O Código Civil brasileiro considera o contrato formado "no lugar em que foi proposto". A previsão do art. 435, embora aparentemente singela, oferece algumas dificuldades. Primeiro, como já se advertiu, nem sempre a formação do contrato se dá por meio de uma proposta e uma aceitação, sendo frequente no âmbito das relações negociais mais complexas a construção conjunta do acordo de vontades. Segundo, mesmo nos casos em que há uma proposta formulada por uma das partes, pode ocorrer que o oblato se situe em local diverso do proponente, caso em que a proposta será formulada em um lugar e enviada a outro. Como definir, nessa hipótese, em que lugar o contrato foi proposto? À falta de maior detalhamento do tema no Código Civil, a doutrina brasileira socorre-se da Lei de Introdução às Normas do Direito Brasileiro (Decreto-lei n. 4.567/1942), que, tratando das relações de direito internacional privado, determina que "a obrigação resultante do contrato reputa-se constituída no lugar em que residir o proponente" (art. 9º, § 2º). O art. 435 do Código Civil tem sido, assim, interpretado no sentido de que, entre ausentes, o contrato considera-se formado no lugar onde reside o proponente. Ocorre, todavia, que o critério para diferenciar a formação do contrato entre presentes e ausentes não é, como visto, o critério espacial ou geográfico, mas o critério da comunicação interativa (v. comentários ao art. 428). Portanto, se os dois contratantes concluem um contrato por telefone, o contrato é considerado formado entre presentes. Também aí se deve aplicar, à falta de solução melhor, a interpretação de que o contrato foi proposto no lugar onde se situar o proponente. Não se pode deixar, contudo, de notar o artificialismo evidente em tais situações, pois em uma conversa telefônica destinada à formação de um contrato dificilmente será viável identificar um proponente e um aceitante, pois o acordo de vontades se alcança conjuntamente, sem que se possa reduzir a complexidade desse contato comunicativo a uma declaração unilateral de uma parte, aceita pela outra.

JURISPRUDÊNCIA COMENTADA: Confirmando a necessidade de integração entre a regra do Código Civil e a LINDB, já decidiu o TJSP: "reputa-se celebrado o contrato entre ausentes no local em que foi proposto, conforme dispõe expressamente o CC, art. 435. [...] Contudo, ainda assim o comando legal não se mostra suficiente: de onde foi expedida a proposta, considerando que formulada de forma abstrata e permanente através de um *website*? Nessa hipótese, deve ser aplicado o Decreto-Lei n. 4.657/42 [LICC] art. 9º, § 2º, que reputa por constituída a obrigação resultante do contrato no lugar em que residir o proponente e, em se tratando de pessoa jurídica, este local é o de sua sede, seu domicílio especial (v. GONÇALVES, Carlos Roberto. *Direito civil brasileiro*, vol. I. 5ª ed. São Paulo: Saraiva, 2007. p. 149). Logo, competente para a presente ação o foro do local do ato, considerado este como sendo aquele de onde expedida a proposta, qual seja, o lugar da sede da pessoa jurídica proponente" (TJSP, Agravo de Instrumento 9035508-39.2009.8.26.0000, 3.ª Câmara de Direito Privado, Rel. Des. Egidio Giacoia, j. 01.12.2009).

SEÇÃO III
DA ESTIPULAÇÃO EM FAVOR DE TERCEIRO

Art. 436. O que estipula em favor de terceiro pode exigir o cumprimento da obrigação.
Parágrafo único. Ao terceiro, em favor de quem se estipulou a obrigação, também é permitido exigi-la, ficando, todavia, sujeito às condições e normas do contrato, se a ele anuir, e o estipulante não o inovar nos termos do art. 438.

COMENTÁRIOS DOUTRINÁRIOS: O Código Civil disciplina a *estipulação em favor de terceiro*, pacto por meio do qual os contratantes preveem que uma prestação será realizada em benefício de terceiro. Exemplo de estipulação em favor de terceiro está no contrato de seguro de vida, no qual o segurado (*estipulante*) indica um terceiro (*beneficiário*) para quem a seguradora (*promitente*) deverá pagar a indenização no momento do falecimento do segurado. Parte da doutrina exige, para configuração do instituto, que o beneficiário adquira o direito à vantagem que lhe é dirigida e a correspondente pretensão, não sendo suficiente que o terceiro seja mero destinatário da prestação, situação por vezes denominada *estipulação em favor de terceiro imprópria*. A pretensão do beneficiário não exclui, pelo contrário, concorre com a do estipulante.

JURISPRUDÊNCIA COMENTADA: O Superior Tribunal de Justiça tem qualificado os contratos coletivos de plano de saúde como estipulações em favor de terceiro: "Nos contratos de plano de saúde coletivo, portanto, a relação jurídica de direito material envolve uma operadora e uma pessoa jurídica contratante que atua em favor de uma classe (coletivo por adesão) ou em favor de seus respectivos empregados (coletivo empresarial). [...] Nessa linha, a Terceira Turma possui jurisprudência sedimentada de que o contrato de plano de saúde coletivo caracteriza-se como uma estipulação em favor de terceiro, em que a pessoa jurídica figura como intermediária da relação estabelecida substancialmente entre o indivíduo integrante da classe/empresa e a operadora (art. 436, parágrafo único, do Código Civil). Isso porque a estipulação do contrato de plano de saúde coletivo ocorre, naturalmente, em favor dos indivíduos que compõem a classe/empresa, verdadeiros beneficiários finais do serviço de atenção à saúde. Precedentes: REsp 1.510.697/SP, *DJe* 15/06/2015; REsp 1.575.435/SP, *DJe* 03/06/2016; REsp 1.705.311/SP, *DJe* 17/11/2017. Esse raciocínio autoriza o usuário de plano de saúde coletivo a ajuizar individualmente ação contra a operadora para questionar abusividades do contrato, independente de a contratação ter sido intermediada pela pessoa jurídica a que está vinculado" (STJ, REsp 1.730.180/SP, 3.ª Turma, Rel. Min. Nancy Andrighi, j. 21.08.2018). Aquela Corte afastou, contudo, esta mesma qualificação nos contratos de seguro de responsabilidade civil: "Também não entendo seja o seguro de responsabilidade civil facultativo uma espécie de 'estipulação em favor de terceiro', como é o caso do seguro de vida. No seguro facultativo de responsabilidade civil, como dito anteriormente pelo eminente Ministro Barros Monteiro, e apoiado em judiciosa doutrina, a avença é celebrada em benefício do segurado, e não de terceiro, exatamente para neutralizar a responsabilidade civil daquele em relação a este. No rigor da palavra, o terceiro não é o beneficiário do seguro facultativo de responsabilidade civil, exatamente porque sofreu prejuízo anterior do qual busca apenas o ressarcimento (e não um benefício), sendo o segurado o real beneficiário, exatamente porque se lhe evita um prejuízo posterior com o eventual reconhecimento de sua obrigação de indenizar" (STJ, REsp 962.230/RS, 2.ª Seção, Rel. Min. Luis Felipe Salomão, j. 08.02.2012).

Art. 437. Se ao terceiro, em favor de quem se fez o contrato, se deixar o direito de reclamar-lhe a execução, não poderá o estipulante exonerar o devedor.

COMENTÁRIOS DOUTRINÁRIOS: O art. 437 reproduz integralmente o art. 1.099 da codificação anterior, objeto já ao seu tempo de severas críticas por parte da doutrina. Ao condicionar a impossibilidade de o estipulante exonerar o devedor à hipótese de se conferir ao beneficiário o direito de exigir o cumprimento, o legislador toma a pretensão do beneficiário ao cumprimento, característica essencial do instituto, como mera possibilidade, o que desperta crítica de diversos autores. Daí sugerir a doutrina a seguinte interpretação: apenas na hipótese em que reste afastada expressamente no contrato a possibilidade de o beneficiário exigir a prestação (tornando *imprópria* a estipulação em favor de terceiro), poderá o estipulante exonerar o devedor. Trata-se, assim, de situação excepcional. A regra, portanto, é que, tendo o beneficiário o direito de reclamar a execução (efeito natural da estipulação em favor de terceiro), não poderá o estipulante exonerar o devedor, o que frustraria o direito concedido ao terceiro.

Art. 438. O estipulante pode reservar-se o direito de substituir o terceiro designado no contrato, independentemente da sua anuência e da do outro contratante.

Parágrafo único. A substituição pode ser feita por ato entre vivos ou por disposição de última vontade.

COMENTÁRIOS DOUTRINÁRIOS: Ao estipulante, em regra, não se reconhece a faculdade de livremente substituir o beneficiário por outra pessoa no curso do cumprimento do contrato. A lei, em determinados casos, admite expressamente tal faculdade, como se verifica na disciplina do seguro de pessoas (v. comentário ao art. 791). Todavia, o art. 438 assegura a possibilidade de o estipulante reservar para si, por expressa disposição contratual, o direito de realizar unilateralmente a substituição do beneficiário, seja por ato entre vivos ou por disposição de última vontade. Essa faculdade não fica obstada por eventual anuência do terceiro ao contrato, pois, mediante tal anuência, o terceiro subordina-se aos termos e condições do contrato, incluindo a possibilidade de modificação unilateral do beneficiário.

SEÇÃO IV
DA PROMESSA DE FATO DE TERCEIRO

Art. 439. Aquele que tiver prometido fato de terceiro responderá por perdas e danos, quando este o não executar.

Parágrafo único. Tal responsabilidade não existirá se o terceiro for o cônjuge do promitente, dependendo da sua anuência o ato a ser praticado, e desde que, pelo regime do casamento, a indenização, de algum modo, venha a recair sobre os seus bens.

COMENTÁRIOS DOUTRINÁRIOS: A *promessa de fato de terceiro* consiste na obrigação assumida pelo promitente em face do promissário de obter certa prestação de um terceiro. Exemplo de promessa de fato de terceiro tem-se na compra e venda de um imóvel tombado em que o vendedor se obriga a obter o destombamento do bem pela Prefeitura. A obrigação assumida pelo devedor é, em realidade, a obtenção de um ato do terceiro. Trata-se de obrigação de resultado, da qual não se desincumbe demonstrando que empregou diligentes esforços para obter a conduta do terceiro. A rigor, a promessa de fato de terceiro *não* exprime uma exceção ao princípio da relatividade, ao contrário do que sustenta grande parcela da nossa doutrina. A promessa de fato de terceiro não gera efeito jurídico algum para o terceiro. Desse modo, não poderá ser o terceiro compelido ao cumprimento da conduta prometida (e muito menos ao pagamento de indenização pelo eventual descumprimento), razão pela qual o único remédio do qual cogita o art. 439 é a responsabilidade civil do promitente. O parágrafo único do artigo em comento afasta a responsabilidade civil do promitente em uma única hipótese: se o fato de terceiro prometido for a outorga conjugal e a responsabilidade, em razão do regime de bens aplicável ao casal, puder atingir o patrimônio do terceiro. Nessa hipótese, o promitente não responde, tampouco responde o terceiro. O prejuízo recai sobre o outro contratante. Vale dizer: não se admite, nem mesmo por via reflexa, que o terceiro possa suportar efeitos do descumprimento de fato com o qual jamais se comprometeu. O legislador atribui o ônus dessa situação ao outro contratante, que, dessa forma, passa a ter forte incentivo para buscar, antes da conclusão do contrato, a outorga uxória ou marital do terceiro cônjuge.

JURISPRUDÊNCIA COMENTADA: O Superior Tribunal de Justiça já identificou promessa de fato de terceiro em "contrato de cessão de direitos de transmissão dos jogos do campeonato brasileiro de futebol para TV por assinatura", afirmando a responsabilidade do cedente (no caso, a Confederação Brasileira de Futebol – CBF) pela falta de obtenção da anuência de terceiros (clubes de futebol, titulares do direito de autorização de transmissão dos jogos). Segundo o Tribunal, "a despeito de a CBF constar no contrato como 'cedente e detentora dos direitos de fixação e transmissão dos jogos que compõem o Campeonato Brasileiro de Futebol Profissional' (fl. 44, 1º vol.), a obrigação assumida, em verdade, configurava promessa de fato de terceiro. [...] Concretamente, de acordo com o art. 24 da Lei n. 8.672, de 6 de julho de 1993, em vigor à época da celebração do contrato (01.10.93), somente as entidades de prática desportiva (clubes de futebol) detinham o direito de autorizar a transmissão dos jogos, como se lê: '*às entidades de prática desportiva pertence o* direito de autorizar a fixação, transmissão ou retransmissão de imagem de espetáculo desportivo de que participem'. Logo, não sendo a CBF titular do direito de transmissão dos jogos, reservado exclusivamente às entidades de prática desportiva, cumpria a ela obter dos clubes de futebol, a anuência ao contrato, obrigação esta, que foi aposta expressamente na cláusula sétima do contrato, com a seguinte redação: 'Será de responsabilidade da CEDENTE fazer com que todos os clubes que disputem o evento aceitem o presente contrato, fazendo constar do regulamento tal obrigatoriedade' (fl. 45). Trata-se, como visto, de promessa de fato de terceiro, que se consubstancia em uma obrigação de resultado, cujo inadimplemento, representado pela notificação de fl. 416 (2º vol.), endereçada pela CBF à TVA, comunicando que não conseguira a anuência dos clubes, enseja a resolução (extinção) do contrato e a responsabilização por perdas e danos" (STJ, REsp 249.008/RJ, 3.ª Turma, Rel. Min. Vasco Della Giustina, j. 24.08.2010).

Art. 440. Nenhuma obrigação haverá para quem se comprometer por outrem, se este, depois de se ter obrigado, faltar à prestação.

COMENTÁRIOS DOUTRINÁRIOS: O artigo em comento traz uma norma que seria, a rigor, dispensável, pois já resultante das regras relativas ao direito das obrigações. Com efeito, por meio do art. 440, o legislador afasta expressamente a responsabilidade do promitente caso este obtenha o compromisso do terceiro em realizar a prestação prometida. Assim, obrigando-se o terceiro, exonera-se o promitente de qualquer responsabilidade: o terceiro passa a estar diretamente vinculado perante o promissário, que poderá exigir o cumprimento da prestação prometida. O terceiro, nessa hipótese, deixa de ser terceiro.

SEÇÃO V
DOS VÍCIOS REDIBITÓRIOS

Art. 441. A coisa recebida em virtude de contrato comutativo pode ser enjeitada por vícios ou defeitos ocultos, que a tornem imprópria ao uso a que é destinada, ou lhe diminuam o valor.

Parágrafo único. É aplicável a disposição deste artigo às doações onerosas.

COMENTÁRIOS DOUTRINÁRIOS: *Vícios redibitórios* são defeitos ocultos da coisa que a tornam imprópria ao uso a que se destina, ou lhe diminuem o valor. A compra de um carro com defeito no sistema de resfriamento do motor ou de um apartamento com falhas em sua instalação hidráulica são exemplos de contratações maculadas por vícios redibitórios. Trata-se de uma *garantia legal* de cumprimento perfeito da prestação de dar, que deve ser útil ("que a tornem imprópria ao uso a que é destinada") e estar em conformidade com seu valor econômico ("ou lhe diminuam o valor"). Os vícios redibitórios são sempre *ocultos*. Se aparentes ou conhecidos do adquirente, não produzem efeito algum, pois se presume que o adquirente, tendo notado tais defeitos, já ofereceu pela coisa preço compatível com seu caráter defeituoso. Quem, por exemplo, compra um apartamento necessitando visivelmente de reformas não pode invocar vícios redibitórios, pois se presume que pagou o preço que julgou compatível com o estado de conservação do imóvel. Os vícios redibitórios devem ser também já *existentes ao tempo da tradição*. Defeitos que venham a nascer após a tradição já encontram a coisa incorporada ao patrimônio do adquirente e não atraem a tutela contra vícios redibitórios (*res perit domino*). Importante notar que o vício redibitório é um defeito da coisa, não da vontade, embora parte da doutrina insista em enxergar certa semelhança entre os vícios redibitórios e o erro. Não deve haver, contudo, confusão: o erro assenta sobre um vício do consentimento, enquanto o vício redibitório é defeito do bem, que o inutiliza ou diminui o seu valor. Por isso mesmo, a proteção contra vícios redibitórios limita-se a contratos translativos e conta com disciplina própria no Código Civil, sujeitando-se a prazos muito distintos e efeitos bastante diversos do erro. Traço significativo na distinção entre os institutos é que o erro somente gera a anulabilidade se cognoscível, enquanto, para a redibição do contrato por vícios redibitórios, afigura-se irrelevante saber se o alienante conhece ou não o vício. Em que pese a expressa referência do *caput* do artigo em comento a "contrato comutativo" – estendida pelo parágrafo único às "doações onerosas", – a doutrina tem alertado que "o art. 441 do Código Civil deve ser interpretado no sentido de abranger também os contratos aleatórios, desde que não inclua os elementos aleatórios do contrato" (Enunciado n. 583 da *VII Jornada de Direito Civil*). O efeito prescrito pelo artigo ante a verificação de vício redibitório é a faculdade de enjeitar (ou seja, rejeitar) a coisa. Em termos técnicos, pode o credor *redibir* o contrato, o que nada mais é que promover sua extinção com retorno das partes ao *status quo ante*: o adquirente devolve a coisa e recebe de volta a sua prestação. Trata-se de forma específica de extinção dos contratos. Este não é, contudo, o único remédio possível para esse tipo de vício, como revela o art. 442, ao qual se remete o leitor.

JURISPRUDÊNCIA COMENTADA: O Superior Tribunal de Justiça já teve a oportunidade de destacar a distinção entre os institutos do erro e dos vícios redibitórios: "O equívoco inerente ao vício redibitório não se confunde com o erro substancial, vício de consentimento previsto na Parte Geral do Código Civil, tido como defeito dos atos negociais. O legislador tratou o vício redibitório de forma especial, projetando inclusive efeitos diferentes daqueles previstos para o erro substancial. O vício redibitório, da forma como sistematizado pelo CC/16, cujas regras foram mantidas pelo CC/02, atinge a própria coisa, objetivamente considerada, e não a psique do agente. O erro substancial, por sua vez, alcança a vontade do contratante, operando subjetivamente em sua esfera mental" (STJ, REsp 991.317/MG, 3.ª Turma, Rel. Min. Nancy Andrighi, j. 03.12.2009).

REFORMA DO CÓDIGO CIVIL: O Anteprojeto propõe, além de alterações redacionais no *caput* e no parágrafo já existente, a inclusão de um novo § 2º, o qual incorpora o entendimento referido nos comentários doutrinários *supra*, afirmando que "os vícios ocultos de que trata o *caput* já devem ser ao menos existentes ao tempo da aquisição da coisa, não sendo necessário que estejam manifestados nessa ocasião". O Anteprojeto sugere, ademais, a inclusão de um novo art. 441-A, cujo *caput* trata da hipótese de o adquirente conhecer ou não poder ignorar a existência do vício, o que afasta a responsabilidade do alienante, como já reconhece igualmente a doutrina. O parágrafo único do art. 441-A, por sua vez, disciplina a hipótese de "a identificação do vício demandar preparação científica ou técnica", determinando que, nesse caso, "deve-se levar em consideração se, diante da qualificação do adquirente, de sua atividade profissional, ou da natureza do negócio, era seu ônus buscar elementos técnicos que permitissem aferir a presença ou não de vícios".

Art. 442. Em vez de rejeitar a coisa, redibindo o contrato (art. 441), pode o adquirente reclamar abatimento no preço.

COMENTÁRIOS DOUTRINÁRIOS: Àquele que adquire coisa maculada por vícios redibitórios o Código Civil oferece uma alternativa: optar por a) *redibir* o contrato, promovendo a sua extinção (v. comentário ao art. 441), ou b) reclamar o abatimento no preço proporcional ao vício, por meio da chamada *ação estimatória* ou de *quanti minoris*. Denominam-se *ações edilícias*, nomenclatura que remota ao Direito Romano, as ações redibitória e estimatória. A regra é que o adquirente pode livremente optar pelo remédio que julgar mais conveniente. A doutrina mais recente, no entanto, tem destacado a necessidade de submeter essa escolha a um juízo de merecimento de tutela, afastando a possibilidade de redibição, quando, por exemplo, o remédio extintivo se revelar desproporcional à gravidade do defeito – em controle semelhante àquele que já ocorre no campo da resolução contratual (teoria do adimplemento substancial). Em tal hipótese, afastada a possibilidade de extinção, preserva o credor a faculdade de pleitear o abatimento da contraprestação. Um remédio que o Código Civil não assegura é o direito à substituição do bem adquirido. Nas relações de consumo, o Código de Defesa do Consumidor assegura, diante de vícios do produto ou serviço, o direito de o consumidor obter a substituição do produto ou a reexecução do serviço (art. 18, § 1º, I, c/c art. 20, I). Tal norma não encontra paralelo no regime geral do Código Civil.

REFORMA DO CÓDIGO CIVIL: O Anteprojeto propõe a ampliação do rol de remédios ofertados ao adquirente, passando a contemplar, além da resolução (termo utilizado pelo Anteprojeto no lugar de "redibição") e do abatimento do preço, a possibilidade de o lesado "exigir seja sanado o vício da coisa, mediante o custeio de reparos, salvo se o alienante dispuser-se a realizá-los diretamente ou por terceiro" (Anteprojeto, art. 442, III). Aproxima-se, assim, o regime da codificação civil daquele das relações de consumo. Sobre o novo remédio, o parágrafo único acrescenta que, "quando os reparos ficarem a cargo do alienante e não forem realizados no prazo de até trinta dias ou prazo superior que tenha sido pactuado pelas partes, o adquirente poderá optar pela resolução do contrato ou pelo abatimento no preço".

Art. 443. Se o alienante conhecia o vício ou defeito da coisa, restituirá o que recebeu com perdas e danos; se o não conhecia, tão somente restituirá o valor recebido, mais as despesas do contrato.

COMENTÁRIOS DOUTRINÁRIOS: O recurso às ações edilícias não afasta a pretensão do adquirente lesado à reparação das perdas e danos sofridos. A redação do art. 443 parece associar o pleito indenizatório à ação redibitória, ao mencionar a *restituição* do valor recebido pelo alienante. Nada impede, contudo, a cumulação do pleito indenizatório com a pretensão estimatória (abatimento do preço, sem restituição ao *status quo ante*), desde que presentes os seus requisitos específicos. Embora os vícios redibitórios prescindam do conhecimento pelo alienante quanto à existência do vício, tal conhecimento é exigido pelo art. 443 para que surja o dever de reparar as perdas e danos sofridos pelo adquirente. O artigo em comento expressamente ressalva as despesas do adquirente com o contrato (por exemplo, aquelas necessárias ao registro do bem imóvel), que serão devidas independentemente da ciência do alienante.

JURISPRUDÊNCIA COMENTADA: Sobre o tema, já decidiu o Tribunal de Justiça do Rio Grande do Sul: "A ignorância do alienante a respeito do vício oculto não o exime da responsabilidade de suportar a garantia redibitória, eis que esta não decorre da culpa ou má-fé, e sim da própria natureza do contrato comutativo. *In casu*, a parte demandante se desincumbiu de provar a ocorrência dos vícios ocultos no imóvel, que ocasionaram os alagamentos, impedindo o uso normal do bem. O dever de ressarcir as perdas e danos ao adquirente exsurge com a comprovação da ciência pelo alienante da existência dos vícios redibitórios, *ex vi* do art. 443 do Código Civil" (TJRS, Ap. Cív. 70.030.417.497, 20.ª Câmara Cível, Rel. Des. Angela Maria Silveira, j. 07.10.2009).

Art. 444. A responsabilidade do alienante subsiste ainda que a coisa pereça em poder do alienatário, se perecer por vício oculto, já existente ao tempo da tradição.

COMENTÁRIOS DOUTRINÁRIOS: Os vícios redibitórios devem ser já existentes ao tempo da tradição. Defeitos que venham a nascer *após* a tradição encontram a coisa já incorporada ao patrimônio do adquirente, valendo aí o adágio segundo o qual *res perit domino*. Todavia, se a coisa vem a perecer no patrimônio do adquirente *em virtude de* vício que já existia ao tempo da tradição, os efeitos dos vícios redibitórios aplicam-se. Eis o que afirma o artigo em comento. Afigura-se, contudo, indispensável que o perecimento encontre no vício a sua causa. O perecimento da coisa é logicamente incompatível com a pretensão estimatória, restando ao adquirente apenas a faculdade de redibir o negócio, hipótese em que o efeito restitutório da extinção somente ao adquirente aproveitará, não tendo restado nada a devolver ao alienante.

JURISPRUDÊNCIA COMENTADA: Exemplo de aplicação do dispositivo extrai-se de decisão do Tribunal de Justiça de São Paulo: "as partes litigantes firmaram, em 25.01.2004, um contrato de compra e venda de um cão da raça *Yorkshire* [...] O animal veio a falecer em razão de problemas de saúde que se manifestaram imediatamente após a sua venda [...] Ora, independentemente da inexistência de culpa ou má-fé por parte da fornecedora, há de se observar que a celebração de qualquer contrato comutativo exige que as partes conheçam a extensão de suas vantagens e desvantagens, sendo do fornecedor a responsabilidade pelos vícios ocultos que, no caso, restaram caracterizados, posto que a recorrida terminou por adquirir um animal já portador de deficiências em sua saúde. Tal entendimento está em consonância com aquilo que dispõe o artigo 444 do Código Civil" (TJSP, Ap. Cív. 949.276.005, 27.ª Câmara de Direito Privado, Rel. Des. Erickson Gavazza Marques, j. 21.01.2009).

Art. 445. O adquirente decai do direito de obter a redibição ou abatimento no preço no prazo de trinta dias se a coisa for móvel, e de um ano se for imóvel, contado da entrega efetiva; se já estava na posse, o prazo conta-se da alienação, reduzido à metade.

§ 1º Quando o vício, por sua natureza, só puder ser conhecido mais tarde, o prazo contar-se-á do momento em que dele tiver ciência, até o prazo máximo de cento e oitenta dias, em se tratando de bens móveis; e de um ano, para os imóveis.

§ 2º Tratando-se de venda de animais, os prazos de garantia por vícios ocultos serão os estabelecidos em lei especial, ou, na falta desta, pelos usos locais, aplicando-se o disposto no parágrafo antecedente se não houver regras disciplinando a matéria.

COMENTÁRIOS DOUTRINÁRIOS: Os direitos do adquirente de promover a redibição do contrato (por meio da ação redibitória) ou obter o abatimento do preço (por meio da ação estimatória) são qualificados como *direitos potestativos*, impondo-se sobre a esfera jurídica do alienante sem possibilidade de resistência. Daí a natureza *decadencial* do prazo a que se subordinam. Quanto à duração do prazo decadencial, o Código Civil elege a natureza móvel ou imóvel do bem viciado como critério de fixação dos prazos: a) 30 dias, se móvel; ou b) um ano, se imóvel. Diversamente, o Código de Defesa do Consumidor emprega não o critério da natureza do bem, mas o critério da durabilidade do produto, fixando prazo de 30 dias para produtos não duráveis e 90 dias para produtos duráveis (CDC, art. 26). Assim, enquanto a compra de uma resma de papel e a compra de um helicóptero têm prazos diferenciados no diploma consumerista, o Código Civil lhes reserva prazo idêntico: 30 dias, por sua natureza comum de bem móvel. A brevidade dos prazos exprime a ponderação do legislador entre o interesse do adquirente no saneamento do vício e o interesse do alienante na estabilização de sua posição jurídica. Os prazos do *caput* do art. 445 são reduzidos pela metade se a coisa, no momento da alienação, já se encontrava na posse do adquirente, que desde a efetiva tradição tinha condições de identificar o vício. Quanto ao termo inicial, os prazos contam-se, em regra, da data de entrega da coisa, momento a partir do qual se torna possível a descoberta do vício pelo adquirente. Quando a tradição precede a alienação, corre desta última o prazo (reduzido pela metade); solução diversa poderia implicar o escoamento do prazo antes mesmo de se operar a transferência da propriedade do bem. O § 1º traz hipótese excepcional de modificação do termo inicial, "quando o vício, por sua natureza, só puder ser conhecido mais tarde", ou seja, quando não se possa identificar o vício imediatamente após a tradição ou alienação. Imagine-se o carro vendido com defeito no limpador de para-brisa em região de clima seco e poucas chuvas. Nestes casos, o Código Civil determina que o prazo correrá não mais da tradição/alienação, mas sim da efetiva ciência do adquirente acerca do vício. Prestigia o legislador, assim, o credor impossibilitado de buscar prontamente a tutela de seus direitos. Tal solução, contudo, poderia dar ensejo a uma garantia ilimitada, pois, a qualquer momento em que se manifestasse o vício, o alienante poderia ser submetido às ações edilícias, desde que intentadas dentro do prazo decadencial. Para evitar o prolongamento indefinido da garantia do alienante, o legislador estabelece prazos máximos para a ciência do vício: "de cento e oitenta dias, em se tratando de bens móveis; e de um ano, para os imóveis". Caso o vício apenas se manifeste após o decurso deste prazo, não poderá mais o adquirente manejar as ações edilícias. Ao revés, manifestando-se o vício dentro do prazo, começa daí a fluir o prazo decadencial do *caput* (de trinta dias ou um ano) para o ajuizamento da ação. Note-se bem: os prazos do § 1º e do *caput* não se somam, de modo que a manifestação do vício faz cessar o primeiro prazo e dá início à contagem do segundo. Na síntese oferecida pelo Enunciado n. 174 da *III Jornada de Direito Civil*: "Em se tratando de vício oculto, o adquirente tem os prazos do *caput* do art. 445 para obter redibição ou abatimento de preço, desde que os vícios se revelem nos prazos estabelecidos no § 1º, fluindo, entretanto, a partir do conhecimento do defeito". Diverso é o regime do Código de Defesa do Consumidor, que, de modo mais favorável ao consumidor-adquirente, estabelece como termo inicial para contagem dos prazos, em caso de vícios ocultos, o momento "em que ficar evidenciado o defeito" (art. 26, § 3º), sem estipular prazos máximos para a descoberta do vício. Por fim, o § 2º do art. 445 estabelece regra especial no caso de venda de animais. Remete a fixação do prazo para lei especial e, não havendo esta, para os "usos locais", especialmente relevantes em atividades rurais. Curiosamente, por expresso comando legal, o prazo de 180 dias do Código Civil assume caráter subsidiário mesmo em relação aos usos locais, revelando-se como última opção do intérprete para a solução do problema.

JURISPRUDÊNCIA COMENTADA: O Superior Tribunal de Justiça já teve a oportunidade de se manifestar sobre a interpretação a ser conferida ao § 1º do artigo em comento, em consonância com o entendimento defendido nestes comentários: "A recorrente alega que, como o vício somente foi conhecido posteriormente ao recebimento do bem móvel, não se aplicaria ao caso o prazo de decadência do *caput* do art. 445 (30 dias), mas o do § 1º, isto é, o prazo decadencial não seria de trinta dias, mas o de 180 dias contado a partir de sua ciência. Não prospera, porém, a pretensão, pois o acórdão recorrido interpretou corretamente o dispositivo legal. O prazo decadencial para exercício da pretensão redibitória ou abatimento do preço de bem móvel é o previsto no *caput* do art. 445 do Código Civil, isto é, 30 dias. O parágrafo primeiro apenas delimita que, se o vício somente se revelar mais tarde, em razão de sua natureza, o prazo de 30 dias fluirá a partir do conhecimento desse defeito, desde que revelado até o prazo máximo de 180 dias, com relação aos bens móveis. Não há fundamento para a adoção de prazos de decadência diferenciados na espécie. O legislador resolveu bem a questão, compatibilizando, nas palavras dos autores do 'Código Civil Interpretado', coordenado por Gustavo Tepedino, Heloisa Helena Barboza e Maria Celina Bodin de Moraes, 'o pretendido reforço da responsabilidade do alienante com um limite temporal que prestigia a segurança das relações jurídicas' (Volume II, Renovar, p. 70-71). Com efeito, em prol da segurança das relações jurídicas, foi estabelecido um período no qual o vício oculto há necessariamente de ser revelado (180 dias para coisa móvel e 1 ano para bem imóvel), sendo o termo inicial do prazo de decadência (30 dias para coisa móvel e 1 ano para imóvel) contado partir da ciência do vício oculto. Assim, no caso de vício oculto em coisa móvel, o adquirente tem o prazo máximo de 180 dias para perceber o vício e, se o notar neste período, tem o prazo de decadência de 30 dias (a partir da verificação do vício) para ajuizar a ação redibitória. Nesse sentido, o Enunciado n. 174 do CJF 'Art. 445. Em se tratando de vício oculto, o adquirente tem os prazos do *caput* do art. 445 para obter redibição ou abatimento do preço, desde que os vícios se revelem nos prazos estabelecidos no parágrafo primeiro, fluindo, entretanto, a partir do conhecimento do defeito.' No caso em exame, o defeito oculto foi detectado em 19.8.2004, dentro, portanto, do prazo estabelecido em lei para que fosse revelado. Dispunha, então, o adquirente, a partir de tal data (19.8.2004), do prazo decadencial de 30 dias para ajuizar a ação redibitória, mas só o fez quando já consumada a decadência, após decorridos dois meses" (STJ, REsp 1.095.882/SP, 4.ª Turma, Rel. Min. Maria Isabel Gallotti, j. 09.12.2014). Também já decidiu aquele Tribunal, acerca da pretensão indenizatória decorrente dos danos causados pelo vício: "As pretensões indenizatórias decorrentes de vícios redibitórios não são, necessariamente, vinculadas a ação redibitória, sendo possível a formulação de pedidos com natureza diversa, submetidos a prazo prescricional, e não decadencial, como na hipótese dos autos. [...] A pretensão de reparação dos danos causados pela instalação de pastilhas cerâmicas defeituosas no revestimento da fachada de edifício, quando não consistir em pedido de redibição ou abatimento de preço, não estará submetida aos prazos decadenciais do art. 445 do CC/02" (STJ, REsp 1.148.460/PR, 3.ª Turma, Rel. Min. Moura Ribeiro, j. 18.03.2019).

REFORMA DO CÓDIGO CIVIL: O Anteprojeto propõe uma ampla reformulação do art. 445. O prazo decadencial para o exercício dos direitos potestativos reconhecidos ao adquirente é ampliado de 30 para 60 dias, no caso de bem móvel, e mantido em 1 ano, no caso de bem imóvel. Tais prazos, no entanto, passam a correr sempre da data final do prazo de garantia legal (Anteprojeto, art. 445, § 3º). Quanto a tais prazos de garantia, estes passam a depender não somente da natureza do bem (se móvel ou imóvel), como também do seu valor de aquisição, sendo fixados em: (a) 60 dias, se a coisa for móvel e tiver sido adquirida por valor inferior a dez salários mínimos; (b) 1 ano, se a coisa for móvel e tiver sido adquirida por valor igual ou superior a dez salários mínimos; e (c) 2 anos, se a coisa for imóvel. Na hipótese de o adquirente já estar na posse da coisa, a redução pela metade passa a incidir sobre o prazo de garantia (e não mais sobre o prazo decadencial), que corre a partir da "data do contrato" (Anteprojeto, art. 445, § 1º).

Art. 446. Não correrão os prazos do artigo antecedente na constância de cláusula de garantia; mas o adquirente deve denunciar o defeito ao alienante nos trinta dias seguintes ao seu descobrimento, sob pena de decadência.

COMENTÁRIOS DOUTRINÁRIOS: Os prazos para redibir ou reclamar abatimento de preço em virtude de vícios redibitórios não correm na pendência de prazos convencionais de garantia. Assim, se as partes convencionam um prazo para que o alienante responda por defeitos do bem, independentemente da proteção legal contra vícios redibitórios, os prazos previstos no Código Civil ficam suspensos até o fim do prazo convencional. Tem-se, aqui, exemplo de suspensão de prazo decadencial. Exige o artigo, contudo, que, mesmo na vigência da garantia convencional, o adquirente denuncie o defeito ao alienante nos trinta dias seguintes ao seu descobrimento, sob pena de decadência.

JURISPRUDÊNCIA COMENTADA: Reforçando a exigência da notificação no prazo legal, já decidiu o Tribunal de Justiça do Rio Grande do Sul: "verifica-se, também, a incidência do art. 446, uma vez que, em que pese a existência de cláusula de garantia, não comprovou o autor tenha comunicado ao réu, dentro do prazo previsto no citado artigo, a existência do vício oculto ensejador da presente demanda" (TJRS, AC 70.028.442.788, 10.ª Câmara Cível, Rel. Des. Paulo Antônio Kretzmann, j. 23.04.2009).

REFORMA DO CÓDIGO CIVIL: O Anteprojeto propõe uma ampliação da disciplina da garantia contratual contra vícios redibitórios, determinando que seja "conferida mediante termo escrito" (Anteprojeto, art. 446, *caput*) e que "deve esclarecer, de maneira adequada e clara, em que consiste a garantia, bem como a forma, o prazo e o lugar em que pode ser exercitada e os ônus a cargo do adquirente" (Anteprojeto, art. 446, § 1º). É mantida a suspensão da garantia legal durante a vigência da garantia convencional, bem como o prazo decadencial de 30 dias para o exercício do direito à garantia contratual (Anteprojeto, art. 446, § 2º), explicitando-se, por fim, que, "cessada a garantia contratual, nos termos do parágrafo anterior, inicia-se o prazo de decadência da garantia legal, nos termos do art. 445" (Anteprojeto, art. 446, § 3º).

SEÇÃO VI

DA EVICÇÃO

Art. 447. Nos contratos onerosos, o alienante responde pela evicção. Subsiste esta garantia ainda que a aquisição se tenha realizado em hasta pública.

COMENTÁRIOS DOUTRINÁRIOS: A evicção é instituto que, tal como os vícios redibitórios, exprime uma proteção legal em favor do adquirente, típica dos contratos onerosos. Diz respeito, todavia, não a um vício material da coisa, mas a um *vício de direito*. A evicção consiste na perda da coisa recebida pelo adquirente em virtude de contrato oneroso, por força de sentença judicial ou ato administrativo que a atribui a outrem por razão anterior à celebração do contrato aquisitivo. Embora parte da doutrina brasileira, ao tratar da evicção, aluda apenas à perda da coisa por força de sentença judicial, "a evicção pode decorrer tanto de decisão judicial como de outra origem, a exemplo de ato administrativo" (Enunciado n. 651 da *IX Jornada de Direito Civil*). Registre-se, todavia, que, para fins de configuração da evicção, a noção de perda da coisa não se confunde com a privação material do bem – privação que, embora ocorra frequentemente nos casos de evicção, pode se verificar ou não. O que é necessário para a configuração da evicção é, em verdade, a frustração do direito do adquirente sobre o bem em razão de vício na titularidade do alienante (*vício jurídico*). É nesse sentido que se deve entender a referência à perda da coisa. A responsabilidade do alienante enunciada no art. 447, ora em comento, consubstancia-se no dever de indenizar o adquirente evicto pela perda da coisa, incluindo-se aí as verbas arroladas no art. 450 da codificação. Inovou o Código Civil de 2002 ao afirmar expressamente que a garantia de evicção se aplica às aquisições realizadas em hasta pública.

JURISPRUDÊNCIA COMENTADA: Na linha do que se expôs anteriormente, o STJ tem reconhecido, acertadamente, que, "para exercício do direito que da evicção resulta ao adquirente, não é exigível prévia sentença judicial, bastando que fique ele privado do bem por ato de autoridade administrativa" (STJ, REsp 259.726/RJ, Rel. Min. Jorge Scartezzini, j. 03.08.2004; no mesmo sentido: STJ, REsp 1.342.145/SP, 3.ª Turma, Rel. Min. Paulo de Tarso Sanseverino, j. 04.12.2014). Sobre a caracterização da evicção como vício de direito, a Corte já afirmou: "sendo dever do alienante transmitir ao adquirente o direito sem vícios não consentidos, caracteriza-se a evicção na hipótese de inclusão de gravame capaz de impedir a transferência livre e desembaraçada do bem" (STJ, REsp 1.713.096/SP, 3.ª Turma, Rel. Min. Nancy Andrighi, j. 10.02.2018). Por fim, acerca da necessidade de anterioridade do vício em relação ao contrato aquisitivo, conclui o STJ: "A responsabilidade pela evicção ocorre apenas quando a causa da constrição operada sobre a coisa é anterior à relação jurídica entabulada entre o alienante e o evicto. O que importa não é o momento da constrição, esta será, necessariamente, posterior à alienação, o que importa saber é o momento em que nasceu o direito (de terceiro) que deu origem à constrição" (STJ, REsp 873.165/ES, 3.ª Turma, Rel. Min. Sidnei Beneti, j. 18.05.2010).

REFORMA DO CÓDIGO CIVIL: O Anteprojeto propõe o acréscimo de dois novos parágrafos ao art. 447. O primeiro incorpora o entendimento consagrado no Enunciado n. 651 da *IX Jornada de Direito Civil*, ao determinar que "a evicção pode decorrer de decisão judicial ou de ato administrativo de apreensão que tenham por fundamento fato anterior à alienação". O § 2º, por sua vez, expressa a concepção mais ampla acerca do significado da evicção como uma garantia contra vícios jurídicos, na linha dos comentários doutrinários *supra*, ao estabelecer que "também ocorre evicção quando a decisão judicial ou administrativa anteriores à alienação impuserem gravame que limite consideravelmente os direitos do adquirente sobre a coisa".

Art. 448. Podem as partes, por cláusula expressa, reforçar, diminuir ou excluir a responsabilidade pela evicção.

COMENTÁRIOS DOUTRINÁRIOS: A garantia contra evicção, em que pese sua fonte legal, não integra a ordem pública, sendo passível de modulação pela autonomia contratual das partes.

Assim, poderão os contratantes, pela aposição de cláusula expressa no contrato, reforçar (por meio de cláusula penal, por exemplo), diminuir (pela exclusão de alguma das parcelas enumeradas no art. 450, por exemplo) ou mesmo excluir integralmente a garantia legal, devendo-se, nesta última hipótese, atentar ao disposto no art. 449.

JURISPRUDÊNCIA COMENTADA: Nossos tribunais têm atuado de modo a preservar a eficácia da cláusula excludente da responsabilidade pela evicção, como ilustra a seguinte decisão: "Ao ajustar contrato de compra e venda, os contratantes pactuaram livremente as cláusulas do aludido instrumento, inserindo ali manifestação de vontade. Presente cláusula que exclui a responsabilidade do vendedor pelos riscos da evicção, a qual anuiu expressamente o comprador, descabido alegar que desconhecia os efeitos da mesma" (TJMG, Ap. Cív. 2.0000.00.391972-8/000, 1.ª Câmara Cível, Rel. Des. Osmando Almeida, j. 09.09.2003).

Art. 449. Não obstante a cláusula que exclui a garantia contra a evicção, se esta se der, tem direito o evicto a receber o preço que pagou pela coisa evicta, se não soube do risco da evicção, ou, dele informado, não o assumiu.

COMENTÁRIOS DOUTRINÁRIOS: O legislador revela um grau maior de cautela diante da cláusula de exclusão da garantia contra a evicção, afastando a sua eficácia caso a) o evicto não tenha conhecimento do risco específico que resultou na perda da coisa ou, b) tendo sido informado do risco, o evicto não o tenha assumido. A doutrina tem entendido como suficiente para configurar a assunção do risco a prova de que o adquirente o conhecia antes de pactuar a exclusão, ainda que o tenha feito de forma genérica. Expediente que atribui maior segurança às cláusulas de exclusão é a declaração na própria cláusula do específico vício jurídico vislumbrado pelas partes como ensejador de possível evicção. Prevê o art. 449 que, afastada a cláusula de exclusão, "tem direito o evicto a receber o preço que pagou pela coisa evicta".

REFORMA DO CÓDIGO CIVIL: O Anteprojeto propõe explicitar, no *caput* do art. 449, que "a plena eficácia da cláusula de exclusão da garantia pela evicção depende da assunção, pelo adquirente, do risco específico que ensejou a perda da coisa", transferindo para o parágrafo único o texto do atual *caput*, com alterações meramente redacionais.

Art. 450. Salvo estipulação em contrário, tem direito o evicto, além da restituição integral do preço ou das quantias que pagou:

I – à indenização dos frutos que tiver sido obrigado a restituir;

II – à indenização pelas despesas dos contratos e pelos prejuízos que diretamente resultarem da evicção;

III – às custas judiciais e aos honorários do advogado por ele constituído.

Parágrafo único. O preço, seja a evicção total ou parcial, será o do valor da coisa, na época em que se evenceu, e proporcional ao desfalque sofrido, no caso de evicção parcial.

COMENTÁRIOS DOUTRINÁRIOS: A garantia contra a evicção centra-se no direito do evicto a obter a restituição pelo alienante do valor da coisa perdida. O parágrafo único do artigo em comento traz relevante regra acerca da quantificação deste valor, determinando como devido o valor do bem no momento da evicção, momento em que efetivamente se dá o desfalque no patrimônio do indivíduo. Sendo a evicção parcial, evidente que o valor não poderia corresponder à integralidade do bem, devendo sim ser "proporcional ao desfalque sofrido". O direito do adquirente não se limita, porém, à restituição do valor da coisa. Abrange também a) frutos que tiver sido obrigado a restituir; b) despesas do contrato e outros prejuízos que diretamente resultam da evicção; e c) despesas judiciais pagas pelo adquirente e honorários do advogado constituído. Dentre essas verbas, assume relevo a "indenização [...] pelos prejuízos que diretamente resultarem da evicção", expressão abrangente e equiparável ao regime geral de responsabilidade pelo inadimplemento das obrigações, que serve para assegurar amplo ressarcimento do evicto pelos danos resultantes da evicção. A ressalva do *caput* quanto a possível "estipulação em contrário" representa mero reforço à regra do art. 448, que estabelece o caráter disponível da proteção legal contra evicção.

JURISPRUDÊNCIA COMENTADA: Caso julgado pelo Superior Tribunal de Justiça envolvendo o reconhecimento de evicção de bem objeto de contrato de *leasing* evidencia o desafio que pode constituir a quantificação da verba devida por força da garantia legal: "Pelo contrato de *leasing*, o arrendante adquire determinado bem indicado e o entrega ao arrendatário, em contrapartida ao pagamento de aluguéis. Findo o prazo contratual, surgirá para o arrendatário a opção de prorrogar o contrato, devolver o bem ao arrendador ou adquirir a propriedade deste, pelo valor de mercado ou por outro montante residual garantido (VRG), previamente definido no contrato. Diante de sua natureza complexa, a indenização pela evicção deverá ser feita por uma interpretação mais acurada do art. 450 do Código Civil. 4. Nessa ordem de ideias, verifica-se que não há falar em restituição integral do preço equivalente ao valor da coisa, uma vez que não houve a opção de compra do caminhão arrendado nem quitação do débito devido. 5. No tocante às prestações quitadas, apesar da preponderância da relação obrigacional de locação, aqui, de forma diferente, além do uso e gozo da coisa em contraprestação, pode ter havido o pagamento do VRG de forma antecipada, o que atrai uma peculiaridade especial na indenização. Realmente, não caberá a restituição dos valores referentes aos aluguéis, haja vista o uso cedido e a utilização da coisa até o momento em que se evenceu, mas serão devidas as parcelas correspondentes ao adiantamento do VRG, bem como de eventuais aluguéis recebidos de forma antecipada. 6. Além disso, caberá indenização pelos frutos que eventualmente o arrendatário tiver sido obrigado a restituir ao terceiro-evictor, bem como pelas despesas do contrato e pelas custas judiciais e honorários do advogado constituído pelo adquirente-evicto (art. 450, I, II, primeira parte, e IV, do CC). 7. Será devida, ainda, indenização pelos prejuízos que diretamente tenham sido resultados da evicção (art. 405, II, parte final, do CC). Com efeito, não se pode afastar a existência de lucros cessantes do autor pelo só fato de que ele '[...] poderia ter buscado outro caminhão para trabalhar'. O que deve ser aferido é se houve a frustração de um lucro esperado, se houve a perda de uma expectativa de ganho, tendo em vista que o recorrente utilizava o bem arrendado como meio de trabalho" (STJ, REsp 1.133.597/MG, 4.ª Turma, Rel. Min. Luis Felipe Salomão, j. 22.10.2013).

REFORMA DO CÓDIGO CIVIL: O Anteprojeto propõe alterações pontuais no art. 450, como a substituição, no *caput*, da expressão "do preço ou das quantias que pagou" por "do valor da coisa ao tempo em que se perdeu".

Art. 451. Subsiste para o alienante esta obrigação, ainda que a coisa alienada esteja deteriorada, exceto havendo dolo do adquirente.

COMENTÁRIOS DOUTRINÁRIOS: A eventual deterioração da coisa sob a posse do adquirente não aproveita ao alienante em caso de evicção. Com efeito, o artigo em comento declara expressamente que eventual deterioração não libera o alienante do seu dever de ressarcir amplamente o evicto (v. comentário ao art. 450). Se, contudo, a deterioração do bem decorre de conduta intencional do evicto, afasta-se a garantia legal, em repúdio à má-fé do adquirente.

Art. 452. Se o adquirente tiver auferido vantagens das deteriorações, e não tiver sido condenado a indenizá-las, o valor das vantagens será deduzido da quantia que lhe houver de dar o alienante.

COMENTÁRIOS DOUTRINÁRIOS: Pode ocorrer que da deterioração da coisa tenham resultado vantagens patrimoniais ao adquirente. O Código Civil determina que sejam deduzidas do valor devido ao adquirente, desde que este já não tenha sido condenado a indenizar o alienante por tais vantagens. O objetivo do legislador foi manter a estabilidade do patrimônio do evicto: a preservação do lucro obtido somada à indenização pela evicção implicaria enriquecimento sem causa.

Art. 453. As benfeitorias necessárias ou úteis, não abonadas ao que sofreu a evicção, serão pagas pelo alienante.

COMENTÁRIOS DOUTRINÁRIOS: A benfeitorias são as intervenções (obras ou despe sas) realizadas em um bem com o propósito c conservá-lo (benfeitorias necessárias), melhorá- (benfeitorias úteis), ou embelezá-lo (benfeitor voluptuárias). O tema é contemplado na Parte G da codificação (v. comentário ao art. 96). As b feitorias necessárias e úteis devem, a princípio indenizadas pelo alienante em favor do adqu te. Em razão de seu caráter supérfluo, a lei ex direito do evicto à indenização pelas benfei voluptuárias.

Art. 454. Se as benfeitorias abonadas ao freu a evicção tiverem sido feitas pelo ali

o valor delas será levado em conta na restituição devida.

COMENTÁRIOS DOUTRINÁRIOS: A indenização das benfeitorias pelo alienante ao adquirente (art. 453) só tem lugar, naturalmente, quando as benfeitorias foram realizadas pelo adquirente. Se realizadas pelo próprio alienante, devem ser abatidas da restituição devida, sob pena de evidente enriquecimento sem causa do evicto.

Art. 455. Se parcial, mas considerável, for a evicção, poderá o evicto optar entre a rescisão do contrato e a restituição da parte do preço correspondente ao desfalque sofrido. Se não for considerável, caberá somente direito a indenização.

COMENTÁRIOS DOUTRINÁRIOS: A evicção pode ser meramente parcial, atingindo apenas parte do direito transferido ao adquirente, como no caso de estar a coisa gravada com direito real de terceiro. Conforme já salientado, a restituição integral do valor da coisa perdida constitui o núcleo da garantia contra a evicção. Em se tratando, contudo, de evicção parcial "considerável", reserva-se ao evicto, alternativamente, a possibilidade de *rescindir* (extinguir) o contrato. A referência a uma evicção "considerável" reflete neste instituto orientação que, a despeito do silêncio do Código Civil, tem sido [illegible]da em todo direito das obrigações, no sentido [illegible]meter o drástico remédio extintivo a um juízo de proporcionalidade em relação à gravidade de sua [illegible] doutrina tem corretamente alertado que [illegible]ão da evicção considerável deve tomar [illegible]ão apenas o aspecto quantitativo, mas, [illegible]nte, o aspecto qualitativo, analisando-se [illegible] parcela do direito de que o evicto foi [illegible] utilidade da prestação.

[illegible]MA DO CÓDIGO CIVIL: O [illegible]õe, além de modificações me[illegible]is no *caput*, a introdução de [illegible] único no intuito de estabe[illegible]etivo para a delimitação da [illegible]derável, determinando que [illegible] evicção "quando supera a [illegible]em ou, não a superando, [illegible]idade da parte perdida em relação ao uso ou à fruição do bem ou, ainda, às finalidades sociais e econômicas do contrato".

Art. 456. (Revogado pela Lei n. 13.105/2015.)

Art. 457. Não pode o adquirente demandar pela evicção, se sabia que a coisa era alheia ou litigiosa.

COMENTÁRIOS DOUTRINÁRIOS: A ciência do adquirente acerca do vício jurídico – de que o domínio alheio e a pendência de litigiosidade são apenas exemplos – no momento da celebração do negócio implica assunção do risco de uma futura evicção da coisa, atribuindo caráter aleatório ao contrato. A álea, neste caso, recairia justamente sobre a possível privação da coisa em razão do vício jurídico, afastando a garantia legal contra evicção.

JURISPRUDÊNCIA COMENTADA: Exemplo de aplicação do dispositivo extrai-se da jurisprudência do Superior Tribunal de Justiça: "Reconhecida a má-fé do arrematante no momento da aquisição do imóvel, não pode ele, sob o argumento de ocorrência de evicção, propor a ação de indenização com base no art. 70, I, do CPC, para reaver do alienante os valores gastos com a aquisição do bem. Para a configuração da evicção e consequente extensão de seus efeitos, exige-se a boa-fé do adquirente" (STJ, REsp 1.293.147/GO, 3.ª Turma, Rel. Min. João Otávio de Noronha, j. 19.03.2015).

SEÇÃO VII

DOS CONTRATOS ALEATÓRIOS

Art. 458. Se o contrato for aleatório, por dizer respeito a coisas ou fatos futuros, cujo risco de não virem a existir um dos contratantes assuma, terá o outro direito de receber integralmente o que lhe foi prometido, desde que de sua parte não tenha havido dolo ou culpa, ainda que nada do avençado venha a existir.

COMENTÁRIOS DOUTRINÁRIOS: *Contrato aleatório* é aquele em que ao menos uma das partes não pode estimar, no momento da celebração do contrato, se a prestação que se obriga a cumprir tem valor correspondente à prestação assumida pela outra parte. Chama-se aleatório justamente porque contém uma dose de álea, incerteza, fortuna. Ao menos um dos contratantes assume um risco de ser chamado a efetuar uma prestação cujo valor supera o valor daquela que recebe em contrapartida. É o que ocorre, por exemplo, no contrato de seguro, em que o segurado, em troca do prêmio que paga, pode receber uma indenização, se ocorrer o sinistro, ou nada receber, se o sinistro nunca vier a ocorrer. *Contrato comutativo*, ao contrário, é aquele em que qualquer das partes pode, já ao tempo da formação do contrato, efetuar a estimativa da sua prestação em relação à prestação alheia. Tais prestações devem ser equivalentes, por força do princípio do equilíbrio contratual. O desequilíbrio somente é admitido em caráter excepcional, quando justificado por outras razões, como a deliberada assunção de risco pelo contratante. Fora dessas hipóteses, as prestações recíprocas entre as partes devem se revestir de equivalência material, sob pena de se sujeitarem a mecanismos de revisão contratual e correção da desproporção entre as obrigações assumidas (v. comentário aos arts. 317 e 478). Como se pode perceber, a classificação entre contratos comutativos e aleatórios é, a rigor, uma subclassificação dos contratos bilaterais e onerosos. Isso porque somente se pode verificar se há ou não relação de equivalência entre os valores das prestações se houver prestações recíprocas entre as partes, cada uma delas representando um sacrifício econômico. Assim, somente se pode indagar se um contrato é aleatório ou comutativo se tal contrato for, antes disso, bilateral e oneroso. Contratos unilaterais ou gratuitos não são dotados, por definição, de uma equivalência econômica entre prestações e isso não provém de alguma assunção de risco, mas da própria natureza desses contratos, calcados em atos de liberalidade em favor de outrem. Apenas nos contratos bilaterais e onerosos é que se cogita da presente classificação, sendo certo que, em regra, tais contratos serão comutativos. Somente podem ser considerados aleatórios os contratos em que houver a deliberada assunção de risco. A boa-fé objetiva impõe, ademais, que haja plena informação sobre a amplitude do risco assumido, devendo ser repelida qualquer tentativa de impor a uma das partes um risco de modo velado, disfarçado ou não inteiramente claro. O Código Civil perdeu a oportunidade de reservar um tratamento mais moderno aos contratos aleatórios. Em vez de enfatizar deveres de informação e transparência acerca do risco eventualmente assumido, detalhando sua concretização, o legislador de 2002 preferiu repetir, quase literalmente, os dispositivos que tratavam do tema na codificação de 1916. Assim, os arts. 458 a 461 acabam tratando dos contratos aleatórios de modo excessivamente *tipificado*, traçando uma disciplina barroca que distingue o risco em três categorias abstratas: a) risco sobre a existência de coisas ou fatos futuros (art. 458); b) risco sobre a quantidade de coisas futuras (art. 459); e c) risco sobre o estado de coisas existentes (art. 460). A disciplina dos contratos aleatórios inicia-se pelo artigo em comento que trata dos contratos em que o risco recai sobre a existência de coisas ou fatos futuros (*emptio spei*). O comprador assume integralmente o risco, de modo que a sua prestação será devida independentemente da efetiva existência da coisa ou fato. Sempre lembrado é o exemplo da venda de colheita em que as partes pactuam que o comprador pagará o preço ajustado mesmo que nada seja colhido. Esta inexistência, contudo, deve derivar da álea, e não de conduta culposa da parte que não assumiu o risco, sob pena de se afastar o seu direito à contraprestação.

JURISPRUDÊNCIA COMENTADA: Uma das questões mais relevantes envolvendo os contratos aleatórios diz respeito à possibilidade de se lhes aplicar os mecanismos de tutela do equilíbrio contratual. A doutrina contemporânea revela-se favorável a tal possibilidade, no que tem sido seguida pela jurisprudência do STJ: "O instituto da lesão é passível de reconhecimento também em contratos aleatórios, na hipótese em que, ao se valorarem os riscos, estes forem inexpressivos para uma das partes, em contraposição àqueles suportados pela outra, havendo exploração da situação de inferioridade de um contratante" (STJ, REsp 1.155.200/DF, 3.ª Turma, Rel. Min. Massami Uyeda, Red. p/ acórdão Min. Nancy Andrighi, j. 22.02.2011). Em igual sentido: "Deve-se aceitar a aplicação do estado de perigo para contratos aleatórios, como o seguro, e até mesmo para negócios jurídicos unilaterais" (STJ, REsp 918.392/RN, 3.ª Turma, Rel. Min. Nancy Andrighi, j. 22.02.2011). Especial destaque merece julgado do STJ acerca da revisão por onerosidade excessiva de contrato de derivativos, incluindo importante ressalva contida no inteiro teor do acórdão, mas não reproduzida em sua ementa: "Os contratos de derivativos são dotados de álea normal ilimitada, a afastar a aplicabilidade da teoria da imprevisão e impedir a sua revisão judicial por onerosidade excessiva. [...] *Admite-se, quando muito, a revisão do contrato na hipótese de desequilíbrio provocado por eventos imprevisíveis e extraordinários, desde que não relacionados com a variação do parâmetro de referência*" (STJ, REsp 1.689.225/SP, 3.ª Turma, Rel. Min. Ricardo Villas Bôas Cueva, j. 21.05.2019). Essa mesma decisão traz importantes considerações acerca da correlação entre assunção de risco e os deveres de informação decorrentes da boa-fé: "A exposição desigual das partes contratantes aos riscos do contrato não atenta contra o princípio da boa-fé, desde que haja, ao tempo da celebração da avença, plena conscientização dos riscos envolvidos na operação. A aferição do dever de apresentar informações precisas e transparentes acerca dos riscos do negócio pode variar conforme a natureza da operação e a condição do operador, exigindo-se menor rigor se se fizerem presentes a notoriedade do risco e a reduzida vulnerabilidade do investidor".

Art. 459. Se for aleatório, por serem objeto dele coisas futuras, tomando o adquirente a si o risco de virem a existir em qualquer quantidade, terá também direito o alienante a todo o preço, desde que de sua parte não tiver concorrido culpa, ainda que a coisa venha a existir em quantidade inferior à esperada.

Parágrafo único. Mas, se da coisa nada vier a existir, alienação não haverá, e o alienante restituirá o preço recebido.

COMENTÁRIOS DOUTRINÁRIOS: Na modalidade de contrato aleatório disciplinada pelo art. 459, o risco recai não sobre a existência da coisa (*emptio spei*), mas tão somente sobre a quantidade de coisas futuras (*emptio rei speratae*). O adquirente fica vinculado ao pagamento do preço qualquer que seja a quantidade de coisas que venha a existir; mas, se nada vier a existir, o preço não mais será devido: a existência em si da coisa não integra a álea do contrato. Tal qual ocorre no âmbito do artigo antecedente, a atuação culposa do alienante que dê ensejo a uma quantidade inferior à esperada desobriga o adquirente do pagamento do valor total.

Art. 460. Se for aleatório o contrato, por se referir a coisas existentes, mas expostas a risco, assumido pelo adquirente, terá igualmente direito o alienante a todo o preço, posto que a coisa já não existisse, em parte, ou de todo, no dia do contrato.

COMENTÁRIOS DOUTRINÁRIOS: O art. 460 trata dos contratos em que o risco recai sobre o estado de coisas existentes: o bem já existe (ou se presume existente), mas há um risco de que não mais exista, no todo ou em parte, no momento da celebração do contrato – risco esse assumido expressamente pelo adquirente, que fica adstrito ao pagamento do preço independentemente das condições ou da própria existência da coisa.

Art. 461. A alienação aleatória a que se refere o artigo antecedente poderá ser anulada como dolosa pelo prejudicado, se provar que o outro contratante não ignorava a consumação do risco, a que no contrato se considerava exposta a coisa.

COMENTÁRIOS DOUTRINÁRIOS: No artigo em comento, o legislador trata da hipótese de ter o alienante, ao tempo da formação do contrato, conhecimento da consumação do risco previsto no artigo antecedente (deterioração ou destruição da coisa). Labora o legislador sobre um paradigma subjetivista, prevendo, a título de remédio, a anulação por dolo, desde que seja provado "que o outro contratante não ignorava a consumação do risco" – prova que se faz extremamente difícil para o prejudicado e atrela a matéria à noção de má-fé (falta de boa-fé subjetiva). Nossas decisões judiciais já, há muito, trabalham nesse campo com a violação objetiva a parâmetros de conduta (boa-fé objetiva), especialmente no que toca ao dever de informar. A doutrina tem advogado uma distinção entre os casos em que a coisa subsiste, embora deteriorada, aos quais seria aplicável o regime do art. 461, e aqueles em que a coisa se perde totalmente, nos quais deveria ser reputado inexistente (ou, para alguns autores, nulo) o contrato em razão da falta de objeto.

REFORMA DO CÓDIGO CIVIL: O Anteprojeto propõe a supressão, no *caput*, da afirmação de que a alienação poderá ser anulada "*como dolosa*". Apesar dessa alteração, é mantida a exigência da prova de que o outro contratante tinha conhecimento da consumação do risco. O Anteprojeto sugere, ainda, a inclusão de um novo parágrafo único, estabelecendo prazo decadencial específico de quatro anos, contados da celebração do contrato, para o exercício do direito potestativo de anulação previsto no *caput*.

SEÇÃO VIII
DO CONTRATO PRELIMINAR

Art. 462. O contrato preliminar, exceto quanto à forma, deve conter todos os requisitos essenciais ao contrato a ser celebrado.

COMENTÁRIOS DOUTRINÁRIOS: Denomina-se *contrato preliminar* aquele em que as partes se obrigam a celebrar, em certo tempo ou mediante certas condições, outro contrato, ao qual se denomina *contrato definitivo*. O contrato preliminar é também denominado *pactum in contrahendo* ou *pré-contrato*, denominação utilizada pelo Código Civil de 1916. O termo *pré-contrato*, todavia, deve ser evitado porque sugere que o contrato preliminar não seria um contrato, mas algo que o antecede. Em verdade, o contrato preliminar tem natureza jurídica de contrato. Seu descumprimento gera responsabilidade contratual, e não responsabilidade pré-contratual. O único cuidado que a nova terminologia impõe é não confundir o contrato preliminar com a fase das negociações preliminares. As negociações preliminares são, aí sim, pré-contratuais. O contrato preliminar, ao revés, é, ele próprio, contrato. São exemplos de contratos preliminares a promessa de compra e venda e a promessa de mútuo. Por meio do contrato preliminar, as partes assumem uma obrigação de fazer, qual seja, celebrar um contrato futuro. Sua utilidade é imensa, pois permite às partes contarem com um contrato futuro, cujos termos são desde logo avençados, podendo a celebração do contrato definitivo restar subordinada à ocorrência de eventos certos (termo) ou incertos (condição). Tome-se como exemplo a situação do licitante, que, ao participar de uma licitação para a compra pelo Poder Público de certos produtos, precisa estimar seu custo de produção, base do preço que irá oferecer, e assim por diante. Ocorre que o custo de produção varia conforme o preço dos insumos que o próprio licitante adquire. Para não correr o risco de, em caso de vitória na licitação, ser surpreendido por seus fornecedores com aumentos de preço, o licitante diligente pode celebrar contratos preliminares em que seus fornecedores se obrigam a, em caso de vitória do licitante na referida licitação, fornecer os insumos pelos preços já acordados. De acordo com o Código Civil, o contrato preliminar precisa conter os elementos essenciais do contrato definitivo a ser celebrado, exceto quanto à forma. Tome-se, por exemplo, um contrato preliminar de compra e venda, que é, sem dúvida, a espécie de contrato preliminar mais frequente na prática contratual, sendo muitas vezes chamado de *compromisso de compra e venda* ou de *promessa de compra e venda*, muito embora não se trate de promessa unilateral, mas de contrato preliminar propriamente dito. O contrato preliminar de compra e venda já deverá conter a identificação da coisa a ser entregue pelo vendedor e do preço a ser pago pelo comprador, uma vez que *res* e *pretium* são elementos essenciais da compra e venda definitiva. Tal exigência justifica-se no desenho do Código Civil para que seja possível a execução específica do contrato preliminar (v. comentário ao art. 463). A dispensa da formalidade eventualmente exigida para o contrato definitivo confere maior utilidade prática ao contrato preliminar, permitindo às partes vincularem-se desde já, ganhando tempo para a preparação das solenidades necessárias.

JURISPRUDÊNCIA COMENTADA: A jurisprudência tem prestigiado a liberdade de forma consagrada no art. 462, admitindo inclusive contratos preliminares verbais: "Diferentemente do contrato de compra e venda de imóveis que, em regra, vem a se submeter à forma de escrito público, a avença preliminar de alienação imobiliária (promessa) não se submete à solenidade exigida para o contrato principal, conforme se extrai do art. 462 do Código Civil [...] É por esta razão que se afigura juridicamente possível o ajuizamento de ação de adjudicação compulsória pautada em compromisso de compra e venda verbal, sendo viável a realização de prova testemunhal para a sua comprovação" (TJSP, Apelação 0002070-53.2014.8.26.0372, 2.ª Câmara de Direito Privado, Rel. Des. Rosangela Telles, j. 20.09.2016).

REFORMA DO CÓDIGO CIVIL: O Anteprojeto propõe a substituição do termo "forma" por "solenidade".

Art. 463. Concluído o contrato preliminar, com observância do disposto no artigo antecedente, e desde que dele não conste cláusula de arrependimento, qualquer das partes terá o direito de exigir a celebração do definitivo, assinando prazo à outra para que o efetive.

Parágrafo único. O contrato preliminar deverá ser levado ao registro competente.

COMENTÁRIOS DOUTRINÁRIOS: A grande inovação do Código Civil de 2002 em relação ao contrato preliminar consistiu no expresso reconhecimento da possibilidade de sua execução específica. Pela primeira vez, a legislação brasileira afirmou, de modo geral, que qualquer das partes que tenha celebrado um contrato preliminar poderá exigir a celebração do contrato definitivo, indicando um prazo para que a outra parte o efetive. Daí a codificação exigir que o contrato preliminar já deve conter os elementos essenciais do contrato definitivo (v. comentário ao art. 462), pois somente com tais elementos já definidos afigura-se possível exigir a celebração do contrato definitivo. Como exigir a celebração de um contrato definitivo de compra e venda se as partes, no ajuste preliminar, não tiverem, por exemplo, estabelecido qual o preço a ser pago? A ausência de consenso das partes sobre tal aspecto inviabilizaria a execução específica do contrato preliminar de compra e venda. A definição dos elementos essenciais é requisito para a execução específica, de tal modo que os arts. 462 e 463 do Código Civil somente podem ser compreendidos em conjunto. A possibilidade de execução específica do contrato preliminar só não existirá na hipótese em que as próprias partes tenham pactuado expressamente cláusula de arrependimento. Isso porque, em tal hipótese, os contratantes terão afastado, de comum acordo, a possibilidade de execução específica, reconhecendo a liberdade de qualquer deles de desistir da avença. Não havendo cláusula de arrependimento, a execução específica afigura-se cabível, tendo o legislador disciplinado de modo detalhado a forma como se opera. O art. 463 trata do início do procedimento, no qual a parte interessada na execução específica deve notificar a outra parte, exigindo a celebração do contrato definitivo em um prazo que se afigure razoável para tanto. A legislação não indica um prazo fixo, mas dez ou quinze dias são usualmente suficientes para que a parte já vinculada a um contrato preliminar adote as providências necessárias à celebração do contrato definitivo, especialmente se a exigência da parte notificante já vier acompanhada do instrumento contratual, com a sua própria assinatura, medida que se mostra recomendável para facilitar o cumprimento da exigência. O parágrafo único do artigo em comento, ao determinar o registro do contrato preliminar, parece contradizer a opção do art. 462 por afastar o requisito formal. Parte da doutrina defende, no entanto, que não se trata de verdadeiro dever, mas de mera faculdade dos contratantes, caso pretendam assegurar eficácia *erga omnes* ao negócio: "a disposição do parágrafo único do art. 463 do novo Código Civil deve ser interpretada como fator de eficácia perante terceiros" (Enunciado n. 30 da *I Jornada de Direito Civil*).

JURISPRUDÊNCIA COMENTADA: Quanto à hipótese de conflito entre o conteúdo do contrato definitivo e as previsões do contrato preliminar, decidiu o STJ: "O contrato preliminar confere, em benefício de qualquer das partes, a prerrogativa de exigir da outra a celebração do negócio definitivo com observância do que inicialmente pactuado. Nada obsta, porém, que, na oportunidade da celebração do contrato definitivo, as partes estabeleçam, de comum acordo, deveres e obrigações diversos e até mesmo contrários àqueles previstos no pacto inicial. [...] Impossível, dessa forma, conferir maior eficácia jurídica ao contrato preliminar que ao definitivo, sobretudo quando as partes, nessa nova avença, pactuaram obrigações diametralmente opostas e desautorizam, expressamente, os termos da proposta original" (STJ, REsp 2.054.411/DF, 3.ª Turma, Rel. Min. Moura Ribeiro, j. 03.10.2023).

REFORMA DO CÓDIGO CIVIL: O Anteprojeto propõe a substituição, no parágrafo único, do termo "deverá" por "poderá", solucionando o problema referido nos comentários doutrinários anteriores, na linha do entendimento já consagrado no Enunciado n. 30 da *I Jornada de Direito Civil*.

Art. 464. Esgotado o prazo, poderá o juiz, a pedido do interessado, suprir a vontade da parte inadimplente, conferindo caráter definitivo ao contrato preliminar, salvo se a isto se opuser a natureza da obrigação.

COMENTÁRIOS DOUTRINÁRIOS: Se o prazo indicado pelo contratante que pleiteia a execução específica do contrato preliminar (art. 463) transcorrer *in albis* (em branco), sem que a parte notificada celebre o contrato definitivo, poderá o notificante recorrer ao Poder Judiciário para que o juiz supra a vontade do inadimplente, atribuindo caráter definitivo ao contrato preliminar – o que pode ser feito, inclusive, por meio de medida liminar. Em se tratando de contratos de transmissão de propriedade, o juiz determinará, na mesma decisão, que se efetive a transferência do bem, podendo se valer de busca e apreensão, em caso de bem móvel, ou ordem judicial ao registro, em caso de bem imóvel. O preceito expressamente ressalva a hipótese em que a execução específica se revela incompatível com a "natureza da obrigação". O exemplo usualmente invocado pela doutrina é aquele dos contratos que envolvem obrigação personalíssima. Não se deve descartar, nessa hipótese, a cominação de *astreintes*, com o propósito de compelir o devedor à realização de prestação infungível. Outro exemplo é aquele dos contratos livremente revogáveis, como o mandato, nos quais eventual iniciativa para "forçar" a celebração do contrato seria prontamente frustrada pela sua imediata revogação.

JURISPRUDÊNCIA COMENTADA: Importante reflexo prático da possibilidade de execução específica do contrato preliminar, bem como da desnecessidade de registro para produção de seus efeitos, encontra-se consubstanciado na Súmula n. 239 do Superior Tribunal de Justiça: "O direito à adjudicação compulsória não se condiciona ao registro do compromisso de compra e venda no cartório de imóveis". Com efeito, entende o STJ que "inexistente o registro imobiliário da promessa de compra e venda, não há falar em direito real de aquisição oponível *erga omnes*, mas o promissário comprador gozará do direito pessoal (direito obrigacional) de, uma vez quitado o preço, sujeitar o vendedor ao cumprimento da obrigação de outorga da escritura pública de compra e venda do bem, nos termos assinalados no contrato preliminar, ressalvada posterior convenção em sentido contrário. Sob essa ótica, o artigo 464 do Código Civil preceitua que, esgotado o prazo assinado para a celebração do contrato definitivo, poderá o juiz, a pedido do interessado, suprir a vontade da parte inadimplente, conferindo caráter definitivo ao pacto preliminar, salvo se a isto se opuser a natureza da obrigação. Nessa perspectiva, importante destacar a exegese cristalizada na Súmula n. 239/STJ, segundo a qual o direito à adjudicação compulsória não se condiciona ao registro da promessa de compra e venda no cartório de imóveis. Ou seja, o fato de inexistir direito real, por ausência de registro imobiliário da promessa de compra e venda, não afasta o direito obrigacional titularizado pelo adquirente de postular a adjudicação compulsória ou a outorga de escritura pública, ambas ações pessoais voltadas à supressão da declaração de vontade omitida pelo promitente vendedor" (STJ, REsp 1.364.272/MG, 4.ª Turma, Rel. Min. Luis Felipe Salomão, j. 08.05.2018).

REFORMA DO CÓDIGO CIVIL: O Anteprojeto propõe diversas modificações no *caput* do art. 464: (a) explicita a alternativa conferida ao interessado de, em vez de buscar a execução específica do contrato preliminar, promover a sua resolução, em razão do inadimplemento da contraparte recalcitrante (remédio atualmente constante do art. 465); (b) associa a atribuição de definitividade ao contrato ao atestado do "cumprimento das obrigações contratadas" no contrato preliminar; (c) passa a admitir que a execução específica do contrato preliminar se dê em sede extrajudicial, perante o tabelião de notas; e (d) explicita o cabimento de indenização por perdas e danos quer no caso de resolução, quer no caso de execução específica. O Anteprojeto sugere, ainda, a inclusão de um novo parágrafo único no art. 464, determinando que, "se a natureza da obrigação obstar que a vontade do inadimplente seja suprida, a obrigação se resolverá em perdas e danos".

Art. 465. Se o estipulante não der execução ao contrato preliminar, poderá a outra parte considerá-lo desfeito, e pedir perdas e danos.

COMENTÁRIOS DOUTRINÁRIOS: A falta de celebração do contrato definitivo configura descumprimento do contrato preliminar, atraindo todos os remédios reservados pela ordem jurídica para tal patologia. Enquanto os arts. 463 e 464 do Código Civil asseguram ao contratante lesado o direito a pleitear o próprio cumprimento do contrato preliminar, o art. 465 explicita a possibilidade de invocação de outro remédio para o inadimplemento: a resolução do contrato. A extinção do contrato, na hipótese de resolução, não se opera automaticamente, dependendo em verdade do exercício do direito potestativo de resolver o contrato. No geral, revelam-se aplicáveis à resolução dos contratos preliminares, *mutatis mutandis*, todas as considerações relativas à resolução em geral (v. comentário ao art. 475). Seja na hipótese de optar pela resolução do contrato preliminar, seja na hipótese de optar por perseguir o seu cumprimento específico, o contratante tem direito à reparação das perdas e danos que tenham sofrido com o inadimplemento (absoluto ou relativo) da contraparte.

REFORMA DO CÓDIGO CIVIL: O Anteprojeto propõe a revogação do art. 465, uma vez que todos os remédios para o inadimplemento do contrato preliminar passam a ser referidos na redação conferida ao art. 464.

Art. 466. Se a promessa de contrato for unilateral, o credor, sob pena de ficar a mesma sem efeito, deverá manifestar-se no prazo nela

previsto, ou, inexistindo este, no que lhe for razoavelmente assinado pelo devedor.

COMENTÁRIOS DOUTRINÁRIOS: O contrato preliminar assume ordinariamente estrutura bilateral, na qual ambos os contratantes se obrigam à celebração de contrato definitivo futuro. Nada obstante, admite-se também a celebração de *contrato preliminar unilateral* (ou *promessa unilateral de contratar*), em que apenas uma das partes se vincula imediatamente à celebração do contrato definitivo, enquanto a outra reserva sua manifestação de vontade para uma oportunidade futura. Em outros termos, apenas uma das partes se obriga a contratar o negócio definitivo, enquanto a outra permanece, por um certo lapso de tempo, livre para refletir acerca da conveniência ou não de celebração do pacto. Não se admite, contudo, que esse estado de indefinição perdure indefinidamente. Assim, caso haja um termo fixado na promessa para a manifestação do promissário, deve ele ser observado, sob pena de se tornar ineficaz a promessa. Não havendo prazo, compete ao promitente fixar um *prazo razoável* para a resposta do promissário, ao fim do qual estará desvinculado da promessa feita. O artigo em comento reflete, em certa medida, a disciplina da proposta, contemplada no capítulo dedicado à formação do contrato.

SEÇÃO IX
DO CONTRATO COM PESSOA A DECLARAR

Art. 467. No momento da conclusão do contrato, pode uma das partes reservar-se a faculdade de indicar a pessoa que deve adquirir os direitos e assumir as obrigações dele decorrentes.

COMENTÁRIOS DOUTRINÁRIOS: *Contrato com pessoa a declarar* é aquele em que uma das partes se reserva a faculdade de indicar, no futuro, outra pessoa que passará a figurar como contratante, em seu lugar. Trata-se da chamada cláusula *pro amico eligendo*, por meio da qual, no momento da conclusão do contrato, já se estabelece que uma das partes será substituída por terceiro a ser indicado futuramente. Consiste, essencialmente, em uma cessão de posição contratual previamente ajustada entre as partes originais. É prática empregada comumente em contratos celebrados por certas agências de turismo e entidades semelhantes com companhias aéreas e estabelecimentos de hotelaria. O contrato com pessoa a declarar é celebrado entre as partes, mas já na expectativa de que uma das partes seja substituída por um terceiro. A substituição independe de nova autorização do promitente. Com efeito, a nomeação (*electio*) é considerada uma declaração unilateral e receptícia de vontade do estipulante. Naturalmente, é imprescindível a prévia pactuação no sentido de futura indicação, elemento essencial à própria qualificação do contrato com pessoa a declarar. Sem o prévio ajuste, configura-se um contrato comum, cuja cessão de posição contratual exigirá aceitação da contraparte, por força da aplicação da disciplina da assunção de dívida (v. comentário ao art. 299). Registre-se, por fim, que a doutrina admite a chamada *electio per relationem,* quando se estabelece que a escolha da pessoa que substituirá o promitente será feita por um terceiro.

Art. 468. Essa indicação deve ser comunicada à outra parte no prazo de cinco dias da conclusão do contrato, se outro não tiver sido estipulado.

Parágrafo único. A aceitação da pessoa nomeada não será eficaz se não se revestir da mesma forma que as partes usaram para o contrato.

COMENTÁRIOS DOUTRINÁRIOS: De acordo com nossa codificação, a pessoa que virá a substituir o contratante no contrato com pessoa a declarar não tem que estar identificada no momento da conclusão do contrato, podendo ser identificada *a posteriori*. A indicação deverá ser feita em cinco dias da conclusão do contrato, se outro prazo não tiver sido ajustado entre as partes. Trata-se de prazo decadencial, em consonância com a natureza potestativa do direito à substituição. A aceitação pelo terceiro deve observar a mesma forma que foi utilizada para o contrato (escrita por instrumento particular, por escritura pública etc.), por se tratar de ato que integra o negócio. A solução legal, contudo, tem sido objeto de críticas pelo seu exagero, especialmente por poder resultar em exigência de formalidade que não era necessária à validade do contrato, tendo sido, porém, escolhida pelas partes no exercício da sua autonomia. A formalidade passará, assim, a ser de reprodução cogente no âmbito da aceitação.

Art. 469. A pessoa, nomeada de conformidade com os artigos antecedentes, adquire os direitos e assume as obrigações decorrentes do contrato, a partir do momento em que este foi celebrado.

COMENTÁRIOS DOUTRINÁRIOS: A escolha do terceiro que substitui o contratante no contrato com pessoa a declarar (*electio*) importa ampla transmissão das situações jurídicas subjetivas ativas e passivas de titularidade do estipulante, de modo similar à cessão de posição contratual. O estipulante libera-se com a aceitação do substituto para ocupar o seu lugar. Os efeitos da nomeação do substituto retroagem. Vale dizer: o substituto adquire os direitos e as obrigações decorrentes do contrato desde o momento da sua celebração.

Art. 470. O contrato será eficaz somente entre os contratantes originários:

I – se não houver indicação de pessoa, ou se o nomeado se recusar a aceitá-la;

II – se a pessoa nomeada era insolvente, e a outra pessoa o desconhecia no momento da indicação.

COMENTÁRIOS DOUTRINÁRIOS: Nem sempre os efeitos substitutivos do contrato com pessoa a declarar se produzem. Em tais casos, permanece o contrato eficaz apenas perante os contratantes originários. É o que ocorre, em primeiro lugar, quando não se opera a *electio*, seja por defeito na indicação (não foi realizada ou o foi intempestivamente) ou na aceitação (há recusa do terceiro ou se adota forma diversa daquela empregada no contrato). É também o que ocorre caso o estipulante indique pessoa insolvente, cuja situação econômica era desconhecida da contraparte, justificando-se a negativa de efeitos à nomeação.

REFORMA DO CÓDIGO CIVIL: O Anteprojeto propõe alterar o inciso II do art. 470 para solucionar a sua discrepância em relação ao art. 471 (v. comentários a esse dispositivo). Nessa direção, são sugeridas três modificações: (a) a inclusão da hipótese de a pessoa nomeada ser incapaz, (b) a exclusão da exigência de que a insolvência da pessoa nomeada seja desconhecida pela contraparte no momento da indicação e (c) a determinação de que a insolvência ou a incapacidade sejam aferidas no momento da nomeação.

Art. 471. Se a pessoa a nomear era incapaz ou insolvente no momento da nomeação, o contrato produzirá seus efeitos entre os contratantes originários.

COMENTÁRIOS DOUTRINÁRIOS: Em exemplo flagrante de má técnica legislativa, o art. 471 repete a hipótese de insolvência como causa de ineficácia da indicação, que já constava do artigo antecedente sem trazer, contudo, o requisito do desconhecimento pela contraparte (v. comentário ao art. 470). Por outro lado, fala em insolvência "no momento da nomeação", estabelecendo o marco temporal para aferição da solvência do terceiro. Os elementos trazidos por ambos os dispositivos para qualificar o estado de insolvência do terceiro nomeado não são incompatíveis entre si, devendo ser observados cumulativamente. Além de se referir ao insolvente, o artigo em comento trata também do incapaz – cuja capacidade também deve ser averiguada no momento da nomeação, com vistas a se admitir seu ingresso no contrato com pessoa a declarar.

REFORMA DO CÓDIGO CIVIL: O Anteprojeto propõe a revogação do presente artigo, diante dos ajustes promovidos no inciso II do art. 470.

CAPÍTULO II
DA EXTINÇÃO DO CONTRATO

SEÇÃO I
DO DISTRATO

Art. 472. O distrato faz-se pela mesma forma exigida para o contrato.

COMENTÁRIOS DOUTRINÁRIOS: Contratos se extinguem por variados modos, alguns dos quais não encontram previsão no título dedicado pelo Código Civil ao direito dos contratos. O cumprimento do contrato, que é o seu modo ideal de extinção, não encontra, por exemplo, previsão expressa na nossa codificação, tendo em vista que não encerra controvérsias jurídicas, representando o melhor cenário no campo da extinção contratual. A declaração de nulidade e a anulação do contrato pelas diferentes causas que dão ensejo a esse resultado, como, por exemplo, os defeitos do negócio jurídico, também não são tratadas pela codificação no título atinente aos contratos, visto que já encontram previsão na Parte Geral do Código Civil. Ao tratar da extinção dos contratos, nossa codificação deteve-se, na verdade, sobre apenas três formas de extinção contratual: a) a resilição; b) a resolução; e c) a chamada resolução contratual por onerosidade excessiva, que, como se verá adiante, não configura, tecnicamente, espécie de resolução. É bastante consolidada em nossa experiência jurídica a distinção entre resilição e resolução. Resilição é a extinção do contrato pela mera declaração de vontade de um ou de ambos os contratantes. Resolução, por sua vez, é a extinção do contrato motivada pelo inadimplemento absoluto da outra parte, embora nosso Código Civil, ao cuidar das obrigações em geral, empregue o termo também na hipótese de impossibilidade total ou parcial da prestação (arts. 234, 235, 248 etc.). A prática advocatícia consagra, ainda, o termo *rescisão*, que, advindo historicamente de formas específicas de extinção como a hipótese de extinção do contrato por *laesio enormis* no Direito Romano, acabou se generalizando como expressão empregada nos instrumentos contratuais para designar qualquer forma de extinção por iniciativa das partes. A resilição, como visto, é o meio de extinção do contrato fundado na vontade dos próprios contratantes. Produz, em regra, efeitos *ex nunc*. A resilição pode ser bilateral ou unilateral, conforme assente sobre a declaração de vontade de ambas as partes ou de apenas uma delas. A resilição bilateral denomina-se *distrato*. O distrato constitui um acordo com a finalidade de extinguir o contrato. É o *contrarius consensus* dos romanos: a convenção em sentido oposto ao contrato. Entretanto, o distrato não autoriza que simplesmente se ignore a relação jurídica que existiu entre as partes. Nenhum distrato pode ser interpretado senão à luz da relação contratual estabelecida pelo contrato originário. O distrato não tem por função inaugurar uma situação nova, mas pôr fim a uma relação existente e disciplinar o modo como esse fim irá ocorrer. Quanto à sua natureza jurídica, o distrato nada mais é que um novo contrato, um acordo de vontades destinado a produzir efeito obrigacional: a extinção de obrigações preexistentes. O Código Civil, no artigo em comento, determina que o distrato siga a mesma forma exigida para o contrato. Assim, um contrato de compra e venda de imóvel celebrado por escritura pública não pode ser distratado verbalmente. A isso parte da doutrina denomina *princípio da identidade de forma do distrato*. Havia alguma controvérsia sobre o tema na vigência do Código Civil de 1916, cujo art. 1.093 afirmava que "o distrato faz-se pela mesma forma que o contrato". A alteração de redação no art. 472 parece sutil ("pela mesma forma exigida para o contrato"), mas vem justamente responder à disputa instaurada entre aqueles que defendiam que a forma do distrato precisava ser rigorosamente a mesma empregada no específico contrato que se pretendia dissolver e aqueles que sustentavam interpretação mais flexível, defendendo que qualquer forma serviria desde que respeitada a forma exigida em lei para aquela espécie de contrato. Prevaleceu essa última opinião no Código Civil atual. Portanto, "desde que não haja forma exigida para a substância do contrato, admite-se que o distrato seja pactuado por forma livre" (Enunciado n. 584 da *VII Jornada de Direito Civil*). Desse modo, uma doação celebrada por escritura pública pode ser distratada por instrumento particular, pois o distrato terá respeitado a forma exigida para o contrato de doação, que é a forma escrita.

JURISPRUDÊNCIA COMENTADA: A jurisprudência tem reafirmado a liberdade formal concedida pelo art. 472 às partes na realização de distratos: "A r. sentença, entendendo que a rescisão de pacto firmado por instrumento por escrito também deve ser assim feita e, não havendo prova escrita da rescisão, julgou procedente o pedido inicial e improcedente o pedido reconvencional, nos termos já expostos. O entendimento adotado, contudo, não merece prevalecer. Nos termos do art. 472 do Código Civil, 'o distrato faz-se pela mesma forma exigida para o contrato'. Vale salientar que, consoante referido dispositivo, o distrato deve ocorrer pela forma exigida por lei. Logo, se o contrato tem forma livre, como é o caso do contrato de locação ora em análise, o distrato também o terá. Destarte, ainda que as partes tenham celebrado o contrato de locação de fls. 06/08 por instrumento escrito, possível que o distrato seja realizado de modo verbal no caso em análise" (TJSP, Apelação 0060931-12.2013.8.26.0002, 32.ª Câmara de Direito Privado, Rel. Des. Luis Fernando Nishi, j. 25.05.2016).

Art. 473. A resilição unilateral, nos casos em que a lei expressa ou implicitamente o permita, opera mediante denúncia notificada à outra parte.

Parágrafo único. Se, porém, dada a natureza do contrato, uma das partes houver feito investimentos consideráveis para a sua execução, a denúncia unilateral só produzirá efeito depois de transcorrido prazo compatível com a natureza e o vulto dos investimentos.

COMENTÁRIOS DOUTRINÁRIOS: O art. 473 autoriza a resilição unilateral "nos casos em que a lei expressa ou implicitamente o permita". A resilição unilateral é, portanto, uma possibilidade excepcional, na medida em que a vontade de apenas um dos contratantes não tem, em regra, a aptidão de desfazer o vínculo criado com base na vontade de ambos. Se as partes celebraram um contrato, vinculante por definição, a "saída" de qualquer das partes antes do seu cumprimento ou do esgotamento do seu prazo de vigência representa, em regra, descumprimento do contrato, permitindo à contraparte não apenas exigir as perdas e danos causados pelo inadimplemento, como também se valer de métodos judiciais de coerção ao cumprimento, se ainda útil. Os casos em que a lei *explicitamente* admite a resilição unilateral são aqueles em que os contratantes celebraram contratos que se baseiam em uma especial relação de confiança entre as partes, como ocorre no depósito, no mandato ou no comodato. Assim, por exemplo, o art. 682, I, do Código Civil admite a extinção do mandato por resilição unilateral de uma das partes (a *renúncia* do mandato pelo mandatário ou a *revogação* do mandato pelo mandante). Note-se, nessa esteira, que o legislador por vezes confere uma roupagem especial ou uma terminologia própria à resilição unilateral, sem, contudo, lhe alterar a essência, que consiste no desfazimento do vínculo por simples manifestação de vontade. Ao lado das hipóteses em que a lei explicitamente autoriza a resilição unilateral, há hipóteses em que a lei a autoriza *implicitamente*, como ocorre no caso dos contratos por prazo indeterminado. Atende-se, nessa hipótese, à ideia segundo a qual ninguém pode permanecer obrigado para sempre, o que implicaria restrição excessiva à autonomia privada dos contratantes. Assim, celebrado um contrato por prazo indeterminado, qualquer dos contratantes estará livre para exercer a resilição unilateral, libertando-se do vínculo contratual por mera manifestação de vontade. Há que se mencionar, ainda, que as próprias partes podem estabelecer o direito à resilição unilateral em seus contratos. Quando o fazem, é frequente que estabeleçam uma espécie de prazo de "aviso prévio", para que o outro contratante não seja surpreendido com a extinção unilateral do contrato. Assim, por exemplo, podem as partes pactuar que qualquer delas tem o direito de resilir o contrato, desde que avise a contraparte com uma antecedência de 30, 60 ou 90 dias. A resilição unilateral derivará aí não já da lei (implícita ou explicitamente), mas da própria vontade das partes, em exercício legítimo de sua autonomia privada. Configura exemplo de resilição unilateral convencional a extinção do contrato em razão do exercício do direito de arrependimento vinculado à estipulação de arras penitenciais (art. 420). Nas relações de consumo, o Código de Defesa do Consumidor impõe restrição ao pacto de resilição unilateral, considerando nulas de pleno direito as cláusulas que "autorizem o fornecedor a cancelar o contrato unilateralmente, sem que igual direito seja conferido ao consumidor" (art. 51, XI). Nestas relações, portanto, o pacto que estabelece o direito à resilição unilateral somente será válido se tal direito for outorgado exclusivamente ao consumidor ou a ambas as partes. A resilição unilateral, nos casos em que é admitida pela ordem jurídica, opera mediante *denúncia*, ou seja, mediante notificação à outra parte dando ciência da extinção do contrato. A denúncia não precisa ser "aceita". Produz efeitos a partir do momento em que é recebida pelo destinatário. Nesse momento, o contrato extingue-se. O Código Civil de 2002 trouxe importante inovação em relação ao direito anterior, ao estatuir no parágrafo único do art. 473 uma exceção aos efeitos imediatos da denúncia. Trata-se, essencialmente, de um meio de proteção contra a ruptura abrupta ou repentina de contrato em cuja conservação a outra parte tenha objetivamente confiado, por meio de investimentos para sua fiel execução. Suponha-se, por exemplo, um contrato de transporte escolar celebrado por prazo indeterminado entre uma escola e um transportador. Em se tratando de contrato por tempo indeterminado, a escola tem o direito de resilir o contrato a qualquer tempo, mas se o transportador recebe a denúncia logo após ter realizado investimentos consideráveis na renovação e ampliação da frota de veículos para atender à crescente demanda de novos alunos ou, ainda, no treinamento de novos motoristas para melhor atender à escola, poderá o transportador pleitear a suspensão da eficácia da denúncia por "prazo compatível com a natureza e o vulto dos investimentos". Tal prazo é normalmente calculado com base no tempo que se faria necessário para a amortização dos investimentos. A doutrina discute se, em vez da suspensão da eficácia da denúncia, a questão poderia ser resolvida por meio de indenização pelos investimentos realizados. O Código Civil é omisso sobre esse ponto, mas parte dos autores tem admitido tal solução, que se revela frequentemente mais salutar que manter coercitivamente uma relação contratual que já se encontrar deteriorada.

JURISPRUDÊNCIA COMENTADA: Acórdão do Superior Tribunal de Justiça revela que o parágrafo único do art. 473 pode ser interpretado de forma ampla, para abarcar não apenas hipóteses de investimento, mas outras situações que possam exprimir violação à legítima confiança dos contratantes na manutenção do vínculo contratual: "Tendo uma das partes agido em flagrante comportamento contraditório, ao exigir, por um lado, investimentos necessários à prestação dos serviços, condizentes com a envergadura da empresa que a outra parte representaria, e, por outro, após apenas 11 (onze) meses, sem qualquer justificativa juridicamente relevante, a rescisão unilateral do contrato, configura-se abalada a boa-fé objetiva, a reclamar a proteção do dano causado injustamente. 3. Se, na análise do caso concreto, percebe-se a inexistência de qualquer conduta desabonadora de uma das partes, seja na conclusão ou na execução do contrato, somada à legítima impressão de que a avença perduraria por tempo razoável, a resilição unilateral imotivada deve ser considerada comportamento contraditório e antijurídico, que se agrava pela recusa na concessão de prazo razoável para a reestruturação econômica da contratada. 4. A existência de cláusula contratual que prevê a possibilidade de rescisão desmotivada por qualquer dos contratantes não é capaz, por si só, de afastar e justificar o ilícito de se rescindir unilateralmente e imotivadamente um contrato que esteja sendo cumprido a contento, com resultados acima dos esperados, alcançados pela contratada, principalmente quando a parte que não deseja a resilição realizou consideráveis investimentos para executar suas obrigações contratuais. 5. Efetivamente, a possibilidade de denúncia 'por qualquer das partes' gera uma falsa simetria entre os contratantes, um sinalagma cuja distribuição obrigacional é apenas aparente. Para se verificar a equidade derivada da cláusula, na verdade, devem ser investigadas as consequências da rescisão desmotivada do contrato, e, assim, descortina-se a falácia de se afirmar que a resilição unilateral era garantia recíproca na avença. 6. O mandamento constante no parágrafo único do art. 473 do diploma material civil brasileiro se legitima e se justifica no princípio do equilíbrio econômico. Com efeito, deve-se considerar que, muito embora a celebração de um contrato seja, em regra, livre, o distrato é um ônus, que pode, por vezes, configurar abuso de direito. 7. Estando claro, nos autos, que o comportamento das recorridas, consistente na exigência de investimentos certos e determinados como condição para a realização da avença, somado ao excelente desempenho das obrigações pelas recorrentes, gerou legítima expectativa de que a cláusula contratual que permitia a qualquer dos contratantes a resilição imotivada do contrato, mediante denúncia, não seria acionada naquele momento, configurado está o abuso do direito e a necessidade de recomposição de perdas e danos, calculadas por perito habilitado para tanto" (STJ, REsp 1.555.202/SP, 4.ª Turma, Rel. Min. Luis Felipe Salomão, j. 13.12.2016).

REFORMA DO CÓDIGO CIVIL: O Anteprojeto propõe diversas alterações no art. 473, incluindo a introdução de quatro novos parágrafos. No *caput*, substitui-se a referência à "denúncia notificada à outra parte" por "notificação, judicial ou extrajudicial, da outra parte". No § 1º (atual parágrafo único), substitui-se a referência à "denúncia" por "resilição" unilateral, uniformizando a linguagem utilizada no dispositivo. Passando aos novos parágrafos acrescentados, o § 2º cuida da duração da suspensão dos efeitos da resilição unilateral, determinando que se leve em consideração, na sua fixação, "o prazo razoável para que uma pessoa diligente, no mesmo ramo e porte da atividade do contratante, possa recuperar os custos estritamente necessários ao cumprimento das obrigações assumidas no contrato". O § 3º, por sua vez, acrescenta que a suspensão "não pode importar sacrifício excessivo ao contratante que pretende realizar a resilição". Já o § 4º cuida especificamente da resilição unilateral em contratos celebrados por prazo *determinado*, nos quais "o prazo de suspensão dos seus efeitos não poderá ser superior ao próprio prazo remanescente originalmente pactuado pelas partes". Finalmente, o § 5º determina que "a constatação, em concreto, da ausência de recuperação dos custos estritamente necessários ao cumprimento das obrigações assumidas no contrato, após transcorrido o prazo de suspensão da eficácia da resilição, não autoriza a sua extensão nem impõe ao contratante que o extinguiu o dever de indenizar a outra parte".

SEÇÃO II
DA CLÁUSULA RESOLUTIVA

Art. 474. A cláusula resolutiva expressa opera de pleno direito; a tácita depende de interpelação judicial.

COMENTÁRIOS DOUTRINÁRIOS: A *resolução* é o meio de extinção do contrato fundado no seu descumprimento. O direito à resolução do contrato surge, para a parte inocente, a partir do inadimplemento absoluto da contraparte. Se o inadimplemento é meramente relativo – por restar conservado o interesse útil do credor no recebimento da prestação –, não surge o direito à resolução, verificando-se apenas os efeitos da mora. Somente o inadimplemento absoluto autoriza a resolução pela parte inocente. A esse direito (potestativo) à resolução que surge do inadimplemento absoluto da outra parte a tradição jurídica denomina *cláusula resolutiva tácita*. A terminologia deve-se a razões históricas que remetem ao Direito Romano, no qual, diante da ausência de um direito à resolução reconhecido pela legislação, tal direito passou a ser considerado como cláusula presumida em todos os contratos bilaterais. Na atualidade, a denominação afigura-se, a rigor, imprópria: não se trata de cláusula contratual presumida, mas de direito expressamente atribuído pela nossa lei aos contratantes. Entretanto, nossa doutrina e até nosso Código Civil, no artigo ora em comento, continuam a se referir a uma cláusula resolutiva tácita, em oposição à *cláusula resolutiva expressa*, esta sim uma expressão da autonomia das partes destinada a permitir que o contratante se libere do vínculo contratual em caso de inadimplemento. Embora inserida genericamente como causa de extinção dos contratos, a doutrina costuma limitar o âmbito da cláusula resolutiva tácita aos contratos bilaterais, ou seja, aqueles que geram obrigações recíprocas entre as partes. Trata-se de mecanismo de tutela do sinalagma contratual, rompido pelo inadimplemento. A cláusula resolutiva expressa, por outro lado, fundada na autonomia privada dos contratantes, não se sujeita aos mesmos confins, podendo ser aposta a qualquer espécie de contrato. O art. 474 do Código Civil determina que "a cláusula resolutiva expressa opera de pleno direito; a tácita depende de interpelação judicial". Independentemente da terminologia empregada, o que a norma traça é uma diferença baseada no meio pelo qual se opera a resolução. Na ausência de cláusula resolutiva expressa no contrato, o direito à resolução decorre da lei e deve ser praticado mediante *interpelação judicial*. A ideia de que se faz necessária a interpelação judicial nasce do próprio fundamento da resolução, que é o inadimplemento. Nenhuma das partes detém o monopólio da avaliação daquilo que configura, ou não, inadimplemento das obrigações contidas no contrato. Não raro, aquilo que uma das partes alega ser inadimplemento não configura inadimplemento aos olhos da outra, fazendo-se necessário recordar que o inadimplemento somente pode ser considerado como tal na presença de culpa da parte inadimplente. Daí o entendimento, acolhido pelo art. 474, de que o exercício da resolução depende da interpelação judicial, a revelar, desde logo, a necessidade de controle judicial do tema. Tal necessidade vem sendo crescentemente criticada em uma realidade caracterizada pelo excesso de demandas judiciais, sendo certo que a matéria anda a merecer, já há algum tempo, revisão crítica e, quiçá, reforma legislativa. Se, ao contrário, houver *cláusula resolutiva expressa* no contrato, afirma o legislador que a resolução "opera de pleno direito", expressão que sugere uma resolução automática, sem necessidade de interpelação judicial ou qualquer outro ato por parte do contratante que exerce o direito de resolver o contrato. A rigor, todavia, a existência de cláusula resolutiva expressa produz como único efeito a necessidade de observância do que consta da referida cláusula. Assim, a resolução só ocorrerá automaticamente, a partir do inadimplemento, se a cláusula resolutiva expressa assim determinar. Se determinar, ao contrário, que a resolução se dará por meio de notificação extrajudicial, este será o instrumento ao qual as partes deverão recorrer. Pode mesmo a cláusula resolutiva expressa afirmar que a resolução exigirá interpelação judicial, caso em que a cláusula será, a rigor, inútil, pois isso as partes já têm assegurado pela legislação independentemente de previsão contratual. Registre-se, por fim, que a opção por uma resolução de efeitos automáticos é cada vez mais rara, na prática. Os contratantes, de modo geral, têm percebido os benefícios de não romper de imediato o vínculo contratual. A tendência nos contratos, especialmente nos contratos de longa duração, tem sido exatamente a oposta: retardar o efeito resolutivo, garantindo espaço para que as partes tentem remediar o inadimplemento ou contorná-lo, quer por meio de *cure periods* (períodos de cura), quer por meio de procedimentos voltados à renegociação de boa-fé dos termos e condições do contrato.

JURISPRUDÊNCIA COMENTADA: Em que pese a opção legislativa de admitir efeitos de pleno direito à cláusula resolutiva expressa, no intuito de agilizar a desvinculação dos contratantes, a jurisprudência do Superior Tribunal de Justiça tem exigido, em certos contratos, a prévia constituição em mora do devedor para que se autorize a invocação da cláusula. Tal entendimento encontra-se cristalizado, por exemplo, na Súmula n. 369: "No contrato de arrendamento mercantil (*leasing*), ainda que haja cláusula resolutiva expressa, é necessária a notificação prévia do arrendatário para constituí-lo em mora". Interpretação mais adequada, a nosso ver, foi acolhida pelo STJ no âmbito do julgamento do Recurso Especial 1.789.863, no qual se decidiu que "impor à parte prejudicada o ajuizamento de demanda judicial para obter a resolução do contrato quando esse estabelece em seu favor a garantia de cláusula resolutória expressa, é impingir-lhe ônus demasiado e obrigação contrária ao texto expresso da lei, desprestigiando o princípio da autonomia da vontade, da não intervenção do Estado nas relações negociais, criando obrigação que refoge o texto da lei e a verdadeira intenção legislativa" (STJ, REsp 1.789.863/MS, Rel. Min. Marco Buzzi, j. 10.08.2021).

REFORMA DO CÓDIGO CIVIL: O Anteprojeto propõe uma importante alteração no *caput* do art. 474, na linha proposta nos comentários doutrinários *supra*, passando a admitir que a resolução com base na chamada cláusula resolutiva tácita ocorra tanto por meio de interpelação judicial quanto por meio de interpelação extrajudicial. O Anteprojeto sugere, ainda, a inclusão de dois novos parágrafos no art. 474. O primeiro determina que "a cláusula resolutiva expressa produz efeitos extintivos independentemente de pronunciamento judicial", incorporando à lei o entendimento majoritário sobre o tema. O § 2º, por sua vez, estabelece que "o beneficiário poderá afastar o efeito da cláusula resolutiva expressa".

Art. 475. A parte lesada pelo inadimplemento pode pedir a resolução do contrato, se não preferir exigir-lhe o cumprimento, cabendo, em qualquer dos casos, indenização por perdas e danos.

COMENTÁRIOS DOUTRINÁRIOS: O art. 475 reúne os remédios postos à disposição do credor em caso de descumprimento do contrato. Apresenta uma opção entre o cumprimento forçado do contrato e a resolução, sendo certo que ambos os remédios podem ser cumulados com o pleito de indenização pelos danos sofridos. Tradicionalmente, reconhece-se ao credor a possibilidade de livre escolha entre a execução específica do contrato e a extinção pela resolução, mas tal concepção merece um cuidadoso reexame a partir do reconhecimento do caráter predominantemente objetivo da análise quanto à satisfação do interesse do credor. Assim, enquanto possível e útil ao credor, a prestação não poderá simplesmente ser enjeitada diante do descumprimento; em outras palavras, o inadimplemento relativo apenas autoriza a execução da prestação (com os demais efeitos da mora), e não a resolução do contrato. Por outro lado, caso a prestação se torne impossível ou deixe de apresentar utilidade ao credor, converte-se o inadimplemento em absoluto, possibilitando a resolução do contrato. O exercício do direito potestativo de resolver o contrato produz dois importantes efeitos: a) efeito liberatório, ficando ambos os contratantes desobrigados em relação aos deveres assumidos por força do contrato, b) efeito restitutório, decorrente da eficácia *ex tunc* (retroativa) da resolução, impondo a devolução daquilo que foi recebido em razão do contrato. Destaque-se que o art. 475 confere apenas ao contratante inocente, não já ao contratante inadimplente, o direito de extinguir o contrato. Não há, assim, a princípio, espaço no Direito Brasileiro para construções como a chamada *quebra eficiente do contrato*, em que o devedor descumpre o contrato original para celebrar negócio mais vantajoso com outro parceiro. Tal inadimplemento não tem o condão de encerrar o contrato originário sem que haja manifestação nesse sentido do contratante prejudicado. Assim, o contratante que rompe o contrato original e celebra novo contrato cuja execução se revele incompatível com o contrato anterior sujeita-se à possibilidade de ser compelido ao cumprimento do primeiro contrato, se sua falta não comprometer o interesse útil do credor na prestação. O direito à resolução tem sido, atualmente, considerado remédio drástico, verdadeira *ultima ratio* para a solução dos conflitos contratuais. Nossas cortes têm efetuado com frequência cada vez maior um controle da legitimidade do exercício do direito de resolução, obstando tal exercício sempre que o inadimplemento se afigure de menor importância e em outras situações nas quais a ruptura da relação contratual configure medida desproporcional ao grau de descumprimento do contrato. Trata-se da chamada *teoria do adimplemento substancial*. Em uma leitura mais atual, contudo, impõe-se reservar ao adimplemento substancial um papel mais abrangente, qual seja, o de impedir que a resolução e outros efeitos igualmente drásticos que poderiam ser deflagrados pelo inadimplemento (como a exceção do contrato não cumprido) venham à tona sem uma ponderação judicial entre a) a utilidade do remédio invocado para o credor (que pode dispor de outros instrumentos menos gravosos para obter a adequada tutela do seu interesse); e b) o prejuízo que adviria para o devedor e para terceiros a partir dos efeitos do emprego daquele remédio. Destaque-se que esse controle não fica afastado pela previsão de cláusula resolutiva expressa, impondo-se, mesmo nas situações previstas pelos contratantes como aptas a autorizar a resolução do contrato, realizar um juízo de merecimento de tutela sobre tal disposição. Sobre o ressarcimento dos danos sofridos em virtude do descumprimento do contrato, cumpre registrar que não se trata de efeito propriamente da resolução, nascendo para o credor inadimplido independentemente da extinção ou não do contrato. Não há, portanto, um efeito indenizatório da resolução em si. Aliás, o descumprimento do contrato não se afigura suficiente para deflagrar o dever de indenizar, sendo necessário que o incumprimento gere algum dano ao credor. Afasta-se, com isso, a antiga noção de que as perdas e danos serviriam como uma *sanção* ou *pena* ao devedor inadimplente. Aspecto da maior relevância para a quantificação das perdas e danos é a determinação do interesse a ser indenizado. A doutrina distingue, nesse contexto, os interesses positivo e negativo. O *interesse positivo* é o interesse no cumprimento da obrigação: verifica-se como estaria o patrimônio da parte lesada caso tivesse ocorrido o efetivo adimplemento da prestação, conforme o pactuado. Já o *interesse negativo* reflete o chamado "interesse da confiança", considerando o estado do patrimônio da parte lesada caso jamais tivesse celebrado o contrato. Assim, descumprida uma promessa de compra e venda, por exemplo, tem o credor direito a ser indenizado pelo valor atualizado do imóvel (interesse positivo) ou apenas de ser ressarcido pelos custos que teve ao ingressar no contrato preliminar (interesse negativo)? O Código Civil silencia a respeito desta instigante polêmica. A doutrina não oferece solução unívoca, distinguindo diversas hipóteses. Particularmente polêmica é questão do interesse a ser ressarcido na hipótese de resolução do contrato. Para a doutrina brasileira majoritária, a extinção do contrato afigura-se incompatível com a persecução do interesse positivo, pois enquanto a resolução apontaria para a recondução do patrimônio do credor ao estado anterior à celebração do contrato (passado), a indenização do interesse positivo conduziria o patrimônio para a situação de cumprimento perfeito (futuro). Em sentido contrário, cresce na Europa o prestígio da tese que admite a cumulação da resolução (com efeito restitutório) com a indenização do interesse positivo, assentada no escopo distinto de cada um dos remédios.

JURISPRUDÊNCIA COMENTADA: O atual desafio da doutrina no campo da teoria do adimplemento substancial está em fixar parâmetros que permitam ao Poder Judiciário dizer, em cada caso, se o adimplemento se afigura ou não significativo, substancial, apto a autorizar a resolução. À falta de suporte teórico, as cortes brasileiras têm invocado o adimplemento substancial apenas em abordagem quantitativa. Daí o alerta da doutrina no sentido de que "para a caracterização do adimplemento substancial [...], levam-se em conta tanto aspectos quantitativos quanto qualitativos" (Enunciado n. 586 da *VII Jornada de Direito Civil*). A jurisprudência começa a atentar para o assunto, como se vê do seguinte excerto: "Ressalvada a hipótese de evidente relevância do descumprimento contratual, o julgamento sobre a aplicação da chamada 'Teoria do Adimplemento Substancial' não se prende ao exclusivo exame do critério quantitativo, devendo ser considerados outros elementos que envolvem a contratação, em exame qualitativo que, ademais, não pode descurar dos interesses do credor, sob pena de afetar o equilíbrio contratual e inviabilizar a manutenção do negócio" (STJ, REsp 1.581.505/SC, 4.ª Turma, Rel. Min. Antonio Carlos Ferreira, j. 18.08.2016). Ainda no tocante aos limites para o exercício do direito potestativo de resolução do contrato, a jurisprudência do STJ tem destacado, mesmo na ausência de um prazo decadencial específico, a necessidade de observância de algum limite temporal nessa matéria: "Embora não haja regra legal que estabeleça prazo para o seu exercício, o direito à resolução do contrato não é absolutamente ilimitado no tempo, na medida em que o contrato, enquanto fonte de obrigações que vincula as partes, é instrumento de caráter transitório, pois nasce com a finalidade de se extinguir, preferencialmente com o adimplemento das prestações que encerra. Se o pedido de resolução se funda no inadimplemento de determinada parcela, a prescrição da pretensão de exigir o respectivo pagamento prejudica, em consequência, o direito de exigir a extinção do contrato com base na mesma causa, ante a ausência do elemento objetivo que dá suporte fático ao pleito" (STJ, REsp 1.728.372/DF, 3.ª Turma, Rel. Min. Nancy Andrighi, j. 19.03.2019). Ainda sobre o mesmo tema, já havia decidido a Corte: "Não havendo na lei regra limitando o tempo para a decadência do direito de promover a resolução do negócio, a ação pode ser proposta enquanto não prescrita a pretensão de crédito que decorre do contrato" (STJ, REsp 208.492/DF, 4.ª Turma, Rel. Min. Ruy Rosado de Aguiar, j. 02.08.2001). Já no que se refere à opção do contratante lesado entre a resolução e a execução do contrato, decidiu o STJ: "É lícito à parte lesada optar pelo cumprimento forçado ou pelo rompimento do contrato, não lhe cabendo, todavia, o direito de exercer ambas a alternativas simultaneamente. A escolha, uma vez feita, pode variar, desde que antes da sentença" (STJ, REsp 1.907.653/RJ, 4.ª Turma, Rel. Min. Maria Isabel Gallotti, j. 23.02.2021). Em outra decisão, afirmou-se que a opção reconhecida pelo art. 475 ao contratante lesado seria, a rigor, uma opção entre a resolução e a execução do contrato pelo *equivalente pecuniário*: "Na hipótese de inadimplemento absoluto, surgem duas opções alternativas ao credor: a exigência do equivalente pecuniário ou a resolução da relação contratual (art. 475 do CC/02). A diferença entre elas é que, no cumprimento pelo equivalente, o vínculo negocial é mantido, de modo que, para que o credor possa receber o equivalente da prestação, deverá manter a sua contraprestação. Já na resolução, o vínculo contratual é extinto, ficando ambas as partes liberadas do cumprimento das suas obrigações" (STJ, REsp 1.989.585/MG, 3.ª Turma, Rel. Min. Nancy Andrighi, j. 06.09.2022). Para mais detalhes sobre a figura da execução pelo equivalente, v. comentários ao art. 947. A jurisprudência tem atentado, ainda, à necessidade de se compatibilizar a indenização pleiteada com os efeitos da resolução. Assim, em caso no qual o adquirente de um imóvel, diante do inadimplemento da construtora, ajuizou ação de resolução do contrato de compra e venda cumulada com lucros cessantes decorrentes do atraso na entrega, decidiu o STJ: "decretada a resolução do contrato, com a restituição das parcelas pagas pelo comprador, o retorno das partes ao estado anterior (art. 475 c/c o art. 182, ambos do Código Civil) implica a restituição da quantia paga devidamente corrigida e acrescida dos juros legais (Súmula n. 543 do STJ), abarcando também o interesse contratual negativo, o qual deve ser comprovado. No caso em exame, como o autor escolheu a rescisão do contrato, nunca terá o bem em seu patrimônio, de forma que sua pretensão resolutória é incompatível com o postulado ganho relacionado à renda mensal que seria gerada pelo imóvel. Assim, os lucros cessantes, no caso do interesse contratual negativo, não são presumidos, devendo ser cabalmente alegados e demonstrados" (STJ, REsp 1.881.482/SP, 4.ª Turma, Red. p/ acórdão Min. Maria Isabel Gallotti, j. 06.02.2024).

REFORMA DO CÓDIGO CIVIL: O Anteprojeto propõe substituir a expressão "pedir a resolução do contrato" por "resolver o contrato", em linha com a alteração promovida no art. 475, que torna o pronunciamento judicial desnecessário para a decretação da resolução mesmo na hipótese de cláusula resolutiva tácita. O Anteprojeto sugere, ainda, a inclusão de um novo art. 475-A, tratando da figura do adimplemento substancial, apresentando parâmetros para a sua aferição e esclarecendo que o afastamento da resolução não exclui eventual pretensão do credor a indenização.

SEÇÃO III
DA EXCEÇÃO DE CONTRATO NÃO CUMPRIDO

Art. 476. Nos contratos bilaterais, nenhum dos contratantes, antes de cumprida a sua obrigação, pode exigir o implemento da do outro.

COMENTÁRIOS DOUTRINÁRIOS: O Código Civil contempla a disciplina da exceção do contrato não cumprido (*exceptio non adimpleti contractus*) no capítulo dedicado à extinção do contrato. A rigor, houve equívoco do legislador na localização da matéria. A exceção do contrato não cumprido não constitui meio de extinção do contrato, mas mera defesa que pode ser invocada, em contratos bilaterais, contra a exigência de cumprimento, fundamentada no descumprimento da parte contrária. Trata-se, assim, de verdadeira *exceção de direito material*. O efeito da exceção do contrato não cumprido consiste não na extinção, mas na *suspensão da exigibilidade* da obrigação que integra o contrato. Pressuposto do instituto é o vínculo de dependência funcional entre as obrigações de parte a parte. Daí o Código Civil limitar sua incidência aos contratos bilaterais. Descabe a *exceptio* se ausente esse vínculo. É o caso do contratante que se recusa a cumprir uma obrigação principal em virtude do descumprimento de uma obrigação meramente acessória, tal como no exemplo do comprador que deixa de efetuar o pagamento do automóvel de passeio, já entregue, por ter o vendedor deixado de fornecer o manual do veículo. Mesmo quanto às prestações interdependentes, aplica-se a teoria do adimplemento substancial, não se admitindo a suspensão da exigibilidade diante de descumprimento de pouca importância. Embora o Código Civil reconheça tão somente a exceção fundada no descumprimento da obrigação, a doutrina admite a paralisação também nos casos em que o cumprimento é defeituoso. Fala-se, neste caso, em *exceptio non rite adimpleti contractus*. Por fim, tem-se reputado possível, também, "opor exceção de contrato não cumprido com base na violação de deveres de conduta gerados pela boa-fé objetiva" (Enunciado n. 652 da *IX Jornada de Direito Civil*).

JURISPRUDÊNCIA COMENTADA: Acerca dos requisitos necessários à invocação da *exceptio non adimpleti contractus*, já afirmou o STJ: "A exceção de contrato não cumprido somente pode ser oposta quando a lei ou o próprio contrato não determinar a quem cabe primeiro cumprir a obrigação. Estabelecida a sucessividade do adimplemento, o contraente que deve satisfazer a prestação antes do outro não pode recusar-se a cumpri-la sob a conjectura de que este não satisfará a que lhe corre. Já aquele que detém o direito de realizar por último a prestação pode postergá-la enquanto o outro contratante não satisfizer sua própria obrigação. A recusa da parte em cumprir sua obrigação deve guardar proporcionalidade com a inadimplência do outro, não havendo de se cogitar da arguição da exceção de contrato não cumprido quando o descumprimento é parcial e mínimo" (STJ, REsp 981.750/MG, 3.ª Turma, Rel. Min. Nancy Andrighi, j. 13.04.2010).

Art. 477. Se, depois de concluído o contrato, sobrevier a uma das partes contratantes diminuição em seu patrimônio capaz de comprometer ou tornar duvidosa a prestação pela qual se obrigou, pode a outra recusar-se à prestação que lhe incumbe, até que aquela satisfaça a que lhe compete ou dê garantia bastante de satisfazê-la.

COMENTÁRIOS DOUTRINÁRIOS: O art. 477 trata da chamada *exceção de inseguridade*. Assim como ocorre na exceção do contrato não cumprido (art. 476), também aqui não se trata de hipótese de extinção do contrato, mas de mera *suspensão da exigibilidade* do cumprimento diante do fundado risco de que o contratante que exige a prestação a que tem direito não venha a efetuar a prestação que lhe compete. É aplicável, por exemplo, ao caso do vendedor de uma lancha que, às vésperas da entrega do veículo, lê no jornal que o comprador sofreu grande revés na bolsa de valores. Nesse cenário, pode deixar de entregar o bem até que o comprador pague o preço ou dê garantia suficiente do seu pagamento. Pouco importa aí se as partes ajustaram datas diferenciadas para suas respectivas prestações. O fato objetivo da diminuição patrimonial significativa, que consubstancia fundado risco de inadimplemento, justifica a paralisação da exigibilidade. A exceção de inseguridade não confere a quem a invoca direito à prestação antecipada, nem à caução, mas apenas ao retardamento da sua própria prestação. Eis o ponto de aproximação com a exceção do contrato não cumprido. Ao outro contratante é que caberá escolher entre efetuar antecipadamente sua prestação ou dar caução para obter a prestação a que tem direito, se assim o desejar. Registre-se que o artigo em comento só menciona risco de inadimplemento derivado de diminuição patrimonial. Ainda assim, é possível cogitar de outros fatos objetivos que suscitem fundado risco de não cumprimento do contrato, como a declaração explícita do contratante de que não irá cumprir sua obrigação no momento do vencimento. Também nessas hipóteses, o art. 477 deve ser, por analogia, aplicado: "A exceção de inseguridade, prevista no art. 477, também pode ser oposta à parte cuja conduta põe, manifestamente em risco, a execução do programa contratual" (Enunciado n. 438 da *V Jornada de Direito Civil*).

JURISPRUDÊNCIA COMENTADA: Em consonância com uma concepção estendida da exceção de inseguridade, já decidiu o Superior Tribunal de Justiça: "O cerne da controvérsia consiste em investigar a possível ilicitude praticada pela ora recorrente no tocante à limitação do fornecimento de matéria-prima à recorrida, limitação essa acompanhada de redução de seu crédito e diminuição dos prazos de pagamento, tudo isso após cerca de um ano do início da relação negocial, a qual, essencialmente, se manteve de forma verbal. 2. Ficou claro da moldura fática dos autos que as partes firmaram contrato em meados de 1996 e que em agosto de 1997 houve uma redução do volume de produtos fornecidos pela recorrente à recorrida, tudo isso em razão de problemas operacionais, sendo que havia acordo verbal de fornecimento em volume superior. Com efeito, não se trata de relação contratual de longa duração, na qual os costumes comerciais têm aptidão de gerar a legítima expectativa em um contratante de que o outro se comportará de forma previsível. 3. Em boa verdade, em se tratando de problemas de produção, tem-se situação absolutamente previsível para ambos os contratantes, de modo que a redução no fornecimento de produtos, nessa situação, não revela nenhuma conduta ilícita por parte do fornecedor. A controvérsia comercial subjacente aos autos insere-se no risco do empreendimento, o qual não pode ser transferido de um contratante para o outro, notadamente em contratos ainda em fase de amadurecimento, como no caso. 4. Quanto à redução do fornecimento e do crédito posteriormente ao inadimplemento da recorrida, outra providência não se esperava da recorrente. Não se pode impor a um dos contratantes que mantenha as condições avençadas verbalmente quando, de fato, a relação de confiabilidade entre as partes se alterou. Era lícito, portanto, que a contratada reduzisse o volume de produto fornecido e modificasse as condições de crédito e de pagamento, diante do inadimplemento pretérito da contratante, precavendo-se de prejuízo maior. 5. *Mutatis mutandis*, tal providência é consentânea com a principiologia do que no direito privado ficou consagrado como exceção de inseguridade, prevista hoje no art. 477 do Código Civil (correspondente ao art. 1.092 do CC/1916 e, em parte, ao que dispunha o art. 198 do Código Comercial). 'A exceção de inseguridade, prevista no art. 477, também pode ser oposta à parte cuja conduta põe, manifestamente em risco, a execução do programa contratual' (Enunciado n. 438 da V Jornada de Direito Civil CJF/STJ). 6. Assim, no caso de inadimplemento do contratante – circunstância que sugere, realmente, alteração de solvabilidade de uma das partes –, se era lícito ao outro reter sua prestação, era-lhe igualmente lícito reduzir o volume dos produtos vendidos, dos prazos de pagamento e do crédito, na esteira do adágio de que quem pode o mais pode o menos" (STJ, REsp 1.279.188/SP, 4.ª Turma, Rel. Min. Luis Felipe Salomão, j. 16.04.2015).

REFORMA DO CÓDIGO CIVIL: O Anteprojeto propõe substituir a referência à "diminuição em seu patrimônio" por "grave insuficiência em sua capacidade de cumprir as obrigações". Sugere também o acréscimo da insolvência como segunda hipótese autorizadora do recurso à exceção de inseguridade. Propõe, ainda, o acréscimo de um parágrafo único, determinando que, "se o devedor não satisfizer a prestação devida nem oferecer garantia bastante de satisfazê-la após interpelação judicial ou extrajudicial, o credor poderá resolver antecipadamente o contrato". Registre-se, finalmente, que o Anteprojeto sugere a introdução de um novo art. 477-A, positivando a figura conhecida como *inadimplemento antecipado* ou *inadimplemento anterior ao termo*.

SEÇÃO IV
DA RESOLUÇÃO POR ONEROSIDADE EXCESSIVA

Art. 478. Nos contratos de execução continuada ou diferida, se a prestação de uma das partes se tornar excessivamente onerosa, com extrema vantagem para a outra, em virtude de acontecimentos extraordinários e imprevisíveis, poderá o devedor pedir a resolução do contrato. Os efeitos da sentença que a decretar retroagirão à data da citação.

COMENTÁRIOS DOUTRINÁRIOS: Repetindo, com pouquíssimas alterações, o que consta do Código Civil italiano sobre a matéria, o nosso Código Civil contemplou nos arts. 478 a 480 a chamada *resolução contratual por onerosidade excessiva*. A extinção do contrato por onerosidade excessiva não configura, a rigor, uma espécie de resolução: seu fundamento não assenta no inadimplemento, mas no desequilíbrio superveniente do contrato, de tal modo que o mais correto seria aludir à *extinção do contrato por onerosidade excessiva*. Embora a discussão sobre os efeitos do desequilíbrio superveniente do contrato venha ocupando os juristas europeus desde a segunda metade do século XIX, o tema só ganhou força no Brasil a partir das primeiras décadas do século XX. O Código Civil brasileiro de 1916 era silente acerca da matéria, cujo desenvolvimento ocorreu mais na jurisprudência que na doutrina. A *teoria da imprevisão*, que no direito francês não havia produzido tanto eco nos Tribunais cíveis, mas que ganhou a acolhida do célebre *Conseil d'État*, passou a ser citada por nossas cortes no enfrentamento de problemas relacionados ao desequilíbrio contratual superveniente. Embora a jurisprudência brasileira tenha passado a mencionar, com frequência, a cláusula *rebus sic stantibus* e a teoria da imprevisão, a consagração normativa das construções que embasavam o direito à revisão judicial do contrato só viria a ocorrer, entre nós, na última década do século XX, por meio de leis especiais. Merece especial destaque, nesse sentido, o Código de Defesa do Consumidor, de 1990, que assegura ao consumidor direito à revisão de cláusulas contratuais "em razão de fatos supervenientes que as tornem excessivamente onerosas" (art. 6º, V, *in fine*). Destaque-se que o código consumerista não exige que o fato superveniente seja imprevisível para que se autorize a revisão contratual. Também a Lei de Licitações (Lei n. 8.666), de 1993, ao instituir normas para licitações e contratos da Administração Pública, assegurou ao contratado o direito à preservação do "equilíbrio econômico-financeiro inicial" do contrato, diante de diferentes situações (arts. 57, § 1º; 58, § 2º; 65, II, *d*, e § 6º) – orientação que foi seguida pela Lei n. 14.133/2021, que substituiu a Lei n. 8.666/1993, disciplinando a preservação do equilíbrio econômico-financeiro do contrato nos arts. 104, § 2º, 124, II, d, e 130, entre outros. A principal peculiaridade do Direito Brasileiro, nesse campo, talvez resida no fato de que essa experiência das leis especiais dos anos 1990, de caráter mais objetivo, não foi levada em consideração pelo Código Civil de 2002, que acabou refletindo construção diversa, ainda dotada de forte viés subjetivista – em especial, a referência à imprevisão, que dominava o tema em nossos Tribunais nos anos 1970, época da conclusão do projeto da nova codificação. Da análise da literalidade do art. 478 do Código Civil a doutrina extrai os requisitos de sua aplicação, quais sejam, a) a existência de contrato "de execução continuada ou diferida"; b) a excessiva onerosidade para uma das partes; c) a "extrema vantagem" da outra parte; e d) a ocorrência de "acontecimentos extraordinários e imprevisíveis". Quanto aos contratos de execução continuada ou diferida, estes são, em apertada síntese, contratos cujo cumprimento destina-se a perdurar no tempo. É importante destacar, contudo, que o essencial, aqui, não é o tipo de contrato celebrado, mas o fato de que seu cumprimento *ainda esteja em curso*. Como resultado de uma abordagem categorial dos contratos de execução continuada ou diferida, a doutrina brasileira deixa de enfrentar questões relevantes atinentes às diferentes formas de execução dos contratos que se prolongam no tempo e seus efeitos sobre o desequilíbrio contratual superveniente: por exemplo, pode invocar o desequilíbrio contratual a parte de um contrato de execução diferida que efetuou o pagamento de sua prestação à vista, antecipando os recursos para que a contraparte fizesse frente ao custo necessário à realização da sua respectiva prestação? Ou, ao contrário, além de um contrato em curso, faz-se também necessário que a prestação do contratante que invoca o desequilíbrio contratual ainda esteja pendente de cumprimento? Tais indagações revelam que as classificações abstratas dos contratos conforme sua duração podem induzir o intérprete a exagerada simplificação, quando não a erro. Com efeito, contratos de execução diferida podem conter prestações de execução imediata para uma das partes, diferida para outra ou diferida para ambas, e a doutrina brasileira parece ignorar qualquer consequência dessas diferenciações para fins de tutela do equilíbrio contratual, ao contrário do que ocorre em outras experiências jurídicas. O segundo requisito é a onerosidade excessiva, que consiste, essencialmente, em um sacrifício desproporcional sofrido pelo contratante, quer em face da contraprestação que recebe (*desequilíbrio contratual vertical* ou *relacional*), quer em face da obrigação que assumira ao tempo da conclusão do contrato (*desequilíbrio contratual horizontal* ou *temporal*). Não há, no Código Civil, a determinação de um parâmetro em relação ao qual se poderia afirmar que a prestação se torna *excessivamente* onerosa. Nossa legislação deixou a cargo do prudente arbítrio do juiz a aferição, nas hipóteses concretas, do grau de agravamento do sacrifício econômico do contratante necessário à configuração da excessiva onerosidade dos contratos em geral. Além da onerosidade excessiva sofrida por um dos contratantes, o art. 478 do Código Civil exige que a outra parte experimente uma "extrema vantagem". Ao requerer a configuração de uma extrema vantagem para um dos contratantes, a codificação brasileira parece ter dado guarida à antiga posição doutrinária que associava a proteção contra o desequilíbrio superveniente do contrato ao princípio geral de vedação ao enriquecimento sem causa. Tal associação, embora possa ter sido útil para "justificar" a interferência na relação contratual em um cenário de voluntarismo exacerbado, acaba por reduzir demasiadamente o campo de incidência da proteção contra a excessiva onerosidade. As críticas ao requisito da extrema vantagem mostram-se tão contundentes que parcela dos autores brasileiros chega a sugerir que seja simplesmente ignorada. Nessa direção, na *IV Jornada de Direito Civil*, foi aprovado o Enunciado n. 365, com o seguinte teor: "A extrema vantagem do art. 478 deve ser interpretada como um elemento acidental da alteração de circunstâncias, que comporta a incidência da resolução ou revisão do negócio por onerosidade excessiva, independentemente de sua demonstração plena". Como "elemento acidental" que dispensa "demonstração plena", a extrema vantagem deixaria, a rigor, de integrar o rol de requisitos do art. 478 do Código Civil, interpretação que afasta as dificuldades inerentes à sua verificação, mas tem o grave "inconveniente" de divergir inteiramente da linguagem da norma em comento. Para tentar superar esse obstáculo, parte da doutrina brasileira que se ocupa do tema tem sustentado que, embora se trate inegavelmente de um requisito exigido pelo Código Civil, a extrema vantagem seria mero reflexo da onerosidade excessiva: verificado que esta última incide sobre um dos contratantes, o outro contratante estaria *ipso facto* diante de uma extrema vantagem, na medida em que estaria na iminência de obter uma prestação por valor inferior ao valor que seria necessário para obter a mesma prestação naquele momento, à luz das condições de mercado. O art. 478 do Código Civil exige, por fim, que o desequilíbrio contratual decorra de um fato superveniente, extraordinário e imprevisível. Por superveniente entende-se o fato que ocorre após a conclusão do contrato, não havendo debate doutrinário a respeito do tema no Brasil. É o seu caráter extraordinário e imprevisível que domina a produção doutrinária em torno da matéria, discutindo-se, em especial, se as expressões são empregadas pela lei como sinônimos ou se, ao contrário, *extraordinário* e *imprevisível* são qualificações distintas em seu significado, havendo, ainda, autores que identificam diferença teórica entre as expressões, mas sustentam sua equivalência prática. Aqueles que defendem a diversidade de sentido debatem se o art. 478 exige cumulativamente a extraordinariedade e a imprevisibilidade – como decorre da interpretação literal da conjunção "e" – ou se, diversamente, a exigência é alternativa. A variedade de opiniões acerca desses temas é tamanha que não constitui tarefa simples desenhar um quadro sistemático da matéria na doutrina brasileira. Pode-se dizer, de modo geral, que nossa doutrina define o fato *extraordinário* como aquele que escapa ao curso normal dos acontecimentos, divergindo do que se afigura comum na vida ordinária. Assim, catástrofes naturais, guerras e epidemias constituiriam, ao menos naqueles países em que tais eventos não se verificam com frequência, fatos extraordinários. Tratar-se-ia, portanto, da aplicação de um *critério objetivo de probabilidade*, baseado em estatísticas ou na simples observação daquilo que ordinariamente acontece. O caráter objetivo da extraordinariedade serviria precisamente para distingui-la da imprevisibilidade. Enquanto se considera extraordinário aquilo que escapa objetivamente à sucessão habitual dos acontecimentos, o fato *imprevisível* seria aquele que as partes não puderam subjetivamente antever. Haveria, assim, fatos extraordinários previsíveis e fatos ordinários imprevisíveis. O critério distintivo, baseado na objetividade do caráter extraordinário e na subjetividade do caráter imprevisível, tem sido duplamente contestado na doutrina estrangeira, em especial italiana: tem-se demonstrado não apenas que o juízo de imprevisibilidade tende a se tornar objetivo, por força da impossibilidade de perquirir a representação mental das partes ao tempo da contratação, mas também que a aferição de extraordinariedade funda-se, em larga medida, na percepção subjetiva que temos do que ordinariamente acontece. Diante de toda essa discussão, dotada de algum filosofismo, o desequilíbrio do contrato específico acaba não apenas ficando em segundo plano, mas, muitas vezes, nem sequer chega a ser examinado, tendo em vista que, ao entender pela ausência do fato imprevisível e extraordinário, os magistrados consideram que a análise de seus efeitos específicos sobre a relação contratual resta logicamente prejudicada. Entretanto, o juízo de imprevisibilidade e extraordinariedade, além de arbitrário na eleição do seu objeto por ser a cadeia causal que conduz ao desequilíbrio contratual frequentemente complexa e multifacetada, revela-se também impreciso, porque permite conclusões divergentes em relação aos mesmos fatos, conforme a especificidade, profundidade e momento da análise. Urge alterar o foco das discussões em matéria de desequilíbrio contratual superveniente, que deve se deslocar da questão da imprevisibilidade e extraordinariedade (do acontecimento apontado como "causa") para o desequilíbrio contratual em concreto. Trata-se, em essência, de assegurar o equilíbrio contratual, e não de proteger as partes contra acontecimentos que não poderiam ou não puderam antecipar no momento de sua manifestação originária de vontade. A superação do voluntarismo exacerbado por uma tábua axiológica de caráter solidarista consagrada em sede constitucional, se não exige afastar inteiramente os requisitos da imprevisibilidade e extraordinariedade, expressamente adotados pelos dispositivos legais constantes do Código Civil brasileiro, impõe, todavia, que se reserve a tais expressões um papel instrumental na atividade interpretativa voltada precipuamente à preservação do equilíbrio do contrato. A imprevisibilidade e extraordinariedade do acontecimento não devem representar um requisito autônomo, a ser perquirido em abstrato com base em um acontecimento localizado a maior ou menor distância do impacto concreto sobre o contrato, mas sim ficar intimamente associadas ao referido impacto, o qual passa a consistir no real objeto da análise judicial. Em outras palavras: se o desequilíbrio do contrato é exorbitante, isso por si só deve fazer *presumir* a imprevisibilidade e extraordinariedade dos antecedentes causais que conduziram ao desequilíbrio. O que se afigura indispensável à atuação da ordem jurídica é que o desequilíbrio seja suficientemente grave, afetando fundamentalmente o sacrifício econômico representado pelas obrigações assumidas. Uma alteração drástica e intensa desse sacrifício recai presumidamente sob o rótulo da imprevisibilidade e extraordinariedade, pois é de se assumir que os contratantes não celebram contratos vislumbrando tamanha modificação do equilíbrio contratual; se a tivessem vislumbrado, poderiam ter disposto sobre o tema, para lhe negar efeitos por força de alguma razão inerente ao escopo perseguido com aquele específico contrato (*v.g.*, deliberada assunção de risco por uma das partes ou prática de alguma liberalidade). Os contratantes sujeitam-se, por essa razão, à presunção de que não anteciparam a possibilidade do manifesto desequilíbrio – presunção, em uma palavra, de imprevisão –, pela simples razão de que se espera que as partes procurem ingressar em relações contratuais equilibradas. Presentes os requisitos estampados no art. 478, o Código Civil autoriza o contratante que sofre a excessiva onerosidade a "pedir a resolução do contrato". O termo *resolução* é empregado aí, como já se viu, no sentido de extinção do contrato, e não no sentido técnico, ligado ao inadimplemento ou impossibilidade do cumprimento. A excessiva onerosidade não torna o cumprimento do contrato impossível, mas apenas injustificado à luz do desequilíbrio a que acomete, de modo superveniente, a relação contratual. É possível, todavia, cogitar de outros remédios para o desequilíbrio contratual superveniente, conforme se demonstrará nos comentários ao próximo artigo.

PANDEMIA: Logo no início da pandemia no Brasil, ao longo do mês de março, diversos Estados e Municípios brasileiros adotaram medidas de restrição à circulação de pessoas, incluindo o fechamento da maior parte do comércio. Entre março e abril de 2020, multiplicaram-se artigos jurídicos voltados a identificar o impacto do coronavírus nas relações contratuais e os remédios a que poderiam recorrer os contratantes. Na doutrina brasileira, a maioria dos textos qualificou a pandemia como "caso fortuito ou força maior", concluindo a partir daí que os contratantes não estariam mais obrigados a cumprir suas obrigações, nos termos do art. 393 do Código Civil brasileiro. Outros autores preferiram qualificar o espantoso avanço do coronavírus como "fato imprevisível e extraordinário", invocando o art. 478 do Código Civil para deixar ao contratante a opção de extinguir o contrato ou exigir sua revisão judicial. Há, nos dois casos, um erro metodológico grave: não se pode classificar os acontecimentos em abstrato como "inevitáveis", "imprevisíveis", "extraordinários" para, a partir daí, extrair seus efeitos para os contratos em geral. Nosso sistema jurídico não admite esse tipo de abstração. O ponto de partida deve ser sempre cada relação contratual em sua individualidade. É preciso, antes de qualificar acontecimentos em teoria, compreender o que aconteceu em cada contrato. Por exemplo, é somente diante da verificação de impossibilidade da prestação que se pode aludir, tecnicamente, a "caso fortuito ou força maior" em uma relação obrigacional (Código Civil, art. 393). Do mesmo modo, somente se pode aludir, tecnicamente, a "acontecimentos extraordinários e imprevisíveis" na discussão sobre a causa da excessiva onerosidade verificada em um dado contrato (Código Civil, art. 478). Em outras palavras, nosso sistema jurídico não autoriza classificar acontecimentos – nem aqueles gravíssimos, como a pandemia de Covid-19 – de forma teórica, abstrata e geral para, de uma tacada só, declarar que, dali em diante, todos os contratos podem ser descumpridos ou devem ser revistos. Tal abordagem não se afigura apenas temerária, mas exprime também um erro técnico-jurídico, pois o impacto concreto sobre cada relação contratual deve ser sempre o ponto de partida da investigação do jurista brasileiro, diante do próprio teor das normas que regem a matéria em nosso sistema jurídico. Tanto é assim que, a depender do que se verifica em cada relação contratual concreta, o mesmo acontecimento pode se qualificar juridicamente ora como caso fortuito, ora como um acontecimento extraordinário e imprevisível, ora como um evento que compromete a realização do fim contratual (teoria da frustração do fim do contrato), ora, ainda, como um fato juridicamente irrelevante para fins obrigacionais se, conquanto gravíssimo o acontecimento, nenhum efeito foi causado sobre a economia daquele contrato específico. Por mais estarrecedor e surpreendente que tenha sido o advento da pandemia de Covid-19, apenas a identificação da sua concreta repercussão sobre o programa contratual permite precisar qual, dentre os múltiplos institutos consagrados pela ordem jurídica, deve incidir sobre a hipótese e, consequentemente, qual deve ser a investigação a que o intérprete deve proceder em termos de qualificação do fato causador dessa repercussão – fato que, de resto, não corresponderá, na maioria dos casos, ao próprio advento da pandemia, mas sim às medidas governamentais ou privadas de restrição à circulação de pessoas adotadas para combatê-la ou mitigá-la, medidas essas que, vale notar desde já, diferenciam-se do fato geral da pandemia (que se abateu sobre todos, em diferentes países) justamente por terem variado de país para país, entre estados em um mesmo país, entre municípios em um mesmo estado, e assim por diante. Em suma, o intérprete deve partir, sempre, do impacto em concreto sobre o contrato que examina, para, somente após a identificação desse impacto, investigar a qualificação jurídica da sua causa e, só então, precisar qual ou quais remédios o ordenamento coloca à disposição daqueles contratantes em particular. Feitos esses esclarecimentos, vale registrar que o artigo ora comentado é um dos dispositivos que pode ser invocado diante do desequilíbrio contratual superveniente que tenha sido causado pela pandemia. Pense-se, por exemplo, no fornecedor de peças industriais que, diante das restrições impostas ao tráfego aéreo, precisou contratar voos fretados para cumprir pontualmente seus contratos. O custo dessa via é, economicamente, bem superior àquele originariamente imaginado pelo fornecedor no momento da celebração do contrato. O mesmo se verifica nos contratos de transporte terrestre de pessoas ou mercadorias em que, em virtude do fechamento de rodovias e outras restrições, terá sido necessário seguir caminhos mais longos, com maior custo de combustível, maior gasto com condutores, maior desgaste de veículos, e assim por diante. Além disso, a recessão econômica que, em decorrência da pandemia, já se faz sentir em muitos setores pode gerar o desequilíbrio contratual superveniente em um número amplo de contratos. Não há dúvida de que a pandemia e as medidas restritivas que foram adotadas pelo Poder Público e por particulares para combatê-la, se resultarem em excessiva onerosidade para um dos contratantes, podem ser qualificadas como acontecimentos extraordinários e imprevisíveis. No entanto, não se pode deixar de notar que houve intervenção legislativa nesse tema: a Lei n. 14.010/2020, que dispõe sobre o Regime Jurídico Emergencial e Transitório das relações jurídicas de Direito Privado (RJET) no período da pandemia do coronavírus, previu, em seu art. 7º, que "não se consideram fatos imprevisíveis, para os fins exclusivos dos arts. 317, 478, 479 e 480 do Código Civil, o aumento da inflação, a variação cambial, a desvalorização ou a substituição do padrão monetário". O § 1º do artigo, por sua vez, esclarece que "as regras sobre revisão contratual previstas na Lei nº 8.078, de 11 de setembro de 1990 (Código de Defesa do Consumidor), e na Lei nº 8.245, de 18 de outubro de 1991, não se sujeitam ao disposto no *caput* deste artigo". O § 2º, por fim, prevê que, "para os fins desta Lei, as normas de proteção ao consumidor não se aplicam às relações contratuais subordinadas ao Código Civil, incluindo aquelas estabelecidas exclusivamente entre empresas ou empresários". A nosso ver, o art. 7º do RJET mostra-se inadequado, na medida em que escapa ao escopo da própria lei ao disciplinar hipóteses fáticas (inflação, variação cambial etc.) que, além de controvertidas em nossa jurisprudência, não pediam uma solução de aplicação temporal limitada, como ocorre com o RJET, declaradamente voltado a lidar com os efeitos da pandemia de Covid-19. Em outras palavras: ou bem a variação cambial, a alta inflacionária e outros fenômenos econômicos podem ser considerados como fatos imprevisíveis e extraordinários, ou não podem, mas isso não tem qualquer relação com a pandemia de Covid-19 e não deveria ser objeto de uma lei que se autodenomina "emergencial e transitória". Aqui, fica a inevitável sensação de que se aproveitou o momento excepcional para fazer passar um dispositivo de pretensões mais gerais, estratégia que merece crítica independentemente do mérito ou demérito da inovação legislativa. Note-se, além disso, que o *caput* do art. 7º remete expressamente a regras do Código Civil, não havendo qualquer necessidade de se aduzir à disciplina das relações de consumo nos parágrafos do dispositivo, especialmente no § 2º, em que, mais uma vez, se nota explícita tentativa de consagrar norma geral em um diploma emergencial. Registre-se, por fim, que o art. 7º do RJET havia sido acertadamente vetado pela Presidência da República, ao fundamento de que "a propositura legislativa, contraria o interesse público, uma vez que o ordenamento jurídico brasileiro já dispõe de mecanismos apropriados para modulação das obrigações contratuais em situações excepcionais, tais como os institutos da força maior e do caso fortuito e teorias da imprevisão e da onerosidade excessiva". Tal veto, contudo, foi posteriormente derrubado pelo Congresso Nacional, tendo a vigência do dispositivo se iniciado em 8 de setembro de 2020.

JURISPRUDÊNCIA COMENTADA: Os Tribunais Brasileiros prestigiam a verificação do caráter imprevisível e extraordinário do fato superveniente, quase sempre de modo artificial, em detrimento do exame do desequilíbrio (onerosidade excessiva) na relação contratual. A jurisprudência do Superior Tribunal de Justiça reflete fielmente este *modus operandi*, como se extrai de inúmeros acórdãos sobre a matéria. Veja-se, entre muitos outros: "A intervenção do Poder Judiciário nos contratos, à luz da teoria da imprevisão ou da teoria da onerosidade excessiva, exige a demonstração de mudanças supervenientes das circunstâncias iniciais vigentes à época da realização do negócio, oriundas de evento imprevisível (teoria da imprevisão) e de evento imprevisível e extraordinário (teoria da onerosidade excessiva), que comprometa o valor da prestação, demandando tutela jurisdicional específica. O histórico inflacionário e as sucessivas modificações no padrão monetário experimentados pelo país desde longa data até julho de 1994, quando sobreveio o Plano Real, seguido de período de relativa estabilidade até a maxidesvalorização do real em face do dólar americano, ocorrida a partir de janeiro de 1999, não autorizam concluir pela imprevisibilidade desse fato nos contratos firmados com base na cotação da moeda norte-americana, em se tratando de relação contratual paritária" (STJ, REsp 1.321.614/SP, 3.ª Turma, j. 16.12.2014). Em igual direção: "A 'ferrugem asiática' na lavoura não é fato extraordinário e imprevisível, visto que, embora reduza a produtividade, é doença que atinge as plantações de soja no Brasil desde 2001, não havendo perspectiva de erradicação a médio prazo, mas sendo possível o seu controle pelo agricultor. A resolução contratual pela onerosidade excessiva reclama superveniência de evento extraordinário, impossível às partes antever, não sendo suficiente alterações que se inserem nos riscos ordinários" (STJ, REsp 945.166/GO, 4.ª Turma, Rel. Min. Luis Felipe Salomão, j. 28.02.2012). Ainda no mesmo sentido: "A compra e venda de safra futura, a preço certo, obriga as partes se o fato que alterou o valor do produto agrícola não era imprevisível. Na hipótese afigura-se impossível admitir onerosidade excessiva, inclusive porque a alta do dólar em virtude das eleições presidenciais e da iminência de guerra no Oriente Médio – motivos alegados pelo recorrido para sustentar a ocorrência de acontecimento extraordinário – porque são circunstâncias previsíveis, que podem ser levadas em consideração quando se contrata a venda para entrega futura com preço certo" (STJ, REsp 803.481/GO, 3.ª Turma, Rel. Min. Nancy Andrighi, j. 28.06.2007).

PANDEMIA: Inúmeras ações foram ajuizadas pleiteando a resolução ou a revisão judicial de contratos em razão da pandemia de Covid-19. Os tribunais, de um modo geral, reconheceram o caráter imprevisível e extraordinário da pandemia (bem como das medidas restritivas instituídas para o seu combate). Confira-se, a título ilustrativo, a seguinte decisão do TJRJ: "o aparecimento do Coronavírus, com as consequências daí advindas, é um acontecimento, ao menos para grande maioria dos brasileiros, totalmente imprevisível, motivo pelo qual razoável considerar que a situação gerada pela pandemia se encaixa no conceito de evento extraordinário e imprevisível, previsto no artigo 478 do CC" (TJRJ, AI 0047374-12.2020.8.19.0000, 24.ª Câmara Cível, Rel. Des. Cintia Santarém Cardinali, j. 15.10.2020). No mesmo sentido, o TJSP considerou "inegável que a pandemia instalada pela Covid-19 importa em ato imprevisível, situação fática que, em princípio, dá ensejo à revisão do negócio jurídico em questão" (TJSP, AI 2107767-68.2020.8.26.0000, 34.ª Câmara de Direito Privado, Rel. Des. Cristina Zucchi, j. 29.07.2020). Em sede de pedidos liminares de suspensão total ou parcial de pagamentos, muitas decisões consideraram suficiente o ineditismo da situação e seus impactos mais gerais, sem analisar com o necessário rigor o impacto na economia interna dos contratos. Algumas decisões, contudo, rejeitaram pedidos semelhantes em razão da ausência dos demais requisitos para a incidência do art. 478 do Código Civil. Veja-se, a título meramente exemplificativo, a seguinte decisão do TJDFT: "não restando demonstrada, no caso concreto, a desproporção das contraprestações ou onerosidade excessiva no contrato de locação entabulado entre as partes, a manutenção da sentença de improcedência do pedido revisional de aluguel é medida que se impõe" (TJDFT, Ap. Cív. 0718658-16.2020.8.07.0016, 5.ª Turma Cível, Rel. Des. Ana Cantarino, j. 02.12.2020). Confira-se, ainda, a seguinte decisão do TJSC: "os efeitos da crise instalada estão afetando a todos, isto é, numa relação contratual, não necessariamente apenas um dos contratantes está sofrendo as consequências adversas da situação atual. E isso impede o reconhecimento, de plano, de que o locador esteja beneficiando-se de extrema vantagem, enquanto o locatário esteja passando por onerosidade excessiva. É um cenário em que todos perdem e que, portanto, o melhor caminho é tentar a solução amigável, que seja boa para todos" (TJSC, AI 5030137-36.2020.8.24.0000, 5.ª Câmara de Direito Civil, Rel. Des. Luiz Cézar Medeiros, j. 17.11.2020). O Superior Tribunal de Justiça já teve a oportunidade de enfrentar a matéria em alguns julgados: "a revisão dos contratos em razão da pandemia não constitui decorrência lógica ou automática, devendo ser analisadas a natureza do contrato e a conduta das partes – tanto no âmbito material como na esfera processual –, especialmente quando o evento superveniente e imprevisível não se encontra no domínio da atividade econômica do fornecedor. Os princípios da função social e da boa-fé contratual devem ser sopesados nesses casos com especial rigor a fim de bem delimitar as hipóteses em que a onerosidade sobressai como fator estrutural do negócio – condição que deve ser reequilibrada tanto pelo Poder Judiciário quanto pelos envolvidos – e aquelas que evidenciam ônus moderado ou mesmo situação de oportunismo para uma das partes" (STJ, REsp 1.998.206/DF, 4.ª Turma, Rel. Min. Luis Felipe Salomão, j. 14.06.2022). Ainda sobre a pandemia, decidiu o STJ: "Em relação ao requisito da superveniência de fato imprevisível ou extraordinário – ponto importante para a distinção na adoção das teorias da imprevisão ou da quebra da base objetiva do negócio –, é inquestionável que a pandemia da Covid-19 adequa-se, com perfeição, às exigências referidas. Não há dúvidas de que a pandemia causada pelo coronavírus, sob tal perspectiva, exsurge como causa possível para aplicação de ambas as teorias. [...] Ademais, a situação da pandemia pode ser enquadrada como fortuito externo ao negócio, circunstância que exige a ponderação dos sacrifícios de cada parte na relação contratual" (STJ, REsp 1.984.277/DF, 4.ª Turma, Rel.

Min. Luis Felipe Salomão, j. 16.08.2022). Por fim, ao julgar duas Arguições de Descumprimento de Preceito Fundamental que buscavam a suspensão de decisões judiciais que concediam descontos lineares na mensalidade de Universidades, o Supremo Tribunal Federal declarou a "inconstitucionalidade das interpretações judiciais que, unicamente fundamentadas na eclosão da pandemia da Covid-19 e no respectivo efeito de transposição de aulas presenciais para ambientes virtuais, determinam às instituições de ensino superior a concessão de descontos lineares nas contraprestações dos contratos educacionais, sem considerar as peculiaridades dos efeitos da crise pandêmica em ambas as partes contratuais envolvidas na lide" (STF, ADPFs 706 e 713, Tribunal Pleno, Rel. Min. Rosa Weber, j. 18.11.2021).

REFORMA DO CÓDIGO CIVIL: O Anteprojeto propõe diversas modificações no art. 478, entre as quais a introdução de cinco novos parágrafos. Afiguram-se particularmente oportunas, na linha dos comentários doutrinários *supra*, as seguintes alterações: (a) supressão da exigência de que, além de imprevisíveis, os fatos supervenientes sejam "extraordinários", eliminando a duplicidade de requisitos, a qual apenas contribui para o elevado grau de insegurança jurídica nessa matéria; (b) supressão da exigência do requisito da extrema vantagem para a contraparte, que enseja inúmeras controvérsias na prática; e (c) previsão expressa quanto à possibilidade de a parte excessivamente onerada pleitear diretamente a revisão do contrato (v. comentários ao art. 479). Ainda no *caput* do dispositivo, passa-se a vincular a incidência do preceito à "alteração superveniente das circunstâncias objetivas que serviram de fundamento para a celebração do contrato", alteração que, a rigor, transcende a questão da excessiva onerosidade de que trata o dispositivo legal e que exigiria, a meu ver, delimitação mais rigorosa da expressão "fundamento". Outro acréscimo no *caput* consiste na exigência de que os eventos imprevisíveis "excedam os riscos normais da contratação". Nessa direção, o § 1º acrescenta que, "para a identificação dos riscos normais da contratação, deve-se considerar a sua alocação, originalmente pactuada". O recurso à noção de "riscos normais" (ou álea normal) não parece, contudo, oferecer uma efetiva contribuição à tutela do equilíbrio contratual, visto que as diferentes definições atribuídas a tal noção não fornecem uma distinção clara entre a *normalidade* e a *anormalidade* da álea, abrindo as portas para uma discussão que se promete infrutífera nas ações revisionais, como já se viu, por exemplo, na experiência jurídica italiana. No § 2º, acrescenta-se uma definição da noção de imprevisibilidade do evento superveniente, com a finalidade de atribuir maior segurança à qualificação dos fatos imprevisíveis, hoje bastante randômica em nossa jurisprudência. O § 3º, por sua vez, dedica-se ao estabelecimento de limites e parâmetros para a revisão contratual, que deve se restringir "ao necessário para eliminar ou mitigar a onerosidade excessiva, observadas a boa-fé, a alocação de riscos originalmente pactuada pelas partes e a ausência de sacrifício excessivo às partes". Já o § 4º determina que os remédios contra o desequilíbrio contratual não incidem quando se verifica "mera impossibilidade econômica de adimplemento decorrente de fato pertinente à esfera pessoal ou subjetiva de um dos contratantes". Por fim, o § 5º estipula que "o disposto nesta seção não se aplica aos contratos de consumo, cuja revisão e resolução se sujeitam ao Código de Defesa do Consumidor". Essa redação, contudo, não parece refletir com exatidão o melhor equacionamento da questão, pois, mesmo no âmbito das relações de consumo, as normas protetivas previstas no Código de Defesa do Consumidor beneficiam exclusivamente o consumidor, de modo que, caso a onerosidade excessiva recaia sobre a prestação devida pelo fornecedor, a sua tutela observará os ditames da codificação civil. Em suma, a proposta do Anteprojeto nesse ponto tem méritos inegáveis, mas merece aperfeiçoamentos pontuais em linha com aquilo que já constava dos comentários doutrinários *supra*.

Art. 479. A resolução poderá ser evitada, oferecendo-se o réu a modificar equitativamente as condições do contrato.

COMENTÁRIOS DOUTRINÁRIOS: Diante do pedido de resolução (ou melhor, extinção) do contrato, a lei assegura ao réu o direito de evitá-la, oferecendo-se a "modificar equitativamente as condições do contrato". Parte da doutrina enxerga aí uma abertura à revisão judicial do contrato. Parece certo, contudo, que, ao menos em sua literalidade, o dispositivo limita-se a atribuir uma faculdade ao réu, e não ao autor da demanda, cujo pedido continuaria a ser necessariamente resolutivo. O art. 480 reforça esse sentido literal ao tratar do tema no âmbito dos contratos unilaterais, pois afirma que, "se no contrato as obrigações couberem a apenas uma das partes, poderá ela pleitear que a sua prestação seja reduzida, ou alterado o modo de executá-la, a fim de evitar a onerosidade excessiva". Logo, *a contrario sensu*, não se tratando de um contrato com obrigações para apenas uma das partes, não se poderia pleitear a redução da prestação ou alteração do modo de sua execução (revisão contratual), mas tão somente a resolução do contrato. Restaria, assim, renovado, entre nós, o dogma da intangibilidade do contrato, espécie de "regra de ouro" do liberal voluntarismo, segundo a qual o conteúdo do contrato é imune a qualquer interferência do Estado-juiz. Contra esse sentido, que seria o mais óbvio à luz da literalidade dos arts. 478 a 480, parece insurgir-se o próprio Código Civil. Primeiro, por uma série de dispositivos específicos da própria codificação que autorizam a revisão de certas espécies de contratos por força de alterações supervenientes, como o art. 620, que permite a revisão do preço global convencionado no contrato de empreitada, a pedido do dono da obra, se ocorrer diminuição no preço do material ou da mão de obra superior a um décimo do referido preço; ou, ainda, o art. 770, que autoriza o segurado a "exigir a revisão do prêmio, ou a resolução do contrato", se houver, no curso do contrato, redução "considerável" do risco. Poder-se-ia argumentar que tais exemplos assumem caráter de norma especial, na medida em que se limitam a determinados tipos contratuais, mas o Código Civil possui também normas gerais admitindo a revisão contratual, algumas de longa tradição entre nós, nas quais o evidente poder revisional do juiz parece quase disfarçado por trás de fórmulas consagradas, como ocorre na *actio quanti minoris* (ação estimatória) que o art. 442 oferece, em contratos comutativos, ao adquirente de coisa com vícios redibitórios. O ápice, contudo, da abertura à revisão ocorre no art. 317, que, situado na parte do Código Civil dedicada ao pagamento, determina: "Quando, por motivos imprevisíveis, sobrevier desproporção manifesta entre o valor da prestação devida e o do momento de sua execução, poderá o juiz corrigi-lo, a pedido da parte, de modo que assegure, quanto possível, o valor real da prestação". O dispositivo teve como escopo originário o combate aos efeitos da inflação e à desvalorização das prestações em dinheiro, mas a doutrina contemporânea extrai da redação aberta da norma o poder do juiz de revisar o valor da prestação devida, de modo a assegurar tanto quanto possível o valor real da prestação. A revisão judicial do contrato afigura-se, frequentemente, mais útil ao contratante que sofre a onerosidade excessiva, o qual, por vezes, não tem interesse na extinção do contrato. Basta pensar na hipótese do prestador de serviço que não quer extinguir sua relação contratual com a companhia que é sua cliente, mas tão somente pretende o reequilíbrio do contrato. A utilidade do art. 317, nesse contexto, é tão grande que acabou por se tornar, em nossa experiência, uma espécie de "puxadinho hermenêutico" dos arts. 478 a 480, sendo raro encontrar quem trate desses dispositivos sem tratar daquele, e vice-versa. O art. 317 acaba, portanto, sendo empregado em uma espécie de interpretação corretiva dos arts. 478 a 480, para garantir a revisão mesmo na hipótese dos contratos bilaterais, ao contrário do que sugeriria a leitura isolada daqueles dispositivos. A maior parte da doutrina brasileira extrai desse mosaico normativo a conclusão de que, diante das situações de desequilíbrio contratual superveniente em relações regidas exclusivamente pelo Código Civil, resolução e revisão podem ser aplicadas indistintamente. Registre-se que, em 2019, o legislador especial inseriu, por meio da Lei n. 13.874 (Lei da Liberdade Econômica), referências a um suposto caráter excepcional da revisão nos arts. 421, parágrafo único, e 421-A, III, do Código Civil. Não foram, porém, modificados os requisitos ou as hipóteses de cabimento da revisão, de modo que a alusão à sua excepcionalidade não trouxe qualquer alteração real ao tecido normativo brasileiro. Ao intérprete compete, nesse contexto, prestigiar o princípio do equilíbrio contratual, em razão de sua índole constitucional, calcada nos princípios da isonomia e da solidariedade social. Deve, nesse sentido, continuar a preferir, sempre que possível, o reequilíbrio do contrato (por meio da revisão) em detrimento da sua extinção via resolução. Deve-se registrar, ainda, que a revisão judicial do contrato, conquanto mais útil que a resolução, não representa panaceia para todos os males. A necessidade de propositura de uma ação judicial para obtenção da revisão do contrato serve, por vezes, de desestímulo ao contratante, que teme ver sua relação contratual deteriorada pelo litígio. Daí ter se tornado cada vez mais comum a busca por soluções extrajudiciais que permitam o reequilíbrio do contrato sem a intervenção do Poder Judiciário. O problema é que, mesmo diante do aviso da contraparte de que o contrato se tornou desequilibrado, o outro contratante, não raro, silencia, beneficiando-se do passar do tempo. De outro lado, ocorre, muitas vezes, que um contratante só venha a invocar a onerosidade excessiva quando cobrado por sua prestação, ainda que o fato ensejador do desequilíbrio seja muito anterior. Para evitar oportunismos, a legislação de diversos países tem procurado disciplinar o comportamento das partes em caso de excessiva onerosidade, exigindo, por exemplo, que o desequilíbrio contratual seja prontamente comunicado à contraparte e que, uma vez chamado a avaliar tal desequilíbrio, o contratante não possa simplesmente se omitir. O mesmo caminho pode ser trilhado, no Direito Brasileiro, com base na boa-fé objetiva, por meio da construção de um *dever de renegociar*. Como se sabe, a boa-fé objetiva impõe a cooperação e a colaboração entre as partes em prol do escopo comum do contrato (v. comentários ao art. 422). O dever de renegociar o contrato em caso de desequilíbrio exsurge, assim, como um dever anexo ou lateral de comunicar a outra parte prontamente acerca de um fato significativo na vida do contrato – seu excessivo desequilíbrio – e de empreender esforços para superá-lo por meio da revisão extrajudicial. Como dever anexo, o dever de renegociar integra o objeto do contrato independentemente de expressa previsão das partes. Note-se que o dever de renegociar não configura um dever de alcançar certo resultado ou de aceitar as novas condições propostas pelo contratante desfavorecido pelo desequilíbrio; não se trata de um *dever de revisar* o contrato extrajudicialmente, mas simplesmente *de ingressar em renegociação*, informando prontamente o fato que a enseja e formulando um pleito de revisão do contrato, ou analisando, com seriedade, o pleito apresentado pelo outro contratante e lhe oferecendo uma resposta, ainda que negativa. O dever de renegociar desdobra-se em duas etapas: a) o dever de comunicar prontamente a contraparte acerca da existência do desequilíbrio contratual identificado; e b) o dever de suscitar uma renegociação que possibilite o reequilíbrio do contrato ou, de outro lado, de responder a uma proposta nesse sentido, analisando-a seriamente. A violação ao dever de renegociar, quer pelo silêncio ou pela recusa em iniciar a renegociação, quer pela ruptura injustificada da renegociação já iniciada, quer, ainda, pela ausência de tão pronta quanto possível comunicação à contraparte acerca do desequilíbrio contratual superveniente, enseja responsabilidade civil pelos danos sofridos. Aqui, afigura-se possível o paralelo com a incidência da boa-fé objetiva nas tratativas anteriores à formação do contrato, cuja violação deflagra a responsabilidade pré-contratual, já amplamente reconhecida na experiência jurídica brasileira. Outras consequências para a violação do dever de renegociar têm sido suscitadas na experiência estrangeira e internacional, como a preclusão do acesso à ação judicial de revisão ou resolução do contrato ou a deflagração da *exceptio non adimpleti contractus*. O dever de reparar os danos sofridos consiste, contudo, em consequência que já pode ser aplicada à quebra do dever de renegociação diante do atual quadro normativo brasileiro.

PANDEMIA: A pandemia de Covid-19 lançou renovada atenção sobre o tema do dever de renegociar. Concebido originariamente como um remédio em face do desequilíbrio contratual superveniente, o dever de renegociar tem assumido relevância também diante de outras patologias internas ao contrato, especialmente quando temporárias, como a impossibilidade temporária da prestação e a frustração parcial do fim contratual. A pandemia é, em larga medida, responsável por essa ampliação do campo de incidência do dever de renegociar, na medida em que atraiu a atenção dos juristas de toda parte para outras patologias contratuais que decorrem de uma alteração superveniente das circunstâncias e que, por conta disso, se aproximam ontologicamente da noção de desequilíbrio contratual superveniente. Em casos de impossibilidade temporária, por exemplo, o dever de renegociar apresenta utilidade evidente na medida em que as soluções que se podem extrair da codificação civil brasileira (como a opção do credor entre resolver ou aceitar a prestação após a cessação da impossibilidade, por aplicação analógica do art. 235 do Código Civil) não oferecem um roteiro preciso de como as prestações temporariamente impossibilitadas se deslocam para o futuro, em qual momento futuro exatamente devem ser prestadas, como se distribuem os riscos do deslocamento temporal entre os contratantes, e assim por diante. Aqui, parece inevitável que o sistema jurídico se apoie, em alguma medida, na autonomia dos contratantes para repactuar as circunstâncias dessa prestação futura, cabendo à ordem jurídica um controle que é menos material – oferta de soluções prontas e acabadas – e mais procedimental, ou seja, mais ligado à avaliação do comportamento dos contratantes, assegurando o respeito à boa-fé objetiva, com a consideração mútua e leal dos interesses contrapostos, na busca da concretização da função concreta do contrato. A pandemia tem chamado a atenção para essa necessidade, inclusive no afã de evitar uma verdadeira enchente de casos judiciais. Discute-se, inclusive, se a tentativa prévia de renegociação do contrato não deveria ser, além de um imperativo imposto substancialmente às partes pela cláusula geral de boa-fé objetiva, uma verdadeira condição para o ingresso em juízo. Merece destaque, nessa direção, a proposta de alteração do projeto de lei do RJET – inspirada em artigo da lavra de Marco Aurélio Bezerra de Melo, um dos coautores desta obra –, que elencava a "prévia tentativa de renegociação do contrato" como requisito cuja ausência de demonstração poderia gerar a "suspensão" do processo: "Art. [...] Para os fins deste capítulo, o ajuizamento de demandas dependerá da demonstração de prévia tentativa de renegociação do contrato. § 1º. Considera-se tentativa de renegociação o encaminhamento prévio de proposta idônea ao contratante com vistas ao estabelecimento do reequilíbrio contratual, o que poderá ser demonstrado, dentre outros meios, por correspondência física ou eletrônica. § 2º. O ajuizamento de demanda sem a observância do *caput* acarretará a suspensão do processo pelo prazo de 60 (sessenta) dias, findos os quais, inobservada a tentativa de autocomposição, o processo será extinto sem resolução do mérito". Tal proposta acabou rejeitada na Câmara dos Deputados, ao argumento de que exigir prova de tentativa de renegociação extrajudicial afrontaria a garantia constitucional de acesso à Justiça, contida no inciso XXXV do art. 5º da Constituição da República. Em que pese a rejeição da proposta legislativa, parte da jurisprudência tem, ao analisar ações judiciais de resolução ou revisão contratual em virtude da pandemia, levado em consideração o comportamento das partes diante de eventuais propostas de renegociação dos termos do contrato.

JURISPRUDÊNCIA COMENTADA: O Superior Tribunal de Justiça não impõe qualquer óbice ao pedido direto do contratante para revisar judicialmente um contrato, em vez de resolvê-lo. Confira-se, a título ilustrativo, a seguinte decisão: "Não obstante a literalidade do art. 478 do CC/02 – que indica apenas a possibilidade de rescisão contratual – é possível reconhecer onerosidade excessiva também para revisar a avença, como determina o CDC, desde que respeitados, obviamente, os requisitos específicos estipulados na lei civil. Há que se dar valor ao princípio da conservação dos negócios jurídicos que foi expressamente adotado em diversos outros dispositivos do CC/02, como no parágrafo único do art. 157 e no art. 170" (STJ, REsp 977.007/GO, 3.ª Turma, Rel. Min. Nancy Andrighi, j. 24.11.2009).

PANDEMIA: Como apontado acima, a pandemia despertou para muitos a necessidade de atentar para o dever de renegociar, o que começa a se refletir na jurisprudência. Confira-se a seguinte decisão do TJSP: "o pedido de revisão do contrato com base na teoria da imprevisão há de ser analisado, sobretudo, à luz do princípio da boa-fé. Em face daquele princípio, não há o menor sentido na pretensão voltada a limitar as faturas do cartão de crédito do apelante, a pretexto de que este último sofreu expressiva redução na respectiva remuneração, a se verificar que, paradoxalmente, continua ele a se valer do crédito rotativo, e nem mesmo se digna de considerar aderir à proposta de renegociação da dívida em aberto, hipótese em que as parcelas do débito renegociado se situariam dentro da margem de gasto pretendida por ele, apelante" (TJSP, Ap. Cív. 1000851-70.2020.8.26.0115, 19.ª Câmara de Direito Privado, Rel. Des. Ricardo Pessoa de Mello Belli, j. 13.10.2020). Veja-se, também, decisão proferida pelo TJMG: "É necessário, ainda, considerar que a agravante enredou significativos esforços, buscando renegociar e mantendo em dia os pagamentos das parcelas depois da suspensão das suas atividades até fevereiro de 2021, o que demonstra sua boa-fé e genuíno desejo de quitar sua obrigação (ordem nº 23). Esta Corte vem admitindo o indeferimento ou revogação da liminar de busca e apreensão, com base na teoria da imprevisão e no princípio da preservação dos contratos, além do direito-dever de renegociar das partes, nesse cenário inédito da pandemia de Covid-19" (TJMG, AI 1308689-71.2021.8.13.0000, 10.ª Câmara Cível, Rel. Des. Claret de Moraes, j. 05.10.2021).

REFORMA DO CÓDIGO CIVIL: Em consonância com a alteração pretendida no art. 478, autorizando a parte prejudicada pela excessiva onerosidade a pleitear diretamente a revisão do contrato, o Anteprojeto propõe a introdução de um parágrafo único no art. 479, veiculando a possibilidade de, diante de um pedido revisional, o réu requerer, no seu lugar, a resolução do contrato. Nesse caso, contudo, o preceito exige que o réu demonstre que a revisão: (a) "não é possível ou não é razoável a sua imposição em razão das funções social e econômica do contrato"; (b) "viola a boa-fé"; (c) "acarreta sacrifício excessivo"; ou (d) "não é eficaz, pois, a alteração superveniente das circunstâncias frustrou a finalidade do contrato". Como se nota, a defesa da resolução no lugar de revisão é atrelada a requisitos específicos, que não se impõem na hipótese de o réu requerer a revisão no lugar da resolução, prevista no *caput*. Essa solução revela-se afinada com a tendência doutrinária de se conceber a revisão como um remédio preferencial em relação à resolução, cujos efeitos extintivos recomendam seja concebida como uma *ultima ratio* na proteção contra o desequilíbrio contratual superveniente.

Art. 480. Se no contrato as obrigações couberem a apenas uma das partes, poderá ela pleitear que a sua prestação seja reduzida, ou alterado o modo de executá-la, a fim de evitar a onerosidade excessiva.

COMENTÁRIOS DOUTRINÁRIOS: O art. 480, ao se referir aos contratos em que "as obrigações couberem a apenas uma das partes", revela que a expressão "onerosidade excessiva" não é empregada pelo legislador apenas no sentido de uma análise do ônus econômico de uma prestação em face da prestação oposta, mas se aplica também aos contratos unilaterais. Constata-se, assim, que o princípio do equilíbrio contratual destina-se a impedir não somente que um contratante sofra sacrifício econômico desproporcional ao benefício econômico obtido – desequilíbrio contratual *vertical*, porque constatado a partir da comparação entre as dimensões econômicas dos direitos e obrigações recíprocos que compõem o objeto do contrato –, mas também que sofra sacrifício econômico desproporcional ao assumido – desequilíbrio contratual *horizontal*, porque verificado a partir do agravamento do sacrifício econômico imposto ao contratante no tempo, entre o momento da formação do contrato e o momento da sua execução. Para tal situação, diferentemente do que se passa no art. 478, o legislador elegeu como remédio não a extinção do contrato, mas a possibilidade de o prejudicado "pleitear que a sua prestação seja reduzida, ou alterado o modo de executá-la", vale dizer, revisar o contrato. O manejo do art. 317 por nossa doutrina e jurisprudência tem, contudo, eliminado a aparente distinção entre contratos bilaterais e contratos unilaterais na disciplina do desequilíbrio contratual superveniente.

REFORMA DO CÓDIGO CIVIL: Diante da proposta do Anteprojeto de introduzir no art. 478 a possibilidade de o devedor pleitear diretamente a revisão contratual, a norma especial constante do art. 480 perderia o sentido. Nessa direção, o Anteprojeto sugere a substituição da atual redação do art. 480 por uma nova norma destinada a explicitar a possibilidade de as partes instituírem contratualmente o dever de renegociar o contrato desequilibrado – pacto por vezes referido como cláusula de *hardship*. O novo preceito proposto esclarece, ainda, que tal estipulação negocial não exclui a possibilidade de revisão ou resolução do contrato desequilibrado, com base nas disposições legais, na hipótese de se frustrarem as renegociações. Registre-se, finalmente, a inovadora proposta do Anteprojeto de introduzir um novo art. 480-A, tratando da figura conhecida como *frustração do fim do contrato*, tema dos mais apaixonantes no âmbito do direito civil contemporâneo.

TÍTULO VI
DAS VÁRIAS ESPÉCIES DE CONTRATO

CAPÍTULO I
DA COMPRA E VENDA

SEÇÃO I
DISPOSIÇÕES GERAIS

Comentários de

MARCO AURÉLIO BEZERRA DE MELO

Art. 481. Pelo contrato de compra e venda, um dos contratantes se obriga a transferir o domínio de certa coisa, e o outro, a pagar-lhe certo preço em dinheiro.

COMENTÁRIOS DOUTRINÁRIOS: Compra e venda é o contrato bilateral e oneroso pelo qual o comprador se obriga a receber uma coisa e pagar determinado preço em dinheiro ao vendedor que, por via de consequência, deverá transferir àquele a propriedade da coisa adquirida. Sob o ponto de vista econômico, a compra e venda é uma troca de riquezas, entre a coisa que se dá e o dinheiro que se recebe. Sua natureza jurídica é de contrato translativo, no sentido de que o vendedor está obrigado a viabilizar que o comprador seja efetivamente o proprietário. O contrato de compra e venda gera obrigações recíprocas de dar coisa certa, contudo não opera automaticamente a transferência da propriedade dos bens, o que será realizado, em regra, pela tradição ou pelo Registro de Imóveis, conforme se trate de bens móveis ou imóveis, respectivamente. Os elementos essenciais de existência da compra e venda são a coisa, o preço, o consenso e a forma. A coisa, móvel ou imóvel, fungível ou infungível, consumível ou inconsumível, singular ou coletiva, divisível ou indivisível, deve ser comerciável, no sentido de servir como objeto de uma relação jurídica, excluídos exemplificativamente os bens que não podem ser vendidos, por se encontrarem fora do comércio. Existe corrente doutrinária que sustenta que apenas os bens materiais podem figurar como objeto desse contrato, sendo os bens imateriais objeto somente de contrato de cessão. Contudo, entendemos que bens imateriais podem também ser objeto de compra e venda, devendo ser levada em consideração a possibilidade de o bem ser susceptível de integrar o tráfego jurídico, para que a coisa, material ou imaterial, figure como objeto de compra e venda. Como exemplo, podemos citar a venda de direitos autorais, não obstante o art. 50 da Lei n. 9.610/1998 faça referência à cessão onerosa daqueles. Contudo, a nosso sentir, o fato de atribuir-se o nome de cessão à venda de coisas incorpóreas não retira deste bem a possibilidade de sua venda. A venda de coisa alheia (venda *a non domino*), embora seja considerada nula pela doutrina majoritária, ou mesmo inexistente por alguns, é considerada ineficaz. Se o vendedor adquirir o bem e o comprador estiver de boa-fé, o contrato adquirirá eficácia, com efeitos *ex tunc*, ou seja, desde o momento em que o vendedor realizou a tradição. Essa perspectiva pode ser percebida no estudo da teoria geral do negócio jurídico. Com o devido acatamento às posições em contrário, a aquisição *a non domino* demonstra que a venda de um bem alheio é válida, dependendo de um fator de eficácia, qual seja: eventual aquisição superveniente. Quantas vezes, paga-se o preço de um bem (ex.: aquisição de livros jurídicos em sebo) e o vendedor ainda não é titular dele, mas, sabendo como adquirir de terceiro, marca determinada data futura com o comprador para a regular tradição. No caso, o vendedor contraiu a obrigação de adquirir o bem que vendeu, não havendo qualquer ilicitude no seu comportamento. A questão é meramente teórica se o vendedor não adquirir o bem posteriormente, pois na prática poderá ser dito que a venda é nula. Outra situação interessante é a previsão do art. 1.268 do Código Civil, ao qual remetemos o leitor, que, ao tratar da tradição dos bens móveis, reza de modo coerente que "feita por quem não seja proprietário, a tradição não aliena a propriedade, exceto se a coisa, oferecida ao público, em leilão ou estabelecimento comercial, for transferida em circunstâncias tais que, ao adquirente de boa-fé, como a qualquer pessoa, o alienante se afigurar dono". O preço é a contraprestação assumida pelo comprador ao celebrar um contrato de compra e venda. Pode ser determinado, quando não necessita da utilização de nenhum critério posterior, ou determinável, quando não se tiver conhecimento do quanto, mas já se souber seguramente qual o critério a ser adotado em sua fixação. Não há um critério seguro para o chamado preço justo, devendo o intérprete analisar se o preço está funcionando como instrumento de lesão (art. 157 do CC) ou estado de perigo (art. 156 do CC), sob pena de anulabilidade do contrato, ou, até mesmo, se ofende a função social do contrato, conforme o art. 421 do CC; também não pode ser excessivamente oneroso, sob pena de resolução ou revisão do contrato, conforme disposto no art. 478 do Código Civil. O preço deve ser fixado em moeda nacional, em respeito ao princípio do nominalismo, sendo nulas as convenções de pagamento em ouro ou em moeda estrangeira, salvo autorização expressa em lei especial, conforme o art. 318 do CC; também não pode ser fixado em salários mínimos, diante da vedação expressa do 7º, IV, da Constituição Federal. Consenso é o consentimento, o acordo feito entre o comprador e o vendedor, de onde decorre para aquele a obrigação de pagar o preço, e para este, o dever de entregar a coisa. Como consequência, exsurge o princípio do *pacta sunt servanda*, ou seja, a força obrigatória do contrato de compra e venda. A forma, como revestimento jurídico do contrato de compra e venda, em se tratando de coisa móvel, se exterioriza pelo acordo escrito e assinado entre as partes, podendo ser também verbal. Entretanto, para os contratos de compra e venda de imóveis, é obrigatória a celebração de escritura, pública ou particular.

JURISPRUDÊNCIA COMENTADA: Conforme dito acima, no campo da aquisição a *non domino*, se não houver a aquisição superveniente, o ato não produzirá efeitos como ocorreu no caso em que cunhado da proprietária de um automóvel fez a venda do bem sem titularidade, representação ou autorização. Em que pese a boa-fé do adquirente, não houve sanatória para o ato irregular (TJRS, Apelação Cível 70048813430, 18.ª Câmara Cível, Rel. Elaine Maria Canto da Fonseca, j. 28.08.2014). Em caso de fraude que contou com a negligência clara do cartório que não verificou a seriedade da procuração falsamente outorgada ao vendedor, o Superior Tribunal de Justiça manteve o acórdão do tribunal pernambucano que reconheceu a nulidade do ato registral e afastou a alegação de decadência do direito de anulação do negócio jurídico, afirmando que "não há falar na incidência do prazo quadrienal previsto no art. 178, § 9º, inciso V, 'b', do CC/16, voltado à anulação de contratos com base em vícios do consentimento, quando sequer consentimento houve por parte dos autores, que foram surpreendidos pela venda 'a non domino' do seu imóvel" (REsp 1748504/PE, 3.ª Turma, Rel. Min. Paulo de Tarso Sanseverino, j. 14.05.2019, *DJe* 21.05.2019). No caso, a Corte da Cidadania adotou o posicionamento de que a venda *a non domino* é nula de pleno direito.

Art. 482. A compra e venda, quando pura, considerar-se-á obrigatória e perfeita, desde que as partes acordarem no objeto e no preço.

COMENTÁRIOS DOUTRINÁRIOS: A redação deste artigo reforça o caráter translativo do contrato de compra e venda, no sentido de que o consenso entre as partes, em torno da coisa a ser entregue e do preço a ser pago, cria para o vendedor a obrigação de viabilizar que o comprador se torne efetivamente proprietário da coisa a ele vendida. Esta modalidade é a chamada compra e venda pura. O contrato de compra e venda pura se opõe à venda sob condição, esta que pode ser resolutiva ou suspensiva. Como a compra e venda é contrato bilateral, a condição que se mostra resolutiva para uma das partes será suspensiva para a outra. A título de exemplo, é o que ocorre no contrato de compra e venda com reserva de domínio, previsto no art. 521 do Código Civil, em que a aquisição do bem fica em suspenso para o comprador e é resolúvel para o vendedor, funcionando o adimplemento da obrigação como condição de eficácia do contrato. Esta modalidade de contrato encontra críticas na doutrina quanto à sua natureza obrigacional, no sentido de que o contrato de compra e venda com reserva de domínio teria na verdade caráter real, porque compra e venda obrigacional produz tão somente a obrigação de transferir o domínio, ou seja, a transferência não é efeito do contrato, mas sim de ato posterior, quando o vendedor cumpre a obrigação e, por isso mesmo, até que esse ato ou prestação se realize, o domínio continua com o vendedor, tornando-se ociosa a reserva, isto é, o *pactum reservati dominii*. Entretanto, não nos parece que tais modalidades sejam incompatíveis com o caráter obrigacional dos contratos de compra e venda. Como exemplo, citamos o contrato de promessa de compra e venda, no qual a pessoa que promete vender um imóvel, a bem da verdade, realiza a própria venda do mesmo. A transmissão da propriedade de modo definitivo não depende da confecção de um novo contrato, mas sim do adimplemento da obrigação assumida pelo promitente comprador, em regra, a quitação integral do preço que havia sido parcelado em prestações. No mesmo sentido, o contrato de compra e venda com reserva de domínio é perfeitamente conciliável com a estrutura obrigacional da compra e venda se a entendermos conforme sua natureza jurídica de espécie de negócio fiduciário, no qual o vendedor pretende receber o preço, mas sob o ponto de vista jurídico, o que faz é reservar consigo a propriedade, tendo por único escopo a garantia do adimplemento da obrigação por parte do comprador, ou seja, a reserva do domínio por parte do vendedor é apenas para que este tenha maior garantia de que o comprador irá pagar a coisa, pois esta é a condição necessária para que possa consolidar em suas mãos a propriedade.

JURISPRUDÊNCIA COMENTADA: Em ação indenizatória julgada pelo Tribunal de Justiça de São Paulo, foi considerada indevida a negativação do nome da compradora por inadimplemento, pois esta não foi comunicada acerca da cobrança de uma taxa adicional, que não foi objeto de negociação entre as partes. Desta forma, entendeu-se que não houve consenso quanto ao preço, um dos elementos essenciais do contrato (Apelação Cível 1003337-89.2016.8.26.0625, 29.ª Câmara de Direito Privado, Rel. Des. Maria Cristina de Almeida Bacarim, j. 12.06.2018).

Art. 483. A compra e venda pode ter por objeto coisa atual ou futura. Neste caso, ficará sem efeito o contrato se esta não vier a existir, salvo se a intenção das partes era de concluir contrato aleatório.

COMENTÁRIOS DOUTRINÁRIOS: A existência da coisa é condição de eficácia para contratos que tenham por objeto coisa futura, que ainda não exista no momento da pactuação. Contudo, é possível a celebração de contrato aleatório, conforme previsto no art. 458 do Código Civil, o qual admite que se aperfeiçoe a compra e venda com o devido pagamento do preço, mesmo que a coisa expectada não venha a existir no futuro. O fundamento da previsão legal é a própria autonomia da vontade que permite ao comprador assumir tal risco. A única coisa futura que não pode ser vendida é a herança de pessoa viva, diante da proibição do *pacto corvina*, prevista no art. 426 do CC. Exemplo típico desta modalidade de contrato é a compra de imóvel "na planta", ou seja, o comprador adquire imóvel que ainda não existe, sendo a aquisição aperfeiçoada quando finalizada a construção do empreendimento imobiliário e, após os procedimentos burocráticos pertinentes, entregue as chaves do imóvel ao comprador.

Art. 484. Se a venda se realizar à vista de amostras, protótipos ou modelos, entender-se-á que o vendedor assegura ter a coisa as qualidades que a elas correspondem.

Parágrafo único. Prevalece a amostra, o protótipo ou o modelo, se houver contradição ou diferença com a maneira pela qual se descreveu a coisa no contrato.

COMENTÁRIOS DOUTRINÁRIOS: Este artigo reconhece uma forma corriqueira na vida negocial, a venda mediante apresentação de amostras que identifiquem para o comprador o que está sendo oferecido. Amostra é o fragmento ou porção daquilo que se pretende vender, como seria um pedaço do tecido da cortina ou uma prova de um biscoito ou queijo que esteja à venda. Protótipo é um exemplar do bem a ser vendido, como, por exemplo, um computador exposto em uma feira de informática. Modelo é o objeto em pequena escala que pode ser reproduzido, como seria um *stand* de armários modulados em uma loja especializada em vendas de móveis para escritórios. Esta modalidade de venda é feita sob a condição suspensiva de a coisa possuir as qualidades apontadas pelo vendedor, possibilitando ao comprador pleitear a resolução do contrato, caso as expectativas criadas pelo vendedor não se concretizem. As partes podem fixar um prazo para a verificação da qualidade da coisa, cujo transcurso acarretará a perda do direito por decadência. Importante a regra do parágrafo único, impedindo que a palavra escrita prevaleça sobre o que se viu ou experimentou à frente do comprador, o que representa um poderoso instrumento de fiscalização da boa-fé objetiva e do dever de lealdade, na forma do art. 422 do CC. O Código de Defesa do Consumidor contém disposições semelhantes, como o art. 37 (proibição de propaganda enganosa) e o art. 49, que assegura ao consumidor que compra produtos por amostragem fora do estabelecimento comercial o chamado prazo de reflexão de sete dias, período em que será lícito ao comprador arrepender-se, ainda que imotivadamente, do contrato, mediante a devolução imediata dos valores eventualmente pagos, monetariamente atualizados.

Art. 485. A fixação do preço pode ser deixada ao arbítrio de terceiro, que os contratantes logo designarem ou prometerem designar. Se o terceiro não aceitar a incumbência, ficará sem efeito o contrato, salvo quando acordarem os contratantes designar outra pessoa.

COMENTÁRIOS DOUTRINÁRIOS: As partes podem nomear um árbitro com o poder de valorar o preço do bem a ser vendido, notadamente quando este depender de conhecimentos técnicos, como no caso da venda de uma importante obra de arte recebida por herança, sem que o herdeiro nem o eventual comprador saibam encontrar o valor adequado para a venda. Desta forma, o terceiro funciona como um avaliador do melhor preço, e o que for fixado por ele deverá ser respeitado pelas partes, pois aqui deve vigorar o princípio da obrigatoriedade ante o poder da manifestação de vontade que se encontra devidamente autorizada pela lei. Neste sentido, o terceiro é também um mandatário das partes. Entretanto, se a fixação do preço for manifestamente desproporcional, conforme as especificidades do caso concreto, a questão poderá ser judicializada por aquele que se sentiu prejudicado, ou até submetido o conflito a métodos adequados de mediação ou de arbitragem.

Art. 486. Também se poderá deixar a fixação do preço à taxa de mercado ou de bolsa, em certo e determinado dia e lugar.

COMENTÁRIOS DOUTRINÁRIOS: Essa regra demonstra que não há necessidade de que o preço seja previamente determinado, contentando-se o ordenamento jurídico com que seja, ao menos, determinável. Quando as partes submetem o preço à taxação do mercado ou da bolsa, estão criando, de certo modo, um elemento aleatório no contrato, mas justificado na presunção de que seja conhecimento das partes que o mercado, seja de bolsa, seja de outra mercadoria, é instável. Desta forma, não será possível desqualificar a contratação mediante a alegação de lesão ou onerosidade excessiva superveniente se o preço causar desproporção considerável entre os contratantes. O Código Civil aqui prestigia com muita clareza os princípios da autonomia privada e a obrigatoriedade. Como exemplos de tal modalidade, podemos citar a submissão da compra de cem sacas de café ao preço estipulado pelo mercado para determinado dia e lugar, bem como o cálculo do preço em determinada quantidade de ações de determinada sociedade anônima em data fixada pelos contratantes. Questão controvertida se apresenta quando a cotação varia na mesma data. O art. 947, § 4º do Código Civil de 1916 apresentava uma solução justa para o caso, quando estabelecia que "se a cotação variou no mesmo dia, tomar-se-á por base a média do mercado nessa data". À falta de previsão legal, somos de opinião de que é possível superar essa lacuna legislativa com tal critério que se mostra equânime.

Art. 487. É lícito às partes fixar o preço em função de índices ou parâmetros, desde que suscetíveis de objetiva determinação.

COMENTÁRIOS DOUTRINÁRIOS: O presente artigo trata do preço sujeito a cláusula de escalonamento. Sua aplicação, em regra, restringe-se aos contratos de compra e venda com preço pago em prestações, ou seja, contratos de execução diferida no tempo. Diante da instabilidade de nossa economia, é comum a criação de índices que reflitam a inflação, para manter o valor real da moeda, gerando para o comprador uma obrigação de valor, já que o preço estará entregue a uma cláusula de escalonamento lícita escolhida pelas partes. Como exemplo de tais índices, podemos citar o Índice Nacional de Preços ao Consumidor (INPC), Índice de Preços ao Consumidor Amplo (IPCA), Índice Geral de Preços (IGP), Índice Geral de Preços do Mercado (IGP-M), dentre outros. Ressalte-se que não se pode usar como parâmetro o salário mínimo, a teor do que prescreve o art. 7º, inc. IV, da Constituição da República, bem como é vedada a fixação do preço à variação da taxa cambial ou do preço do ouro, salvo autorização expressa estabelecida em lei especial, *ex vi* do art. 318 do Código Civil.

JURISPRUDÊNCIA COMENTADA: No julgamento do Recurso Especial 936.795/SC, a Terceira Turma do Superior Tribunal de Justiça, sob a relatoria do Ministro Sidnei Benetti, admitiu a validade do índice setorial da construção civil CUB (Custo Unitário Básico), mas entendeu que era abusiva e desarrazoada a sua utilização para reajustar anualmente prestações envolvendo imóveis já construídos. Para o Min. Relator, "quando a construtora comercializa o imóvel com a obra finalizada, não é razoável a utilização do respectivo índice, pois não há mais influência do preço dos insumos da construção civil e todo o custo da obra já se encontra contabilizado no valor venal do imóvel". Em sentido contrário, o Superior Tribunal de Justiça procedeu à substituição do índice nacional da construção civil pelo índice nacional de preços ao consumidor, em situação na qual o imóvel foi vendido na planta para entrega em determinada data e a construtora, sem má-fé, encontrava-se atrasada no cumprimento de sua obrigação (REsp 1454139/RJ, 3.ª Turma, Rel. Min. Nancy Andrighi, j. 03.06.2014, *DJe* 17.06.2014).

Art. 488. Convencionada a venda sem fixação de preço ou de critérios para a sua determinação, se não houver tabelamento oficial, entende-se que as partes se sujeitaram ao preço corrente nas vendas habituais do vendedor.

Parágrafo único. Na falta de acordo, por ter havido diversidade de preço, prevalecerá o termo médio.

COMENTÁRIOS DOUTRINÁRIOS: O artigo em exame trata de vendas habituais sem preço determinado, e tem como objetivo salvaguardar a manifestação de vontade tendente a realizar um contrato de compra e venda. Compra e venda sem preço é negócio jurídico inexistente, por isso encontramos na lei civil inúmeras regras que objetivam desvendar o preço real do objeto a ser vendido no referido contrato. O artigo acima referido apresenta a solução para o caso em que os contratantes não fixam o preço, nem estabelecem critérios seguros para a sua determinação, não havendo, para o caso, tabelamento oficial, isto é, por determinação governamental de ordem pública. Nesse cenário, restará ao intérprete aferir a existência ou não de habitualidade entre os contratantes na venda de determinados produtos ao comprador. O Enunciado n. 441 da *V Jornada de Direito Civil* do CJF afirma que "na falta de acordo sobre o preço, não se presume concluída a compra e venda" e que o parágrafo único do art. 488 do Código Civil "somente se aplica se houverem diversos preços habitualmente praticados pelo vendedor, caso em que prevalecerá o termo médio". Acrescentamos que os bens devem ser fungíveis e comuns, não tendo relevância para a fixação do preço certas qualidades especiais. Objetos raros, infungíveis, únicos em sua espécie, não se mostram aptos a padrões de comparação. Como exemplo de aplicação desta norma, podemos citar um caso em que um determinado fabricante de camisas tenha mensalmente vendido por determinado preço o seu produto para um determinado comerciante, que realizará a revenda. Se por acaso, em determinada contratação posterior, o contrato for omisso no tocante ao preço, e houver diversidade de opiniões sobre o valor habitual, prevalecerá o valor médio, consoante prevê o parágrafo único do art. 488 do Código Civil.

REFORMA DO CÓDIGO CIVIL: O § 1º esclarece que quem apurará o termo médio será o seu intérprete, como dito nos comentários doutrinários, e o § 2º, na esteira do Enunciado n. 441 da *V Jornada de Direito Civil* (na falta de acordo sobre o preço, não se presume concluída a compra e venda), reforça que o preço é elemento essencial da compra e venda, pois, se não houver habitualidade na fixação no preço praticado pelo vendedor, inexistirá o contrato de compra e venda.

"Art. 488. [...]

§ 1º Havendo diversidade de preços habitualmente praticados pelo vendedor, prevalecerá o termo médio, conforme apurado em processo judicial ou arbitral.

§ 2º Têm-se por não concluídas a compra e venda quando, na hipótese descrita no *caput*, não houver preços habitualmente praticados pelo vendedor quanto ao objeto da prestação."

Art. 489. Nulo é o contrato de compra e venda, quando se deixa ao arbítrio exclusivo de uma das partes a fixação do preço.

COMENTÁRIOS DOUTRINÁRIOS: Neste dispositivo, o Código Civil proíbe a fixação do preço como condição puramente potestativa de qualquer uma das partes, seja do comprador ou do vendedor. O objetivo é evitar o enriquecimento sem causa, pois se essa condição estiver entregue ao comprador, poderá gerar um preço irrisório, e se couber ao vendedor, poderá tornar o preço exorbitante. A presente vedação legal não se confunde com a oferta permanente de preço feita pelo comerciante que coloca etiquetas em sua mercadoria, ou o comprador que oferece um determinado valor por um automóvel. Tais situações são perfeitamente lícitas e tornarão o contrato perfeito, desde o momento em que o comprador ou o vendedor aceite, ainda que tacitamente, o preço sugerido.

JURISPRUDÊNCIA COMENTADA: Em total afronta à vedação de condição puramente potestativa no contrato de compra e venda, a cooperativa habitacional condicionou o preço de um imóvel à avaliação posterior realizada pela vendedora, tornando nulo o contrato (TJSP, APL 1002209-81.2017.8.26.0404, 2.ª Câmara de Direito Privado, Rel. Des. Giffoni Ferreira, j. 04.07.2018).

Art. 490. Salvo cláusula em contrário, ficarão as despesas de escritura e registro a cargo do comprador, e a cargo do vendedor as da tradição.

COMENTÁRIOS DOUTRINÁRIOS: As partes podem estabelecer livremente quais despesas decorrentes da celebração do contrato estarão a cargo do comprador e quais estarão a cargo do vendedor. O supracitado artigo é norma supletiva, ou seja, no silêncio do contrato, se for vendido um bem imóvel, o comprador deverá pagar as despesas da escritura e do registro, nesta verba incluídas as certidões, o Imposto de Transmissão de Bens Imóveis e eventuais gastos necessários. Se for vendido um bem móvel, o vendedor arcará com as despesas decorrentes da tradição, como o transporte da coisa.

JURISPRUDÊNCIA COMENTADA: Em compra e venda de imóveis, a comissão de corretagem, em regra, inclui-se nas despesas a serem suportadas pelos vendedores do imóvel, salvo disposição contratual em contrário (TJRJ, Apelação Cível 0010916-66.2011.8.19.0208, 11.ª *Câmara Cível*, Rel. Des. Fernando Cerqueira Chagas, j. 06.06.2018).

Art. 491. Não sendo a venda a crédito, o vendedor não é obrigado a entregar a coisa antes de receber o preço.

COMENTÁRIOS DOUTRINÁRIOS: Nas vendas realizadas à vista, o vendedor tem o direito de reter a coisa, até que receba o preço na forma pactuada, quando só então estará obrigado à entrega da coisa. Em caso de inadimplemento, o vendedor pode pedir a resolução do contrato com o retorno ao estado anterior. Trata-se de aplicação prática da exceção do contrato não cumprido, prevista no art. 476 do Código Civil. Entretanto, em respeito à autonomia de vontade das partes, nada impede que estas disponham de forma contrária na contratação.

JURISPRUDÊNCIA COMENTADA: A jurisprudência tem entendido que é válida a cláusula de venda de imóvel em incorporação imobiliária, na qual o incorporador somente é obrigado a entregar a unidade após a quitação do preço, tendo como fundamento os artigos 476 e 491 deste Código aqui referidos (TJDF, APC 2015.01.1.057981-6, Ac. 102.4261, 4.ª Turma Cível, Rel. Des. James Eduardo Oliveira, j. 07.06.2017).

Art. 492. Até o momento da tradição, os riscos da coisa correm por conta do vendedor, e os do preço por conta do comprador.

§ 1º Todavia, os casos fortuitos, ocorrentes no ato de contar, marcar ou assinalar coisas, que comumente se recebem, contando, pesando, medindo ou assinalando, e que já tiverem sido postas à disposição do comprador, correrão por conta deste.

§ 2º Correrão também por conta do comprador os riscos das referidas coisas, se estiver em mora de as receber, quando postas à sua disposição no tempo, lugar e pelo modo ajustados.

COMENTÁRIOS DOUTRINÁRIOS: A tradição é o marco divisório de delimitação das responsabilidades e vantagens proporcionadas pela aquisição da coisa por parte do comprador. Se houver o perecimento total do bem alienado antes da tradição, tal fato dará causa à resolução do contrato, devendo o vendedor devolver ao comprador o preço que por ele tenha sido pago. Se já houver a tradição em favor do comprador e a coisa vier a perecer, será dele o risco, pois será obrigado a pagar o preço. Os riscos a que se refere a lei são o perigo que a coisa corre de perda ou deterioração em decorrência de um caso fortuito ou de força maior, que se inicia com a contratação e somente termina com a entrega. Desta forma, a eficácia obrigacional para a compra e venda é o que determina a tradição como marco divisório da responsabilidade pelos riscos. Exemplo: A celebra com B a venda de sua bicicleta, recebendo a metade do preço. Se antes da tradição um meliante rouba o bem, o vendedor sofrerá a perda e, resolvido o contrato, deverá devolver ao comprador a parte do preço que foi adiantada. Por outro lado, se já foi feita a tradição da bicicleta, e esta vier a perecer, o comprador ficará obrigado a quitar todo o preço. As exceções a esta regra estão previstas nos parágrafos do citado artigo. Dessa forma, quando a coisa já se encontra disponibilizada ao comprador, correrá por conta dele o risco com as coisas que se vendem contando, pesando, medindo ou assinalando, o que pode se mostrar iníquo em alguns casos, pois, a princípio, apenas após a contagem, pesagem ou medição é que a coisa estará pronta para a tradição. Igualmente, a não responsabilização do vendedor pela conservação da coisa é um dos efeitos da mora, aqui entendido o vendedor como na condição de devedor. Ressalte-se que tais disposições também se aplicam aos bens imóveis, malgrado a propriedade destes seja transmitida pelo registro, e não pela tradição. Entendemos, não obstante posições em contrário, que a propriedade aqui deve ser entendida como posse, ou seja, a disponibilidade do imóvel ao comprador será o marco de delimitação dos riscos da coisa e do preço. As regras deste artigo não se aplicam quando se tratar de obrigações que aderem à coisa, comumente conhecidas como obrigações *propter rem*. Desta forma, após a tradição, o comprador continua responsável pelas dívidas de IPTU, IPVA ou cotas condominiais, por exemplo.

JURISPRUDÊNCIA COMENTADA: O Superior Tribunal de Justiça considera como *propter rem* as obrigações que competem ao titular da coisa quando há imposição de obrigações de recuperar o meio ambiente, como no caso da determinação estatal de reflorestamento de determinada área. Assim, se o desmatamento se verificou antes da tradição da coisa vendida, o comprador deverá assumir o dever de reflorestar, e se não houver ressalva no contrato de compra e venda, poderá cobrar do vendedor os gastos que despendeu para cumprir a obrigação de fazer (STJ, REsp 1.237.071/PR, 2.ª Turma, Ministro Humberto Martins, j. 03.05.2011).

REFORMA DO CÓDIGO CIVIL: Há aqui apenas uma pequena alteração na redação, sem alteração do sentido da norma.

"Art. 492. Até o momento da tradição, os riscos da coisa correm por conta do vendedor e os riscos do preço por conta do comprador.

§ 1º [...]

§ 2º Correrão também por conta do comprador os riscos da coisa, se estiver em mora de as receber, quando postas à sua disposição no tempo, lugar e pelo modo ajustados."

Art. 493. A tradição da coisa vendida, na falta de estipulação expressa, dar-se-á no lugar onde ela se encontrava, ao tempo da venda.

COMENTÁRIOS DOUTRINÁRIOS: O dispositivo anotado, assim como o art. 490, é de aplicação supletiva, ou seja, deve ser observado no silêncio do contrato, se este não dispuser de maneira diferente. O contratante que não observar o local da tradição, seja com base na lei ou no contrato, incidirá em mora, nos termos do art. 394 do Código Civil. Esta norma não deve ser confundida com o disposto no art. 327 do Código Civil, que trata do lugar do pagamento, de forma genérica.

Art. 494. Se a coisa for expedida para lugar diverso, por ordem do comprador, por sua conta correrão os riscos, uma vez entregue a quem haja de transportá-la, salvo se das instruções dele se afastar o vendedor.

COMENTÁRIOS DOUTRINÁRIOS: Aqui se reafirma a regra de que os riscos após a tradição correrão por conta do comprador e, antes da tradição, pelo vendedor, pois para que o comprador possa determinar que a coisa seja expedida para lugar diverso, necessário que a tradição do bem já tenha ocorrido. O vendedor responderá pela perda ou perecimento da coisa quando se afastar das instruções do comprador, como, por exemplo, contratando transportadora diversa, ou transportando de caminhão quando fora estabelecido convencionalmente a determinação para que o transporte fosse por avião. Os costumes mercantis, a partir dos contratos marítimos de âmbito internacional, possibilitaram que se criassem, dentre outras, as cláusulas CIF (*Cost, Insurance And Freigth*) e FOB (*Free on Board*) que ainda hoje são observadas integrando o que se chama de Termos Internacionais de Comércio (*Incoterms*) que funcionam como cláusulas costumeiras nos contratos internacionais de compra e venda. A cláusula CIF que também se apresenta como F&C (*Cost and Freigth*) significa que o vendedor incluiu no preço os gastos com o seguro e frete, assumindo a obrigação de fazer chegar, sob sua conta e risco, a coisa ao seu destinatário. Não necessariamente no domicílio ou no estabelecimento, mas, em regra, no porto para o devido desembaraço aduaneiro que deverá ser providenciado pelo comprador. Com a cláusula FOB o vendedor assume a obrigação de entregar os bens comprados no porto de embarque se se tratar de comércio marítimo, correndo por conta e risco do comprador o transporte e seguro da coisa. Por ela, a obrigação do vendedor se restringe a colocar a mercadoria livre a bordo do meio de transporte utilizado para o frete. As cláusulas também são utilizadas no comércio aéreo e terrestre.

JURISPRUDÊNCIA COMENTADA: O Tribunal de Justiça de São Paulo resolveu litígio entre uma sociedade empresária brasileira que comprara determinado maquinário de empresa italiana. Entendia o comprador que o vendedor se obrigou a providenciar o desembaraço aduaneiro da mercadoria e que deveria entregá-la na sede de sua empresa, enquanto o vendedor insistiu na tese de que a venda foi feita com a inclusão da cláusula C&F e, portanto, a sua responsabilidade iria até a entrega da coisa no porto do destinatário, correndo por conta do comprador o custo do despacho da mercadoria e o transporte até o local do destino final. A prova documental convenceu os julgadores de que havia no contrato a "Cláusula C&F Porto de Santos" e, nesse caso, estava correto o procedimento do vendedor (TJSP, Proc. 0228382-69.2007.8.26.0100, 32.ª Câmara de Direito Privado, Rel. Des. Hamid Bdine, j. 16.08.2012).

REFORMA DO CÓDIGO CIVIL: A proposta de alteração visa preencher lacunas, esclarecendo importantes efeitos para a situação em que couber ao vendedor obrigação de entregar a coisa em local determinado. Nos contratos de compra e venda, comutativos por excelência, que forem estabelecidos de forma simétrica e paritária, a autonomia privada exerce papel fundamental e às partes contratantes compete aferir com segurança jurídica a alocação de riscos no negócio jurídico (art. 421-A do CC). A proposição parece ter se inspirado no art. 67 do Decreto 8.327/2014, que promulgou a Convenção das Nações Unidas sobre Contratos de Compra e Venda Internacional de Mercadorias (UNCITRAL).

"Art. 494. Se a coisa for expedida para lugar diverso, por ordem do comprador, por sua conta correrão os riscos, uma vez entregue a quem deva transportá-la, salvo se das instruções dele se afastar o vendedor.

§ 1º Não se aplica a regra do *caput* se o próprio vendedor estiver obrigado a entregar a coisa em local determinado.

§ 2º O fato de o vendedor estar autorizado a reter os documentos representativos das mercadorias em nada prejudica a transferência do risco.

§ 3º Na hipótese do § 2º deste artigo, o risco não se transferirá ao comprador até que a coisa esteja claramente identificada, para os efeitos do contrato, pelos documentos de expedição, por comunicação enviada ao comprador ou por qualquer outro modo."

Art. 495. Não obstante o prazo ajustado para o pagamento, se antes da tradição o comprador cair em insolvência, poderá o vendedor sobrestar na entrega da coisa, até que o comprador lhe dê caução de pagar no tempo ajustado.

COMENTÁRIOS DOUTRINÁRIOS: Regra específica para a hipótese em que o adimplemento da obrigação sofre abalo sério diante da insolvência do comprador. Entendemos que se trata de norma jurídica desnecessária, pois já suficientemente disciplinada no art. 477 do Código Civil que, ao tratar do modo de extinção dos contratos pela exceção de contrato não cumprido, prevê a possibilidade de um dos contratantes não cumprir a sua parte se, após a conclusão do contrato, sobrevier diminuição de patrimônio capaz de comprometer a fiel execução do contratado. Tratando-se de contrato bilateral, temos que ao comprador também assiste o direito de sobrestar o pagamento do preço se, por acaso, existir algum risco para a entrega da coisa. A caução ou garantia a que se refere a lei poderá ser real ou fidejussória, e servirá como segurança para o vendedor de que o preço será pago. Se esta não se efetivar, o contratante em vias de sofrer o prejuízo poderá pedir a resolução do contrato.

REFORMA DO CÓDIGO CIVIL: A proposta cuida da figura da exceção de inseguridade para o contrato de compra e venda que já se encontra disciplinada no art. 477 do Código Civil, na teoria geral dos contratos bilaterais, isto é, o vendedor está autorizado a sobrestar a entrega da coisa se houver motivos importantes que indiquem dificuldade de pagamento do preço e o comprador não prestar garantia idônea de pagar no tempo ajustado. O parágrafo único oferece exemplos que geram presunção relativa de concreta dificuldade de cumprir a prestação, tais como pedido de recuperação judicial, falência ou insolvência. O rol apresentado é meramente exemplificativo. O Enunciado n. 438 da *V Jornada de Direito Civil* oferece subsídio doutrinário à proposta, pois enuncia que "A exceção de inseguridade, prevista no art. 477, também pode ser oposta à parte cuja conduta põe, manifestamente em risco, a execução do programa contratual".

"Art. 495. Não obstante o prazo ajustado no contrato, a obrigação de entrega da coisa vendida antes de efetuado o pagamento do preço pode ser sobrestada pelo vendedor, se, entre o ato da venda e o da entrega da coisa, o comprador der mostras de que lhe sobreveio grave insuficiência da sua capacidade de cumprir obrigações e, mesmo assim, não prestar garantia idônea de pagar no tempo ajustado.

Parágrafo único. O pedido de recuperação judicial, a falência e a insolvência civil são indicadores seguros da mudança do estado de solvabilidade do devedor, além de outros fatos comprovados que evidenciem que se tornou notoriamente duvidoso o cumprimento das prestações pelas quais o devedor se obrigou."

Art. 496. É anulável a venda de ascendente a descendente, salvo se os outros descendentes e o cônjuge do alienante expressamente houverem consentido.

Parágrafo único. Em ambos os casos, dispensa-se o consentimento do cônjuge se o regime de bens for o da separação obrigatória.

COMENTÁRIOS DOUTRINÁRIOS: O dispositivo cuida de outra hipótese de legitimação negocial, na qual a lei impõe, além da capacidade de fato, uma exigência que possibilite a formação do vínculo contratual com maior nível de segurança e justiça para os herdeiros necessários. De fato, mais uma vez constatamos que em algumas situações pontuais a lei, com o fito de defender determinados interesses, acaba por exigir, além da capacidade de fato, uma capacidade específica do contratante. É sabido que, de ordinário, a pessoa pode vender os seus bens livremente a quem quiser, sendo esta uma das manifestações mais eloquentes do poder de disposição assegurado, dentre outros, pelo artigo 5º, XXII da Constituição Federal e pelo artigo 1.225 do Código Civil que, dentre os poderes inerentes ao proprietário, estampa o de dispor da propriedade. A proibição aqui como a que consta no artigo 1.647, III, do Código Civil que exige outorga uxória do cônjuge para vender bem imóvel, salvo se o regime for o da separação de bens. No caso, se uma pessoa pretender vender o seu bem para um descendente terá que contar com a aquiescência dos outros descendentes e do cônjuge. O consentimento deve ser expresso e constar no próprio negócio jurídico de venda, não podendo ser tácito. Essa manifestação de vontade é que dará legitimidade a esse tipo negocial específico, escoimando-o da invalidade. A exigência segue antiga tradição em nosso direito decorrente das Ordenações Filipinas (Livro IV – Título XII – 1603) que vigoravam no Brasil, cujo texto demonstra a preocupação com a simulação de uma venda quando na realidade seria doação. O Código Civil de 1916 manteve a regra (art. 1.132 do CC). No artigo 877 do vigente Código Civil de Portugal a referida proibição continua presente e em nosso direito essa estipulação se encontra reproduzida de modo mais técnico no artigo 496, o qual assevera ser anulável a venda de ascendente a descendente, salvo se os outros descendentes e o cônjuge do alienante expressamente houverem consentido, sendo este o consentimento deste último dispensado quando o regime de bens for o da separação obrigatória. O artigo em comento tem por objetivo resguardar a legítima dos herdeiros necessários, pois com a necessidade de anuência destes há uma fiscalização prévia que poderá evitar demandas futuras que se verificariam após a morte do doador. Para entender o fundamento da anulabilidade necessitamos mergulhar, ainda que na parte rasa desse oceano, nos meandros do direito das sucessões, notadamente nos artigos 1.845 e 1.846 do Código Civil, os quais estabelecem, respectivamente, que são herdeiros necessários os descendentes, os ascendentes e o cônjuge e que pertencem a estes, de pleno direito, a metade dos bens da herança, constituindo a legítima, da qual somente podem ser privados pelo instituto da deserdação. Pudesse o ascendente vender ao descendente sem o consentimento dos demais e estaria franqueada e facilitada a possibilidade de simulação de uma doação travestida documentalmente de compra e venda, contemplando determinado herdeiro necessário em detrimento de outro. Isso porque se efetivamente se tratasse de uma doação, esta, em regra, seria considerada adiantamento de legítima (art. 544 do CC) e o herdeiro contemplado estaria obrigado a trazer à colação o que recebeu em vida de seu ascendente para o fim de igualar as legítimas e conferir o valor das doações recebidas, sob pena de responder pelas sanções da sonegação, conforme prescreve o artigo 2.002 do Código Civil. Daí o interesse do ascendente que pretende fugir da regra da preservação da legítima dos herdeiros necessários de adotar o modelo da compra e venda e não da doação como era de seu real intento. É bem verdade que pelo direito positivo a pessoa que possui herdeiros necessários é livre para dispor perante seus eventuais herdeiros de metade de seus bens como lhe aprouver, mas a outra parte chamada tecnicamente de *legítima* deve ser partilhada igualmente entre os seus herdeiros necessários. Não se pode dizer, entretanto, que o ordenamento jurídico exige que todos os herdeiros sejam contemplados igualmente, pois é possível que o ascendente doe metade de seus bens, por exemplo, a um de seus filhos e este após a abertura da sucessão não seja obrigado à colação, atendidos os requisitos do artigo 2.005 do Código Civil que assim se expressa "são dispensadas da colação as doações que o doador determinar saiam da parte disponível, contanto que não a excedam, computado o seu valor ao tempo da doação". Assim, se um parente quiser contemplar um herdeiro necessário mais do que outro deverá fazê-lo sob a forma e essência real da doação ou do testamento. A regra atual inova ao incluir, além dos ascendentes e descendentes, a necessidade de consentimento do cônjuge. A mudança deve-se ao fato de que pelo artigo 1.845 do Código Civil o cônjuge também é reputado herdeiro legítimo necessário. A solenidade do consentimento pode alcançar os filhos, netos e bisnetos do descendente se, é claro, já houver o falecimento do filho e neto, respectivamente. Grassa controvérsia acerca da necessidade de consentimento do companheiro. A primeira corrente se baseia no argumento hermenêutico de que a exigibilidade legal constitui exceção e, como tal, exige interpretação restritiva. Como a lei não se refere expressamente ao companheiro, este seria dispensado de anuir na venda de ascendente a descendente. Em nosso modo de ver, a questão cinge-se na identificação da qualidade sucessória do companheiro. Será ele herdeiro legítimo *facultativo* ou *necessário*? Para os que entendem que o companheiro não é herdeiro necessário em razão do silêncio do artigo 1.845 do Código Civil em relação a ele, dispensada será a referida anuência. Entretanto, se entendermos que o companheiro é herdeiro necessário em razão da interpretação conforme a Constituição do referido dispositivo legal, o consentimento do companheiro mostra-se indispensável. Aderimos ao pensamento segundo o qual é necessária a interpretação conforme a Constituição, não tendo sentido que estando o requisito associado à ideia de *legítima* que, por sua vez, vincula-se à tutela das pessoas mais próximas do núcleo familiar, o companheiro não seja identificado como tal. Importa que se confira, portanto, isonomia no tratamento entre os projetos parentais do casamento e da união estável e, por via de consequência, será indispensável o consentimento do companheiro quando o regime adotado pelos companheiros for o da comunhão parcial ou universal de bens. Outra questão polêmica diz respeito à necessidade de consentimento na hipótese de venda de descendente a ascendente. A lei não se refere a essa possibilidade e reconhecemos o equívoco da expressão *em ambos os casos* do parágrafo único do artigo 496 do Código Civil que acabou sendo bem delineado no Enunciado n. 177 do Conselho da Justiça Federal/STJ nos seguintes termos: "Por erro de tramitação, que retirou a segunda hipótese de anulação de venda entre parentes (venda de descendente para ascendente), deve ser desconsiderada a expressão 'em ambos os casos', no parágrafo único do art. 496". A primeira corrente sustenta que não há necessidade do consentimento nesse caso sob o argumento da interpretação restritiva acerca de normas excepcionais. Ousamos dissentir. No nosso modo de ver necessário se faz consultar a finalidade da lei e esta, como visto, é a da preservação da legítima. Como há reciprocidade na qualidade dos herdeiros necessários entre pais, filhos, netos e bisnetos na linha reta, a exigência se impõe, ainda que sua efetivação seja considerada rara. A razão sucessória é idêntica. Com relação à venda feita a genro, nora, noivo, companheiro homoafetivo ou qualquer outra pessoa que possa figurar como interposta na contratação para fins de dissimular uma doação, o contrato será nulo pela presença do vício social da simulação, na forma do artigo 167, § 1º, inc. I, do Código Civil que prevê a nulidade do negócio jurídico quando *aparentarem conferir ou transmitir direitos a pessoas diversas daquelas às quais realmente se conferem, ou transmitem*. Aplica-se a vedação na dação em pagamento no qual as partes tenham determinado preço (art. 357 do CC), na cessão do crédito (art. 286 do CC) e na troca (art. 533, II, do CC). Em todos os indigitados negócios jurídicos é possível a lesão à legítima dos herdeiros necessários. Em nosso modo de ver, para a constituição de direitos reais de garantia em favor de um descendente, o ascendente também deverá contar com o assentimento dos descendentes e do cônjuge, pois o destino final da criação de um gravame real de garantia é a alienação forçada se a dívida não for paga. Em razão disso, o artigo 1.420 do Código Civil preceitua que *só aquele que pode alienar poderá empenhar, hipotecar ou dar em anticrese; só os bens que se podem alienar poderão ser dados em penhor, anticrese ou hipoteca.* O que tem relevo aqui é o reconhecimento de que estabelecer um gravame em favor de um descendente é criar a real possibilidade de este bem sofrer execução forçada que pode, ao final, produzir o mesmo efeito de uma alienação onerosa. Por fim, *quid iuris* se após a venda aperfeiçoada, se descobrir a existência de um descendente do alienante que por desconhecimento, obviamente, não deu o seu assentimento ao contrato? O melhor entendimento é o de manter hígido o contrato a fim de não permitir a eternização dos conflitos e, com ele, da insegurança jurídica. A questão envolvendo a sanção para o descumprimento da obrigatoriedade de consentimento dos descendentes sempre foi alvo de grandes polêmicas, talvez porque o antigo artigo 1.132 do Código Civil de 1916 tenha feito a exigência, mas se olvidou de delimitar a consequência e na velha codificação não havia dispositivo legal similar ao vigente artigo 166, inc. VII do Código Civil que afirma ser nulo o negócio jurídico sempre que a lei proibir a sua prática sem cominar sanção. Em breve referência, essa circunstância levou a que doutrina e jurisprudência se digladiassem, acarretando grande insegurança jurídica. Vozes se levantavam no sentido de que a sanção era de nulidade ao principal argumento de que por envolver a legítima dos herdeiros necessários, estar-se-ia gravitando em torno de norma protetiva de ordem pública do núcleo familiar, chegando mesmo a submeter a questão ao capítulo da Constituição Federal que ao tratar da Ordem Social estabelece que a família é a base da sociedade e deve o Estado coibir a violência no âmbito de suas relações, funcionando a proibição como medida preventiva de desagregação da família pelos enganos e demandas que tal alienação onerosa pode suscitar. Ainda que fosse esse o entendimento, forçoso seria reconhecer que tal nulidade seria apenas relativa, pois estão legitimados a reclamar apenas os herdeiros prejudicados. Seguimos, nesse passo, o entendimento é o de que não são sinônimas as expressões *anulabilidade* e *nulidade relativa*, na medida em que nada obsta que uma sanção mais grave de ordem pública seja franqueada apenas a determinados interessados eleitos pela legislação, notadamente ante o aspecto patrimonial de que se reveste. Outros eméritos doutrinadores concebiam essa questão como de anulabilidade por envolver questão exclusivamente patrimonial que deveria ser impugnada judicialmente por aquele que demonstrasse prejuízo. Para que se tenha uma ideia do nível da polêmica, o Supremo Tribunal Federal, em época remota em que era também o guardião do direito infraconstitucional, em um primeiro momento, editou a Súmula n. 152 dizendo ser de quatro anos o prazo prescricional para anular a venda de ascendente a descendente, sem consentimento dos demais a contar da abertura da sucessão e, pelo direito então vigente, a hipótese seria de anulabilidade pelo prazo estabelecido no artigo 178, § 9º, inc. V, do Código Civil de 1916. Posteriormente, o excelso pretório revogou essa súmula de jurisprudência predominante pelo verbete n. 494 que estabelecia um prazo de vinte anos a contar da celebração do ato e pelo prazo genérico de prescrição. É possível afirmar, com segurança, que à essa altura era majoritária a tese da nulidade e não anulabilidade. Com o aperfeiçoamento do regime de invalidades do atual Código Civil, essa discussão ficou para trás, pois agora o artigo 496 é peremptório em afirmar que a hipótese é de anulabilidade e não de nulidade pelas razões doutrinárias acima expostas e isto tem sido reconhecido pela jurisprudência. Na dicção dos artigos 176 e 177 do Código Civil a anulabilidade atrai os efeitos da possibilidade de sanatória do ato anulável pela confirmação posterior do terceiro a produção de efeitos até o julgamento por sentença, além do fato de apenas os interessados a poderem alegar. O vício também poderá ser sanado, ainda que involuntariamente, pela incidência do prazo decadencial de dois anos previsto no artigo 179 do Código Civil. Podemos acrescentar o fato de que há a necessidade de que o interessado demonstre efetivo prejuízo, isto é, que a venda foi feita por valor inferior ao de mercado, lesando o interesse legítimo do demandante que é o potencial herdeiro necessário. Em se tratando de descendente incapaz, não há suprimento pela representação, pois normalmente o representante é o próprio ascendente, o que tornaria a vedação inócua, mas para a colidência de interesses, o ordenamento jurídico determina a nomeação pelo magistrado de curador especial que deverá velar pelo interesse do incapaz e, conforme o caso, aquiescer na autorização da venda se esta não causar prejuízo ou for importante para o assistido. A Curadoria Especial é exercida, no caso, pela Defensoria Pública e no feito deverá funcionar o Ministério Público, sob pena de nulidade do processo. Entendemos que, ainda que se trate de herdeiro capaz, o Juiz também poderá suprir a recusa do descendente ou do cônjuge se houver abuso do direito, ou seja, se a negativa de consentimento for realizada com intento emulativo ou sem justificativa plausível e a venda se mostrar útil ou necessária para ascendente e descendente. É possível imaginar situação na qual a venda ao descendente permitirá angariar recursos para o tratamento médico custoso de outro descendente menor oriundo de um segundo casamento e um dos irmãos unilaterais se coloque desfavorável à venda a outro irmão sem que apresente motivo justificador. Parece-nos que nesse caso hipotético a autorização judicial para a venda deve ser outorgada em favor dos interessados. Outra questão que sempre causou perplexidade na doutrina e na jurisprudência é o momento oportuno para a propositura da ação anulatória. Tendo como um dos argumentos a vedação ao *pacto corvina* (art. 426 do CC) que propugna ser imoral discutir herança de pessoa viva e pela falta de interesse quando ainda em vida o alienante, pois apenas com a abertura da sucessão é que se saberia do prejuízo de herdeiro, formou-se sólida corrente entendendo que apenas após a morte do ascendente é que se poderia propor a ação. Há quem entenda que esse direito somente pode ser exercido com a morte do ascendente. Em outro ângulo de visada, temos o entendimento de que mesmo antes do decesso do ascendente já é possível a propositura da ação, pois o direito ao pleito anulatório nasce em concomitância com a realização do contrato viciado pela ausência do consentimento, sendo matéria afeta ao direito obrigacional e não sucessório. Dessa forma, ainda se aproveita a parte final do vetusto verbete sumular n. 494 do Supremo Tribunal Federal que estabelece que o prazo para postular essa invalidade se inicia na data da realização do negócio jurídico, parecendo ser esse o entendimento que melhor se coaduna com o regime de invalidade, sanção que se apresenta no exato momento em que se realiza aquilo que a lei veda. Quanto ao prazo, a questão não envolve maiores dificuldades, pois sempre que for estabelecido um quadro de anulabilidade e a lei não estipular prazo específico, este será de dois anos, a contar da data da conclusão do ato, na forma do que prescreve o artigo 179 do Código Civil. Correto então se apresenta o enunciado n. 545 da *VI Jornada de Direito Civil* do Conselho da Justiça Federal, *in verbis*: "O prazo para pleitear a anulação de venda de ascendente a descendente sem anuência dos demais descendentes e/ou do cônjuge do alienante é de 2 (dois) anos, contados da ciência do ato, que se presume absolutamente, em se tratando de transferência imobiliária, a partir da data do registro de imóveis".

JURISPRUDÊNCIA COMENTADA: No sentido do texto acima, parece ter sido a conclusão esposada pelo Supremo Tribunal Federal no julgamento do recurso extraordinário n. 878694/MG (julg. em 10/05/2017), relatado pelo Ministro Luis Roberto Barroso, com repercussão geral reconhecida, no qual ficou assentado que "É inconstitucional a distinção de regimes sucessórios entre cônjuges e companheiros prevista no art. 1.790 do CC/2002, devendo ser aplicado, tanto nas hipóteses de casamento quanto nas de união estável, o regime do art. 1.829 do CC/2002". Ainda que não tenha tratado exatamente dessa questão, o excelso pretório acena para a isonomia entre o projeto parental do casamento e da união estável, conduzindo ao entendimento de que o companheiro é herdeiro necessário, sendo, portanto, o seu consentimento, indispensável. A jurisprudência tem atribuído todos os efeitos da anulação do negócio jurídico, a qual se encontra disciplinada nos artigos 176 e 177 do Código Civil como a possibilidade de sanatória do ato anulável pela confirmação posterior do terceiro a produção de efeitos até o julgamento por sentença, além do fato de apenas os interessados a poderem alegar (STJ, AgRg no REsp 1153723/GO, Rel. Ministro Paulo de Tarso Sanseverino, Terceira Turma, julgado em 06.03.2012). O Superior Tribunal de Justiça tem se posicionado reiteradamente que "para a anulação da venda de ascendente para descendente, sem a anuência dos demais, é necessária a demonstração de prejuízo pela parte interessada" (STJ, AgRg no AREsp 159.537/PA, Rel. Ministro Antonio Carlos Ferreira, Quarta Turma, julgado em 14.10.2014, *DJe* 21.10.2014). Em que pese termos defendido que o prazo decadencial se inicie no momento da celebração do negócio jurídico, em razão das dificuldades naturais de se demandar em vida contra o próprio ascendente, a Quarta Turma do Superior Tribunal de Justiça, por unanimidade, na relatoria do Ministro Luis Felipe Salomão entendeu que o prazo deveria se iniciar a partir da sucessão do último ascendente e não da celebração do contrato ou de seu registro a fim de evitar o desconforto de se exigir que o filho litigue contra seu pai, causando desajuste nas relações intrafamiliares. No caso julgado, a venda de ascendente a descendente sem o regular consentimento foi feita mediante a simulação de uma doação a uma interposta pessoa que após vendeu para o descendente. Como o contrato foi feito sob a vigência do Código Civil de 1916, a simulação não acarretava a nulidade como na codificação atual e o prazo para anular o contrato nessas condições era quadrienal (art. 178, § 9º, V, "B") (REsp n. 999.921/PR, julg. em 14.06.2011).

REFORMA DO CÓDIGO CIVIL: A inserção do convivente no *caput* do dispositivo vai ao encontro do que defendemos nos comentários doutrinários, notadamente nos tempos que correm em que o STF reconheceu a inconstitucionalidade do art. 1.790 do Código Civil (Tema 809 – REs 646721 e 87869). Também é digno de elogios o fim da referência à "separação obrigatória". Atende melhor aos fins do dispositivo que a dispensa do consentimento alcance tanto a separação legal quanto a convencional, como sucede em situação similar no art. 1.647 deste Código. O § 2º, por sua vez, traz maior nível de segurança, acautelando o legítimo interesse dos destinatários diretos da norma e de terceiros. Ademais, o § 3º tem como inspiração o Enunciado n. 545, referido nos comentários *supra*, e o § 4º tutela o adquirente de boa-fé.

"Art. 496. É anulável a venda de ascendente a descendente, salvo se os outros descendentes e o cônjuge ou o convivente do alienante expressamente houverem consentido.

§ 1º Dispensa-se o consentimento do cônjuge ou do convivente se o regime de bens for o da separação.

§ 2º Em caso de venda que tenha por objeto bens imóveis, o oficial não poderá proceder ao registro da compra e venda na matrícula do bem, se não constar da escritura o grau de parentesco e a existência ou não, do consentimento a que aludem o *caput* e § 1º deste artigo.

§ 3º A anulação da venda deverá ser pleiteada no prazo de dois anos, contados da data da ciência do negócio ou do registro no órgão registral competente, o que ocorrer primeiro.

§ 4º A anulação de que trata este artigo não prejudicará direitos de terceiros, adquiridos onerosamente e de boa-fé."

A proposta visa dispensar a autorização do cônjuge em qualquer hipótese de separação de bens (o que faz sentido sistemático, especialmente quanto à separação convencional, em cotejo com a dispensa de outorga conjugal para a alienação de imóveis prevista no *caput* do art. 1.647).

Pretende, ainda, deixar claro qual o prazo para pleitear a anulação, com a indicação de termo inicial, acolhendo o seguinte enunciado:

• *VI Jornada de Direito Civil* – Enunciado n. 545

O prazo para pleitear a anulação de venda de ascendente a descendente sem anuência dos demais descendentes e/ou do cônjuge do alienante é de 2 (dois) anos, contados da ciência do ato, que se presume absolutamente, em se tratando de transferência imobiliária, a partir da data do registro de imóveis.

Propõe-se, ainda, no § 4º, hipótese na qual, mesmo ocorrendo a decadência do direito de anular, havendo diferença entre o valor de compra e venda e o valor de mercado de bem, esta deverá ser colacionada, por se equiparar a liberalidades. Atende-se, assim, ao escopo da norma, que é evitar que a compra e venda seja empregada para ocultar doações, no todo, ou em parte, mediante contratos onerosos celebrados a preços inferiores aos de mercado.

Art. 497. Sob pena de nulidade, não podem ser comprados, ainda que em hasta pública:

I – pelos tutores, curadores, testamenteiros e administradores, os bens confiados à sua guarda ou administração;

II – pelos servidores públicos, em geral, os bens ou direitos da pessoa jurídica a que servirem, ou que estejam sob sua administração direta ou indireta;

III – pelos juízes, secretários de Tribunais, arbitradores, peritos e outros serventuários ou auxiliares da justiça, os bens ou direitos sobre que se litigar em tribunal, juízo ou conselho, no lugar onde servirem, ou a que se estender a sua autoridade;

IV – pelos leiloeiros e seus prepostos, os bens de cuja venda estejam encarregados.

Parágrafo único. As proibições deste artigo estendem-se à cessão de crédito.

COMENTÁRIOS DOUTRINÁRIOS: O artigo assinalado, em determinados casos e para proteger situações graves, exige uma capacidade específica do comprador, que se denomina legitimação negocial. A sanção prevista é a de nulidade absoluta, tendo em vista a presença do interesse público na proibição. A vedação do inciso I tem por objetivo proteger o patrimônio de quem não reúne condições de administrá-lo, como é o caso do tutelado, do curatelado, dos herdeiros testamentários, enfim, daquelas pessoas que têm seus bens administrados por outrem, como seria o caso do síndico de um condomínio. Com o fim da representação ou da administração, a compra e venda poderá ser validamente realizada. A proibição do inciso II diz respeito ao dever que os administradores públicos têm de zelar pelos bens confiados à sua guarda, tendo em vista que são gestores da coisa pública. O inciso III prevê a proibição aos juízes e demais auxiliares da justiça, que não podem comprar bens sobre os quais se litiga no local em que atuarem, e até onde se estender a sua autoridade, tendo em vista que a solução dos conflitos deferida ao Estado deve ser efetivada com impessoalidade, isenção e distância de eventuais interesses particulares. O objetivo é afastar desses funcionários a possibilidade de qualquer juízo temerário que a seu respeito se pudesse fazer, a bem da dignidade da magistratura e da Justiça. Entendemos que esta vedação também se estende aos membros do Ministério Público, da Defensoria Pública e da Advocacia Pública e Privada, ainda que tecnicamente não possam ser considerados auxiliares da justiça, vez que tais profissionais exercem função essencial à Justiça, nos termos dos arts. 127 a 135 da Constituição Federal. O mesmo temor legal de que o juiz se aproveite da situação favorável e compre o bem por menor valor pode acontecer, por exemplo, com o advogado, que pelo comando constitucional tem o dever de defender a dignidade da justiça. A vedação do inciso IV se justifica pelo fato de que, se os leiloeiros e seus prepostos pudessem adquirir bens de cuja venda a terceiros estivessem encarregados, estaria em risco o interesse público que deve nortear a atividade dos referidos funcionários públicos em sentido amplo. A extensão dessa proibição para a cessão de crédito, prevista no parágrafo único, se justifica pelo interesse de lucro de que se reveste o presente instituto, muito semelhante à compra e venda, com a diferença apenas de não existir na cessão o pressuposto do preço. Com efeito, analisando-se o que é feito na transmissão do crédito, é como se cessionário estivesse comprando o crédito do cedente.

REFORMA DO CÓDIGO CIVIL:

"Art. 497. Sob pena de nulidade absoluta, não podem ser comprados, ainda que em hasta pública:

I – pelos tutores, curadores, testamenteiros e administradores, os bens confiados à sua guarda ou à sua administração;

II – pelos servidores públicos, em geral, os bens ou direitos da pessoa jurídica a que servirem ou que estejam sob sua administração direta ou indireta;

III – pelos juízes, secretários de tribunais, arbitradores, peritos e outros serventuários ou auxiliares da justiça, os bens ou direitos sobre que se litigar em tribunal, juízo ou conselho, no lugar onde servirem ou a que se estender a sua autoridade;

[...]

Parágrafo único. As proibições deste artigo estendem-se à cessão onerosa de crédito."

Art. 498. A proibição contida no inciso III do artigo antecedente, não compreende os casos de compra e venda ou cessão entre coerdeiros, ou em pagamento de dívida, ou para garantia de bens já pertencentes a pessoas designadas no referido inciso.

COMENTÁRIOS DOUTRINÁRIOS: As exceções previstas no art. 498 do Código Civil apresentam situações em que não há interesse pessoal incompatível com a atividade pública. O primeiro caso se refere à compra e venda ou cessão entre coerdeiros, onde não há lide, pois a venda ou cessão é realizada com os outros herdeiros, e não seria justo privar os referidos servidores públicos de buscarem tutelar os próprios interesses. Outra hipótese é o pagamento de dívida em que as pessoas arroladas no inciso III figurem como credoras e, nessa qualidade, poderão, eventualmente, adjudicar bens do devedor em hasta pública. No último caso, a lei se refere à possibilidade de se buscar a garantia de bens já pertencentes a pessoas designadas no referido inciso. Aqui, busca-se apenas assegurar a proteção de bens já pertencentes àquelas pessoas. Em nenhum dos casos há contradição entre a atividade pública e a defesa dos interesses particulares.

REFORMA DO CÓDIGO CIVIL: É inserido o parágrafo único a fim de conferir ao dispositivo a ideia de que não se deve pensar em nulidade aqui se não houver a demonstração de prejuízo, evitando-se o reconhecimento de uma nulidade sem que se demonstre a atuação efetiva do servidor público e a retirada de algum proveito ilegítimo.

"Art. 498. A proibição contida no inciso III do artigo antecedente, não compreende os casos de compra e venda ou cessão entre coerdeiros, ou em pagamento de dívida ou para garantia de bens já pertencentes a pessoas designadas no referido inciso.

Parágrafo único. Essa proibição somente gera a nulidade absoluta da compra e venda se o serventuário estiver diretamente vinculado ao juízo que realizar o praceamento, e que, por tal condição, possa tirar algum proveito indevido da hasta pública que esteja sob sua autoridade ou fiscalização."

Art. 499. É lícita a compra e venda entre cônjuges, com relação a bens excluídos da comunhão.

COMENTÁRIOS DOUTRINÁRIOS: A venda entre cônjuges envolvendo bens que integram o acervo patrimonial comum do casal é ato jurídico absolutamente inútil, porque tais bens integram o acervo dos bens comuns do casal. Contudo, é perfeitamente lícita a venda entre cônjuges de bens que não integrem o acervo comum do casal. Neste sentido, vale ressaltar a possibilidade de alteração superveniente do regime de bens, prevista no art. 1.639, § 2º do Código Civil, mediante autorização judicial em pedido motivado de ambos os cônjuges. Outrossim, mesmo no regime de comunhão universal, há essa possibilidade, tendo em vista o disposto no art. 1.668 do Código Civil, que aponta exceções à comunicação universal de bens, possibilitando que nos casos ali arrolados possa ocorrer venda entre os cônjuges. A norma tem aplicação ampla no regime de separação convencional de bens, tendo em vista que estes não se comunicam.

JURISPRUDÊNCIA COMENTADA: Em se tratando do regime de separação legal de bens, doutrina e jurisprudência têm entendido que, por razões de equidade, os bens adquiridos onerosamente na constância do casamento se comunicam, conforme a Súmula n. 377 do STF que, apesar de datar de 1964, continua sendo amplamente prestigiado pelos Tribunais: "No regime da separação legal de bens, comunicam-se os adquiridos na constância do casamento". Neste caso, não será possível a venda entre cônjuges como disposto no art. 499 do Código Civil.

REFORMA DO CÓDIGO CIVIL: A inclusão aqui de mais um requisito de validade para a compra e venda entre cônjuges, qual seja, a inexistência de cláusula de incolumidade, deixa claro que esta prevalece, independentemente do regime de bens.

"Art. 499. É lícita a compra e venda, entre cônjuges ou conviventes, que tenham por objeto bens excluídos da comunhão, desde que sobre a coisa não paire a cláusula de incomunicabilidade."

Art. 500. Se, na venda de um imóvel, se estipular o preço por medida de extensão, ou se determinar a respectiva área, e esta não corresponder, em qualquer dos casos, às dimensões dadas, o comprador terá o direito de exigir o complemento da área, e, não sendo isso possível, o de reclamar a resolução do contrato ou abatimento proporcional ao preço.

§ 1º Presume-se que a referência às dimensões foi simplesmente enunciativa, quando a diferença encontrada não exceder de um vigésimo da área total enunciada, ressalvado ao comprador o direito de provar que, em tais circunstâncias, não teria realizado o negócio.

§ 2º Se em vez de falta houver excesso, e o vendedor provar que tinha motivos para ignorar a medida exata da área vendida, caberá ao comprador, à sua escolha, completar o valor correspondente ao preço ou devolver o excesso.

§ 3º Não haverá complemento de área, nem devolução de excesso, se o imóvel for vendido como coisa certa e discriminada, tendo sido apenas enunciativa a referência às suas dimensões, ainda que não conste, de modo expresso, ter sido a venda *ad corpus*.

COMENTÁRIOS DOUTRINÁRIOS: Um bem imóvel pode ser vendido pela sua medida de extensão prevista no *caput* (*ad mensuram*) ou como coisa certa e discriminada (*ad corpus*) presente no § 3º da norma em comento. A venda por medida de extensão ou com determinação precisa da área vendida possibilita que a metragem oferecida pelo vendedor não corresponda à realidade, por ser inferior ou superior. Se a área for inferior, o comprador pode exigir complementação da área ou, caso isso não seja possível, poderá reclamar abatimento proporcional do preço ou pleitear a resolução do negócio. A hipótese se assemelha aos vícios redibitórios (arts. 441 a 446 do CC), mas com eles não se confundem, porque não se trataria de vício oculto, mas sim ostensivo, bastando para tanto a devida medição do imóvel. Por razões de equidade e atendendo ao princípio da boa-fé, se houver excesso na área alienada e o vendedor incorrer em erro por ignorar o tamanho real do imóvel, poderá pleitear complementação do preço ou exigir a devolução da área vendida em excesso. Ao vendedor caberá o ônus de provar a falsa noção da realidade a fim de viabilizar o seu pleito. Com a finalidade de tornar o alcance da norma o mais seguro possível, o legislador estabeleceu a presunção de ser a dimensão meramente enunciativa, não cabendo, portanto, reclamação por parte do comprador ou do vendedor, se a diferença encontrada não exceder a um vigésimo da área total enunciada. Trata-se de norma com finalidade de prevenção de ato ilícito de abuso de direito por parte do comprador ou do vendedor, conforme disposto no art. 187 do Código Civil.

JURISPRUDÊNCIA COMENTADA: As regras deste artigo não se aplicam à compra e venda envolvendo incorporadora na qualidade de fornecedora de produto e o consumidor adquirente de unidade autônoma, pois a cláusula assim posta será considerada abuso da posição contratual perante o contratante vulnerável. A presunção da área meramente enunciativa se aplica apenas ao direito comum, em que os contratantes se encontram em pé de igualdade. A oferta pública de determinada área vincula completamente o fornecedor, sendo legítima a pretensão deduzida individualmente, ou mediante tutela coletiva de interesse individual homogêneo, buscar o abatimento do preço se não for possível a entrega da área prometida (STJ, REsp 436.853/DF, Rel. Min. Nancy Andrighi, j. 04.05.2006).

Art. 501. Decai do direito de propor as ações previstas no artigo antecedente o vendedor ou o comprador que não o fizer no prazo de um ano, a contar do registro do título.

Parágrafo único. Se houver atraso na imissão de posse no imóvel, atribuível ao alienante, a partir dela fluirá o prazo de decadência.

COMENTÁRIOS DOUTRINÁRIOS: O direito do comprador e do vendedor de reclamar pelas diferenças de área alienada é de natureza potestativa, isto é, encontra o outro contratante num estado de completa submissão ao exercício do direito assegurado pela lei e o prazo, portanto, é decadencial. O atraso na imissão de posse imputado ao vendedor funciona como uma causa impeditiva ao curso do prazo decadencial, mas o prazo não se suspende nem se interrompe. O prazo não pode ser renunciado pelos contratantes, sob pena de não produzir efeitos, e como a sua verificação acarreta o próprio perecimento do direito material, o juiz deve pronunciar a sua ocorrência independentemente de requerimento da parte.

JURISPRUDÊNCIA COMENTADA: O prazo decadencial aqui delineado não admite interpretação extensiva. Em julgado do TJSP, foi anulada sentença que reconheceu decadência do direito do comprador, por ter sido contado o prazo a partir da data da imissão na posse, contrariamente à redação literal da parte final do supracitado artigo, que estabelece a data do registro do imóvel como termo *a quo* (TJSP, Apelação Cível 1000167-54.2017.8.26.0244, 6.ª Câmara de Direito Privado, Rel. Des. Vito José Guglielmi, j. 22.10.2018).

Art. 502. O vendedor, salvo convenção em contrário, responde por todos os débitos que gravem a coisa até o momento da tradição.

COMENTÁRIOS DOUTRINÁRIOS: Trata-se novamente de regra de aplicação supletiva, ou seja, no silêncio do contrato, o vendedor arca com os débitos até o momento da tradição da coisa, sendo lícito às partes, de comum acordo, atribuir tal ônus ao comprador. Assim, em regra, se há débito do vendedor de natureza ambulatorial como sucede com a dívida de condomínio (art. 1.345 do CC), o comprador, independentemente de cláusula, assumirá a dívida perante o seu credor, mas poderá cobrador do vendedor o que pagou.

Art. 503. Nas coisas vendidas conjuntamente, o defeito oculto de uma não autoriza a rejeição de todas.

COMENTÁRIOS DOUTRINÁRIOS: O dispositivo legal citado exige uma interpretação que restrinja o seu alcance, sob o argumento de que a lei disse mais do que queria. Dessa forma, somente não caberá por parte do comprador o exercício do direito à garantia dos vícios redibitórios se as coisas vendidas em conjunto preservarem a sua singularidade em relação às outras, como seria a aquisição de cinquenta camisetas de malha, em que uma delas estivesse furada. Destarte, o defeito da camiseta não ensejará a rejeição das demais. A lei fala em defeito de uma das coisas vendidas em conjunto, mas a norma deve ser interpretada com razoabilidade. Se em um universo de cinco mil camisetas adquiridas, apenas cinco estiverem com defeitos, estaria autorizada a rejeição das demais? Entendemos que não, sendo importante analisar a questão conforme o caso concreto, observando-se o adimplemento da obrigação e o princípio da boa-fé objetiva. Caso o negócio jurídico esteja subsumido à aplicação do Código de Defesa do Consumidor, a matéria é disciplinada pelos arts. 18 a 27 da Lei n. 8.078/1990, devendo ser utilizada a regra hermenêutica de proteção ao consumidor vulnerável, interpretando-se as cláusulas contratuais de maneira mais favorável ao consumidor.

REFORMA DO CÓDIGO CIVIL: Servimo-nos aqui da precisa justificativa da Subcomissão de Contratos acatada por unanimidade que atualiza o dispositivo à sociedade digital: "A sociedade em rede trouxe novas realidades, assim as coisas vendidas conjuntamente podem ser hoje partes de um conjunto ou interoperativas, sendo assim o defeito de uma contamina todas as outras. A doutrina e a jurisprudência (REsp 1.721.669/SP) brasileira destacam também a evolução dos aplicativos ou dos conteúdos digitais em 'coisas corpóreas', os chamados os novos produtos interoperativos com a Internet (sejam 'inteligentes/*smart*'/autoexecutáveis ou não), e atual simbiose entre produtos e serviços para alcançar as finalidades e 'fazeres' esperados na sociedade de informação. MARQUES e MIRAGEM denominam estes de 'produtos e serviços simbióticos', pois sua finalidade principal somente será realizada com esta simbiose, evoluindo assim a ideia de vício/defeito oculto e de segurança/transparência digital necessária para o bom desenvolvimento do mercado (MARQUES, Claudia Lima; MIRAGEM, Bruno. "Serviços simbióticos" do consumo digital e o PL 3.514/2015 de atualização do CDC: primeiras reflexões. In MARQUES, C. L. et al. *Contratos de serviços em tempos digitais*. São Paulo: RT, 2021. p. 391). Daí a regra do Art. 503 necessitar de certa atualização, como as realizadas nas Diretivas de 2019, 770 e 771 na União Europeia".

"Art. 503. Nas coisas vendidas conjuntamente, o vício oculto de uma não autoriza a rejeição de todas, salvo se afetar a funcionalidade, a compatibilidade, a interoperabilidade ou a durabilidade das outras coisas vendidas ou do próprio conjunto.

Parágrafo único. Aplica-se o disposto no *caput* no caso de prestação conjunta de serviços digitais ou com conteúdos eletrônicos."

Art. 504. Não pode um condômino em coisa indivisível vender a sua parte a estranhos, se outro consorte a quiser, tanto por tanto. O condômino, a quem não se der conhecimento da venda, poderá, depositando o preço, haver para si a parte vendida a estranhos, se o requerer no prazo de cento e oitenta dias, sob pena de decadência.

Parágrafo único. Sendo muitos os condôminos, preferirá o que tiver benfeitorias de maior valor e, na falta de benfeitorias, o de quinhão maior. Se as partes forem iguais, haverão a parte vendida os comproprietários, que a quiserem, depositando previamente o preço.

COMENTÁRIOS DOUTRINÁRIOS: A regra em análise trata da venda de bem em condomínio *pro indiviso*. Aqui, a lei pretende impedir que seja imposto ao condômino a presença de um terceiro estranho ao estado de comunhão, de forma a prevenir controvérsias acerca da divisão da coisa comum. Para o devido cumprimento do citado dispositivo legal, o condômino alienante deverá notificar o seu consorte, informando-o acerca de todas as condições do negócio, devendo ser assegurado ao destinatário o acesso aos documentos e certidões que se fizerem necessárias para a venda, sob pena de ineficácia da notificação e, evidentemente, a oferta deve ser feita pelo mesmo preço que a fração ideal seria vendida a um terceiro, *tanto por tanto*, ou seja, em igualdade de condições. Diferentemente do direito de preferência deferido ao locatário pelo art. 28 da Lei do Inquilinato, que prevê o prazo de trinta dias para que este, querendo, manifeste a vontade de adquirir a coisa locada, o Código Civil, equivocadamente, silencia quanto a importante questão do prazo. Com o objetivo de solucionar o problema, parece-nos possível o recurso à analogia, para defendermos que essa notificação deve proporcionar ao condômino, no mínimo, o prazo de trinta dias para que manifeste de modo irrefutável a aceitação integral à proposta a ele endereçada ou, então, expressa ou tacitamente, demonstre desinteresse na aquisição. Se no prazo outorgado, o condômino quedar-se inerte ou, até mesmo antes do vencimento, disser expressamente que não pretende adquirir a coisa, estará o condômino livre para vender a sua cota-parte para quem quiser, desde que respeite o preço que consta na notificação de preferência. Se o condômino alienar a sua parte indivisa sem possibilitar ao comunheiro o exercício do direito de preferência, a propriedade do comprador será considerada resolúvel (art. 1.359 do CC), durante o prazo de cento e oitenta dias conferido ao condômino para exercer o direito de preferência. Desta forma, o condômino é titular do direito potestativo de adjudicar a cota alienada por meio da propositura da ação de preempção, com pedido de adjudicação compulsória, em face do vendedor e do adquirente, no qual deverá depositar em favor deste último o preço integralizado por ele na compra da quota com a devida correção monetária do período. O prazo aqui assinalado, embora também seja decadencial, não se confunde com aquele dado ao condômino para o exercício voluntário da preferência, que entendemos ser de no mínimo trinta dias. Cento e oitenta dias é o prazo que o condômino tem para manifestar o direito de haver a coisa para si quando o condômino o impediu de exercer amigavelmente o direito de preferência. Entendemos que a contagem deve iniciar-se em concomitância à data da realização do negócio jurídico passível de ineficácia superveniente. Contudo, há sempre a preocupação de o condômino prejudicado não tomar conhecimento da alienação e decorrer o prazo decadencial previsto em lei, o que poderia configurar iniquidade. Nessa linha, há entendimento doutrinário sustentando que, em se tratando de venda de imóvel, o prazo se inicia a partir do registro da escritura no cartório imobiliário, fato que revestiria a alienação de publicidade. A lei estabelece um regramento para resolver quem exercerá o direito de preferência entre os condôminos, quando houver mais de um interessado. Desse modo, exercerá a preferência, em primeiro lugar, o condômino que tiver realizado benfeitorias de maior valor e, não havendo benfeitorias, o de quinhão maior. Se os quinhões forem iguais, poderão exercer o direito de preferência todos os condôminos que se interessarem, acarretando a modificação do condomínio que já existia.

JURISPRUDÊNCIA COMENTADA: Julgado do TJRS concluiu pela desnecessidade do exercício do direito de preferência em imóvel rural divisível, com área superior à fração mínima exigida pelo INCRA na região (TJRS, Apelação Cível 0205500-63.2017.8.21.7000, 17.ª Câmara Cível, Rel. Des. Liege Puricelli Pires, j. 31.08.2017). Em interessante questão jurídica envolvendo o exercício do direito de preferência, originalmente julgado pelo Tribunal de Justiça do Estado de São Paulo, o STJ reformou o acórdão, não vendo óbice para que o condômino adjudicasse o bem mediante a realização de um mútuo. O acórdão original entendeu que a realização do empréstimo por parte do condômino que quer exercer a preferência, mas não tem os recursos necessários, configura abuso do direito. No caso, em nosso ver, acertadamente, a decisão final considerou que constituem requisitos do referido direito potestativo a indivisibilidade da coisa, a preterição do condômino, o depósito do preço pago pelo adquirente e a observância do prazo decadencial de 180 dias, não havendo de se perquirir da origem do dinheiro, desde que licitamente, por óbvio. Enfim, acerca do julgado, destacou o *Informativo n. 698*, de maio de 2021, que "a tomada de empréstimo para cumprimento do requisito do depósito do preço do bem, previsto no art. 504 do CC/2002, não configura abuso de direito hábil a tolher o exercício do direito de preferência" (REsp 1.875.223/SP, 3.ª Turma, Rel. Min. Nancy Andrighi, j. 25.05.2021, v.u.).

REFORMA DO CÓDIGO CIVIL: A alteração aqui visa melhorar apenas a compreensão do artigo, sem modificação do seu conteúdo.

"Art. 504. Não pode um condômino em coisa indivisível vender a sua parte a estranhos, se outro consorte a quiser, tanto por tanto, podendo o condômino, a quem não se der conhecimento da venda, depositar o preço, haver para si a parte vendida a estranhos, se o requerer no prazo de cento e oitenta dias, sob pena de decadência, a contar do registro da venda ou da ciência do negócio, o que ocorrer primeiro.

§ 1º Sendo muitos os condôminos, preferirá o que tiver benfeitorias de maior valor e, na falta de benfeitorias, o de quinhão maior, não se admitindo a inclusão de benfeitorias de valor irrisório para se obter vantagem indevida.

§ 2º Nas hipóteses do § 1º, se as partes forem iguais, haverão a parte vendida os comproprietários, que a quiserem, depositando previamente o preço."

SEÇÃO II

DAS CLÁUSULAS ESPECIAIS DA COMPRA E VENDA

Subseção I
Da retrovenda

Art. 505. O vendedor de coisa imóvel pode reservar-se o direito de recobrá-la no prazo máximo de decadência de três anos, restituindo o preço recebido e reembolsando as despesas do comprador, inclusive as que, durante o período de resgate, se efetuaram com a sua autorização escrita, ou para a realização de benfeitorias necessárias.

COMENTÁRIOS DOUTRINÁRIOS: A retrovenda é uma modalidade especial de compra e venda, com uma cláusula contratual que permite ao vendedor o exercício do direito potestativo de recomprar o bem imóvel mediante a restituição do que recebeu, acrescido das despesas realizadas pelo comprador. O direito conferido ao vendedor neste caso é denominado direito de retrato ou de resgate. Não é válida sobre bens móveis, diante da própria literalidade do artigo: "vendedor de coisa imóvel". Entendemos que em razão de a taxatividade dos direitos reais não ter caráter absoluto, a retrovenda possui natureza real em razão do registro da cláusula junto ao registro imobiliário, e pela eficácia *erga omnes* que se infere da leitura do art. 507 do Código Civil, *parte final*, o qual estabelece que o direito de retrato produz os seus regulares efeitos contra o terceiro adquirente. A transferência do bem imóvel com pacto adjeto de retrovenda torna a propriedade do comprador resolúvel, pois o vendedor poderá, dentro do prazo previsto no contrato, exercer o direito potestativo de retrato, readquirindo o bem que vendeu. A cláusula de retrovenda deve estar inserida na escritura de compra e venda do imóvel como um pacto adjeto ao contrato uma vez que, se feita em ato posterior, ter-se-ia uma declaração unilateral de vontade, obrigando, por conseguinte, apenas o estipulante, mas não uma cláusula inserida em um contrato bilateral. Assim, eventual adquirente do imóvel gravado com a cláusula de retrovenda se submeterá ao exercício do direito potestativo de resgate, e nada poderá reclamar em razão do atributo da publicidade de que se reveste o registro público imobiliário. O prazo, nunca superior a três anos, é decadencial, portanto sua inobservância acarreta a extinção do direito material, na forma do disposto nos arts. 207 a 211 do Código Civil. O valor pago na retrovenda contemplará o preço recebido pelo vendedor, acrescido de todas as despesas escriturais do imóvel, todos os gastos realizados pelo comprador que contaram com o seu consentimento e, por fim, com o objetivo de coibir-se o enriquecimento sem causa, deverão ser incluídos os valores despendidos com as benfeitorias necessárias, entendidas essas como as que são realizadas para conservar o bem ou evitar que se deteriore, na forma do disposto no art. 96, § 3º, do Código Civil. É nula de pleno direito a cláusula que preveja o pagamento de preço maior no exercício da retrovenda do que o valor que o comprador pagou no imóvel, diante da violação à função social do contrato e à boa-fé.

JURISPRUDÊNCIA COMENTADA: O instituto da retrovenda não é de utilização rotineira nas transações imobiliárias e, por vezes, é realizado para mascarar cobrança de juros extorsivos (agiotagem) e a vedação ao pacto comissório dos direitos reais de garantia (art. 1.428 do CC). A trama é assim desenhada: na realidade há um mútuo, no qual o mutuário acaba simulando a venda do imóvel para o mutuante com o pacto de retrovenda, isto é, se ele conseguir pagar a dívida, recupera o imóvel. Se não lograr êxito no adimplemento, perde o imóvel. Com isso, o mutuante fica livre para impor juros remuneratórios ilícitos e fugir da vedação ao pacto comissório, pois se não houver o pagamento, o imóvel será seu automaticamente ao arrepio da lei. No Código revogado havia uma dificuldade para se reconhecer essa invalidade, pois o art. 103 vedava o reconhecimento da anulação do negócio jurídico em razão da denominada *simulação inocente*, isto é, aquela que não prejudicasse terceiros ("A simulação não se considerará defeito em qualquer dos casos do artigo antecedente, quando não houver intenção de prejudicar a terceiros, ou de violar disposição de lei"). No caso, não há prejuízo de terceiros, pois é o próprio mutuário (alienante) que é prejudicado, ou seja, um dos contratantes. Com felicidade, a atual codificação não reproduziu o dispositivo acima, dando ensanchas ao reconhecimento da anulação de simulação inocente se com a sua prática houver prejuízo para um dos contratantes em negócio jurídico contrário à lei, mormente porque a simulação é causa de nulidade e não mais de simples anulabilidade, conforme reconheceu o Enunciado n. 294 da *IV Jornada de Direito Civil* do Conselho da Justiça Federal: "Sendo a simulação uma causa de nulidade do negócio jurídico, pode ser alegada por uma das partes contra a outra". Isso não significa que a jurisprudência proíba de modo contrário à lei a celebração de venda com pacto de retrovenda. Ao contrário, têm sido julgadas improcedentes demandas de nulidade por simulação objetiva (art. 167, § 1º, do CC) se não houver prova de agiotagem e/ou da tentativa de furtar-se o credor da observância da proibição do pacto (TJDF, APC 2016.09.1.016680-7, Ac. 114.7492, 1.ª Turma Cível, Rel. Des. Roberto Freitas, j. 30.01.2019). Em outro giro, os Tribunais têm admitido o recurso a indícios para reconhecer a nulidade do ato de *simulação inocente* como decidiu o tribunal catarinense que constatou ter havido indícios suficientes que indicam efetiva simulação com fraude à lei em compra e venda de imóvel que, em verdade, visava garantir dívida contraída mediante a prática de agiotagem, evidenciando, outrossim, uma apropriação do bem do autor em ofensa à vedação do pacto comissório. Asseverou o relator que "a prova da agiotagem pode ser difícil, mas não impossível, porque pode ser construída através de circunstâncias e evidências coletadas no curso da instrução, com espessura suficiente para viabilizar a certeza moral da veracidade das alegações expendidas por aquele que se diz lesado. É de ser anulado o contrato de promessa de compra e venda com cláusula de retrovenda e posterior escritura pública de transferência do imóvel, quando reunidos elementos suficientes a gerar firme convicção sobre a realização de atos simulados objetivando garantir dívida contraída mediante a cobrança de juros ilegais (agiotagem). Configura inequívoco pacto comissório, vedado expressamente pelo art. 765 do revogado Código Civil, e, por isso mesmo, nulo de pleno direito, a tentativa espúria de assenhoreamento de bem imóvel dado em garantia de mútuo feneratício eivado pela prática da usura" (TJSC, AC 0013230-91.1999.8.24.0005, 2.ª Câmara de Direito Civil, Balneário Camboriú, Rel. Des. Jorge Luis Costa Beber, *DJSC* 18.11.2016).

Art. 506. Se o comprador se recusar a receber as quantias a que faz jus, o vendedor, para exercer o direito de resgate, as depositará judicialmente.

Parágrafo único. Verificada a insuficiência do depósito judicial, não será o vendedor restituído no domínio da coisa, até e enquanto não for integralmente pago o comprador.

COMENTÁRIOS DOUTRINÁRIOS: Para exercer seu direito de resgate, que tenha sido negado pelo comprador, o vendedor pode propor ação de adjudicação compulsória, havendo para si o imóvel anteriormente alienado, funcionando a sentença de natureza constitutiva como título para registro no cartório imobiliário. Se o juiz verificar que o depósito não é integral, intimará o autor para que complemente o preço, sob pena de não se operar a restituição do domínio da coisa para o vendedor.

Art. 507. O direito de retrato, que é cessível e transmissível a herdeiros e legatários, poderá ser exercido contra o terceiro adquirente.

COMENTÁRIOS DOUTRINÁRIOS: O direito de resgate não é personalíssimo, sendo permitida a sua cessão onerosa ou gratuita a terceiros, por ato *inter vivos*, e também por sucessão *mortis causa* para os herdeiros legítimos, testamentários ou legatários.

Art. 508. Se a duas ou mais pessoas couber o direito de retrato sobre o mesmo imóvel, e só uma o exercer, poderá o comprador intimar as outras para nele acordarem, prevalecendo o pacto em favor de quem haja efetuado o depósito, contanto que seja integral.

COMENTÁRIOS DOUTRINÁRIOS: Se a propriedade alienada com cláusula de retrovenda for condominial ou se o titular exclusivo do direito de retrato falecer e deixar herdeiros, há a necessidade de se disciplinar como será realizado o direito de resgate. Em caso de apenas um condômino exercer o direito, o proprietário em cujo desfavor se opera a resolução da propriedade deverá intimar os demais interessados para que manifestem o seu eventual assentimento. Entrementes, se os demais interessados não anuírem na retrovenda, prevalecerá o pacto em favor de quem efetuou o depósito integral. A previsão legal atual se mostra muito mais justa, pois o desinteresse de um dos condôminos não prejudicará a pessoa que manifestou expressamente o propósito de recomprar o bem.

Subseção II

Da venda a contento e da sujeita a prova

Art. 509. A venda feita a contento do comprador entende-se realizada sob condição suspensiva, ainda que a coisa lhe tenha sido entregue; e não se reputará perfeita, enquanto o adquirente não manifestar seu agrado.

COMENTÁRIOS DOUTRINÁRIOS: A venda a contento é aquela em que a compra é realizada sob a condição suspensiva de o comprador gostar e querer ficar com a coisa. O evento futuro e incerto é exatamente a satisfação ou agrado do comprador. Nesta modalidade, o vendedor está completamente submisso ao arbítrio do comprador, não competindo àquele emitir juízo de valor sobre a escolha deste, sendo inclusive vedado ao Poder Judiciário substituir a vontade do comprador que não se agradou da coisa. Trata-se, portanto, de uma condição puramente potestativa do comprador, pois o contrato somente considerar-se-á formado se este manifestar expressamente o seu agrado, ainda que a coisa lhe tenha sido entregue. Semelhante à venda a contento é o direito potestativo de arrependimento no prazo de reflexão de sete dias conferido ao consumidor que contrata sem que tenha contato direto com o produto ou serviço que adquire. Enquanto a venda a contento decorre de cláusula nascida da vontade das partes, o prazo de reflexão decorre da lei, conforme o art. 49 da Lei n. 8.078/1990, cujo objetivo é proteger o contratante vulnerável do consumo irrefletido de um produto ou serviço, alvo que é do *marketing* cada vez mais agressivo. A regra se aplica nas vendas por telefone, adesão à oferta de produtos por mensagem publicitária de rádio, televisão, revista e, ainda, na venda por catálogo, por amostra e ainda pela internet, qualquer que seja o produto ou serviço, sendo esta última a sua grande aplicação prática, senão a maior proteção do consumidor adquirente de produto por meio de contrato eletrônico.

Art. 510. Também a venda sujeita a prova presume-se feita sob a condição suspensiva de que a coisa tenha as qualidades asseguradas pelo vendedor e seja idônea para o fim a que se destina.

COMENTÁRIOS DOUTRINÁRIOS: Na venda sujeita a prova, a eficácia do contrato fica subordinada a possuir a coisa as qualidades asseguradas pelo vendedor, de modo que corresponda à finalidade que motivou o comprador a adquiri-la. Produz efeito suspensivo para o comprador e resolutivo para o vendedor, diferenciando-se da venda a contento, pois esta se encontra ligada ao agrado, ao contentamento, à satisfação, ou seja, a um estado da alma que possui conotação extremamente subjetiva, enquanto aquela é analisada objetivamente segundo as particularidades do contrato. A análise do implemento da condição possibilita que o vendedor se oponha a uma eventual recusa do comprador, se conseguir provar que o produto possui as qualidades oferecidas e serve ao fim a que se destina. Nesse último caso, a rejeição da coisa pelo comprador deverá ser motivada dentro dos limites objetivos do contrato. Se houver divergência entre as partes ou se estas não houverem estipulado contratualmente um terceiro para fazer a experimentação da qualidade do produto, o juiz poderá decidir segundo as regras de experiência ou louvando-se em prova técnica, mediante decisão motivada.

JURISPRUDÊNCIA COMENTADA: Em caso envolvendo a venda a contento de fumo regida pelo direito comum, o tribunal catarinense respeitou o direito potestativo do comprador de rejeitar a coisa em razão da sua insatisfação com a qualidade do produto vendido. A prova da alegada arbitrariedade ou injustificável recusa do comprador competia ao vendedor que não se desincumbiu de tal ônus. Ressaltou o julgado corretamente que "a atividade rural desenvolvida pelo produtor/vendedor detém carga aleatória relevante, com risco econômico plenamente vislumbrável, e assim deverá responder por eventuais vícios de qualidade da mercadoria" (TJSC, AC 0006059-47.2006.8.24.0067, Câmara Especial Regional de Chapecó, São Miguel do Oeste, Rel. Des. Luiz Felipe Schuch, *DJSC* 28.11.2016).

Art. 511. Em ambos os casos, as obrigações do comprador, que recebeu, sob condição suspensiva, a coisa comprada, são as de mero comodatário, enquanto não manifeste aceitá-la.

COMENTÁRIOS DOUTRINÁRIOS: Para evitar abusos por parte do comprador, quando este recebe o bem para experimentá-lo e observar se o mesmo lhe agrada, ou possui as qualidades segundo o fim a que se destina, ainda não titulariza o direito de propriedade, sendo considerado pelo artigo anotado como mero possuidor direto do bem, agindo na qualidade de comodatário. Isso significa dizer que, se a coisa não for comprada, o adquirente tem a obrigação básica de restituir o bem no prazo estabelecido no contrato, sob pena de assumir os consectários da mora. Deverá ainda o comprador zelar pela guarda da coisa infungível como se a mesma fosse sua, respeitando o destino estabelecido pelo contrato ou pela natureza do bem, sob pena de responder por perdas e danos, em caso de perecimento ou deterioração culposa. Nesse caso, o risco do comprador não decorre da compra e venda, pois quem experimenta a perda é o vendedor, mas sim pelo dever indenizatório que nasce do procedimento culposo causador de dano.

Art. 512. Não havendo prazo estipulado para a declaração do comprador, o vendedor terá direito de intimá-lo, judicial ou extrajudicialmente, para que o faça em prazo improrrogável.

COMENTÁRIOS DOUTRINÁRIOS: O artigo em comento não fixa prazo para que o comprador exerça o direito potestativo de pagar o preço da coisa transferida ou restituí-la ao vendedor, sendo certo que, quando não há prazo para o cumprimento da obrigação, pode o credor exigi-la imediatamente, mediante regular interpelação judicial ou extrajudicial. Essa regra deve ser interpretada com razoabilidade, pois deverá ser dado um prazo suficiente para que o comprador possa experimentar o bem que está comprando. Eventual fixação do prazo e o início de sua contagem se submetem ao princípio da liberdade contratual, com a possibilidade de modificação de seus efeitos, se houver ofensa à boa-fé objetiva ou à função social do contrato. O prazo fixado pelas partes será de natureza decadencial, na forma dos arts. 207 a 211 do Código Civil, tendo como consequência a perda do direito potestativo de desistir da contratação pelo desagrado ou pela frustração das expectativas, objetivamente consideradas, do comprador, quanto à idoneidade do objeto aos fins a que se destina.

Subseção III

Da preempção ou preferência

Art. 513. A preempção, ou preferência, impõe ao comprador a obrigação de oferecer ao vendedor a coisa que aquele vai vender, ou dar em pagamento, para que este use de seu direito de prelação na compra, tanto por tanto.

Parágrafo único. O prazo para exercer o direito de preferência não poderá exceder a cento e oitenta dias, se a coisa for móvel, ou a dois anos, se imóvel.

COMENTÁRIOS DOUTRINÁRIOS: Também chamado de prelação ou preferência, o referido direito, que deverá estar previsto expressamente no contrato de compra e venda, assegura ao vendedor a preferência para adquirir o bem móvel ou imóvel vendido, acaso queira o comprador vendê-lo ou dar em pagamento a terceiros. Tem por objetivo possibilitar ao vendedor a primazia na aquisição do bem que fora vendido. A eficácia futura do pacto ficará entregue ao evento futuro e incerto de querer o comprador vender o bem que houvera comprado, pois se não quiser aliená-lo onerosamente ou resolver fazê-lo após o prazo previsto no contrato, extinguir-se-á o direito de preferência do alienante. Em outras palavras, o negócio jurídico com essa cláusula é feito sob a condição resolutiva. O contrato produz seus efeitos normais até que, eventualmente, o vendedor queira exercer o direito de preempção (art. 127 do CC: "Se for resolutiva a condição, enquanto esta se não realizar, vigorará o negócio jurídico, podendo exercer-se desde a conclusão deste o direito por ele estabelecido"). Sublinhe-se que, ao contrário da retrovenda, o pacto de preferência gera direito puramente obrigacional em favor do vendedor, que deverá se satisfazer com a verba indenizatória alcançada acaso lhe seja sonegada a preempção. Não se trata de obrigação com eficácia real, dotada, portanto, de eficácia *erga omnes*, de modo que é eficaz a venda feita a terceiros sem a observância da cláusula de preferência. Outra diferença da retrovenda é que neste instituto, preenchidos os requisitos da lei, poderá o vendedor exercer o direito potestativo de recompra, e o adquirente, obviamente, se submeterá a isto, independentemente de sua vontade. Já a eficácia do pacto de preferência depende de o comprador ter o propósito de revender o bem adquirido, para daí obrigar-se a assegurar a preferência ao vendedor, nos moldes estabelecidos no contrato. Acresça-se, ainda, que a retrovenda somente pode ter por objeto bens imóveis e o pacto de preempção pode abranger bens móveis e imóveis. Necessário salientar também que o direito de preempção aqui tratado é puramente convencional, distinguindo-se daquele deferido, por exemplo, ao locatário na locação imobiliária urbana (arts. 27 e 33, da Lei n. 8.245/1991) e rural (art. 92, §§ 3º e 4º da Lei n. 4.504/1964), assim como ao condômino (art. 504 do CC). Nesses casos, e em outras situações jurídicas, o direito de preferência se encontra previsto em lei e, em caso de publicidade da cláusula, é dotado de eficácia real, daí decorrendo que aquele a quem não se oportunizou o exercício da preferência na compra, poderá, na forma da lei, depositar o valor pelo qual a coisa foi vendida e havê-la para si. O prazo máximo para o exercício do direito de cento e oitenta dias se o bem for móvel ou de dois anos se for imóvel é de natureza decadencial. O exaurimento do prazo sem o exercício da prelação exonerará o comprador do dever de afrontar o vendedor, caso queira alienar onerosamente o bem adquirido, aplicando-se ao caso as regras contidas nos arts. 207 a 211 do Código Civil.

Art. 514. O vendedor pode também exercer o seu direito de prelação, intimando o comprador, quando lhe constar que este vai vender a coisa.

COMENTÁRIOS DOUTRINÁRIOS: Este dispositivo confere ao vendedor a possibilidade de tomar uma postura positiva em relação ao exercício do direito de prelação, na hipótese de observar que o comprador está na iminência de vender ou dar em pagamento a coisa, intimando o comprador, quando lhe constar que este vai vender a coisa. A notícia da venda da coisa pode chegar ao conhecimento do vendedor pelas mais diversas formas, como, por exemplo, um anúncio de jornal. A intimação feita à pessoa do comprador deve retratar o firme propósito de exercer, o vendedor, o direito de preempção assegurado convencionalmente. O vendedor, titular do direito de preempção, se após a intimação resolver voltar atrás na palavra empenhada, arcará com os prejuízos decorrentes de sua má-fé, aqui retratada por apresentar uma conduta contrária a que tivera anteriormente. Não há forma especial para a intimação, aplicando-se o art. 107 do Código Civil: "A validade da declaração de vontade não dependerá de forma especial, senão quando a lei expressamente a exigir".

Art. 515. Aquele que exerce a preferência está, sob pena de a perder, obrigado a pagar, em condições iguais, o preço encontrado, ou o ajustado.

COMENTÁRIOS DOUTRINÁRIOS: O titular do direito de preferência está obrigado, sob pena de caducidade de seu direito, a pagar, em condições iguais, o preço encontrado, ou o ajustado. Assim, no contrato de compra com pacto adjeto de preferência, poderá ficar consignado qual o valor que deverá ser pago pelo vendedor no caso de querer exercer o direito resultante da preferência. Entendemos que *preço encontrado* será aquele que consta no referido contrato e *preço ajustado*, aquele que deriva do novo consenso estabelecido pelo vendedor com um terceiro. De certa forma, a lei está assegurando paridade de tratamento entre o terceiro e o beneficiário da cláusula de preferência, pois se o vendedor não pagar exatamente o preço devido, perderá o direito de prelação e a coisa poderá ser vendida ou dada em pagamento por qualquer preço a quem externar interesse em adquiri-la.

JURISPRUDÊNCIA COMENTADA: Em caso de alienação de imóvel rural indivisível (art. 65 da Lei n. 4.504/1964) em condomínio comum, o STJ entendeu que a preferência dos coproprietários de natureza real afastava a do arrendatário de natureza pessoal, mantendo o acórdão originário de São Paulo, afirmando que "nos termos do art. 515 do Código Civil, o valor da aquisição deve corresponder ao preço encontrado ou ajustado, em idênticas condições. Se o montante depositado em juízo pelos coproprietários para o ingresso com ação de preferência corresponde àquele anteriormente quitado pelo arrendatário/adquirente, é de ser reconhecida não só a resolução do negócio jurídico prévio, mas também a preferência na aquisição de parte ideal do imóvel objeto da controvérsia" (REsp 2.025.344/SP, Rel. Min. Nancy Andrighi, 3.ª Turma, julgado em 07.03.2023).

Art. 516. Inexistindo prazo estipulado, o direito de preempção caducará, se a coisa for móvel, não se exercendo nos três dias, e, se for imóvel, não se exercendo nos sessenta dias subsequentes à data em que o comprador tiver notificado o vendedor.

COMENTÁRIOS DOUTRINÁRIOS: O dispositivo legal torna clara a natureza decadencial do prazo de exercício do direito de preferência, diante da redação "o direito de preempção caducará". Assim, em caso de omissão de prazo no contrato, o comprador deverá notificar o vendedor oferecendo um prazo de três dias se a coisa for móvel ou sessenta dias se for imóvel para a prelação, extinguindo-se automaticamente o direito em caso de não exercício.

Art. 517. Quando o direito de preempção for estipulado a favor de dois ou mais indivíduos em comum, só pode ser exercido em relação à coisa no seu todo. Se alguma das pessoas, a quem ele toque, perder ou não exercer o seu direito, poderão as demais utilizá-lo na forma sobredita.

COMENTÁRIOS DOUTRINÁRIOS: A coisa vendida com a cláusula especial da preempção pode pertencer a várias pessoas em condomínio e com a eventual e futura alienação onerosa do bem pelo comprador, o direito de preferência toque a vários titulares. Quando isso acontecer, os ex-condôminos não poderão readquirir cotas do bem vendido, pois o dispositivo acima exige que seja adquirido o todo, embora o direito seja protagonizado por mais de uma pessoa. Trata-se de hipótese em que a indivisibilidade resulta da lei, não sendo tal característica empecilho para que apenas um dos titulares queira exercer o direito de preempção, tendo em vista que a lei, sabiamente, permite a qualquer um dos ex-condôminos readquirir a coisa vendida.

Art. 518. Responderá por perdas e danos o comprador, se alienar a coisa sem ter dado ao vendedor ciência do preço e das vantagens que por ela lhe oferecem. Responderá solidariamente o adquirente, se tiver procedido de má-fé.

COMENTÁRIOS DOUTRINÁRIOS: A obrigatoriedade da oferta deve ser oportunizada por meio de notificação que efetivamente informe o credor do direito de preferência acerca de todas as circunstâncias do negócio, tais como preço, modo de pagamento, data da entrega, disponibilização para verificação de documentos, dentre outras particularidades da venda a ser entabulada, sob pena de não se prestar ao fim a que se destina e submeter o notificante à sanção indenizatória a que se refere o anotado dispositivo legal. Em regra, o terceiro adquirente não se responsabiliza pela omissão do dever de notificar o vendedor para o exercício do direito de preferência na recompra do bem. Todavia, se o terceiro adquirente proceder de má-fé, ficará solidariamente responsável com o comprador no que concerne ao dever de indenizar o vendedor, conforme disposto no parágrafo único do art. 942 do Código Civil: "São solidariamente responsáveis com os autores os coautores e as pessoas designadas no art. 932". Trata-se de boa-fé subjetiva, ou seja, se o adquirente não sabia da necessidade de respeitar o direito de preferência, estará alforriado do dever de indenizar.

Art. 519. Se a coisa expropriada para fins de necessidade ou utilidade pública, ou por interesse social, não tiver o destino para que se desapropriou, ou não for utilizada em obras ou serviços públicos, caberá ao expropriado direito de preferência, pelo preço atual da coisa.

COMENTÁRIOS DOUTRINÁRIOS: Este artigo trata da retrocessão, faculdade conferida ao expropriado de readquirir o bem que fora objeto de desapropriação, por não ter sido dado a ele o destino de interesse público para o qual se desapropriou. Seus pressupostos lógicos são a transferência da propriedade para as mãos do Estado e a tredestinação ilícita do bem. Caberá então ao expropriado o direito de preferência para compra pelo preço atual do bem. Entretanto, não assiste direito à retrocessão, se o bem tiver uma destinação diversa, e mesmo assim restar preservado o interesse público, isto é, não ocorrer desvio de finalidade. Se, por exemplo, um imóvel for desapropriado por determinado Município para a construção de uma escola e no local se erguer um hospital, que se verificou mais importante naquele momento em razão da instalação de um estabelecimento de ensino pelo Estado, a destinação diversa não ofenderá ao interesse público. A adestinação, isto é, a omissão do Poder Público em empregar o bem a qualquer finalidade de interesse público, também possibilita a configuração da retrocessão. A Lei n. 14.620/2023, que instituiu o Programa Minha Casa, Minha Vida, revogou a retrocessão como figura de direito real com conteúdo reivindicatório, preservando apenas ao expropriado o direito de preempção ou preferência de natureza pessoal, cuja inobservância pelo Poder Público enseja o dever de reparar as perdas e danos. É o que se depreende da atual redação do art. 5º, § 6º, do Decreto-lei n. 3.365/1941: "Art. 5º [...] § 6º Comprovada a inviabilidade ou a perda objetiva de interesse público em manter a destinação do bem prevista no decreto expropriatório, o expropriante deverá adotar uma das seguintes medidas, nesta ordem de preferência: I – destinar a área não utilizada para outra finalidade pública; ou II – alienar o bem a qualquer interessado, na forma prevista em lei, assegurado o direito de preferência à pessoa física ou jurídica desapropriada". Optamos por manter os comentários *supra* a fim de manter o conhecimento do instituto jurídico da retrocessão.

JURISPRUDÊNCIA COMENTADA: O Tribunal de Justiça do Estado do Rio de Janeiro enfrentou um caso em que o Ministério Público alegou que o Município de Volta Redonda deveria ter dado ao particular expropriado o direito de preferência pela modificação da destinação do imóvel que fora desapropriado para a criação de um parque sanitário municipal e foi posteriormente utilizado para "ampliação do Parque Industrial e Comercial de Volta Redonda". O julgado rechaçou a alegação, sob o argumento que teria havido tredestinação lícita em razão da preservação do interesse público (TJRJ, Apelação Cível 0000396-37.2001.8.19.0066, Rel. Des. Regina Lúcia Passos, j. 10.10.2012).

REFORMA DO CÓDIGO CIVIL: Os trabalhos de revisão do Código Civil sugerem a revogação do artigo, tendo em vista a revogação operada pela Lei n. 14.620/2023, conforme afirmado *supra*, conferindo uniformidade ao sistema jurídico.

Art. 520. O direito de preferência não se pode ceder nem passa aos herdeiros.

COMENTÁRIOS DOUTRINÁRIOS: Tanto o direito de preempção convencional como a ação de retrocessão possui caráter personalíssimo, sendo ineficaz eventual cessão entre vivos, e extinto com a morte do titular.

Subseção IV
Da venda com reserva de domínio

Art. 521. Na venda de coisa móvel, pode o vendedor reservar para si a propriedade, até que o preço esteja integralmente pago.

COMENTÁRIOS DOUTRINÁRIOS: O contrato de compra e venda com reserva de domínio é utilizado para incrementar a aquisição de bens móveis a prestação. Trata-se de um negócio fiduciário, que consiste na transferência da posse direta para o comprador, reservando-se ao vendedor a propriedade resolúvel e a posse indireta, até que a dívida contraída para a aquisição do bem seja devidamente quitada. A celebração da venda com reserva de domínio produz o desdobramento da posse entre os participantes do contrato, desta forma, com relação à titularidade do objeto da venda, o contrato confere juridicamente ao vendedor a propriedade e posse indireta do bem, enquanto o comprador recebe apenas a posse direta, que lhe acompanhará até o momento em que houver o pagamento total do preço. A natureza jurídica do instituto é controvertida. Sobre a perspectiva da reserva feita pelo vendedor, é possível vislumbrar a presença de uma propriedade resolúvel, que se encerra no momento em que se configurar o evento futuro e incerto do adimplemento da obrigação por parte do comprador. Pode-se verificar também a presença de uma condição resolutiva para o vendedor e outra suspensiva para o comprador. O pagamento do preço produziria para o primeiro o efeito extintivo da propriedade e para o segundo aquisitivo. Contudo, se a venda não produz o efeito de gerar a aquisição da propriedade, a reserva feita pelo vendedor mostra-se completamente ociosa. A medida apenas se justifica no âmbito de um sistema real para o contrato de compra e venda. Desta forma, a natureza jurídica seria de contrato de natureza real. Divergimos de tal posição, conceituando a venda com reserva de domínio como contrato de natureza fiduciária, pois a reserva tem por único objetivo a garantia para o credor-vendedor com relação ao pagamento do preço, possibilitando a este que busque a imediata privação da posse do devedor-comprador se este não pagar o preço. A opinião majoritária é aquela que propugna a tese de que a venda com reserva de domínio encontra-se sujeita a uma condição suspensiva simplesmente potestativa que seria a quitação da dívida do comprador perante o vendedor. Não há arbítrio por parte do comprador, posto que seu maior interesse no negócio é, adimplindo o contrato, exigir do vendedor a obrigação de lhe transferir o domínio da coisa. Assim, o pagamento é a condição suspensiva, cujo implemento possibilitará a que o comprador exija a transferência da propriedade da coisa comprada. Por fim, vale ressaltar a existência de institutos análogos à venda com reserva de domínio, como, por exemplo, a alienação fiduciária em garantia e o arrendamento mercantil, contratos amplamente difundidos em nosso cotidiano.

JURISPRUDÊNCIA COMENTADA: A similitude do instituto com a alienação fiduciária em garantia de bem móvel acima apontada se estende também para a questão processual no tocante ao deferimento da liminar na busca e apreensão, uma vez ficando a propriedade para o comprador sob a condição suspensiva do adimplemento, comprovada a mora do comprador por meio de protesto de dois títulos dados em pagamento ao negócio jurídico celebrado entre as partes, mesmo que parcial em relação ao total dos títulos emitidos, resta evidente a comprovação da inadimplência do comprador quanto a estes valores a permitir a obtenção da liminar de busca e apreensão do bem" (TJMG, AI 1.0441.15.000631-6/001, Rel. Des. Mariza Porto, j. 22.07.2015).

Art. 522. A cláusula de reserva de domínio será estipulada por escrito e depende de registro no domicílio do comprador para valer contra terceiros.

COMENTÁRIOS DOUTRINÁRIOS: A compra e venda com reserva de domínio tem natureza formal, pois a necessária eficácia *erga omnes* depende do registro no cartório competente que, em se tratando de bem móvel, será o cartório de títulos e documentos no domicílio do devedor. A não observância da forma por escrito acarreta nulidade do contrato, na forma do disposto no art. 166, IV, do Código Civil. Se não for registrado, terá validade entre as partes contratantes, mas será ineficaz em relação a terceiros. O registro serve, exatamente, para que se dê publicidade ao ato, advertindo terceiros de boa-fé. Desta forma, se o terceiro de boa-fé adquirir o bem com cláusula de reserva de domínio do comprador que é apenas o possuidor direto, e o contrato não estiver registrado, não correrá o risco de perdê-lo para o vendedor, ainda que este seja considerado juridicamente proprietário resolúvel e possuidor indireto do bem e o devedor esteja em mora no pagamento das prestações.

JURISPRUDÊNCIA COMENTADA: À semelhança do que sucede com a alienação fiduciária em garantia, em se tratando de veículo automotor, necessária, para produzir efeitos em relação a terceiros, a anotação do registro junto ao DETRAN, conforme entendimento pacificado pelo Superior Tribunal de Justiça na Súmula n. 92: "A terceiro de boa-fé não é oponível a alienação fiduciária não anotada no Certificado de Registro do veículo automotor". De acordo com o que anotamos nos comentários doutrinários, o registro é exigido para se dar publicidade ao ato e, com isso, produzir efeitos *erga omnes*. A ausência do ato registral não repercute no plano da validade do negócio jurídico de modo a acoimá-lo com a pecha da nulidade. Nesse sentido, o *Informativo* do STJ n. *654*, de setembro de 2019 destacou que "os créditos concernentes a contrato de compra e venda com reserva de domínio não estão sujeitos aos efeitos da recuperação judicial da compradora, independentemente de registro da avença em cartório". Isso porque o art. 49, § 3º, dispõe que o vendedor proprietário em contrato com reserva de domínio não se submeterá aos efeitos da recuperação judicial do comprador, prevalecendo os direitos de propriedade sobre a coisa e as condições contratuais estabelecidas. Enfim, a falta de registro não pode produzir o efeito de retirar a eficácia da citada norma legal, pois o contrato é válido entre as partes contratantes (REsp 1.725.609/RS, 3.ª Turma, Rel. Min. Nancy Andrighi, j. 20.08.2019, v.u.).

Art. 523. Não pode ser objeto de venda com reserva de domínio a coisa insuscetível de caracterização perfeita, para estremá-la de outras congêneres. Na dúvida, decide-se a favor do terceiro adquirente de boa-fé.

COMENTÁRIOS DOUTRINÁRIOS: O objeto do contrato no Direito Brasileiro se restringe aos bens móveis passíveis de caracterização perfeita, de modo a que se possa distingui-lo dos demais. Não se trata propriamente de restrição legal a bens infungíveis, pois um bem insubstituível pode não comportar uma descrição precisa, ou seja, nada obsta que um bem fungível seja extremado com precisão de todos os demais. Outrossim, entendemos que não deveria haver empecilho jurídico para que o imóvel figurasse como objeto da venda com reserva de domínio. Contudo, parece-nos que nesse particular o princípio da autonomia da vontade não pode prevalecer diante da necessidade de alteração legislativa, que possibilite o registro do pacto de reserva de domínio no cartório do registro de imóveis. A identificação precisa do bem é ônus do vendedor. Se houver dúvida sobre o bem que está sendo apreendido, resolve-se a demanda em favor do terceiro de boa-fé.

Art. 524. A transferência de propriedade ao comprador dá-se no momento em que o preço esteja integralmente pago. Todavia, pelos riscos da coisa responde o comprador, a partir de quando lhe foi entregue.

COMENTÁRIOS DOUTRINÁRIOS: O pagamento do preço é a condição suspensiva do contrato com reserva de domínio. O implemento dessa condição leva a que o comprador adquira o direito subjetivo de exigir do vendedor a propriedade do bem comprado. Quanto à aquisição da propriedade, o adimplemento da obrigação funciona como uma condição resolutiva para o vendedor e suspensiva para o comprador. Todavia, como essa transferência é fiduciária nos moldes explicitados anteriormente, desde o momento em que o comprador se imite na posse direta do bem, os riscos da coisa passam a correr por sua conta. Destarte, qualquer perecimento ou deterioração que vier a sofrer o bem será suportado pelo comprador, assim como se o bem tiver uma surpreendente valorização, a ele beneficiará. Ainda que a posse e a funcionalidade do bem seja titularizada pelo comprador, importa reconhecer que a propriedade, ainda que resolúvel, é do vendedor, o qual é parte legítima para o ajuizamento de embargos de terceiro em face de eventual credor-exequente, que tenha penhorado o bem gravado com a reserva do domínio por dívida do comprador. Entretanto, o credor do vendedor pode buscar a penhora dos direitos aquisitivos do comprador que estão sob condição suspensiva, mas possuem valor patrimonial. Por outro lado, também será cabível a penhora de eventual crédito remanescente que seja de titularidade do vendedor.

JURISPRUDÊNCIA COMENTADA: Compromissos tributários e outros decorrentes do Poder de Polícia do Estado também estão incluídos entre as obrigações nascidas da guarda e utilização da coisa que serão de responsabilidade do comprador que ostenta a posse direta. Da mesma forma, multas e despesas de remoção e estadia de veículo automotor em decorrência de infração administrativa (AgRg no Ag 1192657/SP, 2.ª Turma, Rel. Min. Eliana Calmon, j. 02.02.2010).

Art. 525. O vendedor somente poderá executar a cláusula de reserva de domínio após constituir o comprador em mora, mediante protesto do título ou interpelação judicial.

COMENTÁRIOS DOUTRINÁRIOS: Para fins de execução da cláusula de reserva de domínio, indispensável a prova da mora do comprador-devedor. A efetivação da referida formalidade autorizará o vendedor a requerer em juízo, liminarmente, a apreensão e depósito da coisa vendida, sem a audiência do comprador. Ainda que haja alguma controvérsia, a mora prevista no dispositivo sob comento não é *ex persona* (art. 397, parágrafo único, do CC) a depender da regular interpelação do devedor, mas sim *ex re*, aplicando-se a parêmia latina *dies interpellat pro homine* prevista como regra no *caput* do art. 397 do Código Civil, o qual estabelece que "o inadimplemento da obrigação, positiva e líquida, no seu termo, constitui de pleno direito em mora o devedor". É esse o caso da venda com reserva de domínio que em muito se assemelha com o art. 3º do Decreto-lei n. 911/1969, o qual disciplina a alienação fiduciária em garantia de bem móvel. Ao exigir o protesto ou interpelação judicial para a prova da mora e a produção do efeito processual da possibilidade de recuperação liminar do bem, se não houver a purga por parte do devedor (comprador), a norma se desarmoniza com a atual concepção informal dos atos jurídicos, consagrada genericamente no parágrafo único do art. 397 do Código Civil que se contenta com a possibilidade de notificação extrajudicial e não somente com a interpelação judicial ou protesto do título. Assim, atendido o escopo da norma, que é oportunização explícita para que o devedor purgue a mora e não se submeta aos rigores dos efeitos processuais do inadimplemento com a recuperação forçada e liminar da coisa comprada, deve ser admitida, a notificação extrajudicial.

JURISPRUDÊNCIA COMENTADA: A notificação em mora não precisa ser pessoal, sendo suficiente a simples entrega no endereço fornecido pelo devedor no contrato em litígio (TJMG, Agravo de Instrumento 1.0143.17.005117-9/001, Rel. Des. José de Carvalho Barbosa, j. 24.05.2018). O *Informativo* n. *601* do STJ destacou que, para fins de aplicação do art. 525 do Código Civil, "a mora do comprador, na ação ajuizada pelo vendedor com o intuito de recuperação da coisa vendida com cláusula de reserva de domínio, pode ser comprovada por meio de notificação extrajudicial enviada pelo Cartório de Títulos e Documentos" (REsp 1.629.000/MG, Rel. Min. Nancy Andrighi, j. 28.03.2017, v.u.).

Art. 526. Verificada a mora do comprador, poderá o vendedor mover contra ele a competente ação de cobrança das prestações vencidas e vincendas e o mais que lhe for devido; ou poderá recuperar a posse da coisa vendida.

COMENTÁRIOS DOUTRINÁRIOS: Executar a cláusula de reserva de domínio significa utilizar dos expedientes processuais referidos no artigo em comento, possibilitando ao vendedor mover ação de cobrança das prestações vencidas e vincendas, ou recuperar a posse da coisa vendida. Pode também o vendedor promover execução direta contra o devedor, uma vez que o contrato formalmente realizado constitui título executivo extrajudicial. Na hipótese de o comprador inadimplente estar submetido ao regime de recuperação judicial, o credor vendedor tem direito à coisa na qualidade de proprietário resolúvel, conforme dispõe o art. 49, § 3º da Lei n. 11.101/2005, com a redação dada pela Lei n. 14.112/2020. Entretanto, com o objetivo de fomentar a manutenção da atividade empresarial, o art. 6º, § 4º da mesma lei impede a reintegração liminar pelo prazo de 180 dias, que poderá se prorrogar se não houver culpa da empresa sujeita ao regime de recuperação judicial.

JURISPRUDÊNCIA COMENTADA: O artigo em exame proporciona ao vendedor diversas opções para reaver o bem do comprador. Contudo, não é possível a cumulação, na mesma demanda, de pedidos de cobrança e retomada liminar do bem vendido, conforme julgado do Tribunal de Justiça do Estado de São Paulo (TJSP, Agravo de Instrumento 2123877-50.2017.8.26.0000, 25.ª Câmara de Direito Privado, Rel. Des. Hugo Crepaldi, j. 20.07.2017).

REFORMA DO CÓDIGO CIVIL: É sugerida aqui uma alteração pontual, substituindo-se o vocábulo "mora" por "inadimplemento", tendo em vista que, de fato, o efeito jurídico previsto no dispositivo depende do inadimplemento absoluto da obrigação, e não de uma simples mora.

> "Art. 526. Verificado o inadimplemento do comprador, poderá o vendedor mover contra ele a competente ação de cobrança das prestações vencidas e vincendas e o mais que lhe for devido ou poderá recuperar a posse da coisa vendida."

Art. 527. Na segunda hipótese do artigo antecedente, é facultado ao vendedor reter as prestações pagas até o necessário para cobrir a depreciação da coisa, as despesas feitas e o mais que de direito lhe for devido. O excedente será devolvido ao comprador; e o que faltar lhe será cobrado, tudo na forma da lei processual.

COMENTÁRIOS DOUTRINÁRIOS: Se o vendedor optar pela busca e apreensão do bem, poderá reter as prestações pagas até o necessário para cobrir a depreciação da coisa, as despesas feitas e o mais que de direito lhe for devido. Para tanto, indispensável será a realização de vistoria no bem vendido e arbitramento de seu valor. O excedente deverá ser devolvido ao comprador, tendo em vista que a cláusula penal de decaimento, que autorizaria o vendedor a ficar com todas as prestações pagas pelo comprador em razão do inadimplemento deste se mostra abusiva, na medida em que possibilita a ocorrência do enriquecimento sem causa do vendedor em detrimento do comprador. Da mesma forma, se o contrato for regido pela legislação consumerista, conforme disposto no art. 53 da Lei n. 8.078/1990.

Art. 528. Se o vendedor receber o pagamento à vista, ou, posteriormente, mediante financiamento de instituição do mercado de capitais, a esta caberá exercer os direitos e ações decorrentes do contrato, a benefício de qualquer outro. A operação financeira e a respectiva ciência do comprador constarão do registro do contrato.

COMENTÁRIOS DOUTRINÁRIOS: Primeiramente, necessário ressaltar a existência de erro material na redação do dispositivo. Após a expressão "a benefício de", devem ser incluídas as palavras "seu crédito, excluída a concorrência de". Nesse sentido, foi aprovado com correção o Enunciado n. 178 na *III Jornada de Direito Civil* do CJF. Desta forma, a redação completa, de forma correta, seria: "Se o vendedor receber o pagamento à vista, ou, posteriormente, mediante financiamento de instituição do mercado de capitais, a esta caberá exercer os direitos e ações decorrentes do contrato, a benefício de seu crédito, excluída a concorrência de qualquer outro. A operação financeira e a respectiva ciência do comprador constarão do registro do contrato". Feita a devida correção, temos que o dispositivo admite que na venda com reserva de domínio haja a intervenção de uma instituição financeira que realize o adiantamento ao vendedor do valor representado pelo preço da coisa. Quando isso acontece, há a cessão da posição contratual do vendedor para a instituição do mercado de capitais que exercerá todos os direitos e ações decorrentes do contrato. A referida cessão produzirá efeitos em face do comprador somente se este tiver ciência e constar do registro do contrato. Neste deverá constar também a descrição especificada da operação financeira. Ressalte-se que não há necessidade de autorização do comprador, mas se a ele não se der ciência da operação financeira e houver o pagamento ao vendedor, o pagamento será válido, pois realizado de boa-fé a credor putativo (art. 309), sem prejuízo de a instituição financeira cessionária voltar-se contra o vendedor cedente. A Lei n. 4.595/1964, define, em seu art. 17, instituição financeira como sendo "as pessoas jurídicas públicas ou privadas, que tenham como atividade principal ou acessória a coleta, intermediação ou aplicação de recursos financeiros próprios ou de terceiros, em moeda nacional ou estrangeira, e a custódia de valor de propriedade de terceiros". Para funcionar no país como instituição financeira, é indispensável a prévia autorização do Banco Central do Brasil, na forma do art. 18 da supracitada lei.

REFORMA DO CÓDIGO CIVIL: A redação sugerida trilha o mesmo caminho do Enunciado n. 178 da *III Jornada de Direito Civil* do CJF, como assinalado *supra*, e exclui a referência ao registro do contrato para que este não seja visto como um elemento de validade do negócio jurídico, mas tão somente de eficácia em face de terceiros.

"Art. 528. Se o vendedor receber o pagamento à vista, ou, posteriormente, mediante financiamento de instituição do mercado de capitais, a esta caberá exercer os direitos e ações decorrentes do contrato, a benefício de seu crédito, excluída a concorrência de qualquer outro."

Subseção V
Da venda sobre documentos

Art. 529. Na venda sobre documentos, a tradição da coisa é substituída pela entrega do seu título representativo e dos outros documentos exigidos pelo contrato ou, no silêncio deste, pelos usos.

Parágrafo único. Achando-se a documentação em ordem, não pode o comprador recusar o pagamento, a pretexto de defeito de qualidade ou do estado da coisa vendida, salvo se o defeito já houver sido comprovado.

COMENTÁRIOS DOUTRINÁRIOS: Na venda sobre documentos, a entrega do título substitui a entrega da coisa. O preço é pago contra a entrega de documentos ou títulos que tragam consigo a representação do objeto mediato da compra e venda, que é a aquisição da coisa. Sob a ótica do comprador pode ser definida como aquela em que este se obriga a pagar o preço no momento da entrega dos documentos representativos, que dão direito a ele de buscar a coisa nas mãos de um terceiro ou a quem este mande entregá-las. Trata-se de modalidade de compra e venda de larga utilização nos contratos mercantis nacionais e internacionais de importação e exportação nos quais a distância e diferenças sociais, culturais e jurídicas exigem que as partes adotem mecanismos para facilitar o cumprimento do contrato. Os títulos representativos das coisas compradas não são propriamente de crédito, mas sim títulos causais do direito real sobre as mercadorias depositadas junto aos armazéns gerais. São eles o Conhecimento de Depósito, o Conhecimento de Transporte e o *Warrant*. Tais títulos exercem a notável função social de permitir a transferência da posse das mercadorias sem a necessidade de um deslocamento físico das mesmas, e isto se dá porque o documento especifica com rigor a descrição dos bens depositados. É possível o endosso de tais títulos a terceiro, que passará a ser o proprietário dos bens, proporcionando, portanto, uma circulação que não se faz física, mas documental. O art. 894 do Código Civil assegura ao portador de título representativo o direito de transferi-lo ou de retirar as mercadorias depositadas, mediante a simples entrega do título devidamente quitado, independentemente de quaisquer outras formalidades. O parágrafo único do artigo anotado prescreve uma mitigação ao tratamento legal do vício redibitório, de modo que o comprador, submetendo-se a substituir a tradição da coisa pela entrega de um documento comprobatório, ao receber a mercadoria comprada, não poderá escusar-se do pagamento sob o argumento de que a coisa é defeituosa. Entretanto, se o defeito já houver sido comprovado anteriormente, estará autorizado a não pagar o preço. A lei cria aqui uma presunção relativa de que a coisa não apresenta vícios ocultos, a fim de dinamizar a circulação dos bens, sem que a cada transferência do título de crédito o cessionário tivesse que verificar a situação física dos bens por ele representados.

Art. 530. Não havendo estipulação em contrário, o pagamento deve ser efetuado na data e no lugar da entrega dos documentos.

COMENTÁRIOS DOUTRINÁRIOS: Este dispositivo é uma exceção à regra geral sobre o lugar do pagamento prevista no art. 327 deste Código, o qual reza que "efetuar-se-á o pagamento no domicílio do devedor, salvo se as partes convencionarem diversamente, ou se o contrário resultar da lei, da natureza da obrigação ou das circunstâncias. Parágrafo único. Designados dois ou mais lugares, cabe ao credor escolher entre eles". Como a tradição da coisa é substituída pela entrega dos documentos, será neste local que deverá ser realizado o pagamento do preço. Seguindo o sistema jurídico acerca do lugar do pagamento, o legislador mostra-se coerente ao afirmar que a norma é dispositiva, permitindo com isso que as partes escolham outro lugar para o pagamento do preço. Com relação à venda contra documentos, a data do pagamento coincidirá com a data da entrega daqueles. Assim como o lugar do pagamento, a referida regra pode ser superada pela vontade das partes.

Art. 531. Se entre os documentos entregues ao comprador figurar apólice de seguro que cubra os riscos do transporte, correm estes à

conta do comprador, salvo se, ao ser concluído o contrato, tivesse o vendedor ciência da perda ou avaria da coisa.

COMENTÁRIOS DOUTRINÁRIOS: Trata-se de exceção à regra geral do art. 492 do Código Civil, que estabelece a assunção dos riscos por parte do vendedor até a efetiva entrega da coisa, deslocando o risco para o comprador. Com efeito, apesar de a responsabilidade civil do transportador ser objetiva, é de todo conveniente, até mesmo em razão da possibilidade de insolvência do transportador, que ao realizar um contrato de compra e venda sobre documentos, as partes realizem um contrato de seguro. A apólice é o documento comprobatório da realização do contrato, mencionando o risco assumido, o início e o fim de sua validade, o limite da garantia e o prêmio que vem a ser o valor pago pelo segurado ao segurador em razão da responsabilidade pelo risco de prejuízo na coisa. O beneficiário do seguro é o comprador, que paga o preço e recebe o documento comprobatório da compra para depois receber o produto adquirido. Sendo o comprador o interessado na entrega da coisa, parece justo que os riscos a que as mercadorias estão expostas sejam suportados por ele. Estamos diante, como não poderia deixar de ser, de normas dispositivas, podendo, portanto, ser afastadas pela vontade das partes, ocasião em que ao vendedor competirá responder pelos riscos do transporte. Conforme o princípio da boa-fé, se o vendedor souber da avaria ou da perda da coisa, será este que deverá arcar com os riscos pela entrega da coisa.

Art. 532. Estipulado o pagamento por intermédio de estabelecimento bancário, caberá a este efetuá-lo contra a entrega dos documentos, sem obrigação de verificar a coisa vendida, pela qual não responde.

Parágrafo único. Nesse caso, somente após a recusa do estabelecimento bancário a efetuar o pagamento, poderá o vendedor pretendê-lo, diretamente do comprador.

COMENTÁRIOS DOUTRINÁRIOS: O estabelecimento bancário pode intermediar a realização da venda contra documentos. De fato, quando o contrato é realizado de modo que o pagamento seja feito pelo estabelecimento bancário, somente após a recusa deste em adimplir a obrigação é que poderá o vendedor voltar-se contra o comprador. Sua responsabilidade se restringe ao pagamento que se dará mediante a entrega de documentos, sem obrigação de verificar a coisa que fora vendida, pela qual não responde.

REFORMA DO CÓDIGO CIVIL: A sugestão da comissão de juristas aqui é de desobrigar apenas a instituição financeira de verificar a coisa vendida nos contratos simétricos e paritários. Com o devido acatamento às opiniões em contrário, mesmo nos contratos assimétricos e não paritários, não vemos justificativa ou mesmo sentido na referida exigência.

"Art. 532. Estipulado o pagamento por intermédio de estabelecimento bancário, caberá a este efetuá-lo contra a entrega dos documentos, sem obrigação de verificar a coisa vendida, pela qual não responde, em se tratando de contrato paritário e simétrico.

Parágrafo único. Nesse caso, somente após a recusa do estabelecimento bancário a efetuar o pagamento, poderá o vendedor pretendê-lo, diretamente do comprador."

CAPÍTULO II
DA TROCA OU PERMUTA

Art. 533. Aplicam-se à troca as disposições referentes à compra e venda, com as seguintes modificações:

I – salvo disposição em contrário, cada um dos contratantes pagará por metade as despesas com o instrumento da troca;

II – é anulável a troca de valores desiguais entre ascendentes e descendentes, sem consentimento dos outros descendentes e do cônjuge do alienante.

COMENTÁRIOS DOUTRINÁRIOS: A troca ou permuta é um contrato bilateral que consiste na obrigação recíproca que os permutantes assumem no sentido de transferirem, um para o outro, determinada coisa diversa de dinheiro. Trata-se de contrato oneroso, pela presença de sacrifício patrimonial aos contratantes, podendo ser comutativo ou aleatório, conforme esteja ou não entregue a uma álea, no que diz respeito à existência ou à quantidade da coisa que se troca. É também simplesmente consensual tal qual a compra e venda, uma vez que a sua configuração não está vinculada à entrega da coisa, como acontece, por exemplo, com o empréstimo e o depósito. Normalmente é instantâneo, mas nada obsta que um dos permutantes seja obrigado a entregar uma coisa na data de realização do contrato e o outro apenas realize a sua prestação, após determinado lapso temporal. Prevê o inciso II da norma em análise que é anulável a troca de valores desiguais entre ascendentes e descendentes, sem consentimento dos outros descendentes e do cônjuge do alienante. Todos os comentários feitos por ocasião da análise do art. 496 do Código Civil aplicam-se ao presente dispositivo, tendo em vista que a finalidade das regras é a mesma, qual seja, a de fiscalizar a preservação da legítima dos herdeiros necessários. Diante disso, a lei estabelece que, se houver uma troca entre bens de valores desiguais envolvendo ascendentes e descendentes, será necessário o consentimento dos demais descendentes e do cônjuge. Apesar do silêncio da lei, é possível concluir, em analogia ao art. 496, parágrafo único, do Código Civil, que também deve ser dispensado o consentimento do cônjuge se o regime de bens for o da separação obrigatória de bens.

JURISPRUDÊNCIA COMENTADA: Semelhança interessante com a compra e venda é a validade e eficácia do contrato de promessa de permuta ou de cessão da promessa de permuta, aplicando-se as regras e princípios que norteiam o compromisso de compra e venda de bem imóvel, notadamente a possibilidade de o promitente permutante exigir, finda a condição, o termo ou ainda a própria realização de alguma prestação pelo promissário permutante, a outorga judicial de escritura definitiva e o consequente registro junto ao cartório do registro de imóveis competente (TJRJ, Apelação Cível 0123230-72.2003.8.19.0001, 17.ª Câmara Cível, Des. Elton Leme, j. 08.10.2014).

REFORMA DO CÓDIGO CIVIL: A proposta de alteração, corretamente, adequa a norma anotada à nova redação sugerida para o art. 496 do Código Civil, incluindo-se o convivente e deixando claro o prazo decadencial e a sua contagem, conferindo unidade ao sistema e segurança jurídica.

"Art. 533. [...]

[...]

II – é anulável a troca de valores desiguais entre ascendentes e descendentes, sem consentimento dos outros descendentes, do cônjuge ou convivente do alienante, aplicando-se o prazo decadencial de dois anos, a contar do registro da venda ou da ciência do negócio, o que ocorrer primeiro."

CAPÍTULO III
DO CONTRATO ESTIMATÓRIO

Art. 534. Pelo contrato estimatório, o consignante entrega bens móveis ao consignatário, que fica autorizado a vendê-los, pagando àquele o preço ajustado, salvo se preferir, no prazo estabelecido, restituir-lhe a coisa consignada.

COMENTÁRIOS DOUTRINÁRIOS: Contrato estimatório é o pacto em que uma pessoa, chamada de consignante, entrega a outra, que se diz consignatária, bem móvel, a fim de que em determinado prazo, esta pague o preço estimado pelos bens que recebeu ou, alternativamente, os devolva, ainda que imotivadamente. Consignante, portanto, é aquele que, em ato de confiança e mantendo consigo a propriedade da coisa, transfere a posse direta ao consignatário, que a recebe munido com o poder de alienação. Estimado é o preço fixado pelas partes para o futuro pagamento que deverá ser feito ao consignante pelo consignatário com relação aos bens móveis que não forem restituídos. A obrigação do consignatário é alternativa: no prazo fixado no contrato restituir os bens recebidos ou acertar com o consignante o pagamento dos bens que não serão devolvidos, pois vendidos a terceiro ou por qualquer outro motivo. Se não for fixado o prazo para o ajuste de contas, aplicar-se-á a regra geral das obrigações, ou seja, o consignante deverá notificar o consignatário para que dentro de um prazo razoável de acordo com as circunstâncias do caso e do tráfico jurídico, exerça a escolha entre pagar o preço ou restituir os bens móveis consignados. Durante esse prazo, o consignatário tem a obrigação de velar pela coisa como se fosse sua, bem como estar atento à função social do contrato e à boa-fé. O Enunciado n. 32 da *I Jornada de Direito Civil* do CJF, ao conceituar o contrato estimatório, aduz que "no contrato estimatório (art. 534), o consignante transfere ao consignatário, temporariamente, o poder de alienação da coisa consignada com opção de pagamento do preço de estima ou sua restituição ao final do prazo ajustado". Quanto à sua natureza jurídica, entendemos que se trata de contrato autônomo, diverso, portanto, de contratos assemelhados como comissão, mandato ou a própria compra e venda. Não obstante, há entendimento doutrinário de ter o contrato estimatório natureza jurídica de modalidade de compra e venda, subordinada à condição suspensiva de o consignatário vender a terceiros o bem que recebeu do consignante. É também contrato real, pois apenas se forma com a efetiva entrega da coisa com preço estimado ao consignatário. De fato, ainda que permaneça o consignante como proprietário, a posse imediata é transferida, e essa transferência é da essência do contrato que, portanto, não se terá por formado com o simples consenso.

JURISPRUDÊNCIA COMENTADA: Em compra e venda celebrada entre consumidor e fornecedora, com intermédio de consignatária, a inadimplência desta em face da consignante não pode ser oposta ao comprador de boa-fé. Neste sentido, decidiu o Tribunal de Justiça do Estado de Minas Gerais no julgamento da Apelação Cível 1.0521.16.003750-8/003, Rel. Des. Sérgio André da Fonseca Xavier, j. 22.08.2017.

Art. 535. O consignatário não se exonera da obrigação de pagar o preço, se a restituição da coisa, em sua integridade, se tornar impossível, ainda que por fato a ele não imputável.

COMENTÁRIOS DOUTRINÁRIOS: O consignatário, ao receber a coisa em consignação, assume o risco pelo perecimento ou pela deterioração da coisa. O bem entregue é de propriedade do consignante, mas a responsabilidade é do consignatário. Desta forma, o consignatário assume responsabilidade civil independentemente da análise de culpa, respondendo, por exemplo, pelo furto das mercadorias perpetrado por um funcionário demissionário ou até mesmo pelo roubo perpetrado por terceiro. A lei não exige a destruição total, bastando que a restituição não seja possível, em sua integralidade. Tal risco pode ser percebido também na obrigação assumida pelo consignatário com relação às garantias da evicção e dos vícios redibitórios, ou seja, perante o eventual adquirente final dos bens dados em consignação, quem responde pelas referidas garantias é o consignatário, ainda que o bem seja de propriedade do consignante, que somente poderá ser demandado pelo consignatário em regresso ou diretamente se entregou a ele coisa de outrem ou com vício oculto. Desta forma, a única escusa do consignatário é o fato exclusivo do consignante, como seria o exemplo da entrega de mercadorias extremamente frágeis que tenham se quebrado ao primeiro contato. Se houver culpa do consignante e do consignatário, o preço da coisa deverá ser rateado em proporção à contribuição de cada um para o evento danoso. Diante desse estado de coisas, forçoso reconhecer a importância da descrição minuciosa do estado das coisas entregues em consignação, para possibilitar uma comparação segura entre o momento da entrega destas e de sua restituição.

JURISPRUDÊNCIA COMENTADA: Em caso no qual a coisa entregue em consignação pereceu totalmente por culpa do sócio da consignatária quando utilizava inadvertidamente o bem consignado, o consignatário foi condenado a complementar o valor pago a título de indenização securitária pela perda total do veículo. Pelo dispositivo ora anotado, ainda que não houvesse culpa, a indenização deveria ser imposta. Salientou o julgado que "a condenação da consignatária em ressarcir o consignante pelos prejuízos decorrentes da perda do veículo a ela confiado é medida de rigor" (TJSP, APL 1007873-94.2015.8.26.0006, Ac. 11439771, 32.ª *Câmara de Direito Privado, São Paulo*, Rel. Des. Kioitsi Chicuta, j. 10.05.2018).

Art. 536. A coisa consignada não pode ser objeto de penhora ou sequestro pelos credores do consignatário, enquanto não pago integralmente o preço.

COMENTÁRIOS DOUTRINÁRIOS: O dispositivo legal reforça a defesa já assinalada no sentido de que, enquanto o consignatário não exercer a opção de pagar o preço estimado ou restituir a coisa, esta é de propriedade do consignante. Se em dívida do consignatário for penhorado ou sequestrado um bem deixado em consignação, poderá o consignante opor embargos de terceiro, para que se retire da constrição judicial o que lhe pertence. Mesmo direito ser-lhe-á deferido se for arrolado no inventário do consignatário bem que fora objeto de contrato estimatório.

JURISPRUDÊNCIA COMENTADA: Com base na regra geral de que somente o bem do devedor ou de um eventual garante responde pela dívida contraída, a lei veda que os credores do consignatário sequestrem ou penhorem os bens consignados, ainda que tenha sido decretada a quebra do consignatário. Neste sentido, decidiu o Superior Tribunal de Justiça (REsp 710.658/RJ, 3.ª Turma, Rel. Min. Nancy Andrighi, j. 06.09.2005).

Art. 537. O consignante não pode dispor da coisa antes de lhe ser restituída ou de lhe ser comunicada a restituição.

COMENTÁRIOS DOUTRINÁRIOS: A transferência do direito de dispor do bem não suprime a propriedade do consignante, mas a limita sobremaneira, pois é da substância do contrato a transferência que o consignante faz ao consignatário do poder de disposição e também da posse. Destarte, durante a vigência do contrato estimatório, a coisa fica à disposição do consignatário, e ofenderia o princípio da boa-fé objetiva, que se materializa na lealdade e confiança recíprocas, que o consignante pudesse dispor da mesma coisa para diversas pessoas. Somente estará autorizado legal e contratualmente a tanto após regular comunicação do consignatário, no sentido de que não tem interesse em ficar com a coisa ou no momento da restituição da coisa. Qualquer alienação feita de forma diferente será reputada ineficaz perante o consignatário, respondendo o consignante perante o terceiro pelos prejuízos que este experimentou ao confiar na seriedade do contrato.

CAPÍTULO IV
DA DOAÇÃO

SEÇÃO I
DISPOSIÇÕES GERAIS

Art. 538. Considera-se doação o contrato em que uma pessoa, por liberalidade, transfere do seu patrimônio bens ou vantagens para o de outra.

COMENTÁRIOS DOUTRINÁRIOS: Doação é o contrato unilateral pelo qual o doador, com espírito de liberalidade, se obriga a transferir em favor do donatário bens ou vantagens que integram o seu patrimônio. Esse contrato traz consigo um elemento objetivo e um subjetivo: o elemento objetivo é o empobrecimento do doador e o consequente enriquecimento do donatário; o elemento subjetivo é a vontade declarada do doador de generosamente favorecer patrimonialmente o donatário. Desta forma, a causa da doação traduz-se na liberalidade ou *animus donandi*, de onde decorrem os efeitos de empobrecimento do doador e enriquecimento do donatário. O *animus donandi* se verifica em manifestação de vontade, que se pressupõe irrevogável, tendo plena vigência o princípio da obrigatoriedade dos contratos (*pacta sunt servanda*). O fato de a lei prever a possibilidade de revogação da doação por ingratidão do donatário ou por descumprimento do encargo não afasta a força obrigatória desse contrato, antes a reforça, posto que colocada na lei como situação excepcional. Excluídas as situações patológicas da fraude e da simulação é, em regra, irrelevante, sob o ponto de vista jurídico, o motivo do doador para contemplar o donatário com alguma vantagem patrimonial, podendo estar vinculado ao afeto decorrente da relação familiar, de amizade, assim como um ato de desprendimento de bens materiais em favor de alguém necessitado, como expressão de um gesto de amor ou bondade. Essa liberalidade pode também ser movida por instintos menos valorosos, como, por exemplo, a vaidade, o orgulho e até a intenção de humilhar alguém com esse ato, que apenas em sua aparência seria considerado nobre. Como exemplo, podemos citar a doação de vantagens e patrimônio feita por uma grande empresa a dois determinados candidatos a cargos políticos, sendo estes ideologicamente distintos, razão pela qual poder-se-ia questionar se o motivo é realmente aprimorar a democracia no país. O motivo do negócio jurídico deve ser, em regra, desprezado pelo jurista, pois não repercute na existência, validade ou eficácia do negócio jurídico. O motivo somente ganha relevo e eficácia quando é posto expressamente no negócio jurídico como razão determinante da manifestação de vontade, como se pode perceber da leitura dos arts. 140 e 166, inc. III, do Código Civil. Na doação, o bem deve pertencer ao doador e este ter a disponibilidade do mesmo, para transferir do seu patrimônio bens ou vantagens para o de outra pessoa. O que ocorre na venda de bem alheio, com relação à sua validade contemporânea à celebração do pacto e eficácia dependente de aquisição superveniente, não se aplica para a doação, pois nesse caso configura pressuposto lógico do contrato a titularidade atual do bem em mãos do doador. A lei coloca de forma muito clara que, por ocasião da doação, o doador transfere de seu patrimônio bens ou vantagens ao donatário, não permitindo cogitar de doação de bem alheio que, acaso realizada ao arrepio da lei, padecerá da sanção de nulidade, na forma do inciso VII do art. 166 do Código Civil. A necessária causalidade entre o empobrecimento do doador e o enriquecimento do donatário já seria o suficiente para explicar a impossibilidade de doação de bem alheio. O empobrecimento do doador distingue-se do contrato da renúncia de herança, que vem a ser o ato unilateral pelo qual uma pessoa rejeita em favor do monte (renúncia abdicativa) acervo que viria integrar o seu patrimônio. Como o bem ainda não pertencia ao renunciante, não há que se falar em propensão à liberalidade, mas sim renúncia de receber uma vantagem econômica, ou seja, não há transferência patrimonial voluntária benéfica a determinada pessoa. O parágrafo único do art. 1.804 do Código Civil, ao estabelecer que "a transmissão tem-se por não verificada quando o herdeiro renuncia à herança" confirma o acerto dessa afirmativa. Se a renúncia for feita de modo a acarretar a transmissão da cota hereditária em favor de determinado herdeiro, haverá um primeiro ato de renúncia seguido de doação, sendo esta a verdadeira natureza jurídica do ato, pois somente pode ser considerado tecnicamente como renúncia o ato abdicativo do herdeiro em favor do monte. Sua natureza jurídica é de contrato unilateral, pois o doador assume a obrigação de entregar a coisa, enquanto o donatário apenas se beneficia. A eventualidade de um encargo não desnatura o contrato, salvo se este for deveras significativo a ponto de configurar uma verdadeira contraprestação, ocasião em que poderemos estar diante de um contrato atípico regido pelas regras gerais da teoria geral dos contratos, ou até mesmo de outra modalidade típica, conforme a circunstância do caso. A doação é também um contrato gratuito, tendo em vista que o donatário não sofre nenhum abalo patrimonial para que venha a se beneficiar economicamente. O doador suporta o sacrifício sem que o donatário tenha que despender uma contraprestação equivalente. O contrato poderá ganhar um viés de onerosidade se o donatário aceitar expressamente a doação de um bem com encargo, muito embora este não deva suprimir a vantagem ao donatário. A classificação da doação como contrato simplesmente consensual ou real é controversa. A primeira corrente entende que, como a redação do art. 538 do Código Civil prescreve que, pelo contrato de doação o doador transfere gratuitamente ao donatário bens ou vantagens de sua titularidade, o contrato seria real, exatamente pelo caráter imperativo do verbo, que daria a entender que o próprio contrato produz o efeito de atribuir ao donatário a titularidade do bem doado. No nosso modo de ver, da mesma forma que a compra e venda, a doação é contrato simplesmente consensual, pois uma vez superada a interpretação literal do dispositivo e analisando o sistema de aquisição da propriedade no Direito Brasileiro, chega-se à conclusão de que a tradição não integra a sua estrutura, na medida em que o doador assume perante o donatário, tão somente, a obrigação de transferir a coisa, o que somente se efetivará com a tradição ou o registro da escritura, conforme se trate de bem móvel ou imóvel. Esse é o posicionamento majoritário na doutrina brasileira. O contrato de doação, como qualquer negócio jurídico, requer a presença de agente capaz, objeto lícito, possível e determinável e forma prescrita ou não defesa em lei. Outras questões acerca da legitimação para ser doador e donatário serão enfrentadas adiante, no estudo das hipóteses de invalidade como, por exemplo, a doação inoficiosa, universal, do adúltero ao seu cúmplice, do tutor ou curador de bens do tutelado ou curatelado, e a possibilidade de doação ao nascituro. Tema controvertido é a admissão da promessa de doação. Há uma corrente doutrinária que simplesmente nega a possibilidade de contrato preliminar, afirmando a necessidade da atualidade do *animus donandi* do doador, além da preocupação em não se criar uma doação forçada, que ocorreria se fosse admitida a execução específica do contrato por parte do promissário donatário, se por acaso o promitente doador não honrasse a palavra dada. Em se tratando de bem imóvel, é possível se apresentar ainda o óbice da ausência de previsão expressa no rol dos títulos registráveis no art. 167 da Lei n. 6.015/1973, o que poderia configurar um quadro de insegurança jurídica, pela falta de publicidade do ato de liberalidade. Uma segunda corrente admite a promessa de doação apenas em caso de doação com encargo, uma vez que a legitimidade para exigir a sua observância, possibilitaria, por outro lado, que o promitente donatário demandasse também pela execução específica, tornando o ato moral e juridicamente defensável. Uma terceira corrente admite a promessa de doação apenas no âmbito do juízo de família, uma vez que a execução específica fundamentar-se-ia no solidarismo social que preside o ramo do Direito de Família. Uma quarta corrente propugna que a promessa de doação é válida, mas afasta a possibilidade do manejo de ação cominatória ou de obrigação de fazer, entendendo, portanto, que o credor da promessa deve satisfazer a sua pretensão mediante a apuração das perdas e danos. Entendemos que, se não houver cláusula de arrependimento, em estrita obediência aos princípios da liberdade contratual, obrigatoriedade, função social e boa-fé objetiva, a forma mais justa de equacionar essa difícil questão é admitir de modo irrestrito a eficácia da promessa de doação, com a possibilidade de substituição da vontade não manifestada do promitente doador pela decisão judicial em ação de obrigação de fazer, na forma do que dispõe o art. 501 do Código de Processo Civil de 2015: "Na ação que tenha por objeto a emissão de declaração de vontade, a sentença que julgar procedente o pedido, uma vez transitada em julgado, produzirá todos os efeitos da declaração não emitida". Não há fundamento moral, ético ou jurídico para a admissão do arrependimento por parte do promitente doador, se este, livre e conscientemente, prometeu doar um bem a uma pessoa. Por fim, em adendo à defesa de nossa tese, observemos que, principiologicamente, a aceitação do direito de recusa do promitente doador contraria o princípio da boa-fé objetiva, na figura do *venire contra factum proprium* ou teoria dos atos próprios, uma vez que é absolutamente contraditório o comportamento de uma pessoa que promete doar um bem mediante a aceitação do declaratário da vontade e depois, unilateralmente desiste do que prometeu. Diante da importância dessa questão no juízo de família, os membros componentes da *VI Jornada de Direito Civil* do Conselho da Justiça Federal, em 2013 aprovaram o Enunciado n. 549 com o seguinte teor: "A promessa de doação no âmbito da transação constitui obrigação positiva e perde o caráter de liberalidade previsto no art. 538 do Código Civil". As modalidades de doação são as seguintes: pura, condicional e a termo, onerosa (também conhecida como modal ou com encargo), remuneratória, ao nascituro, em adiantamento de legítima, entre cônjuges, com cláusula de reserva de usufruto, em forma de subvenção periódica, antenupcial e à prole eventual, com cláusula de reversão, conjuntiva, e a feita à entidade futura. Doação pura é aquela que não contém nenhuma condição ou encargo e não é feita para remunerar o donatário por serviços prestados. É a autêntica doação que tem por causa, tão somente, o *animus donandi*, ou seja, a liberalidade em seu melhor significado. As demais modalidades serão estudadas adiante, nos dispositivos legais correspondentes.

JURISPRUDÊNCIA COMENTADA: Caso concreto comum no Judiciário é a doação "disfarçada" de compra e venda, ou seja, negócio jurídico simulado de compra e venda com natureza de doação. O Tribunal de Justiça de Minas Gerais reconheceu a simulação relativa na compra e venda de um imóvel feita pelos pais, em cuja escritura pública figuraram os nomes de alguns de seus descendentes. Portanto, apesar de celebrada compra e venda, em verdade foi feita doação de ascendentes a descendentes (TJMG, Apelação Cível 1.0543.11.000589-8/001, Rel. Des. José Américo Martins da Costa, j. 06.09.2018). Em ação de divórcio litigioso, a renúncia de um dos cônjuges à sua meação em favor do outro equivale a uma doação. Nesse sentido, decidiu o TJDF, no julgamento da Apelação Cível 013.07.1.038569-5, 1.ª Turma Cível, Rel. Des. Nídia Corrêa Lima, j. 20.07.2016. A jurisprudência superior tem reconhecido a eficácia dos atos de promessa de doação: "Recurso especial. Direito civil. Direito de família. Divórcio consensual. Partilha de bens. Acordo. Doação aos filhos. Homologação judicial. Sentença com eficácia de escritura pública. Formal de partilha. Registro no cartório de imóveis. Possibilidade. 1. Não constitui ato de mera liberalidade a promessa de doação aos filhos como condição para a realização de acordo referente à partilha de bens em processo de separação ou divórcio dos pais, razão pela qual pode ser exigida pelos beneficiários do respectivo ato. 2. A sentença homologatória de acordo celebrado por ex-casal, com a doação de imóvel aos filhos comuns, possui idêntica eficácia da escritura pública. 3. Possibilidade de expedição de alvará judicial para o fim de se proceder ao registro do formal de partilha. 4. Recurso especial provido" (STJ, REsp 1537287/SP, 3.ª Turma, Rel. Min. Ricardo Villas Bôas Cueva, j. 18.10.2016).

PANDEMIA: Ao ensejo de diminuir os efeitos nocivos da pandemia com relação ao acesso à alimentação de grupos vulneráveis no Brasil e evitar o desperdício desnecessário de alimentos aptos ao consumo, a Lei n. 14.016, de 23 de junho de 2020, autorizou que empresas, hospitais, supermercados, cooperativas, restaurantes, lanchonetes e todos os demais estabelecimentos que forneçam alimentos preparados prontos para o consumo de trabalhadores, de empregados, de colaboradores, de parceiros, de pacientes e de clientes em geral realizassem a doação de alimentos *in natura*, produtos industrializados e refeições a donatários que se encontrem em situação de necessidade alimentar, podendo se valer o doador da intermediação de entidades assistenciais que se voluntariem nessa atividade tão importante para a sociedade em geral. Evidentemente que a doação de alimentos deve atender a determinados critérios que estão arrolados em seu art. 1º, quais sejam: "I – estejam dentro do prazo de validade e nas condições de conservação especificadas pelo fabricante, quando aplicáveis; II – não tenham comprometidas sua integridade e a segurança sanitária, mesmo que haja danos à sua embalagem; III – tenham mantidas suas propriedades nutricionais e a segurança sanitária, ainda que tenham sofrido dano parcial ou apresentem aspecto comercialmente indesejável". Questão interessante é a previsão do art. 3º, no qual se vê que apenas haverá responsabilidade civil ou penal do doador se este agir com dolo, isto é, com o deliberado propósito de causar dano ao donatário. Essa modalidade tem sido chamada de *doação famélica*.

REFORMA DO CÓDIGO CIVIL: Como apontamos nos comentários doutrinários *supra*, em que pese controvérsia sobre a natureza real ou obrigacional da doação, entendíamos pela segunda corrente, a qual resta adotada na revisão do artigo a partir da referência expressa à necessidade de aceitação pelo donatário. De fato, a entrega dos bens ou das vantagens é ato de cumprimento da prestação.

"Art. 538. Considera-se doação o contrato em que uma pessoa, por ato de liberalidade, transfere do seu patrimônio bens ou vantagens para o de outra, que os aceita."

Trata-se de proposta que visa eliminar a dúvida sobre tratar-se a doação de contrato real ou de contrato consensual, ainda que solene. A interpretação sistemática já conduz ao entendimento de que, diante da necessidade de forma escrita, conforme o art. 541, a doação se constitui mediante consentimento que se expressa pela forma legal, e não mediante a entrega da coisa, que é ato de cumprimento.

Art. 539. O doador pode fixar prazo ao donatário, para declarar se aceita ou não a liberalidade. Desde que o donatário, ciente do prazo, não faça, dentro dele, a declaração, entender-se-á que aceitou, se a doação não for sujeita a encargo.

COMENTÁRIOS DOUTRINÁRIOS: O doador pode fixar prazo para que o donatário declare se aceita ou não a liberalidade. Se dentro do prazo quedar-se inerte, entender-se-á que aceitou. Trata-se de mais uma hipótese de aceitação presumida, uma vez que é a lei que atribui à ausência de aceitação expressa o sentido de assentimento do contrato, e não as circunstâncias do caso ou os usos e costumes. O artigo referido apenas se aplica para a doação pura, pois se a doação for com encargo, também chamada de modal ou onerosa, a lei exige aceitação expressa. Se no prazo estabelecido o donatário não declarar a aceitação do bem doado, o doador poderá arrepender-se do negócio. O contrato também não se aperfeiçoará, possibilitando o arrependimento dos herdeiros ou do curador, se o doador, no interregno do prazo previsto para a aceitação, morrer ou tornar-se incapaz. Nesse caso, reputar-se-á resolvida a doação. Outro exemplo é a doação feita em contemplação de casamento futuro com certa e determinada pessoa (*propter nuptias*) e à prole eventual previstas no art. 546 do Código Civil, a ser estudada mais adiante.

Art. 540. A doação feita em contemplação do merecimento do donatário não perde o caráter de liberalidade, como não o perde a doação remuneratória, ou a gravada, no excedente ao valor dos serviços remunerados ou ao encargo imposto.

COMENTÁRIOS DOUTRINÁRIOS: A norma em comento trata da doação remuneratória, aquela que se verifica por um sentimento de gratidão do doador, que o compele a remunerar o donatário em decorrência de este ter realizado gratuitamente ou por preço bem abaixo do praticado normalmente no mercado, um serviço que ordinariamente teria um custo ou seria bem mais oneroso. Ainda que não haja obrigação civil de pagar, o doador sente-se obrigado por um dever de consciência a remunerar o donatário. A doação será efetiva somente na parte que exceder ao serviço prestado. Dessa forma, se o donatário presta gratuitamente um serviço odontológico, cujos honorários custariam, se oneroso, dois mil reais e o doador imbuído do sentimento de gratidão o premia com a doação de um automóvel avaliado em dez mil reais, somente será considerada doação a parte que exceder ao serviço prestado, ou seja, o donatário foi contemplado com uma doação de oito mil reais. As doações remuneratórias não se revogam por ingratidão do donatário (art. 564, I, do CC). Pelo mesmo fundamento da natureza de remuneração, o art. 1.647, inc. IV, do Código Civil permite ao cônjuge doar bem comum ao casal sem a outorga marital, assim como não estão sujeitas à colação as doações remuneratórias de serviços feitos ao ascendente (art. 2.011).

JURISPRUDÊNCIA COMENTADA: Questão que se encontra controversa na doutrina é a de perquirir se a doação remuneratória deve respeitar a legítima dos herdeiros necessários, ou seja, incorrerá em nulidade textual parcial a doação inoficiosa (art. 549 do CC) feita com o claro propósito de remunerar os serviços prestados pelo donatário? Em nossa opinião, se a causa da doação for a remuneração por serviços prestados gratuitamente pelo donatário ao ascendente doador, não se aplicaria a aludida nulidade, exatamente porque de doação não se trata, mas sim de contraprestação, motivo que dispensa o donatário, futuro herdeiro necessário, de trazer à colação o bem recebido após o passamento do doador, conforme preconiza expressamente o art. 2.011 do Código Civil. O ônus da prova do caráter remuneratório da liberalidade, a toda evidência, é do donatário. Seguindo linha diversa desse posicionamento doutrinário que parece correto, o Superior Tribunal de Justiça, em decisão unânime, relatada pela Min. Nancy Andrighi, entendeu que a doação remuneratória deve respeitar a legítima dos herdeiros necessários, talvez por falta da ausência de exceção à doação remuneratória na nulidade prevista no art. 548 do Código Civil como se pode verificar nesse trecho extraído do *decisum*: "A doação remuneratória, caracterizada pela existência de uma recompensa dada pelo doador pelo serviço prestado pelo donatário e que, embora quantificável pecuniariamente, não é juridicamente exigível, deve respeitar os limites impostos pelo legislador aos atos de disposição de patrimônio do doador, de modo que, sob esse pretexto, não se pode admitir a doação universal de bens sem resguardo do mínimo existencial do doador, nem tampouco a doação inoficiosa em prejuízo à legítima dos herdeiros necessários sem a indispensável autorização desses, inexistente na hipótese em exame" (REsp 1.708.951/SE, 3.ª Turma, j. 14.05.2019).

Art. 541. A doação far-se-á por escritura pública ou instrumento particular.

Parágrafo único. A doação verbal será válida, se, versando sobre bens móveis e de pequeno valor, se lhe seguir *incontinenti* a tradição.

COMENTÁRIOS DOUTRINÁRIOS: A norma em análise classifica a doação como um contrato formal em regra, ressalvada a doação de bens móveis seguida da imediata tradição, quando poderá ser formalizado verbalmente. Neste caso, é denominada pela doutrina como doação manual. Este tipo de liberalidade torna o contrato de doação informal e real, pois a forma não é requisito de validade e o contrato se aperfeiçoa com a simples tradição do objeto doado, deslocando a entrega do bem do plano da eficácia para o da própria existência do contrato. Se a doação manual for reduzida a escrito, a forma adotada servirá apenas como meio de prova não sofrendo sanção de invalidade. O grande problema do dispositivo legal é a concepção do significado da expressão "bem de pequeno valor". Diante de uma previsão vaga, de um conceito jurídico indeterminado, o intérprete da lei deve atentar para a lógica do razoável que ressai da análise do caso concreto, bem como aferir, no caso concreto, a capacidade social e econômica do doador. Tal perspectiva acabou adotada pelo Enunciado n. 622 na *VIII Jornada de Direito Civil*.

JURISPRUDÊNCIA COMENTADA: Malgrado a vedação expressa da lei, é comum chegarem aos Tribunais casos de anulação de doações verbais de imóveis (TJBA, Apelação Cível 0000307-18.2013.8.05.0087, 5.ª Câmara Cível, Rel. Des. Carmem Lucia Santos Pinheiro, j. 30.10.2018; TJCE, Agravo de Instrumento 0621623-05.2018.8.06.0000/50001, 2.ª Câmara de Direito Privado, Rel. Des. Carlos Alberto Mendes Forte, j. 18.07.2018; TJES, Agravo de Instrumento 0005515-71.2017.8.08.0050, 3.ª Câmara Cível, Rel. Des. Ronaldo Gonçalves de Sousa, j. 12.06.2018; TJMG, Apelação Cível 1.0518.13.018814-8/001, Rel. Des. Aparecida Grossi, j. 01.02.2018; TJRJ, Apelação Cível 0024154-18.2012.8.19.0209, 10.ª Câmara Cível, Rel. Des. Celso Luiz de Matos Peres, j. 22.03.2018).

REFORMA DO CÓDIGO CIVIL: A inclusão do § 2º incorpora o Enunciado n. 622 da *VIII Jornada de Direito Civil* do CJF, conforme comentamos *supra*: "Para a análise do que seja bem de pequeno valor, nos termos do que consta do art. 541, parágrafo único, do Código Civil, deve-se levar em conta o patrimônio do doador". O § 3º incorpora a ideia de doação indireta, na qual o bem doado é o dinheiro para a aquisição onerosa de algum bem. Dessa forma, sendo adotada essa perspectiva, será afirmativa a resposta para a indagação se a liberalidade em favor de alguém de determinada soma se considera tecnicamente como doação. Digno de nota que a validade reconhecida no texto importa no reconhecimento da doação para todos os fins de direito, por exemplo, recolhimento de tributos, adiantamento de legítima e colação etc.

"Art. 541. [...]

§ 1º A doação verbal será válida, se, versando sobre bens móveis e de pequeno valor, ou de bens móveis de uso pessoal, se lhe seguir *incontinenti* a tradição.

§ 2º Para a aferição do que seja bem de pequeno valor, nos termos do que consta do § 1º deste artigo, deve-se levar em conta o patrimônio do doador.

§ 3º É válida a doação de valores pecuniários empregados pelo donatário para o pagamento do preço ao alienante na compra de bens, ainda que não declarada expressamente a liberalidade no instrumento contratual e ainda que o pagamento tenha sido feito diretamente ao alienante."

Art. 542. A doação feita ao nascituro valerá, sendo aceita pelo seu representante legal.

COMENTÁRIOS DOUTRINÁRIOS: O artigo trata da modalidade conhecida como doação ao nascituro. Nascituro é o ser já concebido, mas ainda ligado ao ventre materno pelo cordão umbilical. Pode ser beneficiado por doação pura, desde que haja aceitação expressa de seu representante legal, que podem ser seus genitores ou eventual curador da gestante que, por extensão, exercerá também a curatela do nascituro, conforme disposto no art. 1.779, parágrafo único do Código Civil. Com relação à personalidade jurídica do nascituro existem três correntes: natalista, personalidade condicionada e conceptualista. Para a teoria natalista, a personalidade civil do homem somente se dá com o nascimento com vida, assegurados por lei os direitos do nascituro, conforme parece sugerir a interpretação literal do art. 2º do Código Civil. Esse posicionamento é adotado majoritariamente pela doutrina. A teoria da personalidade condicionada conceitua o nascituro como uma pessoa condicional, ou seja, a aquisição de sua personalidade acha-se sob a dependência de condição suspensiva, nascer com vida. Para a teoria conceptualista, o início da personalidade coincide com a concepção. O fundamento dessa doutrina consiste na existência de uma lista de direitos assegurada ao nascituro na parte final do art. 2º do Código Civil, sendo forçoso reconhecer que o nascituro tem personalidade, pois inexistem direitos sem titular. Nesse sentido, além da doação pura, ressalte-se que o nascituro está legitimado para receber herança na sucessão *causa mortis* (arts. 1.798 e 1.799, inc. I, do CC), faz-se sujeito sob o regime de curatela (art. 1.779 do CC) e pode investigar a paternidade (art. 1.609, parágrafo único, do CC), bem como o art. 2º da Lei n. 11.804/2008 (alimentos gravídicos) deixa entrever que a pessoa em formação é credora de alimentos. A corrente majoritária que adota a teoria natalista, e mesmo aqueles que defendem a teoria da personalidade condicionada, sustentam que, se houver a interrupção da gravidez ou se no parto verificar-se a retirada do ventre materno do feto morto, a doação perderá a sua eficácia, em razão do não implemento da condição suspensiva que consiste no nascimento com vida. Desta forma, o nascimento com vida produzirá efeitos retroativos até o momento da liberalidade. O nascituro tem personalidade, mas a doação feita a ele se submete a uma condição suspensiva lógica, qual seja, nascer com vida.

Art. 543. Se o donatário for absolutamente incapaz, dispensa-se a aceitação, desde que se trate de doação pura.

COMENTÁRIOS DOUTRINÁRIOS: Na doação feita ao incapaz há a dispensa da própria aceitação, não sendo necessária a aceitação nem a manifestação de vontade do representante. Diante dessa presunção absoluta, a nosso ver, temos que a indigitada doação se aperfeiçoa com a simples proposta do doador e o representante legal do incapaz, em que pese ser o administrador do patrimônio daquele, não poderá impedir a efetivação do contrato. Se a pessoa for relativamente incapaz, indispensável será a aceitação do donatário e a assistência do representante legal deste, ainda que presumida na forma do art. 539 do Código Civil acima referenciado. Concluindo, temos que o doador pode realizar uma escritura pública de doação de um bem imóvel para uma pessoa de quinze anos sem que necessite do consentimento de ninguém, subscrevendo sozinho, portanto, o referido ato. Importante destacar que, diferentemente das outras formas de doação em que a aceitação se faz presente, quando esta é simplesmente dispensada, se o doador ou donatário morrerem antes de eventual aceitação, o contrato estará perfeito e acabado, sendo exigível, portanto, o cumprimento da avença por parte do espólio do doador ou partilhando-se entre os herdeiros do donatário, conforme o caso.

REFORMA DO CÓDIGO CIVIL: A sugestão de alteração cinge-se a possibilitar em determinadas situações a atuação do representante legal da pessoa absolutamente incapaz na tutela do melhor interesse do tutelado. Em primeiro lugar, a recusa com relação às doações puras se estas se mostrarem onerosas ao donatário, por exemplo, um imóvel com débitos expressivos de cotas condominiais e IPTU de tal monta que não recomendem a doação ou até mesmo a procedência ilícita do bem. No segundo caso, malgrado seja a doação onerosa, pode ser que esta atenda ao interesse presumível do incapaz em uma situação na qual a liberalidade se mostre de maior expressão do que o encargo.

"Art. 543. Se o donatário for absolutamente incapaz, dispensa-se a aceitação, desde que se trate de doação pura, mas pode seu representante justificar a não aceitação, se houver justa causa.

Parágrafo único. Se com encargo, caberá ao representante do incapaz aceitá-la ou não, justificando sua decisão."

Art. 544. A doação de ascendentes a descendentes, ou de um cônjuge a outro, importa adiantamento do que lhes cabe por herança.

COMENTÁRIOS DOUTRINÁRIOS: O artigo em comento trata de modalidade de doação como adiantamento de legítima. Com o objetivo de garantir o direito à legítima dos herdeiros necessários, a presente regra estabelece que a doação entre herdeiros necessários importa em adiantamento de legítima e, portanto, deverá ser trazido à colação no momento do falecimento do doador o valor dos bens recebidos no ato *inter vivos* de liberalidade, ainda que estes não mais estejam na titularidade do donatário, na forma do art. 2.002 do Código Civil. Pelo atual estatuto do direito privado, ascendente, descendente e cônjuge são reputados herdeiros necessários, conforme disposto no art. 1.845 do Código Civil, ou seja, todos eles têm direito à legítima, que vem a ser a metade do patrimônio líquido do autor da herança, tido pela lei como indisponível, na forma do disposto no art. 1.846 do Código Civil. A compreensão da regra passa pelo reconhecimento de que qualquer bem doado pelas pessoas a que se refere a lei será considerado como antecipação do que caberia ao herdeiro que fora beneficiado em vida. O companheiro é igualmente herdeiro necessário, diante da interpretação conforme a Constituição do art. 1.845 do Código Civil, pois o art. 226, § 3º, da Carta Magna coloca a união estável, para fins de proteção da família, no mesmo patamar do casamento, não sendo razoável aduzir que o projeto parental não matrimonializado esteja hierarquicamente em posição inferior, diante da sociedade, ao matrimônio formal. Aplicam-se, por conseguinte, ao companheiro todas as questões aqui apresentadas atinentes à doação entre cônjuges. O instituto da colação visa igualar as legítimas por meio da conferência do valor das doações que os herdeiros necessários receberam em vida do doador, conforme o art. 2.002 do CC. Se o herdeiro donatário não trouxer à colação os bens doados pelo falecido, sofrerá as sanções decorrentes dessa modalidade de sonegação (art. 1.992 do CC), perdendo o direito que lhe caberia na herança com relação ao bem sonegado e ainda poderá sofrer a remoção da inventariança, se ocupar esse lugar no inventário. Os ascendentes que recebam bens doados pelos seus descendentes, embora sejam herdeiros necessários, estão exonerados de trazer à colação. Isso se justifica pelas regras da experiência comum de que, normalmente, os descendentes falecem antes dos ascendentes, e o que se deve preservar é a igualdade entre os filhos e não entre os pais. Se o herdeiro donatário não trouxer à colação os bens doados pelo falecido, sofrerá as sanções decorrentes dessa modalidade de sonegação, previstas no art. 1.992 do Código Civil, perdendo o direito que lhe caberia na herança com relação ao bem sonegado, e ainda poderá sofrer a remoção da inventariança acaso ocupe esse lugar no inventário. O art. 2.004 do Código Civil estabelece um critério acerca do valor que deve ser trazido à colação no momento da abertura da sucessão, ao dizer que será aquele constante do ato de liberalidade. Contudo, o parágrafo único do art. 639 do Código de Processo Civil de 2015 prevê que os bens doados, com as suas acessões e benfeitorias, trazidos à colação pelo herdeiro serão conferidos na partilha, servindo de critério para cálculo de igualdade das legítimas o valor que tiverem ao tempo da abertura da sucessão, entrando em aparente rota de colisão com o Código Civil vigente. Se o bem não mais estiver nas mãos do doador, será necessário encontrar o valor do patrimônio doado à época da liberalidade e atualizá-lo monetariamente até a data do falecimento do doador. Contudo, se ainda pertencer ao donatário, deve ser buscado o valor atual do bem para servir de critério para fins de colação, sendo esta a correta perspectiva da nova lei processual civil. Os dispositivos legais mencionados foram adequadamente harmonizados pelo Enunciado n. 644 da *VIII Jornada de Direito Civil*

(2018) do Conselho da Justiça Federal, que preceitua o seguinte: "Os arts. 2.003 e 2.004 do Código Civil e o art. 639 do CPC devem ser interpretados de modo a garantir a igualdade das legítimas e a coerência do ordenamento. O bem doado, em adiantamento de legítima, será colacionado de acordo com seu valor atual na data da abertura da sucessão, se ainda integrar o patrimônio do donatário. Se o donatário já não possuir o bem doado, este será colacionado pelo valor do tempo de sua alienação, atualizado monetariamente". Concluindo, temos que os bens doados pelos ascendentes aos descendentes, assim como a doação entre cônjuges, são válidos, mas os bens recebidos em vida devem ser trazidos à colação no inventário do sucedido. A hipótese não se confunde com a doação inoficiosa, que é nula de pleno direito. Foi aprovado na *IX Jornada de Direito Civil*, realizada em maio de 2022, o Enunciado n. 654 com o seguinte teor: "Em regra, é válida a doação celebrada entre cônjuges que vivem sob o regime da separação obrigatória de bens". Tivemos o ensejo de apoiar a aprovação desse enunciado por entender que a restrição representa injustificada restrição ao princípio da autonomia privada, não se devendo de antemão presumir fraude em tal estipulação. Há que se destacar ainda que o Superior Tribunal de Justiça tem prestigiado a antiga Súmula 377 do Supremo Tribunal Federal, a qual estabelece a comunicação dos bens adquiridos durante o casamento na hipótese de aplicação do regime da separação legal de bens.

JURISPRUDÊNCIA COMENTADA: A Terceira Turma do Superior Tribunal de Justiça, na relatoria da eminente Ministra Nancy Andrighi, asseverou que o art. 544 do Código Civil deve ser interpretado no sentido da validade da doação feita de ascendente a descendente, impondo-se apenas ao "donatário obrigação protraída no tempo, de, à época do óbito do doador, trazer o patrimônio recebido à colação, para igualar as legítimas, caso não seja aquele o único herdeiro necessário" (STJ, REsp 1.361.983/SC, 3.ª Turma, j. 18.03.2014). Na doação com escritura pública, ainda que conste declaração de que o bem doado não excede a parte disponível do doador, esta não é suficiente para dispensar o donatário da colação, que não se presume, e deve ser feita na forma do disposto no art. 2.006 do Código Civil (TJDF, Apelação Cível 110.8710, 1.ª Turma Cível, Rel. Des. Simone Lucindo, j. 11.07.2018). O herdeiro que foi beneficiado com o empréstimo gratuito de um bem que futuramente comporia o acervo hereditário não é obrigado a trazer o valor econômico do benefício recebido. A lei restringe a obrigatoriedade da colação aos bens doados a fim de igualar as legítimas (art. 2.002 do CC). No comodato não há a transferência definitiva de um bem a um herdeiro necessário, de modo a impor a colação, mas apenas a disponibilidade da posse direta, ainda que gratuita, por determinado período de tempo. Ainda que o comodato não esteja entre as situações que tornam prescindível a colação (art. 2.010 do CC – "Não virão à colação os gastos ordinários do ascendente com o descendente, enquanto menor, na sua educação, estudos, sustento, vestuário, tratamento nas enfermidades, enxoval, assim como as despesas de casamento, ou as feitas no interesse de sua defesa em processo-crime"), por não haver a referida transferência definitiva de um bem de modo a desigualar as legítimas, não há espaço jurídico para defender a obrigatoriedade da colação. Nesse sentido, merece referência o destaque dado no *Informativo* n. *644*, de 12 de abril de 2019, no qual ficou consignado que "é prescindível que herdeiro necessário traga à colação o valor correspondente à ocupação e ao uso a título gratuito de imóvel que pertencia ao autor da herança" (STJ, REsp 1.722.691/SP, 3.ª Turma, Rel. Min. Paulo de Tarso Sanseverino, j. 12.03.2019, v.u.).

REFORMA DO CÓDIGO CIVIL: Uma das questões que têm provocado maior número de divergências no trabalho do anteprojeto de Código Civil é a opção por não incluir o cônjuge como herdeiro necessário. Daí, não mais se justifica falar que a doação de um cônjuge ou de um convivente a outro importa em adiantamento de legítima. Em outro giro, a alteração reforça a ideia da necessidade de reflexão desse dispositivo com as regras que regem o instituto da colação.

"Art. 544. A doação de ascendente a descendente importa adiantamento de legítima, respeitadas as exigências legais para a dispensa de colação."

Art. 545. A doação em forma de subvenção periódica ao beneficiado extingue-se morrendo o doador, salvo se este outra coisa dispuser, mas não poderá ultrapassar a vida do donatário.

COMENTÁRIOS DOUTRINÁRIOS: A doação pode ser feita em subvenção periódica ao donatário, isto é, o objeto da doação será uma contínua transferência de determinadas vantagens ou mesmo dinheiro ao donatário. A periodicidade da subvenção é definida pelas partes e pode ser semanal, mensal, trimestral, semestral, anual, de acordo as necessidades do beneficiário e autonomia privada do doador. Pode, por exemplo, consistir em uma cesta básica mensal outorgada a determinada pessoa, a constituição de uma renda semanal de quinhentos reais a que fará jus o donatário, ou a transferência trimestral de determinada soma de dinheiro para colaborar com a manutenção de uma entidade de apoio a crianças portadoras de leucemia. Poderá ser feita para determinada finalidade, como a conclusão do bacharelado em direito por parte do beneficiário, para custear um tratamento médico, manutenção durante determinado período em outro país, ou ainda sem motivação declarada alguma. Enquanto contrato, a doação em forma de subvenção periódica obriga o doador de acordo com os seus termos, municiando o donatário dos meios legais para obrigar o doador a cumprir a obrigação. Desta forma, uma vez celebrado o contrato, não poderá o doador modificar unilateralmente o modo ou o tempo da obrigação. Se não houver prazo estabelecido, deverá ser observada a regra geral que possibilita ao contratante denunciar a qualquer tempo o contrato e, com isso, suspender ou cancelar o benefício de proporcionar a subvenção ao donatário. A subvenção do donatário não passará aos herdeiros do doador, salvo se este dispuser em contrário e o acervo hereditário comportar a assunção do encargo, uma vez que os herdeiros respondem pelas obrigações do falecido até o limite das forças da herança. A doação sob a forma de subvenção periódica é negócio jurídico personalíssimo, extinguindo-se com a morte do donatário. Desta forma, a referida doação não aproveitará aos herdeiros do donatário.

JURISPRUDÊNCIA COMENTADA: A doação sob a forma de subvenção periódica não pode ser confundida com múltiplas doações no curso do tempo. Em caso concreto julgado pelo TJSP, o titular de um benefício previdenciário se obrigou a transmitir metade do valor recebido à mãe de sua falecida esposa, que veio a Juízo cobrar o valor do genro, após este suspender o repasse. Este, contudo, não renovava o *animus donandi* a cada repasse que fazia. Portanto, era caso de liberalidades diversas, e não de uma doação única com subvenção periódica (TJSP, Apelação Cível 0004810-82.2013.8.26.0189, 10.ª Câmara de Direito Privado, Rel. Des. Carlos Alberto Garbi, j. 23.05.2017).

Art. 546. A doação feita em contemplação de casamento futuro com certa e determinada pessoa, quer pelos nubentes entre si, quer por terceiro a um deles, a ambos, ou aos filhos que, de futuro, houverem um do outro, não pode ser impugnada por falta de aceitação, e só ficará sem efeito se o casamento não se realizar.

COMENTÁRIOS DOUTRINÁRIOS: Esse dispositivo trata de duas modalidades: doação antenupcial e doação à prole eventual. A doação antenupcial, também chamada de *propter nuptias*, é aquela que tem como condição o casamento futuro com certa e determinada pessoa. Essa espécie de doação é feita sob a condição suspensiva da realização do casamento, caducando se este não se verificar. Pode ser feita por um cônjuge ao outro, por um terceiro a um dos cônjuges, ou ainda por um terceiro aos cônjuges. A doação à prole eventual, como a própria expressão sugere, é aquela em que um terceiro realiza uma liberalidade em favor do filho que eventualmente venha a nascer do casal referido no contrato. Essas doações não podem ser impugnadas por falta de aceitação, somente perdendo a eficácia se o casamento não se realizar. Essa afirmação não significa que este seria mais um caso em que a aceitação estaria dispensada, mas na verdade não há dispensa de aceitação, pois esta se apresenta de modo expresso no momento em que for realizado o casamento. Em outras palavras, ao casarem, os cônjuges acabam por externar claramente o assentimento na doação, sendo, portanto, caso em que se exige para o aperfeiçoamento do contrato a aceitação expressa. As doações antenupciais feitas aos filhos quando casarem ou se estabelecerem com economia separada reputam-se válidas, ainda que delas participe apenas um dos cônjuges, conforme disposto no art. 1.647, parágrafo único do Código Civil. A apontada modalidade de doação se submete, excepcionalmente, aos riscos da evicção, salvo se houver cláusula em contrário. Com o objetivo de evitar a revogação da doação por ingratidão do donatário, quando a liberalidade for feita para contemplar os nubentes em determinado casamento, o art. 564, IV, do Código Civil a excepciona. É conveniente que o doador fixe um prazo máximo para a realização do casamento, uma vez que se não o fizer surgirá dúvida sobre a eficácia desse pacto. Nesse caso, se houver algum ato de oposição explícita à realização do casamento, casamento com outra pessoa, ou até mesmo a morte de um dos donatários, o bem voltará a ficar de livre disponibilidade para o doador. A doação perderá igualmente a eficácia se o casamento for inexistente. Se for nulo, mas putativo para um dos cônjuges, este aproveitará a liberalidade na parte que lhe tocar, até o trânsito em julgado da sentença que decretar a nulidade.

REFORMA DO CÓDIGO CIVIL: A comissão revisora sugere a revogação do dispositivo, talvez por entender que haja a patrimonialização em um instituto que deve primar pela comunhão de afetos. Pedimos licença para divergir, pois a doação *propter nuptias*, conquanto rara, deve ser disponibilizada à pessoa que tenha interesse em realizar o ato.

Art. 547. O doador pode estipular que os bens doados voltem ao seu patrimônio, se sobreviver ao donatário.

Parágrafo único. Não prevalece cláusula de reversão em favor de terceiro.

COMENTÁRIOS DOUTRINÁRIOS: Trata-se da doação com cláusula de reversão. É uma forma de doação pura, porém subordinada ao evento futuro e incerto de o donatário morrer antes do doador, o que confere a esse elemento acidental a natureza de condição resolutiva. A possibilidade de reversão do bem doado para o próprio doador se fundamenta no caráter de gratuidade do contrato, que apenas beneficia o donatário. Nada mais justo que o contratante empobrecido pela liberalidade se reserve o direito de recuperar o bem doado se sobreviver ao donatário. Conforme pode ser facilmente observado, nessa doação especial fica nítido que o doador quis conferir ao contrato um cunho personalíssimo, impedindo que o bem doado fosse partilhado entre os herdeiros do donatário. É igualmente pessoalíssima se analisada em relação ao doador, pois se este morrer a cláusula de reversão se extingue e o bem fica livre de ônus. Isso porque a norma em comento refere expressamente que, com a morte do donatário, o bem retorna ao patrimônio do doador, dependendo esse efeito jurídico de que sobreviva ao donatário. Entendemos que a cláusula de reversão não torna o bem inalienável, pois inexiste vedação nesse sentido e as restrições ao direito de propriedade devem constar em lei ou no próprio negócio jurídico. Contudo, como a propriedade do donatário é resolúvel, o implemento da condição produz o efeito de resolver o direito real que foi concedido na sua pendência, autorizando o doador a reivindicar a coisa de quem possua ou detenha o objeto doado. A cláusula de reversão não se presume, devendo constar expressamente no ato de liberalidade. Em se tratando de bem imóvel, indispensável será, em regra, a escritura pública e a publicidade por meio do registro no cartório imobiliário, sob pena de não produzir efeitos em face de terceiros. Não há óbice legal ou principiológico algum para que se subordine a reversão do bem doado a outro termo que não seja exatamente a premoriência do donatário, como seria o caso de uma data prefixada ou a qualquer outra condição. A nosso sentir, a matéria está afeta a autonomia privada, uma vez que dentre os impeditivos para a aposição de elementos acidentais do negócio jurídico, não se verifica nenhuma proibição à aludida estipulação contratual. Entretanto, nada obsta que o doador revogue a cláusula, uma vez que se trata de direito disponível que somente ao disponente beneficia. Ocorrida a reversão, os herdeiros do donatário devem ser indenizados pelas acessões e benfeitorias necessárias e úteis que foram realizadas de boa-fé no bem objeto da doação. A condição reversiva se opera automaticamente, podendo o beneficiado levar tal fato à averbação com efeitos declaratórios junto ao registro imobiliário em se tratando de bem imóvel. O parágrafo único do dispositivo em análise finalizou uma antiga controvérsia acerca da possibilidade do fideicomisso, instituto típico do direito das sucessões, por meio da doação. A possibilidade de uma pessoa doar (fideicomitente) para outra (fiduciária) e esta, mediante o advento de algum termo ou condição, transmitir o bem doado a um terceiro (fideicomissário) sempre foi objeto de intensas controvérsias. Com o tempo, duas conclusões acabaram acatadas majoritariamente, ao menos no ordenamento jurídico pátrio. A primeira é que a substituição fideicomissária se tornou restrita, sendo admitida apenas em favor dos não concebidos ao tempo da morte do testador, conforme o art. 1.952 do CC. A segunda é a proibição expressa do fideicomisso em vida, a partir da proibição legal da cláusula de reversão em favor de terceiro no contrato de doação que, se for prevista padecerá de nulidade absoluta, *ex vi* do disposto no art. 166, VII, do Código Civil. Não concordamos com essa proibição. Tal questão deveria estar entregue à autonomia privada, observando-se as regras e os princípios de ordem pública que circundam o tema.

JURISPRUDÊNCIA COMENTADA: Julgado interessante do TJRJ entendeu pela não incidência de Imposto de Transmissão *Causa Mortis* em caso de reversão de doação de um imóvel. Com efeito, há incidência do referido tributo no negócio jurídico de doação, nos termos do art. 155, I da CF/1988. Entretanto, não se pode conferir interpretação ampliativa à legislação tributária, nos termos do art. 110 do CTN, para estender tal incidência à reversão da doação, esta que no caso concreto se apresentou como negócio jurídico perfeito e acabado, sobre o qual já ocorreu a incidência do ITCD (TJRJ, Apelação Cível 0471748-05.2012.8.19.0001, 13.ª Câmara Cível, Rel. Des. Mauro Pereira Martins, j. 21.06.2017). Conforme assentamos nos comentários doutrinários acima, a proibição peremptória de reversão em favor de terceiro somente surge no direito brasileiro com o advento do atual Código Civil. Nesse passo, importa reconhecer, a bem do respeito ao ato jurídico perfeito (art. 5º da LINDB), que doações com cláusula de reversão em favor de terceiros anteriores à vigência do Código Civil, tenham a sua validade reconhecida, ainda que a cláusula resolutiva (art. 125 do CC) somente se verifique na vigência da atual codificação, como restou decidido pela Terceira Turma do Superior Tribunal de Justiça (REsp 1.922.153/RS, Rel. Min. Nancy Andrighi, j. 20.04.2021).

REFORMA DO CÓDIGO CIVIL: Nos trabalhos do anteprojeto, foi discutida a legitimidade da proibição do fideicomisso em vida previsto no parágrafo único da presente norma jurídica. Discutiu-se também se seria correto tratar do fideicomisso em vida no livro das obrigações ou das sucessões. De efeito, como dito *supra*, essa questão deve ser presidida pela autonomia privada e, sendo ato *inter vivos*, deve ser tratada na teoria geral dos contratos. Aplaudimos, portanto, a projetada regra que diz: "Art. 426-A. É admitido o fideicomisso por ato entre vivos, desde que não viole normas cogentes ou de ordem pública".

Art. 548. É nula a doação de todos os bens sem reserva de parte, ou renda suficiente para a subsistência do doador.

COMENTÁRIOS DOUTRINÁRIOS: Trata-se da doação universal, cuja vedação tem por objetivo principal proteger a pessoa de seu próprio excesso de liberalidade, e desmotivar o donatário a agir de modo a aproveitar-se de um momento de fragilidade e captar a vontade do doador, reduzindo-o a situação de miserabilidade econômica. Representa também uma proteção à sociedade, pois se a pessoa doa todos os seus bens sem reserva suficiente para sua manutenção, poderá o doador entregar-se a mendicância, o que sobrecarregaria a todos indistintamente. A reserva do usufruto vitalício do bem doado afasta a nulidade, que também não ocorrerá se houver a alienação gratuita do único imóvel de uma tia a sua sobrinha e elas continuarem residindo na mesma casa, não há que se falar em nulidade da doação, pois não há o estado de miserabilidade do doador e não houve uma modificação fática que justificasse a sanção de nulidade. A proteção jurídica da subsistência do doador se apresenta de uma forma direta pela sanção de nulidade e outra indireta pelo reconhecimento da possibilidade da reserva de bens para si. Não afasta a incidência da nulidade a obrigação assumida pelo donatário de assistir ou prestar alimentos ao doador. Em razão de seu caráter de ordem pública, esta nulidade poderá ser reconhecida também nas partilhas entre cônjuges e até na constituição da sociedade conjugal ou convivencial, se um dos cônjuges transferir todo o seu patrimônio para o outro de modo a ficar sem renda suficiente para a sua manutenção após o divórcio ou a dissolução da união estável. São, pois, dois os requisitos para o reconhecimento da nulidade: a doação de todos os bens, e a falta de reserva ou renda suficiente para a subsistência do doador. Se houver a doação de todos os bens e o doador for funcionário público com estabilidade, aposentado ou pensionista com renda que lhe permita uma subsistência digna, não há que se falar em nulidade do negócio jurídico. O ônus de provar essas circunstâncias é do autor da ação de nulidade, conforme as regras de produção probatória previstas no art. 373 do CPC/2015.

JURISPRUDÊNCIA COMENTADA: O Tribunal de Justiça de Santa Catarina julgou caso concreto de doação universal de pensionista com renda que lhe permitia uma subsistência digna, concluindo não haver nulidade do negócio jurídico neste caso: "Embora a doação envolva a totalidade dos bens, a doadora mantém-se com proventos previdenciários e permanece como titular de usufruto vitalício de todos os imóveis doados, não havendo espaço para a desconstituição do ato jurídico" (TJSC, Apelação Cível 2007.029741-5, Rel. Des. Henry Petry Junior, j. 10.08.2010). Em ação anulatória movida em Juizado Especial Cível do Distrito Federal, uma fiel de uma instituição religiosa pretendeu a anulação de doação feita àquela entidade, fundamentada no art. 548 do Código Civil. O pedido foi julgado improcedente e, em sede de Recurso Inominado, foi mantida a sentença pela Terceira Turma Recursal dos Juizados Especiais daquela

Comarca. Refiram-se trechos da ementa: "Civil e processual civil. Rito sumaríssimo. Prova oral. Gravação em meio magnético. Degravação. Processo digital. Não obrigatoriedade. Doação. Motivação religiosa. Dízimo e oferta. Anulação. Art. 548, do CC. Inaplicabilidade. Recurso conhecido e improvido. [...] 3. A doação feita por motivação religiosa, como aquela destinada a igreja, a título de dízimo ou oferta, não está sujeita à disciplina do art. 548, do Código Civil. 4. No caso em exame a autora, fiel e obreira da Igreja requerida por mais de 20 anos, promoveu a doação do valor de R$ 9.500,00 a título de dízimo e de R$ 500,00, a título de oferta, por ocasião da venda de um imóvel de sua propriedade, fazendo-o por meio de transferência bancária, para o que se utilizou da conta de Suely Ferreira da Silva, como meio de passagem do valor doado. 5. Após, havendo-se filiado a outra denominado (igreja evangélica) e passado por dificuldades financeiras houve por bem buscar a anulação da doação para haver de volta o valor doado. 6. Contestado o pedido e instruído o feito a MM Juíza processante julgou improcedentes os pedidos da autora, mantendo hígido o ato de disposição gratuita. 7. Sentença que se confirma pelos próprios fundamentos. A doação feita por motivação de crença religiosa não é passível de anulação fundada no disposto no art. 548, do Código Civil. De outro lado, não ficou demonstrado nos autos que a autora padecesse, à época da doação, de doença ou deficiência mental que lhe pudesse reduzir a capacidade de discernir e de dispor dos próprios bens, fosse a que título fosse. 8. Recurso conhecido e improvido. 9. Sentença mantida por seus próprios e jurídicos fundamentos, com Súmula de julgamento servindo de acórdão, na forma do artigo 46 da Lei n. 9.099/95 [...]" (TJDF, Recurso Inominado 0702193-39.2018.8.07.0003, 3.ª Turma Recursal dos Juizados Especiais, Rel. Juiz Asiel Henrique de Sousa, j. 30.10.2018). Em caso semelhante, julgado pelo TJSP, foi reconhecida a nulidade da doação feita pelo fiel à instituição religiosa, pois restou comprovado que, após a doação, não sobrou aos doadores numerário suficiente para sua subsistência digna. Neste sentido, transcreve-se a íntegra da ementa do Acórdão: "Apelação. Ação de nulidade de doação e indenização por perdas e danos. Entrega de numerário a pastor de igreja evangélica. Promessa de melhora de vida. Sentença de improcedência. Processual civil. Aplicação da Lei Processual Civil no tempo. Julgamento é feito com base nas disposições do Código de Processo Civil de 2015. Aplicação do princípio *tempus regit actum* e do sistema de isolamento dos atos processuais. Mérito. Direito Civil. Declaração de nulidade de negócio jurídico. Violação ao art. 548 do Código Civil. Ausência de renda suficiente para a subsistência dos doadores após a disposição do numerário doado. Dever de ressarcir os valores efetivamente comprovados nos autos, corrigidos desde o desembolso e com juros de mora desde a citação. Danos morais. Entrega de numerário para pastor de Igreja, com promessa vida melhor. Prejuízos de ordem psicológica e financeira. Dano moral configurado. Fixação em R$ 30.000,00. Respeito aos princípios da razoabilidade e proporcionalidade. Sucumbência. Autores que decaíram em parte mínima de seus pedidos. Custas, despesas processuais e honorários advocatícios fixados em 20% sobre o valor da condenação. Recurso parcialmente provido (TJSP, Apelação Cível 1052683-35.2016.8.26.0002, 9.ª Câmara de Direito Privado, Rel. Des. Edson Luiz de Queiroz, j. 24.07.2018).

Art. 549. Nula é também a doação quanto à parte que exceder a de que o doador, no momento da liberalidade, poderia dispor em testamento.

COMENTÁRIOS DOUTRINÁRIOS: Trata-se da doação inoficiosa, aquela que excede a parte de que o doador poderia dispor, no momento da liberalidade, em testamento. Será inoficiosa apenas na parte que se mostre superior à legítima dos herdeiros necessários, pois, como já dito anteriormente, havendo herdeiros necessários, uma pessoa somente poderá dispor em testamento da metade dos seus bens. A vedação para o testamento aplica-se também para a doação, ou seja, se esta for utilizada como instrumento jurídico para frustrar os objetivos de proteção da legítima dos herdeiros necessários, a lei cominará sanção de nulidade à liberalidade realizada, que exceda a parte de que o testador poderia dispor em testamento. Enquanto a doação como adiantamento de legítima tem o seu espectro de proteção menor com relação à intangibilidade da legítima, uma vez que se dirige apenas aos herdeiros necessários, impondo a estes por ocasião do falecimento do doador trazer à colação o bem recebido gratuitamente em vida, a doação inoficiosa alcança com a sanção de nulidade qualquer donatário, seja ele um terceiro ou o próprio herdeiro, legítimo ou necessário que porventura tenha recebido gratuitamente mais do que o permitido pela lei. Eventual terceiro adquirente não será atingido pela declaração judicial de nulidade se estiver de boa-fé, aplicando-se o disposto no art. 1.360 do Código Civil, ou seja, converte-se a demanda dos herdeiros necessários em indenização em face do donatário que se beneficiou com a doação inoficiosa. Não se devem computar doações que foram realizadas pelo doador antes da existência do herdeiro necessário, mas por outro lado é reconhecida a possibilidade de se fraudar à lei embutindo pequenas doações que se acumulam, de modo que cada uma isoladamente não realiza um excesso, mas todas juntas fazem com que a doação se mostre inoficiosa. Se isso acontecer, o juiz deverá levar em consideração todas as liberalidades, a fim de aferir se a doação configura ou não uma doação inoficiosa. A nulidade da doação se restringe à parte inoficiosa. Quando o donatário for herdeiro necessário, essa assertiva possibilita que, em vez de se reconhecer a invalidade da doação com o efeito natural do retorno ao estado anterior, se faça a redução da liberalidade até adequá-la ao patamar de validade da disposição no limite da metade dos bens do doador. Esta matéria está disciplinada no art. 2.007 do Código Civil, o qual dispõe que "são sujeitas à redução as doações em que se apurar excesso quanto ao que o doador poderia dispor, no momento da liberalidade". Pelo Código Civil, o excesso é calculado tomando-se por base o valor que os bens doados tinham, no momento da liberalidade (art. 2.007, § 1º, do CC). Contudo, o Código de Processo Civil de 2015 estabeleceu no art. 639 o critério do valor no momento da abertura da sucessão. Por se tratar de lei posterior e mista, malgrado seja processual, acaba por disciplinar essa relação de direito material de modo diverso, razão pela qual entendemos que, caso o bem se encontre em mãos do donatário, o critério será o da avaliação do bem no estado em que se encontra nas mãos do donatário. Se o bem já tiver sido alienado, devemos nos valer da interpretação conferida pelo Enunciado n. 119 da *I Jornada de Direito Civil* do Conselho da Justiça Federal, que assim dispõe: "Para evitar o enriquecimento sem causa, a colação será efetuada com base no valor da época da doação, nos termos do *caput* do art. 2.004, exclusivamente na hipótese em que o bem doado não mais pertença ao patrimônio do donatário. Se, ao contrário, o bem ainda integrar seu patrimônio, a colação se fará com base no valor do bem na época da abertura da sucessão, de modo a preservar a quantia que efetivamente integrará a legítima quando esta se constituiu, ou seja, na data do óbito (resultado da interpretação sistemática do art. 2.004 e seus parágrafos, juntamente com os arts. 1.832 e 884 do Código Civil)". Como essa interpretação ocorreu quando o Código Civil modificou o critério do Código de Processo Civil de 1973, não vemos por que não a aproveitar em caso de retorno ao sistema antigo pelo atual Código de Processo Civil. O § 4º do referido artigo pacifica antiga controvérsia acerca do critério a ser adotado quando o excesso da doação for constatado mediante o cômputo de várias doações realizadas em diferentes datas. Como exemplo, citamos o seguinte caso hipotético: se uma viúva tem três filhos e possui um milhão de reais, poderá dispor como lhe aprouver de quinhentos mil reais. Diante dessa circunstância patrimonial, faz três doações de cem mil reais, uma quarta de trezentos mil reais e a última de duzentos mil reais, sendo possível a verificação de que, a partir da quarta doação, esta já se considera inoficiosa, devendo sofrer redução, assim como a última que é nula por extrapolar a metade disponível da doadora. Ainda que a doação inoficiosa seja positivada como um caso de nulidade, somente estão legitimadas para a propositura da ação as pessoas que seriam herdeiras necessárias no momento da abertura da sucessão e, portanto, foram prejudicadas pela inoficiosidade da doação. Trata-se de hipótese de nulidade relativa, que não se confunde com anulabilidade. Essa consideração é importante porque, em regra, o art. 168 do Código Civil legitima qualquer interessado para o reconhecimento do negócio jurídico nulo. No caso da doação inoficiosa, pode ser que, por exemplo, determinado credor tenha interesse na declaração da nulidade, mas não poderá fazê-lo, pois a recomposição do patrimônio do doador se destina a salvaguardar o interesse econômico e moral dos herdeiros necessários, e não o direito dos credores. A ação de nulidade da doação inoficiosa a ser proposta pelo prejudicado produz efeitos econômicos e, como tal, submete-se à prescrição. Como não existe prazo especial para a propositura desta ação, o prazo será o decenal previsto no art. 205 do Código Civil, iniciando-se, em se tratando de imóvel, com o registro do título translativo no cartório imobiliário que confere ao ato publicidade.

JURISPRUDÊNCIA COMENTADA: Em caso concreto julgado pelo TJPR, a donatária efetuou a doação de seu único bem partilhável para suas netas, em detrimento de seus três filhos, configurando assim prejuízo à legítima de seus herdeiros necessários. Como consequência, foi reconhecida a nulidade do negócio jurídico, caracterizado como doação inoficiosa (TJPR, Apelação Cível 1676035-1, 11.ª Câmara Cível, Rel. Juiz Conv. Anderson Ricardo Fogaça, j. 21.02.2018). O STJ vem entendendo que o prazo prescricional decenal (art. 205 do CC) para a propositura da ação de nulidade da doação inoficiosa se inicia com o registro do ato no cartório imobiliário que lhe confere publicidade (REsp

1.755.379/RJ) e não no momento da celebração do contrato de doação ou na abertura da sucessão. Contudo, em situação na qual houve ciência inequívoca do prejudicado antes do registro no cartório imobiliário, tendo em vista que este atuou como interveniente na escritura de doação, o prazo deve se iniciar nesse momento. O afastamento da jurisprudência predominante se justifica, pois o autor da ação de nulidade indubitavelmente tomou conhecimento da doação, sendo este o marco da *actio nata* (REsp 1.933.685/SP, Rel. Min. Nancy Andrighi, 3.ª Turma, por maioria, j. 15.03.2022).

REFORMA DO CÓDIGO CIVIL: Importantes melhorias são sugeridas nesse dispositivo. A primeira diz respeito ao fato de que a doação inoficiosa envolve o plano da eficácia, e não da nulidade, como já sustentamos há muito tempo. A segunda é a adoção do melhor critério para a restituição do donatário beneficiado. Verifica-se o valor do excesso ao tempo da liberalidade e atualização monetária até o efetivo pagamento. Se este se der em juízo, os juros só começarão a correr a partir da citação. A norma proposta trata também das doações realizadas de forma sucessiva, muitas, como dito *supra*, em autêntica fraude à lei ou por meio da simulação. A fixação de um prazo decadencial para a propositura de uma ação para o reconhecimento da ineficácia atende ao valor da segurança jurídica.

"Art. 549. Salvo na hipótese do art. 544, é ineficaz a doação quanto à parte que exceder à de que o doador poderia dispor em testamento, no momento da liberalidade.

§ 1º O cálculo da parte a ser restituída considerará o valor nominal do excesso ao tempo da liberalidade, corrigido monetariamente até a data da restituição, ainda que o objeto da doação não tenha sido dinheiro.

§ 2º Em casos de doações realizadas de forma sucessiva, o excesso levará em conta todas as liberalidades efetuadas.

§ 3º Não sendo proposta a ação de reconhecimento da ineficácia no prazo de cinco anos, a doação considerar-se-á eficaz desde a data em que foi realizada."

Art. 550. A doação do cônjuge adúltero ao seu cúmplice pode ser anulada pelo outro cônjuge, ou por seus herdeiros necessários, até dois anos depois de dissolvida a sociedade conjugal.

COMENTÁRIOS DOUTRINÁRIOS: O dispositivo em comento objetiva punir o comportamento imoral de quem beneficia patrimonialmente o(a) amante em detrimento da sociedade conjugal estabelecida. Essa invalidade não guarda correspondência alguma com o regime de bens escolhido pelo casal, nem se preocupa com a identificação de uma parte do patrimônio que seria disponível e outra que seria de legítimo direito do outro cônjuge. A sanção é de anulabilidade, pois afeita aos interesses particulares do cônjuge lesado, ou daqueles que possam sofrer os efeitos nocivos dessa liberalidade. O prazo é decadencial de dois anos a contar da dissolução da sociedade conjugal, ou seja, bastará o divórcio ou a morte para que se inicie o prazo fatal, que não se suspende nem se interrompe. O art. 1.642, inc. V, do Código Civil autoriza, qualquer que seja o regime de bens, que o cônjuge prejudicado reivindique o patrimônio doado pelo adúltero ao seu parceiro, possibilitando que a demanda anulatória seja cumulada com o pedido de reivindicação do bem. A opção pela anulabilidade com prazo decadencial curto, com termo inicial na dissolução da sociedade conjugal, se mostra adequada, pois além de envolver interesse particular dos envolvidos, que podem se reconciliar pelo perdão da ofensa, é possível que o cônjuge inocente prefira preservar o casamento, que dificilmente subsistiria se a ação fosse proposta quando ainda vigente a sociedade conjugal. Constituem requisitos para a demanda judicial a doação da pessoa casada e o adultério desta com o donatário. A lei parece deixar clara a desnecessidade de que se configure uma relação concubinária duradoura, ainda que irregular. A opinião corrente na doutrina é a de que basta uma única relação sexual comprovada para que o cônjuge traído se legitime para buscar em juízo a anulação e reivindicação do bem doado. Existe corrente doutrinária que sustenta a inconstitucionalidade do art. 550 do Código Civil, pela mudança da visão jurídica do adultério desde 1916, quando surge essa anulabilidade pela vez primeira em nossa codificação até os dias atuais. Os valores da sociedade brasileira se modificaram, respeitando os mais diversos arranjos familiares, conferindo-se primazia ao afeto. A mudança jurídica também se operou, pois o adultério, de ilícito civil e penal, passa a ser um fato social que diz respeito apenas à intimidade dos casais. Entendemos, *data vênia*, em sentido contrário, pois além de não vislumbrarmos ofensa a nenhum dos princípios ou regras constitucionais, nada impede que o legislador infraconstitucional eleja valores morais que ainda se mostrem importantes para significativa parcela da sociedade brasileira, e no exercício da representação popular conferida pelo sufrágio universal, queira positivar a tutela do sentimento familiar por meio de proibições mais ou menos graves, como é o caso, tendo em vista que a sanção é de anulabilidade e não nulidade. Os legitimados ativos para a ação de anulabilidade são os herdeiros necessários, ou seja, os ascendentes e descendentes, assim como, obviamente, o cônjuge traído, e os legitimados passivos são o cônjuge adúltero que realizou a doação e o donatário, pois ambos têm legítimo interesse no resultado da demanda, sendo caso de litisconsórcio necessário simples, pois o resultado da ação não será comum a ambos. O julgador deve ser cuidadoso ao reconhecer a invalidade do negócio jurídico gratuito, se o cônjuge tiver com outra pessoa que se encontra de boa-fé um relacionamento sério e duradouro. Nesse caso, é possível se construir uma decisão que sancione o cônjuge, mas que preserve os interesses do companheiro de boa-fé, posto que a este último talvez não seja justo indicá-lo como cúmplice do adúltero. Outro ponto importante é que não se deverá decretar a anulabilidade total da doação, se ficar provado que o cúmplice também participou com os próprios recursos para a aquisição do bem, sob pena de, por uma regra de cunho moral, estar o ordenamento jurídico tutelando o enriquecimento sem causa.

REFORMA DO CÓDIGO CIVIL: Importante alteração a de não mais se referir a "cúmplice", pois o ordenamento jurídico pátrio não mais faz a referência a adultério como crime, e sim ilícito civil. Interessante também a inclusão do convivente como destinatário da regra.

> "Art. 550. A doação de pessoa casada ou em união estável a terceiro com quem mantenha relação na forma do art. 1.564-D pode ser anulada pelo outro cônjuge ou convivente, ou por seus herdeiros necessários, até dois anos depois de dissolvida a sociedade conjugal ou a união estável."

Art. 551. Salvo declaração em contrário, a doação em comum a mais de uma pessoa entende-se distribuída entre elas por igual.

Parágrafo único. Se os donatários, em tal caso, forem marido e mulher, subsistirá na totalidade a doação para o cônjuge sobrevivo.

COMENTÁRIOS DOUTRINÁRIOS: Trata-se da doação conjuntiva, ou seja, aquela que contempla duas ou mais pessoas ao mesmo tempo, tornando os donatários cotitulares do bem doado. O silêncio com relação ao direito de cada doador gera uma presunção absoluta de que os donatários são titulares de quinhão iguais, isto é, se o doador não estabelecer expressamente no ato de doação a cota que competirá a cada um dos donatários, presume-se que todos receberão a mesma parte. Diferente do que ocorre com os colegatários, não haverá na doação, em regra, direito de acrescer, ou seja, o donatário sobrevivente não adquirirá a cota do que faltar, devendo-se, desta forma, ser a cota do falecido distribuída entre os seus herdeiros ou legatários, conforme determinarem as leis sucessórias. Por se tratar de norma dispositiva, poderá o doador estipular que a cota do falecido seja acrescida ao direito do condômino. Outra exceção se apresentará se os donatários forem marido e mulher, conforme disposto no parágrafo único do mencionado artigo, ocasião em que, independentemente de cláusula nesse sentido, a totalidade da doação subsistirá em favor do cônjuge supérstite. Ainda na esteira do parágrafo único, se os donatários forem marido e mulher, diante da morte de um dos cônjuges, o sobrevivente acrescerá à cota do que faltar, não se submetendo o bem ao inventário da meação do falecido. Se o casamento for feito pela comunhão universal, a entrada no patrimônio do cônjuge sobrevivo será um efeito do regime de bens, não sendo o caso de se falar tecnicamente em direito de acrescer.

REFORMA DO CÓDIGO CIVIL: Feliz inclusão do convivente como destinatário da norma, assim como da previsão acerca do direito de acrescer.

> "Art. 551. [...]
>
> § 1º Se os donatários, em tal caso, forem casados entre si ou viverem em união estável, subsistirá na totalidade a doação para o cônjuge ou convivente sobrevivos, desde que haja estipulação expressa nesse sentido.
>
> § 2º Se os doadores indicarem como donatários mais de uma pessoa, e pretenderem que, na falta de uma, os donatários remanescentes recebam a parte que ao outro cabia, devem

expressamente fazer constar da escritura pública disposição fixando o direito de acrescer."

Art. 552. O doador não é obrigado a pagar juros moratórios, nem é sujeito às consequências da evicção ou do vício redibitório. Nas doações para casamento com certa e determinada pessoa, o doador ficará sujeito à evicção, salvo convenção em contrário.

COMENTÁRIOS DOUTRINÁRIOS: Diferentemente do que ocorre nos contratos bilaterais e onerosos, a doação encerra uma liberalidade, o que justifica o entendimento de que não se deve exigir mais do doador do que aquilo que resolveu gratuitamente disponibilizar em favor do donatário, daí a regra em comento, que concede alguns benefícios ao doador, como o de não pagar juros moratórios, não responder pelos vícios redibitórios, nem pela evicção da coisa doada. Desta forma, não é justo que o doador pague juros de mora se, por exemplo, atrasar na data da entrega de um bem doado, assim como não responderá perante o donatário pela perda da coisa em razão de decisão judicial por existir alguém com melhor direito ou pelos vícios ocultos que tornem a coisa imprestável ao fim a que se destina, ou lhe diminua o valor. Ao trazer essa previsão, a lei estabelece a isenção dentro de um paradigma de presunção de lealdade do doador, pois se ficar provado um comportamento doloso ou de má-fé deste, poderá responder pelos juros, evicção ou vício redibitório, conforme o caso. A exceção legal fica por conta da doação *propter nuptias* prevista no art. 546 do Código Civil, pois nesse caso responderá o doador pela evicção perante o donatário, salvo disposição em contrário no instrumento contratual. Essa exceção não se justifica, senão pela falta de alinhamento lógico entre o Livro do Direito de Família e o das Obrigações, pois enquanto aquele, a bom tempo, revogou o regime de casamento dotal (art. 285 do CC/1916), este ainda prevê a possibilidade de evicção no dote, dando a impressão de que há onerosidade nessa doação, o que não se justifica, pois a doação não pode servir como instrumento de convencimento para a realização do casamento que, como sabido, deve representar a união dos afetos livremente manifestados. Nas doações com encargos, em razão da onerosidade ou contraprestação, haverá responsabilidade pelos juros moratórios, evicção e vícios redibitórios. É o que acontece nas doações com encargo até o limite do equilíbrio entre a vantagem recebida pelo donatário e o que este se obrigou a realizar em favor do doador, de terceiros ou do interesse geral. O mesmo efeito se produzirá nas doações remuneratórias, que não deixam de ser um tipo de pagamento.

JURISPRUDÊNCIA COMENTADA: O TJSC apreciou um caso concreto de uma compra e venda de imóvel, feita por ascendente em favor de um dos descendentes. Foi reconhecida simulação do negócio jurídico, pois a real intenção era a doação com encargo, sendo, portanto, anulada a escritura pública do negócio jurídico (TJSC, Apelação Cível 0002503-21.2011.8.24.0048, 5.ª Câmara de Direito Civil, Rel. Des. Luiz Cézar Medeiros).

REFORMA DO CÓDIGO CIVIL: Como dito *supra*, a ideia de evicção para a doação feita para casamento com certa e determinada pessoa não se justifica, sendo correta a sua retirada no dispositivo anotado, assim como importa que o doador responda pelas consequências da evicção e do vício oculto até o valor do cumprimento do encargo. Mais do que isso, poderia gerar enriquecimento sem causa.

> "Art. 552. O doador não é obrigado a pagar juros moratórios nem é sujeito às consequências da evicção ou do vício oculto.
>
> Parágrafo único. Nas doações com encargo, o doador ficará sujeito à garantia legal por evicção e por vício oculto, até o valor do cumprimento do encargo."

Art. 553. O donatário é obrigado a cumprir os encargos da doação, caso forem a benefício do doador, de terceiro, ou do interesse geral.

Parágrafo único. Se desta última espécie for o encargo, o Ministério Público poderá exigir sua execução, depois da morte do doador, se este não tiver feito.

COMENTÁRIOS DOUTRINÁRIOS: O artigo em comento trata da modalidade conhecida como doação onerosa, modal ou com encargo. Esta se verifica com a presença de um encargo que, nascido da autonomia privada, tem por objetivo reduzir a liberalidade realizada. O encargo, também chamado de modo, é um elemento acidental ao negócio jurídico, que tem o efeito de limitar uma liberalidade, seja porque cria para o bem uma determinada finalidade, ou porque estabelece em desfavor do beneficiado a obrigatoriedade de uma prestação. Diferente da condição suspensiva, o encargo não suspende a aquisição ou o exercício do direito, conforme explicita o art. 136 do Código Civil. Contudo, é possível que se estipule condição suspensiva para determinado efeito em conjunto com o encargo, como por exemplo, alguém tornar-se-á proprietário de uma fazenda se plantar determinadas árvores durante dez anos. A circunstância retratada não se confunde com o caso em que o doador estabelece uma autêntica condição suspensiva, que apenas guarda semelhança com o encargo, como seria o caso de alguém dizer que o imóvel somente pertencerá a determinada pessoa se esta conseguir a aprovação junto ao Poder Público, para o fim de utilizar um imóvel de sua propriedade como escola oficial de alfabetização de adultos. Nesse caso, o donatário somente poderá exercer o direito após o implemento do evento futuro e incerto estabelecido como condição pelo doador. O efeito desse elemento acidental do negócio jurídico é imediato e obriga o donatário a observá-lo, sob pena de revogação da liberalidade, *ex vi* do disposto no art. 555 do Código Civil. Por esse motivo, a parte final do art. 539 do Código Civil exige aceitação expressa em caso de doação modal. Como exemplo, podemos citar um caso em que tenha sido feita a doação de um imóvel com o encargo de o donatário prestar alimentos ao próprio doador, ou ficar a instituição beneficente de acolhimento de idosos obrigada a cuidar da doadora idosa até seu falecimento. Pode o donatário ter assumido a obrigação de custear o tratamento de um terceiro, como também realizar uma obra de beneficência em favor dos portadores de hanseníase, ou construir um campo de futebol em favor do clube de coração do doador etc. O encargo pode se dirigir ao próprio autor da liberalidade, como seria o caso de alguém receber um bem doado com o encargo de o doador habitar no mesmo; pode se dirigir a um terceiro, como sucederia se alguém doasse um bem a uma pessoa com o encargo de o donatário prestar alimentos a determinado filho do doador; e, por fim, poderá o encargo dizer respeito ao interesse geral, tomando-se como exemplo a obrigação assumida pelo donatário de utilizar parte do imóvel doado para o funcionamento de uma clínica de recuperação de dependentes químicos da região em que se situa o bem. Normalmente, o encargo materializa-se nas expressões *"a fim de que"*, *"com o encargo de"*, *"com a obrigação de"*, significando sempre uma prestação de dar, fazer ou não fazer que conquanto torne o contrato oneroso, não funciona como contraprestação ao benefício recebido. Nessa linha de raciocínio, verificamos que os encargos da doação podem ser estabelecidos em favor do próprio doador ou do interesse público, legitimando extraordinariamente o Ministério Público, ou se tornarem autênticas estipulações em favor de terceiro. O modo diminui o alcance da liberalidade, mas não a infirma, isto é, para que seja doação, a vantagem precisa ser superior ao encargo, uma vez que este não funciona tecnicamente como uma contraprestação. Em outros termos, se o encargo for economicamente mais vantajoso do que o próprio bem recebido gratuitamente, a doação se desnatura, tornando-se um contrato atípico ou inominado, atraindo os princípios gerais do direito dos contratos (art. 425 do CC). Por exemplo, alguém doa um lote de terreno avaliado em cento e cinquenta mil reais, com o encargo de o donatário construir um centro de recuperação de toxicômanos em determinada região, cujo custo mínimo será de trezentos mil reais. Eventual encargo ilícito ou impossível não invalida a doação, reputando-se como não escrito, salvo se constituir o motivo determinante da liberalidade. Por exemplo, se "A" acerta com "B" que somente doará o automóvel se este matar o desafeto do doador, a liberalidade como um todo será contaminada pela ilicitude que a motivou. As doações modais podem ser revogadas por descumprimento do encargo (art. 555 do CC), mas não se revogam por ingratidão do donatário se este já tiver cumprido o encargo (art. 564, inc. III, do CC). Excepcionando a regra do art. 552 do Código Civil, aplicável às doações puras, o caráter oneroso do contrato atrai a incidência das garantias em favor do donatário dos vícios redibitórios (art. 441 do CC), da evicção (art. 447 do CC) por expressa disposição legal e, ainda, da exceção de contrato não cumprido, na medida em que, por exemplo, o doador não poderá exigir o adimplemento do encargo antes de entregar o bem doado ao donatário (art. 476 do CC).

REFORMA DO CÓDIGO CIVIL:
Como dito *supra*, o pedido judicial da revogação da doação por descumprimento do encargo não é personalíssimo como o é em razão da ingratidão do donatário. Logo, a sugestão de alteração deixa essa questão suficientemente clara ao legitimar expressamente os herdeiros do doador, assim como prever destinação do resultado econômico dos bens quando a revogação for pleiteada pelo Ministério Público em caso de encargo estabelecido na defesa da coletividade.

"Art. 553. [...]

§ 1º Se desta última espécie for o encargo, o Ministério Público poderá exigir a sua execução, depois da morte do doador, se este a não tiver feito, sob pena de revogação da doação.

§ 2º Nas duas últimas hipóteses do *caput* deste artigo, caberá a revogação da doação pelo Ministério Público ou pelo terceiro beneficiado, e o bem doado será revertido ao fundo gerido por um Conselho Federal ou por Conselhos Estaduais de que participarão necessariamente o Ministério Público e representantes da comunidade, nos termos da lei."

Art. 554. A doação a entidade futura caducará se, em dois anos, esta não estiver constituída regularmente.

COMENTÁRIOS DOUTRINÁRIOS: É válida a doação feita a uma entidade que ainda não existe, não se lhe aplicando nenhuma sanção de invalidade. Essa doação a pessoa jurídica futura encontra-se com a eficácia suspensa pelo evento futuro e incerto de sua própria criação. A consequência da inexistência de entidade no prazo de dois anos é a caducidade da doação, revertendo-se o bem doado para o patrimônio do doador.

SEÇÃO II
DA REVOGAÇÃO DA DOAÇÃO

Art. 555. A doação pode ser revogada por ingratidão do donatário, ou por inexecução do encargo.

COMENTÁRIOS DOUTRINÁRIOS: A doação é contrato, irrevogável por regra, obrigando, inclusive, os herdeiros do doador a cumprirem o avençado com o donatário nos limites das forças da herança. É, portanto, defeso ao doador resilir unilateralmente o contrato por mudança de sentimento com relação ao donatário, por arrependimento, miséria superveniente ou, por exemplo, o fato de ter tido prole após a liberalidade e necessitar para os seus filhos dos bens que foram doados. Entretanto, a lei possibilita ao doador, em hipóteses excepcionais, voltar atrás na palavra manifestada em caso de descumprimento do encargo ou por ingratidão do donatário. Trata-se de um direito potestativo e personalíssimo, ou seja, apenas o próprio doador poderá pleitear a revogação da doação, sendo permitido aos seus herdeiros apenas continuar a demanda revocatória já instaurada. A revogação atua no plano da eficácia do negócio jurídico e a causa superveniente que possibilita a extinção do contrato se apresenta no futuro, possibilitando ao interessado o pedido judicial de que os efeitos da doação sejam suprimidos e, se terceiro de boa-fé não houver adquirido o bem doado, haja o retorno ao estado anterior. A inobservância do encargo pode acarretar dois tipos de sanções que deverão ser buscadas em juízo: a exigibilidade do cumprimento e a revogação. O cumprimento do encargo pode ser exigido por qualquer um que tenha interesse, seja o próprio doador, o terceiro beneficiado ou o Ministério Público, na hipótese em que o encargo se refira ao interesse da sociedade. Entendemos que somente o próprio doador poderá pleitear a revogação de seu ato, pois o terceiro e o Ministério Público não possuem legitimação para voltar atrás no que fizeram, pelo simples fato de não terem realizado a liberalidade. O prazo prescricional para o exercício dessa pretensão é de dez anos, *ex vi* do art. 205 do Código Civil: "A prescrição ocorre em dez anos, quando a lei não lhe haja fixado prazo menor". Quanto à ingratidão do donatário, refere-se à pessoa definida como ingrata, ou seja, aquela que não reconhece o benefício que lhe foi realizado. A gratidão é o mínimo a exigir de uma pessoa contemplada por um benefício espontâneo, sem índole de contraprestação e sem onerosidade, como é a essência da doação pura. Se o donatário não quiser assumir o dever moral de gratidão diante do doador imposto pela lei, que recuse a liberalidade tão logo receba a proposta do contrato. A revogação da doação por ingratidão do donatário produz efeitos *ex nunc*, não retroagindo para atingir terceiros adquirentes que adquiriram o bem, e não tinham ciência do descumprimento do encargo ou da ingratidão do donatário.

JURISPRUDÊNCIA COMENTADA: O TJRS apreciou caso de revogação de doação pelos dois motivos simultaneamente, ou seja, pela inexecução do encargo e também por ingratidão. Tratou-se de doação feita por um idoso a um donatário, com o encargo de que este lhe prestasse a assistência necessária, inclusive se responsabilizando pelo recebimento do benefício previdenciário do doador. O donatário descumpriu o encargo que lhe fora imposto, sendo então revogada a doação (TJRS, Apelação Cível 0125222-41.2018.8.21.7000, 15.ª *Câmara Cível*, Rel. Des. Otávio Augusto de Freitas Barcellos, j. 19.09.2018).

Art. 556. Não se pode renunciar antecipadamente o direito de revogar a liberalidade por ingratidão do donatário.

COMENTÁRIOS DOUTRINÁRIOS: A possibilidade de renúncia ao direito de revogação por ingratidão do donatário é vedada expressamente pelo dispositivo em análise. Esta norma, que prevê uma espécie de gratidão normativa, tem alcance de ordem pública. O alcance moral do mencionado dispositivo que exige do donatário, nos termos da prescrição legal, uma gratidão normativa, assume contornos de ordem pública, pois é inadmissível a renúncia antecipada ao direito de revogar a doação por ingratidão do donatário. Todavia, após a verificação de uma das situações de ingratidão previstas no art. 557 do Código Civil, poderá o doador perdoar o donatário expressa ou tacitamente. O perdão expresso pode se dar por escrito ou verbalmente, e o tácito se verifica na ausência do exercício do direito potestativo de revogar a liberalidade no prazo decadencial de um ano, na forma do art. 559 do Código Civil.

Art. 557. Podem ser revogadas por ingratidão as doações:

I – se o donatário atentou contra a vida do doador ou cometeu crime de homicídio doloso contra ele;

II – se cometeu contra ele ofensa física;

III – se o injuriou gravemente ou o caluniou;

IV – se, podendo ministrá-los, recusou ao doador os alimentos de que este necessitava.

COMENTÁRIOS DOUTRINÁRIOS: O dispositivo anotado elenca as manifestações ingratas que darão ensejo ao direito potestativo de o doador pleitear a revogação, incluindo somente os gestos mais sérios de ingratidão, como passíveis de serem sancionados com a pena de revogação da doação. Não serão passíveis da sanção legal, por exemplo, o desprezo, a descortesia, o abandono, o desabrigo, tampouco uma difamação ou ofensa à honra, que podem até dar ensejo a um pedido indenizatório, mas, em princípio, não são aptas a acarretar a revogação da doação. Entretanto, entendemos que a norma jurídica em vigor aponte *numerus clausus* as hipóteses de revogação da doação. Nesse sentido, foi aprovado o Enunciado n. 33 da *I Jornada de Direito Civil* do CJF, o qual estabelece que "o novo Código Civil estabelece um novo sistema para revogação da doação por ingratidão, pois o rol legal previsto no art. 557 deixou de ser taxativo, admitindo, excepcionalmente, outras hipóteses". Não obstante, há doutrina em sentido contrário, sustentando ser taxativo o rol do artigo em análise. A mais séria das hipóteses de ingratidão é atentar contra a vida do doador, sendo necessário que o donatário materialize a intenção de matar, bastando para tanto que o meio seja idôneo para causar, em tese, o falecimento do doador. Em razão da independência das instâncias civil e criminal, a decisão criminal somente repercutirá no cível quanto à existência do fato ou quando houver julgamento estabelecendo que o crime fora perpetrado por outra pessoa. Também não será admitida a revogação se, na esfera criminal, ficar decidido que a ação do donatário estava acobertada por uma das excludentes da ilicitude penal. A revogação fundamentada no inciso II exige a comprovação da ofensa física, sendo desconsiderada para o fim revogatório a ameaça ou, até mesmo, as chamadas vias de fato. O inciso III refere-se aos tipos penais de injúria e calúnia, tipificados, respectivamente, nos arts. 140 e 138 do Código Penal. A injúria atinge a honra subjetiva do ofendido, ou seja, a imagem que a vítima faz de si mesmo. Assim é que o donatário, ao irrogar contra o doador que "este é um safado, um incompetente, um fascista", poderá se submeter a uma ação de revogação da doação por ingratidão do donatário. Caluniar alguém é imputar falsamente a esta pessoa um fato definido como crime, portanto, se o donatário disser que o doador, por exemplo, subtraiu coisa alheia móvel e isto for mentira, terá cometido calúnia. Para que haja calúnia ou injúria, mister que as afirmações cheguem a conhecimento de um terceiro. A norma não está criando mais uma hipótese legal, a par das que já existem, de dever alimentar que se estabeleceria entre o doador, figurando como credor, e o donatário como devedor. A propósito, estamos diante de interessante hipótese de obrigação natural também chamada de judicialmente inexigível que, se espontaneamente cumprida, não permite restituição. A incidência da norma prevista no inciso IV depende do preenchimento dos seguintes requisitos: 1) necessidade de alimentos por parte do doador para a sua subsistência; 2) possibilidade de prestá-los por parte do donatário sem que seja indispensável o desfazimento do bem doado ou prejuízo para a própria mantença e/ou de seus dependentes; 3) inexistência de parentes próximos, cônjuge ou convivente que são obrigados civilmente a prestar alimentos.

JURISPRUDÊNCIA COMENTADA: Se a ofensa irrogada ao doador pelo donatário for de gravidade similar àquelas previstas no art. 557, inc. II, cabível será a revogação da doação, como em caso concreto julgado pelo Tribunal de Justiça de Santa Catarina, no qual uma doadora idosa foi expulsa violentamente de sua casa pela donatária (TJSC, Apelação Cível 2013.085877-9, Rel. Des. Ronei Danielli, j. 29.04.2014).

REFORMA DO CÓDIGO CIVIL: A proposição traz uma dupla finalidade. A primeira a de deixar claro, como comentamos *supra*, que o rol de hipóteses de revogação da doação por ingratidão do donatário é meramente exemplificativo. A segunda é a de trazer o rol de situações que autorizam a deserdação para a revogação da doação aqui prevista (inc. V), pois, afinal de contas, tais situações são claros exemplos de postura ingrata (arts. 1.814, 1.961 e 1.962 do CC).

> "Art. 557. Entre outras hipóteses de especial gravidade, podem ser revogadas por ingratidão as doações, se o donatário:
>
> I – atentou contra a vida do doador ou cometeu crime de homicídio doloso contra ele;
>
> II – cometeu contra ele ofensa física ou contra algum membro de sua família;
>
> III – cometeu contra o doador crime contra a honra, inclusive em meio virtual;
>
> IV – podendo, recusou ao doador ajuda patrimonial em situação de necessidade;
>
> V – incorrer em uma das causas de deserdação prevista neste Código."

Art. 558. Pode ocorrer também a revogação quando o ofendido, nos casos do artigo anterior, for o cônjuge, ascendente, descendente, ainda que adotivo, ou irmão do doador.

COMENTÁRIOS DOUTRINÁRIOS: A previsão legal tem como objetivo aumentar o rol de pessoas a quem o donatário deva prestar o dever moral de gratidão, nos termos da lei. Há uma permissão legal para que o doador possa revogar a doação quando a ofensa atingir os seus ascendentes, descendentes, irmãos ou cônjuge. A expressão "ainda que adotivos" é absolutamente desnecessária, pois o art. 227, § 6º, da Constituição da República estabelece que "os filhos, havidos ou não da relação do casamento, ou por adoção, terão os mesmos direitos e qualificações, proibidas quaisquer designações discriminatórias relativas à filiação". O legislador desconsiderou a legítima família que se origina da união estável e não prevê a possibilidade de o doador revogar a doação se a vítima for seu convivente. Em uma interpretação conforme a Constituição, entendemos que, se o convivente for vítima de uma das ofensas previstas no artigo anterior, o doador poderá pleitear a revogação, pois a união estável foi definitivamente reconhecida como entidade familiar, nos termos do art. 226, § 3º da Constituição Federal. Embora a lei não exija que o donatário conheça a relação de parentesco ou de casamento, nos parece que, se este conseguir provar o total desconhecimento de tais fatos, não será possível a aplicação da pena de revogação da doação, sem prejuízo de outras sanções cíveis e criminais.

Art. 559. A revogação por qualquer desses motivos deverá ser pleiteada dentro de um ano, a contar de quando chegue ao conhecimento do doador o fato que a autorizar, e de ter sido o donatário o seu autor.

COMENTÁRIOS DOUTRINÁRIOS: A revogação da doação depende de sentença judicial, e o prazo de que o doador ou seus herdeiros dispõem para o ajuizamento da ação é de um ano, contado a partir do conhecimento do doador do fato que a autoriza e de que o donatário foi o seu autor. Assim, na hipótese de descumprimento do encargo, o prazo se iniciará no momento em que chegar ao conhecimento do doador o inadimplemento absoluto ou mora do donatário. Quando se tratar de ingratidão do donatário, o prazo começará a fluir quando chegar ao conhecimento do doador que ele ou as pessoas arroladas no art. 558 do Código Civil foram vítimas da ingratidão normativa e que o donatário foi o seu autor. O direito de revogar negócio jurídico é potestativo, encontrando-se o donatário em absoluto estado de sujeição, e a sentença que assim reconhecer é de natureza desconstitutiva. Trata-se, portanto, de prazo decadencial, que se aplica para o caso de revogação da doação por ingratidão do donatário e por descumprimento do encargo. O prazo é fatal, não comportando causas impeditivas, suspensivas ou interruptivas do seu curso, exceto se o interessado for absolutamente incapaz. Não produzirá efeitos eventual cláusula com previsão de perpetuidade do direito de revogar a doação, quando houver ingratidão do donatário ou este descumprir o encargo, uma vez que o anotado prazo decadencial se encontra disposto na lei e, por tal motivo, deverá o juiz pronunciar tal caducidade de ofício. Há doutrina com posicionamento diverso, a qual sustenta que o prazo ânuo somente se aplica no caso de ingratidão do donatário, uma vez que o descumprimento do encargo se vincula a inobservância de dever jurídico e, portanto, atrairia o prazo prescricional geral que outrora era de vinte anos e hoje é decenal. A despeito de ser essa a orientação da jurisprudência, discordamos de tal ponto de vista, pois nos parece que, à luz do disposto no artigo comentado, o prazo de um ano se aplica para qualquer das hipóteses de revogação da doação.

JURISPRUDÊNCIA COMENTADA: Como já anotado, o Superior Tribunal de Justiça tem o firme entendimento de que o prazo anual somente se aplica para a revogação da doação por ingratidão do donatário, aplicando o prazo prescricional geral de dez anos (art. 205 do CC) para o pleito de revogação da liberalidade por descumprimento do encargo, assinalando que, "na revogação de doação por inexecução de encargo, aplica-se o prazo prescricional geral do regramento civil, não sendo aplicável o prazo anual da revogação da doação por ingratidão" (STJ, 2.ª Turma, REsp 1.613.414/PR, Rel. Min. Og Fernandes, j. 19.04.2018). Essa orientação se funda no fato de que a doação modal traz consigo um caráter oneroso, o que não justificaria um prazo decadencial tão curto. Ao contrário, diante da onerosidade, mais adequado seria, como ocorre em alguns sistemas jurídicos alienígenas, como o francês e o italiano, por exemplo, a aplicação ao estatuto da prescrição e, como não há um prazo específico, seria o genérico de dez anos (art. 205 do CC). Reconhecemos que a posição seria mais adequada e técnica se o legislador assim tivesse optado.

REFORMA DO CÓDIGO CIVIL: A alteração aqui proposta vai ao encontro do que tratamos nos comentários jurisprudenciais, deixando claro que o diminuto prazo decadencial de um ano somente se aplica na revogação por ingratidão, deixando o estatuto da prescrição ordinária para a revogação da doação por descumprimento do encargo, na esteira de jurisprudência do Superior Tribunal de Justiça.

"Art. 559. A revogação da doação por ingratidão do donatário deverá ser pleiteada dentro do prazo decadencial de um ano, a contar de quando chegue ao conhecimento do doador o fato que a autorize."

Art. 560. O direito de revogar a doação não se transmite aos herdeiros do doador, nem prejudica os do donatário. Mas aqueles podem prosseguir na ação iniciada pelo doador, continuando-a contra os herdeiros do donatário, se este falecer depois de ajuizada a lide.

COMENTÁRIOS DOUTRINÁRIOS: Esta norma afirma o caráter personalíssimo do direito de revogar a doação, conforme já explanado nos comentários ao art. 555 e, notadamente, ao art. 559. Não obstante, falecendo o doador no curso da demanda, seus herdeiros podem prosseguir como substitutos processuais.

JURISPRUDÊNCIA COMENTADA: Questão processual, reflexo do dispositivo legal comentado, foi abordada em caso concreto julgado pela Corte de nosso Estado. O TJRJ anulou sentença que extinguiu o processo sem exame do mérito por perda superveniente do objeto, pelo falecimento da doadora. Com efeito, diante da possibilidade de prosseguimento na demanda pelo espólio, o feito deve ter seu regular prosseguimento (TJRJ, Apelação Cível 0006275-77.2007.8.19.0207, 15.ª *Câmara Cível*, Rel. Des. Gilberto Clovis Farias Matos, j. 18.10.2016).

Art. 561. No caso de homicídio doloso do doador, a ação caberá aos seus herdeiros, exceto se aquele houver perdoado.

COMENTÁRIOS DOUTRINÁRIOS: Exceção óbvia ao disposto no art. 560 do Código Civil, salientando que o perdão do doador ao assassino, ainda em vida, obsta a propositura da ação de revogação da doação por parte dos herdeiros. A permissão para que os herdeiros ajuízem a demanda revocatória corrige uma contradição apontada pela doutrina há tempos. O ordenamento jurídico civil anterior estabelecia uma situação injusta, na qual doador falecia como vítima de um atentado contra a sua vida, e o donatário homicida não sofria a sanção de revogabilidade, ante a ausência de reserva legal e o caráter personalíssimo da ação de revogação. À luz dos arts. 1.790, 1.829 e 1.839 do Código Civil, são herdeiros legítimos os descendentes, os ascendentes, o cônjuge, os colaterais até o quarto grau e o companheiro. Não há nenhuma ordem de preferência para demandar a ação. Assim, se o descendente não quiser propor a ação, tal fato não obsta que, por exemplo, o tio do falecido demande a ação revogatória. Nosso raciocínio parte da premissa básica de que a regra não tem conteúdo meramente patrimonial, mas sobretudo se justifica pelo valor transcendente da moral. Se entendêssemos que o alcance da norma é exclusivamente patrimonial, forçoso seria reconhecer que apenas o herdeiro que fosse chamado para participar da herança do *de cujus* é que poderia postular a revogação da doação, o que não é o caso. A parte final do supracitado artigo estabelece que o perdão do doador impede a propositura da ação pelos herdeiros. O perdão pode ser expresso ou tácito. O primeiro se verifica antes do falecimento, quando o doador deixar uma declaração expressa nesse sentido por ato *inter vivos* (art. 219 do CC) ou por testamento. O perdão tácito se verificará quando, podendo, a vítima do homicídio não ajuizar a ação no prazo decadencial de um ano referenciado no art. 559 do Código Civil.

Art. 562. A doação onerosa pode ser revogada por inexecução do encargo, se o donatário incorrer em mora. Não havendo prazo para o cumprimento, o doador poderá notificar judicialmente o donatário, assinando-lhe prazo razoável para que cumpra a obrigação assumida.

COMENTÁRIOS DOUTRINÁRIOS: Questão relevante a se enfrentar é a que diz respeito à mora do donatário na realização do encargo. Mora é o descumprimento de uma obrigação pela inobservância do tempo, lugar e modo prefixados pelas partes ou pela lei. A sua configuração fica na dependência de a prestação, ainda que defeituosa, ainda seja útil para o credor, e o devedor não tenha em seu favor uma circunstância de caso fortuito ou força maior, para o não cumprimento da obrigação. A segunda parte do artigo em comento refere que "não havendo prazo para o cumprimento, o doador poderá notificar judicialmente o donatário, assinando-lhe prazo razoável para que cumpra a obrigação assumida". Como se vê, a lei focou a sua atenção no elemento "tempo da obrigação" e isto nos exige verificar em qual prazo a obrigação do donatário deve ser observada. Nessa senda, a razoabilidade deve ser buscada nos detalhes do caso concreto. Quem avaliará se o prazo assinalado é razoável ou não será o juiz, de acordo com os apresentados pelas partes. O donatário poderá evitar a revogação da doação oferecendo-se para purgar a mora, mediante o oferecimento da prestação mais a importância dos prejuízos decorrentes do dia da oferta.

JURISPRUDÊNCIA COMENTADA: Julgado do Superior Tribunal de Justiça definiu que a constituição em mora do donatário pode ser feita por notificação extrajudicial, com informação do prazo para cumprimento do encargo (STJ, REsp 1.622.377, 3.ª Turma, Rel. Min. Paulo de Tarso Sanseverino, j. 11.12.2018). Entretanto, em nível estadual, há decisões no sentido de que a notificação para constituição em mora deve ser necessariamente judicial. Neste sentido: TJPR, Apelação Cível 1629403-6, 17.ª Câmara Cível, Rel. Juiz Conv. Kennedy Josué Greca de Matto, j. 18.04.2018; TJMG, Apelação Cível 1.0056.14.026474-0/001, Rel. Des. José Marcos Vieira, j. 24.10.2018.

Art. 563. A revogação por ingratidão não prejudica os direitos adquiridos por terceiros, nem obriga o donatário a restituir os frutos percebidos antes da citação válida; mas sujeita-o a pagar os posteriores, e, quando não possa restituir em espécie as coisas doadas, a indenizá-la pelo meio termo do seu valor.

COMENTÁRIOS DOUTRINÁRIOS: A revogação da doação por ingratidão do donatário produz efeitos *ex nunc*, não retroagindo para atingir terceiros adquirentes que adquiriram o bem não ter conhecimento do descumprimento do encargo ou da ingratidão do donatário. A propriedade revogável, que não se confunde com a resolúvel, tem os seus efeitos disciplinados no art. 1.360 do Código Civil de modo não retroativo, cabendo apenas à pessoa beneficiada pela revogação o valor do bem doado contra o doador se a coisa não estiver mais em seu poder. Deste modo, fica preservada a segurança jurídica responsável pela produção de efeitos benéficos para o terceiro adquirente de boa-fé, a quem não é exigido que conheça o ato indigno do donatário ou até mesmo o descumprimento do encargo a ele imposto. Enfim, os bens doados deverão retornar ao patrimônio do doador, se estiverem em mãos do donatário. Se já tiverem sido alienados, o donatário deverá reembolsar o valor dos bens ao doador ou a seus herdeiros, conforme o caso. Os frutos são bens acessórios que se reproduzem periodicamente sem acarretar destruição total ou parcial da coisa principal e são marcados pelo art. 563 do Código Civil em *anteriores* e *posteriores*. Os que forem antes da citação do donatário a ele pertencem e os que forem posteriores ao referido ato processual devem ser restituídos ao doador. Se isto não for possível, será o doador indenizado pelo meio-termo do seu valor, que significa a média entre o valor maior e o menor encontrado no período em que o bem ficou com o donatário. O juiz poderá se valer do auxílio de perito avaliador para chegar a um meio-termo do valor mais justo. A regra não se aplica para os produtos que, uma vez subtraídos do principal, acarretam o desfalque, como, por exemplo, a extração de minério. A citação é o marco divisório entre o direito de o donatário ficar com os frutos e o dever de restituí-los ao doador demandante da revogação. O silêncio da lei quanto à regra para benfeitorias faz-nos crer que deverá ser aplicada a mesma regra por analogia.

Art. 564. Não se revogam por ingratidão:

I – as doações puramente remuneratórias;

II – as oneradas com encargo já cumprido;

III – as que se fizerem em cumprimento de obrigação natural;

IV – as feitas para determinado casamento.

COMENTÁRIOS DOUTRINÁRIOS: As doações puramente remuneratórias, onerosas com encargo já cumprido, as que se fizerem em cumprimento de obrigação natural, ou as doações antenupciais não se revogam por ingratidão. As duas primeiras exceções são animadas pela própria economicidade do contrato e as demais pelo aspecto moral. Na hipótese de doação remuneratória, não há necessidade de o serviço ser totalmente gratuito, mas importante que a doação guarde relação com ele. Somente há doação remuneratória na parte que exceder ao serviço prestado, e é sobre esta que terá cabimento a revogação parcial da doação. Em caso de doação onerosa, a lei aponta como requisito para a irrevogabilidade a prova do cumprimento do encargo, a ser produzida pelo donatário, uma vez que não seria justo imaginarmos que o inadimplente se aproveitaria da exceção criada pela lei analisada. Afronta a sensibilidade jurídica que uma pessoa, não tendo cumprido a sua obrigação anteriormente, queira se valer do direito para tirar algum proveito. A pessoa não pode desrespeitar o comando jurídico coercitivo de observância da prestação contida no encargo e, depois de cometer um ato de ingratidão, buscar livrar-se da revogação da doação, pois esta foi feita onerosamente e não pura. As doações feitas em cumprimento de obrigação natural também não são passíveis de revogação por ingratidão do donatário. Obrigação natural é aquela que corresponde ao cumprimento de um dever de consciência, tendo um inexcedível alcance moral. Pelo fato de que a obrigação natural encerra uma contraprestação e não há propriamente uma doação, a ingratidão não poderá ser utilizada para a revogação desse negócio jurídico. A chamada doação antenupcial é aquela feita sob a condição suspensiva da realização do casamento. Tais doações podem ser feitas pelos cônjuges entre si, ressalvadas as hipóteses em que a lei impõe o regime da separação total de bens ou por terceiros. Em qualquer das situações não terá cabimento a revogação da doação.

REFORMA DO CÓDIGO CIVIL: Por coerência, como a comissão de juristas entendeu pelo fim da doação *propter nuptias*, acabaria também a referência ao atual inciso IV. Como já assinalado, divergimos de tal entendimento. Digno de elogio é o parágrafo único sugerido que deixa claro que a inviabilidade da revogação na doação remuneratória e na onerosa só alcança o valor da remuneração pelo serviço prestado ou pelo encargo, conforme o caso.

"Art. 564. Não se revogam por ingratidão:

I – as doações remuneratórias;

II – as oneradas com encargo já cumprido, total ou parcialmente;

III – as que se fizerem em cumprimento de obrigação natural, como nos casos de gorjetas ou remunerações graciosas;

IV – Revogado.

Parágrafo único. Nas hipóteses dos incisos I e II deste artigo, a revogação é admitida apenas no excedente ao valor dos serviços remunerados ou ao encargo imposto."

CAPÍTULO V
DA LOCAÇÃO DE COISAS

Art. 565. Na locação de coisas, uma das partes se obriga a ceder à outra, por tempo determinado ou não, o uso e gozo de coisa não fungível, mediante certa retribuição.

COMENTÁRIOS DOUTRINÁRIOS: O contrato de locação de coisas é aquele em que o locador reserva para si a posse indireta e disponibiliza ao locatário, durante determinado período de tempo, a posse direta sobre um bem infungível e inconsumível, com a obrigação de realizar o pagamento periódico de um aluguel. A referida contraprestação vem a ser o requisito identificador da locação, distinguindo-o do comodato. Locador é o que transmite onerosamente a posse direta. Locatário é aquele que a recebe e assume o dever de remunerar o locador. Infungível é o bem que não pode ser substituído por outro da mesma espécie, qualidade e quantidade e inconsumível é aquele cujo uso não importa destruição imediata da própria substância. Trata-se de contrato bilateral ou sinalagmático, comutativo, oneroso, de execução continuada, típico, informal, não solene e simplesmente consensual. Bilateral, pois ambas as partes possuem vantagens e desvantagens em caráter de reciprocidade. O locador perde o uso e gozo da coisa e ganha o valor referente ao aluguel, ao passo que o locatário perde o valor do aluguel, mas ganha o uso e gozo da coisa. Comutativo, pois as partes sabem antecipadamente as vantagens e desvantagens do negócio celebrado e as prestações de ambos se equivalem economicamente. Oneroso pela influência da indispensável retribuição, que consiste na utilização da coisa por parte do locatário, acarretando para o locador uma perda patrimonial, compensada pelo pagamento do aluguel. Trata-se de contrato de trato sucessivo, pois a sua execução se protrai no tempo, realizando-se de forma continuada pelos contratantes. As prestações perduram no tempo previsto no pacto, sendo um marco característico na locação o fato de que o adimplemento por parte do locatário da prestação não extingue o contrato, mas o renova por um novo período de tempo. O contrato de locação é típico, tendo em vista a regulamentação especial do referido negócio jurídico no Código Civil e em leis especiais. É informal e não solene, uma vez que a forma não é de sua substância, podendo ser celebrado por escrito ou verbalmente e, tampouco, há alguma solenidade reputada como indispensável para a sua validade. Nessa senda, a locação é simplesmente consensual, aperfeiçoando-se com o simples consentimento. Com efeito, a tradição da coisa não é da sua essência, como sucede, por exemplo, com o empréstimo, bastando para a sua formação que haja a aceitação da proposta. O contrato é, em regra, impessoal, pois não é feito segundo as características pessoais do locador e do locatário, mas sim no interesse de aproveitar as vantagens que o contrato proporciona segundo o polo ocupado por cada contratante. O art. 577 do Código Civil comprova que a locação está longe de ser um contrato personalíssimo, pois não se rompe com o falecimento do locador ou do locatário. Deste modo, se o contrato tiver prazo determinado, obrigará os herdeiros do locador e do locatário. Importante lembrar que os herdeiros do locatário somente responderão por obrigações do *de cujus* até os limites da força da herança, conforme o art. 1.792 do Código Civil. Se a locação, por ocasião do falecimento do locador ou do locatário, estiver vigorando por prazo indeterminado, poderá qualquer um destes denunciar o contrato. Excepcionalmente, o contrato de locação pode ser celebrado em atenção à pessoa do inquilino. Imagine-se a hipótese de uma locação de inúmeros instrumentos musicais para que o locatário possa exercer a sua atividade profissional, e tal contrato tenha sido celebrado pelo prazo de vinte e quatro meses, sendo que no terceiro mês de contrato tenha o locatário falecido. Neste caso, não se afigura razoável impor ao filho do locatário que continue a locação, se este, por exemplo, exerce a atividade de advogado. No mesmo sentido é o tratamento dessa questão na Lei do Inquilinato, cujo art. 10 prevê que, morrendo o locador, a locação transmite-se aos seus herdeiros. O art. 11 estabelece que, em caso de morte do locatário, haverá sub-rogação dos direitos e obrigações contratuais em favor do cônjuge ou companheiro sobrevivente e, sucessivamente, em favor dos herdeiros necessários e até mesmo das pessoas que viviam na dependência econômica do *de cujus*, desde que residentes no imóvel. Se a locação for não residencial, o espólio do locatário ou o sucessor empresarial no negócio poderá continuar a execução do contrato. Por fim, poderá ser paritário ou de adesão, conforme haja efetiva participação da vontade de ambas as partes ao estabelecer as cláusulas contratuais ou não. Assim é que normalmente um contrato de locação de um bem entre particulares será paritário, ao passo que um contrato de locação de veículos automotores celebrado por uma empresa locadora com um consumidor será, em regra, de adesão e regido igualmente pela Lei n. 8.078/1990. Trata-se de contrato de grande importância social e econômica, tendo larga aplicação tanto no meio rural como urbano, notadamente quando o seu objeto é o bem imóvel. No primeiro caso exerce notável função no exercício do direito laborativo sobre a terra, com a figura do arrendamento rural, regida pelo Estatuto da Terra (Lei n. 4.504/1964) e na cidade como mecanismo de conquista do direito à moradia, por meio da locação imobiliária urbana disciplinada pela Lei do Inquilinato (Lei n. 8.245/1991). A sua presença é constante, ainda, na locação de veículos automotores, espaços para publicidade, objetos e adornos para decoração de festas e outras apresentações e, ainda, como instrumento de garantia e financiamento de bens móveis e imóveis por meio do arrendamento mercantil ou *leasing*. O Código Civil, em relação aos bens imóveis, rege as locações de vagas autônomas de garagem ou de espaços para estacionamento de veículos e de espaços destinados à publicidade. Os apart-hotéis, hotéis-residência, *flats* ou equiparados, assim considerados aqueles que prestam serviços regulares a seus usuários e como tais sejam autorizados a funcionar, também se submetem ao Código Civil e, no que for aplicável, ao Código de Defesa do Consumidor (arts. 2º e 3º da Lei n. 8.078/1990). O arrendamento mercantil ou *leasing* se submete à regência da Lei n. 6.099/1974, com a complementação de Resoluções do Banco Central do Brasil. As locações imobiliárias rurais ou arrendamento rural são regidas pelos arts. 95 da Lei n. 4.504/1964 e 13 da Lei n. 4.947/1966 e Decreto n. 59.566/1966. A locação de bens públicos é regida pelo Decreto-lei n. 9.760/1946 e pelos princípios constitucionais típicos do direito administrativo. Tal contrato é repleto das chamadas cláusulas exorbitantes do direito comum. A locação de bens móveis, tais como automóveis, linhas telefônicas, livros e outros, também é regida pelo Código Civil, mas se houver habitualidade por parte do locador e preencher os requisitos dos arts. 2º e 3º da Lei, receberá também influência do Código de Defesa do Consumidor. Constituem elementos essenciais da locação a coisa, o consenso, a temporariedade e a remuneração mediante aluguel. A onerosidade da venda se verifica no pagamento do preço que por sua vez dá causa a que o vendedor seja obrigado a transmitir o bem ao comprador, ao passo que na locação a remuneração do locador é feita mediante o pagamento de um aluguel que deverá ser adimplido enquanto a coisa estiver à disposição do locatário. O comprador paga o preço para que o bem alienado seja de sua titularidade definitiva, enquanto o locatário paga o aluguel para ter a posse da coisa locada durante determinado período de tempo. Com relação à temporariedade, a transferência da posse será sempre temporária, podendo ser por tempo determinado ou indeterminado. No primeiro caso, ao final do contrato, assistirá ao locador o direito de recuperar a coisa, independentemente de prévio aviso. Se for por prazo indeterminado, seguirá a regra geral das obrigações, sendo autorizado ao locador notificar, a qualquer tempo, o locatário para que restitua a coisa. Nos contratos regidos pela Lei do Inquilinato, em razão do relevante papel social por ela desempenhado no tocante à proteção da moradia nas locações para fins residenciais ou do estabelecimento da sociedade empresária nas locações empresariais, o contrato pode ser reconduzido automaticamente em determinadas situações e mediante o preenchimento de certos requisitos, como se verá mais adiante. O aluguel é a remuneração paga pelo locatário ao locador, tendo como causa a cessão do uso e gozo do bem locado. Atua no plano da existência do negócio jurídico, pois a sua ausência desnatura o contrato, transformando-o em um contrato de comodato. Se o aluguel for estabelecido em dinheiro, deverá ser pago em real, pois esta é a moeda de curso obrigatório no país, sendo defesa estipulação em dólar ou ouro (Decreto-lei n. 857/1969 e Lei n. 9.069/1995) ou a sua fixação em salários mínimos (art. 7º, inc. IV, da Constituição Federal). A periodicidade do aluguel pode ser diária, quinzenal, mensal, semestral etc. O Código Civil não proíbe que as partes firmem na convenção que o locatário adiantará os alugueres vincendos que serão pagos antecipadamente. Por força do que dispõe o art. 20 da Lei n. 8.245/1991, a exigência do pagamento antecipado do aluguel somente será válida nos contratos para fins de temporada, ou quando a locação não contar com nenhuma das garantias previstas em lei, como a caução, fiança, seguro de fiança locatícia ou cessão fiduciária de quotas de fundo de investimento. Em um contrato de locação pode figurar mais de um locador, mais de um locatário ou vários locadores e vários locatários no mesmo contrato. Nas locações submetidas à incidência do Código Civil, como regra, não haverá solidariedade entre os contratantes, pois inexiste dispositivo legal específico nesse sentido. Aplica-se, no caso, a regra de que a solidariedade não se presume, resulta da lei ou da vontade das partes (art. 265 do CC). Isso significa que, caso haja três locadores sem que exista cota ou quinhão diferenciado entre eles, cada locador somente poderá exigir do locatário a terça parte do aluguel. Por exemplo, se o valor for de novecentos reais, cada locador deverá se satisfazer cobrando do locatário a importância de trezentos reais, e o mesmo raciocínio deverá ser seguido se houver três locatários, os quais somente poderão ser compelidos a pagar trezentos reais. Em sentido contrário, nas locações imobiliárias urbanas, o art. 2º da Lei n. 8.245/1991 estipula, como regra, a solidariedade, ao prescrever que "havendo mais de um locador ou mais de um locatário, entende-se que são solidários se o contrário não se estipulou". Nesse caso, então, a situação se modifica, uma vez que a simples presença de mais de um sujeito na qualidade de locador ou como locatário estabelecerá um vínculo de solidariedade entre os partícipes do contrato, salvo disposição contratual em contrário. Há solidariedade quando na mesma relação obrigacional houver pluralidade de credores ou devedores, cada qual podendo exigir ou sendo obrigado a pagar a prestação na sua integralidade. No exemplo figurado acima, cada locador poderia exigir o pagamento de novecentos reais, assim como cada locatário seria obrigado a pagar o mesmo valor. Como visto, estabelecida a relação obrigacional com vínculo de solidariedade, configura-se uma ficção jurídica, na qual o credor solidário pode exigir a prestação por inteiro, mas o valor da dívida é o mesmo. Três credores podem exigir, por exemplo, novecentos reais do locatário, mas a dívida não é de dois mil e setecentos reais. Da mesma forma, existindo três devedores da mesma importância, cada um é obrigado pela dívida toda, mas o valor permanece o mesmo, ou seja, novecentos reais. Essa circunstância impõe a que o credor que recebeu a importância por inteiro preste contas desse recebimento perante os outros cocredores, entregando a estes a cota que lhes for devida. Na mesma senda, o devedor que satisfez a dívida por inteiro se sub-roga parcialmente no direito do credor, podendo cobrar dos demais codevedores a cota de responsabilidade que competir a cada qual, repartindo-se entre todos a do insolvente. Não havendo previsão expressa de cota de crédito ou débito em favor ou contra cada cocredor ou codevedor, presumem-se iguais (art. 283 do CC). A solidariedade ativa (pluralidade de locadores) é conveniente para o locatário, pois poderá se exonerar da obrigação pagando a qualquer um dos locadores. A passiva (pluralidade de locatários) também convém ao locador, pois lhe assiste o direito de exigir a prestação por inteiro de qualquer um dos locatários.

JURISPRUDÊNCIA COMENTADA: Em uma locação de espaço de *shopping center*, o contrato foi denominado como "cessão de espaço comercial", quando na verdade se tratava de locação. Como consequência, a ação adequada para reaver o imóvel é a ação de despejo, e não reintegração de posse, como equivocadamente procedeu o locador (TJSP, Apelação Cível 1016595-97.2013.8.26.0100, 35.ª Câmara de Direito Privado, Rel. Des. Flavio Abramovici, j. 26.10.2016). Dentre os contratos bancários, há o chamado "aluguel do cofre" ou "contrato de locação de cofre de segurança em banco", no qual o locatário (cliente) aluga espaço físico (cofre) do locador (banco) a fim de guardar, com maior nível de segurança, bens móveis de valor como joias, dinheiro, documentos, dentre outros objetos. Ainda que tenhamos dificuldade de identificar tal acerto negocial como locação, tendo em vista a inexistência de transferência da posse direta ao "locatário", destacando-se para tanto a necessidade de participação do "locador" para acessar o espaço, além de cláusulas exorbitantes como a do sigilo, por exemplo, parecendo-nos que se trata de contrato atípico misto que combina locação, depósito e prestação de serviços de guarda e segurança (art. 425 do CC), o fato é que o Superior Tribunal de Justiça tem partido da figura da locação para a atribuição de efeitos relevantes a esse negócio jurídico. Um deles, sedimentado com bastante eloquência, diz respeito à validade da cláusula limitadora de responsabilidade civil do banco em caso de roubo, furto, perda ou qualquer outra forma de extravio ou deterioração do bem guardado no receptáculo bancário. Essa foi a orientação da Quarta Turma, no AgInt no AREsp 772.822/SP, Rel. Min. Maria Isabel Gallotti, j. 30.08.2018, em que ficou sedimentado que "nos contratos de aluguel de cofre, não é abusiva a cláusula que impõe limite aos valores e objetos que podem ser armazenados, sobre os quais incidirá a obrigação de segurança e proteção". A obrigação assumida pelo banco, inelutavelmente, é de resultado, isto é, não faz o menor sentido guardar um objeto no cofre de um banco seguido de um pacto de não indenizar, pois é da essência desse contrato assegurar ao utente do cofre a segurança e proteção da coisa guardada. Se houver cláusula de não indenizar, esta padecerá de nulidade à luz do Código de Defesa do Consumidor (art. 51, I) e também do Código Civil ante a natureza de contrato de adesão (art. 424). Importa, outrossim, destacar que a responsabilidade independe da prova da culpa do banco (arts. 12 a 14 da Lei n. 8.078/1990). Entretanto, na linha do julgado referido, não vislumbramos qualquer abusividade em cláusula que, observando o dever de informar e a transparência, limite qual o objeto que pode ser guardado, assim como o máximo de responsabilidade que se propõe a garantir. Trata-se de questão que deve ser vista no âmbito da autonomia privada. Se a limitação informada tornar o contrato para o consumidor inconveniente, será o caso de procurar no mercado de consumo, outra forma de salvaguardar os seus objetos de valor ou, quem sabe, celebrar mais de um contrato com outras instituições bancárias. O que não se pode é impor ao contratante que se obrigue em valor maior do que ofertou. Em julgado ainda mais recente, a Terceira Turma, na relatoria do Ministro Ricardo Villas Bôas Cueva definiu que "não se revela abusiva a cláusula meramente limitativa do uso do cofre locado, ou seja, aquela que apenas delimita quais são os objetos passíveis de serem depositados em seu interior pelo locatário e que, consequentemente, estariam resguardados pelas obrigações (indiretas) de guarda e proteção atribuídas ao banco locador" (AgInt nos EDcl no AREsp 1206017/SP, j. 25.11.2019).

Art. 566. O locador é obrigado:

I – a entregar ao locatário a coisa alugada, com suas pertenças, em estado de servir ao uso a

que se destina, e a mantê-la nesse estado, pelo tempo do contrato, salvo cláusula expressa em contrário;

II – a garantir-lhe, durante o tempo do contrato, o uso pacífico da coisa.

COMENTÁRIOS DOUTRINÁRIOS: O dispositivo anotado trata dos deveres do locador. A entrega da coisa não é elemento de formação do contrato de locação, mas é óbvio que o locador assume a obrigação de entregar ao locatário a coisa locada, consubstanciando verdadeira obrigação de dar coisa certa. Em atenção à função social do contrato e à boa-fé objetiva, o locador deverá entregar a coisa em estado de servir ao uso a que se destina, mantendo-a neste estado durante o tempo do contrato. Se o locador não der cumprimento ao prometido, poderá o locatário pleitear a resolução do contrato com pedido de indenização ou exigir-lhe o cumprimento mediante ação de imissão de posse. Com o aperfeiçoamento do contrato de locação pelo simples consenso, nasce em favor do locatário o direito de ter posse. Em regra, a locação da coisa principal é acompanhada por suas pertenças, coisas móveis que têm função de servir de modo permanente à finalidade econômica de outro bem, isto é, que têm uma função auxiliar do bem a que se destinam. Exemplificando, a locação de um veículo automotor será acompanhada, salvo estipulação contratual em contrário, do aparelho de som do automóvel, e a locação de uma unidade habitacional em apart-hotel será acompanhada do ar-condicionado, do armário, da mesa de centro etc. Por fim, é importante destacar que nas locações regidas pelo direito comum essa norma não é cogente. Os contratantes podem dispor de forma contrária no contrato, atribuindo ao locatário o dever de arcar com as despesas necessárias para que a coisa fique em estado hábil para utilização, segundo as circunstâncias do contrato. Essa obrigação assumida pelo locatário poderá ter como ponto de equilíbrio contratual a isenção do pagamento do aluguel pelo tempo da obra. O uso pacífico da coisa impõe ao locador um dever de abstenção com relação a práticas ilícitas de turbações ou esbulho à posse. Se o contrato tem prazo determinado, durante este não poderá o locador extinguir o contrato, sob pena de arcar com perdas e danos. A garantia se estende a eventuais agressões à posse perpetradas por terceiros, inclusive por alguém que se julgue o real titular do bem alugado. As obrigações mencionadas também devem ser observadas nas locações regidas pela Lei do Inquilinato, conforme o art. 22, incs. I, II, III e IV, da Lei n. 8.245/1991. A única diferença diz respeito à manutenção da coisa locada em estado físico que a mantenha apta a servir ao fim que se destina a locação (art. 22, inc. I, da Lei n. 8.245/1991), pois, diferentemente do inciso I do art. 566 do Código Civil, na legislação especial, esse dever do locador não admite disposição em contrário, revestindo-se, portanto, de caráter cogente. Dependendo da natureza do inadimplemento e do interesse do locatário, o descumprimento das obrigações legais e/ou contratuais por parte do locador possibilitará ao locatário pedir a resolução ou a execução específica da obrigação, isto é, o seu cumprimento, além da apuração de perdas e danos, se houver. O locador, uma vez instado pelo locatário, tem a obrigação de descrever minuciosamente o estado do imóvel por ocasião da transferência da posse, destacando expressamente eventuais defeitos ostensivos ou ocultos que porventura existam, conforme disposto no art. 22, inc. V, da Lei n. 8.245/1991. A prova é difícil de ser produzida, mas a presunção, ainda que relativa, é a de que o imóvel foi entregue sem tais vícios. O direito de vistoriar e exigir do locador a informação da situação física do imóvel acarreta o raciocínio de que a renúncia ao exercício dessa faculdade crie contra os interesses do locatário presunção de que os vícios foram posteriores à locação, invertendo-se o ônus da prova em favor do locador. Constitui direito de qualquer devedor a outorga de quitação por parte do credor, autorizando, em caso de recusa, a propositura de ação de consignação em pagamento, consoante se verifica da leitura dos arts. 319 e 335, inc. I, ambos do Código Civil. Genericamente, no ato jurídico de quitação, o credor deverá designar o valor do aluguel, o nome do devedor ou quem eventualmente pagou por este, o tempo e o lugar do pagamento, com a assinatura do credor ou do seu representante. Em claro aspecto protetivo, a Lei do Inquilinato veda expressamente que a quitação seja genérica, ou seja, sem a discriminação precisa de cada verba paga pelo locatário. Deverá o locador, portanto, incluir no recibo, separadamente, os valores pagos a título de condomínio, IPTU, seguro-fiança etc. Se o locador não cumprir essa obrigação, o valor genérico pago a título de aluguel presumirá para fins de prova do pagamento a inclusão das demais verbas acessórias da locação. O inciso VII do art. 22 da Lei do Inquilinato prevê que é dever do locador "pagar as taxas de administração imobiliária, se houver, e de intermediações, nestas compreendidas as despesas necessárias à aferição da idoneidade do pretendente ou de seu fiador". Esse dispositivo legal tem por objetivo coibir abusos por parte dos locadores e seus administradores que impunham àquele que pretendesse alugar um imóvel, despesas que, em essência, seriam de interesse do locador, como, por exemplo, a chamada "taxa de cadastro", além do custo de certidões que proporcionavam ao locador maior segurança na celebração do contrato, pois indicavam se o locatário ou seu garantidor tinham ou não apontamentos de dívidas, mediante consultas onerosas aos distribuidores de feitos judiciais, cartórios de títulos e documentos, registros de imóveis etc. Infelizmente, alguns locadores e administradoras de imóveis insistem em desobedecer ao comando dessa norma, sendo lícito ao locatário, que arcou indevidamente com tal despesa, buscar em juízo a devolução da importância que indevidamente pagou. Se quem recebeu foi o locador, a restituição é simples. Se a administradora de imóveis recebeu a verba, a devolução será em dobro, pois nesse último caso incide o art. 42, parágrafo único do Código de Defesa do Consumidor, na medida em que o locatário é o destinatário final dos serviços prestados por esse fornecedor que exerce habitualmente a atividade empresarial de intermediação e administração. É comum também no mercado imobiliário que o locador contrate um administrador, comumente advogado, para representá-lo na celebração dos contratos e é devido em favor desse profissional o pagamento de uma remuneração, normalmente calculada em um percentual, tendo como base de cálculo o valor do aluguel e acessórios pagos mensalmente pelo locatário. É a esse pagamento que a lei se refere como "taxa de administração", e proíbe que essa verba seja repassada para o locatário, pois afinal de contas o tomador do serviço do administrador é o locador e, portanto, é ele quem deve arcar com a despesa decorrente da atividade realizada em seu favor. Fala também o dispositivo na "taxa de intermediação" e esta igualmente deve ser assumida pelo locador que disponibiliza o seu imóvel para a locação. Muitas vezes não há a necessidade de um mediador entre o locador e o locatário, pois o administrador do primeiro anuncia o interesse em colocar o bem no mercado para fins de locação e o segundo, tomando conhecimento e tendo interesse, procura a administradora e realiza o seu contrato, ou então as partes celebram o pacto sem que sequer haja a presença da figura da empresa de administração de imóveis. Contudo, situações há em que o locador contrata um corretor, para providenciar a aproximação de locatário, diligenciando, por conseguinte, a realização do contrato. Questão difícil é saber se o locatário pode ser cobrado pela confecção do contrato entabulado entre ele e o locador. Parece não haver dúvida de que o advogado, a quem primordialmente compete o dever de elaborar minutas contratuais, tem o direito de exigir o pagamento de honorários pela referida atividade profissional. Parte considerável da doutrina sustenta que diante do silêncio da lei com relação ao pagamento da "taxa do contrato", é livre aos interessados deliberarem o que melhor atenda aos seus interesses, sendo, a propósito, interessante a previsão de rateio da despesa com a confecção do contrato. Estamos de acordo com tal raciocínio, se o contrato de locação for feito em moldes paritários, celebrado diretamente entre locador e locatário. De fato, nada impede, por exemplo, que em uma locação não residencial entre partes que se encontram em pé de igualdade, seja estabelecido que o locador, locatário ou ambos contratarão um advogado especialista em direito imobiliário, o qual poderá, mediante aconselhamento, evitar demandas futuras, ficando a cargo de qualquer um ou dos dois, o pagamento dos honorários devidos ao causídico. Diferentemente, se a oferta de contratação for posta à disposição no mercado de consumo pela administradora de imóveis contratada pelo locador, a este competirá pagar eventual custo com a confecção do contrato de locação, pois aquele que contrata uma pessoa para atender ao seu interesse não pode repassar o gasto da contratação a outrem, sob pena de se locupletar em detrimento deste. O inciso VIII do art. 22 da Lei do Inquilinato obriga o locador a pagar os tributos que incidam sobre a coisa, bem como o seguro contra fogo, salvo estipulação em contrário. A regra se justifica pela aderência de tais verbas à coisa, cuja titularidade é do locador. Contudo, a norma jurídica é dispositiva, possibilitando, portanto, que as partes disponham em sentido contrário, vinculando o locatário a tais pagamentos. Na locação urbana, o imposto é o predial e territorial urbano (IPTU). Uma taxa que comumente é exigida é a de incêndio, sem prejuízo de seguro privado contra esse risco, e o prêmio acaba sendo pago pelo inquilino por força de estipulação contratual expressa. As prestações de que trata o inciso configuram os chamados acessórios ou encargos da locação, cujo inadimplemento possibilita, ainda que o aluguel esteja sendo pago, a que o locador postule a resolução do contrato e o consequente despejo do inquilino. Nada obsta que o locatário seja chamado, por força da convenção, a arcar com despesas que naturalmente tocariam ao dono do imóvel, mas por outro lado lhe assiste o direito de solicitar ao locador os comprovantes do que pagou. Por exemplo, ao receber o carnê de cobrança do IPTU no início do ano, o locador realizou o pagamento integral, a fim de aproveitar o desconto dado pela Prefeitura e depois repassará mensalmente tal valor ao locatário, que, por sua vez, poderá solicitar os comprovantes do que foi pago ao locador ou a quem o represente, a fim de fiscalizar a correção do procedimento adotado pelo seu credor. Neste sentido, a Lei do Inquilinato estabelece que ao locador compete o pagamento das despesas extraordinárias de condomínio e ao locatário as que são ordinárias. No tocante ao condomínio edilício, o rateio dos salários dos funcionários do prédio é algo rotineiro, frequente e, portanto, ordinário, ao passo que uma obra de vulto destinada a recuperar a habitabilidade do edifício é incomum, fortuita, rara, singular, extraordinária. Ao locatário caberá a primeira despesa. Ao locador, a segunda. A divisão se mostra correta, na medida em que as despesas extraordinárias estão vinculadas à manutenção ou recuperação da higidez da coisa, acrescendo ao patrimônio do locador, e as ordinárias estão atreladas à utilização usual da coisa, cujo proveito imediato é do inquilino. Essa é a tônica do art. 22, inc. X, da Lei do Inquilinato e seu parágrafo único quando, ao impor ao locador o pagamento das despesas extraordinárias de condomínio, elencou as situações que extrapolam os gastos rotineiros de manutenção do edifício, como, por exemplo, a constituição do fundo de reserva, dentre outras. O exercício da preferência do inquilino é disciplinado nos arts. 27 a 34 da Lei de Locações Imobiliárias Urbanas, e não está presente nas locações regidas pelo Código Civil. Consiste, em síntese, no direito potestativo de natureza legal deferido ao locatário de adquirir o imóvel locado preferentemente a terceiros. Assim, se o locador pretender alienar onerosamente o imóvel locado, deverá antes disponibilizar a preferência ao locatário na aquisição, em igualdade de condições.

JURISPRUDÊNCIA COMENTADA: Na esteira do disposto no art. 476 do Código Civil, é lícito ao locatário se recusar ao pagamento do aluguel, enquanto o locador não cumprir seus deveres, como por exemplo entregar o bem locado em perfeitas condições de uso. Nesse sentido, o Tribunal de Justiça de Santa Catarina, em ação de reintegração de posse cumulada com cobrança, afastou o dever do locatário de pagar os alugueres atrasados, em razão de o bem ser imprestável ao fim a que se destinava, sendo então rescindido o contrato de locação, sem custos para o locatário (TJSC, Apelação Cível 0050754-48.2011.8.24.0023, 2.ª Câmara de Direito Civil, Rel. Des. Sebastião César Evangelista, j. 12.09.2016). Sobre os vícios ocultos, se o vício na estrutura do imóvel apresentar-se como de fácil constatação pelo homem comum e o locatário tiver feito a vistoria, entender-se-á que renunciou ao direito de redibir o contrato ou pleitear abatimento do valor do aluguel, isto é, aceitou a coisa no estado em que a mesma se encontrava como entendeu a 10.ª Câmara de Direito Civil do Estado do Rio de Janeiro (TJRJ, Apelação 0011787-93.2011.8.19.0209, 10.ª Câmara Cível, Rel. Des. Bernardo Moreira Garcez Neto, j. 06.04.2015).

Art. 567. Se, durante a locação, se deteriorar a coisa alugada, sem culpa do locatário, a este caberá pedir redução proporcional do aluguel, ou resolver o contrato, caso já não sirva a coisa para o fim a que se destinava.

COMENTÁRIOS DOUTRINÁRIOS: A referida norma se justifica, pois, como todo contrato de execução continuada, a locação de um bem se submete aos possíveis revezes decorrentes da ação natural do tempo. Desta forma, se diante de um caso fortuito ou de força maior, a coisa ficar depreciada em razão de uma destruição parcial, o inquilino poderá pleitear a redução do valor locativo. Imagine-se uma vaga de garagem que, em razão de uma rachadura na estrutura do prédio, está gotejando em cima do automóvel. Se a coisa ficar deteriorada, isto é, sofrer uma destruição que não mais lhe permita ser utilizada para o fim a que se destinava, poderá o locatário pedir em juízo a resolução do contrato, como seria o caso de um automóvel que não mais funcione. Como facilmente se verifica, trata-se de direito potestativo do inquilino, a que se submete o locador sem que participe com a sua vontade. Entendemos que o ideal seria que o Código Civil se orientasse pela Lei do Inquilinato, cujo art. 19 faculta o mesmo direito de rever o valor do aluguel ao locador. Tal previsão se afinaria mais com a função social do contrato e com o princípio da boa-fé. De todo modo, genericamente o art. 478 do Código Civil permite a qualquer dos contratos, em contrato comutativo, a revisão do contrato por onerosidade excessiva. Trata-se de uma aplicação concreta da teoria da imprevisão, em razão da presença da cláusula *rebus sic stantibus* nos contratos comutativos que se protraem no tempo.

JURISPRUDÊNCIA COMENTADA: A expressão "sem culpa do locatário" implica o rompimento do nexo causal entre a conduta do locatário e os danos causados ao bem locado, que importem em sua deterioração. Nesse sentido, confira-se na íntegra ementa de julgado do Tribunal de Justiça do Distrito Federal: "Apelação cível. Processual civil. Contrato de locação de imóvel. Alagamento. Fortes chuvas. Caso fortuito ou força maior. Irresponsabilidade do locador pelos danos do locatário. Quebra do nexo causal. *Res perit domino*. Rescisão. Artigo 567 do Código Civil. Cláusula penal. Rescisão involuntária. Inaplicabilidade. *Duty to mitigate the loss*. Pagamento de aluguéis até a entrega das chaves em juízo. Recursos conhecidos e parcialmente providos. 1. Para a configuração da responsabilidade civil é necessária a comprovação de todos os seus requisitos básicos. Conduta, nexo causal, dano e culpa. Para o reconhecimento do dever de indenizar. Caso o réu comprove a quebra do nexo causal entre a sua conduta e os danos alegados pela ocorrência de caso fortuito ou de força maior, não há como responsabilizá-lo por eventuais prejuízos decorrentes do evento, não havendo que se falar em indenização patrimonial ou extrapatrimonial. 1.2. Diante de caso fortuito ou de força maior, vale a regra geral do *res perit domino*, ou a coisa perece por conta do dono. Os prejuízos advindos de situações que fogem ao comum e impedem as possibilidades de previsão ou de prevenção deverão ser suportados pelo próprio dono da coisa, sem direito à indenização. 2. Na rescisão contratual pedida com fundamento em evento danoso caracterizado como caso fortuito ou de força maior, não há voluntariedade de qualquer das partes para o fim da relação material, razão pela qual não deve ser aplicada multa prevista em cláusula penal a nenhum dos sujeitos. O descumprimento de cláusulas contratuais do contrato de locação de imóvel enseja a aplicação da multa convencionada. 3. Em qualquer modalidade contratual, os contratantes são obrigados a guardar, assim na conclusão do contrato, como em sua execução, os princípios de probidade e boa-fé, conforme dicção do art. 422 do Código Civil. Desta feita, são devidos os aluguéis correspondentes ao período do início do contrato até a data da entrega das chaves em juízo, sendo apurado o valor com base na quantia pactuada mensalmente entre as partes. 4. Não há condenação por litigância de má-fé pelo exercício do direito de ação fundamentando em prova pericial e documental. 5. Recursos conhecidos e parcialmente providos" (TJDF, Apelação Cível 2015.10.1.009836-9, 8.ª Turma Cível, Rel. Des. Eustáquio de Castro, j. 07.06.2018). Em abono ao julgado acima, o *Informativo* n. *650* do STJ destacou que "Não são exigíveis aluguéis no período compreendido entre o incêndio que destruiu imóvel objeto de locação comercial e a efetiva entrega das chaves pelo locatário". Aplicou-se o brocardo latino *res perit domino* acrescido do reconhecimento de que, em regra, perece o direito, perecendo o objeto, como salientava expressamente o Código Civil de 1916 nos arts. 77 e 78 do Código Civil ("Art. 77. Perece o direito, perecendo o seu objeto. Art. 78. Entende-se que pereceu o objeto do direito: I. Quando perde as qualidades essenciais, ou o valor econômico. II. Quando se confunde com outro, de modo que se não possa distinguir. III. Quando fica em logar de onde não pode ser retirado") que conquanto não tenham sido reproduzidos, retratam um fato que, ordinariamente, acontece, como no presente caso. Deveras, não há sentido em impor ao locatário o pagamento do aluguel mesmo depois da deterioração total do imóvel em razão de incêndio não culposo (REsp 1.707.405/SP, 3.ª Turma, Rel. Min. Ricardo Villas Bôas Cueva, Rel. p/ Acórdão Min. Moura Ribeiro, j. 07.05.2019, *DJe* 10.06.2019, m.v.).

Art. 568. O locador resguardará o locatário dos embaraços e turbações de terceiros, que tenham ou pretendam ter direitos sobre a coisa alugada, e responderá pelos seus vícios, ou defeitos, anteriores à locação.

COMENTÁRIOS DOUTRINÁRIOS: A locação é contrato oneroso e comutativo, acarretando para o locador que transfere a posse direta ao locatário o dever de responder pela evicção e pelos vícios redibitórios. Como tal, em regra, se submete às regras relativas à evicção, obrigando o locador a garantir ao locatário que não há ninguém com melhor direito sobre a posse direta da coisa do que ele. Na mesma linha de raciocínio, o art. 568 do Código Civil estabelece que o locador é obrigado a resguardar o locatário de possíveis embaraços e turbações de terceiros, inclusive por quaisquer vícios que sejam anteriores ao contrato. Inclui-se também a proteção dos vícios ocultos, que independe de prévio conhecimento do locador, mas se este sabia dos vícios ou defeitos anteriores à locação deverá arcar ainda com perdas e danos (art. 443 do CC). Na sistemática do Código Civil, apenas os vícios ocultos sujeitariam o locador às ações edilícias. Se a locação se submeter ao Código de Defesa do Consumidor, a proteção englobará vícios aparentes, de fácil constatação e também os ocultos, todos caracterizando o que se denomina vícios do produto, conforme os arts. 18 e 26 da Lei n. 8.078/1990. A Lei do Inquilinato é omissa nesse sentido, porém entendemos por reconhecer a responsabilidade do locador pelos vícios aparentes e ocultos, desde que anteriores à locação e não tenham sido aceitos pelo locatário. A lei fala em quaisquer vícios, portanto inclui também os vícios aparentes.

JURISPRUDÊNCIA COMENTADA: O descumprimento da referida obrigação pelo locador enseja ao locatário a possibilidade de rescisão do contrato. Em caso concreto apreciado pelo TJDF, a locadora não avisou a locatária sobre a possibilidade de utilização, no térreo por ela alugado, de uma casa menor, que foi ocupada pelo filho da locadora, que causou transtornos à locatária, culminando na rescisão do contrato. Refira-se na íntegra a ementa: "Direito civil. Contrato de locação de imóvel. Rescisão antecipada motivada. Culpa do locador. Dano material. Dano moral. 1 – Na forma do art. 46 da Lei n. 9.099/1995, a ementa serve de acórdão. Recurso próprio, regular e tempestivo. 2 – Rescisão de contrato. Locação de imóvel. Culpa do locador. Estabelece o art. 568 do Código Civil que o locador resguardará o locatário dos embaraços e turbações de terceiros, que tenham ou pretendam ter direitos sobre a coisa alugada [...]. No caso presente, tem-se que a locadora não advertiu ou informou a locatária sobre a possibilidade de utilização de uma casa menor dentro do lote por terceiro, no caso o filho da locadora, que causou inúmeros transtornos à autora/locatária, inclusive com a tentativa de invasão de sua residência. Tem-se, portanto, que a conduta da locadora foi a causa exclusiva da rescisão do contrato de locação, devendo ser responsabilizada pelos prejuízos causados à autora. 3 – Danos materiais. Considerando o direito de recomposição integral do patrimônio danificado pelo ato ilícito, em estrita observância aos arts. 186, 927 e 944, do CC, deverá a ré arcar com os danos materiais advindos da nova mudança da locatária, de forma que o valor da indenização fixada está em conformidade com a prova produzida, qual seja, R$ 830,00, pelo valor do frete e desmontagem dos móveis. 4 – Danos morais. Os transtornos e constrangimentos passados pela autora diante da tentativa de invasão de sua residência, e a perda da sua qualidade de vida em decorrência dos mecanismos de segurança instalados, são capazes de violar seus direitos da personalidade e afetar o sentimento de angústia, abalando a sua integridade psíquica. Cabível, pois, indenização por danos morais. 5 – Valor da indenização. O valor fixado na sentença para a indenização cumpre com adequação as funções preventiva e compensatória da condenação. Sentença que se confirma pelos seus próprios fundamentos. 6 – Recurso conhecido, mas não provido. Custas processuais e honorários advocatícios, fixados em 10% do valor da condenação, pelo recorrente vencido" (TJDF, Recurso Inominado 0701058-54.2016.8.07.0005, 1.ª Turma Recursal dos Juizados Especiais, Rel. Juiz Aiston Henrique de Sousa, j. 24.11.2016).

Art. 569. O locatário é obrigado:

I – a servir-se da coisa alugada para os usos convencionados ou presumidos, conforme a natureza dela e as circunstâncias, bem como tratá-la com o mesmo cuidado como se sua fosse;

II – a pagar pontualmente o aluguel nos prazos ajustados, e, em falta de ajuste, segundo o costume do lugar;

III – a levar ao conhecimento do locador as turbações de terceiros, que se pretendam fundadas em direito;

IV – a restituir a coisa, finda a locação, no estado em que a recebeu, salvas as deteriorações naturais ao uso regular.

COMENTÁRIOS DOUTRINÁRIOS: No âmbito da bilateralidade do contrato de locação, o locatário tem direito a usar da coisa, e para tanto paga o aluguel, contudo, não poderá dar destinação à coisa diversa daquela que fora pactuada, pois o modo como o bem será utilizado pelo locatário integra a própria contratação. Apesar de a locação ser um contrato informal e não solene, aconselha-se que as partes estabeleçam expressamente acerca da destinação que será dada à coisa, delimitando as permissões e proibições. Se não houver contrato escrito, deverá ser consultada a utilização presumida do bem, segundo critérios que pareçam razoáveis ao magistrado, tais como a essência do bem, a atividade do locatário e o local em que o objeto locado será utilizado. A parte final do inciso I impõe ao locatário que zele pelo bem a ele entregue como se fosse seu, ou seja, o locatário tem direito de usar do bem, mas não abusar, pois se assim proceder incidirá na prática ilícita do abuso do direito previsto no art. 187 do Código Civil, possibilitando a resolução culposa do contrato, sem prejuízo das perdas e danos. O pagamento do aluguel é a obrigação mais marcante na locação, sendo na verdade um pressuposto existencial. A lei do inquilinato prestigia a autonomia privada e estabelece que as partes são livres para fixar o valor do aluguel que lhes aprouver (art. 17), assim como prever cláusula de reajuste de modo a assegurar a comutatividade da avença frente aos efeitos da inflação (art. 18). Por sua vez, o art. 28

da Lei n. 9.069/1995 (Lei que dispõe sobre o Plano Real) estabelece que a referida atualização do locativo será obrigatoriamente anual e deverá refletir a correção monetária do período. *Reajuste* não se confunde com a *revisão* do aluguel prevista no art. 19 da citada lei especial. Nesse último caso, o objetivo da norma, ao deferir a locador e locatário o direito potestativo de pleitearem a revisão do aluguel, passados três anos da fixação do aluguel ou de sua última revisão, é salvaguardar o contrato dos efeitos de causas supervenientes que possam alterar o equilíbrio contratual, como seria o caso, por exemplo, da construção de um cemitério em frente ao imóvel, de modo a depreciar o seu valor ou, ao contrário, a construção de equipamentos comunitários públicos que possam valorizar o bem. O locatário deverá observar o prazo para o pagamento do aluguel e, ausente previsão expressa, deverá ser observado o costume do lugar no tocante ao prazo para o pagamento. Se não houver lugar para o pagamento, este será o domicílio do locatário, aplicando-se a regra geral da dívida quesível do art. 327 do Código Civil. O locador é obrigado a garantir ao locatário, durante o tempo do contrato, o uso pacífico da coisa e, para tal, evidentemente, precisa conhecer de eventuais esbulhos, turbações ou, até mesmo, a simples ameaça das referidas lesões. Como possuidor direto, o locatário pode defender a sua posse, inclusive em face do próprio locador, mas tal fato não o exime do dever legal de levar ao conhecimento do locador as turbações que se pretendam fundadas em direito, uma vez que não raro o locador mora e trabalha distante do imóvel locado, e não sabe de tais agressões a seu patrimônio provindas de terceiros. Outrossim, o locador responde perante o locatário pelos riscos da evicção, sendo este o real alcance da expressão "turbações de terceiros, que se pretendam fundadas em direito". As agressões fundadas em direito normalmente somente poderão ser protegidas pelo pretenso titular do bem, que vem a ser o locador. Ele que poderá afastar com maior possibilidade de êxito uma pretensão possessória ou reivindicatória de uma pessoa que alega ter herdado a propriedade, o usufruto ou o direito real de habitação do bem objeto da locação, dentre outras. Entendemos que o dispositivo mereça receber uma interpretação extensiva para incluir também a obrigatoriedade de comunicação de turbação, ainda que esta seja proveniente de ato ilícito. Assim, o locatário deverá comunicar ao locador da turbação ou esbulho, se o terceiro alegar que é o verdadeiro titular da coisa e que vai retomá-la, assim como se clandestina ou violentamente, sem alegação de título algum, alguém ocupar parte do imóvel em ato de turbação ou esbulho possessório. O descumprimento da apontada obrigação sujeitará o locatário a se submeter ao pedido de rescisão do contrato, sem prejuízo das perdas e danos. Afirma o inciso IV que a coisa deve ser devolvida no estado em que o locador entregou, mas ressalva com correção as deteriorações que decorram do uso regular da coisa. Isso se deve ao reconhecido de que é fisicamente impossível que a coisa seja entregue no exato estado em que o locatário a recebeu, pois qualquer utilização, por mais zelosa que seja, sempre traduzirá algum desgaste natural. Destarte, se não houver conduta culposa imputável ao locatário, o locador não terá direito de indenização, porém se o locatário danificar dolosa ou culposamente o bem locado, deverá arcar com as perdas e danos, além de justificar o pedido de reintegração de posse em razão da resolução culposa do contrato. O art. 23 da Lei n. 8.245/1991 informa os deveres básicos dos inquilinos, sem embargo da possibilidade de criação de cláusulas contratuais que, se estiverem em harmonia com as regras e os princípios regentes da função social do contrato e da boa-fé objetiva, vincularão igualmente as partes em atenção aos princípios contratuais da autonomia privada e da obrigatoriedade. Os quatro incisos iniciais da lei de regência, com pequenas diferenças, praticamente registram as mesmas obrigações assinaladas no artigo supracitado. Nas locações regidas pela Lei do Inquilinato, o art. 23, inc. IV acresce ao dever de informar acerca de eventuais esbulhos ou turbações perpetrados por terceiros, o de levar imediatamente ao conhecimento do locador o surgimento de qualquer dano ou defeito cuja reparação a este incumba. Há no dispositivo legal estudado um importante fundamento do dever de cooperação, imanente à boa-fé objetiva, que deve imperar na relação contratual, uma vez que o locador, não raro, se encontra distante do objeto locado, e quanto mais rápido a pessoa sabe da necessidade de fazer uma obra, tanto melhor sob o ponto de vista da logística operacional e da economia que pode ser feita com um aviso imediato. Além disso, a não realização da obra necessária pode causar dano patrimonial e/ou moral ao próprio locatário, que pela boa-fé objetiva tem o dever de mitigar os seus próprios prejuízos, para que estes não caiam, desnecessariamente, na conta do locador em demanda indenizatória. A ausência de comunicação imediata pode ensejar o pagamento das perdas e danos decorrentes do inadimplemento culposo e, conforme a gravidade e repercussão, o despejo por infração legal, conforme o art. 9º, inc. II, da Lei n. 8.245/1991. Os danos que decorrem de uma utilização anormal do prédio são de competência do inquilino que, à luz do inciso V do art. 23, está obrigado a fazer imediatamente as reparações necessárias, sejam elas causadas por si, seus familiares, visitantes ou prepostos. A destruição do portão da garagem pelo veículo dirigido pelo locatário, o incêndio de parte externa do prédio, o visitante que deixa cair produto altamente corrosivo no assoalho de madeira da sala, vão gerar a obrigação de fazer os reparos necessários, de modo a restituir a coisa à condição anterior a tais danos. Esse dever representa um desdobramento lógico da obrigação estabelecida no inciso II do mesmo artigo, o qual determina que o locatário tem o dever de zelar pelo bem locado como se fosse seu. A inobservância dessa obrigação possibilita ao locador pedir indenização em juízo. A obrigação de não modificar a estrutura do imóvel locado é um corolário lógico do dever que o locatário assume de restituir a coisa como a recebeu, ressalvados os desgastes naturais. Além do que, como visto anteriormente, a posse do locatário é desdobrada pelo locador, que é aquele que exerce efetivamente a senhoria da coisa. Seja residencial ou não residencial a locação, ao locatário é proibido fazer modificações importantes no imóvel sem prévia autorização. O locatário estará dispensado de autorização para fazer pequenas modificações no imóvel locado, ou seja, obras que não desfigurem o imóvel e não possam ser removidas com facilidade quando da devolução do bem ao locador. O silêncio aqui não indica concordância, uma vez que a Lei do Inquilinato exige o consentimento prévio e por escrito do locador, para que o locatário possa validamente modificar a forma do imóvel. Dessa forma, a demora em reclamar a falta do locatário não significará assentimento. O locatário é obrigado a entregar ao locador quaisquer avisos de cobrança de tributos, encargos condominiais, assim como eventuais intimações, multas ou outras exigências provenientes de atos do poder público. Essa obrigação está vinculada ao dever de informar ao locador acerca de tudo o que diga respeito ao imóvel locado, independentemente de quem seja o devedor da cobrança ou a quem se dirija a citação, intimação, multa ou comunicação do condomínio ou da Prefeitura. Se, por exemplo, o locatário for citado em ação judicial sob a alegação de uso anormal da propriedade por conduta que ponha em risco o sossego de seu vizinho, ainda assim, por força de lei, deverá ser o locador comunicado de tal circunstância. A mesma conduta deve ser adotada se a notificação disser respeito à cobrança de qualquer imposto, taxa ou contribuição de melhoria, ainda que por contrato seja o locatário a pessoa obrigada a integralizar o pagamento. O inciso VIII do art. 23 da Lei do Inquilinato prevê o dever do locatário de pagar as despesas de telefone e de consumo de força, luz e gás, água e esgoto. O seu teor é autoexplicativo. Contudo, parece-nos que tecnicamente tais obrigações somente podem ser exigidas do locatário se as contas perante os respectivos prestadores de serviço público estiverem em nome do locador, pois se estiverem em nome do inquilino mostra-se inadequada a criação desse dever legal, além de inútil, pois se a conta de luz, por exemplo, estiver em nome do locatário, a cobrança dessa prestação somente pode recair sobre o consumidor de tais serviços, sendo ele o único a experimentar os efeitos da inadimplência, uma vez que tais obrigações não se revestem de caráter real, de modo a possibilitar a responsabilização do locador proprietário. O art. 23, inc. IX, da Lei Inquilinária obriga o locatário a permitir que o locador ou alguém por ele indicado faça vistoria no imóvel, a fim de aferir se o inquilino vem cumprindo o dever de velar pela coisa como se fosse sua, de manter a destinação para qual o imóvel foi locado e, enfim, fiscalizar se o imóvel poderá ser restituído no estado em que foi recebido, ressalvado o desgaste natural da coisa. O locador não pode abusar desse direito, realizando vistorias repetidas em curto período de tempo, tampouco ingressar no imóvel sem que combine previamente com o locatário dia e hora para fazer a diligência. Outra possibilidade de ingresso no imóvel ocorre quando o locador notifica o locatário do interesse em vender o imóvel e este não exerce o direito de preferência. Nesse caso, o citado dispositivo legal impõe ao inquilino que permita a visita e exame por terceiros interessados na compra. Trata-se de uma aplicação concreta do dever de colaboração como corolário da boa-fé objetiva que se exige como cláusula geral de todos os contratos. A obrigação criada pelo inciso X do art. 23 da Lei n. 8.245/1991 é relevante para a comunidade condominial e para o locador, pois ambos podem sofrer as consequências pelo desconhecimento ou descumprimento dos seus termos. A lei, desta forma, cria uma presunção absoluta de que o locatário conhece os termos da convenção e do regimento interno, mas no mundo fático esse conhecimento pode não ser verdadeiro. Por isso, adequado que, por ocasião da celebração do contrato de locação, o locador ou quem o represente entregue, mediante recibo, uma cópia de tais documentos. Essa conduta contratual de colaboração e boa-fé possibilitará que se exija, com maior dose de rigor, a observância dos ditames da convenção. A ação nociva do locatário pode ensejar a que o condômino locador venha, por exemplo, a responder pela multa imposta ou pela determinação de desfazimento de uma obra ao arrepio das normas regulamentares do condomínio. Por tais motivos, temos como justificada a imposição legal, cujo descumprimento pode ensejar o despejo do locatário por descumprimento legal, conforme o art. 9º, inc. II, da Lei n. 8.245/1991. O art. 37 da Lei do Inquilinato elenca como modalidades de garantias locatícias a caução, normalmente em dinheiro, a fiança, a cessão fiduciária de quotas de fundo de investimento e o seguro de fiança locatícia. Esta última garantia possibilita ao locador, na qualidade de segurado, a cobertura do pagamento dos alugueres e acessórios da locação que não forem quitados pelo locatário, entre outros riscos que estejam eventualmente previstos expressamente na apólice, conforme definido pela Circular n. 347/2007 da Superintendência de Seguros Privados (SUSEP). O garantido pelo contrato de seguro é o locatário, parte que está obrigada, se exigido pelo locador, a prestar algum tipo de garantia para o contrato. Essa obrigação justifica a opção legal que estabelece ser do locatário o encargo financeiro de pagar o prêmio do referido seguro, que poderá ser pago juntamente ao aluguel ou à parte. O art. 23, inc. XII e seus parágrafos atribuem ao locatário a obrigação de pagar as despesas ordinárias. Com o objetivo de dar transparência a tais pagamentos, ao locatário assiste o direito de exigir a comprovação da previsão orçamentária e o rateio mensal do condomínio.

JURISPRUDÊNCIA COMENTADA: É possível a existência de cláusula contratual que obrigue o locatário a devolver o imóvel não apenas no mesmo estado em que o recebeu, mas também em condições de ser ocupado imediatamente por novo locatário. O descumprimento deste dever ensejará ao locador requerer perdas e danos do locatário, além da natural devolução do imóvel (TJPE, Apelação Cível 0117252-61.2009.8.17.0001, Rel. Des. Cândido José da Fonte Saraiva de Moraes, j. 07.02.2018). Conforme salientado acima nos comentários doutrinários, é cabível cláusula de reajuste anual do valor do aluguel nos contratos de locação regidos pela lei do inquilinato (arts. 18 da Lei n. 8.245/1991 e 28 da Lei n. 9.069/1995). Sobre o tema, o Superior Tribunal de Justiça enfrentou caso no qual o locador deixou de proceder ao reajuste do valor do aluguel previsto no contrato durante cinco anos em um contrato de locação em *shopping center* com prazo de vigência de vinte anos. Apenas após cinco anos de curso do contrato, o locador pleiteou o recebimento do reajuste anual segundo o índice contratual que retratava a inflação do período com efeito retroativo, conforme cláusula expressa. O locatário, por sua vez, entendeu que o descaso do locador em proceder ao reajuste teria levado à supressão de tal direito (*supressio*) fazendo nascer para ele (*surrectio*) o direito de não mais se submeter à atualização do valor locativo. Assim, segundo o princípio da boa-fé objetiva (art. 422 do CC), não mais é cabível pedido de reajuste. A decisão corretamente entendeu que essa situação fática não renderia ensejo a que o locatário ostentasse legítima expectativa da renúncia da citada cláusula em favor do locador. Decerto, no caso, mais lógica e em consonância com a boa-fé objetiva mostra-se a decisão que permite o reajuste, após a notificação do locatário, do que a ideia de congelamento do contrato, que se mostraria em franco atentado à autonomia privada, à obrigatoriedade do pacto e à própria equivalência material dos contratos. Externando preocupação com o possível desequilíbrio contratual, extrai-se, outrossim, do voto do relator que "não é razoável supor que o locatário tivesse criado a expectativa de que o locador não fosse mais reclamar aumento dos aluguéis. Assim, o decurso do tempo não foi capaz de gerar a confiança de que o direito não seria mais exercitado em momento algum do contrato de locação". Por outro lado, não é justo o efeito retroativo do aluguel durante o período de inércia do locador, sendo justa a fixação do marco inicial para a atualização a data de recebimento da notificação extrajudicial que clara e explicitamente declinou o interesse de exercer o direito de reajustar o aluguel. Nessa toada, assentou o julgador que "suprimir o direito do locador de pleitear os valores pretéritos, inclusive em decorrência do efeito liberatório da própria quitação, e permitir a atualização dos aluguéis após a notificação extrajudicial é a medida que mais se coaduna com a boa-fé objetiva". Assim, como destacou o *Informativo* n. 659, de 2019, do Superior Tribunal de Justiça, "a inércia do locador em exigir o reajuste dos aluguéis por longo período de tempo suprime o direito à cobrança de valores pretéritos, mas não impede a atualização dos aluguéis a partir da notificação extrajudicial encaminhada ao locatário" (STJ, REsp 1.803.278/PR, 3.ª Turma, Rel. Min. Ricardo Villas Bôas Cueva, j. 22.10.2019). O artigo sob comento e o art. 23 da Lei n. 8.245/1991 impõem ao locatário que restitua a coisa locada no estado em que recebeu, ressalvadas as deteriorações decorrentes do uso regular. Em caso no qual o locatário descumpriu tal obrigação e o locador ficou privado da utilização do bem por ter recebido o mesmo em precárias condições, o Tribunal Maranhense condenou o locatário em lucros cessantes (art. 402 do CC) durante o período em que o imóvel esteve em obras para viabilizar a sua regular fruição pelo locador. A decisão foi confirmada com acerto pelo Superior Tribunal de Justiça (REsp 1.919.208/MA, Rel. Min. Nancy Andrighi, j. 20.04.2021, v.u.). O inadimplemento do aluguel durante considerável período de tempo que não enseje, pela análise de outros elementos, na interversão do caráter da posse (art. 1.203), não induz, pelo instituto da *suppressio*, na transmutação do contrato de locação para um pacto de comodato. Na análise do caso concreto, o magistrado deve aferir, tão somente, eventual prescrição na cobrança de alugueres (art. 206, § 3º, I) (REsp 1.309.800/AM, Rel. Min. Luis Felipe Salomão, 4.ª Turma, j. 22.08.2017 e AgInt no AREsp 2.230.704/PR, Rel. Min. Humberto Martins, 3.ª Turma, j. 13.05.2024).

PANDEMIA: Como pode ser percebido no inciso II do artigo em comento, uma das obrigações mais relevantes do contrato de locação é o pagamento do aluguel na forma pactuada. Inegavelmente, a pandemia pode se configurar como um acontecimento imprevisível e inevitável que se apresente como um justo impedimento, ainda que momentâneo, para que isso aconteça na forma imaginada no programa contratual da locação (art. 393, parágrafo único, do CC). No início da pandemia, verificou-se a existência de decisões permitindo uma moratória no pagamento do aluguel e a redução de seu valor. Diferentemente de outras experiências estrangeiras, não temos nenhuma lei no Brasil que estabeleça segurança jurídica com relação a esse ponto, sendo de todo relevante que o magistrado analise as peculiaridades do caso concreto para melhor elucidar a questão, pois é possível que a pandemia não altere em absolutamente nada as circunstâncias objetivas do contrato. Um servidor público com o seu salário em dia não poderá, por exemplo, pleitear, em razão da pandemia, a redução do aluguel ou mesmo uma moratória para o pagamento. Ao passo que um lojista do *shopping center* que explore a atividade de salão de beleza que, por determinação do poder público, ficou fechado durante determinado período de tempo e que mesmo ao reabrir, encontrou uma redução significativa em seu faturamento, poderá demonstrar documentalmente essa situação e obter no Poder Judiciário uma redução do valor do aluguel durante o período pandêmico. Enfrentei um caso no qual um restaurante no centro da cidade demonstrou queda vertiginosa em sua receita a justificar, ao menos em cognição sumária, a redução percentual do valor locativo de acordo com as provas apresentadas. Parece que, com muita felicidade, esse tem sido o caminho da jurisprudência, como se pode ver na ementa que destaco: "Agravo de instrumento. Decisão agravada que indeferiu a tutela de urgência. Ação revisional de aluguel comercial, com fundamento na situação de pandemia por covid-19, alegando a empresa autora/agravante estar sofrendo severo declínio de rendimento haja vista estar impedida de exercer plenamente suas atividades. Empresa recorrente que atua no ramo de salão de beleza na cidade de Niterói. Não obstante tratar a hipótese de relação eminentemente privada, o caso concreto está a atrair a interferência do Judiciário para tentar se preservar um ambiente contratual minimamente protegido e equilibrado frente ao inesperado cenário econômico, enquadrado na conjectura da teoria da imprevisão. Afastando a presunção de paridade e simetria dos contratos, vale destaque o art. 421-A do Código Civil, introduzido pela Lei nº 13.874/2019 (Lei da Liberdade Econômica), que possibilita a revisão contratual de forma excepcional e limitada. O faturamento trazido pela empresa agravante (index. 19 – anexo 1), no caso dos autos, permite concluir que as perdas da recorrente estão na ordem de 50%, comparando-se com o mesmo período do ano passado. Por um lado, o locador agravado se encontra impossibilitado de entregar o imóvel livre para o fim que se destina, por força das restrições de abertura do comércio. Por outro viés, o locatário agravante também se encontra impedido de explorar economicamente o bem locado e arcar com o aluguel integral. Assim, o percentual de 50% para a redução locatícia pretendida se mostra razoável, especialmente em se considerando a impossibilidade de cumprimento do pactuado por ambos os contratantes. Em se tratando de decisão antecipatória, a medida não se mostra irreversível e pode ser revista a qualquer tempo com a vinda de novos elementos, sendo certo que a jurisprudência já começa a seguir a mesma inteligência. No que se refere ao termo final a ser adotado para vigorar o desconto concedido no aluguel, deve ser mantido, por ora, o determinado na decisão antecipatória, que fixou como a data de liberação total das atividades pela autoridade competente. Recurso parcialmente provido. Concessão parcial da tutela antecipada" (TJRJ, AI 0035099-31.2020.8.19.0000, 26.ª Câmara Cível, Rel. Des. Sandra Santarém Cardinali, j. 13.08.2020); e "Agravo de instrumento contra decisão que, em ação de conhecimento proposta pela Agravante, objetivando a revisão de contrato de locação comercial, deferiu a consignação de 50% do valor do aluguel a partir de março de 2020 até a suspensão pelas autoridades públicas da determinação de isolamento social e fechamento dos estabelecimentos comerciais, devendo ser mantidas todas as demais obrigações previstas no contrato, tais como o pagamento de impostos e taxas. Efeito suspensivo indeferido, o que ensejou a interposição de agravo, o qual ficou prejudicado ante a apreciação do mérito do agravo de instrumento. Decisão agravada que, ao contrário do que sustenta a Agravante, não é *extra petita*, pois rejeitou o pedido de suspensão do pagamento do aluguel, formulado em sede de tutela antecipada, reduzindo-o para 50% do valor estabelecido entre as partes. Pandemia pelo coronavírus que tem inequívoca repercussão nas atividades comerciais ante as medidas de isolamento social adotadas pelas autoridades públicas. Suspensão do pagamento do aluguel, no entanto, que não se mostra adequada porque o imóvel continua sendo ocupado. Redução em 50% do valor do aluguel que é razoável, equilibrando as partes contratantes, pois só a instrução probatória possibilitará aferir o valor justo para o aluguel no período de restrição das atividades da Agravante, sendo o percentual de 20% por ela requerido, em caráter subsidiário, reduzido ante os indícios de que, em algum momento, a loja esteve aberta. Decisão agravada que não comporta reforma, pois não se mostra teratológica, contrária à lei ou à evidente prova dos autos. Aplicação da Súmula 59 do TJRJ. Litigância de má-fé da Agravante não configurada. Desprovimento do agravo de instrumento" (TJRJ, AI 0029857-91.2020.8.19.0000, 26.ª Câmara Cível, Rel. Des. Ana Maria Pereira de Oliveira, j. 23.07. 2020). O REsp 1998.206/DF (Min. Luis Felipe Salomão, 4.ª Turma, j. 14.05.2022) fincou tais balizas importantes para a revisão dos contratos em razão da covid-19, levando em consideração a necessidade de análise do caso concreto, não sendo, portanto, esse trágico evento de força maior, uma decorrência lógica ou automática do referido efeito contratual. Reforçando tal entendimento, o STJ manteve o acórdão de origem que, "a partir do exame dos elementos de prova e da interpretação das cláusulas contratuais, concluiu pela razoabilidade do ajuste, reputando proporcional a redução da multa fixada originalmente em 50% (cinquenta por cento) para 20% (vinte por cento) do valor do total de aluguéis que seriam devidos até a conclusão normal do contrato" (AgInt nos EDcl no AREsp 2.262.447/RO, Rel. Min. Raul Araújo, 4.ª Turma, j. 13.11.2023).

Art. 570. Se o locatário empregar a coisa em uso diverso do ajustado, ou do a que se destina, ou se ela se danificar por abuso do locatário, poderá o locador, além de rescindir o contrato, exigir perdas e danos.

COMENTÁRIOS DOUTRINÁRIOS: Todos os deveres relacionados no art. 569 do Código Civil, quando descumpridos, possibilitam ao locador requerer em juízo a resolução do contrato por inadimplemento com a consequente retomada da coisa, sem prejuízo das perdas e danos.

JURISPRUDÊNCIA COMENTADA: O Tribunal de Justiça de Santa Catarina apreciou caso concreto de uma locação de um caminhão basculante, com cláusula contratual limitando seu uso exclusivo a um determinado motorista. Contudo, o veículo foi entregue a terceiro não autorizado, que ocasionou o tombamento do mesmo. Desta forma, além da rescisão do contrato, o locador foi indenizado por perdas e danos, incluindo lucros cessantes (TJSC, Apelação Cível 0001944-29.2009.8.24.0050, 1.ª Câmara de Direito Civil, Rel. Des. Jorge Luis Costa Beber).

Art. 571. Havendo prazo estipulado à duração do contrato, antes do vencimento não poderá o locador reaver a coisa alugada, senão ressarcindo ao locatário as perdas e danos resultantes, nem o locatário devolvê-la ao locador, senão pagando, proporcionalmente, a multa prevista no contrato.

Parágrafo único. O locatário gozará do direito de retenção, enquanto não for ressarcido.

COMENTÁRIOS DOUTRINÁRIOS: O vínculo locatício pode ser desfeito a qualquer tempo pelos interessados. A lei permite a resilição unilateral ou denúncia da avença, ou seja, por mero ato de vontade. Trata-se de direito potestativo deferido aos partícipes da relação locatícia, quando esta for regida pelo direito comum, mas a lei impõe sanção pecuniária para tal conduta. A penalidade consistente no dever de composição dos danos se justifica, pois a desistência do contrato caracteriza uma forma de descumprimento contratual, atraindo a incidência do art. 389 do Código Civil, que contém o genérico sentido de impor ao inadimplente a responsabilidade civil contratual. A lei deveria exigir do locador que demonstrasse imperiosa e imprevista necessidade de denunciar o contrato antes de seu término, pois isto se mostraria mais consentâneo com a vedação ao abuso do direito e com a ética nas relações negociais. O ordenamento jurídico não deveria autorizar que o direito do locador se sobreponha à necessidade ou conveniência do locatário, que terá que se sujeitar aos efeitos da denúncia, conformando-se com a indenização. Entretanto, certo é que, nos estritos termos do direito posto, o locador não precisa fundamentar o interesse em reaver o bem locado antes do advento do termo contratual, arcando com os prejuízos que esta postura causar ao locatário. Para salvaguardar de modo mais enfático o pleito ressarcitório, o inquilino poderá se valer da retenção do bem locado, o qual consiste no direito real deferido pela lei, como meio coercitivo ao credor de algum valor indenizatório, de poder permanecer com o bem até ser indenizado, como ocorre, por exemplo, em favor do locatário que de boa-fé realizar no imóvel benfeitorias necessárias e úteis quando expressamente autorizadas, na forma dos arts. 578 do Código Civil e 35 da Lei do Inquilinato. Em razão dos fins sociais protegidos pela Lei do Inquilinato, nas locações sob a sua regência o tema é tratado de matéria diversa. No caso, ao locador é absolutamente vedado recuperar o imóvel imotivadamente antes do advento do termo contratual, conforme o art. 4º da Lei n. 8.245/1991. Desta forma, ao locatário assiste o direito de resilir unilateralmente o contrato, pagando ao locador a multa pactuada em proporção ao período de tempo do contrato, ou a que for arbitrada pelo juiz em caso de ausência de previsão expressa de multa no contrato. A multa prevista se assemelha com uma cláusula penal compensatória, mas com ela não se confunde, uma vez que o inquilino que desiste do contrato não descumpre obrigação, apenas exercita direito de arrependimento do contrato, submetendo-se a uma multa prefixada contratualmente. Trata-se, portanto, de multa penitencial, que consiste em uma cláusula acessória, em razão da qual o devedor tem a faculdade de não cumprir, pagando a quantia estipulada. O parágrafo único do citado dispositivo legal dispensa o inquilino da multa, se a devolução do imóvel tiver relação direta com a determinação de seu empregador, público ou privado, para exercer a sua função em local diverso daquele em que trabalhava por ocasião do início do contrato. Um militar que tenha alugado um imóvel para fins de moradia em uma cidade do Estado do Rio de Janeiro e seja removido para determinado quartel em Mato Grosso do Sul não deve ser compelido a pagar a pena pecuniária, uma vez que está acobertado por uma situação de força maior que o impede de cumprir o contrato. Para tanto, deverá avisar por notificação escrita dirigida ao locador com antecedência mínima de trinta dias. Essa regra, equivocadamente, restringe a exoneração a apenas essa situação de fortuito, quando poderia prever a excludente de forma genérica, para alforriar o locatário da obrigação de pagar a multa penitencial sempre que a devolução do imóvel antecipada fosse fundamentada em situação que inviabilizasse o cumprimento do contrato, como por exemplo, o desemprego do inquilino, que se não extingue o dever de pagar o aluguel, deveria ser o bastante para excluir a multa.

Art. 572. Se a obrigação de pagar o aluguel pelo tempo que faltar constituir indenização excessiva, será facultado ao juiz fixá-la em bases razoáveis.

COMENTÁRIOS DOUTRINÁRIOS: Existem contratos com previsão contratual de que, caso o inquilino desista da locação, pague a importância relativa ao período que faltava para o cumprimento do pacto. Essa cláusula pode se converter, no concreto, em grave iniquidade, cuja prevenção se faz pela aplicação do dispositivo legal em análise, conjugado com o disposto no art. 413 do próprio Código, que prevê a cláusula genérica de redução de cláusula penal excessiva. A redução proporcional da pena afina-se com o espírito da atual codificação, que tem, na funcionalização dos negócios jurídicos e na boa-fé, seus princípios fundamentais. É fato inconteste que uma das funções da cláusula penal é a de prefixar perdas e danos e estas não podem se converter em enriquecimento sem causa em desfavor do contratante, sob pena de perder a sua base de justificação jurídica. Com os princípios que orientam a atual codificação civil, é possível perceber a possibilidade de um diálogo entre esse texto e a Lei do Inquilinato, no sentido da contenção dos abusos na fixação da multa.

Art. 573. A locação por tempo determinado cessa de pleno direito findo o prazo estipulado, independentemente de notificação ou aviso.

COMENTÁRIOS DOUTRINÁRIOS: Todas as vezes em que o contrato de locação regido pelo direito comum tiver prazo fixo para ser cumprido, este deverá ser observado, independentemente de qualquer providência do contratante. Na data combinada para o termo do contrato, constitui obrigação básica do locatário restituir o bem locado, tonando-se injusta a sua posse após o prazo final do contrato pelo vício da precariedade, possibilitando ao locador o manejo da ação de reintegração de posse, tendo em vista o esbulho cometido pelo inquilino.

Art. 574. Se, findo o prazo, o locatário continuar na posse da coisa alugada, sem oposição do locador, presumir-se-á prorrogada a locação pelo mesmo aluguel, mas sem prazo determinado.

COMENTÁRIOS DOUTRINÁRIOS: Caso o locatário não devolva a coisa alugada, e contar com o consentimento tácito do locador, ou seja, se o locador não tomar nenhuma providência de retomar o bem locado, o contrato ficará automaticamente prorrogado por prazo indeterminado. Neste caso, poderá o locador retomar o bem locado a qualquer tempo, mediante prévia notificação ao locatário. A Lei n. 8.245/1991, ante os fins sociais que a inspiram, traz diversas possibilidades de prorrogação automática do contrato de locação residencial. No despejo por denúncia vazia, o pacto locatício oferece ao locatário o prazo mínimo de trinta meses para o exercício do direito à moradia (art. 46) e, ao revés, prevê a recondução tácita da locação quando esta é feita verbalmente ou com prazo inferior ao estabelecido como mínimo pela lei, somente autorizando o locador a recuperar a posse sem justa causa após cinco anos de vigência do contrato que, por ser de trato sucessivo, se protrai no tempo até a efetivação da denúncia (art. 47, V). A despeito da previsão da recondução tácita do contrato na hipótese em que a locação residencial é feita verbalmente ou por prazo inferior a trinta meses, a lei arrola diversas possibilidades para que o locador retome a posse, no que se denomina denúncia cheia ou motivada, na qual é necessário demonstrar judicialmente uma das seguintes situações: extinção do contrato de trabalho, retomada para uso próprio, de descendente ou de ascendente ou para a realização de obras no imóvel autorizadas pelo Poder Público.

Art. 575. Se, notificado o locatário, não restituir a coisa, pagará, enquanto a tiver em seu poder, o aluguel que o locador arbitrar, e responderá pelo dano que ela venha a sofrer, embora proveniente de caso fortuito.

Parágrafo único. Se o aluguel arbitrado for manifestamente excessivo, poderá o juiz reduzi-lo, mas tendo sempre em conta o seu caráter de penalidade.

COMENTÁRIOS DOUTRINÁRIOS: O dispositivo anotado estabelece o chamado aluguel-pena, com natureza de cláusula penal, e que tem duplo objetivo: de servir de incentivo a que o locatário restitua mais rápido o bem alugado, e prefixar perdas e danos pela demora na restituição. O parágrafo único do dispositivo legal citado possibilita ao magistrado reduzir o aluguel arbitrado pelo locador, se este se mostrar excessivo, à semelhança da regra geral da cláusula penal abusiva, disposta na segunda parte do art. 413 do Código Civil. Um critério que nos parece justo, para se chegar ao valor do aluguel-pena com os seus atributos de coerção e sanção, é a fixação de no máximo o dobro do valor do aluguel vigente, destacando que apenas incidirá tal penalidade nas locações que se submeterem ao Código Civil, no qual os contratantes se apresentam, em regra, em pé de igualdade. O locatário que for notificado para a devolução da coisa e não a restituir responderá pelo dano que ela venha a sofrer, ainda que proveniente de caso fortuito, o que representa uma exceção à regra geral prevista no art. 393 do Código Civil, a qual prevê que o devedor não responde pelos prejuízos decorrentes de caso fortuito ou de força maior, entendidos estes como o fato necessário, cujo efeito não era possível evitar ou impedir. Neste sentido, o locatário que não devolve o bem, apesar de regularmente notificado, incorre em mora, com os consectários decorrentes desta situação, nos termos do disposto no art. 399 do Código Civil. Entendemos que, se houver um acontecimento imprevisível, inevitável e necessário para ocasionar o dano, e houver prova de que este sucederia ainda que o bem estivesse em poder do locador, estará o locatário exonerado do dever de indenizar. Como exemplo, podemos imaginar a combustão espontânea do veículo automotor dado em locação.

JURISPRUDÊNCIA COMENTADA: A sanção do aluguel-pena não se aplica à locação de imóvel urbano, regido pela Lei n. 8.245/1991. Neste sentido: "Civil e processual civil. Ação de despejo c/c cobrança. Locação urbana. Lei n. 8.245/91. Art. 575 do CC. Aluguel-pena. Inaplicabilidade. IPTU. Pagamento pela locadora não comprovado. Entrega do imóvel fora do prazo. Multa pelo descumprimento de obrigação contratual. Cabimento. Indenização material. Mês determinado. Apelação. Ressarcimento de despesas com o pagamento de taxa de ocupação de imóvel para residência da locadora. Limitação ao período vindicado na inicial. Ausência de prova do desembolso de quantias a este título. Honorários advocatícios contratuais. Responsabilidade pelo pagamento. Parte contratante. Abatimento de taxas condominiais extraordinárias. Falta de interesse recursal da parte ré. Abatimento de valores pagos a título de aluguel e taxas condominiais. Limitação ao montante efetivamente demonstrado. 1. A Lei n. 8.245/1991 não prevê a possibilidade de cobrança do chamado aluguel-pena previsto no art. 575 do Código Civil, de modo a permitir a majoração unilateral do valor do aluguel mensal em caso de recusa de desocupação do imóvel locado. 2. Tendo em vista que a autora deixou de demonstrar, no momento oportuno, o prejuízo suportado em virtude da necessidade de pagamento de taxa de ocupação de imóvel para fins de residência, vindo a fazê-lo somente por ocasião da interposição do recurso de apelação, não há como ser acolhida a pretensão indenizatória deduzida a este título. 3. Evidenciado que a locatária, devidamente notificada, deixou de promover a entregar o imóvel no prazo firmado no contrato, tem-se por justificada a aplicação da multa convencionada para o caso de descumprimento de obrigação contratual. 4. O pagamento de honorários advocatícios contratuais é de responsabilidade da parte que contratou o advogado, não sendo possível a condenação da parte contrária ao ressarcimento dos valores desembolsados a este título, ainda que sucumbente na demanda. 5. Verificada a existência de recibos que comprovam o pagamento de aluguéis e taxas de condomínio, necessário se faz reconhecer o abatimento no montante do débito efetivamente pago pela locatária. 6. Recursos de apelação conhecidos e parcialmente providos" (TJDF, Rec. 2014.01.1.051401-0, Ac. 920.411, 1.ª Turma Cível, Rel. Des. Nídia Corrêa Lima, *DJDFTE* 22.02.2016, p. 149).

Art. 576. Se a coisa for alienada durante a locação, o adquirente não ficará obrigado a respeitar o contrato, se nele não for consignada a cláusula da sua vigência no caso de alienação, e não constar de registro.

§ 1º O registro a que se refere este artigo será o de Títulos e Documentos do domicílio do locador, quando a coisa for móvel; e será o Registro de Imóveis da respectiva circunscrição, quando imóvel.

§ 2º Em se tratando de imóvel, e ainda no caso em que o locador não esteja obrigado a respeitar o contrato, não poderá ele despedir o locatário, senão observado o prazo de noventa dias após a notificação.

COMENTÁRIOS DOUTRINÁRIOS: O adquirente do imóvel não pode denunciar o contrato, se este contiver cláusula de vigência produzindo efeitos em relação a terceiros. Para tanto, deverá ser conferida publicidade ao ato pelo registro no cartório do registro de imóveis, se a locação for imobiliária, ou no cartório de títulos e documentos, em se tratando de bens móveis. O registro da cláusula de vigência no registro que lhe for peculiar irá gerar a denominada obrigação com eficácia real, que se transmite ou pode ser oponível a terceiros que adquiram o direito real sobre a coisa, mesmo que não tenham participado do negócio jurídico que lhe deu origem. Essa obrigação se insere no âmbito do direito pessoal, mas é dotada da eficácia *erga omnes* típica do direito real. A *mens legis* do requisito registral que confere vigência ao contrato é de que o registro tem o poder de conferir à locação o atributo da publicidade, uma vez que se o terceiro, ciente da cláusula de vigência, persiste no intento aquisitivo, se sub-rogará forçosa e automaticamente nos direitos de locador, devendo respeitar o contrato celebrado até o seu termo final. Após a aprovação da cláusula, bastará que qualquer dos contratantes registre o contrato no cartório do registro de imóveis junto à matrícula do imóvel, ou se for móvel no cartório de títulos e documentos do domicílio do locatário. O art. 8º da Lei n. 8.245/1991 também contempla a possibilidade de o contrato de locação produzir efeitos em relação a terceiros, de forma semelhante à aludida previsão do Código Civil. A grande diferença fica por conta do seu § 3º, que traz uma presunção absoluta de concordância com a manutenção da locação, se o adquirente não denunciar o contrato no prazo decadencial de noventa dias, contados do registro da propriedade ou do compromisso de compra e venda. Parece-nos que o Código Civil poderia ter recebido a mesma inspiração da lei especial, a fim de que o locatário não fique permanentemente sob a ameaça da denúncia contratual por parte do terceiro adquirente. Da forma como a matéria está posta no direito comum, acabamos tendo na ordem jurídica um indevido direito potestativo perpétuo, tornando a questão insegura para os envolvidos. Após a aprovação da cláusula, bastará que qualquer dos contratantes registre o contrato no cartório do registro de imóveis junto à matrícula do imóvel ou se for móvel, no cartório de títulos e documentos do domicílio do locatário.

JURISPRUDÊNCIA COMENTADA: O adquirente ficará obrigado a respeitar a locação se tomou ciência da locação, e na escritura de compra e venda do imóvel assumiu a obrigação de respeitar o contrato celebrado pelo alienante. Nesse caso, a própria escritura pública terá um poder de cientificar da necessidade de respeitar o contrato, ainda maior do que o próprio registro. Nesse sentido, decidiu o STJ, no julgamento do REsp 1269476/SP, 3.ª Turma, Rel. Min. Nancy Andrighi, j. 05.02.2013. Malgrado a concordância com o julgado citado, pois a *mens legis* está vinculada a que o conhecimento da cláusula de vigência seja incontroverso, como ocorreu no caso acima, somos forçados a reconhecer que recentemente a própria Terceira Turma do Superior Tribunal de Justiça deu ênfase a uma interpretação literal do dispositivo, destacando no *Informativo* n. *632*, de 28 de setembro de 2018, que "a averbação do contrato com cláusula de vigência no registro de imóveis é imprescindível para que a locação possa ser oposta ao adquirente" (REsp 1.669.612/RJ, Rel. Min. Ricardo Villas Bôas Cueva, j. 07.08.2018, v.u.).

Art. 577. Morrendo o locador ou o locatário, transfere-se aos seus herdeiros a locação por tempo determinado.

COMENTÁRIOS DOUTRINÁRIOS: A norma em comento estabelece, como regra, a natureza impessoal do contrato de locação, posto que não se rompe com o falecimento do locador ou do locatário. Deste modo, se o contrato tiver prazo determinado, obrigará os herdeiros do locador e do locatário. Importante lembrar que os herdeiros do locatário somente responderão por obrigações do *de cujus* até os limites da força da herança, conforme disposto no art. 1.792 do Código Civil. Se a locação, por ocasião do falecimento do locador ou do locatário, estiver vigorando por prazo indeterminado, poderá qualquer um destes denunciar o contrato. Excepcionalmente, o contrato de locação pode ser celebrado em atenção à pessoa do inquilino, como, por exemplo, em uma locação de instrumentos musicais para o locatário exercer sua atividade profissional. Neste caso fica claro que, excepcionalmente, o contrato de locação fora celebrado *intuitu personae*, não vinculando os herdeiros do locatário.

Art. 578. Salvo disposição em contrário, o locatário goza do direito de retenção, no caso de benfeitorias necessárias, ou no de benfeitorias úteis, se estas houverem sido feitas com expresso consentimento do locador.

COMENTÁRIOS DOUTRINÁRIOS: Na ausência de cláusula dispondo em contrário, o locatário tem direito à indenização pelas benfeitorias necessárias que realizar, assim como das úteis que fizer com o consentimento prévio e expresso do locador. Pelo valor das obras realizadas, o locatário tem direito a ser ressarcido e, como medida coercitiva do pagamento, poderá exercer o direito de retenção, que vem a ser o meio coercitivo de natureza real deferido pela lei ao credor de algum valor indenizatório, que o assegura a permanecer com o bem até ser indenizado. Entendemos que a regra que prevê a renúncia do direito à indenização das benfeitorias por parte do locatário somente se aplica em contrato de locação estabelecido de modo paritário, sendo nula de pleno direito a cláusula que faça essa previsão nos contratos de adesão, *ex vi* do disposto no art. 424 do Código Civil: "Nos contratos de adesão, são nulas as cláusulas que estipulem a renúncia antecipada do aderente a direito resultante da natureza do negócio". Na esteira de tal previsão legal, sugerimos proposta de enunciado para a *V Jornada de Direito Civil* do CJF, que restou aprovada sob o número 433, com a seguinte redação: "a cláusula de renúncia antecipada ao direito de indenização e retenção por benfeitorias necessárias é nula com contrato de locação de imóvel urbano feito nos moldes do contrato de adesão". Infelizmente, a jurisprudência ainda não cuidou dessa temática com a devida atenção.

JURISPRUDÊNCIA COMENTADA: Em consonância com a norma jurídica em vigor, porém contrário ao nosso entendimento, o Superior Tribunal de Justiça editou a Súmula de Jurisprudência 335, a qual prevê que "nos contratos de locação, é válida a cláusula de renúncia à indenização das benfeitorias e ao direito de retenção".

CAPÍTULO VI
DO EMPRÉSTIMO

SEÇÃO I
DO COMODATO

Art. 579. O comodato é o empréstimo gratuito de coisas não fungíveis. Perfaz-se com a tradição do objeto.

COMENTÁRIOS DOUTRINÁRIOS: O comodato é o contrato pelo qual uma parte entrega à outra uma coisa, para que dela se sirva ou a use por algum tempo, sem contraprestação. A essência desse contrato é a cessão de uso e gozo gratuito de uma coisa por determinado período de tempo. São elementos essenciais do comodato a temporariedade, gratuidade, tradição e infungibilidade do bem. A lei não define prazo mínimo ou máximo para o contrato, ficando livre às partes fixar o tempo de comodato que quiserem, findo o qual nascerá para o comodante o direito subjetivo de exigir a restituição da coisa, sendo esta a obrigação básica do comodatário. Certo é que se o contrato tem prazo determinado, findo este, autorizado estará o comodante a buscar a restituição do bem, cuja utilização foi cedida gratuitamente. O comodatário que não devolver a coisa amigavelmente cometerá esbulho pelo vício da precariedade, submetendo-se a uma demanda possessória possivelmente cumulada com perdas e danos. Nada obsta que as partes estabeleçam uma condição resolúvel para marcar o fim da relação contratual, como seria o caso de o tio emprestar o imóvel a seu sobrinho até que este se forme na faculdade de direito. A gratuidade na utilização é da essência do comodato, sob pena de se desvirtuar o contrato para uma locação, tendo em vista que ambos os tipos contratuais possuem como atributo a cessão temporária de um bem, mas este último tem na onerosidade uma de suas características mais marcantes. A eventual intenção de vantagem lícita por parte do comodante não suprime a gratuidade, como seria o caso de o industrial dar em comodato uma residência para um grande cientista, como incentivo para que este venha trabalhar para sua empresa. É válida a inclusão de encargo, elemento acidental que não suprime a liberalidade, que é a causa do comodato, mas apenas a restringe, configurando a modalidade do comodato verbal, no qual não há contraprestação propriamente dita, pois o comodante não pretende receber prestação equivalente, mas apenas estipula uma limitação na liberalidade, como, por exemplo, a imposição de que no imóvel emprestado para fins de moradia resida em um dos cômodos um irmão seu de idade avançada até a sua morte. O contrato de comodato importa na tradição gratuita e temporária de um bem infungível e inconsumível. Por se tratar de um contrato real, o comodato somente se aperfeiçoa com a efetiva entrega do bem ao comodatário. Ainda que exista um contrato escrito estabelecendo os direitos e deveres dos contratantes, se não houver a tradição do bem objeto do comodato, haverá uma promessa ou contrato preliminar de comodato que não torna o contrato perfeito e acabado. O objeto do comodato não pode ser fungível nem consumível, pois em tal caso o contrato se desnaturaria para um válido contrato de mútuo. Entretanto, a infungibilidade de um bem que naturalmente seria fungível, pode ser estabelecida por convenção entre as partes, como ocorre, por exemplo, com o empréstimo de algumas garrafas de vinho apenas para ornamentar uma cerimônia, adornos feitos de isopor para enfeitar uma festa infantil ou talheres de prata cedidos em um jantar para comemoração de um casamento. Não há vedação para que o comodato incida sobre bens coletivos como uma universalidade de fato. A dificuldade aqui está no fato de que a coisa coletiva pode conter bens fungíveis e infungíveis, tornando muitas vezes inviável a pormenorização dos bens que deverão ser restituídos ao fim do comodato. Por isso que somente deve ser eficaz um comodato nessas circunstâncias, se as partes conseguirem estabelecer consensualmente homogeneidade no objeto do contrato, como sucede com o empréstimo de uma biblioteca na sua integralidade, bem como na universalidade de direito, como seria o espólio de uma pessoa pertencente ao comodante. Nada impede que o contrato confira ao comodatário apenas uma parte do bem, situação jurídica que resultará em uma composse entre os contratantes. Por exemplo, o titular de uma fazenda entrega em comodato uma parte do imóvel, para que o comodatário possa temporariamente utilizar gratuitamente o pasto. Neste caso, o comodante continua proprietário e possuidor da fazenda como um todo, mas na área em que incide o comodato será possuidor indireto enquanto a posse direta estiver desdobrada em favor do comodatário. O comodato também pode ser celebrado para permitir que o comodatário utilize o bem somente em determinado(s) dia(s) como, por exemplo, fins de semana alternados, circunstância fática que ensejará igualmente um curioso contexto de desdobramento da posse em determinado período de tempo preestabelecido, e em outros figurará o comodante como possuidor exclusivo. Em regra, qualquer pessoa, natural ou jurídica, pode figurar como parte em um contrato de comodato. Não há sequer exigência para que o comodante ostente a qualidade de proprietário, bastando, à semelhança do que ocorre com o locador, a titularidade legítima da posse. Podem também emprestar o bem a eles cedido os titulares de direito real a quem se transferiu a posse, como o enfiteuta, superficiário e usufrutuário, bem como o locatário, caso não exista expressa vedação contratual. A lei é silente quanto à possibilidade de o incapaz receber validamente um bem em comodato puro. Neste caso, aplica-se em analogia o disposto no art. 543 do Código Civil que, dispondo sobre um contrato igualmente unilateral e gratuito que é a doação, estabelece que "se o donatário for absolutamente incapaz, dispensa-se a aceitação, desde que se trate de doação pura". Desta forma, se o comodato não for modal, poderá o comodatário absolutamente incapaz figurar no contrato independentemente de aceitação, que em tal caso se presume de forma absoluta. A promessa ou pré-contrato de comodato é figura atípica, mas perfeitamente viável em nosso ordenamento jurídico, que ostenta nos arts. 462 a 466 do Código Civil regra específica para os contratos preliminares, e dispõe ser lícito às partes estipular contratos atípicos, desde que sejam observadas as normas gerais e principiológicas fixadas na teoria geral dos contratos (art. 425 do CC). Para que exista um pré-contrato de comodato, basta que reste clara a manifestação de vontade no sentido de ceder gratuitamente, no futuro, algum bem infungível em empréstimo, sabendo-se que, sendo contrato real, enquanto não houver a tradição, o que haverá é apenas uma promessa de comodato. Destarte, é inegável que o descumprimento inescusável da obrigação assumida no contrato preliminar de comodato pode ensejar a responsabilização por perdas e danos, uma vez que as partes são obrigadas, desde a fase pré-contratual até a execução do contrato, a proceder com boa-fé. Fatos sérios e devidamente comprovados pelo promitente, como situações de caso fortuito ou de força maior, podem afastar a responsabilidade civil, por retirar o caráter ilícito da conduta. O comodato é um contrato unilateral, gratuito, informal, não solene, real e, em regra, personalíssimo. É unilateral, pois apenas confere responsabilidades e obrigações para o comodatário. Acontecimento posterior pode transformar acidentalmente o comodato em contrato bilateral imperfeito, como ocorrerá se o comodatário realizar benfeitorias necessárias, advindo para o comodante dever indenizatório. É gratuito, uma vez que é da sua essência a liberalidade, como já explicitado. Esse caráter benéfico do contrato de comodato produz importantes efeitos jurídicos, como a interpretação restritiva das cláusulas contratuais em favor do comodante, *ex vi* do disposto no art. 114 do Código Civil. Há repercussão, outrossim, na responsabilidade civil do comodatário, de vez que, na forma do art. 392 do Código Civil, nos contratos gratuitos, a parte a quem o contrato não favoreça somente responderá por dolo ou culpa grave. Para se ter uma noção mais clara do efeito desta regra, imaginemos que o teto do imóvel do comodante desabe e venha a acarretar o perecimento da aparelhagem do comodatário. Esse desabamento involuntário dificilmente responsabilizará o comodante, mas se estivéssemos diante de um imóvel alugado, o locador responderia pelo prejuízo, tendo em vista que, como cediço, o contrato de locação é oneroso. É informal e não solene, na medida em que a lei não prevê nenhuma forma ou solenidade para a sua celebração. A eventual utilização da forma escrita servirá apenas como meio de prova da realização do contrato. Entretanto, é aconselhável que se reduza a escrito os termos do contrato, a fim de fixar de modo claro e preciso qual a natureza da cessão de uso e gozo que se está fazendo do bem, o modo de utilização e delimitar-se o tempo do contrato, sem prejuízo da assunção de outros direitos e deveres que digam respeito ao peculiar interesse das partes. E, por fim, em regra, o comodato é personalíssimo, pois celebrado em atenção e em favor da pessoa do comodatário, extinguindo-se com a morte deste. Contudo, necessário se mostra a análise casuística da contratação, uma vez que eventualmente empréstimos são feitos em favor de determinada família, sendo chamados de comodatos *intuitu familiae*. Na mesma senda do caráter *intuitu personae*, diferentemente da locação de imóveis urbanos, o comodato não se transfere aos herdeiros, e pelo mesmo fundamento não pode ser cedido a outrem sem o consentimento expresso do comodante, sob pena de resolução culposa do contrato.

JURISPRUDÊNCIA COMENTADA: O Superior Tribunal de Justiça, já de muito tempo, firmou orientação no sentido de que, dado em comodato o imóvel, mediante contrato verbal, no qual, evidentemente, não há prazo assinalado, bastante à desocupação a notificação ao comodatário da pretensão do comodante, não se lhe exigindo prova de necessidade imprevista e urgente do bem (STJ, REsp 605.137, 4.ª Turma, Rel. Min. Aldir Passarinho, j. 18.05.2004). Importa destacar que se o comodato tem prazo determinado, não há a necessidade de notificação para constituir o comodatário em mora e configurar, por conseguinte, o esbulho e instrumentalizar a ação de reintegração de posse com pedido de liminar (art. 561 do CPC), tendo em vista que o inadimplemento da obrigação no seu termo constitui de pleno direito o devedor em mora (art. 397, *caput*, do CC). A propósito, o Superior Tribunal de Justiça já decidiu que a notificação estaria dispensada mesmo em casos de comodato por prazo indeterminado quando ficasse comprovado, no processo, por qualquer meio, a ciência inequívoca do comodatário do interesse do comodante em reaver o imóvel (REsp 1.947.697/SC, 3.ª Turma, Rel. Min. Nancy Andrighi, j. 28.09.2021, v.u.).

Art. 580. Os tutores, curadores e em geral todos os administradores de bens alheios não poderão dar em comodato, sem autorização especial, os bens confiados à sua guarda.

COMENTÁRIOS DOUTRINÁRIOS: Em regra, qualquer pessoa, natural ou jurídica, pode figurar como parte em um contrato de comodato, com exceção do disposto no dispositivo em análise. Essa situação de ausência de legitimação não se confunde com a natural capacidade de direito e de fato que ostentam tais representantes legais ou convencionais. A autorização especial a que se refere a lei é a do juiz, que a expede por meio de um alvará judicial.

JURISPRUDÊNCIA COMENTADA: O Tribunal de Justiça do Rio de Janeiro apreciou caso concreto em que a representante de um espólio permitiu a ocupação gratuita de um imóvel e, posteriormente, em ação de despejo para retomar o bem, utilizou como argumento a ausência de autorização especial do art. 580, sendo tal argumento rechaçado, pelo princípio de que ninguém pode se beneficiar de sua própria torpeza (TJRJ, Apelação Cível 0004384-82.2013.8.19.0054, 8.ª Câmara Cível, Rel. Des. Augusto Alves Moreira Junior, j. 28.06.2018).

Art. 581. Se o comodato não tiver prazo convencional, presumir-se-lhe-á o necessário para o uso concedido; não podendo o comodante, salvo necessidade imprevista e urgente, reconhecida pelo juiz, suspender o uso e gozo da coisa emprestada, antes de findo o prazo convencional, ou o que se determine pelo uso outorgado.

COMENTÁRIOS DOUTRINÁRIOS: A gratuidade leva a que normalmente o comodato seja realizado no âmbito familiar ou de uma amizade íntima, e não raro, exatamente pela confiança existente entre as partes, a entrega do bem se dá sem que haja um pacto escrito definindo o prazo para a extinção do vínculo. Neste caso, ao credor da prestação seria lícito exigir a restituição imediata da coisa, devendo apenas ser notificado o devedor para fins de constituição em mora. Todavia, em se tratando de comodato, a lei traz uma regra específica em que a restituição somente será autorizada se for outorgado ao comodatário prazo necessário para a utilização da coisa segundo os fins do contrato, conforme análise do caso concreto em atenção à boa-fé objetiva e função social. É o que se conclui da primeira parte do art. 581 do Código Civil, quando dispõe que "se o comodato não tiver prazo convencional, presumir-se-lhe-á o necessário para o uso concedido". Imaginemos a hipótese em que alguém empreste um apartamento em razão da realização por parte do comodatário de um curso profissional com duração de dois anos, realizado no local em que estiver situado o bem. Apesar do silêncio do pacto, presume-se que o tempo de uso concedido fora o de dois anos, e antes deste prazo o comodante não poderá reaver o bem cedido. Contudo, a segunda parte do citado dispositivo legal dispõe que, mesmo se houver prazo contratual expresso, se houver uma situação urgente e imprevisível que abale a estrutura normal do pacto, poderá o comodante pleitear a retomada do bem antes do período normal de exaurimento do contrato. Outro exemplo: o comodante empresta um apartamento para um grande amigo, pois tendo dois apartamentos e não necessitando de rendimentos para sobreviver, continuaria morando com sua família em outro imóvel. Sucede, entretanto, que a residência que guarnece a família do comodante é destruída completamente por um incêndio. Ora, não seria justo que o comodante ficasse desabrigado com sua família, enquanto o comodatário utiliza gratuitamente outro bem habitável de sua titularidade. Em casos como esse, poderá ser autorizada judicialmente a resolução do contrato antes do natural termo extintivo. Enfim, na ausência de prazo contratual para o comodato, cabe ao intérprete verificar, conforme o caso concreto, qual prazo pode ser considerado como necessário para o uso concedido, não se admitindo a existência de um comodato perpétuo, pois tal circunstância caracterizaria a figura jurídica da doação.

JURISPRUDÊNCIA COMENTADA: Em ação de reintegração de posse apreciada pelo TJRJ, foi reconhecido o esbulho possessório de imóvel ocupado pela nora e netos da autora, reconhecendo que, por se tratar de comodato sem prazo definido, este se findou na ocasião do casamento da nora com o filho da autora (TJRJ, Apelação Cível 0022415-96.2010.8.19.0203, 10.ª Câmara Cível, Rel. Des. Celso Luiz de Matos Peres, j. 07.02. 2018). O STJ possui entendimento consolidado de que o fato de o comodato ter sido renovado várias vezes não induz a compreensão de modificação do título da posse (art. 1.203) para fins de usucapião (AgInt no

AREsp 2.272.242/BA, Rel. Min. Maria Isabel Gallotti, 4.ª Turma, j. 28.08.2023).

Art. 582. O comodatário é obrigado a conservar, como se sua própria fora, a coisa emprestada, não podendo usá-la senão de acordo com o contrato ou a natureza dela, sob pena de responder por perdas e danos. O comodatário constituído em mora, além de por ela responder, pagará, até restituí-la, o aluguel da coisa que for arbitrado pelo comodante.

COMENTÁRIOS DOUTRINÁRIOS: A legítima expectativa do comodante que transfere gratuitamente a posse é a de que o comodatário beneficiado tenha o mesmo zelo que costuma ter com as coisas que lhe pertencem, o que não significa, evidentemente, que possa escusar-se do dever de reparar o dano, se for desleixado com os seus próprios bens e deixar igualmente perecer culposamente os do comodante. O comodatário deverá também utilizar o bem conforme a finalidade prevista no comodato, sob pena de ensejar a resolução culposa do contrato, sem prejuízo das perdas e danos. Se o contrato não precisar com clareza o uso para o qual foi concedido o empréstimo, o magistrado deverá consultar, segundo a razoabilidade e experiência pessoal, qual teria sido a natural destinação da coisa. É justo que uma pessoa que participe do contrato apenas para auferir vantagens, ao menos deva suportar as despesas que o uso concedido acarrete. Não seria justo, por exemplo, que o comodatário cobrasse do comodante o dinheiro utilizado para alimentar o cavalo de que se serviu, os valores gastos com a gasolina, o óleo ou a pastilha de freio do automóvel emprestado ou com a breve reparação hidráulica no banheiro do imóvel entregue para moradia. Na mesma senda, não poderá o comodatário pretender recobrar o gasto que fez, por exemplo, com o levantamento de um muro para abrigar um ferro-velho se o terreno foi cedido para esse fim. A obrigação de não transmitir a posse do bem a terceiros decorre da natureza personalíssima, mas pode ser afastada por cláusula em sentido contrário, ou autorização posterior expressa ou implícita, desde que convincente mediante a análise casuística dos fatos ensejadores da cessão. A partir da constituição em mora do comodatário, ou seja, do tempo em que este deveria devolver o bem objeto do contrato, o comodato perde sua natureza gratuita, cabendo ao comodatário em mora o pagamento do aluguel da coisa, até sua integral restituição ao comodante. Aplicam-se aqui os mesmos conceitos acerca do aluguel-pena, já explicitados nos comentários sobre a locação, precisamente no art. 575 deste *Código*, ao qual remetemos o leitor.

JURISPRUDÊNCIA COMENTADA: Para fazer jus à indenização por perdas e danos, indispensável ao comodante que comprove o nexo causal entre a conduta do comodatário e o prejuízo causado ao bem cedido. Neste sentido: "Apelação. Ação de reparação de danos materiais. Autora que emprestou veículo de sua propriedade aos réus. Veículo que pegou fogo. Indenização indevida. Autora não comprovou que o veículo incendiou por mau uso por parte dos réus. Nexo causal não demonstrado. Inteligência do art. 582 do Código Civil. Precedente. Sentença de improcedência mantida. Recurso desprovido" (TJSP, Apelação Cível 1026104-08.2015.8.26.0577, 27.ª *Câmara de Direito Privado*, Rel. Des. Ana Catarina Strauch, j. 31.10.2018). A alegação de que a coisa dada em comodato foi furtada, não constitui causa suficiente a eximir o comodatário de sua responsabilidade na devolução da coisa ou o seu equivalente em dinheiro (TJDF, Apelação Cível 2016.01.1.112079-6, 6.ª Turma Cível, Rel. Des. Esdras Neves, j. 14.03.2018). A natureza de aluguel-pena (conteúdo sancionatório) prevista na segunda parte do artigo em comento e referida nos comentários doutrinários acima foi reforçada pelo Superior Tribunal de Justiça que decidiu no sentido de que o valor arbitrado pelo comodante, credor da prestação de restituição do bem, não está relacionado com a ocupação indevida, mas sim possui natureza de uma autêntica pena privada. Em caso de um valor arbitrado excessivo, o juiz deve reduzir, proferindo julgamento de equidade (analogia com o art. 575, parágrafo único, do CC) (REsp 1.175.848/PR, Rel. Min. Paulo de Tarso Sanseverino, j. 18.09.2012).

REFORMA DO CÓDIGO CIVIL: Interessante alteração a de possibilitar, como fizemos *supra* e nos comentários ao art. 575, o juiz a reduzir o valor do aluguel-pena que se postar manifestamente excessivo, conforme as circunstâncias do caso. Nesse sentido, o Enunciado n. 180 da *III Jornada de Direito Civil* do CJF, o qual se aplica também no comodato.

"Art. 582. O comodatário é obrigado a conservar, como se sua própria fora, a coisa emprestada, não podendo usá-la senão de acordo com o contrato ou a natureza dela, sob pena de responder por perdas e danos.

§ 1º O comodatário constituído em mora, além de por ela responder, pagará, até restituí-la, o aluguel-pena pelo uso da coisa que for arbitrado pelo comodante.

§ 2º Se o aluguel-pena arbitrado unilateralmente pelo comodante for manifestamente excessivo, deverá o julgador reduzi-lo, tendo-se em vista a natureza e a finalidade do negócio, bem como o seu caráter de penalidade."

Art. 583. Se, correndo risco o objeto do comodato juntamente com outros do comodatário, antepuser este a salvação dos seus abandonando o do comodante, responderá pelo dano ocorrido, ainda que se possa atribuir a caso fortuito, ou força maior.

COMENTÁRIOS DOUTRINÁRIOS: A presente regra prescreve mais uma das obrigações do comodatário, que se justifica pelo fato de a lei exigir uma postura do comodatário mais cuidadosa do que normalmente é exigido das pessoas que exercem posse sobre os bens alheios a partir de relações contratuais bilaterais e onerosas, como ocorre com o locatário. Entretanto, não é exigido do comodatário que coloque em risco sua própria incolumidade física para salvaguardar o patrimônio do comodante, sob pena de violação do princípio constitucional da dignidade da pessoa humana (art. 1º, III, da CF), em detrimento do patrimônio de outrem.

Art. 584. O comodatário não poderá jamais recobrar do comodante as despesas feitas com o uso e gozo da coisa emprestada.

COMENTÁRIOS DOUTRINÁRIOS: É certo que a pessoa que recebe da contratação um bônus, arque com os ônus decorrentes da utilização ordinária da coisa alheia. Esse é o sentido da norma em comento, pois uma pessoa que participe do contrato apenas para auferir vantagens, ao menos deve suportar as despesas que o uso concedido acarrete. Não seria justo, por exemplo, que o comodatário cobrasse do comodante os valores gastos com a gasolina, o óleo ou a pastilha de freio do automóvel emprestado, ou com a breve reparação hidráulica no banheiro do imóvel entregue para moradia. O referido artigo diz menos do que devia, pois não faz alusão às despesas urgentes e extraordinárias, no sentido de sua necessariedade e que são realizadas pelo comodatário de boa-fé. Tampouco alude a lei às benfeitorias que foram previamente autorizadas e até mesmo determinadas, expressa ou tacitamente, pelo comodante.

REFORMA DO CÓDIGO CIVIL: Na esteira do que comentamos *supra*, a regra atual diz menos do que deveria, sendo de bom alvitre o esclarecimento de que o *caput* não se aplica na hipótese de obras autorizadas, assim como aquelas que se mostrarem necessárias.

"Art. 584. O comodatário não poderá recobrar do comodante as despesas feitas com o uso e gozo da coisa emprestada.

Parágrafo único. O comodatário não tem direito a indenização por benfeitorias realizadas sem o expresso consentimento do comodante, salvo as que forem necessárias."

Art. 585. Se duas ou mais pessoas forem simultaneamente comodatárias de uma coisa, ficarão solidariamente responsáveis para com o comodante.

COMENTÁRIOS DOUTRINÁRIOS: A solidariedade resulta da lei ou da vontade das partes e, nessa senda, o dispositivo anotado estabelece a solidariedade passiva dos comodatários de uma mesma coisa. A citada norma jurídica implica a possibilidade de o comodante prejudicado poder exigir o todo da reparação de qualquer um dos comodatários, competindo evidentemente ao contratante que reparar o dano integralmente sub-rogar-se nos direitos do credor, exercendo o regresso. A finalidade da lei é proporcionar ao comodante, que desinteressadamente disponibiliza um bem de sua posse em favor do comodatário, um instrumento de proteção mais efetivo. Seria praticamente impossível ao comodante saber com exatidão qual foi o comodatário que destruiu dolosamente a pilastra que dava sustentação à residência emprestada, por exemplo. A lei, no caso, assegura ao comodante o direito de exigir a reparação integral do dano de qualquer um dos comodatários. Normalmente, dirigirá a sua pretensão em face do devedor que, aos seus olhos, se mostrar mais solvente.

SEÇÃO II

DO MÚTUO

Art. 586. O mútuo é o empréstimo de coisas fungíveis. O mutuário é obrigado a restituir ao

mutuante o que dele recebeu em coisa do mesmo gênero, qualidade e quantidade.

COMENTÁRIOS DOUTRINÁRIOS: Diferentemente do comodato, o mútuo é o empréstimo de coisas fungíveis, também conhecido como empréstimo de consumo, uma vez que por ele o mutuário torna-se proprietário da coisa mutuada. Isso porque o comodato incide sobre bem infungível e, como dito, no conceito acima, o mútuo recai sobre bem fungível que, na forma do disposto no art. 85 do Código Civil, são os bens móveis que podem substituir-se por outros da mesma espécie, qualidade e quantidade. O mutuário fica obrigado, ao cabo de determinada condição ou termo, a pagar ao mutuante aquilo que recebeu, se o mútuo for gratuito, ou o equivalente acrescido de juros, se for oneroso. O prazo pode ser convencional ou legal. A transferência que o mutuante faz de sua titularidade para o mutuário não é definitiva, permanente, pois senão a relação negocial seria de doação e não empréstimo. Ao revés, o mutuário fica obrigado, ao cabo de determinada condição ou termo, pagar ao mutuante aquilo que recebeu se o mútuo for gratuito ou o equivalente acrescido de juros se for oneroso. O prazo pode ser convencional ou legal. Apesar de a lei não ser tão explícita como sucede no comodato, a doutrina brasileira majoritária tem entendido que o mútuo também é contrato real, sendo a tradição, portanto, um de seus elementos essenciais. Se não houver tradição, há apenas uma promessa de mútuo, que se verifica, por exemplo, na chamada abertura de crédito, comumente celebrada com a instituição financeira, disponibilizando ao seu cliente a possibilidade de utilizar determinada ou indeterminada quantia em dinheiro. Enquanto não há a efetiva utilização do crédito previamente acordado, haverá apenas um contrato preliminar de mútuo. Em contratos preliminares de mútuo regidos pelo Código de Defesa do Consumidor não é possível o arrependimento por parte do promitente mutuante, ainda que a obrigação seja assumida em veiculação publicitária ou qualquer outro meio de informação suficientemente precisa quanto aos seus propósitos, conforme disposto nos arts. 30 e 35 da Lei n. 8.078/1990. Nesse caso, cabível a persecução em juízo da execução específica dessa obrigação de fazer, na forma do que dispõe o art. 84 do citado estatuto protetivo e também, em diálogo das fontes, dos arts. 536 e 537 do Código de Processo Civil de 2015. Se o contrato for regido pelo direito comum e gratuito, é lícita a desistência por parte do promitente mutuante. Se for oneroso, a recusa de cumprimento somente será legítima se o mutuante tiver em seu favor uma causa para esse proceder, relacionada com a capacidade econômica do mutuário, uma vez que a despeito da inaplicabilidade da lei consumerista, os contratos regidos pelo direito comum devem observar os princípios da boa-fé objetiva e função social. O mútuo é um contrato unilateral, gratuito ou oneroso, informal, não solene e real. É unilateral, pois apenas confere responsabilidades e obrigações para o mutuário, que assume a obrigação de realizar o pagamento ao mutuante. Por ocasião da fase pré-contratual, vislumbra-se a assunção de obrigação por parte do mutuante, que pode assumir a obrigação de entregar o bem fungível mutuado. Como a obrigação referida diz respeito a momento anterior à celebração do contrato que tem natureza real, confirma-se a característica unilateral da avença. É informal e não solene, pois não há na lei nenhuma forma ou solenidade sem a qual o contrato seria inválido. A adoção da forma escrita servirá como meio de prova da realização do contrato, o que é sempre conveniente ante a segurança jurídica que o contrato visa preservar, possibilitando que restem explícitos aspectos importantes, por exemplo, do mútuo de dinheiro no tocante à taxa de juros, à data do pagamento e ao estabelecimento de eventuais garantias reais ou fidejussórias. Essa informalidade produz efeitos igualmente no Direito Processual Civil, pois a jurisprudência tem admitido que o contrato de mútuo eletrônico assinado digitalmente seja reconhecido como título executivo extrajudicial, desde que assinado por duas testemunhas (art. 784, III, do CPC). A segurança oferecida pela autoridade certificadora da autenticidade da assinatura legitima o ato, emprestando ao caso uma interpretação evolutiva da norma. É contrato real, pois malgrado a lei brasileira não afirmar categoricamente essa característica, como faz com relação ao comodato na parte final do art. 579 do Código Civil, há reconhecimento doutrinário e jurisprudencial no sentido de que o mútuo também se perfaz com a tradição da coisa fungível mutuada, que após tal ato passa para o domínio do mutuário. Conforme já assinalado, antes da tradição há apenas promessa de mútuo como acontece com a abertura de crédito.

JURISPRUDÊNCIA COMENTADA: Exemplo interessante de contrato de mútuo não oneroso foi apreciado em julgado do Tribunal de Justiça de São Paulo. Trata-se de outorga de bolsa de estudos, a ser posteriormente restituída pelo estudante. Refira-se a ementa, na íntegra: "Apelação. Estabelecimento de ensino. 1. O Contrato de Outorga de Bolsa de Estudos Restituível é instrumento particular relacionado à prestação de serviços educacionais, pelo qual o aluno compromete-se a restituir percentual das mensalidades, após a conclusão ou vencimento do contrato. Tal fato descaracteriza absolutamente o mútuo que, de acordo com o art. 586, do Código Civil, consiste no empréstimo de coisa fungível, obrigando o mutuário a restituir à mutuante coisa do mesmo gênero, qualidade e quantidade. 2. Prazo prescricional aplicável à hipótese em apreço é de cinco anos, por força do disposto no art. 206, § 5º, inciso I, do Código Civil. Que regula com especificidade a pretensão de cobrança de dívidas líquidas constantes de instrumento público ou particular. 3. Prescrição caracterizada. 4. Manutenção dos honorários advocatícios, fixados de acordo com as normas estabelecidas no art. 20, §§ 3º e 4º, do CPC. Recurso não provido" (TJSP, Apelação Cível 1010198-79.2014.8.26.0005, 34.ª Câmara de Direito Privado, Rel. Des. Kenarik Boujikian, j. 13.09.2017). Em que pese seja o mútuo, gratuito ou oneroso, informal e real, quando celebrado com instituições financeiras, toma a forma escrita, e uma miríade de demandas tem surgido por questionamento do consumidor mutuário que sustenta não ter contratado e que a utilização dos seus dados pessoais como o CPF fora fruto de uma fraude que, como sabido, constitui fortuito interno inerente a atividade empresarial financeira, responsabilizando o fornecedor (Súmula n. 479 do STJ). Pois bem. Ciente da existência dessas demandas que abarrotam o Poder Judiciário no Brasil inteiro, envolvendo consumidores vulneráveis e, não raro, hipervulneráveis, o Superior Tribunal de Justiça deflagrou um Incidente de Resolução de Demandas Repetitivas (IRDR) com o objetivo de definir a quem competiria o ônus de provar a regularidade do contrato, fixando acertadamente a tese segundo a qual "na hipótese em que o consumidor/autor impugnar a autenticidade da assinatura constante em contrato bancário juntado ao processo pela instituição financeira, caberá a esta o ônus de provar a autenticidade (CPC, arts. 6º, 369 e 429, II)". Não se trata tecnicamente de inversão do ônus da prova, como propugnado como direito básico pelo Código de Defesa do Consumidor (art. 6º, VIII, da Lei n. 8.078/1990), mas sim de atribuir a carga probatória àquela parte que produziu o documento, cuja assinatura é impugnada como falsa (art. 429, II, do CPC). Além disso, ganha relevo o dever de cooperação entre as partes no processo civil (art. 6º do CPC). Assim, o fornecedor do serviço é quem tem o ônus de provar a autenticidade da assinatura do contrato bancário, o que poderá fazer por meio de perícia grafotécnica ou qualquer outro meio legítimo de prova.

Art. 587. Este empréstimo transfere o domínio da coisa emprestada ao mutuário, por cuja conta correm todos os riscos dela desde a tradição.

COMENTÁRIOS DOUTRINÁRIOS: Conforme já explicitado, o mútuo se perfaz pela tradição, à semelhança do comodato, assumindo o mutuário os riscos pela conservação da coisa emprestada, salientando-se que tal risco, no caso do mútuo, resta mitigado, diante da natureza fungível do bem objeto do contrato.

JURISPRUDÊNCIA COMENTADA: Exemplo de contrato de mútuo de risco é a compra de debêntures, valores mobiliários que funcionam como uma espécie de "empréstimo" feito pelo debenturista à companhia, com o fim de estimular sua capitalização. Em caso concreto julgado pelo TJSP, houve posterior falência da companhia debenturista, impossibilitando o mutuante de reaver imediatamente seu crédito. Neste sentido: "Ação declaratória e ação cautelar. Conexão com embargos à execução. Pretensão de anulação de cédula de crédito bancário. Impossibilidade. Contrato realizado de forma livre. Ausência de dolo ou coação. Valor mutuado que foi efetivamente transferido à autora. Compra de debêntures de empresa pertencente ao mesmo grupo de fato. Risco da autora. Inteligência do art. 587 do Código Civil. Precedentes do E. TJSP. Garantia do resgate das debêntures por terceira empresa também pertencente ao grupo de fato do banco emissor da CCB. Débitos diversos. Inexistência de assunção de dívida relativamente à CCB. Banco credor da CCB em estado de liquidação. Impossibilidade de compensação em prejuízo de terceiros (credores da Massa Falida). Empresas que, ainda que pertençam ao mesmo grupo econômico de fato, possuem personalidades jurídicas diversas. Impossibilidade de extinção das obrigações em razão da confusão. Sentença reformada. Recursos providos. Assistência Judiciária Gratuita. Pedido realizado por massa falida. Inexistência de presunção de hipossuficiência. Necessidade de comprovação. Precedentes do STJ. Indeferimento. Possibilidade de pagamento diferido. Estando a empresa em estado de falência o pagamento dos encargos processuais não pode ocorrer de maneira antecipada, devendo se submeter, conforme art. 84, IV, da Lei n. 11.101/05, ao recolhimento oportuno no juízo falimentar. Precedente do E. TJSP. Diferimento concedido" (TJSP, Apelação Cível 0076975-84.2005.8.26.0100, 11.ª *Câmara de Direito Privado*, Rel. Des. Renato Rangel Desinano, j. 22.03.2018).

Art. 588. O mútuo feito a pessoa menor, sem prévia autorização daquele sob cuja guarda estiver, não pode ser reavido nem do mutuário, nem de seus fiadores.

COMENTÁRIOS DOUTRINÁRIOS: A vedação disposta neste artigo vai além da regra geral dos negócios jurídicos celebrados com incapazes sem a devida representação. Aqui não se faz sequer diferença entre o relativamente e o absolutamente incapaz, para o fim de estabelecer, no primeiro caso, a anulabilidade, e no segundo caso a nulidade de pleno direito do contrato. O objetivo da lei, neste particular, é impedir que jovens inexperientes sejam explorados por agiotas, que lhes facilitem empréstimos visando a lucros excessivos.

REFORMA DO CÓDIGO CIVIL: Não há alteração do conteúdo, apenas substituição da palavra "menor" por "criança e adolescente", conforme determinação constitucional e do Estatuto da Criança e do Adolescente.

"Art. 588. O mútuo feito à criança ou ao adolescente que não tenha tido sua maioridade antecipada, sem prévia autorização daquele sob cuja autoridade estiver, não pode ser reavido nem do mutuário nem de seus fiadores ou outros garantidores."

Art. 589. Cessa a disposição do artigo antecedente:

I – se a pessoa, de cuja autorização necessitava o mutuário para contrair o empréstimo, o ratificar posteriormente;

II – se o menor, estando ausente essa pessoa, se viu obrigado a contrair o empréstimo para os seus alimentos habituais;

III – se o menor tiver bens ganhos com o seu trabalho. Mas, em tal caso, a execução do credor não lhes poderá ultrapassar as forças;

IV – se o empréstimo reverteu em benefício do menor;

V – se o menor obteve o empréstimo maliciosamente.

COMENTÁRIOS DOUTRINÁRIOS: A presente regra apresenta situações em que o mútuo contraído pelo menor sem prévia autorização pode ser reavido pelo credor, ou seja, hipóteses em que, a despeito da citada irregularidade, o contrato é eficaz. A eficácia do contrato ocorrerá quando se tratar de menor relativamente incapaz, e também com os absolutamente incapazes na hipótese em que o empréstimo reverteu em seu proveito; mesmo em se tratando de menor absolutamente incapaz, o mutuante poderá buscar o pagamento do empréstimo. A confirmação, prevista no inciso I, é o ato pelo qual se retira do negócio jurídico anulável o vício que maculava a sua validade. A confirmação deve ser expressa, mas a lei admite a forma tácita e retroage à data da celebração do pacto. O inciso II visa contemplar a possibilidade do menor, em razão de seu representante não estar presente, necessitar de alimentos e alguém os prestar, realizando um mútuo em seu favor. Ficando caracterizada esta necessidade, cessam os motivos que ensejam a norma protetiva prevista no art. 588 do Código Civil, pois de toda sorte quem deverá arcar com o pagamento é o representante do menor. Importante destacar que essa exceção somente se aplica se o mútuo for gratuito, pois se for realizado na versão frutífera ou feneratícia, isto é, com imposição de juros, o credor não poderá exigir a restituição do mútuo com o pagamento dos referidos rendimentos. Por fim, a expressão "alimentos habituais", além do alimento propriamente dito, inclui também os cuidados médicos, vestuário, instrução e até mesmo lazer, se o credor provar que agiu como um diligente gestor de negócios. Nesse caso, ainda que o menor seja absolutamente incapaz, o dever de restituição continuará pesando sobre os ombros do representante do mutuante. O inciso III é de rara ocorrência na prática, tendo em vista que uma das causas legais de emancipação é exatamente a situação em que o menor, com dezesseis anos completos, possua economia própria (art. 5º, parágrafo único, inc. V, do CC). Ora, se o menor tem economia própria, já estará emancipado e, como tal, já poderá validamente praticar negócios jurídicos. Se ficar definida a possibilidade de o menor auferir ganhos com seu trabalho sem que se cuide de emancipação, o dever de restituição se impõe, mas não poderá ser afetado eventual patrimônio do menor fora dos limites dos bens decorrentes de sua força do trabalho. Em outras palavras, os bens do menor, fora desta hipótese, são absolutamente impenhoráveis. No caso do inciso IV, se o mutuante provar que o empréstimo reverteu em benefício do menor, poderá cobrar do seu representante a restituição ou, se este for relativamente incapaz, afetar o próprio patrimônic deste. O objetivo desta norma é evitar o enriquecimento sem causa. O inciso V é aplicável somente se o menor for relativamente incapaz, e é semelhante à regra do art. 180 do Código Civil, que proíbe o menor entre dezesseis e dezoito a invocar a sua idade, se dolosamente a ocultou quando inquirido pela outra parte ou se espontaneamente se declarou maior no ato constitutivo da obrigação. Aplica-se aqui o princípio de que ninguém (nem o menor relativamente incapaz) pode se beneficiar de sua própria torpeza.

REFORMA DO CÓDIGO CIVIL: Idem à adequação proposta no artigo anterior.

"Art. 589. Cessa a disposição do artigo antecedente, se:

I – a pessoa, de cuja autorização necessitava o mutuário para contrair o empréstimo, ratificá-lo posteriormente;

II – a criança ou o adolescente, estando ausente seu representante, viram-se obrigados a contrair o empréstimo para a sua subsistência;

III – a criança ou o adolescente tiverem bens ganhos com o seu trabalho, hipótese em que a execução do credor não lhes poderá ultrapassar a força do trabalho ou dos ganhos;

IV – o empréstimo reverteu em benefício da criança ou do adolescente;

V – a criança ou o adolescente obtiveram o empréstimo maliciosamente."

Art. 590. O mutuante pode exigir garantia da restituição, se antes do vencimento o mutuário sofrer notória mudança em sua situação econômica.

COMENTÁRIOS DOUTRINÁRIOS: A justificativa desta norma jurídica reside no fato de o mútuo ser um contrato temporário, cujos efeitos se protraem no tempo. Desta forma, se o mutuante observar que antes do vencimento da obrigação o mutuário experimentou um significativo abalo em sua solvabilidade, poderá exigir uma garantia para a restituição. Existem divergências acerca da sanção para o caso de o mutuário não prestar garantia real ou fidejussória. A doutrina majoritária entende pelo vencimento antecipado da dívida, semelhante ao que ocorre nos arts. 333 e 1.425 do Código Civil. Inegavelmente, maior segurança para o efeito jurídico do vencimento antecipado da dívida haverá se o contrato contiver cláusula expressa nesse sentido, ou se a lei tivesse feito referência expressa à aludida consequência, uma vez que a regra do direito obrigacional é a de que o credor somente pode exigir a prestação do devedor na data do vencimento. As situações fáticas que ensejam o vencimento antecipado da dívida são excepcionais e, a nosso ver, interpretação restritiva.

Art. 591. Destinando-se o mútuo a fins econômicos, presumem-se devidos juros. (Redação dada pela Lei nº 14.905, de 2024)

Parágrafo único. Se a taxa de juros não for pactuada, aplica-se a taxa legal prevista no art. 406 deste Código. (Incluído pela Lei nº 14.905, de 2024)

COMENTÁRIOS DOUTRINÁRIOS: O presente artigo trata do mútuo feneratício, ou seja, com objetivo de lucro. Os juros aqui são compensatórios ou remuneratórios, isto é, objetivam compensar o mutuante pelo capital disponibilizado ao mutuário, como se fosse o pagamento de um aluguel sobre o dinheiro emprestado. A natureza jurídica dos juros é de frutos civis ou rendimentos, pois a sua previsão no contrato gera em favor do mutuante um acréscimo real ao valor emprestado, e não uma simples correção monetária que, ao contrário, visa tão somente a manter a atualização do valor de compra representado da importância mutuada, ou uma recomposição decorrente da inflação do período. Esses juros não se confundem com os juros moratórios ou legais, estipulados em razão da mora do contratante em cumprir o contrato, cujo objetivo é indenizar o credor que sofre prejuízo com o inadimplemento do devedor. Assim, os juros se somarão ao valor devido, ainda que não haja prova do prejuízo que, em tal caso, se presume de modo absoluto pela lei. O dinheiro é um bem móvel que se pode "alugar" ao mutuário, que se servirá do mesmo como quiser, ou para um determinado fim previsto no contrato, e depois remunerará o mutuante que, por sua vez, faz jus a receber o que emprestou acrescido de uma remuneração pelo período de tempo em que o dinheiro ficou para ele indisponível. A compensação pecuniária também se justifica pelo risco que corre o mutuante ao transferir a propriedade ao mutuário, pois há sempre um grau de incerteza com relação à possibilidade da recuperação de seu ativo. O crédito é um poderoso instrumento para o crescimento da economia, na medida em que possibilita ao mutuário se utilizar de uma riqueza que não lhe pertence para objetivos que, do contrário, lhe seriam impossíveis, como adquirir uma casa, um automóvel, exercer uma determinada atividade empresarial, dentre outras possibilidades. O limite justo para a cobrança de juros compensatórios tem sido objeto de intensas controvérsias. O revogado Código Civil de 1916 não reprimiu a usura, o que só foi feito com a edição do Decreto n. 22.626/1933, recepcionado pela Constituição Federal vigente, como lei em sentido formal e material. O art. 1º do citado decreto afirma que "é vedado, e será punido nos termos da presente lei, estipular em quaisquer contratos taxas de juros superiores ao dobro da taxa legal". A Constituição Federal de 1988 também tratou do tema, quando prescreveu, no art. 192, § 3º, que "as taxas de juros reais, nelas incluídas quaisquer comissões e quaisquer outras remunerações direta ou indiretamente referidas à concessão de crédito, não poderão ser superiores a doze por cento ao ano; a cobrança acima deste limite será conceituada como crime de usura, punido, em todas as suas modalidades, nos termos que a lei determinar". O Supremo Tribunal Federal, em um primeiro momento, declarou a impossibilidade de aplicação da norma constitucional sem lei que complementasse o seu teor (norma constitucional de eficácia contida) e, sem vir a expectada lei complementar, foi posteriormente promulgada a Emenda Constitucional n. 40, que revogou todos os incisos e parágrafos do primitivo art. 192 da Constituição Federal de 1988, que hoje possui a seguinte redação: "O sistema financeiro nacional, estruturado de forma a promover o desenvolvimento equilibrado do País e a servir aos interesses da coletividade, em todas as partes que o compõem, abrangendo as cooperativas de crédito, será regulado por leis complementares que disporão, inclusive, sobre a participação do capital estrangeiro nas instituições que o integram". Na prática, é como se a Constituição Federal jamais tivesse se ocupado de fixar limite máximo de juros remuneratórios. O Código Civil vigente apresenta a taxa máxima de juros do mútuo feneratício no art. 591 como aquela vigente para os juros legais definidos no art. 406, o qual preconiza que "quando os juros moratórios não forem convencionados, ou o forem sem taxa estipulada, ou quando provierem de determinação da lei, serão fixados segundo a taxa que estiver em vigor para a mora do pagamento de impostos devidos à Fazenda Nacional". Desse modo, se os contratantes não dispuserem taxa alguma para servir de cálculo para o exato *quantum debeatur*, presumir-se-á de forma absoluta que o fizeram no valor da taxa legal, que vem a ser aquela a que se submete o contribuinte em mora nas suas obrigações fiscais. Quanto ao percentual desta, diante de um aparente conflito de normas, estabeleceram-se duas correntes. A primeira corrente defende a aplicação do art. 161, § 1º do Código Tributário Nacional, com o seu limite de 12% ao ano, sintetizado tal entendimento no Enunciado n. 20 da *I Jornada de Direito Civil* do CJF/STJ, que ora se transcreve: "Art. 406: A taxa de juros moratórios a que se refere o art. 406 é a do art. 161, § 1º, do Código Tributário Nacional, ou seja, um por cento ao mês. A utilização da Taxa SELIC como índice de apuração dos juros legais não é juridicamente segura, porque impede o prévio conhecimento dos juros; não é operacional, porque seu uso será inviável sempre que se calcularem somente juros ou somente correção monetária; é incompatível com a regra do art. 591 do Código Civil, que permite apenas a capitalização anual dos juros, e pode ser incompatível com o art. 192, § 3º, da Constituição Federal, se resultarem juros reais superiores a doze por cento ao ano". A segunda corrente sustenta a possibilidade da Taxa SELIC após a vigência do Código Civil, entendendo que a admissão dos juros de 1% ao mês seria negar vigência ao art. 406 e, em consequência, ao art. 591 do Código Civil, uma vez que o art. 161, § 1º do CTN já não mais se presta para o cálculo do valor relativo à mora do devedor da Fazenda Nacional, mas sim à referida taxa. Aderimos a esse posicionamento, pois é o único que se coaduna com o direito vigente e não acarreta para o devedor onerosidade excessiva. O entendimento amplamente majoritário caminha no sentido de que a antiga Lei de Usura e o atual Código Civil não se aplicam nos contratos de mútuo celebrados com instituições financeiras, pois estas possuem as suas atividades submetidas ao Conselho Monetário Nacional, a quem compete, dentre outras atribuições, a teor do inciso IX do art. 4º da Lei n. 4.595/1964, limitar, sempre que necessário, as taxas de juros, descontos, comissões e todas as outras formas de remuneração de operações e serviços bancários ou financeiros. A definição de instituição financeira dada pelo art. 17 da Lei n. 4.595/1964 é interpretada pelo ordenamento jurídico de forma ampliada, incluindo, por exemplo, as cooperativas de crédito, já arroladas expressamente pela atual redação do art. 192 da Constituição Federal e as administradoras de cartões de crédito, pois estas funcionam como intermediárias na disponibilização do crédito. Isso não quer dizer que, por exemplo, empresas de *factoring* ou entidades fechadas de previdência privada possam ser consideradas instituições financeiras para fins de aplicação dos juros bancários. Essas instituições podem realizar mútuo feneratício, mas se submeterão à taxa de juros remuneratórios prevista no Código Civil e na Lei de Usura, isto é, juros de 12% ao ano e capitalização anual. Os contratos de mútuo bancário submetem-se ao Código de Defesa do Consumidor, quando o mutuário for considerado consumidor, na forma do que preconiza o § 2º do art. 3º da Lei n. 8.078/1990. Em contratos de mútuo feneratício regidos pelo direito comum, o mutuário não tem direito de antecipar as prestações com o expurgo dos juros remuneratórios prefixados no contrato que se pactuou para vigência por prazo determinado, com prestações sucessivas no tempo. Isso porque a admissão desse postulado acarretaria o desvirtuamento do mútuo oneroso, que assegura ao credor o recebimento da prestação principal acrescida dos juros compensatórios pela indisponibilidade dos recursos financeiros. Haverá igualmente a frustração da legítima expectativa do credor mutuante, no sentido de ser remunerado, infringindo a regra jurídica do art. 591 do Código Civil e o princípio da boa-fé objetiva. Por outro lado, em se tratando de mútuo bancário submetido ao campo de incidência principiológico e normativo do Código de Defesa do Consumidor, é assegurado o direito potestativo ao consumidor vulnerável de liquidar antecipadamente o débito com a devida redução proporcional dos juros e demais acessórios, conforme disposto no art. 52, § 2º da Lei n. 8.078/1990. O exercício deste direito não pode ficar condicionado a pagamento de nenhuma tarifa, sendo tal prática abusiva e em flagrante fraude à lei, como o Conselho Monetário Nacional teve ocasião de reconhecer na Resolução n. 3.516/2007. Outro importante efeito prático dessa realidade é o cabimento das ações revisionais de débito, proposta pelo mutuário consumidor quando as taxas de juros se mostrarem em patamar razoavelmente superior ao valor da taxa média do mercado calculado pelo BACEN. Questão de grande controvérsia é a prática do anatocismo, ou "juros sobre juros", no que tange à possibilidade dessa capitalização ocorrer no mútuo feneratício, com relação aos juros remuneratórios. Desde a antiga Lei de Usura, a capitalização anual dos juros é permitida, conforme disposto no art. 4º do Decreto n. 22.626/1933, em que se prescreve ser "proibido contar juros dos juros e esta proibição não compreende a acumulação de juros vencidos aos saldos líquidos em conta corrente de ano a ano". O art. 591 do Código Civil, por ser norma jurídica superveniente e que regula a mesma matéria, acaba por revogar o aludido dispositivo da Lei de Usura, mas em sua parte final mantém a permissão da capitalização anual, desde que pactuada expressamente. Diante disso, concluímos que, nos mútuos onerosos em que lei especial não autorize periodicidade diversa, somente será permitida a contagem de juros sobre juros a cada ano, circunstância que diminui em muito o saldo devedor se comparado com uma capitalização mensal, quinzenal, diária etc. Importante destacar que há relações jurídicas de mútuo feneratício em que a capitalização com prazo inferior a um ano é permitida. Nessa senda, por força do art. 5º da Medida Provisória n. 2.170/36, de 23 de agosto de 2001, as instituições integrantes do Sistema Financeiro Nacional estão autorizadas a realizar empréstimos aos consumidores com capitalização de juros de periodicidade inferior a um ano, desde que essa circunstância conste expressa e destacadamente em contrato escrito. Nas operações de crédito de qualquer modalidade em que figurem como credoras instituições que integram o Sistema Financeiro Nacional, e que sejam corporificadas pela emissão do título de crédito denominado Cédula de Crédito Bancário, é igualmente válida a capitalização de juros com prazo inferior a um ano, *ex vi* do disposto no art. 28, § 1º, inc. I, da Lei n. 10.931/2004. Nos contratos de mútuo feneratício regidos pelo Sistema Financeiro da Habitação (Lei n. 4.380/1964) não há previsão legal que autorize o anatocismo. Por tal motivo, a jurisprudência tem reconhecido a invalidade de eventual cláusula contratual que preveja qualquer tipo de capitalização, pois diante da especialidade do empréstimo, que possui inegável caráter social de estímulo à aquisição da casa própria, não há espaço sequer para a capitalização anual prevista genericamente no Código Civil. Nos contratos de mútuo bancário é muito comum a utilização do sistema francês de amortização da dívida, também chamado de Tabela Price, o que não configura automaticamente a prática do anatocismo. Somente o perito contábil nomeado no processo tem capacidade técnica para tal verificação, mediante a análise circunstanciada e casuística da forma como se dá o abatimento das prestações pagas com relação ao saldo devedor. No mútuo feneratício em que figura como mutuante instituição financeira, tem sido prática corrente a autorização contratual do mutuário, em contrato de adesão, de retenção em folha de pagamento de percentual mensal do valor que é devido. Pela razoável segurança de recebimento do valor emprestado, as taxas de juros remuneratórios são menores se comparadas com o crédito rotativo do cheque especial ou do cartão de crédito, por exemplo. Uma das grandes dificuldades é saber qual o percentual máximo que não colocaria em risco a subsistência digna do devedor, mas ao mesmo tempo possibilitasse ao trabalhador acesso ao crédito em melhores condições. O trabalhador privado (art. 1º, § 1º, da Lei n. 10.820/2003) assim como o servidor público (art. 45 da Lei n. 8.112/1990 com a redação dada pela Lei n. 13.172/2015) podem comprometer os seus rendimentos salariais mensais no patamar máximo da lei de regência a fim de quitar o saldo devedor de um mútuo feneratício feito em tais moldes. Importa esclarecer que, ressalvada a hipótese acima, a instituição financeira não pode reter percentual algum do salário do cidadão, posto que o mesmo é impenhorável, à luz do que dispõe o art. 833, inc. IV, do CPC. Com efeito, se nem o Estado-juiz pode agredir o salário do trabalhador, como poderia fazê-lo a instituição financeira credora? Essa lamentável prática, longe de ser excepcional, configura odioso ato ilícito, a justificar o pleito reparatório por dano moral, posto que ofende a dignidade do trabalhador. Ressalte-se também que o art. 7º, inc. X, da Constituição Federal reputa como crime a retenção dolosa de salário. Há entendimento em sentido contrário que tem prevalecido na jurisprudência a entender que não se tratando de empréstimo consignado e havendo autorização do correntista mutuário, é possível a retenção da totalidade do salário ou dos proventos, conforme o caso. Por fim, importa que seja dito que a presença de alguma cláusula abusiva ou a aplicação de juros remuneratórios proibidos por parte da instituição financeira, não levam a que o devedor inadimplente fique livre dos efeitos da mora. O efeito prático dessa situação é o expurgo do excesso ilegal com a obrigação de pagamento da dívida correta na data aprazada. Deve ser aplicado, no caso, o § 2º do art. 51 do Código de Defesa do Consumidor, o qual dispõe que "a nulidade de uma cláusula contratual abusiva não invalida o contrato, exceto quando de sua ausência, apesar dos esforços de integração, decorrer ônus excessivo a qualquer das partes)". Trata-se da redução do negócio jurídico, em que a retirada de uma parte inválida não inquina de vício o restante válido, provocando a sanatória do contrato. Infelizmente, a alteração legislativa recente não foi capaz de dirimir as inúmeras dúvidas que cercam o tema. Mais seguro, conveniente e oportuno que o legislador adote a proposta da reforma do Código Civil para o art. 406, dispositivo para o qual remetemos o leitor.

JURISPRUDÊNCIA COMENTADA: O Supremo Tribunal Federal, na Ação Direta de Inconstitucionalidade n. 4-7/DF (Pleno, j. 07.03.1991) proposta pelo Partido Democrático Trabalhista (PDT), declarou que a revogada norma do art. 192 da CF/1988 não tinha eficácia plena e, portanto, dependeria de uma lei complementar para definir o seu efetivo sentido e alcance, sobretudo da expressão "juros reais". Com esse mesmo fundamento, o Tribunal de Justiça do Estado do Rio de Janeiro editou a Súmula n. 95 da sua jurisprudência predominante: "Os juros, de que trata o art. 406, do Código Civil de 2002, incidem desde sua vigência, e são aqueles estabelecidos pelo art. 161, parágrafo 1º, do Código Tributário Nacional". Sobre o tema, merece destaque, ainda, a Súmula n. 283 do STJ: "As empresas administradoras de cartão de crédito são instituições financeiras e, por isso, os juros remuneratórios por elas cobrados não sofrem as limitações da Lei de Usura". No julgamento do Recurso Especial 1.061.530/RS, submetido ao regime dos recursos repetitivos (art. 543-C, § 7º do CPC/1973 e atual art. 1.036 do CPC/2015), além da possibilidade de controle da abusividade na cobrança dos juros por parte do consumidor, o Superior Tribunal de Justiça fixou mais três teses envolvendo juros remuneratórios em caso de mútuos celebrados com instituições financeiras. São elas: 1) As instituições financeiras não se sujeitam à limitação dos juros remuneratórios estipulada na Lei de Usura (Decreto n. 22.626/33), Súmula n. 596/STF; 2) A estipulação de juros remuneratórios superiores a 12% ao ano, por si só, não indica abusividade; 3) São inaplicáveis aos juros remuneratórios dos contratos de mútuo bancário as disposições do art. 591 c/c o art. 406 do CC/02. Pelo que se pode perceber da jurisprudência apresentada, encontra-se suficientemente delineado, até o presente momento, que as instituições financeiras não se submetem à Lei de Usura em contratos celebrados antes da vigência do atual Código Civil e nem a este, a partir da sua entrada em vigor. Também resta suficientemente claro que uma taxa superior a doze por cento ao ano não significa, por si só, abuso da posição contratual por parte da instituição financeira. Outro aspecto importante sobre o assunto consta da Súmula n. 30 do STJ: "A comissão de permanência e a correção monetária são inacumuláveis". Em complemento, destacamos a Súmula n. 472 do STJ: "A cobrança de comissão de permanência – cujo valor não pode ultrapassar a soma dos encargos remuneratórios e moratórios previstos no contrato – exclui a exigibilidade dos juros remuneratórios, moratórios e da multa contratual". Em relação ao anatocismo, por muito tempo, permaneceu válida a antiga Súmula n. 121 do STF, que estabelecia peremptoriamente ser "vedada a capitalização de juros, ainda que expressamente convencionada". Contudo, atualmente, essa questão foi pacificada em sentido contrário, no julgamento do REsp 973.827/RS, em sede de recurso repetitivo, tendo a Segunda Seção do Superior Tribunal de Justiça, posteriormente, editado a Súmula n. 539, *in verbis*: "É permitida a capitalização de juros com periodicidade inferior à anual em contratos celebrados com instituições integrantes do Sistema Financeiro Nacional a partir de 31/3/2000 (MP n. 1.963-17/2000, reeditada como MP n. 2.170-36/2001), desde que expressamente pactuada". Nos contratos submetidos ao Sistema Financeiro de Habitação, o STJ entendeu pela vedação da capitalização de juros em qualquer periodicidade (REsp 1.070.297, 2.ª Seção, Rel. Min. Luis Felipe Salomão, j. 09.09.2009). De modo correto e preciso, em fevereiro de 2019, o Superior Tribunal de Justiça deixou claro que "a abusividade de encargos acessórios do contrato não descaracteriza a mora". Decerto, como dito acima, por meio da redução do negócio jurídico de consumo (art. 51, § 2º, do CDC), é possível o aproveitamento do negócio jurídico na sua parte válida e eficaz (REsp 1.639.259/SP, 2.ª Seção, Rel. Min. Paulo de Tarso Sanseverino, j. 12.12.2018, *DJe* 17.12.2018, v.u., Tema 972). Outra questão decidida pelo STJ acerca dos contratos de mútuo vinculados ao Sistema Financeira da Habitação (SFH) que merece destaque é o início da contagem do prazo prescricional das prestações em atraso pelo mutuário. O prazo quinquenal deve correr a partir do inadimplemento de cada prestação ou a partir da última parcela vencida? O entendimento da Quarta Turma mostrou-se lógico ao optar pela última perspectiva, considerando que o empréstimo para aquisição da casa própria é único, sendo dividido em prestações para facilitar o adimplemento do devedor. Sob essa ótica, o informativo de jurisprudência 747, de agosto de 2022, destacou que, "em contrato de mútuo vinculado ao Sistema Financeiro da Habitação (SFH), o termo inicial para a contagem do prazo prescricional da pretensão de cobrança de parcelas vencidas é a data de vencimento da última parcela" (AgInt no REsp 1.837.718/PR, Rel. Min. Raul Araújo, 4.ª Turma, v.u., j. 09.08.2022). No âmbito do empréstimo consignado referido nos comentários doutrinários, o Superior Tribunal de Justiça julgou interessante caso no qual se discutiu a validade de prática comercial da Caixa Econômica Federal que autorizava recusa de contratação a pessoa idosa, cuja idade e contratação excedesse a oitenta anos. No caso, o Ministério Público Federal, do Estado do Paraná, identificou que constituiria prática abusiva, à luz do Código de Defesa do Consumidor e do Estatuto da Pessoa Idosa, parte do Manual Normativo da Caixa Econômica Federal, no tocante à concessão do crédito consignado e propôs ação civil pública com vistas a expurgar a regra interna da citada empresa pública que seria discriminatória. Isso porque o item 3.6.5.7 do regramento interno da referida instituição financeira reza que "para qualquer contratação ou renovação de quaisquer clientes, a da idade do cliente com o prazo do contrato não pode ser maior que 80 anos". O Tribunal de Justiça paranaense legitimou a prática, entendendo que a mesma se inseria na liberdade de contratar prevista no art. 421 do Código Civil e manteve a improcedência da ação. O Superior Tribunal de Justiça conheceu do recurso especial interposto pelo *parquet* com fundamento na negativa de vigência de lei federal e, por unanimidade, negou provimento, apresentando fundamentação não agitada nas instâncias ordinárias. Assentou o julgado que a proibição objetivava evitar o superendividamento dos consumidores idosos, preservando a sua dignidade e, portanto, haveria no caso uma discriminação positiva, exemplificando com o art. 1.641, II, do Código Civil que impõe o regime da separação obrigatória de bens para pessoas acima de 70 anos. Não haveria, portanto, violação ao princípio da igualdade de tratamento entre os consumidores nem violação à dignidade da pessoa idosa. Destacou, outrossim, que a vedação do acesso ao crédito consignado nessas circunstâncias se harmoniza com o escopo de preservação da segurança do sistema financeiro nos moldes preconizados pela Constituição Federal (STJ, REsp 1.783.731/PR, 3.ª Turma, Rel. Min. Nancy Andrighi, j. 23.04.2019). A decisão, com a devida vênia, fere dispositivos legais previstos no Código de Defesa do Consumidor e no Estatuto da Pessoa Idosa, senão vejamos. O estatuto consumerista prevê como direito básico do consumidor a igualdade nas contratações (art. 6º, II), elencando ainda como prática abusiva a recusa no atendimento das demandas possíveis dos consumidores (art. 39, II) e na venda de bens a todos aqueles que se disponham a adquiri-los mediante pronto pagamento (art. 39, IX). Se a proteção do consumidor tido como vulnerável pela lei (art. 4º) se consubstancia em norma de ordem pública (art. 1º) cumpridora de garantia constitucional fundamental (art. 5º, XXXII, da CF) e princípio da ordem econômica (art. 170, V, da CF), prevê tantos direitos e ainda contempla o consumidor hipervulnerável (art. 39, IV), no caso, o idoso de idade avançada, como admitir-se a validade do procedimento da Caixa Econômica Federal? Em outro giro, o art. 230 da Constituição Federal não deixa margem a dúvidas acerca do entendimento de que o idoso integra um grupo vulnerável na sociedade brasileira digno de tutela especial que compromete a família, a sociedade e o

Estado, impondo a todos a observância do dever de amparo e de assegurar uma vida digna. A despeito de a Constituição Federal brasileira não se ocupar especificamente da temática da autonomia financeira do idoso, o Estatuto da Pessoa Idosa contém dois dispositivos legais que merecem reflexão, pois parecem entrar em rota de colisão com a restrição normativa estabelecida pela Caixa Econômica Federal. O art. 4º veda qualquer tipo de discriminação à pessoa idosa e, de modo bem específico, mais adiante a lei prevê como crime qualquer conduta que dificulte o idoso a acessar operações bancárias ou exercer o direito de contratar (art. 96). A decisão parece não ter se debruçado na análise desses dois dispositivos legais do Estatuto da Pessoa Idosa com olhos na normatividade imposta, o que seria a nosso viso a mais adequada compreensão. Como não se entender como discriminatória prática que exclui uma pessoa do direito de contratar pelo simples fato de, desgraçada ou abençoadamente, ter atingido uma senectude mais ampla ou, quiçá, exagerada, para os padrões ideais do *homo economicus*? É dizer que, para fins de acesso ao crédito com taxas de juros mais favoráveis, existe o idoso previsto na lei, que vem a ser aquele que conta com mais de 60 anos. Este pode contratar um empréstimo consignado com condições de juros remuneratórios mais benéficos, enquanto aquele é *exageradamente idoso*, não tem o mesmo direito. Os bons ventos da liberdade econômica podem soprar de modo mais suave, isto é, sem a necessidade de uma prática prévia que exclua todas as pessoas que, genericamente, tenham atingido uma terceira idade muito avançada. O caso concreto, é claro, pode recomendar que não seja viável a concessão do empréstimo consignado, mas não de modo genérico como pretende a norma interna da Caixa Econômica Federal, assim como contemplar situação na qual seja acrescida outra garantia que possibilite o crédito consignado mesmo por alguém, por exemplo, que conte com setenta e oito anos e que pretenda um empréstimo a ser quitado por desconto dos seus proventos no prazo de três anos. O STJ vem entendendo remansosamente que as empresas de *factoring* (REsp 1.987.016/RS, Rel. Min. Nancy Andrighi, 3ª Turma, v.u., j. 06.09.2022) e as entidades fechadas de previdência privada (REsp 1.854.818/DF, Rel. Min. Maria Isabel Galloti, Rel. Acd. Min. Marco Buzzi, 4ª Turma, m.v., j. 07.06.2022) não se equiparam a instituições financeiras (art. 17 da Lei n. 4.595/1964) para fins de aplicação de taxas de juros remuneratórios do mercado financeiro. O contrato de mútuo feneratício, em tais casos, será reputado lícito, mas nula eventual cláusula que seja maior do que a taxa de juros anuais de 12% ou que preveja outra periodicidade de capitalização que não seja anual, na forma do Código Civil e da Lei de Usura. O STJ, na linha de precedentes das Terceira e Quarta Turmas, fixou tese no sentido de que: "São lícitos os descontos de parcelas de empréstimos bancários comuns em conta-corrente, ainda que utilizada para recebimento de salários, desde que previamente autorizados pelo mutuário e enquanto esta autorização perdurar, não sendo aplicável, por analogia, a limitação prevista no § 1º do art. 1º da Lei n. 10.820/2003, que disciplina os empréstimos consignados em folha de pagamento". Em outras palavras, o recurso repetitivo foi no sentido de que a limitação de desconto em folha de pagamento prevista nas leis especiais que tratam do empréstimo consignado não se aplicam nos mútuos feneratícios comuns celebrados por instituição financeira, sendo lícita cláusula que autorize a retenção total do saldo em conta, ainda que seja de salário, vencimentos ou proventos de aposentadoria, conforme o caso (REsp 1.863.973/SP, Rel. Min. Marco Aurélio Bellizze, 2.ª Seção, v.u., j. 09.03.2022 – Tema 1085).

Art. 592. Não se tendo convencionado expressamente, o prazo do mútuo será:

I – até a próxima colheita, se o mútuo for de produtos agrícolas, assim para o consumo, como para semeadura;

II – de trinta dias, pelo menos, se for de dinheiro;

III – do espaço de tempo que declarar o mutuante, se for de qualquer outra coisa fungível.

COMENTÁRIOS DOUTRINÁRIOS: A norma em comento assinala hipóteses de prazo para o mútuo que merecem referência pelo caráter dispositivo e supletivo que exercem, à falta de estipulação contratual expressa. No mútuo de insumos agrícolas, o tempo do pagamento será o da próxima colheita, pois é o tempo razoável para a restituição dos materiais usados na exploração agrícola e que foram objeto de empréstimo. Ora, se foi emprestada ao trabalhador rural determinada quantidade de adubos químicos ou de sementes, presume-se que este poderá restituí-los logo após a colheita. Na mesma linha da falta de disposição em sentido contrário, no mútuo de dinheiro, o prazo para o pagamento por parte do mutuário será de trinta dias, seja o contrato gratuito ou oneroso. Não se tratando de insumos agrícolas ou de dinheiro, o prazo corre em favor do mutuante, que poderá exigir a qualquer tempo a restituição do que emprestou.

REFORMA DO CÓDIGO CIVIL: A modificação aqui sugerida visa tão somente deixar claro que o prazo de trinta dias se destina a suprir a manifestação de vontade para o pagamento pelo mutuário, e não é um prazo que constituirá o devedor em mora, aplicando-se o parágrafo único do art. 597, pois se trata de mora *ex persona.*

"Art. 592. [...]

[...]

II – de trinta dias, pelo menos, se for de dinheiro, observado que, após esse prazo, o credor deverá constituir o devedor em mora, nos termos do parágrafo único do art. 397 deste Código;

[...]."

CAPÍTULO VII
DA PRESTAÇÃO DE SERVIÇO

Art. 593. A prestação de serviço, que não estiver sujeita às leis trabalhistas ou a lei especial, reger-se-á pelas disposições deste Capítulo.

COMENTÁRIOS DOUTRINÁRIOS: A prestação de serviço é um contrato típico, em virtude do qual uma das partes, denominada "prestador de serviço", assume a obrigação de realizar alguma atividade de sua especialidade, não revestida de perenidade e subordinação hierárquica, em favor do tomador do serviço que, em razão disso, se obriga a remunerá-lo mediante o pagamento de honorários. No Código Civil tem caráter residual, ou seja, abrange somente contratos do gênero que não estejam sujeitos a legislações especiais. A prestação de serviço pode se submeter à legislação consumerista, caso a atividade prestada se enquadre nos arts. 2º e 3º da Lei n. 8.078/1990. O § 2º do referido art. 3º considera "serviço qualquer atividade fornecida no mercado de consumo, mediante remuneração, inclusive as de natureza bancária, financeira, de crédito e securitária, salvo as decorrentes das relações de caráter trabalhista". Os elementos essenciais do contrato são: a) realização de uma atividade do devedor em favor do credor (obrigação de fazer); b) profissionalismo; c) remuneração; d) eventualidade do serviço a ser prestado; e e) ausência de subordinação deste. Os dois últimos pressupostos servem especificamente para diferenciar esse negócio jurídico típico do contrato de trabalho regido pelas leis trabalhistas. O contrato de trabalho representa uma evolução da antiga locação de serviços, hoje humanizada com a nomenclatura mais apropriada de prestação de serviço. Desta forma, esse contrato configura igualmente uma prestação de serviço, fazendo-se presente, contudo, alguns atributos que podem ser resumidos nos elementos da não eventualidade, subordinação e remuneração mediante salário, conforme disposto no art. 3º da Consolidação das Leis do Trabalho, o qual dispõe que "considera-se empregado toda pessoa física que prestar serviços de natureza não eventual a empregador, sob a dependência deste e mediante salário". Dessa forma, se a prestação de serviços vier acompanhada desses requisitos previstos no estatuto laboral, independentemente da nomenclatura usada pelos contratantes, estaremos diante de um contrato de trabalho submetido às leis protetivas especiais, e ligados a um ramo específico do direito social, com normas e princípios próprios e sedimentados como verdadeiras cláusulas pétreas no art. 7º da Constituição Federal. Para facilitar a análise, imaginemos o trabalho de uma faxineira que realiza serviços esporádicos de faxina na casa de alguém a cada quinze dias. Nesse caso, a sua atividade se submeterá ao Código Civil, mas se esta mesma prestadora passar a desempenhar o seu trabalho de forma não eventual, e sob a permanente subordinação do patrão, a sua atividade profissional submeter-se-á às regras e princípios do direito do trabalho. A prestação de serviço pode se submeter ao diploma consumerista quando a atividade prestada se enquadrar nos arts. 2º e 3º da Lei n. 8.078/1990. O § 2º do referido art. 3º considera "serviço qualquer atividade fornecida no mercado de consumo, mediante remuneração, inclusive as de natureza bancária, financeira, de crédito e securitária, salvo as decorrentes das relações de caráter trabalhista". A prestação de serviço é um contrato bilateral, comutativo, oneroso, informal, não solene, simplesmente consensual e personalíssimo. Bilateral porque são geradas obrigações para ambas as partes. O prestador é obrigado a realizar a atividade a que se comprometerá e o dono do serviço a remunerá-lo na forma pactuada ou mediante arbitramento. Comutativo porque as partes têm conhecimento preciso, no momento em que realizam a avença, das vantagens e desvantagens do negócio. Não há um risco envolvendo o pacto, que o torne de resultado imprevisível. Oneroso, pois a remuneração do prestador é da essência do contrato, sem a qual estaremos diante de um contrato atípico. Informal e não solene, pois não há exigência de forma ou de solenidade que funcione como requisito de validade. Simplesmente consensual, pois se aperfeiçoa com o simples encontro de vontades entre o tomador do serviço e o prestador. Personalíssimo, uma vez que pactuado, em regra, por conta das qualidades pessoais do prestador. Nada obsta que a obrigação de fazer assumida seja fungível e, com o consenso da outra parte, possa ser prestada por outra pessoa, desde que habilitada para o objeto do contrato. Poderá ser considerado contrato de adesão ou paritário, dependendo da forma como o encontro de vontades e os efeitos do contrato se verifiquem. Os elementos essenciais do contrato consistem na obrigação de fazer, no profissionalismo, remuneração e eventualidade do serviço a ser prestado, assim como na ausência de subordinação deste, servindo esses dois últimos pressupostos para diferenciar esse negócio jurídico típico do contrato de trabalho regido pelas leis sociais do direito do trabalho. A obrigação de fazer pode ser compreendida como a relação jurídica que une credor a devedor, assumindo este o dever de executar alguma atividade economicamente relevante em favor daquele. Na prestação de serviço é exatamente o que ocorre, na medida em que o prestador assume diante do tomador a obrigação de realizar uma ação humana, que pode ser material (proceder à limpeza do jardim), como imaterial (proceder à limpeza do computador para a retirada de vírus e/ou melhorar o desempenho dos processamentos de dados) e deve desempenhá-la de modo diligente e empenhado, para lograr o melhor resultado possível, atentando para as legítimas expectativas do tomador do serviço, ou seja, observando também os deveres anexos decorrentes da boa-fé objetiva. Neste sentido, o Direito Processual Civil confere ao tomador do serviço instrumentos hábeis à sua satisfação, segundo o modelo obrigacional estabelecido no contrato. Os arts. 461 do CPC/1973 e 536 do CPC/2015, que em muito se assemelham, são dotados de mecanismos legítimos de coerção, a fim de incrementar o adimplemento na forma pactuada, somente convertendo-se a obrigação em perdas e danos se for impossível a tutela específica ou a obtenção de resultado prático equivalente. O prestador de serviço deve ser dotado da técnica para exercer o objeto do contrato, desde as funções regulamentadas por normas de interesse público, como ocorre com os médicos, odontólogos, advogados e engenheiros, como aquelas que se mostram extremamente importantes para o funcionamento da sociedade, mas que não estão regulamentadas, como ocorre com os marceneiros, faxineiras, torneiros mecânicos, bombeiros hidráulicos, dentre outras funções. A continuidade e a subordinação são características marcantes da relação trabalhista. A prestação de serviço, enquanto contrato típico, é de natureza eventual, e o prestador não se encontra sob a ação subordinante do tomador do serviço, agindo com maior liberdade e autonomia. Há autores que diferenciam a prestação de serviço da relação de emprego exatamente porque aquela é exercida com autonomia, enquanto esta se caracteriza pela hierarquização ou subordinação jurídica. De fato, ainda que haja por parte do prestador algum nível de subordinação hierárquica, o seu agir não se dá de forma permanente, mas eventualmente, para a consecução de algum serviço pontual.

Art. 594. Toda a espécie de serviço ou trabalho lícito, material ou imaterial, pode ser contratada mediante retribuição.

COMENTÁRIOS DOUTRINÁRIOS: A norma em comento, de ampla abrangência, trata de quais atividades podem ser objeto do contrato de prestação de serviço. Qualquer atividade corpórea (material) ou incorpórea (imaterial) que seja lícita pode ser contratada de forma eventual, remunerada e sem subordinação, o que não afasta o reconhecimento de que o tomador do serviço eventualmente indique ao prestador a forma como quer que seja realizada a atividade. A confecção da pintura de um prédio, o reparo do sistema elétrico de uma casa, a limpeza de um terreno, a lavagem de um carro, dentre outras atividades manuais podem ser consideradas como exemplos de serviços materiais. Como exemplo de atividades imateriais podem ser citados a consultoria jurídica, contábil, financeira e, até mesmo, o serviço de informações pessoais de alguém para o caso da concessão de um empréstimo ou da celebração de um contrato de locação residencial. Se a atividade contratada for ilícita, impossível, indeterminável, ou até mesmo se o motivo que anima os contratantes for ilícito, estaremos diante de um contrato nulo, conforme disposto no art. 166, II e III do Código Civil.

JURISPRUDÊNCIA COMENTADA: Segundo julgado estadual, o contrato de prestação de serviços de operacionalização e administração de estacionamento, embora tenha sido nominado como contrato de locação, é na verdade contrato de prestação de serviços, nos termos do art. 594 do Código Civil (TJSP, Apelação Cível 1014101-94.2015.8.26.0100, 21.ª Câmara de Direito Privado, Rel. Des. Itamar Gaino, j. 24.05.2017).

Art. 595. No contrato de prestação de serviço, quando qualquer das partes não souber ler, nem escrever, o instrumento poderá ser assinado a rogo e subscrito por duas testemunhas.

COMENTÁRIOS DOUTRINÁRIOS: Como técnica de proteção à vulnerabilidade do prestador, que se encontra na difícil condição de analfabeto, o dispositivo anotado prescreve a possibilidade de o contrato ser feito por escrito, cuja forma servirá como meio de prova, quando qualquer das partes não souber ler nem escrever, ocasião em que o instrumento contratual poderá ser assinado a rogo e subscrito por duas testemunhas. Considera-se assinatura a rogo aquela em que uma determinada pessoa subscreve um documento mediante expressa solicitação do analfabeto, ou de quem não pode escrever, como seria o caso de um portador de mal de Parkinson em estágio avançado. Em regra, é feita na presença de um servidor público, dotado de fé pública para atestar o documento, mas excepcionalmente aqui a lei dispensa esse rigor. Entendemos que a inobservância desta formalidade não acarreta a nulidade do contrato, pois este pode ser provado por qualquer outro meio, e não se coadunará com a justiça que uma pessoa realize um serviço em favor de outra, que se locupletará sob o argumento da ineficácia do contrato por falta da presença de duas testemunhas. Em outro giro, se o tomador do serviço for analfabeto e se tratar de uma relação de consumo, na qual se exige o dever de informar e a transparência, será fundamental a assinatura a rogo como medida protetiva do consumidor, no caso, hipervulnerável.

JURISPRUDÊNCIA COMENTADA: Questão interessante foi objeto de julgamento por parte do Tribunal de Justiça de Santa Catarina. No caso concreto, em contrato de empréstimo consignado celebrado por índio, não se acolheu o argumento de nulidade do contrato com base no art. 595 do Código Civil, pois o indígena em questão estava integrado socialmente, não fazendo *jus*, portanto à proteção legal conferida pelo Estatuto do Indígena, Lei n. 6.001/1973 (TJSC, Apelação Cível 0300095-35.2018.8.24.0081, 2.ª Câmara de Direito Comercial, Rel. Des. Robson Luz Varella, j. 05.12.2018). Os serviços prestados pelas instituições bancárias, como cediço, se submetem ao Código de Defesa do Consumidor (Súmula n. 297 do STJ) e a validade da contratação está vinculada ao dever de informar, o qual exigirá a observância da forma escrita. Em se tratando de consumidor analfabeto, o STJ decidiu que: "É válida a contratação de empréstimo consignado por analfabeto mediante a assinatura a rogo, a qual, por sua vez, não se confunde, tampouco poderá ser substituída pela mera aposição de digital ao contrato escrito" (STJ, REsp 1.868.099/CE, 3.ª Turma, Rel. Min. Marco Aurélio Bellizze, j. 15.12.2020, v.u.). Na busca efetiva de defesa do consumidor hipervulnerável, o Superior Tribunal de Justiça já decidiu em ação civil pública pela obrigatoriedade de as instituições financeiras oferecerem no mercado de consumo contratos pelo modo braile para pessoas com deficiência visual (REsp 1.349.188/RJ, Rel. Min. Luis Felipe Salomão, 4.ª Turma, j. 10.05.2016).

REFORMA DO CÓDIGO CIVIL: É digna dos maiores encômios a proposta de inclusão do parágrafo único no art. 595, merecendo referência a justificativa trazida pela Subcomissão de Contratos: "O dever de informar de boa-fé é bilateral (Art. 113 e 422), mas se qualifica quando um dos contratantes é vulnerável, como no caso, o analfabeto, assim parece uma proteção positiva e extra, mencionar que tal contrato deva ser lido e explicado para o analfabeto, isso antes da assinatura a roga ou por testemunhas. Cria-se assim uma exigência a mais protetiva dos analfabetos, que no Brasil são ainda em sua maioria idosos. O parágrafo único, reforça este dever de informação e esclarecimento às pessoas portadoras de deficiência. O Brasil faz parte da Convenção Internacional sobre os Direitos das Pessoas com Deficiência e seu Protocolo Facultativo, assinados em Nova York, em 30 de março de 2007 (DECRETO 6.949/2009). O art. 1 da Convenção esclarece: 'O propósito da presente Convenção é promover, proteger e assegurar o exercício pleno e equitativo de todos os direitos humanos e liberdades fundamentais por todas as pessoas com deficiência e promover o respeito pela sua dignidade inerente. Pessoas com deficiência são aquelas que têm impedimentos de longo prazo de natureza física, mental, intelectual ou sensorial, os quais, em interação com diversas barreiras, podem obstruir sua participação plena e efetiva na sociedade em igualdades de condições com as demais pessoas".

"Art. 595. No contrato de prestação de serviço entre pessoas naturais, quando qualquer das partes não souber ler nem escrever, o instrumento poderá ser assinado a rogo e subscrito por duas testemunhas, tendo que ser lido e explicado à pessoa analfabeta, antes da referida assinatura.

Parágrafo único. De forma semelhante, quando qualquer das partes for pessoa com deficiência, a outra deve encetar esforços para lhe informar o conteúdo do contrato."

Art. 596. Não se tendo estipulado, nem chegado a acordo as partes, fixar-se-á por arbitramento a retribuição, segundo o costume do lugar, o tempo de serviço e sua qualidade.

COMENTÁRIOS DOUTRINÁRIOS: Se o valor da prestação do serviço não foi estipulado convencionalmente, e as partes não chegarem a um acordo acerca do valor do serviço, o Poder Judiciário exercerá tal função de forma subsidiária, cabendo-lhe estipular, por meio da persuasão racional do magistrado, um valor equânime para o serviço que fora prestado. O arbitramento judicial consiste na apreciação do valor de determinados fatos ou coisas, de que não se têm elementos certos de avaliação. Busca-se assim a evidência de elementos indispensáveis para a base de uma avaliação ou estimação provada. Dessa forma, quando for necessária a fixação de um valor para a retribuição, o juiz deverá utilizar os critérios legais do costume do lugar, do tempo gasto com a realização da atividade e a qualidade do serviço. O costume é um poderoso elemento integrador da norma jurídica e está previsto no art. 4º da Lei de Introdução às Normas do Direito Brasileiro e pode ser definido como a prática reiterada de determinada conduta avaliada pela sociedade local como importante para a sua regulamentação durante o período. Deverá o magistrado também aferir o tempo gasto para a realização da atividade e a qualidade do que foi feito. Se a valoração da atividade for a pintura da residência do tomador, fundamental que se consulte a forma como aquela determinada região remunera os pintores de paredes, nas mesmas condições. Após verificar o valor médio, deverá observar quanto tempo o prestador despendeu para a realização da atividade e, por fim, mensurar a qualidade do resultado decorrente da prestação do serviço, dentro de um juízo de razoabilidade. Dependendo da peculiaridade da atividade, a decisão judicial necessitará de um laudo pericial. Como exemplo, podemos citar o justo valor do trabalho exercido por um advogado, cuja lei de regência igualmente traz previsão expressa da possibilidade de arbitramento judicial dos honorários, quando não houver estipulação contratual expressa ou acordo (art. 22, § 2º, da Lei n. 8.906/1994). Em casos como esse, utilização do costume não servirá como instrumento de integração da norma jurídica, o tempo do serviço ou a qualidade das obras, pois o magistrado pode não reunir conhecimentos técnicos para tanto. Nessa hipótese, de grande importância será o trabalho do perito com conhecimento técnico específico de acordo com o caso.

JURISPRUDÊNCIA COMENTADA: Exemplo comum de aplicação da referida norma ocorre na fixação de honorários, em contrato verbal de prestação de serviços advocatícios, cujo arbitramento pautou-se também nos parâmetros da Lei n. 8.906/1994 (Estatuto da Advocacia) (TJSP, Apelação Cível 1003409-96.2015.8.26.0565, 32.ª Câmara de Direito Privado, Rel. Des. Caio Marcelo Mendes de Oliveira, j. 16.11.2017).

Art. 597. A retribuição pagar-se-á depois de prestado o serviço, se, por convenção, ou costume, não houver de ser adiantada, ou paga em prestações.

COMENTÁRIOS DOUTRINÁRIOS: A norma em comento tem caráter supletivo, ou seja, assume caráter cogente na ausência de disposição contratual em contrário, fixando como regra geral que o serviço deverá ser pago após a sua realização, exceto se o costume do local ou a convenção determinarem o adiantamento do pagamento, ou que este seja feito em prestações. Essa tomada de posição legal repercute com relevância na discussão acerca da extinção do contrato sob a alegação da exceção de contrato não cumprido. A Lei n. 9.608/1998, que cuida do serviço voluntário, a despeito de ter por objeto a realização de atividades que poderiam configurar o típico contrato de prestação de serviços, ou até mesmo a de trabalho, não forma vínculo empregatício nem obriga à remuneração. O prestador do serviço voluntário poderá apenas solicitar o ressarcimento das despesas que comprovadamente realizar no desempenho das atividades voluntárias.

Art. 598. A prestação de serviço não se poderá convencionar por mais de quatro anos, embora o contrato tenha por causa o pagamento de dívida de quem o presta, ou se destine à execução de certa e determinada obra. Neste caso,

decorridos quatro anos, dar-se-á por findo o contrato, ainda que não concluída a obra.

COMENTÁRIOS DOUTRINÁRIOS: A prestação de serviço pode ser estabelecida por prazo determinado, contudo no prazo legal máximo de quatro anos, findo o qual o contrato se extinguirá por caducidade. A previsão de prazo maior do que o de quatro anos não acarretará a nulidade do pacto, verificando-se apenas mais uma hipótese de ineficácia com relação ao tempo que ultrapassar o limite legal, isto é, reputar-se-á como não escrita a cláusula que preveja um prazo maior. O dispositivo anotado tem como objetivo reprimir o que seria uma forma de escravidão convencional, sob o argumento de que uma prestação de serviços por período superior a quatro anos colocaria o prestador de serviços como um servo nas mãos do seu amo, em clara ofensa aos direitos fundamentais positivados na Constituição Federal. Por esta razão, entendemos oportuno o Enunciado n. 32 da *I Jornada de Direito Comercial* do Conselho da Justiça Federal (2012) que defendeu a tese de que o art. 598 do Código Civil não se aplica quando as partes contratantes forem empresários, e a função econômica do contrato estiver relacionada com a exploração de atividade empresarial. Nesse caso, as partes estão livres para pactuar o contrato com prazo superior a quatro anos. O prazo máximo incidirá, inclusive, se o prestador estiver realizando a atividade como forma de pagar determinada dívida perante o dono do serviço ou que se destine a realização de certa e determinada obra. Considerando o prestador do serviço, em regra, como pessoa natural, o interesse prático da análise dessa norma jurídica será diminuto, pois dificilmente se verificará um contrato de prestação de serviço com prazo superior ao de quatro anos. Além do que, nessas condições e dentro da normalidade, uma prestação de serviços com tal prazo caracterizaria, em regra, uma relação trabalhista.

JURISPRUDÊNCIA COMENTADA: Em caso concreto apreciado pelo TJSP, foi anulada uma cláusula contratual de irrevogabilidade de um contrato de intermediação de locações (TJSP, Apelação Cível 1004804-82.2015.8.26.0223, 37.ª Câmara Extraordinária de Direito Privado, Rel. Des. Maria Lúcia Pizzotti, j. 24.10.2017).

REFORMA DO CÓDIGO CIVIL: A sugestão de nova redação tem por fim deixar claro que, conforme apontamos nos comentários *supra*, a vedação não alcança pessoas jurídicas, por óbvio. O prazo também é aumentado para cinco anos, o que não nos parece adequado, tendo em vista que melhor seria reduzi-lo para se adequar aos dias atuais.

"Art. 598. Quando o prestador for pessoa natural, a prestação de serviço não se poderá convencionar por mais de cinco anos, embora o contrato tenha por causa o pagamento de dívida de quem o presta, ou se destine à execução de certa e determinada obra; dar-se-á por ineficaz o contrato, decorridos cinco anos, ainda que não concluída a obra.

Parágrafo único. Se os serviços prestados não foram suficientes para pagar a dívida ou para que a obra seja concluída, o tomador de serviços terá direito a cobrar o saldo da dívida ou a exigir perdas e danos pela inexecução da obra."

Art. 599. Não havendo prazo estipulado, nem se podendo inferir da natureza do contrato, ou do costume do lugar, qualquer das partes, a seu arbítrio, mediante prévio aviso, pode resolver o contrato.

Parágrafo único. Dar-se-á o aviso:

I – com antecedência de oito dias, se o salário se houver fixado por tempo de um mês, ou mais;

II – com antecipação de quatro dias, se o salário se tiver ajustado por semana, ou quinzena;

III – de véspera, quando se tenha contratado por menos de sete dias.

COMENTÁRIOS DOUTRINÁRIOS: O direito de resilição unilateral do prestador somente pode ser exercido quando o contrato não tiver prazo estipulado, ou não se puder aferir qual a natureza do mesmo segundo a consulta aos costumes ou a quaisquer outros meios de convicção. Afora estas duas hipóteses, na prestação de serviços, como em qualquer outro contrato, vigora o princípio da obrigatoriedade, de modo que o prestador não pode se ausentar ou se despedir sem que haja justa causa. Para facilitar o entendimento, podemos fazer uma analogia com o art. 483 da CLT, onde verificamos algumas hipóteses de justa causa para a ausência ou dispensa do serviço por parte do prestador: a) exigir o dono do serviço tarefa em que o prestador corra perigo manifesto de mal considerável; b) ser tratado pelo dono do serviço com rigor excessivo; c) exigir o dono serviços superiores às suas forças, defesos por lei, contrários aos bons costumes, ou alheios ao contrato; d) injustas ofensas físicas ou morais. O art. 482 da CLT apresenta um rol mais completo de situações ensejadoras de justa causa.

JURISPRUDÊNCIA COMENTADA: A inobservância injustificada da norma do parágrafo único do art. 599 enseja para a outra parte direito à indenização por perdas e danos, configurando inobservância da boa-fé objetiva e abuso do direito a resilição unilateral do contrato de prestação de serviços, sem prévio aviso por qualquer das partes (TJRS, Apelação Cível 0262013-51.2017.8.21.7000, 18.ª Câmara Cível, Rel. Des. Marlene Marlei de Souza, j. 11.12.2018).

REFORMA DO CÓDIGO CIVIL: A redação proposta busca unificar os prazos de resilição unilateral quando se trata de prestador de serviços pessoa natural, esclarecendo, outrossim, que, quando se tratar de contratos paritários com pessoas naturais ou jurídicas, será válida a cláusula de resilição unilateral, mesmo quando o contrato for estabelecido por prazo determinado.

"Art. 599. Não havendo prazo estipulado para o contrato nem se podendo inferi-lo da sua natureza ou dos usos e costumes do lugar, qualquer das partes, a seu arbítrio, mediante prévio aviso, pode resilir unilateralmente o contrato, mediante notificação judicial ou extrajudicial.

§ 1º Nos casos deste artigo, não havendo prazo fixado para o contrato, dar-se-á o aviso para a resilição unilateral com antecedência de quinze dias.

§ 2º O contrato paritário de prestação de serviços admite cláusula de resilição unilateral, mesmo quando fixado sem tempo determinado."

Art. 600. Não se conta no prazo do contrato o tempo em que o prestador de serviço, por culpa sua, deixou de servir.

COMENTÁRIOS DOUTRINÁRIOS: Do dispositivo anotado, infere-se que, em relação ao serviço não realizado culposamente, se o prestador interromper sua atividade sem que tenha um motivo justo para tanto, poderá o dono do serviço não o remunerar pelo período correspondente, bem como rescindir o contrato por culpa do prestador, sem prejuízo da cobrança de eventuais perdas e danos. Por outro lado, interpretando-se o dispositivo *a contrario sensu*, temos que, se o prestador não realizar a atividade por estar diante de um obstáculo intransponível, o dono do serviço deverá remunerá-lo. Não haverá culpa por parte do prestador, se o tomador do serviço exigir deste algo que esteja além de suas possibilidades.

Art. 601. Não sendo o prestador de serviço contratado para certo e determinado trabalho, entender-se-á que se obrigou a todo e qualquer serviço compatível com as suas forças e condições.

COMENTÁRIOS DOUTRINÁRIOS: A prestação do serviço pode ser contratada para a realização de uma determinada tarefa, assim como para atividades gerais e, nesse caso, entende-se que o prestador se obrigou a todo e qualquer serviço compatível com as suas forças e condições. Pela anotada norma jurídica, uma faxineira eventual e, portanto, sem vínculo trabalhista, estaria obrigada a qualquer serviço compatível com as suas forças e condições. Na mesma senda, prevê o parágrafo único do art. 456 da Consolidação das Leis do Trabalho que "à falta de prova ou inexistindo cláusula expressa a tal respeito, entender-se-á que o empregado se obrigou a todo e qualquer serviço compatível com a sua condição pessoal". Todavia, como sabido, não pode haver excessos, sob pena de se configurar abuso do direito, conforme disposto no art. 187 do Código Civil. Dessa forma, o direito subjetivo do tomador do serviço deverá ser exercido com razoabilidade, e qualquer exigência que extrapole os limites normais do contrato poderá se converter em indenização a ser deferida ao prestador. Qualquer atividade que ofenda a moral e os bons costumes também não poderá obrigar o prestador e, nesse sentido, a anotada norma jurídica necessita de uma releitura à luz do texto constitucional, que elege a dignidade da pessoa humana como o valor supremo do Direito Civil, e de todo o ordenamento jurídico (art. 1º, inc. III, da CF). Para um melhor entendimento, diante da semelhança entre o contrato de prestação de serviço e o contrato de trabalho, confira-se o disposto no art. 483 da Consolidação das Leis do Trabalho, que aponta, por exemplo, como prática abusiva do empregador – permitindo a rescisão do contrato por parte do empregado (rescisão indireta) –, exigir serviços superiores às forças do empregado, proibidos por lei, contrários aos bons costumes ou alheios ao contrato.

Art. 602. O prestador de serviço contratado por tempo certo, ou por obra determinada, não se pode ausentar, ou despedir, sem justa causa, antes de preenchido o tempo, ou concluída a obra.

Parágrafo único. Se se despedir sem justa causa, terá direito à retribuição vencida, mas responderá por perdas e danos. O mesmo dar-se-á, se despedido por justa causa.

COMENTÁRIOS DOUTRINÁRIOS: O referido dispositivo legal proíbe o prestador que for contratado por tempo certo, ou por obra determinada, de se ausentar ou se despedir sem justa causa antes de regular extinção do vínculo contratual. Se o fizer, não perderá a retribuição que estiver vencida quando se ausentar, mas responderá pelas perdas e danos que o inadimplemento causar ao tomador do serviço. Desta forma, tendo como premissa básica a existência de uma conduta culposa do prestador em despedir-se imotivadamente do serviço contratado, cumpre registrar que todos os danos enfrentados pelo dono do serviço que tenham causalidade direta e adequada com a referida ação ou omissão do prestador deverão por ele ser ressarcidos.

JURISPRUDÊNCIA COMENTADA: A dispensa do prestador de serviço sem justa causa autoriza o pagamento proporcional dos serviços já realizados. Neste sentido, refira-se na íntegra a seguinte ementa, de julgado do Tribunal de Justiça de Minas Gerais: "Apelação cível. Ação de cobrança. Prestação de serviços em campanha eleitoral. Pagamento inferior. Acúmulo de funções. Não comprovação. Complementação da verba remuneratória. Improcedência. 1) Nos termos do art. 373, I, do Novo Código de Processo Civil, incumbe ao autor o ônus de provar os fatos constitutivos de seu direito. 2) Sem a devida comprovação de que o autor foi contratado para prestar determinado serviço durante a campanha eleitoral e que, indevidamente, teria acumulado outras funções, não há como conceder a pretensa complementação da verba remuneratória. 3) Segundo o art. 602, parágrafo único, do Código Civil, a dispensa do prestador de serviços por justa causa autoriza o pagamento proporcional aos serviços já realizados" (TJMG, Apelação Cível 1.0024.14.291811-9/001, Rel. Des. Marcos Lincoln, j. 23.11.2016).

REFORMA DO CÓDIGO CIVIL: A sugestão de revisão do artigo cinge-se a adotar com maior tecnicismo a nomenclatura de extinção do contrato e deixar o dispositivo mais claro.

"Art. 602. O prestador de serviço contratado por tempo certo ou para obra determinada, não se pode ausentar ou denunciar imotivadamente o contrato, antes de preenchido o tempo ou concluída a obra.

Parágrafo único. Vigente o prazo do contrato, se o prestador denunciar imotivadamente o contrato, terá direito à retribuição vencida, mas responderá por perdas e danos, ocorrendo o mesmo se denunciado motivadamente, pela outra parte."

Art. 603. Se o prestador de serviço for despedido sem justa causa, a outra parte será obrigada a pagar-lhe por inteiro a retribuição vencida, e por metade a que lhe tocaria de então ao termo legal do contrato.

COMENTÁRIOS DOUTRINÁRIOS: O correto entendimento do citado artigo parte da concepção de que o contrato foi celebrado por tempo determinado, ou para a realização de certa e determinada obra, pois conforme o art. 599 do Código Civil, citado linhas acima, quando não houver prazo estipulado, ou não se souber com precisão a natureza do contrato, deverá o tomador do serviço apenas respeitar os prazos de aviso-prévio, para que o contrato seja rescindido unilateralmente, na forma da lei. A sanção prevista para o tomador que dispensa o prestador sem justa causa é a de pagar integralmente a retribuição que já estiver vencida. A primeira parte da indenização diz respeito ao dano emergente sofrido pelo prestador. A segunda parte da indenização guarda relação com os lucros cessantes, isto é, aquilo que razoavelmente o prestador deixou de ganhar, e a lei estabelece que a remuneração deve se dar pela metade do que faria jus o prestador se o contrato fosse observado regularmente.

JURISPRUDÊNCIA COMENTADA: O direito à indenização em caso de resilição unilateral motivada pode ser afastado, caso as partes assim tenham contratado, de forma livre e consciente. Neste sentido, refira-se a ementa de julgado do Tribunal de Justiça do Mato Grosso do Sul: "Agravo interno. Ação de rescisão de contrato c/c perdas e danos. Nulidade do julgamento monocrático fora das hipóteses do art. 557 do CPC/1973. Afastada. Contrato de prestação de serviço por tempo certo rescisão unilateral imotivada. Possibilidade. Recurso provido. I. No regime do CPC/73, eventual nulidade da decisão monocrática resta superada com a reapreciação do recurso pelo órgão Colegiado, na via de Agravo Interno. Precedentes do STJ. II. Se as partes, com manifestação de vontade livre e consciente, entabularam que não haveria direito ao percebimento de valores pela rescisão unilateral, desde que feita com antecedência mínima de sessenta dias, o que efetivamente ocorreu, então, o pedido de indenização carece de possibilidade jurídica do pedido e estar-se-ia beneficiando a parte com a sua própria torpeza e com espancamento de morte a boa-fé contratual do art. 422 do Código Civil. A consequência jurídica desta cláusula contratual que possibilita a rescisão unilateral é que não se aplica ao caso o art. 603 do Código Civil, uma vez que se atrela à hipótese onde o contrato não preveja a possibilidade de resilição unilateral. Até porque, se o contrato não prevê resilição contratual é justo e proporcional que a resilição acarrete o direito ao recebimento do que receberia se o contrato não fosse desfeito, uma vez que pega a parte de surpresa e quebra a expectativa dos contratantes, o que não ocorreu neste caso" (TJMS, AgRg 0002960-75.2008.8.12.0021, 2.ª Câmara Cível, Rel. Des. Alexandre Bastos).

REFORMA DO CÓDIGO CIVIL: Na linha do movimento iniciado com a Lei de Liberdade Econômica e apoiado na revisão do Código Civil, busca-se, com essa nova redação, prestigiar a autonomia privada, reconhecendo licitude em cláusula que se afaste dos valores do *caput*, desde que o contrato seja paritário e simétrico.

"Art. 603. Se denunciado imotivadamente o contrato pelo tomador, este será obrigado a pagar ao prestador do serviço por inteiro a retribuição vencida, e por metade a que lhe tocaria ao termo legal do contrato.

Parágrafo único. Em se tratando de contrato de prestação de serviços, paritário e simétrico, é lícito às partes pactuarem, para a hipótese de denúncia imotivada do contrato, penalidades superiores àquelas previstas no *caput*."

Art. 604. Findo o contrato, o prestador de serviço tem direito a exigir da outra parte a declaração de que o contrato está findo. Igual direito lhe cabe, se for despedido sem justa causa, ou se tiver havido motivo justo para deixar o serviço.

COMENTÁRIOS DOUTRINÁRIOS: Constitui regra geral do direito das obrigações que o devedor tenha direito à quitação da obrigação, sendo lícitas, em caso de recusa, a retenção do pagamento e a possibilidade de consignação em pagamento. Pela regra específica do acima citado dispositivo legal, o prestador terá direito à declaração de exoneração da obrigação quando: 1) o contrato terminar; 2) tiver sido dispensado sem justa causa; 3) quando houver motivo justo para não mais continuar vinculado ao dono do serviço. Os arts. 607, 602 e 603 do Código Civil indicam, respectivamente, as formas de extinção do contrato, a possibilidade de o prestador despedir-se do serviço se houver justo motivo, e a consequência da dispensa imotivada do prestador de serviço.

REFORMA DO CÓDIGO CIVIL: Singela correção técnica ao colocar a última oração do dispositivo como parágrafo único.

"Art. 604. Encerrado o contrato, o prestador de serviço tem direito a exigir da outra parte declaração que ateste o seu fim, salvo estipulação em contrário entre as partes paritárias e simétricas.

Parágrafo único. Igual direito lhe cabe, se houver denúncia imotivada do contrato ou se tiver havido motivo justo para deixar o serviço."

Art. 605. Nem aquele a quem os serviços são prestados, poderá transferir a outrem o direito aos serviços ajustados, nem o prestador de serviços, sem aprazimento da outra parte, dar substituto que os preste.

COMENTÁRIOS DOUTRINÁRIOS: A norma em comento evidencia o caráter personalíssimo do contrato de prestação de serviços, uma vez que pactuado, em regra, por conta das qualidades pessoais do prestador. Nada obsta que a obrigação de fazer assumida seja fungível e, com o consenso da outra parte, possa ser prestada por outra pessoa, desde que habilitada para o objeto do contrato. Excepcionalmente, o contrato pode perder esse caráter por uma cláusula que admita a cessão para que um terceiro subcontratado execute o seu objeto total ou parcialmente.

Art. 606. Se o serviço for prestado por quem não possua título de habilitação, ou não satisfaça requisitos outros estabelecidos em lei, não poderá quem os prestou cobrar a retribuição normalmente correspondente ao trabalho executado. Mas se deste resultar benefício para a outra parte, o juiz atribuirá a quem o prestou uma compensação razoável, desde que tenha agido com boa-fé.

Parágrafo único. Não se aplica a segunda parte deste artigo, quando a proibição da prestação de serviço resultar de lei de ordem pública.

COMENTÁRIOS DOUTRINÁRIOS: O dispositivo anotado exige a comprovação de habilitação específica do prestador de serviço, de acordo com a natureza de sua atividade. Com efeito, inúmeras atividades exigem do prestador uma capacitação especial que deverá efetivamente existir, a fim de justificar o pagamento da retribuição. Assim, se a obrigação de fazer for prestada por uma pessoa desqualificada para aquele determinado serviço, o contratante não estará obrigado a remunerá-lo no valor que normalmente uma pessoa habilitada receberia. O pintor de retratos, o restaurador de obras de arte, a acompanhante de uma pessoa idosa com conhecimentos básicos de enfermagem, o analista de sistema que faz a manutenção de vários computadores de determinada pessoa jurídica, todos necessitam de título de habilitação para as atividades que pretendem realizar. Entretanto, se ficar evidenciado que o prestador, a despeito de não possuir a qualificação necessária para o serviço, agiu de boa-fé perante o dono do serviço e este auferiu benefícios com a atividade realizada, o juiz fixará por arbitramento um valor equânime para a remuneração do prestador, podendo, inclusive, se utilizar do auxílio de perito judicial para tanto. Os critérios serão os mesmos do art. 596 do Código Civil, sendo que o valor não será o mesmo que seria pago a um profissional habilitado para o trabalho executado. Por outro lado, se o prestador enganar o dono do serviço, iludindo-o com a qualificação, não fará jus a nenhuma retribuição e ainda poderá ser compelido a reparar os danos causados decorrentes do inadimplemento do contrato, além de ser obrigado a restituir ao dono do serviço eventuais importâncias que tiver recebido como adiantamento. Existem inúmeras atividades que são deferidas apenas a pessoas que se mostrem habilitadas perante órgãos de classe próprios. Determinadas profissões são regulamentadas por normas de ordem pública, como sucede, por exemplo, com o exercício da advocacia, da medicina, da odontologia e da contabilidade. Estes profissionais submetem-se aos respectivos órgãos: Ordem dos Advogados do Brasil, Conselho Regional de Medicina, Conselho Regional de Odontologia e Conselho Regional de Contabilidade. Cada um destes órgãos possui natureza jurídica de autarquia federal, sendo, portanto, pessoas jurídicas de direito público. Assim é que uma pessoa que se aventure a prestar serviços de qualquer uma dessas profissões, como seria também o caso da psicologia ou da enfermagem, dentre outras, age com extrema irresponsabilidade e não poderá ser contemplada com nenhuma remuneração. No caso específico das profissões de médico, odontólogo e farmacêutico, a conduta é tipificada como crime, a teor do que dispõe o art. 282 do Código Penal *verbis:* "Exercer, ainda que a título gratuito, a profissão de médico, dentista ou farmacêutico, sem autorização legal e excedendo-lhe os limites". A pena é de detenção de seis meses a dois anos. Além da responsabilidade penal e de ficar sem receber remuneração nenhuma, o prestador ficará obrigado a reparar o dano causado com a sua postura de absoluta má-fé.

REFORMA DO CÓDIGO CIVIL: Idem ao objetivo alvitrado no artigo antecedente.

"Art. 606. Se o serviço for prestado por quem não possua título de habilitação ou não satisfaça requisitos outros estabelecidos em lei, não poderá quem os prestou cobrar a retribuição normalmente correspondente ao serviço prestado.

§ 1º Se deste serviço resultar benefício para a outra parte, o julgador atribuirá a quem o prestou compensação razoável, desde que tenha agido com boa-fé.

§ 2º Não se aplica o parágrafo anterior quando a proibição da prestação de serviço resultar de norma de ordem pública."

Art. 607. O contrato de prestação de serviço acaba com a morte de qualquer das partes. Termina, ainda, pelo escoamento do prazo, pela conclusão da obra, pela rescisão do contrato

mediante aviso prévio, por inadimplemento de qualquer das partes ou pela impossibilidade da continuação do contrato, motivada por força maior.

COMENTÁRIOS DOUTRINÁRIOS: No direito atual, a morte de qualquer um dos contratantes acarreta a extinção do contrato desobrigando, portanto, eventuais herdeiros ou sucessores, que apenas terão que assumir como dívidas do espólio os pagamentos já vencidos, na forma do art. 597 do Código Civil. A prestação de serviço pode ser estabelecida por prazo determinado. Nesse caso, findo o termo avençado, o contrato reputar-se-á extinto, salvo deliberação de renovação ou existência de cláusula de recondução tácita do contrato por novo período. O prazo legal máximo, como já mencionado no art. 598 do Código Civil, é de quatro anos para a prestação de serviço, findo o qual o contrato se extinguirá por caducidade. A prestação de serviços pode não trazer um termo para a extinção do contrato. Inexistindo tal elemento e não havendo condições de inferir se pela natureza do contrato já ocorreu a conclusão do serviço, perdendo o pacto a sua função econômica, a regra é a de que qualquer das partes pode resilir o contrato mediante aviso-prévio. Neste caso, os contratantes devem observar, salvo estipulação contratual específica, os prazos fixados no parágrafo único do art. 599 do Código Civil, ou seja, o prévio aviso deverá ser feito com antecedência de oito dias, se o salário se houver fixado por tempo de um mês ou mais; com antecipação de quatro dias, se o salário se tiver ajustado por semana, ou quinzena; de véspera, quando se tenha contratado por menos de sete dias. O tempo de antecedência previsto na lei funciona de modo supletivo à vontade dos contratantes, que podem prever outro prazo para a denúncia imotivada ou resilição. Em caso de omissão da cláusula contratual, a lei definirá o prazo razoável, que variará de acordo com o prazo para a fixação da remuneração do prestador do serviço. Em caso de inobservância dos requisitos contratuais para o regular exercício do direito de resilição, haverá inadimplemento e cabível será o pleito de ressarcimento na forma de cláusula contratual expressa, ou exigirá do ofendido que proceda à liquidação de seu prejuízo, se não houver prefixação das perdas e danos. A resilição vai se operar mediante notificação à outra parte, devendo os contratantes atentar para o conteúdo do parágrafo único do art. 473 do Código Civil, que exige redobrada atenção daquele que pretende resilir o contrato, para que somente o faça respeitando as legítimas expectativas daquele que confia na seriedade do pacto e realizou, dada a natureza do contrato, investimentos consideráveis. É lícito às partes elegerem como termo final do contrato o momento em que tiver sido concluída determinada obra ou atividade. Para tanto, deverá ser consultada a vontade das partes ou a natureza do contrato, valendo como prova qualquer meio moralmente legítimo. O contrato de prestação de serviços pode ser também dissolvido pela inadimplência de qualquer das partes, como seria o caso de o prestador ou o tomador do serviço, conforme a hipótese, apresentar uma justa causa para a extinção do contrato, atraindo eventualmente a possibilidade de cumulação do pedido resolutório com perdas e danos. A situação de força maior ou caso fortuito pode igualmente acarretar a resolução do contrato, neste caso qualquer circunstância que se apresente como inevitável, e que seja capaz de inviabilizar a continuidade do pacto pode acarretar a resolução do contrato sem culpa. Com efeito, preconiza o art. 248, primeira parte, do Código Civil, que se a prestação do fato se tornar impossível sem culpa do devedor, o contrato será extinto sem perdas e danos. Como ilustração, temos o caso do pintor que sofre um acidente que lhe retira o movimento das mãos, o motorista que fica cego, ou a faxineira que sofre de mal de Parkinson em estado avançado. Por parte do tomador do serviço, podemos exemplificar com a hipótese do fechamento da empresa em que se prestava o serviço – em decorrência de falência – ou desapropriação pelo poder público do prédio em que a atividade era executada.

REFORMA DO CÓDIGO CIVIL: O contrato de prestação de serviços é personalíssimo sob a ótica do prestador, de maneira que, com a morte deste, salvo disposição em contrário, o contrato se encerra. Esta é a mensagem correta da proposta de alteração sob comento, pois prestigia, uma vez mais, a autonomia privada.

"Art. 607. O contrato de prestação de serviço, celebrado por pessoas naturais, termina com a morte de qualquer das partes, salvo estipulação em contrário.

Parágrafo único. Também se encerra o contrato de prestação de serviços, com o seu cumprimento, pelo escoamento do prazo, pela conclusão da obra, pela resilição unilateral do contrato mediante aviso prévio, por inadimplemento de qualquer das partes ou pela impossibilidade da continuação do contrato, motivada por caso fortuito ou por força maior."

Art. 608. Aquele que aliciar pessoas obrigadas em contrato escrito a prestar serviço a outrem pagará a este a importância que ao prestador de serviço, pelo ajuste desfeito, houvesse de caber durante dois anos.

COMENTÁRIOS DOUTRINÁRIOS: A norma em comento trata de típico exemplo de tutela externa do crédito, em que se visa evitar que o terceiro ofensor ou cúmplice instabilize a relação contratual alheia. Reprime-se a conduta de uma pessoa que seduz outra a fim de que esta trabalhe para si, atraindo profissionais gabaritados com melhores ofertas quando ainda em vigor o contrato de prestação de serviços. O aliciamento se dará pela oferta, quando ainda em vigor o contrato escrito de prestador de serviço, por um terceiro mediante apresentação de condições de trabalho mais vantajosas, melhor remuneração, ou até mesmo a simples possibilidade da assinatura de um futuro contrato de trabalho que possa se apresentar de forma mais benéfica ao trabalhador. Esse comportamento nocivo pode realmente causar sérios danos ao programa contratual alheio. A deslealdade do terceiro ofensor vai dar ensejo à punição rigorosa da lei contra a pessoa que alicia abusivamente o prestador de serviço, possibilitando a condenação a pagar à pessoa a quem o serviço seria prestado, a importância equivalente ao que caberia ao prestador durante dois anos de contrato. Esse comportamento de má-fé pode eventualmente vir acompanhado de uma das práticas de concorrência desleal apresentadas genericamente no art. 209 da Lei n. 9.279/1996. Essa regra assegura de modo ampliado o direito à reparação civil a quem tem o seu negócio prejudicado por outrem, com relação aos negócios jurídicos que tenha com seus prestadores de serviço. Entendemos que, diante de uma situação de concorrência desleal, a indenização tarifada do art. 608 do Código Civil pode ser considerada como um valor mínimo, sendo lícito ao prejudicado buscar indenização suplementar com fundamento no *caput* do art. 944 do Código Civil que positiva o princípio da reparação integral do dano. Não configura aliciamento: 1) a proposta de contrato durante o aviso-prévio a que alude o art. 599 do Código Civil; 2) se o contrato com o prestador não tiver sido prorrogado; 3) se houver justa causa para o desligamento do prestador do serviço; 4) em decorrência de caso fortuito ou de força maior; 5) se o contrato já estiver extinto por qualquer uma das formas previstas no art. 607 do Código Civil. A lei exige para a configuração do ilícito que o aliciador atraia para si prestador de serviço que esteja unido a outro contratante por contrato escrito, e se aplica para qualquer tipo de prestação de serviços. A sanção aqui apresentada não isenta o prestador de serviço, que também atrairá contra si as consequências do seu ato ilícito negocial. O ônus da prova do aliciamento incumbe ao prejudicado, não se aplicando ao caso a concepção da responsabilidade civil contratual, que se presume de modo relativo pelo inadimplemento, exatamente porque essa orientação legal somente se verifica quando o ilícito envolver os próprios contratantes e não terceiros.

Art. 609. A alienação do prédio agrícola, onde a prestação dos serviços se opera, não importa a rescisão do contrato, salvo ao prestador opção entre continuá-lo com o adquirente da propriedade ou com o primitivo contratante.

COMENTÁRIOS DOUTRINÁRIOS: A alienação do prédio agrícola não dissolve o vínculo contratual, mas gera para o prestador do serviço o direito potestativo de resilir o contrato com o contratante que alienou o prédio, ou permanecer no imóvel prestando serviços ao adquirente. Por essa norma, o adquirente se vê obrigado a continuar honrando o pacto que o prestador de serviço rural guardava com o alienante. Em regra, os contratos somente podem obrigar as partes que dele participaram, mas há situações jurídicas em que o princípio da relatividade não se aplica como, por exemplo, no contrato de locação de coisas com cláusula de vigência adredemente registrada no cartório do registro de imóveis (arts. 576 do Código Civil e 35 da Lei n. 8.245/1991). O citado artigo apresenta mais uma exceção ao referido princípio, ao gerar uma obrigação com eficácia real para o adquirente do prédio agrícola caso o prestador de serviços rurais queira continuar executando a sua atividade no imóvel alienado.

REFORMA DO CÓDIGO CIVIL: A sugestão aqui é a retirada da referência a prédio agrícola, pois o conteúdo jurídico da norma deve se aplicar a qualquer prédio que seja alienado.

"Art. 609.A alienação do prédio em que a prestação dos serviços se opera não importa a extinção do contrato, podendo o prestador optar entre continuá-lo com o adquirente da propriedade ou com o primitivo contratante."

REFORMA DO CÓDIGO CIVIL: Importantes sugestões são feitas no sentido de atualizar o contrato de prestação de serviços ao mundo digital e ao ambiente virtual em que a sociedade contemporânea se encontra inelutavelmente inserida. O art. 609-A traz uma conceituação atualíssima, com tipos abertos que permitirão uma vida mais longa ao dispositivo. Digno de nota, outrossim, o caráter ampliativo de que se reveste a norma, incluindo os sites de conteúdo e os de buscas, por exemplo. O art. 609-B traz um avanço protetivo relevante aos consumidores de serviços digitais, dialogando com o marco civil da internet, a jurisprudência que se formou e com a LGPD, sempre atento ao princípio da eticidade, que norteia a Codificação Civil de 2002 e continua irradiando seus efeitos na proposta de reforma. A transparência e o dever de informar estão presentes no art. 609-C com muita efetividade, preocupando-se com a notificação dos tomadores de serviços digitais de qualquer alteração das cláusulas contratuais gerais. O art. 609-D enaltece o dever de cooperação, que deve presidir a contratação, sendo vedada qualquer prática discriminatória contra o usuário. O art. 609-E caminha ao lado da LGPD e com o Código de Defesa do Consumidor, impondo o dever de cuidado no tratamento dos dados, sensíveis ou não, dos seus usuários. O art. 609-F prepara e protege o cidadão, com uma redação aberta como deve ser, acerca dos riscos impostos pela inteligência artificial, exigindo, do prestador que a utiliza, transparência e ética. Por fim, o art. 609-G sugere uma cláusula de abertura a fim de conferir ao tomador de serviços digitais maior nível de proteção.

"Capítulo VII-A

DA PRESTAÇÃO DE SERVIÇOS E DO ACESSO A CONTEÚDOS DIGITAIS

Art. 609-A. A prestação digital de serviço ou de acesso a seus conteúdos digitais é composta por um conjunto de prestações de fazer, economicamente relevantes, que permitam ao usuário criar, tratar, armazenar ou ter acesso a dados em formato digital, assim como partilhar, efetivar mudanças ou qualquer outra interação com dados em formato digital e no ambiente virtual.

Parágrafo único. A presença de bens imateriais, registrados ou não, que permitam a funcionalidade conjunta ou a interoperabilidade com o serviço digital não descaracteriza a prestação de serviço e conteúdos digitais, mesmo que de simples intermediação ou de busca na Internet ou em ambiente digital.

Art. 609-B. Os prestadores de serviços e de conteúdos digitais, em especial os de intermediação e de busca na internet, devem agir conforme a boa-fé, permitindo o armazenamento, de forma duradoura, dos contratos e mantendo a transparência nos negócios e na elaboração das cláusulas contratuais gerais.

§ 1º Caracteriza-se o vício do serviço se o contrato não contiver cláusulas contratuais gerais que permitam a informação do usuário, de maneira clara e suficiente, sobre as características de compatibilidade, de funcionalidade, de durabilidade e de interoperabilidade do serviço.

§ 2º Tratando-se de relação de consumo e presentes vícios do serviço, aplicam-se, no que couber, as mesmas regras previstas para os vícios ocultos, sem prejuízo do disposto no Código de Defesa do Consumidor.

Art. 609-C. Os prestadores de serviços digitais devem notificar os usuários, mesmo que empresários, em sistema de suporte claro e duradouro, sobre quaisquer propostas de alteração das suas cláusulas contratuais gerais, dando-lhes prazo razoável para recusarem o negócio ou alternativas para a continuação do vínculo, em caso de dependência tecnológica ou de grave prejuízo.

Parágrafo único. Ficam proibidas, por abusivas e nulas de pleno direito, as cláusulas que imponham unilateralmente alterações aos contratos ou extensão de efeitos retroativos a cláusulas contratuais, exceto se mais benéficas para os usuários, mesmo que empresários.

Art. 609-D. O contrato de prestação de serviço pode ser celebrado por tempo determinado e renovável, mantendo-se ao menos pelo tempo necessário para a compensação dos investimentos realizados pelas partes.

Parágrafo único. Os motivos para tomar decisões relativas à suspensão, à cessação ou à imposição de restrições ao contrato ou ao usuário não podem derivar de constrangimento discriminatório, podendo o prejudicado exigir a necessária explicação sobre as condutas tomadas pela parte contrária.

Art. 609-E. Os prestadores de serviços digitais tomarão medidas para salvaguardar a segurança esperada e necessária para o meio digital e a natureza do contrato, em especial contra fraudes, contra programas informáticos maliciosos, contra violações de dados ou contra a criação de outros riscos em matéria de cibersegurança.

Parágrafo único. Os prestadores de serviços digitais são civilmente responsáveis, na forma prevista neste Código e pelo Código de Defesa do Consumidor, pelos vazamentos de informações e de dados dos usuários ou de terceiros.

Art. 609-F. A utilização de inteligência artificial na prestação do serviço digital deve ser identificada de forma clara e seguir os padrões éticos necessários, segundo os princípios da boa-fé e da função social do contrato.

Art. 609-G. As regras desta seção não excluem a aplicação de outras, mormente as do Código do Consumidor, bem como de princípios constantes de convenções de que País seja signatário, envolvendo, direta ou indiretamente, os serviços prestados no ambiente digital."

CAPÍTULO VIII
DA EMPREITADA

Art. 610. O empreiteiro de uma obra pode contribuir para ela só com seu trabalho ou com ele e os materiais.

§ 1º A obrigação de fornecer os materiais não se presume; resulta da lei ou da vontade das partes.

§ 2º O contrato para elaboração de um projeto não implica a obrigação de executá-lo, ou de fiscalizar-lhe a execução.

COMENTÁRIOS DOUTRINÁRIOS: A empreitada pode ser conceituada como o contrato pelo qual uma pessoa se obriga a fazer e entregar certo e determinado produto, corpóreo ou incorpóreo, a outra mediante contraprestação pecuniária, na forma, tempo e lugar fixado pelas partes. Aquele que assume a obrigação de realizar a obra é o empreiteiro e o que faz jus à entrega do produto final encomendado é denominado dono da obra ou empreitante. A obrigação do empreiteiro é de resultado, no sentido de que assume o dever de entregar ao dono da obra o que foi encomendado na forma definida no contrato e segundo as regras técnicas, somente podendo ser escusado de tal responsabilidade por fato exclusivo do dono da obra, caso fortuito, ou força maior. Ao dono da obra compete principalmente o dever básico de pagar a contraprestação prevista no contrato, que normalmente se apresenta como um preço a ser pago em dinheiro, mas nada obsta que seja feita de outra forma, como a troca com determinado bem ou até mesmo o recebimento de parte do que se realizou, em que, por exemplo, o empreiteiro entrega seis unidades autônomas em favor do empreitante e escolhe ficar com a titularidade da outra metade, em um total de doze apartamentos do empreendimento imobiliário que se levou a termo. O empreiteiro age segundo a vontade externada pelo dono da obra, mas sem vínculo de subordinação com este, assumindo o risco da sua conduta perante o objeto contratual. Trata-se de contrato bilateral, oneroso, informal, não solene, simplesmente consensual, de resultado e de execução continuada e, em regra, comutativo e impessoal. É contrato bilateral porque as partes auferem vantagens e desvantagens com a formação do contrato. O empreiteiro recebe a remuneração e deve a entrega da obra, e o dono desta receberá o produto final do contrato e deverá pagar a remuneração. Se o dono da obra não pagar o preço, poderá o empreiteiro resolver o contrato com perdas e danos, suspender a atividade, cobrar a quantia devida, ou até mesmo exercer o direito de retenção. É oneroso, pois acarreta dispêndio econômico para ambos os contratantes. É normalmente comutativo, pois, em regra, as partes envolvidas sabem de plano quais serão as vantagens e desvantagens proporcionadas pelo pacto, mas nada impede que os contratantes incluam no pacto um elemento que o transforme em contrato de tipo aleatório, aplicando-se, por conseguinte, o disposto nos arts. 458 a 461 do Código Civil. Em razão das naturais dificuldades operacionais de determinadas empreitadas, como aquelas que envolvem a construção de uma edificação considerável, pode ser concebido neste caso como contrato acidentalmente aleatório, mas sem perder os efeitos dos contratos comutativos, pois a álea não está inserida no conteúdo do contrato, como sucede com o jogo e a aposta, por exemplo. Importante efeito do reconhecimento estatal do risco que envolve determinadas empreitadas é a possibilidade que se confere ao incorporador de prever prazo de carência para desistir do empreendimento imobiliário, se por alguma circunstância o entender inviável. O prazo máximo para exercer o referido direito potestativo é de 180 dias, período de tempo que coincide com o prazo de validade do registro da incorporação junto ao cartório do Registro de Imóveis competente, conforme se percebe da interpretação dos arts. 32, *n*, 33 (artigo alterado pela MP 1.085/2021) e 34 da Lei n. 4.591/1964, com a redação da Lei n. 4.864/1965, que regula a Incorporação Imobiliária. Não nos parece que a dificuldade de execução de um contrato tem o poder de incluir uma álea, quando esta não foi pactuada sob o ponto de vista jurídico, uma vez que somente a convenção estabelecida entre as partes produz tal efeito. Se as partes pactuam a compra da rede que o pescador lançará ao mar, o contrato traz em seu bojo uma imprevisibilidade quanto ao resultado econômico que integra a contratação. Na empreitada, ao dono da obra é assegurado o resultado e o empreiteiro responderá pelo insucesso, salvo se comprovar situação de caso fortuito ou força maior que impeça o cumprimento da obrigação. É contrato informal e não solene, porque a lei não prevê uma forma ou solenidade especial para a validade do pacto, mas aconselha-se, sobretudo para grandes obras, que as partes reduzam por escrito os direitos e obrigações dos contratantes. É contrato simplesmente consensual, tornando-se perfeito e acabado no momento em que há o consenso entre a remuneração e o produto a ser confeccionado. É contrato que gera obrigação de resultado, devendo a obra ser entregue a contento e a tempo. Ao dono da obra não interessa a atividade ou os meios que o empreiteiro adotará para o cumprimento do contrato, mas sim o resultado final assegurado. Nesse passo, a exoneração do empreiteiro depende da verificação do resultado em favor do dono da obra. O resultado aqui, salvo cláusula expressa em contrário, não diz respeito a uma eventual lucratividade com a coisa ou outro fator externo que resida no ânimo do dono da obra, mas sim ao efetivo produto final prometido. Dessa forma, o empreiteiro livra-se da obrigação assumida, por exemplo, ao entregar para o atacadista o seu estabelecimento interligado, via rede contratual, com todos os seus clientes, ainda que a obra não incremente a atividade empresarial como esperava o dono da obra. Quando se fala em obrigação de resultado, é sempre conveniente relembrar que, salvo disposição ou claro comportamento contratual em contrário, os motivos que levaram o credor à contratação não vinculam o devedor da prestação, conforme disposto no art. 140 do Código Civil. O contrato de empreitada é de execução continuada no tempo, pois haverá sempre espaço de tempo para a sua realização, ainda que seja curto, como a confecção de uma vestimenta para determinada festa. Pode o contrato, ainda, conter prestações periódicas diferidas no tempo, como sucede na construção de uma casa em que a remuneração poderá ser paga de acordo com a prova da superação de determinadas etapas, como se verá adiante no estudo da empreitada por medida. Há na doutrina tradicional a defesa de que, ordinariamente, o contrato de empreitada é personalíssimo, por sua similitude com o contrato de prestação de serviços, mas tal convicção não se sustenta à luz do atual Código Civil, pois o art. 626 estabelece que o contrato não se extingue pela morte do empreiteiro, salvo se restar provado que o contrato foi celebrado segundo as qualidades pessoais do empreiteiro, na medida em que a causa do contrato é a realização da obra, caracterizando, repise-se, uma obrigação de resultado para o empreiteiro. Outro dado que reforça essa tese é a redação do art. 622 do Código Civil, que permite expressamente a subempreitada. Assim, parece-nos que a empreitada, em regra, é impessoal, mas há sempre que se recorrer à interpretação para se chegar a um resultado satisfatório. A empreitada pode ser de lavor ou de mão de obra, mista ou de material, ou de projeto. Na empreitada de lavor, o empreiteiro assume apenas a obrigação de valer-se dos insumos fornecidos pelo dono da obra, e a eles incorporar a sua atividade laborativa, com o fim de entregar a obra prometida. Na empreitada mista, o empreiteiro contribui para a confecção do produto final com a sua atividade laborativa, mas se obriga, em acréscimo, a fornecer também os materiais, os quais serão escolhidos, adquiridos e incorporados ao produto final, sendo maior a sua responsabilidade. Para se configurar essa modalidade, indispensável será cláusula expressa, pois em regra o empreiteiro contribui com a realização e entrega da obra tão somente com o seu trabalho. Na empreitada de projeto, o empreiteiro se obriga, tão somente, à realização de um projeto, situação na qual o empreiteiro não terá o dever de executar ou fiscalizar a obra, conforme disposto no art. 610, § 2º, do Código Civil.

Art. 611. Quando o empreiteiro fornece os materiais, correm por sua conta os riscos até o momento da entrega da obra, a contento de quem a encomendou, se este não estiver em mora de receber. Mas se estiver, por sua conta correrão os riscos.

COMENTÁRIOS DOUTRINÁRIOS: A norma em comento é consequência direta da aplicação do disposto no art. 610, § 1º do Código Civil, ou seja, da modalidade de empreitada mista. Quando houver disposição contratual expressa de obrigação do empreiteiro em fornecer os materiais, este assumirá a responsabilidade pelos riscos até o momento da tradição da obra.

Art. 612. Se o empreiteiro só forneceu mão de obra, todos os riscos em que não tiver culpa correrão por conta do dono.

COMENTÁRIOS DOUTRINÁRIOS: O dono da obra não se exonera da obrigação de pagar a remuneração se ficar provada a sua culpa, isto é, que o material entregue era viciado, mas impende ressaltar que o empreiteiro tem o dever de alertar o dono dos defeitos dos materiais a ele entregues, pois sendo o responsável pela conclusão da obra, presume-se conhecedor da qualidade dos materiais que serão empregados. Esta presunção é relativa, de modo que, se os defeitos forem ocultos, somente se apresentando quando da utilização dos mesmos, não poderá ser exigida a referida postura do empreiteiro.

Art. 613. Sendo a empreitada unicamente de lavor (art. 610), se a coisa perecer antes de entregue, sem mora do dono nem culpa do empreiteiro, este perderá a retribuição, se não provar que a perda resultou de defeito dos materiais e que em tempo reclamara contra a sua quantidade ou qualidade.

COMENTÁRIOS DOUTRINÁRIOS: O dispositivo anotado se aplica à empreitada de lavor, na qual todos os riscos com relação ao material empregado correrão à conta do dono da obra, salvo se houver negligência, imprudência ou imperícia do empreiteiro. Aplica-se na hipótese o princípio *res perit domino*, uma vez que a obrigação do empreiteiro, no caso, é a de restituir o material a ele disponibilizado com os melhoramentos inerentes à consecução do produto final. Assim, aplica-se didática e precisamente o disposto no art. 238 do Código Civil, o qual prevê que "se a obrigação for de restituir coisa certa, e esta, sem culpa do devedor, se perder antes da tradição, sofrerá o credor a perda, e a obrigação se resolverá, ressalvados os seus direitos até o dia da perda". O empreitante responderá pelo pagamento do empreiteiro, ainda que a coisa pereça antes da entrega, se estiver em mora no recebimento da obra. A norma especial segue a linha de raciocínio genérica, no sentido de que o devedor em mora responde pela inexecução da obrigação, ainda que o perecimento se dê por força maior. Se o perecimento da coisa decorrer de força maior como incêndio, enchente, roubo ou até má qualidade do material, quem sofrerá o prejuízo é o dono da obra, pois a coisa a ser trabalhada e o material entregue para a obra é dele, e não há culpa do empreiteiro. Por outro lado, se houver culpa do empreiteiro, como, por exemplo, acondicionamento equivocado do material, ou desleixo na guarda do mesmo, o dono da obra perderá igualmente a coisa, mas o empreiteiro responderá civilmente pelos danos causados, aplicando-se ao caso as regras referentes à responsabilidade civil contratual.

Art. 614. Se a obra constar de partes distintas, ou for de natureza das que se determinam por medida, o empreiteiro terá direito a que também se verifique por medida, ou segundo as partes em que se dividir, podendo exigir o pagamento na proporção da obra executada.

§ 1º Tudo o que se pagou presume-se verificado.

§ 2º O que se mediu presume-se verificado se, em trinta dias, a contar da medição, não forem denunciados os vícios ou defeitos pelo dono da obra ou por quem estiver incumbido da sua fiscalização.

COMENTÁRIOS DOUTRINÁRIOS: O dispositivo anotado se refere à empreitada por medida, modalidade na qual a obra final é dividida em etapas previamente definidas, possibilitando a verificação do cumprimento do contrato, conforme cada parte for sendo executada. Ocorrem nas empreitadas que, por sua natureza, são divisíveis, possibilitando a entrega parcial, como ocorre com grandes obras como edifícios, viadutos, pontes, estradas, dentre outras. Nesse caso, se não houver cláusula contratual dispondo em sentido contrário, o pagamento somente poderá ser exigido na proporção em que a obra for sendo executada. De fato, pelo citado dispositivo legal, nasce para as partes a faculdade de afastarem a regra segundo a qual o pagamento do produto final pactuado é exigido ao final da execução do contrato com a tradição efetiva da coisa, como ocorre de ordinário na compra e venda e na empreitada por preço certo ou variável. Em outras palavras, o que se está tentando afirmar é que, por força de convenção, as partes podem tornar divisível a empreitada, assegurando que ao empreiteiro possa ser outorgado pagamento e, por conseguinte, quitação parcial por cada etapa cumprida. Tal efeito decorre da constatação de que, não raro, a obra a ser realizada pode constar de partes distintas definidas no contrato, como seria o caso da construção de uma pousada de cerca de cinquenta chalés de madeira, com a previsão de pagamento a cada entrega de cinco unidades. É possível ainda que os contratantes optem por estabelecer percentuais de execução da obra, prevendo que, ao realizar dez por cento da obra, o empreiteiro receberá determinado valor, seguido de outra medição quando houver o adimplemento de mais vinte por cento e assim por diante. O § 1º do dispositivo acima anotado estabelece uma presunção de eficácia, no recebimento da remuneração e da obra, ainda que parcialmente. Com efeito, a lei estabelece que o pagamento ao empreiteiro acarreta a convicção de que o dono da obra verificou e atestou o seu cumprimento na forma contratada, tomando como superada determinada etapa do contrato. Há divergência doutrinária quanto à natureza dessa presunção, se absoluta ou relativa. Para os que sustentam a segunda posição, não é raro que, em determinadas obras de vulto, o empreiteiro peça adiantamentos do preço, possibilitando ao empreitante provar que, a despeito do pagamento parcial, não ocorreu a verificação. Em sentido oposto, sustenta-se que, sendo a presunção absoluta, constitui ônus do empreitante verificar com exatidão a conclusão da etapa das unidades de medidas antes de realizar o pagamento, pois nada mais poderá reclamar se pagou sem verificar. Aderimos à tese de presunção absoluta, pois entendemos que, ressalvado o cenário de dolo, fraude ou má-fé comprovada, a norma estudada prestigia a segurança jurídica, não nos parecendo conveniente para o bom andamento do contrato que sejam retomadas fases já superadas pelo pagamento do preço e aceitas pela verificação tácita, na forma da lei. Nada obstante, a fim de evitar discussões futuras, o ideal é que se providenciem, com a devida assessoria advocatícia, documentos de medição da obra que externem a vontade expressa de pagamento e verificação do que foi entregue. O § 2º traz outra presunção, ao dizer que "o que se mediu presume-se verificado se, em trinta dias, a contar da medição, não forem denunciados os vícios ou defeitos pelo dono da obra ou por quem estiver incumbido da sua fiscalização". O prazo em questão é decadencial, mas se restringe à verificação da obra, não podendo, por exemplo, reclamar que o piso da recepção da fábrica foi ornamentado com mármore, quando deveria ser de granito. Nesses estritos termos, sob a concepção de que o vício é aparente, nos parece que a presunção estabelecida no trintídio legal é absoluta. Entretanto, se o vício for oculto, daqueles que somente se manifestam posteriormente, a presunção é relativa, sendo franqueado ao dono da obra se desincumbir do ônus da prova de sua ocorrência e exigir o cumprimento da obrigação de modo satisfatório. Se o contrato de empreitada se submeter ao Código de Defesa do Consumidor, o prazo para reclamar por vícios do produto será de trinta dias, em se tratando de produto não durável, e de noventa dias se o produto for durável. Se o vício for aparente ou de fácil constatação, o prazo se inicia a partir da entrega do produto, e se for oculto, a partir do momento em que ficar evidenciado o defeito. À luz da lei consumerista, suspende-se o prazo decadencial com a reclamação do consumidor até a efetiva resposta do fornecedor, e pela instauração de inquérito civil até seu encerramento.

JURISPRUDÊNCIA COMENTADA: Existindo cláusula contratual expressa, a fiscalização do empreiteiro pode ser exercida por terceiro de confiança e devidamente habilitado (TJDF, APC 2014.01.1.040345-0, Apelação Cível 102.6788, 2.ª Turma Cível, Rel. Des. João Egmont, j. 14.06.2017).

Art. 615. Concluída a obra de acordo com o ajuste, ou o costume do lugar, o dono é obrigado a recebê-la. Poderá, porém, rejeitá-la, se o empreiteiro se afastou das instruções recebidas e dos planos dados, ou das regras técnicas em trabalhos de tal natureza.

COMENTÁRIOS DOUTRINÁRIOS: Terminada a contratação, o dono da obra tem a obrigação de receber a coisa e outorgar a quitação. A recusa a esse dever ensejará a incidência de mora por parte do credor com os deletérios consectários estabelecidos pela lei, conforme o art. 394 do Código Civil. Obviamente, o credor não estará em mora se o bem a ser entregue é diverso do pactuado ou apresenta defeitos estruturais que justificam o não recebimento. A mora do credor pressupõe, no caso, a recusa injustificada. Se o empreiteiro quiser exonerar-se da obrigação de entregar o produto final, poderá fazer o pagamento em consignação. Nada impede que as partes entabulem que a aceitação da obra seja feita precária e provisoriamente, com a finalidade de permitir ao dono desta a aferição de eventuais vícios supervenientes. Neste caso, as partes deverão estipular um prazo para que o dono da obra converta a aceitação provisória em definitiva, a fim de que esta situação não se traduza em incerteza, gerando insegurança jurídica. A aceitação definitiva fica condicionada a não acontecer eventual vício futuro, a partir da utilização da coisa, e o prazo previsto pelas partes é de natureza decadencial, aplicando-se, por conseguinte, o disposto nos arts. 207 a 211 do Código Civil. Como pressuposto do recebimento, sobretudo em obras de porte considerável, está a verificação pela qual o dono da obra atesta se a obra foi fielmente executada nos termos do contrato. Apesar de nossa lei não tratar genericamente sobre a possibilidade do direito de retenção, nos parece cabível o exercício de tal pretensão por parte do empreiteiro, como instrumento válido para que o dono da obra pague a remuneração devida. Com efeito, presente o crédito por parte do empreiteiro, acrescido do fato de que este se encontra em contato físico com o bem, nada obsta que se utilize desse importante instrumento de autotutela, que serve como poderoso meio de coerção contra o empreiteiro que não está honrando com o seu compromisso de pagar o que deve. Isso porque o *caput* do art. 242 do Código Civil preconiza ser possível que as normas que cuidam dos efeitos da posse de boa-fé, e dentre tais efeitos se incluem o direito de retenção, na forma do art. 1.219 do Código Civil. Trata-se de ficção jurídica, pois o empreiteiro não pode ser considerado tecnicamente possuidor, mas que se justifica pelo objetivo de melhor tutelar o interesse do empreiteiro, que de boa-fé realizou esforços e dispêndios financeiros, a fim de melhor cumprir a sua obrigação e, portanto, faz jus aos legítimos instrumentos postos à disposição para satisfazer o seu crédito. Outro fundamento para o direito de retenção vincula-se à própria natureza bilateral do contrato, o que possibilita a aplicação da exceção de contrato não cumprido (art. 476 do CC), quando a despeito de o empreiteiro ter cumprido a sua parte na contratação, o dono da obra não honrou com a dele.

JURISPRUDÊNCIA COMENTADA: Uma empreitada a ser paga em prestações pode ter condicionado o pagamento da última prestação ao término da obra. Neste sentido: "Apelação cível. Direito civil e processual civil. Ação monitória. Contrato de empreitada. Pagamento da última parcela condicionado à entrega e aceitação da obra. Má qualidade na prestação dos serviços. Ofensa às legítimas expectativas do dono da obra (art. 615 do CC). 1. O contrato de empreitada não é uma simples obrigação de fazer imposta ao empreiteiro, mas sim uma obrigação de fazer qualificada pelo resultado, em que daquele se exige aptidões técnicas, a fim de atingir um resultado, traduzido pela entrega de um produto final que atenda às legítimas expectativas do dono da obra quanto à qualidade almejada. Assim, a quebra de critérios técnicos e a prestação de serviços de má qualidade pelo empreiteiro importam em descumprimento dos deveres contratuais, apto a ensejar a resolução contratual. 2. Estando estipulado em contrato que a última parcela do pagamento estará condicionada à entrega e aceitação da obra pelo contratante, este não estará obrigado a adimplir tal parcela se os serviços foram incompletos e de má qualidade. 3. Apelação conhecida e não provida" (TJDF, Recurso Inominado 2015.01.1.127119-3, 1.ª Turma Cível, Rel. Des. Simone Lucindo).

Art. 616. No caso da segunda parte do artigo antecedente, pode quem encomendou a obra, em vez de enjeitá-la, recebê-la com abatimento no preço.

COMENTÁRIOS DOUTRINÁRIOS: Essa regra estabelece direito potestativo em favor do dono da obra no sentido de, em vez de enjeitar o recebimento da coisa defeituosa, recebê-la mediante o abatimento proporcional do preço. Importante assinalar que, sendo o dono da obra prejudicado pelo inadimplemento da obrigação, nada mais justo que possa optar por rejeitar a coisa ou recebê-la com o abatimento proporcional do preço, uma vez que muitas vezes o não recebimento da coisa, ainda que defeituosa, se mostra mais prejudicial ao dono da obra do que recusar o recebimento. Tal fato pode se concretizar, por exemplo, quando a pessoa que encomendou a obra dependa do recebimento desta para honrar determinado compromisso com terceiros. O dono da obra poderá exercer o direito de abatimento proporcional do preço ainda que constate o vício posteriormente ou, se o tendo verificado, o empreiteiro recusar-se a entregar o produto final por preço mais baixo. O valor referente ao abate poderá ser atingido por meio de arbitramento judicial que, na maior parte das vezes, dependerá de prova pericial.

Art. 617. O empreiteiro é obrigado a pagar os materiais que recebeu, se por imperícia ou negligência os inutilizar.

COMENTÁRIOS DOUTRINÁRIOS: Nas empreitadas de lavor, o empreiteiro recebe do dono da obra o material necessário para o fiel cumprimento do contrato, pois a sua atividade consistirá no fornecimento da mão de obra. Assim, o material confiado deve ser utilizado na obra de acordo com as recomendações técnicas e com diligência necessária, a fim de que não haja perdas desnecessárias ou até mesmo a inutilização total dos mesmos. Nos contratos regidos pelo direito comum, o dever de pagar ao dono da obra o valor referente aos materiais que se inutilizar funda-se na culpa. A imperícia se apresenta como a falta de conhecimentos específicos que deveria estar presente na atividade profissional do empreiteiro. Verifica-se quando o profissional especialista em determinada atividade não a desempenha a contento ou quando uma pessoa se diz hábil a realizar a empreitada e não detém a técnica exigida. O empreiteiro é imperito, por exemplo, se faz a costura de forma errada, destruindo o pano que deveria ser utilizado na confecção do vestido da noiva ou quando confecciona mal o concreto armado, acarretando o desmoronamento da obra levantada. A conduta negligente do empreiteiro se concretiza quando este é desidioso no seu dever de velar pela coisa, desmerecendo a confiança depositada pelo dono da obra. O negligente age com falta de cautela, de atenção, não tomando as providências que lhe competiam para evitar o dano. O empreiteiro é negligente quando, por exemplo, deixa os materiais a descoberto, causando a inutilização dos mesmos pelas águas da chuva. Essa responsabilidade é excluída em casos fortuitos ou de força maior.

JURISPRUDÊNCIA COMENTADA: Em caso envolvendo empreitada de lavor no qual a perícia detectou que houve a deterioração das peças em razão da negligência da construtora que não as acondicionou devidamente, o TJSP, aplicando o art. 617 do CC, determinou que o empreiteiro arcasse com o pagamento das peças metálicas que deveriam ser utilizadas na obra e foram indevidamente inutilizadas: "Apelação. Prestação de serviço. Empreitada. Ação de cobrança. Sentença de parcial procedência. Sentença devidamente fundamentada. Empresa autora fornecedora de materiais metálicos para construção residencial. Perito que realizou vistoria no imóvel. Laudo pericial imparcial, assentado em critérios técnicos e equidistantes dos interesses das partes, com resposta aos quesitos das partes, que foi conclusivo em apontar que somente 25,75% da obra estava executada. Incontroverso que a autora pagou 65% do valor do contrato. Suspensão da obra meses depois da entrega dos materiais pela fornecedora, que já deveriam estar pagos desde abril. Construtora que era responsável pelo pagamento de todas subcontratadas e fornecedores. Instalação de sete peças não efetuada por culpa da Construtora, por problemas na infraestrutura de sua responsabilidade. Peças deterioradas por negligência da construtora que não contratou pintura e não as guardou da forma devida. Obrigação da construtora em arcar com o pagamento. Inteligência do art. 617 do CC. Sentença mantida. Honorários majorados. Recurso desprovido" (TJSP, Apelação 1003549-90.2018.8.26.0318, 34.ª Câmara de Direito Privado, j. 29.01.2021).

Art. 618. Nos contratos de empreitada de edifícios ou outras construções consideráveis, o empreiteiro de materiais e execução responderá, durante o prazo irredutível de cinco anos, pela solidez e segurança do trabalho, assim em razão dos materiais, como do solo.

Parágrafo único. Decairá do direito assegurado neste artigo o dono da obra que não propuser a ação contra o empreiteiro, nos cento e oitenta dias seguintes ao aparecimento do vício ou defeito.

COMENTÁRIOS DOUTRINÁRIOS: O prazo quinquenal referido no dispositivo anotado começa a correr a partir do recebimento da coisa pelo dono da obra. A responsabilidade quinquenal de natureza objetiva não se aplica na empreitada de lavor, uma vez que a lei faz referência expressa ao empreiteiro de materiais e execução, ou seja, empreitada mista ou de mão de obra. Não há um conceito legal de edificação considerável, mas a vinculação com a garantia quinquenal sugere ao intérprete a ideia de uma obra que se mostre razoavelmente duradoura, pois a que for transitória, como a ornamentação de uma festa infantil com materiais de isopor, ou mesmo imóvel, como a construção de um palanque ou uma ponte provisória, não irá atrair a incidência da norma protetiva. Dessa forma, em se tratando da edificação de um prédio ou de outra construção considerável, como viaduto, ponte, estrada, obra de contenção, recuperação de fachada, dentre outras que forem realizadas com os materiais e trabalho do empreiteiro, este responderá pela obra no prazo de garantia legal de cinco anos. Isso porque, em se tratando de empreitada mista, os materiais são providenciados e incorporados ao produto pelo empreiteiro. Desta forma, absolutamente normal o empreiteiro assumir o risco pela qualidade dos insumos utilizados e do solo em que tenha resolvido edificar. Pela regra, o dono da obra tem a garantia de que o empreiteiro deve responder por vícios na obra, como rachaduras da parede, piso ou teto, problemas nas instalações elétricas e hidráulicas, assim como pelas pertenças e demais equipamentos que compõem a edificação, dentre outras. O prazo de cinco anos a que se refere o *caput* do supracitado artigo é de garantia legal do produto. O efeito jurídico dessa regra é a de criar uma responsabilidade presumida para o empreiteiro que, independentemente de culpa, assume o risco de que, durante o referido período de tempo, o dono da obra terá à sua disposição uma edificação sólida e segura. Ressalte-se que a lei faz referência expressa à irredutibilidade do prazo, deixando claro que se trata de norma cogente, sendo nula de pleno direito cláusula que preveja a diminuição do prazo de garantia da obra. Em outro giro, é válida estipulação segundo a qual o dono da obra conceda um prazo maior de garantia contratual. Se houver, por exemplo, uma garantia contratual de dois anos, o empreiteiro estará garantindo a edificação por sete anos, cinco de natureza legal e dois decorrentes da obrigação contratual assumida. O parágrafo único da citada regra prevê que o dono da obra tem o prazo de cento e oitenta dias a contar do aparecimento do vício ou defeito para propor ação contra o empreiteiro, sob pena de decadência. Esse prazo se dirige à propositura da ação fundada na garantia legal, não guardando relação com situações em que houver inadimplemento contratual por execução imperfeita do contrato que se submete à prescrição ordinária. Nessa senda, foi aprovado na *III Jornada de Direito Civil* do Conselho da Justiça Federal o Enunciado n. 181, com a seguinte redação: "O prazo referido no art. 618, parágrafo único, do CC refere-se unicamente à garantia prevista no *caput*, sem prejuízo de poder o dono da obra, com base no mau cumprimento do contrato de empreitada, demandar perdas e danos". Justifica-se o curto prazo de cento e oitenta dias e o perecimento do próprio direito material do dono da obra que ficar inerte, pois a este compete o dever de agir de boa-fé, no sentido de dar ciência o mais rápido possível ao empreiteiro do defeito da obra, a fim de que seja viável buscar a solução e o adimplemento contratual satisfatório com menores custos e mais eficiência. Se ficar constatado defeito na obra em razão de procedimento culposo do empreiteiro, o prazo para reclamar pelo cumprimento do contrato será o da prescrição ordinária de dez anos, previsto no art. 205 do Código Civil de 2002 a contar da data em que ficar constatada a existência de defeitos estruturais na edificação. Concordamos com a inaplicabilidade do prazo para reclamar os vícios aparentes ou ocultos do produto do art. 26 do Código de Defesa do Consumidor, assim como o prazo quinquenal do art. 27 do referido diploma legal, que cuida de indenização nascida de acidente de consumo, que também não é o caso. Entretanto, há no Código Civil o prazo específico de três anos para a pretensão indenizatória e este, ao nosso ver, deve ser aplicado (art. 206, § 3º, V, do CC).

JURISPRUDÊNCIA COMENTADA: Não se aplica o citado prazo em obra pública, tendo em vista que não se enquadra no conceito de contrato de empreitada: "Administrativo e processual civil. Ação indenizatória referente à construção de muro pelo município de Barra Mansa. Sentença que pronuncia a prescrição. Preliminar de nulidade por ausência de contraditório prévio sobre o ponto, no que estaria configurada a decisão surpresa. Sua rejeição. Juízo que, antes de extinguir o feito, determinou ao autor que se manifestasse. Quanto à questão de fundo, mostra-se inaplicável o prazo de garantia do artigo 618 do Código Civil, mormente porque não se tem aqui contrato de empreitada, mas obra levada a efeito pela administração pública. Prevalência do prazo previsto no art. 1º do Decreto n. 20.910/32. Revelia que não representa, por si só, a renúncia tácita à prescrição. Ausência de defesa que não é ato incompatível com o reconhecimento da caducidade de direito, sobretudo no caso concreto em que: I) os interesses indisponíveis da fazenda são intangíveis aos efeitos da revelia; e II) foi alegada a prejudicial, matéria de ordem pública, posteriormente, de modo a suprir a lacuna inicial. Desprovimento do apelo" (TJRJ, Apelação Cível 0004575-69.2016.8.19.0007, 1.ª Câmara Cível, Rel. Des. Custodio de Barros Tostes). Caso o vício não possa ser constatado de imediato, o prazo quinquenal começa a correr tão somente a partir da perícia que constatou o defeito (TJDF, Apelação Cível 2015.07.1.001924-8, Ac. 113.9303, 8.ª Turma Cível, Rel. Des. Mario-Zam Belmiro, j. 22.11.2018). Em uma postura mais protetiva em favor do dono da obra, notadamente se a relação for de consumo, é cabível o entendimento de que "o termo inicial do prazo decadencial previsto no parágrafo único do art. 618 do Código Civil conta-se do momento em que o dono da obra toma ciência da existência do vício construtivo coberto pela garantia legal. Hipótese em que, em razão da inexistência de prova da ciência do autor, fixado o termo a partir da expedição da notificação extrajudicial da ré" (STJ, 4.ª Turma, REsp 1.296.849/MG, Rel. Min. Maria Isabel Gallotti, j. 14.02.2017).

REFORMA DO CÓDIGO CIVIL: A redação proposta se destina a resolver várias dificuldades hermenêuticas que o dispositivo trouxe por ocasião da sua entrada em vigor em 2002. A primeira delas é a de que o prazo de cinco anos do *caput* é de garantia contra os vícios ocultos. A segunda é a de que se exige do dono da obra um comportamento de boa-fé, como explicitamos *supra*, no sentido de comunicar o mais rápido possível os vícios a fim de que o empreiteiro, eventualmente, consiga resolver o problema com menores custos. Assim, se o dono da obra não notificar, judicial ou extrajudicialmente, o empreiteiro no prazo de 180 dias, decairá da garantia a que se refere o *caput*. A terceira é a de que, segundo melhor orientação doutrinária e jurisprudencial, o prazo de garantia não se confunde com a possibilidade de o dono da obra pleitear perdas e danos no prazo geral previsto neste Código. Enunciado n. 181 da *III Jornada de Direito Civil*: "O prazo referido no art. 618, parágrafo único, do CC refere-se unicamente à garantia prevista no *caput*, sem prejuízo de poder o dono da obra, com base no mau cumprimento do contrato de empreitada, demandar perdas e danos". Pela proposta, o prazo de prescrição ordinária será de cinco anos, e não mais o de dez, como no direito posto (art. 205).

"Art. 618. Nos contratos de empreitada de edifícios ou outras construções consideráveis, o empreiteiro de materiais e execução estará sujeito ao regime dos vícios ocultos, durante o prazo irredutível de cinco anos, respondendo pela solidez e segurança do trabalho, assim em razão dos materiais, como do solo.

§ 1º Decairá do direito à garantia assegurada no *caput* dono de obra que não notificar o empreiteiro, judicial ou extrajudicialmente, no prazo decadencial de cento e oitenta dias, contados do aparecimento do vício.

§ 2º A decadência do direito à garantia legal prevista neste artigo não extingue a pretensão de reparação de danos em face do empreiteiro, sujeita ao prazo geral previsto neste Código."

Nessa senda, justifica-se o curto prazo de cento e oitenta dias e o perecimento do próprio direito material do dono da obra que ficar inerte, pois a este compete o dever de agir de boa-fé, no sentido de dar ciência o mais rápido possível ao empreiteiro do defeito da obra, a fim de que seja viável buscar a solução e o adimplemento contratual satisfatório com menores custos e mais eficiência. Se ficar constatado defeito na obra em razão de procedimento culposo do empreiteiro, o prazo para reclamar pelo cumprimento do contrato será o da prescrição ordinária de dez anos, previsto no art. 205 do Código Civil de 2002, a contar da data em que ficar constatada a existência de defeitos estruturais na edificação. Concordamos com a inaplicabilidade do prazo para reclamar os vícios aparentes ou ocultos do produto do art. 26 do Código de Defesa do Consumidor, assim como o prazo quinquenal do art. 27 do referido diploma legal, que cuida de indenização nascida de acidente de consumo, que também não é o caso. Entretanto, há no Código Civil o prazo específico de três anos para a pretensão indenizatória e este, a nosso ver, deve ser aplicado (art. 206, § 3º, V, do CC). A alteração esclarece a natureza de garantia do prazo previsto no *caput* e deixa fora de dúvidas o direto do dono da obra de pleitear perdas e danos, ainda que após o prazo de 180 dias. A previsão do prazo prescricional de 5 anos busca a uniformização com o CDC.

Art. 619. Salvo estipulação em contrário, o empreiteiro que se incumbir de executar uma obra, segundo plano aceito por quem a encomendou, não terá direito a exigir acréscimo no preço, ainda que sejam introduzidas modificações no projeto, a não ser que estas resultem de instruções escritas do dono da obra.

Parágrafo único. Ainda que não tenha havido autorização escrita, o dono da obra é obrigado a pagar ao empreiteiro os aumentos e acréscimos, segundo o que for arbitrado, se, sempre presente à obra, por continuadas visitas, não podia ignorar o que se estava passando, e nunca protestou.

COMENTÁRIOS DOUTRINÁRIOS: A forma de remuneração da empreitada e o respectivo preço é questão afeita à livre estipulação contratual entre as partes. Contudo, no silêncio do contrato, a regra é a fixação de valor único, que não pode, em regra, ser modificado posteriormente. A isso se chama empreitada por preço fixo. Contudo, há duas importantes exceções à regra de impossibilidade de alteração do preço inicialmente fixado. A primeira diz respeito à realização de aditivo contratual, em que se modifica o projeto original por conta de instruções escritas feitas pelo próprio dono da obra. A segunda, tendo por fundamento o princípio da boa-fé objetiva, refere que, se o dono da obra tomou conhecimento dos aumentos e acréscimos em razão de sua presença à obra por continuadas visitas e nunca protestou, não poderá alegar ignorância do ocorrido e deverá suportar o valor arbitrado pelo empreiteiro, desde que esse não se torne abusivo, segundo as circunstâncias do caso. A despeito do silêncio legal na regulamentação típica do contrato de empreitada, não há óbice absoluto para a revisão do contrato por onerosidade, se houver a presença dos requisitos previstos no art. 478 do Código Civil.

Art. 620. Se ocorrer diminuição no preço do material ou da mão de obra superior a um décimo do preço global convencionado, poderá este ser revisto, a pedido do dono da obra, para que se lhe assegure a diferença apurada.

COMENTÁRIOS DOUTRINÁRIOS: A citada norma jurídica é de difícil ocorrência no momento atual da economia brasileira, sendo muito mais comum a hipótese em que o material sobe de preço juntamente com o valor da mão de obra, sendo forçoso reconhecer a possibilidade que se abre ao dono da obra de pleitear a revisão do contrato, a fim de que seja restabelecido o equilíbrio econômico-financeiro.

REFORMA DO CÓDIGO CIVIL: Uma vez mais se orienta a revisão do Código Civil em atribuir papel de proeminência ao princípio da autonomia privada nos contratos simétricos e paritários, como sucede nas empreitadas complexas, sendo de todo justificável a proposta contida no parágrafo único.

"Art. 620. Se ocorrer diminuição no preço do material ou da mão de obra superiores a um décimo do preço global convencionado, poderá este ser revisto, a pedido do dono da obra, para que se lhe assegure a diferença apurada.

Parágrafo único. Em contrato simétrico e paritário que tratar de empreitada de edifícios, de construções consideráveis ou de obras complexas de engenharia, poderão as partes afastar o disposto no *caput*, contanto que o façam expressamente e por escrito."

Art. 621. Sem anuência de seu autor, não pode o proprietário da obra introduzir modificações no projeto por ele aprovado, ainda que a execução seja confiada a terceiros, a não ser que, por motivos supervenientes ou razões de ordem técnica, fique comprovada a inconveniência ou a excessiva onerosidade de execução do projeto em sua forma originária.

Parágrafo único. A proibição deste artigo não abrange alterações de pouca monta, ressalvada sempre a unidade estética da obra projetada.

COMENTÁRIOS DOUTRINÁRIOS: O artigo em comento refere-se à modalidade de empreitada de projeto. No mesmo propósito, o art. 7º, X, da Lei n. 9.610/1998 prevê que os projetos, esboços e obras plásticas concernentes à geografia, engenharia, topografia, arquitetura, paisagismo, cenografia e ciência são obras intelectuais tuteladas pela lei como criações do espírito. O art. 26 da referida lei de direitos autorais legitima o autor da obra intelectual a repudiar a autoria do projeto arquitetônico que foi alterado sem o seu consentimento, mesmo após a conclusão da obra, impondo responsabilidade civil ao dono da obra perante o empreiteiro, quando continuar atribuindo a autoria do projeto repudiado. Motivos supervenientes ou razões de ordem técnica podem recomendar, por critérios de conveniência ou de excessiva onerosidade, que se altere o projeto em sua formação original. Apenas a título de ilustração, imagine-se que venha a ser descoberto um insumo necessário à obra de mesma qualidade e atendendo ao mesmo fim, mas por preço bem mais baixo ou, ao contrário, tenha-se em conta a possibilidade de que o material ou a técnica que seria utilizada tenha sido condenada por um órgão fiscalizador, sendo necessária sua alteração. A referida norma jurídica, não exige, como ocorre no art. 478 do Código Civil, que a alteração decorra de acontecimentos extraordinários e imprevisíveis, devendo ser objetivamente analisada a necessidade de modificação do projeto original. Essa espécie de empreitada também não se presume, exigindo que as partes esclareçam com precisão e de forma documentada o efetivo objeto da contratação a fim de evitar incertezas. Caso contrário, há que se consultar os princípios e regras de hermenêutica contratual, a fim de delimitar a real intenção das partes. O contrato de empreitada, frequentemente, configura relação de consumo. Neste caso, incidirá o art. 47 da Lei n. 8.078/1990, o qual determina que, em caso de dúvida, a interpretação deverá ser a mais favorável ao consumidor.

Art. 622. Se a execução da obra for confiada a terceiros, a responsabilidade do autor do projeto respectivo, desde que não assuma a direção ou fiscalização daquela, ficará limitada aos danos resultantes de defeitos previstos no art. 618 e seu parágrafo único.

COMENTÁRIOS DOUTRINÁRIOS: O dispositivo anotado permite expressamente a subempreitada, na qual ocorre apenas uma derivação total ou parcial do contrato original, e como fenômeno jurídico de subcontratação jamais poderá ter conteúdo mais amplo do que o contrato do qual se origina. Somente pode ser feita após a autorização expressa dos contratantes, sob pena de ineficácia perante o dono da obra. O instituto não se confunde com a cessão do contrato, pois nesta última modalidade ingressa no pacto um novo contratante, que responde sozinho perante o dono da obra. Em suma, a cessão do contrato rompe o vínculo contratual que unia os contratantes primitivos, desobrigando por completo o cedente, negócio jurídico que pressupõe a transferência de todos os direitos e obrigações e exige o consentimento expresso do dono da obra. Cláusula contratual pode afastar a possibilidade de se realizar subempreitada, assim como situações em que seja possível visualizar que as partes celebraram o contrato em atenção às qualidades pessoais do empreiteiro.

REFORMA DO CÓDIGO CIVIL: A nova redação apenas objetiva adequar a redação do presente artigo à proposição feita ao art. 618.

"Art. 622. Se a execução da obra for confiada a terceiros, a responsabilidade do autor do projeto respectivo, desde que não assuma a direção ou fiscalização daquela, ficará limitada aos danos resultantes de vícios previstos no art. 618 e seus parágrafos."

Art. 623. Mesmo após iniciada a construção, pode o dono da obra suspendê-la, desde que pague ao empreiteiro as despesas e lucros relativos aos serviços já feitos, mais indenização razoável, calculada em função do que ele teria ganho, se concluída a obra.

COMENTÁRIOS DOUTRINÁRIOS: O dispositivo anotado assegura ao dono da obra o direito potestativo de resilir unilateralmente o contrato, ainda que a obra, objeto da empreitada, tenha se iniciado, sem que necessite apresentar motivo. Entretanto, o dono da obra obriga-se a arcar com os danos emergentes e com os lucros cessantes causados ao empreiteiro. A indenização deverá incluir o que o empreiteiro efetivamente perdeu – pagamento das despesas e dos lucros relativos aos serviços já realizados – e o que razoavelmente deixou de ganhar – valor relativo à vantagem pecuniária que teria se a obra fosse efetivamente concluída, conforme disposto no art. 402 do Código Civil. Correta a previsão legal no sentido da extensão da indenização, pois conforme os ditames da boa-fé objetiva, não pode um dos contratantes frustrar, sem justo motivo, as justas expectativas do outro sem que responda patrimonialmente por esta conduta.

Art. 624. Suspensa a execução da empreitada sem justa causa, responde o empreiteiro por perdas e danos.

COMENTÁRIOS DOUTRINÁRIOS: A citada norma jurídica impõe mais uma obrigação ao empreiteiro, a de não paralisar o andamento da obra sem justa causa, sob pena de responder civilmente por esse comportamento. É possível, por conseguinte, que o dono da obra pleiteie indenização se a paralisação injustificada acarretar prejuízo para ele em função, por exemplo, de um aumento repentino no valor do material a ser utilizado e que deveria ser providenciado por quem encomendou a obra. Não será caso de responsabilidade civil contratual a paralisação motivada da obra por inadimplemento do pagamento da remuneração que devia ser paga por medida de extensão, restando demonstrado que o dono da obra já cumpriu determinada etapa contratada, e ainda não recebeu o valor correspondente ao que foi executado, assim como, por exemplo, no caso de o dono da obra, na empreitada de lavor, não entregar os insumos necessários. Em ambos os casos, o empreiteiro terá um justo motivo para paralisar a atividade. Por fim, cumpre esclarecer que a simples paralisação da obra não é o bastante para acarretar o dever de indenizar, pois pode acontecer de haver uma paralisação imotivada e o empreiteiro reiniciar os trabalhos a tempo de não acarretar prejuízo para o dono e permitir a entrega do produto na data aprazada.

JURISPRUDÊNCIA COMENTADA: No cálculo da verba indenizatória, prevista no artigo, deve ser observada a razoabilidade, calculando-se o valor em função do que o dono da obra teria ganhado, caso a mesma não fosse interrompida (TJSP, Apelação Cível 0033223-55.2011.8.26.0002, 34.ª *Câmara de Direito Privado*, Rel. Des. Kenarik Boujikian, j. 14.09.2016).

Art. 625. Poderá o empreiteiro suspender a obra:

I – por culpa do dono, ou por motivo de força maior;

II – quando, no decorrer dos serviços, se manifestarem dificuldades imprevisíveis de

execução, resultantes de causas geológicas ou hídricas, ou outras semelhantes, de modo que torne a empreitada excessivamente onerosa, e o dono da obra se opuser ao reajuste do preço inerente ao projeto por ele elaborado, observados os preços;

III – se as modificações exigidas pelo dono da obra, por seu vulto e natureza, forem desproporcionais ao projeto aprovado, ainda que o dono se disponha a arcar com o acréscimo de preço.

COMENTÁRIOS DOUTRINÁRIOS: A norma em comento elenca hipóteses em que o empreiteiro pode legitimamente suspender a obra, que podem ser sintetizadas nas seguintes situações fáticas: culpa do dono, força maior, acontecimentos naturais imprevisíveis que impeçam a continuação do serviço ou o tornem excessivamente oneroso, sem que o dono da obra aceite reequilibrar o contrato, e modificações consideráveis exigidas pelo dono da obra em relação ao projeto original aprovado sem que se disponha a assumir os custos adicionais. O motivo de força maior verifica-se no fato necessário, cujos efeitos não era possível evitar ou impedir e, em regra, elide a responsabilidade civil do contratante. O parágrafo único do art. 393 do Código Civil parece confirmar a assertiva de que o direito brasileiro não traz uma segura distinção entre *caso fortuito* e *força maior* ("Art. 393. [...] Parágrafo único. O caso fortuito ou de força maior verifica-se no fato necessário, cujos efeitos não era possível evitar ou impedir"). Para que o empreiteiro esteja autorizado a suspender a execução da obra, necessário ocorrer um evento extraordinário, inevitável e irresistível. Exemplos dessa hipótese: uma tempestade torrencial que cause o desmoronamento da encosta em que se edificaria a casa, uma epidemia ou mesmo uma pandemia que impeça a reunião de trabalhadores para a realização da atividade laborativa necessária, a escassez no mercado de determinado insumo indispensável à continuidade da obra ou a ocupação do terreno por parte de integrantes de determinado segmento da sociedade civil (fato de terceiro), posterior proibição por parte da municipalidade no sentido de que se continue a execução da obra, ou então o embargo liminar da obra por força de decisão judicial em demanda proposta por um vizinho ou condômino (fato do príncipe). No inciso II aponta-se para um quadro de força maior com o poder de impossibilitar a continuação da obra, mas pode ser que haja uma dificuldade imprevisível de execução da atividade resultante de uma causa geológica ou hídrica, que não tenha o poder de inviabilizar a continuidade dos trabalhos, apenas tornando a contraprestação do dono da obra mais custosa do que o preço inicialmente previsto. Diante desta situação, será ele cientificado, sendo-lhe permitido decidir se assume o novo orçamento ou se restará justificada a paralisação da atividade. Assim, se o dono da obra se opuser ao reajuste de preço em relação ao projeto original, estará o empreiteiro autorizado por lei a suspender a execução da obra, sem prejuízo do valor da remuneração que até aquele momento tiver direito. O inciso III trata de aplicação concreta do princípio da obrigatoriedade, que preconiza estarem os contratantes obrigados apenas àquilo que pactuaram. Desse modo, se após a realização do contrato o dono da obra exige modificações de vulto no projeto original já aprovado, poderá o empreiteiro, sem o dever de indenizar, suspender a execução da obra. Importa, nesse passo, destacar que a necessidade de suspensão da obra deve estar devidamente documentada (prova) e ser devidamente informada ao dono da obra, buscando, sempre que possível, uma renegociação a fim de se preservar o negócio jurídico e, consequentemente, os seus relevantes efeitos econômicos e sociais. A norma deixa claro que o referido direito potestativo poderá ser exercido, ainda que o dono da obra se disponha a arcar com o acréscimo do preço. Em se tratando de empreitada submetida ao Código de Defesa do Consumidor, a revisão do contrato somente pode ser feita em favor do consumidor, pois essa perspectiva surge no estatuto consumerista como direito básico deste (art. 6º, inc. V, da Lei n. 8.078/1990) de modo objetivo, isto é, independentemente de situação objetiva de imprevisibilidade ou outra subjetiva, como a debilidade concreta da parte, bastando para tanto tão somente a onerosidade excessiva superveniente em desfavor do contratante vulnerável. Além do que, nesse sistema especial que coloca o consumidor como vulnerável, o risco da atividade empresarial é do fornecedor (arts. 5º, inc. XXXII e 170, inc. V, da CF e 4º da Lei n. 8.078/1990).

PANDEMIA: Como dito acima, o direito brasileiro não traz distinção segura entre *caso fortuito* e *força maior* (art. 393, parágrafo único, do CC), podendo ser entendidos ambos como acontecimentos imprevisíveis, inevitáveis e que, malgrado o real interesse das partes em cumprir a obrigação, esta não é possível. Há, em outras palavras, uma *justa causa* ou um *justo impedimento* que inviabiliza a realização da prestação na forma em que foi imaginado o programa contratual. A pandemia causada pelo novo coronavírus, inegavelmente, pode se apresentar no contrato de empreitada como uma situação de força maior que impede, ainda que temporariamente, a execução do contrato nos moldes anteriormente pactuados, sobretudo no que diz respeito ao prazo de entrega da obra (tempo da obrigação). Será exigida do empreiteiro que contratou antes de 20 de março de 2020 a previsão de que nessa data o Congresso Nacional, mediante solicitação da Presidência da República, decretaria no Brasil um *estado de calamidade pública* em decorrência dos efeitos da pandemia causada pelo novo coronavírus (art. 1º do Decreto Legislativo n. 6/2020)? Não. A necessidade, sobretudo nos primeiros meses, que experimentamos de quarentena, *lockdown*, isolamento social, dentre outras medidas sanitárias determinadas pelo Poder Público ou mesmo por iniciativa do particular com o objetivo de preservação da vida, se contrapõe à imagem clássica de uma construção por empreitada, seja que tipo for, com os seus funcionários trabalhando na construção de uma casa ou de um edifício. Desta forma, se ficar demonstrado, segundo as circunstâncias do caso concreto, a necessidade de suspender a execução da obra por efeitos decorrentes da pandemia, o empreiteiro poderá se valer do art. 625, I, do Código Civil, estabelecendo um novo prazo para a realização de sua prestação. À guisa de exemplo, isso pode se dar por falta ou diminuição considerável do número de funcionários, dificuldades de conseguir determinado material por inviabilidade de sua confecção ou mesmo de sua entrega, dentre outros casos. O juiz, ao se deparar com o caso concreto, deve ter a sensibilidade de verificar com muita atenção a prova trazida a fim de não criar um estado de insegurança jurídica quando acreditava fazer justiça. Note-se que é possível, até mesmo, que a pandemia não repercuta nocivamente em determinado contrato, o que, evidentemente, não possibilitará ao empreiteiro se valer da regra aqui tratada. Nesse passo, a Lei n. 14.010/2020 que estabeleceu o Regime Jurídico Emergencial e Transitório das relações jurídicas de direito privado no período da pandemia do coronavírus (covid-19) externou preocupação com a segurança jurídica decorrente do adimplemento das obrigações ao dizer que as consequências da pandemia não teriam efeitos jurídicos retroativos (art. 6º) e afirmou, o que de certo modo já estava consagrado na doutrina e na jurisprudência, com raras exceções pontuais, que o aumento da inflação, a variação cambial ou a substituição do padrão monetário não significariam fato imprevisível justificador de resolução nem de revisão contratual (art. 7º), aplicando-se a ideia também para o caso aqui tratado de suspensão da empreitada por parte do empreiteiro. Em razão de o veto presidencial ter sido apenas superado pelo Congresso Nacional após alguns meses, a citada lei temporária teve uma vigência pífia, isto é, de 8 de setembro de 2020, quando foi promulgada pelo legislativo federal, até 30 de outubro do mesmo ano, data em que o legislador, munido de um otimismo equivocado, entendeu que já teria sido debelada a pandemia. Ledo engano. Ainda que tal norma não esteja mais em vigor nesse caso, a sua ideia já está consolidada no ordenamento jurídico pátrio. Em resumo, temos que os efeitos da pandemia podem se mostrar indiferentes ao programa contratual, impactá-lo de modo a admitir a suspensão da obra e a entrega posterior, possibilitar a revisão contratual (art. 478 do CC) ou mesmo a resolução, sendo de todo conveniente, em homenagem ao princípio da boa-fé objetiva, buscar a renegociação contratual.

Art. 626. Não se extingue o contrato de empreitada pela morte de qualquer das partes, salvo se ajustado em consideração às qualidades pessoais do empreiteiro.

COMENTÁRIOS DOUTRINÁRIOS: O dispositivo anotado demonstra o caráter não personalíssimo do contrato de empreitada. Por isso, a morte de uma das partes, em regra, não extingue o contrato de empreitada, salvo se por cláusula contratual ou, pelas circunstâncias do caso, for possível perceber que o ajuste se deu em consideração às qualidades pessoais do empreiteiro, como seria o caso de uma empreitada para a pintura de um retrato ou a reforma de uma casa por renomado decorador.

CAPÍTULO IX
DO DEPÓSITO

SEÇÃO I
DO DEPÓSITO VOLUNTÁRIO

Art. 627. Pelo contrato de depósito recebe o depositário um objeto móvel, para guardar, até que o depositante o reclame.

COMENTÁRIOS DOUTRINÁRIOS: O contrato de depósito importa na tradição efetiva e temporária de coisa móvel, infungível e inconsumível, com a finalidade de o depositário guardá-la até que o depositante o reclame. Trata-se de um contrato real, pois o depósito somente se aperfeiçoa com a entrega do bem ao depositário, este que deve ser móvel e infungível. Apesar de não concordarmos com a previsão legal, forçoso é reconhecer que a mobilidade do bem é afirmada pelo próprio texto legal, devendo ser entendido como prestação de serviço (se houver onerosidade) ou contrato atípico (se houver gratuidade) o depósito de uma coisa imóvel. A propriedade do bem por parte do depositante não é um pressuposto de existência nem requisito de validade, tampouco fator de eficácia do contrato de depósito. O contrato é real, mas nada obsta que o transferente não seja proprietário, bastando que exerça a posse efetiva à semelhança do que sucede no contrato de locação. É um contrato unilateral, pois apenas confere obrigações e responsabilidades para o depositário, embora possa se transformar em bilateral imperfeito, como será explicitado mais adiante. É contrato real, pois a tradição do objeto é da essência do contrato de depósito, sem o qual estaremos diante de um contrato preliminar de depósito, cujo descumprimento culposo e danoso ensejará dever de reparação dos danos assumidos por quem não cumpriu com a palavra empenhada, subsumindo-se a questão aos ditames da responsabilidade civil pré-contratual. Embora o dispositivo aqui comentado especifique que o contrato de depósito somente pode ter por objeto bem móvel, gostaríamos de deixar consignado a nossa crítica a este fato. Em majoritária doutrina, a perspectiva legal está correta, sendo um imperativo da própria essência do contrato, pois os bens de raiz não podem ser entregues nas mãos de alguém. Entretanto, a posse dos bens imóveis pode ser transferida por mecanismos jurídicos, como a tradição simbólica e o constituto-possessório, e se o possuidor direto recebe o imóvel com a obrigação de restituir assim que exigido, e sem poder do mesmo desfrutar ou utilizar, é possível que as partes estejam entabulando um contrato de depósito. Tal possibilidade, a propósito, não nos é estranha, levando-se em consideração o art. 1º do Decreto-lei n. 492/1937, que cuida do penhor rural, e consigna que, a partir do registro do contrato, o devedor pignoratício ficará como depositário dos bens empenhados. O referido direito real de garantia pode ter por objeto bem imóvel, como sucede com as colheitas pendentes ou em vias de formação, referidas, outrossim, no art. 1.442, inc. II, do Código Civil. A despeito da reflexão acima, a nossa doutrina é pacífica no sentido de que somente as coisas móveis podem ser objeto de depósito. Além de móvel, o bem, em regra, deve ser infungível, caracterizando o depósito regular, no qual é dever do depositário devolver exatamente a coisa que lhe foi entregue. Não pode o depositário substituir a coisa que recebe por outra do mesmo gênero, qualidade e quantidade, na esteira do disposto no art. 85 do CC.

Art. 628. O contrato de depósito é gratuito, exceto se houver convenção em contrário, se resultante de atividade negocial ou se o depositário o praticar por profissão.

Parágrafo único. Se o depósito for oneroso e a retribuição do depositário não constar de lei, nem resultar de ajuste, será determinada pelos usos do lugar, e, na falta destes, por arbitramento.

COMENTÁRIOS DOUTRINÁRIOS: O contrato de depósito, em regra, é gratuito, mas a norma que faz referência a esta característica é dispositiva, admitindo, portanto, o afastamento de sua incidência por cláusula em contrário, ou quando o depósito diz respeito à própria atividade do depositário. No primeiro caso, é a própria inclusão de uma cláusula neste sentido no pacto, e a outra exige uma investigação sobre a atividade empresarial do depositário – se esta guardar relação direta com o contrato de depósito, como seria o caso de uma pessoa jurídica cujo objeto social fosse o de guardar móveis, ou o contrato de depósito realizado com uma instituição financeira para custódia de uma joia de alto valor. Outro exemplo comum é o "hotel de cachorro", utilizado quando os donos vão viajar e não podem levar o animal junto, deixando o semovente sob a guarda de um depositário. Nessas hipóteses, o intuito de lucro da atividade cria uma presunção de onerosidade. É de todo aconselhável que as partes façam uma previsão expressa para a remuneração do depositário quando o contrato for oneroso, mas se não constar de lei ou de ajuste específico, a retribuição do depositário será determinada pelos usos do lugar (art. 4º da LINDB), e, na falta destes, por arbitramento judicial, em que se deve buscar um valor equânime, tomando-se em conta o grau de zelo, o valor pecuniário e de estima do bem depositado, o tempo, a dificuldade em bem desempenhar a atividade, além de outras circunstâncias do caso concreto. Nada obsta a que o magistrado faça uso do auxílio de perito, para formar melhor o seu convencimento.

JURISPRUDÊNCIA COMENTADA: Em caso de dúvida da natureza do depósito (gratuito ou oneroso), a presunção legal é de gratuidade. Neste sentido: "Obrigação de fazer. Ação declaratória. Retenção, por oficina mecânica, de salvados de veículo acidentado, condicionando a sua liberação a pagamento estabelecido unilateralmente e sem contratação, a título de diárias. Obrigação da seguradora que somente poderia ser devida após regular constituição em mora. Ainda que houvesse contratação escrita, a presunção legal seria a de contrato gratuito, observado o que vem disposto no art. 628 do Código Civil. Ausência de reconvenção oposta pela ré que impede declaração, tal como feita na sentença, de direito a favor dela. Obrigação de fazer que se afigura própria, confirmando decisão liminar proferida em agravo de instrumento. Sentença reformada. Recurso provido" (TJSP, Apelação Cível 1009405-76.2017.8.26.0348, 32.ª Câmara de Direito Privado, Rel. Des. Caio Marcelo Mendes de Oliveira, j. 23.10.2018).

Art. 629. O depositário é obrigado a ter na guarda e conservação da coisa depositada o cuidado e diligência que costuma com o que lhe pertence, bem como a restituí-la, com todos os frutos e acrescidos, quando o exija o depositante.

COMENTÁRIOS DOUTRINÁRIOS: As duas principais obrigações do depositário estão ligadas à essência do contrato, e dizem respeito ao dever de custódia e à obrigação de restituir. A finalidade com que se transmitiu a posse direta é que vai caracterizar o depósito, distinguindo-o da locação e do comodato, nos quais a entrega da coisa é feita para que o locatário e o comodatário dela se utilizem, conforme o conteúdo do contrato estabeleça como, por exemplo, moradia, atividade empresarial etc. No depósito, a custódia diz respeito à guarda e conservação em favor do depositante, sem que o depositário possa fazer uso ou fruir da coisa depositada. Nesse sentido, o depositário assume a obrigação de ter o mesmo grau de zelo com relação aos bens deixados em depósito que teria com os seus, não elidindo a responsabilidade, evidentemente, se o depositário demonstrar ser uma pessoa desleixada com aquilo que lhe pertence. A diligência aqui é a ordinária do bom pai de família, não obstante deva também ser aferida pelo magistrado de acordo com o caso concreto e com as regras ordinárias de experiência. Desta forma, independentemente de o contrato de depósito ser gratuito ou oneroso, o depositário responderá por perdas e danos decorrentes de prejuízos na coisa, ou até mesmo pela sua destruição total, se ficar provado que ele não guardou ou zelou pelo bem do depositante, como é típico deste contrato e exigido pela lei. Quando determinado bem é entregue para conserto, há um misto de prestação de serviços com depósito e, nessa linha de raciocínio, é nula eventual cláusula ou afirmação unilateral no sentido de que se a mercadoria não for buscada em determinado prazo, estará o depositário autorizado a aliená-la a terceiro, pois isso representaria violação aos deveres de custódia e restituição. Importante destacar que reforça essa nulidade o reconhecimento de que tal contrato sofre a incidência do Código de Defesa do Consumidor. Poderá o fornecedor, em caso de inadimplemento, exercer o direito de retenção pelo valor dos gastos com a coisa, assim como consignar o pagamento mediante depósito judicial. Ao celebrar o contrato de depósito, o depositário assume a obrigação de restituir a coisa dada em depósito assim que o depositante a exigir. A restituição, outrossim, deve se verificar com os frutos e acrescidos da coisa. Se não houver um prazo para a restituição, a mora do depositário será *ex persona,* isto é, dependerá de regular interpelação do devedor, a teor do que prescreve o art. 397, parágrafo único, do Código Civil. Configurada a mora do depositário, se este não restituir o bem, sem prejuízo de eventuais sanções civis, o depositante poderá, se o contrato de depósito for verbal, ajuizar a competente ação de reintegração de posse (arts. 560 a 566 do CPC/2015), tendo em vista que comete esbulho, pelo vício da precariedade, a pessoa que assume a obrigação de restituir e fica, sem motivo justificado, com o bem, abusando da confiança depositada. Se o contrato de depósito for reduzido a escrito, poderá o depositante valer-se de ação judicial com vistas à recuperação do bem, na qual será possível pleito liminar fundado na tutela de evidência (art. 311, III e parágrafo único, do CPC/2015). O depositante pode nomear um mandatário para receber a coisa em seu nome. Se o depositante se tornar incapaz ou se vier a falecer e o herdeiro não tiver capacidade, será lícito a esse entregar a coisa ao representante legal.

JURISPRUDÊNCIA COMENTADA: A responsabilidade por furto de celular, de cliente que não teve vigilância adequada sob seus pertences, não pode ser imputada ao estabelecimento comercial onde ocorreu o furto, pois não se tratava de contrato de depósito. Neste sentido: "Juizado especial. Consumidor. Furto de celular. Responsabilidade do estabelecimento comercial. Ausência do dever de guarda e depósito. Culpa exclusiva da vítima. Danos materiais e morais. Inexistência. 1. Em que pese o estabelecimento comercial ser responsável pela segurança do local, não é possível imputar-lhe a responsabilidade civil pelo furto de objetos pessoais de seus clientes que não agiram com a cautela e zelo necessários quanto aos seus pertences. Vê-se que a autora se encontrava no restaurante, quando teve a sua bolsa furtada, no momento em que foi ao banheiro. No seu interior, havia um Iphone, até o momento, não localizado. 2. No caso em apreço, o celular, bem de posse e guarda da recorrente, em nenhum momento foi confiado à vigilância ou depósito pela recorrida (art. 629, do Código Civil), não podendo, assim, responder pela subtração ocorrida. Outrossim, restou caracterizada a culpa exclusiva da consumidora, nos termos do art. 14, § 3º, inc. II, do CDC. 3. Precedente: O estabelecimento não possui dever de guarda e vigilância dos pertences de seus clientes, não sendo, portanto, cabível indenização a título de danos materiais e morais (Acórdão n. 1072468, 07037911120178070020, Relator: Gilmar Tadeu Soriano, 1ª Turma Recursal dos Juizados Especiais Cíveis e Criminais do DF. Data de Julgamento: 05/02/2018, Publicado no *DJe* 06/03/2018). 4. Recurso conhecido e não provido. Sentença mantida. Condeno a parte recorrente ao pagamento de custas processuais e honorários advocatícios, estes fixados em 10% sobre o valor da causa, a teor do art. 55 da Lei n. 9.099/95, cuja exigibilidade fica suspensa, por ser beneficiário(a) da justiça gratuita. 5. A ementa servirá de acórdão, conforme art. 46 da Lei n. 9.099/95" (TJDF, Recurso Inominado 0701115-74.2018.8.07.0014, 1.ª Turma Recursal dos Juizados Especiais, Rel. Juíza Soníria Rocha Campos D'Assunção, j. 30.08.2018). Em caso de depósito judicial, está sedimentado na jurisprudência que o estabelecimento bancário depositário deve proceder à atualização monetária da importância depositada, independentemente de ação judicial específica (Súmulas 179 e 271, STJ). É sabido que a natureza jurídica dos juros é a de frutos civis, consoante dispõe a parte final do dispositivo sob comento. Os juros podem ser *remuneratórios*, que decorrem da propriedade e posse transferida ao depositário, sendo curial a necessidade da remuneração em favor daquele que fica privado do capital depositado, e *moratórios*, que possuem feição nitidamente punitiva, sancionadora, sendo consequência direta e imediata do descumprimento obrigacional do depositário em pagar ao depositante o que lhe é devido no tempo, lugar ou modo (art. 394 do CC). Desta forma, a devida aplicação da parte final do anotado artigo 629 passa pelo reconhecimento de que a instituição financeira depositária deve arcar com a correção monetária e com os juros remuneratórios incidentes sobre o valor depositado pelo devedor a ser entregue ao credor. O banco não é obrigado a arcar com juros moratórios, salvo se incorrer em mora, isto é, se não cumprir ou retardar o cumprimento de decisão judicial que determine a restituição do valor integral depositado. Nesse ângulo de visada, decidiu o Superior Tribunal de Justiça, com inegável apuro técnico, que, feito o depósito integral pelo devedor, isto é, já com incidência de juros moratórios em razão da eventual mora deste, "não é cabível transferir para o depositário judicial parcela da dívida não mais exigível nem mesmo do próprio obrigado. Assim, se o devedor depositante já realizou a entrega do valor devido, com inclusão dos juros moratórios acaso cabíveis, estes já estarão presentes na composição da base de cálculo sobre a qual o depositário fica obrigado a fazer incidir correção monetária e juros remuneratórios. Portanto, a incidência de novos juros moratórios representaria descabido *bis in idem*" (STJ, AgInt nos EDcl no REsp 1.460.908/PE, 4.ª Turma, Rel. Min. Raul Araújo, j. 04.06.2019).

REFORMA DO CÓDIGO CIVIL: Ainda na esteira dos princípios e das regras da Lei de Liberdade Econômica, respeitados pelos membros da comissão de juristas revisora do Código Civil, há que se dar maior lastro à autonomia privada nos contratos simétricos e paritários, o que é feito na proposta de redação em que se reconhece a validade das cláusulas de não indenizar ou que prevejam a sua limitação, sendo nulas, por outro lado, nos contratos de adesão.

"Art. 629. O depositário é obrigado a ter, na guarda e conservação da coisa depositada, o cuidado e diligência que costuma com o que lhe pertence, bem como a restituí-la, com todos os frutos e acrescidos, quando o exija o depositante.

Parágrafo único. Em contratos paritários e simétricos, é válida a cláusula de limitação ou de exclusão da responsabilidade do depositário, sendo nulas, de pleno direito, em contratos de adesão."

Art. 630. Se o depósito se entregou fechado, colado, selado, ou lacrado, nesse mesmo estado se manterá.

COMENTÁRIOS DOUTRINÁRIOS: Depósito fechado ou cerrado é aquele em que a coisa é entregue ao depositário sem que este saiba o seu conteúdo e nesse estado deve se manter até a restituição. A lei não exige que o bem depositado seja conhecido pelo depositário, de modo que é absolutamente possível que haja um contrato de depósito fechado, em que o depositário não saiba o que está sendo deixado sob a sua custódia. Se ele anuir a esta situação, estará vinculado, e o desrespeito à referida regra acarretará a responsabilidade por perdas e danos, em razão do simples rompimento do lacre ou da abertura do envelope ou de uma caixa, tendo em vista que a obrigação assumida foi a de respeitar o segredo, e o depositário ousou descumprir a referida obrigação de não fazer. A entrega de um bem ao banco para guardá-lo em seu cofre representa um misto de depósito fechado, pois contém cláusula de sigilo e locação pelo pagamento do aluguel decorrente da cessão de espaço destinado à custódia. Esta autêntica regra de proteção ao sigilo tem, até certo ponto, a sua eficácia imaginada no âmbito da licitude. Dessa forma, se houver, por exemplo, uma séria suspeita de que a coisa depositada é produto de crime ou uma droga ilícita, poderá o depositário romper o lacre, sem que lhe possa ser imputada qualquer consequência jurídica nociva.

Art. 631. Salvo disposição em contrário, a restituição da coisa deve dar-se no lugar em que tiver de ser guardada. As despesas de restituição correm por conta do depositante.

COMENTÁRIOS DOUTRINÁRIOS: A restituição deve se dar no lugar em a coisa estiver guardada e as despesas correm à conta do depositante, salvo disposição em contrário. As obrigações, em regra, são quesíveis ou buscáveis, ou seja, o credor é quem deve buscar o pagamento no domicílio do devedor, levando-se em consideração as exceções previstas na segunda parte do art. 327 do Código Civil. Contudo, a peculiaridade do contrato de depósito levou o legislador a estabelecer uma norma diversa, estabelecendo como regra que a restituição deverá ser realizada no local em que o bem estiver guardado, independentemente de se tratar do domicílio do depositário ou de um local à sua livre escolha, como seria o caso de um banco ou caixa-forte. O depositante é o maior interessado na devolução do bem deixado em depósito. Não que seja o único, pois o depositário também tem interesse em se desonerar de tão relevante obrigação, podendo se valer inclusive do expediente do depósito judicial, previsto no art. 635 do Código Civil. Por esta razão, o Código estabeleceu como regra que o depositante deverá arcar com as despesas necessárias à fiel restituição, devendo pagar, por exemplo, o serviço de transporte e de acondicionamento do produto, dentre outras. Se o depositante não arcar com as referidas despesas, não incorrerá o depositário em mora na devolução do bem, mas se lhe interessar arcar com as despesas e devolver o bem, poderá fazê-lo e depois cobrar do depositante os gastos que realizar.

Art. 632. Se a coisa houver sido depositada no interesse de terceiro, e o depositário tiver sido cientificado deste fato pelo depositante, não poderá ele exonerar-se restituindo a coisa a este, sem consentimento daquele.

COMENTÁRIOS DOUTRINÁRIOS: A norma em comento constitui uma das exceções à obrigação do depositário prevista no art. 631. Trata-se do depósito em favor de terceiro, no qual o depositário somente deverá entregar o bem a este ou ao depositante mediante a autorização expressa daquele, sob pena de responsabilização civil contratual. Exemplifiquemos a hipótese com um contrato de depósito em que o depositante estabeleça que o bem móvel entregue deve ser transferido para o seu sobrinho quando este voltar da Califórnia. Ora, o depositário está vinculado aos termos do contrato e deverá entregar o bem ao terceiro ou ao depositante, desde que o terceiro interessado autorize. Esta obrigação pode constar no contrato ou em uma notificação do depositante ao depositário, estabelecendo que este somente deverá entregar o bem móvel a determinada pessoa por ele escolhida. Trata-se de uma mitigação ao princípio da relatividade dos contratos, à semelhança do que sucede, por exemplo, na estipulação em favor de terceiro, e nesse sentido é lícito ao depositante reservar-se o direito de substituir, por ato *inter vivos* ou *mortis causa*, o terceiro a quem deveria ser entregue a coisa guardada em depósito, conforme disposto no art. 438 do Código Civil.

Art. 633. Ainda que o contrato fixe prazo à restituição, o depositário entregará o depósito logo que se lhe exija, salvo se tiver o direito de retenção a que se refere o art. 644, se o

objeto for judicialmente embargado, se sobre ele pender execução, notificada ao depositário, ou se houver motivo razoável de suspeitar que a coisa foi dolosamente obtida.

COMENTÁRIOS DOUTRINÁRIOS: O dispositivo anotado explicita que o depositário estará autorizado a não restituir a coisa guardada imediatamente, quando for credor de obrigação certa e líquida contra o depositante em razão do inadimplemento do dever de remuneração (depósito oneroso) ou se houver experimentado prejuízos em razão da guarda da coisa, ocasião em que poderá exercer o direito de retenção, na forma do art. 644 do CC, da mesma forma como ocorre com o empreiteiro, o mandatário, o comodatário e o locatário. Se o crédito ainda não se mostrar líquido e certo, o depositário poderá exigir caução do depositante, e se esta não for prestada, remover a coisa para o Depósito Público (art. 644, parágrafo único).

Art. 634. No caso do artigo antecedente, última parte, o depositário, expondo o fundamento da suspeita, requererá que se recolha o objeto ao Depósito Público.

COMENTÁRIOS DOUTRINÁRIOS: No dispositivo anotado, além da hipótese descrita no artigo anterior, que contempla um interesse meramente individual do depositário, somam-se duas circunstâncias de ordem pública, quais sejam: a) quando o bem deixado em depósito se tornar uma coisa litigiosa em juízo; ou b) existência de fundadas razões para se suspeitar da procedência criminosa da coisa dada em depósito, ocasião em que o bem poderá, mediante requerimento judicial fundamentado, ser recolhido ao Depósito Público. No primeiro caso, temos como exemplo a propositura de uma ação reivindicatória ou uma penhora que incida exatamente sobre a coisa depositada. No segundo, admita-se a instauração de um inquérito policial para apurar um crime contra o patrimônio, em que a *res furtiva* esteja em mãos do depositário. Estas duas situações encerram muito mais uma obrigação com a justiça e com a própria sociedade, do que propriamente identificada como um direito, sendo, a bem da verdade, um poder-dever do depositário.

Art. 635. Ao depositário será facultado, outrossim, requerer depósito judicial da coisa, quando, por motivo plausível, não a possa guardar, e o depositante não queira recebê-la.

COMENTÁRIOS DOUTRINÁRIOS: O credor também pode incidir em mora ao recusar-se a receber a coisa das mãos do depositário, situação que autorizará o depositante a consignar o pagamento por meio do depósito judicial da coisa (art. 635 do CC). A lei faculta ao depositário requerer o depósito judicial da coisa se existir em seu favor um quadro que no âmbito da razoabilidade torne impossível ou muito oneroso ao depositário guardar a coisa e o depositante, ciente deste fato, se recuse a receber amigavelmente a coisa. Imaginemos a hipótese em que o depositário experimenta em sua moradia a redução do espaço físico em razão do aumento da prole. Insta acentuar que essa possibilidade verificar-se-á nos contratos de depósito verbais ou nos escritos sem previsão de prazo para a devolução do bem, pois nos contratos com prazo expresso para a restituição não deverá o depositário devolver a coisa antes do prazo contratual, sob pena de responder por inadimplemento contratual.

Art. 636. O depositário, que por força maior houver perdido a coisa depositada e recebido outra em seu lugar, é obrigado a entregar a segunda ao depositante, e ceder-lhe as ações que no caso tiver contra o terceiro responsável pela restituição da primeira.

COMENTÁRIOS DOUTRINÁRIOS: O depositário impedido de restituir a coisa por perda em decorrência de alguma circunstância de força maior está isento de responsabilidade civil, desde que se desincumba do ônus de provar imposto pelo art. 642 do Código Civil. Como exemplos podemos citar o caso de um incêndio não provocado, uma enchente ou um assalto. Como a obrigação do depositário é de restituir, aplica-se o princípio do *res perit domino* (e o credor depositante experimentará a perda). Entretanto, o dispositivo acima anotado impõe ao depositário obrigações que atenuam ou até mesmo compensam pecuniariamente o prejuízo. Assim, se outra coisa é posta em lugar da perdida, fica o devedor obrigado a entregá-la ao depositante, além de proceder à cessão das ações que tiver contra o terceiro responsável pela perda. Por exemplo, é possível que a coisa esteja segurada, impondo que o preço da indenização paga pela seguradora seja revertido ao depositante, operando-se a sub-rogação real da coisa depositada no valor do seguro. A parte final do supracitado artigo também reforça a condição do depositário de possuidor, e não mero detentor, pois se assim fosse, não haveria a possibilidade de o depositário ser titular de direitos sobre a coisa e cedê-los ao depositante.

Art. 637. O herdeiro do depositário, que de boa-fé vendeu a coisa depositada, é obrigado a assistir o depositante na reivindicação, e a restituir ao comprador o preço recebido.

COMENTÁRIOS DOUTRINÁRIOS: A norma em comento tutela a boa-fé do sucessor do depositário, isentando-lhe de piores consequências, mas deverá o alienante inocente assistir ao depositário na recuperação do bem e, logrando êxito, indenizar o comprador com o valor devidamente atualizado que recebeu. A boa-fé do presente artigo não é objetiva, mas subjetiva, fundamentada na ignorância do herdeiro, no que se refere à existência do depósito, no mesmo sentido do casamento putativo, do pagamento a credor putativo e do possuidor de boa-fé. O terceiro pode ter adquirido o bem das mãos do herdeiro do depositário a título gratuito ou oneroso e, ainda, de boa-fé ou de má-fé. Em qualquer das hipóteses sofrerá do depositante, com a assistência do depositário, a reivindicação do bem, tendo em vista que a lei optou por proteger com mais intensidade os direitos do depositante. Se a aquisição se deu onerosamente, como seria o caso de uma compra e venda ou de uma dação em pagamento, fará jus o terceiro a receber do herdeiro do depositário o valor pago, ou haverá a restauração da dívida que equivocadamente foi extinta, diante da vedação ao enriquecimento sem causa. Se houver liberalidade, esta será nula, pois a doação, conforme já visto anteriormente, tem como pressuposto básico a titularidade do bem por parte do doador. Desta forma, o herdeiro continuará obrigado a assistir o depositante na reivindicação do bem, mas não deverá pagar nada ao adquirente, salvo comprovada hipótese de má-fé seguida de dano.

Art. 638. Salvo os casos previstos nos arts. 633 e 634, não poderá o depositário furtar-se à restituição do depósito, alegando não pertencer a coisa ao depositante, ou opondo compensação, exceto se noutro depósito se fundar.

COMENTÁRIOS DOUTRINÁRIOS: O artigo em questão reflete um dos deveres essenciais do depositário, qual seja, restituir o bem quando solicitado pelo depositante, ou ao final do contrato. Esse dever não é afastado nem mesmo pela simples alegação de que a coisa a ser devolvida não pertença ao depositante. As exceções a essa obrigação geral do depositário, já tratadas no art. 633, são o embargo judicial sobre o bem, estar o mesmo pendente de execução, ou em caso de suspeita de obtenção da coisa de forma ilícita. Além disso, há também o disposto na parte final do dispositivo aqui tratado, qual seja, o depositário pode se fundar em outro depósito feito pelo mesmo depositante, impondo assim a compensação.

Art. 639. Sendo dois ou mais depositantes, e divisível a coisa, a cada um só entregará o depositário a respectiva parte, salvo se houver entre eles solidariedade.

COMENTÁRIOS DOUTRINÁRIOS: Se o bem objeto do contrato de depósito for divisível, isto é, se puder ser fracionado sem alteração na sua substância, sem diminuição considerável de seu valor, ou prejuízo do uso a que se destina, o depositário deverá, para cumprir satisfatoriamente a sua obrigação, entregar a parte que corresponder a cada um dos depositantes, ressalvado se os depositantes, em razão da lei ou pelo contrato, forem solidários, ocasião em que o depositário deverá, antes de eventual demanda judicial, entregar a coisa depositada a qualquer um dos credores. Se o bem for indivisível, ainda que haja pluralidade de credores não solidários, o depositário somente poderá cumprir a obrigação restitutória em seu todo. De fato, imaginemos a guarda de um cavalo deixado por vários depositantes. Não poderia, obviamente, o depositário esquartejar o animal e entregar a cada um dos depositantes uma parte dele. A única possibilidade de se cumprir a obrigação é entregar o bem depositado a cada um dos depositantes se os demais autorizarem, ou a todos conjuntamente.

Art. 640. Sob pena de responder por perdas e danos, não poderá o depositário, sem licença expressa do depositante, servir-se da coisa depositada, nem a dar em depósito a outrem.

Parágrafo único. Se o depositário, devidamente autorizado, confiar a coisa em depósito a terceiro, será responsável se agiu com culpa na escolha deste.

COMENTÁRIOS DOUTRINÁRIOS: O depósito é, em regra, um contrato personalíssimo, isto é, celebrado em atenção às qualidades pessoais do depositário, tido pelo depositante como pessoa séria, confiável e zelosa. Ao proibir a constituição do subdepósito, a parte final da norma comentada confirma o aspecto personalíssimo do contrato, mas o texto ressalva a possibilidade de o depositário dar em depósito a outrem, desde que seja precedido por autorização expressa. Se o terceiro, subdepositário, mostrar-se indigno de confiança perante o depositante, este poderá responsabilizar o depositário, se agiu culposamente na escolha. O depositário que servir-se da coisa depositada responderá por perdas e danos. Diante disso, eventual licença para utilização da coisa deverá ser expressa.

JURISPRUDÊNCIA COMENTADA: Impossibilitada a devolução do bem depositado, a obrigação converte-se em perdas e danos, ou seja, deverá o depositário restituir ao depositante o valor equivalente ao bem depositado. O mesmo sucede quando se trata de bem arrendado quando o arrendatário não possui mais o bem para restituir. Neste sentido: "Apelação cível. Contrato de arrendamento mercantil. Perda do bem. Conversão da obrigação em perdas e danos. Aplicação da tabela FIPE e abatimento dos valores pagos a título de VRG. Sentença mantida. O contrato de arrendamento mercantil é um contrato complexo, que envolve financiamento, locação e possível compra e venda. Ao fim do prazo do arrendamento, o arrendatário pode optar por adquirir o bem, incorporando-o ao seu patrimônio, pagando preço inferior ao valor da aquisição primitiva. O valor a ser pago ao final denomina-se 'valor residual garantido. VRG', e tem sido usual seu pagamento no início do contrato ou diluído em prestações no curso do ajuste. Considerando a impossibilidade da entrega do veículo, torna-se necessária a conversão da obrigação em perdas e danos, nos termos do art. 640 do Código Civil de 2002. As perdas e danos terão como base o valor do veículo previsto na tabela FIPE, vigente à época da pactuação do contrato, devendo ser abatido de tal montante o valor residual garantido (VRG), sob pena de se permitir o enriquecimento sem causa" (TJMG, Apelação Cível 1.0686.08.225211-1/002, Rel. Des. Shirley Fenzi Bertão, j. 25.04.2018).

Art. 641. Se o depositário se tornar incapaz, a pessoa que lhe assumir a administração dos bens diligenciará imediatamente restituir a coisa depositada e, não querendo ou não podendo o depositante recebê-la, recolhê-la-á ao Depósito Público ou promoverá nomeação de outro depositário.

COMENTÁRIOS DOUTRINÁRIOS: Diante de ocasional incapacidade superveniente do depositário, a obrigação deste é transferida ao seu representante e este deverá diligenciar a entrega do bem, independentemente de previsão de prazo para a restituição, tendo em vista que a incapacidade resolve o contrato. O dispositivo acima mencionado não faz referência expressa à figura do curador, o que nos leva a crer que esta obrigação será da pessoa que imediatamente assumir a administração dos bens do depositário, podendo ser um irmão, o cônjuge, o companheiro, o ascendente, o descendente, dentre outros. Pela citada regra, o administrador do depositário tem a faculdade de substituir a obrigação de fazer o depósito judicial da coisa pela nomeação de um novo depositário, caracterizando um exemplo de obrigação facultativa.

Art. 642. O depositário não responde pelos casos de força maior; mas, para que lhe valha a escusa, terá de prová-los.

COMENTÁRIOS DOUTRINÁRIOS: O depositário impedido de restituir a coisa por perda, em decorrência de alguma circunstância de força maior está isento de responsabilidade civil, desde que se desincumba do ônus de provar imposto pela norma acima citada. Como exemplos, tomemos o caso de um incêndio não provocado, uma enchente, um assalto ou, até mesmo, a desapropriação, que funciona como um fato do príncipe igualmente invencível.

JURISPRUDÊNCIA COMENTADA: O consumidor de serviços de fornecimento de água é considerado depositário do hidrômetro da companhia de abastecimento, contudo não responde por eventual furto do mesmo. Neste sentido: "Apelações cíveis. Ação de indenização por danos materiais e morais. Fornecimento de água. Furto do hidrômetro. Cobrança indevida de valores ao consumidor/autor para a instalação do aparelho. Requerente não é responsável pelo pagamento do hidrômetro furtado. Configuração de comodato no caso concreto, que não admite responsabilizar o usuário pelo uso da coisa, pois, na qualidade de depositário, não responde pelo extravio do bem em caso de força maior. Inteligência do artigo 642 do Código Civil. Precedentes jurisprudenciais. Danos morais. Inexistência. Mero aborrecimento. Sentença mantida e publicada após a vigência do NCPC. Incidência dos honorários advocatícios recursais. Aplicação do artigo 85, § 11, do CPC/2015. Recursos conhecidos e desprovidos" (TJSE, AC 201800711686, Ac. 12405/2018, 1.ª Câmara Cível, Rel. Des. Osório de Araujo Ramos Filho, j. 19.06.2018, *DJSE* 25.06.2018).

Art. 643. O depositante é obrigado a pagar ao depositário as despesas feitas com a coisa, e os prejuízos que do depósito provierem.

COMENTÁRIOS DOUTRINÁRIOS: O contrato de depósito, em regra, é unilateral, porque estabelece obrigações somente ao depositário, contudo pode se converter em um contrato bilateral imperfeito, se no curso do contrato o depositário vir-se na contingência de fazer despesas oriundas da guarda da coisa e/ou ocasionais prejuízos decorrentes do depósito, circunstância que autorizará o depositário a reter a coisa até ser ressarcido.

Art. 644. O depositário poderá reter o depósito até que se lhe pague a retribuição devida, o líquido valor das despesas, ou dos prejuízos a que se refere o artigo anterior, provando imediatamente esses prejuízos ou essas despesas.

Parágrafo único. Se essas dívidas, despesas ou prejuízos não forem provados suficientemente, ou forem ilíquidos, o depositário poderá exigir caução idônea do depositante ou, na falta desta, a remoção da coisa para o Depósito Público, até que se liquidem.

COMENTÁRIOS DOUTRINÁRIOS: A norma em comento prevê o direito de retenção do depositário, nos mesmos moldes do direito de retenção do locatário e do comodatário, para o qual remetemos o leitor, para maiores detalhes. Acrescente-se que, se o crédito ainda não se mostrar líquido e certo, o depositário poderá exigir caução do depositante, e se esta não for prestada, remover a coisa para o Depósito Público.

Art. 645. O depósito de coisas fungíveis, em que o depositário se obrigue a restituir objetos do mesmo gênero, qualidade e quantidade, regular-se-á pelo disposto acerca do mútuo.

COMENTÁRIOS DOUTRINÁRIOS: Essa modalidade de depósito é denominada pela doutrina como depósito irregular, exatamente por incidir sobre bem que se pode substituir por outro de mesma espécie, quantidade e qualidade. A natureza jurídica do chamado depósito irregular é objeto de controvérsia por três correntes: a primeira defende que se trata de contrato de depósito normal, posto que a despeito da outorga do uso do bem depositado, o depositante tem em suas mãos o direito de exigir a restituição do bem fungível depositado a qualquer tempo, sem que se possa levantar qualquer escusa para obstar a devida restituição; a segunda, com lastro no art. 645 do Código Civil, defende a tese de se tratar de um contrato de mútuo, uma vez que sendo depositado bem fungível, este passará logo ao domínio do depositário, que poderá dele fazer uso, implicitamente autorizado pelo depositante. A terceira corrente sustenta tratar-se de contrato atípico, *sui generis*, em que se vislumbra a ideia de guarda, típica do depósito, e a transferência da propriedade, que é da essência do mútuo. Analisando melhor a questão, nos parece que o fato de incidir sobre bem infungível não desnatura o contrato de depósito, uma vez que os elementos que caracterizam esse contrato estão presentes, quais sejam: a entrega do bem pelo depositante e a obrigação de restituição da coisa assim que requisitada, ainda que se tenha feito a concessão ao depositário para a possibilidade de utilização do bem, o que é uma exceção, mas não a ponto de transformar o acerto em outro contrato. A despeito do caráter unilateral do mútuo e do depósito, este se realiza no interesse do depositante e aquele do mutuário, ou seja, há uma diferença muito relevante na postura do contratante que entrega a coisa. O desdobramento dessa sutil diferença é encontrado no campo da eficácia contratual, na análise dos arts. 633 e 592 do Código Civil. O primeiro dispositivo tem relação com o depósito, e permite ao depositante, ainda que o contrato tenha prazo expressamente estipulado, exigir a devolução da coisa a qualquer tempo, ressalvada a hipótese do exercício do direito de retenção, embargo judicial ou suspeita fundada de que a coisa foi obtida ilicitamente. O segundo diz respeito ao mútuo, e prescreve que o mutuante somente poderá exigir a restituição da coisa no prazo convencionado e, na ausência deste, até a próxima colheita, se o mútuo for de produtos agrícolas, assim para o consumo, como para semeadura; de trinta dias, pelo menos, se for de dinheiro; do espaço de tempo que declarar o mutuante, se for de qualquer outra coisa fungível. O depósito de dinheiro em uma instituição financeira e de mercadorias nos armazéns gerais constituem exemplos de depósito irregular. No depósito bancário, o cliente da instituição financeira entrega em depósito ao banco determinado numerário em dinheiro, com a autorização, ainda que tácita, da utilização por parte do depositário, reservando-se o direito de reclamar a importância depositada a qualquer momento. Há doutrina que entende tratar essa hipótese, na verdade, de empréstimo de consumo, pois a instituição financeira irá se utilizar do dinheiro, o depositante será remunerado pelos juros, e há intenção inequívoca das partes de realizar um empréstimo. O depósito de objetos de valor econômico no banco, como joias, obras de arte ou até mesmo a custódia de títulos de crédito ou documentos representativos de ações pertencentes a sociedades anônimas constituem modalidade de contrato atípico misto, de depósito regular com locação. O primeiro traço contratual se manifesta em razão de a instituição financeira se obrigar a guardar com segurança e, instada a tanto, restituir a qualquer tempo o bem depositado a seu cliente. O segundo é vislumbrado no pagamento de aluguel pelo espaço no qual a coisa será guardada. Esse contrato é regido pelo Código de Defesa do Consumidor, e qualquer cláusula que impossibilite, exonere ou atenue a obrigação de indenizar do fornecedor será reputada nula de pleno direito, nos termos do art. 51, inc. I, da Lei n. 8.078/1990. Outro exemplo de depósito irregular ocorre nos armazéns gerais, instituído no Direito Brasileiro pelo Decreto n. 1.102/1903. O art. 12 do referido decreto dispõe categoricamente que, no caso de bens depositados substituíveis, é permitido à sociedade empresária que funciona como depositária, receber mercadorias da mesma natureza e qualidade, pertencentes a diversos donos, guardando-as misturadas, sendo que o item 1 do § 1º da referida norma é ainda mais enfático quanto a essa peculiar natureza dos bens deixados em depósito, ao dizer que o armazém geral não é obrigado a restituir exatamente o que recebeu, devendo entregar, obviamente, mercadorias da mesma qualidade, tudo a indicar a possibilidade de depósito de bens fungíveis nos armazéns gerais. Ante a fungibilidade dos objetos depositados, o armazém geral, enquanto instituição empresarial, tem legitimidade para emitir dois títulos causais que, em verdade, representam a propriedade das mercadorias depositadas. O conhecimento de depósito permite a circulação documental da coisa depositada e municia o seu titular a requisitar a entrega do bem ao depositário, por ser considerado proprietário e transmitir por endosso a um terceiro. O *warrant* permite ao titular contrair empréstimos, empenhando ao seu credor a propriedade do título.

Art. 646. O depósito voluntário provar-se-á por escrito.

COMENTÁRIOS DOUTRINÁRIOS: Apesar de o depósito ser considerado contrato informal, aconselhável que se reduza a escrito o conteúdo do contrato, a fim de que se possa provar com fidedignidade a sua realização, definir a temporariedade do depósito da coisa, eventual remuneração do depositário e os seus efeitos, assim como dotar o depositante de poderoso instrumento processual de coerção para a devolução do bem, sob pena de multa, além da facilitação da defesa judicial, no caso de recusa injustificada do depositário de restituir a coisa depositada. O documento escrito, portanto, valerá apenas como meio de prova da realização do pacto.

SEÇÃO II
DO DEPÓSITO NECESSÁRIO

Art. 647. É depósito necessário:

I – o que se faz em desempenho de obrigação legal;

II – o que se efetua por ocasião de alguma calamidade, como o incêndio, a inundação, o naufrágio ou o saque.

COMENTÁRIOS DOUTRINÁRIOS: Depósito necessário é aquele que surge de uma imposição legal ou em decorrência de situação de calamidade provocada por força maior. Na ordem lógica posta, divide-se em depósito legal e depósito miserável. A essência do depósito voluntário é observada no depósito necessário, no tocante à obrigação de guarda e de restituir a coisa assim que exigida pelo titular do bem. A diferença está em que, no primeiro, a causa do depósito é uma necessidade negocial de custódia do bem, enquanto o segundo é movido por uma necessidade inadiável, exigida por lei ou não querida pelas partes, pois retrata um contexto calamitoso para o depositante. Outra grande diferença é a ausência do elemento *confiança*, inerente ao depósito que se faz por força da manifestação de vontade e ausente quando o seu surgimento decorre da lei. Quanto à produção de efeitos jurídicos, duas outras diferenças podem ser retratadas: 1) depósito voluntário presume-se gratuito e o necessário oneroso; 2) o depósito voluntário prova-se por escrito, e o oneroso irá exigir para a sua demonstração qualquer meio de prova admitido em direito. No depósito necessário, o depositário mais se parece com um prestador de serviço, nascendo daí a justificativa da presunção legal, pois a onerosidade impõe um maior rigor de cuidado no depositário. O depósito miserável, como o nome doutrinário sugere, deriva de situações calamitosas em que, por uma natural obrigação de solidariedade, uma pessoa recolhe os bens de outra a fim de evitar perecimento ou a própria destruição total. Os fatos jurídicos extraordinários, naturais ou humanos, que podem acarretar o depósito miserável, são a guerra, enchente, naufrágio, saque, desabamento de uma encosta provocando deslizamento de terra, dentre outros.

Art. 648. O depósito a que se refere o inciso I do artigo antecedente, reger-se-á pela disposição da respectiva lei, e, no silêncio ou deficiência dela, pelas concernentes ao depósito voluntário.

Parágrafo único. As disposições deste artigo aplicam-se aos depósitos previstos no inciso II do artigo antecedente, podendo estes certificarem-se por qualquer meio de prova.

COMENTÁRIOS DOUTRINÁRIOS: O depósito legal nasce de uma determinação da lei, a fim de impor o dever de guarda do bem alheio nas situações definidas no texto legal. As hipóteses em que excepcionalmente o depositário não é obrigado a restituir o bem ao depositante, constituem duas situações de depósito legal. Na primeira, há motivo bastante para fundada suspeita de que a coisa foi obtida de modo ilícito pelo depositante, e na segunda existe incapacidade superveniente do depositário, sem que se tenha ou saiba de seu representante ou administrador. Em ambos os casos, o depositante deverá proceder ao recolhimento da coisa ao Depósito Público e, até que isso ocorra ficará, por força da lei, como depositário. Outro exemplo digno de nota é o instituto jurídico da descoberta, positivado no art. 1.233 do Código Civil.

JURISPRUDÊNCIA COMENTADA: Exemplo comum de depósito necessário é aquele feito pelas autoridades públicas, de veículos rebocados em razão de alguma infração, no qual o ente público será responsabilizado por eventuais prejuízos. Neste sentido: "Apelação cível. Ação de obrigação de fazer. Veículo furtado e posteriormente recuperado pela autoridade policial. Depósito em pátio municipal. Proprietária que não obteve êxito em encontrá-lo. Desaparecimento do automóvel. Alegação da municipalidade de inexistência de tal veículo em seus registros. Inadmissibilidade. Provas nos autos comprovando os fatos alegados pela autora. Dever de guarda do qual a prefeitura não se desincumbiu. Depósito necessário, nos termos do artigo 647, inciso I, do Código Civil. Ação julgada procedente para determinar à ora apelante a devolução do veículo descrito nos autos, sob pena de multa diária no valor de R$ 100,00, limitada ao teto de R$ 10.000,00. Reforma parcial da sentença apenas para reduzir o valor do limite da multa aplicada a R$ 8.138,00, correspondente à cotação do veículo segundo estimado pela Tabela FIPE de agosto de 2016. Recurso parcialmente provido" (TJSP, Apelação Cível 1000560-89.2016.8.26.0348, 7.ª Câmara de Direito Público, Rel. Des. Eduardo Gouvea, j. 03.10.2016).

Art. 649. Aos depósitos previstos no artigo antecedente é equiparado o das bagagens dos viajantes ou hóspedes nas hospedarias onde estiverem.

Parágrafo único. Os hospedeiros responderão como depositários, assim como pelos furtos e roubos que perpetrarem as pessoas empregadas ou admitidas nos seus estabelecimentos.

COMENTÁRIOS DOUTRINÁRIOS: O hospedeiro é reputado, por equiparação legal, a depositário dos bens do hóspede que, por sua vez, figura como depositante. Na dicção do Código Civil, os hospedeiros respondem por atos ilícitos levados a efeito pelos seus prepostos, trazendo exemplo expresso de responsabilidade civil indireta, na qual a culpa provada do preposto ou de um hóspede que cometa furto ou cause outro dano, geraria a responsabilidade do estabelecimento que alberga pessoa por dinheiro. Ocorre que essa concepção de responsabilidade civil por fato de terceiro está completamente superada, em razão da submissão desse tipo de contrato ao Código de Defesa do Consumidor, que acarreta responsabilidade civil objetiva, isto é, sem a necessidade da comprovação da culpa (art. 14 da Lei n. 8.078/1990), e direta do fornecedor, no caso, hospedeiro.

Art. 650. Cessa, nos casos do artigo antecedente, a responsabilidade dos hospedeiros, se provarem que os fatos prejudiciais aos viajantes ou hóspedes não podiam ter sido evitados.

COMENTÁRIOS DOUTRINÁRIOS: O hospedeiro se exime do dever de indenizar se conseguir provar que não era possível evitar a ocorrência do dano sofrido pelo hóspede, isto é, se estiver diante de um caso fortuito ou de força maior. A título de exemplos, temos o desmoronamento involuntário do prédio, enchente, assalto a mão armada do hotel, tempestades, dentre outras hipóteses. O hospedeiro também não responderá pelo prejuízo se o fato danoso for causado exclusivamente por um fato atribuível ao próprio ofendido, como seria o caso de o hóspede deixar a porta do aposento aberta ou se, estando fora de si, por uma discussão acalorada com o parceiro, a mulher arremessar a mala de viagem pela janela, causando o perecimento do seu conteúdo.

Art. 651. O depósito necessário não se presume gratuito. Na hipótese do art. 649, a remuneração pelo depósito está incluída no preço da hospedagem.

COMENTÁRIOS DOUTRINÁRIOS: O artigo em comento é uma das exceções à regra de que o contrato de depósito é presumidamente gratuito. Com efeito, um depósito necessário, em regra, é imposto ao depositário independentemente de sua vontade, não sendo razoável que este não tenha qualquer remuneração, até mesmo a título de compensação.

Art. 652. Seja o depósito voluntário ou necessário, o depositário que não o restituir quando exigido será compelido a fazê-lo mediante prisão não excedente a um ano, e ressarcir os prejuízos.

COMENTÁRIOS DOUTRINÁRIOS: No antigo Código de Processo Civil, a ação de depósito encontrava-se catalogada expressamente entre as demandas que seguiam o procedimento especial de jurisdição contenciosa, e tinha por fim exigir a restituição da coisa depositada (art. 901 do CPC/1973) que, inclusive, previa a prisão civil do depositário infiel (art. 904 do CPC/1973). Essa modalidade de prisão civil tem previsão expressa na Constituição Federal, no art. 5º, inc. LXVII: "Não haverá prisão civil por dívida, salvo a do responsável pelo inadimplemento voluntário e inescusável de obrigação alimentícia e a do depositário infiel". Em que pese o permissivo constitucional, a doutrina e a jurisprudência pátria evoluíram ao ponto de considerar tal prisão como inconstitucional, fazendo prevalecer o disposto no Decreto n. 678/1992, que determinou a aplicação no Brasil do Pacto de São José da Costa Rica, o qual dispõe, no art. 7º, item 7, o seguinte: "Ninguém deve ser detido por dívidas. Este princípio não limita os mandados de autoridade judiciária competente expedidos em virtude de inadimplemento de obrigação alimentar".

JURISPRUDÊNCIA COMENTADA: No Superior Tribunal de Justiça, houve uma evolução gradual, no sentido de se restringir as possibilidades de prisão do depositário infiel. A Súmula n. 304 afirma que "é ilegal a decretação da prisão civil daquele que não assume expressamente o encargo de depositário judicial". A Súmula n. 305, por sua vez, estabelece que "é descabida a prisão civil do depositário quando, decretada a falência da empresa, sobrevém a arrecadação do bem pelo síndico". Por fim, a Súmula n. 419 estabeleceu que "descabe a prisão civil do depositário judicial infiel". A questão foi definitivamente superada com a edição da Súmula Vinculante n. 25 do STF: "É ilícita a prisão civil de depositário infiel, qualquer que seja a modalidade do depósito".

REFORMA DO CÓDIGO CIVIL: Trata-se de atualização de acordo com a Súmula Vinculante n. 25 do Supremo Tribunal Federal, que proíbe em qualquer espécie de depósito a prisão civil.

"Art. 652. Seja o depósito voluntário ou necessário, o depositário que não o restituir quando exigido será interpelado a fazê-lo e a ressarcir os prejuízos."

CAPÍTULO X
DO MANDATO

SEÇÃO I
DISPOSIÇÕES GERAIS

Comentários de
FLÁVIO TARTUCE

Art. 653. Opera-se o mandato quando alguém recebe de outrem poderes para, em seu nome, praticar atos ou administrar interesses. A procuração é o instrumento do mandato.

COMENTÁRIOS DOUTRINÁRIOS: Contrato com grande aplicação prática é o de mandato, tipificado no atual Código Civil entre os arts. 653 e 692. Pelo primeiro dispositivo, ora comentado, trata-se do contrato pelo qual alguém – o mandante – transfere poderes a outrem – o mandatário –, para que este, em seu nome, pratique atos ou administre interesses. O mandatário age sempre em nome do mandante, havendo um negócio jurídico de representação. Ao contrário do que muitas vezes ocorre na prática, não se pode confundir o mandato com a procuração, uma vez que a última não constitui um contrato, mas sim o meio pelo qual o negócio se instrumentaliza. Além disso, é correto afirmar que a procuração é independente do mandato, assim como ocorre com a representação. O mandato é um contrato, um negócio jurídico bilateral, ao passo que a procuração é um ato jurídico unilateral com a simples atribuição de poderes que não pressupõe a aceitação expressa. No que diz respeito à sua natureza jurídica, o mandato é um contrato unilateral, em regra, uma vez que somente atribui obrigações ao mandatário; sendo o mandante credor da relação jurídica obrigacional. Como se verá pelo estudo do art. 658 do Código Civil, presume-se como gratuito o mandato civil; podendo ser eventualmente oneroso. Trata-se ainda de um contrato consensual – que tem aperfeiçoamento com a manifestação de vontade das partes –, e comutativo – eis que a prestação ou prestações são conhecidas pelas partes. É um negócio jurídico informal e não solene, como regra, pois não exige sequer forma escrita. Geralmente é apontado como um contrato preparatório e acessório de outro negócio que será efetuado, como ocorre na outorga de poderes para venda de imóveis. Tem-se, ainda, um contrato *intuitu personae* ou personalíssimo, baseado na fidúcia ou confiança que o mandante deposita no mandatário. Por fim, com relação à caracterização do contrato de mandato como de consumo, é possível a aplicação da Lei n. 8.078/1990 se estiverem presentes os requisitos previstos nos arts. 2º e 3º do CDC. Sobre a aplicação da Norma Consumerista para as relações entre advogados e seus clientes, veremos como a jurisprudência se comporta no tópico a seguir.

JURISPRUDÊNCIA COMENTADA: Vários julgados enfatizam a natureza personalíssima do mandato. Assim, a título de exemplo: "com efeito, o contrato de mandato é firmado em razão da pessoa do mandatário, ou seja, *intuitu personae*, o qual recebe poderes do mandante para que, em seu nome, pratique atos ou administre interesses, na forma do art. 653 do Código Civil" (TJRJ, Apelação Cível 0010547-14.2007.8.19.0014, 8.ª Câmara Cível, Campos dos Goytacazes, Rel. Des. Mônica Maria Costa Di Piero, *DORJ* 16.11.2018, p. 245). Com base no mesmo dispositivo, acórdãos reconhecem que a "representação voluntária não se confunde com representação legal, sendo a primeira decorrente de outorga de poderes permitida pelos artigos 653 e 654 do Código Civil" (TJMG, Apelação Cível 1.0287.13.009501-4/001, Rel. Des. José Augusto Lourenço dos Santos, j. 25.10.2017, *DJEMG* 01.11.2017). Também merece destaque a conclusão segundo a qual "o art. 653 do CC/2002 aplicado ao caso, permite a construção de que o mandato se operacionaliza quando se recebe poderes de alguém para, no nome dele, praticar ações ou gerenciar interesses, razão pela qual não podem ser invocadas suas características para afastamento da rescisão contratual, sob pena de desnaturação do princípio da gravitação jurídica" (TJDF, Apelação Cível 2015.11.1.005186-2, Acórdão 103.8875, 7.ª Turma Cível, Rel. Des. Leila Cristina Garbin Arlanch, j. 09.08.2017, *DJDFTE* 18.08.2017). Sobre a aplicação do CDC para os contratos celebrados entre advogados e seus clientes, o Superior Tribunal de Justiça já concluiu no passado por sua subsunção: "Código de Defesa do Consumidor. Incidência na relação entre advogado e cliente. Precedentes da Corte. 1. Ressalvada a posição do Relator, a Turma já decidiu pela incidência do Código de Defesa do Consumidor na relação entre advogado e cliente. 2. Recurso especial conhecido, mas desprovido" (STJ, REsp 651.278/RS, 3.ª Turma, Rel. Min. Carlos Alberto Menezes Direito, j. 28.10.2004, *DJ* 17.12.2004, p. 544, *REPDJ*

01.02.2005, p. 559). Todavia, tem prevalecido na atual composição da Corte Superior o entendimento em contrário, conforme publicação constante da Edição n. 39 da ferramenta Jurisprudência em Teses: "Não se aplica o Código de Defesa do Consumidor à relação contratual entre advogados e clientes, a qual é regida pelo Estatuto da Advocacia e da OAB – Lei n. 8.906/94" (tese 8). São citados como alguns dos precedentes, os seguintes acórdãos do STJ: AgRg nos EDcl no REsp 1.474.886/PB, 4.ª Turma, Rel. Min. Antonio Carlos Ferreira, j. 18.06.2015, *DJe* 26.06.2015; REsp 1.134.709/MG, 4.ª Turma, Rel. Min. Maria Isabel Gallotti, j. 19.05.2015, *DJe* 03.06.2015; REsp 1.371.431/RJ, 3.ª Turma, Rel. Min. Ricardo Villas Bôas Cueva, j. 25.06.2013, *DJe* 08.08.2013; REsp 1.150.711/MG, 4.ª Turma, Rel. Min. Luis Felipe Salomão, j. 06.12.2011, *DJe* 15.03.2012; e REsp 1.123.422/PR, 4.ª Turma, Rel. Min. João Otávio de Noronha, j. 04.08.2011, *DJe* 15.08.2011. Esse é o entendimento a ser adotado para os devidos fins práticos.

Art. 654. Todas as pessoas capazes são aptas para dar procuração mediante instrumento particular, que valerá desde que tenha a assinatura do outorgante.

§ 1º O instrumento particular deve conter a indicação do lugar onde foi passado, a qualificação do outorgante e do outorgado, a data e o objetivo da outorga com a designação e a extensão dos poderes conferidos.

§ 2º O terceiro com quem o mandatário tratar poderá exigir que a procuração traga a firma reconhecida.

COMENTÁRIOS DOUTRINÁRIOS: Preconiza o art. 654 do Código Civil que todas as pessoas capazes são aptas para dar procuração mediante instrumento particular, devendo ser observadas as regras previstas nos arts. 3º e 4º da própria codificação, a respeito dos absoluta e relativamente incapazes, respectivamente. Isso sob pena de nulidade absoluta (art. 166, inc. I) ou relativa do contrato (art. 171, inc. I, do CC). A norma também estabelece como requisitos de validade do contrato, desde que seja feita a opção pelo instrumento particular, a assinatura daquele que pretende outorgar poderes. O instrumento de procuração deverá conter ainda, mais uma vez como requisitos de validade: a) a indicação do lugar onde foi passado; b) a qualificação do outorgante (mandante) e do outorgado (mandatário); c) a data da outorga; d) o objetivo da outorga; e) a designação e a extensão dos poderes outorgados. O desrespeito a tais requisitos faz com que o contrato seja nulo, por desrespeito à forma e às solenidades (art. 166, incs. IV e V, do CC). Além disso, eventual terceiro poderá exigir, para que o negócio lhe gere efeitos, que a procuração tenha firma reconhecida. Em outras palavras, esse reconhecimento de firma é fator para que o mandato tenha efeitos contra todos ou *erga omnes*, estando relacionado às consequências do ato. Nesse sentido, foi corrigida uma falha técnica existente no Código Civil de 1916 que associava o reconhecimento de firma também à validade. Sendo assim, nota-se que os parágrafos do art. 654 do Código Civil de 2002 situam-se em planos distintos do negócio jurídico: o § 1º está no plano da validade; o § 2º no plano da eficácia. Por fim, como visto anteriormente, os requisitos do § 1º são aplicáveis para a cessão de crédito, para que essa tenha efeitos perante terceiros, sendo feita a opção pelo instrumento particular em tal transmissão da obrigação (art. 288 do CC).

JURISPRUDÊNCIA COMENTADA: O Superior Tribunal de Justiça já entendeu que o reconhecimento de firma é essencial para o exercício de poderes especiais no mandato *ad judicia*: "O art. 38 do CPC e o § 2º, do art. 5º, da Lei n. 8.906/1994, prestigiam a atuação do advogado com dispensar o reconhecimento da firma, no instrumento de procuração, do outorgante para a prática de atos processuais em geral. Para a validade, contudo, dos poderes especiais, se contidos no mandato, necessariamente há de ser reconhecida a firma do constituinte" (STJ, REsp 616.435/PE, 5.ª Turma, Rel. Min. José Arnaldo da Fonseca, j. 04.08.2005, *DJ* 05.09.2005, p. 461). Todavia, da mesma Corte Superior, seguindo outro caminho e mais afeito à operabilidade ou facilitação do Direito Privado, um dos baluartes do Código Civil de 2002: "Alegação de afronta ao art. 38 do CPC, c/c o art. 1.289, § 3º, do CC/1916. Não ocorrência. Desnecessidade de reconhecimento da firma de procuração outorgada a advogado, para postulação em juízo [...]" (STJ, REsp 296.489/PB, 2.ª Turma, Rel. Min. Humberto Martins, j. 06.11.2007, *DJ* 19.11.2007, p. 215). Ou, ainda: "A atual redação do art. 38 do Código de Processo Civil, com a redação dada pela Lei n. 8.952/94, passou a dispensar o reconhecimento de firma para as procurações *ad judicia et extra*, o que vale dizer que mesmo os instrumentos com poderes especiais estão acobertados pela dispensa legal. Revisão da jurisprudência da Segunda

Turma a partir do precedente da Corte Especial (REsp 256.098, Ministro Sálvio de Figueiredo Teixeira, *DJ* de 07.12.2001)" (STJ, REsp 716.824/AL, 2.ª Turma, Rel. Min. Eliana Calmon, j. 11.04.2006, *DJ* 22.05.2006, p. 185). Por fim, do ano de 2020: "A procuração outorgada pelo mandante sem que tenha sido reconhecida a firma de sua assinatura não invalida, por si só, o mandato, especialmente se a dúvida eventualmente existente acerca da autenticidade do documento vier a ser dirimida por prova suficiente, como a perícia grafotécnica" (STJ, REsp 1.787.027/RS, 3.ª Turma, Rel. Min. Nancy Andrighi, j. 04.02.2020, *DJe* 24.04.2020). Também tem-se concluído, novamente com razão e em prol da operabilidade e facilitação, que "o art. 654, § 1º, do Código Civil de 2002, não mais exige a solenidade do registro em cartório, como prevista nos arts. 127, inciso I, e 129 da Lei n. 6.015/73 (Lei dos Registros Públicos). Registro somente para efeito *erga omnes* e não *inter partes*" (TJSP, Agravo de Instrumento 2102410-78.2018.8.26.0000, Acórdão 11816678, 12.ª Câmara de Direito Privado, São Paulo, Rel. Des. Cerqueira Leite, j. 17.09.2018, *DJESP* 26.09.2018, p. 2.048).

Art. 655. Ainda quando se outorgue mandato por instrumento público, pode substabelecer-se mediante instrumento particular.

COMENTÁRIOS DOUTRINÁRIOS: O antigo art. 1.489 do Código Civil de 1916 foi desmembrado nos arts. 654 e 655 do atual Código Civil, com mudanças pontuais. Pelo último comando, mesmo que o mandato seja outorgado por instrumento público, celebrado perante o Tabelionato de Notas, poderá haver substabelecimento mediante instrumento particular, o que confirma a liberdade das formas que atinge o mandato, como se retira do art. 107 da própria codificação privada. Interpretando a norma em comento, prevê o Enunciado n. 182 do Conselho da Justiça Federal, aprovado na *III Jornada de Direito Civil* (2002), que "o mandato outorgado por instrumento público previsto no art. 655 do CC somente admite substabelecimento por instrumento particular quando a forma pública for facultativa e não integrar a substância do ato". A título de exemplo, se o mandato é para venda de imóvel com valor superior a trinta salários mínimos, tanto a procuração quanto o substabelecimento deverão ser celebrados por escritura pública, atendendo-se o que consta do art. 108 do CC/2002. A escritura pública pode ser feita pela via digital ou eletrônica, nos termos do antigo Provimento n. 100 do Conselho Nacional de Justiça, de maio de 2020 (*e-notariado*), que, em 2023, foi incorporado ao Código Nacional de Normas (CNN-CNJ), devendo ser observadas as suas regras específicas de validade previstas a partir do seu art. 284.

JURISPRUDÊNCIA COMENTADA: Como se retira de preciso julgado estadual, não há qualquer amparo legal na exigência de que constem, no substabelecimento, o nome das partes, o número do processo ou qualquer outro dado que o vincule aos autos do processo. Isso porque, "na verdade, o art. 655 do Código Civil revela que não se exige do instrumento de substabelecimento o mesmo formalismo requerido para a procuração" (TJMG, Embargos de Declaração 1.0702.12.070107-4/005, Rel. Des. Washington Ferreira, j. 28/10/2015, *DJEMG* 11.11.2015).

REFORMA DO CÓDIGO CIVIL: Pretende-se alterar o art. 655 do Código Civil, que passaria a ter a seguinte redação: "Ainda quando se outorgue mandato por instrumento público, pode substabelecer-se mediante instrumento particular, se a forma pública não era da substância do ato". Como se pode perceber, trata-se de proposição que traz para o texto da lei o citado Enunciado n. 182 da *III Jornada de Direito Civil*, em prol da segurança jurídica, e concretizando-se na norma a posição doutrinária amplamente majoritária.

Art. 656. O mandato pode ser expresso ou tácito, verbal ou escrito.

COMENTÁRIOS DOUTRINÁRIOS: Como antes exposto, o mandato é um contrato informal e não solene, como premissa geral, pois pode ser expresso ou tácito, verbal ou por escrito. Reitere-se, portanto, que o art. 654 do CC, no tocante aos requisitos de validade, somente tem incidência caso tenha sido feita a opção pela forma escrita, por instrumento particular. Há ainda a opção de o mandato escrito ser feito por escritura pública, perante o Tabelionato de Notas. No que diz respeito à primeira classificação retirada do comando em comento, haverá mandato expresso quando os poderes forem claramente definidos pelo mandante em um instrumento, como ocorre com a atuação de advogados constituídos.

Como exemplo de mandato tácito, cite-se a previsão constante do art. 1.324 da codificação material a respeito do condomínio comum, *in verbis*: "O condômino que administrar sem oposição dos outros presume-se representante comum".

JURISPRUDÊNCIA COMENTADA: Na prática jurisprudencial, tem-se admitido o mandato verbal em casos de administração imobiliária (por todos: TJSP, Apelação Cível 0010479-78.2010.8.26.0268, Acórdão 11652925, 33.ª Câmara de Direito Privado, Itapecerica da Serra, Rel. Des. Eros Piceli, j. 30.07.2018, *DJESP* 03.08.2018, p. 2.002). Sobre o mandato tácito, aresto do mesmo Tribunal Bandeirante reconheceu estar ele presente diante da celebração de compromisso de devolução de *container* firmado entre despachante aduaneira e comissária e consignatária das cargas, entendendo-se que a última "outorgou mandato tácito (art. 656 do CC/2002), para esse fim de recebimento da carga transportada, o que compreende autorização para a assunção dessa responsabilidade, visto que necessário para o recebimento de carga transportada e compatível com os direitos e deveres do consignatário" (TJSP, Apelação 9000122-08.2009.8.26.0562, Acórdão 10478764, 20.ª Câmara de Direito Privado, Santos, Rel. Des. Rebello Pinho, j. 22.05.2017, *DJESP* 06.06.2017, p. 2.047). Tem-se reconhecido o mandato tácito também em virtude da proximidade entre as pessoas, notadamente em virtude de parentesco que geram a presunção relativa da confiança depositada: "É de se reconhecer que o réu outorgou mandato tácito (art. 656 do Código Civil) a seu irmão, para representá-lo, fato que compreende a outorga de poderes para prática de atos necessários para firmar qualquer acordo relativo à obra de terraceamento e obrigação do réu quanto ao pagamento pela utilização dos maquinários e serviços prestados" (TJSP, Apelação 0001366-95.2008.8.26.0357, Acórdão 9183815, 8.ª Câmara de Direito Público, Mirante do Paranapanema, Rel. Des. Antonio Celso Faria, j. 17.02.2016, *DJESP* 01.03.2016).

Art. 657. A outorga do mandato está sujeita à forma exigida por lei para o ato a ser praticado. Não se admite mandato verbal quando o ato deva ser celebrado por escrito.

COMENTÁRIOS DOUTRINÁRIOS: A norma mantém relação com o antes mencionado Enunciado n. 182 da *III Jornada de Direito Civil*, uma vez que a outorga do mandato, na verdade da procuração, está sujeita à forma exigida por lei para o ato principal a ser praticado, sob pena de nulidade absoluta, por desrespeito à forma ou à solenidade (art. 166, incs. IV e V, do CC). Há, assim, uma *atração da forma* no que diz respeito ao instrumento do mandato. Além disso, o mandato verbal não é admitido para os casos em que o ato deva ser celebrado por escrito, caso, por exemplo, do mandato para prestar fiança, uma vez que o art. 819 do CC exige para esse negócio de garantia a forma escrita.

JURISPRUDÊNCIA COMENTADA: Aplicando o art. 657 do Código Civil, o Tribunal de Justiça do Rio de Janeiro concluiu pela nulidade da arrematação de bem imóvel, pela falta de outorga de poderes para leiloeiro pela forma pública: "Acresce o fato de que o suposto procurador do arrematante teria afirmado ao Sr. Leiloeiro que a procuração seria oportunamente materializada após a hasta, o que não foi sequer concretizado. A outorga de poderes encontra-se sujeita à forma exigida por Lei para o ato a ser praticado. Inteligência do artigo 657, do Código Civil. Manifesto prejuízo à agravante, ao ter de arcar com o elevado valor da arrematação. Nulidade absoluta" (TJRJ, Agravo de Instrumento 0061596-24.2016.8.19.0000, 21.ª Câmara Cível, Rio de Janeiro, Rel. Des. Denise Levy Tredler, *DORJ* 13.11.2017, p. 259). Em casos de distratos relativos à compra e venda de imóveis, pelo mesmo preceito, tem-se exigido a declaração expressa de um dos cônjuges e a outorga de poderes de forma escrita, sob pena de nulidade. Como se retira de trecho de decisão do Tribunal Paulista, "elementos probatórios constantes dos autos não são suficientes para autorizar a conclusão de que o Distrato tenha sido assinado pelo marido da autora sob presunção clara de ciência e autorização. Necessidade de celebração de instrumento de procuração, documentado, entre os cônjuges, na exata conformidade do artigo 657 do Código Civil de 2002. Necessidade de dilação probatória e integração dos réus ao contraditório para análise da questão da validade e eficácia do Distrato. Sentença reformada" (TJSP, Apelação Cível 0002716-62.2011.8.26.0471, Acórdão 8489260, 9.ª Câmara de Direito Privado, Porto Feliz, Rel. Des. José Aparício Coelho Prado Neto, j. 02.02.2016, *DJESP* 26.02.2016).

Art. 658. O mandato presume-se gratuito quando não houver sido estipulada retribuição, exceto se o seu objeto corresponder ao

daqueles que o mandatário trata por ofício ou profissão lucrativa.

Parágrafo único. Se o mandato for oneroso, caberá ao mandatário a retribuição prevista em lei ou no contrato. Sendo estes omissos, será ela determinada pelos usos do lugar, ou, na falta destes, por arbitramento.

COMENTÁRIOS DOUTRINÁRIOS: Como antes destacado, há uma presunção relativa ou *iuris tantum* de que o mandato é gratuito, premissa que se aplica para os contratos civis, ou seja, para os que não assumem a faceta empresarial ou em que o mandatário não seja profissional. Nos últimos casos, a presunção relativa passa a ser de onerosidade, não havendo a necessidade de que a retribuição seja estipulada expressamente, o que se aplica aos advogados e aos mandatários *ad negotia* que atuam no mercado de forma habitual e com intuito de lucro. Caso o mandato assuma a forma onerosa, com prestação e contraprestação, o mandatário terá direito à remuneração devida, comumente denominada como honorários, estando essa prevista em lei ou no instrumento negocial. Se o contrato for omisso, a remuneração deve ser fixada de acordo com os usos locais, com as regras de tráfego e, não os havendo, por arbitramento, geralmente pelo Poder Judiciário. Sobre o mandato *ad judicia*, exercido por advogados, o art. 22 do Estatuto da Advocacia (Lei n. 8.906/1994) estabelece que a prestação de serviço profissional assegura aos inscritos na OAB o direito aos honorários convencionados, aos fixados por arbitramento judicial e aos de sucumbência. Não se pode admitir, em havendo a presunção de onerosidade, que não exista remuneração, o que conduziria ao enriquecimento sem causa do mandante.

JURISPRUDÊNCIA COMENTADA: Tem-se aplicado o parágrafo único do art. 658 do Código Civil em inúmeros casos envolvendo mandato *ad judicia* em favor de advogados, inclusive com a fixação sobre parte da dívida recebida pelo credor. Por todos: TJSP, Apelação 1116397-97.2015.8.26.0100, Acórdão 11948745, 26.ª Câmara de Direito Privado, São Paulo, Rel. Des. Antonio Nascimento, j. 25.10.2018, *DJESP* 06.11.2018, p. 3.088; TJSP, EDcl 1134878-74.2016.8.26.0100/50001, Acórdão 11739341, 26.ª Câmara de Direito Privado, São Paulo, Rel. Des. Antonio Nascimento, j. 21.08.2018, *DJESP* 02.10.2018, p. 2.408; e TJPR, Apelação Cível 1680099-4, 12.ª Câmara Cível, Iporã, Rel. Juiz Conv. Luciano Carrasco Falavinha Souza, j. 21.03.2018, *DJPR* 05.04.2018, p. 123). O mesmo diploma tem sido aplicado para reconhecer o direito aos honorários mesmo em casos de revogação prematura do mandato (TJSP, Agravo de Instrumento 2118265-97.2018.8.26.0000, Acórdão 11650593, 26.ª Câmara de Direito Privado, Jaboticabal, Rel. Des. Antonio Nascimento, j. 27.07.2018, *DJESP* 07.08.2018, p. 2.505). Aplicando a norma em comento, sobre a fixação da remuneração em favor de advogado e sob o enfoque da boa-fé objetiva, aresto superior julgou da seguinte forma: "Não é demasiado trazer à baila o tão decantado dever de observância ao princípio da boa-fé objetiva, exigido pelo art. 422 do CC/2002, por meio do qual se almeja estabelecer um padrão ético de conduta entre as partes nas relações obrigacionais, assim como o disposto no art. 423 do mesmo diploma legal, que assegura ao aderente a interpretação mais favorável das cláusulas ambíguas. Por influxo de tais normas, entende-se que o advogado não age com boa-fé ao impor, em contratos com cláusula *quota litis*, a formalização do pacto de prestação de serviços advocatícios no qual sua remuneração venha a ser calculada em percentual sobre o valor 'apurado em liquidação de sentença', e não sobre aquele efetivamente recebido pelo contratante, porquanto em desacordo com o estabelecido no Código de Ética e Disciplina erigido pela própria categoria. Ademais, tal cláusula se mostra ambígua, uma vez que o valor apurado em liquidação de sentença nem sempre representa a vantagem da parte vencedora no processo, sendo comum a não satisfação do crédito reconhecido na fase de conhecimento, mormente quando o devedor/condenado é insolvente ou se encontra em processo de falência, a exemplo do que ocorre na hipótese em anunciação. Desse modo, estando, na espécie, as condições fáticas descritas pelas instâncias ordinárias, deve a cláusula contratual que fixou a remuneração do advogado em percentual elevado (23%) sobre o valor da condenação ser aplicada de modo a que o referido percentual incida, ou seja, tenha como base de cálculo o benefício alcançado pela parte na demanda trabalhista. Deve-se considerar, portanto, o montante correspondente à cessão do crédito, sob pena de o causídico receber honorários em quantia maior que a vantagem obtida por seu cliente, uma vez que, dos R$ 10.782,85 recebidos por intermédio da cessão, terá que transferir ao advogado R$ 8.554,00 corrigidos monetariamente e acrescidos de juros, o que já ultrapassa o valor de R$ 13.000,00" (STJ, REsp 1.354.338/SP, 4.ª Turma, Rel. Min. Luis

Felipe Salomão, Rel. p/ Acórdão Min. Raul Araújo, j. 19.03.2019, *DJe* 24.05.2019). A conclusão final é precisa e correta, tendo o meu apoio doutrinário, notadamente por considerar como cabível a intervenção do julgador quanto aos honorários somente em hipóteses excepcionais.

Art. 659. A aceitação do mandato pode ser tácita, e resulta do começo de execução.

COMENTÁRIOS DOUTRINÁRIOS: Tendo em vista a sua natureza personalíssima ou *intuitu personae*, a aceitação dos termos do negócio pelo mandatário é considerada requisito essencial do contrato. Porém, pode ela ser expressa ou tácita, decorrente de comportamento concludente do mandatário que indica ter aceitado os poderes que lhe foram atribuídos. Em outras palavras, se o mandatário der início a atos de execução, presume-se que o beneficiado por tais atos (o mandante) aceitou o mandato. O simples silêncio não indica aceitação do mandato, pois quem cala não consente, regra retirada do art. 111 do próprio Código Civil.

JURISPRUDÊNCIA COMENTADA: Em caso envolvendo outorga de mandato para administração de imóveis, entendeu o Tribunal de Justiça do Rio de Janeiro pela presença de aceitação tácita pelo fato de que o mandatário recebeu os aluguéis e prestou contas por longos anos. Como constou do *decisum*, "alegação do Autor de ausência de outorga de poderes à Administradora Ré para atuar em seu nome. Afirmação de que os alugueres eram cobrados em valor inferior ao preço de mercado, o que caracteriza dano material. Sentença de improcedência. Apelação do Autor. Contrato de mandato de natureza tácita. Inteligência do art. 659 do CC/2002. Autor/Apelante recebia os valores dos alugueres e as respectivas prestações de contas, desde o ano de 2008, sem questionamento. Laudo pericial concluiu que os reajustes dos aluguéis foram corretamente calculados, segundo índice previsto em contrato de locação. IGP-M. Ausência de motivo a justificar a relativização do princípio do *pacta sunt servanda*. Ausentes os pressupostos da obrigação de indenizar, evidente não se mostra a ocorrência de dano moral ou material, impondo-se a manutenção da sentença vergastada" (TJRJ, Apelação 0012545-83.2014.8.19.0042, 26.ª Câmara Cível, Petrópolis, Rel. Desig. Des. Ricardo Alberto Pereira, j. 17.05.2018, *DORJ* 18.05.2018, p. 600).

Art. 660. O mandato pode ser especial a um ou mais negócios determinadamente, ou geral a todos os do mandante.

COMENTÁRIOS DOUTRINÁRIOS: O preceito consagra a classificação do mandato quanto aos poderes que são outorgados ao mandatário. Assim, pode ser *geral* ou *em termos gerais*, dizendo respeito a todos os negócios do mandante. Por outra via, com menor extensão, é possível o *mandato especial*, que diz respeito a apenas alguns deles, de forma determinada no instrumento. Em casos de dúvidas, deve-se entender que o mandato é específico para o ato que está sendo praticado *in casu*, merecendo interpretação restritiva e nunca extensiva, conclusão que é retirada dos parágrafos do art. 661 a seguir comentados.

JURISPRUDÊNCIA COMENTADA: Em hipótese fática bem interessante, o Tribunal do Distrito Federal abordou caso de procuração que conferia poderes para contratar plano de previdência. Julgou-se pela presença de mandato com poderes especiais, "tendo em vista que a extensão dos poderes conferidos e os negócios nele determinados ultrapassam os necessários à administração ordinária (art. 661 do CC), que compreende a simples gerência dos bens do mandante". Reconhecido como válido e eficaz o negócio, entendeu-se pela presença de dever da seguradora de pagar à beneficiária indicada pela contratante o saldo acumulado, conforme os termos exatos que foram fixados no contrato de seguro (TJDF, Apelação Cível 2015.01.1.111767-9, Acórdão 976.881, 5.ª Turma Cível, Rel. Desª Maria Ivatônia, j. 26.10.2016, *DJDFTE* 24.01.2017). Trazendo uma interpretação restritiva a mandato específico outorgado para abertura de conta-corrente, por todos os numerosos arestos que assim concluem: "Mandato específico. Interpretação restritiva. Autorização exclusiva para o ato identificado, limitados os poderes do mandatário nos termos da outorga (art. 660, do Código Civil). Poderes 'amplos e ilimitados' dentro da esfera de disponibilidade do poder outorgado limitação na consecução do ato objeto da procuração. Res. 2.025, de 1993, do BACEN a Instituição Financeira deve implementar 'regras rígidas' para evitar fraudes na abertura de conta-corrente, respondendo pela conferência da exatidão dos documentos apresentados" (TJSP, Apelação 9161471-57.2009.8.26.0000, Acórdão 7507648, 20.ª Câmara de Direito Privado, São Paulo, Rel. Des. Maria Lúcia Pizzotti, j. 07.04.2014, *DJESP* 30.04.2014).

Art. 661. O mandato em termos gerais só confere poderes de administração.

§ 1º Para alienar, hipotecar, transigir, ou praticar outros quaisquer atos que exorbitem da administração ordinária, depende a procuração de poderes especiais e expressos.

§ 2º O poder de transigir não importa o de firmar compromisso.

COMENTÁRIOS DOUTRINÁRIOS: Como antes apontado, no *mandato geral*, há outorga de todos os direitos que tem o mandante, prevendo o *caput* do art. 661 que essa categoria só confere poderes para a prática de atos de administração. Por seu turno, o *mandato especial* engloba determinados direitos, estando, por isso, restrito aos atos ou negócios especificados expressamente no negócio firmado. Para alienar – o que inclui a venda, a doação e a celebração de compromisso de compra e venda como transmitente –, hipotecar, transigir ou praticar outros atos que exorbitem a administração ordinária, há necessidade de procuração com poderes especiais e expressos. Conforme o Enunciado n. 183 do Conselho da Justiça Federal, aprovado na *III Jornada de Direito Civil* em 2004, "para os casos em que o parágrafo primeiro do art. 661 exige poderes especiais, a procuração deve conter a identificação do objeto". Isso sob pena de nulidade do ato, por desrespeito à forma e à solenidade (art. 166, incs. IV e V, do CC). Outro aspecto a ser pontuado é que existem julgados – como um que será a seguir transcrito –, que aplicam o art. 116 do Código Civil ao mandato outorgado de forma convencional. Por esse comando, a manifestação de vontade pelo representante, nos limites de seus poderes, produz efeitos em relação ao representado. Lido ao inverso, se houver atuação além dos poderes, o ato é considerado ineficaz quanto ao representado. Quanto ao poder de transigir, este não implica o poder de firmar compromisso de arbitragem. Assim, apesar da proximidade da transação e do compromisso, contratos que geram a extinção da obrigação, a regra existente para o primeiro não se estende para o segundo.

JURISPRUDÊNCIA COMENTADA: Ilustrando a aplicação do dispositivo e do enunciado doutrinário citado para caso de doação, a jurisprudência do Superior Tribunal de Justiça entendeu que "diante da solenidade que a doação impõe, em razão da disposição de patrimônio que acarreta, somente o mandatário munido de poderes especiais para o ato é que pode representar o titular do bem a ser doado. Assinale-se que a doutrina e a jurisprudência brasileiras têm admitido a doação por procuração, desde que o doador cuide de especificar o objeto da doação e o beneficiário do ato (donatário). A propósito, o STJ já exarou o entendimento de que o *animus donandi* materializa-se pela indicação expressa do bem e do beneficiário da liberalidade, razão por que é insuficiente a cláusula que confere poderes genéricos para a doação (REsp 503.675/SP, Terceira Turma, *DJ* 27.06.2005)" (STJ, REsp 1.575.048/SP, Rel. Min. Marco Buzzi, j. 23.02.2016, *DJe* 26.02.2016). Em outra ementa com importante repercussão prática, e com conteúdo outrora citado, entendeu o Tribunal do Distrito Federal que "de acordo com o artigo 661 do Código Civil, o mandatário só se considera investido dos poderes especiais, dentre os quais o de alienação, que lhe forem expressa e individualmente atribuídos no instrumento de mandato. Manifestação de vontade do representante que avança as fronteiras dispostas no instrumento de mandato não produz efeito jurídico em relação ao representando, consoante a inteligência do artigo 116 do Código Civil" (TJDF, Apelação Cível 2016.04.1.009242-0, Acórdão 110.4818, 4.ª Turma Cível, Rel. Des. James Eduardo Oliveira, j. 13.06.2018, *DJDFTE* 26.06.2018). Esse entendimento tem sido confirmado pelo Superior Tribunal de Justiça, como se retira do seguinte acórdão, do ano de 2019: "O propósito recursal é definir se a procuração que estabeleceu ao causídico poderes para alienar 'quaisquer imóveis localizados em todo o território nacional' atende aos requisitos do art. 661, § 1º, do CC/02, que exige poderes especiais e expressos para tal desiderato. Nos termos do art. 661, § 1º, do CC/02, para alienar, hipotecar, transigir, ou praticar quaisquer atos que exorbitem da administração ordinária, depende a procuração de poderes especiais e expressos. Os poderes expressos identificam, de forma explícita (não implícita ou tácita), exatamente qual o poder conferido (por exemplo, o poder de vender). Já os poderes serão especiais quando determinados, particularizados, individualizados os negócios para os quais se faz a outorga (por exemplo, o poder de vender tal ou qual imóvel). No particular, de acordo com o delineamento fático feito pela instância de origem, embora expresso o mandato – quanto aos poderes de alienar quaisquer imóveis localizados em todo o território nacional –, não se conferiu ao mandatário poderes especiais para alienar aquele determinado imóvel. A outorga de poderes de alienação de 'quaisquer imóveis em todo o território nacional' não supre o requisito de especialidade exigido por lei que, como anteriormente referido, exige referência e determinação dos bens concretamente mencionados na procuração" (STJ, REsp 1.814.643/SP, 3.ª Turma, Rel. Min. Nancy Andrighi, j. 22.10.2019, *DJe* 28.10.2019). Por fim, tem-se julgado que a procuração para transferência de cotas de sociedade deve atender aos requisitos constantes do § 1º do art. 661 do Código Civil, entendimento que tem o meu apoio, pela extensão do negócio de alienação: "Procuração outorgada pela pessoa jurídica. Transferência de cotas. Ato pessoal do sócio. Necessidade de poderes específicos para tanto. Inteligência do art. 661, § 1º, do Código Civil. Precedente" (TJRN, Agravo de Instrumento 2017.012317-3, 3.ª Câmara Cível, Natal, Rel. Des. Vivaldo Otávio Pinheiro, *DJRN* 08.03.2018).

REFORMA DO CÓDIGO CIVIL: Mais uma vez seguindo a posição doutrinária consolidada em *Jornadas de Direito Civil*, o projeto de Reforma do Código Civil pretende alterar o dispositivo em estudo, nos seus parágrafos. Assim, na linha do que está previsto no Enunciado n. 183 da *III Jornada*, o seu § 1º passaria a prever, com menção expressa à autorização de firmar compromisso, que, "para alienar, hipotecar, transigir, firmar compromisso ou praticar quaisquer outros atos que exorbitem os de administração ordinária, o mandatário depende da investidura de poderes especiais e expressos, constantes claramente do instrumento de procuração". E mais, consoante o novo § 2º, "para os casos do parágrafo anterior, em que se exigem poderes especiais, a procuração deve conter a identificação precisa sobre seu objeto". A proposta deixa as regras mais claras, valorizando o clausulado e visando trazer mais segurança jurídica e estabilidade para o contrato de mandato.

Art. 662. Os atos praticados por quem não tenha mandato, ou o tenha sem poderes suficientes, são ineficazes em relação àquele em cujo nome foram praticados, salvo se este os ratificar.

Parágrafo único. A ratificação há de ser expressa, ou resultar de ato inequívoco, e retroagirá à data do ato.

COMENTÁRIOS DOUTRINÁRIOS: Quanto aos efeitos do contrato e aos atos praticados por quem não tenha mandato, ou o tenha sem poderes suficientes, são ineficazes em relação àquele em cujo nome foram praticados, salvo se este os ratificar ou confirmar. Assim sendo, em regra, não terão eficácia os atos praticados sem que haja poderes para tanto, por parte do *falsus procurator*, sob pena de prestigiar o exercício arbitrário de direitos não conferidos. O Código Civil de 2002 tem redação mais dura que seu antecessor, encerrando uma presunção legal e relativa de ineficácia do ato, ao contrário da codificação anterior que não a previa de forma expressa. A parte final do dispositivo privilegia o princípio da conservação do negócio jurídico ou do contrato ao prever que o ato pode ser confirmado pelo mandante, principalmente nos casos em que a atuação daquele que agiu como mandatário lhe é benéfica. O que se percebe é que interessa ao mandato a atuação em benefício do mandante, a gerar a *pós-eficacização* do contrato. Essa ratificação ou confirmação há de ser expressa, ou resultar de ato inequívoco, presente a confirmação tácita, retroagindo à data do ato (efeitos *ex tunc*). Há certa equivalência entre a norma em questão e o art. 873 do Código Civil, que trata da gestão do negócio, estabelecendo que a ratificação pura e simples do dono do negócio retroage ao dia do começo da gestão, e produz todos os efeitos do mandato.

JURISPRUDÊNCIA COMENTADA: Aplicando a norma em estudo para a atuação do advogado, julgou o Tribunal de Santa Catarina que conforme "a correta exegese do art. 662 do Código Civil, posterior à regra contida no parágrafo único do art. 37 do Código de Processo Civil, a ausência de representação do advogado não gera nulidade, tanto menos a inexistência do ato, mas apenas sua ineficácia, a depender de ratificação posterior (em verdadeira condição suspensiva), para que o ato projete seus efeitos em relação àquele em face de quem foi praticado. E a juntada do mandato aos autos constituiu verdadeira ratificação, resultante de ato inequívoco, retroagindo, portanto, à data do ato processual praticado" (TJSC, Apelação Cível 0025432-10.2013.8.24.0038, 3.ª Câmara de Direito Civil, Joinville, Rel. Des. Fernando Carioni, *DJSC* 17.10.2018, p. 179). Também tratando da ineficácia do ato e da possibilidade de ratificação posterior, a gerar a *pós-eficacização*, deduziu o Tribunal do Distrito Federal que "é verdade, que os atos praticados com exorbitância de poderes, podem ser ratificados (expressa ou tacitamente) pelo mandante. A ratificação cobre *ab initio* tudo quanto se fez, como se o mandato houvesse sido realmente outorgado, validando, portanto, todos os atos anteriores" (TJDF, Processo 0718.35.3.822017-8070001, Acórdão 111.6709, 2.ª Turma Cível, Rel. Des. João Egmont, j. 15.08.2018, *DJDFTE* 21.08.2018). Sobre a ratificação expressa, ela foi admitida em caso envolvendo sócios de uma empresa em que o mandato foi outorgado por apenas um deles, havendo ratificação expressa posterior dos outros dois faltantes (TJPR, Agravo de Instrumento 1701021-8, 12.ª Câmara Cível, Maringá, Rel. Des. Luis Espíndola, j. 21.02.2018, *DJPR* 08.03.2018, p. 102). Sobre a ratificação tácita em mandato *ad judicia*, entendeu estar ela presente pelo comparecimento espontâneo em audiência acompanhado pelo advogado (TJPR, Agravo de Instrumento 1417711-8, 11.ª Câmara Cível, Cruzeiro do Oeste, Rel. Juíza Conv. Luciane R. C. Ludovico, j. 16.03.2016, *DJPR* 07.04.2016, p. 207).

Art. 663. Sempre que o mandatário estipular negócios expressamente em nome do mandante, será este o único responsável; ficará, porém, o mandatário pessoalmente obrigado, se agir no seu próprio nome, ainda que o negócio seja de conta do mandante.

COMENTÁRIOS DOUTRINÁRIOS: A respeito da vinculação do mandante, o Código Civil de 2002 adota um sentido mais amplo do que a codificação anterior, estabelecendo que sempre que o mandatário realizar negócios expressamente em nome do mandante, será este o único responsável. Todavia, haverá responsabilidade pessoal do mandatário se ele agir em seu próprio nome, ainda que o negócio seja por conta do mandante. A amplitude maior do texto é percebida pelo fato de o Código Civil de 1916 apenas mencionar a hipótese em que o mandatário obrasse em nome próprio, prevendo o sistema anterior que o mandante não teria ação contra os terceiros que com ele contratassem, nem estes contra o mandante. Em complemento, anote-se que havia debate, sob a vigência da codificação anterior, a respeito do mandato em causa própria, o que foi encerrado sob a vigência da codificação de 2002, como ainda se verá.

JURISPRUDÊNCIA COMENTADA: Como primeira decorrência da regra ora em vigor, e também pelo seu correspondente na legislação anterior, o Superior Tribunal de Justiça tem entendido há tempos que "no endosso mandato, só responde o endossatário pelo protesto indevido de duplicata sem aceite quando manteve ou procedeu o apontamento após advertido de sua irregularidade, seja pela falta de higidez da cártula, seja pelo seu devido pagamento" (STJ, REsp 549.733/RJ, 4.ª Turma, Rel. Min. Cesar Asfor Rocha, j. 09.03.2004, *DJ* 13.09.2004, p. 249). Essa forma de julgar gerou a edição da Súmula n. 476 pela Corte, estabelecendo que "o endossatário de título de crédito por endosso-mandato só responde por danos decorrentes de protesto indevido se extrapolar os poderes de mandatário". Em outra ilustração que interessa para a prática, tem-se entendido que a administradora é parte ilegítima para figurar no polo passivo de ação que tem por objeto cobrança de dívida condominial, uma vez que apenas age em nome de outrem (TJRS, Apelação Cível 0136728-14.2018.8.21.7000, 20.ª Câmara Cível, Porto Alegre, Rel. Des. Walda Maria Melo Pierro, j. 17.10.2018, *DJERS* 06.11.2018). Pelos mesmos argumentos, com fulcro no art. 663 do Código Civil e citando julgados superiores, deduz-se que "a imobiliária é parte ilegítima para constar no polo passivo de ação de revisão de contrato de aluguel, pois, ao celebrar contrato de locação com o apelante, fazendo executar as cláusulas contratuais ali estabelecidas, não age por vontade própria, mas em nome do locador, devendo este ser responsável pela renegociação das cláusulas ajustada no contrato. [...] A jurisprudência do Superior Tribunal de Justiça tem se firmado no sentido de que a Administradora de Imóveis, por ser mera mandatária do locador do imóvel, não possui legitimidade processual para figurar no polo passivo de eventual ação judicial que tenha por fundamento o contrato de locação. Isso porque não se pode confundir o proprietário do imóvel com quem o representa, ou seja, com seu mandatário, tendo em vista que este, ao celebrar o contrato de locação, não o fez em nome próprio, mas em nome de seu mandante, o locador (REsp 664.654/RJ, Rel. Ministro Arnaldo Esteves Lima, Quinta Turma, julgado em 12/09/2006, *DJ* 09/10/2006, p. 344)" (TJDF, Processo 0015.04.8.502016-8070007, Acórdão 107.0483, 7.ª Turma Cível, Rel. Des. Leila Arlanch, j. 31.01.2018, *DJDFTE* 27.02.2018). Por fim, julga-se que o leiloeiro, ao agir intermediando o negócio a ser firmado entre o terceiro e o proprietário do bem, não responde pelos vícios da coisa leiloada, "tendo em vista o disposto pelo art. 663 do Código Civil. Precedentes deste Tribunal de Justiça" (TJSP, Apelação 1002796-64.2017.8.26.0320, Acórdão 11539777, 25.ª Câmara de Direito Privado, Limeira, Rel. Des. Hugo Crepaldi, j. 14.06.2018, *DJESP* 21.06.2018, p. 2.740). A pesquisa jurisprudencial realizada demonstrou que raríssimas são as situações de responsabilidade pessoal do mandatário, por agir em nome próprio.

Art. 664. O mandatário tem o direito de reter, do objeto da operação que lhe foi cometida, quanto baste para pagamento de tudo que lhe for devido em consequência do mandato.

COMENTÁRIOS DOUTRINÁRIOS: Como o mandatário é possuidor de boa-fé, diante do justo título que fundamenta o contrato (posse de boa-fé presumida), tem ele o direito de reter do objeto da operação que lhe foi cometida tudo quanto baste para pagamento do que lhe for devido em consequência do negócio. Isso, desde que, logicamente, o mandato seja oneroso. Segundo o Enunciado n. 184 do Conselho da Justiça Federal, aprovado na *III Jornada de Direito Civil*, esse dispositivo deve ser interpretado em conjunto com o art. 681 do mesmo Código Civil, segundo o qual o mandatário tem sobre a coisa de que tenha a posse em virtude do mandato direito de retenção, até se reembolsar do que no desempenho do encargo despendeu. Na literalidade, preconiza o citado enunciado doutrinário que "da interpretação conjunta desses dispositivos, extrai-se que o mandatário tem o direito de reter, do objeto da operação que lhe foi cometida, tudo o que lhe for devido em virtude do mandato, incluindo-se a remuneração ajustada e o reembolso de despesas". A ementa doutrinária visa a demonstrar que os dois comandos legais se complementam, elucidando quais são os valores devidos a título de retenção.

JURISPRUDÊNCIA COMENTADA: Muitos acórdãos têm reconhecido o direito de retenção em favor de advogados pelo não pagamento dos seus honorários advocatícios, desde que prestadas as contas do trabalho (por todos: STJ, AgRg-AREsp 81.020/ES, 5.ª Turma, Rel. Min. Laurita Vaz, *DJe* 11.10.2013, p. 392; TJSP, Apelação 1087560-03.2013.8.26.0100, Acórdão 10114699, 28.ª Câmara de Direito Privado, São Paulo, Rel. Des. Dimas Rubens Fonseca, j. 31.01.2017, *DJESP* 08.03.2017; e TJSP, Apelação 992.06.053249, Acórdão 4507351, 26.ª Câmara de Direito Privado, São Paulo, Rel. Des. Norival Oliva, j. 25.05.2010, *DJESP* 04.06.2010). Porém, tem-se entendido sobre o tema que "inexistindo contrato escrito ou arbitramento judicial a respeito dos honorários advocatícios entre as partes, é descabida a retenção pelo advogado, de qualquer valor pertencente à parte. Inaplicabilidade dos arts. 681, 664 e 676, do Código Civil" (TJRS, Apelação Cível 117127-32.2012.8.21.7000, 16.ª Câmara Cível, Santa Cruz do Sul, Rel. Des. Catarina Rita Krieger Martins, j. 23.05.2013, *DJERS* 28.05.2013).

Art. 665. O mandatário que exceder os poderes do mandato, ou proceder contra eles, será considerado mero gestor de negócios, enquanto o mandante lhe não ratificar os atos.

COMENTÁRIOS DOUTRINÁRIOS: O mandatário que exceder os poderes outorgados, ou proceder contra eles, será considerado mero gestor de negócios, nos termos dos arts. 861 a 875 do CC. Havendo tal forma de atuação, os atos praticados devem ser considerados como ineficazes em relação ao mandante. Essa presunção relativa ou *iuris tantum* perdura enquanto o mandante não ratificar ou confirmar o ato. A ratificação pelo mandante a converter a gestão de negócio em mandato retroage ao dia do começo da gestão produzindo, portanto, efeitos *ex tunc*, nos termos do art. 873 do CC e na linha do que consta do dispositivo antecedente. Em havendo mandato conjunto, com mais de um mandatário, e se todos eles agirem em excesso de poderes, há que se reconhecer a sua responsabilidade solidária, por coautoria no ato abusivo. Tal conclusão é retirada da aplicação analógica do art. 942, parágrafo único, do CC para a responsabilidade contratual.

JURISPRUDÊNCIA COMENTADA: Como primeiro exemplo de uma correta aplicação do art. 665 do Código Civil, deduziu o Tribunal de Justiça do Rio de Janeiro que "as empresas de cobrança, em tese, atuando como mandatárias, respondem solidariamente, quando verificada a prática de conduta capaz de causar ofensa moral, ou seja, por eventuais excessos na cobrança da dívida, quando então estariam extrapolando os poderes do mandato, e pelo excesso respondendo pessoalmente perante terceiro, como resulta da interpretação conjunta dos arts. 116, 662 e 665 do Código Civil". Contudo, no caso concreto, tal responsabilidade foi afastada, pois entendeu-se não haver excesso no exercício das atribuições (TJRJ, Apelação 0017068-91.2015.8.19.0208, 19.ª Câmara Cível, Rio de Janeiro, Rel. Des. Juarez Fernandes Folhes, *DORJ* 16.11.2018, p. 504). Todavia, trazendo a incidência direta do comando, entendeu-se no âmbito do Tribunal Paulista que presente a retenção indevida de depósito-caução prestado como garantia locatícia por parte de administradora imobiliária presente estará a extrapolação dos poderes que lhe foram conferidos pela locadora (TJSP, Apelação 1012344-90.2014.8.26.0006, Acórdão 10473247, 34.ª Câmara de Direito Privado, São Paulo, Rel. Des. Kenarik Boujikian, j. 30.05.2017, *DJESP* 05.06.2017, p. 2.123). Por fim, em contrato bancário, julgou o mesmo Tribunal Bandeirante que "embora inexistente, em relação ao autor, o contrato de abertura de crédito em conta-corrente, o réu, mandatário que é, agiu como verdadeiro gestor de negócios (art. 665 do CC), tomando as providências necessárias para que as obrigações assumidas pelo autor fossem regularmente cumpridas, e para que a conta bancária continuasse aberta. Nessa toada, é válida a cobrança dos valores a ele disponibilizados para esses fins (art. 861 do CC), devendo ser restituídos com incidência de atualização monetária e com juros legais, ambos desde os respectivos pagamentos (art. 869, *caput*, do CC). Considera-se inexigível apenas o valor resultante dos juros remuneratórios superiores aos legais, e de sua capitalização em periodicidade inferior à anual" (TJSP, Apelação 0004578-72.2011.8.26.0405, Acórdão 8714889, 12.ª Câmara de Direito Privado, Osasco, Rel. Des. Sandra Galhardo Esteves, j. 17.08.2015, *DJESP* 24.08.2015).

Art. 666. O maior de dezesseis e menor de dezoito anos não emancipado pode ser mandatário, mas o mandante não tem ação contra ele senão de conformidade com as regras gerais, aplicáveis às obrigações contraídas por menores.

COMENTÁRIOS DOUTRINÁRIOS: Como estava previsto no sistema anterior, mas com adaptações de redação, sendo o mandatário menor relativamente incapaz em caso de mandato extrajudicial, o mandante não terá ação contra este, senão em conformidade com as regras gerais aplicáveis às obrigações contraídas por menores. Essas regras gerais referenciadas, constantes do Código Civil são as constantes dos arts. 180 e 181 do Código Civil. Pelo primeiro comando, o menor, entre dezesseis e dezoito anos, não pode, para eximir-se de uma obrigação, invocar a sua idade se dolosamente a ocultou quando inquirido pela outra parte, ou se, no ato de obrigar-se, declarou-se maior. Ademais, ninguém pode reclamar o que, por uma obrigação anulada, pagou a um incapaz, se não provar que reverteu em proveito dele a importância paga. Em suma, há autorização para que os relativamente incapazes atuem como mandatários *ad negotia*, o que independe da assistência para fins de representação.

SEÇÃO II
DAS OBRIGAÇÕES DO MANDATÁRIO

Art. 667. O mandatário é obrigado a aplicar toda sua diligência habitual na execução do mandato, e a indenizar qualquer prejuízo causado por culpa sua ou daquele a quem substabelecer, sem autorização, poderes que devia exercer pessoalmente.

§ 1º Se, não obstante proibição do mandante, o mandatário se fizer substituir na execução do mandato, responderá ao seu constituinte pelos prejuízos ocorridos sob a gerência do substituto, embora provenientes de caso fortuito, salvo provando que o caso teria sobrevindo, ainda que não tivesse havido substabelecimento.

§ 2º Havendo poderes de substabelecer, só serão imputáveis ao mandatário os danos causados pelo substabelecido, se tiver agido com culpa na escolha deste ou nas instruções dadas a ele.

§ 3º Se a proibição de substabelecer constar da procuração, os atos praticados pelo substabelecido não obrigam o mandante, salvo ratificação expressa, que retroagirá à data do ato.

§ 4º Sendo omissa a procuração quanto ao substabelecimento, o procurador será responsável se o substabelecido proceder culposamente.

COMENTÁRIOS DOUTRINÁRIOS: A norma inaugura o tratamento relativo aos deveres do mandatário, o que vai até o art. 674 do Código Civil. Como dever fundamental que decorre do contrato, o mandatário é obrigado a aplicar toda a sua diligência habitual na execução do mandato e a indenizar qualquer prejuízo causado por culpa sua ou daquele a quem substabelecer, sem autorização, poderes que devia exercer pessoalmente. Assim sendo, como a obrigação do mandatário é de meio ou de diligência, a sua responsabilidade é subjetiva, pelo menos em regra. O dispositivo também traz as regras fundamentais sobre a responsabilidade que decorre do substabelecimento, entendido como uma cessão parcial de contrato ou de posição contratual, em que o mandatário transmite os direitos que lhe foram conferidos pelo mandante a terceiro. O substabelecimento pode ser feito por instrumento particular, ainda que o mandatário tenha recebido os poderes por procuração pública. No entanto, se a lei exigir que a procuração seja outorgada por instrumento público, o substabelecimento não poderá ser feito por instrumento particular. Nesse negócio de cessão, o mandatário é denominado *substabelecente* e o terceiro *substabelecido*. Com relação às responsabilidades que surgem do negócio em questão, há regras previstas justamente nos parágrafos do art. 667 do Código Civil. Como primeira delas, se, não obstante a proibição do mandante, o mandatário se fizer substituir na execução do mandato, responderá ao seu constituinte pelos prejuízos ocorridos sob a gerência do substituto, embora provenientes de caso fortuito (evento totalmente imprevisível). No entanto, se provar que o caso fortuito teria sobrevindo ainda que não tivesse havido substabelecimento – ou seja, que o prejuízo ocorreria de qualquer forma –, o mandatário não será responsabilizado. A última regra segue a mesma premissa constante para o devedor em mora, retirada do art. 399 do Código Civil. Por outra via, em havendo poderes de substabelecer, só serão imputáveis ao mandatário os danos causados pelo substabelecido se tiver agido com culpa na escolha deste ou nas instruções dadas a ele (responsabilidade subjetiva). Além disso, se a proibição de substabelecer constar da procuração, os atos praticados pelo substabelecido não obrigam o mandante, salvo ratificação expressa, que retroagirá à data do ato (efeitos *ex tunc*). Por fim, sendo omissa a procuração quanto ao substabelecimento, o procurador será responsável se o substabelecido proceder culposamente. Entendo que no último caso a responsabilidade do substabelecente é objetiva indireta, desde que comprovada a culpa do substabelecido, aplicando-se por analogia os arts. 932, inc. III, e 933 do CC. Como palavras finais de comentário sobre o substabelecimento, vale lembrar que ele pode ser classificado em duas modalidades, quanto à sua extensão. No *substabelecimento sem reserva de poderes*, o substabelecente transfere os poderes ao substabelecido de forma definitiva, renunciando ao mandato que lhe foi outorgado. Nesse caso deve ocorrer a notificação do mandante, pois se assim não proceder o mandatário, não ficará isento de responsabilidade pelas suas obrigações contratuais. Por derradeiro, no *substabelecimento com reserva de poderes*, o substabelecente outorga poderes ao substabelecido, sem perdê-los. Assim, tanto o substabelecente quanto o substabelecido podem exercer os poderes conferidos pelo mandante.

JURISPRUDÊNCIA COMENTADA: Em hipótese fática envolvendo o contrato de administração imobiliária, o Tribunal de Justiça de São Paulo aplicou o art. 667 do Código Civil para concluir pela falta de negligência da mandatária, administradora de imóveis, em obter fiador idôneo para a locação: "Falha da apelante na prestação do serviço, consistente em aferição negligente quanto à idoneidade da fiadora em contrato de locação. Prejuízo decorrente que deve ser carreado à administradora. Dicção do art. 667 do Código Civil" (TJSP, Apelação 1000433-28.2016.8.26.0001, Acórdão 12031220, 28.ª Câmara de Direito Privado, São Paulo, Rel. Des. Dimas Rubens Fonseca, j. 27.11.2018, *DJESP* 06.12.2018, p. 2.435). Em sentido próximo, de outra Corte Estadual, extrai-se que, "demonstrado, nos autos, que o imóvel entregue à administração da ré, pelo autor, foi aceito, após o fim de contrato de locação residencial, com diversas avarias, sem que houvesse o adequado reparo, há de se concluir que houve desídia daquela, quanto à sua responsabilidade de zelar pela coisa, violando o disposto no artigo 667 do Código Civil, além dos termos assumidos na avença. A indenização por dano material deve corresponder à exata perda patrimonial do ofendido, cabendo a ele fazer prova do prejuízo" (TJMG, Apelação Cível 1.0702.14.037213-8/001, Rel. Des. Amorim Siqueira, j. 09.10.2018, *DJEMG* 26.10.2018). Aduzindo ser a responsabilidade civil do mandatário subjetiva e afastando o dever de indenizar por ausência de comprovação da culpa, por todos: "A responsabilidade civil do mandatário, segundo o art. 667 do Código Civil, é subjetiva, pois exige a prova de que este tenha atuado com dolo ou culpa no exercício do mandato, causando prejuízos ao mandante. Não comprovada conduta desidiosa da ré. Da análise detida dos autos, extrai-se que a ré aplicou toda sua diligência habitual na execução do mandato, não sendo responsável pela fraude cometida por estelionatário, o qual, utilizando-se dos documentos do Sr. Nílvo, vítima, formalizou o contrato de locação" (TJRS, Apelação Cível 0184271-13.2018.8.21.7000, 15.ª Câmara Cível, Porto Alegre, Rel. Des. Otávio Augusto de Freitas Barcellos, j. 24.10.2018, *DJERS* 06.11.2018). Na mesma linha quanto à natureza da responsabilização, mas concluindo pela presença do dever de indenizar: "A responsabilidade civil do mandatário, segundo o art. 667 do Código Civil, é subjetiva, pois exige que este tenha atuado com dolo ou culpa no exercício do mandato, causando prejuízos ao mandante. Responsabilização da imobiliária pelos danos materiais causados à locadora/mandante, por sua conduta desidiosa. Apurados os lucros cessantes na perícia realizada" (TJRS, Apelação Cível 0195946-41.2016.8.21.7000, 15.ª Câmara Cível, Canoas, Rel. Des. Otávio Augusto de Freitas Barcellos, j. 09.11.2016, *DJERS* 16.11.2016). No que diz respeito à aplicação da norma para o substabelecimento, tem-se entendido que "o substabelecimento, expressamente proibido, não configura defeito na representação processual a ensejar a extinção do feito, tão somente responsabiliza o mandatário em caso de prejuízo causado ao mandante pelo substabelecido, nos termos do art. 667, do Código Civil" (TJMG, Apelação Cível 1.0024.10.072845-0/001, Rel. Des. Luciano Pinto, j. 08.02.2018, *DJEMG* 26.02.2018). Por fim, a respeito do § 2º do art. 667, entendeu o Superior Tribunal de Justiça em aresto de 2019 que "de seus termos ressai absolutamente claro que, em regra, na hipótese de haver autorização para substabelecer, o mandatário não responde pelos atos praticados pelo substabelecido que venham causar danos ao mandante, salvo se for comprovada a sua *culpa in eligendo*, que se dá no caso de o mandatário proceder a uma má escolha do substabelecido, recaindo sobre pessoa que não possui capacidade legal (geral ou específica), condição técnica ou idoneidade para desempenhar os poderes a ela transferidos. A *culpa in eligendo* resta configurada, ainda, se o substabelecente negligenciar orientações ou conferir instruções deficientes ao substabelecido, subtraindo-lhe as condições necessárias para o bom desempenho do mandato. De suma relevância anotar que, para o reconhecimento da *culpa in eligendo* do substabelecente, é indispensável que este, no momento da escolha, tenha inequívoca ciência a respeito da ausência de capacidade legal, de condição técnica ou de idoneidade do substabelecido para o exercício do mandato. Efetivamente, compreender que o mandatário incorre em *culpa in eligendo* pelo fato de o substabelecido ter, durante o exercício do mandato, por ato próprio, causado danos ao mandante, a revelar – somente nesse momento – sua inaptidão legal, técnica ou moral, equivaleria a reconhecer, sempre e indistintamente, a responsabilidade solidária entre eles, o que se afasta por completo dos ditames legais. Assim, a inaptidão do eleito para o exercício do mandato (em substabelecimento) deve ser uma circunstância contemporânea à escolha e, necessariamente, de conhecimento do mandatário, a configurar a sua *culpa in eligendo*" (STJ, REsp 1.742.246/ES, 3.ª Turma, Rel. Min. Marco Aurélio Bellizze, j. 19.03.2019, *DJe* 22.03.2019). O caso, portanto, é de culpa presumida na escolha ou na eleição (*culpa in eligendo*) e, em regra, o substabelecente não responde pelos atos praticados pelo substabelecido.

Art. 668. O mandatário é obrigado a dar contas de sua gerência ao mandante, transferindo-lhe as vantagens provenientes do mandato, por qualquer título que seja.

COMENTÁRIOS DOUTRINÁRIOS: Diante da presença de uma obrigação de meio, o mandatário é obrigado a prestar contas de sua gerência ao mandante, transferindo-lhe todas as vantagens provenientes do mandato, a qualquer título que seja, gratuito ou oneroso. Vale lembrar que em relação ao advogado, o dever de prestar contas consta do art. 34, inc. XXI, da Lei n. 8.906/1994. A quebra desse dever gera a extinção do contrato, com a possibilidade de se pleitear as perdas e danos que o caso concreto determinar. A ação cabível para a concreção da regra era, no CPC/1973, a ação de prestação de contas (arts. 914 a 919). No Código de Processo Civil de 2015, cabe apenas a ação de se exigir contas, em favor daquele que afirma ser titular do direito correspondente (arts. 550 a 553).

JURISPRUDÊNCIA COMENTADA: Confirmando o último comentário doutrinário, a respeito do CPC/1973, extrai-se de julgado do Superior Tribunal de Justiça que "a celebração de contrato de mandato impõe ao mandatário a obrigação de prestar contas de sua gerência ao mandante, devendo ser transferidas a este as vantagens obtidas a qualquer título. Inteligência do art. 1.301 do CC/16 (art. 668 do CC/02). A ação cabível para exercício desse direito é aquela prevista nos arts. 914 a 919 do CPC/73 – ação de prestação de contas –, instrumento processual cujo objetivo é determinar a existência de saldo credor ou devedor daquele que administra ou guarda bens alheios. Prestar contas implica expor à outra pessoa todos os créditos e os débitos, sob forma contábil, item por item, de modo pormenorizado. Doutrina. O direito de exigir contas, portanto, pressupõe a presença concomitante de dois elementos: I) que tenha havido a administração ou a guarda de bens alheios e II) que exista situação de incerteza quanto ao saldo resultante do vínculo daí originado. Hipótese concreta em que, considerando os pedidos deduzidos na inicial e as premissas fáticas assentadas pelo acórdão recorrido, o provimento jurisdicional deve restringir-se a determinar que sejam elencados pelos mandatários, tão somente, os atos negociais por eles praticados que elucidem o destino dado ao bem administrado – cota social da empresa da qual o mandante era cotitular (Administradora Fortaleza Ltda.) –, a fim de apurar eventual saldo credor existente em razão de sua alienação, transferência, cessão ou oneração" (STJ, REsp 1.729.503/SP, 3.ª Turma, Rel. Min. Nancy Andrighi, j. 23.10.2018, *DJe* 12.11.2018, p. 1.591). Também a merecer destaque, tem-se entendido que o dever de prestar contas transmite-se aos herdeiros do mandatário: "A morte do mandante não afasta o dever de o mandatário prestar contas, pois o direito de exigi-las transmite-se aos seus herdeiros e demais sucessores" (TJRS, Agravo de Instrumento 0204445-43.2018.8.21.7000, 16.ª Câmara Cível, Rosário do Sul, Rel. Des. Ergio Roque Menine, j. 27.09.2018, *DJERS* 03.10.2018).

Art. 669. O mandatário não pode compensar os prejuízos a que deu causa com os proveitos que, por outro lado, tenha granjeado ao seu constituinte.

COMENTÁRIOS DOUTRINÁRIOS: O mandatário não pode compensar os prejuízos a que deu causa com os proveitos que, por outro lado, tenha granjeado ao seu constituinte, presente a vedação expressa de compensação legal. Como se retira das antigas lições da doutrina, a regra tem amparo no fato de que compensação exige dívidas líquidas, certas quanto à existência e determinadas quanto ao valor, e recíprocas, sendo certo que as vantagens não são créditos em favor do mandatário, mas do mandante, eis que o primeiro age em nome do último.

JURISPRUDÊNCIA COMENTADA: Com base no preceito em comento, entendeu o Tribunal de Minas Gerais que "não pode o mandatário compensar os resultados positivos que auferiu em função do exercício do mandato com os prejuízos que deu causa por sua desídia no cumprimento do encargo que lhe foi atribuído" (TJMG, Apelação Cível 1.0024.07.474295-8/0021, 11.ª Câmara Cível, Belo Horizonte, Rel. Des. Selma Marques, j. 03.12.2008, *DJEMG* 09.01.2009).

Art. 670. Pelas somas que devia entregar ao mandante ou recebeu para despesa, mas empregou em proveito seu, pagará o mandatário juros, desde o momento em que abusou.

COMENTÁRIOS DOUTRINÁRIOS: Como consequência do seu inadimplemento, pelas somas que devia entregar ao mandante ou recebeu para despesas, mas empregou em proveito seu, pagará o mandatário juros, desde o momento em que agiu em abuso no exercício do mandato. Os juros devidos podem ser convencionados pelo próprio contrato, até o dobro da taxa legal, e, não havendo previsão, os juros serão os legais, nos termos do art. 406 do CC que, após as alterações pela Lei n. 14.905/2024, equivale à taxa Selic excluída a correção monetária pelo Índice Nacional de Preços ao Consumidor Amplo (IPCA). O preceito em comento visa, portanto, a penalizar o abuso de direito do mandatário no exercício de seus poderes. Vale lembrar que para a cobrança dos juros, o mandante não precisa provar o prejuízo suportado (art. 407 do CC).

JURISPRUDÊNCIA COMENTADA: Conforme se retira de vários julgados, o termo inicial dos juros deve ser a data em que o abuso no exercício do mandato foi praticado. Nessa linha: "Na hipótese, é incontroversa a existência de procuração com poderes para transigir, discutindo-se apenas acerca da abusividade e da ilicitude dos atos do procurador ao realizar a transação com a empresa adversária, restando evidenciado nestes autos que agiu ele contra os interesses de seu cliente, infringindo os deveres elementares de seu ofício e excedendo os poderes que lhe foram outorgados. Conjunto probatório que comprova o direito consolidado do autor. Cristalinamente elucidada, pois, a ilicitude do acordo realizado e o evidente prejuízo causado ao cliente, no caso em concreto. Danos materiais. Correção monetária e juros de mora. Termos inicial e final. No ponto, é pacífico o entendimento da incidência do disposto pelo art. 670 do Código Civil a respeito do termo inicial. O termo final das mesmas rubricas deve ser a data do pagamento à parte autora" (TJRS, Apelação Cível 0354564-16.2018.8.21.7000, 15.ª Câmara Cível, Passo Fundo, Rel. Des. Otávio Augusto de Freitas Barcellos, j. 12.12.2018, *DJERS* 18.12.2018). Ou ainda: "Os juros de mora e a correção monetária incidentes sobre o dano material são contabilizados desde a renúncia indevida dos valores decorrente de abuso na execução do mandato. Inteligência do art. 670 do Código Civil" (TJRS, Apelação Cível 0260741-85.2018.8.21.7000, 15.ª Câmara Cível, Passo Fundo, Rel. Des. Adriana da Silva Ribeiro, j. 12.12.2018, *DJERS* 18.12.2018). Por fim, tendo como parâmetro a data do levantamento do alvará relativo à quantia que deveria ter sido repassada pelo advogado ao cliente, por todos: "Consectários legais no tocante ao termo inicial dos juros de mora para os danos materiais, no caso específico dos autos, em que não houve o repasse dos valores devidos à apelada, incide o quanto previsto no artigo 670 do Código Civil, ou seja, a partir do levantamento do alvará de que era beneficiária" (TJRS, Apelação Cível 0240500-90.2018.8.21.7000, 16.ª Câmara Cível, Porto Alegre, Rel. Des. Deborah Coleto Assumpção de Moraes, j. 13.12.2018, *DJERS* 18.12.2018).

Art. 671. Se o mandatário, tendo fundos ou crédito do mandante, comprar, em nome próprio, algo que devera comprar para o mandante, por ter sido expressamente designado no mandato, terá este ação para obrigá-lo à entrega da coisa comprada.

COMENTÁRIOS DOUTRINÁRIOS: Como inovação frente à codificação anterior, se o mandatário, tendo fundos ou crédito do mandante, comprar, em nome próprio, algo que deveria comprar para o mandante, por ter sido expressamente designado no mandato, terá este último ação para obrigar o mandatário à entrega da coisa comprada. A ação cabível para haver a coisa para si é a ação reivindicatória, fundada no domínio sobre a coisa, que foi indevidamente investido em nome do mandatário. Pode-se falar, ainda, em ação de execução para entrega de coisa, prevista entre os arts. 806 e 810 do CPC/2015. É possível, ainda, a ação de obrigação de fazer, como se retira do julgado a seguir comentado.

JURISPRUDÊNCIA COMENTADA: Como importante precedente estadual sobre a novidade instituída pelo Código de 2002, o Tribunal de Justiça de São Paulo analisou hipótese fática em que um pai outorgou poderes para a filha visando à venda de um imóvel de sua propriedade. Foi proposta ação de prestação de contas, cumulada com obrigação de fazer, eis que a mandatária vendeu o imóvel e com a quantia correspondente à venda adquiriu outro imóvel, mas no seu próprio nome e do marido, extrapolando os poderes outorgados. A sentença considerou como corretas e boas as contas prestadas pela mandatária "e, por cautela, procedeu ao bloqueio da matrícula junto ao CRI, com desbloqueio condicionado à outorga da escritura de transferência da propriedade do imóvel para o nome do autor". Houve recurso da mandatária, arguindo julgamento *extra petita*, "com pedido de revenda do bem a fim de satisfazer seu crédito e, com sobra, adquirir outro imóvel para uso do autor, bem como o afastamento das penas por litigância de má-fé". De forma correta, foi acolhido apenas o último pedido, aplicando-se o art. 671 do Código Civil, eis que houve "abuso de direito perpetrado pela mandatária quando fez constar o nome do marido na escritura de compra do imóvel" (TJSP, Apelação 4000468-52.2013.8.26.0126, Acórdão 9797479, 30.ª Câmara de Direito Privado, Caraguatatuba, Rel. Des. Marcos Ramos, j. 14.09.2016, *DJESP* 06.10.2016).

Art. 672. Sendo dois ou mais os mandatários nomeados no mesmo instrumento, qualquer deles poderá exercer os poderes outorgados, se não forem expressamente declarados conjuntos, nem especificamente designados para atos diferentes, ou subordinados a atos sucessivos. Se os mandatários forem declarados conjuntos, não terá eficácia o ato praticado sem interferência de todos, salvo havendo ratificação, que retroagirá à data do ato.

COMENTÁRIOS DOUTRINÁRIOS: O art. 672 do Código Civil, com texto mais completo comparado a seu antecessor (CC/1916), consagra a classificação do mandato quanto à pessoa do mandatário ou procurador. Assim, como primeira categoria, o mandato é *singular* ou *simples*, quando existe apenas um mandatário. Já no *mandato plural*, tratado pelo comando, existem vários procuradores ou mandatários, podendo assumir quatro modalidades. De início, no *mandato conjunto* ou *simultâneo*, os poderes são outorgados aos mandatários para que estes atuem de forma conjunta. Ilustrando, se nomeados dois ou mais mandatários, nenhum deles poderá agir de forma separada, sem a intervenção dos outros, salvo se houver ratificação destes, cuja eficácia retroagirá à data do ato. Como segunda categoria, o *mandato solidário* é aquele em que os diversos mandatários nomeados podem agir de forma isolada, independentemente da ordem de nomeação, cada um atuando como se fosse um único mandatário, presente a cláusula *in solidum*. Em regra, não havendo previsão no instrumento, presume-se de forma relativa que o mandato assumiu essa forma, o que é retirado da norma em análise e que gera a responsabilidade solidária de todos os mandatários. Como não poderia ser diferente, os mandatários também têm a seu favor a solidariedade ativa para a cobrança dos valores que lhes são devidos. Por seu turno, como terceiro instituto, no *mandato fracionário* a ação de cada mandatário está delimitada no instrumento, devendo cada qual agir em seu *setor*.

Por fim, o *mandato sucessivo* ou *substitutivo* é aquele em que um mandatário só poderá agir na falta do outro, sendo designado de acordo com a ordem prevista no contrato.

JURISPRUDÊNCIA COMENTADA: Reconhecendo a responsabilidade solidária dos mandatários como regra geral do mandato plural, por todos: "advogados que receberam mandato para ajuizamento de reclamação trabalhista. Atuação de um deles, que recebeu e não repassou os valores recebidos ao cliente. Responsabilidade solidária de todos os causídicos constantes da procuração. Compreensão dos arts. 668 e 672 do Código Civil" (TJSP, Apelação 1002478-39.2014.8.26.0562, Acórdão 10673269, 28.ª Câmara de Direito Privado, Santos, Rel. Des. Dimas Rubens Fonseca, j. 08.08.2017, *DJESP* 18.08.2017, p. 2.323). Tratando da solidariedade ativa dos mandatários quanto à cobrança dos honorários, como comentado: "procuração que foi outorgada a vários advogados do escritório incluindo a sociedade de advogados. Mandato plural com característica de procuração solidária. Ausência de limitação específica de poderes a cada advogado. Possibilidade de cada outorgado praticar atos em nome do mandante independentemente de ordem de nomeação. Inteligência do art. 672 do Código Civil. Procuração solidária que os investe também como credores solidários da obrigação, o que autoriza qualquer um dos credores cobrar a dívida por inteiro. Inteligência do art. 267 do Código Civil. Precedentes jurisprudenciais" (TJPR, Apelação Cível 1457889-3, 11.ª Câmara Cível, Tibagi, Rel. Des. Sigurd Roberto Bengtsson, j. 11.05.2016, *DJPR* 08.06.2016, p. 441).

Art. 673. O terceiro que, depois de conhecer os poderes do mandatário, com ele celebrar negócio jurídico exorbitante do mandato, não tem ação contra o mandatário, salvo se este lhe prometeu ratificação do mandante ou se responsabilizou pessoalmente.

COMENTÁRIOS DOUTRINÁRIOS: Quanto ao terceiro que, depois de conhecer os poderes do mandatário, com ele celebrar negócio jurídico exorbitante do mandato, ele não terá ação contra o mandatário, salvo se este lhe prometeu ratificação do mandante ou se responsabilizou pessoalmente. O dispositivo pretende punir o terceiro que agiu de má-fé, não tendo o último ação contra o mandatário se sabia da atuação em abuso de direito, eis que ninguém pode beneficiar-se da própria torpeza, o que é corolário da boa-fé objetiva. Todavia, se o mandatário fizer promessa da confirmação do negócio ou obrigar-se pessoalmente, haverá responsabilidade deste. Pontue-se que o atual Código Civil, no comando comentado, não menciona mais expressamente a imposição de que o mandatário deva apresentar o instrumento do mandato às pessoas com quem trate em nome do mandante, sob pena de caracterização do excesso de poderes, o que estava previsto no art. 1.305 do Código Civil de 1916. Na verdade, a regra permanece, retirada do art. 118 do Código Civil em vigor, que pode ser aplicado à representação convencional. Nos termos desse último preceito, "o representante é obrigado a provar às pessoas, com quem tratar em nome do representado, a sua qualidade e a extensão de seus poderes, sob pena de, não o fazendo, responder pelos atos que a estes excederem".

Art. 674. Embora ciente da morte, interdição ou mudança de estado do mandante, deve o mandatário concluir o negócio já começado, se houver perigo na demora.

COMENTÁRIOS DOUTRINÁRIOS: Mesmo tendo ciência da morte, interdição ou mudança de estado do mandante, deverá o mandatário concluir o negócio já começado, se houver perigo na demora. Tal dever decorre da confiança que lhe foi depositada pelo outorgante, sendo certo que se o mandatário assim não agir, poderá ser responsabilizado por perdas e danos, tanto pelo mandante quanto pelos sucessores prejudicados. Pode-se afirmar que a quebra desse dever induz à culpa do mandatário, gerando a responsabilidade subjetiva.

JURISPRUDÊNCIA COMENTADA: Em ação relativa à representação em ação penal, o Superior Tribunal de Justiça concluiu que "o art. 674 do Código Civil não se presta a conferir regularidade na representação processual da parte falecida em sede de recurso". Assim, afastou-se a incidência do art. 674 do Código Civil, incidindo o art. 682, inc. II, da própria codificação, que consagra a extinção do mandato com a morte de qualquer uma das partes (STJ, Ag. Rg. no AREsp 1.279.096/PR, 5.ª Turma, Rel. Min. Felix Fischer, j. 06.11.2018, *DJe* 14.11.2018, p. 2.507). Seguindo outro caminho, o Tribunal de Justiça do Rio Grande do Sul reconheceu ser legítima a conduta de mandatário, que concluiu o negócio de venda de imóvel após o falecimento do mandante (TJRS, Apelação Cível 0388383-75.2017.8.21.7000, 15.ª Câmara Cível, Erechim, Rel. Des. Adriana da Silva Ribeiro, j. 09.05.2018, *DJERS* 18.05.2018). E mais, afastando a declaração de nulidade de atos continuados, do Tribunal Fluminense, com correta solução que se afasta do rigor forma, em prol da operabilidade: "Verifica-se do contexto probatório que o mandatário celebrou a escritura pública em 1999 para dar continuidade ao negócio celebrado através da escritura particular celebrada em 1995, na forma do art. 674 do Código Civil. A compra e venda não pode ser reputada nula, tendo em vista que as escrituras por instrumento particular e por instrumento público devem ser analisadas dentro de um mesmo contexto, de modo que representam um único negócio jurídico perfeitamente válido e capaz de gerar efeitos na órbita jurídica. Os rigores na forma dos negócios jurídicos como requisitos de validade devem ser, em determinadas circunstâncias, amenizados com base na boa-fé, objetivando-se resguardar os direitos dos sujeitos envolvidos e com o intuito de dar eficácia à manifestação de vontade" (TJRJ, Apelação 0015934-21.2006.8.19.0054, 16.ª Câmara Cível, Rel. Des. Lindolpho Morais Marinho, j. 27.10.2015, *DORJ* 06.11.2015).

SEÇÃO III
DAS OBRIGAÇÕES DO MANDANTE

Art. 675. O mandante é obrigado a satisfazer todas as obrigações contraídas pelo mandatário, na conformidade do mandato conferido, e adiantar a importância das despesas necessárias à execução dele, quando o mandatário lho pedir.

COMENTÁRIOS DOUTRINÁRIOS: As obrigações contratuais do mandante estão previstas entre os arts. 675 e 681 do Código Civil. Como primeiro delas, o mandante deve satisfazer todas as obrigações contraídas pelo mandatário, que age em seu nome, na conformidade do mandato conferido, ou seja, nos termos do que consta do instrumento contratual. Além disso, deve ele adiantar as importâncias necessárias à execução do mandato, quando o mandatário lhe pedir, sob pena de rescisão do contrato por inexecução voluntária, a gerar a resolução com perdas e danos.

JURISPRUDÊNCIA COMENTADA: Aplicando a norma, entendeu-se no âmbito do Tribunal de Justiça do Distrito Federal que "não se pode acolher o pleito de declaração de inexistência de relação jurídica entre empresa que recebeu imóvel pelo incentivo governamental PRO-DF e as pessoas que adquiriram as unidades imobiliárias construídas no imóvel. Primeiro, porque a empresa infringiu o contrato inicialmente firmado com a Companhia Distrital; segundo, porque anuiu com a construção e os desdobramentos ocorridos no imóvel, uma vez que livremente pactuou e autorizou o mandatário a construir, ceder e receber valores" (TJDF, Apelação 2012.09.1.011861-4, Acórdão 936675, 3.ª Turma Cível, Rel. Des. Flavio Renato Jaquet Rostirola, *DJDFTE* 02.05.2016, p. 187). O art. 675 do Código Civil também tem sido utilizado para o reconhecimento do dever do mandante em reembolsar as despesas feitas pelo mandatário no exercício do contrato, em complemento ao dispositivo a seguir (TJRS, Apelação Cível n. 90350-44.2011.8.21.7000, 16.ª Câmara Cível, Porto Alegre, Rel. Des. Paulo Sérgio Scarparo, j. 25.08.2011, *DJERS* 01.09.2011).

Art. 676. É obrigado o mandante a pagar ao mandatário a remuneração ajustada e as despesas da execução do mandato, ainda que o negócio não surta o esperado efeito, salvo tendo o mandatário culpa.

COMENTÁRIOS DOUTRINÁRIOS: O mandante é obrigado a pagar ao mandatário a remuneração ajustada, geralmente denominada honorários, e as despesas da execução do mandato. Tais valores são devidos ainda que o negócio não surta o esperado efeito, ou seja, independentemente do resultado alcançado, salvo se houver culpa do mandatário, ou seja, se estiver configurada a sua responsabilidade contratual subjetiva. Confirma-se, portanto, a dedução jurídica de que a obrigação do mandatário é de meio ou de diligência.

JURISPRUDÊNCIA COMENTADA: Em caso interessante, a norma foi subsumida a contrato de prestação de serviços de agenciamento de transporte internacional de cargas. A ré, mandante, recusou-se a pagar os valores pagos por sua mandatária a título de *fuel surcharge* no preço de combustível, alegando inexistência da obrigação de reembolso, "à conta de que o frete era pago no momento em que apresentados os respectivos valores". O Tribunal

Fluminense afastou o reconhecimento da prescrição que se deu em sentença e, no mérito, concluiu da seguinte forma: "Contratos firmados entre as partes que dão contas da obrigação de ressarcimento da referida sobretaxa, quando agisse a apelante- contratada como mandatária da ré, circunstância que por si só, já impunha o dever de indenizar por força de disposição contratual assumida e da própria lei. Arts. 676 e 678 do Código Civil. Reembolso que, ademais, se constitui em praxe comercial do respectivo mercado, tanto que os contratos ulteriores pactuados entre as partes passaram a prever cláusula expressa de reembolso do tributo a cargo da apelada". Nesse contexto, reconheceu-se a procedência da ação, para condenar a mandante ao reembolso das sobretaxas reclamadas, corrigidas monetariamente desde a data do desembolso e acrescidos dos juros de mora a partir da citação (TJRJ, Apelação 0074212-04.2011.8.19.0001, 18.ª Câmara Cível, Rel. Des. Mauricio Caldas Lopes, j. 22.10.2014, *DORJ* 24.10.2014). Em rara hipótese de comprovação da culpa do mandatário, julgou o Tribunal do Distrito Federal que "sendo o mandato, ainda que oneroso, revogável, e, uma vez comprovada a culpa do mandatário, apta a ensejar a rescisão contratual por justa causa, fica isento o mandante, ora recorrido, do pagamento de remuneração ou valor a título de perdas e danos, ante a expressa dicção do art. 676, *in fine*, do Código Civil, sendo, com isso, improcedente a pretensão deduzida, a tal título, em sede pedido contraposto" (TJDF, Recurso 2013.01.1.052559-7, Acórdão 781.117, 3.ª Turma Recursal dos Juizados Especiais do Distrito Federal, Rel. Juiz Luis Martius Holanda Bezerra Junior, *DJDFTE* 28.04.2014, p. 352).

Art. 677. As somas adiantadas pelo mandatário, para a execução do mandato, vencem juros desde a data do desembolso.

COMENTÁRIOS DOUTRINÁRIOS: Como decorrência do dever anterior, as somas adiantadas pelo mandatário para a execução do mandato geram o pagamento de juros compensatórios desde a data do desembolso. Não havendo estipulação de juros convencionais no contrato, aplicam-se os juros legais previstos no art. 406 do CC que, após a Lei n. 14.905/2004, passou a ser a taxa SELIC menos a correção monetária pelo IPCA. A incidência dos juros compensatórios desde o desembolso deve ser aplicada aos casos em que houver prévia solicitação do mandatário em relação às quantias adiantadas. Caso não haja, os juros devem ser devidos a partir da solicitação que for posterior ao desembolso, conclusão que é retirada da parte final do art. 675 do Código Civil, aqui antes comentado.

Art. 678. É igualmente obrigado o mandante a ressarcir ao mandatário as perdas que este sofrer com a execução do mandato, sempre que não resultem de culpa sua ou de excesso de poderes.

COMENTÁRIOS DOUTRINÁRIOS: Como outro dever que decorre da atribuição de representação ao mandatário, o mandante deve ressarci-lo por todas as perdas que este sofrer com a execução do mandato, sempre que estas não resultarem de culpa sua ou de excesso de poderes, ou seja, de desvio ou excesso de suas atribuições. Como não poderia ser diferente, os prejuízos suportados pelo mandatário dependem de prova, o que é retirado dos arts. 402 a 404 do próprio Código Civil. O mesmo deve ser dito quanto à demonstração de culpa ou de excesso de poderes por parte do mandatário, ônus que cabem ao mandante.

JURISPRUDÊNCIA COMENTADA: Em caso concreto em que houve a outorga de poderes para a venda de imóvel e para a sua divisão em lotes de condomínio, entendeu o Tribunal de Justiça do Distrito Federal que "como a divisão dos lotes em condomínio implica um custo, não há que se presumir que o contrato de mandato tenha sido outorgado a título gratuito. Mesmo porque ainda que não fosse se considerar esse objeto (divisão de lotes), a simples compra e venda de um imóvel implica pagamento de tributos, o que por si só já onera o mandatário. Incide, no caso, o disposto nos arts. 676 e 678 do Código Civil. Não consta em qualquer lugar dos autos o montante pago pela apelada/autora a título de remuneração à apelante/ré por ter exercido tal encargo durante a sua estadia na Suíça. Entendo, nesse descortino, que deva arcar com o pagamento integral das despesas devidamente comprovadas para a constituição do condomínio" (TJDF, Recurso 2012.01.1.040119-3, Acórdão 840.473, 5.ª Turma Cível, Rel. Desig. Des. Sebastião Coelho, *DJDFTE* 21.01.2015, p. 702).

Art. 679. Ainda que o mandatário contrarie as instruções do mandante, se não exceder os limites do mandato, ficará o mandante obrigado

para com aqueles com quem o seu procurador contratou; mas terá contra este ação pelas perdas e danos resultantes da inobservância das instruções.

COMENTÁRIOS DOUTRINÁRIOS: Ainda que o mandatário contrarie as instruções dadas pelo mandante, geralmente constantes do instrumento do contrato, se não exceder os limites do mandato, ficará o mandante obrigado para com aqueles com quem o seu procurador contratou. Porém, em casos tais, o mandante terá internamente ação contra o mandatário, para pleitear as perdas e danos resultantes da inobservância das instruções dadas, sendo necessário, mais uma vez, provar os prejuízos que sofreu. A título de exemplo, se a outorga de poderes é para a venda de um imóvel por R$ 200.000,00, e se o mandatário o vender por R$ 100.000,00, a venda será válida e eficaz em relação ao terceiro, preservando-se o negócio jurídico. Nesse caso, o mandante somente poderá pleitear as perdas e danos referentes aos R$ 100.000,00 do mandatário, não havendo qualquer direito em relação ao terceiro que adquiriu o bem, que estará protegido, presumindo-se a sua boa-fé.

JURISPRUDÊNCIA COMENTADA: Em exemplo interessante, como bem julgou o Tribunal do Distrito Federal, "o ato jurídico praticado pelo mandatário com descumprimento das orientações do mandante, mas sem exceder os poderes outorgados por procuração, não é passível de anulação por erro. Nessas condições, o mandante fica obrigado para com aqueles com quem o seu procurador contratou, mas terá contra este último ação de obter as perdas e danos resultantes da inobservância das instruções, conforme o art. 679 do Código Civil. *In casu,* o apelado se obrigou, por meio do instrumento particular de confissão de dívida, a pagar aos apelantes a quantia de R$ 700.000,00 (setecentos mil reais) a título de perdas e danos pelo negócio jurídico celebrado com abuso de poder" (TJDF, Processo 07255.68-12.2017.8.07.0001, Acórdão 113.3262, 4.ª Turma Cível, Rel. Des. Luís Gustavo Barbosa de Oliveira, j. 24.10.2018, *DJDFTE* 05.11.2018). Em outra ilustração que diz respeito a fatos sociais importantes ocorridos no Brasil, entendeu o Tribunal Paulista que "se o COB constituiu mandatário para em seu nome contratar terceiros para os festejos de abertura e encerramento da Copa do Mundo de 2014, perante estes responde solidariamente pelos pagamentos não efetuados, conforme inteligência do artigo 679, do Código Civil" (TJSP, Embargos de Declaração 1047931-51.2015.8.26.0100/50000, Acórdão 9746578, 26.ª Câmara de Direito Privado, São Paulo, Rel. Des. Felipe Ferreira, j. 25.08.2016, *DJESP* 09.09.2016). Por fim, o mesmo Tribunal Bandeirante, aplicando o art. 679 do Código Civil, entendeu que desídia por parte da imobiliária – ora mandatária –, ou divergências entre ela e os locadores – mandantes –, não podem ser imputadas contra os locatários (TJSP, Apelação 1006945-02.2014.8.26.0032, Acórdão 8896716, 27.ª Câmara de Direito Privado, Araçatuba, Rel. Des. Daise Fajardo Nogueira Jacot, j. 06.10.2015, *DJESP* 19.10.2015).

Art. 680. Se o mandato for outorgado por duas ou mais pessoas, e para negócio comum, cada uma ficará solidariamente responsável ao mandatário por todos os compromissos e efeitos do mandato, salvo direito regressivo, pelas quantias que pagar, contra os outros mandantes.

COMENTÁRIOS DOUTRINÁRIOS: Em havendo *mandato conjunto* em relação à figura do mandante, ou seja, sendo ele outorgado por duas ou mais pessoas, e para negócio comum, cada uma ficará solidariamente responsável perante o mandatário por todos os compromissos e efeitos do mandato. Como ocorre em relação ao mandatário, a norma não deve ser considerada como cogente ou de ordem pública, admitindo a solidariedade passiva previsão em contrário. O preceito ainda consagra o direito regressivo a favor do mandante que pagar quantias, contra os demais, pelas quotas correspondentes, presumindo-se de forma relativa a divisão igualitária entre eles (*concursu partes fiunt*), novamente salvo ajuste em contrário.

JURISPRUDÊNCIA COMENTADA: Em hipótese fática relativa a mandato *ad judicia,* aplicando a norma, concluiu o Superior Tribunal de Justiça que "no Direito Civil, predomina a autonomia da vontade de modo que se confere total liberdade negocial aos sujeitos de uma relação obrigacional. Usufruindo dessa liberdade, podem as partes, credores e devedores, sem nenhum óbice, estabelecer a solidariedade, ativa ou passiva, em seus atos negociais. Diante da solidariedade de interesses existente entre os mandantes, ausente previsão contratual a respeito, é razoável que o mandatário, advogado que recebe valores em juízo, possa, quando do repasse, escolher um dos mandantes como destinatário de referidos valores" (STJ, REsp 1.415.752/RJ, 3.ª Turma, Rel. Min. João Otávio de Noronha, *DJe* 30.09.2014). Em sentido próximo, como se retira de julgado anterior, que ainda cita a codificação de 1916, "a relação jurídica firmada entre mandantes e mandatário na contratação de serviços profissionais de advogado não sofre influência pela ulterior partilha dos bens do espólio e término do inventário, de modo que inexistente a carência da ação de arbitramento e cobrança de honorários movida a apenas um deles, o que constitui faculdade do credor da obrigação de pagar (art. 1.314 do Código Civil anterior), ressalvado o direito de regresso em relação aos demais ante a solidariedade existente, que não se confunde com litisconsórcio necessário, aqui não configurado" (STJ, REsp 267.221/MG, 4.ª Turma, Rel. Min. Aldir Passarinho Junior, j. 17.10.2006, *REPDJ* 26.02.2007, p. 592, *DJ* 27.11.2006, p. 288).

Art. 681. O mandatário tem sobre a coisa de que tenha a posse em virtude do mandato, direito de retenção, até se reembolsar do que no desempenho do encargo despendeu.

COMENTÁRIOS DOUTRINÁRIOS: Vale repisar a necessidade de interpretação conjunta desse dispositivo com o art. 664 do Código Civil, conforme reconhece o Enunciado n. 184 da *III Jornada de Direito Civil*. Conforme o seu teor, que deve ser aqui mais uma vez transcrito, "da interpretação conjunta desses dispositivos, extrai-se que o mandatário tem o direito de reter, do objeto da operação que lhe foi cometida, tudo o que lhe for devido em virtude do mandato, incluindo-se a remuneração ajustada e o reembolso de despesas".

JURISPRUDÊNCIA COMENTADA: Aplicando as duas normas em conjunto, na linha do enunciado doutrinário, ver: "Inadimplemento da obrigação assumida pelos devedores que permite a retenção dos valores recebidos pelo mandatário. Compreensão dos arts. 664 e 681 do Código Civil" (TJSP, Apelação 1087560-03.2013.8.26.0100, Acórdão 10114699, 28.ª Câmara de Direito Privado, São Paulo, Rel. Des. Dimas Rubens Fonseca, j. 31.01.2017, *DJESP* 08.03.2017). Porém, não havendo contrato escrito ou arbitramento judicial a respeito dos honorários advocatícios entre as partes, tem-se entendido, de forma precisa, ser descabida a retenção pelo advogado de qualquer valor pertencente à parte (TJRS, Apelação Cível 117127-32.2012.8.21.7000, 16.ª Câmara Cível, Santa Cruz do Sul, Rel. Des. Catarina Rita Krieger Martins, j. 23.05.2013, *DJERS* 28.05.2013). Como última ilustração, entendeu o Tribunal de Justiça de Pernambuco que o "Agente Marítimo poderá, naturalmente, caso arque com os dispêndios e haja resistência da proprietária da embarcação em ressarci-lo, reaver as despesas já incorridas e os custos adicionais mediante ação própria, constituindo-se o próprio casco a garantia de sua solvabilidade. Inteligência do art. 681 do Código Civil" (TJPE, Agravo de Instrumento 0165354-3, 2.ª Câmara Cível, Recife, Rel. Juiz Conv. Paulo Torres P. da Silva, j. 20.08.2008, *DOEPE* 25.11.2008).

REFORMA DO CÓDIGO CIVIL: Em relação ao art. 681, mais uma vez a Comissão de Juristas composta no Senado Federal procurou valorizar as posições consolidadas nas *Jornadas de Direito Civil*, no presente caso colocando na lei o Enunciado n. 184 da *III Jornada*, de 2004. De acordo com a proposição, o dispositivo passaria a ter a seguinte redação no seu *caput*, com mesmo conteúdo, mas apenas com o intuito de deixar a norma mais clara e operável: "O mandatário tem direito de retenção sobre a coisa de que tenha a posse em virtude de mandato, até se reembolsar do que, no desempenho do encargo, despendeu". A inovação estaria no novo parágrafo único do comando, *in verbis*: "O mandatário tem o direito de reter, do objeto da operação que lhe foi cometida, tudo o que lhe for devido em virtude do mandato, incluindo-se a remuneração ajustada e o reembolso de despesas". Trata-se, portanto, da necessária interpretação conjunta dos arts. 681 e 664, tão defendida pela doutrina.

SEÇÃO IV
DA EXTINÇÃO DO MANDATO

Art. 682. Cessa o mandato:

I – pela revogação ou pela renúncia;

II – pela morte ou interdição de uma das partes;

III – pela mudança de estado que inabilite o mandante a conferir os poderes, ou o mandatário para os exercer;

IV – pelo término do prazo ou pela conclusão do negócio.

COMENTÁRIOS DOUTRINÁRIOS: O mandato, sendo um contrato especial diante da confiança depositada pelas partes, merece um tratamento diferenciado quanto à sua extinção, constante entre os arts. 682 e 691 do Código Civil. Tal regulação diferenciada sempre foi apontada pela doutrina como intimamente ligada à estrutura interna do contrato em questão, baseado na fidúcia do mandante e na benevolência do mandatário, geradores de um amplo desejo de colaboração entre as partes. Em termos gerais, o primeiro comando que trata da extinção desse negócio prevê a cessação ou extinção do mandato em quatro hipóteses principais. A primeira delas é a revogação, por parte do mandante, ou pela renúncia pelo mandatário; hipóteses de resilição unilateral enquadradas na regra geral do art. 473 da própria codificação privada. A segunda diz respeito à morte ou interdição de uma das partes, eis que o contrato é personalíssimo ou *intuitu personae*. Nesse caso é que há propriamente a extinção pela *cessação contratual*, geralmente associada pela doutrina ao fim do contrato pela morte de qualquer uma das partes. Vale lembrar que a regra se aplica ao mandato *ad judicia*, sendo certo que a morte de qualquer uma das partes ou de seus procuradores gera a suspensão do processo, até que eventuais pendências quanto à legitimidade ou à representação sejam sanadas (art. 313, inc. I, do CPC/2015). Também gera a extinção do contrato a mudança de estado que inabilite o mandante a conferir os poderes, ou o mandatário para exercê-los, como se dá na incapacidade genérica ou específica de qualquer uma das partes. Por fim, o contrato é extinto pelo término do prazo ou pela conclusão do negócio, ou seja, pelo seu cumprimento, gerador de sua extinção normal.

JURISPRUDÊNCIA COMENTADA: Numerosos são os acórdãos que reconhecem ser a morte do mandante motivo para a extinção do mandato *ad judicia*. Por todos: "É notória a ausência de capacidade postulatória do advogado para a propositura da ação. Incide, na espécie, previsão constante do art. 682, inciso II, do Código Civil, segundo o qual, a morte do mandante cessa o mandato, razão pela qual o advogado não poderia, como fez, ter proposto a presente ação, pois a autorização que lhe permitia iniciar o processo fora extinta no momento da morte do mandante" (TRF da 1.ª Região, Acórdão 0007894-38.2010.4.01.3807, 6.ª Turma, Rel. Juiz Fed. Conv. Roberto Carlos de Oliveira, *DJF1* 14.11.2018). Em havendo extinção por morte, tem-se julgado no STJ que a prestação de contas que cabia ao mandatário não se transmite aos seus herdeiros: "Prestação. Contas. Natureza personalíssima. O condomínio (recorrente) ingressou com ação de prestação de contas contra o espólio (recorrido) representado pelo cônjuge varoa supérstite, na qualidade de inventariante, alegando que como proprietário de imóvel, outorgara procuração ao *de cujus* para que, em seu nome, pudesse transigir, fazer acordos, conceder prazos, receber aluguéis, dar quitação e representá-lo perante o foro em geral relativamente ao imóvel. Sustentou o recorrente que o *de cujus* apropriou-se indevidamente dos valores recebidos a título de aluguel, vindo a falecer em 1995, momento em que a inventariante teria continuado a receber os alugueres em nome do falecido, sendo o espólio recorrido parte legítima para prestar contas. O cerne da questão está em saber se o dever de prestar contas se estende ao espólio e aos sucessores do falecido mandatário. Para o Min. Relator, o mandato é contrato personalíssimo por excelência, tendo como uma das causas extintivas, nos termos do art. 682, II, do CC/2002, a morte do mandatário. Sendo o dever de prestar contas uma das obrigações do mandatário perante o mandante e tendo em vista a natureza personalíssima do contrato de mandato, por consectário lógico, a obrigação de prestar contas também tem natureza personalíssima. Desse modo, somente é legitimada passiva na ação de prestação de contas a pessoa a quem incumbia tal encargo por lei ou contrato, sendo tal obrigação intransmissível ao espólio do mandatário, que constitui, na verdade, uma ficção jurídica. Considerando-se, ainda, o fato de já ter sido homologada a partilha no inventário em favor dos herdeiros, impõe-se a manutenção da sentença que julgou extinto o feito sem resolução do mérito, por ilegitimidade passiva, ressalvada ao recorrente a pretensão de direito material nas vias ordinárias. Diante disso, a Turma negou provimento ao recurso" (STJ, REsp 1.055.819/SP, Rel. Min. Massami Uyeda, j. 16.03.2010). Tem-se, ainda e quanto à extinção do mandato extrajudicial, que "a outorga de escritura pública de compra e venda de imóvel pelo procurador após o óbito do mandante constitui ato nulo, pois de acordo com o disposto no art. 682, inciso II, do Código Civil, o mandato cessa com a morte do mandante" (TJMG, Apelação Cível 1.0446.15.001387-3/001, Rel. Des. Arnaldo Maciel, j. 27.03.2018, *DJEMG* 03.04.2018). Apesar desse entendimento ser reiterado em outros julgados, entendo que a melhor solução seria a ineficácia da venda, pela presença da alienação *a non domino*. Também conforme afirmação que se repete nos julgados, sendo o mandato celebrado sem prazo determinado, reputa-se extinto até que ocorra uma das hipóteses do art. 682 do Código Civil. Nessa esteira, por todos: "Mandato sem prazo de validade. Vigência até sua extinção nos termos do artigo 682 do Código Civil. Precedentes jurisprudenciais" (TJSP, Apelação 1027794-91.2015.8.26.0506, Acórdão 9756258, 37.ª Câmara de Direito Privado, Ribeirão Preto, Rel. Des. João Pazine Neto, j. 30.08.2016, *DJESP* 25.09.2018, p. 2.311). Por fim, com base no art. 682 do Código Civil, tem-se entendido no âmbito do Superior Tribunal de Justiça que "'seja pelo ângulo do poder geral de cautela, seja pelo ângulo do poder discricionário de direção formal e material do processo, é perfeitamente cabível ao magistrado, diante das peculiaridades de cada caso concreto, solicitar a apresentação de instrumento de mandato atualizado com a finalidade precípua de proteger os interesses das partes e zelar pela regularidade dos pressupostos processuais, o que não implica contrariedade ao art. 38 do CPC ou ao art. 682 do Código Civil' (REsp 902.010/DF, Rel. Min. Castro Meira, Segunda Turma, *DJe* 15/12/2008)" (STJ, Ag. Int. no AREsp 1.075.422/RJ, 1.ª Turma, Rel. Min. Sérgio Kukina, *DJe* 30.08.2017).

Art. 683. Quando o mandato contiver a cláusula de irrevogabilidade e o mandante o revogar, pagará perdas e danos.

COMENTÁRIOS DOUTRINÁRIOS: O Código Civil de 2002 repete parcialmente o preceito correspondente na codificação anterior, tratando da hipótese em que do mandato consta a cláusula da irrevogabilidade. Se presente essa cláusula, a revogação equivale ao inadimplemento ou descumprimento contratual, com a resolução do negócio e o dever de o mandante pagar perdas e danos ao mandatário. Por óbvio, nos termos dos arts. 402 a 404 do CC, tais prejuízos somente serão reparados se forem provados pelo mandatário, ônus que lhe cabe. Eventualmente, além dos danos materiais, podem ser reparados também os danos morais suportados pela parte. Em suma, mesmo que a irrevogabilidade seja convencional, não há proibição absoluta para que seja efetivada, o que somente gera o direito de o mandatário pleitear as perdas e danos do mandante. Ainda sobre essa previsão, na *I Jornada de Direito Notarial e Registral*, promovida pelo Conselho da Justiça Federal e pelo Superior Tribunal de Justiça em agosto de 2022, aprovou-se enunciado segundo o qual "o ato notarial de revogação do mandato outorgado por instrumento público é admitido sem a presença do mandatário, ainda que haja cláusula de irrevogabilidade". Consoante as suas justificativas, que explicam o seu conteúdo, "o Código Civil prevê a possibilidade de revogação do mandato ainda que este tenha cláusula de irrevogabilidade, elencando como consequência jurídica o ônus de arcar com perdas e danos, se comprovados. Portanto, não há na legislação federal exigência do consentimento do outorgado para que o mandato seja revogado. Contudo, diversos estados da federação preveem em suas normas de serviço extrajudicial o comparecimento do outorgado como condição para revogação da procuração que contenha cláusula de irrevogabilidade, o que, por vezes, conduz à inviabilidade da prática do ato". São citadas normas dos Estados do Espírito Santo e da Bahia, que o enunciado procura afastar, com vistas de uma uniformização a respeito do tema, que pode surgir em breve.

JURISPRUDÊNCIA COMENTADA: Conforme o último comentário, decidiu o Tribunal de Justiça do Amapá que "mesmo que a irrevogabilidade tenha sido convencionada nada obsta que o mandante revogue o instrumento, ressaltando-se, apenas, que, ao fazê-lo, o mandante se sujeitará às perdas e danos que seu ato acarretar, nos termos do art. 683 do Código Civil" (TJAP, Apelação 0039303-72.2014.8.03.0001, Câmara Única, Rel. Juiz Conv. Eduardo Contreras, j. 11.07.2017, *DJEAP* 18.07.2017, p. 18). Ou, ainda, explicando o teor do comando com base na natureza jurídica da relação interna entre mandante e mandatário: "O mandato é plenamente revogável, mesmo diante da existência de cláusula de irrevogabilidade, isto porque o principal elemento deste tipo de pactuação é a fidúcia que, quando não mais persiste, fica cometido ao nuto do mandante a sua revogação, isento de explicar os motivos desta manifestação de vontade, frente ao caráter subjetivo do elemento psicológico preponderante, ressalvado ao mandatário a perseguição de eventuais perdas e danos" (TJSC, Apelação Cível 0004786-81.2013.8.24.0004, 3.ª Câmara de Direito Civil, Araranguá, Rel. Des. Fernando Carioni, *DJSC* 30.03.2017, p. 98). O Tribunal de Justiça do Paraná afastou o pedido de nulidade absoluta do ato de revogação do mandato, mas concluiu pela possibilidade do pleito de perdas e danos, formulado em pedido alternativo: "A pretendida declaração de nulidade da escritura pública de compra e venda é inviável, diante da higidez do ato de revogação. O pedido alternativo de perdas e danos deve ser imediatamente atendido, conforme prescreve o art. 683, do Código Civil". Porém, foi afastado o pedido relativo aos danos morais, uma vez que "a ausência de cuidados de parte da apelante, quando da suposta aquisição do imóvel, deve conduzir à improcedência do pedido de indenização por danos morais" (TJPR, Apelação Cível 1244886-3, 7.ª Câmara Cível, Curitiba, Rel. Juiz Conv. Victor Martim Batschke, *DJPR* 02.12.2014, p. 125).

Art. 684. Quando a cláusula de irrevogabilidade for condição de um negócio bilateral, ou tiver sido estipulada no exclusivo interesse do mandatário, a revogação do mandato será ineficaz.

COMENTÁRIOS DOUTRINÁRIOS: Também com correspondência parcial no sistema revogado, prevê a norma que, quando a cláusula de irrevogabilidade for condição de um negócio bilateral, ou tiver sido estipulada no exclusivo interesse do mandatário, a revogação do mandato será ineficaz. Como exemplo da primeira parte, imagine-se que a irrevogabilidade seja considerada como fator de eficácia de uma compra e venda de um imóvel. A parte final do dispositivo acaba por vedar a cláusula de irrevogabilidade no mandato em causa própria, tema que será aprofundado nos comentários ao próximo preceito. Visando agilizar procedimentos e evitar a judicialização desnecessária, circulando com maior liberdade os negócios jurídicos, na *IX Jornada de Direito Civil*, em maio de 2002, aprovou-se o Enunciado n. 655, estabelecendo que, "nos casos do art. 684 do Código Civil, ocorrendo a morte do mandante, o mandatário poderá assinar escrituras de transmissão ou aquisição de bens para a conclusão de negócios jurídicos que tiveram a quitação enquanto vivo o mandante".

JURISPRUDÊNCIA COMENTADA: O Tribunal do Paraná afastou a aplicação do art. 684 do Código Civil sob o argumento da ausência dos seus requisitos, notadamente por não estar configurado mandato em causa própria. Conforme trecho da ementa do acórdão: "Cláusula de irrevogabilidade. Ausência das hipóteses dos arts. 684 a 686 do Código Civil. Mandato *in rem suam*. Não configuração. Ausência da finalidade de alienação do imóvel. Ausência de comprovação de não quitação da dívida. Contrato de mandato que se esgotou em si mesmo" (TJPR, Apelação Cível 1563701-3, 7.ª Câmara Cível, Cornélio Procópio, Rel. Des. Dartagnan Serpa Sá, j. 29.11.2016, *DJPR* 26.01.2017, p. 144). Sobre a parte final do dispositivo, conforme *decisum* do Tribunal de Minas Gerais, com precisão, "a procuração em causa própria (*in rem suam*), prevista no art. 685, do Código Civil, configura documento bilateral e traduz verdadeiro contrato, não havendo falar em revogação do mandato, com base no art. 684, do Código Civil" (TJMG, Apelação Cível 1.0382.11.000916-6/001, Rel. Des. Luciano Pinto, j. 04.02.2016, *DJEMG* 23.02.2016). Ou ainda: "Quando o mandato é conferido no exclusivo interesse do mandatário, tem aplicação o disposto no art. 684 do Código Civil, que prevê a ineficácia da revogação" (TJSP, Apelação 0010010-61.2010.8.26.0032, Acórdão 7862127, 29.ª Câmara de Direito Privado, Araçatuba, Rel. Des. Silvia Rocha, j. 17.09.2014, *DJESP* 25.09.2014).

REFORMA DO CÓDIGO CIVIL: O objetivo, mais uma vez, é trazer para a lei os entendimentos doutrinários das *Jornadas de Direito Civil*, especialmente do Enunciado n. 655 da *IX Jornada*. Nesse contexto, propôs-se incluir um novo art. 684-A, prevendo que, "ocorrendo a morte do mandante, o mandatário com poderes para alienar e adquirir bens, poderá assinar escrituras de transmissão ou aquisição de bens para a conclusão de negócios jurídicos, perfeitos e acabados, que foram quitados enquanto vivo o mandante, salvo se houver sido por este resilido o mandato". Incluiu-se, para que não haja dúvidas, a expressão "perfeitos e acabados", em prol da proteção do ato jurídico perfeito e da circulação de negócios consolidados no mercado. A exceção relativa à resilição igualmente complementa o teor do enunciado, visando trazer mais segurança para as relações contratuais. Em relação ao art. 684 original, há proposta apenas de deixar mais clara a norma, sem alteração de conteúdo, passando a ter a seguinte dicção e mencionando "outro negócio": "quando a cláusula de irrevogabilidade for condição de outro negócio bilateral ou tiver sido estipulada no exclusivo interesse do mandatário, a revogação do mandato será ineficaz".

Art. 685. Conferido o mandato com a cláusula "em causa própria", a sua revogação não terá eficácia, nem se extinguirá pela morte de qualquer das partes, ficando o mandatário dispensado de prestar contas, e podendo transferir para si os bens móveis ou imóveis objeto do mandato, obedecidas as formalidades legais.

COMENTÁRIOS DOUTRINÁRIOS: No mandato em causa própria – com cláusula *in rem propriam* ou *in rem suam* –, o mandante outorga poderes para que o mandatário atue em seu próprio nome. Além da norma ora comentada, o art. 117 do próprio Código Civil também autoriza a sua previsão, ao estabelecer que "salvo se o permitir a lei ou o representado, é anulável o negócio jurídico que o representante, no seu interesse ou por conta de outrem, celebrar consigo mesmo". Em complemento, conforme o seu parágrafo único, "para esse efeito, tem-se como celebrado pelo representante o negócio realizado por aquele em quem os poderes houverem sido substabelecidos". Tem-se afirmado amplamente na doutrina que o mandato em causa própria é um autocontrato, prevendo o art. 117 do Código Civil causa objetiva de anulabilidade do negócio, diante de uma presunção de conflito de interesses. Como se nota, o último diploma ressalva duas situações em que será válido o negócio jurídico celebrado pelo representante consigo mesmo. A primeira delas é diante da presença de permissão da lei e a segunda em virtude da concordância expressa do representado, constante da minuta do mandato. Sobre o prazo de anulação do negócio, filio-me à aplicação do prazo decadencial de dois anos, previsto no art. 179 da própria codificação. Quanto à afirmação de haver um autocontrato, entendo que não há, no mandato em causa própria, uma *autocontratação perfeita*, pois a alteridade está presente na outorga de poderes anterior, do mandante ao mandatário. A título de exemplo, é de se lembrar a hipótese em que o mandante outorga poderes para que o mandatário venda um imóvel, constando autorização para que o último venda o imóvel para si mesmo. A vedação, tanto da revogação quanto da cláusula de irrevogabilidade, existe porque não há no contrato a confiança ou fidúcia típica do contrato de mandato regular. No mandato em causa própria, o procurador também estará isento do dever de prestar contas, tendo em vista que o ato caracteriza uma cessão de direitos em proveito dele mesmo, equiparando-se a um contrato definitivo de transmissão. Geralmente, o mandato em causa própria é utilizado no mercado imobiliário, como instrumento de especulação econômica, sendo possível ventilar a sua invalidade, por ilicitude do objeto e desrespeito à boa-fé.

JURISPRUDÊNCIA COMENTADA: Vários julgados trazem a afirmação segundo a qual não se pode presumir o mandato em causa própria, sendo ele excepcional e dependente da expressa autorização da lei ou do representado. Assim deduzindo: "Mandato com a cláusula em causa própria que é excepcional e precisa ser expressa, presumindo-se, na ausência, que se trata de mandato comum. Considerações. Hipótese em que não há cláusula expressa, nem a tanto se chega pela cláusula de irretratabilidade, cuja finalidade é possibilitar perdas e danos em caso de revogação" (TJSP, Apelação 1003046-05.2014.8.26.0223, Acórdão 10684504, 4.ª Câmara de Direito Privado, Guarujá, Rel. Des. Maia da Cunha, j. 10.08.2017, *DJESP* 24.08.2017, p. 2.130). Na mesma esteira: "Dada a relevância jurídica da 'procuração em causa própria', que equivale à definitiva transmissão de direitos, impossível admiti-la por mera presunção. Não sendo a procuração lavrada 'em causa própria', é possível a extinção *ad nutum* do mandato pelo mandante, ainda que haja cláusula de irrevogabilidade e irretratabilidade, nos termos do art. 683 do Código Civil, respondendo o mandante por perdas e danos" (TJMG, Apelação Cível 4128860-98.2007.8.13.0702, 9.ª Câmara Cível, Uberlândia, Rel. Des. Generoso Filho, j. 05.10.2010, *DJEMG* 18.10.2010). Em caso curioso de afastamento da sua presença, julgou-se que a irrevogabilidade é "característica intrínseca da procuração com cláusula *in rem suam*, contudo admite-se a sua revogação, pois a revogabilidade é da própria essência do contrato de mandato, respondendo o mandante, se for o caso, por perdas e danos (arts. 683 e 685, do Código Civil). Com base nas peculiaridades do caso concreto, apurou-se que, na verdade, não houve, efetivamente, qualquer negócio jurídico de natureza translativa entre as partes e que o negócio pretendido era mandato para administração do imóvel, mas a procuração conferiu mais poderes do que o inicialmente aventado, impondo-se a sua anulação" (TJDF, Procuração 07031.94-42.2017.8.07.0020, Acórdão 112.9509, 7.ª Turma Cível, Rel. Des. Romeu Gonzaga Neiva, j. 10.10.2018, *DJDFTE* 17.10.2018). Sobre a exigência de formalidades para os casos envolvendo imóveis, não sendo celebrada a escritura pública para os casos de bens com valor superior a trinta salários mínimos (art. 108 do CC), conclui-se pela ausência do mandato em causa própria: "A procuração em causa própria (art. 685 do Código Civil) outorga ao mandatário poderes para transferir para si os bens móveis ou imóveis objeto do mandato, desde que obedecidas as formalidades legais. Na hipótese dos autos, não consta da procuração a cláusula em causa própria, e tampouco as formalidades inerentes ao contrato de compra e venda. Hipótese do art. 685 do Código Civil não configurada" (TJPR, Apelação Cível 1638498-4, 11.ª Câmara Cível, Curitiba, Rel. Juiz Conv. Rodrigo Fernandes Lima Dalledone, j.

27.09.2017, *DJPR* 19.10.2017, p. 181). Destaque-se, ainda, julgado paulista, segundo o qual em havendo problemas relativos à venda do imóvel, há legitimidade passiva do mandatário para responder pela demanda, presente o mandato *in rem suam*: "Demanda ajuizada em face dos vendedores e do mandatário. Legitimidade passiva deste último. Hipótese de mandato em causa própria (e, portanto, evidente o interesse do mandatário que, no caso em exame, agia como se o imóvel lhe pertencesse). Correta aplicação do disposto no art. 685 do Código Civil" (TJSP, Apelação 0102477-20.2008.8.26.0003, Acórdão 6775072, 8.ª Câmara de Direito Privado, São Paulo, Rel. Des. Salles Rossi, j. 29.05.2013, *DJESP* 19.06.2013). Como outra decorrência prática importante, a Quarta Turma do Superior Tribunal de Justiça julgou, em 2021, que a procuração relacionada ao mandato em causa própria não constitui título translativo de propriedade, por se tratar de negócio jurídico unilateral. Consoante a ementa, "a procuração em causa própria (*in rem suam*) é negócio jurídico unilateral que confere um poder de representação ao outorgado, que o exerce em seu próprio interesse, por sua própria conta, mas em nome do outorgante. Tal poder atuará como fator de eficácia de eventual negócio jurídico de disposição que vier a ser celebrado. Contudo, até que isso ocorra, o outorgante permanece sendo titular do direito (real ou pessoal) objeto da procuração, já o outorgado apenas titular do poder de dispor desse direito, sem constituir o instrumento, por si só, título translativo de propriedade. Nesse caso, há uma situação excepcional: ao procurador é outorgado o poder irrevogável de dispor do direito objeto do negócio jurídico, exercendo-o em nome do outorgante (titular do direito), mas em seu próprio interesse e sem nem mesmo necessidade de prestação de contas. É contraditório que se reconheça ter sido outorgada procuração com essa natureza ao ex-marido da autora e se aluda, no tocante às alienações com uso do instrumento, a erro, dolo, simulação ou fraude. E não pode ser atribuída a esse negócio jurídico unilateral a função de substituir, a um só tempo, os negócios jurídicos obrigacionais (por exemplo, contrato de compra e venda, doação) e dispositivos (*v.g.*, acordo de transmissão) indispensáveis, em regra, à transmissão dos direitos subjetivos patrimoniais, notadamente do direito de propriedade, sob pena de abreviação de institutos consolidados e burla à regras jurídicas" (STJ, REsp 1.345.170/RS, 4.ª Turma, Rel. Min. Luis Felipe Salomão, j. 04.05.2021, *DJe* 17.06.2021). Como se retira do voto do Ministro Relator, "é de toda conveniência não confundir os institutos, notadamente por possuírem naturezas jurídicas diversas: a procuração é negócio jurídico unilateral; o mandato, contrato que é, apresenta-se como negócio jurídico geneticamente bilateral. De um lado, há uma única declaração jurídico-negocial; de outro, duas declarações jurídico-negociais que se conjugam por serem congruentes quanto aos meios e convergentes quanto aos fins". Em outra decisão a ser destacada nesta obra, do mesmo ano de 2021, igualmente da Quarta Turma, o Tribunal concluiu pela necessidade de o mandato com causa própria ser celebrado por escritura pública, no caso de envolver imóvel com valor superior a trinta salários mínimos, como determina o art. 108 do Código Civil. Como se retira do *decisum*, "é certo que a procuração (ou o mandato) em causa própria, por si só, não formaliza a transferência da propriedade, o que depende de contrato por meio de escritura pública e registro imobiliário. Mas também é certo que o mandato em causa própria opera a transmissão do direito formativo de dispor da propriedade. Dessa forma, a disposição da faculdade de dispor, inerente ao próprio conceito jurídico de propriedade, quando tem por objeto imóvel de valor superior ao teto legal, não prescinde da forma pública, sob pena de subverter o sistema legal de disciplina da transmissão da propriedade imobiliária, dando margem a fraudes, que a regra da atração da forma trazida pelo art. 657 do Código Civil de 2002 buscou prevenir" (STJ, REsp 1.894.758/DF, 4.ª Turma, Rel. Min. Luis Felipe Salomão, Rel. Acd. Min. Maria Isabel Gallotti, j. 19.10.2021, m.v.).

Art. 686. A revogação do mandato, notificada somente ao mandatário, não se pode opor aos terceiros que, ignorando-a, de boa-fé com ele trataram; mas ficam salvas ao constituinte as ações que no caso lhe possam caber contra o procurador.

Parágrafo único. É irrevogável o mandato que contenha poderes de cumprimento ou confirmação de negócios encetados, aos quais se ache vinculado.

COMENTÁRIOS DOUTRINÁRIOS: Ocorrendo a revogação do mandato pelo mandante e a notificação somente do mandatário, a resilição unilateral não gera efeitos em relação a terceiros que, ignorando a revogação, de boa-fé, celebraram negócios com o mandatário. A boa-fé referenciada é a subjetiva, aquela relacionada com o plano intencional, a um estado psicológico. Devem ser ressalvadas, em casos tais, eventuais ações, inclusive de indenização por perdas e danos, que o mandante possa ter contra o mandatário pela celebração desses negócios com terceiros. Como inovação frente ao Código Civil de 1916, também é irrevogável o mandato que contenha poderes de cumprimento ou confirmação de negócios encetados – aqueles já celebrados e efetivados pelo mandatário –, aos quais se ache vinculado.

JURISPRUDÊNCIA COMENTADA: Muitos são os julgados que protegem terceiros de boa-fé em relação à revogação do mandato. Assim, por exemplo: "Segundo o artigo 686 do Código Civil, a revogação do mandato, notificada somente ao mandatário, não se pode opor aos terceiros que, ignorando-a, de boa-fé com ele trataram; mas ficam salvas ao constituinte as ações que no caso lhe possam caber contra o procurador. A revogação da procuração ou mesmo a publicação de editais revogatórios, muito embora representem a tentativa de dar a necessária publicidade ao ato desconstitutivo, *in casu*, foram realizadas em unidade federativa distinta daquela onde foi lavrada a procuração, não sendo razoável exigir que qualquer interessado em contratar com outrem mediante procuração promova consulta em todos os Tabelionatos da Federação, ou que realize a leitura de todos os editais lançados nos jornais do País. A diligência que se pode esperar é a certificação da validade do ato no Cartório onde o referido ato foi lavrado. A boa-fé subjetiva do terceiro que contratou com mandatário aparente somente pode ser afastada pela prova de ciência inequívoca da revogação. O que não se vê nos autos" (TJDF, Apelação Cível 2015.01.1.141381-7, Acórdão 102.4767, 2.ª Turma Cível, Rel. Des. Sandoval Oliveira, j. 14.06.2017, *DJDFTE* 20.06.2017). Na mesma linha: "A revogação da procuração outorgada por escritura pública, não pode ser oposta ao mandatário e à instituição financeira onde realizadas transações bancárias, se não houve a notificação da extinção do mandato, na forma do art. 686 do Código Civil" (TJRS, Apelação Cível 0443856-17.2015.8.21.7000, 16.ª Câmara Cível, Porto Alegre, Rel. Des. Catarina Rita Krieger Martins, j. 19.05.2016, *DJERS* 24.05.2016). Sobre o parágrafo único do art. 686, foi ele aplicado a caso em que uma empresa já havia pactuado a alienação de imóveis, não prevalecendo a revogação do mandato efetivada pela outra parte da ação: "Revogação perpetrada pela ré não está apta a sobressair, pois afrontaria direito de terceiros. Aplicação do parágrafo único, do artigo 686 do Código Civil. Validade e eficácia do mandato até o efetivo cumprimento das obrigações do mandatário em relação aos adquirentes dos imóveis" (TJSP, Apelação 0003352-07.2010.8.26.0554, Acórdão 7782257, 5.ª Câmara Extraordinária de Direito Privado, Santo André, Rel. Des. Natan Zelinschi de Arruda, j. 13.08.2014, *DJESP* 28.08.2014).

Art. 687. Tanto que for comunicada ao mandatário a nomeação de outro, para o mesmo negócio, considerar-se-á revogado o mandato anterior.

COMENTÁRIOS DOUTRINÁRIOS: Quanto aos meios ou formas, a revogação efetivada pelo mandante, como forma de exercício do direito potestativo à resilição unilateral do contrato, pode ser *expressa* ou *tácita*. A *revogação expressa* é aquela que decorre do instrumento do mandato. Por seu turno, haverá *revogação tácita*, nos termos da lei, quando for comunicada ao mandatário a nomeação de outro procurador. A última hipótese tem sido amplamente aplicada ao mandato *ad judicia*.

JURISPRUDÊNCIA COMENTADA: Confirmando o último comentário, por todos: "A outorga de novo mandato a outros Advogados, para atuar no mesmo processo, sem ressalva dos poderes anteriormente concedidos, implica na *(sic)* revogação tácita do primeiro mandato, a teor do disposto no artigo 687, do Código Civil" (TJMG, Apelação Cível 1189089-45.2007.8.13.0518, 10.ª Câmara Cível, Poços de Caldas, Rel. Des. Pereira da Silva, j. 13.07.2010, *DJEMG* 23.07.2010). E ainda: "A jurisprudência dominante aponta no sentido de que a juntada de nova procuração importa em revogação tácita da anterior. Com efeito, a revogação do mandato, em razão da outorga de nova procuração a outro causídico sem ressalva do instrumento procuratório anterior, decorre de expressa disposição legal prevista no art. 687 do Código Civil. Trata-se, evidentemente, da consagração da livre disposição do mandante, ao qual não pode ser imputada a obrigação de continuar representado por profissional que não atenda aos seus interesses. Assim, se outro advogado foi expressamente constituído nos autos, dessume-se que a autora não mais deseja ser patrocinada pelo anterior, cabendo ressalvar que a questão atinente à efetivação ou não da comunicação da revogação é controvérsia afeta ao mandante e ao mandatário" (TRF da 2.ª Região, Agravo de Instrumento 0002278-83.2017.4.02.0000, 2.ª Turma

Especializada, Rel. Des. Fed. Messod Azulay Neto, j. 14.12.2017, *DEJF* 25.01.2018). Trazendo outro interessante exemplo de revogação tácita, no plano de um mandato extrajudicial e em decorrência dos notórios desentendimentos entre as partes, julgou o Tribunal de Justiça do Paraná: "Negócio feito quando já havia sido revogada a procuração conferida para a finalidade. Artigo 687 do Código Civil. Desentendimento entre as partes que implica na *(sic)* ciência da revogação do instrumento" (TJPR, Apelação Cível 1336834-6, 7.ª Câmara Cível, Curitiba, Rel. Juíza Conv. Fabiane Pieruccini, j. 04.10.2016, *DJPR* 19.10.2016, p. 290).

Art. 688. A renúncia do mandato será comunicada ao mandante, que, se for prejudicado pela sua inoportunidade, ou pela falta de tempo, a fim de prover à substituição do procurador, será indenizado pelo mandatário, salvo se este provar que não podia continuar no mandato sem prejuízo considerável, e que não lhe era dado substabelecer.

COMENTÁRIOS DOUTRINÁRIOS: Além da revogação, que constitui um direito potestativo do mandante, como outro lado da moeda há a renúncia por parte do mandatário, igualmente reconhecida como um direito potestativo, a gerar a extinção do contrato por resilição unilateral (art. 473, *caput*, do CC e art. 16 do Código de Ética). Essa será comunicada ao mandante, que, se for prejudicado pela resilição unilateral, por ser essa inoportuna ou pela falta de tempo para a substituição do procurador, será indenizado pelo mandatário por perdas e danos. No entanto, se o mandatário provar que não podia continuar no mandato sem prejuízo considerável, e que não lhe era dado substabelecer, estará isento do dever de indenizar. Na verdade, como a renúncia constitui um direito potestativo do mandatário, afirmação que vale para o exercício do mandato *ad judicia*, não há que se incidir multa ou cláusula penal pelo seu exercício, eis que não se trata de inadimplemento do contrato.

JURISPRUDÊNCIA COMENTADA: Reconhecendo ser a renúncia um direito potestativo do mandatário, na linha da última nota de comentário, destaque-se precisa decisão da Quarta Turma do Superior Tribunal de Justiça referente à contratação de advogado, segundo a qual "em razão da relação de confiança entre advogado e cliente, por se tratar de contrato personalíssimo (*intuitu personae*), dispõe o Código de Ética, no tocante ao advogado, que 'a renúncia ao patrocínio deve ser feita sem menção do motivo que a determinou' (art. 16). Trata-se, portanto, de direito potestativo do advogado em renunciar ao mandato e, ao mesmo tempo, do cliente em revogá-lo, sendo anverso e reverso da mesma moeda, do qual não pode se opor nem mandante nem mandatário. Deveras, se é lícito ao advogado, por imperativo da norma, a qualquer momento e sem necessidade de declinar as razões, renunciar ao mandato que lhe foi conferido pela parte, respeitado o prazo de 10 dias seguintes, também é da essência do mandato a potestade do cliente de revogar o patrocínio *ad nutum*". Diante dessas deduções, concluiu o julgado pela impossibilidade de se estipular multa no contrato de honorários para as situações de renúncia ou revogação unilateral do mandato, independentemente de motivação para tanto, respeitando-se apenas o direito de recebimento dos honorários proporcionais ao serviço prestado (STJ, REsp 1.346.171/PR, 4.ª Turma, Rel. Min. Luis Felipe Salomão, j. 11.10.2016, *DJe* 07.11.2016). Na mesma linha, do ano de 2020, outro aresto, da Terceira Turma da Corte Superior, com o seguinte trecho de ementa e mesma conclusão quanto à impossibilidade de impor multa para os casos de renúncia ou revogação do mandato: "Em razão da relação de fidúcia entre advogado e cliente (considerando se tratar de contrato personalíssimo), o Código de Ética e Disciplina da OAB (CED-OAB) prevê no art. 16 – em relação ao advogado – a possibilidade de renúncia a patrocínio sem a necessidade de se fazer alusão ao motivo determinante, sendo o mesmo raciocínio a ser utilizado na hipótese de revogação unilateral do mandato por parte do cliente (art. 17 do CED-OAB). Considerando que a advocacia não é atividade mercantil e não vislumbra exclusivamente o lucro, bem como que a relação entre advogado e cliente é pautada na confiança de cunho recíproco, não é razoável – caso ocorra a ruptura do negócio jurídico por meio de renúncia ou revogação unilateral do mandato – que as partes fiquem vinculadas ao que fora pactuado sob a ameaça de cominação de penalidade. Não é possível a estipulação de multa no contrato de honorários para as hipóteses de renúncia ou revogação unilateral do mandato do advogado, independentemente de motivação, respeitado o direito de recebimento dos honorários proporcionais ao serviço prestado" (STJ, REsp 1.882.117/MS, 3.ª Turma, Rel. Min. Nancy Andrighi, j. 27.10.2020, *DJe* 12.11.2020). Porém, reconhecendo a inoportunidade da renúncia e o direito à indenização em favor do mandante, desde que comprovados os prejuízos suportados no caso concreto: "O mandatário que prejudica o mandante pela inoportunidade no momento da renúncia fica obrigado a reparar os prejuízos causados. Inteligência do artigo 688, do Código Civil. Quando não houver prova da ciência inequívoca do mandante quanto à renúncia do mandato e, ainda, tendo-se esta se der durante o curso do prazo recursal, evidente o prejuízo sofrido pela parte" (TJGO, AC-EDcl 0093615-25.2005.8.09.0137, 3.ª Câmara Cível, Rio Verde, Rel. Des. Itamar de Lima, *DJGO* 15.07.2015, p. 144). Por fim, trazendo hipótese em que o mandato não foi reputado como extinto: "Mandatário que ainda figura como representante da Ré junto à Receita Federal (teoria da aparência). Não demonstrada a inequívoca cientificação do mandante quanto ao desejo de renúncia, permanece o mandatário legitimado para representar os interesses daquele frente a terceiro-credor" (TJSP, Embargos de Declaração 2000680-97.2013.8.26.0000/50000, Acórdão 7230627, 27.ª Câmara de Direito Privado, São Paulo, Rel. Des. Berenice Marcondes César, j. 21.05.2013, *DJESP* 12.12.2013).

Art. 689. São válidos, a respeito dos contratantes de boa-fé, os atos com estes ajustados em nome do mandante pelo mandatário, enquanto este ignorar a morte daquele ou a extinção do mandato, por qualquer outra causa.

COMENTÁRIOS DOUTRINÁRIOS: No caso de morte do mandante, a gerar a cessação contratual, são válidos e eficazes, a respeito dos contratantes de boa-fé, os atos com estes ajustados em nome do mandante pelo mandatário, enquanto este ignorar a morte daquele ou a extinção do mandato, por qualquer outra causa. A boa-fé referenciada, mais uma vez, é a boa-fé subjetiva, aquela que existe no plano intencional.

JURISPRUDÊNCIA COMENTADA: Aplicando a norma para o mandato *ad judicia*, tem-se concluído no âmbito do Superior Tribunal de Justiça que "a morte do autor antes do processo de execução autoriza a habilitação dos sucessores, reconhecendo-se, salvo comprovada má-fé, a validade dos atos praticados pelo mandatário. Precedentes" (STJ, Ag. Int. no Ag. Int. no REsp 1670334/MG, 2.ª Turma, Rel. Min. Mauro Campbell Marques, j. 08.02.2018, *DJe* 21.02.2018). Na mesma linha, confirmando posição da segunda instância: "O acórdão recorrido pressupõe que o mandatário desconhecia a morte do mandante, tendo realçado ainda a existência de boa-fé, bem como a inexistência de prejuízo à parte contrária em decorrência do exercício de representação destituída de mandato. Sucessores do outorgante que se habilitaram no feito não pugnaram pela nulidade dos atos praticados pelo causídico, a ensejar a aplicação ao caso do princípio da instrumentalidade das formas, evitando-se a anulação de atos processuais sem importância para a solução da lide. Precedentes" (STJ, Ag. Rg. no REsp 1294465/RS, 2.ª Turma, Rel. Min. Og Fernandes, j. 12.08.2014, *DJe* 26.08.2014). Muitos julgados estaduais citam e seguem essa orientação superior. Por todos: "É certo que, nos moldes do art. 682, II, do Código Civil de 2002, o mandato conferindo poderes ao advogado extingue-se com a morte do mandante. Todavia, o Superior Tribunal de Justiça, com fulcro no art. 689 do Código Civil, consolidou o entendimento no sentido de que não deve ser declarada a nulidade dos atos do mandatário, praticados após a morte do mandante, se ignorado este fato pelo mandatário. De notar ainda que o reconhecimento da nulidade de todos os atos processuais praticados após o óbito traria maior prejuízo do que a sua manutenção, ainda mais quando o pedido de habilitação dos herdeiros já ocorreu" (TJCE, Agravo de Instrumento 0621461-10.2018.8.06.0000, 3.ª Câmara de Direito Privado, Rel. Des. Jucid Peixoto do Amaral, *DJCE* 17.12.2018, p. 105). Além do mandato *ad judicia*, não há qualquer óbice para a subsunção da regra ao mandato *ad negotia*. Nesse sentido, correto acórdão do Tribunal Paulista, que afastou a responsabilidade civil de instituição bancária, pelo fato de não ter sido comunicada do falecimento de mandante: "Procurador, com poderes específicos para movimentar a conta bancária do falecido, que transferiu dinheiro desta conta, na data da morte do *de cujus*. Ausência de comprovação de que o banco réu tivesse ciência do falecimento do mandante. Mandato, outorgado por escritura pública, cuja validade não foi questionada. Validade dos atos praticados pelo mandatário. Art. 689, do Código Civil. A instituição financeira ré não praticou qualquer ato ilícito, nos termos do art. 186 do Código Civil, de modo a justificar a indenização pleiteada pelos autores" (TJSP, Apelação 0000604-43.2011.8.26.0238, Acórdão 9749594, 24.ª Câmara de Direito Privado, Ibiúna, Rel. Des. Plinio Novaes de Andrade Júnior, j. 18.08.2016, *DJESP* 22.09.2016).

Art. 690. Se falecer o mandatário, pendente o negócio a ele cometido, os herdeiros, tendo

ciência do mandato, avisarão o mandante, e providenciarão a bem dele, como as circunstâncias exigirem.

COMENTÁRIOS DOUTRINÁRIOS: Em sentido contrário à norma anterior, se quem falecer for o mandatário, pendente o negócio a ele cometido, os seus herdeiros, tendo ciência do mandato, deverão avisar o mandante. Terão ainda que tomar as providências cabíveis para o resguardo dos interesses deste, de acordo com as circunstâncias do caso concreto. A quebra desse dever gera aos herdeiros do mandatário a obrigação de pagar as perdas e danos suportados pelo mandante, ônus que lhe cabe.

JURISPRUDÊNCIA COMENTADA: O Tribunal de Santa Catarina afastou a aplicação do art. 690 do Código Civil para situação fática de falecimento do mandante, eis que, em relação a ele e por óbvio, aplica-se a regra do art. 689 do Código Civil, com solução totalmente diversa: "Suposta violação do art. 690 do Código Civil. Falecimento do mandante. Herdeiros réus que não avisaram a mandatária da autora. Artigo de lei determinando que os herdeiros do mandatário avisem o mandante sobre o falecimento daquele. Ausência de violação de literal disposição de lei" (TJSC, AR 2011.003704-9, Grupo de Câmaras de Direito Civil, Balneário Camboriú, Rel. Des. Carlos Prudêncio, j. 10.09.2012, *DJSC* 21.09.2012, p. 139).

Art. 691. Os herdeiros, no caso do artigo antecedente, devem limitar-se às medidas conservatórias, ou continuar os negócios pendentes que se não possam demorar sem perigo, regulando-se os seus serviços dentro desse limite, pelas mesmas normas a que os do mandatário estão sujeitos.

COMENTÁRIOS DOUTRINÁRIOS: Como decorrência lógica da norma anterior, em havendo falecimento do mandatário, os seus herdeiros não poderão abusar no exercício da tomada das providências necessárias para tutelar os direitos do mandante. Devem-se limitar, assim, às medidas conservatórias, ou a continuar os negócios pendentes que se não possam demorar sem perigo, regulando-se os seus serviços pelas mesmas normas a que o mandatário estiver sujeito.

SEÇÃO V
DO MANDATO JUDICIAL

Art. 692. O mandato judicial fica subordinado às normas que lhe dizem respeito, constantes da legislação processual, e, supletivamente, às estabelecidas neste Código.

COMENTÁRIOS DOUTRINÁRIOS: Ao contrário do Código Civil de 1916, a Norma Geral Privada não prevê as regras básicas aplicadas ao mandato judicial ou *ad judicia*, remetendo o seu tratamento para a legislação específica que, no caso, são o Estatuto da Advocacia (Lei n. 8.096/1994), o correspondente Código de Ética e o Código de Processo Civil. O Código Civil tem, assim, aplicação subsidiária ao mandato *ad judicia*, como se verificou de vários julgados aqui transcritos e comentados. No âmbito doutrinário, a norma é associada à classificação do mandato quanto à origem, em três modalidades. A primeira delas é o *mandato legal*, aquele que decorre de lei e dispensa a elaboração de qualquer instrumento. São exemplos de mandato legal: os existentes a favor dos pais, tutores e curadores para a administração dos bens dos filhos, tutelados e curatelados. A segunda é o *mandato judicial*, aquele conferido em virtude de uma ação judicial, com a nomeação do mandatário pela autoridade judicial. É o caso do inventariante que representa o espólio e do administrador judicial que representa a massa falida. Por fim, o mandato convencional origina-se de contratos firmados entre as partes, sendo manifestação da autonomia privada. Esse mandato pode ser *ad judicia* ou convencional judicial, para a representação da pessoa no campo judicial; ou *ad negotia* ou extrajudicial, para a administração em geral na esfera extrajudicial. Não se pode esquecer que o mandato *ad judicia* é privativo dos advogados inscritos na Ordem dos Advogados do Brasil, conforme regulamenta a Lei n. 8.906/1994 (Estatuto da Advocacia).

JURISPRUDÊNCIA COMENTADA: Em sentido contrário a vários julgados aqui citados, que reconhecem a aplicação do Código Civil ao mandato *ad judicia*, afastando a aplicação do art. 654, § 1º, do CC para tal modalidade de contrato, tendo como base a norma em apreço, do Tribunal Paulista: "Recorrente que sustenta a necessidade de extinção do processo sem resolução do mérito, tendo-se em vista a irregularidade na representação processual da autora. Tese de imprestabilidade do mandato judicial, vez que celebrado sem a aposição de data, a adversar a previsão do artigo 654, § 1º, do Código Civil. CC/02. Rejeição. Procuração judicial que, nos termos do artigo 692, do Código Civil. CC/02, está vergada à legislação processual específica. No ponto, tanto o Código de Processo Civil – CPC/15 quanto a Lei Federal n. 8.906/94 ('Dispõe sobre o Estatuto da Advocacia e a Ordem dos Advogados do Brasil (OAB)') não elegem a data de outorga da procuração judicial como formalidade essencial à validade do ato jurídico" (TJSP, Apelação Cível 1018445-67.2015.8.26.0602, Acórdão 10207984, 1.ª Câmara de Direito Público, Sorocaba, Rel. Des. Marcos Pimentel Tamassia, j. 21.02.2017, *DJESP* 06.03.2017). Em outra interessante aplicação da norma, entendeu o mesmo Tribunal Estadual que os documentos juntados ao processo não pertencem ao advogado, mas à parte, pois o primeiro é apenas simples mandatário dos seus interesses (TJSP, Apelação 0217563-77.2010.8.26.0000, Acórdão 6321122, 12.ª Câmara de Direito Privado, Pereira Barreto, Rel. Des. Jacob Valente, j. 07.11.2012, *DJESP* 19.11.2012).

CAPÍTULO XI
DA COMISSÃO

Art. 693. O contrato de comissão tem por objeto a compra ou venda de bens ou a realização de mútuo ou outro negócio jurídico de crédito pelo comissário, em seu próprio nome, à conta do comitente. (Redação dada pela Lei n. 14.690, de 2023)

COMENTÁRIOS DOUTRINÁRIOS: O Código Civil de 2002 buscou a unificação parcial do Direito Privado, tratando também de temas que antes eram analisados pelo Direito Comercial, o que ocorreu com os contratos em espécie. Diante dessa tentativa de unificação, o atual Código Civil trata de contratos empresariais, caso da comissão (arts. 693 a 709), da agência e distribuição (arts. 710 a 721) e da corretagem (arts. 722 a 729). Esses contratos eram regulamentados, parcialmente, pelo Código Comercial de 1850, dispositivo esse que foi derrogado expressamente pelo Código Civil de 2002, conforme o seu art. 2.045. Como primeiro negócio jurídico empresarial tratado na atual codificação privada, o contrato de comissão pode ser conceituado como aquele em que o comissário realiza a compra ou venda de bens, mútuo ou outro negócio jurídico de crédito, em seu próprio nome, à conta do comitente (art. 693 do CC, na redação dada pela Lei n. 14.690/2023). A última norma ampliou o objeto da comissão mencionando a possibilidade de o comissário também realizar contratos de mútuo, empréstimo de dinheiro, ou de outros negócios de crédito à conta do comitente. A diferença substancial em relação ao mandato está no fato de que o comissário age em seu próprio nome, com autonomia, enquanto o mandatário age em nome do mandante. No que concerne à sua natureza jurídica, a comissão é contrato bilateral, oneroso, consensual e comutativo. Constitui contrato não solene e informal, pois a lei não lhe exige escritura pública ou forma escrita. Trata-se novamente de contrato personalíssimo ou *intuitu personae*, fundado na confiança, na fidúcia que o comitente tem em relação ao comissário.

JURISPRUDÊNCIA COMENTADA: Muitos acórdãos da Justiça Federal e Estadual atribuem ao contrato de comissão empresarial ou mercantil "o fato de as comissões e repasses de recursos do Banco Nacional de Desenvolvimento Econômico e Social – BNDES serem feitos aos agentes financeiros, tal como previsto pelos artigos 693 e seguintes do Código Civil, sendo que o comissário fica diretamente obrigado para com as pessoas com quem contratar, sem que estas tenham ação contra o comitente, nem este contra elas" (TRF da 3.ª Região, Apelação Cível 0021800-88.2006.4.03.6100, 5.ª Turma, Rel. Des. Fed. Maurício Kato, j. 19.03.2018, *DEJF* 02.04.2018). Em outra ilustração prática de relevo, o Tribunal de Justiça de São Paulo caracterizou no contrato de comissão negócio de representação de empresa proprietária de contêineres (TJSP, Apelação 0046095-37.2012.8.26.0562, Acórdão 8482484, 15.ª Câmara de Direito Privado, Santos, Rel. Des. Castro Figliolia, j. 25.05.2015, *DJESP* 03.06.2015). Por fim, tem-se entendido reiteradamente que "o regramento dos contratos de representação comercial não se aplica aos contratos de comissão mercantil, regidos pelos arts. 693 e seguintes do Código Civil" (TJRS, Apelação Cível 188870-34.2014.8.21.7000, 16.ª Câmara Cível, Caxias do Sul, Rel. Des. Paulo Sérgio Scarparo, j. 31.07.2014, *DJERS* 06.08.2014).

Art. 694. O comissário fica diretamente obrigado para com as pessoas com quem contratar, sem que estas tenham ação contra o comitente,

nem este contra elas, salvo se o comissário ceder seus direitos a qualquer das partes.

COMENTÁRIOS DOUTRINÁRIOS: Diante do fato de o comissário agir em seu próprio nome, com autonomia, fica ele diretamente obrigado para com as pessoas com quem contratar, sem que estas tenham ação contra o comitente, nem este contra elas, salvo se o comissário ceder seus direitos a qualquer das partes. Observa-se, assim, que não existem relações jurídicas diretas entre o terceiro e o comitente, mas somente entre o terceiro e o comissário, o que demonstra a estrutura interna do negócio. Dito de outra forma, não se pode falar em representação no contrato de comissão, pois o comissário não se vincula diretamente ao comitente nos contratos que celebrar à sua conta. Na linha da melhor doutrina, três são as espécies de comissão. As primeiras são *comissões imperativas*, que não deixam margem de atuação para o comissário. As segundas são as *comissões indicativas*, em que o comissário tem certa margem para a sua atuação, desde que sempre comunique previamente o comitente. Por fim, existem as *comissões facultativas*, nas quais o comitente transmite ao comissário as razões de seu interesse no negócio jurídico que por ele será praticado, sem qualquer restrição ou observação especial para que este atue, havendo, portanto, maior liberdade.

JURISPRUDÊNCIA COMENTADA: Afastando a responsabilidade civil de eventual comitente em contrato relativo à venda de mercadorias, entendeu o Tribunal de Justiça de São Paulo que a conduta do réu da ação no ato de negociação das mercadorias e contratação dos respectivos fretes comprovariam a sua função de comissário. Sendo assim, haveria sua responsabilidade pessoal perante as pessoas com quem contratou, nos termos do comentado art. 694 do Código Civil (TJSP, Apelação 9000001-13.2006.8.26.0100, Acórdão 7926009, 8.ª Câmara Extraordinária de Direito Privado, São Paulo, Rel. Des. Jacob Valente, j. 08.10.2014, *DJESP* 24.10.2014).

REFORMA DO CÓDIGO CIVIL: A Subcomissão de Direito dos Contratos nomeada pelo Senado Federal – e formada pelos Professores Carlos Eduardo Elias de Oliveira, Angélica Carlini, Claudia Lima Marques e Carlos Pianovski – fez proposta de incluir um novo parágrafo único no art. 694 do Código Civil, sugestão acatada pela Relatoria-Geral: "O contrato de comissão tratado por este Código tem aplicação exclusiva para os negócios jurídicos que envolvam bens móveis". Como bem justificaram, a doutrina civilista majoritária aponta a impossibilidade, teórica e prática, de o contrato em questão ser utilizado para negócios jurídicos relativos a bens imóveis. Isso porque, pelo sistema registral brasileiro, para agir em nome próprio, deveria o comissário adquirir o bem para si, para cumprir ou atingir os objetivos da comissão, o que é incompatível com a sua natureza jurídica aqui antes destacada. A esse propósito, as justificativas da subcomissão foram baseadas no seguinte julgado superior, que aponta a descaracterização do contrato de comissão, se o comissário não age e não se obriga em nome próprio: STJ, Ag. 220.506/RJ, 4.ª Turma, Rel. Min. Ruy Rosado de Aguiar, j. 25.03.1999, *DJU* 13.04.1999). Segue-se, portanto, a posição consolidada na doutrina e a posição externada há tempos na jurisprudência do Superior Tribunal de Justiça, o que justifica a necessária alteração da lei.

Art. 695. O comissário é obrigado a agir de conformidade com as ordens e instruções do comitente, devendo, na falta destas, não podendo pedi-las a tempo, proceder segundo os usos em casos semelhantes.

Parágrafo único. Ter-se-ão por justificados os atos do comissário, se deles houver resultado vantagem para o comitente, e ainda no caso em que, não admitindo demora a realização do negócio, o comissário agiu de acordo com os usos.

COMENTÁRIOS DOUTRINÁRIOS: Mesmo havendo a citada autonomia do comissário em sua atuação, é ele obrigado a agir conforme as ordens e instruções do comitente, o que consubstancia um dever principal da relação interna mantida entre as partes. Não havendo instruções e não sendo possível pedi-las a tempo, o comissário deverá agir conforme os usos e costumes do lugar da celebração do contrato, ou seja, de acordo com as regras de tráfego, na linha da parte final do art. 113, *caput*, do Código Civil. Como novidade não prevista na legislação anterior, estabelece a codificação privada em vigor que haverá presunção de que o comissário agiu bem, justificando-se a sua atuação, se dela houver resultado alguma vantagem ao comitente. A mesma regra vale para os casos em que, não admitindo demora a realização do negócio, o comissário agiu de acordo com os usos locais.

JURISPRUDÊNCIA COMENTADA: Tem concluído reiteradamente o Tribunal de Justiça do Distrito Federal que a relação entre as empresas aéreas e as agências de viagens é regida pelas regras do contrato de comissão empresarial, sendo as primeiras comitentes e as segundas comissárias. Nessa realidade, com base no art. 695 do Código Civil julgou-se que as companhias aéreas podem estabelecer o percentual de comissão devido às agências, "uma vez que a estas apenas compete fazer firmes e íntegras as instruções daquelas" (TJDF, Recurso 2000.01.1.087987-5, Acórdão 344.290, 2.ª Turma Cível, Rel. Des. Waldir Leôncio Júnior, *DJDFTE* 09.03.2009, p. 49).

Art. 696. No desempenho das suas incumbências o comissário é obrigado a agir com cuidado e diligência, não só para evitar qualquer prejuízo ao comitente, mas ainda para lhe proporcionar o lucro que razoavelmente se podia esperar do negócio.

Parágrafo único. Responderá o comissário, salvo motivo de força maior, por qualquer prejuízo que, por ação ou omissão, ocasionar ao comitente.

COMENTÁRIOS DOUTRINÁRIOS: Em redação mais aberta do que a que estava no Código Comercial, e mais adequada aos novos tempos, estabelece o atual Código Civil que o comissário é obrigado, no desempenho das suas incumbências, a agir com o devido cuidado e esperada diligência, não só para evitar qualquer prejuízo ao comitente, mas ainda para lhe proporcionar o lucro que razoavelmente seria esperado do negócio jurídico celebrado. Pelo teor da norma, portanto, a obrigação do comissário é de meio ou de diligência, estando ele sujeito à responsabilidade subjetiva que a lei prevê. Isso é confirmado pelo parágrafo único do comando legal em questão, pelo qual responderá o comissário, salvo motivo de força maior, por qualquer prejuízo que, por ação ou omissão, ocasionar ao comitente. Apesar da falta de menção, o caso fortuito – evento totalmente imprevisível, na definição seguida por mim –, também é excludente da responsabilidade do comissário. Primeiro, porque exclui o nexo de causalidade. Segundo, porque constitui um evento de maior amplitude do que a força maior – evento previsível, mas inevitável. Terceiro, porque existem afirmações doutrinárias e jurisprudência de equiparação dos conceitos.

JURISPRUDÊNCIA COMENTADA: Especificamente sobre o art. 696 do Código Civil, interessante julgado fluminense afastou a cláusula de não indenizar em favor do comissário, pois entra em conflito não só em relação a essa norma como também quanto a outras e com a própria natureza e função do negócio: "Cláusula de irresponsabilidade do comissário. Ofensa direta aos arts. 696, 697 e 698 do Código Civil. *Neminem laedere*. Violação do princípio geral do direito. Impossibilidade de exonerar-se o comissário dos resultados de sua atuação, pautada pelo dever de diligência. Crucial observância do princípio da boa-fé (art. 422 do Código Civil). Nulidade declarada" (TJRJ, Agravo de Instrumento 0039682-69.2014.8.19.0000, 14.ª Câmara Cível, Rel. Des. Gilberto Guarino, j. 03.12.2014, *DORJ* 09.12.2014).

REFORMA DO CÓDIGO CIVIL: Almeja-se tornar o art. 696 do Código Civil ainda mais claro. Assim, no seu § 1º, há pretensão de incluir também a menção ao caso fortuito – evento totalmente imprevisível –, na tentativa que a atualização traz na sua equiparação à força maior – evento previsível, mas inevitável. No mesmo preceito, a palavra "prejuízo" é trocada por "dano", também com o intuito de uma objetivação e clareza do texto, que passaria a prever o seguinte: "Responderá o comissário, salvo motivo de caso fortuito ou força maior, por qualquer dano que, por ação ou omissão, ocasionar ao comitente". Também há proposição de se incluir no comando um § 2º, estabelecendo que, "salvo proibição expressa no contrato, o comissário poderá adquirir a coisa que lhe tenha sido entregue para venda, abatido do preço final o valor que lhe seria devido a título de comissão". A Subcomissão de Direito Contratual fundamentou a última sugestão na doutrina, pontuando que "o contrato de comissão tem tido sua utilização intensificada no ambiente digital (*on-line*) e essa realidade demanda atualizar a legislação civil para prevenir conflitos nas relações entre comitente e comissário". Assim sendo, o último parágrafo proposto, ao tratar da possibilidade de aquisição do bem pelo comissário, "estabelece duas condições objetivas: a previsão de possibilidade no contrato entre comitente e comissário; e que o pagamento da comissão será devido com abatimento do preço final a ser pago pelo adquirente da coisa, no caso, o comissário".

Art. 697. O comissário não responde pela insolvência das pessoas com quem tratar, exceto em caso de culpa e no do artigo seguinte.

COMENTÁRIOS DOUTRINÁRIOS: O dispositivo confirma a responsabilidade contratual subjetiva do comissário, ao prescrever que ele não responde pela insolvência das pessoas com quem tratar, exceto em caso de culpa. A culpa mencionada está em sentido amplo, a englobar o dolo – ato intencional –, e em sentido estrito – relacionada à violação de um dever contratual por imprudência, negligência ou imperícia. A insolvência ora mencionada também deve ser entendida no sentido mais amplo possível, incluindo a falência, a liquidação judicial, a insolvência civil e a impossibilidade total de pagamento de eventual valor devido.

JURISPRUDÊNCIA COMENTADA: Mais uma vez aplicando as regras da comissão para a agência de viagens, decidiu o Tribunal de Justiça de Pernambuco, com base no art. 697 do Código Civil e afastando o dever de indenizar do comissário, que "a agência de turismo deve tomar as cautelas necessárias ao vender passagens aéreas por meio de cartão de crédito, do contrário responderá pelo prejuízo causado. Inexistente a cláusula *del credere*, tal responsabilidade é subjetiva, nos termos do art. 697 do Código Civil. A INXS cercou-se das cautelas exigidas para evitar a fraude, não podendo responder por elas" (TJPE, Apelação 0018812-40.2003.8.17.0001, 3.ª Câmara Cível, Rel. Juiz Conv. Bartolomeu Bueno de Freitas Morais, j. 13.03.2014, *DJEPE* 13.06.2014).

Art. 698. Se do contrato de comissão constar a cláusula *del credere* , responderá o comissário solidariamente com as pessoas com que houver tratado em nome do comitente, caso em que, salvo estipulação em contrário, o comissário tem direito a remuneração mais elevada, para compensar o ônus assumido.

Parágrafo único. A cláusula *del credere* de que trata o *caput* deste artigo poderá ser parcial. (Incluído Lei n. 14.690, de 2023)

COMENTÁRIOS DOUTRINÁRIOS: Como exceção à regra anterior, se no contrato de comissão constar a cláusula *del credere*, responderá o comissário solidariamente com as pessoas com quem houver tratado em nome do comitente. Nesse caso, salvo estipulação em contrário, o comissário terá direito a remuneração mais elevada, para compensar o ônus assumido. Caso essa remuneração extra não seja estipulada, entendo ser essa cláusula de ampliação da responsabilidade ineficaz. A norma foi influenciada pelo art. 1.736 do Código Civil Italiano, afirmando a doutrina italiana que a cláusula *del credere* gera uma responsabilidade agravada e direta do comissário. Entre nós, é comum a afirmação segundo a qual a *comissão del credere* gera a responsabilidade do comissário pela solvência daquele com quem venha a contratar e por conta do comitente. Em suma, nota-se que a sua inserção acarreta uma maior diligência do comissário nos negócios que procura estabelecer, sob pena de sua ampla responsabilização. Outro aspecto a ser pontuado, a diferenciar a comissão da representação comercial autônoma, é que no último caso a cláusula *del credere* é vedada, sob pena de nulidade absoluta e de rescisão do contrato (art. 43 da Lei n. 4.886/1965). A solidariedade decorrente da cláusula *del credere* acabou por ser mitigada por força da Lei n. 14.690/2023, que introduziu um parágrafo único ao art. 698 do CC, com a seguinte redação: "a cláusula *del credere* de que trata o *caput* deste artigo poderá ser parcial". O objetivo é que a cláusula gere uma espécie de *solidariedade parcial*, por força da autonomia privada e do convencionado entre as partes, relativizando a regra geral do comando. De todo modo, não havendo a responsabilidade integral do comissário, não se pode falar propriamente em solidariedade, que gera uma responsabilidade *in solidum* de todos os devedores, com opção de demanda em favor do credor. A hipótese, assim, seria de responsabilidade fracionária, por força do contrato. Sobre as formalidades, diante do princípio da operabilidade, que fundamenta o Código Civil de 2002, entendo não haver forma especial exigida para a estipulação da cláusula, sendo certo o revogado Código Comercial admitir até que fosse verbal. Por fim, na *II Jornada de Direito Comercial*, promovida pelo Conselho da Justiça Federal em fevereiro de 2015, aprovou-se o Enunciado n. 68, prevendo que no contrato de comissão com cláusula *del credere*, responderá solidariamente com o terceiro contratante também o comissário que tiver cedido seus direitos ao comitente, nos termos da parte final do art. 694 do Código Civil.

JURISPRUDÊNCIA COMENTADA: Como se extrai de aresto do Tribunal de Justiça do Ceará, "inúmeros outros precedentes jurisprudenciais, da lavra recente de nossos Tribunais, entendem que o uso da cláusula 'del credere' é incompatível com os negócios jurídicos de crédito rural, haja vista ter sua finalidade destinada ao contrato de comissão mercantil (art. 698, do Código Civil). Precedentes dos Tribunais de Justiça de Minas Gerais, Sergipe, Rio Grande do Norte" (TJCE, Apelação Cível 0058204-85.2006.8.06.0001, 2.ª Câmara Cível, Rel. Des. Maria Nailde Pinheiro Nogueira, *DJCE* 24.06.2013, p. 50). Sobre a necessidade de se estabelecer uma remuneração extra ou superior ao comissário, para que a cláusula *del credere* seja eficaz: "Artigo 698 do Código Civil que diz respeito ao instituto da comissão, mas, ainda que se aplicasse ao caso, para dar validade à cláusula *del credere* cabe ao comitente (ou representado) pagar uma comissão extra, o que não consta do contrato firmado entre as partes" (TJSP, Apelação 0004571-38.2006.8.26.0120, Acórdão 5077409, 23.ª Câmara de Direito Privado, Cândido Mota, Rel. Des. Rizzatto Nunes, j. 13.04.2011, *DJESP* 10.05.2011). Em 2024, julgou o STJ que é também vedada a pactuação da cláusula *del credere* nos contratos de agência ou distribuição por aproximação. Como se retira de trecho da ementa do *decisum*: "Pelo princípio da especialidade, a incompatibilidade normativa soluciona-se pela aplicação da norma que contém elementos especializantes, subtraindo da regulação do espectro normativo da norma geral em virtude de determinados critérios que são especiais. Pela mesma razão, que justifica a disciplina especial de determinada hipótese fática e a retira do âmbito de incidência da norma geral, no caso de conflito entre os critérios cronológico e de especialidade, a solução deve privilegiar a regulamentação particular. [...]. Vedação de pactuação da *cláusula del credere* (pacto a ser inserido no contrato e pelo qual o colaborador assume a responsabilidade pela solvência da pessoa com quem contratar em nome do fornecedor, tornando-se solidariamente responsável) nos contratos de agência ou distribuição por aproximação, por força do disposto no art. 43 da Lei n. 4.886/1965. [...]. Inaplicabilidade por analogia do art. 698 do Código Civil uma vez que o recurso à autointegração do sistema pela analogia pressupõe que estenda a uma hipótese não regulamentada a disciplina legalmente prevista para um caso semelhante. Esta forma de expansão regulatória, portanto, depende da similitude fática significativa entre o caso em referência e seu paradigma, o que não ocorre no caso em questão, porquanto existe previsão normativa expressa acerca da vedação da cláusula *del credere* aos contratos de que se trata e há dessemelhança entre os tipos contratuais" (STJ, REsp 1.784.914/SP, Rel. Min. Antonio Carlos Ferreira, 4.ª Turma, j. 23.04.2024, *DJe* 30.04.2024).

REFORMA DO CÓDIGO CIVIL: A *Comissão de Juristas* propõe alterações nesse dispositivo, na linha da melhor doutrina e do entendimento constante do Enunciado n. 68 da *II Jornada de Direito Comercial*. Nesse contexto, o *caput* do comando passaria a prever, consoante a última ementa doutrinária, que, "se do contrato de comissão constar a cláusula *del credere*, responderá o comissário solidariamente com as pessoas com que houver tratado em nome do comitente, se tiver cedido seus direitos ao comitente, nos termos da parte final do art. 694 deste Código". Como exceção à regra da solidariedade, o que vem em boa hora, valorizando a convenção entre as partes, o novo § 1º do preceito passa a prever que "a cláusula *del credere*, de que trata o *caput* deste artigo, poderá ser convencionada com previsão de responsabilidade parcial ou fracionada". Por fim, a previsão da parte final do atual *caput* seria deslocada para um novo § 2º, para dar mais clareza e melhor organização ao texto, estatuindo que, "salvo disposição em contrário no contrato, o comissário terá direito a uma remuneração mais elevada, se do contrato de comissão constar a cláusula *del credere*".

Art. 699. Presume-se o comissário autorizado a conceder dilação do prazo para pagamento, na conformidade dos usos do lugar onde se realizar o negócio, se não houver instruções diversas do comitente.

COMENTÁRIOS DOUTRINÁRIOS: Como regra geral, presume-se que o comissário é autorizado a conceder dilação do prazo para pagamento por terceiros, na conformidade dos usos do lugar onde se realizar o negócio, se não houver instruções diversas dadas pelo comitente. Essa presunção, por razões óbvias, é relativa ou *iuris tantum*, admitindo previsão em contrário no instrumento contratual, ou seja, a proibição da concessão de prazo. De qualquer modo, como outros dispositivos, este também está sintonizado com o art. 113, *caput*, do CC, pela utilização da expressão "usos do lugar onde se realizar o negócio", entendidos como as regras de tráfego, o que deve ser analisado casuisticamente, dentro da ideia de função social dos contratos e com base na boa-fé objetiva.

REFORMA DO CÓDIGO CIVIL: Mais uma vez para deixar a norma mais clara, com a valorização de usos, costumes e *regras de tráfego* consolidadas, que podem afastar a atual presunção relativa, o *caput* do art. 699 passará a enunciar que, "salvo prova em contrário de usos e costumes do lugar, presume-se o comissário autorizado a conceder dilação do prazo para pagamento, se não houver instruções diversas do comitente". E mais, o novo parágrafo único proposto para o comando, seguindo em parte o que estava previsto no art. 178 do revogado Código Comercial, estabelece que, "vencidos os prazos concedidos para o pagamento dos bens vendidos a prazo, o comissário é obrigado a efetivar a sua cobrança, sob pena de responder por perdas e danos supervenientes perante o comitente, em caso de omissão dolosa ou culposa". Como corretamente justificou a Subcomissão de Direito dos Contratos, "a ampliação da utilização dos contratos de comissão no comércio digital (*on-line*) e a desterritorialização das transações no ambiente digital impõem que o comissário seja incumbido da imediata cobrança, ainda que o fornecedor do bem esteja em outro país ou em localidade territorial distante daquela em que se encontra o comissário. A facilidade de transação comercial no ambiente digital não pode ser obstáculo para a cobrança dos valores devidos, no tempo certo e sem prejuízo para o comitente".

Art. 700. Se houver instruções do comitente proibindo prorrogação de prazos para pagamento, ou se esta não for conforme os usos locais, poderá o comitente exigir que o comissário pague *incontinenti* ou responda pelas consequências da dilação concedida, procedendo-se de igual modo se o comissário não der ciência ao comitente dos prazos concedidos e de quem é seu beneficiário.

COMENTÁRIOS DOUTRINÁRIOS: Como inovação do sistema codificado de 2002, uma vez que não existia norma semelhante no Código Civil de 1916 e no Código Comercial de 1850, está previsto na norma que, se estiverem presentes no instrumento contratual instruções do comitente proibindo a prorrogação de prazos para pagamento por terceiros, ou se a prorrogação não for conforme os usos locais (regras de tráfego), poderá ele exigir que o comissário pague imediatamente os valores devidos ou responda pelas consequências da dilação concedida. A mesma regra deve ser aplicada se o comissário não der ciência ao comitente dos prazos concedidos e de quem seja o seu beneficiário. Como consequência imediata da violação das regras, cite-se a possibilidade de rescisão contratual pelo comitente, sem prejuízo das perdas e danos que forem comprovados no caso concreto. Serve como ressalva para essa responsabilização o que consta do parágrafo único do art. 695 do próprio Código Civil em vigor, isto é, a presença de vantagens para o comitente.

Art. 701. Não estipulada a remuneração devida ao comissário, será ela arbitrada segundo os usos correntes no lugar.

COMENTÁRIOS DOUTRINÁRIOS: A norma trata da remuneração devida ao comissário, que recebe o mesmo nome do contrato: comissão. Não sendo ela estipulada no instrumento contratual ou em outro documento que sirva como prova, será fixada por arbitramento, conforme os usos e costumes locais, ou seja, conforme as regras de tráfego de onde o contrato foi celebrado. A norma corrobora a afirmação de que a comissão é um contrato bilateral e oneroso, presente a prestação e a contraprestação. Na prática, prevalecem as hipóteses em que o comissário recebe um percentual sobre a vantagem econômica obtida em benefício do comitente ou sobre o negócio como um todo. Isso não veda que a remuneração seja em valor fixo e invariável, não se admitindo apenas que gere o enriquecimento sem causa do comitente, isto é, que o montante da remuneração seja injusto. Na esteira da melhor doutrina, deve-se entender que o comissário, além da sua remuneração, tem direito de ser ressarcido pelas despesas que teve no desempenho de suas atribuições.

JURISPRUDÊNCIA COMENTADA: Sobre a atuação de leiloeiro, importante julgado do Tribunal de Justiça do Rio de Janeiro concluiu que ela "encaixa-se mais no contrato de mandato, uma vez que no de comissão, o comissário atua em seu próprio nome, que não acontece no mandato, sendo apenas um representante. Assim, independente do tipo de contrato, o importante é que de ambos se extraem, como característica, o dever de remuneração (onerosidade)". Para evitar a atribuição de um valor excessivo, a remuneração fixada no caso concreto foi em 1,25% do valor da venda, eis que "não se revela razoável que o leiloeiro receba o percentual fixado para remuneração de todo o trabalho, eis que a dívida fora remida antes da realização da hasta pública, devendo assim, receber um percentual compatível com o labor até então desempenhado" (TJRJ, Agravo de Instrumento 0054989-68.2011.8.19.0000, 16.ª Câmara Cível, Rel. Des. Lindolpho Morais Marinho, j. 15.05.2012, *DORJ* 25.05.2012, p. 268). Por outra via, trazendo o enquadramento dentro da comissão, volte-se ao exemplo relativo à venda de passagens aéreas por agências de viagem, comumente julgada pelo Tribunal do Distrito Federal. Sobre a fixação da remuneração em favor das primeiras, tem-se entendido que "não se cogita da existência de qualquer ilegalidade na conduta levada a cabo por companhias aéreas que, unilateralmente, procedem à alteração do percentual das comissões devidas às agências de viagens, calculadas sobre o preço das passagens, eis que, por força dos preceptivos *supra*, detêm elas a prerrogativa de estabelecer o índice de comissão devido às agências, às quais, por sua vez, recai o ônus de fazer firmes e íntegras as ordens e instruções dadas por aquelas. Ademais, se as apelantes se mostraram reticentes com a redução do percentual de comissionamento, competir-lhes-ia ter denunciado o contrato de comissão mercantil (que, diga-se, prima pela execução contínua e prazo indeterminado) para vê-lo rescindido, e não pretender atribuir às suas cláusulas um caráter de eternidade, pretendendo com isso possuir direito adquirido a terem sempre a mesma comissão pelas vendas de bilhetes aéreos. É da natureza e da essência do contrato de comissão mercantil a sua rescindibilidade e, em consequência, a modificação dos seus preceitos unilateralmente e a qualquer tempo, segundo o juízo de discricionariedade dos contratantes, não se mostrando salutar, por força de tais observações, coarctar a ação das apeladas de ajustar o percentual aludido a um patamar que melhor atenda aos seus interesses e conveniências, até porque devem elas se sujeitar às leis de mercado, não sendo despropositado afirmar que as apelantes seguramente não sobrevivem apenas das receitas advindas dos percentuais de venda dos bilhetes de passagens" (TJDF, Apelação Cível 2000.01.1.080299-5, Acórdão 267108, 2.ª Turma Cível, Rel. Des. J. J. Costa Carvalho, *DJU* 10.07.2007, p. 106). Com o devido respeito, caso a remuneração inicialmente fixada traduza uma onerosidade excessiva ao comissário, é possível sim pleitear a sua revisão, em uma análise moderada a respeito da imprevisibilidade dos fatos supervenientes, nos termos do que consta do art. 317 do Código Civil.

REFORMA DO CÓDIGO CIVIL: A proposta da Comissão de Juristas, aqui, é de um necessário aperfeiçoamento da redação, passando a prever como critério para a remuneração do comissário a complexidade do negócio realizado, o que vem em boa hora: "Não sendo estipulada a remuneração devida ao comissário, será ela arbitrada segundo o grau de complexidade do negócio realizado e dos usos correntes do lugar da sua celebração". Como constou das precisas justificativas da Subcomissão de Direito dos Contratos, "a referência a usos e costumes é controversa em uma sociedade que se desterritorializa continuamente em decorrência da utilização de sistemas digitais (*on-line*) cada vez mais frequentes, presentes em diferentes atividades e, em especial, nos contratos de comissão de agências de viagem, plataformas digitais de *e-commerce*, entre outras. A referência mais adequada nesse contexto é que a remuneração atenda ao grau de complexidade do negócio realizado pelo comissário no interesse do comitente. Quanto maior o grau de utilização de recursos profissionais que demandem conhecimento e/ou emprego de equipamentos e dispositivos tecnológicos de alta precisão para garantia da qualidade do negócio, maior deverá ser a remuneração nos casos em que não tiver sido previamente pactuada entre as partes". Nota-se, portanto, que a alteração proposta para o art. 701 do Código Civil é imperiosa, para adaptação do contrato de comissão aos novos tempos.

Art. 702. No caso de morte do comissário, ou, quando, por motivo de força maior, não puder concluir o negócio, será devida pelo comitente uma remuneração proporcional aos trabalhos realizados.

COMENTÁRIOS DOUTRINÁRIOS: De início, quanto à morte do comissário, ela gera a extinção do negócio, por cessação contratual, uma vez que se trata de um contrato personalíssimo ou *intuitu personae*, como antes pontuei. Também dar-se-á a sua extinção, caso não exista mais a possibilidade de cumprimento das obrigações por parte do comissário, em virtude de força maior, entendida como o evento previsível mas inevitável. Apesar de não mencionado, deve-se incluir na norma o caso fortuito, evento totalmente imprevisível, cujos efeitos devem ser assemelhados. Em ambos os casos, será devida pelo comitente uma remuneração proporcional, novamente fixada de acordo com as regras de tráfego e com vistas a evitar o enriquecimento sem causa.

JURISPRUDÊNCIA COMENTADA: O Tribunal de Justiça do Rio Grande do Sul afastou a incidência do art. 702 do Código Civil em contrato de franquia relativo a posto de combustíveis, por entender não estar presente a força maior ou o caso fortuito, tratados de forma equiparada. Nos termos da ementa: "Pedido de pagamento proporcional das comissões na forma do art. 702 do Código Civil. Não incidência no caso concreto. Inexistência de caso fortuito e ausência de prestação de serviços no período indicado pela comissionária" (TJRS, Apelação 138144-27.2012.8.21.7000, 16.ª Câmara Cível, São Borja, Rel. Des. Paulo Sérgio Scarparo, j. 17.05.2012, *DJERS* 22.05.2012).

Art. 703. Ainda que tenha dado motivo à dispensa, terá o comissário direito a ser remunerado pelos serviços úteis prestados ao comitente, ressalvado a este o direito de exigir daquele os prejuízos sofridos.

COMENTÁRIOS DOUTRINÁRIOS: Mesmo que o comissário tenha motivado a sua dispensa, terá ele direito a ser remunerado pelos serviços úteis prestados ao comitente, ressalvado a este o direito de exigir daquele os prejuízos sofridos. O dispositivo não elucida quais sejam os serviços úteis, tratando-se de um conceito legal indeterminado, a ser preenchido pelo aplicador do Direito caso a caso. Para esse preenchimento, entra em cena a análise do contrato de acordo com o contexto social, ou seja, a função social dos pactos. Podem ser levados em conta, ainda, a boa-fé e os usos do lugar da celebração, conforme o sempre citado art. 113, *caput*, do Código Civil.

REFORMA DO CÓDIGO CIVIL: A Comissão de Juristas nomeada no Senado Federal sugere que a menção à *dispensa*, típica de contratos de trabalho e de relações de emprego, seja substituída pelo termo *resolução*, que é mais amplo e serve para denotar o inadimplemento em contratos civis e empresariais, celebrados por pessoas naturais e jurídicas, como se dá na comissão, em que não há vínculo empregatício. Assim, o art. 703 do Código Civil passará a prever o seguinte: "Ainda que tenha dado motivo à resolução do contrato, terá o comissário direito a ser remunerado pelos serviços úteis prestados ao comitente, ressalvado a este o direito de exigir os prejuízos sofridos, ainda que exclusivamente imateriais". Também é corretamente incluída a plena possibilidade de reparação dos danos imateriais ou extrapatrimoniais, além dos danos materiais ou patrimoniais, no preceito.

Art. 704. Salvo disposição em contrário, pode o comitente, a qualquer tempo, alterar as instruções dadas ao comissário, entendendo-se por elas regidos também os negócios pendentes.

COMENTÁRIOS DOUTRINÁRIOS: Como regra geral, pode o comitente, a qualquer tempo, alterar as instruções dadas ao comissário, entendendo-se por elas regidos também os negócios pendentes. Mas, conforme determina o próprio dispositivo, é possível previsão em contrário no instrumento negocial, ou seja, cláusula que não autoriza essa alteração unilateral. Isso evidencia que o comando legal é preceito de ordem privada, podendo ser contrariado por convenção entre as partes, pela autonomia privada. Na linha da melhor doutrina, se o comissário for eventualmente prejudicado por tais novas orientações, poderá pleitear indenização do comitente, além da rescisão do contrato. Acrescente-se que essas novas orientações não podem implicar abuso do direito do comitente, a tornar a atuação do comissário inviável, e servindo como parâmetro o art. 187 do CC, que trata do fim econômico e social do instituto, da boa-fé objetiva e dos bons costumes.

JURISPRUDÊNCIA COMENTADA: Novamente tratando do exemplo da venda de passagens por agências de viagem, mas em aresto do Tribunal de Minas Gerais, concluiu-se que "no contrato de comissão mercantil por tempo indeterminado, o comitente pode modificar unilateralmente o valor a ser pago ao comissário. Tratando-se de típico contrato de comissão, onde o legislador atribuiu, à obviedade, a total liberdade ao comitente para deliberar sobre as condições que melhor lhe assistirem, conforme destacado no artigo 704 do Código Civil, não há qualquer ilegalidade na atitude da companhia aérea em rever sua política de preços, independentemente da discordância das agências a ela atreladas" (TJMG, Apelação Cível 1.0024.07.432228-0/0021, 14.ª Câmara Cível,

Belo Horizonte, Rel. Des. Valdez Leite Machado, j. 28.08.2008, *DJEMG* 1°.10.2008).

REFORMA DO CÓDIGO CIVIL: Com os fins de tornar mais regrada a possibilidade de alteração das regras inicialmente pactuadas pelas partes e vedar o citado abuso de direito, a Comissão de Juristas sugere a inclusão de um novo parágrafo único no art. 704 do Código Civil, com os seguintes dizeres: "As alterações determinadas pelo comitente não poderão aumentar o grau de complexidade para a sua realização ou tornar o negócio inviável, hipóteses em que o comissário poderá pleitear a resolução do contrato cumulada com perdas e danos". Consoante as justificativas da Subcomissão de Contratos, "a diferença de capacidade econômica entre comitente e comissário pode ser muito expressiva no ambiente de negócios digitais (*on-line*), como acontece, por exemplo, com marcas mundialmente conhecidas que não são fabricantes de produtos, mas contratam comissários para comprarem serviços de terceiros para produção. A mudança das instruções do comitente é legal por se tratar de preceito de ordem privada, no entanto, é relevante que o comitente seja compelido por lei a manter a boa-fé objetiva sem a qual poderá se caracterizar abuso de direito ou prática de má-fé, com as consequências legais aplicáveis".

Art. 705. Se o comissário for despedido sem justa causa, terá direito a ser remunerado pelos trabalhos prestados, bem como a ser ressarcido pelas perdas e danos resultantes de sua dispensa.

COMENTÁRIOS DOUTRINÁRIOS: Sendo o comissário despedido sem justa causa, terá direito a ser remunerado pelos trabalhos prestados, bem como a ser ressarcido pelas perdas e danos resultantes de sua dispensa. Pela sistemática da civilística nacional, as perdas e danos devem ser compreendidos em sentido amplo, englobando os danos materiais e imateriais, caso dos prejuízos morais eventualmente suportados pelo comissário. Tenho entendido que não há qualquer problema de a lei civil utilizar a expressão *justa causa*, até porque esse contrato também pode ser apreciado pela Justiça do Trabalho, sendo o comissário uma pessoa natural. Por isso, é imperioso entender que se deve considerar a expressão *justa causa* como uma cláusula geral, a ser preenchida pelo juiz caso a caso, e que para esse preenchimento podem ser aplicadas as regras trabalhistas de caracterização da justa causa (art. 482 da CLT). Em casos em que o comissário for pessoa jurídica, o termo *justa causa* pode ser substituído pela ideia de denúncia, resilição ou rescisão unilateral imotivada.

JURISPRUDÊNCIA COMENTADA: Na linha dos comentários doutrinários, julgado trabalhista aplicou o art. 705 do Código Civil para comissão prestada por pessoa natural: "Na forma do artigo 705 do Código Civil brasileiro de 2002, havendo a rescisão unilateral do contrato, incluída a dispensa do comissário sem justa causa, este terá direito a ser remunerado pelos trabalhos prestados, bem como a ser ressarcido pelas perdas e danos resultantes de sua dispensa" (TRT da 15.ª Região, Recurso Ordinário 0000434-83.2010.5.15.0005, Acórdão 78267/2011, 3.ª Câmara, Rel. Des. José S. da Silva Pitas, *DEJTSP* 18.11.2011, p. 378).

REFORMA DO CÓDIGO CIVIL: Seguindo a linha de outras propostas, como se dá com a prestação de serviços, objetiva-se a retirada da menção à *justa causa*, que é típica dos contratos de trabalho e das relações de emprego, e incompatível com os contratos civis e empresariais. Nesse contexto da correta menção categórica, o art. 705 do Código Civil passaria a prever o seguinte: "Se o contrato de comissão for denunciado imotivadamente, o comissário terá direito a ser remunerado pelos trabalhos prestados, bem como a ser reparado pelos danos resultantes da resilição". Além da precisa troca da *justa causa* por *denúncia imotivada*, passa-se a mencionar a *resilição*, que é extinção do contrato pelo exercício de um direito potestativo, como previsto no art. 473 da própria codificação privada.

Art. 706. O comitente e o comissário são obrigados a pagar juros um ao outro; o primeiro pelo que o comissário houver adiantado para cumprimento de suas ordens; e o segundo pela mora na entrega dos fundos que pertencerem ao comitente.

COMENTÁRIOS DOUTRINÁRIOS: Quanto aos deveres das partes, enuncia o preceito que tanto o comitente quanto o comissário são obrigados a pagar juros um ao outro. O comitente é obrigado a pagar pelo que o comissário houver adiantado para o cumprimento de suas ordens, enquanto o comissário se encarrega das despesas decorrentes da mora na entrega dos fundos que pertencerem ao comitente. Esses juros podem ser convencionais, fixados pelas partes, até o limite do dobro da taxa legal, conforme estabelece o art. 1º da Lei de Usura (Decreto n. 22.626/1933). Não havendo previsão no contrato, aplica-se o art. 406 do Código Civil em vigor, recentemente alterado pela Lei n. 14.905/2024. A pretensão para a cobrança desses juros prescreverá em três anos, conforme o art. 206, § 3º, inc. III, do próprio Código Civil em vigor.

Art. 707. O crédito do comissário, relativo a comissões e despesas feitas, goza de privilégio geral, no caso de falência ou insolvência do comitente.

COMENTÁRIOS DOUTRINÁRIOS: Em havendo falência ou insolvência do comitente, o crédito do comissário, relativo a comissões e despesas feitas, gozaria de privilégio geral, diante do seu caráter de remuneração. Pelo que constava da Lei n. 11.101/2005, em sua redação original, não era tão simples identificar, na ordem de preferência, o crédito do comissário. Preconizava o art. 83 da referida lei, em seu texto anterior, que a classificação dos créditos na falência obedeceria à seguinte ordem: "I – os créditos derivados da legislação do trabalho, limitados a 150 (cento e cinquenta) salários mínimos por credor, e os decorrentes de acidentes de trabalho; II – créditos com garantia real até o limite do valor do bem gravado; III – créditos tributários, independentemente da sua natureza e tempo de constituição, excetuadas as multas tributárias; IV – créditos com privilégio especial, a saber: a) os previstos no art. 964 da Lei nº 10.406, de 10 de janeiro de 2002; b) os assim definidos em outras leis civis e comerciais, salvo disposição contrária desta Lei; c) *aqueles a cujos titulares a lei confira o direito de retenção sobre a coisa dada em garantia*; d) aqueles em favor dos microempreendedores individuais e das microempresas e empresas de pequeno porte de que trata a Lei Complementar nº 123, de 14 de dezembro de 2006 (incluído pela Lei Complementar nº 147, de 2014); V – créditos com privilégio geral, a saber: a) os previstos no art. 965 da Lei nº 10.406, de 10 de janeiro de 2002; b) os previstos no parágrafo único do art. 67 desta Lei; c) *os assim definidos em outras leis civis e comerciais, salvo disposição contrária desta Lei*; VI – créditos quirografários, a saber: a) aqueles não previstos nos demais incisos deste artigo; b) os saldos dos créditos não cobertos pelo produto da alienação dos bens vinculados ao seu pagamento; c) os saldos dos créditos derivados da legislação do trabalho que excederem o limite estabelecido no inciso I do *caput* deste artigo; VII – as multas contratuais e as penas pecuniárias por infração das leis penais ou administrativas, inclusive as multas tributárias; VIII – créditos subordinados, a saber: a) os assim previstos em lei ou em contrato; b) os créditos dos sócios e dos administradores sem vínculo empregatício". *A priori*, na legislação anterior, o crédito do comissário, em regra, enquadrar-se-ia na *quinta classe de créditos*, como privilégio geral, como se retira dos destaques. Todavia, esse montante também poderia ser enquadrado na *quarta classe* como privilégio especial ("aqueles a cujos titulares a lei confira o direito de retenção sobre a coisa dada em garantia"), em decorrência do disposto no preceito legal seguinte (art. 708 do CC/2002). A questão desse enquadramento, portanto, nunca foi pacífica. A Lei n. 14.112, de 24 de dezembro de 2020, que trouxe várias modificações à Lei n. 11.101/2005, altera esse tratamento, com a revogação dos incs. IV e V do art. 83 da norma anterior. Incluiu-se, ademais, um § 6º no último preceito, prevendo que "para os fins do disposto nesta Lei, os créditos que disponham de privilégio especial ou geral em outras normas integrarão a classe dos créditos quirografários". Supera-se, portanto, o debate antes existente, e o crédito do comissário passa a ser tido como comum ou quirografário.

Art. 708. Para reembolso das despesas feitas, bem como para recebimento das comissões devidas, tem o comissário direito de retenção sobre os bens e valores em seu poder em virtude da comissão.

COMENTÁRIOS DOUTRINÁRIOS: Como explicado no comentário ao dispositivo anterior, a norma gera polêmica quanto ao enquadramento do crédito do comissário em havendo falência ou insolvência do comitente. Pelo seu teor, para o reembolso das despesas feitas pelo comissário em virtude do contrato, tem ele o direito de retenção sobre os bens e valores que estão em seu poder, diante do contrato que celebrou. O objetivo dessa retenção é de proteção patrimonial do comissário, evitando-se o enriquecimento sem causa.

REFORMA DO CÓDIGO CIVIL: Para deixar o comando mais claro, objetivo e direto, propõe-se que ele passe a ter a seguinte dicção: "Art. 708. O comissário tem direito de reter do objeto da operação tudo o que lhe for devido em virtude do contrato, incluindo-se a remuneração ajustada e o reembolso de despesas". De acordo com a Subcomissão de Direito dos Contratos, a proposta também visa equalizar o contrato de comissão com o mandato, como se retira do comando seguinte. Conforme justificaram os juristas que a compuseram, "a redação sugerida coloca o comissário em condições de igualdade com o mandatário que, conforme artigo 664 do Código Civil, tem direito de reter do objeto da operação que lhe foi cometida, quanto baste para o pagamento de tudo que lhe for devido em consequência do mandato". Citam, a esse propósito, o Enunciado n. 184 da *III Jornada de Direito Civil*, com a sua incidência também para a comissão, por força do art. 709 do CC: "O mandatário tem o direito de reter, do objeto da operação que lhe foi cometida, tudo o que lhe for devido em virtude do mandato, incluindo-se a remuneração ajustada e o reembolso de despesas".

Art. 709. São aplicáveis à comissão, no que couber, as regras sobre mandato.

COMENTÁRIOS DOUTRINÁRIOS: A encerrar o tratamento do contrato de comissão, devem ser aplicadas a ele, no que couber, as regras previstas para o mandato. Há assim a aplicação residual e subsidiária das regras relativas ao mandato. Apesar de serem institutos diversos, essa subsunção está justificada pelo fato de ser a comissão uma hipótese de mandato sem representação, ou de representação indireta, como afirma parte considerável da doutrina brasileira. Entre as regras que podem ser aplicadas, cite-se o art. 682 do Código Civil, que trata da extinção do mandato.

JURISPRUDÊNCIA COMENTADA: Trazendo debate sobre a aplicação do art. 682, inc. IV, do Código Civil, que trata da extinção do negócio pelo término do seu prazo ou pela sua conclusão, para a comissão: "Aduz a embargante, ora apelada, que houve violação do julgado aos artigos 682, IV e 709, todos do Código Civil, requerendo seus pré-questionamentos. Da leitura dos autos, retira-se que embora o contrato tivesse o prazo certo para terminar, as empresas vinham renovando os pactos, não tendo feito, na oportunidade, claramente em razão da obra pela qual passou o estabelecimento, tendo com o fim desta sido assinado novo contrato de comissão. Ora, houve sim, atipicamente, uma renovação tácita dos contratos durante esse período de reforma, não havendo qualquer violação aos artigos mencionados o seu reconhecimento" (TJPE, Recurso 0023203-62.2008.8.17.0001, 4.ª Câmara Cível, Rel. Des. Tenório dos Santos, j. 14.04.2016, *DJEPE* 26.04.2016).

CAPÍTULO XII
DA AGÊNCIA E DISTRIBUIÇÃO

Art. 710. Pelo contrato de agência, uma pessoa assume, em caráter não eventual e sem vínculos de dependência, a obrigação de promover, à conta de outra, mediante retribuição, a realização de certos negócios, em zona determinada, caracterizando-se a distribuição quando o agente tiver à sua disposição a coisa a ser negociada.

Parágrafo único. O proponente pode conferir poderes ao agente para que este o represente na conclusão dos contratos.

COMENTÁRIOS DOUTRINÁRIOS: Pelo contrato de agência, o agente assume, em caráter não eventual e sem vínculos de dependência ou subordinação com o proponente, a obrigação de promover, à conta deste último e mediante certa retribuição, a realização de negócios em zona determinada. O contrato também é caracterizado pelo fato de que o agente tem à sua disposição a coisa a ser negociada. O afastamento do vínculo de dependência faz com que o contrato não possa ser caracterizado como uma relação de emprego, sendo essa uma das funções da regulamentação constante do Código Civil. Há, assim, um *contrato colaborativo* entre as partes, com a administração recíproca de seus interesses. Como se tem apontado doutrinariamente, há uma proximidade entre a agência e o contrato de representação comercial, retirada do parágrafo único do dispositivo em comentário, uma vez que o proponente ou comitente pode conferir poderes ao agente para que ele o represente na conclusão dos contratos pactuados no seu interesse. Porém, os negócios são distintos, eis que algumas regras são comuns, mas nem todas, como se verá. Sobre a diferença entre agência e distribuição, muitos entendem que os negócios são sinônimos, diante do tratamento unificado que consta da codificação privada e tendo sido essa a intenção do legislador. Porém, há diferenças estruturais entre ambos, pois na distribuição estão presentes as figuras do colaborador-intermediário (distribuidor) e do produtor; ao contrário da agência. Tentando elucidar a questão, na *I Jornada de Direito Comercial*, evento promovido pelo Conselho da Justiça Federal em 2012, aprovou-se enunciado doutrinário estabelecendo que o contrato de distribuição previsto no art. 710 do Código Civil é, de fato, uma modalidade de agência. Isso porque o agente atua como mediador ou mandatário do preponente e faz *jus* à remuneração devida por este correspondente aos negócios concluídos em sua zona ou área de atuação. Ato contínuo, estabelece a proposta doutrinária que, no *contrato de distribuição autêntico*, o distribuidor comercializa diretamente o produto recebido do fabricante ou fornecedor e seu lucro resulta das vendas que faz por sua conta e risco (Enunciado n. 31). Quanto à natureza jurídica da agência, trata-se de contrato bilateral, oneroso, consensual, comutativo, personalíssimo e informal. Também constitui contrato de trato sucessivo, pois as obrigações devem ser cumpridas de forma periódica no tempo. Não se enquadra como contrato de consumo, pois os produtos são cedidos a um intermediador, que os transfere aos seus destinatários finais. Todavia, em muitos casos haverá um contrato de adesão, diante da imposição das cláusulas contratuais pelo representado ao representante, o que atrai a aplicação das regras protetivas do aderente, previstas nos arts. 423 e 424 do Código Civil. O contrato de distribuição possui as mesmas características, ou seja, a mesma natureza jurídica que o contrato de agência, no tocante às classificações categóricas contratuais; inclusive quanto ao não enquadramento como contrato de consumo e em relação à possibilidade de haver um contrato de adesão. Sobre a concessão comercial ou empresarial entre produtores e distribuidores de veículos automotores de via terrestre há tratamento específico na Lei n. 6.729/1979, conhecida como Lei Ferrari. Como se verá de acórdãos que serão colacionados, há debate jurisprudencial sobre a aplicação das regras previstas nessa lei específica para os demais casos de distribuição, mesmo que de forma subsidiária. A minha posição doutrinária é pela resposta positiva, naquilo em que houver compatibilidade, servindo como fundamento a *teoria do diálogo das fontes*, segundo a qual deve-se buscar uma interação de complementaridade entre as normas jurídicas.

JURISPRUDÊNCIA COMENTADA: Importante julgado do STJ reconheceu a aplicação das regras da agência para o contrato de venda de consórcios, bem como a existência de um negócio colaborativo entre as partes: "O vínculo entre as partes litigantes é típico contrato de agência, regulado pelos arts. 710 e seguintes do CC/2002, por meio do qual a promotora das vendas se obriga a disponibilizar ao consumidor a aquisição de quotas consorciais, mediante remuneração, recolhendo propostas e transmitindo-as à administradora do consórcio (contratante). O vínculo contratual colaborativo originado do contrato de agência importa na administração recíproca de interesses das partes contratantes, viabilizando a utilização da ação da prestação de contas e impondo a cada uma das partes o dever de prestar contas à outra. A remuneração devida à promotora é apurada, após a conclusão dos contratos de aquisição de quotas, podendo ser influenciada também em razão de desistências posteriores, como no caso concreto, de modo que não é possível o conhecimento de todas as parcelas que compõem a remuneração final, sem a efetiva participação da administradora" (STJ, REsp 1.676.623/SP, 3.ª Turma, Rel. Min. Marco Aurélio Bellizze, j. 23.10.2018, *DJe* 26.10.2018, p. 1.531). No âmbito estadual, de forma correta, tem-se julgado que "a simples aquisição de produtos para posterior revenda em nome da própria inconformada não evidencia o contrato de distribuição, na esteira do art. 710 do Código Civil" (TJSC, Apelação Cível 0001853-45.2010.8.24.0068, 1.ª Câmara de Enfrentamento de Acervos, Seara, Rel. Des. José Maurício Lisboa, *DJSC* 13.12.2018, p. 552; e TJSC, Apelação Cível 0003782-69.2010.8.24.0018, 2.ª Câmara de Enfrentamento de Acervos, Chapecó, Rel. Des. Álvaro Luiz Pereira de Andrade, *DJSC* 10.10.2018, p. 307). Diferenciando a agência da representação comercial, do Tribunal Gaúcho extrai-se, por todos: "Contratada que tinha poderes outorgados em contrato para agir em nome da empresa de telefonia, não apenas fazendo a captação de clientes, mas concluindo negócios como a comercialização de produtos e serviços que são postos no mercado por esta, caracterizando contrato de representação comercial, conforme art. 1º Lei n. 4.886/1965, e não de agenciamento, descrito no art. 710 do Código Civil" (TJRS, Apelação Cível 0010093-85.2018.8.21.7000, 21.ª Câmara Cível, Porto Alegre, Rel. Des. Marcelo Bandeira Pereira, j. 21.03.2018, *DJERS* 18.04.2018). Ou, ainda, seguindo outro caminho e tratando-os como sinônimos: "O contrato de revenda e distribuição possui regras específicas nos artigos 710 e seguintes do Código Civil. Consiste a distribuição ou representação comercial o contrato em que uma das partes se obriga, mediante remuneração, a realizar negócios de natureza empresarial, em caráter não eventual, em favor de uma outra. Caso em que se configura contrato de distribuição entre a autora e a empresa demandada, que uniram esforços para a venda de novo produto destinado aos portadores de diabetes de fabricação da demandada. Proposta de exclusividade de venda, publicidade para a divulgação do produto a encargo das duas empresas, bonificações concedidas à empresa distribuidora pela fabricante do produto, para que este chegasse ao consumidor final. Ajustes entre as partes não cumpridos pela fabricante do produto. Dever de ressarcir os danos patrimoniais" (TJRS, Apelação Cível 557246-04.2011.8.21.7000, 9.ª Câmara Cível, Porto Alegre, Rel. Des. Leonel Pires Ohlweiler, j. 27.06.2012, *DJERS* 02.07.2012). Na mesma linha, reconhecendo a natureza jurídica comum de tais negócios, do Tribunal Paulista e citando ser essa a posição prevalecente: "A doutrina majoritária posiciona-se no sentido de reconhecer a natureza jurídica comum dos contratos de representação comercial (Lei n. 4.886/1965) e de agência (arts. 710 e seguintes do CC/2002). A relação jurídica travada entre as partes foi rotulada de contrato de agenciamento e, como tal, não exclui a disciplina normativa estabelecida pela legislação especial, inclusive, no caso, a indenização de que trata o art. 27, *j*, da Lei n. 4.886/65. Aplicação do art. 718 do CC/2002" (TJSP, Apelação 1024436-57.2016.8.26.0224, Acórdão 10642226, 24.ª Câmara de Direito Privado, Guarulhos, Rel. Des. Jonize Sacchi de Oliveira, j. 27.07.2017, *DJESP* 08.08.2017, p. 1.558).

REFORMA DO CÓDIGO CIVIL: Adotando o teor do citado Enunciado n. 31 da *I Jornada de Direito Comercial*, a Comissão de Juristas sugere a seguinte redação para o art. 710, para os fins de afastar as comuns dúvidas relativas às diferenças entre a agência e a distribuição: "Pelo contrato de agência, uma pessoa assume, em caráter não eventual e sem vínculos de dependência, a obrigação de promover, à conta de outra, mediante retribuição, a realização de certos negócios, em zona determinada". Como se verá a seguir, há também propostas de inclusão de regras específicas e separadas do contrato de distribuição empresarial, modalidade de agência, nos novos arts. 721-A a 721-I, seguindo textos de normas elaborados pela Professora Paula Andrea Forgioni, componente da Comissão de Juristas.

Art. 711. Salvo ajuste, o proponente não pode constituir, ao mesmo tempo, mais de um agente, na mesma zona, com idêntica incumbência; nem pode o agente assumir o encargo de nela tratar de negócios do mesmo gênero, à conta de outros proponentes.

COMENTÁRIOS DOUTRINÁRIOS: A agência e a distribuição constituem contratos de exclusividade, em regra, o que ressalta os seus intuitos personalíssimos ou *intuitu personae*. Por isso, o dispositivo em estudo estatui que, salvo ajuste em contrário no instrumento entre as partes, o proponente, ou representado, não pode constituir, ao mesmo tempo, mais de um agente, na mesma zona, com idêntica incumbência. A norma tem relação direta com a boa-fé objetiva e com a própria essência e finalidade socioeconômica dos negócios em apreço. Por outro lado, ressaltando a sua bilateralidade, não pode o agente assumir o encargo de nela tratar de negócios do mesmo gênero, à conta de outros proponentes. A exclusividade da representação já constava dos arts. 27 e 31 da Lei n. 4.886/1965, que regula as atividades dos representantes comerciais autônomos.

JURISPRUDÊNCIA COMENTADA: Sobre a exclusividade, interessante julgado do Tribunal Paulista analisou hipótese de distribuição e venda de *softwares*, deduzindo que ela decorre da natureza e da essência do contrato, na linha do que foi comentado (TJSP, Apelação 1164259-0, Acórdão 2635834, 19.ª Câmara de Direito Privado, São Paulo, Rel. Des. Ricardo Negrão, j. 29.04.2008, *DJESP* 24.06.2008). Além disso, tem-se excluído a aplicação das regras da agência ou distribuição não havendo exclusividade no contrato de fornecimento de produtos, o que decorre da simples leitura da lei: "O contrato de fornecimento de produtos sem cláusula de exclusividade não constitui contrato de agência ou distribuição disciplinado pelo artigo 710 do Código Civil" (TJSP, Embargos de Declaração 0061270-46.2005.8.26.0100/50000, Acórdão 6785081, 35.ª Câmara de Direito Privado, São Paulo, Rel. Des. Clóvis Castelo, j. 06.05.2013, *DJESP* 25.06.2014). Por fim, há debate interessante sobre a necessidade de essa exclusividade ser firmada por escrito entre as partes, como se concluiu no seguinte aresto: "Relação comercial entre as partes não pode ser caracterizada como contrato de concessão comercial ou de distribuição, muito menos com caráter ou condição de exclusividade, tendo em vista a ausência de contrato escrito, pressuposto indispensável para o reconhecimento das obrigações concernentes. A prova da existência de contrato com cláusula de exclusividade incumbia à parte autora, *ex vi* do disposto no artigo 333, inciso I, do Código de Processo Civil, ônus do qual não se desincumbiu. Inaplicabilidade do disposto no artigo 711 do Código Civil de 2002, que presume a exclusividade nos contratos de distribuição" (TJRS, Apelação Cível 70029004280, 20.ª Câmara Cível, Santa Cruz do Sul, Rel. Des. Ângela Maria Silveira, j. 01.07.2009, *DOERS* 17.08.2009, p. 106). Entendo que a exclusividade não decorre apenas dos termos expressos do instrumento, podendo ser comprovada por outros documentos, como recibos e trocas de mensagens ou correspondências entre as partes, bem como pelas regras de tráfego do local do negócio.

Art. 712. O agente, no desempenho que lhe foi cometido, deve agir com toda diligência, atendo-se às instruções recebidas do proponente.

COMENTÁRIOS DOUTRINÁRIOS: Por força das atribuições dadas pelo contrato, o agente deve agir com toda diligência, atendo-se às instruções recebidas do proponente ou representado. Isso, sob pena de caracterização do descumprimento contratual, a gerar a sua resolução com a imputação das perdas e danos que forem comprovados pelo prejudicado ou que eventualmente sejam presumidos no caso concreto. Por interpretação da norma, entendo que a responsabilidade civil do representante é subjetiva, dependente de dolo ou culpa, presente uma obrigação de meio ou de diligência.

JURISPRUDÊNCIA COMENTADA: Exatamente na linha de se reconhecer a presença de uma obrigação de meio do agente, a gerar a sua responsabilização mediante dolo ou culpa: "O contrato de agenciamento artístico envolve obrigação de meio e não de resultado, não podendo o contratado ser responsabilizado pelo eventual insucesso do artista, salvo se comprovada negligência ou imperícia, nos termos dos artigos 710 e 712 do Código Civil" (TJGO, Apelação Cível 0239136-55.2011.8.09.0051, 6.ª Câmara Cível, Goiânia, Rel. Des. Sandra Regina Teodoro Reis, *DJGO* 27.02.2014, p. 522). Como importante ilustração prática, julgado do Superior Tribunal de Justiça concluiu pelo descumprimento contratual de posto de combustíveis que adquiriu produtos de outra distribuidora, desrespeitando aquela com quem mantinha o contrato de distribuição. O descumprimento gerou o despejo do posto de combustíveis, pois o imóvel onde se localizava era da própria distribuidora. Assim, o caso envolvia a coligação de um contrato de distribuição com outro de locação de imóveis (STJ, REsp 858.239/SC, 5.ª Turma, Rel. Min. Arnaldo Esteves Lima, j. 05.10.2006, *DJ* 23.10.2006, p. 356).

Art. 713. Salvo estipulação diversa, todas as despesas com a agência ou distribuição correm a cargo do agente ou distribuidor.

COMENTÁRIOS DOUTRINÁRIOS: Em regra, salvo ajuste em contrário pelas partes, todas as despesas com a agência ou distribuição correm a cargo do agente ou distribuidor, que age por conta própria. A previsão ressalta a autonomia e a colaboração presentes nos dois negócios. Obviamente, deve o agente ou distribuidor comprovar os gastos que foram realizados, ônus que lhe cabe, para ter direito ao reembolso pelo representado.

JURISPRUDÊNCIA COMENTADA: Julgado do Tribunal de Justiça de São Paulo afastou a aplicação do art. 713 do Código Civil e, diante da omissão do contrato, entendeu como justo e razoável o rateio das despesas decorrentes do negócio (TJSP, Apelação 0029732-85.2008.8.26.0506, Acórdão 12099735, 25.ª Câmara de Direito Privado, Ribeirão Preto, Rel. Des. Edgard Rosa, j. 13.12.2018, *DJESP* 20.12.2018, p. 610). Apesar de certo *senso de justiça* no acórdão, a conclusão parece-me ser *contra legem*. Em hipótese relativa a agenciamento musical em programa de televisão, os valores das despesas foram fixados pelos julgadores, nos seguintes termos: "Não há dúvida de que o réu tem direito ao pagamento de retribuição pelos serviços prestados, que foram comprovados nos autos (art. 710, do Código Civil). Entretanto, o valor da remuneração é a questão controvertida, que foi bem examinada na sentença. À falta de prova a respeito do valor da retribuição ajustada, a sentença, acertadamente, considerou o valor de R$ 4.000,00 suficiente a remunerar os serviços do réu. A fim de justificar seu direito à retenção integral da verba (R$ 10.000,00), alegou o réu que pagou diversas despesas dos autores, relacionadas à alimentação e transporte, por ocasião das apresentações musicais. Entretanto, não trouxe qualquer comprovante que pudesse confirmar o pagamento dessas despesas. Assim, deve ele ser remunerado, exclusivamente, pelos serviços de agenciamento prestados. Ainda que assim não fosse, o art. 713 do Código Civil tem incidência no caso em exame" (TJSP, Apelação 0001631-61.2007.8.26.0348, Acórdão 6366037, 10.ª Câmara de Direito Privado, Mauá, Rel. Des. Carlos Alberto Garbi, j. 27.11.2012, *DJESP* 18.12.2012).

REFORMA DO CÓDIGO CIVIL: No art. 713 do Código Civil, a Comissão de Juristas propõe apenas retirar a menção ao distribuidor, uma vez que a distribuição empresarial receberá um tratamento em separado, nas novas letras do art. 721. Assim, passaria a prever o seguinte: "Salvo estipulação diversa, todas as despesas com a agência ou distribuição correm a cargo do agente".

Art. 714. Salvo ajuste, o agente ou distribuidor terá direito à remuneração correspondente aos negócios concluídos dentro de sua zona, ainda que sem a sua interferência.

COMENTÁRIOS DOUTRINÁRIOS: O agente ou distribuidor terá direito à remuneração correspondente aos negócios concluídos dentro de sua zona, ainda que sem a sua interferência. Essa remuneração é denominada comissão, podendo assumir três formas, conforme se retira dos ensinamentos doutrinários. A primeira delas é a *comissão variável*, em que a remuneração tem como base um percentual sobre o valor do negócio realizado pelo agente ou distribuidor, o que é mais comum na prática. A segunda é a *comissão fixa*, que decorre da realização de um número de operações pelo agente, cujo mínimo é fixado no contrato, não se aplicando à representação comercial autônoma. Por fim, há a *comissão mista*, uma combinação das duas formas anteriores e que também não se admite na representação autônoma.

REFORMA DO CÓDIGO CIVIL: Na linha das propostas anteriores, e diante do tratamento específico a respeito da distribuição empresarial, a Comissão de Juristas propõe a retirada da menção ao distribuidor no art. 714, que passaria a ter a seguinte dicção: "Salvo ajuste entre as partes, o agente terá direito à remuneração correspondente aos negócios concluídos dentro de sua zona, ainda que sem a sua interferência".

Art. 715. O agente ou distribuidor tem direito à indenização se o proponente, sem justa causa, cessar o atendimento das propostas ou reduzi-lo tanto que se torna antieconômica a continuação do contrato.

COMENTÁRIOS DOUTRINÁRIOS: Se o proponente ou representado, sem justa causa, ou seja, sem motivo, cessar o atendimento das propostas e reduzir o atendimento a ponto de tornar antieconômica a continuação do contrato, o agente ou distribuidor terá direito a uma indenização. O dispositivo trata de um caso de deslealdade do proponente, a gerar a resolução do negócio e a aplicação do princípio da reparação integral dos danos, com o pagamento de danos emergentes e lucros cessantes ao prejudicado, desde que provados, pelo menos em regra. Havendo dano à imagem-atributo ou honra objetiva do agente ou distribuidor, há que se falar em indenização por danos morais, mesmo nas hipóteses em que o agente ou distribuidor for pessoa jurídica, que também pode sofrer dano moral, nos termos da Súmula n. 227 do STJ. Apesar da existência de críticas, não vejo problemas na utilização do termo *justa causa* no dispositivo, servindo como analogia as hipóteses de justa causa previstas na legislação trabalhista (art. 482 da CLT), especialmente se o representado for pessoa natural. Se for pessoa jurídica, apenas algumas das hipóteses ali previstas serão aplicadas, caso da violação do dever de sigilo ou confidencialidade e o atentado à imagem da outra parte do contrato. Também servem como complemento as hipóteses de rescisão pelo representado, previstas no art. 35 da Lei n. 4.886/1965, que trata da representação comercial. Assim, ensejam o argumento da justa causa pelo representado: a) a desídia do representante no cumprimento das obrigações decorrentes do contrato; b) a prática de atos que importem em descrédito comercial do representado; c) a falta de cumprimento de quaisquer obrigações inerentes ao contrato de representação comercial; d) a condenação definitiva por crime considerado infamante; e e) a presença de um evento previsível, mas inevitável para o cumprimento do contrato (força maior). Sobre a comunicação da denúncia ou extinção por resilição unilateral, prevista no art. 473, parágrafo único, do Código Civil deve ser observado o que consta do art. 34 da Lei n. 4.886/1965, segundo o qual a denúncia, por qualquer das partes, sem causa justificada, do contrato de representação, ajustado por tempo indeterminado e que haja vigorado por mais de seis meses, obriga o denunciante, salvo outra garantia prevista no contrato, à concessão de pré-aviso, com antecedência mínima de trinta dias, ou ao pagamento de importância igual a um terço das comissões auferidas pelo representante, nos três meses anteriores. A regra vale para outros comandos que serão comentados.

JURISPRUDÊNCIA COMENTADA: Trazendo interessante exemplo de pagamento de indenizações por violação da norma em comentário, concluiu o Tribunal Fluminense que a distribuidora deveria ser indenizada "por ter a ré inviabilizado economicamente a continuação do negócio jurídico. Indenizações a título de danos materiais e lucros cessantes que devem envolver o valor dos produtos em estoque e os prejuízos que vierem a ser apurados em liquidação de sentença". Também foi admitida a reparação por dano moral, "fixado em patamar razoável diante do encerramento abrupto dos contratos e do inequívoco abalo da imagem da parte autora nas regiões em que exercia a distribuição dos produtos da ré" (TJRJ, Apelação 0333826-14.2015.8.19.0001, 17.ª Câmara Cível, Rio de Janeiro, Rel. Des. Elton Martinez Carvalho Leme, *DORJ* 17.04.2018, p. 240). Na mesma linha, concluindo pela presença de danos materiais e imateriais, de forma correta, e afastando a aplicação das normas previstas na Lei Ferrari, com base em precedente do STJ: "O proponente que reduzir significativamente o número de produtos para o distribuidor, sem justa causa, tornando o contrato antieconômico, infringe o art. 715 do Código Civil, devendo responder pelas perdas e danos derivados da sua conduta. Conforme precedente do Superior Tribunal de Justiça no julgamento do REsp n. 1.494.332/PE, não é possível a aplicação analógica da Lei n. 6.729/1979 aos contratos de distribuição em geral, por se tratar de norma que rege apenas as relações entre produtores e concessionárias/distribuidores de veículos terrestres automotivos. É devida a indenização por danos morais quando do descumprimento contratual advém o fechamento de diversos estabelecimentos comerciais de uma das partes, o que transborda os limites da razoabilidade. Se o valor dado à causa é igual ao montante requerido a título de indenização pelos danos materiais alegados, o Autor, neste caso, indica um teto máximo à quantia a ser apurada durante a liquidação de sentença" (TJMG, Apelação Cível 1.0471.08.094040-9/001, Rel. Des. Aparecida Grossi, j. 26.04.2017, *DJEMG* 05.05.2017). Do Tribunal Paulista, reconhecendo apenas a reparação dos danos materiais: "Dispensa sem culpa da Agente. Cessação repentina de oferta de crédito, ademais, que tornou antieconômica a continuação do contrato pela autora. Indenização devida. Inteligência dos artigos 715 e 718 do Código Civil. Danos materiais demonstrados. Indenizações mantidas com relação ao saldo de comissões, reembolso-rebate, estoques inutilizados e não comercializados e despesas com verbas trabalhistas. Correção de erro material apenas quanto ao valor do reembolso-rebate previsto na sentença. [...]. Indenização por danos morais. Não caracterização. A pessoa jurídica pode sofrer danos morais, desde que haja ofensa à sua honra objetiva. Transtornos narrados que não provocam abalo à honra objetiva da empresa, notadamente à credibilidade e imagem de sua qualidade e eficiência" (TJSP, Apelação 0114485-58.2010.8.26.0100, Acórdão 11440749, 38.ª Câmara Extraordinária de Direito Privado, São Paulo, Rel. Des. Luis Fernando Nishi, j. 10.05.2018, *DJESP* 18.05.2018, p. 4.448). Ressalve-se que se tem entendido que constitui justa causa, nos termos do que consta da norma, a inadimplência prolongada do distribuidor, o que pode fundamentar a interrupção do fornecimento de mercadorias (TJRS, Apelação 0012188-59.2016.8.21.7000, 16.ª Câmara Cível, Montenegro, Rel. Des. Paulo Sérgio Scarparo, j. 25.02.2016, *DJERS* 03.03.2016). A conclusão é correta, tendo em vista a exceção de contrato não cumprido e a exceção de inseguridade, retirada dos arts. 476 e 477 do Código Civil.

REFORMA DO CÓDIGO CIVIL: Mais uma vez, a Comissão de Juristas sugere a retirada da menção ao distribuidor, diante do tratamento específico que será visto mais à frente, nos comentários ao art. 721. Nesse contexto, o art. 715 passaria a preceituar o que segue: "O agente tem direito à indenização, se o proponente, sem justa motivação, cessar o atendimento das propostas ou reduzi-las tanto que se torne antieconômica a continuação do contrato". Ademais, na linha do que foi comentado em dispositivos anteriores, sobretudo no que diz respeito à prestação de serviços, retira-se a menção à *justa causa*, própria das relações de emprego e incompatível com os contratos civis e empresariais, substituída por *justa motivação,* que ainda é mais específica e própria do tipo de contratação da agência.

Art. 716. A remuneração será devida ao agente também quando o negócio deixar de ser realizado por fato imputável ao proponente.

COMENTÁRIOS DOUTRINÁRIOS: A comissão será devida ao agente mesmo quando o negócio deixar de ser realizado por fato imputável ao proponente ou representado. Esse fato imputável é motivo para a resolução do contrato por inexecução voluntária do representado ou proponente, ou seja, mediante a sua culpa em sentido amplo ou *lato sensu*. Por questões óbvias, o pagamento da remuneração não afasta a reparação de todas as perdas e danos sofridos pelo agente, o que inclui danos materiais e imateriais. Devem ser afastadas como hipóteses de fato imputável ao proponente ou representado aquelas constantes do art. 35 da Lei n. 4.886/1965, aqui já transcrito e que autorizam a extinção do negócio por ele.

JURISPRUDÊNCIA COMENTADA: Conforme se extrai de interessante acórdão do Tribunal de Santa Catarina, citando o art. 716 do Código Civil, a normatização referente ao contrato de distribuição "deixa claro que o distribuidor somente fará *jus* à reparação de danos se o proponente agir culposamente e der azo à não execução do contrato por parte do distribuidor ao, por exemplo, não garantir os produtos a serem distribuídos, em número e periodicidade mínima, cessar de imediato o atendimento das propostas ou reduzir sua atuação a ponto de tornar a atividade do distribuidor antieconômica. Tanto quanto a proponente deve respeitar a atuação daquele que atua como distribuidor ao se abster de vender, na região de sua atuação, os produtos que fabrica diretamente ou entregá-los a outros comerciantes, é dever do distribuidor, que atua sem vínculo de subordinação e por sua conta em risco, quitar o preço das mercadorias que retira para futura comercialização, já que, neste aspecto, tem-se verdadeira compra e venda de produtos". Na sequência admite-se a aplicação subsidiária das regras da Lei Ferrari para os demais casos de distribuição, nos seguintes termos: "A doutrina ensina que, embora a distribuição de mercadorias e bens não goze de regramento específico, aplica-se-lhe, no que for cabível, as disposições da Lei n. 6.729, de 28 de novembro de 1979, que dispõe sobre a relação comercial mantida entre os fabricantes e os distribuidores de veículos automotores em via terrestre. Trata-se, afinal, de verdadeira distribuição, porém, muito mais específica, pois destinada apenas aos automóveis. O disposto no art. 22, inciso III, da Lei n. 6.729/1979 refere-se às possibilidades de uma das partes na relação contratual resolver o contrato em virtude de quaisquer infrações cometidas pela parte contrária, quer se trate de infração direta ao texto da Lei ou dos comandos contratuais, dentre as quais encontra-se a insolvência. Se o distribuidor retira mercadorias, cuja exclusividade lhe é garantida pela fabricante, e não as paga ao tempo e modo devidos, é lícito à proponente suspender a linha de crédito que era dada àquele pois, tanto quanto a consecução do pacto naturalmente exige o adimplemento regular de tais mercadorias, tal fato já seria apto a, por si só, ensejar a resolução contratual do ajuste em comento" (TJSC, Apelação 2011.076112-6, 2.ª Câmara de Direito Civil, Capinzal, Rel. Des. Gilberto Gomes de Oliveira, j. 26.03.2015, *DJSC* 09.04.2015, p. 301). Como antes pontuado, estou filiado a essa forma de julgar.

Art. 717. Ainda que dispensado por justa causa, terá o agente direito a ser remunerado pelos serviços úteis prestados ao proponente, sem embargo de haver este perdas e danos pelos prejuízos sofridos.

COMENTÁRIOS DOUTRINÁRIOS: Igualmente relacionada ao descumprimento do contrato, estabelece a norma em comento que mesmo quando dispensado por justa causa, terá o agente direito a ser remunerado pelos serviços úteis prestados ao proponente, sem embargo de haver este perdas e danos pelos prejuízos sofridos. Há proximidade com o art. 602, parágrafo único, da própria codificação, que trata da dispensa com justa causa do prestador de serviços, tendo esse direito à remuneração em aberto, mas respondendo por todas as perdas e danos sofridos pela outra parte. Reitero os comentários no sentido de ser possível aplicar algumas das hipóteses previstas para a justa causa trabalhista, previstas no art. 482 da CLT, se houver compatibilidade fática. Em complemento, não haverá justa causa em relação ao representante se ele pleiteia a extinção da avença com base em um dos motivos previstos no art. 36 da Lei n. 4.886/1965, que também servem para preencher a cláusula geral, a saber: a) redução de esfera de atividade do representante em desacordo com as cláusulas do contrato; b) a quebra, direta ou indireta, da exclusividade, se prevista no contrato; c) a fixação abusiva de preços em relação à zona do representante, com o exclusivo escopo de impossibilitar-lhe ação regular; d) o não pagamento de sua retribuição na época devida; e e) a força maior. Repise-se, por fim, que as perdas e danos devem ser entendidos como os danos materiais – danos emergentes e lucros cessantes – e imateriais.

JURISPRUDÊNCIA COMENTADA: Julgado do Tribunal Paulista concluiu que a norma deve ser aplicada aos casos de inadimplemento sucessivo e reiterado por parte do distribuidor, inclusive diante da celebração anterior de instrumento particular de confissão da dívida. Entretanto, no caso concreto, a indenização foi afastada pelo fato de que os prejuízos não foram provados pelo representado (TJSP, Apelação 1107155-17.2015.8.26.0100, Acórdão 10181373, 38.ª Câmara de Direito Privado, São Paulo, Rel. Des. César Santos Peixoto, j. 15.02.2017, *DJESP* 02.03.2017). Em outro importante acórdão, entendeu a mesma Corte Bandeirante pela ineficácia de cláusula limitativa da indenização, diante da ideia de reparação integral dos danos que pode ser retirada do art. 717 do Código Civil e da vedação do enriquecimento em causa: "Enfatize-se que o teor das cláusulas nas quais se ampara a requerida, que vedaria, no momento da rescisão do contrato por sua iniciativa, o pagamento de qualquer outra verba indenizatória que não a equivalente a 1/12 do total da retribuição auferida durante o tempo em que o representante exerceu suas atividades, não prospera. Com efeito, atadas cláusulas ferem, de maneira diáfana, o princípio geral de direito que obsta o enriquecimento sem causa, notadamente pelas atividades que foram prestadas pela autora à ré e que trouxeram a esta lucro. Exegese, ademais, do atual artigo 717 do Código Civil" (TJSP, Apelação 7153881-1, Acórdão n. 3488952, 21.ª Câmara de Direito Privado, Barretos, Rel. Des. Renato Siqueira de Pretto, j. 19.02.2009, *DJESP* 13.03.2009).

Art. 718. Se a dispensa se der sem culpa do agente, terá ele direito à remuneração até então devida, inclusive sobre os negócios pendentes, além das indenizações previstas em lei especial.

COMENTÁRIOS DOUTRINÁRIOS: Se a dispensa se der sem culpa do agente ou distribuidor, terá ele direito à remuneração até então devida, inclusive sobre os negócios pendentes, além das indenizações previstas em lei especial. A culpa deve ser entendida em sentido amplo ou *lato sensu* – a englobar o dolo –, e em sentido estrito – por imprudência, negligência e imperícia. Quanto às indenizações previstas em lei especial, a norma refere-se àquelas constantes do art. 27 da Lei n. 4.886/1965. De início, há a indenização devida ao representante, pela rescisão do contrato fora dos casos previstos no art. 35, aqui já listados, cujo montante não poderá ser inferior a 1/12 (um doze avos) do total da retribuição auferida durante o tempo em que exerceu a representação (letra *j* do art. 27). Sobre essa previsão, o Enunciado n. 82, aprovado na *III Jornada de Direito Comercial*, em 2019, prevê que tal montante deve ser apurado "com base nas comissões recebidas durante todo o período em que a parte exerceu a representação, afastando-se os efeitos de eventual pagamento a menor, decorrente de prática ilegal ou irregular da representada, reconhecida por decisão judicial ou arbitral transitada em julgado". A ementa doutrinária procura consolidar a ética contratual e a boa-fé, contando com o meu apoio doutrinário. Além disso, na hipótese de contrato a prazo certo, a indenização corresponderá à importância equivalente à média mensal da retribuição auferida até a data da rescisão, multiplicada pela metade dos meses resultantes do prazo contratual (§ 1º). Entendo que essas regras traduzem normas de ordem pública, que não podem ser afastadas pelas partes, diante do princípio da reparação integral dos danos. O argumento ganha reforço nos contratos de adesão, com conteúdo imposto pelo representado ao representante, por força do art. 424 do Código Civil.

JURISPRUDÊNCIA COMENTADA: Vários são os julgados que seguem a linha dos comentários doutrinários desenvolvidos, na linha de reconhecer que o art. 27 da Lei n. 4.886/1965 complementa o art. 717 do Código Civil. Assim concluindo, de início: "Hipótese em que, independentemente da eventual distinção entre agenciamento e representação comercial, são aplicáveis as regras previstas na Lei n. 4.886/1965, conforme expressamente autorizam os artigos 718 e 721, ambos do Código Civil. Incontroversa existência de relação jurídica entre as partes, rescindida de forma unilateral pela apelante, sem justa causa. Apelada que faz *jus* ao recebimento da indenização regulada pela Cláusula Quinta, alínea *d*, da avença. Aplicação do artigo 718 do CC cumulado com o artigo 27, alínea *j*, da Lei n. 4.886/1965" (TJSP, Apelação 1000725-95.2017.8.26.0512, Acórdão 12060434, 18.ª Câmara de Direito Privado, Ribeirão Pires, Rel. Des. Roque Antonio Mesquita de Oliveira, j. 04.12.2018, *DJESP* 10.12.2018, p. 2.484). Na mesma esteira, ressaltando o caráter comum das duas figuras e afastando a renúncia antecipada ao direito de indenização, de forma correta pelo enquadramento das normas como de ordem pública: "A doutrina majoritária posiciona-se no sentido de reconhecer a natureza jurídica comum dos contratos de representação comercial (Lei n. 4.886/1965) e de agência (arts. 710 e seguintes do CC/2002). A relação jurídica travada entre as partes foi rotulada de contrato de agenciamento e, como tal, não exclui a disciplina normativa estabelecida pela legislação especial, inclusive, no caso, a indenização de que trata o art. 27, *j*, da Lei n. 4.886/1965. Aplicação do art. 718 do CC/2002. A renúncia expressa e antecipada a qualquer tipo de indenização não elide a indenização calcada em Lei, em virtude da natureza cogente das normas aplicáveis" (TJSP, Apelação 1024436-57.2016.8.26.0224, Acórdão 10642226, 24.ª Câmara de Direito Privado, Guarulhos, Rel. Des. Jonize Sacchi de Oliveira, j. 27.07.2017, *DJESP* 08.08.2017, p. 1.558).

REFORMA DO CÓDIGO CIVIL: A Comissão de Juristas nomeada no Senado Federal propõe uma melhora no *caput*, para que passe a mencionar a *denúncia do contrato*, sem culpa, e não mais a *dispensa*, que é própria das relações de emprego e dos contratos de trabalho, e não de contratos civis e empresariais: "Se a denúncia do contrato se der sem culpa do agente, terá ele direito à remuneração até então devida, inclusive sobre os negócios pendentes, além das indenizações previstas em lei especial". Além disso, almeja-se positivar na norma o teor do Enunciado n. 82 da *III Jornada de Direito Comercial*, com a inclusão do seguinte parágrafo único, que vem em boa hora, de acordo com os comentários doutrinários antes desenvolvidos: "O montante da indenização deverá ser apurado com base nas comissões recebidas durante o período em que o agente exerceu sua atividade para o proponente".

Art. 719. Se o agente não puder continuar o trabalho por motivo de força maior, terá direito à remuneração correspondente aos serviços realizados, cabendo esse direito aos herdeiros no caso de morte.

COMENTÁRIOS DOUTRINÁRIOS: Se o agente não puder continuar o trabalho para o qual foi contratado por motivo de força maior, evento previsível mais inevitável, terá direito à remuneração correspondente aos serviços realizados. A mesma solução se dá no caso de morte do agente, caso ele seja pessoa natural, cabendo esse direito aos seus herdeiros. Há assim, um motivo para que rescinda ou se resolva o contrato, por descumprimento sem culpa. Entendo que o dispositivo também abrange o caso fortuito, definido como um motivo totalmente imprevisível e que é *mais* do que a força maior. Segue-se a linha do que consta do art. 36, letra *e*, da Lei n. 4.886/1965; ao autorizar a rescisão do contrato pelo representante, presente a força maior.

Art. 720. Se o contrato for por tempo indeterminado, qualquer das partes poderá resolvê-lo, mediante aviso prévio de noventa dias, desde que transcorrido prazo compatível com a natureza e o vulto do investimento exigido do agente.

Parágrafo único. No caso de divergência entre as partes, o juiz decidirá da razoabilidade do prazo e do valor devido.

COMENTÁRIOS DOUTRINÁRIOS: Apesar de o dispositivo tratar de hipótese de resolução contratual – entendida como a extinção do contrato por inadimplemento, com ou sem culpa –, tem-se no comando situação de resilição unilateral, fundada em um direito potestativo. Portanto, houve aqui um descuido do legislador, o que é reconhecido pela maioria da doutrina. Nesse contexto, a norma deve ser lida no sentido de que se o contrato for por tempo indeterminado, qualquer das partes poderá *resili-lo*, mediante aviso prévio de noventa dias, desde que transcorrido prazo compatível com a natureza e o vulto dos investimentos exigidos do agente. Além disso, o art. 720 deve ser entendido com íntima relação com o art. 473, parágrafo único, da própria codificação, pelo qual a resilição unilateral pode ser afastada se uma parte tiver feito investimentos consideráveis no contrato, hipótese em que o contrato deve ser prorrogado de acordo com a natureza e o vulto dos investimentos. Há, assim e em ambos os preceitos, a ideia de *prorrogação compulsória do contrato*, o que tem fundamento nos princípios da boa-fé objetiva (art. 422 do CC) e da função social do contrato (art. 421 do CC). Sobre o último regramento, cite-se o Enunciado n. 22, aprovado na *I Jornada de Direito Civil* do Conselho da Justiça Federal, pelo qual o princípio da função social do contrato reforça a conservação do negócio jurídico, assegurando trocas úteis e justas. Existe um debate interessante, a respeito da possibilidade de afastamento dessa prorrogação compulsória por previsão contratual, substituindo-a por uma indenização por perdas e danos. O tema foi amplamente debatido na *II Jornada de Direito Comercial*, também promovida pelo Conselho da Justiça Federal, não sendo aprovada proposta nesse sentido, pois a maioria dos juristas presentes acabou por concluir que a norma do art. 473, parágrafo único, do CC é cogente ou de ordem pública; posição por mim defendida e compartilhada. Por fim, ainda nos termos do art. 720, no caso de prorrogação compulsória do contrato, em havendo divergência entre as partes, quanto ao prazo de alongamento e ao valor da remuneração devida, o juiz decidirá com razoabilidade e equidade, o que constitui mais uma confirmação da conservação contratual. Para o preenchimento de tais requisitos contratuais com base na razoabilidade e equidade, devem ser considerados os usos locais e as regras de tráfego, nos termos da segunda parte do art. 113, *caput*, do Código Civil.

JURISPRUDÊNCIA COMENTADA: Como se retira de voto do Ministro Luis Felipe Salomão, que conta com o meu total apoio quanto à fundamentação da prorrogação compulsória, "é possível a aplicação dos princípios da boa-fé objetiva, da lealdade contratual e a teoria do abuso de direito nas relações contratuais, mesmo na hipótese do contrato ter sido firmado sob a égide do CC de 1916, pois as premissas jurídicas positivadas no âmbito do CC de 2002 também devem ser observadas com relação aos fatos anteriores à sua vigência. Há nulidade na cláusula de contrato de distribuição de bebidas que prevê a possibilidade de resilição unilateral e desmotivada por qualquer das partes na hipótese em que a contratada investiu vultosa quantia no negócio de longa duração, porque sendo um contrato de adesão, no qual não há igualdade econômica ou liberdade contratual plena na relação jurídica, aplicam-se os princípios da boa-fé e dos bons costumes comerciais, pois embora a celebração do contrato seja livre, o seu distrato é um ônus que pode configurar abuso de direito, nos termos do parágrafo único do artigo 473 do CC". Ao final, concluiu o julgador que não seria "possível a resilição unilateral do contrato na hipótese em que houve reiteradas prorrogações contratuais por mais de vinte anos e o contratado realizou elevados investimentos para atender a projeto de interesse do contratante, porque tal situação resultou no enfraquecimento do exercício do direito de rescisão unilateral pelo contratante e gerou legítima expectativa no contratado no sentido de que não seria acionada a cláusula que permite a denúncia imotivada, pois tal conduta caracterizaria a quebra de confiança" (STJ, REsp 1.112.796/PR, 4.ª Turma, Rel. Min. Luis Felipe Salomão, Rel. p/ Acórdão Min. Honildo Amaral de Mello Castro (Desembargador Convocado do TJ/AP), j. 10.08.2010, *DJe* 19.11.2010). Lamenta-se que, ao final, a tese acabou não prevalecendo naquele caso concreto, tendo sido vencido o Ministro Salomão. Porém, existem muitos julgados estaduais que fazem incidir a prorrogação compulsória do contrato, inclusive com a concessão por meio de tutela provisória ou antecipada. A título de exemplo: "Liminar. Medida cautelar de manutenção de contrato. Cabimento da liminar já examinada e reconhecida em outro recurso. Suspensão ou sua substituição por depósito mensal da remuneração pactuada. Contrato de prestação de serviço de representação e gerenciamento por prazo determinado, rescindido unilateralmente pelo contratante. Descabimento. Inadmissível a pretensão do representado de, mediante depósito judicial da remuneração a que teria direito o representante, suspender a liminar de manutenção do contrato, sob pena de, por vias tortuosas, conferir ao representado, réu na medida cautelar de manutenção de contrato, autorização para rescindi-lo, não se olvidando que o contrato de representação, vigente por prazo determinado, a rigor não pode ser denunciado de forma unilateral e imotivadamente pelo representado, exceto pela via Judiciária ou do juízo arbitral, mediante propositura de demanda própria. Exegese do art. 720 do Código Civil, e art. 35 da Lei n. 4.886/1965, com redação alterada pela Lei n. 8.420/1992" (TJSP, Agravo de Instrumento 0027765-92.2013.8.26.0000, Acórdão 6608700, 35.ª Câmara de Direito Privado, São Paulo, Rel. Des. Clóvis Castelo, j. 25.03.2013, *DJESP* 02.04.2013). Ou, ainda, mais remotamente: "Nos termos do parágrafo único do art. 720 do Código Civil de 2002, é lícito ao Poder Judiciário dilatar o prazo de aviso-prévio do contrato de distribuição, de modo a compatibilizá-lo com a natureza e o vulto dos investimentos realizados para sua execução" (TJRS, Agravo de Instrumento 70022003586, 5.ª Câmara Cível, Pelotas, Rel. Des. Paulo Sérgio Scarparo, j. 12.12.2007, *DOERS* 18.12.2007, p. 40). Por último, mencionando a boa-fé objetiva e o risco de encerramento das atividades como fundamentos para a prorrogação: "Pedido de extensão da vigência contratual, sob pena de a agravante correr risco de encerrar suas atividades. Alegações que possuem respaldo jurídico no art. 720, parágrafo único, do Código Civil e, mais que isso, no princípio da boa-fé. Verossimilhança com relação à dependência econômica do contrato de distribuição, e perigo de dano que demanda maior extensão da vigência do contrato, para que a agravante reorganize a estrutura dedicada às atividades dos agravados e, assim, possa se estabilizar financeiramente" (TJSP, Embargos de Declaração 2016759-20.2014.8.26.0000/50001, Acórdão 7493496, 25.ª Câmara de Direito Privado,

São Paulo, Rel. Des. Hugo Crepaldi, j. 13.03.2014, *DJESP* 22.04.2014). Do próprio STJ, entendeu-se em caso envolvendo contrato financeiro, em acórdão mais atual e com a relatoria do próprio Ministro Salomão que "a existência de cláusula contratual que prevê a possibilidade de rescisão desmotivada por qualquer dos contratantes não é capaz, por si só, de afastar e justificar o ilícito de se rescindir unilateralmente e imotivadamente um contrato que esteja sendo cumprido a contento, com resultados acima dos esperados, alcançados pela contratada, principalmente quando a parte que não deseja a resilição realizou consideráveis investimentos para executar suas obrigações contratuais. Efetivamente, a possibilidade de denúncia 'por qualquer das partes' gera uma falsa simetria entre os contratantes, um sinalagma cuja distribuição obrigacional é apenas aparente. Para se verificar a equidade derivada da cláusula, na verdade, devem ser investigadas as consequências da rescisão desmotivada do contrato, e, assim, descortina-se a falácia de se afirmar que a resilição unilateral era garantia recíproca na avença. O mandamento constante no parágrafo único do art. 473 do diploma material civil brasileiro se legitima e se justifica no princípio do equilíbrio econômico. Com efeito, deve-se considerar que, muito embora a celebração de um contrato seja, em regra, livre, o distrato é um ônus, que pode, por vezes, configurar abuso de direito. Estando claro, nos autos, que o comportamento das recorridas, consistente na exigência de investimentos certos e determinados como condição para a realização da avença, somado ao excelente desempenho das obrigações pelas recorrentes, gerou legítima expectativa de que a cláusula contratual que permitia a qualquer dos contratantes a resilição imotivada do contrato, mediante denúncia, não seria acionada naquele momento, configurado está o abuso do direito e a necessidade de recomposição de perdas e danos, calculados por perito habilitado para tanto" (STJ, REsp 1.555.202/SP, 4.ª Turma, Rel. Min. Luis Felipe Salomão, j. 13.12.2016, *DJe* 16.03.2017). A tendência atual da Corte Superior, portanto, é aplicar tal entendimento para novos casos julgados que digam respeito à distribuição. Pontue-se que, sendo demonstrado que os investimentos foram amortizados durante a longa duração do contrato, não cabe essa prorrogação compulsória, solução que é bem plausível e conta com o meu apoio. Nessa linha: "Diante da constatação de que a relação negocial vigeu ao longo de aproximadamente 10 (dez) anos, período suficiente à amortização dos investimentos relacionados ao objeto contratual, e observando-se que a parte autora, experiente sociedade empresária, anuiu com o aviso prévio de 30 (trinta) dias, expressamente previsto em contrato empresarial paritário, tem-se que a resilição unilateral da avença representou mero exercício regular de direito, inexistindo abuso a legitimar a pretensão indenizatória formulada. Precedentes" (TJPR, Apelação Cível 1605267-8, 12.ª Câmara Cível, Curitiba, Rel. Des. Denise Kruger Pereira, j. 12.04.2017, *DJPR* 05.05.2017, p. 153).

REFORMA DO CÓDIGO CIVIL: Em relação ao art. 720, a Comissão de Juristas propõe ajustes pontuais mais do que necessários, constituindo o primeiro deles de alterar a menção à *resolução* para *resilição* e *denúncia*, sendo a primeira expressão totalmente imprópria e representando um desvio de categoria jurídica, como pontuado nos meus comentários doutrinários. Nesse contexto, o *caput* do preceito passaria a prever o seguinte: "Se o contrato for por tempo indeterminado, qualquer das partes poderá resili-lo ou denunciá-lo, mediante aviso prévio de pelo menos noventa dias, desde que transcorrido prazo compatível com a natureza e o vulto dos investimentos exigidos pelas partes". Ademais, para uma melhor expressão do caráter bilateral ou *sinalagmático* do avençado, substitui-se a menção final ao *agente* por *partes*. No parágrafo único, melhor a norma mencionar o julgador, que inclui juiz ou árbitro, do que apenas utilizar o primeiro termo: "No caso de divergência entre as partes, o julgador decidirá sobre o prazo e o valor devido".

Art. 721. Aplicam-se ao contrato de agência e distribuição, no que couber, as regras concernentes ao mandato e à comissão e as constantes de lei especial.

COMENTÁRIOS DOUTRINÁRIOS: Encerrando o tratamento relativo à agência e à distribuição, está previsto que devem ser aplicadas a eles, no que couberem, as regras concernentes ao mandato e à comissão e as constantes de lei especial. A aplicação residual, mais uma vez, justifica-se pela grande similaridade entre os contratos mencionados na norma, sendo certo que há regra, antes comentada, que aponta para a aplicação das regras do mandato para a comissão, naquilo que for possível juridicamente (art. 709). Sobre o mandato, penso serem aplicáveis as regras relativas aos deveres das partes, equiparando-se o representado ao mandante e o agente ou distribuidor ao mandatário. Como lei especial, será incidente, naquilo em que não houver incompatibilidade a tão citada Lei da Representação Comercial (Lei n. 4.886/1965), com as alterações introduzidas pela Lei n. 8.420/1992. Sendo assim, seguimos a posição que defende a impossibilidade de inclusão da cláusula *del credere,* aqui antes comentada, nos contratos de agência e distribuição. Além disso, repise-se a possibilidade de subsunção do art. 34 da Lei n. 4.886/1965 para tais negócios, *in verbis:* "A denúncia, por qualquer das partes, sem causa justificada, do contrato de representação, ajustado por tempo indeterminado e que haja vigorado por mais de seis meses, obriga o denunciante, salvo outra garantia prevista no contrato, à concessão de pré-aviso, com antecedência mínima de trinta dias, ou ao pagamento de importância igual a um terço (1/3) das comissões auferidas pelo representante, nos três meses anteriores".

JURISPRUDÊNCIA COMENTADA: Já foram mencionados aqui muitos julgados que determinam a aplicação da Lei da Representação Comercial, inclusive quanto às indenizações mencionadas no art. 718 do Código Civil. Vejamos mais um aresto, com conteúdo interessante, que trata da proibição da cláusula *del credere* e dos valores indenizatórios devidos, com base na citada norma específica: "Inteligência do artigo 721 do Código Civil. Aplicação da Lei n. 4.886/65. Ausência de registro junto ao Conselho Regional dos Representantes Comerciais do Estado de São Paulo constitui mera irregularidade administrativa. Cláusula *del credere.* Inadmissibilidade. Descontos efetuados pela representada nas comissões do representante. Incabível inserção da cláusula *del credere* nos contratos de representação comercial (art. 43 da Lei n. 4.886/65). Restituição de valores retidos ou descontados sob tal rubrica, caso a venda não se concretizasse por motivos diversos, fatores externos à atuação do representante (exceto fator cancelamento. Gerado por ato culposo da parte autora). Diferença de comissões pagas a menor pela representada a ser apurada em liquidação de sentença. Rescisão do contrato. Indenização. Rompimento contratual imotivado. Alegação de término do contrato sob justa causa por descumprimento contratual. Não comprovação. Não configuração de justa causa para o rompimento do contrato e de quebra da boa-fé objetiva. Indenização devida. Contrato por tempo determinado. Cálculo indenizatório. Inteligência do artigo 27, § 1º, da Lei n. 4.866/65" (TJSP, Apelação 0020848-43.2016.8.26.0100, Acórdão 11351457, 20.ª Câmara de Direito Privado, São Paulo, Rel. Des. Maria Salete Corrêa Dias, j. 09.04.2018, *DJESP* 20.04.2018, p. 1.874). Sobre a antes citada aplicação do art. 34 da Lei da Representação Comercial para o contrato verbal de distribuição, citando, como fundamento o art. 721 do Código Civil, destaque-se: "Ação de cobrança e ação de indenização. Contrato verbal de distribuição. Rescisão unilateral com justa causa. Aviso prévio indevido. Aplicação analógica do artigo 34, da Lei n. 4.886/1965, inteligência do artigo 721 do Código Civil" (TJPR, Apelação Cível 0969817-7, 7.ª Câmara Cível, Curitiba, Rel. Des. Guilherme Luiz Gomes, *DJPR* 16.08.2013, p. 185).

REFORMA DO CÓDIGO CIVIL: Como já destacado, a Comissão de Juristas propõe um tratamento detalhado e separado do Contrato de Distribuição Empresarial, que passa a ser um novo contrato típico do Código Civil de 2002, com regras entre os arts. 721-A e 721-I (Capítulo XII-A do Título VI – "Das Várias Espécies de Contrato"). As propostas foram originalmente formuladas pela Professora Paula Andrea Forgioni, componente da comissão, aceitas pela Subcomissão de Direito dos Contratos e pela Relatoria-Geral, formada por mim e pela Professora Rosa Maria de Andrade Nery, sem modificações. De início, o contrato é definido como aquele em que o concedente obriga-se à venda reiterada de bens ou de serviços ao distribuidor, para que este os revenda, tendo como proveito econômico a diferença entre o preço de aquisição e de revenda e assumindo obrigações voltadas à satisfação das exigências do sistema de distribuição do qual participa (art. 721-A, *caput*). O concedente e o distribuidor são considerados como empresas independentes, cabendo a cada qual os riscos, as despesas, os investimentos, as responsabilidades e os proveitos próprios de sua própria atividade, salvo os casos expressamente previstos em legislação específica (art. 721-A, parágrafo único). Como ocorre em todos os contratos celebrados em regime de colaboração empresarial, o distribuidor deve empregar em seu negócio a diligência do empresário ativo e probo, de forma que não comprometa a reputação e a imagem do concedente (art. 721-B). Para a eficiência do sistema de distribuição, o contrato pode estabelecer, por cláusulas nele previstas, que o distribuidor siga as orientações e os padrões de atuação impostos pelo concedente (art. 721-C). Ademais, salvo ajuste das partes em sentido contrário e respeitada a legislação específica, ao distribuidor compete fixar os preços de revenda a seus clientes (art. 721-D). Igualmente, salvo ajuste das partes em sentido contrário, o distribuidor poderá utilizar gratuitamente os sinais distintivos do concedente, desde que não comprometa a sua imagem, regra que tem grande importância na prática desse negócio empresarial (art. 721-E). Entretanto, o concedente não pode exercer seus direitos contratuais com o escopo exclusivo de prejudicar o distribuidor, sob pena de resolução do contrato com perdas e danos; norma ética que tem relação direta com a boa-fé objetiva (art. 721-F). Como não poderia ser diferente, o concedente não poderá alterar, abruptamente e sem justo motivo, as condições de fornecimento ao distribuidor, o que visa dar uma maior segurança jurídica e estabilidade para os negócios do último (art. 721-G). São consideradas como nulas de pleno direito, hipótese de nulidade absoluta, as cláusulas que estipulem a renúncia antecipada do distribuidor à indenização garantida por lei ou a direito resultante da natureza do negócio (art. 721-H); preceito que dialoga com o art. 424 do próprio Código Civil. Por fim, está previsto no projetado art. 721-I que "aplica-se o art. 720 à denúncia imotivada do contrato de distribuição celebrado por tempo indeterminado", conclusão que não poderia ser diferente, pelo que vimos a respeito do último comando citado. Como se pode perceber, há proposição de um tratamento amplo e seguro para o contrato de distribuição empresarial, na linha da doutrina da autora do texto, a Professora Paula Forgioni, e das corretas aplicações jurisprudenciais a respeito do tema, muitas delas aqui antes estudadas.

CAPÍTULO XIII
DA CORRETAGEM

Art. 722. Pelo contrato de corretagem, uma pessoa, não ligada a outra em virtude de mandato, de prestação de serviços ou por qualquer relação de dependência, obriga-se a obter para a segunda um ou mais negócios, conforme as instruções recebidas.

COMENTÁRIOS DOUTRINÁRIOS: O Código Civil de 2002 conceitua o contrato de corretagem ou mediação como sendo o negócio jurídico pelo qual alguém – o corretor ou intermediário –, não ligado a outra pessoa em virtude de mandato, de prestação de serviços ou por qualquer relação de dependência, obriga-se a obter para esta um ou mais negócios, conforme as instruções por essa recebidas. A pessoa que busca o serviço do corretor é denominada comitente. A atuação do corretor ou intermediário é comum na venda de imóveis, bem como na de mercadorias e ações na Bolsa de Valores, sendo regulamentada por normas específicas. Nesse sentido, a doutrina é unânime em apontar duas grandes categorias de corretores: os *oficiais* e os *livres*. Os primeiros gozam de fé pública, havendo seis classes apontadas pela doutrina: a) fundos públicos; b) mercadorias; c) navios; d) operações de câmbio; e) seguros; e f) valores. Quanto aos *corretores livres*, a sua atuação independe de qualquer investidura oficial, sujeitando-se apenas à legislação que regulamenta as suas profissões, através de conselhos estaduais ou mesmo federais. Cite-se, a título de exemplo, o caso dos corretores de imóveis, cujas atividades são disciplinadas pela Lei n. 6.530/1978. Em algumas hipóteses fáticas, debate-se a licitude do conteúdo da corretagem, como na *corretagem matrimonial*, em que há a aproximação de um casal efetuada por terceiro. Na minha opinião doutrinária, não há qualquer problema quanto à ilicitude de tais negócios. Interessante também pontuar que a remuneração do corretor deve ser paga por aquele que busca os seus negócios, e que obtém o *resultado útil* dessa sua atuação. Quanto à sua natureza jurídica, o contrato de comissão é bilateral (sinalagmático), oneroso e consensual. O contrato é também acessório, pois depende de um negócio para existir, qual seja, um contrato principal celebrado no interesse do comitente. É aleatório, pois envolve a álea, o risco, particularmente a celebração desse negócio principal. Trata-se de um contrato formal e não solene, que não exige sequer forma escrita. Por fim, há, pelo menos em regra, relação de consumo quanto às corretoras que prestam serviço no mercado, notadamente no caso de imóveis, seja quanto aos proprietários que pretendem vender ou locar seus bens, seja quanto aos adquirentes e locatários.

JURISPRUDÊNCIA COMENTADA: Sobre a obtenção do *resultado útil* decorrente do contrato e o pagamento do corretor, a jurisprudência superior acabou por concluir que nos contratos de aquisição de imóveis na planta, o construtor ou incorporador poderá transmitir a remuneração dos corretores aos adquirentes consumidores, desde que exista uma comunicação prévia, clara e precisa. Conforme a tese firmada em julgamento de recursos repetitivos pelo Superior Tribunal de Justiça:

"1.1. Validade da cláusula contratual que transfere ao promitente-comprador a obrigação de pagar a comissão de corretagem nos contratos de promessa de compra e venda de unidade autônoma em regime de incorporação imobiliária, desde que previamente informado o preço total da aquisição da unidade autônoma, com o destaque do valor da comissão de corretagem" (STJ, REsp 1.599.511/SP, 2.ª Seção, Rel. Min. Paulo de Tarso Sanseverino, j. 24.08.2016, *DJe* 06.09.2016). Sucessivamente a mesma tese foi ampliada para os casos de imóveis adquiridos nos termos da Lei n. 11.977/2009, conhecida como *Lei Minha Casa, Minha Vida*: "Para os fins do art. 1.040 do CPC/2015, fixa-se a seguinte tese: Ressalvada a denominada Faixa 1, em que não há intermediação imobiliária, é válida a cláusula contratual que transfere ao promitente-comprador a obrigação de pagar a comissão de corretagem nos contratos de promessa de compra e venda do Programa Minha Casa, Minha Vida, desde que previamente informado o preço total da aquisição da unidade autônoma, com o destaque do valor da comissão de corretagem" (STJ, REsp 1.601.149/RS, 2.ª Seção, Rel. Min. Paulo de Tarso Sanseverino, Rel. p/ Acórdão Min. Ricardo Villas Bôas Cueva, j. 13.06.2018, *DJe* 15.08.2018). Com o devido respeito, não se filia à tese fixada nos dois casos. Quem contrata o corretor nesses negócios, buscando a sua atuação conforme os seus interesses, são as construtoras e incorporadoras, que montam os *stands* de vendas e toda a estrutura para que eles desenvolvam seus trabalhos. Nessa realidade fática e jurídica, por força da correta interpretação do art. 722 do Código Civil, devem essas empresas responder pela sua remuneração. Em se tratando de relação de consumo, que é a regra em tais contratos, a transferência do pagamento de tais valores constitui uma cláusula abusiva, por colocar o consumidor em posição de desvantagem, conforme o art. 51, inc. IV, do Código de Defesa do Consumidor (Lei n. 8.078/1990). Diante dessa abusividade, pensamos que a repetição de indébito deveria ser em dobro, nos termos do art. 42 do próprio CDC; tese que não foi adotada pelo STJ quanto à corretagem, que entendeu legítima a cobrança. Foi excluída apenas a taxa SATI (Serviço de Assessoria Técnico-Imobiliária), considerada como abusiva, mas sendo cabível apenas a sua repetição simples e não em dobro, pela ausência de prova de má-fé das construtoras e incorporadoras; presente na última conclusão outro equívoco do Tribunal. E mesmo não se tratando de contrato de consumo, como nas hipóteses de aquisição de imóveis para investimento por pessoas jurídicas, há nulidade da cláusula por afronta ao art. 424 do Código Civil, pois se trata de um contrato de adesão, imposto ao adquirente. Vale lembrar que a última norma estabelece a nulidade das cláusulas que estabeleçam a renúncia antecipada do aderente a direito resultante da natureza do negócio. Ora, decorre da natureza da corretagem que o valor seja pago por quem contratou o corretor e não pela outra parte, o que está sendo afastado de forma impositiva em um contrato que não foi plenamente negociado pelos envolvidos. Por fim, pontuo que a solução jurisprudencial a respeito do pagamento da corretagem acabou por ser lamentavelmente adotada pela Lei n. 13.786/2018, conhecida como *Lei dos Distratos*, que introduziu um § 1º no art. 67-A da Lei n. 4.591/1964, prevendo que em caso de inadimplemento contratual pelo adquirente, perderá ele integralmente o valor pago a título de corretagem, o que se estende para outras hipóteses de aquisição imobiliária tratadas por essa lei emergente.

REFORMA DO CÓDIGO CIVIL: A Comissão de Juristas nomeada no Senado Federal pretende incluir um parágrafo único no art. 722 prevendo que "não constitui contrato de corretagem o serviço de mera indicação de bens para aquisição, inclusive em ambiente virtual". O objetivo é diferenciar a corretagem – que envolve uma série de atos coordenados, com fim específico, uma atividade – da mera indicação de bens para venda ou locação – o que é feito por muitos funcionários de condomínios pelo País. Como é notório, essa indicação tem sido intermediada por empresas especializadas na internet, em um contrato atípico, que envolve apenas uma das fases da corretagem.

Art. 723. O corretor é obrigado a executar a mediação com diligência e prudência, e a prestar ao cliente, espontaneamente, todas as informações sobre o andamento do negócio. (Redação dada pela Lei n. 12.236, de 2010)

Parágrafo único. Sob pena de responder por perdas e danos, o corretor prestará ao cliente todos os esclarecimentos acerca da segurança ou do risco do negócio, das alterações de valores e de outros fatores que possam influir nos resultados da incumbência. (Incluído pela Lei n. 12.236, de 2010)

COMENTÁRIOS DOUTRINÁRIOS: A norma foi alterada pela Lei n. 12.236/2010. Era a sua redação anterior: "O corretor é obrigado a executar a mediação com a diligência e prudência que o negócio requer, prestando ao cliente, espontaneamente, todas as informações sobre o andamento dos negócios; deve, ainda, sob pena de responder por perdas e danos, prestar ao cliente todos os esclarecimentos que estiverem ao seu alcance, acerca da segurança ou risco do negócio, das alterações de valores e do mais que possa influir nos resultados da incumbência". Como se pode notar pela transcrição do seu teor atual, não houve alteração no conteúdo do texto, mas apenas uma adaptação à Lei Complementar n. 95/1998, que trata da elaboração de leis. Foi inserido um parágrafo único na redação para que a norma ficasse mais bem organizada e redigida. Em suma, entendo que a alteração não tem qualquer utilidade prática, apesar de algumas manifestações doutrinárias no sentido de o texto ter ampliado a responsabilidade do corretor. O que o dispositivo consagra é a obrigação do corretor de executar o contrato com a diligência e prudência necessárias, prestando ao cliente, espontaneamente, todas as informações sobre o andamento dos negócios. Existe, assim, uma obrigação de meio ou de diligência do corretor, o que conduz à sua responsabilidade subjetiva, mediante dolo ou culpa. Não se pode confundir, portanto, a atuação na busca do resultado útil em favor do comitente, que enseja o pagamento da remuneração do corretor, com a presença de uma obrigação de resultado, que conduziria à sua responsabilidade objetiva, e que não se faz presente. O corretor deve, ainda, prestar ao cliente todos os esclarecimentos que estiverem ao seu alcance, acerca da segurança ou riscos do negócio, das alterações de valores e de tudo mais que possa influir nos resultados da incumbência, o que está em total sintonia com o princípio da boa-fé objetiva. O desrespeito a tais deveres gera a resolução do contrato com perdas e danos.

JURISPRUDÊNCIA COMENTADA: Em interessante aresto, considerou-se que houve a violação dos deveres por parte de empresa imobiliária, que realizou a venda de imóvel de um cliente que havia sido interditado, com a sua ciência e presente uma cláusula de inalienabilidade. Conforme os exatos termos do julgado, do Tribunal de Justiça de Sergipe: "Venda realizada pelo autor/apelante (proprietário) que, posteriormente, veio a ser interditado. Efeitos da sentença de interdição. Hipótese em que a prova (declaração de dois médicos psiquiatras) aponta para origem da doença anterior ao negócio impugnado. Manifesto prejuízo aos interesses do incapaz, na medida em que a venda fez-se a despeito de expressa cláusula de inalienabilidade que gravava o bem quando de seu recebimento, via doação. Nulidade conforme interpretação conjugada do art. 1.911 e art. 166, VI e VII, ambos do Código Civil. Atuação dolosa da empresa imobiliária com infringência dos deveres éticos e legais, conforme norma do art. 723, do Código Civil" (TJSE, Apelação Cível 201700729624, Acórdão 30169/2018, 1.ª Câmara Cível, Rel. Des. Ruy Pinheiro da Silva, j. 11.12.2018, *DJSE* 17.12.2018). Também se tem decidido em muitos acórdãos estaduais que comprovada a negligência do corretor na obtenção de informações a respeito do locatário, a gerar prejuízos ao locador, há que ser reconhecida a sua responsabilidade civil: "Negligência manifesta na análise das condições financeiras do pretendente à locação. Apresentação de documentação que claramente demonstrava impossibilidade material do inquilino em suportar o encargo locativo e acréscimos sobre ele incidentes, à vista dos rendimentos indicados em cópia de declaração de renda. Dano aos locadores comprovado em ação proposta contra o inquilino faltoso. Responsabilidade da ré, em função do disposto no art. 723 e parágrafo único do Código Civil. Prejuízo a ser apurado em liquidação de sentença, com acréscimo do valor recebido pela intermediação" (TJSP, Apelação 1033530-76.2017.8.26.0100, Acórdão 11887746, 32.ª Câmara de Direito Privado, São Paulo, Rel. Des. Caio Marcelo Mendes de Oliveira, j. 05.10.2018, *DJESP* 11.10.2018, p. 2.366). O mesmo se diga quanto à venda de imóveis, colacionando-se, por todos, agora do Superior Tribunal de Justiça e com interessante exposição técnica a respeito dos deveres dos corretores de imóveis: "Cabe ao corretor de imóveis diligentemente se inteirar e prestar informações usuais e notórias acerca do título de domínio exibido pelo vendedor, da regularidade da cadeia dominial, da existência, ou não, de gravames reais e de ações que envolvam o vendedor e que, em tese, poderiam conduzir à ineficácia, nulidade ou anulabilidade do contrato de compra e venda. Em se tratando de prestação de serviços vinculados à compra e venda de imóvel, em linha de princípio, a completa formação do contrato de corretagem depende de três etapas: a) a aproximação das partes; b) o fechamento do negócio (assinatura da proposta de compra e venda); e c) a execução do contrato (compra e venda), por meio da assinatura da escritura para transcrição no registro de imóveis" (STJ, REsp 1.364.574/RS, 4.ª Turma, Rel. Min. Luis Felipe Salomão, *DJe* 30.11.2017). Como último julgado a ser anotado, seguindo outro caminho, tem-se decidido continuamente que a corretora encarregada pela venda do imóvel não responde civilmente pelos problemas estruturais que o acometem. Por todos, concluindo-se pela ilegitimidade passiva da corretora: "Empresa cuja atividade se limitou à intermediação da compra e venda do imóvel a ser construído no prazo de até 150 meses. Dever da intermediadora cumprido nos termos do artigo 723, parágrafo único, do Código Civil. Inexistência de responsabilidade da corretora pelos danos causados pela construção ao adquirente do imóvel. Ilegitimidade passiva configurada. Extinção do processo sem resolução do mérito (art. 485, VI, do CPC)" (TJSP, Apelação 0025923-29.2009.8.26.0320, Acórdão 11837942, 10.ª Câmara de Direito Privado, Limeira, Rel. Des. João Carlos Saletti, j. 07.08.2018, *DJESP* 29.10.2018, p. 2.648).

Art. 724. A remuneração do corretor, se não estiver fixada em lei, nem ajustada entre as partes, será arbitrada segundo a natureza do negócio e os usos locais.

COMENTÁRIOS DOUTRINÁRIOS: A remuneração a que faz *jus* o corretor é também denominada *comissão*, podendo esta ser fixa, variável ou mista, assim como ocorre com a representação comercial, na agência e na distribuição. Se esta remuneração não estiver fixada em lei, nem ajustada entre as partes, será arbitrada segundo a natureza do negócio e os usos locais, ou seja, de acordo com as regras de tráfego (art. 113, *caput*, do Código Civil). Pontue-se que, na prática do mercado imobiliário, é comum fixar esse percentual entre 3 e 8% do valor da transação, o que varia de local para local, pelos costumes e regras de tráfego que orientam o negócio jurídico.

JURISPRUDÊNCIA COMENTADA: Trazendo parâmetros para a fixação da remuneração do corretor, nos termos do que consta do art. 724 do Código Civil, merece destaque o seguinte aresto do Superior Tribunal de Justiça: "O modo como se dará a remuneração do corretor está definido no artigo 724 do Código Civil, segundo o qual, em não havendo contrato entre as partes, a remuneração do corretor será arbitrada segundo a natureza do negócio e os usos locais. Na aferição dos usos e costumes locais, é válida a consulta aos sítios virtuais dos conselhos federal e estaduais de corretores de imóveis. No caso dos autos, na fixação do percentual da comissão de corretagem levou-se em consideração: i) o valor expressivo envolvido na negociação; ii) as condições em que as partes se envolveram no negócio. Sem a devida cautela acerca da formalização do valor a ser desembolsado pelo trabalho do corretor; iii) todo o material probatório constante nos autos; iv) o princípio da razoabilidade e, sobretudo, v) a praxe e os costumes locais para identificar o valor habitualmente praticado no mercado de corretagem mediante consulta ao sítio virtual do conselho federal de corretores de imóveis". E mais, com importante mensagem técnica que serve para várias análises que dizem respeito aos contratos em espécie: "Não se coaduna com a missão constitucional do Superior Tribunal de Justiça, de guardião da legislação federal, averiguar os usos e costumes locais para definir qual percentual mais se amolda àquele efetivamente praticado nas negociações de imóveis de determinada localidade, especialmente quando essa tarefa já foi realizada com zelo pela instância de piso, a quem compete o amplo juízo de cognição da lide" (STJ, REsp 1.537.306/RJ, 3.ª Turma, Rel. Min. Ricardo Villas Boas Cueva, *DJe* 01.07.2016). Sobre o percentual a ser pago, julgando-se por 6%, conforme tabela do CRECISP e usualmente praticado pelo mercado local paulista: "Fixação no percentual usualmente praticado pelo mercado (art. 724, do Código Civil). Deverá ser considerado o percentual de 6% do CRECI/SP (art. 113, do Código Civil). Circunstâncias do caso indicam que houve intermediação também do segundo terreno" (TJSP, Apelação 1000395-10.2015.8.26.0079, Acórdão 11710816, 30.ª Câmara de Direito Privado, Botucatu, Rel. Des. Maria Lúcia Pizzotti, j. 08.08.2018, *DJESP* 21.08.2018, p. 2.382). Esse parâmetro, porém, nem sempre é utilizado. Nesse contexto, cite-se acórdão do Tribunal de Justiça de São Paulo que fixou a remuneração do corretor em 4% do valor do contrato principal, não havendo estipulação por escrito da corretagem: "Comprovada a autorização dada ao corretor para realizar a intermediação, bem como que este praticou os atos ensejadores do negócio, a ele cabe receber a respectiva comissão de corretagem devida. Riscos de desfazimento do negócio que configuram causas estranhas à atividade de intermediação, sobre as quais não é razoável exigir que eles tivessem controle. Quantificação. Ausência de contrato escrito. Arbitramento (art. 724 do CC). Redução (4% do valor do contrato)" (TJSP, Embargos de Declaração 9146334-69.2008.8.26.0000/50000, Acórdão 6960578, 31.ª Câmara de Direito Privado, São Paulo, Rel. Des. Hamid Bdine, j. 25.06.2013, *DJESP* 03.09.2013). Ou, ainda, em patamar até inferior: "O valor da corretagem deve ser arbitrado no montante de 3% (três por cento) do valor da venda, pois em que pese não haver estipulação expressa em contrato, os réus, em contestação, admitem que a comissão foi acertada nesse patamar. Ademais, nos termos do artigo 724 do Código Civil, tal percentual se mostra razoável e proporcional, pois se adéqua à natureza do negócio e aos usos locais" (TJDF, Recurso 2013.01.1.127795-0, Acórdão n. 728.519, 5.ª Turma Cível, Rel. Des. João Egmont, *DJDFTE* 04.11.2013, p. 130).

Art. 725. A remuneração é devida ao corretor uma vez que tenha conseguido o resultado previsto no contrato de mediação, ou ainda que este não se efetive em virtude de arrependimento das partes.

COMENTÁRIOS DOUTRINÁRIOS: O preceito traz regra de grande relevância prática, ao estabelecer que a remuneração é devida ao corretor toda vez em que tenha ele conseguido o resultado útil previsto no contrato de mediação, ou ainda que este não se efetive em virtude de arrependimento das partes. Sobre essa regra, existem debates jurisprudenciais bem interessantes, como se verá a seguir, notadamente nos casos em que o negócio principal é celebrado tempos depois pelas partes aproximadas pelo corretor. Tentando elucidar tal polêmica e o teor do art. 725 do CC/2002, na *I Jornada de Direito Comercial,* evento promovido pelo Conselho da Justiça Federal no ano de 2012, aprovou-se interessante enunciado doutrinário, do Professor Alexandre Ferreira de Assumpção Alves (UERJ). De acordo com o seu teor, o pagamento da comissão de corretagem entre empresários pode ser condicionado à celebração do negócio previsto no contrato ou à mediação útil ao cliente, conforme os entendimentos prévios entre as partes. Em complemento, estabelece-se que, na ausência de ajuste ou previsão contratual, o cabimento da comissão deve ser analisado no caso concreto, à luz do princípio da boa-fé objetiva e da vedação ao enriquecimento sem causa (Enunciado n. 36). Ademais, na linha do que comentei sobre o art. 722 do Código Civil e conforme julgado superior que será colacionado, a correta interpretação dos dispositivos que tratam da corretagem indica que o pagamento da remuneração deve ser feito por aquele que busca os serviços do corretor. Ainda no que concerne à comissão, sigo as lições doutrinárias no sentido de que o seu pagamento pode ser *periódico* ou *aleatório,* também denominados *de êxito* ou *de resultado*, respectivamente. A primeira forma é mais comum na prática, sendo certo o pagamento.

JURISPRUDÊNCIA COMENTADA: Sobre o pagamento a ser realizado por aquele que buscou os serviços do corretor, obtendo resultado útil com a sua intermediação, vejamos preciso e didático aresto do Superior Tribunal de Justiça: "Inexistindo pactuação dispondo em sentido contrário, a obrigação de pagar a comissão de corretagem é daquele que efetivamente contrata o corretor. Na forma do art. 722 do CC, o contrato de corretagem é aquele por meio do qual alguém se obriga a obter para outro um ou mais negócios de acordo com as instruções recebidas. Essa relação não pode existir em virtude de mandato, de prestação de serviços ou de qualquer relação de dependência. A pessoa que contrata o serviço do corretor é denominada de comitente. Observe-se que, no mercado, há hipóteses em que é o proprietário (vendedor) do imóvel que busca alguém para comprá-lo. Em outras, o contrário ocorre, ou seja, é o comprador que busca a aquisição de imóvel. Em qualquer dos casos, a partir do momento em que o corretor é chamado para ingressar na relação entre comprador e devedor, passa a ser devida a sua comissão. O encargo, pois, do pagamento da remuneração desse trabalho depende, em muito, da situação fática contratual objeto da negociação, devendo ser considerado quem propõe ao corretor nela intervir. Independentemente dessas situações, existindo efetiva intermediação pelo corretor, as partes podem, livremente, pactuar como se dará o pagamento da comissão de corretagem. Há, porém, casos em que tanto o comprador quanto o vendedor se acham desobrigados desse encargo, pois entendem que ao outro compete fazê-lo. Há casos ainda em que essa pactuação nem sequer existe, porquanto nada acordam as partes a respeito, daí surgindo a interpretação que se ampara no art. 724 do CC. Em face dessas dúvidas ou omissões e em virtude da proposta dirigida inicialmente ao corretor, conforme acima exposto, é justo que a obrigação de pagar a comissão de corretagem seja de quem efetivamente contrata o corretor, isto é, do comitente, que busca o auxílio daquele, visando à aproximação com outrem cuja pretensão, naquele momento, está em conformidade com seus interesses, seja como comprador ou como vendedor. Ressalte-se ainda que, quando o comprador vai ao mercado, pode ocorrer que seu interesse se dê por bem que está sendo vendido já com a intervenção de corretor. Aí, inexistindo convenção das partes, não lhe compete nenhuma obrigação quanto à comissão de corretagem, pois o corretor já foi anteriormente contratado pelo vendedor. Diferente é a hipótese em que o comprador, visando à aquisição de bem, contrate o corretor para que, com base em seu conhecimento de mercado, busque bem que lhe interesse. Nessa situação, a tratativa inicial com o corretor foi do próprio comprador" (STJ, REsp 1.288.450/AM, Rel. Min. João Otávio de Noronha, j. 24.02.2015, *DJe* 27.02.2015). A minha posição doutrinária está totalmente filiada ao que consta do acórdão. Sobre a questão do arrependimento pelas partes envolvidas com o negócio principal, também tem o meu apoio a seguinte conclusão superior no sentido de que o corretor tem direito à remuneração mesmo tendo sido realizado o negócio por ele intermediado após o prazo do contrato de mediação: "O corretor faz *jus* a sua remuneração se o negócio agenciado for concluído mesmo após o vencimento do período estabelecido na autorização, desde que com pessoa por ele indicada ainda quando em curso o prazo do credenciamento e nas mesmas bases e condições propostas. O que não se admite é que o mediador, sem concordância do comitente, arregimente pretendentes quando já expirado o lapso temporal ajustado. Se, porém, indicou interessados no prazo da opção, é-lhe devida a comissão, uma vez alcançado o resultado útil como decorrência da atividade de intermediação pelo mesmo desenvolvida" (STJ, REsp 29.286/RJ, 4.ª Turma, Rel. Min. Sálvio de Figueiredo Teixeira, j. 27.04.1993, *DJ* 31.05.1993, p. 10.672). Outro julgado de data remota, da mesma Corte Superior, considerou devida a remuneração mesmo não havendo contrato escrito, o que confirma a tese pela qual o contrato é informal: "Corretagem. Inexistência de contrato escrito. Negócio concretizado. 1. A existência da avença é suscetível de ser aferida mediante exame do quadro probatório e não somente através de contrato escrito. 2. Aperfeiçoado o negócio jurídico, com a formalização da promessa de venda e compra e o recebimento do sinal, e devida a remuneração do corretor, ainda que os contraentes desfaçam a transação *a posteriori*. 3. Dissídio jurisprudencial não configurado" (STJ, REsp 8.216/MG, 4.ª Turma, Rel. Min. Barros Monteiro, j. 27.08.1991, *DJ* 30.09.1991, p. 13.490). Pela parte final da última ementa, percebe-se que não interessa se o negócio seja desfeito, posteriormente, pelas partes. O que se remunera é a utilidade da atuação do corretor ao aproximar as partes e o respeito aos deveres que lhe são inerentes. Nessa utilidade é que está a finalidade do negócio jurídico em questão. Todavia, em outro julgado, entendeu o Superior Tribunal de Justiça pela inexistência de resultado útil, a afastar a remuneração do corretor, pelo fato de a parte ter desistido da compra de um imóvel. O acórdão demonstra que há divergência naquele Tribunal Superior quanto à diferenciação entre a desistência do contrato e o arrependimento pelas partes. Vejamos: "Civil. Recurso especial. Contrato de corretagem. Alienação de empresa. Proposta aceita pelo comprador. Desistência posterior. Resultado útil não configurado. Comissão indevida. Nos termos do entendimento do STJ, a comissão de corretagem só é devida se ocorre a conclusão efetiva do negócio e não há desistência por parte dos contratantes. É indevida a comissão de corretagem se, mesmo após a aceitação da proposta, o comprador se arrepende e desiste da compra. Recurso especial provido" (STJ, REsp 753.566/RJ, 3.ª Turma, Rel. Min. Nancy Andrighi, j. 17.10.2006, *DJ* 05.03.2007, p. 280). Cabe ainda colacionar aresto da mesma Corte Superior, no sentido de que a remuneração é devida mesmo em havendo inadimplemento posterior de uma das partes, pois o que é fundamental é o resultado útil de aproximação dos negociantes; repise-se. Conforme a decisão, "ainda que o negócio jurídico de compra e venda de imóvel não se concretize em razão do inadimplemento do comprador, é devida comissão de corretagem no caso em que o corretor tenha intermediado o referido negócio jurídico, as partes interessadas tenham firmado contrato de promessa de compra e venda e o promitente comprador tenha pagado o sinal. [...] A realização de um negócio jurídico de compra e venda de imóvel é um ato complexo, que se desmembra em diversas fases – incluindo, por exemplo, as fases de simples negociação, de celebração de contrato de promessa de compra e venda ou de pagamento de arras – até alcançar sua conclusão com a transmissão do imóvel, quando do registro civil do título imobiliário no respectivo Cartório de Registro, nos termos do art. 1.227 do CC/2002. Nesse contexto, somente com a análise, no caso concreto, de cada uma dessas fases, é possível aferir se a atuação do corretor foi capaz de produzir um resultado útil para a percepção da remuneração de que trata o art. 725 do CC/2002. Assim, para o efeito de tornar devida a remuneração a que faz *jus* o corretor, a mediação deve corresponder somente aos limites conclusivos do negócio jurídico, mediante acordo de vontade entre as partes, independentemente da execução do próprio negócio. A inadimplência das partes, após a conclusão deste, mesmo que acarrete a rescisão contratual, não repercute na pessoa do corretor" (STJ, REsp 1.339.642/RJ, Rel. Min. Nancy Andrighi, j. 12.03.2013). Essa última interpretação deve ser levada em conta para os devidos fins práticos, pois repetida por muitos arestos superiores e nas Cortes Estaduais. Em outro importante precedente, o Tribunal da Cidadania considerou a necessidade de interpretar esse resultado útil para a parte que contrata o corretor, com os deveres do último, retirados do art. 723 do Código Civil. Como constou do acórdão, "a remuneração devida ao corretor – e preceituada no art. 725 do CC/02 como sendo cabível quando atingido o resultado útil da mediação, ainda que haja arrependimento dos contratantes – deve harmonizar-se com o disposto no art. 723 do mesmo diploma legal, que prevê que a sua atividade de mediação deve pautar-se na prudência e diligência de seus atos". No caso concreto, porém, foi afastado o dever de remunerar os corretores, pois verificou-se que "os ora recorrentes (corretores) não atuaram com prudência e diligência na mediação do negócio, porque lhes cabia conferir previamente sobre a existência de eventuais ações judiciais que pendiam em desfavor dos promitentes vendedores – ou das pessoas jurídicas de que são sócios –, a fim de proporcionar aos promissários compradores todas as informações necessárias à segura conclusão da avença. Assim, ainda que tenha havido a concreta aproximação das partes, com a assinatura da promessa de compra e venda e, inclusive, pagamento do sinal, o posterior arrependimento por parte dos promissários compradores deu-se por fato atribuível aos próprios corretores, sendo indevida, por este motivo, a comissão de corretagem" (STJ, REsp 1.810.652/SP, 3.ª Turma, Rel. Min. Nancy Andrighi, j. 04.06.2019, *DJe* 06.06.2019). Por fim, como última ilustração, em aresto de 2022, entendeu a Corte que é devida a remuneração do corretor mesmo havendo o inadimplemento do compromisso de compra e venda que foi intermediado. O *decisum* demonstra que, "no contato de corretagem, conforme a disciplina legal, a obrigação fundamental do comitente é a de pagar a comissão ao corretor assim que concretizado o resultado a que este se obrigou, qual seja, a aproximação das partes e a conclusão do negócio de compra e venda, ressalvada a previsão contratual em contrário". Assim, "a relação jurídica estabelecida no contrato de corretagem é diversa daquela firmada entre o promitente comprador e o promitente vendedor do imóvel, de modo que a responsabilidade da corretora está limitada a eventual falha na prestação do serviço de corretagem. Não se verificando qualquer falha na prestação do serviço de corretagem nem se constatando o envolvimento da corretora no empreendimento imobiliário, não se mostra viável o reconhecimento da sua responsabilidade solidária em razão da sua inclusão na cadeia de fornecimento" (STJ, REsp n. 1.811.153/SP, Rel. Min. Marco Aurélio Bellizze, 3ª Turma, j. 15.02.2022, *DJe* 21.02.2022).

REFORMA DO CÓDIGO CIVIL: Com vistas a confirmar todo o entendimento doutrinário e jurisprudencial aqui exposto, a Comissão de Juristas sugere alterações necessárias para o art. 725 do Código Civil. De início, o seu *caput* passaria a prever que "a remuneração é devida ao corretor uma vez que tenha conseguido o resultado útil previsto no contrato, ou ainda que este não se efetive em virtude de arrependimento". Além da menção expressa ao *resultado útil*, como deve ser interpretada a norma, é retirado o termo *mediação*, com o fim de afastar confusões em relação à última figura, hoje tão debatida no âmbito do Processo Civil Brasileiro. São também incluídos dois novos parágrafos no comando, na linha do que vêm entendendo a doutrina e a jurisprudência nacionais. Nesse contexto, consoante o novo § 1º, "salvo disposição das partes em sentido contrário, em contrato paritário, a obrigação de pagar a comissão de corretagem é daquele que, comprovadamente, contratou o corretor". A regra do pagamento por aquele que contratou o corretor, portanto, somente pode ser afastada em contratos paritários amplamente negociados entre as partes. Conforme o novo § 2º, novamente com vistas a afastar dúvidas e polêmicas sobre quem deve remunerar o corretor, "havendo dúvidas sobre quem contratou o corretor, há presunção relativa de ter sido contratado por aquele que ofertou o produto ou serviço". De acordo com as justificativas da Subcomissão de Direito dos Contratos, as duas propostas estão fundadas em acórdão do Superior Tribunal de Justiça aqui antes destacado, do qual se retira o seguinte trecho, que deve ser relembrado: "é justo que a obrigação de pagar a comissão de corretagem seja de quem efetivamente contrata o corretor, isto é, do comitente, que busca o auxílio daquele, visando à aproximação com outrem cuja pretensão, naquele momento, está em conformidade com seus interesses, seja como comprador ou como vendedor" (STJ, REsp 1.288.450/AM, Rel. Min. João Otávio de Noronha, j. 24.02.2015, *DJe* 27.02.2015).

Art. 726. Iniciado e concluído o negócio diretamente entre as partes, nenhuma remuneração será devida ao corretor; mas se, por escrito, for ajustada a corretagem com exclusividade, terá o corretor direito à remuneração integral,

ainda que realizado o negócio sem a sua mediação, salvo se comprovada sua inércia ou ociosidade.

COMENTÁRIOS DOUTRINÁRIOS: Sendo iniciado e concluído o negócio diretamente entre as partes, sem a atuação do corretor, nenhuma remuneração será devida a este. No entanto, se por escrito tiver sido ajustada a corretagem com exclusividade – por meio do instrumento que se denomina *opção* –, terá o corretor direito à remuneração integral, ainda que realizado o negócio sem a sua mediação. Mas essa remuneração não será devida, se comprovada a inércia ou ociosidade do corretor. Inércia e ociosidade são conceitos indeterminados que devem ser analisados de acordo com o caso concreto, constituindo, sem dúvidas, duas cláusulas gerais com praticidade indiscutível. Obviamente, o ônus de sua prova cabe a quem as alega, o comitente, não podendo ambas ser presumidas.

JURISPRUDÊNCIA COMENTADA: Confirmando o último comentário doutrinário sobre o ônus da prova a cargo do comitente sobre a inércia e a ociosidade: "O corretor de imóveis contratado com cláusula de exclusividade faz jus à comissão de corretagem enquanto vigorar o contrato, mesmo que a venda ocorra sem a sua participação (por intermédio de terceiro ou diretamente pelo comitente), ressalvada apenas a hipótese de comprovação pelo comitente da inércia e ociosidade do corretor. Se o comitente não logra comprovar a atuação ociosa e desidiosa do corretor amparado por cláusula de exclusividade, a corretagem é devida, sobretudo quando ainda se comprova que a venda realizada ocorreu em decorrência do labor inicial do corretor (por meio de colocação de faixas e prestação de informações por telefone ao interessado, que, posteriormente, veio a realizar o negócio principal com o comitente)" (TJDF, Processo 07082.75-23.2017.8.07.0003, Acórdão 114.3878, 2.ª Turma Cível, Rel. Des. César Loyola, j. 13.12.2018, *DJDFTE* 18.12.2018). Na mesma linha: "Ajustada a exclusividade, o corretor tem direito à remuneração integral, ainda que o negócio tenha sido iniciado e concluído sem a sua mediação, salvo comprovada sua inércia ou ociosidade. Inteligência do art. 726 do Código Civil. Inércia não evidenciada, no caso concreto. Comissão de corretagem devida" (TJRS, Apelação Cível 0167455-53.2018.8.21.7000, 15.ª Câmara Cível, Passo Fundo, Rel. Des. Otávio Augusto de Freitas Barcellos, j. 05.12.2018, *DJERS* 13.12.2018). Em sentido contrário, ausente a cláusula de exclusividade, sendo demonstrado no caso concreto que a venda não se deu por atuação do corretor: "Mister salientar que, nos termos do artigo 726 do Código Civil, é indevido o pagamento de comissão de corretagem, inclusive nos contratos com cláusula expressa de exclusividade, quando há inércia ou ociosidade do profissional intermediador. Face ao exposto, não tendo havido atuação efetiva do recorrente na transação objeto deste processo, nem constatada garantia de exclusividade, não há o que se falar no pagamento da comissão imobiliária" (TJDF, Recurso Inominado 0700045-02.2016.8.07.0011, 1.ª Turma Recursal dos Juizados Especiais, Rel. Juiz Flávio Fernando Almeida da Fonseca, j. 01.12.2016, *DJDFTE* 06.12.2016, p. 613). Por fim, destaque-se que muitos julgados têm entendido que o art. 726 do Código Civil ampara a corretagem pactuada com exclusividade. Por todos: "A cláusula que, por escrito, determina a corretagem com exclusividade encontra amparo no art. 726 do Código Civil de 2002, o qual dispõe que [...]. Na hipótese, o Tribunal de origem entendeu não caracterizada qualquer conduta culposa por parte da agravada, de sorte que a alteração de tal conclusão esbarra no óbice da Súmula n. 7/STJ" (STJ, Ag. Rg. no REsp 1.101.611/SP, 4.ª Turma, Rel. Min. Raul Araújo, j. 09.08.2011, *DJe* 07.10.2011).

REFORMA DO CÓDIGO CIVIL: Para o *caput* do art. 726, a Comissão de Juristas propõe a retirada do termo *mediação*, para evitar confusões em relação a essa figura, hoje com maior aplicação no âmbito do Processo Civil Brasileiro. Nesse contexto, o dispositivo passaria a expressar o seguinte: "Iniciado e concluído o negócio diretamente entre as partes, nenhuma remuneração será devida ao corretor; mas se, por escrito, for ajustada a corretagem com exclusividade, terá o corretor direito à remuneração integral, ainda que realizado o negócio sem a sua atuação, salvo se comprovada sua inércia ou ociosidade". O dispositivo também receberia dois parágrafos. Pelo § 1º, ao tratar da exclusiva, ela "deverá ser prevista por escrito e por tempo determinado". Porém, "na falta de previsão expressa quanto ao tempo da exclusividade, esta será de cinco anos" (novo § 2º do art. 726). Nas suas justificativas, a Subcomissão de Direito dos Contratos cita a doutrina de Sílvio de Salvo Venosa e Marco Aurélio Bezerra de Melo, no sentido de ser necessária a pactuação expressa e com prazo da exclusividade, a fim de trazer mais segurança jurídica para a corretagem.

Art. 727. Se, por não haver prazo determinado, o dono do negócio dispensar o corretor, e o negócio se realizar posteriormente, como fruto da sua mediação, a corretagem lhe será devida; igual solução se adotará se o negócio se realizar após a decorrência do prazo contratual, mas por efeito dos trabalhos do corretor.

COMENTÁRIOS DOUTRINÁRIOS: Na hipótese em que, não havendo prazo determinado para a atuação do corretor, o dono do negócio ou comitente o dispensar, realizando o negócio posteriormente como fruto da mediação, a corretagem será devida. Esse é o teor da justa regra em comentário, visando mais uma vez à utilidade da atuação do corretor. Igual solução se adotará se o negócio se realizar após o decurso do prazo contratual, mas por efeito dos trabalhos do corretor, conforme entendeu o Superior Tribunal de Justiça, acertadamente, em ementa antes transcrita. Fica claro, portanto, que o dispositivo protege o corretor de boa-fé e a função social do trabalho que desempenha.

JURISPRUDÊNCIA COMENTADA: Confirmando a posição do STJ aqui antes citada, mas com amparo no art. 727 do Código Civil: "Corretagem. Ação de cobrança. Documento de autorização para intermediação de imóvel estabelecendo o percentual, com prazo de 30 dias de validade. Aproximação que contribuiu para a conclusão do negócio. Participação, todavia, que não ocorreu, de forma efetiva, até o final. Aplicação do art. 727 do Código Civil. Validade do negócio, apesar da expiração do prazo" (TJSP, Apelação 0021761-34.2010.8.26.0068, Acórdão 12080257, 34.ª Câmara de Direito Privado, Barueri, Rel. Des. Gomes Varjão, j. 10.12.2018, *DJESP* 19.12.2018, p. 3.311). Em complemento, trazendo outra correta aplicação do comando, do Tribunal de Justiça do Distrito Federal: "Se, por um lado, a exclusividade, que depende de convenção escrita, outorga ao corretor direito à comissão de corretagem mesmo que a alienação do imóvel não provenha da sua mediação, a vigência por prazo indeterminado assegura ao corretor direito à comissão de corretagem sempre que, apesar de dispensado pelo dono do imóvel, demonstrar que o negócio adveio diretamente da sua mediação, consoante a inteligência do artigo 727 do Código Civil" (TJDF, Apelação Cível 2016.01.1.127596-5, Acórdão 108.5616, 4.ª Turma Cível, Rel. Des. James Eduardo Oliveira, j. 07.03.2018, *DJDFTE* 04.04.2018). Cabe ainda destacar que basta que exista alguma participação do corretor para que ele tenha direito à remuneração, mesmo que seja de forma compartilhada, na linha do que consta do próximo preceito legal a ser comentado: "Réu que nega a intermediação do profissional no resultado. Depoimentos que demonstram que a insistência por parte do corretor foi um dos elementos fundamentais para o resultado. Honorários do profissional devidos em sua integralidade. Inteligência do art. 727 do Código Civil" (TJRS, Recurso Cível 0005528-63.2016.8.21.9000, 4.ª Turma Recursal Cível, São Luiz Gonzaga, Rel. Des. Luis Antonio Behrensdorf Gomes da Silva, j. 29.07.2016, *DJERS* 04.08.2016).

Art. 728. Se o negócio se concluir com a intermediação de mais de um corretor, a remuneração será paga a todos em partes iguais, salvo ajuste em contrário.

COMENTÁRIOS DOUTRINÁRIOS: Em havendo mediação ou *corretagem conjunta*, com mais de um corretor, a remuneração será paga a todos em partes iguais, salvo ajuste em contrário. Em regra, portanto, aplica-se a máxima *concursu partes fiunt*, de divisão igualitária de acordo com o número de partes, o que encerra uma presunção relativa ou *iuris tantum*. Porém, o dispositivo possibilita que as remunerações sejam distintas, de acordo com os atributos profissionais de cada corretor, o que não quebra o sinalagma obrigacional e o equilíbrio esperado do contrato. Ressalve-se, ademais, que em havendo contrato de parceria entre corretores, mas a vinculação escrita de apenas um deles ao comitente, este terá o dever de pagar apenas ao corretor vinculado. Sendo paga a comissão, os corretores devem resolver internamente a sua divisão.

JURISPRUDÊNCIA COMENTADA: Sem prejuízo do último julgado transcrito, em caso concreto em que não havia contrato de corretagem celebrado de forma escrita, entendeu-se que o contexto probatório demonstrava "que o negócio foi concluído tempos depois da aproximação das partes (comprador e vendedor) pela apelada. Intermediação útil. Irrelevância da compra e venda ter sido concluída, posteriormente, com a participação de outro corretor. Pagamento da comissão que, todavia, deve ser paga, em partes iguais, a todos os corretores que intermediaram o negócio de compra e venda. Aplicação dos arts. 727 e 728, ambos do Código Civil" (TJRJ, Apelação

0001168-04.2014.8.19.0079, 11.ª Câmara Cível, Petrópolis, Rel. Des. Luiz Henrique de Oliveira Marques, *DORJ* 14.06.2018, p. 262). Com a mesma conclusão, trazendo a divisão igualitária da remuneração entre os corretores: "Caracterizado o resultado útil do trabalho feito efetivamente pelo autor. Negócio concluído com a intermediação de dois corretores. Autor que faz *jus* à metade da comissão pela corretagem. Incidência da regra do artigo 728 do Código Civil" (TJSP, Apelação 1005222-32.2015.8.26.0704, Acórdão 9504362, 32.ª Câmara de Direito Privado, São Paulo, Rel. Des. Ruy Coppola, j. 09.06.2016, *DJESP* 21.06.2016). Analisando a hipótese fática a respeito da parceria dos corretores, na linha dos nossos comentários doutrinários: "No caso dos autos, comprovada a parceria apenas entre os corretores, sem prova efetiva de participação ou anuência dos vendedores com relação aos autores. Contrato firmado entre vendedores e sua corretora com cláusula de exclusividade, facultada a ela firmar parceria com terceiros. Ilegitimidade passiva reconhecida. Eventual diferença de corretagem a ser discutida em ação própria entre os próprios corretores e a compradora do imóvel que os contratou. Inteligência dos artigos 724 e 728 do Código Civil" (TJSP, Apelação 0028233-91.2012.8.26.0032, Acórdão 10972847, 33.ª Câmara de Direito Privado, Araçatuba, Rel. Des. Sá Moreira de Oliveira, j. 13.11.2017, *DJESP* 21.11.2017, p. 3.121). A finalizar, conforme a correta interpretação do Tribunal Mineiro, "é da defesa o ônus de provar a existência de ajuste para a divisão da remuneração devida aos corretores que participaram da intermediação do negócio, quando tal fato é alegado para contrapor à obrigação de divisão em partes iguais (artigo 728 do Código Civil)" (TJMG, Apelação Cível 1.0693.11.004562-4/001, Rel. Des. Luiz Carlos Gomes da Mata, j. 26.11.2015, *DJEMG* 04.12.2015).

Art. 729. Os preceitos sobre corretagem constantes deste Código não excluem a aplicação de outras normas da legislação especial.

COMENTÁRIOS DOUTRINÁRIOS: Encerrando o tratamento a respeito da corretagem, os preceitos sobre esse contrato constantes do Código Civil em vigor não excluem a aplicação de outras normas da legislação especial. A título de exemplo, como são aplicáveis a Lei n. 6.530/1978, o Decreto n. 81.871/1978 e a Lei n. 10.795/2003, que disciplinam a atuação do corretor de imóveis, é possível aplicar, ainda, o Código de Defesa do Consumidor, em *diálogo das fontes*, especialmente quando a parte que contrata o corretor for destinatário final dos seus serviços, desenvolvidos de forma profissional.

JURISPRUDÊNCIA COMENTADA: Sobre a aplicação da legislação sobre os corretores de imóveis, do Tribunal do Mato Grosso do Sul, e com importante conclusão sobre o registro dos corretores: "O contrato de corretagem, disciplinado pelos artigos 722 a 729 do Código Civil, e, no tocante a imóveis, pela Lei n. 6.530/1978, caracteriza-se pela intermediação, por terceiro, o corretor, de indivíduos interessados em realizar negócios dentre os quais se inserem a compra, venda, permuta e locação imobiliária. O fato de o corretor não possuir registro junto ao Conselho Regional de Corretores de Imóveis não impede que seja ele remunerado pelo seu trabalho, pois não há vedação legal nesse sentido e, sobretudo, o ordenamento jurídico pátrio não tolera o enriquecimento indevido" (TJMS, Apelação 0002727-95.2009.8.12.0004, Amambaí, Rel. Des. Divoncir Schreiner Maran, *DJMS* 27.04.2015, p. 38).

CAPÍTULO XIV
DO TRANSPORTE

SEÇÃO I
DISPOSIÇÕES GERAIS

Art. 730. Pelo contrato de transporte alguém se obriga, mediante retribuição, a transportar, de um lugar para outro, pessoas ou coisas.

COMENTÁRIOS DOUTRINÁRIOS: O contrato de transporte passou a ser tipificado pelo Código Civil de 2002 entre os seus arts. 730 e 756. Trata-se do contrato pelo qual alguém – o transportador –, se obriga, mediante determinada remuneração, a transportar de um local para outro pessoas ou coisas, por meio terrestre – rodoviário e ferroviário –, aquático (marítimo, fluvial e lacustre) ou aéreo. Assim, o Código Civil ordenou as regras de transporte, de forma parcial, como prevê a Constituição Federal. Segundo o art. 178 da CF/1988, "a lei disporá sobre a ordenação dos transportes aéreo, aquático e terrestre, devendo, quanto à ordenação do transporte internacional, observar os acordos firmados pela União, atendido o princípio da reciprocidade. Parágrafo único. Na ordenação do transporte aquático, a lei estabelecerá as condições em que o transporte de mercadorias na cabotagem e a navegação interior poderão ser feitos por embarcações estrangeiras". Analisando o Código Civil de 2002, pode-se afirmar que o legislador da atual codificação atendeu a esse mandamento constitucional. No que tange a esse tratamento previsto na vigente codificação privada, houve uma subdivisão em três seções. A primeira traz regras gerais para o contrato em questão, as demais versam sobre o transporte de pessoas e o transporte de coisas, respectivamente. Quanto às partes do negócio, aquele que realiza o transporte é o transportador, a pessoa transportada é o passageiro ou viajante, enquanto a pessoa que entrega a coisa a ser transportada é o expedidor ou remetente. O que identifica o contrato é uma obrigação de resultado do transportador, diante da *cláusula de incolumidade* de levar a pessoa ou a coisa ao destino, com total segurança. Diante da presença dessa cláusula tem-se entendido há tempos, em doutrina e jurisprudência brasileiras, que o transportador tem responsabilidade objetiva ou independentemente de culpa, o que tem origem na interpretação do Decreto-lei n. 2.681/1912, que tratava da responsabilidade civil das empresas de estradas de ferro, e que passou a ser aplicada analogicamente a todos os tipos de transporte terrestre. A norma previa, originalmente, a culpa presumida do transportador (art. 17), passando doutrina e jurisprudência a entender sucessivamente que haveria responsabilidade objetiva em casos tais. Anote-se que o Código Civil de 1916 foi deficiente a respeito desse importante negócio, pois não regulamentava tal espécie de contrato. O Código Comercial, de forma sucinta, escassa e sem exata correspondência ao que consta da atual codificação privada, foi a primeira norma a discipliná-lo amplamente e com tipificação, estando revogado nos seus arts. 99 a 118, diante do que consta do art. 2.045 do CC/2002. Ao contrato de transporte aplica-se o Código Civil e, havendo uma relação jurídica de consumo, como é muito comum, o CDC (Lei n. 8.078/1990). Desse modo, tenho sustentado há tempos o necessário *diálogo das fontes* entre as duas leis no que tange a esse contrato, sobretudo o diálogo de complementaridade, com a aplicação simultânea e coordenada das duas leis. Além disso, não se pode excluir a aplicação de leis específicas importantes, como é o caso do Código Brasileiro de Aeronáutica (Lei n. 7.565/1986), para o transporte aéreo. Quanto à sua natureza jurídica, o contrato de transporte é bilateral ou sinalagmático, pois gera direitos e deveres proporcionais para ambas as partes. Isso tanto para o transportador – que deverá conduzir a coisa ou pessoa de um lugar para outro – quanto para o passageiro ou expedidor (remetente) – que terá a obrigação de pagar a remuneração convencionada pelas partes. O contrato é consensual, pois tem aperfeiçoamento com a manifestação de vontades dos contraentes, independentemente da entrega da coisa ou do embarque do passageiro. Por isso, não se pode falar que o contrato é real. O contrato é ainda comutativo, pois as partes já sabem de imediato quais são as suas prestações. A álea não é fator determinante do contrato de transporte, apesar de existente o risco. Na grande maioria das vezes, o contrato constitui-se em um típico contrato de adesão, por não estar presente a plena discussão das suas cláusulas. O transportador acaba por impor o conteúdo do negócio, restando à outra parte duas opções: aceitar ou não os seus termos. Assumindo o contrato essa forma, deverão ser aplicadas as normas de proteção do aderente constantes do Código Civil em vigor (arts. 423 e 424), consagradores dos princípios da equivalência material e da função social dos contratos, em sua eficácia interna. Entretanto, em alguns casos excepcionais, principalmente quando o expedidor ou remetente de uma coisa for uma empresa, o contrato pode ser plenamente discutido, assumindo a forma paritária ou negociada. Sendo o transportado ou o expedidor destinatário final do serviço, preenchendo-se os requisitos dos arts. 2º e 3º da Lei n. 8.078/1990, aplica-se o Código de Defesa do Consumidor. Não se olvide, em complemento, que em alguns casos, o contrato de transporte pode não ser de consumo, como ocorre no transporte de mercadorias ou de insumos para a atividade produtiva de uma empresa, em exemplos que ainda serão aqui abordados. Como palavras finais de comentários, como não há qualquer formalidade prevista para o contrato, o mesmo é tido como negócio informal ou não solene.

JURISPRUDÊNCIA COMENTADA: Sobre a aplicação do CDC para o transporte, o que constitui regra no sistema jurídico brasileiro, vários são os arestos que tratam do transporte coletivo por meio de ônibus, seja municipal, intermunicipal ou interestadual (por todos, entre os mais antigos precedentes: STJ, REsp 402.227/RJ, 4.ª Turma, Rel. Min. Aldir Passarinho Junior, j. 07.12.2004, *DJ* 11.04.2005, p. 305; e STJ, REsp 418.395/MA, 4.ª Turma, Rel. Min. Barros Monteiro, j. 28.05.2002, *DJ* 16.09.2002, p. 195). Do mesmo modo, a jurisprudência superior tem entendido que o transporte aéreo, seja nacional ou internacional, é abrangido pela Lei n. 8.078/1990 (por todos: STJ, Ag. Rg. no Ag. 1.297.315/SP, 4.ª Turma, Rel. Min. Aldir Passarinho

Junior, j. 09.11.2010, *DJe* 23.11.2010). Isso, inclusive, nos casos de extravios de mercadoria transportada (STJ, Ag. Rg. no Ag 1.035.077/SP, 3.ª Turma, Rel. Min. Massami Uyeda, j. 22.06.2010). Por outra via, nas hipóteses em que o transporte for utilizado com intuito direto de lucro, dentro da máquina produtiva de uma empresa, não haverá relação de consumo. Nessa linha, vejamos um dos acórdãos superiores que seguem essa linha, assim publicado no *Informativo* n. *442* do STJ: "A Turma negou provimento ao recurso especial, mantendo a decisão do tribunal *a quo*, que entendeu inexistir, na espécie, relação de consumo entre, de um lado, revendedora de máquinas e equipamentos e, do outro, transportadora. Cuidou-se, na origem, de ação indenizatória ajuizada pela ora recorrente sob a alegação de que um gerador de energia, objeto do contrato de transporte firmado com a empresa recorrida, teria sofrido avarias durante o trajeto. O STJ aplica ao caso a teoria finalista, segundo a qual se considera consumidor aquele que adquire ou utiliza produto ou serviço como destinatário final. Na espécie, ressaltou-se que o produto não seria destinado à recorrida, mas à cliente da revendedora, motivo pelo qual foi afastada a regra especial de competência do art. 101, I, do CDC para fazer incidir a do art. 100, IV, *a*, do CPC" (STJ, REsp 836.823-PR, Rel. Min. Sidnei Beneti, j. 12.08.2010). De data mais próxima, do mesmo STJ, destaque-se: "Controvérsia acerca da aplicabilidade do Código de Defesa do Consumidor a um contrato internacional de transporte de insumos. Não caracterização de relação de consumo no contrato de compra e venda de insumos para a indústria de autopeças (teoria finalista). Impossibilidade de se desvincular o contrato de compra e venda de insumo do respectivo contrato de transporte. Inaplicabilidade do Código de Defesa do Consumidor à espécie, impondo-se o retorno dos autos ao Tribunal de origem" (STJ, REsp 1.442.674/PR, 3.ª Turma, Rel. Min. Paulo de Tarso Sanseverino, j. 07.03.2017, *DJe* 30.03.2017). Em outro importante julgado, com explicação técnica a respeito do tema, decidiu a mesma Corte Superior que "para efeito de fixação de indenização por danos à mercadoria ocorridos em transporte aéreo internacional, o CDC não prevalece sobre a Convenção de Varsóvia quando o contrato de transporte tiver por objeto equipamento adquirido no exterior para incrementar a atividade comercial de sociedade empresária que não se afigure vulnerável na relação jurídico-obrigacional. Na hipótese em foco, a mercadoria transportada destinava-se a ampliar e a melhorar a prestação do serviço e, por conseguinte, aumentar os lucros. Sob esse enfoque, não se pode conceber o contrato de transporte isoladamente. Na verdade, a importação da mercadoria tem natureza de ato complexo, envolvendo: i) a compra e venda propriamente dita, ii) o desembaraço para retirar o bem do país de origem, iii) o eventual seguro, iv) o transporte e v) o desembaraço no país de destino mediante o recolhimento de taxas, impostos etc. Essas etapas do ato complexo de importação, conforme o caso, podem ser efetivadas diretamente por agentes da própria empresa adquirente ou envolver terceiros contratados para cada fim específico. Mas essa última possibilidade – contratação de terceiros –, por si, não permite que se aplique separadamente, a cada etapa, normas legais diversas da incidente sobre o ciclo completo da importação. Desse modo, não há como considerar a importadora destinatária final do ato complexo de importação nem dos atos e contratos intermediários, entre eles o contrato de transporte, para o propósito da tutela protetiva da legislação consumerista, sobretudo porque a mercadoria importada irá integrar a cadeia produtiva dos serviços prestados pela empresa contratante do transporte. [...]. Ademais, não se desconhece que o STJ tem atenuado a incidência da teoria finalista, aplicando o CDC quando, apesar de relação jurídico-obrigacional entre comerciantes ou profissionais, estiver caracterizada situação de vulnerabilidade ou hipossuficiência. Entretanto, a empresa importadora não apresenta vulnerabilidade ou hipossuficiência, o que afasta a incidência das normas do CDC. Dessa forma, inexistindo relação de consumo, circunstância que impede a aplicação das regras específicas do CDC, há que ser observada a Convenção de Varsóvia, que regula especificamente o transporte aéreo internacional" (STJ, REsp 1.162.649/SP, Rel. originário Min. Luis Felipe Salomão, Rel. para Acórdão Min. Antonio Carlos Ferreira, j. 13.05.2014, publicado no seu *Informativo* n. *541*). Como está claro do último *decisum*, as deduções merecem ser ressalvadas nas hipóteses envolvendo pessoas vulneráveis ou hipossuficientes, situações a que o CDC pode se subsumir, diante da incidência da *teoria finalista aprofundada*, que mitiga a ideia de destinatário final do produto e do serviço em hipóteses tais. Cite-se, a esse propósito e como consta da ementa derradeira, uma pequena empresa que adquire uma máquina para a sua atividade principal, e cujo transporte é contratado em outro negócio de consumo.

Art. 731. O transporte exercido em virtude de autorização, permissão ou concessão, rege-se pelas normas regulamentares e pelo que for

estabelecido naqueles atos, sem prejuízo do disposto neste Código.

COMENTÁRIOS DOUTRINÁRIOS: O transporte exercido em virtude de autorização, permissão ou concessão pelo Poder Público, rege-se pelas regras regulamentares e pelo que foi estabelecido naqueles atos de autorização, sem prejuízo do disposto no Código Civil. A norma está sintonizada com o art. 175 da CF/1988, pelo qual incumbe ao Poder Público, na forma da lei, diretamente ou sob o regime de concessão ou permissão, sempre através de licitação, a prestação de serviços públicos. Sendo assim, em suma, além das regras do Código Civil, haverá a possibilidade de aplicação concomitante, para o contrato de transporte, dos preceitos de Direito Administrativo, particularmente aquelas relacionadas à concessão do serviço público. Cite-se, a esse propósito, a Lei n. 8.987/1995, que dispõe sobre o regime de concessão e permissão da prestação de serviços públicos. Anote-se, ademais, que o serviço público também é considerado um serviço de consumo, nos termos do art. 22 do CDC, sendo possível aplicar não só esse dispositivo, como outros previstos na Lei Consumerista. A título de exemplo, haverá relação de consumo entre passageiro e empresa privada prestadora do serviço público de transporte municipal, na linha do que vem entendendo a jurisprudência superior e como está exposto a seguir.

JURISPRUDÊNCIA COMENTADA: Sobre a aplicação do CDC ao transporte público municipal, veja-se, entre os mais recentes julgados superiores fazendo incidir o prazo prescricional de cinco anos previsto no art. 27 da Lei n. 8.078/1990: "O acidente ocorrido no interior de ônibus afeto ao transporte público coletivo, que venha a causar danos aos usuários, caracteriza defeito do serviço, nos termos do art. 14 do CDC, a atrair o prazo de prescrição quinquenal previsto no art. 27 do mesmo diploma legal" (STJ, REsp 1.461.535/MG, 3.ª Turma, Rel. Min. Nancy Andrighi, j. 20.02.2018, *DJe* 23.02.2018). Sobre a subsunção não só do CDC como da Lei n. 8.987/1995 para o transporte ferroviário, destaque-se, da mesma Terceira Turma do STJ: "A legislação (CDC, CC/2002 e Lei n. 8.987/1995) determina que a prestação do serviço de transporte público deverá ser adequada, satisfazendo, dentre outras, as condições de regularidade, eficiência, segurança e cortesia". Ao final, foi reconhecido o dever de indenizar da transportadora, de forma correta, já que "o recorrido desembarcou antes do seu destino, pois a recorrente forçou a aglomeração de passageiros no vagão, sem nenhuma ordem ou reserva de espaço para a mínima preservação da intimidade e, em maior dimensão, da integridade física dos usuários, situação suficiente para imputar perturbações relevantes de ordem física e psíquica à pessoa. O descumprimento do objetivo principal do contrato por desrespeito voluntário das garantias legais reservadas ao transportado, com o nítido intuito de otimizar o lucro em prejuízo da qualidade do serviço, revela ofensa aos deveres anexos ao princípio boa-fé, conduta que corrobora a condenação em danos morais. Precedentes" (STJ, REsp 1.645.744/SP, 3.ª Turma, Rel. Min. Ricardo Villas Bôas Cueva, j. 06.06.2017, *DJe* 13.06.2017). Por fim, merece destaque o julgamento da ação civil pública proposta pelo Instituto Brasileiro de Direitos da Pessoa com Deficiência – IBDD – em face das concessionárias de transporte coletivo municipal e o Município do Rio de Janeiro, para obrigá-las a fazer a imediata reconfiguração interna de todos os ônibus urbanos da cidade do Rio de Janeiro para acessibilidade das pessoas com deficiência, reservando-se assentos especiais antes da roleta, dois de cada lado, nos termos da legislação vigente e pelo que consta do Estatuto da Pessoa com Deficiência, que consagra a eles o direito à acessibilidade. Ao final, entendeu-se que "as concessionárias de transporte coletivo sujeitam-se à Lei Brasileira de Inclusão da Pessoa com Deficiência, a qual, ao tratar do direito ao transporte da pessoa com deficiência ou mobilidade reduzida, estabelece a igualdade de acesso entre todos, vedando-se obstáculos e barreiras que impeçam ou dificultem o gozo desse direito (art. 46, §§ 1º e 2º, e art. 48 da Lei n. 13.146/2015). Paralelamente ao contrato de prestação de serviço público celebrado com a Administração, as concessionárias de transporte coletivo também são fornecedoras no mercado de consumo, o que envolve a responsabilidade pelo fornecimento de serviços com adequação, eficiência, segurança e, se essenciais, continuidade (art. 22, *caput* e parágrafo único, do CDC)". Como aspecto técnico importante, quanto à "invocação da teoria da imprevisão pelas concessionárias a gerar o desequilíbrio contratual, o edital e o contrato de concessão devem conter regras claras quanto ao preço do serviço e os critérios para reajuste e revisão tarifária, considerando-se mantido o equilíbrio econômico-financeiro, nos termos do art. 10 da Lei de Concessões, sempre que atendidas as condições do contrato". E mais, com correta conclusão: "A necessidade de manutenção do equilíbrio econômico-financeiro do contrato não justifica o afastamento do dever de observância das obrigações constitucionais e infraconstitucionais impostas às concessionárias de transporte público, de modo que eventual inviabilidade de adimplemento contratual deve ser efetivamente demonstrada na via própria" (STJ, REsp 1.595.018/RJ, 2.ª Turma, Rel. Min. Humberto Martins, j. 18.08.2016, *DJe* 29.08.2016).

Art. 732. Aos contratos de transporte, em geral, são aplicáveis, quando couber, desde que não contrariem as disposições deste Código, os preceitos constantes da legislação especial e de tratados e convenções internacionais.

COMENTÁRIOS DOUTRINÁRIOS: Além da citada relação com o Direito Administrativo, o Código Civil consagra uma relação, a respeito do contrato de transporte, com o Direito Internacional. Segundo o dispositivo em estudo, serão aplicadas as normas previstas na legislação especial e em tratados e convenções internacionais ao contrato de transporte, desde que elas não contrariem o que consta da codificação vigente. Ilustrando, no caso de transporte aéreo, pode ser aplicado o Código Brasileiro de Aeronáutica (CBA – Lei n. 7.656/1986), desde que o mesmo não entre em conflito com o Código Civil em vigor. Como outro exemplo, de grande relevância prática, pontue-se a questão envolvendo a Convenção de Varsóvia e a Convenção de Montreal, tratados internacionais dos quais nosso País é signatário e que preveem limitações de indenização em casos de perda ou atraso de voo e extravio de bagagem em viagens internacionais (transporte aéreo). A Convenção de Varsóvia, que sempre teve entre nós força de lei ordinária, era – e continua sendo – utilizada pelas companhias aéreas como justificativa para a redução das indenizações pretendidas pelos passageiros. Anote-se que o Brasil é signatário ainda da Convenção de Montreal e esta entrou em vigor no País no ano de 2006, em substituição ao primeiro tratado. Todavia, o art. 6º, incs. VI e VIII, da Lei n. 8.078/1990 consagra o princípio da *reparação integral de danos*, pelo qual tem direito o consumidor ao ressarcimento integral pelos prejuízos materiais e imateriais causados pelo fornecimento de produtos, prestação de serviços ou má informação a eles relacionados. Essa também é a lógica interpretativa decorrente dos arts. 18, 19 e 20 do CDC, que trazem a previsão das perdas e danos para os casos de mau fornecimento ou má prestação de um serviço. Como antes desenvolvido, não há dúvida de que no caso de viagem aérea, seja nacional ou internacional, haverá relação de consumo, nos termos dos arts. 2º e 3º do CDC. Em um primeiro momento, existindo danos materiais no caso concreto, nas modalidades de danos emergentes – aqueles já suportados pelo prejudicado, o que a pessoa efetivamente perdeu –, ou lucros cessantes – tudo aquilo que o lesado, razoavelmente, deixou de lucrar –, terá o consumidor direito à integral reparação, sendo vedado qualquer tipo de tarifação prevista, seja pelo entendimento jurisprudencial, seja por Convenção Internacional, que tem força de lei ordinária. Essa era a posição que prevalecia na jurisprudência superior, tendo sido alterada recentemente, como se verá no próximo tópico. Superado esse aspecto, pode surgir outra dúvida a respeito da norma em comentário: qual a relação entre o CDC e o CC/2002, uma vez que o art. 732 da codificação privada estabelece que os tratados não podem prevalecer em relação ao Código Civil, o mesmo ocorrendo em relação às leis especiais? Essa relação decorre da aplicação da tese do *diálogo das fontes*, que busca uma complementaridade entre as duas leis, principalmente visando a proteger o consumidor, a parte vulnerável da relação contratual. Nesse diapasão, houve uma forte aproximação principiológica entre as duas leis, no que tange aos contratos, eis que ambas são incorporadoras de uma nova teoria geral dos contratos, conforme prevê o Enunciado n. 167, aprovado na *III Jornada de Direito Civil* do Conselho da Justiça Federal. Essa aproximação ocorre em virtude dos princípios sociais contratuais, caso da função social dos contratos e da boa-fé objetiva. Em suma, o art. 732 do CC/2002 não prejudica a aplicação do CDC para o contrato de transporte, havendo uma relação jurídica de consumo em tal negócio. Nesse sentido, na *IV Jornada de Direito Civil* foi aprovado o Enunciado n. 369, com a seguinte redação: "diante do preceito constante no art. 732 do Código Civil, teleologicamente e em uma visão constitucional de unidade do sistema, quando o contrato de transporte constituir uma relação de consumo, aplicam-se as normas do Código de Defesa do Consumidor que forem mais benéficas a este". Mais à frente serão expostas algumas aplicações práticas dessa ementa doutrinária.

JURISPRUDÊNCIA COMENTADA: Seguindo a linha dos comentários doutrinários, de prevalência do Código de Defesa do Consumidor sobre as Convenções Internacionais, da anterior jurisprudência do Superior Tribunal de Justiça e por todos: "Após o advento do Código de Defesa do Consumidor, não mais prevalece, para efeito indenizatório, a tarifação prevista tanto na Convenção de Varsóvia, quanto no Código Brasileiro de Aeronáutica, segundo o entendimento pacificado no âmbito da 2.ª Seção do STJ. Precedentes do STJ" (STJ, REsp 740.968/RS, 4.ª Turma, Rel. Min. Aldir Passarinho Junior, j. 11.09.2007, *DJ* 12.11.2007, p. 221). Essa também era a posição anterior do Supremo Tribunal Federal, cabendo a seguinte transcrição de ementa, que menciona o retrocesso social existente em virtude da eventual prevalência das Convenções: "O princípio da defesa do consumidor se aplica a todo o capítulo constitucional da atividade econômica. Afastam-se as normas especiais do Código Brasileiro da Aeronáutica e da Convenção de Varsóvia quando implicarem retrocesso social ou vilipêndio aos direitos assegurados pelo Código de Defesa do Consumidor" (STF, RE 351.750-3/RJ, 1.ª Turma, Rel. Min. Carlos Britto, j. 17.03.2009, *DJe* 25.09.2009, p. 69). De toda sorte, reitere-se e aprofunde-se que a questão a respeito das Convenções de Varsóvia e de Montreal alterou-se no âmbito da jurisprudência superior nacional, uma vez que, em maio de 2017, o Pleno do Supremo Tribunal Federal acabou por concluir pelas suas prevalências sobre o Código de Defesa do Consumidor, lamentavelmente (Recurso Extraordinário 636.331 e Recurso Extraordinário no Agravo 766.618). Conforme publicação constante do *Informativo* n. 866 da Corte, referente a tal mudança de posição, "nos termos do art. 178 da Constituição da República, as normas e os tratados internacionais limitadores da responsabilidade das transportadoras aéreas de passageiros, especialmente as Convenções de Varsóvia e Montreal, têm prevalência em relação ao Código de Defesa do Consumidor. [...]. No RE 636.331/RJ, o Colegiado assentou a prevalência da Convenção de Varsóvia e dos demais acordos internacionais subscritos pelo Brasil em detrimento do CDC, não apenas na hipótese de extravio de bagagem. Em consequência, deu provimento ao recurso extraordinário para limitar o valor da condenação por danos materiais ao patamar estabelecido na Convenção de Varsóvia, com as modificações efetuadas pelos acordos internacionais posteriores. Afirmou que a antinomia ocorre, a princípio, entre o art. 14 do CDC, que impõe ao fornecedor do serviço o dever de reparar os danos causados, e o art. 22 da Convenção de Varsóvia, que fixa limite máximo para o valor devido pelo transportador, a título de reparação. Afastou, de início, a alegação de que o princípio constitucional que impõe a defesa do consumidor [Constituição Federal (CF), arts. 5º, inc. XXXII, e 170, V] impediria a derrogação do CDC por norma mais restritiva, ainda que por lei especial. Salientou que a proteção ao consumidor não é a única diretriz a orientar a ordem econômica. Consignou que o próprio texto constitucional determina, no art. 178, a observância dos acordos internacionais, quanto à ordenação do transporte aéreo internacional. Realçou que, no tocante à aparente antinomia entre o disposto no CDC e na Convenção de Varsóvia – e demais normas internacionais sobre transporte aéreo –, não há diferença de hierarquia entre os diplomas normativos. Todos têm estatura de lei ordinária e, por isso, a solução do conflito envolve a análise dos critérios cronológico e da especialidade". Como se percebe, a solução pelos critérios da especialidade e cronológico é que conduziu à prevalência das duas Convenções sobre o CDC, infelizmente. Foram vencidos apenas os Ministros Marco Aurélio e Celso de Mello, que entenderam de forma contrária, pois a Lei n. 8.078/1990 teria posição hierárquica superior. Assim, todos os demais julgadores votaram seguindo os Relatores das duas ações, Ministros Gilmar Mendes e Roberto Barroso. Na mesma linha, pontue-se que surgiram decisões do Superior Tribunal de Justiça aplicando essa mesma solução da Corte Constitucional Brasileira, com destaque para o seguinte trecho de uma de suas ementas: "No julgamento do RE n. 636.331/RJ, o Supremo Tribunal Federal, reconhecendo a repercussão geral da matéria (Tema 210/STF), firmou a tese de que, 'nos termos do art. 178 da Constituição da República, as normas e os tratados internacionais limitadores da responsabilidade das transportadoras aéreas de passageiros, especialmente as Convenções de Varsóvia e Montreal, têm prevalência em relação ao Código de Defesa do Consumidor'" (STJ, REsp 673.048/RS, 3.ª Turma, Rel. Min. Marco Aurélio Bellizze, j. 08.05.2018, *DJe* 18.05.2018). Para o presente autor, trata-se de um enorme retrocesso quanto à tutela dos consumidores, pelos argumentos outrora expostos. Como se retira do seu art. 1º, o CDC é norma principiológica, tendo posição hierárquica superior diante das demais leis ordinárias, caso das duas Convenções Internacionais citadas. Porém, infelizmente, tal entendimento, muito comum entre os consumeristas, não foi adotado pela maioria dos julgadores. Esclareça-se, por oportuno, que o *decisum* do STF apenas diz respeito à limitação tabelada de danos materiais, não atingindo danos morais e outros danos extrapatrimoniais. Em decisão monocrática prolatada em abril de 2018, no âmbito do Recurso Extraordinário n. 351.750, o Ministro Roberto Barroso determinou que um processo que envolvia pedido de indenização por danos morais em razão de atraso em voo internacional fosse novamente apreciado pela instância de origem, levando-se em consideração a citada decisão do Tribunal Pleno. Se tal posição prevalecesse no que toca aos danos imateriais ou extrapatrimoniais, com o devido respeito, o retrocesso seria ainda maior, pois as Cortes Superiores Brasileiras não vêm admitindo o tabelamento do dano moral, por entenderem que isso contraria o princípio da isonomia constitucional (art. 5º, *caput*, da CF/1988), especialmente no sentido de tratar de maneira desigual os desiguais. A aplicação das Convenções para os danos morais fortalecerá a tese em contrário, o que é lamentável categoricamente. Felizmente, de forma correta, em 2020, surgiu aresto no âmbito do Superior Tribunal de Justiça limitando a conclusão a respeito da tarifação apenas aos danos materiais, não incidindo para os danos morais: "O STF, no julgamento do RE nº 636.331/RJ, com repercussão geral reconhecida, fixou a seguinte tese jurídica: 'Nos termos do artigo 178 da Constituição da República, as normas e os tratados internacionais limitadores da responsabilidade das transportadoras aéreas de passageiros, especialmente as Convenções de Varsóvia e Montreal, têm prevalência em relação ao Código de Defesa do Consumidor'. Referido entendimento tem aplicação apenas aos pedidos de reparação por danos materiais. As indenizações por danos morais decorrentes de extravio de bagagem e de atraso de voo não estão submetidas à tarifação prevista na Convenção de Montreal, devendo-se observar, nesses casos, a efetiva reparação do consumidor preceituada pelo CDC" (STJ, REsp 1.842.066/RS, 3.ª Turma, Rel. Min. Moura Ribeiro, j. 09.06.2020, *DJe* 15.06.2020). Por fim, encerrando esse debate, em 2023, o Tribunal Pleno do STF, novamente em repercussão geral, concluiu que o seu entendimento anterior não e aplicaria aos danos morais, o que inclui o prazo de prescrição, devendo incidir os cinco anos previstos no art. 27 do CDC em situações tais. Foi reformulada a tese do seu Tema n. 210, de repercussão geral, passando a ter a seguinte afirmação: "Nos termos do art. 178 da Constituição Federal, as normas e os tratados internacionais limitadores da responsabilidade das transportadoras aéreas de passageiros, especialmente as Convenções de Varsóvia e Montreal, têm prevalência em relação ao Código de Defesa do Consumidor, o presente entendimento não se aplica aos danos extrapatrimoniais" (STF, ARE 766.618, Tribunal Pleno, Rel. Min. Roberto Barroso, j. 30.11.2023, com unanimidade). Esse é o entendimento a ser considerado para os devidos fins práticos.

REFORMA DO CÓDIGO CIVIL: Seguindo proposição formulada pela Professora Claudia Lima Marques, a Comissão de Juristas sugere a inclusão de um novo art. 732-A no Código Civil, com a seguinte redação: "As normas e tratados internacionais limitadores da responsabilidade das transportadoras aéreas de passageiros serão aplicados exclusivamente aos danos materiais decorrentes de transporte internacional de pessoas". Como se pode notar, pelo último debate exposto, a proposta segue a linha do entendimento da jurisprudência superior a respeito do tema, do Supremo Tribunal Federal e do Superior Tribunal de Justiça.

Art. 733. Nos contratos de transporte cumulativo, cada transportador se obriga a cumprir o contrato relativamente ao respectivo percurso, respondendo pelos danos nele causados a pessoas e coisas.

§ 1º O dano, resultante do atraso ou da interrupção da viagem, será determinado em razão da totalidade do percurso.

§ 2º Se houver substituição de algum dos transportadores no decorrer do percurso, a responsabilidade solidária estender-se-á ao substituto.

COMENTÁRIOS DOUTRINÁRIOS: A norma trata do *transporte cumulativo*, ou seja, aquele em que vários transportadores se obrigam a cumprir o contrato por um determinado percurso. Em complemento à norma, o art. 756 do próprio Código Civil prevê que no transporte cumulativo todos os transportadores respondem solidariamente; conclusão que é igualmente retirada dos arts. 7º e 14 do CDC, em havendo relação de consumo. A regra deve ser aplicada tanto para o transporte de pessoas quanto de coisas, sem qualquer distinção. Em casos tais, em havendo danos a pessoas ou a coisas, haverá responsabilidade objetiva, pela citada *cláusula de incolumidade*. Para essa responsabilização independente de culpa ainda pode ser invocado o Código de Defesa do Consumidor, em *diálogo das fontes*, reitere-se. Caso esteja presente dano resultante do atraso ou da interrupção da viagem, este será determinado em razão da totalidade do percurso, diante da indivisibilidade da obrigação dos transportadores. Ocorrendo a substituição de um transportador por outro nessa mesma forma de contratação (*subtransporte*), a responsabilidade solidária também será estendida ao substituto.

JURISPRUDÊNCIA COMENTADA: Tem-se afastado a aplicação do art. 733 do Código Civil em havendo transporte simples e não cumulativo, especialmente o seu § 1º, que supostamente daria direito a uma indenização suplementar, pela interrupção da viagem, correspondente a 300 vezes o valor da passagem. Nessa linha de não incidência, do Tribunal Paulista e de afastamento dessa indenização: "Dano material e moral. Procedência. Insurgência da autora e da denunciada. Queda ao descer de coletivo. Lesão sofrida em razão do impacto. Episódio que causou humilhação, tristeza e sofrimento à passageira. Dano moral configurado. Indenização devida. Majoração/redução. Quantia fixada que é suficiente para reparar o dano e atende aos princípios da razoabilidade e proporcionalidade. Indenização por descumprimento do contrato. Art. 733, § 1º, do Código Civil, que se aplica apenas às hipóteses de transporte cumulativo, o que não é o caso" (TJSP, Apelação 1008104-27.2015.8.26.0005, Acórdão 11952463, 23.ª Câmara de Direito Privado, São Paulo, Rel. Des. Sebastião Flávio, j. 26.10.2018, *DJESP* 31.10.2018, p. 2.260). E, ainda: "Transporte de pessoas. Metrô. Queda de passageiro no momento do desembarque. Responsabilidade civil objetiva da companhia metroviária ré por danos causados às pessoas transportadas. Arts. 734 e 735 do Código Civil. Violação da cláusula de incolumidade física que configura defeito na prestação do serviço. Culpa exclusiva do consumidor ou de terceiros não demonstrada. Tumulto devido à superlotação em horário de pico que se caracteriza como fortuito interno, próprio do risco da atividade desenvolvida pela ré. Dano moral que decorre dos transtornos, dor física e abalo emocional por ter sido vítima de acidente. Dano e nexo de causalidade. Comprovação. Responsabilidade civil do Metrô configurada. Valor da condenação fixado em R$ 8.000,00 (oito mil reais). Razoabilidade e proporcionalidade. Indenização por descumprimento do contrato. Art. 733, § 1º, do Código Civil. Inaplicabilidade. Hipótese prevista apenas para transporte cumulativo. Apelante, ademais, que não provou os danos decorrentes da interrupção da viagem" (TJSP, Apelação 0002287-13.2012.8.26.0002, Acórdão 11228272, 12.ª Câmara de Direito Privado, São Paulo, Rel. Des. Tasso Duarte de Melo, j. 28.02.2018, *DJESP* 25.10.2018, p. 2.222). Por fim, citando a menção a 300 vezes o valor da passagem, e afastando essa fixação: "Cuida-se de ação indenizatória oriunda de acidente em transporte coletivo, fato este que causou lesões leves no autor e em outras vítimas que utilizavam o ônibus no dia dos fatos. Pretensão à fixação de indenização com base no artigo 733, § 1º, do Código Civil. É de se afastar o pedido de condenação da ré ao pagamento do equivalente a 300 vezes o valor da passagem, tendo em vista que a previsão legal do artigo 733 do Código Civil refere-se ao 'transporte cumulativo', hipótese diversa a dos autos, em que se trata de transporte de pessoas, hipótese que regulada nos artigos 734 a 742 do NCC. [...]" (TJSP, Apelação 0010421-70.2010.8.26.0011, Acórdão 7617865, 11.ª Câmara Extraordinária de Direito Privado, São Paulo, Rel. Des. Leonel Costa, j. 04.06.2014, *DJESP* 24.06.2014). Pontue-se que a tentativa de fixação da indenização em 300 vezes o valor da passagem – em alguns casos adotada pela jurisprudência –, causa estranheza, pois traz uma ideia de presunção do dano sofrido, não tendo fundamento legal no art. 733, § 1º, do Código Civil.

REFORMA DO CÓDIGO CIVIL: A Comissão de Juristas nomeada no âmbito do Senado Federal sugere que o art. 733 faça menção expressa aos *transportes cumulativos unimodal* – utilizando um mesmo meio em todas as suas fases – e *multimodal* – com mais de um meio de transporte, como se dá, por exemplo, no uso de avião, trem e metrô, sucessivamente. Como é notório, esses termos são os mais utilizados na prática na contemporaneidade, passando o *caput* do comando a prever o seguinte: "Nos contratos de transporte cumulativo unimodal ou multimodal, cada transportador se obriga a cumprir o contrato relativamente ao respectivo percurso, respondendo todos de forma solidária pelos danos causados a pessoas e coisas". A menção expressa à responsabilidade solidária vem em boa hora, concretizando o que já é o entendimento amplamente majoritário, da doutrina e da jurisprudência. Na mesma linha há proposta de melhora do texto do § 2º, para enunciar que, "se houver substituição de algum dos transportadores, no decorrer do percurso, a responsabilidade solidária estender-se-á ao substituto".

SEÇÃO II
DO TRANSPORTE DE PESSOAS

Art. 734. O transportador responde pelos danos causados às pessoas transportadas e suas bagagens, salvo motivo de força maior, sendo

nula qualquer cláusula excludente da responsabilidade.

Parágrafo único. É lícito ao transportador exigir a declaração do valor da bagagem a fim de fixar o limite da indenização.

COMENTÁRIOS DOUTRINÁRIOS: Trata-se da primeira regra referente ao transporte de pessoas e uma das mais importantes relativas a esse negócio. O transporte de pessoas é aquele pelo qual o transportador se obriga a levar uma pessoa e a sua bagagem até o destino, com total segurança, mantendo incólumes os seus aspectos físicos e patrimoniais. São partes no contrato o transportador, que é aquele que se obriga a realizar o transporte, e o passageiro, aquele que contrata o transporte, ou seja, aquele que será transportado mediante o pagamento do preço ou remuneração, denominado passagem. Repise-se que a obrigação assumida pelo transportador é sempre de resultado, justamente diante dessa cláusula de incolumidade, o que fundamenta a sua responsabilização independentemente de culpa, em caso de prejuízo suportado pelo passageiro ou seus familiares, em casos de morte. Essa é a conclusão a que chegam há tempos doutrina e jurisprudência, não obstante o dispositivo não mencionar que o caso é de responsabilidade objetiva. Essa responsabilidade objetiva também pode ser evidenciada pela parte final da norma, que prevê que o transportador somente não responde nos casos de força maior (evento previsível, mas inevitável). O caso fortuito (evento totalmente imprevisível) também constitui excludente, até porque muitos doutrinadores e a própria jurisprudência consideram as duas expressões como sinônimas. Há debate prático interessante, no âmbito da jurisprudência, sobre o enquadramento do assalto a ônibus, o que será exposto no próximo tópico. Ainda quanto ao art. 734, *caput*, do CC, o dispositivo não considera como excludente a cláusula de não indenizar – cláusula excludente de responsabilidade ou de irresponsabilidade –, previsão contratual inserida no instrumento do negócio que exclui a responsabilidade da transportadora. Nesse ponto, a norma apenas confirma o entendimento jurisprudencial anterior, consubstanciado na Súmula n. 161 do STF, segundo a qual "em contrato de transporte é inoperante a cláusula de não indenizar". A referida súmula pode até parecer desnecessária atualmente, mas não o é, podendo ser invocada para os casos de transporte de coisas, uma vez que o art. 734 do CC trata do transporte de pessoas. Conclui-se, assim, que a cláusula de não indenizar deve ser considerada nula também para o transporte de mercadorias. Para tanto, podem igualmente ser invocados os arts. 25 e 51, inc. I, do CDC e o art. 424 do CC, eis que o contrato em questão é de consumo e de adesão, na grande maioria das vezes. A nulidade dessa cláusula é evidente, pois o emitente renuncia a um direito que lhe é inerente como parte contratual, qual seja o direito à segurança, relacionado à própria função social do contrato de transporte. No que diz respeito ao parágrafo único do art. 734 do CC, consagra-se a licitude da exigência da declaração do valor da bagagem, a fim de fixar o limite da indenização. O dispositivo visa a valorizar a boa-fé objetiva no contrato de transporte, particularmente quanto ao dever do passageiro de informar o conteúdo da sua bagagem para que o transportador possa prefixar eventual valor indenizatório. Dúvida resta quanto à incompatibilidade desse dispositivo em relação ao CDC na hipótese de existir relação de consumo no contrato de transporte, porque o art. 6º, incs. VI e VIII, consagra o princípio da reparação integral de danos, o que afasta qualquer possibilidade de tarifação da indenização, principalmente por força de contrato. Inicialmente, deve-se entender que a regra em debate civil não torna obrigatória ao consumidor-passageiro a referida declaração. Na verdade, o dispositivo enuncia que é lícito exigir a declaração do valor da bagagem, visando a facilitar a prova do prejuízo sofrido em eventual demanda. Não sendo feita a referida declaração, torna-se difícil comprovar o que está dentro da bagagem. Para tanto, pode o consumidor utilizar-se da inversão do ônus da prova, nos termos do art. 6º, inc. VIII, do CDC. Seguindo essa linha de raciocínio favorável ao consumidor, percebe-se que o art. 734, parágrafo único, do CC/2002, em certo sentido, entra em colisão com a proteção do destinatário final do serviço, ao estabelecer que ele tenha o dever de declarar o conteúdo de sua bagagem, sob pena de perder o direito à indenização. Apesar de o dispositivo não dizer isso expressamente, poder-se-ia supor dessa forma. Trata-se de uma mera suposição, uma vez que o passageiro, como consumidor, tem direito à indenização integral dos prejuízos que sofrer, conforme o inc. VI do mesmo art. 6º do CDC. Assim deve ser interpretada a suposta controvérsia. De qualquer forma, um entendimento contrário poderia sustentar que o art. 734, parágrafo único, do CC deveria sobrepor-se à Lei n. 8.078/1990, segundo o que ordena o art. 732 da mesma codificação material, outrora comentado, pela suposta prevalência do Código Civil. Esse argumento pode ser afastado pela aplicação da tese do *diálogo das fontes* e diante dos princípios da função social dos contratos e da boa-fé objetiva e que conduzem a uma interpretação contratual mais favorável à parte vulnerável da relação negocial. Além disso, para ficar bem claro, cumpre mais uma vez citar o teor do Enunciado n. 369, aprovado na *IV Jornada de Direito Civil*, segundo o qual "quando o contrato de transporte constituir uma relação de consumo, aplicam-se as normas do Código de Defesa do Consumidor que forem mais benéficas a este". Isso vale em relação aos danos materiais, particularmente quanto ao valor da coisa em si. No que concerne aos danos morais, no caso de a coisa ser de estima, eventual reparação não pode ser tarifada nem mesmo por lei. A tarifação ou tabelamento do dano moral entra em conflito com o princípio da especialidade, que consta da segunda parte da isonomia constitucional, retirado do art. 5º, *caput*, da CF/1998, eis que a lei deve tratar de maneira igual os iguais, e de maneira desigual os desiguais.

JURISPRUDÊNCIA COMENTADA: Sobre o assalto à mão armada como excludente de responsabilidade do transportador, o Superior Tribunal de Justiça acabou por considerá-lo como fato desconexo ao contrato de transporte, a excluir a responsabilidade da transportadora. Em suma, consolidou-se o entendimento de que o assalto está fora do *risco do negócio* ou do *risco do empreendimento* da transportadora, configurado como caso fortuito e força maior. Entre os julgados de consolidação desse entendimento, colaciona-se: "A morte decorrente de assalto à mão armada, dentro de ônibus, por se apresentar como fato totalmente estranho ao serviço de transporte (força maior), constitui-se em causa excludente da responsabilidade da empresa concessionária do serviço público. Entendimento pacificado pela Segunda Seção" (STJ, REsp 783.743/RJ, 4.ª Turma, Rel. Min. Fernando Gonçalves, j. 12.12.2005, *DJ* 01.02.2006, p. 571). Ou, ainda, tratando as expressões caso fortuito e força maior como sinônimas: "Indenização por danos morais e estéticos. Assalto à mão armada no interior de ônibus coletivo. Força maior. Caso fortuito. Exclusão de responsabilidade da empresa transportadora. Configuração. Este Tribunal já proclamou o entendimento de que, fato inteiramente estranho ao transporte (assalto à mão armada no interior de ônibus coletivo), constitui caso fortuito, excludente de responsabilidade da empresa transportadora. Entendimento pacificado pela eg. Segunda Seção desta Corte. Precedentes: REsp 435.865/RJ; REsp 402.227/RJ; REsp 331.801/RJ; REsp 468.900/RJ; REsp 268.110/RJ" (STJ, REsp 714.728/MT, 4.ª Turma, Rel. Min. Jorge Scartezzini, j. 12.12.2005, *DJ* 01.02.2006, p. 566). Não se olvide a existência de julgados anteriores apontando para o dever de indenizar do transportador nos casos de assaltos à mão armada em transporte coletivo. Da Quarta Turma do STJ, destaque-se o seguinte: "Tendo-se tornado fato comum e corriqueiro, sobretudo em determinadas cidades e zonas tidas como perigosas, o assalto no interior do ônibus já não pode mais ser genericamente qualificado como fato extraordinário e imprevisível na execução do contrato de transporte, ensejando maior precaução por parte das empresas responsáveis por esse tipo de serviço, a fim de dar maior garantia e incolumidade aos passageiros. Recurso especial conhecido pela divergência, mas desprovido" (STJ, REsp 232.649/SP, 4.ª Turma, Rel. p/ acórdão Min. Cesar Asfor Rocha, *DJ* 30.06.2003, p. 250). A questão era de grande debate e dividia a Terceira e a Quarta Turmas daquele Superior Tribunal, tendo sido consolidada a posição antes transcrita entre os anos de 2005 e 2006. Com o devido respeito, o entendimento anterior do STJ – o de não exclusão de responsabilidade da transportadora – concluía que os ônibus que rodavam em regiões perigosas das grandes cidades deveriam ser blindados e escoltados. A conclusão, portanto, fugia da lógica do razoável e, por isso, não me alinhava àquele entendimento anterior. Em casos tais, quem deve zelar pela segurança pública é o Estado e não os entes privados. Sobre a aplicação da inversão do ônus da prova para a demonstração dos prejuízos suportados pelo consumidor, na linha do que foi comentado doutrinariamente, destaco: "Recurso especial. Indenização por danos materiais e morais. Extravio de bagagem. Empresa aérea. Danos materiais comprovados e devidos. Inversão do ônus da prova. Art. 6º, VIII, do CDC. Danos morais. Ocorrência. Indenização. Razoabilidade do *quantum* fixado. [...]. Com base nos documentos comprobatórios trazidos aos autos, tanto a r. sentença singular quanto o eg. Tribunal de origem, tiveram por verossímeis as alegações do autor – uma vez que a relação dos bens extraviados mostra-se compatível com a natureza e duração da viagem – aplicando, então, a regra do art. 6º, VIII, do CDC, invertendo-se o ônus da prova. A inversão do ônus da prova, de acordo com o art. 6º, VIII, do CDC, fica subordinada ao critério do julgador, quanto às condições de verossimilhança da alegação e de hipossuficiência, segundo as regras da experiência e de exame fático dos autos" (STJ, REsp 696.408/MT, 4.ª Turma, Rel. Min. Jorge Scartezzini, j. 07.06.2005, *DJ* 29.05.2006, p. 254). No mesmo sentido: "Responsabilidade civil. Extravio de bagagem. Danos materiais e morais. Aplicação do Código de Defesa do Consumidor. Retorno ao local de residência. Precedente da Terceira Turma. 1. Já está assentado na Seção de Direito Privado que o Código de Defesa do Consumidor incide em caso de indenização decorrente de extravio de bagagem. 2. O fato de as notas fiscais das compras perdidas em razão do extravio estarem em língua estrangeira, não desqualifica a indenização, considerando a existência de documento nacional de reclamação com a indicação dos artigos perdidos ou danificados que menciona os valores respectivos, cabendo à empresa provar em sentido contrário, não combatida a inversão do ônus da prova acolhida na sentença. 3. Precedente da Terceira Turma decidiu que não se justifica a 'reparação por dano moral apenas porque a passageira, que viajara para a cidade em que reside, teve o incômodo de adquirir roupas e objetos perdidos' (REsp 158.535/PB, Relator para o acórdão o Senhor Min. Eduardo Ribeiro, *DJ* 09.10.2000). 4. Recurso especial conhecido e provido, em parte" (STJ, REsp 488.087/RJ, 3.ª Turma, Rel. Min. Carlos Alberto Menezes Direito, *DJ* 17.11.2003, p. 322; *RT* 823/171). Vale o alerta constante da parte final da última ementa transcrita, no sentido de que o STJ vem entendendo que a mera perda da bagagem não gera dano moral. Nesse ponto, é preciso provar, pelo menos em regra, a lesão a direito da personalidade pelo extravio do conteúdo da bagagem ou que ali estava um objeto de estima. Ressalve-se, contudo, que há julgados presumindo o dano moral no caso de perda de bagagem por grande lapso temporal. Cumpre lembrar que, muitas vezes, o passageiro chega ao destino sem a sua mala, onde estão as suas roupas, os seus bens de uso pessoal e de higiene íntima. Nesse sentido: "O extravio de bagagem por longo período traz, em si, a presunção da lesão moral causada ao passageiro, atraindo o dever de indenizar. Não se configurando valor abusivo no *quantum* fixado a título de ressarcimento, desnecessária a excepcional intervenção do STJ a respeito" (STJ, REsp 686.384/RS, 4.ª Turma, Rel. Min. Aldir Passarinho Junior, j. 26.04.2005, *DJ* 30.05.2005, p. 393).

REFORMA DO CÓDIGO CIVIL: Uma das premissas seguidas pela Comissão de Juristas para a atualização e reforma do Código Civil foi a necessária equiparação do caso fortuito à força maior, e vice-versa, em todos os dispositivos da codificação privada, para que não pairem dúvidas práticas a respeito dos efeitos comuns dessas duas excludentes da responsabilidade civil, como expus nos meus comentários doutrinários. Seguindo essa ideia, o *caput* do art. 734 passará a expressar o seguinte: "O transportador responde pelos danos causados às pessoas transportadas e suas bagagens, salvo motivo de caso fortuito ou força maior, sendo nula de pleno direito qualquer cláusula excludente da responsabilidade". Também se incluiu o termo "de pleno direito", para que fique evidente ser a hipótese da cláusula excludente de responsabilidade civil de nulidade absoluta, nos termos do art. 166 do próprio Código Civil. Em relação ao parágrafo único, sugere-se a superação do dilema exposto nas minhas notas doutrinárias, sobretudo diante de um claro conflito com o Código de Defesa do Consumidor. Para que não exista mais a polêmica declaração do valor da bagagem, apenas será possível juridicamente em contratos paritários, amplamente negociados entre as partes, passando a norma a prever o seguinte: "Em contratos paritários, é lícito ao transportador exigir a declaração do valor da bagagem, a fim de fixar o limite da indenização". Imagine-se, a título de exemplo, um contrato de transporte de passageiros celebrado entre empresas.

Art. 735. A responsabilidade contratual do transportador por acidente com o passageiro não é elidida por culpa de terceiro, contra o qual tem ação regressiva.

COMENTÁRIOS DOUTRINÁRIOS: Outro dispositivo de grande relevância prática, consagrador de uma *responsabilidade objetiva agravada* do transportador de pessoas, pois é afastada a culpa ou fato exclusivo de terceiro como excludente da responsabilidade civil e do correspondente dever de indenizar. O dispositivo repete literalmente a redação da antiga Súmula n. 187 do STF, do ano de 1963, apenas consagrando o que já era considerado como majoritário. Como se nota, essa responsabilidade objetiva sem uma das excludentes de nexo de causalidade não afasta a possibilidade de a transportadora ingressar com a ação regressiva contra o real causador do dano, por dolo ou culpa. A norma e a antiga sumular parecem fundamentar o entendimento pelo qual a transportadora responde pelo assalto à mão armada, caso esse seja enquadrado como fato ou culpa exclusiva de terceiro. Porém, reconhecendo-se tal direito surgiria a dúvida: pagando a indenização, a empresa transportadora teria ação regressiva contra a quadrilha de assaltantes? Fica claro ser um absurdo pensar dessa maneira, especialmente porque o direito de regresso não seria viável e eficiente. Reafirmo, portanto, a minha posição no sentido de ser o caso de responsabilidade estatal, que não pode ser transferida aos entes privados. O art. 735 do CC/2002 e a Súmula n. 187 do STF servem também para responsabilizar as empresas aéreas por acidentes que causam a morte de passageiros. Mesmo havendo culpa exclusiva de terceiros, inclusive de agentes do Estado, as empresas que exploram o serviço devem indenizar os familiares das vítimas, tendo ação regressiva contra os responsáveis. O que se nota, assim, é que a aplicação do Código Civil de 2002 é até mais favorável aos consumidores do que o próprio CDC, eis que a Lei n. 8.078/1990 prevê a culpa exclusiva de terceiro como excludente de responsabilização, havendo prestação de serviços (art. 14, § 3º). A título de exemplo, cite-se o célebre caso de acidente aéreo da empresa GOL, causado por pilotos de outra aeronave e por problemas administrativos decorrentes do chamado "apagão aéreo", respondendo anteriormente as companhias aéreas em face das vítimas e assegurado o seu direito de regresso contra os terceiros culpados.

Pandemia: Com a emergência da Lei n. 14.034/2020 – que surgiu para socorrer as empresas aéreas em tempos de pandemia de covid-19 –, esse entendimento a respeito do "apagão aéreo" tende a ser alterado para os fatos que eventualmente ocorrerem no futuro, uma vez que foram incluídas novas excludentes de responsabilidade civil dessas empresas, caracterizadoras de caso fortuito ou força maior. Nos termos do novo § 3º do art. 256 do Código Brasileiro de Aeronáutica, incluído pelo diploma, constitui caso fortuito ou força maior, para fins de análise do atraso de voo, a ocorrência de um ou mais dos seguintes eventos, desde que supervenientes, imprevisíveis e inevitáveis: *a)* restrições ao pouso ou à decolagem decorrentes de condições meteorológicas adversas impostas por órgão do sistema de controle do espaço aéreo; *b)* restrições ao pouso ou à decolagem decorrentes de indisponibilidade da infraestrutura aeroportuária, podendo aqui ser enquadrado o citado "apagão aéreo"; *c)* restrições ao voo, ao pouso ou à decolagem decorrentes de determinações da autoridade de aviação civil ou de qualquer outra autoridade ou órgão da Administração Pública, que será responsabilizada, podendo aqui também se enquadrar aquele "apagão"; e *d)* a decretação de pandemia ou publicação de atos de Governo que dela decorram, com vistas a impedir ou a restringir o transporte aéreo ou as atividades aeroportuárias, hipótese, essa sim, que tem relação com a crise decorrente da covid-19, objeto da Lei n. 14.034/2020. Entendo que foram incluídas na lei excludentes que antes não eram admitidas, pois ingressavam no risco do empreendimento ou risco do negócio das empresas de transporte aéreo – o que representa outro retrocesso na tutela e na proteção dos passageiros-consumidores, além da antes citada necessidade de prova efetiva do dano moral.

JURISPRUDÊNCIA COMENTADA: Analisando a situação fática sobre o acidente da GOL, conforme os meus comentários: "Agravo regimental. Responsabilidade civil objetiva. Acidente aéreo envolvendo o avião Boeing 737-800, da Gol Linhas Aéreas, e o jato Embraer/Legacy 600, da Excel Air Service. Dano moral. Irmã da vítima falecida. Cabimento. Precedentes. 1. Os irmãos possuem legitimidade ativa *ad causam* para pleitear indenização por danos morais em razão do falecimento de outro irmão. Precedentes. 2. Restou comprovado, no caso ora em análise, conforme esclarecido pelo Tribunal local, que a vítima e a autora (sua irmã) eram ligadas por fortes laços afetivos. 3. Ante as peculiaridades do caso, reduzo o valor indenizatório para R$ 120.000,00 (cento e vinte mil reais), acrescido de correção monetária, a partir desta data (Súmula n. 362/STJ), e juros moratórios, a partir da citação" (STJ, AgRg-Ag 1.316.179/RJ, 4.ª Turma, Rel. Min. Luis Felipe Salomão, j. 14.12.2010, *DJe* 01.02.2011). Da jurisprudência estadual, sobre o mesmo caso: "Apelação cível. Ação de indenização. Acidente aéreo Gol X Legacy. Dano moral. Indenização a irmão de vítima fatal. Possibilidade. Majoração ou redução do *quantum* indenizatório. Responsabilidade objetiva da empresa aérea. Juros e correção monetária. Termo *a quo* de incidência. Sentença mantida. O irmão de vítima fatal em acidente aéreo é parte legítima para postular indenização por dano moral pela perda do ente querido. Valor da indenização, a ser paga ao irmão da vítima, pelo dano moral decorrente de acidente aéreo fatal deve ser estabelecido segundo critérios do julgador, de acordo com a noção da dor que a perda prematura e abrupta de um ente querido pode gerar no psiquismo do requerente, do quão próximos, psicologicamente, eram os entes etc." (TJDF, Recurso 2012.01.1.093449-7, Acórdão 642.944, 3.ª Turma Cível, Rel. Des. Cesar Laboissiere Loyola, *DJDFTE* 10.01.2013, p. 231). Do mesmo modo, aplicando o art. 735 do Código Civil, recente julgado do STJ responsabilizou corretamente a empresa aérea por assalto a ônibus, diante da necessidade de alteração da forma de transporte, para o terrestre: "No que concerne ao transporte de pessoas, o ordenamento jurídico estabelece a responsabilidade civil objetiva do transportador, o qual deverá responder pelos danos causados às pessoas transportadas e suas bagagens, salvo a existência de alguma excludente de responsabilidade, como motivo de força maior, caso fortuito, culpa exclusiva da vítima ou de terceiro. Em relação ao fato de terceiro, todavia, a teor do que dispõe o art. 735 do Código Civil, a responsabilidade só será excluída se ficar comprovado que a conduta danosa era completamente independente em relação à atividade de transporte e aos riscos inerentes à sua exploração, caracterizando-se, nesse caso, como fortuito externo. Precedentes. Nessa linha de entendimento, a jurisprudência do STJ reconhece que o roubo dentro de ônibus configura hipótese de fortuito externo, por se tratar de fato de terceiro inteiramente independente ao transporte em si, afastando-se, com isso, a responsabilidade da empresa transportadora por danos causados aos passageiros. Não obstante essa seja a regra, o caso em análise guarda peculiaridade que comporta solução diversa. Com efeito, a alteração substancial e unilateral do contrato firmado pela recorrente – de transporte aéreo para terrestre –, sem dúvida alguma, acabou criando uma situação favorável à ação de terceiros (roubo), pois o transporte rodoviário é sabidamente muito mais suscetível de ocorrer crimes dessa natureza, ao contrário do transporte aéreo. Dessa forma, a conduta da transportadora concorreu para o evento danoso, pois ampliou significativamente o risco de ocorrência desse tipo de situação, não podendo, agora, se valer da excludente do fortuito externo para se eximir da responsabilidade. Em relação aos danos morais, não se verifica qualquer exorbitância no valor arbitrado de R$ 15.000,00 (quinze mil reais), pois, além do cancelamento do voo pela recorrente, o autor foi obrigado a seguir o trajeto por via terrestre (ônibus), viagem que durou mais de 14 horas (quatorze horas), sendo, ainda, durante o percurso e na madrugada, roubado e agredido por meliantes. No tocante aos danos materiais, conquanto haja uma certa dificuldade em comprovar os bens efetivamente subtraídos em casos dessa natureza, as instâncias ordinárias, após amplo exame do conjunto fático-probatório produzido, decidiram de forma correta a questão, levando-se em consideração para a aferição do *quantum* indenizatório, na linha de precedentes desta Corte, além da inversão do ônus da prova, nos termos do art. 6º, VIII, do Código de Defesa do Consumidor, a verossimilhança das alegações, embasada na estrita observância ao princípio da razoabilidade" (STJ, REsp 1.728.068/SP, 3.ª Turma, Rel. Min. Marco Aurélio Bellizze, j. 05.06.2018, *DJe* 08.06.2018, p. 1.033). A situação é diversa do simples assalto, uma vez que o transporte contratado era o aéreo e não o terrestre, presente uma contribuição causal da empresa de transporte pela alteração unilateral do contrato. Assim, estou totalmente filiado ao julgado, que muito bem aplicou a inversão do ônus da prova a respeito dos danos suportados, por se tratar de relação de consumo e na linha de comentários anteriores. Outro debate jurisprudencial importante relativo não só à culpa ou fato de terceiro, mas também sobre a presença de caso fortuito e força maior, envolve o assédio sexual praticado em transporte público. Destaque-se um primeiro julgado superior, da Terceira Turma do STJ, ao concluir tratar-se de *evento interno*, que entra no risco da atividade desenvolvida pela concessionária do serviço, não cabendo a alegação de fato exclusivo de terceiro, caso fortuito ou força maior. Nos termos da publicação constante do *Informativo* n. *628* do Tribunal da Cidadania: "Em reforço à responsabilidade objetiva do transportador, não se pode olvidar que a legislação consumerista preceitua que o fornecedor de serviços responde pela reparação dos danos causados, independentemente da existência de culpa, decorrente dos defeitos relativos à prestação destes serviços, nos termos do art. 14, §§ 1.º e 3.º, do CDC. Ademais, a cláusula de incolumidade é ínsita ao contrato de transporte, implicando obrigação de resultado do transportador, consistente em levar o passageiro com conforto e segurança ao seu destino, salvo se demonstrada causa de exclusão do nexo de causalidade, notadamente o caso fortuito, a força maior ou a culpa exclusiva da vítima ou de terceiro. O fato de terceiro, conforme se apresente, pode ou não romper o nexo de causalidade. Exclui-se a responsabilidade do transportador quando a conduta praticada por terceiro, sendo causa única do evento danoso, não guarda relação com a organização do negócio e os riscos da atividade de transporte, equiparando-se a fortuito externo. De outro turno, a culpa de terceiro não é apta a romper o nexo causal quando se mostra conexa à atividade econômica e aos riscos inerentes à sua exploração, caracterizando fortuito interno. Por envolver, necessariamente, uma grande aglomeração de pessoas em um mesmo espaço físico, aliados à baixa qualidade do serviço prestado, incluída a pouca quantidade de vagões ou ônibus postos à disposição do público, a prestação do serviço de transporte de passageiros vem propiciando a ocorrência de eventos de assédio sexual. Em outros termos, mais que um simples cenário ou ocasião, o transporte público tem concorrido para a causa dos eventos de assédio sexual. Em tal contexto, a ocorrência desses fatos acaba sendo arrastada para o bojo da prestação do serviço de transporte público, tornando-se assim mais um risco da atividade, a qual todos os passageiros, mas especialmente as mulheres, tornam-se vítimas" (STJ, REsp 1.662.551/SP, 3.ª Turma, Rel. Min. Nancy Andrighi, j. 15.05.2018, *DJe* 25.06.2018, m.v.). Porém, a questão não era pacífica na Corte, pois na Quarta Turma já existiam acórdãos em sentido oposto, concluindo pela presença de um evento externo, fora do risco da atividade ou do empreendimento da empresa transportadora, e, também, de um fato de terceiro. Assim, por exemplo, em caso relativo a assédio praticado dentro do metrô de São Paulo: "nos termos da jurisprudência desta Corte Superior, não há responsabilidade da empresa de transporte coletivo em caso de ilícito alheio e estranho à atividade de transporte, pois o evento é considerado caso fortuito ou força maior, excluindo-se, portanto, a responsabilidade da empresa transportadora. Precedentes do STJ. Não pode haver diferenciação quanto ao tratamento da questão apenas à luz da natureza dos delitos. Na hipótese, sequer é possível imputar à transportadora eventual negligência, pois, como restou consignado pela instância ordinária, o autor do ilícito foi identificado e detido pela equipe de segurança da concessionária de transporte coletivo, tendo sido, inclusive, conduzido à Delegacia de Polícia, estando apto, portanto, a responder pelos seus atos penal e civilmente" (STJ, REsp 1.748.295/SP, 4.ª Turma, Rel. Min. Luis Felipe Salomão, Rel. p/ Acórdão Min. Marco Buzzi, j. 13.12.2018, *DJe* 13.02.2019). Em dezembro de 2020, a questão se pacificou no âmbito da Segunda Seção, no julgamento do REsp 1.833.722 e do REsp 1.853.361, na linha da segunda conclusão e por cinco votos a quatro. Prevaleceu o voto do Ministro Raul Araújo, no sentido de que "não há meio de se evitar tal repugnante crime onde quer que ocorra", observando-se que se trata de comportamento "covarde" e "oportunista", praticado em "uma fração de segundos". E mais, segundo o Relator, "é sempre inevitável. Quando muito consegue-se prender o depravado, o opressor. Era inevitável, quando muito previsível em tese. Por mais que se saiba da possibilidade de sua ocorrência, não se sabe quando, nem onde, nem quem o praticará. Como acontece com os assaltos à mão armada. São inevitáveis, não estão ao alcance do transportador. E na vida muita coisa é assim, infelizmente". Seguiram essa posição os Ministros Marco Buzzi, Antonio Carlos Ferreira, Villas Bôas Cueva e Marco Aurélio Bellizze. Foram vencidos os Ministros Nancy Andrighi, Luis Felipe Salomão, Paulo de Tarso Sanseverino e Moura Ribeiro. Com o devido respeito à posição que prevaleceu no STJ, entendo que o assédio sexual ou o ato libidinoso praticado no interior de vagões de trens ou do metrô constitui fato corriqueiro e plenamente evitável, o que o coloca dentro do risco da atividade ou do empreendimento. Fico, assim, com a minoria, que acabou vencida.

REFORMA DO CÓDIGO CIVIL: Sugere-se a seguinte redação para o art. 735 da codificação privada: "A responsabilidade contratual do transportador por acidente com o passageiro não é afastada por culpa ou fato de terceiro, contra o qual tem ação regressiva". Dois são, portanto, os ajustes pontuais sugeridos. O primeiro é a troca de "elidida" por "afastada", para que o texto fique mais compreensível. O segundo é a menção também ao "fato de terceiro", conceito mais correto e mais bem adaptado ao modelo de responsabilidade objetiva ou sem culpa verificado em relação ao transportador, e na linha dos meus comentários doutrinários.

Art. 736. Não se subordina às normas do contrato de transporte o feito gratuitamente, por amizade ou cortesia.

Parágrafo único. Não se considera gratuito o transporte quando, embora feito sem remuneração, o transportador auferir vantagens indiretas.

COMENTÁRIOS DOUTRINÁRIOS: No que concerne ao transporte feito de forma gratuita, por amizade ou cortesia, popularmente denominado como *carona*, esse não se subordina às normas do contrato de transporte. Trata-se de confirmação legislativa do que já previa a Súmula n. 145 do Superior Tribunal de Justiça, do ano de 1995, *in verbis:* "No transporte desinteressado, de simples cortesia, o transportador só será civilmente responsável por danos causados ao transportado quando incorrer em dolo ou culpa grave". Observe-se, nesse contexto, que no transporte por cortesia não há responsabilidade contratual objetiva daquele que dá a carona. A responsabilidade deste é extracontratual, subjetiva, dependendo da prova de culpa. Há tempos tenho entendido que parte final da referida súmula deve ser revista, pois, segundo os arts. 944 e 945 do CC/2002, não se exige como essencial a existência de culpa grave ou dolo para a reparação civil. Na realidade, o dolo ou a culpa grave somente servem como parâmetros para a fixação da indenização. Todavia, o STJ ainda vem aplicando a súmula em sua redação original, como se verá. No âmbito da doutrina, a questão igualmente não é pacífica. Para o coautor desta obra, José Fernando Simão, quem deu a carona apenas responde nos casos de dolo ou culpa grave, nos exatos termos da citada Súmula n. 145 do STJ. Isso porque a hipótese da carona continua sendo de responsabilidade civil contratual e, em havendo um negócio jurídico gratuito, somente há o dever de reparar do caronista nos casos de sua atuação com dolo, conforme o art. 392 do CC. Em complemento, como a culpa grave a esta se equipara, mantém-se a integralidade da sumular do Tribunal da Cidadania. O jurista traz outro argumento a ser considerado, qual seja a *função social da carona*, que deve ser incentivada e não repelida pelo Direito Privado. Apesar da plausibilidade dos argumentos, mantenho minha posição pela necessidade de revisão da sumular, uma vez que a responsabilidade civil, em casos de dúvidas, deve preocupar-se mais com a vítima do que com o ofensor. Seguindo na análise da norma, conforme o parágrafo único do art. 736, não se considera gratuito o transporte quando, embora feito sem remuneração, trouxer ao transportador vantagens indiretas. Nesses casos, a responsabilidade daquele que transportou outrem volta a ser contratual objetiva. Podem ser citados como singelos exemplos de vantagens indiretas auferidas os pagamentos de combustível ou pedágio por aquele que é transportado. Em outra ilustração com maior aplicação prática, na *VI Jornada de Direito Civil*, promovida pelo Conselho da Justiça Federal em 2013, aprovou-se o Enunciado n. 559 do Conselho da Justiça Federal, pelo qual "no transporte aéreo, nacional e internacional, a responsabilidade do transportador em relação aos passageiros gratuitos, que viajarem por cortesia, é objetiva, devendo atender à integral reparação de danos patrimoniais e extrapatrimoniais".

JURISPRUDÊNCIA COMENTADA:

Aplicando a Súmula n. 145 do STJ, sem qualquer ressalva, na linha dos meus comentários: "Civil. Transporte de cortesia (carona). Morte do único passageiro. Indenização. Responsabilidade objetiva. Não cabimento. Súmula n. 145-STJ. 1 – 'No transporte desinteressado, de simples cortesia, o transportador só será civilmente responsável por danos causados ao transportado quando incorrer em dolo ou culpa grave' (Súmula n. 145-STJ)" (STJ, REsp 153.690/SP, 4.ª Turma, Rel. Min. Fernando Gonçalves, j. 15.06.2004, *DJ* 23.08.2004, p. 238). Percorrendo o mesmo caminho, da jurisprudência estadual: "O transporte desinteressado de pessoas (carona) não se subordina às regras gerais da espécie contratual remunerada (art. 736 do CC/02), sendo pacífico na jurisprudência que nesta hipótese 'o transportador só será civilmente responsável por danos causados ao transportado quando incorrer em dolo ou culpa grave'. (Súmula n. 145 do STJ). Em caso de colisão de veículos, a culpa pelo acidente é presumivelmente do condutor que conduzia pelo acostamento. Inexistente a prova da ocorrência de danos ou do nexo causal entre as lesões e a conduta valorada, estão ausentes os pressupostos da responsabilidade civil" (TJMG, Apelação Cível 1.0021.13.001703-7/001, Rel. Des. Vasconcelos Lins, j. 28.06.2017, *DJEMG* 03.07.2017). Como ilustração a respeito da prova da culpa grave em caso de carona, do Tribunal Paulista, a ensejar a responsabilidade civil daquele que deu a carona: "O fato de ter dormido ao volante demonstra que o preposto da ré agiu de maneira excessivamente imprudente, suficiente para a caracterização da culpa grave e consequente obrigação de indenizar" (TJSP, Apelação 0006566-49.2012.8.26.0323, Acórdão 10121294, 34.ª Câmara de Direito Privado, Lorena, Rel. Des. Kenarik Boujikian, j. 01.02.2017, *DJESP* 16.02.2017). Sobre a aplicação do art. 736, parágrafo único, do Código Civil, preciso julgado do Tribunal do Distrito Federal concluiu pela presença de vantagens indiretas em caso em que havia convênio entre empresas de ônibus, não se podendo falar em transporte totalmente gratuito. Nos seus exatos termos, "revela-se totalmente despicienda a discussão acerca de o autor ter ou não desfrutado da prerrogativa de não pagar a passagem rodoviária. Isso porque, embora as rés refiram-se ao aludido acordo como sendo de transporte 'gratuito', é inegável que as transportadoras auferem vantagens indiretas com esse tipo de serviço, em especial, liberam-se dos gastos com o pagamento de vale-transporte aos rodoviários. Não há ato de complacência ou de mera cortesia por parte das empresas de ônibus. É incontroverso que o autor estava no interior do veículo acidentado, bem como que as lesões físicas experimentadas por ele ('rotura degenerativa no corpo posterior do menisco medial e meniscectomia parcial no corpo meniscal' e 'rotura parcial crônica no ligamento colateral medial' no joelho esquerdo) resultaram do sinistro, as quais decorreram de tal fato, resultando na incapacidade da vítima para o trabalho" (TJDF, Recurso 2006.03.1.006085-8, Acórdão 433.819, 2.ª Turma Cível, Rel. Des. Waldir Leôncio Júnior, *DJDFTE* 20.07.2010, p. 45).

REFORMA DO CÓDIGO CIVIL: Seguindo as premissas fundamentais da necessária atualização do Código Civil, a Comissão de Juristas propõe a adequação do texto ao entendimento doutrinário e jurisprudencial dominante. Assim, seguindo em parte o teor da citada Súmula n. 145 do Superior Tribunal de Justiça, mas não mencionando mais a culpa grave – como é o meu entendimento antes exposto –, o § 1º passaria a enunciar o seguinte: "Nos casos do *caput*, a responsabilidade daquele que transportou outrem somente se dá nos casos de dolo ou culpa". E, mais, confirmando também em parte o teor do Enunciado n. 559 da *VI Jornada de Direito Civil*, seria incluído um § 2º no art. 736, *in verbis*: "Não se considera gratuito o transporte quando, embora feito sem remuneração, o transportador auferir vantagens indiretas, como nos casos de programas de incentivo, realizados inclusive em meios virtuais". Os programas de incentivo são justamente os de pontuação ou milhagem, tão incentivados pelas empresas aéreas e muitas vezes com venda de passagens decorrentes desses pontos, por empresas especializadas e pela internet.

Art. 737. O transportador está sujeito aos horários e itinerários previstos, sob pena de responder por perdas e danos, salvo motivo de força maior.

COMENTÁRIOS DOUTRINÁRIOS: Diante do seu *dever de pontualidade*, a confirmar a responsabilidade que independe de culpa e a assunção de uma obrigação de resultado, o transportador está sujeito aos horários e itinerários previstos, sob pena de responder por perdas e danos, salvo motivo de força maior. Assim, a norma fundamenta eventual indenização no caso de atraso do transportador, o que faz com que o passageiro perca um compromisso remunerado que tinha no destino. Esse dever de pontualidade do transportador já constava do art. 24 do antes citado Decreto-lei n. 2.681/1912, que tratava da responsabilidade civil das empresas de estradas de ferro. Complementando o art. 737 do CC/2002, os arts. 229 a 231 da Lei n. 7.565/1986 (Código Brasileiro de Aeronáutica – CBA) preveem que havendo atraso de partida de voo por mais de quatro horas, o transportador deverá providenciar o embarque do passageiro, em outro voo, que ofereça serviço equivalente para o mesmo destino, ou restituirá de imediato, se o passageiro preferir, o valor do bilhete de passagem. Todas as despesas, por óbvio, correrão por conta do transportador, tanto no caso de atraso quanto no de suspensão do voo, tais como alimentação e hospedagem, sem prejuízo da indenização que couber, inclusive por danos morais. Ainda sobre o tema dos atrasos, sabe-se que o Brasil passou pelo que se denominou como *apagão aéreo*, diante da operação padrão realizada por controladores de voo, e que gerou outros incidentes e acidentes de grande gravidade. Entendo que se trata de um evento interno, que ingressa no risco da atividade das empresas; cabendo ainda o argumento da presença do fato exclusivo de terceiros que, como visto, não exclui a responsabilidade civil dos transportadores de pessoas (art. 735 do CC). Há que ser reconhecida, portanto, responsabilidade das empresas que exploram o setor, assegurado o direito de regresso contra os efetivamente responsáveis, no caso, o Estado ou os próprios controladores de voo. De todo modo, com a emergência da Lei n. 14.034/2020, tal conclusão tende a ser alterada no futuro, como antes exposto, e, infelizmente, uma vez que essa norma protege de forma exagerada as empresas aéreas, em detrimento dos consumidores.

JURISPRUDÊNCIA COMENTADA: Sobre o *apagão aéreo*, na linha do que sustentei, entre os julgados anteriores: "O transporte aéreo de passageiros se subsume às normas do Código de Defesa do Consumidor. A atividade dos controladores de voo no período conhecido como 'caos ou apagão aéreo', está inserida no risco da atividade caracterizando fortuito interno que não afasta a responsabilidade dos prestadores de serviço pelos danos causados aos passageiros. Companhia aérea que não demonstrou ter tomado nenhuma providência para confortar o passageiro diante do atraso do voo" (TJSP, Apelação 0198213-02.2007.8.26.0100, Acórdão 7838852, 18.ª Câmara de Direito Privado, São Paulo, Rel. Des. William Marinho, j. 03.09.2014, *DJESP* 15.09.2014). Na mesma esteira, e com os mesmos argumentos que adotei: "Transporte aéreo nacional. Cancelamento de voo decorrente da 'operação padrão' realizada por controladores de voo no período conhecido como 'apagão aéreo'. Relação de consumo caracterizada. Aplicabilidade do Código de Defesa do Consumidor. Responsabilidade objetiva da empresa aérea por falha na prestação de serviço (art. 14, *caput*, da Lei n. 8.078/1990). Fortuito interno ou fato de terceiro relacionado diretamente com o risco da atividade empresária desenvolvida pela transportadora aérea. Excludente de responsabilidade não verificada. Reembolso do valor da passagem aérea determinado" (TJSP, Apelação 0059608-17.2009.8.26.0000, Acórdão 7082146, 20.ª Câmara de Direito Privado, São Paulo, Rel. Des. Correia Lima, j. 07.10.2013, *DJESP* 23.10.2013). De toda sorte, repise-se que tal forma de julgar tende a ser alterada com a emergência da Lei n. 14.034/2020, se o "apagão aéreo" se repetir no futuro. Mais recentemente, vinha-se entendendo que o cancelamento do voo por ordem da ANAC – Agência Nacional de Aviação Civil –, constitui igualmente evento interno, a ensejar a responsabilidade da empresa aérea, o que também tende a ser alterado com a Lei n. 14.034/2020: "Cancelamento ocorrido por ordem da ANAC. Fato que caracteriza fortuito interno. Falta, outrossim, de assistência material ao autor, que ficou diversas horas no aeroporto. Extravio temporário da bagagem no destino. Privação de seus pertences por período considerável. Responsabilidade objetiva da ré, nos termos do art. 14 do Código do Consumidor, ínsita ao contrato de transporte aéreo, segundo o disposto nos artigos 734 e 737 do Código Civil. Indenização por dano moral devida" (TJSP, Apelação 1056245-15.2017.8.26.0100, Acórdão 11752104, 15.ª Câmara de Direito Privado, São Paulo, Rel. Des. Vicentini Barroso, j. 24.08.2018, *DJESP* 04.09.2018, p. 2.208). O mesmo vale para os casos de alteração do horário do voo sem prévio aviso, sendo numerosos os julgados estaduais anteriores com a mesma conclusão do que consta a seguir: "A alteração de horário do trecho contratado, sem informação adequada, causando a perda do voo ao passageiro, obriga a empresa a indenizar os danos decorrentes desta prática" (TJDF, Recurso Inominado 0740841-83.2017.8.07.0016, 1.ª Turma Recursal dos Juizados Especiais, Rel. Juiz Aiston Henrique de Sousa, j. 10.05.2018, *DJDFTE* 22.05.2018, p. 1.147). Todavia, a Lei n. 14.034/2020 traz solução diferente a respeito desse fato, que passa a ser caracterizado por caso fortuito ou força maior, como antes exposto.

REFORMA DO CÓDIGO CIVIL: A Comissão de Juristas propõe, mais uma vez, a necessária equiparação do caso fortuito à força maior, e vice-versa, para os fins de exclusão da responsabilidade civil, para que não pairem dúvidas práticas a respeito do tema. Nessa linha, o art. 737 passaria a ter a seguinte redação: "O transportador está sujeito aos horários e itinerários previstos, sob pena de responder por perdas e danos, salvo motivo de caso fortuito ou força maior".

Art. 738. A pessoa transportada deve sujeitar-se às normas estabelecidas pelo transportador, constantes no bilhete ou afixadas à vista dos usuários, abstendo-se de quaisquer atos que causem incômodo ou prejuízo aos passageiros, danifiquem o veículo, ou dificultem ou impeçam a execução normal do serviço.

Parágrafo único. Se o prejuízo sofrido pela pessoa transportada for atribuível à transgressão de normas e instruções regulamentares, o juiz reduzirá equitativamente a indenização, na medida em que a vítima houver concorrido para a ocorrência do dano.

COMENTÁRIOS DOUTRINÁRIOS: A norma impõe deveres ao passageiro, que deve sujeitar-se às normas estabelecidas pelo transportador, constantes no bilhete ou afixadas à vista dos usuários. Deve, ainda, abster-se da prática de quaisquer atos que causem incômodo ou prejuízo, danifiquem o veículo, dificultem ou impeçam a execução normal de serviço. Em complemento, se o prejuízo sofrido por pessoa transportada for atribuível à transgressão de normas pelo próprio passageiro, presente a concausalidade ou contribuição causal da vítima, o juiz reduzirá equitativamente a indenização, na medida em que a vítima houver concorrido para a ocorrência do dano. Cite-se, por exemplo, o caso dos passageiros de ônibus que não utilizam cinto de segurança, o que é comum na prática e que deve ser repensado. A norma em questão baseia-se nos arts. 944 e 945 do Código em vigor e na aplicação da teoria da causalidade adequada, pela qual a indenização deve ser ajustada às condutas dos envolvidos. O primeiro dispositivo traz a ideia de culpa ou fato concorrente da vítima, que também pode ser discutida em casos de responsabilidade objetiva, visando a atenuar a responsabilidade do agente, diminuindo o valor do *quantum* indenizatório. Nesse sentido, na *IV Jornada de Direito Civil*, em 2006, foi aprovado enunciado doutrinário, a partir de minha proposta, pelo qual deveria ser suprimida a parte final do Enunciado n. 46 da *I Jornada de Direito Civil*, que previa a não aplicação do art. 944 do CC para os casos de responsabilidade objetiva (Enunciado n. 380 do Conselho da Justiça Federal). Em complemento, na *V Jornada de Direito Civil*, em 2011, aprovou-se o Enunciado n. 459, também proposto por este autor, segundo o qual a conduta da vítima pode ser fator atenuante do nexo de causalidade na responsabilidade civil objetiva. Por fim, merece destaque o Enunciado n. 630 da *VIII Jornada de Direito Civil*, de abril de 2018, segundo o qual a questão relativa à contribuição causal da vítima diz respeito ao nexo e não à compensação de culpas. Nos seus exatos termos, "culpas não se compensam. Para os efeitos do art. 945 do Código Civil, cabe observar os seguintes critérios: i) há diminuição do *quantum* da reparação do dano causado quando, ao lado da conduta do lesante, verifica-se ação ou omissão do próprio lesado da qual resulta o dano, ou o seu agravamento, desde que ii) reportadas ambas as condutas a um mesmo fato, ou ao mesmo fundamento de imputação, conquanto possam ser simultâneas ou sucessivas, devendo-se considerar o percentual causal do agir de cada um". A parte final, relativa à aferição do percentual causal de contribuição dos envolvidos é salutar, e já vem ocorrendo na prática. Ademais, a ementa doutrinária deixa claro que a questão relativa à contribuição da vítima para a redução do *quantum debeatur* diz respeito ao nexo de causalidade e não à compensação de culpas. Pode-se dizer que os três últimos enunciados doutrinários têm, entre outros fundamentos, o art. 738, parágrafo único, do Código Civil, que admite o debate sobre a contribuição causal da vítima em caso de responsabilidade objetiva, na linha do que já era admitido pela jurisprudência conforme julgados que serão a seguir analisados.

JURISPRUDÊNCIA COMENTADA: Entre os vários exemplos práticos de aplicação da contribuição causal da vítima em contrato de transporte, o STJ tem admitido há tempos a discussão de culpa ou fato concorrente da vítima no contrato de transporte, particularmente nos casos envolvendo o *pingente*, aquele que viaja pendurado no trem ou no ônibus: "Responsabilidade civil. Transporte ferroviário. 'Pingente'. Culpa concorrente. Precedentes da corte. I – É dever da transportadora preservar a integridade física do passageiro e transportá-lo com segurança até o seu destino. II – A responsabilidade da companhia de transporte ferroviário não é excluída por viajar a vítima como 'pingente', podendo ser atenuada se demonstrada a culpa concorrente. Precedentes. Recurso especial parcialmente provido" (STJ, REsp 226.348/SP, 3.ª Turma, Rel. Min. Castro Filho, j. 19.09.2006, *DJ* 23.10.2006, p. 294). Não se olvide, todavia, que nos casos de *surfista de trem*, aquele que viaja sobre o vagão, por ato de aventura ou desafio, presente está a culpa ou fato exclusivo da vítima: "A pessoa que se arrisca em cima de uma composição ferroviária, praticando o denominado 'surf ferroviário', assume as consequências de seus atos, não se podendo exigir da companhia ferroviária efetiva fiscalização, o que seria até impraticável" (STJ, REsp 160.051/RJ, 3.ª Turma, Rel. Min. Antônio de Pádua Ribeiro, j. 05.12.2002, *DJ* 17.02.2003, p. 268). De fato, as situações merecem tratamento diferenciado, pois no primeiro caso é possível a fiscalização por parte da empresa. Como outro exemplo interessante, vários julgados aplicam o art. 738, *caput*, para o caso de passageiro que perde o tempo na parada do ônibus e nele não reembarca. Nesse sentido, concluindo-se pela culpa ou fato exclusivo da vítima: "Autora, que mesmo advertida pelo preposto da ré do tempo em que o ônibus ficaria ali parado, não logrou em regressar ao local de embarque no prazo pré-determinado. Preposto da empresa transportadora, que por meio do serviço de alto-falantes do local, anunciou o reinício do trajeto. Autora que com sua conduta, deu azo ao evento, desrespeitando o contido no artigo 738 do Código Civil. Culpa exclusiva desta. Responsabilidade objetiva que não se cogita diante da inexistência de nexo causal" (TJSP, Apelação 7344442-9, Acórdão 3694378, 17.ª Câmara de Direito Privado, São José do Rio Preto, Rel. Des. Maia da Rocha, j. 03.06.2009, *DJESP* 14.07.2009).

REFORMA DO CÓDIGO CIVIL: Com a importante finalidade prática de diferenciar a culpa ou o fato concorrente da vítima em relação à sua culpa ou ao seu fato exclusivo, a Comissão de Juristas propõe a inclusão de um § 2º no art. 738, prevendo o seguinte: "Se o prejuízo sofrido for atribuível, exclusivamente, à pessoa transportada, não caberá qualquer reparação de danos". Como se pode notar, a proposta serve justamente para diferenciar a hipótese do *pingente de trem* – em que há culpa ou risco concorrente – da do *surfista ferroviário* – que age com culpa ou fato risco exclusivo, a afastar totalmente a responsabilidade civil da empresa transportadora.

Art. 739. O transportador não pode recusar passageiros, salvo os casos previstos nos regulamentos, ou se as condições de higiene ou de saúde do interessado o justificarem.

COMENTÁRIOS DOUTRINÁRIOS: Como regra geral, o transportador não pode recusar passageiros, salvo nos casos previstos nos seus regulamentos ou se as condições de higiene ou de saúde do interessado o justificarem. Como há, na grande maioria das vezes, uma relação de consumo, recorde-se aqui o teor do art. 39, inc. II, do CDC, que considera prática abusiva não atender às demandas dos consumidores. A título de exemplos de aplicação da parte final da norma, o transportador pode recusar passageiros embriagados, sob o uso de drogas, que estejam portando armas ou animais de estimação considerados como perigosos aos demais. Cite-se, ainda, o caso de passageira gestante, que tenha restrição médica para viajar de avião, o que ocorre a partir de 27 semanas de gestação.

JURISPRUDÊNCIA COMENTADA: Sobre a passageira gestante, tem-se entendido que "não se mostra indevida a exigência de atestado médico para o embarque de passageiras com mais de 27 semanas de gestação, na forma do artigo 739 do Código Civil, que faculta ao transportador recusar passageiros se sua condição de saúde o justificar. Ausente o ato ilícito por parte da recorrida, não há que se falar em indenização por danos materiais e morais" (TJDF, Recurso 2013.01.1.157235-7, Acórdão 789.491, 1.ª Turma Recursal dos Juizados Especiais do Distrito Federal, Rel. Juiz Leandro Borges de Figueiredo, *DJDFTE* 20.05.2014, p. 382). Em caso de passageiro embriagado, destaque-se: "Não há falar em prestação de serviço de transporte inadequado quando o contexto probatório demonstra que o passageiro apresentava sintomas de embriaguez antes do embarque, ainda que não estivesse completamente alcoolizado. Recusa de passageiro em consonância com o disposto no art. 739 do Código Civil de 2002. Ausência, do mesmo modo, de comprovação de que a recusa foi realizada de maneira ofensiva" (TJRS, Apelação Cível 70024790578, 12.ª Câmara Cível, Uruguaiana, Rel. Des. Judith dos Santos Mottecy, j. 18.12.2008, *DOERS* 19.01.2009, p. 24).

Art. 740. O passageiro tem direito a rescindir o contrato de transporte antes de iniciada a viagem, sendo-lhe devida a restituição do valor da passagem, desde que feita a comunicação ao transportador em tempo de ser renegociada.

§ 1º Ao passageiro é facultado desistir do transporte, mesmo depois de iniciada a viagem, sendo-lhe devida a restituição do valor correspondente ao trecho não utilizado, desde que provado que outra pessoa haja sido transportada em seu lugar.

§ 2º Não terá direito ao reembolso do valor da passagem o usuário que deixar de embarcar, salvo se provado que outra pessoa foi transportada em seu lugar, caso em que lhe será restituído o valor do bilhete não utilizado.

§ 3º Nas hipóteses previstas neste artigo, o transportador terá direito de reter até cinco por cento da importância a ser restituída ao passageiro, a título de multa compensatória.

COMENTÁRIOS DOUTRINÁRIOS: O dispositivo trata da possibilidade de rescisão, ou mais especificamente, de resilição unilateral do contrato de transporte pelo passageiro. Essa denúncia será possível antes da viagem, desde que feita a comunicação ao transportador em tempo de a passagem poder ser renegociada. Parte da doutrina entende que se trata de um direito de arrependimento assegurado ao passageiro pela lei. De qualquer forma, o comando deixa dúvidas, pois é utilizado o termo "rescindir", que entendo ter mais relação com a resilição unilateral, nos termos do *caput* do art. 473 do Código Civil. Em se tratando de relação de consumo, havendo a compra de passagens à distância (*v.g.*, pela internet ou por telefone), entendo ser aplicável o art. 49 do CDC que prevê um prazo de sete dias, a partir da compra, aí sim para o arrependimento do consumidor. Pelo último caminho, são ilegais e abusivas as multas cobradas pelas empresas aéreas dentro do prazo de arrependimento. Ato contínuo, merece aplicação integral o parágrafo único do art. 49 do CDC, com a devolução integral do que foi pago pelo consumidor, valor que deve ser atualizado integralmente. A jurisprudência não é pacífica sobre a aplicação desse prazo para as compras de passagens pela internet, como se verá. Diante da polêmica, existem projetos de lei em trâmite no Congresso Nacional para deixar clara essa possibilidade. Vale lembrar que há regra sobre o tema no art. 11 da Resolução n. 400/2016 da ANAC, havendo polêmica também quanto à sua adequação frente ao CDC. Conforme esse preceito, o usuário do serviço de transporte aéreo poderá desistir da passagem aérea adquirida, sem qualquer ônus, desde que o faça no prazo de até vinte e quatro horas, a contar do recebimento do seu comprovante. Conforme o seu parágrafo único, a norma somente se aplica às compras feitas com antecedência igual ou superior a sete dias em relação à data de embarque. Voltando-se ao Código Civil, mesmo depois de iniciada a viagem, ou seja, no meio do percurso, é facultado ao passageiro desistir do transporte, tendo direito à restituição do valor correspondente ao trecho não utilizado, desde que fique provado que outra pessoa haja sido transportada em seu lugar no percurso faltante. Entretanto, se o usuário não embarcar, não terá direito, por regra, ao reembolso do valor da passagem, salvo se conseguir provar que outra pessoa foi transportada em seu lugar, caso em que lhe será restituído o valor do bilhete não utilizado. Fica a ressalva, contudo, de que nas hipóteses de resilição unilateral o transportador terá direito à retenção de até cinco por cento (5%) da importância a ser restituída ao passageiro, a título de multa compensatória. A mesma multa está prevista no art. 3º da Resolução n. 400/2016 da Agência Nacional de Aviação Civil (ANAC): "O transportador deverá oferecer ao passageiro, pelo menos, uma opção de passagem aérea em que a multa pelo reembolso ou remarcação não ultrapasse 5% (cinco por cento) do valor total dos serviços de transporte aéreo, observado o disposto nos arts. 11 e 29, parágrafo único, desta Resolução". Como se trata de cláusula penal, sendo esta exagerada – o que será difícil de ocorrer na prática, diga-se de passagem –, pode-se aplicar a redução equitativa da multa constante do art. 413 do CC/2002, como corolário da eficácia interna do princípio da função social dos contratos.

JURISPRUDÊNCIA COMENTADA:

Como exposto, há polêmica na jurisprudência sobre a aplicação do art. 49 do CDC para a compra de passagens aéreas à distância. Algumas decisões afastam a incidência da norma, uma vez que o consumidor tem consciência do que está adquirindo, o que foge do fim social do artigo consumerista, de sua *mens legis* (por todas: TJRS, Recurso Cível 0050793-20.2018.8.21.9000, 2.ª Turma Recursal Cível, Cachoeirinha, Rel. Juiz Roberto Behrensdorf Gomes da Silva, j. 26.09.2018, *DJERS* 01.10.2018; e TJDF, Recurso 2010.01.1.014473-2, Acórdão 492.650, 2.ª Turma Recursal dos Juizados Especiais Cíveis e Criminais do DF, Rel. Juiz José Guilherme de Souza, *DJDFTE* 05.04.2011, p. 244). Entretanto, outras tantas ementas aplicam de forma correta o art. 49 do CDC para as compras de passagens aéreas pela internet ou telefone, pois o fim social da norma é justamente de abranger a hipótese de compra e venda contemporânea (nessa linha: TJSP, Apelação 1037194-24.2016.8.26.0562, Acórdão 11159318, 22.ª Câmara de Direito Privado, Santos, Rel. Des. Hélio Nogueira, j. 08.02.2018, *DJESP* 22.02.2018, p. 2.428; TJRS, Recurso Cível 0019168-07.2014.8.21.9000, Turma Recursal Provisória, Santo Ângelo, Rel. Des. Juliano da Costa Stumpf, j. 27.06.2016, *DJERS* 01.07.2016; TJDF, Recurso 2008.01.1.125046-8, Acórdão 398.269, 1.ª Turma Recursal dos Juizados Especiais Cíveis e Criminais, Rel. Juíza Wilde Maria Silva Justiniano Ribeiro, *DJDFTE* 13.01.2010, p. 151; TJBA, Recurso 124461-2/2007-1, 3.ª Turma Recursal, Rel. Juiz José Cícero Landin Neto, j. 28.05.2008, *DJBA* 05.06.2008; e TJRS, Recurso Inominado 71000597799, 1.ª Turma Recursal Cível, Caxias do Sul, Rel. Des. João Pedro Cavalli Júnior, j. 18.11.2004). De fato, não se pode buscar o fim social da lei em prejuízo do consumidor, o que viola a própria concepção da Lei n. 8.078/1990 como norma protecionista e com fundamento constitucional. Sobre o art. 740 do Código Civil, muitos julgados aplicam o seu teor em *diálogo* com o que consta do art. 49 do CDC. Assim, por exemplo: "A interpretação sistemática do art. 740 do Código Civil e do art. 49 do Código de Defesa do Consumidor leva à conclusão de que na hipótese em que o consumidor do serviço de transporte exerça o seu direito de arrependimento, desistindo do contrato celebrado fora do estabelecimento comercial em até sete dias, terá direito à devolução integral do preço pago; mas se a desistência é posterior ao prazo de reflexão, o fornecedor tem o direito de reter até 5% do valor pago, a título de multa compensatória. Previsão contratual em desacordo com tal regramento é nula de pleno direito (CDC, art. 51, inc. II). Assim, realizado o cancelamento da compra pelo autor quatro dias após a contratação, e vinte e nove dias antes da data do embarque, faz ele *jus* à devolução integral dos valores desembolsados" (TJSP, Apelação 1019311-95.2016.8.26.0002, Acórdão 10930464, 12.ª Câmara de Direito Privado, São Paulo, Rel. Des. Sandra Galhardo Esteves, j. 30.10.2017, *DJESP* 06.11.2017, p. 2.691). Em sentido próximo, mas merecendo críticas quanto à conclusão final, do Tribunal do Distrito Federal: "Nos termos do art. 740 do Código Civil, o passageiro tem o direito ao reembolso da passagem, desde que a rescisão se opere em tempo suficiente para o transportador renegociar o assento. Desse modo, impõe-se a manutenção da sentença que reconheceu a abusividade contratual e limitou os encargos rescisórios a 10% do valor pago pela passagem aérea, visando manter o equilíbrio da relação entre as partes, de modo a evitar o enriquecimento sem causa por parte da empresa ré" (TJDF, Recurso Inominado 0707804-31.2018.8.07.0016, 2.ª Turma Recursal dos Juizados Especiais, Rel. Juiz João Fischer, j. 26.09.2018, *DJDFTE* 03.10.2018, p. 858). A crítica deve-se ao fato de que a multa deveria ser reduzida para ao menos 5% do valor pago, exatamente como consta do Código Civil. Aplicando essa redução, em caso em que se considerou presente uma relação de consumo, colaciona-se: "Ação indenizatória danos materiais e moral. Falha na prestação do serviço. Transporte aéreo. Autores que compraram 16 passagens aéreas de grupo musical inscrito em festival de música baiano. Passageiros que não conseguiram embarcar na data prevista por ausência de documentação. Pretensão de reembolso do valor das passagens e condenação da ré ao pagamento de indenização por dano moral. Relação de consumo caracterizada. Aplicação do CDC. Instituto autor que EFETIVAMENTE contratou o serviço de transporte aéreo da ré. A pessoa jurídica adquirente de um produto ou serviço pode ser considerada consumidora se apresentar vulnerabilidade frente ao fornecedor. No caso em tela, restou evidenciada a hipossuficiência e vulnerabilidade do autor na relação contratual estabelecida com a requerida. Abusividade da multa compensatória aplicada. Exegese dos artigos 740 do Código Civil e 13 da Portaria n. 676/GC-5 de 13.11.2000 do Comandante da Aeronáutica por força da Lei Complementar n. 97/99 de 09.06.1999. Multa reduzida para 5% do valor dos bilhetes aéreos" (TJSP, Apelação 1013334-85.2017.8.26.0100, Acórdão 11174509, 15.ª Câmara de Direito Privado, São Paulo, Rel. Des. Coelho Mendes, j. 15.02.2018, *DJESP* 26.02.2018, p. 2.705).

Art. 741. Interrompendo-se a viagem por qualquer motivo alheio à vontade do transportador, ainda que em consequência de evento imprevisível, fica ele obrigado a concluir o transporte contratado em outro veículo da mesma categoria, ou, com a anuência do passageiro, por modalidade diferente, à sua custa, correndo também por sua conta as despesas de estada e alimentação do usuário, durante a espera de novo transporte.

COMENTÁRIOS DOUTRINÁRIOS: Como restou evidenciado, o contrato de transporte traz como conteúdo uma obrigação de resultado do transportador. Assim sendo, o preceito prevê que, interrompendo-se a viagem por qualquer motivo alheio à vontade do transportador, ainda que em consequência de evento imprevisível, fica ele obrigado a concluir o transporte contratado em outro veículo da mesma categoria, ou, com a anuência do passageiro, por modalidade diferente e à sua custa. Corre também por sua conta as despesas de estada e alimentação do usuário, durante a espera de novo transporte. A título de exemplo, se em uma viagem interestadual o ônibus *quebra* por problemas no motor, a empresa transportadora será obrigada a disponibilizar aos passageiros outro veículo para concluir o transporte. Não sendo isso possível de imediato, deverá arcar com todas as despesas de estada e alimentação que os passageiros tiverem enquanto o novo ônibus não é disponibilizado. O mesmo se dá quando ocorrem problemas em aeronaves no transporte aéreo, algo que é comum no Brasil, devendo a empresa comunicar as razões do problema e o novo horário de partida, o que decorre do dever de informar e de transparência, anexos ao princípio da boa-fé objetiva. A falta de comunicação ou informação pelas empresas é muito comum nessas situações, o que agrava a responsabilidade das transportadoras. Em havendo danos imateriais causados ao passageiro, entendo que os danos morais devem ser considerados como presumidos ou *in re ipsa* em tais situações.

PANDEMIA: Atualizando a obra, reitero que a Lei n. 14.034/2020 consagrou regras emergenciais para a aviação civil brasileira, em razão da pandemia de covid-19. Todavia, ao contrário da Lei n. 14.010/2020, essa norma emergente trouxe regras definitivas, muito além do reembolso do valor das passagens que foram canceladas em virtude da pandemia, no longo prazo de doze meses, contados da data do voo cancelado (art. 3.º). Entre essas normas permanentes, foi incluído um art. 251-A no Código Brasileiro de Aeronáutica, exigindo a prova efetiva do dano moral – chamado em tal Lei de dano extrapatrimonial –, em virtude de falha na execução do contrato de transporte, o que inclui o atraso de voo e o extravio de bagagem. Trata-se de um claro retrocesso na tutela dos consumidores, diante justamente dos julgados que vinham concluindo pela presença de danos presumidos ou *in re ipsa* em casos tais, a seguir expostos. O meu entendimento doutrinário também foi pela presença de que o dano moral não necessitaria ser provado nessas hipóteses.

JURISPRUDÊNCIA COMENTADA: Na esteira do último comentário, no caso de impontualidade por fator externo, "deve o transportador informar os motivos do atraso e a previsão de horário de partida, além de prestar aos seus passageiros a adequada assistência material, conforme dispõe o art. 741 do Código Civil, o que no caso não ocorreu. A Resolução n. 141/2010 da ANAC (Agência Nacional de Aviação Civil) prevê que, nos casos de atraso, cancelamento ou interrupção de voo assim como preterição de passageiro, também assegura-se ao passageiro direito de receber do transportador a devida assistência material. O dano moral decorrente de atraso de voo prescinde de prova e a responsabilidade de seu causador opera-se *in re ipsa*. Precedentes STJ. Valor da condenação por danos morais reduzido para R$ 5.000,00 (cinco mil reais), adequando-se aos princípios da razoabilidade e da proporcionalidade" (TJES, Apelação 0008016-47.2015.8.08.0024, Rel. Des. Janete Vargas Simões, j. 25.09.2018, *DJES* 11.10.2018). Também sobre os danos morais que decorrem da falta de comunicação e do atraso, do Tribunal Fluminense: "Cancelamento do voo da parte autora. Em que pese alegar a parte ré que o atraso de quase 12 (doze) horas para embarque decorreu das péssimas condições climáticas, é evidente a falha na prestação dos serviços. [...]. Fortuito interno, que não tem o condão de afastar o dever de indenizar, posto que se as condições climáticas, supostamente, impediram a liberação do voo, não interferiram, em absoluto, no comportamento da transportadora. Não restou demonstrada pela empresa ré a adequada prestação de assistência material à parte autora, infringindo, pois, o disposto no art. 741 do Código Civil. Inquestionável a sensação de revolta diante da atitude. Que acarreta frustração e impotência. De desrespeito aos passageiros frustrados no seu desejo de viajar em data e hora marcados, fato cada vez mais noticiado nos dias de hoje. Dano moral configurado, mostrando-se razoável e proporcional a verba indenizatória fixada no valor de R$ 7.000,00" (TJRJ, Apelação 0005653-50.2015.8.19.0002, 3.ª Câmara Cível, Niterói, Rel. Desig. Des. Fernanda Fernandes Coelho Arrabida Paes, *DORJ* 21.09.2018, p. 251). Ainda a ilustrar a incidência do art. 741 do CC, *decisum* do Tribunal do Distrito Federal aduziu que, "na forma do art. 737 do Código Civil, o transportador está sujeito aos horários e itinerários previstos, sob pena de responder por perdas e danos. A responsabilidade do transportador não se encerra com o endosso do bilhete para outra companhia, mas subsiste até o efetivo cumprimento do contrato. O cancelamento de voo de retorno obriga o transportador a ressarcir as despesas de estada e alimentação do usuário, na forma do art. 741 do Código Civil, bem como dos demais danos, na forma do art. 475 do mesmo diploma. A reparação civil deve abranger os danos morais decorrentes dos transtornos decorrentes de um dia a mais de viagem não programada. A indenização fixada em R$ 6.000,00 para os dois autores está em conformidade com as circunstâncias do caso e com a necessidade de compensação e prevenção dos danos" (TJDF, Recurso 2011.01.1.204996-5, Acórdão 617.589, 2.ª Turma Recursal dos Juizados Especiais do Distrito Federal, Rel. Juiz Aiston Henrique de Sousa, *DJDFTE* 13.09.2012, p. 184). Por fim, em caso de transporte rodoviário de ônibus, também para exemplificar a correta aplicação do art. 741 do Código Civil: "Erro operacional da ré que não providenciou o deslocamento do ônibus até a rodoviária de Itapetininga, conforme o contrato de transporte. Autora deixada na rodoviária e viagem por automóvel, segundo a boa vontade do genitor que se dispôs a levá-la. Ilícito contratual configurado. Lapso de tempo no qual à autora não foi disponibilizada acomodação e/ou alimentação (art. 741 do Código Civil). Dano material. *Quantum* orientado por critérios objetivos (art. 944, *caput*, do Código Civil). Valores estimativos não indenizáveis segundo esse critério. Dano moral reconhecido. Tipificação *in re ipsa*. *Quantum* arbitrado em R$ 5.000,00, que é razoável e com efeito profilático" (TJSP, Apelação 1000724-85.2016.8.26.0079, Acórdão 11105682, 12.ª Câmara de Direito Privado, Botucatu, Rel. Des. Cerqueira Leite, j. 16.01.2018, *DJESP* 24.01.2018, p. 5.171). A pesquisa realizada revela que os valores indenizatórios fixados a título de dano moral por interrupção de viagem oscilam entre R$ 5.000,00 e R$ 10.000,00 no Brasil, com muitos julgados anteriores concluindo que os danos seriam presumidos. De todo modo, tal panorama jurisprudencial deve mudar com a Lei n. 14.034/2020 que, como visto, traz a ideia de necessidade de prova de dano moral.

Art. 742. O transportador, uma vez executado o transporte, tem direito de retenção sobre a bagagem de passageiro e outros objetos pessoais deste, para garantir-se do pagamento do valor da passagem que não tiver sido feito no início ou durante o percurso.

COMENTÁRIOS DOUTRINÁRIOS: A lei traz, a favor do transportador, o direito de retenção sobre a bagagem de passageiro e outros objetos pessoais deste, para garantir-se do pagamento do valor da passagem que não tiver sido feito no início ou durante o percurso. Entendo não se tratar de um penhor legal, mas tão somente de um direito pessoal colocado à disposição da parte contratual, assim como ocorre com o possuidor de boa-fé. A norma pode representar ofensa à intimidade do passageiro, diante da possibilidade de apreensão de seus bens pessoais. Assim sendo, é possível até ventilar a inconstitucionalidade do diploma, pelo que consta do art. 5º, inc. X, da CF/1988, uma vez que são invioláveis a intimidade, a vida privada, a honra e a imagem das pessoas, assegurado o direito a indenização pelo dano material ou moral decorrente de sua violação. Talvez por isso, diante das dificuldades que essa retenção pode gerar, a norma não tem encontrado a devida aplicação prática.

REFORMA DO CÓDIGO CIVIL: Tendo em vista os problemas de ofensa à intimidade do passageiro, pontuados nas minhas notas doutrinárias, a Comissão de Juristas propõe a alteração do comando, para que não mencione genericamente os seus objetos pessoais, e que traga necessárias exceções a respeito da retenção pelo transportador. Sugere-se, assim, que o art. 742 passe a prever o seguinte: "O transportador, uma vez executado o transporte, tem direito de retenção sobre a bagagem de passageiro para garantir-se do pagamento do valor da passagem que não tiver sido feito no início ou durante o percurso, exceção feita aos seus documentos, pertences de higiene pessoal, medicamentos e outros pertences necessários para garantia do bem-estar do passageiro inadimplente".

SEÇÃO III
DO TRANSPORTE DE COISAS

Art. 743. A coisa, entregue ao transportador, deve estar caracterizada pela sua natureza, valor, peso e quantidade, e o mais que for necessário para que não se confunda com outras, devendo o destinatário ser indicado ao menos pelo nome e endereço.

COMENTÁRIOS DOUTRINÁRIOS: Pelo contrato de transporte de coisas, o expedidor ou remetente entrega bens corpóreos ou mercadorias ao transportador, para que o último os leve até um destinatário, com pontualidade e segurança. Ressalve-se, contudo, que o destinatário pode ser o próprio expedidor. A remuneração devida ao transportador, nesse caso, é denominada *frete*. Como ocorre com o transporte de pessoas, o transportador de coisas assume uma obrigação de resultado, o que justifica a sua responsabilidade contratual objetiva. A coisa, entregue ao transportador, deve necessariamente estar caracterizada pela sua natureza, valor, peso e quantidade, e o que mais for necessário para que não se confunda com outras. Também o destinatário deverá ser indicado ao menos pelo nome e endereço, como ainda se verá (art. 750 do CC). Isso, tendendo ao cumprimento perfeito do contrato, à satisfação obrigacional. Quanto à aplicação do CDC, como vimos, muitas vezes não haverá a sua subsunção ao transporte de coisas, especialmente quando tal contrato for utilizado na máquina produtiva do expedidor. Citem-se as comuns hipóteses de transporte de mercadorias para distribuição e posterior venda aos consumidores finais. Alerte-se que a não subsunção do CDC não altera a natureza jurídica da responsabilidade do transportador, que continua sendo objetiva diante da cláusula de incolumidade presente em tal negócio.

JURISPRUDÊNCIA COMENTADA: Reconhecendo ser a responsabilidade no transporte de coisas objetiva, tendo como base o tratamento constante do Código Civil e em caso bem interessante: "Direito civil. Contrato transporte rodoviário de coisas (art. 743 e ss. do CC). Acidente de trânsito. Sociedade empresária do ramo de guinchos acionada para o traslado de caminhão de propriedade da demandante no estado de Alagoas. Tombamento, na sequência, do veículo de resgate pertencente à demandada com avarias no baú frigorífico acoplado ao caminhão da demandante que era então transportado. Espalhamento de parte da carga transportada. Saques por terceiros. Sentença de parcial procedência prolatada na origem. Apelação. Irresignação da sociedade empresária demandada. [...]. Mérito. Inconformismo centrado na pretensa ausência de nexo de causalidade entre a prestação do serviço de transporte e o resultado danoso. Culpa imputada à própria demandante que teria omitido que o caminhão guinchado estaria carregado com mercadoria. Argumentação rejeitada. Obrigação consistente em conduzir a coisa ao seu destino e de entregá-la em bom estado (art. 749 do CC). Responsabilidade civil objetiva da transportadora. Risco da atividade. Não demonstração de que foi enganada pela contratante. Inexistência de comprovação, a teor do art. 333, II, do Código de Processo Civil de 1973, de hipóteses de caso fortuito, força maior ou culpa exclusiva da vítima ou de terceiro. Obrigação de indenizar reafirmada. Sentença mantida. Recurso conhecido e desprovido. No âmbito do transporte de cargas, sabido que 'a responsabilidade do transportador, por força das disposições do Código Civil, começa no momento em que recebe as mercadorias e termina quando são efetivamente entregues ao seu destinatário. Nesses termos, a partir do momento que a empresa de transporte aceita o produto, assume os riscos por eventuais danos ocorridos na prestação do serviço' (TJSC, Apelação Cível n. 2012.078994-5, de Joinville, Rel. Des. Marcus Tulio Sartorato, da Terceira Câmara de Direito Civil, j. 18.12.2012)" (TJSC, Apelação Cível 0013621-16.2013.8.24.0018, 1.ª Câmara de Enfrentamento de Acervos, Chapecó, Rel. Des. Luiz Felipe Schuch, *DJSC* 05.09.2018, p. 360). No mesmo sentido, até afastando a aplicação do CDC e na linha dos meus comentários doutrinários, considerando que essa não subsunção não declina a incidência da responsabilidade objetiva: "Contrato de transporte de coisas. Inaplicabilidade do CDC. Entrega das mercadorias a terceiros não autorizados pelo destinatário. Extravio constatado. Incidência dos artigos 743 e seguintes do Código Civil. Responsabilidade objetiva da transportadora. Dever de indenizar configurado" (TJPR, Apelação Cível 1282667-2, 8.ª Câmara Cível, Maringá, Rel. Des. Gilberto Ferreira, j. 03.03.2016, *DJPR* 06.04.2016, p. 433). Sobre o teor do art. 743, no tratamento referente às especificações da coisa a ser transportada, o Tribunal de Justiça do Rio Grande do Sul entendeu que não havia efetiva prova do dano suportado pelo autor da ação quanto às mercadorias perdidas, levando-se em conta a declaração anterior que havia sido feita ao Fisco: "O autor declarou ao Fisco, nos termos da nota fiscal de fl. 29, o valor total da mudança de R$ 2.000,00. Veja-se que o autor não se preocupou em fazer prova de que o valor alcançava cifra superior, obrigação que lhe cabia no momento de fazer a entrega das coisas ao transportador, à luz do art. 743 do Código Civil. Portanto, terá direito o autor ao ressarcimento dos móveis, utensílios domésticos e equipamentos de trabalho, no valor de R$ 2.000,00 (dois mil reais), conforme declaração na nota fiscal" (TJRS, Apelação Cível 70036012086, 12.ª Câmara Cível, Palmeira das Missões, Rel. Des. Umberto Guaspari Sudbrack, j. 14.10.2010, *DJERS* 21.10.2010).

REFORMA DO CÓDIGO CIVIL: Com uma necessária abertura para o uso de novas tecnologias para a identificação do destinatário das mercadorias e das próprias coisas transportadas, a Comissão de Juristas sugere a inclusão de uma locução final no art. 743: "A coisa, entregue ao transportador, deve estar caracterizada pela sua natureza, valor, peso e quantidade, e o mais que for necessário para que não se confunda com outras, devendo o destinatário ser indicado pelo nome e endereço ou outro sistema definido entre as partes contratantes, inclusive na forma eletrônica". Como bem justificou a Subcomissão de Contratos, "os contratos de transporte de coisa têm sido fortemente facilitados pelo uso de inovações tecnológicas, entre elas o uso de sistema de identificação por QR Code, ou de aplicativos de uso viabilizado para as partes desde o início da transação".

Art. 744. Ao receber a coisa, o transportador emitirá conhecimento com a menção dos dados que a identifiquem, obedecido o disposto em lei especial.

Parágrafo único. O transportador poderá exigir que o remetente lhe entregue, devidamente assinada, a relação discriminada das coisas a serem transportadas, em duas vias, uma das quais, por ele devidamente autenticada, ficará fazendo parte integrante do conhecimento.

COMENTÁRIOS DOUTRINÁRIOS: Em complemento à norma anterior, prevê o Código Civil que, ao receber a coisa a ser transportada, o transportador emitirá conhecimento com a menção dos dados que a identifiquem, obedecido o disposto em lei especial. Trata-se do conhecimento de frete, transporte ou de carga, que comprova o recebimento da coisa e a obrigação de transportá-la. No mesmo sentido, aliás, é o art. 6º da Lei n. 11.442/2007, que trata do transporte rodoviário de mercadorias: "O transporte rodoviário de cargas será efetuado sob contrato ou conhecimento de transporte, que deverá conter informações para a completa identificação das partes e dos serviços e de natureza fiscal". Esse documento é um título de crédito atípico, inominado ou impróprio, devendo ser aplicadas a eles as normas previstas no atual Código Civil, a partir do seu art. 887. Ainda quanto ao conhecimento de frete, o transportador poderá exigir que o remetente lhe entregue, devidamente assinada, a relação discriminada das coisas a serem transportadas, em duas vias, uma das quais, por ele devidamente autenticada, fará parte integrante do conhecimento. Essa regra, que decorre do dever de informar relacionado com a boa-fé objetiva, pretende evitar que o expedidor ou remetente pleiteie eventual indenização sobre a qual não tenha qualquer direito.

JURISPRUDÊNCIA COMENTADA: Em um primeiro julgado a ser citado, apegado ao rigor formal, afastou-se o pagamento do valor do transporte pela falta do preenchimento dos mínimos requisitos no conhecimento de transporte. Vejamos parte da ementa: "Trata-se de ação de cobrança na qual o autor alega que apesar de realizar o transporte rodoviário interestadual contratado pela ré, não recebeu o respectivo pagamento. Hipótese que versa do contrato de transporte de coisas, no qual o documento denominado conhecimento de transporte deverá conter informações para a completa identificação das partes e dos serviços de natureza fiscal. Documentos acostados aos autos que não preenchem os requisitos necessários para comprovar a prestação do serviço. Ausência de lastro probatório mínimo apto a corroborar as alegações autorais. Inobservância do art. 744 do CC/02 assim como do art. 6º da Lei n. 11.442/2007" (TJRJ, Apelação 0059785-02.2011.8.19.0001, 5.ª Câmara Cível, Rio de Janeiro, Rel. Des. Denise Nicoll Simões, *DORJ* 01.03.2018, p. 275). Entretanto, não tão apegado a esse rigor formal, entendeu o Tribunal de Justiça de Minas Geais que "se ausente a nota de conhecimento de que trata o artigo 744 do Código Civil, mas presentes outros elementos que demonstram que as partes celebraram um contrato de transporte, e que os equipamentos transportados foram danificados e não chegaram ao destino, por força do disposto no artigo 750 do Código Civil tem a transportadora obrigação de indenizar a expedidora" (TJMG, Apelação Cível 4409806-70.2007.8.13.0024, 4.ª Câmara Cível, Belo Horizonte, Rel. Des. José Carlos Moreira Diniz, j. 24.06.2010, *DJEMG* 20.07.2010). Fico com essa última forma de julgar, em prol da operabilidade.

REFORMA DO CÓDIGO CIVIL: Com vistas justamente a flexibilizar as exigências de elementos ou requisitos para o conhecimento de transporte, a Comissão de Juristas nomeada no Senado Federal sugere alterações no art. 744, para incluir a sua viabilidade pelo meio digital. Assim, o *caput* do comando passará a estabelecer que, "ao receber a coisa, o transportador emitirá, físico ou digital, conhecimento de transporte, com a menção de dados que a identifiquem, obedecido o disposto em lei especial". Ademais, sugere-se um novo § 2º prevendo a dispensa das formalidades do § 1º "nos casos de conhecimento de transporte digital, cabendo apenas aquilo que as partes pactuaram como necessário para a sua comprovação".

Art. 745. Em caso de informação inexata ou falsa descrição no documento a que se refere o artigo antecedente, será o transportador indenizado pelo prejuízo que sofrer, devendo a ação respectiva ser ajuizada no prazo de cento e vinte dias, a contar daquele ato, sob pena de decadência.

COMENTÁRIOS DOUTRINÁRIOS: O dispositivo prevê que o transportador terá um direito subjetivo de pleitear indenização por perdas e danos, se o contratante prestar falsa informação no conhecimento de frete. Para essa ação condenatória, o comando legal prevê prazo decadencial de 120 dias, contados da data em que foi prestada a informação inexata. Há um sério problema técnico na norma, pois ela entra em conflito com a antiga tese de Agnelo Amorim Filho, adotada pela codificação privada de 2002 quanto à prescrição e à decadência. Como se sabe, esse autor relacionou o prazo de prescrição a ações condenatórias e os prazos decadenciais a ações constitutivas positivas ou negativas, caso das ações anulatórias (*RT* 300/7 e 744/725). Ora, a ação indenizatória referenciada no art. 745 do CC/2002 é condenatória, não se justificando o prazo decadencial que nele consta. Trata-se de um descuido do legislador, um sério "cochilo", eis que foi sua intenção concentrar todos os prazos de prescrição nos arts. 205 e 206 do Código Civil de 2002. Isso, em prol do princípio da operabilidade, que busca a facilitação do Direito Privado. Aqui, a regra é quebrada, infelizmente, e de forma atécnica. Desse modo, estou filiado à parcela considerável da doutrina, ao afirmar que, não obstante a lei referenciar que o prazo é decadencial, trata-se de prazo prescricional, diante da natureza condenatória da ação prevista na norma.

JURISPRUDÊNCIA COMENTADA: Tem-se entendido nas Cortes Estaduais brasileiras que o prazo do art. 745 do Código Civil não se aplica aos casos de *sobre-estadia*, em que está presente uma indenização diária, devida ao transportador, quando o importador permanece em posse de *container* por um tempo acima do que foi acordado, relativo ao depósito da mercadoria (*demurrage*). Por todos os acórdãos que assim concluem: "Autor que visa à cobrança de sobre-estadia. *Demurrage*. Pelo não transporte de *containers* vazios. Prescrição. Inocorrência. Não transcurso do prazo trienal entre a data do ajuizamento da ação e do não recolhimento dos *containers*. Decadência. Inaplicabilidade do prazo disposto no art. 745, do Código Civil. Prazo que se aplica na ação do transportador contra o remetente" (TJPR, Apelação Cível 1381186-0, 9.ª Câmara Cível, Paranaguá, Rel. Juiz Conv. Sérgio Luiz Patitucci, j. 20.08.2015, *DJPR* 01.09.2015, p. 196). Sobre a crítica doutrinária que foi feita, pontue-se que existem julgados aplicando o prazo decadencial em comento sem qualquer restrição: TJPR, Apelação Cível 0972521-1, 8.ª Câmara Cível, Arapongas, Rel. Des. Sérgio Roberto N. Rolanski, *DJPR* 11.07.2013, p. 140; e TJSC, Apelação Cível 2010.050906-6, Indaial, Rel. Des. Marcus Tulio Sartorato, j. 30.11.2010, *DJSC* 14.12.2010, p. 206. Como única ressalva encontrada entre os julgamentos, de aplicação de um prazo de prescrição maior, destaque-se *decisum* do

Tribunal de Santa Catarina, que assim concluiu quanto a fatos ocorridos na vigência da codificação anterior: "Sentença que extinguiu o processo com julgamento de mérito, com fundamento no artigo 745, do Código Civil de 2002. Contrato de transporte celebrado em 2001, ao qual se aplica a disciplina do Código de 1916. Prazo vintenário. Acolhimento do recurso para afastar a prescrição" (TJSC, Apelação Cível 2008.003511-7, 6.ª Câmara de Direito Civil, Pomerode, Rel. Des. Ronei Danielli, j. 13.09.2011, *DJSC* 27.09.2011, p. 141).

REFORMA DO CÓDIGO CIVIL: Com o fim de superar e corrigir o problema técnico e metodológico por mim apontado, a respeito de o prazo de prescrição estar colocado na Parte Especial do Código Civil, a Comissão de Juristas sugere retirar menção a ele, passando o art. 745 a prever somente o seguinte: "Em caso de informação inexata ou falsa descrição no documento a que se refere o artigo antecedente, será o transportador indenizado pelo prejuízo que sofrer". Na verdade, o prazo que antes era de cento e vinte dias é deslocado para o art. 206, § 1º, inc. VII, passando a ser de um ano. Por esse comando, prescreve nesse lapso temporal a pretensão "para o transportador indenizar-se pelos prejuízos que sofrer, em decorrência de informação inexata ou falsa descrição aposta no conhecimento de transporte, a contar de 60 (sessenta) dias após o desembarque". Assim, após sessenta dias após o desembarque das mercadorias, o expedidor terá o início do prazo prescricional de um ano para a correspondente ação e eventual ação reparatória de danos por problemas de descrição no comprovante de transporte.

Art. 746. Poderá o transportador recusar a coisa cuja embalagem seja inadequada, bem como a que possa pôr em risco a saúde das pessoas, ou danificar o veículo e outros bens.

COMENTÁRIOS DOUTRINÁRIOS: O transportador tem o direito de recusar a coisa cuja embalagem for inadequada, bem como aquela que possa colocar em risco a saúde das pessoas envolvidas no transporte, caso de seus empregados e prepostos, danificar o veículo ou outros bens que estejam sendo transportados. É correto entender, ainda, que o transportador pode negar o transporte de mercadorias que estejam avariadas. Tudo isso é motivo para a rescisão ou resolução do contrato por parte do transportador, diante do inadimplemento do expedidor ou remetente. O preceito visa ao cumprimento da obrigação de resultado pelo transportador que tem o direito de afastar motivos que possam prejudicar o bom desempenho do seu encargo contratual. Além da existência de um direito, pode-se afirmar que há um dever do transportador em relação ao próprio expedidor e quanto a terceiros no conteúdo do comando. No primeiro caso, a sua violação enseja uma responsabilidade contratual quanto ao expedidor; e no segundo, a sua responsabilidade extracontratual, frente aos terceiros e caso esses sejam prejudicados pela recusa do transportador. Nos termos dos arts. 932, inc. III, e 933 do Código Civil, há que se reconhecer, ainda, a responsabilidade do transportador por atos de seus prepostos e empregados, que não observam o que consta do comando.

JURISPRUDÊNCIA COMENTADA: Na linha dos comentários doutrinários, pela presença de uma responsabilidade extracontratual do transportador frente a terceiros, por não ter atendido ao que consta do art. 746 do Código Civil, julgou o Tribunal Gaúcho, de forma correta: "Apelação cível. Responsabilidade civil em acidente de trânsito. Carga desprendida de caminhão. Motociclista atingido. Corresponsabilidade do motorista réu e da empresa responsável pelo acondicionamento da carga que atingiu o autor mantida. Agir culposo da empresa demandada, que não providenciou a adequada acomodação da mercadoria transportada, verificado. Negligência do condutor demandado, que não conferiu as condições de segurança da carga antes de realizar o transporte. Inobservância da regra do art. 746 do CC/02. É devida a indenização pelos danos materiais que guardam relação com o evento danoso e que foram comprovados nos autos" (TJRS, Apelação Cível 0214450-32.2015.8.21.7000, 11.ª Câmara Cível, Porto Alegre, Rel. Des. Luiz Roberto Imperatore de Assis Brasil, j. 17.02.2016, *DJERS* 11.03.2016). Ainda na linha do que foi pontuado, quanto à responsabilidade do transportador por seus prepostos: "Responsabilidade objetiva. Transporte de carga. Carga mal acondicionada. Dever de cuidado do preposto. Responsabilidade objetiva do transportador. Art. 746, do Código Civil, que lhe garante a prerrogativa de recusar a carga mal acondicionada. Preposto que tinha o dever de perceber a altura excedente do material transportado, responsabilidade da ré pelo ato de seus prepostos (art. 932, inciso III, do CC)" (TJSP,

Apelação 0024203-29.2010.8.26.0114, Acórdão 8634403, 30.ª Câmara de Direito Privado, Campinas, Rel. Des. Maria Lúcia Pizzotti, j. 15.07.2015, *DJESP* 30.07.2015). A encerrar, como outro interessante exemplo da amplitude da norma, especialmente quanto à existência de um direito que pode ser convertido em um dever de indenizar: "A ré foi contratada pela segurada da autora para transportar mercadorias e não cumpriu o mister de entregar a carga incólume no seu destino. Elementos dos autos indicam que a perda da carga decorreu da má qualidade da lona que não protegeu a mercadoria. A transportadora pôde verificar as condições de enlonamento da carga e, mesmo assim, não recusou a mercadoria, consoante lhe facultava o disposto no art. 746, do Código Civil. Não pode agora invocar a inadequação das embalagens perante a seguradora, sub-rogada nos direitos da contratante. Assiste-lhe, porém, o direito de voltar-se regressivamente contra a causadora dos danos, em ação própria" (TJSP, Apelação 4003154-92.2013.8.26.0004, Acórdão 8155863, 14.ª Câmara de Direito Privado, São Paulo, Rel. Des. Melo Colombi, j. 28.01.2015, *DJESP* 05.02.2015).

REFORMA DO CÓDIGO CIVIL: De início, há proposta de incluir menção ao risco ao meio ambiente no *caput* do art. 746, como fundamento para a recusa ao transporte, o que vem em boa hora, *in verbis*: "Poderá o transportador recusar a coisa cuja embalagem seja inadequada, bem como a que possa pôr em risco a saúde das pessoas, o meio ambiente ou que possa danificar o veículo e outros bens". E mais, para proteger não só o transportador, como também os interesses do expedidor e de terceiros, caso dos consumidores dos produtos transportados, ao final, sugere-se um parágrafo único no comando, com os seguintes dizeres: "Em nenhum caso, o transportador poderá aceitar o transporte de mercadoria com embalagem inadequada, se o conteúdo da coisa transportada colocar em risco a salubridade de pessoas ou o meio ambiente ou se o poder público fixar normas específicas de como devam ser transportadas". A tutela da saúde e da segurança dos consumidores atende ao previsto nos art. 10 do Código de Defesa do Consumidor (Lei n. 8.078/1990), segundo o qual o fornecedor não poderá colocar no mercado de consumo produto ou serviço que sabe ou deveria saber apresentar alto grau de nocividade ou periculosidade à saúde ou à segurança.

Art. 747. O transportador deverá obrigatoriamente recusar a coisa cujo transporte ou comercialização não sejam permitidos, ou que venha desacompanhada dos documentos exigidos por lei ou regulamento.

COMENTÁRIOS DOUTRINÁRIOS: Em complemento à norma anterior, o Código Civil também estabelece que o transportador deverá, obrigatoriamente, recusar a coisa cujo transporte ou a comercialização não sejam permitidos, ou que venha desacompanhada dos documentos exigidos por lei ou regulamento. Trata-se de dever legal imposto ao transportador, exigindo-se a licitude das coisas a serem transportadas, sob pena de sua responsabilização nos âmbitos civil, criminal e administrativo. A infringência da norma, portanto, faz com que o transporte seja configurado como *irregular*. Sendo assim, a título de exemplo, o transportador deve negar o transporte de mercadorias contrabandeadas ou de drogas proibidas, sob pena de ilicitude do objeto do negócio jurídico (art. 166, inc. II, do CC).

JURISPRUDÊNCIA COMENTADA: Sobre o transporte irregular de carvão, entendeu-se no âmbito do Tribunal de Justiça do Mato Grosso, em ação proposta pelo transportador contra o expedidor, que "compete ao transportador a verificação da regularidade da documentação necessária ao transporte da mercadoria, devendo obrigatoriamente recusá-la, nos termos do art. 747 do Código Civil, caso constate a ausência de algum requisito exigido por Lei ou regulamento. Ao transportar a carga de carvão vegetal desacompanhada do Documento de Origem Florestal – DOF, o autor assumiu o risco pela ocorrência da apreensão de seu veículo pelos fiscais do IBAMA, não havendo falar-se em culpa ou dolo do requerido em razão da não emissão e/ou fornecimento da citada documentação. Mantém-se a sentença que julga improcedente a pretensão indenizatória, quando não ficam delineados nos autos o ato ilícito do requerido e o nexo causal com o evento danoso" (TJMT, Apelação 102881/2016, Alto Garças, Rel. Des. Marilsen Andrade Addário, j. 28.09.2016, *DJMT* 06.10.2016, p. 27). Em outro caso interessante, relativo ao transporte aéreo de veículos em situação irregular, julgou o Tribunal Paulista da seguinte forma: "Restou demonstrada a responsabilidade da transportadora aérea no que concerne à apreensão das mercadorias pelas Autoridades Fiscais locais, uma vez que a negligência da ré em transportar mercadorias desacompanhadas da documentação necessária constitui falha de serviço, nos termos do art. 747 do Código Civil de 2002. Comprovado o valor da carga, incontroverso que estas foram apreendidas pelas Autoridades Fiscais que aplicaram-lhe pena de perdimento, afastada a indenização tarifada, e provado que a parte ré transportadora foi a causadora do dano, de rigor, a manutenção da r. Sentença, na parte em que condenou a parte ré transportadora a indenizar a autora, pelo valor R$ 26.148,63, com incidência a partir de novembro de 2013, data em que realizado o transporte em questão" (TJSP, Apelação 4002165-65.2013.8.26.0011, Acórdão 9838995, 20.ª Câmara de Direito Privado, São Paulo, Rel. Des. Rebello Pinheiro, j. 26.09.2016, *DJESP* 11.10.2016).

Art. 748. Até a entrega da coisa, pode o remetente desistir do transporte e pedi-la de volta, ou ordenar seja entregue a outro destinatário, pagando, em ambos os casos, os acréscimos de despesa decorrentes da contraordem, mais as perdas e danos que houver.

COMENTÁRIOS DOUTRINÁRIOS: Da mesma forma como ocorre no transporte de pessoas, é facultado ao remetente ou expedidor, até a entrega da coisa, desistir do transporte e pedi-la de volta. Pode, ainda, ordenar que a coisa seja entregue a outro destinatário, pagando, em ambos os casos, os acréscimos de despesas decorrentes da contraordem, mais as perdas e danos que houver. Não se tratando de relação de consumo, pelo menos em regra, não surge a mesma polêmica que diz respeito ao prazo de arrependimento do art. 49 do CDC aqui antes referenciada.

JURISPRUDÊNCIA COMENTADA: Sobre a determinação de entrega em outro local pelo expedidor, ilustre-se com interessante aresto paulista, que procura apontar as consequências decorrentes da aplicação do art. 748 do Código Civil quando o transportador não atende às novas orientações: "Contrato. Carga de milho a ser levada de Itaporã (MS) a Palmital (SP). Inclusão de novo trecho, daquela cidade a Itapetininga (SP). Possibilidade de alteração, com base no art. 748 do Código Civil. Recusa injustificada do transportador, que retornou a seu domicílio, em Lupércio (SP), com a carga, causando prejuízo ao contratante. Conduta inadmissível. Provas, ademais, que não afastam a responsabilidade do condutor em vista de sua obstinação em recusar o novo trecho" (TJSP, Apelação 0000889-11.2015.8.26.0201, Acórdão 10619394, 15.ª Câmara de Direito Privado, Garça, Rel. Des. Mendes Pereira, j. 25.07.2017, *DJESP* 02.08.2017, p. 1.947).

REFORMA DO CÓDIGO CIVIL: A Subcomissão de Direito dos Contratos fez propostas de alteração do art. 748, a fim de se atender ao dinamismo do setor de transporte e de logística. Como pontuaram, "não é difícil que o embarcador tenha interesse que a carga seja imediatamente desembarcada para ser destinada a outro objetivo, por vezes até com melhor resultado econômico. Essa previsão de desembarque imediato era prevista no Decreto 19.473, de 1930, artigo 7º, revogado pelo Decreto Sem Número de 25.04.1991, e, na atualidade, é uma possibilidade bastante útil para o proprietário da mercadoria transportada que, para usufruir deverá assumir os custos decorrentes da mudança do contrato". Para atender a essa finalidade, propõe-se mudanças no texto do *caput* do preceito, que passará a prescrever o seguinte: "Até a entrega da coisa, pode o remetente desistir do transporte e pedi-la de volta, inclusive com desembarque imediato ou ordenar seja entregue a outro destinatário, pagando, em todos os casos, os acréscimos de despesas decorrentes da contraordem, mais perdas e danos se houver". A Relatoria-Geral acrescentou parâmetros necessários para se efetivar desembarque imediato, com a inclusão de um parágrafo único na norma, prevendo que "as condições para desembarque imediato da coisa a ser transportada deve especificamente constar do conhecimento de transporte, fixando-se o prazo até quando a providência possa vir a ser reclamada pelo proprietário da mercadoria".

Art. 749. O transportador conduzirá a coisa ao seu destino, tomando todas as cautelas necessárias para mantê-la em bom estado e entregá-la no prazo ajustado ou previsto.

COMENTÁRIOS DOUTRINÁRIOS: O transportador conduzirá a coisa ao seu destino, tomando todas as cautelas necessárias para mantê-la em bom estado e entregá-la no prazo ajustado ou previsto. Assim como ocorre com a norma seguinte, aqui está a essência da chamada *cláusula de incolumidade*, especificamente no transporte de coisas e a fundamentar a responsabilidade objetiva, exaustivamente citada. Repise-se que a cláusula de não indenizar é inoperante também no transporte de mercadorias, nos termos da Súmula n. 161 do STF, que continua tendo aplicação. Pelo mesmo raciocínio, também é nula a cláusula limitativa de indenização.

JURISPRUDÊNCIA COMENTADA: Afastando a cláusula de não indenizar em contrato de transporte de mercadorias, sintetizando algumas das regras anteriores aqui estudadas e citando a minha posição doutrinária constante em outra obra: "A coisa transportada deve estar caracterizada pela sua natureza, valor, peso e quantidade, posto que cabe ao transportador transportá-la adequadamente de acordo com as suas características (art. 743 do CC). Uma vez identificada a carga a ser transportada, poderá o transportador, nos termos do art. 746 do CC, recusar o transporte da coisa cuja embalagem seja inadequada, ou que possa pôr em risco a saúde das pessoas, ou danificar o veículo e outros bens. [...] A doutrina entende que, não exercida a faculdade que lhe cabe, ou seja, de enjeitar a coisa cuja embalagem seja inadequada, o acondicionamento da mercadoria fica ao encargo do transportador, que assume o compromisso pelos estragos ou perdas que possam ocorrer. Não enjeitando a coisa cuja embalagem seja inadequada, a aceitação do transporte faz incidir a cláusula de incolumidade prevista no art. 749 do CC, a qual, nos dizeres de Flávio Tartuce, fundamenta a responsabilidade objetiva do transportador; pois, desde o recebimento da coisa, este assume uma obrigação de resultado, incumbindo-lhe exercer a guarda com desvelo e em conformidade com suas características, de forma a entregá-la no mesmo estado que a recebeu. Mostra-se irrelevante o fato alegado pela apelante de que a apelada teria fornecido suporte (cavalete) inadequado para o transporte das placas de mármore; sendo que, no caso, constatando que o cavalete não suportaria o peso da carga (36 placas de mármore), deveria, nos termos do art. 746 do CC, ter recusado o transporte contratado, não havendo que se falar, portanto, em culpa exclusiva da vítima como causa excludente de sua responsabilidade (art. 14, § 3º, II, do CDC). O STF não admite a cláusula que exime o transportador de responsabilidade, conforme se denota do enunciado da Súmula n. 161/STF: [Em contrato de transporte, é inoperante a cláusula de não indenizar]" (TJDF, Recurso 2013.01.1.191682-4, Acórdão 857.714, 3.ª Turma Cível, Rel. Des. Alfeu Machado, *DJDFTE* 31.03.2015, p. 227). Sobre a nulidade da cláusula limitativa de indenização: "Indenização limitada ao peso da mercadoria baseada na Convenção de Varsóvia/Montreal. Inaplicabilidade. Cláusula limitativa de responsabilidade. Afronta à boa-fé objetiva, com desequilíbrio da relação contratual. Equiparação à cláusula de não indenizar. Aplicação da Súmula n. 188 do STF. Reparação integral" (TJSP, Apelação 0139368-69.2010.8.26.0100, Acórdão 7946493, 15.ª Câmara de Direito Privado, São Paulo, Rel. Des. Coelho Mendes, j. 20.10.2014, *DJESP* 23.09.2015). Porém, admitindo a cláusula limitativa de indenização no transporte de mercadorias: "Embora a cláusula de não indenizar seja inoperante, nos contratos de transporte, conforme Súmula n. 161 do STF, não há Súmula ou precedente que obste a validade da cláusula de limitação de responsabilidade" (TJSP, Embargos de Declaração 0070215-26.2008.8.26.0000/50000, Acórdão 6178891, 24.ª Câmara de Direito Privado, São Paulo, Rel. Des. Salles Vieira, j. 28.06.2012, *DJESP* 12.02.2014). Como já esclarecido, ficamos com a posição anterior, pela invalidade também da cláusula limitativa da indenização.

Art. 750. A responsabilidade do transportador, limitada ao valor constante do conhecimento, começa no momento em que ele, ou seus prepostos, recebem a coisa; termina quando é entregue ao destinatário, ou depositada em juízo, se aquele não for encontrado.

COMENTÁRIOS DOUTRINÁRIOS: Como antes desenvolvido, a essência da *cláusula de incolumidade* é retirada também desse comando, pois a responsabilidade do transportador limita-se ao valor constante do conhecimento. Essa responsabilidade tem início no momento em que ele ou os seus prepostos recebem a coisa e somente termina quando é entregue ao destinatário ou depositada em juízo, se o destinatário não for encontrado. Na linha da melhor doutrina, entendo que o limite da responsabilidade ao valor atribuído pelo contratante somente se refere aos casos de perda e avaria, sendo cabível o pleito de outras indenizações por prejuízos que o remetente, o destinatário ou eventual terceiro venham a sofrer em razão do transporte, sem qualquer limitação ao valor contido no conhecimento de frete. Nos casos de danos sofridos pelo destinatário ou por terceiro, a propósito, presente estará a responsabilidade extracontratual, que envolve normas de ordem pública, relacionadas à repressão dos atos ilícitos. Sem prejuízo disso, se o expedidor for consumidor, o que constitui exceção, haverá uma prestação de serviço regida pelo CDC, não se aplicando a referida limitação aos demais danos sofridos, tendo em vista a aplicação do princípio da reparação integral constante da Lei Consumerista (art. 6º, inc. V, da Lei n. 8.078/1990). Por fim, como visto, existe debate a respeito do assalto no transporte de cargas, se tal fato deve ser considerado caso fortuito ou força maior. Predomina na jurisprudência a resposta positiva, no sentido de ser o assalto um fato externo ou desconexo à atividade desenvolvida pelo transportador de coisas, que foge do risco do seu empreendimento.

JURISPRUDÊNCIA COMENTADA: Sobre o roubo ou assalto de mercadorias ser caracterizado como fato externo, sobre o qual a transportadora não deve responder: "O roubo de mercadoria praticado mediante ameaça exercida com arma de fogo é fato desconexo do contrato de transporte e, sendo inevitável, diante das cautelas exigíveis da transportadora, constitui-se em caso fortuito ou força maior, excluindo a responsabilidade dessa pelos danos causados" (STJ, Agravo no Recurso Especial n. 470.520/SP, 3.ª Turma, Rel. Min. Nancy Andrighi, j. 26.06.2003, *DJ* 25.08.2003, p. 301). Ou, ainda mais recentemente: "Consagrou-se na jurisprudência do Superior Tribunal de Justiça o entendimento de que o roubo de cargas, em regra, caracteriza-se como caso fortuito ou de força maior, excludente de responsabilidade do transportador" (STJ, Ag. Rg. no REsp 1.374.460/SP, 3.ª Turma, Rel. Min. Ricardo Villas Bôas Cueva, j. 02.06.2016, *DJe* 09.06.2016). Confirmando ser a responsabilidade objetiva do transportador e trazendo hipótese de responsabilização por ato de preposto em transporte de mercadorias: "Roubo de carga. Valor indenizado pela seguradora à proprietária das mercadorias. Motorista que requereu a abertura de baú do veículo antes da chegada a seu destino final, agravando o risco da atividade de transporte. Responsabilidade da transportadora pelas ações de seus empregados nos termos do artigo 932, inciso III do Código Civil. Responsabilidade objetiva da transportadora nos termos do artigo 750 do Código Civil e da Lei do Transporte Rodoviário de Cargas (Lei n. 11.442/2007)" (TJSP, Apelação 1004674-79.2016.8.26.0604, Acórdão 11961908, 19.ª Câmara de Direito Privado, Sumaré, Rel. Des. Daniela Menegatti Milano, j. 30.10.2018, *DJESP* 07.11.2018, p. 2.013). De forma correta, descartando o simples atraso como caso fortuito ou força maior: "A responsabilidade da transportadora de mercadorias é objetiva, sendo que se inicia no momento em que recebe o produto, e se encerra com a efetiva entrega ao destinatário (art. 750 do CC e art. 8º da Lei n. 11.442/2007). Os casos considerados como de fortuito interno, isto é, aqueles que guardam íntima relação com a atividade econômica desenvolvida, não afastam a responsabilização do transportador. O atraso na entrega de mercadorias pela Ré/Apelante transportadora importa em cumprimento irregular da obrigação e gera o dever de indenizar a Autora/Apelada contratante pelos danos materiais sofridos" (TJMG, Apelação Cível 1.0079.11.063693-7/001, Rel. Des. Marcos Henrique Caldeira Brant, j. 09.05.2018, *DJEMG* 18.05.2018). Por derradeiro, em caso interessante relativo a transporte de mudanças, ilustre-se, do Tribunal do Rio Grande do Sul: "Os autores relataram que no segundo semestre de 2012 firmaram contrato de transporte de todos os bens que guarneciam a sua residência, com origem na cidade de Presidente Prudente/SP e destino em Porto Alegre/RS. Narraram que, quando da entrega dos bens, notaram que um grande número de itens apresentava avarias. Além disso, disseram que alguns bens não foram entregues. Postularam a condenação das rés a título de reparação por danos materiais, no valor de R$ 40.000,00 (quarenta mil reais), bem como indenização a título de danos morais. Não merece prosperar a preliminar referente à perda do objeto. Ademais, não há nos autos nenhum documento com as assinaturas dos autores dizem respeito ao recebimento integral da mudança, até porque inviável esta conferência imediata. O transportador assume uma obrigação de resultado, e sua prestação se encerra com a entrega dos bens ao seu destino no mesmo estado que recebeu (art. 749 do Código Civil), sob pena de responder pelas perdas e avariais diagnosticadas no produto transportado, havidas durante o seu deslocamento. Trata-se de uma responsabilidade objetiva, à luz do art. 750 do Código Civil. Para provar a extensão do dano material, a parte autora acostou aos autos documentos indicativos (fls. 26/39) de que entregou os bens à empresa de transporte, além de ter juntado o inventário desses, tudo conforme determina o transporte entabulado entre as partes (fl. 18/24). O valor de R$ 25.000,00 arbitrado pelo juízo *a quo* está abaixo do prejuízo real. As demandadas não lograram demonstrar quaisquer excludentes de responsabilidade, passíveis de macular o pleito dos autores, ônus que lhes incumbia, de acordo com o art. 373, II, do CPC. Quanto aos danos morais, o extravio parcial e a ausência de entrega de bens móveis na realização de mudança constituem falha na prestação de serviço (art. 14 do CDC) e resultam em indenização por danos morais, em decorrência dos sentimentos de angústia e frustração que ultrapassam a esfera do mero dissabor. Com relação ao *quantum* indenizatório de R$ 3.000,00 (três mil reais) deferido pela decisão de origem, entende-se que deve ser mantido, já que atende aos princípios da razoabilidade e da proporcionalidade, bem como aos padrões utilizados pela segunda turma recursal no julgamento de casos análogos" (TJRS, Recurso Cível 0020632-95.2016.8.21.9000, 2.ª Turma Recursal Cível, Porto Alegre, Rel. Des. Vivian Cristina Angonese Spengler, j. 26.10.2016, *DJERS* 03.11.2016). Não se pode negar que, nesse caso, há no transporte de coisas uma relação de consumo, o que foge da regra geral de enquadramento do contrato como civil.

REFORMA DO CÓDIGO CIVIL: Como primeira proposta de aprimoramento do texto, sugere-se a menção ao depósito judicial ou extrajudicial da mercadoria no *caput* do art. 750: "A responsabilidade do transportador, limitada ao valor constante do conhecimento, começa quando ele ou seus prepostos recebam a coisa; termina quando é entregue ao destinatário ou depositada, judicial ou extrajudicialmente, se aquele não for encontrado". Esse depósito extrajudicial poderá ser feito, no meu entender, em qualquer local seguro indicado pelo transportador. Além disso, a Subcomissão de Direito Contratual sugere um parágrafo único no comando, prevendo que, "se o conhecimento não estiver preenchido com o valor da carga transportada, caberá ao embarcador a prova do valor da mercadoria, para os fins de responsabilização civil do transportador". De acordo com as suas justificativas, que contaram com o total apoio dos membros da Comissão de Juristas, "a emissão do conhecimento de transporte é de responsabilidade do transportador a partir dos dados fornecidos pelo embarcador da mercadoria. Assim, com fundamento no princípio da equidade, se o transportador emite o conhecimento sem fazer constar o valor da mercadoria porque não tinha a informação ou porque cometeu uma falha e, o embarcador aceita a omissão desse valor, caberá a ele provar quando necessário o valor da mercadoria para efeito de caracterizar o limite de responsabilidade do transportador".

Art. 751. A coisa, depositada ou guardada nos armazéns do transportador, em virtude de contrato de transporte, rege-se, no que couber, pelas disposições relativas a depósito.

COMENTÁRIOS DOUTRINÁRIOS: A coisa depositada ou guardada nos armazéns do transportador, em virtude de contrato de transporte, rege-se, no que couber, pelas disposições relativas ao contrato de depósito, previstas entre os arts. 627 e 652 do próprio Código Civil. Sigo a corrente doutrinária que afirma que no contrato de depósito também está presente a *cláusula de incolumidade*, a conduzir à responsabilidade objetiva do depositário. Confirmando essa responsabilização independentemente de culpa do depositário, o art. 642 do Código Civil prevê que ele só não responde pelos casos de força maior; mas, para que lhe valha a escusa, terá de prová-los. A norma em comento evidencia essa afirmação, demonstrando a sintonia existente entre os dois contratos.

JURISPRUDÊNCIA COMENTADA: Em demanda regressiva promovida por seguradora, os arts. 751 e 642 foram aplicados em sintonia, na linha dos meus comentários: "Pretensão regressiva movida pela seguradora em face da empresa responsável pelo transporte do veículo segurado e que foi furtado. Artigos 751 e 642 do Código Civil. Depositária que não provou a ocorrência de força maior, assim não podendo ser considerado o furto do veículo de seu estabelecimento" (TJSP, Apelação 1002306-28.2014.8.26.0003, Acórdão 9136077, 33.ª Câmara de Direito Privado, São Paulo, Rel. Des. Sá Duarte, j. 01.02.2016, *DJESP* 05.02.2016). Na mesma esteira, afirmando o *dever de zelo* que deve haver na guarda pela transportadora: "Quando parte das mercadorias transportadas pela empresa ré não são entregues à autora, ficando armazenadas no depósito da requerida compete a ela zelar pela guarda e conservação dos produtos, nos termos dos artigos 751 e 753 do Código Civil, respondendo pelo perecimento ou deterioração dos bens, salvo motivo de força maior" (TJMG, Apelação Cível 1.0145.12.065769-0/001, Rel. Des. Wagner Wilson, j. 09.10.2013, *DJEMG* 18.10.2013).

Art. 752. Desembarcadas as mercadorias, o transportador não é obrigado a dar aviso ao destinatário, se assim não foi convencionado, dependendo também de ajuste a entrega a domicílio, e devem constar do conhecimento de embarque as cláusulas de aviso ou de entrega a domicílio.

COMENTÁRIOS DOUTRINÁRIOS: Pela norma, que nos causa certa perplexidade, sendo desembarcadas as mercadorias, o transportador não tem o dever de avisar o destinatário quanto à sua chegada, se isso não foi convencionado pelo contrato. Também depende de ajuste entre as partes a entrega a domicílio, devendo constar do conhecimento de embarque as cláusulas de aviso ou de entrega desse modo. Apesar de a norma ser clara, entendo que ela entra em conflito com o dever de informar decorrente da boa-fé objetiva, seja na relação civil ou de consumo. O dever anexo de informação constitui um dever inerente ou ínsito a qualquer contrato, retirado do art. 422 do Código Civil, não havendo sequer a necessidade de previsão no instrumento. Eventual norma que o afaste pode ser tida como conflitante com o próprio *espírito* do Código Civil, que adota a eticidade como um dos seus princípios fundamentais. Ressalte-se que a regra tem origem nos costumes do transporte marítimo, tendo relação, na prática, com o instituto do adicional de sobre-estadia e com a *demurrage*. Apesar de ser essa a prática do transporte marítimo, fica em xeque a eficiência da norma em relação às demais modalidades de transporte, notadamente no rodoviário e no aéreo, mais uma vez, repise-se, diante da transparência que se espera nas relações contratuais, em decorrência da boa-fé objetiva. Por fim, naqueles casos em que for comum a entrega a domicílio, consagrada pelos usos locais e pelas regras de tráfego (art. 113, *caput*, do CC), o conteúdo da segunda parte do dispositivo pode ser afastado.

JURISPRUDÊNCIA COMENTADA:

Aplicando o teor do art. 752 do Código Civil ao transporte marítimo, na linha do que comentei: "Apelação cível. Ação de cobrança de sobre-estadias de *containers*. *Demurrages*. Natureza jurídica de indenização. Greve dos auditores fiscais. Retenção das mercadorias nos portos. Caso fortuito ou força maior. Excludente do pagamento da taxa. Ausência de comprovação. Descarga. Início do *free time*. Desnecessidade de notificação do importador sobre a chegada da mercadoria. Art. 752 do Código Civil. Fim da responsabilidade do transportador. Entrega da coisa no destino. Invalidade dos contratos. Impossibilidade no cumprimento dos prazos. Inconsistência do argumento. Entraves burocráticos que não se comprovaram. Sentença mantida. As *demurrages* têm natureza jurídica de indenização, paga ao armador (dono do *container*) pelo fato deste não poder se utilizar do equipamento para outro contrato. Não se constitui cláusula penal, afastando então a incidência do art. 412 do Código Civil. A *demurrage* é devida independentemente de expressa previsão contratual. A alegação de existência de greve de categoria indispensável ao desembaraço de mercadorias importadas deve vir efetivamente acompanhada de prova contundente e suficiente para dar lastro ao pedido de exclusão da obrigação de pagar a taxa de sobre-estadia. Na falta dessa prova, o argumento se apresenta estéril. O período de livre utilização (*free time)* inicia na data em que ocorre o desembarque da mercadoria transportada, considerando que a partir dele a carga fica à disposição do réu. Não é necessária notificação prévia ao importador sobre a chegada do navio, a teor do art. 752 do Código Civil. A responsabilidade do transportador cessa quando a coisa transportada é entregue ao destinatário (art. 750 do CC). Em sendo o devedor importador regular e que contrata com frequência os serviços do armador proprietário dos *containers*, e ainda ciente dos procedimentos de desembaraço existentes nas aduanas brasileiras, não é consistente o argumento de que não havia como cumprir os prazos de livre utilização (*free time*) fixados nos compromissos de reentrega dos *containers* vazios" (TJPE, Apelação 0033714-61.2004.8.17.0001, 4.ª Câmara Cível, Rel. Des. Eurico de Barros Correia Filho, j. 08.06.2017, *DJEPE* 06.07.2017). Ou, ainda: "Transporte marítimo internacional. Adicional de sobre-estadia (*demurrage*) pelo atraso na devolução de contêiner, depois do transcurso do prazo de carência (*free time*). [...]. Contraprestação devida pela indisponibilidade do equipamento. Infração convencional implícita, com presunção de culpa. Reparação civil pela privação do uso. Ciência inequívoca da data do desembarque atestada pelo mandatário, dispensando a interpelação. Vinculação eficaz, art. 752 do Código Civil. Ausência de prova de quitação da obrigação, com a subsistência da responsabilidade solidária do transportador, importador, despachante aduaneiro, consignatário e do comissário perante o arrendador, agente, armador proprietário ou arrendatário da unidade de carga" (TJSP, Apelação 0035582-78.2010.8.26.0562, Acórdão 7347386, 38.ª Câmara de Direito Privado, Santos, Rel. Des. Cesar Santos Peixoto, j. 12.02.2014, *DJESP* 20.02.2014).

REFORMA DO CÓDIGO CIVIL: Como pontuado, a atual previsão do art. 752 é passível de críticas, por estar distante do dever de informação relacionado à boa-fé objetiva. Por isso, são propostas mudanças radicais no seu teor, em prol da eticidade – um dos fundamentos da atual codificação privada –, passando o seu *caput* a prever que "as partes deverão definir previamente o endereço e o prazo de entrega da mercadoria e qualquer alteração deverá ser informada pelos meios habituais de comunicação entre elas, inclusive digitais e virtuais". Além disso, consoante o projetado parágrafo único do comando, "devem constar do conhecimento de embarque, ainda que por forma abreviada, conhecida e estabelecida pelo usos e costumes, as cláusulas relativas ao aviso de desembarque, ao local da entrega da coisa ou pessoa ou quanto à sua entrega em domicílio". Como corretamente justificaram os juristas que compuseram a Subcomissão de Direito dos Contratos, "as partes contratantes têm dever de boa-fé e, em consequência dele, dever de informar e de colaborar para que o contrato atenda plenamente os objetivos convencionados. Todos os dados relevantes para garantia do correto cumprimento do contrato deverão ser pactuados anteriormente ao transporte e o dever de informar será daquele que for detentor da informação, a quem caberá utilizar os meios normalmente utilizados pelas partes para contato, seja por telefone, mensagem eletrônica, mensagem de texto por aplicativo ou qualquer outro disponível". Como não poderia ser diferente, as projeções estão bem fundamentadas, não tendo o texto atual qualquer argumento plausível para a sua manutenção.

Art. 753. Se o transporte não puder ser feito ou sofrer longa interrupção, o transportador solicitará, *incontinenti*, instruções ao remetente, e zelará pela coisa, por cujo perecimento ou deterioração responderá, salvo força maior.

§ 1º Perdurando o impedimento, sem motivo imputável ao transportador e sem manifestação do remetente, poderá aquele depositar a coisa em juízo, ou vendê-la, obedecidos os preceitos legais e regulamentares, ou os usos locais, depositando o valor.

§ 2º Se o impedimento for responsabilidade do transportador, este poderá depositar a coisa, por sua conta e risco, mas só poderá vendê-la se perecível.

§ 3º Em ambos os casos, o transportador deve informar o remetente da efetivação do depósito ou da venda.

§ 4º Se o transportador mantiver a coisa depositada em seus próprios armazéns, continuará a responder pela sua guarda e conservação, sendo-lhe devida, porém, uma remuneração pela custódia, a qual poderá ser contratualmente ajustada ou se conformará aos usos adotados em cada sistema de transporte.

COMENTÁRIOS DOUTRINÁRIOS: Se o transporte não puder ser feito ou sofrer longa interrupção, em razão de obstrução de vias, conflitos armados, manifestações populares, suspensão do tráfego diante de queda de barreira, entre outras causas, o transportador solicitará, de imediato, instruções do remetente sobre como agir. Ademais, zelará pela coisa, por cujo perecimento ou deterioração responderá, salvo caso fortuito e força maior. Como se pode perceber, ao contrário do dispositivo anterior, este traz como conteúdo o dever anexo de informar, corolário da boa-fé objetiva. O Código Civil, aqui, entra em contradição consigo mesmo, em mais um sério *cochilo* do legislador. Se esse impedimento perdurar, sem culpa do transportador e o remetente não se manifestar, poderá o transportador depositar a coisa em juízo, ou posteriormente vendê-la, logicamente obedecidos os preceitos legais e regulamentares ou os costumes. No entanto, se o impedimento decorrer de responsabilidade do transportador, este poderá depositar a coisa por sua conta e risco. Nesse último caso, a coisa somente poderá ser vendida se for perecível, ou seja, consumível fisicamente. Em ambos os casos, havendo culpa ou não do transportador, tem ele o dever de informar o remetente sobre a realização do depósito ou da eventual venda. Curiosamente, e de forma correta, o § 3º do preceito volta a trazer o dever anexo de informar, contradizendo o antes criticado art. 752 da codificação privada. Como última nota, se o transportador mantiver a coisa depositada em seus próprios armazéns, continuará a responder pela sua guarda e conservação, sendo-lhe devida, porém, uma remuneração pela custódia. Essa remuneração pode ser ajustada por contrato ou será fixada pelos usos adotados em cada sistema de transporte, isto é, conforme as regras de tráfego (art. 113, *caput*, do Código Civil). Nesta última hipótese, haverá uma coligação de contratos decorrente de lei, envolvendo o transporte e o depósito, aplicando-se as regras de ambos, em que tanto a responsabilidade do transportador quanto a do depositário são objetivas.

JURISPRUDÊNCIA COMENTADA: Quanto à falha do dever de informar constante do art. 753 do Código Civil, do Tribunal Paulista, a evidenciar a contradição quanto ao comando anterior: "Constatação de falha na prestação de serviço de transporte. Inteligência do artigo 753 do Código Civil. Ausência de pronta comunicação ao contratante acerca de intercorrência com as cargas que, ulteriormente e após grande lapso temporal, foram devolvidas à origem. Desídia e, portanto, culpa da transportadora evidenciada, o que revela inadimplemento contratual e ausência de causa para emissão do título ou exigibilidade do contrato inaugural" (TJSP, Apelação 1003058-05.2016.8.26.0302, Acórdão 12038496, 15.ª Câmara de Direito Privado, Jaú, Rel. Des. Elói Estevão Troly, j. 29.11.2018, *DJESP* 06.12.2018, p. 2.191). Em complemento, analisando lapso temporal de demora da notificação: "Transportador que, diante da recusa de recebimento pelos destinatários das mercadorias transportadas, deveria comunicar os remetentes para o recebimento de orientações a respeito da carga. Inteligência do art. 753, do Código Civil. Caso concreto em que a comunicação ocorreu mais de mês depois da recusa de recebimento da carga, retendo esta, de forma indevida, tendo sido ao final, objeto de busca e apreensão, medida deferida em processo conexo (obrigação de fazer ajuizada pelos expedidores da carga)" (TJRS, Apelação Cível 0004287-06.2017.8.21.7000, 12.ª Câmara Cível, Frederico Westphalen, Rel. Des. Pedro Luiz Pozza, j. 30.05.2017, *DJERS* 02.06.2017).

Art. 754. As mercadorias devem ser entregues ao destinatário, ou a quem apresentar o conhecimento endossado, devendo aquele que as receber conferi-las e apresentar as reclamações que tiver, sob pena de decadência dos direitos.

Parágrafo único. No caso de perda parcial ou de avaria não perceptível à primeira vista, o destinatário conserva a sua ação contra o transportador, desde que denuncie o dano em dez dias a contar da entrega.

COMENTÁRIOS DOUTRINÁRIOS: Ao final do percurso, as mercadorias deverão ser entregues ao destinatário, ou a quem apresente o conhecimento de frete endossado. Essa pessoa tem o dever de conferi-las e apresentar as reclamações que tiver, sob pena de decadência dos direitos. O dispositivo traz o chamado *dever de vistoria* por parte do destinatário, que pode ser o próprio emitente. Ademais, o preceito determina que, havendo avaria ou perda parcial da coisa transportada não perceptível à primeira vista, o destinatário conservará a sua ação contra o transportador, desde que denuncie o dano em dez dias, a contar da entrega. Conjugando-se os dois comandos, percebe-se, mais uma vez, um equívoco do legislador ao prever prazo de natureza decadencial para a ação indenizatória. Como da vez anterior, em comentários ao art. 745 do Código Civil, entendo que apesar de o art. 754 tratar expressamente de decadência, em havendo ação indenizatória, o prazo deverá ser reconhecido como de prescrição. Como a ação proposta pelo terceiro está fundada na responsabilidade extracontratual do transportador, é possível reconhecer a subsunção do prazo prescricional de três anos, conforme o art. 206, § 3º, inc. V, do CC/2002. Em havendo relação de consumo e fato do serviço, utiliza-se o prazo prescricional de cinco anos, previsto no art. 27 do CDC. Como palavras finais de comentários, entendo que continua tendo aplicação a Súmula n. 109 do STJ, pela qual o reconhecimento do direito à indenização, por falta de mercadoria transportada via marítima, independe de vistoria. Isso porque o art. 754 do CC/2002 equivale parcialmente ao art. 109 do revogado Código Comercial de 1850, tendo sido a súmula editada na vigência deste último dispositivo. Em conclusão, nada mudou a respeito do tema.

JURISPRUDÊNCIA COMENTADA: Aplicando bem o *dever de vistoria* ao transporte marítimo de mercadorias, e concluindo pela presença de uma relação de consumo, colaciona-se acórdão do Tribunal de Justiça de São Paulo: "Seguro. Transporte internacional marítimo de mercadoria a granel. Ação regressiva de seguradora contra a dona do navio. Constatação de falta de parte da carga que supera o percentual de perda costumeiramente tolerável. Ausência, todavia, de reclamação em tempo hábil, conforme exigido no disposto no art. 754 do Código Civil, com as necessárias ressalvas. Vistoria unilateral feita mais de seis meses após o desembarque. Improcedência da ação por tais motivos que não afronta o direito a inversão ao ônus da prova em razão do CDC" (TJSP, Apelação 7302745-5, Acórdão 3516458, 14.ª Câmara de Direito Privado, Santos, Rel. Des. José Tarcisio Beraldo, j. 18.02.2009, *DJESP* 03.04.2009). Do mesmo Tribunal Estadual, limitando a aplicação do prazo decadencial de dez dias, de forma correta e afastando esse prazo para demanda regressiva proposta por seguradora: "No contrato de transporte, o prazo decadencial de 10 dias previsto no art. 754, parágrafo único, do Código Civil, refere-se à reclamação pela perda parcial ou avaria da carga, isto é, à denúncia do evento danoso na relação contratual entre a empresa contratante e a transportadora contratada. Este prazo (decadencial) não se confunde nem interfere no direito à indenização pelos prejuízos causados. Seguradora que, ao pagar a indenização à empresa segurada, sub-roga-se nos direitos desta contra as transportadoras (art. 786 do CC). Instituto da decadência que não se confunde com o da prescrição. [...]. Transportadora de direito (EMBASSY FREIGHT Brasil) que contratou os serviços de transporte aéreo com a empresa AMERICAN AIRLINES INC. Para a seguradora não se pode cogitar do prazo decadencial de 10 dias (art. 754, parágrafo único, do CC), pois o direito à reclamação sobre a mercadoria transportada é da segurada, e não da seguradora (que não tem interesse algum em reclamar das avarias das mercadorias)" (TJSP, Apelação 1050781-44.2016.8.26.0100, Acórdão 11977868, 23.ª Câmara de Direito Privado, São Paulo, Rel. Des. Sérgio Shimura, j. 31.10.2018, *DJESP* 22.11.2018, p. 2.684). Na mesma linha, mencionando o prazo de três anos, conforme os meus comentários e por todos os numerosos julgados estaduais que concluem do mesmo modo: "Transporte aéreo. Avarias e perda parcial de mercadoria. Legitimidade passiva das agentes de cargas que foram contratadas e atuaram para viabilizar a cadeia do transporte afinal viciado. Aplicação do art. 786 do CC/02 e Súm. 188/STF. Inaplicabilidade do prazo de decadência do art. 754 e § único do CC/02 aos direitos da seguradora contra os autores do dano. Responsabilidade civil das rés diante do contrato de transporte subordinado a prazo prescricional inocorrente (art. 206, § 3º, V, do CC/2002)" (TJSP, Apelação 1026869-21.2016.8.26.0002, Acórdão 11915554, 16.ª Câmara de Direito Privado, São Paulo, Rel. Des. Jovino de Sylos, j. 02.10.2018, *DJESP* 22.10.2018, p. 2.514).

REFORMA DO CÓDIGO CIVIL: Mais uma vez para se manter a técnica e a metodologia adotada pela vigente codificação, será necessário retirar a menção ao prazo de dez dias, que deve ser remetido para o art. 206 do Código Civil, diante da natureza reparatória da pretensão a ele relacionada. Também não há qualquer razão para o *caput* mencionar decadência de direitos, uma vez que não se trata de uma ação constitutiva negativa, mas de demanda indenizatória. Por isso, a Comissão de Juristas propõe que o *caput* do art. 754 do Código Civil passe a ter a seguinte redação: "As mercadorias devem ser entregues ao destinatário ou a quem apresentar o conhecimento endossado, devendo aquele que as receber conferi-las e apresentar as reclamações que tiver de imediato, tendo início a partir deste momento o prazo prescricional para reparação dos danos se constatados". Em complemento, o parágrafo único ficará assim melhor escrito: "igual pretensão indenizatória tem o dono da mercadoria ou o destinatário delas, em caso de perda parcial ou de avaria da coisa transportada, não perceptíveis à primeira vista". O prazo para a correspondente ação de reparação de danos passa a ser de um ano, sendo deslocado para o inc. VI do § 1º do art. 206, segundo o qual prescreve nesse lapso "a pretensão para o dono da mercadoria postular indenização sobre perdas e avarias das coisas transportadas, a contar de 60 (sessenta) dias após o desembarque". Mais uma vez, com vistas a trazer mais segurança jurídica, o prazo prescricional de um ano somente terá início depois de sessenta dias após o desembarque das mercadorias.

Art. 755. Havendo dúvida acerca de quem seja o destinatário, o transportador deve depositar a mercadoria em juízo, se não lhe for possível obter instruções do remetente; se a demora puder ocasionar a deterioração da coisa, o transportador deverá vendê-la, depositando o saldo em juízo.

COMENTÁRIOS DOUTRINÁRIOS: Em havendo dúvida acerca de quem seja o destinatário da coisa, o transportador tem o dever de depositar a mercadoria em juízo, desde que não lhe seja possível obter informações do emissor ou remetente. Cabe, assim, a consignação judicial da coisa, que ficará guardada em um depósito público. No entanto, se a demora do depósito puder provocar a deterioração da coisa, o transportador deverá vendê-la, depositando o valor obtido em juízo. No último caso, entendo que também cabe o depósito extrajudicial da coisa, em conta bancária, que tem o mesmo efeito da medida judicial, demonstrando a boa-fé do devedor.

Art. 756. No caso de transporte cumulativo, todos os transportadores respondem solidariamente pelo dano causado perante o remetente, ressalvada a apuração final da responsabilidade entre eles, de modo que o ressarcimento recaia, por inteiro, ou proporcionalmente, naquele ou naqueles em cujo percurso houver ocorrido o dano.

COMENTÁRIOS DOUTRINÁRIOS: Como antes comentado, a lei consagra a solidariedade passiva entre todos os transportadores no transporte cumulativo. Porém, deve ser ressalvada a apuração final da responsabilidade entre eles, de modo que o ressarcimento recaia, por inteiro, ou mesmo proporcionalmente, naquele em cujo percurso houver ocorrido o dano. Como se constata, o transportador não culpado que pagar a indenização ao remetente sub-roga-se nos direitos de credor com relação a eventual culpado. Concluindo, reconhece-se o direito de regresso em face do responsável pelo evento danoso.

JURISPRUDÊNCIA COMENTADA: Reconhecendo a solidariedade passiva legal entre as duas empresas responsáveis pelo transporte marítimo de mercadorias: "Ação de indenização por danos materiais. Sentença de improcedência. Inconformismo da autora. Preliminares afastadas. Oportunidade ao contraditório que atendeu aos ditames legais. Revelia inversa. Réplica facultada à parte autora, que não induz. Revelia em caso de inércia. Contratação em território brasileiro, entre empresas com domicílio no país. Relação jurídica regida pelo Código Civil Brasileiro. Danos comprovados em dois *bundles* de chapas de pedras que inutilizaram os produtos. Prejuízo verificado. Valores evidenciados em nota fiscal. Responsabilidade objetiva inerente à atividade. Solidariedade das empresas na cadeia de fornecedores e prestadores de serviços. Artigo 756 do Código Civil. Obrigação do causador do dano por ato ilícito de reparar a quem o sofreu, nos limites de sua extensão. Ré que não se desincumbiu do ônus em comprovar fato desconstitutivo do direito da autora. Art. 373, II, do CPC. Transportadora que ao retirar o *container* para transporte anuiu com a regularidade da carga. Exegese do artigo 746 do Código Civil" (TJSP, Apelação 1015397-55.2017.8.26.0562, Acórdão 11136284, 22.ª Câmara de Direito Privado, Santos, Rel. Des. Hélio Nogueira, j. 01.02.2018, *DJESP* 08.02.2018, p. 2.180). Na mesma linha, reconhecendo a responsabilidade solidária também pelo que consta do art. 14 do CDC: "Conforme se pode inferir do art. 14, do Código de Defesa do Consumidor, a responsabilidade do serviço de transporte marítimo é objetiva, isso porque o citado artigo prescreve que o fornecedor de serviços responde, independentemente da existência de culpa, pela reparação dos danos causados aos consumidores por defeitos relativos à prestação dos serviços. Inclusive, analisando os autos, é possível verificar que não restou comprovada qualquer excludente apresentada no § 3º, também do art. 14 do CDC, que viesse a afastar a responsabilidade dos fornecedores de serviços. A responsabilidade, no caso, também é solidária, nos termos do art. 756, do Código Civil, pois a agravante atuou como representante da transportadora da carga, conforme os termos do contrato de transporte (*Bill of Lading*), que foi firmado entre as partes" (TJDF, Processo 0706.11.6.822018-8070000, Acórdão 111.9069, 3.ª Turma Cível, Rel. Des. Gilberto Pereira de Oliveira, j. 23.08.2018, *DJDFTE* 10.09.2018).

CAPÍTULO XV
DO SEGURO

SEÇÃO I
DISPOSIÇÕES GERAIS

Art. 757. Pelo contrato de seguro, o segurador se obriga, mediante o pagamento do prêmio, a garantir interesse legítimo do segurado, relativo a pessoa ou a coisa, contra riscos predeterminados.

Parágrafo único. Somente pode ser parte, no contrato de seguro, como segurador, entidade para tal fim legalmente autorizada.

COMENTÁRIOS DOUTRINÁRIOS: A norma conceitua o contrato de seguro com uma diferença fundamental frente ao sistema revogado, eis que a codificação anterior mencionava o pagamento da indenização, enquanto o Código Civil de 2002 expressa a garantia de um *interesse legítimo*. Há quem entenda, entre os especialistas da área securitária, que tal mudança fez com que o contrato deixasse de ser aleatório e passasse a ser comutativo; o que não conta com o meu apoio doutrinário, como ainda se verá nestes comentários. Ademais, outros dispositivos da própria codificação em vigor continuam usando o termo *indenização*, caso do importante art. 763, conforme será estudado. Ainda na confrontação dos comandos, nota-se que não havia previsão, no sistema codificado anterior, sobre a necessidade de autorização do Poder Executivo para a atuação das companhias seguradoras, o que já era retirado do Decreto-lei n. 73/1966, sem prejuízo de outras normas aplicáveis. O seguro constitui um dos contratos mais complexos e importantes do Direito Privado Brasileiro, uma vez que *viver é perigoso*. Na prática, o contrato representa instrumento de *socialização dos riscos*, ou seja, de divisão ou fracionamento dos riscos entre segurados, seguradoras e eventuais resseguradoras. Há, assim, a ideia de *mutualismo*, de divisão dos riscos e de custos entre as partes envolvidas, sendo a reserva técnica constituída para cobrir os infortúnios. Dessas afirmações decorre a função social do contrato de seguro. Quanto à sua natureza jurídica, o seguro é um contrato bilateral, pois traz direitos e deveres proporcionais, presente o *sinalagma obrigacional*. Constitui um contrato oneroso pela presença de remuneração, denominada *prêmio*, a ser pago pelo segurado ao segurador. A contraprestação é a garantia ou indenização paga pela seguradora. O contrato é consensual, pois tem aperfeiçoamento com a manifestação de vontade das partes e não com a entrega de qualquer bem. A consensualidade é evidenciada pelo fato de ser o contrato informal e não solene, como será desenvolvido nos comentários ao próximo comando. Trata-se de um típico contrato aleatório, pois o *risco* é fator determinante do negócio em decorrência da possibilidade de ocorrência do *sinistro*, evento futuro e incerto com o qual o contrato mantém relação. Aprofunde-se, contudo, que há corrente doutrinária – forte entre os especialistas no setor securitário e entre os doutrinadores de Direito Empresarial –, que entende que o contrato de seguro seria comutativo, pois o risco poderia ser determinado por cálculos atuariais. Além disso, argumenta-se que as ideias de garantia e de interesse, constantes do Código Civil em vigor, teriam alterado de forma definitiva a natureza do negócio, não havendo mais uma função indenizatória no contrato. Há, assim, uma comutatividade entre o prêmio – a prestação – e a garantia – contraprestação. O tema tem despertado grandes discussões nos meios acadêmicos e práticos. A propósito, vários foram os enunciados propostos na *IV Jornada de Direito Civil*, realizada em 2006, alguns sugerindo a comutatividade; outros, a aleatoriedade do negócio, sendo certo que nenhum deles foi aprovado. Com o devido respeito, parece-me temerário afirmar que o seguro é contrato comutativo, prevalecendo entre os civilistas, ainda, a afirmação de sua aleatoriedade. A causa do contrato em questão continua sendo a álea, o risco e o medo quanto à ocorrência do sinistro. Além disso, o argumento da comutatividade pode servir a interesses escusos de seguradoras. Imagine-se, por exemplo, que a seguradora pode alegar que o contrato é comutativo para resolver ou rever o negócio que foi pago anos a fio pelo segurado, com base na imprevisibilidade e na onerosidade excessiva (arts. 317 e 478 do CC). Nesse contexto, a tese da comutatividade parece ser antifuncional, ou mesmo antissocial, em conflito ao que consta dos arts. 421 e 2.035, parágrafo único, do CC/2002. Na grande maioria das vezes, o seguro constitui um contrato de adesão, pois o seu conteúdo é imposto por uma das partes, geralmente a seguradora. Assim sendo, prevê o Enunciado n. 370, aprovado na *IV Jornada de Direito Civil*, no ano de 2006, que "nos contratos de seguro por adesão, os riscos predeterminados indicados no art. 757, parte final, devem ser interpretados de acordo com os arts. 421, 422, 424, 759 e 799 do Código Civil e 1º, inc. III, da Constituição Federal". Em outras palavras, essa determinação dos riscos nos negócios de adesão deve ser analisada à luz da função social dos contratos, da boa-fé objetiva e da proteção da dignidade humana, não podendo colocar o segurado aderente em situação de extrema desvantagem ou de onerosidade excessiva. Vários exemplos concretos serão aqui abordados, envolvendo essa interpretação. Atente-se também ao fato de que o seguro também pode ser um contrato paritário ou negociado, como ainda será exposto, com destaque para as hipóteses de seguro empresarial. Especificamente ao contrato de seguro-saúde, este tem como objeto a cobertura de serviços médico-hospitalares pela seguradora, também mediante o pagamento de um prêmio pelo segurado. Além de estar regulamentado pelo Código Civil e pela Lei n. 9.656/1998, aplicar-se-á a ele o Código de Defesa do Consumidor (Lei n. 8.078/1990), pois se trata também de contrato de consumo.

JURISPRUDÊNCIA COMENTADA: Sobre o último aspecto comentado, não há dúvidas quanto à aplicação do Código de Defesa do Consumidor aos contratos de seguro-saúde, pelo que consta do art. 3º, § 2º, da Lei n. 8.078/1990, ao mencionar expressamente o serviço de natureza securitária. Nesse mesmo sentido, o Superior Tribunal de Justiça tem entendido com unanimidade, merecendo destaque a sua Súmula n. 608, editada em 2018: "Aplica-se o Código de Defesa do Consumidor aos contratos de plano de saúde, salvo os administrados por entidades de autogestão". Anote-se, a propósito, que a Corte cancelou e fez um adendo à sua antiga Súmula n. 469, para excluir da abrangência do CDC os planos de saúde administrados em sistema colaborativo de autogestão, constituídos sob a forma de fundação, de sindicato ou de associação, que gerenciam por si mesmos os programas de assistência médica de trabalhadores ou associados. Com o devido respeito à Corte, entendo que em casos tais é possível aplicar o CDC ao administrador da gestão que atue de forma profissional no exercício do negócio. Como antes comentado, o seguro também pode ser paritário ou negociado, como ocorre, por exemplo, em pactos celebrados com grandes empresas, que procuram proteger a sua máquina produtiva e seus clientes. Em casos tais, o contrato poderá também não ser regido pelo Código de Defesa do Consumidor, o que igualmente ocorre no caso de seguro empresarial que cobre danos suportados por terceiro. Nesse sentido, pronunciou-se a jurisprudência superior que "há relação de consumo no seguro empresarial se a pessoa jurídica o firmar visando à proteção do próprio patrimônio (destinação pessoal), sem o integrar nos produtos ou serviços que oferece, mesmo que seja para resguardar insumos utilizados em sua atividade comercial, pois será a destinatária final dos serviços securitários. Situação diversa seria se o seguro empresarial fosse contratado para cobrir riscos dos clientes, ocasião em que faria parte dos serviços prestados pela pessoa jurídica, o que configuraria consumo intermediário, não protegido pelo CDC" (STJ, REsp 1.352.419/SP, 3.ª Turma, Rel. Min. Ricardo Villas Bôas Cueva, j. 19.08.2014, *DJe* 08.09.2014). Um último aspecto da interpretação jurisprudencial a ser comentado a respeito do art. 757 do CC/2002, sobre a predeterminação dos riscos, constitui elemento basilar para a determinação do valor a ser pago pelo segurado a título de prêmio. Por isso, tem-se entendido que, pelo menos em regra, o negócio em questão não admite interpretação extensiva. A ilustrar, conforme consta do julgamento do Agravo Interno no Recurso Especial n. 1.446.939/SP, de relatoria do Ministro Antonio Carlos Ferreira, julgado em maio de 2016 pela Terceira Turma e citando outro precedente: "Ressalte-se que, embora o recorrente pretenda atribuir interpretação extensiva ao contrato de seguro, a jurisprudência do STJ orienta-se no sentido de que referida avença deve ser analisada de forma restritiva. A esse respeito: 'Recurso especial. Seguro de automóvel. Apólice de cobertura contra roubo e furto. Veículo utilizado por empregado da empresa segurada. Não devolução após término do contrato de trabalho. Sinistro. Cobertura securitária negada. Risco não coberto. 1) Apólice de seguro contratada por pessoa jurídica que prevê cobertura para as hipóteses de furto e roubo de veículo. 2) A conduta de ex-empregado que não devolve ao empregador veículo utilizado no trabalho não se assemelha a furto ou roubo. 3) Legítima a negativa de cobertura pela seguradora. Especificidades do caso. O contrato de seguro é interpretado de forma restritiva: 3) Precedente da Terceira Turma. [...]" (REsp 1.177.479/PR, 4.ª Turma, Rel. Min. Luis Felipe Salomão, Rel. p/ Acórdão Min. Antonio Carlos Ferreira, j.15.05.2012, *DJe* 19.06.2012)". Como exceções a essa premissa-regra, não se pode esquecer de outras regras interpretativas que devem guiar o contrato de seguro, como a interpretação mais favorável ao consumidor (art. 47 do CDC), a interpretação mais favorável ao aderente (art. 423 do CC) e aquela guiada pela boa-fé das partes, em todas as fases do contrato (arts. 765 do CC); aspectos que ainda merecerão maiores comentários. De todo modo, já adiantando tema que será aprofundado, exatamente na linha dessas últimas afirmações e aplicando o teor do Enunciado n. 370 da *IV Jornada de Direito Civil*, a Terceira Turma do Superior Tribunal de Justiça fixou as seguintes teses, no âmbito de julgamento de ação civil pública: "as complicações decorrentes de gravidez, parto, aborto, perturbações e intoxicações alimentares, intercorrências ou complicações consequentes da realização de exames, tratamentos clínicos ou cirúrgicos constituem eventos imprevisíveis, fortuitos e inserem-se na modalidade de acidente pessoal e qualquer cláusula excludente do conceito de acidente pessoal relacionada a elas é efetivamente abusiva, porque limita os direitos do consumidor" (STJ, REsp 1.635.238/SP, 3.ª Turma, Rel. Min. Nancy Andrighi, j. 11.12.2018, *DJe* 13.12.2018).

REFORMA DO CÓDIGO CIVIL: A Comissão de Juristas, em relação ao contrato de seguro – e mesmo sabendo da tramitação de projeto de lei específico – procurou apresentar proposições equilibradas, sem a excessiva proteção de qualquer uma das partes, seja dos segurados, seja das seguradoras. Para tanto, a Subcomissão de Direito dos Contratos contou com a atuação das Professoras Angélica Carlini e Claudia Lima Marques, que há décadas se dedicam ao estudo desse importante contrato e à sua efetividade prática. No meu caso, também tenho atuado com o negócio jurídico securitário, seja com pareceres, seja como árbitro em disputas privadas, sobretudo em casos que envolvem seguros empresariais e de grandes riscos. Pois bem, no que diz respeito ao art. 757, é proposto um novo parágrafo, com vistas a uma melhora do ambiente e do mercado de seguros. Nesse contexto, o atual parágrafo único passaria a ser o § 1º, com a mesma redação, e é incluído um novo § 2º, prevendo que "todas as entidades organizadas para proteção de riscos de danos ou de pessoas deverão ser autorizadas previamente pelo órgão regulador e atenderão às exigências técnicas, administrativas, jurídicas e financeiras aplicáveis ao segurador". A norma visa regulamentar a atuação das associações de proteção veicular, de vida e de acidentes pessoais, o que vem em boa hora, para trazer mais estabilidade e segurança jurídica. Consoante as justificativas da subcomissão, "existem centenas de associações de proteção veicular, de vida e acidentes pessoais e outras modalidades de coberturas que atuam no Brasil sem exigência de cálculos atuariais, de apresentação de nota técnica, sem formação de fundo mutual, sem ativos garantidores e sem fiscalização da Superintendência de Seguros Privados – SUSEP. Essas organizações, conforme reconhecido pela jurisprudência, atuam à margem da legislação e da boa técnica, criam insegurança para os contratantes e concorrência desleal, porque agem sem regulação e, portanto, sem custo de observância regulatória. Além disso, há desequilíbrio tributário que também caracteriza insegurança jurídica para a sociedade e, concorrência desequilibrada no mercado. Existem projetos de lei estaduais para tentar regulamentar a atividade dessas organizações e, também projetos federais. Mas, em essência, é no âmbito do Código Civil que atividades que se caracterizam como proteção contra riscos pessoais e patrimoniais têm que ser tratadas". Ademais, sobre os contratos de seguro de natureza empresarial, na linha do que pontuei em minhas notas doutrinárias e comentários sobre a jurisprudência, inclui-se um novo art. 757-A, com a seguinte dicção em seu *caput*: "Os contratos de seguro de grandes riscos, que se presumem paritários e simétricos, serão definidos a partir do valor da garantia contratada, do porte econômico do tomador ou segurado e de outros critérios definidos pelo órgão regulador". Como se vê, segue-se a linha de outros dispositivos da própria codificação e de sua Reforma, no sentido de presunção da simetria e da paridade entre as partes, com o fim de se reconhecer uma intervenção mínima do julgador e uma maior liberdade para as partes, afastando-se nos contratos de grandes riscos uma interpretação mais favorável ao segurado, como ocorre nos contratos de consumo (art. 47 do CDC) e de adesão (art. 423 do CC). Afasta-se, ademais, uma antiga afirmação no sentido de ser o contrato de seguro sempre presumido como de adesão. O novo parágrafo único ao art. 757 traz, ainda, a previsão no sentido de serem admitidas, nos contratos de grandes riscos, "a ampla liberdade para a elaboração de cláusulas, para a escolha dos meios de prevenção destinados a evitar e a conter o aumento do risco segurado, bem como para solução de conflitos". No que diz respeito à liberdade de escolha para a solução dos conflitos, destaque-se a arbitragem, tendo havido, na Comissão de Juristas, uma constante preocupação com a solução extrajudicial das controvérsias, com a chamada *extrajudicialização*.

Art. 758. O contrato de seguro prova-se com a exibição da apólice ou do bilhete do seguro, e, na falta deles, por documento comprobatório do pagamento do respectivo prêmio.

COMENTÁRIOS DOUTRINÁRIOS: No que diz respeito à prova do contrato em questão, que está no seu plano da eficácia, esta se dá por meio da apólice ou bilhete do seguro. Na falta deles, o contrato pode ser demonstrado por documento comprobatório do pagamento do respectivo prêmio, ou seja, a forma é livre, nos termos do art. 107 do CC/2002, que consagra o *princípio da liberdade das formas*. O dispositivo ratifica a afirmação de ser o seguro um contrato informal e não solene, ao contrário do que poderia ser retirado da leitura do Código Civil de 1916. Apesar de se mencionar, no sistema anterior (art. 1.433), que o contrato de seguro somente obrigaria se houvesse forma escrita, havia interpretação no sistema da norma indicar requisito de validade do negócio jurídico em questão. Por fim, também não se pode dizer que a emissão de apólice é pressuposto de existência do contrato.

JURISPRUDÊNCIA COMENTADA: Em caso envolvendo seguro de aparelho celular, o Tribunal Paulista afastou o pagamento da indenização, pelo fato de não existir a comprovação mínima da existência do seguro, o que demonstra que a forma escrita é importante para a prova do negócio jurídico: "Incidência da responsabilidade objetiva. Fato que, todavia, não exclui o ônus probatório do autor de demonstrar a contratação do seguro. Inobservância aos termos do art. 758 do Código Civil. Insuficiência da prova documental produzida nos autos. Fatos constitutivos não comprovados (art. 373, I, NCPC). Indenização indevida" (TJSP, Apelação 1071712-34.2017.8.26.0100, Acórdão 12012597, 26.ª Câmara de Direito Privado, São Paulo, Rel. Des. Alfredo Attié, j. 22.11.2018, *DJESP* 27.11.2018, p. 2.411). Igualmente, em hipótese fática relativa a seguro de vida, foi afastado o pagamento da indenização aos supostos beneficiários diante da não apresentação da apólice: "O pacto securitário pode ser provado através da apólice ou bilhete do seguro, bem como por documento que comprove o pagamento do respectivo prêmio. Dicção do artigo 758 do Código Civil. A parte apelante pretende o recebimento do capital segurado referente a seguro de vida supostamente contratado pelo falecido. 8. No entanto, no presente feito, a parte postulante não conseguiu comprovar que o falecido era titular de direitos e obrigações vinculados ao contrato de seguro de vida, ônus que lhe cabia e do qual não se desincumbiu, a teor do que estabelece o art. 373, inciso I, do novo CPC" (TJRS, Apelação Cível 0277550-53.2018.8.21.7000, Quinta Câmara Cível, Rio Grande, Rel. Des. Jorge Luiz Lopes do Canto, j. 31.10.2018, *DJERS* 06.11.2018). A mesma ementa se repete em vários julgados da Corte Estadual. Em outro caso relativo ao seguro de vida, agora analisado pelo Tribunal Bandeirante, foram admitidos os seguintes documentos para a eficácia do contrato: "Consta dos autos proposta de seguro de vida em grupo, com autorização de emissão da apólice, propostas de renovação anual com menção ao número da apólice, lista com os nomes dos trabalhadores segurados que inclui o nome do ex-cônjuge da autora, bem como comprovantes de pagamento dos prêmios mensais pela estipulante. Exegese do art. 758 do Código Civil" (TJSP, Apelação Cível 0008423-86.2014.8.26.0024, Acórdão 11343652, 32.ª Câmara de Direito Privado, Andradina, Rel. Des. Luis Fernando Nishi, j. 05.04.2018, *DJESP* 12.04.2018, p. 2.521). Como última ilustração, afastando a expedição da apólice como requisito de existência do contrato, na linha do que comentei: "O seguro é contrato consensual e aperfeiçoa-se tão logo haja manifestação de vontade, independentemente de emissão da apólice. Ato unilateral da seguradora, de sorte que a existência da avença não pode ficar à mercê exclusivamente da vontade de um dos contratantes, sob pena de ter-se uma conduta puramente potestativa, o que é, às expressas, vedado pelo art. 122 do Código Civil. O art. 758 do Código Civil não confere à emissão da apólice a condição de requisito de existência do contrato de seguro, tampouco eleva tal documento ao degrau de prova tarifada ou única capaz de atestar a celebração da avença" (STJ, REsp 1.306.367/SP, 4.ª Turma, Rel. Min. Luis Felipe Salomão, *DJe* 05.05.2014).

REFORMA DO CÓDIGO CIVIL: Com vistas à redução de burocracias, e para *destravar* a vida das pessoas, a Comissão de Juristas traz regras mais claras a respeito da apólice de seguros, que poderá ser digital ou virtual, na linha de outro fundamento principal da Reforma, que incluiu o novo livro do Direito Civil Digital. Nesse contexto, o *caput* do art. 758 do Código Civil passaria a enunciar que "o contrato de seguro prova-se com a exibição da apólice ou do bilhete de seguro, em suporte físico ou virtual, que permitam o arquivamento pelo segurado". Ademais, nos termos do seu parágrafo único, como já é hoje, mas com texto mais claro a respeito de estar a apólice no plano da eficácia do contrato, por ser relativo à sua prova: "Na falta da apólice ou do bilhete, qualquer documento comprobatório do pagamento do valor do prêmio será eficaz para provar a existência do contrato de seguro".

Art. 759. A emissão da apólice deverá ser precedida de proposta escrita com a declaração dos elementos essenciais do interesse a ser garantido e do risco.

COMENTÁRIOS DOUTRINÁRIOS: Apesar de ser um mero fator de eficácia, a apólice é o instrumento do contrato de seguro, contendo as regras gerais do negócio celebrado e devendo a sua emissão ser precedida de proposta escrita com a declaração dos elementos essenciais do interesse a ser garantido e do risco. Já o bilhete constitui um instrumento simplificado do negócio jurídico em questão, pelo qual se pode contratar o seguro. Na realidade prática dos contratos de seguro, constata-se que as apólices estão cada vez mais detalhadas, especialmente quanto ao conteúdo dos riscos que estão cobertos pela seguradora (*particularização dos riscos*). Assim, também como se retira do art. 757 do Código Civil, somente estão cobertos os riscos contemplados na apólice, sendo certo que o contrato não admite interpretação extensiva, pelo menos em regra.

JURISPRUDÊNCIA COMENTADA: Muitos julgados seguem a linha de que os riscos não contemplados na apólice não podem ser cobertos. Inicialmente, em casos de contratação coletiva de seguro de vida, tem entendido o Tribunal de Justiça de São Paulo da seguinte maneira: "Pleito para recebimento de cobertura por invalidez. Doença profissional. Comprometimento parcial. Risco não contemplado na contratação (cobertura por doença, exclusivamente em hipótese de incapacidade total e permanente). Particularização de riscos, bem delineada. Inteligência dos artigos 757 e 759, do Código Civil. Improcedência da demanda" (TJSP, Apelação 1009744-69.2016.8.26.0348, Acórdão 12016254, 30.ª Câmara de Direito Privado, Mauá, Rel. Des. Carlos Russo, j. 21.11.2018, *DJESP* 28.11.2018, p. 2.394). Em hipótese fática a ser destacada, relativa a seguro empresarial de transporte de cargas não enquadrado como negócio jurídico de consumo, julgou o Tribunal do Paraná pela necessidade de se reconhecer a cobertura securitária, uma vez que a apólice não era clara e precisa na determinação dos riscos. Entendeu-se pela violação da boa-fé objetiva pela seguradora, a gerar o seu dever de pagar a indenização ou capital garantido: "Responsabilidade securitária. Roubo de mercadorias. Seguro de transporte (RCTC) que objetiva proteger carga de terceiros. Inexistência de relação de consumo. Apelada/autora que não se caracteriza como destinatária final. Inaplicabilidade do CDC. Discussão sobre o direito da segurada ao pagamento dos capitais segurados contratados. Sentença que julgou procedentes os pedidos iniciais. Pedido de reforma. Alegação de que a empresa/autora deixou de adotar medidas preventivas para amenizar os riscos. Não acolhimento. Elementos probatórios que demonstram que a seguradora não comprovou que a cláusula de gerenciamento de risco foi levada ao conhecimento da segurada. Violação ao princípio da boa-fé. Ausência de informações claras e precisas sobre os limites dos riscos assumidos pela seguradora. Inobservância das diretrizes estabelecidas nos arts. 759 e 760, do Código Civil, que determinam que os riscos devem ser definidos na apólice. Impossibilidade de excluir o direito do segurado aos capitais segurados com base em cláusulas específicas, inseridas em condições especiais que sequer foram reproduzidas na apólice e/ou na proposta de contratação de seguro. Condições limitativas abusivas. Dever de indenizar evidenciado" (TJPR, Apelação Cível 1704511-9, 8.ª Câmara Cível, Curitiba, Rel. Des. Luis Sérgio Swiech, j. 21.06.2018, *DJPR* 10.07.2018, p. 66). Por fim, merece ser destacada a posição consolidada no STJ, no sentido de que o contrato de seguro por danos pessoais compreende os danos morais, salvo cláusula expressa de exclusão (Súmula n. 402). Em certa medida, trata-se de aplicação da norma em comento, pois a apólice deve determinar expressamente a exclusão dos danos morais em relação à garantia ou indenização. Em casos de dúvidas, sendo o segurado consumidor e aderente contratual, deve-se interpretar o negócio da maneira que lhe seja mais favorável (art. 47 do CDC e art. 423 do CC).

REFORMA DO CÓDIGO CIVIL: Na linha do que foi pontuado a respeito do dispositivo anterior, não se pode negar que a atual redação do art. 759 do Código Civil é totalmente insuficiente e distante da realidade virtual ou digital do mundo contemporâneo. Sendo assim, são sugeridos ajustes mais do que necessários, passando o seu *caput* a prever que "A emissão da apólice deverá ser precedida de proposta escrita, no formato físico ou digital, com a declaração dos elementos essenciais do interesse a ser garantido e do risco segurado". Em complemento, o proposto § 1º enuncia que "As condições contratuais do seguro deverão estar à disposição do proponente, previamente à contratação, por meio físico ou digital". Além disso, "A utilização de tecnologia digital para a emissão de documentos contratuais deverá garantir a viabilidade de seu arquivamento ou de sua impressão" (§ 2º). As duas previsões, como se constata, visam atender ao dever de informação anexo à boa-fé objetiva, essencial para o contrato de seguro.

Art. 760. A apólice ou o bilhete de seguro serão nominativos, à ordem ou ao portador, e mencionarão os riscos assumidos, o início e o fim de sua validade, o limite da garantia e o prêmio devido, e, quando for o caso, o nome do segurado e o do beneficiário.

Parágrafo único. No seguro de pessoas, a apólice ou o bilhete não podem ser ao portador.

COMENTÁRIOS DOUTRINÁRIOS: A apólice ou o bilhete de seguro podem ser *nominativos*, à ordem ou *ao portador*, e mencionarão: a) os riscos assumidos; b) o início e o fim de sua validade; c) o limite da garantia; d) o prêmio devido, e, quando for o caso, e) o nome do segurado e f) o nome do beneficiário. A *apólice ou o bilhete nominativo* mencionam o nome do segurador, do segurado, de representante do último ou de terceiro beneficiário, sendo transmissíveis por meio de cessão civil ou mesmo por alienação. A *apólice ou o bilhete à ordem* são transmissíveis por endosso em preto, datado e assinado pelo endossante e o endossatário, conforme o art. 785, § 2º, do Código Civil, ainda a ser analisado. Por fim, a *apólice ou o bilhete ao portador* são transmissíveis por tradição simples ao detentor da apólice, não sendo isso admitido em alguns casos, como no seguro de vida.

JURISPRUDÊNCIA COMENTADA: Muitos julgados analisam a questão dos riscos contratados também tendo como fundamento o art. 760 do Código Civil e na linha dos acórdãos colacionados nos comentários ao dispositivo anterior.

Nesse sentido, mais uma vez tratando de seguro de vida em grupo: "Nos termos do art. 760 do Código Civil: [...]. Quando da ocorrência do sinistro, que se deu em 29 de dezembro de 2015, o seguro não se encontrava mais vigente, motivo pelo qual não vejo motivos para reforma da sentença, que julgou improcedente o pedido autoral, justamente pelo fato de que o evento ocorrido foi após o término do período de validade do seguro" (TJES, Apelação 0011692-66.2016.8.08.0024, 4.ª Câmara Cível, Rel. Des. Arthur José Neiva de Almeida, j. 20.08.2018, *DJES* 27.08.2018). Da mesma forma, destaque-se: "A análise da exclusão de cobertura pelo seguro é questão de direito e deve ser analisada, ainda que constatada a revelia quanto às questões fáticas. Segundo a leitura das normas contidas nos artigos 757 e 760 do Código Civil, é lícita a limitação e/ou exclusão realizada no contrato de seguro, principalmente quando estabelecidas por cláusula contratual explícita e de fácil compreensão" (TJMG, Apelação Cível 1.0024.13.053808-5/001, Rel. Des. Luiz Carlos Gomes da Mata, j. 18.10.2018, *DJEMG* 26.10.2018). Trazendo a necessidade de essa delimitação ser analisada de acordo com o Código de Defesa do Consumidor, em havendo relação de consumo: "A delimitação dos riscos, embora lícita (art. 760 do CC/2002), sujeita-se a requisitos adicionais no âmbito dos contratos de consumo, para garantir o dever de informação do consumidor (art. 6º, III e 54, § 4º do CDC)" (TJMG, Apelação 1.0702.10.055586-2/001, Rel. Des. José Marcos Vieira, j. 11.04.2018, *DJEMG* 20.04.2018).

REFORMA DO CÓDIGO CIVIL: A Comissão de Juristas propõe a retirada, do texto da lei, da apólice ou do bilhete ao portador. Primeiro, por não ser comum no Brasil, sobretudo na prática securitária. Segundo, pela possibilidade de ser utilizado como instrumento de fraude. Nos termos das justificativas da Subcomissão de Contratos, que também sugeriu uma melhora na clareza do texto, "os seguros à ordem e nominativos são comumente praticados no Brasil. Os primeiros – à ordem –, bastante utilizados em seguros de transporte de carga e, os nominativos na quase totalidade dos demais ramos de seguro. Os seguros com apólice ou bilhete ao portador não são praticados no Brasil porque não oferecem segurança e, têm potencial para se tornar instrumento de fraude, o que precisa ser evitado em benefício de toda a sociedade". Nesse contexto, o *caput* do dispositivo passaria a prever que "a apólice ou o bilhete de seguro serão nominativos ou à ordem". Ademais, conforme o seu parágrafo único, a respeito do conteúdo da apólice ou do bilhete, com maior completude, "a apólice ou o bilhete de seguro mencionarão, obrigatoriamente, os riscos predeterminados objeto da garantia, o início e o fim da vigência, o limite de garantia na cobertura contratada, o prêmio devido, o nome do segurado e do segurador e, se houver, dos cosseguradores, do estipulante e do beneficiário".

Art. 761. Quando o risco for assumido em cosseguro, a apólice indicará o segurador que administrará o contrato e representará os demais, para todos os seus efeitos.

COMENTÁRIOS DOUTRINÁRIOS: O preceito civil bem como os arts. 78 e seguintes do Decreto-lei n. 2.063/1940 tratam do cosseguro, quando os riscos de um seguro são assumidos por várias seguradoras. Tal negócio é muito comum em contratos empresariais de grande monta, em que uma seguradora sozinha não tem condições de assumir todos os eventuais infortúnios que podem decorrer do contrato. Em casos tais, a apólice indicará a seguradora que administrará o contrato e representará os demais, para todos os seus efeitos, denominada *seguradora líder*. Em relação ao segurado, e havendo relação de consumo, penso que poderá ele demandar qualquer uma das seguradoras envolvidas no cosseguro, diante da solidariedade consagrada no CDC (art. 7º). A mesma conclusão não vale para os contratos civis e empresariais, pois nesses a solidariedade não se presume, devendo constar expressamente do contrato (art. 265 do CC). Assim, nesses negócios somente haverá solidariedade entre as seguradoras se o instrumento assim o previr, o que não é comum. A regra, portanto, é que cada seguradora assuma na proporção do que consta da apólice, quanto aos riscos assumidos. O cosseguro não se confunde com o resseguro, hipótese em que uma seguradora contrata outra seguradora (resseguradora), temendo os riscos do contrato anterior, aplicando-se as mesmas regras previstas para o contrato regular. Assim como ocorre com o cosseguro, o resseguro também está geralmente presente em contratos empresariais envolvendo grandes riscos e quantias de valor considerável. Nos dois casos, diante da natureza securitária do negócio, deve ser aplicado o prazo prescricional específico previsto para o seguro, constante do art. 206, § 1º, do Código Civil.

JURISPRUDÊNCIA COMENTADA: Em análise de caso envolvendo cosseguro, o Superior

Tribunal de Justiça entendeu que houve rompimento do pacto por uma das seguradoras frente à outra, que insistiu "que não poderia ser condenada aos lucros cessantes porque o art. 1.059, parágrafo único, do CC/1916, exige, para tanto, a previsibilidade do lucro no momento da contratação". E mais: "A análise da doutrina clássica permite afirmar não haver unanimidade no estudo do tema, mas sob qualquer perspectiva que se queira adotar, no caso concreto os lucros cessantes seriam sempre devidos, porque a obtenção de ganhos estava ínsita ao contrato de cosseguro" (STJ, REsp 1.420.711/SP, 3.ª Turma, Rel. Min. Moura Ribeiro, j. 24.11.2015, *DJe* 09.12.2015). Também quanto a esse contrato, tem-se entendido, de maneira correta que "em caso de cosseguro, segundo o art. 761 do Código Civil, e não tendo sido discriminado no contrato, de forma clara e induvidosa, quais haveriam de ser todas as seguradoras que participariam do pagamento do valor devido, em caso de ocorrência de evento lesivo, revela-se lícito que o autor proponha a ação em face daquelas que identificou no contrato, sendo que a seguradora líder, a saber, aquela encarregada do pagamento do valor maior da indenização, responde por si e como substituta das demais não participantes do polo passivo da relação processual, com direito de regresso em face das demais, em ação própria. Inexistência de omissão, obscuridade e contradição" (TJRS, Embargos de Declaração 0025746-30.2018.8.21.7000, 6.ª Câmara Cível, Santa Maria, Rel. Des. Ney Wiedemann Neto, j. 29.03.2018, *DJERS* 06.04.2018). Porém, afastando a responsabilidade solidária no cosseguro, ao contrário do que sustentei: "A jurisprudência desta Corte é no sentido de que em se tratando de seguro contratado perante grupo de seguradoras, não há responsabilidade solidária, mas sim individual e proporcional entre as respectivas empresas" (TJMS, Apelação Cível 0802050-69.2013.8.12.0011, 2.ª Câmara Cível, Rel. Des. Paulo Alberto de Oliveira, *DJMS* 22.10.2018, p. 81). Em complemento: "Não há, contudo, solidariedade entre as seguradoras participantes de um cosseguro. Cada uma delas responderá perante o segurado, em regra, na exata proporção correspondente à fração do risco assumido. Não obstante, nos termos do art. 761 do CC/02, à seguradora-líder competirá representar as demais seguradoras em todos os atos relativos ao contrato, inclusive o pagamento da indenização securitária. Em sendo assim, a seguradora-líder pode ser demandada pela integralidade do capital segurado, sendo possível a denunciação à lide das demais cosseguradoras, como forma de ver reconhecida, desde já, a obrigação das denunciadas com relação ao pagamento das respectivas cotas-partes" (TJMG, Apelação Cível 1.0194.03.030572-7/0011, 18.ª Câmara Cível, Coronel Fabriciano, Rel. Des. Elpídio Donizetti, j. 08.04.2008, *DJEMG* 26.04.2008). Por sua vez, delimitando o conteúdo do contrato de resseguro, e concluindo pela aplicação do mesmo prazo prescricional existente para os seguros em geral, conforme os meus comentários, julgado superior aponta que "a qualificação jurídica do resseguro como um contrato de seguro decorre do fato de a resseguradora obrigar-se, mediante o pagamento de um prêmio, a proteger o patrimônio da seguradora/cedente do risco substanciado na responsabilidade desta perante seu segurado. Logo, presentes as características principais da relação securitária: interesse, risco, importância segurada e prêmio. Qualquer pretensão do segurado contra o segurador, ou deste contra aquele, prescreve em um ano (art. 178, § 6º, do Código Civil/1916 e art. 206, II, do Código Civil atual), regra que alcança o seguro do segurador, isto é, o resseguro" (STJ, REsp 1.170.057/MG, 3.ª Turma, Rel. Min. Ricardo Villas Bôas Cueva, j. 17.12.2013, *DJe* 13.02.2014).

Art. 762. Nulo será o contrato para garantia de risco proveniente de ato doloso do segurado, do beneficiário, ou de representante de um ou de outro.

COMENTÁRIOS DOUTRINÁRIOS: O Código Civil veda expressamente o *golpe do seguro*, ao prever que nulo será o contrato para garantia de risco proveniente de ato doloso do segurado, do beneficiário, ou de representante de um ou de outro. O vício atinge a validade do contrato, sendo caso de nulidade absoluta textual (art. 166, inc. VI, do CC). Essa nulidade vicia todo o ato, não podendo ser invocado o princípio da conservação contratual em hipótese alguma. Em um Código Civil que privilegia a boa-fé objetiva, não poderia ser diferente, não podendo a seguradora chancelar atos ilícitos do segurado. De toda sorte, insta anotar, na esteira da melhor jurisprudência que será a seguir exposta, que não se pode presumir a má-fé do segurado, principalmente quando for ele um consumidor. Vale a antiga máxima: a boa-fé se presume; a má-fé se prova. Em outras palavras, a fraude praticada pelo segurado deve ser devidamente comprovada pela seguradora, ônus que lhe cabe, sob pena de ter que arcar com a garantia ou indenização. Diante da antiga regra segundo a qual o dolo equipara-se à culpa grave (*culpa lata dolus aequiparatur*), entendo que o último conceito deve ser incluído na leitura do dispositivo. Sendo assim, será nulo o contrato de seguro para garantia de risco proveniente de ato praticado com culpa grave pelo segurado, pelo seu beneficiário, ou do representante de um ou de outro. Como última nota doutrinária, é preciso ressaltar a plena validade da cláusula contratual que prevê que a seguradora não responde em casos de dolo ou culpa grave do segurado, o que, em certo sentido, tem fundamento no comando e na regra que o ampara. Essa cláusula contratual é comum em praticamente todos os Países, seja da *Common Law*, seja da *Civil Law*, já ingressando nas regras de tráfego dos seguros brasileiros, nos termos da parte final do art. 113, *caput*, do Código Civil.

JURISPRUDÊNCIA COMENTADA: Entre os julgados estaduais que sempre gosto de utilizar em aulas e exposições sobre o tema e a respeito do *golpe do seguro*, do Tribunal do Rio de Janeiro: "Seguro de automóvel. Veículo roubado. Alegação infundada de fraude. Golpe do seguro. Pela seguradora. Recusa do pagamento. Indenização. Lei n. 8.078/1990. Aplicação. A responsabilidade do segurador é objetiva fundada no risco contratual e, em razão das peculiaridades do contrato de seguro, o fato do segurado só pode ser invocado como excludente da responsabilidade do segurador, quando se tratar de dolo ou má-fé. O segurado só perde o direito à indenização se efetivamente houver agido com fraude, devidamente comprovada. No caso, o Autor foi vítima de assalto a mão armada e temeroso só compareceu à Delegacia Policial seis dias após a ocorrência. Tal fato, por si só, não dá ensejo à perda do direito à indenização. Provada a ocorrência do sinistro, não pode o segurador eximir-se dos riscos assumidos no contrato mediante alegações que não provam eficazmente a ocorrência de fraude ou algum ato ilícito capaz de ilidir o pagamento do prêmio, por descumprimento contratual" (TJRJ, Apelação Cível 2005.001.44242, 2.ª Câmara Cível, Rel. Des. Elisabete Filizzola, j. 18.01.2006). Apesar da presença de certa peculiaridade quanto à elaboração do boletim de ocorrência, concordo com o teor do acórdão, especialmente quanto à necessidade de prova da má-fé do segurado. Porém, de forma também correta, entendendo pela presença do *golpe do seguro*, igualmente contando com o meu apoio: "Reconhecimento, pelo Tribunal de origem, da prática do chamado 'golpe do seguro', em que o segurado comunica à seguradora o furto de seu veículo, quando, na realidade, este já fora negociado com terceiros, que o transportam normalmente para outro país. Utilização, para este reconhecimento, de instrumento contratual, redigido em espanhol, de compra e venda do veículo segurado, firmado e registrado por terceiros, no Paraguai, quatro dias antes do furto noticiado. Rejeição das alegações relativas aos arts. 215 do CC/2002, 757 do CC/2002, 389 do CPC e 364 do CPC. Como a ausência de tradução do instrumento de compra e venda, redigido em espanhol, contendo informações simples, não comprometeu a sua compreensão pelo juiz e pelas partes, possibilidade de interpretação teleológica, superando-se os óbices formais, das regras dos arts. 157 do CPC e 224 do CC/02. Precedentes específicos deste Superior Tribunal de Justiça" (STJ, REsp 924.992/PR, 3.ª Turma, Rel. Min. Paulo de Tarso Sanseverino, j. 19.05.2011, *DJe* 26.05.2011). Destaque-se que vários julgados têm aplicado a ideia constante do art. 762 do Código Civil para o seguro obrigatório DPVAT, com o mesmo argumento de que não se pode chancelar o ilícito praticado pelo segurado. Assim julgando, com a citação de precedente superior: "Para que seja pago o seguro DPVAT não se discute a culpa pelo acidente automobilístico. Entretanto, a palavra culpa aqui deve ser interpretada em seu sentido estrito. Assim, esse dispositivo não está tratando sobre dolo. 2.1. Nessa feita, se o motorista/vítima foi o culpado pelo acidente, mesmo assim ele terá direito à indenização. Por outro lado, se o motorista/vítima causou o acidente (agiu com dolo), ele não terá direito à indenização, não se aplicando a ele o art. 5º da Lei n. 6.194/74. 2.2. Isso porque, o seguro DPVAT, embora seja uma indenização imposta por Lei, continua tendo a natureza de um contrato de seguro, o qual deverá observar as regras gerais sobre esta espécie contratual, que prevê no art. 762 do Código Civil que nulo será o contrato para garantia de risco proveniente de ato doloso do segurado, do beneficiário, ou de representante de um ou de outro. 2.3. Ademais, o art. 12, § 2º, da Resolução CNSP n. 273/2012, que consolida as normas do Seguro DPVAT prevê que a cobertura a que se refere este artigo abrange, inclusive, danos pessoais causados aos motoristas dos veículos, exceto quando constatada a existência de dolo. (STJ, RESP 1.661.120/RS) 2.4. O seguro obrigatório, portanto, visa à proteção das vítimas de acidente automobilístico decorrente de uma situação de normalidade. Portanto, não se qualificam como beneficiários/dependentes aqueles cuja vítima deu causa ao sinistro quando do cometimento de ato ilícito, sob pena de locupletarem-se da torpeza de outrem. 3. O referido entendimento não se modifica pelo fato de a vítima ser adolescente e, portanto, ter praticado ato infracional, eis que a denominação dos fatos não retira o caráter ilícito da conduta que deu ensejo ao acidente automobilístico" (TJDF, Apelação Cível 2017.08.1.003300-6, Acórdão 112.8921, 6.ª Turma Cível, Rel. Des. Alfeu Machado, j. 03.10.2018, *DJDFTE* 10.10.2018). O precedente do STJ citado sobre o tema foi assim ementado, interessando muito à prática: "O propósito recursal é determinar se os recorrentes fazem *jus* ao recebimento da indenização relativa ao seguro obrigatório – DPVAT, em virtude de acidente de trânsito – ocorrido no momento de prática de ilícito penal (tentativa de roubo a carro-forte) – que teria vitimado seu pai. [...]. Embora a Lei n. 6.194/74 preveja que a indenização será devida independentemente da apuração de culpa, é forçoso convir que a lei não alcança situações em que o acidente provocado decorre da prática de um ato doloso (como, na hipótese, em que o acidente de trânsito ocorreu em meio a tentativa de roubo a carro-forte)" (STJ, REsp 1.661.120/RS, 3.ª Turma, Rel. Min. Nancy Andrighi, j. 09.05.2017, *DJe* 16.05.2017). Quanto à validade da cláusula contratual que afasta a indenização em casos de dolo ou culpa grave do segurado, mas com fundamento no art. 768 do Código Civil, como ainda será estudado: "A cláusula contratual que estabelece a perda do direito à indenização no caso de o sinistro ocorrer por dolo ou culpa grave do segurado é lícita e encontra respaldo na legislação aplicável à espécie (art. 768 do CC/02) – A conduta do segurado, no sentido de deixar as chaves do veículo na ignição, se considerada em consonância com as circunstâncias do caso concreto, caracteriza mero descuido, pois, por se tratar de distrito rural, tal atitude não foge do padrão de comportamento da comunidade onde vive o segurado. Ausente a comprovação de dolo ou culpa grave do segurado, não é lícito à seguradora eximir-se do dever de indenizar" (TJMG, Apelação Cível 1.0223.05.165908-2/0011, 15.ª Câmara Cível, Divinópolis, Rel. Des. Bitencourt Marcondes, j. 14.02.2008, *DJEMG* 23.02.2008). Concluindo da mesma forma, e utilizando a cláusula por ser mais favorável ao segurado-consumidor: "Negativa de pagamento de indenização. Alegação de descumprimento de cláusula contratual que previa a necessidade de denunciação à lide da seguradora nos autos da ação movida por terceiro envolvido em acidente. Existência de dubiedade nas cláusulas que regulam o dever. Aplicabilidade da cláusula mais favorável ao consumidor que condiciona a perda da indenização à demonstração de dolo ou culpa grave do segurado. Hipóteses que não restaram configuradas no caso concreto" (TJRS, Embargos Infringentes 70019054881, 3.º Grupo Cível, Lajeado, Rel. Des. Antônio Corrêa Palmeiro da Fontoura, j. 16.05.2008, *DOERS* 19.06.2008, p. 113).

REFORMA DO CÓDIGO CIVIL: Na linha do que comentei a respeito da equiparação da culpa grave ao dolo, fundada na antiga máxima *culpa lata dolus aequiparatur*, e por comum previsão contratual em grandes contratos, a Comissão de Juristas propõe a inclusão de um parágrafo único no dispositivo prevendo que, "para os fins do *caput* deste artigo, nos contratos simétricos e paritários, a culpa grave se equipara ao dolo". A proposta visa trazer para a norma jurídica prática que já é comum em contratos de grandes riscos, com feição empresarial, que, como visto, devem ser presumidos relativamente como paritários e simétricos.

Art. 763. Não terá direito a indenização o segurado que estiver em mora no pagamento do prêmio, se ocorrer o sinistro antes de sua purgação.

COMENTÁRIOS DOUTRINÁRIOS: Em uma redação mais específica do que constava da codificação anterior, o dispositivo gera polêmicas no campo prático, ao dispor que o segurado não terá direito a indenização se estiver em mora no pagamento do prêmio e se ocorrer o sinistro antes de sua purgação. De início, em uma interpretação literal, a norma entra em conflito com a teoria do adimplemento substancial (*substantial performance*), segundo a qual se o contrato for quase cumprido, sendo a mora insignificante, não caberá sua extinção, mas apenas outros efeitos como cobrança e pleito de perdas e danos. Em termos gerais, conforme o Enunciado n. 361, aprovado na *IV Jornada de Direito Civil* do Conselho da Justiça Federal em 2006, "o adimplemento substancial decorre dos princípios gerais contratuais, de modo a fazer preponderar a função social do contrato e o princípio da boa-fé objetiva, balizando a aplicação do art. 475". Entendo que o adimplemento substancial mais se relaciona com a função social do contrato (art. 421 do CC), do que com a boa-fé objetiva (art. 422 do CC), pelo fato de confirmar o princípio da conservação do negócio jurídico, assegurando trocas úteis e justas (Enunciado n. 22 da *I Jornada de Direito Civil*). Especificamente quanto ao contrato de seguro, na *IV Jornada de Direito Civil* aprovou-se o Enunciado n. 371, *in verbis*: "A mora do segurado, sendo de escassa importância, não autoriza a resolução do contrato, por atentar ao princípio da boa-fé objetiva". Acrescente-se que a análise do descumprimento para a incidência do adimplemento substancial no caso concreto deve ser quantitativa e qualitativa, nos termos do Enunciado n. 586 da *VII Jornada de Direito Civil* (2015): "Para a caracterização do adimplemento substancial (tal qual reconhecido pelo Enunciado n. 361 da *IV Jornada de Direito Civil* – CJF), levam-se em conta tanto aspectos quantitativos quanto qualitativos". Desse modo, não basta somente a verificação do percentual cumprido pelo segurado, mas também eventual histórico anterior de cumprimento e descumprimento. Em relação ao seguro, frise-se que a presença de um cumprimento relevante afasta a aplicação do art. 763 do Código Civil no sentido de que a simples mora gera a extinção da avença. Também a respeito do polêmico preceito, foi aprovado o Enunciado n. 376 na *IV Jornada de Direito Civil*, estabelecendo que "para efeito do art. 763 do Código Civil, a resolução do contrato depende de prévia interpelação", no caso, do segurado devedor. Em outras palavras, a mora do segurado não é automática ou *ex re*, mas *ex persona*, sendo necessária a sua notificação prévia, seja judicial ou extrajudicial, para a eventual e posterior extinção do contrato. Como se verá a seguir, essa tese acabou por ser chancelada pela jurisprudência consolidada do Superior Tribunal de Justiça, em uma sadia incidência do dever de informação decorrente da boa-fé objetiva. Também acabou por prevalecer o argumento de ser a cláusula de extinção automática nula de pleno direito, por ser abusiva e representar lesão ao princípio da boa-fé, argumento ao qual me filio de forma integral.

JURISPRUDÊNCIA COMENTADA: Sobre a incidência da teoria do adimplemento substancial para o contrato de seguro, entre os primeiros precedentes superiores, reconhecendo a sua aplicação somente na falta de pagamento da última parcela do seguro: "A falta de pagamento de mais da metade do valor do prêmio é justificativa suficiente para a não oneração da companhia seguradora que pode, legitimamente, invocar em sua defesa a exceção de suspensão do contrato pela inadimplência do segurado. Apenas a falta de pagamento da última prestação do contrato de seguro pode, eventualmente, ser considerada adimplemento substancial da obrigação contratual, na linha de precedentes do STJ, sob pena de comprometer as atividades empresariais da companhia seguradora" (STJ, REsp 415.971/SP, 3.ª Turma, Rel. Min. Nancy Andrighi, j. 14.05.2002, *DJ* 24.06.2002, p. 302). Na mesma linha, de data mais remota e de forma pioneira: "Seguro. Inadimplemento da segurada. Falta de pagamento da última prestação. Adimplemento substancial. Resolução. A companhia seguradora não pode dar por extinto o contrato de seguro, por falta de pagamento da última prestação do prêmio, por três razões: a) sempre recebeu as prestações com atraso, o que estava, aliás, previsto no contrato, sendo inadmissível que apenas rejeite a prestação quando ocorra o sinistro; b) a seguradora cumpriu substancialmente com a sua obrigação, não sendo a sua falta suficiente para extinguir o contrato; c) a resolução do contrato deve ser requerida em juízo, quando será possível avaliar a importância do inadimplemento, suficiente para a extinção do negócio" (STJ, REsp 76.362/MT, 4.ª Turma, Rel. Min. Ruy Rosado de Aguiar, j. 11.12.1995, *DJ* 01.04.1996, p. 9.917). Entretanto, em datas mais próximas, esse rigor de aplicação apenas para os casos da falta de pagamento de uma parcela acabou por ser afastado pela Corte Superior. Tratando de seguro de vida e uma análise quantitativa e qualitativa do conceito, destaque-se: "Incide a teoria do adimplemento substancial, que visa a impedir o uso desequilibrado do direito de resolução por parte do credor, em prol da preservação da avença, com vistas à realização dos princípios da boa-fé e da função social do contrato. No caso, embora houvesse mora de 90 (noventa) dias no pagamento da mensalidade do plano, antes da ocorrência do fato gerador (morte do contratante) tentou-se a purgação, ocasião em que os valores em atraso foram pagos pelo *de cujus*, mas a ele devolvidos pela entidade de previdência privada, com fundamento no cancelamento administrativo do contrato ocorrido 6 (seis) dias antes. Com efeito, depreende-se que o inadimplemento do contrato – a par de ser desimportante em face do substancial adimplemento verificado durante todo o período anterior – não pode ser imputado exclusivamente ao consumidor. Na verdade, o evitável inadimplemento decorreu essencialmente do arbítrio injustificável da recorrida – entidade de previdência e seguros – em não receber as parcelas em atraso, antes mesmo da ocorrência do sinistro, não agindo assim com a boa-fé e cooperação recíproca que são essenciais à harmonização das relações civis. A entidade de previdência obstou a purgação da mora por motivo injustificado, antes mesmo da ocorrência do fato gerador, somando-se a isso a inequívoca conduta pautada na boa-fé do consumidor, por isso incabível a negativa de pagamento do pecúlio depois de verificada morte do contratante. Incidência do art. 21, § 3º, da Lei n. 6.435/1977" (STJ, REsp 877.965/SP, 4.ª Turma, Rel. Min. Luis Felipe Salomão, j. 22.11.2011, *DJe* 01.02.2012).

Esse último julgado também confirma a outra tese aqui destacada, no sentido de que "o mero atraso no pagamento de prestação do prêmio do seguro não importa em desfazimento automático do contrato, para o que se exige ou a prévia constituição em mora do contratante pela seguradora, mediante interpelação, ou o ajuizamento de ação judicial competente. Matéria pacificada no âmbito da C. 2.ª Seção do STJ (REsp n. 316.552/SP, Rel. Min. Aldir Passarinho Junior, julgado em 09.10.2002)" (STJ, REsp 286.472/ES, 4.ª Turma, Rel. Min. Aldir Passarinho Junior, j. 19.11.2002, *DJ* 17.02.2003, p. 282). No mesmo sentido, de data mais próxima sobre esse segundo aspecto que foi comentado: "O atraso no pagamento de prestações do prêmio do seguro não determina a resolução automática do contrato de seguro, exigindo-se a prévia constituição em mora do contratante pela seguradora, mostrando-se indevida a negativa de pagamento da indenização correspondente" (STJ, Ag. Rg. no REsp 1.255.936/PE, 3.ª Turma, Rel. Min. Paulo de Tarso Sanseverino, j. 19.02.2013, *DJe* 25.02.2013). A questão se consolidou de tal forma na Corte que, em 2018, foi editada a Súmula n. 616 do STJ: "A indenização securitária é devida quando ausente a comunicação prévia do segurado acerca do atraso no pagamento do prêmio por constituir requisito essencial para suspensão ou resolução do contrato de seguro". A sumular confirma o Enunciado n. 376 da *IV Jornada de Direito Civil*, demonstrando uma total e sadia sintonia entre a doutrina e a jurisprudência. A propósito, com correta aplicação da sumular, em julgado de 2020, entendeu a Terceira Turma do próprio Superior Tribunal de Justiça que "o contrato de seguro de vida tem expressiva relevância social, dado seu caráter previdenciário, justificando a aplicação da ideia de sociedade do risco. Portanto, a rescisão do contrato de seguro, fundada na inadimplência do segurado, deverá ser precedida de interpelação do segurado para sua constituição em mora, assim como ser observada a extensão da dívida e se esta é significativa diante das peculiaridades do caso concreto. Inteligência da Súmula 616/STJ. Na hipótese dos autos, levando-se em consideração o longo período de regularidade contratual e a extensão do débito, não se mostra plausível a dispensa da notificação do segurado para a rescisão contratual em razão da inadimplência" (STJ, REsp 1.838.830/RS, 3.ª Turma, Rel. Min. Marco Aurélio Bellizze, j. 18.08.2020, *DJe* 26.08.2020). Por fim, com a minha total concordância, a mesma Corte Superior entende como nula, por abusividade, a cláusula que considera a mora do segurado como automática ou *ex re*, afastando a necessidade de sua notificação prévia: "Nos termos dos precedentes desta Corte, considera-se abusiva a cláusula contratual que prevê o cancelamento ou a extinção do contrato de seguro em razão do inadimplemento do prêmio, sem a prévia constituição em mora do segurado, mediante prévia notificação" (STJ, AgRg no AREsp 292.544/SP, 4.ª Turma, Rel. Min. Raul Araújo, j. 23.04.2013, *DJe* 27.05.2013).

REFORMA DO CÓDIGO CIVIL: A Comissão de Juristas sugere resolver os problemas do art. 763 do Código Civil, exatamente como pontuei nas minhas notas doutrinárias e nos comentários jurisprudenciais, o que vem em boa hora e em prol da segurança jurídica. Nesse contexto de necessário aprimoramento do preceito, o seu *caput* passaria a excepcionar a incidência do adimplemento substancial: "Não terá direito à indenização o segurado que estiver em mora quanto ao pagamento do prêmio, se ocorrer o sinistro antes de sua purgação, exceto nos casos em que tiver adimplido substancialmente o contrato". Além disso, insere-se a regra no sentido de que a resolução do contrato depende de prévia interpelação do segurado, sendo a sua mora *ex persona*, como têm entendido a doutrina e a jurisprudência consolidadas, aplicando o dever de informação anexo à boa-fé objetiva: "Para os fins deste artigo, a resolução do contrato depende de prévia interpelação judicial ou extrajudicial".

Art. 764. Salvo disposição especial, o fato de se não ter verificado o risco, em previsão do qual se faz o seguro, não exime o segurado de pagar o prêmio.

COMENTÁRIOS DOUTRINÁRIOS: Em regra e salvo disposição especial inserida nos termos do seguro, o fato de não se ter verificado o risco, em previsão do qual se faz o seguro, não exime o segurado de pagar o prêmio. Entendo que esse dispositivo corrobora a afirmação anterior no sentido de ser o contrato aleatório e não comutativo, não importando a ocorrência ou não do sinistro, pois o prêmio, em qualquer caso, deve ser pago pelo segurado. O que interessa no contrato de seguro é a cobertura do risco assumido e não a ocorrência do evento danoso em si. Exemplificando, se alguém celebrar um contrato de seguro do automóvel por um ano e se não ocorrer qualquer acidente ou roubo, mesmo assim o prêmio, a remuneração do seguro, deverá ser pago pelo segurado.

JURISPRUDÊNCIA COMENTADA: Na linha do que comentei, a respeito da cobertura dos riscos na vigência do contrato: "Ainda que não tenha ocorrido nenhum dos riscos contratados, a devolução dos valores dos prêmios pagos no decorrer da contratualidade não tem cabimento, uma vez que o segurado gozou da cobertura securitária durante todo o período de contribuição. Inteligência do art. 764 do Código Civil" (TJRS, Agravo de Instrumento n. 0140991-26.2017.8.21.7000, 6.ª Câmara Cível, Cruz Alta, Rel. Des. Ney Wiedemann Neto, j. 20.07.2017, *DJERS* 26.07.2017). Em complemento, sobre a natureza aleatória do contrato em questão: "Contrato de seguro de vida em grupo. Invalidez da segurada. Negativa. Pedido da inicial pela devolução dos valores pagos à seguradora e indenização por perdas e danos. Contrato aleatório. Pagamento devido do prêmio independente da concretização do sinistro. Fundamento nos arts. 757 e 764 do Código Civil". (TJPR, Apelação Cível 1394374-5, 9.ª Câmara Cível, Londrina, Rel. Des. José Augusto Gomes Aniceto, j. 03.09.2015, *DJPR* 25.09.2015, p. 100). No mesmo sentido: "Não obstante a seguradora ter negado a cobertura dos danos, por entender não ter ocorrido o risco predeterminado no contrato, não cabe a restituição do valor do prêmio pago na contratação. Artigo 764 do Código Civil" (TJRS, Recurso Cível 0010525-26.2015.8.21.9000, 4.ª Turma Recursal Cível, Pelotas, Rel. Des. Glaucia Dipp Dreher, j. 31.07.2015, *DJERS* 05.08.2015). Por derradeiro, com mesma conclusão e analisando questão processual importante: "Ausência de responsabilidade solidária entre as participantes da operação de cosseguro puro. Inteligência do artigo 77, III, do CPC. Devolução dos prêmios já pagos. Impossibilidade. Riscos contratados que foram assumidos pela seguradora durante vigência do pacto. Irrelevância da não concretização de sinistro e ausência de contraprestação indenizatória. Exegese do artigo 764 do CC/02" (TJSP, Apelação 9300649-55.2008.8.26.0000, Acórdão 5034677, 32.ª Câmara de Direito Privado, Cubatão, Rel. Des. Walter Cesar Exner, j. 31.03.2011, *DJESP* 06.04.2011).

Art. 765. O segurado e o segurador são obrigados a guardar na conclusão e na execução do contrato, a mais estrita boa-fé e veracidade, tanto a respeito do objeto como das circunstâncias e declarações a ele concernentes.

COMENTÁRIOS DOUTRINÁRIOS: A boa-fé objetiva deve estar presente em todas as fases do contrato de seguro, ou seja, nas suas fases pré-contratual, contratual e pós-contratual. Além das regras gerais de boa-fé previstas no art. 422 do Código Civil e no art. 4º, inc. III do CDC, o contrato em questão tem norma específica, o que representa certo *privilégio* frente aos outros contratos. Por isso, Clóvis Beviláqua afirmava há tempos que o seguro seria o "contrato de boa-fé". O dispositivo consagra expressamente o dever anexo de informar, o que não afasta a aplicação dos demais deveres anexos ínsitos ao princípio em questão, como o dever de cuidado, de respeito, de colaboração, de transparência e confiança. A quebra desses deveres anexos no contrato seguro gera a *violação positiva do contrato* e a consequente responsabilização independentemente de culpa daquele que os descumpriu, o que é retirado do Enunciado n. 24, aprovado na *I Jornada de Direito Civil*. Com grande aplicação ao seguro, em complemento, o art. 46 do CDC prevê que não vincularão o segurado-consumidor as cláusulas incompreensíveis e ininteligíveis, impostas pelas seguradoras. A título de exemplo, citem-se as cláusulas relativas ao *perfil do segurado*, constantes da apólice e que não podem ser compreendidas pelo *brasileiro médio*, como aquelas com a seguinte redação: "O segurado não terá direito à indenização se deixar de prestar uma informação que influa no índice tarifário do risco". Ademais, nos termos do art. 51, inc. IV, do CDC, em se tratando de seguro que traz como conteúdo uma relação de consumo, são consideradas nulas de pleno direito, por abusividade e eivadas de nulidade absoluta, as cláusulas contratuais que contrariam a boa-fé. Completando o sentido da norma em comento, vale citar proposta de enunciado feita na *IV Jornada de Direito Civil* pelo jurista Wanderlei de Paula Barreto, e que acabou não sendo aprovado, infelizmente. Conforme o seu teor, "a boa-fé objetiva (arts. 422 e 765) impõe ao segurado, especificamente (art. 766), a obrigação pré-contratual de declarar *sponte propria*, com exatidão e de maneira completa, os dados e circunstâncias de que tenha ou deva ter conhecimento, capazes de influir na aceitação da proposta ou na contratação em bases diferentes. Exige do segurador, por outro lado, que adote conduta compatível (não contratar ou apresentar contraproposta), quando o segurado fornecer informação, ou o segurador, por qualquer outro meio, tomar conhecimento de circunstâncias capazes de influir na contratação; contudo, deve prestar a garantia, se tiver aceitado a proposta desacompanhada das informações que o segurado, comprovadamente, desconhecia". Apesar de o enunciado doutrinário não ter sido aprovado, seu conteúdo é interessante à prática, por especificar condutas das partes contratuais guiadas pela boa-fé;

tendo o meu total apoio doutrinário. Outro exemplo a ser citado quanto à incidência da boa-fé objetiva no contrato de seguro envolve o Enunciado n. 543 da *VI Jornada de Direito Civil*, de 2013, que assim se expressa, com precisão: "Constitui abuso do direito a modificação acentuada das condições do seguro de vida e de saúde pela seguradora quando da renovação do contrato". Como se verá, o entendimento constante da ementa doutrinária tem sido aplicado pela jurisprudência nacional. Por fim, destaquem-se os conceitos parcelares da boa-fé objetiva que têm plena aplicação ao contrato de seguro, caso dos seguintes: a) *supressio*, que é a perda de um direito ou de uma posição jurídica pelo seu não exercício no tempo, presente uma renúncia tácita; b) *surrectio*, definida como o surgimento de um direito correspondente à *supressio*, por práticas, usos e costumes; c) *venire contra factum proprium non potest*, máxima que veda o comportamento contraditório; e d) "*duty to mitigate the loss*", o dever de mitigar o prejuízo, previsto no art. 771 do Código Civil e outros comandos sobre o seguro, e que ainda serão aqui abordados. De toda forma, quanto ao último conceito parcelar, adiante-se o teor do Enunciado n. 169, aprovado na *III Jornada de Direito Civil*, segundo o qual a boa-fé objetiva impõe ao credor o dever de mitigar o próprio prejuízo. Como última nota a respeito do art. 765 do Código Civil, na *IX Jornada de Direito Civil*, realizada em 2022, foram aprovados dois enunciados a respeito da sua incidência ao processo administrativo de regulação do sinistro, em que a seguradora analisa as causas e as circunstâncias do sinistro comunicado, para o fim de concluir se pagará ou não a indenização ao segurado. Nos termos do Enunciado n. 656, "do princípio da boa-fé objetiva, resulta o direito do segurado, ou do beneficiário, de acesso aos relatórios e laudos técnicos produzidos na regulação do sinistro". Ademais, consoante o Enunciado n. 657, "diante do princípio da boa-fé objetiva, o regulador do sinistro tem o dever de probidade, imparcialidade e celeridade, o que significa que deve atuar com correção no cumprimento de suas atividades". As ementas doutrinárias são perfeitas e contaram com o meu total apoio quando da realização do evento.

JURISPRUDÊNCIA COMENTADA: Vários são os exemplos, na jurisprudência nacional, de aplicação da boa-fé objetiva ao contrato de seguro. Colacionaremos apenas algumas delas, do Superior Tribunal de Justiça, sem qualquer pretensão de esgotar o assunto e dentro das propostas desta obra. Como primeira ilustração, a Corte tem entendido que a empresa seguradora que nega o pagamento de indenização em seguro de vida desrespeita a boa-fé objetiva, diante de uma justa expectativa gerada no segurado: "Direito do consumidor. Contrato de seguro de vida inserido em contrato de plano de saúde. Falecimento da segurada. Recebimento da quantia acordada. Operadora do plano de saúde. Legitimidade passiva para a causa. Princípio da boa-fé objetiva. Quebra de confiança. Os princípios da boa-fé e da confiança protegem as expectativas do consumidor a respeito do contrato de consumo. A operadora de plano de saúde, não obstante figurar como estipulante no contrato de seguro de vida inserido no contrato de plano de saúde, responde pelo pagamento da quantia acordada para a hipótese de falecimento do segurado se criou, no segurado e nos beneficiários do seguro, a legítima expectativa de ela, operadora, ser responsável por esse pagamento" (STJ, REsp 590.336/SC, 3.ª Turma, Rel. Min. Fátima Nancy, j. 07.12.2004, *DJ* 21.02.2005, p. 175). O julgado merece destaque por trazer como conteúdo a *teoria da aparência*, ampliando a responsabilidade decorrente de um seguro para outro, pois ambas as seguradoras eram do mesmo grupo econômico. Como aplicação da boa-fé objetiva igualmente a ser destacada, no sentido de se vedar as cláusulas abusivas contrárias a esse princípio, cite-se a Súmula n. 302 do Tribunal da Cidadania, pela qual é abusiva a cláusula contratual de plano de saúde que limita no tempo a internação hospitalar do segurado. Pontue-se que a sumular também está fundada na função social do contrato, outro princípio fundamental dos pactos, previsto nos arts. 421 e 2.035, parágrafo único, do Código Civil. Seguindo nas concreções, tem-se entendido há tempos que a negativa de internação por parte da seguradora pode gerar danos morais presumidos ao segurado (danos *in re ipsa*), diante da quebra de justas expectativas e diante das inúmeras e graves lesões à personalidade causadas. Por todos os primeiros julgados que assim concluem, em entendimento repetido em todas as Cortes Estaduais: "Indenização. Dano moral. Seguro. Saúde. Acometido de um tumor cerebral maligno, o recorrente viu a seguradora recusar-se a custear as despesas de cirurgia de emergência que o extirpou, ao fundamento de que tal doença não fora informada na declaração de saúde quando da assinatura da proposta de seguro de assistência à saúde. Só conseguiu seu intento em juízo, mediante a concessão de antecipação de tutela para o pagamento dos custos médicos e hospitalares decorrentes da cirurgia e o reembolso do que despendido em tratamento quimioterápico. Porém, pleiteava, em sede do especial, a indenização por danos morais negada pelo Tribunal *a quo*. A Turma, então, ao reiterar os precedentes da jurisprudência deste Superior Tribunal, deu provimento ao recurso, por entender que a recusa indevida à cobertura é sim causa de dano moral, pois agrava a situação de aflição psicológica e de angústia do segurado, já em estado de dor, abalo psicológico e saúde debilitada. Anotou-se não ser necessário demonstrar a existência de tal dano porque esse decorre dos próprios fatos que deram origem à propositura da ação (*in re ipsa*). Ao final, fixou o valor da indenização devida àquele título em cinquenta mil reais. Precedentes citados: REsp 657.717/RJ, *DJ* 12.12.2005; REsp 341.528/MA, *DJ* 9.05.2005, e REsp 402.457/RO, *DJ* 5.05.2003, Ag 661.853/SP, *DJ* 23.05.2005" (STJ, REsp 880.035/PR, Rel. Min. Jorge Scartezzini, j. 21.11.2006). Em sintonia com essa forma de julgar, no âmbito doutrinário, vale citar o teor do Enunciado n. 411, aprovado na *V Jornada de Direito Civil*, fruto de proposição por mim formulada: "O descumprimento de um contrato pode gerar dano moral, quando envolver valor fundamental protegido pela Constituição Federal de 1988". Um contrato que envolve um desses valores é justamente o contrato de seguro-saúde. Em outro acórdão a ser mencionado, o Superior Tribunal de Justiça aplicou o antes citado conceito parcelar relativo ao dever de evitar o agravamento do próprio prejuízo pelo credor ("*duty to mitigate the loss*"), em hipótese envolvendo seguro. Vejamos esse remoto acórdão, mas com conteúdo muito importante: "Lucros cessantes. Execução de sentença. Período a considerar. Boa-fé. Seguro. Citação do IRB. Constando da sentença exequenda que os lucros cessantes devem ser considerados até a data do efetivo pagamento, essa data limite deve corresponder à do depósito judicial efetuado pela seguradora sobre a parte incontroversa, superior ao valor dos danos emergentes. A avaliação do período a considerar para os lucros cessantes deve ser feita de acordo com a boa-fé objetiva, que impõe ao lesado colaborar lealmente, praticando atos que estavam ao seu alcance, para evitar a continuidade do prejuízo. Depositado o valor suficiente para a reconstrução do prédio onde se localizava a cozinha do restaurante explorado pelo segurado, é de se ter que nessa data terminou a contagem dos lucros cessantes, ampliado o período de mais 90 dias, julgado pela sentença como necessário para as obras" (STJ, REsp 256.274/SP, 4.ª Turma, Rel. Min. Ruy Rosado de Aguiar, j. 26.09.2000, *DJ* 18.12.2000, p. 204). Em data mais recente, a Corte Superior estabeleceu a relação direta entre a função social do contrato e a boa-fé objetiva para concluir que determinada seguradora deveria arcar com o pagamento de indenização em hipótese envolvendo seguro de vida: "O policial, seja militar, civil ou federal, que falece, dentro ou fora do horário de serviço, desde que no estrito cumprimento de suas obrigações legais, faz *jus* à indenização securitária. Não há discricionariedade ao agente policial em sua atuação na medida em que se depara com situações aptas à consumação de qualquer espécie de delito. Em outras palavras, cuida-se de dever funcional de agir, independentemente de seu horário ou local de trabalho, ao contrário dos demais cidadãos, realizando-se seu mister ainda que fora da escala de serviço ou mesmo em trânsito, como na espécie. As limitações contidas no art. 1.460 do Código Civil de 1916, devem constar, de forma expressa, clara e objetiva, de modo a se evitar qualquer dúvida em sua aplicação, sob pena de inversão em sua interpretação a favor do aderente, da forma como determina o art. 423 do Código Civil, decorrentes da boa-fé objetiva e da função social do contrato. A recorrente não demonstrou, efetivamente, a existência de cláusula contratual apta a excluir eventuais acidentes denominados 'in itinere', o que enseja a vedação de exame de tal circunstância, por óbice das Súmulas 5 e 7/STJ" (STJ, REsp 1192609/SP, 3.ª Turma, Rel. Min. Massami Uyeda, j. 07.10.2010, *DJe* 21.10.2010). Sobre a vedação de aumento abrupto dos valores devidos ao plano de saúde, na linha do antes citado Enunciado n. 543 da *VI Jornada de Direito Civil*, merece destaque, com citação à boa-fé objetiva: "No moderno Direito Contratual, reconhece-se, para além da existência dos contratos descontínuos, a existência de contratos relacionais, nos quais as cláusulas estabelecidas no instrumento não esgotam a gama de direitos e deveres das partes. A 2.ª Seção do STJ estabeleceu o entendimento de que, em contratos de seguro de vida, cujo vínculo vem se renovando ao longo de anos, a pretensão da seguradora de modificar abruptamente as condições do seguro, não renovando o ajuste anterior, ofende os princípios da boa-fé objetiva, da cooperação, da confiança e da lealdade que deve orientar a interpretação dos contratos que regulam relações de consumo. Admitem-se aumentos suaves e graduais necessários para reequilíbrio da carteira, mediante um cronograma extenso, do qual o segurado tem de ser cientificado previamente. Precedentes" (STJ, Ag. Rg. nos EDcl no Ag 1.140.960/RS, 3.ª Turma, Rel. Min. Nancy Andrighi, j. 23.08.2011, *DJe* 29.08.2011). Como outra importante concreção, estabelecendo a correlação entre função social do contrato, boa-fé objetiva e dignidade humana, consigne-se o reiterado entendimento da mesma Corte Superior, no sentido de reconhecer o direito de cobertura do segurado quanto ao *home care*, mesmo não havendo previsão no contrato. Segundo um dos mais contundentes acórdãos sobre o tema, publicado no *Informativo* n. 564 do STJ, "no caso em que o serviço de *home care* (tratamento domiciliar) não constar expressamente do rol de coberturas previsto no contrato de plano de saúde, a operadora ainda assim é obrigada a custeá-lo em substituição à internação hospitalar contratualmente prevista, desde que observados certos requisitos como a indicação do médico assistente, a concordância do paciente e a não afetação do equilíbrio contratual, como nas hipóteses em que o custo do atendimento domiciliar por dia supera a despesa diária em hospital. Isso porque o serviço de *home care* constitui desdobramento do tratamento hospitalar contratualmente previsto, serviço este que, a propósito, não pode sequer ser limitado pela operadora do plano de saúde, consoante a Súmula n. 302 do STJ ('É abusiva a cláusula contratual de plano de saúde que limita no tempo a internação hospitalar do segurado'). Além do mais, nota-se que os contratos de planos de saúde, além de constituírem negócios jurídicos de consumo, estabelecem a sua regulamentação mediante cláusulas contratuais gerais, ocorrendo a sua aceitação por simples adesão pelo segurado. Por consequência, a interpretação dessas cláusulas contratuais segue as regras especiais de interpretação dos contratos de adesão ou dos negócios jurídicos estandardizados, como aquela segundo a qual havendo dúvidas, imprecisões ou ambiguidades no conteúdo de um negócio jurídico, deve-se interpretar as suas cláusulas do modo mais favorável ao aderente. Nesse sentido, ainda que o serviço de *home care* não conste expressamente no rol de coberturas previstas no contrato do plano de saúde, havendo dúvida acerca das estipulações contratuais, deve preponderar a interpretação mais favorável ao consumidor, como aderente de um contrato de adesão, conforme, aliás, determinam o art. 47 do CDC, a doutrina e a jurisprudência do STJ em casos análogos ao aqui analisado" (STJ, REsp 1.378.707/RJ, Rel. Min. Paulo de Tarso Sanseverino, j. 26.05.2015, *DJe* 15.06.2015). A encerrar, como última ilustração, a Terceira Turma do STJ concluiu, ao final de 2018, que a quitação do contrato de mútuo para aquisição de imóvel não extingue a obrigação da seguradora – em seguro habitacional –, de indenizar os compradores por vícios de construção ocultos, que impliquem ameaça de desabamento. O *decisum* traz a afirmação de Beviláqua, no sentido de ser o seguro um *contrato de boa-fé*. Nos termos de sua ementa, "a par da regra geral do art. 422 do CC/02, o art. 765 do mesmo diploma legal prevê, especificamente, que o contrato de seguro, tanto na conclusão como na execução, está fundado na boa-fé dos contratantes, no comportamento de lealdade e confiança recíprocos, sendo qualificado pela doutrina como um verdadeiro 'contrato de boa-fé'. De um lado, a boa-fé objetiva impõe ao segurador, na fase pré-contratual, o dever, dentre outros, de dar informações claras e objetivas sobre o contrato para que o segurado compreenda, com exatidão, o alcance da garantia contratada; de outro, obriga-o, na fase de execução e também na pós-contratual, a evitar subterfúgios para tentar se eximir de sua responsabilidade com relação aos riscos previamente cobertos pela garantia". E arremata: "O seguro habitacional tem conformação diferenciada, uma vez que integra a política nacional de habitação, destinada a facilitar a aquisição da casa própria, especialmente pelas classes de menor renda da população. Trata-se, pois, de contrato obrigatório que visa à proteção da família, em caso de morte ou invalidez do segurado, e à salvaguarda do imóvel que garante o respectivo financiamento, resguardando, assim, os recursos públicos direcionados à manutenção do sistema. À luz dos parâmetros da boa-fé objetiva e da proteção contratual do consumidor, conclui-se que os vícios estruturais de construção estão acobertados pelo seguro habitacional, cujos efeitos devem se prolongar no tempo, mesmo após a extinção do contrato, para acobertar o sinistro concomitante à vigência deste, ainda que só se revele depois de sua conclusão (vício oculto)" (STJ, REsp 1.622.608/RS, 3.ª Turma, Rel. Min. Nancy Andrighi, *DJe* 19.12.2018). Como última nota jurisprudencial, destaque-se que a jurisprudência vem aplicando a boa-fé objetiva à regulação do sinistro, como estabelecem os enunciados aprovados na *IX Jornada de Direito Civil*, aqui antes aduzidos. Por todos, do Tribunal Paulista: "Pedido de pagamento da indenização securitária, pelos beneficiários, na esfera administrativa. Inércia da seguradora, decorridos mais de 30 dias da protocolização do requerimento. Recusa informada somente na contestação, restrita à falta de documentos. Seguradora que não comprovou, ônus que lhe competia, a solicitação de documentação complementar aos interessados durante o processo de regulação do sinistro. Comportamento da seguradora que não se coaduna com a boa-fé exigível dos contratantes. Comprovação, por uma das autoras, de que a beneficiária renunciou em seu favor à sua quota parte. Prova documental idônea e não impugnada pela seguradora. Demais autores que comprovaram o grau de parentesco com o beneficiário falecido (cônjuge e filhos). Direito ao recebimento da parte cabente ao beneficiário falecido, na proporção de 50% para o cônjuge e 25% para cada herdeiro filho. Inteligência do art. 792 do CC. Levantamento condicionado à apresentação de declaração de únicos herdeiros em fase de cumprimento de sentença" (TJSP, Apelação cível n. 1006705-79.2019.8.26.0309, Acórdão n. 15531031, Jundiaí, 27ª Câmara de Direito Privado, Rel. Des. Sergio Alfieri, j. 29.03.2022, *DJESP* 11.04.2022, p. 2166).

REFORMA DO CÓDIGO CIVIL: Assim como se propõe quanto ao art. 422, a Comissão de Juristas sugere necessários aprimoramentos para o art. 765 do Código Civil, um dos mais importantes a respeito do contrato de seguro, como ora destaquei, sendo necessário mencionar todas as suas fases negociais. Por isso, o dispositivo seria mais bem redigido da seguinte forma: "O segurado e o segurador são obrigados a guardar, nas tratativas iniciais, na conclusão e na execução do contrato, bem como na fase de sua eficácia pós-contratual, a mais estrita boa-fé e veracidade, tanto a respeito do interesse legítimo segurado como das circunstâncias e declarações a ele concernentes". Consoante bem justificaram os membros da Subcomissão de Direito Contratual, o que teve um total apoio da Relatoria-Geral e dos demais membros da comissão, "a redação proposta tem por objetivo, unicamente, atualizar a redação para que fique em melhor consonância com a terminologia utilizada na atualidade, como as expressões vigência em lugar de execução, e de interesse legítimo em lugar de objeto. Também se insere o dever de boa-fé e veracidade na fase pós-contratual, especialmente para sinistros ocorridos durante a fase contratual e cuja manifestação somente se torna conhecida após o fim da vigência do contrato, sem renovação no mesmo segurador". Como se vê, imperiosas são as mudanças propostas.

Art. 766. Se o segurado, por si ou por seu representante, fizer declarações inexatas ou omitir circunstâncias que possam influir na aceitação da proposta ou na taxa do prêmio, perderá o direito à garantia, além de ficar obrigado ao prêmio vencido.

Parágrafo único. Se a inexatidão ou omissão nas declarações não resultar de má-fé do segurado, o segurador terá direito a resolver o contrato, ou a cobrar, mesmo após o sinistro, a diferença do prêmio.

COMENTÁRIOS DOUTRINÁRIOS: Como desdobramento natural da boa-fé objetiva, enuncia a codificação privada que se o segurado, por si ou por seu representante, fizer declarações inexatas ou omitir circunstâncias que possam influir na aceitação da proposta ou na taxa do prêmio, perderá o direito à garantia, além de ficar obrigado ao prêmio vencido. Essas circunstâncias e informações, na grande maioria das vezes, constam de questionário apresentado pela seguradora ao segurado e a omissão de dados é geralmente associada à ideia de reticência ou reserva mental, que está tratada pelo art. 110 do Código Civil ("A manifestação de vontade subsiste ainda que o seu autor haja feito a reserva mental de não querer o que manifestou, salvo se dela o destinatário tinha conhecimento"). O correto preenchimento dos questionários, sem omitir fatos relevantes relativos à análise dos riscos, certamente influenciará na fixação do prêmio e na execução do negócio. Tal medida tem como objetivo promover o equilíbrio da relação jurídica obrigacional subjacente ao seguro, uma vez que, ao menos em tese, a seguradora e o segurado conhecem melhor os riscos aos quais se encontram expostos e contra os quais pretendem se proteger, embora frequentemente ignorem a forma de melhor tratarem os dados de que dispõem. Ressalte-se que, não obstante a empresa seguradora figure, na maioria dos casos, como a contratante do seguro, o dever de prestar informações corretas e verdadeiras, assim como a observância aos inúmeros outros deveres anexos ou laterais de conduta, também recai sobre o segurado, que em muitos casos detém maior domínio e ciência dos riscos em relação à própria seguradora. Por consequência dessa afirmação, a depender da relevância da informação omitida, a violação ao referido dever culminará na não cobertura do seguro. Por isso, a lei também prevê que se a inexatidão ou omissão nas declarações não resultar de má-fé do segurado, o segurador terá direito a resolver o contrato, ou a cobrar, mesmo após o sinistro, a diferença do prêmio. A má-fé referenciada na norma, segundo a maioria da doutrina, contrapõe-se à boa-fé subjetiva, aquela que existe no plano intencional. Não se pode, todavia, afastar também a incidência da boa-fé objetiva, que diz respeito à exigência de um comportamento de lealdade dos participantes negociais. Também relativamente ao tema, foi aprovado, na *IV Jornada de Direito Civil* do Conselho da Justiça Federal, o Enunciado n. 372, pelo qual, em caso de negativa de cobertura securitária por doença preexistente, cabe à seguradora comprovar que o segurado tinha conhecimento inequívoco daquela. Isso porque a boa-fé objetiva do segurado-consumidor nesses negócios é presumida, diante do que consta do art. 4º, inc. III, do CDC. Assim sendo, não se pode entender pela má-fé presumida do segurado, o que decorre daquela antiga afirmação aqui antes citada: a má-fé se prova; a boa-fé se presume.

JURISPRUDÊNCIA COMENTADA: O entendimento constante do enunciado doutrinário por último citado vem sendo aplicado há tempos pela jurisprudência superior. Nessa esteira, entre os primeiros acórdãos superiores: "Contrato de seguro. Cobertura de doenças preexistentes, dever do ente segurador. Má-fé do segurado. Necessidade de comprovação. Julgamento antecipado da lide, com indeferimento de produção de provas, desprovimento da pretensão justamente pela ausência de comprovação do fato constitutivo do direito. Impossibilidade" (STJ, Ag. Rg. no Ag 1138740/SC, 3.ª Turma, Rel. Min. Massami Uyeda, j. 09.06.2009, *DJe* 18.06.2009). Em complemento: "Nos termos da jurisprudência dominante deste Tribunal, a doença preexistente pode ser oposta pela seguradora ao segurado apenas se houver prévio exame médico ou prova inequívoca da má-fé do segurado" (STJ, AgRg no Ag 818.443/RJ, 3.ª Turma, Rel. Min. Nancy Andrighi, j. 01.03.2007, *DJ* 19.03.2007, p. 343). A questão se consolidou de tal forma na Corte que, em 2018, foi editada a Súmula n. 609 pela Corte Superior, com o seguinte teor, que tem o meu total apoio doutrinário: "A recusa de cobertura securitária, sob a alegação de doença preexistente, é ilícita se não houve a exigência de exames médicos prévios à contratação ou a demonstração de má-fé do segurado". A sumular representa uma grande vitória da boa-fé objetiva, tutelando os segurados consumidores. Partindo para outro âmbito desse contrato, dos seguros de administrados ou D&O, merece ser transcrito o seguinte precedente do STJ, de grande relevância prática para esses negócios e que diz respeito à falta de informações no questionário prévio assinado pelo segurado nessa importante figura empresarial: "Recurso especial. Civil. Seguro de responsabilidade civil de diretores e administradores de pessoa jurídica (seguro de RC D&O). Renovação da apólice. Questionário de avaliação de risco. Informações inverídicas do segurado e do tomador do seguro. Má-fé. Configuração. Perda do direito à garantia. Investigações da CVM. Prática de *insider trading*. Ato doloso. Favorecimento pessoal. Ato de gestão. Descaracterização. Ausência de cobertura. 1. Cinge-se a controvérsia a definir i) se houve a omissão dolosa de informações quando do preenchimento do questionário de risco para fins de renovação do seguro de responsabilidade civil de diretores e administradores de pessoa jurídica (seguro de RC D&O) e ii) se é devida a indenização securitária no caso de ocorrência de *insider trading*. 2. A penalidade para o segurado que agir de má-fé ao fazer declarações inexatas ou omitir circunstâncias que possam influir na aceitação da proposta pela seguradora ou na taxa do prêmio é a perda da garantia securitária (arts. 765 e 766 do CC). Ademais, as informações omitidas ou prestadas em desacordo com a realidade dos fatos devem guardar relação com a causa do sinistro, ou seja, deverão estar ligadas ao agravamento concreto do risco (Enunciado n. 585 da *VII Jornada de Direito Civil*). 3. Na hipótese dos autos, as informações prestadas pela tomadora do seguro e pelo segurado no questionário de risco não correspondiam à realidade enfrentada pela empresa no momento da renovação da apólice, o que acabou por induzir a seguradora em erro na avaliação do risco contratual. A omissão dolosa quanto aos eventos sob investigação da CVM dá respaldo à sanção de perda do direito à indenização securitária. 4. Os fatos relevantes omitidos deveriam ter sido comunicados mesmo antes de o contrato ser renovado, pois decorre do postulado da boa-fé o dever do segurado 'comunicar ao segurador, logo que saiba, todo incidente suscetível de agravar consideravelmente o risco coberto, sob pena de perder o direito à garantia, se provar que silenciou de má-fé' (art. 769 do CC). 5. O seguro de RC D&O (*Directors and Officers Insurance*) tem por objetivo garantir o risco de eventuais prejuízos causados por atos de gestão de diretores, administradores e conselheiros que, na atividade profissional, agiram com culpa (Circular/SUSEP n. 541/2016). Preservação não só do patrimônio individual dos que atuam em cargos de direção (segurados), o que incentiva práticas corporativas inovadoras, mas também do patrimônio social da empresa tomadora do seguro e de seus acionistas, já que serão ressarcidos de eventuais danos. 6. A apólice do seguro de RC D&O não pode cobrir atos dolosos, principalmente se cometidos para favorecer a própria pessoa do administrador, o que evita forte redução do grau de diligência do gestor ou a assunção de riscos excessivos, a comprometer tanto a atividade de *compliance* da empresa quanto as boas práticas de governança corporativa. Aplicação dos arts. 757 e 762 do CC. 7. Considera-se *insider trading* qualquer operação realizada por um *insider* (diretor, administrador, conselheiro e pessoas equiparadas) com valores mobiliários de emissão da companhia, em proveito próprio ou de terceiro, com base em informação relevante ainda não revelada ao público. É uma prática danosa ao mercado de capitais, aos investidores e à própria sociedade anônima, devendo haver repressão efetiva contra o uso indevido de tais informações privilegiadas (arts. 155, § 1º, e 157, § 4º, da Lei n. 6.404/1976 e 27-D da Lei n. 6.385/1976). 8. O seguro de RC D&O somente possui cobertura para i) atos culposos de diretores, administradores e conselheiros ii) praticados no exercício de suas funções (atos de gestão). Em outras palavras, atos fraudulentos e desonestos de favorecimento pessoal e práticas dolosas lesivas à companhia e ao mercado de capitais, a exemplo do *insider trading*, não estão abrangidos na garantia securitária. 9. Recurso especial não provido" (STJ, REsp 1.601.555/SP, 3.ª Turma, Rel. Min. Ricardo Villas Bôas Cueva, j. 14.02.2017, *DJe* 20.02.2017). Como se pode perceber, na linha do que antes comentei, o julgado afasta o pagamento da indenização em caso de dolo do segurado, o que geralmente consta como cláusula contratual nos seguros de administradores. Além disso, tem-se entendido reiteradamente, com fundamento na boa-fé objetiva que "a jurisprudência desta Corte Superior, ao interpretar os arts. 765 e 766 do CC/2002, assevera que 'a penalidade para o segurado que agir de má-fé, ao fazer declarações inexatas ou omitir circunstâncias que possam influir na aceitação da proposta pela seguradora ou na taxa do prêmio, é a perda do direito à garantia na ocorrência do sinistro' (REsp n. 1.340.100/GO, Relator Ministro Ricardo Villas Bôas Cueva)" (STJ, Ag. Int. no AREsp 1.041.369/PR, 4.ª Turma, Rel. Des. Fed. Conv. Lázaro Guimarães, j. 21.08.2018, *DJe* 27.08.2018, p. 1.985. Ver, ainda: STJ, Ag. Int no AREsp 928.789/SP, 3.ª Turma, Rel. Min. Marco Aurélio Bellizze, *DJe* 25.08.2016). Como último exemplo a ser citado, colaciona-se do mesmo Tribunal da Cidadania aplicando o antes citado Enunciado n. 374 da *IV Jornada de Direito Civil*: "As declarações inexatas ou omissões no questionário de risco em contrato de seguro de veículo automotor não autorizam, automaticamente, a perda da indenização securitária. É preciso que tais inexatidões ou omissões tenham acarretado concretamente o agravamento do risco contratado e decorram de ato intencional do segurado. Interpretação sistemática dos arts. 766, 768 e 769 do CC/02. 'No contrato de seguro, o juiz deve proceder com equilíbrio, atentando às circunstâncias reais, e não a probabilidades infundadas, quanto à agravação dos riscos' (Enunciado n. 374 da *IV Jornada de Direito Civil* do STJ). No caso concreto, a circunstância de a segurada não possuir carteira de habilitação ou de ter idade avançada – ao contrário do seu neto, o verdadeiro condutor – não poderia mesmo, por si, justificar a negativa da seguradora. É sabido, por exemplo, que o valor do prêmio de seguro de veículo automotor é mais elevado na primeira faixa etária (18 a 24 anos), mas volta a crescer para contratantes de idade avançada. Por outro lado, o roubo do veículo segurado – que, no caso, ocorreu com o neto da segurada no interior do automóvel – não guarda relação lógica com o fato de o condutor ter ou não carteira de habilitação. Ou seja, não ter carteira de habilitação ordinariamente não agrava o risco de roubo de veículo. Ademais, no caso de roubo, a experiência demonstra que, ao invés de reduzi-lo, a idade avançada do condutor pode até agravar o risco de sinistro – o que ocorreria se a condutora fosse a segurada, de mais de 70 anos de idade –, porque haveria, em tese, uma vítima mais frágil a investidas criminosas. Não tendo o acórdão recorrido reconhecido agravamento do risco com o preenchimento inexato do formulário, tampouco que tenha sido em razão de má-fé da contratante, incide a Súmula n. 7. 6. Soma-se a isso o fato de ter o acórdão recorrido entendido que eventual equívoco no preenchimento do questionário de risco tivesse decorrido também de dubiedade da cláusula limitativa. Assim, aplica-se a milenar regra de Direito Romano *interpretatio contra stipulatorem*, acolhida expressamente no art. 423 do Código Civil de 2002: 'Quando houver no contrato de adesão cláusulas ambíguas ou contraditórias, dever-se-á adotar a interpretação mais favorável ao aderente'" (STJ, REsp 1.210.205/RS, 4.ª Turma, Rel. Min. Luis Felipe Salomão, j. 01.09.2011, *DJe* 15.09.2011).

REFORMA DO CÓDIGO CIVIL: Eis outro comando que precisa de aprimoramentos, diante da prática e da realidade securitária. De início, sugere-se excepcionar o tratamento das leis especiais – como o Código de Defesa do Consumidor –, bem como a substituição do termo "taxa do prêmio" por "valor do prêmio", no seu *caput*, o que está mais correto tecnicamente. Com a sugestão, o preceito terá a seguinte redação: "Ressalvado o disposto em leis especiais, se o segurado, por si ou por seu representante, fizer declarações inexatas ou omitir circunstâncias que possam influir na aceitação da proposta ou no valor do prêmio, perderá o direito à garantia, além de ficar obrigado ao prêmio vencido". Ademais, o atual parágrafo único passará a ser o § 1º do art. 766, incluindo-se uma nova previsão, como § 2º, ressalvando a regra do *caput* para os contratos paritários e simétricos, caso dos seguros de grande risco, com feição empresarial. A proposta é a seguinte, seguindo a linha de aumentar a liberdade contratual nos grandes contratos, em que o dirigismo deve ser mitigado e em que prevalece a intervenção mínima: "nos contratos de seguro paritários e simétricos, o segurado tem o dever de indicar, no questionário de avaliação de risco a ele submetido pelo segurador, as circunstâncias e fatos que ele sabe ou deveria saber que têm potencial de agravar o risco segurado, sob pena de perder o direito à garantia". Como se sabe, em tais negócios, quem muitas vezes detém a precisão das informações sobre o objeto do contrato, e a dimensão do seu risco, é o segurado, e não a seguradora, razão pela qual devem ser mais intensos os seus deveres de informação e de colaboração com a parte contrária. Por isso, o "saber" deve incluir o "deveria saber", tendo como parâmetro um padrão geral de conduta esperado da pessoa diligente e responsável. Como está nas justificativas da Subcomissão de Direito dos Contratos, "as alterações propostas pretendem aprimorar, com base na experiência dos tribunais, a clareza e a abrangência das regras relacionadas à declaração inicial do risco, fundamental para análise de subscrição de risco, cálculo de prêmio e de valores de cobertura, bem como de inserção de cláusulas restritivas de direito (riscos não-cobertos)". E mais, em termos gerais o que está sendo proposto "limita as declarações àquelas circunstâncias que o segurado sabe e deveria saber, afasta a necessidade de exames e vistorias em razão do custo operacional que é repassado para o valor a ser pago pelo segurado, bem como detalha as ações em diferentes situações para caracterizar claramente a hipótese de dolo por parte do segurado. Além disso, cria um dever de diligência do segurador na elaboração e na apreciação das respostas do questionário de avaliação de risco ou da proposta, o que contribui para uma abordagem mais justa e transparente nas relações contratuais de seguro, de forma a garantir o equilíbrio econômico-financeiro dos fundos mutuais". Portanto, mais uma vez, as propostas são fundamentais para melhorar a segurança a respeito desse importante contrato.

Art. 767. No seguro à conta de outrem, o segurador pode opor ao segurado quaisquer defesas que tenha contra o estipulante, por descumprimento das normas de conclusão do contrato, ou de pagamento do prêmio.

COMENTÁRIOS DOUTRINÁRIOS: No seguro à conta de outrem, o segurador pode opor ao segurado quaisquer defesas que tenha contra o estipulante, por descumprimento das normas de conclusão do contrato ou de pagamento do prêmio. Explicando o comando, em havendo estipulação em favor de terceiro beneficiário, nos termos dos arts. 436 a 438 do próprio Código Civil de 2002, a seguradora poderá utilizar-se de qualquer exceção que tinha contra o segurado em face deste terceiro, caso do agravamento do risco previsto no comando que será comentado a seguir. A regra em questão constitui uma exceção ao princípio da relatividade dos efeitos contratuais (*res inter alios*), pois a seguradora poderá discutir o negócio jurídico com quem não é parte do contrato. O contrato acaba, assim, produzindo efeitos externos, como exceção a esse clássico princípio.

JURISPRUDÊNCIA COMENTADA: Sobre a oposição, pela seguradora, de agravamento de risco pelo segurado em face do beneficiário do seguro de vida, por todos: "Apelação. Contrato de seguro. Negativa de cobertura. Embriaguez como causa do agravamento de risco. Caracterização. Comprovação do nexo causal entre o agravamento do risco e o sinistro. Estado de embriaguez consignado no boletim de ocorrência. Presunção relativa de veracidade. Ausência de prova em sentido contrário capaz de desconstituir seu teor. Seguradora que comprovou fato extintivo do direito dos beneficiários. Inteligência do artigo 767 do Código Civil. Dever de cobertura securitária afastada. [...]. 1. À míngua de prova apta a ilidi-lo, o Boletim de Ocorrência, dotado de presunção relativa de veracidade, é documento hábil a informar o estado de embriaguez do condutor do veículo segurado. 2. Em caso de agravamento do risco, sujeita-se o segurado à perda do direito ao seguro, consoante regência do C.Civ. art. 768: O segurado perderá o direito à garantia se agravar intencionalmente o risco objeto do contrato" (TJPR, Apelação 1673087-3, 10.ª Câmara Cível, Maringá, Rel. Des. Domingos Ribeiro da Fonseca, j. 14.09.2017, *DJPR* 16.10.2017, p. 281). Destaque-se, ainda, que alguns julgados têm afastado a aplicação do art. 767 do Código Civil para o seguro de vida em grupo, conclusão que me parece correta. Por todos: "No feito em análise, não merece guarida a pretensão da seguradora no que diz respeito ao não pagamento do capital segurado pelo agir do estipulante, nos termos do art. 767 do Código Civil, uma vez que o referido dispositivo não se aplica ao caso em comento, tendo em vista que se refere ao contrato de seguro em favor de outrem, o que não é o caso dos autos. No presente feito, trata-se de seguro de vida em grupo, cujo estipulante é a figura jurídica definida no art. 801 da legislação civil. Impossibilidade de o segurado responder pelo agir do estipulante, devendo a seguradora cumprir a sua obrigação frente ao segurado" (TJRS, Apelação Cível 277338-42.2012.8.21.7000, 5.ª Câmara Cível, Marau, Rel. Des. Jorge Luiz Lopes do Canto, j. 29.08.2012, *DJERS* 03.09.2012).

Art. 768. O segurado perderá o direito à garantia se agravar intencionalmente o risco objeto do contrato.

COMENTÁRIOS DOUTRINÁRIOS: Além das duas últimas previsões, a boa-fé objetiva é flagrante no art. 768 do Código Civil, que traz regra pela qual o segurado perderá o direito à garantia se agravar intencionalmente o risco objeto do contrato. Consagra-se, assim, o *princípio do absenteísmo*, regramento atributivo do direito securitário, segundo o qual o segurado tem o dever jurídico de abster-se de todo e qualquer ato que possa agravar os riscos relativos ao contrato que foi celebrado. Também relativamente ao comando legal em comentário, prescreve o Enunciado n. 374 do Conselho da Justiça Federal, aprovado na *IV Jornada de Direito Civil*, que "no contrato de seguro, o juiz deve proceder com equidade, atentando às circunstâncias reais, e não a probabilidades infundadas, quanto à agravação dos riscos". A equidade representa o próprio senso de Justiça e constitui fonte do Direito Civil, em um Código baseado em cláusulas gerais. O que o enunciado doutrinário quer dizer é que não se pode presumir a má-fé do segurado, principalmente se o contrato for de consumo ou de adesão, pois nesse caso a boa-fé do consumidor e do aderente é que deve ser presumida (art. 4º, inc. III, do CDC e art. 423 do CC). A título de exemplo, vigente um contrato de seguro de vida, não se pode presumir que o segurado falecido tenha agravado intencionalmente os riscos pelo fato de ter ido a uma festa em lugar perigoso onde acabou sendo vítima de um homicídio, o que supostamente afastaria o dever da seguradora de pagar a indenização. Tema dos mais controversos que envolve a norma diz respeito à embriaguez do segurado, havendo acidente de trânsito. A dúvida que surge é se essa embriaguez, por si só, afasta o dever da seguradora de pagar a indenização, o que vem sendo analisado pela jurisprudência superior, consoante exposto a seguir.

JURISPRUDÊNCIA COMENTADA: A respeito da embriaguez do segurado e seu impacto para o seguro, os julgados sempre se alternaram no Superior Tribunal de Justiça, com uma e outra posição. Entendendo pelo pagamento do seguro, destaque-se: "Civil. Acidente de trânsito. Beneficiário de seguro. Motorista alcoolizado. Situação que não exclui o pagamento da indenização contratada. Risco inerente à atividade. CC, art. 768. I. Para a configuração da hipótese de exclusão da cobertura securitária prevista no art. 768 do Código Civil vigente, não basta a identificação de que o motorista segurado se achava alcoolizado, mas que o estado mórbido constituiu elemento essencial para a ocorrência do sinistro, prova que a ré, cuja atividade é precisamente a cobertura de eventos incertos, não logrou fazer. II. Precedentes do STJ" (STJ, REsp 1.012.490/PR, 4.ª Turma, Rel. Min. Aldir Passarinho Junior, j. 25.03.2008, *DJe* 28.04.2008). Porém, em sentido contrário, do mesmo Tribunal Superior, entendendo pela validade da cláusula que exclui o pagamento da indenização ou da garantia em seguro de vida: "A cláusula do contrato de seguro de vida que exclui da cobertura do sinistro o condutor de veículo automotor em estado de embriaguez não é abusiva; que o risco, nesse caso, é agravado resulta do senso comum, retratado no dito 'se beber não dirija, se dirigir não beba'" (STJ, REsp 973.725/SP, 3.ª Turma, Rel. Min. Ari Pargendler, j. 26.08.2008, *DJe* 15.09.2008). Na atual composição da Corte, entre os anos de 2016 e 2017, a Terceira Turma do Superior Tribunal de Justiça passou a fazer uma separação da análise da embriaguez do segurado, nos casos de seguro de automóvel e de seguro de vida. A posição firmada foi no sentido de ser a embriaguez fator de agravamento de risco no primeiro caso, a afastar o pagamento da indenização; dedução diversa na hipótese de seguro de vida. Nessa linha, conforme impactante ementa da Corte, merece destaque: "A direção do veículo por um condutor alcoolizado já representa agravamento essencial do risco avençado, sendo lícita a cláusula do contrato de seguro de automóvel que preveja, nessa situação, a exclusão da cobertura securitária. A bebida alcoólica é capaz de alterar as condições físicas e psíquicas do motorista, que, combalido por sua influência, acaba por aumentar a probabilidade de produção de acidentes e danos no trânsito. Comprovação científica e estatística. O seguro de automóvel não pode servir de estímulo para a assunção de riscos imoderados que, muitas vezes, beiram o abuso de direito, a exemplo da embriaguez ao volante. A função social desse tipo contratual torna-o instrumento de valorização da segurança viária, colocando-o em posição de harmonia com as leis penais e administrativas que criaram ilícitos justamente para proteger a incolumidade pública no trânsito. O segurado deve se portar como se não houvesse seguro em relação ao interesse segurado (princípio do absenteísmo), isto é, deve abster-se de tudo que possa incrementar, de forma desarrazoada, o risco contratual, sobretudo se confiar o automóvel a outrem, sob pena de haver, no Direito Securitário, salvo-conduto para terceiros que queiram dirigir embriagados, o que feriria a função social do contrato de seguro, por estimular comportamentos danosos à sociedade. Sob o prisma da boa-fé, é possível concluir que o segurado, quando ingere bebida alcoólica e assume a direção do veículo ou empresta-o a alguém desidioso, que irá, por exemplo, embriagar-se (culpa *in eligendo* ou *in vigilando*), frustra a justa expectativa das partes contratantes na execução do seguro, pois rompe-se com os deveres anexos do contrato, como os de fidelidade e de cooperação" (STJ, REsp 1.485.717/SP, 3.ª Turma, Rel. Min. Ricardo Villas Bôas Cueva, j. 22.11.2016, *DJe* 14.12.2016, publicado no seu *Informativo* n. *594*). As razões do *decisum* são fortes, estando baseadas na função social do contrato de seguro e nos deveres anexos da boa-fé objetiva, nos termos do que consta do antes citado art. 765 do Código Civil. Entretanto, no caso de seguro de vida, tem-se entendido na Corte que a solução deve ser diferente, uma vez que, "no contrato de seguro de vida, ocorrendo o sinistro morte do segurado e inexistente a má-fé dele (a exemplo da sonegação de informações sobre eventual estado de saúde precário – doenças preexistentes – quando do preenchimento do questionário de risco) ou o suicídio no prazo de carência, a indenização securitária deve ser paga ao beneficiário, visto que a cobertura neste ramo é ampla. No seguro de vida, é vedada a exclusão de cobertura na hipótese de sinistros ou acidentes decorrentes de atos praticados pelo segurado em estado de insanidade mental, de alcoolismo ou sob efeito de substâncias tóxicas (Carta Circular SUSEP/DETEC/GAB n. 08/2007). As cláusulas restritivas do dever de indenizar no contrato de seguro de vida são mais raras, visto que não podem esvaziar a finalidade do contrato, sendo da essência do seguro de vida um permanente e contínuo agravamento do risco segurado" (STJ, REsp 1.665.701/RS, 3.ª Turma, Rel. Min. Ricardo Villas Bôas Cueva, j. 09.05.2017, *DJe* 31.05.2017). Em 2018, esse último entendimento surgido na Terceira Turma pacificou-se no âmbito da Segunda Seção da Corte Superior, no sentido de ser nula de pleno direito, com o vício da nulidade absoluta, a cláusula que afasta a indenização por embriaguez do segurado na condução de automóvel havendo seguro de vida. Vejamos a ementa desse importante acórdão: "Embargos de divergência em recurso especial. Ação de cobrança de seguro de vida proposta por familiares beneficiários da cobertura. Acidente de trânsito. Morte do condutor segurado. Negativa de cobertura pela seguradora. Alegação de agravamento de risco. Ingestão de bebida alcoólica. Embriaguez do segurado. Relevância relativa. Orientação contida na Carta Circular SUSEP/DETEC/GAB n. 08/2007. Precedentes. Embargos de divergência providos. 1. Sob a vigência do Código Civil de 1916, à época dos fatos, a jurisprudência desta Corte e a do egrégio Supremo Tribunal Federal foi consolidada no sentido de que o seguro de vida cobre até mesmo os casos de suicídio, desde que não tenha havido premeditação (Súmulas 61/STJ e 105/STF). 2. Já em consonância com o novel Código Civil, a jurisprudência do Superior Tribunal de Justiça consolidou seu entendimento para preconizar que 'o legislador estabeleceu critério objetivo para regular a matéria, tornando irrelevante a discussão a respeito da premeditação da morte' e que, assim, a seguradora não está obrigada a indenizar apenas o suicídio ocorrido dentro dos dois primeiros anos do contrato (AgRg nos EDcl nos EREsp 1.076.942/PR, Rel. p/ acórdão Ministro João Otávio de Noronha). 3. Com mais razão, a cobertura do contrato de seguro de vida deve abranger os casos de sinistros ou acidentes decorrentes de atos praticados pelo segurado em estado de insanidade mental, de alcoolismo ou sob efeito de substâncias tóxicas, ressalvado o suicídio ocorrido dentro dos dois primeiros anos do contrato. 4. Orientação da Superintendência de Seguros Privados na Carta Circular SUSEP/DETEC/GAB n. 08/2007: '1) Nos Seguros de Pessoas e Seguro de Danos, é vedada a exclusão de cobertura na hipótese de 'sinistros ou acidentes decorrentes de atos praticados pelo segurado em estado de insanidade mental, de alcoolismo ou sob efeito de substâncias tóxicas'; 2) Excepcionalmente, nos Seguros de Danos cujo bem segurado seja um veículo, é admitida a exclusão de cobertura para 'danos ocorridos quando verificado que o veículo segurado foi conduzido por pessoa embriagada ou drogada, desde que a seguradora comprove que o sinistro ocorreu devido ao estado de embriaguez do condutor'. Precedentes: REsp 1.665.701/RS, Rel. Ministro Ricardo Villas Bôas Cueva, Terceira Turma; e AgInt no AREsp 1.081.746/SC, Rel. Ministro Raul Araújo, Quarta Turma'. 5. Embargos de divergência providos" (STJ, EREsp 973.725/SP, 2.ª Seção, Rel. Min. Lázaro Guimarães (Desembargador convocado do TRF 5.ª

Região), j. 25.04.2018, *DJe* 02.05.2018). Ao final de 2018, a Corte Superior acabou por editar a sua Súmula n. 620, com o seguinte teor: "a embriaguez do segurado não exime a seguradora do pagamento da indenização prevista em contrato de seguro de vida". Apesar de existirem julgados que admitem a cláusula de exclusão da responsabilidade por embriaguez no seguro de automóvel, entendo que não se pode atribuir ao segurado pelo simples fato da embriaguez a intenção de agravar o risco, o que seria presumir de forma exagerada a má-fé, mesmo no seguro de automóvel. Assim, o primeiro julgado aqui destacado – REsp 1.012.490/PR – traz a melhor forma de visualização do tema, até porque em sintonia com a própria natureza do contrato de seguro, que visa cobrir riscos do cotidiano. No caso do seguro de vida, na linha dos mais recentes arestos e da sumular de 2018, de fato, não se pode presumir que a simples ingestão de bebida alcoólica é fator de agravamento de risco para a morte do segurado. Em complemento, em 2022, a mesma Corte consolidou, em sua Segunda Seção, que nos seguros de pessoas, caso do seguro de vida, é vedada a exclusão de cobertura na hipótese de sinistros ou acidentes decorrentes de atos praticados pelo segurado em estado de insanidade mental, de alcoolismo ou sob efeito de substâncias tóxicas (STJ, REsp 1.999.624/PR, Rel. Min. Luis Felipe Salomão, Rel. Acd. Min. Raul Araújo, 2ª Seção, m.v., j. 28.09.2022). A propósito, e em complemento, a Corte Superior tem concluído corretamente que eventual cláusula de exclusão de responsabilidade nos casos de embriaguez não pode prejudicar os terceiros, vítimas do acidente, o que seria uma afronta à citada função social do contrato de seguro. Como se extrai de acórdão do final de 2018, "deve ser dotada de ineficácia para terceiros (garantia de responsabilidade civil) a cláusula de exclusão da cobertura securitária na hipótese de o acidente de trânsito advir da embriaguez do segurado ou de a quem este confiou a direção do veículo, visto que solução contrária puniria não quem concorreu para a ocorrência do dano, mas as vítimas do sinistro, as quais não contribuíram para o agravamento do risco. A garantia de responsabilidade civil não visa apenas proteger o interesse econômico do segurado relacionado com seu patrimônio, mas, em igual medida, também preservar o interesse dos terceiros prejudicados à indenização. O seguro de responsabilidade civil se transmudou após a edição do Código Civil de 2002, de forma que deixou de ostentar apenas uma obrigação de reembolso de indenizações do segurado para abrigar também uma obrigação de garantia da vítima, prestigiando, assim, a sua função social. É inidônea a exclusão da cobertura de responsabilidade civil no seguro de automóvel quando o motorista dirige em estado de embriaguez, visto que somente prejudicaria a vítima já penalizada, o que esvaziaria a finalidade e a função social dessa garantia, de proteção dos interesses dos terceiros prejudicados à indenização, ao lado da proteção patrimonial do segurado" (STJ, REsp 1.738.247/SC, 3.ª Turma, Rel. Min. Ricardo Villas Bôas Cueva, j. 27.11.2018, *DJe* 10.12.2018). Ainda ilustrando sobre o agravamento do risco, anote-se que o STJ editou, em 2010, a Súmula n. 465, prevendo que, ressalvada a hipótese de efetivo agravamento do risco, a seguradora não se exime do dever de indenizar em razão da transferência do veículo sem a sua prévia comunicação. Seguindo nos exemplos, cabe trazer a lume aresto do mesmo Tribunal da Cidadania, do ano de 2014, segundo o qual "caso a sociedade empresária segurada, de forma negligente, deixe de evitar que empregado não habilitado dirija o veículo objeto do seguro, ocorrerá a exclusão do dever de indenizar se demonstrado que a falta de habilitação importou em incremento do risco. Isso porque, à vista dos princípios da eticidade, da boa-fé e da proteção da confiança, o agravamento do risco decorrente da culpa *in vigilando* da sociedade empresária segurada, ao não evitar que empregado não habilitado se apossasse do veículo, tem como consequência a exclusão da cobertura (art. 768 do CC), haja vista que o apossamento proveio de culpa grave do segurado. O agravamento intencional do risco, por ser excludente do dever de indenizar do segurador, deve ser interpretado restritivamente, notadamente em face da presunção de que as partes comportam-se de boa-fé nos negócios jurídicos por elas celebrados. Por essa razão, entende-se que o agravamento do risco exige prova concreta de que o segurado contribuiu para sua consumação. Assim, é imprescindível a demonstração de que a falta de habilitação, de fato, importou em incremento do risco. Entretanto, o afastamento do direito à cobertura securitária deve derivar da conduta do próprio segurado, não podendo o direito à indenização ser ilidido por força de ação atribuída exclusivamente a terceiro. Desse modo, competia à empresa segurada velar para que o veículo fosse guiado tão somente por pessoa devidamente habilitada" (STJ, REsp 1.412.816/SC, Rel. Min. Nancy Andrighi, j. 15.05.2014, publicado no seu *Informativo* n. 542). Por fim, como última ilustração, em 2022 reafirmou-se na Segunda Seção do Tribunal Superior a afirmação segundo a qual "o roubo de carga em transporte rodoviário, mediante uso de arma de fogo, exclui a responsabilidade da transportadora perante a seguradora do proprietário da mercadoria transportada, quando adotadas todas as cautelas que razoavelmente dela se poderia esperar, assim como a conduta direta do segurado que agravar o risco da cobertura contratada, por ato culposo ou doloso, acarreta a exoneração do dever da seguradora do pagamento da indenização". Asseverou-se, contudo, que "na hipótese dos autos não se encontra presente a finalidade de uniformizar a interpretação do direito infraconstitucional, uma vez que a matéria já se encontra pacificada nas duas Turmas que compõem a Segunda Seção, desde 1994, no sentido de que, se não for demonstrado que a transportadora não adotou as cautelas que razoavelmente dela se poderia esperar, o roubo de carga constitui motivo de força maior a isentar a sua responsabilidade (REsp 435.865/RJ, 2ª Seção) (REsp 1.676.764/RS, Rel. Min. Nancy Andrighi, Rel. p/ Acórdão Ministro Paulo de Tarso Sanseverino, 3ª Turma, j. 23.10.2018, *DJe* 05.11.2018)" (STJ, EREsp n. 1.577.162/SP, Rel. Min. Moura Ribeiro, 2ª Seção, j. 10.08.2022, *DJe* 04.10.2022).

REFORMA DO CÓDIGO CIVIL: Todos os meus comentários doutrinários e jurisprudenciais demonstram a imperiosa necessidade de melhora da redação do art. 768 do Código Civil, um dos mais divergentes e que mais gera polêmicas práticas a respeito do contrato de seguro, na atualidade. Nesse contexto, o seu *caput* ficará mais bem redigido se trouxer a seguinte dicção, o que resolverá muitos dos debates expostos: "O segurado perderá o direito à garantia, se agravar intencionalmente e de forma relevante o risco objeto do contrato". E mais, para os fins de se determinar objetivamente o conceito de agravamento de risco, com parâmetro necessário, sugere-se um § 1º, que seria assim redigido: "Será relevante o agravamento que aumente de forma significativa a probabilidade de realização do risco ou a severidade de seus efeitos". Além de seguir em parte o teor do Enunciado n. 374 da *IV Jornada de Direito Civil*, ponderou a Subcomissão de Direito Contratual que "não será qualquer agravamento intencional do risco que resultaria na perda do direito à garantia. Isso ajuda a distinguir entre atos menores que podem não ter um impacto substancial sobre o risco e atos mais graves que realmente aumentam o risco de maneira considerável e devem gerar a perda da garantia por parte do segurado". Além disso, especificamente sobre o § 1º, foi justificado que ele "é essencial para clareza e objetividade do termo 'relevante'. Fica criado um critério mais claro para avaliar se o agravamento do risco pelo segurado é suficientemente grave para justificar a perda da garantia. Esta definição evita interpretações subjetivas e, em consequência, fornece maior segurança jurídica tanto para seguradoras quanto para segurados. A exigência de relevante agravamento do risco reflete a posição do STJ na matéria". Por fim, seguindo-se outras propostas da Reforma, insere-se regra específica a respeito dos contratos de seguro paritários e simétricos, mais uma vez em prol do aumento da liberdade e da diminuição da intervenção do julgador ou do dirigismo contratual. Consoante o novo § 2º que está sendo sugerido e com grave sanção, "Nos contratos paritários e simétricos, o agravamento intencional de que trata o *caput* deste artigo pode ser afastado como causa de perda da garantia".

Art. 769. O segurado é obrigado a comunicar ao segurador, logo que saiba, todo incidente suscetível de agravar consideravelmente o risco coberto, sob pena de perder o direito à garantia, se provar que silenciou de má-fé.

§ 1º O segurador, desde que o faça nos quinze dias seguintes ao recebimento do aviso da agravação do risco sem culpa do segurado, poderá dar-lhe ciência, por escrito, de sua decisão de resolver o contrato.

§ 2º A resolução só será eficaz trinta dias após a notificação, devendo ser restituída pelo segurador a diferença do prêmio.

COMENTÁRIOS DOUTRINÁRIOS: Como mais um desdobramento da boa-fé objetiva, o segurado é obrigado a comunicar ao segurador, logo que saiba, todo incidente suscetível de agravar consideravelmente o risco coberto, sob pena de perder o direito à garantia, se provar que silenciou de má-fé. Em casos tais, o segurador, desde que o faça nos quinze dias seguintes ao recebimento do aviso da agravação do risco sem culpa do segurado, poderá dar-lhe ciência, por escrito, de sua decisão de *resilir* o contrato. Nota-se que a norma fala em *resolver*, em mais um equívoco técnico do legislador. A resolução significa extinguir o contrato por inadimplemento, o que não é o caso, a não ser que se considere o agravamento do risco como hipótese de resolução, o que não me convence. Na espécie, tem-se a resilição unilateral pelo segurador, por exercício de um direito potestativo e sem a necessidade de motivação, na forma do que consta do art. 473, *caput*, do próprio Código Civil. Assim, essa *resilição* – e não *resolução*, mais uma vez –, só será eficaz trinta dias após a notificação, devendo ser restituída pelo segurador a diferença do prêmio. Anote-se que havendo dúvidas sobre uma ou outra solução, tais regras deverão ser interpretadas da maneira mais favorável ao consumidor (art. 47 do CDC) ou ao aderente (art. 423 do CC), na grande maioria das vezes o segurado. Nesse sentido, o Enunciado n. 585, aprovado na *VII Jornada de Direito Civil*, de setembro 2015, pela qual se impõe o pagamento do seguro mesmo diante de condutas, omissões ou declarações ambíguas do segurado, que não guardem relação com o sinistro. Como palavras derradeiras, todo o dispositivo comentado tem fundamento na regra segundo a qual a boa-fé objetiva impõe ao credor o dever de mitigar o próprio prejuízo – "*duty to mitigate the loss*" (Enunciado n. 169 da *III Jornada de Direito Civil*).

JURISPRUDÊNCIA COMENTADA: Tem-se aplicado o teor do art. 769 do Código Civil a casos de mudança do condutor do veículo em seguro do automóvel, em termos diversos do que consta do contratado, afastando-se o direito à indenização. Nesse sentido: "Assim, indubitavelmente acresce inadmissivelmente o risco a conduta do segurado que deixa de comunicar à seguradora, nos termos de cláusula contratual e do art. 769 do Código Civil, que o filho menor de vinte e seis anos passou, no transcurso da vigência do contrato de seguro, a utilizar o veículo segurado, a partir do recebimento da carteira de habilitação. Nesse cenário, sabe-se inexistir abusividade na conduta da seguradora que denegou o pagamento da indenização prevista na apólice, uma vez que, nos exatos termos do art. 768 do Código Civil, o segurado perderá o direito à garantia se der causa ao agravamento do risco objeto da avença" (TJSC, Apelação Cível 0305968-50.2014.8.24.0018, Câmara Especial Regional de Chapecó, Chapecó, Rel. Des. Luiz Felipe Schuch, *DJSC* 23.04.2018, p. 303). Em sentido próximo, diante de informação inverídica sobre o estacionamento do veículo, não tendo o segurado comunicado que não tinha garagem própria e mais uma vez citando a boa-fé objetiva prevista nos arts. 765 e 766 do Código Civil: "No preenchimento do questionário de avaliação de risco da proposta de seguro o apelante informou expressamente que possuía garagem ou estacionamento fechado exclusivo, com portão manual. Contudo, a sindicância realizada após o sinistro demonstra, por declaração do próprio apelante, que o carro permanecia estacionado na rua, local onde ocorreu o furto. Corroborando a sindicância realizada, o autor, em seu depoimento pessoal em juízo, afirma que no local onde reside não há garagem. A despeito da alegação de que não foi estipulado prazo para comunicação de alteração de residência, a cláusula 13.3 do contrato é clara ao estipular que o segurado deveria comunicar à seguradora imediatamente e por escrito qualquer alteração. O artigo 769, do Código Civil, por sua vez, impõe ao segurado a obrigação de comunicar ao segurador, logo que saiba, todo incidente suscetível de agravar consideravelmente o risco coberto. Insta observar que o artigo 765, do Código Civil, impõe a obrigação do segurado e segurador de guardar na conclusão e na execução do contrato, a mais estrita boa-fé e veracidade, tanto a respeito do objeto como das circunstâncias e declarações a ele concernentes. O artigo 766, do Código Civil, por sua vez, é claro ao explicitar que eventuais declarações inexatas que possam influir na aceitação da proposta ou na taxa do prêmio, implicarão a perda do direito de garantia, além da obrigação ao prêmio vencido. Logo, não há qualquer ilicitude na conduta da seguradora, visto evidente declaração inexata do apelante que acarretou o incremento do risco do contrato, possibilitando a perda do direito de garantia" (TJRJ, Apelação 0313666-02.2014.8.19.0001, 26.ª Câmara Cível Consumidor, Rio de Janeiro, Rel. Des. Wilson do Nascimento Reis, *DORJ* 21.11.2017, p. 429). Em outro caso de seguro de caminhão, com conteúdo bem interessante, concluiu de forma correta o Tribunal de Justiça de Minas Gerais: "A análise do contexto probatório dos autos nos permite concluir que a imperícia do condutor inabilitado constituiu a causa eficiente do sinistro e que a segurada permitia que o seu preposto conduzisse o veículo sinistrado, mesmo ciente do fato de que ele não possuía habilitação para conduzir caminhão, o que evidencia a ocorrência de um agravamento significativo do risco previsto no contrato de seguro celebrado entre as partes. Mesmo admitindo, *ad argumentandum tantum*, que a apelante não permitia que o seu preposto, inabilitado, utilizasse o veículo, caberia a ela tomar os cuidados necessários para guarda das chaves e do próprio caminhão, impedindo que fosse utilizado por terceiros ou pelos seus próprios funcionários, sem autorização. Por óbvio, ao permitir que todos os seus empregados, independente da função exercida, habilitados ou não para a condução de tal tipo de veículo, tivessem livre acesso às chaves dos caminhões, sem qualquer controle de entrada ou saída do estacionamento, a segurada, de forma culposa, agravou significativamente o risco do contrato, o que, por si só, autoriza a negativa de cobertura securitária, nos termos do art. 769 do CCB/02" (TJMG, Apelação Cível 1.0079.07.360750-3/001, Rel. Des. Eduardo Mariné da Cunha, j. 14.11.2013, *DJEMG* 26.11.2013).

REFORMA DO CÓDIGO CIVIL: O art. 769 do Código Civil é outro dispositivo que necessita de reparos e aperfeiçoamento urgentes, com vistas a trazer maior clareza, segurança e estabilidade para o contrato de seguro. Além disso, na linha dos meus comentários, é necessário trocar a expressão "resolver" para "resilir", pois o comando trata de hipótese de extinção do contrato por exercício de direito potestativo. Nesse contexto, a Comissão de Juristas sugere fixar um prazo para a comunicação do sinistro, no seu *caput*, de quinze dias, a contar da sua ciência inequívoca: "O segurado é obrigado a comunicar ao segurador, no prazo máximo de quinze dias, contado da data de sua ciência inequívoca, todo incidente novo suscetível de agravar considerável e gravemente o risco coberto, sob pena de perder o direito à garantia, se provado o silêncio de má-fé". Em continuidade, com maior clareza, o § 1º do comando define o que seria o evento capaz de agravar o risco segurado: "O incidente a que se refere o *caput* deste artigo, para provocar o efeito previsto, há de ter sido percebido pelo segurado e efetivamente ocorrido após a contratação, e não ter sido derivado de fato preexistente à contratação, já de conhecimento pleno do segurador". Conforme bem justificou a Subcomissão de Direito Contratual, "a redação sugerida cria um prazo objetivo e paritário para que segurado e segurador exerçam o direito de informar sobre fato capaz de agravar o risco subscrito para o interesse legítimo (segurado) e, para o segurador decidir se aceita essa nova realidade de risco e como fará isso (cálculo de aumento do valor do prêmio)". Atendendo ao dever de informação relativo ao agravamento do risco, em prol da boa-fé objetiva, o § 2º preverá que, "na proposta de seguro e no contrato, virá em destaque a necessidade da comunicação, com suas consequências e com o endereço completo, físico e eletrônico, para onde será enviada". Seguindo no estudo das propostas, o projetado § 3º estatui que "o segurador, desde que o faça nos quinze dias seguintes ao do recebimento do aviso da agravação do risco, sem culpa do segurado, poderá dar-lhe ciência, por escrito, de sua decisão de resilir o contrato". Por outra via, "a resilição só será eficaz trinta dias após a notificação judicial ou extrajudicial, devendo ser restituída pelo segurador a diferença do prêmio" (novel § 4º do art. 769). O objetivo, de acordo com a Subcomissão, foi "diferenciar o descumprimento doloso (intencional) e culposo (não intencional) do dever de comunicação, estabelecendo consequências específicas para cada caso, o que resultará em maior clareza e segurança jurídica".

Art. 770. Salvo disposição em contrário, a diminuição do risco no curso do contrato não acarreta a redução do prêmio estipulado; mas, se a redução do risco for considerável, o segurado poderá exigir a revisão do prêmio, ou a resolução do contrato.

COMENTÁRIOS DOUTRINÁRIOS: Salvo disposição em contrário no instrumento contratual, a diminuição do risco no curso do contrato não acarreta a redução do prêmio estipulado. Todavia, se a redução do risco for considerável, o segurado poderá exigir a revisão do prêmio, ou a resolução do contrato. Entendo que a norma tem relação direta com os efeitos internos da função social dos contratos, conforme o art. 421 do Código Civil e o Enunciado n. 360 da *IV Jornada de Direito Civil*, possibilitando a revisão ou a resolução do contrato por simples onerosidade excessiva ao segurado. Pode-se falar, ainda, no princípio da equivalência material, sustentado por parte da doutrina, no sentido de manter o ponto de equilíbrio da relação contratual. Na sua parte final, o comando legal parece *dialogar* com o art. 6º, inc. V, do CDC, que adota a teoria da base objetiva do negócio jurídico, desenvolvida por Karl Larenz. Assim, não é exigido um fato imprevisível ou extraordinário para essa revisão ou resolução, como o fazem os arts. 317 e 478 do CC, que tratam da revisão por imprevisibilidade somada à onerosidade excessiva, em decorrência de um fato superveniente. A regra que rege os seguros é a da não redução do valor do prêmio, ou princípio da irredutibilidade do *pretium periculi*, contribuição para o princípio da indivisibilidade do prêmio. Porém, de acordo com o caso concreto, presente a situação de injustiça contratual, justifica-se a revisão do valor pago pelo segurado. A redução do risco considerável, a motivar a revisão ou resolução, constitui uma cláusula geral, a ser preenchida pelo aplicador do direito caso a caso, tendo em vista a posição das partes contratuais. Advirta-se que a intervenção prevista na norma deve ser maior nos contratos de consumo e menor nos seguros empresariais.

JURISPRUDÊNCIA COMENTADA: Aplicando a norma, mas falando em equivalência material, no mesmo sentido da eficácia interna da função social do contrato: "Apelação cível. Embargos à execução. Contrato de seguro. Indenização securitária paga no valor proporcional ao prêmio estipulado. Princípio da equivalência material. Quitação sem ressalvas. Sentença mantida. Recurso improvido. 1 – No particular, não é lícito conferir ao recorrente o recebimento da indenização securitária com base no valor do benefício previdenciário (R$ 1.129,28), porquanto o valor correspondente à formação do prêmio do seguro era outro que não este, isto é, a recompensa pecuniária devida à seguradora era calculada com base no salário do apelante (R$ 626,05 – Fls. 77). Se fosse concedida a indenização com base no valor do benefício previdenciário do recorrente, haveria enriquecimento sem causa, o que é vedado no ordenamento jurídico. 2. Não há de proceder a tese do recorrente fulcrada no art. 47, do CDC e arts. 5º, 423, 424 e 757, do Código Civil, em virtude da indenização contratada ter sido paga em valor correto, isto é, calculada e quitada no valor proporcional ao prêmio do seguro recebido pela recorrida (arts. 765 e 770, do CC/2002), respeitando o princípio da equivalência material. A respeito do valor da indenização contratada (fls. 27), o próprio recorrente, espontaneamente, deu quitação à recorrida sem qualquer ressalva (art. 320, do CC/2002), sendo, portanto, indevida a diferença postulada" (TJES, Apelação Cível 24050224344, 1.ª Câmara Cível, Rel. Des. Arnaldo Santos Souza, j. 21.07.2009, *DJES* 28.08.2009, p. 9).

Art. 771. Sob pena de perder o direito à indenização, o segurado participará o sinistro ao segurador, logo que o saiba, e tomará as providências imediatas para minorar-lhe as consequências.

Parágrafo único. Correm à conta do segurador, até o limite fixado no contrato, as despesas de salvamento consequente ao sinistro.

COMENTÁRIOS DOUTRINÁRIOS: Sob pena de perder o direito à indenização, o segurado informará o sinistro ao segurador logo que souber do fato a ele correspondente, e tomará as providências imediatas para minorar-lhe as consequências. O comando, ao mesmo tempo em que traz o dever de informar do segurado, consagra, mais uma vez, o dever de mitigação da perda por parte do credor ("*duty to mitigate the loss*"), relacionado com a boa-fé objetiva. O próprio dispositivo determina a consequência do desrespeito a esse dever, qual seja, a perda pelo segurado do direito à indenização devida, não importando se pagou o prêmio de forma integral. Cumprindo o segurado com esse dever, correrão por conta do segurador, até o limite fixado no contrato, as despesas de salvamento consequentes ao sinistro. A título de exemplo, sendo gastos valores para apagar incêndio que atinge uma casa segurada, imediatamente avisado o sinistro pelo segurado, o segurador dever arcar com tais despesas. Tais valores, portanto, são implícitos ao contrato, integrando o risco do negócio. Como se verá do primeiro julgado transcrito, a norma deve ser interpretada não só conforme a boa-fé objetiva, mas também tendo em vista a função social do contrato de seguro (art. 421 do CC). Sendo assim, não podem ser admitidos atos dolosos e eivados de culpa grave por parte do segurado, mais uma aplicação da máxima que equipara os dois conceitos (*culpa lata dolus aequiparatur*).

JURISPRUDÊNCIA COMENTADA: Sobre a comunicação de roubo de veículo, importante precedente do STJ concluiu o seguinte, na linha da minha última nota de comentário: "Cinge-se a controvérsia a saber se o atraso do segurado em comunicar o sinistro à seguradora, qual seja, o roubo de veículo, é causa de perda do direito à indenização securitária oriunda de contrato de seguro de automóvel, considerando os termos da norma inscrita no art. 771 do Código Civil (CC). O segurado não apenas deve informar à seguradora o sinistro ocorrido logo que o saiba, mas deve também tomar medidas razoáveis e imediatas que lhe estejam à disposição para atenuar as consequências danosas do evento, sob pena de perder o direito à indenização securitária. Assim, é ônus do segurado comunicar prontamente ao ente segurador a ocorrência do sinistro, já que possibilita a este tomar providências que possam amenizar os prejuízos da realização do risco bem como a sua propagação. A pena de perda do direito à indenização securitária inscrita no art. 771 do CC, ao fundamento de que o segurado não participou o sinistro ao segurador logo que teve ciência, deve ser interpretada de forma sistemática com as cláusulas gerais da função social do contrato e de probidade, lealdade e boa-fé previstas nos arts. 113, 421, 422 e 765 do CC, devendo a punição recair primordialmente em posturas de má-fé ou culpa grave, que lesionem legítimos interesses da seguradora. A sanção de perda da indenização securitária não incide de forma automática na hipótese de inexistir pronta notificação do sinistro, visto que deve ser imputada ao segurado uma omissão dolosa, injustificada, que beire a má-fé, ou culpa grave, que prejudique, de forma desproporcional, a atuação da seguradora, que não poderá se beneficiar, concretamente, da redução dos prejuízos indenizáveis com possíveis medidas de salvamento, de preservação e de minimização das consequências. Na hipótese dos autos, fatos relevantes impediram o segurado de promover a imediata comunicação de sinistro: temor real de represálias em razão de ameaças de morte feitas pelo criminoso quando da subtração do bem à mão armada no interior da residência da própria vítima. Assim, não poderia ser exigido comportamento diverso, que poderia lhe causar efeitos lesivos ou a outrem, o que afasta a aplicação da drástica pena de perda do direito à indenização, especialmente considerando a presença da boa-fé objetiva, princípio-chave que permeia todas as relações contratuais, incluídas as de natureza securitária. É imperioso o pagamento da indenização securitária, haja vista a dinâmica dos fatos ocorridos durante e após o sinistro e a interpretação sistemática que deve ser dada ao art. 771 do CC, ressaltando-se que não houve nenhum conluio entre os agentes ativo e passivo do episódio criminoso, tampouco vontade deliberada de fraudar o contrato de seguro ou de piorar os efeitos decorrentes do sinistro, em detrimento dos interesses da seguradora. Longe disso, visto que o salvado foi recuperado, inexistindo consequências negativas à seguradora com o ato omissivo de entrega tardia do aviso de sinistro" (STJ, REsp 1.546.178/SP, 3.ª Turma, Rel. Min. Ricardo Villas Boas Cueva, *DJe* 19.09.2016). Em complemento, mais uma vez de forma correta, tem-se entendido no âmbito da Corte que "o comando do art. 1.457 do CC/16, cuja essência foi mantida pelo art. 771 do CC/02, não autoriza a seguradora a recusar o pagamento da indenização pelo simples fato de o segurado não ter comunicado o sinistro. A obrigação de informar a seguradora do sinistro 'logo que o saiba' desaparece desde que se torne supérfluo qualquer aviso, pela notoriedade do fato ou quando, pela espécie de seguro, não tenha a seguradora interesse algum em ser avisada imediatamente da ocorrência (REsp 1.137.113/SC, Rel. Ministra Nancy Andrighi, Terceira Turma, julgado em 13.03.2012, *DJe* 22/03/2012)" (STJ, Ag. no Rg. no AREsp 285.711, 4.ª Turma, Rel. Min. Luis Felipe Salomão, *DJe* 01.08.2014). Do entendimento estadual consolidado, na linha do primeiro aresto transcrito, tem-se julgado que "a omissão quanto ao dever de comunicação do sinistro, previsto no artigo 771 do Código Civil, só priva o segurado do direito à indenização securitária quando acarreta efetivo e considerável prejuízo ao segurador" (TJDF, Apelação Cível 2015.01.1.054540-9, Acórdão 111.0430, 4.ª Turma Cível, Rel. Des. James Eduardo Oliveira, j. 04.07.2018, *DJDFTE* 03.08.2018). Com dedução similar, novamente contando com o meu apoio e em hipótese fática relativa a seguro de imóvel: "Temporal. Queda do bem imóvel segurado. Perda total. Art. 771 do Código Civil. O fato de o segurado não comunicar o sinistro imediatamente não afasta da seguradora o dever de indenizar. A falta de comunicação imediata do sinistro, por si só, não pode levar à perda da cobertura securitária. Perda total do bem segurado. Indenização com base na apólice. A teor das regras previstas no Código de Defesa do Consumidor, art. 47, a interpretação das regras contratuais deve ser feita de maneira mais favorável ao consumidor" (TJRS, Apelação Cível 0161576-02.2017.8.21.7000, 6.ª Câmara Cível, Soledade, Rel. Des. Ney Wiedemann Neto, j. 20.07.2017, *DJERS* 28.07.2017). Sobre o parágrafo único do comando, em caso envolvendo seguro relativo a armazéns, o seguinte acórdão do Tribunal de Minas Gerais traz interessante ilustração: "A teor do § único art. 771 do Código Civil, é da seguradora a responsabilidade pelas despesas com o armazenamento e conservação do salvado" (TJMG, Apelação Cível 1.0702.15.007745-2/001, Rel. Des. Arnaldo Maciel, j. 24.07.2018, *DJEMG* 26.07.2018).

REFORMA DO CÓDIGO CIVIL: O art. 771 do Código Civil é reconhecidamente um dos mais falhos e insuficientes a respeito dos contratos de seguro, tendo em vista a realidade do mercado securitário e os complexos debates sobre a comunicação e a regulação do sinistro. Por isso, a Comissão de Juristas sugere, mais uma vez, necessários aperfeiçoamentos no preceito, além de um novo tratamento a respeito do procedimento administrativo de regulação do sinistro, tema já tratado nos meus comentários ao art. 765. Pois bem, de início, o *caput* do art. 771 ficaria mais bem redigido da seguinte forma, mais uma vez fixando um prazo de quinze dias para a comunicação do sinistro, a contar da sua ciência inequívoca, e não deixando mais o tema em aberto: "Sob pena de perder o direito à indenização, o segurado participará o sinistro ao segurador, no prazo de quinze dias de sua ciência inequívoca, e tomará as providências imediatas para minorar-lhe as consequências". Em complemento, mais uma vez em atendimento ao dever de informação, anexo à boa-fé objetiva, o projetado § 1º do preceito passaria a prever que, na proposta de seguro e no contrato, virá em destaque a necessidade da comunicação no prazo referido, com suas consequências e com o endereço completo, físico e eletrônico, para onde será enviada essa informação. De acordo com o novo § 2º, a ausência do aviso do sinistro não implicará perda do direito à indenização, se o segurado provar que não tinha razoáveis condições de tê-lo feito, situação que não poderá superar o prazo de sessenta dias, contados da data da ciência inequívoca do sinistro. A fixação de um prazo, mais uma vez, traz critério objetivo e seguro para o tratamento da matéria, não podendo ele ficar mais ao bel-prazer do julgador. Transcorrido esse prazo de sessenta dias, a contar da data da ciência inequívoca do sinistro e sem a comunicação à seguradora, o segurado perderá o direito à indenização (novo § 3º). Mantendo-se a redação do atual parágrafo único, mas com aperfeiçoamento necessário, o novo 4º preverá que "correm à conta do segurador, dentro dos limites fixados para as coberturas contratadas, as despesas de contenção e salvamento empregadas para evitar o sinistro iminente ou atenuar os seus efeitos". Consoante as justificativas da Subcomissão de Direito Contratual, "a alteração proposta tem por objetivo proporcionar clareza, transparência e equidade nas relações contratuais de seguro e levou em conta, principalmente, as decisões judiciais adotadas pelos tribunais brasileiros ao longo da vigência do CC 02. A redação original do CC 02 não estabelece prazos específicos para a comunicação de sinistros e não aborda a necessidade de cooperação entre o segurado e o segurador durante o processo de salvamento. A redação sugerida introduz prazo razoável para a notificação de sinistros, considerando as circunstâncias, e enfatiza a importância da cooperação entre as partes para a mitigação de danos. Os parágrafos 4º e 5º têm por objetivo tornar mais claro o que pode ser definido como despesas de salvamento, para diferenciar dos cuidados elementares de prevenção que são de responsabilidade exclusiva do segurado, como, por exemplo, manutenção de máquinas, equipamentos, veículos, aparelhos eletrônicos entre outros de utilização contínua na atividade fim o segurado. Da mesma forma, o segurado não pode adotar medidas tecnicamente inadequadas a título de salvamento ou para impedir sinistro em vias de ocorrer". Nesse contexto, o novo § 5º do art. 771 traz parâmetros que devem ser observados para os contratos de seguro paritários e simétricos, com destaque para os de grandes riscos e os de feição empresarial: *a)* o segurado, dentro de suas possibilidades, deverá cooperar com o segurador durante as medidas de salvamento e mitigação dos danos; *b)* não constituem despesas de salvamento as realizadas para prevenção ordinária de acidentes ou de manutenção de bens; e *c)* a seguradora não está obrigada ao pagamento de despesas consideradas, do ponto de vista técnico, totalmente inadequadas, observada a garantia contratada para o tipo de sinistro iminente ou ocorrido. No que diz respeito à regulação do sinistro – processo administrativo em que a seguradora analisa as causas e as circunstâncias do sinistro comunicado, para o fim de concluir se pagará ou não a indenização ao segurado –, são incluídas quatro novas letras ao art. 771. De início, está previsto na proposta da Comissão de Juristas que "compete ao segurador realizar o trabalho de regulação do sinistro para aferir os fatos, as causas, a cobertura do risco, a extensão dos danos e a possibilidade de ressarcimento ao fundo mutual". Essa regulação poderá ser feita diretamente pela seguradora ou por terceiros contratados, inclusive por peritos e por empresas especializadas nessa atividade (art. 771-A, *caput* e parágrafo único). A provocação dolosa do sinistro gera a perda do direito à garantia, sem prejuízo do prêmio vencido e da obrigação de ressarcir as despesas feitas pela seguradora (art. 771-B). Como bem justificou a Subcomissão de Direito Contratual, "o art. 762 do CC estabelece a nulidade do contrato para garantia de risco proveniente de ato doloso do segurado, do beneficiário ou de seus representantes, mas não trata especificamente das situações em que ocorre a provocação dolosa de sinistro. A redação sugerida esclarece as consequências em tal situação, determinando a perda do direito à garantia, ao mesmo tempo em que mantém a dívida de prêmio e a obrigação de ressarcir despesas feitas pela seguradora". Como está no projetado art. 771-C, "nos casos de negativa de cobertura parcial ou total, o relatório final de regulação do sinistro, quando solicitado, deve ser compartilhado com o segurado ou com o beneficiário do seguro". Essa exigência do relatório de regulação está fundada no seguinte julgado do Superior Tribunal de Justiça, como bem justificou a citada subcomissão: "a regulação de sinistro é uma atividade voltada à revelação (existência e conteúdo), quantificação e cumprimento da obrigação indenizatória que exsurge da obrigação de garantia a cargo do segurador. A operação pode ser assim sintetizada: a) uma vez ocorrido e avisado o sinistro, cabe ao segurador apurar os fatos para o cumprimento da obrigação de garantia, o que se desenvolve pela regulação do sinistro; b) constitui procedimento conduzido pelo segurador para determinar a existência de sinistro coberto e a extensão da cobertura, com a mensuração da extensão dos danos e o cálculo da quantia a ser paga ao segurado; c) consiste numa atividade complexa, na qual o fato comunicado como sinistro será confrontado com a realidade e com as coberturas contratadas; d) a comparação entre o dano e o interesse segurado permitirá conhecer o prejuízo, relevando o prejuízo indenizável; e) apura-se o valor a indenizar em conformidade com a extensão dos danos, o interesse e o capital segurado; f) todas as etapas formam um processo único e contínuo e nem sempre podem ser totalmente distinguidas, sobrepondo-se eventualmente, sem prejuízo da precisa definição das finalidades de cada uma delas" (REsp 1.836.910/SP). Sobre a apresentação do relatório de regulação, consta do *decisum* que "a atividade é essencial para o setor, uma vez que, a par de constituir obrigação acessória de fazer do segurador, por vezes necessária até mesmo para salvamentos para redução das consequências danosas do sinistro, é fundamental para prevenir e reprimir fraudes que oneram o custo dos prêmios. A seguradora sustenta que, ao final da regulação, informa aos segurados expressamente, em carta, o motivo da negativa, dando conhecimento da hipótese que ensejou a recusa, inclusive com indicação da cláusula contratual em que se funda – o que é incontroverso nos autos, inclusive à luz das contrarrazões recursais. Como reconhece o próprio autor da ação na peça inicial, as seguradoras não fornecem documentação que ele pretende seja imposta tão somente à ré, ocasionando claro desequilíbrio concorrencial e custos administrativos exclusivos à demanda. Ainda, apresentar todos os documentos obtidos no procedimento de regulação, a toda evidência, representaria extensa exposição ao mercado do modo de apurar da seguradora e de sua parceira reguladora (*know-how* de ambas), arriscando ocasionar dissabores, danos morais a segurados e a terceiros beneficiários de seguro, como também dificultando sobremaneira a eficiência da regulação dos contratos de seguro (facilitação de fraudes), a par de, em muitos casos, gerar riscos pessoais a terceiros que prestaram informações ao regulador e a seus funcionários" (STJ, REsp 1.836.910/SP, 4.ª Turma, Rel. Min. Luis Felipe Salomão, j. 27.09.2022, *DJe* 08.11.2022). Em complemento, como outra regra fundamental, com vistas a proteger o sigilo empresarial, o novo parágrafo único do art. 771-C passará a prever que, "nos contratos paritários e simétricos, os documentos que compõem o processo de regulação e liquidação do sinistro são confidenciais". Por fim, almeja-se um novo art. 771-D, preceituando, na linha do art. 765 e dos antes comentados Enunciados n. 656 e 657 da *IX Jornada de Direito Civil*, que "o regulador do sinistro deve agir conforme os deveres de boa-fé e de probidade, atuando sempre com correção, com imparcialidade e com a esperada celeridade no cumprimento de suas obrigações e de suas atividades".

Art. 772. A mora do segurador em pagar o sinistro obriga à atualização monetária da indenização devida, sem prejuízo dos juros moratórios. (Redação dada pela Lei n. 14.905, de 2024)

COMENTÁRIOS DOUTRINÁRIOS: Como se retira dos comentários de praticamente toda a doutrina, a *pontualidade* é um dos requisitos para o cumprimento perfeito do contrato de seguro e o prazo para a seguradora indenizar o segurado em caso de sinistro será de dez a trinta dias após a apresentação de toda a documentação necessária para tanto. Esse prazo, contudo, é variável tendo em vista o objeto do contrato, sendo maior nos negócios mais complexos, como ocorre nos seguros empresariais que envolvem vultosas quantias e riscos enormes. Em havendo mora do segurador em pagar o valor correspondente ao sinistro, incidirá atualização monetária sobre a indenização devida, sem prejuízo dos juros moratórios previstos no art. 406 do Código Civil. A Lei n. 14.905/2024 retirou do dispositivo a locução "segundo índices oficiais regularmente estabelecidos", pois o índice de correção monetária passou a ser, regra geral, o IPCA. Nesse contexto de afirmação, vejamos o novo art. 389, parágrafo único, igualmente inserido por essa Norma: "na hipótese de o índice de atualização monetária não ter sido convencionado ou não estar previsto em lei específica, será aplicada a variação do Índice Nacional de Preços ao Consumidor Amplo (IPCA), apurado e divulgado pela Fundação Instituto Brasileiro de Geografia e Estatística (IBGE), ou do índice que vier a substituí-lo". Quanto aos juros, pela mesma norma emergente, o art. 406, § 1º, do CC passou a enunciar que "a taxa legal corresponderá à taxa referencial do Sistema Especial de Liquidação e de Custódia (Selic), deduzido o índice de atualização monetária de que trata o parágrafo único do art. 389

deste Código". Sem prejuízo disso, havendo mora, a seguradora passará a responder por caso fortuito e força maior, nos termos do art. 399 do próprio Código Civil. A mora do segurador também gera o dever de indenizar os danos sofridos, inclusive os danos morais nos casos de planos de saúde, na linha de julgados transcritos em comentários ao art. 765.

JURISPRUDÊNCIA COMENTADA: Sobre o início dos juros de mora em face da seguradora, em caso de ação proposta pela vítima do acidente, tem-se entendido que "à míngua da demonstração do momento em que a seguradora foi constituída em mora, impõe-se adotar como termo inicial dos juros de mora sobre a indenização securitária a data da citação da seguradora como litisdenunciada na ação manejada pelas vítimas em desfavor do segurado, na forma do art. 219, *caput*, do CPC, pois, apesar da inexistência do vínculo contratual entre a seguradora e as demandantes, a responsabilidade decorre do contrato de seguro firmado com a parte segurada. 3. Agravo regimental não provido" (STJ, Ag. Rg. AREsp 567.856/SP, 4.ª Turma, Rel. Min. Luis Felipe Salomão, *DJe* 17.11.2015). Também no tocante aos juros, tem-se julgado que eles são devidos, mesmo que ultrapassem o valor constante da apólice: "Embora a ré alegue que ela está obrigada a realizar o pagamento de indenização até o limite de cobertura securitária contratada, é certo que sobre as condenações impostas, de forma solidária, ao segurado e à seguradora, devem incidir juros de mora, uma vez que estes decorrem da expressa previsão legal dos artigos 407 e 772, do Código Civil, o que torna impossível o seu afastamento" (TJSP, Apelação 0003208-35.2008.8.26.0091, Acórdão 10926299, 34.ª Câmara de Direito Privado, Mogi das Cruzes, Rel. Des. Kenarik Boujikian, j. 25.10.2017, *DJESP* 06.11.2017, p. 3.140). Quanto à correção monetária que incide sobre o valor devido, tem-se julgado, corretamente, que "inexistindo prévio pedido administrativo de pagamento da indenização securitária, não é possível a atualização monetária do montante da reparação desde a data do sinistro, apenas devendo incidir essa verba, nos termos do artigo 772 do Código Civil, a partir da citação, por ser esse o momento em que a seguradora é constituída em mora" (TJMG, Apelação Cível 1.0620.12.002139-4/001, Rel. Des. Márcio Idalmo Santos Miranda, j. 08.05.2018, *DJEMG* 22.05.2018). Ainda quanto a esse montante, "atualização monetária regulada pelo artigo 772 do Código Civil e Resolução CNSP n. 103 de 2004, esta última estabelecendo obrigatoriedade de atualização monetária de valores decorrentes de operações de seguros, a partir da data em que se tornarem exigidas" (TJSP, Apelação 3001097-96.2013.8.26.0270, Acórdão 9932953, 32.ª Câmara de Direito Privado, Itapeva, Rel. Des. Caio Marcelo Mendes de Oliveira, j. 27.10.2016, *DJESP* 07.11.2016).

REFORMA DO CÓDIGO CIVIL: A Comissão de Juristas, nomeada no âmbito do Senado Federal, entende que é preciso melhorar a redação do art. 772 do Código Civil, sobretudo com vistas às consequências da mora da seguradora no pagamento da indenização ou do capital segurado. Nesse contexto, sugere-se que o comando passe a ter a seguinte redação: "A mora do segurador, no cumprimento da obrigação de pagar a indenização ou o capital segurado, gera a incidência de correção monetária no valor devido, segundo índices oficiais regularmente estabelecidos, juros moratórios desde a data em que a indenização ou o capital deveriam ter sido pagos e honorários contratuais do advogado, além de eventual responsabilidade por perdas e danos". Assim, almeja-se uma clareza a respeito do início da correção monetária e dos juros de mora, afastando-se o debate jurisprudencial supraexposto, devendo ter início a partir da data em que a indenização ou o capital deveria ter sido pago, pois, a partir daí, configurou-se a mora *ex re* da seguradora. Além disso, a norma passará a mencionar os honorários contratuais de advogado – conforme o que está sendo proposto para o art. 389 da codificação privada –, bem como a responsabilidade por perdas e danos, outra consequência da mora (art. 395 do CC).

Art. 773. O segurador que, ao tempo do contrato, sabe estar passado o risco de que o segurado se pretende cobrir, e, não obstante, expede a apólice, pagará em dobro o prêmio estipulado.

COMENTÁRIOS DOUTRINÁRIOS: Além do inadimplemento por parte do segurador, que não paga a indenização prevista no contrato, a norma em comento estabelece que se ele, ao tempo do contrato, souber que está superado o risco de que o segurado se pretende cobrir, e, não obstante, expedir a apólice, pagará em dobro o prêmio estipulado. Como não poderia ser diferente, cessado o risco que fundamenta o negócio em questão, não pode mais ser cobrado o prêmio, pois a álea é elemento essencial do contrato em questão. Confirma-se, portanto, a asserção no sentido de ser o contrato aleatório. Ademais, o segurador que emite a apólice em tais circunstâncias age com intuito de enriquecimento sem causa, o que justifica o pagamento do valor do prêmio em dobro, o que tem claro caráter punitivo. Como outra consequência, o contrato de seguro deve ser tido como nulo, nos termos do art. 166, inc. VI, do CC, havendo fraude à lei imperativa, também por lesão à função social do contrato, considerado um preceito de ordem pública pelo art. 2.035, parágrafo único, da própria codificação privada. A título de exemplo, se está segurada uma determinada mercadoria, não sendo o caso do seu transporte para qualquer lugar e se uma seguradora emite a apólice contra a proprietária da coisa, estará configurado o ato proibido. Cite-se, ainda, a emissão de apólice de seguro de vida quando o segurado já faleceu. Em havendo relação de consumo no contrato de seguro, as situações podem ser tipificadas também como prática abusiva, nos termos do art. 39, inc. III, do CDC, ou seja, envio de um serviço sem solicitação.

JURISPRUDÊNCIA COMENTADA: A regra do art. 773 do Código Civil foi aplicada pelo Tribunal de Justiça de São Paulo a caso de seguro de vida em grupo, de pessoas com idade mínima de 14 e máxima de 60 anos. Como a seguradora emitiu apólice para um segurado com idade superior ao teto, foi condenada a pagar o dobro do valor do prêmio (TJSP, Apelação 4006839-76.2013.8.26.0564, Acórdão 10157732, 29.ª Câmara de Direito Privado, São Bernardo do Campo, Rel. Des. Silvia Rocha, j. 08.02.2017, *DJESP* 16.02.2017). Da mesma Corte Estadual, aplicando a norma para caso em que a seguradora emitiu apólice de seguro de vida em face de segurado já falecido: TJSP, Apelação 0002873-60.2009.8.26.0356, Acórdão 5925610, 26.ª Câmara de Direito Privado, Mirandópolis, Rel. Des. Renato Sartorelli, j. 23.05.2012, *DJESP* 05.06.2012.

Art. 774. A recondução tácita do contrato pelo mesmo prazo, mediante expressa cláusula contratual, não poderá operar mais de uma vez.

COMENTÁRIOS DOUTRINÁRIOS: Quanto à *cláusula de recondução tácita do contrato pelo mesmo prazo*, ou seja, a previsão de seu prolongamento nas mesmas condições antes contratadas, essa não poderá operar mais de uma vez; regra que não constava do sistema anterior. Em suma, não são admitidas, desde a entrada em vigor do Código Civil de 2002, renovações sucessivas e automáticas do contrato por meio de cláusula contratual que assim o preveja. A norma é considerada de ordem pública, não podendo ser contrariada pelo instrumento, sob pena de nulidade absoluta. Em se tratando de relação de consumo, pode ser utilizado como fundamento para tal entendimento o art. 51, inc. IV, da Lei n. 8.078/1990. Isso porque a referida cláusula contraria a boa-fé objetiva, colocando o segurado-consumidor em posição de desvantagem. Aplicando-se o princípio da conservação contratual ao contrato de consumo (art. 51, § 2º, do CDC), deve-se considerar somente a cláusula como nula, aproveitando-se todo o restante do contrato. Detalhando, a nulidade deve atingir somente a renovação sucessiva, não a primeira renovação, cuja licitude é reconhecida pelo dispositivo ora comentado. Procura-se preservar ao máximo a autonomia privada, diante da função social do contrato, argumento que serve igualmente para os seguros civis e empresariais, com fundamento no Enunciado n. 22 da *I Jornada de Direito Civil.*

JURISPRUDÊNCIA COMENTADA: Na linha dos meus comentários, aplicando a norma a contratos de seguro enquadrados como de consumo, tem-se julgado que "o art. 774 do Código Civil, prevê que a recondução tácita do contrato pelo mesmo prazo, mediante expressa cláusula contratual, não poderá operar mais de uma vez. Neste sentido, abusiva a cláusula que subsume a anuência do contratante ao simples desconto realizado na conta-corrente. Resta, pois, ferida a disposição contida no citado artigo, razão pela qual deve haver a devolução dos valores cobrados após a renovação, descontadas as parcelas fulminadas pela prescrição. Diante do pagamento da quantia indevidamente cobrada, deve ser restituído aquilo que a parte recorrida pagou" (TJDF, Recurso Inominado 0711240-32.2017.8.07.0016, 2.ª Turma Recursal dos Juizados Especiais, Rel. Juiz Edilson Enedino das Chagas, j. 26.07.2017, *DJDFTE* 04.08.2017, p. 504). Em importante decisão do Tribunal Regional Federal da 3.ª Região, foram consideradas válidas as regulamentações administrativas feitas pela SUSEP e pelo CNSP a respeito dos limites de aplicação do art. 774 do Código Civil para o seguro de pessoa: "Aplicabilidade do art. 774 do CC/2002 sobre os seguros de dano e de pessoa, eis que localizado na seção relativa às disposições gerais do capítulo destinado ao regramento do seguro. Atos normativos que não extrapolaram sua função regulamentadora, nem violaram o princípio da legalidade positivado no art. 5º, II, da

CF, tendo sido expedidos pela SUSEP e pelo CNPS, conforme o art. 774 do CC/2002" (TRF da 3.ª Região, Apelação Cível 0022711-03.2006.4.03.6100, 2.ª Turma, Rel. Des. Fed. Peixoto Junior, j. 17.05.2016, *DEJF* 01.07.2016). Pontue-se que a questão chegou até o STJ, que entendeu que a questão deveria ser analisada, quanto ao seu mérito, pelo Tribunal Regional Federal de origem. De acordo com parte da ementa do acórdão, "a insurgência diz respeito à contrariedade ao art. 774 do Código Civil acerca dos seguintes atos normativos impugnados: i) parágrafo único do art. 30 da Resolução n. 117/2004 expedida pelo CNSP; ii) dos arts. 38, 64, *caput* e parágrafos 1º e 2º da Circular SUSEP 302/05; e, iii) todo o conteúdo das Circulares SUSEP 316/06 e 317/06, versam sobre interpretação do art. 774 do Código Civil de 2002, tratando basicamente sobre a necessidade de renovação expressa dos contratos de seguro, inclusive os de vida e sobre a possibilidade de não renovação das apólices por desinteresse das seguradoras mediante aviso prévio. Estes atos impugnados são da espécie 'atos administrativos normativos', sendo certo que possuem força jurídica para regular o setor econômico de seguros privados no Brasil. Assim, o ponto da insurgência não diz respeito, tão somente, à conduta dos agentes econômicos no mercado de contratação de seguros privados, mas sim, à legalidade dos referidos atos normativos emitidos pela SUSEP e pelo CNSP (este, órgão da União Federal componente da estrutura do Ministério da Fazenda), os quais estariam em desacordo com o que preceitua o Código Civil de 2002 em sua regulamentação referente aos seguros de pessoas. Ocorre que, muito embora o relator tenha tecido considerações acerca da ilegalidade destes atos administrativos normativos, porquanto contrários ao que dispõe o Código Civil de 2002, o Tribunal Regional Federal *a quo* extinguiu o processo sem julgamento de mérito tendo em vista a questão preliminar aqui afastada. Assim, sob pena de caracterizar vedada supressão de instância, mister o retorno dos autos ao órgão *a quo* a fim de que analise o mérito das alegações ali submetidas para apreciação" (STJ, REsp 1.364.102/SP, 2.ª Turma, Rel. Min. Mauro Campbell Marques, *DJe* 28.06.2013, p. 626).

Art. 775. Os agentes autorizados do segurador presumem-se seus representantes para todos os atos relativos aos contratos que agenciarem.

COMENTÁRIOS DOUTRINÁRIOS: Como outra inovação da codificação material de 2002, os agentes autorizados do segurador presumem-se seus representantes para todos os atos relativos aos contratos que agenciarem. Pelo comando legal em questão, a conduta dos representantes, caso dos corretores, vincula o segurador, incidindo a teoria da aparência, outro desdobramento da boa-fé objetiva e do correspondente dever de informar. Sendo assim, em havendo danos a terceiros causados por corretores, a responsabilidade da seguradora por ato dos seus representantes, empregados ou prepostos é objetiva, desde que comprovada a culpa destes (arts. 932, inc. III, e 933 do CC). Em complemento, a responsabilidade de todos os envolvidos é solidária (art. 942, parágrafo único, do CC), assegurado o direito de regresso da seguradora contra o culpado pelo evento danoso (art. 934 do CC). Para a responsabilidade objetiva e solidária, pode também ser invocado o CDC (arts. 7º, parágrafo único, 14 e 34). A título de exemplo, vale relembrar a notória prática, muito comum no passado e também no presente, de publicidade veiculada pela qual empresa de seguro-saúde divulga que não há prazo de carência para internação ou que o serviço prestado traz *carência zero*. Para fins de oferta em geral, inclusive aquela realizada por corretor de seguros e havendo relação de consumo, pode ser citado o art. 30 da Lei n. 8.078/1990, pelo qual o meio de oferta vincula o conteúdo do negócio jurídico celebrado, prevalecendo sobre o teor desse.

JURISPRUDÊNCIA COMENTADA: Exatamente na linha dos últimos comentários: "A jurisprudência vem proclamando que o corretor, nos atos que dizem respeito aos contratos agenciados, deve ser considerado representante da seguradora a teor dos artigos 34 do CDC e 775 do Código Civil, pois como credenciado, tem, perante o consumidor, aparência de representante da operadora de plano de saúde (artigo 30, do CDC), sendo ambos solidariamente responsáveis. Restabelecimento do plano de saúde ofertado" (TJRJ, Apelação 0030293-23.2015.8.19.0001, 27.ª Câmara Cível, Rio de Janeiro, Rel. Des. Maria Luiza de Freitas Carvalho, *DORJ* 08.06.2018, p. 622). Reconhecendo a citada solidariedade, com base no CDC e em hipótese de seguro-saúde: "O contrato de seguro constitui relação de consumo, nessas hipóteses, a responsabilidade entre o corretor de seguro e da seguradora é solidária, por força da interpretação do art. 34 do CDC c/c art. 775 do CC/02" (TJMG, Apelação Cível 1.0024.11.312647-8/001, Rel. Des. Tiago Pinto, j. 21.01.2016, *DJEMG* 03.02.2016). Ou, ainda: "A seguradora responde solidariamente pelos atos praticados pelos corretores. Inteligência dos artigos 775 do Código Civil e 34 do Código de Defesa do Consumidor. Portanto, mesmo que a corretora intermediadora da contratação da apólice objeto do presente litígio nunca tenha sido habilitada pela SUSEP para atuar no mercado segurador, a seguradora responde pelo referido pacto, daí a desnecessidade da prova pretendida" (TJRS, Apelação Cível 509941-53.2013.8.21.7000, 5.ª Câmara Cível, Porto Alegre, Rel. Des. Jorge Luiz Lopes do Canto, j. 25.03.2014, *DJERS* 31.03.2014). Sobre o plano de saúde ofertado por corretores sob a denominação de "carência zero", confira-se: "Responsabilidade civil. Plano de saúde. Injusta recusa do fornecedor de serviços de permitir a internação de emergência do consumidor, sob a alegação de que não havia sido ainda cumprido o prazo de carência. Ainda que esteja registrado no contrato de adesão a previsão de prazo de carência, a oferta veiculada ao consumidor prevalece sobre as limitações previstas no contrato de adesão. Incidência do disposto no art. 30 do CDC. Além disso, não merece prosperar o argumento do recorrente no sentido de que o consumidor teria agido de má-fé ao omitir o fato de ser portador de doença preexistente. Aplicação da teoria do risco do empreendimento, segundo o qual aquele que aufere os bônus tem que suportar os ônus. Se não teve o apelante o cuidado de saber com quem estava a contratar, ainda mais se for considerado o fato de ser o segurado tetraplégico e portador de deficiência mental, não tendo o mesmo, por óbvio, condições de ocultar seu peculiar e frágil estado de saúde, há de ser rechaçada a alegação de ter o mesmo agido de má-fé no momento da contratação" (TJRJ, Apelação 2009.001.19028, 17.ª Câmara Cível, São Gonçalo, Rel. Des. Maria Inês da Penha Gaspar, j. 22.04.2009, *DORJ* 14.05.2009, p. 179). Destaque-se, ainda, antigo acórdão paulista que há tempos utilizo em minhas aulas sobre o tema: "Ação de indenização. Contrato de seguro-saúde. Responsabilização por despesas de internação e tratamento. Ausência de exame pré-admissional para avaliação de doenças preexistentes. Carência 'zero' difundida através da mídia. Prestação de serviços subordinada ao Código de Defesa do Consumidor. Sistema privado de saúde, que complementa o público e assume os riscos sociais de seu mister. Direito absoluto à vida e à saúde que se sobrepõe ao direito obrigacional. Recurso não provido" (TJSP, Apelação Cível 104.633-4/SP, 3.ª Câmara de Direito Privado, Rel. Juiz Carlos Stroppa, j. 01.08.2000, v. u.).

Art. 776. O segurador é obrigado a pagar em dinheiro o prejuízo resultante do risco assumido, salvo se convencionada a reposição da coisa.

COMENTÁRIOS DOUTRINÁRIOS: Concernente ao pagamento da indenização, este deverá ser feito em dinheiro, mas as partes poderão convencionar a reposição da coisa, por força da autonomia contratual. Exemplificando, é possível convencionar, em um seguro de dano, que o veículo será reposto, em um caso de acidente e perda total, por outro semelhante, de mesmo modelo, marca e ano. Entretanto, assinale-se que essa cláusula de reposição não pode trazer situação de injustiça ao aderente ou ao consumidor, devendo ser aplicadas as normas que protegem essas partes vulneráveis.

JURISPRUDÊNCIA COMENTADA: A grande maioria dos julgados encontrados utiliza o art. 776 do Código Civil para afastar o pagamento de valores relativos a riscos não assumidos no contrato, em complemento ao que consta do art. 757 do Código Civil. A ilustrar: "Contrato de seguro que previa cobertura apenas para a hipótese de morte acidental. Conjunto probatório. Certidão de óbito, laudo de exame necroscópico e perícia indireta. Que não apontou a causa da morte do segurado. Seguradora que somente poderá ser responsabilizada pelos riscos expressamente assumidos. Compreensão dos arts. 760 e 776 do Código Civil" (TJSP, Apelação 0021731-45.2009.8.26.0161, Acórdão 11669956, 28.ª Câmara de Direito Privado, Diadema, Rel. Des. Dimas Rubens Fonseca, j. 31.07.2018, *DJESP* 08.08.2018, p. 2.288). Também com base nesse dispositivo tem-se entendido que há direito das seguradoras em limitar o risco assumido pelo contrato: "As seguradoras podem limitar a cobertura das apólices, conforme previsto na legislação pátria. Inteligência dos artigos 757 e 776, do CC/2002. No caso concreto, ficou demonstrado que o evento invalidez por doença da segurada não está coberto pelo seguro. Assim, não há como impor-se à apelada a indenização pleiteada pelo demandante" (TJRS, Apelação Cível 0097606-62.2016.8.21.7000, 5.ª Câmara Cível, São Luiz Gonzaga, Rel. Des. Léo Romi Pilau Júnior, j. 31.08.2016, *DJERS* 16.09.2016).

REFORMA DO CÓDIGO CIVIL: Com vistas a tornar mais clara a forma de pagamento da indenização ou do capital segurado, a Comissão de Juristas sugere a mudança do dispositivo, para prever que "o segurador é obrigado a pagar, conforme pactuado no contrato e na apólice, o prejuízo resultante dos riscos assumidos, nos limites da garantia contratada". Há, assim, a prevalência do que foi convencionado entre as partes, tendo o pagamento em dinheiro aplicação subsidiária, de acordo com o projetado parágrafo único do dispositivo: "Caso o contrato não contenha regra específica a respeito da forma do pagamento, este será feito em dinheiro".

Art. 777. O disposto no presente Capítulo aplica-se, no que couber, aos seguros regidos por leis próprias.

COMENTÁRIOS DOUTRINÁRIOS: Os seguros regidos pela legislação especial, a essas normas continuam submetidos, tendo o Código Civil de 2002 aplicação subsidiária, no que couber. Com grande aplicação prática, podem ser citadas, sem prejuízo de outras normas: a) Lei n. 9.656/1998, que trata dos planos de saúde e seguros privados de assistência à saúde; b) Lei n. 6.367/1976, que regulamenta o seguro de acidente do trabalho a cargo do INSS; c) Lei n. 4.518/1964, tem por objeto o seguro social dos funcionários da Caixa Econômica Federal; e d) Lei Complementar n. 207/2024, que trata do Seguro Obrigatório para Proteção de Vítimas de Acidentes de Trânsito (SPVAT), tendo revogado a Lei n. 6.194/1974, que tratava das sociedades mútuas de seguros sobre a vida e seguro obrigatório de danos pessoais causados por veículos automotores de via terrestre (DPVAT). Para todos esses casos, poderá ser aplicado o Código Civil e, havendo relação de consumo, também o Código de Defesa do Consumidor, em *diálogo das fontes*, na linha de vários comentários que fizemos e outros que seguirão.

JURISPRUDÊNCIA COMENTADA: Citando a *teoria do diálogo das fontes*, bem como o art. 777 do Código Civil, descartando a impossibilidade de não aplicação do CDC ao contrato de seguro-saúde, e na linha de vários comentários feitos até aqui: "Configura-se abusiva a cláusula inserta em contrato de seguro saúde consistente na imposição de 50% (cinquenta por cento) do valor das despesas da internação psiquiátrica, após ultrapassado o período de 30 (trinta) dias. A Resolução Normativa n. 338/2013 da ANS, então vigente, previa em seu art. 21, que na internação psiquiátrica, haverá incidência de fator moderador passados os primeiros 30 (trinta) dias. Contudo, a mesma norma infralegal fixa que a coparticipação será de no máximo 50% (cinquenta por cento), incidente sobre o valor contratado, o qual deve ser entendido como o da própria mensalidade paga pelo consumidor. Sendo nítido caso de contrato de adesão, incidem aos contratos de plano de saúde as regras de interpretação favorável ao consumidor aderente (art. 47 do CDC e art. 423 do CC/2002), aplicáveis simultaneamente pela teoria do diálogo das fontes. Neste panorama, não se pode entender por equivalentes as expressões despesas ocorridas, da cláusula contratual combatida, com valor contratado, constante da parte final da alínea *b*, do inciso II, do art. 21 da RN n. 338/2013 da ANS. Assim, a disposição contratual está em flagrante descompasso com a RN n. 338/2013. Ainda que assim não fosse, entender pela validade da cláusula contratual implica, na espécie, impor à autora ônus desmesurado, em momento de necessidade, podendo redundar na impossibilidade de pagamento da parcela prevista no contrato e eventual paralisação do tratamento. Em casos tais, deve ser privilegiado o direito à vida digna e à saúde, ambos com sedimento na Carta Magna, pois que a dignidade humana é vetor maior do ordenamento jurídico. O Superior Tribunal de Justiça entende ser extensível, aos casos de internação para tratamento psiquiátrico, o entendimento cristalizado no Enunciado n. 302 da sua Súmula: 'É abusiva a cláusula contratual de plano de saúde que limita no tempo a internação hospitalar do segurado' (AGRG no AREsp 473.625/RJ; AREsp 13.346/RS; AREsp n. 550.331. No caso *sub examine*, a exigência do custeio de metade das despesas hospitalares implica, por via reflexa, limitação da internação que, por si só, deve ser rechaçada. Descabe falar em incidência/violação aos arts. 757, 766 e 777 do CC/2002, em virtude de ser despiciendo ao deslinde da questão, que se encontra bem regulada pela Lei n. 9.656/1998, pelo CDC e pela RN n. 383/2013 da ANS" (TJDF, Apelação Cível 2015.01.1.055827-4, Acórdão 954.180, 1.ª Turma Cível, Rel. Des. Alfeu Machado, j. 13.07.2016, *DJDFTE* 20.07.2016). Adotando o mesmo caminho e da mesma Corte: "A assistência suplementar à saúde tem previsão constitucional (art. 199 da CF/88), é norteada pelo princípio da livre-iniciativa (art. 170, *caput*, da CF/88) e regida por Lei específica (Lei n. 9.656/1998), com incidência subsidiária do Código de Defesa do Consumidor (art. 51, § 1º, da Lei n. 8.078/1990, por força do art. 35-G da Lei n. 9.656/1998) devido à exclusão expressa pela norma civil (arts. 777 e 802 do Código Civil). A norma invocada (RN 338 da ANS) prevê máximo de 50% (cinquenta por cento) do valor contratado no plano de saúde, enquanto o contrato contempla pagamento de 50% (cinquenta por cento) do valor das despesas hospitalares e honorários médicos de internação. Na discrepância das disposições, incide a interpretação mais favorável ao consumidor (arts. 47 do CDC e 423 do CC) e a Súmula n. 302 do STJ. É nula a cláusula em contrato de plano de saúde que limita o tempo de cobertura para internação psiquiátrica, estabelecendo coparticipação após o trigésimo dia de internação. (STJ, 3.ª Turma, AgRg no AREsp 654792/RJ, Rel. Min João Otávio de Noronha, julgamento 19/05/2015, *DJe* 22/05/2015)" (TJDF, Apelação Cível 2015.09.1.013609-2, Acórdão 947.245, 3.ª Turma Cível, Rel. Des. Maria de Lourdes Abreu, j. 01.06.2016, *DJDFTE* 15.06.2016).

SEÇÃO II
DO SEGURO DE DANO

Art. 778. Nos seguros de dano, a garantia prometida não pode ultrapassar o valor do interesse segurado no momento da conclusão do contrato, sob pena do disposto no art. 766, e sem prejuízo da ação penal que no caso couber.

COMENTÁRIOS DOUTRINÁRIOS: O Código Civil de 2002, a exemplo do seu antecessor, traz um tratamento específico do seguro de dano, cujo conteúdo é indenizatório, restrita a indenização ao valor de interesse do segurado no momento do sinistro, geralmente relacionado a uma coisa. São seus exemplos, o seguro habitacional – relacionado a uma propriedade imobiliária –, o seguro de infraestrutura empresarial e o seguro de automóvel. Nesses contratos, a garantia prometida não pode ultrapassar o valor do interesse segurado no momento da conclusão do contrato, sob pena de perder o segurado a garantia e ter de pagar o prêmio. Isso, sem prejuízo da imposição de medida penal cabível, por falsidade ideológica, por exemplo. Até há a possibilidade de celebração de mais um contrato de seguro, desde que observado o *teto* previsto na norma em questão. Sobre o *seguro prestamista*, tem-se entendido pela aplicação das regras relativas ao seguro de dano. Nesse sentido, o Enunciado n. 84, aprovado na *III Jornada de Direito Comercial*, realizada em 2019: "o seguro contra risco de morte ou perda de integridade física de pessoas que vise garantir o direito patrimonial de terceiro ou que tenha finalidade indenizatória submete-se às regras do seguro de dano, mas o valor remanescente, quando houver, será destinado ao segurado, ao beneficiário indicado ou aos sucessores". Vale lembrar que esse seguro também pode estar relacionado a desemprego involuntário ou perda de renda do segurando, sendo crescente a sua contratação nos últimos anos.

JURISPRUDÊNCIA COMENTADA: Sobre o seguro habitacional, trazendo debate sobre a norma em comento, concluiu o STJ que "o artigo 778 do Código Civil não é suficiente para amparar a pretensão de que os valores cobrados a título de seguro obrigatório sejam reajustados de acordo com os índices de reajuste das prestações. Incidência da Súmula n. 284/STF" (STJ, Ag. Rg. no REsp 1.143.250/RS, 3.ª Turma, Rel. Min. Sidnei Beneti, j. 20.09.2011, *DJe* 04.10.2011). No âmbito da jurisprudência estadual, na linha do que comentei, tem-se entendido que "na hipótese em que se verificar a duplicidade de apólices, é dever do associado informar à primeira contratante a realização de seguro sobre o mesmo bem e interesse, sob pena de perda da garantia, tendo em vista que o desrespeito desta obrigação obsta a possibilidade de que ela pleiteie a diminuição do valor de seu ajuste, adequando-se ao teto indenizável previsto no art. 778 do Código Civil" (TJDF, Apelação Cível 2016.03.1.016030-6, Acórdão 107.7286, 2.ª Turma Cível, Rel. Des. Sandra Reves, j. 07.02.2018, *DJDFTE* 01.03.2018). Na mesma esteira: "Não há impedimento de que o segurado obtenha novo seguro, desde que obedeça ao estabelecido nos artigos 782 e 778 do Código Civil. É oportuno ressaltar que o seguro de dano tem caráter indenizatório, de sorte que não pode implicar vantagem excessiva ao segurado, de modo que se locuplete à custa do segurador" (TJRS, Apelação Cível 0022318-40.2018.8.21.7000, 5.ª Câmara Cível, Santa Cruz do Sul, Rel. Des. Jorge Luiz Lopes do Canto, j. 28.03.2018, *DJERS* 05.04.2018). Sobre o *seguro prestamista*, merece destaque, do Superior Tribunal de Justiça: "O contrato de seguro do tipo prestamista é aquele pelo qual o estipulante tem a garantia de pagamento do saldo devedor de operação realizado com o segurado, com o recebimento da indenização securitária, em caso de falecimento do contratante. Na hipótese, a seguradora pagará a indenização ao estipulante, que será utilizada para a quitação integral do saldo devedor do contratante, sendo indevido o pagamento de eventual saldo remanescente da apólice de seguro prestamista aos herdeiros do segurado por falta de previsão contratual" (STJ, AgInt. no REsp 1.807.026/PR, 4.ª Turma, Rel. Min. Raul Araújo, j. 15.08.2019, *DJe* 05.09.2019). Entretanto, tratando da função social do contrato em questão, da mesma Corte Superior: "Os herdeiros de consorciado falecido antes do encerramento do grupo consorcial detêm legitimidade para pleitear a liberação, pela administradora, do montante constante da carta de crédito, quando ocorrido o sinistro coberto por seguro prestamista. Isso porque, mediante a contratação da referida espécie de seguro de vida em grupo (adjeto ao consórcio imobiliário), a estipulante/administradora assegura a quitação do saldo devedor relativo à cota do consorciado falecido, o que representa proveito econômico não só ao grupo (cuja continuidade será preservada), mas também aos herdeiros do *de cujus*, que, em razão da cobertura do sinistro, passam a ter direito à liberação da carta de crédito. Em tal hipótese, o direito de crédito constitui direito próprio dos herdeiros, e não direito hereditário, motivo pelo qual não há falar em legitimidade ativa *ad causam* do espólio. A preliminar de impossibilidade jurídica do pedido deve ser afastada, ante a flagrante consonância da pretensão extraída da inicial com o conteúdo incontroverso das obrigações estipuladas no contrato de participação em consórcio. A administradora/estipulante do seguro não comprovou, consoante assente na origem, que a consorciada/segurada, antes da contratação, tinha conhecimento de ser portadora de doença preexistente (causa exoneradora do dever de pagamento da indenização securitária), não logrando, assim, demonstrar sua má-fé. Desse modo, revela-se inviável suplantar tal cognição no âmbito do julgamento de recurso especial, ante o óbice da Súmula 7/STJ. Se, nos termos da norma regulamentar vigente à época da contratação (Circular Bacen 2.766/97), era possível o recebimento imediato do crédito pelo consorciado contemplado (por sorteio ou por lance) que procedesse à quitação antecipada do saldo devedor atinente a sua cota, não se revela razoável negar o mesmo direito aos herdeiros de consorciado falecido, vitimas de evento natural, involuntário e deveras traumatizante, ensejador da liquidação antecipada da dívida existente em relação ao grupo consorcial, cujo equilíbrio econômico-financeiro não correu o menor risco. A mesma interpretação se extrai do disposto no artigo 34 da circular retrocitada, segundo a qual 'a diferença da indenização referente ao seguro de vida, se houver, após amortizado o saldo devedor do consorciado, será imediatamente entregue pela administradora ao beneficiário indicado pelo titular da cota ou, na sua falta, a seus sucessores'. Outrossim, à luz da cláusula geral da função social do contrato (artigo 421 do Código Civil), deve ser observada a dimensão social do consórcio, conciliando-se o bem comum pretendido (aquisição de bens ou serviços por todos os consorciados) e a dignidade humana de cada integrante do núcleo familiar atingido pela morte da consorciada, que teve suas obrigações financeiras (perante o grupo consorcial) absorvidas pela seguradora, consoante estipulação da própria administradora. Ainda que houvesse previsão contratual em sentido contrário, é certo que a incidência das normas consumeristas na relação instaurada entre consorciados e administradora (REsp 1.269.632/MG, Rel. Ministra Nancy Andrighi, Terceira Turma, julgado em 18.10.2011, *DJe* 03.11.2011) torna nulo de pleno direito o preceito incompatível com a boa-fé ou a equidade (inciso IV do artigo 51). Consequentemente, os herdeiros da consorciada falecida tinham, sim, direito à liberação imediata da carta de crédito, em razão da impositiva quitação do saldo devedor pelo seguro prestamista, independentemente da efetiva contemplação ou do encerramento do grupo consorcial. Cuidando-se de obrigação contratual, sem termo especificado, a mora da administradora ficou configurada desde a citação, conforme devidamente firmado nas instâncias ordinárias, afastada a alegação de que o inadimplemento somente teria ocorrido após o término do grupo (ocorrido em 2015, depois do ajuizamento da demanda)" (STJ, REsp 1.406.200/AL, 4.ª Turma, Rel. Min. Luis Felipe Salomão, j. 17.11.2016, *DJe* 02.02.2017). O último aresto traz conclusão perfeita, de concretização da função social do contrato à luz da tutela da pessoa humana, nos termos do Enunciado n. 23, aprovado na *I Jornada de Direito Civil*, tendo o meu total apoio.

REFORMA DO CÓDIGO CIVIL: A Comissão de Juristas propõe a positivação do conteúdo do Enunciado n. 84 da *III Jornada de Direito Comercial*, para tratar do *seguro prestamista*, com grande relevância social. Assim, o *caput* passaria a prever, com pequena melhora da redação, para expressar a garantia contratada, e não a prometida, que "os seguros de dano, a garantia contratada não pode ultrapassar o valor do interesse segurado no momento da conclusão do contrato, sob pena do disposto no art. 766 deste Código, sem prejuízo da ação penal que no caso couber". Em complemento, nos termos do seu parágrafo único, especificamente a respeito da modalidade citada, "o seguro contra risco de morte ou o seguro por perda de integridade física de pessoas, que tenham por objeto garantir o direito patrimonial de terceiro ou que tenham finalidade indenizatória, submetem-se às regras do seguro de dano, mas o valor remanescente, quando houver, será destinado ao segurado, ao beneficiário indicados ou aos seus sucessores".

Art. 779. O risco do seguro compreenderá todos os prejuízos resultantes ou consequentes, como sejam os estragos ocasionados para evitar o sinistro, minorar o dano, ou salvar a coisa.

COMENTÁRIOS DOUTRINÁRIOS: Quanto ao risco do seguro de dano, este compreenderá todos os prejuízos resultantes ou consequentes como, por exemplo, os estragos ocasionados para evitar o sinistro, para minorar o dano ou para salvar a coisa segurada. Em casos de dúvidas sobre essa cobertura, deve-se interpretar o contrato da maneira mais favorável ao segurado-consumidor (art. 47 do CDC) ou ao segurado-aderente (art. 423 do CC). Entendo, como a doutrina considerada majoritária sobre o tema, que a norma é cogente ou de ordem pública, não admitindo previsão em contrário, como constava da codificação anterior. Desse modo, qualquer cláusula que contrarie o que consta do art. 779 do CC/2002 deve ser tida como nula, por entrar em colisão com preceito de ordem pública ou ter por objetivo fraudar lei imperativa (art. 166, inc. VI, do CC). Pode-se falar, ainda, em contrariedade à função social do seguro.

JURISPRUDÊNCIA COMENTADA: Trazendo a interpretação mais favorável ao segurado-consumidor, julgou o Tribunal de Santa Catarina: "Pleito de reforma da sentença ao argumento de cobertura securitária quanto aos vícios construtivos. Subsistência. Previsão expressa na apólice de cobertura para danos físicos em imóveis construídos com recursos do SFH. Cláusula que afasta indenização dos vícios construtivos claramente abusiva. Direito inerente ao escopo do contrato. Restrição nula de pleno direito. Exegese do artigo 51, incisos I e IV, e § 1º, do Código de Defesa do Consumidor. Ademais, interpretação da avença em prol do consumidor, a teor do artigo 47 do CDC. Efetiva ameaça de desmoronamento prescindível para fins de cobertura securitária. Perícia judicial que atesta a progressividade dos danos decorrentes de vícios construtivos nas unidades habitacionais. Risco segurado que compreende as despesas para evitar o sinistro. Exegese do artigo 779, do Código Civil. Dever de indenizar caracterizado" (TJSC, Apelação Cível 0304190-48.2015.8.24.0038, 6.ª Câmara de Direito Civil, Joinville, Rel. Des. Denise Volpato, *DJSC* 22.11.2018, p. 299). Na mesma linha de interpretação mais favorável ao segurado, em caso de seguro de veículo: "A frenagem brusca do caminhão visando a evitar um acidente de trânsito e preservar a integridade física do motorista não tem o condão de afastar o pagamento do seguro contratado para eventuais danos ao veículo, à luz do disposto no art. 779 do Código Civil, do art. 47 do Código de Defesa do Consumidor e, também, com base na cláusula 31, item 2, letra 'n', das condições gerais do contrato de seguro, a qual prevê que a frenagem simples (e não a brusca) obsta a cobertura do risco" (TJMG, Apelação Cível 1.0144.14.005163-8/001, Rel. Des. Aparecida Grossi, j. 29.09.2016, *DJEMG* 10.10.2016). Sobre as despesas feitas para minorar as consequências do sinistro, ilustre-se com julgado do Tribunal de São Paulo que entendeu que a remoção do forro de PVC estaria coberta pelo seguro de estabelecimento empresarial. Vejamos parte da sua ementa: "Necessidade de reparo total da cobertura que ficou comprovada através de laudo técnico, e depoimento do representante legal de empresa especializada. Remoção de parte do forro de PVC feita pelo autor com o objetivo de prevenir mal maior. Possibilidade. Inteligência dos artigos 771 e 779, ambos do Código Civil" (TJSP, Apelação 9115356-80.2006.8.26.0000, Acórdão 5441313, Segunda Câmara de Direito Privado, Barueri, Rel. Des. José Joaquim dos Santos, j. 27.09.2011, *DJESP* 11.10.2011).

REFORMA DO CÓDIGO CIVIL: A Comissão de Juristas sugere incluir uma locução final ao art. 779, para que o risco do seguro fique limitado ao que foi contratado e convencionado entre as partes: "O risco do seguro compreenderá todos os prejuízos resultantes ou consequentes, como sejam os estragos ocasionados para evitar o sinistro, minorar o dano ou salvar a coisa, até o limite da garantia contratada pelo tomador ou segurado". Consoante as corretas justificativas da Subcomissão de Direito Contratual, "a nova redação enfatiza o que já se encontra consagrado na jurisprudência brasileira: que os custos para evitar o sinistro, minorar o dano, ou salvar a coisa, serão realizados até o limite da garantia contratada em cada cobertura do contrato. Assim, se o segurado imediatamente após o sinistro gasta valores significativos para minorar o dano, como acontece, por exemplo, com vazamento de produtos químicos durante o transporte rodoviário com contaminação de rios ou represas, esse valor será pago pela garantia contratada. Esgotado o valor da garantia se encerra a responsabilidade do segurador em razão de seu dever de administrar corretamente o fundo mutual".

Art. 780. A vigência da garantia, no seguro de coisas transportadas, começa no momento em que são pelo transportador recebidas, e cessa com a sua entrega ao destinatário.

COMENTÁRIOS DOUTRINÁRIOS: Em havendo contrato de seguro de coisas transportadas, a vigência da garantia começa no momento em que estas são recebidas pelo transportador, e cessa com a sua entrega ao destinatário. Observe-se que a hipótese envolve a presença de contratos coligados ou conexos, de seguro e transporte, fazendo com que a obrigação da seguradora seja de resultado, assim como ocorre no transporte de coisa, nos termos do que consta do art. 750 do CC, aqui antes comentado. Dito de outra forma, a cláusula de incolumidade presente no transporte atinge o seguro, em uma *contaminação eficacial* decorrente da coligação entre os dois negócios.

JURISPRUDÊNCIA COMENTADA: Utilizando o art. 780 do Código Civil como argumento, entendeu o Tribunal Gaúcho pela necessidade de cobertura do seguro em todo o trajeto do transporte das mercadorias transportadas, envolvendo vários veículos. Conforme o acórdão a ser colacionado, "o contrato de seguro objeto do presente processo visa garantir o pagamento de indenização para a segurada, por parte da seguradora, no caso de haver prejuízos pecuniários em virtude de danos materiais sofridos pelos bens ou mercadorias por ela transportados e pertencentes a terceiros. Uma vez presentes as condições estabelecidas no contrato e não havendo dolo ou má-fé do segurado para a implementação do risco e obtenção da referida indenização, deve ser feito o pagamento da obrigação assumida pela seguradora nos limites contratados e condições acordadas. Cabia à seguradora, nos termos do art. 333, II, do CPC, comprovar fato extintivo do direito da autora, que celebrou contrato legítimo de seguro devendo ser indenizada pelo sinistro ocorrido e devidamente comprovado nos autos. A expressão 'veículo transportador' presente na apólice não pode ser interpretada restritivamente, sob pena de desvirtuar o próprio contrato, devendo o ser de forma ampla, englobando todo o conjunto de veículos transportadores, incluindo o caminhão e os reboques que trazem a carga segurada. Além disso, está expressamente prevista no contrato a cobertura securitária quando o veículo se encontra nas localidades de início, baldeação e destino da viagem, cabendo destacar a incidência do art. 780, do Código Civil. De outro lado, não houve comprovação por parte da seguradora de que ocorreu inobservância às disposições relativas ao transporte de cargas por rodovia, ônus que lhe cabia, nos termos do artigo 333, II, do CPC, não podendo ser afastada a cobertura sobre o sinistro ocorrido" (TJRS, Apelação Cível 0454331-66.2014.8.21.7000, 5.ª Câmara Cível, Porto Alegre, Rel. Des. Jorge André Pereira Gailhard, j. 27.05.2015, *DJERS* 03.06.2015).

Art. 781. A indenização não pode ultrapassar o valor do interesse segurado no momento do sinistro, e, em hipótese alguma, o limite máximo da garantia fixado na apólice, salvo em caso de mora do segurador.

COMENTÁRIOS DOUTRINÁRIOS: Relativamente à indenização a ser recebida pelo segurado, essa não pode ultrapassar o valor do interesse segurado no momento do sinistro, e, em hipótese alguma, o limite máximo da garantia fixado na apólice, salvo em caso de mora do segurador. A título de exemplo, alguém celebra um contrato de seguro para proteger um veículo contra roubo, furto e avaria. Quando da celebração do contrato, o veículo, novo, valia R$ 50.000,00. Dois anos após a celebração do contrato, quando o veículo vale R$ 30.000,00, é roubado, ocorrendo o sinistro. Esse último será o valor devido pela seguradora, devendo ser observado o valor de mercado. Para tanto, é aplicada, na prática, a Tabela FIPE, adotada pelas seguradoras. Ressalte-se, contudo, a previsão final da norma, segundo a qual a única hipótese em que se admite o pagamento de indenização superior ao valor que consta da apólice é o caso de mora da seguradora. Há assim uma espécie de punição para a seguradora, a exemplo do que ocorre com o devedor em mora em geral, que, pelo art. 399 da própria codificação em vigor, responde até por caso fortuito e força maior.

JURISPRUDÊNCIA COMENTADA: Como primeira ilustração envolvendo o preceito, conforme correto julgado publicado no *Informativo* n. 583 do STJ, "é abusiva a cláusula de contrato de seguro de automóvel que, na ocorrência de perda total do veículo, estabelece a data do efetivo pagamento (liquidação do sinistro) como parâmetro do cálculo da indenização securitária a ser paga conforme o valor médio de mercado do bem, em vez da data do sinistro". Ainda conforme a publicação, que traz outros exemplos de interpretação do dispositivo, "nos termos do art. 781 do CC, a indenização no contrato de seguro possui alguns parâmetros e limites, não podendo ultrapassar o valor do bem (ou interesse segurado) no momento do sinistro nem podendo exceder o limite máximo da garantia fixado na apólice, salvo mora do segurador. Nesse contexto, a Quarta Turma do STJ já decidiu pela legalidade da 'cláusula dos contratos de seguro que preveja que a seguradora de veículos, nos casos de perda total ou de furto do bem, indenize o segurado pelo valor de mercado na data do sinistro' (REsp 1.189.213/GO, *DJe* 27/6/2011). Nesse sentido, a Terceira Turma deste Tribunal (REsp 1.473.828/RJ, Terceira Turma, *DJe* 5/11/2015) também firmou o entendimento de que o princípio indenizatório deve ser aplicado no contrato de seguro de dano, asseverando que a indenização deve corresponder ao valor do efetivo prejuízo experimentado pelo segurado no momento do sinistro, mesmo em caso de perda total dos bens garantidos. Assim, é abusiva a cláusula contratual do seguro de automóvel que impõe o cálculo da indenização securitária com base no valor médio de mercado do bem vigente na data de liquidação do sinistro, pois onera desproporcionalmente o segurado, colocando-o em situação de desvantagem exagerada, indo de encontro ao princípio indenitário, visto que, como cediço, os veículos automotores sofrem, com o passar do tempo, depreciação econômica, e quanto maior o lapso entre o sinistro e o dia do efetivo pagamento, menor será a recomposição do patrimônio garantido. Trata-se, pois, de disposição unilateral e benéfica somente à seguradora, a qual poderá também atrasar o dia do pagamento, ante os trâmites internos e burocráticos de apuração do sinistro" (STJ, REsp 1.546.163/GO, Rel. Min. Ricardo Villas Bôas Cueva, j. 05.05.2016, *DJe* 16.05.2016). Em outro acórdão superior que aplica o art. 781 do CC, considerou-se como contrato de consumo o celebrado por empresa para segurar o seu próprio patrimônio. Sendo assim, seguindo a sempre citada interpretação mais favorável ao segurado-consumidor, julgou-se que "nos termos do art. 781 do CC/02, a indenização não pode ultrapassar o valor do interesse segurado no momento do sinistro. Ou seja, a quantia atribuída ao bem segurado no momento da contratação é considerada, salvo expressa disposição em sentido contrário, como o valor máximo a ser indenizado ao segurado. Levando em consideração o real prejuízo no momento do sinistro segundo os valores de mercado dos bens (maquinário e imóvel) e os apurados pelos peritos judiciais, deve a indenização ser fixada em R$ 1.364.626,33, corrigidos monetariamente desde o evento danoso e acrescidos de juros de mora de 1% ao mês, a partir da citação, até o pagamento, nos termos do art. 406 do CC/02" (STJ, REsp 1.473.828/RJ, 3.ª Turma, Rel. Min. Moura Ribeiro, *DJe* 05.11.2015). A afirmação foi repetida em 2022, novamente em hipótese relativa a seguro empresarial de incêndio, segundo o qual, conjugando-se as regras dos arts. 778 e 781 do Código Civil, "tem-se que o valor atribuído ao bem segurado no momento da contratação é apenas um primeiro limite para a indenização securitária, uma vez que, de ordinário, corresponde ao valor da apólice. Como segundo limite se apresenta o valor do bem segurado no momento do sinistro, pois é esse valor que representa, de fato, o prejuízo sofrido em caso de destruição do bem. Assim, nas hipóteses de perda total do bem segurado, o valor da indenização só corresponderá ao montante integral da apólice se o valor segurado, no momento do sinistro, não for menor. No caso dos autos, o sinistro ocorreu poucos dias após a contratação do seguro, não havendo motivo para se cogitar de desvalorização do bem. Além disso, a seguradora vistoriou o imóvel e o estoque, aquiescendo com as estimativas econômicas dos bens que aceitou segurar. Razoável admitir, portanto, que o valor do bem segurado coincidia com o da apólice no momento do sinistro" (STJ, REsp n. 1.943.335/RS, Rel. Min. Moura Ribeiro, 3ª Turma, j. 14.12.2021, *DJe* 17.12.2021). Por fim, sobre a correção monetária que deve incidir sobre o valor a ser pago, importante anotar que o Superior Tribunal de Justiça editou em 2019 a sua Súmula n. 632, segundo a qual "nos contratos de seguro regidos pelo Código Civil, a correção monetária sobre a indenização securitária incide a partir da contratação até o efetivo pagamento".

Art. 782. O segurado que, na vigência do contrato, pretender obter novo seguro sobre o mesmo interesse, e contra o mesmo risco junto a outro segurador, deve previamente comunicar sua intenção por escrito ao primeiro, indicando a soma por que pretende segurar-se, a fim de se comprovar a obediência ao disposto no art. 778.

COMENTÁRIOS DOUTRINÁRIOS: Como já se afirmou, o que é confirmado pela norma em comento, uma determinada coisa pode ser segurada mais de uma vez. Não há óbice legal quanto a isso, sendo possível a cumulação de seguros ou *seguro duplo*. Entretanto, em casos tais, o segurado que pretender obter novo seguro sobre o mesmo interesse e contra o mesmo risco junto à outra seguradora, deve previamente comunicar sua intenção por escrito à primeira, atendendo ao dever de informação anexo à boa-fé objetiva e indicando a soma por que pretende segurar-se. Isso para comprovar obediência à regra pela qual o valor do seguro não pode ser superior ao do interesse do segurado, sob pena de resolução contratual por descumprimento de dever obrigacional. O que a norma jurídica pretende é evitar que alguém utilize o contrato de seguro para enriquecer-se sem ter justa causa para tanto, o que é proibido pelo art. 884 do CC. Ilustrando, se alguém tem um veículo que vale R$ 50.000,00 e quer segurá-lo contra riscos futuros, poderá até celebrar dois contratos de seguro, com seguradoras distintas, presente a citada cumulação de seguros, desde que o valor das indenizações somadas não supere o valor do bem móvel em questão. Em havendo cumulação exagerada, será caso de resolução do segundo contrato, cumulando-se as regras dos arts. 778 e 766 do CC. Somente o primeiro seguro continuará a ter eficácia nesse caso.

JURISPRUDÊNCIA COMENTADA: Em caso em que não houve a comunicação da primeira seguradora, em seguro residencial, entendeu o Tribunal Gaúcho que "considerando o disposto no artigo 782 do CC/02 e a inobservância deste por parte do autor, já que não trouxe aos autos prova de que informou a seguradora da existência de mais de um seguro envolvendo o mesmo bem (artigo 333, inciso I, do CPC), faz *jus* apenas à diferença do valor recebido da seguradora Bradesco em relação ao capital segurado junto à ré. Assim, é devida ao autor a indenização securitária no valor de R$ 2.880,94 (dois mil oitocentos e oitenta reais e noventa e quatro centavos), corrigido pelo IGPM a contar do evento danoso e acrescido de juros de mora de 1% ao mês desde a citação" (TJRS, Recurso Cível 13319-88.2013.8.21.9000, 1.ª Turma Recursal Cível, Três Passos, Rel. Des. Lucas Maltez Kachny, j. 06.05.2014, *DJERS* 12.05.2014). Do mesmo modo: "É permitido contratar com duas seguradoras distintas a proteção do mesmo bem e contra o mesmo risco, desde que haja prévia comunicação da intenção do segurado à primeira contratada. Uma vez ocorrido o sinistro, mas não observada essa regra, insculpida no artigo 782 do Código Civil, não pode o segurado cobrar a indenização do valor integral do prejuízo de ambas as seguradoras, mormente quando o contrato de seguro continha cláusula expressa vedando tal prática" (TJSC, Apelação Cível 2007.036313-0, 5.ª Câmara de Direito Civil, Criciúma, Rel. Des. Jairo Fernandes Gonçalves, j. 29.07.2011, *DJSC* 20.09.2011, p. 105).

Art. 783. Salvo disposição em contrário, o seguro de um interesse por menos do que valha acarreta a redução proporcional da indenização, no caso de sinistro parcial.

COMENTÁRIOS DOUTRINÁRIOS: Ao mesmo tempo em que a lei admite a cumulação de seguros, nunca superior ao valor da coisa, também autoriza o *seguro parcial*, ou seja, o seguro de um interesse por menos do que ele valha. Nessa hipótese, ocorrendo o sinistro parcial, a indenização a ser paga também deverá ser reduzida proporcionalmente, por meio do que se denomina *cláusula de rateio*. A título de exemplo, alguém celebra um contrato de seguro contra incêndio que possa vir a atingir uma casa, um bem imóvel cujo valor é R$ 1.000.000,00. O valor da indenização pactuado é de R$ 500.000,00 (seguro parcial). Em uma noite qualquer, ocorre um incêndio, o sinistro, mas este é rapidamente contido, gerando um prejuízo ao segurado de R$ 100.000,00. Com a redução proporcional, o valor a ser pago pela seguradora é de R$ 50.000,00. A norma visa a manter o sinalagma obrigacional e o equilíbrio da obrigação que forma o negócio jurídico em questão. Entretanto, o próprio comando preconiza, ao utilizar a expressão "salvo estipulação em contrário", que as partes podem convencionar o contrário, deixando claro que se trata de uma norma de ordem privada ou dispositiva, e não de uma norma de ordem pública ou cogente. Essa estipulação pode ser feita tanto para determinar uma redução que lhes convier quanto para afastar a mesma. Discute-se a validade dessas cláusulas se o contrato for de consumo ou de adesão, eis que a parte interessada acaba renunciando a um direito que lhe é inerente. Por isso essas cláusulas podem ser consideradas nulas por abusividade, nos termos do art. 51, inc. IV, do CDC, para os contratos de consumo; e do art. 424 do CC, para os contratos de adesão.

JURISPRUDÊNCIA COMENTADA: Sobre a validade e eficácia da cláusula de rateio em seguro empresarial de infraestrutura, entendeu o Superior Tribunal de Justiça, em conclusões que têm o meu apoio e na linha de outro acórdão aqui transcrito: "A pessoa jurídica que firma contrato de seguro visando à proteção de seu próprio patrimônio é considerada destinatária final dos serviços securitários, incidindo, assim, em seu favor, as normas do Código de Defesa do Consumidor. Precedentes. Embora tenha suscitado dissídio pretoriano alegando a abusividade da cláusula de rateio prevista no contrato de seguro, a parte recorrente furtou-se de indicar os dispositivos legais interpretados de forma divergente, o que enseja a aplicação da Súmula n. 284/STF. Ademais, a subsistência de fundamento inatacado apto a manter a conclusão do aresto impugnado, qual seja, o de que o segurado optou por fixar o valor total em risco em patamar inferior ao real, para ver reduzido o valor do prêmio, configurando hipótese de infrasseguro, estando a cláusula de rateio em conformidade com os termos do art. 783 do Código Civil, impõe o não conhecimento da pretensão recursal, a teor do entendimento disposto na Súmula n. 283/STF" (STJ, REsp 1.519.655/SP, 4.ª Turma, Rel. Min. Luis Felipe Salomão, *DJe* 23.08.2017). Em caso relativo a imóvel, o Tribunal de Justiça do Ceará, também de forma correta, concluiu que não seria aplicada a cláusula de rateio a seguro de imóvel, "tendo em vista que a seguradora não exigiu a apresentação de técnico comprovando o valor do bem segurado, nem compareceu no local onde este se encontrava para proceder à correta avaliação do referido bem, nesta hipótese informando a parte segurada das consequências jurídicas da subavaliação feita. Assim, restou evidente que houve omissão quanto à circunstância jurídica essencial para que o contrato fosse avençado, valendo-se a seguradora de sua condição de hipersuficiência técnica jurídica em detrimento dos consumidores. Desse modo, há que se observar o princípio da vulnerabilidade do consumidor e o dever de informar por parte da seguradora, prestadora de serviço, que deve lastrear um contrato de adesão, sob pena de que a inserção desse tipo de cláusula importe em abusividade e ganhos indevidos para a seguradora" (TJCE, Agravo 0085396-22.2008.8.06.0001/50000, 5.ª Câmara Cível, Rel. Des. Teodoro Silva Santos, *DJCE* 13.10.2014, p. 45).

Art. 784. Não se inclui na garantia o sinistro provocado por vício intrínseco da coisa segurada, não declarado pelo segurado.

Parágrafo único. Entende-se por vício intrínseco o defeito próprio da coisa, que se não encontra normalmente em outras da mesma espécie.

COMENTÁRIOS DOUTRINÁRIOS: Quanto à garantia, esta não inclui o sinistro provocado por *vício intrínseco* da coisa segurada e não declarado pelo segurado quando da celebração do contrato. O *vício intrínseco*, também denominado *vício próprio* ou *vício corpóreo*, é aquele defeito próprio da coisa, decorrente do seu uso habitual e que não se encontra normalmente em outras da mesma espécie. A título de exemplo, se um carro segurado apresenta sério problema de freio, vício de fabricação, fazendo com que ocorra o acidente, não há que se falar em responsabilidade da seguradora. A responsabilidade, na verdade, é dos fornecedores (fabricante e comerciante) quanto ao fato e ao vício do produto (arts. 12, 13, 18 e 19 do CDC). Em havendo relação civil na aquisição do bem segurado, presente está o vício redibitório, com tratamento entre os arts. 441 e 446 da codificação privada.

JURISPRUDÊNCIA COMENTADA: Em antigo aresto, entendeu o Superior Tribunal de Justiça que o vício próprio da coisa constitui excludente do dever de pagar a indenização ao segurado (STJ, REsp 28.118/SP, 3.ª Turma, Rel. Min. Nilson Naves, j. 30.03.1993, v.u.). Excluindo a cobertura do seguro habitacional diante de problema surgido por falhas na construção, por todos os julgados do Tribunal Paulista, que são muitos: "Responsabilização da seguradora-ré por infortúnios que recaíram sobre os imóveis. Impossibilidade. Cláusula de apólice de seguro habitacional do SFH. Exclusão de cobertura de dano causado por seus próprios componentes. Impossibilidade de responsabilizar a ré por danos originados em falhas de construção. Validade da cláusula que prevê a exclusão de cobertura securitária. Vício de construção que constitui risco desconhecido, com respaldo no art. 784 do Código Civil" (TJSP, Apelação 0024567-96.2011.8.26.0071, Acórdão 12032436, 2.ª Câmara de Direito Privado, Bauru, Rel. Des. José Joaquim dos Santos, j. 27.11.2018, *DJESP* 05.12.2018, p. 2.402). Do Tribunal Fluminense, na mesma linha: "Aquisição de imóvel financiado pela Caixa Econômica Federal com seguro realizado pela Caixa Seguradora. Alegação de danos causados ao imóvel após inundação por águas da chuva, tais como apodrecimento de portas, rachaduras nas paredes e infestação por mosquitos. Pretensão de que a seguradora realize os reparos necessários no imóvel. Laudo pericial que apontou erro na concepção do projeto e falta de manutenção pelo proprietário do imóvel, inexistindo risco de desabamento. Sentença de improcedência dos pedidos. Ausência de cobertura securitária reclamada. Imóvel do autor que se encontrava localizado abaixo do nível da rua, o que faz com que as águas da chuva fiquem retidas, não sendo coberta pela apólice do seguro vícios de construção, mormente por se tratar de vício intrínseco, a teor do artigo 784, do Código Civil. Inexistindo falha na prestação do serviço da seguradora ré, incabível qualquer indenização ou compensação na espécie" (TJRJ, Apelação 0009310-40.2015.8.19.0021, 26.ª Câmara Cível Consumidor, Duque de Caxias, Rel. Des. Wilson do Nascimento Reis, *DORJ* 15.12.2017, p. 776).

Art. 785. Salvo disposição em contrário, admite-se a transferência do contrato a terceiro com a alienação ou cessão do interesse segurado.

§ 1º Se o instrumento contratual é nominativo, a transferência só produz efeitos em relação ao segurador mediante aviso escrito assinado pelo cedente e pelo cessionário.

§ 2º A apólice ou o bilhete à ordem só se transfere por endosso em preto, datado e assinado pelo endossante e pelo endossatário.

COMENTÁRIOS DOUTRINÁRIOS: Em regra, o contrato de seguro de dano não é personalíssimo ou *intuitu personae*, admitindo-se a transferência do contrato a terceiro com a alienação ou cessão do interesse segurado. O segurado pode, assim, ceder a posição contratual a outrem, sem sequer a necessidade de autorização da seguradora. Porém, é possível a cláusula proibitiva de cessão. Sendo o instrumento contratual nominativo, a transferência só produz efeitos em relação ao segurador mediante aviso escrito assinado pelo cedente e pelo cessionário. O efeito é similar à cessão de crédito, devendo ser notificado o cedido, a seguradora, nos termos do que consta do art. 299 do Código Civil, sob pena de ineficácia. Por outro lado, conforme demonstrado, a apólice ou o bilhete à ordem só se transfere por *endosso em preto*, datado e assinado pelo endossante e pelo endossatário. Reitere-se que o *endosso em preto*, denominado *endosso completo*, *pleno* ou *nominativo* é justamente aquele em que o endossante menciona expressamente quem é o endossatário, o beneficiário da transferência do negócio jurídico.

JURISPRUDÊNCIA COMENTADA: Como primeiro exemplo dessa transmissão da posição contratual, cite-se o caso de venda de um veículo segurado, transferindo-se o seguro ao novo proprietário (TJMG, Acórdão 1.0145.05.278338-1/001, 12.ª Câmara Cível, Juiz de Fora, Rel. Des. Nilo Lacerda, j. 02.05.2007, *DJMG* 12.05.2007). Sobre a questão da ciência da seguradora, conforme aresto do Tribunal Gaúcho, "o art. 785, parágrafo primeiro do Código Civil é claro em condicionar a transferência do contrato de seguro a terceiro à comunicação ao segurador mediante aviso escrito, fato que não ocorreu. Inexiste, portanto, obrigação legal ou contratual de as rés responderem por eventuais prejuízos decorrentes do sinistro narrado na inicial. Sentença mantida" (TJRS, Apelação Cível 70030281448, 5.ª Câmara Cível, Porto Alegre, Rel. Des. Romeu Marques Ribeiro Filho, j. 18.08.2010, *DJERS* 26.08.2010). Ou, ainda, mais recentemente: "Seguro de veículo. Negativa de cobertura. Alienação do bem segurado sem aviso à seguradora. Ausência de obrigação da seguradora em responder por prejuízos. Inteligência do art. 785, parágrafo primeiro do Código Civil. Dispositivo legal que condiciona a transferência do contrato de seguro a terceiro à comunicação ao segurador mediante aviso escrito" (TJRS, Apelação Cível 0304865-56.2018.8.21.7000, 6.ª Câmara Cível, Tapes, Rel. Des. Ney Wiedemann Neto, j. 19.11.2018, *DJERS* 26.11.2018). Como derradeira concreção, falando em ineficácia da cessão não havendo tal ciência e não em invalidade: "Em se tratando de cessão de crédito de indenização securitária, a eficácia em relação à seguradora condiciona-se a aviso escrito assinado pelo cedente e cessionário, conforme preceitua o artigo 785, parágrafo 1º, do Código Civil. Considerando a ineficácia da comunicação da seguradora acerca da cessão de crédito, conclui-se pela inexistência de vínculo jurídico entre cessionário e seguradora, razão pela qual a improcedência da ação de cobrança ajuizada pelo primeiro em face da última é medida que se impõe" (TJMG, Apelação Cível 1.0701.14.042310-7/001, Rel. Des. Alberto Diniz Junior, j. 24.01.2018, *DJEMG* 31.01.2018).

REFORMA DO CÓDIGO CIVIL: Para o art. 785 do Código Civil, as propostas de alterações visam apenas à digitalização do contrato de seguro, à sua transposição efetiva para o mundo virtual. Isso já ocorre na prática, em que os contratos são celebrados pela internet ou com o uso de mecanismos de tecnologia. Assim, o *caput* do dispositivo passará a prever que, "salvo disposição em contrário, admite-se a transferência do contrato a terceiro, por meio físico ou digital, com a alienação ou cessão do interesse segurado".

Em continuidade, consoante o § 1º ora projetado, "se o instrumento contratual, físico ou digital, é nominativo, a transferência só produz efeitos em relação ao segurador mediante aviso escrito, assinado pelo cedente e pelo cessionário". Por fim, conforme o novo § 2º, "a apólice ou o bilhete à ordem, em meio físico ou digital, só se transferem por endosso em preto, datado e assinado pelo endossante e pelo endossatário".

Art. 786. Paga a indenização, o segurador sub-roga-se, nos limites do valor respectivo, nos direitos e ações que competirem ao segurado contra o autor do dano.

§ 1º Salvo dolo, a sub-rogação não tem lugar se o dano foi causado pelo cônjuge do segurado, seus descendentes ou ascendentes, consanguíneos ou afins.

§ 2º É ineficaz qualquer ato do segurado que diminua ou extinga, em prejuízo do segurador, os direitos a que se refere este artigo.

COMENTÁRIOS DOUTRINÁRIOS: O art. 786 do Código Civil não tem correspondente no revogado Código Civil de 1916, omissão essa que, de certa maneira, acabou por ser superada pela edição da Súmula n. 188 do Supremo Tribunal Federal, no remoto ano de 1963. Conforme o seu teor, "o segurador tem ação regressiva contra o causador do dano, pelo que efetivamente pagou, até o limite previsto no contrato de seguro". A sumular fundamenta-se em uma regra elementar de equidade, qual seja a de que aquele que repara dano causado por outrem tem o direito de cobrar daquele por quem pagou. Essa regra estava positivada no art. 1.524 do Código Civil de 1916 e, com algumas alterações de redação, foi reproduzida pelo art. 934 do Código Civil de 2002. De todo modo, não se pode negar que o texto do art. 786 do Código Civil em vigor foi além do teor do enunciado jurisprudencial, dispondo que o segurador sub-roga-se nos direitos e ações que competirem ao segurado contra o autor do dano. Trata-se da chamada *sub-rogação legal securitária*. Como é notório, o instituto da sub-rogação abrange o chamado direito de regresso, mas é categoria jurídica de extensão muito maior. Ao dispor sobre a eficácia da sub-rogação, o art. 349 do Código Civil expressa que "a sub-rogação transfere ao novo credor todos os direitos, ações, privilégios e garantias do primitivo em relação à dívida, contra o devedor principal e os fiadores". Nesse contexto, por efeito da sub-rogação, o sub-rogado – novo credor –, assume a posição jurídica que era ocupada pelo credor primitivo e que, total ou parcialmente, foi satisfeito pelo pagamento da obrigação. A única ressalva que se pode fazer a tal preceito diz respeito às exceções ou defesas de cunho pessoal ou personalíssimo (*intuitu personae)*, que aqui não vêm ao caso para debate. Aprofundando, a exata compreensão desse instituto conduz à afirmação de que se trata de uma sub-rogação legal e pessoal, fenômeno próprio da relação jurídica obrigacional. Verifica-se que quando o terceiro interessado paga a dívida pela qual era ou podia ser obrigado no todo ou em parte, as normas jurídicas determinadoras da sub-rogação – arts. 346, inc. III e 786 do Código Civil –, incidem sobre a relação jurídica obrigacional antecedente e, como eficácia desta incidência, têm-se, a um só tempo, a satisfação do credor pelo *solvens* e a assunção por ele da posição jurídica até então ocupada pelo credor ora satisfeito. Dito de outra forma, aquele que pagou toma o lugar daquele que poderia exigir o pagamento na relação jurídica, inclusive quanto ao direito de alegar a aplicação do Código de Defesa do Consumidor em seu favor. Ao conferir ao terceiro que pagou dívida pela qual era ou poderia vir a ser obrigado as mesmas posições jurídicas ativas até então tituladas pelo antigo credor, o sistema jurídico busca garantir ao sub-rogado o máximo de efetividade para o exercício de seu direito de regresso contra o devedor. A sub-rogação pessoal legal, portanto, tem por premissa o fato de alguém pagar dívida que deveria ser paga por outrem. Fixada essa premissa fundamental, entendo que o art. 786 do Código Civil reclama interpretação extensiva, na medida em que claramente disse menos do queria dizer. Isso porque o legislador redigiu o dispositivo em questão com olhos no *quod plerumque fit*, ou seja, no fato de que ordinariamente quem deve ressarcir o dano é o seu causador. No entanto, é claro que o direito de regresso, além de ser voltado contra o causador do dano, pode ser promovido também em face do responsável por sua reparação. A título de ilustração, imagine-se que Carlos é proprietário de um veículo e contrata, com a seguradora X, seguro para se precaver contra danos próprios e de terceiros. José, motorista particular de Maria, colide com o veículo de Carlos. É evidente que a seguradora X, após indenizar Carlos, poderá regressar contra Maria que, nos termos do artigo 932, inc. III, do Código Civil responde pelos danos causados por seus empregados. Ademais, há responsabilidade solidária entre ambos, Maria e José, nos termos do art. 942, parágrafo único, da mesma Norma Geral Privada. Sigo, portanto, a afirmação doutrinária no sentido de que a adequada interpretação do art. 786 do Código Civil de 2002 é a que confere ao segurador sub-rogado o direito ou pretensão de cobrar em regresso de todo aquele de quem o segurado poderia ter cobrado a indenização. Ressalte-se que essa regra não se aplica ao seguro de pessoas por força do disposto no art. 800 do CC, que ainda será aqui analisado, *in verbis*: "Nos seguros de pessoas, o segurador não pode sub-rogar-se nos direitos e ações do segurado, ou do beneficiário, contra o causador do sinistro". Voltando-se ao seguro de coisas, como exceção à regra prevista na norma, o próprio comando determina que a sub-rogação não terá lugar se o dano tiver sido causado pelo cônjuge do segurado, seus descendentes ou ascendentes, consanguíneos ou afins. Porém, a sub-rogação terá eficácia se o evento foi causado de forma dolosa por essas pessoas. A norma não menciona o companheiro que, na minha opinião doutrinária, deve ser incluído na interpretação do dispositivo e para a sua incidência prática. Ainda quanto à sub-rogação, a lei aponta ser ineficaz qualquer ato do segurado que diminua ou extinga, em prejuízo do segurador, esse direito de regresso. A título de exemplo: não terá eficácia qualquer contrato celebrado entre segurado e causador do dano afastando a mencionada sub-rogação legal.

JURISPRUDÊNCIA COMENTADA: Além da Súmula n. 188, duas outras súmulas do STF também tratam dessa sub-rogação. De acordo com a Súmula n. 151, prescreve em um ano a ação do segurador sub-rogado para haver a indenização por extravio ou perda de carga transportada em navio. A Súmula n. 257, por sua vez, estabelece que são cabíveis honorários de advogado na ação regressiva do segurador contra o causador do dano. Estas súmulas do STF ainda são aplicadas pelos demais Tribunais, não tendo sido afastadas pelo Código Civil de 2002. No âmbito do STJ, conforme preciso aresto, publicado no seu *Informativo* n. *591*, "dada a importância social do contrato de seguro, as normas insertas no art. 786, *caput* e § 2º, do CC/2002, ao assegurarem a sub-rogação do segurador nos direitos que competirem ao segurado contra o autor do dano, independentemente da vontade daquele, revestem-se de caráter público, não havendo como um ato negocial do segurado excluir a prerrogativa outorgada por lei ao segurador" (STJ, REsp 1.533.886/DF, 3.ª Turma, Rel. Min. Nancy Andrighi, j. 15.09.2016, *DJe* 30.09.2016). Sobre a mitigação da última regra, a mesma Corte Superior tem entendido que "em virtude do disposto no art. 786, § 2º do CC/2002, eventual termo de renúncia ou quitação outorgado pelo segurado ao terceiro causador do dano não impede o exercício do direito de regresso pelo segurador, sendo certo, não obstante, que é possível mitigar-se o referido comando normativo na específica hipótese em que o terceiro de boa-fé, demandado pelo segurador, demonstrar que já indenizou o segurado dos prejuízos sofridos na justa expectativa de que estivesse quitando, integralmente, os danos provocados por sua conduta. Precedentes. No caso em tela, não se mostra razoável considerar que a recorrente supunha, de boa-fé, que com a quantia de R$ 1.000,00 estaria indenizando a segurada por todos os danos sofridos em virtude do acidente, máxime diante da elevada discrepância de valores entre o que foi pago pela recorrente à segurada e o que foi pago pela recorrida pelo conserto do automóvel. Ademais, a cristalização da boa-fé da recorrente torna-se ainda mais improvável quando se constata que a hipótese vertente refere-se a sinistro ocorrido com automóvel de luxo" (STJ, REsp 1.693.725/SP, 4.ª Turma, Rel. Min. Luis Felipe Salomão, *DJe* 05.12.2017). Também merece destaque, conforme os meus comentários, a tese de que sub-rogação dá direito à seguradora em alegar a aplicação do CDC em seu favor, em havendo relação de consumo na relação jurídica que passa a compor. Assim entendendo, do mesmo STJ: "Incide o Código de Defesa do Consumidor na relação entre a seguradora – que se sub-rogou nos direitos da segurada –, e a sociedade empresária administradora de estacionamento, local do furto de veículo segurado. Precedentes do STJ. Revela-se indubitável o direito da seguradora de demandar o ressarcimento dos danos sofridos pelo segurado depois de realizada a cobertura do sinistro. Nesse caso, a seguradora sub-roga-se nos direitos anteriormente titularizados pelo segurado, nos exatos termos dos artigos 349 e 786 do Código Civil e da Súmula n. 188/STF. Precedentes do STJ: RESP 976.531/SP, Rel. Min. Nancy Andrighi, *DJe* de 08/03/2010; RESP 303.776/SP, Rel. Min. Aldir Passarinho Júnior, *DJe* de 25/06/2001; AGRG no RESP 1169418/RJ, Rel. Min. Ricardo Villas Bôas Cueva, *DJe* de 14/02/2014; AGRG no RESP 1121435/SP, Rel. Min. Sidnei Beneti, *DJe* de 29/03/2012; RESP 177.975/SP, Rel. Min. Carlos Alberto Menezes Direito, *DJ* de 13/12/1999; RESP 982492/SP, Rel. Min. Luis Felipe Salomão, *DJe* de 17/10/2011. Partindo-se da orientação preconizada na Súmula n. 130/STJ, segundo a qual 'a empresa responde, perante o cliente, pela reparação de dano ou furto de veículo ocorridos em seu estacionamento', conclui-se, pela logicidade do sistema jurídico, que a seguradora, após realizar o adimplemento do prêmio securitário pode, pela sub-rogação legal e contratual, pleitear, junto à empresa que explora o estacionamento, o ressarcimento das despesas do seguro" (STJ, REsp 1.085.178/SP, 4.ª Turma, Rel. Min. Marco Buzzi, *DJe* 30.09.2015). Na mesma esteira, no âmbito estadual, muitos julgados têm responsabilizado as empresas concessionárias dos serviços de energia elétrica frente às seguradoras, pelos danos causados a equipamentos segurados, diante de problemas na rede de transmissão. Por todos, em entendimento que se repete e do Tribunal Paulista: "Sub-rogação legal da seguradora nos direitos e ações da segurada (arts. 349 e 786 do Código Civil). Relação originária de consumo. Incidências das normas do CDC. Responsabilidade objetiva da concessionária de energia elétrica, seja pelo risco administrativo (arts. 37, § 6º, da CF), seja pelo risco da atividade (arts. 14 e 22 do CDC). Nexo de causalidade entre a oscilação/descarga elétrica e os danos causados nos equipamentos elétricos. Precedentes. Ausência de prova de qualquer excludente, especialmente a regularidade da prestação do serviço mediante manutenção adequada da rede ou utilização de equipamentos de segurança para evitar as tensões na rede. Sentença reformada para condenar a Apelada ao ressarcimento dos valores pagos pela Apelante a título de indenização securitária" (TJSP, Apelação 1017674-82.2017.8.26.0032, Acórdão 12084867, 12.ª Câmara de Direito Privado, Araçatuba, Rel. Des. Tasso Duarte de Melo, j. 12.12.2018, *DJESP* 17.12.2018, p. 2.659). Como última ilustração, em contratos de seguro de armazéns, tem-se reconhecido que a seguradora, em ação regressiva, tem o direito de alegar a responsabilização objetiva da depositária, entendimento que tem o meu total apoio doutrinário: "Apelação. Ação de regresso por indenização securitária – contrato de depósito – demanda movida pela seguradora em face da encarregada da armazenagem. Cediço que no contrato de depósito é despicienda a discussão relativa à culpa do agente, pois se cuida de responsabilização objetiva. Ré que não cuidou de demonstrar quanto à existência de excludentes de responsabilidade em relação ao armazenamento operado sob seus cuidados" (TJSP, Apelação 1010189-55.2016.8.26.0100, 37.ª Câmara de Direito Privado, Rel. Des. Sergio Gomes, j. 12.12.2017, *DJESP* 13.12.2017). Com a mesma conclusão: "Embora a apelante procure separar os danos observados na soja dos silos M07 e M08 por ela mesma informados em 30.07.2013 dos danos advindos do incêndio ocorrido em 13.04.2013 que teria atingido apenas os silos M01 a M06, argumentando assim que a regulação do sinistro se referiu apenas ao primeiro momento do incêndio, a documentação carreada aos autos revela claramente a relação dos dois incidentes e demonstra que a liquidação do sinistro abrangeu não apenas os danos experimentados em razão do incêndio nos silos M01 a M06, como também sua repercussão na qualidade da soja armazenada nos silos M07 e M08. Ação regressiva. Responsabilidade civil. Pagamento por mera liberalidade por exclusão do risco. Inocorrência. [...]. A correta exegese da cláusula 7 da apólice de seguro é corroborada pela regra geral segundo a qual a coisa perece contra o dono (*res perit domino*), ficando claro que não faria sentido a existência de um seguro pago pela Nidera para cobrir danos de responsabilidade da pessoa imediatamente seguinte a ela na cadeia econômica. Nem pode a causadora do dano se esquivar de sua responsabilidade por meio de interpretação ampliativa de cláusula contratual restritiva do objeto do seguro, mesmo porque não se verifica qualquer ilegalidade ou violação à boa-fé por parte da seguradora, que comprovadamente indenizou a segurada. Responsabilidade civil. Perda de carga de soja. Contrato de serviço portuário. Recebimento, classificação, armazenamento e embarque de soja. Responsabilidade objetiva do operador portuário. Precedentes. Recurso improvido. [...]. Conquanto a atividade do operador portuário não se confunda com a do armazém geral, não há dúvida de que o primeiro também efetua a armazenagem do produto e, por isso, exerce a função de depositário, respondendo objetivamente perante o proprietário ou consignatário da mercadoria no período em que o bem estiver sob sua guarda" (TJSP, Apelação 1028674-12.2015.8.26.0562, 35.ª Câmara de Direito Privado, Santos, Rel. Des. Artur Marques, j. 27.11.2017, *DJESP* 27.11.2017). Como outro tema de relevo, o Superior Tribunal de Justiça reafirmou, em 2022, que a sub-rogação legal securitária não atinge a cláusula de eleição de foro, pois a substituição somente se refere a aspectos materiais e não processuais: "o instituto da sub-rogação transmite apenas a titularidade do direito material, isto é, a qualidade de credor da dívida, de modo que a cláusula de eleição de foro firmada apenas pela autora do dano e o segurado (credor originário) não é oponível à seguradora sub-rogada" (STJ, REsp n. 1.962.113/RJ, Rel. Min. Nancy Andrighi, 3ª Turma, j. 22.03.2022, *DJe* 25.03.2022). Com o devido respeito, não estou filiado a tal forma de julgar, pois a sub-rogação deve ser considerada da forma mais ampla possível, abrangendo também aspectos materiais, caso da cláusula de eleição de foro e da cláusula compromissória de arbitragem. Concordo, na verdade, com os julgados que têm entendido que a sub-rogação securitária deve incluir a cláusula compromissória, em especial se houver ciência prévia da seguradora, sobretudo em contratos paritários, caso do seguinte, de 2023: "A ciência prévia da seguradora a respeito de cláusula arbitral pactuada no contrato objeto de seguro garantia resulta na sua submissão à jurisdição arbitral, por integrar a unidade do risco objeto da própria apólice securitária, dado que elemento objetivo a ser considerado na avaliação de risco pela seguradora, nos termos do artigo 757 do Código Civil. [...]. Hipótese em que o Tribunal de origem, soberano na análise do conteúdo fático e contratual, entendeu tratar-se de contrato paritário, em razão do significativo porte econômico da contratante do transporte internacional e do elevado valor do bem transportado, concluindo pela efetiva anuência à cláusula compromissória expressa no contrato" (STJ, REsp 1.988.894/SP, Rel. Min. Maria Isabel Gallotti, 4.ª Turma, j. 09.05.2023, *DJe* 15.05.2023); ou, ainda: "O acórdão objeto do recurso especial concluiu ser da praxe de contratos de transporte internacional que conste a cláusula compromissória arbitral, fazendo parte, portanto, do risco calculado da seguradora, em casos deste jaez, sendo certo ainda que, na espécie, tinha a ora recorrente (seguradora) conhecimento de referida estipulação, o que legitima ser-lhe oponível aquela cláusula. [...]. Ao assim decidir, coloca-se em consonância o Tribunal de Justiça com julgados das duas Turmas que compõem a Segunda Seção" (STJ, Ag. Int. no REsp 1.637.167/SP, Rel. Min. Raul Araújo, 4.ª Turma, j. 26.02.2024, *DJe* 29.02.2024). Espero que a questão se estabilize no âmbito da Corte Especial do Tribunal da Cidadania, onde pende o julgamento do tema. Isso se deu, em dezembro de 2023, no âmbito dos Recursos Especiais n. 2.092.311/SP, 2.092.308/SP, 2.092.313/SP e 2.092.310/SP com a seguinte delimitação para debate: "possibilidade de sub-rogação das prerrogativas processuais inerentes aos consumidores no contexto das relações de consumo e da consequente aplicação das normas processuais previstas no Código de Defesa do Consumidor". Aguardemos a posição a ser firmada na Corte, em sede de julgamento de recursos repetitivos, e com repercussão geral.

REFORMA DO CÓDIGO CIVIL: Em relação ao projetado art. 786, as propostas reafirmam os entendimentos doutrinários e jurisprudenciais consolidados, exatamente na linha dos meus comentários. Propõe-se, inicialmente, que o *caput* passe a mencionar todos os acessórios da dívida sub-rogada, de forma automática e com clareza, a saber: "Paga a indenização, o segurador sub-roga-se, automaticamente e nos limites do valor respectivo, com todos os seus acessórios, nos direitos e ações que competirem ao segurado contra o autor do dano". No § 1º, almeja-se equiparar a culpa grave ao dolo, para os fins de excluir a sub-rogação, diante da antiga máxima *culpa lata dolus aequiparatur*, e pela necessária equivalência dos dois conceitos em relação aos seus efeitos. Também se pretende a inclusão do companheiro ou convivente no preceito: "Salvo dolo ou culpa grave, a sub-rogação não tem lugar, se o dano foi causado pelo cônjuge ou convivente do segurado, seus descendentes ou ascendentes, consanguíneos ou afins". No § 2º, há uma substituição do texto, atualmente confuso e de difícil aplicação, inserindo-se um destaque para o dever de colaboração para sub-rogação em contratos paritários e simétricos, sobretudo os de grandes riscos e os que tenham feição empresarial: "Em contratos paritários e simétricos, é dever do segurado colaborar no exercício dos direitos decorrentes da sub-rogação legal securitária, respondendo pelos prejuízos que causar ao segurador". Como justificaram os juristas da Subcomissão de Direito Contratual, "o contrato de seguro é regido pelo princípio da boa-fé objetiva, da função social e da cooperação entre as partes, dever anexo ao da boa-fé objetiva. Assim, a recomposição do fundo mutual por meio do exercício da sub-rogação interessa ao segurador, aos segurados que participam do fundo e ao próprio segurado, cujo interesse legítimo foi atingido pelo risco. Há principal colaboração é o dever de informar todos os dados referentes ao sinistro e ao causador, de forma clara, objetiva e inteligível. Mas também se espera que o segurado cumpra deveres como ser testemunha em eventual ação judicial do segurador contra o terceiro causador do dano, em especial quando existirem aspectos técnicos essenciais a serem esclarecidos sobre o sinistro, como ocorre em situações em que o segurado contrata um terceiro para efetuar o reparo de uma máquina ou equipamento e ocorre a quebra da máquina, decorrente do serviço de reparo malfeito, ou que tenha utilizado peças inadequadas. Nessas circunstâncias, o segurado pessoa jurídica deve oferecer ao segurador o nome do funcionário tecnicamente preparado para prestar depoimento como testemunha de forma a provar a culpa do prestador de serviços". Por fim, no § 3º, são incluídas previsões expressas a respeito da sub-rogação da cláusula de eleição de foro e da convenção de arbitragem, na linha do que tem entendido a jurisprudência superior: "Em contratos paritários e simétricos, a sub-rogação mencionada no *caput* deste artigo abrange a cláusula de eleição de foro e a convenção de arbitragem, quando houver sua ciência pelo segurador".

Art. 787. No seguro de responsabilidade civil, o segurador garante o pagamento de perdas e danos devidos pelo segurado a terceiro.

§ 1º Tão logo saiba o segurado das consequências de ato seu, suscetível de lhe acarretar a responsabilidade incluída na garantia, comunicará o fato ao segurador.

§ 2º É defeso ao segurado reconhecer sua responsabilidade ou confessar a ação, bem como transigir com o terceiro prejudicado, ou indenizá-lo diretamente, sem anuência expressa do segurador.

§ 3º Intentada a ação contra o segurado, dará este ciência da lide ao segurador.

§ 4º Subsistirá a responsabilidade do segurado perante o terceiro, se o segurador for insolvente.

COMENTÁRIOS DOUTRINÁRIOS: O seguro de responsabilidade civil é uma importante modalidade de seguro de dano, como reconhece a regra transcrita. Por meio desse contrato, a seguradora compromete-se a cobrir os danos causados pelo segurado a terceiro, nos termos dos arts. 186 e 187 do Código Civil. Consigne-se que, conforme o art. 927, *caput*, do CC, a responsabilidade civil está amparada tanto no ato ilícito quanto no abuso de direito, sendo comum, quando se debate o seguro de responsabilidade civil, falar em *socialização dos riscos*. Como primeira regra a ser observada quanto a esse contrato, diante do dever de informar decorrente da boa-fé objetiva, tão logo saiba o segurado das consequências de ato seu, suscetível de lhe acarretar a responsabilidade incluída na garantia, comunicará o fato ao segurador. O desrespeito a esse dever, que tem relação com a motivação dos prejuízos, é motivo para o não pagamento da indenização, por descumprimento contratual. Além disso, o Código Civil expressa que é proibido ao segurado reconhecer sua responsabilidade ou confessar a ação, bem como transigir com o terceiro prejudicado, ou indenizá-lo diretamente, sem a anuência expressa do segurador. Essa última regra tem conteúdo complicado, por duas razões. Primeiro, porque afasta a possibilidade de o segurado reconhecer a existência de culpa, o que é um direito personalíssimo, inafastável e intransmissível, nos termos do art. 11 do CC e do art. 1º, inc. III, da CF/1988; a última norma utilizada quando o segurado for pessoa natural. Parece ter havido um descuido do legislador, ao prever que esse reconhecimento depende da seguradora. Outro problema refere-se ao poder de transigir, o que é um direito inerente ao segurado. Sendo o contrato de adesão ou de consumo, há como afastar essa regra, pois a parte contratual está renunciando a um direito que lhe é inerente, o que é vedado pelo art. 51, inc. IV, do CDC e pelo art. 424 do CC). A mesma tese vale para a indenização direta, paga pelo segurado ao ofendido. Trata-se, do mesmo modo, de um direito pessoal do segurado e que não pode ser afastado. Aliás, como fica o direito da outra parte, prejudicada pelo evento danoso e que tem o direito à indenização, diante do princípio da reparação integral de danos? A seguradora pode obstar o pagamento da vítima, incluindo os casos de danos morais, por lesão a direito da personalidade? Entendo que ambas as respostas devem ser negativas. Em suma, parece-me que o § 2º do art. 787 do CC/2002 entra em conflito com outros preceitos que visam à proteção da parte vulnerável da relação contratual. Justamente para diminuir o seu campo de aplicação, foi aprovado, na *IV Jornada de Direito Civil*, o Enunciado n. 373, segundo o qual "embora sejam defesos pelo § 2º do art. 787 do Código Civil, o reconhecimento da responsabilidade, a confissão da ação ou a transação não retiram ao segurado o direito à garantia, sendo apenas ineficazes perante a seguradora". Estou totalmente filiado ao teor do enunciado aprovado, restringindo a aplicação de mais um dispositivo com redação de relevância social duvidosa. No mesmo caminho, da *VI Jornada de Direito Civil*, o Enunciado n. 546 estabelece que "o § 2º do art. 787 do Código Civil deve ser interpretado em consonância com o art. 422 do mesmo diploma legal, não obstando o direito à indenização e ao reembolso". Ainda no caso de seguro de responsabilidade civil, intentada a ação contra o segurado, dará este ciência da lide ao segurador (art. 787, § 3º, do CC). Esta ciência é feita por meio da denunciação da lide, nos termos do art. 70, inc. III, do CPC/1973. O fundamento para tal denunciação passa a ser o art. 125, inc. II, do CPC/2015, sem qualquer alteração quanto à sua viabilidade. Todavia, essa denunciação da lide era tida como não obrigatória, sendo reconhecido anteriormente o direito de regresso contra a seguradora, por parte do segurado, por meio de ação específica (STJ, REsp 647.186/MG, 3.ª Turma, Rel. Min. Carlos Alberto Menezes Direito, j. 01.09.2005, *DJ* 14.11.2005, p. 313). Essa premissa deve ser mantida nos julgamentos exarados na vigência do CPC/2015, especialmente pelo fato de o novo art. 125 não fazer mais menção à sua obrigatoriedade. Por fim, quanto ao dispositivo em estudo, subsistirá a responsabilidade do segurado perante o terceiro, se o segurador for insolvente. Com isso, os riscos quanto ao negócio, particularmente quanto à celebração do contrato de seguro, correm por conta do segurado. O que se procura aqui é reparar o dano sofrido pela vítima, não importando a insolvência da seguradora.

JURISPRUDÊNCIA COMENTADA: Confirmando as incidências dos enunciados doutrinários ora citados, o Superior Tribunal de Justiça decidiu, em 2014, o seguinte: "No seguro de responsabilidade civil de veículo, não perde o direito à indenização o segurado que, de boa-fé e com probidade, realize, sem anuência da seguradora, transação judicial com a vítima do acidente de trânsito (terceiro prejudicado), desde que não haja prejuízo efetivo à seguradora. De fato, o § 2º do art. 787 do CC disciplina que o segurado, no seguro de responsabilidade civil, não pode, em princípio, reconhecer sua responsabilidade, transigir ou confessar, judicial ou extrajudicialmente, sua culpa em favor do lesado, a menos que haja prévio e expresso consentimento do ente segurador, pois, caso contrário, perderá o direito à garantia securitária, ficando pessoalmente obrigado perante o terceiro, sem direito do reembolso do que despender. Entretanto, como as normas jurídicas não são estanques e sofrem influências mútuas, embora sejam defesos, o reconhecimento da responsabilidade, a confissão da ação ou a transação não retiram do segurado, que estiver de boa-fé e tiver agido com probidade, o direito à indenização e ao reembolso, sendo os atos apenas ineficazes perante a seguradora (Enunciados n. 373 e 546 das *Jornadas de Direito Civil*). A vedação do reconhecimento da responsabilidade pelo segurado perante terceiro deve ser interpretada segundo a cláusula geral da boa-fé objetiva prevista no art. 422 do CC, de modo que a proibição que lhe foi imposta seja para posturas de má-fé, ou seja, que lesionem interesse da seguradora. Assim, se não há demonstração de que a transação feita pelo segurado e pela vítima do acidente de trânsito foi abusiva, infundada ou desnecessária, mas, ao contrário, for evidente que o sinistro de fato aconteceu e o acordo realizado foi em termos favoráveis tanto ao segurado quanto à seguradora, não há razão para erigir a regra do art. 787, § 2º, do CC em direito absoluto a afastar o ressarcimento do segurado" (STJ, REsp 1.133.459/RS, Rel. Min. Ricardo Villas Bôas Cueva, j. 21.08.2014). No que diz respeito ao cabimento da denunciação da lide em casos de seguro, por todos: "Civil. Seguro. Ação indenizatória. Denunciação. Acolhimento. Seguradora. Responsabilidade solidária. Decorrência. Título judicial. Cláusula contratual. Sistema de reembolso. Aplicação restrita ao âmbito administrativo. I – O entendimento desta Corte é assente no sentido de que, em razão da estipulação contratual em favor de terceiro existente na apólice, a seguradora pode ser demandada diretamente para pagar a indenização. II – Se a seguradora poderia ter sido demandada diretamente, não resta dúvida de que, ao ingressar no feito por denunciação, assumiu a condição de litisconsorte. Nessa situação, submete-se à coisa julgada e, no caso de condenação, é legitimada para figurar no polo passivo da execução, cabendo-lhe o adimplemento do débito nos limites da sua responsabilidade. III – Julgado procedente o pedido indenizatório e a denunciação da lide, a responsabilidade solidária da seguradora passa a ser fundada no título judicial e não no contrato. Assim, sem perquirir acerca da nulidade ou abusividade da cláusula prevendo que a seguradora será responsabilizada apenas pelo reembolso ao segurado, conclui-se ficar restrita sua aplicação aos pagamentos efetuados administrativamente. No que sobejar, a execução poderá ser intentada contra seguradora" (STJ, REsp 713.115/MG, 3.ª Turma, Rel. Min. Castro Filho, j. 21.11.2006, *DJ* 04.12.2006, p. 300). Ademais, pontue-se que, em 2015, o Superior Tribunal de Justiça editou a Súmula n. 537, prevendo que em ação de reparação de danos, a seguradora denunciada, se aceitar a denunciação ou contestar o pedido do autor, pode ser condenada, direta e solidariamente junto com o segurado, ao pagamento da indenização devida à vítima, nos limites contratados na apólice. De toda sorte, o mesmo Tribunal da Cidadania afastou a possibilidade de ação proposta somente pela vítima diretamente contra a seguradora do culpado, conforme a sua também recente Súmula n. 529 ("No seguro de responsabilidade civil facultativo, não cabe o ajuizamento de ação pelo terceiro prejudicado direta e exclusivamente em face da seguradora do apontado causador do dano"). Esse é um tema que vem encontrando profundo debate nos âmbitos doutrinário e jurisprudencial. Em um primeiro momento, a jurisprudência superior vinha entendendo pela possibilidade dessa demanda direta contra a seguradora, como um dos exemplos da eficácia externa da função social do contrato. Nesse sentido, cumpre transcrever: "Ação de indenização diretamente proposta contra a seguradora. Legitimidade. 1. Pode a vítima em acidente de veículos propor ação de indenização diretamente, também, contra a seguradora, sendo irrelevante que o contrato envolva, apenas, o segurado, causador do acidente, que se nega a usar a cobertura do seguro. 2. Recurso especial não conhecido" (STJ, REsp 228840, 3.ª Turma, Rel. Min. Carlos Alberto Menezes Direito, m.v., *DJU* 04.09.2000, p. 402; e STJ, REsp 397229/MG, 4.ª Turma, Rel. Min. Ruy Rosado de Aguiar, *DJU* 12.08.2002, ac. un.). Ou, com maior clareza sobre a aplicação desse princípio: "A visão preconizada nestes precedentes abraça o princípio constitucional da solidariedade (art. 3º, I, da CF), em que se assenta o princípio da função social do contrato, este que ganha enorme força com a vigência do novo Código Civil (art. 421). De fato, a interpretação do contrato de seguro dentro desta perspectiva social autoriza e recomenda que a indenização prevista para reparar os danos causados pelo segurado a terceiro seja por este diretamente reclamada da seguradora. Assim, sem se afrontar a liberdade contratual das partes – as quais quiseram estipular uma cobertura para a hipótese de danos a terceiros –, maximiza-se a eficácia social do contrato com a simplificação dos meios jurídicos pelos quais o prejudicado pode haver a reparação que lhe é devida. Cumpre-se o princípio da solidariedade e garante-se a função social do contrato" (STJ, REsp 444.716/BA, 3.ª Turma, Rel. Min. Nancy Andrighi, j. 11.05.2004). Porém, infelizmente, repise-se que a jurisprudência do Superior Tribunal de Justiça acabou por rever esse seu entendimento anterior, passando a concluir que a vítima não pode ingressar com ação apenas e diretamente contra a seguradora do culpado, mas somente contra ambos. Vejamos os principais trechos de uma das publicações constantes do *Informativo* n. *490* daquela Corte, julgamento de recurso repetitivo que deu origem à Súmula n. 529 da Corte: "Recurso repetitivo. Seguro de responsabilidade civil. Ajuizamento direto exclusivamente contra a seguradora. A Seção firmou o entendimento de que descabe ação do terceiro prejudicado ajuizada, direta e exclusivamente, em face da seguradora do apontado causador do dano, porque, no seguro de responsabilidade civil facultativo, a obrigação da seguradora de ressarcir os danos sofridos por terceiros pressupõe a responsabilidade civil do segurado, a qual, de regra, não poderá ser reconhecida em demanda na qual este não interveio, sob pena de vulneração do devido processo legal e da ampla defesa. Esse posicionamento fundamenta-se no fato de o seguro de responsabilidade civil facultativo ter por finalidade neutralizar a obrigação do segurado em indenizar danos causados a terceiros nos limites dos valores contratados, após a obrigatória verificação da responsabilidade civil do segurado no sinistro. Em outras palavras, a obrigação da seguradora está sujeita à condição suspensiva que não se implementa pelo simples fato de ter ocorrido o sinistro, mas somente pela verificação da eventual obrigação civil do segurado. Isso porque o seguro de responsabilidade civil facultativo não é espécie de estipulação a favor de terceiro alheio ao negócio, ou seja, quem sofre o prejuízo não é beneficiário do negócio, mas sim o causador do dano. Acrescente-se, ainda, que o ajuizamento direto exclusivamente contra a seguradora ofende os princípios do contraditório e da ampla defesa, pois a ré não teria como defender-se dos fatos expostos na inicial, especialmente da descrição do sinistro. [...]" (STJ, REsp 962.230/RS, 2.ª Seção, Rel. Min. Luis Felipe Salomão, j. 08.02.2012). Com o devido respeito, a conclusão revisada causa estranheza, eis que, presente a solidariedade, a vítima pode escolher contra quem demandar, nos termos da opção de demanda reconhecida pelo art. 275 do CC/2002. Ademais, essa nova posição acaba representando um retrocesso em relação ao entendimento anterior na perspectiva da função social do contrato e da solidariedade social que deve guiar todas as relações negociais. A demonstrar a discordância da doutrina quanto a essa alteração na jurisprudência do STJ, na *VI Jornada de Direito Civil*, em 2013, foi aprovado o Enunciado n. 544 que admite a ação proposta diretamente contra a seguradora. É a sua redação: "O seguro de responsabilidade civil facultativo garante dois interesses, o do segurado contra os efeitos patrimoniais da imputação de responsabilidade e o da vítima à indenização, ambos destinatários da garantia, com pretensão própria e independente contra a seguradora". Por derradeiro, para encerrar o estudo dessa intrincada questão, como importante afastamento prático da sumular, o Tribunal Superior concluiu, no ano de 2018, que "há hipóteses em que a obrigação civil de indenizar do segurado se revela incontroversa, como quando reconhece a culpa pelo acidente de trânsito ao acionar o seguro de automóvel contratado, ou quando firma acordo extrajudicial com a vítima obtendo a anuência da seguradora, ou, ainda, quando esta celebra acordo diretamente com a vítima. Nesses casos, mesmo não havendo liame contratual entre a seguradora e o terceiro prejudicado, forma-se, pelos fatos sucedidos, uma relação jurídica de direito material envolvendo ambos, sobretudo se paga a indenização securitária, cujo valor é o objeto contestado". Por isso, "na pretensão de complementação de indenização securitária decorrente de seguro de responsabilidade civil facultativo, a seguradora pode ser demandada direta e exclusivamente pelo terceiro prejudicado no sinistro, pois, com o pagamento tido como parcial na esfera administrativa, originou-se uma nova relação jurídica substancial entre as partes. Inexistência de restrição ao direito de defesa da seguradora ao não ser incluído em conjunto o segurado no polo passivo da lide" (STJ, REsp 1.584.970/MT, 3.ª Turma, Rel. Min. Ricardo Villas Bôas Cueva, j. 24.10.2017, *DJe* 30.10.2017). Como sou entusiasta do entendimento que acabou sendo superado, pela possibilidade de se promover uma ação diretamente contra a seguradora do culpado, essa nova forma de julgar parece-me perfeita, como decorrência da eficácia externa da função social do contrato. Por fim, anoto que as minhas ressalvas sobre o art. 787, § 2º, do Código Civil foram adotadas por julgado de 2021, da Terceira Turma do Superior Tribunal de Justiça. Consoante o acórdão, que cita o meu entendimento, "apesar do caráter protetor da norma, a sua inobservância, por si só, não implicará perda automática da garantia/reembolso para o segurado, porque além de o dispositivo legal em questão não prever, expressamente, a consequência jurídica ao segurado pelo descumprimento do que foi estabelecido, os contratos de seguro devem ser interpretados com base nos princípios da função social do contrato e da boa-fé objetiva. A vedação imposta ao segurado não será causa de perda automática do direito à garantia/reembolso para aquele que tiver agido com probidade e de boa-fé, sem causar prejuízo à seguradora, sendo os atos que tiver praticado apenas ineficazes perante esta, a qual, na hipótese de ser demandada, poderá discutir e alegar todas as matérias de defesa no sentido de excluir ou diminuir sua responsabilidade. Hipótese dos autos em que a segurada faz jus à restituição dos valores desembolsados para o pagamento de acordo celebrado com terceiro, em sede de cumprimento definitivo de sentença condenatória, mesmo sem a anuência da seguradora, por ausência de indícios de que tenha agido com má-fé ou de que o ato tenha causado prejuízo aos interesses da seguradora" (STJ, REsp 1.6040.48/RS, 3.ª Turma, Rel. Min. Nancy Andrighi, j. 25.05.2021, *DJe* 09.06.2021). Trata-se de um correto e esperado precedente a respeito do art. 787, § 2º, do Código Civil.

REFORMA DO CÓDIGO CIVIL: Mais uma vez, as propostas da Comissão de Juristas ao art. 787 da codificação privada apenas confirmam as posições doutrinárias e jurisprudenciais hoje consolidadas, trazendo maior certeza, segurança e estabilidade ao instituto em estudo. No *caput*, há sugestão de se mencionar que "o seguro de responsabilidade civil garante proteção patrimonial ao segurado e indenização aos terceiros prejudicados", o que fica mais bem colocado tecnicamente, pelo próprio conceito do instituto. Consoante o novo § 1º, que melhora o texto e inclui a menção às informações necessárias a serem prestadas pelo segurado: "O segurado, ao tomar conhecimento das consequências de seus atos, suscetíveis de gerar a responsabilidade incluída na garantia, comunicará de imediato o segurador e prestará as informações necessárias". Segundo as justificativas da Subcomissão de Direito Contratual, que citam exemplos de casos concretos, "o objetivo da nova redação foi enfatizar o dever de colaboração que deve vigorar entre segurador e segurado. Por vezes, o segurado toma conhecimento de que existem reclamações sobre efeitos colaterais de seus produtos (medicamentos, alimentos, eletrônicos) e, com receio das consequências reputacionais, por não querer retirar o produto ou serviço do mercado, ou por não querer compartilhar segredos industriais, se omite perante o segurador e com isso, a situação se agrava, muitas pessoas são prejudicadas e os valores indenitários são maiores. Os seguros de responsabilidade civil para produtos permitem a contratação da cobertura de *recall*, que não custeia a substituição do produto ou da peça, mas garante todos os custos decorrentes da rechamada, inclusive publicidade do *recall*. A substituição do produto ou da peça causadora do dano será feita às expensas do segurador contratado para responsabilidade civil do fabricante, como acontece usualmente na indústria automobilística, entre outras. Assim, a *General Motors* contrata seguro de responsabilidade civil produto para os veículos que ela fabrica, e a *Magneti Marelli* (fabricante de peças automotivas) contrata seguro de responsabilidade civil produto para as peças que ela fabrica. Constatado que o defeito que causou o dano é decorrente de uma peça da *Magneti Marelli*, a *General Motors* utiliza seu seguro de RC para realizar o *recall*, e o segurador da fabricante da peça será acionado para substituir a peça defeituosa em todos os veículos". No § 2º proposto, inclui-se exceção à regra das vedações de condutas do segurado em relação ao terceiro, na linha da decisão do Superior Tribunal de Justiça aqui colacionada (REsp 1.6040.48/RS): "É vedado ao segurado reconhecer a procedência do pedido, transigir com terceiro ou indenizá-lo diretamente, sem a anuência expressa do segurador, sob pena de perda do direito à indenização, salvo se comprovadas a necessidade e a adequação das medidas tomadas para a mitigação do prejuízo comum". Além disso, consoante esse mesmo entendimento jurisprudencial superior, é incluído um § 3º, prevendo que, "nos termos do § 2º, a transação, o reconhecimento da responsabilidade, a confissão da ação não retiram do segurado, por si só e automaticamente, o direito à garantia, sendo apenas ineficazes perante a seguradora". Em relação ao novo § 4º, trata a proposta da ação ajuizada por terceiro, prevendo que "o segurado deve informar imediatamente a seguradora sobre a existência da demanda, podendo tomar as medidas processuais cabíveis, respeitados os limites e as condições estipulados na apólice". Nota-se, portanto e mais uma vez, a valorização do dever de informação, anexo à boa-fé. Por fim, o novel § 5º passa a admitir, novamente na linha da jurisprudência superior, ser cabível, em litisconsórcio passivo, "a ação direta do terceiro contra a seguradora e o segurado conjuntamente, respeitados os limites e as condições estipulados na apólice".

Art. 788. Nos seguros de responsabilidade legalmente obrigatórios, a indenização por sinistro será paga pelo segurador diretamente ao terceiro prejudicado.

Parágrafo único. Demandado em ação direta pela vítima do dano, o segurador não poderá opor a exceção de contrato não cumprido pelo segurado, sem promover a citação deste para integrar o contraditório.

COMENTÁRIOS DOUTRINÁRIOS: Existem seguros de responsabilidade civil que são obrigatórios, caso, por exemplo, do DPVAT, seguro obrigatório de danos pessoais causados por veículos automotores de via terrestre. Nesses seguros de responsabilidade legalmente obrigatórios, a indenização por sinistro será paga pelo segurador diretamente ao terceiro prejudicado. Demandado em ação direta pela vítima do dano, o segurador não poderá opor a exceção de contrato não cumprido pelo segurado (*exceptio non adimpleti contractus*) nos termos do art. 476 do CC, sem promover a citação deste para integrar o contraditório (art. 788, parágrafo único, do CC). Essa citação também é feita por meio da denunciação da lide (art. 125, inc. II, do CPC/2015 e art. 70, inc. III, do CPC/1973). Acrescente-se, por ser relevante, que o antigo Projeto Ricardo Fiuza pretende alterar o art. 788, parágrafo único, do CC, nos seguintes termos: "Demandado em ação direta pela vítima do dano, o segurador não poderá opor a exceção de contrato não cumprido pelo segurado, cabendo a denunciação da lide para o direito de regresso". A inovação é louvável, pois sepulta qualquer discussão processual que possa surgir quanto ao tema. Além disso, substitui-se a expressão *citação*, que não está de acordo com a melhor técnica instrumental.

JURISPRUDÊNCIA COMENTADA: Prevê a Súmula n. 257 do Superior Tribunal de Justiça que a falta de pagamento do prêmio desse seguro obrigatório não é motivo para a recusa do pagamento da indenização por segurador privado. Por certo, os fatos geradores são totalmente distintos. Assim, não há como concordar, de forma alguma, com outra súmula do próprio Tribunal Superior, a de número 246, pela qual o valor do seguro obrigatório deve ser deduzido da indenização judicialmente fixada. Pode-se dizer que as duas súmulas são contraditórias entre si. Na linha do debate jurisprudencial exposto nos comentários à última norma, muitos julgados citam o art. 788 do Código Civil para afastar a propositura de ação da vítima diretamente contra a seguradora, nos termos da Súmula n. 529 do STJ. Por todos eles: "Ação de indenização por danos materiais e morais ajuizada em decorrência da morte do marido e genitor dos autores, respectivamente, em acidente aéreo. No seguro de responsabilidade civil facultativo, o terceiro prejudicado não pode demandar diretamente contra a seguradora, sobretudo se o segurado renunciar ao benefício processual da litisdenunciação. Incidência da Súmula n. 529/STJ. Inaplicabilidade do art. 788 do Código Civil, restrito aos casos de seguro de responsabilidade legalmente obrigatórios" (STJ, REsp 1.422.873/SP, 3.ª Turma, Rel. Min. Ricardo Villas Boas Cueva, j. 13.03.2018, *DJe* 20.03.2018, p. 1.352).

SEÇÃO III
DO SEGURO DE PESSOA

Art. 789. Nos seguros de pessoas, o capital segurado é livremente estipulado pelo proponente, que pode contratar mais de um seguro sobre o mesmo interesse, com o mesmo ou diversos seguradores.

COMENTÁRIOS DOUTRINÁRIOS: Nos seguros de pessoas – e não mais seguros sobre a vida, como constava da codificação anterior –, o capital segurado é livremente estipulado pelo proponente, que pode contratar mais de um seguro sobre o mesmo interesse, com o mesmo ou diversos seguradores. Por isso, é possível a celebração de vários seguros de vida, seu principal exemplo, sem qualquer limite quanto ao valor da indenização ou capital segurado, até porque não há como mensurar o *preço da vida* de uma pessoa natural. Há, na essência, uma estipulação em favor de terceiro, que no caso é o beneficiário e, mesmo não sendo parte do negócio, pode exigir o seu cumprimento (arts. 436 a 438 do Código Civil). Os efeitos existentes são de *dentro do contrato para fora*, isto é, *efeitos exógenos*, o que constitui exceção ao princípio da relatividade dos efeitos contratuais, consubstanciado na máxima *res inter alios*.

JURISPRUDÊNCIA COMENTADA: Bem aplicando o teor da norma, julgou o Superior Tribunal de Justiça, explicando a estrutura e a natureza do negócio em questão, conforme pontuei: "No contrato de seguro de vida há uma espécie de estipulação em favor de terceiro, visto que a nomeação do beneficiário é, a princípio, livre, podendo o segurado promover a substituição a qualquer tempo, mesmo em ato de última vontade, até a ocorrência do sinistro, a menos que tenha renunciado a tal faculdade ou a indicação esteja atrelada à garantia de alguma obrigação (art. 791 do CC/2002). O beneficiário a título gratuito de seguro de vida detém mera expectativa de direito de receber o capital segurado. Somente com a ocorrência do evento morte do segurado é que passará a obter o direito adquirido à indenização securitária. Até a efetivação desse resultado, o tomador do seguro poderá modificar o rol de agraciados". Sobre a aplicação dos princípios gerais contratuais para esse negócio, tendo o meu apoio, entendeu ainda a Corte que "a falta de restrição para o segurado designar ou modificar beneficiário no seguro de vida não afasta a incidência de princípios gerais do Direito Contratual, como as normas dos arts. 421 (função social do contrato) e 422 (probidade e boa-fé) do CC. O segurado, ao contratar o seguro de vida, geralmente possui a intenção de amparar a própria família, os parentes ou as pessoas que lhe são mais afeitas, de modo a não deixá-los desprotegidos economicamente quando de seu óbito" (STJ, REsp 1.510.302/CE, 3.ª Turma, Rel. Min. Ricardo Villas Boas Cueva, *DJe* 18.12.2017). Em raro julgamento de hipótese fática de dupla contratação de seguro de vida, do Tribunal Gaúcho: "No presente feito restou comprovada a contratação de duas apólices securitárias com a mesma seguradora, embora com estipulantes diversos. Assim, deve-se esclarecer que a condenação objeto do presente litígio diz respeito à apólice n. 93103687. Em se tratando de seguro de vida é possível a contratação de mais de um seguro sobre o mesmo interesse jurídico. Inteligência do art. 789 do Código Civil. Dado provimento ao apelo" (TJRS, Apelação Cível 0440021-55.2014.8.21.7000, 5.ª Câmara Cível, Crissiumal, Rel. Des. Jorge Luiz Lopes do Canto, j. 25.03.2015, *DJERS* 06.04.2015).

REFORMA DO CÓDIGO CIVIL: A Comissão de Juristas recomenda a inclusão de um novo parágrafo único no art. 789, para prever que "os seguros de pessoas podem ser contratados de forma individual ou coletiva". Como bem justificou a Subcomissão de Direito Contratual, a alteração "é necessária em razão da diferença de regras técnicas e atuariais que são aplicadas aos seguros individuais e aos seguros coletivos. Por exemplo, a reserva matemática que só existe em seguros individuais, porque os coletivos adotam, em regra, a técnica matemática atuarial de repartição simples".

Art. 790. No seguro sobre a vida de outros, o proponente é obrigado a declarar, sob pena de falsidade, o seu interesse pela preservação da vida do segurado.

Parágrafo único. Até prova em contrário, presume-se o interesse, quando o segurado é cônjuge, ascendente ou descendente do proponente.

COMENTÁRIOS DOUTRINÁRIOS: No *seguro sobre a vida de outrem*, o proponente é obrigado a declarar, sob pena de falsidade do contrato, o seu interesse pela preservação da vida do segurado. Assim como afirmava a doutrina clássica, entendo que a falta dessa declaração enseja a nulidade absoluta do contrato, pela presença de um pacto sucessório ou *pacta corvina* (arts. 426 e 166, inc. VII, segunda parte, do CC). Há, assim, questão que repercute no plano da validade do contrato. Entretanto, até prova em contrário, presume-se de forma relativa o interesse quando o segurado for cônjuge, ascendente ou descendente do proponente. O legislador omitiu-se em relação ao companheiro ou convivente e, sobre ele, prevê o Enunciado n. 186, aprovado na *III Jornada de Direito Civil* em 2004 que "o companheiro dever ser considerado implicitamente incluído no rol das pessoas tratadas no art. 790, parágrafo único, por possuir interesse legítimo no seguro da pessoa do outro companheiro". Como não poderia ser diferente, estou totalmente filiado ao conteúdo do enunciado doutrinário em questão, diante da necessária equiparação das duas entidades familiares nas normas inclusivas, que não constituem regras excepcionais.

JURISPRUDÊNCIA COMENTADA: Tratando da nulidade do contrato não havendo a declaração do proponente, na linha dos meus comentários: "De regra, os contratos são firmados, única e exclusivamente, por aqueles interessados diretos na pactuação. Excetua-se a hipótese concernente ao seguro de vida – que objetiva amparo material dos beneficiários (normalmente dependentes do proponente) –, no qual permite-se estipulação em favor de terceiro, desde que verificada a presunção do parágrafo único do art. 790 do Código Civil. Daí por que 'no seguro sobre a vida de outros, o proponente é obrigado a declarar, sob pena de falsidade, o seu interesse pela preservação da vida do segurado'. Sílvio Rodrigues anota que, sem tal interesse o negócio é nulo, 'por se aproximar dos *pacta corvina*, que são vedados por implicarem *um votum mortis*" (TJSC, Apelação 2015.062950-7, 5.ª Câmara de Direito Civil, Caçador, Rel. Des. Henry Petry Junior, j. 25.04.2016, *DJSC* 29.04.2016, p. 254). Em complemento, afastando o dever de pagamento de indenização pela seguradora em hipótese fática em que a pessoa deixou de ser cônjuge do estipulante: "revela ponderar que é perfeitamente possível a contratação de seguro sobre a vida de outrem, modalidade securitária em que o contratante arca com o pagamento do prêmio, mas se coloca na condição de beneficiário, enquanto o segurado é outra pessoa. Inteligência do art. 790 do Código Civil. No momento da contratação o segurado não era mais cônjuge da parte demandante, conforme informação prestada por esta na ação de dissolução de sociedade conjugal. Assim, era necessária a declaração de preservação da vida do segurado, nos termos da norma supracitada, o que incorrer no caso em exame. Demonstrada a má-fé da parte contratante, uma vez que declarou como cônjuge pessoa que não mais detinha tal condição. Afastado o dever de a seguradora adimplir o capital segurado" (TJRS, Apelação Cível 0207098-23.2015.8.21.7000, 5.ª Câmara Cível, Porto Alegre, Rel. Des. Jorge Luiz Lopes do Canto, j. 29.07.2015, *DJERS* 04.08.2015). Por fim, em caso de seguro de vida feito para os empregados, novamente ausente a declaração pelo estipulante: "Nos seguros sobre a vida de outrem, como o do presente caso, em que a empresa estipula contratação de seguro de vida aos empregados, pagando o prêmio e sendo indicada como beneficiária, deve haver, para que seja válida tal declinação do beneficiário, justificativa razoável das razões que levam a referida contratação, a teor do artigo 790 do Código Civil" (TJRS, Embargos Infringentes 70023505878, 3.º Grupo Cível, Caxias do Sul, Rel. Des. Umberto Guaspari Sudbrack, j. 06.06.2008, *DOERS* 26.06.2008, p. 97). Como último julgado a ser destacado, aplicando o teor do art. 790, e também dos arts. 757 e 762 da própria codificação privada, julgou o Superior Tribunal de Justiça, em 2024, que o ato da pessoa em contratar "um seguro sobre a vida de outrem com a intenção de ceifar a vida do segurado impede o recebimento da indenização securitária por quaisquer dos beneficiários e gera nulidade do contrato" (STJ, REsp 2.106.786/PR, Rel. Min. Nancy Andrighi, 3.ª Turma, por unanimidade, julgado em 02.04.2024). Como constou do voto da Ministra Relatora, com precisão, "ante a gravidade do vício de nulidade que contamina o contrato de seguro celebrado com a intenção de garantir ato doloso e sem interesse legítimo do contratante, ele não pode produzir qualquer efeito jurídico. Logo, ainda que haja outros beneficiários do seguro além do autor do ato ilícito, eles não receberão a indenização securitária".

REFORMA DO CÓDIGO CIVIL: A Comissão de Juristas, em relação ao art. 790 do Código Civil, propõe a necessária inclusão do companheiro ou convivente no seu parágrafo único, diante da equiparação das duas entidades familiares feita em praticamente todo o projeto de atualização: "Até prova em contrário, presume-se o interesse, quando o segurado é cônjuge, convivente, ascendente ou descendente do proponente". Adota-se, assim, o teor do Enunciado n. 186 da *III Jornada de Direito Civil*, como comentei.

Art. 791. Se o segurado não renunciar à faculdade, ou se o seguro não tiver como causa declarada a garantia de alguma obrigação, é lícita a substituição do beneficiário, por ato entre vivos ou de última vontade.

Parágrafo único. O segurador, que não for cientificado oportunamente da substituição, desobrigar-se-á pagando o capital segurado ao antigo beneficiário.

COMENTÁRIOS DOUTRINÁRIOS: Como visto, o contrato de seguro de pessoa institui um terceiro beneficiário, que receberá a indenização, por exemplo, em caso de morte do segurado. Nesse caso, se o segurado não renunciar a essa faculdade, ou se o seguro não tiver como causa declarada a garantia de alguma obrigação, é lícita a substituição do beneficiário por ato entre vivos ou de última vontade, caso de um testamento. Entretanto, o segurador deve ser cientificado dessa substituição. Não havendo esta cientificação, que é similar ao que deve ocorrer na cessão de crédito, o segurador desobrigar-se-á pagando o capital segurado ao antigo beneficiário, sendo a substituição considerada ineficaz.

JURISPRUDÊNCIA COMENTADA: Admitindo essa substituição posterior do beneficiário em seguro de vida, sem que houvesse prova de que a vontade do instituidor estivesse viciada: "Modificação do beneficiário de Apólice de seguro por ato entre vivos ou de última vontade que é autorizada pelo artigo 791 do Código Civil e que se aplica ao caso dos autos. Possibilidade de escolha da contratante conforme sua livre convicção. Prova testemunhal que indica a lucidez e a sanidade mental da contratante à época da alteração contratual. Medicamentos analgésicos sem potencial de causar confusão mental, mas tão somente sonolência. Vontade livre e consciente da segurada de modificar os favorecidos. Ausência de elementos de convicção indicativos de qualquer vício na manifestação de vontade" (TJSP, Apelação 1003191-87.2015.8.26.0009, Acórdão 11588456, 27.ª Câmara de Direito Privado, São Paulo, Rel. Des. Daise Fajardo Nogueira Jacot, j. 26.06.2018, *DJESP* 06.07.2018, p. 2.036). Também merece ser destacada decisão superior que entende ser "nula a alteração de beneficiário em contrato de seguro de vida feita por segurado que se obrigou, em acordo de separação homologado judicialmente, a indicar a prole do primeiro casamento, não tendo desaparecido a causa da garantia" (STJ, REsp 1.197.476/BA, 3.ª Turma, Rel. Min. Ricardo Villas Bôas Cueva, *DJe* 10.10.2014). A argumentação pela nulidade da alteração foi assim desenvolvida pelo Ministro Relator: "Se a indicação do beneficiário, portanto, não for a título gratuito, deverá ele permanecer o mesmo durante toda a vigência do contrato de seguro de vida, pois não é detentor de mera expectativa de direito, mas, sim, possuidor do direito condicional de receber o capital contratado, que se concretizará sobrevindo a morte do segurado. Todavia, se a obrigação garantida for satisfeita antes de ocorrido o sinistro, esse direito desaparecerá, tornando insubsistente a indicação. Isso porque, nessa hipótese, a causa da nomeação terá desaparecido, perdendo o indicado, comumente um credor, sua qualidade, não podendo, pois, enriquecer em virtude de algo que deixou de existir. Na espécie, o segurado, quando se separou judicialmente, firmou acordo devidamente homologado nos autos da separação com a ex-esposa, obrigando-se a fazer ou a passar os seguros Chesf, Fachesf e Sul América para os dois filhos. Todavia, apesar de ter-se obrigado a incluir a prole do primeiro casamento como beneficiários no contrato de seguro de vida, não o fez, tendo indicado, no lugar, a segunda esposa e o filho da segunda união. Desse modo, o segurado, ao não ter observado a restrição que se impôs à liberdade de indicação e de alteração do beneficiário do contrato de seguro de vida, acabou por desrespeitar o direito condicional dos recorridos, sendo nula a nomeação feita em inobservância à causa declarada à garantia da obrigação" (REsp 1.197.476/BA). Apesar da argumentação feita quanto à causa do contrato, entendo que a hipótese não seria de nulidade absoluta na nova nomeação, mas de ineficácia, pois não vejo enquadramento jurídico em qualquer uma das hipóteses de invalidade previstas no art. 166 do Código Civil.

REFORMA DO CÓDIGO CIVIL: No que concerne ao art. 791 do CC, são sugeridos ajustes a respeito da relação do contrato de seguro com a questão sucessória. Assim, de acordo com a proposta de um § 2º, na hipótese de premoriência de um dos beneficiários indicados – ou seja, falecendo ele antes do segurado –, e se o último falecer antes de promover a substituição do beneficiário premorto, o capital segurado deverá ser pago aos demais beneficiários indicados ou, inexistindo outros nessa condição, na forma prevista no art. 792 do próprio Código, analisado a seguir. As mesmas regras valem na remota hipótese de haver comoriência ou morte simultânea de um dos beneficiários indicados com o próprio segurado (§ 3º). Nas justificativas da Subcomissão de Direito dos Contratos consta que "a hipótese da morte do beneficiário antes da morte do segurado não foi tratada no CC02 e é bastante comum, especialmente entre filhos que designam seus pais como beneficiários. O parágrafo segundo, criado agora, soluciona essa situação. No mesmo sentido o parágrafo terceiro, ou seja, para solucionar situação comum que, infelizmente, não era tratada no CC02. A comoriência ocorre com frequência em acidentes de trânsito, de aviação, de embarcações fluviais entre outras situações, o que cria dúvidas sobre o pagamento do capital segurado, agora solucionadas em razão da redação do parágrafo incluído". Pelas palavras transcritas, e sobretudo pelos exemplos práticos, estão devidamente justificadas as proposições.

Art. 792. Na falta de indicação da pessoa ou beneficiário, ou se por qualquer motivo não prevalecer a que for feita, o capital segurado será pago por metade ao cônjuge não separado judicialmente, e o restante aos herdeiros do segurado, obedecida a ordem da vocação hereditária.

Parágrafo único. Na falta das pessoas indicadas neste artigo, serão beneficiários os que provarem que a morte do segurado os privou dos meios necessários à subsistência.

COMENTÁRIOS DOUTRINÁRIOS: Como regra geral, no seguro de pessoas, prevalece a indicação feita pelo segurado quanto ao terceiro beneficiário pelo seguro, presente a tão citada estipulação em favor de terceiro, que amplia os efeitos do contrato, para além das partes contratantes. Como exceção, na falta de indicação da pessoa ou beneficiário, ou se por qualquer motivo não prevalecer a indicação que for feita, o capital segurado será pago pela metade ao cônjuge não separado judicialmente, e o restante aos herdeiros do segurado, obedecida a ordem da vocação hereditária. Na ausência dessas pessoas indicadas, serão beneficiários os que provarem que a morte do segurado os privou dos meios necessários à subsistência, o que depende de análise caso a caso. Como a norma é especial para o contrato de seguro, deve ser respeitada para os devidos fins contratuais, não se aplicando a ordem de sucessão legítima, retirada do art. 1.829 do Código Civil. Advirta-se, como ainda será comentado, que o capital segurado não constitui herança (art. 794 do CC) e, sendo assim, não entra no inventário. As questões a ele referentes devem ser resolvidas administrativamente perante a segurada e, se for o caso, em ação judicial que corre na Vara Cível, e não na Vara de Família ou das Sucessões. Em relação à menção ao separado judicialmente, entendo que deve ser lida com ressalvas, pois estou filiado à corrente segundo a qual a Emenda do Divórcio (EC n. 66/2010) retirou do sistema a sua possibilidade, o que reafirmo mesmo diante do fato de o CPC/2015 ter tratado do instituto e da existência de julgados que admitem a categoria. Como outro aspecto importante, mesmo não constando menção à companheira no art. 792 do CC/2002, deve ela ser considerada como legitimada a receber a indenização, equiparada ao cônjuge, o que vem sendo seguido por vários julgados como se verá a seguir. Também será exposta a divergência jurisprudencial relativa à possibilidade de se admitir a amante ou a concubina como beneficiária de segurado casado, e não separado sequer de fato. A problemática envolve a locução "ou se por qualquer motivo não prevalecer a que for feita" presente na norma em comentário.

JURISPRUDÊNCIA COMENTADA: Como primeira aplicação da norma, sem maiores polêmicas, reconhecendo direito a todos os herdeiros, por falta de menção do beneficiário no contrato: "Ação de cobrança. Seguro de vida. Os beneficiários de seguro eleitos pelo segurado são legitimados para receber a indenização. Na ausência de indicação dos beneficiários na apólice, todos os herdeiros devem receber a indenização. Incidência do art. 792 do CC. Impossibilidade de recebimento exclusivo pela autora da quantia segurada, com base em alegação da existência de contrato de seguro que não mais vigia quando do sinistro" (TJSP, Apelação 990.10.155056-3, Acórdão 4501564, 32.ª Câmara de Direito Privado, Sorocaba, Rel. Des. Ruy Coppola, j. 20.05.2010, *DJESP* 02.06.2010). Sobre a inclusão do companheiro como beneficiário, na interpretação exata do comando e não havendo menção expressa na apólice, equiparando-a ao cônjuge, por todos: TJCE, Apelação 0921620-13.2014.8.06.0001, 1.ª Câmara de Direito Privado, Rel. Des. Heraclito Vieira de Sousa Neto, j. 28.02.2018, *DJCE* 06.03.2018, p. 39; TJRJ, Apelação 0023573-30.2017.8.19.0014, 26.ª Câmara Cível, Campos dos Goytacazes, Rel. Des. Natacha Nascimento Gomes Tostes Gonçalves de Oliveira, *DORJ* 06.07.2018, p. 639; TJRS, Apelação Cível 0231182-20.2017.8.21.7000, 5.ª Câmara Cível, Erechim, Rel. Des. Jorge André Pereira Gailhard, j. 30.08.2017, *DJERS* 11.09.2017; TJPR, Apelação Cível 1048734-6, 9.ª Câmara Cível, Curitiba, Rel. Des. Dartagnan Serpa Sá, *DJPR* 20.09.2013, p. 200; TJRS, Recurso Cível 34713-25.2011.8.21.9000, 2.ª Turma Recursal Cível, Santana do Livramento, Rel. Des. Vivian Cristina Angonese Spengler, j. 27.02.2013, *DJERS* 05.03.2013; TJSP, Apelação 0004904-09.2011.8.26.0348, Acórdão 6689971, 27.ª Câmara de Direito Privado, Mauá, Rel. Des. Berenice Marcondes César, j. 16.04.2013, *DJESP* 07.05.2013; TJMS, Apelação Cível 0009457-42.2011.8.12.0008, 1.ª Câmara Cível, Rel. Des. Divoncir Schreiner Maran, *DJMS* 14.09.2012 e TJMG, Apelação Cível 0868948-58.2008.8.13.0481, 2.ª Câmara Cível, Patrocínio, Rel. Des. Roney Oliveira, j. 25.10.2011, *DJEMG* 11.11.2011. Pontue-se que esse entendimento se repete em numerosos acórdãos estaduais. Em 2015, o Superior Tribunal de Justiça aplicou essa ideia em sentido parcial, determinando a divisão do valor segurado entre a esposa separada de fato e a companheira. Não me filio ao acórdão, com o devido respeito, pois no caso relatado, estando o segurado separado de fato, o valor deveria ser atribuído à sua companheira, com quem mantinha o efetivo relacionamento familiar. Vejamos a ementa do aresto: "Cinge-se a controvérsia a saber quem deve receber, além dos herdeiros, a indenização securitária advinda de contrato de seguro de vida quando o segurado estiver separado de fato na data do óbito e faltar, na apólice, a indicação de beneficiário: a companheira e/ou o cônjuge supérstite (não separado judicialmente). O art. 792 do CC dispõe de forma lacunosa sobre o assunto, sendo a interpretação da norma mais consentânea com o ordenamento jurídico a sistemática e a teleológica (art. 5º da LINDB), de modo que, no seguro de vida, na falta de indicação da pessoa ou beneficiário, o capital segurado deverá ser pago metade aos herdeiros do segurado, segundo a vocação hereditária, e a outra metade ao cônjuge não separado judicialmente e ao companheiro, desde que comprovada, nessa última hipótese, a união estável. Exegese que privilegia a finalidade e a unidade do sistema, harmonizando os institutos do direito de família com o direito obrigacional, coadunando-se ao que já ocorre na previdência social e na do servidor público e militar para os casos de pensão por morte: rateio igualitário do benefício entre o ex-cônjuge e o companheiro, haja vista a presunção de dependência econômica e a ausência de ordem de preferência entre eles. O segurado, ao contratar o seguro de vida, geralmente possui a intenção de amparar a própria família, os parentes ou as pessoas que lhe são mais afeitas, a fim de não os deixar desprotegidos economicamente quando de seu óbito. Revela-se incoerente com o sistema jurídico nacional o favorecimento do cônjuge separado de fato em detrimento do companheiro do segurado para fins de recebimento da indenização securitária na falta de indicação de beneficiário na apólice de seguro de vida, sobretudo considerando que a união estável é reconhecida constitucionalmente como entidade familiar. Ademais, o reconhecimento da qualidade de companheiro pressupõe a inexistência de cônjuge ou o término da sociedade conjugal (arts. 1.723 a 1.727 do CC). Realmente, a separação de fato se dá na hipótese de rompimento do laço de afetividade do casal, ou seja, ocorre quando esgotado o conteúdo material do casamento. 6. O intérprete não deve se apegar simplesmente à letra da lei, mas perseguir o espírito da norma a partir de outras, inserindo-a no sistema como um todo, extraindo, assim, o seu sentido mais harmônico e coerente com o ordenamento jurídico. Além disso, nunca se pode perder de vista a finalidade da lei, ou seja, a razão pela qual foi elaborada e o bem jurídico que visa proteger" (STJ, REsp 1.401.538/RJ, 3.ª Turma, Rel. Min. Ricardo Villas Bôas Cueva, j. 04.08.2015, *DJe* 12.08.2015). Como antes demonstrado, dúvida importante que surge na prática diz respeito ao fato de o segurado ter indicado como beneficiária sua amante ou concubina. Ocorrendo o sinistro, o valor deve ser destinado para aquela que consta do contrato ou seguir a ordem estabelecida no art. 792 do CC? A questão é tormentosa. *A priori*, parece-me que deve prevalecer o que consta do contrato. Todavia, pode-se argumentar que a cláusula não pode prevalecer, por violar os bons costumes, sendo nula por ilicitude do objeto, combinando-se os arts. 187 e 166, inc. II, do CC. Adotando o último caminho, vejamos a seguinte ementa superior: "É vedada a designação de concubino como beneficiário de seguro de vida, com a finalidade assentada na necessária proteção do casamento, instituição a ser preservada e que deve ser alçada à condição de prevalência, quando em contraposição com institutos que se desviem da finalidade constitucional. A união estável também é reconhecida constitucionalmente como entidade familiar; o concubinato, paralelo ao casamento e à união estável, enfrenta obstáculos à geração de efeitos dele decorrentes, especialmente porque concebido sobre o leito do impedimento dos concubinos para o casamento. Se o Tribunal de origem confere à parte a qualidade de companheira do falecido, essa questão é fática e posta no acórdão é definitiva para o julgamento do Recurso Especial. Se o capital segurado for revertido para beneficiário licitamente designado no contrato de seguro de vida, sem desrespeito à vedação imposta no art. 1.474 do CC/16, porque instituído em favor da companheira do falecido, o instrumento contratual não merece ter sua validade contestada. Na tentativa de vestir na companheira a roupagem de concubina, fugiram as recorrentes da interpretação que confere o STJ à questão, máxime quando adstrito aos elementos fáticos assim como descritos pelo Tribunal de origem" (STJ, REsp 1.047.538/RS, 3.ª Turma, Rel. Min. Fátima Nancy Andrighi, j. 04.11.2008, *DJe* 10.12.2008). Em complemento, do Tribunal Paulista: "Seguro de vida em grupo e acidentes pessoais. Ação de cobrança. Recusa da seguradora em pagar indenização à esposa do segurado sob alegação de que a autora não era a beneficiária indicada na apólice. Ação julgada parcialmente procedente para o fim de a apelante pagar à autora a metade do valor da indenização securitária, cabendo a outra parte aos herdeiros, filhos do segurado. Apelação. Ilegitimidade ativa da viúva do segurado: Não ocorrência. Apólice que indica suposta companheira do segurado como beneficiária. Estipulação da concubina como beneficiária que afrontava o disposto nos artigos 1.474 c.c. 1.177 do Código Civil/1916. Prova testemunhal que corrobora a alegação da autora no sentido de que o segurado com ela vivia maritalmente até sua morte. Segurado casado à época, ausente comprovação de que havia se separado de fato. Ausente comprovação do alegado estado de companheiro da apelada M. M. Aplicação do disposto no artigo 792 do novo Código Civil" (TJSP, Apelação Cível 9165124-67.2009.8.26.0000, Acórdão 5967756, 32.ª Câmara de Direito Privado, Pirassununga, Rel. Des. Francisco Occhiuto Junior, j. 14.06.2012, *DJESP* 25.07.2013). Em 2022, o Superior Tribunal de Justiça reafirmou a linha dos julgadores anteriores, afirmando expressamente que "o seguro de vida não pode ser instituído por pessoa casada em benefício de parceiro em relação concubinária". Consoante parte da ementa do aresto, que aplica decisão do Supremo Tribunal Federal a respeito da impossibilidade de se reconhecer relacionamentos familiares paralelos, "diante da orientação do STF, no mesmo precedente, no sentido de que 'subsistem em nosso ordenamento jurídico constitucional os ideais monogâmicos, para o reconhecimento do casamento e da união estável, sendo, inclusive, previsto como deveres aos cônjuges, com substrato no regime monogâmico, a exigência de fidelidade recíproca durante o pacto nupcial (art. 1.566, I, do Código Civil)', é inválida, à luz do disposto no art. 793 do Código Civil de 2002, a indicação de concubino como beneficiário de seguro de vida instituído por segurado casado e não separado de fato ou judicialmente na época do óbito. Não podendo prevalecer a indicação da primeira beneficiária, deve o capital segurado ser pago ao segundo beneficiário, indicado pelo segurado para a hipótese de impossibilidade de pagamento ao primeiro, em relação ao qual, a despeito de filho da concubina, não incide a restrição do art. 793 do Código Civil" (STJ, REsp 1.391.954/RJ, Rel. Min. Maria Isabel Gallotti, 4ª Turma, j. 22.03.2022, *DJe* 27.04.2022). Porém, seguindo o outro caminho, ao qual estou alinhado, aresto do Tribunal Pernambucano, relatado pelo Des. Jones Figueirêdo Alves: "Apesar de a regra protetora da família impedir a concubina de ser instituída como beneficiária de seguro de vida, exige-se solução isonômica e razoável, que atenda à melhor aplicação do direito, quando a relação adulterina não estiver devidamente configurada e a relação entre as partes induza à conclusão da existência de uma união estável. O seguro de vida é negócio jurídico que prevê estipulação em favor de terceiro de acordo com a vontade do contratante, a qual não pode ser suprimida ou desconsiderada após a consumação da expressão volitiva" (TJPE, Apelação 0220441-1, 4.ª Câmara Cível, Recife, Rel. Des. Jones Figueirêdo Alves, j. 06.10.2011, *DJEPE* 19.10.2011). Como se observa, a questão é polêmica, desafiando os aplicadores do Direito em geral. Como último aspecto a ser anotado, pontue-se que vários julgados aplicam o que consta do art. 792 do Código Civil para o seguro obrigatório DPVAT, o que foi introduzido pela Lei n. 11.482/2007, mas para os fins de incluir também a companheira como beneficiária. Assim entendendo: "Seguro DPVAT. Acidente automobilístico ocorrido em 2007. Morte. Alegação de ilegitimidade da companheira para receber a integralidade da indenização. Inteligência do art. 4º da Lei n. 6.194/74, com as alterações da Lei n. 11.482/2007 c/c arts. 792 e 793 do Código Civil de 2002. União estável reconhecida. Equiparação ao casamento. Artigo 226, parágrafo 3º da Constituição Federal. [...]. A teor do art. 4º da Lei n. 6.194/74, com a redação conferida pela Lei n. 11.482/2007, em vigência à época do sinistro, os herdeiros de vítima de acidente de trânsito possuem legitimidade concorrente com o cônjuge sobrevivente para requerer a indenização do seguro obrigatório, nos termos do art. 792 do CC/02. Havendo a declaração da união estável, a companheira possui legitimidade para o recebimento do seguro obrigatório, uma vez que o referido instituto é reconhecido como entidade familiar, e equipara-se ao casamento, conforme dispõe o artigo 226, parágrafo 3º, da Constituição Federal" (TJPB, Apelação 0000601-46.2015.815.1211, 1.ª Câmara Especializada Cível, Rel. Des. Maria de Fátima Moraes Bezerra Cavalcanti, *DJPB* 28.09.2017, p. 10). Na mesma linha, por todos: "Valor da indenização decorrente do seguro obrigatório DPVAT, em caso de morte, na vigência da Lei n. 11.945/09, é correspondente ao máximo previsto, ou seja, R$ 13.500,00 (treze mil e quinhentos reais). De acordo com o artigo 4º da Lei n. 6.194/74, com redação dada pela Lei n. 11.482/07, e os artigos 792, 793 e 1.829 do Código Civil, a indenização no caso de morte será paga por metade ao companheiro e o restante aos herdeiros do segurado, obedecida a ordem da vocação hereditária" (TJMG, Apelação Cível 1.0699.12.008524-5/001, Rel. Des. Antônio Bispo, j. 23.06.2016, *DJEMG* 01.07.2016). Concordo integralmente com esse entendimento, apesar de não ser o majoritário e o aplicado no âmbito da atual composição do STJ.

REFORMA DO CÓDIGO CIVIL: Como está exposto em meus comentários, o art. 792 do Código Civil gera grandes debates, merecendo ser aperfeiçoado. Por isso, a Comissão de Juristas sugere a inclusão do convivente no seu *caput*, como vem entendendo a jurisprudência brasileira. Propõe-se, ainda, o afastamento do clausulado somente nos casos do reconhecimento da sua nulidade absoluta, nos termos do art. 166 da codificação privada. Seguindo, como bem justificou a Subcomissão de Direito dos Contratos, é imperiosa a "supressão do termo 'separado judicialmente', já que as hipóteses de separação ficaram extremamente restritas, após a Emenda do Divórcio (Emenda Constitucional 66/2010), que alterou o artigo 226, § 6º, da Constituição Federal, suprimindo o requisito de prévia separação judicial por mais de um ano ou de comprovada separação de fato por mais de dois anos". Ademais, "para evitar qualquer discussão quanto se o cônjuge receberá duas vezes o capital (uma por força da previsão do artigo 792 e outra em razão de ser herdeiro, à luz do 1.829, ambos do Código Civil) e discussão quanto à concorrência de regimes de bens, propõe-se o termo 'restante' e 'demais herdeiros'". Além disso, em prol da liberdade, abre-se a possibilidade de o capital segurado ser atribuído a herdeiros por testamento, afastando-se a regra do art. 1.829, por exercício da autonomia privada. Com todos esses ajustes, o *caput* do art. 792 passaria a ser assim redigido: "Na falta de indicação da pessoa ou beneficiário, ou em razão da nulidade absoluta da previsão, o capital segurado será pago por metade ao cônjuge ou ao convivente do segurado e o restante aos demais herdeiros, obedecida a ordem da vocação hereditária prevista no art. 1 829 deste Código, salvo em caso de testamento que contenha previsão específica a respeito do seguro". Como não poderia ser diferente, e por coerência, a viabilidade jurídica do testamento também passa a constar do novo parágrafo único, segundo o qual: "Na falta de sucessores testamentários e legítimos, serão beneficiários do seguro os que provarem que a morte do segurado os privou dos meios necessários à subsistência".

Art. 793. É válida a instituição do companheiro como beneficiário, se ao tempo do contrato o segurado era separado judicialmente, ou já se encontrava separado de fato.

COMENTÁRIOS DOUTRINÁRIOS: Na linha dos acórdãos antes citados, também é válida e eficaz a instituição do companheiro como beneficiário, se ao tempo do contrato o segurado era separado judicialmente, ou já se encontrava separado de fato. O dispositivo, inovação do atual Código Civil frente ao seu antecessor e que tem origem na jurisprudência, está em sintonia com a proteção constitucional da união estável, reconhecida como entidade familiar pela atual codificação (art. 1.723 do CC e art. 226, § 3º, da CF/1988). Mais uma vez, repise-se, a menção à separação judicial deve ser lida com ressalvas, diante da Emenda Constitucional n. 66. Quanto ao separado de fato, vale lembrar que pode ele constituir união estável, conforme está no art. 1.723, § 1º, da atual codificação. Como não poderia ser diferente, a norma se aplica ao companheiro homoafetivo, afirmação que também vale para o dispositivo anterior, diante do seu reconhecimento como entidade familiar pelo STF, de forma equiparada à união estável heteroafetiva (publicado no *Informativo* n. 625 da Corte).

JURISPRUDÊNCIA COMENTADA: Confirmando que a norma tem origem no reconhecimento jurisprudencial: "Vale dizer que a jurisprudência que precedeu o vigente Código e que se implantou na generalidade dos Tribunais sempre reconheceu o direito em instituir beneficiário de seguro, por outra pessoa casada, quando lastreada a relação em uma união que qualificava os conviventes como companheiros, no que não destoava a doutrina (Apelação Cível n. 48.670/98, do TJDF, *DJ* de 05.05.1999). Não há que se falar em declaração de nulidade de cláusula de contrato que instituiu companheira/concubina como beneficiária do seguro de vida, mormente se o falecido mantinha duas famílias concomitantemente, inclusive contratando um seguro para cada núcleo familiar" (TJMG, Apelação Cível 1.0024.10.157281-6/002, Rel. Des. Marcos Lincoln, j. 30.08.2018, *DJEMG* 05.09.2018). Fazendo incidir o preceito para segurado casado, mas separado de fato, por todos: "Provas documental e testemunhal que corroboram a alegação da corré, companheira do *de cujus*, no sentido de que ele com ela vivia maritalmente até sua morte. Inexistência de vícios passíveis de eivar a vontade do falecido. Prevalência da vontade do segurado. Segurado casado à época, mas separado de fato. Aplicação do disposto no artigo 793 do novo Código Civil" (TJSP, Apelação 0087054-92.2009.8.26.0000, Acórdão 7002807, 32.ª Câmara de Direito Privado, São Paulo, Rel. Des. Francisco Occhiuto Junior, j. 05.09.2013, *DJESP* 12.09.2013). Por fim, voltando ao debate exposto nos comentários à norma anterior, inadmitindo a estipulação de concubina como beneficiária: "Na condição de concubina, não pode a mulher ser designada como segurada pelo cônjuge adúltero. Inteligência do artigo 793 do Código Civil de 2002" (TJES, Apelação Cível 35050061932, 3.ª Câmara Cível, Rel. Des. Subst. Benicio Ferrari, j. 05.06.2009, *DJES* 22.06.2009, p. 49).

REFORMA DO CÓDIGO CIVIL: Duas são as propostas pontuais formuladas para o dispositivo, mais uma vez confirmando os meus comentários doutrinários e jurisprudenciais. Primeiro, substituir o termo "companheiro" por "convivente", seguindo a linha de todo o projeto de Reforma, em que houve a adesão à última expressão, por sugestão da Relatora-Geral, Professora Rosa Nery. Segundo, não mais mencionar a separação judicial, mas qualquer uma delas, especialmente a separação de fato que, por outras propostas da Reforma, põe fim à sociedade conjugal e ao regime de bens. Assim, o art. 793 do Código Civil, mais claro e objetivo, terá a seguinte dicção: "É válida a instituição do convivente como beneficiário se, ao tempo da designação, o segurado já se encontrava separado".

Art. 794. No seguro de vida ou de acidentes pessoais para o caso de morte, o capital estipulado não está sujeito às dívidas do segurado, nem se considera herança para todos os efeitos de direito.

COMENTÁRIOS DOUTRINÁRIOS: Como já destacado anteriormente, nos casos de seguro de vida ou de acidentes pessoais para o caso de morte, o capital estipulado não está sujeito às dívidas do segurado, nem se considera como herança para todos os efeitos de direito. Isso porque o valor deverá ser revertido ao beneficiário, não aos herdeiros ou ao espólio do segurado falecido. Assim, o pedido do capital segurado deve ser feito diretamente à seguradora. Havendo divergência, pode ser necessária ação específica para o levantamento do valor, que corre na Vara Cível e não na Vara da Família e das Sucessões, repise-se. Em reforço, a indenização não pode ser considerada como garantia de pagamento das dívidas do segurado, visando à satisfação de credores, pois a estipulação é personalíssima. Lembre-se que o art. 833, inc. VI, do CPC/2015, repetindo o art. 649, inc. VI, do CPC/1973, considera impenhorável o seguro de vida.

JURISPRUDÊNCIA COMENTADA: Vários são os acórdãos que aplicam tal preceito, afastando a inclusão do valor do seguro em inventário e afastando pedido de alvará judicial para tais fins, tirando o debate do juízo sucessório (por todos: TJSP, Apelação 9298827-31.2008.8.26.0000, Acórdão 5779256, 28.ª Câmara de Direito Privado, Batatais, Rel. Des. Julio Vidal, j. 20.03.2012, *DJESP* 17.07.2012; TJRS, Apelação Cível 608380-07.2010.8.21.7000, 7.ª Câmara Cível, Jaguarão, Rel. Des. André Luiz Planella Villarinho, j. 08.06.2011, *DJERS* 20.06.2011; e TJRJ, Apelação Cível 2006.001.05468, 9.ª Câmara Cível, Rel. Des. Roberto de Abreu e Silva, j. 28.03.2006). A jurisprudência superior tem aplicado a mesma premissa para casos envolvendo seguro de previdência privada complementar com plano de pecúlio, entendimento que me parece correto tecnicamente, pela enorme proximidade entre as figuras: "Aplica-se ao contrato de previdência privada com plano de pecúlio a regra do art. 794 do CC/02, segundo o qual o capital estipulado não está sujeito às dívidas do segurado, nem se considera herança para todos os efeitos de direito. No particular, a morte da participante do plano de previdência complementar fez nascer para os seus beneficiários o direito de exigir o recebimento do pecúlio, não pelo princípio de *saisine*, mas sim por força da estipulação contratual em favor dos filhos, de tal modo que, se essa verba lhes pertence por direito próprio, e não hereditário, não pode responder pelas dívidas da estipulante falecida. Ademais, a vontade manifestada pela participante em vida, ao contrair o empréstimo junto à entidade aberta de previdência complementar oferecendo o pecúlio em garantia, não sobrevive à sua morte, porque não pode atingir o patrimônio de terceiros, independentemente de quem sejam os indicados por ela como seus beneficiários" (STJ, REsp 1.713.147/MG, 3.ª Turma, Rel. Min. Nancy Andrighi, j. 11.12.2018, *DJe* 13.12.2018, p. 1.928).

Art. 795. É nula, no seguro de pessoa, qualquer transação para pagamento reduzido do capital segurado.

COMENTÁRIOS DOUTRINÁRIOS: No contrato de seguro de pessoa é considerada nula, por abusividade, qualquer transação para pagamento reduzido do capital segurado. O caso é de nulidade absoluta textual, nos termos do art. 166, inc. VII, primeira parte, do Código Civil. A norma tem uma enorme carga ética, mantendo relação direta com a boa-fé objetiva e a função social do contrato de seguro.

JURISPRUDÊNCIA COMENTADA: Como desdobramento natural da regra e mantendo coerência com o seu conteúdo, tem-se entendido que "é abusiva a cláusula do contrato de mútuo, que autoriza, em caso de falecimento do mutuário, o débito de saldo do mútuo do valor a ser recebido pela beneficiária do plano previdenciário. Ofensa aos artigos 794 e 795, do Código Civil" (TJMG, Apelação Cível 1.0114.14.005110-2/001, Rel. Des. José Marcos Vieira, j. 22.08.2018, *DJEMG* 31.08.2018). Na mesma linha: "Nulidade de disposição contratual que impõe a dedução de débitos do segurado do montante da indenização a ser paga ao beneficiário. Inteligência dos artigos 794 e 795 do Código Civil" (TJRS, Recurso Cível 0054273-11.2015.8.21.9000, 3.ª Turma Recursal Cível, Ijuí, Rel. Des. Régis de Oliveira Montenegro Barbosa, j. 28/01/2016, *DJERS* 03.02.2016).

Art. 796. O prêmio, no seguro de vida, será conveniado por prazo limitado, ou por toda a vida do segurado.

Parágrafo único. Em qualquer hipótese, no seguro individual, o segurador não terá ação para cobrar o prêmio vencido, cuja falta de pagamento, nos prazos previstos, acarretará, conforme se estipular, a resolução do contrato, com a restituição da reserva já formada, ou a redução do capital garantido proporcionalmente ao prêmio pago.

COMENTÁRIOS DOUTRINÁRIOS: No tocante ao prêmio a ser pago pelo segurado no seguro de vida, este será convencionado por prazo limitado ou por toda a vida do segurado, prevalecendo a autonomia privada das partes do contrato. Todavia, tal previsão não afasta a necessidade de observância dos princípios sociais contratuais, notadamente a boa-fé objetiva e a função social do contrato. Concretizando tais premissas, pontue-se que na *VI Jornada de Direito Civil*, em 2013, foi aprovado o Enunciado n. 542, segundo o qual a recusa de renovação das apólices de seguro de vida pelas seguradoras em razão da idade do segurado é discriminatória e atenta contra a função social do contrato. Ainda no que concerne ao art. 796 do CC/2002, sigo a doutrina que afirma a existência de três modalidades básicas de seguro de pessoa. A primeira delas é o *seguro de caso de morte*, hipótese em que a indenização é paga ao beneficiário ou beneficiários, ocorrendo o falecimento do segurado. A segunda é o *seguro de vida*, aquele em que a duração de vida do segurado serve de parâmetro para o cálculo do prêmio devido ao segurador, para que este último se comprometa a pagar determinada quantia ou renda. Por fim, tem-se o *seguro dotal*, modalidade individual, derivado de dote, que tem a finalidade de prover um capital ou uma renda a um determinado beneficiário, diante de um ato ou expectativa, como por exemplo a maioridade de um filho. Em qualquer uma das hipóteses apontadas, no seguro individual, o segurador não terá ação para cobrar o prêmio vencido, cuja falta de pagamento, nos prazos previstos, acarretará a resolução do contrato por inadimplemento, conforme o parágrafo único da norma em estudo. Com a extinção do contrato, deverá ser restituída a reserva já formada ou reduzido o capital garantido, proporcionalmente ao prêmio pago.

JURISPRUDÊNCIA COMENTADA: Confirmando o teor do Enunciado n. 542 da *VI Jornada de Direito Civil* do Superior Tribunal de Justiça e com o meu total apoio doutrinário: "Na hipótese em que o contrato de seguro de vida é renovado ano a ano, por longo período, não pode a seguradora modificar subitamente as condições da avença nem deixar de renová-la em razão do fator de idade, sem que ofenda os princípios da boa-fé objetiva, da cooperação, da confiança e da lealdade. A alteração no contrato de seguro consistente na majoração das prestações para o equilíbrio contratual é viável desde que efetuada de maneira gradual e com a prévia cientificação do segurado" (STJ, AgRg no AREsp 125.753/SP, 3.ª Turma, Rel. Min. João Otávio de Noronha, j. 06.08.2013, *DJe* 22.08.2013). Em complemento: "Consoante a jurisprudência da Segunda Seção, em contratos de seguro de vida, cujo vínculo vem se renovando ao longo de anos, não pode a seguradora modificar subitamente as condições da avença nem deixar de renová-la em razão do fator de idade, sem ofender os princípios da boa-fé objetiva, da cooperação, da confiança e da lealdade que devem orientar a interpretação dos contratos que regulam as relações de consumo. Admitem-se aumentos suaves e graduais necessários para reequilíbrio da carteira, mediante um cronograma extenso, do qual o segurado tem de ser cientificado previamente. (STJ, REsp 1.073.595/MG, Rel. Min. Nancy Andrighi, *DJe* 29.04.2011)" (STJ, AgRg no AREsp 257.905/MG, 3.ª Turma, Rel. Min. Sidnei Beneti, j. 26.02.2013, *DJe* 19.03.2013). Ressalve-se que, apesar de alguns arestos utilizarem como argumento principal a boa-fé objetiva, entendo que se trata de clara aplicação da função social dos contratos em sua eficácia interna, na linha do que consta do enunciado doutrinário aprovado na *VI Jornada de Direito Civil*. Ainda sobre a norma e interpretando o seu conteúdo, o Superior Tribunal de Justiça acabou por concluir, em acórdão prolatado em sua Segunda Seção no ano de 2018, que nos contratos de seguro de vida em grupo não há direito à renovação da apólice sem a concordância da seguradora ou à restituição dos prêmios pagos em contraprestação à cobertura do risco, no período delimitado no contrato. Em outras palavras, tal restituição somente se daria nos contratos de seguro individual. Como consta do acórdão, que não conta com o meu apoio, por gerar enriquecimento sem causa da seguradora, "à exceção dos contratos de seguro de vida individuais, contratados em caráter vitalício ou plurianual, nos quais há a formação de reserva matemática de benefícios a conceder, as demais modalidades são geridas sob o regime financeiro de repartição simples, de modo que os prêmios arrecadados do grupo de segurados ao longo do período de vigência do contrato destinam-se ao pagamento dos sinistros ocorridos naquele período. Dessa forma, não há que se falar em reserva matemática vinculada a cada participante e, portanto, em direito à renovação da apólice sem a concordância da seguradora, tampouco à restituição dos prêmios pagos em contraprestação à cobertura do risco no período delimitado no contrato. A cláusula de não renovação do seguro de vida, quando faculdade conferida a ambas as partes do contrato, mediante prévia notificação, independe de comprovação do desequilíbrio atuarial-financeiro, constituindo verdadeiro direito potestativo" (STJ, REsp 1.569.627/RS, 2.ª Seção, Rel. Min. Maria Isabel Gallotti, j. 22.02.2018, *DJe* 02.04.2018).

Art. 797. No seguro de vida para o caso de morte, é lícito estipular-se um prazo de carência, durante o qual o segurador não responde pela ocorrência do sinistro.

Parágrafo único. No caso deste artigo o segurador é obrigado a devolver ao beneficiário o montante da reserva técnica já formada.

COMENTÁRIOS DOUTRINÁRIOS: Em havendo seguro de vida para o caso de morte, é perfeitamente lícita a estipulação de prazo de carência, durante o qual a seguradora não responderá pela ocorrência do sinistro. Porém, diante do dever de informar decorrente da boa-fé objetiva, o prazo de carência precisa ser devidamente comunicado pela seguradora, com clareza no instrumento negocial, sob pena de nulidade da sua estipulação e imposição do pagamento do prêmio, o que tem como fundamento o art. 51, inc. IV, do CDC. Além disso, o prazo de carência não pode ser muito longo, sendo reconhecido como nulo por abusividade em casos tais e pelos mesmos fundamentos. Sendo reconhecida a validade da cláusula de carência, ocorrendo o sinistro, o segurador é obrigado a devolver ao beneficiário o montante da reserva técnica formada. Como é notório, essa reserva técnica é constituída pelos valores pagos pelo segurado, para garantir eventual cumprimento do contrato pela seguradora diante do sinistro.

JURISPRUDÊNCIA COMENTADA: Tem-se entendido que a norma em questão, especialmente o seu parágrafo único, não merece interpretação restritiva, sob pena de se retirar um direito legítimo do segurado: "O artigo 797 do Código Civil impõe à seguradora, na hipótese de morte do segurado dentro do prazo de carência, a obrigação de restituir a reserva técnica ao beneficiário, sem apontar, contudo, qualquer ressalva quanto à espécie de seguro, se em grupo ou individual, não se conferindo ao intérprete proceder a uma interpretação restritiva" (STJ, REsp 1.038.136/MG, 3.ª Turma, Rel. Min. Massami Uyeda, j. 03.06.2008, *DJe* 23.06.2008). Além disso, sobre a principal polêmica que envolve o próximo artigo a ser comentado, tem-se aplicado normalmente a parte final do comando, atribuindo-se ao segurado que se suicida o direito à reserva técnica: "Consoante cediço na Segunda Seção, o suicídio ocorrido nos dois primeiros anos de vigência inicial do contrato de seguro de vida não enseja o pagamento da indenização contratada na apólice, independentemente de haver ou não premeditação na execução do ato, ressalvado o direito do beneficiário ao ressarcimento do montante da reserva técnica já formada, nos termos do parágrafo único do artigo 797 do Código Civil" (STJ, Ag. Rg. AREsp 686.960/PR, 4.ª Turma, Rel. Min. Marco Buzzi, *DJe* 11.12.2015). Sobre o reconhecimento da validade do prazo de carência no seguro de vida, sem que haja qualquer abusividade, entre os vários acórdãos estaduais, colaciona-se: "Falecimento ocorrido durante o prazo de carência previsto no contrato. Pagamento indevido. Possibilidade de estipulação de prazo de carência. Ausência de abusividade na estipulação. Aplicação do artigo 797 do CC/2002" (TJSP, Apelação 1020155-71.2017.8.26.0564, Acórdão 12043779, 32.ª Câmara de Direito Privado, São Bernardo do Campo, Rel. Des. Ruy Coppola, j. 30.11.2018, *DJESP* 05.12.2018, p. 2.935). Ou, ainda, afastando a alegação de vício do consentimento: "É lícita a previsão de período de carência na hipótese do seguro de vida por morte, a teor do art. 797 do Código Civil. Não há que se falar em vício de consentimento quando o segurado tem conhecimento prévio das condições contratuais" (TJMG, Apelação Cível 1.0024.13.284199-0/002, Rel. Des. Amauri Pinto Ferreira, j. 08.03.2018, *DJEMG* 20.03.2018). Entretanto, na linha dos meus comentários, reconhecendo a nulidade da cláusula de carência por falta de clareza no instrumento, por todos: "Via de regra, inexiste irregularidade ou abusividade na inclusão de prazo de carência no seguro de vida para o caso de morte, consoante estabelece o art. 797, *caput*, do Código Civil. Contudo, o contrato de seguro está submetido às normas do Código de Defesa do Consumidor, devendo ser interpretado de maneira mais favorável à parte mais fraca nesta relação. No caso concreto, a Ré não atendeu o dever de informação preconizado nos arts. 6º, III, e 54, § 4º, do CDC, uma vez que não se extrai da proposta qualquer referência ao prazo de carência, tendo sido apenas mencionado que as informações sobre carência e outras constam da via do proponente. Outrossim, não houve a apresentação da suposta via do proponente e nem mesmo qualquer indício de que as condições gerais foram submetidas à análise do segurado, assim, é devida a indenização securitária para o caso de morte natural" (TJMG, Apelação Cível 1.0074.16.006258-9/001, Rel. Des. Marcos Henrique Caldeira Brant, j. 13.12.2017, *DJEMG* 24.01.2018). Concluindo o mesmo modo, destaque-se: "Aplicação à hipótese das regras dispostas no Código de Defesa do Consumidor. 'Em que pese o disposto no art. 797 do Código Civil, ausente prova eficaz de que o segurado, quando da contratação, obteve plena e inequívoca ciência acerca da cláusula limitativa de direitos. Reconhecimento de abusividade da cláusula, com fundamento nos arts. 54, § 4º, e 6º, III, bem como art. 46, todos do CDC. Obrigação de indenizar reconhecida'" (TJSP, Apelação 1005570-80.2015.8.26.0597, Acórdão 9950160, 34.ª Câmara de Direito Privado, Sertãozinho, Rel. Des. Cristina Zucchi, j. 04.11.2016, *DJESP* 17.11.2016).

REFORMA DO CÓDIGO CIVIL: A Subcomissão de Direito dos Contratos, em proposta aceita pelos Relatores-Gerais e demais membros da Comissão de Juristas, sugere a inclusão de uma locução final no parágrafo único do art. 797, que passaria a enunciar o seguinte: "No caso deste artigo, o segurador é obrigado a devolver ao beneficiário o montante da reserva técnica já formada, nas modalidades de seguro em que houver". Isso porque, conforme as suas justificativas, "nem todos os seguros de vida para o caso morte possuem reserva técnica passível de devolução. Os seguros de vida coletivos por adotarem regime de repartição simples não constituem reserva matemática (ou técnica), ao contrário do que ocorre com seguros individuais. Assim, é preciso inserir essa pequena observação para distinguir adequadamente a situação de devolução da reserva ao beneficiário". Trata-se, portanto, de mais uma proposição que visa trazer mais certeza e segurança jurídica para o contrato de seguro.

Art. 798. O beneficiário não tem direito ao capital estipulado quando o segurado se suicida nos primeiros dois anos de vigência inicial do contrato, ou da sua recondução depois de suspenso, observado o disposto no parágrafo único do artigo antecedente.

Parágrafo único. Ressalvada a hipótese prevista neste artigo, é nula a cláusula contratual que exclui o pagamento do capital por suicídio do segurado.

COMENTÁRIOS DOUTRINÁRIOS: Pela literalidade do comando, com relação ao beneficiário do seguro de vida, este não terá direito ao capital estipulado quando o segurado cometer suicídio nos primeiros dois anos de vigência inicial do contrato, ou da sua recondução depois de suspenso, exceção feita para a reserva técnica já formada, que deverá ser devolvida. Ressalvada tal hipótese, é nula a cláusula contratual que exclui o pagamento do capital por suicídio do segurado. Já aditando sobre o comentário jurisprudencial que será feito sobre a temática, a questão do suicídio do segurado já era tratada por duas súmulas de Tribunais Superiores, a primeira delas cancelada, como se verá a seguir. Conforme a antiga Súmula n. 61 do STJ, do ano de 1992, "o seguro de vida cobre o suicídio não premeditado". Em complemento, na dicção da Súmula n. 105 do STF, "salvo se tiver havido premeditação, o suicídio do segurado no período contratual de carência não exime o segurador do pagamento do seguro". Percebe-se que o legislador do Código Civil de 2002, nos exatos termos da lei, preferiu não tratar da questão da premeditação do suicídio, o que dependia de difícil prova, trazendo um critério temporal objetivo como faz, por exemplo, o Código Civil Italiano. Conforme o seu art. 1.927, em tradução livre, em caso de suicídio do segurado, ocorrido nos dois primeiros anos contados da estipulação do contrato, o beneficiário não terá direito ao pagamento da soma assegurada, salvo se o contrato trouxer previsão em contrário. Desse modo, a codificação brasileira em vigor traz um prazo de carência de dois anos, contados da celebração do contrato. Somente após esse período é que o beneficiário terá direito à indenização ocorrendo o suicídio do segurado, o que não exclui o seu direito à reserva técnica, como pontuei nas anotações ao preceito anterior. Na linha da melhor doutrina, pode-se dizer que o Código Civil de 2002 criou uma nova modalidade de seguro, o *seguro de suicídio a prazo determinado*. Como bem pontua o coautor Mário Luiz Delgado em outra obra, o prazo de dois anos pode ser tido como um *prazo de inseguração*, o que tornaria, para ele, ociosas as antigas súmulas dos Tribunais Superiores aqui citadas. Em sentido parcialmente contrário a essa posição, na *III Jornada de Direito Civil*, em 2004, foi aprovado o Enunciado n. 187 do Conselho da Justiça Federal, com a seguinte redação: "No contrato de seguro de vida, presume-se, de forma relativa, ser premeditado o suicídio cometido nos dois primeiros anos de vigência da cobertura, ressalvado ao beneficiário o ônus de demonstrar a ocorrência do chamado 'suicídio involuntário'". O enunciado, na minha interpretação, retoma o conteúdo das antigas súmulas, e mitigaria corretamente o rigor a respeito do prazo de dois anos, sendo pertinente se verificar, a seguir, como a jurisprudência analisou a questão sob a vigência do Código Civil de 2002, encerrando esse debate.

JURISPRUDÊNCIA COMENTADA: Ainda sob a regência das duas súmulas superiores, o Superior Tribunal de Justiça vinha entendendo que "o suicídio não premeditado à época da contratação do seguro deve ser considerado abrangido pelo conceito de acidente para fins de seguro" (STJ, REsp 472.236/RS, 3.ª Turma, Rel. Min. Nancy Andrighi, julgado em 15.05.2003, *DJ* 23.06.2003, p. 361). A questão acabou por ser *temperada* pela emergência do Código Civil de 2002 e pelo conteúdo do Enunciado n. 187 da *III Jornada de Direito Civil*, que trazia a ideia de presunção relativa a respeito da premeditação do suicídio. Nesse sentido, cite-se julgado anterior do Superior do Tribunal de Justiça, que mitigou a força do comando em estudo. A decisão foi assim publicada no *Informativo* n. *440* da Corte, com menção ao princípio da boa-fé objetiva: "Trata-se de ação de cobrança de seguro de vida ajuizada por beneficiário da apólice em decorrência da morte de sua companheira provocada por suicídio ocorrido após cinco meses da contratação do seguro. A controvérsia, no REsp, consiste em examinar se o advento do art. 798 do CC/2002 (que inovou ao fixar o prazo de dois anos de vigência inicial do contrato para excluir o pagamento do seguro) importa uma presunção absoluta de suicídio premeditado desde que ocorrido no prazo estipulado no citado artigo. No sistema anterior (CC/1916), como cediço, predominava a orientação de que a exclusão da cobertura securitária somente alcançava as hipóteses de suicídio premeditado e o ônus da prova cabia à seguradora (*ex vi* Sum. n. 105-STF e Sum. n. 61-STJ). Esclarece o Min. Relator ser evidente que o motivo da norma é a prevenção de fraude contra o seguro, mas daí admitir que aquele que comete suicídio dentro do prazo previsto no CC/2002 age de forma fraudulenta, contratando o seguro com a intenção de provocar o sinistro, a seu ver, seria injusto. Isso porque a boa-fé deve ser sempre presumida enquanto a má-fé, ao contrário, necessita de prova escorreita de sua existência. Dessa forma, o fato de o suicídio ter ocorrido no período de carência previsto pelo CC/2002, por si só, não acarreta a exclusão do dever de indenizar, já que o disposto no art. 798, *caput*, do referido Código não afastou a necessidade da comprovação inequívoca da premeditação do suicídio. Por outro lado, explica que a interpretação literal do citado artigo representa exegese estanque que não considera a realidade do caso frente aos preceitos de ordem pública estabelecidos pelo CDC aplicáveis obrigatoriamente na hipótese, pois se trata de uma típica relação de consumo. Também observa o Min. Relator que há certa confusão entre a premeditação ao suicídio por ocasião da contratação com premeditação ao próprio ato. Uma coisa é a contratação causada pela premeditação ao suicídio e outra, diferente, é a preparação do ato suicida; assim, o que permite a exclusão de cobertura é a primeira hipótese, o que não se verifica no caso dos autos; visto que não há prova alguma da premeditação da segurada em matar-se, caberia então à seguradora comprová-la. Após essas considerações, entre outras, conclui o Min. Relator que, salvo comprovação da premeditação, no período de carência (dois anos), não há que se eximir o segurador do pagamento do seguro de vida. Diante do exposto, a Turma prosseguindo o julgamento, por maioria, deu provimento ao recurso" (STJ, REsp 1.077.342/MG, Rel. Min. Massami Uyeda, j. 22.06.2010). Como se percebe, a jurisprudência superior entendia pela presunção de boa-fé em benefício do segurado-consumidor, o que vinha sendo aplicado de forma sucessiva pelo Superior Tribunal de Justiça (ver, na mesma linha, decisão publicada no *Informativo* n. *469* daquela Corte: STJ, AgRg. no Ag. 1.244.022/RS, Rel. Min. Luis Felipe Salomão, j. 13.04.2011). Em suma, julgava-se que a premeditação deveria ser analisada para a atribuição ou não do pagamento do capital segurado. Porém, em maio de 2015, o Superior Tribunal de Justiça mudou o seu entendimento anterior, posicionando-se atualmente de forma consolidada no sentido de uma análise puramente objetiva do prazo de dois anos, não cabendo o pagamento da indenização se o fato ocorrer nesse lapso temporal. Conforme a ementa da Segunda Seção do Tribunal da Cidadania, prolatada em sede de incidente de recursos repetitivos, "de acordo com a redação do art. 798 do Código Civil de 2002, a seguradora não está obrigada a indenizar o suicídio ocorrido dentro dos dois primeiros anos do contrato. O legislador estabeleceu critério objetivo para regular a matéria, tornando irrelevante a discussão a respeito da premeditação da morte, de modo a conferir maior segurança jurídica à relação havida entre os contratantes" (STJ, AgRg nos EDcl nos EREsp 1.076.942/PR, 2.ª Seção, Rel. Min. Nancy Andrighi, Rel. p/ Acórdão Min. João Otávio de Noronha, j. 27.05.2015, *DJe* 15.06.2015). Em 2018, o mesmo Tribunal editou sumular exatamente nessa linha, prevendo que "o suicídio não é coberto nos dois primeiros anos de vigência do contrato de seguro de vida, ressalvado o direito do beneficiário à devolução do montante da reserva técnica formada" (Súmula n. 610 do STJ). Em complemento, foi cancelada a antiga Súmula n. 61 da Corte, aqui antes transcrita. O julgamento que gerou a sumular não foi unânime no Tribunal da Cidadania. Com o devido respeito, entendo que a mera análise objetiva do prazo de dois anos está apegada à rigidez legal, distanciando-se da efetiva proteção dos segurados consumidores. Assim, com o devido respeito, lamenta-se a mudança de posição do Superior Tribunal de Justiça, sendo certo que sempre estive filiado ao conteúdo do Enunciado n. 187 da *III Jornada de Direito Civil*. De todo modo, nos termos do que está nos arts. 926 e 927 do Código de Processo Civil, havendo ementa de súmula do STJ, com efeito vinculativo, essa é a posição a ser considerada para os devidos fins práticos.

Art. 799. O segurador não pode eximir-se ao pagamento do seguro, ainda que da apólice conste a restrição, se a morte ou a incapacidade do segurado provier da utilização de meio de transporte mais arriscado, da prestação de serviço militar, da prática de esporte, ou de atos de humanidade em auxílio de outrem.

COMENTÁRIOS DOUTRINÁRIOS: Tendo em vista a própria natureza jurídica do seguro de vida, o segurador não pode eximir-se do pagamento do seguro, ainda que da apólice conste a restrição, se a morte ou a incapacidade do segurado provier da utilização de meio de transporte mais arriscado, da prestação de serviço militar, da prática de esporte, ou de atos de humanidade em auxílio de outrem. A título de exemplo, alguém celebra um contrato de seguro de vida inteira, do qual consta sua esposa como beneficiária. O segurado é lutador de artes marciais, dedicando-se à prática do esporte três vezes por semana. Certo dia, por acidente, o segurado recebe um chute na cabeça vindo a falecer. Mesmo nesse caso, haverá responsabilidade da seguradora pelo sinistro, devendo a indenização ser paga à sua mulher. Em casos de dúvidas, eventual cláusula excludente merece interpretação restritiva, prevalecendo a autonomia privada do segurado quanto à escolha dos seus atos na vida cotidiana.

JURISPRUDÊNCIA COMENTADA: Julgando hipótese de seguro de vida feita para militares, do Tribunal do Distrito Federal e por todos os julgados: "A incapacidade decorrente da atividade militar deve ser indenizada pelos contratos de seguro pessoal por expressa previsão legal do art. 799 do Código Civil. A incapacidade do militar deve ser indenizada conforme cláusula contratual que prevê, para os casos de invalidez permanente total a indenização corresponde a 200% do valor da cobertura básica vigente na data do acidente, considerando-se como cobertura básica" (TJDF, Recurso 2014.01.1.126998-7, Acórdão 912.360, 3.ª Turma Cível, Rel. Des. Ana Cantarino, *DJDFTE* 29.01.2016, p. 104). Também sobre seguro feito por militar, tratando de um ato de humanidade e citando em seu corpo o teor do Enunciado n. 370 da *IV Jornada de Direito Civil*, aqui antes mencionado: "Seguro contra acidentes pessoais. Policial civil morto ao reagir a roubo ocorrido fora do horário de expediente de trabalho. Pagamento da indenização negado pela seguradora apelante. Cláusula do contrato de seguro que prevê exclusão de cobertura para sinistros ocorridos fora do horário de trabalho. Recusa inadmissível. Como já assentado em iterativa jurisprudência, o policial civil ou militar encontra-se em serviço 24 horas por dia. Destarte, toda vez que deparar-se com uma situação que exija sua atuação, deve intervir, por força de seu dever funcional de evitar a consumação de qualquer delito. Vítima faleceu quando realizava seu mister ainda que fora da escala de serviço. Bem por isso, o pagamento da indenização securitária, prevista para morte, a seus ascendentes, é de rigor. Cláusula contratual de exclusão invocada pela seguradora que não pode ser analisada de forma isolada. Com efeito, a jurisprudência, ao interpretar o dispositivo contido no art. 757, do Código Civil, firmou entendimento de que nos contratos de seguro por adesão (caso dos autos), os riscos predeterminados indicados no art. 757, parte final, devem ser interpretados de acordo com os arts. 421, 422, 424, 759 e 799, do Código Civil e 1º, inc. III, da Constituição Federal. Em outras palavras, a cláusulas contratuais devem ser analisadas e interpretadas à luz dos princípios da boa-fé objetiva e função social do contrato, de modo a maximizar a tutela da dignidade da pessoa" (TJSP, Apelação 0038172-54.2013.8.26.0002, Acórdão 8744783, 29.ª Câmara de Direito Privado, São Paulo, Rel. Des. Neto Barbosa Ferreira, j. 26.08.2015, *DJESP* 03.09.2015). Como não poderia ser diferente, estou filiado à última forma de julgar.

REFORMA DO CÓDIGO CIVIL: As propostas de alteração do art. 799 do Código Civil foram feitas originalmente pela Professora Angélica Carlini e aceitas pelos demais membros da subcomissão e pela Relatoria-Geral, após intensos debates. Visam trazer uma maior carga ética ao contrato de seguro, com os fins de não eximir da responsabilidade prestadores de serviços esportivos que envolvem alto risco. Nesse contexto, o *caput* do dispositivo passaria a prever, inicialmente, que "o segurador não pode eximir-se do pagamento do seguro, ainda que da apólice conste a restrição, se a morte ou a incapacidade do segurado provierem da utilização de meio de transporte mais arriscado, da prestação de serviço militar, da prática de esporte ou de atos de humanidade, até mesmo heroicos, em auxílio de outrem". Como se vê, com justiça, os atos heroicos do segurado foram incluídos, para os fins de que exista cobertura securitária e que ela não possa ser afastada. Porém, nos termos do parágrafo único ora proposto, "não incide a proibição do *caput*, se o segurado não descreveu a modalidade de esporte de alto risco praticado". Não havendo, portanto, a descrição na apólice ou no contrato, pelo próprio segurado, do esporte de risco que pratica – como nos casos de ciclismo, paraquedismo e rapel, somente para ilustrar –, não há que se falar em cobertura securitária.

Art. 800. Nos seguros de pessoas, o segurador não pode sub-rogar-se nos direitos e ações do segurado, ou do beneficiário, contra o causador do sinistro.

COMENTÁRIOS DOUTRINÁRIOS: Como antes anotado, nos seguros de pessoas, o segurador não pode sub-rogar-se nos direitos e ações do segurado, ou do beneficiário, contra o causador do sinistro. A norma em comento, portanto, afasta a aplicação dos conteúdos da Súmula n. 188 do STF e do art. 786 do Código Civil para os casos de seguro de pessoas.

Art. 801. O seguro de pessoas pode ser estipulado por pessoa natural ou jurídica em proveito de grupo que a ela, de qualquer modo, se vincule.

§ 1º O estipulante não representa o segurador perante o grupo segurado, e é o único responsável, para com o segurador, pelo cumprimento de todas as obrigações contratuais.

§ 2º A modificação da apólice em vigor dependerá da anuência expressa de segurados que representem três quartos do grupo.

COMENTÁRIOS DOUTRINÁRIOS: O seguro de pessoas pode ser estipulado por pessoa natural ou jurídica em proveito de grupo que a ela se vincule de qualquer modo. Trata-se do que se denomina como *seguro de vida em grupo*. Nessa modalidade securitária, o estipulante não representa o segurador perante o grupo segurado, mas é o único responsável, para com o segurador, pelo cumprimento de todas as obrigações contratuais. Ademais, a modificação da apólice em vigor dependerá da anuência expressa de segurados que representem três quartos do grupo formado. Em relação ao § 2º do dispositivo, que trata do *quorum* de modificação da apólice, prevê o Enunciado n. 375 do Conselho da Justiça Federal, aprovado na *IV Jornada de Direito Civil*, que "no seguro em grupo de pessoas, exige-se o *quorum* qualificado de 3/4 do grupo, previsto no § 2º do art. 801 do Código Civil, apenas quando as modificações impuserem novos ônus aos participantes ou restringirem seus direitos na apólice em vigor". Em outras palavras, para modificações que tenham outra natureza, o *quorum qualificado* de 3/4 do grupo pode ser dispensado pelas partes integrantes do contrato. Como último comentário, também nesse caso aplica-se o CDC em relação aos membros do grupo e à seguradora, não havendo qualquer razão técnica para se afastar essa subsunção.

JURISPRUDÊNCIA COMENTADA: De início, merece destaque a posição jurisprudencial no sentido de que "a cobrança de seguro de vida em grupo não se amolda na definição de direito personalíssimo, uma vez que os contratos de seguro regem relação de natureza patrimonial, e não personalíssima, estando previstos nos artigos 757 a 802, todos do Código Civil" (TJMG, Apelação Cível 1.0024.07.488091-5/0011, 10.ª Câmara Cível, Belo Horizonte, Rel. Des. Electra Benevides, j. 11.08.2009, *DJEMG* 28.08.2009). Entre os vários acórdãos que aplicam o teor do Enunciado n. 375, e são muitos: "A estipulante do contrato de seguro define, juntamente com a seguradora, as cláusulas que irão reger o pacto, sendo responsável pela administração e integral cumprimento do contrato. Inteligência do art. 801, § 1º, do Código Civil. Por outro lado, o art. 801, § 2º, da legislação precitada determina que nos seguros de pessoas em grupo, o estipulante só poderá modificar a apólice contratada se houver anuência expressa de 3/4 do grupo segurado. No mesmo sentido é o Enunciado n. 375 do CEJ e o art. 4º, inciso II, da Resolução CNSP 107/2004. Regulação aplicável no seguro de vida em grupo contributário, ou seja, aquele em que a parte segurada contribui para o pagamento do prêmio" (TJRS, Apelação Cível 0201392-54.2018.8.21.7000, 5.ª Câmara Cível, Marau, Rel. Des. Jorge Luiz Lopes do Canto, j. 29.08.2018, *DJERS* 06.09.2018). Em outra questão prática importante, muitos julgados, de Cortes Estaduais distintas, têm concluído que "o estipulante da apólice coletiva a que se refere o seguro fica investido dos poderes de representação dos segurados perante a seguradora. É parte ilegítima para figurar no polo passivo da ação a entidade responsável pela arrecadação do prêmio para a seguradora, isto porque é mera estipulante do contrato de seguro. Inteligência do art. 801 do Código Civil e do artigo 21, § 2º, do Decreto-lei n. 73, de 21 de novembro de 1966" (TJSP, Apelação 0008423-86.2014.8.26.0024, Acórdão 11343652, 32.ª Câmara de Direito Privado, Andradina, Rel. Des. Luis Fernando Nishi, j. 05.04.2018, *DJESP* 12.04.2018, p. 2.521). Entre os julgados que reconhecem a aplicação do CDC a tais figuras contratuais, colaciona-se, por todos: "Contrato coletivo de seguro de pessoas (art. 801, do Código Civil) que se assemelha da estipulação em favor de terceiro. Arts. 436/438, do CC. Relação contratual que não elide o Código de Defesa do Consumidor entre o beneficiário e a seguradora. Dever de informação que constitui direito básico do consumidor (art. 6º, III, da Lei n. 8.078, de 1990) e dever anexo ínsito ao contrato. Obrigação ativa do fornecedor, a quem competia comprovar ciência prévia do teor da apólice não apenas à contratante, mas, também, ao beneficiário do seguro. Sob risco de ineficácia dos termos do contrato (art. 46, do CDC). Ausência de ciência do segurado sobre os critérios restritivos da indenização securitária. Cláusula ineficaz (artigos 46 e 54, § 4º, do CDC) que impõe a suplementação do valor pago administrativamente. É próprio da natureza do contrato de seguro estipular riscos predeterminados (rol taxativo. Art. 757, do Código Civil), o que não significa, porém, admitir cláusulas abusivas (art. 51, do Código de Defesa do Consumidor) ou interpretá-las em desconformidade com a função social do negócio jurídico (art. 421, do Código Civil). Ilícita a interpretação restritiva, cerceando a cobertura securitária, suficiente a prova do quadro incapacitante do exercício das relações laborais" (TJSP, Apelação 0027763-16.2012.8.26.0564, Acórdão 8922910, 30.ª Câmara de Direito Privado, São Bernardo do Campo, Rel. Des. Maria Lúcia Pizzotti, j. 21.10.2015, *DJESP* 29.10.2015). Em 2023, a respeito do dispositivo, o Superior Tribunal de Justiça julgou o Tema n. 1112, em sede de recursos repetitivos e repercussão geral, com as seguintes teses: "(i) na modalidade de contrato de seguro de vida coletivo, cabe exclusivamente ao estipulante, mandatário legal e único sujeito que tem vínculo anterior com os membros do grupo segurável (estipulação própria), a obrigação de prestar informações prévias aos potenciais segurados acerca das condições contratuais quando da formalização da adesão, incluídas as cláusulas limitativas e restritivas de direito previstas na apólice mestre, e (ii) não se incluem, no âmbito da matéria afetada, as causas originadas de estipulação imprópria e de falsos estipulantes, visto que as apólices coletivas nessas figuras devem ser consideradas apólices individuais, no que tange ao relacionamento dos segurados com a sociedade seguradora" (STJ, REsp 1.874.811/SC, Rel. Min. Ricardo Villas Bôas Cueva, 2.ª Seção, j. 02.03.2023, *DJe* 10.03.2023).

REFORMA DO CÓDIGO CIVIL: Com vistas a aperfeiçoar o preceito, a Subcomissão de Direito dos Contratos sugere melhoras e ajustes nos dois parágrafos do art. 801 do Código Civil. No § 2º inclui-se o teor do Enunciado n. 375 da *IV Jornada de Direito Civil*, passando a prever que "A modificação da apólice em vigor dependerá da anuência expressa de segurados que representem três quartos do grupo, apenas quando as modificações impuserem ônus aos segurados ou restringirem seus direitos na apólice em vigor". O § 3º, por sua vez, passará a enunciar que "Cabe exclusivamente ao estipulante a obrigação de prestar informações prévias aos potenciais segurados acerca das condições contratuais, quando da formalização da adesão, incluídas as cláusulas limitativas e restritivas de direito previstas na apólice mestre". Trata-se, como se pode perceber, da adoção de uma das teses fixadas pelo Superior Tribunal de Justiça quando o julgamento do Tema n. 1.112, de repercussão geral. Como se sabe, um dos nortes da Reforma do Código Civil é justamente a adoção de precedentes vinculativos dos Tribunais Superiores, como é o caso.

Art. 802. Não se compreende nas disposições desta Seção a garantia do reembolso de despesas hospitalares ou de tratamento médico, nem o custeio das despesas de luto e de funeral do segurado.

COMENTÁRIOS DOUTRINÁRIOS: Como último preceito relativo ao contrato de seguro, está previsto que não se aplicam as regras previstas para o seguro de pessoas tratadas no Código Civil à garantia do reembolso de despesas hospitalares ou de tratamento médico, nem ao custeio das despesas de luto e de funeral do segurado, nos termos do art. 948, inc. I, do Código Civil. Esses valores, conforme aponta a doutrina, devem ser considerados como objeto de contrato de seguro de dano, e não do seguro de vida.

CAPÍTULO XVI
DA CONSTITUIÇÃO DE RENDA

Art. 803. Pode uma pessoa, pelo contrato de constituição de renda, obrigar-se para com outra a uma prestação periódica, a título gratuito.

COMENTÁRIOS DOUTRINÁRIOS: A constituição de renda, pelo Código Civil anterior, era tratada tanto como contrato (arts. 1.424 a 1.431 do CC/1916) quanto como um direito real sobre coisa alheia, recebendo, no último caso, a denominação rendas constituídas sobre imóvel (arts. 749 a 754 do CC/1916). Diante do princípio da operabilidade, no sentido de facilitação do Direito Privado, o Código Civil de 2002 regula o instituto tão somente como um contrato típico (arts. 803 a 813 do CC/2002). Por meio desse negócio jurídico, uma pessoa, denominada *instituidor, censuísta* ou *censuente*, entrega determinada quantia em dinheiro, bem móvel ou imóvel ao *rendeiro, censuário* ou *censatário*, obrigando-se este último, se for o caso, a pagar ao primeiro, de forma temporária, certa renda periódica, que pode ser instituída a favor do próprio rendeiro ou de terceiro. Em regra, essa transmissão ocorrerá de forma gratuita, não havendo qualquer contraprestação por parte do rendeiro, conforme enuncia o preceito em comentário. Apesar de a norma mencionar o caráter temporário da constituição de renda, nada impede que ela seja vitalícia. Quanto à sua natureza jurídica, trata-se de um contrato unilateral – em regra –, gratuito – em regra –, comutativo – em regra, mas que pode assumir a forma aleatória –, real – pois tem aperfeiçoamento com a entrega da coisa, como se verá –, temporário e solene, segundo a maioria da doutrina. A constituição de renda pode ser instituída por ato *inter vivos* ou *mortis causa*, inclusive por testamento, o que depende da autonomia privada do instituidor ou censuísta. A constituição de renda também pode ser feita por meio de sentença judicial, como ocorre com o pagamento dos alimentos indenizatórios ou ressarcitórios, no caso de homicídio, às pessoas que do morto dependeriam, nos termos do art. 948, inc. II, do CC. A causa, entretanto, está fundada em responsabilidade civil, em um direito subjetivo, não na autonomia privada, o que foge do estudo do Direito Contratual.

JURISPRUDÊNCIA COMENTADA: Admitindo a constituição de renda vitalícia, conforme a minha anotação, julgou o Superior Tribunal de Justiça em 2014 que, "na redação do art. 1.424 do Código Civil de 1916, o legislador, ao utilizar a expressão 'por tempo determinado', não restringe a constituição de renda àqueles casos em que há dia certo para cessar a prestação. Autorizada está a constituição de renda vitalícia, ao contrário da perpétua" (STJ, AgRg no REsp 1.445.144/MS, 4.ª Turma, Rel. Min. Luis Felipe Salomão, j. 26.08.2014, *DJe* 01.09.2014). Destaque-se, ainda, julgado superior que concluiu que a constituição de renda de alimentos feita de forma gratuita não está sujeita ao binômio necessidade/possibilidade, o que me parece correto. Conforme a ementa, "tendo sido estabelecido, pela instância ordinária, que a prestação recebida pela ré, embora intitulada de alimentos, tem natureza de renda vitalícia (Código Civil arts. 803 e seguintes), ajustada, no acordo de separação, 'como verdadeiro sucedâneo da partilha de bens' a que faria *jus*, não se lhe aplica a disciplina do art. 1.699 do Código Civil, segundo a qual os alimentos são estabelecidos conforme a necessidade do alimentado e a possibilidade do alimentante". E mais: "Igualmente não se confunde tal prestação com a construção doutrinária dos 'alimentos compensatórios', cujo escopo, nos termos do decidido no Recurso Especial n. 1.290.313/AL (4.ª Turma, Relator Ministro Antônio Carlos Ferreira) volta-se a 'corrigir ou atenuar eventual desequilíbrio econômico-financeiro decorrente da ruptura do vínculo conjugal, em relação ao cônjuge desprovido de bens e de meação'" (STJ, REsp 1.330.020/SP, 4.ª Turma, Rel. Min. Luis Felipe Salomão, Rel. p/ Acórdão Min. Maria Isabel Gallotti, j. 04.10.2016, *DJe* 23.11.2016).

Art. 804. O contrato pode ser também a título oneroso, entregando-se bens móveis ou imóveis à pessoa que se obriga a satisfazer as prestações a favor do credor ou de terceiros.

COMENTÁRIOS DOUTRINÁRIOS: Em regra, como anotado, a constituição de renda é um contrato unilateral e gratuito. Porém, nada impede que a constituição de renda seja bilateral e onerosa. No último caso, é possível que o instituidor entregue bens móveis ou imóveis ao rendeiro, que se obriga a satisfazer as prestações, por meio de uma renda em favor do credor ou de terceiros.

Art. 805. Sendo o contrato a título oneroso, pode o credor, ao contratar, exigir que o rendeiro lhe preste garantia real, ou fidejussória.

COMENTÁRIOS DOUTRINÁRIOS: Sendo o contrato de constituição de renda oneroso, pode o credor (instituidor ou censuísta), ao contratar, exigir que o rendeiro lhe preste garantia real ou fidejussória. Entre as primeiras, cite-se uma hipoteca ou um penhor. Entre as últimas, a fiança, que é garantia pessoal.

Art. 806. O contrato de constituição de renda será feito a prazo certo, ou por vida, podendo ultrapassar a vida do devedor mas não a do credor, seja ele o contratante, seja terceiro.

COMENTÁRIOS DOUTRINÁRIOS: Sendo um contrato temporário, a constituição de renda será feita a prazo certo, ou por vida, podendo ultrapassar a vida do devedor – rendeiro ou censuário –, mas não a do credor – instituidor ou censuísta –, seja ele o contratante ou um terceiro. Nota-se, assim, que o contrato é personalíssimo ou *intuitu personae* em relação ao credor, mas não quanto ao devedor, podendo a obrigação ser transmitida aos seus herdeiros, até os limites da herança e na forma do art. 1.792 do próprio Código Civil.

JURISPRUDÊNCIA COMENTADA: Trazendo interessante aplicação sobre as conclusões retiradas deste preceito e das regras relativas à doação, transcreve-se, do Tribunal Fluminense: "Apelação cível. Viúva de ex-funcionário de empresa seguradora, que chegara a ocupar o cargo de presidência, e que percebia do empregador pensão suplementar de aposentadoria. Advento do falecimento do beneficiário. Requerimento da viúva, dependente do falecido, de extensão do benefício a seu favor, atendido pela ré. Suspensão unilateral do benefício, anos mais tarde. Impossibilidade. Benefício oriundo de pacto com o falecido funcionário cuja finalidade era *intuitu familiae*, visando não apenas ao sustento do funcionário, como também de sua unidade familiar. Contrato de constituição de renda, ao qual se aplicam os princípios do contrato de doação, de forma que, falecendo o credor, transfere-se o benefício ao direito do cônjuge ou herdeiro (art. 1.178 do CC/16)" (TJRJ, Acórdão 2006.001.38660, 17.ª Câmara Cível, Rel. Des. Marcos Alcino A. Torres, j. 17.01.2007).

Art. 807. O contrato de constituição de renda requer escritura pública.

COMENTÁRIOS DOUTRINÁRIOS: A necessidade de escritura pública para o contrato de constituição de renda não tinha correspondente na codificação anterior, sendo aplicada aos casos em que o contrato for oneroso. Entendo que o dispositivo somente será aplicado para os casos envolvendo bens imóveis com valor superior a trinta salários mínimos, diante do que consta do art. 108 do próprio Código Civil de 2002. Advirta-se, contudo, que a grande maioria da doutrina civilista entende que o art. 807 do CC/2002 incide para todos os casos envolvendo o contrato em questão, não importando o seu conteúdo, inclusive nos casos envolvendo valores pecuniários e bens móveis. Em suma, esse é o entendimento majoritário, que aponta que o negócio é sempre solene e formal, pois o comando em comentário é tido como norma especial a prevalecer sobre o art. 108 da mesma codificação material. Entretanto, que fique claro que em decorrência da relação do art. 108 do CC com o princípio da função social dos contratos, preceito de ordem pública e com fundamento constitucional – como se retira do art. 2.035, parágrafo único, do CC/2002 e do art. 5º, incs. XXII e XXIII, da CF/1988 –, continuo a entender que o contrato de constituição de renda pode ser solene – nos casos envolvendo bens imóveis com valor superior a 30 salários mínimos –, ou não solene – nos casos envolvendo bens imóveis com valor igual ou inferior a 30 salários mínimos e bens móveis. Isso porque a regra do art. 108 do CC é indeclinável e inafastável, para proteger a parte economicamente mais fraca, que geralmente possui imóvel de pequena monta cujo valor não supera os trinta salários mínimos citados. Reforçando este posicionamento, muitas vezes, a instituição da renda é feita em benefício de uma pessoa vulnerável, o que justifica a desnecessidade da escritura pública firmada em Tabelionato de Notas. Por fim, no que diz respeito ao argumento de segurança e de publicidade do ato, esses são assegurados pelo registro no caso de bens imóveis, o que não traz maiores prejuízos. Por isso é melhor concluir, contrariando a doutrina majoritária, que o contrato pode ser solene ou não solene.

JURISPRUDÊNCIA COMENTADA: Restringindo a aplicação do preceito para as constituições de renda onerosas, como antes destaquei: "O contrato de constituição de renda, quando celebrado a título gratuito, sem o caráter oneroso e sem transferência do domínio de qualquer imóvel do capital do beneficiário ao rendeiro, não exige que a obrigação seja constituída por escritura pública, a qual não é da substância do ato, situação reservada, exclusivamente, para as situações descritas no artigo 807 do Código Civil, não presentes na hipótese" (TJMS, Agravo 2011.018878-6/0000-00, 4.ª Turma Cível, Campo Grande, Rel. Des. Dorival Renato Pavan, *DJEMS* 14.10.2011, p. 40). Em outro julgado de aplicação do dispositivo, o Tribunal Paulista mitigou a exigência da escritura pública, admitindo a validade da constituição de renda feita em benefício de um pastor religioso, diante das expectativas geradas no beneficiário e com esteio no instituto da *surrectio*, conceito parcelar da boa-fé objetiva. Nos termos da sua ementa: "Concessão de benefício condicionada à deliberação em assembleia geral da entidade religiosa. Ato não realizado. Negócio jurídico ineficaz, mas, ainda assim, executado durante sete anos. Circunstâncias que permitiam ao autor crer na regularidade do seu direito material. Solução conforme a cláusula geral de boa-fé (art. 422 do Código Civil). Proteção da confiança. Hipótese de *surrectio (Erwirkung)*. Qualificação do negócio jurídico. Constituição de renda. Exigência de escritura pública (art. 807 do Código Civil). Proteção da confiança" (TJSP, Apelação 0001134-93.2013.8.26.0103, Acórdão 8382400, 7.ª Câmara de Direito Privado, Caconde, Rel. Des. Rômolo Russo, j. 16.04.2015, *DJESP* 27.04.2015). Conforme julgou de forma precisa o relator, conclusão que tem o meu apoio, "a *ratio iuris* da exigência de escritura pública reside na proteção ao patrimônio do devedor diante da assunção de uma obrigação que pode se revelar extremamente longa e dispendiosa. A solenidade, portanto, visa a conferir segurança e clareza quanto aos termos do contrato, além de possibilitar maior reflexão ao devedor quando da contratação. No caso, a despeito da inobservância, a execução do contrato por sete anos faz com que a exigência de forma perca o objeto, de modo que a invocação da nulidade, após tanto tempo, passa a colidir contra a boa-fé". De fato, diante de um Código Civil baseado na eticidade e na operabilidade, o material deve prevalecer sobre o formal.

REFORMA DO CÓDIGO CIVIL: Com vistas a resolver o dilema a respeito da forma do contrato, exposto nos meus comentários doutrinários, a Comissão de Juristas sugere a seguinte redação para o art. 807 do Código Civil: "O contrato de constituição de renda, quando relacionado a rendas sobre imóvel, requer escritura pública, na forma do art. 108 deste Código".

Art. 808. É nula a constituição de renda em favor de pessoa já falecida, ou que, nos trinta dias seguintes, vier a falecer de moléstia que já sofria, quando foi celebrado o contrato.

COMENTÁRIOS DOUTRINÁRIOS: Como já estava previsto na codificação anterior, é nula

– por nulidade absoluta –, a constituição de renda em favor de pessoa já falecida, ou que, nos trinta dias seguintes, vier a falecer de moléstia que já sofria, quando foi celebrado o contrato. Todavia, sendo a doença superveniente à estipulação, o contrato é perfeitamente válido e eficaz.

Art. 809. Os bens dados em compensação da renda caem, desde a tradição, no domínio da pessoa que por aquela se obrigou.

COMENTÁRIOS DOUTRINÁRIOS: Como se retira do dispositivo, a constituição de renda é um contrato real, que tem aperfeiçoamento com a entrega das coisas que formam o negócio ao beneficiário. Não se trata, assim, de um contrato consensual, que tem aperfeiçoamento com a mera manifestação de vontade das partes envolvidas. A tradição da coisa pode se dar em qualquer uma das formas admitidas pelo Direito Civil, incluindo a tradição real e a presumida.

Art. 810. Se o rendeiro, ou censuário, deixar de cumprir a obrigação estipulada, poderá o credor da renda acioná-lo, tanto para que lhe pague as prestações atrasadas como para que lhe dê garantias das futuras, sob pena de rescisão do contrato.

COMENTÁRIOS DOUTRINÁRIOS: Se o rendeiro ou censuário deixar de cumprir a obrigação estipulada, poderá o credor da renda acioná-lo, tanto para que lhe pague as prestações atrasadas como para que lhe dê garantias das futuras, sob pena de rescisão do contrato. A hipótese tratada nesse dispositivo é de resolução do contrato por inexecução voluntária, cabendo eventuais perdas e danos que o caso concreto ordenar. Há, portanto, uma cláusula resolutiva tácita, a fundamentar essa rescisão.

Art. 811. O credor adquire o direito à renda dia a dia, se a prestação não houver de ser paga adiantada, no começo de cada um dos períodos prefixos.

COMENTÁRIOS DOUTRINÁRIOS: Como a renda constitui um fruto civil, o credor adquire esse direito dia a dia, no término de cada período do contrato. Isso, se a prestação não tiver que ser paga de forma adiantada, no começo de cada um dos períodos predeterminados, conforme instituição pelas partes. Entendo que como a norma é de ordem privada, é possível prever outra forma de periodicidade, bem como outra forma de recebimento da renda.

Art. 812. Quando a renda for constituída em benefício de duas ou mais pessoas, sem determinação da parte de cada uma, entende-se que os seus direitos são iguais; e, salvo estipulação diversa, não adquirirão os sobrevivos direito à parte dos que morrerem.

COMENTÁRIOS DOUTRINÁRIOS: Presente a *constituição de renda conjuntiva*, em benefício de duas ou mais pessoas, e sem determinação da parte de cada uma, entende-se que os seus direitos são iguais, o que representa uma divisão igualitária. Há assim uma presunção relativa ou *iuris tantum* quanto à aplicação da regra *concursu partes fiunti*, própria das obrigações divisíveis (art. 257 do CC). Todavia, o contrato poderá trazer divisão diferente em relação às quotas dos beneficiários. Assim sendo, salvo estipulação diversa, não adquirirão os sobrevivos direito à parte dos que morrerem. Em outras palavras, não há direito de acrescer entre os beneficiários. Falecendo um rendeiro, o outro continuará a receber exatamente o que recebia, sendo extinto o benefício daquele que faleceu, em regra, o que é retirado do outrora comentado art. 806 do Código Civil. Como exceção, em havendo constituição de renda gratuita, instituto similar à doação, será aplicado o art. 551, parágrafo único, também da codificação privada, que prevê o direito de acrescer legal entre os cônjuges. Como a norma é especial, entendo que ela somente se aplica ao casamento e não à união estável. Além desse caso, entendo que poderá o direito de acrescer entre os rendeiros ser instituído por força do contrato, presente um direito de acrescer convencional.

JURISPRUDÊNCIA COMENTADA: Afastando pura e simplesmente o direito de acrescer na constituição de renda conjuntiva: "verificado nos autos que a renda, a título de pensão, foi constituída em benefício de duas pessoas, e inexistindo previsão expressa em contrário, não se há de cogitar em direito de acrescer entre os beneficiários. Inteligência do art. 812 do Código Civil" (TJRS, Agravo de Instrumento 582328-37.2011.8.21.7000, 9.ª Câmara Cível, Porto Alegre, Rel. Des. Iris Helena Medeiros

Nogueira, j. 30.01.2012, *DJERS* 03.02.2012). E, aplicando o preceito para os alimentos, por analogia, agora de forma correta: "O direito de alimentos é um direito inerente à pessoa do alimentando, daí resultando a sua indisponibilidade. Ademais, entre os beneficiários não haverá direito de acrescer, salvo estipulação em contrário. Hipótese não verificada no caso. Aplicação do art. 812, do Código Civil" (TJSP, Agravo de Instrumento 605.397.4/6, Acórdão 3460588, 7.ª Câmara de Direito Privado, São Paulo, Rel. Des. Élcio Trujillo, j. 04.02.2009, *DJESP* 27.02.2009). A tese constante do último julgado afasta o direito de acrescer no caso de alimentos fixados para um grupo familiar (*intuitu familae*). Assim, sendo extinta a obrigação alimentar em relação a um dos credores, a sua parte não pode acrescer na dos demais.

Art. 813. A renda constituída por título gratuito pode, por ato do instituidor, ficar isenta de todas as execuções pendentes e futuras.

Parágrafo único. A isenção prevista neste artigo prevalece de pleno direito em favor dos montepios e pensões alimentícias.

COMENTÁRIOS DOUTRINÁRIOS: Encerrando o tratamento do contrato em questão, a codificação privada expressa que a renda constituída por título gratuito pode, por ato do instituidor, ficar isenta de todas as execuções pendentes e futuras. Em complemento, tal isenção prevalece de pleno direito em favor dos montepios – rendas de herdeiros de funcionários públicos falecidos –, e pensões alimentícias. Assim, o instituidor da renda pode também determinar a sua impenhorabilidade. No caso de pensões de caráter alimentar, a impenhorabilidade é automática, por força do art. 833, inc. IV, do CPC/2015, correspondente ao art. 649, inc. IV, do CPC/1973, não havendo necessidade de manifestação de vontade.

CAPÍTULO XVII
DO JOGO E DA APOSTA

Art. 814. As dívidas de jogo ou de aposta não obrigam a pagamento; mas não se pode recobrar a quantia, que voluntariamente se pagou, salvo se foi ganha por dolo, ou se o perdente é menor ou interdito.

§ 1º Estende-se esta disposição a qualquer contrato que encubra ou envolva reconhecimento, novação ou fiança de dívida de jogo; mas a nulidade resultante não pode ser oposta ao terceiro de boa-fé.

§ 2º O preceito contido neste artigo tem aplicação, ainda que se trate de jogo não proibido, só se excetuando os jogos e apostas legalmente permitidos.

§ 3º Excetuam-se, igualmente, os prêmios oferecidos ou prometidos para o vencedor em competição de natureza esportiva, intelectual ou artística, desde que os interessados se submetam às prescrições legais e regulamentares.

COMENTÁRIOS DOUTRINÁRIOS: Apesar do tratamento legal em comum, o jogo e a aposta são dois contratos distintos. Conforme as lições da melhor doutrina, que procuro seguir a respeito desses negócios, o jogo é um contrato em que duas ou mais pessoas prometem, entre si e internamente, a pagar certa soma àquela que conseguir um resultado favorável relacionado a um acontecimento incerto. A aposta, por sua vez, é o pacto em que duas ou mais pessoas, que tenham opiniões discordantes sobre determinado assunto, prometem entre si pagar certa quantia ou entregar um bem àquela cuja opinião prevalecer, novamente em virtude de um mesmo evento futuro e incerto. Como se verá a seguir, não se pode confundir os dois contratos com os negócios jurídicos de capitalização. Ambos os contratos, de jogo e de aposta, são bilaterais, onerosos, consensuais, aleatórios por excelência e informais, não necessitando sequer de forma escrita. A existência da álea ou sorte como essência de ambos os negócios justifica o tratamento em conjunto, no meu entender. Ademais, em regra, as dívidas de jogo e aposta constituem obrigações naturais ou incompletas, havendo um débito sem a correspondente responsabilidade ("*debitum sem obligatio*" ou "*Schuld ohne Haftung*"). Tal afirmação é retirada do dispositivo em comentário, enunciando o seu *caput* que as dívidas de jogo ou de aposta não obrigam a pagamento. Além disso, está previsto no comando que não se pode recobrar a quantia, salvo se ela foi ganha por dolo, ou se o perdente é menor ou interdito, ou seja, relativamente incapaz. Explicando o seu conteúdo, por tal comando, como premissa geral, a dívida não pode ser exigida judicialmente. Entretanto, a dívida pode ser paga, não cabendo repetição de indébito em casos tais (*actio in rem verso*). Além disso, os parágrafos do artigo trazem algumas regras importantes e que devem ser analisadas. Primeiro, estende-se esta regra a qualquer contrato que encubra ou envolva reconhecimento, novação ou fiança de dívida de jogo; mas a nulidade resultante não pode ser oposta ao terceiro de boa-fé. Em regra, o jogo e a aposta são negócios que não admitem convalidação, apesar de poderem ser pagos e de não caber repetição de indébito, como regra. O final do comando legal protege os terceiros de boa-fé, valorizando a boa-fé subjetiva. Segundo, a regra tem aplicação ainda que se trate de jogo não proibido, só se excetuando os jogos e apostas legalmente permitidos. São jogos permitidos os jogos de loterias oficiais (loteria esportiva, megassena, lotomania etc.), podendo a dívida ser exigida nessas hipóteses, cabendo também a ação de repetição de indébito. Desse modo, com relação à álea envolvida, vale salientar que o jogo pode ser classificado em lícito, aquele cujo resultado decorre da habilidade dos contendores, e ilícito, aquele cujo resultado depende exclusivamente do elemento sorte. Em regra, ambos os jogos constituem obrigação natural. Entretanto, se estiverem regulamentados pela lei geram obrigação civil, permitindo, por isso, a cobrança judicial do prêmio. Fala-se, ainda, em jogos tolerados, como se retira de julgado do Superior Tribunal de Justiça a seguir comentado. Terceiro, excetuam-se, igualmente, os prêmios oferecidos ou prometidos para o vencedor em competição de natureza esportiva, intelectual ou artística, desde que os interessados se submetam às prescrições legais e regulamentares. Em casos tais, é possível receber o prêmio, havendo, em alguns casos, uma promessa de recompensa, ato unilateral de vontade que constitui fonte obrigacional (arts. 854 a 860 do CC).

JURISPRUDÊNCIA COMENTADA: Na linha do que pontuei e apesar de certa similaridade, não se pode confundir os contratos de jogo e aposta com os contratos de capitalização, caso da "tele sena". Nos termos de acórdão do Superior Tribunal de Justiça, "o título de capitalização 'tele sena' não possui identidade com o jogo de loteria. Nos bilhetes de loteria, após a realização da aposta, caso o apostador não seja contemplado pelo sorteio realizado, perde todo o valor apostado; nos títulos de capitalização o valor aplicado, caso o adquirente não seja contemplado no sorteio, é sempre a ele restituído, acrescido de juros e correção monetária" (STJ, REsp 1.323.669/RJ, 2.ª Turma, Rel. Min. Eliana Calmon, j. 12.11.2013, *REPDJe* 27.11.2013, *DJe* 20.11.2013). Sobre os jogos lícitos e ilícitos, trazendo interessante conclusão a respeito da matéria, notadamente diante da permissão que existiu no Brasil do jogo de bingo, cumpre transcrever o seguinte julgado do Tribunal de Justiça de São Paulo: "Alegação de dívida inexigível, porquanto fundada em jogo. Em sede de apelação, aduziu-se tratar de jogo em caça-níqueis, fato não indicado na inicial. [...]. Alegação de dívida inexigível, porquanto fundada em jogo. Hipótese em que a autora não especifica qual jogo realizava, ou mesmo a data em que jogava no estabelecimento da ré. Bingo permitido legalmente durante certo período. [...]. Alegação de dívida inexigível, porquanto fundada em jogo. Pagamento voluntário. Ainda que a dívida de jogo não seja exigível, não se pode recobrar o que se pagou voluntariamente. Dívida natural. Art. 814 do CC. Cheque que representa pagamento à vista. Recurso não provido" (TJSP, Apelação Cível 7302924-6, Acórdão 3478089, 14.ª Câmara de Direito Privado, Santo André, Rel. Des. Melo Colombi, j. 04.02.2009, *DJESP* 09.03.2009). Quanto ao § 2º do art. 814 do Código Civil, julgado do Superior Tribunal de Justiça demonstra a classificação doutrinária dos jogos em autorizados, proibidos e tolerados. Nos termos de publicação constante do *Informativo* n. 566 do Tribunal da Cidadania, que traz importante consequência prática dessa divisão e também analisa o jogo de bingo: "A dívida de jogo contraída em casa de bingo é inexigível, ainda que seu funcionamento tenha sido autorizado pelo Poder Judiciário. De acordo com o art. 814, § 2º, do CC, não basta que o jogo seja lícito (não proibido), para que as obrigações dele decorrentes venham a ser exigíveis, é necessário, também, que seja legalmente permitido. Nesse contexto, é importante enfatizar que existe posicionamento doutrinário, no sentido de que os jogos classificam-se em autorizados, proibidos ou tolerados. Os primeiros, como as loterias (Decreto-lei n. 204/1967) ou o turfe (Lei n. 7.291/1984), são lícitos e geram efeitos jurídicos normais, erigindo-se em obrigações perfeitas (art. 814, § 2º, do CC). Os jogos ou apostas proibidos são, por exemplo, as loterias não autorizadas, como o jogo do bicho, ou os jogos de azar referidos pelo art. 50 da Lei das Contravenções Penais. Os jogos tolerados, por sua vez, são aqueles de menor reprovabilidade, em que o evento não depende exclusivamente do azar, mas igualmente da habilidade do participante, como alguns jogos de cartas. Inclusive, como uma diversão sem maior proveito, a legislação não os proíbe, mas também não lhes empresta a natureza de obrigação perfeita. No caso, por causa da existência de liminares concedidas pelo Poder Judiciário, sustenta-se a licitude de jogo praticado em caso de bingo. Porém, mais do que uma aparência de licitude, o legislador exige autorização legal para que a dívida de jogo obrigue o pagamento, até porque, como se sabe, decisões liminares têm caráter precário. Assim, não se tratando de jogo expressamente autorizado por lei, as obrigações dele decorrentes carecem de exigibilidade, sendo meras obrigações naturais" (STJ, REsp 1.406.487/SP, Rel. Min. Paulo de Tarso Sanseverino, j. 04.08.2015, *DJe* 13.08.2015). Como outro exemplo interessante sobre o tema, anterior julgado do Superior Tribunal de Justiça confirmou a possibilidade de cobrança de dívida de jogo, contraída por então deputado no estrangeiro. A conclusão foi a de que como o jogo é lícito naquele País é perfeitamente possível a sua satisfação obrigacional (STJ, REsp 307.104/DF, 4.ª Turma, Rel. Min. Fernando Gonçalves, j. 03.06.2004, *DJ* 23.08.2004, p. 239). Acrescente-se que, em 2017, a Terceira Turma da mesma Corte confirmou essa posição, quando do julgamento do Recurso Especial 1.628.974/SP. Conforme o Relator, Ministro Villas Bôas Cueva, citando a minha posição e afastando o argumento de que a cobrança no Brasil feriria a ordem pública interna (art. 17 da LINDB), "a matéria relativa à ofensa da ordem pública deve ser revisitada também sob as luzes dos princípios que regem as obrigações na ordem contemporânea, isto é, a boa-fé e a vedação do enriquecimento sem causa. Confira-se, a propósito, a lição de Flávio Tartuce: 'De acordo com o Código Civil Contemporâneo, concebido na pós-modernidade e de acordo com os ditames sociais e éticos, não se admite qualquer conduta baseada na especulação, no locupletamento sem razão. Desse modo, o enriquecimento sem causa constitui fonte obrigacional, ao mesmo tempo em que a sua vedação decorre dos princípios da função social das obrigações e da boa-fé objetiva' (in: Direito Civil, v. 2: direito das obrigações e responsabilidade civil. 10. ed. Rio de Janeiro: Forense; São Paulo: Método, 2015, pág. 33). Com efeito, aquele que visita país estrangeiro, usufrui de sua hospitalidade e contrai livremente obrigações lícitas não pode retornar a seu país de origem buscando a impunidade civil. A lesão à boa-fé de terceiro é patente, bem como o enriquecimento sem causa e aos bons costumes". Como não poderia ser diferente, estamos totalmente filiados ao acórdão. Como último exemplo, insta colacionar julgado publicado no *Informativo* n. *429* do STJ, que analisou o direito de apostador à indenização quanto a suposto erro na transmissão das informações à entidade responsável pelo jogo: "Loteria federal. Bilhete. O recorrido ajuizou ação contra a Caixa Econômica Federal (CEF), recorrente, objetivando sua condenação ao pagamento de R$ 22 milhões, alegando ser o único acertador do sorteio n. 83 da Supersena. Argumentou que, conquanto o bilhete fizesse referência ao sorteio n. 84, tal ocorreu por erro da máquina registradora, tendo em vista que realizou a aposta no último dia permitido para concorrer ao concurso n. 83. Para o Min. Relator, em se tratando de aposta em loteria, com bilhete não nominativo, mostra-se irrelevante a perquirição acerca do propósito do autor, tampouco se a aposta foi realizada neste ou naquele dia, tendo em vista que o que deve nortear o pagamento de prêmios de loterias federais, em casos tais, é a literalidade do bilhete, visto que ele ostenta características de título ao portador. É que o bilhete premiado veicula um direito autônomo cuja obrigação incorpora-se no próprio documento, podendo ser transferido por simples tradição, característica que torna irrelevante a discussão acerca das circunstâncias em que se aperfeiçoou a aposta. Ressaltou o Min. Relator que a tese veiculada pelo autor da ação, de que, devido ao erro no processamento de sua aposta, não foi possível receber o prêmio, somente seria apta a lastrear ação de responsabilidade civil com vistas à reparação do apontado dano sofrido, contra quem entender de direito, mas não para receber o prêmio da loteria com base em bilhete que não ostenta os números sorteados para o concurso indicado" (STJ, REsp 902.158/RJ, Rel. Min. Luis Felipe Salomão, j. 06.04.2010). As conclusões constantes de todos esses acórdãos têm o meu apoio doutrinário.

Art. 815. Não se pode exigir reembolso do que se emprestou para jogo ou aposta, no ato de apostar ou jogar.

COMENTÁRIOS DOUTRINÁRIOS: Como consequência da existência de uma obrigação natural ou incompleta, não se pode exigir reembolso do que se emprestou para jogo ou aposta, no ato de apostar ou jogar. Essa incompletude em relação ao objeto da obrigação acaba por atingir o mútuo celebrado com a finalidade de jogo ou aposta.

JURISPRUDÊNCIA COMENTADA: Com base nesse dispositivo, e também no seu antecessor, o Tribunal Regional Federal da 3.ª Região, sediado em São Paulo, analisou ação civil pública relativa a *leilão reverso* de automóveis, com lances feitos por meio de telefone e pela internet, veiculado em canal de televisão. No caso concreto entendeu-se pela caracterização de jogo de azar e não de um contrato de compra e venda. O seguinte trecho da longa ementa merece leitura, para as devidas reflexões teóricas e práticas a respeito do tema: "no caso em apreço a Sra. *expert*, professora doutora do

Departamento de Estatística da USP, respondeu aos quesitos e apresentou laudo complementar diagnosticando a modalidade do chamado leilão reverso, fazendo apontamentos e considerações sobre o seu funcionamento e as probabilidades. A utilização de estudo estrangeiro, sem tradução para o vernáculo, não causa nulidade do trabalho porque se cuida de um pequeno trecho, sem comprometimento para a elucidação dos fatos. [...]. Discute-se na presente demanda a divulgação e a realização do programa intitulado lance livre, que, segundo consta, promove a venda de bens por meio de leilão reverso, no qual o vencedor do leilão é o participante que der o lance que for, concomitantemente, o menor e único. O regulamento aponta que os lances serão enviados por meio de mensagens de texto (*sms*/torpedos) para o número 1313 para os clientes das operadoras de telefonia Brasil Telecom, Claro, Oi, Tim e Vivo, ou por meio da internet, através do *site* Band.com.br/lancefinal, efetivados tecnicamente através da operadora de celular do participante, mediante cadastro. Para cada lance efetuado o participante paga R$ 4,00 + impostos (operadoras Claro, Oi, Tim e Vivo) ou R$ 4,99 (operadora Brasil Telecom). Lances efetuados pela internet pagam o mesmo. O sistema não é complicado. São oferecidos veículos zero quilômetro (Kia Picanto e Kia Sportage) para quem ofertar o menor lance (preço) único. Para cada lance ofertado o participante paga um valor (R$ 4,99 ou R$ 4,00 + impostos) a depender da operadora de telefonia celular. Apesar da singeleza do sistema em si, cuida-se de modelo inconcebível na ordem econômica porque é inimaginável um sistema de vendas em que o vendedor não busque o lucro. Afinal, a prevalecer a tese das rés, os consumidores não pagariam pelo lance, à exceção do vencedor, mas apenas pelo serviço de mensagens, cujos valores pertenceriam às respectivas empresas de telefonia. Como as rés lucrariam nesse sistema? E por que as operadoras de telefonia celular cobram valores superiores aos comumente cobrados para envio de mensagem de textos? Dizem as rés, amparadas em parecer técnico da lavra de eminente professor de Direito Penal da USP, que a promoção lance final envolve o chamado leilão reverso, também conhecido como sistema holandês ou sistema descendente. A prova pericial, produzida sob o crivo do contraditório, buscando subsídios em literatura estrangeira, anota que o leilão reverso é um jogo em que os participantes escolhem valores em um determinado intervalo e, como prêmio, há um produto que será entregue ao participante que escolher o menor valor, desde que esse seja único. Os participantes interagem na medida em que os valores escolhidos por dois ou mais participantes são eliminados, ou seja, um valor escolhido por mais de um apostador não pode ser o lance vencedor. Com o aumento do número de apostas/participantes há um aumento nos valores descartados, já que há maior chance de empate. Não se trata de uma simples venda e compra. Para um contrato válido são necessários três elementos: coisa, preço e consentimento. Conquanto o preço possa ser deixado ao arbítrio de terceiros, nunca poderá ficar ao arbítrio de uma das partes, sob pena de nulidade (artigo 489 do CC). No caso *sub judice* está evidente que o preço será estipulado pelo comprador, por meio do menor lance único. Logo, não há venda e compra válida. Indevida a comparação com as modalidades de licitação adotadas pelo poder público. Primeiro porque as regras que regem o processo licitatório não preveem modalidade de leilão reverso; segundo que, diferentemente do modelo em questão, no leilão e no pregão existe sempre um valor mínimo exigido, que poderá ser superado de acordo com as ofertas dos licitantes interessados. E, de se observar, que nesses casos a venda com maior preço se dá no interesse coletivo e o licitante não paga nenhuma taxa de participação. Nos termos da perícia, o lance final é um jogo. E um jogo de azar, tal qual prevê o item *a* do § 3º do artigo 50 da Lei das Contravenções Penais (Decreto-lei n. 3.688/1941), que considera jogo de azar o jogo em que o ganho e a perda dependem exclusiva ou principalmente da sorte. O trabalho pericial concluiu que as singelas mensagens enviadas ao celular do participante, informando que o lance era o menor e único; era o menor, mas não único; ou que era único, mas não o menor, seriam insuficientes para construir uma estratégia racional e não haveria qualquer garantia de aumento ou mesmo diminuição da incerteza de vitória. Nos dizeres da *expert*, as mensagens enviadas trazem pouca informação ao apostador, não sendo possível vislumbrar uma estratégia que aumente a probabilidade de vitória. Por outro lado, essas mensagens podem aumentar o número de apostas de um jogador, aumentando o montante arrecadado pelo valor das ligações (fls. 1266). Conclui-se que o lance final é um jogo. E um jogo de azar, porquanto o fator sorte prepondera para a definição do vencedor. E inexistindo permissivo legal para a sua exploração, cuida-se de jogo proibido que não pode ser explorado pelas rés. Descabe a devolução dos valores pagos pelos apostadores. Aplicação do disposto nos artigos 814 e 815 do Código Civil. O pagamento foi voluntário e os participantes tinham conhecimento de que participavam de um jogo em que o vencedor seria contemplado com a compra de um veículo zero quilômetro por valor abaixo do mercado" (TRF da 3.ª da Região, Apelação Cível 0008470-19.2009.4.03.6100/SP, 3.ª Turma, Rel. Des. Fed. Cecília Maria Piedra Marcondes, j. 19.12.2013, *DEJF* 13.01.2014, p. 2.037).

Art. 816. As disposições dos arts. 814 e 815 não se aplicam aos contratos sobre títulos de bolsa, mercadorias ou valores, em que se estipulem a liquidação exclusivamente pela diferença entre o preço ajustado e a cotação que eles tiverem no vencimento do ajuste.

COMENTÁRIOS DOUTRINÁRIOS: Contrariando totalmente o que constava no Código Civil anterior, prevê a atual codificação que as regras previstas para os contratos de jogo e aposta não devem ser aplicadas para os contratos que versam sobre títulos de bolsa, mercadorias ou valores, em que se estipulem a liquidação exclusivamente pela diferença entre o preço ajustado e a cotação que eles tiverem no vencimento do ajuste. De fato, apesar de serem todos contratos aleatórios, os negócios jurídicos em questão não se confundem. Os contratos sobre títulos de bolsa, mercadorias e valores são conceituados como *contratos diferenciais*, não mais recebendo o mesmo tratamento do jogo e aposta, ao contrário do que fazia o art. 1.479 do CC/1916.

Art. 817. O sorteio para dirimir questões ou dividir coisas comuns considera-se sistema de partilha ou processo de transação, conforme o caso.

COMENTÁRIOS DOUTRINÁRIOS: Também o sorteio para dirimir questões ou dividir coisas comuns não é considerado como jogo ou aposta, como fazia o art. 1.480 do CC/1916. Em casos tais, considera-se um sistema de partilha ou processo de transação, conforme o caso. Cabe lembrar que o sorteio está previsto para o caso de promessa pública de recompensa, nos termos do art. 859 do atual Código Civil.

JURISPRUDÊNCIA COMENTADA: Já se aplicou na prática o art. 817 do Código Civil para sorteio de bens em condomínio: "inexistindo acordo entre os condôminos em relação à destinação de cada um dos quinhões do imóvel dividido para encerrar o condomínio, correta a sentença que determinou seja a divisão realizada através de sorteio, nos termos do disposto no art. 817 do Código Civil, até mesmo porque não possui qualquer um dos condôminos direito a nenhum quinhão específico" (TJMG, Apelação Cível 1.0303.10.000670-7/002, Rel. Des. Judimar Biber, j. 17.05.2018, *DJEMG* 29.05.2018).

REFORMA DO CÓDIGO CIVIL: Tendo em vista o incremento dos jogos e das apostas pela internet, nos últimos anos, sobretudo as apostas esportivas *on-line*, sugere-se a inclusão de um novo art. 817-A, com a seguinte redação: "Os jogos e apostas efetuados em meio digital ou eletrônico estão sujeitos à legislação especial, aplicando-se o presente capítulo apenas naquilo em que essas normas forem omissas". Entre essa legislação específica, merece destaque a recente Lei n. 14.790/2023, que dispõe sobre a modalidade lotérica denominada como *apostas de quota fixa*. Nos termos do seu art. 3º, essas apostas poderão ter por objeto eventos reais de temática esportiva ou eventos virtuais de jogos *on-line*. Como se vê, pela proposta de Reforma, o Código Civil terá apenas aplicação subsidiária para essas modalidades, naquilo que a legislação específica não regular ou tratar.

CAPÍTULO XVIII
DA FIANÇA

SEÇÃO I
DISPOSIÇÕES GERAIS

Art. 818. Pelo contrato de fiança, uma pessoa garante satisfazer ao credor uma obrigação assumida pelo devedor, caso este não a cumpra.

COMENTÁRIOS DOUTRINÁRIOS: A fiança, também denominada caução fidejussória, é o contrato pelo qual alguém, o fiador, garante satisfazer ao credor uma obrigação assumida pelo devedor, caso este não a cumpra. O contrato é celebrado entre o fiador e o credor, assumindo o primeiro uma responsabilidade sem existir um débito propriamente dito ("*Haftung ohne Schuld*" ou, ainda, "*obligatio sem debitum*"). Como é notório, no Direito Privado brasileiro existem duas formas de garantia: a) garantia real, em que uma determinada coisa garante a dívida, como ocorre no penhor, na hipoteca, na anticrese e na alienação fiduciária em garantia; e b) garantia pessoal ou fidejussória, em que uma pessoa garante a dívida, como ocorre na fiança e no aval. Não se pode confundir tais institutos, uma vez que a fiança não é um direito real de garantia, ao mesmo tempo em que o penhor, a hipoteca, a anticrese e a alienação fiduciária não são contratos, no sentido jurídico e restrito do termo. Na verdade, os últimos institutos, os direitos reais, podem e são instrumentalizados por meio de contratos, no sentido de negócios jurídicos. Percebe-se que a fiança é espécie do gênero contratos de caução ou de garantia. A garantia por meio de fiança pode ser dada a qualquer tipo de obrigação civil, seja ela de dar coisa certa ou incerta, de fazer ou de não fazer ou de quantia certa contra devedor solvente. Apesar de serem formas de garantia pessoal, a fiança não se confunde com o aval. Primeiro, porque a fiança é um contrato acessório, enquanto o aval traz como conteúdo uma relação jurídica autônoma. Segundo, porque a fiança é um contrato, enquanto o aval traduz uma obrigação cambial. Terceiro, porque na fiança, em regra, há benefício de ordem a favor do fiador, enquanto no aval há solidariedade entre o avalista e o devedor principal. Aprofundando o tratamento categórico da fiança, notadamente no seu campo estrutural, esse contrato traz duas relações jurídicas: uma interna, entre fiador e credor; e outra externa, entre fiador e devedor. A primeira relação é considerada como essencial ou principal ao contrato. Tanto isso é verdade, que o art. 820 do atual Código Civil Brasileiro, a ser ainda analisado, dispõe que a fiança pode ser estipulada ainda que sem o consentimento do devedor, ou até mesmo contra a sua vontade. No que concerne à sua natureza jurídica, a fiança é um contrato complexo, especial, *sui generis*, com características próprias, não encontradas em qualquer outro negócio. De início, trata-se de um contrato unilateral, pois gera obrigação apenas para o fiador que se obriga em relação ao credor com quem mantém o contrato. Porém, o último nenhum dever assume em relação ao fiador. Em regra, trata-se de um contrato gratuito, pois o fiador não recebe qualquer remuneração. É um contrato benévolo, em que o fiador pretende ajudar o devedor, garantindo ao credor o pagamento da dívida, e por isso somente admite interpretação restritiva, nunca declarativa ou extensiva (arts. 114 e 819 do CC). Entretanto, em alguns casos, a fiança é onerosa, recebendo o fiador uma remuneração em decorrência da prestação de garantia à dívida. Isso ocorre em fianças prestadas por instituições bancárias, que são remuneradas pelo devedor para garantirem dívidas frente a determinados credores. O valor da remuneração, na maioria das vezes, constitui uma porcentagem sobre o valor garantido. Para essas fianças prestadas por instituições bancárias, pode ser aplicado o CDC, se o interessado for destinatário final desse serviço de garantia (Súmula n. 297 do STJ). Em verdade, o que se percebe nas fianças bancárias é uma situação *atípica*. Tanto isso é verdade que o negócio é celebrado entre o fiador e devedor. O contrato de fiança exige a forma escrita, conforme ainda será aprofundado, constituindo um contrato formal. Entretanto, o contrato é não solene, pois não se exige escritura pública. Não se admite a fiança verbal ou tácita, ainda que provada com testemunhas, pois a garantia pessoal não se presume. Essa instrumentalização pode ser realizada no próprio corpo do contrato principal, ou em separado. Tem-se também um contrato personalíssimo ou *intuitu personae*, baseado na fidúcia ou confiança existente entre as partes. Ainda sobre a natureza jurídica da fiança, trata-se de um contrato acessório, sendo certo que não existe a fiança sem um contrato principal, onde se encontra a obrigação que está sendo garantida. Desse modo, tudo o que ocorrer no contrato principal repercutirá na fiança. Sendo nulo o contrato principal, nula será a fiança, conforme o art. 824 do CC, que será comentado. Sendo anulável o contrato principal, anulável será a fiança (art. 184 do CC). Sendo novada a dívida principal sem a participação do fiador, extinta estará a fiança, exonerando-se este (art. 366 do CC). Cabe anotar que, como consequência desse art. 366 da codificação privada, na *VI Jornada de Direito Civil* foi aprovado o Enunciado n. 547, segundo o qual, na hipótese de alteração da obrigação principal sem o consentimento do fiador, a exoneração deste é automática. Sendo assim, não é necessária a exoneração unilateral por notificação do fiador, nos termos do que consta do art. 835 do Código Civil, dispositivo que ainda será estudado. Tudo isso decorre da regra pela qual o acessório segue o principal (*accessorium sequitur principale*), consagradora do *princípio da gravitação jurídica*. No entanto, a recíproca não é verdadeira, de tal forma que o que ocorre na fiança não atinge o contrato principal. Além dessas regras importantes, é pertinente lembrar que a fiança abrange todos os acessórios da dívida principal, caso dos juros, da cláusula penal ou de outras despesas. A fiança, contrato típico, pode assumir a forma paritária ou de adesão, sendo a última forma a mais comum no mercado imobiliário. Para ilustrar melhor essa situação, deve-se lembrar daqueles modelos de contratos de locação comercializados em papelarias e casas do ramo, constando neles a estipulação de fiança (contrato-tipo ou formulário). Sendo o contrato de adesão, serão aplicadas as normas protetivas dos arts. 423 e 424 do CC.

JURISPRUDÊNCIA COMENTADA: No que concerne à vedação de interpretação extensiva, como se extrai da premissa 1, publicada na Edição n. 101 da ferramenta Jurisprudência em Teses do STJ, dedicada a esse negócio, "o contrato de fiança deve ser interpretado restritivamente, de modo que a responsabilidade dos fiadores se resume aos termos do pactuado no ajuste original, com o qual expressamente consentiram". Também sobre a sua natureza jurídica, na linha dos meus comentários, destaque-se o seguinte aresto do Tribunal de Justiça do Distrito Federal: "A fiança é um contrato acessório *intuitu personae*, que constitui garantia pessoal realizada com base na confiança entre credor e fiador e entre fiador e afiançado. Tratando-se de pessoa jurídica afiançada, importa quem figurar como sócio, ainda mais quando a sociedade for unipessoal. Isso porque o fiador, ao prestar garantia pessoal, essencialmente leva em conta a figura do devedor, a fim de calcular o risco do inadimplemento. Alterando-se a titularidade da pessoa jurídica unipessoal afiançada, não pode subsistir a obrigação decorrente da fiança, porquanto desaparece a razão essencial do ato, não sendo possível obrigar o fiador frente à empresa unipessoal com novo sócio/titular desconhecido" (TJDF, Processo 07035.79-47.2017.8.07.0001, Acórdão 113.1684, 2.ª Turma Cível, Rel. Des. César Loyola, j. 18.10.2018, *DJDFTE* 26.10.2018). Destaque-se, ainda, analisando a natureza acessória do contrato e o desdobramento dessa afirmação para a prescrição, nos termos do que consta do art. 204, § 3º, do Código Civil: "O contrato de fiança possui natureza acessória, conforme regra do art. 818 do Código Civil, formando a responsabilidade do fiador em relação ao devedor originário, sujeitando-se às regras pertinentes a essa relação. Conforme dicção expressa do art. 204, § 3º, do Código Civil, a interrupção da prescrição contra o principal devedor prejudica o fiador" (TJES, Agravo de Instrumento 0010707-29.2018.8.08.0024, 4.ª Câmara Cível, Rel. Des. Walace Pandolpho Kiffer, j. 23.07.2018, *DJES* 31.07.2018).

REFORMA DO CÓDIGO CIVIL: Na linha do que já foi exposto nos meus comentários doutrinários, a Comissão de Juristas sugere, para os fins de aperfeiçoamento da norma, a inclusão de regra a respeito das fianças tidas como atípicas, caso do seguro-fiança e da fiança bancária, em que o contrato é celebrado entre o fiador e o devedor. Nesse contexto, o parágrafo único do art. 818 passará a prever o seguinte: "O contrato de seguro-fiança e a fiança bancária são celebrados entre o credor e o fiador, aplicando-se os dispositivos a seguir apenas no que couber".

Art. 819. A fiança dar-se-á por escrito, e não admite interpretação extensiva.

COMENTÁRIOS DOUTRINÁRIOS: Como anotei nos comentários ao último preceito, o contrato de fiança é formal por exigir minuta escrita, nos termos da primeira parte do art. 819 do Código Civil. Todavia, o contrato é não solene, pois não se exige escritura pública, o que não obsta que se faça essa opção na sua instrumentação. Sendo feita a *fiança verbal* ou *tácita*, ela será nula por desrespeito à forma, o que se retira do art. 166, inc. IV, da própria codificação privada. Pelo mesmo art. 819, a fiança não admite interpretação extensiva, regra que tem importantes consequências práticas. Isso porque a fiança será interpretada restritivamente, uma vez que se trata de um contrato benéfico que não traz qualquer vantagem ao fiador, que responde por aquilo que expressamente constou do instrumento do negócio. Ademais, é repetido há tempos o argumento no sentido de que o fiador, por prestar uma garantia de forma gratuita como regra, não pode ficar permanentemente aprisionado à liberalidade. Em outras palavras, afirma-se que a *fiança não pode ser eterna*. Surgindo alguma dúvida, deve-se interpretar a questão favoravelmente ao fiador, parte vulnerável em regra, presumindo-se a sua boa-fé objetiva. Como primeiro exemplo dessa regra, se a fiança for concedida para garantir um contrato de locação, o seu alcance não se estenderá em relação aos danos causados no prédio em decorrência de um evento imprevisível. Como segunda ilustração, se concedida a fiança para garantir o contrato de locação no tocante ao aluguel, esta não se estenderá em relação ao pagamento de tributos que incidem sobre o bem, como, por exemplo, o IPTU. Também diante do que consta do art. 819 do CC, a fiança não se estende além do período de tempo convencionado, afirmação que envolve polêmica prática que passou por mudanças na legislação e na jurisprudência, conforme comentários que seguem.

JURISPRUDÊNCIA COMENTADA: Afastando a possibilidade da fiança verbal ou tácita, do Tribunal Paulista: "Ação de despejo por falta de pagamento cumulada com cobrança. Cerceamento de defesa. Inocorrência. Fiança tácita ou verbal. Inadmissibilidade. Art. 819 do Código Civil. Contrato e aditamento firmados antes da Lei n. 12.112/2009. Ausência de previsão contratual para que os fiadores respondam pela locação prorrogada por prazo indeterminado ou até a entrega das chaves. Aplicação da Súmula n. 214 do STJ. [...]" (TJSP, Apelação 1007368-40.2014.8.26.0006, Acórdão 10122807, 26.ª Câmara Extraordinária de Direito Privado, São Paulo, Rel. Des. Eros Piceli, j. 30.01.2017, *DJESP* 07.02.2017). Como primeiro exemplo de incidência da segunda parte do art. 819 do Código Civil, aresto do STJ pontua que "por se tratar de contrato benéfico, as disposições relativas à fiança devem ser interpretadas de forma restritiva (art. 819 do CC), ou seja, da maneira mais favorável ao fiador, razão pela qual, no caso, em que a dívida é oriunda de contrato de locação, tendo o recorrente outorgado fiança limitada até R$ 30.000,00 (trinta mil reais), forçoso reconhecer que a sua responsabilidade não pode ultrapassar esse valor" (STJ, REsp 1.482.565/SP, 3.ª Turma, Rel. Min. Marco Aurélio Bellizze, j. 06.12.2016, *DJe* 15.12.2016). Traduzindo o principal debate jurisprudencial sobre o tema, como antes anotei, entendia-se no âmbito das Cortes Brasileiras que, para que a fiança fosse prorrogada, seria preciso a concordância expressa do fiador. Nesse sentido, a respeito da locação, foi editada a Súmula n. 214 do STJ com a seguinte redação: "O fiador na locação não responde por obrigações resultantes de aditamento ao qual não anuiu". Todavia, na fiança da locação urbana, o tratamento mudou, diante da redação dada ao art. 39 da Lei de Locação pela Lei n. 12.112/2009, a saber: "Salvo disposição contratual em contrário, qualquer das garantias da locação se estende até a efetiva devolução do imóvel, ainda que prorrogada a locação por prazo indeterminado, por força de lei". Dessa forma, pelo entendimento sumulado anterior, eventualmente, se houvesse fiança garantindo uma dívida decorrente de locação urbana por prazo determinado, prorrogado este contrato em virtude do silêncio das partes após o seu término, passando a ser por prazo indeterminado sem a participação do fiador, a garantia pessoal prestada deveria ser considerada extinta. Assim vinham entendendo os nossos Tribunais, sobretudo o STJ, dando justa aplicação ao art. 819 do CC. Por todos os acórdãos: "A jurisprudência deste Superior Tribunal de Justiça é firme no sentido de que o contrato acessório de fiança deve ser interpretado de forma restritiva, vale dizer, a responsabilidade do fiador fica delimitada a encargos do pacto locatício originariamente estabelecido, de modo que a prorrogação do contrato por tempo indeterminado, compulsória ou voluntária, sem a anuência dos fiadores, não os vincula, pouco importando a existência de cláusula de duração da responsabilidade do fiador até a efetiva devolução do bem locado. 'O fiador na locação não responde por obrigações resultantes de aditamento ao qual não anuiu' (Súmula do STJ, Enunciado n. 214)" (STJ, Ag. Rg. 510.498/SP, 6.ª Turma, Rel. Min. Hamilton Carvalhido, *DJ* 29.08.2005, p. 447). O STJ também vinha concluindo pela nulidade absoluta da cláusula de prorrogação automática da fiança em contratos de locação: "A obrigação decorrente da fiança locatícia deve se restringir ao prazo originalmente contratado, descabendo se exigir do garantidor o adimplemento de débitos que pertinem ao período de prorrogação da locação, à qual não anuiu, consoante a regra dos artigos 1.003 e 1.006 do Estatuto Civil. Precedentes. A impossibilidade de conferir interpretação extensiva à fiança locativa, consoante pacífico entendimento desta Eg. Corte, torna, na hipótese, irrelevante, para o efeito de se aferir o lapso temporal da obrigação afiançada, cláusula contratual que preveja a obrigação do fiador até a entrega das chaves, bem como aquela que pretenda afastar a disposição prevista no art. 1.500 do Código Civil. Consoante dispõe a Súmula n. 214 desta Corte: 'O fiador na locação não responde por obrigações resultantes de aditamento ao qual não anuiu'" (STJ, EREsp 302.209/MG, 3.ª Seção, Rel. Min. Gilson Dipp, j. 23.10.2002, *DJ* 18.11.2002, p. 157). Vale lembrar que o art. 1.500 do CC/1916, correspondente ao art. 835 do CC/2002, trazia a possibilidade de exoneração da fiança, mas tão somente por ato amigável com o credor ou por sentença judicial. A grande inovação da atual codificação privada reside na possibilidade de o fiador exonerar-se por meio de uma simples notificação dirigida ao credor, exercendo um direito potestativo à resilição unilateral. Antes da inovação da Lei n. 12.112/2009, já havia uma mudança de entendimento na jurisprudência do Superior Tribunal de Justiça, pois julgados a partir do final de 2006 passaram a entender pela prorrogação da fiança, principalmente nos casos em que houvesse uma cláusula de prorrogação automática. O primeiro precedente teve como relator o Min. Paulo Medina, podendo ser destacadas as seguintes ementas: "Embargos de divergência. Locação. Fiança. Prorrogação. Cláusula de garantia até a efetiva entrega das chaves. Continuam os fiadores responsáveis pelos débitos locatícios posteriores à prorrogação legal do contrato se anuíram expressamente a essa possibilidade e não se exoneraram nas formas dos artigos

1.500 do CC/1916 ou 835 do CC/2002, a depender da época que firmaram a avença. Embargos de divergência a que se dá provimento" (STJ, EREsp 566.633/CE, 3.ª Seção, Rel. Min. Paulo Medina, j. 22.11.2006, *DJ* 12.03.2008, p. 1). "O entendimento predominante neste Superior Tribunal de Justiça era de que o contrato de fiança, por ser interpretado restritivamente, não vincula o fiador à prorrogação do pacto locativo sem sua expressa anuência, ainda que houvesse cláusula prevendo sua responsabilidade até a entrega das chaves. A Terceira Seção desta Corte, no julgamento dos Embargos de Divergência 566.633/CE, em 22.11.2006, acórdão pendente de publicação, assentou, contudo, compreensão segundo a qual não se confundem as hipóteses de aditamento contratual e prorrogação legal e tácita do contrato locativo, concluindo que 'continuam os fiadores responsáveis pelos débitos locatícios posteriores à prorrogação legal do contrato se anuíram expressamente a essa possibilidade e não se exoneraram nas formas dos artigos 1.500 do CC/1916 ou 835 do CC/2002, a depender da época em que firmaram o acordo'. Na linha da correta jurisprudência da Terceira Seção, não sendo hipótese de aditamento, mas de prorrogação contratual, tem-se como inaplicável o enunciado de n. 214 de nossa Súmula, sendo de rigor a manutenção do julgado. 4. Agravo regimental provido" (STJ, AgRg no AgRg nos EDcl no AgRg no Ag 562.477/RJ, 6.ª Turma, Rel. Min. Hamilton Carvalhido, Rel. p/ Acórdão Min. Paulo Gallotti, j. 09.10.2007, *DJ* 25.02.2008, p. 369). Nunca estive filiado a essa mudança de entendimento, pois entendo pela prevalência do art. 819 do CC, pelo qual a fiança não admite interpretação extensiva, norma de ordem pública que protege o fiador. Ademais, a aceitação da cláusula de prorrogação automática não se coadunava com a ideia de justiça contratual relacionada com a eficácia interna do princípio da função social do contrato. A referida cláusula era antissocial, devendo ser considerada nula por abusividade (arts. 166, inc. II, 187 e 421 do CC). Com a emergência da Lei n 12.112/2009 ficou expressamente estabelecido pela norma que, prorrogada a locação, prorroga-se automaticamente a garantia, caso da fiança. Todavia, chegou-se a um *meio-termo*, pois, com a prorrogação, passa a ser admitida a exoneração unilateral por parte do fiador, mediante simples notificação dirigida ao credor (locador). Após a notificação, a responsabilidade do fiador persiste por mais cento e vinte dias (art. 40, inc. X, da Lei de Locação, também introduzido pela Lei n. 12.112/2009). A norma prevalece em relação ao art. 835 do CC/2002, por ser mais especial e que ainda será aqui comentado. Relembre-se, contudo, que o último dispositivo de igual modo dispõe de um direito a exoneração para o fiador, na fiança sem prazo determinado. A diferença é que nesta norma geral há previsão de sua responsabilidade por sessenta dias após a notificação do credor. Em suma, a divergência anterior parece ter sido solucionada pela lei, de modo razoável, no meu entendimento. Nessa linha, julgou o Superior Tribunal de Justiça que "em contrato de locação ajustado por prazo determinado antes da vigência da Lei n. 12.112/2009, o fiador somente responde pelos débitos locatícios contraídos no período da prorrogação por prazo indeterminado se houver prévia anuência dele no contrato. A Lei n. 8.245/1991 (Lei do Inquilinato) prevê em seus arts. 46 e 50 que, findo o prazo ajustado, a locação será prorrogada por prazo indeterminado se o locatário continuar na posse do imóvel alugado por mais de trinta dias sem oposição do locador. Conforme a Súm. n. 214/STJ, 'o fiador na locação não responde por obrigações resultantes de aditamento ao qual não anuiu'. Todavia, diferente é a situação para os contratos de fiança firmados na vigência da Lei n. 12.112/2009, que não pode retroagir para atingir pactos anteriores. Referida lei conferiu nova redação ao art. 39 da Lei n. 8.245/1991, passando a estabelecer que 'salvo disposição contratual em contrário, qualquer das garantias da locação se estende até a efetiva devolução do imóvel, ainda que prorrogada a locação por prazo indeterminado, por força desta Lei'. Dessa forma, para os novos contratos, a prorrogação da locação por prazo indeterminado implica também prorrogação automática da fiança (*ope legis*), salvo pactuação em sentido contrário, resguardando-se, evidentemente, durante essa prorrogação, a faculdade do fiador de exonerar-se da obrigação mediante notificação resilitória" (STJ, REsp 1.326.557/PA, Rel. Min. Luis Felipe Salomão, j. 13.11.2012). Em julho de 2015, o Superior Tribunal de Justiça acabou por consolidar ainda mais a tese, estendendo-a também para a fiança prestada em contratos bancários. Nos termos do Recurso Especial 1.253.411/CE, proferido pela Segunda Seção do Tribunal da Cidadania, "a prorrogação do contrato principal, a par de ser circunstância prevista em cláusula contratual – previsível no panorama contratual –, comporta ser solucionada adotando-se a mesma diretriz conferida para fiança em contrato de locação – antes mesmo da nova redação do art. 39 da Lei do Inquilinato pela Lei n. 12.112/2009 –, pois é a mesma matéria disciplinada pelo Código Civil. A interpretação extensiva da fiança constitui em utilizar analogia para ampliar as obrigações do fiador ou a duração do contrato acessório, não o sendo a observância àquilo que foi expressamente pactuado, sendo certo que as causas específicas legais de extinção da fiança são taxativas. Com efeito, não há falar em nulidade da disposição contratual que prevê prorrogação da fiança, pois não admitir interpretação extensiva significa tão somente que o fiador responde, precisamente, por aquilo que declarou no instrumento da fiança". O aresto também teve como relator o Ministro Luis Felipe Salomão, trazendo farta citação doutrinária e jurisprudencial, como sempre. Em 2022, no mesmo sentido, foi editada a Súmula n. 656 da Corte, prevendo que "é válida a cláusula de prorrogação automática de fiança na renovação do contrato principal. A exoneração do fiador depende da notificação prevista no artigo 835 do Código Civil". Como último acórdão a ser citado, em uma nota crítica, no final de 2017, a Terceira Turma do Superior Tribunal de Justiça julgou da seguinte forma: "O art. 39 da Lei n. 8.245/91 dispõe que, salvo disposição contratual em contrário, qualquer das garantias da locação se estende até a efetiva devolução do imóvel, ainda que prorrogada a locação por prazo indeterminado. Da redação do mencionado dispositivo legal depreende-se que não há necessidade de expressa anuência dos fiadores quanto à prorrogação do contrato quando não há qualquer disposição contratual que os desobrigue até a efetiva entrega das chaves. Ademais, a própria lei, ao resguardar a faculdade do fiador de exonerar-se da obrigação mediante a notificação resilitória, reconhece que a atitude de não mais responder pelos débitos locatícios deve partir do próprio fiador, nos termos do art. 835 do CC/02. Na hipótese sob julgamento, em não havendo cláusula contratual em sentido contrário ao disposto no art. 39 da Lei de Inquilinato – isto é, que alije os fiadores da responsabilidade até a entrega das chaves – e, tampouco, a exoneração da fiança por parte dos garantes, deve prevalecer o disposto na lei especial quanto à subsistência da garantia prestada" (STJ, REsp 1.607.422/SP, 3.ª Turma, Rel. Min. Nancy Andrighi, j. 17.10.2017, *DJe* 17.11.2017). A nota crítica faz-se necessária pelo fato de o Tribunal Superior ter admitido a exoneração do fiador, após a prorrogação do contrato, pelo que se extrai do art. 835 do Código Civil. Na verdade, como a extinção da locação já se deu na vigência da Lei n. 12.112/2009, deveria ter sido utilizada a nova redação do art. 40, inc. X, da Lei de Locação, que tem conteúdo diverso do que consta do preceito da Norma Geral Privada. De toda forma, a posição atual da Corte é a que consta da afirmação 2 publicada na Edição n. 101 da ferramenta Jurisprudência em Teses do STJ, publicada em 2018: "Existindo, no contrato de locação, cláusula expressa prevendo que os fiadores respondam pelos débitos locativos até a efetiva entrega do imóvel, subsiste a fiança no período em que referido contrato foi prorrogado, ressalvada a hipótese de exoneração do encargo". Por fim, para o Superior Tribunal de Justiça, as previsões do art. 835 do CC e do art. 40, inc. X, da Lei de Locação não significam a necessidade de que a notificação seja realizada apenas no período da indeterminação do contrato de locação, "podendo, assim, os fiadores, no curso da locação com prazo determinado, notificar o locador de sua intenção exoneratória, mas os seus efeitos somente poderão se projetar para o período de indeterminação do contrato. Notificado o locador ainda no período determinado da locação acerca da pretensão de exoneração dos fiadores, os efeitos desta exoneração somente serão produzidos após o prazo de 120 dias da data em que se tornou indeterminado o contrato de locação, e não da notificação" (STJ, REsp 1.798.924/RS, 3.ª Turma, Rel. Min. Paulo de Tarso Sanseverino, j. 14.05.2019, *DJe* 21.05.2019). À primeira leitura, o acórdão causou-me perplexidade. Porém, trata-se de correta e justa mitigação do texto legal, ao possibilitar a exoneração do fiador ainda na vigência do contrato com prazo determinado, tutelando o dever de informar decorrente da boa-fé e com vistas à manutenção do contrato principal.

Art. 819-A. (VETADO)

Art. 820. Pode-se estipular a fiança, ainda que sem consentimento do devedor ou contra a sua vontade.

COMENTÁRIOS DOUTRINÁRIOS: A norma evidencia, conforme antes comentei, que a relação jurídica principal existente no contrato, ou relação interna, é a que existe entre o fiador e o credor. Tanto isso é verdade, que a fiança pode ser estipulada ainda que sem o consentimento do devedor, ou até mesmo contra a sua vontade. Confirma-se também a existência, por parte do fiador, de uma responsabilidade pessoal sem dívida ("*Haftung ohne Schuld*").

JURISPRUDÊNCIA COMENTADA: Tendo em vista o teor do comando, como desdobramento de seu conteúdo, entendeu-se que o devedor principal não pode requerer a exoneração do fiador: "Impossibilidade de se pleitear direito alheio. Contrato de fiança que independe da vontade do devedor, garantia que pode ser prestada, inclusive, sem seu consentimento ou contra sua vontade. Inteligência do art. 820 do Código Civil" (TJPR, Apelação Cível 1677431-7, 11.ª Câmara Cível, Curitiba, Rel. Des. Sigurd Roberto Bengtsson, j. 27.09.2017, *DJPR* 26.10.2017, p. 440).

Art. 821. As dívidas futuras podem ser objeto de fiança; mas o fiador, neste caso, não será demandado senão depois que se fizer certa e líquida a obrigação do principal devedor.

COMENTÁRIOS DOUTRINÁRIOS: Não só as dívidas atuais ou presentes como também as dívidas futuras podem ser objeto de fiança, não se podendo falar em invalidade ou ineficácia da garantia pessoal em casos tais. No caso de a fiança garantir uma obrigação futura, o fiador não será demandado senão depois que se fizer certa e líquida – determinada quanto ao valor – a dívida do devedor principal.

JURISPRUDÊNCIA COMENTADA: Como decorrência natural do comando, entendeu o Tribunal Paulista que "devem responder pela fiança prestada o afiançado e os fiadores com relação ao débito perseguido pelo credor, mesmo que a carta de fiança tenha sido firmada em data anterior à emissão dos títulos, o que não a invalida, conforme artigo 821, do Código Civil, e caso queiram os fiadores se exonerar dela, devem notificar o credor à luz do artigo 835 do mesmo diploma legal" (TJSP, Apelação 1000334-10.2016.8.26.0114, Acórdão 11766572, 13.ª Câmara de Direito Privado, Campinas, Rel. Des. Nelson Jorge Júnior, j. 05.09.2018, *DJESP* 13.09.2018, p. 2.196). Afastando a invalidade da fiança de dívida futura, como comentei: "Não há falar em nulidade da fiança, visto que o art. 821, do Código Civil, declara que as dívidas futuras podem ser objeto de fiança. Precedente da Corte" (TJRS, Apelação Cível 0258136-06.2017.8.21.7000, 20.ª Câmara Cível, São Luiz Gonzaga, Rel. Des. Walda Maria Melo Pierro, j. 08.11.2017, *DJERS* 20.11.2017). Por fim, admitindo até a dupla garantia em contrato bancário, antes mesmo da abertura do crédito: "É válida a fiança, ainda que constitua em dupla garantia, quando constituída concomitante com a hipoteca e anterior à abertura do crédito e à emissão da nota fiscal. Principalmente porque é possível sua efetivação para garantia de dívidas futuras, consoante estabelece o artigo 821 do Código Civil, notadamente quando ela não tem termo apontado. Os efeitos da fiança se mantêm enquanto subsistir a responsabilidade dos afiançados. E sendo assim, os fiadores têm legitimidade para figurar no polo passivo da ação" (TJMT, Apelação 141328/2012, 1.ª Câmara Cível, Primavera do Leste, Rel. Des. Adilson Polegato de Freitas, j. 06.05.2014, *DJMT* 13.05.2014, p. 116).

Art. 822. Não sendo limitada, a fiança compreenderá todos os acessórios da dívida principal, inclusive as despesas judiciais, desde a citação do fiador.

COMENTÁRIOS DOUTRINÁRIOS: A fiança pode ser total ou parcial. Em regra, a fiança será *total, ilimitada ou indefinida*, garantindo a dívida com todos os seus acessórios, incluindo juros, multa, cláusula penal, despesas judiciais desde a citação do fiador, entre outros. Entretanto, é possível que a fiança seja parcial por força do contrato, sendo denominada *fiança limitada*.

JURISPRUDÊNCIA COMENTADA: Aplicando esse art. 822, colaciona-se *decisum* do Superior Tribunal de Justiça que incluiu os juros de mora na cobrança do fiador e deduziu que "as despesas judiciais só serão arcadas pelo fiador a partir de sua citação. Segundo dispõe o art. 822 do CC, não sendo limitada, a fiança compreenderá todos os acessórios da dívida principal, inclusive as despesas judiciais, desde a citação do fiador. Isso para que a lei não se afaste da fundamental equidade, impondo ao fiador uma responsabilidade excessivamente onerosa, sem antes verificar se ele deseja satisfazer a obrigação que afiançou" (STJ, REsp 1.264.820/RS, Rel. Min. Luis Felipe Salomão, j. 13.11.2012, publicado no seu *Informativo* n. *509*). Em outro julgado superior, reconhecendo a presença de fiança limitada: "Consoante dispõe o art. 822 do Código Civil, [...]. Assim, ao assumir a condição de garante da obrigação, o fiador tem a opção de ficar vinculado a limites previamente definidos (art. 823 do CC), os quais podem ser parciais, ou até a integralidade da dívida, podendo ainda estabelecer prazo e condições para sua validade e eficácia. Por se tratar de contrato benéfico, as disposições relativas à fiança devem ser interpretadas de forma restritiva (art. 819 do CC), ou seja, da maneira mais favorável ao fiador, razão pela qual, no caso, em que a dívida é oriunda de contrato de locação, tendo o recorrente outorgado fiança limitada até R$ 30.000,00 (trinta mil reais), forçoso reconhecer que a sua responsabilidade não pode ultrapassar esse valor. Tratando-se, portanto, de fiança limitada, a interpretação mais consentânea com o sentido teleológico da norma é a que exime o fiador do pagamento das despesas judiciais e, também, dos honorários advocatícios, uma vez que a responsabilidade do garante, que, em regra, é acessória e subsidiária, não pode estender-se senão à concorrência dos precisos limites nela indicados". Sobre os honorários advocatícios devidos, conclui-se no mesmo aresto que "embora o art. 20 do CPC/1973 disponha que 'a sentença condenará o vencido a pagar ao vencedor as despesas que antecipou e os honorários advocatícios', dando margem ao entendimento de que a verba honorária não estaria inserida no conceito de despesas judiciais, na espécie, a controvérsia deve ser solucionada sob o enfoque do art. 822 do CC, que trata, especificamente, dos efeitos da fiança limitada, o qual deve prevalecer, como regra de interpretação, sob aquele dispositivo processual que regula, apenas de maneira geral, a fixação dos honorários, ante a observância, inclusive, do princípio da especialidade" (STJ, REsp 1.482.565/SP, 3.ª Turma, Rel. Min. Marco Aurélio Bellizze, *DJe* 15.12.2016). Também aplicando o conteúdo da norma, entende-se em Cortes Estaduais distintas que a fiança deve também abranger a reparação de danos em imóvel, especialmente as despesas referentes aos materiais adquiridos pelo locador e a mão de obra empregada (TJSP, SR 1214858004, 26.ª Câmara de Direito Privado, Rel. Carlos Alberto Garbi, j. 20.10.2008, *DJESP* 30.10.2008; e TJPR, Apelação Cível 1739052-4, 12.ª Câmara Cível, Maringá, Rel. Juiz Conv. Luciano Carrasco Falavinha Souza, j. 21.03.2018, *DJPR* 17.04.2018, p. 151).

Art. 823. A fiança pode ser de valor inferior ao da obrigação principal e contraída em condições menos onerosas, e, quando exceder o valor da dívida, ou for mais onerosa que ela, não valerá senão até ao limite da obrigação afiançada.

COMENTÁRIOS DOUTRINÁRIOS: Como antes apontado, a fiança pode ser total ou parcial, prevendo a norma em estudo que no último caso pode ser em valor inferior ao da obrigação principal e contraída em condições menos onerosas do que as do contrato principal. No entanto, a fiança nunca poderá ser superior ao valor do débito principal, pois o acessório não pode ser maior do que o principal. Sendo mais onerosa do que a obrigação principal, a fiança deverá ser reduzida ao limite da dívida que foi afiançada.

JURISPRUDÊNCIA COMENTADA: Em instigante julgado paulista, o art. 823 do Código Civil foi aplicado de maneira incidental à fiança que garantia contrato de serviço portuário. Foi afastada a tese de ilegitimidade passiva dos fiadores, aduzindo-se que "a assunção da obrigação concerne ao objeto do contrato e não formalmente ao tempo aí estipulado. Nem se argumente com a suposta limitação do valor da fiança porque, a despeito da possibilidade trazida pelo art. 823, do Código Civil, no caso concreto o contrato de prestação de serviços portuários expressamente previu a fiança integral". Assim, não se admitiu o argumento da presença de fiança parcial, pois ela não estaria presente no caso concreto (TJSP, Apelação 4012686-65.2013.8.26.0562, Acórdão 10608090, 35.ª Câmara de Direito Privado, Santos, Rel. Des. Artur Marques, j. 17.07.2017, *DJESP* 21.07.2017, p. 1.962).

REFORMA DO CÓDIGO CIVIL: Para reparar problema técnico, a Comissão de Juristas propõe substituir o termo "valerá" por "será eficaz" no art. 823, que passará a ter a seguinte dicção: "A fiança pode ser de valor inferior ao da obrigação principal e contraída em condições menos onerosas e, quando exceder o valor da dívida ou for mais onerosa que ela, não será eficaz senão até ao limite da obrigação afiançada". Além disso, sugere-se a inclusão de um art. 823-A, prevendo, com maior liberdade para as partes, que "os contratantes podem fixar sobre que parte do patrimônio do fiador recairá o poder de excussão do credor". Trata-se, portanto, de uma cláusula de restrição de bens penhoráveis do fiador.

Art. 824. As obrigações nulas não são suscetíveis de fiança, exceto se a nulidade resultar apenas de incapacidade pessoal do devedor.

Parágrafo único. A exceção estabelecida neste artigo não abrange o caso de mútuo feito a menor.

COMENTÁRIOS DOUTRINÁRIOS: As obrigações eivadas de nulidade absoluta não são suscetíveis de fiança, exceto se a nulidade resultar apenas da incapacidade pessoal do devedor, hipótese que pode ser reputada válida e eficaz. Assim, como regra geral, em havendo fiança estabelecida sobre obrigação nula, essa deve ser considerada nula também, seguindo a sorte da obrigação principal. Essa exceção não atinge o mútuo feito a menor sem autorização do representante, conforme o art. 588 do próprio Código Civil, sendo certo que o valor não pode ser reavido nem do mutuário, nem de seus fiadores. Não há qualquer óbice para que as obrigações anuláveis sejam objeto de fiança, especialmente diante da possibilidade de sua novação e de convalidação livre.

JURISPRUDÊNCIA COMENTADA: Reconhecendo a nulidade da fiança pela nulidade da obrigação principal: "Não obstante a existência da fiança ventilada, esta não possui o condão de alterar o desfecho jurídico da contenda diante da aplicabilidade da regra geral estabelecida no artigo 824 do Código Civil. As obrigações nulas não são suscetíveis de fiança" (TJPE, Recurso 0011655-40.2008.8.17.0001, 6.ª Câmara Cível, Rel. Des. José Carlos Patriota Malta, j. 14.03.2017, *DJEPE* 11.04.2017). Na mesma esteira: "Locador falecido antes da celebração do contrato. Nulidade. Impossibilidade de se afiançar obrigação nula. Art. 824 do Código Civil. Ausência e afronta à boa-fé objetiva e ao princípio da função social dos contratos" (TJRS, Apelação Cível 0342073-45.2016.8.21.7000, 15.ª Câmara Cível, Uruguaiana, Rel. Des. Ana Beatriz Iser, j. 09.11.2016, *DJERS* 22.11.2016). Como se pode perceber, o último aresto coloca a função social do contrato e a boa-fé objetiva no plano da validade do contrato principal.

REFORMA DO CÓDIGO CIVIL: Seguindo-se uma premissa da Reforma, de não mais utilizar o termo "menor", projeta-se no novo § 1º do art. 824 do Código Civil a seguinte redação: "A exceção estabelecida neste artigo não abrange o caso de mútuo feito a criança ou adolescente". Além disso, consoante o § 2º ora proposto, "as obrigações oriundas da invalidação ou da declaração de ineficácia da obrigação podem ser objeto de fiança, desde que haja estipulação expressa que indique o valor máximo a ser garantido". A nova previsão se aplica, por exemplo, às obrigações atingidas pela nulidade relativa e pela prescrição (ineficazes), admitindo-se a fiança em casos tais.

Art. 825. Quando alguém houver de oferecer fiador, o credor não pode ser obrigado a aceitá-lo se não for pessoa idônea, domiciliada no município onde tenha de prestar a fiança, e não possua bens suficientes para cumprir a obrigação.

COMENTÁRIOS DOUTRINÁRIOS: Diante do princípio da boa-fé que também rege a fiança, o fiador deve ser pessoa idônea. Se assim não o for, o credor poderá rejeitá-lo. Na prática, essa idoneidade é provada pela ausência de protestos, de inscrição em cadastro de inadimplentes, pela existência de bens móveis ou imóveis, pela inexistência de demandas em geral. Em suma, a idoneidade é geralmente considerada como de caráter *patrimonial*. De toda sorte, entendo que essa idoneidade também pode dizer respeito a outras razões, como de cunho moral ou ético relacionadas ao devedor principal. Imagine-se a título de exemplo, que o devedor principal exerça um cargo público, havendo a indicação de um notório criminoso como fiador. Pelo mesmo dispositivo, o credor também poderá rejeitar o fiador se este não for domiciliado no Município onde a fiança será prestada ou, ainda, se não possuir bens suficientes para cumprir a obrigação. Isso porque o legislador presumiu a ocorrência de dificuldades quanto à satisfação obrigacional da dívida afiançada nessas situações. Para evitar a existência de obstáculos para essa satisfação é que existe a norma. Todavia, a regra pode ser afastada por acordo entre as partes, eis que é de ordem privada. Aliás, ilustrando, pode até ser mais interessante ao credor que o imóvel do fiador esteja em outro local, onde ele, credor, tem a sua residência. Por fim, pontue-se que falta de fiador que preencha os requisitos da norma pode ensejar a extinção do contrato principal. No caso de a locação imobiliária ser o contrato principal, essa extinção está prevista no art. 9º, inc. II, da Lei n. 8.245/1991, presente a infração legal ou contratual.

JURISPRUDÊNCIA COMENTADA: Tratando de hipótese de extinção do contrato principal, conforme pontuei: "Locador que não está obrigado a aceitar fiador domiciliado em município diverso. Inteligência do art. 825 do Código Civil. Locação que deve ser desfeita por descumprimento do contrato (art. 9º, II, da Lei n. 8.245/91)" (TJSP, Apelação 0001994-02.2013.8.26.0554, Acórdão 7924153, 32.ª Câmara de Direito Privado, Santo André, Rel. Des. Caio Marcelo Mendes de Oliveira, j. 09/10.2014, *DJESP* 16.10.2014). Também a merecer destaque, determinando a devolução de sinal estipulado em contrato de locação que não se aperfeiçoou por falta de fiador idôneo: "O sinal ou arras prestado em contrato de locação não residencial, com pagamento de 'luvas', tem por fim assegurar às partes contratantes a realização do acordo final, tornando, assim, obrigatório o contrato. O negócio jurídico não se concretizou em virtude da exigência de nova fiança pelo apelante. Fiadores apresentados que não possuem bens suficientes para cumprir a obrigação. O credor não pode ser obrigado a aceitar fiador. Art. 825 do CC/02. Ambas as partes concorreram para o desfazimento do negócio jurídico. A consequência é a resolução da obrigação voltando as partes ao *status quo ante*. A função principal das arras é a de princípio de pagamento (art. 417 do CC/02), logo devem as mesmas serem restituídas, por não ter sido concretizado o contrato, sob pena de enriquecimento sem causa do locador" [...]. Precedentes citados: TJRJ, AC 2006.001.61271, Rel. Des. Antônio Saldanha Palheiro, j. 28.02.2006; e AC 255.001.23030, Rel. Des. Odete Knaack de Souza, j. 20.10.2005 (TJRJ, Apelação Cível 2007.001.23049, Capital, Rel. Des. Helena Candida Lisboa Gaede, j. 26.06.2007, *DORJ* 21.02.2008, p. 304).

REFORMA DO CÓDIGO CIVIL: A Comissão de Juristas propõe a retirada da dura e hoje injustificada exigência de que o fiador tenha domicílio no mesmo Município onde se tenha que prestar a fiança, bastando que esteja no mesmo Território Nacional. Conforme as justificativas da Subcomissão de Direito Contratual, "com a digitalização dos processos e dos registros públicos, perdeu o sentido restringir a pessoas domiciliadas no município a aptidão de serem indicadas como fiadoras. O fato de o fiador estar em outro município não acarretará prejuízos tão significativos assim a ponto de inviabilizar eventual execução. Além do mais, nada impede que, no contrato, as partes estabeleçam outras regras objetivas de elegibilidade de fiadores. A lei aqui apenas estabelece o padrão". Também são alterados os parâmetros para a ciência a respeito da existência de bens do fiador, passando a norma do art. 825 a expressar o seguinte: "Quando alguém houver de oferecer fiador, o credor não pode ser obrigado a aceitá-lo, se não for pessoa idônea, domiciliada no território nacional em que tenha de prestar a fiança nem poderá aceitar a garantia dada por quem, comprovadamente, o credor sabia ou deveria saber, não possuía bens penhoráveis suficientes para cumprir a obrigação". A locução "deveria saber" traz como encargo uma maior responsabilidade dos credores, o que vem em boa hora.

Art. 826. Se o fiador se tornar insolvente ou incapaz, poderá o credor exigir que seja substituído.

COMENTÁRIOS DOUTRINÁRIOS: O mesmo fundamento de funcionalização da garantia serve para justificar a norma em comentário, segundo a qual tornando-se insolvente ou incapaz o fiador, o credor poderá exigir a sua substituição. Essa não substituição do fiador pode gerar o vencimento antecipado da dívida principal, conforme o art. 333, inc. III, do próprio Código Civil em vigor. O dispositivo aplica-se ao credor e não ao fiador em si, como se verá do primeiro julgado citado a seguir.

JURISPRUDÊNCIA COMENTADA: Na linha do meu último comentário, com precisão e do Tribunal do Rio Grande do Sul: "O art. 826 do Código Civil confere ao credor a faculdade de exigir a substituição do devedor que se tornar insolvente não consubstanciando, de outra parte, um direito de o próprio fiador apresentar tal argumento como defesa sua" (TJRS, Apelação Cível 0036599-69.2016.8.21.7000, 15.ª Câmara Cível, Palmeira das Missões, Rel. Des. Otávio Augusto de Freitas Barcellos, j. 08.06.2016, *DJERS* 17.06.2016). Tem-se também associado o teor da norma ao caráter acessório da fiança, como foi feito pelo Tribunal de Justiça de São Paulo no seguinte aresto: "Fiança é uma parte acessória e não substancial do contrato de locação, razão pela qual, se a fiadora tornar-se insolvente no cumprimento do contrato renovando, os locadores poderão exigir a sua substituição (art. 826 do CC/2002)" (TJSP, Apelação 0002645-52.2013.8.26.0451, Acórdão 9427211, 28.ª Câmara de Direito Privado, Piracicaba, Rel. Des. Berenice Marcondes César, j. 10.05.2016, *DJESP* 23.05.2016).

SEÇÃO II

DOS EFEITOS DA FIANÇA

Art. 827. O fiador demandado pelo pagamento da dívida tem direito a exigir, até a contestação da lide, que sejam primeiro executados os bens do devedor.

Parágrafo único. O fiador que alegar o benefício de ordem, a que se refere este artigo, deve nomear bens do devedor, sitos no mesmo município, livres e desembargados, quantos bastem para solver o débito.

COMENTÁRIOS DOUTRINÁRIOS: Em regra e como premissa geral, assim como estava na codificação anterior, o fiador não é devedor solidário, mas subsidiário. Isso porque tem a seu favor o chamado *benefício de ordem* ou de *excussão*, pelo qual será primeiro demandado o devedor principal. Conforme a norma em comentário, que ratifica essas afirmações, o fiador demandado pelo credor para o pagamento da dívida tem direito a exigir, até a contestação da lide, que sejam primeiro executados os bens do devedor. Em complemento, o dispositivo estabelece que o fiador que alegar o benefício de ordem deve nomear bens livres e desembargados do devedor principal que bastem para a satisfação da dívida, localizados no mesmo município onde ocorre a cobrança da dívida. Porém, na prática, prevalecem amplamente os casos em que o fiador renuncia a esse benefício de ordem, ou assume a condição de devedor solidário, nos termos do próximo preceito a ser comentado. Não se olvide, contudo, que a solidariedade passiva do fiador não é legal, mas convencional, decorrente do contrato. De todo modo, não se pode negar que raríssimas são as situações práticas em que o fiador é mero devedor subsidiário, especialmente nas relações locatícias garantidas por fiança.

JURISPRUDÊNCIA COMENTADA: Trazendo o afastamento do benefício de ordem em havendo renúncia, conforme os comentários que ainda serão desenvolvidos: "O benefício de ordem, consistente no direito do garante de ver excutidos primeiramente os bens do devedor (art. 827 do CC/02), não tem aplicação no caso de renúncia contratual, como exprime o art. 828, I, do mesmo Código" (STJ, Ag. Int. no REsp 1.759.642/RS, 3.ª Turma, Rel. Min. Moura Ribeiro, j. 03.12.2018, *DJe* 05.12.2018, p. 1.083). Também merece destaque a posição reiterada da jurisprudência no sentido de que não cabe o reconhecimento do benefício de ordem de ofício pelo juiz, devendo tal direito ser alegado pelo fiador. Por todos os arestos que assim deduzem, do Tribunal Bandeirante: "Nada impede o locador de optar pela cumulação da ação de despejo com a de cobrança dos aluguéis e acessórios (artigo 62, I, da Lei n. 8.245/1991), fazendo incluir no polo passivo os fiadores, sejam eles solidários ou não. Não era o caso, ademais, de reconhecer, de ofício, o benefício de ordem em favor dos corréus, pois era ônus dos fiadores (do qual não se desincumbiram) o cumprimento dos requisitos previstos no parágrafo único do artigo 827 do Código Civil" (TJSP, Apelação 1000958-27.2016.8.26.0060, Acórdão 12088911, 27.ª Câmara de Direito Privado, Auriflama, Rel. Des. Mourão Neto, j. 13.12.2018, *DJESP* 18.12.2018, p. 2.389). No mesmo sentido, reconhecendo a perda desse direito do fiador, caso não atue na forma prevista no parágrafo único do art. 827: "O contrato entabulado entre as partes efetivamente não possui cláusula expressa de renúncia ao benefício de ordem previsto no *caput* do art. 827 do Código Civil. Consoante se verifica da peça contestatória, o fiador, ora apelante, não nomeou bens do devedor principal, não lhe sendo lícito, portanto, invocar a proteção do benefício de ordem" (TJSP, Apelação 0001513-98.2011.8.26.0654, Acórdão 10111321, 35.ª Câmara de Direito Privado, Vargem Grande Paulista, Rel. Des. Artur Marques, j. 30.01.2017, *DJESP* 03.02.2017). Como última ilustração prática, parece-me correta a interpretação feita por alguns julgadores, tendo em vista o dever anexo de informação decorrente da boa-fé objetiva, no sentido de que "em sede de contrato de mútuo garantido por fiança, o fiador tem direito de ser previamente cientificado acerca da inadimplência do devedor principal (CC art. 827 primeira parte), para, dentre outras providências, ser-lhe possível purgar a mora. Se tal não sucede, evidencia-se temerária a negativação do nome do garante em cadastro de proteção ao crédito" (TJSC, Agravo de Instrumento 2014.034830-5, 4.ª Câmara de Direito Civil, Blumenau, Rel. Des. Eládio Torret Rocha, j. 25.06.2015, *DJSC* 02.07.2015, p. 298).

REFORMA DO CÓDIGO CIVIL: A Comissão de Juristas propõe apenas uma melhora da redação do *caput* do art. 827 do Código Civil, para deixá-lo mais claro, sem mudanças no seu conteúdo, *in verbis*: "O fiador demandado pelo pagamento da dívida tem direito a exigir, até a contestação da lide, que sejam primeiramente executados os bens do devedor". O termo "sejam primeiro" é assim substituído por "sejam primeiramente".

Art. 828. Não aproveita este benefício ao fiador:

I – se ele o renunciou expressamente;

II – se se obrigou como principal pagador, ou devedor solidário;

III – se o devedor for insolvente, ou falido.

COMENTÁRIOS DOUTRINÁRIOS: Como antes exposto, o dispositivo a ser analisado prevê três hipóteses em que o fiador não poderá alegar o benefício de ordem. A primeira delas diz respeito à previsão de cláusula de renúncia expressa ao benefício de ordem. A segunda hipótese está relacionada à situação em que o fiador se obriga como principal pagador ou devedor solidário, presente a solidariedade passiva convencional. A terceira e última com a insolvência ou falência do devedor principal. Geralmente, as duas primeiras situações são tratadas como se fossem semelhantes ou iguais, mas não o são, pois há uma diferença sutil entre elas. Quando o fiador renuncia ao benefício de ordem, aplica-se a ele o art. 275 do Código Civil, primeira e mais importante regra da solidariedade passiva, segundo a qual "o credor tem direito a exigir e receber de um ou de alguns dos devedores, parcial ou totalmente, a dívida comum; se o pagamento tiver sido parcial, todos os demais devedores continuam obrigados solidariamente pelo resto. Parágrafo único. Não importará renúncia da solidariedade a propositura de ação pelo credor contra um ou alguns dos devedores". Trata-se do que se denomina como *opção de demanda*, em que o credor pode ingressar com a ação de cobrança em sentido amplo como quiser e com quem quiser, fiador ou devedor principal. Todavia, em se tratando de simples renúncia ao benefício de ordem somente essa norma da solidariedade passiva se aplica e não as demais (arts. 276 a 285 do CC). Já na situação em que o fiador assume a condição de devedor solidário, todos os preceitos relacionados à solidariedade passiva se subsomem a ele, inclusive o art. 275 da codificação privada. Sendo assim, pode-se dizer que a assunção de solidariedade engloba a renúncia ao benefício de ordem. De todo modo, na prática prevalecem as situações em que o fiador declara que está renunciando ao benefício e, ao mesmo tempo, assumindo a condição de devedor solidário, o que não deixa de ser um *pleonasmo jurídico*, aplicando-se todas as regras da solidariedade. Justamente porque o fiador está renunciando a um direito que lhe é inerente, que decorre da própria natureza jurídica do negócio em estudo, é que defendo há tempos que essa renúncia não valerá se o contrato de fiança for de adesão, por força da aplicação direta do art. 424 do CC. Nos termos do último comando, "nos contratos de adesão, são nulas as cláusulas que estipulem a renúncia antecipada do aderente a direito resultante da natureza do negócio". Nessa linha, o Enunciado n. 364 do Conselho da Justiça Federal, aprovado na *IV Jornada de Direito Civil*, em 2006, e que teve este autor como um dos seus proponentes: "No contrato de fiança é nula a cláusula de renúncia antecipada ao benefício de ordem quando inserida em contrato de adesão". Como se verá a seguir, o enunciado tem recebido uma aplicação crescente pelas nossas Cortes.

JURISPRUDÊNCIA COMENTADA: Sobre a última divergência, afastando a nulidade da cláusula de renúncia ao benefício de ordem em contrato de adesão, entre os primeiros arestos que trazem esse debate: "Execução. Fiança. Benefício de ordem. Renúncia. Alegação do contrato ser de adesão para invalidá-la. Irrelevância. Inadmissibilidade. Ainda que de adesão o ajuste da fiança, esta sua natureza não ostenta força para invalidar a renúncia dos fiadores ao benefício de ordem, aliás nem questionada, por uma simples razão: mesmo quem adere manifesta vontade, contrata e se obriga" (2.º TACSP, Ap. c/ rev. 615.371-00/0, 12.ª Câmara, Rel. Juiz Palma Bisson, j. 07.02.2002). Como se pode perceber, o julgado é anterior ao Código Civil de 2002. Porém, já prolatados na vigência da atual codificação, existem acórdãos que afirmam que o contrato de locação não é de adesão. E chegam a confundir o seu conceito – como o de um contrato em que o estipulante impõe o conteúdo do negócio ao aderente, no todo ou em parte –, com a ideia de contrato de consumo. Nesse sentido, trazendo esse lamentável baralhamento conceitual: "Contrato de locação não é um contrato de adesão. Jurisprudência do STJ firme ao negar a aplicação das normas do CDC aos contratos de locação, uma vez que estes são regulados por Lei própria, a Lei n. 8.245/1991. Fiança. Efeitos. Inteligência do artigo 828, inciso I, do Código Civil. Validade da estipulação de cláusula de renúncia a benefício de ordem em contrato de fiança. Existência de cláusula no contrato locatício firmado por sociedades empresárias, onde os fiadores embargantes, textualmente, renunciam ao benefício de ordem. Portanto, são partes legítimas para figurarem no polo passivo da presente relação processual, diante do vínculo contratual com a parte exequente" (TJRJ, Apelação 0059956-51.2014.8.19.0001, 19.ª Câmara Cível, Rio de Janeiro, Rel. Des. Lucio Durante, *DORJ* 29.06.2018, p. 441). Na mesma esteira, lamentavelmente: "Contrato de fiança que não se caracteriza como contrato de adesão. Nulidade inexistente. Renúncia ao benefício de ordem. Cláusula expressa no contrato de locação. Fiador responsável nos termos da cláusula prevista no instrumento contratual. Prorrogação contratual por prazo indeterminado. Cláusula expressa de garantia até a entrega das chaves. Possibilidade. Responsabilização dos fiadores. Precedentes. Prorrogado o contrato locatício por prazo indeterminado, a fiança também se prorroga por prazo indeterminado. Benefício de ordem previsto no artigo 827 do novo Código Civil, com declaração expressa de principal obrigado, a execução pode ser dirigida exclusivamente contra ele sem a necessidade de se chamar o devedor principal. Assim, havendo obrigação solidária, a possibilidade de ajuizamento da execução diretamente contra os fiadores constitui-se em um direito do credor, não se podendo, igualmente, falar em abusividade ou nulidade da cláusula de renúncia ao benefício de ordem, visto que se trata de uma disponibilidade prevista em Lei, sendo, portanto, perfeitamente válida. (TJPR, 11.ª Câmara Cível, Apelação Cível n. 613326-6, Curitiba, Rel. Luiz Antônio Barry, Unânime, j. 14.10.2009). [...]" (TJPR, Apelação Cível 1262669-0, 11.ª Câmara Cível, Curitiba, Rel. Des. Gamaliel Seme Scaff, j. 28.10.2015, *DJPR* 17.11.2015, p. 286). Todavia, há uma tendência jurisprudencial em se seguir a tese constante no Enunciado n. 364 do Conselho da Justiça Federal, conforme sustentei nos meus comentários. Como um dos primeiros Tribunais Estaduais que adotaram essa linha, o Tribunal de Justiça do Rio Grande do Sul fez uso das regras do Código de Defesa do Consumidor, pelo fato de o contrato principal ser de consumo: "Contrato de abertura de crédito fixo. Aplicação do Código de Defesa do Consumidor. O Código de Defesa do Consumidor é aplicável aos negócios jurídicos firmados entre as instituições financeiras e os usuários de seus produtos e serviços, consoante a regra contida no art. 3º, § 2º, do referido diploma legal. Controle das cláusulas abusivas em contratos de adesão. Aplica-se o Código de Defesa do Consumidor às cláusulas contratuais abusivas de fixação e cobrança de encargos financeiros nos negócios jurídicos bancários. Da nulidade da cláusula de renúncia ao benefício de ordem. Evidenciada a abusividade da cláusula, pois não redigida com destaque, dificultando imediata e rápida compreensão, nos termos do art. 54, § 4º, da Lei n. 8.078/1990" (TJRS, Apelação Cível 70010717791, 11.ª Câmara Cível, Rel. Túlio de Oliveira Martins, j. 22.02.2006). Advirta-se, contudo, que a fiança não é contrato de consumo como regra, não se podendo confundir o seu conceito com o de contrato de adesão. De data mais próxima, citando e seguindo o caminho trilhado pelo Enunciado n. 364 da *IV Jornada de Direito Civil*, colaciono cinco ementas, que demonstram a citada mudança no entendimento jurisprudencial: "Nos termos do Enunciado n. 364, aprovado na *4.ª Jornada de Direito Civil* da CJF: no contrato de fiança é nula a cláusula de renúncia antecipada ao benefício de ordem quando inserida em contrato de adesão. A mesma interpretação se dá com o artigo 424 do Código Civil, que dispõe expressamente 'nos contratos de adesão, são nulas as cláusulas que estipulem a renúncia antecipada ao aderente a direito resultante na natureza do negócio'" (TJMT, Apelação 1455/2013, 5.ª Câmara Cível, Marcelândia, Rel. Des. Carlos Alberto Alves da Rocha, *DJMT* 16.08.2013, p. 36). "Cláusula abusiva relativa à fiança. Artigo 424 do Código Civil. Pretensão de reforma da sentença que julgou improcedentes os pedidos iniciais. Pretensão dos apelantes de que seja reconhecida a nulidade da cláusula que previa a renúncia dos fiadores aos benefícios previstos no ordenamento civil, de que o réu seja impedido de efetuar a cobrança dos valores junto aos fiadores enquanto não esgotadas as tentativas de satisfação do crédito perante a devedora principal, de que seja determinada a sustação dos protestos irregulares e que o réu seja condenado a indenizar os autores pelo dano moral decorrente da inscrição indevida de seus nomes no cadastro de inadimplentes, com o pagamento de R$ 94.176,90. Cabimento parcial. Hipótese em que é abusiva a renúncia ao benefício de ordem da fiança em contrato de adesão (art. 424 do CC). Necessidade de que sejam esgotadas as tentativas de obtenção do crédito perante a devedora principal. Sustação dos protestos irregulares que deve ser determinada e condenação do banco em indenizar os fiadores pela inscrição indevida de seus nomes nos cadastros de inadimplentes. Valor pretendido a título de indenização por dano moral que se revela excessivo. Indenização fixada em R$ 10.000,00. Recurso parcialmente provido" (TJSP, Apelação 0018121-16.2010.8.26.0038, Acórdão 6576192, 13.ª Câmara de Direito Privado, Araras, Rel. Des. Ana de Lourdes, j. 13.03.2013, *DJESP* 22.03.2013). "Fiança. Cláusula de renúncia ao benefício de ordem. Nulidade. Impossibilidade de renúncia antecipada em contrato de adesão. Enunciado n. 364 da *IV Jornada de Direito Civil*. Responsabilidade subsidiária. Recurso provido. 3.º Apelo. Momento da incidência dos encargos moratórios. Obrigação líquida. Vencimento. Art. 397 do CC. Recurso provido. [...]. A despeito de haver previsão no referido contrato de cláusula de renúncia antecipada ao benefício de ordem do fiador, restou pacificado no Enunciado n. 364 da *IV Jornada de Direito Civil*, relativamente aos artigos 828 e 424 do Código Civil, que 'no contrato de fiança é nula a cláusula de renúncia antecipada ao benefício de ordem quando inserida em contrato de adesão'. Destarte, remanesce apenas a obrigação subsidiária do fiador em face do inadimplemento contratual, conforme previsto no artigo 821 do Código Civil. [...]" (TJES, Apelação

Cível 0007978-74.2011.8.08.0024, 2.ª Câmara Cível, Rel. Des. Álvaro Manoel Rosindo Bourguignon, j. 11.12.2012, *DJES* 18.12.2012). "Pretensão de reforma da sentença que julgou improcedente o pedido para que fosse reconhecida a abusividade da cláusula contratual que excluía o benefício de ordem em favor da fiadora em contrato de adesão. Cabimento. Hipótese em que se mostra abusiva a renúncia ao benefício de ordem da fiança em contrato de adesão (art. 424 do CC)" (TJSP, Apelação 0024961-82.2012.8.26.0196, Acórdão 8302687, 13.ª Câmara de Direito Privado, Franca, Rel. Des. Ana de Lourdes, j. 19.03.2015, *DJESP* 25.03.2015). "Conforme o Enunciado n. 364 da *IV Jornada de Direito Civil* do CJF, no contrato de fiança é nula a cláusula de renúncia antecipada ao benefício de ordem quando inserida em contrato de adesão. A nulidade da renúncia ao benefício de ordem não resulta na ineficácia total da garantia. Consoante a teoria do isolamento das nulidades, que informa os contratos consumeristas (art. 51, § 2º, CDC), a invalidade de uma cláusula contratual não nulifica, por si só, a avença. A despeito da invalidade da renúncia ao benefício de ordem, permanece a fiadora obrigada subsidiariamente pela dívida contratual. Assim, forçoso o reconhecimento de sua legitimidade passiva *ad causam* para o processo de execução; sendo-lhe, porém, facultado o direito de exigir que primeiro sejam executados os bens da devedora principal" (TJPE, Apelação 0000776-89.2011.8.17.0640, Rel. Des. Jorge Americo Pereira de Lira, j. 03.04.2018, *DJEPE* 17.04.2018). Merece destaque a tese adotada no último acórdão no sentido de que a nulidade da cláusula não enseja a invalidade de toda a garantia, consequência do princípio da conservação do negócio jurídico e do que consta do art. 184 do Código Civil. Como palavras finais, nota-se que há intensa polêmica no plano da jurisprudência de segunda instância sobre a renúncia ao benefício de ordem em contrato de adesão, tema que em breve será analisado no âmbito do Superior Tribunal de Justiça.

REFORMA DO CÓDIGO CIVIL: Para o art. 828 do Código Civil, a Comissão de Juristas propõe a inclusão de um parágrafo único, trazendo para a norma o teor do Enunciado n. 364 *da IV Jornada de Direito Civil*, destacado nos meus comentários, a saber: "Em contratos de adesão, são nulas de pleno direito as cláusulas de renúncia ao benefício de ordem ou de imposição de solidariedade ao fiador".

Art. 829. A fiança conjuntamente prestada a um só débito por mais de uma pessoa importa o compromisso de solidariedade entre elas, se declaradamente não se reservarem o benefício de divisão.

Parágrafo único. Estipulado este benefício, cada fiador responde unicamente pela parte que, em proporção, lhe couber no pagamento.

COMENTÁRIOS DOUTRINÁRIOS: Ao contrário do que ocorre na relação entre o fiador e o devedor principal, há solidariedade passiva legal entre os fiadores, em havendo *fiança conjunta*, com mais de um fiador. Conforme o preceito, a fiança conjuntamente prestada a um só débito por mais de uma pessoa importa o compromisso de solidariedade entre elas. Entretanto, o próprio comando estabelece a viabilidade jurídica de uma cláusula em contrário, sendo possível a reserva do *benefício de divisão*, com o fracionamento da dívida entre os fiadores. Sendo assim, a título de exemplo, é possível estabelecer que cada um dos três fiadores responda por 1/3 da dívida garantida. Ou, ainda, é viável reconhecer pelo contrato que o primeiro responda por 50% da dívida e os demais por 25%. Segundo a doutrina que sigo, é possível se falar em benefício de divisão *pro rata*, o que também é retirado do próximo comando a ser comentado. Por fim, não se pode confundir a fiança conjunta prestada por dois cônjuges com a outorga conjugal dada para a sua estipulação, conforme está previsto no art. 1.647, inc. III, do Código Civil. Diante dessa afirmação, imperiosa a interpretação restritiva do art. 829 da codificação privada em casos tais.

JURISPRUDÊNCIA COMENTADA: Conforme o meu último comentário, do Superior Tribunal de Justiça: "Na hipótese, ao que se percebe, houve mera autorização da esposa à fiança prestada pelo marido (art. 1647 do CC) e não uma fiança estabelecida conjuntamente pelos cônjuges (art. 829 do CC)" (STJ, REsp 1.353.955/MG, 4.ª Turma, Rel. Min. Luis Felipe Salomão, j. 03.04.2018, *DJe* 23.04.2018, p. 5.542). Na mesma linha, entre os arestos estaduais, confirmando a interpretação restritiva da norma em análise: "A concessão de outorga, por si só, não configura hipótese apta a ensejar a conclusão de que a Agravada, por este motivo, deve figurar como devedora solidária e, portanto, responder pela dívida inadimplida pela qual seu cônjuge prestou fiança a terceiro. Isso porque a outorga uxória/marital é mera exigência legal de assentimento nos casos em que um cônjuge celebra contrato de fiança, não implicando, de pronto, a solidariedade a que faz referência o artigo 829 do CC/2002 (artigo 1.493 do CC/1916), o qual deve ser interpretado restritivamente, nos termos da jurisprudência do STJ" (TJDF, Processo 0701.30.3.122018-8070000, Acórdão 109.3322, 5.ª Turma Cível, Rel. Des. Ângelo Passareli, j. 02.05.2018, *DJDFTE* 08.05.2018).

Art. 830. Cada fiador pode fixar no contrato a parte da dívida que toma sob sua responsabilidade, caso em que não será por mais obrigado.

COMENTÁRIOS DOUTRINÁRIOS: A norma complementa o teor do dispositivo anterior ao enunciar que cada fiador poderá fixar no contrato a parte da dívida que toma sob sua responsabilidade, caso em que não será por mais obrigado. A regra, portanto, é a da divisão igualitária (*concursu partes fiunt*), o que encerra uma presunção relativa ou *iuris tantum* e não obsta que o contrato traga divisões da responsabilidade de forma diferenciada, em decorrência da autonomia privada das partes. Cite-se mais uma vez, conforme o meu comentário anterior à situação fática de três fiadores, em que o primeiro responde por 50% da dívida e os demais por 25%.

Art. 831. O fiador que pagar integralmente a dívida fica sub-rogado nos direitos do credor; mas só poderá demandar a cada um dos outros fiadores pela respectiva quota.

Parágrafo único. A parte do fiador insolvente distribuir-se-á pelos outros.

COMENTÁRIOS DOUTRINÁRIOS: Em todas as hipóteses aqui ventiladas, o fiador que pagar integralmente a dívida ficará sub-rogado nos direitos do credor, hipótese de sub-rogação legal, também fundada no art. 346, inc. III, uma vez que se trata de pagamento por terceiro interessado. Essa sub-rogação, nos termos do art. 349 do Código Civil, abrange todos os elementos da dívida primitiva, o que inclui os seus acessórios – juros, cláusula penal e outras garantias, por exemplo – e até o mesmo prazo prescricional que a ela era aplicado. Há, assim, apenas a substituição do credor, mantendo-se os demais elementos obrigacionais, não se podendo falar em novação da dívida. Porém, só poderá o fiador que efetivou o pagamento e sub-rogou-se nos direitos do credor demandar a cada um dos outros fiadores pelas respectivas quotas. Eventual parte de fiador insolvente deverá ser distribuída entre os outros. Assim, como os fiadores são devedores de mesma classe, aquele que paga somente poderá cobrar dos demais as quotas respectivas. Essa regra também pode ser retirada do art. 283 do CC, a respeito da solidariedade, segundo o qual "o devedor que satisfez a dívida por inteiro tem direito a exigir de cada um dos codevedores a sua quota, dividindo-se igualmente por todos a do insolvente, se o houver, presumindo-se iguais, no débito, as partes de todos os devedores". A título de ilustração, naquele exemplo em que se estabelece o benefício de divisão, respondendo o primeiro fiador por 50% da dívida e os demais por 25%, se o primeiro paga o montante devido de forma integral, somente poderá cobrar os demais nos percentuais devidos. No entanto, se o fiador solidário pagar integralmente a dívida de um devedor principal, poderá cobrar desse, interessado na dívida, o valor integral, pelo que consta do art. 285 do CC, *in verbis:* "Se a dívida solidária interessar exclusivamente a um dos devedores, responderá este por toda ela para com aquele que pagar". O caso também é de sub-rogação legal, de um terceiro interessado que paga a dívida pela qual poderia ser responsabilizado, mas de forma integral.

JURISPRUDÊNCIA COMENTADA: Aplicando de forma precisa a norma, concluiu o Superior Tribunal de Justiça que "a interpretação conjugada dos arts. 829 e 831 do CC/02 impõe que a indenização de um dos fiadores (por terceiro responsabilizado pela morte da pessoa afiançada) se dê mediante pagamento direto da dívida pelo réu, de forma a assegurar a sua sub-rogação nos direitos do credor, salvo se o fiador já tiver quitado parte ou todo o débito, hipótese em que deverá ser indenizado pelo valor efetivamente pago" (STJ, REsp 1.323.752/RS, 3.ª Turma, Rel. Min. Nancy Andrighi, j. 19.06.2012, *DJe* 26.06.2012). Também de forma correta, do Tribunal Paulista, em hipótese em que um dos sócios fiadores adimpliu integralmente a dívida da empresa: "Sócio que adimpliu a integralidade da dívida na qualidade de fiador e não na qualidade de representante da empresa. Direito de regresso reconhecido. Solidariedade entre os fiadores. Inteligência dos artigos 829 e 831 do Código Civil" (TJSP, Apelação 0000113-25.2012.8.26.0004, Acórdão 8252002, 21.ª Câmara de Direito Privado, São Paulo, Rel. Des. Virgilio de Oliveira Junior, j.

23.02.2015, *DJESP* 10.03.2015). Sobre o argumento de que a sub-rogação deve incluir o prazo prescricional, na linha do que defendi: "O fiador que paga integralmente o débito objeto de contrato de locação fica sub-rogado nos direitos do credor originário (locador), mantendo-se todos os elementos da obrigação primitiva, inclusive o prazo prescricional. No caso, a dívida foi quitada pela fiadora em 9/12/2002, sendo que, por não ter decorrido mais da metade do prazo prescricional da Lei anterior (5 anos. Art. 178, § 10, IV, do CC/1916), aplica-se o prazo de 3 (três) anos, previsto no art. 206, § 3º, I, do CC/2002, a teor do art. 2.028 do mesmo diploma legal. Logo, considerando que a ação de execução foi ajuizada somente em 7/8/2007, verifica-se o implemento da prescrição, pois ultrapassado o prazo de 3 (três) anos desde a data da entrada em vigor do Código Civil de 2002, em 11/1/2003" (STJ, REsp 1.432.999/SP, 3.ª Turma, Rel. Min. Marco Aurélio Bellizze, *DJe* 25.05.2017). Na mesma linha, por todos os arestos estaduais: "Nos termos do artigo 831 do Código Civil, o pagamento da dívida pelo fiador acarreta, tão somente, em sua sub-rogação, os direitos do credor primitivo, sem que isso implique em alteração dos demais elementos da obrigação originária ou criação de nova relação obrigacional. A ação de cobrança, pelo fiador, em regresso, de valor despendido para quitação de dívida relativa a encargos locatícios não pagos pelo locatário, se submete ao prazo prescricional de 3 (três) anos previsto, no artigo 206, § 3º, inciso I, do Código Civil, para a pretensão do locador de receber essas mesmas verbas, apenas ocorrendo o reinício de sua contagem, na data do pagamento realizado ao credor originário" (TJMG, Apelação Cível 1.0024.14.101338-3/001, Rel. Des. Márcio Idalmo Santos Miranda, j. 04.05.2018, *DJEMG* 16.05.2018).

REFORMA DO CÓDIGO CIVIL: A Comissão de Juristas sugere uma melhora no tratamento do tema da sub-rogação legal em favor do fiador e de seus efeitos no art. 831, com redações mais completas e claras quanto à eficácia desse pagamento feito pelo fiador e a consequente substituição na dívida. Assim, nos termos do *caput* e do § 1º, que são mantidos, pelo menos parcialmente, "o fiador que pagar integralmente a dívida fica sub-rogado nos direitos do credor. [...] A parte do fiador insolvente distribuir-se-á pelos outros fiadores". Pelo novo § 2º, que traz de forma separada os efeitos na relação interna entre os fiadores e o consequente fracionamento da dívida entre eles, "o fiador só poderá voltar-se contra cada um dos outros fiadores na proporção de suas respectivas quotas". Porém, em se tratando do devedor principal, repetindo o que está no art. 285 do Código Civil, passa o § 3º a expressar que, "no caso de a obrigação principal ser solidária, o fiador pode voltar-se contra cada um dos codevedores solidários pela dívida inteira". Por fim, o novo § 4º do art. 831 enunciará que "o fiador que alegar o benefício de ordem, a que se refere este artigo, deve nomear bens do devedor, preferencialmente, situados no mesmo município, livres e desembaraçados, quantos bastem para solver o débito".

Art. 832. O devedor responde também perante o fiador por todas as perdas e danos que este pagar, e pelos que sofrer em razão da fiança.

COMENTÁRIOS DOUTRINÁRIOS: O devedor responderá também perante o fiador por todas as perdas e danos que este pagar e pelos que sofrer em razão da fiança, sendo a sub-rogação legal existente em favor do fiador a mais ampla possível. Por essa regra percebe-se que o fiador poderá, por força do contrato, responsabilizar-se por outros valores que não sejam a dívida e os seus acessórios, como aqueles correspondentes às perdas e danos, inclusive em decorrência de caso fortuito e força maior, presente uma cláusula de assunção convencional, autorizada pelo art. 393 do CC. Como tenho defendido há tempos, é discutível a validade dessa última cláusula em contrato de adesão, aplicando-se o já outrora mencionado art. 424 da codificação privada em vigor. Aliás, também é discutível a responsabilização do fiador por essas perdas e danos, quando a cláusula de responsabilidade constar em contrato de adesão. Isso porque, em regra, o fiador não responde por tais prejuízos, uma vez que a fiança não admite interpretação extensiva (art. 819 do CC).

JURISPRUDÊNCIA COMENTADA: Aplicando pura e simplesmente a norma em comentários, julgou corretamente o Tribunal Paulista que "'o devedor responde também perante o fiador por todas as perdas e danos que este pagar, e pelos que sofrer em razão da fiança', o que deixa clara a responsabilidade do afiançado não só pelo valor da dívida paga pelo fiador, como também pelas perdas e danos causados ao garante. Os autores tiveram seu imóvel apreendido e alienado em decorrência do inadimplemento das obrigações do réu, locatário em contrato de locação no qual os demandantes foram fiadores. É legítima, desta forma, a pretensão ao recebimento do valor que o perito judicial atribuiu ao imóvel, deduzida a quantia que, com a arrematação, foi entregue aos proprietários do bem, por superar o valor da execução" (TJSP, Apelação 0004184-17.2012.8.26.0248, Acórdão 9760791, 30.ª Câmara de Direito Privado, Indaiatuba, Rel. Des. Lino Machado, j. 31.08.2016, *DJESP* 09.09.2016). Além de valores gastos com a perícia, tem-se entendido que cabe cobrança, em ação regressiva e em sub-rogação legal, dos honorários advocatícios contratuais pagos pelo fiador: "Inclusão de honorários despendidos com o respectivo patrono. Inteligência dos artigos 389, 404, 831 e 832, do Código Civil" (TJSP, Apelação 0010902-77.2011.8.26.0664, Acórdão 7261587, 30.ª Câmara de Direito Privado, Votuporanga, Rel. Des. Carlos Russo, j. 18.12.2013, *DJESP* 09.01.2014). Filio-me integralmente a essa forma de julgar, pois entendo que os honorários contratuais entram nas perdas e danos, diante da correta interpretação dos arts. 389 e 404 da codificação, nas menções feitas aos honorários advocatícios.

Art. 833. O fiador tem direito aos juros do desembolso pela taxa estipulada na obrigação principal, e, não havendo taxa convencionada, aos juros legais da mora.

COMENTÁRIOS DOUTRINÁRIOS: No caso de pagamento da dívida, o fiador tem direito aos juros do desembolso pela taxa estipulada na obrigação principal, que não pode ser superior ao dobro da taxa legal, conforme estabelece o art. 1º da Lei de Usura (Decreto n. 22.626/1933). Não havendo a taxa convencionada, o fiador terá direito aos juros legais da mora, nos termos do art. 406 do CC, recentemente alterado pela Lei n. 14.905/2024, correspondente à taxa SELIC excluída a correção monetária pelo IPCA. A cobrança de juros incide *ex vi lege*, de forma automática, não havendo a necessidade de pedido expresso para tanto.

JURISPRUDÊNCIA COMENTADA: Sobre a incidência automática dos juros, conforme anotado: "A incidência de juros e correção monetária sobre o valor da condenação não requer pedido expresso ou determinação pela sentença, na qual se considera implicitamente incluída. Conforme o art. 833, do Código Civil, o fiador tem direito aos juros do desembolso pela taxa estipulada na obrigação principal e, não havendo taxa convencionada, aos juros legais de mora. O fiador que honra a garantia dada tem o direito de ser reembolsado do valor que despendeu, corrigido desde a data do desembolso. (RESP 219.287/SP, Rel. Ministro Ruy Rosado de Aguiar, Quarta Turma, julgado em 18.11.1999, *DJ* 17.12.1999, p. 378)" (TJDF, Recurso 2011.08.1.005583-6, Acórdão 666.258, 6.ª Turma Cível, Rel. Des. Ana Maria Duarte Amarante Brito, *DJDFTE* 10.04.2013, p. 185).

Art. 834. Quando o credor, sem justa causa, demorar a execução iniciada contra o devedor, poderá o fiador promover-lhe o andamento.

COMENTÁRIOS DOUTRINÁRIOS: O comando traz um direito a favor do fiador, eis que quando o credor, sem justa causa, deixar de dar andamento à execução iniciada contra o devedor, poderá o fiador fazê-lo. Anote-se que, pelo art. 778, § 1º, inc. IV, do CPC/2015 – correspondente ao art. 567, inc. III, do CPC/1973 –, também poderá promover a execução ou nela prosseguir o sub-rogado, nos casos de sub-rogação legal ou convencional. E, como se sabe, a hipótese do fiador que paga a dívida é justamente a de sub-rogação legal. Ambas as normas visam a afastar do fiador maiores prejuízos, pois nesses casos está ele agindo conforme a boa-fé objetiva, mitigando as próprias perdas.

JURISPRUDÊNCIA COMENTADA: O Tribunal Paulista, explicando outras razões da norma, já aplicou o conteúdo do art. 834 do Código Civil ao avalista, o que me parece correto tecnicamente, pois não se trata de norma restritiva da autonomia privada: "Não se pode esquecer que o *strepitus processus* é por si só suficiente para causar restrições ao crédito, sem mesmo avaliar a possibilidade de o garantidor ver frustrada a via regressiva, justificando-se, assim a admissão da aplicação analógica do art. 834 do Código Civil ao avalista" (TJSP, Agravo de Instrumento 0247136-92.2012.8.26.0000, Acórdão 6664658, 14.ª Câmara de Direito Privado, São Paulo, Rel. Des. Ronnie Herbert Barros Soares, j. 17.04.2013, *DJESP* 29.04.2013).

Art. 835. O fiador poderá exonerar-se da fiança que tiver assinado sem limitação de tempo,

sempre que lhe convier, ficando obrigado por todos os efeitos da fiança, durante sessenta dias após a notificação do credor.

COMENTÁRIOS DOUTRINÁRIOS: O comando legal a seguir foi um dos mais debatidos nos anos iniciais de vigência da codificação de 2002. Reconhece-se um direito de resilição unilateral em benefício do fiador, em havendo fiança sem prazo determinado, ou seja, com prazo indeterminado. A categoria situa-se, portanto, na regra do art. 473 do Código Civil. Em casos tais, o fiador poderá exonerar-se da fiança sem motivação, exercendo um direito potestativo. Para tanto, basta notificar o credor, com quem mantém a relação principal, ficando obrigado por todos os efeitos da fiança, durante sessenta dias após a sua notificação. Essa notificação poderá ser feita judicial ou extrajudicialmente. Após o prazo de sessenta dias contados da notificação, o fiador estará totalmente exonerado de sua responsabilidade. Como primeira questão prática importante a ser pontuada sobre a norma, debate-se há tempos a possibilidade de renúncia ao que nele consta, por expressa previsão no contrato de fiança. Estou filiado ao entendimento segundo o qual se trata de norma cogente ou de ordem pública, o que faz que qualquer forma de renúncia convencional seja nula, em havendo fiança por prazo indeterminado e por fraude à lei imperativa (art. 166, inc. IV, do CC). A afirmação vale para qualquer contrato e não importando quem nele figure, pois trata-se de matéria que diz respeito ao objeto do negócio e não aos seus elementos subjetivos. Outra questão de profundo debate prático, e aqui já exposta, refere-se à aplicação do art. 835 do CC/2002 à fiança prestada na locação de imóvel urbano. Como antes destacado, em comentários ao art. 819 do Código Civil, sempre entendi pela resposta positiva, caso a fiança fosse por prazo indeterminado. Se a fiança fosse com prazo determinado, prevaleceria até o término da locação, pela previsão anterior do art. 39 da Lei de Locação. Com a emergência da Lei n. 12.112/2009, repise-se, manteve-se a regra da prevalência da garantia até o término do contrato de locação. Todavia, há agora a prorrogação automática da fiança. Mas, ocorrendo essa, o fiador poderá exonerar-se unilateralmente, mediante notificação ao locador, persistindo a sua responsabilidade por cento e vinte dias após a notificação (art. 40, inc. X, da Lei n. 8.245/1991). Pela existência da última norma, de cunho especial para a fiança locatícia, não mais se justifica a aplicação do art. 835 do CC/2002 em casos tais, havendo certa confusão jurisprudencial entre as duas modalidades de exoneração, como antes exposto, em comentário ao art. 819. Assim sendo, o art. 835 do CC será aplicado, a título de exemplo, para as garantias fidejussórias em contratos bancários. Não se olvide, contudo, que, se exonerando o fiador no caso de locação de imóvel urbano, o locador poderá exigir a substituição da fiança por uma nova forma de garantia, sob pena de desfazimento da locação (art. 40, parágrafo único, da Lei n. 8.245/1991). Para as demais obrigações eventualmente garantidas por fiança, caso dos contratos bancários, não havendo substituição da garantia, poderá ocorrer o vencimento antecipado da dívida (art. 333, inc. III, do CC).

JURISPRUDÊNCIA COMENTADA: Conforme reconheceu julgado do STJ, diante do dever anexo à informação, corolário da boa-fé objetiva, cabe ao fiador provar que a notificação foi efetivada, uma vez que "não se pode conceber a exoneração do fiador com o simples envio de notificação, pois só com a ciência pessoal do credor é que se inicia o prazo de 60 (sessenta) dias previsto no art. 835 do CC/02, razão pela qual caberá ao fiador, em situação de eventual litígio, o ônus de provar não só o envio, mas o recebimento da notificação pelo credor" (STJ, REsp 1.4282.71/MG, 3.ª Turma, Rel. Min. Nancy Andrighi, j. 28.03.2017, *DJe* 30.03.2017). Sobre o reconhecimento de que a regra contida no art. 835 do Código Civil de 2002 é de ordem pública, já havia tal afirmação quanto ao art. 1.500 do Código Civil de 1916, seu correspondente parcial. Assim entendendo, do Tribunal de Justiça do Estado do Rio Grande do Sul: "Contrato de locação. Prorrogação por prazo indeterminado. Fiança. Pedido de exoneração. Possibilidade. É possível a exoneração da fiança nos termos do art. 1.500 do CC de 1916, regra recepcionada pelo Código Civil em vigor, nos contratos de locação em que haja prorrogação por prazo indeterminado. Cláusula contratual que prevê a renúncia ao direito de exoneração do fiador revela-se abusiva e iníqua. Fiança é ato de liberalidade e a título gratuito que não comporta interpretação extensiva" (TJRS, Apelação Cível 70009398009, 15.ª Câmara Cível, Rel. Victor Luiz Barcellos Lima, j. 20.10.2004). Sob a vigência da atual codificação, destaque-se: "A norma do art. 835 do CC/2002 assegura ao fiador o direito de se exonerar da fiança, sendo esta norma de ordem pública, não se admitindo transação a seu respeito. Assim, a renúncia a tal direito é nula, não produzindo qualquer efeito jurídico. Contudo, a exoneração não é ato automático e não é abusiva a cláusula contratual que estipula a responsabilidade do fiador até a entrega das chaves, porquanto a própria Lei regente da matéria reconhece que a fiança pode ser prestada sem limitação no tempo. Para que dela possa se exonerar, necessário se faz que o fiador notifique o credor deste fato, ficando, todavia, responsável por todas as obrigações assumidas com a fiança concedida, durante 60 (sessenta) dias após tal notificação. Considerando que, no caso dos autos, os fiadores enviaram a notificação à imobiliária que intermediou a locação, aliado ao fato de não constar o endereço do locador no contrato locatício, de rigor o reconhecimento da desoneração da garantia prestada" (TJSP, Apelação 0013026-96.2009.8.26.0019, Acórdão 6910434, 31.ª Câmara de Direito Privado, Americana, Rel. Des. Paulo Ayrosa, j. 06.08.2013, *DJESP* 13.08.2013). De data mais recente e da mesma Corte, o que é repetido em outros Tribunais Estaduais: "A norma do art. 835 do CC/2002 assegura ao fiador o direito de se exonerar da fiança, sendo esta norma de ordem pública, não se admitindo transação a seu respeito. Assim, a renúncia a tal direito é nula, não produzindo qualquer efeito jurídico" (TJSP, Apelação 0012633-17.2008.8.26.0114, Acórdão 10957170, 31.ª Câmara de Direito Privado, Campinas, Rel. Des. Paulo Ayrosa, j. 07.11.2017, *DJESP* 14.11.2017, p. 2.453). Sem prejuízo dos julgados apontados quando dos comentários do art. 819 do Código Civil, do STJ, seguindo o que anotei sobre o contrato de locação com prazo determinado: "O fiador poderá exonerar-se da fiança que tiver assinado sem limitação de tempo, sempre que lhe convier, ficando obrigado por todos os efeitos da fiança, durante sessenta dias após a notificação do credor (art. 835 do CC/2002). Tratando-se, contudo, de fiança prestada por prazo determinado, não se cogita dessa liberalidade, sob pena de causar insegurança jurídica aos negócios. Na vigência do contrato de locação por prazo determinado, responde a fiadora pela garantia dada. A notificação extrajudicial feita à locadora não exonera a fiadora do compromisso, que se estende até o fim do contrato de locação (art. 39 da Lei n. 8.245/1991, combinado com o art. 835 do CC/2002)" (STJ, Ag. Int. no AREsp 627.755/RJ, 4.ª Turma, Rel. Min. Raul Araújo, j. 13.11.2018, *DJe* 21.11.2018, p. 2.617). Tem-se entendido também no Tribunal da Cidadania que "nos termos da jurisprudência desta Corte, é possível a exoneração da garantia fidejussória prestada à sociedade após a retirada do sócio ao qual foi dada a garantia inicialmente, tendo em vista que contrato fidejussório é *intuitu personae*". Entretanto, o mesmo acórdão aponta que "a fiança prestada em contrato de locação, com cláusula de vigência 'até a entrega das chaves', não implica renúncia à faculdade de exonerar-se o fiador da garantia, concedida pelo art. 835 do CC/2002" (STJ, Ag. Int. AREsp 687.507/RJ, 3.ª Turma, Rel. Min. Ricardo Villas Boas Cueva, *DJe* 21.09.2017). Entendo que a afirmação é correta em se tratando de fiança garantindo contrato com prazo determinado. Admitindo a validade da cláusula de prorrogação automática da fiança em contrato bancário, mas trazendo a possibilidade de o fiador exonerar-se a qualquer tempo, mais uma vez do Superior Tribunal de Justiça e como anotei: "A jurisprudência deste STJ afirma a validade da cláusula que estabelece a prorrogação automática da fiança com a renovação do contrato principal, cabendo ao fiador, acaso intente sua exoneração, efetuar, no período de prorrogação contratual, a notificação de que reza o art. 835 do Código Civil. Não há falar em nulidade da disposição contratual que prevê prorrogação da fiança, pois não admitir interpretação extensiva significa tão somente que o fiador responde, precisamente, por aquilo que declarou no instrumento da fiança" (STJ, REsp 1.502.417/MG, 3.ª Turma, Rel. Min. Nancy Andrighi, *DJe* 26.05.2017). Nos casos envolvendo a fiança locatícia, em que o prazo de garantia é de 120 dias após a notificação, nos termos específicos que constam do art. 40, inc. X, da Lei de Locação, o Superior Tribunal de Justiça concluiu que essa previsão não significa a necessidade de que a notificação seja realizada apenas no período da indeterminação do contrato de locação, "podendo, assim, os fiadores, no curso da locação com prazo determinado, notificar o locador de sua intenção exoneratória, mas os seus efeitos somente poderão se projetar para o período de indeterminação do contrato. Notificado o locador ainda no período determinado da locação acerca da pretensão de exoneração dos fiadores, os efeitos desta exoneração somente serão produzidos após o prazo de 120 dias da data em que se tornou indeterminado o contrato de locação, e não da notificação" (STJ, REsp 1.798.924/RS, 3.ª Turma, Rel. Min. Paulo de Tarso Sanseverino, j. 14.05.2019, *DJe* 21.05.2019). À primeira leitura, o acórdão causou-me perplexidade. Porém, trata-se de correta e justa mitigação do texto legal, ao possibilitar a exoneração do fiador ainda na vigência do contrato com prazo determinado, tutelando o dever de informar decorrente da boa-fé e com vistas à manutenção do contrato principal. Como último exemplo digno de nota, a jurisprudência superior tem afastado a alegação de que a cláusula de prorrogação automática no contrato de garantia é nula por abusividade, tendo em vista o que consta do art. 51 do CDC, justamente porque há a plena possibilidade de o fiador exonerar-se em havendo fiança com prazo indeterminado, e com fundamento no art. 835 do Código Civil. A argumentação me convence, tendo o meu apoio doutrinário, notadamente porque o fiador não poderá ficar eternamente aprisionado à garantia. Entre os arestos que assim concluem, transcrevo por todos: "A avença principal. Garantida pela fiança. Constitui contrato bancário que tem por característica ser, em regra, de longa duração, mantendo a paridade entre as partes contratantes, vigendo e renovando-se periodicamente por longo período constituindo o tempo elemento nuclear dessa modalidade de negócio. Não há falar em nulidade da disposição contratual que prevê prorrogação da fiança, pois não admitir interpretação extensiva significa tão somente que o fiador responde, precisamente, por aquilo que declarou no instrumento da fiança. No caso, como incontroverso, se obrigou a manter-se como garante em caso de prorrogação da avença principal. A simples e clara previsão de que em caso de prorrogação do contrato principal há a prorrogação automática da fiança não implica violação ao art. 51 do Código de Defesa do Consumidor, cabendo, apenas, ser reconhecido o direito do fiador de, no período de prorrogação contratual, promover a notificação resilitória, nos moldes do disposto no art. 835 do Código Civil" (STJ, REsp 1.374.836/MG, 4.ª Turma, Rel. Min. Luis Felipe Salomão, *DJe* 28.02.2014).

REFORMA DO CÓDIGO CIVIL: Dois novos parágrafos são sugeridos pela Comissão de Juristas, a respeito do art. 835 e do direito de exoneração unilateral em favor do fiador. Pelo primeiro, há o reconhecimento de que a norma é cogente ou de ordem pública no tocante ao direito potestativo atribuído por lei, não podendo ser afastada ou renunciada: "§ 1º A renúncia pelo fiador do direito de que trata este artigo é nula de pleno direito". Por outro lado, reconhece-se que o prazo de sessenta dias pode ser dobrado, para cento e vinte dias, exatamente como está previsto no art. 40, inc. X, da Lei de Locação: "§ 2º Permite-se às partes estipularem prazo superior ao indicado no *caput* deste artigo, desde que não ultrapasse cento e vinte dias".

Art. 836. A obrigação do fiador passa aos herdeiros; mas a responsabilidade da fiança se limita ao tempo decorrido até a morte do fiador, e não pode ultrapassar as forças da herança.

COMENTÁRIOS DOUTRINÁRIOS: Sem prejuízo da exoneração por ato unilateral, também gera a extinção da fiança a morte do fiador, conforme a norma em estudo. Pode parecer que o dispositivo indica que a condição de fiador transmite-se aos herdeiros, afirmação que é equivocada. O contrato de fiança é personalíssimo, *intuitu personae*, sendo extinto pela morte do fiador, presente a *cessação contratual*, termo há tempos utilizado pela doutrina clássica. Entretanto, as obrigações vencidas enquanto era vivo o fiador transmitem-se aos herdeiros, até os limites da herança, aplicando-se a máxima *intra vires hereditatis* (art. 1.792 do CC). Relembre-se que o fiador assume uma responsabilidade sem ter obrigação ("*Haftung ohne Schuld*"). Por isso, em regra, não há obrigação do fiador, mas apenas responsabilidade. Quando a lei faz menção à obrigação do fiador que passa aos herdeiros, por óbvio está se referindo àquelas vencidas enquanto ele era vivo e até os limites da herança. Não se pode esquecer, na linha da melhor doutrina, que igualmente constitui caso de extinção da fiança a morte do afiançado ou devedor principal, nos mesmos termos do que consta do dispositivo. Todavia, a morte do fiador não pode beneficiar o devedor principal, ou seja, o afiançado, uma vez que não há menção a ele na lei. Por razões óbvias, a morte do credor não gera a extinção do contrato em questão, pois ele não assume a garantia pessoal. Por fim, vale lembrar que a morte do fiador enseja a insuficiência da garantia, a gerar o vencimento antecipado da obrigação principal, conforme o art. 333, inc. III, do Código Civil. Em caso de fiança locatícia, a morte do fiador e a não substituição da garantia enseja a rescisão do contrato principal e o correspondente despejo (art. 40, inc. I e parágrafo único, da Lei n. 8.245/1991).

JURISPRUDÊNCIA COMENTADA: Exatamente como comentei: "Pretensão à reforma manifestada pelo espólio do fiador (que também representa a empresa locatária). Limitação da responsabilidade do fiador às obrigações vencidas até a data de seu falecimento. A fiança tem caráter personalíssimo e se extingue com a morte do fiador ou do afiançado. Aplicabilidade do artigo 836 do Código Civil. Sendo objeto da demanda exclusivamente obrigações vencidas depois do falecimento do fiador, de rigor a improcedência do pedido de cobrança no que tange ao respectivo espólio. Considerando que a morte do fiador não aproveita à locatária devedora (defesa que não tem fundamento comum. Parágrafo único do art. 1.005 do CPC), não tem lugar o pretendido efeito expansivo da eficácia do acórdão à locatária" (TJSP, Apelação 1000925-20.2017.8.26.0022, Acórdão 12088903, 27.ª Câmara de Direito Privado, Amparo, Rel. Des. Mourão Neto, j. 13.12.2018, *DJESP* 18.12.2018, p. 2.389). Aplicando a máxima *intra vires hereditatis*, também conforme anotei: "No que concerne à responsabilidade pelo pagamento, deve ser mantida em relação aos apelantes, pois, embora tenha se extinguido a fiança prestada pelo sucedido com seu falecimento, persistem os seus efeitos, no que se refere à dívida consolidada, em relação aos sucessores até quanto a herança comportar, de acordo com os artigos 836 e 1.792 do Código Civil" (TJRS, Apelação Cível 0227983-53.2018.8.21.7000, 15.ª Câmara Cível, Porto Alegre, Rel. Des. Adriana da Silva Ribeiro, j. 14.11.2018, *DJERS* 22.11.2018). Na mesma linha, do Tribunal de Justiça do Rio de Janeiro: "Contrato *intuitu personae*. A morte da fiadora enseja a aplicação da regra do art. 836 do CC/2002, de modo que a obrigação do fiador passa aos herdeiros. No entanto, a responsabilidade da fiança se limita ao tempo decorrido até a morte do fiador, e não pode ultrapassar as forças da herança. Impossibilidade de responsabilização dos herdeiros e sucessores pelo adimplemento dos débitos posteriores à data do óbito da fiadora" (TJRJ, Apelação 0026003-96.2010.8.19.0208, 22.ª Câmara Cível, Rel. Des. Carlos Eduardo Moreira da Silva, j. 21.06.2016, *DORJ* 23.06.2016). Como última aplicação jurisprudencial, afastando a morte do afiançado como causa de extinção da garantia: "É cediço que a fiança não se extingue com a morte do afiançado, posto que tal hipótese não está incluída no rol dos artigos 837 a 839 do Código Civil, que dispõem sobre os casos de extinção da fiança" (TJDF, Recurso 2013.01.1.121983-9, Acórdão 865.918, 4.ª Turma Cível, Rel. Des. Cruz Macedo, *DJDFTE* 15.05.2015, p. 146).

REFORMA DO CÓDIGO CIVIL: Para ainda tratar dos efeitos da fiança, a Comissão de Juristas sugere a inclusão do art. 836-A no Código Civil, relativo ao dever de informação ao fiador de circunstância fundamental a respeito do contrato principal, qual seja, o seu inadimplemento, sendo certo que, como visto, a fiança não admite interpretação extensiva. Pela norma projetada, no prazo máximo de noventa dias do inadimplemento da dívida ou de parcela desta, o credor é obrigado: I – a comunicar ao fiador o fato, admitido o uso de canal eletrônico de comunicação indicado no contrato de fiança; e II – a adotar medidas efetivas de cobrança forçada da dívida. Ademais, como está no seu proposto parágrafo único, "no caso de descumprimento ao disposto no *caput* deste artigo, o fiador ficará exonerado dos encargos acessórios incidentes após o transcurso do prazo". A proposta tem conteúdo ético indiscutível, consolidando na lei um dos mais importantes deveres anexos, relativos ao princípio da boa-fé objetiva. Também há sugestão relevante de um novo art. 836-B, para tratar do direito do fiador em exigir o pagamento ou o cumprimento da obrigação principal, com um procedimento específico. Pelo texto construído pelos juristas da Subcomissão de Direito Contratual, "constitui direito do fiador agir em seu nome próprio mas no interesse do credor, na cobrança da dívida, desde que o credor não tenha iniciado nenhum procedimento contra o devedor, após noventa dias do inadimplemento da dívida". Os parágrafos do preceito tratam de regras procedimentais a respeito dessa cobrança, prevendo o seu § 1º que "o credor será intimado, no início do procedimento de cobrança, antes da citação do devedor, sendo admitido que ingresse como parte ao lado do autor, ou se este consentir, em seu lugar independentemente do consentimento da parte contrária". Além disso, "o fiador deverá levantar os valores obtidos no procedimento de cobrança, na hipótese de inércia do credor, situação em que se sub-rogará nos deveres do devedor, até o limite do valor levantado" (§ 2º). Entende-se como procedimento de cobrança para os fins da proposta "qualquer medida que siga as vias judiciais ou extrajudiciais admitidas pelo ordenamento para a expropriação de bens do devedor, com finalidade de solver a dívida" (§ 3º do novo art. 836-B).

SEÇÃO III
DA EXTINÇÃO DA FIANÇA

Art. 837. O fiador pode opor ao credor as exceções que lhe forem pessoais, e as extintivas da obrigação que competem ao devedor principal, se não provierem simplesmente de incapacidade pessoal, salvo o caso do mútuo feito a pessoa menor.

COMENTÁRIOS DOUTRINÁRIOS: Sem prejuízo do último comando, que também trata da extinção da fiança, a primeira regra expressamente prevista para o fim do contrato preceitua que o fiador poderá opor ao credor as defesas ou exceções que lhe forem pessoais e que geram a extinção do contrato (*v.g.*, nulidade, anulabilidade, incapacidade). Poderá alegar também as defesas extintivas da obrigação que competem ao devedor principal (*v.g.*, pagamento direto ou indireto, prescrição). No último caso, não caberá a alegação de incapacidade pessoal, salvo em caso de mútuo feito a pessoa menor. Em suma, nota-se que a norma em comentário prevê que a fiança será extinta nas mesmas hipóteses de extinção da obrigação principal, cabendo ao fiador alegar as mesmas defesas que tinha o devedor principal. Em sendo o contrário paritário ou negociado, e não de adesão, penso ser possível restringir pelo instrumento quais são as exceções pessoais que serão arguidas pelo fiador.

JURISPRUDÊNCIA COMENTADA: Admitindo que o contrato restrinja as exceções que podem ser arguidas, mas sem qualquer ressalva quanto ao modo de contratação: "Não obstante possa o fiador opor ao credor exceções extintivas da fiança previstas pelo artigo 837 e seguintes do Código Civil, o contrato de fiança firmado restringiu a arguição das exceções previstas pela legislação. Não demonstrados fatos de causas extintivas da fiança prestadas pelos autores, é caso de manutenção da garantia, na sua integralidade" (TJRS, Apelação Cível 0240150-05.2018.8.21.7000, 1.ª Câmara Especial Cível, Porto Alegre, Rel. Des. Alberto Delgado Neto, j. 11.12.2018, *DJERS* 17.12.2018).

Art. 838. O fiador, ainda que solidário, ficará desobrigado:

I – se, sem consentimento seu, o credor conceder moratória ao devedor;

II – se, por fato do credor, for impossível a sub-rogação nos seus direitos e preferências;

III – se o credor, em pagamento da dívida, aceitar amigavelmente do devedor objeto diverso do que este era obrigado a lhe dar, ainda que depois venha a perdê-lo por evicção.

COMENTÁRIOS DOUTRINÁRIOS: Como se nota, três são as hipóteses de extinção do contrato previstas no dispositivo, ficando o fiador desobrigado em todas elas, ou seja, cessando a sua responsabilidade. A primeira delas, diz ao fato de se, sem o seu consentimento, o credor conceder moratória ao devedor principal; o que deve englobar a transação, por força do art. 844, § 1º, do CC, ou outro acordo com efeito extintivo da obrigação principal semelhante. Como segunda situação, a fiança será extinta se, por fato do credor, for impossível a sub-rogação nos seus direitos e preferências. A título de exemplo, pode ser citado o caso em que o credor renuncia a eventual preferência sobre coisa que detinha, em decorrência de direito real de garantia, hipótese em que não interessará a sub-rogação ao fiador. Cite-se, ainda, a devolução de objeto empenhado pelo credor ao devedor, o que gera a extinção do penhor. Com a extinção dessa garantia real, a fiança também não terá mais eficácia. Por fim, nos termos literais do comando, a fiança será extinta se o credor, em pagamento da dívida, aceitar amigavelmente do devedor objeto diverso do conteúdo da dívida obrigada, ainda que depois venha a perdê-lo em decorrência de evicção. A hipótese, como se pode perceber, é de dação em pagamento, ou seja, de substituição do objeto da dívida, o que gera a extinção da fiança mesmo ocorrendo a evicção, a perda da coisa dada (art. 356 do CC). Ressalte-se que essa dação em pagamento, para gerar a extinção da fiança, deve dizer respeito a toda a dívida e não apenas à parte dela, correspondente apenas ao abatimento do que é devido.

JURISPRUDÊNCIA COMENTADA: Aplicando o meu primeiro comentário, do Superior Tribunal de Justiça, comparando a moratória à transação: "Conquanto a transação e a moratória sejam institutos jurídicos diversos, ambas têm o efeito comum de exoneração do fiador que não anuiu com o acordo firmado entre credor e devedor (art. 838, I, do CC)" (STJ, REsp 1.013.436/RS, Rel. Min. Luis Felipe Salomão, j. 11.09.2012, publicado no seu *Informativo* n. *504*). No mesmo sentido: "Estabelecida transação entre locador e locatário sobre a dívida em anterior ação de despejo, sem a participação do fiador, legítima a extinção da fiança, nos termos do art. 1.503, I, do Código Civil de 1916, ou do art. 838, I, do Código Civil de 2002, de acordo com a jurisprudência desta Corte, sedimentada na Súmula n. 214" (STJ, Ag. Int. no REsp 1.058.764/RJ, 4.ª Turma, Rel. Min. Maria Isabel Gallotti, j. 15.03.2018, *DJe* 20.03.2018, p. 1.432). Explicando o teor do inciso II do dispositivo, julgou o mesmo Tribunal Superior: "Prevê o art. 838, II, do Código Civil que o fiador ficará desobrigado de sua responsabilidade se, por fato do credor, se tornar impossível a sub-rogação nos seus direitos e preferências. Quis o legislador, com isso, preservar o direito de sub-rogação do fiador de assumir, caso efetue o pagamento, todos os direitos e preferências do credor (art. 349 do CC). Na eventualidade de o credor vir a praticar atos que vulnerem, de alguma forma, a transferência de seus direitos, agravando a situação do garante, tal circunstância acarretará a desoneração do fiador, com a extinção da fiança". Porém, no caso concreto foi afastada a subsunção da norma, pelas seguintes razões: "na hipótese, não há falar que o fato do credor tornou impossível a sub-rogação dos fiadores nos seus direitos e preferências, simplesmente porque o recorrido não assumiu nenhum direito ou preferência nos bens ofertados pelo locatário que pudessem vir a ser sub-rogados pelos recorrentes. Ao revés, se o credor tivesse aceito objeto diverso do que constituía a obrigação, aí sim poderia ver a sua garantia fidejussória, de alguma forma, afastada. Ademais, tais bens dados em pagamento nem sequer faziam parte do contrato à época do estabelecimento da garantia, não havendo falar em agravamento da situação do fiador porque jamais se pautou neles para a concessão da fiança" (STJ, REsp 1.353.865/SP, 4.ª Turma, Rel. Min. Luis Felipe Salomão, j. 16.10.2018, *DJe* 06.12.2018, p. 3.369). No que diz respeito à dação em pagamento, afastando a extinção da fiança pelo fato de que a dação em pagamento gerou apenas o abatimento da dívida: "A dação de bens móveis como forma de pagamento apenas parcial (mero abatimento) do débito decorrente de relação locatícia não acarreta a extinção da fiança nos termos do art. 838, III, do Código Civil, uma vez que o dispositivo legal em tela refere-se tão somente à hipótese de adimplemento integral da obrigação" (TJSC, Apelação Cível 2011.029268-3, 6.ª Câmara de Direito Civil, Indaial, Rel. Des. Joel Dias Figueira Júnior, j. 05.12.2013, *DJSC* 17.12.2013, p. 235).

REFORMA DO CÓDIGO CIVIL: Sobre a extinção da fiança, são propostos alguns aperfeiçoamentos no art. 838 do Código Civil e novas previsões legais. Em relação ao inciso III, sugere-se a menção, com clareza, à dação em pagamento e à evicção judicial ou extrajudicial ("nos casos de dação em pagamento, ainda que a coisa dada depois venha a ser perdida por evicção judicial ou extrajudicial"). Para o proposto novo inciso IV, haverá a extinção da fiança "se o credor violar dever legal impositivo na oferta e na concessão do crédito". Também se insere a extinção da fiança "se houver alteração da obrigação principal sem consentimento do fiador", hipótese já consagrada em doutrina e jurisprudência, uma vez que a fiança não admite interpretação extensiva (art. 819 do CC). Com vistas a uma maior segurança jurídica, a Comissão de Juristas ainda propõe a inclusão de um parágrafo único, enunciando que "a extinção da fiança nas hipóteses deste artigo é automática e prevalece sobre qualquer prazo legal ou contratual de sua subsistência após a resilição unilateral".

Art. 839. Se for invocado o benefício da excussão e o devedor, retardando-se a execução, cair em insolvência, ficará exonerado o fiador que o invocou, se provar que os bens por ele indicados eram, ao tempo da penhora, suficientes para a solução da dívida afiançada.

COMENTÁRIOS DOUTRINÁRIOS: Como última hipótese de extinção da fiança, a lei prevê que se forem invocados o benefício de ordem e o devedor, retardando-se a execução, cair em insolvência, ficará exonerado o fiador que invocou tal benefício. Para tanto, deverá o fiador comprovar que os bens por ele indicados eram, ao tempo da penhora, suficientes para a solução da dívida afiançada. A norma tende a punir a inoperância do credor pelo *retardo na execução*, a negligência dele em receber a sua dívida. Não se olvide que a aplicação da norma é rara, uma vez que prevalecem na prática os casos de renúncia ao benefício de ordem. Como palavras finais, além do que consta nesses dispositivos, a extinção da fiança pode ocorrer também por ato amigável entre o fiador e o credor, ou seja, pelo distrato entre as partes (art. 472 do CC) ou por decisão judicial em ação de exoneração de fiança. Essa demanda seguia o rito ordinário (CPC/1973), ora procedimento comum (CPC/2015). Nessa ação caberá ao fiador alegar todas as causas aqui elencadas, seja em relação à fiança, seja em relação à dívida garantida.

JURISPRUDÊNCIA COMENTADA: Afastando a subsunção da norma em caso de renúncia ao benefício de ordem ou de excussão: "Ainda que o fiador indique bens do devedor principal passíveis de penhora e permaneça o credor inerte, não poderá ser utilizado o benefício da excussão, nos termos do art. 839 do Código Civil, se este tiver sido expressamente renunciado" (TJMG, Apelação Cível 1.0079.10.015482-6/001, Rel. Des. José de Carvalho Barbosa, j. 25.04.2013, *DJEMG* 03.05.2013).

CAPÍTULO XIX
DA TRANSAÇÃO

Art. 840. É lícito aos interessados prevenirem ou terminarem o litígio mediante concessões mútuas.

COMENTÁRIOS DOUTRINÁRIOS: A transação e o compromisso não são mais tratados como formas de pagamento indireto, como se fazia no Código Civil anterior. Atualmente, no Código Civil de 2002, são contratos típicos que geram a extinção de obrigação de cunho patrimonial. O contrato de transação consta entre os arts. 840 e 850 do CC de 2002. O compromisso está previsto entre os arts. 851 e 853 do CC, sem prejuízo do tratamento específico que consta da Lei de Arbitragem (Lei n. 9.307/1996). São, dessa forma, contratos em espécie que conduzem à extinção das obrigações, sendo importante pontuar essa mudança de enquadramento categórico. Começando pela transação, consiste ela no contrato pelo qual as partes pactuam a extinção de uma obrigação por meio de concessões mútuas ou recíprocas, o que também pode ocorrer de forma preventiva. Interessante verificar, contudo, que se ambas as partes não cedem, não há que se falar na *legítima transação*, que tem tratamento na codificação privada. Se não há essas concessões mútuas ou recíprocas, não está presente o instituto, mas um mero acordo entre os envolvidos com a obrigação. Em síntese, a transação constitui um contrato cujo conteúdo é a composição amigável das partes obrigacionais, em que cada qual abre mão de suas pretensões para evitar riscos de uma futura demanda ou para extinguir um litígio já instaurado. As partes do contrato são denominadas *transigentes* ou *transatores*. Como se verá, tem-se dado à transação, notadamente àquela realizada no âmbito judicial, o mesmo efeito da coisa julgada. Quanto à sua natureza jurídica, trata-se de um contrato bilateral, oneroso, consensual e comutativo. As formalidades e solenidades desse negócio jurídico serão comentadas a seguir.

JURISPRUDÊNCIA COMENTADA: Segundo a jurisprudência, a transação, mormente a judicial, gera efeitos como a coisa julgada, sendo interessante colacionar, por todos: "A transação pressupõe concessões mútuas dos interessados e produz entre as partes o efeito de coisa julgada, rescindível apenas por vício comprovado" (STJ, REsp 486.056/RJ, 3.ª Turma, Rel. Min. Nancy Andrighi, j. 18.11.2004, *DJ* 06.12.2004, p. 285). Sobre a sua natureza jurídica, exatamente como antes comentei: "A transação é espécie de negócio jurídico que objetiva pôr fim a uma celeuma obrigacional, alcançada por meio de concessões mútuas (art. 840 do CC), cujo objetivo primordial é evitar o litígio ou colocar-lhe fim. A extinção se exterioriza na forma de renúncia a direito patrimonial de caráter privado, disponível, portanto, conforme previsto na Lei" (STJ, REsp 1.412.662/RS, 4.ª Turma, Rel. Min. Luis Felipe Salomão, *DJe* 28.09.2016).

Art. 841. Só quanto a direitos patrimoniais de caráter privado se permite a transação.

COMENTÁRIOS DOUTRINÁRIOS: Sob pena de nulidade absoluta, por ilicitude do objeto ou fraude à lei imperativa (art. 166, incs. II e VI, do CC), a transação somente pode ter como objeto direitos obrigacionais de cunho patrimonial e de caráter privado. Exemplificando, a transação não pode ter como objeto os direitos da personalidade ou aqueles relacionados a aspectos existenciais do Direito de Família, caso dos alimentos e das relações de parentesco, por exemplo. Anote-se, contudo, que se tem admitido amplamente a transação quanto aos alimentos, por supostamente envolver direitos patrimoniais. Todavia, entendo que os alimentos estão mais para os direitos existenciais de personalidade do que para os direitos patrimoniais, sendo vedada a transação quanto à sua existência. Relativamente ao seu valor, entendo ser viável juridicamente a transação, o que não afasta a possibilidade de discussão posterior, em especial se houver necessidade de quem os pleiteia, de acordo com o *binômio* ou *trinômio alimentar*. Vale acrescentar que os alimentos, por expressa previsão na lei, são irrenunciáveis e incompensáveis (art. 1.707 do CC). Ainda sobre o Direito de Família, é possível transacionar sobre a divisão do patrimônio, uma vez que a matéria atinente ao regime de bens tem natureza contratual pura. As ações de estado também não podem ser objeto de transação por trazerem, na essência, os direitos da personalidade; afirmação que será confirmada por julgado do STJ transcrito a seguir. Quanto à transação no Direito do Trabalho, algumas palavras devem ser ditas. No sistema anterior, antes da Reforma Trabalhista, vigorava o *princípio da indisponibilidade dos direitos trabalhistas*, o que afastava a transação, como premissa geral. Assim, nessa realidade jurídica, os empregados somente teriam o direito de dispor sobre direitos trabalhistas patrimoniais de cunho privado, nos termos dos arts. 9º, 444 e 468 da CLT, sob pena de nulidade absoluta. O que se percebia era uma total consonância entre o art. 841 do CC/2002 e aquilo que constava da legislação trabalhista. Eram reconhecidos como transacionáveis, nessa realidade anterior, o direito de ajustar a forma de pagamento do salário e sua periodicidade, o direito de alienar até 1/3 das férias, o direito de ajustar a prestação e a compensação de horas extraordinárias e o direito de aderir ao plano de desligamento voluntário; entre outros. De todo modo, a Reforma Trabalhista (Lei n. 13.467/2017) trouxe mudanças importantes sobre o tema da transação no âmbito trabalhista. Não houve alteração no *caput* do art. 444 da CLT, que continua com a seguinte redação: "As relações contratuais de trabalho podem ser objeto de livre estipulação das partes interessadas em tudo quanto não contravenha às disposições de proteção ao trabalho, aos contratos coletivos que lhes sejam aplicáveis e às decisões das autoridades competentes". Todavia, foi introduzida uma previsão importante em seu parágrafo único, passando este a estabelecer que essa livre estipulação aplica-se às hipóteses previstas no art. 611-A da CLT, com a mesma eficácia legal e preponderância sobre os instrumentos coletivos, no caso de empregado portador de diploma de nível superior e que perceba salário mensal igual ou superior a duas vezes o limite máximo dos benefícios do Regime Geral de Previdência Social. Entre as matérias que podem ser objeto de transação por empregados que estejam nessas condições – tidos como em situação de *privilégio* para a negociação –, o último preceito elenca: a) celebração de pacto quanto à jornada de trabalho, observados os limites constitucionais; b) negociação quanto ao banco de horas anual; c) determinação do intervalo intrajornada, respeitado o limite mínimo de trinta minutos para jornadas superiores a seis horas; d) adesão ao Programa Seguro-Emprego (PSE), de que trata a Lei n. 13.189/2015; e) determinação do plano de cargos, salários e funções compatíveis com a condição pessoal do empregado, bem como identificação dos cargos que se enquadram como funções de confiança; f) pactuação do regulamento empresarial; g) escolha do representante dos trabalhadores no local de trabalho; h) opção pelo teletrabalho, pelo regime de sobreaviso e pelo trabalho intermitente; i) adoção da remuneração por produtividade, incluídas as gorjetas percebidas pelo empregado, e da remuneração por desempenho individual; j) determinação da modalidade de registro da jornada de trabalho; k) troca do dia de feriado; l) opção por enquadramento do grau de insalubridade; m) prorrogação de jornada em ambientes insalubres, sem licença prévia das autoridades competentes do Ministério do Trabalho; n) escolha de prêmios de incentivo em bens ou serviços, eventualmente concedidos em programas de incentivo do empregador; e o) opção por participação nos lucros ou resultados da empresa. Como se pode notar, houve uma ampliação considerável das situações que podem ser transacionadas no âmbito trabalhista, em especial para os empregadores mais instruídos e mais bem remunerados, em tentativa de se afastar o seu enquadramento como hipossuficientes. Como última nota, observe-se que alguns julgados têm afastado a transação quando envolverem recursos públicos, não havendo a *patrimonialidade pura* exigida pelo dispositivo em comento.

JURISPRUDÊNCIA COMENTADA: Sobre a vedação de a transação atingir as ações de estado, em caso relativo ao reconhecimento do vínculo de parentalidade, o que tem o meu total apoio, julgou o Superior Tribunal de Justiça: "O formalismo ínsito às questões e ações de estado não é um fim em si mesmo, mas, ao revés, justifica-se pela fragilidade e relevância dos direitos da personalidade e da dignidade da pessoa humana, que devem ser integralmente tutelados pelo Estado". Sendo assim, considerou-se como inadmissível a homologação de acordo extrajudicial de retificação de registro civil em juízo, "ainda que fundada no princípio da instrumentalidade das formas, devendo ser respeitados os requisitos e o procedimento legalmente instituídos para essa finalidade, que compreendem, dentre outros, a investigação acerca de erro ou falsidade do registro anterior, a concreta participação do Ministério Público, a realização de prova pericial consistente em exame de DNA em juízo e sob o crivo do mais amplo contraditório e a realização de estudos psicossociais que efetivamente apurem a existência de vínculos socioafetivos com o pai registral e com a sua família extensa" (STJ, REsp 1.698.717/MS, 3.ª Turma, Rel. Min. Nancy Andrighi, j. 05.06.2018, *DJe* 07.06.2018). Como anotei, afastando a transação em caso que envolve recursos públicos, como último julgado superior de destaque, demonstrando os requisitos da transação: "Segundo o disposto nos arts. 840 e 841 do novo Código Civil, a transação que previne ou põe fim ao litígio tem como características I) a existência de concessões recíprocas entre as partes, o que pressupõe se tratar de direito disponível e alienável; II) ter por objeto direitos patrimoniais de caráter privado, e não público. Assim, *in casu*, por se tratar de direito indisponível, referente a dinheiro público, é manifestamente ilegítima a transação pecuniária homologada em primeiro grau. Há, ainda, aspecto de suma importância atinente ao fato de que o acordo teve como finalidade compensar créditos provenientes de condenação sofrida pelo ex-edil em ação de improbidade administrativa proposta pelo Ministério Público, que tem como objeto a aplicação das demais penalidades previstas no art. 12, inc. II, da Lei n. 8.429/1992, inclusive o pagamento de multa civil de até duas vezes o valor desviado. Considerando esse dado, o acordo firmado entre as partes é expressamente vedado pelo art. 17, § 1º, da Lei n. 8.429/1992. Portanto, a sentença que homologou transação realizada entre a Fazenda Pública Municipal e o recorrente, reconhecendo débito para com este último, mostra-se totalmente eivada de nulidade insanável" (STJ, REsp 1.198.424/PR, 2.ª Turma, Rel. Min. Mauro Campbell Marques, j. 12.04.2012, *DJe* 18.04.2012). Confirmando o entendimento antes exposto sobre a transação dos alimentos em si: "O magistrado não pode homologar acordo onde há renúncia de crédito alimentar, porque o direito a alimentos, por ser absoluto e, consequentemente, indisponível, não pode ser objeto de dispensa ou transação, nos termos do artigo 841 do Código Civil" (TJMG, Apelação Cível 1217804-90.2008.8.13.0024, 4.ª Câmara Cível, Belo Horizonte, Rel. Des. José Carlos Moreira Diniz, j. 02.09.2010, *DJEMG* 23.09.2010). Alguns julgamentos têm afastado a afirmação no caso de crédito alimentar pretérito: "A obrigação alimentar é irrenunciável, nos termos dos artigos 841 e 1.707 do Código Civil. Todavia, a irrenunciabilidade que se refere ao direito aos alimentos não abrange o crédito alimentar pretérito" (TJMS, Apelação 0808986-38.2016.8.12.0001, 1.ª Câmara Cível, Rel. Des. Tânia Garcia de Freitas Borges, *DJMS* 26.10.2017, p. 94).

Art. 842. A transação far-se-á por escritura pública, nas obrigações em que a lei o exige, ou por instrumento particular, nas em que ela o admite; se recair sobre direitos contestados em juízo, será feita por escritura pública, ou por termo nos autos, assinado pelos transigentes e homologado pelo juiz.

COMENTÁRIOS DOUTRINÁRIOS: No que diz respeito à forma e à solenidade, estabelece a codificação material que a transação deve ser feita por escritura pública, nas obrigações em que a lei a exige; ou por instrumento particular, nas em que ela o admite. Sucessivamente, a norma prevê que se recair sobre direitos contestados em juízo, será feita por escritura pública, ou por termo nos autos, assinado pelos transigentes e homologado pelo juiz. Não há qualquer exigência quanto à assinatura dos advogados das partes, o que não atinge a validade da transação. Em casos tais, portanto, o contrato será solene e formal. Para as demais situações fáticas, exige-se, pelo menos, a forma escrita, sendo a transação formal e não solene; não se exigindo a homologação judicial. O dispositivo traz as duas formas básicas que a transação pode assumir. A primeira delas é a *transação judicial* ou *extintiva*, aquela feita perante o juiz, havendo litígio em relação à determinada obrigação. Em casos tais, a lei prevê a necessidade de escritura pública ou de termo nos autos, assinado pelas partes e homologado pelo juiz da causa. A expressão juiz deve ser lida em sentido amplo, englobando a atuação do juiz togado e do árbitro. Em suma, é possível a transação judicial na jurisdição estatal ou privada. Por segundo, tem-se a *transação extrajudicial* ou *preventiva*, efetivada com o intuito de prevenir eventual litígio judicial, não havendo maiores solenidades apontadas pela lei, exigindo-se apenas a forma escrita.

JURISPRUDÊNCIA COMENTADA: A jurisprudência superior pacificou o entendimento no sentido de que o art. 842 do Código Civil não se aplica às transações relativas aos créditos de complementos do Fundo de Garantia de Tempo de Serviço (FGTS), tratadas pela Lei Complementar n. 110, de 2001. Conforme um desses arestos superiores, citando outros: "A transação prevista na Lei Complementar n. 110/01 não se submete à forma prevista no art. 842 do Código Civil e sim à forma prescrita pela Lei que regula a hipótese específica, que, observada, autoriza a sua homologação judicial. Provimento" (STJ, REsp 907.518/RS, 1.ª Turma, Rel. Min. Teori Albino Zavascki, j. 17.04.2007, *DJU* 07.05.2007, p. 295). Afastando a invalidade do ato pela falta de assinatura dos advogados, como comentei e por todos: "Observância de que a presença do operador de direito não é requisito para a existência e validade da transação afeta a direito patrimonial disponível. Inteligência do artigo 842 do Código Civil" (TJSP, Agravo de Instrumento 2020273-10.2016.8.26.0000, Acórdão 9464727, 17.ª Câmara de Direito Privado, Piracicaba, Rel. Des. Paulo Pastore Filho, j. 25.05.2016, *DJESP* 02.06/2016). Como último julgado a ser colacionado, o que é repetido em vários outros arestos, afastando a necessidade de homologação judicial em havendo transação que se enquadra na parte final do art. 842: "Contrato de prestação de serviços de advocacia que previa seu vencimento na data de possível acordo a ser firmado sobre o objeto da causa. Transação ocorrida em 04.09.2003, por meio de escritura pública. Desnecessidade de homologação judicial para produção de efeitos materiais. Inteligência do art. 842, *in fine*, do Código Civil" (TJSC, Apelação Cível 2013.091206-6, 3.ª Câmara de Direito Civil, Biguaçu, Rel. Des. Marcus Túlio Sartorato, j. 18.02.2014, *DJSC* 25.02.2014, p. 340).

Art. 843. A transação interpreta-se restritivamente, e por ela não se transmitem, apenas se declaram ou reconhecem direitos.

COMENTÁRIOS DOUTRINÁRIOS: Por meio da transação não se transmitem, mas apenas se declaram ou reconhecem direitos. Mesmo com essas limitações, em alguns casos é possível transigir acerca do *quantum* a ser pago, como ocorre nas hipóteses de transação envolvendo indenização fundada na responsabilidade civil ou quanto ao valor dos alimentos. Justamente por isso é que a transação é tida como um contrato de natureza declaratória, pois gera a extinção de obrigações. Nos dois casos, havendo *transação judicial* ou *extrajudicial,* deve ela ser interpretada de forma restritiva, nunca de forma extensiva. Isso porque o negócio é benéfico, de restrição de direitos obrigacionais das partes. A título de exemplo, em havendo duas demandas com as mesmas partes e sendo celebrada transação em apenas uma delas, sem qualquer referência à outra, deve-se entender que a obrigação constante da última não foi extinta.

JURISPRUDÊNCIA COMENTADA: Entre os remotos julgados superiores que aplicam o dispositivo, destaque-se: "Transação firmada na Justiça do Trabalho. Cláusula que estipula renúncia ao pedido de indenização na Justiça comum. Precedentes da Corte. A transação deve ser interpretada restritivamente, como neste caso, quando firmada na Justiça do Trabalho com cláusula de renúncia ao pedido de indenização na Justiça comum, sem que haja sequer a especificação da verba acordada para pôr fim à reclamação trabalhista" (STJ, REsp 565.257/RO, 3.ª Turma, Rel. Min. Carlos Alberto Menezes Direito, j. 14.06.2004, *DJ* 30.08.2004, p. 282). Corroborando a minha afirmação no exemplo relativo a duas demandas: "Promessa de compra e venda de imóvel no valor de R$ 1.600.000,00. Atraso na entrega do bem. Existência de defeitos no imóvel em desacordo com a planta. Propositura de duas ações, uma com relação ao atraso e a presente demanda com relação aos defeitos. Ação proposta que discutia o atraso que foi julgada procedente, sendo realizado acordo em sede de cumprimento de sentença no valor de R$ 200.000,00. Extinção do presente feito, sem análise do mérito, entendendo que o acordo englobava o presente feito. Transação que se interpreta restritivamente, nos termos do art. 843 do Código Civil. Acordo que menciona especificamente o feito em que foi celebrado, não havendo qualquer menção ao direito perseguido na presente ação, que já havia sido proposta" (TJRJ, Apelação n. 0019702-96.2011.8.19.0209, 20.ª Câmara Cível, Rio de Janeiro, Rel. Desig. Des. Ricardo Alberto Pereira, *DORJ* 17.12.2018, p. 349). Ademais, como outra decorrência da interpretação restritiva da transação, tem-se entendido que ela não atinge os débitos não mencionados no acordo entre as partes: "Deve-se levar em conta, então, que a transação interpreta-se restritivamente (art. 843 do CC), razão pela qual a interpretação dos acordos, em consonância com essa regra, deve ser a de que se referiam apenas aos valores neles especificados, não abrangendo outras quantias inadimplidas, ainda que vencidas anteriormente à pactuação das transações. Há informação adequada nos instrumentos de acordo, uma vez que, pela leitura deles, é facilmente perceptível que diziam respeito apenas aos valores cobrados em cada uma das ações, sem que nada indicasse cuidar-se de acordos genéricos, de quitação plena e irrestrita, principalmente porque as partes foram assistidas por seus advogados, profissionais que se presume terem condições de avaliar a abrangência e extensão das transações para orientar seus constituintes sobre a conveniência de firmá-las ou não" (TJSP, Apelação 1034872-73.2014.8.26.0506, Acórdão 11079634, 30.ª Câmara de Direito Privado, Ribeirão Preto, Rel. Des. Lino Machado, j. 13.12.2017, *DJESP* 26.01.2018, p. 4.054). Como última concreção jurisprudencial a respeito da interpretação restritiva, não havendo previsão expressa de multa na transação, não poderá ela incidir, como outra decorrência da norma em comento: "Os termos convencionados na transação firmada entre as partes devem ser interpretados de forma restritiva, a teor do contido no art. 843 do Código Civil. Diante da ausência de previsão de incidência de multa por descumprimento do acordo por parte da instituição financeira, merece reforma a decisão atacada para afastar a penalidade" (TJRS, Agravo de Instrumento 0317882-33.2016.8.21.7000, 13.ª Câmara Cível, São Jerônimo, Rel. Des. Angela Terezinha de Oliveira Brito, j. 15.12.2016, *DJERS* 23.01.2017).

Art. 844. A transação não aproveita, nem prejudica senão aos que nela intervierem, ainda que diga respeito a coisa indivisível.

§ 1º Se for concluída entre o credor e o devedor, desobrigará o fiador.

§ 2º Se entre um dos credores solidários e o devedor, extingue a obrigação deste para com os outros credores.

§ 3º Se entre um dos devedores solidários e seu credor, extingue a dívida em relação aos codevedores.

COMENTÁRIOS DOUTRINÁRIOS: Diante da sua natureza contratual, a transação não aproveita nem prejudica terceiros, senão aos que nela intervierem, ainda que diga respeito a coisa indivisível, gerando efeitos *inter partes*, em regra. Trata-se de natural aplicação do princípio da relatividade dos efeitos contratuais, consubstanciado na máxima *res inter alios*. Entretanto, o próprio dispositivo traz três exceções. *Primus*, se a transação for concluída entre o credor e o devedor sem o conhecimento do fiador, este ficará desobrigado, exatamente como ocorre na moratória, novação e na dação em pagamento. *Secundus*, sendo efetuada entre um dos credores solidários e o devedor, extingue-se a obrigação deste para com os outros credores, que internamente deverão se ajustar. *Tercius*, se realizada entre um dos devedores solidários e seu credor, extingue-se a dívida em relação aos codevedores, que são beneficiados com o acordo entre as partes. Em todos os casos, deve-se entender que a transação só gera tais efeitos se atingir toda a dívida e não somente parte dela. Ainda no que concerne ao dispositivo em questão, na *V Jornada de Direito Civil*, evento promovido pelo Conselho da Justiça Federal em 2011, aprovou-se enunciado com interessante enfoque prático, estabelecendo que "a transação, sem a participação do advogado credor dos honorários, é ineficaz quanto aos honorários de sucumbência definidos no julgado" (Enunciado n. 442).

JURISPRUDÊNCIA COMENTADA: Novamente comparando os efeitos da transação à moratória, como antes pontuei: "A transação e a moratória têm o efeito de exonerar os fiadores que não anuíram com o pacto (art. 838, I, e 844, § 1º, do Código Civil). Precedentes" (STJ, REsp 1.711.800/RS, 3.ª Turma, Rel. Min. Ricardo Villas Boas Cueva, j. 10.04.2018, *DJe* 13.04.2018, p. 1.250). Em aplicação prática interessante do *caput* do dispositivo, entendeu a mesma Corte Superior: "O art. 844, do Código Civil de 2002, dispõe que 'a transação não aproveita, nem prejudica senão aos que nela intervierem, ainda que diga respeito a coisa indivisível'. Na hipótese, não poderia o banco recorrente ser condenado a pagar verba honorária por ato de disposição de outrem, uma vez que não participou nem anuiu com os termos da transação homologada" (STJ, REsp 1.232.025/RS, 4.ª Turma, Rel. Min. Luis Felipe Salomão, *DJe* 17.06.2015). Sobre a necessidade de a transação atingir toda a dívida, como comentei, do Tribunal da Cidadania e por todos: "É firme a jurisprudência do STJ no sentido de que a transação efetivada entre um dos devedores solidários e seu credor só irá extinguir a dívida em relação aos demais codevedores (art. 844, § 3º, do CC) quando o credor der a quitação por toda a dívida, e não de forma parcial" (STJ, REsp 1.478.262/RS, 4.ª Turma, Rel. Min. Luis Felipe Salomão, *DJe* 07.11.2014). Como desdobramento dessa afirmação, tem-se entendido corretamente que "o art. 844, § 3º, do Código Civil estabelece que a transação não aproveita nem prejudica senão aos que nela intervierem. Contudo, se realizada entre um dos devedores solidários e seu credor, extingue-se a dívida em relação aos codevedores. A quitação parcial da dívida dada pelo credor a um dos devedores solidários por meio de transação, tal como ocorre na remissão não aproveita aos outros devedores, senão até a concorrência da quantia paga. 3. Se, na transação, libera-se o devedor que dela participou com relação à quota-parte pela qual era responsável, ficam os devedores remanescentes responsáveis somente pelo saldo que, *pro rata*, lhes cabe" (STJ, Ag. Rg. REsp 1.002.491/RN, 4.ª Turma, Rel. Min. João Otávio de Noronha, j. 28.06.2011, *DJe* 01.07.2011). Como último julgado a ser anotado, tem-se entendido com base nesse comando e também de outro que ainda será abordado que "consoante as disposições dos arts. 844 e 850 do CC/02, a autocomposição levada a efeito pelos órgãos públicos legitimados, na via administrativa do compromisso de ajustamento de conduta, não constitui renúncia a direitos, mas simples reconhecimento de direitos mínimos em proveito dos substituídos processuais, reais detentores do direito material controvertido. Precedente" (STJ, REsp 1.630.659/DF, 3.ª Turma, Rel. Min. Nancy Andrighi, j. 11.09.2018, *DJe* 21.09.2018, p. 1.682).

Art. 845. Dada a evicção da coisa renunciada por um dos transigentes, ou por ele transferida à outra parte, não revive a obrigação extinta pela transação; mas ao evicto cabe o direito de reclamar perdas e danos.

Parágrafo único. Se um dos transigentes adquirir, depois da transação, novo direito sobre a coisa renunciada ou transferida, a transação feita não o inibirá de exercê-lo.

COMENTÁRIOS DOUTRINÁRIOS: Ocorrendo a evicção da coisa renunciada por um dos transigentes, ou por ele transferida à outra parte, não reviverá a obrigação extinta pela transação; mas ao evicto cabe o direito de reclamar perdas e danos. Vale lembrar que a evicção é a perda da coisa, objeto de um contrato, por uma decisão judicial ou ato de apreensão administrativa que a atribui a outrem (art. 457 do CC). É interessante confrontar o que preceitua o dispositivo em comentário com o art. 359 da própria codificação, que trata da dação em pagamento. Na *datio in solutum*, em havendo a evicção da coisa dada, retornará a prestação primitiva, com todos os seus efeitos, salvo os direitos de terceiros. Como se pode perceber, isso não ocorre na transação, o que diferencia os dois institutos quanto aos efeitos. De qualquer forma, a transação é instituto totalmente diverso da dação em pagamento, forma de pagamento indireto em que ocorre a mera substituição da prestação. A transação é um contrato típico que extingue obrigações por meio de mútuas concessões. A propósito de se confrontar as categorias jurídicas, a transação também não se confunde com a novação, pois não cria nova obrigação extinguindo uma anterior. Na transação, a obrigação é somente *diminuída* pelo acordo entre as partes enquanto a novação não é um contrato, mas sim negócio jurídico bilateral, uma forma de pagamento indireto. Ainda quanto ao art. 845 do CC, prescreve o seu parágrafo único que se um dos transigentes adquirir, depois da transação, novo direito sobre a coisa renunciada ou transferida, a transação feita não o inibirá de exercê-lo. Exemplificando, se o transigente tiver frutos a colher sobre o bem, poderá cobrá-los na forma da lei processual.

JURISPRUDÊNCIA COMENTADA: Como decorrência da norma em comentário, conclui com precisão o Tribunal de Justiça de Pernambuco que "o fato de existir uma ação anulatória, pendente de julgamento, não se afigura suficiente para que o juízo *a quo* negue a vontade das partes em ter sua transação homologada por sentença, notadamente porque a própria legislação, constante do art. 845 do Código Civil, atenta à possibilidade de se reconhecer, posteriormente ao acordo, a evicção do bem. A suspensão *in casu* não se justifica, afigurando-se extremamente prejudicial às partes tal ônus. Caso reste a empresa demandada carecedora do direito de propriedade sobre o bem ora transigido, o instituto da evicção pode ser invocado em ação futura, conforme previsão expressa constante do Código Civil" (TJPE, Agravo de Instrumento 0006609-29.2015.8.17.0000, 3.ª Câmara Cível, Rel. Des. Bartolomeu Bueno de Freitas Morais, j. 22.07.2015, *DJEPE* 03.08.2015).

Art. 846. A transação concernente a obrigações resultantes de delito não extingue a ação penal pública.

COMENTÁRIOS DOUTRINÁRIOS: No que interessa à transação civil concernente a obrigações resultantes de delito, esta não extingue a ação penal pública, uma vez que a responsabilidade civil independe da criminal, e vice-versa, nos termos do art. 935 da própria codificação material. Sigo a afirmação doutrinária no sentido de ser a regra até desnecessária, diante de princípios de ordem pública e de preservação social que trariam a mesma conclusão, notadamente os que vedam o ilícito e o enriquecimento sem causa.

JURISPRUDÊNCIA COMENTADA: No Tribunal Paulista vários julgados afirmam que a transação produz os mesmos efeitos do ato jurídico perfeito, o que teria como fundamento o art. 846 do Código Civil. Por todos: "Transação que produz os mesmos efeitos do ato jurídico perfeito. Inteligência do artigo 846 do Código Civil. Inexistência de qualquer vício de consentimento. Distrato válido" (TJSP, Apelação 0005995-81.2015.8.26.0191, Acórdão 11655252, 10.ª Câmara de Direito Privado, Ferraz de Vasconcelos, Rel. Des. J. B. Paula Lima, j. 31.07.2018, *DJESP* 27.08.2018, p. 3.162). Com o devido respeito, não me parece ser esse o sentido da norma, que traz como conteúdo o que desenvolvi nos meus comentários.

Art. 847. É admissível, na transação, a pena convencional.

COMENTÁRIOS DOUTRINÁRIOS: Diante do seu caráter declaratório, é admissível, na transação, a pena convencional, multa ou cláusula penal, que deve seguir as regras existentes a respeito dessa importante categoria do Direito Privado. Assim, no que concerne à multa compensatória, para os casos de inadimplemento absoluto, deve-se observar o limite constante do art. 412 do CC, ou seja, o valor da obrigação principal, cabendo a redução por equidade constante do art. 413 do CC se a cláusula penal for exagerada ou se a obrigação for cumprida em parte. No caso de multa moratória deverão ser observados os limites que constam em leis específicas, como é o montante de 2% (dois por cento) do valor da dívida, para os casos de relação de consumo, conforme o art. 52, § 1º, do CDC. Em havendo relação civil, entendo que o limite da multa moratória é 10% (dez por cento) do valor da dívida, nos termos do art. 9º da Lei de Usura (Decreto n. 22.626/1933). Em todos os casos, para se exigir a penalidade, a parte não precisa alegar ou provar o prejuízo (art. 416 do CC). Vale lembrar, por fim, que a incidência da cláusula penal, pelo menos em regra, depende de culpa ou da constituição e mora do devedor (art. 408 do CC).

JURISPRUDÊNCIA COMENTADA: Confirmando a minha última nota doutrinária, a respeito de transação judicial: "Se o devedor incorreu em mora no pagamento das parcelas previstas em acordo judicial devidamente homologado, torna-se devida a multa expressamente pactuada, à luz do art. 408 e do art. 847 do CC/2002" (TJMG, Apelação Cível 1.0107.04.911112-6/002, 8.ª Câmara Cível, Cambuquira, Rel. Des. Silas Rodrigues Vieira, j. 16.11.2006, *DJMG* 24.01.2007). Também conforme anotei, aplicando o art. 413 do Código Civil a multa fixada em transação judicial: "Cláusula penal. Descumprimento de pequena parte do acordo, sem prejuízos à autora. Necessária, portanto, adequação do valor da penalidade, nos termos do art. 413 do Código Civil. Jurisprudência deste Tribunal de Justiça" (TJSP, Agravo de Instrumento 2207958-92.2018.8.26.000, Acórdão 12086890, 1.ª Câmara Reservada de Direito Empresarial, Valinhos, Rel. Des. Cesar Ciampolini, j. 12.12.2018, *DJESP* 18.12.2018, p. 1.964). Determinando a incidência da multa apenas na parcela em atraso, como realmente deve ser: "É caso de manutenção da decisão que manteve hígida a transação, não havendo razões para adoção da medida extrema de declaração de ineficácia do acordo e prosseguimento da execução pelo valor integral da dívida. Cláusula penal que deve incidir apenas sobre a parcela paga em atraso" (TJRS, Agravo de Instrumento 0331484-23.2018.8.21.7000, 12.ª Câmara Cível, Horizontina, Rel. Des. Pedro Luiz Pozza, j. 30.11.2018, *DJERS* 05.12.2018).

Art. 848. Sendo nula qualquer das cláusulas da transação, nula será esta.

Parágrafo único. Quando a transação versar sobre diversos direitos contestados, independentes entre si, o fato de não prevalecer em relação a um não prejudicará os demais.

COMENTÁRIOS DOUTRINÁRIOS: Em decorrência do princípio da indivisibilidade adotado pelo Código Civil quanto à transação, sendo nula qualquer cláusula da transação, nula será toda ela. O que se percebe é que, em regra, não se aplica o princípio da conservação contratual que tem relação com a função social do contrato, conforme o Enunciado n. 22 da *I Jornada de Direito Civil*. Tal afirmação é também retirada do que consta do art. 843 do CC, pelo qual a transação não admite interpretação extensiva. Mas a aplicação desse princípio é possível em casos especiais, preceituando o parágrafo único do comando em estudo que, na hipótese em que a transação versar sobre diversos direitos contestados e independentes entre si, o fato de não prevalecer em relação a um não prejudicará os demais. Sintetizando, a nulidade de um direito não pode atingir outros, havendo independência entre eles.

JURISPRUDÊNCIA COMENTADA: Subsumindo essa indivisibilidade que consta da norma em estudo, julgou o Superior Tribunal de Justiça, em 2013, que, "a teor do artigo 1.026 do Código Civil de 1916, correspondente ao art. 848 do CC/02, sendo nula qualquer das cláusulas da transação, nula será esta. Desse modo, eventual anulação da transação implica o retorno ao *statu quo ante*, não podendo resultar em enriquecimento a qualquer das partes, pois é elemento constitutivo do negócio a concessão de vantagens recíprocas, por isso mesmo não se confunde com renúncia, desistência ou doação. 'A transação devidamente homologada, com observância das exigências legais, sem a constatação de qualquer vício capaz de maculá-la, é ato jurídico perfeito e acabado, devendo produzir todos os efeitos legais e almejados pelas partes' (REsp 617.285/SC, Rel. Ministro Fernando Gonçalves, Quarta Turma, julgado em 08.11.2005, *DJ* 05.12.2005, p. 330)" (STJ, REsp 1.071.641/RS, 4.ª Turma, Rel. Min. Luis Felipe Salomão, j. 21.05.2013, *DJe* 13.06.2013). Na mesma linha, mais recentemente e com mesma relatoria, aduziu a Corte que "o Código Civil de 2002, demonstrando maior apuro técnico que o Diploma civilista de 1916, incluiu a transação no título das 'várias espécies de contratos'". Assim sendo, são características desse contrato "a consensualidade, a bilateralidade, a onerosidade, a indivisibilidade e a formalidade. Se apenas um faz concessão, poderá haver renúncia ou reconhecimento, não uma transação. A dupla concessão é o elemento essencial da transação; é a sua diferença específica em relação a figuras jurídicas análogas". Como consequência dessa afirmação, e aplicando o art. 848 do Código

Civil, o julgado conclui que "o escólio doutrinário é uníssono no sentido de que a indivisibilidade é da própria essência da transação, que deve formar um todo unitário e indivisível. Com efeito, a nulidade de uma das cláusulas provoca a nulidade de toda obrigação para o retorno *ao statu quo* ante. Dessarte, como a migração ocorreu por meio de transação, conforme dispõe o art. 848 do CC, sendo nula qualquer das cláusulas da transação, independentemente da natureza constitucional ou infraconstitucional do fundamento invocado para o reconhecimento do vício, nula será esta – o que implicaria o retorno ao *statu quo ante*, o que nem sequer é cogitado pelos autores, ora recorridos, malgrado afirmem ter sido lesados". Cabe esclarecer que o *decisum* trata de transação e migração em contrato de previdência privada complementar (STJ, REsp 1.551.488/MS, 2.ª Seção, Rel. Min. Luis Felipe Salomão, j. 14.06.2017, *DJe* 01.08.2017). Pontue-se, essa posição acabou por ser consolidada pela Segunda Seção da Corte em julgamento do ano de 2014. Conforme a tese ali firmada, em trecho da longa ementa que merece destaque e novamente sob a relatoria do Ministro Salomão: "A migração – pactuada em transação – do participante de um plano de benefícios para outro administrado pela mesma entidade de previdência privada, facultada até mesmo aos assistidos, ocorre em um contexto de amplo redesenho da relação contratual previdenciária, com o concurso de vontades do patrocinador, da entidade fechada de previdência complementar, por meio de seu conselho deliberativo, e autorização prévia do órgão público fiscalizador, operando-se não o resgate de contribuições, mas a transferência de reservas de um plano de benefícios para outro, geralmente no interior da mesma entidade fechada de previdência complementar. (REIS, Adacir. Curso básico de previdência complementar. São Paulo: Revista dos Tribunais, 2014, p. 76). A Súmula n. 289/STJ, ao prescrever que a restituição das parcelas pagas pelo participante a plano de previdência privada deve ser objeto de correção plena, por índice que recomponha a efetiva desvalorização da moeda, deixa límpido que se cuida de hipótese em que há o definitivo rompimento do participante com o vínculo contratual de previdência complementar; não se tratando de situação em que, por acordo de vontades, envolvendo concessões recíprocas, haja migração de participantes ou assistidos de plano de benefícios de previdência privada para outro plano, auferindo, em contrapartida, vantagem. Em havendo transação, o exame do juiz deve se limitar à sua validade e eficácia, verificando se houve efetiva transação, se a matéria comporta disposição, se os transatores são titulares do direito do qual dispõem parcialmente, se são capazes de transigir – não podendo, sem que se proceda a esse exame, ser simplesmente desconsiderada a avença. Quanto à invocação do diploma consumerista, é de se observar que 'o ponto de partida do CDC é a afirmação do Princípio da Vulnerabilidade do Consumidor, mecanismo que visa a garantir igualdade formal-material aos sujeitos da relação jurídica de consumo, o que não quer dizer compactuar com exageros' (REsp 586.316/MG, Rel. Ministro Herman Benjamin, Segunda Turma, julgado em 17/04/2007, *DJe* 19/03/2009). É bem de ver que suas regras, valores e princípios são voltados a conferir equilíbrio às relações contratuais, de modo que, ainda que fosse constatada alguma nulidade da transação, evidentemente implicaria o retorno *ao statu quo ante* (em necessária observância à regra contida no art. 848 do Código Civil, que disciplina o desfazimento da transação), não podendo, em hipótese alguma, resultar em enriquecimento a nenhuma das partes. Com efeito, é descabida a aplicação do Código de Defesa do Consumidor alheia às normas específicas inerentes à relação contratual de previdência privada complementar e à modalidade contratual da transação, negócio jurídico disciplinado pelo Código Civil, inclusive no tocante à disciplina peculiar para o seu desfazimento" (STJ, Ag. Rg. no AREsp 504.022/SC, 2.ª Seção, Rel. Min. Luis Felipe Salomão, j. 10.09.2014, *DJe* 30.09.2014). Como último exemplo jurisprudencial de subsunção do art. 848, novamente do STJ, colaciona-se ementa de caso que diz respeito a acordo celebrado entre duas empresas, com a intervenção de seguradora. Como constou de trecho do *decisum*, "na leitura do acórdão recorrido, observa-se que a Corte Estadual, após transcrever os trechos das transações efetuadas pelas partes Themis e Tuiuti, com a seguradora figurando na condição de interveniente anuente, ressaltou que o acordo firmado não teria o condão de validar referida cláusula de rateio, por ser nula de pleno direito. Isso, no entanto, também não invalidaria o acordo, visto que esta não foi motivo nem causa para a transação, afastando-se a incidência do art. 848 do Código Civil, mas apenas foi acordado entre as partes um valor determinado capaz de indenizar as perdas da assistente e, em parte, da autora, com o sinistro. Dessa forma, ressaltou-se que aquela quitação plena e geral não abrangeu a seguradora, ora recorrente, servindo para colocar fim às demandas que envolviam Tuiuti e Themis; quitação parcial foi a que envolveu a seguradora" (STJ, Ag. Int. no AREsp 503.061/PR, 4.ª Turma, Rel. Des. Fed. Conv. Lázaro Guimarães, j. 05.06.2018, *DJe* 12.06.2018, p. 2.758).

Art. 849. A transação só se anula por dolo, coação, ou erro essencial quanto à pessoa ou coisa controversa.

Parágrafo único. A transação não se anula por erro de direito a respeito das questões que foram objeto de controvérsia entre as partes.

COMENTÁRIOS DOUTRINÁRIOS: O comando em estudo, outra norma especial, estatui que a transação só se anula por dolo (*dolus*), coação (*vis*), ou erro essencial quanto à pessoa (*error in persona*) ou coisa controversa (*error in corpore* ou *in substantia*). Está também nela previsto que a transação não se anula por erro de direito (*error in iuris*) a respeito das questões que foram objeto de controvérsia entre as partes. Surge a dúvida: a transação não se anula pelos demais vícios do negócio jurídico? Não se anula por lesão, por estado de perigo ou por fraude contra credores? Haverá nulidade absoluta no caso de simulação? Seria um descuido do legislador atual a exemplo do que fez o legislador anterior? Vale lembrar que o art. 1.030 do Código Civil de 1916 tinha a seguinte redação: "A transação produz entre as partes o efeito de coisa julgada, e só se rescinde por dolo, violência, ou erro essencial quanto à pessoa ou coisa controversa". O equívoco é percebido por vários civilistas. A minha resposta doutrinária é que o dispositivo não afasta a nulidade relativa ou anulabilidade por estado de perigo. lesão e fraude contra credores, e, principalmente, a nulidade absoluta diante da simulação, particularmente porque o art. 167 do CC/2002 é norma de ordem pública. Assim, entendo que à transação, por ser contrato e negócio jurídico, deverá ser aplicada a teoria das nulidades tratada na Parte Geral do Código Civil. Conclui-se, portanto, que o rol do art. 849, *caput*, do CC é meramente exemplificativo (*numerus apertus*), e não taxativo (*numerus clausus*). Advirta-se, contudo, que uma ressalva deve ser feita para o erro de direito, inovação introduzida pelo art. 139, inc. III, do CC. Não se anula a transação por erro de direito a respeito das questões que foram objeto de controvérsia entre as partes, nos termos exatos do parágrafo único do art. 849 da codificação em vigor. Essa última norma, assim, deve ser preservada na literalidade.

JURISPRUDÊNCIA COMENTADA: Ampliando o rol do art. 849 do Código Civil, como sustentei, mas afastando a presença do vício do consentimento: "Nos termos do disposto no art. 849, do Código Civil de 2002, [...]. Não restando demonstrado nos autos que o negócio jurídico firmado entre as partes estivesse maculado por vício de formalidade ou quanto ao seu conteúdo, a sua invalidação demandaria prova de que houve algum vício do consentimento, isto é, de que a parte fora induzida a erro, ou agiu sob a influência de dolo, coação, estado de perigo ou lesão. Uma vez que não restou minimamente comprovada nos autos a ocorrência de vício do consentimento, o contrato de confissão de dívida celebrado entre as partes é válido e capaz de produzir todos os seus efeitos jurídicos" (TJMG, Apelação Cível 1.0183.14.010777-6/001, Rel. Des. Luciano Pinto, j. 14.06.2018, *DJEMG* 26.06.2018). Na mesma esteira, trazendo a possibilidade de debate sobre a lesão, mas concluindo pela ausência de sua configuração: "A transação é um negócio jurídico extintivo de obrigação mediante concessões mútuas o qual pode ser rescindido se caracterizada a existência de dolo, coação ou erro essencial quanto à pessoa ou coisa controversa (art. 849 do CC/2002), sendo que não houve comprovação da existência de alguma destas situações, ônus este da parte autora (art. 333, I, do CPC). O Código Civil adotou a teoria da lesão como um dos defeitos do negócio jurídico, sendo que esta se caracteriza quando alguém, sob premente necessidade, ou por inexperiência, se obriga a prestação manifestamente desproporcional ao valor da prestação oposta (art. 157 do CC/2002). Nesse contexto, cabe à parte que se diz lesada provar que agiu movida por premência de necessidade ou por inexperiência, sendo que o seu elemento objetivo é a desproporção entre as prestações previstas no negócio jurídico celebrado. Não obstante tal encargo, a apelante não se desincumbiu do mesmo" (TJRS, Apelação Cível 70029275450, 12.ª Câmara Cível, Caxias do Sul, Rel. Des. Judith dos Santos Mottecy, j. 28.05.2009, *DOERS* 08.06.2009, p. 46). Porém, em sentido contrário, apenas confirmando o texto da lei, em rol taxativo: "A transação é forma de extinção das obrigações, configurando ajuste em que as partes realizam concessões mútuas, apenas se anulando por dolo, coação ou erro essencial quanto à pessoa ou coisa controversa, nos termos do art. 849 do Código Civil. Inexistência de qualquer vício de vontade suscetível de invalidar a transação extrajudicial firmada entre as partes" (TJRJ, Apelação 0050448-76.2017.8.19.0001, 5.ª Câmara Cível, Rio de Janeiro, Rel. Desig. Des. Maria da Glória Oliveira Bandeira de Mello, *DORJ* 27.06.2018, p. 174). Igualmente, por todos os acórdãos, que traduzem ampla maioria no campo prático: "Se não restou demonstrada nos autos a ocorrência de dolo, coação ou erro essencial, nos termos do art.

849, do Código Civil, deve prevalecer a transação realizada entre as partes" (TJMG, Apelação Cível 1.0702.11.052708-3/001, Rel. Des. Luciano Pinto, j. 18.10.2018, *DJEMG* 30.10.2018).

REFORMA DO CÓDIGO CIVIL: Justamente para resolver os problemas expostos nos meus comentários doutrinários, a Comissão de Juristas sugere a necessária alteração do art. 849 do Código Civil, passando o *caput* da norma a prever que "a transação será anulada nas mesmas hipóteses de anulação do negócio jurídico, previstas no art. 171 deste Código". Amplia-se a anulação, portanto, a todos os casos de nulidade relativa ou anulabilidade, incluindo todo os vícios ou defeitos do negócio jurídico. Quanto ao parágrafo único, mantém-se a exceção do erro de direito, que continua não anulando a transação, com texto aprimorado: "Como exceção à regra do *caput*, a transação não se anula por erro de direito a respeito das questões que foram objeto de controvérsia entre as partes".

Art. 850. É nula a transação a respeito do litígio decidido por sentença passada em julgado, se dela não tinha ciência algum dos transatores, ou quando, por título ulteriormente descoberto, se verificar que nenhum deles tinha direito sobre o objeto da transação.

COMENTÁRIOS DOUTRINÁRIOS: Encerrando o tratamento legislativo da transação, está enunciado na norma em comento que é nula a transação a respeito do litígio decidido por sentença passada em julgado, se dela não tinha ciência algum dos transatores, ou quando, por título ulteriormente descoberto, se verificar que nenhum deles tinha direito sobre o objeto da transação. A norma é de ordem pública, pois o caso é de nulidade textual (art. 166, inc. VII, primeira parte, do CC). A título de exemplo, imagine-se o caso em que as partes celebram transação a respeito de um imóvel de terceiro. Outro caso que poderia ser mencionado ocorre quando um mandatário, sem poderes para transigir, realiza uma transação prejudicial ao representado, sem o conhecimento desse último, o que também gera a nulidade absoluta da transação. Deve ficar claro, como antes apontei nos comentários ao dispositivo anterior, que o preceito em estudo não afasta a aplicação dos casos de nulidade previstos para os negócios jurídicos em geral, conforme os arts. 166 e 167 da própria codificação material. Como ilustração, muito comum na prática, é nula a transação eivada do vício social da simulação.

JURISPRUDÊNCIA COMENTADA: Explicando a amplitude da norma, julgado do Tribunal do Rio Grande do Sul aduz que "é perfeitamente válida e eficaz a transação levada a efeito, desde que participem daquela todos os envolvidos na lide decidida, a fim de regular a execução do julgado. Ressalte-se que essa é a interpretação teleológica que se extrai do disposto no art. 850 do Código Civil ao estabelecer a nulidade daquele tipo de transação quando algum dos transatores não tiver ciência da sentença que pôs termo ao litígio, o que não é o caso dos autos. Portanto, *a contrario sensu*, do estabelecido na norma legal substantiva precitada, é juridicamente possível a transação efetivada até mesmo após a decisão que soluciona o litígio, a fim de possibilitar a formação de título executivo judicial líquido, certo e exigível, sob pena da recusa em homologar judicialmente o referido acordo importar na negativa de prestação jurisdicional. É de se destacar, ainda, que há a possibilidade jurídica de ocorrer transação judicial até ser exaurida a prestação jurisdicional, ou seja, mesmo para regular a forma de cumprimento da decisão transitada em julgado. Destarte, as partes não mais estão vinculadas às disposições do aresto acostado ao feito, mas aos termos da transação convencionada, que, depois de homologada, fez coisa julgada. Assim, da leitura do acordo firmado, a postulação da parte recorrente encontra óbice no item 4 da transação levada a efeito. Entretanto, devido ao decurso do tempo, os cálculos deverão ser atualizados mediante os índices fornecidos pela Susepe, cujo indexador a ser utilizado é o IPCA-IBGE, de acordo com o art. 1º, parágrafo único, da Circular n. 255/04, devendo a contadoria judicial proceder a nova conta final" (TJRS, Agravo de Instrumento 0044296-73.2018.8.21.7000, 5.ª Câmara Cível, Porto Alegre, Rel. Des. Jorge Luiz Lopes do Canto, j. 29.08.2018, *DJERS* 06.09.2018). Na mesma linha, do Tribunal do Espírito Santo: "O art. 850 do CC/2002 reconhece a nulidade da transação se da sentença transitada em julgado não tinha ciência algum dos transatores. *A contrario sensu*, se todos os transatores tinham ciência da sentença transitada em julgado e, ainda assim, decidiram pela transação, então a homologação é válida" (TJES, Agravo de Instrumento 24099162133, 2.ª Câmara Cível, Rel. Des. Samuel Meira Brasil Junior, j. 29.09.2009, *DJES* 19.11.2009, p. 34). Em outro acórdão com claro intuito prático, ficou afirmado que "nada impede transação após sentença, ainda que depois do trânsito em julgado (art. 850 do CC)". Isso porque "nada justifica, ademais, a instauração de novo e específico procedimento, apenas para obter a homologação dessa transação, nos termos do art. 57 da Lei n. 9.099/1995. Perfeitamente possível, portanto, a homologação da transação nos mesmos autos em que já proferida a sentença" (TJSP, Agravo de Instrumento 2082105-15.2014.8.26.0000, Acórdão 7669625, 19.ª Câmara de Direito Privado, Mauá, Rel. Des. Ricardo Pessoa de Mello Belli, j. 30.06.2014, *DJESP* 14.07.2014).

CAPÍTULO XX
DO COMPROMISSO

Art. 851. É admitido compromisso, judicial ou extrajudicial, para resolver litígios entre pessoas que podem contratar.

COMENTÁRIOS DOUTRINÁRIOS: O compromisso é o acordo de vontades por meio do qual as partes, preferindo não se submeter à decisão judicial, confiam a árbitros a solução de seus conflitos de interesse, de cunho patrimonial. O compromisso, assim, é um dos meios jurídicos que pode conduzir à arbitragem. Reitere-se que o Código Civil em vigor trata do compromisso na parte alusiva às várias espécies de contratos, sendo o assunto também regulamentado pela Lei n. 9.307/1996 (Lei de Arbitragem), tanto no plano interno como no internacional. Sigo a afirmação que prevalece entre os *arbitralistas*, no sentido de ser a arbitragem uma *jurisdição privada*, e não um *equivalente jurisdicional*, como afirmam muitos processualistas. Parece-me que foi essa a opção seguida pela Lei de Arbitragem. Trata-se de um dos mais importantes e eficientes meios de solução extrajudicial das controvérsias, incentivado pelo art. 3º do Código de Processo Civil de 2015, sem prejuízo de outros de seus comandos e em expansão no nosso País. Além de proporcionar decisão mais rápida, a arbitragem é menos formal, menos dispendiosa – somente em alguns casos –, e mais discreta, pois não há publicidade dos seus atos, exceção feita para aqueles que envolvem a administração pública direta ou indireta. Em regra, aliás, há cláusula de sigilo ou confidencialidade das decisões. Sigo a afirmação doutrinária no sentido de que o conceito de compromisso é mais amplo do que o de arbitragem, pois, por meio do primeiro, as partes se remetem à segunda, para a solução de suas contendas. Em suma, pode-se dizer que o compromisso é contrato, a arbitragem é jurisdição; o compromisso é um contrato que gera efeitos processuais, um verdadeiro negócio jurídico processual. Sendo contrato, diante da mudança de tratamento dado pela codificação de 2002, o compromisso está regido pelo princípio da autonomia privada, que vem a ser o direito que a pessoa tem de regulamentar os próprios interesses. Não se pode confundir a arbitragem com a mediação ou com a conciliação. Na arbitragem, os árbitros nomeados decidem questões relativas a uma obrigação de cunho patrimonial. Na mediação, os mediadores buscam a *facilitação do diálogo* entre as partes para que elas mesmas se componham. A mediação pode estar relacionada com direitos personalíssimos, como aqueles decorrentes de Direito de Família, o que foi incentivado pelo Novo CPC em vários de seus dispositivos. A arbitragem, no meu entender, não pode estar utilizada nesse âmbito do Direito Privado, pela prevalência de interesses e conteúdos existenciais, mesmo nas questões relativas ao regime de bens e de alimentos. O Código de Processo Civil de 2015 procurou especificar a atuação do mediador, diferenciando a mediação da conciliação. Nos termos do seu art. 165, os Tribunais devem criar centros judiciários de solução consensual de conflitos, responsáveis pela realização de sessões e audiências de conciliação e mediação e pelo desenvolvimento de programas destinados a auxiliar, orientar e estimular a autocomposição. A composição e a organização dos centros serão definidas pelo respectivo Tribunal, observadas as normas do Conselho Nacional de Justiça (art. 165, § 1º, do CPC/2015). Em relação ao conciliador, este atuará preferencialmente nos casos em que não houver vínculo anterior entre as partes, podendo sugerir soluções para o litígio, sendo vedada a utilização de qualquer tipo de constrangimento ou intimidação para que as partes conciliem (art. 165, § 2º, do CPC/2015). No que diz respeito ao mediador, ele atuará preferencialmente nos casos em que houver vínculo anterior entre as partes, auxiliando os envolvidos a compreender as questões e os interesses em conflito, de modo que eles possam, pelo restabelecimento da comunicação, identificar, por si próprios, soluções consensuais que gerem benefícios mútuos (art. 165, § 3º, do CPC/2015). Como se nota, o que a atuação do mediador almeja não é o acordo diretamente, mas o *diálogo* e a interação entre os envolvidos com a contenda. A propósito, em complemento ao Novo CPC, pontue-se que entrou em vigor no Brasil a Lei da Mediação (Lei n. 13.140/2015), sendo grandes os desafios a respeito das interações dessa lei específica com o Estatuto Processual emergente.

Voltando-se ao compromisso arbitral, quanto à sua natureza jurídica, trata-se de um contrato bilateral, oneroso, consensual e comutativo. Como ocorre com a transação, o compromisso muito se aproxima das formas de extinção das obrigações por pagamento indireto, como, aliás, antes era tratado. O art. 851 do CC/2002, ora em comento, admite duas formas de compromisso arbitral, o *judicial* e o *extrajudicial*, o que igualmente é retirado do art. 9º da Lei de Arbitragem. O compromisso judicial é aquele celebrado na pendência da lide (*endoprocessual*), por termo nos autos, o que faz cessar as funções do juiz togado. O compromisso extrajudicial está presente nas hipóteses em que ainda não foi ajuizada ação (*extraprocessual*), podendo ser celebrado por escritura pública ou escrito particular a ser assinado pelas partes e por duas testemunhas. Além dessas categorias, como se verá, o art. 853 do CC prevê a possibilidade da cláusula compromissória prévia (*pactum de compromittendo*), para resolver divergências. Todos esses institutos fazem parte de um mesmo gênero denominado convenção de arbitragem, o que é retirado do teor do art. 3º da Lei n. 9.307/1996. Nos seus termos expressos, "as partes interessadas podem submeter a solução de seus litígios ao juízo arbitral mediante convenção de arbitragem, assim entendida a cláusula compromissória e o compromisso arbitral". Ainda sobre essa lei específica, cumpre lembrar que os parágrafos do seu art. 9º estabelecem que o compromisso arbitral judicial celebrar-se-á por termo nos autos, perante o juízo ou tribunal, onde tem curso a demanda; já o compromisso extrajudicial será celebrado por escrito particular, assinado por duas testemunhas, ou por instrumento público. O art. 10 da norma específica elenca os requisitos obrigatórios do compromisso arbitral, a saber: a) o nome, profissão, estado civil e domicílio das partes; b) o nome, profissão e domicílio do árbitro, ou dos árbitros, ou, se for o caso, a identificação da entidade à qual as partes delegaram a indicação de árbitros; c) a matéria que será objeto da arbitragem; e d) o lugar em que será proferida a sentença arbitral. Por derradeiro, o art. 11 da Lei de Arbitragem aponta os requisitos facultativos do compromisso arbitral: a) o local, ou locais, onde se desenvolverá a arbitragem; b) a autorização para que o árbitro ou os árbitros julguem por equidade, se assim for convencionado pelas partes; c) o prazo para apresentação da sentença arbitral; d) a indicação da lei nacional ou das regras corporativas aplicáveis à arbitragem, quando assim convencionarem as partes; e) a declaração da responsabilidade pelo pagamento dos honorários e das despesas com a arbitragem; e f) a fixação dos honorários do árbitro, ou dos árbitros.

JURISPRUDÊNCIA COMENTADA: Muitos julgados têm seguido a afirmação de ser a arbitragem uma jurisdição privada, conforme comentei, decorrendo daí muitas aplicações concretas do princípio *Kompetenz-Kompetenz*, que atribui aos árbitros a competência para análise da validade e eficácia do compromisso arbitral ou da cláusula compromissória. Nesse sentido: "A previsão contratual de convenção de arbitragem enseja o reconhecimento da competência do Juízo arbitral para decidir com primazia sobre o Poder Judiciário as questões acerca da existência, validade e eficácia da convenção de arbitragem e do contrato que contenha a cláusula compromissória. A consequência da existência do compromisso arbitral é a extinção do processo sem resolução de mérito, com base no artigo 267, inciso VII, do Código de Processo Civil de 1973" (STJ, REsp 1.550.260/RS, 3.ª Turma, Rel. Min. Paulo de Tarso Sanseverino, Rel. p/ Acórdão Min. Ricardo Villas Bôas Cueva, j. 12.12.2017, *DJe* 20.03.2018). Do voto do Ministro Bellizze, merece destaque o seguinte trecho: "O juízo arbitral não subtrai a garantia constitucional do juiz natural, ao contrário, a realiza, e só incide por livre e mútua concessão entre as partes. Evidentemente, o árbitro, ao assumir sua função, age como juiz de fato e de direito da causa, tanto que a sua decisão não se submete a recurso ou a homologação judicial (artigo 18 da Lei n. 9.307/1996). Consigne-se, além disso, que vige, na jurisdição privada, o princípio basilar do 'Kompetenz-Kompetenz', consagrado nos artigos 8º e 20 da Lei de Arbitragem, que estabelece ser o próprio árbitro quem decide, em prioridade com relação ao juiz togado, a respeito de sua competência para avaliar a existência, validade ou eficácia do contrato que contém a cláusula compromissória. [...]. A partir dessa premissa, o Juízo arbitral se revela o competente para analisar sua própria competência para a solução da controvérsia. Negar aplicação à convenção de arbitragem significa, em última análise, violar o princípio da autonomia da vontade das partes e a presunção de idoneidade da própria arbitragem, gerando insegurança jurídica". Também reconhecendo haver uma *jurisdição privada* na arbitragem, a tese n. 9 publicada na Edição n. 122 da ferramenta *Jurisprudência em Teses* da Corte, dedicada à arbitragem e do ano de 2019, segundo a qual "a atividade desenvolvida no âmbito da arbitragem possui natureza jurisdicional, o que torna possível a existência de conflito de competência entre os juízos estatal e arbitral, cabendo ao Superior Tribunal de Justiça – STJ o seu julgamento". Sobre o princípio *Kompetenz-Kompetenz*, na mesma publicação, destaco: "a previsão contratual de convenção de arbitragem enseja o reconhecimento da competência do Juízo arbitral para decidir com primazia sobre Poder Judiciário, de ofício ou por provocação das partes, as questões relativas à existência, à validade e à eficácia da convenção de arbitragem e do contrato que contenha a cláusula compromissória" (tese n. 3). Ou, ainda: "o Poder Judiciário pode, em situações excepcionais, declarar a nulidade de cláusula compromissória arbitral, independentemente do estado em que se encontre o procedimento arbitral, quando aposta em compromisso claramente ilegal" (tese n. 4).

REFORMA DO CÓDIGO CIVIL: Sugere-se a adequação do art. 851 do Código Civil ao texto do art. 1º da Lei de Arbitragem, com menção aos direitos patrimoniais disponíveis, e passando o dispositivo civil a prever que "é admitido compromisso, judicial ou extrajudicial, para dirimir litígios relativos a direitos patrimoniais disponíveis entre pessoas que podem contratar".

Art. 852. É vedado compromisso para solução de questões de estado, de direito pessoal de família e de outras que não tenham caráter estritamente patrimonial.

COMENTÁRIOS DOUTRINÁRIOS: Assim como se retira do art. 1º da Lei de Arbitragem, enuncia o Código Civil que a convenção de arbitragem, o que inclui o compromisso arbitral e a cláusula compromissória, restringe-se somente a direitos patrimoniais disponíveis, não podendo a arbitragem analisar questões atinentes aos direitos da personalidade ou inerentes à dignidade da pessoa humana, visualizados pelos arts. 11 a 21 do Código Civil em vigor. Também não podem ter como conteúdo a solução de questões de estado, de direito pessoal de família e de outras que não tenham caráter estritamente patrimonial. Debate-se a possibilidade de aplicação da arbitragem ao regime de bens do casamento e da união estável, por estar o tema relacionado a questões patrimoniais e não existenciais. Todavia, a minha resposta é negativa, pois não é possível desvincular totalmente os citados interesses patrimoniais de sentimentos e interesses existenciais sobre os bens. A resposta negativa também vale para o Direito das Sucessões, no meu entender. Pontue-se que na *I Jornada de Prevenção de Solução Extrajudicial de Litígios*, promovida pelo Conselho da Justiça Federal em 2016, havia proposta no sentido de se admitir a arbitragem em questões de Direito de Família. Porém, a proposta acabou por não prosperar sequer na comissão de trabalhos de arbitragem, sendo este autor um dos críticos da proposta naquela ocasião. Contudo, superando-se esse debate, aprovou-se o Enunciado n. 96 na *II Jornada de Prevenção e Solução Extrajudicial de Litígios*, em agosto de 2021, *in verbis*: "É válida a inserção da cláusula compromissória em pacto antenupcial e em contrato de união estável". Apesar das minhas resistências doutrinárias – pelo fato de ser difícil a separação absoluta de interesses puramente patrimoniais nas disputas de família –, não se pode negar que o enunciado representa um passo adiante na concreção prática da arbitragem, para o Direito de Família. Em complemento para a ressalva, surgirão debates sobre a forma como a cláusula compromissória foi inserida em tais contratos, notadamente se houve ou não imposição de um dos consortes ao outro, sobretudo nas hipóteses fáticas em que há disparidade econômica entre eles. Também haverá resistências quanto à própria funcionalidade de arbitragem, pois podem surgir, em meio ao procedimento, debates de questões existenciais, muito além do patrimônio puro das partes. Outra questão que se discute diz respeito à possibilidade de arbitragem em matéria de Direito do Consumidor. Fiz proposta de enunciado na anterior *I Jornada* no sentido de se admitir a arbitragem para os casos em que o consumidor for pessoa jurídica, sendo dele a iniciativa de instauração. Porém, a comissão de arbitragem entendeu por ampliar o texto da proposta na linha do que vem entendendo o Superior Tribunal de Justiça e ela não foi aprovada na plenária do evento. Consigne-se que havia proposta de inclusão da possibilidade do uso da arbitragem para solução de contendas consumeristas, por meio do projeto convertido na Lei n. 13.129, de 2015, em comissão presidida pelo Ministro Luis Felipe Salomão. A projeção visava a acrescentar um § 3º no art. 4º da Lei n. 9.307/1996, com a seguinte redação: "Na relação de consumo estabelecida por meio de contrato de adesão, a cláusula compromissória só terá eficácia se o aderente tomar a iniciativa de instituir a arbitragem ou concordar expressamente com a sua instituição". Conforme as razões do seu veto pela Presidência da República, "da forma prevista, os dispositivos alterariam as regras para arbitragem em contrato de adesão. Com isso, autorizariam, de forma ampla, a arbitragem nas relações de consumo, sem deixar claro que a manifestação de vontade do consumidor deva se dar também no momento posterior ao surgimento de eventual controvérsia e não apenas no momento inicial da assinatura do contrato. Em decorrência das garantias próprias do direito do consumidor, tal ampliação do espaço da arbitragem, sem os devidos recortes, poderia significar um retrocesso e ofensa ao princípio norteador de proteção do consumidor". Estou filiado em parte ao teor do veto, pois, sem dúvida, a inclusão poderia representar um retrocesso na proteção dos consumidores perante o mercado, afastando a tutela efetiva consagrada pelo art. 6º, inc. VIII, da Lei n. 8.078/1990. De toda sorte, seria até viável admitir a arbitragem em matéria de consumo, em se tratando de pessoa jurídica consumidora, e sendo dela a iniciativa de instauração da arbitragem. Adotando pelo mesmo em parte essa solução, na *II Jornada de Solução e Prevenção Extrajudicial dos Litígios*, promovida pelo Conselho da Justiça Federal em 2021, aprovou-se o Enunciado n. 103, segundo o qual "é admissível a implementação da arbitragem *on-line* na resolução dos conflitos de consumo, respeitada a vontade do consumidor e observada sua vulnerabilidade e compreensão dos termos do procedimento, como forma de promoção de acesso à justiça". Nesse último evento, sugeri a substituição do termo "vulnerabilidade" por "hipossuficiência", o que acabou não sendo adotado na aprovação final do enunciado doutrinário. O termo atual deixa dúvidas práticas, uma vez que todo consumidor, sem exceção, é vulnerável.

JURISPRUDÊNCIA COMENTADA: Sobre a possibilidade de arbitragem em matéria de Direito do Consumidor, julgado do Superior Tribunal de Justiça, do ano de 2016, admitiu a instauração de arbitragem em conflito de consumo, sendo do consumidor a iniciativa de início do painel arbitral. Nos termos do aresto, "não há incompatibilidade entre os arts. 51, VII, do CDC e 4º, § 2º, da Lei n. 9.307/1996. Visando conciliar os normativos e garantir a maior proteção ao consumidor é que entende-se que a cláusula compromissória só virá a ter eficácia caso este aderente venha a tomar a iniciativa de instituir a arbitragem, ou concorde, expressamente, com a sua instituição, não havendo, por conseguinte, falar em compulsoriedade. Ademais, há situações em que, apesar de se tratar de consumidor, não há vulnerabilidade da parte a justificar sua proteção. [...]. Assim, é possível a cláusula arbitral em contrato de adesão de consumo quando não se verificar presente a sua imposição pelo fornecedor ou a vulnerabilidade do consumidor, bem como quando a iniciativa da instauração ocorrer pelo consumidor ou, no caso de iniciativa do fornecedor, venha a concordar ou ratificar expressamente com a instituição" (STJ, REsp 1.189.050/SP, 4.ª Turma, Rel. Min. Luis Felipe Salomão, j. 01.03.2016). Em 2018, surgiu outro julgado a ser destacado, que corrobora essas afirmações, no sentido de que "o art. 51, VII, do CDC limita-se a vedar a adoção prévia e compulsória da arbitragem, no momento da celebração do contrato, mas não impede que, posteriormente, diante de eventual litígio, havendo consenso entre as partes (em especial a aquiescência do consumidor), seja instaurado o procedimento arbitral". Porém, na situação julgada, a arbitragem foi afastada, pois "na hipótese sob julgamento, a atitude da recorrente (consumidora) de promover o ajuizamento da ação principal perante o juízo estatal evidencia, ainda que de forma implícita, a sua discordância em submeter-se ao procedimento arbitral, não podendo, pois, nos termos do art. 51, VII, do CDC, prevalecer a cláusula que impõe a sua utilização, visto ter-se dado de forma compulsória" (STJ, REsp 1.628.819/MG, 3.ª Turma, Rel. Min. Nancy Andrighi, j. 27.02.2018, *DJe* 15.03.2018). No mesmo sentido, a Afirmação n. 11, publicada na Edição n. 122 da ferramenta *Jurisprudência em Teses*, da Corte (2019): "a legislação consumerista impede a adoção prévia e compulsória da arbitragem no momento da celebração do contrato, mas não proíbe que, posteriormente, em face de eventual litígio, havendo consenso entre as partes, seja instaurado o procedimento arbitral". Com o devido respeito, reitero que, em regra, não é possível juridicamente a cláusula compromissória prévia vinculativa ao consumidor, o que entra em conflito com o CDC (art. 51, inc. VII). Ainda a esse propósito, a Segunda Seção do Superior Tribunal de Justiça, em 2023, reafirmou não ser possível a arbitragem compulsória de consumo, devendo haver, sempre, a concordância expressa do consumidor para que ela seja possível. Conforme a tese exarada, "com o ajuizamento, pelo consumidor, de ação perante o Poder Judiciário, presume-se a discordância dele em submeter-se ao juízo arbitral, sendo nula a cláusula de contrato de consumo que determina a utilização compulsória da arbitragem" (STJ, EREsp 1.636.889-MG, 2.ª Seção, Rel. Min. Nancy Andrighi, v.u., j. 09.08.2023, *DJe* 14.08.2023). Todavia, nos casos de ser o consumidor uma pessoa jurídica, mitigada a sua hipossuficiência, não haveria óbice para que fosse firmado um compromisso arbitral posterior ou mesmo firmada uma cláusula compromissória prévia, no meu entendimento. Sem dúvidas, o tema é polêmico, devendo ser aprofundado o debate nos meios jurídicos brasileiros.

REFORMA DO CÓDIGO CIVIL: Assim como foi feito com o comando anterior, a

Comissão de Juristas sugere um *espelhamento* do art. 852 do Código Civil ao art. 1º da Lei de Arbitragem, para que passe a mencionar os direitos patrimoniais indisponíveis, da seguinte forma: "São vedados compromisso e cláusula compromissória para solução de questões de estado, de direito pessoal de família e de outras que sejam relativas a direitos patrimoniais indisponíveis". Isso evita confusões entre a interpretação do que sejam questões que "não tenham caráter estritamente patrimonial" e os "direitos patrimoniais indisponíveis", uma vez que nem sempre há coincidência conceitual entre as duas definições.

Art. 853. Admite-se nos contratos a cláusula compromissória, para resolver divergências mediante juízo arbitral, na forma estabelecida em lei especial.

COMENTÁRIOS DOUTRINÁRIOS: A cláusula compromissória (*pactum de compromittendo*), constitui uma previsão anterior e vinculativa que remete as partes que dela participaram para a jurisdição arbitral. Sobre a sua exata definição, estabelece o art. 4º da Lei n. 9.307/1996 que "a cláusula compromissória é a convenção através da qual as partes em um contrato comprometem-se a submeter à arbitragem os litígios que possam vir a surgir, relativamente a tal contrato". Essa cláusula compromissória deve ser estipulada por escrito, podendo estar inserida no próprio contrato ou em documento apartado que a ele se refira. Como se extrai da consolidação doutrinária sobre o tema, a cláusula compromissória pode ser *cheia* ou *vazia*. A *cláusula arbitral cheia* traz as possibilidades mínimas para se instituir uma arbitragem, sem necessidade de socorro ao Poder Judiciário para que o procedimento possa ser instaurado. Está tratada no art. 5º da Lei de Arbitragem, que tem a seguinte redação: "Reportando-se as partes, na cláusula compromissória, às regras de algum órgão arbitral institucional ou entidade especializada, a arbitragem será instituída e processada de acordo com tais regras, podendo, igualmente, as partes estabelecer na própria cláusula, ou em outro documento, a forma convencionada para a instituição da arbitragem". Como se pode perceber, a cláusula é denominada como *cheia* ou em *preto*, pelo fato de trazer informações mínimas, previamente ajustadas, para a instituição da arbitragem posterior, em especial com a determinação de qual será o órgão a analisar o eventual conflito. A título de exemplo, imagine-se uma previsão que estabeleça que, em caso de demanda, será competente para examinar a disputa a Câmara Arbitral da FECOMERCIOSP, da CCBC ou da FIESP, todas localizadas na cidade de São Paulo. Por outra via, a *cláusula arbitral vazia*, também denominada *cláusula arbitral em branco*, é aquela que necessita de um preenchimento posterior, para que seja dada efetividade ao procedimento arbitral. Em outras palavras, a cláusula compromissória vazia é aquela que não traz em seu conteúdo os requisitos descritos no art. 5º da Lei de Arbitragem. Deve a última ser evitada, pelo fato de trazer incerteza e insegurança a respeito da arbitragem, sendo necessário muitas vezes o socorro ao Poder Judiciário para o seu devido preenchimento. Em regra, a referida cláusula compromissória vincula as partes, diante do princípio da força obrigatória dos contratos (*pacta sunt servanda*). Entretanto, como visto, enuncia o art. 51, inc. VII, do CDC que, nos contratos de consumo, será nula por abusividade a cláusula que impõe a utilização compulsória da arbitragem. No que se refere aos contratos de adesão, a cláusula compromissória só terá eficácia se o aderente tomar a iniciativa de instituir a arbitragem ou concordar, expressamente, com a sua instituição, desde que por escrito em documento anexo ou em negrito, com a assinatura ou visto especialmente para essa cláusula (art. 4º, § 2º, da Lei n. 9.307/1996). A cláusula compromissória que desrespeita essa regra é tratada como uma *cláusula patológica*, na linha do julgado a seguir comentado e da doutrina especializada sobre o tema.

JURISPRUDÊNCIA COMENTADA: Aplicando a última norma comentada, importante aresto do Superior Tribunal de Justiça considerou que a cláusula que não preenche tais requisitos deve ser tida como patológica, o que acarreta a sua nulidade absoluta e não a mera ineficácia: "Recurso especial. Direito civil e processual civil. Contrato de franquia. Contrato de adesão. Arbitragem. Requisito de validade do art. 4º, § 2º, da Lei n. 9.307/96. Descumprimento. Reconhecimento *prima facie* de cláusula compromissória 'patológica'. Atuação do Poder Judiciário. Possibilidade. Nulidade reconhecida. Recurso provido. [...]. O contrato de franquia, por sua natureza, não está sujeito às regras protetivas previstas no CDC, pois não há relação de consumo, mas de fomento econômico. Todos os contratos de adesão, mesmo aqueles que não consubstanciam relações de consumo, como os contratos de franquia, devem observar o disposto no art. 4º, § 2º, da Lei n. 9.307/96. O Poder Judiciário pode, nos casos em que *prima* *facie* é identificado um compromisso arbitral 'patológico', i.e., claramente ilegal, declarar a nulidade dessa cláusula, independentemente do estado em que se encontre o procedimento arbitral. 5. Recurso especial conhecido e provido" (STJ, REsp 1.602.076/SP, 3.ª Turma, Rel. Min. Nancy Andrighi, j. 15.09.2016, *DJe* 30.09.2016). Além da precisa análise técnica, o aresto traz a correta diferenciação entre os contratos de consumo e os de adesão, conforme desenvolvido nos primeiros capítulos desta obra. Pensamos que o enquadramento pela nulidade absoluta pode se dar pelo que consta do sempre citado art. 424 do Código Civil, pelo qual, nos contratos de adesão, é nula a cláusula de renúncia a direito inerente ao negócio, no caso à jurisdição estatal. Como outra nota jurisprudencial importante, cumpre destacar que o Supremo Tribunal Federal entendeu pela constitucionalidade da vinculação da cláusula compromissória prevista na Lei n. 9.307/1996, não sendo possível sustentar que a norma afasta o acesso à justiça ou o direito à ampla defesa. Vejamos a ementa do *decisum*: "Lei de Arbitragem (L. 9.307/1996): constitucionalidade, em tese, do juízo arbitral; discussão incidental da constitucionalidade de vários dos tópicos da nova lei, especialmente acerca da compatibilidade, ou não, entre a execução judicial específica para a solução de futuros conflitos da cláusula compromissória e a garantia constitucional da universalidade da jurisdição do Poder Judiciário (art. 5º, XXXV, da CF). Constitucionalidade declarada pelo plenário, considerando o Tribunal, por maioria de votos, que a manifestação de vontade da parte na cláusula compromissória, quando da celebração do contrato, e a permissão legal dada ao juiz para que substitua a vontade da parte recalcitrante em firmar o compromisso não ofendem o artigo 5º, XXXV, da CF" (STF, SE 5.206-AgR, Rel. Min. Sepúlveda Pertence, *DJ* 30.04.2004). Realmente, não se pode dizer que a arbitragem afasta o acesso à justiça tutelado pelo art. 5º, inc. XXXV, da Constituição Federal, sob o argumento de que não se pode admitir que uma controvérsia não seja apreciada pelo Poder Judiciário. A opção pela arbitragem é um exercício legítimo da autonomia privada, da liberdade individual. A liberdade e a autonomia privada amparam o direito fundamental de procurar outros meios para a solução das contendas, caso da arbitragem, que também representa uma modalidade de jurisdição. A propósito dessa força vinculativa da convenção de arbitragem, a incluir a cláusula compromissória, merecem destaque as afirmações constantes da Edição n. 122 da ferramenta *Jurisprudência em Teses*, do STJ, sobre arbitragem, publicada em 2019. Como primeira assertiva: "a convenção de arbitragem, tanto na modalidade de compromisso arbitral quanto na modalidade de cláusula compromissória, uma vez contratada pelas partes, goza de força vinculante e de caráter obrigatório, definindo ao juízo arbitral eleito a competência para dirimir os litígios relativos aos direitos patrimoniais disponíveis, derrogando-se a jurisdição estatal" (tese n. 1). Em complemento, nos termos da tese n. 2: "uma vez expressada a vontade de estatuir, em contrato, cláusula compromissória ampla, a sua destituição deve vir através de igual declaração expressa das partes, não servindo, para tanto, mera alusão a atos ou a acordos que não tenham o condão de afastar a convenção das partes". Como última nota jurisprudencial, destaque-se que o Superior Tribunal de Justiça editou, no ano de 2012, a Súmula n. 485, enunciando que "a Lei de Arbitragem aplica-se aos contratos que contenham cláusula arbitral, ainda que celebrados antes da sua edição". Três argumentos podem ser utilizados para fundamentar a ementa. O primeiro é o de ser a norma de ordem pública, presente uma *retroatividade motivada*. O segundo argumento está relacionado à aplicação imediata das normas de cunho processual. A terceira premissa é a relativa ao reconhecimento anterior da arbitragem pela cultura jurídica nacional.

REFORMA DO CÓDIGO CIVIL: Com vistas mais uma vez a adequar o texto do Código Civil à Lei de Arbitragem, propõe-se que o art. 853 passe a mencionar também o compromisso, seja judicial, seja extrajudicial, da seguinte forma: "São admitidos, nos negócios jurídicos em geral, a cláusula compromissória e o compromisso arbitral, judicial ou extrajudicial, para resolver divergências mediante juízo arbitral, na forma estabelecida em lei especial". A adequação, portanto, se dá em relação ao art. 3º da Lei n. 9.307/1996, *in verbis*: "As partes interessadas podem submeter a solução de seus litígios ao juízo arbitral mediante convenção de arbitragem, assim entendida a cláusula compromissória e o compromisso arbitral". Também há a substituição do termo "contratos" por "negócios jurídicos", pois a arbitragem pode envolver outras situações jurídicas que não sejam estritamente contratuais, como nas situações que envolvem direitos reais de gozo ou fruição, como a superfície, e direitos reais de garantia, como a hipoteca e a alienação fiduciária em garantia.

CAPÍTULO XXI

(Incluído pela Lei n. 14.711, de 2023)

DO CONTRATO DE ADMINISTRAÇÃO FIDUCIÁRIA DE GARANTIAS

Art. 853-A. Qualquer garantia poderá ser constituída, levada a registro, gerida e ter a sua execução pleiteada por agente de garantia, que será designado pelos credores da obrigação garantida para esse fim e atuará em nome próprio e em benefício dos credores, inclusive em ações judiciais que envolvam discussões sobre a existência, a validade ou a eficácia do ato jurídico do crédito garantido, vedada qualquer cláusula que afaste essa regra em desfavor do devedor ou, se for o caso, do terceiro prestador da garantia. (Incluído pela Lei n. 14.711, de 2023)

§ 1º O agente de garantia poderá valer-se da execução extrajudicial da garantia, quando houver previsão na legislação especial aplicável à modalidade de garantia. (Incluído pela Lei n. 14.711, de 2023)

§ 2º O agente de garantia terá dever fiduciário em relação aos credores da obrigação garantida e responderá perante os credores por todos os seus atos. (Incluído pela Lei n. 14.711, de 2023)

§ 3º O agente de garantia poderá ser substituído, a qualquer tempo, por decisão do credor único ou dos titulares que representarem a maioria simples dos créditos garantidos, reunidos em assembleia, mas a substituição do agente de garantia somente será eficaz após ter sido tornada pública pela mesma forma por meio da qual tenha sido dada publicidade à garantia. (Incluído pela Lei n. 14.711, de 2023)

§ 4º Os requisitos de convocação e de instalação das assembleias dos titulares dos créditos garantidos estarão previstos em ato de designação ou de contratação do agente de garantia. (Incluído pela Lei n. 14.711, de 2023)

§ 5º O produto da realização da garantia, enquanto não transferido para os credores garantidos, constitui patrimônio separado daquele do agente de garantia e não poderá responder por suas obrigações pelo período de até 180 (cento e oitenta) dias, contado da data de recebimento do produto da garantia. (Incluído pela Lei n. 14.711, de 2023)

§ 6º Após receber o valor do produto da realização da garantia, o agente de garantia disporá do prazo de 10 (dez) dias úteis para efetuar o pagamento aos credores. (Incluído pela Lei n. 14.711, de 2023)

§ 7º Paralelamente ao contrato de que trata este artigo, o agente de garantia poderá manter contratos com o devedor para: (Incluído pela Lei n. 14.711, de 2023)

I – pesquisa de ofertas de crédito mais vantajosas entre os diversos fornecedores; (Incluído pela Lei n. 14.711, de 2023)

II – auxílio nos procedimentos necessários à formalização de contratos de operações de crédito e de garantias reais; (Incluído pela Lei n. 14.711, de 2023)

III – intermediação na resolução de questões relativas aos contratos de operações de crédito ou às garantias reais; e (Incluído pela Lei n. 14.711, de 2023)

IV – outros serviços não vedados em lei. (Incluído pela Lei n. 14.711, de 2023)

§ 8º Na hipótese do § 7º deste artigo, o agente de garantia deverá agir com estrita boa-fé perante o devedor. (Incluído pela Lei n. 14.711, de 2023)

COMENTÁRIOS DOUTRINÁRIOS: Após o tratamento da transação e do compromisso, o Código Civil de 2002 recebeu um novo art. 853-A pela Lei n. 14.711/2023 (novo *Marco Legal das Garantias* ou *Lei das Garantias*), para cuidar do contrato de administração fiduciária de garantias. Advirta-se, contudo, que, apesar de haver uma alínea no último comando que trata do compromisso, não há qualquer relação jurídica com esse outro contrato, cujo objeto principal é a arbitragem como forma de solução extrajudicial das controvérsias. Consoante o *caput* do preceito emergente, qualquer garantia poderá ser constituída, levada a registro, gerida e ter a sua execução pleiteada por agente de garantia. O contrato, portanto, pode ter por objeto uma garantia pessoal – como é o caso da fiança – ou real – como no penhor, na hipoteca, na anticrese e na alienação fiduciária de garantia, de bens móveis ou imóveis. Não se criou qualquer "registro paralelo", como se almejava originalmente no PL n. 4.188/2021, com o "Sistema das IGGs", felizmente. O agente de garantia tem, assim, amplos poderes, sendo designado pelos credores da obrigação garantida para esse fim. Atuará ele com nome próprio e em benefício dos credores, inclusive em ações judiciais que envolvam discussões sobre a existência, a validade ou a eficácia do ato jurídico do crédito garantido. Como se percebe, o contrato é firmado, substancialmente e tendo como relação jurídica principal, entre o agente de garantias e os credores, que deverão ser, principalmente, os bancos e as instituições financeiras. Fica a dúvida de quem constituirá tais agentes, se as próprias instituições bancárias ou outras pessoas que tenham expertise e prática na cobrança e no recebimento de créditos, as conhecidas empresas de cobrança. Em certa medida, parece-me que um dos objetivos da nova lei é que os bancos possam terceirizar, com ampla efetividade, os seus setores de recebimento de créditos. Como última regra do *caput* do art. 853-A do Código Civil, há a locução final "vedada qualquer cláusula que afaste essa regra em desfavor do devedor ou, se for o caso, do terceiro prestador da garantia". Entendo que essa previsão final se aplica a todas as afirmações anteriores do comando, seja quanto à gestão e à execução da garantia pelo agente, em relação à sua atuação em nome próprio e em benefício dos credores, seja no tocante às ações judiciais que envolvam discussões jurídicas sobre o ato jurídico do crédito garantido. Eventual cláusula de afastamento dessas regras, pelo menos *a priori*, deve ser considerada nula de pleno direito, por nulidade absoluta virtual ou implícita, pois a lei proíbe a prática do ato sem cominar sanção (art. 166, inc. VII, segunda parte, do Código Civil). De todo modo, em uma primeira análise, entendo que está presente o mesmo problema quanto ao original projeto que gerou a Lei n. 14.711/2023 no tocante à legitimidade passiva e exclusiva das IGGs para responder em ações relativas à discussão da dívida, sobretudo em casos de abusividades nos contratos em que há a garantia. O texto vigente parece excluir a legitimidade dos credores originais, o que não pode ser admitido nas relações de consumo, pois o CDC consagra a responsabilidade solidária, como premissa geral, de todos os fornecedores e prestadores de serviço, inclusive de crédito. Nesse contexto de afirmação, podem ser citados como fundamentos os arts. 7º, 14, 18 e 19 da Lei n. 8.078/1990. Para a efetivação do recebimento do crédito, o agente poderá valer-se da execução extrajudicial da garantia, quando houver previsão na legislação especial aplicável à modalidade de garantia (art. 853-A, § 1º, do CC). Assim, a título de ilustração, poderá fazer uso da execução extrajudicial prevista na Lei n. 9.514/1997, para a alienação fiduciária em garantia de bens imóveis; ou, ainda, da execução extrajudicial dos créditos garantidos por hipoteca, que foi incluída pela própria Lei n. 14.711/2023 (art. 9º). O agente de garantia terá dever fiduciário em relação aos credores da obrigação garantida e responderá perante os credores por todos os seus atos (art. 853-A, § 2º, do CC). Esse dever é aquele fundado na confiança de outra pessoa, devendo o agente de garantia agir na defesa dos interesses dos credores com quem mantém a relação contratual. Entretanto, advirta-se que o agente de garantia não exerce uma atribuição personalíssima ou *intuitu personae*, podendo ser substituído, a qualquer tempo, por decisão do credor único ou dos titulares que representarem a maioria simples dos créditos garantidos (art. 853-A, § 3º, do CC). Nos casos de pluralidade de credores, a exclusão será definida em assembleia convocada para esse fim. Porém, consoante o mesmo preceito, a substituição do agente de garantia somente será eficaz após ter sido tornada pública, pela mesma forma por meio da qual tenha sido dada publicidade à garantia. Há, portanto, a exigência da mesma publicidade da efetivação da garantia para que a substituição do agente tenha eficácia *erga omnes*. Exemplificando, se a garantia exigiu algum registro imobiliário específico, assim também deve ser a substituição do agente. Ainda no que diz respeito às assembleias dos credores, titulares dos créditos garantidos, está previsto no § 4º do art. 853-A que os requisitos de sua convocação e instalação estarão previstos em ato de designação ou de contratação do agente de garantia. Observo que essa previsão não se aplica apenas ao procedimento de substituição do agente, mas a todas as assembleias de credores, para as tomadas de decisões pela coletividade. Nota-se, contudo, apesar dessas regras de formalidade, que os agentes de garantia estarão "nas mãos" dos credores que o contratarem, ou seja, "nas mãos dos bancos" e das instituições financeiras, o que talvez ocasione no futuro a realidade fática em que sejam todos os envolvidos na relação contratual principal do mesmo grupo econômico. Como está expresso no § 5º do art. 853-A do Código Civil, tendo sido "realizada a garantia", ou seja, efetivado o procedimento de excussão ou execução do bem em caso de inadimplemento da obrigação pelo devedor, como no caso de um leilão extrajudicial, o seu produto, enquanto não transferido para os credores garantidos, constitui patrimônio separado daquele do agente de garantia. Sendo assim, a lei prevê que não poderá responder por suas obrigações pelo período de até cento e oitenta dias, contado da data de recebimento desse montante. A previsão como patrimônio em separado, ou patrimônio de afetação, objetiva proteger os credores, visando ao recebimento dos seus créditos. Resta saber se em casos de fraude, conluio entre credores e agentes e atos de má-fé em geral essa regra será mantida, mesmo que no prazo previsto em lei. Entendo que, no futuro, a resposta será negativa, não se podendo admitir "blindagens" absolutas de patrimônio, ainda que chanceladas em lei. Em havendo conflito dessa previsão com outras normas, cogentes ou de ordem pública, ou mesmo com outros valores superiores no interesse da coletividade, penso que a regra poderá ser quebrada ou afastada. Após receber o valor do produto da realização da garantia, o agente de garantia disporá do prazo de dez dias úteis para efetuar o pagamento aos credores (art. 853-A, § 6º, do Código Civil). Acredito que também essa previsão, com prazo curto e exíguo, poderá ser quebrada no futuro, e em casos excepcionais, como em situações de dificuldades econômicas dos agentes, devidamente justificadas. Por fim, como última regra a respeito do contrato de administração fiduciária de garantias, o § 7º do art. 853-A do Código Civil traz previsão curiosa e até desafiadora, admitindo que a parte contratada seja um "agente duplo". Nos seus termos, paralelamente ao contrato de que trata a norma, o agente de garantia poderá manter contratos com o devedor para: *a)* pesquisa de ofertas de crédito mais vantajosas entre os diversos fornecedores; *b)* auxílio nos procedimentos necessários à formalização de contratos de operações de crédito e de garantias reais, caso da uma alienação fiduciária em garantia; *c)* intermediação na resolução de questões relativas aos contratos de operações de crédito ou às garantias reais, como a tomada de medidas que visem ao cumprimento da obrigação; e *d)* outros serviços não vedados em lei e que estejam relacionados ao contrato de concessão de crédito e às garantias, como pesquisa e informação ao devedor de valores devidos e do saldo devedor. Nessas situações, portanto, o agente de garantias terá duas relações jurídicas, sendo um "agente duplo", como antes afirmei. A primeira delas, principal, com os credores do crédito garantido. A segunda, paralela à primeira, mas subsidiária, mantida com os devedores da mesma obrigação, visando tomar medidas que facilitem o pagamento da obrigação e o recebimento do crédito pelos primeiros. Fica em dúvida, nesse contexto, por regras de governança, de correição e de eticidade, a aplicação do § 8º do art. 853-A, segundo o qual, nesta última hipótese, de atuação como "agente duplo", "deverá agir com estrita boa-fé perante o devedor". Como manter uma conduta proba, de acordo com a mais estrita veracidade e transparência, se o agente deve sempre agir na defesa dos interesses dos credores, visando ao recebimento do valor devido ou, eventualmente e em casos de inadimplemento, à realização da garantia? Penso que o equilíbrio entre esses interesses por parte do "agente duplo" é de efetivação praticamente impossível, pela realidade fática do Direito Privado Brasileiro. Aguardemos as aplicações práticas que eventualmente surgirão deste último comando e do próprio contrato de administração fiduciária de garantias.

TÍTULO VII
DOS ATOS UNILATERAIS

CAPÍTULO I
DA PROMESSA DE RECOMPENSA

Comentários de
MÁRIO LUIZ DELGADO

Art. 854. Aquele que, por anúncios públicos, se comprometer a recompensar, ou gratificar, a quem preencha certa condição, ou desempenhe certo serviço, contrai obrigação de cumprir o prometido.

COMENTÁRIOS DOUTRINÁRIOS: Os atos unilaterais, ou declarações unilaterais de vontade, são espécies do gênero negócio jurídico e fonte das obrigações. Resultam da vontade de uma só pessoa, formando-se no instante em que o emissor da declaração manifesta a intenção de se obrigar. Na promessa de recompensa, o promitente se compromete, por anúncios públicos, a recompensar ou gratificar alguém que preencha certa condição ou desempenhe certo serviço. Como esse tipo de declaração unilateral se dirige a pessoa ausente ou indeterminada, que se tornará conhecida depois de preenchidas as condições de exigibilidade da prestação prometida, ela obriga o agente desde o momento em que tornou pública a promessa. O princípio da tutela da confiança justifica a preocupação do legislador em tornar obrigatório o cumprimento da promessa, já que esse tipo de declaração é passível de gerar fundadas expectativas no contingente social de destinatários. São comuns os cartazes afixados nas ruas ou as faixas penduradas entre árvores ou postes, em que se promete certa soma em dinheiro a quem localizar o animal de estimação perdido ou mesmo pessoas desaparecidas. O Estado também pode atuar como promitente, como nas hipóteses em que oferece retribuição pecuniária por informações que levem à captura de criminosos. Importante destacar que não se trata de promessa de contrato ou de contrato preliminar, pois exterioriza uma obrigação já assumida desde a emissão da declaração, independentemente de aceitação do destinatário, e ainda que este tenha executado a tarefa sem interesse na recompensa prometida, ou mesmo desconhecendo a sua existência. Também não se confunde com a oferta ao público em geral de que tratam os arts. 30 a 35 do CDC, que configura proposta de contrato ou pré-contrato anunciado através da oferta, de caráter vinculante para o anunciante. Mas se o promitente é fornecedor, a promessa de recompensa também observará, no que couber, as regras previstas na legislação consumerista. Os requisitos de validade da promessa são os mesmos requisitos de validade dos negócios jurídicos em geral e estão postos no art. 104 deste Código. Assim, o promitente precisa ser capaz ou, se incapaz, estar devidamente representado ou assistido; o objeto, vale dizer, o ato (comissivo ou omissivo) a ser praticado pelos interessados e que possibilitará o recebimento da recompensa, precisa ser lícito, possível, determinado ou determinável. Prometer recompensa "a quem der a volta ao mundo em meia hora", "a quem pular de um prédio de vinte andares", "a quem alcançar a lua de trampolim", "a quem atirar em alguém" ou "a quem cometer suicídio" são atos inválidos por impossibilidade ou ilicitude do objeto. A lei não o diz expressamente, mas é curial que o objeto da promessa deve ser sério, não podendo travestir-se de pilhéria. Recompensas "a quem se comunicar com fantasmas", "a quem for abduzido por um disco voador", ou "a quem conversar com baleias" não constituem promessas válidas, já que evidenciado o caráter de gracejo. Mas são válidas as promessas que recompensam os ganhadores dos jogos populares, como o cabo de guerra, o pau de sebo ou a corrida de saco. O promitente precisa, ainda, especificar o objeto da recompensa ou gratificação, que não será necessariamente em dinheiro, podendo se constituir de bens (um troféu, um automóvel, um cavalo) ou de serviços, a exemplo de uma passagem aérea, de um curso de línguas ou o direito de frequentar uma academia de ginástica. Se o anúncio da promessa não contiver as características ou o valor da recompensa, aquele que a ela fizer jus poderá requerer o seu arbitramento judicial. Quanto à forma, é exigida a publicidade da promessa, ainda que a lei não preveja o meio pelo qual a declaração seja veiculada. O importante é que seja tornada pública, o que pode ocorrer por uma infinidade de modos, quer pela imprensa (jornal, rádio e televisão), internet, redes sociais, grupos de mensagens, declaração oral ou discurso, sala de aula, ou constar de faixas, cartazes ou panfletos difundidos em locais de acesso público. Não importa o número de pessoas que tenha tomado conhecimento da promessa. Podem ser duas pessoas ou uma cidade inteira, desde que tenha havido publicidade, a promessa torna-se obrigatória. Feito o anúncio, ainda que não visto, lido, ou ouvido por ninguém, tem-se por preenchido o requisito da publicidade. Acrescente-se que, não obstante a publicidade pressuponha um determinado público, a quem se dirige o anúncio, nada impede que o promitente limite ou especifique os destinatários da promessa (por exemplo, certo grupo pessoas, uma associação de classe, moradores de determinado bairro ou de determinada cidade etc.). Se não o fez, entende-se que a promessa foi dirigida a toda a sociedade, sem qualquer tipo de delimitação geográfica ou funcional. Entretanto, o promitente não pode individualizar ou nominar os destinatários, pois nesse caso deixaria de haver uma declaração unilateral de vontade, transformando-se em negócio jurídico bilateral ou plurilateral. A Lei n. 5.768, de 20 de dezembro de 1971, com a redação dada pela Lei n. 14.027, de 2020, estabelece que a distribuição gratuita de prêmios a título de propaganda quando efetuada mediante sorteio, vale-brinde, concurso ou operação assemelhada, dependerá de prévia autorização do Ministério da Fazenda. O valor máximo dos prêmios será fixado em razão da receita operacional da empresa ou da natureza de sua atividade econômica, de forma a não transformar a operação em compra e venda. A distribuição de prêmios mediante sorteio, vale-brinde, concurso ou operação assemelhada realizada por organizações da sociedade civil, com o intuito de arrecadar recursos adicionais destinados à sua manutenção ou custeio, depende de prévia autorização, competindo ao Ministério da Fazenda promover a regulamentação, a fiscalização e o controle das autorizações dadas. Nos certames regulados pela Lei n. 5.768/1971, o vencedor dispõe do prazo decadencial de 180 dias para reclamar o prêmio, depois caducará o direito do respectivo titular e o valor correspondente será recolhido ao Tesouro Nacional. Entretanto, mesmo nesses casos, nada obsta que o prejudicado proponha a ação fundada no enriquecimento sem causa, no prazo prescricional trienal do art. 206, § 3.º, IV, do Código Civil.

JURISPRUDÊNCIA COMENTADA: Os concursos em geral configuram ato unilateral na modalidade promessa de recompensa. A promessa de premiar vencedor de sorteio anunciado publicamente pelo promitente obriga este a cumpri-la. Já decidiu o Tribunal de Justiça de São Paulo em demanda em que se discutiu o sorteio instantâneo conhecido como "raspadinha", que subsiste o "dever de pagamento do prêmio, ainda que tenha havido erro de impressão" (TJSP, APL 0050625-20.2008.8.26.0564, Ac. 6653768, 17.ª Câmara de Direito Privado, São Bernardo do Campo, Rel. Des. Paulo Pastore Filho, j. 03.04.2013, *DJESP* 18.04.2013). Entretanto, se a promessa de gratificação foi condicionada à "execução de determinado serviço, mas não tendo este sido realizado a contento, a promessa foi revogada, deve o bem ofertado ser, de fato, restituído ao seu proprietário originário, nos termos da sentença proferida, que julgou improcedentes os pedidos iniciais e procedente a reconvenção" (TJMG, APCV 1.0701.13.046372-5/001, Rel. Des. Wagner Wilson, *DJEMG* 19.02.2016). Em demanda proposta contra a Caixa Econômica Federal em que se discutiu a forma de apuração do resultado do concurso da Loteca e cujo critério, segundo o autor, não foi transparente e o prejudicou, o Tribunal reconheceu a relação consumerista entre os litigantes, não obstante tenha rejeitado "a tese recursal de que o serviço foi prestado de forma inidônea e deficiente ao não observar os postulados da Lei n. 8.078/90, eis que é ônus da parte autora a demonstração dos fatos constitutivos de seu pretenso direito" (TRF da 2.ª Região, AC 0137017-16.2017.4.02.5101, Rel. Des. Fed. Ricardo Perlingeiro, *DEJF* 25.01.2019). No JECAM, uma empresa de aplicativo foi condenada ao pagamento de indenização material e moral em decorrência do descumprimento de oferta contratual de incentivo financeiro para que os motoristas aumentassem seu tempo disponível para a plataforma de transporte por demanda, realizando um número mínimo de corridas em um período predeterminado. A decisão entendeu preenchidas as "condições estabelecidas na oferta de recompensa, bem como os danos morais aplicados à espécie, que são fruto da intensa sensação de ludibrio e desalento frente à abusividade e quebra da boa-fé por parte da recorrente ao não cumprir o ofertado, fruto nefasto do seu completo domínio técnico-econômico na relação com os motoristas cadastrados" (RInomCv 0732711-31.2020.8.04.0001, Manaus, 3.ª Turma Recursal, *DJAM* 31.05.2022). Em um dos poucos casos localizados no STJ, a ação de obrigação de fazer, ajuizada pela parte prejudicada, contra a Universidade Estadual de Campinas – UNICAMP, alegando que foi indicada a um prêmio de reconhecimento que contemplava diploma e uma quantia em dinheiro, que não lhe foi paga, em que a autarquia contestou alegando que a norma que previa o pagamento da quantia em dinheiro fora revogada durante o ano de 2017, o Juízo de Primeiro Grau julgou improcedente o pedido, tendo sido a sentença reformada pelo Tribunal de origem, ensejando a interposição do Recurso Especial, que não foi conhecido pelo Tribunal da Cidadania (STJ; AgInt-AREsp 1.836.388; Rel. Min. Assusete Magalhães; *DJe* 29.08.2022). Aos concursos realizados via plataforma do Instagram, sem regulamento prévio ou registro legal de fixação de regras, aplicam-se as regras da promessa unilateral pública insculpida no art. 854 do Código Civil Brasileiro, "não havendo que se falar em nulidade da promessa que se concretizou com a pessoa sorteada e que cumpriu os requisitos para a premiação" (TJMG, APCV 5000739-89.2021.8.13.0687, *DJEMG* 22.02.2024).

Art. 855. Quem quer que, nos termos do artigo antecedente, fizer o serviço, ou satisfizer a condição, ainda que não pelo interesse da promessa, poderá exigir a recompensa estipulada.

COMENTÁRIOS DOUTRINÁRIOS: Qualquer um que venha a realizar o serviço ou satisfazer as condições estabelecidas na promessa tem o direito de exigir a recompensa, ainda que não estivesse interessado no prêmio ou mesmo que não soubesse do prometido. É o caso do terceiro que, embora não tendo conhecimento da promessa, por não a ter lido ou ouvido, localiza o animal perdido e o devolve ao dono, vindo a descobrir posteriormente que havia uma oferta de recompensa. Poderá exigi-la ainda que tenha cumprido a tarefa sem saber da promessa. A prática do ato o legitima a exigir a recompensa ou gratificação prometida, independentemente de saber da existência da promessa. O princípio da tutela da confiança, que se insere entre os princípios gerais constitutivos do Direito Civil atual, protege a confiança do homem comum na estabilidade de uma manifestação do Direito, em função da qual o cidadão colocou (ou teria colocado) em prática uma determinada atividade, impedindo que se frustrem expectativas legítimas depositadas no ordenamento jurídico globalmente considerado. O prazo para que o titular do direito exija a recompensa tem sido objeto de controvérsia, tanto na doutrina como na jurisprudência. Por um lado, sustenta-se que, à falta de disposição legal expressa, aplica-se à ação para cobrança da recompensa o prazo geral de dez anos previsto no art. 205. De outro, precedentes do STJ, um deles firmado, inclusive, na sistemática dos recursos repetitivos, no sentido de que nos atos unilaterais de vontade, como é o caso da promessa de recompensa, a ação tem fundamento no enriquecimento sem causa, cuja pretensão está abarcada pelo prazo prescricional trienal do art. 206, § 3.º, IV, do CC (Cf. REsp 1361182/RS). No voto condutor desse julgamento, o Min. Marco Aurélio Bellizze destacou o despropósito da oscilação dos prazos prescricionais verificada a partir do nome que se atribui à ação, o que tem levado a variações de 1 a 10 anos "simplesmente pelo fato de o autor denominar a ação ora de enriquecimento sem causa (ou locupletamento ilícito), ora de responsabilidade ou reparação civil, ora de repetição do indébito, ora de revisional de contrato, ora de cobrança". Segundo Bellizze, essa situação é catalisadora "de profunda insegurança jurídica e por vezes de sérias injustiças, na medida em que, para situações de mesmo substrato fático, o prazo prescricional, em tese garantidor da isonomia de tratamento jurídico, poderia sofrer significativas e indesejáveis variações ao talante do *nomen juris* porventura atribuído à ação na petição inicial, apesar da sua irrelevância jurídica". Ao final, propõe a uniformização do prazo prescricional trienal, tanto nos casos de enriquecimento sem causa, como nos demais atos unilaterais de vontade (promessa de recompensa, gestão de negócios e pagamento indevido). Contudo, essa uniformidade, não obstante aplicada de maneira esparsa em alguns casos, ainda não logrou, no âmbito do Tribunal da Cidadania, transformar-se em orientação uniformizadora, persistindo a diferenciação de prazos, conforme o fundamento da ação. Sob tal perspectiva, é possível afirmar que o prazo para se exigir o cumprimento da promessa, atualmente, é de dez anos (art. 205 do CC), ressalvados os certames regulados pela Lei n. 5.768. Quando o promitente for a Fazenda Pública, como nos casos em que se oferece recompensa por informações que levem à captura de criminosos, aplica-se o prazo prescricional quinquenal de que trata o art. 1.º do Decreto n. 20.910, de 6 de janeiro de 1932.

JURISPRUDÊNCIA COMENTADA: Da jurisprudência do STJ colhe-se precedente da Segunda Seção, já aludido e firmado na sistemática dos recursos repetitivos, no sentido de que "tanto os atos unilaterais de vontade (promessa de recompensa, arts. 854 e ss.; gestão de negócios, arts. 861 e ss.; pagamento indevido, arts. 876 e ss.; e o próprio enriquecimento sem causa, art. 884 e ss.) como os negociais, conforme o caso, comportam o ajuizamento de ação fundada no enriquecimento sem causa, cuja pretensão está abarcada pelo prazo prescricional trienal previsto no art. 206, § 3.º, inc. IV, do Código Civil de 2002" (REsp 1361182/RS, 2.ª Seção, Rel. Min. Marco Buzzi, Rel. p/ *Acórdão* Min. Marco Aurélio Bellizze, *DJe* 19.09.2016). De outra senda, já se entendeu indevida a reparação civil por danos morais em casos de equívoco no anúncio dos ganhadores de sorteio de rifa, diante da inexistência de "comprovação de constrangimento a ensejar reparação por danos morais, no fato de a autora não ter ganhado o prêmio que havia sido anunciado" (TJRS, AC 0001427-32.2017.8.21.7000, Rel. Des. Túlio de Oliveira Martins, *DJERS* 14.06.2017). Em outro caso em que o autor sustentou que possuía uma cartela que foi contemplada no sorteio da nota fiscal premiada do município, mas não ganhou o prêmio por existir débito, decidiu o TJRS que "malgrado o autor tenha recebido a cartela sorteada, apresentava débito de IPTU/2012, na data do sorteio. Logo, não tem direito ao prêmio reclamado, mormente diante da ausência de prova do pagamento" (TJRS, RecCv 0001705-18.2015.8.21.9000, Rel. Des. Niwton Carpes da Silva, *DJERS* 18.05.2016). Isso porque a Lei Municipal que regulou a campanha de incentivo à emissão de notas fiscais dizia que perderia o direito de receber a premiação o contribuinte que na data do sorteio apresentasse débito para com a Fazenda municipal. Nos concursos promocionais também são frequentes os processos judiciais de interessados que não conseguem se cadastrar para concorrer. Em uma demanda em que o autor teve frustradas suas chances de vencer o concurso promovido pela ré, pois não conseguiu cadastrar o produto para concorrer, o TJSP entendeu devida a indenização pela "frustração que sofreu o autor pela impossibilidade de participar do sorteio" (TJSP, APL 0121832-74.2012.8.26.0100, Rel. Des. Carlos Alberto Garbi, *DJESP* 18.10.2016). O STJ também tem precedentes entendendo caracterizar violação do dever contratual, previsto no regulamento, a ausência de "comunicação à autora de que fora uma das contempladas no sorteio e de que receberia um segundo bilhete, com novo número, para concorrer às casas em novo sorteio" e "que a falta de comunicação a cargo dos recorridos a impediu de participar do segundo sorteio e, portanto, de concorrer, efetivamente", causando dano material correspondente à perda da chance (EDcl no AgRg no Ag 1196957/DF, Rel. Min. Maria Isabel Gallotti, *DJe* 18.04.2012). O descumprimento da promessa, com a quebra das expectativas criadas, pode configurar, ainda, dano moral, como decidiu o TJDF: "Nos certames públicos que se abrem com promessa pública de recompensa, aquele que se compromete a recompensar ou gratificar a quem preencha certa condição, ou desempenhar certo serviço, atrai a obrigação de cumprir o prometido (artigo 854 do Código Civil). 2. Ao firmar a legítima expectativa nos participantes do concurso quanto à confiança no projeto e no igual recebimento das premiações propostas em regulamento, adveio, com o alcance da vitória almejada, a obrigação de fazer para o promitente em pagar o prêmio aos vencedores, formado então o vínculo jurídico decorrente da obrigação de fazer consistente no cumprimento do sistema de premiações com o pagamento das bolsas de estudos previstas no sistema de premiações. 3. Configura-se, no caso, o dano moral na medida em que houve substancial quebra das expectativas relacionadas ao sistema de premiação e, por consequência, a obstrução não desejosa de projetos dos docentes vencedores do certame quanto ao acesso às bolsas de estudo antevistas como prêmio [...]" (TJDF, APC 07026.16-80.2020.8.07.0018, Rel. Des. Maria Ivatônia, *DJe* 30.07.2021). Entretanto, a exclusão de participante que não preencheu as condições originalmente anunciadas não caracteriza dano moral, mas mero exercício regular de direito: "A promessa unilateral de gratificar pessoa incerta que cumpra uma condição obriga o promitente nos estritos limites de sua declaração de vontade, razão pela qual configura exercício regular de direito a exclusão de ganhador do sorteio que não preencha a condição estabelecida" (TJMG, APCV 1884454-94.2013.8.13.0024, Rel. Des. José Marcos Vieira, *DJEMG* 28.05.2020).

REFORMA DO CÓDIGO CIVIL: Pretende-se alterar, para fins de aprimoramento redacional, o art. 855 do Código Civil, que passaria a ter a seguinte redação: "Art. 855. Quem fizer o serviço ou satisfizer a condição, ainda que não pelo interesse da promessa, poderá, nos termos do artigo anterior, exigir a recompensa estipulada".

Art. 856. Antes de prestado o serviço ou preenchida a condição, pode o promitente revogar a promessa, contanto que o faça com a mesma publicidade; se houver assinado prazo à execução da tarefa, entender-se-á que renuncia o arbítrio de retirar, durante ele, a oferta.

Parágrafo único. O candidato de boa-fé, que houver feito despesas, terá direito a reembolso.

COMENTÁRIOS DOUTRINÁRIOS: O promitente pode, a qualquer momento e sem necessidade de justificativa, revogar a promessa, desde que o serviço ainda não tenha sido prestado, nem preenchida a condição, nem fixado prazo para os candidatos. Trata-se de direito potestativo, exercitável diretamente ou por representante do promitente e transmissível aos seus herdeiros ou sucessores. Se o promitente houver assinalado prazo à execução da tarefa, entender-se-á que renunciou ao arbítrio de retirar, durante ele, a oferta. E por isso não poderá revogá-la antes de expirado o prazo. Vamos imaginar que alguém prometa um prêmio a quem cumprir uma determinada tarefa (por exemplo, encontrar um animal perdido) em até 48 horas. Antes de escoado o prazo, a promessa é irrevogável e quem executar a missão poderá exigir a recompensa. Depois de ultrapassado o prazo da promessa, podem surgir duas situações: ou o interesse do promitente desapareceu (por exemplo, o animal apareceu espontaneamente) e, nesse caso, a promessa caduca, sem necessidade de qualquer nova manifestação do devedor; ou o interesse permanece (por exemplo, o animal continua desaparecido) decorrendo daí que, se não houver revogação expressa, a promessa permanece válida e eficaz, e a recompensa devida a quem cumprir a tarefa mesmo depois de decorrido o prazo. Se o promitente se recusar a pagar, o interessado poderá deduzir judicialmente uma pretensão de cobrança, no prazo geral do art. 205 ou, ainda, propor ação fundada no enriquecimento sem causa, no prazo prescricional trienal do art. 206, § 3.º, inc. IV, ambos do Código Civil. O pressuposto para que a revogação produza efeitos, nos casos em que admitida, é que ela seja feita com a mesma publicidade com que veiculada a promessa. Não necessariamente na mesma plataforma. Ou seja, o importante é que o potencial de comunicação da revogação seja o mesmo ou superior ao da promessa. Assim, uma promessa de recompensa feita por meio de cartazes afixados em locais públicos pode ser revogada através da imprensa, em veículos que circulem naquela mesma região. Mas o contrário não é verdadeiro. Se a promessa foi publicizada em veículo de comunicação de grande audiência não pode ser revogada pela simples afixação de cartazes. A revogação tornada pública produz efeitos *erga omnes*, independentemente do efetivo conhecimento dos destinatários. Contudo, o parágrafo único do art. 856 assegura o direito de reembolso ao candidato de boa-fé. Passa o Código a prever uma espécie de indenização a ser paga ao candidato que, sem saber da revogação da promessa, faz despesas em razão do prometido. Na vigência do Código Civil de 1916, a revogação da promessa, quando feita tempestivamente, não legitimava pretensões de indenização a favor de quem tivesse realizado gastos. A partir da entrada em vigor do CC/2002, o promitente que retira a sua promessa, deverá reembolsar, dentro dos limites da recompensa prometida, as despesas feitas de boa-fé. A indenização não pode superar o valor da recompensa, notadamente quando mais de um candidato se apresente, alegando ter-se preparado, com empenho e recursos, para cumprir o que fora estipulado. Nesse caso, a indenização deve ser fracionada entre tantos quantos sejam os prejudicados, sempre limitada ao valor da recompensa. O objetivo dessa previsão é sancionar a frustração das legítimas expectativas de quem realizou investimentos, confiando em uma promessa que veio a ser cancelada. O promitente pode repelir a pretensão indenizatória se provar que o resultado esperado não poderia ser obtido pelo concorrente, ainda que mantida a promessa. O dispositivo não esclarece, mas evidentemente tal indenização só será devida quando tiver ocorrido a revogação do prometido, pois se a promessa permanece hígida, somente quem cumprir a tarefa receberá a vantagem. Quem de boa-fé fez despesas, mas não realizou o serviço, não venceu o torneio, nem preencheu as condições para receber o prêmio, nada tem a reclamar.

JURISPRUDÊNCIA COMENTADA: Quando do cancelamento indevido de contemplação em consórcio sob a alegação de inadimplência do consorciado, decidiu o TJRJ que tal fato ultrapassaria a esfera do razoável e do mero aborrecimento, acarretando danos de ordem moral: "Administradora de consórcio que deixa de comunicar ao consorciado que o mesmo teria sido contemplado por sorteio comete grave falha na prestação de seu serviço, fundada na inobservância do dever de cooperação e lealdade. É ilegítimo o cancelamento da contemplação, após dois anos da AGO sob o fundamento de inadimplência do consorciado se, ao tempo do sorteio, o mesmo encontrava-se em dia com as suas obrigações" (TJRJ, APL 0508571-07.2014.8.19.0001, Rel. Des. Marcos Alcino de Azevedo Torres, *DORJ* 01.09.2016).

Art. 857. Se o ato contemplado na promessa for praticado por mais de um indivíduo, terá direito à recompensa o que primeiro o executou.

COMENTÁRIOS DOUTRINÁRIOS: O artigo em comento adota o critério da prioridade ou da precedência na execução do serviço, para a hipótese de execução do ato por várias pessoas. Se várias pessoas fornecem informações para a localização de um criminoso procurado, quem primeiro informou a localização fará jus ao valor prometido. O objetivo é evitar que o promitente privilegie, arbitrariamente, um entre os vários interessados que cumpriram a tarefa. Contudo, se todas as informações sobre a localização do fugitivo tiverem sido úteis de alguma forma, a totalidade dos informantes receberá parte da recompensa, aplicando-se o disposto no art. 858. O presente dispositivo não se aplica à promessa de recompensa manifestada por concurso público, em que a finalidade é, normalmente, a de recompensar o melhor trabalho e não aquele concluído em primeiro lugar (ver comentários ao art. 859). Havendo especificação nos anúncios, ou no edital, sobre as bases de julgamento para a escolha do vencedor dentre os diversos cumpridores da tarefa, aquelas prevalecem sobre o critério legal da prioridade. Não havendo especificação na promessa, devem-se observar as circunstâncias do caso concreto, de modo a se aferir se é possível ou não aplicar a regra da prioridade, em favor de quem primeiro cumpriu a tarefa.

Art. 858. Sendo simultânea a execução, a cada um tocará quinhão igual na recompensa; se esta não for divisível, conferir-se-á por sorteio, e o que obtiver a coisa dará ao outro o valor de seu quinhão.

COMENTÁRIOS DOUTRINÁRIOS: O dispositivo contempla duas soluções para o caso de haver a simultaneidade na execução da tarefa recompensável: se o prêmio for divisível, como se dá com as recompensas em dinheiro, cada credor receberá idêntico quinhão do montante, repartido por igual (critério da divisão). Mas sendo indivisível a vantagem prometida, a escolha de quem receberá o benefício far-se-á por sorteio. Diz-se indivisível a recompensa caracterizada pela impossibilidade natural ou jurídica de fracionar o objeto da prestação. A indivisibilidade não decorre apenas da natureza da prestação (indivisibilidade física) ou da lei (indivisibilidade legal), mas também por motivo de ordem econômica (vide comentários ao art. 258), ou seja, é também indivisível a prestação cujo cumprimento parcial implique a perda de sua viabilidade econômica. Se o prêmio foi um diamante de 20 quilates e duas pessoas executaram a tarefa, não é possível aplicar o critério da divisão, devendo-se escolher por sorteio o vencedor, pois, sem dúvida alguma, uma pedra de 20 quilates vale muito mais do que duas pedras de 10 quilates. Entretanto, o art. 858, suprindo omissão do Código anterior, inova em sua parte final, ao estabelecer que, na hipótese de pluralidade de participantes ou simultaneidade de execução, aquele que tiver obtido por sorteio a recompensa indivisa, deve entregar ao(s) candidato(s) não contemplado(s) o valor correspondente ao respectivo quinhão. Assim, quem recebeu o diamante de 20 quilates deve entregar ao outro o equivalente em dinheiro à metade do valor da pedra, sob pena de lhe ser exigido judicialmente ("Art. 261. Se um só dos credores receber a prestação por inteiro, a cada um dos outros assistirá o direito de exigir dele em dinheiro a parte que lhe caiba no total").

JURISPRUDÊNCIA COMENTADA: Se a recompensa é indivisível, qualquer dos que executaram a tarefa poderá exigir do promitente a integralidade do prêmio, mas o promitente não poderá pagar a quem primeiro lhe demandou, impondo-se a realização do sorteio. O fato de haver outro executante, em simultaneidade, não exime o promitente de pagar a integralidade do prêmio a quem foi sorteado. Já se decidiu em caso assemelhado, referente a pagamento de indenização securitária, que "a suposta existência de outros beneficiários não retira de um deles o direito de pleitear o pagamento da indenização do seguro DPVAT, por se tratar de credores solidários, podendo, inclusive, cada qual exigir o cumprimento integral da prestação, respondendo perante os outros pela parte que lhes cabe" (TJAP, APL 0000628-32.2017.8.03.0002, Rel. Des. Manoel Brito, *DJEAP* 17.09.2019). No entanto, a obrigatoriedade do sorteio fica afastada quando todos os contemplados anuírem com pagamento a um deles ou quando aquele que recebeu a integralidade do prêmio houver prestado caução de ratificação dos outros beneficiários, aplicando-se, por analogia, a regra do art. 260 ("[...] o devedor ou devedores se desobrigarão, pagando: I – a todos conjuntamente; II – a um, dando este caução de ratificação dos outros credores"). Assim, "quando houver pluralidade de credores, o devedor de coisa indivisível somente se desobrigará da obrigação, na hipótese de entrega a apenas um dos credores, quando o que receber der caução de ratificação dos outros credores. No caso *sub examine*, conquanto não tenha o autor exigido dos demais credores documento formal comprovando a anuência da entrega a apenas um, descabe ao mesmo (autor) alegar descumprimento da obrigação quando suficientemente demonstrado que este (autor) consentiu expressamente com a entrega dos animais a um dos credores. Neste contexto, inexistindo inadimplemento, não há que se falar, por consequência, em perdas e danos" (TJES, Apl 0913314-84.2009.8.08.0030, Rel. Des. Annibal de Rezende Lima, *DJES* 03.04.2019).

Art. 859. Nos concursos que se abrirem com promessa pública de recompensa, é condição essencial, para valerem, a fixação de um prazo, observadas também as disposições dos parágrafos seguintes.

§ 1º A decisão da pessoa nomeada, nos anúncios, como juiz, obriga os interessados.

§ 2º Em falta de pessoa designada para julgar o mérito dos trabalhos que se apresentarem, entender-se-á que o promitente se reservou essa função.

§ 3º Se os trabalhos tiverem mérito igual, proceder-se-á de acordo com os arts. 857 e 858.

COMENTÁRIOS DOUTRINÁRIOS: O dispositivo é aplicável aos concursos públicos em geral, caso particular de promessa de recompensa, incluindo torneios culturais e esportivos, em que se oferecem "prêmios" aos melhores trabalhos ou aos competidores vencedores. É o que se dá com os concursos para a apresentação de trabalhos literários, científicos e artísticos e com as competições esportivas. Nesses casos, é requisito de validade da promessa a fixação de um prazo, dentro do qual o promitente não poderá revogar arbitrariamente o prometido. Trata-se de formalidade substancial, sem a qual jamais se poderia admitir como definitivo o julgamento, pois a qualquer momento novos candidatos surgiriam pleiteando concorrer pelo direito ao prêmio. A fixação desse prazo implica, implicitamente, a irrevogabilidade da promessa. O argumento para se impor uma maior limitação ao promitente é o de que a produção de trabalhos artísticos, literários ou científicos demanda dispêndio de tempo e recursos, sendo o concurso dirigido, normalmente, a profissionais, os quais, para participar, se afastam do seu trabalho ordinário. Pode, no entanto, ocorrer o cancelamento do certame, por qualquer razão, e antes de iniciado o prazo de inscrição estabelecido nos anúncios em que veiculada a promessa. Também poderá o promitente, excepcionalmente, reservar para si, expressamente, a faculdade de retirar a promessa. E o candidato que, de boa-fé, houver feito despesas, poderá pleitear o reembolso, nos termos do parágrafo único do art. 856. Inexistindo tal previsão no edital, mantém-se o caráter de irrevogabilidade da promessa. Essa forma de promessa de recompensa é normalmente tornada pública através de edital, onde são apresentadas as regras de julgamento do concurso, às quais se submetem as pessoas interessadas em participar. A decisão da(s) pessoa(s) nomeada(s) nos anúncios, como juiz, obriga os interessados, o que significa dizer que não obriga apenas os participantes, mas também o próprio promitente. Em não havendo ninguém nomeado no edital para julgar o mérito dos trabalhos, significa que o promitente se reservou essa função, cabendo a ele julgar e proclamar o resultado, obedecidas as regras anunciadas. Nada obsta que a nomeação seja feita posteriormente, contanto que isso tenha ficado consignado no edital. Depois de anunciada a sua composição, o júri não poderá sofrer modificação, salvo renúncia ou impedimento de qualquer jurado. Se os trabalhos tiverem mérito igual, aplicam-se os arts. 857 e 858, partilhando ou sorteando a recompensa, a depender de o prêmio ser divisível ou indivisível. Indagação curiosa trazida pela doutrina é se o próprio promitente pode concorrer ao prêmio por ele mesmo instituído. A resposta é afirmativa, desde que tenha ele designado, desde logo, quando do anúncio do concurso, o juiz ou a composição do júri. Caso o promitente venha a sagrar-se vencedor, a obrigação de pagar a recompensa é extinta em virtude da confusão, pois desaparece a obrigação, "desde que na mesma pessoa se confundam as qualidades de credor e devedor" (art. 381). Confusão é a reunião na mesma pessoa das qualidades de credor e de devedor de uma mesma relação obrigacional. A confusão opera a extinção da dívida, agindo sobre o seu sujeito ativo e passivo e não sobre a obrigação, como se dá na compensação. Acarreta um *impedimentum prestandi*, isto é, a impossibilidade do exercício simultâneo da ação creditória e da prestação.

JURISPRUDÊNCIA COMENTADA: As regras anunciadas para a competição vinculam todos os participantes. O edital do concurso pode restringir a localização geográfica dos concorrentes. Em um concurso cujo regulamento previa os estados da federação e o inscrito residia em estado não contemplado no certame, o tribunal, ao julgar a pretensão indenizatória do candidato que teve a premiação cancelada, decidiu pela inexistência de "danos a reparar no caso de um concorrente premiado, com posterior anulação do prêmio, numa promoção com regulamento que não prevê o Estado do seu domicílio como apto à inscrição" (TJMS, AC-Or 2011.014670-2/0000-00, Rel. Des. Marco André Nogueira Hanson, *DJEMS* 17.06.2011).

Art. 860. As obras premiadas, nos concursos de que trata o artigo antecedente, só ficarão pertencendo ao promitente, se assim for estipulado na publicação da promessa.

COMENTÁRIOS DOUTRINÁRIOS: O edital do concurso pode estipular que as obras premiadas ficarão pertencendo ao promitente, sem prejuízo, naturalmente, dos direitos morais de autor. É o caso de uma obra literária premiada, cujo promitente, em decorrência da premiação, adquire os direitos para editar e comercializar o livro ou de um projeto arquitetônico vencedor e que passa a ser executado pelo promitente.

CAPÍTULO II
DA GESTÃO DE NEGÓCIOS

Art. 861. Aquele que, sem autorização do interessado, intervém na gestão de negócio alheio, dirigi-lo-á segundo o interesse e a vontade presumível de seu dono, ficando responsável a este e às pessoas com que tratar.

COMENTÁRIOS DOUTRINÁRIOS: A gestão de negócios é a administração oficiosa de interesses alheios feita por alguém desprovido de mandato. O gestor de negócios é aquele que, sem autorização do dono, intervém na gestão de um negócio alheio e, por essa razão, ficará responsável pelo negócio em relação ao proprietário e às pessoas com quem tratar. Em outras palavras, o gestor administra um ou mais negócios de uma outra pessoa sem dela haver recebido mandato. Há quem sustente tratar-se de um mandato presumido ou espontâneo, que não se confunde com o mandato verbal, que é contrato, mas sem a forma escrita. Uma das situações mais frequentes de gestão é justamente a do mandatário que excede os poderes do mandato, sem que haja ratificação do mandante. No que excede aos seus poderes, ele atuará como gestor de negócios e ficará responsável pelo negócio realizado em nome próprio perante o mandante, bem como perante as pessoas com quem contratar. Outra hipótese é a do sócio de fato, que pratica atos de gestão da sociedade, sem autorização dos sócios de direito, agindo, por isso, como gestor de negócios e assumindo responsabilidade perante terceiros. Também pode configurar gestão de negócios, o empregado que assume a direção do estabelecimento cujo gerente se ausentou repentinamente. A doutrina considera igualmente como atos de gestão de negócios a contratação espontânea de seguro contra incêndios do imóvel locado pelo locatário em favor do locador ou do imóvel hipotecado pelo credor hipotecário em favor do proprietário. A principal novidade a ser destacada na disciplina da gestão de negócios é a sua nova posição topográfica, agora inserida no Título relativo aos Atos Unilaterais, enquanto no Código Civil de 1916 estava posta no Título V, que tratava "Das Várias Espécies de Contrato". A mudança reflete o acurado rigor conceitual de que se investiu o legislador, uma vez que a gestão de negócios, consoante pacífica doutrina, não tem natureza contratual, à falta do prévio acordo de vontades voltado à produção de efeitos jurídicos. O gestor de negócios gere interesses alheios, independentemente da anuência do terceiro e tem como pressuposto, justamente, a inexistência de relações jurídicas pré-constituídas entre o gestor e o dono do negócio. A lei admite a intromissão do terceiro porque pressupõe que o verdadeiro dono não pode ou não quer cuidar dos próprios negócios, considerando, assim, útil e necessária a intervenção de outra pessoa que empreenda o negócio e o mantenha produtivo. A gestão de negócios, portanto, não é contrato, mas ato unilateral, que pode, ou não, se manifestar por meio de instrumentos escritos. Isso se verifica, por exemplo, quando o gestor celebra contratos com terceiros ou subscreve documentos no interesse do dono do negócio. Porém não existe qualquer convenção entre o gestor e o proprietário a respeito do negócio gerido, já que a intervenção do gestor é espontânea e voluntária. Se o gestor estiver munido de procuração, deixa de haver ato unilateral e passa a existir contrato. O instrumento de mandato ou mesmo o mandato verbal, por meio do qual o mandante outorga a terceiro, *v.g.*, poderes de gestão de uma sociedade, comprova inequivocamente a autorização para prática dos atos de gestão, afastando a figura da gestão como ato unilateral, que pressupõe a ausência de autorização do titular e a inexistência de relação contratual, à falta de prévio acordo de vontades entre o gestor e o dono do negócio. Não se confundem a gestão de negócios, como ato unilateral de vontade, e o contrato de gestão, celebrado entre o dono do negócio e terceiro, para gerir ou administrar determinados empreendimentos. Muito menos com os contratos de gestão firmados por órgãos e entidades da administração direta e indireta, visando à ampliação de sua autonomia gerencial, orçamentária e financeira, de que trata o § 8º do art. 37 da CRFB. O gestor tem o dever de prestar contas perante o dono do negócio. A morte do gestor extingue a gestão e também a obrigação de prestar contas, que não se transmitem aos sucessores do gestor. Todavia, a morte do dono do negócio, algumas vezes até desconhecida do gestor, não extingue a gestão, transmitindo-se a relação jurídica entre o gestor e o dono aos herdeiros deste, que poderão exigir as contas da gestão.

JURISPRUDÊNCIA COMENTADA: Não se confunda a gestão de negócios com o contrato de prestação e serviços de gestão patrimonial ou financeira. Já se decidiu que instrumento particular de contrato de prestação de serviço de gestão de carteiras de fundos de investimento não caracteriza "a gestão de negócios prevista no art. 861 do Código Civil, figura jurídica completamente divorciada da contratação" (TJSP; AI 2326683-64.2023.8.26.0000, *DJESP* 24.01.2024), nem o contrato "de assessoria, negociação e intermediação de criptoativos, acordo bilateral que se difere da gestão de negócios, caracterizada pela unilateralidade" (TJSP, AC 1042785-85.2022.8.26.0002, Ac. 17096125, *DJESP* 01.09.2023). Quando uma pessoa, atuando em nome próprio, contrata, alcançando parcela do patrimônio de terceiro, sobre a qual não lhe cabia dispor, fica responsável pelo negócio realizado tanto perante o dono, como perante o outro contratante. A grande questão reside em identificar quais as situações em que o dono também será chamado a responder por atos praticados pelo gestor. Já se decidiu, por exemplo, ser "de responsabilidade do espólio a dívida contraída por terceiro que age na qualidade de gestor de negócios, nos termos do art. 861 do Código Civil, mormente quando os produtos adquiridos se reverteram em favor do patrimônio do proprietário do bem" (TJMS, APL 0128909-77.2005.8.12.0001, Rel. Des. Fernando Mauro Moreira Marinho, *DJMS* 10.10.2013). No âmbito das relações de consumo, existe julgado no sentido de que "o usuário do produto, cuja aquisição foi contratada por outrem, age como gestor de negócios ao reclamar, junto ao fornecedor, de suposto erro na cobrança da contraprestação; já a concessionária que dele recebe a reclamação, promete analisá-la e responder após a análise, mas, em vez disso, suspende *ex abrupto* o fornecimento, desrespeita os deveres de lealdade, boa-fé objetiva e de cooperação aos quais está adstrita; ao fazê-lo causa dano moral, seja pela surpresa da conduta, seja porque tal suspensão impõe *capitis diminutio* a seu destinatário" (TJRJ, APL 2008.001.65542, Rel. Des. Ronaldo Rocha Passos, *DORJ* 21.08.2009).

Art. 862. Se a gestão foi iniciada contra a vontade manifesta ou presumível do interessado, responderá o gestor até pelos casos fortuitos, não provando que teriam sobrevindo, ainda quando se houvesse abatido.

COMENTÁRIOS DOUTRINÁRIOS: Em regra, se o dono do negócio se opuser formalmente, não haverá gestão. Se iniciada, a contrariedade fará cessar a gestão, até mesmo, se for o caso, retomando o dono, pessoalmente ou por mandatário, a administração dos seus interesses. Contudo, não obstante tal oposição, se a gestão se iniciou contra a vontade manifesta ou presumível do dono, o gestor responderá até mesmo pelas perdas decorrentes de caso fortuito ou força maior, salvo se provar que teriam sobrevindo independentemente de sua atividade, ou seja, independentemente de ele haver se abstido da gestão (o legislador usa a conjugação verbal "abatido" por equívoco). Considera-se que a gestão foi realizada contra a vontade presumível do interessado que, em razão de enfermidade, encontra-se impossibilitado de se manifestar e não houve prova de que a gestão atendeu a necessidade premente.

JURISPRUDÊNCIA COMENTADA: Em demanda envolvendo contrato de *home care*, em que os irmãos de um paciente gravemente enfermo contrataram, em nome deste e sem sua autorização, serviços de assistência médica domiciliar para o mesmo, tendo em vista o seu estado de saúde e a necessidade de continuidade dos cuidados médicos fora do hospital em que se encontrava internado, o Tribunal rejeitou "a alegação de contratação contra a vontade presumida do paciente, quando incontestável a utilidade e os benefícios decorrentes do negócio realizado, além da existência de ratificação tácita, advinda dos pagamentos efetivados à contratada nos primeiros meses dos serviços prestados" (TJDF, Rec. 2001.01.1.092594-5, Rel. Des. Humberto Ulhôa, *DJDFTE* 14.01.2010).

REFORMA DO CÓDIGO CIVIL: Pretende-se alterar o art. 862 do Código Civil, que passaria a ter a seguinte redação: "Art. 862. Se a gestão foi iniciada contra a vontade manifesta ou presumível do interessado, responderá o gestor até pelos casos fortuitos, não provando que teriam sobrevindo, independentemente de sua gestão". O objetivo da proposta é corrigir o equívoco de redação existente no dispositivo atual, no que toca à conjugação "abatido", do verbo abater, pois o correto seria "abstido", de abster-se.

Art. 863. No caso do artigo antecedente, se os prejuízos da gestão excederem o seu proveito, poderá o dono do negócio exigir que o gestor restitua as coisas ao estado anterior, ou o indenize da diferença.

COMENTÁRIOS DOUTRINÁRIOS: Na gestão contra a vontade manifesta do dono do negócio, o gestor pode já haver praticado atos que tenham proporcionado benefícios ao dono, o que legitimará o gestor a reclamar, em ação de regresso, as despesas que houver feito. Não havendo só vantagens para o dono, mas também prejuízos, o art. 863 determina que se os prejuízos sobrepujarem as vantagens, o dono do negócio poderá exigir que o gestor reponha as coisas no estado anterior. Na impossibilidade de reposição ao *status quo ante*, o dono fará jus à indenização correspondente. Se os benefícios excederem os prejuízos, lucrará o dono do negócio.

JURISPRUDÊNCIA COMENTADA: Se o gestor age sem aprovação do dono, a quem não comunicou sua gestão, o faz por sua conta e risco e, na falta de prova de que a gestão de negócios era necessária, responde perante o dono, inclusive podendo ser compelido a devolver valores e a indenizar os prejuízos. O TJSP entendeu caracterizada a obrigação de restituir na "situação em que ao transferir vultosas quantias da conta-corrente do falecido, sem sua expressa autorização por se encontrar internado nas duas oportunidades (11/06 e 12/07/2007), nessa última ficando até seu óbito em 08/09/2007, a corré excedeu os poderes que lhe foram conferidos para administrar os bens particulares de seu marido, de modo a se equiparar com mera gestora de negócios, e, por consequência, ser obrigada a restituir na forma dos artigos 665, 862 e 863 do Código Civil" (TJSP, APL 0006252-92.2008.8.26.0372, Rel. Des. Jacob Valente, *DJESP* 15.08.2017). Também tem-se reconhecido, em ação de regresso, a responsabilidade pessoal junto à Receita Federal de quem, na qualidade de gestor, "deixou de pagar débitos tributários, agindo, ademais, com excesso de poder. Direito de regresso assegurado, nos termos do artigo 934 do Código Civil. Inteligência do artigo 863 do Código Civil" (TJSP, APL 4007629-60.2013.8.26.0079, Rel. Des. J. B. Paula Lima, *DJESP* 24.01.2018).

Art. 864. Tanto que se possa, comunicará o gestor ao dono do negócio a gestão que assumiu, aguardando-lhe a resposta, se da espera não resultar perigo.

COMENTÁRIOS DOUTRINÁRIOS: Em regra, até mesmo em decorrência da inexistência de convenção celebrada entre o gestor e o dono do negócio, este ignora a gestão. O conhecimento da gestão pelo dono, em princípio, transforma a gestão em mandato tácito. O desconhecimento do dono do negócio e a falta de autorização são, assim, imprescindíveis à caracterização da gestão de negócios. Entretanto, uma vez iniciada a gestão, o gestor, logo que for possível, tem o dever de comunicar ao dono do negócio a administração que assumiu, aguardando-lhe a resposta, se da espera não resultar perigo. Ou seja, não havendo atos urgentes a serem praticados, como aqueles voltados a se evitar o perecimento de bens, o gestor deve cessar toda e qualquer atividade, até que obtenha a resposta do dono. Respondendo o dono do negócio, se este estiver de acordo, ratificará a gestão, nos termos do art. 873, com efeitos *ex tunc*, convertendo a gestão em mandato. Desaprovada a gestão, por contrária aos interesses do dono do negócio, aplicam-se as disposições deste Código acerca da gestão de negócios, especialmente no tocante às responsabilidades, indenizações ou ressarcimentos devidos de parte a parte. Pode, ainda, o dono ratificar apenas os atos já praticados, pelos quais se tornará responsável, opondo-se à continuidade da gestão.

Art. 865. Enquanto o dono não providenciar, velará o gestor pelo negócio, até o levar a cabo, esperando, se aquele falecer durante a gestão, as instruções dos herdeiros, sem se descuidar, entretanto, das medidas que o caso reclame.

COMENTÁRIOS DOUTRINÁRIOS: O gestor age no interesse e com a intenção de ser útil ao dono do negócio. Atua em proveito dele, procurando velar pelo negócio, até a sua conclusão, tentando fazer o que o dono faria se não estivesse ausente. Como gestor de interesses de terceiro, deve velar pelo patrimônio alheio com o maior esmero possível. Uma vez iniciando a gestão, com o desconhecimento do dono, fica o gestor obrigado a continuá-la, como se mandatário fosse, até que o dono apareça e assuma ou reassuma o negócio. Se o gestor descontinuar ou abandonar a gestão, sem justa causa, responderá pelos prejuízos que a sua conduta ocasionar ao dono do negócio ou aos seus herdeiros. Os atos que o gestor está obrigado a praticar, na continuidade da gestão, normalmente são aqueles atos de mera administração. Atos de mera gestão são os necessários ao funcionamento do negócio. A Lei não esclarece quais seriam os atos típicos de gestão, porém deles exclui, de forma exemplificativa, a venda ou oneração de imóveis. No nosso sistema, em regra, os atos de alienar, hipotecar ou gravar de ônus reais ultrapassam os limites da simples gestão. Portanto, somente os atos de administração ordinária do negócio estão inseridos nos poderes e obrigações do gestor. O gestor assemelha-se a um mandatário presumido do dono do negócio e, para praticar quaisquer atos que exorbitem da administração ordinária, depende de poderes especiais e expressos (ver art. 661). Já antecipei que a morte do gestor extingue a gestão, que não se transmite aos seus sucessores, mas estes estão compelidos a comunicar ao dono o óbito do gestor, de modo a que sejam adotadas as providências cabíveis. Todavia, a morte do dono do negócio, algumas vezes até desconhecida do gestor, não extingue a gestão, transmitindo-se a relação jurídica entre o gestor e o dono aos herdeiros deste.

Art. 866. O gestor envidará toda sua diligência habitual na administração do negócio, ressarcindo ao dono o prejuízo resultante de qualquer culpa na gestão.

COMENTÁRIOS DOUTRINÁRIOS: O gestor, como mandatário presumido, deve se conduzir com a diligência habitual do "*homem médio*". Não se exige a diligência de um hábil administrador ou financista, o que seria traduzido por *expertise*; mas a diligência, tomada com base no padrão médio do ser humano comum capaz de administrar os seus próprios negócios. Se agir com culpa na gestão, atuando desprovido da diligência média, observada por um homem normal em sua conduta, ou seja, de forma negligente, imprudente ou com imperícia, ressarcirá o dono de todo prejuízo que provocar. A fixação da indenização observará os critérios previstos no art. 944 deste Código.

Art. 867. Se o gestor se fizer substituir por outrem, responderá pelas faltas do substituto, ainda que seja pessoa idônea, sem prejuízo da ação que a ele, ou ao dono do negócio, contra ela possa caber.

Parágrafo único. Havendo mais de um gestor, solidária será a sua responsabilidade.

COMENTÁRIOS DOUTRINÁRIOS: O artigo em comento reforça o caráter *intuitu personae* da gestão de negócios. O gestor de negócios deve realizar pessoalmente as tarefas de que voluntariamente se incumbiu e não pode delegar ou transferir a outrem o exercício dessa empreitada, colocando outra pessoa em seu lugar. Se o fizer, além de responder pelas ações que eventualmente venham a ser propostas contra ele ou contra o dono do negócio, responderá, igualmente, pelos atos do substituto e pelas obrigações por ele contraídas. Não importa a idoneidade do substituto, pois a responsabilidade aqui decorre, por força de lei, da substituição em si, e não da *culpa in eligendo*. Se houver mais de um gestor, todos responderão solidariamente, pouco importando quem tenha se feito substituir ou indicado o substituto. O dispositivo se aplica tanto às hipóteses de delegação da gestão, como àquelas em que o gestor constituir mandatário. Mandato e delegação não se confundem. O primeiro constitui manifestação do poder convencional de representação. O mandatário representa o mandante e atua em nome deste. Na delegação, o delegante transfere ao delegatário competências e atribuições que lhe são próprias. O delegatário, no que concerne ao objeto da delegação, age em nome próprio, substituindo o delegante.

Art. 868. O gestor responde pelo caso fortuito quando fizer operações arriscadas, ainda que o dono costumasse fazê-las, ou quando preterir interesse deste em proveito de interesses seus.

Parágrafo único. Querendo o dono aproveitar-se da gestão, será obrigado a indenizar o gestor das despesas necessárias, que tiver feito, e dos prejuízos, que por motivo da gestão, houver sofrido.

COMENTÁRIOS DOUTRINÁRIOS: O dispositivo em comento enfatiza a prudência que se deve exigir daquele que trata de negócio alheio. Se o gestor realizar operações arriscadas, ainda que fosse habitual ao dono do negócio fazê-las, responderá por perdas e danos, inclusive por caso fortuito ou força maior. Somente o dono pode arriscar, porque é seu o negócio, não sendo permitido ao gestor a especulação. A referência, no *caput* do artigo, ao caso fortuito é também abrangente da força maior. Caso fortuito ou força maior foram empregados pelo legislador do Código Civil como sinônimos, mas doutrinariamente não se confundem, muito embora os autores divirjam sobre as diferenças entre os dois eventos. Os conceitos, muitas vezes, chegam a ser diametralmente opostos. Prefiro seguir a corrente dos que entendem ser o caso fortuito o acidente que não poderia ser razoavelmente previsto, decorrente de forças naturais ou ininteligentes, tais como um terremoto, um furacão, uma seca, uma enchente, um incêndio etc. A força maior, por sua vez, seria o fato humano que impediu o cumprimento da obrigação. Exemplos de força maior: a guerra, o embargo de autoridade pública que impede a saída do navio do porto etc. Também responderá por caso fortuito ou força maior o gestor que preterir interesse do dono do negócio em proveito de seus interesses próprios, colocando-os acima do objetivo final de bom termo do negócio alheio. Em outras palavras, se o prejuízo advém do desinteresse do gestor pela gestão, em função de haver priorizado as suas atividades pessoais, é conclusão óbvia não haver empregado toda a sua diligência habitual na administração do negócio alheio, impondo-se, por isso, a obrigação de indenizar, mesmo nas situações de caso fortuito ou força maior. Entretanto, se o dono quiser aproveitar-se da gestão arriscada, deve indenizar o gestor das despesas necessárias que tiver feito, e dos prejuízos que, por motivo da gestão, houver sofrido. É o que estabelece o parágrafo único deste artigo. Se a gestão arriscada proporcionou benefícios ao dono, legitimado estará o gestor a reclamar as despesas realizadas e a se ressarcir dos prejuízos que houver experimentado.

Art. 869. Se o negócio for utilmente administrado, cumprirá ao dono as obrigações contraídas em seu nome, reembolsando ao gestor as despesas necessárias ou úteis que houver feito, com os juros legais, desde o desembolso, respondendo ainda pelos prejuízos que este houver sofrido por causa da gestão.

§ 1º A utilidade, ou necessidade, da despesa, apreciar-se-á não pelo resultado obtido, mas segundo as circunstâncias da ocasião em que se fizerem.

§ 2º Vigora o disposto neste artigo, ainda quando o gestor, em erro quanto ao dono do negócio, der a outra pessoa as contas da gestão.

COMENTÁRIOS DOUTRINÁRIOS: Se o negócio foi utilmente administrado, ou seja, gerido de forma eficaz, proporcionando ganhos ou evitando-se prejuízos, ficará o dono, independentemente de ratificação, obrigado pelas obrigações contraídas em seu nome e a reembolsar o gestor pelas despesas necessárias ou úteis que houver feito, acrescidas de atualização monetária e juros legais, desde o desembolso. O dispositivo traz inovação relevante no *caput*, em sua parte final, ao estabelecer que o gestor, além do reembolso das despesas necessárias ou úteis que houver feito, poderá reclamar do dono também uma indenização pelos eventuais prejuízos que houver sofrido por causa da gestão. O artigo em comento deixa claro que a gestão de negócios pressupõe a necessidade ou utilidade da intervenção, obrigando o dono do negócio a responder pelas obrigações contraídas em seu nome e a reembolsar o gestor pelas despesas "necessárias ou úteis" que houver feito. A intervenção do gestor no negócio alheio deve ser provocada por uma necessidade, em razão da qual se aferirá a utilidade da gestão. Ou seja, "necessidade" e "utilidade" não são alternativas, de forma a se admitir uma intervenção não necessária, guiada apenas pelo resultado útil. O § 1º é taxativo quando estipula que a utilidade ou necessidade das despesas não serão apreciadas "pelo resultado obtido, mas segundo as circunstâncias da ocasião em que se fizerem". O art. 771 do Código Civil impõe ao segurado, sob pena de perder o direito à indenização, além de participar o sinistro ao segurador, logo que o saiba, a obrigação de tomar as providências imediatas para lhe minorar as consequências, ou seja, adotar todas as medidas urgentes e necessárias para reduzir os prejuízos do segurador, verdadeiro "dever de salvamento", na modalidade anômala de gestão de negócios, por parte do segurado. Daí por que o parágrafo único do art. 771 determina que correm à conta do segurador as despesas de salvamento consequentes ao sinistro, por serem gastos efetuados durante a gestão exercida pelo segurado no resguardo dos interesses exclusivos do segurador. O gestor (segurado) tem o direito de reembolsar-se das despesas feitas na administração da coisa alheia, enquanto o dono do negócio (segurador) tem o dever de reembolsar o gestor das despesas necessárias e úteis que houver feito.

JURISPRUDÊNCIA COMENTADA: O TJSP entendeu caracterizada como gestão de negócios a atuação da instituição bancária que efetua a favor do correntista os pagamentos programados mantendo a conta ativa, impondo o dever ao correntista de restituir ao gestor os valores desembolsados a seu favor. No caso, o autor celebrara com o réu contrato de abertura de conta corrente e, em dado momento, deixou de efetuar depósitos na conta. O réu, então, sem sua autorização, lhe concedeu limite de crédito, passando a utilizar o crédito aberto para pagamentos de obrigações assumidas pelo correntista, gerando aumento do saldo negativo. Conforme decidiu o Tribunal, "embora inexistente, em relação ao autor, o contrato de abertura de crédito em conta corrente, o réu, mandatário que é, agiu como verdadeiro gestor de negócios (art. 665 do CC), tomando as providências necessárias para que as obrigações assumidas pelo autor fossem regularmente cumpridas, e para que a conta bancária continuasse aberta. Nessa toada, é válida a cobrança dos valores a ele disponibilizados para esses fins (art. 861 do CC), devendo ser restituídos com incidência de atualização monetária e com juros legais, ambos desde os respectivos pagamentos (art. 869, *caput*, do CC). Considera-se inexigível apenas o valor resultante dos juros remuneratórios superiores aos legais, e de sua capitalização em periodicidade inferior à anual. Assim, diante da recusa do autor ao pagamento do débito, era lícito ao réu providenciar a inscrição de seu nome no rol dos inadimplentes, não havendo falar em prática de ato ilícito" (TJSP, APL 0004578-72.2011.8.26.0405, Rel. Des. Sandra Galhardo Esteves, *DJESP* 24.08.2015).

Art. 870. Aplica-se a disposição do artigo antecedente, quando a gestão se proponha a acudir a prejuízos iminentes, ou redunde em proveito do dono do negócio ou da coisa; mas a indenização ao gestor não excederá, em importância, as vantagens obtidas com a gestão.

COMENTÁRIOS DOUTRINÁRIOS: Quando a gestão tiver por objetivo evitar prejuízos iminentes, independentemente do resultado útil, ficará o dono igualmente obrigado pelas obrigações contraídas em seu nome e a reembolsar o gestor pelas despesas necessárias ou úteis que houver feito, acrescidas de atualização monetária e juros legais, desde o desembolso, nos termos do art. 869. Isso porque tem-se por equiparada à gestão útil e necessária aquela voltada a acudir prejuízos iminentes do dono do negócio. O legislador teve o cuidado de esclarecer, contudo, que, não obstante útil, necessária e proveitosa ao dono, obrigando-o a ressarcir o gestor pelas despesas e prejuízos, a indenização devida não poderá exceder ao valor das vantagens obtidas com a gestão.

Art. 871. Quando alguém, na ausência do indivíduo obrigado a alimentos, por ele os prestar a quem se devem, poder-lhes-á reaver do devedor a importância, ainda que este não ratifique o ato.

COMENTÁRIOS DOUTRINÁRIOS: Segundo doutrina e jurisprudência majoritárias, a pessoa que pagar alimentos no lugar daquele obrigado a prestá-los poderá postular o reembolso de tais valores, em ação própria, mas não se sub-roga nos direitos do alimentando, recebendo o tratamento de terceiro não interessado, o qual, pagando a dívida em seu próprio nome, tem direito a reembolsar-se do que pagar, mas não se sub-roga nos direitos do credor (art. 305 do CC). O caráter é ressarcitório, e não de sub-rogação. Sempre que um terceiro, não importa a relação de parentesco com o credor dos alimentos, vem a suprir obrigação alimentar em atraso, poderá, em nome próprio, acionar o devedor para cobrar os valores que antecipou. No entanto, em algumas situações, defendo que o gestor deveria ser equiparado ao terceiro interessado (art. 304 do CC), sub-rogando-se nos direitos do alimentando e assumindo todos os privilégios e garantias do credor primitivo em relação à dívida. No caso de obrigação alimentar devida pelos pais aos filhos menores, não há dúvida de que o outro genitor, ao menos indiretamente, sofre as consequências do inadimplemento pelo devedor. Assim, por exemplo, se o genitor obrigado ao pagamento das mensalidades escolares do filho deixa de fazê-lo, e o outro, não obrigado, se sente compelido a realizar o pagamento, no interesse do filho e para não o submeter a situação de constrangimento, deveria poder reaver o valor do alimentante devedor, valendo-se do rito previsto nos arts. 528 a 533 do CPC, como se fora o próprio credor original, com todas as prerrogativas que lhe sejam próprias em relação àquele débito específico, inclusive com possibilidade de postular a prisão civil de que trata o § 7º do art. 528 do Diploma Adjetivo.

JURISPRUDÊNCIA COMENTADA: Já se decidiu, com fundamento no art. 871, que "a genitora que perdeu a guarda tem legitimidade para prosseguir em nome próprio na execução, para cobrança dos alimentos pretéritos referentes ao período em que exercia a guarda, e que não foram pagos" (TJRS, AC 0351507-24.2017.8.21.7000, Rel. Des. Rui Portanova, *DJERS* 05.07.2018). No entanto, na jurisprudência do STJ encontram-se dois precedentes no sentido de que, se a genitora assume os encargos que eram de responsabilidade do pai, opera-se, simplesmente, a gestão de negócios do art. 871 sem sub-rogação, haja vista que aquele que pagou não pode ser considerado terceiro interessado, devendo-se ter, com relação ao reembolso de valores, o tratamento conferido ao terceiro não interessado, nos termos do art. 305 do CC. Por isso, "se o pai se esquivou do dever de prestar alimentos constituídos por título judicial, onerando a genitora no sustento dos filhos, não é a execução de alimentos devidos o meio apropriado para que ela busque o reembolso das despesas efetuadas, devendo fazê-lo por meio de ação própria fundada no direito comum" (REsp 1197778/SP, Rel. Ministro João Otávio de Noronha, 1.º.04.2014). Sobre o prazo prescricional da pretensão de reembolso do gestor, decidiu o STJ que, "tendo-se em conta que a pretensão do terceiro ao reembolso de seu crédito tem natureza pessoal (não se situando no âmbito do direito de família), de que se trata de terceiro não interessado – gestor de negócios *sui generis* –, bem como afastados eventuais argumentos de exoneração do devedor que poderiam elidir a pretensão material originária, não se tem como reconhecer a prescrição no presente caso. Isso porque a prescrição a incidir na espécie não é a prevista no art. 206, § 2.º, do Código Civil – 2 (dois) anos para a pretensão de cobrança de prestações alimentares –, mas a regra geral prevista no *caput* do dispositivo, segundo a qual a prescrição ocorre em 10 (dez) anos quando a lei não lhe haja fixado prazo menor" (STJ, REsp 1453838/SP, Rel. Min. Luis Felipe Salomão, *DJe* 07.12.2015). Seguindo a jurisprudência do STJ, destaco, ainda, este aresto do TJSP: "Cumprimento de sentença voltado à exigência de despesas médicas, que estariam incluídas na obrigação alimentar assumida pelo pai em anterior acordo de divórcio. Dívidas pagas pela genitora. Demanda que, em verdade, trata de pedido de reembolso. Impossibilidade de sub-rogação do débito alimentar. Genitora que, ao pagar despesas que consistiriam em obrigação alimentar do genitor, agiu na qualidade de gestora de negócios. Dívida que ostenta natureza pessoal, devendo ser exigida em ação própria perante o juízo cível comum" (TJSP, Agravo de Instrumento 2268544-95.2018.8.26.0000, Rel. Nilton Santos Oliveira, j. 19.03.2019).

Art. 872. Nas despesas do enterro, proporcionadas aos usos locais e à condição do falecido, feitas por terceiro, podem ser cobradas da pessoa que teria a obrigação de alimentar a que veio a falecer, ainda mesmo que esta não tenha deixado bens.

Parágrafo único. Cessa o disposto neste artigo e no antecedente, em se provando que o gestor fez essas despesas com o simples intento de bem-fazer.

COMENTÁRIOS DOUTRINÁRIOS: Se o credor dos alimentos vem a falecer, o terceiro que adiantar as despesas do enterro, proporcionais aos usos locais e à condição do falecido, poderá reavê-las do devedor dos alimentos, independentemente de o falecido haver ou não deixado bens. Trata-se de hipótese excepcional de transmissão da obrigação alimentar para além da morte do alimentando, de modo a abranger também as despesas de funeral, a serem arcadas pelo devedor, independentemente das "forças da herança". O devedor da obrigação alimentar, a teor deste artigo, também tem obrigação pelas despesas de funeral e sempre que estas vierem a ser arcadas por terceiro, no interesse do falecido, surge a figura da gestão de negócios e a obrigação do alimentante de reembolsar o gestor. Entretanto, o terceiro deve se valer do rito comum da ação de cobrança (e não do rito próprio da ação de alimentos) para acionar o devedor. O dispositivo é expresso quando estabelece que as despesas feitas por terceiro podem ser cobradas da pessoa que teria a obrigação alimentar em relação àquela que veio a falecer. Ou seja, a regra é aplicável ainda que inexista obrigação alimentar constituída. O gestor poderá deduzir a pretensão de reembolso, para cobrar as despesas de funeral, contra aqueles que teriam legitimidade passiva para responder pela ação de alimentos, se proposta em vida pelo falecido. Existe erro de ortografia no *caput* do dispositivo. Logo no início do artigo, o correto é "As" e não "Nas". Já a palavra "proporcionais" encontra-se equivocadamente grafada como "proporcionadas".

Art. 873. A ratificação pura e simples do dono do negócio retroage ao dia do começo da gestão, e produz todos os efeitos do mandato.

COMENTÁRIOS DOUTRINÁRIOS: Se o dono do negócio, pessoalmente ou por representante legal ou com poderes especiais, ratifica a gestão, é como se gestão nunca houvesse existido, regendo-se a relação das partes, desde sempre, pelas regras do mandato, assumindo o dono todos os atos praticados pelo gestor. A ratificação pode ser expressa, quando feita por escrito ou verbalmente, ou tácita, quando decorre de atos inequívocos do dono, que evidenciem a intenção de ratificar. A ratificação pode ainda ser legal ou presumida, quando decorrer da inegável utilidade ao dono dos atos praticados pelo gestor.

JURISPRUDÊNCIA COMENTADA: O TJDT, em uma ação de cobrança que objetivava o pagamento dos serviços efetivamente prestados ao falecido e contratados em nome deste, pelos irmãos que assinaram contrato de assistência médica domiciliar, decidiu ser "obrigação do dono do negócio, *in casu*, do espólio, em virtude do falecimento do paciente, cumprir as obrigações contraídas em seu nome, entre elas, o pagamento dos serviços prestados, ainda mais quando há ratificação tácita transformando a gestão em mandato, desde o início, não possuindo os gestores responsabilidade pelo pagamento das despesas geradas pelos serviços prestados (art. 873, CC)" (TJDF, Rec. 2001.01.1.092594-5, Rel. Des. Humberto Ulhôa, *DJDFTE* 14.01.2010). Em outra ação de cobrança, decorrente do inadimplemento de mensalidades escolares proposta contra a estudante, quando o contrato de ensino havia sido firmado pelo genitor da ré, decidiu o TJRS que "o contratante, pai da ré, agiu no interesse e vontade presumível desta, nos termos em que define o artigo 861 do Código Civil. Assim, tendo a ré usufruindo dos serviços educacionais, ratificou tacitamente a gestão, operando-se todos os efeitos do mandato desde a contratação, nos termos do artigo 873 do Código Civil" (TJRS, AC 70036836815, Rel. Des. Jorge Luiz Lopes do Canto, *DJERS* 09.07.2010). O Tribunal se equivocou, a meu ver, quando qualificou a ratificação como tácita, pelo fato de a aluna haver usufruído dos serviços educacionais, melhor se adequando à situação narrada a qualificação de ratificação legal ou presumida, em função da utilidade dos atos praticados pelo gestor.

Art. 874. Se o dono do negócio, ou da coisa, desaprovar a gestão, considerando-a contrária aos seus interesses, vigorará o disposto nos arts. 862 e 863, salvo o estabelecido nos arts. 869 e 870.

COMENTÁRIOS DOUTRINÁRIOS: O dispositivo trata da desaprovação da gestão, quando o dono se recusa a ratificar os atos praticados pelo gestor, atraindo a aplicação dos arts. 862 e 863. Nesses casos de justificada recusa do dono, o gestor responderá até mesmo pelas perdas decorrentes de caso fortuito ou força maior, salvo se provar que teriam sobrevindo independentemente de sua atividade, ou seja, independentemente de ele haver se abstido da gestão. No entanto, mesmo desaprovados, se os atos praticados pelo gestor tiverem proporcionado benefícios ao dono, isso legitimará o gestor a reclamar, em ação de regresso, as despesas que houver feito. Não havendo só vantagens para o dono, mas também prejuízos, o art. 863 determina que se os prejuízos sobrepujarem as vantagens, o dono do negócio poderá exigir que o gestor reponha as coisas no estado anterior. Na impossibilidade de reposição ao *status quo ante*, o dono fará jus à indenização correspondente. O art. 874 não se aplica às hipóteses descritas nos arts. 869 e 870, vale dizer, se o negócio foi gerido de forma eficaz, proporcionando ganhos ou evitando-se prejuízos iminentes, ficará o dono, independentemente de ratificação, obrigado pelas obrigações contraídas em seu nome e a reembolsar o gestor pelas despesas necessárias ou úteis que houver feito, acrescidas de atualização monetária e juros legais, desde o desembolso.

Art. 875. Se os negócios alheios forem conexos ao do gestor, de tal arte que se não possam gerir separadamente, haver-se-á o gestor por sócio daquele cujos interesses agenciar de envolta com os seus.

Parágrafo único. No caso deste artigo, aquele em cujo benefício interveio o gestor só é obrigado na razão das vantagens que lograr.

COMENTÁRIOS DOUTRINÁRIOS: Na gestão de negócios, o gestor intervém em negócio alheio, comportando-se como se fosse o dono. Sendo o negócio gerido no interesse do gestor, e não no de terceiro, afasta-se a figura da gestão de negócios, surgindo em seu lugar a administração de negócio próprio. No entanto, pode ocorrer uma situação híbrida, em que os negócios nos quais o gestor interveio sejam alheios, mas, ao mesmo tempo, conexos aos do gestor, de forma que já não podem ser geridos separadamente. Nesse caso, o legislador considera o gestor como sócio daquele cujos interesses está gerindo conjuntamente com os seus. Trata-se, na prática, de uma "sociedade em comum" (art. 986), na modalidade "sociedade de fato", porém com regras semelhantes às das "sociedades em conta de participação", pois apenas o gestor responderá pelas perdas, enquanto aquele em cujo benefício interveio o gestor só será obrigado na razão das vantagens que lograr. Se houver prejuízo, e nenhum proveito, somente o gestor suportará as perdas. Sobre a sociedade em conta de participação, vide, ainda, nossos comentários ao art. 991.

JURISPRUDÊNCIA COMENTADA: Importante que não se confunda a relação contratual relativa a contrato de prestação de serviços de gestão com o instituto da gestão de negócios, ato unilateral disciplinado pelos arts. 861 a 875 do Código Civil (Cf. TJSP, AC 1084444-47.2017.8.26.0100, Rel. Des. Tasso Duarte de Melo, *DJESP* 28.08.2020).

CAPÍTULO III
DO PAGAMENTO INDEVIDO

Art. 876. Todo aquele que recebeu o que lhe não era devido fica obrigado a restituir; obrigação que incumbe àquele que recebe dívida condicional antes de cumprida a condição.

COMENTÁRIOS DOUTRINÁRIOS: Pagamento ou pagamento direto é a forma ordinária de extinção das obrigações, pelo seu adimplemento. São quatro os elementos do pagamento: a) a existência de um vínculo obrigacional pretérito, pois só haverá pagamento se houver obrigação; b) a intenção de pagar ou *animus solvendi*, não se podendo falar em pagamento se a prestação é realizada com outra intenção, se não a de extinção da obrigação (por exemplo, a de doar); c) o sujeito ativo, que é a pessoa que efetua o pagamento (*solvens*); d) o sujeito passivo ou a pessoa que o recebe (*accipiens*). O pagamento só produzirá eficácia liberatória da dívida quando feito ao próprio credor (aqui incluídos os cocredores de dívida solidária, os cessionários, os portadores de título de crédito, entre outros), seus sucessores ou representantes. Será eficaz também se, feito a um estranho, vier a ser posteriormente ratificado pelo credor, expressa ou tacitamente, ou quando o estranho, não só à vista do devedor, mas aos olhos de todos, aparentar ser o verdadeiro credor ou seu legítimo representante. O exemplo mais citado é o do falso credor que se apresenta de posse do título da obrigação. Uma variante bastante interessante desse caso é a do pagamento feito ao possuidor de título litigioso, que vem posteriormente a perder a propriedade do crédito. A condição de eficácia do pagamento feito ao credor putativo é a boa-fé do devedor, caracterizada pela existência de motivos objetivos que o levaram a acreditar tratar-se do verdadeiro credor. Não basta a crença subjetiva. Efetivado o pagamento nessas condições, fica o devedor exonerado, só cabendo ao verdadeiro credor reclamar o seu débito do credor putativo, que o recebeu indevidamente. O art. 876 estabelece que todo aquele que, sem justa causa, recebeu o que não lhe era devido fica obrigado a restituir, com vistas a evitar o enriquecimento sem causa de quem recebe quantia indevidamente, à custa do empobrecimento injusto daquele que se prejudica com o pagamento indevido. Estão abrangidos na capitulação legal o pagamento feito ao não credor (indébito subjetivo ativo), o pagamento por quem não era o devedor (indébito subjetivo passivo), o pagamento de obrigação inexistente, quando não há relação jurídica entre credor e devedor (indébito objetivo absoluto), o pagamento a maior ou acima do valor cobrado (indébito objetivo quantitativo) e o pagamento de dívida condicional antes de cumprida a condição, abarcando, assim, todas as hipóteses em que entre um pretenso credor e um suposto devedor não exista obrigação de nenhuma espécie. Em todas essas situações, aquele que pagou poderá postular, daquele que recebeu, a restituição ou repetição do indébito e o *accipiens* não poderá reter o pagamento, eis que não é lícito que se aproveite do erro do *solvens* para locupletar-se às suas custas, uma vez que adquiriu a titularidade de um bem que não deveria ter sido atribuído a seu patrimônio. Também é indevido o pagamento feito ao verdadeiro credor, mas que estava impedido legalmente de receber, nas hipóteses do art. 312. A penhora retira o crédito da esfera de disponibilidade do credor, razão por que ele não pode recebê-lo. Se o devedor for intimado de penhora incidente sobre o crédito ou de impugnação judicial oposta por terceiros e, ainda assim, pagar ao credor, pagará mal, e correrá o risco de vir a ser compelido a pagar novamente, hipótese em que poderá demandar, de quem recebeu, a repetição do que pagou. No caso de dívidas prescritas, o pagamento não pode ser considerado indevido, ainda que o *solvens* não soubesse da prescrição. Dívida prescrita constitui obrigação natural, razão pela qual o valor pago é irrepetível, na forma do art. 882 deste Código Civil. Não é indevido o pagamento de dívida a termo, realizado antes do respectivo vencimento. A doutrina dominante defende que o devedor não tem o direito de repetir, ainda que tenha feito o pagamento antecipado por erro. Isso porque o erro que justifica a devolução consiste em supor existente uma dívida que de fato não existiria, enquanto que a dívida a termo, na realidade, existe e é válida. O erro somente quanto à data do pagamento não o torna indevido e nem enseja a repetição de indébito. Nas relações de consumo, a restituição do indébito é também assegurada pelo art. 42, parágrafo único, do Código de Defesa do Consumidor, segundo o qual "o consumidor cobrado em quantia indevida tem direito à repetição do indébito, por valor igual ao dobro do que pagou em excesso, acrescido de correção monetária e juros legais, salvo hipótese de engano justificável". Entretanto, a devolução em dobro, nesses casos, exige, além da cobrança de quantia indevida, a configuração de má-fé do credor. Em não se comprovando a má-fé, é devida a restituição simples. Em se tratando de obrigação tributária, o art. 165 do CTN estabelece que o sujeito passivo tem direito à restituição total ou parcial do tributo, nos casos de pagamento espontâneo de tributo indevido ou maior que o devido; erro na edificação do sujeito passivo, na determinação da alíquota aplicável, no cálculo do montante do débito ou na elaboração ou conferência de qualquer documento relativo ao pagamento; e reforma, anulação, revogação ou rescisão de decisão condenatória. A pretensão repetitória de tributos prescreve em cinco anos nos termos do art. 168 do CTN. O pagamento, como todo e qualquer ato jurídico, exige plena capacidade das partes. Se feito ao absolutamente incapaz, é nulo de pleno direito. Se feito ao relativamente incapaz, poderá ser ratificado posteriormente, quer pelo seu representante legal, quer pelo próprio incapaz, após cessada a incapacidade. Em ambos os casos, não é possível reclamar a devolução da importância paga a incapaz, a não ser que se prove que o pagamento feito reverteu em proveito do incapaz. O *solvens* deverá demonstrar que o incapaz veio a se enriquecer com o pagamento que lhe foi feito indevidamente. A convenção das partes não pode excluir o direito à repetição, pois o art. 876 contém preceito de ordem pública, que não pode ser afastado por manifestação de vontade. Portanto, é inválida, por contrariar disposição expressa em lei, a cláusula em que se estipula que o credor não fica sujeito à repetição em hipótese alguma. Não custa lembrar que a repetição do pagamento indevido é uma das aplicações tradicionais do princípio da vedação do enriquecimento sem causa que, além de princípio geral de direito, aceito em caráter universal desde tempos imemoriais, encontra-se expressamente positivado na cláusula geral do art. 884 deste Código. À semelhança do que se deu com a gestão de negócios, a principal novidade a ser destacada na disciplina do pagamento indevido, em relação ao CC/1916, é a sua nova posição topográfica, agora inserida no Título relativo aos Atos Unilaterais, enquanto no Código Civil de 1916 estava posta entre os "Efeitos das Obrigações". A mudança reflete, novamente, o acurado rigor conceitual de que se investiu o legislador, uma vez que o pagamento indevido constitui muito mais fonte do que propriamente efeito de obrigação. Sobre a controvérsia quanto ao prazo prescricional das pretensões alusivas aos atos unilaterais em geral, vide nossos comentários ao art. 855.

JURISPRUDÊNCIA COMENTADA: A teor da Súmula n. 412 do STJ, "a ação de repetição de indébito de tarifas de água e esgoto sujeita-se ao prazo prescricional estabelecido no Código Civil". Ou seja, o prazo de prescrição, nessas hipóteses, é de 10 (dez) anos, não se aplicando o prazo trienal da pretensão de enriquecimento sem causa, que é ação subsidiária, dependente da inexistência de causa jurídica. Com efeito, "a discussão acerca da cobrança indevida de valores constantes de relação contratual e eventual repetição de indébito não se enquadra na hipótese do art. 206, § 3º, IV, do Código Civil, seja porque a causa jurídica, em princípio, existe (relação contratual prévia em que se debate a legitimidade da cobrança), seja porque a ação de repetição de indébito é ação específica" (Recurso Repetitivo 1532514/SP, Rel. Min. Og Fernandes, j. 17.05.2017). Ainda na jurisprudência do Superior Tribunal de Justiça é dominante o entendimento de que a aplicação da repetição em dobro prevista no art. 42, parágrafo único, do CDC, somente é possível quando demonstrada a má-fé do credor. A posição está consolidada no âmbito da Segunda Seção (AgInt-REsp 1.647.706, Rel. Min. Ricardo Villas Bôas Cueva, *DJe* 27.03.2018). A tese foi firmada sob o rito dos recursos especiais repetitivos, no julgamento do REsp 1.599.511/SP. A simples "cobrança indevida não presume a má-fé da instituição financeira" (TJPR, ApCív 0006721-23.2022.8.16.0083, Rel. Des. João Antônio De Marchi, *DJPR* 09.04.2024). Assim, "os valores excessivos devem ser restituídos ao consumidor, de forma simples, nos termos do art. 876, do Código Civil" (TJMG, APCV 5042443-97.2022.8.13.0024, Rel. Des. Roberto Vasconcellos, *DJEMG* 25.04.2024). Quanto à impossibilidade de repetição do pagamento de dívida prescrita, inexiste qualquer dissenso pretoriano de que "a obrigação prescrita é espécie de obrigação natural, cuja consequência legalmente prevista é a irrepetibilidade do pagamento (art. 882 do CC). No entanto, a despeito de persistir a existência da dívida prescrita como espécie de obrigação natural, é ela inexigível, vez que extinta a pretensão do credor" (TJDF, Proc. 07024.65-52.2017.8.07.0008, Rel. Des. Fábio Eduardo Marques, *DJDFTE* 19.02.2019).

Art. 877. Àquele que voluntariamente pagou o indevido incumbe a prova de tê-lo feito por erro.

COMENTÁRIOS DOUTRINÁRIOS: O artigo em comento versa sobre o "pagamento voluntário", quando o *solvens* deliberadamente, e sem nenhum motivo que o obrigasse, satisfaz o que sabe não ser devido, hipótese em que não poderá postular a restituição, salvo se comprovar que pagou por erro. Doutrina e jurisprudência, no entanto, têm flexibilizado a exigência da prova do erro. O dispositivo, na verdade, deve ser interpretado em consonância com o princípio da proibição ao enriquecimento sem causa e com as regras positivadas nos arts. 884 a 886. A restituição de valores pagos indevidamente prescinde da prova do erro sempre que o não pagamento produzir consequências negativas para o *solvens*, a exemplo da inscrição de seu nome em cadastro de inadimplentes. Não cabe, nessas situações, condicionar a restituição do pagamento indevido à prova do erro de quem pagou, sob pena de se dificultar a devolução e se contribuir para consagrar o enriquecimento sem causa de quem recebeu. O erro é presumido, na suposição de que o homem médio não realizaria o pagamento, se não fosse compelido a fazê-lo ou se não se encontrasse (por erro) na suposição de que estaria se exonerando da obrigação, pois o débito efetivamente existia, o montante pago correspondia ao valor devido e o *accipiens* era o verdadeiro credor. Na dúvida sobre os elementos do indébito, a interpretação deve ser aquela que favorece a repetição. Com efeito, a finalidade do art. 877 é afastar o direito de restituição apenas quando o pagamento é feito voluntariamente, sabendo o *solvens* que não estava obrigado a pagar, nem sofreria prejuízos pelo não pagamento, inexistindo, ainda, *animus solvendi*. Nesse caso, não há pagamento indevido, mas mera liberalidade. É o que se dá com o pagamento feito a maior, com imputação da diferença aos bons serviços prestados pelo *accipiens*. Na ausência de erro, reputa-se que o *solvens* efetuou uma doação. Mas se o *solvens* se viu, por qualquer razão, obrigado a pagar, tem direito à repetição, independentemente de prova de erro, bastando demonstrar o motivo que o forçou a pagar o que sabia não dever. Ressalte-se que o erro a que alude o art. 877 não é o erro substancial de que tratam os arts. 138 a 144, compreendendo toda e qualquer ilusão sobre a realidade, capaz de fazer nascer a crença subjetiva de que a prestação era devida. Se o pagamento é feito por erro substancial, ocorre vício no negócio jurídico e o pagamento é anulável, ou seja, o ato de atribuição patrimonial não ultrapassa os umbrais do plano da validade, com a consequente obrigação de reposição ao *status quo ante*, independentemente da previsão inserta no art. 877. O mesmo se diga do pagamento feito por coação, lesão ou estado de perigo. No pagamento indevido, por outro lado, a atribuição patrimonial é válida e eficaz, mas, como o ordenamento jurídico não considera essa atribuição moralmente aceitável, faz nascer uma nova obrigação, a de restituir.

JURISPRUDÊNCIA COMENTADA:

Mesmo na ausência do erro, cabível será a restituição, aplicando-se a teoria do enriquecimento sem causa (arts. 884 e seguintes). Nos termos da jurisprudência do Superior Tribunal de Justiça, "prescinde da prova do erro a restituição dos valores pagos indevidamente a título de tarifa cobrada por concessionárias de serviço público, haja vista que a ausência de quitação do débito pelo usuário do serviço implica a incidência dos encargos moratórios e o corte do fornecimento de energia elétrica" (STJ, AgInt-REsp 1.334.246, Rel. Min. Assusete Magalhães, *DJe* 27.03.2017). No mesmo sentido: STJ, AgRg no AREsp 194.891/SP, Rel. Min. Mauro Campbell Marques, *DJe* 27.02.2013). E ainda o enunciado da Súmula n. 322/STJ: "Para a repetição de indébito, nos contratos de abertura de crédito em conta-corrente, não se exige a prova do erro". Em suma, tratando-se de ação de repetição do indébito, tem-se decidido pela desnecessidade da prova do erro para "restituição/compensação dos valores, como forma de obstar o enriquecimento sem causa" (TJSC, AC 0311835-87.2016.8.24.0039, Rel. Des. Túlio José Moura Pinheiro, *DJSC* 23.07.2018). No entanto, não cabe restituição na hipótese de "pagamentos efetuados voluntariamente e não por erro. Inteligência do art. 877 do Código Civil" (TJSP, APL 1012361-33.2017.8.26.0100, Rel. Des. Caio Marcelo Mendes de Oliveira, *DJESP* 14.06.2018). Portanto, as exigências formuladas pelo artigo 877 do Código Civil para a restituição do pagamento indevido – em especial a comprovação de erro do *solvens* – "tem âmbito de incidência limitado aos casos envolvendo adimplemento voluntário, o que não ocorre em situações onde o não cumprimento da obrigação pode dar ensejo à interrupção do abastecimento de água da unidade consumidora" (STJ, REsp 1.732.064, Rel. Min. Herman Benjamin, *DJe* 28.11.2018). Nas situações de pagamento voluntário, quando o não pagamento não é capaz de acarretar prejuízos ao *solvens*, incumbe à parte que alega comprovar tê-lo feito por erro, sob pena de não lhe ser devida a devolução, dada a "inviabilidade de restituição de valor espontaneamente pago" (TJSP, APL 1003411-81.2015.8.26.0269, Rel. Des. Jonize Sacchi de Oliveira, *DJESP* 05.12.2017).

Art. 878. Aos frutos, acessões, benfeitorias e deteriorações sobrevindas à coisa dada em pagamento indevido, aplica-se o disposto neste

Código sobre o possuidor de boa-fé ou de má-fé, conforme o caso.

COMENTÁRIOS DOUTRINÁRIOS: Assim, se *accipiens* estava de boa-fé, tem direito, enquanto ela durar, aos frutos percebidos, a teor do art. 1.214. O direito à percepção dos frutos emana da faculdade atribuída a quem recebeu aquilo que imaginava ser devido de usar e gozar do bem que supostamente lhe pertenceria. Desse modo, se alguém que recebeu um depósito indevido, de boa-fé, fizer uso do montante, obtendo qualquer tipo de vantagem, não estará obrigado a ressarcir àquele que pagou indevidamente pelo proveito obtido, mas apenas a restituir o indébito, devidamente atualizado. O possuidor de boa-fé terá igualmente direito aos frutos ainda não colhidos ("frutos pendentes") enquanto durar a boa-fé. Cessada a boa-fé, porque já foi notificado da contestação do *solvens* ao pagamento, o *accipiens* está obrigado a restituir os frutos pendentes, após deduzidas as despesas de produção e custeio a eles relacionadas. Os frutos que foram antecipadamente recebidos também devem ser restituídos ao *solvens*. Sobre o possuidor de boa-fé e o possuidor de má-fé, vide, ainda, nossos comentários aos arts. 1.214 a 1.220.

JURISPRUDÊNCIA COMENTADA: Quando o pagamento, ainda que indevido, é feito em decorrência de contrato celebrado entre as partes, tem-se decidido pelo afastamento da imputação de má-fé, não havendo que se falar em locupletamento ilícito. Nesse sentido: "Eventuais rendimentos (frutos civis) obtidos pela instituição financeira com a utilização de juros praticados com base em contrato havido entre as partes não confere à parte autora qualquer direito de ressarcimento, com fulcro nos arts. 878 e 1.214 do Código Civil" (TJMS, AgRg 0059991-45.2010.8.12.0001/50000, Rel. Des. João Maria Lós, *DJMS* 21.07.2014). No caso de anulação de contrato de compra e venda de veículo, com restituição das partes ao estado anterior, já se decidiu indevido qualquer ressarcimento em atenção ao princípio da vedação ao enriquecimento sem causa, eis que a "restituição afasta indenização por fruição" (TJSP, APL 0014000-59.2011.8.26.0506, Rel. Des. Henrique Rodriguero Clavisio, *DJESP* 10.02.2017).

Art. 879. Se aquele que indevidamente recebeu um imóvel o tiver alienado em boa-fé, por título oneroso, responde somente pela quantia recebida; mas, se agiu de má-fé, além do valor do imóvel, responde por perdas e danos.

Parágrafo único. Se o imóvel foi alienado por título gratuito, ou se, alienado por título oneroso, o terceiro adquirente agiu de má-fé, cabe ao que pagou por erro o direito de reivindicação.

COMENTÁRIOS DOUTRINÁRIOS: Este dispositivo trata da situação em que o pagamento indevido se realiza pela dação de um imóvel, que é posteriormente alienado, a título oneroso, pelo *accipiens* a terceiro de boa-fé. Ora, se o pagamento se fez por meio de coisa certa e determinada, o objeto da restituição deve ser essa própria coisa, desde que seja possível retribuir exatamente o mesmo bem. Nos termos da lei, se o comprador recebeu um imóvel, indevidamente, e o alienou, a título oneroso, a terceiro de boa-fé, este adquirente de boa-fé não poderá ser prejudicado e deverá permanecer como proprietário do imóvel. Caberá ao prejudicado apenas a ação de repetição de indébito contra o alienante, cumulada com perdas e danos se comprovada a má-fé deste. Contudo, se o terceiro adquirente também agiu de má-fé ou se a alienação se deu a título gratuito, aquele que pagou o imóvel por erro poderá propor demanda de reivindicação, para retomar o domínio. Vale dizer, o legislador proíbe a ação reivindicatória contra o adquirente de boa-fé, e a título oneroso, ao mesmo tempo em que possibilita a demanda contra o adquirente de má-fé, ou a título gratuito, ainda que imbuído de boa-fé. O art. 879 procura compatibilizar dois interesses jurídicos legítimos que se conflitam: o interesse do *solvens* em reintegrar ao seu patrimônio o bem imóvel que transferiu por erro; e o interesse do terceiro de boa-fé, que adquiriu o imóvel de quem aparentava ser o dono, privilegiando o do terceiro de boa-fé, no escopo de concretizar o princípio da tutela da confiança nas relações negociais.

Art. 880. Fica isento de restituir pagamento indevido aquele que, recebendo-o como parte de dívida verdadeira, inutilizou o título, deixou prescrever a pretensão ou abriu mão das garantias que asseguravam seu direito; mas aquele que pagou dispõe de ação regressiva contra o verdadeiro devedor e seu fiador.

COMENTÁRIOS DOUTRINÁRIOS: Estabelece o art. 880 que, tendo o credor recebido o valor como parte do pagamento de dívida legítima, dando por quitado o título que a embasou, inutilizando a cártula, deixando prescrever a pretensão ou abrindo mão das garantias que asseguravam seu direito, não estará obrigado a restituir o recebido ao *solvens*, dispondo este de ação regressiva contra o verdadeiro devedor e seu fiador. Em outras palavras, se o *accipiens* recebeu, de boa-fé, pagamento de dívida verdadeira de quem não era o devedor, havendo inutilizado o título, aberto mão das garantias ou deixado prescrever a pretensão de cobrança, uma vez que não via motivos para preocupar-se com dívida que julgava quitada, não precisa restituir o pagamento, mesmo porque, se o fizer, não terá mais como cobrar a dívida do verdadeiro devedor. O credor, julgando-se bem pago, abriu mão de todos os mecanismos de coerção ou, ao menos, não se preocupou mais em preservá-los, deixando prescrever, por exemplo, a pretensão de cobrança. Importa dizer que o erro do *solvens* deixou o credor em situação piorada, de não poder mais cobrar o crédito e, por isso mesmo, a lei lhe assegura o direito de não restituir o que recebeu.

JURISPRUDÊNCIA COMENTADA: O locatário que paga parte do débito por consumo de energia elétrica deixado pelo anterior ocupante do imóvel "não faz jus à restituição face à fornecedora, mas apenas ao regresso contra o verdadeiro responsável, na forma da Lei Civil (art. 880 do CC), pois não pagou por erro ou ignorância, dolo ou coação, mas por interesse na condição de locatário. Se o débito era legítimo, não há falar em restituição do indébito" (TJRS, AC 0212318-70.2013.8.21.7000, Rel. Des. Irineu Mariani, *DJERS* 09.12.2014). A decisão está correta e consentânea com o entendimento de que a obrigação por consumo de energia elétrica não é *propter rem*, mas *propter personam*. Portanto, o consumidor subsequente não responde por débitos anteriores, mas se optou por quitá-los, não lhe assiste o direito de pedir à concessionária a restituição da parte da dívida que seria de responsabilidade do antigo locatário, mas deduzir contra este a competente ação de regresso.

Art. 881. Se o pagamento indevido tiver consistido no desempenho de obrigação de fazer ou para eximir-se da obrigação de não fazer, aquele que recebeu a prestação fica na obrigação de indenizar o que a cumpriu, na medida do lucro obtido.

COMENTÁRIOS DOUTRINÁRIOS: Este dispositivo disciplina a hipótese em que o pagamento indevido consistiu numa prestação positiva ou negativa (obrigação de fazer ou de não fazer). O Código Civil não contempla todas as classificações das obrigações admitidas na doutrina, mas apenas aquelas que distinguem as categorias tendo em vista o conteúdo ou o sujeito da prestação. Quanto ao conteúdo da prestação, a obrigação pode ser positiva (dar coisa certa, dar coisa incerta, restituir e fazer) ou negativa (não fazer). A obrigação de dar é aquela cuja prestação consiste na entrega de uma coisa móvel ou imóvel. O conceito pode ser resumido em uma única frase: é a obrigação de efetuar a tradição, quer a tradição efetiva ou real, no caso dos móveis, quer a tradição ficta, no caso dos imóveis. A obrigação de fazer, por sua vez, é aquela cujo conteúdo da prestação debitória é um fato a realizar. A distinção entre as obrigações de dar e fazer nem sempre se apresenta estreme de dúvidas. O ato de "dar" é um fato. Quando alguém se obriga a dar algo, está se obrigando também a fazer. Muitas vezes a entrega ainda requer fazer a própria coisa que deva ser entregue. Nesses casos, a obrigação será de fazer sempre que a essência da obrigação estiver na atividade que deve ser realizada, e não na coisa a ser entregue. Se alguém encomenda um bolo de noiva a uma famosa confeiteira, a obrigação será de fazer, ainda que pressuponha a posterior entrega do mesmo. Todavia o elemento preponderante é o *facere*. Confeccionado o bolo, dentro das especificações contratadas, ocorreu a *solutio* da obrigação, ainda que, por algum motivo, não se dê a entrega, como, por exemplo, se os noivos desistirem do casamento e, por isso, não forem buscá-lo. Hipótese diversa é aquela em que alguém adquire um bolo em uma doceria, ou mesmo o encomende previamente para buscá-lo no dia seguinte. O elemento preponderante é o *dare*, ainda que a entrega pressuponha a prévia confecção do bolo. Idêntica diferenciação pode ser feita nas situações em que alguém encomenda um quadro qualquer a um pintor famoso ou vem a adquirir um quadro que estava exposto no atelier do mesmo pintor. A obrigação será de fazer, no primeiro caso, e de dar no segundo. A obrigação de não fazer, por fim, é aquela cujo conteúdo da prestação debitória consiste em uma abstenção, podendo resultar da lei (relações de vizinhança, servidões etc.), de sentença ou de convenção das partes. Não obstante a dificuldade em se fixar os seus precisos contornos, é extremamente importante essa distinção entre prestações de coisas e prestações de fatos, sobretudo a fim de que possamos estabelecer os limites do poder do credor, a possibilidade ou não de cumprimento da obrigação por terceiro e ainda a viabilidade de sua transmissibilidade por sucessão hereditária. Ora, se o pagamento indevido foi realizado mediante conduta comissiva, em cumprimento de uma obrigação de fazer, ou por meio de uma abstenção, em cumprimento a uma obrigação de não fazer, não haverá, por óbvio, como se desfazer a prestação de fato e se proceder à devolução do indevidamente recebido, cabendo a quem recebeu, ou seja, ao *accipiens*, independentemente de ter recebido de boa ou má-fé, indenizar a quem realizou a prestação ou a abstenção, calculando-se o valor da indenização com base no proveito obtido. Na restituição de um serviço prestado, quem indevidamente recebeu o serviço deve devolver o equivalente pecuniário, levando-se em conta o proveito obtido. O valor de mercado desse mesmo serviço deve constituir o parâmetro de arbitramento da indenização.

Art. 882. Não se pode repetir o que se pagou para solver dívida prescrita, ou cumprir obrigação judicialmente inexigível.

COMENTÁRIOS DOUTRINÁRIOS: Segundo a doutrina dualista das obrigações, também chamada *Schuld und Haftung*, divide-se a relação jurídica obrigacional em duas sub-relações – a de "débito" e a de "responsabilidade". Ou seja, a relação obrigacional é composta por duas obrigações distintas: uma de índole pessoal (débito), por força da qual o devedor se obriga a uma determinada conduta, e a outra de natureza patrimonial, que seria a responsabilidade e que consistiria na sujeição do patrimônio do devedor através da execução. Essas duas obrigações são facilmente dissociáveis, uma vez que tanto pode existir débito sem responsabilidade (é o caso da obrigação natural, cujo cumprimento não é judicialmente exigível e onde se vislumbra um devedor não responsável); como responsabilidade sem débito (no penhor ou na hipoteca em garantia de dívida de terceiro e na fiança, onde identificaríamos um responsável sem dívida). Nas obrigações naturais, a exemplo das dívidas prescritas, não obstante inexistente a responsabilidade, subsiste o débito, razão pela qual aquele que pagou não pode pleitear a repetição. O credor não tinha ação para exigir o pagamento, mas o débito existia, ainda como dever moral, e uma vez quitado, não pode ser repetido, reconhecendo-se àquele que o recebeu o direito de reter a quantia recebida. Existe uma única situação em que o *solvens* pode pedir a repetição daquilo que pagou à guisa de obrigação natural. Se o devedor natural houver pagado a um terceiro, e não ao verdadeiro credor. Nesse caso, o pagamento poderá ser repetido, salvo se o terceiro o houver recebido como mandatário ou gestor de negócios do credor natural.

JURISPRUDÊNCIA COMENTADA: Na jurisprudência é pacífico que o pagamento voluntário de obrigação natural, ou seja, dívidas juridicamente inexigíveis, em princípio "não configura pagamento indevido passível de repetição, tal como ocorre com dívidas prescritas ou decorrentes de jogos". Se a dívida expirada não pode mais ser demandada, a "sua única consequência legal é a capacidade do credor em reter o pagamento, conforme estipulado pelo art. 882 do Código Civil, se a obrigação for cumprida espontaneamente pelo devedor" (TJCE, AgIntCv 0051008-75.2021.8.06.0086/50000, *DJCE* 24.04.2024). E "reconhecido não ser cabível o pedido de restituição dos valores em comento, tampouco se cabe discutir a possibilidade de devolução em dobro do que era devido (embora não exigível) recebido de boa-fé pelo credor" (TRF da 3.ª Região, AC 0000788-58.2011.4.03.6127, Rel. Des. Fed. Wilson Zauhy, *DEJF* 21.08.2017). Assim, "ainda que o credor esteja impedido de efetuar a cobrança do débito existente, apenas a pretensão executória foi atingida pela superveniência da prescrição, remanescendo a obrigação natural", afastando-se portanto, o pedido de restituição (TJRJ, APL 0116896-66.1996.8.19.0001, Rel. Des. Claudio Luis Braga Dell Orto, *DORJ* 27.09.2018). Pois o credor pode receber dívida prescrita e o art. 882 do Código Civil considera válido o recebimento, sem possibilidade de repetição de indébito. Sentença mantida. Recurso não provido (TJSP, AC 1005033-85.2023.8.26.0506, Rel. Des. Helio Faria, *DJESP* 26.04.2024). Ainda: "Prescrita a obrigação principal, ficam igualmente prescritas as obrigações acessórias, seguindo-se o basilar princípio da gravitação jurídica (o acessório segue o principal). Negado provimento aos recursos" (TJSP, AC 1000380-15.2023.8.26.0288, Rel. Des. Hugo Crepaldi, *DJESP* 07.12.2023). Ressalte-se, finalmente, que o Código de Defesa do Consumidor não proíbe a cobrança de obrigações naturais, mas sim a cobrança abusiva, independentemente da natureza da obrigação. Daí a decisão do TJRJ no sentido de que "a possibilidade de retenção do pagamento (artigo 882, do Código Civil) da obrigação natural de dívida prescrita não confere ao credor o direito de enviar ao devedor insistentes cobranças por meio de mensagens de celular, cartas pelos correios e *e-mail*, especialmente se contiverem, como no caso, a ameaça de cobrança judicial do crédito, cujo acolhimento somente poderia se dar em caso de improvável renúncia da prescrição pelo devedor". Nesse caso, entendeu o tribunal que "tal conduta atenta claramente contra os limites econômicos e sociais do direito exercido (art. 187, do Código Civil), implicando abuso que, longe de significar mero aborrecimento, configura dano moral *in re ipsa*, o qual deve ser compensado de forma razoável" (TJRJ, APL 0057130-51.2016.8.19.0205, Rel. Des. Marcos Alcino de Azevedo Torres, *DORJ* 26.06.2018).

Art. 883. Não terá direito à repetição aquele que deu alguma coisa para obter fim ilícito, imoral, ou proibido por lei.

Parágrafo único. No caso deste artigo, o que se deu reverterá em favor de estabelecimento local de beneficência, a critério do juiz.

COMENTÁRIOS DOUTRINÁRIOS: A lei não tolera a desonestidade e a torpeza, não conferindo qualquer tipo de proteção ao *solvens* que realizou o pagamento com objetivo de obter fim ilícito (por exemplo, contratação de sicário), imoral (por exemplo, contratar uma prostituta), ou proibido por lei (por exemplo, pagamento de propina para contratação com o Poder Público, em burla à Lei de Licitações). Nesses casos, não se permite o exercício da pretensão de restituição em favor daquele que pagou, o que implicaria admitir que o *solvens* se beneficiasse da própria torpeza (*nemo auditur propriam turpitudinem allegans*). Mas isso não impede que o pagamento seja devolvido, em ação proposta pelo próprio *solvens* ou por terceiro interessado, a quem venha a ser destinado o montante restituído. Na doutrina não há controvérsia quanto à legitimidade ativa do terceiro interessado para propor a ação de repetição do indébito. O parágrafo único estabelece que o valor objeto de pagamento indevido não passível de repetição deve ser destinado a estabelecimento local de beneficência, escolhido pelo juiz. Desse modo, quem pagou para obter finalidade ilegal ou imoral, pode, até mesmo como forma de se redimir, propor a ação de repetição do pagamento, para que o valor respectivo seja destinado a uma instituição filantrópica. Da mesma forma, pode a instituição de beneficência propor a ação, visando a que lhe sejam destinados os recursos devolvidos, muito embora a decisão final sobre a destinação competirá sempre ao juiz.

JURISPRUDÊNCIA COMENTADA: No caso em que um contribuinte em débito para com a Prefeitura Municipal de São Paulo alegou que procurou funcionários municipais para proceder a um acordo para parcelamento da dívida, aos quais teria feito o pagamento de R$ 20.000,00 e depois postulou a restituição do valor, eis que o débito fiscal acabou sem parcelamento, o TJSP reconheceu a "finalidade ilícita do negócio, sem direito à repetição (art. 883 do CC)" (TJSP, APL 0105709-94.2009.8.26.0006, Rel. Des. Egidio Giacoia, *DJESP* 24.11.2017). Por outro lado, na situação de um contrato de trabalho declarado nulo, pela ilicitude do objeto, o Tribunal do Trabalho decidiu, por uma questão de isonomia e para vedar o enriquecimento ilícito por ambas as partes, "aplicar o disposto no parágrafo único do art. 883 do Código Civil, condenando quem se beneficiou da relação ilícita ao pagamento de indenização, que se reverterá em favor de estabelecimento local de beneficência, a critério do juiz" (TRT 18.ª Região, RO 00461-2009-054-18-00-2, Rel. Des. Kathia Maria Bomtempo de Albuquerque, *DJEGO* 05.11.2009).

CAPÍTULO IV
DO ENRIQUECIMENTO SEM CAUSA

Art. 884. Aquele que, sem justa causa, se enriquecer à custa de outrem, será obrigado a restituir o indevidamente auferido, feita a atualização dos valores monetários.

Parágrafo único. Se o enriquecimento tiver por objeto coisa determinada, quem a recebeu é obrigado a restituí-la, e, se a coisa não mais subsistir, a restituição se fará pelo valor do bem na época em que foi exigido.

COMENTÁRIOS DOUTRINÁRIOS: O atual Código inova substancialmente o direito anterior, com a inserção legislativa do instituto do enriquecimento sem causa, que não foi positivado pelo CC/1916, a despeito de universalmente acatado como princípio geral de direito, especialmente no âmbito do direito privado. O princípio segundo o qual ninguém pode enriquecer à custa alheia, sem uma causa que o justifique, é, agora, positivado na cláusula geral do art. 884 como fonte unilateral das obrigações. O objetivo do instituto é o de restabelecer o equilíbrio patrimonial das partes (daí a razão de se fazer referência expressa à incidência de atualização monetária sobre o montante a ser restituído), removendo o enriquecimento ou locupletamento. O seu principal fundamento é a equidade. Ao contrário da responsabilidade civil, cuja meta a ser alcançada é o "indene", afastando o dano pela indenização, reparatória ou compensatória, no enriquecimento sem causa pretende-se obstar o enriquecimento de alguém às custas do patrimônio de outra pessoa, ou seja, o proveito injustificado, que tanto pode se materializar pelo aumento de patrimônio do enriquecido, como pelo afastamento de despesas ou perdas, vale dizer que o enriquecimento pode consistir em não ter sido desfalcado o patrimônio. O parâmetro a ser utilizado para que seja alcançado o reequilíbrio é o valor do proveito obtido por uma das partes, independentemente do empobrecimento (ou do prejuízo) da outra. "A expressão 'se enriquecer à custa de outrem' do art. 884 do NCC não significa, necessariamente, que deverá haver empobrecimento da outra parte", a teor do Enunciado n. 35, aprovado na *I Jornada de Direito Civil*. Assim, é possível invocar o enriquecimento sem causa, mesmo nos casos em que não houve prejuízo, desde que a parte beneficiada tenha obtido uma vantagem às custas do patrimônio da outra. Uma vantagem, repita-se, sem causa jurídica. O que é repelido pelo ordenamento é a locupletação injusta, em detrimento de outrem. "A existência de negócio jurídico válido e eficaz é, em regra, uma justa causa para o enriquecimento" (Enunciado n. 188 da *III Jornada de Direito Civil*), afastando a pretensão *in rem verso*. Cite-se o exemplo do locatário que promove a sublocação do imóvel, quando esta se encontrava proibida pelo contrato. O locatário, alugou a casa, pagando R$ 1.000,00 de aluguel e o contrato de locação vedava expressamente a sublocação. Violando o contrato, o locatário dividiu o imóvel locado em dez apartamentos, sublocando-os pelo preço de R$ 500,00 (quinhentos reais) cada um, auferindo, ao final, uma renda de R$ 5.000,00 (cinco mil reais) às custas do patrimônio do locador. Esse proveito é indevido, pois decorreu de infração contratual e de intervenção não autorizada no patrimônio alheio, devendo ser restituído ao locador, o que se consegue por meio da ação própria de *in rem verso*, também denominada de locupletamento. São muito próximas as figuras do enriquecimento sem causa e do pagamento indevido. Costuma-se dizer em doutrina que a repetição do pagamento indevido constitui uma das aplicações tradicionais do princípio de que ninguém deve locupletar-se à custa alheia. Mas não se devem confundir os dois institutos: no enriquecimento sem causa, o objeto da restituição corresponde ao proveito obtido pelo enriquecido, enquanto no pagamento indevido a restituição encontra-se limitada pela integralidade da prestação indevidamente paga. Também os prazos prescricionais seriam diversos. No pagamento indevido, à falta de disposição legal expressa, aplicar-se-ia à ação de repetição de indébito o prazo geral de dez anos previsto no art. 205 (ver comentários ao art. 855). Na pretensão pelo enriquecimento sem causa, exercida por meio da ação de locupletamento ou *in rem verso*, a prescrição é trienal, segundo o art. 206, § 3.º, inc. IV, do CC/2002. Nada impede, por outro lado, que o pedido de repetição do pagamento indevido seja também formulado através de ação *in rem verso*, que deve ser sempre admitida como sanção ao desequilíbrio e forma de restaurar a regra de equidade, não se permitindo a ninguém se enriquecer injustamente à custa de outrem. Só não existe utilidade prática nisso, já que, no pagamento indevido há texto legal expresso, respaldando a pretensão, cujo prazo prescricional, segundo a corrente dominante, seria consideravelmente maior. O parágrafo único do art. 884 esclarece que se o enriquecimento tiver por objeto coisa determinada, quem a recebeu é obrigado a restituí-la e após a devolução da coisa, estará resolvida a questão, nada mais podendo reclamar. Porém, não sendo possível a restituição, o seu equivalente deverá ser entregue ao empobrecido, considerando-se o valor da época em que foi exigido, devidamente atualizado. *Do lucro da intervenção*: da vedação ao enriquecimento sem causa, decorre a proibição ao chamado "lucro da intervenção". Nesse sentido a conclusão firmada na *VIII Jornada de Direito Civil*, expressa no Enunciado n. 620: "A obrigação de restituir o lucro da intervenção, entendido como a vantagem patrimonial auferida a partir da exploração não autorizada de bem ou direito alheio, fundamenta-se na vedação do enriquecimento sem causa". Por isso, tem o titular do bem jurídico violado o direito de exigir do violador a restituição do lucro que este obteve às custas daquele. Veja-se o caso do proprietário que apresentou seu veículo para que fosse efetuada a revisão de rotina em estabelecimento autorizado e foi surpreendido, meses depois, com uma matéria publicitária em revista de circulação nacional cujo objeto era exatamente o seu carro, inclusive com destaque para a placa, comprovando que fora utilizado na matéria propagandística, não um veículo similar ou idêntico, mas exatamente aquele de sua propriedade. Ou seja, sem o conhecimento do proprietário houve a utilização indevida e desautorizada do bem, retirado do local em que originalmente depositado, durante o período em que o titular imaginava estivesse o bem sendo submetido a avaliação e eventuais reparos. Ora, através do mecanismo da responsabilidade civil, que pressupõe a conduta antijurídica e o dano, nada seria devido ao titular do bem, eis que o mesmo lhe fora devolvido pela fabricante dentro do prazo e em perfeito estado, não se havendo como alegar dano material ou moral. Aliás, essa foi a conclusão do TJSP nesse específico caso concreto: "Mesmo que não se considere o fato de que quem permitiu a ré a utilização do veículo do autor foi a fábrica, na qual o veículo se encontrava para manutenção, o simples fato de utilizar o veículo do autor para realização de reportagem para revista automotiva não gera ao autor danos morais" (AC 0170778-77.2012.8.26.0100). No entender do tribunal bandeirante, "a utilização da propriedade alheia sem autorização gera, no máximo, danos materiais (*e.g.*, arbitramento de aluguel), mas, por si, não gera qualquer abalo moral". Porém, a premissa adotada nesse julgamento foi incorreta, na medida em que desconsiderou a existência de outros instrumentos no ordenamento, para além da responsabilidade civil, voltados a coibir e punir condutas como essa, em que terceiro utiliza bem alheio e obtém lucro, sem o conhecimento ou a autorização do proprietário. O enriquecimento sem causa, nesse aspecto, preenche uma lacuna da responsabilidade civil, limitada pela reparação do dano, eis que não se preocupa com o prejuízo da vítima, mas em remover o enriquecimento do agente. Por isso, sempre que uma pessoa (interventor) obtiver vantagem patrimonial mediante intervenção não autorizada nos bens ou direitos alheios, surgirá para o titular do patrimônio a pretensão de enriquecimento sem causa, para retirar do interventor (e obter para si) a vantagem patrimonial. No exemplo anteriormente citado, o dono do veículo teria, com amparo no art. 884, a pretensão de restituição dos lucros auferidos pelo interventor com o uso não autorizado do veículo, por meio da ação de locupletamento. Se o benefício é atribuível ao patrimônio de terceiro, a este deve ser considerado como pertencente.

JURISPRUDÊNCIA COMENTADA: Sobre o lucro da intervenção, o Superior Tribunal de Justiça, em julgamento paradigmático que tinha por objeto ação de indenização proposta por atriz em virtude do uso não autorizado de seu nome e da sua imagem em campanha publicitária, condenou a ré, além da reparação dos danos morais e patrimoniais, a restituir todos os benefícios econômicos que a ré obteve na venda de seus produtos. Segundo o STJ, "além do dever de reparação dos danos morais e materiais causados pela utilização não autorizada da imagem de pessoa com fins econômicos ou comerciais, nos termos da Súmula n. 403/STJ, tem o titular do bem jurídico violado o direito de exigir do violador a restituição do lucro que este obteve às custas daquele. De acordo com a maioria da doutrina, o dever de restituição do denominado lucro da intervenção encontra fundamento no instituto do enriquecimento sem causa, atualmente positivado no art. 884 do Código Civil. O dever de restituição daquilo que é auferido mediante indevida interferência nos direitos ou bens jurídicos de outra pessoa tem a função de preservar a livre disposição de direitos, nos quais estão inseridos os direitos da personalidade, e de inibir a prática de atos contrários ao ordenamento jurídico". O Tribunal da Cidadania ainda esclareceu que "para a configuração do enriquecimento sem causa por intervenção, não se faz imprescindível a existência de deslocamento patrimonial, com o empobrecimento do titular do direito violado, bastando a demonstração de que houve enriquecimento do interventor" (STJ, REsp 1.698.701, Rel. Min. Ricardo Villas Bôas Cueva, *DJe* 08.10.2018). Sobre a distinção entre pagamento indevido e enriquecimento sem causa, destaco, como relevante, o seguinte julgado do TJSP: "Demanda que visa à restituição de valores pagos indevidamente (art. 876 a 883, do Código Civil), oriundos de negócio jurídico de natureza pessoal, não se confundindo com o enriquecimento sem causa (arts. 884 a 886, do Código Civil). Aplicação do prazo prescricional de 10 (dez) anos previsto no artigo 205, do Código Civil. Extinção afastada" (TJSP, APL 1003613-31.2016.8.26.0299, Rel. Des. Bonilha Filho, *DJESP* 06.11.2017). No entanto, a Terceira Turma do STJ, em decisão mais recente, já aplicou o prazo de 3 (três) anos em relação à restituição de valores recebidos indevidamente, quando a pretensão fora fundamentada no enriquecimento sem causa. Transcrevo o seguinte trecho da ementa: "A regra positivada nos arts. 876 e 884 do CC/02, os quais estabelecem que todo aquele que, sem justa causa, recebeu o que não lhe era devido fica obrigado a restituir, visa a evitar o enriquecimento sem causa de quem recebe quantia indevidamente, à custa do empobrecimento injusto daquele que se prejudica com o pagamento indevido. A boa-fé, na hipótese, está nos dois extremos: é de quem recebeu a quantia que não lhe era devida – a recorrente – e também de quem, por erro, pagou à pessoa que não era sua credora – a recorrida. Por isso, na ponderação de valores, o fiel da balança deve pender para o restabelecimento da situação originária (*status quo ante*), prevenindo o desequilíbrio nas relações jurídicas. O enriquecimento sem causa, ao lado do negócio jurídico e da responsabilidade civil, é fonte de obrigações, e, como tal, não pode ser confundido com os direitos reais, que têm, dentre suas características, o direito de sequela. Nas relações obrigacionais, vigora a responsabilidade patrimonial, de modo que, em regra, o bem objeto da prestação pode ser livremente transmitido, mesmo ofendendo a obrigação assumida, situação em que ao credor não caberá exigir do terceiro a entrega da coisa (direito de sequela), mas apenas pretender do devedor a reparação do prejuízo eventualmente suportado. O apoderamento pela recorrente de quantia que lhe foi entregue por erro da recorrida fez nascer para esta a pretensão de ser restituída, cuja prescrição, segundo o art. 206, § 3º, IV, do CC/02, é de 3 anos" (STJ, REsp 1.657.428, Rel. Min. Nancy Andrighi, *DJe* 18.05.2018).

REFORMA DO CÓDIGO CIVIL: Pretende-se alterar o art. 884 do Código Civil, que passaria a ter a seguinte redação: "Art. 884. Aquele que, sem justa causa, enriquecer-se à custa de outrem, será obrigado a restituir o indevidamente auferido. § 1º Também se justifica a pretensão restitutória quando a causa do enriquecimento deixar de existir, for ilícita ou não se verificar. § 2º A obrigação de restituir o lucro da intervenção, assim entendida como a vantagem patrimonial auferida a partir da exploração não autorizada de bem ou de direito alheio, fundamenta-se na vedação do enriquecimento sem causa e rege-se pelas normas deste Capítulo". A reforma civilista, além de incorporar como § 1º o texto do atual art. 885, almeja positivar, no § 2º, a proibição ao enriquecimento decorrente do *lucro da intervenção*, como modalidade de enriquecimento sem causa, na linha do Enunciado n. 620 da *VIII Jornada de Direito Civil*, já acolhido em precedentes do STJ.

Art. 885. A restituição é devida, não só quando não tenha havido causa que justifique o enriquecimento, mas também se esta deixou de existir.

COMENTÁRIOS DOUTRINÁRIOS: Aquele que auferir riqueza sem motivo é obrigado a restituir, quer pelo fato de o motivo jamais haver existido, quer pelo fato de haver deixado de existir. As duas situações são equiparadas pelo legislador. É o caso, por exemplo, de decisão judicial provisória concessiva de uma vantagem patrimonial que vem a ser posteriormente revogada em sede de recurso. Deixando de existir o comando judicial, desapareceu a causa que eventualmente justificaria o enriquecimento, nascendo, a partir daí, a pretensão restituitória. Observe-se que o art. 302 do CPC prevê de forma bastante clara a possibilidade de se pleitear indenização em caso de revogação ou perda de eficácia das tutelas de urgência. Na dicção do dispositivo processual, a parte responde pelo prejuízo que a efetivação da tutela de urgência causar à parte adversa, se "a sentença lhe for desfavorável" e se "ocorrer a cessação da eficácia da medida em qualquer hipótese legal".

JURISPRUDÊNCIA COMENTADA: Nas situações de pagamento recebido de boa-fé por servidor público e efetivado por falha da Administração, a Primeira Seção do Superior Tribunal de Justiça, ao julgar o REsp 1.244.182/PB, de 2012, sob o rito do art. 543-C do CPC/1973, firmou a tese de que nos casos em que o pagamento indevido foi efetivado em favor de servidor público em decorrência de interpretação equivocada ou de má aplicação da Lei por parte da administração, a verba não está sujeita à devolução. Hipótese diversa, no entanto, ocorre quando o recebimento indevido de valores não decorre de equívoco do ente público, mas de decisão judicial posteriormente reformada. Ou seja, o pagamento indevido se verifica, ou pela interpretação errônea ou má aplicação da Lei pelo Poder Judiciário. O Tribunal de Justiça do Rio Grande Sul, em demanda que envolvia percepção de benefício previdenciário em razão de decisão judicial provisória, decidiu que, não obstante o caráter alimentar da prestação e "em que pese tenha a parte autora percebido os valores atinentes ao auxílio cesta-alimentação de boa-fé, haja vista que o benefício previdenciário lhe foi pago em função da tutela antecipada, comando judicial este respaldado pelo entendimento jurisprudencial pacificado na época, tal provimento jurisdicional era de cunho provisório, de sorte que a sua revogação tem como consequência a restituição dos valores recebidos em decorrência da referida decisão judicial". Para o TJRS, "a não devolução pela parte agravada dos valores recebidos em função do provimento judicial precitado e posteriormente revogado, importaria em enriquecimento sem causa, afrontando o disposto no artigo 885 do Código Civil" (TJRS, AI 0182372-77.2018.8.21.7000, Rel. Des. Jorge Luiz Lopes do Canto, *DJERS* 04.10.2018). Essa decisão esbarra na jurisprudência tradicional do STJ, construída ainda à luz do CPC/1973, segundo a qual "à vista da tensão entre o princípio da vedação ao enriquecimento ilícito (arts. 884 e 885, do CC/02) e o da irrepetibilidade dos alimentos, prevalece este último porquanto necessário à garantia da dignidade da pessoa humana" (STJ, AGRG no REsp 1341308/PB, Rel. Min. Castro Meira, *DJe* 08.02.2013). Penso que a redação atual do art. 302 do CPC/2015 permite sugerir uma reavaliação da jurisprudência do STJ, de modo a evitar o enriquecimento sem causa. Aliás, em matéria de débito alimentar, o próprio STJ já flexibilizou o princípio da irrepetibilidade quando em confronto com o da vedação ao enriquecimento sem causa. No julgamento do REsp n. 1.549.836, o Tribunal da Cidadania, em decisão majoritária, destacou que "o princípio da irrepetibilidade das verbas de natureza alimentar não é absoluto e, no caso, deve ser flexibilizado para viabilizar a restituição dos honorários de sucumbência já levantados, tendo em vista que, com o provimento parcial da ação rescisória, não mais subsiste a decisão que lhes deu causa. Aplicação dos princípios da vedação ao enriquecimento sem causa, da razoabilidade e da máxima efetividade das decisões judiciais" (STJ, REsp 1.549.836/RS, Rel. Min. Ricardo Villas Bôas Cueva, Rel. p/ Acórdão Min. João Otávio de Noronha, *DJe* 06.09.2016). No voto condutor do acórdão foi pontuado não haver "preceitos absolutos no ordenamento jurídico. Não obstante ser assente na jurisprudência a tese acerca da irrepetibilidade dos alimentos, também esse postulado merece temperamentos, sobretudo quando a verba de natureza alimentar – e não os alimentos propriamente ditos – for flagrantemente indevida". Recentemente, o Tribunal Regional do Trabalho da 18.ª Região (GO) determinou a anulação da arrematação de um imóvel que tinha sido levado a leilão para garantir a quitação de um débito trabalhista de natureza alimentar, após o reclamante ter recebido o valor da arrematação, compelindo este a devolver toda verba obtida ao arrematante do bem (AP 0011653-47.2017.5.18.0011, Rel. Eugênio José Cesário Rosa, j. 28.02.2019).

REFORMA DO CÓDIGO CIVIL: Pretende-se alterar o art. 885 do Código Civil, que passaria a ter a seguinte redação: "Art. 885. O valor da restituição será atualizado, monetariamente, desde o enriquecimento e acrescido de juros de mora, desde a citação. § 1º Se o enriquecimento tiver por objeto coisa determinada, quem a recebeu é obrigado a restitui-la. § 2º Caso a coisa a ser restituída não mais exista, a restituição se fará pelo valor que tinha à época em que exigida sua devolução. § 3º Se o enriquecido tiver agido de má-fé, o valor da restituição será considerado o maior entre o benefício por ele auferido e o valor de mercado do bem. § 4º Também é obrigado à restituição o terceiro que receber gratuitamente o bem objeto do enriquecimento ou, tendo agido de má-fé, recebe-o onerosamente". O objetivo, aqui, segundo a comissão de juristas que elaborou o anteprojeto, foi regular "o modo de liquidar a restituição do enriquecimento, que em geral se dá em valor monetário e não por bens. A redação buscou conferir à restituição o limite do benefício ao enriquecido, seguindo a teoria do *double cap*". Por coerência sistemática, previu-se a recomposição do valor monetário por meio da atualização desde o enriquecimento e dos juros de mora desde a citação.

Art. 886. Não caberá a restituição por enriquecimento, se a lei conferir ao lesado outros meios para se ressarcir do prejuízo sofrido.

COMENTÁRIOS DOUTRINÁRIOS: O dispositivo consagra o princípio da subsidiariedade da ação de locupletamento. Em outras palavras, não haverá restituição por enriquecimento sem causa sempre que existir no ordenamento jurídico norma específica que respalde a remoção do proveito injusto da outra parte. Se aquele que se sente lesado no seu patrimônio, pela intervenção indevida e não autorizada de terceiro, tiver ao seu dispor uma pretensão fundada em contrato (por exemplo, ação de resolução c/c cobrança de cláusula penal, ação de anulação, cumulada com perdas e danos) ou em texto expresso de lei (obrigação de indenizar, nos casos em que couber a aplicação dos pressupostos da responsabilidade civil), deve se valer desta ação e não da ação *in rem verso*. Da mesma forma que não pode fazer uso do enriquecimento sem causa quando houver perdido, por qualquer razão, o direito de exercer a ação apropriada que lhe competia. Para maior clareza, no caso concreto já antecipado nos comentários ao art. 884, não fora pela invocação da teoria do enriquecimento ilícito, o dono do veículo não teria pretensão alguma contra quem se utilizou indevidamente de seu patrimônio, pois prejuízo não houve. Nem material, já que o carro lhe foi devolvido em perfeito estado e, durante a intervenção indevida, o proprietário dele não faria uso; muito menos dano moral, não se vislumbrando qualquer vulneração a direitos da personalidade do proprietário. No entanto, houve um enriquecimento indevido de quem violou o direito de propriedade, o que não é tolerado pelo ordenamento. Mesmo nos casos em que existir dano e se puder invocar o mecanismo da responsabilidade civil, é possível aplicar o instituto do enriquecimento sem causa, sempre que a reparação ou compensação do dano não reduza o proveito indevidamente obtido. Em outras palavras, a subsidiariedade consagrada no art. 886 não é absoluta, sendo cabível a cumulação das pretensões de reparação civil e enriquecimento sem causa, notadamente nas situações em que a conduta lesiva gerar lucros superiores aos danos causados. É o caso do locatário que subloca o imóvel, sem autorização do proprietário, obtendo proveito econômico muito superior ao valor da cláusula penal prevista no contrato. O Enunciado n. 36, aprovado na *I Jornada de Direito Civil*, também procurou flexibilizar a regra da subsidiariedade: "O art. 886 do NCC não exclui o direito à restituição do que foi objeto de enriquecimento sem causa nos casos em que os meios alternativos conferidos ao lesado encontram obstáculos de fato". Em síntese, a subsidiariedade prevista no art. 886 não proíbe a cumulação de pretensões, tendo por função, apenas, evitar que o autor obtenha, pela via da ação de enriquecimento, pretensão não permitida pelo ordenamento. É o que ocorre nas situações em que, consumada a prescrição na ação específica, pretende o prejudicado valer-se da ação de enriquecimento.

JURISPRUDÊNCIA COMENTADA: Sobre a subsidiariedade da ação de enriquecimento sem causa, já decidiu o Superior Tribunal de Justiça, ser "função da subsidiariedade, prevista na lei a proteção do sistema jurídico, para que, mediante a ação de enriquecimento, a lei não seja contornada ou fraudada, evitando-se que o autor consiga, por meio da ação de enriquecimento, o que lhe é vedado pelo ordenamento. Nos casos em que ocorrida a prescrição de ação específica, não pode o prejudicado valer-se da ação de enriquecimento, sob pena de violação da finalidade da lei" (STJ, REsp 1497769/RN, Rel. Min. Luis Felipe Salomão, *DJe* 07.06.2016). Em um outro caso no qual se cumulou pretensão de reparação civil por danos materiais e morais com restituição por enriquecimento sem causa, o STJ enfatizou que "a subsidiariedade da ação de enriquecimento sem causa não impede que se promova a cumulação de ações, cada qual disciplinada por um instituto específico do Direito Civil, sendo perfeitamente plausível a formulação de pedido de reparação dos danos mediante a aplicação das regras próprias da responsabilidade civil, limitado ao efetivo prejuízo suportado pela vítima, cumulado com o pleito de restituição do indevidamente auferido, sem justa causa, às custas do demandante" (STJ, REsp 1.698.701, Rel. Min. Ricardo Villas Bôas Cueva, *DJe* 08.10.2018). A conclusão do Tribunal da Cidadania, nesse último aresto, foi a "de que a conjugação dos dois institutos, na espécie, em que se busca a reparação dos danos morais e patrimoniais pelo uso não autorizado da imagem de pessoa para fins comerciais, além da restituição do que o réu lucrou ao associar a imagem da autora ao produto por ele comercializado, é plenamente admitida, não sendo obstada pela subsidiariedade da ação de enriquecimento sem causa. Isso porque a responsabilidade civil não tutela nada além dos prejuízos efetivamente sofridos pela vítima do evento danoso, enquanto que o enriquecimento ilícito se encarrega apenas de devolver o lucro obtido em decorrência da indevida intervenção no direito de imagem de outrem ao seu verdadeiro titular".

TÍTULO VIII
DOS TÍTULOS DE CRÉDITO

CAPÍTULO I
DISPOSIÇÕES GERAIS

Art. 887. O título de crédito, documento necessário ao exercício do direito literal e autônomo nele contido, somente produz efeito quando preencha os requisitos da lei.

COMENTÁRIOS DOUTRINÁRIOS: O dispositivo traz a definição do título de crédito, inspirada, em parte, no conceito elaborado pelo célebre jurista italiano Cesare Vivante, enfatizando as suas três principais características (ou princípios gerais do Direito Cambiário, como preferem alguns autores): literalidade, autonomia e cartularidade. Literalidade no título de crédito significa que o Direito Cartular, quanto ao conteúdo, à extensão e às modalidades, só existe nos exatos termos inseridos no documento que o representa. Literal, pois o que não está escrito não pode ser alegado. Não se submete ao regime cambial uma obrigação que esteja expressa em uma avença paralela e não conste do título. O portador do título é obrigado a exibi-lo para exercer qualquer direito, principal ou acessório, que decorra do documento, não se podendo fazer nenhuma alteração no seu conteúdo. Até mesmo a mudança de posse do título precisa ser registrada no próprio documento (ver nossos comentários sobre endosso). Autonomia, por sua vez, se desdobra em dois subprincípios: o da abstração e o da inoponibilidade das exceções pessoais. O subprincípio da abstração faz com que o título se afaste dos motivos que lhe deram causa, não estando afetado ou vinculado ao negócio jurídico precedente. É o que ocorre com a nota promissória ou com o cheque. Por isso, o desfazimento ou a invalidade do negócio jurídico que originou o título não atinge a obrigação cambial, que poderá ser exigida. Excepcionalmente existem títulos causais, que dependem de um fato tipificado que os dá causa, como ocorre com as duplicatas, dependentes do contrato de compra e venda ou de prestação de serviços. A abstração pode, ainda, ser afastada quando ocorrer a expressa e literal vinculação do título de crédito a determinado negócio jurídico subjacente. A nota promissória vinculada a contrato de abertura de crédito em conta corrente, por exemplo, perde a característica de abstração e não goza de autonomia. O subprincípio da inoponibilidade das exceções significa que não podem ser opostas ao subsequente portador do título, desde que a cártula lhe tenha sido regularmente transferida, de acordo com as regras próprias do tipo cambial respectivo, as exceções oponíveis ao portador anterior. Em outras palavras, não pode ser invocada contra o terceiro que atualmente possua o título, a eventual falta de titularidade do transmitente. O direito do "dono" atual do título não pode ser atingido pelas relações jurídicas anteriormente existentes entre os precedentes possuidores e o devedor. E cada um que intervém no título assume uma obrigação independente, não ligada às outras relações preexistentes. A autonomia das obrigações retratadas no título, por exemplo, faz com que o acionamento da garantia pelo credor prescinda de qualquer discussão acerca dos motivos que levaram o avalista a garantir o adimplemento da obrigação. Finalmente, o princípio da cartularidade impõe que o título de crédito esteja materializado em um documento. Quando o art. 887 fala em "documento necessário", ele quer dizer que o direito inerente ao título se materializa, exclusivamente, naquele documento. A doutrina considera requisito mínimo de existência de um título de crédito que haja um instrumento sobre o qual aquele que quer se obrigar possa apor sua assinatura. A cartularidade tem sido paulatinamente flexibilizada, a partir do momento em que a legislação passou a admitir diversas espécies de títulos de crédito sem cártula, como foi o caso das debêntures escriturais, em que não há emissão de certificados. Atualmente, o documento escrito que externaliza o título de crédito pode se valer de uma plataforma física (papel) ou digital (sobre títulos de crédito virtuais, ver comentários ao art. 889). Ocorre, assim, a transmutação do suporte físico documental para o eletrônico. Os registros eletrônicos substituem o documento em papel, com a mesma segurança. Aliás, desde 1996, a Lei Modelo da UNCITRAL sobre Comércio Eletrônico, aprovada pela Resolução n. 51/162 da Assembleia Geral de 16 de dezembro de 1996, já previa, como princípio fundamental, o da equivalência funcional, vedando que se neguem "efeitos jurídicos, validade ou eficácia à informação apenas porque esteja na forma de mensagem eletrônica". Os títulos de crédito estão sujeitos, ainda, ao princípio da formalidade ou do formalismo, pois somente produzirão efeitos quando preenchidos os requisitos legais, ou seja, quando enquadrados nos tipos da lei. Dizendo de outro modo, somente serão considerados títulos de crédito os documentos que satisfaçam as exigências da lei. As principais normas especiais que disciplinam os títulos de crédito típicos são as seguintes: Decreto n. 57.663/1966 e Decreto n. 57.595/1966 (Lei Uniforme de Genebra – LUG); Decreto-lei n. 167/1967 (Títulos de Crédito Rural); Lei n. 5.474/1968 (Lei das Duplicatas); Decreto-lei n. 413/1969 (Títulos de Crédito Industrial); Lei n. 6.404/1976, com a redação dada pela Lei n. 10.303/2001 (Debêntures); Lei n. 7.357/1985 (Lei do Cheque); Lei n. 10.931/2004 (Cédula de Crédito Bancário, Letra de Crédito Imobiliário, Cédula de Crédito Imobiliário); Lei n. 11.076/2004 (Certificado de Depósito Agropecuário – CDA, *Warrant* Agropecuário – WA, Certificado de Direitos Creditórios do Agronegócio – CDCA, Letra de Crédito do Agronegócio – LCA e Certificado de Recebíveis do Agronegócio – CRA). Ao fixar os requisitos mínimos para todos os títulos de crédito, inclusive para os títulos inominados, que as necessidades econômicas e empresariais do futuro venham a criar, o Código Civil não conflita com as disposições de leis especiais, mas com elas dialoga. Ao mesmo tempo em que repete, com discurso normativo generalizante, o regramento específico de cada um dos títulos de crédito singularmente considerados, o legislador permite a livre criação dos chamados títulos atípicos, porém já antecipando a sua harmonização com a legislação especial. Exemplos de títulos inominados, não previstos nas leis cambiárias especiais, e que bem se adaptam ao espírito do Código Civil, podem ser identificados em alguns dos documentos de dívida aos quais a legislação processual atribui força executiva idêntica à das obrigações cambiais. É o caso da escritura pública ou outro documento público assinado pelo devedor, e ainda do documento particular assinado pelo devedor e por 2 (duas) testemunhas, títulos executivos extrajudiciais nos termos do art. 784 do CPC/2015 e que podem se revestir, se for o desejo das partes, no exercício de sua autonomia privada, dos atributos da autonomia e independência, valendo e sendo eficazes *per se*, mesmo porque a legislação processual não condiciona a sua força executiva à indicação da origem do débito. A doutrina especializada menciona, ainda, outra categoria de títulos inominados, não destinados à circulação e chamados de títulos aparentes, pois, apesar de não materializarem uma dívida, atribuem ao titular o direito de reclamar um serviço. É o caso dos bilhetes de passagens, especialmente no transporte rodoviário e ferroviário, e dos bilhetes de ingresso em casas de espetáculo. Mesmo não destinados originalmente à circulação, nas relações ordinárias eles são usualmente transferidos a terceiros e atribuem ao possuidor subsequente os mesmos direitos que seriam exercidos pelo adquirente (ou credor original do serviço). Na prática cotidiana, os seus efeitos são similares aos dos títulos de crédito, dada a facilidade da transmissão e a dispensa da prova da legitimidade do atual portador, que poderá lhes exigir o cumprimento, sem justificar a forma de aquisição ou os motivos da transferência. Idêntica a situação dos bilhetes de loterias autorizadas, considerados títulos de crédito subordinados à condição de serem premiados. Comercialistas clássicos do século passado os tratavam como títulos ao portador impróprios ou imperfeitos.

JURISPRUDÊNCIA COMENTADA: Segundo o art. 887 do Código Civil, "os títulos de crédito são documentos necessários ao exercício do direito literal e autônomo nele contido, somente produzindo efeitos quando preenchidos os requisitos dispostos em Lei, os quais se submetem aos princípios cambiários da cartularidade, literalidade, abstração, autonomia das Obrigações Cambiais e inoponibilidade das Exceções Pessoais a Terceiros de Boa-Fé. Pelo princípio da autonomia, o título de crédito configura documento constitutivo de direito novo, originário e completamente desvinculado da relação que lhe deu origem, a importar que as relações jurídicas representadas num determinado título de crédito são autônomas e independentes entre si" (TJDF, APC 07122.47-94.2023.8.07.0001, Rel. Des. Maria de Lourdes Abreu, *DJe* 21.08.2023). Importante destacar que os arts. 887 e seguintes não revogam nenhuma das leis e convenções internacionais adotadas pelo Brasil atinentes aos títulos de crédito. Como bem decidiu o Superior Tribunal de Justiça, em acórdão emblemático, "as normas das Leis especiais que regem os títulos de crédito nominados, *v.g.*, letra de câmbio, nota promissória, cheque, duplicata, cédulas e notas de crédito, continuam vigentes e se aplicam quando dispuserem diversamente do Código Civil de 2002, por força do art. 903 do Diploma civilista. Com efeito, com o advento do Diploma civilista, passou a existir uma dualidade de regramento legal: os títulos de crédito típicos ou nominados continuam a ser disciplinados pelas Leis especiais de regência, enquanto os títulos atípicos ou inominados subordinam-se às normas do novo Código, desde que se enquadrem na definição de título de crédito constante no art. 887 do Código Civil" (STJ, REsp 1.633.399, Rel. Min. Luis Felipe Salomão, *DJe* 01.12.2016). Exatamente por isso, o TRF da 3.ª Região não acolheu o pedido de anulação do aval prestado somente pelo cônjuge varão em cédula rural pignoratícia, sem que a esposa tivesse manifestado anuência com a garantia prestada, ao se ter em conta a vigência do art. 44 da Lei n. 10.931/2004, lei especial e posterior ao CC, dispondo que se aplica a legislação cambial às cédulas de crédito bancário (ApCív 5000515-13.2018.4.03.6106, Rel. Juíza Fed. Conv. Giselle de Amaro e França, *DEJF* 30.06.2020). Visando compatibilizar o princípio da cartularidade com a crescente virtualização do direito cambial, assim decidiu o TJDF: "Para execução de cédula de crédito bancário é necessária a juntada do título original, por meio de sua fotografia ou digitalização colorida, de modo a compatibilizar a segurança indicada pelo art. 887 do Código Civil com a modernização trazida pelo processo judicial eletrônico. 2. Nas execuções, é insuficiente a juntada de cópia em preto e branco do título de crédito que contenha preenchimento e assinaturas de forma manuscrita" (APC 07092.18-18.2023.8.07.0007, 182.4977, Rel. Des. Leonardo Roscoe Bessa, *DJe* 22.03.2024).

REFORMA DO CÓDIGO CIVIL: Pretende-se alterar o art. 887 do Código Civil, que passaria a ter a seguinte redação: "Art. 887. Título de crédito é o documento, cartular ou eletrônico ou registrado em sistema eletrônico de escrituração, necessário ao exercício do direito literal e autônomo nele mencionado, que somente produz efeito quando preencha os requisitos da lei. § 1º Todo título de crédito é título executivo extrajudicial, e sujeita-se aos preceitos da lei especial que o tiver criado. § 2º O título de crédito emitido sob a forma escritural poderá ser executado com base em certidão, emitida pelo sistema eletrônico de escrituração, de inteiro teor dos dados informados no registro". O objetivo da proposta, segundo a comissão de juristas que elaborou o anteprojeto, foi adaptar o regramento sobre os títulos de crédito "ao novo paradigma da imaterialização, próprio dos títulos eletrônicos ou emitidos sob a forma escritural [...]. Desmaterialização e imaterialização são fenômenos da praxe comercial que exigem uma releitura da teoria clássica dos títulos de crédito. Não devem, contudo, as expressões ser tidas como sinônimas. A desmaterialização é o processo pelo qual o documento de suporte material se transforma em um documento eletrônico, o que se denomina em matéria de títulos de crédito em transmutação de suporte. É criticável utilizar o termo desmaterialização para o caso de títulos de crédito criados eletronicamente sem que previamente houvessem sido emitidos em suporte papelizado. Somente pode ser desmaterializado o que é dotado de matéria. Assim, na hipótese em que o título de crédito é corpóreo e foi transmutado o seu suporte para eletrônico, se diz desmaterialização, mas, quando o título foi criado eletronicamente, como é o caso da Letra Financeira, dentre outros, estamos diante de um documento imaterializado".

Art. 888. A omissão de qualquer requisito legal, que tire ao escrito a sua validade como título de crédito, não implica a invalidade do negócio jurídico que lhe deu origem.

COMENTÁRIOS DOUTRINÁRIOS: Leis especiais – especialmente Decreto n. 57.663/1966 (art. 2º) e Lei n. 7.357/1985 (art. 2º) – trazem dispositivos semelhantes, no que diz respeito aos títulos típicos. O artigo em análise reforça o atributo (ou princípio) da autonomia, aplicável a todos os títulos de crédito, inclusive aos títulos atípicos que venham a ser criados, esclarecendo que a "invalidade" do documento como título de crédito não atingirá o negócio jurídico que lhe deu origem. Evidente que a referência ao plano da validade está equivocada. O que o legislador quis enfatizar é que a "eficácia" do documento como título de crédito não compromete o negócio jurídico que originou a dívida. Se o título de crédito, em razão da autonomia, para ser executado não necessita de comprovação da validade ou da eficácia do negócio jurídico que lhe deu origem, pela mesma razão a ausência de qualquer requisito formal no próprio título apenas retira do documento a sua aptidão para produzir efeitos como título de crédito, mas não repercute na existência, validade ou eficácia do negócio jurídico subjacente. O título perde a sua executividade, deixa de ser eficaz como título de crédito, mas continua a refletir a obrigação assumida pelo emitente, permitindo, assim, que o credor exija o seu cumprimento por outros meios, como é o caso da ação ordinária de cobrança ou da ação monitória. A prescrição da pretensão executória também "não atinge o próprio direito material ou crédito que podem ser exercidos ou cobrados por outra via processual admitida pelo ordenamento jurídico", consoante conclusão da *V Jornada* *de Direito Civil* – Enunciado n. 463. Por fim, cabe acrescentar ser admissível o protesto de documento de dívida ainda que não se trate de título executivo extrajudicial (*Enunciado* n. *60* aprovado na *I Jornada de Direito Notarial e Registral*, promovida pelo Conselho da Justiça Federal). A mesma *Jornada*, ocorrida em 2022, aprovou, ainda, os seguintes enunciados, referentes ao protesto de documentos de dívida: "(54) A intimação do devedor por meio eletrônico ou aplicativo multiplataforma de mensagens instantâneas pode ser realizada a pedido do apresentante ou a critério do tabelião, respeitada a competência territorial prevista nos atos normativos do Conselho Nacional de Justiça, observando-se a necessária comprovação de recebimento"; "(58) O cancelamento do protesto pode ser requerido diretamente ao Tabelião mediante apresentação dos documentos que comprovem a extinção da obrigação por consignação da quantia com efeito de pagamento, nos termos do art. 539, § 2º, do CPC"; "(61) Os coobrigados solidários em títulos e documentos de dívida, inclusive os avalistas, podem figurar como devedores no protesto por falta de pagamento, se assim for indicado pelo apresentante"; "(62) Quando o cancelamento for fundado no pagamento, e não for possível demonstrá-lo pelo título ou documento de dívida, será exigida declaração de anuência ao cancelamento, emitida pelo credor ou apresentante endossatário-mandatário, suficientemente identificado na declaração"; e "(67) Observada a competência territorial, a intimação de protesto pode ser realizada em endereço diverso do indicado pelo apresentante como sendo do devedor, se constante de base de dados própria ou de outras bases públicas de acesso disponível, inclusive a mantida pela central de serviços eletrônicos compartilhados".

JURISPRUDÊNCIA COMENTADA: Está pacificado na jurisprudência que o "prazo prescricional para a ação monitória fundada em título de crédito sem força executiva é de 5 (cinco) anos, nos termos do art. 206, § 5º, I, do Código Civil" (STJ, REsp 1.237.708, Rel. Min. João Otávio de Noronha, *DJe* 21.02.2014). Como a eficácia do título de crédito não depende da validade do negócio subjacente, não se pode responsabilizar o endossatário que apresenta o cheque "ao banco para pagamento e, na ausência de fundos, inscreve o nome do devedor no cadastro de inadimplente" (TJGO, AC 0101200-50.2006.8.09.0087, Rel. Des. Fausto Moreira Diniz, *DJGO* 29.01.2015); a não ser que o próprio título estivesse maculado, pois, conforme Súmula n. 475 do STJ, "responde pelos danos decorrentes de protesto indevido o endossatário que recebe por endosso translativo título de crédito contendo vício formal extrínseco ou intrínseco, ficando ressalvado seu direito de regresso contra os endossantes e avalistas". Dessa forma, se a instituição financeira recebe o título por meio de endosso translativo, é parte legítima para "responder pelo protesto indevido e pela validade e existência do negócio subjacente" (TJMG, APCV 1.0479.07.137539-4/002, Rel. Des. Luiz Artur Hilário, *DJEMG* 03.07.2014).

Art. 889. Deve o título de crédito conter a data da emissão, a indicação precisa dos direitos que confere, e a assinatura do emitente.

§ 1º É à vista o título de crédito que não contenha indicação de vencimento.

§ 2º Considera-se lugar de emissão e de pagamento, quando não indicado no título, o domicílio do emitente.

§ 3º O título poderá ser emitido a partir dos caracteres criados em computador ou meio técnico equivalente e que constem da escrituração do emitente, observados os requisitos mínimos previstos neste artigo.

COMENTÁRIOS DOUTRINÁRIOS: Cada lei especial traz os requisitos específicos exigíveis de cada um daqueles títulos típicos. O Código Civil, além de estabelecer também os requisitos mínimos dos títulos de crédito típicos, no que não confrontarem a lei especial, traz os pressupostos gerais aplicáveis a todos os títulos atípicos que venham a ser criados, quais sejam: a data da emissão, a indicação precisa dos direitos que confere e a assinatura do emitente. O título de crédito é um negócio jurídico essencialmente formal. A formalidade exige que o título preencha todos os requisitos previstos em lei, dentre eles a assinatura do emitente da cártula. De acordo com o art. 887 antes comentado, o título de crédito somente produz efeito quando atenda a todas as exigências da lei. Entretanto, a assinatura do emitente pode ser dispensada no caso dos títulos escriturais ou substituída pela assinatura digital nos títulos eletrônicos. Ressalte-se que o *caput* do art. 889 não exige que a assinatura seja autógrafa ou hológrafa (feita de próprio punho). A questão restou pacificada na *V Jornada de Direito Civil*, como se vê pela conclusão aprovada no Enunciado n. 462: "Os títulos de crédito podem ser emitidos, aceitos, endossados ou avalizados eletronicamente, mediante assinatura com certificação digital, respeitadas as exceções previstas em lei". O § 1º deste artigo esclarece que o título de crédito que não contiver indicação de vencimento será considerado à vista e o credor poderá exigi-lo imediatamente. Nesse particular está em consonância com a norma que se extrai do art. 331, segundo o qual "não tendo sido ajustada época para o pagamento, pode o credor exigi-lo imediatamente". A palavra "imediatamente" deve ser interpretada com temperamentos, e não em sua literalidade, ao pé da letra, assegurando-se ao devedor tempo suficiente para que possa realizar o pagamento. Omitindo-se o título quanto ao lugar da emissão ou quanto à praça de pagamento, considera-se o domicílio do emitente (§ 2º). Vale dizer, nem a data de vencimento, nem o local do pagamento constituem requisitos indispensáveis dos títulos de crédito, de modo que a ausência desses dois elementos não compromete a eficácia do título ou a sua executividade. O § 3º, por sua vez, prova a competência e eficiência do legislador na atualização do projeto de Código Civil, ao dispor sobre os títulos emitidos por computador. A controvérsia instaurada quanto à possibilidade de se aplicar o dispositivo também aos títulos típicos já foi superada. Ou seja, podem a duplicata, a letra de câmbio ou mesmo o cheque ser emitidos por computador, dispensando-se, por exemplo, a assinatura do emitente (ou fazendo uso da chamada assinatura digital), desde que inexista vedação expressa nas respectivas leis especiais. Nesse sentido é a exata dicção do art. 903 deste Código. Em outras palavras: apenas e tão somente quando a lei especial dispuser de modo absolutamente contrário, e aqui estamos falando em "disposição diversa" e não em omissão da lei especial, é que a aplicação do Código Civil fica afastada e restrita aos títulos atípicos. Por outro lado, sempre que a legislação especial for omissa, será cabível a incidência das disposições codificadas. No caso, nenhuma das leis que regulam os títulos de crédito típicos contêm proibição expressa à utilização de plataforma eletrônica, tanto é assim que os chamados títulos de créditos escriturais, sem cártula, há muito integram a nossa realidade prática, a se ver pela "debênture escritural", que só existe em contas correntes abertas em nome dos debenturistas nas instituições financeiras. Aliás, a Lei n. 13.775/2018 veio dispor sobre a emissão de duplicata sob a forma escritural, prevendo que endossantes e avalistas indicados pelo apresentante ou credor como garantidores do cumprimento da obrigação constarão como tal dos extratos a serem emitidos em forma eletrônica, observados requisitos de segurança que garantam a autenticidade dos documentos eletrônicos em geral. Na *V Jornada de Direito Civil*, fora aprovado enunciado sobre as duplicatas eletrônicas (Enunciado n. 461): "As duplicatas eletrônicas podem ser protestadas por indicação e constituirão título executivo extrajudicial mediante a exibição pelo credor do instrumento de protesto, acompanhado do comprovante de entrega das mercadorias ou de prestação dos serviços". A Lei n. 14.195/2021 regulamentou a nota comercial, valor mobiliário anteriormente previsto no inciso VI do *caput* do art. 2º da Lei n. 6.385/1976, como título de crédito emitido exclusivamente sob a forma escritural, por sociedades anônimas, sociedades limitadas e sociedades cooperativas, não conversível em ações, de livre negociação, representativo de promessa de pagamento em dinheiro. Especificamente sobre a forma da assinatura nos títulos digitais, enunciados aprovados na *I Jornada de Direito Notarial e Registral*, promovida pelo Conselho da Justiça Federal, assim estabeleceram: "(55) Serão admitidos a protesto títulos e documentos de dívida nato-digitais assinados de forma simples, avançada ou qualificada, cabendo ao apresentante declarar em relação às duas primeiras, sob as penas da lei, que a forma de assinatura foi admitida pelas partes como válida ou aceita pela pessoa a quem oposta"; "(56) A assinatura eletrônica avançada, prevista no art. 4º, II, da Lei n. 14.063/2020, é meio apto e seguro para fins de apontamento eletrônico de títulos para protesto, bem como para a formalização das desistências e anuências eletrônicas para cancelamento de protesto".

JURISPRUDÊNCIA COMENTADA: Há inúmeros precedentes do Superior Tribunal de Justiça em que se discute a validade e eficácia de nota promissória em que não indicada a data da emissão, todos uníssonos no entendimento de que a falta de indicação da data de emissão do título pode ser superada a partir de dados constantes do contrato a que se encontrar vinculado. A ausência de data de emissão em nota promissória configura mera "irregularidade formal, retirando a exequibilidade do título de crédito (art. 75, n. 6, primeira parte, da LUG)" (REsp 1.724.744/RJ, Rel. Min. Paulo de Tarso Sanseverino, *DJe* 29.06.2018). Em sentido contrário, decisão do Tribunal de Justiça do Espírito Santo enfatiza que "o formalismo que permeou a chamada Lei Uniforme sobre Letras de Câmbio e Notas Promissórias (Decreto n. 57.663/66) não pode constituir-se em empecilho à execução do título de crédito diante de uma simples irregularidade que pode ser superada a partir das demais circunstâncias verificadas nos autos" (TJES, Apl 0000959-57.2007.8.08.0056, Rel. Des. Eliana

Junqueira Munhos Ferreira, *DJES* 04.05.2018, j. 24.04.2018). Quanto aos títulos virtuais, mesmo antes da edição da Lei n. 13.775/2018, era tranquila na jurisprudência a possibilidade da emissão e da indicação a protesto de duplicata virtual em substituição da cambial física, como se vê pelo seguinte aresto do Tribunal de Justiça de São Paulo: "A duplicata virtual, acompanhada da respectiva fatura, do comprovante da entrega da mercadoria e do instrumento do protesto detém executividade" (TJSP, APL 1122043-54.2016.8.26.0100, Rel. Des. Melo Colombi, *DJESP* 16.02.2018). No entanto, a admissão da utilização da forma eletrônica, mesmo escorada em expressa previsão legal, "não dispensa o credor de apresentar a prova de entrega dos produtos, ou da prestação dos serviços" (TJSP, APL 1013532-11.2016.8.26.0019, Rel. Des. Mario de Oliveira, *DJESP* 18.07.2018). Por fim, não se confunda "duplicata escritural e duplicata virtual ou digital: – as duplicatas virtuais são regidas pela Lei n. 5.474/1968 e pelo art. 889, § 3º, do Código Civil enquanto as duplicatas escriturais são reguladas pela legislação específica como a Lei nº 13.775/2018, a resolução nº 4.734/2019 do CMN, a resolução nº 4.815/2020 do CMN e a Circular nº 3.952/2019 do BACEN. No caso dos direitos creditórios cedidos ao provenientes de duplicatas virtuais, destaca-se que não é necessário o registro eletrônico com informações sobre gravames para garantir a integridade das garantias oferecidas. Essa distinção ressalta a autonomia das duplicatas virtuais, conferindo segurança jurídica às transações comerciais sem a obrigatoriedade de registro eletrônico para validar as garantias. É inegável que ambas são geradas eletronicamente, contudo, é necessário distinguir o momento, a causa, a forma e as consequências desse processo. Enquanto a duplicata virtual pode inicialmente existir em formato físico, circular como tal e, posteriormente, transformar-se em um documento eletrônico, permitindo protesto por indicações e servindo como base para ação de execução, desde que esteja materializada no instrumento de protesto acompanhado do comprovante de entrega de mercadoria/prestação de serviços, a duplicata escritural surge eletronicamente, realizando todo o ciclo de circulação, pagamento, quitação e instrução para cobrança, tanto judicial quanto extrajudicial, de maneira totalmente eletrônica" (TJRS, AI 5348783-49.2023.8.21.7000, Rel. Des. Gelson Rolim Stocker, *DJERS* 08.02.2024). Nem duplicata digital e duplicata eletrônica: "A duplicata eletrônica, art. 889, § 3º, do Código Civil, não se confunde com a duplicata digital, emitida com assinatura digital certificada pela ICP-Brasil, art. 10, § 1º da MP 2.200/2001 c/c art. 219 do CC, nem com a duplicata escritural, Lei nº 13.775/2018. Para configuração de título executivo, a duplicata eletrônica deve estar contida na escrituração do emitente, ter aceite e protesto, ambos pessoal, ou por indicação, parágrafo único, art. 8º, da Lei nº 9.492/1997, além de vir acompanhada das notas fiscais com prova de recebimento da mercadoria ou do serviço" (TJDF, APC 07060.52-88.2022.8.07.0014, Rel. Des. Vera Andrighi, *DJe* 22.05.2023).

REFORMA DO CÓDIGO CIVIL: Pretende-se alterar o art. 889 do Código Civil, que passaria a ter a seguinte redação: "Art. 889. Deve o título de crédito conter a data da emissão, a indicação precisa dos direitos que confere, e a assinatura do emitente. § 1º É à vista o título de crédito que não contenha indicação da data de vencimento. § 2º Considera-se lugar de emissão e de pagamento, quando não indicados no título, o domicílio do emitente. § 3º O título de crédito poderá ser emitido sob a forma escritural, mediante lançamento em sistema eletrônico de escrituração legalmente autorizado a funcionar". O objetivo da proposta, segundo a comissão de juristas que elaborou o anteprojeto, foi atualizar a redação para contemplar os títulos de crédito emitidos sob a forma escritural.

Art. 890. Consideram-se não escritas no título a cláusula de juros, a proibitiva de endosso, a excludente de responsabilidade pelo pagamento ou por despesas, a que dispense a observância de termos e formalidade prescritas, e a que, além dos limites fixados em lei, exclua ou restrinja direitos e obrigações.

COMENTÁRIOS DOUTRINÁRIOS: O dispositivo reproduz o art. 44 do Decreto n. 2.044/1908, que regulava a letra de câmbio, a nota promissória e as operações cambiais em geral antes da promulgação da LUG pelo Decreto n. 57.663/1966. Atualmente, as leis especiais que disciplinam a maioria dos títulos típicos ou nominados admitem ou não proíbem a cláusula de juros. Daí por que, quanto a esse aspecto, o art. 890 aplicar-se-á exclusivamente aos títulos inominados. Quanto às cláusulas vedativas de endosso, excludente de responsabilidade pelo pagamento ou por despesas, ou ainda as que dispensem a observância de formalidades legalmente prescritas ou restrinjam direitos e obrigações, além dos limites fixados em lei, tais pactuações devem ser consideradas "não escritas" exclusivamente para os efeitos cartulares, ou seja, para que o documento seja tratado como um título de crédito, mas não impedem que o credor exija o seu cumprimento por outros meios.

JURISPRUDÊNCIA COMENTADA: Na jurisprudência não se verificam controvérsias, sobre a inaplicabilidade, aos títulos típicos, "do artigo 890 do CC/2002, considerando a regularidade dos juros cobrados e pactuados" (TJRJ, APL 0028998-29.2007.8.19.0001, Rel. Des. Cherubin Helcias Schwartz Junior, *DORJ* 01.12.2017). Já decidiu o STJ que as cédulas de crédito rural, industrial e comercial se submetem a regramento próprio, que confere ao Conselho Monetário Nacional o dever de fixar os juros a serem praticados. Não havendo atuação do referido órgão, adota-se a limitação de 12% ao ano prevista no Decreto n. 22.626/1933. Em outras palavras, não havendo limitação do CMN, podem as partes pactuar livremente as taxas de juros, desde que não ultrapassem o limite de 12% ao ano (Cf. REsp 1.940.292/PR, Rel. Min. Nancy Andrighi, 3.ª Turma, j. 03.05.2022, *DJe* 27.05.2022).

Art. 891. O título de crédito, incompleto ao tempo da emissão, deve ser preenchido de conformidade com os ajustes realizados.

Parágrafo único. O descumprimento dos ajustes previstos neste artigo pelos que deles participaram, não constitui motivo de oposição ao terceiro portador, salvo se este, ao adquirir o título, tiver agido de má-fé.

COMENTÁRIOS DOUTRINÁRIOS: Tanto o Decreto n. 2.044/1908 como a Lei Uniforme de Genebra trouxeram dispositivo semelhante alusivo aos títulos incompletos. Considera-se completo o título que contém, desde sua emissão, todos os elementos exigidos pela lei. Incompleto, *a contrario sensu*, é o título emitido sem alguns desses elementos. Para que se possa falar em título incompleto, é imprescindível a presença, quando de sua emissão, dos pressupostos existenciais do negócio jurídico, elementos que tornem possível a identificação do documento como título de crédito, como é caso da assinatura válida ou do instrumento, em suporte físico ou eletrônico. O preenchimento posterior de dados faltantes, nos moldes permitidos pelo art. 891, sempre foi comum na praxe mercantil e exterioriza um acordo presumido de preenchimento entre o emitente e o portador imediato. Cheques ou notas promissórias em branco, assinados pelo devedor, são frequentemente entregues como garantia de cumprimento dos mais diversos negócios jurídicos. Cabe ao devedor comprovar que o preenchimento posterior do título, pelo credor, deixou de observar os termos ajustados entre as partes ou ainda que o preenchimento foi abusivo. No entanto, mesmo comprovando que houve o descumprimento do ajustado entre as partes, não pode o devedor opor o defeito ao terceiro portador, que não participou do negócio jurídico originário, salvo se aquele, ao adquirir o título, tiver agido de má-fé. Ressalte-se, porém, que o título apenas pode ser completado pelo credor de boa-fé até o momento de sua apresentação para cobrança ou protesto, de acordo com a jurisprudência do Supremo Tribunal Federal, sintetizada no enunciado da Súmula n. 387: "A cambial emitida ou aceita com omissões, ou em branco, pode ser completada pelo credor de boa-fé antes da cobrança ou do protesto".

JURISPRUDÊNCIA COMENTADA: No âmbito do Superior Tribunal de Justiça, não existe divergência quanto à validade e eficácia dos chamados cheques incompletos ou em branco, "quando emitidos com a omissão de um dos elementos constituintes obrigatórios previstos legalmente, permitindo-se seu preenchimento posterior pelo credor de boa-fé antes de sua cobrança". Para o STJ, "o interesse social visa, no terreno do crédito, a proporcionar ampla circulação dos títulos de crédito, dando aos terceiros de boa-fé plena garantia e segurança na sua aquisição" e "os riscos da emissão de cheque com claros recaem particularmente sobre seu emitente, considerando a inoponibilidade de exceção de abuso no preenchimento do cheque quando ele é feito por terceiro portador de boa-fé" (REsp 1.647.871/MT, 3.ª Turma, Rel. Min. Nancy Andrighi, *DJe* 26.10.2018). Portanto, ainda que o preenchimento do título tenha sido originalmente abusivo, a transferência, por endosso, pelo credor, impede que o emitente oponha a abusividade ao endossatário, pois as "exceções de caráter pessoal que não podem ser invocadas perante terceiros" (TJSP, APL 0105682-57.2008.8.26.0100, Rel. Des. Gomes Varjão, *DJESP* 27.04.2016). A alegação de "preenchimento abusivo" por parte do endossante não tem o alcance de atingir "terceiro de boa-fé que recebeu o título por endosso" (TJSP, APL 0000698-55.2015.8.26.0333, Rel. Des. Paulo Pastore Filho, *DJESP* 03.06.2016). Entretanto, já se decidiu que tendo sido anteriormente extinta a execução aparelhada em título de crédito com omissões, descabe ao credor o preenchimento dos claros para ajuizar novo processo executório, remanescendo-lhe apenas a via ordinária.

Art. 892. Aquele que, sem ter poderes, ou excedendo os que tem, lança a sua assinatura em título de crédito, como mandatário ou representante de outrem, fica pessoalmente obrigado, e, pagando o título, tem ele os mesmos direitos que teria o suposto mandante ou representado.

COMENTÁRIOS DOUTRINÁRIOS: O título de crédito pode ser emitido por procurador. A Lei Uniforme de Genebra contém norma semelhante no tocante à letra de câmbio (art. 18). O art. 1º, VI, da Lei n. 7.357/1985 também estabelece como requisito essencial do cheque a assinatura do sacador ou de procurador com poderes especiais. Entretanto, não pode o procurador emitir, a seu favor ou em benefício de sociedade integrante de seu grupo econômico, um título de crédito contra o próprio mandante. Doutrina e jurisprudência são acordes em considerar abuso de direito a emissão de título de crédito, por parte do mandatário contra o mandante, tratando-se de prática ilegítima. Há muito foi sedimentado na jurisprudência posição sobre a ilegalidade de procuração destinada ao saque de títulos contra o próprio outorgante, consoante se extrai do enunciado da Súmula n. 60/STJ: "É nula a obrigação cambial assumida por procurador do mutuário vinculado ao mutuante, no exclusivo interesse deste". Para o representante ou mandatário que apõe assinatura em título de crédito tornar-se pessoalmente responsável pela obrigação, excluindo a responsabilidade do mandante, é necessária a demonstração de excesso ou abuso de poder. Nesse caso, o mandatário ou falso mandatário passa a ser pessoalmente obrigado pela dívida, pois atuou sem poderes em nome de outrem, isentando o mandante. A regra guarda paralelo com o art. 663, que torna o mandatário pessoalmente obrigado, se agir no seu próprio nome, ainda que o negócio seja celebrado à conta do mandante. É a situação, por exemplo, da duplicata com aceite dado por terceiro que não integra a pessoa jurídica tomadora do serviço ou adquirente dos produtos. Nesse caso, o terceiro passa a ser obrigado pela dívida e torna-se parte legítima para responder pela execução. Em resumo, se o signatário firma a cártula em nome de outrem, sem poderes de representação, legal ou convencional, obriga-se pessoalmente pelo débito. Se, uma vez demandado, vier a pagar a dívida, sub-roga-se nos direitos do mandante ou do representado no que tange ao negócio jurídico que deu origem ao título. Todavia, a obrigação contraída pelo mandatário sem poderes, ou pelo falso mandatário, vinculará o suposto representado se presentes os requisitos para aplicação da teoria da aparência.

JURISPRUDÊNCIA COMENTADA: Já se decidiu, em caso de notas promissórias emitidas por procurador sem poderes especiais, que os títulos seriam ineficazes contra o mandante, subsistindo a responsabilidade pessoal do mandatário, vez que "nota promissória emitida por procurador sem poderes especiais (art. 661, § 1º, do CC), é ineficaz contra o mandante, mormente, quando aquele declarou ao juízo que não contraiu dívida em nome da outorgante no período em que lhe prestou serviços. Entretanto, fica pessoalmente obrigado, consoante determina o art. 663 e 892, do Código Civil" (TJSC, AC 2007.022931-9, Rel. Des. Saul Steil, *DJSC* 23.11.2009). No caso em que o título foi emitido por pessoa física como preposto da pessoa jurídica, o tribunal entendeu que, não havendo demonstração de que ao tempo da emissão do título em questão o emitente teria poderes para contrair empréstimo financeiro em nome da pessoa jurídica, "não há que se falar em responsabilidade desta com a dívida, objeto do litígio", vez que "ainda que o empréstimo tenha sido contraído pelo emitente do título de crédito para saldar débitos da empresa em que trabalha, não havendo provas de que tinha poderes para tanto, deve este responder individualmente pela dívida contraída" (TJAC, AC 0000968-71.2010.8.01.0003, Rel. Juiz Marcelo Badaró Duarte, *DJAC* 06.05.2011). Em suma, "a emissão de cédula de crédito por terceiro sem poderes de representação da pessoa jurídica não ocasiona a nulidade do título, mas a responsabilização do emitente, que fica pessoalmente obrigado, nos termos do art. 892 do Código Civil" (TJDF, APC 07448.28-36.2021.8.07.0001, 167.7997, Rel. Des. Hector Valverde Santanna, *DJe* 03.04.2023). Todavia, sempre que presentes os pressupostos para aplicação da teoria da aparência, tem-se admitido a vinculação do representado, mesmo quando o representante não tinha poderes para contrair a obrigação. Ao se discutir a validade do aceite de duplicatas pelo diretor administrativo-financeiro da pessoa jurídica, que não tinha, em vista do estatuto social, poderes estatutários ou outorgados para praticar o ato cambiário, o Superior Tribunal de Justiça aplicou a teoria da aparência, permitindo que o negócio jurídico produzisse os efeitos que lhe eram próprios, pois "em linha de princípio, não se afigura imprescindível à existência da representação a outorga convencional de poderes, mas a existência de poderes, outorgados ou não, os quais permitem a vinculação direta do representado nos negócios firmados pelo representante em seu nome. Os poderes definem o campo de eficácia vinculativa de acordo com os limites estabelecidos, ora pela outorga, ora pela lei, ora por situação fática consistente na atividade realizada declaradamente em nome de outrem (*contemplatio domini*), ainda que desprovida de ato jurídico de outorga de poderes (procuração)" (REsp 1.315.592, Rel. Min. Luis Felipe Salomão, *DJe* 31.10.2017).

Art. 893. A transferência do título de crédito implica a de todos os direitos que lhe são inerentes.

COMENTÁRIOS DOUTRINÁRIOS: As diversas leis especiais que regulam os títulos de crédito típicos possuem dispositivos semelhantes. O art. 14 da LUG também dispõe que "o endosso transmite todos os direitos emergentes da letra". Ou seja, quando se transfere um título de crédito, não se transfere apenas o direito ao recebimento da prestação nele mencionada, mas todos os direitos acessórios que lhe sejam inerentes, seguindo o princípio de que o acessório tem o mesmo destino do principal (*accessorium sequitur principale*). Nesse aspecto, o Código Civil incorpora ao sistema codificado uma regra comum aos títulos típicos, como norma geral aplicável a todos os demais títulos de crédito, incluindo os títulos atípicos que venham a ser criados. Com a transmissão do título, transferem-se todos os direitos inerentes à cártula e às obrigações nela mencionadas, especialmente as garantias eventualmente prestadas pelo devedor ou por terceiro. A eventual perda superveniente de eficácia executiva do título não compromete os direitos transmitidos junto com a obrigação cambial, razão pela qual o cessionário de título prescrito pode cobrar a dívida por outros meios, como é o caso da ação ordinária de cobrança ou da ação monitória. Essa é também a conclusão exposta no Enunciado n. 463 da *V Jornada de Direito Civil*: "A prescrição da pretensão executória não atinge o próprio direito material ou crédito, que podem ser exercidos ou cobrados por outra via processual admitida pelo ordenamento jurídico".

JURISPRUDÊNCIA COMENTADA: A "transferência do título de crédito implica a transferência de todos os direitos que lhe são inerentes, a teor do disposto no art. 893 do Código Civil. Sobre o tema, consigne-se que o titular do título é, simultaneamente, titular do crédito incorporado ao documento, sendo que a posse da cártula indica, sob qualquer circunstância, a quem deve ser feito o pagamento" (TRF 3.ª R., ApCív. 5000249-15.2016.4.03.6100, SP, Rel. Des. Fed. José Carlos Francisco, *DEJF* 16.03.2023). Nos casos, em que prescrita a ação executiva, mas que ainda sobram ao credor outras vias de cobrança, o protesto do título prescrito constitui mera irregularidade, que não enseja dano moral, consoante precedentes mais recentes do Superior Tribunal de Justiça: "A Terceira Turma, modificando entendimento anteriormente perfilhado, passou a compreender que o protesto irregular de cheque prescrito não caracteriza abalo de crédito apto a ensejar danos morais ao devedor, se ainda remanescer ao credor vias alternativas para a cobrança da dívida consubstanciada no título. Precedente: REsp 1.677.772/RJ, Rel. Ministra NANCY ANDRIGHI, *DJe* 20/11/2017" (AgInt no AgInt no REsp 1.548.842/SP, Rel. Min. Moura Ribeiro, *DJe* 25.10.2018). Também a Quarta Turma passou a entender que o protesto de título de crédito prescrito, embora irregular, não gera direito automático a indenização por danos morais. Não obstante tenha determinado o cancelamento do protesto indevido de dois cheques, efetivado após o prazo para a execução cambial, mas dentro dos cinco anos que possibilitam a cobrança por outras vias, o Tribunal rejeitou o pedido de indenização formulado pelo emissor dos títulos. Com isso, a Quarta e a Terceira Turmas se alinharam, uniformizando a matéria no âmbito da Seção de Direito Privado (REsp 1.536.035/PR, Rel. Min. Luis Felipe Salomão, j. 26.10.2021).

Art. 894. O portador de título representativo de mercadoria tem o direito de transferi-lo, de conformidade com as normas que regulam a sua circulação, ou de receber aquela independentemente de quaisquer formalidades, além da entrega do título devidamente quitado.

COMENTÁRIOS DOUTRINÁRIOS: O dispositivo versa sobre os títulos representativos de mercadorias, normalmente emitidos pelos chamados "armazéns-gerais", que são empresas cujo objeto social é a guarda e conservação de produtos, com a prerrogativa de emissão de títulos de crédito especiais, chamados "Conhecimento de Depósito" e *Warrant*, representativos, de um lado, das mercadorias depositadas e, de outro lado, das obrigações assumidas, e que possuem aptidão para circular, por endosso, conjunta ou separadamente. O funcionamento das empresas de armazéns-gerais encontra-se regrado pelos arts. 18 a 22 do Decreto n. 1.102/1903, com as alterações da Lei Delegada n. 3/1962, os quais permanecem em vigor. No caso de produtos agropecuários, tem aplicação a Lei n. 9.973/2000, que trata do sistema de armazenagem de produtos agropecuários. Existem, ainda, os conhecimentos de transporte, igualmente dispostos em legislação especial, no caso, o Decreto n. 19.473/1930, que regulou os conhecimentos de transporte de mercadorias por terra (*inland bill*), água (*bill of lading*) ou ar (*airwaybill*). Discute-se nos meios doutrinários se o Decreto n. 19.473 ainda estaria em vigor, diante de sua suposta revogação por outro Decreto de 25 de abril de 1991 (não numerado). Aderimos à posição majoritária de que o Decreto n. 19.473 permanece em vigor, com *status* de lei ordinária, posto que editado pelo Governo Provisório no período revolucionário dos anos 1930, não se admitindo, assim, a sua revogação por decreto, publicado sob a vigência da Constituição de 1988. O art. 894 assegura ao legítimo portador do título o direito de transferi-lo, em conformidade com as regras de circulação previstas nas leis especiais ou neste Código, ou de receber a mercadoria independentemente de quaisquer formalidades, desde que, por óbvio, pague as despesas pertinentes. No conhecimento de transporte, o recebimento da mercadoria pode estar condicionado ao pagamento do respectivo frete, enquanto no conhecimento de depósito, ao pagamento das despesas de armazenagem. Leis especiais dispuseram sobre a circulação desses títulos. O Certificado de Depósito Agropecuário (CDA) e o *Warrant* Agropecuário, por exemplo, só podem circular por meio de endosso pela instituição custodiante, com o registro em sistema de registro e liquidação financeira de ativos autorizados pelo Banco Central, sendo que a retirada dos produtos somente é possível após a baixa do registro eletrônico. O Código Civil, portanto, será útil apenas para regular a circulação de novos títulos representativos de mercadoria que venham a ser criados.

JURISPRUDÊNCIA COMENTADA: Decisão do Tribunal de Justiça de Pernambuco esclarece que o endosso no Certificado de Depósito Agropecuário (CDA) e no *Warrant* Agropecuário (WA) transfere ao endossatário a propriedade do produto, que não se submeterá aos efeitos da recuperação judicial do endossante, uma vez que "a transferência da propriedade dos bens a que se referem os CDA e WA, através dos endossos realizados anteriormente à ação de recuperação judicial", em favor do Banco Agravante, afasta a sua "submissão ao concurso de credores na referida ação, motivo pelo qual devem ser excluídos da ação de recuperação judicial" (TJPE, AI 0010218-30.2009.8.17.0000, Rel. Des. Roberto da Silva Maia, *DJEPE* 19.04.2017). No entanto, devem-se distinguir as hipóteses de endosso dos dois títulos (certificado e warrant) ou de endosso de apenas um deles, pois "a transferência, por endosso, dos dois títulos juntos dá ao cessionário o direito de dispor livremente da mercadoria depositada. Se a transferência é apenas do warrant, o cessionário tem o direito do penhor sobre a mercadoria. Se somente do conhecimento de depósito, fica com a faculdade de dispor da mercadoria, ressalvados, contudo, os direitos do credor pignoratício, portador do *warrant*" (TJSC, AC 0001187-31.2009.8.24.0019, Rel. Des. Carlos Roberto da Silva, *DJSC* 16.06.2017).

Art. 895. Enquanto o título de crédito estiver em circulação, só ele poderá ser dado em garantia, ou ser objeto de medidas judiciais, e não, separadamente, os direitos ou mercadorias que representa.

COMENTÁRIOS DOUTRINÁRIOS: O dispositivo deixa clara a distinção entre o título de crédito, quando em circulação, e as mercadorias ou produtos nele representados, prevendo que a penhora judicial ou qualquer outro ônus que venha a atingir o credor ou o legítimo portador do título deve recair sobre o título em si, e não separadamente sobre os bens nele mencionados. O que se quer dizer com isso é que, após a emissão de um título representativo de mercadorias, estas não poderão sofrer embargo, penhora, sequestro ou qualquer outro embaraço que prejudique a plena e livre circulação do título. Em face da regra prevista no art. 893, o portador da cártula possui direitos tanto sobre o próprio título como sobre os produtos ali representados. Assim, por exemplo, ao dar o título em garantia, por meio de caução, o portador faz com que o ônus incidente sobre o título atinja, igualmente, as mercadorias mencionadas na cártula, sem que haja necessidade de serem oneradas em separado. A transferência do título por endosso, da mesma forma, abrange todos os direitos e obrigações nele representados, de forma que o endossatário, ao mesmo tempo em que adquire a propriedade dos bens a que se refere o título, assume, também, a responsabilidade pelas despesas relativas a eles, como é o caso dos custos de armazenagem, no conhecimento de depósito.

JURISPRUDÊNCIA COMENTADA: Sobre a impenhorabilidade das mercadorias vinculadas ao título, especialmente em se tratando de produtos rurais, já decidiu o STJ que a restrição à constrição direta sobre os próprios produtos prevalece mesmo diante da penhora que garante o crédito trabalhista, sendo esta prelação justificada pelo interesse público. No julgamento do REsp 1.327.643, que versou sobre a Cédula de Produto Rural (CPR), foi destacado que, em vista da "sua função social e visando garantir eficiência e eficácia à CPR, o art. 18 da Lei n. 8.929/1994 prevê que os bens vinculados à CPR não serão penhorados ou sequestrados por outras dívidas do emitente ou do terceiro prestador da garantia real, cabendo a estes comunicar tal vinculação a quem de direito. A impenhorabilidade criada por lei é absoluta em oposição à impenhorabilidade por simples vontade individual. A impenhorabilidade absoluta é aquela que se constitui por interesse público, e não por interesse particular, sendo possível o afastamento apenas desta última hipótese. O direito de prelação em favor do credor cedular se concretiza no pagamento prioritário com o produto da venda judicial do bem objeto da garantia excutida, não significando, entretanto, tratamento legal discriminatório e anti-isonômico, já que é justificado pela existência da garantia real que reveste o crédito privilegiado. Os bens vinculados à cédula rural são impenhoráveis em virtude de lei, mais propriamente do interesse público de estimular o crédito agrícola, devendo prevalecer mesmo diante de penhora realizada para garantia de créditos trabalhistas" (REsp 1.327.643/RS, Rel. Min. Luis Felipe Salomão, *DJe* 06.08.2019).

Art. 896. O título de crédito não pode ser reivindicado do portador que o adquiriu de boa-fé e na conformidade das normas que disciplinam a sua circulação.

COMENTÁRIOS DOUTRINÁRIOS: A Lei do Cheque continha dispositivo semelhante, no que diz respeito ao cheque ("Art. 24. Desapossado alguém de um cheque, em virtude de qualquer evento, novo portador legitimado não está obrigado a restituí-lo, se não o adquiriu de má-fé"). O Código Civil ao consagrar, de igual forma, o chamado "princípio da autonomia cartular", inspirado no pensamento de Tullio Ascarelli, incorpora a regra, como norma geral aplicável a todos os títulos, inclusive aos títulos atípicos que venham a ser criados. Autonomia significa, dissemos isso em comentário anterior, que não podem ser opostas ao subsequente portador do título, desde que lhe tenha sido regularmente transferido o Direito Cartular, de acordo com as regras próprias do tipo cambial respectivo, as exceções oponíveis ao portador anterior. Em outras palavras, não pode ser invocada contra o terceiro que atualmente possua o título a eventual falta de titularidade do transmitente. Assim, mesmo em ocorrendo a rescisão do contrato que ensejou a tradição dos títulos, com direito do emitente à devolução dos valores (e títulos) correspondentes, não lhe é possível reivindicar, por exemplo, os cheques dados em pagamento a terceiro. O direito do portador a quem foram repassados os títulos passa a ser autônomo, diverso daquele que tinha a pessoa que os transmitiu. Só restará ao emitente a possibilidade de exigir o reembolso do transmitente.

JURISPRUDÊNCIA COMENTADA: Encontram-se diversas decisões nos Tribunais estaduais sobre a impossibilidade de se compelir o terceiro a devolver ao emitente os títulos de crédito que recebeu de boa-fé. Em um caso de rescisão de contrato de compra e venda de veículo, em que houve emissão de notas promissórias e cheques como forma de pagamento, o Tribunal de Justiça de São Paulo decidiu ser incabível obrigar "o réu a devolver ao autor os títulos de crédito, que gozam de autonomia, repassados a terceiros. Contudo, poderá se valer de ação própria, movida em face do requerido, para ressarcimento de eventuais quantias despendidas em virtude destes títulos de crédito" (TJSP, APL 0015846-29.2010.8.26.0577, Ac. 7.854.781, Rel. Des. Gomes Varjão, *DJESP* 25.09.2014). Sem prova da má-fé, não se pode "acoimar de abusivo ou ilegal o comportamento do legítimo portador (terceiro de boa-fé)" (TJSC, AC 2008.012233-1, Rel. Des. Jânio de Souza Machado, *DJSC* 27.07.2011).

Art. 897. O pagamento de título de crédito, que contenha obrigação de pagar soma determinada, pode ser garantido por aval.

Parágrafo único. É vedado o aval parcial.

COMENTÁRIOS DOUTRINÁRIOS: O dispositivo versa sobre o "aval" e, diante da inexistência de disposição em contrário prevista na legislação especial, o *caput* é também aplicável aos títulos de crédito típicos. O aval é uma garantia cambiária que não existe fora do título de crédito, por meio da qual o avalista garante o pagamento do título. Trata-se de ato cambiário praticado por terceiro, que se responsabiliza e torna-se coobrigado pelo pagamento da obrigação constante do título, respondendo solidariamente com o emitente. Em havendo mais de um emitente no título, nada obsta que um deles também figure como avalista, robustecendo a garantia com a assunção, sozinho, da responsabilidade solidária pelo pagamento. O aval se submete aos princípios do regime jurídico cambial, entre os quais se inclui o da autonomia das obrigações, pois, ao menos em princípio, goza de autonomia em relação à dívida assumida pelo avalizado. Apesar da autonomia, o aval perde a eficácia depois de prescrita a ação cambiária, de modo que os avalistas não têm legitimidade passiva para responder por ação monitória ou ação de cobrança, que tenham por objeto título de crédito prescrito. O avalizado tanto pode ser o emitente (devedor principal) como um outro coobrigado. Basta a assinatura do avalista no verso ou no anverso do título, para que ele assuma, em solidariedade com o avalizado, a responsabilidade pelo pagamento da totalidade da obrigação representada no título. Caso venha a adimplir sozinho, adquire o direito de regresso contra o avalizado e demais coobrigados. Não se deve confundir o aval, que é declaração unilateral de vontade, garantia cambial autônoma prestada por aquele que se obrigou a garantir a solvência da obrigação representada em um título de crédito, com a fiança, que é contrato, unilateral, em regra não oneroso, acessório, solene e *intuitu personae*, constituindo garantia fidejussória ou pessoal, dada a pessoa determinada. O aval, ao contrário, não é dado à pessoa do devedor, mas ao próprio título. Além disso, o aval goza de autonomia, fazendo com que coexistam no título duas obrigações independentes e dois devedores, enquanto a fiança é sempre acessória e dependente da obrigação principal, que permanece una, sendo que o fiador não é devedor, mas apenas responsável pelo pagamento, sob a ótica da doutrina dualista das obrigações, também chamada *Schuld und Haftung*, divisora da relação jurídica obrigacional em duas sub-relações – a de "débito" e a de "responsabilidade". Diferentemente da fiança, o aval não comporta benefício de ordem, vez que a obrigação é diretamente assumida pelo avalista, que se torna codevedor solidário. O fiador, em regra, é apenas responsável subsidiário, fazendo jus ao benefício de ordem, se não o renunciar expressamente. A utilização corrente, em contratos em geral, do termo "avalista", instituto de aplicabilidade restrita aos títulos de crédito, para aludir ao garantidor de uma obrigação contratual, é absolutamente equivocada. *Sobre aval e outorga conjugal*: as outorgas conjugais (uxória e marital) constituem autorizações concedidas por um cônjuge a outro, para a prática de determinados atos. O art. 1.647 estabelece, por exemplo, que nenhum dos cônjuges pode, sem autorização do outro, exceto no regime da separação absoluta, "III – prestar fiança ou aval". Daí que, em regra, o aval prestado por avalista casado em regime de bens diverso da separação absoluta, sem a devida outorga, não possui validade por contrariar disposição expressa de lei. Contudo, essa regra comporta temperamentos, especialmente em se tratando de títulos de crédito nominados, disciplinados em leis especiais, que se sobrepõem às regras gerais codificadas, consoante expressa previsão do art. 903. Logo, a outorga como requisito de validade para o aval, de que trata o art. 1.647, III, não se aplicará aos títulos de crédito cuja lei especial de regência não impuser essa mesma condição. Destaque-se, todavia, que a ausência da outorga, nesses casos, ainda que não implique a nulidade do aval, que se mantém hígido em relação ao credor de boa-fé, não compelido a saber do estado civil do avalista quando recebeu o título, faz com que eventual constrição sobre o patrimônio do avalista tenha que resguardar a meação do cônjuge não outorgante. Nesse sentido a conclusão expressa no Enunciado n. 114 da *I Jornada de Direito Civil*: "O aval não pode ser anulado por falta de vênia conjugal, de modo que o inciso III do artigo 1.647 apenas caracteriza a inoponibilidade do título ao cônjuge que não assentiu". O parágrafo único, finalmente, veicula outra regra inaplicável aos títulos de crédito típicos, conforme conclusão da *I Jornada de Direito Comercial*: "Não se aplica a vedação do art. 897, parágrafo único, do Código Civil, aos títulos de crédito regulados por lei especial, nos termos do seu art. 903, sendo, portanto, admitido o aval parcial nos títulos de crédito regulados em lei especial" (Enunciado n. 39).

JURISPRUDÊNCIA COMENTADA: Sobre a desnecessidade de outorga conjugal para prestação de aval em título de crédito típico, regulado por lei especial, é firme a jurisprudência do Superior Tribunal de Justiça, vez que não se pode exigir a outorga conjugal estendida, irrestritamente, "a todos os títulos de crédito, sobretudo aos típicos ou nominados, como é o caso das notas promissórias, porquanto a lei especial de regência não impõe essa mesma condição" e "condicionar a validade do aval dado em nota promissória à outorga do cônjuge do avalista, sobretudo no universo das negociações empresariais, é enfraquecê-lo enquanto garantia pessoal e, em consequência, comprometer a circularidade do título em que é dado, reduzindo a sua negociabilidade; é acrescentar ao título de crédito um fator de insegurança, na medida em que, na cadeia de endossos que impulsiona a sua circulação, o portador, não raras vezes, desconhece as condições pessoais dos avalistas" (REsp 1.644.334/SC, Rel. Min. Nancy Andrighi, *DJe* 23.08.2018). Para o STJ, a "interpretação mais adequada com o referido instituto cambiário, voltado a fomentar a garantia do pagamento dos títulos de crédito, à segurança do comércio jurídico e, assim, ao fomento da circulação de riquezas, é no sentido de limitar a incidência da regra do art. 1.647, inciso III, do CCB aos avais prestados aos títulos inominados regrados pelo Código Civil, excluindo-se os títulos nominados regidos por leis especiais" (REsp 1.526.560/MG, Rel. Min. Paulo de Tarso Sanseverino, *DJe* 16.05.2017). No tocante ao aval parcial, expressamente admitido na Lei Uniforme (art. 30), deve-se compreender a proibição do parágrafo único do art. 897 como dirigida, exclusivamente, aos títulos atípicos. Entretanto, em execução de cédula de crédito bancária, já se entendeu que "o pleito de limitação da responsabilidade dos avalistas não poderá ser acolhido, posto que vai de encontro ao preceito disposto no art. 897 do Código Civil de 2002, o qual aduz ser vedado o aval parcial" (TJCE, APL 0002917-35.2009.8.06.0001, Rel. Des. Carlos Alberto Mendes Forte, *DJCE* 06.08.2014). "Também já se decidiu descabida a alegação de nulidade do aval feita pelo avalista que se retira do quadro societário da sociedade emitente, antes do ajuizamento da execução do título de crédito no qual conste o aval" (TJDF, Rec 2012.01.1.162405-3, Rel. Des. Gislene Pinheiro de Oliveira, *DJDFTE* 20.08.2015). Isso porque a retirada do sócio da sociedade não atinge o aval prestado em favor daquela. Assim, "a despeito de o apelante ter saído do quadro societário da pessoa jurídica executada pouco tempo depois da assinatura de contratos de Consolidação, Confissão, Renegociação de Dívida e outras Obrigações firmados com a CEF, não lhe tira, por si só, a condição de devedor solidário, haja vista a incidência do princípio *pacta sunt servanda* para alcançar o avalista se este, de qualquer forma, manifestou adesão à avença, principalmente nos casos em que tenha anuído à cláusula contratual, consubstanciando o princípio da solidariedade" (TRF 3.ª Região, AC 0029121-09.2008.4.03.6100, Des. Fed. Maurício Kato, *DEJF* 06.12.2017).

PANDEMIA: Durante a pandemia do coronavírus, o TJRJ concedeu ordem de suspensão temporária dos pagamentos das prestações ajustadas, nas cédulas de crédito bancário (CCB) emitidas em razão dos empréstimos celebrados, indeferindo, no entanto, a liberação das garantias contratuais. Isso porque, se o isolamento social decorrente da pandemia vem afetando a situação financeira das empresas, a justificar a suspensão momentânea das obrigações pecuniárias e dos encargos moratórios, mostrava-se indevida a liberação das garantias contratuais em face do risco de irreversibilidade dos efeitos da decisão (AI 0037248-97.2020.8.19.0000, Rel. Des. Marcia Ferreira Alvarenga, *DORJ* 05.11.2020).

REFORMA DO CÓDIGO CIVIL:
Pretende-se alterar o art. 897 do Código Civil, apenas para revogar o parágrafo único, diante da inutilidade da proibição, uma vez que o aval parcial é permitido para os títulos regulados por leis especiais (Decreto n. 57.663/1966 – LUG –, art. 30; Lei n. 7.357/1985, art. 29).

Art. 898. O aval deve ser dado no verso ou no anverso do próprio título.

§ 1º Para a validade do aval, dado no anverso do título, é suficiente a simples assinatura do avalista.

§ 2º Considera-se não escrito o aval cancelado.

COMENTÁRIOS DOUTRINÁRIOS: Diante da inexistência de disposição em contrário prevista na legislação especial, o presente dispositivo é também aplicável aos títulos de crédito típicos. O aval tem que ser lançado no próprio título, não se admitindo aval em documento separado. Quando o aval for prestado no anverso do título, vale dizer, na parte da frente da cártula, ao lado da assinatura do devedor principal, bastará a simples assinatura do avalista, sem necessidade de se mencionar tratar-se de aval. Quem apõe sua assinatura no anverso da cártula torna-se automaticamente avalista, equiparando-se ao seu emitente, como devedor solidário cambiário. Todavia, se vier a ser dado no verso do título, ou seja, no dorso, nas costas, na parte de trás do documento, a assinatura deve ser precedida ou seguida de qualquer expressão indicativa de que se trata de aval (*em aval, bom para aval, em garantia* etc.), de modo que não seja confundido com o endosso em branco, como veremos em comentário posterior. Muito embora a distinção é pouco relevante, vez que o endossatário, em regra, também se torna coobrigado solidário pelo pagamento. Aliás, na praxe mercantil era comum o aval travestido de endosso, quando se queria ocultar a necessidade de se garantir o título, pois o aval denunciaria o pouco crédito daquele em favor de quem é dado. Era o chamado "aval mascarado". Evidentemente se trata de situação completamente superada pelo tráfego jurídico contemporâneo e que só subsiste nos compêndios acadêmicos.

JURISPRUDÊNCIA COMENTADA: Em que pese a obrigatoriedade de se fazer referência ao aval quando aquele que pretende avalizar apõe a sua assinatura no verso do título, no âmbito do Superior Tribunal de Justiça já se concluiu pela caracterização do aval mediante assinatura, sem ressalvas, nas costas da cártula, pois como a assinatura constante do seu verso "é de outra pessoa, que não o seu beneficiário, a conclusão é de que somente pode ter sido efetivada como aval, ainda que não especificada a sua finalidade (por aval), pois, do contrário, estar-se-ia admitindo quebra na cadeia creditícia. Somente poderia ser endosso se a assinatura constante no verso da cártula coincidisse com quem dela seja o beneficiário, o que não ocorre na espécie, pois o beneficiário é pessoa diversa daquela que após a assinatura no dorso do cheque em apreço" (REsp 493.861/MG, Rel. Min. Aldir Passarinho Junior, Rel. p/ Acórdão Min. Fernando Gonçalves, *DJe* 01.12.2008).

REFORMA DO CÓDIGO CIVIL: Pretende-se alterar o art. 898 do Código Civil, para acrescentar o § 3º, que passaria a ter a seguinte redação: "§ 3º O sistema eletrônico de escrituração fará constar o aval prestado nos títulos de crédito emitidos sob a forma escritural". O objetivo da proposta, segundo a comissão de juristas que elaborou o anteprojeto, foi atualizar a redação para contemplar os títulos de crédito emitidos sob a forma escritural e, principalmente, a possibilidade de aval escritural.

Art. 899. O avalista equipara-se àquele cujo nome indicar; na falta de indicação, ao emitente ou devedor final.

§ 1º Pagando o título, tem o avalista ação de regresso contra o seu avalizado e demais coobrigados anteriores.

§ 2º Subsiste a responsabilidade do avalista, ainda que nula a obrigação daquele a quem se equipara, a menos que a nulidade decorra de vício de forma.

COMENTÁRIOS DOUTRINÁRIOS: O *caput* do dispositivo quer indicar que o avalista fica tão vinculado à obrigação representada pelo título quanto o seu avalizado. No entanto, são duas obrigações distintas, tanto que a responsabilidade do avalista não se altera em virtude de alteração da responsabilidade do avalizado, assim como não beneficiam o avalista circunstâncias que eventualmente beneficiariam o avalizado. Em outras palavras, a obrigação é autônoma em relação ao avalizado e solidária apenas no pagamento, não conferindo ao avalista o benefício de ordem, que é restrito à fiança. O § 1º versa sobre o direito de regresso do avalista contra o devedor principal ou contra os coavalistas solidários. O direito de regresso pode ser exercido por ação monitória ou ação ordinária de cobrança. O avalista que realiza o pagamento do título sub-roga-se nos direitos de credor, nos exatos termos dos arts. 346, III, e 349 do Código Civil. Trata-se de sub-rogação legal, que consiste na substituição de um credor por outro, por imposição da lei, com transferência ao novo credor todos os direitos, ações, privilégios e garantias do primitivo, em relação à dívida, contra o devedor principal e os demais coobrigados. O prazo prescricional para exercício do regresso é o de 5 (cinco) anos, de que trata o art. 206, § 5º, inc. I. O termo inicial da prescrição somente se inicia após a data em que o avalista efetivou o pagamento da dívida do avalizado. O § 2º, por sua vez, incorpora ao Código Civil os dois princípios fundamentais do aval: o da autonomia substancial e o da acessoriedade formal. Em outras palavras: o aval é ao mesmo tempo dependente e independente da obrigação principal. É autônomo, pois subsiste mesmo quando nula a obrigação principal, deixando, no entanto, de vigorar sempre que a nulidade da obrigação avalizada decorrer de um vício de forma, como é o caso da falsificação de assinaturas. O avalista de duplicata, por exemplo, não pode sustentar a inexistência da causa para emissão do título, em face da autonomia que emana do aval, de onde decorre a inoponibilidade das exceções pessoais. Ainda que a duplicata constitua título de crédito causal, o seu aval é uma obrigação cambial autônoma. A garantia ofertada pelo avalista, por outro lado, não obstante a autonomia, deixa de existir se adimplida a obrigação principal ou perde a eficácia depois de prescrita a ação cambial.

JURISPRUDÊNCIA COMENTADA: O avalista, "por se tratar de coobrigado da obrigação principal, possui legitimidade ativa para o ajuizamento de ação em que se pretende a revisão dos encargos contratuais considerados abusivos. Vale dizer: O avalista, na qualidade de coobrigado, ocupa a mesma posição objetiva da condição do avalizado e, em assim sendo, compreendo que possui legitimidade ativa para propor ação com o escopo de afastar eventuais excessos e abusividades existentes no contrato que originou a dívida assumida, porquanto responsável solidário da obrigação" (TJCE, AC 0278938-77.2023.8.06.0001, Rel. Des. Emanuel Leite Albuquerque, *DJCE* 01.04.2024). Realizado "o pagamento por parte dos avalistas, da dívida contraída pelo devedor principal, sub-rogam-se nos direitos do credor e tem direito de regresso contra o seu avalizado. Inteligência dos arts. 346, III e 899, § 1º do Código Civil" (TJRS, AC 5000573-07.2020.8.21.0158, Rel. Des. Jorge Alberto Vescia Corssac, *DJERS* 28.03.2024). Em razão da autonomia das obrigações do devedor principal e do avalista, a recuperação judicial ou falência do devedor principal não obsta a execução contra o avalista, consoante jurisprudência do STJ, firmada em sede de recurso repetitivo, uma vez que o art. 6º da Lei n. 11.101/2005, com a redação dada pela Lei n. 14.112, de 2020, prevê apenas a suspensão do curso das execuções propostas em face do devedor, não aludindo ao avalista, ao tempo em que o art. 49, § 1º, da LRE dispõe expressamente que os credores do devedor em recuperação judicial conservam seus direitos e privilégios contra os coobrigados. Nesse sentido: "A recuperação judicial do devedor principal não impede o prosseguimento das execuções nem induz suspensão ou extinção de ações ajuizadas contra terceiros devedores solidários ou coobrigados em geral, por garantia cambial, real ou fidejussória, pois não se lhes aplicam a suspensão prevista nos arts. 6º, *caput*, e 52, inciso III, ou a novação a que se refere o art. 59, *caput*, por força do que dispõe o art. 49, § 1º, todos da Lei n. 11.101/2005" (STJ, REsp 1.333.349/SP, 2.ª Seção, Rel. Min. Luis Felipe Salomão, *DJe* 02.02.2015). Na I Jornada de Direito Comercial, realizada pelo CJF/STJ, foi aprovado o Enunciado n. 43, com a seguinte redação: "A suspensão das ações e execuções previstas no art. 6º da Lei n. 11.101/2005 não se estende aos coobrigados do devedor". O avalista que presta o aval em dívida da pessoa jurídica, enquanto sócio da sociedade, permanece obrigado independentemente de sua permanência no quadro social, pois "diante da autonomia intrínseca à natureza da garantia, mesmo a retirada dos agravantes da sociedade não afasta automaticamente a sua responsabilidade pela obrigação assumida no título" (TRF da 4.ª Região, AG 5001382-61.2018.4.04.0000, Des. Fed. Luís Alberto d'Azevedo Aurvalle, *DEJF* 07.06.2018). Porém, "prescrita a ação cambiária, perde eficácia o aval, não respondendo o garante pela obrigação assumida pelo devedor principal, salvo se comprovado que auferiu benefício com a dívida" (REsp 1.022.068/SP, Rel. Min. Aldir Passarinho Junior, *DJe* 02.02.2009).

Art. 900. O aval posterior ao vencimento produz os mesmos efeitos do anteriormente dado.

COMENTÁRIOS DOUTRINÁRIOS: O dispositivo versa sobre o chamado "aval póstumo", ou seja, o aval prestado após o vencimento do título. Partindo da premissa de que o vencimento não extingue a obrigação, admite o Código a prestação do aval mesmo depois de vencido o título. Diante da inexistência de disposição em contrário na legislação especial, o presente dispositivo é também aplicável aos títulos de crédito típicos, no sentido de atribuir, em qualquer situação, ao aval pós-vencimento a mesma eficácia do aval prestado antes do vencimento do título. Em outros termos, a eficácia do aval independe do momento em que é prestado, se antes ou depois do vencimento.

JURISPRUDÊNCIA COMENTADA: O TJRJ rejeitou alegação de ilegitimidade passiva de um ex-sócio que se desligara da sociedade, mas prestou aval em favor da pessoa jurídica após o seu desligamento: "Execução ajuizada em face da empresa JP TURISMO e de seus respectivos sócios, em razão de dívida referente a um empréstimo efetuado em 2019. Embargante que se desligou da sociedade em 2018, porém assinou contrato como avalista. [...] Rejeita-se, também, a alegação de ilegitimidade passiva, visto que incontroversa a condição de avalista do título executivo" (APL 0017781-27.2023.8.19.0001, Rel. Des. Andrea Maciel Pacha, *DORJ* 29.02.2024).

Art. 901. Fica validamente desonerado o devedor que paga título de crédito ao legítimo portador, no vencimento, sem oposição, salvo se agiu de má-fé.

Parágrafo único. Pagando, pode o devedor exigir do credor, além da entrega do título, quitação regular.

COMENTÁRIOS DOUTRINÁRIOS: O dispositivo reproduz regra geral prevista anteriormente no tocante à letra de câmbio e à nota promissória (*vide* art. 23 do Decreto n. 2.044/1908 e art. 40 da Lei Uniforme de Genebra). Ou seja, quem paga de boa-fé ao legítimo portador do título, ainda que não seja este o titular do direito (o verdadeiro credor), satisfaz a prestação e se exonera da obrigação. Sobre obrigação de entrega do título, *vide* arts. 321 e 324 deste Código. O parágrafo único guarda estreita relação com o art. 319, segundo o qual o devedor que paga tem direito a quitação regular, e pode reter o pagamento, enquanto não lhe seja dada. Prova-se o pagamento pela quitação ou recibo. Se o devedor satisfez a obrigação, tem o direito de exigir a comprovação de seu ato. Recusando-se o portador do título a entregar-lhe a cártula e a firmar o recibo, pode o devedor reter o pagamento ou obter decisão judicial que substitua a quitação. De qualquer forma, nos débitos, cuja quitação consista na devolução do título, o legislador previu que a entrega do título ao devedor firma a presunção do pagamento (art. 324). Mas a presunção é *juris tantum*, pois a entrega do título deve ser feita, voluntariamente, pelo credor, não sendo raras as situações em que a cártula chega às mãos do devedor por meios ilícitos, razão pela qual assiste sempre ao credor o direito de demonstrar que não foi solvida a obrigação.

JURISPRUDÊNCIA COMENTADA: O recibo firmado pelo último endossatário faz prova do pagamento, ainda que posteriormente o título tenha "mudado de mãos". Foi o que decidiu o TJPE, destacando que "o recibo de pagamento faz prova cabal do pagamento da dívida, pois passado por pessoa que se encontrava na posse direta da cártula (último endossatário), levando a presumir que a exequente adquiriu o título quando este já se encontrava quitado, ou seja, quando o último endossatário já havia recebido do emitente o valor nele expresso, pouco importando, para o deslinde da controvérsia, o fato da cártula, por tradição, ter sido transferida posteriormente a terceiro" (TJPE, APL 0011356-13.2010.8.17.0480, Rel. Des. Stênio José de Sousa Neiva Coêlho, *DJEPE* 29.05.2013).

Art. 902. Não é o credor obrigado a receber o pagamento antes do vencimento do título, e aquele que o paga, antes do vencimento, fica responsável pela validade do pagamento.

§ 1º No vencimento, não pode o credor recusar pagamento, ainda que parcial.

§ 2º No caso de pagamento parcial, em que se não opera a tradição do título, além da quitação em separado, outra deverá ser firmada no próprio título.

COMENTÁRIOS DOUTRINÁRIOS: O dispositivo reproduz regra geral prevista anteriormente no tocante à letra de câmbio e à nota promissória (*vide* art. 22 do Decreto n. 2.044/1908 e art. 40 da Lei Uniforme de Genebra), que desobriga o credor a receber o pagamento antes do vencimento do título. E também está em consonância com o art. 315 deste Código, segundo o qual as dívidas em dinheiro deverão ser pagas no vencimento. Os §§ 1º e 2º, por outro lado, compelem o credor a receber o pagamento parcial do título, permitindo-lhe, apenas, que não faça a tradição da cártula até que a obrigação esteja completamente solvida, entregando ao devedor, no lugar do próprio título, um recibo de quitação em separado, além de fazer a anotação, no corpo do título, do valor recebido. Nesse caso, o direito do credor ou do portador do título de protestar o débito remanescente permanece.

JURISPRUDÊNCIA COMENTADA: Em ação de execução de notas promissórias em que foi alegado excesso de execução, em face do pagamento parcial feito pelo devedor, decidiu o tribunal que, se o embargante "alega excesso de execução em razão do pagamento parcial do débito, atrai o ônus da prova (art. 373, II, do CPC) do qual deve se desincumbir, sob pena de improcedência da ação. O § 2º do art. 902 do Código Civil exige, no caso de pagamento parcial do título de crédito sem ter havido tradição, a comprovação em separado e no próprio título" (TJDF, APC 2015.01.1.068040-6, Rel. Des. José Divino de Oliveira, *DJDFTE* 03.05.2017).

Art. 903. Salvo disposição diversa em lei especial, regem-se os títulos de crédito pelo disposto neste Código.

COMENTÁRIOS DOUTRINÁRIOS: O dispositivo, consoante tivemos a oportunidade de consignar, exterioriza os dois objetivos primordiais do legislador no que tange à disciplina codificada dos títulos de crédito: regular integralmente a criação de novos títulos de crédito, atípicos, e, ao mesmo tempo, servir de fonte subsidiária para regulação dos títulos típicos, no que forem omissas as respectivas leis especiais. Nesse norte, o art. 903 deixa clara a prevalência da lei especial sobre a geral, de modo que os arts. 887 a 926 deste Código somente terão aplicação quando a lei especial for omissa – e não houver contradição com os seus princípios. Em que pese a clareza do discurso normativo concreto, o dispositivo tem sido objeto de grandes discussões acadêmicas, das quais resultaram diversos enunciados aprovados nas Jornadas de Direito Civil e Direito Comercial. Logo na *I Jornada de Direito Civil*, por meio do Enunciado n. 52, os especialistas se apressaram em concluir, a nosso ver de forma açodada, que "por força da regra do art. 903 do Código Civil, as disposições relativas aos títulos de crédito não se aplicam aos já existentes". Durante a *V Jornada de Direito Civil*, como resultado do amadurecimento doutrinário dos especialistas reunidos no Conselho da Justiça Federal, foi abrandada a redação do Enunciado n. 52, elucidando que "as disposições relativas aos títulos de crédito do Código Civil aplicam-se [sim!] àqueles regulados por leis especiais no caso de omissão ou lacuna" (Enunciado n. 464). Finalmente, o Enunciado n. 39 da *I Jornada de Direito Comercial* fez um esclarecimento cirúrgico, enfatizando que "não se aplica a vedação do art. 897, parágrafo único, do Código Civil, aos títulos de crédito regulados por lei especial, nos termos do seu art. 903, sendo, portanto, admitido o aval parcial nos títulos de crédito regulados em lei especial".

JURISPRUDÊNCIA COMENTADA: O dispositivo tem sido usado especialmente para afastar a necessidade das outorgas conjugais para a prestação de aval nos títulos de crédito típicos, pois, "segundo a inteligência do artigo 903 do Código Civil, aval prestado em título de crédito regido por lei específica não se subordina à vênia conjugal exigida no artigo 1.647, inciso III, da Lei Civil" (TJDF, Proc. 07084.88-47.2018.8.07.0018, Rel. Des. James Eduardo Oliveira, *DJDFTE* 23.10.2019). É firme e reiterada a jurisprudência do STJ no sentido de que "a exigência da outorga conjugal não pode ser estendida, irrestritamente, a todos os títulos de crédito, sobretudo aos típicos ou nominados, que possuem regramento próprio" (AgInt no AREsp 1.725.638/SP, Rel. Min. Ricardo Villas Bôas Cueva, 3.ª Turma, j. 05.09.2022, *DJe* 12.09.2022). Entretanto, para outros documentos de dívida, não regulados em lei especial, a outorga do art. 1.647 é exigível. Nesse sentido transcrevo o seguinte julgado do TJGO: "[...] 3. Tendo em vista que a esposa do apelado avalizou, sem outorga uxória, um contrato de confissão de dívida, o qual, por não ser regido por Lei Especial, atrai a aplicação do regramento previsto no inciso III, artigo 1.647 do CC/02, deve ser mantida a sentença que invalidou a garantia prestada. 4. O aval prestado sem a devida outorga uxória não possui validade. Sua anulação não tem como consequência preservar somente a meação, mas torna insubsistente toda a garantia. Precedentes. (STJ, EDCL no RESP 1472896/SP, Rel. Ministra Maria Isabel Gallotti, Quarta Turma, julgado em 06/08/2015, *DJe* 13/08/2015)" (TJGO, AC 0192778-09.2017.8.09.0120, *DJEGO* 04.10.2022).

REFORMA DO CÓDIGO CIVIL: Pretende-se alterar o art. 903 do Código Civil, que passaria a ter a seguinte redação: "Art. 903. Os títulos de crédito regem-se por lei especial, aplicando-se-lhes, nos casos omissos, as disposições deste Código". O objetivo da proposta, segundo a comissão de juristas que elaborou o anteprojeto, foi restringir a aplicação das regras codificadas, exclusivamente, à condição de fonte subsidiária da disciplina dos títulos típicos, previstos nas respectivas leis especiais.

CAPÍTULO II
DO TÍTULO AO PORTADOR

Art. 904. A transferência de título ao portador se faz por simples tradição.

COMENTÁRIOS DOUTRINÁRIOS: O título ao portador é aquele que não menciona ou revela o nome da pessoa beneficiada, normalmente deixando em branco os dados do titular do crédito. O credor se faz conhecer ao devedor no momento em que lhe apresenta o título, cuja posse confere ao apresentante o direito de pedir a prestação. O título ao portador pode até mencionar o nome do credor, mas se o fizer, trará de forma expressa na cártula a cláusula "ao portador". A principal característica dos títulos ao portador é que a sua transferência não exige qualquer formalidade e se opera, *ex vi legis*, por simples tradição manual, sem necessidade de endosso ou de qualquer outro ato ou documento, estando o emitente ou emissor obrigado a pagar ao portador ou apresentante do título. No ordenamento jurídico brasileiro, a emissão de títulos ao portador nunca foi franqueada de forma ampla. A LUG havia proibido entre nós a emissão de letra de câmbio e nota promissória ao portador. Por sua vez, a Lei n. 8.021/1990 proibiu o pagamento ou resgate de qualquer título ou aplicação, bem como dos seus rendimentos ou ganhos, a beneficiário não identificado. A Lei n. 8.088/1990 também exigiu que todos os títulos fossem emitidos sempre sob a forma nominativa, sendo transmissíveis apenas por endosso em preto, tornando-se consequentemente inexigível qualquer débito representado por título irregular. Ficou vedada, assim, a emissão de cheque ao portador ou o seu endosso em branco. As antigas ações ao portador das sociedades anônimas foram igualmente extintas. Posteriormente, o endosso em branco de cheque voltou a ser permitido a partir da revogação do inciso III do art. 2º da Lei n. 8.021/1990 pela Lei n. 9.069/1995. O art. 904 do Código Civil, aparentemente, pretendeu reintroduzir no direito positivo brasileiro os títulos ao portador, definitivamente extintos pela Lei n. 8.021/1990, todavia não revogou a referida lei, nem de forma expressa, nem tácita. Por isso, o artigo em comento deve ser interpretado em conjunto com o art. 907, que exige a autorização de lei especial para que seja emitido qualquer título ao portador. A lei especial que vier a autorizar a emissão de determinado título ao portador é a que revogará, no particular, a Lei n. 8.021/1990. De qualquer forma, a norma que se extrai do dispositivo é aplicável à transferência do cheque por endosso em branco, que confere ao portador a qualidade de credor.

JURISPRUDÊNCIA COMENTADA: Tem-se decidido com frequência que, "quando da cártula consta endosso em branco, constituindo, o cheque, título ao portador, é ínsita sua livre circulação, não havendo que se falar em ilegitimidade do portador do cheque para o ajuizamento de Ação Monitória" (TJDF, Proc. 0718.47.6.802017-8070001, Rel. Des. Ângelo Passareli, *DJDFTE* 21.06.2018). Entretanto, é preciso corrigir o equívoco de decisões como essa, que parecem transparecer a ideia de que o endosso em branco transformaria o cheque, que é título à ordem (ver arts. 910 a 920) em um título ao portador. O endosso em branco apenas empresta ao cheque a aparência de um título ao portador, à medida que a sua transmissão se dará, doravante, pela simples tradição do documento, sem necessidade de novo endosso, isentando o transmitente de qualquer responsabilidade cambial. Mas o cheque, do ponto de vista jurídico, continua sendo um título à ordem, não se convertendo em título ao portador.

Art. 905. O possuidor de título ao portador tem direito à prestação nele indicada, mediante a sua simples apresentação ao devedor.

Parágrafo único. A prestação é devida ainda que o título tenha entrado em circulação contra a vontade do emitente.

COMENTÁRIOS DOUTRINÁRIOS: O legítimo possuidor ou detentor de um título ao portador, ou seja, a pessoa a quem o título foi entregue de forma legítima, tem direito à prestação nele indicada, podendo reclamar do subscritor, do emissor ou de qualquer coobrigado, a prestação devida, mediante a sua simples apresentação ao devedor. Este, por sua vez, exonera-se da obrigação cambial, pagando a qualquer detentor, esteja ou não autorizado a dispor do título. A posse do título firma a presunção de titularidade e de legitimidade do possuidor, sendo certo, a teor do art. 309, que o pagamento feito de boa-fé ao credor putativo é válido, ainda provado depois que não era credor. Credor putativo é aquele que, não só à vista do devedor, mas aos olhos de todos, aparenta ser o verdadeiro credor ou seu legítimo representante. E o exemplo mais citado na doutrina é o do falso credor que se apresenta de posse do título da obrigação. Na forma do parágrafo único do art. 905, a prestação expressa no título ao portador é devida ainda que este tenha entrado em circulação contra a vontade do emitente. Conforme antecipado nos comentários ao art. 896, não pode ser invocada contra o terceiro que atualmente possua o título a eventual falta de titularidade do transmitente. Isso porque o direito do portador dos títulos passa a ser autônomo, diverso daquele que tinha a pessoa que os transmitiu. Da autonomia e independência das obrigações cambiais, decorre o subprincípio da inoponibilidade das exceções de direito pessoal contra o detentor das cártulas, portador de boa-fé. Se o título é emitido sem qualquer restrição à circulação, o terceiro de boa-fé, que adquiriu a posse dos títulos, não pode ser prejudicado pelo eventual rompimento da relação jurídica precedente havida entre o devedor e transmitente. Nos casos de má-fé do emissor, que realiza o pagamento mesmo sabedor de que o apresentante não era o legítimo possuidor, como nos casos de roubo ou furto do título por ele conhecidos, o pagamento não produzirá eficácia liberatória da dívida e o emissor será chamado a pagar novamente, sem prejuízo da sua responsabilidade civil ou criminal, se cúmplice do ilegítimo possuidor. Cabe lembrar que "o pagamento repercute no plano da eficácia, e não no plano da validade", como prevê o Enunciado n. 425, aprovado durante a *V Jornada de Direito Civil*.

JURISPRUDÊNCIA COMENTADA: Já decidiu o Superior Tribunal de Justiça que, após a circulação do título, o devedor não se exonera mais da obrigação pagando ao primitivo credor. Pelo que se colhe da ementa do julgamento, o STJ entendeu que "a consignação em pagamento do crédito ao endossante da cártula (credor originário), não é relevante para afastar o direito do endossatário do título, pois a quitação regular de débito estampado em título de crédito é a que ocorre com o resgate da cártula. Tem o devedor, pois, o poder-dever de exigir daquele que se apresenta como credor cambial a entrega do título de crédito (o art. 324 do Código Civil, inclusive, dispõe que a entrega do título ao devedor firma a presunção de pagamento)" (STJ, REsp 1.236.701, Proc. 2011/0025676-4, MG, Rel. Min. Luis Felipe Salomão, *DJe* 23.11.2015).

Art. 906. O devedor só poderá opor ao portador exceção fundada em direito pessoal, ou em nulidade de sua obrigação.

COMENTÁRIOS DOUTRINÁRIOS: Conforme a terminologia adotada pelo legislador de 2002, a palavra "exceção" não está empregada aqui em seu significado técnico específico, previsto na lei processual. O dispositivo refere-se genericamente às "defesas" que o devedor dispuser contra o portador, abrangendo também objeções e direitos potestativos extintivos, como é o caso da compensação e da confusão. A alusão a "direito pessoal" enfatiza a distinção entre as exceções fundadas em direitos reais, oponíveis *erga omnes* a qualquer portador, e aquelas baseadas em direitos pessoais, só oponíveis contra um portador determinado. Assim, se o devedor possui, contra o portador, um crédito seu, pode ele opor contra aquele a exceção de compensação. Mas não pode o devedor opor ao terceiro e atual portador, a quem foi transmitido o título, as exceções fundadas em relações pessoais com o antigo credor. Então se o crédito era contra o credor primitivo, e o título foi transmitido, a exceção de compensação não pode ser oposta ao atual portador. Mesmo porque é pressuposto da compensação entre as obrigações de duas pessoas que ambas sejam simultaneamente credora e devedora uma da outra. Em suma, o devedor só poderá opor ao portador as chamadas exceções pessoais quando o portador for o próprio credor original, não se aplicando a regra do art. 906 se o título houver sido transferido a terceiro. A exceção será oponível quando relacionada às partes diretamente envolvidas no negócio jurídico que deu origem ao título. O terceiro portador de boa-fé, que não participou do negócio precedente, não será alcançado pelas causas de oposição relacionadas exclusivamente ao transmitente. A não ser que o devedor demonstre a má-fé do atual portador, como nos casos de conluio fraudulento entre o credor original e os possuidores subsequentes, visando privar o devedor daquelas defesas que ele teria podido validamente opor ao credor endossante, ou ainda em caso de atos emulativos, quando presente, no último portador endossante, o propósito de causar dano ao devedor, o que também atrairia a aplicação do art. 187 deste Código. Diferentemente das exceções pessoais, será sempre admitida a defesa fundada na nulidade da obrigação assumida pelo devedor do título. Relembre-se que o legislador de 2002 primou pelo emprego da linguagem técnica, atendendo à diretriz da operabilidade, e passou a estabelecer distinções que o código anterior não fazia, a exemplo da diferença entre nulidade e anulabilidade. Ambas são sanções contra vícios ou defeitos do negócio jurídico. A escolha do legislador por uma ou outra sanção decorre da maior ou menor gravidade da lesão. Para as lesões mais graves, o legislador impõe a nulidade. Nas hipóteses menos graves, a sanção escolhida é a anulabilidade (sobre a matéria, ver comentários aos arts. 138 a 184). Portanto, é preciso pontuar que o art. 906 refere-se à nulidade (e não à anulabilidade) da obrigação. As causas gerais de nulidade estão previstas nos arts. 166 e 167, que consideram nulo o negócio jurídico simulado e também o celebrado por pessoa absolutamente incapaz; aquele cujo objeto for ilícito, impossível ou indeterminável; cujo motivo determinante, comum a ambas as partes, seja ilícito; não revestir a forma prescrita em lei; for preterida alguma solenidade que a lei considere essencial para a sua validade; tiver por objetivo fraudar lei imperativa; ou, finalmente, a lei taxativamente o declarar nulo, ou proibir-lhe a prática, sem cominar sanção. Presentes quaisquer dessas hipóteses, a conspurcar a obrigação assumida pelo devedor *ab initio*, deve ser admitida a alegação de nulidade a ser oposta tanto contra o primitivo credor como contra o atual portador.

JURISPRUDÊNCIA COMENTADA: Em regra, "uma vez circulando o cheque, que é título de crédito não causal e regido pelos princípios cambiários da autonomia e abstração, não pode o seu emissor opor exceções pessoais à empresa de FACTORING, notadamente quando não demonstrada a má-fé do portador" (TJPE, APL 0103295-90.2009.8.17.0001, Rel. Silvio Romero Beltrão, *DJEPE* 06.02.2023). No entanto, tem-se admitido, na jurisprudência, ao emitente invocar a nulidade da obrigação, com fundamento no art. 906 do Código Civil, de onde pode resultar a declaração de inexigibilidade dos valores constantes dos títulos e de inexigibilidade das próprias cártulas (Cf. TJSP, APL 0031974-31.2012.8.26.0068, Rel. Des. Marcos Gozzo, *DJESP* 23.02.2016). Em um caso em que demonstrada a má-fé do atual portador, o Tribunal entendeu que não seria razoável nem se conferiria segurança jurídica "manter a exigibilidade dos títulos protestados mesmo diante da declaração de rescisão contratual e determinação judicial de entrega das cártulas ao seu emitente, pela pura e simples abstração e literalidade dos títulos de crédito, mesmo quando evidenciada a má-fé do portador. Demonstrada a exceção legal autoriza-se a oposição de exceções pessoais ao título de crédito, afastando-se sua autonomia e livre circulação" (TJDF, APC 2012.01.1.133964-9, Rel. Des. Cruz Macedo, *DJDFTE* 15.12.2016).

Art. 907. É nulo o título ao portador emitido sem autorização de lei especial.

COMENTÁRIOS DOUTRINÁRIOS: O CC/1916 continha dispositivo semelhante, considerando nulo o título, em que o signatário, ou emissor, se obrigue, sem autorização de lei federal, a pagar ao portador quantia certa em dinheiro (art. 1.516). A proibição à emissão de títulos ao portador, inclusive das ações das sociedades anônimas, tem por objetivo assegurar a identificação dos contribuintes para fins fiscais. Em face do que estabelece o art. 907, fica claro que somente a lei especial pode dispor sobre a criação de títulos ao portador, de forma a evidenciar a completa inutilidade das disposições expressas nos arts. 904 a 909. *Vide*, ainda, nossos comentários ao art. 904. Os títulos ao portador autorizados por leis especiais anteriores, a exemplo dos títulos emitidos pela Eletrobras, em decorrência do empréstimo compulsório sobre energia elétrica instituído pela Lei n. 4.156/1962 ou as antigas apólices da dívida pública, continuam válidos, observados os respectivos prazos de resgate e de prescrição.

JURISPRUDÊNCIA COMENTADA: Já decidiu o STJ que a pretensão de execução por título extrajudicial, fundada em Letra Hipotecária da Carteira de Colonização do Banco do Brasil, título ao portador emitido em 1957 e resgatável no prazo de 20 (vinte) anos, mediante o pagamento dos juros apostos na face da cártula, prescreve em 20 (vinte) anos a teor do art. 177 do CC/1916 (Cf. REsp 1.605.484, Proc. 2014/0151732-8, Rel. Min. Paulo de Tarso Sanseverino, *DJe* 18.12.2017). Também se encontra pacificado na jurisprudência que "os títulos ao portador e de dívida pública, dada sua inexigibilidade, incerteza, iliquidez, somadas ao fato de sua difícil comercialização, não devem ser aceitos como caução, razão pela qual são inadmissíveis" (TJGO, AC 0124903-74.2013.8.09.0051, Rel. Des. Wilson Safatle Faiad, *DJGO* 16.01.2014).

Art. 908. O possuidor de título dilacerado, porém identificável, tem direito a obter do emitente a substituição do anterior, mediante a restituição do primeiro e o pagamento das despesas.

COMENTÁRIOS DOUTRINÁRIOS: O dispositivo, sem precedente na legislação cambial, versa sobre a substituição do título danificado ou dilacerado a requerimento do possuidor. Tem aplicação exclusiva ao âmbito dos títulos ao portador, como, aliás, indica o seu apropriado local de inserção. A regra tem especial utilidade para os possuidores de títulos ao portador emitidos com base em leis especiais anteriores, os quais, quando deteriorados por qualquer razão, desde que permaneçam identificáveis, devem ser substituídos pelo emitente. Assim, *v.g.*, o possuidor de ações ao portador cujas cártulas tenham se estragado com o tempo pode exigir da companhia a emissão de novas cartelas. Pode se verificar, ainda, o contrário, vale dizer, o próprio emissor chamar à substituição títulos ao portador em circulação, nos casos em que pretender, por exemplo, conferir maior segurança a um determinado tipo de documento alvo de falsificações.

JURISPRUDÊNCIA COMENTADA: O Tribunal de Justiça de São Paulo entendeu possível a ação para "substituição de ações pertencentes ao falecido pai dos autores e que estavam em custódia do banco réu com base no art. 38 da Lei n. 6.404/76 e art. 907 do CPC, com multa cominatória por desatendimento a mais de uma determinação de depósito em juízo das ações e dividendos correspondentes" (TJSP, APL 1038514-45.2013.8.26.0100, Rel. Des. Jovino de Sylos, *DJESP* 23.05.2018).

Art. 909. O proprietário, que perder ou extraviar título, ou for injustamente desapossado dele, poderá obter novo título em juízo, bem como impedir sejam pagos a outrem capital e rendimentos.

Parágrafo único. O pagamento, feito antes de ter ciência da ação referida neste artigo,

exonera o devedor, salvo se se provar que ele tinha conhecimento do fato.

COMENTÁRIOS DOUTRINÁRIOS: A perda, o furto, o roubo, a apropriação indébita ou o extravio do título faz nascer para o titular a pretensão de anulação e substituição de título ao portador, nos termos do art. 909 do Código Civil. O art. 24, parágrafo único, da Lei n. 7.357/1985 (Lei do Cheque) contém dispositivo semelhante. A medida judicial apropriada para substituição de título extraviado era procedimento especial de jurisdição contenciosa e encontrava-se disciplinada nos arts. 907 a 913 do Código de Processo Civil de 1973, com a redação seguinte: "Art. 907. Aquele que tiver perdido título ao portador ou dele houver sido injustamente desapossado poderá: I – reivindicá-lo da pessoa que o detiver; II – requerer-lhe a anulação e substituição por outro. Art. 908. No caso do n. II do artigo antecedente, exporá o autor, na petição inicial, a quantidade, espécie, valor nominal do título e atributos que o individualizem, a época e o lugar em que o adquiriu, as circunstâncias em que o perdeu e quando recebeu os últimos juros e dividendos, requerendo: I – a citação do detentor e, por edital, de terceiros interessados para contestarem o pedido; II – a intimação do devedor, para que deposite em juízo o capital, bem como juros ou dividendos vencidos ou vincendos; III – a intimação da Bolsa de Valores, para conhecimento de seus membros, a fim de que estes não negociem os títulos. Art. 909. Justificado quanto baste o alegado, ordenará o juiz a citação do réu e o cumprimento das providências enumeradas nos ns. II e III do artigo anterior. Parágrafo único. A citação abrangerá também terceiros interessados, para responderem à ação. Art. 910. Só se admitirá a contestação quando acompanhada do título reclamado. Parágrafo único. Recebida a contestação do réu, observar-se-á o procedimento ordinário. Art. 911. Julgada procedente a ação, o juiz declarará caduco o título reclamado e ordenará ao devedor que lavre outro em substituição, dentro do prazo que a sentença lhe assinar. Art. 912. Ocorrendo destruição parcial, o portador, exibindo o que restar do título, pedirá a citação do devedor para em 10 (dez) dias substituí-lo ou contestar a ação. Parágrafo único. Não havendo contestação, o juiz proferirá desde logo a sentença; em caso contrário, observar-se-á o procedimento ordinário. Art. 913. Comprado o título em bolsa ou leilão público, o dono que pretender a restituição é obrigado a indenizar ao adquirente o preço que este pagou, ressalvado o direito de reavê-lo do vendedor". Esses dispositivos não foram reproduzidos no CPC/2015, restrito a mencionar, no art. 259, a "ação de recuperação ou substituição de título ao portador", que seguirá, a partir da entrada em vigor do atual Diploma Adjetivo, o procedimento ordinário. A legitimação para anulação e substituição do título é daquele que detinha a posse e a perdeu. A ação só é cabível nas hipóteses de perda ou injusto desapossamento do título ao portador, mas não naquelas em que houver entrega voluntária da cártula, ainda que devido a dolo, indução a erro ou estelionato do beneficiário.

JURISPRUDÊNCIA COMENTADA: Na ação de anulação e substituição de títulos ao portador, a citação, por edital, do detentor do título e dos terceiros interessados para contestarem os pedidos, bem como a intimação da bolsa de valores, no caso de ações ao portador, para que tome conhecimento da lide e não negocie o título objeto da ação, é imprescindível, sob pena de acarretar nulidade processual (Cf. TJPI, AC 2014.0001.007347-6, Rel. Des. Fernando Lopes e Silva Neto, *DJPI* 28.05.2015). Não obstante a perda ou o extravio de cheque exija do seu titular a ação própria de anulação e substituição de título ao portador, já decidiu o Tribunal de Justiça de Minas Gerais ser possível a emissão de duplicata em substituição de cheque extraviado, o que, "muito embora afronte o procedimento próprio, tem o condão de lastrear a procedência do pedido reconvencional, sobretudo se a existência da dívida objeto do litígio for incontroversa. Havendo prova de que o cheque foi extraviado, impõe-se a declaração de sua caducidade, a fim de impedir que o devedor seja injustamente cobrado por terceiros" (TJMG, APCV 1.0499.14.001349-5/001, Rel. Des. Marcos Lincoln, *DJEMG* 15.09.2017).

CAPÍTULO III
DO TÍTULO À ORDEM

Art. 910. O endosso deve ser lançado pelo endossante no verso ou anverso do próprio título.

§ 1º Pode o endossante designar o endossatário, e para validade do endosso, dado no verso do título, é suficiente a simples assinatura do endossante.

§ 2º A transferência por endosso completa-se com a tradição do título.

§ 3º Considera-se não escrito o endosso cancelado, total ou parcialmente.

COMENTÁRIOS DOUTRINÁRIOS: Os títulos à ordem são emitidos em favor de uma pessoa determinada, mas podem ser transferidos por simples endosso. Diferem-se dos títulos ao portador, pois estes são transmitidos pela simples tradição, enquanto nos títulos à ordem a transmissão só se formaliza por meio do endosso. O instituto do endosso, já previsto na legislação especial, é aplicável a todos os títulos de crédito, constituindo o meio pelo qual se processa a transmissão do título à ordem de um beneficiário para outro. Trata-se de uma declaração cambial lançada no verso ou anverso dos títulos à ordem pelo seu proprietário (endossante), a fim de transferi-los a terceiro (endossatário), e tem por finalidade facilitar a circulação do crédito sem maiores burocracias e formalidades. Pode ser feito, inclusive, após o vencimento do título, quando será chamado de "endosso tardio" ou "endosso póstumo". Sobre endosso dos títulos típicos, *vide* Lei Uniforme de Genebra, arts. 11 a 20 do Decreto n. 57.663/1965; art. 8º do Decreto n. 2.044/1908; art. 2º, VII, da Lei n. 5.474/68; e arts. 17 a 28 da Lei do Cheque. O endosso é uma figura típica para circulação das cambiais e não se confunde com a cessão de crédito prevista nos arts. 286 a 298, pois os direitos dele decorrentes são autônomos. Na cessão de crédito, o cessionário toma o lugar do cedente com os mesmos direitos do qual aquele era titular, estando, em consequência, sujeito às mesmas exceções àquele oponíveis. A seu turno, o endossatário é titular de um direito autônomo, sem vinculação com o direito do qual era titular o endossante. As exceções que eram oponíveis pelo devedor ao endossante não poderão ser opostas ao endossatário. A não ser diante da prova de que, ao receber o título, o endossatário exequente agiu de má-fé. O cedente normalmente responde apenas pela existência do crédito, mas não responde pela solvência do devedor, enquanto o endossante permanece responsável, como coobrigado solidário, pelo pagamento, ao menos nos títulos de crédito típicos (ver comentários ao art. 914). Ao contrário da cessão de crédito, o endosso dispensa a notificação do devedor que pagará validamente ao endossatário, independentemente de prévia notificação. Por outro lado, apesar da nítida distinção entre a transmissão do título por endosso e a cessão de crédito, não existe óbice a que o crédito consubstanciado em um título de crédito seja transmitido por meio da cessão civil de crédito, como bem esclarece o art. 919, hipótese em que será observado o regime civilista próprio de transmissão das obrigações. A notificação, como requisito de eficácia, para que a cessão de crédito surta efeitos perante o devedor, também configura condição para a aferição da legitimidade ativa do cessionário na demanda executiva. A inexistência, nesses casos, da notificação retira a legitimidade ativa do cessionário para cobrança direta ao emitente do título. O § 1º especifica as duas espécies de endosso próprio ou endosso translativo: o endosso em preto, em que o endossante designa o endossatário, a quem transmite o título à ordem, assim como todos os direitos nele mencionados; ou o endosso em branco, em que o endossante não especifica a quem está transferindo o título. No endosso em branco, a mera assinatura da endossante no verso ou anverso da cártula é o suficiente para aperfeiçoar a transferência do título de crédito, que se completa com a sua tradição ao endossatário. Endossatário, por sua vez, será o portador ou possuidor do título. O endosso em branco faz com que o título à ordem passe a circular como se fora ao portador. A maioria das leis especiais que regulam os títulos de crédito típicos proíbe o endosso em branco. Ao lado do endosso translativo, a criatividade empresarial tem se valido do chamado endosso impróprio, não translativo, para outros fins diversos da mera circulação. É o caso do endosso-mandato, que transmite apenas o exercício do Direito Cartular, mas não a propriedade da cártula, que se mantém sob a titularidade do endossante. Em caso de endosso-mandato, o endossante-mandante pode figurar como apresentante do protesto, nos exatos termos do Enunciado n. 66 aprovado *na I Jornada de Direito Notarial e Registral*, promovida pelo Conselho da Justiça Federal. O endossatário-mandatário pode exercer todos os direitos emergentes do título, mas não tem a disponibilidade sobre o crédito, que pertence ao endossante. É situação frequente e corriqueira nos contratos de cobrança bancária, por meio dos quais a instituição financeira se substitui ao credor na cobrança dos títulos. O endossatário-mandatário se submete à disciplina do mandato. Outra espécie de endosso impróprio é o endosso-caução, que ocorre quando o endossante transfere o título ao endossatário como garantia de outra obrigação assumida. Também chamado de endosso pignoratício, é a forma usual de constituição de penhor sobre títulos de crédito à ordem (ver art. 1.438). No giro mercantil, são comuns os contratos de mútuo, garantidos por caução de títulos. Sobre esse tema, *vide* os nossos comentários ao art. 918. O § 2º, por sua vez, esclarece que ao endosso deve se seguir a tradição física do título. Em se tratando de títulos virtuais, essa tradição é ficta. O endossante que, por qualquer razão, se mantém na posse do título e não efetua a tradição ao endossatário, mantém a condição de parte legitimada para compor o polo ativo de eventual demanda executiva.

JURISPRUDÊNCIA COMENTADA: Divergem os Tribunais sobre a legitimidade ativa do terceiro portador de cheques, para exercício da demanda executiva ou monitória, se condicionada ou não à formalização da transmissão dos títulos pelo endosso. Algumas decisões consideram parte legítima aquele que está na posse dos títulos, independentemente de qualquer formalidade. Em sentido contrário, destaca-se decisão do TJDF, no sentido da "ilegitimidade ativa da autora em razão de os cheques que instruem o processo monitório terem sido emitidos em nome de terceiros e por não haver nenhum endosso nas cártulas, o que daria legitimidade ativa à apelante". Para o Tribunal do Distrito Federal, "o cheque, tecnicamente, por se tratar de título de crédito próprio, constitui título nominal à ordem, de modo que deve ser emitido com a indicação do beneficiário e pode ser transmitido a outras pessoas via endosso", o que "torna o novo endossatário parte legítima para a ação monitória". No entanto, naquele caso, "como não houve endosso em favor da apelante, não há como reconhecer sua legitimidade ativa para a ação monitória" (TJDF, Rec 2011.09.1.027177-0, Rel. Des. Gilberto Pereira de Oliveira, *DJDFTE* 04.11.2014). Esse mesmo Tribunal já decidiu que "o fato de o cheque à ordem ser transmissível via simples endosso não constitui óbice à possibilidade de sua transmissão por meio da cessão civil de crédito, desde que, por óbvio, observado o regime civilista" (TJDF, Proc. 07075.21-69.2017.8.07.0007, Rel. Des. Simone Lucindo, *DJDFTE* 05.10.2018). O Superior Tribunal de Justiça, por sua vez, possui diversos precedentes no sentido de que, se a transmissão do título se deu por cessão de crédito, é inaplicável o "princípio da inoponibilidade das exceções pessoais, previsto nos artigos 14 e 17 da Lei Uniforme de Genebra (Decreto n. 57.663/66), e nos artigos 15, 17, § 1º, 20 e 25 da Lei do Cheque (Lei n. 7.357/85), quando o principal instrumento negocial celebrado entre as partes é um contrato de cessão de crédito" (AgInt no REsp 1.691.890/MT, 3.ª Turma, Rel. Min. Paulo de Tarso Sanseverino, *DJe* 19.12.2017). Especialmente no contrato de *factoring*, "a transferência dos créditos não se opera por simples endosso, mas por cessão de crédito, subordinando-se, por consequência, à disciplina do art. 294 do Código Civil, contexto que autoriza ao devedor a oponibilidade das exceções pessoais em face da faturizadora" (STJ, AgInt-REsp 1.717.382, Rel. Min. Moura Ribeiro, *DJe* 23.04.2020).

REFORMA DO CÓDIGO CIVIL: Pretende-se alterar o art. 910 do Código Civil, para acrescentar o § 4º, que passaria a ter a seguinte redação: "§ 4º O sistema eletrônico de escrituração fará constar o endosso e a respectiva cadeia de endossos, se houver, nos títulos de crédito emitidos sob a forma escritural". O objetivo da proposta, segundo a comissão de juristas que elaborou o anteprojeto, foi "atualizar a redação para contemplar os títulos de crédito emitidos sob a forma escritural e, principalmente, a possibilidade de endosso escritural".

Art. 911. Considera-se legítimo possuidor o portador do título à ordem com série regular e ininterrupta de endossos, ainda que o último seja em branco.

Parágrafo único. Aquele que paga o título está obrigado a verificar a regularidade da série de endossos, mas não a autenticidade das assinaturas.

COMENTÁRIOS DOUTRINÁRIOS: O portador do título à ordem com série regular e ininterrupta de endossos, ainda que o último seja em branco, é considerado o legítimo possuidor dos títulos, mesmo porque o endosso em branco faz com que o título à ordem passe a circular como se fosse um título ao portador. Em havendo endossos sucessivos, aquele que paga o título (normalmente o estabelecimento bancário) está compelido a verificar a regularidade da série de endossos, mas não é obrigado a conferir a autenticidade das assinaturas de todos os endossantes. Nem teria como fazê-lo, pois nem todos os endossantes serão necessariamente clientes daquele estabelecimento ou daquela instituição. Verificar a regularidade (extrínseca) da cadeia de endossos significa conferir os requisitos legais para prática do ato cambial, aferindo, por exemplo, se existe cláusula "não à ordem", se o endossatário encontra-se devidamente identificado, no caso de endosso em preto, a legitimidade de cada endossante, ou seja, aferir se quem endossou por último era o endossatário precedente e assim sucessivamente. Mas não compete ao banco a conferência da autenticidade das assinaturas de cada um dos endossantes, o que implicaria indevida restrição ao princípio da circularidade e verdadeiro engessamento do título de crédito. Evidentemente, quem vai pagar o título tem que conferir ao menos a autenticidade da assinatura do emitente. Autores de nomeada, como é o caso de Newton De Lucca, entendem que quem paga o título encontra-se obrigado a verificar também a autenticidade da assinatura do último endossante, de modo a certificar-se não estar pagando a um portador não legitimado para recebê-lo. No caso das instituições financeiras, a falta de conferência da regularidade formal do endosso único ou da série de endossos, bem como das assinaturas do emitente e do último endossante, pode caracterizar falha na prestação do serviço e gerar responsabilidade civil.

JURISPRUDÊNCIA COMENTADA: São uníssonas as decisões dos Tribunais no sentido de que as instituições financeiras "devem verificar a regularidade da cadeia de endosso, aí incluída a certificação da legitimidade da pessoa física que age a mando de pessoa jurídica", sob pena de responderem por danos materiais e morais decorrentes de falha na prestação do serviço (TJSP, APL 0004462-82.2012.8.26.0356, Rel. Des. Jonize Sacchi de Oliveira. *DJESP* 02.05.2018). Entretanto, não estão compelidas a confrontar a autenticidade das assinaturas de todos os endossantes. A Segunda Seção do Superior Tribunal de Justiça "tem entendimento no sentido de que o estabelecimento bancário não está obrigado a verificar a autenticidade das assinaturas dos endossos no verso do cheque, mas, cumpre-lhe aferir a sua regularidade formal, incluindo-se a legitimidade daquele que endossa" (AgRg no REsp 1.181.309/SP, Rel. Min. Sidnei Beneti, *DJe* 14.06.2010).

Art. 912. Considera-se não escrita no endosso qualquer condição a que o subordine o endossante.

Parágrafo único. É nulo o endosso parcial.

COMENTÁRIOS DOUTRINÁRIOS: A Lei do Cheque continha dispositivo semelhante ao *caput* do art. 912, no que diz respeito ao endosso daquele título ("Art. 18. O endosso deve ser puro e simples, reputando-se não escrita qualquer condição a que seja subordinado"). O parágrafo único, por sua vez, reproduz o art. 12, I, da LUG ("O endosso parcial é nulo"). O Código incorpora a regra, como norma geral aplicável a todos os títulos atípicos que venham a ser criados. O endosso, obrigatoriamente, deve ser puro e simples e qualquer condição a que seja subordinado será reputada não escrita, pois não é aceitável qualquer restrição à circulação dos títulos à ordem. Também não se admite o endosso parcial, mesmo porque representaria uma *contraditio in terminis*, um endosso que não operasse a transmissão do título à ordem. O parágrafo único, no entanto, contém imprecisão técnica ao remeter o endosso parcial para o plano da validade. A parcialidade do endosso impede que o ato produza efeitos, devendo ser tratada, portanto, no plano da eficácia, conforme proposta apresentada no anteprojeto para reforma do Código Civil.

JURISPRUDÊNCIA COMENTADA: Em demanda em que se discutiu a nulidade de endosso translativo parcial por violação ao parágrafo único do art. 912 do CC e ao art. 12 da LUG, reiterou o TJSP não ser "admitido o endosso parcial, uma vez que obrigações instituídas na forma dos títulos de crédito apresentam característica de unitariedade" (TJSP, APL 0000490-63.2013.8.26.0035, Rel. Des. João Batista Vilhena, *DJESP* 23.09.2014). No entanto, também já se deixou de conhecer da alegação de nulidade do endosso parcial do título, quando aventada pelos recorrentes apenas "nas razões do apelo, tratando-se de nítida inovação recurso, o que importa o não conhecimento do apelo no tópico (TJRS, AC 119615-47.2018.8.21.7000, Rel. Des. Ana Lúcia Carvalho Pinto Vieira Rebout, *DJERS* 02.04.2019).

REFORMA DO CÓDIGO CIVIL: Pretende-se, além de aprimorar a redação do *caput*, alterar o parágrafo único do art. 912 do Código Civil, que passaria a contar com a seguinte redação: "Art. 912. Considera-se não escrita a condição a que o endosso fique condicionado. Parágrafo único. É ineficaz o endosso parcial, que se terá por não escrito". O objetivo da proposta, segundo a comissão de juristas que elaborou o anteprojeto, foi corrigir a equivocada disposição que proclama "a nulidade do endosso parcial. Não se cuida, é certo, de considerar o endosso parcial nulo, mas, sim, ineficaz. A análise do fato jurídico é no plano da eficácia e, não, no da validade. A parcialidade é que não produz qualquer efeito. A melhor técnica legislativa para regular a questão encontra-se, de fato, no Decreto n. 2.044, de 1908, que, em seu artigo 8º, § 3º, veda o endosso parcial e não o inquina de nulidade, ao contrário da Lei Uniforme e do Código Civil, com o que se quebraria a indivisibilidade cambiária da soma. O endosso parcial, portanto, deve ser analisado no plano da eficácia e não da invalidade, sob pena de interromper a série de endossos, em prejuízo do terceiro de boa-fé, portador legitimado ou de regresso do título. Essa é a orientação ditada pela melhor doutrina e pelos artigos 16 da Lei Uniforme de Genebra e 22 da Lei de Cheque".

Art. 913. O endossatário de endosso em branco pode mudá-lo para endosso em preto, completando-o com o seu nome ou de terceiro; pode endossar novamente o título, em branco ou em preto; ou pode transferi-lo sem novo endosso.

COMENTÁRIOS DOUTRINÁRIOS: O dispositivo autoriza a regularização de endosso em títulos, em branco ou preto, e até sua dispensa formal, dispondo sobre os direitos do endossatário quanto à transferência do próprio título, ao tempo em que enumera as diversas prerrogativas circulatórias que lhe são conferidas como legítimo possuidor de um título à ordem. Se recebeu o título por meio de endosso em branco, o endossatário pode mudá-lo para endosso em preto, bastando completar o endosso indicando o seu próprio nome como beneficiário. Se pretender transferir a terceiro o título que recebeu por endosso em branco, pode simplesmente preencher o nome do terceiro beneficiário ao lado da assinatura do endossante, sem necessidade de novo endosso, possibilitando, assim, a segunda transmissão sem endosso sucessivo. A grande vantagem para o endossatário de transferir sem novo endosso é que ele não se tornará mais um coobrigado pelo título. Mas se preferir, pode o endossatário endossar novamente o título, em branco ou em preto. Finalmente, pode o último endossatário de um endosso em branco transferir o título a terceiro pela simples tradição sem novo endosso. Da mesma forma que esse terceiro, desde que não tenha mudado o endosso em branco para endosso em preto, poderá transmitir novamente o título a outrem, e assim sucessivamente, sem novos endossos, pois o título à ordem com endosso em branco, como já afirmado, passa a se comportar como se fosse um título ao portador. O art. 913, em suma, autoriza a regularização de endosso em títulos, em branco ou preto, e até sua dispensa formal. A Lei do Cheque (Lei n. 7.357/1985), anterior à Lei n. 8.088/1990, também continha dispositivo semelhante, no que diz respeito ao endosso em branco daquele título.

JURISPRUDÊNCIA COMENTADA: Assim, no cheque nominal dado a terceiro e endossado em branco a outro terceiro, este pode preenchê-lo com o seu nome, eis que expressamente admitida a "conversão do endosso em branco para endosso em preto" (TJSP, AC 1000670-83.2020.8.26.0369, Rel. Des. Tasso Duarte de Melo, *DJESP* 16.08.2021).

Art. 914. Ressalvada cláusula expressa em contrário, constante do endosso, não responde o endossante pelo cumprimento da prestação constante do título.

§ 1º Assumindo responsabilidade pelo pagamento, o endossante se torna devedor solidário.

§ 2º Pagando o título, tem o endossante ação de regresso contra os coobrigados anteriores.

COMENTÁRIOS DOUTRINÁRIOS: Este artigo estabelece que o endossante de um título à ordem somente se tornará coobrigado solidário com o emitente do título se assumiu expressa responsabilidade pelo pagamento. Nesse caso, assumindo a responsabilidade, e pagando o título, o endossante terá ação de regresso contra os coobrigados anteriores. Em que pese a clareza da disposição codificada, o problema é que tanto a LUG como a Lei do Cheque (Lei n. 7.357/1985) contêm regras taxativas em sentido rigorosamente oposto e que prevalecerão sobre o Código Civil. A regra geral do Direito Cambial, no que se refere aos títulos à ordem tipificados na maioria das leis especiais, é a de que o endossante será sempre responsável pelo pagamento final da obrigação constante do título, salvo estipulação em contrário. O endossante se torna um dos coobrigados solidários pelo pagamento, ao lado do avalista: "No caso de duplicata não aceita, que tenha circulado por endosso translativo, o protesto poderá ser lavrado em face do sacador endossante e seus avalistas, se assim for indicado pelo apresentante" (Enunciado n. 68 aprovado na *I Jornada de Direito Notarial e Registral*, promovida pelo Conselho da Justiça Federal). O art. 914, portanto, altera essa regra geral, passando a dispor que o endossante se liberará automaticamente da obrigação de garantir o pagamento do título, sempre que o título não contenha cláusula expressa nesse sentido. Em face da prevalência da legislação especial sobre a geral, a disposição mostra-se de pouca valia, pois somente será aplicável aos títulos atípicos que venham a ser criados. Exatamente por isso, vem em boa hora a proposta legislativa para alteração do dispositivo e compatibilizá-lo com a legislação especial.

JURISPRUDÊNCIA COMENTADA: Apesar de haver previsão em lei especial, especialmente o art. 21 da Lei do Cheque, localizamos algumas decisões, no sentido de que a inexistência da estipulação convencional, exigida pelo art. 914 do Código Civil, levaria à "irresponsabilidade do cedente ou do endossante, perante o cessionário ou endossatário, pelo cumprimento da prestação cambial e a solvência dos emitentes e sacados" (TJSP, APL 0011345-81.2012.8.26.0344, Rel. Des. Cesar Santos Peixoto, *DJESP* 19.09.2013). Decidiu o Tribunal do Rio Grande do Sul, por exemplo, que "conforme preceitua o artigo 914 do Código Civil, a regra é a inexistência de responsabilidade do endossante, salvo quando expressa previsão. – Inexistente na transmissão do título a previsão de responsabilidade solidária, esta deve ser afastada" (TJRS, AC 0142211-93.2016.8.21.7000, Rel. Des. Gelson Rolim Stocker, *DJERS* 14.11.2016). Essas decisões mostram-se equivocadas, ao fazerem tábula rasa da legislação especial. Em sentido contrário, e bem mais coerente, a decisão do TJSC: "o endossante do cheque garante o pagamento, ressalvado o direito de regresso contra o emitente. Exegese dos arts. 21 da Lei n. 7.357/1985, c/c art. 914, §§ 1º e 2º, do CC/2002" (TJSC, AC 2010.060688-9, Rel. Des. Dinart Francisco Machado, *DJSC* 06.06.2016).

REFORMA DO CÓDIGO CIVIL: Pretende-se alterar o *caput* do art. 914 do Código Civil, que passaria a ter a seguinte redação: "Art. 914. Ressalvada cláusula expressa em contrário, constante do endosso, responde o endossante pelo cumprimento da prestação constante do título". Como se vê, a alteração pretende compatibilizar a regra codificada com a legislação especial, no sentido de que o endossante será sempre responsável pelo pagamento final da obrigação constante do título, salvo estipulação em contrário.

Art. 915. O devedor, além das exceções fundadas nas relações pessoais que tiver com o portador, só poderá opor a este as exceções relativas à forma do título e ao seu conteúdo literal, à falsidade da própria assinatura, a defeito de capacidade ou de representação no momento da subscrição, e à falta de requisito necessário ao exercício da ação.

COMENTÁRIOS DOUTRINÁRIOS: O dispositivo versa sobre as exceções que podem ser opostas ao portador do título à ordem pelo devedor. Já afirmei em outro comentário que a palavra "exceção" não está empregada aqui em seu significado técnico específico, previsto na lei processual. O dispositivo refere-se genericamente às "defesas" que o devedor dispuser contra o portador, abrangendo também objeções e direitos potestativos extintivos, como é o caso da compensação e da confusão. A primeira possível forma de defesa do devedor contra o portador refere-se às exceções fundadas nas relações pessoais que tiver com o portador. Assim, se o devedor possui, contra o portador, um crédito seu, pode ele opor contra aquele a exceção de compensação. Mas não pode o devedor opor ao terceiro e atual portador, a quem foi transmitido o título, as exceções fundadas em relações pessoais com o antigo credor. Então se o crédito era contra o credor primitivo, e o título foi transmitido, a exceção de compensação não pode ser oposta ao atual portador. Mesmo porque é pressuposto da compensação entre as obrigações de duas pessoas que ambas sejam simultaneamente credora e devedora uma da outra. Em suma, o devedor só poderá opor ao portador as chamadas exceções pessoais quando relacionadas às partes diretamente envolvidas no negócio jurídico que deu origem ao título. Além das exceções pessoais, o devedor poderá opor ao portador todas as objeções relativas à forma do título. Os vícios formais ou vícios cartulares são ínsitos ao título, não se referindo ao negócio jurídico precedente, e podem ser intrínsecos ou extrínsecos. São vícios formais intrínsecos todos aqueles relacionados aos requisitos de validade da cártula e ao seu conteúdo literal, como é caso da falsidade de assinaturas, do defeito de capacidade ou de representação no momento da subscrição etc. Os vícios formais extrínsecos estão relacionados à ausência de causa de emissão (*causa debendi*) nos títulos causais, como é o caso da duplicata emitida sem lastro ou duplicata fria. Em suma, o devedor somente pode opor ao portador os vícios formais e as exceções fundadas nas suas relações pessoais diretamente com este ou em relação ao título, quanto a aspectos formais e materiais. Mas nada pode alegar contra o atual portador no que diga respeito às relações pessoais com os portadores precedentes ou com o emitente do título. Não pode alegar, contra o atual portador, nem mesmo a nulidade do negócio jurídico que celebrou com o endossante. Salvo se o devedor demonstrar a má-fé do atual portador, a teor do art. 916 deste Código. Entretanto, nas hipóteses em que o título de crédito estiver expressamente vinculado a um outro negócio jurídico subjacente, será possível a discussão da *causa debendi* não apenas entre as partes daquele negócio precedente, mas também pelos terceiros endossatários, como bem esclarece o enunciado da Súmula n. 258 do STJ: "a nota promissória vinculada a contrato de abertura de crédito não goza de autonomia em razão da iliquidez do título que a originou". A teor do enunciado da Súmula n. 475 do STJ, "responde pelos danos decorrentes de protesto indevido o endossatário que recebe por endosso translativo título de crédito contendo vício formal extrínseco ou intrínseco, ficando ressalvado seu direito de regresso contra os endossantes e avalistas". Assim, o endossatário que leva a protesto uma duplicata sem aceite e desacompanhada de contrato de venda mercantil ou de prestação de serviços subjacente ao título ignora vício de natureza formal para a emissão do título, passando a responder pelos danos causados.

JURISPRUDÊNCIA COMENTADA: Consoante pacífico entendimento do Superior Tribunal de Justiça, "o devedor somente pode opor ao portador do cheque exceções fundadas na relação pessoal com o portador ou em aspectos formais e materiais do título. No caso em análise, a exceção oposta pelos devedores diz respeito ao não cumprimento do contrato firmado por eles com terceiro. Logo, não tendo sido caracterizada a má-fé do portador, deve ser preservada a autonomia do título cambial, na esteira dos precedentes desta Corte Superior" (AgInt no AREsp 1.252.159/SP, Rel. Min. Moura Ribeiro, *DJe* 05.09.2018). No AREsp 861.575/MT e no REsp 1.231.856/PR, a 4.ª Turma daquela Corte Superior reafirmou "o entendimento de que a relação jurídica subjacente à emissão do cheque não pode ser oponível ao endossatário que se presume terceiro de boa-fé, ao tomar a cártula por meio do endosso, ressalvada a possibilidade de confirmação da má-fé por parte deste. Não havendo de se cogitar má-fé do terceiro (endossatário), é vedada a oponibilidade de exceções pessoais relativas ao emitente do título e ao endossante, uma vez que a execução da cártula, no caso dos autos, constituiu simples exercício regular de direito por parte do endossatário" (AgInt no AREsp 861.575/MT, Rel. Min. Raul Araújo, *DJe* 10.04.2017).

Art. 916. As exceções, fundadas em relação do devedor com os portadores precedentes, somente poderão ser por ele opostas ao portador, se este, ao adquirir o título, tiver agido de má-fé.

COMENTÁRIOS DOUTRINÁRIOS: O dispositivo versa sobre as exceções fundadas nas relações mantidas com os portadores precedentes e que podem ser opostas ao atual portador do título pelo devedor. Diz expressamente que se o devedor tinha qualquer tipo de defesa a ser oposta em face dos anteriores portadores do título, não as poderá opor contra o portador atual, salvo se este houver agido de má-fé. Cabe ao devedor demonstrar a má-fé do atual portador, como nos casos de conluio fraudulento entre o credor original e os possuidores subsequentes, visando privar o devedor daquelas defesas que ele teria podido validamente opor ao credor endossante, ou ainda em caso de atos emulativos, quando presente, no último portador endossante, o propósito de causar dano ao devedor, o que também atrairia a aplicação do art. 187 deste Código. Assim, quem for demandado por obrigação resultante de um título não pode opor ao portador exceções fundadas em relações pessoais com o emitente, ou com os portadores anteriores, salvo se o portador o adquiriu conscientemente em detrimento do devedor. Os princípios gerais da autonomia e da abstração impedem que o portador de boa-fé seja afetado pelas vicissitudes do negócio jurídico a partir do qual o título fora emitido. O "agir de má-fé", aqui, não se perfaz com a simples ciência por parte do portador atual da existência dessas defesas ou exceções, exigindo daquele um agir consciente voltado a lesionar o devedor.

JURISPRUDÊNCIA COMENTADA: Nos termos do art. 916 do Código Civil, sem a comprovação da má-fé, não é possível ao emitente opor exceções pessoais ao endossatário portador do título. Decisão bastante didática do TJDF esclarece que "o devedor que opuser exceções pessoais ligadas ao negócio subjacente, somente poderá fazê-lo se: 1) estiver discutindo o débito com o próprio credor primitivo (o título não circulou); 2) ocorrido o endosso, o terceiro tenha agido de má-fé (art. 916 do CC); 3) o cheque continha a cláusula 'não à ordem', situação na qual o endosso valerá como cessão civil de crédito (art. 17, § 1º, da Lei n. 7.357/1985). Havendo transmissão do título para terceiro de boa-fé, o devedor não pode se esquivar ao pagamento, ainda que descumprido o negócio jurídico que deu origem à emissão do cheque, pois, com a circulação dos títulos, perpetra-se a desvinculação de sua exigibilidade ao cumprimento do negócio subjacente" (TJDF, Rec 2009.06.1.012751-8, Rel. Des. Waldir Leôncio Júnior, *DJDFTE* 10.09.2012). Esse mesmo tribunal também decidiu que "a incapacidade civil do emitente das cártulas, como exceção pessoal que é, não pode ser oposta ao terceiro de boa-fé, em razão dos princípios cartulares da autonomia e da abstração, salvo se adquirido, de forma consciente, em detrimento do devedor (art. 25 da Lei n. 7.357/85 e art. 916 do CC/2002)" (TJDF, Rec 2008.01.1.065447-8, Rel. Des. Alfeu Machado, *DJDFTE* 19.11.2014).

Art. 917. A cláusula constitutiva de mandato, lançada no endosso, confere ao endossatário o exercício dos direitos inerentes ao título, salvo restrição expressamente estatuída.

§ 1º O endossatário de endosso-mandato só pode endossar novamente o título na qualidade de procurador, com os mesmos poderes que recebeu.

§ 2º Com a morte ou a superveniente incapacidade do endossante, não perde eficácia o endosso-mandato.

§ 3º Pode o devedor opor ao endossatário de endosso-mandato somente as exceções que tiver contra o endossante.

COMENTÁRIOS DOUTRINÁRIOS: O dispositivo versa sobre o endosso-mandato ou endosso-procuração, também chamado de endosso impróprio, que transmite apenas o exercício do Direito Cartular, mas não a propriedade da cártula, que se mantém sob a titularidade do endossante. O endossatário-mandatário pode exercer todos os direitos emergentes do título, mas não tem a disponibilidade sobre o crédito, que pertence ao endossante. É situação frequente e corriqueira nos contratos de cobrança bancária, por meio dos quais a instituição financeira se substitui ao credor na cobrança dos títulos. O endossatário-mandatário se submete à disciplina do mandato. A cláusula constitutiva de mandato, lançada no endosso, normalmente se materializa pela inserção de expressões que denotem essa finalidade (*por procuração, para fins de cobrança* etc.). O *caput* do art. 917, em sua parte final, toma partido em antiga querela doutrinária, referente à possibilidade de se impor limitações aos poderes do procurador investido por endosso. Isso porque se o endosso é sempre puro e simples (art. 912), o mandato nele inserido também deveria sê-lo, não se compadecendo com qualquer cláusula restritiva de poderes. Contudo, como já antecipado, o endosso-mandato é uma modalidade imprópria de endosso, justamente por se submeter à disciplina do mandato, onde a limitação dos poderes conferidos é sempre possível (ver art. 660). Na praxe mercantil, o endosso-mandato se popularizou no exercício da atividade exclusiva de cobrança, encontrando-se os poderes do endossatário usualmente restritos a essa finalidade, podendo o mandatário, tão somente, exercer a cobrança do título e lhe dar quitação. Na atividade de cobrança se inclui a adoção das medidas necessárias para protesto e execução do título. Destaca-se, porém, que "o endossatário de título de crédito por endosso-mandato só responde por danos decorrentes de protesto indevido se extrapolar os poderes de mandatário" (Súmula n. 476 do STJ). O § 1º do art. 917 dispõe sobre o óbvio, ou seja, que endossatário-mandatário não pode endossar novamente o título, senão na qualidade de procurador, não podendo transmitir mais poderes do que aqueles que recebeu do endossante-mandante. Desde que não haja cláusula proibitiva de novo endosso, o endossatário pode transmitir novamente o título nos limites do mandato, vale dizer, constituindo novo endossatário-procurador, com os mesmos poderes que recebeu. Se, ainda assim e contrariando a disposição do § 1º, o endossatário-mandatário fizer um endosso próprio, sem limitação, o excesso de poderes não terá eficácia frente ao titular do crédito e a transmissão terá a eficácia de um endosso-mandato. O § 2º, ao introduzir no sistema do Código Civil regra anteriormente presente no parágrafo único do art. 26 da Lei do Cheque, inova, de certa forma, o direito anterior, contrariando, nesse ponto, regra própria da disciplina do mandato. O dispositivo configura exceção à regra geral do Código Civil que dispõe extinguir-se o mandato pela morte ou interdição de uma das partes (art. 682, inc. II) ou pela mudança de estado que inabilite o mandante a conferir os poderes, ou o mandatário para os exercer (art. 682, inc. III). O § 3º, finalmente, esclarece que o devedor só pode opor ao endossatário-mandatário, enquanto portador do título, as exceções que seriam oponíveis contra o endossante, mas não aquelas que poderia dispor contra o próprio endossatário-mandatário.

JURISPRUDÊNCIA COMENTADA: No Superior Tribunal de Justiça há muito foi aprovada, pela 2.ª Seção, no âmbito da sistemática dos recursos repetitivos, tese no sentido de que a instituição financeira que recebe título de crédito por endosso-mandato não é responsável por cobrança indevida, salvo se exceder os poderes do mandato, agir de modo negligente ou, alertada sobre eventual falha na cártula, levá-la, ainda assim, a protesto. Assim, para o STJ, constituem "exemplos de circunstâncias em que há responsabilidade por protesto indevido daquele que recebeu título por endosso-mandato: a conduta *ultra vires* que extrapola os poderes transferidos pela cláusula-mandato, mercê do que dispõe o art. 662 do CC/2002, além de conduta culposa praticada com negligência (art. 186 do CC/2002), de que é exemplo o apontamento do título a protesto a despeito da ciência prévia acerca da falta de higidez da cártula ou da ocorrência de pagamento" (REsp 1.063.474/RS, 2.ª Seção, Rel. Min. Luis Felipe

Salomão, *DJe* 17.11.2011). Essa tese se refletiu, posteriormente, no enunciado da Súmula n. 476 do STJ, acima transcrito, e seguida de forma pacífica pelos Tribunais estaduais e regionais federais, vez que não se comprovando qualquer conduta que evidencie que a instituição financeira "tenha extrapolado os limites do mandato que lhe foi outorgado, não deve responder pelos danos suportados pela autora decorrentes do protesto indevido, não lhe sendo exigível aferir a veracidade de todos os dados constantes na duplicata mercantil além da razão social e do CNPJ, não configurando a hipótese culpa por ato próprio da instituição financeira" (STJ, TRF da 2.ª Região, Proc. 2005.51.10.007387-2, Rel. Des. Fed. Luiz Paulo S. Araujo Filho, *DEJF* 31.10.2012). Em suma, se o "endossatário por mandato não tinha ciência prévia acerca da falta de higidez das duplicatas protestadas, não há se falar em sua responsabilização" (STJ, AgInt-REsp 1.991.907, Rel. Min. Moura Ribeiro, *DJe* 23.08.2023).

Art. 918. A cláusula constitutiva de penhor, lançada no endosso, confere ao endossatário o exercício dos direitos inerentes ao título.

§ 1º O endossatário de endosso-penhor só pode endossar novamente o título na qualidade de procurador.

§ 2º Não pode o devedor opor ao endossatário de endosso-penhor as exceções que tinha contra o endossante, salvo se aquele tiver agido de má-fé.

COMENTÁRIOS DOUTRINÁRIOS: O dispositivo trata do chamado endosso-penhor ou endosso-caução, anteriormente previsto no art. 19 da Lei Uniforme de Genebra (Decreto n. 57.663/1965) e que não se confunde com o endosso-mandato, tratado no dispositivo anterior. Trata-se de outra das espécies de endosso impróprio, que não constituem meio de transferência da propriedade do título. O art. 918 disciplina o endosso-caução, que ocorre quando o endossante transfere o título ao endossatário como garantia de outra obrigação assumida. Também chamado de endosso pignoratício, é a forma usual de constituição de penhor sobre títulos de crédito à ordem (ver art. 1.438). No giro mercantil, são comuns os contratos de mútuo, garantidos por caução de títulos. Sobre esse tema, *vide* os nossos comentários ao art. 918. Quem recebe o título em caução não adquire a propriedade, mas um direito sobre coisa alheia, que lhe foi transmitida, em regra provisoriamente, em garantia do cumprimento de outra obrigação. Exatamente por isso o endossatário de endosso pignoratício não pode endossar novamente o título com endosso translativo, em branco ou em preto, mas tão somente com endosso-mandato. Em outras palavras, pode o endossatário, na qualidade de procurador, transferir os direitos emergentes do título, por exemplo, para fins de cobrança, a outro endossatário, por meio de endosso-mandato, conforme previsão do § 1º deste artigo. O § 2º do art. 918 repete a regra do § 3º do artigo anterior, alusivo ao endosso-mandato, reiterando que o devedor não pode opor ao endossatário de endosso-penhor as exceções que tinha contra o endossante, salvo se aquele tiver agido de má-fé. Assim, o devedor só pode opor ao endossatário-pignoratício, enquanto portador do título, as exceções que seriam oponíveis contra o endossante, mas não aquelas que poderia dispor contra o próprio endossatário-pignoratício. A não ser que este tenha agido de má-fé. A Lei n. 10.931/2004 acrescentou o art. 66-B, § 3º, à Lei n. 4.728/1965, dispondo sobre a propriedade fiduciária de títulos de crédito e outros direitos creditórios, nos termos seguintes: "É admitida a alienação fiduciária de coisa fungível e a cessão fiduciária de direitos sobre coisas móveis, bem como de títulos de crédito, hipóteses em que, salvo disposição em contrário, a posse direta e indireta do bem objeto da propriedade fiduciária ou do título representativo do direito ou do crédito é atribuída ao credor, que, em caso de inadimplemento ou mora da obrigação garantida, poderá vender a terceiros o bem objeto da propriedade fiduciária independentemente de leilão, hasta pública ou qualquer outra medida judicial ou extrajudicial, devendo aplicar o preço da venda no pagamento do seu crédito e das despesas decorrentes da realização da garantia, entregando ao devedor o saldo, se houver, acompanhado do demonstrativo da operação realizada". O cessionário fiduciário, nesse caso, se torna o titular do título de crédito, como objeto de propriedade resolúvel. Não se trata de penhor, nem de mera caução, mas de alienação do direito de crédito representado na cártula à instituição financeira. Com o cumprimento da obrigação garantida, o título retornará ao antigo possuidor. Se inadimplida, ocorre a consolidação da propriedade do título no patrimônio da instituição financeira.

JURISPRUDÊNCIA COMENTADA: O endosso penhor não retira a legitimidade do endossante para responder por demandas que visem à inexigibilidade do título, pois se trata de modalidade de endosso que não retira o interesse do endossante credor "sobre a exigibilidade do título, pois se traduz em mera garantia de sua dívida com o banco, permanecendo como credor do devedor" (TJPR, ApCív 0916537-7, Rel. Juiz Conv. José Roberto Pinto Júnior, *DJPR* 27.05.2013). Portanto, "a instituição financeira que recebe títulos cambiais por meio de endosso-caução ou endosso-penhor é parte legítima para figurar no polo passivo da relação processual em que se busca a declaração de nulidade de tais títulos, mormente quando se verifica o inadimplemento da obrigação que se visava garantir" (TJPR, ApCív 0278824-7, Rev. Juiz Conv. Joatan Marcos de Carvalho, *DJPR* 11.01.2008). Já se decidiu, por outro lado, em demanda envolvendo duplicatas vinculadas a contrato de penhor de títulos de crédito, que o endossante "não tem legitimidade para pleitear a sustação do protesto ou para postular a ordem de que não aponte a protesto aqueles títulos, frente ao endossatário, réu. A legitimidade ativa é da empresa sacada, que não foi parte nestes processos" (TJRS, AC 194069-76.2010.8.21.7000, Rel. Des. Nelson José Gonzaga, *DJERS* 03.10.2012).

Art. 919. A aquisição de título à ordem, por meio diverso do endosso, tem efeito de cessão civil.

COMENTÁRIOS DOUTRINÁRIOS: O dispositivo incorpora no Código Civil regra geral do Direito Cambial, no sentido de que a transmissão de título endossável por meio diverso do endosso não produzirá efeitos cambiais, mas de mera cessão civil. A transmissão "por meio diverso do endosso" pode ser formalizada em documento à parte ou, por se tratar de coisa móvel, por mera tradição. Entretanto, em se tratando de título com beneficiário identificado, na ausência do endosso, a cessão do crédito deve ser comprovada por qualquer meio, pois ao mero portador do título não se atribui, pela posse, a presunção da cessão de crédito. O § 1º do art. 17 da Lei do Cheque também prevê a transmissão do título por cessão civil nos casos em que estiver vedado o endosso. Mencionaram-se em comentário anterior as distinções entre endosso e cessão civil. O endosso é uma figura típica para circulação das cambiais e não se confunde com a cessão civil de crédito prevista nos arts. 286 a 298. Na cessão de crédito, o cessionário toma o lugar do cedente com os mesmos direitos do qual aquele era titular, estando, em consequência, sujeito às mesmas exceções àquele oponíveis. Já o endossatário é titular de um direito autônomo, sem vinculação com o direito do qual era titular o endossante. As exceções que eram oponíveis pelo devedor ao endossante não poderão ser opostas ao endossatário. A não ser diante da prova de que, ao receber o título, o endossatário exequente agiu de má-fé. O cedente normalmente responde apenas pela existência do crédito, mas não responde pela solvência do devedor, enquanto o endossante permanece responsável, como coobrigado solidário, pelo pagamento, ao menos nos títulos de crédito típicos (ver comentários ao art. 914). Ao contrário da cessão de crédito, o endosso dispensa a notificação do devedor que pagará validamente ao endossatário, independentemente de prévia notificação. Por outro lado, apesar da nítida distinção entre a transmissão do título por endosso e a cessão de crédito, não existe óbice a que o crédito consubstanciado em um título de crédito seja transmitido por meio da cessão civil de crédito, como bem esclarece o art. 919, hipótese em que será observado o regime civilista próprio de transmissão das obrigações. A notificação, como requisito de eficácia, para que a cessão de crédito surta efeitos perante o devedor, também configura condição para a aferição da legitimidade ativa do cessionário na demanda executiva A inexistência, nesses casos, da notificação retira a legitimidade ativa do cessionário para cobrança direta ao emitente do título.

JURISPRUDÊNCIA COMENTADA: Na jurisprudência localizamos diversas decisões admitindo a transferência do título por mera tradição, configurando, nesses casos, a cessão civil de créditos. Conforme enfatiza, com propriedade, o TJDF, "o portador que recebe o cheque por tradição, assumindo a condição de cessionário, deve comprovar que notificara o obrigado (emitente) acerca da cessão do direito de crédito nele estampado, pois do contrário não subsiste eficácia do negócio em relação à sua pessoa, obstando que a pretensão creditícia aparelhada pelo título lhe seja direcionada (art. 290 do CC)" (TJDF, Rec 2011.01.1.079632-5, Rel. Des. Teófilo Caetano, *DJDFTE* 11.09.2015). A cessão civil, no entanto, não se presume, havendo necessidade de comprovação da transferência do crédito. Consoante decisão do TJSP, "a aplicação supletiva do artigo 919 do Código Civil à legislação especial, que disciplina o cheque, não permite a presunção da cessão de crédito ao mero portador do título nominado a terceiro e sem endosso (art. 17 da Lei n. 7.357/1985), de modo que a sua legitimidade para a cobrança do crédito depende da efetiva comprovação da transferência" (TJSP, APL 0017740-03.2008.8.26.0127, Rel. Des. Nelson Jorge Júnior, *DJESP* 21.06.2013). Salvo se existir relação jurídica entre o emissor e o portador: "Emissão dos títulos e existência da relação jurídica com o embargado. Fatos incontroversos. Aquisição de cheque prescrito, por meio diverso do endosso.

Cessão civil. Inteligência do artigo 919 do Código Civil. Precedentes deste E. TJSP e C. STJ. Legitimidade ativa configurada. Sentença mantida" (TJSP, AC 1001643-02.2022.8.26.0035, Rel. Des. Henrique Rodriguero Clavisio, *DJESP* 22.04.2024).

Art. 920. O endosso posterior ao vencimento produz os mesmos efeitos do anterior.

COMENTÁRIOS DOUTRINÁRIOS: O dispositivo versa sobre o endosso posterior ao vencimento, também chamado de "endosso tardio" ou "endosso póstumo", e estabelece que tanto o endosso anterior como o posterior ao vencimento produzirão os mesmos efeitos. A sua eficácia é idêntica, quer tenha sido anterior, quer posterior ao vencimento. A regra entra em confronto com a legislação especial, e só será plenamente aplicável aos títulos atípicos que venham a ser criados. Com relação aos títulos típicos, tanto a Lei do Cheque como a Lei Uniforme sobre Letras de Câmbio e Notas Promissórias trazem regramento próprio sobre o endosso póstumo, normalmente distinguindo duas situações a depender do momento em que o título é endossado, se antes ou depois do protesto ou do apontamento para cobrança. O art. 20 da Lei Uniforme estabelece que se o endosso se fez depois do vencimento, mas antes do protesto ou antes de expirado o prazo para o protesto cambial, produzirá os mesmos efeitos daquele feito antes do vencimento. Se posterior ao protesto ou feito depois de expirado o prazo fixado para se fazer o protesto, produz apenas os efeitos da cessão de crédito. Quanto ao cheque, o art. 27 da Lei n. 7.357 dispõe que o endosso posterior ao protesto, ou declaração equivalente, ou à expiração do prazo de apresentação produz apenas os efeitos de cessão. Em suma, para que o endosso póstumo tenha os efeitos da cessão de crédito, o ato há de ser praticado, se no cheque, após o protesto ou após o prazo de apresentação, e, se na letra de câmbio, nota promissória ou equivalentes, após o protesto por falta de pagamento ou após o prazo legal para a tirada do protesto. Nos títulos atípicos que venham a ser criados e que se subordinem exclusivamente ao Código Civil, não haverá diferença, para os efeitos cambiais próprios, se o endosso foi lançado antes ou depois do vencimento. Nos casos em que a transmissão do título observar as regras da cessão de crédito, o endossante tardio não fica responsável pelo pagamento ou pela solvência do devedor, mas apenas pela existência do crédito (salvo estipulação em contrário), nem muito menos se tornará coobrigado solidário com os demais subscritores do título. Ademais, ao último endossatário, possuidor do título, poderão ser opostas as exceções oponíveis ao endossante. Isso porque quem adquire o título por meio de endosso tardio após o protesto, o prazo de apresentação ou após o prazo legal para a tirada do protesto não é titular de um direito autônomo (como se dá com os endossatários tempestivos), mas apenas sucede ao cedente quanto aos direitos deste.

JURISPRUDÊNCIA COMENTADA: No caso de endosso de cheque após o vencimento do título, já se decidiu que, não tendo havido a notificação do devedor, "o pedido de declaração de inexigibilidade do cheque c/c indenização reclama a presença (no polo passivo) das duas rés (cedente e cessionária)" (TJSP, APL 0001771-18.2012.8.26.0220, Rel. Des. Sérgio Shimura, *DJESP* 12.08.2015). Contudo, o Superior Tribunal de Justiça tem pontuado a distinção entre a situação em que a transmissão tem a "natureza" de cessão de crédito, como se dá nos casos de transferência do título sem endosso, daquela em que a transmissão tem apenas "os efeitos" da cessão, como ocorre no endosso póstumo dos títulos típicos: "O art. 20 da LUG estabelece que o endosso póstumo produz os efeitos de uma cessão ordinária de créditos e não que deva ter a forma de uma cessão de créditos [...] Como o endosso póstumo tem a forma de endosso, prescinde da notificação do devedor para ter validade em relação a ele, não se aplicando a norma do art. 290 do Código Civil" (REsp 1.189.028/MG, Rel. Min. João Otávio de Noronha, *DJe* 07.03.2014). Para o STJ, "o endosso póstumo ou impróprio, assim entendido aquele realizado ulteriormente ao vencimento do título, ou efetuado posteriormente ao protesto por falta de pagamento, ou ainda feito depois do prazo fixado para o protesto necessário, gera efeitos diversos do endosso propriamente dito, quais sejam, aqueles advindos de uma 'cessão ordinária de crédito'. O princípio da inoponibilidade de defesa pessoal a terceiro de boa-fé ostenta natureza eminentemente cambial, não sendo, pois, aplicável à espécie. No caso em tela, o endosso deu-se posteriormente ao protesto do título por falta de pagamento, o que, por si só, é suficiente para afastar a restrição da defesa ao aspecto meramente formal da promissória" (REsp 826.660/RS, Rel. Min. Luis Felipe Salomão, *DJe* 26.05.2011).

CAPÍTULO IV
DO TÍTULO NOMINATIVO

Art. 921. É título nominativo o emitido em favor de pessoa cujo nome conste no registro do emitente.

COMENTÁRIOS DOUTRINÁRIOS: O título nominativo é aquele emitido em favor de pessoa determinada, nominalmente inscrita nos registros da entidade emissora, e cuja transmissão somente se efetiva mediante termo averbado nos livros próprios do emitente (termo de transferência), seguindo-se a inscrição do novo titular naqueles livros. Trata-se de título de uso bastante comum no âmbito das instituições financeiras que realizam operações de emissão e custódia de títulos e valores mobiliários. Entre os títulos nominativos mais conhecidos entre nós estão as ações nominativas de sociedades anônimas e os títulos da dívida pública. A Lei n. 10.179/2001 dispõe sobre os títulos da dívida pública de responsabilidade do Tesouro Nacional, quais sejam: as Letras do Tesouro Nacional – LTN, as Letras Financeiras do Tesouro – LFT e as Notas do Tesouro Nacional – NTN. As Leis 4.504/1964 e 8.629/1993, e o Decreto n. 578/1992 tratam dos Títulos da Dívida Agrária – TDA, emitidos para desapropriação e para aquisição por compra e venda de imóveis rurais destinados à implementação de projetos integrantes do Programa Nacional de Reforma Agrária. O Decreto n. 9.292/2018, por sua vez, estabelece as características dos títulos da Dívida Pública Mobiliária Federal. As ações nominativas das sociedades anônimas, a seu turno, estão reguladas no art. 31 da Lei n. 6.404/1976. Os títulos nominativos somente podem ser emitidos por quem mantenha escrituração regular e registros contábeis das suas obrigações. Constitui erro comum, frequente até mesmo em decisões judiciais, confundir o cheque nominal com um título nominativo. O cheque é um título à ordem, transferível por simples endosso. Os títulos nominativos, mesmo quando endossáveis, somente se transmitem por termo no livro de registros do emitente.

JURISPRUDÊNCIA COMENTADA: Sobre a distinção entre título à ordem e título nominativo, já decidiu o TJMG que "o título nominativo não é aquele que traz nomeado seu beneficiário (hipótese que caracteriza título à ordem), mas aquele que é emitido em favor de pessoa cujo nome conste no registro do emitente (artigo 921 do Código Civil)" (TJMG, APCV 5010080-68.2019.8.13.0313, Rel. Des. Lílian Maciel, *DJEMG* 08.10.2021). A CPR é título nominativo, que exige registro de transferência em livro próprio (TJDF, Proc. 0701.81.7.932017-8070001, Rel. Des. Carlos Rodrigues, *DJDFTE* 03.07.2018).

REFORMA DO CÓDIGO CIVIL: Pretende-se alterar o art. 921 do Código Civil, que passaria a ter a seguinte redação: "Art. 921. É título nominativo o emitido em favor de pessoa cujo nome conste no registro do emitente ou, quando emitido sob a forma escritural, em sistema eletrônico de escrituração". O objetivo da proposta, segundo a comissão de juristas que elaborou o anteprojeto, foi "atualizar a redação para contemplar os títulos de crédito emitidos sob a forma escritural".

Art. 922. Transfere-se o título nominativo mediante termo, em registro do emitente, assinado pelo proprietário e pelo adquirente.

COMENTÁRIOS DOUTRINÁRIOS: O dispositivo estabelece os requisitos necessários à transferência do título nominativo. A sua propriedade se transfere mediante assento ou termo no livro apropriado do emitente, onde também será inscrito o nome do novo titular. A inscrição complementa o processo de transferência, identificando e qualificando o credor do título, com base nos números de série e de ordem por meio dos quais esses títulos se materializam. O emitente é obrigado a manter um registro especial para inscrição dos dados dos titulares de seus títulos; no caso das sociedades anônimas – Lei n. 6.404/1976 –, as companhias, a possuírem um livro de "Registro de Ações Nominativas". A propriedade das ações nominativas, diz a lei, presume-se pela inscrição do nome do acionista nesse livro ou pelo extrato que seja fornecido pela instituição custodiante, na qualidade de proprietária fiduciária das ações. A transferência das ações nominativas opera-se por termo lavrado no aludido livro, datado e assinado pelo cedente e pelo cessionário, ou seus legítimos representantes. No caso de ações nominativas adquiridas em bolsa de valores, o cessionário será representado, na transferência, independentemente de instrumento de procuração, pela sociedade corretora, ou pela caixa de liquidação da bolsa de valores (art. 31). Na sucessão hereditária, o Estatuto do Anonimato (Lei n. 6.404) já previa que a transferência das ações nominativas em virtude de transmissão por sucessão universal ou legado, somente se fará mediante averbação no livro de "Registro de Ações Nominativas", à vista de documento hábil, que ficará em poder da companhia. Esse preceito pode ser transposto para a transmissão hereditária dos demais títulos nominativos. O documento hábil a propiciar a transferência dos títulos, junto ao emissor, é justamente o formal de partilha ou a escritura de inventário e partilha, os quais devem ser averbados no livro de registros, de modo a justificar a mudança de titularidade do falecido para o herdeiro ou legatário.

REFORMA DO CÓDIGO CIVIL: Pretende-se alterar o art. 922 do Código Civil, que passaria a ter a seguinte redação: "Art. 922. Transfere-se o título nominativo mediante termo, em registro do emitente ou em sistema eletrônico de escrituração, assinado pelo proprietário e pelo adquirente". O objetivo da proposta, segundo a comissão de juristas que elaborou o anteprojeto, foi atualizar a redação para contemplar os títulos de crédito emitidos sob a forma escritural.

Art. 923. O título nominativo também pode ser transferido por endosso que contenha o nome do endossatário.

§ 1º A transferência mediante endosso só tem eficácia perante o emitente, uma vez feita a competente averbação em seu registro, podendo o emitente exigir do endossatário que comprove a autenticidade da assinatura do endossante.

§ 2º O endossatário, legitimado por série regular e ininterrupta de endossos, tem o direito de obter a averbação no registro do emitente, comprovada a autenticidade das assinaturas de todos os endossantes.

§ 3º Caso o título original contenha o nome do primitivo proprietário, tem direito o adquirente a obter do emitente novo título, em seu nome, devendo a emissão do novo título constar no registro do emitente.

COMENTÁRIOS DOUTRINÁRIOS: Inova o Código Civil ao admitir a transferência dos títulos nominativos por endosso. O endosso do título nominativo só poderá ser feito sob a forma nominativa, ou seja, endosso em preto, fazendo constar o nome do endossatário, de quem poderá ser exigido que comprove a autenticidade da assinatura do endossante. No entanto, a transferência por endosso, nos títulos nominativos típicos, só será possível quando assim o permitirem as respectivas leis especiais. E nesse sentido é possível afirmar a pouquíssima utilidade do dispositivo, aplicável tão somente a hipotéticos títulos nominativos atípicos que venham a ser criados. A Lei das S/A, ao tratar da ação nominativa da sociedade anônima, principal título nominativo brasileiro, proíbe a sua transferência por endosso. Após a edição da Lei n. 8.021/1990, foram extintas as ações endossáveis e as ao portador, permanecendo apenas as nominativas. Destaque-se, por fim, que a possibilidade de transferência mediante endosso não transforma o título de nominativo em título à ordem, mesmo porque o endosso não dispensa a necessidade de averbação da transferência nos registros do emitente. O endossatário, quer seja o único ou o último de uma série regular e ininterrupta de endossos, tem o direito de obter a averbação do seu nome no registro do emitente, comprovada a autenticidade das assinaturas de todos os endossantes. Em alguns casos, o título nominativo pode trazer impresso o nome do primitivo proprietário, hipótese em que assistirá ao adquirente o direito de obter do emitente novo instrumento-título, em seu nome, devendo a emissão do novo título constar no registro do emitente.

JURISPRUDÊNCIA COMENTADA: Decisão do Tribunal Regional da 3.ª Região enfatiza que "a cédula hipotecária, cuja disciplina é dada pelo Capítulo II do Decreto-lei n. 70/1966, é modalidade de título de crédito necessariamente nominativo e endossável em preto, sobretudo após a Lei n. 8.088/1990, que vedou o endosso em branco dos títulos de crédito em geral; ou seja, o endossante da cédula hipotecária deve designar o nome do endossatário em seu verso, conforme preceitua o artigo 16 do Decreto-lei n. 70/1966". No caso que julgou, o TRF verificou que "a aquisição dos títulos pela apelante está comprovada, já que as cártulas cujas cópias foram juntadas aos autos demonstram que foram endossadas a Continental S/A. Crédito Imobiliário em 28/02/1973, denominação da apelante à época" (TRF 3.ª Região, AC 0446953-98.1982.4.03.6100, Rel. Des. Fed. Hélio Nogueira, *DEJF* 15.12.2016).

Art. 924. Ressalvada proibição legal, pode o título nominativo ser transformado em à ordem ou ao portador, a pedido do proprietário e à sua custa.

COMENTÁRIOS DOUTRINÁRIOS: O dispositivo versa sobre a transformação ou conversão dos títulos de crédito. Inexistindo vedação prevista em diploma legal específico, pode o proprietário do título nominativo transformá-lo em título à ordem ou ao portador, cabendo-lhe pagar as despesas decorrentes dessa transformação. Também pode ocorrer a conversão de um título ao portador em título nominativo. Em geral, a vontade do emissor do título, de acordo com os limites traçados pela lei, pode definir ou alterar a forma de sua circulação. A Lei n. 6.404/1976, por exemplo, dispõe que o estatuto da companhia com ações preferenciais poderá prever "a conversão de ações de uma classe em ações de outra e em ações ordinárias, e destas em preferenciais, fixando as respectivas condições" (art. 19). A mesma lei faculta ao estatuto da companhia dispor sobre a conversibilidade de uma forma de ação em outra forma, porém exige que as ações ordinárias ao portador, quando existirem, sejam obrigatoriamente conversíveis, à vontade do acionista, em nominativas endossáveis. A Lei n. 8.021, de 12.04.1990, quando extinguiu as ações ao portador, obrigou as companhias emissoras dos títulos a emitir ações nominativas em substituição às ações ao portador, outorgando um prazo de dois anos para a conversão de ações ao portador em nominativas. No tocante às despesas da conversão, imputadas ao emissor do título, o § 3º do art. 23 da Lei das S/A, ao tratar da emissão dos certificados das ações, igualmente autoriza a companhia a cobrar o custo da substituição dos certificados quando esta for solicitada pelo acionista.

Art. 925. Fica desonerado de responsabilidade o emitente que de boa-fé fizer a transferência pelos modos indicados nos artigos antecedentes.

COMENTÁRIOS DOUTRINÁRIOS: A transferência do título nominativo feita de boa-fé pelo emitente, cumprindo as formalidades estabelecidas nos artigos anteriores, produz o efeito de desonerá-lo de qualquer responsabilidade no tocante a vícios dos documentos ou dos atos relativos aos respectivos registros. A referência à boa-fé do emitente implica a inexistência de culpa ou dolo. É evidente que, havendo culpa ou dolo do emitente, ele será responsabilizado por eventuais danos causados. No caso de instituições financeiras, corretoras de valores ou sociedades em geral que negociem títulos de crédito, a responsabilidade civil independe de culpa, por força do disposto no art. 931 (os empresários individuais e as empresas respondem independentemente de culpa pelos danos causados pelos produtos postos em circulação). Lembrando que "Aplica-se o art. 931 do Código Civil, haja ou não relação de consumo" (Enunciado n. 378 da *IV Jornada de Direito Civil*), de modo que haja ou não a aplicabilidade do Código de Defesa do Consumidor, tratando-se de empresa ou empresário individual, em face dos riscos inerentes à atividade empresarial, haverá responsabilidade objetiva, independentemente da prova da culpa.

Art. 926. Qualquer negócio ou medida judicial, que tenha por objeto o título, só produz efeito perante o emitente ou terceiros, uma vez feita a competente averbação no registro do emitente.

COMENTÁRIOS DOUTRINÁRIOS: Como a titularidade do título nominativo só é provada por meio do registro respectivo mantido pelo emitente, de onde emana a própria validade do título, qualquer negócio jurídico ou medida judicial que tenha por objeto a transferência ou a oneração de tais títulos só produzirá efeitos, perante o emitente ou terceiros, depois de feita a competente averbação naquele registro. Por isso, o art. 40 da Lei n. 6.404/1976 estabelece que o usufruto, o fideicomisso, a alienação fiduciária em garantia e quaisquer cláusulas ou ônus que gravarem a ação deverão ser averbados no livro de "Registro de Ações Nominativas" ou nos livros da instituição financeira, quando se tratar de ação escritural. Uma decisão judicial prolatada em favor de um determinado portador precisa ser averbada nos registros do emitente. Tanto que o § 2º do art. 31 da Lei n. 6.404 prevê que a transferência das ações nominativas em virtude de ato judicial somente se fará mediante averbação no livro de "Registro de Ações Nominativas", à vista de documento hábil, que ficará em poder da companhia. Portanto, a própria eficácia da decisão judicial fica dependente da averbação.

JURISPRUDÊNCIA COMENTADA: Em ação que pretendia uma complementação acionária, decidiu o tribunal pela ilegitimidade ativa do autor que não comprova a propriedade das ações, justamente pela ausência de registro no livro de transferência de ações nominativas, tendo havido "o descumprimento expresso da Lei nº 6.404/76, no seu art. 31, §§ 1º e 2º. A transferência de ações exige anotação no livro de transferência de ações, datado e assinado pelo cedente e cessionário, ou seus legítimos representantes. Na ausência da anotação no livro, a transferência não se opera" (TJRS, EDcl 281781-60.2017.8.21.7000, Rel. Des. Altair de Lemos Junior, *DJERS* 14.03.2019). Também já se decidiu que "a prova da emissão de ações consiste na inscrição do novo acionista no livro de Registro de Ações Nominativas da Eletrobras, sendo insuficiente a simples apresentação da ata da assembleia geral extraordinária com a aprovação do aumento de capital social para emissão de ações" (TRF 4.ª Região, AG 5021539-55.2018.4.04.0000, Rel. Juiz Fed. Alexandre Gonçalves Lippel, *DEJF* 18.07.2019).

TÍTULO IX
DA RESPONSABILIDADE CIVIL

CAPÍTULO I
DA OBRIGAÇÃO DE INDENIZAR

Comentários de
ANDERSON SCHREIBER

Art. 927. Aquele que, por ato ilícito (arts. 186 e 187), causar dano a outrem, fica obrigado a repará-lo.

Parágrafo único. Haverá obrigação de reparar o dano, independentemente de culpa, nos casos especificados em lei, ou quando a atividade normalmente desenvolvida pelo autor do dano implicar, por sua natureza, risco para os direitos de outrem.

COMENTÁRIOS DOUTRINÁRIOS: O art. 927 inaugura o título destinado à disciplina da *responsabilidade civil*, campo do Direito Civil que se ocupa do tratamento jurídico dos danos sofridos na vida social. O *ato ilícito* representa, historicamente, o conceito fundamental da *responsabilidade civil*. O art. 186 do Código Civil consagra a noção de ato ilícito, ao dispor que "aquele que, por ação ou omissão voluntária, negligência ou imprudência, violar direito e causar dano a outrem, ainda que exclusivamente moral, comete ato ilícito". Extraem-se do art. 186 os elementos que compõem o ato ilícito: a) culpa, b) nexo de causalidade e c) dano, já detidamente analisados nos comentários a tal artigo. O efeito do ato ilícito é o surgimento do dever de reparar os danos causados, como declara o artigo em comento. O *caput* do art. 927 reporta-se, ainda, ao art. 187, no qual se encontra positivado o instituto do abuso do direito. Apesar das críticas já formuladas ao enquadramento do abuso como espécie de ato ilícito, afigura-se indiscutível a possibilidade de se recorrer à responsabilidade civil para a reparação dos danos causados pelo exercício abusivo de direitos. Por muito tempo, considerou-se que somente a prática do ato ilícito poderia ensejar a responsabilização do agente pelo dano causado à vítima. O ato ilícito representava, nesse sentido, o fundamento exclusivo da responsabilidade civil. Como a culpa é um dos elementos do ato ilícito, consagrou-se o entendimento de que, sem culpa, não poderia haver responsabilização (*pas de responsabilité sans faute*). O advento da responsabilidade objetiva (responsabilidade independentemente de culpa) alterou, especialmente a partir do início do século XX, esse cenário. Hoje, no Direito Brasileiro, assim como em tantas outras experiências jurídicas, convivem dois regimes distintos de responsabilidade civil: a) a responsabilidade civil por ato ilícito, também chamada *responsabilidade civil subjetiva*; e b) a *responsabilidade civil objetiva*, também chamada responsabilidade civil sem culpa ou responsabilidade civil por risco. *Responsabilidade objetiva.* O parágrafo único do artigo em comento ocupa-se da responsabilidade objetiva. Convém compreender as razões de seu surgimento. Em sua versão de falta moral, vinculada aos impulsos anímicos do sujeito, a culpa mostrava-se um elemento de dificílima comprovação. Sua aferição impunha aos juízes tarefa extremamente árdua, representada por exercícios de previsibilidade do dano e análises psicológicas incompatíveis com os limites naturais da atividade judiciária, a exigir do magistrado uma capacidade quase divina. Se, de início, a dificuldade de demonstração da culpa atendia, em boa medida, ao interesse do liberalismo jurídico que rejeitava a limitação da autonomia privada, salvo nas hipóteses de uso flagrantemente inaceitável da liberdade individual, o certo é que, com o desenvolvimento do capitalismo industrial e a proliferação de acidentes ligados às novas tecnologias, tal dificuldade intensificou-se ao extremo, atraindo a intolerância social e a rejeição do próprio Poder Judiciário. A tentativa de superar as injustiças impostas pela dificuldade de demonstração da culpa ocorreu por meio de inúmeros expedientes técnicos que se propunham a facilitar o acesso concreto da vítima à reparação, como as *presunções de culpa* que eram amplamente utilizadas pelo Código Civil de 1916 em hipóteses como a responsabilidade civil por fato de animais e a responsabilidade civil por fato de terceiros. Embora todos estes mecanismos devam ser compreendidos como meios de evitar os tormentos suscitados pela rigorosa exigência de prova da culpa, certo é que nenhum deles teve efeito tão revolucionário quanto a consagração da responsabilidade civil objetiva. A atenuação do papel central da culpa teve como um de seus principais marcos doutrinários uma obra de Raymond Saleilles, *Les accidents de travail et la responsabilité civile: essai d'une théorie objective de la responsabilité délictuelle*. Propunha o autor que o princípio de imputabilidade viesse substituído por um princípio de simples causalidade, a prescindir da avaliação do comportamento do sujeito causador do dano. Orientação semelhante foi seguida por Louis Josserand, que defendia a ideia de risco como critério de responsabilização valendo-se de julgados franceses que já vinham aplicando a responsabilidade por guarda da coisa de forma bastante objetiva. Na esteira das obras de Saleilles e Josserand, a culpa tornou-se objeto de intensos ataques doutrinários. Por toda parte, autores notáveis filiaram-se à ideia de uma responsabilidade objetiva, fundada na teoria do risco. Ao longo do tempo, a responsabilidade objetiva veio a ser adotada em quase todos os ordenamentos jurídicos, por meio de leis especiais, aplicáveis a setores específicos, relacionados aos anseios sociais mais graves no campo da responsabilidade civil. Na maior parte dos casos, todavia, fez-se necessário um longo período de maturação antes que a responsabilidade objetiva ganhasse espaços mais abertos. No Brasil, por exemplo, embora não fosse inteiramente estranha ao Código Civil de 1916, a responsabilidade objetiva ingressou efetivamente no ordenamento positivo por meio de diplomas especiais, como a Lei de Estradas de Ferro (Decreto n. 2.681/1912), o Código Brasileiro de Aeronáutica (Lei n. 7.565/1986) e a Lei n. 6.453/1977, relativa às atividades nucleares. A Constituição de 1988 abriu novos caminhos, não apenas por força da previsão de hipóteses específicas (art. 7º, inc. XXVIII; art. 21, inc. XXIII; art. 37, § 6º), mas, sobretudo, pela inauguração de uma nova tábua axiológica, mais sensível à adoção de uma responsabilidade que, dispensando a culpa, se mostrasse fortemente comprometida com a reparação dos danos em uma perspectiva marcada pela solidariedade social. Atento à nova axiologia constitucional, o Código de Defesa do Consumidor veio instituir a responsabilidade objetiva do fornecedor de produtos ou serviços, criando um sistema de responsabilização livre do fator subjetivo da culpa e abrangente de um vasto campo de relações na vida contemporânea. Em 2002, o então novo Código Civil, tão tímido em outras matérias, consolidou corajosamente a orientação constitucional no campo da responsabilidade civil. Em primeiro lugar, converteu em objetiva a responsabilidade aplicável a uma série de hipóteses antes dominadas pela culpa presumida, como a responsabilidade por fato de terceiro e por fato de animais. Além disso, elegeu a responsabilidade objetiva em novas hipóteses como aquela relativa à responsabilidade empresarial "pelos danos causados pelos produtos postos em circulação" (art. 931). Sua maior inovação, todavia, foi prever no parágrafo único do artigo em comento uma *cláusula geral de responsabilidade objetiva por atividades de risco*. A nova codificação brasileira opta francamente pela responsabilidade objetiva, e não por um sistema intermediário, de presunção de culpa. De fato, com a cláusula geral de responsabilidade objetiva por atividades de risco contida no parágrafo único do art. 927, o legislador de 2002 espancou definitivamente a ideia da prevalência da culpa no sistema brasileiro. Ao exigir a participação da discricionariedade jurisdicional na ampla tarefa de definir as atividades sujeitas à sua incidência, a aludida norma retirou, a um só tempo, a condição excepcional e o caráter *ex lege*, ainda então atribuídos à responsabilidade objetiva na cultura jurídica nacional. Não há dúvida de que a indefinição quanto às atividades abrangidas pelo art. 927 tem gerado, na doutrina e na jurisprudência, uma continuada perplexidade. Ainda hoje, discute-se o sentido da referência legal às atividades que, "normalmente desenvolvidas", implicam "risco para os direitos de outrem". Contesta-se, habitualmente, que qualquer atividade humana importa, em alguma proporção, risco aos direitos alheios. A crítica demonstra apenas que o legislador pretendeu, obviamente, se referir às atividades que tragam risco elevado, risco provável, verdadeiro perigo de dano. Algumas tentativas de especificação da cláusula geral têm conduzido a equívocos. Parte da doutrina tem, por exemplo, sustentado afigurar-se imprescindível, para a incidência do parágrafo único do art. 927, a constatação de proveitos econômicos auferidos por quem desempenha a atividade lesiva. Assim, afirma-se que maior será o risco da atividade conforme o proveito visado. Tal entendimento contraria a literalidade do dispositivo, que, ao aludir apenas ao risco, sem cogitar do seu aproveitamento pelo responsável, sugere fortemente a adoção da *teoria do risco-criado*, e não da *teoria do risco-proveito*. Outra abordagem que parece escapar aos limites da norma tem se fundado na exigência de que a atividade de risco se mostre organizada sob a forma de empresa, o que tampouco encontra respaldo na redação do dispositivo, que, ao contrário, se refere às atividades que causam risco aos direitos de outrem "por sua natureza" – e não já por sua forma de organização. Essa interpretação que restringe a incidência do parágrafo único do art. 927 às atividades empresariais parece inconsistente também com o próprio sistema instaurado pela codificação, que já conta com norma especificamente dirigida à responsabilidade do empresário (art. 931). Há, ainda, quem sustente certa inutilidade do parágrafo único do art. 927, por se limitar a reeditar a regra do art. 14 do Código de Defesa do Consumidor relativa à responsabilidade objetiva pelo fornecimento de serviços. Embora a prática possa efetivamente revelar um amplo número de situações que poderiam adentrar o campo de incidência dos dois dispositivos, parece certo que, ao contrário do que sustenta essa corrente, o art. 927 não tem seu âmbito de aplicação limitado a uma responsabilidade perante o destinatário final, abrangendo todo o campo interempresarial, composto pelas relações entre os diversos tipos de fornecedores (fabricante, importador etc.). Em outras palavras, além das diferenças estruturais entre a norma consumerista e a cláusula geral de responsabilidade objetiva contida no Código Civil, resta claro que o fundamento de tutela, aqui e ali, são inteiramente diversos. O escopo do parágrafo único do art. 927 é impor responsabilização com base no elevado risco produzido por certa atividade, o que se verifica naquelas hipóteses em que há um elevado perigo de dano, seja por sua frequência, seja por sua intensidade. Na Itália, por exemplo, os Tribunais já decidiram consistir em atividade perigosa a gestão de aeroportos e a construção civil. É evidente que a experiência estrangeira na matéria serve apenas como elemento de que se podem socorrer os Tribunais brasileiros na qualificação de certa atividade como "atividade de risco". Maior peso deve adquirir a análise de dados estatísticos relativos a acidentes provocados, na realidade brasileira, pela atividade que se examina, adquirindo importância não apenas a quantidade de danos gerados, mas também a sua gravidade, muitas vezes já apreendidas em outras manifestações da normativa nacional, como a legislação trabalhista e previdenciária. Recomenda a doutrina, ainda, que, além de dados estatísticos e previsões legislativas específicas, o intérprete leve em conta índices de risco definidos em tabelas de seguro. Todos esses parâmetros podem e devem servir de auxílio ao magistrado no momento de aferir se certa atividade se configura ou não como atividade que, normalmente, traz risco aos direitos de outrem, nos termos da cláusula geral contida no parágrafo único do art. 927. Mesmo após a positivação da cláusula geral de responsabilidade objetiva no Código Civil de 2002, novas e relevantes hipóteses específicas de responsabilidade objetiva continuaram surgindo na legislação especial. Merece destaque, nesse sentido, a disciplina inaugurada na Lei Geral de Proteção de Dados Pessoais acerca da reparação de danos causados no âmbito da atividade de tratamento de dados pessoais, que, à semelhança do Código Civil, conta com uma cláusula geral de responsabilidade subjetiva no art. 42 – que impõe o dever de reparar ao controlador ou ao operador que tiver causado danos "em violação à legislação de proteção de dados pessoais", expressão que aponta para uma responsabilidade fundada na violação de deveres jurídicos (culpa normativa) – e uma cláusula geral de responsabilidade objetiva pelos danos ocasionados pelo tratamento que "não fornecer a segurança que o titular dele pode esperar, consideradas as circunstâncias relevantes" (art. 44) – hipótese que guarda notável similitude com a responsabilidade objetiva do fornecedor por defeito do serviço constante do art. 14, § 1º, do Código de Defesa do Consumidor. Configurada a responsabilidade objetiva, independentemente da sua fonte legislativa, o agente fica, tal como no caso de ato ilícito, obrigado a reparar o dano causado à vítima. *Dever de reparar*. O dever de reparar é tradicionalmente identificado com a indenização em dinheiro. Mesmo nas hipóteses de dano moral, entende a doutrina que a reparação do dano dá-se por meio de uma compensação pecuniária. Todavia, o dever de reparar pode e deve se exprimir por meios específicos, capazes de assegurar à vítima, tanto quanto possível, exatamente aquilo de que foi injustamente privada. Daí vir crescendo em importância na atualidade a chamada reparação não pecuniária do dano. A doutrina brasileira há muito admite, em que pese o silêncio do Código Civil, a reparação específica dos danos materiais. Assim, por exemplo, a vítima que tem o muro da sua casa danificado pela colisão de um automóvel pode pleitear do ofensor a indenização pelo decréscimo do valor do imóvel causado pela deterioração do muro, mas pode também pedir diretamente o próprio conserto do muro. A questão assume relevância ainda maior no âmbito dos danos morais. No Direito Brasileiro, despatrimonializou-se o dano, mas não a reparação. A abertura ao ressarcimento do dano moral deu-se, aqui, como em outros países, mediante forte resistência e sem nenhuma modificação significativa na estrutura tradicional da responsabilidade civil, cujas bases dogmáticas permaneceram rigorosamente inalteradas. Por conta disso, a lesão a um interesse extrapatrimonial continua recebendo uma única resposta: a indenização em dinheiro, remédio típico de uma abordagem econômica do dano. Essa dualidade entre dano moral e indenização em dinheiro não gera apenas dificuldades de quantificação, mas sobretudo propaga nas vítimas o sentimento de impunidade, vinculado à percepção de que quem pode pagar, pode causar danos. Daí o surgimento, nos últimos anos, de um movimento de despatrimonialização não do dano, mas da sua reparação. Doutrina e jurisprudência têm se associado na criação e no desenvolvimento de meios não pecuniários de reparação do dano moral, como a retratação pública, a retratação privada e a veiculação de notícia da decisão judicial. Tais meios, esclareça-se, não necessariamente substituem ou eliminam a indenização em dinheiro, mas podem se somar a ela no sentido de reparar tanto quanto possível o dano moral sofrido pela vítima. E, por menos importantes que pareçam à primeira vista, os meios não pecuniários assumem muitas vezes maior efetividade na satisfação da vítima e na pacificação dos conflitos sociais. Tome-se como exemplo a retratação pública, dotada de especial relevância na reparação do dano à honra, configurando instrumento eficaz para a reconstrução da reputação do indivíduo no meio social em que se insere. Já nos casos de lesão à privacidade, quando a vítima prefere, no mais das vezes, manter o conflito em sigilo, de modo a evitar chamar ainda maior atenção para o fato integrante da sua vida privada, a retratação pode ser privada, registrada nos próprios autos ou em correspondência dirigida à vítima. Além da retratação pública ou privada, há outras condutas que se podem impor ao réu, como meios de alcançar a mais ampla reparação do dano moral. Setores mais tradicionais da doutrina brasileira hesitam em recomendar este caminho. Argumentam que seria atribuir demasiado poder ao juiz na reparação do dano moral. Melhor seria resolver tudo com dinheiro. O argumento não deixa de ser intrigante, já que, no campo do direito das obrigações, a unanimidade dos autores reconhece a preferência pela solução *in natura*, privilegiando-se a chamada execução específica das obrigações em detrimento da conversão em perdas e danos. O Código Civil e o Código de Processo Civil trilharam claramente essa via, consagrando como solução prioritária a entrega ao credor do exato bem da vida que pretendia obter ao constituir o vínculo obrigacional. A indenização em dinheiro assume papel subsidiário nesses diplomas. Naturalmente, tal reparação exige participação mais ativa do Poder Judiciário. Do magistrado passa-se a esperar mais que o simples arbitramento do montante monetário devido. Juízes e desembargadores são convocados a participar de modo mais determinante da reparação do dano sofrido, refletindo sobre as medidas mais adequadas para a satisfação da vítima no caso concreto. Durante os últimos dois séculos, a responsabilidade civil foi aprimorada e remodelada sempre a partir das suas causas (culpa e risco). É hora de repensar as suas consequências. *Direito de danos.* Embora ainda hoje seja vista por parte da doutrina como um instrumento destinado exclusivamente à reparação dos danos, a responsabilidade civil contemporânea tem se voltado, cada vez mais, para a prevenção dos danos e para a administração dos riscos (*risk management*) de sua produção. A responsabilização do agente causador do dano torna-se, nesse contexto, apenas uma das possíveis consequências que são objeto do estudo da responsabilidade civil, revelando-se ainda mais efetivo cuidar do dano *antes* que ele aconteça. Daí por que, em alguns países, a responsabilidade civil tem sido chamada mais amplamente de "direito de danos" (*derecho de daños*).

PANDEMIA: Em 10 de março de 2021, foi publicada a Lei n. 14.125/2021, que dispunha sobre a responsabilidade civil relativa a eventos adversos pós-vacinação contra a Covid-19 e sobre a aquisição e distribuição de vacinas por pessoas jurídicas de direito privado. O *caput* do art. 1º da referida lei autorizava a aquisição de vacinas pela União, pelos Estados, pelo Distrito Federal e pelos Municípios, além de autorizar tais entes a "assumir os riscos referentes à responsabilidade civil, nos termos do instrumento de aquisição ou fornecimento de vacinas celebrado, em relação a eventos adversos pós-vacinação, desde que a Agência Nacional de Vigilância Sanitária (Anvisa) tenha concedido o respectivo registro ou autorização temporária de uso emergencial". A norma foi editada para viabilizar a compra de vacinas pelo Poder Público, tendo em vista que os laboratórios farmacêuticos vendedores exigiam que os entes públicos assumissem a responsabilidade por eventuais efeitos colaterais causados pela vacinação e havia uma considerável dúvida se tal assunção de responsabilidade seria possível sem expressa previsão legal. O § 2º do art. 1º esclarecia que "a assunção dos riscos relativos à responsabilidade civil de que trata o *caput* deste artigo restringe-se às aquisições feitas pelo respectivo ente público". A Lei n. 14.125/2021 foi revogada em 15 de junho de 2022 pela Medida Provisória n. 1.126, posteriormente convertida na Lei n. 14.466/2022, em razão da avaliação, pelo Governo Federal, de que a evolução do cenário de vacinação contra a Covid-19 autorizava a cessação das medidas previstas na Lei n. 14.125.

JURISPRUDÊNCIA COMENTADA: Instigante exemplo de aplicação da cláusula geral de responsabilidade objetiva extrai-se da jurisprudência do Superior Tribunal de Justiça, em caso no qual se discutia a "responsabilidade solidária do recorrente, Núcleo de Informação e Coordenação do Ponto BR – NIC.BR, pelos danos causados à honra e à imagem da recorrida, decorrentes do uso indevido de seus serviços de registro de nome de domínio na Internet". O caso envolvia a "efetivação de registro de nome de domínio idêntico ao nome artístico da recorrida, solicitado por pessoa jurídica sem a devida autorização, veiculando neste endereço eletrônico conteúdo pornográfico". Segundo o acórdão, o NIC.br desenvolve "atividades de execução e administração dos registros de nomes de domínio sob o código-país brasileiro ('.br') que foram atribuídas ao NIC.br por delegação do Comitê Gestor da Internet no Brasil – CGI.br". Concluiu, na ocasião, o STJ: "Adoção do sistema de precedência denominado 'First Come, First Served', segundo o qual a titularidade e o uso do nome de domínio são concedidos ao primeiro usuário que realizar o requerimento de registro e preencher os requisitos previstos na Resolução n. 008/2008 do CGI. br. 5. Sistema de concessão de domínios que *é* potencialmente apto a gerar danos a elevado número de pessoas, pois possibilita constantes violações ao direito marcário, empresarial, autoral e *à* honra e *à* imagem de terceiros, ante a falta de um exame adequado sobre a registrabilidade do nome requerido. 6. Ausência de análise prévia pelo NIC.br acerca da conveniência e legítimo interesse sobre o nome de domínio escolhido, que *é* feita exclusivamente pelo usuário. 7. Riscos de um registro impróprio que devem ser alocados ao NIC.br por serem intrínsecos *à* sua atividade de controlador exclusivo dos registros de nome de domínio no Brasil sob o '.br', ensejando a sua responsabilidade civil objetiva e solidária pelos danos morais causados *à* recorrida. 8. Aplicação da teoria do risco da atividade estatuída no 'parágrafo *único*' do art. 927 do Código Civil. 9. Recorrente que possui condições de mitigar os riscos de danos advindos da sua atividade de forma eficiente, providenciando filtragem em seu sistema com aptidão para controlar as vedações *à* escolha de nomes de domínio estabelecidas pelo próprio CGI.br, a fim de garantir padrões mínimos de idoneidade e autenticidade" (STJ, REsp 1.695.778/RJ, 3.ª Turma, Rel. p/ acórdão Min. Paulo de Tarso Sanseverino, j. 26.06.2018). Em 2019, o Plenário do Supremo Tribunal Federal debateu, no âmbito do RE 828.040/DF, a aplicabilidade da cláusula geral de responsabilidade objetiva por atividade de risco, constante do parágrafo único do art. 927 do Código Civil, às relações trabalhistas. Algumas decisões judiciais negavam aplicabilidade ao dispositivo, sustentando sua incompatibilidade com a Constituição da República, que imporia, em seu art. 7º, XXVIII, um regime de responsabilidade subjetiva nas relações de trabalho, ao se referir a indenização paga pelo empregador, "quando incorrer em dolo ou culpa". Entretanto, o STF concluiu, na esteira do voto do Ministro Relator Alexandre de Moraes, que a previsão constitucional não impede a instituição de regime mais benéfico ao trabalhador por normas infraconstitucionais, sendo certo que o próprio *caput* do art. 7º da Constituição esclarece que aos direitos do trabalhador arrolados no dispositivo se somam "outros que visem à melhoria de sua condição social" (STF, RE 828.040/DF, Tribunal Pleno, Rel. Min. Alexandre de Moraes, j. 05.09.2019). Ao examinar caso no qual se discutia a configuração de dano em razão do exercício de atividade de tratamento de dados pessoais, decidiu o STJ que "o vazamento de dados pessoais, a despeito de se tratar de falha indesejável no tratamento de dados de pessoa natural por pessoa jurídica, não tem o condão, por si só, de gerar dano moral indenizável. Ou seja, o dano moral não é presumido, sendo necessário que o titular dos dados comprove eventual dano decorrente da exposição dessas informações" (STJ, AREsp 2.130.619/SP, 2.ª Turma, Rel. Min. Francisco Falcão, j. 07.03.2023). Registre-se que, apesar de se tratar de matéria disciplinada na Lei Geral de Proteção de Dados Pessoais, como destacado *supra*, a configuração do dano moral indenizável é questão de relevância transversal, igualmente atinente aos litígios regidos exclusivamente pela codificação civil.

PANDEMIA: Em 13 de maio de 2020, foi editada a Medida Provisória n. 966, que dispunha sobre a responsabilização de agentes públicos por ação e omissão em atos relacionados com a pandemia da covid-19. O art. 1º da MP limitava a responsabilidade desses agentes à prática de atos dolosos ou frutos de "erro grosseiro", nos seguintes termos: "Os agentes públicos somente poderão ser responsabilizados nas esferas civil e administrativa se agirem ou se omitirem com dolo ou erro grosseiro pela prática de atos relacionados, direta ou indiretamente, com as medidas de: I – enfrentamento da emergência de saúde pública decorrente da pandemia da covid-19; e II – combate aos efeitos econômicos e sociais decorrentes da pandemia da covid-19". Ao julgar sete ações diretas de inconstitucionalidade ajuizadas contra a referida MP, o Supremo Tribunal Federal conferiu interpretação conforme a Constituição ao art. 1º do diploma normativo, fixando as seguintes teses: "1. Configura erro grosseiro o ato administrativo que ensejar violação ao direito à vida, à saúde, ao meio ambiente equilibrado ou impactos adversos à economia, por inobservância: (i) de normas e critérios científicos e técnicos; ou (ii) dos princípios constitucionais da precaução e da prevenção. 2. A autoridade a quem compete decidir deve exigir que as opiniões técnicas em que baseará sua decisão tratem expressamente: (i) das normas e critérios científicos e técnicos aplicáveis à matéria, tal como estabelecidos por organizações e entidades internacional e nacionalmente reconhecidas; e (ii) da observância dos princípios constitucionais da precaução e da prevenção, sob pena de se tornarem corresponsáveis por eventuais violações a direitos" (STF, MC nas ADIs 6.421, 6.422, 6.424, 6.425, 6.427, 6.428 e 6.431, Tribunal Pleno, Rel. Min. Luís Roberto Barroso, j. 21.05.2020). Registre-se que a MP n. 966/2020 teve seu prazo de vigência encerrado em 10 de setembro de 2020, sem ter sido tempestivamente apreciada pelo Congresso Nacional.

REFORMA DO CÓDIGO CIVIL: O Anteprojeto propõe acentuada reformulação do título dedicado à responsabilidade civil. Acrescenta-se, por exemplo, um novo capítulo com "disposições gerais", integrado pelos arts. 927 e 927-A. A nova redação sugerida para o art. 927 dedica-se a catalogar critérios propostos para a imputação do dano. O art. 927-A, por sua vez, trata de questões como prevenção e mitigação de danos (Anteprojeto, art. 927-A, *caput* e § 1º) e tutela contra o ilícito (Anteprojeto, art. 927-A, §§ 3º e 4º). Quanto à previsão do *caput* do art. 927 vigente, o Anteprojeto propõe sua junção ao seu suporte fático, qual seja, a definição de ato ilícito, constante da Parte Geral da codificação (v. comentários ao art. 186). Já a cláusula geral de responsabilidade objetiva pelo risco, que atualmente consta do parágrafo único do art. 927, é deslocada pelo Anteprojeto para o art. 927-B, recebendo uma nova redação: "Haverá obrigação de reparar o dano independentemente de culpa, nos casos especificados em lei, ou quando a atividade desenvolvida pelo autor do dano implicar, por sua natureza, risco para os direitos de outrem". O § 1º do art. 927-B esclarece que "a regra do *caput* se aplica à atividade que, mesmo sem defeito e não essencialmente perigosa, induza, por sua natureza, risco especial e diferenciado aos direitos de outrem. São critérios para a sua avaliação, entre outros, a estatística, a prova técnica e as máximas de experiência". Como se nota, diversos conceitos jurídicos indeterminados – como "defeito" e "risco especial e diferenciado" – são acrescentados à cláusula geral. Por sua vez, o § 2º do art. 927-B trata da "classificação do risco da atividade pelo poder público ou por agência reguladora", determinando que esta seja considerada não somente para a "responsabilização objetiva do causador do dano", como também para "a ponderação e a fixação do valor da indenização". Por fim, o § 3º positiva a figura do *fortuito externo*, já amplamente aceita pela doutrina e aplicada pela nossa jurisprudência, estabelecendo que "o caso fortuito ou a força maior somente exclui a responsabilidade civil quando o fato gerador do dano não for conexo à atividade desenvolvida pelo autor do dano".

Art. 928. O incapaz responde pelos prejuízos que causar, se as pessoas por ele responsáveis não tiverem obrigação de fazê-lo ou não dispuserem de meios suficientes.

Parágrafo único. A indenização prevista neste artigo, que deverá ser equitativa, não terá lugar se privar do necessário o incapaz ou as pessoas que dele dependem.

COMENTÁRIOS DOUTRINÁRIOS: Trata o presente artigo da *responsabilidade civil do incapaz*. A doutrina identifica na culpa dois componentes: a) a antijuridicidade, entendida como violação objetiva a um dever de comportamento, e b) a culpabilidade, entendida como a possibilidade de imputação ao agente desta violação. Exige-se, em outras palavras, o discernimento do agente acerca da antijuridicidade da conduta, tornando possível e exigível sua atuação em conformidade com o dever de conduta que acaba restando violado. A inimputabilidade dos incapazes justificava, nesse contexto, a total exclusão da sua responsabilidade. O Código Civil de 2002 mitiga essa exclusão, revelando marcante preocupação com a reparação da vítima. O artigo em comento impõe responsabilidade aos incapazes em *caráter subsidiário* à responsabilidade daqueles que responderiam por seus danos. Assim, responde o incapaz pelos danos a que der causa em duas situações: a) "se as pessoas por ele responsáveis não tiverem obrigação de fazê-lo": esta hipótese, a rigor, abarca aquelas situações em que não se configura o dever do responsável de indenizar a vítima, em conformidade com as regras que disciplinam a responsabilidade por fatos de terceiros (art. 932, I e II); ou b) quando tais pessoas "não dispuserem de meios suficientes" para realizar a reparação. Nessas duas hipóteses, o incapaz responde pelos danos causados. A emancipação do menor implica a cessação de sua incapacidade, de modo que ao emancipado não se aplica o art. 928. Parcela da doutrina, contudo, tem se insurgido contra esta solução na específica hipótese da emancipação voluntária (art. 5º, parágrafo único, I), afirmando que isto possibilitaria aos pais emancipar seus filhos com o intuito de afastar a sua responsabilidade civil pelos atos da prole. Importante regra sobre responsabilidade do incapaz constante de lei especial, e que merece interpretação sistemática com o regime trazido pelo Código Civil, consta do art. 116 da Lei n. 8.069/1991 (Estatuto da Criança e do Adolescente – ECA), que dispõe sobre a obrigação do adolescente de reparar o dano causado pelo ato infracional cometido: "Em se tratando de ato infracional com reflexos patrimoniais, a autoridade poderá determinar, se for o caso, que o adolescente restitua a coisa, promova o ressarcimento do dano, ou, por outra forma, compense o prejuízo da vítima". A doutrina tem identificado aí exemplo de responsabilidade do menor reconduzível à hipótese de não ter o responsável a obrigação de reparar o dano, autorizando sua responsabilização direta: "O incapaz responde pelos prejuízos que causar de maneira subsidiária ou excepcionalmente como devedor principal, na hipótese do ressarcimento devido pelos adolescentes que praticarem atos infracionais nos termos do art. 116 do Estatuto da Criança e do Adolescente, no âmbito das medidas socioeducativas ali previstas" (Enunciado n. 40 da *I Jornada de Direito Civil*). Uma vez reconhecida a responsabilidade civil do incapaz, a indenização deverá ser equitativa, ou seja, deverá levar em consideração os interesses contrapostos: a) necessidade de proteção à vítima; e b) necessidade de evitar sacrifício excessivo ao incapaz. Em qualquer caso, o dever de indenizar "não terá lugar se privar do necessário o incapaz ou as pessoas que dele dependem". Trata-se de norma que concretiza a proteção constitucional à dignidade humana, por meio da conservação dos meios materiais necessários à subsistência da pessoa natural. Justamente por isso, afirma-se que "a impossibilidade de privação do necessário à pessoa, prevista no art. 928, traduz um dever de indenização equitativa, informado pelo princípio constitucional da proteção à dignidade da pessoa humana. Como consequência, também os pais, tutores e curadores serão beneficiados pelo limite humanitário do dever de indenizar, de modo que a passagem ao patrimônio do incapaz se dará não quando esgotados todos os recursos do responsável, mas se reduzidos estes ao montante necessário à manutenção de sua dignidade" (Enunciado n. 39 da *I Jornada de Direito Civil*). Impõe-se, contudo, ir além. Se o fundamento do preceito reside na tutela da pessoa humana, não há por que o restringir ao incapaz ou às pessoas por ele responsáveis. Toda obrigação de indenizar deve ser equitativa, não podendo privar o devedor dos meios necessários para uma vida digna. Há, por assim dizer, um *limite humanitário* ao dever de indenizar, que não pode resultar na colocação do agente causador do dano em situação de necessidade. Em tais hipóteses, cumpre ao juiz temperar a aplicação do princípio da reparação integral do dano, atribuindo à vítima a indenização mais ampla possível, mas sem privar o réu de um "patrimônio mínimo", indispensável à manutenção de uma vida digna.

JURISPRUDÊNCIA COMENTADA: O Superior Tribunal de Justiça já teve a oportunidade de se manifestar acerca do conteúdo normativo desta inovação do Código Civil de 2002, assentando que "a responsabilidade civil do incapaz pela reparação dos danos é subsidiária e mitigada (art. 928 do CC). É subsidiária porque apenas ocorrerá quando os seus genitores não tiverem meios para ressarcir a vítima; é condicional e mitigada porque não poderá ultrapassar o limite humanitário do patrimônio mínimo do infante (art. 928, par. único, do CC e En. 39/CJF); e deve ser equitativa, tendo em vista que a indenização deverá ser equânime, sem a privação do mínimo necessário para a sobrevivência digna do incapaz (art. 928, par. único, do CC e En. 449/CJF)" (STJ, REsp 1.436.401/MG, 4.ª Turma, Rel. Min. Luis Felipe Salomão, j. 02.02.2017).

REFORMA DO CÓDIGO CIVIL: O Anteprojeto propõe explicitar, no *caput*, o caráter subsidiário da responsabilidade civil do incapaz. Sugere, ainda, duas modificações no parágrafo único: (a) a supressão do caráter equitativo da indenização e (b) a substituição da atual causa de exclusão do dever de indenizar – a privação do necessário ao incapaz ou àqueles que dele dependem – pela hipótese de violação ao "patrimônio mínimo existencial", tal como disciplinado no art. 391-A do Anteprojeto.

Art. 929. Se a pessoa lesada, ou o dono da coisa, no caso do inciso II do art. 188, não forem culpados do perigo, assistir-lhes-á direito à indenização do prejuízo que sofreram.

COMENTÁRIOS DOUTRINÁRIOS: Nada obstante o afastamento da ilicitude das condutas albergadas pelo art. 188 (v. comentários ao art. 188), o

Código Civil impõe o dever de indenizar na hipótese de *estado de necessidade*, quando a vítima não foi a causadora do perigo. Assim, por exemplo, se uma pessoa, ao fugir de um incêndio, dá um empurrão em terceiro, causando-lhe lesão, deverá indenizar o dano sofrido pelo terceiro, salvo se este último tiver ocasionado o incêndio. Trata-se de exemplo de *responsabilidade civil por ato lícito*.

JURISPRUDÊNCIA COMENTADA: Em caso envolvendo "acidente de trânsito ocorrido em estrada federal consistente na colisão de um automóvel com uma motocicleta, que trafegava em sua mão de direção", ao enfrentar "alegação do motorista do automóvel de ter agido em estado de necessidade, pois teve a sua frente cortada por outro veículo, obrigando-o a invadir a outra pista da estrada", concluiu o Superior Tribunal de Justiça pela "irrelevância da alegação, mostrando-se correto o julgamento antecipado da lide por se tratar de hipótese de responsabilidade civil por ato lícito prevista nos artigos 929 e 930 do Código Civil. O estado de necessidade não afasta a responsabilidade civil do agente, quando o dono da coisa atingida ou a pessoa lesada pelo evento danoso não for culpado pela situação de perigo" (STJ, REsp 1.278.627/SC, 3.ª Turma, Rel. Min. Paulo de Tarso Sanseverino, j. 08.12.2012).

REFORMA DO CÓDIGO CIVIL: O Anteprojeto propõe, além de ajustes redacionais no *caput*, a inclusão de três parágrafos no art. 929. Os dois primeiros consistem em transposição do teor do atual art. 930, *caput* e parágrafo único, com aprimoramentos redacionais. O § 3º, por sua vez, determina que "aquele que voluntariamente se expõe à situação de perigo para salvar alguém ou bens alheios tem direito de ser indenizado por quem criou essa situação, ou pelo beneficiado pelo ato de abnegação, na medida da vantagem por esse obtida".

Art. 930. No caso do inciso II do art. 188, se o perigo ocorrer por culpa de terceiro, contra este terá o autor do dano ação regressiva para haver a importância que tiver ressarcido ao lesado.

Parágrafo único. A mesma ação competirá contra aquele em defesa de quem se causou o dano (art. 188, inciso I).

COMENTÁRIOS DOUTRINÁRIOS: Embora o art. 929 impute à pessoa que provocou danos em estado de necessidade o dever de indenizar, o art. 930 ressalva que, caso seja possível identificar o terceiro causador do perigo, terá o agente ação de regresso em face deste terceiro. Registre-se que, uma vez configurada a responsabilidade do terceiro, este se submete não apenas ao direito de regresso do agente, mas também à responsabilidade direta perante a vítima, em caráter solidário com o agente em estado de necessidade, por força do art. 942. O parágrafo único do artigo em comento trata da legítima defesa de terceiro, em redação pouco clara. A legítima defesa, em regra, diferentemente do estado de necessidade, não gera o dever de indenizar, salvo se praticada com excesso ou erro na execução. É a este segundo caso – quando o defensor causa dano a pessoa diversa do agressor – que se reporta o parágrafo único do art. 930, autorizando o defensor a intentar ação de regresso contra o terceiro defendido, embora este não tenha praticado conduta alguma. Nestes casos, atribui-se ao beneficiário da legítima defesa o ônus decorrente da conduta realizada em seu interesse (ainda que falha). A doutrina tem defendido a aplicação analógica desta disposição ao estado de necessidade, quando o agente atua para salvar um terceiro do perigo.

REFORMA DO CÓDIGO CIVIL: O Anteprojeto propõe, conforme apontado nos comentários ao artigo anterior, o deslocamento das previsões contidas no atual art. 930 para novos parágrafos acrescentados ao art. 929, com modificações redacionais. Nessa esteira, o Anteprojeto sugere a inclusão de um novo enunciado normativo no art. 930, que determina: "O agente da ação repelida, atual e iminente, é responsável pelo prejuízo a que se refere o inciso II do art. 188 deste Código". Há um possível erro material na redação do dispositivo, que parece querer se referir não ao inciso II do art. 188, que trata do estado de necessidade, mas, sim, ao seu inciso I, que trata da legítima defesa, ação realizada para repelir uma agressão atual ou iminente de outrem. A expressão "responsável pelo prejuízo" também merece aprimoramento, já que, como se sabe, a responsabilidade civil se ocupa apenas dos prejuízos que se qualifiquem como danos, e não de todo e qualquer prejuízo em sentido amplo.

Art. 931. Ressalvados outros casos previstos em lei especial, os empresários individuais e as empresas respondem independentemente

de culpa pelos danos causados pelos produtos postos em circulação.

COMENTÁRIOS DOUTRINÁRIOS: O presente artigo institui regra geral acerca da *responsabilidade do empresário* por danos decorrentes de produtos postos em circulação. Para alguns autores, a questão já era objeto de regulação pelo Código de Defesa do Consumidor desde 1990 (art. 12), com abrangência limitada às relações de consumo. Afirma-se, nesse sentido, que "o art. 931 amplia o conceito de fato do produto existente no art. 12 do Código de Defesa do Consumidor, imputando responsabilidade civil à empresa e aos empresários individuais vinculados à circulação dos produtos" (Enunciado n. 42 da *I Jornada de Direito Civil*). Não há, a rigor, qualquer sobreposição com o regime do CDC, por conta da ressalva expressa contida no artigo em comento aos "casos previstos em lei especial". Com efeito, "a regra do art. 931 do novo Código Civil não afasta as normas acerca da responsabilidade pelo fato do produto previstas no art. 12 do Código de Defesa do Consumidor, que continuam mais favoráveis ao consumidor lesado" (Enunciado n. 190 da *III Jornada de Direito Civil*). Na prática, portanto, o preceito tem seu campo de aplicação restrito às situações em que o dano atinja não um "destinatário final" do produto (CDC, art. 2º), mas sim, no mais das vezes, outros participantes da própria cadeia de fornecimento, como o transportador, o armazenador, o comerciante etc. A regra atribui responsabilidade objetiva ao empresário individual e à sociedade empresária (equivocadamente referida pelo dispositivo como "empresa", confundindo-se sujeito e objeto) pelos danos causados por produtos postos em circulação. Em sentido aparentemente contrário, porém, foi aprovado, na IX Jornada de Direito Civil, o Enunciado n. 661: "A aplicação do art. 931 do Código Civil para a responsabilização dos empresários individuais e das empresas pelos danos causados pelos produtos postos em circulação não prescinde da verificação da antijuridicidade do ato". Não resta claro, no entanto, a que "ato" o enunciado se refere. Em se tratando de hipótese de responsabilidade objetiva, não assume maior relevância a antijuridicidade da conduta do causador do dano, aferida precisamente no âmbito da culpa. O enunciado talvez tenha pretendido se referir à antijuridicidade (usualmente referida como "injustiça") do *dano*, essa sim aferível, por meio da ponderação dos interesses envolvidos, tanto no âmbito da responsabilidade subjetiva quanto no âmbito da responsabilidade objetiva. Voltando ao exame da redação do dispositivo legal em comento, não fica completamente clara a razão pela qual o Código Civil se limitou a tratar dos produtos, silenciando acerca da hipótese análoga, também prevista no âmbito das relações de consumo, do dano causado pelos serviços prestados por empresários ou sociedades empresárias. O fundamento da responsabilidade objetiva consiste, neste dispositivo, no *risco criado pela exploração da empresa*. A regra do Código Civil revela-se claramente deficiente quando comparada ao CDC: ao se referir aos danos "causados pelos produtos postos em circulação", o dispositivo da codificação civil parece abarcar mesmo os danos causados pela periculosidade inerente ao produto, o que imporia ao empresário uma responsabilidade mais gravosa que aquela incidente nas relações de consumo. A falta de disposição análoga ao § 1º do art. 12 do CDC, que limita a responsabilidade do fornecedor ao produto *defeituoso* (que "não oferece a segurança que dele legitimamente se espera"), não deve impedir o intérprete de recorrer à disposição consumerista para preservar a unidade da ordem jurídica e evitar uma responsabilização excessiva que não encontraria justificativa no âmbito das relações paritárias. No mesmo sentido, registra a doutrina que "aos casos do art. 931 do Código Civil aplicam-se as excludentes da responsabilidade objetiva" (Enunciado n. 562 da *VI Jornada de Direito Civil*).

REFORMA DO CÓDIGO CIVIL: O Anteprojeto propõe a substituição do termo "empresários individuais e as empresas" por "fabricante", restringindo os destinatários da norma prevista no art. 931. Além disso, limita-se o dever de reparar os danos causados por "defeitos nos produtos", esclarecendo o novo parágrafo único que "o produto é considerado defeituoso quando não oferece a segurança que dele legitimamente se espera no momento em que é posto em circulação". Tal redação estabelece paralelo evidente com o Código de Defesa do Consumidor, ponto que já foi objeto dos comentários doutrinários *supra*.

Art. 932. São também responsáveis pela reparação civil:

I – os pais, pelos filhos menores que estiverem sob sua autoridade e em sua companhia;

II – o tutor e o curador, pelos pupilos e curatelados, que se acharem nas mesmas condições;

III – o empregador ou comitente, por seus empregados, serviçais e prepostos, no exercício do trabalho que lhes competir, ou em razão dele;

IV – os donos de hotéis, hospedarias, casas ou estabelecimentos onde se albergue por dinheiro, mesmo para fins de educação, pelos seus hóspedes, moradores e educandos;

V – os que gratuitamente houverem participado nos produtos do crime, até a concorrente quantia.

COMENTÁRIOS DOUTRINÁRIOS: A regra na responsabilidade civil é que cada pessoa responde apenas pelos próprios atos. O legislador, excepcionalmente, no afã de ampliar as possibilidades de ressarcimento da vítima, institui hipóteses de *responsabilidade pelo fato de terceiro*, como aquelas constantes do art. 932 do Código Civil, ora em comento. Fundada, ao tempo da codificação de 1916, na culpa do agente por inobservância de deveres de cuidado referentes à escolha ou vigilância do terceiro causador do dano (culpa *in eligendo* ou culpa *in vigilando*), a matéria sofreu importante reformulação no Código Civil de 2002, convertendo-se em hipótese de responsabilidade objetiva (v. comentários ao art. 933). Em todo caso, a responsabilização por ato de terceiro pressupõe o prévio preenchimento, ao menos no plano teórico, dos pressupostos de responsabilidade do próprio terceiro. *Responsabilidade dos pais*. Respondem os pais pelos atos praticados pelo filho menor, quando eles estiverem a) sob sua autoridade e b) em sua companhia. Exige-se, em primeiro lugar, que o pai seja titular de *autoridade parental* (ou *poder familiar*), situação jurídica complexa que autoriza a interferência dos pais na esfera jurídica dos filhos, sempre no interesse destes. Daí por que, em regra, não se admite a responsabilidade do pai pelo filho menor emancipado, uma vez que a emancipação é causa de extinção da autoridade parental (art. 1.635, II, do CC). Conforme já narrado nos comentários ao art. 928, parcela da doutrina tem defendido que este efeito de exoneração da responsabilidade dos pais seja mitigado em casos de emancipação voluntária. Segundo requisito exigido pelo legislador para a configuração da responsabilidade dos pais é que o menor esteja sob sua companhia. Ao repetir a redação do Código Civil anterior, o legislador introduziu requisito que não se harmoniza totalmente com a opção da nova codificação pela responsabilidade objetiva. Com efeito, a exigência de que o menor esteja em companhia dos pais se justificaria como fonte da responsabilidade *in vigilando*. Melhor teria feito o legislador em simplesmente abolir o requisito, estabelecendo a responsabilidade dos pais pela simples titularidade da autoridade parental. Diante da opção legislativa, contudo, impõe-se conferir interpretação mais flexível ao requisito, de modo a não frustrar a natureza objetiva da responsabilização. Companhia, portanto, não pode se limitar às situações em que o pai esteja fisicamente presente no momento do dano. O pai ou a mãe tem o menor em sua companhia enquanto estes então sob sua esfera de responsabilidade, entendida de modo amplo, não sendo a companhia rompida por distanciamentos físicos efêmeros (ida do menor ao colégio, ida da mãe ao trabalho, ou mesmo a fuga clandestina do menor com intuito de retorno à residência em poucas horas). Por outro lado, finda a companhia com a entrega do menor à esfera de responsabilidade do outro pai (seja em caso de casais separados, seja quando, estando junto o casal, um deles viaje sozinho com o filho, por exemplo) ou com um distanciamento físico por período considerável de tempo (*v.g.*, menor que passa férias com familiares em bairro distante da residência; intercâmbio em outro país). Recorde-se, ainda, em total consonância com o que se afirmou sobre a responsabilidade por fato de terceiros, que "a responsabilidade civil dos pais pelos atos dos filhos menores, prevista no art. 932, inc. I, do Código Civil, não obstante objetiva, pressupõe a demonstração de que a conduta imputada ao menor, caso o fosse a um agente imputável, seria hábil para a sua responsabilização" (Enunciado n. 590 da *VII Jornada de Direito Civil*). *Responsabilidade dos tutores e curadores*. Os mesmos requisitos examinados acima aplicam-se para a configuração da responsabilidade de tutores e curadores por atos de seus pupilos e curatelados. Vale recordar que o Estatuto da Pessoa com Deficiência limita o instituto da curatela à esfera patrimonial do curatelado: "Art. 85. A curatela afetará tão somente os atos relacionados aos direitos de natureza patrimonial e negocial. § 1º A definição da curatela não alcança o direito ao próprio corpo, à sexualidade, ao matrimônio, à privacidade, à educação, à saúde, ao trabalho e ao voto". Diante disso, restou aprovado, na *IX Jornada de Direito Civil*, o *Enunciado* n. *662*: "A responsabilidade civil indireta do curador pelos danos causados pelo curatelado está adstrita ao âmbito de incidência da curatela tal qual fixado na sentença de interdição, considerando o art. 85, *caput* e § 1º, da Lei n. 13.146/2015". Parcela da doutrina nega a possibilidade de responsabilização do curador pelos atos do pródigo, apontando a natureza peculiar da curatela nesses casos, centrando-se mais no patrimônio do pródigo que sobre sua pessoa. *Responsabilidade do empregador*. O empregador e o comitente respondem pelos danos causados por seus empregados, serviçais e prepostos, no exercício do trabalho que lhes competir, ou em razão dele. Aqui, os terceiros realizam atos subordinados e, muitas vezes, inseridos na própria atividade econômica do agente, o que justifica a responsabilização deste pelos danos causados por aqueles, quando tais atos (culposos) guardem pertinência com as funções desempenhadas. O art. 14 do CDC, as estabelecer a responsabilidade civil objetiva do fornecedor pelo fato do serviço, adota critério mais abrangente e que acaba por cobrir a maior parte das situações em que o inciso III do art. 932 teria utilidade. *Responsabilidade de hospedeiros*. A responsabilidade dos donos de hotéis, hospedarias, casas ou estabelecimentos onde se albergue por dinheiro, mesmo para fins de educação, pelos atos de seus hóspedes, moradores e educandos é objeto de severas críticas pela doutrina. A amplitude do dispositivo levaria a soluções intoleráveis, como a responsabilização de uma sociedade hoteleira pelo atropelamento de um transeunte por um hóspede seu. Daí se defender uma interpretação restritiva do preceito, limitando a responsabilidade do agente aos atos praticados pelos terceiros no interior do estabelecimento. *Responsabilidade dos que participam gratuitamente do produto de crime*. Por fim, o art. 932 alude à responsabilidade daqueles que gratuitamente houverem participado nos produtos do crime. A exigência de participação *gratuita* nos produtos exclui do âmbito da norma os coautores, que respondem diretamente perante a vítima, na forma do art. 942. A doutrina, há muito, destaca que a hipótese descrita neste inciso V não é de verdadeira responsabilidade por fato de terceiro, mas sim de dever de restituir a quem de direito o proveito do crime, fundado na vedação ao enriquecimento sem causa (art. 884).

JURISPRUDÊNCIA COMENTADA:

Especialmente polêmica na jurisprudência é a interpretação a ser conferida ao inciso I do presente artigo. Assim, já se afirmou que "o art. 932, I do CC ao se referir a autoridade e companhia dos pais em relação aos filhos, quis explicitar o poder familiar (a autoridade parental não se esgota na guarda), compreendendo um plexo de deveres como, proteção, cuidado, educação, informação, afeto, dentre outros, independentemente da vigilância investigativa e diária, sendo irrelevante a proximidade física no momento em que os menores venham a causar danos" (STJ, REsp 1.436.401/MG, 4.ª Turma, Rel. Min. Luis Felipe Salomão, j. 02.02.2017). Afigura-se aparentemente mais restritivo o posicionamento adotado no seguinte acórdão: "A responsabilidade dos pais por filho menor – responsabilidade por ato ou fato de terceiro –, a partir do advento do Código Civil de 2002, passou a embasar-se na teoria do risco para efeitos de indenização, de forma que as pessoas elencadas no art. 932 do Código Civil respondem objetivamente, devendo-se comprovar apenas a culpa na prática do ato ilícito daquele pelo qual são os pais responsáveis legalmente. Contudo, há uma exceção: a de que os pais respondem pelo filho incapaz que esteja sob sua autoridade e em sua companhia; assim, os pais, ou responsável, que não exercem autoridade de fato sobre o filho, embora ainda detenham o poder familiar, não respondem por ele, nos termos do inciso I do art. 932 do Código Civil" (STJ, REsp 1.232.011/SC, 3.ª Turma, Rel. Min. João Otávio de Noronha, j. 17.12.2015). Tratando da responsabilidade fundada no inciso III do art. 932 do Código Civil, decidiu o STJ: "para o reconhecimento do vínculo de preposição é suficiente a relação de dependência ou que alguém preste serviço sob o interesse e o comando de outrem, o que abrange a relação jurídica entre as sociedades empresárias contratada e tomadora de serviços terceirizados. As ações dos empregados da contratada, diretamente envolvidos na prestação dos serviços abrangidos no contrato de terceirização, quer sejam de atividade-fim, quer sejam de atividade-meio, ensejam a responsabilidade civil da tomadora, solidariamente com a contratada" (STJ, AgInt no AREsp 1.347.178/PR, 4.ª Turma, Rel. Min. Raul Araújo, j. 02.04.2019). Ainda sobre a hipótese prevista no inciso III do art. 932 do Código Civil, o STJ, ao examinar a responsabilidade do condomínio edilício pelos danos causados por um de seus empregados fora do horário de trabalho, decidiu que "a conduta do empregado do condomínio demandado que, mesmo fora do seu horário de expediente, mas em razão do seu trabalho, resolve dirigir o veículo de um dos condôminos, causando o evento danoso, constitui causa adequada ou determinante para a ocorrência dos prejuízos sofridos pela vítima demandante", sendo, portanto, apta a configurar a responsabilidade do empregador (STJ, REsp 1.787.026/RJ, 3.ª Turma, Rel. Min. Paulo de Tarso Sanseverino, j. 26.10.2021). Em outro caso tratando da aplicação do mesmo preceito, no qual se buscava a responsabilização de Mitra Diocesana por danos decorrentes de crimes sexuais praticados por padre contra menores de idade, o STJ entendeu que, "no específico caso de sacerdote, este tem vínculo vitalício e permanente com a Igreja Católica. Não se desliga do considerável prestígio social e da autoridade próprias da instituição religiosa, ostentando permanentemente a liturgia e a autoridade moral e inspirando a confiança decorrentes e inerentes ao ofício sacerdotal. Não importa onde ou quando esteja o padre, ele é sempre o pastor, o sacerdote em quem se pode confiar e a quem se pode recorrer. [...] O vínculo permanente e vitalício entre a Igreja Católica e seu sacerdote é apto a ensejar a responsabilidade objetiva da instituição religiosa por desvio moral de conduta de seu representante, desde que comprovada a responsabilidade subjetiva do padre por fato criminoso vinculado ao prestígio social angariado em razão do desempenho da função. Trata-se de espécie de risco relacionado à nobreza da atividade eclesiástica" (STJ, AgInt nos EREsp 1.393.699/PR, 2.ª Seção, Rel. Min. Raul Araújo, j. 27.09.2023).

REFORMA DO CÓDIGO CIVIL: O Anteprojeto propõe diversas modificações no art. 932. Incorpora-se ao *caput* a previsão, atualmente constante do art. 933, de que as hipóteses de responsabilidade de terceiro arrolados aplicam-se "independentemente de culpa", ressalvando-se eventuais previsões constantes de leis especiais. Em relação à responsabilidade dos pais por danos causados pelos filhos crianças e adolescente, resta suprimida a problemática exigência, pontuada nos comentários doutrinários *supra*, de que o filho esteja na companhia do pai ou da mãe no momento do dano, bastando que esteja sob sua autoridade (Anteprojeto, art. 932, I). A responsabilidade do curador por danos causados pelo curatelado torna-se adstrita "ao âmbito de incidência da curatela e sua finalidade de proteção do curatelado" (Anteprojeto, art. 932, III). Insere-se, ao lado do empregador e do comitente, o tomador de serviços, que se torna responsável pelos danos causados por aqueles "que estiverem sob suas ordens, no exercício do ofício que lhes competir ou em razão deles" (Anteprojeto, art. 932, V). Substitui-se a referência a "donos de hotéis, hospedarias, casas ou estabelecimentos onde se albergue por dinheiro, mesmo para fins de educação" por "donos de estabelecimentos educacionais e de hospedagem" (Anteprojeto, art. 932, VI). No mesmo inciso, acrescenta-se ressalva à incidência da legislação consumerista. São acrescentadas ao art. 932, ainda, duas novas hipóteses de responsabilidade por fato de terceiro: (a) a responsabilidade dos guardiões por danos causados pelas pessoas sob sua guarda (Anteprojeto, art. 932, IV), assentada no mesmo fundamento da responsabilidade do tutor e do curador; e (b) a responsabilidade daqueles "que desenvolverem e coordenarem atividades ilícitas ou irregulares, no ambiente físico, virtual ou com o uso de tecnologias, por quaisquer danos sofridos por outrem em consequência dessas atividades" (Anteprojeto, art. 932, VIII). Destaque-se, inclusive, a determinação constante de um novo parágrafo único no sentido de que, nas hipóteses de danos causados por tutelados, curatelados ou pessoas sob guarda, o juiz deve levar em consideração "o grau da contribuição causal do tutor, do curador ou do guardião, para a sua ocorrência". Por fim, o Anteprojeto propõe a inclusão de um novo art. 932-A, que autoriza os pais, tutores, curadores e guardiões, quando responsáveis por fatos de terceiros nos termos do art. 932, a buscar ressarcimento da indenização paga às vítimas perante a pessoa que estava em companhia do incapaz causador do dano, se provado que o acompanhante concorreu com culpa grave ou dolo para a ocorrência do dano.

Art. 933. As pessoas indicadas nos incisos I a V do artigo antecedente, ainda que não haja culpa de sua parte, responderão pelos atos praticados pelos terceiros ali referidos.

COMENTÁRIOS DOUTRINÁRIOS: A possibilidade de responsabilizar uma pessoa por fatos cometidos por outrem encontrou seu fundamento, primeiro, na culpa pela falha de deveres de vigilância e de cuidado na escolha de prepostos (culpa *in vigilando* e *in eligendo*). No entanto, a prova desta culpa por omissão revelava-se, no mais das vezes, impossível (*probatio diabolica*), fazendo com que a jurisprudência passasse a extrair do texto legal diversas presunções de culpa, invertendo o ônus da prova em relação a este elemento da responsabilidade. Na prática, tais presunções de culpa foram se convertendo, pela atuação jurisprudencial, de relativas em absolutas, de maneira que o juiz presumia a culpa de modo tão definitivo que o gesto equivalia à sua dispensa. O Código Civil consolidou este processo evolutivo, enunciando expressamente a natureza objetiva da responsabilidade por fato de terceiro. Em síntese, "a responsabilidade civil por ato de terceiro funda-se na responsabilidade objetiva ou independente de culpa, estando superado o modelo de culpa presumida" (Enunciado n. 451 da

V Jornada de Direito Civil). Não há, portanto, que se perquirir a culpa do responsável.

JURISPRUDÊNCIA COMENTADA: Enfatizando a natureza objetiva da responsabilidade pelo fato de terceiro, já destacou o STJ: "Embora a regra seja a responsabilidade por fato próprio, a Lei estabelece, em hipóteses especiais, relacionadas às características de certas relações jurídicas, a responsabilidade solidária por ato de outrem. O CC/02 deixou expressamente de exigir a culpa para a atribuição da responsabilidade por fato de terceiro e passou a perfilhar a teoria da responsabilidade objetiva do responsável, com a finalidade de assegurar o mais amplo ressarcimento à vítima dos eventos danosos. A responsabilidade indireta decorre do fato de os responsáveis exercerem poderes de mando, autoridade, vigilância ou guarda em relação aos causadores imediatos do dano, do que decorre um dever objetivo de guarda e vigilância" (STJ, REsp 1.433.566/RS, 3.ª Turma, Rel. Min. Nancy Andrighi, j. 23.05.2017).

REFORMA DO CÓDIGO CIVIL: O Anteprojeto propõe a revogação do art. 933 diante da incorporação da natureza objetiva da responsabilidade por fato de terceiro ao texto do próprio art. 932.

Art. 934. Aquele que ressarcir o dano causado por outrem pode reaver o que houver pago daquele por quem pagou, salvo se o causador do dano for descendente seu, absoluta ou relativamente incapaz.

COMENTÁRIOS DOUTRINÁRIOS: O presente artigo traz regra geral admitindo o *direito de regresso* do responsável pelo fato de terceiro em face do terceiro causador do dano. Com efeito, a responsabilidade indireta é desenhada de modo a beneficiar a vítima, expandindo suas possibilidades de ressarcimento, mas não tem por intuito desonerar o autor do dano do seu próprio dever indenizatório. O artigo ressalva a hipótese de o terceiro causador do dano ser descendente incapaz (absoluta ou relativamente) daquele que indenizou a vítima. Nesse caso, prestigia-se a solidariedade familiar, impedindo que o ascendente exerça seu direito de regresso em face do próprio descendente, reputado incapaz pela ordem jurídica. Em que pese a menção estrita ao descendente incapaz, a identidade de *ratio* recomenda a aplicação analógica do preceito quando o descendente for pessoa com deficiência intelectual que prejudique de modo substancial o seu discernimento – embora sejam reputados capazes pelo art. 6º do Estatuto da Pessoa com Deficiência, não pode haver dúvida acerca de sua vulnerabilidade, apta a afastar a pretensão regressiva de seus ascendentes.

JURISPRUDÊNCIA COMENTADA: Acerca do termo *a quo* do prazo prescricional para o exercício da pretensão regressiva, já decidiu o Superior Tribunal de Justiça que, "para fins de exercício do direito de regresso em virtude de pagamento de indenização, o termo inicial amplamente adotado pela jurisprudência pátria é o integral pagamento da dívida, momento a partir do qual é possível a cobrança por aquilo que foi injustamente despendido. Ademais, tal previsão pode ser extraída da inteligência do artigo 934 do diploma civil, que estabelece que o direito de regresso surge com o ressarcimento do dano causado por outrem" (STJ, AgInt no AREsp 1.170.965/MG, 4.ª Turma, Rel. Min. Maria Isabel Gallotti, j. 04.05.2020).

REFORMA DO CÓDIGO CIVIL: O Anteprojeto propõe o acréscimo de um parágrafo único ao art. 934, estabelecendo que "o empregador, o comitente e o tomador de serviços poderão agir regressivamente contra o empregado, preposto ou prestador de serviços, mediante a comprovação de dolo ou culpa". Acrescenta-se, portanto, a exigência de um elemento subjetivo como requisito para o nascimento do direito de regresso na específica hipótese apontada.

Art. 935. A responsabilidade civil é independente da criminal, não se podendo questionar mais sobre a existência do fato, ou sobre quem seja o seu autor, quando estas questões se acharem decididas no juízo criminal.

COMENTÁRIOS DOUTRINÁRIOS: A prática de condutas que dão ensejo à responsabilização do agente tanto na esfera civil como na criminal desperta dúvidas acerca da harmonização das decisões proferidas pelos respectivos juízos. O art. 935 proclama, de início, a regra geral da independência entre as responsabilidades civil e criminal. Trata-se, com efeito, de institutos autônomos, vocacionados à realização de finalidades distintas (reparação da vítima e punição do autor, respectivamente) e subordinados a pressupostos próprios. Por outro lado, a oferta de respostas completamente díspares pelos juízos cível e criminal, divergindo quanto à avaliação de elementos de fato, colocaria em xeque a própria coerência da ordem jurídica, o que explica as exceções inseridas na segunda parte do artigo em comento. O art. 935 impede, nesse sentido, "questionar mais sobre a existência do fato, ou sobre quem seja o seu autor, quando estas questões se acharem decididas no juízo criminal". A afirmação é excessivamente genérica, exigindo uma maior especificação quanto ao tipo de decisão proferida. Em se tratando de *sentença penal condenatória*, esta necessariamente terá reconhecido a ocorrência do fato criminoso e a autoria pelo réu, razão pela qual estas questões não mais poderão ser discutidas na esfera cível. Com efeito, segundo o art. 91, I, do Código Penal: "São efeitos da condenação: [...] tornar certa a obrigação de indenizar o dano causado pelo crime". O Código de Processo Civil vai além, conferindo eficácia executiva à sentença penal condenatória transitada em julgado, que passa a valer como título executivo judicial (art. 515, VI, do CPC). A cognição do juízo cível fica adstrita à investigação acerca da existência de um dano e sua quantificação, no âmbito da liquidação de sentença. Inovou a Lei n. 11.719/2008 ao modificar a redação do art. 387, IV, do CPP, para determinar que "o juiz, ao proferir sentença condenatória: [...] fixará valor mínimo para reparação dos danos causados pela infração, considerando os prejuízos sofridos pelo ofendido". O dispositivo merece críticas, por transferir ao juízo criminal a tarefa de liquidar o dano (ainda que em parcela mínima), atividade tipicamente desenvolvida no âmbito cível, com base em pressupostos próprios. Na prática, poucas têm sido as decisões que têm se aventurado a fixar este mínimo indenizatório, justamente pela incompatibilidade do procedimento penal com a produção probatória necessária para quantificar o dano material (e pela pouca familiaridade com a tarefa de arbitramento do dano moral, que desafia os mais experientes juízes cíveis). De todo modo, fixado o valor mínimo reparatório na sentença criminal, dispensa-se a liquidação no juízo cível, a menos que a vítima pretenda pleitear quantia mais elevada. Já em se tratando de *sentença criminal absolutória*, impõe-se ulterior distinção, com base em sua fundamentação. Caso a sentença reconheça "estar provada a inexistência do fato" ou "estar provado que o réu não concorreu para a infração penal" (art. 386, incs. I e IV, do CPP), exprimindo juízo de certeza acerca do contexto fático, fica o juízo cível vinculado a tais conclusões. Por outro lado, entendendo o juízo criminal "não haver prova da existência do fato" ou "não existir prova de ter o réu concorrido para a infração penal" (art. 386, incs. II e V, do CPP), fica o juízo cível livre para reavaliar a questão. Com efeito, a primazia da decisão proferida no juízo criminal, nos termos acima delineados, justifica-se precisamente pelo *standard* probatório mais rigoroso exigido naquela seara, por implicar, não raramente, a privação da liberdade do indivíduo. Daí por que a insuficiência de prova na esfera penal não implica igual juízo de insuficiência no âmbito cível. Conforme sintetiza o Enunciado n. 45 da *I Jornada de Direito Civil*: "No caso do art. 935, não mais se poderá questionar a existência do fato ou quem seja o seu autor se essas questões se acharem categoricamente decididas no juízo criminal". O juízo cível, contudo, não se encontra vinculado à conclusão do criminal apenas no tocante aos fatos. Em que pese o silêncio do Código Civil, também a qualificação da conduta do réu como abarcada por uma excludente de ilicitude (juízo este estritamente jurídico) afasta definitivamente a possibilidade de uma condenação cível, como esclarece o art. 65 do Código de Processo Penal: "Faz coisa julgada no cível a sentença penal que reconhecer ter sido o ato praticado em estado de necessidade, em legítima defesa, em estrito cumprimento de dever legal ou no exercício regular de direito". Não há diferença substancial entre as excludentes de ilicitude civis e penais, compreendendo-se a opção legislativa. Fundada a absolvição em qualquer outra causa, aplica-se a regra geral da independência entre as responsabilidades civil e criminal.

JURISPRUDÊNCIA COMENTADA: O Superior Tribunal de Justiça já afirmou a imprescindibilidade do trânsito em julgado da sentença criminal para que se opere a vinculação do juízo cível: "O propósito recursal é determinar se a sentença condenatória proferida no juízo criminal e que reconheceu materialidade delitiva e autoria do crime de estelionato por parte dos recorridos – a despeito de não ter transitado em julgado em virtude de posterior reconhecimento da ocorrência da prescrição punitiva e consequente extinção da punibilidade – faz coisa julgada no juízo cível, a fim de impedir a discussão nesta seara acerca da alegada falsificação do distrato supostamente firmado entre as partes. Nos termos do art. 935 do CC/2002, a responsabilidade civil é independente da criminal, não se podendo questionar mais sobre a existência do fato, ou sobre quem seja o seu autor, quando estas questões se acharem decididas no juízo criminal. A independência entre os juízos cível e criminal, preconizada no art. 935 do CC/02, é apenas relativa, porquanto não é possível indagar a existência do fato e sua autoria no cível quando estas questões já se acharem decididas na esfera penal, assim como também quando nesta for reconhecida causa excludente de ilicitude (art. 65 do CPP). É imprescindível o trânsito em julgado da sentença penal condenatória para que possa fazer coisa julgada no juízo cível. Na hipótese sob julgamento, infere-se, de fato, a inexistência de trânsito em julgado da sentença penal condenatória, uma vez que foi substituída, em grau de apelação, por acórdão que extinguiu a punibilidade dos agentes, em razão do reconhecimento da prescrição retroativa da pretensão punitiva. Em consequência, a extinção da punibilidade dos recorridos na esfera penal gerou a possibilidade de discussão e análise, na seara cível, da própria validade e veracidade do instrumento de distrato acostado aos autos" (STJ, REsp 1.642.331/SP, 3.ª Turma, Rel. Min. Nancy Andrighi, j. 24.04.2018). Em relação ao eventual reconhecimento da prescrição na esfera criminal, o Superior Tribunal de Justiça concluiu pela ausência de vinculação do juízo cível: "o ordenamento jurídico estabelece a relativa independência entre as jurisdições cível e penal, de tal modo que quem pretende ser ressarcido dos danos sofridos com a prática de um delito pode escolher, de duas, uma das opções: ajuizar a correspondente ação cível de indenização ou aguardar o desfecho da ação penal, para, então, liquidar ou executar o título judicial eventualmente constituído pela sentença penal condenatória transitada em julgado. A decretação da prescrição da pretensão punitiva do Estado impede, tão somente, a formação do título executivo judicial na esfera penal, indispensável ao exercício da pretensão executória pelo ofendido, mas não fulmina o interesse processual no exercício da pretensão indenizatória a ser deduzida no juízo cível pelo mesmo fato" (STJ, REsp 1.802.170/SP, 3.ª Turma, Rel. Min. Nancy Andrighi, j. 20.02.2020).

REFORMA DO CÓDIGO CIVIL: O Anteprojeto propõe o acréscimo de quatro novos parágrafos ao art. 935, três deles voltados a harmonizar a disciplina constante da codificação civil com a previsão de fixação de indenização mínima pelo juízo criminal, constante do art. 387, IV, do Código de Processo Penal. Nessa direção, determina o § 1º que "a fixação, na esfera penal, de indenização civil mínima ao ofendido e à sua família não obsta a reparação civil integral dos lesados a ser fixada em processo autônomo movido contra o condenado ou contra aqueles que civilmente responderem por seus atos". Na mesma direção, o § 3º determina que "a sentença, prolatada nos termos do inciso IV do art. 387 do Decreto-Lei nº 3.689, de 3 de outubro de 1941 (Código de Processo Penal), tem eficácia civil contra o condenado, para a execução do valor indenizatório mínimo fixado no juízo criminal". Ainda sobre a referida indenização mínima, acrescenta o § 4º que seu valor "não será repetido, mesmo se procedente a revisão criminal, nem abatido da indenização final fixada no juízo cível". Por fim, o § 2º determina que "a sentença penal condenatória servirá para instruir pretensão cível de reparação integral dos danos contra o condenado e terceiros responsáveis, facultando-lhes ampla defesa, sem que possam contrapor-se à existência do fato e de sua autoria, causas da pretensão indenizatória".

Art. 936. O dono, ou detentor, do animal ressarcirá o dano por este causado, se não provar culpa da vítima ou força maior.

COMENTÁRIOS DOUTRINÁRIOS: O presente artigo trata da *responsabilidade civil por fato de animais*. A matéria é dotada de grande relevância prática, não superada pela substancial urbanização do país: são ainda frequentes os exemplos de danos causados por animais de estimação ou por colisões de animais selvagens com veículos. O Código Civil reproduz o dispositivo constante da codificação anterior, eliminando, porém, a excludente fundada na demonstração de que houvera guarda e vigilância do animal "com o cuidado preciso". Tal exclusão transformou a hipótese de responsabilidade por culpa presumida em inequívoco caso de responsabilidade objetiva, fundada no risco criado pelos animais. O legislador afasta responsabilidade do dono do animal apenas quando restar provada a "culpa da vítima ou força maior", embora, a rigor, a responsabilidade objetiva possa ser afastada pela demonstração de qualquer evento que ocasione a ruptura do nexo de causalidade. Confira-se, acerca da interpretação deste dispositivo, o Enunciado n. 452 da *V Jornada de Direito Civil*: "A responsabilidade civil do dono ou detentor de animal é objetiva, admitindo-se a excludente do fato exclusivo de terceiro". O artigo em comento imputa a responsabilidade pelos danos causados pelo animal ao dono ou ao detentor, sem esclarecer em que casos responderiam um ou outro.

Diante da omissão, a doutrina segue afirmando que a responsabilidade recai primeiramente sobre o proprietário, por ser o guardião presuntivo do animal, mas se transfere junto com a posse ou detenção do animal ao seu guardião efetivo, afastando a responsabilidade do dono.

JURISPRUDÊNCIA COMENTADA: Em sentido contrário ao defendido nestes comentários, decisão do Superior Tribunal de Justiça parece ter reservado natureza subjetiva à responsabilidade civil por danos causados por animais, aludindo à presunção de culpa: "Não há dúvidas de que os danos causados por animais receberam tratamento de presunção de culpa. Assim, o dono ou detentor do animal somente poderá se exonerar da responsabilidade se provar um dos fatos descritos na lei. O dispositivo induz inversão ou reversão do ônus da prova, que não caberá à vítima, nesse caso, mas ao réu. Na pretensão, basta que a vítima prove o dano e o nexo causal. O novo Código Civil também disciplina a matéria de modo semelhante, ou seja, adotando a presunção de culpa, no seu art. 936" (STJ, AgInt no AREsp 238.365/PR, 4.ª Turma, Rel. Min. Lázaro Guimarães, j. 08.05.2018). As presunções de culpa, como se sabe, não se confundem com a responsabilidade civil objetiva, que não inverte o ônus da prova da culpa, mas sim dispensa a culpa para fins de responsabilização.

REFORMA DO CÓDIGO CIVIL: O Anteprojeto propõe acrescentar ao art. 936 a expressa previsão de que a responsabilidade pelo dano causado pelo animal configura-se "independentemente de culpa", na linha dos comentários doutrinários *supra*. Em consonância com o teor do Enunciado n. 452 da *V Jornada de Direito Civil*, o Anteprojeto também propõe substituir, na parte final do art. 936, as excludentes de responsabilidade atualmente listadas por uma alusão mais abrangente a "fato exclusivo da vítima, de terceiro, caso fortuito ou força maior". Por fim, acrescenta, entre os possíveis responsáveis pelo dano causado pelo animal (proprietário ou detentor), o seu "guardião".

Art. 937. O dono de edifício ou construção responde pelos danos que resultarem de sua ruína, se esta provier de falta de reparos, cuja necessidade fosse manifesta.

COMENTÁRIOS DOUTRINÁRIOS: Com a imprecisa expressão *responsabilidade pelo fato das coisas*, a doutrina refere-se ao conjunto de situações em que o evento danoso é "causado" por um bem corpóreo, sem que este seja o instrumento de uma conduta humana. A imputação destes fatos a determinadas pessoas foi inicialmente explicada pela chamada *teoria da guarda*, afirmando-se a culpa do guardião (normalmente o proprietário) pela falta de cuidado com a coisa (culpa *in vigilando*), falta que ocasiona o evento lesivo. A dificuldade relacionada à comprovação desta culpa por omissão fez com que a jurisprudência gradualmente passasse a presumir a culpa do guardião em tais casos. A *responsabilidade pela ruína do edifício*, positivada no presente artigo, é um dos exemplos de responsabilidade pelo fato da coisa. O legislador limitou-se a reproduzir a disposição constante do Código Civil anterior, pela qual responde o dono do prédio ou construção (note-se que o legislador não restringe a finalidade ou o porte do bem) pela sua ruína (total ou parcial), quando esta decorrer de falta de reparos "cuja necessidade fosse manifesta". O preceito é classicamente encarado como hipótese de responsabilidade subjetiva, podendo a culpa ser presumida pela manifesta necessidade de reparo. Já sob a égide da codificação de 1916, tentava-se imprimir caráter mais objetivo à responsabilidade do dono do edifício, atribuindo-se a tal presunção caráter absoluto: as excludentes possíveis adviriam apenas a) da prova de não ser manifesta a falta de reparo; ou b) da prova de que a ruína não decorreu da falta de reparos. A franca expansão das hipóteses de responsabilidade objetiva pelo Código Civil de 2002 conferiu novo fôlego às teses que negam qualquer necessidade de culpa para a configuração da responsabilidade do dono do prédio ou construção: "A responsabilidade civil do dono do prédio ou construção por sua ruína, tratada pelo art. 937 do CC, é objetiva" (Enunciado n. 556 da *VI Jornada de Direito Civil*).

REFORMA DO CÓDIGO CIVIL: O Anteprojeto propõe diversas alterações no art. 937. Passam a constar, como possíveis responsáveis pela ruína do edifício, além do seu dono, os titulares de direito real de uso, de habitação e de usufruto sobre o edifício. Tal responsabilidade, de acordo com o Anteprojeto, é solidária e objetiva, na linha do que consta do Enunciado n. 556 da *VI Jornada de Direito Civil*. Nessa direção, suprime-se a exigência de que a ruína seja proveniente de falta de reparos manifestamente necessários. Explicita-se, ainda, a incidência do preceito em caso de ruína meramente parcial do edifício. Por fim, o Anteprojeto propõe a inclusão de um novo art. 936-A, que veicula uma ampla cláusula geral de responsabilidade do proprietário ou do guardião pelo fato da coisa.

Art. 938. Aquele que habitar prédio, ou parte dele, responde pelo dano proveniente das coisas que dele caírem ou forem lançadas em lugar indevido.

COMENTÁRIOS DOUTRINÁRIOS: Trata o presente artigo da *responsabilidade pela queda de objetos provenientes de casas e edifícios*, hipótese conhecida pela expressão romana *effusum et deiectum*. Aqui, a natureza *objetiva* da responsabilidade, imputada ao habitante do prédio, é reconhecida desde os primeiros escritos acerca da regra análoga constante da codificação de 1916. A propagação dos condomínios de apartamentos suscitou intensa polêmica neste campo, pois muitos autores sustentavam que se tornava necessário que a vítima demonstrasse de qual unidade autônoma proveio a coisa danosa. Atenta ao fato de que esta prova de nexo causal tornava, na prática, impossível a reparação, orientaram-se as cortes no sentido de, nesses casos, atribuir a responsabilidade ao condomínio como um todo, ficando como questão *interna corporis* do condomínio a posterior exclusão, em sede de repartição de despesas, das colunas de onde, por sua localização, não teria sido possível que o objeto houvesse caído ou sido lançado. O Código Civil de 2002 deixou de regular mais detalhadamente a matéria, limitando-se a repetir substancialmente a norma anterior, com o que, ao menos, manteve válida a construção pretoriana, consagrada no Enunciado n. 557 da *VI Jornada de Direito Civil*: "Nos termos do art. 938 do CC, se a coisa cair ou for lançada de condomínio edilício, não sendo possível identificar de qual unidade, responderá o condomínio, assegurado o direito de regresso".

JURISPRUDÊNCIA COMENTADA: A jurisprudência já superou, há tempos, a exigência de precisa identificação da unidade da qual se originou a coisa: "Há muito está consolidado o entendimento doutrinário e jurisprudencial no sentido de que uma das espécies de responsabilidade indireta, ou complexa, consiste na responsabilidade do condomínio pelos danos causados por coisas jogadas ou caídas de unidade condominial, quando não se possa identificar o responsável direto. Não se trata de responsabilidade pelo ato de outrem (fundada no art. 932, III, do CC), uma vez que o condômino não *é* empregado ou preposto do condomínio. Trata-se de uma das espécies de responsabilidade pelo fato da coisa, regulada no art. 938 do CC, aplicável extensivamente. Caso o condomínio saiba quem *é* o responsável direto, deverá indicá-lo e pedir sua exclusão da lide. Caso venha a descobrir sua identidade somente em momento posterior, poderá agir regressivamente contra o mesmo" (TJRS, AC 71002397768, 3.ª Turma Recursal, Rel. Des. Jerson Moacir Gubert, j. 25.02.2010). Este já era o entendimento do Superior Tribunal de Justiça sob a égide do Código Civil de 1916: "A impossibilidade de identificação do exato ponto de onde parte a conduta lesiva, impõe ao condomínio arcar com a responsabilidade reparatória por danos causados a terceiros" (STJ, REsp 64.682/RJ, 4.ª Turma, Rel. Min. Bueno de Souza, j. 10.11.1998).

REFORMA DO CÓDIGO CIVIL: O Anteprojeto propõe estender a responsabilidade prevista no art. 938 a quem "ocupar" o prédio, além dos seus habitantes. Também se acrescenta expressamente ao artigo que a responsabilidade ali prevista se configura "independentemente de culpa". O mais relevante acréscimo, no entanto, consiste no parágrafo único, que incorpora quase que literalmente o teor do Enunciado n. 557 da *VI Jornada de Direito Civil*, reproduzido nos comentários doutrinários *supra*, atribuindo ao condomínio a responsabilidade em caso de impossibilidade de identificação da exata unidade da qual a coisa foi arremessada, assegurado o direito de regresso. Trata-se de orientação jurisprudencial mais que acertada e já há muito consolidada em nosso país.

Art. 939. O credor que demandar o devedor antes de vencida a dívida, fora dos casos em que a lei o permita, ficará obrigado a esperar o tempo que faltava para o vencimento, a descontar os juros correspondentes, embora estipulados, e a pagar as custas em dobro.

COMENTÁRIOS DOUTRINÁRIOS: O art. 939 disciplina os efeitos da cobrança da dívida antes de seu vencimento. A utilização do verbo "demandar" pelo dispositivo restringe a sua incidência às hipóteses de cobrança judicial. Prevê o legislador três efeitos deste tipo de cobrança para o credor: a) ficar obrigado "a esperar o tempo que faltava para o vencimento", efeito que, a rigor, decorre da própria aposição do termo, e não da cobrança indevida; b) "descontar os juros correspondentes, embora estipulados"; e c) "pagar as custas em dobro". Estes dois últimos efeitos configuram inequívocas *penas privadas*, estabelecidas no interesse coletivo de se evitar a proliferação de atos injustificados de cobrança. Exatamente por isso, sempre se entendeu que não bastaria o fato objetivo da inobservância do prazo, exigindo-se a *culpa* (elidida pela comprovação de equívoco escusável) ou mesmo a *má-fé* do credor para amparar a incidência do preceito de índole punitiva.

REFORMA DO CÓDIGO CIVIL: O Anteprojeto propõe modificar o texto do art. 939 para se referir ao credor que "*cobrar* ou demandar", o que estende a incidência da norma às hipóteses de cobrança extrajudicial da dívida.

Art. 940. Aquele que demandar por dívida já paga, no todo ou em parte, sem ressalvar as quantias recebidas ou pedir mais do que for devido, ficará obrigado a pagar ao devedor, no primeiro caso, o dobro do que houver cobrado e, no segundo, o equivalente do que dele exigir, salvo se houver prescrição.

COMENTÁRIOS DOUTRINÁRIOS: Na mesma linha do artigo anterior, o Código Civil reprime a cobrança de dívida já paga e a cobrança a maior. O credor que demanda (judicialmente, portanto) por dívida já total ou parcialmente paga, sem ressalvar a prestação já recebida, fica obrigado a pagar ao devedor o dobro do que houver cobrado. Já o credor que pede (em processo judicial) mais do que lhe é devido fica obrigado a pagar ao devedor o equivalente do que dele exigir (salvo se houver prescrição). Tem-se, em ambos os casos, *penas privadas* estabelecidas pelo legislador a fim de desestimular cobranças indevidas. A exigência de má-fé do credor para a deflagração destas consequências restou sumulada pelo Supremo Tribunal Federal ainda sob a égide do Código Civil de 1916: "Cobrança excessiva, mas de boa-fé, não dá lugar às sanções do art. 1.531 do Código Civil" (Súmula n. 159).

JURISPRUDÊNCIA COMENTADA: O Superior Tribunal de Justiça já teve oportunidade de reafirmar a interpretação do preceito: "Para a imposição da penalidade prevista no art. 940 do Código Civil exige-se a efetiva propositura de uma 'demanda', ou seja, de uma ação judicial, para a cobrança do valor já pago, além da má-fé do suposto credor" (STJ, REsp 1.195.792/PE, 3.ª Turma, Rel. Min. Sidnei Beneti, j. 23.08.2011). Em relação à via processual adequada para a invocação da norma, decidiu o STJ: "A condenação ao pagamento em dobro do valor indevidamente cobrado pode ser formulada em qualquer via processual, inclusive, em sede de embargos à execução, embargos monitórios e ou reconvenção, até mesmo reconvenção, prescindindo de ação própria para tanto" (STJ, REsp 1.877.292/SP, 3.ª Turma, Rel. Min. Nancy Andrighi, j. 20.10.2020). Por fim, quanto ao momento processual para invocação do instituto, a Segunda Seção do STJ pacificou o entendimento de que é "possível que a alegação seja feita no curso do processo, e até mesmo poderá ser determinada pelo juiz de ofício, desde que fique comprovada a má-fé e a parte tenha tido a possibilidade de se defender sobre a matéria" (STJ, EREsp 1.106.999/SC, 2.ª Seção, Rel. Min. Moura Ribeiro, j. 27.02.2019).

REFORMA DO CÓDIGO CIVIL: O Anteprojeto propõe deixar explícita a incidência do art. 940 às hipóteses de cobrança de dívida inexistente. Além disso, acrescenta ao texto do art. 940 a possibilidade de "arbitramento de valor compensatório complementar, caso as quantias cobradas sejam de módico valor", o que reforça o caráter punitivo da norma. Por fim, diferentemente da modificação proposta pelo Anteprojeto ao art. 939, aqui não se verifica qualquer alteração que pareça voltada a estender a incidência do art. 940 à hipótese de cobrança extrajudicial.

Art. 941. As penas previstas nos arts. 939 e 940 não se aplicarão quando o autor desistir da ação antes de contestada a lide, salvo ao réu o direito de haver indenização por algum prejuízo que prove ter sofrido.

COMENTÁRIOS DOUTRINÁRIOS: O caráter necessariamente judicial das múltiplas modalidades de cobrança indevida elencadas nos arts. 939 e 940 do Código Civil vem confirmado pelo artigo em comento, que afasta expressamente a aplicação das penas "quando o autor desistir da ação antes de contestada a lide". Em tal hipótese, a rápida desistência em realizar a cobrança justifica, aos olhos do legislador, o "perdão" da infração. A não aplicação de sanções não importa a exclusão do direito à indenização pelos danos eventualmente sofridos, como explicitado pela ressalva na parte final do dispositivo. Não se trata, registre-se, de indenização "complementar", como afirma parcela da doutrina. O legislador não determina o abatimento das quantias pagas a título de pena privada quando estas forem devidas simultaneamente à indenização, razão pela qual tais verbas devem ser cumuladas.

REFORMA DO CÓDIGO CIVIL: O Anteprojeto propõe a introdução de um parágrafo único no art. 941, determinando que "a desistência da ação não afasta o direito do demandado de exigir, por ação própria, a imputação de dano por exercício abusivo do direito". O preceito parece simplesmente reafirmar a ressalva que já consta atualmente da parte final do *caput* do dispositivo.

Art. 942. Os bens do responsável pela ofensa ou violação do direito de outrem ficam sujeitos à reparação do dano causado; e, se a ofensa tiver mais de um autor, todos responderão solidariamente pela reparação.

Parágrafo único. São solidariamente responsáveis com os autores os coautores e as pessoas designadas no art. 932.

COMENTÁRIOS DOUTRINÁRIOS: *Responsabilidade patrimonial.* O direito privado rompeu, há muito, com a possibilidade de o inadimplemento das obrigações acarretar sanções físicas ao devedor. Desde o Direito Romano, com a *Lex Poetelia Papiria* (326 a.C.), os efeitos do incumprimento passaram a recair exclusivamente sobre o patrimônio do devedor. O legislador reforça esta noção, já constante do art. 391 ("Pelo inadimplemento das obrigações respondem todos os bens do devedor"), na disciplina da responsabilidade civil. *Responsabilidade solidária entre os coautores.* Caso mais de uma pessoa seja responsável pelo dano, estabelece-se situação de coautoria, instituindo o Código a solidariedade passiva (v. comentários ao art. 264) dos coautores perante a vítima. Pretende o legislador conferir uma maior proteção a quem sofre o dano injusto, permitindo que busque toda a indenização no patrimônio de qualquer dos coautores. Na relação interna entre os coautores, a quota-parte de cada um será delimitada com base na proporção de sua contribuição causal para o dano (cf. comentários ao art. 945). Em outras palavras, "na via regressiva, a indenização atribuída a cada agente será fixada proporcionalmente à sua contribuição para o evento danoso" (Enunciado n. 453 da *V Jornada de Direito Civil*). Em exemplo de má técnica legislativa, a responsabilidade solidária dos coautores é afirmada pelo *caput* e desnecessariamente repetida no parágrafo único do presente artigo. No dispositivo correspondente no Código Civil de 1916, o parágrafo único referia-se aos cúmplices, expressão criticada pela doutrina civilista por se tratar de figura típica da esfera criminal. Ao extirpar a referência aos cúmplices, o legislador de 2002 os substitui pelos coautores, já abarcados pela cabeça do artigo. *Responsabilidade solidária entre o responsável por fato de terceiro e o terceiro causador do dano.* Em caso de responsabilidade por fato de terceiro, poderá a vítima, em regra, buscar a totalidade da indenização em face tanto do terceiro responsável quanto de seu causador. A regra encontra-se em total consonância com a teleologia da responsabilidade por ato de terceiro, no sentido de facilitar o ressarcimento do lesado. A norma, contudo, tem sua abrangência excepcionada pelo art. 928, que institui a responsabilidade subsidiária do incapaz.

JURISPRUDÊNCIA COMENTADA: A jurisprudência tem ressaltado o cuidado necessário para o cotejo do parágrafo único do art. 942 com as demais regras que integram o regime jurídico da responsabilidade do incapaz: "o recorrente procura justificar seu interesse recursal argumentando que essa responsabilidade é solidária com seu genitor, nos termos do art. 942, parágrafo único, do Código Civil. Referido dispositivo legal, de fato, prevê que 'são solidariamente responsáveis com os autores, os coautores e as pessoas designadas no art. 932'. Todavia, essa norma deve ser interpretada em conjunto com aquela dos arts. 928 e 934 do Código Civil, que tratam, respectivamente, i) da responsabilidade subsidiária e mitigada do incapaz e ii) da inexistência de direito de regresso em face do descendente absoluta ou relativamente incapaz. [...] Assim, o patrimônio dos filhos menores pode responder pelos prejuízos causados a outrem desde que as pessoas por ele responsáveis não tiverem obrigação de fazê-lo ou não dispuserem de meios suficientes. E, mesmo assim, nos termos do parágrafo único do art. 928, se for o caso de atingimento do patrimônio do menor, a indenização será equitativa e não terá lugar se privar do necessário o incapaz ou as pessoas que dele dependam. Em outras palavras, o filho menor não é responsável solidário com seus genitores, pelos danos causados, mas subsidiário" (STJ, REsp 1.319.626/MG, 3.ª Turma, Rel. Min. Nancy Andrighi, j. 26.02.2013).

REFORMA DO CÓDIGO CIVIL: O Anteprojeto propõe modificar o parágrafo existente para limitar a solidariedade em caso de responsabilidade por fato de terceiro (art. 932) a determinadas hipóteses específicas, excluindo da solidariedade com o terceiro responsável os filhos, os tutelados, os curatelados e as pessoas sob guarda. Verifica-se, ainda, a introdução de um novo parágrafo que autoriza expressamente o coobrigado que realizou o pagamento da obrigação indenizatória solidária a exercer o direito de regresso contra os demais responsáveis, o que já resulta do art. 283 do Código Civil, aludindo ao critério da proporção da sua participação causal para o evento danoso.

Art. 943. O direito de exigir reparação e a obrigação de prestá-la transmitem-se com a herança.

COMENTÁRIOS DOUTRINÁRIOS: O direito à reparação e o dever de reparar, mesmo quando assuma a forma de prestação de fazer ou de dar coisa diversa de dinheiro (reparação *in natura*), são, ainda assim, dotados de patrimonialidade. Trata-se, em outras palavras, de situações jurídicas integrantes do patrimônio de seus titulares. Com o óbito de tais titulares, não se tratando de direitos personalíssimos, o dever de reparar e o direito à reparação são transmitidos para a titularidade dos sucessores com a herança, tudo conforme esclarece o artigo em comento. O panorama não muda de figura diante da obrigação de reparar danos morais. A natureza existencial do interesse violado (a própria dignidade humana da vítima) não se confunde com a patrimonialidade do direito à indenização em si, que lhe é correlato. Daí o acertado entendimento que nega a natureza personalíssima destas obrigações, admitindo a transmissão do direito de crédito aos herdeiros da vítima. Como esclarece o Enunciado n. 454 da *V Jornada de Direito Civil*: "O direito de exigir reparação a que se refere o art. 943 do Código Civil abrange inclusive os danos morais, ainda que a ação não tenha sido iniciada pela vítima". Tal entendimento foi consagrado igualmente na Súmula n. 642 do STJ, como se verá a seguir. Embora tecnicamente correto, esse entendimento desperta cautela em relação à necessidade de os tribunais analisarem com rigor as ações reparatórias de dano moral ajuizadas por sucessores em nome das vítimas já falecidas, de modo a não incentivar a propositura de demandas argentárias.

JURISPRUDÊNCIA COMENTADA: A transmissibilidade *causa mortis* do direito ao ajuizamento de ação de responsabilidade por danos morais já foi reconhecida pela Corte Especial do Superior Tribunal de Justiça: "embora a violação moral atinja apenas o plexo de direitos subjetivos da vítima, o direito à respectiva indenização transmite-se com o falecimento do titular do direito, possuindo o espólio ou os herdeiros legitimidade ativa *ad causam* para ajuizar ação indenizatória por danos morais, em virtude da ofensa moral suportada pelo *de cujus*" (STJ, AgRg nos EREsp 978.651/SP, CE, Rel. Min. Felix Fischer, j. 15.12.2010). Esse entendimento foi consolidado, em 2020, na Súmula n. 642 do STJ: "O direito à indenização por danos morais transmite-se com o falecimento do titular, possuindo os herdeiros da vítima legitimidade ativa para ajuizar ou prosseguir a ação indenizatória". Como já destacado, o entendimento está correto tecnicamente, mas isso não isenta os tribunais de examinarem com rigor essas demandas a fim de evitar iniciativas puramente argentárias.

REFORMA DO CÓDIGO CIVIL: O Anteprojeto propõe inserir no art. 943 o esclarecimento de que a norma ali prevista incide sobre a indenização por "danos de qualquer natureza", vale dizer, inclusive por danos morais, na linha do Enunciado n. 454 da *V Jornada de Direito Civil*, já mencionado nos comentários doutrinários *supra*. Verifica-se, ademais, o acréscimo de que a transmissão do direito à indenização se opera "ainda que a ação não tenha sido proposta pela vítima", na mesma direção da Súmula n. 642 do STJ.

CAPÍTULO II
DA INDENIZAÇÃO

Art. 944. A indenização mede-se pela extensão do dano.

Parágrafo único. Se houver excessiva desproporção entre a gravidade da culpa e o dano, poderá o juiz reduzir, equitativamente, a indenização.

COMENTÁRIOS DOUTRINÁRIOS: Mais do que simples diretriz de quantificação da indenização, a regra contida no art. 944, *caput*, exprime relevante garantia da vítima: ter o dano reparado *em toda a sua extensão*. Esta noção foi consagrada pela doutrina sob a fórmula de um "princípio da reparação integral do dano", embora sua natureza principiológica seja, no mínimo, duvidosa. A norma em exame, embora ofereça um norte importantíssimo para a determinação do *quantum* indenizatório, não é capaz de, por si só, conduzir ao valor que deve, em cada caso concreto, ser atribuído à vítima. Daí a necessidade de um exame mais detido sobre a matéria. *Cálculo dos danos patrimoniais*. O critério tipicamente empregado para o cálculo do dano material é a *teoria da diferença* (*Differenztheorie*), segundo a qual se deve realizar uma comparação matemática entre o patrimônio da vítima anteriormente à lesão e o mesmo patrimônio no momento que lhe é posterior. O dano patrimonial refletiria, em suma, o decréscimo sofrido pelo patrimônio da vítima. Trata-se de ideia tão difundida que chega a se confundir com o próprio conceito jurídico de dano, equívoco que gera inconsistências no âmbito do próprio dano patrimonial, como a histórica resistência à indenização por *perda de uma chance* (hoje, superada no Brasil) e a postura restritiva dos Tribunais em relação aos lucros cessantes, muitas vezes qualificados como danos hipotéticos não tanto pela falta de certeza, mas em razão da dificuldade de quantificação. A questão extravasa a esfera da patrimonialidade e ingressa no âmbito da extrapatrimonialidade, como se observa na tendência de se qualificar como dano moral lesão a interesses notoriamente patrimoniais, simplesmente pela dificuldade de demonstração matemática do prejuízo sofrido. É o que ocorre, por exemplo, com os chamados "danos morais à honra objetiva" de sociedades empresárias, que têm a sua capacidade de geração de lucro comprometida pela divulgação de informações desabonadoras (v. comentário ao art. 953). *Arbitramento do dano moral*. Problema tão controverso quanto aquele relativo à conceituação do dano moral (v. comentário ao art. 186) é aquele referente à sua quantificação, ou, mais precisamente, à quantificação da indenização devida a título de reparação por dano moral. Não sendo possível atingir matematicamente um resultado econômico preciso, o *quantum* da indenização por dano moral é deixado ao arbitramento dos juízes. A falta de critérios contribui para a disparidade, às vezes gritante, entre os valores indenizatórios. Para corrigir o problema, a doutrina e a jurisprudência procuraram fixar critérios para a quantificação do dano moral, entre os quais se destacam a) a gravidade do dano, b) a gravidade da culpa, c) a capacidade econômica do ofensor e d) a capacidade econômica do ofendido. A rigor, o único desses critérios que encontra respaldo normativo é o critério da gravidade, ou melhor, extensão do dano, em conformidade com o art. 944, ora em comento. O critério da capacidade econômica do ofendido, empregado por nossa jurisprudência para reduzir as indenizações devidas a vítimas economicamente menos favorecidas, a fim de evitar um suposto enriquecimento sem causa, afigura-se, além de discriminatório, inteiramente atécnico, na medida em que o enriquecimento sem causa configura-se apenas diante de transferência patrimonial desprovida de título jurídico, o que não ocorre, a toda evidência, no pagamento de indenizações que representam mera recomposição do *status quo ante*, baseada em uma causa jurídica bem delimitada: o dever de indenizar. Os demais critérios mencionados – capacidade econômica do ofensor e grau de culpa do ofensor – representam critérios punitivos, que introduzem no campo da responsabilidade civil brasileira uma finalidade sancionatória estranha à sua tradição dogmática. Em linha, porém, com esse espírito punitivo, as chamadas indenizações punitivas ou *punitive damages*, próprias do *Common Law*, têm sido objeto de invocação frequente em nossas cortes judiciais. Trata-se de uma importação acrítica e arbitrária para o sistema jurídico brasileiro. Em primeiro lugar, é de se registrar que, ao contrário do que ocorre nos sistemas jurídicos de tradição romano-germânica, a responsabilidade civil no *Common Law* possui uma trajetória histórica de entrelaçamento com a responsabilidade delitual, que lhe outorga características próprias, bastante distintas daquelas que informam a responsabilidade civil na tradição romano-germânica. Ademais, é preciso compreender como os *punitive damages* operam em seus países de origem. Nos Estados Unidos, país sempre lembrado pelos defensores das indenizações punitivas, o instituto é cercado de contracautelas: a) admitem-se *punitive damages* somente em hipóteses excepcionais, normalmente vinculadas à malícia (*malice*) do agente causador do dano; b) seu valor é arbitrado separadamente da indenização compensatória; c) atendendo a fundamentação inteiramente diversa; d) com garantias processuais típicas do processo penal, incluindo, em alguns estados norte-americanos, a decisão pelo júri. No Brasil, o caráter punitivo tem sido inserido no seio da quantificação do dano moral, aludindo-se a uma suposta "função punitiva e pedagógica" da compensação do dano moral, sem se distinguir, minimamente, o que é compensação e o que é punição. Assim, o réu não pode recorrer apenas da punição, cujos fundamentos são necessariamente distintos daqueles que embasam a quantificação da indenização compensatória: enquanto a punição assenta sobre a avaliação da conduta do agente, a compensação diz respeito ao dano. Essa mistura entre compensação e punição traz outras dificuldades, já que a punição, em nosso sistema, atende a princípios próprios, como a impossibilidade de imputação de pena sem prévia cominação legal (Constituição, art. 5º, inc. XXXIX). Há, ainda, o problema da destinação da indenização punitiva. Não sendo o particular o titular do direito de punir, por que a indenização imposta a título de pena do réu lhe seria destinada? E, se a punição se basear na conduta repetitiva do agente, como definir qual dentre as vítimas tem direito à indenização punitiva, ou como reparti-la entre as diversas vítimas da reiterada conduta ilícita? São apenas algumas das questões que não podem deixar de ser enfrentadas antes de uma eventual importação dos *punitive damages* para o sistema jurídico brasileiro. Daí por que deve ser considerado mais adequado em nosso ordenamento o entendimento doutrinário que rejeita o caráter punitivo do dano moral. O Código Civil, com efeito, rejeita indenizações punitivas ao prever que a indenização se mede pela extensão do dano. O que a prática advocatícia parece tentar solucionar com a importação desastrada dos *punitive damages* é o problema do baixo valor das indenizações por dano moral no Brasil. Tal problema, que é gravíssimo, deve ser solucionado por meio da elevação dessas indenizações pelo Poder Judiciário a partir da percepção dos efeitos sobre cada vítima da lesão à sua personalidade humana. Compete aos advogados promover a efetiva demonstração da extensão do dano sofrido sobre aquela vítima em particular, de modo a despertar a sensibilidade da magistratura para a necessidade de reparação integral do dano sofrido, sem as amarras de tabelamentos e uniformizações que consubstanciam inconstitucional limitação à reparação do dano moral. Com efeito, "a quantificação da reparação por danos extrapatrimoniais não deve estar sujeita a tabelamento ou a valores fixos" (Enunciado n. 550 da *VI Jornada de Direito Civil*). *Culpa desproporcional*. A histórica gradação da culpa em culpa grave, leve e levíssima não tem nenhuma relevância para a configuração do ato ilícito. Ainda que levíssima a culpa, configura-se a conduta culposa para o Direito Civil. A irrelevância dos graus de culpa figura como importante característica da responsabilidade civil, em oposição à responsabilidade penal, cujo caráter punitivo recomenda a análise da intensidade do desvio cometido pelo agente. Em aparente contradição, porém, com a ideia de irrelevância dos graus de culpa, o Código Civil de 2002 inovou em relação à codificação anterior, trazendo no parágrafo único do artigo em comento norma que concede ao juiz o poder de reduzir o *quantum* indenizatório com base na desproporção entre a culpa do agente e a extensão do dano. Com tal previsão, a irrelevância dos graus de culpa permanece válida para fins de configuração do dever de indenizar (*an debeatur*), mas não já para sua quantificação (*quantum debeatur*), em que o grau de culpa passa a desempenhar um papel. Deve-se ter em mente, contudo, que a norma vem proteger o responsável de um ônus *excessivo*, em conformidade com o espírito de equidade, que exige que o rigor da solução jurídica seja temperado à luz das circunstâncias do caso concreto. Exemplo sempre lembrado é aquele do fumante que, deixando cair por entre seus dedos a guimba do cigarro que fumava à janela, provoca a explosão de um posto de gasolina. O dano causado afigura-se amplamente desproporcional à culpa leve do agente. Cumpre notar que o legislador brasileiro não autorizou a majoração da indenização com base na culpa grave ou no dolo do agente, mas permitiu tão somente a *redução equitativa* da indenização quando a culpa for desproporcional ao dano provocado. Parcela da doutrina, na tentativa de desvincular esse controle de proporcionalidade do requisito da culpa em razão das inúmeras dificuldades que o cercam, tem proposto relacionar a extensão do dano com a causalidade, nos seguintes termos: "A redução equitativa da indenização tem caráter excepcional e somente será realizada quando a amplitude do dano extrapolar os efeitos razoavelmente imputáveis à conduta do agente" (Enunciado n. 457 da *V Jornada de Direito Civil*). Acrescente-se que a doutrina vem reservando ao parágrafo único do art. 944 uma leitura bastante restritiva. Partindo do entendimento de que a reparação integral do dano é a regra, tem-se afirmado que: "a possibilidade de redução do montante da indenização em face do grau de culpa do agente, estabelecida no parágrafo único do art. 944 do novo Código Civil, deve ser interpretada restritivamente, por representar uma exceção ao princípio da reparação integral do dano" (Enunciado n. 46 da *I Jornada de Direito Civil*, alterado pelo Enunciado n. 380 da *IV Jornada de Direito Civil*).

JURISPRUDÊNCIA COMENTADA: Em sentido diametralmente oposto ao aqui defendido, a jurisprudência do Superior Tribunal de Justiça consolidou a possibilidade de se atribuir ao dano moral uma função punitiva, influenciando com isso diversos Tribunais brasileiros: "A indenização por danos morais possui tríplice função, a compensatória, para mitigar os danos sofridos pela vítima; a punitiva, para condenar o autor da prática do ato ilícito lesivo, e a preventiva, para dissuadir o cometimento de novos atos ilícitos" (STJ, REsp 1.440.721/GO, 4.ª Turma, Rel. Min. Maria Isabel Gallotti, j. 11.10.2016). Também no que se refere aos critérios utilizados para o arbitramento do dano moral merece ser revista a jurisprudência do STJ: "consideram-se, para a fixação definitiva do valor da indenização, a gravidade do fato em si e sua consequência para a vítima – dimensão do dano; a culpabilidade do agente, aferindo-se a intensidade do dolo ou o grau da culpa; a eventual participação culposa do ofendido – culpa concorrente da vítima; a condição econômica do ofensor e as circunstâncias pessoais da vítima, sua colocação social, política e econômica" (STJ, AgInt no AREsp 1.063.319/SP, 1.ª Turma, Rel. p/ acórdão Min. Regina Helena Costa, j. 03.04.2018). Mesmo o discriminatório critério da condição econômica da vítima já foi reputado legítimo por aquele tribunal: "O recorrente alega violação do art. 944 do CC, porque, com base na capacidade econômica das vítimas, que são porteiros, os valores arbitrados configuram verdadeiro enriquecimento ilícito. Ora, não só a capacidade econômico-financeira da vítima é critério de análise para o arbitramento dos danos morais, sendo levado em conta, também, à mingua de requisitos legais, a capacidade econômico-financeira do ofensor, as circunstâncias concretas onde o dano ocorreu e a extensão do dano" (STJ, AgRg no REsp 700.899/RN, 2.ª Turma, Rel. Min. Humberto Martins, j. 19.02.2008). Também merece registro metodologia conferida ao arbitramento do dano pela adoção do chamado *método bifásico*, estruturado, nas palavras do Ministro Paulo de Tarso Sanseverino, da seguinte forma: "i) Na primeira etapa, deve-se estabelecer um valor básico para a indenização, considerando o interesse jurídico lesado, com base em grupo de precedentes jurisprudenciais que apreciaram casos semelhantes. ii) Na segunda etapa, devem ser consideradas as circunstâncias do caso, para fixação definitiva do valor da indenização, atendendo a determinação legal de arbitramento equitativo pelo juiz" (STJ, REsp 959.780/ES, 3.ª Turma, Rel. Min. Paulo de Tarso Sanseverino, j. 26.04.2011. No mesmo sentido, STJ, AgInt no REsp 1.798.479/DF, 4.ª Turma, Rel. Min. Raul Araújo, j. 18.12.2023). Se não é capaz de solucionar todos os problemas nessa matéria, a efetiva adoção de tal método pode, ao menos, conferir um caráter mais analítico ao arbitramento da indenização, permitindo uma melhor investigação do *iter* adotado pelas decisões judiciais para se chegar ao valor da condenação.

REFORMA DO CÓDIGO CIVIL: O Anteprojeto propõe intensas alterações no capítulo dedicado à indenização, que afetam não somente a quantificação das perdas e danos, mas também o próprio perfil funcional da responsabilidade civil brasileira. Especificamente em relação ao art. 944, o *caput* é mantido inalterado, embora diversas modificações realizadas ao longo do capítulo acabem por repercutir substancialmente sobre a sua eficácia. O parágrafo já existente é alterado para substituir a referência à "desproporção entre a gravidade da culpa e o dano" pela "desproporção entre a conduta praticada pelo agente e a extensão do dano dela decorrente, segundo os ditames da boa-fé e da razoabilidade" (Anteprojeto, art. 944, § 1º), aproximando-se, nesse sentido, da tese constante do Enunciado n. 457 da *V Jornada de Direito Civil*, referido nos comentários doutrinários *supra*. No mesmo parágrafo, acrescenta-se uma segunda hipótese de redução equitativa da indenização, configurada quando a indenização "privar do necessário o ofensor ou as pessoas que dele dependam", norma que se inspira nitidamente na proteção ao mínimo existencial. Determina-se, ainda, que a redução equitativa pode incidir "tanto em caso de responsabilidade objetiva quanto subjetiva". O Anteprojeto sugere, ademais, o acréscimo de um novo parágrafo no art. 944, com a seguinte redação: "Em alternativa à reparação de danos patrimoniais, a critério do lesado, a indenização compreenderá um montante razoável correspondente à violação de um direito ou, quando necessário, a remoção dos lucros ou vantagens auferidos pelo lesante em conexão com a prática do ilícito". Conforme já era destacado nos comentários *supra*, esse novo parágrafo destoa, a meu ver, da tradição jurídica brasileira, que não reserva natureza punitiva (ou "pedagógica") à responsabilidade civil. Também não soluciona, a meu ver, o problema das baixas indenizações no Brasil, que se resolveria facilmente por um arbitramento mais atento da compensação por danos morais por nossos tribunais e uma atuação mais efetiva dos órgãos públicos na propositura de ações coletivas, especialmente no âmbito das relações consumeristas. De todo modo, a redação proposta merece aprimoramento ao limitar a medida à seara patrimonial e apresentá-la como alternativa à reparação dos danos patrimoniais, o que significa colocar o autor da ação reparatória diante de uma escolha incerta. No mais, a referência à "remoção dos lucros ou vantagens auferidos pelo lesante em conexão com a prática do ilícito" não é afeta à responsabilidade civil, correspondendo tecnicamente à figura do *lucro da intervenção*, que o próprio Anteprojeto disciplina como uma manifestação do enriquecimento sem causa nos termos do § 2º do art. 884. O Anteprojeto propõe, ainda, a inclusão de um art. 944-A, exclusivamente dedicado ao dano moral, cujo *caput* determina: "A indenização compreende também todas as consequências da violação da esfera moral da pessoa natural ou jurídica". Como se nota, o dispositivo admite expressamente o dano moral à pessoa jurídica, em sintonia com a jurisprudência do Superior Tribunal de Justiça, consolidada na Súmula n. 227 (v. comentários ao art. 52). O Anteprojeto propõe, além disso, a inserção de um § 1º no novo art. 944-A voltado ao tema da quantificação do dano moral, incorporando o chamado método bifásico utilizado pelo STJ, conforme já destacado *supra* (v. jurisprudência comentada). O § 2º, por seu turno, apresenta os seguintes parâmetros para a aferição da extensão do dano: (a) "nível de afetação em projetos de vida relativos ao trabalho, lazer, âmbito familiar ou social"; (b) "grau de reversibilidade do dano"; e (c) "grau de ofensa ao bem jurídico". Quanto ao § 3º, este veicula a possibilidade de o juiz incluir na indenização por dano moral "uma sanção pecuniária de caráter pedagógico, em casos de especial gravidade, havendo dolo ou culpa grave do agente causador do dano ou em hipóteses de reiteração de condutas danosas". Os parágrafos seguintes esclarecem que: (a) a referida sanção "será proporcional à gravidade da falta e poderá ser agravado até o quádruplo dos danos fixados com base nos critérios do §§ 1º e 2º, considerando-se a condição econômica do ofensor e a reiteração da conduta ou atividade danosa, a ser demonstrada nos autos do processo" (Anteprojeto, art. 944-A, § 4º); (b) na fixação do seu montante, "o juiz levará em consideração eventual condenação anterior do ofensor pelo mesmo fato, ou imposição definitiva de multas administrativas pela mesma conduta" (Anteprojeto, art. 944-A, § 5º); e (c) o juiz poderá reverter parcela da sanção "em favor de fundos públicos destinados à proteção de interesses coletivos ou de estabelecimento idôneo de beneficência, no local em que o dano ocorreu" (Anteprojeto, art. 944-A, § 6º). A difícil articulação com a esfera administrativa e mesmo com decisões judiciais pretéritas, a excessiva abertura à definição dos "fundos públicos" ou entidades de beneficência, a ausência de fundamento técnico para atribuição de parcela da indenização punitiva à vítima e outros problemas que já eram apontados nos comentários doutrinários *supra* exigem, a meu ver, reflexão sobre a redação proposta para esse novo art. 944-A. Por fim, o Anteprojeto propõe a inclusão também de um art. 944-B, que trata de diferentes temas, como os atributos do dano indenizável, a figura da perda de uma chance, entre outros aspectos ligados à noção jurídica de dano.

Art. 945. Se a vítima tiver concorrido culposamente para o evento danoso, a sua indenização será fixada tendo-se em conta a gravidade de sua culpa em confronto com a do autor do dano.

COMENTÁRIOS DOUTRINÁRIOS: Trata o presente artigo de problema tradicionalmente denominado *concorrência de culpas* ou *culpa concorrente da vítima*. A literalidade do dispositivo impõe uma redução da indenização, cotejando a gravidade da culpa da vítima que concorreu para o evento danoso com a gravidade da culpa do ofensor. A melhor doutrina, contudo, tem alertado para o equívoco de se empregar o critério de gravidade da culpa como medida da indenização. Em verdade, o elemento da responsabilidade civil que contribui para este fim é o nexo causal, afigurando-se mais justo atribuir uma maior responsabilidade para quem mais contribui para a causação do dano. Impõe-se, nessa esteira, uma releitura do art. 945 do Código Civil, nos seguintes termos: se a vítima tiver concorrido para o evento danoso, a sua indenização será fixada tendo-se em conta a proporção de sua contribuição causal em confronto com a do autor do dano. É o que afirma, em outros termos, o Enunciado n. 630 da *VIII Jornada de Direito Civil*: "Culpas não se compensam. Para os efeitos do art. 945 do Código Civil, cabe observar os seguintes critérios: i) há diminuição do *quantum* da reparação do dano causado quando, ao lado da conduta do lesante, verifica-se ação ou omissão do próprio lesado da qual resulta o dano, ou o seu agravamento, desde que ii) reportadas ambas as condutas a um mesmo fato, ou ao mesmo fundamento de imputação, conquanto possam ser simultâneas ou sucessivas, devendo-se considerar o percentual causal do agir de cada um". O início do enunciado, em razão da expressão "culpas não se compensam", não deve causar confusão, por se tratar, conforme já ressaltado, de um problema ligado ao nexo de causalidade. O deslocamento da questão do âmbito da culpa para a esfera da causalidade tem ainda a vantagem de esclarecer que "a conduta da vítima pode ser fator atenuante do nexo de causalidade na responsabilidade civil objetiva" (Enunciado n. 459 da *V Jornada de Direito Civil*).

JURISPRUDÊNCIA COMENTADA: O Superior Tribunal de Justiça tem atentado para a questão da concorrência de causas nos infelizmente frequentes casos de acidentes fatais em vias rodoviárias: "no caso de atropelamento de pedestre em via férrea, configura-se a concorrência de causas, impondo a redução da indenização por dano moral pela metade, quando: i) a concessionária do transporte ferroviário descumpre o dever de cercar e fiscalizar os limites da linha férrea, mormente em locais urbanos e populosos, adotando conduta negligente no tocante às necessárias práticas de cuidado e vigilância tendentes a evitar a ocorrência de sinistros; e ii) a vítima adota conduta imprudente, atravessando a via férrea em local inapropriado" (STJ, REsp 1.172.421/SP, 2.ª Seção, Rel. Min. Luis Felipe Salomão, j. 08.08.2012). Ainda sobre a concorrência causal, já decidiu o STJ: "a concorrência de culpas, que na verdade consubstancia concorrência de causas para o evento danoso, só deve ser admitida em casos excepcionais, quando não se cogita de preponderância causal manifesta e provada da conduta do agente. [...] A configuração da culpa concorrente exige a simultaneidade dos atos jurídicos, razão pela qual a sucessividade no descumprimento dos deveres de cuidado implica o seu afastamento" (STJ, REsp 1.808.079/PR, 3.ª Turma, Rel. Min. Nancy Andrighi, j. 06.08.2019).

REFORMA DO CÓDIGO CIVIL: O Anteprojeto propõe substituir, no *caput* do art. 945, a referência à gravidade da culpa da vítima em confronto com a do autor do dano pela análise do nexo de causalidade, em consonância com os comentários doutrinários *supra*. O Anteprojeto sugere, ainda, a inclusão de dois novos parágrafos no art. 945, nos quais se lê: (a) "Nos casos deste artigo, todas as circunstâncias do caso concreto devem ser levadas em consideração, em particular a conduta de cada uma das partes, inclusive nas hipóteses de responsabilidade objetiva ou subjetiva"; (b) "Quando a conduta da vítima se limitar à circunstância em que agiu para evitar ou minorar o próprio dano, serão levados em conta os critérios previstos neste artigo".

Art. 946. Se a obrigação for indeterminada, e não houver na lei ou no contrato disposição fixando a indenização devida pelo inadimplente, apurar-se-á o valor das perdas e danos na forma que a lei processual determinar.

COMENTÁRIOS DOUTRINÁRIOS: O presente artigo do Código Civil parece querer tratar, com sua confusa redação, da quantificação da obrigação de indenizar que não tenha sido objeto de prévia liquidação pela lei ou pelo contrato (por meio de cláusula penal). A referência a "obrigação indeterminada" deve, assim, ser compreendida como *prestação ilíquida*. A norma determina que a apuração das perdas e danos seguirá a forma que a lei processual indicar. O Código de Processo Civil, contudo, não possui regras específicas sobre a quantificação de indenizações, matéria que de fato pertence ao campo do direito material. O que o CPC disciplina é o procedimento de liquidação de sentença, cabível "quando a sentença condenar ao pagamento de quantia ilíquida" (art. 509 do CPC).

JURISPRUDÊNCIA COMENTADA: Acerca do art. 946 do Código Civil, consignou o Superior Tribunal de Justiça: "Esse preceito de lei, que revela mais abrangência que seu antecessor (art. 1.533 do CC/1916) ao considerar também a liquidação das obrigações contratuais, prevê a apuração das perdas e danos em liquidação, nas hipóteses em que não for possível ao juiz, com base nos elementos que estiverem nos autos, fixar o valor desde logo. Efetivamente, para a apuração do montante da indenização devida, por vezes há necessidade de se alegar e provar fatos novos, ainda não discutidos na ação de conhecimento, caso em que se revela adequado o uso da liquidação por artigos, prevista no art. 475-E do CPC. E parece-me que essa seria exatamente uma das hipóteses. Há de se salientar que o fato novo não diz respeito, portanto, ao dano, cuja existência já foi provada no processo de conhecimento, mas sim à questão da valoração desse dano" (STJ, REsp 1.219.079/RS, 3.ª Turma, Rel. Min. Nancy Andrighi, j. 01.03.2011).

REFORMA DO CÓDIGO CIVIL: O Anteprojeto propõe especificar que a obrigação a que se refere o art. 946 é a obrigação "de reparar o dano". Sugere, ainda, suprimir a referência à lei "processual", que, como visto, não se afigura mesmo correta (v. comentários doutrinários *supra*).

Art. 947. Se o devedor não puder cumprir a prestação na espécie ajustada, substituir-se-á pelo seu valor, em moeda corrente.

COMENTÁRIOS DOUTRINÁRIOS: O art. 947 do Código Civil é tradicionalmente lido como a explicitação do efeito típico do inadimplemento das obrigações: a conversão da prestação inadimplida em perdas e danos (responsabilidade civil obrigacional). Esta interpretação é amplamente majoritária no Direito Brasileiro. Há que se notar, contudo, que o artigo em comento apenas permite a substituição pelo equivalente caso o devedor não possa cumprir a prestação. Nessa direção, parcela da doutrina tem sustentado que o art. 947 consistiria na fonte normativa da chamada *execução pelo equivalente*, que não se confundiria com uma espécie de indenização substitutiva por restar funcionalmente atrelada ao cumprimento (ainda que por via subsidiária) do contrato, não já a reparar os danos sofridos pelo credor com o inadimplemento, mesmo que, na prática, as situações se aproximem inegavelmente.

JURISPRUDÊNCIA COMENTADA: Sobre o objeto do art. 947, já se manifestou o Superior Tribunal de Justiça: "Na hipótese de inadimplemento absoluto, o credor pode exigir o equivalente pecuniário (arts. 475 e 947 do CC/02). No cumprimento pelo equivalente, o vínculo negocial é mantido e 'o credor lesado, ao invés de receber a obrigação, devida *in natura*, recebe o seu valor substitutivo em pecúnia' [...] O equivalente não se confunde com o valor da contraprestação devida pelo credor. Em verdade, é o valor do bem no momento em que a obrigação deveria ter sido cumprida, a partir do qual o credor terá a seu favor o pagamento de juros e correção monetária [...]. Do exposto, tem-se que há três pretensões potenciais por parte do credor, quando da ocorrência do inadimplemento contratual [cumprimento específico, cumprimento pelo equivalente e resolução], as quais não têm, a rigor, natureza indenizatória, mas sim caráter obrigacional. Elas são alternativas entre si e todas podem ser cumuladas com pretensão à reparação de perdas e danos" (STJ, REsp 1.989.585/MG, 3.ª Turma, Rel. Min. Nancy Andrighi, j. 06.09.2022).

Exemplo ilustrativo de aplicação do preceito em comento tem-se também na seguinte decisão: "ante a impossibilidade de cumprimento da obrigação *in natura*, fato confirmado pelo próprio réu ao fazer referência às 'frustrações de safras', lógica é a conversão do objeto contratado em dinheiro, adotando-se como termo inicial a data em que a obrigação deveria ter sido cumprida e não o foi" (TJRS, AC 70.018.128.736, 10.ª Câmara Cível, Rel. Des. Paulo Antônio Kretzmann, j. 22.03.2007).

REFORMA DO CÓDIGO CIVIL: O Anteprojeto propõe a completa substituição da atual redação do art. 947 por um preceito voltado eminentemente à disciplina da relação entre a reparação não pecuniária e a reparação pelo equivalente pecuniário. Seu *caput* determina, de maneira ampla, que "a reparação dos danos deve ser integral com a finalidade de restituir o lesado ao estado anterior ao fato danoso". O § 1º, por sua vez, estipula que "a indenização será fixada em dinheiro, sempre que a reconstituição natural não seja possível, não repare integralmente os danos ou seja excessivamente onerosa para o devedor". Nessa direção, o § 2º reconhece acertadamente a possibilidade de reparação não pecuniária dos danos no direito brasileiro, conforme defendi pioneiramente em *Novos Paradigmas da Responsabilidade Civil*, 2007, p. 187-191, apresentando a "retratação pública, por meio do exercício do direito de resposta, da publicação de sentença ou de outra providência específica", como exemplo de possível medida de reparação *in natura*. Por fim, o § 3º acrescenta que a reparação específica pode se dar por meio analógico ou digital e pode ser alternativa à reparação pecuniária ou com ela cumulada.

Art. 948. No caso de homicídio, a indenização consiste, sem excluir outras reparações:

I – no pagamento das despesas com o tratamento da vítima, seu funeral e o luto da família;

II – na prestação de alimentos às pessoas a quem o morto os devia, levando-se em conta a duração provável da vida da vítima.

COMENTÁRIOS DOUTRINÁRIOS: O Código Civil, apesar de reconhecer expressamente a ressarcibilidade genérica do dano moral (art. 186), manteve diversas previsões anacrônicas que outrora serviram para autorizar a indenização de danos morais em hipóteses pontuais ou detalhar efeitos patrimoniais reflexos. A primeira delas encontra-se no presente artigo, dedicado especificamente ao dano provocado pelo homicídio, arrolando o legislador parcelas que integram o dano patrimonial reflexo ou por ricochete sofrido por aqueles que custearam "o tratamento da vítima, seu funeral e o luto da família" ou assumiram "prestação de alimentos às pessoas a quem o morto os devia, levando-se em conta a duração provável da vida da vítima". Nada obstante a ressalva do *caput* do artigo em comento quanto à não exclusão de outras reparações, a verdade é que perdeu o Código Civil a oportunidade de tratar de temas mais relevantes e controvertidos, como a polêmica figura da indenização por dano-morte e a legitimidade para pleitear danos morais reflexos.

JURISPRUDÊNCIA COMENTADA: Acerca da interpretação do inciso II do artigo em comento, que determina que se tome em conta na fixação de alimentos "a duração provável da vida da vítima", já decidiu o Superior Tribunal de Justiça: "O direito a pensão mensal surge exatamente da necessidade de reparação de dano material decorrente da perda de ente familiar que contribuía com o sustento de parte que era economicamente dependente até o momento do óbito. O fato de a vítima já ter ultrapassado a idade correspondente à expectativa de vida média do brasileiro, por si só, não é óbice ao deferimento do benefício, pois muitos são os casos em que referida faixa etária é ultrapassada. É cabível a utilização da tabela de sobrevida, de acordo com os cálculos elaborados pelo IBGE, para melhor valorar a expectativa de vida da vítima quando do momento do acidente automobilístico e, consequentemente, fixar o termo final da pensão" (STJ, REsp 1.311.402/SP, 3.ª Turma, Rel. Min. João Otávio de Noronha, j. 18.02.2016). Olhando para o outro extremo da faixa etária, ao examinar o cabimento de fixação de alimentos na hipótese de falecimento de recém-nascido, decidiu o STJ: "O pensionamento devido na hipótese de falecimento (art. 948, II, do CC) tem por finalidade suprir o amparo financeiro que era prestado pelo falecido. Ainda que a morte seja de filho menor, será devido o pensionamento a partir do momento em que a vítima completaria 14 (quatorze) anos, tendo em vista que há uma presunção de auxílio econômico futuro. Se a família for de baixa renda, há presunção relativa da dependência econômica entre os seus membros, sendo que, nas demais situações, é necessária a comprovação da dependência. O fato de a vítima ser um recém-nascido não impede a fixação do pensionamento, porquanto também é possível presumir que se o recém-nascido não tivesse vindo a óbito em decorrência do ato ilícito praticado por terceiro, ele passaria a contribuir para as despesas familiares quando atingisse 14 (quatorze) anos de idade" (STJ, REsp 2.121.056/PR, 3.ª Turma, Rel. Min. Nancy Andrighi, j. 21.05.2024).

REFORMA DO CÓDIGO CIVIL: O Anteprojeto propõe alterações eminentemente redacionais no *caput* e nos incisos I e II do art. 948. Além disso, acrescenta ao dispositivo em comento um inciso III, que se refere aos "danos extrapatrimoniais indiretos ou reflexos sofridos pelos familiares, com precedência do direito à indenização ao cônjuge ou convivente e aos filhos do falecido, sem excluir aqueles que mantinham comprovado vínculo afetivo com a vítima, o que deve ser apurado pelo julgador no caso concreto". O acréscimo vai na direção da sedimentada jurisprudência do Superior Tribunal de Justiça, favorável à reparação do dano moral reflexo decorrente do falecimento de familiar. O Anteprojeto inclui no artigo, ainda, três novos parágrafos, que instituem parâmetros para a quantificação dos alimentos devidos por força do inciso II do art. 948.

Art. 949. No caso de lesão ou outra ofensa à saúde, o ofensor indenizará o ofendido das despesas do tratamento e dos lucros cessantes até ao fim da convalescença, além de algum outro prejuízo que o ofendido prove haver sofrido.

COMENTÁRIOS DOUTRINÁRIOS: Ao referir-se ao *dano* à *saúde*, o legislador determina a indenização das "despesas do tratamento" (dano emergente) e dos "lucros cessantes até ao fim da convalescença", nada fazendo além de especificar as parcelas devidas em todas as hipóteses de responsabilidade por danos materiais, às quais o intérprete chegaria sem maiores esforços. A ressalva quanto à indenizabilidade "de algum outro prejuízo que o ofendido prove haver sofrido" é desnecessária, sendo possível à vítima invocar diretamente as cláusulas gerais que disciplinam a responsabilidade civil (art. 186 c/c art. 927), além de inútil, por não oferecer qualquer parâmetro ou indicação que auxilie no enfrentamento destes outros casos.

JURISPRUDÊNCIA COMENTADA: Aplicando o art. 949 do Código Civil, já decidiu o

Superior Tribunal de Justiça: "Uma vez comprovado o dano, mesmo que não constasse expressamente na sentença a obrigação ao pagamento das despesas até a convalescença, disso não se desoneraria o réu, haja vista que essa obrigação decorre da própria lei, a teor do que preceitua o art. 949 do CC. A recuperação pelo dano sofrido, portanto, há de ser integral, de modo a restabelecer a lesado o estado anterior à ocorrência do evento danoso" (STJ, REsp 1.219.079/RS, 3.ª Turma, Rel. Min. Nancy Andrighi, j. 01.03.2011).

REFORMA DO CÓDIGO CIVIL: O Anteprojeto propõe alterações meramente redacionais no art. 949, como a substituição da referência a lesão ou outra ofensa "à saúde" por "à integridade física, psíquica ou psicológica do ofendido".

Art. 950. Se da ofensa resultar defeito pelo qual o ofendido não possa exercer o seu ofício ou profissão, ou se lhe diminua a capacidade de trabalho, a indenização, além das despesas do tratamento e lucros cessantes até ao fim da convalescença, incluirá pensão correspondente à importância do trabalho para que se inabilitou, ou da depreciação que ele sofreu.

Parágrafo único. O prejudicado, se preferir, poderá exigir que a indenização seja arbitrada e paga de uma só vez.

COMENTÁRIOS DOUTRINÁRIOS: Na hipótese de *perda ou redução da capacidade laborativa*, por lesão à sua esfera física ou psicológica, a vítima tem direito, além dos danos emergentes ("despesas do tratamento") e dos "lucros cessantes até ao fim da convalescença", a "uma pensão correspondente à importância do trabalho, para que se inabilitou, ou da depreciação que ele sofreu". Trata-se de previsão de extrema importância prática, sendo certo que, em regra, é do trabalho que se extrai a fonte de sustento próprio e familiar na realidade social brasileira. O parágrafo único do artigo em comento inova, estabelecendo como alternativa para a fixação de pensão a possibilidade de a vítima optar pelo pagamento da indenização em uma única parcela imediata. Embora tal escolha recaia sobre a vítima, a indenização unitária encontrará, não raramente, um limite intransponível na capacidade de pagamento do ofensor. Nesse sentido, confira-se o Enunciado n. 48 da *I Jornada de Direito Civil*: "O parágrafo único do art. 950 do novo Código Civil institui direito potestativo do lesado para exigir pagamento da indenização de uma só vez, mediante arbitramento do valor pelo juiz, atendidos os arts. 944 e 945 e a possibilidade econômica do ofensor". Já o Enunciado n. 381 da *IV Jornada de Direito Civil* busca traçar o caminho a ser seguido pelo magistrado ante a eventual insolvência do devedor: "O lesado pode exigir que a indenização sob a forma de pensionamento seja arbitrada e paga de uma só vez, salvo impossibilidade econômica do devedor, caso em que o juiz poderá fixar outra forma de pagamento, atendendo à condição financeira do ofensor e aos benefícios resultantes do pagamento antecipado". Na prática, a lesão à capacidade laborativa acompanha aquela à saúde, em sentido mais amplo, razão pela qual tem alertado a doutrina que "os danos oriundos das situações previstas nos arts. 949 e 950 do Código Civil de 2002 devem ser analisados em conjunto, para o efeito de atribuir indenização por perdas e danos materiais, cumulada com dano moral e estético" (Enunciado n. 192 da *III Jornada de Direito Civil*).

JURISPRUDÊNCIA COMENTADA: No que se refere ao valor devido a título de pensão, a jurisprudência do Superior Tribunal de Justiça "firmou-se no sentido de que a pensão mensal deve ser fixada tomando-se por base a renda auferida pela vítima no momento da ocorrência do ato ilícito. No caso, não restou comprovado o exercício de atividade laborativa remunerada, razão pela qual a pensão deve ser fixada em valor em reais equivalente a um salário mínimo e paga mensalmente". Ainda, em que pese a clara opção legislativa de permitir que a vítima opte pelo pagamento de uma parcela única, já afirmou o STJ que "no caso de sobrevivência da vítima, não é razoável o pagamento de pensionamento em parcela única, diante da possibilidade de enriquecimento ilícito, caso o beneficiário faleça antes de completar sessenta e cinco anos de idade" (STJ, REsp 876.448/RJ, 3.ª Turma, Rel. Min. Sidnei Beneti, j. 17.06.2010). Na mesma direção, a Corte já registrou que "a regra prevista no artigo 950, parágrafo único, do Código Civil, que permite o pagamento da pensão mensal de uma só vez, não deve ser interpretada como direito absoluto da parte, possibilitando ao magistrado avaliar, em cada caso, sobre a conveniência de sua aplicação, a fim de evitar, de um lado, que a satisfação do crédito do beneficiário fique ameaçada e, de outro, que haja risco de o devedor ser levado à ruína" (STJ, AgInt no AREsp 1.378.444/RJ, 4.ª Turma, Rel. Min. Marco Buzzi, j. 30.09.2019). Por fim, em relação à possibilidade de prisão civil do devedor inadimplente, decidiu o STJ que "os alimentos devidos em razão da prática de ato ilícito, conforme previsão contida nos artigos 948, 950 e 951 do Código Civil, possuem natureza indenizatória, razão pela qual não se aplica o rito excepcional da prisão civil como meio coercitivo para o adimplemento" (STJ, HC 523.357/MG, 4.ª Turma, Rel. Min. Maria Isabel Gallotti, j. 01.09.2020).

REFORMA DO CÓDIGO CIVIL: O Anteprojeto, visando equacionar os problemas causados pelo pagamento da pensão de uma só vez, propõe incorporar ao parágrafo único do art. 950 o Enunciado n. 381 da *IV Jornada de Direito Civil*, transcrito nos comentários doutrinários *supra*.

Art. 951. O disposto nos arts. 948, 949 e 950 aplica-se ainda no caso de indenização devida por aquele que, no exercício de atividade profissional, por negligência, imprudência ou imperícia, causar a morte do paciente, agravar-lhe o mal, causar-lhe lesão, ou inabilitá-lo para o trabalho.

COMENTÁRIOS DOUTRINÁRIOS: Dispõe o art. 951 acerca da *responsabilidade médica* por danos aos bens jurídicos referidos nos artigos antecedentes (vida, saúde, capacidade laborativa). A expressa remissão a tais artigos limita a utilidade do dispositivo a explicitar o dever de indenizar os danos materiais (danos emergentes e lucros cessantes) decorrentes da lesão a estes interesses existenciais. Registre-se que, apesar de a relação médico-paciente ser regida pelo Código de Defesa do Consumidor, a responsabilidade civil do médico, enquanto profissional liberal, será subjetiva, nos termos do art. 14, § 4º, daquele diploma. Adverte, contudo, o Enunciado n. 460 da *V Jornada de Direito Civil* que "a responsabilidade subjetiva do profissional da área da saúde, nos termos do art. 951 do Código Civil e do art. 14, § 4º, do Código de Defesa do Consumidor, não afasta a sua responsabilidade objetiva pelo fato da coisa da qual tem a guarda, em caso de uso de aparelhos ou instrumentos que, por eventual disfunção, venham a causar danos a pacientes, sem prejuízo do direito regressivo do profissional em relação ao fornecedor do aparelho e sem prejuízo da ação direta do paciente, na condição de consumidor, contra tal fornecedor".

JURISPRUDÊNCIA COMENTADA: Sobre o termo inicial do pagamento da pensão, o Superior Tribunal de Justiça já decidiu que "a condenação ao pensionamento, nessas circunstâncias, visa à reparação dos danos consistentes na inabilitação ou diminuição da capacidade da vítima para o trabalho, sem prejuízo da indenização pelas despesas de tratamento e lucros cessantes até o fim da convalescença, nos termos do que dispõe o art. 950 do CC/2002, aplicável à espécie por força do art. 951 do mesmo diploma legal. [...] Daí por que a obrigação de pagar o pensionamento nasce com o evento danoso, qual seja, o ato do ofensor que gera a inaptidão ou redução da capacidade laborativa da vítima. [...] O fato gerador do dever de reparação pelo erro médico, no particular, é a data em que a recorrente foi submetida ao procedimento de mastectomia bilateral, que culminou com a sua inaptidão parcial e permanente para o trabalho" (STJ, REsp 1.808.050/SP, 3.ª Turma, Rel. Min. Nancy Andrighi, j. 17.11.2020).

REFORMA DO CÓDIGO CIVIL: O Anteprojeto propõe a inclusão de três novos parágrafos ao art. 951, que buscam disciplinar aspectos mais específicos da reparação dos danos suportados por vítimas de erro médico, quais sejam: (a) a eventual responsabilidade objetiva do hospital; (b) a responsabilidade objetiva e solidária dos fornecedores por danos causados por falha do equipamento médico-hospitalar; e (c) o eventual direito de regresso dos fornecedores do equipamento em face do médico.

Art. 952. Havendo usurpação ou esbulho do alheio, além da restituição da coisa, a indenização consistirá em pagar o valor das suas deteriorações e o devido a título de lucros cessantes; faltando a coisa, dever-se-á reembolsar o seu equivalente ao prejudicado.

Parágrafo único. Para se restituir o equivalente, quando não exista a própria coisa, estimar-se-á ela pelo seu preço ordinário e pelo de afeição, contanto que este não se avantaje àquele.

COMENTÁRIOS DOUTRINÁRIOS: A usurpação ou esbulho de bem alheio faz nascer para o usurpador o dever de restituir a coisa ao legítimo proprietário ou possuidor. Tratando-se de conduta ilícita, soma-se ao dever de restituir a obrigação de indenizar os prejuízos causados, abarcando tanto o dano emergente (valor da deterioração da coisa) como eventuais lucros cessantes. Destruída a coisa, de modo a restar impossível a sua restituição, impõe-se que tal restituição se dê pelo equivalente pecuniário. O parágrafo único do artigo em comento, ao estipular os critérios de estimação do equivalente pecuniário, refere-se ao seu preço ordinário (de mercado) e ao chamado valor de afeição, "contanto que este não se avantaje àquele". Bem vista a situação, melhor parece reconhecer que o valor de afeição não se relaciona propriamente com a restituição do equivalente pecuniário do bem, tratando-se, antes, de mecanismo de ressarcimento pelo dano moral decorrente da privação definitiva do bem material dotado de relevância afetiva. Nesses termos, a limitação do preço de afeição do objeto ao seu preço ordinário parece configurar inconstitucional restrição ao valor da indenização pelo dano moral sofrido com a perda de bens de significativo valor sentimental. Opera-se aí franca subversão da tábua de valores consagrada na Constituição da República.

REFORMA DO CÓDIGO CIVIL: O Anteprojeto propõe a revogação do art. 952.

Art. 953. A indenização por injúria, difamação ou calúnia consistirá na reparação do dano que delas resulte ao ofendido.

Parágrafo único. Se o ofendido não puder provar prejuízo material, caberá ao juiz fixar, equitativamente, o valor da indenização, na conformidade das circunstâncias do caso.

COMENTÁRIOS DOUTRINÁRIOS: Trata o presente artigo do *dano* à *honra*. Aqui, o Código Civil fez uso das noções colhidas no direito penal, aludindo à injúria, calúnia e difamação. Melhor seria que tratasse simplesmente da violação à honra, não se justificando, no atual contexto, a restrição aos tipos penais mencionados. O art. 953 é, a rigor, uma repetição irrefletida de dispositivo da codificação anterior. No Código Civil de 1916, editado em uma época na qual se negava, em regra, indenização ao dano moral, justificava-se a existência de um dispositivo específico para autorizar a reparação do dano à honra. Hoje, contudo, restando constitucionalmente reconhecida a reparabilidade do dano moral e consagrada, no mesmo texto constitucional, a tutela da honra, não se compreende por que o legislador civil sentiu a necessidade de declarar, de modo verdadeiramente tautológico, que "a indenização por injúria, difamação ou calúnia consistirá na reparação do dano que delas resulte ao ofendido". Nem o dispositivo acrescenta nada de útil, nem a reparação do dano à honra está limitada às hipóteses em que restem configurados os delitos de injúria, difamação ou calúnia. Pior, contudo, é o parágrafo único do artigo em comento que, na contramão da História, sugere que o juiz somente poderá fixar indenização por arbitramento, como ocorre necessariamente no dano moral, "se o ofendido não puder provar prejuízo material". Em que pese a redação do dispositivo, é evidente que não se pode admitir ali qualquer condicionante. O dano moral poderá ser fixado equitativamente pelo juiz, independentemente de existir prova do dano patrimonial ou o dano patrimonial em si. Quanto a isso, não pode haver qualquer dúvida. A doutrina não vem reconhecendo nenhuma utilidade ao parágrafo único do art. 953. Há, contudo, uma possibilidade interpretativa que não deve ser desprezada: da letra fria do dispositivo pode-se extrair uma autorização para que o juiz fixe por equidade não o dano moral decorrente da violação à honra (como já decorre do texto constitucional), mas o próprio dano patrimonial sofrido pela vítima, nas hipóteses em que não lhe for possível demonstrar o impacto econômico da lesão à honra. Tal interpretação permitiria escapar aos limites estreitos da teoria da diferença, que só admite a quantificação do dano patrimonial por meio da comparação do patrimônio da vítima antes e depois da lesão. Relendo com bons olhos o texto do parágrafo único, o leitor poderá encontrar, com alguma boa vontade, a expressa autorização para o arbitramento do dano patrimonial derivado do abalo à reputação. Tal autorização assume especial utilidade em relação às pessoas jurídicas, porque permite o arbitramento do dano econômico gerado por matérias jornalísticas falsas, protesto indevido de títulos de crédito e outras condutas lesivas, já agora sem necessidade de se "moralizar" o prejuízo sofrido em seu patrimônio (v. comentários ao art. 52). Em outras palavras: essa nova interpretação proposta para o parágrafo único do art. 953 permite manter o dano moral no campo da pessoa humana, solucionando os casos que envolvem a pessoa jurídica por meio do *arbitramento dos danos patrimoniais de difícil demonstração*. Um observador atento argumentará que a hipótese é, ainda assim, limitada às condutas que ataquem a "honra" da pessoa jurídica, tema de que trata o *caput* do art. 953. De fato, mas nada impede sua aplicação analógica aos danos derivados de outras condutas que agridam a pessoa jurídica, como a violação de segredo industrial. O parágrafo único do art. 953 deixaria, assim, a absoluta inutilidade para assumir o papel de norma oxigenadora da quantificação das indenizações, permitindo ao magistrado arbitrar por si mesmo os danos patrimoniais cuja prova numérica se mostrasse extremamente dificultosa. O passo é largo, mas tecnicamente possível e socialmente necessário. O crescente reconhecimento de novas modalidades de dano patrimonial evidencia a necessidade de se recorrer a métodos mais flexíveis na sua quantificação, como se vê, por exemplo, dos desenvolvimentos mais recentes em torno da perda de uma chance. Superado o preconceito que exige o cálculo rígido do dano patrimonial, a transposição de certos prejuízos para o campo moral perde razão de ser. Restaura-se a distinção fundamental entre os dois gêneros de dano, preservando-se na esfera do humano o dano moral. É nítida, de fato, a fronteira entre a violação à honra da pessoa humana e o abalo à reputação de que goza a pessoa jurídica nas suas relações negociais. Não há aqui extensão ou equiparação possível, já que as situações atendem a valores inteiramente distintos à luz da axiologia constitucional. Os danos sofridos por pessoas jurídicas são prejuízos que, por mais drásticos, têm natureza econômica, ainda que ligados a bens ideais. São prejuízos que nada têm a ver com direitos da personalidade, que são, por definição, privativos do ser humano. Ressalta-se, por fim, que, embora o *caput* do dispositivo se limite a contemplar a "indenização" pelo dano causado à honra da vítima, nada impede pleitear também a compensação não pecuniária do dano, por meio da imposição ao ofensor de obrigações de fazer destinadas a restaurar a reputação do sujeito no meio social e a corrigir mensagens equivocadas que tenham maculado a sua honra. Nesse sentido, mecanismos como a retratação pública assumem crescente importância.

JURISPRUDÊNCIA COMENTADA: Quanto à possibilidade de reparação não pecuniária do dano à honra, o Superior Tribunal de Justiça já decidiu que, "ao condenar a empresa ré a publicar a sentença condenatória em reportagem da revista, o acórdão recorrido contrariou a jurisprudência desta Corte Superior, segundo a qual não é possível à vítima de dano moral pleitear a publicação da sentença no próprio meio de comunicação que promoveu a ofensa, porquanto a medida é fundamentada exclusivamente na Lei de Imprensa, que não foi recepcionada pela Constituição Federal de 1988, conforme julgamento da ADPF n. 130/DF pelo Supremo Tribunal Federal. Ademais, não é possível argumentar que o princípio da reparação integral do dano, por si só, justifique a imposição do ônus de publicar o inteiro teor da sentença condenatória. Isso porque, da interpretação lógico-sistemática do próprio Código Civil, resulta evidente que a reparação por danos morais deve ser concretizada a partir da fixação equitativa, pelo julgador, de verba indenizatória, e não pela imposição ao causador do dano de obrigações de fazer não previstas em lei ou contrato. Nesse aspecto, basta conferir o que estabelece o parágrafo único do art. 953 do Código Civil vigente" (STJ, AgInt no AREsp 1.120.731/RJ, 3.ª Turma, j. 05.06.2018). Na mesma direção: STJ, REsp 1.867.286/SP, 4.ª Turma, Rel. Min. Marco Buzzi, j. 24.08.2021. Essa não parece ser, contudo, a melhor orientação à luz da ordem jurídica brasileira, que admite a reparação integral dos danos, inclusive por meios não pecuniários. Sobre a relevância e a admissibilidade da reparação não pecuniária dos danos morais, seja consentido remeter o leitor aos comentários ao art. 927. Especificamente quanto à reparação do dano à honra, a referência do parágrafo único do art. 953 a uma indenização em dinheiro explica-se por razões históricas, na medida em que se discutia entre nós o cabimento da condenação em dinheiro para reparar a perda moral (*pretium doloris*) e se explica, hoje, pelo fato de a indenização em dinheiro ser, na prática, a modalidade mais frequente de reparação. Não se deve interpretar o preceito em comento como um óbice à reparação não pecuniária, sob pena de contrariar a sua própria trajetória histórica e sua conhecida finalidade.

REFORMA DO CÓDIGO CIVIL: O Anteprojeto propõe a revogação do art. 953, que, conforme registrado nos comentários doutrinários *supra*, afigura-se, de fato, anacrônico.

Art. 954. A indenização por ofensa à liberdade pessoal consistirá no pagamento das perdas e danos que sobrevierem ao ofendido, e se este não puder provar prejuízo, tem aplicação o disposto no parágrafo único do artigo antecedente.

Parágrafo único. Consideram-se ofensivos da liberdade pessoal:

I – o cárcere privado;

II – a prisão por queixa ou denúncia falsa e de má-fé;

III – a prisão ilegal.

COMENTÁRIOS DOUTRINÁRIOS: O art. 954 é o derradeiro exemplo de descompasso entre a codificação civil e a opção constitucional pela ampla reparabilidade dos danos morais. O legislador elenca hipóteses em que entende haver dano à liberdade pessoal, proclamando, de forma tautológica, que a indenização consistirá "no pagamento das perdas e danos que sobrevierem ao ofendido". Remete, ainda, ao parágrafo único do dispositivo anterior em caso de não ser possível provar o prejuízo. A rigor, o presente artigo afigura-se completamente dispensável diante da cláusula geral contida no art. 927.

REFORMA DO CÓDIGO CIVIL: O Anteprojeto propõe a benfazeja revogação do art. 954, em consonância com os comentários doutrinários *supra*.

TÍTULO X
DAS PREFERÊNCIAS E PRIVILÉGIOS CREDITÓRIOS

Comentários de

MÁRIO LUIZ DELGADO

COMENTÁRIOS DOUTRINÁRIOS INTRODUTÓRIOS: *Privilégios creditórios*: A origem do termo vem de *privilegium*, que em latim significa uma lei instituída em benefício privado; vale dizer que estabelece para determinado caso especial um sistema mais favorável que o do direito comum. O Código não define o que seja preferência ou privilégio creditório, tarefa relegada à doutrina. Pode-se definir o privilégio creditório como o direito, previsto em lei, que determinado credor possui de receber o seu crédito em primeiro lugar, sempre que vários credores pretenderem receber seus créditos ao mesmo tempo e o patrimônio do devedor comum não for suficiente ao pagamento integral de todos.

Art. 955. Procede-se à declaração de insolvência toda vez que as dívidas excedam à importância dos bens do devedor.

COMENTÁRIOS DOUTRINÁRIOS: Pelas dívidas, o devedor responde com todos os seus bens (e não com seu corpo). É o princípio da responsabilidade patrimonial positivado no art. 789 do CPC/2015 e no art. 391 do Código Civil, a estatuir que os bens do devedor constituem a garantia comum dos seus credores. Alguns bens do devedor encontram-se fora dessa regra geral. As exceções à sujeição patrimonial do devedor serão apenas aquelas exclusivamente previstas em lei e normalmente levam em conta a concretização dos princípios da dignidade da pessoa humana e do mínimo existencial (*vide* art. 833 do CPC/2015, art. 1.715 do CC/2002 e Lei n. 8.009/1990). Porém, nem sempre os bens do devedor serão suficientes ao pagamento de todas as dívidas. Quando as dívidas excederem a importância dos bens do devedor, vale dizer, o patrimônio for superado pelas dívidas, surge a situação de insolvência civil (v. art. 1.052 do CPC/2015 c/c os arts. 748 e s. do CPC/1973), que propiciará o surgimento do concurso de credores, disciplinado nos arts. 955 a 965 do Código Civil, de modo a impedir que alguns credores sejam pagos e outros não. Fala-se em concurso, pois os credores acorrerão ao mesmo tempo sobre o patrimônio do devedor, que será partilhado em conformidade com a natureza de cada crédito. A insolvência civil é instituto privativo do devedor não empresário, não se confundindo com a falência. Ambas constituem modalidades de execução universal ou execução por concurso universal de credores. Enquanto a insolvência somente atinge o devedor não empresário, a declaração de falência é privativa do devedor empresário, encontra-se disciplinada em lei especial (Lei n. 11.101/2005, com a nova redação dada pela Lei n. 14.112/2020) e seus requisitos são diversos. Entre outras diferenças, distanciam-se os dois sistemas de execução por concurso universal especialmente quanto à concepção do que seja estado de insolvência, pressuposto indispensável à caracterização tanto da insolvência civil como da falência. O sistema da insolvência civil tem alicerce na insolvência econômica, enquanto o sistema falimentar tem esteio na insolvência jurídica, caracterizada a partir de situações objetivas previstas na lei. O art. 94 da Lei n. 11.101/2005 define a insolvência jurídica a partir de três condutas objetivamente praticadas: *a*) a impontualidade injustificada, quando o devedor sem relevante razão de direito não paga, no vencimento, obrigação líquida materializada em título ou títulos executivos protestados; cuja soma ultrapasse o equivalente a 40 (quarenta) salários mínimos na data do pedido de falência; *b*) a execução frustrada, quando o executado, por qualquer quantia líquida, não paga, não deposita e não nomeia à penhora bens suficientes dentro do prazo legal; e *c*) a prática dos chamados atos de falência, definidos nas alíneas *a* a *g* do art. 94. O art. 750 do CPC/1973, por sua vez, presume a insolvência econômica quando o devedor não possuir outros bens livres e desembaraçados para nomear à penhora ou quando lhe forem arrestados bens, nos casos de devedor sem domicílio certo; ou devedor, que tem domicílio, mas se ausenta ou tenta ausentar-se furtivamente; ou o devedor que, caindo em insolvência, aliena ou tenta alienar bens que possui; contrai ou tenta contrair dívidas extraordinárias; põe ou tenta pôr os seus bens em nome de terceiros; ou comete outro qualquer artifício fraudulento, a fim de frustrar a execução ou lesar credores. Também se presume a insolvência quando o devedor, que possui bens de raiz, intenta aliená-los, hipotecá-los ou dá-los em anticrese, sem ficar com algum ou alguns, livres e desembargados, equivalentes às dívidas. Não obstante a distinção, algumas disposições da LRE, especialmente quanto ao processo de falência, são aplicáveis, por analogia, ao processo de insolvência, vez que ambos os institutos possuem a mesma causa e finalidade. Por isso, a partir da declaração de insolvência, não são exigíveis juros vencidos, previstos em lei ou em contrato, se o ativo apurado não bastar para o pagamento dos credores, nos termos do art. 124 da Lei n. 11.101. A aplicação analógica da lei especial também impõe que os créditos extraconcursais (por ex., remunerações devidas ao administrador e seus auxiliares, créditos derivados da legislação do trabalho ou decorrentes de acidentes de trabalho relativos a serviços prestados após a declaração de insolvência, despesas com arrecadação, administração, realização do ativo, custas judiciais etc.) sejam pagos antes de todos os concursais (LRE, art. 84). A insolvência civil ou concurso de credores não é um processo autônomo e independente, encontrando-se sempre vinculado e dependente a um processo de execução. É nos autos da execução que se instaura o concurso. O art. 1.052 do CPC/2015 dispõe que até a edição de lei específica, as execuções contra devedor insolvente, em curso ou que venham a ser propostas permanecem reguladas pelo Livro II, Título IV, da Lei n. 5.869, de 11 de janeiro de 1973. É o que se chama de ultratividade da lei, que se caracteriza, exatamente, pela aplicação da lei para além do termo de seu período de vigência. Vale dizer, a projeção de efeitos para o futuro de legislação destituída de vigência e eficácia, cujas normas não mais incidem sobre a realidade fática subjacente. A legitimidade ativa para se postular a declaração de insolvência é atribuída por lei a qualquer credor quirografário; ao próprio devedor e ao inventariante do espólio do devedor. Quando requerida pelo credor, o pedido será instruído com o título executivo judicial ou extrajudicial e o devedor será citado para, no prazo de 10 (dez) dias, opor embargos. Se não os oferecer, o juiz proferirá, em 10 (dez) dias, a sentença. Quando requerida pelo devedor ou seu espólio, devem ser relacionados todos os credores e seus respectivos domicílios e a importância do crédito, individualizando os bens e atribuindo a cada um o seu valor e relatando com fidelidade seu estado patrimonial, com exposição das causas que impuseram a insolvência (art. 760 do CPC/1973). A prova de insolvência não é exigida do credor que protesta pelo concurso, obrigado, apenas, a instruir o pedido com o título executivo. Cabe ao devedor afastar a imputação de insolvência, opondo embargos e apresentando uma demonstração exata do ativo e passivo, por onde se constante a inexistência de *deficit* em relação ao montante de suas dívidas. A insolvência civil tem o seu procedimento desdobrado em duas fases: a primeira, de natureza cognitiva, onde será aferida e declarada a insolvência, e a segunda, de índole executiva, onde se instaura o juízo universal, que procederá à análise da situação dos diversos credores, fixar-lhes-á a ordem de preferência dos créditos, organizará o quadro geral de credores e privará o devedor da administração e disponibilidade de seu patrimônio. Os efeitos da declaração de insolvência do devedor são os seguintes: I – o vencimento antecipado das suas dívidas; II – a arrecadação de todos os seus bens suscetíveis de penhora, quer os atuais, quer os adquiridos no curso do processo; III – a execução por concurso universal dos seus credores. Além disso, o devedor perde o direito de administrar os seus bens e de dispor deles, pois, ao proferir a sentença que declarar a insolvência, o juiz nomeará, entre os principais credores, um administrador dos bens do insolvente até a liquidação total da massa. Ao administrador, sempre sob a direção e superintendência do juiz, compete: a) arrecadar todos os bens do devedor, onde quer que estejam, requerendo para esse fim as medidas judiciais necessárias; b) representar a massa, ativa e passivamente, contratando advogado, cujos honorários serão previamente ajustados e submetidos à aprovação judicial; c) praticar todos os atos conservatórios de direitos e de ações, bem como promover a cobrança das dívidas ativas; d) alienar em praça ou em leilão, com autorização judicial, os bens da massa. Outra consequência da declaração de insolvência é a instauração do juízo universal da insolvência, para onde concorrerão todos os credores do devedor comum. As execuções movidas por credores individuais serão todas remetidas ao juízo da insolvência.

JURISPRUDÊNCIA COMENTADA:

Como antecipado nos comentários acima, existem "duas hipóteses de insolvência: 1) real, cujo conceito é econômico, pois ocorre quando comprovado, contabilmente, que o valor do passivo excede o valor do patrimônio ativo do devedor (art. 955 do CC e art. 748 do CPC/1973); e 2) presumida, prevista no art. 750 do CPC/1973, quando o devedor não possuir outros bens livres e desembaraçados para nomear à penhora ou quando forem arrestados bens do devedor, com fundamento no art. 813, I, II, e III, bem como no art. 94, II, da Lei n. 11.101/2005, na hipótese em que o executado por qualquer quantia líquida, não paga, não deposita e não nomeia à penhora bens suficientes dentro do prazo legal, circunstâncias nas quais vigora a presunção relativa (*juris tantum*) de desequilíbrio patrimonial. Em julgamento de apelo, o Tribunal de Justiça do Distrito Federal considerou suficiente à instrução do pleito de declaração de insolvência civil a juntada da Certidão de Crédito emitida pelo Juízo da Execução, "capaz de demonstrar a existência do crédito líquido, certo e exigível, bem como a ausência de pagamento, depósito ou nomeação de bens à penhora pelo Executado, o que demonstra a presença da tríplice omissão ensejadora da presunção legal de insolvência civil do Réu/Apelante, nos termos do art. 750, I, do CPC/73 c/c arts. 1.052 do CPC/15 e 94, II, § 4º, da Lei nº 11.101/05" (TJDF, APC 07111.95-26.2020.8.07.0015, *DJe* 20.09.2022). Entretanto, a declaração de insolvência civil é de raríssima verificação na prática. Trata-se, conforme já decidiu o STJ, de "ação de cunho declaratório/constitutivo, tendente a aferir, na via cognitiva, a insolvabilidade do devedor, condição esta que, uma vez declarada judicialmente, terá o efeito de estabelecer nova disciplina nas relações entre o insolvente e seus eventuais credores" (REsp 621.492/SP, Rel. Min. João Otávio de Noronha, j. 15.10.2009). Ainda segundo a jurisprudência do STJ, a execução contra devedor insolvente "tem nítida feição de falência civil, sendo, em verdade, execução por concurso universal de credores em detrimento de devedor sem patrimônio suficiente para com as suas obrigações, tendo seu procedimento desdobrado em duas fases: a primeira, de natureza cognitiva, e a segunda, de índole executiva. Na segunda fase, o Juízo universal, propondo-se a liquidação de todo o patrimônio do executado, unifica a cognição relativamente às questões patrimoniais e torna real e efetiva a aplicação do princípio da igualdade entre os credores (*par conditio creditorum*). Nesta fase, instaura-se o concurso universal, no qual o juízo procede à análise da situação dos diversos credores, fixa-lhes as posições no concurso e determina a organização do quadro geral de credores (art. 769 do CPC [1973]), privando o devedor da administração e disponibilidade de seu patrimônio, surgindo a figura do administrador, que exercerá suas atribuições sob a supervisão do juiz (art. 763 do CPC [1973]). Na insolvência civil, todo o impulso da execução concursal, até sua efetiva conclusão, compete à iniciativa oficial, sendo que a execução do insolvente, justamente pela sua universalidade e pela predominância do interesse público que a envolve, não se subordina à vontade das partes, para extinguir-se, como se dá com a execução singular" (REsp 1.257.730/RS, Rel. Min. Luis Felipe Salomão, *DJe* 30.05.2016). Por isso tem-se decidido, no processo de insolvência, pela impossibilidade jurídica do pedido de extinção formulado pelo próprio autor, "ante o interesse dos demais credores". Assim, a instauração do juízo universal não se subordina à vontade das partes e "o feito que deve prosseguir nos termos dos artigos 769 e seguintes do CPC/73" (TJSP, AI 2033810-68.2019.8.26.0000, Rel. Des. Edgard Rosa, *DJESP* 05.04.2019). O ônus da prova, para a declaração de insolvência, é normalmente invertido em desfavor do devedor. Já se decidiu não ter "o credor o ônus probatório de comprovar a insolvência e, muito menos, da existência de bens do devedor, e sim a este, consoante disciplina o inciso II do artigo 756 do CPC [1973], sob pena de ser declarado insolvente. Cabe a parte devedora o ônus da prova de que não é insolvente civil, demonstrando a inexistência, da iliquidez, da inexigibilidade do débito exequendo ou mesmo de sua solvabilidade" (TJMG, AC 1.0024.11.224562-6/001, Rel. Des. Wanderley Paiva, j. 10.07.2014). Em resumo, "é ônus do devedor demonstrar sua solvência, encargo que não é satisfeito quando os bens por ele apresentados não mais integram seu patrimônio, ou já estão penhorados em execução fiscal, constando, ademais, certidões negativas de imóveis e veículos em nome do acionado. Assim, verificada a insuficiência do patrimônio do réu para fazer frente ao débito [...], afigura-se escorreita a decretação de sua insolvência, não havendo cogitar de má-fé da instituição financeira, pois esta agiu em exercício regular de direito, tampouco de ofensa ao princípio da menor onerosidade ao devedor, porquanto não comprovada a existência de via alternativa para satisfação da dívida" (TJSC, AC 0300956-15.2015.8.24.0020, Rel. Des. Robson Luz Varella, *DJSC* 21.10.2020). Em casos de contrato de mútuo na modalidade "crédito consignado", celebrado por devedor insolvente após a declaração de insolvência, tem-se entendido incabível a arrecadação do valor, pois, se o subsídio recebido pelo insolvente é impenhorável, "não há burla ao concurso universal de credores na contratação de empréstimo consignado no curso da insolvência, na medida em que o bem disponibilizado não está sujeito à arrecadação" (TJMG, AI-Cv 1.0620.03.002904-0/003, Rel. Des. Luiz Carlos Gomes da Mata, j. 20.03-2014). Finalmente, é relevante destacar que a insolvência do devedor não se confunde com a mera inadimplência, como bem assinalou o TRT da 18ª Região, em discussão envolvendo o estorno de comissões devidas a empregado vendedor: "Nos termos do artigo 7º da Lei n. 3.207/1957, somente há possibilidade de estorno das comissões em caso de insolvência do comprador, o que não se confunde com inadimplência, conforme disposto no artigo 955 do Código Civil. Assim, demonstrado nos autos que os estornos eram realizados em razão da mera inadimplência do comprador, são devidos os valores abatidos ilegalmente do comissionamento, pois não se pode transferir ao empregado os riscos do negócio, que devem ser assumidos exclusivamente pelo empregador" (TRT da 18.ª Região, RO 0010336-79.2015.5.18.0012, Rel. Des. Kathia Maria Bomtempo de Albuquerque, *DJEGO* 30.08.2016).

Art. 956. A discussão entre os credores pode versar quer sobre a preferência entre eles disputada, quer sobre a nulidade, simulação, fraude, ou falsidade das dívidas e contratos.

COMENTÁRIOS DOUTRINÁRIOS: Após a declaração judicial da insolvência, não pode o juiz determinar, de pronto, o pagamento do credor que requereu a insolvência, nem do exequente que moveu a execução em primeiro lugar, mas mandará expedir edital, convocando os credores para que apresentem, no prazo de 20 (vinte) dias, a declaração do crédito, acompanhada do respectivo título. Findo esse prazo, o escrivão, dentro de 5 (cinco) dias, ordenará todas as declarações, autuando cada uma com o seu respectivo título. Em seguida intimará, por edital, todos os credores para, novamente no prazo comum de 20 (vinte) dias, alegarem as suas preferências, bem como a nulidade, simulação, fraude, ou falsidade de dívidas e contratos. É o momento, então, em que cada um dos credores poderá opor ao crédito do outro as defesas que tiver, quer impugnando a própria preferência estabelecida a favor de um deles, quer alegando a nulidade, a anulabilidade, a simulação, a fraude ou a falsidade das dívidas. O elenco de argumentos de defesa do art. 956 é meramente exemplificativo. Na instância do concurso, cada um dos credores é autor e os demais são réus reciprocamente. As impugnações dos credores normalmente versam sobre a reclassificação de seus créditos, de modo que possam recebê-los antes de outros. Cada credor concorrente exige do juiz que faça valer a sua qualidade preferencial, obrigando os outros credores a respeitar a preferência, além de atacar os créditos concorrentes, deduzindo nulidade, simulação, fraude, ou falsidade das dívidas e contratos, ou outro defeito que os inabilite ao concurso de credores. Não se trata apenas de "discussão entre credores", como parece exprimir o legislador na dicção do art. 956. Também o devedor poderá impugnar quaisquer dos créditos que lhe sejam apresentados (art. 768, parágrafo único, do CPC/1973). Óbvio que o executado pode se pronunciar sobre a existência, validade ou eficácia de uma obrigação contra si oposta. Julgadas as impugnações e depois de eliminados os credores cujos títulos tenham sido proveitosamente impugnados, será formado o quadro geral de credores, com aqueles cujos créditos sobreviveram à impugnação dos concorrentes. Na LRE, a impugnação dos créditos está prevista no art. 8º, que permite que "qualquer credor, o devedor ou seus sócios ou o Ministério Público podem apresentar ao juiz impugnação contra a relação de credores, apontando a ausência de qualquer crédito ou manifestando-se contra a legitimidade, importância ou classificação de crédito relacionado".

JURISPRUDÊNCIA COMENTADA: Ainda que a declaração de insolvência seja requerida pelo próprio devedor, tanto este como os credores, "após a sentença declaratória, são convocados por edital para apresentarem, no prazo de 20 (vinte) dias, a declaração do crédito, acompanhada do respectivo título (art. 671 do CPC/73). Em julgamento de agravo de instrumento, o tribunal local reformou "decisão que determinou o pagamento do exequente que moveu a execução em primeiro lugar, sendo o restante dividido entre os credores trabalhistas, com caráter alimentar", ao argumento de ter havido modificação excepcional da ordem de credores (TJSP, AI 2231178-17.2021.8.26.0000, *DJESP* 16.02.2022). Entregues os documentos pelos respectivos credores, em cartório, o escrivão organizará o quadro geral e por novo edital serão os credores intimados para alegarem as suas preferências, bem como a nulidade, simulação, fraude, ou falsidade de dívidas e contratos apresentados (art. 768 e art. 769 do CPC/73)" (TJRS, AI 0135061-56.2019.8.21.7000, Rel. Des. Giovanni Conti, *DJERS* 08.10.2019). Todavia, em um caso em que se contestou a elaboração do quadro geral de credores pelo administrador judicial, e não pelo escrivão e contador judicial, o tribunal decidiu pela "aplicação analógica da Lei nº 11.101/05 que também aponta para a possibilidade de elaboração do quadro de credores por administrador judicial em sede de insolvência civil", afastando, ainda, a "necessidade de expedição de edital para intimação dos credores, por estarem todos habilitados e representados por advogado nos autos" (TJPR, Ag 1711087-9, Rel. Des. Fernando Paulino, *DJPR* 02.04.2018). Os arts. 129 e 130 da LRE permitem expressamente a propositura de "ação revocatória" para "anulação da constituição de garantia real" (TJSP, APL 0044473-14.2013.8.26.0100, Rel. Des. José Aparício Coelho Prado Neto, *DJESP* 08.03.2017). A invalidade da garantia real implica a desclassificação do crédito privilegiado para quirografário, como bem decidiu o TJMG: "A superveniente invalidação, em ação revocatória, apenas da garantia real (hipoteca) dada pela falida ao credor não desconstitui o negócio jurídico havido entre eles; logo, em que pese perdida a natureza privilegiada do crédito resultante desse negócio, nada obsta sua habilitação na falência como crédito quirografário, o que, inclusive, atende ao princípio que dentre nós veda o enriquecimento ilícito" (TJMG, AI 1.0056.96.003309-2/001, Rel. Des. Peixoto Henriques, *DJEMG* 24.09.2018). Sobre a natureza jurídica do procedimento de verificação de créditos, já se decidiu que ele "ostenta clara natureza declaratória, remetendo às matérias especificadas nos arts. 8º da Lei nº 11.101/2005 e 956 do CC/2002, e não se destina a uma recomposição de relações contratuais, sendo incompatível com uma pretensão de revisão de cláusulas e reconhecimento de abusividades, para o que há necessidade de ajuizamento de demanda autônoma" (TJSP, AI 2031655-58.2020.8.26.0000, Rel. Des. Fortes Barbosa, *DJESP* 04.08.2020). Também "eventual conluio entre o executado e sua anterior procuradora para lesar o Fisco deve ser solvido em ação própria, nos termos do art. 956 do Código Civil: A discussão entre os credores pode versar quer sobre a preferência entre eles, disputada, quer sobre a nulidade, simulação, fraude ou falsidade das dívidas e contratos. Neste contexto, tem-se que o Fisco deve mover ação anulatória contra o executado e sua credora, visando a desconstituição do ato que deu azo à cobrança de honorários e resultou na preferência do crédito de natureza alimentar" (TJRS, AI 0057666-51.2020.8.21.7000, Rel. Des. Marco Aurélio Heinz, *DJERS* 21.07.2020).

Art. 957. Não havendo título legal à preferência, terão os credores igual direito sobre os bens do devedor comum.

COMENTÁRIOS DOUTRINÁRIOS:

Depois de declarada a insolvência por sentença e instaurado o concurso de credores, não havendo nenhum crédito preferencial, ou seja, crédito com garantia real ou com algum tipo de privilégio conferido pela lei (por ex. créditos trabalhistas ou tributários), todos os credores serão considerados "quirografários" e concorrerão em igualdade de condições, respeitada a proporcionalidade de seus créditos. Inexiste, nesse caso, a precedência de qualquer credor, nem mesmo do credor exequente que propôs a ação em primeiro lugar, pois a anterioridade de ajuizamento da execução não constitui título de preferência. Assim, se todos os créditos forem "quirografários", ou seja, créditos comuns, sobre os quais não há preferências ou privilégios, estarão os credores em igualdade de condições, independentemente da natureza e da data dos respectivos créditos. Passarão a concorrer uns com os outros e, se o patrimônio do devedor não se mostrar suficiente ao pagamento de todos os créditos, estes serão pagos em rateio proporcional. Vamos imaginar que existam 4 (quatro) credores, "A" com crédito de R$ 1.000,00; "B" com crédito de R$ 2.000,00; "C" com crédito de R$ 3.000,00; e "D" com crédito de R$ 4.000,00. Entretanto, todo o patrimônio do devedor só alcança a importância de R$ 5.000,00. Cada credor receberá na proporção de seu crédito, de modo que "A" recebe R$ 500,00 (10%); "B" recebe R$ 1.000,00 (20%); "C" recebe R$ 1.500,00 (30%); e "D" recebe R$ 2.000,00 (40%).

JURISPRUDÊNCIA COMENTADA:

O disposto no art. 957 é regra de ordem pública, de aplicação cogente, de modo que, não havendo preferência entre os créditos, o rateio proporcional é obrigatório. Em um caso em que a decisão agravada reconheceu a ausência de preferência entre os créditos, mas ordenou o pagamento integral de apenas um credor, atribuindo ao outro o valor remanescente, o TJPR deu provimento ao agravo (AgInstr 0066006-02.2022.8.16.0000, *DJPR* 09.08.2023). Também já se decidiu, no âmbito do TJSP, que, no concurso entre credores quirografários, deve-se valorar "a ordem cronológica de registro das penhoras incidentes sobre o mesmo imóvel. A jurisprudência desta c. Corte já consagrou o entendimento de que a ordem cronológica da penhora somente tem relevância quando se tratar de concurso entre credores quirografários" (TJRS, AI 70030511679, Rel. Des. Glênio José Wasserstein Hekman, j. 09.06.2009). Entretanto, "havendo direito real de garantia sobre o bem penhorado, não há que se falar em concurso de credores pela anterioridade da penhora, tendo em vista que a preferência do credor hipotecário advém de regra de direito material, que se sobrepõe às regras processuais" (TJSP, AI 2174522-79.2017.8.26.0000, Rel. Des. Helio Faria, *DJESP* 28.02.2018).

Art. 958. Os títulos legais de preferência são os privilégios e os direitos reais.

COMENTÁRIOS DOUTRINÁRIOS: Preferência, segundo doutrina majoritária, é a primazia ou precedência atribuída a determinado credor de receber o seu crédito, preterindo aos concorrentes. Privilégio decorre da preferência e constitui um direito pessoal do credor concursal de ser pago antes dos outros, em consequência de algum benefício concedido por lei ou da qualidade do crédito. Não obstante se trate de um direito subjetivo, não resulta da pessoa do credor, mas sim da qualidade do crédito. Créditos preferenciais são aqueles que gozam de preferência estabelecida em lei. As preferências dividem-se em privilégios reais (direitos reais de garantia sobre coisa alheia) e privilégios pessoais, tratados nos arts. 955 e s. deste Código. Os privilégios pessoais podem ser especiais (art. 964) e gerais (art. 965).

JURISPRUDÊNCIA COMENTADA: Os créditos materiais gozam de preferência sobre os processuais, razão pela qual o reembolso de custas e despesas adiantadas ao longo do processo cede lugar para outros créditos com título preferencial. Já decidiu o TJPR que o ressarcimento das custas detém caráter processual e, por isso, os créditos fiscais e fiduciários gozam de preferência sobre o dever de reembolso (AgInstr 0102358-22.2023.8.16.0000, *DJPR* 08.04.2024). Os créditos trabalhistas devidos aos empregados da residência do devedor gozam de privilégio geral, nos termos do art. 965. Em concurso de credores, instaurado quando da alienação do bem objeto de penhora, decidiu o TJRS que "o crédito trabalhista prefere ao condominial, não obstante a natureza *propter rem* deste e independentemente da anterioridade das constrições, o que somente importará se não houver título legal à preferência (arts. 711 e 712 do CPC)" (TJRS, AI 367294-59.2018.8.21.7000, Rel. Des. Pedro Celso Dal Pra, *DJERS* 04.04.2019). Já "a hipoteca tem natureza de garantia real, possuindo o credor hipotecário preferência no pagamento com a venda do imóvel, nos termos do artigo 958 do Código Civil c/c artigo 908 do Código de Processo Civil. É assente na doutrina e na jurisprudência pátrias que o imóvel hipotecado pode ser objeto de constrição judicial, sob condição de que sejam resguardados os direitos do credor hipotecário. Não é possível que eventual inércia processual se sobreponha a uma garantia real, cuja natureza é de direito material, sobretudo quando devidamente registrada na matrícula do imóvel e oponível *erga omnes*, devendo ser observada, portanto, a ordem legal de pagamentos" (TJDF, AGI 07405.73-72.2020.8.07.0000, Rel. Des. Sandoval Oliveira, *DJe* 16.12.2020).

Art. 959. Conservam seus respectivos direitos os credores, hipotecários ou privilegiados:

I – sobre o preço do seguro da coisa gravada com hipoteca ou privilégio, ou sobre a indenização devida, havendo responsável pela perda ou danificação da coisa;

II – sobre o valor da indenização, se a coisa obrigada a hipoteca ou privilégio for desapropriada.

COMENTÁRIOS DOUTRINÁRIOS: O art. 959 enumera duas hipóteses em que, mesmo ocorrendo perda ou deterioração da coisa gravada, os privilégios continuam a existir: a) o credor privilegiado tem preferência no recebimento do seguro ou da indenização referente ao bem onerado; b) há também preferência sobre a indenização, no caso de desapropriação. Portanto, em caso de desapropriação de imóvel dado em garantia, o credor hipotecário tem o direito de habilitar seu crédito com garantia na ação de desapropriação. A referência à hipoteca e ao credor hipotecário é meramente exemplificativa, abrangendo todo e qualquer direito real de garantia, e ainda o direito de promitente comprador de bem imóvel. O direito do credor privilegiado em sub-rogar-se no preço do seguro ou no valor da indenização deve ser exercido por meio de ação própria contra o segurador, ou responsável pela indenização.

JURISPRUDÊNCIA COMENTADA: Após proposta a ação desapropriação, o credor privilegiado procederá à habilitação de seu crédito naquele feito. Em um caso em que o imóvel fora hipotecado em favor da Caixa Econômica Federal, o tribunal assegurou à CEF, credora hipotecária, "o direito de habilitar seu crédito com garantia na ação de desapropriação" (TJRJ, APL 0020060-06.2011.8.19.0001, Rel. Des. Valeria Dacheux Nascimento, *DORJ* 16.08.2018). No entanto, é preciso que se comprove que o valor com relação ao qual se pretende manter o privilégio constitui produto direto do imóvel desapropriado. Não restando comprovado que o valor decorra diretamente daquele específico imóvel que havia sido dado em garantia ao agente financeiro, afasta-se "a proteção prescrita no art. 959 do Código Civil" (TJDF, Proc. 0706.90.1.782017-8070000,

Rel. Des. Sebastião Coelho, *DJDFTE* 28.09.2017). Realizado o depósito pelo ente expropriante, o credor hipotecário pode levantar o depósito e ainda "se utilizar da totalidade do imóvel para saldar a dívida, ainda que a desapropriação somente alcance parte do imóvel, conforme disposição contida no art. 959, II, do Código Civil" (TJAL, AI 0800263-64.2019.8.02.9002, Rel. Des. Fábio José Bittencourt Araújo, *DJAL* 08.09.2020).

Art. 960. Nos casos a que se refere o artigo antecedente, o devedor do seguro, ou da indenização, exonera-se pagando sem oposição dos credores hipotecários ou privilegiados.

COMENTÁRIOS DOUTRINÁRIOS: O segurador e o expropriante, nos casos de sinistro ou de desapropriação, podem pagar diretamente ao proprietário do bem, desconsiderando a existência do direito real ou do privilégio, exonerando-se, portanto, da obrigação, desde que estejam de boa-fé e não tenham sido notificados pelo credor com garantia real ou privilegiado. O pagamento de boa-fé ao dono da coisa do preço do seguro, da desapropriação ou da indenização é válido, aplicando-se, ainda, o disposto no art. 309 deste Código, no que tange ao pagamento feito ao credor putativo. Portanto, compete ao credor privilegiado o ônus de notificar ao obrigado pelo pagamento, opondo-se ao pagamento ao seu devedor.

JURISPRUDÊNCIA COMENTADA: São numerosas as decisões envolvendo o pagamento de seguro em que se considerou válido o pagamento de boa-fé feito ao credor putativo, quando "os credores, devidamente documentados, se apresentaram como sendo as únicas pessoas que possuíam o direito ao recebimento do seguro obrigatório DPVAT pela morte de seu irmão, inexistindo razão para a seguradora sequer suspeitar, quando do pagamento realizado na via judicial, acerca da existência de outro irmão da pessoa que faleceu em acidente automobilístico" (TJMS, AC 0839404-27.2014.8.12.0001, Rel. Des. Luiz Tadeu Barbosa Silva, *DJMS* 16.05.2019).

Art. 961. O crédito real prefere ao pessoal de qualquer espécie; o crédito pessoal privilegiado, ao simples; e o privilégio especial, ao geral.

COMENTÁRIOS DOUTRINÁRIOS: Declarada a insolvência, deve ser elaborado o quadro geral de credores, onde serão classificados os diversos créditos, de modo que cada um dos credores seja pago segundo uma determinada ordem de preferência, estabelecida nesse quadro. O "privilégio" confere ao credor privilegiado o direito de ter seu crédito quitado antes que o dos demais credores. O crédito com garantia real tem preferência sobre aquele com garantia pessoal, razão pela qual a dívida hipotecária ou pignoratícia será paga antes daquela garantida por fiança. Da mesma forma, o crédito com garantia fidejussória prefere àquele sem garantia alguma ou quirografário. Na dinâmica dos privilégios, tem-se, ainda, que o privilégio especial prefere ao privilégio geral. É da própria essência do direito real de garantia a sua preferência sobre o crédito pessoal, de qualquer espécie. Crédito pessoal privilegiado é aquele que goza de privilégio, geral ou especial, preferindo ao crédito simples ou quirografário. Privilégio especial, por sua vez, é o que recai sobre coisa determinada (art. 964), enquanto o privilégio geral é o que decorre de origem da dívida (art. 965). A homologação do quadro geral de credores, nos termos do art. 769 do CPC/1973, obriga a sua observação, de modo que os débitos sejam quitados na ordem estabelecida. O desrespeito ao quadro geral de credores pode resultar na obrigação de restituição dos valores indevidamente recebidos por credor fora da ordem de preferência. A restituição desses valores pode ser formulada nos próprios autos da ação de insolvência, sem necessidade de ação própria. O art. 961 só tem aplicação aos privilégios de direito privado. Os de direito público, a exemplo dos créditos trabalhistas e tributários, gozam de ordem de preferência própria. A Lei de Falências e Recuperação de Empresas (Lei n. 11.101/2005) estabelece a preferência absoluta dos créditos trabalhistas sobre qualquer outro. Na falência, a ordem de preferências é a seguinte: I – os créditos derivados da legislação trabalhista, limitados a 150 (cento e cinquenta) salários mínimos por credor, e aqueles decorrentes de acidentes de trabalho; II – créditos com garantia real até o limite do valor do bem gravado; III – os créditos tributários, independentemente da sua natureza e do tempo de constituição, exceto os créditos extraconcursais e as multas tributárias [...] VI – os créditos quirografários, a saber: a) aqueles não previstos nos demais incisos deste artigo; b) os saldos dos créditos não cobertos pelo produto da alienação dos bens vinculados ao seu pagamento; e c) os saldos dos créditos derivados da legislação trabalhista que excederem o limite estabelecido no inciso I do *caput* deste artigo; VII – as multas contratuais e as penas pecuniárias por infração das leis penais ou administrativas, incluídas as multas tributárias; VIII

– os créditos subordinados, a saber: a) os previstos em lei ou em contrato; e b) os créditos dos sócios e dos administradores sem vínculo empregatício cuja contratação não tenha observado as condições estritamente comutativas e as práticas de mercado; e IX – os juros vencidos após a decretação da falência, conforme previsto no art. 124 desta Lei (art. 83 da Lei n. 11.101/2005, com a redação dada pela Lei n. 14.112/2020). Os créditos com privilégio especial ou geral, tais como aqueles previstos nos arts. 964 e 965 deste Código, para os fins da LRE, passaram a integrar a classe dos créditos quirografários. Na redação anterior da Lei n. 11.101, os créditos privilegiados preferiam aos quirografários no concurso universal da falência. A Lei n. 14.112/2020, no que se refere ao processo falimentar, equiparou aos quirografários os créditos considerados privilegiados pelo Código Civil. Entretanto, os privilégios dos arts. 964 e 965 permanecem para a insolvência civil.

JURISPRUDÊNCIA COMENTADA: Acórdão do TJSP, que fixara alimentos indenizatórios com fundamento no art. 948, II, do CC, decidiu tratar-se de "crédito quirografário", diante da "impossibilidade de equipará-los, aos alimentos com origem no direito de família, que gozam de privilégio geral". E exatamente por isso, em que pese a penhora incidente sobre imóvel gravado por hipoteca cedular, não poderia o "credor quirografário adjudicar para si o imóvel, em detrimento do credor munido de direito real de garantia" (TJSP, AI 990100926845, Rel. Des. Francisco Loureiro, j. 27.05.2010). Quanto ao crédito de honorários advocatícios, já se decidiu que, mesmo possuindo natureza alimentar e equiparado ao crédito trabalhista, trata-se de privilégio geral (e não privilégio especial), de maneira que, "em processo de execução contra empresa devedora insolvente, os créditos hipotecários preferem aos créditos pessoais de qualquer natureza, inclusive não se admitindo rateio, mesmo se o produto não bastar para o pagamento integral de todos, salvo se houver concurso entre dois ou mais credores da mesma classe especialmente privilegiados, nos termos dos arts. 961 e 962 do CC, o que não é o caso dos autos" (TRT 14.ª Região, APet 0010156-69.2013.5.14.0101, Rel. Juiz Conv. Afrânio Viana Gonçalves, *DJERO* 06.03.2018). "O crédito condominial, por sua vez, por tratar-se de obrigação *propter rem*, prefere ao hipotecário" (TJRJ, AI 0009966-89.2017.8.19.0000, Rel. Des. Luciano Saboia Rinaldo de Carvalho, *DORJ* 07.07.2017). Assim, "a obrigação real, *propter rem*, prevalece sobre a obrigação pessoal, independente de sua origem, conforme art. 961 do Código Civil, motivo pelo qual possível a adjudicação de imóvel para pagamento de dívida a ele vinculado (taxa condominial) não obstante o impedimento por ordem de juízo criminal vinculado a obrigação pessoal" (TJMG, AI 1.0702.11.056827-7/001, Rel. Des. Shirley Fenzi Bertão, *DJEMG* 13.07.2016). Importante, ainda, destacar que, "havendo direito real de garantia sobre o bem penhorado, não há que se falar em concurso de credores pela anterioridade da penhora, tendo em vista que a preferência do credor hipotecário advém de regra de direito material, que se sobrepõe às regras processuais" (TJSP, AI 2174522-79.2017.8.26.0000, Rel. Des. Helio Faria, *DJESP* 28.02.2018). Já o "o credor fiduciário detém o direito de preferência nos termos dos arts. 958 e 961 do Código Civil e deve-se reservar, do produto de eventual alienação do bem em hasta pública, a quantia que lhe é devida para só depois promover o pagamento do exequente", não havendo óbice à penhora sobre os direitos de aquisição ainda que o bem em questão não integre o patrimônio do devedor fiduciante, visto que possuem expressão econômica (TJDF, AGI 07162.78-63.2023.8.07.0000, *DJe* 02.08.2023).

Art. 962. Quando concorrerem aos mesmos bens, e por título igual, dois ou mais credores da mesma classe especialmente privilegiados, haverá entre eles rateio proporcional ao valor dos respectivos créditos, se o produto não bastar para o pagamento integral de todos.

COMENTÁRIOS DOUTRINÁRIOS: O dispositivo versa sobre o concurso particular de credores sobre os mesmos bens e determina que o rateio far-se-á entre os credores privilegiados da mesma classe e igual título, de forma proporcional e independentemente da anterioridade da penhora. O concurso particular ou de preferências ocorre quando dois ou mais credores de devedor solvente possuírem um mesmo tipo de privilégio sobre os respectivos créditos. Assim, inexistindo crédito privilegiado, por estarem todos na mesma classe de preferência, já que todos são privilegiados, o rateio do montante constrito, de forma proporcional ao valor dos créditos, é medida impositiva. Havendo diversidade nas classes de preferência, afasta-se o concurso. Logo, não haverá concorrência entre os credores com garantia real e credores privilegiados, nem entre credores com privilégio especial e credores com privilégio geral, já que os primeiros sempre preferem aos segundos (art. 961). Créditos hipotecários só concorrem com outros credores hipotecários, e assim por diante. Os credores especialmente privilegiados dividem-se em oito classes, dispostas nos incisos I a VIII do art. 964. O rateio entre eles, quando necessário, só se dará entre os credores de cada classe, sobre o valor dos bens nela mencionados. A norma de rateio que se extrai do art. 962 não é privativa da ação de insolvência civil, aplicando-se, igualmente, às execuções contra devedor solvente. Se houver vários credores do devedor solvente, a definição da preferência para recebimento do produto da arrematação ocorrida em execução singular será feita por meio do concurso particular de credores, pouco importando a anterioridade da penhora (art. 908 do CPC/2015). Receberão em primeiro lugar os credores que possuem título privilegiado, conforme definido no direito material. Havendo credores em igualdade de condições, isto é, não havendo título legal à preferência, o produto da arrematação será distribuído entre os concorrentes, observando-se a anterioridade de cada penhora. Os créditos resultantes de honorários advocatícios têm natureza alimentar e equiparam-se aos trabalhistas para efeito de habilitação na insolvência civil ou na falência. Todavia, o crédito tipicamente trabalhista, como aquele decorrente de salário, tem prioridade em relação ao crédito equiparado ao trabalhista.

JURISPRUDÊNCIA COMENTADA: No concurso particular de credores, "a solvência dos créditos privilegiados detidos pelos concorrentes independe de se perquirir acerca da anterioridade da penhora, devendo o rateio do montante constrito ser procedido de forma proporcional ao valor dos créditos" (TJRS, AI 5313982-10.2023.8.21.7000, *DJERS* 22.02.2024). Em processo de inventário sob a modalidade "arrolamento de bens", em que foi realizado acordo para pagamento de reclamação trabalhista ajuizada contra o espólio, decidiu o TJSP pela invalidade do acordo, diante da existência de "pluralidade de credores do espólio situados na mesma classe privilegiada (dívidas trabalhistas)" e credores da mesma classe devem ter tratamento igualitário. Por isso, entendeu-se incabível a "pretensão de transferência de bens da herança exclusivamente a um deles, mediante a expedição de alvará, em virtude de acordo formalizado em reclamação trabalhista", pois, "havendo credores da mesma classe privilegiada, o pagamento deve ser proporcional aos seus créditos, caso a herança não baste para saldar todos" (TJSP, AI 990093655403, Rel. Des. Salles Rossi, j. 24.02.2010). O TJRJ, a seu turno, em interessante demanda em que se discutiu o superendividamento de cliente de instituição financeira que obteve diversos empréstimos mediante desconto em folha, decidiu que deveriam "ser aplicadas, por analogia, as normas atinentes às preferências e privilégios creditórios, ao concurso de credores; em especial, a prevista no art. 962 do Código Civil. Assim, o rateio dos descontos sobre os rendimentos auferidos mensalmente pelo autor deverá ocorrer de maneira proporcional ao valor dos respectivos créditos, de modo que o credor que possuir crédito maior, gozará de maior percentual para descontar do contracheque do autor, enquanto que crédito menor, permitirá desconto proporcionalmente menor" (TJRJ, APL 0000531-54.2014.8.19.0208, Rel. Des. Marcos Alcino de Azevedo Torres, *DORJ* 16.10.2018). A solvência dos créditos de mesma classe será realizada proporcionalmente aos créditos titularizados pelos credores concorrentes, desimportando a anterioridade de penhoras, conforme decidiu o STJ no RESP 1.649.395/SP (Cf. TJSC, AI 4031311-34.2019.8.24.0000, Rel. Des. Ronei Danielli, *DJSC* 12.05.2020). Concorrendo credores privilegiados com créditos de natureza alimentar, que são preferenciais em relação aos demais, decidiu o TJSP pela "prioridade de pagamento do crédito tipicamente trabalhista do agravante em relação ao crédito equiparado ao trabalhista" (TJSP, AI 2231178-17.2021.8.26.0000, *DJESP* 16.02.2022).

Art. 963. O privilégio especial só compreende os bens sujeitos, por expressa disposição de lei, ao pagamento do crédito que ele favorece; e o geral, todos os bens não sujeitos a crédito real nem a privilégio especial.

COMENTÁRIOS DOUTRINÁRIOS: Enquanto o privilégio especial recai sobre um determinado bem (art. 964), o geral atinge todo o patrimônio do devedor (art. 965), mas ambos não prescindem de expressa disposição de lei, não se admitindo a criação de privilégios creditórios por convenção das partes. Os privilégios, especial ou geral, não atribuem ao credor o direito de sequela, mas apenas o de preferência, que só poderá ser exercido enquanto os bens permanecerem no patrimônio do devedor. Só serão atingidos pelo privilégio os bens não sujeitos a crédito real. A decisão judicial que fixar ou arbitrar honorários e o contrato escrito que os estipular constituem crédito privilegiado na insolvência civil (art. 24 da Lei n. 8.906/1994). A Lei n. 14.365/2022 ainda acrescentou o art. 24-A ao EOAB para dispor que, no caso de bloqueio universal do patrimônio do cliente por decisão judicial, garantir-se-á ao advogado a liberação de até 20% dos bens bloqueados para fins de recebimento de honorários e reembolso de gastos com a defesa.

JURISPRUDÊNCIA COMENTADA: Discute-se na jurisprudência se os honorários advocatícios são classificados na categoria de privilégio especial ou de privilégio geral. Já se decidiu que "habilitado o crédito no quadro geral de credores, este deve ser classificado na categoria de privilégio especial, e não na categoria de privilégio geral, atendendo assim, o disposto no art. 24 da Lei n. 8.906/94" (TJRS, AC 70058468919, 2.ª Câm. Cível, Rel. João Barcelos de Souza Junior, j. 11.06.2014). Entretanto, segundo o TJSP, os honorários advocatícios têm natureza de crédito trabalhista, mas enquadrados como privilegiados gerais na exegese do EAOAB, art. 24, c/c CC, arts. 964 e 965, razão pela qual, "na pluralidade de credores privilegiados não incide a regra de rateio do CC, art. 962, e sim a regra de prioridade ditada pela anterioridade da penhora, reserva, ou medida acautelatória, qual seja a do crédito privilegiado garantido há mais tempo, aplicação resolutiva que se dá então pela regra do art. 908 do Novo CPC" (TJSP, EDcl 2067481-82.2019.8.26.0000/50000, Rel. Des. José Wagner de Oliveira Melatto Peixoto, *DJESP* 17.05.2019). Concorrendo credores privilegiados com créditos de natureza alimentar, que são preferenciais em relação aos demais, decidiu o TJSP pela "prioridade de pagamento do crédito tipicamente trabalhista do agravante em relação ao crédito equiparado ao trabalhista" (TJSP, AI 2231178-17.2021.8.26.0000, *DJESP* 16.02.2022).

Art. 964. Têm privilégio especial:

I – sobre a coisa arrecadada e liquidada, o credor de custas e despesas judiciais feitas com a arrecadação e liquidação;

II – sobre a coisa salvada, o credor por despesas de salvamento;

III – sobre a coisa beneficiada, o credor por benfeitorias necessárias ou úteis;

IV – sobre os prédios rústicos ou urbanos, fábricas, oficinas, ou quaisquer outras construções, o credor de materiais, dinheiro, ou serviços para a sua edificação, reconstrução, ou melhoramento;

V – sobre os frutos agrícolas, o credor por sementes, instrumentos e serviços à cultura, ou à colheita;

VI – sobre as alfaias e utensílios de uso doméstico, nos prédios rústicos ou urbanos, o credor de aluguéis, quanto às prestações do ano corrente e do anterior;

VII – sobre os exemplares da obra existente na massa do editor, o autor dela, ou seus legítimos representantes, pelo crédito fundado contra aquele no contrato da edição;

VIII – sobre o produto da colheita, para a qual houver concorrido com o seu trabalho, e precipuamente a quaisquer outros créditos, ainda que reais, o trabalhador agrícola, quanto à dívida dos seus salários;

IX – sobre os produtos do abate, o credor por animais. (Incluído pela Lei n. 13.176/2015.)

COMENTÁRIOS DOUTRINÁRIOS: O dispositivo versa sobre a ordem dos créditos e sua classificação no concurso de credores, enumerando quais os créditos que gozam de privilégio especial, que é aquele que incide sobre determinado bem, no que praticamente repetiu o art. 1.566 do Código Civil de 1916, à exceção dos incisos VIII e IX, que esclarecem que os salários do trabalhador agrícola, como fonte de sustento e sobrevivência, terão preferência sobre o produto da colheita, com prioridade sobre quaisquer outros créditos, inclusive créditos reais; e que o credor por animais, em função de sua condição de fornecedor, tem privilégio especial sobre os demais credores quirografários em relação aos produtos do abate. Esse privilégio, instituído pela Lei n. 13.176/2015, teve por objetivo assegurar maior proteção ao credor pecuarista em face da eventual insolvência dos frigoríficos, lembrando que o produtor rural não ostenta a qualificadora de empresário antes de inscrito no Registro de Empresas (ver comentários ao art. 971), sujeitando-se, por isso, à insolvência civil, e não à falência.

JURISPRUDÊNCIA COMENTADA: A jurisprudência tradicional se firmava no entendimento de que, havendo "pluralidade de credores privilegiados, não incide a regra de rateio do CC, art. 962, e sim a regra de prioridade ditada pela anterioridade da penhora, reserva, ou medida acautelatória, qual seja a do crédito privilegiado garantido há mais tempo, aplicação resolutiva que se dá então pela regra do art. 908 do Novo CPC" (TJSP, EDcl 2067481-82.2019.8.26.0000/50000, Rel. Des. José Wagner de Oliveira Melatto Peixoto, *DJESP* 17.05.2019). Entretanto, a orientação que prevalece atualmente, no âmbito do Superior Tribunal de Justiça, é de que "a solvência dos créditos privilegiados detidos pelos concorrentes independe de se perquirir acerca da anterioridade da penhora, devendo o rateio do montante constrito ser procedido de forma proporcional ao valor dos créditos", e "a norma do art. 908 do CPC/15, segundo a qual deve ser observada a anterioridade da penhora, incide apenas e tão somente quando se tratar de credores quirografários, não se aplicando, portanto, aos detentores de privilégio" (REsp 2.069.920/SP, Rel. Min. Nancy Andrighi, *DJe* 22.06.2023).

Art. 965. Goza de privilégio geral, na ordem seguinte, sobre os bens do devedor:

I – o crédito por despesa de seu funeral, feito segundo a condição do morto e o costume do lugar;

II – o crédito por custas judiciais, ou por despesas com a arrecadação e liquidação da massa;

III – o crédito por despesas com o luto do cônjuge sobrevivo e dos filhos do devedor falecido, se foram moderadas;

IV – o crédito por despesas com a doença de que faleceu o devedor, no semestre anterior à sua morte;

V – o crédito pelos gastos necessários à mantença do devedor falecido e sua família, no trimestre anterior ao falecimento;

VI – o crédito pelos impostos devidos à Fazenda Pública, no ano corrente e no anterior;

VII – o crédito pelos salários dos empregados do serviço doméstico do devedor, nos seus derradeiros seis meses de vida;

VIII – os demais créditos de privilégio geral.

COMENTÁRIOS DOUTRINÁRIOS: O artigo traz o elenco dos créditos que gozam de privilégio geral, repetindo o art. 1.569 do CC de 1916, à exceção do inciso VIII, acrescentado pelo Código atual. Estabelece também a ordem dos privilégios, aplicável de forma a se identificar a ordem de prioridade quando dois ou mais privilégios incidirem simultaneamente sobre as mesmas coisas. A enumeração constante deste artigo é meramente exemplificativa, em face do disposto no inciso VIII. Entretanto, conforme afirmado nos comentários ao art. 961, as preferências estabelecidas pelo Código Civil para insolvência civil cedem lugar aos privilégios de direito público, a exemplo dos créditos trabalhistas e tributários. Daí ser possível afirmar que na insolvência civil prevalece a seguinte ordem de preferência: 1º Créditos trabalhistas; 2º Créditos tributários e parafiscais; 3º Créditos com garantia real; 4º Créditos com privilégio especial; 5º Créditos com privilégio geral; e 6º Créditos quirografários. Afastando-se, assim, a aplicação dos incisos VI e VII do art. 965. Na falência, a ordem de preferência é completamente diversa. Lá, o crédito tributário, por exemplo, fica subordinado também aos créditos com garantia real até o limite do bem oferecido em garantia. Já a quantia que extrapolar esse limite permanece subordinada ao crédito tributário (cf. art. 186 do CTN, com a redação dada pela Lei Complementar 118/2005, e art. 83 da Lei n. 11.101/2005).

JURISPRUDÊNCIA COMENTADA: Despesas funerárias, médicas e hospitalares serão quitadas pelo espólio, havendo ou não herdeiros legítimos, devendo sair do monte da herança, e gozam de privilégio geral sobre os bens do espólio, conforme preconizam o art. 1.998 e os incisos I e IV do art. 965 (TJCE, AC 0248137-52.2021.8.06.0001, *DJCE* 05.04.2023). Segundo a jurisprudência do STJ, ainda que os honorários advocatícios ostentem natureza alimentar e detenham privilégio geral em concurso de credores, "não se sobrepõem aos créditos tributários, que antecedem a qualquer outro, independentemente de sua natureza ou tempo de sua constituição, ressalvados os créditos decorrentes da legislação do trabalho ou do acidente de trabalho, nos termos dos arts. 24 da Lei n. 8.906/94 e 186 do CTN. Precedentes: AgRg nos EREsp 1.068.449/RJ, Rel. Ministro Arnaldo Esteves Lima, Corte Especial, *DJe* 1º/2/2013 e REsp 1.269.160/RS, Rel. Ministro Herman Benjamin, Segunda Turma, julgado em 13/11/2012, *DJe* 19/12/2012. 2. Agravo regimental a que se nega provimento" (STJ, AgRg no REsp 1.351.256/PR, 1.ª Turma, Rel. Min. Sérgio Kukina, *DJe* 15.08.2013). Por outro lado, "o crédito por despesa de seu funeral, feito segundo a condição do morto e o costume do lugar, goza de privilégio geral sobre os bens do devedor, preferindo até aos impostos devidos à Fazenda Pública (art. 965, I, do Código Civil)" (TJSP, Ap. 994070919777, Rel. Des. Elliot Akel, j. 17.05.2007). Isso porque "as despesas decorrentes do funeral constituem gastos necessários e devem ser atendidas prioritariamente" (TJRS, AC 0335658-12.2017.8.21.7000, Rel. Des. Ivan Leomar Bruxel, *DJERS* 17.05.2018).

LIVRO II
DO DIREITO DE EMPRESA

TÍTULO I
DO EMPRESÁRIO

COMENTÁRIOS DOUTRINÁRIOS INTRODUTÓRIOS: Se fosse possível destacar apenas um aspecto do exitoso projeto de recodificação do Direito Civil brasileiro concluído em 2002, eu me arriscaria a apontar a finalmente alcançada unificação parcial do direito privado, tão precocemente propugnada por Teixeira de Freitas e somente engendrada mais de um século depois. A unificação traz em si uma outra questão, sobre a qual convido o nosso leitor a uma reflexão mais aprofundada. Refiro-me à própria subsistência da outrora *summa divisio* existente entre Direito Civil e Direito Comercial. Há muito superada, quer pela "civilização" de institutos típicos do Direito Comercial, quer pela "comercialização" de institutos típicos do Direito Civil, o fato é que o apartamento do antigo Direito Comercial e do Direito Civil não tem mais qualquer razão de ser. E o fim dessa dicotomia, ressalte-se, não é de hoje. Nem muito menos pode ser atribuída exclusivamente ao CC/2002. Na verdade, a se atribuir a paternidade legislativa da unificação a algum diploma legislativo, seria ao Decreto n. 763, de 19 de setembro de 1890, que unificou os processos civil e comercial, mandando "observar nos processos das causas cíveis em geral o regulamento 737", ou ainda ao Código de Processo Civil de 1939, que consolidou a unificação processual do Direito Comercial e do Direito Civil. Antes da entrada em vigor do Código Civil de 1916, precisamente em 1912, Herculano Marcos Inglês de Souza engendrou, efetivamente, a elaboração de um Código de Direito Privado, com a unificação das relações civis e mercantis, não havendo como negar-se a sua influência na unificação do direito privado operada décadas depois pelo CC/2002. Porém, é a partir do CC/2002 que o Direito Civil renasce como centro científico do Direito Privado. A revogação quase total do Código Comercial de 1850, com a introdução do Direito de Empresa e a inclusão da figura do empresário (art. 966) e do fornecedor (art. 931) no Código Civil, representou o verdadeiro "tiro de misericórdia" na diversidade de regramento normativo entre contratos civis e empresariais. O fato de coexistirem com o Código Civil alguns microssistemas específicos da matéria empresarial, cuja harmonização sistemática é alcançada pelo recurso à técnica do "diálogo das fontes", não invalida o raciocínio. A Lei das Sociedades Anônimas constitui um bom exemplo disso. A despeito de já regulamentada por lei especial, a sociedade anônima é referida nos arts. 1.088 e 1.089 com o objetivo de manter esse tipo societário integrado ao sistema do Código Civil, enquanto normas alusivas a institutos empresariais típicos, regulados pelo Código Civil, a exemplo do nome empresarial, aplicam-se expressamente às sociedades anônimas (art. 1.160). Ao mesmo tempo em que as normas específicas do Código Civil que regem as sociedades empresárias somente poderão ser aplicadas às sociedades anônimas em caso de lacuna da lei especial, as regras gerais, a exemplo daquelas que impõem às partes agir com boa-fé, não só na celebração, mas também na execução dos contratos, cuja função social deve ser observada, serão sempre aplicáveis à disciplina das sociedades anônimas. Aliás, na *I Jornada de Direito Civil*, promovida pelo Centro de Estudos Judiciários do Conselho da Justiça Federal, em 2002, já se aprovou um enunciado enfatizando a necessidade de se "levar em consideração o princípio da função social na interpretação das normas relativas à empresa, a despeito da falta de referência expressa" (Enunciado n. 53). A sociedade anônima, portanto, qualquer que seja seu objeto, civil ou comercial, obedece às mesmas regras de direito privado. O mesmo se diga em relação ao contrato de compra e venda, quer a troca tenha natureza civil ou empresarial. Durante a *III Jornada de Direito Comercial*, o Enunciado n. 110 enfatizou aplicar-se "aos negócios jurídicos de propriedade intelectual o disposto sobre a função social dos contratos, probidade e boa-fé". Os contratos de transporte, tanto aéreo, terrestre, fluvial ou marítimo, encontram-se subordinados à mesma base legal. O seguro, *v.g.*, não faz distinção de segurados e a sua regulação está quase que inteiramente codificada. As instituições de crédito, as de corretores, leiloeiros, bem como os contratos bancários e as operações com bolsa de valores, outrora seara inexpugnável dos antigos comercialistas, não escapam à regulação paralela e harmonizante do Código Civil, mesmo porque essas relações jurídicas há muito que não afetam somente as relações entre empresários. Mesmo em se tratando de contratos empresariais coligados ou integrantes de uma rede contratual, não há como afastar a incidência da teoria geral das obrigações unificada positivada no Código Civil de 2002. Por outro lado, a Parte Geral do Código Civil brasileiro contempla e disciplina minuciosamente o negócio jurídico, gênero que tem como espécie o contrato, seja qual for sua qualificação, é dizer, civil ou empresarial; paritário ou por adesão; típico ou atípico etc. Desse modo, a todo e qualquer contrato aplicam-se as normas compreendidas entre os arts. 104 e 184 do Código Civil. A jurisprudência brasileira tem acolhido a ideia de uma teoria geral una, que não se prende à qualificação do contrato, como civil ou empresarial, mas, sim, a uma adequada tutela capaz de coibir as patologias do direito contratual e assegurar o livre exercício da autonomia privada, com respeito à função social, à boa-fé objetiva, designadamente no que tange aos deveres anexos de informação, de cooperação e de lealdade de comportamento. É verdade que os "contratos empresariais não devem ser tratados da mesma forma que contratos cíveis em geral ou contratos de consumo. Nestes admite-se o dirigismo contratual. Naqueles devem prevalecer os princípios da autonomia da vontade e da força obrigatória das avenças [...] Direito Civil e Direito Empresarial, ainda que ramos do Direito Privado submetem-se a regras e princípios próprios. O fato de o Código Civil de 2002 ter submetido os contratos cíveis e empresariais às mesmas regras gerais não significa que estes contratos sejam essencialmente iguais" (REsp 936.741/GO, 4.ª Turma, Rel. Min. Antonio Carlos Ferreira, *DJe* 08.03.2012). É induvidoso, como também já decidiu o STJ, que a concreção do princípio da autonomia privada adquire maior força no plano do Direito Empresarial, "do que em outros setores do Direito Privado, em face da necessidade de prevalência dos princípios da livre-iniciativa, da livre concorrência e da função social da empresa" (REsp 1409849/PR, 3.ª Turma, Rel. Min. Paulo de Tarso Sanseverino, j. 26.04.2016, *DJe* 05.05.2016). No entanto, as eventuais peculiaridades dos contratos empresariais, quando comparados aos contratos civis ou aos contratos de consumo, não impedem a aplicação das regras e princípios gerais do Código Civil. Ainda que o controle judicial sobre eventuais cláusulas abusivas em contratos empresariais seja mais restrito do que em outros setores do Direito Privado. Por tudo isso, mostra-se desarrazoada e desnecessária a ideia de se extrair o "Direito de Empresa" do Código Civil, fazendo renascer das cinzas um Código Comercial autônomo e um sistema dual das obrigações, como pretende fazer o PLS n. 483/2013, ora em tramitação no Senado Federal. O conceito de "empresa" é visto sob diversos prismas. A palavra é polissêmica, sendo referida no ordenamento em diversos sentidos. A própria Lei n. 8.934/1994, que trata do registro empresarial, utiliza a palavra como sinônimo de sociedade. A maioria dos autores considera a "empresa" um fenômeno poliédrico, por apresentar-se sob os mais variados perfis: ora é usada como sinônimo de empresário ou de sociedade empresária (perfil subjetivo), ora é usada com o sentido de estabelecimento comercial (perfil objetivo ou patrimonial), ora é usada no seu sentido técnico de atividade econômica organizada para produção e circulação de bens ou de serviços (perfil funcional). Esse é o sentido que lhe atribuiu o Código Civil – empresa como sinônimo de atividade. O legislador, ao empregar a palavra "empresa" no seu perfil funcional, abandonando os perfis subjetivo e objetivo, passou a distinguir os conceitos de "empresa", "empresário", "sociedade empresária" e "estabelecimento". "Empresa" é a organização econômica dos fatores de produção (mecanismo de cooperação), ou seja, é atividade organizada para produção e circulação de bens ou de serviços nos mercados, e que pode ser desenvolvida por uma pessoa natural (empresário individual) ou jurídica (sociedade empresária), enquanto o "estabelecimento" é o complexo de bens organizados para o exercício da empresa. É por meio do "estabelecimento" que o empresário ou a sociedade empresária exercem a empresa (art. 1.142). Já a função social da empresa deve ser compreendida como um poder-dever do empresário individual e dos sócios e administradores das sociedades empresárias de conformarem a empresa aos interesses da coletividade e, ao mesmo tempo, fazerem com que a persecução do lucro observe certos deveres positivos e negativos. É consenso na doutrina atual que a empresa deve respeitar os legítimos interesses da sociedade, definidos pelos fundamentos e princípios constitucionais que os informam, extraídos do art. 170 da CF/1988. Assim, a empresa só exerce função social quando voltada à consecução dos fundamentos (valorização do trabalho humano e livre-iniciativa), finalidades (existência digna e justiça social) e princípios (defesa do consumidor, do meio ambiente, da livre concorrência, da redução das desigualdades regionais e sociais e da busca do pleno emprego) da ordem econômica. Durante a *II Jornada de Prevenção e Solução Extrajudicial de Litígios*, promovida pelo Conselho da Justiça Federal, foi aprovado o *Enunciado* n. *75* com a seguinte redação: "Contribui para a função social a empresa que conta em sua estrutura organizacional com uma área dedicada a prevenir e solucionar conflitos".

CAPÍTULO I DA CARACTERIZAÇÃO E DA INSCRIÇÃO

Art. 966. Considera-se empresário quem exerce profissionalmente atividade econômica organizada para a produção ou a circulação de bens ou de serviços.

Parágrafo único. Não se considera empresário quem exerce profissão intelectual, de natureza científica, literária ou artística, ainda com o concurso de auxiliares ou colaboradores, salvo se o exercício da profissão constituir elemento de empresa.

COMENTÁRIOS DOUTRINÁRIOS: O *caput* do art. 966 traz os elementos conceituais, tanto do empresário individual (pessoa natural) como do empresário coletivo (pessoa jurídica), que nada mais é do que a sociedade empresária de que trata o art. 982. Empresário, portanto, é a pessoa natural ou jurídica que exerce, de modo habitual e sistemático, ou seja, profissionalmente, atividade econômica, marcada pela coordenação dos fatores de produção (trabalho, bens, capital, tecnologia) e destinada à criação de riquezas, pela produção ou circulação de produtos ou de serviços. Essa atividade é justamente a "empresa" no seu perfil funcional. O principal traço característico do empresário (individual ou coletivo) consiste na apropriação e organização dos fatores de produção. Como os fatores de produção nada significam sem uma coordenação que os dirija e os oriente, a pessoa individual ou coletiva que se incumbe de coordená-los é o empresário, enquanto o conjunto dessa coordenação é a empresa. Organização, aqui, significa capacidade de iniciativa, de decisão, de escolha etc. O empresário (ou a empresa como atividade) tanto podem ser caracterizados pela declaração da atividade-fim, como pela prática de atos empresariais (Enunciado n. 54, aprovado na *I Jornada de Direito Civil*), pois a qualidade de empresário independe de qualquer formalidade, aplicando-se o regime jurídico empresarial também aos chamados "empresários de fato". O parágrafo único do art. 966, por sua vez, exclui do conceito de empresário quem exerce profissão intelectual, de natureza científica, literária ou artística, mesmo com o concurso de auxiliares ou colaboradores, desde que não haja organização ou coordenação dos fatores de produção. O profissional liberal, o cientista, o escritor, exercem a sua atividade, buscando, prioritariamente, o próprio sustento e de sua família. Trata-se de uma forma econômica de produção que no passado se denominou "ofício", enquanto a empresa organiza a produção para o mercado. Essa é a linha divisória entre o antigo "ofício" e a empresa: a organização dos fatores de produção voltada para os mercados e para o lucro. O empresário dirige a produção, recruta, organiza, fiscaliza e remunera o trabalho de várias pessoas na produção de um bem ou na prestação de um serviço. Daí por que, se o exercício da profissão constituir "elemento de empresa", como no caso de um médico que contrata vários outros médicos e passa a organizar e dirigir a prestação dos serviços médicos, o profissional liberal passa a ser considerado empresário. Em outras palavras, o legislador não definiu o que é empresa, porém, lhe traçou o perfil, por intermédio dos elementos com que conceituou a figura do empresário: exercício profissional dessa atividade econômica, adequadamente organizada, para produção e circulação de bens ou serviços. Ora, quem não atende a tais requisitos torna-se evidente que não é empresário. O parágrafo único considera a situação de quem exerce profissão intelectual, de natureza científica, literária ou artística, declarando que não são empresários, mesmo exercendo tal profissão com o concurso de auxiliares e colaboradores. Mas, se o exercício dessa profissão constituir elemento da empresa, ou seja, uma atividade organizada, adequada à consecução de fins econômicos, não há por que deixar de se reconhecer que se trata, na espécie, de empresário. Um professor que dê aulas não é um empresário, mas se este mesmo professor organiza uma escola, passa a ser considerado empresário, pois sua contribuição para a prestação dos serviços educacionais o tornou um organizador dos fatores de produção, abstraindo-se, portanto, da condição de profissional liberal. Em suma, se a atividade pessoal prevalece sobre a organização, não há que se falar em empresário. Nesse sentido o Enunciado n. 195 da *III Jornada de Direito Civil*: "A expressão 'elemento de empresa' demanda interpretação econômica, devendo ser analisada sob a égide da absorção da atividade intelectual, de natureza científica, literária ou artística, como um dos fatores da organização empresarial". O tema tem despertado grandes discussões nos meios acadêmicos e práticos, resultando na aprovação de numerosos outros enunciados nas aludidas *Jornadas de Direito Civil* e *de Direito Comercial*. Sobre a diferença entre empresário e não empresário, o Enunciado n. 193 da *III Jornada de Direito Civil* esclarece que "o exercício das atividades de natureza exclusivamente intelectual está excluído do conceito de empresa", enquanto o Enunciado n. 194 enfatiza que "os profissionais liberais não são considerados empresários, salvo se a organização dos fatores de produção for mais importante que a atividade pessoal desenvolvida". O fundamento desses enunciados é que a empresa é uma atividade econômica organizada para a produção ou a circulação de bens ou serviços, exercida pelo empresário, que é o sujeito responsável pela organização dos fatores da produção, organização esta que assume prevalência sobre a atividade pessoal do sujeito. Assim, os profissionais liberais se transformam em empresários quando o labor pessoal é suplantado pela organização dos fatores da produção, que se torna mais importante do que sua atividade pessoal.

JURISPRUDÊNCIA COMENTADA: A definição de empresa pelo perfil funcional, adotada no art. 966, foi bem assimilada pelos tribunais brasileiros, não obstante o dispositivo tenha utilizado a palavra "empresário" no lugar de "empresa", o que deve ser corrigido na reforma do Código Civil. O fato é que, como bem destacou o TJDF, "a atividade empresarial pode ser exercida por empresário individual ou sociedade empresária e no caso do empresário individual a atividade é promovida por pessoa física, de modo singular. A pessoa natural exerce, com efeito, essas atividades e responde diretamente pelo risco do empreendimento com todos os bens afetados ao exercício da aludida atividade, inclusive com seus bens pessoais. Por isso, a responsabilidade do empresário individual deve ser considerada ilimitada" e a constrição de bens que integram o seu patrimônio pessoal independe da desconsideração da personalidade jurídica (TJDF, AGI 07498.91-74.2023.8.07.0000, *DJe* 24.04.2024). Quando a atividade é exercida por pessoa jurídica, aplica-se o princípio da autonomia patrimonial, segundo o tipo societário, de forma que a responsabilização pessoal do sócio, por débito da sociedade, exige a prévia instauração do incidente de desconsideração previsto no art. 133 do CPC. Entretanto, a separação patrimonial entre sócio e sociedade já foi contestada nas sociedades unipessoais, já se havendo decidido pela desnecessidade do incidente de desconsideração, pois, "tratando-se de sociedade constituída por único sócio, revela-se plenamente possível sua inclusão no polo passivo em demanda executiva a fim de possibilitar que eventuais constrições recaiam sobre os ativos financeiros da respectiva empresa, pois o proprietário tem obrigação de pagar a dívida cobrada em processo judicial" (TJDF, AGI 07446.62-36.2023.8.07.0000, *DJe* 02.02.2024). A decisão encontra-se obviamente equivocada e desrespeita princípio basilar do direito empresarial, eis que a sociedade unipessoal não se confunde com a figura do empresário individual. Na maioria dos tribunais prevalece o entendimento de que, havendo personalidades jurídicas distintas, a constrição de bens da empresa individual para satisfação de dívidas contraídas pelo seu único titular somente pode ocorrer mediante a demonstração dos requisitos ensejadores da desconsideração inversa da personalidade jurídica (TJRJ, AI 0092647-09.2023.8.19.0000, *DORJ* 01.04.2024). A jurisprudência também tem se debruçado sobre a distinção entre o empresário e a pessoa que exerce profissão intelectual, de natureza científica, literária ou artística, pois também nessas situações é possível o enquadramento da atividade como empresarial. A depender do enfoque, alteram-se, por completo, as consequências jurídicas em todos os quadrantes da regulação legal: no Direito Tributário existem regras diferenciadas para a pessoa jurídica que assume a forma simples – não empresária (por exemplo, cálculo do ISS por alíquota fixa, com um regime privilegiado para as sociedades constituídas por profissionais liberais que desempenham atividade intelectual – médicos, advogados etc.). A reunião de profissionais liberais sob o manto de pessoa jurídica, destaca essa interessante decisão do Tribunal de Justiça de Santa Catarina, "terá perfil empresarial quando a atividade de origem dos seus sócios passar a ser somente um elemento da empresa. O labor intelectual de cada um dos especialistas pode ficar esmaecido, sobrelevando um propósito comum. Nesse caso, o ISS será apurado em termos usuais (percentual sobre uma base de cálculo)" (TJSC, AI 4014476-21.2018.8.24.0900, *DJSC* 21.08.2018). São comuns as autuações fiscais de clínicas médicas, quando se identifica que "a atividade profissional intelectual apenas constitui elemento de Empresa, sendo desempenhada verdadeira atividade organizada para a prestação do serviço médico, nos termos do artigo 966, do Código Civil, evidenciando o caráter mercantil da Sociedade, afastando a aplicação do regime diferenciado" (TJES, Apl-RN 0009512-05.2014.8.08.0006, *DJES* 04.05.2018). Por outro lado, somente os empresários se submetem à legislação falimentar (Lei n. 11.101/2005, com as alterações da Lei n. 14.112/2020), independentemente de qualquer formalidade. O empresário individual e as sociedades empresárias sofrem a incidência da LRE independentemente da inscrição ou do arquivamento do contrato social na Junta Comercial, sendo certo que a Lei n. 11.101/2005 pode ser aplicada ao empresário irregular ou à sociedade empresária despersonalizada. Já se decidiu manter a decretação de quebra de entidade educacional organizada sob a forma de sociedade simples de responsabilidade limitada, registrada em cartório de registro civil de pessoas jurídicas (arts. 983 e 1.150 do Código Civil), justamente por se identificar a prestação de serviços de natureza intelectual mediante o emprego de "elementos de empresa", ou seja, mediante a organização dos meios de produção para obtenção de lucros e expansão mercadológica, "características próprias de sociedade empresária, alcançada, sem restrições, pelo conceito descrito no *caput* do artigo 966 do Código Civil, extensivo às sociedades quando a atividade econômica é desenvolvida por uma coletividade de empreendedores ou sócios, e não de forma unipessoal, como bem descrevem os artigos 981 e seguintes do referido diploma legal. Circunstâncias que apontam para sua submissão à disciplina da Lei n. 11.101/2005" (TJSP, AI 0187821-36.2012.8.26.0000, *DJESP* 13.05.2013). Mais recentemente, decisão da 5.a Vara Empresarial do Rio de Janeiro (Processo 00093754-90.2020.8.19.000), confirmada pelo TJRJ, autorizou a recuperação judicial da Universidade Cândido Mendes, associação civil sem fins lucrativos, pois "ainda que formalmente registrada como associação civil, a entidade de ensino, a toda evidência, desempenha atividade econômica lucrativa, que repercute jurídica e economicamente. A concepção moderna da atividade empresária se afasta do formalismo para alcançar a autêntica natureza da atividade objetivamente considerada. Ainda que no aspecto formal a mantenedora da Universidade Cândido Mendes – ASBI – se apresente como associação civil, de fato, ela substancialmente desempenha verdadeira atividade empresária, a teor do art. 966 do Código Civil, pois realiza atividade econômica organizada para a produção ou circulação de bens ou serviços, gera empregos e arrecadação para o Estado, revestindo-se de genuína função social". No mesmo sentido, decisão da 1.ª Vara Empresarial de Salvador deferiu o processamento da recuperação judicial da associação civil sem fins lucrativos Hospital Evangélico da Bahia, pois, mesmo em se tratando formalmente de uma associação, exerce atividade econômica e "sua organização é equiparada a de empresa, e que coloca bens e serviços no mercado, buscando superávit, sustentabilidade econômica e crescimento patrimonial, onde a única diferença é que o 'lucro' aferido é direcionado ao incremento da própria atividade, ou seja, não há divisão de lucros" (RJ 8074034-88.2020.8.05.0001).

REFORMA DO CÓDIGO CIVIL: Pretende-se alterar o art. 966 do Código Civil, que passaria a ter a seguinte redação: "Art. 966. Considera-se empresa a organização profissional de fatores de produção que, no ambiente de mercado, exerce atividade de circulação de riquezas, com escopo de lucro, em prestígio aos valores sociais do trabalho e do capital humano. § 1º Exercem atividade empresarial o empresário e a sociedade empresária. § 2º Não se considera atividade empresarial o exercício de profissão intelectual, de natureza científica, literária ou artística, ainda que com o concurso de auxiliares ou colaboradores, salvo se requerida a sua inscrição no Registro Público de Empresas Mercantis, ressalvadas as obrigações assumidas perante terceiros antes de registrada a empresa". A proposta, ao substituir o conceito de empresário pelo de empresa, como organização dos fatores de produção, contemporiza o texto legal com a opção legislativa pela definição de "empresa" sob o perfil funcional, ou seja, empresa como sinônimo de atividade empresarial, isto é, a organização econômica dos fatores de produção que pode ser exercida por uma pessoa natural (empresário individual) ou jurídica (sociedade empresária). Também está sendo proposto o acréscimo de um novo dispositivo, com a enumeração dos princípios aplicáveis à atividade empresarial e à interpretação dos contratos empresariais, assim redigido: "Art. 966-A. As disposições deste Livro devem ser interpretadas e aplicadas visando ao estímulo do empreendedorismo e ao incremento de um ambiente favorável ao desenvolvimento dos negócios no país, observados os seguintes princípios: I – da liberdade de iniciativa e da valorização e aperfeiçoamento do capital humano; II – da liberdade de organização e livre concorrência, da atividade empresarial, nos termos da lei; III – da autonomia privada, que somente será afastada se houver violação de normas legais de ordem pública; IV – da autonomia patrimonial, das pessoas jurídicas, conforme seu tipo societário; V – da limitação da responsabilidade dos sócios, conforme o tipo societário adotado, nos termos legais; VI – da deliberação majoritária do capital social, salvo se o contrário for previsto no contrato social; VII – da força obrigatória das convenções, desde que não violem normas de ordem pública; VIII – da preservação da empresa, de sua função social e de estímulo à atividade econômica; IX – da observância dos usos, práticas e costumes quando a lei e os interessados se refiram a eles ou em situações não reguladas legalmente, sempre que não sejam contrários ao direito; X – da simplicidade e instrumentalidade das formas".

Art. 967. É obrigatória a inscrição do empresário no Registro Público de Empresas Mercantis da respectiva sede, antes do início de sua atividade.

COMENTÁRIOS DOUTRINÁRIOS: A empresa, em seu perfil funcional, como sinônimo de atividade, pode ser exercida individualmente por uma só pessoa natural, que responde, pelo insucesso da iniciativa, ilimitadamente com todos os seus bens, ou por uma pessoa coletiva, distinta de seus componentes, e que pode ser constituída por um só titular (sociedade limitada unipessoal) ou por diversas pessoas, que se reúnem, ora em função das pessoas dos sócios, como ocorre nas chamadas sociedades de pessoas (sociedades em nome coletivo, em comandita simples e limitadas pluripessoais), ora em razão da reunião do capital, sem levar em consideração a pessoa dos sócios, como se dá nas sociedades de capitais (sociedade anônima e sociedade em comandita por ações). No caso do art. 967, não se cogita das pessoas jurídicas. O dispositivo refere-se especificamente ao empresário individual, novo conceito para as antigas "Firmas Individuais". A inscrição a que se refere é exclusiva do empresário individual, que exerce a empresa por meio de sua personalidade natural. Os sócios das pessoas jurídicas, nem mesmo os administradores de sociedades, não estão sujeitos à inscrição. Ainda que, na linguagem comum, os sócios ou diretores de pessoas jurídicas sejam qualificados como empresários, o fato é que o art. 967 a eles não se refere. O ato de inscrição no Registro Público de Empresas Mercantis (RPEM) nada mais é do que a inserção dos dados cadastrais do empresário em um formulário próprio, denominado "Instrumento de Inscrição de Empresário Individual". É modalidade de registro, tanto quanto o arquivamento e a averbação. A inscrição do empresário individual tem natureza declaratória e não constitutiva. A sua obrigatoriedade tem por objetivo possibilitar à coletividade verificar se o postulante está apto a exercer atividade empresarial e se não foi condenado por crime que impeça o exercício dessa atividade. Mas nada impede que a pessoa natural inicie o exercício da empresa sem se inscrever previamente, hipótese em que restará caracterizado o exercício irregular ou de fato da empresa. Entretanto, como o exercício regular e individual da empresa já atribui ao empresário a responsabilidade ilimitada, a ausência de inscrição prévia não produz maiores consequências, nem lhe nega a qualidade de empresário. Enunciados aprovados durante a *III Jornada de Direito Civil* deixam claro que a inscrição do empresário na Junta Comercial não é requisito para a sua caracterização, admitindo-se o exercício da empresa sem tal providência (Enunciado n. 198), sendo a inscrição requisito delineador de sua regularidade, e não de sua caracterização (Enunciado n. 199). A inscrição também não atribui personalidade jurídica ao empresário individual, não obstante possa ele até receber o tratamento de pessoa jurídica pela legislação fiscal. A atividade desenvolvida pelo empresário confunde-se com a própria empresa, inexistindo personalidade jurídica distinta do titular, mas verdadeira mescla entre patrimônio e obrigações, ante a inexistência de delimitação de personalidades jurídicas. Ou seja, mesmo exercendo a "empresa" e recebendo o tratamento tributário equiparado ao de pessoa jurídica, com inscrição no CNPJ, o empresário individual continua a ser "pessoa natural" para todos os efeitos. Quanto às obrigações decorrentes de sua atividade, o empresário responde ilimitadamente, vale dizer, os bens particulares respondem, sem qualquer limitação, pelas obrigações contraídas, vez que não há separação patrimonial, porém a responsabilidade é subsidiária, no sentido de que os bens afetados à empresa respondem prioritariamente, como bem posto no Enunciado n. 5 da *I Jornada de Direito Comercial*: "O empresário individual tipificado no art. 966 do Código Civil responderá primeiramente com os bens vinculados à exploração de sua atividade econômica, nos termos do art. 1.024 do Código Civil".

JURISPRUDÊNCIA COMENTADA: Verifica-se no âmbito dos Tribunais de Justiça estaduais uma prodigalidade de decisões enfatizando que a firma individual é apenas uma das formas de atuação da empresa e não possui personalidade distinta de seu titular, a despeito de possuir inscrição no CNPJ, respondendo o patrimônio destacado em nome da firma individual pelas dívidas da pessoa física proprietária (*vide*, por todos, TJSP, AI 2239164-61.2017.8.26.0000, *DJESP* 04.04.2018). A pessoa natural que exerce atividade econômica organizada para produção e circulação de bens e serviços, emitindo nota fiscal, deve ser considerada empresária de fato, sendo irrelevante a falta de inscrição no registro público competente (cf. TJSP, APL 992.08.005379-2, *DJESP* 08.04.2010).

Art. 968. A inscrição do empresário far-se-á mediante requerimento que contenha:

I – o seu nome, nacionalidade, domicílio, estado civil e, se casado, o regime de bens;

II – a firma, com a respectiva assinatura autógrafa que poderá ser substituída pela assinatura autenticada com certificação digital ou meio equivalente que comprove a sua autenticidade, ressalvado o disposto no inciso I do § 1º do art. 4º da Lei Complementar n. 123, de 14 de dezembro de 2006; (Redação dada pela Lei Complementar n. 147, de 2014)

III – o capital;

IV – o objeto e a sede da empresa.

§ 1º Com as indicações estabelecidas neste artigo, a inscrição será tomada por termo no livro próprio do Registro Público de Empresas Mercantis, e obedecerá a número de ordem contínuo para todos os empresários inscritos.

§ 2º À margem da inscrição, e com as mesmas formalidades, serão averbadas quaisquer modificações nela ocorrentes.

§ 3º Caso venha a admitir sócios, o empresário individual poderá solicitar ao Registro Público de Empresas Mercantis a transformação de seu registro de empresário para registro de sociedade empresária, observado, no que couber, o disposto nos arts. 1.113 a 1.115 deste Código. (Incluído pela Lei Complementar n. 128, de 2008)

§ 4º O processo de abertura, registro, alteração e baixa do microempreendedor individual de que trata o art. 18-A da Lei Complementar n. 123, de 14 de dezembro de 2006, bem como qualquer exigência para o início de seu funcionamento deverão ter trâmite especial e simplificado, preferentemente eletrônico, opcional para o empreendedor, na forma a ser disciplinada pelo Comitê para Gestão da Rede Nacional para a Simplificação do Registro e da Legalização de Empresas e Negócios – CGSIM, de que trata o inciso III do art. 2º da mesma Lei. (Incluído pela Lei n. 12.470, de 2011)

§ 5º Para fins do disposto no § 4º, poderão ser dispensados o uso da firma, com a respectiva assinatura autógrafa, o capital, requerimentos, demais assinaturas, informações relativas à nacionalidade, estado civil e regime de bens, bem como remessa de documentos, na forma estabelecida pelo CGSIM. (Incluído pela Lei n. 12.470, de 2011)

COMENTÁRIOS DOUTRINÁRIOS: O art. 968 incorpora regras anteriormente previstas no art. 5º do CCom e nos arts. 37 e 38 da Lei n. 8.934/1994, concernentes aos requisitos para a inscrição do empresário individual no Registro Público de Empresas Mercantis (RPEM). Em outras palavras, trata o dispositivo dos pressupostos para o preenchimento do "Instrumento de Inscrição de Empresário Individual", por meio do qual o empresário adquire regularidade e dá publicidade à sua atividade, sem alcançar, entretanto, personalidade jurídica, como já expliquei em comentário anterior. O cadastro no CNPJ não descaracteriza a sua condição de pessoa natural, constituindo mera formalidade prevista em atos administrativos da Receita Federal. O primeiro requisito da inscrição diz respeito à qualificação e abrange nome, nacionalidade, domicílio, estado civil e, se casado, o regime de bens, com os respectivos documentos comprobatórios (que serão arquivados). Normas administrativas do Departamento Nacional de Registro Empresarial e Integração – DREI –, vinculado ao Ministério do Desenvolvimento, Indústria, Comércio e Serviços, não mais exigem que as cópias dos documentos, a serem arquivados com a inscrição, sejam autenticadas em cartório, porém, nesses casos, a autenticação deve ser efetuada pelo funcionário do registro, no ato da apresentação da documentação, à vista dos documentos originais. Fica dispensada a autenticação quando o advogado ou o contador da parte interessada declarar, sob sua responsabilidade pessoal, a autenticidade da cópia do documento (art. 63, § 3º, da Lei n. 8.934/1994). Apesar de inexistente no Direito Civil brasileiro um estado civil de "convivente em união estável", o formulário de inscrição do empresário pede que se declare a união estável, se for o caso. Declarando a união estável, o empresário deve indicar também o regime de bens. O inciso II do art. 968 exige a assinatura autógrafa, ou seja, de próprio punho, que poderá ser substituída pela assinatura autenticada com certificação digital, com exceção do disposto no § 5º. O formulário (Instrumento de Inscrição de Empresário Individual) apresenta um campo destinado ao nome empresarial, obrigatoriamente sob a forma de "firma", que poderá ou não coincidir com o nome civil do empresário. Nos casos de incapaz autorizado judicialmente a continuar a empresa, nos termos do art. 974, exige-se a assinatura de seu assistente ou representante. Outro requisito obrigatório é a declaração do valor do capital a ser destacado do patrimônio do empresário, para o exercício da atividade (inc. III). Apesar de não constituir exigência expressa, além do valor do capital, também devem ser declarados os bens que serão afetados à atividade econômica, de modo a assegurar concretude ao art. 978 e, ao mesmo tempo, evitar fraudes na partilha de bens, quando o empresário individual for casado ou conviver em união estável. Finalmente, o inciso IV alude ao objeto e à sede da empresa. O objeto da atividade empresarial deve atender aos requisitos dos arts. 104, II e 106 do Código, devendo ser lícito, possível, determinado ou determinável. Não pode ser contrário à ordem pública e aos bons costumes e deve indicar, com precisão e clareza, as atividades a serem desenvolvidas. Se a atividade a ser desenvolvida for ilícita, como é o caso daquelas que envolvam exploração de jogos de azar ou outras práticas tipificadas como contravenção penal, a inscrição deve ser indeferida. A sede da empresa, lembrando que empresa aqui significa organização dos fatores de produção, é o domicílio do empresário, o local onde ele exercerá as suas atividades. O § 1º estabelece que a inscrição será tomada por termo em livro próprio e obedecerá a um número de ordem contínuo para todos os empresários inscritos. Assim, após a inscrição, o empresário, já regularizado, passa a ser identificado pelo NIRE, que é o Número de Identificação do RPEM. Todas as modificações nos elementos de identificação e qualificação do empresário, como é o caso da mudança do estado civil ou da alteração do regime de bens, a separação de fato, a mudança de gênero, serão obrigatoriamente averbadas à margem da inscrição, com as mesmas formalidades, sob pena de não produzirem efeitos em face de terceiros (§ 2º). Nada impede que o empresário venha a admitir sócios mas, para tanto, deve solicitar a transformação de seu registro de empresário individual para o registro de sociedade empresária (§ 3º), pois deixará de exercer a empresa individualmente, como pessoa natural, para fazê-lo coletivamente, como pessoa jurídica. Trata-se aqui de "transformação de registro", que não se confunde com a figura da "transformação societária" ou "transformação de pessoa jurídica", como dispõe o Enunciado n. 465, aprovado na *V Jornada de Direito Civil*. Por meio de um ato jurídico denominado transformação ou transformação societária, a sociedade passa, independentemente de dissolução e liquidação, de um tipo para outro. Assim, uma sociedade limitada pode ser transformada em sociedade anônima e vice-versa. Tem-se um ente já personalizado que se transforma em outro. Na transformação de registro, o empresário adquire originariamente a personalidade jurídica, transformando-se em sociedade empresária, ou o contrário, com a transformação do registro da sociedade para o de empresário individual, perdendo, com isso, a personalidade jurídica. O ato de transformação do registro de empresário individual em sociedade implica a transferência de todo o patrimônio afetado à atividade empresarial, inclusive as obrigações anteriormente assumidas. A Instrução Normativa DREI n. 81, de 10 de junho de 2020, que regulamenta o arquivamento dos atos de transformação no âmbito do registro mercantil, dispõe que a transformação "é a operação pela qual uma empresa ou sociedade passa de um tipo para outro, independente de dissolução ou liquidação, obedecidos os preceitos reguladores da constituição e inscrição do tipo em que vai transformar-se" e que a transformação pode ser societária, nos termos dos arts. 1.113 do Código Civil e 220 da Lei n. 6.404, quando ocorrer entre sociedades; ou de registro, nos termos do art. 968, § 3º, quando ocorrer de sociedade empresária para empresário individual e vice-versa. Os §§ 4º e 5º do art. 968 estabelecem facilidades para o empresário que pretenda enquadrar-se na condição de microempresa ou empresa de pequeno porte, nos termos definidos pela Lei Complementar 123, de 14 de dezembro de 2006. Nesses casos, desde que declare essa condição no campo apropriado do Instrumento de Inscrição de Empresário Individual, o processo de inscrição seguirá tramitação especial e simplificada, preferencialmente digital, dispensado o uso de assinatura autógrafa. O recebimento dos documentos relativos à nacionalidade, estado civil e regime de bens, se fará por meio eletrônico, utilizando-se de assinatura digital. O enquadramento, reenquadramento e desenquadramento de microempresa e empresa de pequeno porte estão disciplinados em instruções normativas do DREI – Departamento Nacional de Registro Empresarial e Integração –, sucessor do antigo Departamento Nacional do Registro do Comércio – DNRC –, e que é o atual órgão estatal regulamentador dos procedimentos de registro mercantil a cargo das Juntas Comerciais. A Instrução Normativa DREI n. 81, de 10 de junho de 2020, permite que os documentos obrigatórios para instrução do pedido de arquivamento sejam apresentados de forma física ou digital (art. 43) e exclui a obrigatoriedade de credenciamento do usuário pela ICP-Brasil. Lembrando que a Lei n. 13.874/2019, ao instituir a Declaração de Direitos de Liberdade Econômica, assegurou a toda pessoa, natural ou jurídica, nas solicitações de atos públicos de liberação de atividade econômica essencial para o desenvolvimento e o crescimento econômicos do País, o direito de "arquivar qualquer documento por meio de microfilme ou por meio digital, conforme técnica e requisitos estabelecidos em regulamento, hipótese em que se equiparará a documento físico para todos os efeitos legais e para a comprovação de qualquer ato de direito público" (art. 3º, inc. X). A Instrução Normativa DREI n. 81, por fim, dispõe que o arquivamento de ato constitutivo de empresário individual e sociedade limitada, exceto empresa pública e sociedades de economia mista, será deferido de forma automática quando tenham sido concluídas as consultas prévias da viabilidade de nome empresarial e de localização e o instrumento contiver apenas as cláusulas padronizadas previstas na aludida instrução.

JURISPRUDÊNCIA COMENTADA: A transformação de empresário individual em sociedade empresária, pelo ingresso de sócio, deve ser comprovada por certidão da Junta Comercial, pois a modificação pressupõe a prévia solicitação à Junta respectiva da transformação de seu registro de empresário para registro de sociedade empresária. Em um caso em que a transferência de recursos por terceiro ao empresário individual foi imputada como aporte de capital para fins de ingresso de sócio, o Tribunal entendeu não comprovada a existência de sociedade empresarial entre as partes e caracterizado um contrato verbal de mútuo, sendo cabível a condenação do réu a restituir à autora o que dela recebeu (cf. TJDF, APC 2014.07.1.039094-5, *DJDFTE* 07.12.2016). A transformação do registro só tem eficácia após a averbação na Junta Comercial. Em uma execução de verba trabalhista em que se discutiu a transformação do registro da sociedade para empresário individual e onde os sócios retirantes pretenderam se eximir de sua responsabilidade, o Tribunal decidiu que "para eximir a responsabilidade das agravantes, a alteração social deveria ter ocorrido de fato e de direito antes da contratação do exequente" e que a "retirada dos sócios da sociedade não os exime da responsabilidade imputada no processo principal, especialmente por ter se beneficiado da prestação de serviços do exequente, fato evidenciado pela concomitância contratual do agravado com a participação societária das agravantes" (TRT 24.ª Região, AP 0042700-63.2009.5.24.0072, *DEJTMS* 09.06.2014). Por fim, deve ser considerado abusivo o ato administrativo do Registro Público que impede a transformação de um tipo societário em outro em razão de débitos tributários, por implicar coação ao pagamento de tributos e afronta à livre-iniciativa. Consoante decisão colegiada do TJMG, é "abusivo o ato administrativo que impede a transformação de sociedade limitada em empresa individual de responsabilidade limitada como mecanismo de coação ao pagamento de tributos, mormente ante a flagrante ofensa à garantia constitucional da livre-iniciativa (art. 170 da CR/88)" (TJMG, AI 1.0180.14.004507-1/001, Rel. Des. Versiani Penna, *DJEMG* 07.04.2015).

REFORMA DO CÓDIGO CIVIL: Pretende-se alterar o inciso I do art. 968 do Código Civil, que passaria a ter a seguinte redação: "I – o seu nome, nacionalidade, domicílio, dois endereços eletrônicos, estado civil e, se casado ou viver em união estável devidamente comprovada, o regime de bens". A proposta, como se vê, amplia os dados de qualificação do empresário, exigidos no requerimento de inscrição.

Art. 969. O empresário que instituir sucursal, filial ou agência, em lugar sujeito à jurisdição de outro Registro Público de Empresas Mercantis, neste deverá também inscrevê-la, com a prova da inscrição originária.

Parágrafo único. Em qualquer caso, a constituição do estabelecimento secundário deverá ser averbada no Registro Público de Empresas Mercantis da respectiva sede.

COMENTÁRIOS DOUTRINÁRIOS: Todas as modificações no registro do empresário, inclusive a instituição de sucursal, filial ou agência, serão obrigatoriamente averbadas à margem da inscrição, com as mesmas formalidades. Filial, sucursal e agência, pelo que se deflui da redação do parágrafo único do art. 969, foram utilizadas pelo legislador como sinônimos de "estabelecimento secundário". Não existe na doutrina um conceito preciso de sucursal ou de filial. Há quem as trate como formas diversas utilizadas pelo empresário no exercício da atividade empresarial. Na filial, o empresário institui uma nova entidade (sem personalidade jurídica), com estabelecimento autônomo, cadastro próprio junto à Receita Federal, que lhe pertence e a ele se subordina (ou à matriz), normalmente em outra localidade, para ali exercer a empresa, com maior amplitude geográfica e econômica. Para fins de inscrição no CNPJ, a barra do número de ordem a partir de 0002 indica a existência de filiais, pois o primeiro número pertence à matriz. A sucursal poderia ser compreendida como sinônimo de filial ou como uma espécie de departamento do empresário individual ou da sociedade empresária, sem existência formal, sem autonomia, nem cadastro no CNPJ, ainda que instalado em localidade diversa daquela em que o empresário exerce suas atividades (*v.g.*, um escritório de representação). Enquanto agência, em linguagem literal, é o contrato por meio do qual o empresário incumbe a outra pessoa, em caráter não eventual e sem vínculos de dependência, a obrigação de promover a realização de certos negócios, em zona determinada. Mas é curial que nem o escritório de representação nem o contrato de agência se subsumam à exigência legal de averbação, pois não implicam modificação relevante no registro. O que o legislador quis assegurar neste dispositivo foi que os novos estabelecimentos secundários do empresário, que representem ampliação no raio geográfico de exercício de suas atividades, sejam conhecidos de todos os que transacionam com aquela pessoa. O empresário individual, nesses casos, deveria proceder, em primeiro lugar, à averbação do ato que instituir a filial à margem da inscrição originária, ou seja, na Junta Comercial de sua sede, e só depois de efetivada essa averbação, realizaria a inscrição na Junta Comercial do lugar da filial. Se extinta a filial, deveria ser cancelada a inscrição secundária e depois averbado o ato de extinção à margem da inscrição originária. A partir da IN DREI n. 66, de 6 de agosto de 2019, hoje substituída pela IN n. 81/2020, os procedimentos para abertura de filiais em outros Estados foram simplificados e a abertura, alteração, transferência e extinção de filial em outra unidade da federação passaram a ser promovidas exclusivamente na Junta Comercial da unidade da federação onde se localizar a sede. Essa norma também dispõe que a Certidão Simplificada é o instrumento hábil para a proteção do nome empresarial em Junta Comercial de outra Unidade da Federação (art. 96, § 2º). Após o deferimento do ato, os dados relativos à filial são encaminhados eletronicamente para Junta Comercial da outra localidade, a quem competem apenas a recepção dos dados e o seu armazenamento. Para fins do Direito Falimentar, o local do principal estabelecimento é aquele de onde partem as decisões empresariais, e não necessariamente a sede indicada no registro público, conforme enunciado aprovado na *V Jornada de Direito Civil* – Enunciado n. 466.

JURISPRUDÊNCIA COMENTADA: O Superior Tribunal de Justiça, em Recurso Especial no qual se discutiu se o estabelecimento filial, mesmo sendo autônomo no que se refere à relação jurídico-tributária com o estabelecimento matriz, teria obrigatoriedade de se inscrever no Conselho Regional de Farmácia, com o consequente pagamento das respectivas anuidades, decidiu que "a prestação de serviços ou a venda de produtos relacionados à área farmacêutica gera a obrigação de pagamento da anuidade tanto ao estabelecimento sede como ao filial, independente de estarem sob a jurisdição de um mesmo Conselho Regional de Farmácia" (Recurso Especial Repetitivo 1.110.906/SP, 1.ª Seção, REsp 1.469.945, *DJe* 01.09.2015). A responsabilidade patrimonial da filial é a mesma da matriz e a constrição de seus bens, no caso de sociedades empresárias, não depende de desconsideração da personalidade jurídica, pois se trata da mesma pessoa jurídica, ainda que o seu cadastro no CNPJ seja distinto do da matriz, como muito bem decidiu o TJSP nesta decisão assim resumida na ementa: "Registro distinto da matriz (artigos 985 e 45, do Código Civil) e das filiais (artigo 969, do Código Civil) que não importa em cisão da pessoa jurídica distinção para fins exclusivamente fiscais. Patrimônio único vinculado à personalidade jurídica comum possível a penhora *on-line* de bens sob o registro da matriz ou das filiais" (TJSP, AI 0200951-93.2012.8.26.0000, *DJESP* 19.12.2012). Em outras palavras, a existência de CNPJs distintos, para facilitar a atuação e a arrecadação da autoridade fiscal, não afasta a unidade patrimonial da pessoa jurídica, que deve responder com todo o ativo do patrimônio social por suas dívidas, razão pela qual é possível a "penhora de ativos financeiros das filiais por dívidas da matriz ou vice-versa, sem necessidade da instauração do incidente da personalidade jurídica, por força da unicidade da pessoa jurídica" (TJRJ, AI 0045786-62.2023.8.19.0000, *DORJ* 13.09.2023). Em suma, filial é estabelecimento secundário indissociável da matriz, ou seja, não constitui pessoa jurídica distinta, consoante a inteligência dos arts. 969 do Código Civil e 4º, inciso X, da Lei n. 8.934/1994 (TJDF, AGI 07084.32-92.2023.8.07.0000, *DJe* 04.04.2024).

Art. 970. A lei assegurará tratamento favorecido, diferenciado e simplificado ao empresário

rural e ao pequeno empresário, quanto à inscrição e aos efeitos daí decorrentes.

COMENTÁRIOS DOUTRINÁRIOS: O dispositivo assegura tratamento favorecido, diferenciado e simplificado ao produtor rural, ao empresário de pequeno porte e ao microempresário. A Lei Complementar 123, de 14 de dezembro de 2006 (Estatuto Nacional da Microempresa e da Empresa de Pequeno Porte), em seu art. 3º, define como microempresas ou empresas de pequeno porte, a sociedade empresária, a sociedade simples, a empresa individual de responsabilidade limitada e o empresário a que se refere o art. 966 que tiver, no caso da microempresa, receita bruta anual igual ou inferior a R$ 360.000,00 (trezentos e sessenta mil reais); e, no caso da empresa de pequeno porte, a pessoa que aufira, em cada ano-calendário, receita bruta superior a R$ 360.000,00 (trezentos e sessenta mil reais) e igual ou inferior a R$ 4.800.000,00 (quatro milhões e oitocentos mil reais), conforme última atualização procedida pela Lei Complementar 155, de 2016. O § 1º do art. 4º da LC n. 123, em consonância com o art. 970, estabelece que o processo de abertura, registro, alteração e baixa da microempresa e empresa de pequeno porte, bem como qualquer exigência para o início de seu funcionamento, deverão ter trâmite especial e simplificado, preferencialmente eletrônico, opcional para o empreendedor. Enunciado aprovado na *III Jornada de Direito Civil* ressalta ser "possível a qualquer empresário individual, em situação regular, solicitar seu enquadramento como microempresário ou empresário de pequeno porte, observadas as exigências e restrições legais" (Enunciado n. 200). A LC n. 123, com a redação dada pela LC n. 188, de 31 de dezembro de 2021, possibilita, ainda, o enquadramento do empresário individual e do empreendedor que exerça as atividades de industrialização, comercialização e prestação de serviços no âmbito rural, como Microempreendedor Individual – MEI –, desde que tenham auferido receita bruta, no ano-calendário anterior, de até R$ 81.000,00 (oitenta e um mil reais) e sejam optantes pelo Simples Nacional, que é o regime especial unificado de arrecadação de tributos e contribuições devidos pelas microempresas e empresas de pequeno porte e que possibilita o recolhimento mensal de diversos impostos e contribuições mediante documento único de arrecadação. Tanto o MEI como a EPP não constituem novas modalidades de exercício da empresa, mas apenas enquadramentos tributários que propiciam a essas pessoas um tratamento privilegiado. A Lei n. 13.999/2020, por sua vez, instituiu o Programa Nacional de Apoio às Microempresas e Empresas de Pequeno Porte (Pronampe), para o desenvolvimento e o fortalecimento dos pequenos negócios, estabelecendo linhas de crédito diferenciadas destinadas às pessoas a que se referem os incisos I e II do *caput* do art. 3º da Lei Complementar nº 123, considerada a receita bruta anual (ver, também, as Leis n. 14.161/2021 e n. 14.257/2021). Por fim, a Lei Complementar n. 182, de 01 de junho de 2021, estabeleceu tratamento especial para as *startups* com receita bruta de até R$ 16.000.000,00 (dezesseis milhões de reais) no ano-calendário anterior ou de R$ 1.333.334,00 (um milhão, trezentos e trinta e três mil, trezentos e trinta e quatro reais) multiplicados pelo número de meses de atividade no ano-calendário anterior, quando inferior a 12 meses, desde que enquadradas no Inova Simples, que vem a ser um "regime especial simplificado que concede às iniciativas empresariais de caráter incremental ou disruptivo, que se autodeclarem como empresas de inovação, tratamento diferenciado com vistas a estimular sua criação, formalização, desenvolvimento e consolidação como agentes indutores de avanços tecnológicos e da geração de emprego e renda" (art. 65-A da LC n. 123). A LC n. 182 considera como *startups* as organizações empresariais ou societárias, nascentes ou em operação recente, cuja atuação se caracteriza pela inovação aplicada a modelo de negócios ou a produtos ou serviços ofertados independentemente da forma societária adotada. O tratamento diferenciado para as *startups* sob o regime do Inova Simples consiste na fixação de rito sumário para abertura e fechamento de empresas, "que se dará de forma simplificada e automática, no mesmo ambiente digital do portal da Rede Nacional para a Simplificação do Registro e da Legalização de Empresas e Negócios (Redesim), em sítio eletrônico oficial do governo federal, por meio da utilização de formulário digital próprio, disponível em janela ou ícone intitulado Inova Simples".

JURISPRUDÊNCIA COMENTADA: O tratamento legal diferenciado e simplificado às microempresas e empresas de pequeno porte é assegurado no art. 179 da CF/1988; nos arts. 970 e 1.179, § 2º, do Código Civil e também na Lei de Licitações. Já se decidiu que, "pelo regime diferenciado conferido às microempresas, não se pode exigir a apresentação de balanço patrimonial de participante em licitação, sendo nula sua desabilitação" (TJMG, RN 1.0720.16.002905-7/001, Rel. Des. Darcio Lopardi Mendes, *DJEMG* 06.02.2018).

Art. 971. O empresário, cuja atividade rural constitua sua principal profissão, pode, observadas as formalidades de que tratam o art. 968 e seus parágrafos, requerer inscrição no Registro Público de Empresas Mercantis da respectiva sede, caso em que, depois de inscrito, ficará equiparado, para todos os efeitos, ao empresário sujeito a registro.

Parágrafo único. Aplica-se o disposto no *caput* deste artigo à associação que desenvolva atividade futebolística em caráter habitual e profissional, caso em que, com a inscrição, será considerada empresária, para todos os efeitos. (Incluído pela Lei n. 14.193, de 2021)

COMENTÁRIOS DOUTRINÁRIOS: A Lei n. 4.504, de 30.11.1964 (Estatuto da Terra) define a "Empresa Rural" e o "Empresário Rural" como o empreendimento de pessoa física ou jurídica, pública ou privada, que explore econômica e racionalmente imóvel rural, dentro de condição de rendimento econômico da região em que se situe e que explore área mínima agricultável do imóvel segundo padrões fixados, pública e previamente, pelo Poder Executivo. Para esse fim, equiparam-se às áreas cultivadas, as pastagens, as matas naturais e artificiais e as áreas ocupadas com benfeitorias. A Lei n. 5.889, de 08.06.1973, que estabelece normas reguladoras do trabalho rural, por sua vez, traz um conceito similar ao de empresário – o de empregador rural, que é a pessoa física ou jurídica, proprietária ou não, que explore atividade agroeconômica, em caráter permanente ou temporário, diretamente ou através de prepostos e com auxílio de empregados. Ou seja, o empresário rural não se confunde com o proprietário rural. Ele pode ou não ser o dono da terra, mas explora economicamente o imóvel rural. A inscrição do empresário rural e da sociedade empresária rural é facultativa. Entretanto, uma vez inscritos no Registro Público de Empresas Mercantis (RPEM), estão sujeitos à falência e podem requerer recuperação judicial ou extrajudicial. Ao contrário da inscrição do empresário individual, que tem natureza declaratória, o registro do empresário rural ou da sociedade rural na Junta Comercial ostenta natureza constitutiva, pois somente a partir dele sujeitam-se ao regime jurídico empresarial, inclusive ao regime falimentar. A pessoa natural ou jurídica que exerce profissionalmente atividade rural produtiva somente terá direito à falência e ao regime recuperacional se for empresária. E para ser empresária, esta pessoa deve estar inscrita e ter seus atos constitutivos arquivados na Junta Comercial. Em razão do regime próprio dos produtores rurais, que não estão obrigados ao registro e não são empresários, não se pode falar em "empresário rural de fato ou irregular", na ausência do registro. Só existe empresário rural ou sociedade empresária rural quando registrados no RPEM (art. 971 do CC), por opção. O empresário rural só será tratado como empresário se assim o quiser. E somente será aplicável o regime legal empresarial ao empresário ou à sociedade rural que efetivamente exercerem tal opção. Nesse norte foram os Enunciados n. 201 e n. 202 da *III Jornada de Direito Civil*. A Lei n. 14.112/2020, que deu nova redação ao art. 48 da Lei n. 11.101/2005, ainda estabeleceu que, para comprovação do prazo de dois anos de exercício regular da atividade, previamente ao pedido de recuperação judicial, o empresário rural deve apresentar Livro Caixa Digital do Produtor Rural (LCDPR), ou outros registros contábeis que venham a substituir o LCDPR, a Declaração do Imposto sobre a Renda da Pessoa Física (DIRPF) e o balanço patrimonial. No caso de exercício de atividade rural por pessoa jurídica, admite-se a comprovação do prazo por meio da Escrituração Contábil Fiscal (ECF), ou por meio de obrigação legal de registros contábeis que venha a substituir a ECF. Finalmente, o parágrafo único do art. 971 foi incluído pela Lei n. 14.193, de 06 de agosto de 2021, que instituiu a Sociedade Anônima do Futebol, justamente para permitir que as associações civis que tenham por objeto o exercício de atividade futebolística profissional, como é o caso dos clubes de futebol, também possam requerer, facultativamente, a inscrição no Registro Público de Empresas Mercantis, equiparando-se, nesse caso, às sociedades empresárias para todos os efeitos legais, incluindo a submissão ao regime recuperacional.

JURISPRUDÊNCIA COMENTADA: Na jurisprudência, discute-se se a natureza do registro do empresário rural é declaratória ou constitutiva. Já se decidiu que "o empresário cuja atividade rural constitua sua principal profissão não está obrigado a inscrever-se no Registro Público de Empresas Mercantis, segundo o texto expresso do art. 971 do Código Civil, podendo comprovar o exercício regular da atividade por período superior a dois anos de diversas formas", e que "a natureza jurídica do registro na Junta Comercial é declaratória, e não constitutiva, razão pela qual a qualidade jurídica do empresário rural não é conferida pelo registro, mas sim pelo efetivo exercício da atividade profissional. Restando comprovado o exercício da atividade rural por mais de 2 anos, cabível o processamento do pedido de recuperação judicial pelo empresário rural" (TJRS, AI 5351101-05.2023.8.21.7000, *DJERS* 22.03.2024). Finalmente, as discussões que gravitavam em torno do prazo de registro de dois anos de que trata o art. 48, *caput*, da Lei n. 11.101/2005, para fins de submissão do empresário rural ao regime falimentar e recuperacional, restaram superadas. Segundo enunciado aprovado na *III Jornada de Direito Comercial* (Enunciado n. 97), "o produtor rural, pessoa natural ou jurídica, na ocasião do pedido de recuperação judicial, não precisa estar inscrito há mais de dois anos no Registro Público de Empresas Mercantis, bastando a demonstração de exercício de atividade rural por esse período e a comprovação da inscrição anterior ao pedido". O STJ também vem decidindo que o empresário rural, embora precise estar registrado na Junta Comercial para requerer a recuperação judicial, pode computar o período anterior à formalização do registro para cumprir o prazo mínimo de dois anos exigido pelo art. 48 da Lei 11.101/2005 (REsp 1811953/MT, 3.ª Turma, Rel. Min. Marco Aurélio Bellizze, j. 06.10.2020, *DJe* 15.10.2020). Finalmente, a Lei n. 14.112/2020, quando alterou a LRE, detalhou os elementos indispensáveis à comprovação do prazo de dois anos, sem mencionar entre eles o registro no RPEM. Assim, diante da posição do STJ (RESP 1.905.573/MT – recurso repetitivo), do teor dos Enunciados n. 96 e n. 97 e da nova redação dada ao art. 48 da Lei n. 11.101/2005, é de se entender que, não obstante seja obrigatória a prévia inscrição do empresário rural, como condição de submissão ao regime falimentar e recuperacional – que não é franqueado a todo e qualquer devedor em dificuldades financeiras –, e apesar de o produtor rural somente poder ser considerado empresário após o registro facultativo na Junta Comercial, a atividade exercida antes do registro pode ser considerada no cômputo do prazo de dois anos previamente ao pedido de recuperação judicial. Não comprovada a inscrição do produtor rural no Registro Público de Empresas Mercantis, "o processo de recuperação judicial será extinto sem resolução de mérito, pela falta dos seus pressupostos de constituição e de desenvolvimento válido e regular (CPC, art. 485, IV)" (TJMG, APCV 5014665-45.2022.8.13.0480, *DJEMG* 14.07.2023).

REFORMA DO CÓDIGO CIVIL: Está sendo proposta a revogação do parágrafo único do art. 971. Segundo o relatório da comissão de juristas responsável pela elaboração do anteprojeto, essa "regra foi inserida no Código Civil pela Lei da Sociedade Anônima do Futebol, com o objetivo de permitir que clubes, ao se caracterizarem como entidades empresariais, pudessem pedir recuperação judicial. A regra, que nunca foi regulamentada, é desnecessária, visto que o seu fim já foi atingido pela própria Lei 14.193/21, que autorizou o pedido de recuperação judicial (arts. 13, inciso II e art. 25)".

CAPÍTULO II
DA CAPACIDADE

Art. 972. Podem exercer a atividade de empresário os que estiverem em pleno gozo da capacidade civil e não forem legalmente impedidos.

COMENTÁRIOS DOUTRINÁRIOS: O dispositivo se refere à capacidade, ou seja, à aptidão genérica para ser sujeito de direitos e de deveres (capacidade de direito) e para exercê-los (capacidade de gozo ou de exercício), do empresário individual, e não à do sócio de sociedade empresária (ver art. 974). A idade mínima para o exercício da empresa, como empresário individual, é de 18 anos ou de 16 anos, nos casos de emancipação, cujas hipóteses estão previstas no parágrafo único do art. 5º. A partir daí, a pessoa natural alcança o pleno gozo de sua capacidade civil (de direito e de exercício) e poderá se inscrever no Registro Público de Empresas Mercantis (RPEM). Portanto, os absolutamente incapazes não podem exercer individualmente a empresa, nem mesmo quando representados, salvo o disposto no art. 974. Também não o podem os relativamente incapazes, maiores de 16 anos e menores de 18 anos, não emancipados, ainda quando assistidos. Entretanto, o empresário maior de 16 anos emancipado, ainda que inscrito no RPEM, não poderá requerer recuperação judicial ou extrajudicial, por força do disposto no art. 48, *caput*, da LRE, em razão da impossibilidade de comprovar os mais de dois anos de exercício regular da atividade, conforme disposto no Enunciado n. 197 da *III Jornada de Direito Civil*: "A pessoa natural, maior de 16 e menor de 18 anos, é reputada empresário regular se satisfizer os requisitos dos arts. 966 e 967; todavia, não tem direito a concordata preventiva, por não exercer regularmente a atividade por mais de dois anos". As pessoas com deficiência, quando relativamente incapazes, nas situações em que, por causa transitória ou permanente, não puderem exprimir sua vontade, nos termos da Lei Brasileira de Inclusão da Pessoa com Deficiência (Lei n. 13.146/2015) também não podem atuar como empresário individual, salvo o disposto no art. 974. O mesmo se diga dos alcoólatras, toxicômanos e pródigos, quando submetidos a curatela. Além da plena capacidade civil, o exercício da empresa pressupõe a inexistência de qualquer impedimento legal. Os impedimentos abrangem proibições e limitações. São proibidos de exercer a empresa, na qualidade de empresário individual: 1. os servidores públicos civis federais (art. 117, inc. X, da Lei n. 8.112/1990), estaduais e municipais; 2. os militares da ativa das Forças Armadas (art. 29 da Lei n. 6.880/1980); 3. os magistrados (art. 36, incs. I e II, da Lei Complementar n. 35/1979); 4. os membros do Ministério Público (art. 44, inc. III, da Lei n. 8.625/1993); 5. os corretores, leiloeiros e despachantes aduaneiros; 6. os empresários falidos enquanto não reabilitados (art. 102 da LRE); 7. os estrangeiros sem visto permanente (Decreto-lei n. 341/1938). O dispositivo proíbe tanto o exercício de atividade empresarial, como de empresário individual, como a participação nas chamadas sociedades empresárias de pessoas, em que assumam responsabilidade solidária e ilimitada (*v.g.*, sociedades em nome coletivo). Entretanto, qualquer das pessoas elencadas acima pode participar de sociedade empresária, como cotista de sociedade limitada ou como acionista de sociedade anônima, desde que não exerça a administração da sociedade. Acrescente-se que o impedimento diz respeito ao exercício da atividade de empresário, não atingindo, por óbvio, o sócio de sociedade simples. Além das proibições, existem diversas limitações ao exercício da empresa em relação a determinadas atividades por certas pessoas, todas previstas em leis especiais. Assim, por exemplo, os estrangeiros, mesmo com visto permanente, não podem atuar como empresário individual para o exercício das atividades de pesquisa ou lavra de recursos minerais ou de aproveitamento dos potenciais de energia hidráulica; atividade jornalística e de radiodifusão sonora e de sons e imagens; ou para aquisição de embarcação nacional, inclusive nos serviços de navegação fluvial e lacustre, exceto embarcação de pesca.

JURISPRUDÊNCIA COMENTADA: Em um caso em que se pretendeu a desconsideração da personalidade jurídica de sociedade constituída por dois sócios, quando um deles, à data da celebração do contrato, possuía pouco mais de 3 (três) anos de idade, sendo representado, no ato, pelo outro sócio, seu genitor, o Tribunal entendeu desnecessário levantar o véu da personalidade jurídica, pois a incapacidade absoluta de um dos sócios, desde a criação da sociedade teria gerado a "nulidade do negócio jurídico, *ex vi* do art. 166 do Código Civil. Nesta esteira, não há que se falar em desconsideração da personalidade jurídica, pois que esta sequer tem existência regular" (TRF da 4.ª Região, AI 2008.04.00.004453-1, *DEJF* 13.05.2008). Essa decisão, a meu ver, não foi feliz, pois aplicou indistintamente as restrições do art. 972 ao mero sócio de sociedade empresária, que nem sequer era administrador, infringindo, assim, o disposto no art. 974.

REFORMA DO CÓDIGO CIVIL: Pretende-se alterar o art. 972 do Código Civil, para atualizar os conceitos de empresa e de empresário, que passaria a ter a seguinte redação: "Art. 972. Podem ser empresários os que estiverem em pleno gozo da capacidade civil e não forem legalmente impedidos".

Art. 973. A pessoa legalmente impedida de exercer atividade própria de empresário, se a exercer, responderá pelas obrigações contraídas.

COMENTÁRIOS DOUTRINÁRIOS: Os atos praticados por quem não pode ser empresário serão assumidos pessoalmente por quem os praticou, com o comprometimento direto do seu patrimônio particular. O exercício da atividade empresarial é um fato jurídico, independentemente da capacidade ou mesmo da vontade do agente. Aquele que exerce uma atividade empresarial estará sujeito ao regime jurídico do empresário. Por essa razão, é que a pessoa legalmente impedida de exercer a atividade própria de empresário, se a exercer, responderá pelas obrigações contraídas. Também estará sujeita aos procedimentos de recuperação judicial, falência e recuperação extrajudicial previstos na LRE.

JURISPRUDÊNCIA COMENTADA: A jurisprudência de alguns Tribunais do Trabalho tem admitido que, até mesmo as atividades ilícitas, a exemplo dos jogos de azar, seriam aptas a gerar obrigações trabalhistas. O empregado do bicheiro ou do proprietário de cassino clandestino teria os mesmos direitos trabalhistas que qualquer outro empregado de atividade lícita. Isso porque "embora nula a relação decorrente de atividade considerada ilícita, não há como desconsiderar que houve uma relação de trabalho entre as partes, a qual deve gerar seus efeitos no mundo jurídico, sob pena de premiar o empregador que se beneficiou do labor prestado pelo trabalhador" (TRT da 4.ª Região, RO 0020292-94.2017.5.04.0641, Rel. Des. Rejane Souza Pedra, *DEJTRS* 31.10.2018). Em sentido oposto, na mesma Justiça Especializada, negou-se o vínculo empregatício em atividade relacionada ao jogo do bicho, em face da ilicitude do objeto, pois não haveria "como se reconhecer a existência de vínculo empregatício entre as partes, em virtude da ilicitude do objeto, atividade relacionada ao jogo do bicho" (TRT da 19.ª Região, ROPS 0000719-06.2017.5.19.0010, Rel. Des. Laerte Neves de Souza, *DEJTAL* 09.10.2018). Entretanto, mesmo nesses casos, o terceiro que contratou com o empresário (empregado) não pode ser prejudicado e, não obstante negado o vínculo em face da nulidade do contrato de trabalho, deve-lhe ser concedida indenização equivalente às verbas decorrentes do liame.

Art. 974. Poderá o incapaz, por meio de representante ou devidamente assistido, continuar a empresa antes exercida por ele enquanto capaz, por seus pais ou pelo autor de herança.

§ 1º Nos casos deste artigo, precederá autorização judicial, após exame das circunstâncias e dos riscos da empresa, bem como da conveniência em continuá-la, podendo a autorização ser revogada pelo juiz, ouvidos os pais, tutores ou representantes legais do menor ou do interdito, sem prejuízo dos direitos adquiridos por terceiros.

§ 2º Não ficam sujeitos ao resultado da empresa os bens que o incapaz já possuía, ao tempo da sucessão ou da interdição, desde que estranhos ao acervo daquela, devendo tais fatos constar do alvará que conceder a autorização.

§ 3º O Registro Público de Empresas Mercantis a cargo das Juntas Comerciais deverá registrar contratos ou alterações contratuais de sociedade que envolva sócio incapaz, desde que atendidos, de forma conjunta, os seguintes pressupostos: (Incluído pela Lei n. 12.399, de 2011)

I – o sócio incapaz não pode exercer a administração da sociedade; (Incluído pela Lei n. 12.399, de 2011)

II – o capital social deve ser totalmente integralizado; (Incluído pela Lei n. 12.399, de 2011)

III – o sócio relativamente incapaz deve ser assistido e o absolutamente incapaz deve ser representado por seus representantes legais. (Incluído pela Lei n. 12.399, de 2011)

COMENTÁRIOS DOUTRINÁRIOS: O dispositivo regulamenta duas situações diversas: o exercício da empresa pelo incapaz, na qualidade de empresário individual e o ingresso do incapaz no quadro societário de sociedade empresária. A primeira situação (incapaz como empresário individual) ainda se bifurca em duas outras possibilidades. O *caput* do art. 974 prevê, expressamente, que os incapazes, quer sejam os absolutamente incapazes, nos casos do art. 3º, quer sejam os relativamente incapazes, nas situações do art. 4º, podem continuar a empresa, antes exercida por eles como capazes (nos casos de incapacidade superveniente, especialmente nas hipóteses do art. 4º), por seus pais ou pelo autor da herança (nos casos de sucessão hereditária – legítima ou testamentária). Ou seja, são duas as possibilidades de uma pessoa incapaz exercer a empresa como empresário individual – ou ele se tornou incapaz no exercício da atividade empresarial ou ele é sucessor hereditário do empresário individual. O incapaz exercerá a empresa, em continuação à atividade que já era exercida por ele próprio enquanto capaz, ou por aqueles a quem sucedeu por vocação hereditária ou testamento, mas só poderá fazê-lo por meio de representante legal, ou devidamente assistido, quando relativamente incapaz, e sempre, obrigatoriamente, mediante autorização judicial, conforme previsão do § 1º. Portanto, o exercício da empresa pelo empresário individual "incapaz, representado ou assistido, somente é possível nos casos de incapacidade superveniente ou incapacidade do sucessor na sucessão por morte" (Enunciado n. 203 da *III Jornada de Direito Civil*). O § 2º permite uma verdadeira separação de patrimônios. Vale dizer, aqueles bens que o incapaz já possuía, ao tempo da sucessão ou da nomeação de curador, não estarão sujeitos ao resultado da empresa. Os bens que integravam o estabelecimento ou de alguma forma estavam vinculados ou afetados à atividade, por outro lado, permanecem sujeitos ao resultado da empresa. Reitero, por fim, que, nos termos da Lei Brasileira de Inclusão da Pessoa com Deficiência (Lei n. 13.146/2015), a pessoa com deficiência mental, desde que não submetida à curatela, pode exercer pessoalmente a empresa, inclusive como empresário individual, não podendo a Junta Comercial negar a concessão do registro de empresário. Quanto à participação do incapaz no quadro societário de sociedade empresária, as restrições são apenas aquelas dispostas nos incisos I a III do § 3º: não pode o incapaz ser administrador, deve estar representado ou assistido e o capital social integralizado. Em razão da paridade entre os genitores no exercício do poder familiar, tanto a representação como a assistência se farão por ambos os pais, simultaneamente. O Enunciado n. 467 da *V Jornada de Direito Civil* flexibiliza a exigência de integralização do capital social prevista no art. 974, § 3º, que não se aplicaria "à participação de incapazes em sociedades anônimas e em sociedades com sócios de responsabilidade ilimitada nas quais a integralização do capital social não influa na proteção do incapaz". Não obstante o art. 974 aluda expressamente ao exercício da "empresa" e o § 3º se refira textualmente ao RPEM, a cargo das Juntas Comerciais, entendo que as restrições postas nos incisos I a III aplicam-se, indistintamente, às sociedades simples, não empresárias, devendo ser observadas pelo RCPJ. Aqui, a proteção aos direitos do incapaz se sobrepõe às máximas hermenêuticas que vedam a interpretação analógica ou extensiva de normas restritivas. *Sucessão hereditária do empresário individual.* Falecendo o empresário individual, que é pessoa natural, abre-se a sucessão hereditária. Na sucessão *ab intestato*, os bens integrantes do patrimônio pessoal do falecido serão inventariados e partilhados entre os herdeiros, seguindo-se a ordem da vocação hereditária (art. 1.829). A morte do empresário individual não constitui causa de extinção da empresa individual, por aplicação do princípio da preservação da empresa, consagrado no atual Código Civil. A interpretação extensiva do art. 974 permite concluir pela possibilidade de continuação da empresa, antes exercida pelo autor da herança, pelo seu sucessor hereditário, mediante autorização judicial. Os bens afetados à atividade empresarial, como é o caso dos caminhões da transportadora ou das máquinas de refrigeração de um frigorífico, devem receber tratamento unitário, não se devendo fracioná-los entre os sucessores, sempre que for possível a conservação da empresa. Havendo mais de um herdeiro interessado em continuar a empresa, deve ser requerida a transformação do registro de empresário individual para o registro de sociedade empresária, nos termos do § 3º do art. 968, com a transferência do acervo líquido afetado à atividade como forma de integralização do capital a ser subscrito na nova sociedade, a qual passará a ser sucessora nas obrigações e direitos do empresário individual. A rigor, a necessidade de autorização judicial para continuidade da empresa impediria, nesses casos, que o inventário e a partilha fossem realizados em cartório de notas. Todavia, à semelhança do que ocorre com os inventários em que há testamento, nos quais, a despeito da previsão expressa do art. 610 do CPC ("Havendo testamento ou interessado incapaz, proceder-se-á ao inventário judicial"), tem-se admitido a lavratura de escritura pública, desde que instaurado previamente procedimento judicial de registro, abertura e cumprimento do testamento (RAC), na sucessão do empresário individual é possível o inventário extrajudicial, condicionado à autorização judicial prévia para continuidade da empresa pelos herdeiros. Atualmente, a Instrução Normativa DREI n. 81, de 10 de junho de 2020 vai mais longe e dispensa a autorização judicial em havendo inventário extrajudicial. Na dicção da norma administrativa, "a morte do empresário acarreta a extinção da empresa, ressalvada a hipótese de sua continuidade por autorização judicial ou sucessão por escritura pública de partilha de bens".

JURISPRUDÊNCIA COMENTADA: O sócio relativamente incapaz deve ser assistido e o absolutamente incapaz deve ser representado por seus representantes legais. Já se decidiu que, se, ao entrar no quadro social, o incapaz estava devidamente representado pelo seu genitor e a alteração contratual foi registrada, não existe nulidade a atingir a sua participação na sociedade (TJRJ, AI 0045818-04.2022.8.19.0000, *DORJ* 28.03.2023). O que importa é a regularidade da representação. A Terceira Turma do STJ já considerou nula a cessão feita a menores impúberes, que foram representados no negócio exclusivamente pelo pai, sem a anuência ou a ciência da mãe, eis que "o poder familiar deve ser exercido de forma igualitária e conjunta pelos pais, sendo imprescindível que a representação dos filhos menores seja efetivada pela atuação simultânea de ambos", acrescentando que "a representação inadequada de pessoas absolutamente incapazes maculou a validade do negócio jurídico, desde sua formação, ensejando a sua nulidade absoluta" (REsp 1816742/SP, Rel. Min. Paulo de Tarso Sanseverino, j. 27.10.2020, *DJe* 19.11.2020). Em casos de falecimento do empresário individual, são comuns as decisões que asseguram a continuidade da empresa pelo herdeiro capaz ou incapaz, em concretização ao princípio da preservação da empresa, considerando-se a relevância socioeconômica e a conveniência da continuação das atividades, uma vez que "a empresa desempenha função que extrapola os limites dos interesses patrimoniais de seus titulares, pois gera empregos, amplia o recolhimento de tributos e ativa a economia, além de incrementar importações e exportações, de maneira tal que sua preservação interessa à sociedade e ao Estado" (TJSC, AC 2005.025103-5, Rel. Des. Jaime Luiz Vicari, *DJSC* 10.09.2008). A autorização judicial "não acarreta, por si só, a continuidade das atividades, mas apenas permite que os herdeiros procedam à solicitação perante a Junta Comercial, que será a responsável por verificar o cumprimento das demais exigências legais" (TJMG, AI 2292435-69.2022.8.13.0000, *DJEMG* 12.05.2023). Entretanto, cabe advertir que "o falecimento do empresário individual e a continuação da atividade empresária da firma individual pelos sucessores, autorizada por alvará judicial, implica a responsabilidade tributária por sucessão da pessoa natural pelo espólio ou demais sucessores, nos termos do art. 110 e 619, III, do CPC/2015 c/c art. 131, II e III, do CTN" (TJMG, AI 1.0518.15.018288-0/001, Rel. Des. Ana Paula Caixeta, *DJEMG* 17.04.2018). Sobre a exigência de inventário judicial, decisão do Tribunal Regional Federal da 2.ª Região esclarece que "a partilha extrajudicial de bens não é adequada para permitir a continuidade da empresa individual por pessoa diversa do titular. Se se tratasse de sociedade limitada, a partilha extrajudicial seria instrumento suficiente para transferência de quotas do sócio falecido para os seus herdeiros, vez que nesta modalidade empresarial é perfeitamente possível a substituição de sócios na empresa. Entretanto, não é o caso do empresário individual" (TRF 2.ª Região, AC 0100379-66.2012.4.02.5001, Rel. Des. Fed. Maria Helena Cisne, *DEJF* 09.04.2014). Penso que esses fundamentos não mais subsistem e, em havendo autorização judicial para continuidade da empresa em processo judicial prévio, com a concordância de todos os herdeiros, nada impede que o inventário e a partilha sejam realizados em cartório de notas.

REFORMA DO CÓDIGO CIVIL: Pretende-se alterar os §§ 1º e 2º e o inciso I do § 3º do art. 974 do Código Civil, para adaptar o dispositivo à Lei Brasileira de Inclusão da Pessoa com Deficiência (Lei Nacional n. 13.146, de 6 de julho de 2015), os quais passariam a ter as seguintes redações: "§ 1º Nos casos deste artigo, precederá autorização judicial, após exame das circunstâncias e dos riscos da empresa, bem como da conveniência em continuá-la, podendo a autorização ser revogada pelo juiz, ouvidos os pais, tutores ou representantes legais da pessoa com menos de dezoito anos ou da pessoa sujeita à curatela, sem prejuízo dos direitos adquiridos por terceiros. § 2º Não ficam sujeitos ao resultado da empresa os bens que o incapaz já possuía, ao tempo da sucessão, da interdição ou da instituição da curatela, desde que estranhos ao acervo daquela, devendo tais fatos constar do alvará que conceder a autorização. § 3º [...] I – o sócio incapaz não pode exercer a administração da sociedade, mas fica ressalvada a hipótese de eventual cessação da incapacidade, nos termos e circunstâncias considerados no inciso III do parágrafo único do art. 5º deste Código".

Art. 975. Se o representante ou assistente do incapaz for pessoa que, por disposição de lei, não puder exercer atividade de empresário, nomeará, com a aprovação do juiz, um ou mais gerentes.

§ 1º Do mesmo modo será nomeado gerente em todos os casos em que o juiz entender ser conveniente.

§ 2º A aprovação do juiz não exime o representante ou assistente do menor ou do interdito da responsabilidade pelos atos dos gerentes nomeados.

COMENTÁRIOS DOUTRINÁRIOS: Nos casos em que os representantes legais ou assistentes do incapaz não puderem exercer a atividade de empresário, quer em razão de impedimento legal, quer por não possuírem vocação para o trato de determinada atividade, devem requerer ao Juiz autorização para nomear um administrador (ou gerente) que possa bem cuidar dos interesses do incapaz, tomando as decisões em seu lugar, ou prestando-lhe assistência no exercício da empresa. A nomeação de terceiro para representar ou assistir o incapaz no exercício da atividade não interfere na representação legal e também pode se dar por conveniência do Juiz que, cabendo velar pelo melhor interesse da criança e do adolescente (e dos demais incapazes), pode, com a intervenção do Ministério Público, rejeitar o administrador indicado pelos representantes legais ou assistentes, especialmente quando vislumbrar possível e eventual conflito de interesses entre aqueles e o incapaz.

JURISPRUDÊNCIA COMENTADA: Em ação de inventário com herdeiros menores impúberes, o Tribunal optou pela nomeação de administrador para a defesa dos seus interesses nas sociedades componentes do espólio, diante da necessidade de resguardar os direitos dos menores independentemente da nomeação de curador, pois "não há qualquer óbice legal na nomeação de um representante administrador para resguardar o interesse de herdeiras menores perante as empresas que fazem parte do monte partível, principalmente para que possam ficar a par dos negócios e das operações realizadas no decorrer do inventário [...] a nomeação de representante legal para gerenciar ou administrar o interesse de incapazes é plenamente plausível, independentemente de nomeação de curador especial, diante do que dispõem os artigos 975 e 1.719, ambos do Código Civil, muito mais quando demonstrada a absoluta incompatibilidade de interesses das partes quanto à partilha dos bens" (TJMT, AI 160676/2014, j. 21.10.2015, *DJMT* 29.10.2015).

Art. 976. A prova da emancipação e da autorização do incapaz, nos casos do art. 974, e a de eventual revogação desta, serão inscritas ou averbadas no Registro Público de Empresas Mercantis.

Parágrafo único. O uso da nova firma caberá, conforme o caso, ao gerente; ou ao representante do incapaz; ou a este, quando puder ser autorizado.

COMENTÁRIOS DOUTRINÁRIOS: Já foi dito em comentário anterior que todas as modificações nos elementos de identificação e qualificação do empresário, como é o caso da mudança da capacidade, do estado civil ou da alteração do regime de bens, serão obrigatoriamente inscritas ou averbadas à margem da inscrição. Se o empresário já se encontrava regularmente inscrito, as alterações serão averbadas, como se dá, por exemplo, com a sentença de interdição, causa superveniente de incapacidade. Se ainda não havia inscrição, como nos casos do menor emancipado que pretende iniciar a atividade, o documento de emancipação deve ser arquivado na Junta Comercial, no ato da inscrição. Na hipótese de autorização judicial para que o incapaz (ou os herdeiros do empresário falecido) prossigam no exercício da empresa, o ato de autorização judicial será apenas averbado à margem da inscrição. Partindo do pressuposto de que todas as modificações nos elementos de identificação do empresário devem se submeter a registro, entendo que deva ser arquivada na Junta Comercial a decisão judicial (ou o ato notarial) que autorizar ou proceder à mudança de gênero do empresário. No julgamento da ADI 4275/DF, o STF decidiu dar interpretação conforme ao art. 58 da Lei n. 6.015/1973, de modo a permitir a alteração, no registro civil, do gênero da pessoa "trans", independentemente de qualquer procedimento médico. Posteriormente, o Provimento n. 73 do CNJ regulamentou a mudança de gênero no âmbito do Registro Civil das Pessoas Naturais (RCPN), estabelecendo que toda pessoa maior de 18 anos completos habilitada à prática de todos os atos da vida civil poderá requerer ao ofício do RCPN a alteração e a averbação do prenome e do gênero, a fim de adequá-los à identidade autopercebida (art. 2º). O Provimento deixa claro que a alteração do nome e do gênero será realizada com base na autonomia da pessoa, que bastará declarar, perante o registrador do RCPN, a vontade de proceder à adequação da sua identidade (art. 4º). Ainda que o Provimento do CNJ estabeleça que a alteração terá natureza sigilosa e que a informação a seu respeito não pode constar das certidões dos assentos, salvo por solicitação da pessoa requerente ou por determinação judicial (art. 5º), a própria norma administrativa prevê que, finalizado o procedimento de alteração no assento, o RCPN comunique o ato aos órgãos expedidores do RG, ICN, CPF e passaporte, bem como ao TRE (art. 8º). Pela mesma razão, deve o RCPN, sabedor da qualificação empresarial da pessoa "trans", comunicar a mudança de gênero do empresário à Junta Comercial.

JURISPRUDÊNCIA COMENTADA: Em um caso em que se deduziu pleito de indenização por danos morais, decorrente de uso indevido do nome do autor para abertura de sociedades das quais nunca foi sócio, o TJSP reconheceu a fraude perpetrada e a inação da Junta Comercial, "que não verificou assinatura, nem documentos das oito empresas abertas em que figurava como sócios, as duas primeiras abertas quando ainda era menor, sem o competente documento de emancipação. Consequências jurídicas negativas na vida civil do autor comprovadas. Culpa objetiva do ente estatal. Sentença mantida. Recursos oficial e da Fazenda do Estado improvidos" (TJSP, APL 0315837-13.2009.8.26.0000, Ac. 5991440, 3.ª Câmara de Direito Público, Americana, Rel. Des. Antonio Carlos Malheiros, j. 19.06.2012, *DJESP* 28.06.2012).

REFORMA DO CÓDIGO CIVIL: Pretende-se revogar o parágrafo único do art. 976 do Código Civil. Segundo o relatório da comissão de juristas responsável pela elaboração do anteprojeto, "não há utilidade prática e justificativa para se manter a diferenciação entre firma e denominação, o que acaba gerando confusão para profissionais e empresários. A única diferença relevante era a indicação do objeto social no nome, mas essa distinção não mais subsiste, uma vez que o DREI, de acordo com o disposto na Lei 8.934/1994 (Lei de Registro Empresarial), entendeu que tanto na firma quanto na denominação a indicação do objeto social é facultativa".

Art. 977. Faculta-se aos cônjuges contratar sociedade, entre si ou com terceiros, desde que não tenham casado no regime da comunhão universal de bens, ou no da separação obrigatória.

COMENTÁRIOS DOUTRINÁRIOS: O dispositivo proíbe a sociedade entre cônjuges quando o regime de bens do casamento for o da comunhão universal ou da separação obrigatória (art. 1.641). No primeiro caso, porque a sociedade seria fictícia, já que tanto as contribuições de ambos, como os resultados obtidos seriam comuns. No segundo caso, a vedação busca evitar que a sociedade sirva para burlar a separação obrigatória dos bens imposta aos cônjuges em razão de uma das hipóteses previstas nos incisos I a II do art. 1.641. A Lei não excepciona nenhum tipo societário, nem se limita às sociedades empresárias, de modo que a restrição atinge tanto as sociedades simples, como as empresárias. Entretanto, não há óbice a que os cônjuges casados na comunhão universal ou na separação obrigatória adquiram ações de uma mesma companhia. Logo, a proibição legal não pode atingir as sociedades anônimas de capital aberto. A expressão "contratar sociedade" deixa antever a delimitação da restrição às sociedades de pessoas, que são formadas em função das pessoas dos sócios (sociedade simples, sociedade em nome coletivo, sociedade em comandita simples e sociedade limitada). Nas sociedades de capitais (sociedade anônima e sociedade em comandita por ações), nas quais inexistem relações pessoais entre os sócios e que se formam em razão da reunião do capital, sem levar em consideração as pessoas dos sócios, não faz sentido a vedação. Os acionistas da companhia aberta, especialmente aqueles que não participaram da fundação, se limitam a adquirir parcelas representativas do capital, não estando, por isso, alcançados pela proibição. O mesmo raciocínio pode ser empregado às sociedades cooperativas, onde é livre o ingresso de sócios cooperados e inexiste restrição na lei específica (Lei n. 5.764/1971). O item 4.1. do Manual de Registro de Cooperativa (Anexo VI da IN DREI n. 81/2020), por seu turno, estabelece que o "ingresso nas cooperativas é livre a todos que desejarem utilizar dos serviços prestados pela sociedade, desde que adiram aos propósitos sociais e preencham as condições estabelecidas no estatuto. O número de associados é ilimitado, salvo impossibilidade técnica de prestação de serviços". A vedação também não retroage para alcançar as sociedades já constituídas antes da entrada em vigor do Código Civil (11.01.2003), obrigando ao seu desfazimento ou tornando-as irregulares. Normas restritivas não se expandem, têm de receber interpretação estrita e não podem, muito menos, projetar-se para o passado. Ressalte-se que esse entendimento, manifestado anteriormente em outra publicação de minha autoria, restou acolhido pelo então Departamento Nacional de Registro do Comércio – DNRC –, em parecer assim resumido: "A norma do artigo 977 do CC proíbe a sociedade entre cônjuges tão somente quando o regime for o da comunhão universal de bens (art. 1.667) ou da separação obrigatória de bens (art. 1.641). Essa restrição abrange tanto a constituição de sociedade unicamente entre marido e mulher, como destes junto a terceiros, permanecendo os cônjuges como sócios entre si. De outro lado, em respeito ao ato jurídico perfeito, essa proibição não atinge as sociedades entre cônjuges já constituídas quando da entrada em vigor do Código, alcançando, tão somente, as que viessem a ser constituídas posteriormente. Desse modo, não há necessidade de se promover alteração do quadro societário ou mesmo da modificação do regime de casamento dos sócios-cônjuges, em tal hipótese". Sobre o assunto, *vide*, ainda, os comentários ao art. 2.031. No mesmo sentido, o Enunciado n. 204 da *III Jornada de Direito Civil*: "A proibição de sociedade entre pessoas casadas sob o regime da comunhão universal ou da separação obrigatória só atinge as sociedades constituídas após a vigência do Código Civil de 2002". Na *III Jornada*, foram adotadas as seguintes interpretações sobre o art. 977: "1) a vedação à participação de cônjuges casados nas condições previstas no artigo refere-se unicamente a uma mesma sociedade; 2) o artigo abrange tanto a participação originária (na constituição da sociedade) quanto derivada, isto é, fica vedado o ingresso de sócio casado em sociedade de que já participa o outro cônjuge" (Enunciado n. 205). Finalmente, na *III Jornada de Direito Comercial*, foi aprovado o Enunciado n. 94, esclarecendo que "a vedação da sociedade entre cônjuges contida no art. 977 do Código Civil não se aplica às sociedades anônimas, em comandita por ações e cooperativa". O art. 977 somente alude ao casamento, por isso, a restrição não se aplica à união estável, entidade familiar diversa do casamento. Por mais que se outorguem direitos e deveres aos conviventes, não se cogita de uma equiparação total, absoluta e irrestrita entre cônjuge e companheiro, mas uma equiparação seletiva, somente no tocante às chamadas "normas de solidariedade", a exemplo do direito a alimentos, do direito de comunhão de aquestos, de acordo com o regime de bens, e do direito à concorrência sucessória em igualdade de condições com o cônjuge.

Por outro lado, nega-se a equiparação referente às ditas "normas de formalidade", tais como as formas de constituição e dissolução da união estável e do casamento, o procedimento para a alteração do regime de bens, necessariamente judicial no casamento e extrajudicial na união estável (art. 1.639, § 2º, do CC e art. 734 do CPC/2015) e a obrigatoriedade de outorga conjugal para a prática de determinados atos, exclusiva para o casamento e dispensada na união estável. O princípio da isonomia não proíbe que entidades familiares distintas, não obstante igualmente protegidas pelo Estado, possuam regramentos legais diferenciados. Direitos e deveres do par casamentário podem ser diversos daqueles existentes entre o par convivencial. Da mesma forma que os conviventes septuagenários podem converter a união estável em casamento, com a opção por qualquer dos regimes de bens, não encontrando-se jungidos ao regime da separação obrigatória etária (art. 1.640, II), desde que iniciada a união estável antes de atingirem a idade limite, também nesses casos podem manter a sociedade que contrataram antes do casamento, durante a convivência, ainda que tenham optado, na conversão, pelo regime da comunhão universal ou seguido o regime legal de separação obrigatória, sob pena de se impor manifesto desestímulo à própria conversão da união estável em casamento.

JURISPRUDÊNCIA COMENTADA: Na jurisprudência, logo se pacificou o entendimento de que a proibição do art. 977 não atinge as sociedades entre cônjuges já instituídas sob a égide do Código Civil de 1916 (TJRJ, Proc. 0059453-25.2017.8.19.0001, Conselho da Magistratura, Rio de Janeiro, *DORJ* 04.12.2017). Porém, se a sociedade foi constituída após 11.01.2003, e os sócios estejam casados entre si pelo regime da separação obrigatória ou da comunhão universal de bens, "constitui violação ao artigo 977 do Código Civil, tornando-a irregular" (TJSP, APL 1003188-54.2017.8.26.0562, Rel. Des. Antonio Rigolin, *DJESP* 20.03.2018). São numerosos os julgados no sentido de que a constituição de sociedade anônima de "capital fechado" tendo cônjuges casados em regime de comunhão universal de bens como "únicos sócios" esbarra no óbice legal encartado no art. 977 do Código Civil, dispositivo aplicável a todas as sociedades empresárias e que "a existência de legislação específica não afasta a incidência da vedação legal" (TJSC, AC 0003046-41.2016.8.24.0018, *DJSC* 06.04.2017). Em demanda em que impugnada a constituição de sociedade anônima de capital fechado constituída em 2006 e os atos praticados em seu nome, o TJSP, após reconhecer que a sociedade anônima de capital fechado "foi criada em violação ao disposto no artigo 977 do Código Civil, que veda a constituição de sociedade empresária entre cônjuges casados sob o regime de comunhão universal de bens", declarou a "nulidade da constituição da sociedade anônima e dos atos posteriormente praticados" (TJSP, APL 0149387-08.2008.8.26.0100, Rel. Des. Christine Santini, j. 03.02.2015, *DJESP* 20.02.2015). A pretensão de expandir a atividade empresarial já foi considerada justa causa para "alteração do regime de bens, com efeitos *ex nunc*, ressalvados os direitos de terceiros, nos exatos termos do § 2º do art. 1.639 do Novo Código Civil" (TJSP, APL 0003507-50.2014.8.26.0075, *DJESP* 14.10.2016). O STJ, por sua vez, já decidiu que "as restrições previstas no art. 977 do CC/2002 impossibilitam que os cônjuges casados sob os regimes de bens ali previstos contratem entre si tanto sociedades empresárias quanto sociedades simples" (STJ, REsp 1.058.165, Rel. Min. Fátima Nancy Andrighi, *DJe* 21.08.2009). Em acórdão paradigmático, envolvendo a negativa de arquivamento de alteração de contrato social de sociedade formada por sócios cônjuges, que conviviam em união estável à época da constituição da sociedade, o TRF da 2.ª Região decidiu por afastar a vedação do art. 977, que tem o objetivo claro de evitar situações de fraudes ou simulação, eis que os cônjuges já haviam constituído núcleo familiar anteriormente à constituição da sociedade, inexistindo, assim, "óbice ao ato de constituição, uma vez que os sócios já viviam em união estável, cujo regime legal é o da comunhão parcial de bens. A celebração do casamento do casal em 2007 veio apenas oficializar a união, que se deu pelo regime da separação de bens, por força do disposto no art. 1.641, II, do Código Civil, haja vista a idade do sócio" (TRF 2.ª Região, Proc. 0022824-32.2010.4.02.5101, Rel. Juíza Fed. Conv. Carmen Silvia Lima de Arruda, *DEJF* 09.08.2012). Alguns julgados, no entanto, têm se inclinado por reconhecer a inconstitucionalidade do art. 977. Porém, a posição é minoritária e não tem maior repercussão na doutrina. Em ação declaratória de nulidade, que combateu o ingresso de cônjuge casado sob o regime de separação obrigatória de bens em sociedade da qual fazia parte o outro cônjuge, sentença do Paraná declarou "incidentalmente a inconstitucionalidade da referida norma, julgando improcedente a pretensão". O TJPR determinou a suspensão do feito e remessa ao órgão especial para instauração e decisão do respectivo incidente (TJPR, Apelação Cível 1715982-5, *DJPR* 26.03.2018).

REFORMA DO CÓDIGO CIVIL: Pretende-se alterar o art. 977 do Código Civil, para afastar a vetusta limitação a que pessoas casadas sob o regime de comunhão universal de bens possam constituir uma sociedade entre si. Se aprovada a reforma, o dispositivo passaria a ter a seguinte redação: "Art. 977. Faculta-se aos cônjuges ou conviventes em união estável contratar sociedade, entre si ou com terceiros, independentemente do regime de bens adotado".

Art. 978. O empresário casado pode, sem necessidade de outorga conjugal, qualquer que seja o regime de bens, alienar os imóveis que integrem o patrimônio da empresa ou gravá-los de ônus real.

COMENTÁRIOS DOUTRINÁRIOS: As outorgas conjugais (*uxoria* e marital) constituem autorizações concedidas por um cônjuge a outro, para a prática de determinados atos. O art. 1.647 estabelece que nenhum dos cônjuges pode, sem autorização do outro, exceto no regime da separação absoluta: I – alienar ou gravar de ônus real os bens imóveis; II – pleitear, como autor ou réu, acerca desses bens ou direitos; e III – prestar fiança ou aval. No que se refere especificamente a ato de disposição dos chamados *bens de raiz*, a exigência da vênia conjugal tem por escopo a proteção ao patrimônio da família, uma vez que o patrimônio do empresário (e aqui o artigo está se referindo ao empresário individual) confunde-se com o patrimônio da pessoa natural, que responde ilimitadamente com seus bens pelas obrigações assumidas enquanto empresário. Assim, se o empresário e a pessoa física constituem-se em uma mesma pessoa (o Código não atribui personalidade jurídica ao empresário), o patrimônio empresarial e o individual também formam um todo único, não sendo possível, na literalidade do art. 1.647, prescindir da autorização do outro cônjuge no caso de alienação ou gravame. Nesses casos, o proprietário registral casado em regime diverso da separação absoluta, não pode, sozinho, e sem autorização do cônjuge, alienar ou impor ônus real imobiliário, independentemente de tratar-se de bem exclusivo do titular ou bem comum do casal. Todavia, em se tratando de empresário individual, que exerce a empresa por meio da pessoa natural, caso existam bens imóveis por ele titularizados, afetados à atividade empresarial e devidamente arrolados quando da inscrição ou em declaração posteriormente averbada no registro, o ato de disposição ulterior, no giro da atividade, prescinde da outorga, o que constitui exceção às restrições do art. 1.647. Essa maior flexibilização é de fundamental importância, especialmente quando o bem imóvel compõe o próprio objeto da atividade, como ocorre nas imobiliárias e incorporadoras. Por isso, a previsão liberalizante de que qualquer dos cônjuges, empresários individuais, pode, sem necessidade de vênia conjugal, alienar ou gravar de ônus reais bens imóveis que integrem o patrimônio da empresa que cada um, isoladamente, exerça. O destinatário da norma é o empresário individual regularmente inscrito, que poderá alienar ou gravar de ônus real o imóvel incorporado à atividade. O dispositivo, ao referir-se aos "imóveis que integrem o patrimônio da empresa", está se referindo, pois, aos imóveis empregados na atividade econômica organizada para produção e circulação de bens ou de serviços. Por outro lado, ao excepcionar a regra do art. 1.647, confirma a hierarquização do Direito Empresarial em relação ao direito de família e guarda consonância com o art. 1.642, I, do Código Civil, estabelecendo um conjunto normativo que possibilita o desempenho de atos de administração imprescindíveis ao exercício da atividade empresária pelo cônjuge profissional. A referência ao empresário casado somente reforça que as outorgas exigidas pelo art. 1.647 não se aplicam à união estável. Doutrina e jurisprudência são acordes quanto à desnecessidade da outorga convivencial para alienação, durante a união estável, de bem imóvel comum. Mesmo reconhecendo que nenhum dos companheiros poderia dispor do bem sem a autorização do outro, deve prevalecer a proteção jurídica ao terceiro adquirente de boa-fé, nas situações em que não se houver dado publicidade à união, inexistindo contrato de convivência ou decisão declaratória de existência de união estável averbados no registro de imóveis em que cadastrados os bens comuns. Ressalte-se, finalmente, que se o imóvel utilizado no exercício da empresa, antes de afetado à atividade empresarial, integrava o patrimônio comum do casal, é exigida a "prévia averbação de autorização conjugal à conferência do imóvel ao patrimônio empresarial no cartório de registro de imóveis, com a consequente averbação do ato à margem de sua inscrição no registro público de empresas mercantis", como prevê o Enunciado n. 58 da *II Jornada de Direito Comercial*. É imprescindível, portanto, para que o empresário individual goze da liberdade que lhe outorga o art. 978, que exista "prévio registro de autorização conjugal no Cartório de Imóveis, devendo tais requisitos constar do instrumento de alienação ou de instituição do ônus real, com a consequente averbação do ato à margem de sua inscrição no Registro Público de Empresas Mercantis" (*I Jornada de Direito Comercial* – Enunciado n. 6).

JURISPRUDÊNCIA COMENTADA: No STJ é pacífico que a fiança prestada em virtude do exercício da profissão de empresário, por expressa disposição de Lei, não exige a autorização do cônjuge (REsp 1.702.653/RJ, Rel. Min. Ricardo Villas Bôas Cueva). O mesmo raciocínio se aplica para as demais outorgas conjugais de que trata o art. 1.647. Sobre a validade da transferência de titularidade de contrato de franquia, ao argumento de que constituiria parte integrante do patrimônio do casal, o que impediria a disposição da titularidade do contrato de franquia, porquanto não formalizada a partilha, já se decidiu que "transações alusivas ao contrato de franquia constituem atos de disposição e administração destinados exclusivamente ao desempenho da atividade econômica desenvolvida pelo empresário, cujos efeitos recaem tão somente sobre o complexo de bens organizados ao exercício da empresa. Em relação à prática de tal ato, inexiste exigência de autorização conjugal, nos termos do art. 1.647, do Código Civil" e "tratando-se de ato de disposição e de administração necessário ao desempenho de sua atividade econômica, é lícito à empresária casada, independentemente do regime de bens, celebrar e transferir a titularidade do contrato de franquia, dispensada a outorga conjugal. Ainda que se tratasse, no caso, de transação envolvendo bens imóveis, não incidiria, igualmente, a exigência do inc. I do art. 1.647 do Código Civil, não se fazendo necessária a outorga conjugal, porquanto os bens afetados referem-se ao patrimônio da empresa" (TRF da 3.ª Região, AC 0009448-59.2010.4.03.6100, *DEJF* 29.11.2017). No caso de pessoa jurídica cujo objeto social é a intermediação de negócios imobiliários, tais como a compra e venda de imóveis, é tranquilo na jurisprudência que o empresário poderá alienar os imóveis que são próprios da empresa, sem necessidade da autorização do cônjuge, especialmente quando os "imóveis que nunca integraram o patrimônio comum do casal sempre sendo de propriedade da imobiliária, que antes possuía o formato de sociedade limitada" (TJMA, AI 025700/2016, 4.ª Câmara Cível, Rel. Des. Marcelino Chaves Everton, j. 13.12.2016, *DJEMA* 19.12.2016). O mesmo raciocínio se aplica ao incorporador, que é empresário individual e não necessita da outorga conjugal para alienar bens imóveis que integram o patrimônio da empresa (cf. TJMG, APCV 1.0433.11.000064-6/001, *DJEMG* 14.06.2013). Situação bastante comum é a das *holdings* patrimoniais, em que a alienação de imóveis também pode ocorrer, indiretamente, por meio da transferência de quotas ou de ações, para o que também não se exige outorga conjugal. Não há como se vedar, nem a transferência de quotas de sociedade, nem a alienação de bens "seja porque o requerimento esbarra no disposto no art. 978 do Código Civil, segundo o qual 'o(a) empresário(a) casado(a) pode, sem necessidade de outorga conjugal, qualquer que seja o regime de bens, alienar os imóveis que integrem o patrimônio da empresa ou gravá-los de ônus real'; ou porque, independentemente da alegação de simulação ora objeto da lide, não se mostra legítimo impedir as sócias gerentes de administrarem a empresa e a repartir os lucros" (TJDF, Recurso 2012.00.2.012323-6, Acórdão 612.643, *DJDFTE* 27.08.2012).

REFORMA DO CÓDIGO CIVIL: Pretende-se alterar o art. 978 do Código Civil, para aludir à união estável ao lado do casamento, seguindo a diretriz pretoriana de equiparação entre as entidades familiares, passando a ter a seguinte redação: "Art. 978. O empresário casado ou que viva em união estável pode, sem necessidade de outorga do cônjuge ou do convivente, qualquer que seja o regime de bens, alienar os imóveis que integrem o patrimônio da empresa ou gravá-los de ônus real".

Art. 979. Além de no Registro Civil, serão arquivados e averbados, no Registro Público de Empresas Mercantis, os pactos e declarações antenupciais do empresário, o título de doação, herança, ou legado, de bens clausulados de incomunicabilidade ou inalienabilidade.

COMENTÁRIOS DOUTRINÁRIOS: O dispositivo exige que o empresário individual promova o arquivamento, na Junta Comercial da sua sede, dos pactos e declarações antenupciais, dos títulos de doação, herança ou legado. Quanto aos bens clausulados (ver art. 1.848), deve o respectivo título de doação, herança, ou legado ser objeto de averbação. É conveniente que os terceiros que contratam com o empresário individual tenham acesso a toda e qualquer alteração em sua situação patrimonial. O dispositivo não menciona os pactos ou escrituras de união estável, não obstante o Anexo II da IN n. 81/2020 do DREI exija que o empresário declare, no requerimento de inscrição, se convive ou não em união estável. Daí por que, caso exista contrato de união estável (por instrumento público ou particular), especialmente com adoção de regime de bens diverso do regime de comunhão parcial, é obrigatório o arquivamento no RPEM.

Mas é importante advertir que a união estável não depende de contrato, não exige formalidade, nem solenidade, mas pressupõe o fato da convivência pública, duradoura e com o objetivo de constituição de família. Ela se manifesta pela simples comunhão fática de vida, ou seja, o casal passa a conviver pautado sob aqueles elementos acima descritos, independentemente de vida sob o mesmo teto, contrato escrito ou qualquer outra providência. A prova de sua existência é preponderantemente testemunhal, não obstante seja comumente corroborada por documentos (como fotos, contrato de aluguéis, bilhetes amorosos etc.), dentre os quais, e certamente o mais relevante, o contrato de convivência. Ou seja, jamais o instrumento contratual poderá constituir a união estável, especialmente quando celebrado no início da convivência. O contrato prévio de união estável não tem eficácia enquanto as partes contratantes não concretizarem o efetivo convívio. No máximo, exterioriza tratativas preliminares de um convívio futuro, que poderá se materializar ou não, assemelhando-se, nesse ponto, ao pacto antenupcial, que somente adquire eficácia após o casamento. Sua eficácia é condicionada, dependendo do implemento ulterior dos seus elementos caracterizadores. Uma união de fato, iniciada com ou sem contrato, tem o seu potencial de transformar-se ou não em uma união estável, a depender da presença dos demais elementos característicos.

JURISPRUDÊNCIA COMENTADA: Nos casos de clausulação de bens em testamento (inalienabilidade, impenhorabilidade e incomunicabilidade), não obstante a exigência do art. 979, a ausência de averbação no RPEM não compromete a eficácia das disposições de última vontade. O argumento da ausência de averbação na Junta Comercial, para fins de constrição de bens, nesses casos, não tem sido acatado na jurisprudência (cf. TJSP, AI 0363588-59.2010.8.26.0000, Rel. Des. Elliot Akel, *DJESP* 13.01.2011). Sobre a sucessão do empresário individual, o Tribunal de Justiça do Distrito Federal decidiu, no julgamento do AI n. 0723991-60.2021.8.07.0000, que a opção dos herdeiros pela liquidação da empresa individual, nos termos do art. 1.028 do Código, pode ser exercida pelos sucessores nos próprios autos do inventário (TJDFT, Processo 0723991-60.2021.8.07.0000, j. 24.11.2021).

REFORMA DO CÓDIGO CIVIL: Pretende-se alterar o art. 979 do Código Civil, que passaria a ter a seguinte redação: "Art. 979. Além de arquivados e averbados no Registro Civil das Pessoas Naturais, serão também arquivados e averbados no Registro Público de Empresas Mercantis, os pactos e declarações antenupciais do empresário, o título de doação, herança, ou legado de bens clausulados de incomunicabilidade ou inalienabilidade, bem como a escritura de compra e venda entre cônjuges ou conviventes, de bens, excluídos da comunhão, conforme a permissão contida no art. 499 deste Código". O objetivo da proposta é acrescentar, entre os títulos qualificados que serão levados ao registro competente, a escritura de compra e venda entre cônjuges ou conviventes, de bens excluídos da comunhão.

Art. 980. A sentença que decretar ou homologar a separação judicial do empresário e o ato de reconciliação não podem ser opostos a terceiros, antes de arquivados e averbados no Registro Público de Empresas Mercantis.

COMENTÁRIOS DOUTRINÁRIOS: O dispositivo exige o arquivamento na Junta Comercial da sentença que decretar ou homologar a separação judicial ou divórcio, visando, assim, a dar publicidade à alteração do estado civil do empresário individual e à consequente partilha do patrimônio anteriormente pertencente ao casal. O dispositivo é abrangente também da separação extrajudicial, de modo que as escrituras de separação e de divórcio também devem ser averbadas à margem da inscrição do empresário individual. O mesmo raciocínio deve ser aplicado às sentenças e escrituras públicas de dissolução de união estável. Questão mais complexa diz respeito às decisões judiciais que decretam a separação de corpos e às escrituras declaratórias de separação de fato. Também esses atos devem ser obrigatoriamente averbados no Registro Público de Empresas Mercantis. Isso porque o regime de bens ou a sociedade conjugal são extintos a partir da separação de fato do casal, com ou sem o ajuizamento de medida judicial de separação de corpos. A doutrina pátria é unânime no que se refere aos efeitos desconstitutivos da separação de fato em relação ao regime de bens do casamento. O entendimento mais conservador, com apoio no que dispunha o art. 3º, *caput*, da Lei n. 6.515/1977, e também por força da interpretação restritiva do art. 1.576 do CC, preconizava que a comunhão de bens só terminaria com a morte de um dos cônjuges, com a anulação do casamento, com a separação judicial ou com o divórcio; e que a separação de fato, por mais prolongada que fosse, não teria o condão de pôr fim à comunhão. Contudo, essa orientação já está completamente superada, pois cessada a coabitação, desaparece a *affectio societatis*, que é a base da comunhão de bens, não havendo justificativa para que o regime se mantenha inalterado. Após o término da convivência *more uxorio*, cada um dos cônjuges passa a formar patrimônio distinto daquele construído durante a vida em comum. E, justamente por isso, inclusive para evitar o enriquecimento sem causa, é que os bens e valores adquiridos após a separação de fato não se comunicam, pertencendo exclusivamente àquele que comprovou a sua aquisição. Seria mesmo repugnante ao Direito reconhecer, nesses casos, a comunhão de bens e atribuir parte do patrimônio, construído após a separação de fato, ao cônjuge que nada contribuiu para a sua formação. Não faz sentido que, após cessada a *affectio societatis* entre os cônjuges, permaneça entre eles qualquer vínculo patrimonial decorrente de colaboração ativa ou presumida, como se a sociedade se mantivesse hígida. Por todas essas razões, é que a separação de fato do empresário casado também deve ser publicizada, mediante o arquivamento, na Junta Comercial, do ato comprobatório da separação fática, sempre que houver. *Divórcio e partilha de bens do empresário individual.* Ocorrendo o divórcio ou dissolução de união estável do empresário individual, que é pessoa natural, e desde que o casamento ou a união estável estejam submetidos a regime de comunhão de bens, devem ser partilhados os bens comuns, notadamente, como regra geral no regime de comunhão parcial, os adquiridos durante a convivência. Na constância do casamento e da união estável, os frutos do trabalho do empresário individual percebidos ou pendentes até a data da separação de fato integram o patrimônio a ser partilhado pelo casal. Entretanto, nem a empresa, nem os bens afetados à atividade empresarial, ainda que integrem o patrimônio pessoal do empresário, estarão sujeitos a partilha, pouco importando a data de aquisição ou a data do início da atividade, incidindo aqui as exceções previstas no inciso V do art. 1.659 e no inciso V do art. 1.668, eis que constituem instrumentos para o exercício da profissão. Porém, cada caso deve ser examinado *cum grano salis*, averiguando-se se existe ou não "patrimônio social", ou seja, bens empregados na atividade econômica. Caso existam bens afetados à atividade empresarial e devidamente arrolados quando da inscrição do empresário ou em declaração posteriormente averbada no registro, estes devem ser excluídos da partilha, sem prejuízo a que o cônjuge ou companheiro que se sinta prejudicado postule eventual compensação, a exemplo dos chamados alimentos compensatórios.

JURISPRUDÊNCIA COMENTADA: A questão alusiva à partilha de bens do empresário individual é tormentosa na jurisprudência. Muitas decisões, a meu ver equivocadas, entendem que, como o patrimônio da pessoa natural e o do empresário individual se confundem, "deve ser partilhado entre as partes em caso de dissolução de união estável" (TJDF, Recurso 2013.04.1.014789-4, Acórdão 875.893, Rel. Des. Ana Cantarino, *DJDFTE* 26.06.2015). Mas essa não pode ser a regra geral, pois cada caso deve ser examinado a partir da existência ou não de "patrimônio social". Os instrumentos da profissão do empresário individual, como é o caso dos bens que ele emprega no exercício de sua atividade, não podem ser partilhados. "Os instrumentos de profissão não podem ser objeto de partilha, isso porque se excluem da comunhão os instrumentos indispensáveis ao exercício profissional de cada cônjuge, sob pena de privá-los dos meios que lhes asseguram a sobrevivência, conforme dispõe o artigo 1.659, V, do CC" (TJMT, APL 57908/2017, Rel. Des. Dirceu dos Santos, *DJMT* 05.09.2017). Muito menos a própria empresa que, nesses casos, se confunde com o labor pessoal do empresário. O que vai ser partilhado é o resultado da atividade produzido até a data da separação de fato, razão pela qual mostram-se corretas as decisões no sentido de que "o companheiro do empresário individual compartilha do acréscimo patrimonial, dos lucros e prejuízos existentes no fim do relacionamento" (TJMG, APCV 1.0027.10.031394-2/001, Rel. Des. Oliveira Firmo, *DJEMG* 21.02.2017).

REFORMA DO CÓDIGO CIVIL: Pretende-se alterar o art. 980 do Código Civil, que passaria a ter a seguinte redação: "Art. 980. A escritura pública ou a sentença que, levadas ao registro público das pessoas naturais, alterarem o estado de família do empresário não podem ser opostas a terceiros que contrataram com a sociedade de que ele faz parte, antes de arquivadas e averbadas no Registro Público de Empresas Mercantis". O objetivo da proposta é esclarecer que o dispositivo é abrangente de todos os atos jurídicos que alterarem o estado de família do empresário (casado, divorciado, convivente, separado de fato etc.), os quais não poderão ser opostos a terceiros que contratam com a sociedade da qual ele faz parte, antes de arquivados e averbados na Junta Comercial.

TÍTULO I-A
DA EMPRESA INDIVIDUAL DE RESPONSABILIDADE LIMITADA

Art. 980-A. (Revogado pela Lei n. 14.382, de 2022)

A LEI N. 14.382 DE 2022 E A EXTINÇÃO DA EIRELI: Com a edição da Lei n. 14.195, de 26 de agosto de 2021, que tratou Com a edição da Lei n. 14.195, em 26 de agosto de 2021, que tratou da "facilitação para abertura de empresas", conhecida como "Lei do Ambiente de Negócios", instaurou-se na doutrina acerba controvérsia sobre a possível revogação tácita do inciso VI do art. 44 e do art. 980-A e parágrafos, do Código Civil, diante da incompatibilidade de manutenção da EIRELI no ordenamento jurídico pátrio. Na redação aprovada no parlamento, havia cláusula revogatória expressa desses dispositivos, mas que restou vetada pelo Presidente da República. A revogação tácita ou indireta, por outro lado, a teor do art. 2º, § 1º, da LINDB, pode ocorrer quando, a partir do exame sistemático da lei anterior e da lei posterior, conclui-se que a interpretação inferida da lei posterior não se coaduna com a lei anterior devidamente interpretada. No caso, a nova lei determinou a transformação automática de todas as empresas individuais de responsabilidade limitada, até então existentes, em sociedades limitadas unipessoais, independentemente de qualquer alteração em seu ato constitutivo (art. 41). Houve quem defendesse que, após a data de início da vigência da Lei n. 14.195, poderiam ser constituídas novas EIRELIs, não se aplicando a Lei a essas EIRELIs posteriores. Entretanto, seria ilógico e atingiria a própria coerência do sistema, que a Lei n. 14.195/2021 houvesse extinguido todas as EIRELIs existentes na data da sua entrada em vigor, mas, ao mesmo tempo, permitisse, a partir dali, a constituição de novas EIRELIs. Sob essa ótica, aquelas próprias EIRELIs transformadas automaticamente em limitadas unipessoais poderiam requerer, ato contínuo, nova transformação em EIRELI, em verdadeira interpretação ab-rogante do art. 41 da Lei n. 14.195. Além disso, quando a Lei n. 13.874/2019 (Lei de Liberdade Econômica – LLE) instituiu a sociedade de limitada unipessoal, os motivos ensejadores da criação da EIRELI, especialmente o de limitação da responsabilidade daquele que pretende exercer a empresa em caráter individual, desapareceram. Nesse cenário, os elementos lógico e sistemático devem fazer a *ratio* da lei posterior prevalecer sobre a expressão literal dos dispositivos codificados, aplicando-se o velho adágio *lex posterior derogat priori*, no sentido de que o § 1º do art. 1.052 do Código Civil (incluído pela Lei n. 13.874/2019) c/c o art. 41 da Lei n. 14.195/2021 operaram a revogação tácita do inciso VI do art. 44 e do art. 980-A desse Código. Com isso, não é mais possível a constituição de novas empresas individuais de responsabilidade limitada, nem a transformação do empresário individual ou de qualquer sociedade em EIRELI (*vide*, ainda, comentários ao art. 44). Especialmente após a edição da Medida Provisória n. 1.085, de 27 de dezembro de 2021, convertida na Lei n. 14.382/2022 que, ratificando essa posição, restabeleceu a revogação expressa daqueles dois dispositivos. Assim, com a entrada em vigor da Lei n. 14.382, foi definitivamente espancada qualquer controvérsia no que toca à extinção da EIRELI.

TÍTULO II
DA SOCIEDADE

CAPÍTULO ÚNICO
DISPOSIÇÕES GERAIS

Art. 981. Celebram contrato de sociedade as pessoas que reciprocamente se obrigam a contribuir, com bens ou serviços, para o exercício de atividade econômica e a partilha, entre si, dos resultados.

Parágrafo único. A atividade pode restringir-se à realização de um ou mais negócios determinados.

COMENTÁRIOS DOUTRINÁRIOS: O dispositivo define o contrato de sociedade, anteriormente disciplinado nos arts. 1.363 e seguintes do Código Civil de 1916. É contrato típico, bilateral (ou plurilateral), oneroso, sujeito às regras e princípios previstos nos arts. 421 e seguintes deste Código, concernentes à formação e validade dos contratos em geral, especialmente quanto à função social e à boa-fé objetiva. Também deve observar os requisitos de validade e eficácia de todo e qualquer ato jurídico, nos termos dos arts. 104 e seguintes. Por meio dele, duas ou mais pessoas se obrigam a contribuir para um fundo, a que se denomina capital social, para o exercício de uma atividade econômica, com a intenção de partilhar os lucros entre si. A Lei n. 13.874/2019 passou a permitir a constituição de sociedade limitada por uma só pessoa (ver art. 1.052), hipótese que não afasta a natureza bilateral (ou plurilateral) do contrato de sociedade, dispondo a lei que se aplicarão ao documento de constituição do sócio único, apenas no que couber, as disposições sobre o contrato social. Em outras palavras, o ato constitutivo da sociedade limitada unipessoal não é contrato, abrindo a lei uma exceção ao princípio da contratualidade exclusivamente para esse tipo societário. Apesar de mencionar exclusivamente o contrato social, e ainda que os conceitos não sejam sinônimos, o presente dispositivo é também abrangente do "estatuto social", pois a constituição de sociedade tanto pode ocorrer pelo ajuste de vontades contratual, como estatutário. Ao contrário das associações, que são formadas pela união de pessoas que se organizam para desenvolver atividades sem fins lucrativos, as sociedades são constituídas por sócios para o exercício de atividade econômica e têm por principal finalidade obter lucro, pouco importando a natureza de sociedade, se simples ou empresária. Esclarece o Enunciado n. 475 da *V Jornada de Direito Civil* ser da essência do contrato de sociedade a partilha do risco entre os sócios, razão pela qual "não desfigura a sociedade simples o fato de o respectivo contrato social prever distribuição de lucros, rateio de despesas e concurso de auxiliares". A contribuição dos sócios ao capital social se fará em dinheiro, em bens móveis ou imóveis ou exclusivamente em prestação de serviços, o que só é permitido nas sociedades cooperativas (art. 1.094, I) e nas sociedades simples propriamente ditas (art. 983, 2ª parte), como esclarece o Enunciado n. 474 da *V Jornada de Direito Civil*. A antiga sociedade comercial de capital e indústria foi extinta pelo Código Civil de 2002. A distinção entre o sócio de serviços (relação societária) e o empregado (relação de emprego) nem sempre é fácil, sendo comuns as situações de admissão do empregado no quadro societário para se evitarem os encargos trabalhistas. Somente no caso concreto será possível analisar se o sócio de serviços e os demais sócios mantinham um vínculo de coordenação/cooperação, empreendendo os seus esforços na prestação dos serviços oferecidos e repartindo o lucro de acordo com a participação societária de cada um, hipótese em que configurada a condição de sócio; ou, se a relação era de pessoalidade e subordinação, quando estaria caracterizada a relação de emprego e a condição de empregado. O parágrafo único do art. 981 esclarece que o objeto social pode estar limitado à realização de um só negócio determinado, quando a sociedade é constituída para realização de um empreendimento, com previsão de dissolução após a consecução do objeto. Permite, assim, a criação das chamadas Sociedades de Propósito Específico (SPE), muito comuns nos empreendimentos imobiliários, especialmente após a edição da Lei n. 10.931, de 02 de agosto de 2004, que dispôs sobre o patrimônio de afetação nas incorporações imobiliárias. Não se trata de um novo tipo societário, mas apenas de uma regra permissiva de limitação do objeto. As regras societárias serão aquelas estabelecidas na legislação, conforme o tipo societário escolhido para a sua constituição. O uso da SPE também é frequente nos contratos administrativos, após a Lei de Parcerias Público-Privadas (Lei n. 11.079 de 30 de dezembro de 2004), que introduziu novas regras para licitações e contratações de parcerias público-privadas no âmbito dos poderes da União, dos Estados, do Distrito Federal e dos Municípios. A principal vantagem da constituição da Sociedade de Propósito Específico é simplificar a operação, restrita a um empreendimento determinado, e reduzir o risco financeiro. Há quem as considere como uma variação da sociedade por prazo determinado, eis que a SPE entra em dissolução, de pleno direito, com o término da operação e consecução do objeto. Na formação do nome empresarial da sociedade poderá ser agregada a sigla SPE, antes da designação do tipo jurídico adotado, observados os demais critérios de formação do nome (ver IN n. 81/2020). Pode, ainda, a sociedade ser constituída apenas para a prestação de garantia em favor seus sócios. A Lei Complementar n. 169/2019 passou a autorizar constituição de sociedade de garantia solidária (SGS), sob a forma de sociedade por ações, para a concessão de garantia a seus sócios participantes, ao mesmo tempo em que também permitiu a constituição da sociedade de contragarantia, que tem como finalidade o oferecimento de contragarantias à sociedade de garantia solidária, ambas integrantes do Sistema Financeiro Nacional. A Resolução n. 4.822, de 1º de junho de 2020, do Banco Central do Brasil, disciplina a constituição, a organização e o funcionamento da sociedade de garantia solidária e da sociedade de contragarantia. Por fim, a Lei n. 14.193, de 06 de agosto de 2021, instituiu a Sociedade Anônima do Futebol (SAF), que é a companhia cuja atividade principal consiste na prática do futebol, feminino e masculino, em competição profissional, permitindo, assim, a organização dos clubes de futebol por meio de um modelo empresarial e promovendo a separação entre o clube como associação civil e o clube como empresa.

JURISPRUDÊNCIA COMENTADA: Uma discussão recorrente nos Tribunais refere-se à diferenciação entre a relação jurídica societária e a relação de emprego, nos casos de sociedades que admitem sócios de serviço. Em um caso em que foi negado o reconhecimento do vínculo de emprego, o Tribunal destacou que "as narrativas do próprio autor apontam para a existência da sociedade de fato e não da prestação de labor subordinado e desvinculado dos riscos do negócio. O reclamante assumia os riscos da atividade econômica, ao confessadamente receber valores variáveis, investindo na sociedade, o que culminou na aquisição de duas filiais da ré" (TRT 3.ª Região, RO 0001918-43.2014.5.03.0033, *DJEMG* 14.10.2016).

Art. 982. Salvo as exceções expressas, considera-se empresária a sociedade que tem por objeto o exercício de atividade própria de empresário sujeito a registro (art. 967); e, simples, as demais.

Parágrafo único. Independentemente de seu objeto, considera-se empresária a sociedade por ações; e, simples, a cooperativa.

COMENTÁRIOS DOUTRINÁRIOS: O dispositivo criou nova sistemática de classificação das sociedades, fazendo desaparecer as antigas sociedades civis, em grande parte substituídas pelas chamadas sociedades simples, enquanto as antigas sociedades comerciais passaram a se denominar sociedades empresárias. Não existem mais sociedades comerciais e civis, mas sociedades empresárias e simples. As sociedades empresárias são as pessoas coletivas que exercem a "empresa", nos termos descritos no art. 966, dispositivo que traz os elementos conceituais tanto do empresário individual (pessoa natural), como do empresário coletivo (sociedade empresária); enquanto simples são as sociedades cuja atividade consiste no exercício de profissão intelectual, de natureza científica, literária ou artística, ainda com o concurso de auxiliares ou colaboradores. Ambas promovem a circulação de riquezas e têm o lucro por escopo. Daí por que não desfigura a sociedade simples o fato de o respectivo contrato social prever distribuição de lucros, rateio de despesas e concurso de auxiliares. O Código Civil, não obstante a proposta de unificação do direito societário, manteve o sistema de registro dual, um para a sociedade simples e outro para as sociedades empresárias, o que merece crítica, pois passa a ideia (equivocada) de que existiriam dois regimes societários, um de Direito Civil e o outro de Direito Empresarial. A sociedade empresária procede ao registro de seus atos no Registro Público de Empresas Mercantis (RPEM), a cargo das Juntas Comerciais, e tem o privilégio de requerer falência e recuperação; enquanto a sociedade simples registra-se no Registro Civil de Pessoas Jurídicas (RCPJ) e não se submete à legislação falimentar. Excetuam-se as sociedades cooperativas, que "são sociedades simples sujeitas à inscrição nas juntas comerciais" (Enunciado n. 69, aprovado na *I Jornada de Direito Civil*). O "empresário individual" e a "sociedade empresária" se diferenciam apenas pelo modo como se organizam e atuam: o primeiro, individualmente; a segunda, coletivamente. No mais, são idênticos os elementos componentes de ambos os conceitos: "atividade econômica organizada para a produção ou a circulação de bens ou de serviços". Ambos exercem a empresa. O parágrafo único do art. 982 estabelece uma presunção absoluta de "empresariedade" a favor das sociedades anônimas, ao dispor que a sociedade por ações será sempre empresária, ao mesmo tempo em que firma a presunção absoluta de "não empresariedade" a favor das cooperativas, que serão sempre tratadas como sociedades simples. Essas duas presunções estavam anteriormente previstas no art. 2º, § 1º, da Lei n. 6.404/1976, e no art. 4º da Lei n. 5.764/1971. Assim, a sociedade cooperativa é uma sociedade simples por imposição legal e, ainda que exerça atividade empresarial, tal não a qualificará como sociedade empresária. A mesma imposição se aplica às sociedades anônimas, que serão empresárias ainda que não exerçam a empresa, como se dá em algumas sociedades anônimas fechadas, constituídas apenas para administração de patrimônio familiar. Nada impede que as sociedades simples sejam sócias de qualquer outro tipo societário, inclusive de sociedades empresárias e vice-versa, sob pena de violação do direito à livre associação para a formação de pessoas jurídicas, previsto em sede constitucional (art. 5º, inc. XVIII da CF/1988). Nesse sentido, o Enunciado n. 207, aprovado na *III Jornada de Direito Civil*, estabelece que "a natureza de sociedade simples da cooperativa, por força legal, não a impede de ser sócia de qualquer tipo societário, tampouco de praticar ato de empresa". O Enunciado n. 474 da *V Jornada de Direito Civil*, por sua vez, elucida que "os profissionais liberais podem organizar-se sob a forma de sociedade simples, convencionando a responsabilidade limitada dos sócios por dívidas da sociedade, a despeito da responsabilidade ilimitada por atos praticados no exercício da profissão". Isso porque não se pode confundir a responsabilidade do sócio em face do capital social, com a responsabilidade pessoal de cada profissional habilitado no exercício da respectiva atividade. Durante a tramitação do projeto de conversão da MP n. 1.040/2021 (Projeto de Lei n. 15/2021), em que se converteu a Lei n. 14.195/2021 (Lei do Ambiente de Negócios), houve uma tentativa de extinção da sociedade simples, por meio da revogação dos arts. 982 e 1.000. O projeto também proibia a constituição de novas sociedades simples e obrigava todas aquelas que se encontravam registradas no Registro Civil de Pessoas Jurídicas a migrar para o Registro Público de Empresas Mercantis. A proposta, na prática, despia os exercentes de profissão intelectual, de natureza científica, literária ou artística – portanto atividade não empresarial nos termos do parágrafo único do art. 966 –, de um tipo societário próprio, obrigando-os, caso quisessem, a se organizar como pessoas jurídicas, com submissão ao regime jurídico empresarial, contrariando o próprio parágrafo único do art. 966. Apesar de aprovada na Câmara dos Deputados, a extinção da sociedade simples foi felizmente vetada pelo Presidente da República, que atentou para o perigoso desajuste que adviria ao sistema do Código Civil (cf. DELGADO, Mário Luiz. A sociedade simples não deve ser extinta: graves equívocos no projeto de conversão da MP 1.040/21. Disponível em: <https://www.migalhas.com.br/coluna/migalhas-contratuais/348353/a-sociedade-simples-nao-deve-ser-extinta>).

JURISPRUDÊNCIA COMENTADA:

Diante da presunção absoluta de "não empresariedade" a favor das cooperativas, que serão sempre sociedades simples, tem-se decidido que "os empregados de cooperativas de crédito não se equiparam a bancário, para efeito de aplicação do art. 224 da CLT" (TST, RR 0001803-25.2012.5.12.0006, Rel. Min. Cláudio Mascarenhas Brandão, *DEJT* 22.02.2019). A sociedade de advogados ostenta natureza jurídica de sociedade simples, por exercer atividade econômica não empresarial (TJRJ, CComp 0074210-22.2020.8.19.0000, Rel. Des. Maria da Glória Oliveira Bandeira de Mello, *DORJ* 05.04.2021). Também não é empresária a sociedade que se encontra inscrita no Registro Civil de Pessoas Jurídicas (RCPJ) e que tem por objeto a "produção audiovisual, de cinema, de vídeo e fotografia, [...] programação visual e diagramação de revistas, livros", entre outros, por se tratar de "atividade profissional de natureza artística que não se considera como empresarial" (TJRJ, CComp 0065083-60.2020.8.19.0000, Rel. Desig. Des. Maria Celeste Pinto de Castro Jatahy, *DORJ* 26.02.2021). Sendo a devedora a sociedade simples, uma vez esgotadas as tentativas de localização de bens livres e desembaraçados da pessoa jurídica, a execução se volta contra o patrimônio pessoal dos sócios, diante da sua responsabilidade subsidiária ilimitada (TJDF, AGI 07044.67-14.2020.8.07.0000, Rel. Des. Josaphá Francisco dos Santos, *DJe* 14.08.2020).

REFORMA DO CÓDIGO CIVIL: Pretende-se alterar o art. 982 do Código Civil, que passaria a ter a seguinte redação: "Art. 982. Salvo as exceções expressas neste Código ou em lei especial, considera-se empresária a sociedade que tem por objeto o exercício de atividade empresarial (art. 966), e as demais, consideradas civis. Parágrafo único. Independentemente de seu objeto, é empresária a sociedade por ações". Segundo o relatório da comissão de juristas responsável pela elaboração do anteprojeto, propõe-se o "retorno à terminologia tradicional, desfazendo uma grande confusão entre sociedade simples e as do tipo sociedade simples. A supressão da equiparação das sociedades cooperativas às sociedades simples respeita a peculiaridade organizacional desse tipo, prevista no art. 4º, *caput*, da Lei das Cooperativas, guardando maior coerência com a prática mundial e com a preservação da identidade cooperativa". A proposição é criticada por Alfredo Assis Gonçalves (UFPR), para quem não possui "qualquer relevância, pois na proposta a distinção se resume a um nome de batismo. Qual a razão de não permitir que a sociedade simples cumpra os dois papeis que o Código lhe atribuiu – fato já absorvido pela comunidade jurídica nacional? Mudando o nome, muda alguma coisa? Basta ver que, segundo o projeto, a sociedade civil pode constituir-se de conformidade com um dos tipos de sociedade empresária e, 'não o fazendo, subordina-se às normas da sociedade simples'. Interessante notar que, mantida a dualidade de registros, a sociedade poderá ser simples ou civil, consoante a opção que se fizer por um ou outro órgão registrador".

Art. 983. A sociedade empresária deve constituir-se segundo um dos tipos regulados nos arts. 1.039 a 1.092; a sociedade simples pode constituir-se de conformidade com um desses tipos, e, não o fazendo, subordina-se às normas que lhe são próprias.

Parágrafo único. Ressalvam-se as disposições concernentes à sociedade em conta de participação e à cooperativa, bem como as constantes de leis especiais que, para o exercício de certas atividades, imponham a constituição da sociedade segundo determinado tipo.

COMENTÁRIOS DOUTRINÁRIOS: O Código Civil de 1916 permitia que as sociedades civis adotassem qualquer uma das formas de sociedades mercantis, inclusive a de sociedade anônima (art. 1.364). Em sua nova conformação, as agora denominadas sociedades simples também podem se constituir sob qualquer dos tipos de sociedade empresária (art. 1.150), exceto sob a forma de sociedade por ações, pois esta, segundo o parágrafo único do art. 982, será sempre uma sociedade empresária e não seria possível termos, ao mesmo tempo, uma sociedade que fosse simples e também empresária. A adoção de um dos tipos empresariais não transforma a sociedade de simples em empresária. A forma ou modelo de sociedade empresária não a torna empresária, nem converte o objeto não empresarial em empresarial, ou seja, "a opção pelo tipo empresarial não afasta a natureza simples da sociedade", como bem esclarece o Enunciado n. 57 da *I Jornada de Direito Civil*, pois o que importa é a forma como a atividade é desenvolvida, com ou sem a organização dos fatores de produção. Assim, no caso, por exemplo, de uma sociedade uniprofissional de contabilistas em que todos exercem a sua profissão, torna-se irrelevante o tamanho da organização ou o faturamento, pois o objeto da atividade permanece não empresarial. De outro lado, pode acontecer o contrário, uma sociedade cuja atividade seja nitidamente empresarial e que tenha, em burla à lei, adotado a forma de sociedade simples. Nesse caso, deve-se desconsiderar o tipo de sociedade simples e aplicar o regramento de sociedade empresária, porém, com o tratamento de sociedade irregular em razão do registro equivocado no RCPJ. No tocante às atividades não empresariais, afasta-se o princípio da tipicidade, de modo que a sociedade de contabilistas tanto pode adotar a forma ou modelo próprio da sociedade simples, como pode adotar a forma ou modelo de uma sociedade empresária. A sociedade simples também pode não optar por nenhum desses tipos societários, sujeitando-se exclusivamente ao regramento peculiar às sociedades simples (arts. 997 a 1.038) e, nessa hipótese, serão denominadas de "sociedades simples puras" ou "sociedades simples simples". As sociedades empresárias, por sua vez, só podem se constituir segundo um dos tipos regulados nos arts. 1.039 a 1.092. Esses tipos societários estão estabelecidos em *numerus clausus*. Nas atividades empresariais, incide com rigor o princípio da tipicidade, não havendo, pois, possibilidade de uma sociedade empresária regular adotar forma diversa daquelas tipificadas em lei. *Escritórios de advocacia*: as Sociedades de Advogados são "sociedades simples puras", regidas por lei especial, não podendo adotar nenhum dos tipos de sociedade empresária e submetendo seus atos societários a registro perante a própria entidade de fiscalização profissional (OAB), jamais perante o RCPJ (Lei n. 8.906/1994: "Art. 16. Não são admitidas a registro nem podem funcionar todas as espécies de sociedades de advogados que apresentem forma ou características de sociedade empresária, que adotem denominação de fantasia, que realizem atividades estranhas à advocacia, que incluam como sócio ou titular de sociedade unipessoal de advocacia pessoa não inscrita como advogado ou totalmente proibida de advogar [...] § 3º É proibido o registro, nos cartórios de registro civil de pessoas jurídicas e nas juntas comerciais, de sociedade que inclua, entre outras finalidades, a atividade de advocacia"). Ocorrendo o divórcio ou dissolução de união estável do advogado, sócio de Sociedade de Advogados ou titular de Sociedade Unipessoal de Advocacia, e desde que o casamento ou a união estável estejam submetidos a regime de comunhão de bens, devem ser partilhados os bens comuns, notadamente, como regra geral no regime de comunhão parcial, os adquiridos durante a convivência. Na constância do casamento e da união estável, os frutos do trabalho do advogado, percebidos ou pendentes até a data da separação de fato, integram o patrimônio a ser partilhado pelo casal. Entretanto, nem as cotas da Sociedade de Advogados nem a Sociedade Unipessoal de Advocacia, ainda que integrem o patrimônio pessoal do advogado, estarão sujeitas a partilha, pouco importando a data de constituição da pessoa jurídica, incidindo aqui as exceções previstas no inciso V do art. 1.659 e no inciso V do art. 1.668, eis que constituem instrumentos para o exercício da profissão. Sem prejuízo a que o cônjuge ou companheiro que se sinta prejudicado postule eventual compensação com base no equivalente econômico da sociedade, calculado à data da separação de fato, quando extinto o regime de bens. O ex-cônjuge ou ex-companheiro torna-se, assim, credor do sócio da Sociedade de Advogados ou do titular da Sociedade Unipessoal de Advocacia por esse valor. Porém, ele não se tornará credor da própria sociedade, mas da pessoa natural do sócio ou do titular, cujo patrimônio pessoal (jamais o patrimônio social) responderá pela dívida.

JURISPRUDÊNCIA COMENTADA: É pacífico que se a sociedade simples adota a forma de limitada, rege-se pelas normas da sociedade limitada e, subsidiariamente, da sociedade simples (cf. TJSP, APL 389.908.4/7, Rel. Des. Ênio Santarelli Zuliani, *DJESP* 20.08.2008). A definição de uma sociedade como simples depende de seu objeto social e da atividade efetivamente exercida, "sendo irrelevante, para tanto, a forma de responsabilidade dos sócios adotada, pois tal característica não a torna automaticamente uma sociedade empresária" (TJRS, AC 0034193-41.2017.8.21.7000, *DJERS* 13.04.2017). O fato de o contrato social prever distribuição de lucros e a limitação da responsabilidade dos sócios ao valor das quotas sociais, também não é suficiente para converter a sociedade de simples em empresária, "porquanto o que define a natureza empresária ou não da sociedade é o seu objeto" (TJPR, Apelação Cível 1353993-4, *DJPR* 26.02.2016). Entretanto, já se decidiu pela incidência do regime falimentar a sociedade simples de responsabilidade limitada, registrada em cartório de registro civil de pessoas jurídicas em que constatada a prestação de serviços de natureza intelectual mediante o emprego de "elementos de empresa", ou seja, sob um contexto de organização dos meios de produção para obtenção de lucros e expansão mercadológica, que seriam características próprias de sociedade empresária, alcançada, sem restrições, pelo conceito descrito no *caput* do art. 966 do Código Civil, "extensivo às sociedades quando a atividade econômica é desenvolvida por uma coletividade de empreendedores ou sócios, e não de forma unipessoal" (TJSP, AI 0187821-36.2012.8.26.0000, *DJESP* 13.05.2013). Em função do princípio da tipicidade, as sociedades empresárias somente poderão "ser constituídas sob a forma de sociedade em nome coletivo, comandita simples, limitada, sociedade anônima ou comandita por ações e ter seus atos constitutivos registrados perante o Registro Público de Empresas, a cargo das Juntas Comerciais (artigo 1.150). E não é o que se observa *in casu*, visto que o contrato social exibido pela impetrante elucida que ela se encontra organizada sob a modalidade de sociedade simples, com atos constitutivos registrados perante Cartório de Registro de Pessoas Jurídicas. Em atendimento à jurisprudência do Colendo Superior Tribunal de Justiça no sentido de que, a partir da vigência da Lei nº 11.727/2008, somente as sociedades organizadas sob a forma de sociedade empresária é que poderão apurar o IRPJ e a CSLL com alíquotas de 8% e 12% sobre a receita bruta auferida com a prestação de serviços hospitalares, não há que se falar em reforma do julgado" (TRF 3.ª Região, AC 0004816-56.2012.4.03.6120, Rel. Des. Fed. Diva Prestes Marcondes Malerbi, *DEJF* 30.08.2019).

REFORMA DO CÓDIGO CIVIL: Pretende-se alterar o *caput* do art. 983 do Código Civil, apenas para compatibilizá-lo com a revogação do capítulo referente à Sociedade em Nome Coletivo, passando a ter a seguinte redação: "Art. 983. A sociedade empresária deve constituir-se segundo um dos tipos regulados nos arts. 1.052 a 1.089 deste Código; a sociedade civil pode constituir-se de conformidade com um desses tipos, e, não o fazendo, subordina-se às normas da sociedade simples".

Art. 984. A sociedade que tenha por objeto o exercício de atividade própria de empresário rural e seja constituída, ou transformada, de acordo com um dos tipos de sociedade empresária, pode, com as formalidades do art. 968, requerer inscrição no Registro Público de Empresas Mercantis da sua sede, caso em que, depois de inscrita, ficará equiparada, para todos os efeitos, à sociedade empresária.

Parágrafo único. Embora já constituída a sociedade segundo um daqueles tipos, o pedido de inscrição se subordinará, no que for aplicável, às normas que regem a transformação.

COMENTÁRIOS DOUTRINÁRIOS: O dispositivo permite que a atividade rural seja organizada e funcione sob a forma de sociedade empresária, em qualquer uma de suas modalidades. Da mesma forma que o empresário rural (individual) pode, facultativamente, se inscrever na Junta Comercial, sujeitando-se ao regime jurídico empresarial, a sociedade empresária rural também o pode. "O empresário rural e a sociedade empresária rural, inscritos no registro público de empresas mercantis, estão sujeitos à falência e podem requerer concordata" (Enunciado n. 201 aprovado durante a *III Jornada de Direito Civil*). Já afirmei em comentário anterior, referindo a outro enunciado do CJF, que "o registro do empresário ou sociedade rural na junta comercial é facultativo e de natureza constitutiva, sujeitando ao regime jurídico empresarial. É inaplicável esse regime ao empresário ou à sociedade rural que não exercer tal opção" (Enunciado n. 202 da *III Jornada de Direito Civil*). Sobre a submissão da sociedade rural ao regime falimentar, *vide* comentários ao art. 971.

JURISPRUDÊNCIA COMENTADA: O que se entende por "atividade própria de empresário rural"? Em demanda em que se decidiu pela inaplicabilidade, à atividade empresarial rural, da Lei n. 6.019, de 1974, que regulamenta exclusivamente a intermediação de mão de obra nas empresas urbanas, sendo vedada a sua utilização para contratação de mão de obra no campo, o TRT da 3.ª Região destacou que se a empresa tem por atividade econômica a produção de sementes, como consta do seu contrato social, o fato de ter se constituído sob a forma de sociedade empresária, na forma da autorização do art. 984, "não desloca a sua atividade econômica de extrativismo vegetal, própria do setor primário da economia, para o setor secundário, no qual se situa a atividade de transformação, que caracteriza a indústria, não se enquadrando na definição de agroindústria dada pelo artigo 22-A, da Lei n. 8.212, de 1991. A seleção de sementes é atividade eminentemente rural, pois sequer passava por processos de beneficiamento ou industrialização rudimentar necessários à estabilização e à proteção do produto agrícola arrolados no artigo 25, § 3º, da Lei n. 8.212, de 1991" (TRT 3.ª Região, RO 0001945-04.2012.5.03.0063, *DJEMG* 25.04.2014). A inscrição facultativa da sociedade empresária rural ou do empresário individual rural no RPEM também repercute no enquadramento tributário. Assim, "a despeito do que dispõe o artigo 15 da Lei n. 8.212/1991, o produtor rural só será enquadrado como sociedade empresária se optar por se constituir como tal, na forma disciplinada pelo artigo 984, *caput*, do CCB de 2002. Caso contrário, seu enquadramento se restringe à figura de contribuinte individual (art. 9º, V, 'a', Decreto n. 3.048/99)" (TRT da 3.ª Região, RO 896/2009, *DJEMG* 04.05.2011).

Art. 985. A sociedade adquire personalidade jurídica com a inscrição, no registro próprio e na forma da lei, dos seus atos constitutivos (arts. 45 e 1.150).

COMENTÁRIOS DOUTRINÁRIOS: Conforme disposto nos artigos 45 e 985 do Código Civil, a aquisição de personalidade jurídica pela sociedade, como pessoa jurídica de direito privado, somente exsurge com a inscrição de seu ato constitutivo na Junta Comercial, se empresária, ou no RCPJ, se não empresária ou simples. Não se trata de mera liberalidade dos sócios da sociedade. Em verdade, o registro (e arquivamento dos atos constitutivos) da sociedade constitui requisito próprio para a averiguação de sua regularidade e submissão ao estatuto legal do tipo societário respectivo, possuindo nítida feição constitutiva e não meramente declaratória. É constitutivo – é bom que se esclareça – da personalidade jurídica e do tipo societário, mas não da sociedade em si, que se constitui independentemente do registro, mas sem ele não adquire personalidade jurídica, nem atrai as regras próprias do tipo societário, especialmente aquelas limitativas de responsabilidade. Sem o registro, haverá uma sociedade não personificada, em que a responsabilidade dos sócios é pessoal e ilimitada. Desprovida de personalidade jurídica, a sociedade empresária não é titular de direitos e obrigações como ente diverso das pessoas que a constituíram e os seus sócios respondem solidária e ilimitadamente pelas obrigações sociais. Se a sociedade não tem personalidade jurídica, o sócio que contratou pela sociedade é parte legítima para responder, com seu patrimônio pessoal, pelo débito oriundo da contratação. Também já antecipei em outro comentário que a inscrição no CNPJ não é causa de aquisição de personalidade jurídica. As filiais, por exemplo, têm a obrigação fiscal de inscrição no Cadastro Nacional de Pessoas Jurídicas apenas para atender exigências da administração tributária, especialmente em função do regime tributário de determinadas espécies de tributo, que não prescindem da identificação da unidade em que verificado o fato gerador, sem que tal inscrição tenha o condão de conferir à filial personalidade jurídica, transformando-a em ente titular de direitos e sujeito a obrigações. Por essa razão, foi aprovado o Enunciado n. 476, na *V Jornada de Direito Civil*, dispondo que "eventuais classificações conferidas pela lei tributária às sociedades não influem para sua caracterização como empresárias ou simples, especialmente no que se refere ao registro dos atos constitutivos e à submissão ou não aos dispositivos da Lei n. 11.101/2005".

JURISPRUDÊNCIA COMENTADA: Uma questão que não comporta maiores discussões na jurisprudência diz respeito aos efeitos da ausência de registro, pois, ainda que a sociedade somente adquira personalidade jurídica após a inscrição, no registro próprio, dos seus atos constitutivos, a inexistência dessa formalidade "serve de óbice apenas nas relações entre os sócios ou deles com terceiros, resguardados, porém, os direitos de terceiros de boa-fé, como o empregado, que poderão provar sua existência por qualquer um dos meios de prova previstos no art. 212, e incisos, do CC, inclusive através de presunção" (TRT 1.ª Região, RTOrd 0000748-24.2011.5.01.0283, *DORJ* 19.09.2012). Um outro efeito da não inscrição dos atos constitutivos da sociedade é a inexistência de capacidade para ser parte, uma vez que, "sendo a sociedade irregular, desprovida de registro, é juridicamente despersonalizada, não podendo, assim, figurar no polo passivo da demanda, por lhe faltar capacidade processual" (TJMG, APCV 2471168-58.2008.8.13.0223, *DJEMG* 24.05.2011). Por fim, destaco decisão que possibilita, nas execuções contra a sociedade empresária, a constrição de bens alocados nas unidades filiais, "cujos ativos integram o patrimônio da sociedade empresária. Nessa senda, tendo em vista que é sobre o patrimônio da sociedade que recai a responsabilidade da empresa pelas obrigações contraídas, deve ser considerada lícita a realização de medidas constritivas em relação a qualquer unidade da empresa, independentemente da sua prévia inclusão no polo passivo da execução" (TJDF, Proc. 0712.06.7.912017-8070000, *DJDFTE* 16.11.2017).

REFORMA DO CÓDIGO CIVIL: Pretende-se alterar o art. 985 do Código Civil, que passaria a ter a seguinte redação: "Art. 985. A sociedade adquire personalidade jurídica com a inscrição, no Registro Público de Empresas Mercantis e, na forma da lei, dos seus atos constitutivos (arts. 45 e 1.150)". A proposta contém evidente equívoco sistêmico, quando restringe o dispositivo às sociedades empresárias, cujos atos constitutivos são levados à Junta Comercial (Registro Público de Empresas Mercantis), deixando de fora as sociedades simples, o que certamente será corrigido durante a tramitação legislativa. A tentativa de unificação do registro das sociedades só daria certo se houvesse previsto alterações também nos arts. 998 e 1.150, que vinculam a inscrição da sociedade simples ao Registro Civil de Pessoas Jurídicas.

SUBTÍTULO I
DA SOCIEDADE NÃO PERSONIFICADA

CAPÍTULO I
DA SOCIEDADE EM COMUM

Art. 986. Enquanto não inscritos os atos constitutivos, reger-se-á a sociedade, exceto por ações em organização, pelo disposto neste Capítulo, observadas, subsidiariamente e no que com ele forem compatíveis, as normas da sociedade simples.

COMENTÁRIOS DOUTRINÁRIOS: A sociedade que emerge do contrato de sociedade, normalmente, é um negócio jurídico de eficácia imediata em relação às partes contratantes (sócios), independentemente de aquisição, ou não, de personalidade jurídica. A inscrição dos atos constitutivos da sociedade no registro próprio, que é a fonte geratriz da separação patrimonial entre sócios – pessoas naturais – e sociedade – pessoa jurídica –, é sempre, e necessariamente, um ato posterior à sua constituição e consequente existência. Portanto, a sociedade preexiste à personificação, sendo válidas e exigíveis as obrigações societárias assumidas, quer entre os sócios, quer destes com terceiros. Entretanto, na fase antecedente à personificação, não existe um tipo societário definido, mas apenas uma "sociedade despersonalizada", um gênero mais amplo criado pela lei atual e que abrange a "sociedade em comum" e a "sociedade em conta de participação". A sociedade em comum não possui personalidade jurídica e isso pode decorrer de três causas principais. Ou a sociedade foi formalmente constituída e apenas o contrato social ou o ato constitutivo não foi levado a registro, sendo que a aquisição de personalidade jurídica depende do arquivamento dos seus atos constitutivos no registro próprio, o que, no caso, não se verificou. Ou o contrato foi levado a registro, mas contém irregularidades prévias e o ato não foi concluído, retornando da Junta Comercial ou do RCPJ com exigências a serem cumpridas; ou a irregularidade é superveniente, quando os sócios não arquivaram alguma alteração contratual posterior (hipótese em que a sociedade era regular e transmuda-se em irregular). Ou, finalmente, sequer existe um contrato de sociedade ou qualquer outro ato constitutivo, o que não impede as partes de atuarem efetivamente como sócios. Nos três primeiros casos teremos o que se convencionou chamar de "sociedade irregular", enquanto na última hipótese teremos uma "sociedade de fato". Daí o Enunciado n. 209 da *III Jornada de Direito Civil* haver destacado que "o art. 986 deve ser interpretado em sintonia com os arts. 985 e 1.150, de modo a ser considerada em comum a sociedade que não tiver seu ato constitutivo inscrito no registro próprio ou em desacordo com as normas legais previstas para esse registro (art. 1.150), ressalvadas as hipóteses de registros efetuados de boa-fé". E conforme expresso também no Enunciado n. 58 da *I Jornada de Direito Civil*, "a sociedade em comum compreende as figuras doutrinárias da sociedade de fato e da irregular". O Enunciado n. 383 da *IV Jornada de Direito Civil*, por sua vez, esclareceu que "a falta de registro do contrato social (irregularidade originária – art. 998) ou de alteração contratual versando sobre matéria referida no art. 997 (irregularidade superveniente – art. 999, parágrafo único) conduz à aplicação das regras da sociedade em comum (art. 986)". Finalmente, cabe destacar que as normas do Código Civil para as sociedades em comum e em conta de participação são aplicáveis independentemente da natureza empresarial ou não empresarial da atividade desenvolvida (cf. Enunciado n. 208 da *III Jornada de Direito Civil*). Essas sociedades apenas subsidiariamente obedecerão a algumas das regras da sociedade simples. Nos casos de irregularidade superveniente, em razão da falta de registro de alteração contratual de cessão de quotas, ocorre a modificação da sociedade limitada (regular) em sociedade em comum (irregular). Os sócios cedentes permanecem como sócios formais e solidariamente responsáveis junto com os demais sócios e também com os sócios cessionários. Trata-se de situação peculiar em que a sociedade é formal, mas irregular, e ostenta em seus quadros sócios formais e sócios de fato. A ausência de personalidade jurídica acarreta como principal consequência a responsabilidade pessoal, ilimitada e solidária de todos os sócios pelas obrigações advindas de negócios jurídicos celebrados nesse período. A solidariedade e a responsabilidade pessoal e ilimitada dos sócios exigem que o fato gerador tenha ocorrido no período em que a empresa foi exercida sem personalidade jurídica. Se o fato gerador, entretanto, ocorre em período posterior, quando a sociedade já se encontrava inscrita no registro próprio e, portanto, personalizada, a responsabilidade segue as regras previstas para o tipo societário adotado. Sobre o consórcio de sociedades de que tratam os arts. 278 e 279 da Lei n. 6.404/1976, e que constitui um agrupamento horizontal de sociedades, com comunhão de interesses, visando atender a objetivos específicos, mas sem personalidade jurídica, existe forte divergência doutrinária se teria a natureza de sociedade despersonalizada ou de contrato associativo, por meio do qual duas ou mais sociedades obrigam-se a executar negócio jurídico determinado. Entendo assistir razão aos que defendem a natureza contratual do consórcio, especialmente em se tratando de consórcios devidamente formalizados. O art. 279 da Lei das S/A determina que o "contrato de consórcio" e suas alterações serão arquivados no registro do comércio do lugar da sua sede, devendo a certidão do arquivamento ser publicada. No período que antecedeu à promulgação da CF/1988 e à edição das Leis 8.971/1994 e 9.278/1996, as relações patrimoniais entre pessoas que conviviam maritalmente sem se submeterem à moldura jurídica do casamento, ou seja, na forma de concubinato (atualmente união estável), obedeciam ao regime concernente às sociedades de fato conforme Súmula n. 380/STF (*Comprovada a existência de sociedade de fato entre os concubinos, é cabível a sua dissolução judicial, com a partilha do patrimônio adquirido pelo esforço comum*). Autores como Edgard de Moura Bittencourt preferiam a expressão "sociedade criada do fato ou criada pelo fato", admitindo que o longo tempo de união, a comunhão de vida e de interesses, a colaboração da concubina no lar comum ou nos negócios do companheiro fazem presumir a existência de sociedade de fato entre os concubinos, de natureza civil ou comercial. Por isso, os bens amealhados pelo casal naquele período não podem ser partilhados, sem prova do esforço comum, com a demonstração da efetiva participação de cada companheiro para a construção do patrimônio, ainda que a dissolução da união estável ocorra no momento presente, quando vigente o CC/2002. A aplicação do regime da sociedade de fato do direito societário às relações de família se faz por analogia, que é técnica de autointegração, pela qual a ordem jurídica se completa, recorrendo à fonte dominante do direito: a lei. Analogia é a aplicação, a um caso não "normado" diretamente, de um enunciado normativo previsto para uma hipótese semelhante, mas não idêntica àquele, fundando-se na identidade de motivos da norma e não na identidade do suporte fático. Ou seja, é aplicação de uma solução semelhante a um caso não previsto. A doutrina em geral menciona dois tipos de analogia: a que é suprida por outra disposição normativa já existente (analogia *legis*) ou a que demanda integração através de princípios jurídicos ou de todo o sistema (analogia *iuris*). É evidente que a sociedade que se estabelece entre os companheiros, ou mesmo entre os cônjuges (sociedade conjugal), tecnicamente, não é uma sociedade (simples ou empresária), até mesmo porque ausente o objetivo de lucro ou a responsabilidade pessoal e ilimitada dos parceiros. Entretanto, o modelo da sociedade despersonalizada permitiu que se decidisse a partilha de bens no âmbito das relações concubinárias, as quais, do contrário, estariam desprovidas de qualquer tipo de regramento, já que as relações conjugais não casamentárias estavam excluídas da regulação pelo Direito de Família. E, ainda hoje, o modelo se apresenta de inegável utilidade, especialmente para o trato de questões patrimoniais que surjam no âmbito de novos arranjos familiares ainda não reconhecidos na dogmática do Direito de Família, como é o caso das uniões poliafetivas, que são formas de conjugalidade constituídas por mais de duas pessoas, e das uniões estáveis paralelas ou simultâneas, em que uma pessoa mantém, simultaneamente, em residências diversas, mais de uma união conjugal de forma pública, contínua e duradoura, com objetivo de constituição de família (art. 1.723).

JURISPRUDÊNCIA COMENTADA: Para existir uma sociedade de fato, é imprescindível a prova da comunhão de esforços organizada para o exercício de atividade comum, visando à consecução de um objetivo também comum: auferir lucro. A grande dificuldade enfrentada pelos Tribunais em relação às sociedades em comum, especialmente no tocante às sociedades de fato, diz respeito, justamente, à prova da existência dessa comunhão (*affectio societatis*), quando a sociedade é constituída de forma oral, inexistindo documentos que atestem quem são os sócios, o objetivo social, a forma de atuação de cada sócio, a distribuição dos lucros ou outras questões ligadas às relações societárias, e que normalmente emergem quando um dos sócios de fato demanda a dissolução parcial de sociedade, com apuração de haveres ou quando terceiros pretendem litigar contra a sociedade. Isso fica ainda mais claro quando se constata a profusão de decisões nos Tribunais da federação em um sentido ou em outro. Nas relações entre os sócios, ora se nega o reconhecimento da sociedade de fato, em face da inexistência dos requisitos legais que autorizam presumir a sua formação (TJRS, AC 212289-54.2012.8.21.7000, Des. Jorge Luiz Lopes do Canto, *DJERS* 06.11.2012), ora se reconhece a sociedade de fato empresarial em razão do esforço comum pessoal e pecuniário de todos os litigantes (TJRN, AC 2017.005162-1, Des. Cláudio Santos, *DJRN* 15.05.2018). No caso das sociedades irregulares, nas quais existe o contrato de sociedade, ainda que não inscrito em órgão competente, a comprovação da existência ou do desaparecimento da *affectio societatis* é bem mais fácil, e a apuração de haveres será feita em conformidade com a divisão das quotas titularizadas proporcionalmente para cada um dos sócios. Nas sociedades de fato, sem contrato escrito, não há como se afastar completamente a prova exclusivamente oral (ver comentários ao art. 987). Também se pode provar a sociedade de fato mediante aplicação da teoria da aparência. O TJSP reconheceu, por exemplo, a existência de uma única sociedade de fato (Clínica Médica) em um caso em que vários médicos atendiam em local comum, mas constituíam, cada um deles, várias sociedades autônomas e não uma só pessoa jurídica. Na ação proposta pelo paciente contra a suposta clínica, o Tribunal entendeu que todas as pessoas jurídicas seriam responsáveis solidariamente pelas obrigações contraídas perante terceiros (cf. TJSP, AI 654.853.4/1, Rel. Des. Egidio Giacóia, *DJESP* 14.10.2009). Depois de "comprovada a existência de sociedade de fato entre as partes, é possível o ajuizamento da ação de dissolução de sociedade visando apurar os respectivos haveres, levando em consideração o patrimônio especial previsto no artigo 987 do CC/02, a ser examinado na fase de liquidação de sentença" (TJMG, APCV

0033794-55.2017.8.13.0106, Rel. Juiz Conv. Roberto Apolinário de Castro, *DJEMG* 14.11.2019).

Art. 987. Os sócios, nas relações entre si ou com terceiros, somente por escrito podem provar a existência da sociedade, mas os terceiros podem prová-la de qualquer modo.

COMENTÁRIOS DOUTRINÁRIOS: O Código Civil incorporou, com mais concisão, disposições anteriormente previstas nos arts. 303 e 304 do CCom de 1850, estabelecendo regra de limitação da liberdade probatória entre sócios, de modo que os sócios, entre si, apenas por escrito podem provar a existência da sociedade. A ideia da necessidade de prova escrita também estava presente no Código Civil de 1916, em seu art. 1.366. Portanto, a pretensão de se ver reconhecida uma sociedade em comum de um sócio contra outro, a rigor, necessitaria, pelo menos, de um razoável início de prova documental. A prova exclusivamente testemunhal seria inadequada à comprovação de sociedade de fato. Apenas excepcionalmente se admite a forma oral. Todavia, ao terceiro, que não integra a sociedade, será sempre possível a prova da sua existência por qualquer modo, inclusive por testemunhas. Segundo a dicção do art. 987, sempre que a sociedade tenha sido oralmente contratada entre os sócios "de fato", a prova exclusivamente testemunhal só poderia beneficiar os não sócios. Porém, nas ações entre os sócios, ou destes contra terceiros, a prova documental constituiria exigência legal, em consonância, também, com o art. 444 do CPC/2015. A exigência de prova escrita para comprovação das relações entre os sócios, se levada ao extremo, pode gerar situações de injustiça, incompatíveis com os princípios da boa-fé, da função social (dos contratos e da empresa) e da vedação ao enriquecimento sem causa. Por isso, entendo que, mesmo nas demandas societárias de um sócio contra outro, a existência da sociedade pode ser atestada por prova testemunhal, de forma a não se respaldar comportamentos desleais entre sócios que exercem conjuntamente uma atividade lucrativa, não obstante à margem da regularidade. Demais disto, deve prevalecer o direito à ampla produção de provas disposto no art. 5º, inc. LVI da CF/1988, de forma a permitir, inclusive, a prova exclusivamente testemunhal para demonstrar a existência da sociedade de fato. De qualquer forma, a prova escrita a que alude o dispositivo não se restringe aos documentos de constituição da sociedade, mas abrange todo e qualquer documento que demonstre inequivocamente a intenção de constituir a sociedade e os direitos e obrigações dela decorrentes, tais como termos de compromisso, recibos ou correspondências enviadas entre os sócios ou destes para terceiros, documentos bancários (ofícios informativos da existência de conta-corrente conjunta), informações cadastrais dos órgãos competentes quanto à propriedade conjunta de animais etc. O TJSP já aceitou, como início de prova escrita da sociedade, Boletim de Ocorrência em que o réu declara a tentativa de estabelecer sociedade com o coautor (cf. APL 0004888-28.2012.8.26.0281). Também já se decidiu que o contrato preliminar de compra e venda de imóvel constitui modalidade, dentre muitas possíveis, da prova escrita exigida pelo art. 987 do Código Civil para caracterização da sociedade em comum, pois indicativo do intento comum de explorar a atividade no local (cf. APL 0001837-52.2014.8.26.0244). Nos litígios de família, em que se pretenda o reconhecimento de sociedade de fato entre cônjuges ou companheiros, em relação a participações societárias titularizadas por apenas um deles, deve ser admitida a mais ampla dilação probatória, em concretização ao princípio da admissibilidade da investigação por todos os meios, não se podendo nem mesmo priorizar a prova essencialmente documental. Não cabe embaraçar, através do rigor probatório, a ação dos sócios quando é invocada a existência pretérita de uma sociedade de fato. São comuns as situações em que a sociedade foi constituída antes do enlace, mas o cônjuge ou companheiro, durante a convivência, passa a atuar como sócio de fato do parceiro, prestando serviços no estabelecimento, aportando capital, contribuindo efetivamente para o desenvolvimento da empresa. Ao lado da sociedade regular e personalizada, que exerce a atividade empresarial, forma-se, muitas vezes, uma sociedade de fato entre os cônjuges ou companheiros e os demais sócios da sociedade regular. O labor do cônjuge ou companheiro, na condição de sócio, aqui equiparado aos terceiros a que se refere o art. 987, pode ser comprovado por qualquer meio de prova, inclusive presunções. A prova oral não pode funcionar como mera coadjuvante da prova documental, submetida a formalidades que deixarão ao desamparo o sócio de fato. Do contrário, se estaria a estimular o enriquecimento ilícito e a fraude na partilha de bens, infelizmente muito frequentes nas dissoluções conjugais.

JURISPRUDÊNCIA COMENTADA: O Superior Tribunal de Justiça, ainda na vigência do CC/1916, já admitia a flexibilização da regra que exige a produção de prova escrita no que concerne à confirmação da existência da sociedade de fato (REsp 178.423/GO, Rel. Min. Eduardo Ribeiro; REsp 43.070/SP, Rel. Min. Waldemar Zveiter; REsp 45.858/SP, Rel. Min. Barros Monteiro, *DJe* 10.10.1994). Na vigência do atual Código, a jurisprudência se manteve no mesmo norte, pontuando que "a exigência intransigente de prova exclusivamente documental da relação jurídica resulta no esvaziamento do instituto, prestigia o enriquecimento sem causa e deturpa o sistema jurídico brasileiro (REsp 1.280.753, Rel. Min. João Otávio de Noronha, *DJe* 29.10.2014). Isso porque "restringir a prova da sociedade de fato apenas a documentos escritos resultaria no esvaziamento do instituto em si, que decorre, em regra, de mera situação fática. Em consequência, se permitiria albergar o enriquecimento sem causa, tão repudiado pelo sistema jurídico brasileiro. Apesar da nova redação do dispositivo legal, a regra dele extraída a partir de uma interpretação sistemática permanece essencialmente a mesma. É clara a intenção do legislador de se proteger terceiros que venham a se relacionar com sociedades empresariais irregulares, e ao mesmo tempo induzir nos agentes a constituição regular das sociedades. Todavia, a sistemática não visa a resguardar iniquidades ou privilegiar comportamentos desleais entre as partes que atuam, conjuntamente, à margem da regularidade, porém licitamente no desempenho da atividade empresarial" (REsp 1.430.750/MG, Rel. Min. Nancy Andrighi, *DJ* 08.09.2014). Entretanto, diversos Tribunais estaduais permanecem, equivocadamente, aplicando o art. 987 em sua literalidade e entendendo que nas questões entre sócios e entre eles e terceiros, a sociedade só se provará por escrito (público ou particular), de modo que um sócio não poderá demandar contra o outro sem exibir documento de constituição da sociedade. Nesse sentido: "Para a caracterização de sociedade em comum é imprescindível a demonstração de celebração de um contrato de sociedade, dotado de todos os seus elementos constitutivos, versados no art. 981 do Código Civil" (TJMG, APCV 1605139-64.2014.8.13.0024, Rel. Des. Pedro Bernardes, *DJEMG* 03.05.2019). Ver, ainda: TJSC, AC 0002895-93.2008.8.24.0135, Navegantes, Rel. Des. Luiz Zanelato, *DJSC* 13.12.2017; TJMG, APCV 1.0223.13.020930-5/001, Rel. Des. Márcio Idalmo Santos Miranda, *DJEMG* 16.05.2018; TJSP, APL 1013458-51.2016.8.26.0602, Rel. Des. Maurício Pessoa, *DJESP* 24.05.2018. O próprio STJ, em julgado mais recente, em que um ex-cônjuge pretendia provar a existência de sociedade de fato entre o ex-casal, decidiu ser a prova escrita "requisito indispensável para a configuração da sociedade de fato perante os sócios entre si" e ressaltou a existência de "uma limitação legislativa expressa no sentido de que a prova documental é o único meio apto a demonstrar a existência da sociedade de fato entre os sócios. Em virtude da ausência de alteração no contrato social ou de outra prova documental escrita legalmente admissível, o pedido da autora não encontra respaldo" (REsp 1706812/DF, Rel. Min. Ricardo Villas Bôas Cueva, *DJe* 06.09.2019). Não obstante a indispensabilidade da prova documental, deve ser "admitida a prova testemunhal a fim de complementar ou corroborar as demais provas, bem como comprovar a existência da *affectio societatis* entre as partes, ou seja, a vontade de estar associado, com contribuição de bens ou serviços, e partilha dos resultados" (TJRS, AC 5004571-57.2020.8.21.0004, *DJERS* 22.03.2024).

Art. 988. Os bens e dívidas sociais constituem patrimônio especial, do qual os sócios são titulares em comum.

COMENTÁRIOS DOUTRINÁRIOS: O dispositivo versa sobre o regime patrimonial das sociedades não personificadas, estabelecendo que os bens e dívidas sociais constituem patrimônio especial, do qual os sócios são titulares em comum. Mesmo sem personalidade jurídica, a sociedade em comum reúne patrimônio por parte dos sócios para o exercício da empresa. Formada a sociedade, ainda que sem personalização, os bens adquiridos para desempenho, em sociedade, de uma atividade, mesmo em nome de um só dos sócios, constituem patrimônio comum de todos. Trata-se de um patrimônio próprio, especial, destinado pelos sócios para o atendimento do objeto da sociedade e que responderá prioritariamente pelas obrigações e dívidas contraídas pela sociedade, sem prejuízo da responsabilidade solidária e ilimitada dos sócios. Esse patrimônio especial a que se refere o art. 988 "é aquele afetado ao exercício da atividade, garantidor de terceiro, e de titularidade dos sócios em comum, em face da ausência de personalidade jurídica" (Enunciado n. 210 da *III Jornada de Direito Civil*). Não obstante os bens integrantes desse patrimônio sejam formalmente de titularidade dos sócios, presume-se a propriedade comum, que somente se extinguirá pela partilha, quando da dissolução da sociedade, ocasião em que serão determinados os bens que comporão a quota de cada sócio. A existência do patrimônio especial da sociedade em comum pode ser comprovada por quaisquer elementos de prova que demonstrem o aporte de recursos ou de bens para o exercício de atividade econômica. O credor particular do sócio de fato não pode pretender a constrição dos bens que compõem o patrimônio especial, em face da comunhão existente com os outros sócios, restando-lhe fazer recair a execução sobre o que ao devedor couber nos lucros da sociedade, ou na parte que lhe tocar em liquidação, nos termos do art. 1.026.

JURISPRUDÊNCIA COMENTADA: O sócio de fato somente tem legitimidade para demandar os demais sócios no que se refere ao patrimônio especial enquanto a sociedade permanecer despersonalizada, pois, a partir da constituição regular, a sociedade "passa a ter personalidade jurídica e a ser regulada pelos dispositivos legais pertinentes ao tipo societário e pelo contrato social, não havendo mais que se falar em sociedade de fato, como dispõem os arts. 985 e 986 do Código Civil. As disposições concernentes à sociedade de fato se aplicam apenas até a constituição formal da empresa, após o que resta inviabilizada a distribuição de patrimônio comum na forma do art. 988 do Código Civil, e estando regularmente constituída a sociedade empresarial, apenas os sócios têm legitimidade para requerer sua dissolução por força do contido no art. 1.029 do Código Civil. Ainda que o recorrente alegue que participou de sociedade de fato anterior, contribuindo para a formação da empresa, a partir da constituição regular, sem que figure formalmente como sócio, não tem legitimidade para requerer a dissolução da sociedade empresarial. A legitimidade para receber o equivalente à parte da empresa deve ser exercida em ação de reparação por descumprimento contratual ou por enriquecimento sem causa" (TJDF, Proc. 07048.58-55.2019.8.07.0015, Rel. Des. Alfeu Machado, *DJDFTE* 28.08.2019).

Art. 989. Os bens sociais respondem pelos atos de gestão praticados por qualquer dos sócios, salvo pacto expresso limitativo de poderes, que somente terá eficácia contra o terceiro que o conheça ou deva conhecer.

COMENTÁRIOS DOUTRINÁRIOS: Qualquer dos sócios, em conjunto ou isoladamente, pode exercer poderes de gestão e todos os bens aplicados na atividade econômica respondem pelas obrigações, ainda que contraídas em nome de um único sócio, observado o disposto no art. 990. Diante da dificuldade de se identificar quem exerce a administração e em prestígio da teoria da aparência, a lei presume que a gestão é exercida por todos indistintamente. Nesse sentido, o Enunciado n. 211 da *III Jornada de Direito Civil*: "Presume-se disjuntiva a administração dos sócios a que se refere o art. 989". Nada impede, no entanto, que os sócios de fato pactuem, entre si, a limitação de poderes de um ou de alguns para a prática de determinados atos (por exemplo, negócios jurídicos acima de certo valor) e da consequente responsabilidade decorrente desses atos. Mas essa limitação não produz efeitos perante terceiros dos quais, em razão da ausência de registro da sociedade, não se é dado exigir prévio conhecimento do pacto interno dos sócios. Trata-se de presunção *juris tantum*, que pode ser afastada se provado que o terceiro tinha conhecimento da cláusula limitativa de poderes. Essa prova pode ser feita por quaisquer dos meios de prova permitidos, incluindo indícios e presunções.

JURISPRUDÊNCIA COMENTADA: A jurisprudência tem atribuído aos consórcios da Lei n. 6.404/1976 a natureza de sociedade de fato. Em uma demanda proposta contra um consórcio de sociedades em que se alegou limitação de responsabilidade de alguns dos sócios de fato, o Tribunal local decidiu que as consorciadas não poderiam responder perante seus credores, nas proporções entre elas estabelecidas, pois os consórcios não possuem "personalidade jurídica, tratando-se de uma espécie de sociedade de fato, sendo que os atos praticados por cada consorciado, mormente perante terceiros, comunicam-se aos demais, comparecendo o consórcio perante a Administração e terceiros como um bloco unitário" (TJMS, AC 0802564-84.2016.8.12.0021, Rel. Des. Eduardo Machado Rocha, *DJMS* 05.10.2018).

Art. 990. Todos os sócios respondem solidária e ilimitadamente pelas obrigações sociais, excluído do benefício de ordem, previsto no art. 1.024, aquele que contratou pela sociedade.

COMENTÁRIOS DOUTRINÁRIOS: Como afirmei em comentário anterior, a principal consequência da despersonalização é a responsabilidade pessoal e ilimitada dos sócios pelas obrigações da sociedade, vale dizer, os sócios poderão vir a responder com o seu próprio patrimônio, por todas as obrigações da sociedade, sem vinculação à participação de dada um no capital. Entretanto, a natureza dessa responsabilidade ilimitada – se direta ou subsidiária – vincula-se à posição adotada pelo sócio na gestão dos negócios sociais. Aquele que se apresenta como representante da sociedade tem responsabilidade direta, enquanto os demais respondem subsidiariamente. Nas sociedades despersonalizadas, é frequente que apenas um ou alguns dos sócios operem de forma mais direta à frente da atividade, atuando como verdadeiros gestores, hipótese em que serão excluídos do benefício de ordem previsto no art. 1.024, podendo os seus bens particulares serem objeto de execução antes dos bens dos demais sócios. Daí que, "embora a sociedade em comum não tenha personalidade jurídica, o sócio que tem seus bens constritos por dívida contraída em favor da sociedade, e não participou do ato por meio do qual foi contraída a obrigação, tem o direito de indicar bens afetados às atividades empresariais para substituir a constrição", prerrogativa de que não dispõe o sócio que contratou pela sociedade (Enunciado n. 212 da *III Jornada de Direito Civil*).

JURISPRUDÊNCIA COMENTADA: Em um caso de cessão de quotas, em que a alteração contratual não foi registrada, o Tribunal local decidiu pela responsabilidade de todos os sócios pelo pagamento das dívidas da sociedade, de forma ilimitada e solidária, sem possibilidade de nenhum deles invocar o benefício de ordem do art. 1.024, "se ocorreu a irregularidade superveniente da sociedade, considerando que os sócios não arquivaram a alteração contratual na junta comercial, transmudando-a de sociedade limitada para sociedade em comum, atraindo o disposto nos arts. 986, 990 e 1003 todos do CCB/2002" (TJDF, Rec. 2009.01.1.005104-7, Rel. Des. Romeu Gonzaga Neiva, *DJDFTE* 29.03.2011).

CAPÍTULO II
DA SOCIEDADE EM CONTA DE PARTICIPAÇÃO

Art. 991. Na sociedade em conta de participação, a atividade constitutiva do objeto social é exercida unicamente pelo sócio ostensivo, em seu nome individual e sob sua própria e exclusiva responsabilidade, participando os demais dos resultados correspondentes.

Parágrafo único. Obriga-se perante terceiro tão somente o sócio ostensivo; e, exclusivamente perante este, o sócio participante, nos termos do contrato social.

COMENTÁRIOS DOUTRINÁRIOS: A sociedade em conta de participação, conhecida pela sigla "SCP", é aquela constituída por meio de contrato, não levado a registro, em que a atividade constitutiva do objeto social é exercida unicamente por um dos sócios, em seu nome pessoal e sob sua exclusiva responsabilidade, normalmente contratada para execução de determinado objeto empresarial. Caracteriza-se pela presença de dois tipos de sócios: 1) o sócio ostensivo, que pode ser pessoa física ou jurídica, e assume em seu próprio nome, e integralmente, as obrigações contraídas. É o sócio ostensivo quem pratica todas as operações em nome da SCP, registrando-as contabilmente como se fossem suas, sem, no entanto, deixar de identificá-las para fins de partilha dos respectivos resultados; e 2) os sócios ocultos, também denominados sócios participantes, que não têm participação na gestão dos negócios, nem aparecem perante terceiros, mas exercem direitos perante o sócio ostensivo. São todos os outros integrantes do empreendimento que não o sócio ostensivo. Os terceiros (não participantes) que contratam com a sociedade o fazem na pessoa natural do sócio ostensivo, sendo irrelevante se conhecem ou não a existência dos sócios ocultos. Estes, enquanto ocultos – conhecidos ou não –, jamais responderão aos terceiros, nos termos do parágrafo único do art. 991, que estabelece expressamente a responsabilidade exclusiva do sócio ostensivo perante quaisquer terceiros que se relacionam com a SCP, incluindo as pessoas jurídicas de direito público. Em outras palavras, a responsabilidade tributária, no que tange às operações realizadas, é igualmente única e exclusiva do sócio ostensivo. Nem mesmo o registro em Cartório de Títulos e Documentos de um eventual contrato de SCP terá o condão de mudar a natureza dos sócios participantes e de lhes atribuir qualquer responsabilidade, conforme estabelece o art. 993. Nas Sociedades em Conta de Participação, o sócio ostensivo é o único que deve se obrigar para com terceiros, sendo desnecessária a anuência dos outros sócios participantes para a realização de qualquer operação relacionada ao objeto social. O sócio ostensivo também fica responsável junto aos sócios participantes por todos os resultados das transações e obrigações sociais empreendidas nos termos do contrato, possuindo, ainda, obrigação de prestação de contas, enquanto os sócios participantes têm o direito de fiscalizar a gestão dos negócios sociais. Um e outros podem se demandar reciprocamente, mas os terceiros somente ao ostensivo podem reclamar. A gestão da sociedade em conta de participação, em relação a terceiros, é exercida pelo sócio ostensivo, mas a relação entre os sócios obedecerá ao estabelecido em contrato pelas partes, que podem pactuar uma gestão interna compartilhada, prevendo, por exemplo, que a administração financeira será realizada de forma conjunta pelos sócios ostensivo e participantes, de modo a que estes possam ter acesso direto à parcela que contratualmente lhes toca dos ativos. A distinção feita pelo art. 982 do Código Civil entre sociedade simples e empresária não repercute nas disposições atinentes às sociedades em comum e em conta de participação, "aplicáveis independentemente de a atividade dos sócios, ou do sócio ostensivo, ser ou não própria de empresário sujeito a registro" (*III Jornada de Direito Civil* – Enunciado n. 208). Na praxe mercantil brasileira, as situações mais frequentes de constituição de SCP visam à estruturação de empreendimentos imobiliários e de *pools* hoteleiros. Nas incorporações, é comum a construtora atuar como sócia ostensiva e o investidor ou o adquirente das futuras unidades como sócios participantes. Nos *pools* de hotelaria ocorre o mesmo, ou seja, a sociedade hoteleira é a sócia ostensiva, que administra o negócio, e os proprietários dos *flats* são os sócios participantes. Com a edição da Lei Complementar n. 182, de 01 de junho de 2021, que instituiu o marco legal das *startups* e do empreendedorismo inovador, a SCP foi incluída entre os instrumentos de investimento em inovação, os quais habilitam as organizações empresariais ou societárias enquadradas como *startup* a admitir aporte de capital que não integrará o seu capital social. Por meio da estruturação de uma sociedade em conta de participação celebrada entre o investidor (sócio oculto) e a empresa (sócio ostensivo), qualquer pessoa natural ou jurídica, denominada "investidor-anjo", aportará capital, mas não será considerada sócia, nem terá qualquer direito a voto na gestão da *startup*. Também não responderá por dívida ou obrigação social de espécie alguma, inclusive em recuperação judicial, não se aplicando a ela as hipóteses de desconsideração da personalidade jurídica. A Lei Complementar n. 182 ratifica, assim, que o investidor-anjo não é considerado sócio nem tem qualquer direito a gerência ou a voto na administração da empresa, não respondendo por qualquer obrigação, "e a ele não se estenderá o disposto no art. 50 da Lei nº 10.406, de 10 de janeiro de 2002 (Código Civil), no art. 855-A da Consolidação das Leis do Trabalho (CLT), aprovada pelo Decreto-lei nº 5.452, de 1º de maio de 1943, nos arts. 124, 134 e 135 da Lei nº 5.172, de 25 de outubro de 1966 (Código Tributário Nacional), e em outras disposições atinentes à desconsideração da personalidade jurídica existentes na legislação vigente" (art. 8º, II). O investidor-anjo será remunerado apenas por seus aportes, nos termos do contrato da SCP.

JURISPRUDÊNCIA COMENTADA: A jurisprudência é pacífica quanto à responsabilidade exclusiva do sócio ostensivo frente a terceiros. Para o STJ, na sociedade em conta de participação, o sócio ostensivo é quem se obriga para com terceiros pelos resultados das transações e das obrigações sociais, realizadas ou empreendidas em decorrência da sociedade, nunca o sócio participante ou oculto, que nem é conhecido dos terceiros nem com estes nada trata (cf. REsp 192.603/SP, Rel. Min. Barros Monteiro, *DJ* 01.07.2004). Apenas o sócio ostensivo tem o dever de prestar as contas de sua gestão (TJSP, AI 2006577-23.2024.8.26.0000, *DJESP* 05.03.2024). Mesmo no âmbito da Justiça do Trabalho, ramo do Poder Judiciário normalmente refratário à limitação da responsabilidade dos sócios, tem-se entendido que, "comprovada a qualidade de sócia oculta da empresa ora recorrida, através da comprovação da sócia ostensiva através do contrato celebrado para a constituição da sociedade em conta de participação (SCP), resta indevido o seu enquadramento como executada, eis que não responde pelas obrigações sociais perante terceiros, nos termos do parágrafo único, do art. 991, do Código Civil de 2002" (TRT da 13.ª Região, RO 0001374-07.2017.5.13.0022, Rel. Des. Thiago de Oliveira Andrade, j. 17.04.2018, *DEJTPB* 24.04.2018). Contudo, é preciso que se advirta que "os recursos dos sócios, ostensivos e participantes, perante terceiros, fazem parte do patrimônio do sócio ostensivo, o qual responde pelas obrigações. Portanto, o eventual patrimônio de sócios ocultos, em poder de sócios ostensivos, enquanto perdurar a sociedade em conta de participação não é protegido perante terceiros, pois como já exposto não há patrimônio exclusivo da sociedade, de modo que eventual penhora sobre o patrimônio de terceiro que é sócio oculto se mostra correta". (TJDF, AGI 07368.79-27.2022.8.07.0000, *DJe* 27.03.2023). Essa forma de organização social é muito comum nos contratos de investimento por meio dos quais os sócios participantes aplicam recursos a serem administrados pelo sócio ostensivo no empreendimento comum. Tanto assim que já se decidiu que "a conta de participação, a rigor, não passa de um contrato de investimento comum, que o legislador, impropriamente, denominou sociedade. Suas marcas características, que a afastam da sociedade empresária típica, são a despersonalização (ela não é pessoa jurídica) e a natureza secreta (seu ato constitutivo não precisa ser levado a registro na Junta Comercial). Outros de seus aspectos também justificam não considerá-la uma sociedade: a conta de participação não tem necessariamente capital social, liquida-se pela medida judicial de prestação de contas e não por ação de dissolução de sociedade, e não possui nome empresarial" (TJSC, AC 0033961-62.2006.8.24.0038, Rel. Des. Luiz Zanelato, *DJSC* 05.06.2018).

Art. 992. A constituição da sociedade em conta de participação independe de qualquer formalidade e pode provar-se por todos os meios de direito.

COMENTÁRIOS DOUTRINÁRIOS: A existência da sociedade em conta de participação independe de qualquer formalidade ou instrumento, constituindo-se até mesmo por contrato verbal. A sua comprovação se faz por todos os meios de prova admitidos em direito, como, por exemplo, prova testemunhal, documental ou pericial, admitindo-se, ainda, o recurso a indícios e presunções. A ela não se aplicam as restrições do art. 987. Por outro lado, a informalidade da SCP resulta em maior dificuldade na seara probatória, razão pela qual mostra-se sempre recomendável a elaboração dos atos constitutivos na forma escrita. Indicado, ainda, o registro do contrato em Cartório de Títulos e Documentos para o fim de fazer prova inequívoca da existência da sociedade e, por consequência, da responsabilidade exclusiva do sócio ostensivo.

JURISPRUDÊNCIA COMENTADA: Como "a criação de sociedade em conta de participação sequer exige instrumento negocial formal e o negócio jurídico que a constitui produz efeitos apenas entre os sócios ostensivo e participantes", não se pode restringir os elementos comprobatórios de sua existência (*TJDF*, AGI 07340.66-90.2023.8.07.0000, *DJe* 09.02.2024). Em uma demanda de liquidação, em que se discutiu a natureza da sociedade, se "sociedade em comum" ou "sociedade em conta de participação" (SCP), o Tribunal local entendeu, com base na prova documental acostada aos autos, que o negócio firmado pelas partes era em conta de participação, pois não obstante as três sociedades "tenham se unido para construir trinta lojas e, posteriormente, explorar o aluguel do local, os negócios perante terceiros eram celebrados por apenas uma das sociedades, nítida figura do sócio ostensivo da sociedade em conta de participação, na qual várias pessoas (empresas) se unem para formar um fundo comum para investimentos diversos, sendo que apenas uma das empresas 'aparece' perante terceiros" (TJSC, AC 0033961-62.2006.8.24.0038, Rel. Des. Luiz Zanelato, *DJSC* 05.06.2018).

Art. 993. O contrato social produz efeito somente entre os sócios, e a eventual inscrição de seu instrumento em qualquer registro não confere personalidade jurídica à sociedade.

Parágrafo único. Sem prejuízo do direito de fiscalizar a gestão dos negócios sociais, o sócio participante não pode tomar parte nas relações do sócio ostensivo com terceiros, sob pena de responder solidariamente com este pelas obrigações em que intervier.

COMENTÁRIOS DOUTRINÁRIOS: Como já antecipado em comentários anteriores, a sociedade em conta de participação não é pessoa jurídica, não tem autonomia patrimonial, nem firma ou razão social, cabendo ao sócio ostensivo, que se obriga pessoalmente perante terceiros, o exercício da atividade constitutiva do objeto social; enquanto os sócios participantes apenas se obrigam para com o sócio ostensivo, participando dos resultados obtidos, não figurando nas relações da sociedade. As SCP jamais poderão adquirir personalidade jurídica, nem mesmo após o início das suas operações, e o seu contrato social não deve ser levado a registro, quer na Junta Comercial, quer no Cartório de Registro Civil das Pessoas Jurídicas. Porém, a lei não proíbe o registro do contrato social, que esteja materializado em instrumento escrito. Mesmo sem conferir personalidade jurídica à sociedade, as Juntas Comerciais (art. 32, II, *e*, da Lei n. 8.934) e o Registro Civil das Pessoas Jurídicas (art. 114, II, da Lei n. 6.015/1973) realizam normalmente esses registros. O contrato da SCP também poderá ser levado ao Registro de Títulos e Documentos (art. 127 da Lei n. 6.015/1973). A Receita Federal, por sua vez, exige que a SCP seja cadastrada no CNPJ (Instrução Normativa RFB n. 1.863, de 27 de dezembro de 2018). Entretanto, o que importa pontuar é que o registro do contrato da SCP ou a inscrição no CNPJ, bem como o fato de terceiros tomarem conhecimento da existência da sociedade e da identidade dos sócios ocultos, nada disso desvirtua a sociedade. Ainda que o contrato de uma SCP venha a ser registrado em Junta Comercial ou RCPJ e a sociedade tenha número de CNPJ, não se poderá falar em aquisição de personalidade jurídica, em face da própria natureza não personificada da sociedade. O contrato social só produz efeitos entre os sócios. Perante terceiros, só quem responde pelas obrigações sociais é o sócio ostensivo, salvo se o sócio oculto também assumir obrigações, hipótese em que deixa de ser um mero participante e passa a responder solidariamente com o sócio ostensivo perante terceiros.

JURISPRUDÊNCIA COMENTADA: Na sociedade em conta de participação, a eventual inscrição de seu instrumento na Junta Comercial não lhe confere personalidade jurídica, pois a SCP "é uma sociedade que só existe internamente, ou seja, entre os sócios" (TJDF, AGI 07368.79-27.2022.8.07.0000, *DJe* 27.03.2023). Sobre a natureza despersonalizada da SCP, o Superior Tribunal de Justiça já decidiu que "não há falar em citação de sociedade em conta de participação que não tem personalidade jurídica nem existência perante terceiros" (REsp 474.704/PR, Rel. Min. Carlos Alberto Menezes Direito, j. 10.03.2003). Nos Tribunais Estaduais também encontramos precedentes reforçando que a constituição da sociedade em conta de participação independe de qualquer formalidade e "que a eventual inscrição de seu instrumento em qualquer registro não confere personalidade jurídica à sociedade" (TJRS, AC 0432698-67.2012.8.21.7000, Rel. Des. Luís Augusto Coelho Braga, j. 18.12.2014, *DJERS* 30.01.2015). No tocante à imputação de responsabilidades aos sócios participantes, o TJSP já decidiu pela responsabilização solidária do sócio oculto pelos débitos contraídos pela sócia ostensiva em razão da sociedade em conta de participação, em razão da assunção, por parte daquele sócio, da responsabilidade pelo gerenciamento do negócio perante terceiros (cf. EDcl 0613079-47.2007.8.26.0100/50000, Rel. Des. Hamid Bdine, *DJESP* 17.09.2018), pois "o sócio oculto que gerencia a sociedade em conta de participação responde solidária e ilimitadamente pelas obrigações derivadas dos negócios em que interveio" (TJSP, AI 990.10.287623-3, Rel. Des. Pereira Calças, *DJESP* 03.12.2010). Em suma, "conforme previsão contida no parágrafo único do art. 993 do Código Civil/2002, admite-se a responsabilidade solidária do sócio oculto quando este intervém nas relações negociais com terceiros", ou seja, "o sócio oculto atuou com afinco para implementar o negócio perante terceiro" (TJCE, AC 0101644-34.2006.8.06.0001, *DJCE* 30.01.2024).

Art. 994. A contribuição do sócio participante constitui, com a do sócio ostensivo, patrimônio especial, objeto da conta de participação relativa aos negócios sociais.

§ 1º A especialização patrimonial somente produz efeitos em relação aos sócios.

§ 2º A falência do sócio ostensivo acarreta a dissolução da sociedade e a liquidação da respectiva conta, cujo saldo constituirá crédito quirografário.

§ 3º Falindo o sócio participante, o contrato social fica sujeito às normas que regulam os efeitos da falência nos contratos bilaterais do falido.

COMENTÁRIOS DOUTRINÁRIOS: As contribuições dos sócios, ostensivos e ocultos, podem ser feitas em bens, corpóreos ou incorpóreos, ou em serviços, e formarão um patrimônio especial, voltado para a execução do objeto empresarial da sociedade. Na maioria das vezes, a contribuição do sócio participante se materializa pela transferência da propriedade de um bem ou pelo aporte de recursos financeiros, os quais passam a integrar a esfera patrimonial do sócio ostensivo, que prestará contas perante os demais sócios da aplicação e gestão desse patrimônio. Entretanto, nada impede que o aporte do sócio oculto se concretize pela outorga do direito de uso e fruição de bens determinados, hipótese em que não haverá transferência de domínio, conservando o sócio a propriedade em seu nome. Trata-se de situação bastante usual nas sociedades em conta de participação utilizadas na exploração de *pools* hoteleiros, em que os proprietários de apartamentos, na qualidade de sócios participantes, transferem, a título de uso, os apartamentos a uma sociedade de administração hoteleira a qual, na qualidade de sócia ostensiva, celebrará os contratos de locação, assumindo obrigações e responsabilidades em face de terceiros. A grande vantagem é evitar que tais bens se submetam aos efeitos da falência em caso de quebra do sócio ostensivo. Se tiver havido transferência de propriedade, os bens aportados pelo sócio oculto serão arrecadados. Se a contribuição se deu apenas com o direito de uso e fruição, o sócio ostensivo seria um mero mandatário ou depositário dos bens, o que autorizaria o pedido de restituição pelo sócio oculto. O § 1º versa sobre a especialização patrimonial, ou seja, a individualização do patrimônio da SCP, por meio de perícia contábil. Estabelece o dispositivo que essa especialização patrimonial somente produzirá efeitos em relação aos sócios, jamais perante terceiros, nem mesmo perante o Fisco, em relação aos quais somente responde o patrimônio do sócio ostensivo. Ao contrário das sociedades em comum, nas quais o patrimônio afetado aos negócios sociais pertence a todos os sócios em comunhão (ver art. 988), na SCP o patrimônio dito especial se integra ao patrimônio do sócio ostensivo. As sociedades em conta de participação não se submetem à falência ou à recuperação, mas seus sócios, sim, quando pessoas jurídicas e empresárias. Em caso de falência do sócio ostensivo, a SCP será dissolvida e liquidada e o saldo (do resultado social) a que fariam jus os sócios participantes em razão de suas contribuições constituirá crédito quirografário, inexistindo distinção entre credores individuais e sociais e, muito menos, qualquer privilégio destes sobre o patrimônio da sociedade. Mas se a falência for a do sócio participante, a sociedade não será necessariamente dissolvida, mas o contrato social submete-se às regras que regulam os efeitos da falência nos contratos bilaterais do falido, ou seja, fica a critério do administrador judicial a decisão de manter a participação do sócio oculto, de modo a utilizar os resultados que forem sendo apurados para pagamento dos credores habilitados na falência ou, do contrário, pedir a dissolução parcial da sociedade em relação ao referido sócio participante, com o recebimento dos haveres correspondentes à sua participação.

JURISPRUDÊNCIA COMENTADA: Em um caso em que decretada a falência de sociedade limitada que era sócia ostensiva em contrato de sociedade em conta de participação, o Tribunal de Justiça de São Paulo manteve a arrecadação de todas as máquinas que integravam o patrimônio social da sociedade falida, rejeitando a pretensão do sócio oculto de liberar 50% das máquinas, supostamente de sua propriedade, ao argumento de que a sociedade em conta de participação não tem patrimônio social autônomo, mas sim, patrimônio especial, ou seja, patrimônio de afetação, e que a falência da sociedade ostensiva acarreta a dissolução da sociedade em conta de participação e a arrecadação de todos os seus bens em prol da massa falida, devendo o sócio participante ser considerado credor quirografário, nos termos do art. 994, § 2º e 996 do Código Civil de 2002 (TJSP, AI 990.10.287623-3, Rel. Des. Pereira Calças, *DJESP* 03.12.2010).

Art. 995. Salvo estipulação em contrário, o sócio ostensivo não pode admitir novo sócio sem o consentimento expresso dos demais.

COMENTÁRIOS DOUTRINÁRIOS: Na ausência de previsão em contrário no contrato da SCP, o sócio ostensivo, apesar de gerir a sociedade, não poderá admitir o ingresso de novos sócios sem o consentimento expresso dos demais sócios ocultos ou participantes, da mesma forma que estes também não podem admitir o ingresso de novos sócios ocultos ou ostensivos sem a anuência do sócio ostensivo, vigorando, para esses casos, sempre o critério da unanimidade. O dispositivo se restringe ao ingresso de novos sócios. A cessão de participações entre os que já são sócios é livre e não depende da anuência dos demais. A cessão a terceiros, por implicar a admissão de quem estava de fora, se submete à aprovação de todos os demais sócios. A cessão do crédito a ser apurado e a que fará jus o sócio oculto pode ser celebrada independentemente de previsão no contrato social e submete-se ao disposto nos artigos 286 a 298 deste Código.

Art. 996. Aplica-se à sociedade em conta de participação, subsidiariamente e no que com ela for compatível, o disposto para a sociedade simples, e a sua liquidação rege-se pelas normas relativas à prestação de contas, na forma da lei processual.

Parágrafo único. Havendo mais de um sócio ostensivo, as respectivas contas serão prestadas e julgadas no mesmo processo.

COMENTÁRIOS DOUTRINÁRIOS: O dispositivo determina que nas omissões do contrato social aplicar-se-ão à sociedade em conta de participação, subsidiária e supletivamente, e no que com ela for compatível, as disposições que regulam a sociedade simples (arts. 997 a 1.038). Apesar de despersonificadas, as sociedades em conta de participação não se distinguem dos demais tipos societários personificados, salvo quanto aos efeitos jurídicos decorrentes da dispensa de formalidades legais para sua constituição. Por isso, tanto como as demais sociedades, também se submetem à dissolução (art. 1.033) e à liquidação as quais, quando litigiosas, seguirão o que dispõe a legislação processual, para apuração dos haveres e obrigações do sócio ostensivo relativamente aos demais sócios, seja em relação aos lucros auferidos, seja em relação ao Patrimônio Especial. Portanto, a dissolução da sociedade em conta de participação, salvo previsão em contrário no contrato, não implica a restituição do valor inicialmente investido pelos sócios participantes, devendo se buscar a liquidação, conforme o art. 996 do Código Civil. A liquidação litigiosa segue o rito da ação de prestação de contas, nos termos dos arts. 550 e seguintes do CPC/2015. A ação tanto pode ser manejada pelo sócio ostensivo, sujeito passivo da obrigação de prestar as contas, sempre que o sócio participante se recusar a recebê-las, como pelo sócio participante, quando houver omissão ou recusa do sócio ostensivo. O parágrafo único, por sua vez, esclarece que havendo pluralidade de sócios ostensivos, a liquidação da sociedade deverá ocorrer em um único processo de exigir contas, ou seja, os sócios participantes deverão propor a ação contra todos os sócios ostensivos. Se a ação for proposta por um dos sócios ostensivos, e existir solidariedade entre eles prevista no contrato, o autor da ação deverá denunciar à lide os demais. Morrendo o sócio ostensivo no curso do empreendimento, a continuidade da sociedade vai depender do que dispuser o contrato social. O mesmo se diga em caso de morte de um dos sócios participantes. Havendo a liquidação da cota, os seus herdeiros fazem jus ao resultado, na forma dos arts. 1.027 e 1.028. Em caso de divórcio ou dissolução de união estável, quer seja de sócio ostensivo ou de sócio oculto, os resultados, quando apurados, serão partilhados, a depender do regime de bens do casamento ou da união estável.

JURISPRUDÊNCIA COMENTADA: Objeto de alguma controvérsia antes da entrada em vigor do atual Código Civil, diante da ausência de personalidade jurídica como causa de afastamento do vínculo societário, a possibilidade jurídica de dissolução de sociedade em conta de participação não se discute mais, diante da expressa previsão legal. O STJ, em acórdão paradigmático, decidiu que não existe "diferença ontológica entre as sociedades em conta de participação e os demais tipos societários personificados, distinguindo-se quanto aos efeitos jurídicos unicamente em razão da dispensa de formalidades legais para sua constituição", razão pela qual "a dissolução de sociedade, prevista no art. 1.034 do CC/2002, aplica-se subsidiariamente às sociedades em conta de participação, enquanto ato inicial que rompe o vínculo jurídico entre os sócios" (REsp 1230981/RJ, Rel. Min. Marco Aurélio Bellizze, *DJe* 05.02.2015). A saída do sócio oculto "tem a mesma natureza jurídica da saída de sócio nas sociedades em geral, devendo-se observar o disposto no art. 1.031 do Código Civil. Quem toma a iniciativa de empreender não pode escapar da lógica decorrente do sistema econômico em que vivemos, da livre iniciativa. Improcedência, portanto, da pretensão da sócia oculta de receber, pura e simplesmente, de volta o aporte investido na sociedade" (TJSP, EDcl 1050777-70.2017.8.26.0100/50001, *DJESP* 07.02.2024). A liquidação, por sua vez, rege-se pelas normas relativas à prestação de contas, na forma da Lei Processual, sendo "direito do sócio investidor o acesso a todo levantamento contábil referente à administração dos bens e valores da sociedade, cuja responsabilidade é, indubitavelmente, do sócio gerente" (TJDF, APC 2015.01.1.107461-0, Rel. Des. Flavio Renato Jaquet Rostirola, *DJDFTE* 30.03.2017).

SUBTÍTULO II
DA SOCIEDADE PERSONIFICADA

CAPÍTULO I
DA SOCIEDADE SIMPLES

SEÇÃO I
DO CONTRATO SOCIAL

Art. 997. A sociedade constitui-se mediante contrato escrito, particular ou público, que, além de cláusulas estipuladas pelas partes, mencionará:

I – nome, nacionalidade, estado civil, profissão e residência dos sócios, se pessoas naturais, e a firma ou a denominação, nacionalidade e sede dos sócios, se jurídicas;

II – denominação, objeto, sede e prazo da sociedade;

III – capital da sociedade, expresso em moeda corrente, podendo compreender qualquer espécie de bens, suscetíveis de avaliação pecuniária;

IV – a quota de cada sócio no capital social, e o modo de realizá-la;

V – as prestações a que se obriga o sócio, cuja contribuição consista em serviços;

VI – as pessoas naturais incumbidas da administração da sociedade, e seus poderes e atribuições;

VII – a participação de cada sócio nos lucros e nas perdas;

VIII – se os sócios respondem, ou não, subsidiariamente, pelas obrigações sociais.

Parágrafo único. É ineficaz em relação a terceiros qualquer pacto separado, contrário ao disposto no instrumento do contrato.

COMENTÁRIOS DOUTRINÁRIOS: As sociedades personificadas, como já afirmamos em comentário anterior, se constituem mediante contrato escrito, fazendo-se, pois, necessário o registro do contrato social e das suas posteriores alterações na Junta Comercial ou no Registro Civil das Pessoas Jurídicas do local de sua sede para que tenham eficácia em relação a terceiros. Não obstante a distinção entre sociedades simples e empresárias (art. 983), o legislador optou por eleger as normas estruturantes da sociedade simples como regramento geral e supletivo de todos os tipos societários, tratando do contrato social, dos direitos e obrigações dos sócios, da administração, das relações com terceiros e da resolução da sociedade em relação a um sócio, conforme consta da exposição de motivos do Anteprojeto de Código Civil. Assim, em relação às sociedades empresárias aplicar-se-á, sempre em caráter supletivo, todo o cabedal normativo das sociedades simples. A disposição inaugural do presente capítulo (art. 997) versa, especificamente, sobre os elementos que devem obrigatoriamente constar do contrato social de uma sociedade simples, ao mesmo tempo em que estabelece, de forma subsidiária, os requisitos básicos dos contratos sociais de todos os demais tipos societários. Em se tratando de sociedade limitada unipessoal (ver art. 1.052), as disposições do art. 997 aplicar-se-ão ao documento de constituição do sócio único, apenas no que couber. Encontra-se expresso no texto da lei que elementos tais como o nome, a nacionalidade, o estado civil, a profissão e residência dos sócios, as suas quotas, contribuições e participações nos lucros e perdas, passam a constituir exigências legais do ato constitutivo da sociedade, sem as quais o contrato não poderá ser levado a registro. Sobre o estado civil dos sócios, já antecipei que, apesar de inexistente no Direito Civil brasileiro um estado civil de "convivente em união estável", diante da progressiva tendência de equiparação que se verifica entre casamento e união estável, é conveniente que o contrato social mencione, na qualificação do sócio, a união estável, se for o caso. O contrato social deve especificar a denominação, o objeto, a sede e o prazo da sociedade. A denominação social é o nome atribuído à pessoa jurídica, por meio do qual ela se identificará em todos os documentos legais e nos atos e negócios jurídicos que celebrar. Trata-se de espécie do gênero nome empresarial, que pode ser de dois tipos: denominação ou firma. A firma é formada pelo nome dos sócios de forma completa ou abreviada, enquanto a denominação deve conter palavras ou expressões que ressaltem a atividade prevista no objeto social da empresa. As regras sobre o uso do nome empresarial encontram-se dispostas nos artigos 1.155 a 1.168. O que cabe destacar neste momento é que, muito embora o inc. II aluda a denominação social, isso "não exclui a possibilidade de sociedade simples utilizar firma ou razão social", consoante destacado no Enunciado n. 213 da *III Jornada de Direito Civil*. Mesmo porque "as indicações contidas no art. 997 não são exaustivas, aplicando-se outras exigências contidas na legislação pertinente, para fins de registro" (*III Jornada de Direito Civil* – Enunciado n. 214). O objeto deve ser lícito, possível, determinado ou determinável. Se o objeto social for ilícito, como nos casos de exploração de jogos de azar, pirâmide financeira ou qualquer outra atividade que configure crime ou contravenção, ou que esteja vedada em lei, o registro do contrato será indeferido. Também será ilícito o objeto de uma sociedade simples constituída para o exercício de atividade advocatícia, quando os sócios não sejam advogados, por violação ao art. 1º da Lei n. 8.906/1994. Por outro lado, o objeto ilícito pode estar simulado em objeto lícito, o que ocorre, por exemplo, quando uma sociedade cujo objeto social é a prostituição menciona, no contrato social, como atividade principal, a intermediação de contratos entre modelos ou atrizes. Nesses casos de simulação, não cabe ao órgão registral recusar o registro, que deve ser impugnado pelas autoridades competentes e pelos eventuais prejudicados. A sede pode ou não coincidir com a localização do principal estabelecimento. Todavia, "para fins do Direito Falimentar, o local do principal estabelecimento é aquele de onde partem as decisões empresariais, e não necessariamente a sede indicada no registro público" (*V Jornada de Direito Civil* – Enunciado n. 466). E, finalmente, quanto ao prazo de duração da sociedade, tanto pode ser determinado ou indeterminado. Nas sociedades por prazo determinado, o vencimento do prazo é causa de dissolução (art. 1.033, I). O capital da sociedade deve ser expresso em moeda corrente, ou seja, em reais, podendo compreender qualquer espécie de bens, suscetíveis de avaliação pecuniária. E deve mencionar a quota de cada sócio no capital social, e o modo de realizá-la. A contribuição dos sócios para o capital social tem por escopo constituir o fundo patrimonial inicial da sociedade e definir a participação de cada contribuinte.

Advirta-se, no entanto, que capital social não se confunde com o patrimônio da sociedade, podendo os sócios, no exercício de sua autonomia privada, fixar o capital social em valor inferior aos aportes iniciais. O Enunciado n. 478 da *V Jornada de Direito Civil* orienta que "a integralização do capital social em bens imóveis pode ser feita por instrumento particular de contrato social ou de alteração contratual, ainda que se trate de sociedade sujeita ao registro exclusivamente no registro civil de pessoas jurídicas", muito embora a transferência da propriedade para a pessoa jurídica só ocorra após o registro do título translativo no cartório de registro de imóveis, nos termos do art. 64 da Lei n. 8.934/1994. No momento da integralização dos imóveis ao capital, a legislação do Imposto de Renda outorga ao sócio a opção de transferir o bem pelo valor constante da declaração ou pelo valor de mercado, afastando-se, no primeiro caso, o ganho de capital (lucro imobiliário) e o consequente recolhimento do Imposto de Renda sob a alíquota de 15% até 22,5% (Lei n. 8.981/1995 e Lei n. 9.249/1995). Lembro, ainda, que nesse tipo de sociedade, não empresária, admite-se que o sócio contribua, apenas, com serviços ou trabalho, à semelhança do que acontecia com a antiga sociedade civil prevista no CC/1916 e com a extinta sociedade de capital e indústria, razão pela qual o contrato tem que detalhar as prestações a que se obriga o sócio, cuja contribuição consista em serviços. O contrato é obrigado a especificar as pessoas incumbidas da administração da sociedade, e seus poderes e atribuições. Em se tratando de sociedades simples puras, apenas as pessoas naturais poderão exercer a administração. Nas sociedades que adotam forma empresarial, especialmente a sociedade limitada, controverte a doutrina se os administradores poderão ser pessoas jurídicas (ver art. 1.060). Imprescindível que se deixe clara a participação de cada sócio nos lucros e nas perdas, mesmo porque, a teor do art. 1.008, é nula a estipulação contratual que exclua qualquer sócio de participar dos lucros e das perdas. Considerando que as sociedades exercem atividade econômica com objetivo de lucro, é curial que o contrato preveja a divisão desse ganho, mesmo que de forma não igualitária, entre todos os sócios, aplicando-se idêntico raciocínio em relação às perdas sociais, em face da assunção dos riscos inerentes à atividade. O contrato social, dessa forma, é que estabelecerá a forma da participação dos sócios e da divisão do resultado social, sendo lícita a distribuição de resultados de acordo com a quota de cada sócio ou mesmo desproporcionalmente, conforme tenha sido estipulado entre eles. Assim, a forma e a periodicidade de distribuição ou antecipação dos lucros demanda previsão contratual. Se o contrato social não estipula, por exemplo, a retirada mensal de lucro pelos sócios ou o pagamento de pró-labore, deve ser promovida a sua alteração, e subsequente arquivamento, para que tais pagamentos possam ser realizados. O inciso VIII contém uma imprecisão terminológica, quando determina que o contrato social esclareça se os sócios respondem, ou não, subsidiariamente, pelas obrigações sociais. A responsabilidade subsidiária dos sócios nas sociedades simples já se encontra prevista no art. 1.024. O art. 1.023, por seu turno, dispõe expressamente que a responsabilidade é subsidiária, salvo se houver cláusula de responsabilidade solidária. Trata-se, portanto, de uma questão legal sobre a qual inexiste poder de disposição por parte dos sócios. Por isso, o Enunciado n. 61 da *I Jornada de Direito Civil* elucidou que o termo "subsidiariamente" constante do inciso VIII do art. 997 do Código Civil deverá ser substituído por "solidariamente", a fim de compatibilizar esse dispositivo com o art. 1.023 do mesmo Código. O Enunciado n. 10 da *I Jornada de Direito Comercial*, por sua vez, acrescenta que "nas sociedades simples, os sócios podem limitar suas responsabilidades entre si, à proporção da participação no capital social, ressalvadas as disposições específicas". Enunciado semelhante já havia sido aprovado na *V Jornada de Direito Civil*: "Na sociedade simples pura (art. 983, parte final, do CC/2002), a responsabilidade dos sócios depende de previsão contratual. Em caso de omissão, será ilimitada e subsidiária, conforme o disposto nos arts. 1.023 e 1.024 do CC/2002" (Enunciado n. 479). O parágrafo único atribui a sanção de ineficácia em relação a terceiros a qualquer pacto separado, contrário ao disposto no instrumento do contrato. Em outras palavras, nenhuma pactuação que esteja fora do contrato social levado ao registro pode ser oposta a terceiros. Além do contrato social, ou ao lado dele, os sócios podem firmar entre si outros pactos (pactos parassociais). Nesse sentido, o Enunciado n. 384 da *IV Jornada de Direito Civil*: "Nas sociedades personificadas previstas no Código Civil, exceto a cooperativa, é admissível o acordo de sócios, por aplicação analógica das normas relativas às sociedades por ações pertinentes ao acordo de acionistas". As obrigações estabelecidas no acordo de quotistas ou de acionistas também não podem ser invocadas quando contrariarem a lei ou os interesses da própria sociedade, conforme se infere do Enunciado n. 85, aprovado na *III Jornada de Direito Comercial*: "A obrigação de voto em bloco, prevista em Acordo de Acionistas, não pode ser invocada, por seus signatários ou por membros do Conselho de Administração, com o propósito de eximi-los da obrigação de votar em consonância com a Lei e com os interesses da Companhia".

JURISPRUDÊNCIA COMENTADA: Nos Tribunais são comuns as demandas que envolvem a falta do registro do instrumento contratual, já se havendo pacificado, com relativa tranquilidade, que no domínio das sociedades personificadas, o registro do contrato social e das alterações posteriores condiciona sua eficácia em relação a terceiros (TJDF, Recurso 2010.01.1.092380-9, Rel. Desig. Des. James Eduardo Oliveira, *DJDFTE* 04.11.2014). Já se consideraram inexistentes os atos processuais praticados por advogado, ao amparo de mandato não outorgado por sócios da pessoa jurídica conforme alteração do contrato social arquivada na Junta Comercial. A alegação de que haveria pacto separado ao contrato social, permitindo a outorga do mandato foi rejeitada, exatamente em razão de sua ineficácia em relação a terceiros (TJSP, APL 9127034-24.2008.8.26.0000, Rel. Des. Cerqueira Leite, *DJESP* 04.06.2013). O registro evidencia a necessidade de publicidade das alterações do contrato social, de forma que qualquer modificação no contrato social será averbada no registro próprio. "Dessa maneira, instrumento particular de transferência de quotas somente produz efeitos frente a terceiros após o registro no órgão competente, pois não se admite que o empresário desconheça as consequências jurídicas dos seus atos comissivos ou omissivos" (TRT 2.ª Região, AP 0099300-61.2009.5.02.0446, Rel. Des. Fed. José Ruffolo, *DJESP* 17.01.2011). Sobre a integralização do capital com bens imóveis, a Terceira Turma do STJ vem decidindo que "a estipulação prevista no contrato social de integralização do capital social por meio de imóvel indicado pelo sócio, por si, não opera a transferência de propriedade do bem à sociedade", do mesmo modo que "a inscrição do ato constitutivo com tal disposição contratual, no Registro Público de Empresas Mercantis, a cargo das Juntas Comercias, não se presta a tal finalidade" (REsp 1743088/PR, Rel. Min. Marco Aurélio Bellizze, j. 12.03.2019, *DJe* 22.03.2019).

REFORMA DO CÓDIGO CIVIL: Pretende-se alterar alguns incisos e o parágrafo único, além de acrescentar três novos incisos ao art. 997 do Código Civil, que passariam a ter as seguintes redações: "I – nome, nacionalidade, estado civil, profissão e residência dos sócios, se pessoas naturais ou jurídicas, e o nome empresarial, nacionalidade e sede dos sócios, se jurídicas, o método e os parâmetros de apuração de haveres, o prazo se demais condições de pagamento dos haveres; II – nome empresarial, objeto, sede e prazo da sociedade; [...] IX – se as disputas entre sócios e entre sócios e a sociedade serão decididas por arbitragem; X – endereços eletrônicos para efetivação das comunicações sociais, incluindo mas não se limitando às convocações para os atos societários, sendo certo que as comunicações efetuadas através desses endereços serão consideradas válidas e eficazes; XI – se for o caso, sítio eletrônico da empresa no qual serão realizadas as publicações exigidas pela legislação, na forma do disposto no art. 1.152 deste Código. Parágrafo único. Os órgãos de registro de sociedades não levarão a registro, na forma do disposto no art. 35 da Lei nº 8.934, de 18 de novembro de 1994, os contratos sociais que não contenham os requisitos constantes dos incisos I, II, III, IV, VI, VII e X deste artigo". A proposta deixa expressa a possibilidade de pessoas jurídicas figurarem como sócias em outras sociedades; suprime a "firma" como espécie de nome empresarial, por desuso; institui a obrigação de se indicar no contrato social o método e os parâmetros de apuração de haveres, bem como o prazo e as demais condições de pagamento, inclusive nos casos de divórcio e sucessão do sócio; e, por fim, se as disputas entre os sócios serão decididas na justiça comum ou por arbitragem.

Art. 998. Nos trinta dias subsequentes à sua constituição, a sociedade deverá requerer a inscrição do contrato social no Registro Civil das Pessoas Jurídicas do local de sua sede.

§ 1º O pedido de inscrição será acompanhado do instrumento autenticado do contrato, e, se algum sócio nele houver sido representado por procurador, o da respectiva procuração, bem como, se for o caso, da prova de autorização da autoridade competente.

§ 2º Com todas as indicações enumeradas no artigo antecedente, será a inscrição tomada por termo no livro de registro próprio, e obedecerá a número de ordem contínua para todas as sociedades inscritas.

COMENTÁRIOS DOUTRINÁRIOS: O Código Civil trouxe para as sociedades simples dispositivo anteriormente presente na Lei n. 8.934/1994 (art. 36) aplicável às antigas sociedades mercantis, hoje sociedades empresárias, e que exige a apresentação do contrato social para registro, no prazo de trinta dias. O registro, mediante o arquivamento dos seus atos constitutivos, é requisito para a aquisição da personalidade jurídica pela sociedade. O registro competente, no caso das sociedades simples, é o cartório de Registro Civil das Pessoas Jurídicas (RCPJ) da sua sede. Vale lembrar que as pessoas jurídicas podem dispor de domicílio real e domicílio de eleição, a teor do art. 75, inc. IV. O domicílio real é a sede administrativa, que normalmente coincide com o principal estabelecimento, e onde são tomadas as principais decisões. O domicílio de eleição é o fixado no ato constitutivo, também chamado domicílio especial. Nesses casos, em que existe mais de um domicílio, o registro poderá ser efetuado em qualquer um deles, tanto na sede indicada no contrato social (domicílio de eleição) como na sede administrativa (domicílio real). Nesse sentido, o Enunciado n. 215 da *III Jornada de Direito Civil*: "A sede a que se refere o *caput* do art. 998 poderá ser a da administração ou do estabelecimento onde se realizam as atividades sociais". Efetuado o registro no trintídio legal, os seus efeitos retroagem à data da assinatura do instrumento. Decorrido o prazo de trinta dias, subsequentes a sua constituição, que é a data aposta no contrato social, sem que os atos constitutivos tenham sido levados a registro, a sociedade torna-se irregular, aplicando-se o disposto nos artigos 986 a 990. Importante destacar que nem o RCPJ, nem as Juntas Comerciais, detêm competência para investigar o conteúdo e a veracidade dos documentos levados a registro, nem muito menos a existência de fraude documental, competência que é exclusiva do Poder Judiciário. Ao órgão registral cabe, tão somente, ao proceder ao arquivamento dos documentos relativos à constituição, alteração, dissolução e extinção de sociedades, em razão da natureza do serviço que presta, examinar o cumprimento das formalidades legais extrínsecas, determinando que sejam sanados os vícios encontrados ou indeferindo o registro se houver vício insanável. Para inscrição e registro das sociedades simples aplicam-se, subsidiariamente, os arts. 114 a 121 da Lei n. 6.015/1973: "Art. 114. No Registro Civil de Pessoas Jurídicas serão inscritos: I – os contratos, os atos constitutivos, o estatuto ou compromissos das sociedades civis, religiosas, pias, morais, científicas, ou literárias, bem como o das fundações e das associações de utilidade pública; II – as sociedades civis que revestirem as formas estabelecidas nas leis comerciais, salvo as anônimas; III – os atos constitutivos e os estatutos dos partidos políticos. *(Incluído pela Lei n. 9.096, de 19.09.1995)*. Parágrafo único. No mesmo cartório será feito o registro dos jornais, periódicos, oficinas impressoras, empresas de radiodifusão e agências de notícias a que se refere o art. 8º da Lei n. 5.250, de 09.02.1967. Art. 115. Não poderão ser registrados os atos constitutivos de pessoas jurídicas, quando o seu objeto ou circunstâncias relevantes indiquem destino ou atividades ilícitos, ou contrários, nocivos ou perigosos ao bem público, à segurança do Estado e da coletividade, à ordem pública ou social, à moral e aos bons costumes. (Renumerado do art. 116 pela Lei n. 6.216, de 1975). Parágrafo único. Ocorrendo qualquer dos motivos previstos neste artigo, o oficial do registro, de ofício ou por provocação de qualquer autoridade, sobrestará no processo de registro e suscitará dúvida para o juiz, que a decidirá. Art. 116. Haverá, para o fim previsto nos artigos anteriores, os seguintes livros: (Renumerado do art. 117 pela Lei n. 6.216, de 1975). I – Livro A, para os fins indicados nos números I e II do *caput* do art. 114 desta Lei; e II – Livro B, para matrícula das oficinas impressoras, jornais, periódicos, empresas de radiodifusão e agências de notícias. (Redação dada pela Lei n. 14.382, de 2022). Art. 117. Todos os exemplares de contratos, de atos, de estatuto e de publicações, registrados e arquivados, serão encadernados por períodos certos, acompanhados de índice que facilite a busca e o exame. (Renumerado do art. 118 pela Lei n. 6.216, de 1975). Art. 118. Os oficiais farão índices, pela ordem cronológica e alfabética, de todos os registros e arquivamentos, podendo adotar o sistema de fichas, mas ficando sempre responsáveis por qualquer erro ou omissão. (Renumerado do art. 119 pela Lei n. 6.216, de 1975). Art. 119. A existência legal das pessoas jurídicas só começa com o registro de seus atos constitutivos. (Renumerado do art. 120 pela Lei n. 6.216, de 1975). Parágrafo único. Quando o funcionamento da sociedade depender de aprovação da autoridade, sem esta não poderá ser feito o registro. Capítulo II Da Pessoa Jurídica Art. 120. O registro das sociedades, fundações e partidos políticos consistirá na declaração, feita em livro, pelo oficial, do número de ordem, da data da apresentação e da espécie do ato constitutivo, com as seguintes indicações: *(Redação dada pela Lei n. 9.096, de 19.09.1995)*. I – a denominação, o fundo social, quando houver, os fins e a sede da associação ou fundação, bem como o tempo de sua duração; II – o modo por que se administra e representa a sociedade, ativa e passivamente, judicial e extrajudicialmente; III – se o estatuto, o contrato ou o compromisso é reformável, no tocante à administração, e de que modo; IV – se os membros respondem ou não, subsidiariamente, pelas obrigações sociais; V

– as condições de extinção da pessoa jurídica e nesse caso o destino do seu patrimônio; VI – os nomes dos fundadores ou instituidores e dos membros da diretoria, provisória ou definitiva, com indicação da nacionalidade, estado civil e profissão de cada um, bem como o nome e residência do apresentante dos exemplares. Parágrafo único. Para o registro dos partidos políticos, serão obedecidos, além dos requisitos deste artigo, os estabelecidos em lei específica. *(Incluído pela Lei n. 9.096, de 19.09.1995).* Art. 121. O registro será feito com base em uma via do estatuto, compromisso ou contrato, apresentada em papel ou em meio eletrônico, a requerimento do representante legal da pessoa jurídica. § 1º É dispensado o requerimento de que trata o *caput* deste artigo caso o representante legal da pessoa jurídica tenha subscrito o estatuto, compromisso ou contrato. § 2º Os documentos apresentados em papel poderão ser retirados pelo apresentante nos 180 (cento e oitenta) dias após a data da certificação do registro ou da expedição de nota devolutiva. § 3º Decorrido o prazo de que trata o § 2º deste artigo, os documentos serão descartados. *(*Redação dada pela Lei n. 14.382, de 2022*)".*

Art. 999. As modificações do contrato social, que tenham por objeto matéria indicada no art. 997, dependem do consentimento de todos os sócios; as demais podem ser decididas por maioria absoluta de votos, se o contrato não determinar a necessidade de deliberação unânime.

Parágrafo único. Qualquer modificação do contrato social será averbada, cumprindo-se as formalidades previstas no artigo antecedente.

COMENTÁRIOS DOUTRINÁRIOS: O dispositivo em comento versa sobre o quórum de deliberação para a alteração do contrato social das sociedades simples, aplicável subsidiariamente a outras sociedades, quando houver omissão da lei ou do respectivo contrato social. No Código Civil anterior, no silêncio do contrato, as deliberações dos sócios das sociedades civis, inclusive para alteração do contrato social, seriam tomadas, sempre, por maioria de votos. Agora, nas sociedades simples, passa-se a exigir o quórum de unanimidade para qualquer alteração que tenha por objeto as matérias elencadas nos incisos I a VIII do art. 997. A exigência do quórum de unanimidade não é estranha ao nosso direito societário. O consentimento unânime dos sócios já era requerido, por exemplo, para modificação do objeto social (Código Comercial – art. 331) ou para a cessão da quota a quem não era sócio (art. 304 do Código Comercial e art. 1.388 do CC/1916). A unanimidade exigida para a modificação do contrato social, ressalte-se, "somente alcança as matérias referidas no art. 997, prevalecendo, nos demais casos de deliberação dos sócios, a maioria absoluta, se outra mais qualificada não for prevista no contrato" (*IV Jornada de Direito Civil* – Enunciado n. 385). A unanimidade em causa, portanto, se aplica à sociedade simples pura e, supletivamente, aos demais tipos societários regulados por este Código. A razão da exigência é que as matérias elencadas no art. 997 constituem "causas de contratar", provenientes da liberdade do contrato, ou seja, da autonomia da vontade, que a lei deve resguardar de ser violentada. Em se tratando de uma sociedade exclusivamente de pessoas, em que a responsabilidade de cada sócio é ilimitada, a unanimidade reduz o risco para todos. Daí por que não poderá o sócio ser compelido a aumentar a sua parte no capital da sociedade, nem a permitir que outros sócios o façam, em detrimento das porcentagens de participação de cada um. Repercutindo os atos da administração tanto sobre os haveres sociais como sobre os bens particulares dos sócios, exige-se que as modificações contratuais, que tenham por objeto a matéria indicada no art. 997, dependam do consentimento de todos eles. A desobediência do quórum de unanimidade resultará na declaração de nulidade da alteração contratual. Havendo recusa injustificada de qualquer dos sócios em subscrever a alteração contratual, é cabível o suprimento judicial. É o caso, por exemplo, de ter ocorrido, no mundo dos fatos, a mudança de sede da sociedade. O Código Civil prevê que o contrato social deve conter, necessariamente, a sede da sociedade. Se qualquer modificação que tenha por objeto matéria indicada no art. 997, como é o caso da sede da sociedade, depende do consentimento de todos os sócios e um deles, sem qualquer razão, se recusa a subscrever a alteração, não há justificativa para se manter desatualizado o contrato social, quanto ao local da sede, inclusive diante da obrigatoriedade de se informar às autoridades fiscais a localização da sociedade. Ademais, não levar a registro a mudança da sede pode tornar a sociedade irregular, submetendo-se à disciplina das sociedades em comum. Outra hipótese de recusa injustificada pode ocorrer nas sociedades integradas por cônjuges, quando previsto no divórcio ou na separação a retirada de um deles da sociedade e o outro se nega a subscrever a alteração que precisa ser levada a registro. Em situações como essas, de recusa desmotivada ou emulativa de um dos sócios, deve ser sempre admitida a pretensão de suprimento judicial para alteração do contrato, sem prejuízo de eventual imputação de responsabilidade civil ao sócio recusante, se verificado o abuso de direito (art. 187).

JURISPRUDÊNCIA COMENTADA: Já se considerou irregular a sociedade que não conseguiu justificar "os motivos pelos quais funciona em outro endereço sem a regular comunicação aos órgãos competentes" (TRF 2.ª Região, AgInt-AI 0008308-76.2013.4.02.0000, Rel. Des. Fed. Marcus Abraham, *DEJF* 05.09.2016). Em um caso de recusa de sócio minoritário em anuir com a alteração contratual, relativa à mudança da sede perante a Junta Comercial, o Tribunal de Justiça de Pernambuco acolheu corretamente a pretensão, para autorizar a alteração do registro perante a Junta, modificando a sede da sociedade, independentemente da aquiescência do sócio minoritário, ao argumento de que a regra de unanimidade do art. 999 deveria ser "excepcionada nesta hipótese em que o contrato de locação da antiga sede foi rescindido e o funcionamento da empresa depende da mencionada alteração por se tratar de atividade de segurança supervisionada pela polícia federal e submetida a regras específicas. Presença do risco de lesão grave e de difícil reparação, pois o indeferimento do pedido de modificação da sede da agravante pode ocasionar encerramento das suas atividades sociais" (TJPE, AI 0003954-21.2014.8.17.0000, Rel. Des. Cândido José da Fonte Saraiva de Moraes, *DJEPE* 01.09.2014). Em ação de execução de obrigação de fazer, fundamentada em acordo de separação judicial, com previsão, no formal de partilha, de retirada do cônjuge virago da empresa que pertencia ao casal, o Tribunal local entendeu presente o interesse de agir quando a parte interessada demonstra a necessidade do processo judicial para buscar o direito pretendido, diante da "necessidade de anuência do cônjuge varão perante a Junta Comercial" (TJMG, APCV 1.0518.08.140704-2/0011, Rel. Des. Silas Vieira, *DJEMG* 17.02.2009). Por fim, deve ser considerada justificada a recusa de qualquer sócio em consentir com a alteração contratual para aumento do capital social, como já decidiu o TJSP: "Pretensão da apelante impondo obrigação para que a apelada ampliasse sua participação societária não tem amparo legal" (TJSP, APL-Rev 387.428.4/1, Rel. Des. Natan Zelinschi de Arruda, *DJESP* 12.01.2009). Sobre o quórum de deliberação para fixação de pró-labore do sócio administrador, decidiu o TJAL que "a disposição do art. 999 do Código Civil não se aplica ao caso, pois dispõe acerca da necessidade de manifestação unânime dos sócios para fins de distribuição dos lucros. Situação dos autos, todavia, que envolve discussão sobre o cálculo do pró-labore, o qual não se confunde com os lucros" (APL 0716425-13.2012.8.02.0001, Rel. Des. Fábio José Bittencourt Araújo, *DJAL* 09.06.2020).

Art. 1.000. A sociedade simples que instituir sucursal, filial ou agência na circunscrição de outro Registro Civil das Pessoas Jurídicas, neste deverá também inscrevê-la, com a prova da inscrição originária.

Parágrafo único. Em qualquer caso, a constituição da sucursal, filial ou agência deverá ser averbada no Registro Civil da respectiva sede.

COMENTÁRIOS DOUTRINÁRIOS: Todas as modificações no contrato social, inclusive para a instituição de sucursal, filial ou agência, serão obrigatoriamente averbadas à margem da inscrição, com as mesmas formalidades. Filial, sucursal e agência, como afirmei no comentário ao art. 969, foram utilizadas pelo legislador como sinônimos de "estabelecimento secundário". Não existe na doutrina um conceito preciso de sucursal ou de filial. O que o legislador quis assegurar nesse dispositivo foi que os novos estabelecimentos ou locais de funcionamento da sociedade, que representem ampliação no raio geográfico de exercício de suas atividades, sejam conhecidos de todos os que transacionam com aquela pessoa jurídica. A sociedade, nesses casos, deve proceder, em primeiro lugar, à averbação do ato que instituir a filial à margem da inscrição originária, ou seja, no RCPJ de sua sede, e só depois de efetivada essa averbação, realizará a inscrição no RCPJ (ou na Junta Comercial) do lugar da filial. Se extinta a filial, deve ser cancelada a inscrição secundária e depois averbado o ato de extinção à margem da inscrição originária. A partir da IN DREI n. 66, de 6 de agosto de 2019, atualmente substituída pela IN n. 81/2020, os procedimentos para abertura de filiais de sociedades empresárias em outros Estados foram simplificados e a abertura, alteração, transferência e extinção de filial em outra unidade da federação passou a ser promovida exclusivamente na Junta Comercial da unidade da federação onde se localizar a sede. Após o deferimento do ato, os dados relativos à filial são encaminhados eletronicamente para Junta Comercial da outra localidade, a quem competem apenas a recepção dos dados e o seu armazenamento.

JURISPRUDÊNCIA COMENTADA: A sociedade simples pode eventualmente instituir filial, fato que não tem o condão de caracterizá-la como empresarial, conforme previsão do art. 1.000 do Código Civil (TJSP, APL-RN 1000749-48.2023.8.26.0275, *DJESP* 23.10.2023). O STJ, em Recurso Especial no qual se discutiu se o estabelecimento filial, mesmo sendo autônomo no que se refere à relação jurídico-tributária com o estabelecimento matriz, teria obrigatoriedade de se inscrever no Conselho Regional de Farmácia com o devido pagamento das respectivas anuidades, decidiu que "a prestação de serviços ou a venda de produtos relacionados à área farmacêutica gera a obrigação de pagamento da anuidade tanto ao estabelecimento sede como ao filial, independente de estarem sob a jurisdição de um mesmo Conselho Regional de Farmácia" (Recurso Especial Repetitivo 1.110.906/SP, 1.ª Seção, REsp 1.469.945, *DJe* 01.09.2015).

SEÇÃO II
DOS DIREITOS E OBRIGAÇÕES DOS SÓCIOS

Art. 1.001. As obrigações dos sócios começam imediatamente com o contrato, se este não fixar outra data, e terminam quando, liquidada a sociedade, se extinguirem as responsabilidades sociais.

COMENTÁRIOS DOUTRINÁRIOS: As obrigações dos sócios começam com a constituição da sociedade, independentemente do registro, e se mantêm como tal enquanto não for extinta a sua responsabilidade pelo cumprimento das obrigações sociais. Não há previsão legal de que somente com o arquivamento do contrato na Junta Comercial é que passaria ele a produzir efeitos. Os efeitos do contrato começam imediatamente, bastando tão somente sua confecção e assinatura. A primeira obrigação do sócio é a de contribuir (com valores, bens ou serviços) para a formação do capital social (ver art. 1.004).

JURISPRUDÊNCIA COMENTADA: Nos casos em que o empregado passa a ser sócio do empregador, a jurisprudência trabalhista tem se orientado no sentido de que o cômputo, para fins de contagem do prazo prescricional bienal para propositura da ação trabalhista, começa a partir da assinatura do contrato que o tornou sócio e não de sua inscrição na Junta Comercial. Assim, "para efeito de interposição de ação trabalhista, o prazo para o cômputo da prescrição bienal conta-se da assinatura do contrato em que o autor passou a ser sócio da empresa, deixando de ser, portanto, simples empregado" (TRT 12.ª Região, RO 04289-2004-016-12-00-8, Rel. Des. Sandra Márcia Wambier, *DOESC* 24.01.2008).

Art. 1.002. O sócio não pode ser substituído no exercício das suas funções, sem o consentimento dos demais sócios, expresso em modificação do contrato social.

COMENTÁRIOS DOUTRINÁRIOS: O sócio de sociedade simples somente poderá delegar a terceiro não sócio o exercício das suas funções (leia-se direitos e deveres como sócio) se tiver consentimento expresso de todos os demais sócios, e mediante alteração do contrato social. O mesmo se aplica para a outorga de procuração por sócio a terceiro, para representá-lo nas deliberações sociais ou para exercer quaisquer dos direitos inerentes à condição de sócio, que depende da anuência da unanimidade dos sócios, já que interfere na própria *affectio societatis*. Por isso, é de todo conveniente que o contrato social original, subscrito por todos os sócios, já preveja e discipline a possibilidade de outorga de poderes, por meio de contrato de mandato, estabelecendo em que casos e por que pessoas o sócio pode se fazer representar, especificando os atos que poderão ser praticados pelo procurador. O ato do sócio administrador que delega a terceiro a tarefa de administrar a sociedade, sem a aprovação dos demais sócios e sem a devida alteração contratual, implica afronta ao art. 1.002 do Código Civil, constituindo falta grave a justificar eventual exclusão do cargo de administrador e do próprio quadro societário. Com muito mais razão, o sócio de serviços, que empresta o seu labor à sociedade, não pode se fazer substituir no exercício das suas funções, sem o consentimento dos demais sócios, o que reforça o caráter *intuitu personae* das sociedades simples.

JURISPRUDÊNCIA COMENTADA: Em que pese a Lei faculte a constituição de mandatários (que não se confunde com a substituição do sócio), ainda assim: "devem ser especificados no instrumento os atos e operações que os procuradores poderão praticar, sendo descabida a outorga de poderes gerais" (TJRJ, AI 0105982-95.2023.8.19.0000, *DORJ* 26.02.2024). Já se reconheceu a nulidade do instrumento de mandato outorgado a terceiro sem o consentimento de todos os sócios, pois "foge dos limites da razoabilidade e confiança, que devem ser respeitados buscando se assegurar o cumprimento do contrato social e o que estabelece o Código Civil" (TJMT, APL 156098/2015, Rel. Des. Nilza Maria Pôssas de Carvalho, *DJMT* 08.07.2016). A nomeação, pelo sócio administrador, de administrador substituto com poderes de administração, sem o consentimento dos demais sócios, já foi considerada falta grave e deu ensejo a pedido de destituição formulado por mais de 2/3 (dois terços) do capital social, atendendo ao quórum dos artigos 1.030 e 1.063, § 1º do Código Civil (cf. TJRJ, APL 2009.001.23323, Rel. Des. Carlos Eduardo Moreira Silva, *DORJ* 08.06.2009).

Art. 1.003. A cessão total ou parcial de quota, sem a correspondente modificação do contrato social com o consentimento dos demais sócios, não terá eficácia quanto a estes e à sociedade.

Parágrafo único. Até 2 (dois) anos depois de averbada a modificação do contrato, responde o cedente solidariamente com o cessionário, perante a sociedade e terceiros, pelas obrigações que tinha como sócio.

COMENTÁRIOS DOUTRINÁRIOS: Já foi dito em comentários anteriores que todas as modificações no contrato social serão obrigatoriamente averbadas à margem da inscrição, para fins de publicidade e conhecimento de terceiros. A cessão de quotas implica modificação das mais relevantes no ato de constituição de qualquer sociedade, pois resulta na alteração do quadro social. O *caput* do art. 1.003 versa sobre requisito de validade e fator de eficácia da cessão de quotas, distinguindo os efeitos a serem produzidos entre os sócios, daqueles a serem opostos em face de terceiros. Para valer e ter eficácia entre os sócios, a cessão requer a anuência unânime de todos os demais sócios, pouco importando se a cessão das quotas é feita a terceiro ou a outro sócio. Como já vimos nos comentários ao art. 999, o quórum de alteração do contrato social da sociedade simples pura, para as matérias do art. 997, é sempre de unanimidade. Portanto, a cessão de quotas, e correspondente alteração do contrato social, sem observância da unanimidade, é nula, por violação à disposição expressa de lei (art. 166, VII). Nesse caso, além de não ultrapassar os umbrais do plano da validade, não produzirá efeitos entre os sócios (plano da eficácia). Entretanto, se a inclusão do novo sócio teve o assentimento de todos os demais, o reconhecimento dessa condição, com os correspondentes efeitos jurídicos, oponíveis exclusivamente entre os sócios, não fica subordinado ao registro da alteração contratual. Em relação aos terceiros, o art. 1.003 menciona um fator de eficácia, que não se refere ao plano da validade, mas à aptidão para produzir efeitos jurídicos, consistente na averbação da alteração contratual. A sua eficácia frente a terceiros, especialmente os credores da sociedade, fica condicionada, portanto, à formalização de sua publicidade, o que ocorre com a averbação da alteração contratual no registro competente. O arquivamento do instrumento perante os órgãos registrários apenas terá o condão de fazê-lo eficaz frente a terceiros, produzindo efeitos *erga omnes*. A cessão de quotas, sem que se faça a averbação no registro, provoca a irregularidade superveniente da sociedade, com a transformação da sociedade personalizada em sociedade em comum. Nesses casos, o prazo de dois anos de que trata o parágrafo único só começa a correr após o registro da alteração. Antes disso, os sócios cedentes permanecem como sócios formais e solidariamente responsáveis junto com os demais sócios e também com os sócios cessionários. Trata-se de situação peculiar em que a sociedade é formal, mas irregular, e ostenta em seus quadros sócios formais e sócios de fato. O prazo de dois anos, a contar da averbação, em que o sócio retirante continua solidariamente responsável, juntamente com o sócio cessionário das quotas, pelas dívidas e obrigações sociais existentes à época da sua saída da sociedade, não estava previsto no Código anterior. O CC/1916 não continha previsão alguma acerca de limite temporal da responsabilidade de sócio retirante. O art. 399 do Código Comercial de 1850, por outro lado, previa que a referida responsabilidade se limitava ao momento da despedida. Prazo semelhante estava previsto na antiga Lei de Falências (art. 5º do Dec.-lei n. 7.661/1945) e foi mantido na atual LRE (art. 81). O parágrafo único do art. 1.003 veicula norma cogente, de ordem pública, que não pode ser afastada por acordo dos sócios, ainda que o cessionário tenha assumido responsabilidade exclusiva pelos débitos anteriores e excluído expressamente o cedente, dando-lhe plena quitação de todas as obrigações. O pacto entre cedente e cessionário, de limitação de responsabilidade do sócio retirante pelas obrigações existentes ao tempo da cessão, por período inferior a dois anos, portanto, é ineficaz em relação a terceiros. Nada impede, no entanto, que o novo sócio assuma, frente ao ex-sócio, o passivo da sociedade, hipótese em que ele, se compelido à quitação de eventuais dívidas da sociedade, poderá demandar daquele, em regresso, o que houver pagado. Finalmente, a regra constante do parágrafo único não alcança as obrigações de caráter subjetivo do sócio quando, no exercício de sua autonomia privada, ele assume responsabilidade solidária junto com a sociedade, nem as obrigações tributárias regidas pelos arts. 134 e 135 do CTN ou aquelas decorrentes da prática de ato ilícito.

JURISPRUDÊNCIA COMENTADA: Já se decidiu que o prazo de dois anos em que subsiste a responsabilidade solidária entre o cedente e o cessionário das quotas não se aplica quando a retirada da sociedade se deu antes de 11 de janeiro de 2003, "época em que a legislação de regência era o Código Civil de 1916, bem como o Código Comercial de 1850. Considerando que o CC/1916 não continha previsão acerca de limite temporal da responsabilidade de sócio retirante, e que o art. 399 do Código Comercial de 1850 previa que a referida responsabilidade se limitava ao momento da despedida" (TRT 23.ª Região, AP0064800-46.2008.5.23.0081, Rel. Des. Tarcísio Valente, *DEJTMT* 15.09.2016). Em decisão, a meu ver equivocada, o TJDF entendeu que o parágrafo único do art. 1.003 não se aplicaria à hipótese em "que as partes firmaram contrato de promessa de compra e venda de quotas sociais, no qual o cedente prometeu transferir suas quotas livres e desembaraçadas de quaisquer dívidas e ônus. Assumindo, portanto, integral responsabilidade por todas as dívidas existentes até a data da assinatura do contrato", ao argumento de que "o contrato entabulado entre as partes é juridicamente válido, não havendo qualquer impugnação sobre o mesmo" (TJDF, Recurso 2011.01.1.070878-0, Rel. Des. Alfeu Machado, *DJDFTE* 25.02.2013). O equívoco dessa decisão é evidente, pois, não obstante a assunção, pelo cessionário, de dívidas passadas seja válida no plano das relações entre os sócios, ela não produz efeitos frente a terceiros, em função dos quais o sócio retirante permanecerá solidariamente responsável junto com o sócio entrante, pouco importando o que tenham pactuado no instrumento de cessão de quotas. Outro entendimento equivocado é aquele segundo o qual "a limitação temporal que se faz à responsabilidade do sócio retirante é apenas aquela referente às dívidas posteriores a sua saída da sociedade, nos termos do item V da OJ EX SE 40, não em relação às dívidas anteriores, mesmo que não tenha sido sócio no período da prestação de serviços", ao argumento de que a "mudança na estrutura jurídica da empresa não pode prejudicar os direitos dos empregados, nos termos dos artigos 10 e 448 da CLT" (TRT 9.ª Região, AP 00407/1998-670-09-00.0, Rel. Des. Thereza Cristina Gosdal, *DEJTPR* 05.02.2016). Essa decisão é manifestamente *contra legem*, uma vez que o parágrafo único do art. 1003 alude expressamente às dívidas anteriores à saída (obrigações que tinha como sócio). O que não está limitado ao prazo de dois anos, além das dívidas tributárias ou as decorrentes de ato ilícito, são aquelas obrigações assumidas pelo sócio em solidariedade com a sociedade. Segundo o STJ, "não versando a hipótese dos autos sobre obrigação derivada da condição de sócio, mas sim de obrigação decorrente de manifestação de livre vontade da recorrida, que a fez figurar como corresponsável pelo adimplemento da cédula de crédito bancário, a cobrança da dívida deve ser regida pelas normas ordinárias concernentes à solidariedade previstas na legislação civil" (REsp 1901918/PR, Rel. Min. Nancy Andrighi, *DJe* 16.08.2021). Nesse particular, o Tribunal reconheceu a legitimidade da recorrida para figurar no polo passivo da execução movida pela instituição financeira, mesmo encontrando-se fora dos quadros societários da sociedade há mais de dois anos. A crítica que se pode fazer a essa decisão é a de que a autonomia privada da pessoa natural sócia de pessoa jurídica não é totalmente livre quando se trata de relação jurídica com instituições financeiras, à medida que se trata, normalmente, de contratos de adesão em que a aprovação do empréstimo à sociedade fica sempre condicionada à intervenção dos sócios como devedores solidários. Em sentido diverso ao decidido pelo STJ, o Tribunal de Justiça do Rio de Janeiro exonerou uma ex-sócia de fiança prestada a favor da sociedade ao argumento de que "a requerente não mais integrava a sociedade quando da renovação dos contratos. Assim, não se pode considerá-la responsável pelas dívidas contraídas após sua exclusão do quadro de sócios da pessoa jurídica, tendo em vista que, embora fiadora, não se deve interpretar extensivamente o contrato de fiança. Salienta-se que a fiança possui natureza *intuitu personae*, não admitindo interpretação extensiva. Observa-se, ainda, que mudanças a respeito da fiança, neste caso concreto, ofenderiam a interpretação do negócio celebrado. Assim, mudar o quadro societário da pessoa jurídica altera a garantia *intuitu personae* da fiança, tendo em vista que esta é de ordem pessoal, sendo descaracterizada a partir do momento em que ocorreu a alteração dos sócios [...]. Sendo assim, s.m.j., desde a alteração da composição societária, a fiança prestada pela requerente restou sem efeito". Concluiu o TJRJ que, "havendo alteração dos sócios da pessoa jurídica, não se pode considerar a autora obrigada à garantia prestada quando ainda integrava a sociedade. Ademais, como relatado pela requerente, a pessoa jurídica manteve relacionamento com o banco, contratando outros empréstimos, já em nome dos novos sócios. Dessa forma, demonstrando ciência de que a autora não integrava a sociedade" (APL 0007371-36.2014.8.19.0061, Rel. Des. Arthur Narciso de Oliveira Neto, *DORJ* 05.04.2019). Por fim, cabe registrar a divergência pretoriana no que tange à inaplicabilidade do prazo bienal "à responsabilidade decorrente da desconsideração da personalidade jurídica" (TJSP, AI 2339954-43.2023.8.26.0000, *DJESP* 19.04.2024). Já se decidiu que "nem mesmo nas hipóteses de desconsideração da personalidade jurídica se cogita de limitação temporal à responsabilidade do sócio retirante quando perseguido crédito decorrente de obrigação inadimplida no período em que o retirante era sócio" (TRF 4ª R., AG 5043941-57.2023.4.04.0000, *DJe* 17.04.2024). Em sentido contrário: "Constatação de abuso da personalidade jurídica e confusão patrimonial (art. 50, do CC). Responsabilidade dos sócios retirantes. Saídas posteriores ao ajuizamento da demanda executiva. Aplicabilidade do art. 1003, parágrafo único, do Código Civil" (TJSP, AI 2015454-49.2024.8.26.0000, *DJESP* 02.04.2024).

REFORMA DO CÓDIGO CIVIL: Pretende-se alterar o art. 1.003 do Código Civil, que passaria a ter a seguinte redação: "Art. 1.003. A cessão total ou parcial de quota, sem a correspondente modificação do contrato social com o consentimento dos demais sócios, não terá eficácia quanto a estes e à sociedade. § 1º Até dois anos depois de averbada a modificação do contrato ou até eventual citação do cedente em processo judicial ou arbitral, responde o cedente solidariamente com o cessionário, perante a sociedade e terceiros, pelas obrigações que tinha como sócio. § 2º A contagem do prazo, prevista no § 1º, não é suspensa nem interrompida pelo ajuizamento de ação em desfavor da pessoa jurídica. § 3º O prazo é contado da averbação da modificação do contrato social para a retirada do sócio até a efetiva citação do cedente, em processo judicial ou arbitral. § 4º Expirado o biênio sem que o cedente tenha sido citado, o credor decai do direito de exigir a corresponsabilidade do cedente. § 5º Em caso de óbito do cedente, o prazo se conta do falecimento e não da averbação superveniente a qualquer título". Segundo o relatório da comissão de juristas responsável pela elaboração do anteprojeto, os parágrafos inseridos buscam trazer maior segurança jurídica sobre a forma de se calcular o período de 2 (dois) anos pelo qual o cedente ainda se mantém responsável pelas suas obrigações.

Art. 1.004. Os sócios são obrigados, na forma e prazo previstos, às contribuições estabelecidas no contrato social, e aquele que deixar de fazê-lo, nos 30 (trinta) dias seguintes ao da notificação pela sociedade, responderá perante esta pelo dano emergente da mora.

Parágrafo único. Verificada a mora, poderá a maioria dos demais sócios preferir, à indenização, a exclusão do sócio remisso, ou reduzir-lhe a quota ao montante já realizado, aplicando-se, em ambos os casos, o disposto no § 1º do art. 1.031.

COMENTÁRIOS DOUTRINÁRIOS: O dispositivo versa sobre o dever fundamental dos sócios de qualquer sociedade, qual seja, o de realizar a sua contribuição para o capital social. Já vimos, nos comentários ao art. 997, que em se tratando de sociedades simples pura, essa contribuição obrigatória pode ser feita em bens ou em serviços. O sócio que deixa de fazê-lo, no tempo, lugar e forma previstos no contrato social, quebra a relação de confiança com os demais sócios e torna-se inadimplente para com a sociedade (sócio remisso), sujeitando-se às sanções decorrentes do seu inadimplemento (art. 1.004 c/c o art. 389). Tornando-se inadimplente, será interpelado pela sociedade, para fins de constituição em mora (*mora ex persona*), sendo-lhe garantido o prazo de trinta dias para o pagamento. Decorrido o trintídio sem o cumprimento da obrigação, a maioria dos sócios (excluindo desse cômputo o remisso) poderá optar entre três alternativas: i) promover a execução por quantia certa (CPC, arts. 797 a 805), se a quota foi subscrita em dinheiro; ou execução para entrega de coisa certa (CPC, arts. 806 a 810), quando a contribuição prometida se daria em bens, podendo, em ambas as situações, postular perdas e danos pela mora do sócio, nos termos do art. 389; ii) requerer a exclusão do remisso; ou iii) reduzir-lhe a quota ao valor já integralizado. O Enunciado n. 216 da *III Jornada de Direito Civil* confirma que "o quórum de deliberação previsto no art. 1.004, parágrafo único e no art. 1.030 é de maioria absoluta do capital representado pelas quotas dos demais sócios, consoante a regra geral fixada no art. 999 para as deliberações na sociedade simples. Este entendimento aplica-se ao art. 1.058 em caso de exclusão de sócio remisso ou redução do valor de sua quota ao montante já integralizado". Além das sanções previstas no parágrafo único, a sociedade poderá, independentemente de prévia interpelação, compensar o valor eventualmente devido ao sócio remisso à guisa de distribuição de lucros com aquele concernente ao capital não integralizado, corrigido desde o momento em que o sócio deveria ter aportado o montante. Antes de constituir causa de enriquecimento ilícito, as penalidades referidas no art. 1.004 propiciam a adequada resolução do contrato de sociedade em relação àquele que não cumpre com a sua parte do contrato. O Código Comercial de 1850 já dispunha sobre o processo de execução e exclusão do sócio remisso das antigas sociedades mercantis. A regra, com o Código Civil atual, passou a se aplicar também às sociedades não empresárias.

JURISPRUDÊNCIA COMENTADA: A jurisprudência tem afastado a aplicação das sanções do art. 1.004, quando não comprovada a prévia constituição em mora do sócio remisso. Em ação de resolução de sociedade em que postulada a exclusão do sócio em razão da não integralização do capital social, o Tribunal local desacolheu a pretensão, pois, não obstante cláusula contratual expressa quanto à subscrição e integralização das quotas sociais no momento da constituição da sociedade, inexistiu a notificação prévia necessária para que se caracterize a condição de sócio remisso (cf. TJSP, APL 1012172-16.2015.8.26.0071, Rel. Des. Maurício Pessoa, *DJESP* 02.05.2018). Tem-se reiterado ser "imprescindível, para acolhimento de pretensão indenizatória fundada no descumprimento, por sócio, de obrigações relativas à integralização de capital de sociedade limitada, a efetiva comprovação do inadimplemento, que persista após decorridos 30 (trinta) dias do recebimento de notificação expedida, pela pessoa jurídica, para fins de constituição do remisso em mora, nos termos do artigo 1.004 do vigente Código Civil" (TJMG, APCV 1.0024.11.011055-8/001, Rel. Des. Márcio Idalmo Santos Miranda, *DJEMG* 21.02.2017). Sem que o inadimplente seja constituído em mora por meio de notificação, com o prazo de trinta dias para purgá-la, não é possível a redução da quota do sócio remisso ao montante integralizado. Entretanto, nada impede que a sociedade exerça "o direito de compensar do valor devido ao sócio remisso com aquele concernente ao capital não integralizado, corrigido desde o momento em que o sócio deveria ter aportado o montante" (TJRS, AG 59083-54.2011.8.21.7000, Rel. Des. Jorge Luiz Lopes do Canto, *DJERS* 06.04.2011).

Art. 1.005. O sócio que, a título de quota social, transmitir domínio, posse ou uso, responde pela evicção; e pela solvência do devedor, aquele que transferir crédito.

COMENTÁRIOS DOUTRINÁRIOS: Se a contribuição do sócio for feita em bens imóveis, ele responderá pela evicção. Evicção é a perda da coisa por decisão judicial proferida em ação de reivindicação proposta pelo legítimo dono. *Vide* comentários aos arts. 447 a 457 deste Código. Se o sócio contribuir com créditos, responderá pela solvência do devedor. A contribuição em créditos se materializa por meio do negócio jurídico de cessão de crédito. O sócio cede à sociedade, para formação do capital social, um crédito que possui contra terceiro. Nesses casos, a primeira responsabilidade do cedente diz respeito à existência do crédito, mesmo na ausência de convenção a esse respeito (garantia de direito). Não se trata apenas de existência material do crédito, mas a existência em condições de permitir à sociedade o exercício dos direitos de credor, vale dizer, a viabilidade do exercício da cessão. O crédito cedido, mesmo existente, pode, por exemplo, ser de difícil ou impossível cobrança, o que não se confunde com a solvência do devedor (garantia de fato). Além de responsabilizar-se pela existência do crédito, o sócio responde, igualmente, pela solvência do devedor, encontrando-se, assim, obrigado pela liquidação do crédito. É ainda imprescindível que seja feita, quer pelo sócio, quer pela sociedade, a notificação do devedor para que, em escrito público ou particular, se declare ciente da cessão feita, nos termos do art. 290. Pode a cessão ser notificada tanto por via judicial, como extrajudicial, ou ainda ser feita por presunção, como se dá com qualquer escrito público ou particular, no qual o devedor manifesta a sua ciência.

JURISPRUDÊNCIA COMENTADA: Na transferência de bens imóveis para integralização de capital social, como regra geral, não incide ITBI. A jurisprudência é pacífica no sentido de reconhecer "a imunidade tributária do ITBI quando os bens transmitidos são incorporados ao patrimônio da pessoa jurídica como forma de integralizar o capital social, salvo quando a atividade econômica preponderante desenvolvida pela sociedade for a compra e venda, locação e arrendamento de bens imóveis"

(AgInt no AREsp 1703513/DF, 2.ª Turma, Rel. Min. Herman Benjamin, j. 07.12.2020, *DJe* 15.12.2020). Entretanto, a imunidade tributária abarca apenas o valor dos bens necessários à integralização da cota social, não abrangendo imóveis que excedam o necessário para a integralização do capital social da sociedade. Decidiu o Supremo Tribunal Federal, no RE 796.376/SC, que, sobre o excesso de valor dos imóveis sobre o do capital a ser integralizado, com a consequente formação de reserva na contabilidade da sociedade, incide ITBI. Para o STF, o art. 156, § 2º, da CF/1988 "não imuniza qualquer incorporação de bens ou direitos ao patrimônio da pessoa jurídica, mas exclusivamente o pagamento, em bens ou direitos, que o sócio faz para integralização do capital social subscrito. Portanto, sobre a diferença do valor dos bens imóveis que superar o capital subscrito a ser integralizado, incidirá a tributação pelo ITBI" (Tema 376 da repercussão geral, *DJe* 25.08.2020). Sobre a diferença entre o valor atualizado da aquisição de imóvel de pessoa física e a sua incorporação para a integralização de capital de pessoa jurídica também incide o imposto de renda (ganho e capital). Por isso, o mais comum é que a operação societária seja feita pelo valor constante na declaração de bens do sócio, evitando a ocorrência do lucro imobiliário. Todavia, alguns municípios, diante da frequente diferença entre o valor declarado no IR ou o constante da matrícula imobiliária e o valor atual de mercado do imóvel, vêm lançando o ITBI sobre a diferença entre o valor de mercado e o valor da integralização do capital social, ainda que os imóveis transmitidos tenham correspondido, exatamente, ao capital integralizado e não tenha havido formação de reserva na contabilidade. A prática, conquanto questionável, vem sendo chancelada pelos tribunais, sem que se realize o necessário *distinguishing* entre o *leading case* estabelecido pelo STF, no Tema 376 de repercussão geral, e a situação em que o município impugna o próprio valor de conferência do bem atribuído pelo sócio e pelo qual respondem solidariamente todos os demais sócios, até o prazo de cinco anos, nos termos do § 1º do art. 1.052. No TJPR, já se deliberou que a imunidade "não vai além do necessário, conforme a vontade dos sócios, à constituição do capital social do empreendimento", incidindo o ITBI "sobre o valor venal dos imóveis que ultrapassa o capital" (TJPR, ApCív 0012781-04.2020.8.16.0173, Rel. Des. Antônio Renato Strapasson, *DJPR* 26.07.2021). No TJRS também existe entendimento de que se os bens imóveis possuem valor de mercado a maior do que o informado pelo contribuinte, "deve incidir o imposto sobre esse valor excedente (não utilizado na integralização do capital social) (TJRS, EDcl 0039338-39.2021.8.21.7000, Rel. Des. Laura Louzada Jaccottet, *DJERS* 22.10.2021). Em outras palavras, tem-se admitido o absurdo de se tributar o excedente ao valor da integralização do capital social pelos sócios, tomando como base o valor venal dos imóveis, ou seja, de acordo com a avaliação municipal, desprezando-se o valor de conferência, ainda que seja este coincidente com o valor constante da declaração de bens e da matrícula imobiliária.

Art. 1.006. O sócio, cuja contribuição consista em serviços, não pode, salvo convenção em contrário, empregar-se em atividade estranha à sociedade, sob pena de ser privado de seus lucros e dela excluído.

COMENTÁRIOS DOUTRINÁRIOS: Apesar de extinguir a antiga sociedade de capital e indústria, o Código Civil de 2002 permitiu, exclusivamente na sociedade simples pura, que o sócio possa contribuir para a formação do capital social apenas com serviços, vale dizer, com trabalho, regra que vai se aplicar, sobretudo, às sociedades não empresárias de profissionais liberais ou àquelas cujo objeto social tenha natureza científica, literária ou artística, tal como previstas no parágrafo único do art. 966. Se a contribuição for realizada em serviços, o sócio não poderá exercer outra atividade, estranha à sociedade, sob pena de exclusão do quadro societário, não percepção dos lucros e outras sanções que venham a ser previstas no contrato, sem prejuízo de eventual reparação civil pelos danos que a sua conduta causar à sociedade. Trata-se de presunção relativa de dedicação exclusiva do sócio de serviços, que pode ser afastada por convenção das partes. Nada impede que o contrato social despreze a regra de exclusividade ou estabeleça um elenco de atividades profissionais que excepcionalmente possam ser exercidas, em paralelo, pelo sócio de serviços.

JURISPRUDÊNCIA COMENTADA: O fato de o sócio de serviços exercer outra atividade, fora da sociedade, tem sido determinante na jurisprudência para afastar a pretensão de reconhecimento de relação de emprego dissimulada pela relação societária. A discussão, nesses casos, tem se mostrado "de cunho nitidamente probatório". Em um litígio em "que os contratos firmados com o autor previam que a prestação de serviços seria realizada sem exclusividade, sendo que contratante e contratada poderiam celebrar outros contratos com o mesmo objeto com terceiros", restando claro "no ajuste que a contratada, no caso, a empresa do reclamante, poderia prestar os serviços mediante uso da força de trabalho de profissionais diversos, não havendo qualquer menção ao nome do autor, salvo na condição de sócio-administrador da sociedade", a Corte trabalhista decidiu inexistir relação de emprego (TST, AgR-AIRR 0001325-72.2015.5.02.0076, Rel. Min. José Roberto Freire Pimenta, *DEJT* 28.04.2017).

Art. 1.007. Salvo estipulação em contrário, o sócio participa dos lucros e das perdas, na proporção das respectivas quotas, mas aquele, cuja contribuição consiste em serviços, somente participa dos lucros na proporção da média do valor das quotas.

COMENTÁRIOS DOUTRINÁRIOS: A repartição entre os sócios dos resultados econômicos da atividade desenvolvida pela sociedade (simples ou empresária) é o principal traço distintivo entre as figuras jurídicas da sociedade e da associação. Da mesma forma que nenhum sócio pode ser excluído de participar dos lucros da sociedade, havendo prejuízos, o sócio participará na proporção das suas quotas. Por isso, na exata dicção do art. 1.008, é nula a estipulação contratual que exclua qualquer sócio de participar dos lucros e das perdas. A participação dos sócios não será necessariamente igualitária, cabendo ao contrato social dispor sobre os critérios e parâmetros de participação nos lucros e nas perdas. No silêncio do contrato social, a participação dos sócios será diretamente proporcional às quotas de cada um. Porém, em se tratando de sócio de serviços, a sua participação nos lucros e nos prejuízos, não dispondo o contrato social de outro critério, se dará na proporção da média do valor das quotas dos demais sócios capitalistas, ou seja, somam-se as contribuições dos outros sócios e divide-se o montante pelo número deles. O resultado dessa operação definirá o percentual de participação do sócio de serviço. O critério supletivo adotado pelo art. 1.007 pode gerar situações absurdas, que permitam ao sócio de serviço receber, em distribuição de lucros, muito mais do que seria o correspondente à sua contribuição, ou ainda responder pelas perdas além do razoável. Por isso torna-se, não só conveniente, mas mesmo imprescindível, que o contrato social defina, de forma clara, o critério de participação do sócio de serviço, afastando, assim, a regra supletiva deste dispositivo. O Código Comercial de 1850 continha regra mais simples no tocante à participação do sócio de serviços, da antiga sociedade de capital e indústria, que era, inclusive, isento de participar das perdas. A partir do CC/2002, passou a participar tanto dos lucros, como das perdas. Reitere-se, por fim, que a contribuição do sócio exclusivamente em prestação de serviços somente é permitida nas sociedades cooperativas (art. 1.094, I) e nas sociedades simples propriamente ditas (art. 983, 2ª parte), conforme aprovado na *III Jornada de Direito Civil* – Enunciado n. 206.

JURISPRUDÊNCIA COMENTADA: Em demanda em que um sócio de serviço, afastado da atividade produtiva da sociedade, postulou o direito à distribuição dos lucros relativos ao período em que figurava como sócio, ainda que já estivesse afastado da atividade social, o TJSP desacolheu a pretensão, pois tratava-se de sociedade especializada na produção de filmes publicitários, portanto "de capital intelectual, que depende necessariamente da *expertise* e do trabalho dos sócios" e o "artigo 1.007 do Código Civil permite que o contrato social fixe critérios especiais para distribuição de lucros". No caso, havia estipulação dos sócios de que os dividendos não seriam "proporcionais às quotas de cada sócio, mas sim à qualidade e quantidade dos serviços prestados por cada um deles e ao faturamento gerado para a sociedade" (TJSP, APL 0106111-84.2009.8.26.0004, Rel. Des. Francisco Loureiro, *DJESP* 08.09.2014).

Art. 1.008. É nula a estipulação contratual que exclua qualquer sócio de participar dos lucros e das perdas.

COMENTÁRIOS DOUTRINÁRIOS: A nenhum sócio poderá ser vedado o direito de receber uma parcela dos lucros que eventualmente forem distribuídos, nem ser-lhe-á isento o dever de responder por eventuais perdas experimentadas pela sociedade em decorrência da atividade desenvolvida. O direito à participação nos lucros constitui um direito fundamental e essencial de qualquer sócio, pois é o escopo imediato e primordial de toda sociedade, simples ou empresária, não podendo ser subtraído pelo contrato social nem mesmo pela assembleia dos sócios. Aliás, sequer há necessidade de submissão à assembleia geral para participação nos lucros auferidos em período durante o qual alguém atuou como sócio. O dispositivo, entretanto, não determina, e nem poderia, que essa distribuição obrigatória de lucros seja feita em partes iguais. Não existe nulidade na cláusula contratual que estabeleça a participação desproporcionada dos sócios. Não se baralhe o direito a participar dos lucros com o direito a ver distribuído o lucro realizado. O art. 1.004 cuida do direito de participar do lucro que venha a ser distribuído, mas é a sociedade quem decidirá se e como distribuir. A assembleia geral pode deliberar que em determinado período o lucro não será distribuído, integrando o patrimônio líquido da sociedade. Também não se confunda pagamento de *pro labore* e distribuições de lucros. Os lucros auferidos serão repassados aos sócios na medida de suas participações, e o *pro labore* cabe a quem presta serviço de administração da sociedade. Ainda que se trate de sociedade constituída durante o casamento ou durante a união estável, em regime de comunhão de bens, os lucros acumulados após a separação de fato, distribuídos ou não, não integram o patrimônio comum e não se sujeitam à partilha. Isso porque a separação de fato põe termo ao regime de bens, cessando com ela a soma de esforços dos cônjuges ou companheiros para manutenção e ampliação do patrimônio comum. Não há que se falar em partilha dos lucros auferidos pela sociedade após o rompimento da sociedade conjugal. Apenas os lucros distribuídos até a data da separação é que passaram a integrar o patrimônio comum e, por isso, devem ser partilhados. Esse entendimento tem apoio na jurisprudência de grande parte dos Tribunais brasileiros, coerente em decretar a incomunicabilidade de frutos, aí incluídos lucros e dividendos, após a separação de fato, com base no princípio da vedação ao enriquecimento sem causa.

JURISPRUDÊNCIA COMENTADA: Já se decidiu serem nulas e abusivas "cláusulas leoninas que afastam o sócio minoritário da distribuição de lucros, violando o art. 1.008 do Código Civil" (TJPR, Ag Instr 0567081-1, Rel. Juiz Conv. Rogério Ribas, *DJPR* 10.02.2010). Sobre partilha de lucros nos processos de divórcio e dissolução de união estável, o Tribunal de Justiça do Rio Grande do Sul entendeu descabida a pretendida partilha de lucros de uma sociedade, depois da separação de fato do casal, exatamente porque a partir daquela data se extinguiu o regime de bens. O casal convivia em união estável, sob regime de comunhão de bens, e, durante a convivência, constituiu uma empresa que integrou o patrimônio comum. Após a separação de fato, a empresa seguiu administrada de forma exclusiva pelo varão. Na pretensão de partilha, a mulher pretendeu receber 50% dos rendimentos líquidos da empresa após a separação. O Tribunal, com acerto, negou a pretensão, porquanto cessada a soma de esforços das partes para manutenção e ampliação do patrimônio comum (Apelação Cível 70069428985, Rel. Rui Portanova, j. 28.07.2016). No tocante aos lucros não distribuídos, já decidiu o STJ não se tratar de patrimônio comum: "O lucro destinado à conta de reserva, que não é distribuído aos sócios, não integra o acervo comum do casal, tendo em vista pertencer apenas à sociedade e não ao sócio. A quantia destinada a futuro aumento de capital não deve ser objeto de partilha em virtude do fim de união estável, pois não está incluída no conceito de fruto, à luz do art. 1.660, inciso V, do Código Civil" (REsp 1595775/AP, Rel. Min. Ricardo Villas Bôas Cueva, *DJe* 16.08.2016).

REFORMA DO CÓDIGO CIVIL: Pretende-se alterar o art. 1.008 do Código Civil, que passaria a ter a seguinte redação: "Art. 1.008. É nula de pleno direito a estipulação contratual que exclua qualquer sócio de participar dos lucros e das perdas". A proposta, como se vê, pretende apenas reforçar a natureza de nulidade absoluta do vício que inquina esse tipo de estipulação contratual, passível de decretação *ex officio*.

Art. 1.009. A distribuição de lucros ilícitos ou fictícios acarreta responsabilidade solidária dos administradores que a realizarem e dos sócios que os receberem, conhecendo ou devendo conhecer-lhes a ilegitimidade.

COMENTÁRIOS DOUTRINÁRIOS: O dispositivo amplia a responsabilidade dos administradores, sócios e não sócios. E aqui faz-se mister ressaltar que, ao se referir a administrador, o Código Civil está se dirigindo a quem foi alçado ao cargo de direção da pessoa jurídica, quer pelo contrato social, quer por ato separado, pouco importando a sua condição de sócio (como aliás já havia feito a Lei das S/A, onde a figura do administrador ou diretor não se confunde com a do acionista). Ao distinguir as figuras do gerente e do administrador e também ao disciplinar a possibilidade de nomeação, pelos diversos tipos de sociedades, de administrador não sócio, o Código findou por estender a este imputação de responsabilidade civil antes restrita aos sócios. O Código Civil de 1916 previa apenas a obrigação de o sócio ressarcir a sociedade pelos prejuízos causados por atos praticados com culpa (art. 1.380), inexistindo regra que impusesse a solidariedade entre o sócio e a sociedade, salvo se o ato culposo do sócio tivesse sido praticado em proveito da sociedade (art. 1.398). Pelo Código atual, todo administrador de sociedade, quer seja sócio ou não, passa a ser responsável pelos atos que praticar, podendo ser responsabilizado pessoalmente por todos os atos que causem danos à sociedade. Deve-se esclarecer, porém, que diversas leis também imputam ao administrador não sócio responsabilidade objetiva e pessoal, tais como o CTN (art. 135, III) a Lei Antitruste (Lei n. 12.529, de 30 de novembro de 2011) e ainda o Código de Defesa do Consumidor, cujo art. 75 estabelece a responsabilidade criminal do administrador que aprovar o fornecimento ou oferta de produtos ou serviços nas condições proibidas pelo CDC. Perante a Lei Antitruste (Lei n. 12.529), o administrador é responsável por atos de infração à ordem econômica cometidos pela sociedade. O art. 37, III, da Lei n. 12.529 estabelece multa devida pelo administrador quando ele é responsável, direta ou indiretamente, pela infração cometida pela sociedade, desde que comprovada a sua culpa ou dolo. No âmbito da concorrência desleal, ao administrador, como também ao sócio da sociedade limitada, é aplicável a tipificação de crimes contida no art. 195 da Lei n. 9.279/1996. O art. 1.009 impõe ao administrador deveres severos de diligência na avaliação dos ativos e passivos da sociedade, assim como das receitas, despesas e custos. Não poderá sequer alegar boa-fé, se não tiver adotado todas as medidas preventivas. Por isso, é de todo conveniente que o administrador, antes de promover qualquer distribuição de lucros, obtenha o devido respaldo técnico, por meio de parecer específico dos serviços de contabilidade e auditoria, além de submeter a matéria ao Conselho Fiscal quando este existir. E, acima de tudo, jamais optar pelo critério mais favorável ao resultado, sem judicioso respaldo técnico, sob pena de incorrer em responsabilidade civil. Desde a *I Jornada de Direito Civil*, o Enunciado n. 59 já reforçava que "os sócios gestores e os administradores das empresas são responsáveis subsidiária e ilimitadamente pelos atos ilícitos praticados, de má gestão ou contrários ao previsto no contrato social ou estatuto, consoante estabelecem os arts. 990, 1.009, 1.016, 1.017 e 1.091, todos do Código Civil". Trata-se de responsabilidade civil extracontratual ou aquiliana e subjetiva, cabendo ao prejudicado o ônus da prova de que houve distribuição de lucros ilícitos ou fictícios e que o administrador faltou com seu dever de diligência.

SEÇÃO III
DA ADMINISTRAÇÃO

Art. 1.010. Quando, por lei ou pelo contrato social, competir aos sócios decidir sobre os negócios da sociedade, as deliberações serão tomadas por maioria de votos, contados segundo o valor das quotas de cada um.

§ 1º Para formação da maioria absoluta são necessários votos correspondentes a mais de metade do capital.

§ 2º Prevalece a decisão sufragada por maior número de sócios no caso de empate, e, se este persistir, decidirá o juiz.

§ 3º Responde por perdas e danos o sócio que, tendo em alguma operação interesse contrário ao da sociedade, participar da deliberação que a aprove graças a seu voto.

COMENTÁRIOS DOUTRINÁRIOS: O dispositivo contém diversos preceitos, todos de extrema relevância, quais sejam: i) estabelecer o quórum da maioria absoluta como princípio geral de tomada de deliberações entre sócios (*caput*); ii) definição da maioria absoluta (§ 1º); iii) forma de solução de impasses (§ 2º); e iv) voto em conflito de interesse ou abusivo (§ 3º). As deliberações da sociedade simples devem ser tomadas por maioria de votos, contados segundo o valor das quotas de cada um, salvo se a lei ou o contrato contiver previsão em sentido diverso. Nas deliberações que tenham por objeto as matérias elencadas nos incisos do art. 997, já vimos que o quórum de deliberação é o da unanimidade dos sócios (art. 999). O quórum de maioria absoluta não se presta, portanto, para alteração do contrato social no que diga respeito ao disposto no art. 997. Pode ocorrer de o próprio contrato social trazer previsão de quórum mais elevado para as deliberações sociais, o que não contraria o disposto no art. 1.010. No entanto, inválida seria a cláusula que previsse quórum de deliberação inferior à maioria absoluta do capital, que é o patamar mínimo para as deliberações da sociedade simples pura. Os §§ 1º e 2º esclarecem que a formação da maioria absoluta se dá pela participação dos sócios no capital social e não pelo número de votos, vale dizer, as deliberações são tomadas pela maioria do capital e não pela maioria dos sócios. Salvo se houver empate, hipótese em que prevalecerá a decisão sufragada por maior número de sócios. Assim, o número *per capita* de sócios só importa como critério de desempate. E, se ainda assim persistir o empate, a questão deve ser submetida ao Poder Judiciário, a não ser que exista outro critério de desempate previsto em contrato. Nada obsta que o contrato social disponha que, subsistindo o empate, o sócio de maior idade ou aquele que integra há mais tempo a sociedade profira o voto privilegiado. O § 3º prevê a responsabilidade civil do sócio que, tendo em alguma operação interesse contrário ao da sociedade, participar da deliberação que a aprove com o seu voto. Essa imputação de responsabilidade pode ser feita mesmo quando seu voto não for decisivo. Situação semelhante já era contemplada na Lei n. 6.404/1976, responsabilizando-se o sócio por exercício abusivo do direito de voto, ainda que este não tenha prevalecido (art. 115, § 3º). O art. 1.010, § 3º deve ser interpretado sistematicamente em conjunto com o art. 187 (abuso do direito), considerando-se abusivo, em qualquer caso, o voto contrário aos interesses da sociedade. Nesse sentido o Enunciado n. 217 da *III Jornada de Direito Civil*: "Com a regência supletiva da sociedade limitada pela lei das sociedades por ações, o sócio que participar de deliberação na qual tenha interesse em contrário ao da sociedade, aplicar-se-á o disposto no art. 115, § 3º da Lei n. 6.404/76. Nos demais casos, aplica-se o disposto no art. 1.010, § 3º, se o voto proferido foi decisivo para a aprovação da deliberação, ou o art. 187 (abuso do direito), se o voto não tiver prevalecido".

JURISPRUDÊNCIA COMENTADA: Em demanda proposta pela sociedade com vistas a dirimir conflito acerca da redação de cláusula de seu regimento, referente à distribuição de pró-labore, o tribunal manteve sentença que julgou procedente o pedido, por entender que a redação da cláusula sugerida na exordial estaria de acordo com os interesses da sociedade e dos sócios. Para o TJAL, a sociedade "possui interesse em dirimir a controvérsia quanto à redação de cláusula de seu regimento", cabendo ao "judiciário resolver a questão, por força do disposto no art. 1.010, § 2º, do CC/02" (APL 0716425-13.2012.8.02.0001, Rel. Des. Fábio José Bittencourt Araújo, *DJAL* 09.06.2020).

REFORMA DO CÓDIGO CIVIL: Pretende-se alterar o art. 1.010 do Código Civil, para acrescentar dois novos parágrafos, passando o dispositivo a contar com a seguinte redação: "Art. 1.010. [...] § 2º No caso de empate, se o contrato social não estabelecer a solução que deva prevalecer nem indicar que o impasse seja superado por decisão arbitral, caberá ao Poder Judiciário decidir, sempre no interesse da sociedade. [...] § 4º É anulável a deliberação aprovada por voto maculado por interesse contrário ao da sociedade, nos termos do parágrafo anterior, caso em que será de dois anos, a contar do registro da deliberação, ou de sua ciência, o que ocorrer primeiro, o prazo para ajuizamento de ação anulatória". O objetivo do acréscimo é harmonizar as regras codificadas com o Estatuto das Sociedades Anônimas, que já contém disposições semelhantes.

Art. 1.011. O administrador da sociedade deverá ter, no exercício de suas funções, o cuidado e a diligência que todo homem ativo e probo costuma empregar na administração de seus próprios negócios.

§ 1º Não podem ser administradores, além das pessoas impedidas por lei especial, os condenados a pena que vede, ainda que temporariamente, o acesso a cargos públicos; ou por crime falimentar, de prevaricação, peita ou suborno, concussão, peculato; ou contra a economia popular, contra o sistema financeiro nacional, contra as normas de defesa da concorrência, contra as relações de consumo, a fé pública ou a propriedade, enquanto perdurarem os efeitos da condenação.

§ 2º Aplicam-se à atividade dos administradores, no que couber, as disposições concernentes ao mandato.

COMENTÁRIOS DOUTRINÁRIOS: O dispositivo trata do dever de diligência dos administradores das sociedades simples, sendo, no entanto, aplicável aos demais tipos societários. A regra foi copiada da Lei das S/A, art. 153: "O administrador da companhia deve empregar, no exercício de suas funções, o cuidado e diligência que todo homem ativo e probo costuma empregar na administração dos seus próprios negócios". Ativo e probo não são termos equivalentes. O cuidado exigível dos homens probos relaciona-se com a conservação do patrimônio da sociedade. O cuidado exigível dos homens ativos está intrinsecamente ligado à obtenção de lucro e ao aumento do patrimônio da sociedade. Portanto, falta com o dever o administrador que, por negligência ou mesmo por imperícia, deixa de aproveitar oportunidades de mercado, perdendo a chance de obter mais lucro para a sociedade. O ressarcimento a que pode ser compelido o administrador pelos danos causados à sociedade abrange, assim, danos emergentes, lucros cessantes e também o dano pela perda de uma chance. Como decorrência da probidade exigida para a função, não podem ser administradores os condenados a pena que vede, mesmo que temporariamente, o acesso a cargos públicos e, ainda, aqueles condenados como incursos nas penas dos arts. 155 a 196 (crimes contra o patrimônio), 289 a 311 (crimes contra a fé pública), 312 (peculato), 316 (concussão), 319 (prevaricação), 333 (corrupção) todos do CP brasileiro, e, também os condenados por crime falimentar, com base na LRE, crime contra a economia popular (Lei n. 1.521/1951), crimes contra o sistema financeiro nacional (Lei n. 7.492/1986), crimes contra a ordem econômica ou a defesa da concorrência (Lei n. 12.529/2011) e crimes contra as relações de consumo (Lei n. 8.078/1990). As expressões "de peita" ou "suborno" do § 1º do art. 1.011 devem ser entendidas como corrupção, ativa ou passiva, consoante conclusão da *I Jornada de Direito Civil* – Enunciado n. 60. A comprovação da ausência de tais impedimentos será feita por mera declaração do administrador, como concluiu a *III Jornada de Direito Civil* – Enunciado n. 218: "Não são necessárias certidões de nenhuma espécie para comprovar os requisitos do art. 1.011 no ato de registro da sociedade, bastando declaração de desimpedimento". O impedimento tem aplicação enquanto durarem os efeitos da condenação. Quem foi condenado e já cumpriu a pena que lhe foi imposta pela prática de quaisquer desses crimes, pode exercer normalmente o cargo de administrador. O mesmo se diga na hipótese de prescrição da pretensão punitiva. Acrescente-se que outros crimes não mencionados no § 1º do art. 1.011, como é o caso dos crimes contra a honra (calúnia, injúria e difamação), não obstam o exercício do cargo de administrador. A prisão penal cautelar também não está elencada no § 1º do art. 1.011 e, depois de revogada, não obsta que o réu se torne administrador. As vedações previstas no presente dispositivo, por óbvio, não impedem que o condenado seja sócio da sociedade simples, desde que sem poderes de administração. Como se trata de norma restritiva de direito, a condenação do administrador apta a excluí-lo do exercício de suas funções deveria, segundo alguns, ser veiculada em sentença transitada em julgado. Pode-se argumentar, por outro lado, na esteira dos argumentos a favor da flexibilização do princípio da presunção de inocência, que a confirmação em segunda instância de eventual sentença condenatória pela prática dos crimes elencados no § 1º é quanto basta para fazer incidir a vedação ao exercício do cargo, não havendo de se aguardar o trânsito em julgado da condenação. Entendo correta a última posição, pois o legislador aludiu apenas à condenação e não ao seu trânsito em julgado, para o que teria usado a expressão "condenação definitiva". Demais disto, ninguém é presumivelmente "inocente" após a confirmação do decreto expiatório em duas instâncias ordinárias. À atividade dos administradores aplicam-se, no que couber, as disposições concernentes ao mandato (*vide* comentários aos arts. 653 a 692).

JURISPRUDÊNCIA COMENTADA: Em decisão bastante relevante e contrária ao entendimento deste autor, o TJGO firmou posição no sentido de que a "norma constante do § 1º do artigo 1.011 do Código Civil de 2002 deve ser interpretada de maneira estrita, na medida em que se trata de disposição que encerra limitação ao exercício de um direito. Assim, quando esse preceito diz que não podem ser administradores as pessoas condenadas pela prática dos crimes a que o dispositivo se refere, deve-se extrair a premissa de que essa limitação somente alcança aquele que for considerado culpado em sentença penal condenatória transitada em julgado, máxime diante do princípio da presunção de inocência insculpido no inciso LVII do artigo 5º da Constituição Federal de 1988. A decretação de prisão penal de natureza cautelar, já revogada, também não atrai a incidência da restrição imposta pelo § 1º do artigo 1.011 do mesmo diploma legal, por se tratar de hipótese não elencada expressamente pelo referido dispositivo" (TJGO, AI 0265176-62.2013.8.09.0000, Rel. Des. Elizabeth Maria da Silva, *DJGO* 20.11.2013). Nas Cortes trabalhistas, por outro lado, são comuns as decisões que consideram o descumprimento da legislação trabalhista como modalidade de violação do dever de diligência, pois "não basta à empresa a busca pelos lucros, devendo exercer também sua função social, fundada na valorização do trabalho humano e na livre-iniciativa, com o objetivo de 'assegurar a todos existência digna, conforme os ditames da justiça social'. Dessarte, o descumprimento pela empresa da legislação trabalhista torna latente a incúria do administrador, que não se pautou pelos deveres de probidade e diligência ínsitos à sua função" (TRT 2.ª Região, AP 01600-1998-042-02-00-9, Rel. Juíza Vania Paranhos, *DOESP* 29.02.2008). A exigência ao administrador da diligência do homem probo no exercício de suas atribuições, demanda "não apenas pautar-se pelos bons costumes e boa-fé, mas precipuamente o cumprimento das leis, não tendo sido cumpridas as obrigações decorrentes do contrato de trabalho, vigente quando do exercício pelo administrador da gestão empresarial, este deve responder pelos débitos devidos ao reclamante" (TRT 2.ª Região, AP 01487-2008-010-02-00-0, Rel. Des. Fed. Vania Paranhos, *DOESP* 21.08.2009).

REFORMA DO CÓDIGO CIVIL: Pretende-se alterar o *caput* e o § 2º do art. 1.011 do Código Civil, que passariam a ter as seguintes redações: "Art. 1.011. O administrador da sociedade deverá ter, no exercício de suas funções, o cuidado e a diligência que toda pessoa ativa e proba costuma empregar na administração de seus próprios negócios. [...] § 2º Aplicam-se à atividade, deveres e responsabilidades dos administradores, no que couber, as disposições da Lei nº 6.404, de 15 de dezembro de 1976". O objetivo da proposta, além de substituir, no *caput*, a palavra "homem" por "pessoa", foi harmonizar as regras codificadas com o Estatuto das Sociedades Anônimas.

Art. 1.012. O administrador, nomeado por instrumento em separado, deve averbá-lo à margem da inscrição da sociedade, e, pelos atos que praticar, antes de requerer a averbação, responde pessoal e solidariamente com a sociedade.

COMENTÁRIOS DOUTRINÁRIOS: Pode a sociedade simples nomear como administrador terceiro, não sócio, hipótese em que o ato de nomeação deve necessariamente ser averbado junto ao registro da sociedade. Sobre nomeação de administrador não sócio, *vide*, ainda, nossos comentários ao art. 1.061. Quando nomeado por meio de outro documento que não o contrato social, o administrador tem a obrigação de providenciar, o quanto antes, a averbação do ato de nomeação no Registro de Empresas Mercantis se a sociedade for empresária, ou no Registro Civil das Pessoas Jurídicas se for uma sociedade simples. Enquanto não o fizer, pelos atos que praticar, o administrador responderá com os seus bens pessoais em solidariedade com a sociedade. É claro que o dispositivo está se referindo aos atos praticados com excesso de poderes ou com violação da lei ou do contrato. No caso das obrigações regulares da sociedade, contratadas pelo administrador dentro dos limites dos poderes de administração, ainda que antes da averbação do ato respectivo, não há que se falar em responsabilidade solidária, cabendo à sociedade responder sozinha pelas dívidas contraídas em seu nome. Observe-se, finalmente, que aqui o Código fala em responsabilidade pessoal e solidária, descabendo a aplicação da regra de subsidiariedade de que trata o art. 1.024. Responsabilidade solidária e subsidiária não se confundem. A primeira só ocorre quando a lei ou o contrato social expressamente trouxerem previsão nesse sentido ("A solidariedade não se presume; resulta da lei ou da vontade das partes" – art. 265 do CC).

JURISPRUDÊNCIA COMENTADA: Especialmente nas Cortes trabalhistas são usuais, e ao mesmo tempo equivocadas, as decisões que atribuem responsabilidade pessoal e solidária de administrador ao mero procurador bancário, o que implica violação direta ao art. 1.012, uma vez que o mandatário não pratica atos de gestão inerentes ao de administrador da sociedade. Entretanto, o sócio retirante que continua a praticar atos administrativos em nome da sociedade, como procurador, mas sem constar no contrato social a existência da relação entre a pessoa jurídica e a pessoa física, pode ser considerado "administrador aparente" e responsável solidário pelas obrigações da pessoa jurídica "nos termos do art. 1.012 do Código Civil, pelo qual a ausência de averbação dessa condição à margem da inscrição da sociedade impõe a sua responsabilidade pessoal e solidária com a sociedade" (TRT 3.ª Região, AP 00595/2012-089-03-00.4, Rel. Des. Taísa Maria Macena de Lima, *DJEMG* 06.03.2018). A prática de exercício irregular da administração da pessoa jurídica fica evidenciada quando o ex-sócio assina documentos em nome da sociedade após a data da averbação de sua saída do quadro societário, o que impõe a "responsabilidade pessoal e solidária com a sociedade, nos termos do artigo 1.012 do Código Civil" (TJSP, AI 2035544-30.2014.8.26.0000, Rel. Des. José Reynaldo, *DJESP* 01.10.2014).

Art. 1.013. A administração da sociedade, nada dispondo o contrato social, compete separadamente a cada um dos sócios.

§ 1º Se a administração competir separadamente a vários administradores, cada um pode impugnar operação pretendida por outro, cabendo a decisão aos sócios, por maioria de votos.

§ 2º Responde por perdas e danos perante a sociedade o administrador que realizar operações, sabendo ou devendo saber que estava agindo em desacordo com a maioria.

COMENTÁRIOS DOUTRINÁRIOS: O art. 997, inc. VI, estabelece, como cláusula obrigatória de qualquer contrato social, a indicação dos sócios investidos dos poderes de administração. Na ausência de disposição expressa no contrato social para esse fim, o que de antemão representaria violação ao aludido dispositivo, dispõe o art. 1.013, em caráter supletivo do contrato, que todos os sócios podem administrar e representar a sociedade ao mesmo tempo, em conjunto ou separadamente. Essa situação não é recomendável e pode gerar desavenças aptas a comprometer o funcionamento da sociedade, especialmente se o contrato abrir espaço para que cada sócio a administre separadamente. Nessas situações, qualquer sócio tem legitimidade para impugnar os negócios ou contratos celebrados pelo outro em nome da sociedade submetendo o ato a deliberação dos demais. Se a deliberação da maioria for contrária ao negócio contratado isoladamente, o sócio contratante pode ser chamado a responder por perdas e danos. O sócio administrador responde por perdas e danos perante a sociedade quando praticar conduta, sabendo ou devendo saber que está agindo em desacordo com a maioria (art. 1.013, § 2º, do Código Civil). Se a conduta foi praticada com aprovação e respaldo dos demais sócios e da própria sociedade, ainda que formalmente em extrapolação aos poderes previstos no contrato social, não há que falar em excesso de poder apto a ensejar sua responsabilidade pessoal. Como também não configura abuso ou excesso a prática de atos de gestão independentemente do consentimento prévio de um ou de alguns dos sócios que não representem a maioria do capital. Para que incida a responsabilidade pessoal do administrador prevista no § 2º, é preciso que ele tenha, ou deva ter, o conhecimento de que estava contrariando a maioria dos detentores do capital. Daí por que, nas situações concretas, aconselha-se ao administrador não sócio observar rigidamente os limites de poderes estabelecidos no contrato social ou no instrumento de nomeação, não devendo, jamais, excedê-los, ainda quando eventualmente instado pelos sócios.

JURISPRUDÊNCIA COMENTADA: Qualquer sócio ou administrador pode impugnar o ato do outro (Cf. TJPR; AgInstr 0076670-29.2021.8.16.0000; DJPR 14/02/2023). Em recurso contra decisão que não homologou acordo firmado com a exequente pela executada, representada por sócio administrador minoritário, manifestou o TJSP que "na exegese do CC, art. 1.013, ato de administrador pode ser impugnado por outro administrador, decorrendo correta a decisão ao não homologar o acordo firmado entre a exequente e a executada, representada pelo sócio administrador minoritário, que, segundo o sócio administrador majoritário, agiu contrariamente aos interesses da sociedade ao assinar o termo de acordo sem sua anuência" (AI 2012256-43.2020.8.26.0000, Rel. Des. José Wagner de Oliveira Melatto Peixoto, *DJESP* 09.06.2020). Caso o sócio que tenha representado a sociedade empresária "tenha agido de forma contrária aos interesses da pessoa jurídica, caberá a ele responder pessoalmente perante tal sociedade, nos termos do art. 1.013, § 2º, do Código Civil, não podendo tal situação prejudicar os interesses do terceiro de boa-fé" (TJMS, AC 0815871-26.2020.8.12.0002, *DJMS* 08.02.2023).

REFORMA DO CÓDIGO CIVIL: Pretende-se alterar § 2º do art. 1.013 do Código Civil, que passaria a ter a seguinte redação: "[...] § 2º Responde por perdas e danos perante a sociedade o administrador que realizar operações, sabendo que estava agindo em desacordo com a maioria". A proposta, como se vê, deixa expresso que a ciência do administrador, no que tange à natureza contramajoritária de sua conduta, não pode ser presumida.

Art. 1.014. Nos atos de competência conjunta de vários administradores, torna-se necessário o concurso de todos, salvo nos casos urgentes, em que a omissão ou retardo das providências possa ocasionar dano irreparável ou grave.

COMENTÁRIOS DOUTRINÁRIOS: Sempre que a administração da sociedade competir conjuntamente a mais de um administrador, os atos de gestão pressupõem, sob pena de nulidade, a anuência de todos os administradores. Assim, se o contrato social estabelece, por exemplo, que a outorga de mandato pela pessoa jurídica, para se fazer representar por procurador, exige o concurso de todos os administradores, a validade e eficácia do mandato fica subordinada a essa exigência e serão inválidos os atos praticados pelo procurador constituído por apenas um administrador. Salvo em se tratando de atos urgentes, em que a omissão ou retardo das providências possa ocasionar dano irreparável ou grave. É o caso, *v.g.*, da constituição de advogado para contestar ação cujo prazo esteja em vias de expirar ou para propor demanda urgente.

JURISPRUDÊNCIA COMENTADA: Quando o contrato social exige anuência de todos os sócios para a nomeação dos administradores e um dos sócios se recusa a consentir, a anuência pode ser suprida por decisão judicial. Em demanda de suprimento proposta pela sociedade, cujo contrato social continha cláusula que, ao regular a administração claramente frisava "a importância da participação (direta ou indireta) de cada uma das sócias na administração da sociedade, com equilíbrio de forças e necessidade de assinaturas cruzadas por administradores nomeados por cada sócia" e diante da postura da sócia-corré que não anuiu com a nomeação de diretores sem qualquer justificativa, o Tribunal de Justiça de São Paulo deu guarida à pretensão, julgando procedente a ação "para suprir a anuência da sócia-corré, dar posse aos diretores indicados e alterar o contrato social para esse fim". O tribunal entendeu ter havido violação da boa-fé e abuso de direito, em face do "nítido caráter de retaliação pela alteração do controle societário com suposta violação de direito de preferência, tema de ação própria" (TJSP, APL 0203501-57.2009.8.26.0100, Rel. Des. Mary Grün, *DJESP* 20.03.2017).

Art. 1.015. No silêncio do contrato, os administradores podem praticar todos os atos pertinentes à gestão da sociedade; não constituindo objeto social, a oneração ou a venda de bens imóveis depende do que a maioria dos sócios decidir.

Parágrafo único. (Revogado pela Lei n. 14.195, de 2021).

COMENTÁRIOS DOUTRINÁRIOS: O dispositivo deixa expresso que os administradores podem praticar todos os atos pertinentes à gestão da sociedade. Atos de mera gestão são os necessários ao funcionamento da sociedade. A Lei não esclarece, no que concerne ao administrador da sociedade, quais seriam os atos típicos de gestão, porém deles exclui, de forma exemplificativa, a venda ou oneração de imóveis, que somente se enquadrarão em "ato de gestão" quando constituírem o objeto social da sociedade. Penso que a restrição se aplica a todo e qualquer ativo da sociedade, incluindo bens (móveis e imóveis) e direitos. No nosso sistema, em regra, os atos de alienar, hipotecar ou gravar de ônus reais ultrapassam os limites da simples administração. Portanto, somente os atos de administração ordinária da sociedade estão inseridos nos poderes de administração, dispensando a anuência dos sócios. O administrador assemelha-se a um mandatário da sociedade e para praticar quaisquer atos que exorbitem da administração ordinária, depende de poderes especiais e expressos (ver art. 661). Assim, em uma sociedade cuja atividade consista na compra e venda de imóveis, tanto a alienação como a aposição de gravames podem ser feitas pelos administradores, no exercício da gestão, independentemente de deliberação dos sócios (o mesmo se diga de uma corretora de valores em relação à compra e venda de ações). Nos demais casos, em que as transações imobiliárias não integram o objeto social, o legislador foi taxativo ao aduzir que tais negócios jurídicos não são considerados atos típicos de gestão e, por isso, sempre dependerão do que a maioria dos sócios decidir. Nessas situações, pretendendo dar em garantia bem imóvel pertencente à sociedade, o administrador necessita obter a aprovação dos sócios titulares da maioria do capital social, salvo se tal anuência tenha sido antecipadamente concedida no contrato social. Nada impede que o contrato social preveja a autorização para que o administrador pratique tais atos, sem precisar obter nova aprovação dos sócios. A alienação de bens imóveis pelo administrador, sem consentimento da maioria dos sócios, em violação ao contrato social e à norma que se extrai do art. 1.015, implica a ineficácia, frente à sociedade, do negócio jurídico praticado com excesso de poderes o qual, em regra, não se tornará eficaz pela alegação de boa-fé do terceiro adquirente. Ora, todos os atos praticados pelo administrador de uma sociedade gravitam em torno dos objetivos consignados no seu contrato social. Se a venda de imóveis não se insere entre os objetos sociais da sociedade e o contrato social tinha registro na Junta Comercial ou no RCPJ, estava presente a necessária publicidade em relação aos atos de gestão, notadamente no que se refere à limitação para alienação de determinados bens, o que afasta a boa-fé do adquirente. Não se pode proteger o terceiro incauto ou imprudente que tenha conhecimento, ou devesse ter, do objeto social e dos limites da atuação dos administradores da sociedade. Por outro lado, "o art. 1.015 do Código Civil refere-se à venda ou oneração de imóvel da sociedade, não sendo necessária autorização para aquisição de imóvel pelo administrador em nome da sociedade, no silêncio do contrato" (Enunciado n. 42 da I Jornada de Direito Notarial e Registral, promovida pelo Conselho da Justiça Federal – CJF). O presente dispositivo continha, ainda, um parágrafo único, revogado pela Lei n. 14.195, de 2021, e que estabelecia que os atos praticados pelo administrador com excesso de poderes não seriam assumidos ou suportados pela sociedade sempre que a limitação de poderes estivesse inscrita ou averbada no registro próprio da sociedade (inc. I); fosse conhecida por terceiro (inc. II) ou se se tratasse de ato estranho ao objeto social (inc. III). A disposição revogada inspirava-se na chamada *ultra vires doctrine*, segundo a qual qualquer ato praticado pela pessoa jurídica que extrapole o seu objeto social é nulo e ineficaz frente à sociedade, e veiculava uma opção legislativa em favor da sociedade lesada pelo administrador, em contraponto à proteção dos terceiros de boa-fé. Entre a sociedade prejudicada pelo administrador, que extrapolou os limites dos seus poderes previstos no contrato social, devidamente arquivado no órgão registral, e os interesses dos terceiros de boa-fé que transacionaram com a sociedade, o Código Civil optava pela proteção à pessoa jurídica, que poderia opor ao terceiro o ato praticado pelo administrador além do objeto social. Entretanto, em relação a essa prevalência dos interesses sociais gravitava muita controvérsia na doutrina, pois ela enfraquecia a proteção que devia ser conferida ao terceiro de boa-fé que contratava com a sociedade. De fato, não seria razoável, em todas as situações, exigir dos terceiros de boa-fé que sempre que fossem negociar com a sociedade investigassem o contrato social, para aferir os limites dos poderes de administração. O interesse dos terceiros (e do tráfego jurídico) deve prevalecer, especialmente nas hipóteses em que restar comprovado o proveito obtido pela sociedade. A aplicação da teoria da aparência servirá de fundamento para vincular a sociedade, ainda quando o administrador tenha agido com excesso de poderes, como bem ressaltou o Enunciado n. 11 da *I Jornada de Direito Comercial*, aprovado quando ainda estava vigente o parágrafo único: "A regra do art. 1.015, parágrafo único, do Código Civil deve ser aplicada à luz da teoria da aparência e do primado da boa-fé objetiva, de modo a prestigiar a segurança do tráfego negocial. As sociedades se obrigam perante terceiros de boa-fé". Anteriormente, durante a *III Jornada de Direito Civil*, já havia sido aprovado outro enunciado, definindo as balizas de aplicação do antigo e controvertido parágrafo, nos termos seguintes: "Está positivada a teoria *ultra vires* no Direito Brasileiro, com as seguintes ressalvas: a) o ato *ultra vires* não produz efeito apenas em relação a sociedade; b) sem embargo, a sociedade poderá, através de seu órgão deliberativo, ratificá-lo; c) o Código Civil amenizou o rigor da teoria *ultra vires*, admitindo os poderes implícitos dos administradores para realizar negócios acessórios ou conexos ao objeto social, os quais não constituem operações evidentemente estranhas aos negócios da sociedade; d) não se aplica o art. 1.015 às sociedades por ações, em virtude da existência de regra especial de responsabilidade dos administradores (art. 158, II, da Lei n. 6.404/76)" (Enunciado n. 219 da *III Jornada de Direito Civil*). A grande dificuldade prática da teoria *ultra vires* residia em delimitar o que efetivamente integrava o objeto da sociedade. Muitos negócios jurídicos podem não estar mencionados no objeto, inseridos em cláusula do contrato social de maneira sucinta, mas são necessários ou úteis à sociedade no giro de suas atividades. Imagine-se a alegação de excesso de mandato do administrador, desprovido do poder para assinar cheques em nome da sociedade. Ora, nessas situações, era evidente a impossibilidade de oposição do excesso ao terceiro que recebeu a cártula, em prestígio da teoria da aparência e da tutela da confiança no tráfego jurídico, salvo se ficasse afastada a sua boa-fé, ônus que incumbia à sociedade. Enfim, diante de tantas discussões, e no afã de privilegiar o tráfego jurídico e os terceiros de boa-fé, o legislador revogou o parágrafo único do art. 1.015, mantendo, como regra geral, a responsabilidade da sociedade pelos atos *ultra vires* praticados pelos administradores. Assim, ainda que comprovado o excesso de poder por parte do administrador, com a prática de atos não autorizados, a sociedade será vinculada ao que foi por ele contratado.

JURISPRUDÊNCIA COMENTADA: Identificar em que situações deveriam ser protegidos os interesses da sociedade, ou os dos terceiros de boa-fé, era questão frequente na jurisprudência, o que demonstra que a teoria *ultra vires* trazia insegurança jurídica para o mercado. Ora se decidia que os terceiros que pretendessem contratar com a sociedade deveriam inteirar-se do teor de seu contrato social, analisando os poderes de representação, uma vez que "os atos praticados pelo administrador e que sejam estranhos ao objeto social são considerados *ultra vires societatis*, ou seja, situados acima das forças da sociedade, sendo o respectivo resultado danoso imputável a ele, administrador", podendo a sociedade "opor o excesso de poder praticado por seu administrador a terceiros, nas hipóteses previstas no art. 1.015 do Código Civil" (TJSP, APL 1001898-13.2015.8.26.0323, Rel. Des. Itamar Gaino, *DJESP* 19.10.2018). Ora se validava o negócio jurídico, aplicando-se a teoria da aparência, quando demonstrada a adoção das cautelas necessárias pelo terceiro para realização do ato (TJPR, Apelação Cível 1630497-5, Rel. Des. Denise Kruger Pereira, *DJPR* 02.06.2017), pois "a adoção expressa pelo Direito Brasileiro da *ultra vires douctrine* no art. 1.015 do Código Civil de 2002 deve ser temperada pela aplicação da teoria da aparência e o princípio da boa-fé quando demonstrado que o sócio sem poderes de administração transacionava com terceiros, em nome da sociedade, aparentando ostentar poderes de representação da pessoa jurídica" (TJRS, AC 171930-33.2010.8.21.7000, Rel. Des. Liege Puricelli Pires, *DJERS* 17.01.2011). Em demanda em que se buscou anulação de negócio jurídico que gerou prejuízos à sociedade, celebrado por administrador destituído de poderes suficientes para celebração do malfadado pacto objeto da lide, o Tribunal local invalidou contratos de empréstimo bancário com destinação diversa do objeto social firmados sem aquiescência dos sócios e contra vedação contratual expressa, consignando haver sido "demonstrado que o administrador atuou de má-fé e com excesso de poder" nas transações efetivadas com o banco. A aplicação da teoria dos atos *ultra vires* em detrimento do banco estaria justificada pois, "tendo este conhecimento do contrato social com as limitações de poderes do administrador, fica caracterizada a responsabilidade da instituição bancária por ter celebrado contratos bancários mediante firma de pessoa sabidamente sem poderes para tanto" (TJBA, AP 0005331-33.2009.8.05.0001, Rel. Des. Ilona Márcia Reis, *DJBA* 02.08.2016). Em situação análoga, o TJSC decidiu que "ocorrendo operação evidentemente estranha aos negócios da sociedade e sendo de conhecimento do terceiro a restrição de poderes do administrador, é nula a fiança prestada por administrador em nome da empresa se o ato foi praticado com excesso de poderes" (TJSC, AC 2014.088150-6, Rel. Des. Antônio do Rêgo Monteiro Rocha, *DJSC* 25.09.2015). Em face da revogação do parágrafo único do art. 1.015 pela Lei n. 14.195/2021, afastou-se, expressamente, do ordenamento jurídico brasileiro, a teoria *ultra vires societatis*, o que deverá provocar uma mudança relevante na orientação jurisprudencial sobre o tema. Segundo o TJDF, "apesar de críticas doutrinárias, a revogação do dispositivo visou a prestigiar os princípios da probidade, da boa-fé objetiva e da segurança jurídica, especialmente quanto à preservação dos direitos de terceiros de boa-fé" (AGI 07150.10-71.2023.8.07.0000, *DJe* 03.07.2023). Do mesmo tribunal, transcrevo o seguinte trecho de aresto, bem representativo da nova posição: "A Lei nº 14.195/2021 revogou o parágrafo único do art. 1.015 do Código Civil, retirando do ordenamento jurídico as três exceções para a aplicação da Teoria do ato *ultra vires societatis*, segundo a qual, diante do abuso de poder do administrador, ocasionando violação do objeto social lícito para o qual foi constituída a empresa, poderia a sociedade se isentar da responsabilidade perante terceiros. 3. Ainda que comprovado o excesso de poder da antiga Diretora das sociedades empresárias rés ou a prática de atos não autorizados e violadores do objeto social, as sociedades rés/apelantes estão vinculadas ao contrato firmado com a autora e devem, portanto, ser responsabilizadas perante terceiros, como consequência da teoria da aparência e do princípio da boa-fé objetiva que norteia as relações contratuais" (TJDF, APC 07156.15-53.2019.8.07.0001, *DJe* 15.05.2023).

Art. 1.016. Os administradores respondem solidariamente perante a sociedade e os terceiros prejudicados, por culpa no desempenho de suas funções.

COMENTÁRIOS DOUTRINÁRIOS: Nos casos de administração colegiada, a responsabilidade civil pelos atos que lesarem a sociedade ou a terceiros, praticados com culpa em sentido estrito ou dolo, é solidária de todos os administradores, sócios ou não. O Código Civil de 1916 previa apenas a obrigação de o sócio ressarcir a sociedade pelos prejuízos causados por atos praticados com culpa (art. 1.380), inexistindo regra que impusesse a solidariedade entre o sócio e a sociedade, salvo se o ato culposo do sócio tivesse sido praticado em proveito da sociedade (art. 1.398). Pelo Código atual, os administradores da sociedade, sejam sócios ou não, passam a responder solidariamente por todos os atos que causem danos à sociedade ou a terceiros. Se a administração da sociedade competir a duas ou mais pessoas, portanto, serão elas solidariamente responsáveis entre si, perante os demais sócios e também perante terceiros. Essa responsabilidade é solidária entre os administradores, o que significa dizer que pela ação ou omissão de um deles todos responderão com seus respectivos patrimônios pessoais. Observe-se, no entanto, não se tratar de solidariedade entre os administradores e a sociedade, mas entre os administradores. Nada obsta, entretanto, que o prejudicado acione diretamente a sociedade, a qual, como regra geral, responderá pelos atos de seus administradores, cabendo-lhe o eventual direito de regresso. A hipótese não é de desconsideração da personalidade jurídica (art. 50), mas de responsabilidade solidária e ilimitada das pessoas naturais dos administradores, conforme aduz, com precisão, o Enunciado n. 59 da *I Jornada de Direito Civil*: "Os sócios gestores e os administradores das empresas são responsáveis subsidiária e ilimitadamente pelos atos ilícitos praticados, de má gestão ou contrários ao previsto no contrato social ou estatuto, consoante estabelecem os arts. 990, 1.009, 1.016, 1.017 e 1.091, todos do Código Civil". Registre-se, finalmente, que o presente dispositivo terá aplicações inclusive às sociedades limitadas regidas supletivamente pela Lei das S/A, conforme Enunciado n. 220 da *III Jornada de Direito Civil*: "É obrigatória a aplicação do artigo 1.016 do Código Civil de 2002, que regula a responsabilidade dos administradores, a todas as Sociedades Limitadas, mesmo àquelas cujo contrato social preveja a aplicação supletiva das normas das sociedades anônimas".

JURISPRUDÊNCIA COMENTADA: O dispositivo em comento veicula hipótese de responsabilidade subjetiva, que só pode ser invocada quando demonstrada "culpa no desempenho de suas funções". O simples prejuízo experimentado pela sociedade em decorrência de uma decisão desacertada do administrador não é causa de responsabilidade civil, consoante assentado pela *III Jornada de Direito Comercial*, no Enunciado n. 86: "O desacerto do mérito da decisão negocial não é, por si só, causa de responsabilidade civil do administrador, a qual pressupõe o descumprimento de dever legal ou estatutário". Já se decidiu, por outro lado, que a ausência da escrituração contábil importa em ato ilícito, devendo "ser atribuída responsabilidade plena à sócia pelos prejuízos causados à sociedade e aos credores desta, não se limitando à sua participação no capital social" (TJDF, APC 2014.01.1.051670-8, Rel. Des. João Egmont Leoncio Lopes, *DJDFTE* 21.07.2016). Em um caso em que a venda irregular do ponto comercial inviabilizou a continuidade da atividade, o TJRJ decidiu que "comprovada que a administração do apelado, na qualidade de sócio administrador, foi temerária e negligente, resta evidenciada a culpa necessária para a sua responsabilização civil nos termos dos artigos 1.016 e 1.017 do Código Civil" (TJRJ, APL 0284554-85.2014.8.19.0001, Rel. Des. Cleber Ghelfenstein, *DORJ* 04.10.2018).

Art. 1.017. O administrador que, sem consentimento escrito dos sócios, aplicar créditos ou bens sociais em proveito próprio ou de terceiros, terá de restituí-los à sociedade, ou pagar o equivalente, com todos os lucros resultantes, e, se houver prejuízo, por ele também responderá.

Parágrafo único. Fica sujeito às sanções o administrador que, tendo em qualquer operação interesse contrário ao da sociedade, tome parte na correspondente deliberação.

COMENTÁRIOS DOUTRINÁRIOS: O dispositivo versa sobre o dever jurídico de abstenção do administrador de fazer uso, em proveito próprio ou de terceiro, de bens ou recursos pertencentes à sociedade. O uso e a posse dos bens pertencentes à sociedade empresária cabem exclusivamente a esta na consecução de seu objetivo social, sendo a pessoa jurídica a única titular do direito de propriedade em discussão e não os sócios individualmente considerados. O *caput* do dispositivo estabelece uma obrigação de indenizar, em sentido amplo, vale dizer, além de restituir, o administrador poderá ser compelido a pagar juros à sociedade, calculados com base nas taxas que ela deixar de auferir, se os recursos estivessem aplicados no mercado financeiro, ou ainda os juros que ela tiver sido obrigada a pagar, nos casos em que houver captado empréstimo. Estabelece o parágrafo único que o administrador não poderá, sob pena de responder com o seu patrimônio pessoal, tomar parte em uma decisão na qual possua interesse contrário ao da empresa. Esse dever de abstenção abrange todo tipo de decisão, seja comercial, trabalhista, civil ou tributária. Ao administrador também é vedado negociar por conta própria ou de terceiro, bem como participar, embora indiretamente, de operação do mesmo gênero daquela que é exercida pela sociedade, aplicando-se, por analogia, o disposto no art. 1.170. O parágrafo único não afasta a eventual responsabilidade dos demais sócios, apenas sujeitando o administrador a sanções que são domináveis a ele, pessoalmente, sempre que realizar ou tomar parte em operação contrária aos interesses da sociedade.

JURISPRUDÊNCIA COMENTADA: Deve-se afastar o sócio da administração da sociedade, sempre que comprovada conduta incompatível e desmedida do sócio administrador a justificar o seu afastamento, como é o caso da "transferência de valores da conta corrente da sociedade para contas pessoal e de terceiro, à revelia do sócio majoritário. Conduta que contraria o disposto no art. 1.017 do Código Civil" (TJPR, Agravo de Instrumento 1551724-5, Rel. Des. Espedito Reis do Amaral, *DJPR* 27.09.2017).

REFORMA DO CÓDIGO CIVIL: Pretende-se alterar o art. 1.017 do Código Civil, que passaria a ter a seguinte redação: "Art. 1.017. O administrador que, sem consentimento escrito dos sócios, aplicar créditos ou bens sociais em proveito próprio ou de terceiros, terá de restituí-los à sociedade ou pagar o equivalente, com todos os lucros resultantes e, se houver prejuízo, por este também responderá. Parágrafo único. Fica sujeito às sanções previstas na Lei nº 6.404, de 15 de dezembro de 1976, bem como àquelas previstas no contrato social, o administrador que, tendo em qualquer operação interesse contrário ao da sociedade, participe do ato ou tome parte na correspondente deliberação". O objetivo das alterações, como se vê, foi harmonizar as regras codificadas com o Estatuto das Sociedades Anônimas, que já contém disposições semelhantes.

Art. 1.018. Ao administrador é vedado fazer-se substituir no exercício de suas funções, sendo-lhe facultado, nos limites de seus poderes, constituir mandatários da sociedade, especificados no instrumento os atos e operações que poderão praticar.

COMENTÁRIOS DOUTRINÁRIOS: O Código veda expressamente a delegação dos poderes de gestão. Fica permitida, apenas, a constituição de mandatários pelo administrador, em nome da sociedade, e nos limites dos seus poderes. Mandato e delegação não se confundem. O primeiro constitui manifestação do poder convencional de representação. O mandatário representa o mandante e atua em nome deste. Na delegação, o delegante transfere ao delegatário competências e atribuições que lhe são próprias. O delegatário, no que concerne ao objeto da delegação, age em nome próprio, substituindo o delegante. O presente dispositivo, ao mesmo tempo em que proíbe o administrador de se fazer substituir no exercício de suas funções, autoriza que aquele nomeie mandatários com poderes específicos para praticar determinados atos em nome da sociedade. Entretanto, o sócio-administrador não pode, por meio de procuração, transferir a terceiro estranho à sociedade, e sem o consentimento dos demais sócios, os poderes gerais para a prática de todos os atos inerentes à administração da sociedade, incluindo o poder de outorgar mandato, o que é expressamente vedado pelo art. 1.018, pois configura verdadeira delegação da própria gestão da pessoa jurídica, acarretando, assim, a nulidade do instrumento de mandato. A Lei pretende evitar que o administrador se exima de suas responsabilidades mediante delegação do ônus assumido. O instrumento de mandato deve ser averbado no Registro Civil das Pessoas Jurídicas competente (v. art. 1.012).

JURISPRUDÊNCIA COMENTADA: A jurisprudência pátria é relativamente pacífica no sentido de ser nulo o instrumento de mandato em que o sócio administrador outorga amplos poderes a terceiro, por caracterizar delegação inválida de encargo pessoal e, em regra, intransferível (cf. TJSC, AC 2015.046598-9, Rel. Des. Subst. Janice Goulart Garcia Ubialli, *DJSC* 27.10.2015). A nomeação de substituto com poderes de administração arrosta, dessa forma, "o disposto no art. 1.018 do Código Civil, que veda ao administrador fazer-se substituir no exercício de suas funções, ressalvando tal nomeação apenas se o contrato social conferir ao administrador este poder, o que não é o caso dos autos" (TJRJ, APL 2009.001.23323, Rel. Des. Carlos Eduardo Moreira Silva, *DORJ* 08.06.2009). Assim, sempre que "a procuração outorgada por sócio-administrador, na realidade, se presta a transferir a terceiro estranho à sociedade, e sem o consentimento do sócio que detém a maior parte do capital social, poderes gerais para a prática de atos inerentes à administração da sociedade", o ato é nulo, "uma vez que configura verdadeira delegação da própria gestão da pessoa jurídica" (TJMG, AI 1.0696.13.004448-5/001, Rel. Des. João Cancio, *DJEMG* 10.10.2014).

Art. 1.019. São irrevogáveis os poderes do sócio investido na administração por cláusula expressa do contrato social, salvo justa causa, reconhecida judicialmente, a pedido de qualquer dos sócios.

Parágrafo único. São revogáveis, a qualquer tempo, os poderes conferidos a sócio por ato separado, ou a quem não seja sócio.

COMENTÁRIOS DOUTRINÁRIOS: O sócio pode ser investido na administração no próprio contrato social, o que constitui a situação mais frequente, ou em instrumento apartado, subscrito por todos os sócios. Se o administrador foi designado no contrato social, abrem-se duas possibilidades: 1) o contrato social pode ser alterado para substituição dos administradores nele designados, desde que por meio de deliberação unânime dos sócios (art. 999); 2) Não havendo unanimidade, a destituição do administrador designado no contrato social somente poderá ser promovida mediante ação judicial, proposta por qualquer dos sócios, em que provada a falta grave no exercício de suas funções. Na primeira hipótese, o quórum de unanimidade obedece à regra do art. 999, que exige o mesmo quórum para alteração do contrato social no que concerne à nomeação dos administradores da sociedade simples (art. 997, inc. VI). Como a destituição, no caso, implica obrigatoriamente a alteração do contrato, e sendo praticamente impossível o alcance dessa unanimidade, uma vez que o sócio administrador dificilmente concordaria com a sua própria destituição, na prática, a destituição, apenas pela vontade dos demais sócios, do administrador de sociedade simples pura, designado no ato constitutivo da sociedade, que não adote forma de sociedade empresária (art. 983), exigirá que a justa causa seja reconhecida em juízo. Todavia, se a administração da sociedade simples foi conferida por ato separado, a sócio, ou mesmo a quem não seja sócio, a destituição pode ser feita, a qualquer tempo, por deliberação da maioria dos demais sócios, contados os votos segundo o valor das quotas de cada um (art. 1.010).

JURISPRUDÊNCIA COMENTADA: Os Tribunais apenas costumam acolher as demandas para destituição do sócio dos poderes de administração da sociedade simples quando presentes "indícios de má administração e de gestão ruinosa da sociedade" (TJSP, AI 0057597-73.2013.8.26.0000, Rel. Des. Alexandre Marcondes, *DJESP* 30.04.2013). Em ação de obrigação de fazer para destituição de sócio majoritário da administração da sociedade, já se decidiu pela necessidade de perícia contábil (TJRJ, AI 0053726-54.2018.8.19.0000, Rel. Des. José Roberto Portugal Compasso, *DORJ* 14.02.2019). A destituição provisória do administrador da sociedade postulada em sede de medida cautelar antecedente pressupõe a existência "de elementos probatórios que evidenciem a prática de condutas ilícitas na gestão da empresa. O inadimplemento do contrato de alienação de quotas sociais não autoriza a pretensão cautelar" (TJSC, AI 4010273-63.2019.8.24.0000, Rel. Des. Luiz Zanelato, *DJSC* 02.09.2019).

Art. 1.020. Os administradores são obrigados a prestar aos sócios contas justificadas de sua administração, e apresentar-lhes o inventário anualmente, bem como o balanço patrimonial e o de resultado econômico.

COMENTÁRIOS DOUTRINÁRIOS: O dispositivo assegura o direito de fiscalização dos sócios no que tange aos atos dos administradores. O exercício desse direito de fiscalização da sociedade é também atribuído ao "nu-proprietário de quotas ou ações gravadas com usufruto, quando não regulado no respectivo ato institutivo", conforme concluiu a *II Jornada de Direito Comercial* – Enunciado n. 63. As expressões "inventário" e "balanço de resultado econômico" não encontram correspondência na doutrina ou jurisprudência do direito societário, devendo ser lidas como abrangentes de todas as demais demonstrações financeiras da sociedade. Quanto à contabilidade e escrituração da sociedade simples, aplicam-se os arts. 1.179 a 1.195 deste Código. A ação de exigir contas pode ser movida pelo sócio, pelo sucessor do sócio falecido, pelo nu-proprietário ou ainda pelo usufrutuário de quotas contra o administrador e contra a pessoa jurídica, em litisconsórcio passivo, ou apenas contra o administrador, cuja legitimidade passiva para prestar contas, inclusive quando isoladamente demandado, decorre da dicção expressa do art. 1.020 do Código Civil, não se vinculando à presença da pessoa jurídica administrada no polo passivo. Entretanto, o administrador não é parte legítima para responder pelas contas referentes a período anterior ao início de sua administração. O ex-cônjuge ou ex-companheiro do sócio, cujo regime de bens tenha resultado na comunicação das quotas sociais (ou seu equivalente econômico) de sociedade constituída durante o casamento ou união estável, pode, enquanto mantido o estado de comunhão patrimonial ou enquanto se discute a partilha dos bens comuns, propor a ação contra o sócio, mas não contra a sociedade da qual participa o ex-cônjuge ou ex-companheiro. A obrigação de prestação de contas constitui obrigação de fazer de natureza pessoal e infungível, de modo que, falecendo o administrador antes de prestá-las, ou no curso da ação, a obrigação não se transmite aos seus herdeiros. A recíproca não é verdadeira, não podendo o caráter intransmissível da obrigação de prestar contas ser estendido à hipótese de morte do sócio autor, porque as circunstâncias que impedem a transmissibilidade da obrigação de prestar contas aos herdeiros do administrador não se verificam na hipótese inversa, relativa ao direito de os herdeiros do sócio exigirem a prestação de contas do administrador.

JURISPRUDÊNCIA COMENTADA: Discutível a legitimidade passiva da pessoa jurídica, ainda que em litisconsórcio com o gestor, para a prestação de contas exigida pelo sócio. Já se decidiu que "o dever de prestar contas cabe aos administradores da sociedade e não à pessoa jurídica administrada, consoante se extrai da norma do artigo 1.020 do Código Civil. Portanto, segundo a norma legal, o dever de prestar contas configura obrigação pessoal, motivo pelo qual deve ser ajuizada em desfavor do sócio-administrador ou gerente da sociedade, pertencendo a este a legitimidade para figurar no polo passivo da demanda" (TJGO, AC 5749062-62.2022.8.09.0137, *DJEGO* 25.04.2024). Em sociedade formada por cônjuges, o TJDF decidiu que o fato de a sociedade ter apenas dois sócios, que a administravam conjuntamente, não exime nenhum dos dois do dever de prestar contas em relação ao outro, quando ambos figuram como administradores (cf. TJDF, Proc. 0702.74.9.502018-8070000, Rel. Des. Alfeu Machado, *DJDFTE* 27.07.2018). Sobre a legitimidade ativa de ex-cônjuge para a ação de prestação de contas, o TJSP, em importante precedente, decidiu que se o divórcio foi decretado sem partilha de bens, a comunhão se transmutou para condomínio e o ex-cônjuge tem o direito às contas da participação social do outro, contra quem deve ser proposta a ação, e não contra a sociedade da qual participa o ex-marido da autora (cf. TJSP, Apelação 1006419-63.2014.8.26.0637, Rel. Carlos Alberto Garbi, j. 19.09.2016).

Art. 1.021. Salvo estipulação que determine época própria, o sócio pode, a qualquer tempo, examinar os livros e documentos, e o estado da caixa e da carteira da sociedade.

COMENTÁRIOS DOUTRINÁRIOS: O dispositivo assegura a qualquer sócio, independentemente do percentual de sua participação no capital social, o direito de fiscalizar os atos de gestão e administração da sociedade, a qualquer tempo, sempre que o contrato não estipular época própria, mediante exame dos livros e documentos, do caixa e da carteira da sociedade. O exame dos documentos contábeis, de difícil compreensão ao leigo, pode ser feito direta e pessoalmente pelo sócio, ou indiretamente, com o auxílio de auditores aos quais deve ser dado acesso à contabilidade da sociedade, em nome do sócio. Havendo recusa da sociedade, o sócio pode ajuizar ação de exibição de documentos com o escopo de compelir a sociedade a exibir qualquer documento relativo às suas demonstrações financeiras e econômicas, inclusive extratos bancários. Porém, caso exista previsão no contrato social de período próprio para o sócio administrador fornecê-los, este deve ser observado. Idêntico direito deve ser assegurado ao sucessor do sócio falecido, ao nu-proprietário e ao usufrutuário de quotas, salvo previsão em contrário no instrumento do usufruto, e ainda aos sócios indiretos, ou seja, aqueles que participam de sociedade que integra o quadro social de outras sociedades. É o caso dos sócios de sociedades *holding*, os quais detêm o direito de acesso a livros e documentos da sociedade integrada pela *holding*.

JURISPRUDÊNCIA COMENTADA: É assegurado, sem maiores discussões, o direito ao sócio, "conquanto minoritário, de pleitear a exibição dos documentos contábeis e extratos de pagamentos, para aferir a defesa de seus interesses societários, uma vez desaparecida a sua confiança em relação à administração da sociedade, como meio preparatório de medida judicial de responsabilização" (TJRS, AC 0450726-78.2015.8.21.7000, Rel. Des. Pedro Celso Dal Pra, *DJERS* 14.03.2016). Questão mais controvertida, no entanto, reside em saber se a participação indireta também assegura ao sócio cotista da *holding* familiar – que participa como sócia do quadro social de outras sociedades, o direito de pedir a exibição de documentos nos termos dos arts. 1.020 e 1.021. O STJ já decidiu, por meio de importante julgamento de sua Quarta Turma, que vai "além da questão do 'sócio direto', o interesse em se verem exibidos documentos que, em virtude de relações jurídicas coligadas, são comuns às partes" e que "a existência da relação jurídica entre as empresas controladas e as *holdings* familiares está intimamente relacionada com o liame jurídico entre estas e a recorrente, defluindo-se daí interesses diretos e indiretos sobre todas as sociedades empresariais do grupo, uma vez que o aviltamento do patrimônio das sociedades controladas acarretará, consequentemente, o esvaziamento do patrimônio das sociedades controladoras, das quais a recorrente integra diretamente o quadro social. Sob a ótica de que, *in casu*, a personalidade jurídica no grupo de empresas deve ser tomada dentro da realidade maior da junção das empresas componentes, e não no seu aspecto meramente formal, a confiança que deve reinar entre os sócios da empresa também deve imperar no relacionamento entre os sócios da *holding* e as empresas coligadas, constituindo-se em um dos pilares da *affectio societatis*. Ao impedir-se o acesso da recorrente aos documentos das empresas coligadas apenas com fundamento em uma interpretação restritiva dos arts. 1.020 e 1.021 do Código Civil e do art. 844, II, do CPC corre-se o risco de instaurar-se, ou arrefecer-se, um clima de beligerância entre os sócios da *holding*, comprometendo a existência da *affectio societatis* e, em última análise, atuando contra os princípios da confiança e da preservação da empresa" (STJ, REsp 1.223.733, Rel. Min. Luis Felipe Salomão, *DJe* 04.05.2011).

SEÇÃO IV

DAS RELAÇÕES COM TERCEIROS

Art. 1.022. A sociedade adquire direitos, assume obrigações e procede judicialmente, por meio de administradores com poderes especiais, ou, não os havendo, por intermédio de qualquer administrador.

COMENTÁRIOS DOUTRINÁRIOS: A eficácia dos atos praticados pela sociedade decorre da regularidade da sua representação. A representação é exercida por meio de administradores, a quem compete representar a sociedade na aquisição de direitos, no nascimento de obrigações e judicialmente. O sócio não administrador não representa a sociedade. E se praticar ato de gestão sem dispor dos poderes de administração, responde pessoalmente. Quando um dos sócios, sem poderes de administração, ainda que majoritário, adquire bens em nome da sociedade, responderá pessoalmente com o pagamento dos valores devidos. O que não exime a sociedade da obrigação de adimplir os débitos, caso seja demandada diretamente pelo terceiro que transacionou com o sócio desprovido de poderes, por aplicação da teoria da aparência, se constatada a boa-fé do terceiro (ver art. 1.015).

JURISPRUDÊNCIA COMENTADA: Em diversas situações em que o ato foi praticado por quem não detinha poderes de representação da pessoa jurídica, a jurisprudência tem mantido a exigibilidade das obrigações assumidas, pela "aplicabilidade da teoria da representação aparente da pessoa jurídica em face de terceiros, em homenagem aos princípios da probidade e da boa-fé objetiva, arts. 422 e 1.022 do Código Civil" (TJSP, APL 1003465-24.2018.8.26.0566, Rel. Des. César Peixoto, *DJESP* 19.02.2019).

Art. 1.023. Se os bens da sociedade não lhe cobrirem as dívidas, respondem os sócios pelo saldo, na proporção em que participem das perdas sociais, salvo cláusula de responsabilidade solidária.

COMENTÁRIOS DOUTRINÁRIOS: No tocante à responsabilidade dos sócios da sociedade simples, a regra é que ela é ilimitada, ou seja, sem vinculação com a sua contribuição para o capital social, e subsidiária, vale dizer, os bens particulares dos sócios serão alcançados pela execução tão somente se os bens da sociedade não forem suficientes para o pagamento de dívidas. E nessa hipótese, cada sócio responderá pessoalmente, na proporção de sua participação no capital social, mas sem qualquer limitação. O sócio que é titular de 40% do capital social, responderá por 40% da dívida, com seus bens pessoais, sem limitação ao capital que subscreveu. Nesse sentido o Enunciado n. 10 da *I Jornada de Direito Comercial*: "Nas sociedades simples, os sócios podem limitar suas responsabilidades entre si, à proporção da participação no capital social, ressalvadas as disposições específicas". Entretanto, pode o contrato social estabelecer cláusula de responsabilidade solidária entre os sócios. Solidária é a obrigação quando a totalidade da prestação puder ser exigida indiferentemente por qualquer dos credores de quaisquer dos devedores. Cada devedor deve o todo e não apenas sua fração ideal, como ocorre nas obrigações indivisíveis. A solidariedade jamais se presume; ou resulta da lei ou da vontade das partes (art. 265). Logo, só existem duas fontes da solidariedade: a lei ou a vontade das partes. Não havendo previsão expressa na lei ou no contrato, presume-se inexistente a solidariedade. Não se presume a solidariedade entre os sócios da sociedade simples, da mesma forma que "não se presume solidariedade passiva (art. 265 do Código Civil) pelo simples fato de duas ou mais pessoas jurídicas integrarem o mesmo grupo econômico" (Enunciado n. 22 da *I Jornada de Direito Comercial*). A responsabilidade solidária dos sócios deve constar de cláusula expressa do contrato. Nesse caso, todos os sócios responderão conjuntamente pelas dívidas da sociedade, independentemente de sua participação no capital. Essa solidariedade é estabelecida entre os sócios e não entre estes e a sociedade. Ou seja, não existe solidariedade entre sociedade e sócios, descabendo ao credor optar entre executar os bens da sociedade ou os bens dos sócios. A responsabilidade dos sócios pelas dívidas da sociedade será sempre subsidiária, mesmo quando o contrato contiver cláusula de responsabilidade solidária. E, nessa hipótese, a solidariedade só poderá ser invocada pelo credor depois de excutir os bens da sociedade, estando limitada ao saldo da dívida. É o que se dessume da regra constante do art. 1.024 deste Código; muito embora, não se possa negar a possibilidade de os sócios, no exercício da sua autonomia privada, pactuarem, excepcionalmente, a sua solidariedade para com a própria sociedade. O art. 1.023 não alude a essa forma de solidariedade, mas também não a proíbe, e se os sócios quiserem responder solidariamente com a sociedade, o credor poderá exigir a satisfação de seus créditos indistintamente da sociedade ou de qualquer um dos sócios.

JURISPRUDÊNCIA COMENTADA: A constrição de bens particulares dos sócios para pagamento de dívidas da sociedade não implica desconsideração de personalidade jurídica (art. 50), mas mera concretização da responsabilidade subsidiária dos sócios de sociedade simples perante terceiros, prevista no art. 1.023, do Código Civil. O Superior Tribunal de Justiça já decidiu que "nas sociedades em que a responsabilidade dos sócios perante as obrigações sociais é ilimitada, como ocorre nas sociedades simples (art. 1.023 do CC/2002), não se faz necessária, para que os bens pessoais de seus sócios respondam pelas suas obrigações, a desconsideração da sua personalidade" (STJ, REsp 895.792, Rel. Min. Paulo de Tarso Sanseverino, *DJe* 25.04.2011).

Art. 1.024. Os bens particulares dos sócios não podem ser executados por dívidas da sociedade, senão depois de executados os bens sociais.

COMENTÁRIOS DOUTRINÁRIOS: O dispositivo complementa o art. 1.023, deixando expresso que a responsabilidade dos sócios, não só da sociedade simples, mas de quaisquer dos demais tipos societários, será sempre subsidiária e só haverá solidariedade quando expressamente pactuarem. Não se confunda solidariedade com subsidiariedade. Na obrigação solidária, o credor pode exigir a dívida, indistintamente, de qualquer dos devedores. Na obrigação subsidiária, o credor só pode exigir do devedor subsidiário depois de acionar o devedor principal. Exemplo de obrigação subsidiária é exatamente a dos sócios da sociedade simples em relação aos débitos da sociedade. Mesmo possuindo responsabilidade ilimitada, os sócios só responderão, com seus bens pessoais, por débitos da sociedade, depois de excutidos os bens da pessoa jurídica. Comprovada a inexistência ou insuficiência de bens da sociedade, o sócio pode ser chamado para a ação de execução, mesmo que não tenha sido parte da relação processual na ação de conhecimento e que não conste nominalmente do título executivo judicial, pois se trata de responsabilidade extraordinária, superveniente e derivada, consoante expressa dicção do art. 1.024. A responsabilidade subsidiária prevista nos arts 1.023 e 1.024 não se aplica aos sócios de sociedade anônima, na qual a responsabilização pessoal do acionista pelas obrigações da sociedade é restrita ao acionista controlador, ao administrador e aos membros do conselho fiscal, jamais ao mero acionista minoritário sem poder de gestão, conforme previsão dos arts. 117, 158 e 165, da Lei n. 6.404/1976. Mas se aplica ao empresário individual, consoante conclusão da *I Jornada de Direito Comercial* – Enunciado n. 5: "Quanto às obrigações decorrentes de sua atividade, o empresário individual tipificado no art. 966 do Código Civil responderá primeiramente com os bens vinculados à exploração de sua atividade econômica, nos termos do art. 1.024 do Código Civil". O princípio da subsidiariedade será afastado se presentes as hipóteses de desconsideração da personalidade jurídica previstas no art. 50 deste Código.

JURISPRUDÊNCIA COMENTADA: Alguns julgados na seara trabalhista têm interpretado, de forma equivocada, o art. 1.024, defendendo que a invocação da responsabilidade subsidiária e do benefício de ordem, pressupõe a necessidade de indicação de bens da sociedade pelo devedor subsidiário. Tenho visto arestos no sentido de que a "garantia de ordem de gradação de responsabilidade pelo crédito executado deve ser precedida da desincumbência do ônus de indicar bens do devedor principal capazes de satisfazer o crédito trabalhista" (TRT 23.ª Região, AP 0000664-27.2015.5.23.0006, Rel. Des. Roberto Benatar, *DEJTMT* 07.08.2018). O equívoco é palmar, pois pressupõe como exceção aquilo que é a regra geral, decorrente da autonomia patrimonial da sociedade. O credor trabalhista só poderia perseguir o patrimônio dos sócios depois de demonstrar que tentou localizar bens da sociedade e não obteve êxito. Jamais o contrário. Mostra-se sempre necessário o exaurimento da busca de bens da sociedade (devedor principal) para que se busque a responsabilidade subsidiária dos sócios, pois se trata de benefício de ordem garantido legalmente. Nos Tribunais de Justiça dos Estados, as decisões têm se firmado no norte de que "a inexistência de prova acerca da execução dos bens da sociedade contraria os ditames do art. 1.024 do Código Civil, de modo que a afetação aos bens particulares do sócio revela-se, no caso, inviável" (TJRS, RCív 0065827-69.2017.8.21.9000, Rel. Juíza Vivian Cristina Angonese Spengler, *DJERS* 24.04.2018). Assim, "não comprovada a incapacidade da sociedade empresária em arcar com o cumprimento de suas obrigações, bem como não desconstituída a personalidade jurídica daquela, não há motivo para se entender que os sócios devam figurar no polo passivo da lide" (TJDF, AGI 2016.00.2.017650-6, Rel. Des. Sebastião Coelho, *DJDFTE* 27.01.2017). No TJSP, essa é a jurisprudência consolidada: "Embora a dívida tenha sido contraída quando o ex-sócio ainda fazia parte da sociedade e não haver transcorrido o prazo estabelecido no artigo 1.032 do Código Civil, não há prova de que a sociedade não possua bens capazes de saldar o débito e, portanto, afastar o benefício de ordem previsto no artigo 1.024 do Código Civil. Inclusão prematura" (TJSP, AI 0086430-04.2013.8.26.0000, Acórdão 6780758, São Paulo, Rel. Des. Marino Neto, *DJESP* 14.06.2013).

REFORMA DO CÓDIGO CIVIL: Pretende-se alterar o art. 1.024 do Código Civil, que passaria a ter a seguinte redação: "Art. 1.024. Os bens particulares dos sócios não podem ser executados por dívidas da sociedade, senão depois de executados os bens sociais, salvo nos casos de aplicação da desconsideração da personalidade jurídica, nos termos previstos no art. 50 deste Código e em leis especiais". O objetivo da proposta, como se vê, é distinguir as situações de responsabilidade subsidiária daquelas de desconsideração da personalidade jurídica, nas hipóteses do art. 50, nas quais se poderá imputar aos sócios obrigações que eram da sociedade, sem possibilidade de invocação, por aqueles, do princípio da subsidiariedade.

Art. 1.025. O sócio, admitido em sociedade já constituída, não se exime das dívidas sociais anteriores à admissão.

COMENTÁRIOS DOUTRINÁRIOS: O sócio que ingressa na sociedade simples já em funcionamento, em decorrência até mesmo da regra da responsabilidade ilimitada, assumirá todas as obrigações passivas existentes à época da sua admissão. Os novos sócios não se eximem das dívidas sociais anteriores à admissão, especialmente a responsabilidade pelo passivo trabalhista da pessoa jurídica em que decidiram integrar. Ao sócio que se retira da sociedade mediante cessão de quotas, aplica-se o disposto no parágrafo único do art. 1.003, deste Código, ou seja, a responsabilidade subsistirá pelo prazo de 2 (dois) anos após a averbação da saída, em caráter solidário com o sócio que entrou. No caso de exclusão ou morte do sócio, *vide* art. 1.032.

JURISPRUDÊNCIA COMENTADA: O dispositivo em comento consagra a regra de que o ingresso do sócio no quadro societário posteriormente à constituição do débito não impede, em tese, sua responsabilização. Segundo o TJDF, "a renegociação de prazos e parcelas da dívida já existente antes da entrada da sócia não enseja a necessidade de sua anuência, eis que incide, na hipótese, a regra do art. 1.025 do Código Civil" (EMA 07000.48-74.2022.8.07.0001, *DJe* 25.04.2024). No âmbito das obrigações tributárias, cujo diploma de regência (CTN) dispõe sobre a responsabilidade solidária dos administradores pela prática de atos com excesso de poderes ou infração da Lei, estatuto ou contrato social, já se decidiu ser inaplicável "o art. 1.025 do Código Civil, eis que as normas de Direito Tributário são previstas por Lei Complementar, estando delineado o redirecionamento no art. 135 do CTN e tendo em vista a responsabilidade subjetiva dos sócios-administradores, a qual resguarda a relação de pessoalidade entre o ilícito (má gestão) e a consequência (débito)" (TRF 3.ª Região, AI 0001548-79.2016.4.03.0000, Rel. Des. Fed. Mônica Nobre, *DEJF* 09.09.2016).

Art. 1.026. O credor particular de sócio pode, na insuficiência de outros bens do devedor, fazer recair a execução sobre o que a este couber nos lucros da sociedade, ou na parte que lhe tocar em liquidação.

Parágrafo único. Se a sociedade não estiver dissolvida, pode o credor requerer a liquidação da quota do devedor, cujo valor, apurado na forma do art. 1.031, será depositado em dinheiro, no juízo da execução, até 90 (noventa) dias após aquela liquidação.

COMENTÁRIOS DOUTRINÁRIOS: Pode o credor particular de um sócio executar os lucros a que o sócio tiver direito na sociedade, sempre que seus bens particulares não forem suficientes para o pagamento de suas dívidas. Se a sociedade estiver em processo de dissolução, fica facultado ao credor executar a parte a que o sócio devedor teria direito na liquidação dos bens patrimoniais, após a quitação de todas as dívidas da sociedade. Se a sociedade não estiver dissolvida, nem em processo de dissolução, o exequente pode pedir ao juiz que decrete a liquidação da quota. O legislador estabeleceu, assim, uma ordem gradativa de possibilidades para o credor particular do sócio. Em primeiro lugar, ele deve buscar outros bens do devedor, que não a quota. Somente após comprovar a inexistência de outros bens, pode requerer a penhora dos lucros da sociedade que couberem ao devedor. Cabe advertir não se poder baralhar a hipótese da penhora de lucros prevista no art. 1.026, para satisfação de dívida exclusiva do sócio, com a penhora de faturamento de que trata o art. 866 do CPC, para pagamento de débitos da sociedade. Se a penhora dos lucros não se mostrar suficiente para cobrir a dívida, ou quando não houver lucros a distribuir, daí, finalmente, poderá o credor postular a liquidação da quota do devedor. Portanto, as medidas previstas no presente dispositivo são sucessivas e não alternativas, inclusive de forma a fazer valer o princípio da menor onerosidade, consoante conclusão da *IV Jornada de Direito Civil* – Enunciado n. 387: "A opção entre fazer a execução recair sobre o que ao sócio couber no lucro da sociedade ou sobre a parte que lhe tocar em dissolução orienta-se pelos princípios da menor onerosidade e da função social da empresa". Logo, somente depois de demonstrar que as diligências para localização de bens de propriedade do sócio passíveis de penhora foram infrutíferas, poderá o credor postular que sejam penhorados os lucros da sociedade da qual o devedor é sócio. E apenas depois de tentar satisfazer-se com a penhora dos lucros, terá a opção de requerer a liquidação da quota. O artigo em comento precisa ser interpretado de forma sistemática, em conjunto o art. 835, inc. IX, do CPC, que menciona expressamente possibilidade de penhora de ações e quotas de sociedades simples e empresárias. Há que se fazer a distinção, quando da aplicação da norma processual, entre quotas e ações. Estas últimas, como parcelas representativas do capital social de sociedades de capital, se sujeitam livremente à penhora, pois podem ser levadas à hasta pública e serem livremente arrematadas por terceiros ou mesmo adjudicadas ao credor. A quota, por sua vez, constitui parcela do capital social de uma sociedade de pessoas e, ainda que seja bem integrante do patrimônio do sócio devedor, não se sujeita a constrição judicial, mas apenas os seus frutos, ou seja, os lucros dela decorrentes, não havendo possibilidade do ingresso de estranhos na sociedade de pessoas, nem temporariamente. O princípio da *affectio societatis*, que estrutura a sociedade de pessoas, impede que o credor, mediante arrematação ou adjudicação da quota do devedor, ingresse na sociedade e ocupe o seu lugar no quadro social. O que a lei permite é a penhora dos lucros ou da expressão econômica da quota em caso de liquidação da sociedade, como bem esclarece o Enunciado n. 388 da *IV Jornada de Direito Civil*: "O disposto no art. 1.026 do Código Civil não exclui a possibilidade de o credor fazer recair a execução sobre os direitos patrimoniais da quota de participação que o devedor possui no capital da sociedade". Nesse caso, a apuração do valor se fará na forma do art. 1.031, lembrando que "na apuração dos haveres do sócio devedor, por consequência da liquidação de suas quotas na sociedade para pagamento ao seu credor (art. 1.026, parágrafo único), não devem ser consideradas eventuais disposições contratuais restritivas à determinação de seu valor" (*IV Jornada de Direito Civil* – Enunciado n. 386). Durante a *IV Jornada de Direito Civil*, aprovou-se o Enunciado n. 389, dispondo que, em se tratando "de sócio de serviço, não poderá haver penhora das verbas descritas no art. 1.026, se de caráter alimentar". Entendo que, de forma geral, independentemente de se tratar de sócio de serviço ou sócio de capital, sempre que se comprovar que o lucro auferido da sociedade constitui sua única fonte de subsistência, a penhora deve ser afastada.

JURISPRUDÊNCIA COMENTADA: A jurisprudência do STJ já "se firmou no sentido de que a penhora de quotas sociais não encontra vedação legal nem afronta o princípio da *affectio societatis*, já que não enseja, necessariamente, a inclusão de novo sócio" (AgRg no REsp 1221579/MS, 4.ª Turma, Rel. Min. Maria Isabel Gallotti, *DJe* 04.03.2016). Alega-se que "o advento do artigo 1.026 do Código Civil relativizou a penhorabilidade das quotas sociais, que só deve ser efetuada acaso superadas as demais possibilidades conferidas pelo dispositivo mencionado, consagrando o princípio da conservação da empresa ao restringir a adoção de solução que possa provocar a dissolução da sociedade empresária e maior onerosidade da execução, visto que a liquidação parcial da sociedade empresária, por débito estranho à empresa, implica sua descapitalização, afetando os interesses dos demais sócios, empregados, fornecedores e credores" (AgInt no REsp 1346712/RJ, Rel. Min. Luis Felipe Salomão, *DJe* 20.03.2017). Os Tribunais estaduais seguem o mesmo caminho, considerando "possível a penhora de quotas sociais de sociedade empresária limitada, em execução na qual se pretenda a satisfação de dívida pessoal de sócio da empresa, mas antes deve-se priorizar o exaurimento de outros meios executivos, buscando-se constritar, por exemplo, o que couber ao devedor nos lucros da sociedade ou na parte que a ele tocar em liquidação (art. 1.026 do CC)" (TJSC, AI 4014973-35.2018.8.24.0900, Rel. Des. Luiz Cézar Medeiros, *DJSC* 31.08.2018). As decisões mostram-se evidentemente equivocadas, pois confundem a penhora de quotas com a constrição de seu equivalente econômico. As quotas não podem ser penhoradas, mas podem ser liquidadas e é o resultado da liquidação que constituirá o objeto da penhora. Do ponto de vista prático, as cotas serão levadas à hasta pública, podendo "a sociedade remir a execução, ou adquirir as participações sociais do devedor. Admissível, também, que eventual arrematante pleiteie a dissolução da sociedade" (TJSP, AI 2020702-93.2024.8.26.0000, *DJESP* 09.04.2024). No tocante à penhora de lucros e dividendos da sociedade, verba que não se confunde com o *pro labore*, como ela atinge o patrimônio do sócio e não da pessoa jurídica, "não há necessidade da instauração do incidente de desconsideração inversa da personalidade jurídica da sociedade empresária" (TJMS, AI 1403589-05.2023.8.12.0000, *DJMS* 25.03.2024).

REFORMA DO CÓDIGO CIVIL: Pretende-se alterar o art. 1.026 do Código Civil, que passaria a ter a seguinte redação: "Art. 1.026. O credor particular de sócio pode, na insuficiência de outros bens do devedor, fazer recair a execução sobre o que a este couber nos lucros da sociedade ou na parte que lhe tocar em liquidação. § 1º Se a sociedade não estiver dissolvida, pode o credor requerer a liquidação da quota do devedor, mediante pedido de dissolução parcial, sub-rogando-se automaticamente e de pleno direito nos direitos do devedor, com todos os acessórios da dívida. § 2º O valor será apurado na forma do art. 1.031 deste Código, e será depositado, em dinheiro, em até noventa dias após a liquidação". A proposta, como se vê, transforma o parágrafo único em dois parágrafos e esclarece qual o procedimento a ser utilizado para a liquidação da cota, afastando as discussões sobre a legitimidade ativa e passiva para o pedido de dissolução parcial formulado pelo credor.

Art. 1.027. Os herdeiros do cônjuge de sócio, ou o cônjuge do que se separou judicialmente, não podem exigir desde logo a parte que lhes couber na quota social, mas concorrer à divisão periódica dos lucros, até que se liquide a sociedade.

COMENTÁRIOS DOUTRINÁRIOS: O dispositivo regulamenta a partilha das participações societárias nos casos de divórcio e dissolução de sociedade conjugal em decorrência de separação legal. Independentemente de previsão expressa, é também compreensível e aplicável à dissolução de união estável, à separação extrajudicial e à separação de fato, situações da maior relevância, das mais frequentes nos litígios de família e fonte de infindáveis disputas societárias. A regra também oferece solução para a pretensão dos herdeiros do cônjuge ou do companheiro de sócio, no tocante às participações societárias a que aqueles fizessem *jus*. Enquanto os herdeiros do sócio falecido poderão eventualmente integrar a sociedade, por sucessão das respectivas quotas (*vide* comentários ao art. 1.028), o ex-cônjuge ou ex-companheiro do sócio (e seus herdeiros), não poderão participar da sociedade, como consequência do resultado da partilha, que apenas lhes conferirá o direito ao equivalente econômico de sua participação nas quotas ou à percepção dos lucros que ao sócio divorciado ou separado tocariam e que seriam distribuídos a cada ano, se positivo o resultado social. Àquelas pessoas não outorgou o Código Civil o direito de votar, de fiscalizar a gestão da sociedade, mas apenas o mesmo direito que assegurou ao credor do sócio (art. 1.026), ou seja, concorrer aos lucros e postular a liquidação da quota (e não da sociedade). O art. 1.027 esclarece que se um dos cônjuges for sócio de uma sociedade de pessoas, seu ex-consorte, havendo dissolução da sociedade conjugal, só se tornará titular das quotas que lhe couberem (ou vierem a caber) em partilha se os demais sócios anuírem. Do contrário, o ex-cônjuge não ingressará na sociedade e, enquanto não forem pagos os seus haveres, existirá entre os ex-cônjuges uma espécie de subsociedade, que não se confunde com o condomínio sobre as quotas (ver art. 1.056). Em razão da *affectio societatis*, nem o ex-consorte, nem o ex-companheiro poderão ingressar no quadro societário, pois ninguém é obrigado a se tornar sócio de alguém contra a sua vontade. Os sócios remanescentes não estão compelidos a receber, no quadro societário, pessoa que lhes é estranha. Demais disto, não existe direito à divisão das próprias quotas (e os consequentes direitos políticos) que eram titularizadas pelo sócio divorciado/separado, mas exclusivamente o direito de concorrer aos lucros a que ele faria jus ou receber o equivalente econômico da quota em caso de liquidação. Em resumo, após a separação, dissolução de união estável ou o divórcio do sócio, a sua quota social permanece íntegra, não havendo que se falar em partilha ou sucessão de participações societárias, mas apenas do seu equivalente econômico. Por outro lado, qualquer direito detido pelo cônjuge ou companheiro do sócio, inclusive no tocante à comunicação dos frutos das participações societárias, cessa a partir da data da separação de fato, quando extinta a sociedade conjugal. Defender a comunicação e a partilha de frutos auferidos pela sociedade de pessoas, após a separação de fato do sócio constituiria grave equívoco. Primeiro, porque partiria da falsa premissa de que a resolução ou liquidação da sociedade, em relação ao cônjuge não sócio, ocorreria somente por ocasião da partilha. Ora, a separação de fato e a extinção da sociedade conjugal também provocam a abolição da subsociedade que se formou entre os cônjuges, no que toca às quotas. Logo, em relação ao cônjuge não sócio, a resolução ou liquidação da sociedade ocorre na oportunidade da separação de fato, postergando-se, apenas, o pagamento dos haveres para o momento posterior da partilha. Extinto o regime de bens, não há mais sociedade alguma entre os cônjuges, adquirindo o cônjuge não sócio o direito de crédito contra o cônjuge sócio, ao equivalente patrimonial da sua participação, calculado naquela data. Se não há mais sociedade, e se o cônjuge não faz jus às próprias quotas, senão à expressão econômica da sua meação sobre as quotas, não há que se falar em direito à percepção de lucros após a separação de fato. A correta exegese do art. 1.027 não pode ser a literal, exigindo-se uma interpretação construtiva, sistemática, teleológica e que pressupõe a aplicação simultânea do art. 1.026, *caput*. Com o fim da sociedade conjugal, o cônjuge não sócio (ou companheiro) tem direito ao valor correspondente à meação das cotas detidas em comunhão pelo cônjuge sócio, calculada na data em que extinta a sociedade conjugal. Vale dizer, ele passa a ser titular de um direito de crédito a ser exercido contra o ex-cônjuge. Como credor, o cônjuge não sócio, que não tenha recebido o que lhe cabia, poderá demandar o ex-consorte e fazer recair o seu crédito sobre o que a este couber nos lucros da sociedade e concorrer à divisão periódica dos lucros até a integral quitação de seus haveres. A interpretação literal, a orientar que a partilha do conteúdo econômico das quotas sociais garantiria ao ex-cônjuge a apropriação periódica dos lucros até o dia em que ocorresse a liquidação da sociedade implicaria a manutenção *ad perpetuam* da comunhão de bens, através da subsociedade de quotas, não obstante a extinção do regime de bens que, paradoxalmente, continuaria a produzir efeitos. Além disso, proporcionaria manifesto enriquecimento sem causa do cônjuge não sócio, que poderia receber, em lucros, muito mais do que o valor de sua participação, se tivesse sido logo liquidada. A concorrência *à divisão periódica dos lucros*, a que se refere o art. 1.027, tem por objetivo o pagamento da expressão patrimonial das quotas do cônjuge não sócio. Não se cuida, propriamente, de comunicação de frutos, mas de percepção de valores em decorrência do direito patrimonial vinculado à participação societária pretérita. E, por óbvio, essa concorrência nos lucros não pode exceder ao valor que caberia ao ex-cônjuge na data da separação de fato, acrescido de correção monetária e juros contratuais ou legais, a teor do que estabelece o art. 608 do CPC/2015 ("*Até a data da resolução, integram o valor devido ao ex-sócio, ao espólio ou aos sucessores a participação nos lucros ou os juros sobre o capital próprio declarados pela sociedade e, se for o caso, a remuneração como administrador. Parágrafo único. Após a data da resolução, o ex-sócio, o espólio ou os sucessores terão direito apenas à correção monetária dos valores apurados e aos juros contratuais ou legais*"). Esclareça-se, uma vez mais, que a resolução da sociedade em relação ao cônjuge do sócio ocorre com o desfecho da sociedade conjugal, decorrente da separação de fato. A partir dessa data, o cônjuge não sócio tem direito, tão somente, ao equivalente econômico do direito de meação sobre as cotas do cônjuge sócio, acrescido da correção monetária dos valores apurados na data da ruptura e dos juros contratuais ou legais. Pelas mesmas razões, é de se concluir pela incomunicabilidade da valorização de quotas sociais ocorrida após a ruptura da comunhão de vidas inaugurada pelo casamento ou pela união estável. Não cabe assegurar ao ex-cônjuge ou ex-companheiro percentual da sociedade considerando o seu valor presente. O "ex-consorte" unicamente faz jus aos valores correspondentes à expressão econômica das quotas, considerando a data em que se deu a separação de fato. A partilha dos ativos e passivos da sociedade deve ser feita de forma retroativa à data da separação de fato, pois é a data da dissolução fática da comunhão de bens que deve constituir o marco para monetarização dos haveres do cônjuge ou companheiro que se retira da sociedade conjugal. A extinção da sociedade conjugal tem como efeito direto e imediato a resolução da subsociedade que se formou entre os cônjuges no tocante às quotas. Dessa forma, em relação ao cônjuge ou companheiro não sócio, a resolução ou liquidação da sociedade ocorre no momento da separação de fato, postergando-se, apenas, o pagamento dos haveres para a ocasião seguinte da partilha. Ainda que não se possa aplicar, de forma automática, o regime do art. 1.031 do Código Civil ao casamento, o fato é que o legislador foi muito claro quando elegeu a data em que a sociedade "termina" como aquela em que se dará a apuração dos haveres. Não apenas no art. 1.031, quando determina que "nos casos em que a sociedade se resolver em relação a um sócio, o valor da sua quota, liquidar-se-á com base na situação patrimonial da sociedade, à data da resolução", mas igualmente no art. 1.672, quando disciplina a apuração dos aquestos com base no patrimônio existente "à época da dissolução da sociedade conjugal". Ao ocupar-se da ação de dissolução parcial de sociedade, o Código de Processo Civil igualmente dispôs sobre a possibilidade de o cônjuge do sócio, cujo casamento terminou, "requerer a apuração de seus haveres na sociedade, que serão pagos à conta da quota social titulada por este sócio" (art. 600, parágrafo único, do CPC/2015). E o legislador processual de 2015 foi taxativo quando decretou, no art. 604, que "para apuração dos haveres, o juiz: I – fixará a data da resolução da sociedade", bem como no art. 606, cuja dicção ordena que, "em caso de omissão do contrato social, o juiz definirá, como critério de apuração de haveres, o valor patrimonial apurado em balanço de determinação, tomando-se por referência a data da resolução". Em outras palavras, constitui comando categórico da lei adjetiva que a apuração do valor das participações sociais, salvo previsão diversa em contrato social ou estatuto, tem que ser feita com base na data da resolução da sociedade. E tais regras, conforme se infere da redação do parágrafo único do art. 600 do CPC/2015, são aplicáveis também às situações em que o cônjuge do sócio se retira da sociedade conjugal. A "resolução" da sociedade conjugal não se dá por ocasião da partilha dos bens comuns, mas no momento em que cessada a convivência. Com a separação de fato, o cônjuge se retira, não apenas da sociedade conjugal, mas também da "subsociedade" formada com o consorte em relação à sociedade da qual apenas um deles integrava o quadro social. As duas sociedades se extinguem na data da separação de fato e é esta a data em que se devem apurar os haveres. Entender o contrário, ou seja, apurar o valor das quotas no momento efetivo da partilha, que venha a ocorrer decorrido considerável lapso temporal, além de profundamente injusto em relação ao cônjuge que se manteve à frente da sociedade, nos casos em que a pessoa jurídica cresceu e se desenvolveu às custas de sua exclusiva labuta, é passível, por outro lado, de ocasionar grave risco ao cônjuge não sócio que, se permanecer atrelado à sociedade, pode vir a ser chamado a responder por prejuízos futuros, decorrentes de fatos verificados muito tempo após o término da sociedade conjugal. Vale dizer, cria-se um precedente perigoso, no qual o ex-cônjuge, que não compõe a sociedade, mas que tem direito de meação sobre a expressão econômica das cotas, estaria sujeito, também, aos prejuízos que a sociedade experimentasse por conta da má administração dos sócios. E a consequência desse entendimento seria um permanente e incorrigível desequilíbrio na partilha. Isso porque, caso o valor das quotas, apurado na ocasião da partilha, seja superior ao valor da data da separação, haverá um enriquecimento sem causa do ex-cônjuge não sócio, que não contribuiu, nem teve qualquer participação no incremento das atividades da sociedade, depois de dissolvido o vínculo. No entanto, se houver um decréscimo no valor das quotas, o enriquecimento sem causa seria do ex-cônjuge que participa da sociedade, pois dividiria os prejuízos com aquele que nada colaborou para o insucesso da empresa. Por isso, o cônjuge não sócio, depois de terminada a sociedade conjugal, não pode participar do acréscimo, nem do eventual decréscimo do valor das quotas, havidos consecutivamente à separação de fato, sob pena de enriquecimento indevido de um dos ex-cônjuges, o que afrontaria o art. 884 do Código Civil. Demais disto, considerar o valor presente ou futuro das quotas, prolongaria o regime de bens para além do fim da relação conjugal. O art. 608 e seu parágrafo único do CPC/2015 aplicam-se às disputas entre ex-cônjuges separados de fato, pelos lucros auferidos pela sociedade após a separação, e informam que a resolução da sociedade, em relação ao cônjuge do sócio, ocorre com o desfecho da sociedade conjugal, decorrente da separação de fato. A partir dessa data, o cônjuge não sócio tem direito, tão somente, ao equivalente econômico do direito de meação sobre as cotas do cônjuge sócio, acrescido da correção monetária dos valores apurados na data da ruptura e dos juros contratuais ou legais. Em resumo, nas disputas societárias entre cônjuges separados de fato, no que tange à partilha das participações sociais, a "resolução da sociedade", a que se referem os arts. 604 e 606 do CPC/2015, não se dá por ocasião da partilha dos bens comuns, mas no momento em que cessada a convivência conjugal. A sociedade conjugal e a comunhão de bens se extinguem na data da separação de fato e é esta a data em que se devem apurar os haveres. Não existe antinomia entre o art. 1.027 do Código Civil e o parágrafo único do art. 600 do Código de Processo Civil de 2015. O art. 1.027 do CC veda o ingresso do ex-cônjuge na sociedade e não que ele exija o que lhe é devido em decorrência do regime de bens, nos termos do parágrafo único do art. 600 do CPC. A aparente antinomia que levaria à revogação tácita do 1.027 do CC/2002 pelo art. 600 do CPC/2015 deve ser afastada, de modo a se compatibilizarem os dois dispositivos, fazendo com que as fontes dialoguem. A pretensão do legislador de 2002 foi vedar ao ex-cônjuge do sócio ingressar na sociedade, garantindo-lhe, apenas, o direito sobre os lucros correspondentes às quotas. O direito à concorrência sobre os lucros deve ser assegurado até que haja o pagamento integral da participação societária do ex-cônjuge ou companheiro ou até que se liquide a quota do cônjuge sócio. E quando se dará o pagamento ou a liquidação? Entre outras hipóteses, quando o cônjuge, após a partilha, assim o requerer, conforme lhe faculta o art. 600/CPC. Entretanto, vamos imaginar que o ex-cônjuge ou companheiro não proponha a ação de apuração de haveres, o que ocorre? Ele continua a concorrer nos lucros até receber o equivalente à meação das quotas. O cônjuge separado (ou ex-companheiro) só receberá os lucros da sociedade até completar o valor da meação, pois a subsociedade que ele detinha nas quotas, em decorrência do regime de bens, se extinguiu com a dissolução da sociedade conjugal. Por fim, a avaliação da meação sobre as quotas se fará, preferencialmente, com base no critério especialmente previsto no contrato social para o divórcio, separação ou dissolução de união estável do sócio. Na omissão do instrumento societário, a apuração dos haveres se fará com base no valor patrimonial apurado em balanço de determinação, nos termos do art. 606 do CPC.

JURISPRUDÊNCIA COMENTADA: A gestão empresarial exercida com exclusividade por um dos ex-cônjuges, único sócio da empresa constituída na constância do casamento, "defere ao outro o direito de concorrer à divisão periódica dos lucros, até que se liquide a sociedade, sob pena, inclusive, de enriquecimento sem causa" (TJMG, AI 1752288-24.2023.8.13.0000, *DJEMG* 05.04.2024). Sobre a partilha de quotas sociais, a jurisprudência reconhece, em tese, o direito do cônjuge, casado em regime de comunhão de bens, à partilha do conteúdo econômico das quotas, mas não o direito de ingresso na sociedade. A meação das quotas sociais não confere ao meeiro a qualidade de "sócio da empresa, porquanto o vínculo que une os sócios na intenção de constituir e manter a pessoa jurídica limitada, a *affectio societatis*, não está presente" (TJSP, AC 1041609-52.2014.8.26.0002, Rel. Des. Alexandre Marcondes, j. 23.06.2020). Não tendo o cônjuge ingressado na sociedade, apesar de ter reconhecida sua meação no divórcio, é contra o ex-cônjuge e sócio que deve exercer seus direitos patrimoniais, faltando-lhe legitimidade para acionar a sociedade. O ex-cônjuge, em casos como este, "é dito sócio do sócio; tem situação jurídica similar à de condômino dos direitos patrimoniais das quotas de capital do sócio original; sob esta ótica, merece amparo da Justiça quando demanda contra o condômino, seu ex-consorte" (TJSP, AC 1015377-69.2018.8.26.0161, Rel. Des. Cesar Ciampolini, *DJESP* 03.09.2021). O Superior Tribunal de Justiça já se manifestou quanto à aplicação do art. 1.027 a todas as sociedades de pessoas, independentemente da natureza empresarial, que se mostra desinfluente ao desate da questão, sendo prescindível, portanto, "a perquirição a respeito da natureza sociedade, se simples ou empresária, em demanda na qual um dos efeitos perseguidos também era a partilha de quotas sociais, sobretudo porque 'tais quotas – comuns às sociedades simples e às empresariais que não as de ações – são dotadas de expressão econômica, não se confundem com o objeto social, tampouco podem ser equiparadas a proventos, salários ou honorários'" (AgInt nos EDcl no REsp 1479030/RS, Rel. Min. Marco Aurélio Bellizze, *DJe* 15.08.2019). "A distinção quanto à natureza da sociedade, se empresarial ou simples, somente teria relevância se a pretensão de partilha estivesse indevidamente direcionada a bens incorpóreos, como a clientela e seu correlato valor econômico e fundo de comércio, elementos típicos de sociedade empresária" (REsp 1531288/RS, Rel. Min. Marco Aurélio Bellizze, *DJe* 17.12.2015). A orientação jurisprudencial consolidada no STJ também é pacífica no sentido de que, na vigência do casamento ou da união estável, a valorização das quotas não se comunica, nem integra a partilha em futuro divórcio ou ação dissolutória, por se tratar de mero fenômeno econômico, e não do esforço comum dos cônjuges. No julgamento do REsp 1173931/RS, afirmou o Superior Tribunal de Justiça que a valorização patrimonial das cotas sociais de sociedade limitada, decorrente de mero fenômeno econômico, e não do esforço comum dos companheiros, não se comunica. A incomunicabilidade da valorização das cotas se faz impositiva, inclusive quando decorrente de aumento do capital social, com lucros não distribuídos. A matéria foi novamente enfrentada pelo STJ que, ao julgar o REsp 1.595.775/AP, de 2016, sufragou o entendimento de que a valorização de cotas, mesmo quando originada de capitalização de reservas e lucros decorrentes da própria atividade empresarial, não está sujeita à partilha, por não se tratar de bem passível de comunicação. Ainda mais quando se trata de uma sociedade de pessoas, na qual as características subjetivas dos sócios são muito mais importantes do que a contribuição material que eles dão, para a consecução do objeto social. No que tange à data a ser considerada para fins de apuração dos haveres devidos ao cônjuge, o Tribunal de Justiça de Minas Gerais, ao julgar a Apelação Cível 1.0183.08.142536-9/003, deliberou que "a partilha de empresa constituída na vigência do casamento deve se restringir ao valor deste bem na data da separação de fato do ex-casal, já que, posteriormente, a sua valorização e crescimento se deu por exclusiva força de trabalho do varão". Analisando a certidão simplificada da Junta Comercial do Estado de Minas Gerais, verificou o Tribunal, naquele caso, que o registro do ato constitutivo da empresa se dera em 07.11.1990, havendo a separação de fato do casal ocorrido em 01.02.1996, concluindo, assim, que o cônjuge faria jus à metade do valor da empresa, em razão de sua constituição ter se dado na constância do casamento, mas na data da separação de fato, tendo em vista que, posteriormente a esta data, a valorização e crescimento da empresa se deu por exclusiva força de trabalho do outro cônjuge, não tendo a ex-esposa contribuído para tanto, não sendo, assim, justo e tampouco razoável que ela participasse do valor atual do referido bem. A conclusão do TJMG foi determinar a apuração, por meio de liquidação de sentença, do valor da empresa em 01.02.1996, atualizando o valor encontrado com juros e correção monetária a partir desta data até o dia da apuração. A questão também foi facejada pelo STJ, no já aludido REsp 1.595.775/AP, no qual restou decidido que o valor a ser considerado, como o da expressão patrimonial das cotas, para fins de partilha, seria o do montante do capital social integralizado na data da separação de fato. É verdade que a questão ainda não foi pacificada no ambiente daquela corte superior. No julgamento do REsp 1.537.107/PR, de 2016, o STJ voltou a discutir se o valor de cotas de sociedade, da qual um dos ex-cônjuges era sócio, "e que foi constituída na constância do casamento, devem coincidir com o seu valor histórico da data da ruptura do relacionamento, ou terem os valores fixados, em data posterior, quando da efetiva apuração dos valores atribuídos às cotas e o pagamento do quinhão à ex-cônjuge, não sócia". Na ocasião, a Ministra Relatora encaminhou o julgamento no sentido de que "o valor das cotas de sociedade empresária deverá sempre refletir o momento efetivo da partilha". Todavia, a contenda ainda remanesce em aberto. No voto-vista que proferiu naquela assentada de julgamento, o Ministro Marco Aurélio Bellizze reconheceu, expressamente, que "inexiste disciplina legal quanto à data-base para a apuração do quinhão do ex-cônjuge não sócio da empresa". Não obstante tenha acompanhado a relatora, o Ministro Bellizze ressalvou: "[...] quanto à tese em si, reservo-me para melhor examiná-la em eventual oportunidade futura, notadamente quando outros forem os contornos do caso". Na minha opinião, a solução adotada no julgamento do REsp 1.537.107/PR não deve se repetir para a generalidade dos casos, pois levou em conta situações específicas e particulares próprias daquele feito, como bem ressaltou o Ministro Bellizze em seu voto. O voto da Ministra Relatora não examinou, por exemplo, a possibilidade de aplicação do art. 1.031 do CC/2002, que determina, de forma categórica, qual a data para apuração da participação social de sócio que se retira de qualquer sociedade, inclusive da "sociedade conjugal". Em decisão mais recente, envolvendo a aplicação do art. 1.031 e o critério para apuração de haveres, o STJ se manifestou no sentido de reforçar a higidez do art. 606 do CPC, quanto à eleição do balanço de determinação como a única metodologia de cálculo aplicável à hipótese, diante da omissão do contrato social. Isso porque "o legislador, ao eleger o balanço de determinação como forma adequada para a apuração de haveres, excluiu a possibilidade de aplicação conjunta da metodologia do fluxo de caixa descontado". No entender daquele Tribunal, "a metodologia do fluxo de caixa descontado, associada à aferição do valor econômico da sociedade, utilizada comumente como ferramenta de gestão para a tomada de decisões acerca de novos investimentos e negociações, por comportar relevante grau de incerteza e prognose, sem total fidelidade aos valores reais dos ativos, não é aconselhável na apuração de haveres do sócio dissidente" (REsp 1.877.331/SP, Rel. Min. Nancy Andrighi, Rel. p/Acórdão Min. Ricardo Villas Bôas Cueva, j. 13.04.2021). Dessa maneira, não é possível o uso de outras metodologias, como se dá com o método de fluxo de caixa descontado, nem podem ser levados em conta os resultados futuros da sociedade. O valor econômico das quotas (*valuation*), decorrente do fluxo de caixa projetado associado à taxa de crescimento esperado e ao índice de retorno do setor, é adequado para eventos societários, como cessão ou alienação de participações sociais, dissolução total ou parcial, fusão, cisão ou incorporação de sociedades, mas não para as situações de partilha de quotas, decorrente de falecimento, divórcio ou dissolução de união estável, em relação a ex-consortes ou herdeiros que jamais integraram o quadro social da empresa. Notadamente em se tratando de partilha conjugal, não se deve perquirir o valor econômico da empresa, como negócio empresarial, em função de seus riscos ou benefícios futuros ou de sua capacidade de gerar riquezas, mas tão somente o valor do patrimônio que foi acrescido à sociedade conjugal durante o relacionamento afetivo. Até porque se o cônjuge ou companheiro não responde, em regra, pelas dívidas sociais, contraídas pela empresa no giro de suas atividades, não pode se beneficiar dos sucessos da sociedade. Finalmente, destaco a posição do TJSP, consentânea com o meu entendimento, de que inexiste antinomia entre os arts. 1.027, do CC, e 600, parágrafo único, do CPC, já que "a mera legitimidade, conferida ao ex-cônjuge do sócio, para requerer a imediata apuração de seus haveres não pressupõe que, a ele, tenha sido conferido o direito de pleitear a dissolução parcial da sociedade da qual ele não participa" (AC 1005017-70.2018.8.26.0001, Rel. Des. Maurício Pessoa, j. 02.03.2020). O cônjuge do sócio pode requerer a apuração de seus haveres, na forma do parágrafo único do art. 600 do CPC, mas não a liquidação parcial da sociedade, pois "o pagamento dos haveres deve ser feito à conta da quota social do sócio. E com razão, visto que a separação das partes é fato estranho à sociedade, gravitando na órbita dos interesses privados do sócio que não pode dividir com os demais consortes e a sociedade os ônus da dissolução do seu casamento". A ex-esposa não tem, portanto, "legitimidade para promover a dissolução parcial da sociedade, pois dela não é sócia. Tem, no entanto, perante o seu ex-cônjuge, direito a reivindicar o seu quinhão baseado na expressão econômica das cotas da sociedade, mediante apuração de haveres (AC 1054829-07.2020.8.26.0100, Rel. Des. Azuma Nishi, *DJESP* 03.09.2021). Outrossim, "não possui legitimidade para exigir contas da sociedade, na medida em que não ostenta a condição de sócia, o que corrobora a inexistência de direito à dissolução parcial, em consequência da ausência de vínculo de meeira com a sociedade empresária" (TJSP, AC 1001468-71.2018.8.26.0609, Rel. Grava Brazil, j. 05.02.2021).

REFORMA DO CÓDIGO CIVIL: Pretende-se alterar o art. 1.027 do Código Civil, que passaria a ter a seguinte redação: "Art. 1.027. Os herdeiros do cônjuge ou do convivente de sócio, ou o cônjuge ou convivente que dele se separou, divorciou, ou dissolveu a união estável, caso não venham a integrar a sociedade, concorrerão à divisão periódica dos lucros, até que se opere a dissolução parcial ou total da sociedade. Parágrafo único. Os lucros recebidos não serão considerados adiantamento dos haveres correspondentes à sua participação na quota social, aplicando-se o art. 1.031 para se proceder à determinação do valor das quotas por perícia, considerada a data da separação de fato". São diversas alterações que contribuem para solucionar controvérsias que grassam em torno dos direitos a serem atribuídos ao cônjuge e ao companheiro do sócio, que não integram a sociedade. Na cabeça do artigo, além de se incluir a união estável ao lado do casamento, corrige-se atecnia de redação, para esclarecer que o divórcio e a dissolução da união estável do sócio não implicam a liquidação da sociedade, mas apenas a dissolução parcial, de forma que os haveres devidos ao cônjuge ou convivente não sócio sejam pagos à conta das cotas do sócio. Nesse aspecto, a proposta coloca o texto em harmonia com as regras do CPC, que admitem a dissolução parcial por iniciativa do espólio, dos sucessores e do cônjuge/companheiro (CPC, art. 600). No parágrafo único acrescido, fica definitivamente afastada a discussão sobre a data para apuração dos haveres: se a da separação de fato ou a da efetiva partilha. O legislador toma partido pela primeira opção, como sempre defendi desde a primeira edição deste Código. Com a separação de fato, ocorre o fim da sociedade conjugal (regime de bens) e o cônjuge não sócio (ou companheiro) adquire o direito ao valor correspondente à meação das cotas detidas em comunhão pelo cônjuge sócio, calculada na data da separação fática. A parte final da proposta legislativa, no entanto, a par de esclarecer a natureza dos lucros recebidos até que se conclua o pagamento dos haveres, incorre em manifesta contradição, que aguardamos seja corrigida pelo parlamento, quando pretende que os lucros recebidos não sejam considerados adiantamento dos haveres. A lógica é de que ocorra justamente o contrário. Ora, se a separação de fato implica a extinção da sociedade conjugal, qualquer direito detido pelo cônjuge ou companheiro do sócio, no tocante à comunicação dos frutos das participações societárias, cessa a partir daquela data. Seria manifestamente contraditório defender a comunicação de frutos auferidos pela sociedade de pessoas, após a separação de fato do sócio. Portanto, a percepção de lucros a que se refere o art. 1.027 não pode ter outra natureza que não a de adiantamento de haveres. Como credor, o cônjuge não sócio, que não tenha recebido o que lhe cabia, poderá concorrer à divisão periódica dos lucros até a integral quitação de seus haveres. Admitir o contrário, ou seja, que esses lucros não sejam descontados dos haveres, representaria a manutenção da comunhão de bens, não obstante a extinção do regime de bens, que, paradoxalmente, continuaria a produzir efeitos. Sem falar no enriquecimento sem causa do cônjuge não sócio, que poderia receber, em lucros, muito mais do que o valor de sua participação, se tivesse sido logo liquidada. Por essas razões, durante os debates da Comissão de Juristas no Senado Federal, apresentei emenda em sentido oposto ao da proposta, para que os lucros mencionados no dispositivo fossem abatidos dos haveres devidos ao cônjuge ou companheiro do sócio. Infelizmente, não foi o que prevaleceu. Se a opção legislativa pelo não abatimento dos lucros prevalecer, concordando-se ou não com ela, não se pode negar que contribuirá para a pacificação social.

SEÇÃO V
DA RESOLUÇÃO DA SOCIEDADE EM RELAÇÃO A UM SÓCIO

Art. 1.028. No caso de morte de sócio, liquidar-se-á sua quota, salvo:

I – se o contrato dispuser diferentemente;

II – se os sócios remanescentes optarem pela dissolução da sociedade;

III – se, por acordo com os herdeiros, regular-se a substituição do sócio falecido.

COMENTÁRIOS DOUTRINÁRIOS: O presente dispositivo versa sobre a sucessão hereditária do sócio, regulando a transmissão das quotas sociais após o falecimento do seu titular. Apesar de inserido topograficamente no capítulo das sociedades simples, trata-se de regra geral aplicável a todas as sociedades de pessoas (com exceção das sociedades em comandita simples, no tocante aos herdeiros do sócio comanditário – ver art. 1.050), simples ou empresárias, estabelecendo as diversas soluções possíveis no trato das participações societárias à luz do direito sucessório. Pouco importa o tipo de regime supletivo aplicado ao contrato social, ou seja, se oriundo das disposições próprias da sociedade simples ou segundo a diretriz das sociedades por ações. A disposição em análise complementa o art. 1.027, esclarecendo, assim, qual o destino da quota antes titularizada pelo sócio falecido. A primeira alternativa, veiculada no *caput* do art. 1.028, consiste, portanto, na liquidação da quota. Não havendo previsão no ato constitutivo, a sociedade de pessoas, simples ou empresária, não se dissolve, nem se extingue, com a morte de qualquer um dos sócios, cujas quotas devem ser liquidadas para pagamento dos herdeiros, legítimos e testamentários, com redução ou não do capital social. Com a abertura da sucessão, o sucessor não se torna sócio, mas apenas credor da sociedade pelo valor patrimonial das quotas sociais que lhe foram transmitidas por força do *droit de saisine*. Deve o contrato social dispor sobre a forma de apuração dos haveres e o prazo de pagamento aos herdeiros do sócio falecido. A liberdade convencional, nesses casos, é assegurada pelos arts. 604, inc. II, e 606 do Código de Processo Civil de 2015 e abrange tanto o modo de pagamento, se em dinheiro ou em bens, móveis ou imóveis, quanto a data em que este deve ocorrer, com possibilidade de parcelamento. Se o contrato não especificar o modo de pagamento, limitando-se a prever o pagamento fracionado, entende-se que não pode haver pagamento *in natura*. Se apenas a forma de pagamento estiver contemplada, este deve ser realizado à vista, imediatamente após a apuração dos haveres. Não havendo previsão no contrato social sobre o procedimento de avaliação e as modalidades de pagamentos, aplica-se o art. 1.031, procedendo-se à determinação do valor das quotas por perícia com base na situação patrimonial da sociedade na data da abertura da sucessão (data da resolução da sociedade em relação ao sócio falecido – art. 605, I do CPC) e pagamento em dinheiro, no prazo de 90 (noventa) dias. A liquidação da quota pode ser feita extrajudicialmente, se houver consenso entre os herdeiros e os sócios remanescentes, os quais poderão suprir o valor das quotas (§ 1º do art. 1.031) ou promover a redução do capital, com o pagamento aos herdeiros ou depósito em conta do Espólio, e o arquivamento, em processos distintos e simultaneamente, da certidão/cópia da ata da reunião ou assembleia e da alteração contratual respectiva. Todo o procedimento para liquidação das quotas se fará "*sem qualquer participação de inventariante e/ou herdeiros do sócio falecido, cabendo apenas aos sócios remanescentes a alteração contratual*". Para "*a liquidação das quotas do falecido por deliberação dos sócios remanescentes, não é necessária a apresentação de alvará e/ou formal de partilha e, independe da vontade dos herdeiros do sócio falecido*", consoante expressa previsão no Manual de Registro de Sociedade Limitada, anexo IV à Instrução Normativa DREI n. 81, com as alterações promovidas pelas Instruções Normativas DREI n. 55, de 2021 e n. 112, de 2022. Até dois anos após a averbação da resolução da sociedade em relação ao sócio falecido, os herdeiros permanecem responsáveis pelas obrigações sociais anteriores à dita resolução, dentro das forças da herança (ver art. 1.032). Se os sócios remanescentes não promoverem a liquidação da quota, ou no caso de conflito entre aqueles e os herdeiros, deve ser proposta a competente medida judicial. A ação a ser proposta pelos sócios remanescentes será a de dissolução parcial de sociedade contra o espólio do sócio falecido e seus herdeiros, para liquidação da quota daquele e apuração de haveres destes. Quando proposta pelos sucessores, a rigor, não seria ação de dissolução parcial de sociedade, já que os herdeiros nunca foram sócios, mas tão somente a ação de apuração de haveres, para constatação do valor patrimonial das quotas do falecido. De qualquer forma, trata-se de questão meramente semântica. Antes da liquidação, os sucessores não podem exigir desde logo a parte que lhes couber na quota social, mas apenas concorrer à divisão periódica dos lucros, até que se liquide a quota do falecido, aplicando-se o disposto no art. 1.027. Os lucros distribuídos nesse período serão depositados a favor do Espólio. Os lucros não distribuídos passam a integrar o patrimônio da sociedade e serão considerados no cálculo do valor patrimonial das quotas. Importante ressaltar que, mesmo se o falecido era o administrador da sociedade ou o sócio majoritário, não cabe ao juízo do inventário determinar a inclusão do Espólio no quadro societário, nem mesmo em caráter provisório, da mesma forma que não deve promover a nomeação do inventariante para exercer o cargo de administrador da pessoa jurídica, a quem caberá, por meio dos sócios remanescentes, nomear outro gestor. O encargo só deve ser atribuído ao inventariante quando a pessoa jurídica não tiver condições de eleger outro administrador, como nas hipóteses de sociedade com apenas dois sócios, em que falece o majoritário e na sociedade limitada unipessoal. Se o inventariante não se sentir habilitado para administrar a sociedade, em face da complexidade da atividade ou por qualquer outra razão, pode requerer ao juiz a nomeação de um administrador dativo, aplicando-se, por analogia, o disposto no art. 975. Todavia, na pendência da liquidação e enquanto a partilha não se realiza (durante o procedimento de inventário), a administração dos direitos societários é exercida pelo inventariante (ver art. 1.056, § 1º). Isso não significa substituição do *de cujus* pelo Espólio ou pelo inventariante, mas apenas a representação dos interesses patrimoniais dos herdeiros pelo inventariante, não se podendo confundir a sucessão societária com a hereditária, pois, com a morte do sócio, ocorre a transmissão para seus sucessores de um direito patrimonial, e não do direito pessoal de participar do quadro social. Competirá ao Espólio, representado pelo inventariante, a administração transitória das quotas, enquanto se apuram os haveres para pagamento aos herdeiros, o que constitui decorrência legal do *munus* da inventariança, eis que compete ao inventariante representar o Espólio ativa e passivamente, em juízo ou fora dele e, ainda, administrá-lo, velando-lhe os bens (art. 618 do CPC/2015). A segunda alternativa, diversa da liquidação da quota, contemplada no inciso I do art. 1.028, depende de previsão específica no contrato social. Com efeito, o contrato pode prever, por exemplo, em caso da morte de um sócio, que o cônjuge, o companheiro, os herdeiros, ou determinado herdeiro, ingressarão na sociedade, mediante transmissão das quotas e alteração do contrato social, passando o sucessor a ocupar a posição do *de cujus* no quadro societário. Ou ainda que a sociedade continuará apenas com os sócios sobreviventes, ou mesmo com outros beneficiários que não os herdeiros legítimos. O contrato pode igualmente estipular que os sucessores somente ingressarão na sociedade com o consentimento dos demais sócios, ou que determinados herdeiros, ou classe de herdeiros, não serão admitidos na sociedade. Sendo menor o herdeiro, aplica-se o disposto no art. 974, que permite aos incapazes, quer sejam os absolutamente incapazes (art. 3º), quer sejam os relativamente incapazes (art. 4º), participar da sociedade de que fazia parte o autor da herança (nos casos de sucessão hereditária – legítima ou testamentária). A liberdade contratual dos sócios, para regular no ato constitutivo da sociedade, a sucessão de suas quotas, deve ser a mais ampla possível, só encontrando limites nas disposições de ordem pública, a exemplo dos arts. 421 e 422 deste Código, e nos princípios gerais do direito, tais como o da vedação ao enriquecimento sem causa. O contrato social, como negócio jurídico e instrumento da autonomia privada, pode especificar, portanto, quais herdeiros passarão a integrar a sociedade. Havendo disposição contratual prevendo a transferência de quotas para herdeiros e sucessores determinados, previamente eleitos pelo sócio falecido com anuência dos demais, orienta a Instrução Normativa DREI n. 112, de 2022, ser "necessária, para o arquivamento do ato societário, a apresentação do alvará judicial e/ou formal de partilha, conforme determina o art. 619, inciso I, do Código de Processo Civil. A autorização judicial pode ser substituída por documento equivalente emitido por cartório de notas, nos casos em que se admite inventário extrajudicial. Nessa hipótese, os herdeiros serão qualificados e comparecerão na condição de sucessores do sócio falecido, podendo, no mesmo instrumento, haver o recebimento das suas quotas e a transferência a terceiros". Na sucessão *ab intestato*, a opção do contrato não pode resultar em desigualação dos quinhões hereditários, o que depende de disposição testamentária, observados os limites da legítima. Se o valor das quotas, na data de abertura da sucessão, exceder os direitos sucessórios do herdeiro eleito no contrato para ingressar na sociedade, a diferença deve ser colacionada e o ingressante se torna devedor dos demais. Advirta-se, porém, que mesmo contendo o contrato social cláusula dispondo sobre a substituição do sócio falecido pelos herdeiros ou por determinado herdeiro e não existindo ressalva quanto ao direito dos sócios remanescentes em aceitá-los ou não, essa previsão não os transforma, automaticamente, em sócios da pessoa jurídica. Primeiro, porque a transmissão da qualidade de sócio pela via convencional fica condicionada à aceitação dos sucessores, que podem recusar a condição de sócio (o que não se confunde com renúncia à herança), já que ninguém pode ser compelido a associar-se (art. 5º, inc. XX, da CF). Nada pode obrigar a que os herdeiros se tornem sócios da sociedade cujas quotas sociais lhes foram transmitidas, se assim não o desejarem, da mesma forma que os sócios remanescentes podem discordar da admissão de novos sócios e postular a própria retirada do quadro societário. Se os herdeiros não desejarem "substituir" o sócio falecido, ocorrerá tão somente a apuração dos haveres. A alteração contratual para exclusão de herdeiros e sucessores eleitos no contrato será feita sem a necessidade de alvará ou formal de partilha. Se a discordância for dos sócios remanescentes, sobrar-lhes-á a opção de retirada, seguindo-se o procedimento de liquidação parcial de sociedade. Mas não lhes cabe obstar o ingresso dos herdeiros, quando anuíram com a previsão de substituição convencional, ao subscreverem o contrato social. Finalmente, impende mencionar que a disposição contratual referente à transmissão de quotas e ao ingresso de herdeiros no quadro social é controvertida diante do que estabelece o art. 426 (*Não pode ser objeto de contrato a herança de pessoa viva*). As quotas sociais possuem conteúdo econômico, integram o patrimônio do sócio enquanto vivo e sua herança após a morte. Ao regular o ingresso do herdeiro no quadro social, transmitindo-lhe a titularidade das quotas, o contrato dispõe sobre parte da futura herança do sócio ainda vivo, o que caracteriza, no rigor do enquadramento, uma das espécies de pactos sucessórios (*pacta corvina*). Não obstante, entendo plenamente válidos tais pactos, pois os princípios da conservação e da função social da empresa, de matiz constitucional, se sobrepõem à regra infraconstitucional do art. 426, cujo afastamento, *de lege ferenda* ou mesmo *de lege lata*, já tem sido, aliás em boa hora, aventado por parte da doutrina. Uma terceira alternativa, contemplada no inciso III do art. 1.028, fica condicionada à celebração, após a abertura da sucessão, de acordo entre os sócios remanescentes e os herdeiros, regulando-se a substituição do sócio falecido. No caso das sociedades simples puras, por implicar modificação do contrato social, a deliberação dos sócios remanescentes deve ser unânime (art. 999). A substituição do sócio falecido de que trata o inciso III constitui fator obstativo da liquidação das respectivas quotas sociais e pode se dar pelos herdeiros ou por terceiros. Nada obsta que o acordo entre os herdeiros do *de cujus* e os sócios remanescentes preveja a transferência das quotas herdadas para um dos atuais sócios ou mesmo para terceiro que pretenda ingressar na sociedade. Quando a sociedade continua sem os herdeiros do sócio falecido, aqueles devem receber o equivalente patrimonial das quotas da sociedade outrora detidas pelo sócio falecido. No silêncio do contrato social sobre a substituição do sócio falecido, os sócios remanescentes também podem optar pela dissolução total, vale dizer, pela extinção da sociedade. É o que dispõe o inciso II do art. 1.028. A dissolução é o fato jurídico que permite o início da liquidação a qual, por sua vez, constitui o processo que culminará com o término da existência da pessoa jurídica (extinção). A dissolução, por consenso dos sócios, se operará extrajudicialmente (ver art. 1.033). Os sócios podem deliberar o que bem entenderem sobre a continuidade ou não da sociedade. Em havendo a dissolução total, o pagamento dos herdeiros se fará após a liquidação, observados os procedimentos previstos nos arts. 1.102 a 1.112. Não se aplica, aqui, o disposto no art. 1.031, restrito às situações de dissolução parcial. A opção pela dissolução total da sociedade, por consenso unânime dos sócios, não deve prevalecer se os herdeiros do sócio falecido desejarem ingressar na sociedade e continuar a atividade. Se qualquer dos sucessores discordar da dissolução consensuada pelos sócios sobreviventes, porque pretenderia continuar com a atividade, poderá postular, judicialmente, a concretização do princípio da preservação da empresa, excluindo-se os demais sócios, com o pagamento dos respectivos haveres na forma do art. 1.031, se outra previsão não trouxer o contrato social.

JURISPRUDÊNCIA COMENTADA: O falecimento de um sócio não implica o automático ingresso dos herdeiros na sociedade, pois o que se transmite pela saisine não são as próprias cotas sociais, mas, sim, o direito patrimonial sobre elas, razão pela qual têm-se afastado os herdeiros do polo passivo de execução fiscal proposta contra a sociedade, eis que, não sendo sócios da pessoa jurídica executada, "não são responsáveis tributários por eventuais ilícitos praticados por terceiro que assumiu a gestão empresarial" (TRF 4.ª Região, AG 5026838-13.2018.4.04.0000, Rel. Juíza Fed. Jacqueline Michels Bilhalva, *DEJF* 23.10.2019). A partilha das cotas aos herdeiros "não levará ao recebimento das cotas por eles, mas apenas à indenização do valor delas, da apuração de seus haveres. Ou seja, eles não serão sócios da empresa, mas devem receber o valor correspondente ao valor das cotas" (TJSP, AC n. 00228797-08.1994.8.26.0004, Rel. Des. Carlos Alberto de Salles, j. 10.12.2019). Já se decidiu que, em havendo no contrato social de sociedade limitada "previsão de transmissão automática das cotas sociais aos herdeiros do sócio falecido para continuarem a atividade empresarial da sociedade empresária, devem todos eles ser admitidos como sócios, se assim optarem" (TJDF, APC 07218.38-56.2018.8.07.0001, Rel. Des. Leila Arlanch, *DJDFTE* 18.12.2019). Prevendo o contrato social "a continuidade das atividades pelos herdeiros", exsurge a legitimidade destes para exigir contas da sociedade (TJSP, AI 2107339-23.2019.8.26.0000, Rel. Des. Sérgio Shimura, *DJESP* 05.09.2019). Já decidiu o TJRJ pela validade de cláusula contratual "que garante aos herdeiros de sócio falecido o direito potestativo de ingressar na sociedade" (AI 0013809-18.2024.8.19.0000, *DORJ* 29.04.2024). Assim, "prevendo o contrato social que o ingresso dos herdeiros na sociedade ocorrerá por faculdade destes, ou seja, sem que haja necessidade de prévio consentimento dos sócios remanescentes, de rigor o reconhecimento do direito à realização de reunião de ajustes para efetivação da substituição do sócio pré-morto e consequente ingresso das herdeiras no quadro societário. Havendo conflito de interesses e rompida a *affectio societatis*, caberá aos sócios remanescentes, caso queiram, exercer o direito de recesso" (TJMG, APCV 5004055-63.2021.8.13.0056, *DJEMG* 21.03.2024). No entanto, não havendo previsão de ingresso dos herdeiros no quadro social, também não lhes será permitido participar de assembleias e muito menos nelas votar, conforme decidiu o TJMG: "A substituição do espólio pelos herdeiros somente se procederá se assim dispuser o contrato social ou se houver acordo entre os sucessores e os sócios remanescentes, conforme dispõe o art. 1.028, III, do Código Civil. Assim, não prevendo o contrato a sucessão e não tendo os sócios restantes concordado com esta, sobretudo porque houve ajuizamento de ação de dissolução parcial da sociedade, não há como permitir aos herdeiros a participação nas assembleias e o exercício do direito de voto" (TJMG, AI 1.0145.15.056722-3/001, Rel. Des. Luciano Pinto, *DJEMG* 06.09.2016). Em um caso em que os herdeiros pleitearam a revogação de procuração outorgada pelo sócio remanescente a seus filhos, com plenos poderes de gestão, o TJSP, a despeito de reconhecer que a outorga era nula, de acordo com o disposto no art. 1.018 do Código Civil, entendeu que, "ausente legitimidade dos herdeiros, meros credores que são, para intervir na gestão social, não cabe deferir pedido de suspensão dos efeitos da procuração" (TJSP, AI 2022626-18.2019.8.26.0000, Rel. Des. Cesar Ciampolini, *DJESP* 15.08.2019). Pode o Juiz, aplicando analogicamente o § 1º do art. 975, determinar que a administração da sociedade seja exercida pelo sócio remanescente (no lugar do inventariante do espólio) (ver TJSP, AI 2108177-05.2015.8.26.0000, Rel. Des. Christine Santini, *DJESP* 22.10.2015). Mesmo porque, "trata-se de um equívoco corrente a nomeação do inventariante para ocupar o posto de administrador da empresa nos casos de falecimento do sócio- administrador, considerando que, em tais hipóteses, a sociedade é quem deve nomear outro gestor, podendo, evidentemente, recair tal encargo sobre o próprio inventariante, ou, não havendo consenso, necessário se faz que os sócios deliberem sobre o assunto em assembleia, quando possível será a participação do Espólio, que poderá votar por meio do inventariante" (TJES, AI 0023287-24.2015.8.08.0048, Rel. Des. Eliana Junqueira Munhos, *DJES* 28.03.2016). Portanto, não é cabível a nomeação do inventariante como administrador. Não havendo sócio remanescente em condições de exercer a administração, deve ser nomeado administrador judicial, com base no art. 297 do CPC/15, "justamente para assegurar os direitos inerentes ao sócio minoritário e aos sucessores do falecido e propiciar a análise patrimonial da sociedade mediante prestação de contas mensal" (TJSC, AI 0018567-80.2016.8.24.0000, Rel. Des. Robson Luz Varella, *DJSC* 28.08.2017). Sobre o procedimento para apuração dos haveres a serem pagos aos herdeiros, o STJ tem decidido que deve prevalecer "a forma prevista no contrato social, uma vez que, nessa seara, prevalece o princípio da força obrigatória dos contratos, cujo fundamento é a autonomia da vontade, desde que observados os limites legais e os princípios gerais do direito. Assim, somente ante o silêncio da avença societária ou de posterior acordo entre os sócios a esse respeito, é que têm lugar os parâmetros estabelecidos pela lei" (AgRg no Ag 1416710/RJ, Rel. Min. Luis Felipe Salomão,

DJe 25.04.2014). Salvo quando verificado "o abuso do direito em dispositivo do contrato social – cláusula leonina – que venha a gerar o enriquecimento sem causa em detrimento de um dos sócios, seja por depor contra o preceito ideológico do justo equilíbrio, seja por refletir situação demasiadamente distante da apuração real dos bens da sociedade" (STJ, REsp 1444790/SP, Rel. Min. Luis Felipe Salomão, *DJe* 25.09.2014). A norma do art. 1.028 é aplicável a todos os tipos de sociedades de pessoas, sendo desinfluente o regime legal supletivo previsto no contrato social, mostrando-se equivocada a decisão da Vigésima Quinta Câmara Cível do TJRJ ao assentar que a questão referente ao passamento do sócio integrante da sociedade limitada deveria "ser resolvida pela verificação do tipo de regime supletivo aplicado ao contrato social, ou seja, se oriundo das disposições próprias da sociedade simples, a teor do art. 1.053 c/c 1.028, ambos do Código Civil, ou segundo a diretriz aposta na legislação especial, para as sociedades por ações", e que, existindo "previsão no contrato social, a indicar como regime supletivo as disposições da sociedade anônima (Lei nº 6.404/76)", os herdeiros deveriam "receber suas quotas por sucessão, a importar em uma relação direta com a sociedade empresária" (TJRJ, AI 0046200-02.2019.8.19.0000, Rel. Des. Sergio Seabra Varella, *DORJ* 15.08.2019). Nas sociedades de pessoas, o herdeiro só se tornará titular das quotas que lhe couberem em partilha, se os demais sócios anuírem. Em razão da *affectio societatis*, os herdeiros não poderão ingressar automaticamente no quadro societário, pois ninguém é obrigado a se tornar sócio de alguém contra a sua vontade. Os sócios remanescentes não estão compelidos a receber, no quadro societário, pessoa que lhes é estranha. Situação diversa ocorre nas sociedades de capitais, em que as ações do falecido podem ser atribuídas em partilha diretamente aos herdeiros, independentemente da anuência dos demais acionistas (salvo a existência de cláusula restritiva à circulação de ações em pacto parassocial – ver comentários ao art. 1.089). A regência legal supletiva de uma sociedade limitada pela Lei das S.A. não a transforma em sociedade anônima. Por fim, em um caso em que se pretendeu "ver declarada a nulidade do negócio jurídico consolidado no contrato particular de cessão de direitos celebrado na medida que tanto a cláusula 1ª quanto a 2ª estabelecem a forma da transferência de cotas do capital social a seus filhos para o caso de falecimento do autor, o que é vedado pelo art. 426 do Código Civil", decidiu o TJRJ pelo desprovimento do recurso (APL 0011029-19.2014.8.19.0045, Rel. Des. Guaraci de Campos Vianna, *DORJ* 06.07.2017).

REFORMA DO CÓDIGO CIVIL: Pretende-se alterar o art. 1.028 do Código Civil, que passaria a ter a seguinte redação: "Art. 1.028. No caso de morte de sócio, observar-se-á, quanto à transmissão das quotas sociais, substituição do sócio e pagamento de haveres aos herdeiros, o que dispuser o contrato social. § 1º Na ausência de previsão em contrário no contrato, podem os sócios remanescentes optar pela dissolução total ou parcial da sociedade, com o pagamento aos sucessores dos haveres que couberem ao falecido. § 2º Podem os sócios remanescentes, por acordo com todos os herdeiros ou com aqueles a quem couber a quota social, como resultado da partilha, regular a substituição do sócio falecido. § 3º Não havendo previsão no contrato social sobre o procedimento de avaliação e sobre as modalidades de pagamentos dos haveres, aplica-se o art. 1.031, procedendo-se a determinação do valor das quotas por perícia feita com base na situação patrimonial da sociedade na data da abertura da sucessão. § 4º A sucessão contratual dos sócios ou administradores, quando expressamente regulada nos instrumentos societários, far-se-á automaticamente após a abertura da sucessão, independentemente de autorização judicial". São diversas alterações que contribuem para solucionar controvérsias que grassam em torno da sucessão hereditária de participações societárias. Na cabeça do artigo fica estabelecido que o estatuto de regência da sucessão hereditária do sócio, no que toca à transmissão das quotas e à substituição do sócio falecido ou ao pagamento de haveres aos herdeiros, será sempre o contrato social, aplicando-se o disposto nos §§ 1º a 3º apenas nas omissões do contrato. Isso significa dizer, como venho sustentando desde a primeira edição deste Código, que o contrato pode prever, em caso da morte de um sócio, que o cônjuge, o companheiro e os herdeiros, ou determinado herdeiro, ingressarão na sociedade, mediante transmissão das quotas e alteração do contrato social, passando o sucessor a ocupar a posição do *de cujus* no quadro societário, ou, ainda, que a sociedade continuará apenas com os sócios sobreviventes, ou mesmo com outros beneficiários que não os herdeiros legítimos. O contrato pode igualmente estipular a forma de apuração dos haveres e o prazo e a forma de pagamento aos herdeiros do sócio falecido. Vale dizer, se em dinheiro ou em bens, móveis ou imóveis, em que data deve ocorrer, com ou sem parcelamento. Se o contrato for omisso, competirá aos sócios remanescentes decidir (a) pela dissolução total, com encerramento das atividades; (b) pela dissolução parcial, com o pagamento aos sucessores dos haveres que caberiam ao falecido; ou (c) pela substituição do sócio falecido pelos herdeiros (que ingressariam na sociedade). Finalmente, o § 4º projetado consigna regra de agilização da sucessão do sócio, em concretização do princípio da preservação da empresa, dispondo que a cláusula contratual sucessória, acordada entre os sócios, será imediatamente cumprida, após a abertura da sucessão, independentemente de inventário ou alvará judicial.

Art. 1.029. Além dos casos previstos na lei ou no contrato, qualquer sócio pode retirar-se da sociedade; se de prazo indeterminado, mediante notificação aos demais sócios, com antecedência mínima de 60 (sessenta) dias; se de prazo determinado, provando judicialmente justa causa.

Parágrafo único. Nos 30 (trinta) dias subsequentes à notificação, podem os demais sócios optar pela dissolução da sociedade.

COMENTÁRIOS DOUTRINÁRIOS: O dispositivo versa sobre o direito de recesso, ou seja, o direito de retirar-se da sociedade simples. Se contratada por prazo indeterminado, pode o sócio retirar-se a qualquer tempo (denúncia vazia), desde que notifique os demais sócios, por escrito, com antecedência mínima de sessenta dias. Após o envio da notificação, expondo a intenção de retirada, dentro do prazo de trinta dias, o retirante poderá ser contranotificado sobre a opção dos demais sócios pela dissolução total. O art. 1.029 não exige forma especial para a notificação, que poderá ser realizada judicial ou extrajudicialmente, por qualquer meio de comunicação, incluindo aplicativos de mensagens, desde que comprovada a efetiva ciência ao destinatário da vontade do sócio de se retirar do corpo social. Todavia, apenas a manifestação de interesse de retirada de sócio, ainda que efetivada por meio de notificação aos sócios remanescentes, não implica a retirada automática do sócio notificante, condicionada à alteração contratual a ser realizada entre as partes ou pela via judicial. Em outros termos, a notificação dos demais sócios não afasta a necessidade de alteração contratual a ser averbada no registro competente, devendo o sócio retirante propor medida judicial se os demais sócios não providenciarem a alteração contratual que viabilize o registro da exclusão. O art. 600 do CPC, inciso IV, dispõe que a ação de dissolução parcial da sociedade pode ser proposta pelo sócio que exerceu o direito de retirada ou recesso, se não tiver sido providenciada pelos demais sócios a alteração contratual consensual formalizando o desligamento, depois de transcorridos 10 (dez) dias do exercício do direito. Nas sociedades por prazo determinado, o sócio, para retirar-se, deve propor ação judicial de dissolução de sociedade. A decisão que decretar a dissolução parcial da sociedade deverá indicar a data de desligamento do sócio e o critério de apuração de haveres (*I Jornada de Direito Comercial* – Enunciado n. 13). Em qualquer caso, o direito de retirada imotivada de sócio constitui direito potestativo à luz dos princípios da autonomia da vontade e da liberdade de associação, valendo destacar que o art. 2º, I, da Lei n. 13.874/2019 reforça o papel da liberdade como princípio e como garantia no exercício de atividades econômicas. A sentença que decretar a dissolução judicial tem efeitos constitutivos, excluindo o sócio a partir dali, de forma que a data-base para apuração dos haveres também deve coincidir com a decisão judicial que determina a dissolução. Venho sustentando que o art. 1.029 não se aplicaria às sociedades empresárias por quotas de responsabilidade limitada regidas supletivamente pelas regras das sociedades anônimas. Ao eleger a regência supletiva pelas normas da sociedade anônima (art. 1.053), o contrato social restringiria o direito de retirada às hipóteses do art. 1.077, que somente admite direito de recesso mediante denúncia cheia. Fora das hipóteses de direito de retirada previstas no art. 1.077 (modificação do contrato, fusão ou incorporação), sobraria ao sócio, para obter o seu desligamento do quadro societário, a alienação da sua participação societária ou a dissolução parcial da sociedade. No entanto, essa posição foi contrariada por decisão recente da Terceira Turma do STJ, no sentido de que o dispositivo deve ser observado ainda que a sociedade limitada tenha regência supletiva da Lei n. 6.404/1976, por decorrer da liberdade constitucional de não permanecer associado, garantida pelo inciso XX do art. 5º da CF (ver comentários abaixo).

JURISPRUDÊNCIA COMENTADA: O STJ já decidiu que "quando o direito de retirada é exteriorizado por meio de notificação extrajudicial, a apuração de haveres tem como data-base o recebimento do ato pela empresa (STJ, REsp 1.403.947, Rel. Min. Ricardo Villas Bôas Cueva,

DJe 30.04.2018). Do contrário, ou seja, "inexistindo notificação prévia dos demais sócios da sociedade, deve ser considerada como data de retirada do sócio aquela em que ajuizada a ação de dissolução por ele proposta, por se tratar do momento em que ele manifestou sua inequívoca intenção de retirar-se da sociedade" (TJMG, APCV 1.0024.10.194876-8/001, Rel. Des. Cabral da Silva, *DJEMG* 25.05.2018). Parece não haver dúvida na jurisprudência, em que pese a discordância de alguns doutrinadores, de que o art. 1.029, pelo menos no que tange às sociedades de pessoas, "confere ao sócio direito potestativo de retirada, operando a pronta resilição do vínculo associativo em relação ao retirante, independentemente da anuência ou da vontade do(s) sócio(s) remanescente(s)" (TJES, Apl 0001865-45.2008.8.08.0013, Rel. Des. Eliana Junqueira Munhos Ferreira, *DJES* 09.03.2018). Em ação de dissolução parcial de sociedade limitada julgada parcialmente procedente na origem e onde a controvérsia recursal se limitou à fixação da verba sucumbencial exclusivamente a cargo da parte autora, o tribunal entendeu não prosperar "a pretensão recursal, haja vista que apenas a autora-apelante deu causa à propositura da demanda, pois exerceu o seu direito de recesso diretamente em juízo, sem prévia tentativa de acerto amigável e sem a notificação prévia exigida pelo art. 1.029 do CCB e, por conta disso, violou a natureza contratual das Sociedades Limitadas, que permite a retirada dos sócios a qualquer momento, como decorrência do princípio da autonomia de vontade. Ora, se a autora não cumpriu a carga eficacial determinada pelo art. 1.029 do Código Civil e deu causa à demanda dissolutiva parcial da sociedade garantindo o seu recesso sem qualquer resistência por parte dos demais sócios, é natural, pela aplicação do princípio da causalidade, que venha a responder pelos ônus sucumbenciais com exclusividade" (TJRS, AC 89459-42.2019.8.21.7000, Rel. Des. Niwton Carpes da Silva, *DJERS* 03.06.2019). Em decisão mais recente, ao julgar o REsp 1.839.078, a Terceira Turma do Superior Tribunal de Justiça deliberou que "a ausência de previsão na Lei n. 6.404/76 acerca da retirada imotivada não implica sua proibição nas sociedades limitadas regidas supletivamente pelas normas relativas às sociedades anônimas, especialmente quando o art. 1.089 do CC determina a aplicação supletiva do próprio Código Civil nas hipóteses de omissão daquele diploma". Assim, "ainda que o contrato social tenha optado pela regência supletiva da Lei n. 6.404/76, há direito potestativo de retirada imotivada do sócio na sociedade limitada" (REsp 1839078/SP, Rel. Min. Paulo de Tarso Sanseverino, *DJe* 26.03.2021). Para o relator desse último julgado, se mesmo em sociedades anônimas de capital fechado – submetidas integralmente à Lei n. 6.404/1976 –, se reconhece o direito de se proceder excepcionalmente à dissolução parcial, com a retirada de sócios dissidentes, conforme precedentes que apontou (REsp 1400264/RS, EREsp 1079763/SP e EREsp 111.294/PR), com mais razão deve-se reconhecer o direito de retirada imotivada nas sociedades limitadas, submetidas, como na hipótese, apenas supletivamente à Lei n. 6.404/1976.

REFORMA DO CÓDIGO CIVIL: Pretende-se alterar o art. 1.029 do Código Civil, que passaria a ter a seguinte redação: "Art. 1.029. Além dos casos previstos na lei ou no contrato, para o exercício do direito de retirada, o sócio deve: I – interpelar, judicial ou extrajudicialmente, os demais sócios, com antecedência mínima de sessenta dias, se a sociedade for constituída por tempo indeterminado; II – provar justa causa, em processo judicial ou arbitral, se constituída por tempo determinado. § 1º Salvo outra disposição do contrato social, nos trinta dias subsequentes à interpelação judicial ou extrajudicial, os demais sócios podem optar pela dissolução da sociedade, ainda que constituída por tempo determinado, ressalvados os direitos de terceiros. § 2º A declaração de vontade pela qual o sócio exerce o seu direito de retirada é eficaz e torna-se irrevogável e irretratável sessenta dias depois da ciência do primeiro sócio. § 3º Perante terceiros, a retirada do sócio opera seus efeitos a partir da averbação, no Registro Público empresarial, do contrato social refeito, mas a sociedade ou o sócio retirante podem solicitar que se averbem no mesmo registro, desde logo, os termos da interpelação para exercício do direito de retirada ou da existência de ação ajuizada para esse fim". Segundo consta do relatório da Comissão de Juristas responsável pela elaboração do anteprojeto, as "modificações buscam trazer maior segurança sobre a forma com que se dará o exercício do direito de retirada, garantindo a sua eficácia para o sócio retirante, em linha com o que está sendo regulamentado pelo DREI".

Art. 1.030. Ressalvado o disposto no art. 1.004 e seu parágrafo único, pode o sócio ser excluído judicialmente, mediante iniciativa da maioria dos demais sócios, por falta grave no cumprimento de suas obrigações, ou, ainda, por incapacidade superveniente.

Parágrafo único. Será de pleno direito excluído da sociedade o sócio declarado falido, ou aquele cuja quota tenha sido liquidada nos termos do parágrafo único do art. 1.026.

COMENTÁRIOS DOUTRINÁRIOS: Ao contrário do dispositivo anterior, que versa sobre o direito de retirada voluntária do sócio, o art. 1.030 trata da exclusão forçada do sócio por deliberação majoritária submetida a processo judicial – lembrando que as hipóteses de exclusão de sócios estão espraiadas pelo ordenamento em diversas disposições legais. O Código Civil (art. 1.004) permite a exclusão do sócio remisso, por iniciativa da maioria dos demais sócios, exclusão essa que se realizará de forma extrajudicial; bem como do sócio cuja quota for liquidada nos termos do parágrafo único do art. 1.026 do Código. Havendo grave descumprimento de suas obrigações legais ou contratuais, ou, ainda, se o sócio for declarado incapaz por fato superveniente, a exclusão é judicial com fundamento no art. 1.030. E, por fim, os sócios declarados falidos ou civilmente insolventes, na forma das respectivas leis de regência, a teor do Enunciado n. 481 da *V Jornada de Direito Civil*: "O insolvente civil fica de pleno direito excluído das sociedades contratuais das quais seja sócio". Pela dicção do art. 1.030, qualquer dos sócios, inclusive o majoritário, pode ser excluído por iniciativa da maioria dos demais sócios, exclusivamente em duas situações que devem ser comprovadas: falta grave ou incapacidade superveniente. Ressalvada a hipótese do sócio remisso, cuja exclusão é automática e independe de decisão judicial, a exclusão do sócio pernicioso, que põe em risco a continuidade da sociedade, por deliberação da maioria dos demais sócios, depende de decisão judicial. Essa interferência do Poder Judiciário, conquanto criticada, justifica-se pela gravidade da medida, que poderá, inclusive, levar à exclusão do sócio majoritário pelos minoritários, pois não se discute aqui mera quebra da *affectio societatis*, mas uma falta grave apta a comprometer a própria existência futura da sociedade. São faltas graves todas aquelas que impedem o prosseguimento normal da atividade, de modo que a exclusão do sócio culpado se apresenta como a única solução apta a proteger a organização societária e assegurar a preservação da empresa. Aliás, na *I Jornada de Direito Civil*, o Enunciado n. 67 já pontuava que "a quebra do *affectio societatis* não é causa para a exclusão do sócio minoritário, mas apenas para dissolução (parcial) da sociedade". Nos casos de exclusão por incapacidade superveniente, em que o sócio perde a capacidade de agir por si, a exclusão é justificada pelo fato de que, em uma sociedade de pessoas, não se pode admitir a intromissão de um terceiro estranho, no caso, o curador do sócio incapaz, salvo nas hipóteses do art. 1.028 c/c o art. 974. Muito se discutiu se o quórum de deliberação previsto no dispositivo em comento seria por cabeça ou pela participação dos sócios no capital social. Porém, desde a *III Jornada de Direito Civil*, com a aprovação do Enunciado n. 216, a conclusão a que se chegou foi a de que o "quórum de deliberação previsto no art. 1.004, parágrafo único, e no art. 1.030 é de maioria absoluta do capital representado pelas quotas dos demais sócios, consoante a regra geral fixada no art. 999 para as deliberações na sociedade simples. Esse entendimento aplica-se ao art. 1.058 em caso de exclusão de sócio remisso ou redução do valor de sua quota ao montante já integralizado". Entretanto, na apuração da maioria absoluta do capital social, consideram-se, na formação da maioria, apenas as quotas dos demais sócios, excluídas aquelas pertencentes ao sócio que se pretende excluir. O direito de excluir o sócio faltoso ou incapaz é da sociedade e não dos demais sócios. Trata-se de um direito da sociedade de se proteger contra quem põe em risco a permanência de suas atividades. A pessoa jurídica é quem é a legitimada ativa para propor a ação de exclusão. O ajuizamento da ação, no entanto, depende de deliberação dos sócios, tomada por maioria absoluta, computados os votos pela participação no capital social, mas sem a participação do sócio a ser excluído.

JURISPRUDÊNCIA COMENTADA: A jurisprudência do Superior Tribunal de Justiça já firmou entendimento no sentido de que "para exclusão judicial de sócio, não basta a alegação de quebra da *affectio societatis*, mas a demonstração de justa causa, ou seja, dos motivos que ocasionaram essa quebra" (REsp 1.129.222/PR, 3.ª Turma, Rel. Min. Nancy Andrighi, *DJe* 01.08.2011). A quebra da *affectio societatis* constitui "fato insuficiente para a expulsão do quadro social", impondo-se a caracterização de "falta grave no exercício de atribuições de sócio e administrador" (TJSP, AC 1002741-38.2017.8.26.0248, *DJESP* 19.04.2023). No âmbito do STJ, colhe-se, ainda, importante precedente, reforçando a possibilidade de exclusão judicial de sócio majoritário por falta grave no cumprimento de suas obrigações, mediante iniciativa da maioria dos demais sócios. O acórdão esclarece que na "apuração da maioria absoluta do capital social para fins de exclusão judicial de sócio de sociedade limitada, consideram-se apenas as quotas dos demais sócios, excluídas aquelas pertencentes ao sócio que se pretende excluir, não incidindo a condicionante prevista no art. 1.085 do Código Civil de 2002, somente aplicável na hipótese de exclusão extrajudicial de sócio por deliberação da maioria representativa de mais da metade do capital social, mediante alteração do contrato social" (REsp 1.653.421/MG, Proc. 2016/0292275-1, Rel. Min. Ricardo Villas Bôas Cueva, *DJe* 13.11.2017). Não se confundam os fenômenos da dissolução parcial e da exclusão de sócio: "Na primeira, pretende o sócio dissidente a sua retirada da sociedade, bastando-lhe a comprovação da quebra da *affectio societatis*; na segunda, a pretensão é de excluir outros sócios, em decorrência de grave inadimplemento dos deveres essenciais, colocando em risco a continuidade da própria atividade social. Em outras palavras, a exclusão é medida extrema que visa à eficiência da atividade empresarial, para o que se torna necessário expurgar o sócio que gera prejuízo ou a possibilidade de prejuízo grave ao exercício da empresa, sendo imprescindível a comprovação do justo motivo" (TJSC, APL 0805932-67.2013.8.24.002, Rel. Des. Cinthia Beatriz da Silva Bittencourt Schaefer, *DJSC* 04.10.2016). Já se considerou caracterizada a "falta grave, descrita no *caput* do artigo 1.030, a prestação de serviços em sociedade do mesmo ramo de atividade, ora atuando como sócio, ora concorrente, causando evidente confusão entre os estabelecimentos" (TJPR, Apelação Cível 1275042-4, Rel. Juiz Conv. Luciano Campos de Albuquerque, *DJPR* 27.05.2015). Em outro caso, o TJES determinou a desconstituição da relação social e a exclusão de sócio que desviou valores da empresa para satisfazer interesses próprios e "iniciou outra empresa, do mesmo ramo comercial, próximo à loja objeto da presente dissolução, incorrendo em quebra da boa-fé objetiva (art. 422, do CC)" (AC 0000931-65.2018.8.08.0004, publ. 11.04.2024). Mais recentemente, em julgamento ocorrido em 11.06.2024, a Terceira Turma do STJ também decidiu que "a retirada de valores do caixa da sociedade, em contrariedade ao deliberado em reunião de sócios, configura falta grave, apta a justificar a exclusão de sócio" (REsp 2.142.834/SP, Rel. Min. Ricardo Villas Bôas Cueva, *DJe* 18.06.2024).

REFORMA DO CÓDIGO CIVIL: Pretende-se alterar o art. 1.030 do Código Civil, que passaria a ter a seguinte redação: "Art. 1.030. Ressalvado o disposto no art. 1.004 e seu parágrafo único, pode o sócio ser excluído judicialmente, mediante iniciativa dos sócios que representem a maioria do capital social, por falta grave no cumprimento de suas obrigações ou, ainda, por incapacidade superveniente. Parágrafo único. Será de pleno direito excluído da sociedade o sócio declarado falido ou aquele cuja quota tenha sido liquidada nos termos dos §§ 1º e 2º do art. 1.026". Segundo consta do relatório da Comissão de Juristas responsável pela elaboração do anteprojeto, o objetivo da proposta foi "aprimorar a redação trazida no *caput* e ajuste com base na modificação proposta aos parágrafos do art. 1026". A proposta institui o princípio majoritário para a exclusão judicial do sócio (art. 1.030) e, se aprovada, tornará impossível aos "demais sócios" excluir o majoritário "por falta grave no cumprimento de suas obrigações".

Art. 1.031. Nos casos em que a sociedade se resolver em relação a um sócio, o valor da sua quota, considerada pelo montante efetivamente realizado, liquidar-se-á, salvo disposição contratual em contrário, com base na situação patrimonial da sociedade, à data da resolução, verificada em balanço especialmente levantado.

§ 1º O capital social sofrerá a correspondente redução, salvo se os demais sócios suprirem o valor da quota.

§ 2º A quota liquidada será paga em dinheiro, no prazo de 90 (noventa) dias, a partir da liquidação, salvo acordo, ou estipulação contratual em contrário. (redação dada pela Lei n. 13.105, de 2015)

COMENTÁRIOS DOUTRINÁRIOS: O dispositivo traz regras para a liquidação das quotas e apuração de haveres, sempre que ocorrer a saída de sócio, seja por retirada voluntária, seja por exclusão. Nesses casos, exige o Código o levantamento de um balanço especial que defina a situação patrimonial da sociedade no momento da saída do sócio, com base nos valores prováveis de liquidação dos bens componentes do patrimônio societário, não sendo cabível, pelo menos como regra geral, a utilização do balanço do exercício, cuja finalidade se restringe à apuração dos resultados da gestão social naquele exercício. Nesse sentido também foi a conclusão do Enunciado n. 62 da *I Jornada de Direito Civil*: "Com a exclusão do sócio remisso, a forma de reembolso das suas quotas, em regra, deve-se dar com base em balanço especial, realizado na data da exclusão". A exigência de balanço especial resguarda os direitos patrimoniais do sócio retirante ou excluído, lembrando, como bem destacado na *V Jornada de Direito Civil* (Enunciado n. 487), que na apuração de haveres do sócio "devem ser afastados os efeitos da diluição injustificada e ilícita da participação deste na sociedade". A sociedade também poderá deliberar pela aquisição das quotas do sócio retirante ou excluído, tomando por base o valor apurado no balanço especial. Durante a *IV Jornada de Direito Civil*, o Enunciado n. 391 deixou expresso que "a sociedade limitada pode adquirir suas próprias quotas, observadas as condições estabelecidas na Lei das Sociedades por Ações", fato que não lhe confere a condição de sócia. A possibilidade de aquisição das próprias quotas independe de cláusula expressa no contrato social determinando a regência supletiva pela LSA. Isso porque a regência supletiva da Lei das SA tanto poderá ser prevista de forma expressa, como de forma presumida pela adoção de qualquer instituto próprio das sociedades anônimas, desde que compatível com a natureza da sociedade limitada. O permissivo de manutenção de quotas em tesouraria também beneficia as sociedades simples, especialmente as optantes pelo tipo societário da sociedade limitada. O pagamento da quota liquidada será feito em dinheiro, no prazo de 90 (noventa) dias, a partir da liquidação, salvo acordo entre a sociedade e o sócio retirante, ou estipulação contratual em contrário. Assim, para evitar o desembolso, muitas vezes de elevados valores em tempo exíguo, é importante que o contrato social disponha sobre a forma e os prazos para pagamento dos haveres do sócio que se retira ou é excluído da sociedade, podendo estabelecer que o pagamento se fará em bens ou em prestações sucessivas ao longo do tempo. Em se tratando de sociedade *holding* ou controladora, na apuração de haveres de sócio retirante ou excluído, "deve ser apurado o valor global do patrimônio, salvo previsão contratual diversa. Para tanto, deve-se considerar o valor real da participação da *holding* ou controladora nas sociedades que o referido sócio integra". Nesse sentido a conclusão da *V Jornada de Direito Civil* – Enunciado n. 482. No caso de sociedade entre cônjuges ou entre companheiros, entendo que tanto as regras materiais, como os procedimentos para apuração de haveres podem ser previstos em pacto antenupcial ou em contrato de convivência, inclusive sob a forma de negócio jurídico processual, com esteio no art. 190 do CPC. A propósito, durante a *I Jornada de Direito Processual Civil* do CJF, foi aprovado o Enunciado n. 18, resultante de proposta de minha autoria, de seguinte teor: "A convenção processual pode ser celebrada em pacto antenupcial ou em contrato de convivência, nos termos do art. 190 do CPC".

JURISPRUDÊNCIA COMENTADA: Quando o art. 1.031 alude a "disposição contratual em contrário", para permitir que os sócios pactuem regras próprias para a apuração de haveres, não se restringe ao instrumento do contrato social, mas a qualquer outro instrumento de ajuste de vontades. O STJ apreciou um caso "em que o critério de apuração de haveres foi pactuado em contrato de nomeação de executivo da empresa, não no contrato social" (STJ, AgInt-REsp 1674323, Rel. Min. Paulo de Tarso Sanseverino, *DJe* 17.10.2018). Também existe entendimento consolidado naquele colegiado no sentido de que, na dissolução parcial de sociedade, "o critério previsto no contrato social para a apuração dos haveres do sócio retirante somente prevalecerá se houver consenso entre as partes quanto ao resultado alcançado" (AgInt no AREsp 1626253/SP, Rel. Min. Luis Felipe Salomão, *DJe* 26.08.2020). Em caso de dissenso, ou seja, na hipótese de o sócio retirante não concordar com o resultado obtido a partir do que foi estipulado no contrato social, o balanço de determinação é o que "melhor reflete o valor patrimonial da empresa" (REsp 1.877.331/SP, Rel. Min. Nancy Andrighi, Rel. p/Acórdão Min. Ricardo Villas Bôas Cueva, 13.04.2021). Por fim, em ação de dissolução parcial em que o sócio excluído pretendia a apuração dos seus haveres pelo valor efetivamente investido, e não com base na sua participação no capital social, a 1.ª Câmara Reservada de Direito Empresarial do TJSP julgou que é válido o regramento contratual de pagamento a sócio excluído, na proporção de sua participação no capital social, independentemente dos valores investidos no negócio, já que "as partes estavam cientes sobre o risco do empreendimento e sobre as consequências advindas do fato de se fixar o capital social em valor inferior ao investimento efetivamente aportado, o que acarreta o pagamento de haveres de acordo com a participação no capital social e não propriamente levando em conta o investimento aportado pelo sócio" (AC 1005431-45.2014.8.26.0248, Rel. Des. Azuma Nishi, j. 02.06.2021).

REFORMA DO CÓDIGO CIVIL: Pretende-se alterar o art. 1.031 do Código Civil, que passaria a ter a seguinte redação: "Art. 1.031. Nos casos em que a sociedade se resolver em relação a um sócio, o valor da sua quota, considerada pelo montante efetivamente realizado, liquidar-se-á conforme determinado no contrato social. § 1º Os haveres serão calculados, em regra, de acordo com os critérios fixados no contrato social. § 2º Em caso de omissão do contrato social, o juiz observará, como critério de apuração de haveres, o valor apurado em balanço de determinação, tomando-se por referência a data da resolução e avaliando-se, a preço de saída, os bens e direitos do ativo, tangíveis e intangíveis, inclusive os gerados internamente, além do passivo, a ser apurado de igual forma. § 3º O critério de determinação do valor das quotas para fins de apuração de haveres estabelecidos no contrato social será observado, mesmo que resulte em valor inferior ao apurado em qualquer outro método de avaliação. § 4º A data da resolução da sociedade será: I – no caso de falecimento do sócio, a do óbito; II – no caso de divórcio ou de dissolução de união estável, a data da separação de fato; III – na retirada imotivada, o sexagésimo dia seguinte ao do recebimento, pela sociedade, da notificação do sócio retirante; IV – no caso de recesso, o dia do recebimento, pela sociedade, da notificação do sócio dissidente; V – na retirada por justa causa de sociedade por tempo determinado e na exclusão judicial de sócio, a do trânsito em julgado da decisão que dissolver a sociedade; ou VI – na exclusão extrajudicial, a data da reunião de sócios que a tiver deliberado. § 5º O capital social sofrerá a correspondente redução, salvo se os demais sócios suprirem o valor da quota. § 6º A quota liquidada será paga em conformidade com o disposto no contrato social e, sendo ele omisso, o pagamento será feito em dinheiro, no prazo de noventa dias contados a partir da liquidação". A proposta complementa as alterações sugeridas para os arts. 1.027 e 1.028, detalhando os critérios para apuração dos haveres, nas omissões do contrato social. Segundo consta do relatório da Comissão de Juristas responsável pela elaboração do anteprojeto, trata-se de "critério de avaliação mais condizente com a realidade da empresa e que prestigia a autonomia das partes na redação do contrato social", além de atualizar e compatibilizar o Código Civil com o Código de Processo Civil.

Art. 1.032. A retirada, exclusão ou morte do sócio, não o exime, ou a seus herdeiros, da responsabilidade pelas obrigações sociais anteriores, até 2 (dois) anos após averbada a resolução da sociedade; nem nos dois primeiros casos, pelas posteriores e em igual prazo, enquanto não se requerer a averbação.

COMENTÁRIOS DOUTRINÁRIOS: O dispositivo amplia a regra geral de permanência, pelo prazo de dois anos, da responsabilidade do sócio que se retira, é excluído da sociedade ou que venha a falecer, já prevista no parágrafo único do art. 1.003 no tocante à cessão de quotas. Assim, o sócio retirante, excluído ou falecido não se exime da responsabilidade pelas obrigações sociais anteriores, respondendo por elas pelo prazo de até 2 (dois) anos após a averbação da respectiva alteração contratual. Também responderá, no mesmo prazo, pelas obrigações posteriores à saída, desde que contraídas pela sociedade antes de averbada a alteração contratual. Portanto, ao ex-sócio (ou aos herdeiros do sócio falecido) cumpre diligenciar para que a modificação do contrato seja levada a registro com a maior brevidade possível. No caso de falecimento de sócio, deve, ainda, ser observado o disposto no art. 1.792, de modo que os herdeiros não responderão por encargos superiores às forças da herança. É a herança, e não a pessoa dos herdeiros, que responde pelo pagamento das dívidas do falecido (art. 1.997). Os herdeiros só respondem *intra vires hereditatis* (dentro das forças da herança). Porém lhes compete comprovar que as dívidas imputadas ao falecido equivalem ou até superam as forças da herança. Não incidem as limitações temporais contidas nos arts. 1.003 e 1.032 do Código Civil na hipótese de desconsideração da personalidade jurídica, que tem como fundamento o abuso de direito por parte do sócio quando ele ainda fazia parte do quadro societário da pessoa jurídica.

JURISPRUDÊNCIA COMENTADA: A regra consagrada no art. 1.032 é de que, se a inadimplência é verificada após a janela temporal de 02 (dois) anos contados da averbação da modificação do contrato social, afasta-se a responsabilidade do sócio retirante, que se torna parte ilegítima para figurar no polo passivo da execução (TJRJ, APL 0020248-15.2019.8.19.0002, *DORJ* 29.04.2024). Portanto, a responsabilidade do ex-sócio apenas "se extingue após dois anos de sua retirada, desde que devidamente averbada" (TJSP, AI 2238076-75.2023.8.26.0000, *DJESP* 06.03.2024). São frequentes as discussões, especialmente na jurisprudência trabalhista, em torno das responsabilidades de ex-sócios frente a terceiros, quando demandada a sociedade. O sócio retirante responde pelo adimplemento do crédito trabalhista do período em que tenha se beneficiado da prestação de serviços do trabalhador, pelo prazo de até 2 (dois) anos após a averbação da sua retirada do quadro societário. Daí por que, conforme escorreita decisão do TRT da 19.ª Região, "o sócio retirante, antes da admissão do empregado, e que, assim, não se beneficiou do trabalho prestado pelo reclamante, não pode ser responsabilizado por dívidas da empresa" (MS 0000188-47.2017.5.19.0000, Rel. Des. Vanda Maria Ferreira Lustosa, *DEJTAL* 09.10.2018). Para fins de redirecionamento de execução fiscal contra os sócios de sociedade irregularmente dissolvida, a Fazenda Pública só pode fazer a cobrança da dívida tributária contra aqueles que gerenciavam a pessoa jurídica no momento da dissolução, e não contra os sócios que, não obstante integrassem o quadro social na época do fato gerador, não exerciam a administração e se desligaram antes do encerramento irregular, conforme tese aprovada na Primeira Seção do STJ – Tema 962 de repercussão geral (REsp 1377019/SP, Rel. Min. Assusete Magalhães, *DJe* 29.11.2021).

REFORMA DO CÓDIGO CIVIL: Pretende-se alterar o art. 1.032 do Código Civil, que passaria a ter a seguinte redação: "Art. 1.032. A retirada, a exclusão ou a morte do sócio não o eximem a ele ou a seus herdeiros. até dois anos após averbada a resolução da sociedade, da responsabilidade pelas obrigações sociais anteriores; tampouco em caso de retirada ou de exclusão de sócio responde este pelas obrigações posteriores, em igual prazo, enquanto não se requerer a averbação". A proposta tem por objetivo o mero aprimoramento redacional. A inovação, no entanto, ocorre com a sugestão de acréscimo de um novo artigo, assim redigido: "Art. 1.032-A. Após interpelação judicial ou extrajudicial dos demais sócios e da sociedade sobre a sua intenção de desligamento, deverá o sócio e poderá a sociedade requerer a averbação dessa interpelação perante o Registro Público das Empresas Mercantis". O objetivo foi positivar orientação já adotada pelo DREI.

SEÇÃO VI
DA DISSOLUÇÃO

Art. 1.033. Dissolve-se a sociedade quando ocorrer:

I – o vencimento do prazo de duração, salvo se, vencido este e sem oposição de sócio, não entrar a sociedade em liquidação, caso em que se prorrogará por tempo indeterminado;

II – o consenso unânime dos sócios;

III – a deliberação dos sócios, por maioria absoluta, na sociedade de prazo indeterminado;

IV – (Revogado pela Lei n. 14.195, de 2021)

V – a extinção, na forma da lei, de autorização para funcionar.

Parágrafo único. (Revogado pela Lei n. 14.195, de 2021)

COMENTÁRIOS DOUTRINÁRIOS: O dispositivo versa sobre a dissolução total da sociedade simples, vale dizer, as causas que levam à extinção da sociedade, com início do processo de liquidação. Vê-se que o legislador distinguiu, de forma muito clara, a dissolução total da liquidação e da extinção propriamente dita. A dissolução é o fato jurídico que permite o início da liquidação a qual, por sua vez, constitui o processo que culminará com o término da existência da pessoa jurídica (extinção). As causas de dissolução total encontram-se aqui agrupadas taxativamente em quatro hipóteses: o vencimento do prazo de duração, nas sociedades por prazo determinado; o consenso unânime dos sócios, que podem deliberar pelo encerramento da sociedade; a deliberação dos sócios, por maioria absoluta, na sociedade de prazo indeterminado; e, por último, a extinção, na forma da lei, de autorização para funcionar, no caso de sociedades dependentes de autorização. Norma semelhante já constava do CC/1916 (art. 1.399), mas o dispositivo atual traz novidades. Inovação relevante, por exemplo, consta do inciso I, ao determinar que a sociedade por prazo determinado não se dissolverá após o vencimento do prazo, prorrogando-se, automaticamente, por tempo indeterminado, até o momento em que iniciado o processo de liquidação. As causas de dissolução elencadas nos incisos I a V podem se verificar de pleno direito, sem processo judicial, como nos casos de deliberação unânime dos sócios, de deliberação majoritária, sem contestação dos sócios vencidos, ou de extinção de autorização de funcionamento. Mas podem também estar submetidas ao crivo do Poder Judiciário, quando qualquer dos sócios se opõe à deliberação dos demais ou opta por requerer a dissolução, na via judicial, com pedido de reconhecimento de uma das causas dissolutórias e de início do processo de liquidação. Pode-se afirmar, em síntese, que a dissolução será judicial quando a respectiva causa vier a ser contestada por quaisquer dos sócios. Notadamente na dissolução por deliberação majoritária, o ato de dissolução total da sociedade precisa estar devidamente fundamentado, de modo a se prevenir eventual abusividade, com vistas a lesar os sócios minoritários, lembrando que o art. 115 da

LSA considera abusivo o voto exercido com o fim de causar dano à companhia ou a outros acionistas. O inciso IV e o parágrafo único, revogados pela Lei n. 14.195/2021 (Lei do Ambiente de Negócios), tratavam da dissolução em decorrência de falta de pluralidade de sócios, se não reconstituída essa pluralidade ou transformado o registro, de sociedade para empresário individual ou para EIRELI, no prazo de 180 dias. Desde a edição da Lei n. 13.874/2019, que modificou a redação do art. 1.052 desse Código, de forma a permitir a constituição de sociedade limitada com um único sócio – independentemente de a situação de unipessoalidade ser originária ou superveniente –, a não reconstituição da pluralidade, no prazo legal, deixou de constituir causa dissolutória. A única discussão era se a excludente só se aplicaria à sociedade limitada ou aos demais tipos societários. Na edição anterior desta obra, cheguei a defender a inaplicabilidade do inciso IV apenas às sociedades limitadas (ou às sociedades simples que adotassem aquele tipo societário). A partir da Lei n. 14.195, resta definitivamente espancada do ordenamento pátrio a falta de pluralidade de sócios como causa de dissolução de qualquer sociedade. Salvo, naturalmente, nos tipos societários em que a existência de pelo menos duas categorias de sócios seja essencial à sua caracterização, como ocorre, por exemplo, nas sociedades em comandita simples, que pressupõem a existência de sócios comanditados e comanditários. Na ausência de uma dessas categorias, por falecimento ou retirada de todos os sócios comanditados ou de todos os sócios comanditários, opera-se a dissolução desse tipo de sociedade.

JURISPRUDÊNCIA COMENTADA: As causas de dissolução total encontram-se postas no art. 1.033 em *numerus clausus*. A quebra da *affectio societatis* pode ensejar a dissolução parcial da sociedade, mas não a dissolução total, razão pela qual "a morte de sócia e os conflitos existentes entre a herdeira desta e demais sócios não se enquadra em qualquer das causas de dissolução total de sociedade por quotas de responsabilidade limitada, previstas no art. 1.033 do CC/2002" (TJPE, APL 0029808-82.2012.8.17.0001, Rel. Des. Antônio Fernando Araújo Martins, *DJEPE* 17.04.2019). Proposta a ação de dissolução total por decisão majoritária, é possível a conversão em dissolução parcial (apuração de haveres), devendo a dissolução parcial "prevalecer, sempre que possível, frente à pretensão de dissolução total, em homenagem à adoção do princípio da preservação da empresa, corolário do postulado de sua função social" (REsp 1303284/PR, Rel. Min. Nancy Andrighi, *DJe* 13.05.2013). Segundo o Tribunal da Cidadania, "muito embora a dissolução parcial possa ser fundada unicamente na ruptura do liame subjetivo da associação de pessoas, para a dissolução total deve-se ir além e demonstrar a absoluta impossibilidade ou inviabilidade de manutenção da sociedade. Essa necessidade de impor maior rigor à dissolução total da empresa decorre, para além do texto expresso no art. 206, II, 'b', da LSA, do postulado constitucional da função social da propriedade, bem como da função social da companhia, prevista nos arts. 116, parágrafo único, e 154 da LSA. Dessarte, com os olhos voltados para a função social conferida à entidade empresária, deve-se proporcionar, na maior medida possível, a preservação da empresa, razão por que antes da decisão de sua dissolução total deverá ser perquirida a viabilidade de sua manutenção por meio de mera dissolução parcial". Enquanto vigente o inciso IV do art. 1.033, já se decidiu que, com a ausência de recomposição da pluralidade de sócios, no prazo de 180 dias "a sociedade limitada é considerada sociedade simples, com a responsabilidade ilimitada e solidária do sócio remanescente pelas obrigações sociais, nos moldes do artigo 990 do mesmo Código, enquanto perdurar a irregularidade" (TJSP, AI 2112465-54.2019.8.26.0000, Rel. Des. Caio Marcelo Mendes de Oliveira, *DJESP* 31.07.2019). Na jurisprudência do STJ, não se admitia a alteração no contrato social para inclusão de sócios, após o decurso do prazo de 180 dias, afastando-se, ainda, no caso concreto, os princípios da função social e preservação da empresa. Na ocasião, o Tribunal assentou que "[a] função social da empresa exige sua preservação, mas não a todo custo", ressaltando que "[a] sociedade empresária deve demonstrar ter meios de cumprir eficazmente tal função, gerando empregos, honrando seus compromissos e colaborando com o desenvolvimento da economia, tudo nos termos do art. 47 da Lei n. 11.101/2005" (AGRG no CC 110.250/DF, Rel. Min. Nancy Andrighi, *DJe* 16.09.2010). A aplicação do princípio da preservação da empresa reclama que "a sua continuidade ajusta-se ao interesse coletivo, por importar em geração de empregos, em pagamento de impostos, em promoção do desenvolvimento das comunidades em que se integra, e em outros benefícios gerais (REsp 61.278/SP, Rel. Ministro Cesar Asfor Rocha, Quarta Turma, julgado em 25/11/1997, *DJ* de 06/04/1998). Na espécie, considerando que é incontroverso nos autos que o ingresso do novo sócio no quadro da sociedade unipessoal após o lapso de 180 dias previsto no art. 1.033, IV, do Código Civil de 2002, não reativou as atividades da empresa – gerando empregos, honrando seus compromissos e colaborando com o desenvolvimento da economia –, impõe-se reconhecer a nulidade da alteração contratual" (STJ, REsp 1.638.561, Rel. Min. Luis Felipe Salomão, *DJe* 20.03.2018). Com a entrada em vigor da Lei n. 14.195/2021 e a revogação do inciso IV e do parágrafo único do art. 1.033, essa linha de entendimento deve sofrer completa alteração, eis que a falta da pluralidade de sócios não mais figura no elenco das causas dissolutórias. Assim, em um caso em que o credor pretendia a constrição direta de bens do sócio remanescente, sem instauração do incidente de desconsideração previsto nos arts. 133 e seguintes do CPC, ao argumento de que, como não foi efetuada a recomposição do quadro societário nos moldes do inciso IV, nem exercida a opção prevista no parágrafo único, deveria aquele sócio ser considerado como empresário individual, confundindo-se seu patrimônio pessoal com o da pessoa jurídica, independentemente da necessidade de instauração do incidente, constatou o Tribunal que "nesse interregno sobreveio a Lei nº 14.195 de 26.8.2021, que derrogou expressamente o inciso IV, do art. 1.033, bem como, o parágrafo único, ambos do Código Civil e em seu artigo 41 transformou as empresas individuais de responsabilidade limitada em sociedades limitadas unipessoais. Dentro desse raciocínio, a agravada configura-se como sociedade limitada unipessoal, razão pela qual deve se proceder ao incidente de desconsideração de sua personalidade jurídica para alcance do patrimônio da sócia remanescente, na forma que se procedia com relação às empresas individuais de responsabilidade limitada" (TJSP, AI 2044524-19.2021.8.26.0000, Rel. Des. Alberto Gosson, *DJESP* 20.09.2021).

Art. 1.034. A sociedade pode ser dissolvida judicialmente, a requerimento de qualquer dos sócios, quando:

I – anulada a sua constituição;

II – exaurido o fim social, ou verificada a sua inexequibilidade.

COMENTÁRIOS DOUTRINÁRIOS: Ao contrário das causas dissolutórias previstas no dispositivo anterior, cuja verificação pode ou não estar submetida ao Poder Judiciário, o art. 1.034 contempla ainda duas outras situações de dissolução total da sociedade simples que somente poderão ser aferidas por meio de ação judicial proposta por qualquer dos sócios. Assim, qualquer dos sócios estará compelido a requerer a dissolução judicial da sociedade, se houver: 1) anulação de sua constituição, quando verificado vício insanável no ato constitutivo ou no seu registro, em face da inobservância de requisitos necessários à sua formação, ou ainda em razão de ilicitude de suas atividades ou ilicitude do objeto; 2) exaurimento da finalidade social, quando a sociedade perde razão de existir em razão do exaurimento do objeto social; 3) o fim inexequível, que pode decorrer de divergências irreconciliáveis entre os sócios. Caso de ilicitude superveniente do objeto ocorreu no Brasil com as sociedades que exploravam o jogo do bingo. O art. 2º da Lei n. 9.981/2000 revogou os artigos 58 e 81 da Lei Pelé, de modo a não mais se permitir a prática de qualquer tipo de jogo de azar, notadamente o jogo de bingo, depois de expirada a autorização de funcionamento. Nesse cenário, a exploração da atividade de bingo, que era lícita quando da constituição da sociedade, voltou a caracterizar ilícito penal, capitulado no art. 50 da Lei de Contravenções Penais. A dissolução integral da sociedade por decisão judicial constitui providência sempre excepcional, que deve ser evitada, na medida do possível, dando-se preferência à dissolução parcial, notadamente quando presente o interesse social na continuidade das atividades. O rompimento da *affectio societatis*, *per se*, não é elemento bastante para comprovar a inviabilidade de se continuar as atividades afetas ao objeto social. Mesmo nas sociedades com apenas dois sócios, a retirada ou exclusão de um deles não impede o sócio remanescente de continuar a empresa. A grande vantagem da dissolução parcial é que ela propicia o rompimento do vínculo societário sem prejudicar a subsistência da própria sociedade. O processo judicial de dissolução total e liquidação de sociedades não ganhou regramento específico no vigente CPC, que se preocupou apenas com o processo de dissolução parcial (arts. 599 a 609). O CPC anterior, de 1973, mandava aplicar, no que fossem compatíveis, as regras dos arts. 657 e seguintes do CPC de 1939, em vigor até 17 de março de 2016 (art. 1.218, VII, do Código Buzaid). Assim, na dissolução total segue-se o Procedimento Comum, o que se mostra de todo inconveniente, dada a necessidade de uma cognição mais rápida e simplificada, de modo a se evitar o perecimento de ativos. Como alternativa, aconselha-se que os sócios celebrem negócios jurídicos processuais, nos termos do art. 190 do CPC, prevendo, nos contratos sociais e respectivas alterações, rito mais ágil para os processos judiciais de dissolução total.

JURISPRUDÊNCIA COMENTADA: Jurisprudência antiga e consolidada do STJ enfatiza que "não é *extra petita* a sentença que decreta a dissolução parcial da sociedade anônima quando o autor pede sua dissolução integral" (STJ, REsp 507490/RJ, Rel. Min. Humberto Gomes de Barros) e que "se um dos sócios de uma sociedade por quotas de responsabilidade limitada pretende dar-lhe continuidade, como na hipótese, mesmo contra a vontade da maioria, que busca a sua dissolução total, deve-se prestigiar o princípio da preservação da empresa, acolhendo-se o pedido de sua desconstituição apenas parcial, formulado por aquele, pois a sua continuidade ajusta-se ao interesse coletivo, por importar em geração de empregos, em pagamento de impostos, em promoção do desenvolvimento das comunidades em que se integra, e em outros benefícios gerais" (STJ, REsp 61278/SP, Rel. Min. Cesar Asfor Rocha). De outra senda, também já se decidiu que havendo divergências entre os sócios que impeçam o convívio e denotem a quebra da *affectio societatis*, "tratando-se, pois, de graves desinteligências que comprometem o encaminhamento das demandas da empresa e, assim, o seu funcionamento, tem-se por verificada a inexequibilidade do seu fim social, a amparar o requerimento de dissolução judicial, na forma do inciso II do artigo 1.034 do Código Civil" (TJDF, APC 2016.01.1.063221-2, Rel. Des. Simone Lucindo, 17.07.2018). Em outro julgamento do mesmo tribunal, restou "demonstrada a inexequibilidade do negócio, nos termos do artigo 1.034, do CCB, em virtude da rescisão do contrato de cessão de área onde funcionava o empreendimento, ficando esvaziado o objeto social da empresa" (TJDF, Recurso 2014.01.1.131057-0, Rel. Des. João Egmont, *DJDFTE* 04.02.2016). O que se evidencia pelos julgados acima reproduzidos é que a dissolução total da sociedade tem sido evitada, em prol do princípio da conservação da empresa, sempre que a sociedade permanece exercendo as suas atividades de forma regular, gerando empregos e pagando impostos. Do contrário, se demonstrada a inatividade fática da sociedade, a qual não recolhe impostos significativos nem possui quadro de empregados, tem-se decidido que a dissolução judicial não viola os princípios de preservação e função social da empresa.

REFORMA DO CÓDIGO CIVIL: Pretende-se alterar o art. 1.034 do Código Civil, que passaria a ter a seguinte redação: "Art. 1.034. A sociedade deve ser dissolvida judicialmente, a requerimento de qualquer dos sócios, quando: I – anulada a sua constituição; II – exaurido o fim social, ou verificada a sua inexequibilidade". O objetivo é deixar expresso que, em se verificando quaisquer dessas hipóteses, a dissolução é compulsória. Portanto não se trata de faculdade ou possibilidade de dissolução, mas de imposição legal.

Art. 1.035. O contrato pode prever outras causas de dissolução, a serem verificadas judicialmente quando contestadas.

COMENTÁRIOS DOUTRINÁRIOS: O contrato social pode estabelecer outras hipóteses de dissolução total da sociedade, cuja ocorrência será aferida pelo Judiciário sempre que houver contestação. Não havendo divergência, a dissolução se operará extrajudicialmente (*vide* incs. II e III do art. 1.033). Verificada a causa extintiva, a sociedade se dissolverá extrajudicialmente pelo consenso dos sócios. No entanto, se um deles discordar da dissolução, porque pretenderia continuar com a atividade, poderá discutir judicialmente, tanto a existência da causa, como a sua licitude. Os sócios podem dispor no contrato o que bem entenderem sobre a continuidade ou não da sociedade. O contrato pode dispor, por exemplo, que a sociedade se dissolverá pelo casamento ou pela união estável de qualquer dos sócios. Ou ainda pelo casamento ou pela união estável com determinada pessoa ou sob certo regime de bens. Se houver discordância, com alegação de nulidade ou abusividade da cláusula contratual, a dissolução se judicializa. No exemplo aventado, poderia o sócio que se casou ou constituiu união estável alegar a invalidade da cláusula por violar o direito fundamental de constituir família, cabendo ao Judiciário a decisão final sobre a dissolução da sociedade.

Art. 1.036. Ocorrida a dissolução, cumpre aos administradores providenciar imediatamente a investidura do liquidante, e restringir a gestão própria aos negócios inadiáveis, vedadas novas operações, pelas quais responderão solidária e ilimitadamente.

Parágrafo único. Dissolvida de pleno direito a sociedade, pode o sócio requerer, desde logo, a liquidação judicial.

COMENTÁRIOS DOUTRINÁRIOS: Até que ocorra a dissolução, com a sentença judicial ou a deliberação dos sócios, a sociedade tem por escopo o lucro. Depois dela, somente os "negócios inadiáveis, vedadas novas operações". Após a dissolução da sociedade, com o registro do distrato social, inicia-se a liquidação societária, que é o encontro de contas entre o ativo e o passivo e a atribuição, a cada um dos sócios do que lhe couber, se positivo o saldo. Sendo amigável a dissolução, os administradores providenciarão imediatamente a investidura do liquidante, dando início ao processo (extrajudicial) de liquidação. Do contrário, deve ser proposta medida judicial que reconheça a causa dissolutória e promova a liquidação da sociedade. O art. 1.218, inc. VII, do CPC de 1973, manteve em vigor, até o advento de lei especial, que no caso vem a ser este Código, os arts. 655 a 674 do CPC de 1939, que estipulavam as regras e procedimentos aplicáveis à dissolução e liquidação das sociedades civis. Com o CC/2002, foram revogados os referidos dispositivos, substituídos pelos atuais arts. 1.033 a 1.038. O CPC/2015, por sua vez, disciplinou apenas a dissolução parcial de sociedade nos arts. 599 a 609, omitindo-se completamente quanto ao processo de dissolução total. A partir dessas premissas, a única conclusão possível é que a dissolução total segue o Procedimento Comum, combinado com o disposto nos arts. 1.033 e seguintes deste Código.

JURISPRUDÊNCIA COMENTADA: O Código Civil não previu, no processo judicial de dissolução de sociedade, a possibilidade de afastamento do sócio administrador e nomeação de administrador judicial. Com esse fundamento, o TJRS manteve "decisão em que restou indeferido o pedido de nomeação de administrador judicial formulado em sede de tutela de urgência nos autos da ação de dissolução parcial de sociedade cumulada com apuração de haveres", afirmando inexistir "na Lei Civil previsão de nomeação de administrador judicial, mas tão somente de liquidante, cuja atuação se dá na segunda fase processual (art. 1.036 do Código Civil). Em que pese a beligerância e animosidade estabelecida entre os sócios quanto à administração da sociedade, o pedido não encontra ambiente legal" (TJRS, AI 0275278-23.2017.8.21.7000, Rel. Des. Sylvio José Costa da Silva Tavares, *DJERS* 01.03.2018). Esta decisão somente reforça a minha orientação no sentido de que os sócios devem celebrar negócios jurídicos processuais, nos termos do art. 190 do CPC, prevendo, nos contratos sociais e respectivas alterações, rito mais ágil para os processos judiciais de dissolução total da sociedade.

Art. 1.037. Ocorrendo a hipótese prevista no inc. V do art. 1.033, o Ministério Público, tão logo lhe comunique a autoridade competente, promoverá a liquidação judicial da sociedade, se os administradores não o tiverem feito nos 30 (trinta) dias seguintes à perda da autorização, ou se o sócio não houver exercido a faculdade assegurada no parágrafo único do artigo antecedente.

Parágrafo único. Caso o Ministério Público não promova a liquidação judicial da sociedade nos 15 (quinze) dias subsequentes ao recebimento da comunicação, a autoridade competente para conceder a autorização nomeará interventor com poderes para requerer a medida e administrar a sociedade até que seja nomeado o liquidante.

COMENTÁRIOS DOUTRINÁRIOS: O presente artigo atribui legitimidade supletiva ao Ministério Público, nos casos de extinção de autorização de funcionamento, para promover a liquidação judicial da sociedade, se os administradores ou quaisquer dos sócios não o fizerem nos 30 (trinta) dias seguintes à perda da autorização. A legitimidade do *parquet* é extraordinária e só se aplica às sociedades simples que necessitem de autorização governamental para funcionar, quando extinta a autorização, descabendo a iniciativa ministerial na verificação das demais causas dissolutórias. Caso o Ministério Público não promova a liquidação judicial nos 15 (quinze) dias subsequentes ao recebimento da comunicação, a própria autoridade competente para conceder a autorização deve nomear um interventor com poderes para requerer a liquidação e administrar a sociedade até que seja nomeado o liquidante. Em outras palavras, extinta a autorização, desde a publicação do ato, dispõem os administradores ou sócios do prazo de 30 (trinta) dias para promover a liquidação da sociedade. Expirado *in albis* o trintídio, a autoridade competente comunicará ao Ministério Público a inércia dos administradores e sócios, ocasião em que se inicia o prazo de 15 (quinze) dias para que o MP promova a liquidação, agora necessariamente na via judicial.

JURISPRUDÊNCIA COMENTADA: Destaco, por fim, decisão do TJMG, no sentido de que, "como a personalidade jurídica da empresa não se confunde com a de seus sócios, não há se cogitar de litisconsórcio passivo em ação de dissolução de sociedade promovida pelo Ministério Público" (TJMG, APCV 1.0024.03.024769-6/0021, Rel. Des. Renato Martins Jacob, *DJEMG* 03.10.2008).

A decisão mostra-se coerente com a orientação doutrinária de que, na ação de dissolução total de sociedade, inexiste litisconsórcio necessário entre a sociedade e os sócios. Somente a pessoa jurídica tem legitimidade para figurar no polo passivo.

Art. 1.038. Se não estiver designado no contrato social, o liquidante será eleito por deliberação dos sócios, podendo a escolha recair em pessoa estranha à sociedade.

§ 1º O liquidante pode ser destituído, a todo tempo:

I – se eleito pela forma prevista neste artigo, mediante deliberação dos sócios;

II – em qualquer caso, por via judicial, a requerimento de um ou mais sócios, ocorrendo justa causa.

§ 2º A liquidação da sociedade se processa de conformidade com o disposto no Capítulo IX, deste Subtítulo.

COMENTÁRIOS DOUTRINÁRIOS: A nomeação de liquidante é o ato inicial do processo de liquidação, judicial ou extrajudicial. O ideal é que os sócios já designem o liquidante no ato constitutivo da sociedade ou prevejam, ao menos, os critérios de nomeação ou a qualificação técnica e experiência profissional da pessoa que venha a ser, eventualmente, designada para a função. Silenciando o contrato social, a escolha do liquidante será feita por deliberação majoritária dos sócios, podendo a escolha recair, inclusive, em pessoa estranha à sociedade, pois tal função não é privativa dos sócios. Quando eleito pelos sócios, a mesma deliberação majoritária pode, a qualquer tempo, destituir o liquidante. Se designado no contrato social, a destituição depende de modificação do ato constitutivo, para a qual não é de se exigir o quórum de unanimidade do art. 999, uma vez que nem a designação, nem a destituição de liquidante, encontram-se entre as matérias expressamente indicadas no art. 997. A destituição pode ser promovida, ainda, na esfera judicial, por qualquer dos sócios, independentemente de anuência ou deliberação dos demais, desde que comprovada "justa causa", consistente no descumprimento de deveres ou na prática de atos conflitantes com os interesses da sociedade. Sobre procedimentos da liquidação, *vide* também comentários aos arts. 1.102 a 1.112 deste Código.

JURISPRUDÊNCIA COMENTADA: Destaco, a seguir, decisão do Tribunal de Justiça do Espírito Santo, a enfatizar o poder de representação legal do liquidante: "O liquidante, na qualidade de representante legal da empresa, deve ser citado, quando proposta qualquer ação judicial em seu desfavor (da empresa), mormente o fato de consubstanciar a única pessoa legitimada para tanto" (TJES, APL 0001346-27.2004.8.08.0008, Rel. Des. Annibal de Rezende Lima, *DJES* 17.09.2013). O liquidante se substitui aos administradores da sociedade em liquidação, e passa a responder e representar a sociedade. Assemelha-se ao inventariante nos processos de inventário ou ao administrador judicial da massa falida, nos processos de falência. A sua nomeação deve ser averbada no registro público competente e somente ele pode praticar atos em nome da sociedade, especialmente receber citação em demandas propostas contra a pessoa jurídica, consoante acertada decisão da Corte capixaba.

REFORMA DO CÓDIGO CIVIL: Pretende-se alterar o *caput* e o § 1º do art. 1.038 do Código Civil, que passariam a contar com as seguintes redações: "Art. 1.038. Se não estiver designado, no contrato social, o liquidante será eleito por deliberação dos sócios, podendo a escolha recair em pessoa física ou jurídica estranhas à sociedade. § 1º O liquidante pode ser destituído, a qualquer tempo: [...]". O objetivo da proposta, além do pequeno aprimoramento redacional, foi permitir que as pessoas jurídicas possam exercer a função de liquidante de sociedade.

CAPÍTULO II
DA SOCIEDADE EM NOME COLETIVO

Art. 1.039. Somente pessoas físicas podem tomar parte na sociedade em nome coletivo, respondendo todos os sócios, solidária e ilimitadamente, pelas obrigações sociais.

Parágrafo único. Sem prejuízo da responsabilidade perante terceiros, podem os sócios, no ato constitutivo, ou por unânime convenção posterior, limitar entre si a responsabilidade de cada um.

COMENTÁRIOS DOUTRINÁRIOS: Esse tipo societário era definido no Código Comercial de 1850 de forma extremamente ampla, definição aplicável a qualquer tipo de sociedade empresária, com exceção da sociedade anônima, o que sempre atraiu críticas da doutrina especializada. O Código Civil atual não a define, apontando-lhe, apenas, os traços característicos, de onde podemos concluir tratar-se de uma sociedade de pessoas (naturais), de natureza empresarial, cuja responsabilidade dos sócios, não obstante subsidiária em relação à sociedade, é solidária e ilimitada. Ou seja, a responsabilidade não é direta e pessoal, pois primeiro devem ser excutidos os bens da sociedade (ver art. 1.024) e desde que aqueles não sejam suficientes, qualquer dos sócios pode ser chamado, isoladamente, a responder, perante terceiros, pela integralidade da dívida (e não apenas na proporção de suas quotas). Assemelha-se bastante à sociedade simples pura e tem como elemento externo de identificação o uso da firma (e não da denominação social), integrada pelos nomes de todos os sócios ou, ao menos, de um deles, acrescido da expressão "e companhia" (ver art. 1.157). A sociedade em nome coletivo, como forma de exercício coletivo da empresa, em razão da responsabilidade solidária e ilimitada de todos os sócios, encontra-se em franco desuso, sendo raras aquelas registradas nas Juntas Comerciais ainda em pleno funcionamento. Ainda mais porque a Lei n. 11.101/2005 prevê, em seu art. 81, a automática extensão dos efeitos da falência da sociedade empresária aos sócios ilimitadamente responsáveis, como é o caso dos sócios da sociedade em nome coletivo, de modo que não existe qualquer justificativa, nos dias atuais, para que alguém opte pela constituição desse tipo societário. A participação de pessoas jurídicas em sociedade em nome coletivo não era vedada pelo Código Comercial de 1850 e passou a ser proibida pelo atual Código Civil. Mas aquelas de que participem pessoas jurídicas, desde que constituídas antes de 11.01.2003, não são atingidas pela proibição. O pacto limitativo de responsabilidade de que trata o parágrafo único permite que os sócios, nas relações internas, limitem entre si a responsabilidade pelas dívidas da sociedade na proporção de sua participação no capital social, mas isso não produzirá efeitos perante terceiros, em face dos quais a responsabilidade de todos os sócios permanece solidária e ilimitada. Mas aquele que for demandado sozinho pela integralidade da dívida, poderá cobrar regressivamente dos demais sócios a cota-parte de cada um, dividindo-se a dívida pela respectiva participação no capital social ou por outro critério que tenham avençado no contrato social ou em pacto posterior. O sócio que sozinho paga a dívida, paga além da sua parte e, por isso, tem o direito de reaver dos outros sócios a quota correspondente de cada um. Transporta-se para as relações entre os sócios a regra geral da solidariedade passiva, disposta no art. 282, segundo a qual o devedor que satisfez a dívida por inteiro tem direito a exigir de cada um dos codevedores a sua quota, presumindo-se iguais, no débito, as partes de todos os codevedores. Mas afasta-se a presunção de igualdade no débito, pois cada sócio responderá pela dívida, frente aos demais, na proporção do que ajustou. Nos casos de divórcio, dissolução de união estável ou falecimento de sócio, aplica-se o disposto nos arts. 1.027 e 1.028.

JURISPRUDÊNCIA COMENTADA: O STJ já decidiu, inclusive em sede de recurso repetitivo, que a exceção prevista no art. 6º, da Lei de Falências, concernente à suspensão das execuções propostas contra os sócios da sociedade recuperanda, "somente alcança os sócios solidários, presentes naqueles tipos societários (em nome coletivo) nos quais a responsabilidade pessoal dos associados não é limitada às suas respectivas quotas/ações". Portanto, "o deferimento do pedido de recuperação judicial não obsta o prosseguimento de eventual execução movida em face de seus respectivos avalistas, tendo em vista o caráter autônomo da garantia cambiária oferecida" (STJ, CC 142.726/GO, Proc. 2015/0207184-8, 2.ª Seção, Rel. Min. Marco Buzzi, *DJe* 01.03.2016). Isso porque quando o art. 6º da Lei n. 11.101/2005 inclui na suspensão processual ali prevista os sócios solidários da sociedade, "não está se referindo a avalistas de título de crédito em que a empresa é devedora. O dispositivo legal está fazendo menção aos sócios de sociedade com responsabilização ilimitada dos sócios (como é o caso das sociedades em nome coletivo), em que os sócios respondem junto com a sociedade pelas dívidas sociais" (TJMG, AI 1.0334.15.001866-4/001, Rel. Des. Luiz Artur Hilário, *DJEMG* 17.06.2016). Na *I Jornada de Direito Comercial*, realizada pelo CJF/STJ, foi aprovado o Enunciado n. 43, com a seguinte redação: "A suspensão das ações e execuções previstas no art. 6º da Lei n. 11.101/2005 não se estende aos coobrigados do devedor".

REFORMA DO CÓDIGO CIVIL: Pretende-se revogar o dispositivo, ao argumento de que o tipo societário não é mais utilizado.

Art. 1.040. A sociedade em nome coletivo se rege pelas normas deste Capítulo e, no que seja omisso, pelas do Capítulo antecedente.

COMENTÁRIOS DOUTRINÁRIOS: Como antecipei em comentário anterior, as sociedades em nome coletivo muito se assemelham às sociedades simples puras, como se fossem, mal comparando, o "outro lado da moeda", uma não empresária e a outra empresária. Tanto é assim que o presente dispositivo, de forma expressa, remete a regência supletiva da sociedade em nome coletivo para o capítulo da sociedade simples, lembrando que o legislador foi bastante econômico no trato da sociedade em nome coletivo (apenas seis artigos), de modo que quase todo o regramento desse tipo societário empresarial será encontrado no conjunto de disposições relativas às sociedades simples.

REFORMA DO CÓDIGO CIVIL: Pretende-se revogar o dispositivo, ao argumento de que o tipo societário não é mais utilizado.

Art. 1.041. O contrato deve mencionar, além das indicações referidas no art. 997, a firma social.

COMENTÁRIOS DOUTRINÁRIOS: O dispositivo deixa expressa a principal característica externa da sociedade em nome coletivo, nas suas relações perante terceiros: ela só pode exercer as suas atividades por meio da firma social, não podendo fazer uso de denominação social. Firma e denominação são espécies do gênero nome empresarial. A firma é formada pelo nome dos sócios de maneira completa ou abreviada, enquanto a denominação deve conter palavras ou expressões que ressaltem a atividade prevista no objeto social da empresa. As regras sobre o uso do nome empresarial encontram-se dispostas nos artigos 1.155 a 1.168.

REFORMA DO CÓDIGO CIVIL: Pretende-se revogar o dispositivo, ao argumento de que o tipo societário não é mais utilizado.

Art. 1.042. A administração da sociedade compete exclusivamente a sócios, sendo o uso da firma, nos limites do contrato, privativo dos que tenham os necessários poderes.

COMENTÁRIOS DOUTRINÁRIOS: O Código Civil deixa claro que somente os sócios podem ser administradores, não se admitindo, nas sociedades em nome coletivo, a figura do administrador não sócio. Portanto, a prerrogativa atribuída às sociedades simples de nomear como administrador terceiro, não sócio, hipótese em que o ato de nomeação deve necessariamente ser averbado junto ao registro da sociedade (ver art. 1.012), não se aplica às sociedades em nome coletivo. Sobre nomeação de administrador não sócio nas sociedades limitadas, *vide*, ainda, nossos comentários ao art. 1.061.

REFORMA DO CÓDIGO CIVIL: Pretende-se revogar o dispositivo, ao argumento de que o tipo societário não é mais utilizado.

Art. 1.043. O credor particular de sócio não pode, antes de dissolver-se a sociedade, pretender a liquidação da quota do devedor.

Parágrafo único. Poderá fazê-lo quando:

I – a sociedade houver sido prorrogada tacitamente;

II – tendo ocorrido prorrogação contratual, for acolhida judicialmente oposição do credor, levantada no prazo de 90 (noventa) dias, contado da publicação do ato dilatório.

COMENTÁRIOS DOUTRINÁRIOS: Outra particularidade desse tipo societário consiste na limitação oposta pela lei ao credor particular de qualquer dos sócios, que não poderá, antes da dissolução da sociedade, postular a liquidação da quota do devedor. Afasta-se, assim, nas sociedades em nome coletivo, a aplicação do parágrafo único do art. 1.026. A doutrina já esclareceu, em interpretação extraída do parágrafo único do art. 1.043, que essa limitação apenas seria aplicável "às sociedades ajustadas por prazo determinado" (Enunciado n. 63 da I *Jornada de Direito Civil*). Nas sociedades pactuadas por prazo indeterminado, incide plenamente a regra do art. 1.026. Ainda assim, trata-se de entrave relevante ao adimplemento das obrigações particulares dos sócios da sociedade em nome coletivo, especialmente quando o devedor houver conferido à sociedade a maior parte do seu patrimônio, pois não existe prazo máximo preestabelecido para as atividades da sociedade, que pode ser ajustada, por exemplo, pelo prazo de 99 anos. Os seus credores, nesses casos, enquanto não dissolvida a sociedade, não poderão obter a liquidação da quota, para satisfação do seu crédito. Na *I Jornada de Direito Civil* chegou a ser proposta a supressão do dispositivo (Enunciado n. 63). A referência à "publicação do ato dilatório" de que trata o inciso II do parágrafo único, quando se tratar de sociedade em nome coletivo enquadrada como microempresa ou empresa de pequeno porte, deve ser interpretada como sendo a data do arquivamento do documento (termo inicial) no registro próprio, uma vez que ME e EPP são dispensadas de publicação dos seus atos nos termos do art. 71 da Lei Complementar n. 123/2006. Nesse sentido foi o Enunciado n. 489 da *V Jornada de Direito Civil*.

REFORMA DO CÓDIGO CIVIL: Pretende-se revogar o dispositivo, ao argumento de que o tipo societário não é mais utilizado.

Art. 1.044. A sociedade se dissolve de pleno direito por qualquer das causas enumeradas no art. 1.033 e, se empresária, também pela declaração da falência.

COMENTÁRIOS DOUTRINÁRIOS: Desnecessário esse dispositivo, em razão do que dispõe o art. 1.040. Poderia até mesmo ser suprimido, pois o legislador já havia dito que nas omissões deste capítulo, a regência supletiva da sociedade em nome coletivo obedeceria ao disposto para a sociedade simples. Portanto, se nada falasse sobre a dissolução da sociedade em nome coletivo, dificuldade alguma surgiria para se buscar o respectivo norte legal nos arts. 1.033 a 1.038. Despicienda, da mesma forma, a alusão à declaração de falência, prerrogativa exclusiva das sociedades empresárias e regida por lei especial. As causas de dissolução previstas no art. 1.033 são as seguintes: vencimento do prazo de duração, salvo se, vencido este e sem oposição de sócio, não entrar a sociedade em liquidação, caso em que se prorrogará por tempo indeterminado; consenso unânime dos sócios; deliberação dos sócios, por maioria absoluta, na sociedade de prazo indeterminado; e extinção, na forma da lei, de autorização para funcionar.

JURISPRUDÊNCIA COMENTADA: Cabe lembrar que a "decretação da quebra da sociedade somente implica falência dos sócios com responsabilidade ilimitada, o que ocorre nas sociedades em nome coletivo, em comandita simples e em conta de participação" (TJSP, AI 2049202-43.2019.8.26.0000, Rel. Des. Itamar Gaino, *DJESP* 14.06.2019).

REFORMA DO CÓDIGO CIVIL: Pretende-se revogar o dispositivo, ao argumento de que o tipo societário não é mais utilizado.

CAPÍTULO III
DA SOCIEDADE EM COMANDITA SIMPLES

Art. 1.045. Na sociedade em comandita simples tomam parte sócios de duas categorias: os comanditados, pessoas físicas, responsáveis solidária e ilimitadamente pelas obrigações sociais; e os comanditários, obrigados somente pelo valor de sua quota.

Parágrafo único. O contrato deve discriminar os comanditados e os comanditários.

COMENTÁRIOS DOUTRINÁRIOS: O Código Civil optou por manter, no âmbito da codificação, esse tipo de sociedade anteriormente previsto e regulado pelo Código Comercial de 1850 e de pouquíssima utilidade na atualidade. Relatos históricos remetem a sua origem ao antigo contrato de *commenda*, muito usado no comércio marítimo nos séculos XII e XIII, por meio do qual um dos contratantes, denominado *commendator*, contribuía com dinheiro ou mercadorias para que o outro contratante, denominado *tractator*, com elas empreendesse, em nome próprio, mas em proveito comum. Dessa forma, um terceiro investidor entregava ao proprietário e/ou capitão do navio certa quantia em dinheiro ou produtos e este negociaria as mercadorias em terras distantes ou compraria, com os recursos financeiros disponibilizados pelo terceiro investidor, outras mercadorias para revender. O lucro da viagem era repartido entre ambos, nos termos do que pactuaram no contrato, mas o risco do terceiro era limitado àquilo que entregou, de modo que se o navio naufragasse ou fosse atacado por piratas, o terceiro perderia apenas o que investiu, enquanto o proprietário e/ou capitão perderia o navio inteiro. Em outras palavras, o risco do *commendator* estava limitado ao montante aportado e o risco do *tractator* era bem mais amplo e poderia atingir, de forma ilimitada, os seus bens pessoais. Numa época anterior ao surgimento das "sociedades limitadas", a sociedade em comandita simples foi considerada um engenho jurídico dos mais convenientes, para temperar os rigores da responsabilidade ilimitada de todos os sócios e, ao mesmo tempo, agregar a uma sociedade mercantil sócios não comerciantes, que atuavam apenas como investidores e cuja responsabilidade ficava limitada ao investimento. Com o surgimento das sociedades por quotas de responsabilidade limitada (ver arts. 1.052 a 1.087) e das sociedades anônimas (ver arts.

1.088 e 1.089), as sociedades em comandita simples perderam a sua utilidade e deixaram paulatinamente de ser utilizadas. Hoje, a figura do sócio investidor, com limitação ou sem quaisquer responsabilidades, é muito mais bem acolhida em outros instrumentos legais, de modo que a sociedade em comandita simples praticamente não existe mais entre nós. Veja-se, por exemplo, o caso dos contratos de aporte de capital de que tratam os arts. 61-A e seguintes da Lei Complementar n. 123/2006 e o art. 5º da Lei Complementar n. 182/2021, por meio dos quais qualquer pessoa física ou jurídica, chamada de "investidor-anjo", pode aportar capital a uma sociedade, sem se tornar sócio e sem responder por qualquer dívida ou obrigação social, inclusive em caso de recuperação judicial, não se aplicando ao "investidor-anjo" sequer as hipóteses de desconsideração da personalidade jurídica. A Lei Complementar n. 182/2021, que institui o marco legal das *startups* e do empreendedorismo inovador, também ratifica que o investidor-anjo não é considerado sócio nem tem qualquer direito a gerência ou a voto na administração da empresa, não respondendo por qualquer obrigação, "e a ele não se estenderá o disposto no art. 50 da Lei nº 10.406, de 10 de janeiro de 2002 (Código Civil), no art. 855-A da Consolidação das Leis do Trabalho (CLT), aprovada pelo Decreto-lei nº 5.452, de 1º de maio de 1943, nos arts. 124, 134 e 135 da Lei nº 5.172, de 25 de outubro de 1966 (Código Tributário Nacional), e em outras disposições atinentes à desconsideração da personalidade jurídica existentes na legislação vigente" (art. 8º, II). Paralelo semelhante ao que fiz entre a sociedade simples pura e a sociedade em nome coletivo, pode ser feito entre as sociedades em comandita simples e as sociedades em conta de participação, sendo que as primeiras são personalizadas e as últimas despersonalizadas. Mas ambas têm origem nos contratos de *commenda* e possuem, na sua estrutura, alguns sócios que respondem muito mais do que outros. Enquanto na SCP, temos sócios ostensivos, que respondem ilimitadamente pelas dívidas da sociedade, e sócios ocultos, que não respondem por nenhuma dívida; nas sociedades em comandita simples, temos sócios que respondem solidária e ilimitadamente pelas obrigações sociais (comanditados) e outros que são obrigados somente pelo valor de sua quota (comanditários). Cabe ao contrato social especificar quem são comanditados e comanditários. Doutra senda, assemelham-se às sociedades em nome coletivo no que tange à responsabilidade dos sócios comanditados (ver art. 1.046). Tanto quanto nas sociedades em nome coletivo, somente as pessoas naturais podem tomar parte em sociedades em comandita simples. A principal diferença de tratamento entre o velho Código Comercial e o atual Código Civil é que a sociedade em comandita simples, antes de natureza exclusivamente mercantil, agora pode ser empresária ou não. Será empresária quando desempenhar atividade organizada destinada à produção ou circulação de bens ou serviços. Mas pode também possuir natureza estritamente civil, ou seja, não mercantil, quando vinculada ao exercício de atividades científicas, literárias ou artísticas (art. 966, parágrafo único). O art. 81 da Lei n. 11.101/2005 estabelece a automática extensão dos efeitos da falência da sociedade empresária aos sócios ilimitadamente responsáveis, como é o caso dos sócios comanditados da sociedade em comandita simples, de modo que a extensão dos efeitos da falência não pode atingir os sócios comanditários.

JURISPRUDÊNCIA COMENTADA: A principal característica da sociedade em comandita simples é a existência de duas categorias de sócios: "os comanditados, responsáveis solidária e ilimitadamente pelas obrigações sociais, e os comanditários, obrigados somente até o valor de sua quota-parte. Essa reflete a exegese do artigo 1.045 do Código Civil. O Autor, na qualidade de sócio-investidor, ou seja, comanditário, contribuía, apenas, para formação do capital social da empresa" (TJDF, Rec. 2007.01.1.083092-2, Rel. Des. Flavio Rostirola, *DJDFTE* 30.03.2010, p. 247). Em razão do disposto no art. 6º da Lei n. 11.101/2005, a jurisprudência também tem se preocupado com a distinção entre devedor solidário e sócio solidário. O *caput* do art. 6º da Lei n. 11.101/2005 trata da suspensão das ações propostas contra os sócios solidários, por ocasião do deferimento da recuperação. Os sócios solidários são "figuras presentes naqueles tipos societários em que a responsabilidade pessoal dos consorciados não é subsidiária ou limitada às suas respectivas quotas/ações, como é o caso, por exemplo, da sociedade em nome coletivo (art. 1.039 do CC/2002) e da sociedade em comandita simples, no que concerne aos sócios comanditados (art. 1.045 do CC/2002). A situação é bem diversa, por outro lado, em relação aos devedores solidários ou coobrigados. Para eles, a disciplina é exatamente inversa, prevendo a Lei expressamente a preservação de suas obrigações na eventualidade de ser deferida a recuperação judicial do devedor principal" (REsp 1333349/SP, 2.ª Seção, Rel. Min. Luis Felipe Salomão, j. 26.11.2014, *DJe* 02.02.2015).

REFORMA DO CÓDIGO CIVIL: Pretende-se revogar o dispositivo, ao argumento de que o tipo societário não é mais utilizado.

Art. 1.046. Aplicam-se à sociedade em comandita simples as normas da sociedade em nome coletivo, no que forem compatíveis com as deste Capítulo.

Parágrafo único. Aos comanditados cabem os mesmos direitos e obrigações dos sócios da sociedade em nome coletivo.

COMENTÁRIOS DOUTRINÁRIOS: Como antecipei em comentário anterior, as sociedades em comandita simples guardam semelhança com as sociedades em nome coletivo, como se fossem, mal comparando, uma sociedade em nome coletivo com o acréscimo de uma classe diversa de sócios, com responsabilidade limitada. O presente dispositivo, de forma expressa, remete a regência supletiva da sociedade em comandita simples para as normas que regulam a sociedade em nome coletivo (arts. 1.039 a 1.044). E como o legislador foi bastante econômico no trato da sociedade em nome coletivo (apenas seis artigos), pode-se afirmar, a partir da interpretação sistêmica dos arts. 1.040 e 1.046, que as sociedades em comandita simples também se regerão, supletivamente, pelas disposições relativas às sociedades simples. O parágrafo único reforça a distinção entre sócios comanditados e comanditários, enfatizando que os primeiros possuem as mesmas responsabilidades dos sócios das sociedades em nome coletivo, ou seja, responsabilidade solidária entre todos os sócios comanditados e ilimitada, pois podem responder além de sua participação no capital e com o seu patrimônio pessoal.

JURISPRUDÊNCIA COMENTADA: Não são raras as situações em que a estrutura societária é usada como instrumento de fraude ou visando à sonegação do cumprimento de obrigações legais. Já se declarou, por exemplo, em demanda envolvendo sociedade em comandita simples, a simulação da relação societária, com reconhecimento do vínculo de emprego, quando o sócio comanditário atua, na verdade, como empregado da sociedade. Dessa forma, se o sócio "trabalha em regime de subordinação, inclusive sujeito a cumprimento de horário, é também empregado, como assim definido no art. 3º da CLT, notadamente em sociedade da qual participa como pequeno cotista e com responsabilidade limitada (comandita simples)" (TRT 2.ª Região, RO 01546, Rel. Juiz Eduardo de Azevedo Silva, *DOESP* 29.05.2007).

REFORMA DO CÓDIGO CIVIL: Pretende-se revogar o dispositivo, ao argumento de que o tipo societário não é mais utilizado.

Art. 1.047. Sem prejuízo da faculdade de participar das deliberações da sociedade e de lhe fiscalizar as operações, não pode o comanditário praticar qualquer ato de gestão, nem ter o nome na firma social, sob pena de ficar sujeito às responsabilidades de sócio comanditado.

Parágrafo único. Pode o comanditário ser constituído procurador da sociedade, para negócio determinado e com poderes especiais.

COMENTÁRIOS DOUTRINÁRIOS: O sócio comanditado é o único que deve se obrigar para com terceiros, ficando responsável também junto aos sócios comanditários por todos os resultados das transações e obrigações sociais empreendidas nos termos do contrato, possuindo, ainda, obrigação de prestação de contas, enquanto os sócios comanditários têm o direito de fiscalizar a gestão dos negócios sociais. A gestão da sociedade, em relação a terceiros, é exercida pelo sócio comanditado, mas a relação entre os sócios obedecerá ao estabelecido em contrato pelas partes, que podem pactuar uma gestão interna compartilhada, prevendo, por exemplo, que a administração financeira será realizada de forma conjunta pelos sócios comanditados e comanditários, de modo a que estes possam ter acesso direto à parcela que contratualmente lhes toca dos ativos. O que os comanditários não podem fazer é praticar, externamente, no trato da sociedade com terceiros, qualquer ato de gestão, muito menos fazer uso ou terem seus nomes na firma social. Se o fizerem, equiparam-se automaticamente aos sócios comanditados, sujeitando-se às responsabilidades pertinentes à tal categoria de sócio. O parágrafo único do art. 1.047 trouxe importante inovação consistente na possibilidade atribuída ao sócio comanditário de ser nomeado procurador da sociedade, com poderes para realizar ou celebrar um negócio determinado, sem descaracterizar a sua condição de comanditário; lembrando que a outorga, no que tange ao mandatário, vale dizer, o fato de aceitar a procuração não configura ato de gestão. O contrário, sim, pois conferir poder de representação, mediante outorga de mandato, é ato de gestão e somente o sócio comanditado pode fazê-lo. O Código Comercial de 1850 (art. 314) proibia, expressamente, que o sócio comanditário tomasse parte em qualquer negócio que importasse na assunção de obrigações pela sociedade.

REFORMA DO CÓDIGO CIVIL: Pretende-se revogar o dispositivo, ao argumento de que o tipo societário não é mais utilizado.

Art. 1.048. Somente após averbada a modificação do contrato, produz efeito, quanto a terceiros, a diminuição da quota do comanditário, em consequência de ter sido reduzido o capital social, sempre sem prejuízo dos credores preexistentes.

COMENTÁRIOS DOUTRINÁRIOS: O dispositivo versa sobre redução do capital social no tocante às quotas do sócio comanditário, pois os sócios podem deliberar por reduzir a participação (e a responsabilidade) de qualquer dos sócios comanditários. Mas essa redução, no que tange às responsabilidades perante terceiros, só produz efeitos após a averbação da alteração do contrato social no registro competente. Aliás, isso se aplica a qualquer alteração do contrato, que depende do registro para se tornar eficaz nas relações externas da sociedade. E mesmo após averbada a redução do capital social do sócio comanditário, os terceiros credores que já o eram à data da averbação, não serão atingidos. Assim, com relação às dívidas existentes antes da redução, o sócio comanditário continua responsável até o limite de sua participação no capital social, considerando o patamar anterior à redução. O Código Comercial de 1850 não exigia a inscrição do sócio comanditário no registro do comércio, mas apenas o registro da quantia total dos fundos integralizados em comandita.

REFORMA DO CÓDIGO CIVIL: Pretende-se revogar o dispositivo, ao argumento de que o tipo societário não é mais utilizado.

Art. 1.049. O sócio comanditário não é obrigado à reposição de lucros recebidos de boa-fé e de acordo com o balanço.

Parágrafo único. Diminuído o capital social por perdas supervenientes, não pode o comanditário receber quaisquer lucros, antes de reintegrado aquele.

COMENTÁRIOS DOUTRINÁRIOS: O dispositivo constitui corolário lógico da regra geral de que o sócio comanditário não participa da gestão da sociedade, mas apenas exerce o seu direito de fiscalização. E se não participa da gestão nem lhe cabe a elaboração do balanço, participação alguma lhe pode ser imputada no que concerne a eventual distribuição de lucros indevidos. Por isso, caso sejam distribuídos lucros pela sociedade, em benefício do sócio comanditário, presume-se a sua boa-fé, não se podendo compelir o sócio comanditário a restituí-los à sociedade. A presunção é *juris tantum*, relativa, cabendo à sociedade, se pretender a restituição dos lucros, comprovar a má-fé do sócio comanditário. O parágrafo único, entretanto, veda ao sócio comanditário receber dividendos ou créditos à conta de lucros, se a sociedade sofrer prejuízos e seu capital social houver sido diminuído por essa razão. Nesse caso, se por equívoco distribuírem-se lucros em benefício do sócio comanditário, afasta-se a presunção de boa-fé e os valores devem ser restituídos.

REFORMA DO CÓDIGO CIVIL: Pretende-se revogar o dispositivo, ao argumento de que o tipo societário não é mais utilizado.

Art. 1.050. No caso de morte de sócio comanditário, a sociedade, salvo disposição do contrato, continuará com os seus sucessores, que designarão quem os represente.

COMENTÁRIOS DOUTRINÁRIOS: Em caso de morte do sócio comanditário, e na omissão do contrato social, poderão os herdeiros ou sucessores, ou ainda o inventariante representando o Espólio, designar aquele que assumirá a posição do sócio falecido. O dispositivo previu a substituição do sócio comanditário, com a continuidade da empresa pelos sucessores, sem a possibilidade de liquidação das quotas, ainda que silente o contrato social. Ou seja, a regra do art. 1.028 não se aplica aos herdeiros do sócio comanditário. Com isso, evita-se a descapitalização da sociedade e a redução do capital social que resultaria do pagamento dos haveres aos herdeiros. Caberá, naturalmente, aos sócios remanescentes aceitar ou recusar a designação do novo sócio comanditário, já que ninguém pode ser compelido a associar-se (art. 5º, inc. XX, da CF). Nada pode obrigar nem que os herdeiros se tornem sócios na sociedade em comandita simples, cujas quotas sociais lhes foram transmitidas, se assim não o desejarem, da mesma forma que os sócios remanescentes podem discordar da admissão de novos sócios e postular a própria retirada do quadro societário. Se os herdeiros não desejarem "substituir" o sócio falecido, ocorrerá tão somente a apuração dos haveres. Se a discordância for dos sócios remanescentes, sobrar-lhes-á a opção de retirada, seguindo-se o procedimento de liquidação parcial de sociedade. Mas não lhes cabe obstar o ingresso dos herdeiros, quando o contrato social for omisso, diante da disposição expressa do art. 1.050. O contrato pode estabelecer outras possibilidades se o comanditário desaparecer, desde a dissolução da sociedade até o ingresso de terceiros, sem prejuízo dos direitos patrimoniais transmitidos aos herdeiros. De igual modo, cabe ao contrato disciplinar a hipótese de substituição dos sócios comanditados, diante da distinção de tratamento dos herdeiros de acordo com categoria de sócio ao qual eles sucedem. Assim, aos herdeiros do sócio comanditado, aplica-se o disposto no art. 1.028 e o seu ingresso na sociedade depende de previsão contratual específica. Já aos herdeiros do sócio comanditário, aplica-se o disposto no art. 1.050 e somente a existência de previsão contratual pode impedir a sua entrada na sociedade.

JURISPRUDÊNCIA COMENTADA: O Tribunal de Justiça de São Paulo já decidiu que, em caso de morte do sócio comanditário, não há necessidade de se propor ação de dissolução parcial de sociedade cumulada com apuração de haveres, pois os herdeiros ou sucessores podem, sem maiores formalidades, designar quem assumirá a posição do sócio falecido, salvo se o contrato dispuser de forma diversa ou se os demais sócios recusarem a indicação. Em uma ação em que se pediu a expedição de ofícios à Junta Comercial do Estado e à Receita Federal para ser registrada a retirada do autor do quadro societário da sociedade-ré, o TJSP decretou a falta de interesse de agir, pois trata-se de "pleito que independe da intervenção do Poder Judiciário" (TJSP, AI 0211475-52.2012.8.26.0000, Rel. Des. José Reynaldo, *DJESP* 06.02.2013). A decisão mostra-se correta, pois a necessidade de intervenção do Poder Judiciário só vai surgir quando os sócios remanescentes discordarem ou não aceitarem a substituição do sócio falecido pelos sucessores.

REFORMA DO CÓDIGO CIVIL: Pretende-se revogar o dispositivo, ao argumento de que o tipo societário não é mais utilizado.

Art. 1.051. Dissolve-se de pleno direito a sociedade:

I – por qualquer das causas previstas no art. 1.044;

II – quando por mais de 180 (cento e oitenta) dias perdurar a falta de uma das categorias de sócio.

Parágrafo único. Na falta de sócio comanditado, os comanditários nomearão administrador provisório para praticar, durante o período referido no inc. II e sem assumir a condição de sócio, os atos de administração.

COMENTÁRIOS DOUTRINÁRIOS: Já demonstrei em comentário anterior, a partir da interpretação sistêmica dos arts. 1.040 e 1.046, que as sociedades em comandita simples se regerão, supletivamente, pelas disposições relativas às sociedades em nome coletivo e às sociedades simples. Por isso, as mesmas causas de dissolução aplicáveis às sociedades simples (art. 1.033 c/c o art. 1.044) também dissolvem a sociedade em comandita simples. As causas de dissolução previstas no art. 1.033 são as seguintes: vencimento do prazo de duração, salvo se, vencido este e sem oposição de sócio, não entrar a sociedade em liquidação, caso em que se prorrogará por tempo indeterminado; consenso unânime dos sócios; deliberação dos sócios, por maioria absoluta, na sociedade de prazo indeterminado; e extinção, na forma da lei, de autorização para funcionar. Além dessas causas, acrescente-se uma outra: quando por mais de 180 (cento e oitenta) dias faltar uma das categorias de sócio. Isso porque é da essência desse tipo societário a existência de duas categorias de sócios, aqueles que respondem solidária e ilimitadamente pelas obrigações sociais (comanditados) e outros que são obrigados somente pelo valor de sua quota (comanditários). Cabe ao contrato social especificar quem são comanditados e comanditários. Na ausência de uma dessas categorias, por falecimento ou retirada de todos os sócios comanditados ou de todos os sócios comanditários, deixa de existir esse tipo de sociedade, que pressupõe a presença das duas categorias de sócios. O parágrafo único estabelece que, na falta de sócios comanditados, e como os comanditários não podem praticar ato de gestão, devem nomear um administrador provisório que, sem assumir a condição de sócio, praticará os atos de administração, durante o prazo de 180 dias referido no inc. II. Além das hipóteses aqui previstas, sempre que a sociedade em comandita simples exercer o seu objeto como sociedade empresária, sujeita-se, também, à dissolução pela decretação da falência.

REFORMA DO CÓDIGO CIVIL: Pretende-se revogar o dispositivo, ao argumento de que o tipo societário não é mais utilizado.

CAPÍTULO IV
DA SOCIEDADE LIMITADA

SEÇÃO I
DISPOSIÇÕES PRELIMINARES

Art. 1.052. Na sociedade limitada, a responsabilidade de cada sócio é restrita ao valor de suas quotas, mas todos respondem solidariamente pela integralização do capital social.

§ 1º A sociedade limitada pode ser constituída por 1 (uma) ou mais pessoas. (Incluído pela Lei n. 13.874/2019)

§ 2º Se for unipessoal, aplicar-se-ão ao documento de constituição do sócio único, no que couber, as disposições sobre o contrato social. (Incluído pela Lei n. 13.874/2019)

COMENTÁRIOS DOUTRINÁRIOS: As antigas sociedades por quotas de responsabilidade limitada (atualmente apenas sociedades limitadas) não foram previstas no Código Comercial de 1850, havendo sido pela primeira vez disciplinadas no ordenamento jurídico brasileiro por meio do Decreto n. 3.708, de 10.01.1919. A expressão "sociedade limitada" utilizada nos arts. 1.052 e seguintes deve ser interpretada *stricto sensu*, como "sociedade por quotas de responsabilidade limitada", como bem esclarece o Enunciado n. 65 da *I Jornada de Direito Civil*. A principal característica desse tipo societário consiste na limitação da responsabilidade de todos os sócios à respectiva participação no capital social, razão pela qual, de 1919 até hoje, tornou-se a forma de sociedade mais frequente no Brasil, representando esmagadora maioria dos registros de norte ao sul do Brasil, sendo empregada desde as microempresas até grandes *holdings* de participação, controladoras de poderosas redes societárias. A disciplina das sociedades limitadas pelo Código Civil vem despertando efusivos debates entre os especialistas em Direito Empresarial. Enquanto aplaudido pelos que criticavam o Decreto n. 3.708/1919, em razão de seu caráter sintético, exageradamente generalista, o Código Civil passou a ser fortemente combatido pelos que consideravam o laconismo do decreto sua maior virtude, deixando que o empresário pudesse livremente, por meio do contrato social, expressar a sua vontade e imaginação. O art. 1.052 versa sobre a principal característica da sociedade limitada, qual seja, a limitação da responsabilidade dos sócios. Pelas dívidas da sociedade, cada sócio só responde até o limite do que contribuiu para o capital social, restringindo-se, assim, a responsabilidade do sócio na sociedade limitada ao valor de sua quota. Ou seja, os sócios de sociedade limitada respondem subsidiariamente em relação às obrigações da sociedade na exata proporção das suas quotas. Apenas respondem solidariamente, perante a sociedade, pela integralização do capital social. Cada sócio tem a obrigação de garantir a integralização das quotas dos demais sócios. É a sociedade que tem legitimidade para cobrar de qualquer dos sócios, inclusive dos adimplentes, o que sobejar para a integralização do capital social. A lei impõe essa solidariedade entre todos os sócios (art. 265) e por isso a sociedade tem o direito de exigir e de receber de um ou de alguns deles, parcial ou totalmente, o que faltar para a integralização do capital (art. 275), e o fará por meio de uma ação de cobrança, também chamada "ação de integralização de quotas". Decretada a falência da sociedade limitada, também o administrador judicial poderá promover, no juízo da falência (LRE, art. 82), a cobrança aos sócios, solidariamente, das contribuições que se comprometeram a prestar, até o valor do capital faltante. Reitere-se, portanto, que essa solidariedade pela integralização do capital social é restrita à relação entre os sócios, de modo que, mesmo nesses casos, inexiste solidariedade entre os sócios e a sociedade, de forma que a não integralização do capital não autoriza que os credores ingressem diretamente contra o patrimônio dos sócios. Em outras palavras, ainda que o capital social não esteja totalmente integralizado, a responsabilidade do sócio será subsidiária em relação aos débitos da sociedade para com terceiros, inclusive no que tange às dívidas de natureza trabalhista, a teor do art. 1.024, só podendo responder com seu patrimônio pessoal e dentro dos limites de suas responsabilidades, se a sociedade não saldar as obrigações assumidas. A limitação da responsabilidade dos sócios se aplica às obrigações normais da sociedade, mas não àquelas decorrentes de violação da lei, do contrato social, ou ainda praticadas com abuso da personalidade jurídica. Se houve prática de atos ilegais, os sócios administradores ou aqueles que os praticaram, desde que tenham agido com culpa no desempenho de suas funções, respondem solidariamente com a sociedade, nos termos dos arts. 1.016 e 1.080 do Código Civil, independentemente de sua participação no capital social. O sócio que não pratica atos de gestão não responde solidariamente pelas obrigações da sociedade, mas, apenas subsidiariamente e no percentual da sua participação no capital. A responsabilidade também pode ser ampliada para atingir o patrimônio pessoal do sócio acima do limite com que contribuiu para o capital social, caso reste configurada alguma das hipóteses ensejadoras da desconsideração da personalidade jurídica previstas no art. 50 deste Código, art. 28 do CDC, art. 4º da Lei n. 9.605/1998 e também nas situações previstas no art. 135 do CTN, que dispõe sobre a responsabilidade direta dos sócios e administradores. Nesses casos, deve ser aplicado o incidente para desconsideração da pessoa jurídica de que tratam os arts. 133 a 137 do CPC para comprovação dos pressupostos materiais da desconsideração. O art. 50 deste Código permite a desconsideração da personalidade jurídica da sociedade limitada, de modo a atingir o patrimonial pessoal dos sócios, acima e independentemente de sua participação no capital social, necessariamente por decisão judicial, sempre que houver abuso da personalidade jurídica. A fórmula sugerida, extensão dos efeitos obrigacionais aos bens particulares dos administradores ou sócios da pessoa jurídica, visa superar a discussão sobre se esta responde ou não, conjuntamente com os sócios ou administradores. Comprovada a fraude, a confusão patrimonial ou o desvio de finalidade, a responsabilização do sócio ou administrador não dependerá do prévio exaurimento do patrimônio social. Ou seja, pode a pessoa jurídica apresentar-se perfeitamente solvável e, ainda assim, ser decretada a desconsideração, vista, aqui, também como sanção contra o abuso da personalidade jurídica. O art. 50 do Código Civil também pode ser aplicado inversamente, em consonância com o § 2º do art. 133 do CPC/2015. No lugar de responsabilizar o sócio pelas obrigações da sociedade, na chamada *disregard* inversa procura-se alcançar o patrimônio da sociedade limitada para responder pelos débitos do sócio. Em razão da utilização indevida do ente societário por seus sócios, deve ser afastada a autonomia patrimonial da sociedade, para atingir o ente coletivo e seu patrimônio social, responsabilizando a pessoa jurídica por obrigações do sócio, quer seja sócio de fato, quer seja sócio de direito. Assim, os ativos sociais serão chamados a suportar o pagamento do credor prejudicado pelo sócio, que usa a pessoa jurídica para ocultar patrimônio. Nas disputas matrimoniais, é frequente a situação do cônjuge empresário que se esconde sob o manto da sociedade limitada, para onde desvia grande parte dos bens comuns, os quais, não obstante adquiridos ao longo do casamento, são registrados em nome de sociedades de que participa um dos consortes. Muitas vezes, e isso infelizmente ocorre cada vez mais, essa participação se materializa por interposta pessoa, o vulgo "laranja". Os bens que deveriam integrar a meação estão titularizados pela sociedade limitada, de cujo quadro social o cônjuge fraudador sequer participa. Nada no seu nome. E seu nome não aparece no quadro social. O cônjuge se apresenta ora como empregado registrado, ora como um mero procurador do sócio formal. Hipótese típica de abuso, caracterizada pelo desvio de finalidade, pois a personalidade jurídica passa a ser usada apenas para ocultar o patrimônio e lesar o outro cônjuge. A Lei n. 13.874/2019, por fim, modificou a redação do art. 1.052, acrescentando-lhe os §§ 1º e 2º, de forma a permitir a constituição de sociedade limitada com um único sócio (sociedade limitada unipessoal). A criação da sociedade limitada unipessoal provocou o completo esvaziamento da EIRELI, para cuja constituição se exigia capital social mínimo em patamar elevado (100 salários mínimos), enquanto na limitada unipessoal não é exigido capital social mínimo (sobre a extinção da EIRELI, com a entrada em vigor da Lei n. 14.195/2021, "Lei do Ambiente de Negócios", confirmada, posteriormente, pela Lei n. 14.382/2022, *vide* comentários ao revogado art. 980-A). Ressalto, por fim, que a possibilidade de constituição de uma "sociedade" por uma só pessoa não afasta a natureza bilateral (ou plurilateral) do contrato de sociedade, dispondo a lei que se aplicarão ao documento de constituição do sócio único, apenas no que couber, as disposições sobre o contrato social (ver art. 997). Em outras palavras, o ato constitutivo da sociedade limitada unipessoal não é contrato, abrindo a lei uma exceção imperativa ao princípio da contratualidade exclusivamente para esse tipo societário. Sobre a aplicação do princípio da autonomia patrimonial com relação a pessoa jurídica com um único sócio ou titular, ver nossos comentários ao art. 980-A.

JURISPRUDÊNCIA COMENTADA: Para a constituição da Sociedade Limitada "é necessário que os sócios contribuam financeiramente com dinheiro ou bens para a formação do capital social da empresa segundo artigo 1.052 do Código Civil, sendo expressamente vedado pelo ordenamento jurídico a contribuição que consista em prestação de serviços (art. 1.055, § 2º, do Código Civil)" (TJRJ, APL 0024936-80.2011.8.19.0008, *DORJ* 16.05.2024). No âmbito da Justiça do Trabalho, são comuns as decisões que ampliam, de forma ilegal, a responsabilidade dos sócios, ao argumento de que a limitação de responsabilidade trabalhista proporcionalmente ao grau de participação societária somente teria "razão de ser se demonstrada a existência de bens da sociedade e/ou de sócios majoritários suficientes à garantia do juízo, porquanto o crédito trabalhista de natureza alimentar se sobrepõe à discussão derivada de mudanças na estrutura jurídica da empresa" (TRT 24.ª Região, AP 0000023-87.2016.5.24.0002, Rel. Des. Amaury Rodrigues Pinto Júnior, *DEJTMS* 10.08.2016). Decisões como essa são manifestamente equivocadas, pois violam a limitação de responsabilidade dos sócios quotistas. Na seara do Direito Tributário, tem-se entendido que se "a responsabilidade do recorrente foi reconhecida com base no art. 135, III, do CTN e na Súmula n. 435 do STJ, não há falar na aplicação do art. 1.052 do Código Civil" (TJRS, EDcl 0197873-71.2018.8.21.7000, Rel. Des. João Barcelos de Souza Junior, *DJERS* 06.09.2018). Por outro lado, no afã de coibir fraudes na partilha de bens decorrente de dissolução do casamento e da união estável, quando um dos consortes usa a sociedade limitada para ocultar patrimônio, a jurisprudência é pacífica em admitir a aplicação da teoria da desconsideração inversa da personalidade jurídica "sempre que o cônjuge ou companheiro empresário valer-se de pessoa jurídica por ele controlada, ou de interposta pessoa física, a fim de subtrair do outro cônjuge ou companheiro direitos oriundos da sociedade afetiva" (STJ, REsp 1236916/RS, Rel. Min. Nancy Andrighi, *DJe* 28.10.2013). Entretanto, não se confunda "o instituto da responsabilização solidária do sócio de sociedade limitada pela falta de integralização do capital social (artigo 1.052 do Código Civil) com a hipótese de desconsideração da personalidade jurídica (artigo 50 do Código Civil). As situações são inconfundíveis, de modo que a pretendida intimação do sócio para fins do artigo 1.052 do Código Civil não pode ser condicionada, por si só, à prévia instauração do incidente de desconsideração da personalidade jurídica" (TJSP, AI 2023875-28.2024.8.26.0000, *DJESP* 16.05.2024). Mesmo em se tratando de sociedade limitada unipessoal, a responsabilização do sócio único não prescinde da prévia instauração do incidente de desconsideração: "Decisão que indeferiu o pedido de inclusão do sócio da empresa executada no polo passivo da ação e a realização de penhora em seu CPF, por falta de amparo legal. Insurgência da municipalidade. Pretensão à reforma. Desacolhimento. Empresa devedora que opera como sociedade limitada unipessoal. Sociedade limitada constituída por uma única pessoa. Possibilidade. Aplicação do art. 1.052, §§ 1º e 2º do Código Civil, com redação dada pela Lei n. 13.874/2019. Personalidade jurídica da sociedade limitada unipessoal que não se confunde com a figura do seu sócio. Ausência de comprovação de quaisquer das hipóteses do art. 135 do CTN. Dissolução irregular. Inocorrência" (TJSP, AI 2192679-95.2020.8.26.0000, Rel. Des. Ricardo Chimenti, *DJESP* 04.12.2020). Até porque a sociedade unipessoal, não obstante exerça a empresa em caráter individual, não se confunde com o empresário individual, este desprovido de personalidade jurídica e de autonomia patrimonial: "Sociedade limitada unipessoal que não se confunde com microempresário individual, que compreende uma só pessoa como sujeita de direitos e obrigações e cuja personalidade jurídica também é única. Caso dos autos que se trata de sociedade limitada, que se reveste de personalidade jurídica e patrimônio próprio e distinto dos seus sócios. Medidas constritivas direcionadas à empresa que exigem prévia desconsideração da personalidade jurídica, mediante a presença de seus requisitos legais (TJSP, AI 2177555-72.2020.8.26.0000, Rel. Des. Marcos Gozzo, *DJESP* 04.12.2020). Como se vê, mostra-se uníssona a jurisprudência no sentido de rejeitar a alegação de que "sendo a empresa unipessoal, há clara confusão patrimonial", pois a sociedade limitada pode ser constituída por uma única pessoa e "não se confunde a personalidade jurídica da sociedade limitada unipessoal com a figura do seu sócio" (TJSP, AI 2084012-15.2020.8.26.0000, Rel. Des. Roberto Maia, *DJESP* 13.10.2020). Tornando-se unipessoal a sociedade limitada, pela não integração de novo sócio no prazo de 180 dias, "mostra-se inviável a pretensão à responsabilização pessoal do sócio remanescente, sem a instauração de incidente de desconsideração da personalidade jurídica" (TJSP, AI 2254278-98.2021.8.26.0000, Rel. Des. Luis Carlos de Barros, *DJESP* 29.11.2021). A inclusão do sócio único "depende não só da instauração do incidente, nos termos do artigo 133 e seguintes do CPC, como da comprovação do abuso da personalidade jurídica, consoante o disposto no artigo 50 do Código Civil" (TJSP, AI 2245603-49.2021.8.26.0000, Rel. Des. Theodureto Camargo, *DJESP* 02.12.2021). Exatamente porque a limitada unipessoal se submete ao disposto no art. 1.052 do Código Civil, é "indispensável a instauração do incidente de desconsideração inversa da personalidade jurídica" (TJSP, AI 2084974-96.2024.8.26.0000, *DJESP* 24.05.2024). A criação da sociedade limitada unipessoal, por fim, corrigiu uma perniciosa distorção no sistema, caracterizada pela figura do "sócio registral", que apenas "emprestava" seu nome para compor o quadro societário da empresa. Em decisão extremamente didática, esclareceu o TJSP que, antes da Lei n. 13.874/2019, fazia parte da realidade brasileira o grande uso dos chamados "sócios-fantasmas", "sócios-laranja" ou "sócios-nominais", "cujo fito era somente para a constituição de sociedades do tipo limitada. Muitas vezes se utilizavam familiares, ou amigos e até empregados de confiança, para a composição do quadro social, mesmo que de forma apenas nominal". O Tribunal rejeitou a pretensão de um desses sócios de "recebimento de parte dos valores da venda do estabelecimento comercial" apenas pela condição nominal de sócio, pois, não obstante figurasse no contrato social, não acostou aos autos documento "que demonstrasse sua legítima condição de sócio, que lhe tornasse apto a receber parte do produto da venda" (AC 1017742-22.2016.8.26.0564, Rel. Des. Jane Franco Martins, j. 25.08.2021).

REFORMA DO CÓDIGO CIVIL: Pretende-se acrescentar, após o art. 1.052 do Código Civil, um novo dispositivo, para simplificar o regulamento da sociedade limitada unipessoal, com a seguinte redação: "Art. 1052-A. A sociedade limitada, se unipessoal, será constituída por pessoa natural, com as mesmas vedações constitucionais e legais que a pessoa do sócio único tem contra si. Parágrafo único. As decisões do sócio único serão tomadas a termo, em documento arquivado e divulgado física ou virtualmente, gerando documento com efeito de ata, para fins de registro". A proposta institui importante limitação com relação à composição da sociedade limitada unipessoal, que só poderá ser constituída por pessoa física.

Art. 1.053. A sociedade limitada rege-se, nas omissões deste Capítulo, pelas normas da sociedade simples.

Parágrafo único. O contrato social poderá prever a regência supletiva da sociedade limitada pelas normas da sociedade anônima.

COMENTÁRIOS DOUTRINÁRIOS: O Decreto n. 3.708/1919 remetia a regência supletiva das sociedades limitadas exclusivamente para as disposições da Lei das Sociedades Anônimas. O Código Civil foi menos restritivo, permitindo que as sociedades limitadas, nas omissões do contrato ou das normas que lhe são próprias, atuem segundo o modelo da sociedade anônima ou da sociedade simples. Mantém-se, assim, a natureza híbrida da sociedade limitada, ora apresentando-se como uma sociedade de pessoas, ora como sociedade de capitais. No primeiro caso, regendo-se pelas normas da sociedade simples; no segundo, pautando-se, subsidiariamente, pela Lei das Sociedades Anônimas. Em outras palavras, pode-se dizer que o art. 1.053 preserva o enquadramento da sociedade limitada entre as sociedades de pessoas, ao mesmo tempo em que ressalva aos sócios quotistas o direito de prever, no contrato, a regência supletiva da entidade pelos preceitos da sociedade anônima. As regras supletivas, naquilo em que o Código Civil for omisso, serão, silente o contrato, as normas da sociedade simples. Se os sócios preferirem a regência supletiva da LSA, devem fazer inserir no contrato social cláusula expressa mencionando essa opção. Na dicção da antiga Lei das Limitadas (Decreto n. 3.708/1919), a lei do anonimato seria aplicável "no que não for regulado no estatuto social". Ou seja, ela seria supletiva do contrato social, da vontade dos sócios. A partir da entrada em vigor do Código Civil, nos termos postos no parágrafo único do art. 1.053, a LSA tornou-se norma supletiva, não da vontade dos sócios, mas da própria disciplina das sociedades limitadas. Entretanto, essa aplicação supletiva da Lei das S/A, tal como prevista no parágrafo único do art. 1.053, só será cabível no tocante às matérias sobre as quais os sócios teriam a liberdade de dispor no contrato social e apenas não o fizeram por esquecimento. Assim, nem todas as regras da sociedade simples serão aplicáveis à sociedade limitada, ainda que omisso o contrato, como é o caso da admissão dos sócios prestadores de serviços, somente possível nas sociedades simples puras e nas cooperativas. Nesse sentido o Enunciado n. 222 da *III Jornada de Direito Civil*: "O artigo 997, V, não se aplica a sociedade limitada na hipótese de regência supletiva pelas regras das sociedades simples". Pelo mesmo raciocínio, nem todas as figuras do regime jurídico do anonimato são aplicáveis às sociedades limitadas. A lei permite, por exemplo, que o estatuto da companhia crie uma ou mais classes de ações preferenciais com prioridade na distribuição de dividendos, mas sem direito a voto. Na disciplina das sociedades limitadas, o direito ao voto segundo a participação no capital social foi relativizado, quando o DREI – Departamento Nacional de Registro Empresarial e Integração – passou a permitir, tanto as quotas em tesouraria, como a criação de quotas preferenciais, inclusive sem direito a voto. Nesse caso, para efeito de cálculo dos quóruns de instalação e deliberação previstos no Código Civil consideram-se apenas as quotas com direito a voto. Também se discute, atualmente, a adoção pelas limitadas do "voto plural", incluído na LSA pela Lei 14.195/2021. O Enunciado n. 223 da *III Jornada de Direito Civil*, por outro lado, deixa clara a possibilidade de uma regência supletiva híbrida: "O parágrafo único do art. 1.053 não significa a aplicação em bloco da Lei n. 6.404/76 ou das disposições sobre a sociedade simples. O contrato social pode adotar, nas omissões do Código sobre as sociedades limitadas, tanto as regras das sociedades simples quanto as das sociedades anônimas". Independentemente de previsão no contrato social, e sempre que o Código Civil se mantiver omisso após recurso às regras da sociedade simples, será possível a aplicação analógica da legislação do anonimato, com fundamento no art. 4º da LINDB, como instrumento legítimo de integração de lacunas. Essa também foi a conclusão a que se chegou na *II Jornada de Direito Comercial*, por meio do Enunciado n. 64: "Criado o conselho de administração na sociedade limitada, não regida supletivamente pela Lei de Sociedade por Ações (art. 1.053, parágrafo único, do Código Civil) e, caso não haja regramento específico sobre o órgão no contrato, serão aplicadas, por analogia, as normas da sociedade anônima". Enunciado de conteúdo semelhante foi aprovado na *IV Jornada de Direito Civil* (Enunciado n. 392): "Nas hipóteses do art. 1.077 do Código Civil, cabe aos sócios delimitar seus contornos para compatibilizá-los com os princípios da preservação e da função social da empresa, aplicando-se, supletiva (art. 1.053, parágrafo único) ou analogicamente (art. 4º da LINDB), o art. 137, § 3º, da Lei das Sociedades por Ações, para permitir a reconsideração da deliberação que autorizou a retirada do sócio dissidente". A aplicação da Lei das S/A de forma analógica às sociedades reguladas pelo Código Civil também se fará em diversas outras situações não regradas. Por exemplo, "ao sócio que participar de deliberação na qual tenha interesse contrário ao da sociedade aplicar-se-á o disposto no art. 115, § 3º, da Lei n. 6.404/76. Nos demais casos, incide o art. 1.010, § 3º, se o voto proferido foi decisivo para a aprovação da deliberação, ou o art. 187 (abuso do direito), se o voto não tiver prevalecido" (*III Jornada de Direito Civil* – Enunciado n. 217), lembrando que analogia é técnica de autointegração pela qual a ordem jurídica se completa, recorrendo à fonte dominante do direito: a lei. Analogia é a aplicação, a um caso não "normado" diretamente, de um enunciado normativo previsto para uma hipótese semelhante, mas não idêntica àquele, fundando-se na identidade de motivos da norma e não na identidade do suporte fático. Ou seja, é aplicação de uma solução semelhante a um caso não previsto. A doutrina em geral menciona dois tipos de analogia: a que é suprida por outra disposição normativa já existente (analogia *legis*) ou a que demanda integração através de princípios jurídicos ou de todo o sistema (analogia *iuris*). A aplicação analógica requer, sempre, duas operações: 1 – constatar que a situação em análise não está prevista em uma norma jurídica, pois se houvesse previsão, ainda que incompleta, se trataria apenas de interpretação extensiva; 2 – identificar uma outra situação regulada por uma norma jurídica que mantenha uma relação de semelhança com o caso não contemplado e, ao mesmo tempo, justificar que essa relação de semelhança é a mais próxima, impondo, por isso, um tratamento jurídico idêntico. A aplicação analógica da Lei n. 6.404/1976 também autorizaria a emissão, pela sociedade limitada, de debêntures em oferta privada, aptas a conferir aos seus titulares direito de crédito, nas condições estabelecidas na escritura de emissão, a ser regulada por instruções conjuntas do DREI e da CVM. Os sócios da limitada podem, ainda, celebrar "acordo de quotistas" mesmo que não tenham previsto no contrato social a regência supletiva da LSA, pois é sempre lícito às partes estipular contratos atípicos, observadas as normas gerais fixadas neste Código (art. 425). Esse pacto parassocial, tanto quanto o acordo de acionistas de que trata o art. 118 da Lei n. 6.404/1976, vincula os quotistas subscritores e deve ser observado pela sociedade limitada, mas somente será oponível a terceiros depois de averbado no registro competente. Por fim, a Lei n. 14.195/2021 (Lei do Ambiente de Negócios) regulamentou a nota comercial como título de crédito exclusivamente escritural, que pode ser emitido pelas sociedades limitadas, independentemente da regência supletiva pela LSA.

JURISPRUDÊNCIA COMENTADA: O Superior Tribunal de Justiça tem se manifestado a favor da aplicação supletiva da legislação do anonimato às sociedades limitadas, ainda quando não haja previsão expressa nesse sentido no contrato social. Havendo omissão no contrato social quanto ao regime supletivo, aplicam-se subsidiariamente as regras das sociedades simples. Se a omissão persistir, atrai a aplicação analógica da Lei n. 6.404. Por isso, em discussão sobre apuração de haveres, o TJSP deu prevalência ao critério de apuração previsto no Acordo de Quotistas, celebrado com fundamento na liberdade contratual (APL 1060466-75.2016.8.26.0100, Rel. Des. Claudio Godoy, *DJESP* 28.02.2018). Ou seja, o Tribunal bandeirante chancelou um acordo de quotistas, celebrado com amparo no art. 118 da Lei n. 6.404/1976, considerando-o vinculante quanto aos quotistas subscritores. Confirmando essa orientação, o STJ admite tanto que a sociedade limitada adquira as próprias quotas para permanecer "em tesouraria", solução, a seu ver, "harmônica com a teleologia do art. 1.027, combinado com o art. 1.053, ambos do Código Civil", como permite o penhor e o usufruto de quotas (STJ, REsp 1.332.766, 4.ª Turma, Rel. Min. Luis Felipe Salomão, *DJe* 01.08.2017). Entretanto, a regência supletiva pela LSA não afasta o direito de retirada imotivada de que trata o art. 1.029, consoante entendimento da Terceira Turma do STJ: "[...] a ausência de previsão na Lei n. 6.404/76 acerca da retirada imotivada não implica sua proibição nas sociedades limitadas regidas supletivamente pelas normas relativas às sociedades anônimas", existindo o "direito potestativo de retirada imotivada do sócio na sociedade limitada" (REsp 1839078/SP, Rel. Min. Paulo de Tarso Sanseverino, *DJe* 26.03.2021).

REFORMA DO CÓDIGO CIVIL: Pretende-se alterar o art. 1.053 do Código Civil, que passaria a ter a seguinte redação: "Art. 1.053. O contrato social é o instrumento de regência da sociedade limitada cujo teor somente poderá ser afastado em caso de violação da lei. § 1º A sociedade limitada rege-se, nas omissões deste Capítulo, pelas normas da sociedade simples, ressalvada a restrição de que trata o *caput* do art. 1.052. § 2º O contrato social poderá prever que a sociedade limitada seja regida por, além das normas da sociedade simples, também pelas normas da sociedade anônima, naquilo que lhes for compatível. § 3º Não se aplica a regência das sociedades anônimas à sociedade unipessoal". As alterações propostas consagram a primazia do contrato social como instrumento de regência das sociedades limitadas, mantêm a regência legal supletiva prioritariamente pelas regras das sociedades simples e proíbem, no caso de sociedade limitada unipessoal, a regência legal supletiva pela Lei das Sociedades Anônimas.

Art. 1.054. O contrato mencionará, no que couber, as indicações do art. 997, e, se for o caso, a firma social.

COMENTÁRIOS DOUTRINÁRIOS: O dispositivo estabelece o que deve constar do contrato social da sociedade limitada. A regra, no entanto, não é absoluta, pois nem todos os elementos mencionados no art. 997 são aplicáveis às limitadas, nem muito menos exaustiva, vez que o contrato pode trazer outros elementos além daqueles. Entre os incisos do art. 997 que não se aplicam às sociedades limitadas, podemos destacar os incisos V e VI. O primeiro, porque não se admitem sócios de serviço nas sociedades limitadas, apenas nas sociedades simples puras e nas cooperativas, e, o segundo, porque a designação de administrador no contrato social deixou de ser obrigatória para as limitadas, à medida que se passou a admitir que o administrador seja nomeado em ato separado (ver art. 1.060). Além dos requisitos do art. 997, no que forem aplicáveis às limitadas, deve o contrato social atender aos requisitos gerais de validade de qualquer ato jurídico, definidos no art. 104 do Código Civil, além de fazer constar as cláusulas essenciais definidas no art. 53, III, do Decreto n. 1.800, que regulamentou a Lei do Registro de Empresas. Nesse sentido o Enunciado n. 214 da *III Jornada de Direito Civil*: "As indicações contidas no art. 997 não são exaustivas, aplicando-se outras exigências contidas na legislação pertinente, para fins de registro". Entre as cláusulas facultativas do contrato social, podem-se citar: a) regras das reuniões de sócios (art. 1.072 do CC); b) previsão de regência supletiva da sociedade pelas normas da sociedade anônima (parágrafo único, art. 1.053 do CC); c) exclusão de sócios por justa causa (art. 1.085 do CC); d) designação de pessoa não sócia como administrador (art. 1.061 do CC); e) instituição de conselho fiscal (art. 1.066 do CC); e f) outras, de interesse dos sócios, como é o caso da cláusula que preveja a sucessão hereditária do sócio (art. 1.028 do CC). Em se tratando de sociedade limitada unipessoal, aplicar-se-ão ao documento de constituição do sócio único, apenas no que couber, as disposições sobre o contrato social. Como um tipo intermediário entre as sociedades de pessoas e de capital, a sociedade limitada tem a alternativa de escolher, quanto ao nome empresarial, entre a firma ou razão social e a denominação social (ver art. 1.158). A firma, como já antecipamos em comentário anterior, é composta pelos nomes (prenome e sobrenome ou apenas sobrenome) de alguns ou de todos os sócios. A denominação social normalmente não menciona os nomes dos sócios, mas o objeto da sociedade. Em ambos os casos, firma ou denominação devem ser acrescidas da palavra "limitada" ou da sigla "Ltda.".

JURISPRUDÊNCIA COMENTADA: Já se decidiu pela possibilidade de inserção no contrato social de cláusula dispondo sobre a doação de quotas pelos sócios. Deliberando sobre a pretensão de cancelamento dos atos constitutivos da sociedade, em razão da previsão de doação de quotas de capital, sob a alegação de incompatibilidade, o Tribunal de Justiça de São Paulo destacou que o art. 32, II, *a*, da LF n. 8.934/1994 apenas relaciona as espécies de documentos passíveis de arquivamento perante o Registro Público de Empresas Mercantis e Atividades Afins e que "as proibições de arquivamento estão elencadas de forma expressa no art. 35 da LF nº 8.934/94, dentre as quais não se enquadra a doação de quotas no ato constitutivo. O Anexo II da Instrução Normativa/DREI nº 10/2013, por sua vez, relaciona as cláusulas obrigatórias e facultativas do contrato social, permitindo a inclusão de outras cláusulas, de interesse dos sócios (item 1.2.8, f). No caso dos autos, a empresa iniciou as atividades em 31.08.2012 e em 06.09.2012 os sócios doaram as cotas de capital aos seus filhos e netos, mediante o recolhimento do ITCMD devido; o registro do ato constitutivo foi feito em 19.09.2012, já com a informação de doação das cotas de capital, não se vislumbrando qualquer incompatibilidade lógica ou vedação legal no ato. Procedência. Recurso da JUCESP desprovido" (TJSP, AC 1017480-82.2018.8.26.0053, Rel. Des. Torres de Carvalho, *DJESP* 25.02.2019).

REFORMA DO CÓDIGO CIVIL: Pretende-se alterar o art. 1.054 do Código Civil, que passaria a ter a seguinte redação: "Art. 1054. O contrato mencionará, no que couber, as indicações do art. 997 deste Código. Parágrafo único. Os sócios poderão celebrar acordo de quotistas que será observado pela sociedade quando arquivado em sua sede; e será oponível a terceiros quando arquivado no Registro Público de Empresas Mercantis". O objetivo da proposta, segundo a Comissão de Juristas responsável pela elaboração do anteprojeto, foi, por um lado, suprimir a "firma" como espécie possível de nome empresarial da sociedade limitada por desuso e, por outro, autorizar expressamente a celebração do acordo de quotistas. Atualmente, a utilização do acordo de quotistas depende de previsão no contrato social e aplicação supletiva da Lei das S/A. A autorização expressa para o acordo de quotistas, conforme sugerido pelo anteprojeto, propiciará mais segurança jurídica para as sociedades que já se utilizam desse instrumento.

SEÇÃO II
DAS QUOTAS

Art. 1.055. O capital social divide-se em quotas, iguais ou desiguais, cabendo uma ou diversas a cada sócio.

§ 1º Pela exata estimação de bens conferidos ao capital social respondem solidariamente todos os sócios, até o prazo de 5 (cinco) anos da data do registro da sociedade.

§ 2º É vedada contribuição que consista em prestação de serviços.

COMENTÁRIOS DOUTRINÁRIOS: A palavra quota é polissêmica, comportando diversos significados. Ao que interessa ao presente comentário, podemos conceituar a quota como a menor parcela em que se divide o capital social da sociedade limitada, espelhando a contribuição de cada sócio para a sua formação. Ser titular de uma quota ou de várias quotas é o que faz alguém sócio de uma sociedade limitada. O Código Civil suprimiu a distinção entre quotas primitivas e quotas posteriormente adquiridas, que era tratada pelo art. 5º do Decreto n. 3.708/1919, mantendo, no entanto, a possibilidade de se dividir o capital social em quotas, iguais ou desiguais. Se o capital social for de R$ 1.000.000,00, a divisão tanto pode ser feita em um milhão de quotas de R$ 1,00 cada, em mil cotas de R$ 1.000,00 cada, em duas quotas de R$ 500.000,00 cada, em três quotas, sendo uma de R$ 500.000,00 e duas de R$ 250.000,00 e assim por diante. Em uma sociedade de quatro sócios, três deles podem ser titulares de uma quota de R$ 300.000,00 cada e apenas um deles ser titular de uma quota de R$ 100.000,00. A forma de divisão depende da conveniência dos sócios e precisa estar prevista no contrato social. No entanto, o valor da quota não poderá ser inferior a um centavo de real, conforme previsto pela Instrução Normativa n. 81, de 10 de junho de 2020, do DREI (Manual de Registro de Sociedade Limitada, item 4.2.2, seção I, capítulo II). O § 1º deste dispositivo exige maior responsabilidade dos sócios no tocante aos bens que aportarem ao capital social, estabelecendo que eles serão solidariamente responsáveis, durante o prazo de cinco anos contado do registro de constituição da sociedade ou do aumento de capital, pela exatidão dos valores que atribuírem a esses bens. O objetivo é o de evitar a superavaliação dos bens, também chamada de "capital aguado", o que prejudicaria os sócios que contribuíssem com dinheiro, na medida em que sobrevalorizaria a participação do sócio que contribuiu com bens – além de induzir a erro os terceiros que transacionassem com a sociedade, especialmente os seus credores. Todos os sócios devem fiscalizar a veracidade das contribuições dos outros, pois são responsáveis pela estimação dos bens conferidos ao capital, e não apenas o sócio que confere o bem. A solidariedade legal permite que qualquer dos sócios, ou todos conjuntamente, sejam chamados a responder pela diferença a maior atribuída ao bem que ingressou na sociedade a título de subscrição de quota. Essa solidariedade entre os sócios da sociedade limitada, pela exata estimação dos bens conferidos ao capital social, não se restringe à subscrição inicial, abrangendo "os casos de constituição e aumento do capital e cessa após cinco anos da data do respectivo registro" (Enunciado n. 224 da *III Jornada de Direito Civil*). Na *I Jornada de Direito Comercial*, por sua vez, o Enunciado n. 18 esclareceu que a regra contida no art. 1.055, § 1º, também "deve ser aplicada na hipótese de inexatidão da avaliação de bens conferidos ao capital social; a responsabilidade nela prevista não afasta a desconsideração da personalidade jurídica quando presentes seus requisitos legais". Nessa mesma *Jornada*, os especialistas reunidos no CJF concluíram que "o capital social da sociedade limitada poderá ser integralizado, no todo ou em parte, com quotas ou ações de outra sociedade, cabendo aos sócios a escolha do critério de avaliação das respectivas participações societárias, diante da responsabilidade solidária pela exata estimação dos bens conferidos ao capital social, nos termos do art. 1.055, § 1º, do Código Civil". São partes legítimas para propor a ação de reposição ao patrimônio social do valor desfalcado com a sobrevalorização do bem, a sociedade (e não os sócios) e os credores que se sentirem prejudicados com a estimativa incorreta. O sócio que vier a pagar a diferença sozinho, tem direito de regresso contra os demais. Após o prazo de cinco anos previsto no § 1º, contado do registro do ato constitutivo ou da alteração contratual, extingue-se o direito de se postular a reposição, tratando-se, portanto, de prazo decadencial, submetido à disciplina dos arts. 207 a 211. Nos casos em que se conferir ao capital imóvel, ou direitos a ele relativos, o contrato social por instrumento público ou particular deverá conter sua descrição, identificação, área, dados relativos à sua titulação, bem como o número de sua matrícula no Registro Imobiliário. No caso de sócio casado, salvo no regime de separação total de bens, deverá haver a anuência do cônjuge no contrato ou declaração arquivada em separado. Na união estável, sendo o bem titularizado por apenas um dos companheiros, a anuência não é exigível. A integralização de capital com bens imóveis de pessoa menor depende de autorização judicial. Nas sociedades limitadas é expressamente vedado que qualquer dos sócios contribua para o capital social apenas com serviços (§ 2º), tal como já proibia o art. 4º do Decreto n. 3.708/1919. Ou seja, todos os sócios devem contribuir obrigatoriamente com dinheiro ou bens de expressão econômica. Os chamados sócios de serviço serão admitidos exclusivamente nas sociedades simples puras e nas sociedades cooperativas. Ressalto, por fim, que a constituição da sociedade limitada unipessoal, nos termos dos §§ 1º e 2º do art. 1.052, não prejudica a divisão do capital social em quotas, a serem titularizadas pelo sócio único.

JURISPRUDÊNCIA COMENTADA: São diversos os julgados que afastam a pretensão de admissão de sócios de serviços nas sociedades limitadas, em face da vedação expressa do art. 1.055, § 2º. Nesse sentido, o seguinte aresto do TJSP: "O fato de o requerente haver prestado serviços de consultoria à empresa não implica pagamento para ingresso na sociedade (o que, aliás, encontra vedação expressa na regra do artigo 1.055, § 2º, do Código Civil). Instrumento particular firmado entre ele e o corréu que não vincula os demais sócios, já que desatendidos os requisitos legais acima indicados" (TJSP, EDcl 0348343-42.2009.8.26.0000/50000, Rel. Des. Salles Rossi, *DJESP* 21.10.2013). Outra questão bastante debatida diz respeito aos reflexos tributários da conferência de bens ao capital social. Se a integralização do capital social for feita com bens, não existe fato gerador do ITBI, em face da imunidade tributária "incidente sobre o valor de bens ou direitos a ela transmitidos, para incorporação ao seu patrimônio, em virtude de integralização de quotas do capital social, até o montante respectivo, salvo se sua atividade preponderante for a compra e venda desses bens ou direitos, locação de bens imóveis ou arrendamento mercantil (art. 156, § 2º, I, da CF/1988), hipótese em que o imposto é devido" (TJSC, AC 0006807-90.2014.8.24.0005, Rel. Des. Vera Lúcia Ferreira Copetti, *DJSC* 19.07.2017). Mais recentemente, a 3.ª Turma do STJ esclareceu que a integralização do capital social com imóveis somente opera a transferência da propriedade para a pessoa jurídica após o registro do título translativo no cartório de registro de imóveis. O simples registro na Junta Comercial não confere à sociedade legitimidade para promover embargos de terceiro destinados a afastar a constrição judicial que recaiu sobre o patrimônio (REsp 1743088/PR, Rel. Min. Marco Aurélio Bellizze, *DJe* 22.03.2019). Finalmente, sobre a polêmica que envolve o lançamento de ITBI sobre a parcela do valor dos imóveis que exceda o necessário para a integralização do capital social da sociedade (objeto do Tema 376 de repercussão geral no STF) ou, ainda, sobre a tributação do excedente ao valor da integralização do capital social, tomando como base a avaliação municipal (valor venal dos imóveis) e não o valor de conferência atribuído pelo sócio, *vide* nossos comentários ao art. 1.005.

REFORMA DO CÓDIGO CIVIL: Pretende-se alterar o *caput* e acrescentar, ao art. 1.055 do Código Civil, dois novos parágrafos (terceiro e quarto), com as seguintes redações: "Art. 1055. Salvo nas sociedades limitadas unipessoais, o capital social divide-se em quotas, iguais ou desiguais, cabendo uma ou diversas a cada sócio. [...] § 3º São admitidas quotas preferenciais, nas proporções e condições definidas no contrato social, que atribuam aos seus titulares direitos econômicos e políticos diversos, podendo ser suprimido ou delimitado o direito de voto pelo sócio titular de quota preferencial respectiva, observados os limites da Lei nº 6.404, de 15 de dezembro de 1976, ainda que o contrato social não preveja a sua aplicação. § 4º Consideram-se apenas as quotas com direito a voto, para os efeitos de cálculo dos quóruns de deliberação e instalação das reuniões que dizem respeito à sociedade". O objetivo da proposta, segundo a Comissão de Juristas responsável pela elaboração do anteprojeto, foi regular a possibilidade de emissão de quotas preferenciais pelas sociedades limitadas, na mesma linha das normativas do DREI – Departamento Nacional de Registro Empresarial e Integração – que já permitem tanto as quotas em tesouraria como a criação de quotas preferenciais, inclusive sem direito a voto. A alteração, se aprovada, incentivará a constituição de estruturas societárias mais complexas, no âmbito das sociedades limitadas, facilitando o aporte de investimentos com riscos menores.

Art. 1.056. A quota é indivisível em relação à sociedade, salvo para efeito de transferência, caso em que se observará o disposto no artigo seguinte.

§ 1º No caso de condomínio de quota, os direitos a ela inerentes somente podem ser exercidos pelo condômino representante, ou pelo inventariante do espólio de sócio falecido.

§ 2º Sem prejuízo do disposto no art. 1.052, os condôminos de quota indivisa respondem solidariamente pelas prestações necessárias à sua integralização.

COMENTÁRIOS DOUTRINÁRIOS: O dispositivo incorpora, com linguagem mais concisa, regra anteriormente prevista no Decreto n. 3.708/1919, que já dispunha sobre a indivisibilidade e sobre o condomínio de quotas. Quanto à indivisibilidade, o *caput* do art. 1.056 prevê que as quotas são indivisíveis em relação à sociedade, o que significa dizer que cada quota só pode ser materializada por um número inteiro, não se admitindo fração de quota, como meia quota ou um quarto de quota. O sócio não pode, pois, cindir a sua quota, nem muito menos dividir o exercício e o gozo dos direitos a ela relativos, de modo a que pudesse, por exemplo, votar de uma forma, com parte das quotas e votar de outra forma completamente diferente com o restante das quotas. Mas a vedação ao fracionamento não impede a alienação parcial das quotas, por cessão ou doação, observado o disposto no art. 1.057. O sócio pode ceder as suas quotas a terceiro, desde que o contrato social o permita ou não haja oposição de mais de um quarto do capital social. E poderá fazê-lo simultaneamente a várias pessoas (por exemplo, aos três filhos conjuntamente – 1/3 para cada), possibilitando que mais de uma pessoa seja dona de uma quota ou de um grupo de quotas, hipótese em que se instaura o condomínio de quotas. O condomínio pode ter origem, também, em sucessão hereditária. É o que ocorre no caso de falecimento de sócio, quando o contrato social prevê a substituição do sócio pelos sucessores (art. 1.028, I) e as quotas pertencentes ao *de cujus* se transferem, por força do *droit de saisine* (ver arts. 1.784 e 1.791), aos herdeiros legítimos e testamentários. Nesses casos, e até que se extinga o condomínio hereditário, todos os direitos inerentes às quotas somente poderão ser exercidos por um representante do condomínio, a ser designado perante a sociedade ou pelo inventariante do espólio do sócio falecido (§ 1º). O Espólio, ressalte-se, como ente despersonalizado, não ingressará na sociedade, mas apenas administrará, como representante do condomínio, os direitos inerentes às quotas. O representante do condomínio é obrigado a votar segundo o deliberado pela maioria dos condôminos, tornando-se imprescindível que os ajustes entre eles sejam averbados no registro da sociedade, sob pena de somente vincularem os condôminos, formando uma sociedade à parte, de segundo grau. O condomínio de quotas pode resultar igualmente de manifestação volitiva do sócio, por ato *inter vivos* ou *causa mortis*, nos termos do art. 1.320, §§ 1º e 2º, deste Código, que possibilitam ao doador ou ao testador estabelecer que fique indivisa a quota doada ou legada, por prazo não maior de cinco anos, insuscetível de prorrogação ulterior. Constitui equívoco palmar, mas muito frequente na praxe forense, a nomeação automática do inventariante, como representante do Espólio e do condomínio hereditário, para ocupar a função de administrador da sociedade, nos casos de falecimento do sócio-administrador. Não havendo previsão expressa no contrato social, a teor do que faculta o art. 1.028, a imposição do inventariante como administrador constitui ingerência indevida do Judiciário na sociedade, eis que, nesses casos, é a própria pessoa jurídica quem deve nomear outro administrador. Nada impede que a gestão recaia sobre o próprio inventariante, desde que esta tenha sido a deliberação dos sócios remanescentes. O inventariante representa o Espólio, mas não sucede ao falecido, na qualidade de sócio ou administrador, sem que isso tenha sido deliberado pelos demais sócios. Se a sociedade limitada foi constituída durante o casamento ou a união estável, em regime de comunhão parcial de bens, não existe propriamente um condomínio do casal em relação às quotas. Aquele que não integra a sociedade, faz jus, em caso de partilha, à metade do equivalente econômico das quotas, mas não é delas cotitular ou condômino. Existe, em verdade, uma espécie de subsociedade (ou sociedade de segundo grau) entre os cônjuges ou companheiros em relação às quotas, que não se confunde com o condomínio sobre as quotas e que perdurará até a extinção da sociedade conjugal, com a separação de fato, a separação de direito, o divórcio ou a dissolução da união estável. A extinção da sociedade conjugal provoca a abolição da subsociedade que se formou entre os cônjuges ou companheiros, no que toca às quotas. Extinto o regime de bens, não há mais sociedade alguma entre os cônjuges ou companheiros, adquirindo o parceiro não sócio o direito de crédito contra o sócio, ao equivalente patrimonial da sua participação, calculado naquela data. Não se confunda o condomínio de quotas, com os antigos contratos de associação à quota de que tratava o art. 334 do Código Comercial, hoje revogado. O dispositivo permitia ao sócio "associar" um terceiro à sua parte do capital social, sem que por esse fato o associado fosse considerado membro da sociedade. Não obstante a não repetição do artigo pelo Código Civil atual, esse tipo de ajuste continua possível, pois é lícito às partes estipular contratos atípicos, observadas as normas gerais fixadas neste Código (art. 425). Essa associação às quotas decorre de ato *inter vivos*, por meio do qual o sócio celebra com terceiro um contrato de associação o qual, independentemente de registro na Junta Comercial, produzirá efeitos jurídicos em relação às partes contratantes. É a forma de um sócio ceder parcialmente direitos patrimoniais inerentes à sua quota a terceiro estranho aos demais sócios e sem anuência deles. O terceiro não se torna sócio, nem pode exercer qualquer dos direitos de sócio, como o de votar ou o de concorrer à distribuição dos lucros, mas pode exigir do sócio com quem contratou tudo o que estiver previsto no ajuste. Também não configuram condomínio de quotas os contratos de investimento de que tratam os arts. 61-A e seguintes da Lei Complementar n. 123/2006 e o art. 5º da Lei Complementar n. 182/2021, os quais habilitam a sociedade limitada, desde que enquadrada como microempresa, empresa de pequeno porte ou *startup*, a admitir o aporte de capital, que não integrará o seu capital social. O objetivo desses contratos é incentivar as atividades de inovação e os investimentos produtivos. Por meio de "contrato de investimento-anjo", "contrato de opção de subscrição de quotas", "contrato de opção de compra de quotas", "contrato de mútuo conversível em participação societária" ou por meio de uma sociedade em conta de participação celebrada entre o investidor e a empresa, qualquer pessoa natural ou jurídica, denominada "investidor-anjo", aportará capital, mas não será considerada sócia, nem terá qualquer direito a voto na gestão da sociedade. Também não responderá por dívida ou obrigação social de espécie alguma, inclusive em recuperação judicial, não se aplicando a ele as hipóteses de desconsideração da personalidade jurídica. A Lei Complementar n. 182/2021, que institui o marco legal das *startups* e do empreendedorismo inovador, também ratifica que o investidor-anjo não é considerado sócio nem tem qualquer direito a gerência ou a voto na administração da empresa, não respondendo por qualquer obrigação, "e a ele não se estenderá o disposto no art. 50 da Lei nº 10.406, de 10 de janeiro de 2002 (Código Civil), no art. 855-A da Consolidação das Leis do Trabalho (CLT), aprovada pelo Decreto-lei nº 5.452, de 1º de maio de 1943, nos arts. 124, 134 e 135 da Lei nº 5.172, de 25 de outubro de 1966 (Código Tributário Nacional), e em outras disposições atinentes à desconsideração da personalidade jurídica existentes na legislação vigente" (art. 8º, II). O investidor-anjo será remunerado por seus aportes, nos termos do contrato celebrado e somente será considerado quotista ou sócio após a conversão do instrumento do aporte em efetiva e formal participação societária. Havendo condomínio, presumem-se iguais as partes ideais dos condôminos e cada condômino é obrigado a suportar os ônus a que a coisa estiver sujeita (ver art. 1.315), razão pela qual todos eles serão solidariamente responsáveis pela integralização do capital social (§ 2º). O valor que estiver faltando para que a quota seja integralizada poderá ser cobrado pela sociedade de todos os condôminos indistintamente, a teor do art. 275. Em suma, pelo regime imposto ao condomínio de quotas, a responsabilidade dos condôminos é sempre solidária perante a sociedade.

JURISPRUDÊNCIA COMENTADA: O Tribunal de Justiça de Minas Gerais considerou válido e eficaz, em relação às partes contratantes, um denominado contrato particular de condomínio de quotas de sociedade limitada, "apesar de não registrado na Junta Comercial, por isso gerador de efeitos jurídicos em relação à sociedade. O registro do contrato de condomínio na Junta Comercial tem por fim técnico dar publicidade do ato, motivo pelo qual a falta de registro não prejudica a livre manifestação de vontade das partes contratantes, cuja validade decorre da norma do artigo 104 do CC" (TJMG, APCV 1.0515.08.033800-4/004, Rel. Des. Saldanha da Fonseca, *DJEMG* 23.08.2017). O TJSP, por outro lado, já pontuou que o condomínio de quotas apresenta "a mesma feição dos fundos de investimentos atuais, com os quais é possível adquirir qualquer coisa, desde divisíveis, indivisíveis, consumíveis ou não, serviços e produtos em geral para permitir que um dos investidores ceda a sua parte a terceiro estranho à massa de investidores, desde que responda por suas obrigações perante a massa de condôminos" (TJSP, APL 0228724-12.2009.8.26.0100, Rel. Des. Conti Machado, *DJESP* 17.07.2015). As duas decisões mostram-se equivocadas, pois confundem o condomínio de quotas com outras figuras afins, como é o caso dos já aludidos contratos de associação à quota. Quanto ao ingresso do espólio do sócio falecido na sociedade, mediante alteração do contrato social, o Superior Tribunal de Justiça entendeu descabida a admissão do espólio no quadro societário, eis que apenas caberia "ao espólio, representado pelo inventariante, administração transitória das quotas enquanto se apuram os haveres e a divisão do espólio". Entretanto, no caso concreto, "a inclusão do espólio no contrato social, mediante alteração contratual arquivada na junta comercial competente, e o regular exercício da atividade empresarial sob o novo quadro societário ao longo de 16 anos denotam a concreta intenção das partes de ajustarem a sucessão do sócio falecido" (STJ, REsp 1.422.934/RJ, Proc. 2013/0304400-4, 3.ª Turma, Rel. Desig. Min. João Otávio de Noronha, *DJe* 25.11.2014). O Tribunal da Cidadania, ao manter hígida a alteração contratual manifestamente ilegal, extrapolou a legalidade estrita, pois o espólio, na qualidade de ente despersonalizado, jamais poderia ser admitido no quadro social como se fora titular das quotas. Porém, o STJ optou por manter a situação já consolidada, em observância ao princípio da preservação da empresa e por entender que a admissão do espólio na sociedade, com anuência dos sócios remanescentes, deu concretude ao art. 1.028, III, sob pena de violação da boa-fé objetiva.

Art. 1.057. Na omissão do contrato, o sócio pode ceder sua quota, total ou parcialmente, a quem seja sócio, independentemente de audiência dos outros, ou a estranho, se não houver oposição de titulares de mais de um quarto do capital social.

Parágrafo único. A cessão terá eficácia quanto à sociedade e terceiros, inclusive para os fins do parágrafo único do art. 1.003, a partir da averbação do respectivo instrumento, subscrito pelos sócios anuentes.

COMENTÁRIOS DOUTRINÁRIOS: Como as sociedades limitadas estão postas, no quadro legislativo, como sociedades de pessoas, nas quais a *affectio societatis* prepondera, não se admite a livre transmissibilidade das quotas, de forma onerosa ou gratuita. Portanto, a cessão gratuita ou onerosa de quotas, mediante alienação, doação ou partilha, se submete ao que dispõem a lei e o ato constitutivo, não se enquadrando naqueles atos de livre disposição do titular. Normalmente, o contrato social regulamenta (e é aconselhável que o faça) a transmissão das quotas, por ato *inter vivos* ou *causa mortis*, prevendo de que forma e a quem podem ser transmitidas. Se houver cláusula contratual restringindo ou proibindo a cessão de quotas a terceiros estranhos ao quadro social ou mesmo submetendo a cessão a outros sócios à aprovação da maioria dos demais sócios, ela prevalece sobre a disposição do art. 1.057. Mas, na omissão do contrato social, a solução está posta no *caput* do dispositivo, pouco importando se a regência supletiva da sociedade tenha seguido a legislação do anonimato ou das sociedades simples, pois, para a transmissão das quotas, não existe lacuna na lei a ser suprida. Para transmitir, a qualquer título, quotas a terceiro, estranho à sociedade, o sócio transmitente precisa da aprovação, expressa ou tácita, de 3/4 ou mais do capital social. Já a transmissão das quotas para outro sócio é livre e independe da anuência dos demais. Em qualquer hipótese, cedente e cessionário (ou doador e donatário) serão responsabilizados solidariamente por toda e qualquer obrigação que o primeiro tinha como sócio, inclusive a de responder solidariamente pela integralização do capital social, nos termos do art. 1.052, pelo prazo de dois anos, contados da averbação do instrumento de transmissão ou de modificação do contrato social (ver comentários ao art. 1.003). A Instrução Normativa DREI n. 81/2020 estabelece que a transferência de quotas presume-se onerosa e somente será considerada gratuita se expressamente consignado no instrumento. Quando a transferência for gratuita, não será exigida comprovação de quitação de qualquer tributo, nos termos do art. 9º da Lei Complementar 123, de 14 de dezembro de 2006, com a redação dada pela Lei Complementar 147, de 07 de agosto de 2014. O parágrafo único do art. 1.057 deixa expresso, ao aludir a "instrumento" e não a "contrato social", que a cessão de quotas pode ser instrumentalizada independentemente de alteração do contrato social. Aliás, essa também foi a conclusão da *III Jornada de Direito Civil*: " Na omissão do contrato social, a cessão de quotas sociais de uma sociedade limitada pode ser feita por instrumento próprio, averbado junto ao registro da sociedade, independentemente de alteração contratual, nos termos do art. 1.057 e parágrafo único do Código Civil" (Enunciado n. 225). Quando a cessão é feita a outro sócio, o instrumento pode ser subscrito apenas pelo cedente e pelo cessionário; quando feita a terceiro, também deve ser subscrito pelos sócios anuentes. Em qualquer hipótese, a cessão de quotas somente terá eficácia quanto à sociedade e terceiros a partir do arquivamento do respectivo instrumento na Junta Comercial. Esse arquivamento dispensa a sociedade da correspondente alteração contratual, o que pode ser feito posteriormente em momento que lhe for mais conveniente. A grande vantagem de se proceder à cessão por alteração do contrato social é subtrair a publicidade em relação aos detalhes do negócio, notadamente quanto ao preço e forma de pagamento. Assim, o contrato de cessão ficaria restrito às partes e o que teria publicidade seria apenas a alteração do contrato social. Ainda no que concerne à transmissão de quotas, na *IV Jornada de Direito Civil* foi aprovado o Enunciado n. 391, prevendo que "a sociedade limitada pode adquirir suas próprias quotas, observadas as condições estabelecidas na Lei das Sociedades por Ações", fato que não lhe confere a condição de sócia. Nesses casos, o sócio retirante cederá suas quotas à própria sociedade (e não a outro sócio), o que dispensa, com muito mais razão, a anuência de ¾ do capital social, senão a aprovação dos sócios titulares do percentual de deliberação ordinário, se outro não estiver previsto no contrato. A aquisição de quotas pela sociedade favorece o interesse social, ora por evitar o ingresso de estranhos, ora por obstar a liquidação da quota em caso de falecimento de sócio ou de penhora por algum credor (art. 1.026), o que, em última análise concretiza o princípio da preservação da empresa. A sociedade não se torna sócia de si própria, mantendo as quotas em tesouraria. O fundamento legal para amparar a possibilidade de aquisição das quotas pela sociedade pode ser encontrado no art. 30 da LSA, a facultar a companhia adquirir suas próprias ações "para permanência em tesouraria ou cancelamento, desde que até o valor do saldo de lucros ou reservas, exceto a legal, e sem diminuição do capital social ou por doação". A possibilidade de aquisição das próprias quotas independe de cláusula expressa no contrato social determinando a regência supletiva pela LSA. Isso porque a regência supletiva da Lei das SA tanto poderá ser prevista de forma expressa como de forma presumida pela adoção de qualquer instituto próprio das sociedades anônimas, desde que compatível com a natureza da sociedade limitada. Sem falar que o art. 30 da LSA também se aplicaria por analogia à sociedade limitada, independentemente de previsão no contrato social, com fundamento no art. 4º da LINDB. A livre transmissão de quotas a quem já seja sócio, independentemente de audiência dos outros, repercute na transmissão por sucessão hereditária, constituindo exceção à regra geral do art. 1.028, segundo a qual a substituição do sócio falecido pelos seus sucessores dependeria de acordo dos herdeiros com os sócios remanescentes (inc. III). Essa imposição de anuência dos demais pressupõe que os herdeiros sejam estranhos à sociedade, hipótese em que a transmissão automática de titularidade das quotas, e o consequente ingresso no quadro social, violaria a *affectio societatis*. Todavia, se todos os sucessores já integram a sociedade, situação que permitiria ao falecido lhes haver transmitido em vida as quotas sem consultar os outros sócios, pelo permissivo do art. 1.057, deve-se reputar automática a transmissão das quotas (e não apenas de seu conteúdo econômico) por força do *droit de saisine*, quando da abertura da sucessão. Os herdeiros, se assim o desejarem, assumirão a titularidade das quotas do falecido, sem necessidade de qualquer acordo com os demais sócios. Idêntica a solução se o sócio, por testamento, legar as suas quotas a quem já seja sócio (*vide* comentários ao art. 1.028).

JURISPRUDÊNCIA COMENTADA: Na jurisprudência não se verificam maiores controvérsias quanto à interpretação do art. 1.057. O Tribunal de Justiça de São Paulo tem declarado nula (e ineficaz) a doação de quotas sociais a pessoas estranhas à sociedade, em face da necessidade de anuência de sócios que contenham mais de um quarto do capital social. Além de nula, a doação "carece de eficácia, inclusive em relação a terceiros, em razão da não anuência expressa dos demais sócios, bem como da ausência de averbação da pretendida modificação do quadro societário no órgão competente" (TJSP, APL 0021533-35.2005.8.26.0068, Rel. Des. Fábio Podestá, *DJESP* 10.08.2018). Os instrumentos particulares de cessão de direitos "não são hábeis a impedir a penhora das cotas, que permanecem formalmente em nome do devedor, pois a alienação não foi averbada no órgão competente e, portanto, não produz efeitos perante terceiros" (TJDF, AGI 07381.57-29.2023.8.07.0000, *DJe* 08.04.2024). Se o Contrato Social da empresa é silente quanto à possibilidade de transferência de cotas para os demais sócios, "a cessão de cota-parte da sociedade não depende da anuência dos demais sócios quando destinada a outro sócio da mesma empresa. Destaca-se que o direito de preferência só prevalece quando a cessão se dá a terceiros, estranhos ao quadro societário" (TJGO, AC 0333377-50.2013.8.09.0051, *DJEGO* 15.03.2024).

REFORMA DO CÓDIGO CIVIL: Pretende-se alterar o parágrafo único do art. 1.057 do Código Civil, que passaria a ter a seguinte redação: "Art. 1.057. [...] Parágrafo único. Independentemente de alteração contratual, a cessão terá eficácia quanto à sociedade e a terceiros, inclusive para os fins do parágrafo único do art. 1.003 deste Código, a partir da averbação do respectivo instrumento, subscrito pelos sócios anuentes, no Registro Público de Empresas Mercantis". O objetivo da proposta, segundo consta do relatório da Comissão de Juristas responsável pela elaboração do anteprojeto, foi compatibilizar a redação do dispositivo com as normativas do DREI (item 4.4.2 da seção IV do Anexo IV da IN 81) e com o Enunciado 225 da *III Jornada de Direito Civil* do Conselho da Justiça Federal.

Art. 1.058. Não integralizada a quota de sócio remisso, os outros sócios podem, sem prejuízo do disposto no art. 1.004 e seu parágrafo único, tomá-la para si ou transferi-la a terceiros, excluindo o primitivo titular e devolvendo-lhe o que houver pago, deduzidos os juros da mora, as prestações estabelecidas no contrato mais as despesas.

COMENTÁRIOS DOUTRINÁRIOS: O dispositivo versa sobre a exclusão do sócio remisso, incorporando, com linguagem mais concisa, regra anteriormente prevista no art. 7º do Decreto n. 3.708/1919. Já antecipei, nos comentários ao art. 1.004, que o dever fundamental dos sócios de qualquer sociedade é o de realizar a sua contribuição para o capital social. O sócio que deixa de fazê-lo, no tempo, lugar e forma previstos no contrato social, quebra a relação de confiança com os demais sócios e torna-se inadimplente para com a sociedade (sócio remisso), sujeitando-se às sanções decorrentes do seu inadimplemento (arts. 389 e 1.004 c/c o art. 1.058). Tornando-se inadimplente, será interpelado pela sociedade, para fins de constituição em mora (*mora ex persona*), sendo-lhe garantido o prazo de trinta dias para o pagamento. Decorrido o trintídio sem o cumprimento da obrigação, a maioria dos sócios (excluindo desse cômputo o remisso) poderá optar entre três alternativas: i) promover a execução por quantia certa (CPC, arts. 797/805), se a quota foi subscrita em dinheiro; ou execução para entrega de coisa certa (CPC, arts. 806/810), quando a contribuição prometida se daria em bens, podendo, em ambas as situações, postular perdas e danos pela mora do sócio, nos termos do art. 389; ii) requerer a exclusão do remisso; ou iii) reduzir-lhe a quota ao valor já integralizado. O Enunciado n. 216 da *III Jornada de Direito Civil* confirma que "o *quorum* de deliberação previsto no art. 1.004, parágrafo único e no art. 1.030 é de maioria absoluta do capital representado pelas quotas dos demais sócios, consoante a regra geral fixada no art. 999 para as deliberações na sociedade simples. Este entendimento aplica-se ao art. 1.058 em caso de exclusão de sócio remisso ou redução do valor de sua quota ao montante já integralizado". Nas sociedades limitadas, além das providências do art. 1.004, os demais sócios podem deliberar para que a sociedade, no lugar de promover a execução contra o sócio remisso, tome para si a quota (ou as quotas) do remisso, podendo redistribuí-las entre os demais sócios, mantê-las em tesouraria ou transferi-las a terceiros, excluindo o primitivo titular e devolvendo-lhe o que houver pago, deduzidos os juros da mora, as prestações estabelecidas no contrato e outras despesas. Se a opção for pela redistribuição entre os sócios remanescentes, todos eles subscreverão e integralizarão, proporcionalmente, as quotas do remisso. Se a deliberação for pela transferência a terceiro, a quem caberá integralizar o capital ou complementar a integralização das quotas anteriormente subscritas pelo remisso, os demais sócios admitirão o ingresso do novo sócio, por instrumento à parte ou alteração do contrato social. Finalmente, se a deliberação dos sócios se direcionar para a aquisição, pela própria sociedade, das quotas do sócio remisso, devem ser observadas as condições estabelecidas na Lei das Sociedades por Ações e o disposto no Enunciado n. 391 da *IV Jornada de Direito Civil*. A possibilidade de aquisição das próprias quotas independe de cláusula expressa no contrato social determinando a regência supletiva pela LSA. Isso porque a regência supletiva da Lei das SA tanto poderá ser prevista de forma expressa como de forma presumida pela adoção de qualquer instituto próprio das sociedades anônimas, desde que compatível com a natureza da sociedade limitada. Com relação à devolução, após exclusão, dos valores que o remisso houver pagado, a que se refere a parte final do art. 1.058, trata-se de norma de ordem pública, que não pode ser afastada por cláusula do contrato social. Assim, se o contrato social estabelecer a perda total das contribuições realizadas pelo remisso, a cláusula será inválida por contrariar disposição expressa de lei (ver art. 166, VI e VII). O valor de reembolso deve ser calculado com base no patrimônio líquido da sociedade, à data da exclusão, que pode ser superior ou inferior ao capital social, de modo que o remisso tanto pode receber de volta até mais do que as entradas de capital que realizou, como receber menos, se a sociedade estiver deficitária.

JURISPRUDÊNCIA COMENTADA: Em ação de reconhecimento e dissolução de sociedade limitada, em que se discutiu a restituição de valores pagos pelo sócio remisso, na subscrição parcial de suas quotas, vedada no contrato social, o Tribunal local, após reconhecer que "em caso de não integralização da quota social da empresa pelo sócio remisso, os sócios remanescentes podem tomá-la para si ou transferi-la a terceiros, excluindo o primitivo titular e devolvendo-lhe o que houver pago deduzidos os juros de mora, as prestações estabelecidas no contrato mais as despesas", ressaltou, com absoluta correção, que o art. 1.058 do Código Civil é norma de caráter cogente, sendo "descabida a sua aplicação subsidiária em face das disposições contratuais, devendo ser estas afastadas, razão pela qual não há que se falar em violação aos princípios da *pacta sunt servanda*, autonomia da vontade e boa-fé objetiva" (TJDF, Recurso 2009.01.1.061516-0, Rel. Des. Gislene Pinheiro, *DJDFTE* 30.07.2012). Esta decisão deu apropriada interpretação ao art. 1.058, que não pode ser afastado por convenção das partes, quer por configurar norma de ordem pública, quer por representar a negativa de devolução das contribuições ao remisso, violação do princípio da vedação ao enriquecimento sem causa.

Art. 1.059. Os sócios serão obrigados à reposição dos lucros e das quantias retiradas, a qualquer título, ainda que autorizados pelo contrato, quando tais lucros ou quantia se distribuírem com prejuízo do capital.

COMENTÁRIOS DOUTRINÁRIOS: A presente disposição guarda paralelo com o art. 9º do Decreto n. 3.708/1919, que já previa, em caso de falência de sociedade, a obrigatoriedade de reposição dos lucros, valores ou quantias distribuídos com prejuízo do capital realizado. A novidade, aqui, é que essa regra passa a valer agora para toda e qualquer hipótese em que tiver havido distribuição de lucros com prejuízo do capital e não apenas para os casos de falência. O objetivo é o de manter a integridade do capital social em proteção aos interesses dos terceiros que contratam com a sociedade, fiando-se na garantia expressa no montante do seu capital social. O princípio da intangibilidade do capital social, segundo o qual os bens e valores aportados à sociedade a título de capital social somente poderão ser devolvidos aos sócios em caso de dissolução da sociedade, constitui um dos vetores estruturantes das sociedades empresárias, trazendo segurança aos credores e assegurando a capitalização da empresa, imprescindível ao giro dos negócios. Repartir lucros, em prejuízo do capital social, constitui verdadeira fraude que, além de impor aos que os receberam a obrigação de restituir – independentemente de saberem ou não da inexistência de lucros –, pode acarretar, aos que deliberaram pela distribuição, a responsabilidade solidária de que trata o art. 1.080. Acrescente-se que a distribuição de lucros fictícios pelo administrador também constitui crime tipificado no inc. IV, do § 1º, do art. 177 do Código Penal Brasileiro. A despeito de aludir a "quantias retiradas a qualquer título", o art. 1.059 deve ser interpretado como restritivo da distribuição de lucros, e não de todo e qualquer valor, como é o caso do *pro labore* pago aos administradores ou mesmo de eventuais empréstimos feitos aos sócios ou a terceiros. No contrato de mútuo, por exemplo, não existe desfalque do capital social, pois o valor emprestado se converte em crédito da sociedade.

SEÇÃO III
DA ADMINISTRAÇÃO

Art. 1.060. A sociedade limitada é administrada por uma ou mais pessoas designadas no contrato social ou em ato separado.

Parágrafo único. A administração atribuída no contrato a todos os sócios não se estende de pleno direito aos que posteriormente adquiram essa qualidade.

COMENTÁRIOS DOUTRINÁRIOS: Uma das principais inovações, não só deste artigo, mas de toda a Seção III em relação ao Decreto n. 3.708/1919, está no fim da nomenclatura "sócio-gerente", substituída por "sócio-administrador". A expressão gerente passou a designar um preposto da empresa e não mais aquele que tem poderes de gestão (*vide* arts. 1.172 a 1.176). Administrador é quem foi alçado ao cargo de direção da pessoa jurídica, quer pelo contrato social, quer por ato separado, pouco importando a sua condição de sócio (como aliás já havia feito a Lei das S/A, em que a figura do administrador ou diretor não se confunde com a do acionista). Ao distinguir as figuras do gerente e do administrador e também ao disciplinar a possibilidade de nomeação, pelos diversos tipos de sociedades, de administrador não sócio, o Código findou por estender a este imputação de responsabilidade civil antes restrita aos sócios. O contrato social deve mencionar a quem compete a administração da sociedade limitada ou informar que a indicação será feita em ato separado; muito embora a Instrução Normativa DREI n. 81/2020 mencione, como cláusulas obrigatórias do contrato social, "a(s) pessoa(s) natural(is) incumbida(s) da administração da sociedade, e seus poderes e atribuições", salta aos olhos que a norma administrativa contém exigência transbordante da legalidade, pois, se a lei permite a nomeação de administrador em ato separado, a indicação no contrato social tornou-se mera faculdade a benefício da sociedade, não se podendo jamais erigir essa exigência como requisito para o arquivamento dos atos constitutivos da sociedade limitada. A administração pode ser atribuída a todos os sócios, a alguns dos sócios, a um só dos sócios ou mesmo a quem não seja sócio. Portanto, a administração pode ser exercida por uma ou mais pessoas. Quando a administração foi atribuída no contrato a todos os sócios, ela não se estende de pleno direito aos sócios que posteriormente ingressem na sociedade e adquiram essa qualidade. Nesses casos, o sócio que entra posteriormente à constituição ou à modificação do contrato social, não terá assento na administração da sociedade, mas terá o direito de propor ação de prestação de contas contra os sócios que exerçam a administração. O administrador da sociedade limitada, em aplicação analógica do art. 153 da LSA, "deve empregar, no exercício de suas funções, o cuidado e diligência que todo homem ativo e probo costuma empregar na administração dos seus próprios negócios". Ativo e probo não são termos equivalentes. O cuidado exigível dos homens probos relaciona-se com a conservação do patrimônio da sociedade. O cuidado exigível dos homens ativos está intrinsecamente ligado à obtenção de lucro e ao aumento do patrimônio da sociedade. Portanto, falta com o dever o administrador que, por negligência ou mesmo por imperícia, deixa de aproveitar oportunidades de mercado, perdendo a chance de obter mais lucro para a sociedade. O ressarcimento a que pode ser compelido o administrador pelos danos causados à sociedade abrange, assim, danos emergentes, lucros cessantes e também o dano pela perda de uma chance. Como decorrência da probidade exigida para a função, não podem ser administradores os condenados a pena que vede, mesmo que temporariamente, o acesso a cargos públicos e, também aqueles condenados como incursos nas penas dos arts. 155 a 196 (crimes contra o patrimônio), 289 a 311-A (crimes contra a fé pública), 312 (peculato), 316 (concussão), 319 (prevaricação), 333 (corrupção) todos do CP brasileiro, e, ainda, os condenados por crime falimentar, com base na LRE, crime contra a economia popular (Lei n. 1.521/1951), crimes contra o sistema financeiro nacional (Lei n. 7.492/1986), crimes contra a ordem econômica ou a defesa da concorrência (Lei n. 12.529/2011) e crimes contra as relações de consumo (Lei n. 8.078/1990). As expressões "de peita" ou "suborno" do § 1º do art. 1.011 devem ser entendidas como corrupção, ativa ou passiva, consoante conclusão da *I Jornada de Direito Civil* – Enunciado n. 60. A comprovação da ausência de tais impedimentos será feita por mera declaração do administrador, como concluiu a *III Jornada de Direito Civil* – Enunciado n. 218: "Não são necessárias certidões de nenhuma espécie para comprovar os requisitos do art. 1.011 no ato de registro da sociedade, bastando declaração de desimpedimento". O impedimento tem aplicação enquanto durarem os efeitos da condenação. Quem foi condenado e já cumpriu a pena que lhe foi imposta pela prática de quaisquer desses crimes, pode exercer normalmente o cargo de administrador. O mesmo se diga na hipótese de prescrição da pretensão punitiva. À atividade dos administradores aplicam-se, no que couber, as disposições concernentes ao mandato (*vide* comentários aos arts. 653 a 692). Questão controvertida diz respeito à possibilidade de a administração ser exercida por uma pessoa jurídica, por meio de seus representantes, uma vez que o *caput* do dispositivo não faz distinção entre pessoas físicas ou jurídicas. Não vejo vedação ao exercício da administração por pessoa jurídica nas sociedades limitadas, mas apenas nas sociedades em nome coletivo e em comandita simples. A designação de pessoa jurídica como administrador, no entanto, somente é possível, na literalidade do art. 1.060, quando essa designação for feita no próprio contrato social e, exclusivamente, nessa hipótese. A designação de administrador em ato separado só pode ser feita em pessoa natural, segundo o disposto no § 2º do art. 1.062 e consoante interpretação da *I Jornada de Direito Civil* ("A teor do § 2º do art. 1.062 do Código Civil, o administrador só pode ser pessoa natural" – Enunciado n. 66). Cabe advertir, no entanto, que a Instrução Normativa DREI n. 81/2020 não faz essa distinção e considera, como "cláusula obrigatória" do contrato social, a que menciona "as pessoas naturais" incumbidas da administração da sociedade", de onde se extrai que, aos olhos do Registro de Empresas, apenas as pessoas naturais podem ser administradoras da sociedade.

REFORMA DO CÓDIGO CIVIL: Pretende-se alterar o art. 1.060 do Código Civil, que passaria a ter a seguinte redação: "Art. 1060. Salvo no caso de constituir-se por única pessoa, a sociedade limitada é administrada por uma ou mais pessoas, físicas ou jurídicas, designadas no contrato social ou em ato separado averbado no Registro Público de Empresas Mercantis. Parágrafo único. A administração atribuída no contrato a todos os sócios não se estende automaticamente aos que posteriormente adquiram essa qualidade". O principal objetivo da proposta é acabar com controvérsia em torno da possibilidade de se designar uma pessoa jurídica como administradora da sociedade limitada.

Art. 1.061. A designação de administradores não sócios dependerá da aprovação de, no mínimo, 2/3 (dois terços) dos sócios, enquanto o capital não estiver integralizado, e da aprovação de titulares de quotas correspondentes a mais da metade do capital social, após a integralização. (Redação dada pela Lei n. 14.451, de 2022)

COMENTÁRIOS DOUTRINÁRIOS: O art. 1.061 foi já havia sido alterado pela Lei n. 12.375/2010, para simplificar a designação de administrador não sócio, antes condicionada à autorização expressa do contrato social. Com a redação de 2010, a delegação dos poderes de administração a terceiro não sócio passou a depender apenas da aprovação dos sócios, independentemente de previsão no contrato, mantido, no entanto, o quórum de unanimidade se o capital não estivesse integralizado e maioria de 2/3 (dois terços), depois de integralizado. A Lei n. 14.451, de 2022, realizou nova alteração no dispositivo, dessa vez para reduzir o quórum de unanimidade para 2/3, enquanto não integralizado o capital; e de 2/3 para mais da metade do capital social, após a integralização. A novel redação, a par de desburocratizar a administração, incentiva a designação de administradores profissionais, não pertencentes ao quadro social, considerada uma boa prática empresarial. Já o quórum para designação de sócio como administrador, quando em ato separado, está previsto no art. 1.076, II (mais de metade do capital social). O quórum qualificado de 2/3, como exceção ao princípio majoritário, se justifica, uma vez que, sendo os sócios solidariamente responsáveis pela integralização do capital (art. 1.052), qualquer deles pode manifestar o legítimo interesse em se opor à designação de um estranho como administrador. Apesar da errônea redacional, quanto à alusão ao quórum de 2/3 dos "sócios" e não do "capital social", deve ser desprezada a contagem *per capita* e computados os votos pela expressão da participação societária de cada sócio. Estando integralizado o capital, o quórum de designação é reduzido para mais da metade, ou seja, para maioria absoluta, agora, sim, do capital social. A delegação da função de administrador a pessoa que não compõe o quadro social a que se refere o presente dispositivo tanto pode ocorrer em ato apartado, como em disposição do contrato social. O art. 1.061 não menciona o *locus* instrumental da designação, mas apenas o seu objeto (administradores não sócios). Portanto, a designação de administrador não sócio no contrato social também se submete ao quórum de 2/3 ou de mais da metade do capital social, em exceção à regra geral de que todas as modificações do contrato social exigem o quórum de mais da metade do capital social (ver art. 1.076, *caput*). O dispositivo em comento é omisso no que diz respeito ao quórum de deliberação para designação do sócio administrador no próprio contrato social, uma vez que o art. 1.071, II c/c o art. 1.076, II, refere-se à "designação dos administradores, quando feita em ato separado". Já o art. 1.061 faz menção apenas ao administrador não sócio. Em que pese a omissão do legislador, a interpretação sistêmica do Código Civil não deixa margem a grandes divagações, pois o § 1º do art. 1.063, com a redação dada pela Lei n. 13.792, de 2019, passou a exigir o quórum de mais da metade do capital social para destituição do sócio nomeado administrador no contrato. Forçoso concluir, igualmente, pela aplicação do quórum de mais da metade do capital social, nas hipóteses de designação do sócio como administrador através de modificação do contrato social. O Código Civil havia estabelecido, na redação original, uma miríade de quóruns deliberativos nas sociedades limitadas, o que provocou, durante algum tempo, justificada dúvida na doutrina especializada. Atualmente, praticamente todas as deliberações das limitadas se submetem ou ao quórum qualificado de 2/3, de maioria absoluta ou de maioria simples (art. 1.076, III). Para as situações de nomeação e destituição de administradores, os quóruns são os seguintes:

Situações	Quóruns	Fundamentos
Designação de administradores **não sócios** feita em ato separado.	**Dois terços** dos sócios, levando em conta a expressão da participação societária de cada um deles, se o capital social não estiver totalmente integralizado; **mais da metade do capital social**, se o capital estiver totalmente integralizado.	**Art. 1.061.**
Designação de administradores **sócios** feita em ato separado.	**Mais da metade do capital social.**	Art. 1.071, inc. II, combinado com o art. 1.076, inc. II.
Designação de administradores **não sócios** feita no contrato social.	**Dois terços** dos sócios, levando em conta a expressão da participação societária de cada um deles, se o capital social não estiver totalmente integralizado; **mais da metade do capital social**, se o capital estiver totalmente integralizado.	Art. 1.061 combinado com o art. 1.076, *caput*.
Designação de administradores **sócios** feita no contrato social.	**Mais da metade do capital social,** se o capital estiver integralizado; e **2/3 dos sócios,** levando em conta a expressão da participação societária de cada um deles, enquanto não integralizado o capital social.	Art. 1.061 combinado com o art. 1.063, § 1º (exceção à regra geral de que todas as modificações do contrato social exigem o quórum de **mais da metade** do capital social).
Destituição de administradores **não sócios** feita em ato separado.	**Mais da metade do capital social.**	Art. 1.071, inc. III, combinado com o art. 1.076, inc. II.
Destituição de administradores **sócios** feita em ato separado.	**Mais da metade do capital social.**	Art. 1.071, inc. III, combinado com o art. 1.076, inc. II.
Destituição de administradores **não sócios** feita no contrato social.	**Mais da metade do capital social.**	Art. 1.071, inc. III, combinado com o art. 1.076, inc. II.
Destituição de administradores **sócios** feita no contrato social.	**Mais da metade do capital social.**	Art. 1.063, § 1º.

JURISPRUDÊNCIA COMENTADA: O Tribunal de Justiça de São Paulo, em julgamento precursor, no qual se discutiu a nulidade de deliberação societária relativa à nomeação de administrador não sócio de sociedade limitada cujo capital social não estava integralizado na totalidade, por iniciativa de sócia minoritária até então no exercício da administração, diante da ausência de deliberação unânime, a teor do art. 1.061 do Código Civil, decidiu manter a designação do novo administrador, a despeito de não obedecido o quórum de unanimidade. O TJSP considerou as circunstâncias do caso concreto para construir uma "regra jurídica atenuada, de modo a preservar a *mens legis* e de outra parte possibilitar a preservação da sociedade". Isso porque a sociedade em questão só possuía dois sócios e a deliberação não unânime foi tomada por 99,96% do capital, subscrito pela sócia majoritária, que é pessoa jurídica, de modo que a autora, "que é titular de apenas 0,04% do capital social e que, afastada a possibilidade de exercício pela sócia pessoa jurídica, não seria lícito conceber pudesse perpetuar-se na administração contra a vontade da sócia titular de 99,96% do capital" (TJSP, APL 0062932-04.2012.8.26.0002, Rel. Des. Fabio Tabosa, *DJESP* 02.10.2017). A solução adotada pelo TJSP foi a mais sensata, considerando as peculiaridades do caso concreto, no sentido da nomeação do representante legal da majoritária e afastando pretendida declaração de nulidade da deliberação. Além disso, mostrou-se consentânea com a própria evolução legislativa, uma vez que o quórum de unanimidade veio a ser definitivamente extirpado com o advento da *Lei n. 14.451, de 2022*.

REFORMA DO CÓDIGO CIVIL: Está sendo proposta a revogação desse dispositivo. O objetivo da proposta, segundo consta do relatório da Comissão de Juristas responsável pela elaboração do anteprojeto, foi simplificar os quóruns de deliberação, unificando-os, todos, em mais da metade do capital social.

Art. 1.062. O administrador designado em ato separado investir-se-á no cargo mediante termo de posse no livro de atas da administração.

§ 1º Se o termo não for assinado nos 30 (trinta) dias seguintes à designação, esta se tornará sem efeito.

§ 2º Nos 10 (dez) dias seguintes ao da investidura, deve o administrador requerer seja averbada sua nomeação no registro competente, mencionando o seu nome, nacionalidade, estado civil, residência, com exibição de documento de identidade, o ato e a data da nomeação e o prazo de gestão.

COMENTÁRIOS DOUTRINÁRIOS: O dispositivo, que também não tem correspondente no Decreto n. 3.708/1919, estabelece os procedimentos para que o administrador designado em ato separado, quer seja sócio ou não, venha a investir-se no cargo. Deve a sociedade, sempre que pretender designar administrador fora do contrato, providenciar a abertura de um novo livro, denominado livro de atas da administração. O administrador, não obstante nomeado em instrumento apartado do contrato social, apenas se investe nos poderes de administração após tomar posse na função, mediante termo lavrado no aludido livro de atas. A designação perde o efeito se o termo de posse não for assinado no prazo de 30 (trinta) dias, contados da deliberação de sócios que nomeou o administrador. Após tomar posse, e no prazo de até 10 (dez) dias seguintes ao da investidura, o administrador se obriga a providenciar a averbação de sua nomeação no registro competente, mencionando o seu nome, nacionalidade, estado civil, residência, com exibição de documento de identidade, o ato e a data da nomeação e o prazo de gestão. Se não o fizer, podem fazê-lo a sociedade ou qualquer dos sócios. "A teor do § 2º do art. 1.062 do Código Civil, o administrador só pode ser pessoa natural" (Enunciado n. 66, aprovado na *I Jornada de Direito Civil*). Esse enunciado refere-se especialmente ao administrador nomeado em ato separado. Sobre a nomeação de pessoa jurídica como administrador no próprio contrato social, *vide* comentários ao art. 1.060.

Art. 1.063. O exercício do cargo de administrador cessa pela destituição, em qualquer tempo, do titular, ou pelo término do prazo se, fixado no contrato ou em ato separado, não houver recondução.

§ 1º Tratando-se de sócio nomeado administrador no contrato, sua destituição somente se opera pela aprovação de titulares de quotas correspondentes a mais da metade do capital social, salvo disposição contratual diversa. (Redação dada pela Lei n. 13.792, de 2019)

§ 2º A cessação do exercício do cargo de administrador deve ser averbada no registro competente, mediante requerimento apresentado nos 10 (dez) dias seguintes ao da ocorrência.

§ 3º A renúncia de administrador torna-se eficaz, em relação à sociedade, desde o momento em que esta toma conhecimento da comunicação escrita do renunciante; e, em relação a terceiros, após a averbação e publicação.

COMENTÁRIOS DOUTRINÁRIOS: O dispositivo, sem correspondente no Decreto n. 3.708/1919, versa sobre a destituição e a renúncia do administrador, situações que provocam a vacância do cargo, tanto quanto o falecimento ou a incapacidade superveniente do administrador.

Aliás, o Código Civil não previu expressamente a solução para a vacância do cargo de administrador, sem que o contrato social preveja substitutos em caráter provisório ou permanente, o que leva autores de nomeada a sugerir a aplicação analógica, ou seja, independentemente de regência supletiva do estatuto do anonimato, do art. 150, § 2º, da LSA a prever, em caso de vacância de todos os cargos da diretoria, se a sociedade não tiver conselho de administração, competir ao conselho fiscal, se em funcionamento, ou a qualquer acionista, convocar a assembleia-geral, devendo o representante de maior número de ações praticar, até a realização da assembleia, os atos urgentes de administração da companhia. Quando se tratar de administrador nomeado no próprio contrato social, a destituição se dará por deliberação dos sócios que sejam titulares de mais da metade do capital social, que é o quórum exigido para as modificações do contrato social (art. 1.076, inc. II). O § 1º do art. 1.063 foi alterado pela Lei n. 13.792, de 2019. Na redação anterior, o quórum de destituição era de 2/3 do capital social. No caso de administrador designado em ato separado, a destituição se dará por maioria absoluta (art. 1.076, inc. II). Em se tratando de sócio administrador, o atingimento do quórum ocorre com a exclusão de sua participação no capital social, considerando o impedimento de voto previsto no art. 1.074, § 2º. O § 1º art. 1.063 estabelece um quórum mínimo de mais da metade do capital social, mas não proíbe, do contrário expressamente autoriza, disposição contratual estabelecendo quórum diverso para destituição, desde que superior. Por outro lado, o quórum qualificado torna impossível a destituição da função de administrador do sócio majoritário. Nesses casos, à falta de enquadramento nas hipóteses legais, a destituição do cargo de administrador, quando exercido pelo sócio majoritário, dependerá de processo judicial. A destituição e a renúncia ao cargo de administrador devem ser averbadas no registro competente, nos 10 (dez) dias seguintes ao da ocorrência. A destituição torna-se imediatamente eficaz, em relação à sociedade e ao administrador, desde o momento em que este toma conhecimento da deliberação dos sócios representantes, no mínimo, de mais da metade do capital social. Em relação a terceiros, a destituição só será eficaz após a averbação de que trata o § 1º. Já a renúncia de administrador torna-se eficaz, em relação à sociedade, desde o momento em que esta toma conhecimento da comunicação escrita do renunciante. Essa comunicação deve ser encaminhada ao endereço da sede e pode ser recepcionada por qualquer pessoa (exceto o próprio renunciante). Em relação a terceiros, a renúncia será eficaz após a averbação de que trata o § 1º. A Instrução Normativa DREI n. 81/2020 estabelece que para o arquivamento da renúncia, é indispensável a comprovação da ciência da sociedade, por qualquer meio admitido em direito. Quando o administrador for designado por prazo determinado, o término desse prazo, sem que haja recondução, implica a cessação automática do exercício do cargo. Nesses casos, para evitar a acefalia da sociedade em decorrência de eventual atraso na nomeação de novo administrador, é conveniente que o contrato ou o ato de nomeação disponha sobre a recondução automática, após o término do prazo e até a data de nomeação do novo gestor.

JURISPRUDÊNCIA COMENTADA: Já decidiu o Superior Tribunal de Justiça que "o art. 1.063, § 1º, deve ser examinado em cotejo com o art. 1.074, § 2º, do CC/2002; isso porque o art. 1.074, § 2º, do CC/2002 busca preservar os interesses da sociedade, e não do sócio, proibindo o voto daquele que tenha interesse pessoal na matéria objeto de deliberação; em havendo impedimento para votar, a apuração do quórum de deliberação deve excluir do cômputo o capital social do sócio impedido, e considerar a participação dos demais sócios como 100% (cem por cento) do capital social" (STJ, AgInt-PET 15.743, Rel. Min. Mauro Campbell Marques, *DJe* 23.08.2023). Disputas judiciais visando ao afastamento ou à retomada do cargo de administrador societário são frequentes. Nesse primeiro julgado, o TJRJ concluiu pela "ausência de indícios de irregularidade na alteração contratual que destituiu um dos sócios administradores por decisão de sócio detentor de mais de 2/3 do capital social, nos moldes do disposto no artigo 1.063, § 1º, do Código Civil" (TJRJ, AI 0068129-62.2017.8.19.0000, Rel. Des. Alcides da Fonseca Neto, *DORJ* 20.04.2018). Em demanda ajuizada por administrador de sociedade limitada, pretendendo declaração de que renunciou ao cargo, o TJSP desacolheu a pretensão por "ausência de provas de renúncia e de sua comunicação à sociedade", enfatizando a "necessidade de comunicação escrita à sociedade, para eficácia da renúncia do administrador (§ 3º do art. 1.063 do Código Civil)" (TJSP, APL 1010636-43.2016.8.26.0003, Rel. Des. Cesar Ciampolini, *DJESP* 20.03.2018). Não obstante as deliberações dos sócios sejam sempre tomadas em reunião ou assembleia de sócios, também já se entendeu válida a destituição do administrador feita diretamente no contrato social, sem prévia reunião ou assembleia de sócios, negando-se a pretensão de "suspender alteração do contrato social que destituiu o sócio minoritário da administração, quando feito por sócio majoritário detentor de 75% do capital social, sendo o artigo 1.072 do Código Civil de caráter formal, não podendo substituir a vontade dos detentores da maioria do capital social" (TJDF, AGI 2015.00.2.033608-6, Rel. Des. Gislene Pinheiro de Oliveira, *DJDFTE* 15.06.2016).

REFORMA DO CÓDIGO CIVIL: Pretende-se revogar o § 1º e modificar os §§ 2º e 3º do art. 1.063 do Código Civil, que passariam a ter as seguintes redações: "Art. 1.063. [...] § 1º Revogado. § 2º A cessação do exercício do cargo de administrador deve ser averbada no registro competente, mediante requerimento apresentado pelo administrador afastado ou por qualquer sócio, nos dez dias seguintes ao da ocorrência. § 3º Independentemente de alteração contratual, a renúncia de administrador torna-se eficaz, em relação à sociedade, desde o momento em que esta toma conhecimento da comunicação escrita do renunciante, e, em relação a terceiros, após a averbação e publicação no Registro Público de Empresas Mercantis". O objetivo da proposta, segundo consta do relatório da Comissão de Juristas responsável pela elaboração do anteprojeto, foi simplificar o procedimento, eliminando possíveis exigências nas Juntas Comerciais que poderiam afetar a eficácia do dispositivo, além de compatibilizar a redação com as normativas do DREI (item 4.8 da seção IV do Anexo IV da IN 81), a fim de resolver os inúmeros problemas práticos verificados no dia a dia do registro empresarial.

Art. 1.064. O uso da firma ou denominação social é privativo dos administradores que tenham os necessários poderes.

COMENTÁRIOS DOUTRINÁRIOS: Já antecipei em comentário anterior que a eficácia dos atos praticados pela sociedade decorre da regularidade da sua representação, que é exercida por meio de administradores, a quem compete representar a sociedade na aquisição de direitos, no nascimento de obrigações e judicialmente. O sócio não administrador não representa a sociedade. Por isso, o uso da firma ou da denominaçã social é privativo do administrador, e se houver vários administradores, aquele que detiver os necessários poderes de administração. No silêncio do contrato, os administradores podem praticar todos os atos pertinentes à gestão da sociedade, conforme disposto no art. 1.015, aplicável às sociedades limitadas, independentemente da escolha do regime legal supletivo. Atos de mera gestão são os necessários ao funcionamento da sociedade. A Lei não esclarece, no que concerne ao administrador da sociedade, quais seriam os atos típicos de gestão, porém deles exclui, de forma exemplificativa, a venda ou oneração de imóveis, que somente se enquadrarão em "ato de gestão" quando constituírem o objeto social da sociedade. Penso que a restrição se aplica a todo e qualquer ativo da sociedade, incluindo bens e direitos. No nosso sistema, em regra, os atos de alienar, hipotecar ou gravar de ônus reais ultrapassam os limites da simples administração. Portanto, somente os atos de administração ordinária da sociedade estão inseridos nos poderes de administração, dispensando a anuência dos sócios. O administrador assemelha-se a um mandatário da sociedade e para praticar quaisquer atos que exorbitem da administração ordinária, depende de poderes especiais e expressos (ver art. 661). Assim, em uma sociedade cuja atividade consista na compra e venda de imóveis, tanto a alienação como a aposição de gravames podem ser feitas pelos administradores, no exercício da gestão, independentemente de deliberação dos sócios (o mesmo se diga de uma corretora de valores em relação à compra e venda de ações). Nos demais casos, em que as transações imobiliárias não integram o objeto social, o legislador foi taxativo ao aduzir que tais negócios jurídicos não são considerados atos típicos de gestão e, por isso, sempre dependerão do que a maioria dos sócios decidir. Nessas situações, pretendendo dar em garantia bem imóvel pertencente à sociedade, o administrador necessita obter a aprovação dos sócios titulares da maioria do capital social, salvo se tal anuência tenha sido antecipadamente concedida no contrato social. Nada impede que o contrato social preveja a autorização para que o administrador pratique tais atos, sem precisar obter nova aprovação dos sócios. A alienação de bens imóveis pelo administrador, sem consentimento da maioria dos sócios, em violação ao contrato social e à norma que se extrai do art. 1.015, implica a ineficácia, frente à sociedade, do negócio jurídico praticado com excesso de poderes. Todos os atos praticados pelo administrador de uma sociedade gravitam em torno dos objetivos consignados no seu contrato social. Se a venda de imóveis não se insere entre os objetos sociais da sociedade e o contrato social tinha registro na Junta Comercial ou no RCPJ, estava presente a necessária publicidade em relação aos atos de gestão, notadamente no que se refere à limitação para alienação de determinados bens, o que, a rigor, afasta a boa-fé do adquirente. Entretanto, e não obstante não se possa proteger o terceiro incauto ou imprudente que tenha conhecimento, ou devesse ter, do objeto social e dos limites da atuação dos administradores da sociedade, a alegação de boa-fé do terceiro adquirente deve ser examinada caso a caso, *cum grano salis*, à luz da teoria da aparência, especialmente após a revogação do parágrafo único do art. 1.015 pela Lei n. 14.195/2021. Sobre o afastamento da *ultra vires doctrine*, ver meus comentários ao art. 1.015.

JURISPRUDÊNCIA COMENTADA: Em diversas situações em que o ato foi praticado por administrador sem os necessários poderes, ou com excesso de poder, a jurisprudência tem mantido a exigibilidade das obrigações assumidas em nome da pessoa jurídica, pela "aplicabilidade da teoria da representação aparente da pessoa jurídica em face de terceiros, em homenagem aos princípios da probidade e da boa-fé objetiva, arts. 422 e 1.022 do Código Civil" (TJSP, APL 1003465-24.2018.8.26.0566, Rel. Des. César Peixoto, *DJESP* 19.02.2019). Em recurso especial no qual se discutiu a possibilidade de homologação de pedido de desistência da ação ajuizada pela sociedade em desfavor de dois de seus sócios, a despeito da discordância do terceiro sócio, que havia outorgado poderes, em nome da sociedade, para que o advogado ajuizasse a referida ação, e que não fazia mais parte do quadro societário, decidiu o STJ não haver qualquer empecilho para que a sociedade, agora representada apenas pelos dois sócios remanescentes, que também são réus, formulasse pedido de desistência da ação, não se podendo exigir a anuência do (então) terceiro sócio, justamente pelo fato de ele não ser mais sócio: "Admitir o contrário, na linha do que ficou decidido no acórdão recorrido, acabaria resultando na inusitada situação de uma pessoa, que não integra mais o quadro societário, continuar decidindo sobre os interesses da sociedade no bojo da respectiva ação, o que se mostra completamente desarrazoado, além de violar os arts. 1.060 e 1.061 do Código Civil" (REsp 1.554.285, Proc. 2015/0224782-4/RS, Rel. Min. Marco Aurélio Bellizze, *DJe* 13.12.2019).

REFORMA DO CÓDIGO CIVIL: Pretende-se alterar o art. 1.064 do Código Civil, que passaria a ter a seguinte redação: "Art. 1064. A representação da sociedade limitada é privativa dos administradores que tenham os necessários poderes, na forma estabelecida no contrato social".

O principal objetivo da proposta, segundo consta do relatório da Comissão de Juristas responsável pela elaboração do anteprojeto, foi eliminar a "firma" como modalidade de nome empresarial, tal como sugerido em outros dispositivos.

Art. 1.065. Ao término de cada exercício social, proceder-se-á à elaboração do inventário, do balanço patrimonial e do balanço de resultado econômico.

COMENTÁRIOS DOUTRINÁRIOS: O Decreto n. 3.708/1919 nada dispunha sobre a contabilidade e a elaboração do balanço patrimonial na sociedade limitada. Quanto à contabilidade e escrituração da sociedade limitada, aplicam-se os arts. 1.179 a 1.195 deste Código. Essas demonstrações contábeis, ressalte-se, têm por objetivo assegurar o exercício dos dois direitos fundamentais de qualquer sócio: a) participar dos resultados sociais e b) fiscalizar a administração. Sobre o significado da expressão "balanço de resultado econômico", *vide* os nossos comentários ao art. 1.189.

JURISPRUDÊNCIA COMENTADA: Na jurisprudência não se verifica divergência quanto à "obrigação do sócio administrador de prestar contas ao outro sócio, relativamente ao período em que exerceu a administração da sociedade, por força dos arts. 1.020 e 1.065 do Código Civil" (TJRS, AI 0149159-80.2018.8.21.7000, Rel. Des. Umberto Guaspari Sudbrack, *DJERS* 22.08.2018). É direito dos sócios "ter ciência sobre a saúde financeira da empresa via balanço patrimonial, de resultado econômico e inventário" (TJSC, APL 0307735-06.2017.8.24.0023, j. 06.07.2023).

SEÇÃO IV
DO CONSELHO FISCAL

Art. 1.066. Sem prejuízo dos poderes da assembleia dos sócios, pode o contrato instituir conselho fiscal composto de três ou mais membros e respectivos suplentes, sócios ou não, residentes no País, eleitos na assembleia anual prevista no art. 1.078.

§ 1º Não podem fazer parte do conselho fiscal, além dos inelegíveis enumerados no § 1º do art. 1.011, os membros dos demais órgãos da

sociedade ou de outra por ela controlada, os empregados de quaisquer delas ou dos respectivos administradores, o cônjuge ou parente destes até o terceiro grau.

§ 2º É assegurado aos sócios minoritários, que representarem pelo menos 1/5 (um quinto) do capital social, o direito de eleger, separadamente, um dos membros do conselho fiscal e o respectivo suplente.

COMENTÁRIOS DOUTRINÁRIOS: O Decreto n. 3.708/1919 não previu a instituição de conselho fiscal pela sociedade limitada, órgão que é próprio das sociedades por ações (Lei n. 6.404/1976), mas também não vedou a sua instituição, tanto que nas limitadas mais complexas, com grande número de sócios, o contrato social normalmente já facultava a constituição de um conselho fiscal. E essa faculdade independe da previsão de regência supletiva do estatuto do anonimato. Entretanto, em havendo "conselho fiscal", a Instrução Normativa DREI n. 81/2020 considera presumida, para fins de registro na Junta Comercial, a regência supletiva da Lei n. 6.404/1976 "pela adoção de qualquer instituto próprio das sociedades anônimas, desde que compatível com a natureza da sociedade limitada, tais como: [...] Conselho Fiscal" (Manual de Registro de Sociedade Limitada, item 5.3). As razões que informam a criação do conselho fiscal estão relacionadas à preocupação dos sócios com a confiabilidade das informações financeiras da sociedade e da conduta proba e diligente de seus administradores. Trata-se de um órgão de controle interno, órgão técnico, a serviço da sociedade, e não de seus sócios majoritários, com poder de fiscalizar as contas e a gestão da sociedade, para o bem dos mercados. Quanto maior a sociedade e quanto maior o número de sócios, mais será necessário ou útil um conselho fiscal eficaz que dificulte a prática de atos fraudulentos que causem prejuízos à sociedade e a terceiros – ou, ao menos, dificulte a sua prática e amenize seus efeitos. Ao contrário das sociedades anônimas, quer sejam companhias abertas ou fechadas, obrigadas a criar o Conselho Fiscal, embora com funcionamento facultativo, para as sociedades limitadas, o art. 1.066 do Código Civil permite que o contrato social preveja a existência de um conselho fiscal, sem, contudo, tornar obrigatória a sua instituição. Se os sócios assim o desejarem e houver pactuação expressa no contrato social, podem instalar o conselho fiscal composto de três ou mais membros e respectivos suplentes, sócios ou não, residentes no País, eleitos na assembleia anual prevista no art. 1.078. Os sócios minoritários, que representarem pelo menos 1/5 (um quinto) do capital social, poderão eleger, separadamente, um dos membros do conselho fiscal e o respectivo suplente.

PANDEMIA: Durante a pandemia do coronavírus, entrou em vigor a Lei n. 14.010/2020, permitindo que a reunião ou a assembleia das sociedades fossem realizadas de forma digital (ver art. 1.080-A). O art. 5º dessa lei estabeleceu que as assembleias das pessoas jurídicas de direito privado referidas nos incisos I a III do art. 44 do Código Civil poderiam ser realizadas por meios eletrônicos, independentemente de previsão nos atos constitutivos da pessoa jurídica, e que a manifestação dos participantes poderia ocorrer por qualquer meio eletrônico indicado pelo administrador, que assegurasse a identificação do participante e a segurança do voto, e produziria todos os efeitos legais de uma assinatura presencial. Assim, a eleição dos membros do conselho fiscal a que se refere o art. 1.066 poderia ser realizada com a "presença física" dos sócios ou pelo comparecimento por intermédio de plataformas digitais de comunicação instantânea com recursos audiovisuais, não se admitindo diferenciação alguma, ontológica nem funcional, entre presença física e a presença virtual. A Instrução Normativa n. 81/2020 do DREI, por sua vez, fixou as necessárias distinções entre assembleias semipresenciais – quando os sócios puderem participar e votar tanto presencialmente, no local físico da realização do conclave, quanto a distância ou de forma remota, por meio de plataformas digitais – e assembleias digitais – quando todos os sócios só puderem participar e votar a distância ou remotamente, caso em que o conclave não será realizado em nenhum local físico. Essa instrução aparentemente distingue a votação remota da votação a distância. Esta ocorre mediante o envio de boletim de voto a distância, enquanto a votação remota, via sistema eletrônico. Para todos os fins legais, as reuniões e as assembleias digitais serão consideradas como realizadas na sede da sociedade.

JURISPRUDÊNCIA COMENTADA: Em julgamento paradigmático, o Superior Tribunal de Justiça afastou a aplicação da Teoria Menor da desconsideração da personalidade jurídica a membros de Conselho Fiscal, não admitindo a responsabilização pessoal de quem jamais atuou como gestor da empresa. Segundo o voto condutor do acórdão, a desconsideração da personalidade jurídica de uma sociedade cooperativa, ainda que com fundamento no art. 28, § 5º, do CDC, "não pode atingir o patrimônio pessoal de membros do Conselho Fiscal sem que haja a mínima presença de indícios de que estes contribuíram, ao menos culposamente, e com desvio de função, para a prática de atos de administração" (REsp 1766093/SP, Rel. Min. Nancy Andrighi, Rel. p/ Acórdão Min. Ricardo Villas Bôas Cueva, *DJe* 28.11.2019). No mesmo sentido: REsp 1.804.579, Rel. Min. Marco Aurélio Bellizze, *DJe* 04.05.2021. A *ratio* dessas decisões reside na inaplicabilidade da teoria menor ao gestor que não integra o quadro societário da empresa. O § 5º do art. 28 do CDC, diz o STJ, não dá margem para admitir a responsabilização pessoal de quem não é sócio (REsp 1862557/DF, Rel. Min. Ricardo Villas Bôas Cueva, *DJe* 21.06.2021). O Tribunal da Cidadania também já se manifestou sobre a responsabilidade dos membros do conselho fiscal de cooperativas de crédito em liquidação e decidiu que "o art. 39 da Lei n. 6.024/1974 trata, única e exclusivamente, de responsabilidade subjetiva dos administradores e dos conselheiros fiscais da instituição financeira pelos atos praticados ou omissões em que houverem incorrido com culpa ou dolo", afastando "os membros do conselho fiscal do âmbito de aplicação do art. 40, restando apenas o disposto no art. 39, ambos da mencionada Lei. Portanto, é impossível a declaração de solidariedade dos membros do conselho fiscal pelos prejuízos suportados pela liquidação da cooperativa de crédito singular" (REsp 1.778.048, Rel. Min. Nancy Andrighi, *DJe* 26.11.2020).

REFORMA DO CÓDIGO CIVIL: Pretende-se alterar o art. 1.066 do Código Civil, que passaria a ter a seguinte redação: "Art. 1.066. Sem prejuízo dos poderes da reunião dos sócios, pode o contrato instituir conselho fiscal composto de três ou mais membros e respectivos suplentes, pessoas físicas ou jurídicas, sócios ou não, residentes ou sediados no País, eleitos na reunião anual prevista no art. 1.078. § 1º Não podem fazer parte do conselho fiscal, além dos inelegíveis enumerados no § 1º do art. 1.011 deste Código, os membros dos demais órgãos da sociedade ou de outra por ela controlada, os empregados de quaisquer delas ou dos respectivos administradores, o cônjuge ou parente destes até o terceiro grau. § 2º É assegurado aos sócios minoritários, que representarem pelo menos um quinto do capital social, o direito de eleger, separadamente, um dos membros do conselho fiscal e o respectivo suplente". O principal objetivo da proposta, segundo consta do relatório da Comissão de Juristas responsável pela elaboração do anteprojeto, foi permitir que pessoa jurídica possa fazer parte do conselho fiscal da sociedade limitada.

Art. 1.067. O membro ou suplente eleito, assinando termo de posse lavrado no livro de atas e pareceres do conselho fiscal, em que se mencione o seu nome, nacionalidade, estado civil, residência e a data da escolha, ficará investido nas suas funções, que exercerá, salvo cessação anterior, até a subsequente assembleia anual.

Parágrafo único. Se o termo não for assinado nos 30 (trinta) dias seguintes ao da eleição, esta se tornará sem efeito.

COMENTÁRIOS DOUTRINÁRIOS: O dispositivo versa sobre a investidura dos membros e suplentes eleitos no conselho fiscal da sociedade limitada. A sociedade limitada, sempre que pretender instituir conselho fiscal, deve providenciar a abertura de um novo livro, denominado livro de atas e pareceres do conselho fiscal. O conselheiro, titular ou suplente, não obstante eleito em assembleia, apenas se investe nos poderes de fiscalização e controle inerentes à função, após tomar posse, mediante termo lavrado no aludido livro de atas. O termo de posse tem que mencionar o nome, nacionalidade, estado civil, residência e a data da escolha do conselheiro e precisa ser assinado nos 30 (trinta) dias seguintes ao da eleição, sob pena de se tornar sem efeito o escrutínio. O conselheiro ficará investido nas suas funções, independentemente de averbação do termo de posse à margem do registro da sociedade. A posse produz efeitos imediatos, inclusive em face de terceiros.

JURISPRUDÊNCIA COMENTADA: Já se decidiu, em Tutela Cautelar em Caráter Antecedente, acolher pretensão de que fosse empossado membro do conselho fiscal indicado em separado por acionista minoritário ou a convocação de assembleia-geral extraordinária, para eleição em separado de conselheiro fiscal e suplente, reconhecendo ao autor "o direito de, a qualquer momento, eleger membro do conselho fiscal, independentemente de assembleia geral ordinária anual (art. 122, Lei nº 6.404/1976). Direito do acionista, ainda que minoritário, de fiscalizar os negócios e a gestão da companhia na qual investe seus recursos, por meio do Conselho Fiscal (art. 109, III, c.c. art. 163, Lei nº 6.404/1976). No caso em tela, a circunstância de o mandato dos atuais Conselheiros Fiscais estar em curso, nada obsta a que seja integralizado o quadro (no máximo de 5) previsto no Estatuto da Companhia" (TJSP, AI 2251041-61.2018.8.26.0000, Rel. Des. Grava Brazil, *DJESP* 17.04.2019).

REFORMA DO CÓDIGO CIVIL: Pretende-se alterar o *caput* do art. 1.067 do Código Civil, que passaria a ter a seguinte redação: "Art. 1067. O membro ou suplente eleitos, assinando termo de posse lavrado no livro de atas e pareceres do conselho fiscal, em que se mencionem o seu nome, nacionalidade, estado civil, residência ou sede e a data da escolha, ficarão investidos nas suas funções, que exercerão, salvo cessação anterior, até a subsequente reunião anual. Parágrafo único. [...]". O principal objetivo da proposta, como se vê, foi compatibilizar a redação com a permissão a que a pessoa jurídica possa fazer parte do conselho fiscal da sociedade limitada.

Art. 1.068. A remuneração dos membros do conselho fiscal será fixada, anualmente, pela assembleia dos sócios que os eleger.

COMENTÁRIOS DOUTRINÁRIOS: O legislador previu que a remuneração dos membros do conselho fiscal seria fixada, anualmente, pela assembleia dos sócios que os eleger. Mas não foi categórico e impositivo, à semelhança do que fez no estatuto do anonimato, onde chegou a fixar um valor mínimo de remuneração, que "não poderá ser inferior, para cada membro em exercício, a dez por cento da que, em média, for atribuída a cada diretor" (art. 162, § 3º). Por isso, diante da generalidade da disposição normativa do art. 1.068, penso não ser obrigatória a remuneração do conselheiro fiscal de sociedade limitada, tanto quanto o *pro labore* de sócios administradores, também facultativo, podendo o contrato social estabelecer que os conselheiros nada receberão ou, ainda, fixar remuneração simbólica. A *ratio essendi* é a mesma do inciso IV do art. 1.071 cabendo aos sócios deliberarem sobre a remuneração, quando não estabelecido no contrato.

PANDEMIA: Durante a pandemia do coronavírus, entrou em vigor a Lei n. 14.010/2020, permitindo que a reunião ou a assembleia das sociedades fossem realizadas de forma digital (ver art. 1.080-A). O art. 5º dessa lei estabeleceu que as assembleias das pessoas jurídicas de direito privado referidas nos incisos I a III do art. 44 do Código Civil poderiam ser realizadas por meios eletrônicos, independentemente de previsão nos atos constitutivos da pessoa jurídica, e que a manifestação dos participantes poderia ocorrer por qualquer meio eletrônico indicado pelo administrador, que assegurasse a identificação do participante e a segurança do voto, e produziria todos os efeitos legais de uma assinatura presencial. Assim, a assembleia dos sócios a que se refere o art. 1.068 poderia ser realizada com a "presença física" dos sócios ou pelo comparecimento por intermédio de plataformas digitais de comunicação instantânea com recursos audiovisuais, não se admitindo diferenciação alguma, ontológica nem funcional, entre presença física e presença virtual. A Instrução Normativa n. 81/2020 do DREI, por sua vez, fixou as necessárias distinções entre assembleias semipresenciais – quando os sócios puderem participar e votar tanto presencialmente, no local físico da realização do conclave, quanto a distância ou de forma remota, por meio de plataformas digitais – e assembleias digitais – quando todos os sócios só puderem participar e votar a distância ou remotamente, caso em que o conclave não será realizado em nenhum local físico. Essa instrução aparentemente distingue a votação remota da votação a distância. Esta ocorre mediante o envio de boletim de voto a distância, enquanto a votação remota, via sistema eletrônico. Para todos os fins legais, as reuniões e as assembleias digitais serão consideradas como realizadas na sede da sociedade.

JURISPRUDÊNCIA COMENTADA: A jurisprudência tem se mostrado, em diversos julgados, uníssona quanto à facultatividade da fixação de remuneração aos sócios administradores, cujos fundamentos penso aplicáveis aos membros do conselho fiscal. Em demanda para cobrança de *pro labore*, fundamentada em "acerto verbal", o TJSP decidiu que a "inexistência de estipulação prevista no artigo 1.071, IV, do Código Civil" afastaria o "fato constitutivo do direito dos autores", reforçando, assim, o caráter facultativo do *pro labore* (TJSP, APL 0008386-78.2010.8.26.0063, Rel. Des. Caio Marcelo Mendes de Oliveira, *DJESP* 13.07.2017).

Art. 1.069. Além de outras atribuições determinadas na lei ou no contrato social, aos membros do conselho fiscal incumbem, individual ou conjuntamente, os deveres seguintes:

I – examinar, pelo menos trimestralmente, os livros e papéis da sociedade e o estado do caixa e da carteira, devendo os administradores

ou liquidantes prestar-lhes as informações solicitadas;

II – lavrar no livro de atas e pareceres do conselho fiscal o resultado dos exames referidos no inc. I deste artigo;

III – exarar no mesmo livro e apresentar à assembleia anual dos sócios parecer sobre os negócios e as operações sociais do exercício em que servirem, tomando por base o balanço patrimonial e o de resultado econômico;

IV – denunciar os erros, fraudes ou crimes que descobrirem, sugerindo providências úteis à sociedade;

V – convocar a assembleia dos sócios se a diretoria retardar por mais de 30 (trinta) dias a sua convocação anual, ou sempre que ocorram motivos graves e urgentes;

VI – praticar, durante o período da liquidação da sociedade, os atos a que se refere este artigo, tendo em vista as disposições especiais reguladoras da liquidação.

COMENTÁRIOS DOUTRINÁRIOS: O dispositivo versa sobre as atribuições do conselho fiscal e os deveres de seus membros, que podem ser assim resumidos: 1. Fiscalizar as contas da sociedade, examinando todos os documentos contábeis da sociedade e analisando especialmente o estado do caixa e da carteira, lavrando no livro de atas e pareceres do conselho fiscal o resultado desses exames referidos, devendo fazê-lo pelo menos trimestralmente. Para cumprir esse mister, o conselho pode submeter à assembleia dos sócios a necessidade de contratação de empresa de auditoria ou de contabilista legalmente habilitado, aos quais os administradores devem prestar todas as informações solicitadas. 2. Emitir parecer a ser apresentado à assembleia anual dos sócios sobre os negócios e as operações sociais do exercício anterior, tomando por base o balanço patrimonial e o de resultado econômico. 3. Denunciar os erros, fraudes ou crimes que descobrirem, sugerindo providências úteis à sociedade; e finalmente, 4. Convocar a assembleia dos sócios se a diretoria retardar por mais de 30 (trinta) dias a sua convocação anual, ou sempre que ocorram motivos graves e urgentes.

Art. 1.070. As atribuições e poderes conferidos pela lei ao conselho fiscal não podem ser outorgados a outro órgão da sociedade, e a responsabilidade de seus membros obedece à regra que define a dos administradores (art. 1.016).

Parágrafo único. O conselho fiscal poderá escolher para assisti-lo no exame dos livros, dos balanços e das contas, contabilista legalmente habilitado, mediante remuneração aprovada pela assembleia dos sócios.

COMENTÁRIOS DOUTRINÁRIOS: Os membros do conselho fiscal têm as mesmas responsabilidades dos administradores e respondem solidariamente perante a sociedade e os terceiros prejudicados, por culpa no desempenho de suas funções. Essa responsabilidade é solidária entre os conselheiros, o que significa dizer que pela ação ou omissão de um deles todos responderão com seus respectivos patrimônios pessoais. Observe-se, no entanto, não se tratar de solidariedade entre os conselheiros e a sociedade, mas apenas entre os membros do conselho fiscal. O parágrafo único do art. 1.070 prevê, ainda, que, no exercício do dever de fiscalizar as contas da sociedade, mediante exame de todos os seus documentos contábeis, o conselho pode submeter à assembleia dos sócios a necessidade de contratação de empresa de auditoria ou de contabilista legalmente habilitado, aos quais os administradores devem prestar todas as informações solicitadas.

JURISPRUDÊNCIA COMENTADA: "Os membros do Conselho Fiscal, sempre que agirem com violação de seus deveres, podem ser réus em ação de indenização por danos morais e materiais de que trata o art. 159, § 1º, da Lei nº 6.404/76, sem prejuízo do afastamento de suas atividades" (TJSP, AC 1124376-08.2018.8.26.0100, Rel. Des. Donegá Morandini, *DJESP* 19.12.2019). Inclusive, como já decidiu o TJRJ: "[...] o condomínio é dotado de conselho fiscal, sendo de sua responsabilidade a aprovação das contas prestadas pelo administrador do condomínio. No caso, se estas foram aprovadas de forma indevida, tal responsabilidade recai também sobre o referido órgão" (APL 0094665-88.2009.8.19.0001, Rel. Des. Maria Regina Fonseca Nova Alves, *DORJ* 15.10.2021). Em agravo contra decisão que determinou a constrição dos bens de conselheiros fiscais suplentes da Unimed Paulistana, o Tribunal entendeu não haver "demonstração de prática de atos que possam gerar a responsabilização dos recorrentes, que nunca foram convocados para atuar como conselheiros fiscais efetivos" (TJSP, AI 2151753-38.2021.8.26.0000, Rel. Des. Azuma Nishi, *DJESP* 26.11.2021).

SEÇÃO V
DAS DELIBERAÇÕES DOS SÓCIOS

Art. 1.071. Dependem da deliberação dos sócios, além de outras matérias indicadas na lei ou no contrato:

I – a aprovação das contas da administração;

II – a designação dos administradores, quando feita em ato separado;

III – a destituição dos administradores;

IV – o modo de sua remuneração, quando não estabelecido no contrato;

V – a modificação do contrato social;

VI – a incorporação, a fusão e a dissolução da sociedade, ou a cessação do estado de liquidação;

VII – a nomeação e destituição dos liquidantes e o julgamento das suas contas;

VIII – o pedido de concordata.

COMENTÁRIOS DOUTRINÁRIOS: O Decreto n. 3.708/1919 não se referia à forma e conteúdo das deliberações dos sócios, se em reunião ou assembleia de quotistas. Aplicavam-se, subsidiariamente, as normas da Lei das Sociedades Anônimas (Lei n. 6.404/1976, arts. 121 a 137). O art. 1.071 do Código Civil passa a estabelecer o conteúdo obrigatório mínimo para as deliberações dos sócios, trazendo um elenco de matérias consideradas de maior interesse da sociedade, em relação às quais os administradores não podem decidir sozinhos, mas apenas cumprir o que foi deliberado pelo conjunto de sócios. Os incisos I a VIII elencam o chamado "piso deliberativo" das sociedades limitadas, ou seja, aquele mínimo de matérias que demandam deliberação dos sócios. Por óbvio trata-se de rol aberto, não taxativo, já que o contrato social pode estabelecer outras matérias a serem obrigatoriamente submetidas à deliberação dos sócios, tais como a abertura de filiais, constituição de subsidiária integral, contratação de empregados, inscrição em associações de classe etc., as quais só dependem de deliberação prévia em reunião ou assembleia de sócios se o contrato social assim o exigir. A aprovação das contas da administração, a designação dos administradores – quando feita em ato separado –, a destituição dos administradores, o modo de sua remuneração – quando não estabelecido no contrato –, a nomeação e destituição de liquidantes e a própria modificação do contrato social são temas obrigatoriamente submetidos à deliberação dos sócios. O inc. VI do art. 1.071 exige deliberação apenas para a hipótese de dissolução total e não a dissolução parcial, quando a sociedade se dissolve apenas em relação a um ou a alguns sócios. A dissolução parcial traduz mera resilição unilateral do contrato, cujo exercício demanda apenas manifestação de vontade do sócio retirante e não a anuência dos demais sócios. Por outro lado, em que pese a omissão desse inciso VI, a deliberação dos sócios também é exigível para a cisão da sociedade limitada, situação que deve ser considerada abrangida pelo dispositivo, ao lado da fusão e da incorporação, para as quais é exigido atualmente o quórum mínimo de mais da metade do capital social, conforme o inciso II do art. 1.076. No tocante ao inciso VIII, a referência à concordata ou concordata preventiva deve ser interpretada como referência à recuperação judicial ou extrajudicial, a partir da entrada em vigor da atual LRE. Assim, depende de deliberação dos sócios, em reunião ou assembleia, o pedido de recuperação judicial ou extrajudicial. Por outro lado, o dispositivo não condiciona o pedido de falência à deliberação conjunta dos sócios, exigida apenas para o pedido de recuperação. A falência pode ser requerida individualmente por qualquer dos sócios. Finalmente, importante registrar que, na II Jornada de Prevenção e Solução Extrajudicial de Litígios, promovida pelo Conselho da Justiça Federal, foi aprovado o Enunciado n. 135, instando o juiz a incentivar, "com o auxílio do administrador judicial, a desjudicialização da crise empresarial, seja nos processos de recuperação judicial, seja extrajudicial, como forma de encontrar a solução mais adequada ao caso e, com isso, concretizar o princípio da preservação da atividade viável".

JURISPRUDÊNCIA COMENTADA: A jurisprudência tem flexibilizado a obrigatoriedade de deliberação dos sócios, a que alude o *caput* do art. 1.071, interpretando-a como uma obrigatoriedade de anuência dos sócios, e não necessariamente de realização de assembleia ou reunião. Mesmo porque o § 3º do art. 1.072 assenta serem dispensáveis a reunião ou a assembleia quando todos os sócios decidirem, por escrito, sobre a matéria que seria objeto delas. Assim, já se decidiu que havendo concordância dos sócios com o pleito recuperacional, mostra-se "desnecessário que os sócios deliberem em assembleia acerca da viabilidade de ajuizamento da ação de recuperação judicial, porquanto a legislação especial nada prevê nesse sentido, sendo inaplicável a disposição constante no art. 1.071, VIII, do

Código Civil, relativa à antiga concordata. Ao requererem a inclusão de suas pessoas físicas no polo ativo da ação, o que foi indeferido pelo magistrado, os sócios das empresas manifestaram concordância com o pleito recuperacional, sendo, portanto, desnecessária qualquer discussão nesse sentido" (TJPR, Agravo de Instrumento 1593938-9, Rel. Des. Pericles Bellusci de Batista Pereira, *DJPR* 19.05.2017). Havendo obrigatoriedade de deliberação dos sócios sobre os assuntos relacionados no art. 1.071, a negativa dos sócios em comparecer à reunião ou assembleia convocada para esse fim, autoriza a sociedade ou o administrador a propor medida judicial apta a compelir os sócios a comparecer "em reunião a ser designada pelo Autor para esse propósito, sob pena de pagamento de multa diária, mormente quando foram convocados administrativamente para fazê-lo e não compareceram no horário designado" (TJDF, APC 2014.01.1.021616-5, Rel. Des. Ângelo Canducci Passareli, *DJDFTE* 15.12.2016). Em sentido contrário, também já se decidiu que "o fato de os balanços financeiros terem sido devidamente apresentados e aprovados anualmente, conforme exigência do Código Civil e do contrato social, não afastaria o dever de prestar contas evidenciado pela aplicação dos arts. 1.065 e 1.071, inc. I, do Código Civil" (TJSC, AC 2014.088359-3, Rel. Des. Mariano do Nascimento, *DJSC* 18.05.2016). A fixação de pró-labore "depende da vontade dos sócios ou de expressa previsão no contrato social. Inteligência do artigo 1.071, inciso IV, do Código Civil. Pacto acostado aos autos que é omisso a respeito. Remuneração indevida" (TJSC, APL 0000007-08.2012.8.24.0008, j. 31.08.2023).

REFORMA DO CÓDIGO CIVIL: Pretende-se alterar os incisos II e VIII do art. 1.071 do Código Civil, que passariam a ter as seguintes redações: "Art. 1.071. [...] II – a designação dos administradores; [...] VIII – o pedido de recuperação judicial, homologação de recuperação extrajudicial ou autofalência". A ideia aqui foi a de simplificar e unificar as situações de designação de administradores, sempre submetidas a voto, bem como atualizar a redação do inciso VIII, para compatibilizá-lo com a LRE. Conforme venho defendendo desde a primeira edição deste Código, a referência à concordata ou à concordata preventiva deveria ser interpretada como referência à recuperação judicial ou extrajudicial. O pedido de falência não depende de deliberação conjunta dos sócios, exigida apenas para o pedido de recuperação, já que a falência pode ser requerida individualmente por qualquer dos sócios. Entretanto, em se tratando de autofalência, que é requerida pela própria sociedade, a proposta torna imprescindível a deliberação dos sócios.

Art. 1.072. As deliberações dos sócios, obedecido o disposto no art. 1.010, serão tomadas em reunião ou em assembleia, conforme previsto no contrato social, devendo ser convocadas pelos administradores nos casos previstos em lei ou no contrato.

§ 1º A deliberação em assembleia será obrigatória se o número dos sócios for superior a dez.

§ 2º Dispensam-se as formalidades de convocação previstas no § 3º do art. 1.152, quando todos os sócios comparecerem ou se declararem, por escrito, cientes do local, data, hora e ordem do dia.

§ 3º A reunião ou a assembleia tornam-se dispensáveis quando todos os sócios decidirem, por escrito, sobre a matéria que seria objeto delas.

§ 4º No caso do inc. VIII do artigo antecedente, os administradores, se houver urgência e com autorização de titulares de mais da metade do capital social, podem requerer concordata preventiva.

§ 5º As deliberações tomadas de conformidade com a lei e o contrato vinculam todos os sócios, ainda que ausentes ou dissidentes.

§ 6º Aplica-se às reuniões dos sócios, nos casos omissos no contrato, o disposto na presente Seção sobre a assembleia.

COMENTÁRIOS DOUTRINÁRIOS: O presente dispositivo detalha as formas de deliberação dos sócios nas sociedades limitadas, ora por reunião, ora por assembleia geral. A assembleia será obrigatória se o número dos quotistas for superior a dez, ou seja, a partir de onze quotistas. Até dez quotistas, todas as deliberações podem ser tomadas em reunião de sócios. A principal diferença diz respeito às formalidades para a convocação do ato, pois as convocações das assembleias precisam ser publicadas no órgão oficial da União ou do Estado, conforme o local da sede da sociedade, e em jornal de grande circulação, enquanto as reuniões são convocadas sem maiores solenidades. Cabe advertir, todavia, que se aplicam à reunião dos sócios, se o contrato não dispuser a respeito, as normas sobre a assembleia, o que denota a relevância de se detalhar, no contrato social, a forma de convocação das reuniões de sócios. As formalidades da convocação da assembleia, no entanto, são dispensáveis quando todos os sócios comparecerem ou declararem por escrito, cientes do local, data e ordem do dia, ou, ainda, quando todos os sócios decidirem, por escrito, sobre a matéria que será objeto da assembleia. Nas sociedades limitadas com até dez sócios, o contrato social, além de poder estabelecer que as deliberações serão tomadas em reunião, estará livre para fixar tanto o quórum de instalação como a forma de convocação. Entretanto, a formação dos quóruns obedece ao disposto no art. 1.010, que fixa, como princípio geral de tomada de deliberações entre sócios, o quórum da maioria absoluta, contados os votos segundo o valor nominal das quotas de cada sócio, salvo se a lei ou o contrato contiver previsão em sentido diverso. A formação da maioria absoluta se dá pela participação dos sócios no capital social e não pelo número de votos, vale dizer, as deliberações são tomadas pela maioria do capital e não pela maioria dos sócios – salvo se houver empate, hipótese em que prevalecerá a decisão sufragada por maior número de sócios. Assim, o número *per capita* de sócios só importa como critério de desempate. E, se ainda assim persistir o empate, a questão deve ser submetida ao Poder Judiciário, a não ser que exista outro critério de desempate previsto em contrato. Nada obsta que o contrato social disponha que, subsistindo o empate, o sócio de maior idade ou aquele que integra há mais tempo a sociedade profira o voto privilegiado.

PANDEMIA: Durante a pandemia do coronavírus, entrou em vigor a Lei n. 14.010/2020, permitindo que a reunião ou a assembleia das sociedades fossem realizadas de forma digital (ver art. 1.080-A). O art. 5º dessa lei estabeleceu que as assembleias das pessoas jurídicas de direito privado referidas nos incisos I a III do art. 44 do Código Civil poderiam ser realizadas por meios eletrônicos, independentemente de previsão nos atos constitutivos da pessoa jurídica, e que a manifestação dos participantes poderia ocorrer por qualquer meio eletrônico indicado pelo administrador, que assegurasse a identificação do participante e a segurança do voto, e produziria todos os efeitos legais de uma assinatura presencial. Assim, a assembleia ou a reunião dos sócios a que se refere o art. 1.072 poderiam ser realizadas com a "presença física" dos sócios ou pelo comparecimento por intermédio de plataformas digitais de comunicação instantânea com recursos audiovisuais, não se admitindo diferenciação alguma, ontológica nem funcional, entre presença física e presença virtual. A Instrução Normativa n. 81/2020 do DREI, por sua vez, fixou as necessárias distinções entre assembleias semipresenciais – quando os sócios puderem participar e votar tanto presencialmente, no local físico da realização do conclave, quanto a distância ou de forma remota, por meio de plataformas digitais – e assembleias digitais – quando todos os sócios só puderem participar e votar a distância ou remotamente, caso em que o conclave não será realizado em nenhum local físico. Essa instrução aparentemente distingue a votação remota da votação a distância. Esta ocorre mediante o envio de boletim de voto a distância, enquanto a votação remota, via sistema eletrônico. Para todos os fins legais, as reuniões e as assembleias digitais serão consideradas como realizadas na sede da sociedade.

JURISPRUDÊNCIA COMENTADA: Em demanda declaratória de cancelamento de averbações de atos societários, em que foi questionada, por um dos sócios, a validade das deliberações, ao argumento de que não fora convocado regularmente para os atos, o TJSP, na linha de flexibilização das formalidades, desacolheu a pretensão, pois o sócio "tinha conhecimento dos atos e esteve presente a eles, participando ativamente das discussões", o que implicou o "suprimento das formalidades de convocação, nos termos do art. 1.072, § 2º, do Código Civil, e do contrato social da sociedade" (TJSP, AI 0159743-95.2013.8.26.0000, Rel. Des. Fabio Tabosa, *DJESP* 14.11.2013). O comparecimento do sócio à reunião de quotistas, acompanhado por advogados, constitui "conduta suficiente para convalidar eventuais vícios de convocação" (TJSP, AC 0001955-17.2017.8.26.0537, Rel. Des. Cesar Ciampolini, *DJESP* 18.05.2020).

REFORMA DO CÓDIGO CIVIL: Pretende-se alterar o art. 1.072 do Código Civil, que passaria a ter a seguinte redação: "Art. 1072. As deliberações dos sócios, obedecido o disposto no art. 1.010 deste Código, serão tomadas em reunião, conforme previsto no contrato social, devendo ser convocadas pelos sócios ou administradores nos casos previstos em lei ou no contrato social. § 1º O contrato social dispõe sobre a forma e a periodicidade de realização das reuniões e demais atos societários. § 2º Na ausência de disposição no contrato social, as reuniões e demais atos societários serão realizados preferencialmente em ambiente virtual, facultada a realização em formato híbrido, de modo síncrono ou assíncrono, sempre respeitados os direitos contratual ou legalmente previstos, de participação e de manifestação dos sócios. § 3º Ficam dispensadas as formalidades de convocação previstas no § 3º do art. 1.152 deste Código, quando todos os sócios comparecerem ou quando se declararem, por escrito, cientes da forma de realização, local, data, hora e ordem do dia. § 4º Ressalvados os atos realizados com a finalidade de exclusão de sócio, a reunião torna-se dispensável quando os sócios representativos da maioria do capital social decidirem, por escrito, sobre a matéria que seria objeto dela. § 5º No caso do inciso VIII do art. 1.071 deste Código, os administradores, se houver urgência e com autorização de sócios titulares de quotas com direito a voto correspondente a mais da metade do capital social, podem requerer a recuperação judicial da sociedade. § 6º As deliberações tomadas de conformidade com a lei e o contrato vinculam todos os sócios, ainda que ausentes ou dissidentes. § 7º Aplica-se às reuniões dos sócios, nos casos omissos no contrato social, o mesmo disposto que se aplica às reuniões". São diversas alterações que pretendem simplificar a forma de deliberação dos sócios nas sociedades limitadas, suprimindo a exigência de assembleia naquelas com mais de dez cotistas. As deliberações dos sócios passam a ser tomadas apenas em reunião, preferencialmente em ambiente virtual ou em formato híbrido, e cujas formalidades serão previstas no contrato social. A reunião será dispensável quando os sócios representativos da maioria do capital social decidirem, por escrito, sobre a matéria que seria objeto dela, salvo quando, na pauta deliberativa, houver a finalidade de exclusão de sócio. Em complemento, pretende-se acrescentar um novo artigo, dispondo sobre as convocações para as reuniões e sobre as comunicações dos atos societários em geral, nos seguintes termos: "Art. 1.072-A. As convocações para as reuniões e demais atos societários serão dirigidas, por duas vezes, em dias sequenciais, para, ao menos, dois endereços, físicos ou eletrônicos, fornecidos pelos sócios e constantes do contrato social. § 1º As comunicações efetuadas na forma do caput geram a presunção absoluta de validade e eficácia do ato. § 2º O sócio poderá, a qualquer tempo, solicitar a alteração dos endereços para recebimento das comunicações societárias, devendo fazê-lo por escrito, sendo imperativo que tal alteração seja registrada em ata, para ciência de todos os administradores e sócios. § 3º Até que a alteração prevista no § 2º deste artigo seja registrada em ata, as comunicações enviadas para os endereços constantes do contrato social serão consideradas válidas e eficazes. § 4º Os endereços fornecidos pelo sócio e constantes do contrato social também poderão ser utilizados, quando cabível, em conformidade com a legislação processual aplicável, para efetivação de citações ou interpelações judiciais, arbitrais ou extrajudiciais". O dispositivo acrescentado moderniza e simplifica a convocação das reuniões, dispensando as formalidades de publicação e estabelecendo a primazia para as reuniões digitais ou híbridas.

Art. 1.073. A reunião ou a assembleia podem também ser convocadas:

I – por sócio, quando os administradores retardarem a convocação, por mais de 60 (sessenta) dias, nos casos previstos em lei ou no contrato, ou por titulares de mais de 1/5 (um quinto) do capital, quando não atendido, no prazo de 8 (oito) dias, pedido de convocação fundamentado, com indicação das matérias a serem tratadas;

II – pelo conselho fiscal, se houver, nos casos a que se refere o inc. V do art. 1.069.

COMENTÁRIOS DOUTRINÁRIOS: O presente dispositivo configura importante mecanismo de garantia da democracia nas sociedades limitadas, ao permitir a convocação de reuniões ou assembleias por um único sócio, quando os administradores retardarem a convocação por mais de sessenta dias, nos casos previstos em lei ou no contrato, ou por titulares de mais de um quinto do capital social, em qualquer situação, desde que não atendido, no prazo de oito dias, pedido de convocação fundamentada, com indicação das matérias a serem tratadas. Com isso, protege-se a minoria, empoderando os sócios minoritários com novas medidas para salvaguardar seus interesses. Idêntico direito cabe ao conselho fiscal, quando os administradores retardarem a convocação por mais de trinta dias ou existirem motivos graves e urgentes.

PANDEMIA: Durante a pandemia do coronavírus, entrou em vigor a Lei n. 14.010/2020, permitindo que a reunião ou a assembleia das sociedades fossem realizadas de forma digital (ver art. 1.080-A). O art. 5º dessa lei estabeleceu que as assembleias das pessoas jurídicas de direito privado referidas nos incisos I a III do art. 44 do Código Civil poderiam ser realizadas por meios eletrônicos, independentemente de previsão nos atos constitutivos da pessoa jurídica, e que a manifestação dos participantes poderia ocorrer por qualquer meio eletrônico indicado pelo administrador, que assegurasse a identificação do participante e a segurança do voto, e produziria todos os efeitos legais de uma assinatura presencial. Assim, a assembleia ou a reunião dos sócios a que se refere o art. 1.073 poderiam ser realizadas com a "presença física" dos sócios ou pelo comparecimento por intermédio de plataformas digitais de comunicação instantânea com recursos audiovisuais, não se admitindo diferenciação alguma, ontológica nem funcional, entre presença física e presença virtual. A Instrução Normativa n. 81/2020 do DREI, por sua vez, fixou as necessárias distinções entre assembleias semipresenciais – quando os sócios puderem participar e votar tanto presencialmente, no local físico da realização do conclave, quanto a distância ou de forma remota, por meio de plataformas digitais – e assembleias digitais – quando todos os sócios só puderem participar e votar a distância ou remotamente, caso em que o conclave não será realizado em nenhum local físico. Essa instrução aparentemente distingue a votação remota da votação a distância. Esta ocorre mediante o envio de boletim de voto a distância, enquanto a votação remota, via sistema eletrônico. Para todos os fins legais, as reuniões e as assembleias digitais serão consideradas como realizadas na sede da sociedade.

Art. 1.074. A assembleia dos sócios instala-se com a presença, em primeira convocação, de titulares de no mínimo 3/4 (três quartos) do capital social, e, em segunda, com qualquer número.

§ 1º O sócio pode ser representado na assembleia por outro sócio, ou por advogado, mediante outorga de mandato com especificação dos atos autorizados, devendo o instrumento ser levado a registro, juntamente com a ata.

§ 2º Nenhum sócio, por si ou na condição de mandatário, pode votar matéria que lhe diga respeito diretamente.

COMENTÁRIOS DOUTRINÁRIOS: Na sociedade limitada, diferentemente da anônima, em que a assembleia de acionistas pode ser instalada com a presença de pelo menos 1/4 do total de votos conferidos pelas ações com direito a voto (art. 125 da Lei n. 6.404/1976, com redação dada pela Lei n. 14.195, de 2021), exige-se, em primeira convocação, como quórum mínimo de instalação, a presença de titulares de no mínimo 3/4 do capital social. Além de elevado, trazendo dificuldades para que se concretizem as deliberações dos sócios, o quórum de 3/4 entra em contradição com os arts. 1.061 e 1.076, alterados pela Lei n. 14.451/2022, segundo os quais praticamente todas as deliberações das limitadas se submetem, agora, aos quóruns de 2/3, maioria absoluta e maioria simples. Em outras palavras, o dispositivo em comento exige, para instalação da assembleia, quórum superior àqueles em regra necessários para deliberação de quaisquer das matérias que poderão ser ali tratadas. Por isso, nas sociedades limitadas menores, não obrigadas a deliberar por assembleia, é importante que o contrato deixe claro o quórum de instalação da reunião, consoante conclusão da *III Jornada de Direito Civil*: "A exigência da presença de 3/4 (três quartos) do capital social, como quórum mínimo de instalação, em primeira convocação, pode ser alterada pelo contrato de sociedade limitada com até dez sócios, quando as deliberações sociais obedecerem à forma de reunião, sem prejuízo da observância das regras do art. 1.076 referentes ao quórum de deliberação" (Enunciado n. 226). O § 1º deste artigo inova substancialmente o direito anterior, ao proibir o sócio de constituir terceiro não sócio como seu procurador para representá-lo na assembleia, salvo se esse terceiro for advogado. Na vigência do Decreto n. 3.708, o sócio poderia ser representado, nas reuniões dos cotistas, por qualquer pessoa capaz, desde que investida dos poderes de mandatário. A exigência de representação apenas por outro sócio só existia para o caso de coproprietários de quota indivisa. Em suma, o sócio só poderá ser representado nas deliberações sociais tomadas por assembleia por outro sócio ou por advogado com procuração específica. Como esse dispositivo só menciona a "assembleia", a conclusão dos especialistas reunidos na *V Jornada de Direito Civil* – Enunciado n. 484 –, foi no sentido de que a restrição não se aplicaria à reunião de sócios: "Quando as deliberações sociais obedecerem à forma de reunião, na sociedade limitada com até 10 (dez) sócios, é possível que a representação do sócio seja feita por outras pessoas além das mencionadas no § 1º do art. 1.074 do Código Civil (outro sócio ou advogado), desde que prevista no contrato social". O § 3º art. 1.010 já havia proibido o sócio de participar de deliberação sobre operação em que tenha interesse contrário ao da sociedade, sob pena de responder por perdas e danos. Os § 2º do art. 1.074 vai mais longe e proíbe o sócio, por si ou na condição de mandatário, de votar matéria que lhe diga respeito diretamente. Independentemente de causar ou não prejuízo à sociedade, a participação do sócio, votando em causa própria, além de violação ao princípio da moralidade, representaria exercício abusivo do direito de voto, na conformidade do art. 187 (abuso do direito). Nessa toada, sempre que houver impedimento do sócio de votar, para fins de formação do quórum de deliberação, não pode ser computada a participação no capital social do sócio impedido, devendo a apuração do quórum levar em consideração os 100% do capital restante, integrado pelos legitimados e não impedidos a votar. Nesse sentido, o Enunciado n. 485 da *V Jornada de Direito Civil*: "O sócio que participa da administração societária não pode votar nas deliberações acerca de suas próprias contas, na forma dos arts. 1.071, I, e 1.074, § 2º, do Código Civil".

PANDEMIA: Durante a pandemia do coronavírus, entrou em vigor a Lei n. 14.010/2020, permitindo que a reunião ou a assembleia das sociedades fossem realizadas de forma digital (ver art. 1.080-A). O art. 5º dessa lei estabeleceu que as assembleias das pessoas jurídicas de direito privado referidas nos incisos I a III do art. 44 do Código Civil poderiam ser realizadas por meios eletrônicos, independentemente de previsão nos atos constitutivos da pessoa jurídica, e que a manifestação dos participantes poderia ocorrer por qualquer meio eletrônico indicado pelo administrador, que assegurasse a identificação do participante e a segurança do voto, e produziria todos os efeitos legais de uma assinatura presencial. Assim, a referência à "presença" ou a "comparecimento" dos sócios, pelo art. 1.074, deve ser interpretada como abrangente tanto da "presença física" ou do "comparecimento em pessoa" quanto do comparecimento por intermédio de plataformas digitais de comunicação instantânea com recursos audiovisuais, não se admitindo diferenciação alguma, ontológica nem funcional, entre presença física e presença virtual. A Instrução Normativa n. 81/2020 do DREI, por sua vez, fixou as necessárias distinções entre assembleias semipresenciais – quando os sócios puderem participar e votar tanto presencialmente, no local físico da realização do conclave, quanto a distância ou de forma remota, por meio de plataformas digitais – e assembleias digitais – quando todos os sócios só puderem participar e votar a distância ou remotamente, caso em que o conclave não será realizado em nenhum local físico. Essa instrução aparentemente distingue a votação remota da votação a distância. Esta ocorre mediante o envio de boletim de voto a distância, enquanto a votação remota, via sistema eletrônico. Para todos os fins legais, as reuniões e as assembleias digitais serão consideradas como realizadas na sede da sociedade.

JURISPRUDÊNCIA COMENTADA: Nos Tribunais pátrios encontram-se julgados em que declarada a nulidade de assembleias gerais nas quais um dos sócios esteve representado por pessoa não sócia e que não exerce advocacia (TJPR, Apelação Cível 1665384-2, Rel. Juiz Conv. Anderson Ricardo Fogaça, *DJPR* 06.09.2018). Entretanto, no caso de sócio interditado, a representação pelo curador, ainda que não seja advogado, não "fere disposição expressa em Lei, em especial o art. 1.074, § 1º, do Código Civil" (TJSP, AI 2127572-02.2023.8.26.0000, *DJESP* 27.11.2023). No tocante ao impedimento previsto no § 2º do art. 1.074, o STJ já decidiu que, "com fundamento no princípio da moralidade e do conflito de interesses", não pode o sócio participar "de votação de matéria que lhe diga respeito diretamente, como sói a exclusão de sócio, haja vista que atinge diretamente sua esfera pessoal e patrimonial. Nessa linha, para fins de quórum de deliberação, não pode ser computada a participação no capital social do sócio excluendo, devendo a apuração se lastrear em 100% do capital restante, isto é, daqueles legitimados a votar" (STJ, REsp 1.459.190, Rel. Min. Luis Felipe Salomão, *DJe* 01.02.2016).

REFORMA DO CÓDIGO CIVIL: Pretende-se alterar o art. 1.074 do Código Civil, inicialmente para suprimir o quórum de instalação de 3/4, diante da redução dos quóruns das deliberações de sócios nas sociedades limitadas, doravante tomadas sempre por maioria. Também se propõe afastar a limitação dos poderes de representação do sócio (§ 1º), que deve poder escolher livremente quem o represente, independentemente de o representante ser sócio ou advogado. Aprovada a reforma, o dispositivo passaria a contar com a seguinte redação: "Art. 1.074. A reunião dos sócios instala-se com a presença, em primeira convocação, de titulares que representem, no mínimo, mais da metade do capital social e, em segunda convocação, com qualquer número. § 1º O sócio pode ser representado na reunião mediante outorga de mandato a outro sócio ou a terceiro, ainda que não sócio, com especificação dos atos autorizados, devendo o instrumento ser levado a registro, juntamente com a ata. § 2º Nenhum sócio, por si ou na condição de mandatário, pode votar matéria que diretamente lhe diga respeito, ou votar diretamente matéria que diga respeito a seu representado".

Art. 1.075. A assembleia será presidida e secretariada por sócios escolhidos entre os presentes.

§ 1º Dos trabalhos e deliberações será lavrada, no livro de atas da assembleia, ata assinada pelos membros da mesa e por sócios participantes da reunião, quantos bastem à validade das deliberações, mas sem prejuízo dos que queiram assiná-la.

§ 2º Cópia da ata autenticada pelos administradores, ou pela mesa, será, nos 20 (vinte) dias subsequentes à reunião, apresentada ao Registro Público de Empresas Mercantis para arquivamento e averbação.

§ 3º Ao sócio, que a solicitar, será entregue cópia autenticada da ata.

COMENTÁRIOS DOUTRINÁRIOS: O dispositivo versa sobre a condução dos trabalhos na assembleia de quotistas. Dispositivo semelhante consta do estatuto do anonimato (art. 130). Trata-se de norma procedimental sem maiores repercussões quanto à validade ou eficácia das deliberações. Mais importante do que estabelecer quem preside ou quem secretaria a assembleia, é a observância dos quóruns de deliberação e demais formalidades exigidas em lei. Após as deliberações, a ata da assembleia deve ser apresentada, no prazo de até vinte dias, ao registro competente, para arquivamento e averbação, sob pena de não produzirem efeitos frente a terceiros. A ata de reunião ou de assembleia de sócios, segundo orientação do DREI, deve conter: a) Título do documento; b) Nome empresarial; c) Preâmbulo: hora, dia, mês, ano e local da realização; d) Composição da mesa – presidente e secretário, escolhidos entre os sócios presentes (art. 1.075 do Código Civil); e) Disposição expressa de que a assembleia ou reunião atendeu a todas as formalidades legais; f) Ordem do dia; g) Deliberações; e h) Fecho, com indicação do nome dos presentes. E que, para fins de registro, deverá ser apresentada cópia/certidão da ata autenticada pelos administradores ou pelo presidente e secretário da assembleia ou reunião, facultada a assinatura dos demais sócios presentes.

PANDEMIA: Durante a pandemia do coronavírus, entrou em vigor a Lei n. 14.010/2020, permitindo que a reunião ou a assembleia das sociedades fossem realizadas de forma digital (ver art. 1.080-A). O art. 5º dessa lei estabeleceu que as assembleias das pessoas jurídicas de direito privado referidas nos incisos I a III do art. 44 do Código Civil poderiam ser realizadas por meios eletrônicos, independentemente de previsão nos atos constitutivos da pessoa jurídica, e que a manifestação dos participantes poderia ocorrer por qualquer meio eletrônico indicado pelo administrador, que assegurasse a identificação do participante e a segurança do voto, e produziria todos os efeitos legais de uma assinatura presencial. Assim, a referência à "participação" dos sócios, pelo art. 1.075, deve ser interpretada como abrangente tanto da "participação física" ou do "comparecimento em pessoa quanto do comparecimento por intermédio de plataformas digitais de comunicação instantânea com recursos audiovisuais, não se admitindo diferenciação alguma, ontológica nem funcional, entre presença física e presença virtual. A Instrução Normativa n. 81/2020 do DREI, por sua vez, fixou as necessárias distinções entre assembleias semipresenciais – quando os sócios puderem participar e votar tanto presencialmente, no local físico da realização do conclave, quanto a distância ou de forma remota, por meio de plataformas digitais – e assembleias digitais – quando todos os sócios só puderem participar e votar a distância ou remotamente, caso em que o conclave não será realizado em nenhum local físico. Essa instrução aparentemente distingue a votação remota da votação a distância. Esta ocorre mediante o envio de boletim de voto a distância, enquanto a votação remota, via sistema eletrônico. Para todos os fins legais, as reuniões e as assembleias digitais serão consideradas como realizadas na sede da sociedade.

REFORMA DO CÓDIGO CIVIL: Pretende-se alterar o art. 1.075 do Código Civil, que passaria a ter a seguinte redação: "Art. 1.075. A reunião será presidida e secretariada por sócios, por seus procuradores ou por administradores da sociedade que, presentes à reunião, tenham sido escolhidos para esta função pelos sócios participantes da reunião, realizada sob quaisquer das formas autorizadas pelo art. 1.080-A deste Código. Parágrafo único. Cópia da ata, autenticada pelos administradores ou pela mesa, será apresentada para arquivo no Registro Público de Empresas Mercantis, nos trinta dias subsequentes à reunião". O principal objetivo da proposta, a par de priorizar a reunião como forma de deliberação dos sócios, na linha do que foi sugerido em dispositivos anteriores, é autorizar que os administradores não sócios, procuradores e representantes dos sócios possam presidir e secretariar as reuniões.

Art. 1.076. Ressalvado o disposto no art. 1.061, as deliberações dos sócios serão tomadas: (Redação dada pela Lei n. 13.792, de 2019)

I – (Revogado pela Lei n. 14.451, de 2022);

II – pelos votos correspondentes a mais da metade do capital social, nos casos previstos nos incisos II, III, IV, V, VI e VIII do *caput* do art. 1.071 deste Código (Redação dada pela Lei n. 14.451, de 2022);

III – pela maioria de votos dos presentes, nos demais casos previstos na lei ou no contrato, se este não exigir maioria mais elevada.

COMENTÁRIOS DOUTRINÁRIOS: O presente dispositivo estabelece o *quorum* mínimo necessário à aprovação de deliberações societárias relativas a matérias e assuntos de interesse da sociedade. Após a edição da Lei n. 14.451/22, quase todas as deliberações das limitadas vieram a se submeter aos quóruns de maioria absoluta (inciso II) ou de maioria simples (inciso III). Com a revogação do inciso I do art. 1.076, foi extinto o quórum qualificado de 3/4, que era exigido para qualquer modificação do contrato social, bem como para a aprovação das operações de incorporação, fusão, cisão e dissolução da sociedade, e ainda para a cessação do estado de liquidação. A partir de então, todas essas matérias passaram a ser decididas pelos votos correspondentes à maioria absoluta do capital. Para facilitar a compreensão, apresento no quadro abaixo todos os quóruns exigidos nos incisos II e III do art. 1.076, com os respectivos fundamentos legais, à exceção das situações de nomeação e destituição de administradores, objeto de outro quadro (ver comentários ao art. 1.061):

Situações	Quóruns	Fundamentos
Aprovação das contas da administração.	**Maioria de capital dos presentes (maioria simples),** se o contrato não exigir maioria mais elevada (*V Jornada de Direito Civil* – Enunciado n. 485: "O sócio que participa da administração societária não pode votar nas deliberações acerca de suas próprias contas, na forma dos arts. 1.071, I, e 1.074, § 2º, do Código Civil").	Art. 1.071, inc. I, combinado com o art. 1.076, inc. III.
Modo de remuneração dos administradores, quando não estabelecido no contrato.	**Mais da metade do capital social.**	Art. 1.071, inc. IV, combinado com o art. 1.076, inc. II.
Modificação do contrato social.	**Mais da metade (maioria absoluta) do capital social.**	Art. 1.071, inc. V, combinado com o art. 1.076, inc. II.
Incorporação, fusão e dissolução da sociedade, ou cessação do estado de liquidação (e, por extensão, também cisão).	**Mais da metade (maioria absoluta) do capital social.**	Art. 1.071, inc. VI, combinado com o art. 1.076, inc. II.
Nomeação e destituição dos liquidantes e julgamento das suas contas.	**Maioria de capital dos presentes (maioria simples),** se o contrato não exigir maioria mais elevada.	Art. 1.071, inc. VII, combinado com o art. 1.076, inc. III.
Pedido de recuperação judicial.	**Mais da metade (maioria absoluta) do capital social.**	Art. 1.071, inc. VIII, combinado com o art. 1.076, inc. II.

JURISPRUDÊNCIA COMENTADA: Para tratar de assuntos que não se enquadram nas hipóteses previstas no art. 1.076 do Código Civil, como é o caso de "assuntos que versam sobre meras reestruturações administrativas e condutas de administração, não há necessidade de quórum mínimo" (TJPA, AC 0001263-51.2015.8.14.0301, Rel. Des. Gleide Pereira de Moura, *DJPA* 15.12.2020). Nesses casos, basta a aprovação da maioria dos presentes. Em razão do disposto no inciso III do art. 1.076, a maioria simples permanece sendo o quórum padrão para as deliberações das sociedades limitadas quanto às matérias não previstas na lei ou no contrato. A observância ou não dos quóruns legais tem sido o fundamento de diversas demandas anulatórias deduzidas perante o Poder Judiciário. Destaco um interessante julgamento, tendo por objeto um contrato social que exigia quórum de unanimidade para deliberação sobre atos que importassem maior onerosidade à sociedade, em que foi impugnada a alteração do contrato social promovida por sócios detentores de 77% do capital social, porquanto alterada justamente a cláusula de unanimidade. O autor, sócio minoritário, almejou a anulação da deliberação, sob alegação de que essa feriria direito adquirido e garantia dos minoritários e que deveria ter obedecido ao quórum de unanimidade. O TJSP desacolheu a postulação, por entender que a alteração contratual foi "realizada nos termos do art. 1.076 do Código Civil, previsto no próprio contrato social, respeitado o quórum de ¾ do capital social para modificação do contrato social" (TJSP, APL 9219661-47.2008.8.26.0000, Rel. Des. Christine Santini, *DJESP* 17.06.2013). Como se vê, a cláusula de unanimidade não havia sido estabelecida para toda e qualquer modificação do contrato, mas apenas para as deliberações que onerassem a sociedade. Exatamente por isso, foi possível, nesse caso concreto, a alteração do contrato social, ainda que no tocante à aludida cláusula de unanimidade, com aplicação do quórum legal de 3/4, então vigente.

REFORMA DO CÓDIGO CIVIL: Pretende-se alterar o art. 1.076 do Código Civil, para unificar todos os quóruns de deliberação nas sociedades limitadas, que passariam a ser de maioria absoluta (do capital social), afastando o quórum de maioria simples (dos presentes). Aprovada a proposta, o dispositivo passaria a contar com a seguinte redação: "Art. 1.076. Todas as deliberações, salvo disposição contratual diversa, serão tomadas por votos correspondentes a mais da metade do capital social, impliquem ou não em alteração do contrato". A unificação implica mudança significativa na governança das sociedades limitadas, facilitando a compreensão, pelos sócios, das regras sobre a formação de quórum para aprovação de suas propostas.

Art. 1.077. Quando houver modificação do contrato, fusão da sociedade, incorporação de outra, ou dela por outra, terá o sócio que dissentiu o direito de retirar-se da sociedade, nos 30 (trinta) dias subsequentes à reunião, aplicando-se, no silêncio do contrato social antes vigente, o disposto no art. 1.031.

COMENTÁRIOS DOUTRINÁRIOS: O art. 1.077 versa sobre o direito de recesso ou direito de retirada do sócio de sociedade limitada, estabelecendo as hipóteses de retirada voluntária, a ser acatada pelos demais sócios, independentemente de processo judicial. São elas: 1. modificação do contrato; 2. fusão da sociedade; 3. incorporação da sociedade. O dispositivo refere-se à fusão e incorporação, mas não se refere às operações de transformação e cisão societária, entre as hipóteses que autorizam o sócio dissidente a se retirar da sociedade. A referência, entretanto, seria despicienda, uma vez que tanto a fusão, como a cisão e a transformação pressupõem modificação do contrato, hipótese já contemplada no artigo. Por outro lado, a previsão do art. 1.077 é complementada pelo art. 1.029, que permite de forma mais abrangente, nas sociedades simples, o direito de retirada, bastando para tanto a vontade do sócio. Portanto, não sendo o caso de dissidência tal como prevista no art. 1.077 e se de outra forma não dispuser o contrato social, não havendo expressamente previsto a regência legal supletiva pela Lei das S/A, a saída de qualquer sócio subordinar-se-á, também, à regra do art. 1.029, ou seja, se a sociedade for por prazo indeterminado, basta que o retirante notifique os demais sócios sessenta dias antes, independentemente de motivação. Se por prazo determinado, a saída depende da apuração judicial de uma justa causa. Nesses casos, "a decisão que decretar a dissolução parcial da sociedade deverá indicar a data de desligamento do sócio e o critério de apuração de haveres" (*I Jornada de Direito Comercial* – Enunciado n. 13). Em suma, para afastar o recesso imotivado do sócio, o contrato social deve mencionar expressamente a Lei n. 6.404 como moldura normativa supletiva do contrato social. Nos casos de acionistas dissidentes que exerçam o direito de recesso nas sociedades anônimas, a LSA (art. 137, § 3º) faculta "aos órgãos da administração convocar a assembleia-geral para ratificar ou reconsiderar a deliberação, se entenderem que o pagamento do preço do reembolso das ações aos acionistas dissidentes que exerceram o direito de retirada porá em risco a estabilidade financeira da empresa". Especialistas reunidos na *IV Jornada de Direito Civil* concluíram que aquele preceito também seria aplicável às sociedades limitadas: "Nas hipóteses do art. 1.077 do Código Civil, cabe aos sócios delimitar seus contornos para compatibilizá-los com os princípios da preservação e da função social da empresa, aplicando-se, supletiva (art. 1.053, parágrafo único) ou analogicamente (art. 4º da LICC), o art. 137, § 3º, da Lei das Sociedades por Ações, para permitir a reconsideração da deliberação que autorizou a retirada do sócio dissidente" (Enunciado n. 392). O pagamento dos haveres do sócio retirante observará o disposto no art. 1.031, ou seja, será feito em dinheiro, no prazo de 90 (noventa) dias, a partir da liquidação da quota, salvo acordo entre a sociedade e o sócio retirante, ou estipulação contratual em contrário. Assim, para evitar o desembolso, muitas vezes de elevados valores em tempo exíguo, é importante que o contrato social disponha sobre a forma e os prazos para pagamento dos haveres do sócio que se retira da sociedade, podendo estabelecer que o pagamento se fará em bens ou em prestações sucessivas ao longo do tempo.

JURISPRUDÊNCIA COMENTADA: Sobre a aplicação complementar do art. 1.029 às sociedades limitadas, alargando as hipóteses de recesso do sócio, o Tribunal de Justiça do Rio de Janeiro destacou, com propriedade que, "ao eleger a regência supletiva pelas normas da sociedade anônima (art. 1.053 do Código Civil), o contrato social restringiu as hipóteses de direito de retirada àquelas previstas no art. 1.077 do Código Civil (modificação do contrato social, fusão ou incorporação), insertas no capítulo que trata da sociedade limitada". Ou seja, nas sociedades limitadas, não havendo regência supletiva pelas normas da sociedade simples, não se aplicaria o art. 1.029 (TJRJ, APL 0128904-16.2012.8.19.0001, Rel. Des. Heleno Ribeiro P. Nunes, *DORJ* 09.10.2014). Entretanto, em decisão posterior, ao julgar o REsp 1.839.078, a Terceira Turma do Superior Tribunal de Justiça deliberou que "a ausência de previsão na Lei n. 6.404/76 acerca da retirada imotivada não implica sua proibição nas sociedades limitadas regidas supletivamente pelas normas relativas às sociedades anônimas, especialmente quando o art. 1.089 do CC determina a aplicação supletiva do próprio Código Civil nas hipóteses de omissão daquele diploma". Assim, "ainda que o contrato social tenha optado pela regência supletiva da Lei n. 6.404/76, há direito potestativo de retirada imotivada do sócio na sociedade limitada" (REsp 1839078/SP, Rel. Min. Paulo de Tarso Sanseverino, *DJe* 26.03.2021). Atualmente, esse entendimento do STJ encontra-se pacificado, no sentido de ser a retirada prerrogativa do sócio descontente que observa a autonomia da vontade e a liberdade de associação (art. 5º, XX, da CF), sendo adotado pela maioria dos tribunais estaduais. Trata-se de "direito potestativo de se retirar da sociedade por prazo indeterminado, mediante notificação aos demais com antecedência mínima de sessenta dias. Justa causa exigida pela Lei quando a sociedade tem vigência por prazo determinado, o que não é o caso. Necessidade de cometimento de falta grave quando a exclusão do sócio se dá contra a vontade deste, por iniciativa da sociedade ou da maioria dos sócios, situação inversa à examinada. Inteligência do artigo 1.029 do Código Civil, aplicável às sociedades limitadas. Norma que não é incompatível com os artigos 1.077 e 1.114 do Código Civil, que tratam de hipóteses diversas de retirada de sócio, sem exaurir a matéria" (TJPR, ApCív 0002645-08.2022.8.16.0001, *DJPR* 15.04.2024).

REFORMA DO CÓDIGO CIVIL: Pretende-se alterar o art. 1.077 do Código Civil, que passaria a ter a seguinte redação: "Art. 1.077. Sem prejuízo das hipóteses previstas no art. 1.029 deste Código, o sócio que dissentiu quanto à modificação do contrato, fusão da sociedade, incorporação de outra por ela ou dela por outra, pode exercer o direito de retirar-se da sociedade, nos trinta dias subsequentes à reunião, aplicando-se, no silêncio do contrato social antes vigente, o disposto no art. 1.031 deste Código. Parágrafo único. A modificação do contrato social a respeito da apuração de haveres, das espécies e dos direitos das quotas, bem como da resolução da sociedade em relação aos sócios minoritários, dependerá da anuência de todos os sócios atingidos, se a possibilidade de modificação não estiver expressamente prevista e regulada no contrato social". O principal objetivo da proposta, como se vê, é ajustá-lo à orientação da jurisprudência predominante, que manda aplicar às sociedades limitadas o disposto no art. 1.029, permitindo, assim, aos sócios se retirarem da sociedade por denúncia unilateral. Com isso, resguardam-se os direitos dos sócios retirantes nos casos de dissenso quanto à modificação do contrato, à fusão e à incorporação da sociedade.

Art. 1.078. A assembleia dos sócios deve realizar-se ao menos uma vez por ano, nos 4 (quatro) meses seguintes ao término do exercício social, com o objetivo de:

I – tomar as contas dos administradores e deliberar sobre o balanço patrimonial e o de resultado econômico;

II – designar administradores, quando for o caso;

III – tratar de qualquer outro assunto constante da ordem do dia.

§ 1º Até 30 (trinta) dias antes da data marcada para a assembleia, os documentos referidos no inc. I deste artigo devem ser postos, por escrito, e com a prova do respectivo recebimento, à disposição dos sócios que não exerçam a administração.

§ 2º Instalada a assembleia, proceder-se-á à leitura dos documentos referidos no parágrafo antecedente, os quais serão submetidos, pelo presidente, a discussão e votação, nesta não podendo tomar parte os membros da administração e, se houver, os do conselho fiscal.

§ 3º A aprovação, sem reserva, do balanço patrimonial e do de resultado econômico, salvo erro, dolo ou simulação, exonera de responsabilidade os membros da administração e, se houver, os do conselho fiscal.

§ 4º Extingue-se em 2 (dois) anos o direito de anular a aprovação a que se refere o parágrafo antecedente.

COMENTÁRIOS DOUTRINÁRIOS: O presente artigo trata das matérias e procedimentos a serem observados na assembleia ordinária dos sócios da sociedade limitada, que deverá ocorrer, no mínimo, uma vez a cada ano, até quatro meses após o encerramento do exercício social. No inciso I, onde se lê "balanço patrimonial e o de resultado econômico", leia-se "balanço patrimonial e demais demonstrações financeiras". A expressão "balanço de resultado econômico" não encontra correspondência na doutrina ou jurisprudência do direito societário, devendo ser lida como abrangente de todas as demais demonstrações financeiras da sociedade. O § 1º preceitua que em até trinta dias antes da data marcada para a assembleia, os documentos referentes à tomada de contas dos administradores, ao balanço patrimonial e às demonstrações financeiras devem ser postos, por escrito, e com a prova do recebimento, à disposição dos sócios que não exerçam a administração. O § 2º, por sua vez, deixa expresso que na assembleia anual dos sócios, com objetivo de tomar contas dos administradores, não podem os sócios administradores participarem da votação que aprova as próprias contas. O § 3º consigna cláusula de exoneração de responsabilidades dos administradores e conselheiros fiscais, a partir da aprovação, sem reservas, das contas da administração. Acrescente-se que, conforme conclusão da *III Jornada de Direito Civil* (Enunciado n. 228), "as sociedades limitadas estão dispensadas da publicação das demonstrações financeiras a que se refere o § 3º do art. 1.078. Naquelas de até dez sócios, a deliberação de que trata o art. 1.078 pode se dar nas formas dos §§ 2º e 3º do art. 1.072, e a qualquer tempo, desde que haja previsão contratual nesse sentido". O § 4º estabelece o prazo decadencial de 2 (dois) anos para se postular a anulação da deliberação que aprovar, sem reservas, o balanço patrimonial e as demais demonstrações financeiras da sociedade. Esse prazo se aplica, por exemplo, quando houver discordância de algum sócio em relação à distribuição do resultado financeiro da sociedade. Entretanto, se o sócio incorreu em erro ou dolo na aprovação, o prazo de decadência para postular a anulação é de (4) quatro anos, nos termos do art. 178, II. Se tiver havido simulação, a pretensão invalidante não se submete a qualquer prazo extintivo, por se tratar de nulidade, e não de anulabilidade, a teor do art. 167.

PANDEMIA: Durante a pandemia do coronavírus, entrou em vigor a Lei n. 14.010/2020, permitindo que a reunião ou a assembleia das sociedades fossem realizadas de forma digital (ver art. 1.080-A). O art. 5º dessa lei estabeleceu que as assembleias das pessoas jurídicas de direito privado referidas nos incisos I a III do art. 44 do Código Civil poderiam ser realizadas por meios eletrônicos, independentemente de previsão nos atos constitutivos da pessoa jurídica, e que a manifestação dos participantes poderia ocorrer por qualquer meio eletrônico indicado pelo administrador, que assegurasse a identificação do participante e a segurança do voto, e produziria todos os efeitos legais de uma assinatura presencial. A Lei n. 14.030, de 28 de julho de 2020, por sua vez, aumentou o prazo a que se refere o *caput* do art. 1.078, de modo que a sociedade limitada cujo exercício social tivesse se encerrado entre 31 de dezembro de 2019 e 31 de março de 2020 poderia, excepcionalmente, realizar a assembleia de sócios, não no prazo de 4 (quatro), mas, sim, no de 7 (sete) meses, contados do término do exercício social, ao mesmo tempo que prorrogou os mandatos dos administradores e dos membros do conselho fiscal, previstos para se encerrarem antes da realização da assembleia, até a sua realização.

JURISPRUDÊNCIA COMENTADA: A não aplicação do prazo decadencial de dois anos do art. 1.078, diante de vícios ou defeitos do negócio jurídico, em face da existência de prazos próprios no Código Civil, já foi objeto de decisão pelo

Superior Tribunal de Justiça. Aliás, no tocante a outros vícios, causadores de danos, a responsabilidade civil dos administradores independe de anulação da assembleia. Em pretensão de reparação civil deduzida contra administrador de sociedade limitada, o STJ decidiu, por exemplo, que, "como os atos causadores dos danos indenizáveis imputados ao recorrido pela sociedade não se restringem à indicação de irregularidades relacionadas ao balanço patrimonial ou ao de resultado econômico – e como, nessa hipótese, revela-se desnecessário deduzir, previamente, pedido de anulação das deliberações assembleares que aprovaram as contas apresentadas –, não há que se cogitar da aplicação do prazo extintivo do art. 1.078, § 4º, do CC/02" (STJ, REsp 1.741.338, Rel. Min. Nancy Andrighi, j. 26.06.2018, *DJe* 29.06.2018). Todavia, como bem decidido pela Primeira Câmara Reservada de Direito Empresarial do TJSP, não se deve confundir "retificação de contas aprovadas, que é poder-dever da sociedade, com revogação da aprovação em si considerada, o que somente é possível mediante provimento jurisdicional desconstitutivo (ação anulatória). Havendo erro a corrigir, o bom administrador há de ser o primeiro a propor a retificação, porque a Lei exige a exatidão dos balanços. Além de salvaguardar sua reponsabilidade pessoal [...] A retificação, no entanto, não produz efeitos sobre a aprovação das referidas contas, especialmente no que toca a exoneração dos administradores que as prestaram. O balanço em si e por si é somente um documento contábil, que como tal não pode ser nulo ou anulável, mas somente conforme ou não conforme aos preceitos legais no seu conteúdo, e aprovado de modo regular ou irregular, de forma que será contra a atividade realizada pelos administradores ou pelos conselheiros fiscais na redação do balanço que deverá recorrer quem (sociedade, credores, sócios individualmente ou terceiros) se julga prejudicado por ele, e é contra a deliberação de aprovação que deverá recorrer quem pretenda retirar do documento aprovado o seu valor de ato social e as consequências que a ele a Lei atribui" (TJSP, AC 1076168-85.2021.8.26.0100, *DJESP* 06.02.2024).

REFORMA DO CÓDIGO CIVIL: Pretende-se alterar o § 4º do art. 1.078 do Código Civil, para esclarecer o *dies a quo* do prazo decadencial para anular a aprovação do balanço patrimonial e do de resultado econômico, que passaria a ter a seguinte redação: "Art. 1.078. [...] § 4º Extingue-se para o sócio, no prazo decadencial de dois anos, o direito de anular a aprovação a que se refere o parágrafo antecedente, contado o prazo, o que ocorrer primeiro, da publicação da deliberação ou de sua ciência".

Art. 1.079. Aplica-se às reuniões dos sócios, nos casos omissos no contrato, o estabelecido nesta Seção sobre a assembleia, obedecido o disposto no § 1º do art. 1.072.

COMENTÁRIOS DOUTRINÁRIOS: O artigo procura diferenciar os procedimentos mais formais necessários à convocação e realização da assembleia de quotistas daqueles exigidos, de modo mais simples, para as reuniões dos sócios. Deve, portanto, o contrato social disciplinar, em detalhes, a forma de convocação e os procedimentos aplicáveis à reunião de sócios, sob pena de serem aplicadas, à reunião, as exigências e formalidades que regulam a assembleia de quotistas.

Art. 1.080. As deliberações infringentes do contrato ou da lei tornam ilimitada a responsabilidade dos que expressamente as aprovaram.

COMENTÁRIOS DOUTRINÁRIOS: A regra geral de limitação da responsabilidade dos sócios é excepcionada quando tiver havido infração à lei e ao contrato pelo sócio, hipótese em que este pode ser chamado a responder com o seu patrimônio pessoal além do valor das quotas que subscreveu, em razão da responsabilidade ilimitada, como já previa o art. 16 do Decreto n. 3.708/1919, dispositivo que sempre foi bastante criticado, por favorecer a quebra do princípio da limitação da responsabilidade dos sócios das sociedades limitadas. No entanto, reitero aqui o que afirmei em comentário anterior, no sentido de que a limitação da responsabilidade dos sócios das sociedades limitadas se aplica às obrigações normais da sociedade, mas não àquelas decorrentes de violação da lei, do contrato social, ou ainda praticadas com abuso da personalidade jurídica. Se houve prática de atos legais, os sócios que os praticaram, ou tomaram parte na respectiva deliberação, respondem de forma ilimitada, nos termos do art. 1.080, independentemente de sua participação no capital social. A responsabilidade dos sócios não administradores, apesar de ilimitada, não é solidária. O sócio que não pratica atos de gestão, mas apenas participa da deliberação, não responde solidariamente com a pessoa jurídica pelas obrigações da sociedade, mas, apenas, subsidiariamente. Os sócios administradores (ou mesmo administradores não sócios), na administração colegiada, responderão solidariamente entre si, mas subsidiariamente em relação à sociedade, desde que tenham agido com culpa no desempenho de suas funções, nos termos do art. 1.016, pois "os sócios gestores e os administradores das empresas são responsáveis subsidiária e ilimitadamente pelos atos ilícitos praticados, de má gestão ou contrários ao previsto no contrato social ou estatuto, consoante estabelecem os arts. 990, 1.009, 1.016, 1.017 e 1.091, todos do Código Civil" (Enunciado n. 59 da *I Jornada de Direito Civil*). Registre-se, finalmente, que a interpretação do art. 1.080 será feita em necessária consonância com o art. 1.016, aplicável às sociedades limitadas, conforme Enunciado n. 220 da *III Jornada de Direito Civil*: "É obrigatória a aplicação do art. 1.016 do Código Civil de 2002, que regula a responsabilidade dos administradores, a todas as sociedades limitadas, mesmo àquelas cujo contrato social preveja a aplicação supletiva das normas das sociedades anônimas". Relevante assinalar, por fim, que a responsabilização ilimitada e subsidiária dos sócios, aqui tratada, prescinde da instauração do incidente de desconsideração da personalidade jurídica de que tratam os arts. 133 a 137 do CPC, consoante Enunciado n. 229 da *III Jornada de Direito Civil*: "A responsabilidade ilimitada dos sócios, pelas deliberações infringentes da lei ou do contrato, torna desnecessária a aplicação da desconsideração da personalidade jurídica, por não constituir a autonomia patrimonial da pessoa jurídica escudo para a responsabilização pessoal e direta".

JURISPRUDÊNCIA COMENTADA: As deliberações contrárias à lei ou infringentes do contrato podem ser as mais diversas. O não pagamento de encargos trabalhistas ou o não recolhimento de tributos se inserem entre as demandas mais frequentes submetidas ao Poder Judiciário, mas não são as únicas. Já se decidiu, por exemplo, que a deliberação de "aumento do capital social, sem a devida integralização e com intuito de fraude para obtenção de empréstimos bancários, enseja a responsabilidade ilimitada dos sócios pelos prejuízos causados à sociedade, segundo dispõe o art. 1.080 do Código Civil" (TJDF, APC 2017.01.1.030231-5, Rel. Des. Simone Lucindo, *DJDFTE* 04.09.2018). Também há decisões que consideram o encerramento por liquidação voluntária, após o ajuizamento da execução, e sem adimplemento da dívida, ato ilícito, passível de caracterizar responsabilidade ilimitada do ex-sócio (TJSP, AI 2086786-76.2024.8.26.0000, *DJESP* 21.05.2024). Especialmente quando a "dívida era conhecida de longa data pelos sócios quando do encerramento. Houvesse boa-fé, teriam eles demonstrado qual foi a destinação dada ao patrimônio social" (TJSP, AC 1057312-73.2021.8.26.0100, *DJESP* 09.04.2024). Assim, "demonstrado que os sócios infringiram deliberadamente disposições legais relacionadas ao procedimento de liquidação de pessoa jurídica de responsabilidade limitada, é possível, então, que respondam com seus bens particulares pelos débitos da empresa, nos termos do art. 1.080 do Código Civil" (TJSC, AI 5004619-05.2024.8.24.0000, j. 16.04.2024). A propósito, a expressão "violação da lei" é abrangente de um grande número de situações, o que, na prática, afasta a limitação de responsabilidades dos sócios. São raríssimos os casos em que essa limitação é respeitada. Finalmente, é preciso destacar que nenhuma dessas hipóteses "reclama a instauração de incidente de desconsideração da personalidade jurídica, tratando-se de mera sucessão processual pelos sócios" (TJSP, AI 2285812-26.2022.8.26.0000, *DJESP* 24.01.2023).

Art. 1.080-A. O sócio poderá participar e votar a distância em reunião ou em assembleia, nos termos do regulamento do órgão competente do Poder Executivo federal. (Incluído pela Lei n. 14.030, de 2020)

Parágrafo único. A reunião ou a assembleia poderá ser realizada de forma digital, respeitados os direitos legalmente previstos de participação e de manifestação dos sócios e os demais requisitos regulamentares. (Incluído pela Lei n. 14.030, de 2020)

COMENTÁRIOS DOUTRINÁRIOS: Durante a pandemia do coronavírus, entrou em vigor a Lei n. 14.030, de 28 de julho de 2020, dispondo sobre as assembleias e as reuniões de sociedades anônimas, de sociedades limitadas, de sociedades cooperativas, e acrescentando o art. 1.080-A ao Código Civil, para esclarecer que a reunião ou a assembleia de sócios poderiam ser realizadas de forma digital. O dispositivo tem caráter didático, pois nunca houve proibição expressa no sistema codificado a que as deliberações dos sócios fossem tomadas com o uso de ferramentas tecnológicas de comunicação. O art. 5º da Lei n. 14.010, de 10 de junho de 2020, já havia estabelecido que as assembleias de todas as pessoas jurídicas de direito privado referidas nos incisos I a III do art. 44 do Código Civil poderiam ser realizadas por meios eletrônicos, independentemente de previsão nos atos constitutivos da pessoa jurídica, e que a manifestação dos participantes poderia ocorrer por qualquer meio eletrônico indicado pelo administrador, que assegurasse a identificação do participante e a segurança do voto, e produziria todos os efeitos legais de uma assinatura presencial. E, mesmo antes de qualquer previsão legislativa, não se poderia negar aos sócios o uso da tecnologia na tomada de suas deliberações. A "forma prescrita ou não defesa em lei" (CC, art. 104, inc. III), de que devem os atos jurídicos se revestir sob pena de nulidade (CC, art. 166, inc. IV); ou mesmo "a solenidade que a lei considere essencial para a sua validade (CC, art. 166, inc. V) podem ser perfeitamente atendidas e observadas no plano virtual. Os fatos, atos e negócios ocorrentes, praticados e celebrados na dimensão física se replicam na dimensão virtual, sem que sofram qualquer alteração em sua natureza jurídica. As alterações promovidas pelas Leis n. 14.010 e n. 14.030, de 2020, na verdade, deram concretude a um novo princípio: o princípio da presença virtual, segundo o qual a presença física e o comparecimento da pessoa por meio dos mecanismos de comunicação em tempo real se equivalem e produzem os mesmos efeitos jurídicos. Assim, a partir da interpretação e da aplicação do art. 5º da Lei n. 14.010/2020 em conjunto com o art. 1.080-A deste Código, é possível concluir que as assembleias a que aludem os arts. 1.066, 1.068, 1.069, 1.070, 1.072, 1.073, 1.074, 1.075, 1.078, 1.079, 1.080, 1.081, 1.084, 1.085, 1.092, 1.094, 1.098, 1.103, 1.108, 1.109, 1.112, 1.120, 1.152, todos do Código Civil, poderão ser realizadas por meio de plataformas telemáticas que assegurem a manifestação imediata da vontade, com transmissão automática e simultânea de som e imagem, sem que haja necessidade de alteração legislativa específica de cada um dos aludidos dispositivos normativos. E mais: mesmo as assembleias virtuais realizadas em data anterior à vigência das Leis n. 14.010 e n. 14.030 serão válidas à luz do princípio da presença virtual. Até porque o art. 5º da Lei n. 14.010 configura disposição legal de natureza interpretativa, que se aplica, sem dúvida alguma, às assembleias realizadas em data anterior. Por fim, a Lei 14.195, de 26 de agosto de 2021, incluiu na Lei das Sociedades Anônimas, o "voto plural", possibilitando a criação de ações ordinárias com peso de até 10 votos por ação. Com isso, há quem defenda que o direito de voto segundo a participação no capital social, nas sociedades limitadas, foi relativizado, permitindo-se àquelas sociedades, desde que submetidas à regência supletiva da LSA, a adoção do "voto plural".

JURISPRUDÊNCIA COMENTADA: O TJSP manteve o indeferimento de medida de urgência destinada a obstar a realização de conclave de sócios, cuja ordem do dia era a destituição do administrador diante da "previsão da realização de reunião ou assembleia de sócios à distância no novo art. 1.080-A do Código Civil, introduzido pela Lei nº 14.030 de 28/07/2020, em decorrência da pandemia de covid-19" (TJSP, AI 2088414-42.2020.8.26.0000. Rel. Des. Pereira Calças, *DJESP* 19.10.2020).

REFORMA DO CÓDIGO CIVIL: Pretende-se acrescentar dois novos parágrafos ao art. 1.080-A do Código Civil, com as seguintes redações: "Art. 1.080-A. [...] § 2º A reunião poderá ser híbrida, com parte presencial realizada na sede social e parte realizada virtualmente, caso assim seja solicitado por qualquer sócio. § 3º A faculdade prevista no § 2º deste artigo deverá ser exercida pelos sócios, até cinco dias antes da instalação da reunião". A proposta de acréscimo, como se vê, pretende regular a reunião na forma híbrida, com parte presencial realizada na sede da sociedade e parte realizada virtualmente.

SEÇÃO VI
DO AUMENTO E DA REDUÇÃO DO CAPITAL

Art. 1.081. Ressalvado o disposto em lei especial, integralizadas as quotas, pode ser o capital aumentado, com a correspondente modificação do contrato.

§ 1º Até 30 (trinta) dias após a deliberação, terão os sócios preferência para participar do aumento, na proporção das quotas de que sejam titulares.

§ 2º À cessão do direito de preferência, aplica-se o disposto no *caput* do art. 1.057.

§ 3º Decorrido o prazo da preferência, e assumida pelos sócios, ou por terceiros, a totalidade do aumento, haverá reunião ou assembleia dos sócios, para que seja aprovada a modificação do contrato.

COMENTÁRIOS DOUTRINÁRIOS: O dispositivo versa sobre o procedimento para aumento do capital social da sociedade limitada. A primeira exigência da lei é que se encontre totalmente integralizado o capital, pois não faz sentido que os sócios sequer tenham finalizado as contribuições a que se obrigaram, com base no capital social original, e já pretendam aumentá-lo. Depois de integralizado, podem deliberar os sócios pelo aumento do capital, que implicará, necessariamente, modificação do contrato social, razão pela qual a deliberação de aumento submete-se, obrigatoriamente, ao quórum de maioria absoluta do capital social previsto no art. 1.076, II. Uma vez deliberado, pela maioria qualificada, o aumento do capital, os sócios poderão exercer, no prazo de 30 (trinta) dias contados da deliberação, o direito de preferência de participar do aumento, na proporção das quotas de que sejam titulares. Trata-se de prazo decadencial previsto na lei, caso o contrato social não estabeleça prazo superior. O direito de preferência busca garantir ao sócio a manutenção da mesma participação societária, ainda que se delibere sobre a majoração do capital social. Essa disposição foi inspirada na Lei das S/A, que também assegura aos acionistas, na proporção do número de ações que possuírem, preferência para a subscrição do aumento de capital (art. 171, *caput*), dispondo, ainda, que "o estatuto ou a assembleia-geral fixará prazo de decadência, não inferior a 30 (trinta) dias, para o exercício do direito de preferência" (art. 171, § 4º). O direito de preferência pode ser cedido a terceiro ou a outro sócio, da mesma forma que as quotas, observado o disposto no *caput* do art. 1.057, ou seja, para ceder o direito de preferência a terceiro, o sócio cedente precisa da aprovação, expressa ou tácita, de 3/4 ou mais do capital social. Já a cessão para outro sócio é livre e independe da anuência dos demais. Expirado o prazo para o exercício do direito de preferência, e assumida pelos sócios, ou por terceiros, a totalidade do aumento, convocar-se-á reunião ou assembleia dos sócios, para que seja aprovada a modificação do contrato.

JURISPRUDÊNCIA COMENTADA: As deliberações sobre aumento de capital, sobretudo quando resultam em diluição da participação dos sócios minoritários, incapazes, muitas vezes, de subscrever o aumento, costumam ser levadas ao Judiciário com certa frequência. A tendência verificada na maioria dos Tribunais é a de restringir a intervenção nas deliberações sociais aos casos de evidente abuso do poder de controle. Para o Superior Tribunal de Justiça, "age com abuso do poder de controle a sociedade que orienta a atuação dos administradores para fim estranho ao objeto social, com desvio de poder ou em conflito com os interesses da companhia". Com base na autonomia da decisão empresarial, afirma o STJ, não competir "ao Poder Judiciário adentrar o mérito das decisões tomadas pelo acionista controlador na condução dos negócios sociais, ressalvada a hipótese de abuso do poder de controle, não verificada na espécie". E conclui o Tribunal da Cidadania, nesse caso concreto, que, "havendo razões de ordem econômica ou administrativa para a proposta de aumento de capital social, sobretudo quando tal medida é indispensável à própria sobrevivência da empresa, considera-se justificada a diluição da participação dos sócios minoritários" (REsp 1337265/SP, Rel. Min. Ricardo Villas Bôas Cueva, *DJe* 07.12.2018). O aumento do capital social não se confunde com eventuais aportes financeiros que podem ser feitos pelos sócios, sem alteração de suas participações societárias. Trata-se de "atividade de caráter empresarial com lastro no art. 1.081 do Código Civil e não depende de específica contraprestação. Em verdade, os investimentos realizados na pessoa jurídica apresentarão (ou não) retorno futuro com base na resposta do mercado ao produto posto à disposição, repercutindo na eventual divisão de lucros" (TJRJ, AI 0103474-79.2023.8.19.0000, *DORJ* 25.03.2024). No âmbito do TJSP, já se decidiu pela possibilidade de fixação do capital social em valor menor do que os investimentos efetivamente aportados, podendo as partes, no âmbito de sua autonomia privada, estabelecer o capital social em valor inferior aos investimentos realizados. O fato de se fixar o capital social em valor inferior ao investimento efetivamente aportado "acarreta o pagamento de haveres de acordo com a participação no capital social e não propriamente levando em conta o investimento aportado pelo sócio" (TJSP, AC 1005431-45.2014.8.26.0248, Rel. Des. Azuma Nishi, *DJESP* 17.06.2021). Por fim, não se confunda o Adiantamento para Futuro Aumento de Capital (AFAC), que "é mecanismo pelo qual se antecipa recursos financeiros à pessoa jurídica, os quais serão utilizados com a finalidade de futuro aumento do capital social", com mútuo (TRF 3.ª R., ApCív 5032263-81.2018.4.03.6100, *DEJF* 25.10.2023).

Art. 1.082. Pode a sociedade reduzir o capital, mediante a correspondente modificação do contrato:

I – depois de integralizado, se houver perdas irreparáveis;

II – se excessivo em relação ao objeto da sociedade.

COMENTÁRIOS DOUTRINÁRIOS: Da mesma forma que a sociedade pode aumentar o capital social, também pode reduzi-lo, quer restituindo valores em pecúnia, quer mediante desincorporação de bens, porém, as hipóteses de redução são mais restritas do que as de aumento. O aumento do capital social, não obstante venha a resultar em eventual diluição da participação societária de sócios incapazes de subscrever o aumento, não causa prejuízos a terceiros. A redução, ao contrário, pode prejudicar credores. Por isso, deve-se comprovar a existência de perdas irreparáveis (leia-se prejuízos acumulados) ou ainda demonstrar que o capital se tornou excessivo em relação ao objeto da sociedade. No primeiro caso, exige-se, ainda, que esteja integralizado o capital. A redução do capital, em ambas as situações, depende de modificação do contrato social da sociedade, tendo como *quorum* mínimo o voto de sócios que representem mais da metade do capital social (art. 1.076, II).

JURISPRUDÊNCIA COMENTADA: Já se decidiu que "o erro material apontado pela JUCESP, relativo à descrição dos imóveis integralizados no capital social da agravante, enseja a aplicação do inciso II do art. 1.082 do CC/02, de modo a corrigir o valor do capital social para menor" (TRF 3.ª Região, ApCív 5006923-61.2020.4.03.6102, Rel. Des. Fed. Luiz Paulo Cotrim Guimarães, *DEJF* 29.09.2021). A redução do capital social, mediante desincorporação de bens, pode dar ensejo à tributação por ganho de capital, sobre o que exceder ao valor contábil do bem restituído. Na jurisprudência dos tribunais administrativos, colhe-se posição no sentido de que "a transferência de bens ao sócio não se pode dar por mera liberalidade, concretizando-se apenas na condição de devolução de participação no capital societário, nos termos das hipóteses nas quais se admite a redução do capital social predicada pelos arts. 1.082 e 1.084 do Código Civil, com base no art. 173 da Lei nº 6.404, de 1976 (Lei da S/A). A devolução do capital social tratada pelo art. 22 da Lei nº 9.249, de 1995, a valor contábil ou de mercado, ocorre somente se atendida condição específica relativa à redução do capital social, que deve estar devidamente motivada. Apenas se demonstrados os reais motivos da alteração do capital social, a devolução pode ocorrer, inclusive a valor contábil. Trata-se de alternativa que possibilita um diferimento na tributação do ganho de capital, precisamente porque se buscou não impor um ônus tributário em uma situação na qual se depara a pessoa jurídica com a necessidade de promover uma diminuição no seu capital social (em razão de perdas irreparáveis ou excesso de capital em relação ao capital social), em situações específicas para a sua preservação" (CARF, REProc 10920.723414/2014-96, *DOU* 10.01.2020).

Art. 1.083. No caso do inciso I do artigo antecedente, a redução do capital será realizada com a diminuição proporcional do valor nominal das quotas, tornando-se efetiva a partir da averbação, no Registro Público de Empresas Mercantis, da ata da assembleia que a tenha aprovado.

COMENTÁRIOS DOUTRINÁRIOS: No caso de prejuízos acumulados, a redução do capital já integralizado se fará mediante diminuição proporcional do valor nominal das quotas, com a consequente modificação do contrato social. Porém, independentemente da alteração contratual, a redução torna-se efetiva, para todos os fins, a partir da averbação, no Registro Público de Empresas Mercantis, da ata da assembleia que a tenha aprovado. Tratando-se de sociedade simples que adote a forma de limitada, a averbação se fará perante o RCPJ.

JURISPRUDÊNCIA COMENTADA: A redução de capital social precisa ser tornada pública, de modo a chegar ao conhecimento dos eventuais credores da sociedade. A publicidade é alcançada mediante averbação e publicação da ata da assembleia que aprovar a redução. Em mandado de segurança contra negativa de arquivamento de alteração contratual e ata assemblear na Junta Comercial, o tribunal local entendeu não configurada a violação a direito líquido e certo, pois, "na hipótese de redução de capital ter sido motivada por prejuízos ou perdas irreparáveis [art. 1082, I, CC/02], já estando este integralizado, é necessária deliberação dos sócios em reunião e assembleia, cuja validade perante terceiros, sobretudo os credores da sociedade, somente produzirá efeitos após a averbação no registro público de empresas mercantis e publicação do Ato" (TJMT, APL 4982/2017, Rel. Des. Antônia Siqueira Gonçalves, *DJMT* 15.04.2019).

Art. 1.084. No caso do inciso II do art. 1.082, a redução do capital será feita restituindo-se parte do valor das quotas aos sócios, ou dispensando-se as prestações ainda devidas, com diminuição proporcional, em ambos os casos, do valor nominal das quotas.

§ 1º No prazo de 90 (noventa) dias, contado da data da publicação da ata da assembleia que aprovar a redução, o credor quirografário, por título líquido anterior a essa data, poderá opor-se ao deliberado.

§ 2º A redução somente se tornará eficaz se, no prazo estabelecido no parágrafo antecedente, não for impugnada, ou se provado o pagamento da dívida ou o depósito judicial do respectivo valor.

§ 3º Satisfeitas as condições estabelecidas no parágrafo antecedente, proceder-se-á à averbação, no Registro Público de Empresas Mercantis, da ata que tenha aprovado a redução.

COMENTÁRIOS DOUTRINÁRIOS: A redução, nos casos em que o capital se tornou excessivo em relação ao objeto da sociedade, obedece ao disposto neste artigo. Proceder-se-á à diminuição do capital social, no montante que houver sido deliberado pela maioria qualificada dos sócios, mediante restituição aos sócios de parte do valor econômico das quotas ou dispensando-os das prestações eventualmente devidas, se não integralizado o capital social, com diminuição proporcional do respectivo valor nominal. O § 1º faculta a qualquer credor quirografário, no prazo de 90 (noventa) dias, contado da data da publicação da ata da assembleia que aprovar a redução, opor-se ao deliberado, desde que seu título seja líquido e anterior a essa data. Os credores com garantia real não têm interesse legítimo em contestar a redução do capital social, pois os seus créditos já estão garantidos. A redução somente entrará no plano da eficácia, diz o § 2º, se, no prazo estabelecido no § 1º (90 dias), não for impugnada ou, ainda que impugnada, a sociedade comprove o pagamento da dívida ou o depósito judicial do valor integral do débito. Ultrapassado o prazo nonagesimal, sem impugnação de credor ou com garantia do débito, será feita a averbação, no registro competente (Junta Comercial ou RCPJ), da ata que tenha aprovado a redução do capital. Portanto, como consta na IN n. 81/2020 do DREI, havendo redução de capital prevista no art. 1.082, II, do Código Civil (capital excessivo em relação ao objeto da sociedade), "a respectiva ata de aprovação somente poderá ser levada a registro após o transcurso do prazo de 90 (noventa) dias a contar da publicação do ato de redução, nos termos do § 2º do art. 1.082. Neste caso, o prazo de 30 (trinta) dias para arquivamento do ato a registro para fins de retroação dos efeitos do registro à data da assinatura passará a contar a partir do transcurso do prazo de 90 (noventa) dias para impugnação da redução (art. 1.084 c/c 1.151 do Código Civil)". Cabe advertir, no entanto, que, em se tratando de microempresa, empresa de pequeno porte e microempreendedor individual, eles estão dispensados de publicação dos seus atos (art. 71 da Lei Complementar n. 123/2006) e "os prazos estabelecidos no Código Civil contam-se da data do arquivamento do documento (termo inicial) no registro próprio" (*V Jornada de Direito Civil* – Enunciado n. 489). Também não haverá a necessidade de realizar as publicações quando a redução de capital social da sociedade decorrer de liquidação das quotas por motivos de saída ou exclusão de sócio (ver Instrução Normativa DREI n. 55, de 2 de junho de 2021).

JURISPRUDÊNCIA COMENTADA: Em demanda que cuidava de verificar a ilegalidade ou não da exigência da JUCESP quanto ao cumprimento do disposto nos arts. 1.082, II, 1.084, §§ 1º, 2º e 3º, e 1.152, § 1º, para o fim de registro da alteração do contrato social da sociedade recorrente, observou o Tribunal que, por cumprir à Junta, "na análise de atos de registro a ela submetidos, observar o princípio da legalidade, cumprindo-se as formalidades legais previstas, consoante dispõe o art. 40 da Lei nº 8.934/94", mostra-se justificada a exigência de publicação da ata em jornal "pelo disposto nos §§ 2º e 3º do art. 1.084 do CC/02 na medida em que a redução do capital social não depende exclusivamente da vontade dos sócios, visto que qualquer credor que se sinta prejudicado poderá apresentar impugnação. Não se verifica qualquer exigência ilegal por parte da agravada a corroborar a probabilidade do direito alegado, visto que o ato administrativo se encontra em conformidade com o regramento legal" (TRF 3.ª Região, ApCív 5006923-61.2020.4.03.6102, Rel. Des. Fed. Luiz Paulo Cotrim Guimarães, *DEJF* 29.09.2021).

SEÇÃO VII

DA RESOLUÇÃO DA SOCIEDADE EM RELAÇÃO A SÓCIOS MINORITÁRIOS

Art. 1.085. Ressalvado o disposto no art. 1.030, quando a maioria dos sócios, representativa de mais da metade do capital social, entender que um ou mais sócios estão pondo em risco a continuidade da empresa, em virtude de atos de inegável gravidade, poderá excluí-los da sociedade, mediante alteração do contrato

social, desde que prevista neste a exclusão por justa causa.

Parágrafo único. Ressalvado o caso em que haja apenas dois sócios na sociedade, a exclusão de um sócio somente poderá ser determinada em reunião ou assembleia especialmente convocada para esse fim, ciente o acusado em tempo hábil para permitir seu comparecimento e o exercício do direito de defesa. (Redação dada pela Lei n. 13.792, de 2019)

COMENTÁRIOS DOUTRINÁRIOS: As hipóteses de exclusão de sócio, nas sociedades limitadas, são as seguintes: *1. Sócio remisso:* exclusão extrajudicial por deliberação da maioria dos demais sócios (decisão por cabeça) na forma dos arts. 1.058 e 1.004; *2. Sócio declarado falido ou que teve a quota liquidada:* exclusão automática e de pleno direito (art. 1.030, parágrafo único); *3. Sócio gravemente faltoso ou incapaz:* exclusão judicial por deliberação da maioria dos demais sócios (decisão por cabeça) na forma do art. 1.030; *4. Sócio que põe em risco a continuidade da empresa:* exclusão extrajudicial por deliberação da maioria absoluta do capital social, na forma do art. 1.085. Nos três primeiros casos, a exclusão pode atingir, indiferentemente, minoritários ou majoritários. Já na hipótese de que trata o item 4, só é possível a exclusão de sócios minoritários. Porém, é bom que se esclareça, que estamos nos referindo ao minoritário em relação ao capital social e não em relação à participação societária dos demais sócios. Ou seja, a exclusão de sócio por justa causa, nos termos do art. 1.085, também poderia atingir, em tese, um sócio nominalmente majoritário, que detivesse a participação de 45% do capital social, que poderia ser excluído pela deliberação tomada por outros três sócios, cada um, respectivamente com 20%, 30% e 5% do capital, mas perfazendo, em conjunto, o equivalente a 55% do capital social. O art. 1.085 só admite a exclusão extrajudicial de sócio de sociedade limitada desde que exista previsão no contrato social. Sem essa previsão, não é possível a exclusão extrajudicial. O procedimento para exclusão varia conforme o número de sócios. Nas sociedades limitadas com mais de dois sócios, o legislador exigiu maiores formalidades, sendo também imprescindível a deliberação da maioria do capital social, no sentido de que o sócio está pondo em risco a continuidade da empresa, em assembleia especialmente convocada para esse fim sobre a qual tenha sido dada ciência do sócio acusado em tempo hábil para permitir o seu comparecimento e o exercício de defesa. Portanto, para a viabilidade da exclusão a que se refere o presente art. 1.085, nas sociedades com mais de dois sócios, é indispensável que o contrato social preveja a exclusão administrativa de sócio da sociedade por justa causa e que lhe seja assegurado o exercício do direito de defesa. A intimação de sócio excluído por publicação em Diário Oficial e jornal local, quando inequivocamente conhecido o seu endereço, é ato que dificulta o exercício do direito de defesa em sua forma mais ampla, razão pela qual entendo nula a reunião ou assembleia de sócios que deliberar pela exclusão do sócio da sociedade nessas condições. A Lei n. 13.792, de 2019 deu nova redação ao parágrafo único para os casos em que haja apenas dois sócios na sociedade, dispensando as formalidades procedimentais previstas no art. 1.085, especialmente a reunião ou assembleia especialmente convocada para esse fim. Assim, havendo apenas dois sócios, pode o majoritário deliberar pela exclusão do minoritário, desde que mencione, no ato de exclusão, que o minoritário está pondo em risco a continuidade da empresa ou que tenha praticado atos de inegável gravidade. A Junta Comercial, nesses casos, não poderá se imiscuir na análise da causa invocada para a exclusão, cabendo ao sócio excluído, se for o caso, impugnar a sua exclusão na via judicial. Assim, a exclusão extrajudicial do sócio minoritário, nas sociedades com apenas dois sócios, restou bastante facilitada, não havendo mais a obrigatoriedade de convocação de reunião ou assembleia, quando só existe um único sócio interessado e legitimado a votar, uma vez que na apuração da maioria absoluta do capital social, para fins de exclusão de sócio de sociedade limitada, consideram-se apenas as quotas dos demais sócios, excluídas aquelas pertencentes ao sócio que se pretende excluir. Ora, se o sócio minoritário não poderia sequer participar da deliberação sobre a sua exclusão, qual o sentido em se convocar reunião ou assembleia? Nesse diapasão, deve ser alterada a conclusão da *I Jornada de Direito Comercial*, expressa no Enunciado n. 17, com base na redação anterior do parágrafo único: "Na sociedade limitada com dois sócios, o sócio titular de mais da metade do capital social pode excluir extrajudicialmente o sócio minoritário desde que atendidas as exigências materiais e procedimentais previstas no art. 1.085, *caput* e parágrafo único, do CC". A justa causa, no entanto, continua sendo exigível, inclusive nas sociedades com apenas dois sócios, e o seu conceito tem sido interpretado de forma restrita, incidindo apenas nos casos em que estiver em risco a própria continuidade da empresa. A mera quebra da "*affectio societatis* não é causa para a exclusão do sócio minoritário, mas apenas para dissolução (parcial) da sociedade", consoante conclusão exposta no Enunciado n. 67, aprovado na *I Jornada de Direito Civil*. A Instrução Normativa DREI n. 81/2020 estabelece que o sócio que detiver mais da metade do capital social, sem a necessidade de reunião ou assembleia, "poderá excluir o sócio minoritário da sociedade, se entender que este está pondo em risco a continuidade da empresa, em virtude de atos de inegável gravidade. A efetivação da exclusão do sócio minoritário se dará mediante arquivamento de alteração do contrato social: a) desde que haja previsão de exclusão por justa causa no contrato social ou em alteração anterior devidamente arquivada; e b) que contenha expressamente os motivos que justificam a exclusão por justa causa".

JURISPRUDÊNCIA COMENTADA:

O pressuposto formal para a exclusão extrajudicial na forma do art. 1.085 do Código Civil é de que haja previsão contratual expressa, sem a qual ela resta impossibilitada (TJSP, AC 1073565-42.2021.8.26.0002, *DJESP* 14.02.2024). O TJRS, em interessante precedente, em que ambos os sócios, o majoritário e minoritário, pretendiam a exclusão do outro, considerou válida a exclusão do minoritário, ressaltando que "o fato de estar em trâmite ação judicial de exclusão de sócio majoritário não representa óbice à deliberação extrajudicial acerca da exclusão de sócio que eventualmente esteja colocando em risco a continuidade da empresa" (TJRS, EDcl 0276599-93.2017.8.21.7000, Rel. Des. Ney Wiedemann Neto, *DJERS* 03.11.2017). Em outro caso, o TJSP entendeu comprovada a "conduta do réu apta a caracterizar falta grave, necessária para a exclusão de sócio nos termos do art. 1.085 do Código Civil", com base na "utilização do patrimônio social para o pagamento de despesas pessoais", aliado aos "conflitos entre as partes que, ademais, estão a inviabilizar a gestão e o dia a dia da empresa" (TJSP, APL 1037406-47.2014.8.26.0002, Rel. Des. Cesar Ciampolini, *DJESP* 30.08.2018). Diante da inexistência de definição legal no art. 1.085, os tribunais veem considerando como atos de inegável gravidade "aqueles praticados pelos sócios em clara ofensa ao dever de lealdade, adentrando-se à seara da colaboração geral necessária ao desenvolvimento regular da atividade negocial, entendidos como aqueles atos passíveis de comprometer o negócio em si ou o interesse comum. O agir do sócio excluído, ainda, deve apresentar manifesta culpa" (TJRS, AI 5080506-33.2021.8.21.7000, Rel. Des. Denise Oliveira Cezar, *DJERS* 08.08.2021). Já se considerou como "quebra do dever geral de colaboração para a consecução das atividades sociais" a "desídia por parte dos réus na condução da sociedade, aliada à resistência injustificada na assinatura de cheques para pagamentos de despesas ordinárias da sociedade, pondo em risco a continuidade das atividades da empresa" (TJSP, AC 0010800-27.2013.8.26.0004, Rel. Des. Sérgio Shimura, *DJESP* 20.07.2021). Aliás, a depender da expressão do litígio entre os sócios, pode-se considerá-lo igualmente como excedente da mera quebra de *affectio societatis*, apto a caracterizar a falta grave exigida para a exclusão de quotista, como se deu no caso em que o sócio "obstaculizou a operação e o dia a dia da sociedade, agiu de forma a inviabilizar o negócio e, ademais, portou-se de forma incompatível com a condição de sócio, ameaçando a autora e impedindo seu acesso à sede da empresa" (TJSP, APL 1002866-34.2015.8.26.0229, Rel. Des. Cesar Ciampolini, *DJESP* 02.08.2018). Sobre a formação do quórum de deliberação para exclusão do sócio, o STJ já decidiu que, na apuração da maioria absoluta do capital social para fins de exclusão de sócio de sociedade limitada, "consideram-se apenas as quotas dos demais sócios, excluídas aquelas pertencentes ao sócio que se pretende excluir" (STJ, REsp 1.653.421, Rel. Min. Ricardo Villas Bôas Cueva, *DJe* 13.11.2017). Outra questão sempre submetida aos Tribunais diz respeito ao efetivo exercício do direito de defesa. Já se decidiu, por exemplo, que é nula a deliberação social, pois no texto da notificação enviada ao sócio que se pretendia excluir, para reunião extraordinária, não havia "no corpo daquela, convocação para deliberar sobre sua exclusão, aliás, em detrimento da regra do parágrafo único do art. 1.085 do Código Civil, sequer constou expressamente invito específico para tanto, mas sim, dentre outros assuntos, sobre eventual pedido de retirada, razão pela qual não foi observado o devido processo legal, face a não oportunização ao agravado do contraditório e da ampla defesa" (TJES, AI 0019918-61.2015.8.08.0035, Rel. Des. Robson Luiz Albanez, *DJES* 04.11.2015). Em ação de nulidade ajuizada pelo sócio excluído, o TJSP suspendeu os efeitos da exclusão, pois o "sócio acusado de falta grave, que caracterize o risco à empresa referido no art. 1.085 do Código Civil, deverá ser cientificado da acusação por meio de uma notificação de exclusão na qual se detalhem as condutas que lhe imputam os demais sócios, em tempo hábil a permitir o seu comparecimento e o exercício do direito de defesa no conclave convocado para excluí-lo [...]. *In casu*, apesar devidamente convocado para a assembleia em que deliberada a exclusão, o sócio não teve acesso a detalhes acerca das faltas graves imputadas contra si" (TJSP, AI 2261593-12.2023.8.26.0000, *DJESP* 09.04.2024). As relações entre sócios estão sujeitas à incidência dos princípios fundamentais inseridos na Constituição Federal, por aplicação horizontal dos direitos e das garantias fundamentais, razão pela qual "o procedimento de exclusão extrajudicial de sócio minoritário está sujeito ao princípio do devido processo legal, com os correspondentes princípios do contraditório e ampla defesa", de modo que lhe seja garantida "a oportunidade de deduzir alegações orais e apresentar provas excludentes de sua responsabilidade para conseguir ter o real poder de convencer os demais sócios acerca da desnecessidade de sua exclusão" (TJCE, AI 0620918-65.2022.8.06.0000, *DJCE* 13.02.2023). Finalmente, no que tange à facilitação para exclusão extrajudicial do sócio minoritário, nas sociedades com apenas dois sócios, cabe consignar que o próprio Superior Tribunal de Justiça já havia, nesses casos, flexibilizado as formalidades do art. 1.085, como se vê pelo seguinte precedente: "Exclusão de sócio por falta grave no cumprimento de suas funções. Sociedade limitada composta por apenas dois sócios, cada qual detentor de 50% das quotas sociais, sendo que a um deles, com a participação de terceiros, é imputado ato lesivo à sociedade praticado com violação à lei e ao contrato social. Não se mostra razoável impor, nem compatível com a sistemática informal de regência das sociedades por cotas, exigir maioria do capital, maioria de sócios ou ainda a realização de reunião de quotistas para deliberar sobre a possibilidade de ajuizamento de ação de dissolução de sociedade/exclusão de sócio/responsabilização de sócio" (AgRg no Ag 1203778/RJ, Rel. Min. Luis Felipe Salomão, *DJe* 19.03.2010). Também já se considerou como "ato ilegal da Junta Comercial o indeferimento de arquivamento de ata de assembleia geral extraordinária – na qual se deliberou sobre a exclusão de sócio por justa causa – ao entendimento de que o contrato social originário deveria prever tal hipótese, quando comprovado que esta constava de alteração contratual posterior" (TRF 4.ª Região, APL-RN 5011146-08.2018.4.04.7005/PR, Rel. Des. Fed. Rogerio Favreto, *DJe* 11.03.2021).

REFORMA DO CÓDIGO CIVIL: Pretende-se alterar o art. 1.085 do Código Civil, além de acrescentar quatro novos dispositivos, nos termos seguintes: "Art. 1.085. Na sociedade limitada, a resolução em relação a um dos sócios se faz mediante a liquidação de quotas nos seguintes casos: I – por morte de sócio, salvo disposição diversa no contrato social; II – pelo exercício do direito de retirada; e III – pela exclusão de sócio. § 1º A liquidação de quotas, por morte, retirada ou exclusão de sócio acarreta a redução do capital social, podendo os sócios remanescentes, se quiserem evitá-la, subscrever novas quotas, ou admitir o ingresso de novo sócio que as subscreva. § 2º Ressalvado o caso em que haja apenas dois sócios na sociedade, a exclusão de um sócio somente poderá ser determinada em reunião especialmente convocada para esse fim, notificado o acusado de exclusão em tempo hábil para permitir seu comparecimento e o exercício do direito de defesa. § 3º Prevista no contrato social a possibilidade de exclusão do sócio minoritário por justa causa, os sócios com representação de mais da metade do capital social, por maioria, podem deliberar que um ou mais sócios colocam em risco a continuidade da empresa, em virtude de atos de inegável gravidade, e então excluí-los da sociedade, mediante a alteração do contrato social. § 4º O contrato social poderá prever as razões de justa causa para a exclusão do sócio minoritário. Art. 1.085-A. Salvo disposição diversa no contrato social, o sócio retirante, o sócio excluído e o espólio do sócio falecido têm direito: I – até a data de referência do balanço de determinação, à participação nos lucros apurados pela sociedade e, se for o caso, à remuneração como administrador, até a cessação de suas funções; II – no decorrer do prazo de noventa dias previsto no art. 1.086-A deste Código., apenas à correção monetária dos valores apurados e aos juros contratuais ou legais; III – após o decurso do prazo de noventa dias previsto no art. 1.086-A deste Código e até o efetivo recebimento de seus haveres, aos lucros apurados pela sociedade, calculados pro rata. Art. 1.085-B. No caso de morte de sócio, liquida-se sua quota, salvo se: I – o contrato social dispuser diferentemente; II – os sócios remanescentes optarem pela dissolução da sociedade; ou III – acordo entre sucessores e sócios remanescentes regular a substituição do falecido. § 1º No caso do inciso I, enquanto não realizada a partilha, as quotas passam à titularidade do espólio, independentemente de alteração contratual, cabendo ao inventariante o exercício dos direitos e deveres societários. § 2º Nos 30 dias seguintes ao término da partilha, o sucessor do sócio falecido pode optar por não ingressar na sociedade, mediante a liquidação da quota que lhe foi destinada a título de sucessão. § 3º Na hipótese do parágrafo anterior, a liquidação da quota rege-se pelas regras da retirada imotivada. Art. 1.085-C. Na sociedade contratada por tempo indeterminado, o sócio pode retirar-se a qualquer tempo, imotivadamente, mediante notificação endereçada à sociedade. § 1º Na sociedade contratada por tempo determinado, o sócio só pode retirar-se nas hipóteses do art. 1.077 deste Código. § 2º Se, nos trinta dias seguintes ao exercício do direito de retirada, for deliberada a dissolução da sociedade, por sócio ou sócios titulares de mais da metade do capital social, excluída a participação do retirante, torna-se ineficaz a retirada, motivada ou imotivada, para todos os fins de direito. Art. 1.085-D. O instrumento de alteração contratual de formalização da retirada do sócio, assinado pela maioria dos sócios remanescentes, deve ser levado a registro no prazo legal, acompanhado da notificação do sócio retirante. Parágrafo único. Se o arquivamento da alteração contratual no Registro Público de Empresa não for providenciado pelos sócios remanescentes no prazo legal, o sócio retirante pode requerer o arquivamento de cópia da notificação em que exerceu o direito de retirada, com a prova de sua entrega à sociedade, produzindo o arquivamento da notificação os mesmos efeitos da alteração contratual". O objetivo da proposta é regular, em um mesmo bloco de dispositivos, todas as situações em que a sociedade se resolve em relação a um dos sócios, incluindo a morte, o direito de recesso ou retirada e a exclusão por qualquer motivo.

Art. 1.086. Efetuado o registro da alteração contratual, aplicar-se-á o disposto nos arts. 1.031 e 1.032.

COMENTÁRIOS DOUTRINÁRIOS: Aprovada a exclusão do sócio pela maioria do capital social e registrada a alteração contratual no registro competente, devem ser adotadas as providências para a liquidação da quota do sócio excluído. E o primeiro passo consiste na apuração do valor da quota. Se não houver disposição contratual em contrário, o valor será apurado com base na situação patrimonial da sociedade, à data da resolução, verificada em balanço especialmente levantado, não sendo cabível, pelo menos como regra geral, a utilização do balanço do exercício, cuja finalidade se restringe à apuração dos resultados da gestão social naquele exercício. Em outras palavras, o pagamento dos haveres do sócio excluído, se não houver outro critério previsto no contrato social, observará o disposto no art. 1.031, sendo feito em dinheiro, no prazo de 90 (noventa) dias, a partir da averbação da alteração contratual. Assim, para evitar o desembolso, muitas vezes de elevados valores em tempo exíguo, é importante que o contrato social disponha sobre a forma e os prazos para pagamento dos haveres do sócio que venha a ser, por qualquer razão, excluído da sociedade, podendo estabelecer que o pagamento se fará em bens ou em prestações sucessivas ao longo do tempo, lembrando que a alusão a "disposição contratual em contrário" no art. 1.031 não se restringe ao instrumento do contrato social, mas a qualquer outro instrumento de ajuste de vontades apto a permitir que os sócios pactuem regras próprias para a apuração de haveres. Com a exclusão, o capital social sofrerá a correspondente redução, salvo se os demais sócios suprirem o valor da quota ou se a própria sociedade optar pela aquisição das quotas nos termos do Enunciado n. 391 da *IV Jornada de Direito Civil*: "A sociedade limitada pode adquirir suas próprias quotas, observadas as condições estabelecidas na Lei das Sociedades por Ações", fato que não lhe confere a condição de sócia. A exclusão do sócio não o exime da responsabilidade pelas obrigações sociais anteriores, até 2 (dois) anos após averbada a sua exclusão da sociedade. Ou seja, o sócio excluído da sociedade poderá vir a ser chamado a responder pelas dívidas e obrigações contraídas pela empresa nos dois anos anteriores à averbação de sua saída (art. 1.032).

REFORMA DO CÓDIGO CIVIL: Pretende-se acrescentar novo dispositivo, após o art. 1.086 do Código Civil, com a seguinte redação: "Art. 1.086-A. A sociedade deve proceder à apuração dos haveres nos 90 dias seguintes à data de referência da liquidação da quota, que será: I – na data do óbito, no caso do falecimento do sócio; II – na data de extinção do regime de bens, nos casos de divórcio ou separação de fato, dos sócios cônjuges ou conviventes; III – na data do recebimento, pela sociedade, da notificação do sócio retirante, na hipótese de retirada imotivada; IV – na data da alteração contratual ou da interpelação do ato que deu origem à dissidência, na hipótese de retirada motivada, ou V – na data da reunião de sócios que a tiver deliberado, na hipótese de exclusão extrajudicial. Parágrafo único. Na exclusão do sócio remisso, o reembolso corresponderá à restituição das entradas feitas, devidamente atualizadas, deduzidos os juros de mora e, se previsto no contrato social, a multa e os honorários de advogado". O objetivo do acréscimo, como se vê, é fixar a data de referência da liquidação das cotas, para fins de apuração dos haveres, nos casos de morte, divórcio, separação de fato, retirada ou exclusão de sócio.

SEÇÃO VIII
DA DISSOLUÇÃO

Art. 1.087. A sociedade dissolve-se, de pleno direito, por qualquer das causas previstas no art. 1.044.

COMENTÁRIOS DOUTRINÁRIOS: *Vide* comentários ao art. 1.033, aplicável por remissão expressa do art. 1.044 deste Código. O art. 1.087 versa sobre a dissolução total da sociedade, vale dizer, as causas que levam à extinção da sociedade, com início do processo de liquidação. As causas de dissolução da sociedade limitada são comuns aos demais tipos societários personalizados e, por razões de sistematização, estavam originalmente agrupadas no art. 1.033 em cinco hipóteses: o vencimento do prazo de duração, nas sociedades por prazo determinado (inc. I); o consenso unânime dos sócios, que podem deliberar pelo encerramento da sociedade (inc. II); a deliberação dos sócios, por maioria absoluta, na sociedade de prazo indeterminado (inc. III); a falta de pluralidade de sócios, se não reconstituída essa pluralidade ou transformado o registro, de sociedade para empresário individual ou para EIRELI, no prazo de 180 (cento e oitenta) dias (inc. IV e parágrafo único); e, por último, a extinção, na forma da lei, de autorização para funcionar, no caso de sociedades dependentes de autorização (inc. V). Entretanto, com a entrada em vigor da Lei n. 14.195/2021 (Lei do Ambiente de Negócios), houve a revogação do inciso IV e do parágrafo único do art. 1.033. Até porque, desde a edição da Medida Provisória n. 881, de 30 de abril de 2019, convertida na Lei n. 13.874/2019, que modificou a redação do art. 1.052 deste Código, de forma a permitir a constituição de sociedade limitada com um único sócio, o inciso IV do art. 1.033 a causa dissolutória, referente à não reconstituição da pluralidade de sócios, tornou-se inaplicável às sociedades limitadas.

CAPÍTULO V
DA SOCIEDADE ANÔNIMA

SEÇÃO ÚNICA
DA CARACTERIZAÇÃO

Art. 1.088. Na sociedade anônima ou companhia, o capital divide-se em ações, obrigando-se cada sócio ou acionista somente pelo preço de emissão das ações que subscrever ou adquirir.

COMENTÁRIOS DOUTRINÁRIOS: A sociedade anônima é aquela cujo capital social é dividido em ações e a responsabilidade dos sócios ou acionistas é limitada ao preço de emissão das ações subscritas ou adquiridas. Trata-se de sociedade necessariamente empresária, nos termos do art. 982, parágrafo único, pouco importando a atividade que exerça, e regida por lei especial (Lei n. 6.404/1976), não se inserindo entre as sociedades típicas reguladas pelo Código Civil. Por isso, a presença desse dispositivo no corpo do Código Civil não é pacífica. A controvérsia fez com que a *I Jornada de Direito Civil* viesse a aprovar enunciado com proposta de supressão dos "arts. 1.088 e 1.089 do novo Código Civil em razão de estar a matéria regulamentada em lei especial" (Enunciado n. 68). Todavia, o fato de coexistirem com o Código Civil alguns microssistemas específicos da matéria empresarial, cuja harmonização sistemática é alcançada pelo recurso à técnica do "diálogo das fontes", somente reforça a integração do Direito Empresarial no arcabouço geral do direito privado, ao lado do Direito Civil. A Lei das Sociedades Anônimas constitui um bom exemplo disso. A despeito de já regulamentada por lei especial, a sociedade anônima é referida nos arts. 1.088 e 1.089 com o objetivo de manter esse tipo societário integrado ao sistema do Código Civil. Ao mesmo tempo em que as normas específicas do Código Civil que regem as sociedades empresárias somente poderão ser aplicadas às sociedades anônimas em caso de lacuna da lei especial, como prevê o art. 1.089, as regras gerais, a exemplo daquelas que impõem às partes agir com boa-fé, não só na celebração, mas também na execução dos contratos, cuja função social deve ser observada, serão sempre aplicáveis à disciplina das sociedades anônimas. Aliás, na *I Jornada de Direito Civil*, já se aprovou um enunciado enfatizando a necessidade de se "levar em consideração o princípio da função social na interpretação das normas relativas à empresa, a despeito da falta de referência expressa" (Enunciado n. 53). A sociedade anônima, portanto, qualquer que seja seu objeto, civil ou empresarial, também obedece às regras e princípios gerais do direito privado. O parágrafo único do art. 982 estabelece uma presunção absoluta de "empresariedade" a favor das sociedades anônimas, ao dispor que a sociedade por ações será sempre empresária. Assim, as sociedades anônimas serão empresárias ainda que não exerçam a empresa, como se dá em algumas sociedades anônimas fechadas, constituídas apenas para administração de patrimônio familiar. A sociedade por ações não poderá se beneficiar do tratamento jurídico diferenciado previsto no art. 12 da Lei Complementar n.

123/2006 (Simples Nacional) em razão da vedação prevista no art. 3º, § 4º, inc. X, daquele diploma legal.

PANDEMIA: Durante a pandemia do coronavírus, entrou em vigor a Lei n. 14.030, de 28 de julho de 2020, dispondo sobre as assembleias e as reuniões de sociedades anônimas, de sociedades limitadas, de sociedades cooperativas, e alterando os arts. 121 e 124 da Lei n. 6.404, de 15 de dezembro de 1976, para esclarecer que as companhias, abertas e fechadas, poderiam realizar assembleia digital e que o acionista poderia participar e votar a distância. No âmbito especificamente das companhias abertas, a Instrução CVM n. 622, de 17 de abril de 2020, estabeleceu que a assembleia poderá ser: 1) exclusivamente digital, quando os acionistas participarem e votarem exclusivamente por sistemas eletrônicos, independentemente do uso do boletim de voto a distância como meio para exercício do direito de voto; ou 2) parcialmente digital, quando os acionistas participarem e votarem tanto presencialmente quanto a distância. As alterações promovidas no estatuto do anonimato têm caráter didático, pois nunca houve proibição expressa no sistema a que as deliberações dos acionistas fossem tomadas com o uso de ferramentas tecnológicas de comunicação. O art. 5º da Lei n. 14.010, de 10 de junho de 2020, já havia estabelecido que as assembleias de todas as pessoas jurídicas de direito privado referidas nos incisos I a III do art. 44 do Código Civil poderiam ser realizadas por meios eletrônicos, independentemente de previsão nos atos constitutivos da pessoa jurídica, e que a manifestação dos participantes poderia ocorrer por qualquer meio eletrônico indicado pelo administrador, que assegurasse a identificação do participante e a segurança do voto, e produziria todos os efeitos legais de uma assinatura presencial. E, mesmo antes de qualquer previsão legislativa, não se poderia negar aos acionistas o uso da tecnologia na tomada de suas deliberações. A "forma prescrita ou não defesa em lei" (CC, art. 104, inc. III), de que devem os atos jurídicos se revestir sob pena de nulidade (CC, art. 166, inc. IV); ou mesmo "a solenidade que a lei considere essencial para a sua validade (CC, art. 166, inc. V) podem ser perfeitamente atendidas e observadas no plano virtual. Os fatos, atos e negócios ocorrentes, praticados e celebrados na dimensão física se replicam na dimensão virtual, sem que sofram qualquer alteração em sua natureza jurídica. As alterações promovidas pela Lei n. 14.030, de 2020, na verdade, deram concretude a um novo princípio: o princípio da presença virtual, segundo o qual a presença física e o comparecimento da pessoa por meio dos mecanismos de comunicação em tempo real se equivalem e produzem os mesmos efeitos jurídicos. Em 2020, houve, ainda, a edição da Instrução CVM n. 627, de 22 de junho, que reduziu os percentuais mínimos de participação no capital social para que os acionistas minoritários pudessem exercer os direitos previstos nos seguintes dispositivos da Lei n. 6.404/1976: art. 105 (ação de exibição de livros e documentos); na alínea c do parágrafo único do art. 123 (pedido de convocação de assembleia geral); no § 1º do art. 157 (requerimento de informações em assembleia geral ordinária); no § 4º do art. 159 (propositura de ação de responsabilidade contra os administradores); no § 6º do art. 163 (pedido de informações ao conselho fiscal); e na alínea a do § 1º do art. 246 (propositura de ação de responsabilidade contra o acionista controlador). A Lei n. 14.193, de 06 de agosto de 2021 instituiu a Sociedade Anônima do Futebol, que vem a ser a companhia cuja atividade principal consiste na prática do futebol, feminino e masculino, em competição profissional, trazendo regras sobre constituição, governança, controle e transparência, meios de financiamento da atividade futebolística, tratamento dos passivos das entidades de práticas desportivas e regime tributário específico. A Lei 14.195, de 26 de agosto de 2021, por fim, incluiu na Lei das Sociedades Anônimas, o "voto plural", possibilitando a criação de ações ordinárias com peso de até 10 votos por ação.

JURISPRUDÊNCIA COMENTADA: Concretizando o diálogo das fontes entre a legislação do anonimato e o Código Civil, o tribunal acolheu incidente de desconsideração da personalidade jurídica de sociedade anônima, por considerar "abusiva a administração empresarial que não cumpre, de forma regular, os direitos sociais de seus empregados, diante do desvio de sua função social, o que justifica a aplicação das disposições do artigo 50 do Código Civil, em harmonia com as previsões do artigo 158, *caput*, incisos I e II, da Lei nº 6.404/76" (TRT 6.ª Região, AP 0000701-05.2015.5.06.0143, Rel. Des. Virgínia Malta Canavarro, *DOEPE* 23.01.2019). No âmbito das Câmaras Reservadas de Direito Empresarial do TJSP, já se reconheceu que a matéria envolvendo as sociedades por ações é disciplinada, tanto na Lei n. 6.404/1976 como nos arts. 1.088 e 1.089 do Código Civil (Cf. AC 1059999-28.2018.8.26.0100, Rel. Des. Elcio Trujillo, *DJESP* 03.12.2020). Não podendo a sociedade por ações se enquadrar em nenhuma das figuras empresariais de que cuida o art. 5º da Lei n. 12.153/2009, diante da proibição predicada no art. 3º, § 4º, inc. X, da Lei Complementar n. 123/2006, também não pode demandar "perante os Juizados Especiais da Fazenda Pública, a despeito do valor da causa" (TJES, CC 0017419-05.2021.8.08.0000, Rel. Des. Jorge Henrique Valle dos Santos, *DJES* 01.10.2021).

REFORMA DO CÓDIGO CIVIL: Pretende-se introduzir alteração de aprimoramento gramatical no art. 1.088 do Código Civil, que passaria a ter a seguinte redação: "Art. 1.088. Na sociedade anônima ou companhia, o capital divide-se em ações, obrigando-se cada sócio ou acionista somente pelo preço de emissão das ações que subscreverem ou adquirirem".

Art. 1.089. A sociedade anônima rege-se por lei especial, aplicando-se-lhe, nos casos omissos, as disposições deste Código.

COMENTÁRIOS DOUTRINÁRIOS: As normas específicas do Código Civil que regem as sociedades empresárias somente poderão ser aplicadas às sociedades anônimas em caso de lacuna da lei especial. Assim, "a fusão e a incorporação de sociedade anônima continuam sendo reguladas pelas normas previstas na Lei n. 6.404, de 1976, não revogadas, quanto a esse tipo societário, pelo Código Civil (arts. 1.089)" (Enunciado n. 230 da *III Jornada de Direito Civil*). Da mesma forma, diversos dispositivos presentes no estatuto do anonimato serão aplicados aos demais tipos societários naquilo em que o Código Civil foi omisso. A propósito, durante a *I Jornada de Direito Civil*, aprovou-se o Enunciado n. 70, prevendo que "as disposições da Lei n. 6.404/76 sobre incorporação, fusão e cisão aplicar-se-ão, por analogia, às demais sociedades naquilo em que o Código Civil for omisso". Por fim, as regras gerais codificadas, especialmente às atinentes à teoria geral das obrigações e dos contratos, a exemplo daquelas que impõem às partes agir de boa-fé, não só na celebração, mas também nas tratativas e na execução dos contratos, cuja função social deve ser observada, serão sempre aplicáveis à disciplina das sociedades anônimas e às relações entre os acionistas. *Atos sujeitos ao sujeitos Registro Público de Empresas Mercantis e Atividades Afins*: A Lei n. 13.874/2019 alterou a Lei n. 8.934/1994, para facilitar o registro das companhias nas Juntas Comerciais, passando a dispor que os pedidos de arquivamento dos atos de constituição de sociedades anônimas, bem como das atas de assembleias gerais e demais atos, relativos a essas sociedades, incluindo transformação, incorporação, fusão e cisão, constituição de consórcio e de grupo de sociedades serão decididos no prazo de cinco dias úteis, contado da data de seu recebimento, sob pena de os atos serem considerados arquivados, mediante provocação dos interessados, sem prejuízo do exame posterior das formalidades legais pela procuradoria. *Sucessão hereditária nas sociedades anônimas.* A Lei estabelece, como regra geral, a livre circulação e transferência de ações, seja entre dois acionistas, seja entre acionistas e não acionistas. Por isso, falecendo o acionista, as ações serão transmitidas aos herdeiros, os quais, salvo previsão estatutária em contrário, tornar-se-ão automaticamente acionistas. No entanto, nas sociedades de capital fechado, que são marcadas fortemente pelo elemento da *affectio societatis*, o Estatuto, ou mesmo um Acordo de Acionistas, pode conter as chamadas "cláusulas de filtragem", que são disposições contratuais cujo objetivo é o de condicionar ou restringir a entrada de novos acionistas. Na dicção expressa do art. 36 da Lei n. 6.404/1976, "o estatuto da companhia fechada pode impor limitações à circulação das ações nominativas, contanto que regule minuciosamente tais limitações e não impeça a negociação, nem sujeite o acionista ao arbítrio dos órgãos de administração da companhia ou da maioria dos acionistas". No caso de Acordo de Acionistas ou de alteração posterior do ato institucional, "a limitação à circulação [...] somente se aplicará às ações cujos titulares com ela expressamente concordarem, mediante pedido de averbação no livro de Registro de Ações Nominativas". Como toda regra restritiva de direitos, a interpretação das cláusulas de aprovação destinadas a limitar a circulação das ações são interpretadas sempre restritivamente. Por isso, a limitação prevista no Estatuto da controladora não se estende às controladas, da mesma forma que a cláusula constante do Estatuto das sociedades controladas não se aplicará às ações da companhia *holding*. Se o estatuto ou o pacto parassocial estabelecer contenções à circulação de ações por negociação (*inter vivos*), estabelecendo atribuição obrigatória do direito de preferência aos demais acionistas, essa filtragem não se aplicará quanto à transferência por sucessão hereditária. Assim, no caso da morte de um acionista, os demais sócios não terão direito de preferência para adquirir as ações, transmitidas, sem restrição, aos sucessores do acionista falecido. Os estatutos de cada sociedade precisam prescrever, de forma clara e minuciosa, as limitações à circulação, se aplicáveis apenas à transferência entre sócios ou à transferência para terceiros, se restritas à transferência *inter* *vivos* ou limitativas da transmissão *causa mortis*, e quais as exigências para aprovação do novo sócio. É possível estabelecer algumas características ou qualidades necessárias para o herdeiro se tornar acionista, como determinada profissão ou nacionalidade, desde que não represente discriminação proibida por lei ou infrinja a ordem pública e os bons costumes. Nessa toada, a cláusula que vedasse o ingresso na sociedade do herdeiro que adotasse certa orientação sexual, que mantivesse relacionamento com determinada pessoa ou que estivesse divorciado ou separado de outra seria nula. Por fim, reitere-se que tais limitações só serão possíveis nas companhias fechadas, que não possuem ações admitidas à negociação em bolsa de valores. Nas companhias abertas, não pode existir qualquer restrição à livre circulação de ações.

JURISPRUDÊNCIA COMENTADA: Sobre a aplicação subsidiária e supletiva do Código Civil às sociedades anônimas, já se decidiu que "nada dispondo a Lei das Sociedades Anônimas acerca da limitação da responsabilidade do sócio retirante e tratando-se de execução fiscal visando à cobrança de multas por infração da legislação trabalhista, aplicam-se as disposições contidas nos artigos 1.003, parágrafo único, e 1.032, ambos do Código Civil" (TRT 2.ª Região, AP 0017700-19.2009.5.02.0090, Rel. Des. Fed. Odette Silveira Moraes, *DJESP* 26.10. 2012). Mais recentemente, em exaustiva decisão prolatada em ação de responsabilidade contra sócio-administrador, o Superior Tribunal de Justiça definiu as balizas de convivência da legislação societária com o regime geral, em matéria de invalidades, concluindo pela primazia da Lei Especial nas relações jurídicas intrassocietárias e da Lei Civil para as relações externas, com terceiros. Assim, "a regulação setorial, que estabelece a sanção de anulabilidade às invalidades, mas coexiste com a sistematização civil, a depender do interesse violado, vale dizer, a determinação do regime a ser aplicado dependerá dos interesses jurídicos tutelados ou dos interesses em jogo. Considerando a diversidade de relações jurídicas que decorrem do exercício da atividade da sociedade por ações, a melhor exegese consiste em restringir, em princípio, a aplicação da legislação setorial apenas às relações intrassocietárias – relações entre os sócios ou, ainda, relações entre os sócios e a própria sociedade –, remanescendo a disciplina geral estabelecida pela lei civil tão somente àquelas hipóteses em que os efeitos das deliberações alcancem a esfera jurídica de terceiros. A aplicação eventual e residual do regime civil de invalidades à seara empresarial, ademais, deve sofrer adaptações, como a (i) não aplicabilidade do princípio de que o ato tido por nulo não produz nenhum efeito, de molde a preservar os interesses de terceiros; (ii) a existência de prazos de invalidação mais exíguos, em virtude da necessidade premente de estabilização das relações societárias; e (iii) a ampla possibilidade de sanação dos atos ou negócios jurídicos" (REsp 2.095.475/SP, Rel. Min. Antonio Carlos Ferreira, *DJe* 18.04.2024).

CAPÍTULO VI
DA SOCIEDADE EM COMANDITA POR AÇÕES

Art. 1.090. A sociedade em comandita por ações tem o capital dividido em ações, regendo-se pelas normas relativas à sociedade anônima, sem prejuízo das modificações constantes deste Capítulo, e opera sob firma ou denominação.

COMENTÁRIOS DOUTRINÁRIOS: Já tratei, em comentário anterior, sobre as sociedades em comandita simples (art. 1.045). A combinação daquele tipo societário com a sociedade anônima é o que caracteriza a sociedade em comandita por ações. É como se fora, mal comparando, uma sociedade em comandita simples, cujo capital social, na parte que se refere aos comanditários, encontra-se dividido em ações. Era a forma de limitar a responsabilidade de alguns sócios, atraindo capitais para o comércio. Com o surgimento das sociedades limitadas (ver arts. 1.052 a 1.087) e das sociedades anônimas (ver arts. 1.088 e 1.089), as sociedades em comandita, tanto a comandita simples, como a comandita por ações, perderam a sua utilidade e deixaram paulatinamente de ser utilizadas. Hoje, a figura do sócio investidor, com limitação ou sem quaisquer responsabilidades, é muito mais bem acolhida em outros instrumentos legais, de modo que as sociedades em comandita praticamente não existem mais entre nós. A principal característica desse tipo societário é a existência de duas categorias de sócios: os que respondem ilimitadamente pelas obrigações sociais (acionista gestor ou administrador) e que se equiparam aos comanditados nas sociedades em comandita simples; e outros que são obrigados somente pelo valor de suas ações (acionistas não administradores), equivalentes aos comanditários das sociedades em comandita simples. No mais, obedecem às normas relativas à sociedade anônima. Ou seja, pode-se dizer, em outras palavras, que a sociedade em comandita por ações seria uma sociedade anônima na qual os diretores respondem ilimitadamente, e em qualquer situação, pelas obrigações sociais, e não apenas nas hipóteses previstas em lei (violação à lei ou ao contrato, atos *ultra vires* etc.). A autorização para que a sociedade possa operar tanto sob firma, como sob denominação, prevista na parte final do art. 1.090, enfatiza o caráter híbrido desse tipo societário, que se apresenta simultaneamente como uma sociedade de pessoas e como uma sociedade de capitais.

REFORMA DO CÓDIGO CIVIL: Pretende-se alterar o art. 1.090 do Código Civil, que passaria a ter a seguinte redação: "Art. 1.090. A sociedade em comandita por ações tem o capital dividido em ações e rege-se pelas normas relativas à sociedade anônima". O objetivo da alteração é compatibilizar o dispositivo com a proposta de revogação dos dois artigos seguintes.

Art. 1.091. Somente o acionista tem qualidade para administrar a sociedade e, como diretor, responde subsidiária e ilimitadamente pelas obrigações da sociedade.

§ 1º Se houver mais de um diretor, serão solidariamente responsáveis, depois de esgotados os bens sociais.

§ 2º Os diretores serão nomeados no ato constitutivo da sociedade, sem limitação de tempo, e somente poderão ser destituídos por deliberação de acionistas que representem no mínimo 2/3 (dois terços) do capital social.

§ 3º O diretor destituído ou exonerado continua, durante 2 (dois) anos, responsável pelas obrigações sociais contraídas sob sua administração.

COMENTÁRIOS DOUTRINÁRIOS: A sociedade em comandita por ações tem a sua organização muito mais engessada do que a da sociedade anônima, o que representa mais uma razão para a completa inutilidade desse tipo de estrutura empresarial nos dias atuais. O Código Civil estabelece, por exemplo, que somente o acionista pode exercer cargos de diretoria, proibindo a delegação da gestão a terceiros estranhos à sociedade, o que afasta completamente a possibilidade de profissionalizar a gestão. Uma vez investido na função de diretor, o acionista passa a responder subsidiária e ilimitadamente pelas obrigações da sociedade. Se mais de um acionista exercer função de gestão, todos eles serão solidariamente responsáveis entre si, em caráter subsidiário, mas ilimitado, pelas obrigações da sociedade. Os acionistas diretores devem ser designados pelo estatuto da sociedade no momento de sua constituição e só poderão ser destituídos por deliberação de acionistas que representem no mínimo 2/3 (dois terços) do capital social. Mesmo depois de destituído ou exonerado, o acionista diretor continua, durante 2 (dois) anos, responsável pelas obrigações sociais contraídas sob sua administração. Essa responsabilidade dos diretores não se limita aos atos ilícitos praticados, mas a todas as obrigações da sociedade contraídas durante a gestão, o que descaracteriza a natureza da responsabilidade do acionista, sempre limitada ao montante de suas ações. Durante a *I Jornada de Direito Civil*, o Enunciado n. 59 procurou limitar essa responsabilidade nos termos seguintes: "Os sócios gestores e os administradores das empresas são responsáveis subsidiária e ilimitadamente pelos atos ilícitos praticados, de má gestão ou contrários ao previsto no contrato social ou estatuto, consoante estabelecem os arts. 990, 1.009, 1.016, 1.017 e 1.091, todos do Código Civil". Todavia, a limitação proposta neste enunciado não tem como se aplicar aos diretores de sociedade em comandita por ações, por contrariar expressa disposição de lei.

REFORMA DO CÓDIGO CIVIL: Está sendo proposta a revogação desse dispositivo, uma vez que a matéria já se encontra regulada na Lei de Sociedades Anônimas.

Art. 1.092. A assembleia geral não pode, sem o consentimento dos diretores, mudar o objeto essencial da sociedade, prorrogar-lhe o prazo de duração, aumentar ou diminuir o capital social, criar debêntures, ou partes beneficiárias.

COMENTÁRIOS DOUTRINÁRIOS: Esta disposição repete o art. 283 da Lei n. 6.404/1976 (LSA). Ao mesmo tempo em que aumentou as responsabilidades dos acionistas diretores, o Código Civil lhes atribuiu o poder de veto em relação a certas deliberações da assembleia geral de sócios que, não obstante constitua o órgão deliberativo máximo de qualquer sociedade, não pode tomar qualquer decisão afeta à alteração do objeto essencial da sociedade, prorrogação de seu prazo de duração, aumento ou diminuição do capital e emissão de debêntures ou partes beneficiárias, sem o apoio dos acionistas que compõem a administração, mesmo que se trate de acionistas minoritários.

PANDEMIA: Durante a pandemia do coronavírus, entrou em vigor a Lei n. 14.010, de 10 de junho de 2020, estabelecendo que as assembleias de todas as pessoas jurídicas de direito privado referidas nos incisos I a III do art. 44 do Código Civil poderiam ser realizadas por meios eletrônicos, independentemente de previsão nos atos constitutivos da pessoa jurídica, e que a manifestação dos participantes poderia ocorrer por qualquer meio eletrônico indicado pelo administrador, que assegurasse a identificação do participante e a segurança do voto, e produziria todos os efeitos legais de uma assinatura presencial. E, mesmo antes de qualquer previsão legislativa, não se poderia negar aos acionistas o uso da tecnologia na tomada de suas deliberações. A "forma prescrita ou não defesa em lei" (CC, art. 104, inc. III), de que devem os atos jurídicos se revestir sob pena de nulidade (CC, art. 166, inc. IV); ou mesmo "a solenidade que a lei considere essencial para a sua validade (CC, art. 166, inc. V) podem ser perfeitamente atendidas e observadas no plano virtual. Os fatos, atos e negócios ocorrentes, praticados e celebrados na dimensão física se replicam na dimensão virtual, sem que sofram qualquer alteração em sua natureza jurídica. Como já antecipei em outros comentários, a Lei n. 14.010, de 2020, na verdade, apenas deu concretude a um novo princípio: o princípio da presença virtual, segundo o qual a presença física e o comparecimento da pessoa por meio dos mecanismos de comunicação em tempo real se equivalem e produzem os mesmos efeitos jurídicos.

REFORMA DO CÓDIGO CIVIL: Está sendo proposta a revogação desse dispositivo, uma vez que a matéria já se encontra regulada na Lei de Sociedades Anônimas.

CAPÍTULO VII
DA SOCIEDADE COOPERATIVA

Art. 1.093. A sociedade cooperativa reger-se-á pelo disposto no presente Capítulo, ressalvada a legislação especial.

COMENTÁRIOS DOUTRINÁRIOS: Permanece em vigor a Lei n. 5.764/1971 que definiu a Política Nacional de Cooperativismo e instituiu o regime jurídico das sociedades cooperativas. Essa lei define o contrato de sociedade cooperativa como o ajuste de vontades mediante o qual um grupo de pessoas se obriga a contribuir com bens ou serviços para o exercício de uma atividade econômica, de proveito comum, mas sem o objetivo primordial de lucro. O objetivo é prestar serviços aos associados e o escopo a ser alcançado se traduz no proveito comum dos sócios, que são ao mesmo tempo clientes, consumidores, provedores, colaboradores e fornecedores da sociedade, reduzindo-lhes o custo ou facilitando-lhes o acesso a certos produtos. O parágrafo único do art. 982 estabelece uma presunção absoluta de "não empresariedade" a favor das sociedades cooperativas, que serão sempre tratadas como sociedades simples. Essa presunção estava anteriormente prevista no art. 4º da Lei n. 5.764/1971, que enfatizava serem as cooperativas sociedades de pessoas, de natureza civil e não sujeitas a falência. Assim, a sociedade cooperativa é uma sociedade simples por imposição legal e, ainda que exerça atividade empresarial, isso não a qualificará como sociedade empresária. Todavia, enquanto as sociedades simples registram-se no Registro Civil de Pessoas Jurídicas (RCPJ), excetuam-se as sociedades cooperativas, que "são sociedades simples sujeitas a inscrição nas juntas comerciais" (Enunciado n. 69, aprovado na *I Jornada de Direito Civil*). Como sociedades simples, nelas se admite a contribuição dos sócios exclusivamente em serviços. Nesse sentido, aliás, a conclusão da *III Jornada de Direito Civil* – Enunciado n. 206: "A contribuição do sócio exclusivamente em prestação de serviços é permitida nas sociedades cooperativas (art. 1.094, I) e nas sociedades simples propriamente ditas (art. 983, 2ª parte)". A Lei n. 13.806/2019 alterou a Lei n. 5.764, de 16 de dezembro de 1971, acrescentando-lhe o art. 88-A, para atribuir às cooperativas a possibilidade de agirem como substitutas processuais de seus associados, nos termos seguintes: "Art. 88-A. A cooperativa poderá ser dotada de legitimidade extraordinária autônoma concorrente para agir como substituta processual em defesa dos direitos coletivos de seus associados quando a causa de pedir versar sobre atos de interesse direto dos associados que tenham relação com as operações de mercado da cooperativa, desde que isso seja previsto em seu estatuto e haja, de forma expressa, autorização manifestada individualmente pelo associado ou por meio de assembleia geral que delibere sobre a propositura da medida judicial". Finalmente, a Lei Complementar n. 196/2022 alterou a

Lei Complementar n. 130, de 17 de abril de 2009 (Lei do Sistema Nacional de Crédito Cooperativo), para estabelecer que são impenhoráveis as quotas-partes do capital de cooperativa de crédito.

PANDEMIA: Durante a pandemia do coronavírus, entrou em vigor a Lei n. 14.030, de 28 de julho de 2020, dispondo sobre as assembleias e as reuniões de sociedades anônimas, de sociedades limitadas, de sociedades cooperativas, e acrescentando o art. 43-A à Lei n. 5.764, de 16 de dezembro de 1971, para esclarecer que a assembleia geral e a reunião dos associados da cooperativa poderiam ser realizadas de forma digital, respeitados os direitos legalmente previstos de participação e de manifestação dos associados e os demais requisitos regulamentares, bem como que o associado poderia participar e votar a distância. As alterações promovidas no estatuto do cooperativismo têm caráter didático, pois nunca houve proibição expressa no sistema a que as deliberações dos associados fossem tomadas com o uso de ferramentas tecnológicas de comunicação. A "forma prescrita ou não defesa em lei" (CC, art. 104, inc. III), de que devem os atos jurídicos se revestir sob pena de nulidade (CC, art. 166, inc. IV); ou mesmo "a solenidade que a lei considere essencial para a sua validade (CC, art. 166, inc. V) podem ser perfeitamente atendidas e observadas no plano virtual. Os fatos, atos e negócios ocorrentes, praticados e celebrados na dimensão física se replicam na dimensão virtual, sem que sofram qualquer alteração em sua natureza jurídica. O acréscimo promovido pela Lei n. 14.030 de 2020, na verdade, apenas deu concretude a um novo princípio: o princípio da presença virtual, segundo o qual a presença física e o comparecimento da pessoa por meio dos mecanismos de comunicação em tempo real se equivalem e produzem os mesmos efeitos jurídicos.

JURISPRUDÊNCIA COMENTADA: Na jurisprudência discute-se a penhorabilidade das quotas sociais de cooperados de sociedades cooperativas, diante do disposto no art. 835, inc. IX, do CPC/2015, a respeito da penhora de ações e quotas de sociedades simples e empresárias. Apesar de serem sociedades simples, com institutos próprios e adesão voluntária, cuja transferência das quotas-partes a terceiros estranhos à sociedade é vedada por Lei (art. 4º, I e IV, da Lei n. 5.764/1971, e art. 1.094, inciso IV, do CC/2002), isso não induz à impossibilidade de penhora por dívida particular do cooperado, devendo-se aplicar o disposto nos arts. 1.026 e 1.031 deste Código, pois "a impenhorabilidade prevista no art. 833 do CPC/15 não contempla cotas de capital social de cooperativa de crédito, sendo a referida constrição judicial, lado outro, respaldada pela interpretação sistemática dos artigos 1.026 do CC/02 e 789, 835, V, e 876, § 7º, do CPC/15" (TRT da 3.ª Região, AP 0013292-34.2016.5.03.0050, Rel. Des. Sebastião Geraldo de Oliveira, *DJEMG* 11.07.2017). O Tribunal de Justiça de São Paulo, em caso envolvendo cooperativa de médicos, já decidiu ser possível a penhora de quotas sociais, nos termos do art. 1.026, vale dizer, a penhora do resultado econômico decorrente do vínculo associativo do devedor, ainda que exista "previsão impeditiva de constituição de ônus no Estatuto Social da Cooperativa". O Tribunal bandeirante também decidiu que a participação do cooperado nos lucros e resultados "não possui natureza salarial, não havendo que se falar na impenhorabilidade prevista no art. 833, IV, do CPC" (TJSP, AgInt 2071222-67.2018.8.26.0000/50001, Rel. Des. Lígia Araújo Bisogni, *DJESP* 22.06.2018). Entretanto, o mesmo tribunal possui decisões dissonantes, no sentido de "que as cotas das cooperativas são inacessíveis por terceiros estranhos à sociedade, de forma que deve ser reconhecida sua impenhorabilidade" (TJSP, AI 2092258-92.2023.8.26.0000, *DJESP* 21.06.2023). Em se tratando de cooperativa de crédito, após a entrada em vigor da Lei Complementar n. 196/2022, ficou pacificado que as quotas-partes do capital de cooperativa de crédito são impenhoráveis (TJSP, AI 2074571-68.2024.8.26.0000, *DJESP* 06.05.2024). Nas demais cooperativas, "é possível a penhora de cotas pertencentes a sócio de cooperativa, por dívida particular deste, pois responde o devedor, para o cumprimento de suas obrigações, com todos seus bens presentes e futuros" (TJRO, APL 7004940-38.2021.8.22.0009, *DJRO* 10.03.2023), devendo-se, no entanto, "facultar à sociedade cooperativa, na qualidade de terceira interessada, remir a execução (art. 651 do CPC), remir o bem (art. 685-A, § 2º, do CPC) ou concedê-la e aos demais sócios a preferência na aquisição das cotas (art. 685-A, § 4º, do CPC), a tanto por tanto, assegurando-se ao credor, não ocorrendo solução satisfatória, o direito de requerer a dissolução parcial da sociedade, com a exclusão do sócio e consequente liquidação da respectiva cota" (REsp 1.278.715-PR, Rel. Min. Nancy Andrighi, j. 11.06.2013). Também se tem admitido a oposição de embargos de terceiro pela sociedade cooperativa que busca contestar a penhorabilidade das cotas de capital de seu cooperado (TJRS, Recurso Cível 71006693121, Rel. Ana Cláudia Cachapuz Silva Raabe, j. 23.10.2017).

Finalmente, com a edição da Lei n. 13.806/2019, deve ser modificado o entendimento do Superior Tribunal de Justiça, de que "à míngua de expressa previsão legal, a Cooperativa não pode litigar em juízo, em nome próprio, defendendo alegado direito dos cooperativados" (STJ, REsp 901.782/RS, Rel. Min. Luis Felipe Salomão, *DJe* 01.07.2011).

REFORMA DO CÓDIGO CIVIL: Pretende-se alterar o art. 1.093 do Código Civil, que passaria a ter a seguinte redação: "Art. 1.093. A sociedade cooperativa rege-se por lei especial, aplicando-se-lhes, nos casos omissos, as disposições deste Código". O objetivo da proposta é ressaltar a primazia da legislação especial no regramento das cooperativas. Nesse tipo societário, tanto quanto nas sociedades anônimas, o Código Civil somente poderá ser invocado para suprir eventuais omissões da lei específica.

Art. 1.094. São características da sociedade cooperativa:

I – variabilidade, ou dispensa do capital social;

II – concurso de sócios em número mínimo necessário a compor a administração da sociedade, sem limitação de número máximo;

III – limitação do valor da soma de quotas do capital social que cada sócio poderá tomar;

IV – intransferibilidade das quotas do capital a terceiros estranhos à sociedade, ainda que por herança;

V – *quorum*, para a assembleia geral funcionar e deliberar, fundado no número de sócios presentes à reunião, e não no capital social representado;

VI – direito de cada sócio a um só voto nas deliberações, tenha ou não capital a sociedade, e qualquer que seja o valor de sua participação;

VII – distribuição dos resultados, proporcionalmente ao valor das operações efetuadas pelo sócio com a sociedade, podendo ser atribuído juro fixo ao capital realizado;

VIII – indivisibilidade do fundo de reserva entre os sócios, ainda que em caso de dissolução da sociedade.

COMENTÁRIOS DOUTRINÁRIOS: O presente dispositivo reproduz, com algumas alterações, o disposto no art. 4º da Lei n. 5.764/1971, elencando as características da sociedade cooperativa. Dentre elas, podemos destacar duas como sendo as mais marcantes desse tipo societário. Primeiro, a variabilidade, ou dispensa do capital social, que pode se alterar na proporção da entrada e saída de cooperados ou mesmo não existir. Havendo capital social estabelecido no ato constitutivo, este passa a ser o limite da variabilidade, ou seja, o capital não pode descer abaixo daquele piso. Entretanto, o mais comum é que não se estipule capital social, mas apenas o chamado capital mínimo de ingresso na cooperativa, que é o mínimo indispensável que cada cooperado deve subscrever. A segunda característica é a ilimitabilidade do número de sócios, que entram e saem, livremente, da sociedade sem qualquer perturbação do organismo social (princípio da livre adesão). Ressalva-se, no entanto, como restrição possível ao ingresso de cooperados, a impossibilidade técnica de prestação de serviços. É evidente que em uma cooperativa de médicos anestesistas, por exemplo, somente aqueles detentores dessa especialidade serão admitidos. Ao contrário da Lei n. 5.764/1971 que exigia, para a constituição de cooperativas singulares, o mínimo de vinte sócios (inc. I do art. 6º), o Código Civil flexibilizou essa exigência, revogando tacitamente o dispositivo da lei especial, podendo a sociedade cooperativa ser constituída com o número de sócios necessário, apenas, para compor a administração da sociedade (art. 1.094, inc. II). A intransferibilidade das quotas do capital a terceiros estranhos à sociedade, ainda que por herança, imposto pela art. 1.094, inc. IV, não impede a penhora de quotas, desde que observados os arts. 1.026 e 1.031. Outras características marcantes previstas no art. 1.094 são o quórum para o funcionamento e deliberação da assembleia geral baseado no número de associados e não no capital social; o retorno das sobras líquidas do exercício, proporcionalmente às operações realizadas pelo associado e a indivisibilidade do fundo de reserva. *Sucessão hereditária nas sociedades cooperativas.* Como não existe regra específica na Lei n. 5.764/1971, tampouco no Código Civil, a sucessão do sócio de sociedade cooperativa reporta-se ao regime legal das sociedades simples, por força do disposto no art. 1.096. Entretanto, como o inciso IV do art. 4º da Lei n. 5.764/1971 estabelece a "incessibilidade das quotas-partes do capital a terceiros, estranhos à sociedade", dentre as alternativas previstas no art. 1.028 deste Código, a única aplicável aos herdeiros não cooperativados é aquela do *caput*, ou seja, a liquidação da quota. A interdição de transmissão da quota de que trata o inciso IV do art. 4º da Lei n. 5.764/1971, porém, não atingirá os herdeiros que já eram sócios da mesma cooperativa na data de abertura da sucessão.

JURISPRUDÊNCIA COMENTADA: Em uma cooperativa de serviços médicos e hospitalares cuja admissão de médicos oftalmologistas foi condicionada à realização de processo seletivo e à frequência a curso de cooperativismo, o TJSP decidiu pela ilegalidade da frequência ao curso de cooperativismo, por ausência de amparo legal, em razão da "liberdade de ingresso e aplicação do princípio da livre adesão, de que é subprincípio a denominada porta aberta", mas plenamente possível, e mesmo imprescindível, a "prova da capacidade técnica do prestador de serviços (art. 4º, I, da Lei n. 5.764/71)", cuja recusa foi considerada "injustificada e que trará inequívoco prejuízo aos demandantes, dificultando indevidamente sua atividade profissional" (TJSP, APL 1037353-21.2014.8.26.0114, Rel. Des. Rômolo Russo, *DJESP* 12.09.2017).

REFORMA DO CÓDIGO CIVIL: Pretende-se alterar a redação dos incisos I, II, V, VI, VII e VIII do art. 1.094 do Código Civil, que passariam as vigorar com as seguintes redações: "Art. 1.094. [...]: I – variabilidade do capital social, representado por quotas-partes; II – concurso de sócios, em número mínimo definido em lei especial, sem limitação de número máximo; [...] V – quórum, para a reunião geral funcionar e deliberar, fundado no número de sócios presentes à reunião e não no capital social representado; VI – direito de cada sócio a um só voto nas deliberações, independentemente do capital social por ele integralizado, facultando-se às cooperativas centrais, federações e confederações de cooperativas optarem pelo critério da proporcionalidade; VII – distribuição dos resultados, proporcionalmente ao valor das operações efetuadas pelo sócio com a sociedade, com remuneração conforme legislação especial; VIII – indivisibilidade dos fundos de reserva e de assistência técnica educacional e social entre os sócios, mesmo que em caso de dissolução da sociedade". Em linhas gerais, pretende-se eliminar eventuais antinomias entre o Código Civil e a lei especial. Segundo consta do relatório da Comissão de Juristas responsável pela elaboração do anteprojeto, "a aparente antinomia entre lei geral (art. 1.094, II, CC) e lei especial (art. 6º, II, LCoop e Lei de Cooperativas de Trabalho) tem gerado controvérsias jurídicas e restrições de ordem registral que, na prática, somente atrapalham a criação e o desenvolvimento de cooperativas. O número mínimo para composição de órgãos administrativos previsto no CC não é garantidor de pluralidade de debates em assembleia geral, além de potencializar conflitos de interesses – o que já foi constatado empiricamente pela ciência da Administração de Empresas". As alterações sugeridas, de acordo com a Comissão, permitem a autorregulação setorial dos ramos do cooperativismo.

Art. 1.095. Na sociedade cooperativa, a responsabilidade dos sócios pode ser limitada ou ilimitada.

§ 1º É limitada a responsabilidade na cooperativa em que o sócio responde somente pelo valor de suas quotas e pelo prejuízo verificado nas operações sociais, guardada a proporção de sua participação nas mesmas operações.

§ 2º É ilimitada a responsabilidade na cooperativa em que o sócio responde solidária e ilimitadamente pelas obrigações sociais.

COMENTÁRIOS DOUTRINÁRIOS: O art. 1.095 é mais abrangente do que os correspondentes dispositivos da Lei n. 5.764/1971, permitindo que, em uma mesma sociedade cooperativa, existam sócios com responsabilidade limitada e sócios com responsabilidade ilimitada. O estatuto social dirá se a responsabilidade do associado da cooperativa é limitada ou ilimitada. Aqueles responsáveis limitadamente responderão apenas pelo valor de suas quotas e pelo prejuízo verificado nas operações sociais, proporcionalmente à sua participação nas mesmas operações. A teor do art. 89 da Lei n. 5.764/1971, os prejuízos verificados devem ser cobertos pelo Fundo de Reserva e, somente se insuficiente este, responderão os associados, proporcionalmente aos serviços usufruídos. Os cooperados de responsabilidade ilimitada respondem solidariamente com a sociedade, pelas obrigações sociais, independentemente do valor ou montante de suas quotas ou das operações de que participaram.

JURISPRUDÊNCIA COMENTADA: Sobre o prazo pelo qual o antigo cooperado, que se desliga da cooperativa, permanece responsável pelas obrigações sociais, o TJSP vem decidindo que a "responsabilidade do ex-cooperado perdura até quando aprovadas as contas do exercício em que se deu o desligamento (art. 1.095, § 1º do Código

Civil e artigos 36, 80, parágrafo único, II e 89 da Lei n. 5.764/71)", não sendo possível "considerar perdas havidas apenas até a data do desligamento, quando a cooperada, "após o desligamento, recebeu pagamentos por operações com a cooperativa. Eventual sobra ou perda da cooperativa é apurada em relação a todo o exercício e rateada de forma proporcional à atuação de cada cooperado" (TJSP, APL 9000001-52.2005.8.26.0066, Rel. Des. Guilherme Santini Teodoro, *DJESP* 09.09.2015).

Art. 1.096. No que a lei for omissa, aplicam-se as disposições referentes à sociedade simples, resguardadas as características estabelecidas no art. 1.094.

COMENTÁRIOS DOUTRINÁRIOS: As normas do Código Civil que regem as sociedades simples somente poderão ser aplicadas às cooperativas em caso de lacuna da lei especial. Só existirá lacuna quando da interpretação do enunciado normativo não se extrair a resposta, surgindo a necessidade de corrigir a falha. São diversas as classificações das lacunas, podendo-se extrair da doutrina as três principais espécies: a) lacuna normativa, diante da ausência de norma sobre determinado caso ou omissão gramatical da norma existente; b) lacuna ontológica, quando existe a norma, mas ela não corresponde mais aos fatos sociais, pois o progresso social e tecnológico afastaram a norma positiva da concretude da vida, criando um descompasso entre a lei tal qual foi historicamente idealizada e a realidade atual; c) lacuna axiológica, quando existe a norma, mas ela não concretiza o valor "justiça", ou seja, existe um preceito normativo, que, se aplicado, produzirá resultados indesejados ou injustos. A lacuna normativa demanda aplicação subsidiária enquanto a lacuna ontológica e a axiológica invocam a aplicação supletiva. A omissão a que se refere o art. 1.096, apta a atrair a aplicação supletiva do regramento das sociedades simples, não é apenas a do Código Civil, mas também a da lei especial, que não foi revogada, expressa ou tacitamente, salvo no tocante ao inc. I do art. 6º, consoante antecipei em comentário anterior. Ainda assim, o recurso à lei geral codificada é necessário para subsidiar a dissolução e liquidação de sociedade cooperativa, destituição dos liquidantes, limitação temporal de responsabilidade do sócio retirante etc. O cooperado que se retira da cooperativa, por exemplo, além de responder, nos limites do estatuto, pelas obrigações sociais por até dois anos após a sua retirada, na forma dos arts. 1.003 e 1.032 do Código Civil, responderá além daquele prazo, conforme previsão dos arts. 36, 80, parágrafo único, inc. II, e 89 da Lei n. 5.764/1971.

JURISPRUDÊNCIA COMENTADA: Entendimento pacificado na Justiça Trabalhista (Orientação Jurisprudencial n. 379 da SDI-1) orienta que as cooperativas de crédito não se equiparam às instituições financeiras. São consideradas "instituições financeiras não bancárias que, embora normatizadas pelo BACEN, são regidas pelos artigos 1.093 a 1.096 do Código Civil e pela Lei n. 5.764/71. São sociedades de pessoas, com o objetivo maior da prestação de serviços aos seus próprios associados. Diante da especificidade de objeto não é possível sua equiparação às instituições financeiras para estender aos seus empregados as vantagens asseguradas à categoria profissional dos bancários" (TRT 3.ª Região, RO 0010273-67.2016.5.03.0099, Rel. Des. João Bosco Pinto Lara, *DJEMG* 24.02.2017). Também na jurisprudência trabalhista, colhe-se que "a prestação de serviços, por intermédio de cooperativa de trabalho regularmente constituída, mediante livre adesão do trabalhador, sem qualquer subordinação jurídica deste trabalhador cooperado com a reclamada, tomadora dos serviços, sem a pessoalidade própria da relação de emprego e com a percepção pelo trabalhador cooperado de remuneração diferenciada, em conformidade com os princípios que regem a relação entre a cooperativa e o trabalhador cooperado (princípios da dupla qualidade e da retribuição pessoal diferenciada), não há se falar em vínculo de emprego" (TRT da 3.ª Região, RO 0002819-52.2014.5.03.0181, Rel. Juíza Conv. Maria Raquel Ferraz, *DJEMG* 24.08.2015).

REFORMA DO CÓDIGO CIVIL: Pretende-se alterar o art. 1.096 do Código Civil, que passaria a ter a seguinte redação: "Art. 1.096. Na omissão da lei, aplicam-se as disposições referentes à sociedade simples, resguardadas as características estabelecidas no art. 1.094 deste Código". Trata-se, como se vê, de mero aprimoramento redacional.

CAPÍTULO VIII
DAS SOCIEDADES COLIGADAS

Art. 1.097. Consideram-se coligadas as sociedades que, em suas relações de capital, são

controladas, filiadas, ou de simples participação, na forma dos artigos seguintes.

COMENTÁRIOS DOUTRINÁRIOS: Passaremos a tratar neste capítulo do fenômeno da concentração empresarial, que decorre da expansão da atividade econômica e da necessidade de as sociedades empresárias se unirem a outras para exercerem a empresa de forma conjunta e mais competitiva. O Código Civil tratou das diversas formas de concentração, desde aquelas que implicam uma junção completa de estruturas, com unificação das personalidades jurídicas dos entes envolvidos, como é o caso da fusão e da incorporação, até aquelas mais simples, concretizadas pelos ajustes societários de coligação. Os arts. 1.097 a 1.101 versam sobre a coligação de sociedades, tratada sob o aspecto quantitativo de participação de uma sociedade no capital da outra, partindo da simples participação, passando pela filiação, até alcançar a situação de controle; lembrando que, se o ato de concentração resultar em dominação de mercado relevante de bens ou serviços ou, de qualquer forma, prejudicar a livre concorrência ou a livre-iniciativa, estará caracterizada a infração da ordem econômica, coibida pela Lei n. 12.529, de 30 de novembro de 2011, que estrutura o Sistema Brasileiro de Defesa da Concorrência. A denominação sociedades coligadas não foi das mais felizes e pode levar a alguns equívocos, especialmente pela sinonímia com outras categorias cujo conteúdo é diverso. O Código Civil define como coligadas as sociedades que, em suas relações de capital, são controladas, filiadas, ou de simples participação. A Lei das S/A, todavia, considera coligadas as sociedades nas quais a investidora tenha influência significativa (art. 243, § 1º) e controlada a sociedade na qual a controladora, diretamente ou através de outras controladas, é titular de direitos de sócio que lhe assegurem, de modo permanente, preponderância nas deliberações sociais e o poder de eleger a maioria dos administradores (art. 243, § 2º). Portanto, as expressões usadas na lei geral e na lei especial, não obstante idênticas, veiculam conceitos diversos. Outra categoria que não pode ser confundida com a sociedade coligada é o "grupo econômico". O § 2º do art. 2º da CLT, com a redação dada pela Lei n. 13.467, de 2017, estabelece que "sempre que uma ou mais empresas, tendo, embora, cada uma delas, personalidade jurídica própria, estiverem sob a direção, controle ou administração de outra, ou ainda quando, mesmo guardando cada uma sua autonomia, integrem grupo econômico, serão responsáveis solidariamente pelas obrigações decorrentes da relação de emprego". A Lei n. 5.889/1973, que estatui normas reguladoras do trabalho rural, contém idêntica redação. Pode-se, assim, sintetizar a definição de grupo econômico quando duas ou mais empresas estão sob a direção, o controle ou a administração de outra, compondo uma atividade econômica, ainda que cada uma delas tenha personalidade jurídica própria. A principal consequência do reconhecimento de um grupo econômico é a responsabilidade solidária das sociedades que o integram. Cada sociedade pode ser chamada a responder pelas obrigações sociais da outra. No âmbito do Direito Civil, a caracterização do "grupo econômico" requer o preenchimento de diversos requisitos, tais como, subordinação da sociedade ao controle ou administração de outra sociedade ou, então, que seja ela a controladora ou administradora das demais. E a responsabilidade solidária de uma sociedade, em relação aos débitos da outra, depende de desconsideração da personalidade jurídica da devedora, nos termos do art. 50 deste Código. Durante a *V Jornada de Direito Civil*, o Enunciado n. 406 ressaltou que "a desconsideração da personalidade jurídica alcança os grupos de sociedade quando estiverem presentes os pressupostos do art. 50 do Código Civil e houver prejuízo para os credores até o limite transferido entre as sociedades". Em matéria previdenciária e trabalhista, o reconhecimento do grupo econômico tem se dado de forma bem mais ampla. O art. 30, inc. IX, da Lei n. 8.212/1991, que dispõe sobre a organização da Seguridade Social, por exemplo, estabelece que "as empresas que integram grupo econômico de qualquer natureza respondem entre si, solidariamente, pelas obrigações decorrentes desta Lei".

JURISPRUDÊNCIA COMENTADA: Na jurisprudência, tem-se acatado, como forte indício de formação de grupo econômico, o fato de as empresas integrantes serem "administradas por membros da mesma família e exercerem atividades empresariais de um mesmo ramo" (TRF 3.ª Região, AL-AI 0004395-59.2013.4.03.0000/SP, Rel. Des. Fed. Antonio Carlos Cedenho, *DEJF* 03.07.2015). Na seara trabalhista é consolidada a posição no sentido de que a prestação de serviços a várias empresas do mesmo grupo não caracteriza contratos de trabalho diversos (Súmula n. 129), bem como que a chamada sociedade *holding* não consiste em um tipo societário autônomo, "mas indica aquela sociedade que tem participação em outras sociedades e, enquanto controladora, concentra a gestão empresarial, podendo determinar a forma de administração das suas controladas, padronizando os inúmeros procedimentos administrativos e contábeis. Estas relações se inserem perfeitamente na noção celetista de grupo econômico, pois traduzem a centralização de interesses, na medida em que empresas se unem e se interligam para a consecução de seus objetivos empresariais. Existe, nessas situações, visível e clara linha de coordenação e controle, o que torna de fácil percepção o entrelaçamento das atividades desenvolvidas. Pode-se afirmar, daí, que o empregado inserido em empreendimentos dessa natureza despende a sua energia, de maneira indissociável, para todas as empresas, contribuindo com o seu trabalho para a ampliação da importância da marca e conquista de maior espaço no mercado, de modo a influenciar nos resultados do negócio. A comunhão de interesses que as vincula revela, assim, a existência de grupo econômico, a atrair a responsabilidade solidária" (TRT 10.ª Região; RO 66/2008-008-10-00.1, 1.ª Turma, Rel. Juiz João Luis Rocha Sampaio, *DJU* 17.10.2008).

Art. 1.098. É controlada:

I – a sociedade de cujo capital outra sociedade possua a maioria dos votos nas deliberações dos quotistas ou da assembleia geral e o poder de eleger a maioria dos administradores;

II – a sociedade cujo controle, referido no inciso antecedente, esteja em poder de outra, mediante ações ou quotas possuídas por sociedades ou sociedades por esta já controladas.

COMENTÁRIOS DOUTRINÁRIOS: O dispositivo define a situação de controle, que é a forma de coligação mais intensa, quando uma sociedade, quer seja em virtude de acordo de sócios, quer seja em virtude de aquisição de quotas, passa a deter a maioria dos votos nas deliberações sociais, bem como o poder de eleger a maioria dos administradores de outra sociedade, ainda que esse poder seja exercido por outras sociedades por aquela já controladas. Ou seja, o controle, que será exercido por uma pessoa, natural ou jurídica, ou um grupo de pessoas, decorre de um acordo de voto ou diretamente da titularidade de direitos de sócio que assegurem ao controlador, de modo permanente, a maioria dos votos nas deliberações e o poder de eleger a maioria dos administradores da sociedade. Existem sociedades constituídas exclusivamente para deter títulos, ações ou quotas, de participação majoritária no capital de outras sociedades. São chamadas de controladoras ou *holding* de controle e não exercem atividade empresarial.

JURISPRUDÊNCIA COMENTADA: Normas administrativas da Receita Federal estabelecem procedimentos para apurar os lucros de controladas e coligadas e resultados de outras participações societárias para fins de tributação. Consoante decisão do Conselho Administrativo de Recursos Fiscais, "os lucros das controladas no exterior (diretas ou indiretas) serão adicionados ao lucro líquido da controladora no Brasil. Os lucros das coligadas serão adicionados ao lucro da investidora, e os lucros das filiais e sucursais serão adicionados ao lucro líquido da matriz no Brasil, que será, para os três casos, considerado de forma individualizada, por filial, sucursal, controlada ou coligada, vedada a consolidação dos valores" (CARF, Recurso Voluntário 16643.720051/2013-59, Acórdão 1401-002.406, Rel. Cons. Guilherme Adolfo dos Santos Mendes, j. 13.04.2018, *DOU* 20.08.2018).

Art. 1.099. Diz-se coligada ou filiada a sociedade de cujo capital outra sociedade participa com 10% (dez por cento) ou mais, do capital da outra, sem controlá-la.

COMENTÁRIOS DOUTRINÁRIOS: O art. 1.099 traz o conceito de filiação, caracterizado pela participação de uma sociedade no capital de outra, com percentual superior a 10% (dez por cento), porém, sem exercer o poder de controle. Veja-se que esse é o conceito anteriormente previsto na redação original do art. 243 da Lei das S/A, anterior à alteração da MP 449/2008, posteriormente convertida na Lei n. 11.941/2009. Atualmente, a LSA traz conceito diverso e considera coligadas as sociedades nas quais a investidora tenha "influência significativa". Para as sociedades anônimas, o critério do percentual de participação no capital social foi substituído pelo de "influência significativa".

JURISPRUDÊNCIA COMENTADA: Se a sociedade possuía apenas 7,23% das ações de outra companhia, não poderia "ser enquadrada na definição de sociedade coligada do art. 1.099 do Código Civil", responsabilizando-se por obrigações de terceiro, ainda que integrante do mesmo grupo econômico. No entender do Tribunal, "o que justifica a responsabilização ou não de empresas coligadas no caso, não é a influência ou preponderância destas na administração da sociedade e sim seu percentual de participação acionária, conforme art. 1.099 do Código Civil" (TRF 4.ª Região, AG

5004132-65.2020.4.04.0000, Rel. Des. Fed. Ricardo Teixeira do Valle Pereira, *DJe* 26.05.2021).

Art. 1.100. É de simples participação a sociedade de cujo capital outra sociedade possua menos de 10% (dez por cento) do capital com direito de voto.

COMENTÁRIOS DOUTRINÁRIOS: Quando uma sociedade detiver menos de 10% do capital de outra, não existirá filiação, ainda que ambas as sociedades integrem o mesmo grupo econômico. A relação aqui é definida pelo Código Civil como de simples participação – desde que não haja situação de controle decorrente de acordo de sócios.

JURISPRUDÊNCIA COMENTADA: As relações de simples participação podem fornecer material probatório suficiente para o reconhecimento do grupo econômico e da responsabilidade solidária. Segundo o entendimento que predomina na jurisprudência das Cortes laborais, "a figura do grupo econômico, nos moldes do art. 2º, § 2º, da CLT, resulta da existência de liame juslaboral entre duas ou mais empresas, favorecidas direta ou indiretamente pelo mesmo contrato de trabalho, decorrente da existência de vínculo direcional ou de coordenação na atividade econômica desenvolvida. Desnecessária, outrossim, a gestão exclusiva de uma empresa pela outra, nos moldes de uma subsidiária integral (art. 251 da Lei n. 6.404/76); nem a 'simples participação' prevista no art. 1.100 do Código Civil afasta a caracterização do grupo econômico na esfera trabalhista" (TRT 9.ª Região, Proc. 17904-2007-008-09-00-0, Rel. Des. Ubirajara Carlos Mendes, *DJPR* 22.07.2011). Nesse caso concreto, as sociedades demandadas, não obstante o vínculo de simples participação, possuíam direção comum, nomeavam os mesmos procuradores e praticavam atos processuais de forma conjunta, o que levou o Tribunal ao reconhecimento da existência do grupo econômico e da responsabilidade solidária entre as sociedades dele integrantes.

Art. 1.101. Salvo disposição especial de lei, a sociedade não pode participar de outra, que seja sua sócia, por montante superior, segundo o balanço, ao das próprias reservas, excluída a reserva legal.

Parágrafo único. Aprovado o balanço em que se verifique ter sido excedido esse limite, a sociedade não poderá exercer o direito de voto correspondente às ações ou quotas em excesso, as quais devem ser alienadas nos 180 (cento e oitenta) dias seguintes àquela aprovação.

COMENTÁRIOS DOUTRINÁRIOS: A vedação da participação recíproca (participação de uma sociedade em sua sócia) visa evitar problemas de natureza patrimonial (preservar a integridade do capital social) e política (manter a autonomia administrativa). Com a participação recíproca, as garantias dos credores diminuem, pois as participações recíprocas se anulam, reduzindo-se o valor real do capital de ambas as sociedades. O art. 1.101 autoriza a participação recíproca, desde que esta não aconteça por montante superior ao das próprias reservas, excluída a reserva legal, segundo o balanço, exceto se previsto de outra maneira em legislação especial. Ao fazê-lo, o dispositivo regulou a participação recíproca de forma diversa da Lei das S/A (art. 244), que a proíbe expressamente entre a sociedade e suas coligadas ou controladas. A única exceção prevista no estatuto do anonimato ocorre quando uma sociedade participar da outra, pela aquisição das ações, para permanência em tesouraria ou cancelamento, desde que até o valor do saldo de lucros ou reservas, exceto a legal, e sem a diminuição do capital social, ou por doação; devendo a sociedade alienar dentro de 6 (seis) meses, as ações ou quotas que excederem o valor dos lucros ou reservas, sempre que esses sofrerem redução. E as ações do capital da controladora, de propriedade da controlada, têm suspendido o direito de voto. A diversidade de tratamento entre o Código Civil e a Lei n. 6.404 faz surgir dois cenários distintos: i) no caso de sociedades, em que uma delas é sociedade anônima, não se poderá ter participação recíproca, de acordo com a Lei das S/A, ressalvada a hipótese ali prevista, conforme acima mencionado, e ii) no caso de sociedades que sejam dos demais tipos societários, como sociedades limitadas, por exemplo, poderá haver a participação recíproca, respeitado o limite disposto no Código Civil.

CAPÍTULO IX
DA LIQUIDAÇÃO DA SOCIEDADE

Art. 1.102. Dissolvida a sociedade e nomeado o liquidante na forma do disposto neste Livro, procede-se à sua liquidação, de conformidade com os preceitos deste Capítulo, ressalvado o disposto no ato constitutivo ou no instrumento da dissolução.

Parágrafo único. O liquidante, que não seja administrador da sociedade, investir-se-á nas funções, averbada a sua nomeação no registro próprio.

COMENTÁRIOS DOUTRINÁRIOS: O encerramento das atividades de uma sociedade depende da sua liquidação, cujo objetivo consiste em arrecadar os ativos e quitar o passivo, para que os sócios não se apropriem de forma indevida do patrimônio restante da pessoa jurídica. Por essa razão, o simples registro de termo de distrato social na Junta Comercial não estabelece, por si só, circunstância satisfatória a demonstrar a regularidade da liquidação da sociedade. Quitadas as dívidas, seguir-se-á a partilha do patrimônio entre os sócios. Assim, nomeado o liquidante, que tanto pode ser uma pessoa natural como uma pessoa jurídica, este procederá à apuração da totalidade do passivo e do ativo da sociedade, efetuando o pagamento de eventuais credores e partilhando os bens remanescentes entre os sócios, a teor do art. 1.103, inciso III, combinado com o art. 1.108. Durante a *III Jornada de Direito Comercial*, foi aprovado o Enunciado n. 87, esclarecendo que "o cargo de liquidante pode ser ocupado tanto por pessoa natural, quanto por pessoa jurídica, sendo obrigatória, neste último caso, a indicação do nome do profissional responsável pela condução dos trabalhos, que deverá atender aos requisitos e impedimentos previstos em lei, e sobre o qual recairão os deveres e as responsabilidades legais". Nas hipóteses de dissolução total da sociedade, com a extinção da empresa, não se cogita de apuração de haveres, situação exclusiva de dissolução parcial, seguindo-se, na dissolução total, a liquidação e a partilha do patrimônio entre os sócios. Por outro lado, a nomeação do liquidante só é obrigatória em caso de dissolução total da sociedade. Ocorrendo a paralisação definitiva das atividades da pessoa jurídica, é dever dos sócios promover a liquidação, realizar o ativo, pagar o passivo e, somente depois disso, ratear o remanescente. A regular dissolução da sociedade empresária, depois de findo o processo de liquidação, enseja a extinção da pessoa jurídica. A extinção da personalidade jurídica, no entanto, não é imediata, submetendo-se a três etapas. A primeira é o registro do ato que formaliza a dissolução, normalmente o distrato subscrito por todos os sócios; segue-se, então, o processo de liquidação e finalmente a partilha. A Instrução Normativa n. 81/2020 do DREI estabelece os requisitos formais para a dissolução, liquidação e extinção das sociedades empresárias. Na ausência de liquidação, ocorrerá a dissolução de maneira irregular da sociedade, fazendo surgir a presunção de apropriação indevida dos bens sociais. Entretanto, para fins de desconsideração da personalidade jurídica, a *IV Jornada de Direito Civil* – Enunciado n. 282 –, concluiu que "o encerramento irregular das atividades da pessoa jurídica, por si só, não basta para caracterizar abuso da personalidade jurídica". Se a liquidação for judicial, cabe ao juízo de condução da liquidação a escolha do liquidante, podendo recair em pessoa jurídica especializada e de reconhecida idoneidade para avaliar o patrimônio social. As regras relativas ao processo de liquidação constantes deste capítulo aplicam-se tanto às sociedades simples como às sociedades empresárias. Mas, a liquidação extrajudicial de instituições financeiras está regulamentada pela Lei n. 6.024/1974.

JURISPRUDÊNCIA COMENTADA: Nos litígios tributários, tem prevalecido a orientação de que "a dissolução irregular da sociedade limitada, sem observância do procedimento de liquidação disciplinado pelos artigos 1.102 e seguintes do Código Civil, representa ofensa à Lei a justificar a responsabilização solidária dos sócios pelas obrigações tributárias pendentes (CTN, artigos 134 e 135)" (TJSC, AI 2008.071649-9, Rel. Des. Pedro Manoel Abreu, *DJSC* 29.05.2009). Existe inclusive súmula do STJ nesse sentido (Súmula n. 435): "Presume-se dissolvida irregularmente a empresa que deixar de funcionar no seu domicílio fiscal, sem comunicação aos órgãos competentes, legitimando o redirecionamento da execução fiscal para o sócio-gerente". O TJSP também já reconheceu como confusão patrimonial e desvio de finalidade, nos termos do art. 50 do Código Civil, para fins de desconsideração da personalidade jurídica, o encerramento irregular das atividades, em um caso em que os sócios "dissolveram a sociedade e, antes do pagamento do passivo, partilharam entre si o patrimônio social" (TJSP, AI 2175310-93.2017.8.26.0000, Rel. Des. Tasso Duarte de Melo, *DJESP* 07.03.2018); muito embora, no âmbito das obrigações civis e empresariais, o Superior Tribunal de Justiça firmou posicionamento no sentido de que "a existência de indícios de encerramento irregular da sociedade aliada à falta de bens capazes de satisfazer o crédito exequendo não constituem motivos suficientes para a desconsideração da personalidade jurídica, eis que se trata de medida excepcional e está subordinada à efetiva comprovação do abuso da personalidade jurídica, caracterizado pelo desvio de finalidade ou pela confusão patrimonial" (AgInt nos EDcl no AgRg no AREsp 377.104/PR, Rel. Min. Marco Buzzi, *DJe*

04.12.2018). Finalmente, para fins de redirecionamento da execução fiscal contra os sócios de sociedade irregularmente dissolvida, a Fazenda Pública só pode fazer a cobrança da dívida tributária contra aqueles que gerenciavam a pessoa jurídica no momento da dissolução, e não contra os sócios que, não obstante integrassem o quadro social na época do fato gerador, não exerciam a administração e se desligaram antes do encerramento irregular, conforme tese aprovada na Primeira Seção do STJ – Tema 962 de repercussão geral (REsp 1377019/SP, Rel. Min. Assusete Magalhães, *DJe* 29.11.2021).

REFORMA DO CÓDIGO CIVIL: Pretende-se alterar o parágrafo único do art. 1.102 do Código Civil, que passaria a ter a seguinte redação: "Art. 1.102. [...] Parágrafo único. O liquidante, que não seja administrador da sociedade, investir-se-á nas funções, averbada a sua nomeação no Registro Público e Empresas Mercantis". A proposta, ao que parece, procura restringir o *locus* de averbação do ato de nomeação do liquidante ao Registro Público de Empresas Mercantis, o que constitui evidente equívoco, já que as sociedades simples, que também podem ser liquidadas, vinculam-se ao Registro Civil das Pessoas Jurídicas. A tentativa de unificação do registro das sociedades só daria certo se houvesse previsto alterações também nos arts. 998 e 1.150, que vinculam a inscrição da sociedade simples ao Registro Civil de Pessoas Jurídicas.

Art. 1.103. Constituem deveres do liquidante:

I – averbar e publicar a ata, sentença ou instrumento de dissolução da sociedade;

II – arrecadar os bens, livros e documentos da sociedade, onde quer que estejam;

III – proceder, nos 15 (quinze) dias seguintes ao da sua investidura e com a assistência, sempre que possível, dos administradores, à elaboração do inventário e do balanço geral do ativo e do passivo;

IV – ultimar os negócios da sociedade, realizar o ativo, pagar o passivo e partilhar o remanescente entre os sócios ou acionistas;

V – exigir dos quotistas, quando insuficiente o ativo à solução do passivo, a integralização de suas quotas e, se for o caso, as quantias necessárias, nos limites da responsabilidade de cada um e proporcionalmente à respectiva participação nas perdas, repartindo-se, entre os sócios solventes e na mesma proporção, o devido pelo insolvente;

VI – convocar assembleia dos quotistas, cada 6 (seis) meses, para apresentar relatório e balanço do estado da liquidação, prestando conta dos atos praticados durante o semestre, ou sempre que necessário;

VII – confessar a falência da sociedade e pedir concordata, de acordo com as formalidades prescritas para o tipo de sociedade liquidanda;

VIII – finda a liquidação, apresentar aos sócios o relatório da liquidação e as suas contas finais;

IX – averbar a ata da reunião ou da assembleia, ou o instrumento firmado pelos sócios, que considerar encerrada a liquidação.

Parágrafo único. Em todos os atos, documentos ou publicações, o liquidante empregará a firma ou denominação social sempre seguida da cláusula "em liquidação" e de sua assinatura individual, com a declaração de sua qualidade.

COMENTÁRIOS DOUTRINÁRIOS: O dispositivo versa sobre os deveres do liquidante durante o processo de liquidação, quais sejam: I – averbar e publicar o instrumento de dissolução da sociedade: lembrando que microempresa, empresa de pequeno porte e microempreendedor individual estão dispensados de publicação dos seus atos (art. 71 da Lei Complementar n. 123/2006); II – arrecadar, das mãos dos administradores, os bens, livros e documentos da sociedade, podendo fazê-lo onde quer que estejam; III – Efetuada a arrecadação, o liquidante deverá, nos quinze dias seguintes ao da sua investidura, elaborar o inventário e o balanço geral do ativo e do passivo, com a assistência, sempre que possível, dos administradores e de pessoas naturais ou jurídicas especializadas; IV – ultimar os negócios da sociedade, realizar o ativo, pagar o passivo e partilhar o remanescente entre os sócios ou acionistas [esse inciso contém uma impropriedade terminológica, pois alude a acionistas, quando as regras deste capítulo são aplicáveis a todos os tipos societários, exceto às sociedades anônimas]; V – exigir dos quotistas, quando insuficiente o ativo à solução do passivo, a integralização de suas quotas e, se for o caso, as quantias necessárias, nos limites da responsabilidade de cada um e proporcionalmente à respectiva participação nas perdas, repartindo-se, entre os sócios solventes e na mesma proporção, o devido pelo insolvente; VI – convocar assembleia dos quotistas, a cada 6 (seis) meses, para apresentar relatório e balanço do estado da liquidação, prestando conta dos atos praticados durante o semestre, ou sempre que necessário; VII – confessar a falência da sociedade e pedir concordata, de acordo com as formalidades prescritas para o tipo de sociedade liquidanda [aqui também se verifica outra impropriedade do dispositivo, ao referir-se à concordata ou concordata preventiva, devendo ser interpretado como aludindo à recuperação judicial ou extrajudicial, a partir da entrada em vigor da atual LRE]. Assim, constitui dever do liquidante, se presentes os requisitos legais, formular pedido de recuperação judicial ou extrajudicial ou a autofalência; VIII – finda a liquidação, apresentar aos sócios o relatório da liquidação e as suas contas finais. O liquidante é um auxiliar da Justiça e, em razão do *munus* público que exerce, tem o dever de prestar contas de sua gestão à frente da sociedade liquidanda. A prestação de contas pelo liquidante será feita ao final da liquidação através de relatório da liquidação a ser apresentado aos sócios. O último dos deveres do liquidante é o de averbar a ata da reunião ou da assembleia, ou o instrumento firmado pelos sócios, que considerar encerrada a liquidação. Durante todo o processo de liquidação, a sociedade deverá ser identificada, após sua firma social ou denominação, pela expressão "em liquidação", seguida da identificação do liquidante.

JURISPRUDÊNCIA COMENTADA: Se a liquidação vier a ser encerrada de forma precipitada, sem o cumprimento de todas as obrigações pelo liquidante, previstas no art. 1.103, especialmente com o passivo não satisfeito, deverá ser julgada improcedente a pretensão de dissolução total da sociedade (cf. TJSC, APL 0065838-20.2006.8.24.0038, j. 05.03.2024), até porque "o liquidante tem o dever de promover, em nome da pessoa jurídica, o adimplemento das obrigações assumidas pela pessoa jurídica liquidada" (TJDF, APC 07026.02-79.2022.8.07.0001, *DJe* 16.08.2023). A liquidação judicial de sociedades não se confunde com a liquidação de sentenças condenatórias genéricas, nos termos dos arts. 509 a 512 do CPC/2015. A liquidação da sociedade constitui "forma de possibilitar os atos necessários ao encerramento daquela e à extinção efetiva da personalidade jurídica". Constitui "fase específica da demanda de dissolução", assumindo o liquidante a representação da sociedade em liquidação" (TJSP, AI 2018057-76.2016.8.26.0000, Rel. Des. Fabio Tabosa, *DJESP* 23.05.2016). Já se decidiu pela dispensa da assembleia semestral de prestação de contas, "sem violação do art. 1.103, VI, do Código Civil, porquanto não há prejuízo às partes, que estão acompanhando os atos praticados pelo liquidante com transparência" (TJRS, AI 0139889-37.2015.8.21.7000, Rel. Des. Ney Wiedemann Neto, *DJERS* 30.06.2015).

REFORMA DO CÓDIGO CIVIL: Pretende-se alterar o inciso VII e acrescentar um parágrafo único ao art. 1.103 do Código Civil, nos termos seguintes: "Art. 1.103. [...] VII – confessar a falência da sociedade e pedir recuperação judicial, de acordo com as formalidades prescritas para o tipo de sociedade liquidanda, atendido o prazo de noventa dias do conhecimento da situação econômica da empresa. Parágrafo único. Em todos os atos, documentos ou publicações, o liquidante empregará o nome empresarial, necessariamente seguido da cláusula 'em liquidação' e de sua assinatura individual, com a declaração de sua qualidade". O objetivo da proposta, além de adequar a terminologia do dispositivo à LRE, é incentivar a diligência do liquidante e suprimir a "firma" como espécie de nome empresarial.

Art. 1.104. As obrigações e a responsabilidade do liquidante regem-se pelos preceitos peculiares às dos administradores da sociedade liquidanda.

COMENTÁRIOS DOUTRINÁRIOS: O liquidante, pelos atos praticados durante o processo de liquidação, responderá como se administrador da sociedade fosse. Se a responsabilidade dos administradores da sociedade liquidanda for ilimitada, da mesma forma responderá o liquidante pelos atos que praticar enquanto exercer o *munus* público.

JURISPRUDÊNCIA COMENTADA: A presença do liquidante só é obrigatória em caso de liquidação total da sociedade. Com esse entendimento, o Superior Tribunal de Justiça afastou o titular dessa função em uma demanda em que se discutia a dissolução parcial de uma sociedade. Consoante registrado na ementa do acórdão, "a nomeação de liquidante somente se faz necessária nos casos de dissolução total da sociedade, porquanto suas atribuições estão relacionadas com a gestão do patrimônio social de modo a regularizar a sociedade que se pretende dissolver. Na dissolução parcial, em que se pretende apurar exclusivamente os haveres do sócio falecido ou retirante, com a preservação da atividade da sociedade, é adequada simplesmente a nomeação de perito técnico habilitado a realizar perícia contábil a fim de determinar o valor da quota-parte devida ao ex-sócio ou aos seus herdeiros" (REsp 1557989/MG, 3.ª Turma, Rel. Min. Ricardo Villas Bôas Cueva, *DJe* 31.03.2016), cabendo, ainda, lembrar que, de acordo com o art. 95, *caput*, do CPC/2015, a despesa concernente à antecipação dos honorários periciais incumbe a quem requereu a prova técnica ou foi derrotado na demanda. Para o STJ, no caso de dissolução parcial de sociedade limitada, cabe à parte solicitante da perícia o adiantamento dos honorários devidos ao profissional designado para apurar os haveres do sócio excluído ou retirante, não se aplicando o rateio de despesas previsto no § 1º do art. 603 do CPC, que exige manifestação expressa e unânime de concordância com a dissolução da sociedade (REsp 1821048/GO, Rel. Min. Nancy Andrighi, *DJe* 29.08.2019).

Art. 1.105. Compete ao liquidante representar a sociedade e praticar todos os atos necessários à sua liquidação, inclusive alienar bens móveis ou imóveis, transigir, receber e dar quitação.

Parágrafo único. Sem estar expressamente autorizado pelo contrato social, ou pelo voto da maioria dos sócios, não pode o liquidante gravar de ônus reais os móveis e imóveis, contrair empréstimos, salvo quando indispensáveis ao pagamento de obrigações inadiáveis, nem prosseguir, embora para facilitar a liquidação, na atividade social.

COMENTÁRIOS DOUTRINÁRIOS: A partir do momento em que é investido na função, o liquidante assume a representação ativa e passiva da sociedade liquidanda, podendo praticar todos os atos necessários à sua liquidação, inclusive alienar bens, transigir, receber e dar quitação. O parágrafo único do art. 1.105 regula e fixa os limites dos poderes de gestão e de decisão do liquidante. Sem estar expressamente autorizado pelo contrato social, ou pelo voto da maioria dos sócios, não pode o liquidante alienar ou gravar de ônus reais os móveis e imóveis, contrair empréstimos, salvo quando indispensáveis ao pagamento de obrigações inadiáveis, nem prosseguir, embora para facilitar a liquidação, na atividade social.

JURISPRUDÊNCIA COMENTADA: Em ação de reparação de danos materiais e morais na qual uma sociedade em liquidação foi representada pelo sócio, e não pelo liquidante, o STJ decidiu ser "de rigor o reconhecimento da incapacidade processual, porquanto, a teor do disposto no art. 1.105 do Código Civil, incumbe ao liquidante representar a sociedade e praticar todos os atos necessários à sua liquidação, inclusive alienar bens móveis ou imóveis, transigir, receber e dar quitação" (REsp 1.414.322/MG, Proc. 2013/0359104-5, Rel. Min. Luis Felipe Salomão, *DJe* 14.03.2018).

Art. 1.106. Respeitados os direitos dos credores preferenciais, pagará o liquidante as dívidas sociais proporcionalmente, sem distinção entre vencidas e vincendas, mas, em relação a estas, com desconto.

Parágrafo único. Se o ativo for superior ao passivo, pode o liquidante, sob sua responsabilidade pessoal, pagar integralmente as dívidas vencidas.

COMENTÁRIOS DOUTRINÁRIOS: O artigo versa sobre uma das principais obrigações do liquidante, que é a de realizar o pagamento dos credores da sociedade. Esse pagamento será feito sempre proporcionalmente aos ativos da sociedade. Durante a liquidação, cabe ao liquidante classificar os diversos créditos, de modo que cada um dos credores seja pago segundo uma determinada ordem de preferência. O "privilégio" confere ao credor privilegiado o direito de ter seu crédito quitado antes que o dos demais credores. Os credores preferenciais receberão, de forma proporcional, mas em primeiro lugar. Créditos privilegiados ou preferenciais são aqueles que gozam de preferência estabelecida em lei. As preferências dividem-se em privilégios reais (direitos reais de garantia sobre coisa alheia) e privilégios pessoais, tratados nos arts. 955 e seguintes deste Código. Os privilégios pessoais podem ser especiais (art. 964) e gerais (art. 965). Não existe distinção entre dívidas vencidas e vincendas, mas, em relação a estas, o liquidante deverá exigir a concessão de desconto proporcional ao prazo que falta para o vencimento da obrigação. Se o ativo da sociedade se mostrar superior ao passivo, pode o liquidante pagar integralmente (e não proporcionalmente) as dívidas vencidas.

JURISPRUDÊNCIA COMENTADA: Encontrando-se a sociedade sujeita ao processo de liquidação, cabe ao "eventual credor habilitar o seu crédito naquele processo, não havendo que se falar em execução individual, tendo em vista a regra insculpida no artigo 1.106 do Código Civil" (TJDF, Proc. 2015.07.1.027650-8, Rel. Des. Rômulo de Araújo Mendes, *DJDFTE* 24.09.2018).

Art. 1.107. Os sócios podem resolver, por maioria de votos, antes de ultimada a liquidação, mas depois de pagos os credores, que o liquidante faça rateios por antecipação da partilha, à medida em que se apurem os haveres sociais.

COMENTÁRIOS DOUTRINÁRIOS: O Código Civil incorpora, com maior rigor técnico e linguagem mais concisa, regras anteriormente previstas no Código Comercial de 1850 (art. 349) e no Código de Processo Civil de 1939 (art. 671). O art. 1.107 permite aos sócios deliberar, por maioria de votos, antes mesmo de ultimada a liquidação, sobre o recebimento de valores a título de partilha antecipada do patrimônio social, desde que integralmente pagas todas as obrigações da sociedade e todos os credores já estejam satisfeitos. O liquidante poderá, então, realizar o pagamento parcial aos sócios, na proporção dos montantes que lhes caberiam na partilha final.

JURISPRUDÊNCIA COMENTADA: Em demanda proposta pelo Fisco, e em que se discutia a dissolução irregular da sociedade empresária executada, o TJRJ reformou decisão que indeferira "a inclusão do sócio-gerente no polo passivo da execução, sob o fundamento de que o registro do distrato social na junta comercial configura dissolução regular da sociedade empresária". No acórdão, o tribunal fluminense ressaltou que "antes de os sócios promoverem a liquidação da empresa e formalizarem o distrato na junta comercial, deveria ser realizada a quitação dos débitos tributários, o que, ao que tudo indica, não foi feito", o que implicaria "violação à Lei" e "dissolução irregular da sociedade", pois "o distrato social não gera presunção de regularidade fiscal" (AI 0060878-22.2019.8.19.0000, Rel. Des. Margaret de Olivaes Valle dos Santos, *DORJ* 28.11.2019).

Art. 1.108. Pago o passivo e partilhado o remanescente, convocará o liquidante assembleia dos sócios para a prestação final de contas.

COMENTÁRIOS DOUTRINÁRIOS: Integralmente pago o passivo da sociedade e partilhados os bens remanescentes entre os sócios, o liquidante convocará assembleia dos sócios para a prestação final das contas da liquidação. Se o ativo da sociedade não for bastante para o pagamento de todas as dívidas, o liquidante deverá requerer judicialmente a autofalência da sociedade (art. 1.103, VII).

JURISPRUDÊNCIA COMENTADA: Reforço, mais uma vez, que "a dissolução regular de uma sociedade só se dá com a realização do ativo e a satisfação do passivo e posterior partilha de dividendos, se houver. Sem essa liquidação, não ocorrerá a dissolução regular da sociedade, restando caracterizada a sua irregularidade. Na hipótese dos autos, muito embora tenha havido instrumento particular de distrato para dissolução, liquidação e extinção da empresa agravada, tal documento não tem o condão de ilidir a presunção de dissolução irregular da sociedade, demonstrada com o encerramento das atividades da empresa sem a devida comunicação aos órgãos fazendários e sem a liquidação do passivo. Não existindo nos autos qualquer indicativo de quitação dos débitos tributários, há que se entender pela dissolução irregular da empresa [...]" (TRF 2.ª Região, AI 0010088-75.2018.4.02.0000, Rel. Des. Fed. Luiz Antonio Soares, *DEJF* 18.10.2019). Em suma, "nos termos do artigo 1.108 do Código Civil, a dissolução regular pressupõe o pagamento de todos os credores e, caso não seja possível, deve ser requerida a autofalência da sociedade, na forma do artigo 97, I, da Lei nº 11.101/2005" (TRF 3.ª R., AI 5017319-02.2022.4.03.0000, SP, *DEJF* 30.05.2023).

Art. 1.109. Aprovadas as contas, encerra-se a liquidação, e a sociedade se extingue, ao ser averbada no registro próprio a ata da assembleia.

Parágrafo único. O dissidente tem o prazo de trinta dias, a contar da publicação da ata, devidamente averbada, para promover a ação que couber.

COMENTÁRIOS DOUTRINÁRIOS: Aprovadas as contas do liquidante pela assembleia dos sócios e averbada a respectiva ata, encerra-se o procedimento de liquidação da sociedade, e a partir desse momento a personalidade jurídica será considerada extinta. O art. 51 deste Código estabelece de forma muito clara que "nos casos de dissolução da pessoa jurídica ou cassada a autorização para seu funcionamento, ela subsistirá para os fins de liquidação, até que esta se conclua". Portanto, concluída a liquidação, com a aprovação das contas e averbação da ata da assembleia, extingue-se a personalidade jurídica, salvo se algum dos sócios discordar das contas aprovadas, hipótese em que deverá propor a ação judicial cabível, no prazo decadencial de trinta dias, a contar da publicação da ata; lembrando que a microempresa, a empresa de pequeno porte e o microempreendedor individual estão dispensados de publicação dos seus atos (art. 71 da Lei Complementar n. 123/2006). Nesses casos, o trintídio decadencial estabelecido no parágrafo único conta-se da averbação da ata no registro próprio (*V Jornada de Direito Civil* – Enunciado n. 489).

JURISPRUDÊNCIA COMENTADA: Em decisão bastante didática, destacou o TJSC que "a dissolução total da sociedade, conforme consta do artigo 51 do Código Civil, equivale a fase inicial do procedimento que resultará na extinção desse sujeito de direitos, que é composto por três fases, quais sejam: fase da dissolução, equivalente ao encerramento das atividades; fase da liquidação, quando ocorre a realização do ativo, satisfação do passivo e distribuição de resultados restantes entre os sócios; e, fase da extinção, decorrente do cancelamento da inscrição da pessoa jurídica. Deste modo, primeiro haverá a dissolução total da sociedade, depois a liquidação de seus haveres e, por fim, a pessoa jurídica deixará de existir" (TJSC, AI 2015.044897-6, Rel. Des. Guilherme Nunes Born, *DJSC* 25.02.2016). Discute-se, entretanto, na jurisprudência se a averbação da ata da assembleia no registro competente teria efeitos meramente declaratórios da extinção que se operou com a aprovação das contas, ou, do contrário, teria efeitos constitutivos, de modo que a personalidade jurídica subsistiria até a baixa do registro. Como o Código Civil estabelece em seu art. 51 que nos casos de dissolução da pessoa jurídica, esta subsistirá tão somente para efeitos de liquidação, até que esta se conclua, já se decidiu que o fato de ainda existir inscrição ativa na Junta Comercial "e no CNPJ/MF não é circunstância apta a conduzir o entendimento no sentido da subsistência da personalidade jurídica. Denota tão somente, que os gestores da extinta sociedade não cumpriram as disposições legais referentes à baixa do registro" (TJBA, AP 0000751-92.2001.8.05.0274, Rel. Des. Mário Augusto Albiani Alves Junior, *DJBA* 02.10.2018). Isso porque o "ato de extinção da pessoa jurídica, ocorre ao final da liquidação, nos moldes conferidos pelo art. 1.109 do CC/2002, para as sociedades empresárias limitadas, após a aprovação das contas do liquidante e o encerramento do procedimento dissolutório" (TJBA, AP 0000438-05.1999.8.05.0274, Rel. Des. Heloísa Pinto de Freitas Vieira Graddi, *DJBA* 12.09.2018). Decisão em sentido oposto do Tribunal Regional Federal da 4ª Região pontuou que "a pessoa jurídica extingue-se com o registro da ata da assembleia que aprovar as contas da liquidação (art. 1.109 do Código Civil)" (TRF 4.ª Região, AC 5016587-23.2016.4.04.7107, Rel. Des. Fed. Rômulo Pizzolatti, *DEJF* 11.04.2018). Entendo correta esta última decisão. Da mesma forma que a sociedade só adquire personalidade jurídica com o registro, a sua extinção também depende do registro do ato de encerramento da liquidação, ou seja, a ata da assembleia que aprovar as contas. O registro desse ato possui efeitos desconstitutivos da personalidade jurídica.

REFORMA DO CÓDIGO CIVIL: Pretende-se alterar o *caput* do art. 1.109 do Código Civil, que passaria a ter a seguinte redação: "Art. 1.109. Aprovadas as contas, encerra-se a liquidação e a sociedade extingue-se ao ser averbada a ata da reunião no Registro Público de Empresas Mercantis". A proposta, ao que parece, procura restringir o *locus* de averbação da ata da reunião que aprovar as contas de liquidação ao Registro Público de Empresas Mercantis, o que constitui evidente equívoco, já que as sociedades simples, que também podem ser liquidadas, vinculam-se ao Registro Civil das Pessoas Jurídicas. A tentativa de unificação do registro das sociedades só daria certo se houvesse previsto alterações também nos arts. 998 e 1.150, que vinculam a inscrição da sociedade simples ao Registro Civil de Pessoas Jurídicas.

Art. 1.110. Encerrada a liquidação, o credor não satisfeito só terá direito a exigir dos sócios, individualmente, o pagamento do seu crédito, até o limite da soma por eles recebida em partilha, e a propor contra o liquidante ação de perdas e danos.

COMENTÁRIOS DOUTRINÁRIOS: Encerrada a liquidação, o credor que se sentir prejudicado poderá cobrar de cada sócio, individualmente, o valor do seu crédito até o limite do que cada um recebeu em decorrência da partilha. Ou seja, os sócios sucedem a sociedade dissolvida, respondendo pelos débitos até o limite da soma por eles recebida em partilha. Também pode o credor ajuizar ação de perdas e danos contra o liquidante, tudo objetivando a recuperação integral do seu crédito. Evidente que se houve realização de qualquer partilha de bens aos sócios, antes que todos os credores estivessem satisfeitos, é porque houve falha grave do liquidante, que deve responder por isso. A pretensão contra o liquidante ou contra os sócios se submete ao prazo de prescrição anual (art. 206, V), contado da publicação da ata de encerramento da liquidação ou da averbação da ata, se for microempresa ou empresa de pequeno porte, dispensados de publicação dos seus atos (art. 71 da Lei Complementar n. 123/2006). Nesses casos, o prazo de um ano conta-se da averbação da ata no registro próprio (*V Jornada de Direito Civil* – Enunciado n. 489).

JURISPRUDÊNCIA COMENTADA: Entretanto, a limitação da responsabilidade pessoal do sócio prevista no art. 1.110 do Código Civil pressupõe que tenha havido a regular dissolução da sociedade, vale dizer, "só tem aplicabilidade quando a dissolução da sociedade é precedida da liquidação prevista nos artigos 1.102 e 1.103, ambos do Código Civil" (TJMS, AI 1402833-98.2020.8.12.0000, Rel. Des. Marcelo Câmara Rasslan, *DJMS* 09.11.2020). Tratando-se de pessoa jurídica em que há responsabilidade limitada (em que os sócios não respondem com seu patrimônio pessoal pelas dívidas da sociedade), "após integralizado o capital social, somente será deferida a sucessão processual quando comprovada a existência de patrimônio líquido positivo". Sem prova de "que após a extinção da empresa, com o encerramento por liquidação voluntária, ocorreu efetiva transferência de patrimônio da sociedade aos ex-sócios, é inviável o deferimento do pleito de sucessão processual" (TJDF, AGI 07520.03-16.2023.8.07.0000, *DJe* 10.05.2024). Nesses casos, a responsabilidade dos sócios fica limitada ao patrimônio social recebido individualmente, por ocasião da extinção da pessoa jurídica, e, acima dele, não cabe mais a sucessão da pessoa jurídica extinta por seus sócios de que trata o art. 110 do CPC (cf. TJSP, AI 2008700-91.2024.8.26.0000, *DJESP* 15.03.2024).

Art. 1.111. No caso de liquidação judicial, será observado o disposto na lei processual.

COMENTÁRIOS DOUTRINÁRIOS: O processo judicial de dissolução total e liquidação de sociedades não ganhou regramento específico no vigente CPC, que se preocupou apenas com o processo de dissolução parcial (arts. 599 a 609). O CPC anterior, de 1973, mandava aplicar, no que fossem compatíveis, as regras dos arts. 657 e seguintes do CPC de 1939, em vigor até 17 de março de 2016 (art. 1.218, VII, do Código Buzaid). Assim, na dissolução total segue-se o Procedimento Comum, o que se mostra de todo inconveniente, dada a necessidade de uma cognição mais rápida e simplificada, de modo a se evitar o perecimento de ativos. Como alternativa, aconselha-se que os sócios celebrem negócios jurídicos processuais, nos termos do art. 190 do CPC, prevendo, nos contratos sociais e respectivas alterações, rito mais ágil nos processos judiciais de dissolução total. A liquidação judicial em virtude de falência da sociedade empresária rege-se pela legislação falimentar.

REFORMA DO CÓDIGO CIVIL: Pretende-se revogar o art. 1.111 do Código Civil, acrescentando, em seu lugar, dez novos dispositivos, com o objetivo de disciplinar o procedimento para dissolução total da sociedade, os quais passariam a contar com as seguintes redações: "Art. 1.111-A. A dissolução total de sociedade, nos casos previstos em lei ou no contrato social, poderá ser decretada, a requerimento de qualquer interessado, para o fim de ser promovida a liquidação judicial. Parágrafo único. A dissolução das sociedades anônimas e das cooperativas observará o disposto nas respectivas leis de regência, aplicadas subsidiariamente as regras dos artigos seguintes. Art. 1.111-B. A petição inicial será instruída com o contrato social. § 1º Os sócios e a sociedade serão citados para, no prazo de 15 (quinze) dias, concordar com o pedido ou apresentar contestação. § 2º A sociedade não será citada se todos os seus sócios o forem, mas ficará sujeita aos efeitos da decisão e à coisa julgada. § 3º Havendo manifestação expressa e unânime pela dissolução, o juiz decretá-la-á, tendo início imediatamente a fase de liquidação, não sendo condenada em honorários advocatícios qualquer das partes, e as custas serão rateadas segundo as participações no capital social. § 4º Havendo contestação, observar-se-á o procedimento comum, mas a liquidação da sentença seguirá o disposto neste Capítulo. Art. 1.111-C. Se o contrato e a lei nada dispuserem a respeito, o liquidante será escolhido por sócios representando a maioria do capital social e, em caso de empate, pelo juiz. Art. 1.111-D. Nomeado, o liquidante assumirá seu encargo com sua concordância expressa nos autos, em 5 (cinco) dias, independentemente de termo; não aceitando, o juiz nomeará outra pessoa, estranha à sociedade. Art. 1.111-E. Se houver fundado receio de rixa, crime, ou extravio, ou danificação de bens sociais, o juiz poderá, de ofício, ou a requerimento do interessado, determinar a arrecadação daqueles bens e nomear depositário para administrá-los, até nomeação do liquidante. Art. 1.111-F. Ao liquidante caberá: I – levantar o inventário dos bens e fazer o balanço da sociedade, nos quinze (15) dias seguintes à nomeação; II – promover a cobrança das dívidas ativas e pagar as passivas, certas e exigíveis, reclamando dos sócios, na proporção de suas quotas na sociedade, os fundos necessários, quando insuficientes os do caixa; III – vender, com autorização do juiz, os bens de fácil deterioração, ou de guarda dispendiosa, e os indispensáveis para os encargos da liquidação, quando recusarem os sócios a suprir os fundos necessários; IV – praticar os atos necessários para assegurar os direitos da sociedade, e representá-la ativa e passivamente nas ações que interessarem à liquidação, podendo contratar advogado e prepostos com autorização do juiz e ouvidos os sócios; V – apresentar, mensalmente, ou sempre que o juiz o determinar, balancete da liquidação; VI – propor a forma da divisão, ou partilha, ou do pagamento dos sócios, quando ultimada a liquidação, apresentando relatório dos atos e operações que houver praticado; VII – prestar contas de sua gestão, quando terminados os trabalhos, sempre que solicitado pelos interessados ou quando destituído das funções. Art. 1.111-G. O liquidante será destituído pelo juiz, de ofício ou a requerimento de qualquer interessado, se faltar ao cumprimento do dever, retardar injustificadamente o andamento do processo, proceder com dolo ou má-fé, ou tiver interesse contrário ao da liquidação. Art. 1.111-H. Feito o inventário e levantado o balanço, as partes serão ouvidas no prazo comum de cinco (5) dias, e o juiz decidirá as reclamações. Art. 1.111-I. Apresentado o plano de partilha, sobre ele dirão as partes, no prazo comum de cinco (5) dias; e, o liquidante, em seguida, manifestar-se-á, em igual prazo, sobre eventuais objeções. Parágrafo único. Vencidos os prazos, o juiz aprovará, ou não, o plano de partilha, homologando-a por sentença, ou mandando retificá-lo, depois de decidir as objeções, podendo antes, se o caso, mandar produzir prova. Art. 1.111-J. A divisão e a partilha dos bens sociais serão feitas de acordo com os princípios que regem a partilha dos bens da herança. Parágrafo único. Os bens que aparecerem depois de julgada a partilha serão sobrepartilhados pelo mesmo processo estabelecido para a partilha dos bens da herança, nos mesmos autos que, se necessário, serão desarquivados para tal fim". Segundo a Comissão de Juristas responsável pela elaboração do anteprojeto, "os arts. 655 a 674 (Da dissolução e liquidação das sociedades) do antigo CPC (Dec.-lei 1.608/39) vigoraram durante toda a vigência do CPC/73 (art. 1.218, VII), tendo sido revogados apenas pelo § 3º do art. 1.046 do CPC/2015. Com a revogação mais recente, está-se frente a um superveniente vazio, que se há de colmatar, até porque a solução dada pelo atual legislador (§ 3o do art. 1.046), de determinar a aplicação do procedimento comum'' à pretensão de dissolução total de sociedade, é de todo insatisfatória".

Art. 1.112. No curso de liquidação judicial, o juiz convocará, se necessário, reunião ou assembleia para deliberar sobre os interesses da liquidação, e as presidirá, resolvendo sumariamente as questões suscitadas.

Parágrafo único. As atas das assembleias serão, em cópia autêntica, apensadas ao processo judicial.

COMENTÁRIOS DOUTRINÁRIOS: Na liquidação judicial, o juiz que conhecer da ação de dissolução societária poderá convocar assembleia ou reunião de sócios para deliberar sobre os incidentes que surjam durante a liquidação, que serão decididos sumariamente após a manifestação dos sócios que comparecerem e votarem.

CAPÍTULO X DA TRANSFORMAÇÃO, DA INCORPORAÇÃO, DA FUSÃO E DA CISÃO DAS SOCIEDADES

Art. 1.113. O ato de transformação independe de dissolução ou liquidação da sociedade, e obedecerá aos preceitos reguladores da constituição e inscrição próprios do tipo em que vai converter-se.

COMENTÁRIOS DOUTRINÁRIOS: Por meio de um ato jurídico denominado transformação, a sociedade passa, independentemente de dissolução e liquidação, de um tipo para outro. Ocorre a mudança da espécie societária, mediante transformação da forma da pessoa jurídica. Assim uma sociedade limitada pode ser transformada em sociedade anônima e vice-versa, uma sociedade simples pura pode se transformar em sociedade limitada empresária, uma sociedade em nome coletivo pode se transformar em limitada etc. Tem-se um ente já personalizado que se transforma em outro. A única exigência é que cumpra os preceitos reguladores da constituição e inscrição próprios do tipo em que vai converter-se. Não se deve confundir a transformação de sociedades com a chamada "transformação de registro", como dispõe o Enunciado n. 465, aprovado na *V Jornada de Direito Civil*. Na transformação de registro, o empresário individual solicita a transformação de seu registro de empresário individual para registro de sociedade empresária, pois deixará de exercer a empresa individualmente, como pessoa natural, para fazê-lo coletivamente, como pessoa jurídica. O empresário adquire originariamente a personalidade jurídica, transformando-se em sociedade empresária. Também pode ocorrer o contrário, ou seja, a transformação do registro da sociedade para empresário individual, perdendo, com isso, a personalidade jurídica. O ato de transformação do registro de empresário individual em sociedade implica a transferência de todo o patrimônio afetado à atividade empresarial, inclusive as obrigações anteriormente assumidas. A Instrução Normativa n. 81/2020, do Departamento Nacional de Registro Empresarial e Integração – DREI –, que regulamenta o arquivamento dos atos de transformação no âmbito do registro mercantil, dispõe que a transformação "é a operação pela qual uma empresa ou sociedade passa de um tipo para outro, independente de dissolução ou liquidação, obedecidos os preceitos reguladores da constituição e inscrição do tipo em que vai transformar-se" e que a transformação pode ser societária, nos termos dos artigos 1.113 do Código Civil e 220 da Lei n. 6.404, quando ocorrer entre sociedades; ou de registro, nos termos do art. 968, § 3º, quando ocorrer: "quando ocorrer de empresário individual para sociedade empresária e vice-versa". (art. 62). É vedada a transformação de registro em empresário individual quando o sócio remanescente for pessoa jurídica. A transformação, quer seja transformação de sociedades ou transformação de registro, pode dar origem ao fenômeno da sucessão empresarial. Quando o empresário individual transforma seu registro de empresário individual em sociedade empresária limitada, constitui uma nova pessoa jurídica, que o sucede em direitos e obrigações. A estrutura da empresa se modifica, mas a transformação não pode prejudicar direitos dos credores. A entidade sucessora passa a responder solidariamente pelos débitos contraídos pela sucedida, mesmo os contraídos anteriormente à transformação. Em caso de alteração do quadro social da empresa com modificação de sua denominação social, não há que falar em transformação de sociedade. Trata-se da mesma pessoa jurídica, com nova denominação social e novo quadro societário, não cabendo falar-se em sucessão, nem em responsabilidade solidária, já que não houve transformação de uma sociedade em outra. O devedor, no caso, continua o mesmo. Além da transformação de sociedades e da transformação de registro, a IN n. 81/2020 regulamenta, ainda, a "conversão" de sociedade simples ou associação em sociedade empresária e vice-versa. Assim, uma sociedade simples ou associação poderá se converter em sociedade empresária, mediante averbação do instrumento de conversão no Registro Civil e posterior arquivamento na Junta Comercial. No caso de conversão de sociedade empresária em sociedade simples ou associação, o instrumento de conversão deverá ser primeiro arquivado na Junta Comercial, oportunidade em que serão consolidadas as informações do ato constitutivo do respectivo tipo societário, para posterior inscrição no Registro Civil.

JURISPRUDÊNCIA COMENTADA: Deve ser considerado abusivo o ato administrativo do Registro Público que impede a transformação de um tipo societário em outro em razão de débitos tributários, por implicar coação ao pagamento de tributos e afronta à livre-iniciativa. Consoante decisão colegiada do TJMG, é "abusivo o ato administrativo que impede a transformação de sociedade limitada em empresa individual de responsabilidade limitada como mecanismo de coação ao pagamento de tributos, mormente ante a flagrante ofensa à garantia constitucional da livre-iniciativa (art. 170 da CR/88)" (TJMG, AI 1.0180.14.004507-1/001, Rel. Des. Versiani Penna, *DJEMG* 07.04.2015). A transformação do tipo de sociedade empresária "para sociedade simples transfere seu registro da Junta Comercial para o Registro Civil das Pessoas Jurídicas". A partir da transformação societária, os atos passam "a ser registrados tão somente no Registro Civil das Pessoas Jurídicas", e não mais na Junta Comercial, sem que haja alteração no conteúdo dos respectivos atos constitutivos (STJ, REsp 1.864.618, *DJe* 19.09.2023).

Art. 1.114. A transformação depende do consentimento de todos os sócios, salvo se prevista no ato constitutivo, caso em que o dissidente poderá retirar-se da sociedade, aplicando-se, no silêncio do estatuto ou do contrato social, o disposto no art. 1.031.

COMENTÁRIOS DOUTRINÁRIOS: Um dos principais problemas da transformação de sociedades reside na proteção dos interesses dos sócios que não desejam a transformação. Por isso, o Código Civil incorpora regra anteriormente prevista no art. 221 da Lei das S/A, subordinando a transformação ao consentimento da unanimidade dos sócios, salvo se a possibilidade de transformação já estava prevista no ato constitutivo. Nesse caso, não podendo se opor à transformação, o sócio dissidente poderá retirar-se da sociedade, aplicando-se, nas omissões do contrato social, o disposto no art. 1.031. A IN DREI n. 81/2020 detalha, ainda, os procedimentos para formalização da transformação societária de um tipo jurídico societário para qualquer outro. Primeiro deverá ser aprovada pela totalidade dos sócios ou acionistas, salvo se prevista em disposição contratual ou estatutária, expressamente, a possibilidade de que a operação possa ser aprovada mediante quórum inferior a este. Em se tratando de sociedade anônima, a deliberação de transformação em outro tipo de sociedade deverá ser formalizada por assembleia geral extraordinária, na qual será aprovado o contrato social, que poderá ser transcrito na própria ata da assembleia ou em instrumento separado. Já a transformação de sociedades contratuais em qualquer outro tipo de sociedade deverá ser formalizada por meio de alteração contratual, na qual será aprovado o estatuto ou contrato social, que poderá ser transcrito na própria alteração ou em instrumento separado. Para o arquivamento do ato de transformação, são necessários: I – o instrumento que aprovou a transformação; II – o estatuto ou contrato social; III – a relação completa dos acionistas ou sócios, com a indicação da quantidade de ações ou cotas resultantes da transformação.

Art. 1.115. A transformação não modificará nem prejudicará, em qualquer caso, os direitos dos credores.

Parágrafo único. A falência da sociedade transformada somente produzirá efeitos em relação aos sócios que, no tipo anterior, a eles estariam sujeitos, se o pedirem os titulares de créditos anteriores à transformação, e somente a estes beneficiará.

COMENTÁRIOS DOUTRINÁRIOS: Já antecipei que a transformação não pode prejudicar direitos dos credores. Na verdade, trata-se de verdadeiro princípio, aplicável a todas as operações de reorganização societária, incluindo a incorporação, a fusão e a cisão, tratadas nos comentários seguintes. Transformação, incorporação, fusão e cisão de sociedades são negócios jurídicos contratuais típicos aptos a promover alterações meramente subjetivas nas obrigações assumidas pelas sociedades envolvidas, mas jamais alterações objetivas, no conteúdo ou na validade das obrigações pretéritas. A entidade sucessora passa a responder solidariamente pelos débitos contraídos pela sucedida, mesmo os contraídos anteriormente à transformação. Pode mudar o devedor ou responsável pela dívida, mas esta permanece hígida. O Código, nesse aspecto, incorpora regra anteriormente prevista no art. 222 da Lei das S/A. Especificamente sobre a falência da sociedade transformada, o legislador esclareceu que a quebra somente produzirá efeitos em relação aos sócios que, no tipo societário anterior, a eles estariam sujeitos. Em outras palavras, instaurado o concurso de credores, os sócios que tinham responsabilidade ilimitada antes da transformação, continuam a responder com seus patrimônios pessoais, de forma ilimitada, ainda que a transformação tenha limitado a sua responsabilidade. É o caso, por exemplo, de uma sociedade em nome coletivo transformada em sociedade limitada e cuja falência foi decretada após a transformação. Os credores anteriores à mutação societária poderão buscar, no patrimônio pessoal dos sócios, e sem limitação à participação deles no capital social, a satisfação integral de seus créditos.

JURISPRUDÊNCIA COMENTADA: Do espírito do parágrafo único do art. 1.115 se extrai que, da mesma forma que os sócios não podem se beneficiar da transformação de sociedade que passou a contar com a responsabilidade limitada, o contrário também deve ser tido por verdadeiro, não podendo os credores anteriores à transformação serem favorecidos com eventual aumento da responsabilidade dos sócios. Nesse sentido decidiu o TJES, quando uma sociedade limitada se transformou em sociedade com sócios de responsabilidade ilimitada. O Tribunal considerou que a modificação do contrato social "não tem o condão de alcançar obrigações pretéritas, haja vista a expressa dicção do art. 1.115 do CC", não se podendo invocar "a atual condição de sócios solidários deles, sob pena de se colocar em xeque os primados do ato jurídico perfeito e do direito adquirido (art. 5º, XXXVI, da CF), além de se negar vigência ao art. 1.115 do CC" (TJES, Apl 0026529-97.2014.8.08.0024, Rel. Des. Jorge do Nascimento Viana, *DJES* 07.08.2017). Em um caso em que houve transformação de empresário individual para sociedade limitada, com ato averbado na JUCESP, decidiu o TJSP que o "empresário individual responde pelos créditos constituídos até a data da transformação" (TJSP, AC 1023995-09.2016.8.26.0602, *DJESP* 09.11.2023).

Art. 1.116. Na incorporação, uma ou várias sociedades são absorvidas por outra, que lhes sucede em todos os direitos e obrigações, devendo todas aprová-la, na forma estabelecida para os respectivos tipos.

COMENTÁRIOS DOUTRINÁRIOS: Já falei sobre o fenômeno da concentração empresarial, que decorre da expansão da atividade econômica e da necessidade das sociedades empresárias se unirem a outras para exercerem a empresa de forma conjunta e mais competitiva. O Código Civil tratou das diversas formas de concentração, desde aquelas que implicam uma junção completa de estruturas, com unificação das personalidades jurídicas dos entes envolvidos, como é o caso da fusão e da incorporação, até aquelas mais simples, concretizadas pelos ajustes societários de coligação objeto dos arts. 1.097 a 1.101. No art. 1.116, o legislador define a figura da "incorporação", absorvendo regra anteriormente prevista no art. 227 da Lei das S/A. As disposições constantes do presente capítulo, entretanto, aplicar-se-ão a todos os tipos societários regulados no Código Civil. A propósito, durante a *I Jornada de Direito Civil*, aprovou-se o Enunciado n. 70, prevendo que "as disposições da Lei n. 6.404/76 sobre incorporação, fusão e cisão aplicar-se-ão, por analogia, às demais sociedades naquilo em que o Código Civil for omisso". Também antecipei em outro comentário que analogia é técnica de autointegração pela qual a ordem jurídica se completa, recorrendo à fonte dominante do direito: a lei. Analogia é a aplicação, a um caso não "normado" diretamente, de um enunciado normativo previsto para uma hipótese semelhante, mas não idêntica àquele, fundando-se na identidade de motivos da norma e não na identidade do suporte fático. Ou seja, é aplicação de uma solução semelhante a um caso não previsto. A doutrina em geral menciona dois tipos de analogia: a que é suprida por outra disposição normativa já existente (analogia *legis*) ou a que demanda integração através de princípios jurídicos ou de todo o sistema (analogia *iuris*). A aplicação analógica requer, sempre, duas operações: 1 – constatar que a situação em análise não está prevista em uma norma jurídica, pois se houvesse previsão, ainda que incompleta, se trataria apenas de interpretação extensiva; 2 – identificar uma outra situação regulada por uma norma jurídica que mantenha uma relação de semelhança com o caso não contemplado e, ao mesmo tempo, justificar que essa relação de semelhança é a mais próxima, impondo, por isso, um tratamento jurídico idêntico. O estatuto do anonimato bem definiu a incorporação como a operação pela qual uma ou mais sociedades são absorvidas por outra, que lhes sucede em todos os direitos e obrigações. A principal distinção entre transformação e incorporação é que esta é modalidade de concentração empresarial, que resulta na extinção de uma ou mais personalidades jurídicas, as quais são absorvidas por outra. O patrimônio das incorporadas funde-se ao patrimônio da incorporadora. Na transformação existe uma só pessoa jurídica, que permanece a mesma, transformando-se apenas o seu tipo societário. Com a incorporação, ainda mais do que com a transformação, resta caracterizada a sucessão empresarial. A sociedade incorporada deixa de existir, sendo sucedida pela incorporadora, que lhe sucede em todos os direitos e obrigações. A sociedade adquirente passa a responder solidariamente pelos débitos contraídos pela sucedida, mesmo os contraídos anteriormente à aquisição. Entre os procedimentos para a incorporação, a Lei das S/A prevê a elaboração do chamado "protocolo da operação", que deverá autorizar o aumento de capital a ser subscrito e realizado pela incorporada mediante versão do seu patrimônio líquido, a ser submetido e aprovado pela assembleia-geral da companhia incorporadora. A incorporada, por sua vez, se aprovar o protocolo da operação, autorizará seus administradores a praticarem os atos necessários à incorporação, inclusive a subscrição do aumento de capital da incorporadora. Todavia, conforme conclusão da *III Jornada de Direito Civil*, "nas fusões e incorporações entre sociedades reguladas pelo Código Civil é facultativa a elaboração de protocolo firmado pelos sócios ou administradores das sociedades; havendo sociedade anônima ou comandita por ações envolvida na operação, a obrigatoriedade do protocolo e justificação somente a ela se aplica" (Enunciado n. 232). Entre as modalidades de mutação societária, o Código Civil se limitou a regular a transformação, a incorporação e a fusão, mas se omitiu no tocante à cisão, razão pela qual a *III Jornada de Direito Civil* aprovou o Enunciado n. 231: "A cisão de sociedades continua disciplinada na Lei n. 6.404/76, aplicável a todos os tipos societários, inclusive no que se refere aos direitos dos credores. Interpretação dos arts. 1.116 a 1.122 do Código Civil". A IN n. 81/2020 do DREI define a cisão como "o processo pelo qual a sociedade, por deliberação tomada na forma prevista para alteração do estatuto ou contrato social, transfere todo ou parcela do seu patrimônio para sociedades existentes ou constituídas para este fim, com a extinção da sociedade cindida, se a versão for total, ou redução do capital, se parcial" (art. 80). A referida IN regulamenta os procedimentos para as diversas modalidades de cisão, ou seja, para cisão parcial com versão do patrimônio para uma sociedade existente; cisão parcial para constituição de nova sociedade; cisão total com versão do patrimônio para uma ou mais sociedades já existentes; e cisão total para constituição de sociedades novas (art. 81).

JURISPRUDÊNCIA COMENTADA: A principal consequência da incorporação é a "sucessão empresarial quando uma empresa adquire ou assume outra sociedade, assumindo as responsabilidades, dívidas e vantagens que outrora pertenciam à sucedida (art. 1.116 do Código Civil). O simples fato de uma nova empresa instalar-se no antigo endereço da executada, utilizando-se das mesmas instalações comerciais, não configura a hipótese de sucessão empresarial, sobretudo, quando não demonstrada a transferência do fundo de comércio" (TJMG, APCV 5012860-52.2021.8.13.0105, *DJEMG* 04.08.2023). Uma celeuma sempre submetida à apreciação dos Tribunais, no que tange às operações de incorporação, diz respeito à extensão da responsabilidade da incorporadora em relação aos débitos da incorporada. Em matéria de responsabilidade tributária, submetida a lei especial, é pacífico que, uma vez configurada a sucessão empresarial, "consoante o artigo 133 do CTN, é solidária a responsabilidade por sucessão tributária, de forma que a sociedade que adquire o patrimônio de outra responde por seus débitos fiscais, nas hipóteses de cisão, fusão, transformação ou incorporação" (TRF 3.ª Região, AI 0019190-46.2008.4.03.0000, Rel. Des. Fed. Marcelo Saraiva, *DEJF* 27.07.2018). Também se discute sobre o gozo pela incorporadora de direitos a que fazia jus a incorporada. Para o Tribunal Regional Federal da 3.ª Região, "o art. 1.116 do Código Civil é claro ao estabelecer que na incorporação, operação em que uma ou mais sociedades são absorvidas por outra, há sucessão universal, ou seja, de todos os direitos e obrigações. No mesmo sentido, o *caput* do art. 227 da Lei n. 6.404/76. O art. 132 do CTN atribuiu à pessoa jurídica sucedida a responsabilidade pelos tributos devidos pelas pessoas jurídicas incorporadas até à data do ato. Entretanto, o CTN não faz qualquer menção com relação à possibilidade de utilização dos créditos da incorporada pela sucessora. Embora exista omissão no Código Tributário Nacional, a interpretação sistemática dos dispositivos citados, conduz à conclusão de que a incorporadora sucede à incorporada também em relação aos seus créditos" (TRF 3.ª Região, Ap-Rem 0009533-20.2002.4.03.6102, Rel. Des. Fed. Mônica Nobre, *DEJF* 18.04.2018). Se em decorrência da incorporação houver retirada de sócios de quaisquer das sociedades, o retirante permanece, nos termos do art. 1.032 do Código Civil, responsável por todas as obrigações sociais, e não apenas pelas obrigações fiscais, até dois anos depois de averbada a sua retirada da sociedade. Por fim, registro decisão da 9.ª Câmara de Direito Privado do Tribunal de Justiça de São Paulo, obrigando a incorporadora a manter o plano de saúde de empregado aposentado pela incorporada, pois, "ao incorporar a antiga empregadora do autor, as rés sucederam a incorporada no tocante às obrigações anteriormente assumidas por esta. Destarte, o vínculo contratual que obriga as partes resta configurado, produzindo os efeitos dele esperados" (AC 1072607-29.2016.8.26.0100, Rel. Des. Galdino Toledo Júnior, j. 11.05.2021).

Art. 1.117. A deliberação dos sócios da sociedade incorporada deverá aprovar as bases da operação e o projeto de reforma do ato constitutivo.

§ 1º A sociedade que houver de ser incorporada tomará conhecimento desse ato, e, se o aprovar, autorizará os administradores a praticar o necessário à incorporação, inclusive a subscrição em bens pelo valor da diferença que se verificar entre o ativo e o passivo.

§ 2º A deliberação dos sócios da sociedade incorporadora compreenderá a nomeação dos peritos para a avaliação do patrimônio líquido da sociedade, que tenha de ser incorporada.

COMENTÁRIOS DOUTRINÁRIOS: O dispositivo estabelece a obrigatoriedade de deliberação dos sócios sobre as bases da operação, bem como sobre a necessária reforma do ato constitutivo da sociedade incorporadora. Entre os procedimentos para a incorporação, a Lei das S/A prevê a elaboração do chamado "protocolo da operação", que deverá autorizar o aumento de capital a ser subscrito e realizado pela incorporada mediante versão do seu patrimônio líquido, a ser submetido e aprovado pela assembleia-geral da companhia incorporadora. A incorporada, por sua vez, se aprovar o protocolo da operação, autorizará seus administradores a praticarem os atos necessários à incorporação, inclusive a subscrição do aumento de capital da incorporadora. Todavia, conforme conclusão da *III Jornada de Direito Civil*, "nas fusões e incorporações entre sociedades reguladas pelo Código Civil é facultativa a elaboração de protocolo firmado pelos sócios ou administradores das sociedades; havendo sociedade anônima ou comandita por ações envolvida na operação, a obrigatoriedade do protocolo e justificação somente a ela se aplica" (Enunciado n. 232). A IN DREI n. 81/2020 detalha, ainda, outros procedimentos para formalização da incorporação. No caso de sociedade anônima, a deliberação da sociedade incorporada deverá aprovar o protocolo da operação, autorizar seus administradores a praticarem os atos necessários à incorporação, inclusive a subscrição do aumento de capital da incorporadora. No caso das demais sociedades, se aprovar as bases da operação e o projeto de reforma do ato constitutivo, a deliberação autorizará os administradores a praticar o necessário à incorporação, inclusive a subscrição em bens pelo valor da diferença que se verificar entre o ativo e o passivo. Aprovados em assembleia geral extraordinária ou por alteração contratual da sociedade incorporadora os atos de incorporação, extingue-se a incorporada, devendo os administradores da incorporadora providenciar o arquivamento dos atos e sua publicação, quando couber. Para o arquivamento dos atos de incorporação, são necessários: I – certidão ou cópia autêntica da ata da assembleia geral extraordinária ou a alteração contratual da sociedade incorporadora com a aprovação do protocolo de intenções, da justificação, a nomeação de peritos ou de empresa especializada, do laudo de avaliação, a versão do patrimônio líquido, o aumento do capital social, se for o caso, extinguindo-se a incorporada; II – certidão ou cópia autêntica da ata da assembleia geral extraordinária ou a alteração contratual da incorporada com a aprovação do protocolo de intenções, da justificação, e autorização aos administradores para praticarem os atos necessários à incorporação. O protocolo de intenções, a justificação e o laudo de avaliação, quando não transcritos na ata ou na alteração contratual, serão apresentados como anexo.

Art. 1.118. Aprovados os atos da incorporação, a incorporadora declarará extinta a incorporada, e promoverá a respectiva averbação no registro próprio.

COMENTÁRIOS DOUTRINÁRIOS: O Código reproduz o § 3º do art. 227 da Lei n. 6.404/1976, ao dispor que, uma vez aprovados pela assembleia-geral da incorporadora o laudo de avaliação e a incorporação, extingue-se a incorporada, competindo à primeira promover o arquivamento e a publicação dos atos da incorporação. A extinção da personalidade jurídica da sociedade incorporada, no entanto, só ocorrerá com a averbação no registro próprio dos atos da incorporação. A averbação tem natureza desconstitutiva da personalidade jurídica, como antecipei em comentário anterior. Da mesma forma que a sociedade só adquire personalidade jurídica com o registro, a sua extinção também depende do registro dos atos da incorporação. Enquanto não houver a baixa do registro na Junta Comercial, subsiste, formalmente, a personalidade jurídica. Quando se trata de instituição financeira, a incorporação também depende da aprovação do Banco Central. Conforme previsão do art. 73 da IN DREI n. 81/2020, "as sociedades envolvidas na operação de incorporação que tenham sede em outra unidade da federação, deverão arquivar a requerimento dos administradores da incorporadora na Junta Comercial da respectiva jurisdição os seus atos específicos: I – na sede da incorporadora: o instrumento que deliberou a incorporação; II – na sede da incorporada: o instrumento que deliberou a sua incorporação, instruído com certidão de arquivamento do ato da incorporadora, na Junta Comercial de sua sede. Parágrafo único. Para fins de uniformização de procedimentos entre Juntas Comerciais, primeiro deve ser registrado o processo da incorporadora e em seguida o processo da incorporada" (Incluído pela Instrução Normativa DREI n. 01, de 24 de janeiro de 2024).

JURISPRUDÊNCIA COMENTADA: Novamente sobre a possibilidade de a sociedade incorporadora usufruir créditos tributários acumulados pela sociedade incorporada, tem-se decidido que, como a sociedade incorporada não se dissolve, mas se extingue, passando o seu patrimônio a pertencer integralmente à incorporadora, que a sucede a título universal, também lhe sucede em todos os direitos, incluindo os direitos de crédito. Assim, "conquanto o Código Tributário Nacional não tenha tratado expressamente da matéria, não vedou a sucessão do crédito que a apelante defende possuir, considerando sua responsabilidade pelos débitos (obrigações), que, por decorrência lógica, associa-se, como contrapartida, à legitimidade dos créditos (direitos)" (TJMS, Ap-RN 0801480-74.2017.8.12.0001, Rel. Des. Marco André Nogueira Hanson, *DJMS* 17.08.2018). Por isso é que "a incorporadora por sucessão detém legitimidade para pleitear reconhecimento a crédito relativo a sociedade incorporada, quando do ajuizamento da ação" (TRF 2.ª Região, AI 0002904-10.2014.4.02.0000, Rel. Des. Fed. Claudia Neiva, *DEJF* 26.10.2017).

REFORMA DO CÓDIGO CIVIL: Pretende-se alterar o art. 1.118 do Código Civil, que passaria a ter a seguinte redação: "Art. 1.118. Aprovados os atos da incorporação, a incorporadora declarará extinta a incorporada, e promoverá a respectiva averbação no Registro Público e Empresas Mercantis". A proposta, ao que parece, procura restringir o *locus* de averbação do ato de incorporação ao Registro Público de Empresas Mercantis, o que constitui evidente equívoco, já que as sociedades simples, que também podem ser incorporadas, vinculam-se ao Registro Civil das Pessoas Jurídicas. A tentativa de unificação do registro das sociedades só daria certo se houvesse previsto alterações também nos arts. 998 e 1.150, que vinculam a inscrição da sociedade simples ao Registro Civil de Pessoas Jurídicas.

Art. 1.119. A fusão determina a extinção das sociedades que se unem, para formar sociedade nova, que a elas sucederá nos direitos e obrigações.

COMENTÁRIOS DOUTRINÁRIOS: O estatuto do anonimato também definiu a fusão como a operação pela qual se unem duas ou mais sociedades para formar sociedade nova, que lhes sucederá em todos os direitos e obrigações. No mesmo sentido, a IN n. 81/2020 do DREI: "Fusão é a operação pela qual se unem duas ou mais sociedades, de tipos jurídicos iguais ou diferentes, constituindo nova sociedade que lhes sucederá em todos os direitos e obrigações, deliberada na forma prevista para a alteração dos respectivos estatutos ou contratos sociais" (art. 74). A principal distinção entre fusão e incorporação é que, nesta, uma sociedade absorve a outra, mantendo hígida a sua personalidade jurídica, enquanto extinguir-se-á a personalidade jurídica da incorporada. Na fusão, as duas personalidades jurídicas se extinguem, para formar um novo ente personalizado, resultante da reunião do patrimônio das duas sociedades fundidas, sucedendo-lhes em todos os direitos e obrigações. Se em decorrência da fusão houver retirada de sócios de quaisquer das sociedades, o retirante permanece, nos termos do art. 1.032 do Código Civil, responsável pelas obrigações sociais até dois anos depois de averbada a sua retirada da sociedade.

JURISPRUDÊNCIA COMENTADA: As regras previstas neste Código e na Lei das S/A relativas à fusão aplicam-se, subsidiariamente, a todas as pessoas jurídicas elencadas no art. 44. Já se decidiu, por exemplo, pela aplicação do art. 1.119 à fusão de dois partidos políticos, incidindo à hipótese fática a "previsão legal de sucessão nos direitos e obrigações dos extintos partidos, pelo partido que nasce da respectiva fusão" (TRE-MG, PCON 3422007, Rel. Juíza Mariza de Melo Porto, j. 01.04.2008).

Art. 1.120. A fusão será decidida, na forma estabelecida para os respectivos tipos, pelas sociedades que pretendam unir-se.

§ 1º Em reunião ou assembleia dos sócios de cada sociedade, deliberada a fusão e aprovado o projeto do ato constitutivo da nova sociedade, bem como o plano de distribuição do capital social, serão nomeados os peritos para a avaliação do patrimônio da sociedade.

§ 2º Apresentados os laudos, os administradores convocarão reunião ou assembleia dos sócios para tomar conhecimento deles, decidindo sobre a constituição definitiva da nova sociedade.

§ 3º É vedado aos sócios votar o laudo de avaliação do patrimônio da sociedade de que façam parte.

COMENTÁRIOS DOUTRINÁRIOS: A fusão precisa ser deliberada em reunião ou assembleia dos sócios de cada sociedade a ser fundida, que aprovará o projeto do ato constitutivo da nova sociedade. Esta pode ser de um tipo societário completamente diverso daquele adotado pelas sociedades extintas. Duas sociedades limitadas podem se fundir e dar origem a uma sociedade anônima e vice-versa. Os sócios das duas sociedades devem, ainda, acordar sobre o plano de distribuição do capital social e sobre a nomeação de peritos para a avaliação do patrimônio das sociedades. Depois de realizada essa avaliação, os administradores levarão os laudos ao conhecimento dos sócios, em reunião ou assembleia, que deliberarão sobre a constituição definitiva da nova sociedade. Importante destacar que a deliberação dos sócios sobre os laudos de avaliação é feita de forma cruzada, ou seja, os sócios de uma sociedade analisam os laudos de avaliação da outra sociedade, sendo-lhes proibido votar o laudo de avaliação do patrimônio da sociedade de que façam parte. Finalmente, cabe repetir o que foi decidido na *III Jornada de Direito Civil* (Enunciado n. 232): "Nas fusões e incorporações entre sociedades reguladas pelo Código Civil, é facultativa a elaboração de protocolo firmado pelos sócios ou administradores das sociedades; havendo sociedade anônima ou comandita por ações envolvida na operação, a obrigatoriedade do protocolo e da justificação somente a ela se aplica". Conforme previsão do art. 75 da IN DREI n. 81/2020, "a fusão de sociedades de qualquer tipo jurídico deverá obedecer aos seguintes procedimentos: I – a deliberação das sociedades a serem fusionadas deverá: a) No caso de sociedade anônima, se aprovar o protocolo de fusão, nomear os peritos que avaliarão os patrimônios líquidos das demais sociedades; b) No caso das demais sociedades, deliberada a fusão e aprovado o projeto do ato constitutivo da nova sociedade, bem como o plano de distribuição do capital social, nomear os peritos para a avaliação do patrimônio da sociedade. II – apresentados os laudos, os administradores convocarão os sócios ou acionistas das sociedades para reunião ou assembleia, conforme o caso, para deles tomar conhecimento e decidir sobre a constituição definitiva da nova sociedade, vedado aos sócios ou acionistas votar o laudo de avaliação do Patrimônio Líquido da sociedade de que fazem parte. III – constituída a nova sociedade, e extintas as sociedades fusionadas, os primeiros administradores promoverão o arquivamento dos atos da fusão e sua publicação, quando couber; IV – A fusão será decidida, na forma estabelecida para os respectivos tipos, pelas sociedades que pretendam unir-se".

Art. 1.121. Constituída a nova sociedade, aos administradores incumbe fazer inscrever, no registro próprio da sede, os atos relativos à fusão.

COMENTÁRIOS DOUTRINÁRIOS: A inscrição, no registro próprio da sede, dos atos relativos à fusão confere personalidade jurídica à nova sociedade. Antes desse registro, a sociedade oriunda da fusão já existe, porém como sociedade irregular, despersonalizada, aplicando-se-lhe o disposto nos arts. 986 a 990. Novamente, pode-se discutir se a extinção da personalidade jurídica das sociedades fusionadas depende da averbação dos atos de fusão no registro competente, ou se tal averbação tem efeitos meramente declaratórios. Pelos mesmos argumentos utilizados em relação à transformação e à incorporação, entendo que a extinção da personalidade jurídica das sociedades envolvidas na fusão só ocorrerá com a averbação no registro próprio dos atos relativos à fusão. A averbação tem natureza desconstitutiva da personalidade jurídica, como antecipei em comentário anterior. Da mesma forma que a sociedade só adquire personalidade jurídica com o registro, a sua extinção também depende do registro dos atos da fusão. Conforme previsão dos arts. 76 a 78 da IN DREI n. 81/2020, para o arquivamento dos atos de fusão, são necessários: I – certidão ou cópia autêntica da ata da assembleia geral extraordinária ou a alteração contratual de cada sociedade envolvida, com a aprovação do protocolo, da justificação e da nomeação dos peritos ou de empresa especializada; II – certidão ou cópia autêntica da ata da assembleia geral de constituição ou o contrato social. O protocolo, a justificação e o laudo de avaliação, quando não transcritos no instrumento de fusão, serão apresentados como anexo. As sociedades envolvidas na operação de fusão que tenham sede em outra unidade da federação, deverão arquivar a requerimento dos administradores da nova sociedade na Junta Comercial da respectiva jurisdição os seguintes atos: I – na sede das fusionadas: a) o instrumento que aprovou a operação, a justificação, o protocolo e o laudo de avaliação; b) após legalização da nova sociedade, deverá ser arquivada certidão ou instrumento de sua constituição; II – na sede da nova sociedade: a ata de constituição e o estatuto social, se nela não transcrito, ou contrato social.

REFORMA DO CÓDIGO CIVIL: Pretende-se alterar o art. 1.121 do Código Civil, que passaria a ter a seguinte redação: "Art. 1.121. Constituída a nova sociedade, aos administradores incumbe fazer inscrever, no Registro Público de Empresas Mercantis, os atos relativos à fusão". A proposta, ao que parece, procura restringir o *locus* de averbação dos atos de fusão ao Registro Público de Empresas Mercantis, o que constitui evidente equívoco, já que as sociedades simples, que também podem ser fundidas, vinculam-se ao Registro Civil das Pessoas Jurídicas. A tentativa de unificação do registro das sociedades só daria certo se houvesse previsto alterações também nos arts. 998 e 1.150, que vinculam a inscrição da sociedade simples ao Registro Civil de Pessoas Jurídicas.

Art. 1.122. Até 90 (noventa) dias após publicados os atos relativos à incorporação, fusão ou cisão, o credor anterior, por ela prejudicado, poderá promover judicialmente a anulação deles.

§ 1º A consignação em pagamento prejudicará a anulação pleiteada.

§ 2º Sendo ilíquida a dívida, a sociedade poderá garantir-lhe a execução, suspendendo-se o processo de anulação.

§ 3º Ocorrendo, no prazo deste artigo, a falência da sociedade incorporadora, da sociedade nova ou da cindida, qualquer credor anterior terá direito a pedir a separação dos patrimônios, para o fim de serem os créditos pagos pelos bens das respectivas massas.

COMENTÁRIOS DOUTRINÁRIOS: O dispositivo institui prazo decadencial de noventa dias para que os credores que já o eram antes da operação e se sintam prejudicados pela incorporação, fusão ou cisão, possam postular a anulação da respectiva mutação societária. Assegura-se ao credor prejudicado o direito de se opor à operação, *a posteriori*, desde que comprovado o seu prejuízo. Esse direito de se contrapor à operação, portanto, não é prévio, não podendo o credor obstar os atos relativos à incorporação, fusão ou cisão, mas apenas postular a sua invalidação. Decorrido o prazo, o credor prejudicado decairá do direito de promover a anulação dos atos relativos à incorporação, fusão ou cisão. A Lei das S/A contém dispositivo praticamente idêntico (art. 232). Porém, no caso de incorporação, fusão ou cisão de sociedades anônimas, o prazo decadencial do direito de promover a anulação da operação é menor – sessenta dias. O prazo é contado, em regra geral, a partir da publicação dos atos relativos à incorporação, fusão ou cisão. No entanto, em se tratando "da microempresa, da empresa de pequeno porte e do microempreendedor individual, dispensados de publicação dos seus atos (art. 71 da Lei Complementar n. 123/2006), os prazos estabelecidos no Código Civil contam-se da data do arquivamento do documento (termo inicial) no registro próprio" (*V Jornada de Direito Civil* – Enunciado n. 489). O art. 1.122 alude também à cisão de sociedades, fazendo reluzir o verdadeiro esquecimento do legislador no tratamento dessa operação, omitido do presente capítulo. Exatamente por esse motivo, aprovou-se, na *III Jornada de Direito Civil*, o Enunciado n. 231: "A cisão de sociedades continua disciplinada na Lei n. 6.404/76, aplicável a todos os tipos societários, inclusive no que se refere aos direitos dos credores. Interpretação dos arts. 1.116 a 1.122 do Código Civil". A IN n. 81/2020 do DREI define a cisão como "o processo pelo qual a sociedade, por deliberação tomada na forma prevista para alteração do estatuto ou contrato social, transfere todo ou parcela do seu patrimônio para sociedades existentes ou constituídas para este fim, com a extinção da sociedade cindida, se a versão for total, ou redução do capital, se parcial" (art. 80). A referida IN regulamenta os procedimentos para as diversas modalidades de cisão, ou seja, para cisão parcial com versão do patrimônio para uma sociedade existente; cisão parcial para constituição de nova sociedade; cisão total com versão do patrimônio para uma ou mais sociedades já existentes; e cisão total para constituição de sociedades novas (art. 81). Ainda que proposta a pretensão anulatória por qualquer credor prejudicado, a nova sociedade poderá obstar o prosseguimento da ação, com a consignação em pagamento do valor pleiteado. Outra alternativa, para evitar a anulação da operação, quando se tratar de dívida ilíquida, é a garantia do juízo da execução, o que suspenderá o processo de anulação. Finalmente, se na fluência do prazo de decadência, for decretada a falência da sociedade incorporadora, da nova sociedade ou da sociedade cindida, qualquer credor anterior terá direito a pedir a separação dos patrimônios, para o fim de serem os créditos pagos pelos bens das respectivas massas.

JURISPRUDÊNCIA COMENTADA: Já se posicionou o Superior Tribunal de Justiça no sentido de que "não havendo efetivamente a condição de credor anterior por parte da autora, descabe a aplicação dos arts. 232 e 233 da Lei n. 6.404/76, no que concerne à faculdade de oposição dos credores às operações de cisão e incorporação societárias" (STJ, REsp 1.187.195, Rel. Min. Luis Felipe Salomão, *DJe* 19.06.2012). Demais disto, não basta a comprovação da situação de "credor anterior", sendo, ainda, imprescindível a prova do prejuízo. Em uma operação de cisão parcial, em que não houve redução do capital social da empresa cindida, o TJSP decidiu que a "garantia dos credores restou incólume". No mesmo julgamento, foi ressaltado que o credor "não se opôs à cisão parcial, no prazo estabelecido no artigo 1.122 do Código Civil Brasileiro" (TJSP, AI 2136210-68.2016.8.26.0000, Rel. Des. Marcos Pimentel Tamassia, *DJESP* 15.09.2016).

REFORMA DO CÓDIGO CIVIL: Pretende-se, após o art. 1.122 do Código Civil, acrescentar um novo dispositivo com a seguinte redação: "Art. 1.122-A. A convocação de reunião geral ou reunião de sócios para fins de deliberação sobre incorporação, fusão e cisão das sociedades deve garantir acesso aos sócios aos documentos relacionados aos movimentos societários por pelo menos 15 (quinze dias) anteriores à realização da reunião". O objetivo da proposta, segundo a Comissão de Juristas que elaborou o anteprojeto, é estabelecer um prazo mínimo, antes da realização da reunião, para que os sócios "possam ter acesso à justificativa, protocolo e minutas de alteração do contrato social".

CAPÍTULO XI
DA SOCIEDADE DEPENDENTE DE AUTORIZAÇÃO

SEÇÃO I
DISPOSIÇÕES GERAIS

Art. 1.123. A sociedade que dependa de autorização do Poder Executivo para funcionar reger-se-á por este título, sem prejuízo do disposto em lei especial.

Parágrafo único. A competência para a autorização será sempre do Poder Executivo federal.

COMENTÁRIOS DOUTRINÁRIOS: Algumas sociedades, em razão da natureza da atividade que exercem, necessitam de autorização governamental para funcionar e sujeitam-se ao controle do Poder Público, a exemplo dos bancos e instituições financeiras em geral (Lei n. 4.595/1964), sociedades de crédito imobiliário (Decreto n. 58.377/1966), empresas de seguros (Decreto-lei n. 73/1966), planos de saúde (Lei n. 9.656/1998), transporte aéreo (Lei n. 11.182/2005) etc. As sociedades estrangeiras, tratadas em comentário posterior, também precisam de autorização governamental para funcionar no Brasil (Decreto-lei n. 2.627/1940). Importante destacar que a previsão estabelecida neste dispositivo não contraria o disposto no parágrafo único do art. 170 da Constituição Federal, que assegura a todos o livre exercício de qualquer atividade econômica, independentemente de autorização de órgãos públicos, uma vez que a própria norma constitucional excepciona os casos previstos em lei, como se dá com os arts. 1.123 a 1.141 deste Código e demais disposições constantes em leis especiais. A necessidade de autorização constitui, portanto, exceção à livre-iniciativa, admitida constitucionalmente (ver Lei n. 13.874/2019).

JURISPRUDÊNCIA COMENTADA: Em decisão alusiva à cassação de autorização da ANP para o funcionamento de posto de revenda de combustíveis, o Tribunal local pontuou, com absoluta propriedade, que "o princípio da livre-iniciativa há muito deixou de ter a conotação absoluta de que desfrutava durante o chamado 'laissez-faire', no auge do liberalismo econômico do século XIX. Em face das nossas premissas constitucionais (art. 170, III e V, da CF/88), a livre-iniciativa está impregnada de responsabilidade social, no sentido de que as atividades empresariais devem beneficiar também a sociedade e não apenas o empresário". Daí a possibilidade de interdição de estabelecimento empresarial ou comercial, na forma da Lei, se desatendidas as normas de proteção ao consumidor e mesmo de preservação da lealdade na concorrência" (TRF 3.ª Região, AC 0003079-54.2007.4.03.6100/SP, Rel. Juiz Fed. Conv. Rubens Calixto, *DEJF* 18.07.2011). Também já se decidiu que a atividade de prestação de serviços desempenhada em *call center* ou em *telemarketing* prescinde de autorização governamental, pois "não se insere no objeto da atividade empresarial definido no artigo 60, § 1º, da Lei Geral das Telecomunicações (Lei n. 9.472, de 1997), mas, por outro lado, também não se insere no âmbito das atividades-meio das empresas de telecomunicações, posto constituírem atividades econômicas ou de prestação de serviços que podem ser exercidas livremente por qualquer sociedade empresária sem a necessidade de autorização do Poder Público ou de concessões pelas empresas de telecomunicações" (TRT 3.ª Região, RO 132100-50.2009.5.03.0015, Rel. Juiz Conv. Milton V. Thibau de Almeida, *DJEMG* 21.02.2011).

Art. 1.124. Na falta de prazo estipulado em lei ou em ato do poder público, será considerada caduca a autorização se a sociedade não

entrar em funcionamento nos 12 (doze) meses seguintes à respectiva publicação.

COMENTÁRIOS DOUTRINÁRIOS: O dispositivo estabelece prazo de caducidade da autorização governamental, sempre que lei especial não estabelecer outro prazo. Assim, uma vez concedida a autorização governamental, a sociedade autorizada necessita entrar em funcionamento o mais rápido possível, ou pelo menos iniciar as primeiras atividades, ainda que provisoriamente, pois, caso não o faça no prazo de doze meses, a contar da publicação da autorização estatal na imprensa oficial, o ato autorizativo caducará. A caducidade, como se sabe, refere-se ao ingresso do ato jurídico no plano da produção de efeitos. Ato de autorização caduco não produz efeitos jurídicos e não habilita a sociedade a funcionar.

Art. 1.125. Ao Poder Executivo é facultado, a qualquer tempo, cassar a autorização concedida a sociedade nacional ou estrangeira que infringir disposição de ordem pública ou praticar atos contrários aos fins declarados no seu estatuto.

COMENTÁRIOS DOUTRINÁRIOS: Este artigo estabelece as hipóteses em que a autorização poderá ser cassada, desde que assegurados à sociedade o devido processo legal e a ampla defesa (art. 5º, LIV e LV, da CF). Portanto, o ato de cassação não é discricionário, mas vinculado, cabendo à autoridade administrativa demonstrar a infração de disposição de ordem pública ou a prática de atos contrários aos fins declarados no ato constitutivo. E tal demonstração só é possível após a instauração de processo administrativo para apuração dos fatos, assegurando-se à sociedade o contraditório e a ampla defesa.

JURISPRUDÊNCIA COMENTADA: Na jurisprudência, sobejam decisões em que se discute a cassação da autorização para determinada sociedade funcionar. Em demanda relativa à autorização para exploração de serviços aéreos públicos de transporte de passageiros e cargas, na modalidade de táxi aéreo, o Tribunal Regional Federal da 5.ª Região entendeu inocorrentes, no caso concreto, a violação aos princípios constitucionais da função social da empresa e da liberdade de exercício da atividade econômica (art. 170), diante de negativa de renovação da autorização de funcionamento. Ressaltou o Tribunal que a "atividade aeroviária é daquelas de grande sensibilidade, tendo em conta dizer com o uso do espaço aéreo e envolver grandes e sérios riscos à segurança de quem voa e de quem está em solo", cabendo à ANAC, dentre outras funções listadas pela Lei n. 11.182/2005, "regular e fiscalizar a outorga de serviços aéreos; conceder, permitir ou autorizar a exploração desses serviços". Nesse julgamento, o Tribunal também destacou não haver "que se falar em violação aos princípios do devido processo legal, da ampla defesa e do contraditório, por ter sido cassada a autorização de operação existente em favor da sociedade empresária, tendo em vista que não houve essa cassação, como se fora uma penalização, mas simplesmente escoamento do prazo certo inscrito no ato administrativo autorizador, por inércia da própria interessada" (TRF da 5.ª Região, AC 0005016-92.2012.4.05.8000, Rel. Des. Fed. Francisco Cavalcanti, *DEJF* 19.07.2013).

SEÇÃO II

DA SOCIEDADE NACIONAL

Art. 1.126. É nacional a sociedade organizada de conformidade com a lei brasileira e que tenha no País a sede de sua administração.

Parágrafo único. Quando a lei exigir que todos ou alguns sócios sejam brasileiros, as ações da sociedade anônima revestirão, no silêncio da lei, a forma nominativa. Qualquer que seja o tipo da sociedade, na sua sede ficará arquivada cópia autêntica do documento comprobatório da nacionalidade dos sócios.

COMENTÁRIOS DOUTRINÁRIOS: O dispositivo restaura a distinção entre sociedade nacional e sociedade estrangeira, prevista na antiga Lei das Sociedades Anônimas. A Constituição de 1988, no art. 171, chegou a distinguir empresa brasileira e empresa brasileira de capital nacional, permitindo que determinados setores da economia fossem reservados apenas às segundas. Com a revogação expressa do art. 171 pela EC n. 6/1995, desapareceram as discriminações contra empresas brasileiras fundadas na origem do seu capital, não podendo a Lei diferenciar, de forma discriminatória, empresa brasileira de capital nacional e empresa brasileira de capital estrangeiro. Se a empresa for brasileira, pouco importa a origem do seu capital. A teor do art.

1.126, para ser considerada sociedade nacional, basta que a empresa esteja organizada de conformidade com a lei brasileira e que tenha no País a sede de sua administração. Não é importante quem sejam os titulares do capital social. Uma sociedade nacional pode ter sócios estrangeiros e pode ser controlada e administrada por estrangeiros. A mera participação no capital social, a implicar o aporte de investimentos estrangeiros no País, a ser legalmente incentivada, por força de mandamento constitucional, não encontra qualquer restrição legal. E pouco importa qual o montante dessa participação, sendo possível que uma sociedade estrangeira seja detentora da maioria ou mesmo da quase totalidade do capital social. O que importa saber aqui é que a sociedade é brasileira, sujeita às leis brasileiras, não havendo que se indagar da nacionalidade de seu capital ou de seus sócios. O conceito de sociedade estrangeira adotado no ordenamento jurídico brasileiro leva em conta apenas a localização da administração da sociedade e não a nacionalidade dos sócios, consoante a precisa dicção do art. 1.126. Partindo dessas premissas, tem-se discutido a constitucionalidade de algumas leis especiais que impõem exigências à atividade econômica com base na nacionalidade dos sócios da pessoa jurídica, como ocorre nos casos das sociedades especializadas nas atividades de transporte de valores. A Lei n. 7.102/1983, que estabeleceu normas para constituição e funcionamento das empresas particulares que exploram serviços de vigilância e de transporte de valores, dispôs, no art. 11, que a propriedade e a administração das empresas que viessem a se constituir após a edição da lei, seriam vedadas a estrangeiros. É indubitável que tal restrição não pode ser aplicada a sociedades que o Código Civil considera "nacionais", ainda que os sócios sejam estrangeiros, mas apenas às sociedades estrangeiras propriamente ditas, com a administração fora do País, nos termos do art. 1.126. O art. 190 da Constituição da República estabelece que "a Lei regulará e limitará a aquisição ou o arrendamento de propriedade rural por pessoa física ou jurídica estrangeira e estabelecerá os casos que dependerão de autorização do Congresso Nacional". A Lei n. 5.709, de 7 de outubro de 1971, por sua vez, estabeleceu diversas restrições para a aquisição de imóvel rural por estrangeiros e determinou que ficaria "sujeita ao regime estabelecido por esta Lei a pessoa jurídica brasileira da qual participem, a qualquer título, pessoas estrangeiras físicas ou jurídicas que tenham a maioria do seu capital social e residam ou tenham sede no Exterior". As restrições dessa lei somente não se aplicam nos casos em que o imóvel rural foi adquirido por sucessão legítima, ou ainda nos casos de constituição de garantia real, inclusive a transmissão da propriedade fiduciária em favor de pessoa jurídica estrangeira ou recebimento de imóvel em liquidação de transação, por meio de realização de garantia real, de dação em pagamento ou de qualquer outra forma, conforme previsão da Lei n. 13.986 de 07 de abril de 2020. O Parecer CGU/AGU-1/2008-RVJ, de 3 de setembro de 2008, da Consultoria-Geral da União, aprovado pela Advocacia-Geral da União (AGU) e pela Presidência da República, considerou a Lei n. 5.709 recepcionada pela Constituição. Entretanto, a inconstitucionalidade da restrição, qualquer que seja a forma de aquisição, é patente. A CF não faz mais qualquer distinção entre empresa brasileira e empresa brasileira de capital nacional, de modo que eventual diferenciação ficou relegada à legislação infraconstitucional. O Código Civil, por sua vez, distingue a sociedade nacional da sociedade estrangeira com base, apenas, na sede da administração e não na titularidade do capital social. E nem poderia a lei ordinária distinguir onde o legislador constitucional não distinguiu (ou deixou de distinguir), ainda mais se dessa distinção resultar a violação frontal à própria Constituição. A sociedade cuja administração está sediada no Brasil será nacional, ainda que os seus sócios sejam estrangeiros. De onde se conclui que as limitações de que trata a Lei n. 5.709/1971, para atingir empresas nacionais com sócios estrangeiros, infringe o livre exercício de atividade econômica por sociedades brasileiras, violando, ainda, os princípios da livre iniciativa e da liberdade de associação.

JURISPRUDÊNCIA COMENTADA: Em julgamento emblemático, relativo à interpretação do art. 11 da Lei n. 7.102/1983, em que se impugnava ato do Ministro de Estado da Justiça que autorizou a aquisição de quotas de sociedade dedicada a segurança patrimonial por outra sociedade nacional, esta última com capital indireta e parcialmente estrangeiro, o Superior Tribunal de Justiça, por intermédio de sua Primeira Seção, fixou algumas teses fundamentais para a compreensão dessa matéria, quais sejam: **1º** Não obstante o art. 11 da Lei n. 7.102/1983, que estabelece que "a propriedade e a administração das empresas especializadas que vierem a se constituir são vedadas a estrangeiros", editado na ordem constitucional anterior à Constituição de 1988, tenha sido recepcionado por esta, o seu alcance tornou-se muito menor, a partir da EC n. 6, que revogou o art. 171, fundamento para a distinção entre empresa brasileira e empresa brasileira de capital nacional, permitindo que determinados setores de atividades fossem reservados apenas às segundas. Com a revogação explícita do art. 171, caíram as discriminações contra empresas brasileiras fundadas na origem do seu capital, salvo raros casos objeto de tratamento constitucional específico. A partir desse momento, a Lei não mais pode discriminar empresa brasileira de capital nacional de empresa brasileira de capital estrangeiro, ou seja, desde que uma empresa seja brasileira (constituída no Brasil e sujeita às Leis brasileiras) a origem do seu capital é irrelevante. **2º**. A discriminação só será possível nos casos previstos na própria Constituição, como ocorre com as empresas jornalísticas e de radiodifusão sonora e de sons e imagens, objeto de tratamento especial no art. 222 da Carta. **3º**. A redação do art. 172 da Constituição (a Lei disciplinará, com base no interesse nacional, os investimentos de capital estrangeiro, incentivará os reinvestimentos e regulará a remessa de lucros) não pode receber interpretação que permita restrições em setores não explicitamente previstos na Constituição, pois isso nulificaria a revogação do art. 171 pela EC n. 6/1995. **4º**. A interpretação conforme a Constituição do art. 11 da Lei n. 7.102/1983 deve ser a de que ele veda apenas que empresas constituídas no exterior atuem no setor de segurança privada. Todavia, empresas que sejam constituídas sob as Leis brasileiras e que tenham sua sede e administração no país são empresas brasileiras, na exata dicção do art. 1.126 do Código Civil, sendo irrelevante que tenham na sua composição societária, direta ou indiretamente, participação ou controle pelo capital estrangeiro (MS 19.545/DF, Proc. 2012/0262456-4, 1.ª Seção, Rel. Min. Herman Benjamin, *DJe* 03.02.2017). Sobre a não recepção do § 1º do art. 1º da Lei n. 5.709/1971, pela CF/1988, destaco julgamento do Órgão Especial do Tribunal de Justiça de São Paulo: "O art. 1º, § 1º, da Lei n. 5.709/71 não foi recepcionado pela Constituição de 1988, o que o torna não incidente a empresas brasileiras que tenham participação de capital estrangeiro. IV – Não é passível a repristinação do referido artigo, com a revogação integral do art. 171 da Constituição Federal pela Emenda Constitucional n. 06/1995. V – A decisão coatora emanada após a realização concreta do negócio jurídico sucessivo da incorporação viola ato jurídico perfeito e direito adquirido, afrontando, também, os princípios da isonomia e da segurança jurídica, sem dizer que fere de morte a interpretação sistemática e teleológica, bem como a moderna hermenêutica da ponderação dos interesses e da razoabilidade jurídica" (MS 0058947-33.2012.8.26.000, Rel. Des. Ribeiro da Silva, j. 12.09.2012). Posteriormente, o Conselho Superior de Magistratura daquele tribunal trilhou o mesmo entendimento: "Registro de Imóveis – Escritura pública – Aquisição de imóvel rural por pessoa jurídica brasileira cujo capital social pertence a pessoas físicas estrangeiras com residência no Brasil – Situação que não se amolda à regra do § 1º do artigo 1º da Lei n. 5.709/1971, que, ademais, não foi recepcionada pela Constituição Federal de 1988 – Equiparação ofensiva ao artigo 190 da CF/1988" (TJSP, Apelação 0003982-50.2012.8.26.0568, Conselho Superior de Magistratura, Rel. José Renato Nalini, *DJESP* 29.01.2013). Ressalto, por último, que a matéria encontra-se atualmente submetida ao Supremo Tribunal Federal. Nos autos da Arguição de Descumprimento de Preceito Fundamental 342/DF, proposta pela Sociedade Rural Brasileira, foi postulado que fosse reconhecida a não recepção, pela Carta Federal, do art. 1º, § 1º, da Lei n. 5.709/1971, havendo o pedido liminar sido indeferido, enquanto na Ação Cível Originária 2.463, proposta pela União Federal e pelo INCRA contra o Estado de São Paulo, foi requerida a declaração de nulidade da orientação normativa do Parecer 461/12-E da Corregedoria Geral de Justiça que dispensa os Cartórios de observarem o disposto na Lei n. 5.709/1971. Neste último feito, foi concedida, em caráter monocrático, medida cautelar, ao argumento de que militaria "em favor do dispositivo a presunção de constitucionalidade das leis regularmente aprovadas pelo Poder Legislativo, tal como preconiza o Estado de Direito. É impróprio sustentar a não observância de diploma presumidamente conforme ao Diploma Maior com alicerce em pronunciamento de Tribunal local em processo subjetivo – mandado de segurança". Ambos os processos tiveram iniciado o julgamento colegiado, porém, após o voto do Ministro Marco Aurélio (Relator), que julgava procedente o pedido formulado na ação para assentar a nulidade do Parecer n. 461/12-E da Corregedoria-Geral de Justiça do Estado de São Paulo, "por ilegalidade e tendo em conta a recepção, pela Constituição Federal, do artigo 1º, § 1º, da Lei nº 5.709/1971, assegurando à União e ao Incra a atribuição de conceder a pessoa jurídica estrangeira ou equiparada autorização para adquirir imóvel rural" (Sessão Virtual de 26.02.2021 a 050.3.2021), houve pedido de vista. Até o fechamento desta edição, o julgamento ainda não havia sido concluído pelo STF.

Art. 1.127. Não haverá mudança de nacionalidade de sociedade brasileira sem o consentimento unânime dos sócios ou acionistas.

COMENTÁRIOS DOUTRINÁRIOS: Em face da importância dessa decisão, a implicar a perda da condição de sociedade nacional, exige o Código, com prudência, o quórum de unanimidade. Trata-se de norma cogente, que não pode ser afastada pelo contrato social, estatuto ou acordo de sócios. No caso de sociedades anônimas com ações preferenciais, sem direito a voto, a exigência de unanimidade atingirá os acionistas preferencialistas, que terão, excepcionalmente, o direito de voto exclusivamente para essa deliberação. A mudança de nacionalidade da sociedade pode resultar da transferência da administração para o exterior, quando a diretoria passa a estar sediada em outro país, ou, ainda, da deliberação da sociedade, com estabelecimento no exterior, de submeter-se ao regime societário daquele outro país. Com a mudança da nacionalidade, a sociedade antes nacional, se torna estrangeira e os seus estabelecimentos no Brasil sujeitos ao regime de autorização previsto nos arts. 1.123 e seguintes deste Código.

Art. 1.128. O requerimento de autorização de sociedade nacional deve ser acompanhado de cópia do contrato, assinada por todos os sócios, ou, tratando-se de sociedade anônima, de cópia, autenticada pelos fundadores, dos documentos exigidos pela lei especial.

Parágrafo único. Se a sociedade tiver sido constituída por escritura pública, bastará juntar-se ao requerimento a respectiva certidão.

COMENTÁRIOS DOUTRINÁRIOS: Já falamos que algumas sociedades, em razão da natureza da atividade que exercem, necessitam de autorização governamental para funcionar e sujeitam-se ao controle do Poder Público, a exemplo dos bancos e instituições financeiras em geral (Lei n. 4.595/1964), sociedades de crédito imobiliário (Decreto n. 58.377/1966), empresas de seguros (Decreto-lei n. 73/1966), planos de saúde (Lei n. 9.656/1998), transporte aéreo (Lei n. 11.182/2005), entre outras. Nos casos das sociedades nacionais sujeitas a autorização, o art. 1.128 enumera os documentos que devem instruir o requerimento de autorização, dirigido ao Poder Executivo: cópia do contrato, assinada por todos os sócios, ou, tratando-se de sociedade anônima, de cópia, autenticada pelos fundadores, dos documentos exigidos pela lei especial. Se a sociedade foi constituída por escritura pública, no lugar de cópia integral do ato constitutivo, é suficiente juntar-se ao requerimento a certidão do tabelionato de notas. Esses requisitos documentais do pedido de autorização encontram-se mais bem detalhados nas leis especiais relativas a cada tipo de atividade empresarial sujeita a autorização governamental. A Instrução Normativa DREI n. 81/2020 traz o quadro enumerativo dos atos empresariais sujeitos a aprovação prévia de órgãos e entidades governamentais para registro nas Juntas Comerciais. Lembrando-se de que a Lei n. 13.874/2019, ao instituir a Declaração de Direitos de Liberdade Econômica, assegurou a toda pessoa, natural ou jurídica, nas solicitações de atos públicos de liberação de atividade econômica essencial para o desenvolvimento e o crescimento econômicos do País, a garantia de que, "apresentados todos os elementos necessários à instrução do processo, o particular receberá imediatamente um prazo expresso que estipulará o tempo máximo para a devida análise de seu pedido e que, transcorrido o prazo fixado, na hipótese de silêncio da autoridade competente, importará em aprovação tácita para todos os efeitos, ressalvadas as hipóteses expressamente vedadas na lei" (art. 3º, inc. IX). Os prazos de análise dos pedidos de autorização "serão definidos individualmente pelo órgão ou pela entidade da administração pública solicitado no momento do pedido, observados os parâmetros uniformes do próprio órgão ou da entidade e os limites máximos, para as hipóteses de baixo risco, estabelecidos em regulamento" (art. 3º, § 9º).

JURISPRUDÊNCIA COMENTADA: Em mandado de segurança que impugnava restrições ao horário de funcionamento de farmácias, previstas em lei municipal, com objetivo de assegurar à impetrante o direito de exercer suas atividades em qualquer horário, o TJSP concedeu a segurança, "diante da edição da Medida Provisória nº 881, de 2019 (MP da liberdade econômica), convertida na Lei nº 13.874, de 20 de setembro de 2019", em razão da "superveniência de Lei Federal que ampara o direito do impetrante" (AC 1004901-78.2019.8.26.0664, Rel. Des. Paola Lorena, *DJESP* 17.12.2020). Entretanto, a "Lei nº 13.874, de 20 de setembro de 2019, embora contenha disposições sobre direito urbanístico, não dispensa que se providencie alvará de construção, antes de iniciar uma edificação". Ela apenas "garante ao empreendedor que, diante de dúvidas de hermenêutica acerca do direito urbanístico, deve prevalecer interpretação que favoreça a iniciativa privada e a boa-fé do agente do sistema econômico". Porém, "a exigência de alvará de construção não decorre de interpretação desfavorável, mas sim de determinação expressamente prevista em Lei para que qualquer responsável por obra (empreendedor ou não) providencie alvará de construção para obras iniciais ou para modificações em edificações já concluídas (Lei nº 6.138/2018, art. 53)" (TJDF, APC 07056.92-49.2019.8.07.0018, Rel. Des. Getúlio de Moraes Oliveira, *DJe* 17.03.2020).

Art. 1.129. Ao Poder Executivo é facultado exigir que se procedam a alterações ou aditamento no contrato ou no estatuto, devendo os sócios, ou, tratando-se de sociedade anônima, os fundadores, cumprir as formalidades legais para revisão dos atos constitutivos, e juntar ao processo prova regular.

COMENTÁRIOS DOUTRINÁRIOS: O dispositivo confere à autoridade competente atribuição para ordenar aos responsáveis pela sociedade requerente da autorização a correção dos erros ou omissões nos atos constitutivos. O não cumprimento das formalidades legais conduzirá ao indeferimento do requerimento de autorização. O legislador deixa claro aqui que o indeferimento, em razão de vícios formais, jamais se dará de plano, devendo sempre ser oportunizada à sociedade suprir omissões ou corrigir vícios formais.

Art. 1.130. Ao Poder Executivo é facultado recusar a autorização, se a sociedade não atender às condições econômicas, financeiras ou jurídicas especificadas em lei.

COMENTÁRIOS DOUTRINÁRIOS: Se não forem observadas as condições econômicas, financeiras ou jurídicas previstas na lei, o Poder Executivo tem a obrigação de recusar a outorga autorizativa, não se tratando, a meu ver, de mera faculdade, a despeito da terminologia empregada no artigo. Ou seja, se não atendidas as condições econômicas, financeiras ou jurídicas especificadas em lei, o Poder Executivo não pode autorizar o funcionamento da sociedade.

Art. 1.131. Expedido o decreto de autorização, cumprirá à sociedade publicar os atos referidos nos arts. 1.128 e 1.129, em 30 (trinta) dias, no órgão oficial da União, cujo exemplar representará prova para inscrição, no registro próprio, dos atos constitutivos da sociedade.

Parágrafo único. A sociedade promoverá, também no órgão oficial da União e no prazo de 30 (trinta) dias, a publicação do termo de inscrição.

COMENTÁRIOS DOUTRINÁRIOS: A publicação do contrato, assinado por todos os sócios, dos estatutos e dos demais documentos exigidos pela lei especial, é obrigatória. Além da publicação dos atos societários e arquivamento dos atos constitutivos, é igualmente exigida, no caso das sociedades dependentes de autorização, a inscrição de que trata o art. 968. O termo de inscrição no registro competente também deverá ser objeto de publicação no *Diário Oficial da União*. Observe-se que o dispositivo constitui exceção à regra geral do § 1º do art. 1.152 de que todas as publicações ordenadas neste livro serão feitas na imprensa oficial e em jornal de grande circulação. Aqui se exige apenas a publicação no *DOU*.

REFORMA DO CÓDIGO CIVIL: Pretende-se alterar o *caput* do art. 1.131 do Código Civil, que passaria a ter a seguinte redação: "Art. 1.131. Expedido o decreto de autorização, cumprirá à sociedade publicar os atos referidos nos arts. 1.128 e 1.129 deste Código, em trinta dias, no órgão oficial da União cujo exemplar representará prova dos atos constitutivos da sociedade para inscrição no Registro Público de Empresas Mercantis". A proposta, ao que parece, procura restringir o *locus* de inscrição dos atos constitutivos da sociedade ao Registro Público de Empresas Mercantis, o que constitui evidente equívoco, já que as sociedades simples se vinculam ao Registro Civil das Pessoas Jurídicas. A tentativa de unificação do registro das sociedades só daria certo se houvesse previsto alterações também nos arts. 998 e 1.150, que vinculam a inscrição da sociedade simples ao Registro Civil de Pessoas Jurídicas.

Art. 1.132. As sociedades anônimas nacionais, que dependam de autorização do Poder Executivo para funcionar, não se constituirão sem obtê-la, quando seus fundadores pretenderem recorrer a subscrição pública para a formação do capital.

§ 1º Os fundadores deverão juntar ao requerimento cópias autênticas do projeto do estatuto e do prospecto.

§ 2º Obtida a autorização e constituída a sociedade, proceder-se-á à inscrição dos seus atos constitutivos.

COMENTÁRIOS DOUTRINÁRIOS: O Código Civil repete regra anteriormente prevista no Decreto-lei n. 2.627/1940, antiga Lei das S/A, segundo a qual a constituição de sociedade anônima dependente de autorização governamental para funcionar, quando os fundadores pretenderem integralizar o capital por subscrição pública, exige que a autorização anteceda à própria constituição da companhia. Ou seja, sempre que a sociedade anônima vier a ser constituída mediante subscrição pública, com a emissão de ações para a integralização de seu capital, a autorização passa a ser pressuposto, não apenas ao funcionamento, mas à formação da sociedade. Nesses casos, depende ainda, do prévio registro da emissão na Comissão de Valores Mobiliários — CVM (art. 82 da Lei n. 6.404/1976). A constituição de sociedade anônima mediante subscrição pública encontra-se regulada pelos arts. 82 a 87 da Lei n. 6.404/1976.

Art. 1.133. Dependem de aprovação as modificações do contrato ou do estatuto de sociedade sujeita a autorização do Poder Executivo, salvo se decorrerem de aumento do capital social, em virtude de utilização de reservas ou reavaliação do ativo.

COMENTÁRIOS DOUTRINÁRIOS: A mudança do contrato ou do estatuto da sociedade poderá implicar o descumprimento das exigências que condicionaram a outorga da autorização pelo Poder Público, razão pela qual também a alteração contratual depende de autorização para que possa ser arquivada no registro competente. A lei excepciona, apenas, a alteração do contrato ou estatuto social em operações destinadas ao aumento do capital social por utilização de reservas ou reavaliação do ativo.

SEÇÃO III
DA SOCIEDADE ESTRANGEIRA

Art. 1.134. A sociedade estrangeira, qualquer que seja o seu objeto, não pode, sem autorização do Poder Executivo, funcionar no País, ainda que por estabelecimentos subordinados, podendo, todavia, ressalvados os casos expressos em lei, ser acionista de sociedade anônima brasileira.

§ 1º Ao requerimento de autorização devem juntar-se:

I – prova de se achar a sociedade constituída conforme a lei de seu país;

II – inteiro teor do contrato ou do estatuto;

III – relação dos membros de todos os órgãos da administração da sociedade, com nome, nacionalidade, profissão, domicílio e, salvo quanto a ações ao portador, o valor da participação de cada um no capital da sociedade;

IV – cópia do ato que autorizou o funcionamento no Brasil e fixou o capital destinado às operações no território nacional;

V – prova de nomeação do representante no Brasil, com poderes expressos para aceitar as condições exigidas para a autorização;

VI – último balanço.

§ 2º Os documentos serão autenticados, de conformidade com a lei nacional da sociedade requerente, legalizados no consulado brasileiro da respectiva sede e acompanhados de tradução em vernáculo.

COMENTÁRIOS DOUTRINÁRIOS: A sociedade estrangeira, definida no art. 1.126 por exclusão, é aquela organizada segundo a legislação de outro país, onde também está localizada sua administração, ou seja, o centro de decisão. Para que possa funcionar no Brasil, ainda que por estabelecimentos subordinados (filiais, sucursais, escritórios de representação) necessita de autorização governamental. O § 1º desse dispositivo versa sobre os documentos que devem instruir o requerimento de autorização. Essa autorização, no entanto, não é necessária para a sociedade estrangeira participar do quadro societário de sociedade nacional. Apenas para atuar em nome próprio no país, ainda que por estabelecimentos subordinados, é que se faz imprescindível a prévia autorização estatal. Os procedimentos e documentos necessários aos pedidos de autorização de instalação e funcionamento de sociedades empresárias estrangeiras encontram-se detalhados na Instrução Normativa DREI n. 77/2020. A interpretação da parte final do *caput* do art. 1.134, informada pelos princípios constitucionais da livre-iniciativa e da liberdade de associação, deve ser no sentido de que a referência a "sociedade anônima" é abrangente de todo e qualquer tipo societário, o que implica dizer não ser exigível autorização governamental para que sociedade estrangeira participe de sociedade limitada brasileira. Duas ordens de razões reforçam e embasam a nossa conclusão: a primeira delas é de ordem constitucional. A oposição de um obstáculo de cunho burocrático ao ingresso de investimento estrangeiro no país, através da exigência de prévia autorização governamental para que ocorra a mera participação de sociedade estrangeira em sociedade brasileira, tendo como único e exclusivo fator de desigualação o tipo societário da sociedade brasileira (se anônima ou limitada), implicaria violação direta e manifesta aos princípios constitucionais da "isonomia", da "livre concorrência" (pois somente as companhias seriam beneficiadas com a maior facilidade para atração de capital estrangeiro) e da "excepcionalidade da exigência de autorização para o exercício de atividade econômica", além estabelecer inconstitucional privilégio em favor da sociedade brasileira (para a qual não seria exigível autorização para participação em qualquer tipo societário), deixando, assim, de dar cumprimento a um dos princípios fundamentais do nosso Estado Democrático de Direito, que é o da "livre-iniciativa" (art. 1º, inc. IV, da CF). Uma segunda ordem de razões se apoia nos princípios gerais de hermenêutica. É que a interpretação contrária, a exigir a autorização tão somente para a participação em limitadas, além de inconstitucional, iria contra a própria lógica do sistema, beirando ao absurdo de se estabelecer uma discriminação (entre sociedade anônima e sociedade limitada) sem qualquer razão de ser e sem nenhuma utilidade prática. Demais disto, incide, aqui, a conhecida diretriz exegética segundo a qual a interpretação do "direito excepcional", quando impositivo de obrigações, é sempre restritiva, não se admitindo a interpretação extensiva da exceção para alcançar situações outras além daquelas expressamente elencadas. Aplica-se a velha fórmula romana consubstanciada no adágio *odiosa restringenda e favorabilia amplianda*, vale dizer, as normas que criam deveres e obrigações devem ser interpretadas restritivamente, enquanto as normas que criam faculdades e direitos subjetivos devem ser interpretadas da forma mais ampla. No caso do art. 1.134, ressalte-se, a regra excepcional, a comportar interpretação restritiva, não é a permissão de sociedade estrangeira ser acionista de sociedade anônima brasileira independentemente de autorização. Esse ponto de vista, encampado por alguns "especialistas, partiria de uma análise isolada e estanque do dispositivo. Todavia, considerando que a sua interpretação somente pode ser feita levando em conta todo o ordenamento jurídico, especialmente os princípios constitucionais, a conclusão a que vamos chegar é precisamente a oposta". Ou seja, a regra excepcional, aqui, é a da "exigência de autorização para funcionamento no país", esta, sim, a merecer interpretação restritiva. *Participar do capital social e Funcionar: conceitos distintos. At last, but not least*, até mesmo a interpretação gramatical, ou seja, o recurso aos elementos puramente filológicos do texto analisado, não poderia chegar a conclusão diversa. Isso porque a exigência legal refere-se à "autorização para funcionar", e não à "autorização para participar de capital social". Por óbvio, uma coisa não se confunde com a outra. Funcionar significa exercer atividade tendente à realização do fim para que foi criada a sociedade. Para isso, ou seja, para que uma sociedade estrangeira possa funcionar no Brasil, a lei exige uma autorização específica do Poder Executivo. Entretanto, a mera participação no capital social, a implicar o aporte de investimentos estrangeiros no país, a ser legalmente incentivada, por força de mandamento constitucional, não encontra a mesma restrição legal. E pouco importa qual o montante dessa participação, sendo possível que uma sociedade estrangeira seja detentora da maioria ou mesmo da quase totalidade do capital social. O que importa saber aqui é que a sociedade é brasileira, sujeita às leis brasileiras, não havendo que se indagar da nacionalidade de seu capital ou de seus sócios. O conceito de sociedade estrangeira adotado no ordenamento jurídico brasileiro leva em conta apenas a sede da sociedade e não a nacionalidade dos sócios, consoante a precisa dicção do art. 1.126. Assim, de uma forma ou de outra, a conclusão é a mesma: o art. 1.134 não condicionou à autorização do Poder Executivo a participação de sociedade estrangeira em sociedade limitada brasileira. Vale dizer, é livre a participação de sociedades estrangeiras no capital social de sociedades brasileiras, inclusive como cotistas de sociedades limitadas, não sendo exigível, para tanto, autorização do Poder Executivo. Por tudo o que foi afirmado acima, é de se concluir, portanto, inexistir qualquer óbice legal a que sociedade estrangeira participe de sociedade limitada nacional, nem muito menos que tal participação esteja a depender de autorização formal do Poder Executivo. Deve-se interpretar a parte final do *caput* do art. 1.134 do CC/2002 como abrangente da possibilidade de uma sociedade estrangeira participar do capital de qualquer sociedade brasileira (anônima ou não), sem que, para isso, esteja compelida a requerer prévia autorização dos órgãos públicos. O dispositivo, por força de interpretação constitucional e teleológica, é de ser aplicado, igualmente, às sociedades estrangeiras que tenham participação em sociedades brasileiras não revestidas da forma de sociedades por ações. Nesse sentido a conclusão da *V Jornada de Direito Civil* – Enunciado n. 486: "A sociedade estrangeira pode, independentemente de autorização do Poder Executivo, ser sócia em sociedades de outros tipos além das anônimas".

JURISPRUDÊNCIA COMENTADA: A orientação que se extrai do Enunciado n. 486 tem sido seguida pela jurisprudência. Do TJSP colhem-se decisões no sentido da "impossibilidade de interpretação literal do disposto no art. 1.134 do CC/02, consoante orientação doutrinária" e que a sociedade estrangeira "prescinde de autorização do Poder Público para ser sócia de sociedade brasileira por quotas de responsabilidade limitada. Apenas para atuar em nome próprio no país, ainda que por estabelecimentos subordinados (filial, sucursal ou agência), é que se faz necessária a prévia autorização do Poder Executivo Federal. Quando a sociedade estrangeira se torna sócia de sociedade brasileira (qualquer que seja a forma societária), a atuação não se dá pela sociedade estrangeira, mas pela brasileira, cuja sócia é estrangeira. Figura do sócio que não se confunde com a da sociedade" (TJSP, AI 2218211-76.2017.8.26.0000, Rel. Des. Carlos Dias Motta, *DJESP* 04.06.2018).

REFORMA DO CÓDIGO CIVIL: Pretende-se alterar o art. 1.134 do Código Civil e acrescentar um novo dispositivo, nos termos seguintes: "Art. 1.134. A sociedade estrangeira, qualquer que seja o seu objeto, não pode, sem a autorização do poder executivo, funcionar no país. § 1º A autorização se dará nos limites fixados pela Constituição Federal, por este Código e por leis especiais. § 2º Autorizada, a sociedade estrangeira pode ser sócia ou acionista de sociedade brasileira, bem como instalar estabelecimentos subordinados no País. § 3º Ao requerimento de autorização para a instalação devem juntar-se: I – prova da natureza da atividade desenvolvida pela sociedade, constituída conforme a lei de seu país e prova de não ser ela receptora de subvenção de recursos de governo estrangeiro; II – inteiro teor do contrato ou do estatuto; III – relação dos membros de todos os órgãos da administração da sociedade, com nome, nacionalidade, sede, profissão, domicílio e, salvo quanto a ações ao portador, o valor da participação de cada um no capital da sociedade, bem como nome e endereço de quem deva representá-la, no Brasil para todos os fins; IV – cópia do ato societário que, segundo as regras vigentes no país de origem, deliberou pelo funcionamento e instalação de específica atividade empresarial em território nacional, fixando o montante do capital destinado ao fomento de tal operação; V – prova de nomeação de seu representante no Brasil, com poderes expressos para aceitar as condições exigidas para a autorização; VI – último balanço. § 4º No caso de estabelecimentos subordinados, o requerimento deverá ser arquivado no respectivo órgão de registro do lugar em que se deva estabelecer. § 5º Os documentos serão autenticados, de conformidade com a lei nacional da sociedade requerente, legalizados no consulado brasileiro da respectiva sede e acompanhados de tradução em vernáculo. § 6º No caso de a sociedade estrangeira atuar com atividade regulada por órgão de classe ou subordinada a controle do sistema financeiro nacional, após a inscrição no respectivo órgão de registro, deverá obter autorização de funcionamento, na forma dos arts. 1.123 a 1.125 deste Código, e conforme o disposto em regulamentação da autoridade competente. § 7º Qualquer que seja a atividade desenvolvida pela empresa estrangeira esta terá sede em território nacional e representação por pessoa natural domiciliada no Brasil, não bastando sua atuação por meios de comunicação social analógica ou digital, independentemente da tecnologia utilizada para a prestação do serviço. Art. 1.134-A. O pedido de registro dos atos constitutivos no Registro Público de Empresas Mercantis, bem como de arquivamento da inscrição da empresa estrangeira na Junta Comercial observarão o disposto em ato do Departamento Nacional de Registro Empresarial e Integração". Os fundamentos da proposta constam do relatório apresentado pela Comissão de Juristas responsável pela elaboração do anteprojeto: "A autorização para as sociedades estrangeiras é apenas uma burocracia legal e, segundo representantes do DREI, não há análise de mérito, de modo que entendem que a instalação da sociedade estrangeira deve ocorrer mediante o arquivamento do ato no órgão de registro e apenas aquelas que possuem atividade regulada devem obter autorização de funcionamento. Essa regra, inclusive foi prevista na Lei da Liberdade Econômica e para o segmento da aviação na Lei nº 14.368/2022".

Art. 1.135. É facultado ao Poder Executivo, para conceder a autorização, estabelecer

condições convenientes à defesa dos interesses nacionais.

Parágrafo único. Aceitas as condições, expedirá o Poder Executivo decreto de autorização, do qual constará o montante de capital destinado às operações no País, cabendo à sociedade promover a publicação dos atos referidos no art. 1.131 e no § 1º do art. 1.134.

COMENTÁRIOS DOUTRINÁRIOS: O Código Civil repete regra anteriormente prevista no Decreto-lei n. 2.627/1940, antiga Lei das S/A e que facultava ao Governo Federal estabelecer as condições que julgasse convenientes à defesa dos interesses nacionais, além das exigidas em lei. O dispositivo permite, assim, ao Poder Executivo estabelecer exigências adicionais para a autorização, com base na defesa dos interesses nacionais. Nesse caso, a expedição do ato de autorização só ocorrerá se aceitas as condições pela sociedade estrangeira. A competência para decidir e praticar os atos de autorização de funcionamento no País de sociedade estrangeira, inclusive para aprovação de modificação no contrato ou no estatuto, sua nacionalização e a cassação de autorização de seu funcionamento originalmente é do Ministro de Estado do Desenvolvimento, Indústria, Comércio e Serviços, nos termos do Decreto n. 11.497/2023. Se a atividade a ser exercida pela sociedade estrangeira envolver produtos controlados pelo Exército, de que trata o Decreto n. 10.030/2019, a autorização deverá ser precedida de anuência do Comando do Exército. O Decreto n. 11.497/2023 permite expressamente a subdelegação dessa competência para o Diretor do Departamento Nacional de Registro Empresarial e Integração, da Secretaria da Microempresa e Empresa de Pequeno Porte e do Empreendedorismo, do Ministério do Desenvolvimento, Indústria, Comércio e Serviços. Os procedimentos e documentos necessários aos pedidos de autorização de instalação e funcionamento de sociedades empresárias estrangeiras encontram-se detalhados na Instrução Normativa DREI n. 77/2020, que dispõe sobre os pedidos de autorização para funcionamento de filial, agência, sucursal ou estabelecimento no País, por sociedade empresária estrangeira.

REFORMA DO CÓDIGO CIVIL: Pretende-se alterar o *caput* do art. 1.135 do Código Civil, que passaria a ter a seguinte redação: "Art. 1.135. É facultado ao Poder Executivo, para conceder a autorização, estabelecer condições convenientes à defesa de interesses nacionais assim considerados na Constituição Federal". O objetivo da proposta é compatibilizar o dispositivo com o parágrafo único do art. 170 da Constituição Federal, que assegura a todos o livre exercício de qualquer atividade econômica, independentemente de autorização de órgãos públicos, de forma que o estabelecimento de qualquer restrição ou condição precisa estar amparado na norma constitucional.

Art. 1.136. A sociedade autorizada não pode iniciar sua atividade antes de inscrita no registro próprio do lugar em que se deva estabelecer.

§ 1º O requerimento de inscrição será instruído com exemplar da publicação exigida no parágrafo único do artigo antecedente, acompanhado de documento do depósito em dinheiro, em estabelecimento bancário oficial, do capital ali mencionado.

§ 2º Arquivados esses documentos, a inscrição será feita por termo em livro especial para as sociedades estrangeiras, com número de ordem contínuo para todas as sociedades inscritas; no termo constarão:

I – nome, objeto, duração e sede da sociedade no estrangeiro;

II – lugar da sucursal, filial ou agência, no País;

III – data e número do decreto de autorização;

IV – capital destinado às operações no País;

V – individuação do seu representante permanente.

§ 3º Inscrita a sociedade, promover-se-á a publicação determinada no parágrafo único do art. 1.131.

COMENTÁRIOS DOUTRINÁRIOS: O artigo em comento versa sobre os procedimentos a serem seguidos pela sociedade estrangeira após a obtenção da autorização para funcionar no Brasil. A primeira providência consiste na inscrição do ato constitutivo, acompanhado do ato de autorização, no registro próprio (Registro Público de Empresas Mercantis, se sociedade empresária, ou no Registro Civil das Pessoas Jurídicas, se sociedade simples). O requerimento de inscrição será instruído com exemplar da publicação do ato de autorização, acompanhado de comprovante do depósito em dinheiro, em estabelecimento bancário oficial, do capital social. Em se tratando de sociedade empresária, a Instrução Normativa DREI n. 77, de 18 de março de 2020 estabelece, ainda, que devem acompanhar o requerimento de inscrição todos os documentos que instruíram o pedido de autorização, ou seja, o ato de deliberação sobre a instalação no Brasil; o inteiro teor do contrato ou estatuto; a lista de sócios ou acionistas, com os nomes, profissões, domicílios e número de cotas ou de ações, salvo quando, em decorrência da legislação aplicável no país de origem, for impossível cumprir tal exigência; prova de achar-se a sociedade constituída conforme a lei do seu país; ato de deliberação sobre a nomeação do representante no Brasil, acompanhado da procuração que lhe dá poderes para aceitar as condições em que é dada a autorização e plenos poderes para tratar de quaisquer questões e resolvê-las definitivamente, podendo ser demandado e receber citação pela sociedade; declaração do representante no Brasil de que aceita as condições em que for dada a autorização para instalação e funcionamento pelo Governo Federal; último balanço.

REFORMA DO CÓDIGO CIVIL: Pretende-se alterar o *caput* do art. 1.136 do Código Civil, que passaria a ter a seguinte redação: "Art. 1.136. A sociedade autorizada não pode iniciar sua atividade antes de inscrita no Registro Público de Empresas Mercantis do lugar em que se deva estabelecer". A proposta, ao que parece, procura restringir o *locus* de inscrição da sociedade ao Registro Público de Empresas Mercantis, o que constitui evidente equívoco, já que as sociedades simples, que também podem depender de autorização, se vinculam ao Registro Civil das Pessoas Jurídicas. A questão certamente será debatida durante a tramitação legislativa. A tentativa de unificação do registro das sociedades só daria certo se houvesse previsto alterações também nos arts. 998 e 1.150, que vinculam a inscrição da sociedade simples ao Registro Civil de Pessoas Jurídicas.

Art. 1.137. A sociedade estrangeira autorizada a funcionar ficará sujeita às leis e aos Tribunais brasileiros, quanto aos atos ou operações praticados no Brasil.

Parágrafo único. A sociedade estrangeira funcionará no território nacional com o nome que tiver em seu país de origem, podendo acrescentar as palavras "do Brasil" ou "para o Brasil".

COMENTÁRIOS DOUTRINÁRIOS: O Código Civil repete regras anteriormente previstas no Decreto-lei n. 2.627/1940, antiga Lei das S/A. Os atos ou operações praticados no Brasil pela sociedade estrangeira estão sujeitos à legislação nacional, especialmente ao Código Civil, não se aplicando o regime legal do país sede. A sociedade estrangeira funcionará no Brasil com o mesmo nome empresarial adotado em seu país de origem, podendo, se assim o desejar, acrescentar as palavras "do Brasil" ou "para o Brasil".

JURISPRUDÊNCIA COMENTADA: Em Mandado de Segurança contra ato judicial que determinou a quebra de sigilo telemático de Facebook Brasil, o Tribunal Regional Federal pontuou, com muita propriedade, que "a empresa Facebook Serviços Online Brasil Ltda., destinatária da determinação judicial brasileira, não obstante seja controlada pela empresa norte-americana Facebook Miami Inc., foi constituída no Brasil, de acordo com as Leis brasileiras, submetendo-se, no presente caso à Lei n. 9.296/1996, ao Código Penal Brasileiro, ao Código de Processo Penal Brasileiro, bem como às disposições do Código Civil, diante de sua constituição como pessoa jurídica sujeita às nossas Leis". Prossegue o órgão julgador aduzindo que "a empresa americana, por ser sócia e controladora da empresa brasileira, tem a obrigação de se submeter às normas que aqui vigem, não se sustentando os argumentos trazidos pela impetrante de que as informações deveriam ser solicitadas à empresa americana, que é regulada pelas Leis americanas, devendo-se, para tanto, fazer uso do Acordo de Assistência Judiciária em Matéria Penal (MLAT). Toda empresa estrangeira que aqui possui filial ou até mesmo sócia, sendo a controladora da empresa sita em território nacional, se submete às normas aqui vigentes e não às Leis de seu país de origem, nos termos do que estabelece o artigo 1.137 do Código Civil Brasileiro" (TRF 2.ª Região, Recurso 0008134-62.2016.4.02.0000, Rel. Des. Fed. Paulo Espirito Santo, *DEJF* 11.01.2017).

REFORMA DO CÓDIGO CIVIL: Pretende-se alterar o *caput* do art. 1.137 do Código Civil, que passaria a ter a seguinte redação: "Art. 1.137. Como condição para exercer atividade empresarial no Brasil, de modo presencial ou virtual, a sociedade estrangeira: I – está sujeita à Constituição Federal, às leis e ao Poder das autoridades brasileiras, quanto aos atos, atividades ou operações realizadas no Brasil ou com consequência econômico-social no território brasileiro; II – é obrigada a manter, em território nacional, permanentemente, sede física e representante com poderes amplos para receber citação judicial ou arbitral, ou quaisquer outras formas de interpelação, em nome e por conta da sociedade". A grande inovação da proposta é exigir que a sociedade estrangeira, além de manter em território nacional um representante com poderes amplos para receber citação judicial ou arbitral, possua sede física no Brasil. A ideia é facilitar o cumprimento de ordens judiciais e o ressarcimento de danos causados no País.

Art. 1.138. A sociedade estrangeira autorizada a funcionar é obrigada a ter, permanentemente, representante no Brasil, com poderes para resolver quaisquer questões e receber citação judicial pela sociedade.

Parágrafo único. O representante somente pode agir perante terceiros depois de arquivado e averbado o instrumento de sua nomeação.

COMENTÁRIOS DOUTRINÁRIOS: O Código repete aqui regra anteriormente prevista no Decreto-lei n. 2.627/1940, antiga Lei das S/A e que obriga a sociedade estrangeira autorizada a manter representante legal residente e domiciliado no Brasil, quer seja como administrador (que responderá pela empresa tanto no âmbito cível quanto no âmbito tributário), quer seja como simples procurador. O § 2º do art. 146 da LSA, com a redação dada pela Lei n. 14.195, de 2021, dispõe que, em se tratando de administrador residente ou domiciliado no exterior, a sua investidura fica condicionada à constituição de representante residente no País, com poderes para receber citações e intimações em ações judiciais contra ele propostas com base na legislação societária e em processos administrativos movidos pela CVM. A Instrução Normativa DREI n. 77/2020 determina que o ato de deliberação sobre a nomeação do representante no Brasil deve estar acompanhado de procuração com poderes para aceitar as condições em que é dada a autorização e plenos poderes para tratar de quaisquer questões e resolvê-las definitivamente, podendo ser demandado e receber citação pela sociedade, bem como com a declaração desse representante de que aceita as condições em que for dada a autorização. O art. 75, X, do CPC/2015, por sua vez, estabelece que a sociedade estrangeira é representada em juízo "pelo gerente, representante ou administrador de sua filial, agência ou sucursal aberta ou instalada no Brasil" e o § 3º do mesmo dispositivo prevê que o "gerente de filial ou agência presume-se autorizado pela pessoa jurídica estrangeira a receber citação para qualquer processo". O representante somente pode agir em nome da sociedade perante terceiros depois de arquivada e averbada, no registro competente, a procuração ou o instrumento de sua nomeação. No caso de mero procurador, que tenha se limitado ao exercício regular do mandato, não é possível a responsabilização do representante por atos da sociedade, mesmo nos casos em que presente a responsabilidade solidária de sócios ou administradores. O ordenamento jurídico brasileiro não prevê a responsabilidade do procurador por débitos da sociedade, salvo nas hipóteses em que tiver agido com excesso de mandato.

JURISPRUDÊNCIA COMENTADA: Apesar do art. 75, X, do CPC/2015 aludir, para fins de citação da sociedade estrangeira, ao "gerente, representante ou administrador de sua filial, agência ou sucursal aberta ou instalada no Brasil", o STJ já resolveu que "as expressões 'filial, agência ou sucursal' não devem ser interpretadas de forma restritiva, de modo que o fato de a pessoa jurídica estrangeira atuar no Brasil por meio de empresa que não tenha sido formalmente constituída como sua filial ou agência não impede que por meio dela seja regularmente efetuada sua citação. Exigir que a qualificação daquele por meio do qual a empresa estrangeira será citada seja apenas aquela formalmente atribuída pela citanda inviabilizaria a citação no Brasil daquelas empresas estrangeiras que pretendessem evitar sua citação, o que importaria concordância com prática processualmente desleal do réu e imposição ao autor de óbice injustificado para o exercício do direito fundamental de acesso à ordem jurídica justa. A forma como de fato a pessoa jurídica estrangeira se apresenta no Brasil é circunstância que deve ser levada em conta para se considerar regular a citação da pessoa jurídica estrangeira por meio de seu entreposto no Brasil, notadamente se a empresa estrangeira atua de fato no Brasil por meio de parceira identificada como representante dela, ainda que não seja formalmente a mesma pessoa jurídica ou pessoa jurídica formalmente criada como filial" (HDE 410/EX, Rel. Min. Benedito Gonçalves, Corte Especial, *DJe* 26.11.2019). Interessante questão decidida pelo TRF da 3.ª Região diz respeito à possibilidade de o representante legal poder ser excluído, por ato unilateral seu, da condição de responsável tributário de sociedade estrangeira no Brasil. O pleito havia sido indeferido pelo Delegado da Receita Federal do Brasil, ao argumento de que não houve a substituição do representante como responsável, nos contratos sociais da sociedade, nem na Junta Comercial. O Tribunal deixou bastante claro que, não obstante a legislação de regência imponha às sociedades estrangeiras em funcionamento no país que tenham um representante legal domiciliado no Brasil, que responderá por ela tanto no âmbito cível, quanto no âmbito tributário, inexiste óbice à retirada, por ato unilateral, de representante legal da empresa estrangeira, pois "finda a relação jurídica então existente entre a impetrante e a empresa representada, não há como se impor à representante o ônus de continuar representando a empresa contra a sua vontade". O TRF ainda registrou que, "diferentemente do alegado pela autoridade impetrada, não há previsão legal que impõe a necessidade de apresentação de substituto para que a impetrante possa se desvincular da empresa outrora representada" e que "não se mostra razoável impor à impetrante, que renunciou à sua condição de representante de empresa estrangeira, a obrigação de indicar um substituto para que possa se desvincular do encargo, mesmo porque, conforme alhures mencionado, tal obrigação é da empresa representada" (TRF 3.ª Região, Ap-Rem 0008666-94.2012.4.03.6128, Rel. Des. Fed. Marli Marques Ferreira, *DEJF* 05.07.2018).

REFORMA DO CÓDIGO CIVIL: Pretende-se alterar o art. 1.138 do Código Civil, que passaria a ter a seguinte redação: "Art. 1.138. A mudança do representante da sociedade estrangeira em solo brasileiro deve ser noticiada e averbada em trinta dias, no Registro Público de Empresas Mercantis, juntamente com o instrumento de nomeação do novo representante, perfeitamente discriminada sua identificação e local onde pode ser encontrado, em endereço físico em território brasileiro e em endereço eletrônico. Parágrafo único. A não atualização de dados registrais, no prazo do *caput* deste artigo, quanto à representação de empresa em território brasileiro, é motivo de cassação da autorização para seu funcionamento". Repete-se, aqui, o mesmo equívoco que já apontei em outros dispositivos, restringindo-se o *locus* de averbação do ato de nomeação do representante ao Registro Público de Empresas Mercantis, quando as sociedades estrangeiras não estão proibidas de adotar o tipo de sociedade simples, vinculadas, por sua vez, ao Registro Civil das Pessoas Jurídicas. A questão certamente será debatida durante a tramitação legislativa.

Art. 1.139. Qualquer modificação no contrato ou no estatuto dependerá da aprovação do Poder Executivo, para produzir efeitos no território nacional.

COMENTÁRIOS DOUTRINÁRIOS: O Código repete aqui regra anteriormente prevista no Decreto-lei n. 2.627/1940, antiga Lei das S/A. Da mesma forma que a sociedade estrangeira, para funcionar no Brasil, precisa de autorização governamental, qualquer mudança no contrato ou no estatuto da sociedade dependerá da aprovação do Poder Executivo, para produzir efeitos no território nacional. Isso porque a modificação no ato constitutivo poderá implicar o descumprimento das exigências que condicionaram a outorga da autorização pelo Poder Público, razão pela qual também a alteração contratual depende de autorização para que possa ser arquivada no registro competente.

REFORMA DO CÓDIGO CIVIL: Pretende-se alterar o art. 1.139 do Código Civil, que passaria a ter a seguinte redação: "Art. 1.139. Qualquer modificação no contrato ou no estatuto, quanto à natureza da atividade desenvolvida pela sociedade estrangeira, dependerá da aprovação do Poder Executivo, sem a qual a atividade desenvolvida será considerada ilícita". O objetivo da proposta, como se vê, é esclarecer qual a sanção aplicável no caso de modificação no contrato ou no estatuto, sem a aprovação do Poder Executivo: a atividade será considerada ilícita, até que sobrevenha a aprovação.

Art. 1.140. A sociedade estrangeira deve, sob pena de lhe ser cassada a autorização, reproduzir no órgão oficial da União, e do Estado, se for o caso, as publicações que, segundo a sua lei nacional, seja obrigada a fazer relativamente ao balanço patrimonial e ao de resultado econômico, bem como aos atos de sua administração.

Parágrafo único. Sob pena, também, de lhe ser cassada a autorização, a sociedade estrangeira deverá publicar o balanço patrimonial e o de resultado econômico das sucursais, filiais ou agências existentes no País.

COMENTÁRIOS DOUTRINÁRIOS: O Código Civil novamente repete regra anteriormente prevista no Decreto-lei n. 2.627/1940, antiga Lei das

S/A. Qualquer sociedade estrangeira estará obrigada, sob pena de lhe ser cassada a autorização, a publicar todos os atos que, segundo a sua lei nacional, esteja obrigada publicar em seu país de origem, esta, aliás, a única hipótese em que o Código determina, de forma peremptória, a publicação de balanços. Se possuir estabelecimento ou representação no país, a sociedade estrangeira é compelida a publicar as demonstrações contábeis das sucursais, filiais ou agências existentes no País. A publicação a que se refere este artigo será feita apenas na imprensa oficial e não em jornal de grande circulação, constituindo exceção à regra do § 1º do art. 1.152.

Art. 1.141. Mediante autorização do Poder Executivo, a sociedade estrangeira admitida a funcionar no País pode nacionalizar-se, transferindo sua sede para o Brasil.

§ 1º Para o fim previsto neste artigo, deverá a sociedade, por seus representantes, oferecer, com o requerimento, os documentos exigidos no art. 1.134, e ainda a prova da realização do capital, pela forma declarada no contrato, ou no estatuto, e do ato em que foi deliberada a nacionalização.

§ 2º O Poder Executivo poderá impor as condições que julgar convenientes à defesa dos interesses nacionais.

§ 3º Aceitas as condições pelo representante, proceder-se-á, após a expedição do decreto de autorização, à inscrição da sociedade e publicação do respectivo termo.

COMENTÁRIOS DOUTRINÁRIOS: O dispositivo, como se vê, trata da nacionalização da sociedade estrangeira, mediante transferência de seu centro de decisão para o Brasil. Repete regra anteriormente prevista no Decreto-lei n. 2.627/1940. O procedimento de nacionalização da sociedade estrangeira é feito através de requerimento, instruído com os documentos exigidos no art. 1.134 e prova da realização do capital, dirigido ao Poder Executivo que ainda poderá impor outras condições que julgar convenientes à defesa dos interesses nacionais. Os procedimentos para nacionalização de sociedades empresárias estrangeiras também estão previstos na Instrução Normativa DREI n. 77/2020. O ato de autorização será expedido depois de aceitas as condições pela sociedade, quando for o caso, após o que será feita a inscrição da sociedade no registro competente e publicação do respectivo termo.

REFORMA DO CÓDIGO CIVIL: Pretende-se alterar o *caput* e o § 1º do art. 1.141 do Código Civil, para pequenos ajustes redacionais, passando a adotar as seguintes redações: "Art. 1.141. A sociedade estrangeira em funcionamento no País pode nacionalizar-se, transferindo a sua sede para o Brasil. § 1º Para o fim previsto neste artigo, deverá a sociedade, por seus representantes, oferecer, juntamente com o requerimento, os documentos exigidos no art. 1.134 deste Código, como também a prova da realização do capital, pela forma declarada no contrato, ou no estatuto, e do ato em que foi deliberada a nacionalização [...]".

TÍTULO III
DO ESTABELECIMENTO

CAPÍTULO ÚNICO
DISPOSIÇÕES GERAIS

Art. 1.142. Considera-se estabelecimento todo complexo de bens organizado, para exercício da empresa, por empresário, ou por sociedade empresária.

§ 1º O estabelecimento não se confunde com o local onde se exerce a atividade empresarial, que poderá ser físico ou virtual. (Incluído pela Lei n. 14.382, de 2022)

§ 2º Quando o local onde se exerce a atividade empresarial for virtual, o endereço informado para fins de registro poderá ser, conforme o caso, o do empresário individual ou o de um dos sócios da sociedade empresária. (Incluído pela Lei n. 14.382, de 2022)

§ 3º Quando o local onde se exerce a atividade empresarial for físico, a fixação do horário de funcionamento competirá ao Município, observada a regra geral do inciso II do *caput* do art. 3º da Lei n. 13.874, de 20 de setembro de 2019." (Incluído pela Lei n. 14.382, de 2022)

COMENTÁRIOS DOUTRINÁRIOS: Já aludi em comentários anteriores ao significado do vocábulo empresa atribuído pelo Código Civil, no sentido de atividade organizada para produção ou circulação de bens ou serviços e que se serve de um ou de vários estabelecimentos; enquanto estabelecimento, também chamado de *fundo de comércio (do francês fonds de commerce; azienda commerciale, na Itália; ou goodwill of trade, na Inglaterra)* é o complexo unitário de bens por meio do qual o empresário, de forma individual ou coletiva, exerce a empresa. O art. 1.142 define o estabelecimento como um complexo ou conjunto de bens, corpóreos e incorpóreos, organizados para o exercício da empresa. Ou, ainda, o conjunto patrimonial organicamente agrupado para oferecer bens e serviços aos mercados. Compõem o estabelecimento bens corpóreos, que formam a estrutura patrimonial externa da empresa, tais como o estoque de mercadorias, os móveis e utensílios, as instalações, máquinas e, no tocante aos bens incorpóreos, o nome empresarial, patentes, marcas, contratos, licenças, sistemas de franquia, a localização da atividade (ponto comercial), os processos de gestão, os programas de *software*, créditos, débitos etc. Também "o nome de domínio integra o estabelecimento empresarial como bem incorpóreo para todos os fins de direito" (*I Jornada de Direito Comercial* – Enunciado n. 7), assim como "os perfis em redes sociais, quando explorados com finalidade empresarial, podem se caracterizar como elemento imaterial do estabelecimento empresarial" (*III Jornada de Direito Comercial* – Enunciado n. 95). E, como todos os bens utilizados nas atividades ligadas ao espaço virtual, integrantes do estabelecimento, possuem expressão econômica e sujeitam-se a constrição patrimonial. Daí a conclusão da *V Jornada de Direito Civil* – Enunciado n. 488, de admitir-se "a penhora do *website* e de outros intangíveis relacionados com o comércio eletrônico". Todos esses bens estão a serviço de uma atividade, servem para o exercício da empresa. Entre os bens intangíveis do estabelecimento se inserem, ainda, os seus dois atributos essenciais: o "aviamento" e a "clientela". A definição de aviamento é controversa na doutrina, mas, em linhas gerais, ele pode ser compreendido como o potencial de lucratividade do estabelecimento, em decorrência da forma como cada empresário organiza os fatores de produção para o exercício da empresa, bem como das suas qualidades pessoais (simpatia, profissionalismo, tino comercial, *expertise*, confiabilidade, probidade etc.), e que deságuam no modo como a empresa é conhecida e avaliada nos mercados. A clientela, por sua vez, é a manifestação externa do aviamento, ou seja, um conjunto de pessoas que, em razão das habilidades e da forma de gestão daquele empresário, passam a se relacionar, de forma habitual, com o estabelecimento na busca de bens e de serviços. A tutela jurídica da clientela encontra-se, de certa forma, assegurada na Lei n. 12.529/2011, responsável por estruturar o Sistema Brasileiro de Defesa da Concorrência – SBDC – e de reprimir as infrações contra a ordem econômica. Polêmica na doutrina é a inclusão dos bens imóveis no complexo de bens que formam o estabelecimento. A posição tradicional sempre foi contrária à inclusão, pois os imóveis estavam excluídos da esfera do Direito Comercial. Porém, com a unificação parcial do direito privado levada a efeito por este Código, que regula harmonicamente tanto o estabelecimento empresarial como a aquisição imobiliária, não mais se admite que os imóveis, ou os direitos a eles inerentes, não sejam considerados como integrantes do complexo de bens componentes do estabelecimento. A natureza jurídica do estabelecimento é a de "universalidade de fato". O Código Civil distingue, nos arts. 90 e 91, a "universalidade de fato" e a "universalidade de direito". Constitui universalidade de fato a pluralidade de bens singulares que, pertinentes à mesma pessoa, tenham destinação unitária. Os bens que formam essa universalidade podem ser objeto de relações jurídicas próprias (art. 90). Por sua vez, a universalidade de direito é o complexo de relações jurídicas, de uma pessoa, dotadas de valor econômico (art. 91 do CC). A universalidade é de direito quando tal condição unitária decorre do texto da lei, e é de fato quando os bens são agrupados (ou universalizados) pela vontade de seu titular, no caso, o empresário ou a sociedade empresária, que podem instituir ou alterar a universalidade de acordo com a destinação dada aos bens singulares que a compõem. A principal consequência de se reconhecer o estabelecimento como uma universalidade, é permitir a alienação, de forma unitária, dessa pluralidade de bens, por meio do chamado "contrato de trespasse" do estabelecimento. O mesmo empresário ou sociedade empresária podem exercer a empresa por meio de mais de um estabelecimento (matriz e filiais). Já afirmei, porém, que a existência de mais de um estabelecimento não atribui personalidade jurídica autônoma a cada um deles, não obstante tenham cadastro no CNPJ. Apenas a inscrição dos atos constitutivos no registro próprio confere personalidade jurídica de direito privado. Nas atividades de comércio eletrônico, o estabelecimento, muitas vezes, se confunde com a plataforma virtual e, por isso, é designado de "estabelecimento virtual", ao qual se aplicam as regras relativas ao trespasse, constantes dos arts. 1.143 e 1.144. A Lei n. 14.382, de 2022, acrescentou ao art. 1.142 os §§ 1º e 2º justamente para esclarecer que não se deve confundir o estabelecimento, como conjunto de bens, com o local onde se exerce a empresa, pois a atividade empresarial pode ser desempenhada tanto no plano físico, como no virtual. Quando a atividade se processar exclusivamente no espaço virtual, o endereço a ser informado, para fins do registro empresarial, tanto pode ser o do empresário individual, como o de um dos sócios da sociedade empresária. Finalmente, o § 3º desse dispositivo também foi incluído originalmente pela Lei do Ambiente de Negócios (Lei n. 14.195) e depois também pela Lei n. 14.382, de 2022, remetendo ao Município a competência para fixação do horário de funcionamento dos espaços físicos nos quais for exercida alguma atividade empresarial, observadas as prescrições da Lei n. 13.874/2019. Ora, como o inciso II do *caput* do art. 3º daquele diploma já estabelece, como direito de toda pessoa, natural ou jurídica, a possibilidade de "desenvolver atividade econômica em qualquer horário ou dia da semana, inclusive feriados, sem que para isso esteja sujeita a cobranças ou encargos adicionais", as posturas municipais limitativas de horário de funcionamento terão repercussões apenas na seara laboral, de acordo com a legislação trabalhista.

JURISPRUDÊNCIA COMENTADA:

Frequente na jurisprudência a discussão sobre os bens que integram o estabelecimento. A teor do art. 1.142, do Código Civil, o estabelecimento comercial é todo o complexo de bens organizado para exercício da empresa, seja por empresário individual, seja por EIRELI ou sociedade empresária, sem o qual não é possível exercer a atividade empresarial. Inserido nesse complexo se encontra o fundo de comércio, que "resume o valor agregado às universalidades que formam o estabelecimento comercial" (TJDF, Proc. 00224.38-08.2015.8.07.0007, Rel. Des. Leila Arlanch, *DJDFTE* 13.09.2018). Muitos identificam o estabelecimento e o fundo de comércio como sinônimos, afirmando que o fundo "designa o conjunto de bens organizado pelo empresário para a produção e a circulação de bens e serviços. Abrange desde a maquinaria até o aviamento decorrente da organização estratégica do complexo (artigo 1.142 do Código Civil)" (TRF 3.ª Região, AI 0013433-61.2014.4.03.0000, Rel. Des. Fed. Antonio Carlos Cedenho, *DEJF* 04.05.2017). E ainda que "a apuração dos haveres do sócio retirante deve levar em consideração a universalidade do patrimônio da empresa, inclusive os bens corpóreos e incorpóreos. Ou seja, o chamado fundo de comércio ou estabelecimento comercial, definido no art. 1.142, do Código Civil, deve ser levado em conta na aferição dos valores eventualmente devidos a sócio excluído da sociedade" (TJRS, AC 0388570-20.2016.8.21.7000, Rel. Des. Jorge André Pereira Gailhard, *DJERS* 09.06.2017). Outra questão comum diz respeito à responsabilidade tributária. No âmbito fiscal, os estabelecimentos de uma mesma pessoa jurídica são "tratados como contribuintes autônomos, para aferição do fato gerador do imposto, ainda que a responsabilidade pelo pagamento do tributo seja da empresa. Tal entendimento decorre do disposto no art. 127 do CTN" (TRF 3.ª Região, Ap-Rem 0000301-15.2015.4.03.6106, Rel. Des. Fed. Mônica

Nobre, *DEJF* 13.07.2018). Também corriqueiras as demandas envolvendo responsabilidades decorrentes da transferência de titularidade de um estabelecimento empresarial, ou seja, do conjunto de bens materiais e imateriais organizados para a exploração da atividade econômica. Em outras palavras, em que situações o adquirente de um estabelecimento se torna responsável solidário com o alienante? O Código Tributário Nacional, quando regulamenta a responsabilidade do sucessor empresarial, pressupõe que os ativos operacionais do contribuinte sejam transferidos a outrem (art. 133). A transmissão isolada, sem contemplar uma universalidade de fato, não gera responsabilidade. É preciso que reste caracterizada a sucessão empresarial. Já se decidiu caracterizada a sucessão quando "a marca franqueada pela empresa sucedida é a mesma marca que hoje é administrada pela agravante, no mesmo local, com o mesmo objeto social, atingindo a mesma clientela consolidada pela empresa anterior e ofertando os mesmos produtos e serviços, restando caracterizada a ocorrência de sucessão empresarial capaz de autorizar a responsabilização da agravante pelas obrigações da empresa sucedida" (TJES, AI 0008576-97.2017.8.08.0030, Rel. Des. Elisabeth Lordes, *DJES* 02.03.2018). Entretanto, a mera instalação física "no mesmo local e para o desempenho de atividade idêntica não configura indício de trespasse. Principalmente se o imóvel for alugado, a chegada de outro empreendedor decorre de rotatividade comercial" (TRF 3.ª Região, AI 0013433-61.2014.4.03.0000, Rel. Des. Fed. Antonio Carlos Cedenho, *DEJF* 04.05.2017). Vale dizer, "o fato de uma empresa já existente, por força de contrato de locação, passar a atuar na exploração do mesmo ramo de atividade no mesmo local em que funcionava a empresa demandada, por si só, não caracteriza sucessão empresarial, mormente quando inexistente a demonstração de transferência de ativos ou da atuação da empresa apontada como sucedida" (TJMG, AI 3254929-08.2023.8.13.0000, *DJEMG* 12.04.2024). O reconhecimento da sucessão empresarial "pressupõe a ocorrência do trespasse, nos termos do art. 1.143 do Código Civil. Para que seja reconhecida a sucessão empresarial irregular, exige-se a incontroversa demonstração de existência de identidade de sócios, objeto social, endereços, bem como transferência de patrimônic ou confusão patrimonial" (TJDF, APC 07116.57-54.2022.8.07.0001, 172.6451, *DJe* 24.07.2023). Contudo, "nos casos em que a empresa em funcionamento no estabelecimento da executada opera no mesmo endereço desta, com mesmo nome fantasia, atuando na mesma atividade econômica, configura-se a hipótese de sucessão empresarial presumida" (*TJDF*, AGI 07503.54-16.2023.8.07.0000, *DJe* 19.04.2024).

REFORMA DO CÓDIGO CIVIL: Pretende-se alterar o *caput* do art. 1.142 do Código Civil, que passaria a ter a seguinte redação: "Art. 1.142. Considera-se estabelecimento todo complexo de bens organizado para exercício da empresa [...]". Trata-se de mero aprimoramento redacional, até porque o dispositivo já havia sido atualizado pela Lei n. 14.382, de 2022.

Art. 1.143. Pode o estabelecimento ser objeto unitário de direitos e de negócios jurídicos, translativos ou constitutivos, que sejam compatíveis com a sua natureza.

COMENTÁRIOS DOUTRINÁRIOS: O estabelecimento, como toda universalidade de fato, pode ser alienado a terceiros ou ser objeto de arrendamento ou usufruto, de modo unitário, da mesma forma que os bens que o integram podem ser objeto, cada um, *per se*, tanto da compra e venda, como do arrendamento ou do usufruto. A alienação do estabelecimento empresarial se instrumentaliza por intermédio do chamado "contrato de trespasse", que é o nome atribuído ao contrato de compra e venda de estabelecimento empresarial, hábil a operar a transferência da titularidade do estabelecimento, com a transmissão da própria atividade ali exercida, e não apenas dos bens que o compõem, razão pela qual "a sistemática do contrato de trespasse delineada pelo Código Civil, em seus arts. 1142 e ss., especialmente seus efeitos obrigacionais, aplica-se somente quando o conjunto de bens transferidos importar a transmissão da funcionalidade do estabelecimento empresarial" (Enunciado n. 233 da *III Jornada de Direito Civil*). A alienação do estabelecimento independe da alienação do capital social da sociedade empresária e não se confunde com a cessão de quotas. O trespasse constitui modalidade de compra e venda, submetida ao art. 481, do Código Civil, uma vez que um dos contratantes (trespassante) se obriga a transferir o domínio de certa coisa (bem coletivo) e o outro (trespassatário) a pagar-lhe certo preço em dinheiro. É contrato bilateral, oneroso, sinalagmático, que gera obrigações recíprocas, aplicando-se, ainda, o que prescrevem os arts. 147, 159, 392, 421-424, 427, 428, 430-435, 441-445, 447 (quando envolver imóveis), 476, 472-477. A validade da alienação do estabelecimento empresarial não depende de forma específica, observado o regime jurídico dos bens que a exijam, conforme conclusão da *IV Jornada de Direito Civil* – Enunciado n. 393. Assim, em havendo bem imóvel entre os que compõem estabelecimento, tem-se que o trespasse deve ser celebrado por instrumento público e incluir, também, a transcrição da parte imobiliária.

Art. 1.144. O contrato que tenha por objeto a alienação, o usufruto ou arrendamento do estabelecimento, só produzirá efeitos quanto a terceiros depois de averbado à margem da inscrição do empresário, ou da sociedade empresária, no Registro Público de Empresas Mercantis, e de publicado na imprensa oficial.

COMENTÁRIOS DOUTRINÁRIOS: A alienação, o usufruto ou arrendamento do estabelecimento, para produzir efeitos perante terceiros (plano da eficácia), dependem da averbação do instrumento respectivo no Registro Público de Empresas Mercantis (RPEM), com subsequente publicação na imprensa oficial. Os efeitos *inter partes*, todavia, independem do cumprimento do disposto no art. 1.144. Aqui também se verifica outra exceção à regra do § 1º do art. 1.152, exigindo-se, apenas, a publicação na imprensa oficial e não em jornal local. Sem essa publicidade, os terceiros que se relacionam com a empresa não estarão obrigados a saber que aquele estabelecimento já não pertence mais àquela determinada sociedade empresária ou empresário individual, o que pode levar os credores do alienante a fazer recair a execução sobre estabelecimento que não pertence mais ao devedor; lembrando que, em se tratando de microempresa, empresa de pequeno porte e microempreendedor individual, eles estão dispensados de publicação dos seus atos, nos termos do art. 71 da Lei Complementar n. 123/2006 (*V Jornada de Direito Civil* – Enunciado n. 489). A discussão no que tange à eficácia da alienação, do usufruto ou do arrendamento do estabelecimento não repercute no contrato de locação em relação ao imóvel em que instalado, no todo ou em parte, o estabelecimento. Não comprovado o prévio e expresso consentimento do locador com a transferência do imóvel objeto da locação à terceira pessoa, por força de arrendamento, alienação ou usufruto, mantém-se o dever do locatário, mesmo após a alienação do estabelecimento, de arcar com as obrigações advindas do contrato de locação. Nesses casos, a ação de despejo ou de cobrança pode ser normalmente proposta contra o firmatário do contrato de locação, no caso, o alienante ou arrendante do estabelecimento (ver comentários ao art. 1.148). Além de alienação, arrendamento ou usufruto, o estabelecimento pode ser objeto de penhor industrial ou mercantil (art. 1.447), de anticrese (art. 1.506), de cisão patrimonial (art. 229 da Lei n. 6.404/1976) e de penhora de faturamento (art. 866 do CPC).

JURISPRUDÊNCIA COMENTADA: Em execuções propostas contra alienante de estabelecimento, a jurisprudência tem entendido válida a penhora que atinge instalações e estoque do estabelecimento empresarial alienado, diante da ausência de publicidade do contrato de trespasse e da não produção de efeitos perante terceiros de boa-fé. O adquirente passa a responder pelo pagamento da dívida, como proprietário do complexo de bens e direitos, corpóreos e incorpóreos, organizados para o exercício das atividades anteriormente exploradas pela sociedade devedora (cf. TJSP, APL 1018851-95.2017.8.26.0577, Rel. Des. Sebastião Flávio, *DJESP* 15.10.2018). Isso porque a "validade da alienação somente pode ser oposta ao exequente após o registro na Junta Comercial que, nesse caso concreto, ocorreu depois da propositura da execução e da determinação de penhora", não havendo, assim, "nulidade da constrição judicial realizada sobre mercadorias que compõem o estabelecimento comercial dos embargantes, pois o trespasse não observou a publicidade exigida, sendo ineficaz em relação aos credores da empresa executada" (TJDF, APC 2017.07.1.008620-0, Rel. Des. João Egmont, *DJDFTE* 20.06.2018). Assim, inexistindo averbação do contrato de alienação do estabelecimento à margem da inscrição, mantém-se a responsabilidade do trespassante, afastando-se a responsabilidade tributária por sucessão, pois "o contrato de alienação de estabelecimento somente produz efeitos após regularmente averbado à margem da inscrição do empresário no Registro Público de Empresas Mercantis, por intermédio da Junta Comercial" e "no caso dos autos, a ficha cadastral da JUCESP atualizada revela que não houve arquivamento relacionado ao contrato de trespasse", de modo que "o instrumento apresentado não é hábil à finalidade de afastar a responsabilidade tributária da executada" (TRF 3.ª Região, AI 5022111-67.2020.4.03.0000/SP, Rel. Des. Fed. Hélio Egydio de Matos Nogueira, *DEJF* 18.05.2021). Por outro lado, "a despeito de o registro e a publicidade do trespasse terem por escopo primordial conferir maior segurança, eficácia e autenticidade ao ato de alienação do estabelecimento empresarial, a falta deles não retira a validade do negócio jurídico perante aqueles que o firmaram. A não observância dos requisitos formais previstos no art. 1.144 do Código Civil não exclui a força obrigatória do sinalagmático perante as próprias partes contratantes. O trespasse não arquivado no Registro Público de Empresas Mercantis nem publicado na imprensa oficial é ineficaz em relação a terceiros, já que não respeitada a ampla publicidade pretendida pelo legislador. Contudo, entre os contratantes (trespassante e trespassatário) o contrato ajustado é válido e eficaz, desde que preenchidos os requisitos gerais de qualquer negócio jurídico" (TJDF, APC 2015.14.1.001157-5, Rel. Des. Alfeu Machado, *DJDFTE* 17.05.2017). Em síntese, "na ausência de registro da alienação perante a Junta Comercial competente e divulgação pela imprensa oficial, conclui-se pela não publicidade do ato, razão pela qual não pode a transferência do estabelecimento ser oponível a terceiro não envolvido no negócio. Se o contrato de trespasse não possui eficácia perante terceiros, inexistem óbices aos credores da sociedade empresária para que intentem, pelos meios legais, a satisfação de seu crédito. Não afastada a responsabilidade do alienante do estabelecimento pelas dívidas contraídas em nome da sociedade empresária, resta corroborada a sua legitimidade passiva para figurar na execução dos respectivos títulos, devendo ser julgados improcedentes os embargos por ele opostos" (TJMG, APCV 5005121-11.2020.8.13.0704, *DJEMG* 12.03.2024).

REFORMA DO CÓDIGO CIVIL: Pretende-se alterar o art. 1.144 do Código Civil, que passaria a ter a seguinte redação: "Art. 1.144. O contrato que tenha por objeto a alienação, o usufruto ou o arrendamento do estabelecimento, só produzirá efeitos, quanto a terceiros, depois de averbado à margem da inscrição do empresário ou da sociedade empresária, no Registro Público de Empresas Mercantis e ser publicado na imprensa oficial, na forma da lei". A proposição legislativa, com eveidente norte desburocratizante, deixa claro que a publicação do ato de trespasse na imprensa oficial só será requisito de eficácia nos casos exigidos por lei. A averbação na Junta Comercial também é ato de publicidade e pode constituir fator eficacial do ato diante de terceiros, sempre que a lei não exigir outra forma de publicação.

Art. 1.145. Se ao alienante não restarem bens suficientes para solver o seu passivo, a eficácia da alienação do estabelecimento depende do pagamento de todos os credores, ou do consentimento destes, de modo expresso ou tácito, em 30 (trinta) dias a partir de sua notificação.

COMENTÁRIOS DOUTRINÁRIOS: A alienação ou trespasse do estabelecimento, sempre que ao alienante não restarem bens suficientes para solver o seu passivo, somente poderá ser efetuada se todos os credores forem pagos ou se consentirem com a alienação. Ou seja, a venda terá a sua eficácia subordinada à notificação dos credores. Se eles não forem notificados e não consentirem, expressa ou tacitamente, essa alienação será ineficaz, os credores do alienante podem fazer recair a execução sobre o estabelecimento e, no juízo da falência, o estabelecimento poderá vir a ser arrecadado. Se todos os credores não forem pagos ou não consentirem com a transferência, também o adquirente do estabelecimento responde pelo pagamento dos débitos anteriores à venda de forma solidária com o alienante. O dispositivo reproduz regra anteriormente prevista na Lei de Recuperação de Empresas (art. 129, inc. VI) e que considera ineficaz em relação à massa falida, tenha ou não o contratante conhecimento do estado de crise econômico-financeira do devedor, seja ou não intenção deste fraudar credores, "a venda ou transferência de estabelecimento feita sem o consentimento expresso ou o pagamento de todos os credores, a esse tempo existentes, não tendo restado ao devedor bens suficientes para solver o seu passivo, salvo se, no prazo de 30 (trinta) dias, não houver oposição dos credores, após serem devidamente notificados, judicialmente ou pelo oficial do registro de títulos e documentos". O art. 1.145 tem sido objeto de críticas pertinentes da doutrina especializada, ao estabelecer um requisito de eficácia do trespasse quase impossível de ser alcançado (anuência da unanimidade dos credores), contrariando a tendência evolutiva atual do Direito Empresarial focado na necessidade de preservação da empresa. E tanto assim que a Lei n. 11.101/2005 dispõe, no art. 60, sobre a alienação do estabelecimento como uma das alternativas para a recuperação da empresa, submetida a RJ: "Se o plano de recuperação judicial aprovado envolver alienação judicial de filiais ou de unidades produtivas isoladas do devedor, o juiz ordenará a sua realização, observado o disposto no art. 142 desta Lei. Parágrafo único. O objeto da alienação estará livre de qualquer ônus e não haverá sucessão do arrematante nas obrigações do devedor de qualquer natureza, incluídas, mas não exclusivamente, as de natureza ambiental, regulatória, administrativa, penal, anticorrupção, tributária e trabalhista, observado o disposto no § 1º do art. 141 desta Lei". A lei falimentar, como se vê, na hipótese de alienação em hasta pública de estabelecimento empresarial, prevista no plano de recuperação judicial, afasta a sucessão ou qualquer responsabilidade do arrematante pelas dívidas do estabelecimento. O art. 60-A da LRE, acrescentado pela Lei n. 14.112/2020, ainda esclarece que a "unidade produtiva isolada de que trata o art. 60 desta Lei poderá abranger bens, direitos ou ativos de qualquer natureza, tangíveis ou intangíveis, isolados ou em conjunto, incluídas participações dos sócios".

JURISPRUDÊNCIA COMENTADA: As decisões dos Tribunais estaduais são praticamente uniformes no sentido de que se o alienante (trespassante) não deixou bens suficientes para solver o seu passivo, o adquirente (trespassatário) responde pelo pagamento de débitos anteriores à transferência do estabelecimento comercial (TJSP, APL 1018191-36.2015.8.26.0007, Rel. Des. Caio Marcelo Mendes de Oliveira, *DJESP* 24.02.2017). Já se considerou "desvio de finalidade e fraude à Lei a manobra empresarial consistente na cessão da sociedade empresária com esvaziamento dos seus bens em flagrante intenção de não honrar os compromissos existentes com credores, mormente quando, posteriormente, há a desativação do estabelecimento comercial, sem o correspondente registro no órgão público competente". Nesses casos, os "envolvidos na manobra empresarial realizada com intuito de prejudicar os credores da sociedade originária devem responder pelo passivo descoberto da massa falida" e "nos termos dos artigos 1.053 e 1.016, ambos do CC, os administradores respondem solidariamente e ilimitadamente perante a sociedade e terceiro, por culpa de seus atos" (TJDF, APL 2013.01.1.089472-5, Rel. Des. Flavio Renato Jaquet Rostirola, *DJDFTE* 03.05.2016). O trespassatário também responderá pelos débitos anteriores se o trespasse se deu sem a anuência de todos os credores, como decidiu o TJRJ: "Sociedade agravante que confessadamente deu continuidade ao exercício da empresa, no mesmo ponto comercial da devedora original e com o mesmo nome de fantasia. 2. Ainda que de sucessão empresarial fraudulenta não se trate, é inegável que houve a alienação do estabelecimento comercial, na forma do artigo 1.143 do CC/02, o que torna despicienda a demonstração do dolo ou da fraude se a Lei exige, para a eficácia do trespasse, a anuência dos credores, aqui não comprovada. Inteligência do artigo 1.145 do CC/02. 3. Aprofundamento da cognição por instrução probatória que, neste caso, não seria necessário, diante da evidente ineficácia do negócio jurídico de trespasse em relação ao credor" (AI 0055668-53.2020.8.19.0000, Rel. Des. Eduardo Gusmão Alves de Brito Neto, *DORJ* 06.11.2020).

Art. 1.146. O adquirente do estabelecimento responde pelo pagamento dos débitos anteriores à transferência, desde que regularmente contabilizados, continuando o devedor primitivo solidariamente obrigado pelo prazo de 1 (um) ano, a partir, quanto aos créditos vencidos, da publicação, e, quanto aos outros, da data do vencimento.

COMENTÁRIOS DOUTRINÁRIOS: Na alienação ou trespasse, o adquirente assume a responsabilidade pelas dívidas existentes e contabilizadas na data da alienação, enquanto o alienante ficará solidariamente responsável junto ao adquirente pelas dívidas vencidas e vincendas pelo prazo de um ano. Isso porque a alienação do estabelecimento constitui uma das formas de sucessão empresarial e atribui ao adquirente a posição de responsável solidário pelos débitos anteriores à transferência, juntamente com o alienante. Entretanto, como bem adverte enunciado aprovado na *II Jornada de Direito Comercial* (Enunciado n. 59), "a mera instalação de um novo estabelecimento, em lugar antes ocupado por outro, ainda que no mesmo ramo de atividade, não implica responsabilidade por sucessão prevista no art. 1.146 do CCB". O art. 1.146, ao mesmo tempo em que regulamenta a responsabilidade pelas dívidas, deixa expresso que créditos e débitos se incluem no complexo de bens que compõem o estabelecimento. O entendimento antes consagrado na doutrina era o de que incluir-se-iam os créditos e excluir-se-iam os débitos.

JURISPRUDÊNCIA COMENTADA: A alienação do estabelecimento pode se verificar por contrato verbal, restrito ao mundo dos fatos, razão pela qual a jurisprudência tem reconhecido a "sucessão empresarial presumível" e que "ocorre quando existem elementos que indiquem a continuidade da exploração da mesma atividade econômica, no mesmo endereço e com mesmo nome fantasia. Portanto, nesta hipótese, verificada factualmente a transferência do estabelecimento comercial, admite-se a responsabilização das requeridas, solidariamente ao pagamento da dívida inadimplida" (TJDF, Proc. 07063.25-64.2017.8.07.0007, Rel. Des. João Egmont, *DJDFTE* 09.10.2018). A sucessão empresarial factual exige "a presença de três requisitos devidamente comprovados: a confusão entre os sócios, a mesma atividade econômica e o desenvolvimento das atividades em local único" (TJRS, AI 0259591-40.2016.8.21.7000, Rel. Des. Túlio de Oliveira Martins, *DJERS* 03.03.2017). Em razão da responsabilidade pelas dívidas anteriores, o contrato de trespasse deve ser minuciosamente analisado pelo empresário. Em demanda pedindo a declaração de nulidade do trespasse, ou a revisão do preço, diante do surgimento de passivo oculto, já se decidiu pela licitude da convenção pela qual o comprador do estabelecimento assume, conscientemente, o risco pelo passivo não contabilizado. O Tribunal, nesse caso concreto, ressaltou que "o cuidado das partes no disciplinar, em minucioso contrato de trespasse, as contingências, conhecidas ou não, mormente as trabalhistas, conduzem, independentemente da produção de provas além das documentais já constantes dos autos, à conclusão de ter sido consciente o risco assumido pelos compradores" (TJSP, APL 1009518-32.2015.8.26.0564, Rel. Des. César Ciampolini, *DJESP* 22.08.2016). Mas se o contrato de trespasse for omisso ou lacunoso no tocante à assunção de riscos pelo passivo a descoberto, o advento de passivo oculto, não contabilizado, ostenta a natureza de vício redibitório, dando azo tanto à revisão do preço, como à resolução do contrato, nos termos dos arts. 441 e 442.

REFORMA DO CÓDIGO CIVIL: Pretende-se alterar o art. 1.146 do Código Civil, que passaria a ter a seguinte redação: "Art. 1.146. O adquirente do estabelecimento responde pelo pagamento dos débitos anteriores à transferência, desde que regularmente contabilizados, continuando o devedor primitivo solidariamente obrigado pelo prazo de um ano, a partir da publicação, quanto aos créditos vencidos, e da data do vencimento, quanto aos outros créditos. § 1º Para obter a corresponsabilização do adquirente do estabelecimento, o credor deve observar o art. 50 deste Código e os arts. 133 a 137 da Lei nº 13.105, de 16 de março de 2015 (Código de Processo Civil), sem prejuízo do disposto em leis especiais. § 2º O direito assegurado no § 1º deste artigo, em relação ao adquirente, está sujeito ao mesmo prazo existente contra o alienante, contado da data da celebração do negócio jurídico de trespasse do estabelecimento". A ideia da proposta, ao que parece, é de integração sistêmica, a fim de fazer aplicar os pressupostos materiais do art. 50 deste Código, assim como o incidente previsto nos arts. 133 a 137 do CPC, sempre que houver necessidade de desconsideração da personalidade jurídica para fins de responsabilização do adquirente.

Art. 1.147. Não havendo autorização expressa, o alienante do estabelecimento não pode fazer concorrência ao adquirente, nos 5 (cinco) anos subsequentes à transferência.

Parágrafo único. No caso de arrendamento ou usufruto do estabelecimento, a proibição prevista neste artigo persistirá durante o prazo do contrato.

COMENTÁRIOS DOUTRINÁRIOS: O dispositivo traz para o campo do direito positivo construção pretoriana e doutrinária denominada "cláusula de não restabelecimento" ou "cláusula de não concorrência", regra criticada por alguns, pois restringiria a liberdade de concorrência e de iniciativa, valendo destacar que o art. 2º, I, da Lei n. 13.874/2019 reforça o papel da liberdade como princípio e como garantia no exercício de atividades econômicas. Também pode ser referida como "cláusula de cessão da clientela", eis que o alienante não pode explorar o mesmo ramo de atividade daquele explorado pelo estabelecimento alienado, competindo pela clientela daquele. Presume-se que a alienação do estabelecimento se faz acompanhar de todos os seus atributos, entre os quais está a clientela, o grupo difuso de pessoas que se relaciona com o estabelecimento na contratação de serviços ou aquisição de produtos. Em síntese, quem vende o estabelecimento não pode concorrer com o comprador. Ocorrendo o trespasse, permanece o alienante obrigado a não continuar exercendo a mesma atividade que era objeto do estabelecimento, pelo prazo de cinco anos, salvo disposição em contrário no contrato de alienação. Ou seja, se não houver autorização expressa no contrato para que o alienante continue a exercer a mesma atividade, incide a "cláusula de não restabelecimento". Por outro lado, "a ampliação do prazo de 5 (cinco) anos de proibição de concorrência pelo alienante ao adquirente do estabelecimento, ainda que convencionada no exercício da autonomia da vontade, pode ser revista judicialmente, se abusiva" (*V Jornada de Direito Civil* – Enunciado n. 490). Mas o abuso deve ser provado. A presunção é a de as partes empresárias detêm a expertise necessária para sopesar a alocação dos riscos decorrentes da não exploração daquela atividade. A cláusula de não concorrência pelo prazo de 10 anos, por exemplo, *de per se*, não pode ser considerada abusiva. Independentemente de previsão contratual expressa, trata-se (o dever de não concorrência), igualmente, de um dever de conduta que advém da cláusula geral de boa-fé objetiva (CC 422), expressão da função social do contrato e da base do negócio jurídico (CC 421). A violação desse dever é causa de responsabilidade pós-contratual, também chamada de culpa *post pactum finitum*. Exatamente em função da imposição da boa-fé objetiva nas relações contratuais em geral, é que o art. 1.147 do Código Civil também se aplica às sociedades simples. O médico, após efetuar a venda do seu consultório, não pode se instalar no mesmo prédio, passando a exercer a atividade em clínica concorrente, ainda que como mero prestador de serviços. Obviamente, deve restar demonstrado que o restabelecimento do alienante em competição com o adquirente repercutiu de forma negativa para o estabelecimento comercial alienado, acarretando perda de clientela. O art. 1.147 do Código Civil tem aplicação apenas nas hipóteses de celebração de contratos onerosos ou gratuitos resultantes da transferência de titularidade, de trespasse, arrendamento, usufruto ou de doação de estabelecimento, mas, não, em casos de dissolução parcial de sociedade ou de alienação de quotas ou ações, hipóteses em que prevalecerá, exclusivamente, aquilo que foi previsto no contrato. O sócio que se retira ou é excluído da sociedade, se não assumiu a obrigação de não concorrência, não está impedido de concorrer com a sociedade de cujo quadro societário já participou. No caso de cessão de quotas, compra e venda ou alienação de controle acionário, é preciso verificar os termos do contrato. É comum, em contratos desse jaez, a previsão de cláusula de não concorrência, muitas vezes por prazo superior a 5 anos. No silêncio do contrato, devem-se analisar as circunstâncias do caso concreto, de modo a aferir se houve ou não violação daquele dever anexo à boa-fé objetiva, descabendo, no entanto, a aplicação automática do art. 1.147.

JURISPRUDÊNCIA COMENTADA: Sobre a interpretação restritiva da cláusula de não concorrência, já decidiu o Superior Tribunal de Justiça que a vedação do art. 1.147 é limitada à hipótese de trespasse e, por isso, não se estende à hipótese do sócio que se retira da sociedade empresária e continua a atuar no mesmo ramo empresarial. No caso examinado pelo STJ, "não ocorreu a alienação de estabelecimento empresarial de forma própria, mas cessão das cotas em acordo que implicou a dissolução parcial de sociedade. O fundamento, portanto, é diverso daquele que enseja aplicação imediata do art. 1.147 do Código Civil. Se houvesse cláusula expressa vedando a constituição de nova sociedade, aí sim poderia se cogitar em concorrência indevida. Como, entretanto, não há tal disposição dentre as firmadas quando da dissolução parcial da sociedade, descabida a incidência do art. 1.147 do Código Civil e a declaração de qualquer tipo de concorrência desleal" (STJ, AgInt-AREsp 1.239.219, Rel. Min. Luis Felipe Salomão, *DJe* 14.05.2018). Portanto, "a legislação vigente não impede que o ex-sócio se estabeleça no mesmo ramo empresarial da sociedade limitada da qual se desligou e dispute licitamente a clientela" (TJDF, APC 2014.01.1.051122-9, Rel. Des. James Eduardo Oliveira, *DJDFTE* 09.04.2018). O STJ também tem precedentes entendendo "abusiva a vigência por prazo indeterminado da cláusula de 'não restabelecimento', pois o ordenamento jurídico pátrio, salvo expressas exceções, não se coaduna com a ausência de limitações temporais em cláusulas restritivas ou de vedação do exercício de direitos. Assim, deve-se afastar a limitação por tempo indeterminado, fixando-se o limite temporal de vigência por cinco anos contados da data do contrato, critério razoável adotado no art. 1.147 do CC/2002" (REsp 680.815/PR, 4.ª Turma, Rel. Min. Raul Araújo, j. 20.03.2014). Outrossim, já se decidiu que "ministrar aulas particulares em residência não consiste em violação de cláusula de não concorrer com escola de idiomas, examinada a avença à luz do disposto no art. 1.147 do Código Civil. Reforma da sentença recorrida. Apelação a que se dá provimento" (TJSP, APL 1000098-12.2015.8.26.0464, Rel. Des. Beretta da Silveira, *DJESP* 23.02.2017). Em demanda indenizatória por concorrência desleal, decidiu o TJDF que a regra de não concorrência do art. 1.147 não era absoluta, permitindo o dispositivo "que as partes estipulem de modo contrário, desde que o façam expressamente". No caso concreto, havia previsão contratual que permitia ao alienante atuar no ramo de organização, promoção e decoração de eventos, inclusive se utilizando de bens de sua propriedade. A pretensão dos adquirentes, de "reduzir o alcance da previsão contratual para permitir aos réus utilizarem apenas utensílios menos relevantes na realização de eventos (basicamente decorações)", foi rechaçada pelo tribunal pois "se a intenção das partes, quando da celebração do negócio, fosse esta, tal fato deveria estar expressamente consignado no instrumento contratual. O que, ao revés, previram foi que os réus não participassem formalmente de sociedade empresária do mesmo ramo de atividade, mas que organizassem, promovessem ou decorassem eventos se utilizando de materiais de sua propriedade, pouco importando quais sejam tais materiais, já que isto não ficou claro, tampouco abre-se ao intérprete a possibilidade de presumi-los. Se não há restrições no contrato, não cabe criá-las por qualquer método interpretativo, mormente para demonstrar suposta concorrência desleal" (APC 07245.46-45.2019.8.07.0001, Ac. 129.0272, Rel. Des. Gislene Pinheiro, *DJe* 19.10.2020). O TJSP, por sua vez, decidiu recentemente pela validade de cláusula de não concorrência fixada pelo prazo de 10 anos, a partir da cessão das cotas sociais, sob pena de multa, pois se tratando de prazo voluntariamente pactuado pelas partes, seria inaplicável o art. 1.147 do CC. Como o próprio artigo traz a possibilidade de pactuação de prazo distinto pelas partes, não se pode impor um limite legal de 5 anos, quando as próprias partes estipulam prazo mais longo (Apelação Cível 0034036-35.2018.8.26.0100, Rel. Azuma Nishi, j. 09.11.2022).

REFORMA DO CÓDIGO CIVIL: Pretende-se alterar o *caput* e revogar o parágrafo único do art. 1.147 do Código Civil, que passaria a ter a seguinte redação: "Art. 1.147. O alienante pode atuar livremente no mesmo mercado do estabelecimento alienado, salvo solução diversa pactuada por escrito entre as partes, quanto ao tempo e ao espaço de não concorrência". A proposta, como se vê, tem por objetivo deixar ao alvedrio das partes a permissão para que o alienante possa atuar no mesmo mercado do estabelecimento alienado. Prevalecerá, no que tange à "cláusula de não restabelecimento" ou à "cláusula de não concorrência", o que estiver previsto no contrato.

Art. 1.148. Salvo disposição em contrário, a transferência importa a sub-rogação do adquirente nos contratos estipulados para exploração do estabelecimento, se não tiverem caráter pessoal, podendo os terceiros rescindir o contrato em 90 (noventa) dias a contar da publicação da transferência, se ocorrer justa causa, ressalvada, neste caso, a responsabilidade do alienante.

COMENTÁRIOS DOUTRINÁRIOS: A norma que se extrai do art. 1.148 determina que, se não houver disposição em contrário no contrato de compra e venda, o trespassatário vai se sub-rogar em todos os contratos que existiam para exploração do estabelecimento. Todos os contratos relacionados ao exercício da atividade, tais como financiamento bancário para capital de giro, *leasing*, contrato estimatório, fornecimento de matéria-prima, locação de máquinas etc. Portanto, o contrato de trespasse vai transferir ao adquirente todos os contratos que tenham por objeto os bens corpóreos e incorpóreos que integram o estabelecimento. A hipótese é de sub-rogação legal. Especificamente sobre a sub-rogação dos contratos de locação imobiliária, existe uma divergência doutrinária que parte de um suposto conflito normativo entre o art. 1.148 e o art. 13 da Lei de Locações. Durante a *III Jornada de Direito Civil*, foi aprovado o Enunciado n. 234 nos seguintes termos: "Quando do trespasse do estabelecimento empresarial, o contrato de locação do respectivo ponto não se transmite automaticamente ao adquirente". As razões desse enunciado centram-se, precisamente, no art. 13 da Lei n. 8.245/1991, que condiciona a eficácia da cessão da locação e da sublocação ao consentimento prévio e por escrito do locador, norma especial que prevalece sobre a regra geral do art. 1.148. Entretanto, a *I Jornada de Direito Comercial* chegou a conclusão em sentido oposto, expressa no Enunciado n. 8: "A sub-rogação do adquirente nos contratos de exploração atinentes ao estabelecimento adquirido, desde que não possuam caráter pessoal, é a regra geral, incluindo o contrato de locação". Entendo que o enunciado da *III Jornada de Direito Civil* imprime interpretação sistêmica mais adequada ao caso, pois o art. 13 da Lei do Inquilinato é lei especial que se sobrepõe ao Código Civil. A solução para o conflito entre o Código Civil e a Lei de Locações, especificamente no que tange à sub-rogação do contrato de locação nos casos de trespasse, se dá mediante a aplicação da metarregra *lex posteriori generalis non derogat priori speciali*, o que equivale dizer, em outras palavras, que a lei especial posterior derroga a lei geral anterior e a lei geral posterior não derroga a lei especial anterior. Resta responder à seguinte questão: qual é a lei especial no caso, o Código Civil ou a inquilinária? Inexistem diferenças formais entre leis gerais e leis especiais. Na verdade, o conceito de norma especial é um resultado da interpretação. Em outras palavras, o atributo da especialidade é compatível com qualquer tipo de norma. É o intérprete, diante de cada situação concreta, quem vai dizer se uma norma é geral ou especial. Num mesmo corpo normativo, podemos encontrar as duas categorias. Assim, dentro do próprio Código Civil podemos identificar determinados dispositivos que são especiais em relação a outros. A divisão entre Parte Geral e

Parte Especial denota bem essa situação. Algumas leis esparsas são especiais ou gerais a depender do referencial normativo. A Lei das Sociedades Anônimas, por exemplo, é especial em relação ao Código Civil, cuja incidência às companhias se dará apenas nos casos omissos. Mas a mesma lei será geral em relação à Lei n. 11.101/2005, sempre que uma sociedade anônima se submeter à recuperação judicial, à recuperação extrajudicial ou à falência. No que diz respeito à aplicação do art. 1.148 aos contratos de locação imobiliária, é evidente que o Código Civil não pode ser aprioristicamente considerado lei especial em relação à Lei de Locações. Ambos os diplomas possuem notas de especialidade e de generalidade em relação às demais regras do sistema. O Código Civil disciplina os contratos em geral, incluindo os contratos empresariais e o contrato de trespasse do estabelecimento do empresário e da sociedade empresária. A Lei n. 8.245/1991, por sua vez, dispõe, exclusivamente, sobre as locações dos imóveis urbanos e todos os procedimentos a elas pertinentes. A disciplina das locações urbanas, portanto, está contida nesta e não naquele. A lei especial dos contratos de locação de imóveis urbanos é a 8.245 e não a 10.406/2002. Por isso, não tenho dúvida de que o art. 13 da Lei n. 8.245/1991 é norma especial em relação ao Código Civil no tocante aos contratos de locação de imóveis. Quanto a esses contratos, a lei especial é a inquilinária e não o Código Civil. E, portanto, a despeito do que dispõe o art. 1.148, o trespasse não implica sub-rogação do contrato de locação que tenha sido celebrado pelo alienante. Demais disto, não se pode negar o caráter pessoal do contrato de locação, pois as condições particulares do locatário original certamente foram preponderantes para que o contrato fosse celebrado. E ainda que se admitisse a sub-rogação, o locador certamente poderia rescindir o contrato em 90 (noventa) dias a contar da publicação da transferência, apontando como justa causa exatamente a cessão da locação sem a sua anuência. Convencido das razões do Enunciado n. 234, entendo que o contrato de locação do ponto empresarial não se transmite automaticamente ao trespassatário, senão com a prévia anuência do locador. A sub-rogação dos contratos a que alude o art. 1.148 resulta na responsabilidade do adquirente, tanto pelos débitos oriundos dos contratos vigentes à época do repasse do estabelecimento, como pelos débitos relativos a contratos resilidos ou alterados anteriormente, haja vista que o adquirente que dê continuidade à atividade antes exercida no local, ocupado pelo alienante, assume as responsabilidades inerentes à atividade que era ali exercida. O prazo para que os terceiros que contrataram com o alienante do estabelecimento possam postular a rescisão do contrato, desde que comprovada a justa causa, é de 90 (noventa) dias a contar da publicação da transferência. Trata-se de prazo decadencial. Porém, no caso da microempresa, da empresa de pequeno porte e do microempreendedor individual, dispensados de publicação dos seus atos (art. 71 da Lei Complementar n. 123/2006), os prazos estabelecidos no Código Civil contam-se da data do arquivamento do contrato de trespasse (termo inicial) no registro próprio (*V Jornada de Direito Civil* – Enunciado n. 489).

JURISPRUDÊNCIA COMENTADA: Em um caso de compra e venda de estabelecimento empresarial (academia de ginástica), o TJSP acolheu o pleito formulado pela adquirente, que pretendia a condenação da alienante à devolução dos valores que recebeu em razão de contratos, de trato sucessivo e continuado, firmados com os alunos. Isso porque a prestação dos serviços se estendeu após a alienação do estabelecimento e o pagamento das mensalidades deveria ter sido feito ao adquirente, em razão da "sub-rogação da adquirente nos contratos firmados pela alienante na consecução do objetivo empresarial" (TJSP, APL 0164152-81.2008.8.26.0100, Rel. Des. Araldo Telles, *DJESP* 02.09.2016). A decisão do Tribunal bandeirante foi coerente com a exegese do art. 1.148 segundo o qual "o adquirente do estabelecimento sub-roga-se nos contratos do alienante, se não tiverem caráter pessoal, ou seja, os contratos de execução continuada que tiverem sido celebrados com o fim de viabilizar a exploração adequada e eficiente do empreendimento organizado são submetidos a uma automática cessão de posições contratuais, dando-se, assim, continuidade à atividade econômica realizada". Por isso, o TJDF considerou que a atitude do alienante, que após celebrar o trespasse, promove a "rescisão da avença de arrendamento de local para exploração de atividade comercial", violadora da boa-fé objetiva, "diante de quebra de confiança entre as partes, mediante comportamento posterior dissonante de atitude anterior, especificamente o princípio da proibição do comportamento contraditório, *nemo potest venire contra factum proprium*" (TJDF, Recurso 2012.00.2.003141-7, Rel. Des. Flavio Rostirola, *DJDFTE* 13.07.2012). A jurisprudência, por outro lado, tem privilegiado o caráter pessoal do contrato de locação e a sua não submissão à regra geral disposta no art. 1.148, afastando, assim, a sub-rogação automática do adquirente do estabelecimento nos contratos de locação comercial (Cf. TJSP, Apelação

Cível 1041732-71.2019.8.26.0100, Rel. Des. Berenice Marcondes, j. 01.08.2020; e TJRJ, Apelação Cível 0068889-52.2010.8.19.0001, Rel. Des. Juarez Fernandes Folhes, j. 30.01.2017). Para o TJMG, "em razão da natureza pessoal do contrato de locação, a norma do artigo 13 da Lei nº. 8.245/91, dispositivo que estabelece que a cessão da locação depende de consentimento prévio e escrito do locador, se aplica às locações comerciais. Deixando o adquirente do fundo de comércio de adotar as providências prévias que lhe competiam, no sentido de aferir a intenção do locador, em relação ao imóvel no qual se desenvolvia a atividade comercial, não há como se imputar qualquer responsabilidade ao alienante" (APCV 0081045-64.2016.8.13.0313, Rel. Des. Cabral da Silva, *DJEMG* 14.02.2020).

Art. 1.149. A cessão dos créditos referentes ao estabelecimento transferido produzirá efeito em relação aos respectivos devedores, desde o momento da publicação da transferência, mas o devedor ficará exonerado se de boa-fé pagar ao cedente.

COMENTÁRIOS DOUTRINÁRIOS: A transferência do estabelecimento importa a cessão de todos os créditos contabilizados no ativo daquela unidade empresarial. A cessão dos créditos referentes ao estabelecimento produzirá efeito em relação aos respectivos devedores, desde o momento da publicação da transferência. Já destaquei em outros comentários que a microempresa, a empresa de pequeno porte e o microempreendedor individual estão dispensados de publicação dos seus atos (art. 71 da Lei Complementar n. 123/2006), razão pela qual a cessão dos créditos, nesses casos, será eficaz, no que tange aos devedores, desde a data da averbação do contrato no registro próprio. O dispositivo estabelece, ainda, que o devedor ficará exonerado se de boa-fé pagar ao cedente. Esse permissivo demanda interpretação sistêmica com as demais disposições relativas à cessão de crédito (arts. 286 a 298). Por essa razão, deve-se compreender que cessa a boa-fé do devedor depois de formalmente notificado do trespasse, após o que deve pagar exclusivamente ao trespassatário, sob pena de vir a ser chamado a pagar novamente (art. 292 c/c o art. 309). Se o devedor não foi notificado da alienação do estabelecimento, pode pagar ao credor primitivo (alienante). A condição de eficácia desse pagamento feito ao trespassante é a boa-fé do devedor, caracterizada pelo comprovado desconhecimento sobre o contrato de trespasse. Efetivado o pagamento nessas condições, fica o devedor exonerado, só cabendo ao adquirente reclamar o seu débito do alienante, que o recebeu indevidamente.

JURISPRUDÊNCIA COMENTADA: Referi em comentário anterior a um caso de compra e venda de estabelecimento empresarial (academia de ginástica), em que o TJSP acolheu o pleito formulado pela adquirente, que pretendia a condenação da alienante à devolução dos valores que recebeu em razão de contratos, de trato sucessivo e continuado, firmados com os alunos. Isso porque a prestação dos serviços se estendeu após a alienação do estabelecimento e o pagamento das mensalidades deveria ter sido feito ao adquirente, em razão da "sub-rogação da adquirente nos contratos firmados pela alienante na consecução do objetivo empresarial" (TJSP, APL 0164152-81.2008.8.26.0100, Rel. Des. Araldo Telles, *DJESP* 02.09.2016).

TÍTULO IV
DOS INSTITUTOS COMPLEMENTARES

CAPÍTULO I
DO REGISTRO

Art. 1.150. O empresário e a sociedade empresária vinculam-se ao Registro Público de Empresas Mercantis a cargo das Juntas Comerciais, e a sociedade simples ao Registro Civil das Pessoas Jurídicas, o qual deverá obedecer às normas fixadas para aquele registro, se a sociedade simples adotar um dos tipos de sociedade empresária.

COMENTÁRIOS DOUTRINÁRIOS: Já vimos que o empresário e a sociedade empresária submetem os seus atos ao Registro Público de Empresas Mercantis (RPEM), a cargo das Juntas Comerciais, enquanto as sociedades simples, mesmo quando adotem um dos tipos societários próprios de sociedade empresária, levam os seus atos ao Registro Civil das Pessoas Jurídicas (RCPJ). Nesses casos, o RCPJ deve seguir a regulação própria das Juntas Comerciais que estão subordinadas, tecnicamente, ao Departamento Nacional de Registro Empresarial e Integração – DREI –, vinculado ao Ministério do Desenvolvimento, Indústria, Comércio e Serviços e, administrativamente, aos respectivos estados da federação. A matéria relativa ao registro de empresas encontra-se regulada na Lei n. 8.934/1994. O Registro Civil das Pessoas Jurídicas é disciplinado pela Lei n. 6.015/1973 (arts. 114 a 126). O registro regular é condição de eficácia dos atos societários frente a terceiros. O erro de registro, como nos casos em que uma sociedade empresária promove a averbação de um ato perante o Registro Civil de Pessoas Jurídicas (e não perante o Registro Público de Empresas Mercantis a cargo das Juntas Comerciais, como determina o art. 1.150), implica a ineficácia do ato. Por isso, a sociedade empresária inscrita no RCPJ e não no RPEM, não tem legitimidade para requerer a falência. Nos casos em que o sócio aportar bens imóveis ao capital social da sociedade, a certidão dos atos de constituição e de alteração de sociedades empresariais, emitida pela Junta Comercial, constitui documento hábil para a transferência de titularidade, da pessoa natural para a pessoa jurídica, mediante transcrição no registro imobiliário, dispensando-se a escritura pública (art. 64 da Lei n. 8.934/1994). Em se tratando de sociedade simples, o raciocínio é o mesmo, dispensando-se a escritura pública para a efetivação da contribuição social com imóveis.

JURISPRUDÊNCIA COMENTADA: Causa certa confusão a natureza jurídica das Juntas Comerciais, que são autarquias estaduais subordinadas tecnicamente a órgão federal (DREI). Isso gera dúvida quando da delimitação da competência funcional no julgamento de ações propostas contra as Juntas. A maioria das decisões localizadas neste estudo sinaliza que, a teor do "disposto no art. 6º da Lei n. 8.934/1994, o serviço da junta comercial é de natureza federal delegado aos estados, de modo que o presidente da Junta Comercial, no exercício da atividade delegada, é autoridade federal, sendo a Justiça Federal competente para julgamento dos mandados de segurança impetrados contra seus atos (art. 109, VIII, da Constituição Federal)" (TRF 2.ª Região, REO 0000222-17.2014.4.02.5001, Rel. Des. Salete Maccaloz, *DEJF* 17.08.2015). Assim, "nos termos do art. 3º e 6º da Lei n. 8.934/1994, é competência da Justiça Federal processar e julgar atos da Junta Comercial do Estado de São Paulo. As Juntas Comerciais atuam por delegação do Departamento Nacional de Registro do Comércio (DNRC), autarquia federal, conforme dispõe o art. 109, VIII da CRFB/88" (TRF da 3.ª Região, Rem 0000618-34.2011.4.03.6112, Rel. Des. Fed. Luís Paulo Cotrim Guimarães, *DEJF* 18.08.2017).

REFORMA DO CÓDIGO CIVIL: Pretende-se alterar o art. 1.150 do Código Civil, que passaria a ter a seguinte redação: "Art. 1.150. O empresário, a sociedade empresária e a sociedade cooperativa vinculam-se ao Registro Público de Empresas Mercantis a cargo das Juntas Comerciais, e a sociedade simples, ao Registro Civil das Pessoas Jurídicas". O objetivo da proposta, além de simplificar a redação, é afastar qualquer dúvida quanto ao registro das cooperativas na Junta Comercial, conforme previsto na Lei n. 8.934/1994 e na IN DREI n. 81/2020.

Art. 1.151. O registro dos atos sujeitos à formalidade exigida no artigo antecedente será requerido pela pessoa obrigada em lei, e, no caso de omissão ou demora, pelo sócio ou qualquer interessado.

§ 1º Os documentos necessários ao registro deverão ser apresentados no prazo de 30 (trinta) dias, contado da lavratura dos atos respectivos.

§ 2º Requerido além do prazo previsto neste artigo, o registro somente produzirá efeito a partir da data de sua concessão.

§ 3º As pessoas obrigadas a requerer o registro responderão por perdas e danos, em caso de omissão ou demora.

COMENTÁRIOS DOUTRINÁRIOS: A disciplina dos procedimentos de registro e arquivamento constitui objeto de leis especiais, principalmente as Leis de Registro Público de Empresas Mercantis e de Registro Civil das Pessoas Jurídicas. A Lei n. 6.015/1973 não estabelecia prazo para o registro e inscrição das antigas sociedades civis. O Código Civil de 2002 fixou o prazo de 30 (trinta) dias para que os atos da sociedade sejam levados ao respectivo registro, contados da lavratura. Decorrido o trintídio sem que o ato seja registrado, a sociedade torna-se irregular, aplicando-se o disposto nos arts. 986 a 990. O registro não retroage à data em que subscrito o instrumento e somente produzirá efeito a partir da data de sua concessão. Quando requerido a destempo, o seu deferimento posterior não converte em regular o período em que a sociedade esteve irregular. O registro pode ser requerido pela sociedade, pelo sócio ou por qualquer interessado. Todas essas pessoas poderão ser chamadas a responder por perdas e danos, em caso de omissão ou demora.

JURISPRUDÊNCIA COMENTADA: Sobre a legitimidade para requerer o registro, a jurisprudência é consolidada no sentido de que "o registro dos atos sujeitos às formalidades será requerido pela pessoa obrigada em Lei, e, no caso de omissão ou demora, pelo sócio ou qualquer interessado" (TJMG, APCV 1.0459.09.038976-6/002, Rel. Des. Edison Feital Leite, *DJEMG* 29.01.2016). Já decidiu o Superior Tribunal de Justiça que "os atos de modificação societária exigem publicidade pelo registro para produzirem efeitos contra terceiros. As modificações nos atos constitutivos da pessoa jurídica produzem efeitos intrassocietários ou externos, em relação a terceiros. Naqueles, ainda é importante distinguir os atos entre os sócios, que os vinculam, e aquelas relações entre os sócios e a própria sociedade empresária, que pressupõem a incorporação aos seus atos constitutivos pelo registro. Nesse sentido, entremostra-se possível supor que eventual alteração no contrato social possa produzir efeitos desde logo, antes mesmo de seu registro na Junta Comercial ou no Registro Civil das Pessoas Jurídicas. No entanto, a produção de efeitos em relação a terceiros pressupõe que seja adequadamente formalizada e publicizada por intermédio de seu registro" (STJ, REsp 1.864.618, *DJe* 19.09.2023).

Art. 1.152. Cabe ao órgão incumbido do registro verificar a regularidade das publicações determinadas em lei, de acordo com o disposto nos parágrafos deste artigo.

§ 1º Salvo exceção expressa, as publicações ordenadas neste Livro serão feitas no órgão oficial da União ou do Estado, conforme o local da sede do empresário ou da sociedade, e em jornal de grande circulação.

§ 2º As publicações das sociedades estrangeiras serão feitas nos órgãos oficiais da União e do Estado onde tiverem sucursais, filiais ou agências.

§ 3º O anúncio de convocação da assembleia de sócios será publicado por três vezes, ao menos, devendo mediar, entre a data da primeira inserção e a da realização da assembleia, o prazo mínimo de 8 (oito) dias, para a primeira convocação, e de 5 (cinco) dias, para as posteriores.

COMENTÁRIOS DOUTRINÁRIOS: O dispositivo versa sobre as publicações dos atos societários, sempre que exigidas em lei. O § 1º deste artigo estabelece, como regra geral, que todas as publicações ordenadas neste Livro serão feitas concomitantemente na imprensa oficial e em jornal de grande circulação. A publicação não precisa ser necessariamente impressa em meio físico, podendo ocorrer em plataforma virtual, ou seja, no Diário oficial eletrônico e nas versões digitais dos jornais de grande circulação – mormente a partir do momento em que foram regulamentadas as assembleias e as reuniões virtuais (ver art. 1.080-A). Constituem exceção à regra as publicações das sociedades estrangeiras (§ 2º) e também a hipótese de que trata o art. 1.144, feitas apenas na imprensa oficial. Consoante regra contida no art. 1.152, § 3º, o anúncio de convocação da assembleia de sócios será publicado por três vezes, ao menos, devendo mediar, entre a data da primeira inserção e a da realização da assembleia, o prazo mínimo de oito dias, para a primeira convocação, e de cinco dias, para as posteriores. A inobservância dos ditames legais de convocação para a assembleia acarreta ausência de forma essencial à validade do ato e, em decorrência, a torna nula.

JURISPRUDÊNCIA COMENTADA: Tem-se admitido a dispensa da formalidade expressa no § 3º do art. 1.152, na hipótese de aplicação do § 2º do art. 1.072, sendo válida a realização da assembleia se restar demonstrado documentalmente que os sócios tinham "ciência do local, data e hora da Assembleia Geral Extraordinária convocada, bem como da ordem do dia" (TJSP, AI 0044154-55.2013.8.26.0000, Rel. Des. José Reynaldo, *DJESP* 26.08.2013).

REFORMA DO CÓDIGO CIVIL: Pretende-se alterar o § 3º e acrescentar três novos parágrafos ao art. 1.152 do Código Civil, que passariam a ter as seguintes redações: "Art. 1.152. [...] § 3º Os anúncios de convocação de reunião de sócios devem ser remetidos para os dois sítios eletrônicos, fornecidos pelo sócio empresário, por duas vezes, bem como colocados no sítio eletrônico da sociedade, constantes do contrato social. § 4º Os anúncios, publicados com antecedência mínima de oito dias, devem permanecer acessíveis e disponibilizados até o dia da realização da reunião. § 5º Caso a empresa não disponha de sítio eletrônico, as publicações poderão ser realizadas em repositório de acesso público irrestrito na internet, a ser também indicado pelo contrato social. § 6º Sem prejuízo das publicações efetuadas em consonância com o disposto neste artigo, as convocações para as reuniões e demais atos societários serão efetuadas através dos endereços eletrônicos constantes do contrato social, na forma do disposto no art. 1.072-A deste Código". Segundo a Comissão de Juristas que elaborou o anteprojeto, "procurou-se simplificar e desburocratizar a publicação para as sociedades limitadas, de modo a tornar a publicação eletrônica como regra geral, na linha do que já foi feito em relação às sociedades anônimas".

Art. 1.153. Cumpre à autoridade competente, antes de efetivar o registro, verificar a autenticidade e a legitimidade do signatário do requerimento, bem como fiscalizar a observância das prescrições legais concernentes ao ato ou aos documentos apresentados.

Parágrafo único. Das irregularidades encontradas deve ser notificado o requerente, que, se for o caso, poderá saná-las, obedecendo às formalidades da lei.

COMENTÁRIOS DOUTRINÁRIOS: Tanto a Junta Comercial, como o Registro Civil das Pessoas Jurídicas são obrigados a verificar e fiscalizar a conformidade do ato ou dos documentos apresentados com as prescrições legais respectivas, antes de efetivar o registro. Além das formalidades próprias de cada ato, dos bons costumes e da ordem pública, a autoridade registral deve se ater, igualmente, aos termos do estatuto ou do contrato social, bem como à autenticidade e à legitimidade do signatário do requerimento, dispensado, no entanto, o reconhecimento de firma (art. 63, *caput*, da Lei n. 8.934/1994, com a redação dada pela Lei n. 14.195, de 2021). A autenticidade a ser conferida diz respeito aos aspectos extrínsecos do documento, não se exigindo do órgão de registro que se debruce sobre eventuais falsidades documentais, só aferíveis, muitas vezes, por perícia grafotécnica, as quais deverão ser impugnadas pelas vias próprias. O signatário do requerimento de registro pode ser qualquer interessado, seja sócio, administrador ou mero preposto da sociedade. Encontradas irregularidades, o requerimento é devolvido ao requerente, "com exigência", para que providencie a correção, no prazo de trinta dias, não cabendo ao registrador indeferir de plano o requerimento, a não ser que se trate de irregularidade insanável (art. 40, §§ 1º e 2º, da Lei n. 8.934/1994).

JURISPRUDÊNCIA COMENTADA: A jurisprudência tem reconhecido a responsabilidade civil das Juntas Comerciais nos casos de registros fraudulentos. Em pretensão de reparação civil, já se decretou, por exemplo, a responsabilidade objetiva da Junta Comercial com fundamento no art. 37, § 6º, da CRFB/1988 quando a parte foi impedida de registrar a sociedade, porquanto havia sido aberta uma empresa anterior, com o cadastro dos dados da autora utilizados por terceiros falsários (TJRJ, APL 0389135-83.2016.8.19.0001, Rel. Des. Paulo Sergio Prestes dos Santos, *DORJ* 07.12.2017). A constituição de empresa fraudulenta implica descumprimento do dever de fiscalização da Junta Comercial, pois "a autoridade competente para o registro de empresário e sociedade empresária possui o dever de verificar a autenticidade e legitimidade do signatário de requerimento. Restando provados os transtornos causados pela constituição da empresa fraudulenta, está caracterizado o dever de indenizar" (TJMA, Recurso 0019033-37.2011.8.10.001, Rel. Des. Maria das Graças de Castro Duarte Mendes, *DJEMA* 01.07.2014). Também foi reconhecida a obrigação de indenizar da autarquia registral em caso de alteração contratual para inclusão de sócio, sem seu consentimento e com falsificação de assinatura, pois "nos termos do art. 1.153, do Código Civil, e do art. 40 do Decreto n. 1.800/96, é de responsabilidade da Junta Comercial verificar a autenticidade dos dados arquivados, possuindo também competência para cancelar o ato inverídico levado a registro" (TJMG, APCV 1.0145.06.317555-1/001, Rel. Des. Luis Carlos Gambogi, *DJEMG* 07.07.2014). Entretanto, essa imputação de responsabilidades deve ser feita com temperamentos, pois a Junta Comercial nem sempre tem como conferir a autenticidade de assinaturas, ainda mais quando a lei dispensa o reconhecimento de firma nos documentos levados a registro. Entendo que a responsabilidade da Junta Comercial só restará caracterizada nos casos de fraude grosseira, perceptível de plano. Mais correta, a meu ver, a decisão prolatada pelo TJSC, porquanto "a despeito da normativa disposta no art. 1.153 do Código Civil, a imposição dirigida às Juntas Comerciais não ultrapassa a análise da autenticidade formal dos documentos apresentados pelo solicitante. Ademais, não se mostra razoável atribuir-lhes a exigência de investigar as minúcias dos documentos que lhes são dirigidos, a fim de identificar causal falsidade, quando sequer são oferecidos os instrumentos necessários para se obter esse conhecimento técnico especializado" (TJSC, AI 4005782-47.2018.8.24.0000, Rel. Des. Guilherme Nunes Born, *DJSC* 05.09.2018). Em 2019, a Corte Especial do Superior Tribunal de Justiça (STJ) fixou a competência das turmas da Primeira Seção, especializadas em direito público, para analisar recurso especial que discute a responsabilização de Junta Comercial no caso em que uma pessoa natural "foi inscrita em cadastro de inadimplentes em razão de dívidas contraídas por duas pessoas jurídicas, registradas de maneira fraudulenta em seu nome. Diante disso, postulou a declaração de nulidade dos registros e a reparação pelos prejuízos morais e materiais sofridos". Segundo o STJ, "analisar o cabimento e a adequação do pedido de responsabilização civil da Autarquia Estadual, em decorrência de ato por ela praticado no registro das Sociedades Empresárias, constitui "questão de Direito Público e na qual predomina o tema da responsabilidade estatal" (CC 155.466/DF, Rel. Min. Napoleão Nunes Maia Filho, Corte Especial, *DJe* 29.11.2019). O fato é que "as informações constantes do registro da sociedade empresária trazem importantes consequências, cabendo aos responsáveis conferir a efetiva proteção às pessoas envolvidas e/ou atingidas, não permitindo que a ação de fraudadores acabe por atingir os direitos de personalidade e patrimônio de vítima inocente", por isso a condenação da autarquia em um caso em que "ao autor foi negado seguro-desemprego unicamente em função do registro como sócio na sociedade empresária" (JECRS, RInom 5003603-43.2022.8.21.0073, *DJERS* 28.03.2024).

Art. 1.154. O ato sujeito a registro, ressalvadas disposições especiais da lei, não pode, antes do cumprimento das respectivas formalidades, ser oposto a terceiro, salvo prova de que este o conhecia.

Parágrafo único. O terceiro não pode alegar ignorância, desde que cumpridas as referidas formalidades.

COMENTÁRIOS DOUTRINÁRIOS: Já vimos em comentário anterior que o registro atribui eficácia ao ato frente a terceiros. Mas o registro só constitui fator de eficácia quando finalizado, com o cumprimento de todas as formalidades. O simples "pedido de registro" ainda não pode ser oposto a terceiros. Somente após o atendimento às prescrições obrigatórias e deferimento do registro definitivo é que o ato poderá ser oposto a terceiro, salvo prova de que este o conhecia. Assim, mesmo antes de completado o registro, será atribuída eficácia ao ato em relação ao terceiro que, comprovadamente, tenha ciência do teor do ato levado a registro. Deferido o registro, depois de cumpridas as formalidades pertinentes ou atendidas eventuais exigências, ninguém pode mais alegar a sua ignorância, pois o registro estabelece a presunção absoluta de publicidade do ato.

JURISPRUDÊNCIA COMENTADA: O registro dos atos societários nos órgãos competentes constitui formalidade imprescindível para a publicidade do ato, permitindo a individualização dos direitos e obrigações dos sócios e protegendo terceiros que não tenham ciência do seu conteúdo. Todavia, o Tribunal de Justiça do Rio Grande do Sul já reconheceu a eficácia de alteração contratual, mesmo sem a ciência do terceiro, sempre que o ato vier a beneficiá-lo, eis que "o intuito da norma insculpida no art. 1.154 do Código Civil é proteger terceiros de eventuais prejuízos que possam sofrer em razão do desconhecimento de atos da sociedade. Ora, as regras só devem ser aplicadas enquanto possuírem um fim e na medida em que contribuam para que este seja atingido. Destarte, não há falar em incidência da norma em hipótese na qual crie justamente o que visa a coibir. A alteração do contrato social beneficiou os herdeiros, porquanto, além de manter o direito destes de liquidarem a quota, concedeu-lhes o de permanecer na sociedade, contribuindo para a preservação da empresa" (TJRS, AC 460114-78.2010.8.21.7000, Rel. Des. Jorge Luiz Lopes do Canto, *DJERS* 31.05.2011).

CAPÍTULO II
DO NOME EMPRESARIAL

Art. 1.155. Considera-se nome empresarial a firma ou a denominação adotada, de conformidade com este Capítulo, para o exercício de empresa.

Parágrafo único. Equipara-se ao nome empresarial, para os efeitos da proteção da lei, a denominação das sociedades simples, associações e fundações.

COMENTÁRIOS DOUTRINÁRIOS: O nome empresarial é a maneira como o empresário individual, as sociedades empresárias ou as cooperativas exercem as suas atividades, identificam-se perante o mundo exterior, apresentam-se nas suas relações negociais e se obrigam nos atos a elas pertinentes, podendo ser formado por meio de firma ou denominação. A sociedade empresária e o empresário individual também poderão optar por utilizar, como nome empresarial, no lugar da firma ou denominação, o número de inscrição no Cadastro Nacional da Pessoa Jurídica (CNPJ), hipótese em que a consulta de viabilidade prévia de nome empresarial poderá ser dispensada (ver art. 35-A da Lei n. 8.934). Equipara-se ao nome empresarial, para os efeitos da proteção da Lei, a denominação utilizada pelas sociedades simples, associações e fundações. A expressão "nome empresarial" não foi criação do legislador de 2002, tendo sido introduzida no ordenamento jurídico pátrio com o advento da Lei n. 8.934/1994. Trata-se do gênero dentro do qual podemos distinguir três formas de nome empresarial: firma individual, usada pelo empresário individual; firma ou razão social, utilizada pela sociedade em que houver sócio de responsabilidade ilimitada e, de forma facultativa, pela sociedade limitada; denominação social, utilizada obrigatoriamente pelas companhias e cooperativas e, facultativamente pelas sociedades limitadas e em comandita por ações. A principal distinção entre firma e denominação é que a primeira é composta pelo nome (prenome e sobrenome ou apenas sobrenome), por extenso ou abreviado do titular, se empresário individual ou dos sócios da sociedade, enquanto a denominação é formada por palavras de uso comum ou vulgar na língua nacional ou estrangeira e/ou com expressões de fantasia, com a indicação do objeto da sociedade, sem identificar os sócios. A denominação não poderá conter palavras ou expressões que denotem atividade não prevista no objeto ou que sejam atentatórias à moral e aos bons costumes. O tema encontra-se atualmente disciplinado pela Instrução Normativa DREI n. 81, de 2020. A interpretação dos dispositivos que versam sobre o uso do nome empresarial deve ser informada por dois princípios: o da veracidade ou autenticidade e o da novidade (ver art. 1.163). Em atenção ao princípio da veracidade, o Manual de Registro de Sociedade Limitada, anexo à Instrução Normativa DREI n. 81 impõe, por exemplo, que a sociedade limitada, se fizer uso da firma e não individualizar todos os sócios, deverá conter o nome de pelo menos um deles, acrescido do aditivo "e companhia" e da palavra "limitada", por extenso ou abreviados. Ao nome civil do sócio de sociedade limitada com apenas um sócio, poderá ser aditada, se quiser ou quando já existir nome empresarial idêntico, designação mais precisa de sua pessoa ou de sua atividade. O nome civil do sócio deverá figurar de forma completa ou abreviada. Não constituem sobrenome e não podem ser abreviados: FILHO, JÚNIOR, NETO, SOBRINHO etc., que indicam uma ordem ou relação de parentesco. Quando adotar a denominação, poderão ser utilizadas quaisquer palavras em língua nacional ou estrangeira e, ao final, deverá inserir a palavra "limitada", por extenso ou abreviada, sendo facultada a indicação do objeto. Em se tratando de Empresa Simples de Crédito (ESC), prevista na Lei Complementar n. 167, de 2019, deve constar a expressão "Empresa Simples de Crédito" ao final e antes da designação do tipo jurídico adotado. O princípio da novidade, por sua vez, proíbe que coexistam, pelo menos na mesma unidade federativa, dois nomes empresariais idênticos. A teor da Instrução Normativa DREI n. 55, de 2021, o critério para análise de identidade entre firmas ou denominações será aferido considerando-se os nomes empresariais por inteiro, desconsiderando-se apenas as expressões relativas ao tipo jurídico adotado, de modo que apenas haverá identidade se os nomes forem homógrafos. Se o nome empresarial for idêntico a outro já registrado, deverá ser modificado ou acrescido de designação que o distinga. Não se devem confundir os conceitos de nome empresarial – utilizado pelo empresário para identificar-se – e de marca – cujo escopo é distinguir mercadorias, produtos ou serviços – nem muito menos a sua forma de proteção. A marca é registrada perante o Instituto Nacional de Propriedade Intelectual – INPI – e protegida pela Lei de Propriedade Industrial (Lei n. 9.279/1996), enquanto o nome empresarial é tratado na Lei de Registro Público de Empresas Mercantis (Lei n. 8.934/1994), no Decreto n. 1.800/1996 e no Código Civil de 2002. A Lei n. 9.279/1996 preceitua que são "suscetíveis de registro como marca os sinais distintivos visualmente perceptíveis, não compreendidos nas proibições legais" (art. 122). O nome empresarial, por sua vez, é a firma ou a denominação utilizada para o exercício de empresa, devendo obedecer aos princípios da veracidade e da novidade, consoante previsto no art. 34 da Lei n. 8.934/1994. A proteção da marca decorre do registro no INPI, que assegura ao depositante o direito de zelar pela sua integridade material ou reputação, em âmbito nacional, enquanto a proteção do nome empresarial decorre do arquivamento na Junta Comercial, razão pela qual, se aplicada a literalidade do art. 1.166, a proteção ficaria restrita à circunscrição onde se operou o arquivamento, salvo se houvesse pedido expresso de extensão às demais unidades da federação. A dualidade dos sistemas protetivos do nome empresarial, sob jurisdição estadual das Juntas Comerciais, e da marca, tutelada nacionalmente pela Lei da Propriedade Industrial (Lei n. 9.279/1996), é fonte inesgotável de conflitos entre nomes empresariais registrados nas Juntas Comerciais e marcas registradas perante o Instituto Nacional da Propriedade Industrial – INPI. Importante destacar que a eventual invalidade do nome empresarial, por se confundir com outro nome anteriormente registrado ou ainda por conter elementos de marca antecedentemente depositada, não interfere no registro da pessoa jurídica a quem foi imputada a violação. Durante a *I Jornada de Direito Comercial*, um dos primeiros enunciados aprovados orientava que "Decisão judicial que considera ser o nome empresarial violador do direito de marca não implica a anulação do respectivo registro no órgão próprio nem lhe retira os efeitos, preservado o direito de o empresário alterá-lo". Posteriormente, por ocasião da *II Jornada de Direito Comercial*, o tema da proteção da marca voltou a ser debatido, resultando no Enunciado n. 60: "Os acordos e negócios de abstenção de uso de marcas entre sociedades empresárias não são oponíveis em face do Instituto Nacional de Propriedade Industrial – INPI, sem prejuízo de os litigantes obterem tutela jurisdicional de abstenção entre eles na Justiça Estadual". Em 2019, durante a *III Jornada de Direito Comercial*, novos enunciados foram aprovados, a saber: Enunciado n. 108: "Não cabe a condenação do INPI em sucumbência, nos termos do art. 85 do CPC, quando a matéria não for de seu conhecimento prévio e não houver resistência judicial posterior". Enunciado n. 109: "Os pedidos de abstenção de uso e indenização, quando cumulados com ação visando anular um direito de propriedade industrial, são da competência da Justiça Federal, em face do art. 55 do CPC". Enunciado n. 111: "Nas ações de nulidade de indeferimento de pedido de registro de marca, o titular do registro marcário apontado como anterioridade impeditiva é litisconsorte passivo necessário, à luz do que dispõe o art. 115 do CPC". Enunciado n. 112: "O termo inicial do prazo de 30 dias previsto no parágrafo único do art. 162 da Lei n. 9.279/1996 é o primeiro dia útil subsequente ao término *in albis* do prazo de 60 dias previsto no *caput* do mesmo artigo". Enunciado n. 113: "Em ações que visam anular um direito de propriedade industrial, a citação do INPI para se manifestar sobre os pedidos deve ocorrer apenas após a contestação do titular do direito de propriedade industrial".

JURISPRUDÊNCIA COMENTADA: Sobre a distinção entre marca e nome empresarial, já se decidiu que "enquanto a marca consiste em sinais distintivos visualmente perceptíveis, não compreendidos nas proibições legais (art. 122 da Lei de Propriedade Industrial), o nome empresarial traduz-se na expressão que identifica a sociedade empresária nas suas relações jurídicas, no que a regra inserta no art. 1.155, *caput*, do Código Civil, estabelece que considera-se nome empresarial a firma ou a denominação adotada, de conformidade com este Capítulo, para o exercício de empresa. Tanto o nome comercial quanto a marca gozam de proteção jurídica com dupla finalidade: por um lado, ambos são tutelados contra usurpação e proveito econômico indevido; por outro, busca-se evitar que o público consumidor seja confundido quanto à procedência do bem ou serviço oferecido no mercado" (STJ, RESP 1707881/RS, Rel. Min. Nancy Andrighi, *DJe* 29.11.2017). Entretanto, a exclusividade do uso de determinada expressão na marca "não impede que ela seja utilizada no nome empresarial, desde que distintamente do outro nome empresarial já inscrito no mesmo registro, observando os princípios da veracidade e da novidade". No caso concreto, embora tenha sido garantido à parte o uso exclusivo da expressão "Espírito Santo" em sua marca, não se impediu que a mesma expressão fosse utilizada no nome empresarial de outra sociedade, pois "quanto ao nome empresarial, a coincidência da expressão 'Espírito Santo' é incapaz de causar qualquer confusão, mormente em se tratando de nome do estado da federação em que ambos se encontram sediados, sem qualquer originalidade peculiar. A exclusividade do uso da expressão 'Espírito Santo' na marca não impede que ela seja utilizada no nome empresarial, desde que distintamente do outro nome empresarial já inscrito no mesmo registro, observando os princípios da veracidade e da novidade" (TJES, APL 0001586-17.2012.8.08.0014, Rel. Des. Álvaro Manoel Rosindo Bourguignon, *DJES* 24.07.2013). Em outro julgamento em que se discutiu conflito entre nome empresarial e marca, o TJES optou por "verificar inicialmente a eventual possibilidade de convivência entre ambos, considerando-se que: (I) em princípio, o nome empresarial é protegido apenas no território do Estado da Junta Comercial na qual foi registrado; (II) em princípio, a marca é protegida apenas no ramo de atividade referente ao produto ou serviço que identifica. Caso, todavia, verifique-se que a colidência entre o nome empresarial e a marca seja passível de provocar confusão entre consumidores, com eventual desvio de clientela, deve-se solucionar o conflito segundo o critério da anterioridade do registro (in RAMOS, André Luiz Santa Cruz. *Direito Empresarial Esquematizado*. 6ª ed. rev. atual. ampl. São Paulo: Editora Método, 2016. p. 222). A jurisprudência do Egrégio Superior Tribunal de Justiça tem chancelado a conclusão de que deverá prevalecer a proteção do nome empresarial registrado na Junta Comercial anteriormente ao registro da marca no INPI (princípio da anterioridade), caso se identifique que as Sociedades Empresariais litigantes atuam no mesmo ramo de negócio (princípio da especificidade), existindo, inclusive, risco de confusão e prejuízo aos consumidores. De todo modo, tal proteção ao nome empresarial limitar-se-á ao âmbito geográfico da unidade da federação de jurisdição da Junta Comercial em que registrados os atos constitutivos da Sociedade Empresária (princípio da territorialidade), salvo se tiver sido procedido pedido complementar de arquivamento nas demais Juntas Comerciais, estendendo-a a todo o território nacional. Nos casos em que se constatar, diante de tais requisitos, que a referenciada proteção deve se circunscrever à unidade federativa da Junta Comercial em que procedido o pretérito registro do nome empresarial, infere-se, em termos objetivos, que a abstenção do uso da marca, para fins de solução do identificado conflito, ficará restrita aos limites territoriais do Estado em cujo âmbito fora procedido aquele ato registral da denominação da Sociedade Empresarial. *In casu*, nota-se que (I) as partes litigantes atuam no mesmo ramo de negócio (manutenção, reparo e comércio de motocicletas e motonetas e respectivas peças – fl. 30 e fl. 37), e, ainda, (II) existe, inclusive, risco de confusão e prejuízo aos consumidores, até porque tanto a marca da Recorrente, quanto o nome empresarial da Recorrida, utilizam da expressão Castelinho, sendo inviável o convívio de ambos. Por outro lado, constata-se que (III) o registro do nome empresarial da Recorrida ocorreu em 02/05/1997 (fl. 60), sendo que o da marca da Recorrente apenas em 09/08/2016 (fl. 34). Logo, ao menos em sede de cognição sumária, nota-se que há prevalência do nome empresarial em detrimento da marca, a qual, via de consequência, não poderá ser utilizada pela Recorrente nos limites territoriais do Estado do Espírito Santo, eis que não demonstrado que a Recorrida procedera o pretérito arquivamento do pedido de proteção de nome empresarial em Juntas Comerciais de outras Unidades Federativas" (AI 0010219-07.2018.8.08.0014, Rel. Des. Namyr Carlos de Souza Filho, *DJES* 10.10.2019).

REFORMA DO CÓDIGO CIVIL: Pretende-se alterar o art. 1.155 do Código Civil, que passaria a ter a seguinte redação: "Art. 1.155. O nome empresarial poderá ser formado com qualquer palavra ou expressão da língua portuguesa ou da estrangeira, de conformidade com este Capítulo deste Código, para o exercício de empresa. Parágrafo único. Equipara-se ao nome empresarial, para os efeitos da proteção da lei, o nome das outras pessoas jurídicas, em conformidade com o disposto no art. 17 deste Código". Segundo consta do relatório da Comissão de Juristas responsável pela elaboração do anteprojeto, "não há utilidade prática e justificativa para se manter a diferenciação entre firma e denominação, o que acaba gerando confusão para profissionais e empresários. A única diferença relevante era a indicação do objeto social no nome, mas essa distinção não mais subsiste, uma vez que o DREI, de acordo com o disposto na Lei 8.934/1994 (Lei de Registro Empresarial), entendeu que tanto na firma quanto na denominação a indicação do objeto social é facultativa".

Art. 1.156. O empresário opera sob firma constituída por seu nome, completo ou abreviado, aditando-lhe, se quiser, designação mais precisa da sua pessoa ou do gênero de atividade.

COMENTÁRIOS DOUTRINÁRIOS: O registro da chamada "firma individual", modalidade de nome empresarial exclusiva do empresário individual, foi criado no Brasil pelo Decreto n. 916, de 24.10.1890, revogado com a entrada em vigor do Código Civil de 2002. A firma individual é formada a partir do nome pessoal do empresário, escrito por extenso ou abreviadamente, sendo-lhe permitido acrescentar, após o seu nome pessoal, a atividade a que se dedica, o que contribuirá para distingui-lo de outros empresários homônimos. A Instrução Normativa DREI n. 81, de 2020, dispõe que "o empresário individual somente poderá adotar firma individual como nome empresarial, a qual terá como núcleo o seu próprio nome civil, aditando, se quiser ou quando já existir nome empresarial idêntico ou semelhante, designação mais precisa de sua pessoa ou de sua atividade. O nome civil deverá figurar de forma completa, podendo ser abreviados os prenomes. Não constituem sobrenome e não podem ser abreviados: FILHO, JÚNIOR, NETO, SOBRINHO etc., que indicam uma ordem ou relação de parentesco". A Lei do Ambiente de Negócios (Lei n. 14.195/2021) acrescentou o art. 35-A à Lei n. 8.934/1994, a fim de possibilitar ao empresário individual utilizar, no lugar da firma, o número de inscrição no CNPJ como nome empresarial.

JURISPRUDÊNCIA COMENTADA: O artigo em comento não é objeto de maiores discussões na jurisprudência. Portanto, "de acordo com o disposto no artigo 1.156 do Código Civil, o empresário opera sob firma constituída por seu nome, completo ou abreviado, aditando-lhe, se quiser, designação mais precisa da sua pessoa ou do gênero de atividade" (TJRJ, APL 0001773-10.2012.8.19.0211, Rel. Des. Patricia Ribeiro Serra Vieira, *DORJ* 27.03.2014).

REFORMA DO CÓDIGO CIVIL: Pretende-se alterar o art. 1.156 do Código Civil, que passaria a ter a seguinte redação: "Art. 1.156. O empresário e as sociedades em que houver sócios com responsabilidade ilimitada, devem utilizar o seu próprio nome civil como nome empresarial, completo ou abreviado, aditando-lhe, se quiser, designação mais precisa da sua pessoa ou do gênero de atividade". Segundo consta do relatório da Comissão de Juristas responsável pela elaboração do anteprojeto, "não há utilidade prática e justificativa para se manter a diferenciação entre firma e denominação, o que acaba gerando confusão para profissionais e empresários. A única diferença relevante era a indicação do objeto social no nome, mas essa distinção não mais subsiste, uma vez que o DREI, de acordo com o disposto na Lei 8.934/1994 (Lei de Registro Empresarial), entendeu que tanto na firma quanto na denominação a indicação do objeto social é facultativa".

Art. 1.157. A sociedade em que houver sócios de responsabilidade ilimitada operará sob firma, na qual somente os nomes daqueles poderão figurar, bastando para formá-la aditar ao nome de um deles a expressão "e companhia" ou sua abreviatura.

Parágrafo único. Ficam solidária e ilimitadamente responsáveis pelas obrigações contraídas sob a firma social aqueles que, por seus nomes, figurarem na firma da sociedade de que trata este artigo.

COMENTÁRIOS DOUTRINÁRIOS: A matéria também esteve presente no Decreto n. 916, de 24.10.1890. A regra geral é que, nas sociedades com sócios de responsabilidade ilimitada, somente esses sócios poderão figurar na firma. Se nem todos os sócios de responsabilidade ilimitada constarem da firma, deve ser acrescentada a palavra "e companhia" ou sua abreviatura "e Cia." ou "& Cia.". Se algum sócio que não tinha responsabilidade ilimitada, a exemplo do sócio comanditário na sociedade em comandita simples, figurar na firma, tornar-se-á, automaticamente, solidária e ilimitadamente responsável pelas obrigações contraídas sob a firma social.

JURISPRUDÊNCIA COMENTADA: Já se decidiu que, em se tratando de "execução fiscal ajuizada contra empresa exercida por empresário individual, através de firma social, é possível a constrição de bens da pessoa natural, já que, conforme estabelece o art. 1.157 do Código Civil, a pessoa natural responde ilimitadamente pelas obrigações da empresa em razão da confusão patrimonial que é característica desta modalidade de exploração de atividade econômica. O falecimento do empresário individual e a continuação da atividade empresária da firma individual pelos sucessores, autorizada por alvará judicial, implicam a responsabilidade tributária por sucessão da pessoa natural pelo espólio ou demais sucessores, nos termos dos arts. 110 e 619, III, do CPC/2015 c/c art. 131, II e III, do CTN" (TJMG, AI 1.0518.15.018288-0/001, Rel. Des. Ana Paula Caixeta, *DJEMG* 17.04.2018). Isso porque "ficam solidária e ilimitadamente responsáveis pelas obrigações contraídas sob a firma social aqueles que, por seus nomes, figurarem na firma da sociedade de que trata este artigo" (TJMG, AI 1.0017.13.006208-0/001, Rel. Des. Yeda Athias, *DJEMG* 09.04.2018).

REFORMA DO CÓDIGO CIVIL: Pretende-se a revogação do art. 1.157. Segundo consta do relatório da Comissão de Juristas responsável pela elaboração do anteprojeto, "não há utilidade prática e justificativa para se manter a diferenciação entre firma e denominação, o que acaba gerando confusão para profissionais e empresários. A única diferença relevante era a indicação do objeto social no nome, mas essa distinção não mais subsiste, uma vez que o DREI, de acordo com o disposto na Lei 8.934/1994 (Lei de Registro Empresarial), entendeu que tanto na firma quanto na denominação a indicação do objeto social é facultativa".

Art. 1.158. Pode a sociedade limitada adotar firma ou denominação, integradas pela palavra final "limitada" ou a sua abreviatura.

§ 1º A firma será composta com o nome de um ou mais sócios, desde que pessoas físicas, de modo indicativo da relação social.

§ 2º A denominação deve designar o objeto da sociedade, sendo permitido nela figurar o nome de um ou mais sócios.

§ 3º A omissão da palavra "limitada" determina a responsabilidade solidária e ilimitada dos administradores que assim empregarem a firma ou a denominação da sociedade.

COMENTÁRIOS DOUTRINÁRIOS: Já foi antecipado que a sociedade limitada tem a opção de exercer as suas atividades por meio da firma ou razão social ou valendo-se da denominação social. Qualquer que seja a escolha da sociedade, firma ou denominação, deverá conter a expressão "limitada" ou sua abreviatura "Ltda.", cuja omissão acarretará a responsabilidade solidária e ilimitada dos administradores pelas obrigações sociais. Nos termos do art. 3º do Decreto n. 3.708/1919, antiga lei das limitadas, essa responsabilidade era apenas dos sócios-gerentes. A partir da entrada em vigor do Código atual, também os administradores não sócios poderão ser responsabilizados de forma solidária e ilimitada. A inclusão da palavra "limitada" é imprescindível para a segurança dos terceiros que contratam com a sociedade, os quais não podem ser iludidos e precisam saber que há, no caso, limitação de responsabilidades. Quem faz uso da firma ou da denominação sem incluir a palavra "limitada" induz os clientes e fornecedores a erro. Eis a razão de o Código impor esse dever aos administradores, sob pena de assumirem responsabilidade solidária e ilimitada. Ressalte-se que a Lei do Ambiente de Negócios (Lei n. 14.195/2021) acrescentou o art. 35-A à Lei n. 8.934/1994, para permitir a qualquer sociedade empresária utilizar, no lugar da firma ou denominação, o número de inscrição no CNPJ como nome empresarial, seguido da partícula identificadora do tipo societário ou jurídico, quando assim exigido pela Lei. O § 1º deste artigo concretiza o princípio da veracidade, ao impor que o nome de pelo menos um dos sócios deve constar da firma. Controversa, por outro lado, é a disposição contida no § 2º, ao estabelecer que a denominação deve designar o objeto da sociedade. Segundo alguns críticos, em determinadas situações, nas quais o objeto social for bastante extenso, seria impraticável a sua inserção na denominação. A controvérsia fez com que a *I Jornada de Direito Civil* viesse a propor nova redação ao § 2º do art. 1.158, "de modo a retirar a exigência da designação do objeto da sociedade" (Enunciado n. 71), ou, ainda, interpretar o "dispositivo no sentido de não aplicá-lo à denominação das sociedades anônimas e sociedades Ltda., já existentes, em razão de se tratar de direito inerente à sua personalidade" (Enunciado n. 73). Já defendi em outra publicação a desnecessidade de maiores construções hermenêuticas no que tange à exigência de se inserir o objeto na denominação social. Entendo que, nesses casos, a denominação pode conter, apenas, referência ao objeto societário, com o acréscimo da expressão "e outros" ou "dentre outras", sem necessidade de transcrição integral da cláusula contratual designativa do objeto social. A expressão genérica não compromete o princípio da veracidade, desde que a atividade principal esteja referida na denominação. De qualquer forma, a controvérsia foi solucionada com a edição da Lei n. 14.195, que deu nova redação ao art. 35, III, da Lei n. 8.934/1994 e aos arts. 1.160 e 1.161 desse Código, para deixar expresso que a indicação do objeto social, no nome empresarial, quer nas sociedades anônimas, quer na generalidade das sociedades empresárias, é sempre facultativa. Ainda que se pudesse sustentar que o art. 1.158 da Lei n. 10.406/2002 (CCB), sendo posterior, derrogou o art. 35, III, da Lei n. 8.934/1994, a nova redação dada a esse último dispositivo, pela Lei n. 14.195, operou a subsequente derrogação do art. 1.158, no que tange à designação do objeto social, repristinando a regra mais liberal da Lei n. 8.934.

JURISPRUDÊNCIA COMENTADA: Na jurisprudência encontram-se decisões chancelando o indeferimento de registro de contrato social quando o nome empresarial não guarda relação com o objeto da sociedade. Nesse sentido destaco o seguinte julgado: "O rol de atividades econômicas principal e secundárias informadas pela empresa denota que de fato o nome empresarial 'Guia de Bens' não guarda relação com tais atividades, de modo que não se vislumbra qualquer ilícito por parte da JUCERN ao negar-se a efetuar o registro da empresa com esta denominação. A escolha de um outro nome que melhor represente o objeto da sociedade beneficiará o próprio impetrante, visto que o público melhor identificará qual a sua área de atuação" (TRF 5.ª Região, AMS 88891, Rel. Des. Fed. Barros Dias, *DJU* 14.08.2009). Entretanto, uma vez registrado o contrato, o posterior reconhecimento de invalidade do nome empresarial ali consignado não interfere no registro, que se mantém hígido, apenas ordenando-se à sociedade ou ao empresário que proceda à alteração do nome empresarial.

REFORMA DO CÓDIGO CIVIL: Pretende-se alterar a redação do *caput* e do § 2º e revogar os §§ 1º e 3º do art. 1.158 do Código Civil, que passaria a ter a seguinte redação: "Art. 1.158. O nome empresarial da sociedade limitada deve conter, ao final, a palavra 'limitada' ou a sua abreviatura. § 1º Revogado. § 2º O nome empresarial pode designar o objeto da sociedade, sendo permitido nela figurar o nome de um ou mais sócios. § 3º Revogado". O objetivo da proposta, além de suprimir a "firma" como espécie de nome empresarial, foi aplicar expressamente as regras da Lei n. 14.382/2022 às sociedades limitadas, tornando facultativa a menção do objeto social na denominação.

Art. 1.159. A sociedade cooperativa funciona sob denominação integrada pelo vocábulo "cooperativa".

COMENTÁRIOS DOUTRINÁRIOS: O dispositivo incorpora regra semelhante àquela do art. 5º da Lei n. 5.764/1971, impondo às sociedades cooperativas o uso de denominação social, não lhes sendo permitido o uso de firma. Da denominação deve constar o objeto, que abrange qualquer gênero de serviço, operação ou atividade, acrescido, obrigatoriamente, da palavra "cooperativa". Tem sido criticada a inserção desse dispositivo na disciplina do nome empresarial, que constitui elemento de identificação do empresário individual ou da sociedade empresária, quando a cooperativa, como já mostrei nos comentários ao art. 982, independentemente do seu objeto, será sempre uma sociedade simples e, como tal, não teria nome empresarial.

REFORMA DO CÓDIGO CIVIL: Pretende-se alterar o art. 1.159 do Código Civil, que passaria a ter a seguinte redação: "Art. 1.159. O nome da sociedade cooperativa deve conter, ao final, o vocábulo 'cooperativa'". A ideia foi apenas compatibilizar a redação do dispositivo com a proposta, apresentada em outros artigos, de extinção da "firma" como espécie de nome empresarial.

Art. 1.160. A sociedade anônima opera sob denominação, integrada pelas expressões "sociedade anônima" ou "companhia", por extenso ou abreviadamente, facultada a designação do objeto social. (Redação dada pela Lei n. 14.382, de 2022)

Parágrafo único. Pode constar da denominação o nome do fundador, acionista, ou pessoa que haja concorrido para o bom êxito da formação da empresa.

COMENTÁRIOS DOUTRINÁRIOS: O art. 1.160 incorpora regra semelhante àquela do art. 3º da Lei n. 6.404/1976, impondo às sociedades anônimas o uso de denominação social, não lhes sendo permitido o uso de firma. Da denominação pode constar, facultativamente, o objeto social (e isso é novidade trazida pelas Leis n. 14.195 e n. 14.382) e deve constar, obrigatoriamente, as expressões "sociedade anônima" ou "companhia", por extenso ou abreviadamente. Pode constar da denominação o nome do fundador, acionista, ou de pessoa que haja contribuído para a constituição da sociedade. Na dicção anterior do dispositivo em comento, era exigido que a denominação trouxesse expressão "designativa do objeto social". Porém, a IN n. 81/2020 do DREI já havia orientado a todas as Juntas Comerciais não ser obrigatória a utilização de termos do objeto social no nome das sociedades anônimas. Com a edição da Lei n. 14.195, o legislador deixou claro que a menção ao objeto social na denominação social será sempre facultativa. Importante registrar que a dispensa da designação do objeto social deve ser interpretada como extensiva para todas as sociedades que utilizam a denominação social como nome empresarial, pois não seria razoável alterar a regra apenas para as sociedades anônimas, quando as razões que informaram a alteração são idênticas para os demais tipos societários. Ademais, o art. 35, III, da Lei n. 8.934/1994, aplicável à generalidade das sociedades empresárias, já dispunha e continuou a dispor na redação dada pela Lei n. 14.382, que a indicação do objeto social no nome empresarial é facultativa.

JURISPRUDÊNCIA COMENTADA: A composição do nome empresarial também se submete a exigências previstas em leis especiais. Por exemplo, a Lei n. 5.194/1966 combinada com a Resolução n. 336, do CONFEA, prevê, em seu art. 15, que "as palavras Engenharia, Arquitetura, Agronomia, Geologia, Geografia e Meteorologia só poderão constar em denominação ou razão social de pessoas jurídicas, cuja direção for composta, na sua maioria, de profissionais habilitados" no respectivo conselho profissional. De acordo com tais disposições, é necessário que a maioria da diretoria seja composta por engenheiros, preservando assim a prestação de serviços apropriada à sociedade. O TRF da 3.ª Região decidiu serem válidas essas regras e que "deve sim ser observada a maioria legalmente imposta" não existindo "conflito entre a Lei n. 5.194/1966 e o art. 1.160 do Código Civil, na verdade são normas que se cumulam. Da conjugação de ambos os dispositivos vê- se que a Lei n. 5.194/1966 dispõe especificamente para empresas atuantes no ramo de engenharia, enquanto o art. 1.160 do Código Civil obriga a explicitar o objeto social na designação que utiliza, sendo ambas as normas compatíveis e aplicáveis" (TRF da 3.ª Região, AC 0010743-34.2010.4.03.6100, Rel. Des. Fed. Mônica Nobre, *DEJF* 10.03.2017). Em sentido diverso, afastando a aplicação do art. 1.160 quando em confronto com a lei especial, o Tribunal Regional Federal da 1.ª Região entendeu que aquele dispositivo não seria aplicável às sociedades anônimas "na medida em que a Lei n. 6.404/76, aplicável ao caso, não prevê a obrigatoriedade de designação do objeto social nas denominações das sociedades anônimas, não sendo o caso de incidência do art. 1.160 do Código Civil, uma vez que aquela norma não é omissa a respeito nesse tópico" (TRF da 1.ª Região, Rec. 0018743-69.2014.4.01.36, Rel. Des. Fed. Souza Prudente, *DJF1* 13.08.2015).

REFORMA DO CÓDIGO CIVIL: Pretende-se alterar o art. 1.160 do Código Civil, que passaria a ter a seguinte redação: "Art. 1.160. O nome empresarial da sociedade anônima deve conter, ao final, as expressões 'sociedade anônima' ou 'companhia', por extenso ou abreviadamente. Parágrafo único. Pode constar do nome empresarial o nome do fundador, acionista ou pessoa que haja concorrido para o bom êxito da formação da empresa". A ideia foi apenas compatibilizar a redação do dispositivo com a proposta, apresentada em outros artigos, de extinção da "firma" como espécie de nome empresarial.

Art. 1.161. A sociedade em comandita por ações pode, em lugar de firma, adotar denominação, aditada da expressão "comandita por ações", facultada a designação do objeto social. (Redação dada pela Lei n. 14.382, de 2022)

COMENTÁRIOS DOUTRINÁRIOS: Já antecipei em outro comentário que a natureza híbrida desse tipo societário lhe permite escolher entre o uso da firma ou da denominação (ver comentários ao art. 1.090). Da denominação pode constar, facultativamente, o objeto social (e isso é novidade trazida pelas Leis n. 14.195 e n. 14.382) e deve constar, obrigatoriamente, a expressão "comandita por ações". Na redação anterior desse dispositivo, era exigido que a denominação trouxesse expressão "designativa do objeto social". Com a edição da Lei n. 14.195, o legislador deixou claro que a menção ao objeto social na denominação social será sempre facultativa. Importante registrar que a dispensa da designação do objeto social deve ser interpretada como extensiva para todas as sociedades que utilizam a denominação social como nome empresarial, pois não seria razoável alterar a regra apenas para as sociedades anônimas e em comandita por ações, quando as razões que informaram a alteração são idênticas para os demais tipos societários. Ademais, o art. 35, III, da Lei n. 8.934/1994, aplicável à generalidade das sociedades empresárias, já dispunha e continuou a dispor na redação dada pela Lei n. 14.195, que a indicação do objeto social no nome empresarial é facultativa.

REFORMA DO CÓDIGO CIVIL: Pretende-se alterar o art. 1.161 do Código Civil, que passaria a ter a seguinte redação: "Art. 1.161. O nome empresarial da sociedade em comandita por ações deve conter, ao final, a expressão 'comandita por ações'". A ideia foi apenas compatibilizar a redação do dispositivo com a proposta, apresentada em outros artigos, de extinção da "firma" como espécie de nome empresarial.

Art. 1.162. A sociedade em conta de participação não pode ter firma ou denominação.

COMENTÁRIOS DOUTRINÁRIOS: A sociedade em conta de participação (SCP) é constituída por meio de contrato, não levado a registro, em que a atividade constitutiva do objeto social é exercida unicamente por um dos sócios, em seu nome pessoal e sob sua exclusiva responsabilidade, normalmente contratada para execução de determinado objeto empresarial. Caracteriza-se pela presença de dois tipos de sócios: 1) o sócio ostensivo, que pode ser pessoa física ou jurídica, e assume em seu próprio nome, e integralmente, as obrigações contraídas. É o sócio ostensivo quem pratica todas as operações em nome da SCP, registrando-as contabilmente como se fossem suas, sem, no entanto, deixar de identificá-las para fins de partilha dos respectivos resultados; e 2) os sócios ocultos, também denominados sócios participantes, que não têm participação na gestão dos negócios, nem aparecem perante terceiros, mas exercem direitos perante o sócio ostensivo. A sociedade em conta de participação não é pessoa jurídica, não tem autonomia patrimonial, nem firma ou razão social, cabendo ao sócio ostensivo, que se obriga pessoalmente perante terceiros, o exercício da atividade constitutiva do objeto social. As SCP não adquirem personalidade jurídica, nem mesmo quando o seu contrato social é levado, facultativamente, a registro, quer na Junta Comercial, quer no Cartório de Registro Civil das Pessoas Jurídicas ou no Registro de Títulos e Documentos em face da própria natureza não personificada da sociedade. O nome empresarial é próprio dos entes personificados. Se a sociedade não possui personalidade jurídica, não pode ter nome empresarial.

REFORMA DO CÓDIGO CIVIL: Pretende-se alterar o art. 1.162 do Código Civil, que passaria a ter a seguinte redação: "Art. 1.162. A sociedade em conta de participação não pode ter nem empregar nome empresarial". A ideia foi apenas compatibilizar a redação do dispositivo com a proposta, apresentada em outros artigos, de extinção da "firma" como espécie de nome empresarial.

Art. 1.163. O nome de empresário deve distinguir-se de qualquer outro já inscrito no mesmo registro.

Parágrafo único. Se o empresário tiver nome idêntico ao de outros já inscritos, deverá acrescentar designação que o distinga.

COMENTÁRIOS DOUTRINÁRIOS: O dispositivo praticamente repete preceito contido no art. 6º, § 1º, do Decreto n. 916/1890 e traduz o princípio da "anterioridade", segundo o qual o nome empresarial não pode ser idêntico a nenhum outro já inscrito no mesmo registro, desde que suscetível de causar confusão ou associação. Ou seja, não se trata de verificar apenas a anterioridade do registro, mas, concomitantemente, o risco de confusão. Se os objetos sociais forem completamente diferentes, afastando a confusão ou associação, inexiste óbice ao registro do nome empresarial cuja expressão característica seja idêntica ou semelhante à de outro nome empresarial já registrado. A mesma circunscrição registral pode abrigar, por exemplo, as sociedades "Padre Zé Comércio de Ferragens Ltda" e "Padre Zé Produtos Farmacêuticos Ltda". Essa é a ideia que prevalece no tocante às marcas, conforme arts. 124, inc. XIX, e 130, inc. I, da Lei de Propriedade Industrial (9.279/1996). A Instrução Normativa DREI n. 81 de 2020 estabelece que não poderão coexistir, na mesma unidade federativa, dois nomes empresariais idênticos. Considera-se idêntico o nome empresarial que tenha exatamente a mesma composição daquele anteriormente registrado na mesma Junta Comercial. O critério para análise de identidade entre firmas ou denominações será aferido considerando-se os nomes empresariais por inteiro, desconsiderando-se apenas as expressões relativas ao tipo jurídico adotado, de modo que apenas haverá identidade se os nomes forem homógrafos. Se o nome empresarial for idêntico a outro já registrado, deverá ser modificado ou acrescido de designação que o distinga (art. 23). Na *I Jornada de Direito Comercial* foi aprovado o Enunciado n. 2 com o mesmo espírito: "A vedação de registro de marca que reproduza ou imite elemento característico ou diferenciador de nome empresarial de terceiros, suscetível de causar confusão ou associação (art. 124, V, da Lei n. 9.279/1996), deve ser interpretada restritivamente e em consonância com o art. 1.166 do Código Civil". O art. 1.163 prevê, ainda, os limites da proteção ao nome empresarial, dando a entender que ela estaria restrita ao âmbito de competência de cada registro. A Instrução Normativa DREI n. 81 dispõe expressamente que a proteção ao nome empresarial decorre, automaticamente, do ato de registro e circunscreve-se à unidade federativa de jurisdição da Junta Comercial que o tiver procedido. E que a proteção ao nome empresarial na jurisdição de outra Junta Comercial decorre, automaticamente, da abertura de filial nela registrada ou do arquivamento de pedido específico, instruído com certidão expedida pela Junta Comercial da sede da empresa interessada (art. 25). Em outras palavras, a Junta Comercial de São Paulo poderia registrar uma sociedade cujo nome empresarial e objeto social fossem rigorosamente idênticos ao de outra sociedade registrada perante a Junta Comercial do Rio de Janeiro, desde que esta não tivesse aberto filial em São Paulo, nem formulado pedido específico de proteção ao nome empresarial direcionado à Junta de São Paulo. Entretanto, não deve ser essa a exegese sistêmica do dispositivo, especialmente quando a violação ao nome empresarial, independentemente da circunscrição territorial do registro, constitui crime de concorrência desleal (art. 195, V, da Lei n. 9.279/1996). Portanto, a sua proteção não pode ficar restrita ao âmbito da competência estadual de cada Junta, devendo-se dar em âmbito nacional, ou mesmo internacional, sempre que o uso do nome mais recente provoque risco de confusão, associação ou qualquer tipo de prejuízo ao nome mais antigo. Nessas situações, para ampliar o espectro de abrangência da proteção ao nome empresarial além das divisas estaduais, compete aos terceiros prejudicados apresentar oposição ou pedir o cancelamento do registro de nome empresarial registrado em outros Estados. Verificada, de ofício ou por provocação, quando do arquivamento do ato constitutivo, a existência de outro nome idêntico e/ou com risco de confusão ou associação, previamente arquivado naquele ou em outro registro, a Junta Comercial devolverá o ato, sem finalizar o registro, a fim de que seja acrescentada ao nome designação que o distinga daquele outro.

JURISPRUDÊNCIA COMENTADA: Conforme antecipei nos comentários ao art. 1.155, a proteção legal do nome empresarial é diversa daquela conferida à marca. Por isso já se decidiu que a exclusividade do uso de determinada expressão na marca, "não impede que ela seja utilizada no nome empresarial, desde que distintamente do outro nome empresarial já inscrito no mesmo registro, observando os princípios da veracidade e da novidade" (TJES, APL 0001586-17.2012.8.08.0014, Rel. Des. Álvaro Manoel Rosindo Bourguignon, *DJES* 24.07.2013). Entretanto, o contrário não é verdadeiro, não se admitindo o registro como marca do nome empresarial de terceiros, pois o art. 124, V, da Lei de Propriedade Industrial dispõe que o nome empresarial de terceiros não é registrável como marca, prevalecendo, na contraposição entre nome empresarial e marca, o nome sempre que a sociedade houver realizado o registro dos seus atos constitutivos na junta comercial anteriormente ao registro da marca (cf. TJPB, AC 888.2004.005.483-6/001, Rel. Des. Marcos Cavalcanti de Albuquerque, *DJPB* 08.04.2010). Na apuração da similitude do nome empresarial, decidiu o TJRJ, que "há que se considerar o mesmo por inteiro, desconsiderando apenas as expressões relativas ao tipo jurídico adotado, sendo certo que seu reconhecimento decorrerá da existência de distinção de apenas alguns caracteres, desde que esta não resulte em diferença significativa quanto à grafia e pronúncia". Nesse caso, o tribunal desproveu o recurso, pois, "em que pese as atividades desenvolvidas pelas partes guardarem relevante similitude, estando ambas sediadas no estado do Rio de Janeiro, é certo que a ré conta com vocábulo adicional distinto, apresentando nome fantasia e marca diversos, o que afasta a possibilidade de confusão pelos clientes" (TJRJ, APL 0048249-76.2020.8.19.0001, *DORJ* 14.03.2023).

Art. 1.164. O nome empresarial não pode ser objeto de alienação.

Parágrafo único. O adquirente de estabelecimento, por ato entre vivos, pode, se o contrato o permitir, usar o nome do alienante, precedido do seu próprio, com a qualificação de sucessor.

COMENTÁRIOS DOUTRINÁRIOS: O dispositivo corresponde ao preceito contido no art. 7º do Decreto n. 916/1890, que previa hipótese semelhante no tocante à alienação da firma. O nome empresarial não pode ser objeto de alienação. O art. 52 deste Código estende às pessoas jurídicas, no que couber, as disposições protetivas atinentes aos direitos da personalidade. Assim, o nome empresarial, tanto quanto o nome da pessoa natural, não pode ser alienado. O que pode acontecer, e isso é possível com os direitos da personalidade em geral, de conteúdo econômico, é a cessão do uso do nome empresarial quando da alienação do estabelecimento. O adquirente de estabelecimento pode convencionar, no próprio contrato de trespasse ou em instrumento separado, desde que o contrato de trespasse não o proíba, o direito de usar o nome do alienante, precedido do seu próprio, com a qualificação de sucessor. Por outro lado, essa norma restritiva de alienação só faz sentido em se tratando de firma, cuja inclusão, na sua composição, dos nomes das pessoas naturais, atribui caráter personalíssimo ao nome empresarial. No caso da denominação social, que não agregue esse elemento personalíssimo, não é de se aplicar a norma restritiva, devendo-se admitir a livre alienação. A possibilidade de alienação do nome empresarial quando formado por denominação ou nome de fantasia já estava pacificada na doutrina e encampada pela jurisprudência antes mesmo do advento do CC/2002. A denominação é criação intelectual da empresa, com conteúdo nitidamente patrimonial. Portanto, conclui-se que as normas extraídas do *caput* e do parágrafo único do art. 1.164 dizem respeito exclusivamente à firma ou razão social, não se aplicando à denominação social. Em razão da controvérsia estabelecida em torno do alcance do dispositivo, a *I Jornada de Direito Civil* aprovou enunciado, propondo a supressão (revogação) do art. 1.164 (Enunciado n. 72).

JURISPRUDÊNCIA COMENTADA: O domínio eletrônico não se confunde com o nome empresarial, devendo ser compreendido como elemento imaterial do estabelecimento (ver comentários ao art. 1.142). Já se decidiu que "o *site* pode ser entendido como acessório das próprias marcas transferidas, sob pena de criação de indevida confusão no mercado de consumo. Havendo colidência entre domínio eletrônico e marca devidamente registrada, pertencentes a empresas diversas, porém atuantes no mesmo ramo empresarial, as normas do direito marcário conferem preponderância à proteção da marca. Possível, portanto, a transferência, à agravante, do registro do domínio www.walma.com.br, o que se faz com vistas a evitar o risco de desvio de clientela oriundo de concorrência desleal ou parasitária" (TJSP, AI 2045323-04.2017.8.26.0000, Rel. Des. Carlos Dias Motta, *DJESP* 08.11.2017). A alienação do nome empresarial não implica sucessão nas obrigações do alienante, muito menos o seria a mera "autorização para uso da firma comercial, que não encontra amparo jurídico para constituir obrigação contraída por terceiro" (TJSC, AC 0301137-45.2017.8.24.0020, Rel. Des. Luiz Zanelato, *DJSC* 17.12.2019).

Art. 1.165. O nome de sócio que vier a falecer, for excluído ou se retirar, não pode ser conservado na firma social.

COMENTÁRIOS DOUTRINÁRIOS: O dispositivo praticamente repete preceito contido no art. 8º do Decreto n. 916/1890. Como o nome é direito da personalidade, a rigor, não pode ser mantido na firma ou na denominação social quando o sócio vier a falecer, for excluído ou se retirar da sociedade. Entretanto, esse preceito não é absoluto, especialmente nos casos de falecimento do sócio. Da mesma forma que, em vida, o sócio ou empresário individual poderia ceder o uso do seu nome, quando da alienação do estabelecimento, o mesmo pode ocorrer em outras situações, por ato *inter vivos* ou *causa mortis*. A proteção ao nome da pessoa natural após a morte é exercida pelo cônjuge, companheiro ou por qualquer parente na linha reta, sem limitação de grau, ou parente colateral até o quarto grau, a teor do parágrafo único do art. 12 deste Código. E essa proteção não se restringe à cessação ou abstenção de uso, mas também se manifesta nos casos em que a sociedade deseja manter o nome como forma de homenagear o sócio falecido. Em relação às sociedades de advogados, a Lei n. 8.906/1994 contém preceito expresso dispondo que "a razão social deve ter, obrigatoriamente, o nome de, pelo menos, um advogado responsável pela sociedade, podendo permanecer o de sócio falecido, desde que prevista tal possibilidade no ato constitutivo" (art. 16, § 1º). Portanto, em caso de falecimento de sócio, a interpretação do art. 1.163 não pode ser literal e taxativa, devendo-se admitir a continuidade do nome, *in memoriam*, sempre que houver manifestação em vida e por escrito do falecido, previsão no contrato social ou acordo entre os sucessores e os sócios remanescentes quanto à permanência do nome.

JURISPRUDÊNCIA COMENTADA: Nos casos de retirada da sociedade, tem-se entendido obrigatória a alteração da firma social quando dela constar o nome de sócio que vier a se retirar. Assim, se o nome da sociedade foi criado mediante "firma social", "insere-se na proibição expressa do art. 1.165 do Código Civil no que tange à exclusão da firma social do nome do sócio que se retira da sociedade" (TRF 4.ª Região, AC 0021777-20.2009.404.7100/RS, Rel. Des. Fed. Marga Inge Barth Tessler, *DEJF* 13.07.2010). Em se tratando de retirada ou exclusão de sócio, a exegese do art. 1.163 tem que ser literal, não se admitindo a permanência na firma do nome de quem rompeu a *affectio societatis*. Hipótese completamente diversa é a do sócio que vem a falecer, cujo nome pode ser mantido, se esse era o desejo do falecido ou se o desejarem os demais sócios e os sucessores, inclusive a título de homenagem póstuma.

REFORMA DO CÓDIGO CIVIL: Pretende-se alterar o art. 1.165 do Código Civil, que passaria a ter a seguinte redação: "Art. 1.165. O nome sócio que vier a falecer, o nome daquele for excluído ou daquele que se retirar não poderão ser conservados no nome empresarial. Parágrafo único. Os sócios poderão autorizar a manutenção dos seus nomes no nome empresarial, após o seu falecimento ou retirada, bem como podem os herdeiros autorizar a manutenção do nome do falecido no nome empresarial". O objetivo da proposta, além de suprimir a "firma" como espécie de nome empresarial, foi regular a manutenção do nome do sócio falecido ou retirante no nome empresarial.

Art. 1.166. A inscrição do empresário, ou dos atos constitutivos das pessoas jurídicas, ou as respectivas averbações, no registro próprio, asseguram o uso exclusivo do nome nos limites do respectivo Estado.

Parágrafo único. O uso previsto neste artigo estender-se-á a todo o território nacional, se registrado na forma da lei especial.

COMENTÁRIOS DOUTRINÁRIOS: Tradicionalmente tem-se entendido que, para que o nome empresarial goze de proteção em âmbito nacional, é necessário o seu registro em todas as juntas comerciais do Brasil. Penso na contramão desse entendimento majoritário. Já antecipei que a proteção ao nome empresarial não deve limitar-se ao estado da federação em que registrada a sociedade, independentemente de pedido específico de extensão a todo o território nacional. Cabe à Junta Comercial indeferir de ofício ou a requerimento de qualquer interessado o registro de nome empresarial cuja expressão característica e distintiva reproduza a de outro nome empresarial já inscrito em qualquer outro registro desde que seja, ao mesmo tempo, suscetível de causar confusão ou associação. Entendo que a sociedade empresária ou empresário individual que se sentirem prejudicados podem provocar a Junta Comercial e requerer que seja indeferido ou cancelado o registro de nome empresarial que conflitar com anterior registro de marca ou com nome empresarial já inscrito em outra Junta Comercial ou protegido por legislação especial ou convenção internacional ratificada pelo Brasil. Esse entendimento foi sufragado na *V Jornada de Direito Civil* por meio do Enunciado n. 491: "A proteção ao nome empresarial, limitada ao Estado-Membro para efeito meramente administrativo, estende-se a todo o território nacional por força do art. 5º, XXIX, da Constituição da República e do art. 8º da Convenção Unionista de Paris"; lembrando que o art. 8º da aludida convenção, internalizada no Brasil pelo Decreto n. 75.572/1975, dispõe que "o nome comercial será protegido em todos os países da União sem obrigações de depósito ou de registro, quer faça ou não parte de uma marca de fábrica ou de comércio".

JURISPRUDÊNCIA COMENTADA: A tutela conferida ao nome empresarial, ainda que dentro dos limites do Estado no qual registrado o ato constitutivo da sociedade empresária, só prevalece quando houver impossibilidade "de confusão por parte do público-alvo, composto essencialmente por consumidores domiciliados nas regiões geográficas em que situadas as litigantes" (TJSP, APL 0008824-90.2011.8.26.0024, Rel. Des. Fabio Tabosa, *DJESP* 01.09.2016). De outro lado, no que tange ao direito marcário, o STJ já decidiu que a vedação de registro de marca deve ser interpretada restritivamente, em consonância com o art. 1.166 do Código Civil, e que "marcas fracas ou evocativas, que constituem expressão de uso comum, de pouca originalidade e sem suficiente forma distintiva atraem a mitigação da regra de exclusividade do registro e podem conviver com outras semelhantes" (AgInt no REsp 1.338.834/SP, 4.ª Turma, Rel. Min. Luis Felipe Salomão, *DJe* 23.02.2017). No REsp 1.204.488/RS, o Superior Tribunal de Justiça ainda esclareceu que, "para que a reprodução ou imitação de elemento característico ou diferenciador de nome empresarial de terceiros constitua óbice ao registro de marca, é necessária a presença cumulativa dos seguintes requisitos: i) que a proteção ao nome empresarial não goze somente de tutela restrita a alguns estados, mas detenha a exclusividade sobre o uso do nome em todo o território nacional e ii) que a reprodução ou imitação seja suscetível de causar confusão ou associação com estes sinais distintivos". Assim, "marcas fracas, que não ostentam alto grau de reconhecimento nem sejam muito criativas, afastam a aplicação da teoria da diluição, que consiste no direito do titular de proteger contra o enfraquecimento progressivo do poder distintivo de sua marca" (TRF 2.ª Região, AC 0021185-03.2015.4.02.5101, Rel. Des. Fed. Marcello Granado, *DEJF* 08.05.2018). São frequentes os conflitos entre nome empresarial e marca. Segundo o Superior Tribunal de Justiça, o conflito entre registro de marca e nome empresarial deve ser sanado pelo princípio da especificidade, o qual recomenda que não havendo confusão, não há impedimento a que mais de uma sociedade possa conviver no mesmo universo mercantil (REsp 119.998/SP). A proteção ao nome empresarial abrange também a titularidade do nome de domínio na *internet*. Em um caso em que o domínio foi registrado em nome da pessoa natural de um dos sócios, que posteriormente o alienou a terceiros ao argumento "de que registrou o domínio em seu nome e, como detentor do *login* e senha de acesso, tem o poder de transferi-lo livremente a qualquer interessado", o Tribunal local entendeu que o arquivamento dos atos constitutivos da empresa na Junta Comercial confere proteção ao nome empresarial e ao domínio, de modo que a "transferência da titularidade do domínio se revelou ilícita, o que implica a devida reparação". O tribunal catarinense entendeu configurada a má-fé do requerido e caracterizado o dever de indenizar, pois o ato "impossibilitou o uso adequado do *website* pela requerente, local em que administrava cerca de 3.000 (três mil) contas de *e-mails* de seus clientes", inviabilizando os serviços de *internet* e desqualificando "a imagem da autora perante seus clientes, abalando sua boa reputação no meio social" (TJSC, Rel. Des. Soraya Nunes Lins, *DJSC* 18.03.2015).

REFORMA DO CÓDIGO CIVIL: Pretende-se alterar o *caput* do art. 1.166 do Código Civil, que passaria a ter a seguinte redação: "Art. 1.166. A inscrição do empresário ou dos atos constitutivos das pessoas jurídicas ou as respectivas averbações no Registro Público de Empresas Mercantis asseguram o uso exclusivo do nome nos limites do respectivo Estado da Federação, do Distrito Federal ou do Território". Como já apontei em outros dispositivos, trata-se de proposta que restringe o *locus* de inscrição e averbação do empresário e das sociedades ao Registro Público de Empresas Mercantis, olvidando que as sociedades simples, conforme expressa previsão dos arts. 998 e 1.150, encontram-se vinculadas ao Registro Civil das Pessoas Jurídicas. A questão certamente será debatida durante a tramitação legislativa.

Art. 1.167. Cabe ao prejudicado, a qualquer tempo, ação para anular a inscrição do nome empresarial feita com violação da lei ou do contrato.

COMENTÁRIOS DOUTRINÁRIOS: A cláusula do ato constitutivo da pessoa jurídica (ou do requerimento de inscrição do empresário individual) que contenha nome empresarial com violação da lei é nula e, portanto, sujeita a invalidação. A pretensão do terceiro prejudicado pelo registro nulo é a de declaração de nulidade e não de anulação do ato. A ação invalidatória, nesse caso, não se submete à prescrição ou à decadência e pode ser proposta a qualquer tempo, até mesmo em face da norma de extensão às pessoas jurídicas da proteção conferida aos direitos da personalidade (art. 52). O nome empresarial recebe a mesma proteção atribuída ao nome da pessoa natural, sabendo-se que os direitos da personalidade são imprescritíveis. Não é por outra razão a dicção expressa no art. 1.167 de que o prejudicado pode pedir a declaração de nulidade "a qualquer tempo". A ação declaratória de nulidade de nome empresarial (e o consequente pedido de abstenção de seu uso por terceiros) é imprescritível, mas não o é a pretensão de reparação civil pelos danos causados pelo uso indevido do nome, aplicando-se o prazo geral de prescrição de 10 (dez) anos previsto no art. 205 deste Código, conforme entendimento mais recente do STJ. Em se tratando de marca, o prazo prescricional da ação de reparação civil é de 5 (cinco) anos, conforme previsão expressa na LPI (*Art. 225. Prescreve em 5 (cinco) anos a ação para reparação de dano causado ao direito de propriedade industrial*). Antes de propor ação judicial para invalidar o nome empresarial ou postular a abstenção de uso por terceiros, o prejudicado pode, facultativamente, recorrer à via administrativa, perante a própria Junta Comercial, seguindo-se o processo revisional de que tratam os arts. 44 a 51 da Lei n. 8.934/1994: "Art. 44. O processo revisional pertinente ao Registro Público de Empresas Mercantis e Atividades Afins dar-se-á mediante: I – Pedido de Reconsideração; II – Recurso ao Plenário; III – Recurso ao Departamento Nacional de Registro

Empresarial e Integração. Art. 45. O Pedido de Reconsideração terá por objeto obter a revisão de despachos singulares ou de Turmas que formulem exigências para o deferimento do arquivamento e será apresentado no prazo para cumprimento da exigência para apreciação pela autoridade recorrida em 3 (três) dias úteis ou 5 (cinco) dias úteis, respectivamente. Art. 46. Das decisões definitivas, singulares ou de Turmas, cabe recurso ao Plenário, que deverá ser decidido no prazo máximo de 30 (trinta) dias, a contar da data do recebimento da peça recursal, ouvida a Procuradoria, no prazo de 10 (dez) dias, quando a mesma não for a recorrente. Art. 47. Das decisões do plenário cabe recurso ao Departamento Nacional de Registro Empresarial e Integração como última instância administrativa. Art. 48. Os recursos serão indeferidos liminarmente pelo Presidente da Junta quando assinados por procurador sem mandato ou, ainda, quando interpostos fora do prazo ou antes da decisão definitiva, devendo ser, em qualquer caso, anexados ao processo. Art. 49. Os recursos de que trata esta Lei não têm efeito suspensivo. Art. 50. Todos os recursos previstos nesta Lei deverão ser interpostos no prazo de 10 (dez) dias úteis, cuja fluência começa na data da intimação da parte ou da publicação do ato no órgão oficial de publicidade da Junta Comercial. Art. 51. A Procuradoria e as partes interessadas, quando for o caso, serão intimadas para, no mesmo prazo de 10 (dez) dias, oferecerem contrarrazões".

JURISPRUDÊNCIA COMENTADA: A posição que sustento, em relação à imprescritibilidade da ação para invalidação (ou abstenção de uso) de nome empresarial, não é pacífica. Prevalece no âmbito do Superior Tribunal de Justiça entendimento a favor da prescritibilidade, no prazo decenal, com início de contagem a partir do momento em que o prejudicado toma conhecimento do uso indevido do nome. No julgamento do REsp 1.696.899, o STJ decidiu que "a pretensão concernente à abstenção de uso de marca ou nome empresarial nasce para o titular do direito protegido a partir do momento em que ele toma ciência da violação perpetrada (princípio da *actio nata*), incidindo sobre ela o prazo prescricional de 10 anos". No caso concreto, o Tribunal concluiu que a notificação extrajudicial enviada ao réu pelo autor da ação, constituiria "instrumento hábil à comprovação de que o alegado uso indevido do signo distintivo era conhecido por seu titular, no mínimo, a partir da data nela aposta (momento em que poderia ter ajuizado a ação cabível), o que dá ensejo a reconhecer como prescrita a pretensão inibitória, em razão do decurso do prazo aplicável" (REsp 1696899/RS, Rel. Min. Nancy Andrighi, *DJe* 21.09.2018). No tocante à pretensão de reparação civil, ambas as Turmas integrantes da Seção de Direito Privado do STJ já se manifestaram sobre o marco inicial da prescrição, que não coincide com a data do depósito dos atos constitutivos na Junta Comercial (cf. REsp 1263528/SC, Rel. Min. Ricardo Villas Bôas Cueva, *DJe* 08.09.2014). O termo *a quo* "nasce a cada dia em que o direito é violado. De fato, se a violação do direito é continuada, de tal forma que os atos se sucedam em sequência, a prescrição ocorre do último deles, mas se cada ato reflete uma ação independente, a prescrição alcança cada um, destacadamente" (REsp 1320842/PR, Rel. Min. Luis Felipe Salomão, *DJe* 01.07.2013). Em suma, quanto à pretensão indenizatória, o STJ entende que o prazo "nasce a cada dia em que o direito é violado, ou seja, a cada dia em que houve o uso não autorizado, por terceiros, de expressões registradas perante o órgão competente" (REsp 1696899/RS, Rel. Min. Nancy Andrighi, *DJe* 21.09.2018).

Art. 1.168. A inscrição do nome empresarial será cancelada, a requerimento de qualquer interessado, quando cessar o exercício da atividade para que foi adotado, ou quando ultimar-se a liquidação da sociedade que o inscreveu.

COMENTÁRIOS DOUTRINÁRIOS: O dispositivo trata do cancelamento da inscrição do nome empresarial quando cessar o exercício da atividade para que foi adotado, ou quando ultimar-se a liquidação da sociedade que o inscreveu. A Lei n. 8.934/1994 já dispunha sobre a perda automática da proteção ao nome empresarial quando ultimado o prazo de duração da sociedade constituída por prazo determinado (art. 59) ou ainda se a sociedade deixasse de apresentar qualquer documento para registro pelo prazo de dez anos (art. 60, § 1º). Nesse caso, previa a Instrução Normativa DREI n. 55/2021 que o nome cancelado poderia ser reativado perante a Junta Comercial, desde que obedecidos os mesmos procedimentos requeridos para sua constituição (art. 7º). Aquele último dispositivo da Lei n. 8.934 (art. 60, § 1º), no entanto, foi revogado pela Lei n. 14.195, de 2021. Com isso, não é mais possível se inferir a cessação de atividade somente pelo não arquivamento de qualquer ato no período de dez anos consecutivos. Caberá ao interessado no cancelamento provar a inatividade da sociedade.

CAPÍTULO III
DOS PREPOSTOS

SEÇÃO I
DISPOSIÇÕES GERAIS

Art. 1.169. O preposto não pode, sem autorização escrita, fazer-se substituir no desempenho da preposição, sob pena de responder pessoalmente pelos atos do substituto e pelas obrigações por ele contraídas.

COMENTÁRIOS DOUTRINÁRIOS: Os arts. 1.169 a 1.171 trazem o regramento legal aplicável aos diversos tipos de prepostos. O dispositivo em análise, por seu turno, repristina regra anteriormente prevista no art. 85 do CCom de 1850. Diz-se preposto aquele que se antepõe ou se prepõe ao preponente no desempenho das atividades da empresa, especialmente nas suas relações externas, no trato com terceiros. É a pessoa devidamente nomeada para representar o empresário individual ou a sociedade em seus atos, podendo ter ou não vínculo empregatício formal com o preponente ou mesmo ser um colaborador permanente ou temporário. Independentemente do vínculo jurídico, se empregado ou mero colaborador do empresário, o preposto normalmente integra a estrutura organizacional da empresa, como um auxiliar dependente, fazendo parte de um conjunto de pessoas recrutado para o exercício da empresa. E sendo a empresa a organização dos fatores de produção, o preposto pertence ao fator trabalho nessa organização. Em suma, prepostos são auxiliares permanentes de quem exerce a empresa, em caráter individual ou coletivo, enquadrando-se nessa categoria todos os contratados permanentes e dependentes do empresário, que atuem pessoalmente e não possuam a própria empresa, desde o balconista da loja até o gerente de vendas ou o diretor comercial. Não são prepostos os chamados auxiliares independentes, como é o caso do leiloeiro, do corretor etc. Há quem se refira à preposição como um contrato misto de trabalho e de mandato, o que não se afigura correto, uma vez que nem um, nem outro, constituem pressupostos da preposição. Ainda que prepostos normalmente sejam empregados da empresa, o contrato de trabalho não é imprescindível à preposição. O preposto pode não ser um empregado, mas um prestador de serviços permanente, como se dá, com frequência, em grandes empresas que angariam os seus auxiliares por meio de pessoas jurídicas individuais, a ponto de se falar, atualmente, em "pjotização" das relações de trabalho. Pode ser também qualquer pessoa, sem vínculo permanente com a empresa e que dela receba uma delegação especial para realizar determinada tarefa, como ocorre com quem é indicado, através da chamada Carta de Preposição, para representá-la em audiências em qualquer juízo ou tribunal, sempre que exigido o comparecimento pessoal das partes. Com a entrada em vigor do Código atual, foi revogada a Súmula n. 377 do TST, no sentido de não mais ser exigido, nas reclamações trabalhistas, ser o preposto empregado do preponente. Em caso de grupo econômico, tem-se admitido que um único preposto represente individualmente todas as sociedades. A representação, por outro lado, é ínsita à preposição, pois o preposto, quando no exercício de suas funções, age sempre como a *longa manus* do preponente, mas não o é o contrato de mandato, já que a representação, no caso do preposto, ora é legal, ora é convencional (ver comentários ao art. 115). Os prepostos que exercem funções internas, dentro do estabelecimento, como se dá com o balconista ou com o gerente, possuem a representação legal do empresário, resultante da própria função exercida e, por isso, prescindem de mandato. Mesmo os prepostos que não se relacionam externamente com terceiros, como é o caso do operário de máquinas, atuam, por representação legal, como extensão do empresário no desempenho daquelas funções internas, que compõem o exercício da empresa, e para tanto também não precisam de mandato. Já os prepostos que atuam fora do estabelecimento, como ocorre com os vendedores externos ou com os compradores, que percorrem os clientes e os fornecedores, de modo geral, dispõem de mandato, escrito ou verbal, para o exercício e comprovação da representação do empresário junto aos terceiros que se relacionam com a empresa. Na seara processual, não se deve confundir a figura do preposto com a do advogado, pois ambos exercem papéis distintos. O advogado é o representante do empregador enquanto parte na relação processual, com os poderes da cláusula *ad judicia*, e somente ele pode exercer a representação processual, enquanto o preposto substitui o empregador nos atos processuais em que exigido o seu comparecimento pessoal. O preposto deve realizar pessoalmente as tarefas que lhe são cometidas e não pode, sem autorização escrita do preponente, delegar a outrem o exercício de suas funções, colocando outra pessoa em seu lugar. Se o fizer, além das sanções disciplinares eventualmente previstas na legislação trabalhista ou no contrato de trabalho ou de prestação de serviços, responderá, pessoalmente, pelos atos do substituto e pelas obrigações por ele contraídas.

JURISPRUDÊNCIA COMENTADA: Demandas frequentemente levadas aos Tribunais envolvem a contratação com sociedade por meio de preposto sem poderes de representação. Como regra geral, tem-se decidido pela "aplicabilidade da teoria da representação aparente da pessoa jurídica em face de terceiros, em homenagem aos princípios da probidade e da boa-fé objetiva, arts. 422 e 1.022 do Código Civil" (TJSP, APL 1003465-24.2018.8.26.0566, Rel. Des. César Peixoto, *DJESP* 19.02.2019). No entanto, o TJSP tem decidido pela inaplicabilidade da teoria da aparência quando a vítima é negociante experiente e, "considerada a forma de negociar, assume o risco de contratar com pessoa sem autonomia para tanto" (TJSP, APL 1026066-40.2013.8.26.0100, Rel. Des. Alfredo Attié, *DJESP* 18.05.2016).

Art. 1.170. O preposto, salvo autorização expressa, não pode negociar por conta própria ou de terceiro, nem participar, embora indiretamente, de operação do mesmo gênero da que lhe foi cometida, sob pena de responder por perdas e danos e de serem retidos pelo preponente os lucros da operação.

COMENTÁRIOS DOUTRINÁRIOS: O preposto deve agir nos limites das suas funções e, para praticar quaisquer atos que exorbitem daqueles delegados na preposição, depende de poderes especiais e expressos. Quando o preposto excede aos poderes que lhe foram conferidos, pode ser chamado a responder por perdas e danos. O mesmo vai acontecer se ele negociar por conta própria ou de terceiro, ou seja, se ele exercer uma atividade econômica autônoma ou prestar serviços a outra empresa que exerça atividade do mesmo gênero da que lhe foi cometida, já que ao preposto não é permitido fazer concorrência com o preponente, atuando em operações colidentes ou no mesmo ramo de atividade, hipótese em que o preponente, além das perdas e danos, poderá reter os lucros que o preposto obteve com a concorrência, mediante medida judicial específica para arrestar os valores da operação. Em suma, o artigo em comento consigna verdadeiro dever de fidelidade do preposto, proibindo-o de concorrer com o preponente, seja como autônomo, seja como auxiliar de terceiro. Para o exercício de outra atividade, não concorrente, o preposto prescinde de autorização do preponente, salvo cláusula de exclusividade ou de dedicação exclusiva inserta no contrato de preposição. No comparecimento da empresa perante o Poder Judiciário, a Carta de Preposição, necessária quando se tratar de pessoa sem vínculo jurídico com empresa, indicará os poderes do preposto, especialmente quando comparecer em Juízo na condição de representante do empresário ou da pessoa jurídica. Nos casos de audiência de conciliação, com possibilidade de acordo, é importante que a Carta de Preposição mencione os limites de valores para o acordo. No âmbito da Justiça do Trabalho, o § 1º do art. 843 da CLT faculta "ao empregador fazer-se substituir pelo gerente, ou qualquer outro preposto que tenha conhecimento do fato, e cujas declarações obrigarão o proponente". A celebração de acordo, no entanto, exige poderes especiais para transigir e o poder de transigir não importa o de firmar compromisso, a teor do disposto no § 2º no art. 661 deste Código.

Art. 1.171. Considera-se perfeita a entrega de papéis, bens ou valores ao preposto, encarregado pelo preponente, se os recebeu sem protesto, salvo nos casos em que haja prazo para reclamação.

COMENTÁRIOS DOUTRINÁRIOS: O Código recepciona, com maior rigor técnico e linguagem mais concisa, regra anteriormente prevista no art. 76 do CCom de 1850. O preposto tem poderes, por força de lei, para receber documentos, bens, mercadorias ou valores em nome do preponente e estará perfeita a entrega se os recebeu sem ressalva, protesto ou reclamação. Portanto, tudo o que um preposto, que exerça suas funções dentro do estabelecimento, receber de terceiro, sem ressalva, é considerado como recebido pelo próprio preponente. A mercadoria entregue no estabelecimento e recebida pelo preposto completa a transferência de domínio nos contratos de compra e venda, salvo nos casos de venda a contento (art. 509 do CC) ou nos contratos de consumo, atuando o empresário na condição de consumidor (CDC, art. 49). Nesses casos, mesmo que o preposto tenha recebido o produto sem ressalvas, não se aplica o disposto no art. 1.171 para fins de obrigar o preponente. Situação diversa é a dos prepostos externos, que atuam fora do estabelecimento, os quais, como regra geral, não prescindem de mandato ou de autorização por escrito para receber papéis, bens ou valores em nome do preponente. O preposto interno, desde que entre as suas funções esteja o recebimento de correspondências, também pode receber notificações judiciais e extrajudiciais e citação em processos judiciais. O § 2º do art. 248 do CPC estabelece que "sendo o citando pessoa jurídica, será válida a entrega do mandado a pessoa com poderes de gerência geral ou de administração ou, ainda, a funcionário responsável pelo recebimento de correspondências".

JURISPRUDÊNCIA COMENTADA: Nos Tribunais são comuns as discussões envolvendo aceite de duplicatas e sua consequente eficácia executiva quando a entrega ou recebimento da mercadoria se deu por preposto. Tem-se entendido de forma pacífica pela "vinculação por ato do preposto praticado na sede do estabelecimento comercial, sem ressalvas, protesto ou reclamação" (TJSP, AI 0050808-58.2013.8.26.0000, Des. Cesar Santos Peixoto, *DJESP* 22.05.2013). Discussão semelhante se deu em relação ao recebimento de notificação expedida de cessão de crédito recebida por preposto, e não por um dos sócios da sacada, fato considerado "irrelevante no contexto examinado, sendo admitido para o julgamento que o ato foi praticado por preposto nos limites do art. 1.171 do Código Civil para acarretar a responsabilidade do preponente por suas consequências jurídicas" (TJSP, APL 991.07.049087-3, Rel. Des. Conti Machado, *DJESP* 20.08.2010). Com esses argumentos, o Tribunal reputou eficaz a notificação para os fins do art. 290 do Código Civil. Entretanto, hipótese diversa é a do falso preposto. Já se reconheceu a nulidade de duplicatas mercantis emitidas indevidamente contra a sacada, advinda de compra realizada por terceiro que lhe prestava serviços, com o encaminhamento das mercadorias ao estabelecimento, onde foram recebidas por aquele, em razão da "ausência de mandato e de razão justificável para o aparecimento da preposição, (arts. 1.169 a 1.171 do Código Civil)" (TJSP, APL 7162112-0, Rel. Des. Conti Machado, *DJESP* 24.09.2008).

SEÇÃO II
DO GERENTE

Art. 1.172. Considera-se gerente o preposto permanente no exercício da empresa, na sede desta, ou em sucursal, filial ou agência.

COMENTÁRIOS DOUTRINÁRIOS: O Código Civil, bem mais próximo da realidade empresarial, corrigiu distorções anteriormente existentes no que dizia respeito ao conteúdo da palavra "gerente". Diz o Código que gerente é apenas o preposto permanente no exercício (individual ou coletivo) da empresa, na sede ou filial. Ou seja, é um empregado mais qualificado do empresário individual ou da sociedade empresária, com ascendência sobre os demais empregados. Não se confunde, portanto, com o administrador da sociedade que exerce, por delegação dos sócios, poderes de gestão. O sócio que administra a sociedade não deve ser designado de gerente ou sócio-gerente, passando a ser designado de administrador ou diretor. Nada obsta, no entanto, que o administrador delegue ao gerente atos típicos de gestão, se o contrato social ou a deliberação dos sócios assim o permitirem. O gerente é um preposto mais qualificado que os demais, encarregado de chefiar um estabelecimento ou um setor da estrutura organizacional da empresa. Se a empresa possui mais de um estabelecimento ou filial, normalmente disporá de um gerente para cada. Também pode haver mais de um gerente em um mesmo estabelecimento, cada um responsável por um setor da organização (por exemplo, gerente de RH, gerente financeiro, gerente administrativo etc.). Especialmente nos casos das filiais, o gerente substitui o empresário, podendo exercer direitos e assumir obrigações em seu nome, inclusive receber citação em processos judiciais. Entretanto, havendo mais de um gerente no mesmo estabelecimento, a citação só será válida quando entregue àquele com poderes de gerência geral ou de administração, a teor do § 2º do art. 248 do CPC. O gerente, na seara trabalhista, é considerado "cargo de confiança", não se submetendo, por isso, a controle rígido de horário. O art. 62, II, da CLT estabelece que não são abrangidos pelo regime previsto naquele capítulo ("Da duração do trabalho"), "os gerentes, assim considerados os exercentes de cargos de gestão, aos quais se equiparam, para efeito do disposto neste artigo, os diretores e chefes de departamento ou filial".

JURISPRUDÊNCIA COMENTADA: O gerente, por desempenhar uma função de confiança do empresário, não obedece à mesma jornada de trabalho dos demais empregados: "A confiança delineada no artigo 62, II, CLT, é aquela depositada no empregado que exerce, por delegação, poderes típicos do empregador, atuando como gestor da unidade, nos moldes conceituados pelo art. 1.172 do Código Civil, podendo seus atos dirigirem de forma efetiva os rumos da atividade empresária e colocar em risco o sucesso do empreendido" (TRT 23.ª Região, ROT 0000968-87.2019.5.23.0005, Rel. Des.

Wanderley Piano da Silva, *DEJTMT* 27.07.2021). Pelas mesmas razões, o Conselho de Contribuintes entende que o "funcionário que ocupa cargo de gerência, nos moldes do art. 1.172 do Código Civil, é apto a receber o Mandado de Procedimento Fiscal" (CARF, RVol 15375.000512/2008-51, Ac. 2202-006.847, Rel. Cons. Ludmila Mara Monteiro de Oliveira, *DOU* 13.08.2020). Por outro lado, já se afastou a exceção do art. 62, II, da CLT quando, da análise do conjunto probatório, o Tribunal não vislumbrou, "nas atividades do reclamante, a existência de autonomia típica de empregador na condução da empresa, nem mesmo provas da prática de atos disciplinares, tais como admissão, promoção e demissão, ou outros que demonstrem o poder diretivo do empregador através daquele representante, com mandato expresso ou tácito" (TRT 6.ª Região, RO 0001639-69.2016.5.06.0141, Des. Fábio André de Farias, *DOEPE* 22.08.2019).

Art. 1.173. Quando a lei não exigir poderes especiais, considera-se o gerente autorizado a praticar todos os atos necessários ao exercício dos poderes que lhe foram outorgados.

Parágrafo único. Na falta de estipulação diversa, consideram-se solidários os poderes conferidos a dois ou mais gerentes.

COMENTÁRIOS DOUTRINÁRIOS: Os poderes conferidos ao gerente, tanto os de representação, como aqueles destinados à prática de atos e realização dos negócios relacionados às atividades da empresa, prescindem de mandato. Trata-se de representação legal. Esses são os poderes gerais, normalmente ínsitos ao próprio cargo de gerente, como gestão de pessoal, aquisição de insumos, pagamento de tributos etc. O gerente também prescinde de poderes especiais para constituir advogado no ajuizamento de demandas no interesse da empresa. Para prática de determinados atos que exorbitem da atividade ordinária desempenhada pelo gerente, exigem-se poderes especiais e expressos. Tais atos só podem ser praticados pelo gerente se houver mandato escrito, vale dizer, o gerente não pode praticar atos que não são permitidos ao mandatário com poderes gerais. Os atos que exigem poderes especiais, normalmente, são todos aqueles para cuja prática sequer o administrador estaria autorizado, como é o caso da alienação ou oneração de imóveis, da transação e do compromisso. Ressalto, ainda, o disposto no Enunciado n. 183 da *III Jornada de Direito Civil*: "Para os casos em que o parágrafo primeiro do art. 661 exige poderes especiais, a procuração deve conter a identificação do objeto". Se o gerente exceder aos poderes que lhe forem conferidos, será considerado mero gestor de negócios, obrigando-se pessoalmente pelas obrigações assumidas (ver arts. 665 e 861 deste Código), se o empresário não ratificar os atos praticados com excesso de poderes, a teor do disposto no art. 662. Havendo dois ou mais gerentes, serão eles solidários quanto aos poderes conferidos, desde que não haja estipulação diversa no contrato social. Se os poderes são solidários, todos os gerentes podem praticar, isoladamente, os mesmos atos.

JURISPRUDÊNCIA COMENTADA: Em ação declaratória de nulidade de negócio jurídico, em que se alegou que "o contrato foi firmado por preposta que não detinha poderes para tanto", concluiu o Judiciário que, "apesar de a Recorrente alegar que a preposta não possuía autorização para contratar, constata-se que o contrato está assinado pela gerente da pessoa jurídica, portanto, tendo em vista que a pessoa que assinou o documento possuía vínculo com a Recorrente à época dos fatos, bem como está qualificada como gerente da sociedade empresária, incumbia a parte autora demonstrar que esta não possuía poderes [...]. Desse modo, tendo em vista que há contrato assinado pela gerente da sociedade empresária, não constatado vício capaz de macular o negócio jurídico firmado, conclui-se pela manutenção da sentença" (JECPR, RInomCv 0019949-28.2020.8.16.0021, Cascavel, Rel. Juiz Irineu Stein Júnior, *DJPR* 20.09.2021).

Art. 1.174. As limitações contidas na outorga de poderes, para serem opostas a terceiros, dependem do arquivamento e averbação do instrumento no Registro Público de Empresas Mercantis, salvo se provado serem conhecidas da pessoa que tratou com o gerente.

Parágrafo único. Para o mesmo efeito e com idêntica ressalva, deve a modificação ou revogação do mandato ser arquivada e averbada no Registro Público de Empresas Mercantis.

COMENTÁRIOS DOUTRINÁRIOS: Em regra, não exige o Código que o instrumento pelo qual o preponente delega a preposto externo a prática de determinados atos em seu nome seja levado a registro no RPEM, salvo no caso dos gerentes. O art. 1.174 estabelece a obrigatoriedade de arquivamento e averbação do mandato outorgado ao gerente, tal como previsto na antiga lei do registro do comércio (Lei n. 4.726/1965), exigência abolida pela Lei n. 8.934/1994, mas restaurada com o CC/2002. Os poderes conferidos ao gerente podem ser ampliados, restringidos ou revogados pela sociedade empresária ou pelo empresário individual, sendo exigido, nesses casos, o registro do documento na Junta Comercial para produzir efeitos perante terceiros, sob pena de responder o empresário ou a sociedade pelos atos praticados pelo gerente. Assim, desde que averbadas as limitações do mandato no registro competente, os atos praticados pelo gerente, com excesso de poderes, não serão assumidos ou suportados pela sociedade. Essa disposição protege a sociedade lesada pelo gerente, que agiu com excesso de poderes, em contraponto à proteção dos terceiros de boa-fé. Entre a sociedade prejudicada pelo gerente, que extrapolou os limites dos seus poderes previstos no instrumento de mandato, devidamente arquivado no órgão registral, e os interesses dos terceiros de boa-fé que transacionaram com a sociedade, o Código Civil parece optar pela proteção à empresa. Entretanto, repito o que disse nos comentários ao art. 1.015, no sentido de que essa prevalência dos interesses sociais não é absoluta e, a depender de qual tenha sido o ato ou negócio jurídico praticado, pode-se priorizar os terceiros de boa-fé, de quem, em diversificadas situações, não se pode exigir que toda vez que forem negociar com a pessoa jurídica (ou com o empresário individual) investiguem no órgão registral quais os limites dos poderes conferidos aos prepostos da empresa. O interesse dos terceiros (e do tráfego jurídico) pode prevalecer, a depender das circunstâncias do caso concreto, como nas hipóteses em que restar comprovado o proveito obtido pela sociedade. A aplicação da teoria da aparência servirá de fundamento para vincular a empresa, ainda quando o gerente tenha agido com excesso de poderes.

JURISPRUDÊNCIA COMENTADA: Em uma demanda cujo objeto era a invalidação de contrato bancário firmado por gerente sem poderes para tanto, o Tribunal de Justiça de Minas Gerais, aduzindo que não fora observado o art. 1.174 do Código Civil, manteve válido e eficaz o contrato, ao argumento de que, "acima das vontades particulares, ou das representações psíquicas dos estipulantes, é preciso colocar os princípios superiores da segurança social, entre os quais se encontra, no primeiro plano, o caráter definitivo do contrato uma vez celebrado, e das obrigações que dele derivam, somente podendo-se falar em invalidação do contrato, quando se verifique no negócio alguma nulidade absoluta, e que, como tal, deva ser declarada de ofício, ou que tenha restado comprovado qualquer vício de consentimento" (TJMG, APCV 1.0024.06.056165-1/0021, Rel. Des. Marcelo Rodrigues, *DJEMG* 18.05.2009). As limitações contidas na outorga de poderes, para serem opostas a terceiros, dependem do arquivamento e da averbação do instrumento no Registro Público de Empresas Mercantis. Se, "mesmo oportunizada à parte Recorrente a produção de prova oral em audiência, para que fossem esclarecidos os pontos controvertidos, esta optou pela dispensa do ato" e "tendo em vista que há contrato assinado pela gerente da sociedade empresária, não constatado vício capaz de macular o negócio jurídico firmado", deve ser mantida a cobrança (JECPR, RInomCv 0019949-28.2020.8.16.0021, Rel. Juiz Irineu Stein Júnior, *DJPR* 20.09.2021).

Art. 1.175. O preponente responde com o gerente pelos atos que este pratique em seu próprio nome, mas à conta daquele.

COMENTÁRIOS DOUTRINÁRIOS: O gerente é um dos prepostos da empresa, o mais qualificado deles e, como tal, exerce uma representação dela. Ora, sempre que o representante estipular negócios expressamente em nome do representado, será este o único responsável. Ficará, porém, o gerente pessoalmente obrigado, se agir no seu próprio nome e as obrigações advindas de seus atos sejam totalmente alheias ao mandante. Assim, a responsabilidade pessoal do gerente exsurge quando ele age em seu próprio nome, em proveito pessoal, o que resultará na sua exclusiva vinculação perante os terceiros com quem contratou, no tocante ao cumprimento das obrigações assumidas. Mas se o negócio, ainda que feito em nome próprio, tenha sido realizado à conta do preponente, trazendo benefício para o empresário, preposto e preponente serão solidariamente responsáveis. Em suma, a responsabilidade perante terceiros, em regra, será de quem delegou poderes ao gerente. Nas situações em que o gerente praticar atos em seu próprio nome pessoal, mas em benefício da empresa, presume-se que o fez por conta do preponente e este responderá solidariamente com o gerente, salvo o disposto no art. 1.174.

Art. 1.176. O gerente pode estar em juízo em nome do preponente, pelas obrigações resultantes do exercício da sua função.

COMENTÁRIOS DOUTRINÁRIOS: O dispositivo estabelece que o gerente pode, em razão das obrigações resultantes do exercício da sua função, ser chamado a juízo em nome da pessoa jurídica ou do empresário individual. Desde que a demanda tenha relação com as funções desempenhadas pelo gerente, o legislador atribui a esse preposto qualificado o poder de representação legal, independentemente de instrumento de mandato. Mas se a ação não versar especificamente sobre a atividade exercida pelo gerente, a representação da empresa depende dos poderes de representação concedidos em instrumento específico (representação convencional).

SEÇÃO III
DO CONTABILISTA E OUTROS AUXILIARES

Art. 1.177. Os assentos lançados nos livros ou fichas do preponente, por qualquer dos prepostos encarregados de sua escrituração, produzem, salvo se houver procedido de má-fé, os mesmos efeitos como se o fossem por aquele.

Parágrafo único. No exercício de suas funções, os prepostos são pessoalmente responsáveis, perante os preponentes, pelos atos culposos; e, perante terceiros, solidariamente com o preponente, pelos atos dolosos.

COMENTÁRIOS DOUTRINÁRIOS: Todas as informações inseridas na escrituração contábil vinculam o empresário e a sociedade empresária, pouco importando quem realizou os lançamentos, se o próprio empresário, o sócio ou o preposto responsável pelos livros. Os lançamentos serão ineficazes perante o preponente exclusivamente na hipótese de má-fé do preposto, a ser devidamente comprovada. O parágrafo único desse dispositivo versa sobre a responsabilidade civil do preposto incumbido da escrituração contábil, ou seja, o contabilista e seus auxiliares. Em que pese a referência genérica, como se estivesse a abranger todo e qualquer preposto, o parágrafo deve ser interpretado em consonância com o *caput*, pois, sob o aspecto técnico-sistemático da interpretação, "deve-se ter em vista, acima de tudo, o lugar em que um dispositivo se encontra" (MAXIMILIANO, Carlos. *Hermenêutica e aplicação do direito*. Rio de Janeiro: Forense, 1992. p. 269). O contador, no exercício de suas funções, é pessoalmente responsável pelos atos que, por culpa sua, vierem a causar prejuízos ao empresário ou à pessoa jurídica a quem presta serviços de contabilidade. A responsabilidade civil do contador perante o empresário ou perante a sociedade empresária, portanto, é subjetiva e somente será apurada mediante a verificação de culpa. Já a responsabilidade perante terceiros, em solidariedade com o preponente, só se verificará nos casos em que houver dolo. Caberá ao terceiro a opção entre acionar apenas o preponente, que responde objetivamente nos termos dos arts. 932, III, e 933 desse Código, ou a ambos, comprovando o dolo do preposto. Quando o preponente responder sozinho pelo dano, poderá fazer uso da ação de regresso de que trata o art. 934. A pretensão de indenização pelos danos causados pelo contabilista deve ser exercida dentro do prazo prescricional trienal disposto no art. 206, § 3º, inciso V. O termo *a quo* do prazo deve observar a teoria da *actio nata*, de modo que o marco inicial da contagem se dará com a ciência pelo preponente (ou pelo terceiro) do dano sofrido em razão da falha na prestação do serviço pelo profissional contábil.

JURISPRUDÊNCIA COMENTADA: São frequentes as situações em que a falha na prestação do serviço pelo contador ou pela sociedade de contabilistas leva à autuação do preponente pelo Fisco em razão do recolhimento a menor dos impostos. Nesses casos, a jurisprudência tem reconhecido ser devida a reparação ao empresário ou à sociedade empresária pelos danos causados, desde que demonstrado que o profissional contábil atuou de maneira negligente e imperita. O contador, como preposto do empresário, responde, pelos atos relativos à escrituração contábil e fiscal, pessoalmente por seus atos culposos e, solidariamente com o preponente, perante terceiros por seus atos dolosos. Assim, já decidiu o TJMG que: "uma vez comprovado nos autos que a autuação do fisco teve como causa principal o erro nas informações prestadas, por evidente, que a responsabilidade pelos danos decorrentes deve recair sobre o profissional contábil que não desempenhou adequadamente seu mister, tendo agido com imperícia e negligência". O tribunal, nesse caso, após reconhecer a prática de ato ilícito culposo pelo contador, condenou o réu a "responder pelos danos decorrentes de sua conduta, os quais incluem, o ressarcimento dos valores pagos pela autora a título de multa ao fisco pelo não recolhimento dos tributos, bem como dos juros aplicados pela inadimplência" (TJMG, APCV 1.0390.07.018288-1/001, Rel. Des. Marcos Henrique Caldeira Brant, *DJEMG* 16.03.2018). Em outro caso em que "o contabilista, além de ter falhado na sua obrigação contratual de supervisão e fiscalização dos assentamentos fiscais do contratante, foi quem de fato efetuou o lançamento da Escrituração Fiscal Digital erroneamente junto ao Fisco, ensejando na lavratura dos autos de infração e, consequentemente, na multa fiscal imposta", o TJGO condenou a empresa de serviços contábeis ao pagamento de indenização (TJGO, AC 5703326-40.2019.8.09.0100, *DJEGO* 24.02.2023). Também já se decidiu que a indenização a ser fixada deve incluir "além da multa aplicada pelo fisco, os honorários do profissional contábil contratado para retificar as irregularidades existentes na escrituração da empresa autora" (TJMG, APCV 1.0518.12.022099-2/001, Rel. Des. Mariângela Meyer, *DJEMG* 05.05.2017). O prazo prescricional da pretensão de reparação civil decorrente de imposição de multa pela Receita Federal, ante a negligência dos contadores, segundo o Tribunal de Justiça do Rio Grande do Sul, deve ser contado a partir do pagamento da multa, pois "é na data do pagamento da referida multa que surge o direito ressarcitório da empresa autora" (TJRS, AC 0149682-34.2014.8.21.7000, Rel. Des. Alexandre Kreutz, *DJERS* 19.12.2016).

Art. 1.178. Os preponentes são responsáveis pelos atos de quaisquer prepostos, praticados nos seus estabelecimentos e relativos à atividade da empresa, ainda que não autorizados por escrito.

Parágrafo único. Quando tais atos forem praticados fora do estabelecimento, somente obrigarão o preponente nos limites dos poderes conferidos por escrito, cujo instrumento pode ser suprido pela certidão ou cópia autêntica do seu teor.

COMENTÁRIOS DOUTRINÁRIOS: O Código assimila regra anteriormente prevista no art. 75 do CCom de 1850, mas o fez de forma deslocada, situando-a na seção dos contabilistas, quando deveria tê-la inserido entre as disposições gerais aplicáveis aos prepostos. Os prepostos que exercem suas funções dentro do estabelecimento presumem-se representantes (representação legal) do preponente, independentemente de qualquer autorização por escrito. Os que exercem atividades externas, necessitam de poderes discriminados em mandato escrito ou verbal para vincular o preponente pelos atos praticados. Os preponentes respondem por todos os atos praticados dentro dos seus estabelecimentos por quaisquer dos seus prepostos, independentemente de autorização por escrito. O dispositivo se harmoniza com o que já estabelece o art. 932, inciso III, no que tange à responsabilidade solidária do empregador por atos de seus empregados e prepostos. É a chamada responsabilidade por fato de terceiro ou responsabilidade indireta, que ultrapassa a pessoa causadora do dano para atingir outra pessoa, a quem o agente encontra-se vinculado. E o art. 933 diz expressamente que as pessoas indicadas no art. 932, ainda que não haja culpa de sua parte, responderão pelos atos praticados pelos terceiros ali referidos. Trata-se de responsabilidade objetiva, independente de culpa, consoante conclusão exposta no Enunciado n. 451, aprovado na *V Jornada de Direito Civil de 2011*: "Arts. 932 e 933. A responsabilidade civil por ato de terceiro funda-se na responsabilidade objetiva ou independente de culpa, estando superado o modelo de culpa presumida". Entretanto, se os atos ilícitos do preposto forem praticados fora do estabelecimento, a responsabilidade objetiva do preponente vai depender dos limites dos poderes que conferiu por escrito ao preposto. É o que se extrai da dicção do parágrafo único. Aliás, o próprio art. 932 deixa claro que a responsabilidade do empregador ou comitente, por seus empregados e prepostos, refere-se aos atos por eles praticados no exercício do trabalho que lhes competir, ou em razão dele. Ora, se os atos praticados pelo preposto fora do estabelecimento não tiverem relação com a atividade do preponente ou excederem os limites dos poderes que lhe foram conferidos, não pode o preponente ser responsabilizado por prejuízos eventualmente causados a terceiros.

JURISPRUDÊNCIA COMENTADA: Em um evento festivo aberto ao público, em que os seguranças contratados pelo promotor da festa agrediram um consumidor, causando-lhe lesão corporal, o Tribunal de Justiça do Distrito Federal entendeu caracterizada a responsabilidade objetiva do preponente por ato praticado por seus prepostos, com fundamento no art. 1.178, do Código Civil. No caso, a vítima pretendeu participar de festa aberta ao público, mediante pagamento de bilhete de entrada mas, ao tentar ingressar no local do evento, sofreu agressão física pelos seguranças que guardavam o local, da qual resultou lesão corporal atestada em laudo. O preponente foi condenado a indenizar o requerente no valor de R$ 4.000,00, a título de reparação de danos morais (TJDF, Processo 0702.84.0.512016-8070020, Acórdão 104.1685, 3.ª Turma Recursal dos Juizados Especiais, Rel. Juiz Asiel Henrique de Sousa, *DJDFTE* 31.08.2017). A solução seria diversa, se a agressão tivesse sido praticada em outro espaço, fora do estabelecimento e por razões estranhas à atividade do preposto. É o caso do segurança de uma casa de espetáculos que agride um consumidor, no meio da rua, por razões pessoais e fora do horário de serviço. Entretanto, quando se trata de responsabilidade civil do Estado por atos de seus agentes, pouco importa se o ato ilícito foi praticado em serviço ou no exercício das funções. A jurisprudência do Supremo Tribunal Federal é assente no sentido de que "o preceito inscrito no art. 37, § 6º, da C. F., não exige que o agente público tenha agido no exercício de suas funções, mas na qualidade de agente público" (RE 160401, Rel. Min. Carlos Velloso, *DJ* 04.06.1999; AG-RE-AgR 644.395, Rel. Min. Luiz Fux, *DJe* 20.10.2010).

CAPÍTULO IV
DA ESCRITURAÇÃO

Art. 1.179. O empresário e a sociedade empresária são obrigados a seguir um sistema de contabilidade, mecanizado ou não, com base na escrituração uniforme de seus livros, em correspondência com a documentação respectiva, e a levantar anualmente o balanço patrimonial e o de resultado econômico.

§ 1º Salvo o disposto no art. 1.180, o número e a espécie de livros ficam a critério dos interessados.

§ 2º É dispensado das exigências deste artigo o pequeno empresário a que se refere o art. 970.

COMENTÁRIOS DOUTRINÁRIOS: Os arts. 1.179 e 1.180 estabelecem os chamados requisitos extrínsecos da escrituração contábil que deve ser mantida pelo empresário individual e pela sociedade empresária e que pode ser realizada por meio manual, mecanizado ou por processamento eletrônico de dados. Pela análise da escrituração contábil, dirigentes, empresários e as partes interessadas ("stakeholders") têm condições de identificar a situação financeira da sociedade empresária em um determinado momento. Mostra-se, portanto, como importante e fundamental ferramenta de trabalho de gestores, que permite a identificação de oportunidades, melhorias e necessidades de alterações nas atividades empresariais. Não obstante, os registros contábeis são também utilizados por entes externos interessados no andamento das sociedades empresárias para avaliação e fiscalização das mesmas. A inserção desses dispositivos no bojo da codificação civil tem sido objeto de críticas contundentes da doutrina especializada, pois não caberia a um código regular a matéria contábil de forma tão minudente, descendo a minúcias sobre procedimentos detalhados de contabilidade empresarial, em regras próprias de legislação especial, o que constituiria grave atecnia. A contabilidade é o sistema de informação que controla o patrimônio da empresa, registrando todos os fatos patrimoniais, incorridos no exercício da atividade empresarial. A escrituração, por sua vez, constitui um método de lançamento desses registros nos livros próprios. A Norma Brasileira de Contabilidade (NBC TG estrutura conceitual), de 21 de novembro de 2019, que estabelece os conceitos que fundamentam a elaboração das demonstrações contábeis, menciona, entre os objetivos da contabilidade, "fornecer informações financeiras sobre a entidade que reporta que sejam úteis para investidores, credores por empréstimos e outros credores, existentes e potenciais, na tomada de decisões referente à oferta de recursos à entidade". A norma administrativa ainda esclarece acerca do conteúdo ou elementos das demonstrações contábeis, quais sejam: "(a) ativos, passivos e patrimônio líquido, que se referem à posição financeira da entidade que reporta; e (b)receitas e despesas, que se referem ao desempenho financeiro da entidade que reporta". A Lei n. 11.638, de dezembro 2007, que alterou e revogou dispositivos da Lei n. 6.404/1976 e da Lei n. 6.385/1976, ao mesmo tempo em que estendeu às sociedades de grande porte de qualquer tipo societário disposições relativas à elaboração e divulgação de demonstrações financeiras das sociedades anônimas, promoveu relevantes transformações no regramento da contabilidade empresarial, importando para o direito interno o sistema internacional de contabilidade elaborado pelo *International Accounting Standards Board* (IASB), e as normas padronizadas da *International Financial Reporting Standard* (IFRS), tornando tais procedimentos obrigatórios para as sociedades anônimas de capital aberto. Nos termos da Lei Complementar n. 123/2006, que estabelece regras gerais relativas ao tratamento diferenciado e favorecido às microempresas e empresas de pequeno porte, o microempresário e o empresário de pequeno porte (Lei n. 9.841/1999) poderão adotar contabilidade simplificada, para os registros e o controle das operações realizadas, conforme regulamentação do Comitê Gestor, estando dispensados das exigências deste artigo, cabendo lembrar que "o pequeno empresário, dispensado da escrituração, é aquele previsto na Lei n. 9.841/99", nos termos do Enunciado n. 235, aprovado durante a *III Jornada de Direito Civil*.

JURISPRUDÊNCIA COMENTADA: Dos Tribunais administrativos colhe-se a orientação de que "as microempresas e as empresas de pequeno porte, optantes pelo SIMPLES, ficam dispensadas de escrituração comercial para fins fiscais, desde que mantenham em boa ordem e guarda, enquanto não decorrido o prazo decadencial e não prescritas eventuais ações que lhes sejam pertinentes (parágrafo 16 do artigo 225 do Regulamento da Previdência Social e artigo 32 da IN SRF n. 608 de 09 de janeiro de 2006): Livro Caixa, no qual deverá estar escriturada toda a sua movimentação financeira, inclusive bancária; Livro de Registro de Inventário, no qual deverão constar registrados os estoques existentes no término de cada ano-calendário; e, todos os documentos e demais papéis que serviram de base para a escrituração dos livros referidos" (CARF, Recurso 12045.000485/2007-89, Acórdão 2301-003.868, Rel. Cons. Manoel Coelho Arruda Junior, *DOU* 05.02.2015). Também já se decidiu que a ausência da escrituração contábil importa em ato ilícito, devendo ser atribuída responsabilidade plena aos sócios pelos prejuízos causados à sociedade e aos credores desta, não se limitando à sua participação no capital social (TJDF, APC 2014.01.1.051670-8, Rel. Des. João Egmont Leoncio Lopes, *DJDFTE* 21.07.2016). Isso porque constitui "obrigação dos sócios possuir a escrituração contábil da empresa, até com a finalidade de, em caso de encerramento das atividades, apurar e quitar as dívidas pendentes. Tendo a parte efetuado o procedimento legal a destempo e a falta da documentação contábil demonstram atividade temerária" (TJDF, APC 07172.64-40.2021.8.07.0015, 185.5110, *DJe* 10.05.2024).

Art. 1.180. Além dos demais livros exigidos por lei, é indispensável o Diário, que pode ser substituído por fichas no caso de escrituração mecanizada ou eletrônica.

Parágrafo único. A adoção de fichas não dispensa o uso de livro apropriado para o lançamento do balanço patrimonial e do de resultado econômico.

COMENTÁRIOS DOUTRINÁRIOS: O Decreto-lei n. 486, de 04.03.1969, trata da escrituração contábil e dos livros mercantis, prevendo: (i) os elementos indispensáveis de registro; (ii) a possibilidade de utilização de código e/ou abreviaturas; (iii) a atribuição da responsabilidade pelos registros contábeis ao contabilista, legalmente habilitado; e (iv) os registros permanentes da sociedade empresária, que são o Diário e o Razão. O presente dispositivo, por sua vez, dispõe sobre os livros obrigatórios da contabilidade, entre os quais menciona o Livro Diário, trazendo o permissivo de sua substituição por fichas no caso de escrituração mecanizada ou eletrônica. Ou seja, o legislador de 2002 já previu a hipótese de escrituração eletrônica, por meio de computador, exigindo-se, apenas e quando exigido pela autoridade fiscal, a impressão dos relatórios, que devem ser encadernados, para facilitar a fiscalização. Por fim, o Decreto n. 6.022, de 2007, instituiu o SPED – Sistema Público de Escrituração Digital –, que consiste na "unificação de atividades de recepção, validação, armazenamento e autenticação de livros e documentos que integram a escrituração contábil e fiscal dos empresários e das pessoas jurídicas, inclusive imunes ou isentas, mediante fluxo único, computadorizado, de informações" (art. 2º). A empresa tem a obrigação de registrar em seus livros contábeis todas as operações realizadas no giro de suas atividades e o ônus de exibi-los em juízo quando instada a comprová-las. A negativa pode dar ensejo à determinação de exibição, com fulcro nos arts. 420 e 421, do Código de Processo Civil de 2015.

JURISPRUDÊNCIA COMENTADA: Na jurisprudência, a apresentação dos livros exigidos por Lei, que podem ser substituídos por fichas no caso de escrituração mecanizada ou eletrônica, tem sido considerada requisito indispensável para apuração de lucros cessantes nas demandas de reparação civil. Não se considera justificativa hábil a alegação de que as sociedades "que teriam sofrido lucros cessantes não contam com contabilização, restando inviabilizada a pretensão de presunção do lucro cessante" (TJSP, AI 2121619-33.2018.8.26.0000, Rel. Des. Maria Lúcia Pizzotti, *DJESP* 15.08.2018). Por fim, "as sociedades empresariais têm o dever de manter a escrituração contábil no Livro Diário, com a assinatura do responsável pela escrituração e pelo administrador, tanto no termo de abertura quanto de encerramento, conforme determina o Decreto-Lei nº 305/67 e a teor dos artigos 1.179 e 1.180 do Código Civil. Corolário lógico, a não entrega da totalidade dos livros fiscais obrigatórios configura delito falimentar, situação que, aliado ao esvaziamento de bens visando frustrar eventual concurso de credores, autoriza o redirecionamento da execução para responsabilização dos sócios" (TJRS, AC 0136871-71.2016.8.21.7000, *DJERS* 02.10.2023).

Art. 1.181. Salvo disposição especial de lei, os livros obrigatórios e, se for o caso, as fichas, antes de postos em uso, devem ser autenticados no Registro Público de Empresas Mercantis.

Parágrafo único. A autenticação não se fará sem que esteja inscrito o empresário, ou a sociedade empresária, que poderá fazer autenticar livros não obrigatórios.

COMENTÁRIOS DOUTRINÁRIOS: O art. 1.181 versa sobre a necessidade de autenticação pela Junta Comercial (e não por Cartório de Notas) de todos os instrumentos obrigatórios da escrituração, e ainda dos facultativos se a empresa assim o desejar. Os instrumentos de escrituração dos empresários e das sociedades empresárias consistem nos livros, em papel; no conjunto de fichas avulsas; conjunto de fichas ou folhas contínuas; livros em microfichas geradas através de microfilmagem de saída direta do computador e livros digitais. A autenticação dos livros digitais será efetuada pelas Juntas Comerciais com utilização de *software* específico. É evidente o descompasso desse dispositivo com a tecnologia atual, ao exigir, especialmente no caso de escrituração mecanizada ou eletrônica, a autenticação prévia dos Livros e das fichas, antes de colocados em uso. No entanto, isso já foi superado por normas administrativas do antigo DNRC. A matéria da autenticação encontra-se atualmente regulada pela Instrução Normativa n. 82, de 19 de fevereiro de 2021, do Departamento Nacional de Registro Empresarial e Integração – DREI – e que institui os procedimentos para autenticação dos livros contábeis ou não dos empresários individuais e das sociedades, bem como dos livros dos agentes auxiliares do comércio. A IN 82 dispõe que a autenticação da Escrituração Contábil Digital – ECD, por meio do Sistema Público de Escrituração Digital – SPED, instituído pelo Decreto n. 6.022, de 22 de janeiro de 2007, desobriga qualquer outra autenticação. A possibilidade de autenticação dos livros mediante o Sistema Público de Escrituração Digital (SPED), por meio da apresentação de escrituração contábil digital, também foi prevista para as sociedades que não estão sujeitas ao Registro de Comércio, conforme determina o Decreto n. 9.555/2018. O Código de Processo Civil, finalmente, disciplina a força probante dos livros empresariais que atendam às formalidades legais. O art. 418 é taxativo: "Os livros empresariais que preencham os requisitos exigidos por lei provam a favor de seu autor no litígio entre empresários". O art. 417 aduz que os livros empresariais provam contra seu autor, permitindo, no entanto, ao empresário, demonstrar, por todos os meios permitidos em direito, que os lançamentos não correspondem à verdade dos fatos. Finalmente o art. 419 dispõe que "a escrituração contábil é indivisível, e, se dos fatos que resultam dos lançamentos, uns são favoráveis ao interesse de seu autor e outros lhe são contrários, ambos serão considerados em conjunto, como unidade".

Art. 1.182. Sem prejuízo do disposto no art. 1.174, a escrituração ficará sob a responsabilidade de contabilista legalmente habilitado, salvo se nenhum houver na localidade.

COMENTÁRIOS DOUTRINÁRIOS: Em regra, somente os inscritos no Conselho Regional de Contabilidade podem ser responsáveis pela escrituração do empresário individual ou da sociedade empresária. O art. 15 do Decreto-lei n. 9.295/1946 já estabelecia que "os indivíduos, firmas, sociedades, associações, companhias e empresas em geral, e suas filiais que exerçam ou explorem, sob qualquer forma, serviços técnicos contábeis, ou a seu cargo tiverem alguma seção que a tal se destine, somente poderão executar os respectivos serviços, depois de provarem, perante os Conselhos de Contabilidade que os encarregados da parte técnica são exclusivamente profissionais habilitados e registrados na forma da lei". O art. 12 do Decreto-lei n. 9.295, por sua vez, estatui que "os profissionais a que se refere este Decreto-lei somente poderão exercer a profissão após a regular conclusão do curso de Bacharelado em Ciências Contábeis, reconhecido pelo Ministério da Educação, aprovação em Exame de Suficiência e registro no Conselho Regional de Contabilidade a que estiverem sujeitos". A IN DREI n. 82 de 22 de fevereiro de 2021 acrescenta que os termos de abertura e de encerramento dos livros, contábeis ou não, "deverão estar devidamente assinados pelo respectivo interessado ou procurador e por contabilista legalmente habilitado, quando for o caso, com indicação do número de sua inscrição no Conselho Regional de Contabilidade – CRC" (art. 6º). Excepcionalmente um contador (ou técnico em contabilidade), não inscrito no CRC, poderá se responsabilizar pela escrituração, quando não houver outro profissional habilitado na sede da empresa. Nesse caso, caberá aos Conselhos Regionais de Contabilidade informar às Juntas Comerciais as localidades onde não haja profissional habilitado (§ 2º do art. 3º do Decreto n. 64.567, de 1969).

JURISPRUDÊNCIA COMENTADA: No caso de procedimento administrativo fiscal, a intimação "pode ser realizada na pessoa do preposto, não se exigindo que esteja munido de procuração com poderes específicos. O contador deve ser considerado preposto da pessoa jurídica, nos termos previstos no art. 1.177 c/c art. 1.182 do Código Civil, que dispõem, ainda, sobre sua responsabilidade pessoal perante os preponentes, pelos atos culposos e, perante terceiros, pelos atos dolosos. Realizada validamente a intimação, deve-se concluir pela inexistência de nulidade do lançamento" (TRF 1.ª R., AC 1009433-98.2018.4.01.3400, *DJe* 20.03.2024). Ainda que a sociedade não explore serviço técnico contábil, se "possui pelo menos um setor que desenvolve essa atividade para controle próprio", faz surgir "a necessidade de possuir profissional regularmente inscrito no Conselho Profissional, mormente em virtude da exigência contida nos artigos 1.179 e 1.182 do Código Civil". Assim, "verificada a ilegalidade, agiu corretamente a Fiscalização ao proceder à autuação da empresa, aplicando corretamente a multa, conforme os parâmetros legais" (TRF 3.ª Região, AC 0016852-59.2013.4.03.6100, Rel. Des. Fed. Nery Junior, *DEJF* 27.03.2017).

Art. 1.183. A escrituração será feita em idioma e moeda corrente nacionais e em forma contábil, por ordem cronológica de dia, mês e ano, sem intervalos em branco, nem entrelinhas, borrões, rasuras, emendas ou transportes para as margens.

Parágrafo único. É permitido o uso de código de números ou de abreviaturas, que constem de livro próprio, regularmente autenticado.

COMENTÁRIOS DOUTRINÁRIOS: O presente dispositivo versa sobre os requisitos intrínsecos da escrituração, cujos lançamentos devem ser efetuados em português, em moeda corrente nacional e sob a forma contábil, em ordem cronológica de dia, mês e ano, sem intervalos em branco, nem entrelinhas, borrões, rasuras, emendas ou transportes para as margens. O objetivo dessas restrições, como se antevê, é o de evitar a inclusão de lançamentos a destempo, com o fito de fraudar a escrituração. A exigência do uso do vernáculo, por outro lado, não é absoluta, admitindo-se o uso de termos em língua estrangeira, quando incorporados aos usos e costumes do tráfego empresarial (por exemplo, *offshore, holding, trust, startup, joint venture, venture capital* etc.).

Art. 1.184. No Diário serão lançadas, com individuação, clareza e caracterização do documento respectivo, dia a dia, por escrita direta ou reprodução, todas as operações relativas ao exercício da empresa.

§ 1º Admite-se a escrituração resumida do Diário, com totais que não excedam o período de 30 (trinta) dias, relativamente a contas cujas operações sejam numerosas ou realizadas fora da sede do estabelecimento, desde que utilizados livros auxiliares regularmente autenticados, para registro individualizado, e conservados os documentos que permitam a sua perfeita verificação.

§ 2º Serão lançados no Diário o balanço patrimonial e o de resultado econômico, devendo ambos ser assinados por técnico em Ciências Contábeis legalmente habilitado e pelo empresário ou sociedade empresária.

COMENTÁRIOS DOUTRINÁRIOS: No Livro Diário serão lançadas todas as operações de conteúdo patrimonial realizadas pela pessoa jurídica ou pelo empresário individual. Ressalte-se que o Livro Diário, assim como todos os outros instrumentos de escrituração das empresas mercantis e dos agentes auxiliares do comércio, a teor da IN DREI n. 82, de 2021, "deverão ser exclusivamente digitais". Se o número de operações for elevado, a escrituração pode ser resumida, mediante o uso de Livro Diário auxiliar, escriturando-se no Livro Diário principal um resumo, por totais, das operações realizadas no período máximo de trinta dias. O § 2º do art. 1.184, por seu turno, obriga a que, tanto o balanço patrimonial, como as demais demonstrações financeiras, quando do encerramento do exercício anual do Livro Diário, sejam assinados pelo contabilista responsável e devidamente inscrito no Conselho

Regional de Contabilidade, bem como pelo empresário individual ou pelo administrador da sociedade empresária. A assinatura, no caso, é eletrônica, com qualquer certificado digital emitido por entidade credenciada pela Infraestrutura de Chaves Públicas Brasileira (ICP-Brasil) ou qualquer outro meio de comprovação da autoria e da integridade de documentos em forma eletrônica, nos termos do § 2º do art. 10 da Medida Provisória n. 2.200-2/2001 c/c o art. 5 º da Lei n. 14.063, de 2020. A exigência de registro no CRC pode ser superada quando não houver outro profissional habilitado na sede da empresa. Nesse caso, caberá aos Conselhos Regionais de Contabilidade informar às Juntas Comerciais as localidades onde não haja profissional habilitado (§ 2º do art. 3º do Decreto n. 64.567, de 1969).

JURISPRUDÊNCIA COMENTADA: Já se decidiu que a inobservância dos requisitos previstos no art. 1.184, ou seja, a não apresentação de documentos contábeis na forma da lei, não constitui "rigorismo formal" por parte da autoridade administrativa e justifica a inabilitação da sociedade empresária em processo de licitação. A análise da regularidade do balanço apresentado nos termos do edital pressupõe que tenha sido feito na forma dos arts. 1.181 e 1.184 do Código Civil. No caso concreto decidido pelo TJPE, "após sagrar-se vencedora na fase de classificação das propostas, a apelante restou inabilitada pelos seguintes motivos: i) não apresentação do balanço patrimonial na forma da Lei (subitem 8.2.3.1 do edital); ii) ausência de prova de que os profissionais que realizaram a visitação técnica eram, de fato, representantes da empresa (subitem 8.2.4.8 do edital); iii) não apresentação do atestado de capacidade técnica previsto no subitem 8.2.4". O Tribunal, analisando as provas constantes nos autos, concluiu "que os documentos apresentados pela apelante carecem das formalidades exigidas pelo ordenamento jurídico, notadamente as estabelecidas nos arts. 1.181 e 1.184, ambos do Código Civil" e que "a jurisprudência pátria é firme no sentido de que tais documentos devem ser apresentados devidamente autenticados pela Junta Comercial, vez que é através deles que a autoridade administrativa terá dados objetivos para avaliar se a empresa possui saúde financeira para assumir o objeto do contrato a ser futuramente firmado. Assim, os defeitos apontados geraram dúvidas pertinentes sobre a regularidade da documentação contábil apresentada, não configurando formalismo exacerbado por parte da autoridade administrativa a inabilitação da apelante, que não agiu em estrito cumprimento ao que dispôs o edital do certame" (TJPE, APL 0004094-12.2014.8.17.0370, Rel. Des. Francisco José dos Anjos Bandeira de Mello, *DJEPE* 04.10.2016).

Art. 1.185. O empresário ou sociedade empresária que adotar o sistema de fichas de lançamentos poderá substituir o livro Diário pelo livro Balancetes Diários e Balanços, observadas as mesmas formalidades extrínsecas exigidas para aquele.

COMENTÁRIOS DOUTRINÁRIOS: O dispositivo reconhece ao empresário ou à sociedade empresária, que adotar o sistema de fichas de lançamentos, a possibilidade de substituir o Livro Diário pelo livro Balancetes Diários e Balanços. Como a escrituração hoje em dia é, na quase totalidade dos casos, completamente digital, sendo frequente o uso de *softwares* próprios que organizam as contas e realizam balanços parciais, com qualquer periodicidade que se queira, não faz muita diferença a organização da escrituração no Diário ou em outro livro auxiliar. Até mesmo porque o livro Balancetes Diários e Balanços observará as mesmas formalidades extrínsecas exigidas para o Diário, havendo necessidade de ser levado à autenticação da Junta Comercial ou mediante o Sistema Público de Escrituração Digital – SPED, que desobriga qualquer outra autenticação, nos termos do § 1º do art. 2º da IN DREI n. 82 de 22 de fevereiro de 2021.

Art. 1.186. O livro Balancetes Diários e Balanços será escriturado de modo que registre:

I – a posição diária de cada uma das contas ou títulos contábeis, pelo respectivo saldo, em forma de balancetes diários;

II – o balanço patrimonial e o de resultado econômico, no encerramento do exercício.

COMENTÁRIOS DOUTRINÁRIOS: No encerramento de cada exercício financeiro, a sociedade produzirá, por meio de sistema informatizado, o balanço patrimonial e as demais demonstrações financeiras, com base nos dados acumulados e consolidados nos balanços diários. O balanço de resultado econômico referido no inciso II corresponde às demonstrações financeiras da sociedade elencadas no art. 176 da Lei das S/A, que compreendem o balanço patrimonial, a demonstração dos lucros ou prejuízos acumulados, a demonstração do resultado do exercício e a demonstração dos fluxos de caixa.

JURISPRUDÊNCIA COMENTADA: O balanço patrimonial e as demais demonstrações financeiras da sociedade constituem elementos materiais imprescindíveis em qualquer processo judicial de dissolução e liquidação de sociedade. Daí que "o balanço patrimonial da sociedade em fase de dissolução e apuração de haveres deve ser apresentado, a fim de possibilitar a correta liquidação, pois os dados contábeis pleiteados fazem prova pré-constituída a favor e contra os sócios em litígio, nos termos do art. 226 do Código Civil. Ademais, a documentação em questão é a única capaz de demonstrar a situação econômico-financeira da sociedade em liquidação no curso do tempo". Igualmente, o balanço contábil deve ser apresentado, ainda que por meio eletrônico, anualmente, "consoante estabelece o art. 1.065, combinado com o art. 1.186, ambos do atual Código Civil. Obrigação esta que também era disposta no art. 18 da Lei n. 3.708/19 da Lei das Sociedades Limitadas combinado com o art. 132 da Lei das Sociedades Anônimas, aplicada subsidiariamente ao caso conforme a anterior legislação dispunha e a atual Lei Civil também estabelece" (TJRS, AI 0339668-02.2017.8.21.7000, Rel. Des. Jorge Luiz Lopes do Canto, *DJERS* 09.04.2018). O balanço elaborado em desconformidade com os preceitos legais pode ensejar a invalidação da deliberação assemblear que venha a aprovar as contas da sociedade, conforme já decidiu o TJSP (Apelação 1110009-13.2017.8.26.0100, Rel. Des. Cesar Ciampolini, j. 28.10.2020).

Art. 1.187. Na coleta dos elementos para o inventário serão observados os critérios de avaliação a seguir determinados:

I – os bens destinados à exploração da atividade serão avaliados pelo custo de aquisição, devendo, na avaliação dos que se desgastam ou depreciam com o uso, pela ação do tempo ou outros fatores, atender-se à desvalorização respectiva, criando-se fundos de amortização para assegurar-lhes a substituição ou a conservação do valor;

II – os valores mobiliários, matéria-prima, bens destinados à alienação, ou que constituem produtos ou artigos da indústria ou comércio da empresa, podem ser estimados pelo custo de aquisição ou de fabricação, ou pelo preço corrente, sempre que este for inferior ao preço de custo, e quando o preço corrente ou venal estiver acima do valor do custo de aquisição, ou fabricação, e os bens forem avaliados pelo preço corrente, a diferença entre este e o preço de custo não será levada em conta para a distribuição de lucros, nem para as percentagens referentes a fundos de reserva;

III – o valor das ações e dos títulos de renda fixa pode ser determinado com base na respectiva cotação da Bolsa de Valores; os não cotados e as participações não acionárias serão considerados pelo seu valor de aquisição;

IV – os créditos serão considerados de conformidade com o presumível valor de realização, não se levando em conta os prescritos ou de difícil liquidação, salvo se houver, quanto aos últimos, previsão equivalente.

Parágrafo único. Entre os valores do ativo podem figurar, desde que se preceda, anualmente, à sua amortização:

I – as despesas de instalação da sociedade, até o limite correspondente a 10% (dez por cento) do capital social;

II – os juros pagos aos acionistas da sociedade anônima, no período antecedente ao início das operações sociais, à taxa não superior a 12% (doze por cento) ao ano, fixada no estatuto;

III – a quantia efetivamente paga a título de aviamento de estabelecimento adquirido pelo empresário ou sociedade.

COMENTÁRIOS DOUTRINÁRIOS: O balanço patrimonial deve retratar, de forma fidedigna, a situação econômico-financeira do empresário e da sociedade empresária (ver art. 1.188). Por isso, ambos são obrigados a inventariar, a cada ano, o montante total de bens que compõem o seu patrimônio, incluindo ativos e passivos. O inventário patrimonial do ativo imobilizado é um método de registro que permite saber, a qualquer momento, qual o bem ou quais os montantes dos bens e direitos de caráter permanente, necessários às atividades empresariais. Ou seja, é o instrumento que verifica a existência física dos bens, se eles estão operacionalmente ativos, sua condição de uso, além da coleta de uma série de dados físicos e informações gerenciais para implementação de controles por unidade, local, centros de custo, responsabilidades etc. O art. 1.187 do Código Civil estabelece os critérios pelos quais tais bens devem ser avaliados para que, então, passem a constar do balanço patrimonial. Aqueles bens destinados à exploração da atividade econômica, como é o caso das máquinas da indústria, em regra, serão avaliados pelo custo de aquisição, abatida eventual depreciação pelo uso ou pela ação do tempo. Matéria-prima e estoque podem ser avaliados pelo custo de aquisição ou de fabricação, ou pelo preço corrente, sempre que este for inferior ao preço de custo. Os valores mobiliários podem ser estimados com base na sua cotação em Bolsa ou, se não cotados, com base no valor de aquisição. Os créditos serão inventariados de acordo com o presumível valor de realização, desprezando-se os atingidos pela prescrição e os de difícil liquidação. O parágrafo único do art. 1.187 permite que sejam incluídos no ativo, desde que amortizados anualmente, as despesas de instalação da sociedade, até o limite de 10% do capital social; os juros pagos aos acionistas da sociedade anônima, no período antecedente ao início das operações sociais, desde que a taxa não seja superior a 12% ao ano; bem como os valores efetivamente pagos a título de aviamento de estabelecimento adquirido pelo empresário ou sociedade.

Art. 1.188. O balanço patrimonial deverá exprimir, com fidelidade e clareza, a situação real da empresa e, atendidas as peculiaridades desta, bem como as disposições das leis especiais, indicará, distintamente, o ativo e o passivo.

Parágrafo único. Lei especial disporá sobre as informações que acompanharão o balanço patrimonial, em caso de sociedades coligadas.

COMENTÁRIOS DOUTRINÁRIOS: O balanço patrimonial é o mais importante documento contábil de qualquer pessoa individual ou coletiva que exerça a empresa, pois retrata, em tempo real, com a máxima fidelidade, a situação econômico-financeira do empresário ou da sociedade empresária, demonstrando de forma clara a real situação da empresa, a sua avaliação e o levantamento do seu patrimônio, incluindo ativos e passivos. Para isso, deve ser elaborado rigorosamente, tanto sob o aspecto tributário quanto sob o aspecto contábil, indicando separadamente ativos e passivos da empresa, atendidas as peculiaridades de cada tipo societário, bem como as disposições das leis especiais. A lei especial referida no parágrafo único deste artigo, no tocante às sociedades coligadas, é a Lei das Sociedades Anônimas (Lei n. 6.404/1976, arts. 247 a 253).

JURISPRUDÊNCIA COMENTADA: Nos casos de encerramento irregular das atividades da sociedade empresária, a inexistência de balanço patrimonial que demonstre a composição do ativo foi considerada pelo Tribunal de Justiça de São Paulo como "desvio de finalidade social com o intuito de prejudicar credores", justificando a desconsideração da personalidade jurídica com base no art. 50 do Código Civil (teoria maior) (TJSP, APL 0013359-93.2010.8.26.0510, Rel. Des. Antonio Luiz Tavares de Almeida, *DJESP* 01.07.2016).

Art. 1.189. O balanço de resultado econômico, ou demonstração da conta de lucros e perdas, acompanhará o balanço patrimonial e dele constarão crédito e débito, na forma da lei especial.

COMENTÁRIOS DOUTRINÁRIOS: Já foi dito em comentários anteriores que o balanço de resultado econômico referido no dispositivo corresponde às demonstrações financeiras da sociedade elencadas no art. 176 da Lei das S/A e que compreendem o balanço patrimonial, a demonstração dos lucros ou prejuízos acumulados, a demonstração do resultado do exercício e a demonstração dos fluxos de caixa. No balanço patrimonial constarão as contas do ativo, distribuídas entre ativo circulante e ativo não circulante, este composto por ativo realizável a longo prazo, investimentos, imobilizado e intangível; as contas do passivo, incluindo passivo circulante, passivo não circulante; e patrimônio líquido, dividido em capital social, reservas de capital, ajustes de avaliação patrimonial, reservas de lucros, ações ou quotas em tesouraria e prejuízos acumulados. A demonstração de lucros ou prejuízos acumulados mencionará o saldo do início do período, os ajustes de exercícios anteriores e a correção monetária do saldo inicial; as reversões de reservas e o lucro líquido do exercício; e as transferências para reservas, os dividendos, a parcela dos lucros incorporada ao capital e o saldo ao fim do período. A demonstração do resultado do exercício discriminará a receita bruta das vendas e serviços, as deduções das vendas, os abatimentos e os impostos; a receita líquida das vendas e serviços, o custo das mercadorias e serviços vendidos e o lucro bruto; e as despesas com as vendas, as despesas financeiras, deduzidas das receitas, as despesas gerais e administrativas, e outras despesas operacionais; o lucro ou prejuízo operacional, as outras receitas e as outras despesas; o resultado do exercício antes do Imposto sobre a Renda e a provisão para o imposto; as participações de debêntures, empregados, administradores e partes beneficiárias, no caso das sociedades anônimas; o lucro ou prejuízo líquido do exercício e o seu montante por ação do capital social. Finalmente, a demonstração dos fluxos de caixa indicará, no mínimo, as alterações ocorridas, durante o exercício, no saldo de caixa e equivalentes de caixa, segregando-se essas alterações em 3 (três) fluxos: a) das operações; b) dos financiamentos; c) dos investimentos. O objetivo das demonstrações financeiras, além de aferir os resultados da atividade empresarial, é o de munir os terceiros interessados, desde credores a possíveis interessados em ingressar na sociedade, sobre a situação financeira da empresa e suas condições de continuar o exercício de sua atividade.

JURISPRUDÊNCIA COMENTADA: Em decisão extremamente didática, o Superior Tribunal de Justiça detalhou as diferenças entre os diversos balanços. Temos, assim, o balanço de determinação, previsto no art. 1.031 desse Código e no art. 606 do CPC, que é um balanço patrimonial especial, elaborado para fins judiciais por perito contábil, a partir de balanço patrimonial oficial da empresa, ao qual se contrapõem: "(i) balanço periódico ou ordinário (reflete o valor patrimonial contábil, retratando a situação patrimonial da sociedade no encerramento do exercício social, sendo utilizado sobretudo para fins fiscais); (ii) balanço especial (reflete o valor patrimonial contábil em data presente, sendo utilizado para atualização do ativo e do passivo em virtude de fatos contábeis verificados ao longo do exercício social); (iii) balanço de cessão (reflete o valor patrimonial – econômico – de alienação da sociedade, sendo influenciado pelos interesses que envolvem a negociação entre comprador e vendedor); e (iv) balanço de liquidação (reflete o valor patrimonial real para fins de encerramento da sociedade, com exclusão de bens intangíveis, que só existem com a empresa em funcionamento). O balanço de determinação utiliza um critério diferenciado de avaliação do ativo, que permite uma apuração fidedigna do patrimônio líquido. Os demais balanços, tendo em vista os objetivos a que se prestam, induzem distorções que comprometem a exatidão do valor patrimonial. Os balanços periódico e especial se baseiam no valor de aquisição dos ativos (inclusive por determinação legal), enquanto o balanço de determinação se baseia no valor de mercado, correspondendo a uma simulação da realização de todos os bens do ativo e da satisfação do passivo social, com vistas a apurar qual seria o acervo líquido da sociedade se ela estivesse sendo totalmente dissolvida naquela data. O balanço de cessão, por sua vez, apresenta uma avaliação variável do ativo, conforme as necessidades e os interesses das partes que negociam a alienação da sociedade, nem sempre refletindo o seu valor patrimonial efetivo. Já o balanço de liquidação, embora também se baseie no valor de mercado do ativo, parte do pressuposto de que este será totalmente realizado para encerramento das atividades da empresa. Diante disso, o cálculo desconsidera os bens intangíveis, que aderem à sociedade e só têm valor econômico enquanto a empresa estiver em atividade. Na dissolução parcial, a equiparação à dissolução total – para efeitos da apuração de haveres – constitui mera ficção legal, não se podendo olvidar que a sociedade irá, na prática, continuar em atividade, portanto beneficiando-se de seus bens intangíveis, cujo valor, naquele momento (de apuração de haveres), deve estar espelhado também nas cotas do sócio dissidente, que até então contribuiu para formação desse patrimônio intangível" (REsp 1335619/SP, Rel. Min. Nancy Andrighi, Rel. p/ Acórdão Min. João Otávio de Noronha, *DJe* 27.03.2015).

Art. 1.190. Ressalvados os casos previstos em lei, nenhuma autoridade, juiz ou tribunal, sob qualquer pretexto, poderá fazer ou ordenar diligência para verificar se o empresário ou a sociedade empresária observam, ou não, em seus livros e fichas, as formalidades prescritas em lei.

COMENTÁRIOS DOUTRINÁRIOS: Os documentos contábeis do empresário e da sociedade empresária estão protegidos pela confidencialidade, e a sua exibição depende de ordem judicial, ainda assim restrita aos casos previstos em lei. Por isso, a confidencialidade não pode ser oposta, por exemplo, às autoridades fiscais (ver art. 1.193 e, ainda, as disposições do Código Tributário Nacional, da Lei n. 8.212/1991 e da Lei Complementar n. 105/2001), além da Súmula n. 439 do STF, que franqueou a análise dos livros aos agentes fiscalizadores tributários, limitando o exame aos pontos objeto da investigação). Em casos de recuperação judicial ou falência, a Lei n. 11.101/2005 permite o acesso ao administrador judicial, ao comitê de credores ou a qualquer credor interessado (arts. 7º e 51, § 1º). O inciso V do § 4º do art. 61-A da Lei Complementar n. 123, incluído pela Lei Complementar n. 182, de 2021, confere ao chamado "investidor-anjo" o direito de "examinar, a qualquer momento, os livros, os documentos e o estado do caixa e da carteira da sociedade, exceto se houver pactuação contratual que determine época própria para isso". A exibição se faz necessária, ainda, nas demandas de prestação de contas movidas contra gestores e ex-gestores da sociedade e nos litígios entre sócios, conforme previsão expressa do art. 1.191. Também se tem admitido a exibição nos litígios de família, quando demonstrado o uso da sociedade empresária para fraudar a partilha de bens no divórcio ou na dissolução de união estável. Nos conflitos conjugais, dada a carga emocional que vitima ambas as partes, é frequente o desejo nutrido por um dos cônjuges ou companheiros, notadamente aquele que se sentiu "traído" pelo pedido de dissolução do vínculo conjugal, de prejudicar economicamente o outro. E a maneira mais comum de se tentar impingir ao outro esse tipo de prejuízo é justamente a fraude na partilha de bens. Nos relacionamentos em que apenas um dos cônjuges exerce atividade produtiva, a possibilidade de incidência da fraude patrimonial é ainda maior. Normalmente, o cônjuge ou companheiro mal-intencionado se prepara para a separação, para desfechar o golpe no patrimônio do outro, prejudicando-o quando da futura partilha. É o caso, por exemplo, do empresário que, antes do divórcio, transfere bens para a pessoa jurídica que administra, muitas vezes titularizada por interpostas pessoas, com as quais firma contratos simulados de compra e venda e de mútuo. Também há situações em que o cônjuge transfere a própria empresa para uma terceira pessoa apenas para não partilhar as quotas da sociedade com a esposa. As ações mais usuais por parte do fraudador estão relacionadas, portanto, à ocultação de bens, mediante alienações simuladas. A comprovação da fraude pelo cônjuge hipossuficiente nem sempre é fácil, mesmo porque a fraude tem início no chamado período de preparação, às vezes até vários anos antes do pedido de divórcio, e as simulações se amparam em estruturas jurídicas bem sofisticadas. Por isso, sempre que houver suspeita de fraude, a confidencialidade não pode ser invocada e a exibição dos livros e demais documentos contábeis do empresário ou da sociedade deve ser sempre determinada pela autoridade judiciária.

JURISPRUDÊNCIA COMENTADA: O Superior Tribunal de Justiça já decidiu que os Conselhos Regionais de Contabilidade podem fiscalizar livros e documentos contábeis de empresário ou sociedade empresária em poder de contadores, com base no Decreto-lei n. 9.295/1946, sem qualquer violação à privacidade e ao sigilo profissional previsto no art. 1.190 do Código Civil. Segundo o Tribunal da Cidadania, "no exercício de sua atividade fiscalizatória, a teor da combinada exegese dos arts. 2º, 10, 'c', e 25 do Decreto-lei n. 9.295/46, podem os Conselhos Regionais de Contabilidade examinar livros e fichas contábeis de empresários e de sociedades empresárias em poder de contadores", no âmbito de fiscalização corporativa da atividade de profissionais da Contabilidade. Para o STJ, "a atividade fiscalizatória dos Conselhos de Contabilidade tem por foco central aferir, não o mérito, mas a observância, pelos profissionais contadores, das regras de forma concernentes às suas rotinas contábeis. Sendo esse o propósito primeiro da fiscalização desenvolvida pela entidade classista, não se antevê afronta à privacidade e ao sigilo profissional dos escritórios fiscalizados e da escrituração contábil de seus clientes" (STJ, REsp 1.420.396, Rel. Min. Sérgio Kukina, *DJe* 29.09.2017). Nos casos de recuperação judicial, a "consulta dos livros de escrituração contábil da empresa recuperanda por credor interessado" atende ao princípio da transparência, pois o benefício legal da recuperação judicial "sujeita às empresas recuperandas a um controle de maior rigor" (TJSC, AI 2015.048756-9, Rel. Des. Jânio Machado, *DJSC* 30.11.2015).

Art. 1.191. O juiz só poderá autorizar a exibição integral dos livros e papéis de escrituração quando necessária para resolver questões relativas a sucessão, comunhão ou sociedade, administração ou gestão à conta de outrem, ou em caso de falência.

§ 1º O juiz ou tribunal que conhecer de medida cautelar ou de ação pode, a requerimento ou de ofício, ordenar que os livros de qualquer das partes, ou de ambas, sejam examinados na presença do empresário ou da sociedade empresária a que pertencerem, ou de pessoas por estes nomeadas, para deles se extrair o que interessar à questão.

§ 2º Achando-se os livros em outra jurisdição, nela se fará o exame, perante o respectivo juiz.

COMENTÁRIOS DOUTRINÁRIOS: O art. 1.191 incorpora, com maior rigor técnico e linguagem mais concisa, regras anteriormente previstas nos arts. 18 e 19 do CCom de 1850. O dispositivo disciplina a exibição judicial dos livros de escrituração empresarial em harmonia com o que já estabelecia o art. 844 do CPC/1973, sobre a exibição judicial de "documento próprio ou comum, em poder de sócio" (inc. II) e "da escrituração comercial por inteiro, balanços e documentos de arquivo, nos casos expressos em lei" (inc. III). O conteúdo dessa disposição normativa consta atualmente do art. 420 da codificação adjetiva de 2015, que assim dispõe: "O juiz pode ordenar, a requerimento da parte, a exibição integral dos livros empresariais e dos documentos do arquivo: I – na liquidação de sociedade; II – na sucessão por morte de sócio; III – quando e como determinar a lei". Acrescente-se, ainda, a regra geral do art. 421 do CPC/2015, ao prever, no trato da prova documental, que o juiz poderá, até mesmo de ofício, "ordenar à parte a exibição parcial dos livros e dos documentos, extraindo-se deles a suma que interessar ao litígio, bem como reproduções autenticadas". Portanto, a pretensão de exibição da escrituração contábil da empresa continua possível, com fundamento no art. 1.191 do Código Civil combinado com os arts. 420 e 421 do CPC/2015. Por fim, o art. 51, § 1º, da Lei n. 11.101/2005 estabelece que os documentos de escrituração contábil e demais relatórios auxiliares, na forma e no suporte previstos em lei, ficarão à disposição do administrador judicial e poderão ser exibidos a qualquer interessado, mediante autorização judicial.

JURISPRUDÊNCIA COMENTADA: Com fundamento no § 1º do art. 1.191, algumas decisões judiciais, mesmo quando admitem a exibição de documentos, exigem que ela seja "procedida na presença do empresário ou da sociedade empresária a que pertencerem, ou de pessoas por estes nomeadas, para deles se extrair o que interessar à questão" (TJDF, APC 2015.01.1.092258-0, Rel. Des. Álvaro Ciarlini, *DJDFTE* 29.11.2016). Entretanto, essa não é a regra na maioria dos casos, em que a exibição dos livros empresariais é feita sem maiores critérios. Em processos de execução ou naqueles em fase de cumprimento de sentença, tem-se determinado a exibição dos livros contábeis, fiscais e financeiros, para fins de penhora sobre o faturamento. O argumento utilizado é a necessidade de "demonstrar a viabilidade econômica da penhora, apontando qual é o real faturamento da empresa", sem "colocar em risco a sobrevivência econômica da empresa". Nesse sentido, o Tribunal de Justiça do Paraná entendeu que a exibição dos livros permitiria que se tivesse uma visão sobre a contabilidade, sendo "medida adequada para estabelecer diretrizes viáveis para o efetivo cumprimento da penhora sobre o faturamento, sem que prejudique as atividades da empresa devedora" (TJPR, Agravo de Instrumento 1744132-0, 6.ª Câmara Cível, Curitiba, Rel. Juiz Conv. Joscelito Giovani Cé, *DJPR* 22.02.2018). A teor da Súmula n. 260 do STF, "o exame de livros comerciais, em ação judicial, fica limitado às transações entre os litigantes".

Art. 1.192. Recusada a apresentação dos livros, nos casos do artigo antecedente, serão apreendidos judicialmente e, no do seu § 1º, ter-se-á como verdadeiro o alegado pela parte contrária para se provar pelos livros.

Parágrafo único. A confissão resultante da recusa pode ser elidida por prova documental em contrário.

COMENTÁRIOS DOUTRINÁRIOS: O art. 1.192 assimila regra anteriormente prevista no art. 20 do CCom de 1850. Recusada a apresentação dos livros, nos casos em que ordenada a sua exibição, abrem-se duas possibilidades. A primeira é a confissão ficta pelo empresário ou pela sociedade empresária do fato alegado pelo autor da ação, em harmonia com o que estabelece o art. 400 do estatuto processual civil, que possibilita ao juiz admitir como verdadeiros os fatos que, por meio do documento ou da coisa, a parte pretendia provar quando o empresário requerido não efetuar a exibição ou a recusa for havida por ilegítima; lembrando que o juiz não admitirá a recusa se o requerido tiver obrigação legal de exibir, conforme previsão do art. 399. A segunda possibilidade consiste na busca e apreensão dos documentos contábeis. Quando em poder de terceiros (contador ou empresa de auditoria), "o juiz expedirá mandado de apreensão, requisitando, se necessário, força policial, sem prejuízo da responsabilidade por crime de desobediência, pagamento de multa e outras medidas indutivas, coercitivas, mandamentais ou sub-rogatórias necessárias para assegurar a efetivação da decisão", com fundamento no parágrafo único do art. 403 do CPC.

JURISPRUDÊNCIA COMENTADA: Nos casos de decretação da falência surge o dever legal de depositar os livros obrigatórios para serem entregues ao administrador judicial, conforme estabelece o art. 104 da Lei n. 11.101/2005. De modo que "a não apresentação dos livros contábeis pela empresa gera presunção de veracidade das alegações de fraude, como estabelece o art. 1.192 do Código Civil, autorizando a extensão dos efeitos da falência, ao patrimônio dos sócios" (TJMG, AI 1.0079.12.070441-0/008, Rel. Des. Sandra Fonseca, *DJEMG* 06.05.2016).

Art. 1.193. As restrições estabelecidas neste Capítulo ao exame da escrituração, em parte

ou por inteiro, não se aplicam às autoridades fazendárias, no exercício da fiscalização do pagamento de impostos, nos termos estritos das respectivas leis especiais.

COMENTÁRIOS DOUTRINÁRIOS: Já afirmei em comentário anterior que a confidencialidade dos livros empresariais não pode ser oposta às autoridades fiscais. O art. 195 do Código Tributário Nacional (Lei n. 5.172/1966) tem dicção expressa no sentido de que, "para os efeitos da legislação tributária, não têm aplicação quaisquer disposições legais excludentes ou limitativas do direito de examinar mercadorias, livros, arquivos, documentos, papéis e efeitos comerciais ou fiscais dos comerciantes, industriais ou produtores, ou a obrigação destes de exibi-los".

Art. 1.194. O empresário e a sociedade empresária são obrigados a conservar em boa guarda toda a escrituração, correspondência e mais papéis concernentes à sua atividade, enquanto não ocorrer prescrição ou decadência no tocante aos atos neles consignados.

COMENTÁRIOS DOUTRINÁRIOS: O art. 1.194 assimila, com maior rigor técnico e linguagem mais concisa, regra anteriormente prevista no art. 4º do Decreto-lei n. 486/1969. O dispositivo alude à obrigação de guarda e armazenamento dos documentos contábeis do empresário e da sociedade empresária, os quais devem ser conservados, no mínimo, pelo prazo correspondente à prescrição ou decadência das obrigações decorrentes dos atos neles consignados. As regras gerais sobre prescrição e decadência encontram-se dispostas nos arts. 205 a 211, sem prejuízo de regras e prazos previstos em leis especiais. A Instrução Normativa n. 86/2001, da Secretaria da Receita Federal, determina que "as pessoas jurídicas que utilizarem sistemas de processamento eletrônico de dados para registrar negócios e atividades econômicas ou financeiras, escriturar livros ou elaborar documentos de natureza contábil ou fiscal, ficam obrigadas a manter, à disposição da Secretaria da Receita Federal (SRF), os respectivos arquivos digitais e sistemas, pelo prazo decadencial previsto na legislação tributária". Em caso de extravio, deterioração ou destruição de qualquer instrumento de escrituração, o empresário e a sociedade empresária farão publicar, em jornal de grande circulação do local do seu estabelecimento, aviso que relate o fato, devendo informá-lo para a Junta Comercial de sua jurisdição dentro de 48 horas, conforme determina o art. 10 do Decreto-lei n. 486/1969; lembrando que a IN DREI n. 82, de 19 de fevereiro de 2021, já estabelece que todos os instrumentos de escrituração das empresas mercantis e dos agentes auxiliares do comércio "deverão ser exclusivamente digitais, podendo ser produzidos ou lançados em plataformas eletrônicas, armazenadas ou não nos servidores das Juntas Comerciais" (art. 3º). O dever de guarda tem como sujeito passivo o empresário individual, pessoa natural ou a sociedade empresária, não alcançando os sócios desta, mas apenas a pessoa jurídica.

JURISPRUDÊNCIA COMENTADA: A jurisprudência tem se pautado pela inexistência de um prazo certo, após o qual seria possível o descarte dos documentos alusivos à escrituração empresarial. Por isso, a cautela e a diligência exigíveis do empresário probo e correto aconselham a guarda prolongada da documentação da vida empresarial. Entretanto, o dever de guarda desses documentos "não pode superar o prazo prescricional para as ações que têm como objeto os atos neles consignados, nos termos do previsto no art. 1.194 do Código Civil. Se de antemão é possível verificar que a tutela do direito material não se efetivará por estar operada a prescrição, cabível sua declaração na ação cautelar", indeferindo-se a exibição (TJRS, AC 0388761-65.2016.8.21.7000, Rel. Des. Clademir José Ceolin Missaggia, *DJERS* 23.01.2017). "O prazo para pleitear exibição de documentos de natureza comercial se vincula à viabilidade de ajuizamento de ações relacionadas à relação jurídica que nele se retrata" (TJRJ, APL 0008486-39.2014.8.19.0014, Rel. Des. Marcos Alcino de Azevedo Torres, *DORJ* 19.03.2018). Assim, "é imperioso observar que não é possível exigir-se a sua exibição, imputando-se à parte o dever de guarda desse documento, se já se acha prescrita qualquer pretensão que dele possa decorrer, nesse caso sendo afastado o dever de sua guarda, consoante o disposto no art. 1.194 do CC/2002 e no art. 10, n. 3, do Código Comercial (Lei n. 556/1850). Tratando-se de hipótese de inexigibilidade de exibição do documento, eis que o dever de sua guarda cessou com a prescrição de todo e qualquer direito a ele relativo, disso decorre a inexistência de interesse processual do autor para a propositura da correspondente ação" (TJMG, APCV 1.0525.12.019769-0/001, Rel. Des. José de Carvalho Barbosa, *DJEMG* 11.03.2016).

Art. 1.195. As disposições deste Capítulo aplicam-se às sucursais, filiais ou agências, no Brasil, do empresário ou sociedade com sede em país estrangeiro.

COMENTÁRIOS DOUTRINÁRIOS: O presente dispositivo estabelece, em síntese, que as disposições deste capítulo, relativas à escrituração contábil, são aplicáveis às sucursais, filiais e agências de sociedade estrangeira em funcionamento no território nacional. Sobre o conceito de sucursal, filial ou agência, remete-se aos comentários ao art. 969. No tocante às sociedades estrangeiras no Brasil, *vide*, também, os comentários aos arts. 1.134 a 1.141.

LIVRO III
DO DIREITO DAS COISAS

TÍTULO I
DA POSSE

CAPÍTULO I
DA POSSE E SUA CLASSIFICAÇÃO

Comentários de
MARCO AURÉLIO BEZERRA DE MELO

Art. 1.196. Considera-se possuidor todo aquele que tem de fato o exercício, pleno ou não, de algum dos poderes inerentes à propriedade.

COMENTÁRIOS DOUTRINÁRIOS: O presente Livro que cuida do Direito das Coisas se inicia com o Título no qual se apresenta o regramento jurídico da posse para, em seguida, o Código tratar dos Direitos Reais. Essa colocação do texto legal gera o entendimento para alguns de que a posse não seria um direito real. Essa posição não se coloca, pois a natureza jurídica de um instituto é aferida pelas características que o mesmo ostenta e, no caso em questão, constata-se que em uma interpretação sistemática temos que se encontram na posse todas as características de um direito real, pois o seu objeto é uma coisa determinada e não a prestação; o direito exerce-se em face de todos e não relativizado na pessoa do devedor, e o exercício é direto, sem necessidade de outras pessoas, como acontece nas relações negociais. Como se não bastasse, ainda é o instituto que inaugura o estudo dos direitos reais. Esses argumentos parecem convencer de que, a despeito da omissão legislativa, a posse é um direito real. Esse é o posicionamento majoritário. Duas grandes teorias se propõem a conceituar a posse. A primeira e mais antiga é chamada de teoria subjetiva e teve como seu criador o jurista Savigny que, analisando fontes romanas, entendeu que o possuidor tinha que ter o contato físico com a coisa (*corpus*), a intenção de tê-la para si (*animus*) e, de alguma forma, exteriorizar para a sociedade essa intenção (*affectio tenendi*). Esse posicionamento dá muita ênfase ao elemento anímico da intenção do possuidor. Por não responder a algumas situações da vida prática envolvendo a titularidade dos bens, Ihering observou de modo diverso as fontes romanas, assentando que, na realidade, estava equivocada essa percepção e construiu seu raciocínio a partir de identificações simples hauridas do cotidiano, chegando à conclusão de que pode haver posse sem *corpus*, assim como sem *animus*. Para esse jurista alemão que influenciou enormemente o pensamento jurídico ocidental, o que interessa é a possibilidade de utilização econômica da coisa e que, nos países em que a propriedade particular é um direito assegurado, a posse seria a visibilidade fática desse direito que, à luz do disposto no *caput* do art. 1.228 do Código Civil, confere ao proprietário as faculdades de usar, fruir ou gozar, dispor e reaver. Diria ele, "de que me vale ser proprietário de um cofre cheio de pedras preciosas se não me for dada a chave para abri-lo". A chave é simbolizada aqui como a posse. Segundo essa linha de raciocínio, é em atenção ao proprietário que se faz a proteção ao possuidor. Na tutela ao possível proprietário, acaba sendo salvaguardado com relativa independência e autonomia o possuidor não proprietário. O locatário, por exemplo, é um possuidor do bem, pois exterioriza o poder de uso do bem. O locador, por sua vez, também é possuidor, pois exerce os poderes de fruir ao receber alugueres em razão da cessão onerosa da coisa, pode dispor gratuita ou onerosamente do bem, além de reaver do próprio locatário por alguma causa jurídica que extinga a locação ou de eventual terceiro que eventualmente apreenda o bem ilicitamente. Pela primeira teoria, não haveria a proteção possessória no caso, pois o locatário não tem *animus* nem o locador, *corpus*. De fácil percepção que o artigo adota a segunda corrente e opta por definir posse identificando o sujeito que exerce esse direito e que será aquele que ostenta o poder de fato sobre um bem apropriável, exercendo com alguma dose de autonomia algumas das faculdades inerentes à propriedade. A fidelidade do nosso Código à teoria objetiva pode também ser percebida com a simples leitura dos arts. 1.204 e 1.223 que trazem o modo pelo qual se adquire e se perde a posse, respectivamente. Em ambos os casos, vê-se a relação entre posse e propriedade. Segundo tal teoria, o possuidor é titular do direito à posse (*jus possessionis*) até o possível momento em que houver o embate entre o possuidor e o proprietário que concentra em suas mãos o direito de ter posse (*jus possidendi*). Desta forma, se a disputa por determinado bem tiver como causa de pedir o direito de propriedade e este restar provado, a situação possessória sucumbirá frente à situação proprietária. Posse é a exteriorização da propriedade e o possuidor tem o poder de fato. O proprietário o poder de direito. O primeiro seria um estado de fato provisório. O segundo um estado definitivo de direito. Entretanto, é importante o reconhecimento da necessidade de interpretar as normas jurídicas de acordo com a Constituição e, nesse sentido, importa que seja trazida à lembrança a chamada teoria social ou sociológica da posse desenvolvida por Saleilles, também adotada por Hernandez Gil, no sentido de que a posse era mais do que uma simples exteriorização da propriedade, pela extraordinária função econômica e social desse direito. Isso porque, por intermédio do direito possessório, sobretudo, de imóveis, são exercidos direitos fundamentais como a moradia (cidades) e trabalho (campos) e, na linha do Direito Constitucional, o proprietário está obrigado a emprestar ao bem de sua titularidade função social (art. 5º, inc. XXIII, da CF). Nesse sentido, registre-se o Enunciado n. 492 da *V Jornada de Direito Civil*: "A posse constitui direito autônomo em relação à propriedade e deve expressar o aproveitamento dos bens para o alcance de interesses existenciais, econômicos e sociais merecedores de tutela". A incidência do Direito Constitucional pode levar a que, excepcionalmente, na dinâmica do caso concreto em que haja disputa pela posse de um bem entre um proprietário não possuidor e um possuidor não proprietário, este último seja vencedor da demanda, ainda que esta tenha como causa de pedir a propriedade. A melhor posse não seria, assim, a que vem acompanhada de um justo título como se mostrava no direito anterior, mas sim a que cumpre o cânone da utilização do bem com a função social, tema que será revisitado por ocasião da análise do § 1º do art. 1.228 do Código Civil. Em complemento, importa que se dê o devido destaque a que, à luz do texto em análise, a posse é a exteriorização da propriedade, mas com ela não se confunde, a tal ponto de que o art. 1.210, § 2º, do Código Civil estabelece com toda clareza que não se discute propriedade em ação possessória, no que é também seguido pelo parágrafo único do art. 557 do Código de Processo Civil.

JURISPRUDÊNCIA COMENTADA: Julgado interessante do Superior Tribunal de Justiça aplicou a função social da posse (Recurso em Mandado de Segurança 21.443/SP, julgado em 2007, Rel. Min. Humberto Gomes de Barros), no qual uma sentença transitou em julgado em favor da retomada de um imóvel que, diante da leniência do autor, acabou sendo ocupado por outras pessoas que exerceram moradia no local em que teria lugar a desocupação. O Tribunal entendeu por afastar o art. 109, § 3º, do Código de Processo Civil (antigo 42, § 3º, do CPC/1973) e não estendeu os efeitos da sentença àqueles que ingressaram na posse após o trânsito em julgado, dizendo que os mesmos não participaram do processo e, portanto, não poderiam ser atingidos pela coisa julgada, notadamente em razão da função social atribuída pela ocupação para fins de moradia. Seguindo esse caminho, no âmbito da jurisprudência superior, importante aresto do final de 2016 reconheceu que "a posse deve ser protegida como um fim em si mesma, exercendo o particular o poder fático sobre a res e garantindo sua função social, sendo que o critério para aferir se há posse ou detenção não é o estrutural e sim o funcional. É a afetação do bem a uma finalidade pública que dirá se pode ou não ser objeto de atos possessórias por um particular". Assim, concluiu a Corte que, "à luz do texto constitucional e da inteligência do novo Código Civil, a função social é base normativa para a solução dos conflitos atinentes à posse, dando-se efetividade ao bem comum, com escopo nos princípios da igualdade e da dignidade da pessoa humana" (STJ, REsp 1.296.964/DF, 4.ª Turma, Rel. Min. Luis Felipe Salomão, j. 18.10.2016, *DJe* 07.12.2016).

REFORMA DO CÓDIGO CIVIL: A proposta de reforma inclui um parágrafo único com os seguintes dizeres: "A regra do *caput* se aplica aos bens imateriais no que couber, ressalvado o disposto em legislação especial". Sugere--se, ainda, na parte final, a menção a bem que, pela sua amplitude, compreende bens corpóreos e incorpóreos. Sem adentrar na polêmica sobre a possibilidade de posse de bens incorpóreos, o texto permite uma atualização legislativa e um olhar para a realidade digital muito bem delineada no livro sobre direito civil digital, além de se adequar à realidade da existência de posse sobre marcas e patentes, dentre outros bens imateriais. A proposta, ainda, mantém coerência com o texto atual do art. 1.223, que faz menção a bem, assim como a sugestão feita para uma nova redação do art. 1.228, no mesmo sentido.

Art. 1.197. A posse direta, de pessoa que tem a coisa em seu poder, temporariamente, em virtude de direito pessoal, ou real, não anula a indireta, de quem aquela foi havida, podendo o possuidor direto defender a sua posse contra o indireto.

COMENTÁRIOS DOUTRINÁRIOS: O artigo traz a primeira referência à classificação da posse que se dá entre a possibilidade de existir posse direta (ou imediata) e posse indireta (ou mediata). Essa construção legal de importantes efeitos práticos somente se mostra possível por termos adotado a teoria objetiva de Ihering que, como visto, entende ser a posse a exteriorização da propriedade. Diante dessa constatação jurídica, sobre um mesmo bem, é possível que em paralelo haja alguém que é possuidor por usar da coisa e será chamado de possuidor direto, e outro, que conserva poderes dominiais como o de reaver, gozar e dispor, ainda que não esteja com o bem em seu poder. A esse último se dará a denominação de possuidor indireto. O desdobramento da posse, como visto no artigo comentado, pode se dar por uma relação jurídica de direito pessoal, como acontece no contrato de comodato, de locação, de depósito, ou por uma relação de direito real, como se dá no usufruto, no penhor e na alienação fiduciária em garantia, por exemplo. O comodante, o locador, o depositante, o nu-proprietário e o devedor pignoratício são possuidores indiretos, e o comodatário, o locatário, o depositário, o superficiário, o usufrutuário e o credor pignoratício são possuidores diretos. Como se pode verificar, para que exista a posse indireta é necessário que outra pessoa esteja exercendo posse direta e que entre elas exista uma relação jurídica de direito pessoal ou real que enseje o desdobramento da posse. Importa que seja compreendido que o possuidor indireto, ainda que não tenha a coisa sob a sua dominação fática e direta, tem em seu favor o poder jurídico sobre a coisa, exteriorizando poderes inerentes à propriedade ao proporcionar o exercício em favor de outra pessoa da posse direta, reservando consigo o poder de recuperar o bem. Por isso que a lei fala que o possuidor indireto transfere a posse direta de modo temporário. O art. 125, inc. II, do CPC/2015 estabelece que se o possuidor direto for citado em demanda judicial que tenha relação com o direito real exercido pelo possuidor indireto, poderá servir-se da denunciação da lide como instrumento de intervenção de terceiro a fim de que este também seja chamado à responsabilidade frente ao litisdenunciante em eventual sucumbência. Importante ainda anotar que apesar de ambas as posses conviverem harmonicamente, é possível ao possuidor direto defender a sua posse em relação ao indireto com todos os meios de tutela da posse oportunizados no *caput* do art. 1.210 do Código Civil. Assim é que se um locador resolver retirar, por exemplo, violentamente, o locatário por ele não ter pagado o aluguel vencido, este último está autorizado a se servir de meios pessoais ou judiciais de defesa. Apesar do silêncio da lei, é possível igualmente que o possuidor indireto faça a defesa necessária do seu direito possessório. E nesse sentido, andou bem a *I Jornada de Direito Civil* do CJF/STJ em aprovar o Enunciado n. 76: "O possuidor direto tem direito de defender a sua posse contra o indireto e este contra aquele (art. 1.197, *in fine*, do novo Código Civil)". Como exemplo, poderíamos citar a situação em que uma pessoa dê um bem seu em comodato e, findo o contrato, o comodatário se recuse a restituir o bem, cometendo esbulho por precariedade. Nessa hipótese, cabível será a ação de reintegração de posse a ser proposta pelo possuidor indireto em face do possuidor direto. Concluindo, temos que a expressão posse direta deve ser utilizada em sentido técnico e não para identificar a situação na qual uma pessoa tenha a posse plena em suas mãos. Para que exista desdobramento da posse há que existir igualmente uma relação jurídica que sirva de causa para tanto. Equivocou-se, assim, o legislador ao redigir o art. 1.240-A, do Código Civil que, ao tratar da usucapião familiar, fez referência ao usucapiente exercendo posse direta!!!! A lei se vale, assim, de um termo vulgar em vez de se socorrer da técnica. Por tal motivo, encaminhamos proposta na *V Jornada de Direito Civil* que acabou aprovada: Enunciado n. 502: "O conceito de posse direta referido no art. 1.240-A do Código Civil não coincide com a acepção empregada no art. 1.197 do mesmo Código".

JURISPRUDÊNCIA COMENTADA: Situação recorrente da vida forense é a realização de um comodato verbal, no qual o comodatário não restitui o bem ao comodante e este ajuíza ação de reintegração de posse a fim de ver extinto o desdobramento da posse, como se pode verificar com a seguinte ementa: "Apelação cível. Reintegração de posse. Comodato verbal. Relação posse direta e indireta. Legitimidade do possuidor direto para ajuizar interdito possessório. Art. 1.197 do Código Civil. Não preenchimento dos requisitos do art. 927 do CPC. Recurso conhecido e desprovido. 1 – Configurou-se no presente caso o desdobramento da posse, perfazendo-se uma relação de posse direta e indireta entre os apelantes e a apelada. 2 – Isto se deu em virtude da existência de comodato verbal firmado entre as partes, no qual a apelada, na condição de genitora do companheiro da primeira apelante, permitiu que seu filho, juntamente com sua companheira e filhos, residisse no imóvel de sua propriedade. 3 – Ressalto que o art. 1.197 do Código Civil autoriza que o possuidor direto defenda sua posse de moléstias realizadas pelo possuidor indireto, podendo se valer dos interditos possessórios. 4 – Contudo, não tendo havido esbulho no presente caso, não se fez presente um dos requisitos para a concessão da tutela possessória, conforme rege o art. 927 do CPC, devendo a improcedência da inicial ser mantida. 5 – Recurso conhecido e desprovido" (TJES, APL 0018859-81.2013.8.08.0011, 4.ª Câmara Cível, Rel. Des. Manoel Alves Rabello, j. 05.12.2016).

REFORMA DO CÓDIGO CIVIL: O texto proposto faz apenas correções pontuais ao presente artigo, na forma propugnada pela doutrina, como se pode ver: "Art. 1.197. A posse direta, de pessoa que tem a coisa em seu poder, temporariamente, em virtude de direito pessoal, ou real, não impede o exercício de posse indireta, de quem aquela foi havida, podendo um e outro defendê-la contra quem quer que ponha em risco suas qualidades de possuidor". De fato, o vocábulo "anula" não parece ser tecnicamente correto, pois não se trata de invalidade de uma posse diante da outra, mas, sim, que ambas produzem os efeitos legais em favor de ambos os titulares da posse desdobrada. A parte final adota o bem lançado Enunciado n. 76 da *I Jornada de Direito Civil*: "O possuidor direto tem direito de defender a sua posse contra o indireto, e este, contra aquele (art. 1.197, *in fine*, do novo Código Civil)". Com efeito, assim como o possuidor direto pode defender a sua posse do indireto, por exemplo, um locador que tente reaver violentamente o imóvel locado (esbulho), o direto pode defender a sua posse em face do indireto, como no caso em que, findo o comodato, o comodatário se recuse a desocupar um imóvel.

Art. 1.198. Considera-se detentor aquele que, achando-se em relação de dependência para com outro, conserva a posse em nome deste e em cumprimento de ordens ou instruções suas.

Parágrafo único. Aquele que começou a comportar-se do modo como prescreve este artigo, em relação ao bem e à outra pessoa, presume-se detentor, até que prove o contrário.

COMENTÁRIOS DOUTRINÁRIOS: Mostra-se feliz a tomada de posição legal por uma definição positiva de detentor, como a situação fática de uma pessoa que apenas serve ao verdadeiro possuidor, tendo em vista a sua relação de subordinação para com aquele. Também chamado de fâmulo, servidor ou serviçal da posse, na verdade, mantém apenas contato físico com a coisa sem autonomia e com a funcionalidade de conservar a posse em favor de outrem. Nessa linha adotada pelo artigo, figuram como exemplos diários de detentor o caseiro de uma casa de praia, o *office-boy* com relação aos documentos que deverá entregar e o caixa do banco ou supermercado com relação ao dinheiro que guarda consigo. Em todas essas situações, não há por parte daquele que carrega consigo a coisa, a autonomia e o poder sobre a coisa inerente ao exercício possessório. Contudo, importa que seja trazido à consideração que há detenção em situações outras em que não existe a figura do servidor da posse alheia, exigindo que se faça uma leitura articulada com o art. 1.208 do Código Civil para encontrarmos manifestação da detenção naquele que se encontra com o bem por mero ato de tolerância ou precária permissão do verdadeiro possuidor, isto é, sem que estejam vinculados em um contrato de comodato ou locação, por exemplo, assim como quando o arrebatamento violento ou clandestino de um bem em desfavor do verdadeiro possuidor. Nessas hipóteses, também haverá a situação meramente fática da detenção. Por tal motivo, o melhor entendimento é o que diz ser o detentor um não possuidor, confirmando uma impressão que trago há muito no sentido de que o Código Civil brasileiro adotou a teoria objetiva da posse, mas a complexidade desse instituto é tamanha que não há possibilidade de compreendê-lo sem uma análise subjetiva, haurida das circunstâncias do caso. O que se passa no mundo fático do apossamento de bens pode não corresponder à realidade jurídica. O que ambos têm em comum é o fato de que esses atos, à semelhança do que ocorre na detenção prevista no art. 1.198 do Código Civil, não induzem posse e, portanto, não comportam defesa possessória nem conduzem à aquisição da propriedade por meio da usucapião, entre outros importantes efeitos do direito possessório. O parágrafo único do estudado dispositivo legal cria uma presunção relativa de manutenção do caráter da detenção, de vez que a pessoa que, no início de seu contato físico com uma coisa, atua sem autonomia, apenas em nome do verdadeiro possuidor, assim permanecerá, mas ao interessado competirá se valer de qualquer meio moralmente legítimo para produzir eventual prova em sentido contrário (art. 369 do CPC). O Enunciado n. 301 da *IV Jornada de Direito Civil* do CJF complementa esse estudo ao dizer que: "É possível a conversão da detenção em posse, desde que rompida a subordinação, na hipótese de exercício em nome próprio dos atos possessórios". Pode ocorrer situação na qual o patrão do caseiro falece e seus eventuais herdeiros não exercem nenhuma oposição ou poder de fato sobre o imóvel e, tampouco, obviamente, pagam o salário do funcionário. Disso decorre que este passa a tratar do bem como se lhe pertencesse, fazendo obras, construindo uma acessão para abrigar a filha recém-casada, recolhendo os tributos, alugando a casa do caseiro, contratando uma pessoa para trabalhar como seu caseiro, dentre outras práticas. Na disciplina do Código de Processo Civil de 2015 não mais existe a nomeação à autoria como modalidade de intervenção de terceiros. Inobstante, nos termos do disposto nos arts. 338 e 339 do referido Diploma Legal, cabe ao detentor incluído no polo passivo suscitar a sua ilegitimidade como preliminar de contestação, indicando o sujeito passivo daquela relação jurídica.

JURISPRUDÊNCIA COMENTADA: O Superior Tribunal de Justiça tem entendido que se considera também como detenção a utilização pelo particular de bem público, não autorizada pela Administração, seja ele bem de uso comum do povo, especial ou dominical, como se pode ver em diversas ações possessórias ajuizadas em Brasília pela Companhia Imobiliária distrital chamada Terracap contra pessoas que estavam nos imóveis que, pela decisão judicial, foram reconhecidas como meros detentores frente ao Poder Público (REsp 146.367/DF, 4.ª Turma, Rel. Min. Barros Monteiro, j. 14.12.2004). Essa orientação jurisprudencial se encontra consolidada, a teor da Súmula n. 619 do STJ: "A ocupação indevida de bem público configura mera detenção, de natureza precária, insuscetível de retenção ou indenização por acessões e benfeitorias".

REFORMA DO CÓDIGO CIVIL: A ideia aqui nessa sugestão de alteração é tornar mais clara no § 1º a possibilidade de conversão da detenção em posse, conforme anotamos nos comentários *supra*, além de explicitar que o detentor assim se coloca perante o proprietário, o possuidor e também terceiros, como se pode ver: "§ 1º Nos termos deste artigo, presume-se permanecer como detentor perante o proprietário, o possuidor e terceiros aquele que desde sempre se comportou como tal, até que ele demonstre, ou contra ele fique demonstrado, ter consigo a coisa em razão de outra causa." No § 2º do anteprojeto, temos a consagração da possibilidade de o detentor exercer, conforme anotamos no artigo 1.210, que cuida dos efeitos da posse e a possibilidade de autodefesa. A redação coincide com o Enunciado 493 da V Jornada de Direito Civil: "§ 2º O detentor pode, no interesse do possuidor, exercer a autodefesa do bem que esteja sob o seu poder."

Art. 1.199. Se duas ou mais pessoas possuírem coisa indivisa, poderá cada uma exercer sobre ela atos possessórios, contanto que não excluam os dos outros compossuidores.

COMENTÁRIOS DOUTRINÁRIOS: A posse de um bem presume-se exclusiva, mas como se pode ler no dispositivo legal, o Direito Civil pátrio admite a composse *pro indiviso* que vem a ser a possibilidade do exercício dos direitos possessórios por duas ou mais pessoas sobre uma coisa indivisível. A composse também pode ser *pro diviso* e, nesse caso, incidirá sobre bem divisível. Essa situação não oferece maiores problemas, bastando a divisão correta para que a composse se extinga. Pela lei, cada compossuidor é visto perante a coletividade como se fora o possuidor da integralidade da coisa, sendo o percentual do quinhão importante apenas para fins de análise dos direitos e obrigações do compossuidor perante os demais compossuidores. Da mesma forma que cabe a qualquer momento a propositura de demanda tendente a extinguir a divisão da coisa comum no tocante ao condomínio, a fim de evitar incertezas e conflitos, é cabível também a ação de extinção da composse. A composse pode surgir a partir, por exemplo, de uma partilha feita entre herdeiros ou convencionalmente por ato *inter vivos* e, até, como efeito natural do regime de bens da comunhão parcial ou total de bens, conforme o caso. Se um dos compossuidores estiver explorando exclusivamente as vantagens econômicas que o bem proporcione, poderá o prejudicado ajuizar ação pessoal com fundamento na vedação ao enriquecimento sem causa, com fincas no art. 884 do Código Civil. Se um dos compossuidores exercer posse com exclusividade poderá usucapir a quota dos demais que permanecerem inertes dentro do prazo legal para a usucapião, desde que se prove a necessária individuação da coisa possuída e a oposição convincente do possuidor usucapiente frente aos demais. Em razão da possibilidade concreta de um compossuidor cometer agressão à posse do outro, não se comportando civilizadamente, é plenamente cabível a utilização do remédio possessório em favor daquele que foi vítima de uma ofensa ao seu direito possessório. O exercício da posse conjunta em favor do compossuidor é um direito que há de ser remediado em juízo em caso de ato ilícito que o inviabilize.

JURISPRUDÊNCIA COMENTADA: Em situação na qual uma herdeira pelo direito de *saisine* teve a sua composse violada pelos seus parentes, a Terceira Turma do Superior Tribunal de Justiça por ocasião do julgamento do Recurso Especial 537.363/RS, na relatoria do Ministro Vasco Della Giustina, proferido no dia 20 de abril de 2010, deferiu a proteção possessória correspondente. Ficou assentado na decisão que, havendo composse do bem em litígio, qualquer um dos compossuidores pode defender a sua posse quando for molestado por terceiros ou pelos outros compossuidores. A 16.ª Câmara Cível do Tribunal de Justiça do Estado do Rio de Janeiro manteve liminar deferida a uma compossuidora que foi agredida em sua posse pela coerdeira que demoliu um muro divisório e consolidou a posse de duas habitações deixadas pelo falecido para si. O entendimento prevalecente foi o de que a casa esbulhada possuía uma área de posse definida, sendo a casa em que a autora morava a que possuía, inclusive, entrada separada para determinada rua (Agravo de Instrumento 0025692-69.2018.8.19.0000, Rel. Des. Marco Aurélio Bezerra de Melo, j. 28.08.2018).

Art. 1.200. É justa a posse que não for violenta, clandestina ou precária.

COMENTÁRIOS DOUTRINÁRIOS: A classificação prevista no artigo leva em consideração os chamados vícios objetivos da posse que são a violência (*vis*), a clandestinidade (*clam*) e a precariedade (precário). A presença de tais vícios torna a posse injusta e, por conseguinte, sem a proteção jurídica até que ocorra o convalescimento dessa lesão. A posse violenta é aquela que se adquire pela força física ou grave ameaça, clandestina quando com o aproveitamento da ausência no momento da aquisição do legítimo possuidor e a precária se torna injusta pelo abuso de confiança perpetrado por aquele que recebe o bem com a obrigação de restituir e, diante dessa circunstância, surpreende o titular do direito e não restitui. A aquisição violenta da posse pode se dar com a invasão de um terreno mediante violência física aos possuidores. A clandestinidade pode ser imaginada mediante o apossamento de uma parte de um imóvel verificada na calada da noite e a precariedade pela postura abusiva de um comodatário que, findo o contrato, não devolve a posse direta ao comodante ou a de um funcionário que recebeu um imóvel para fins de moradia enquanto exercesse atividade laborativa e ao término desta se nega a devolver o bem. A violência guarda relação analógica com o tipo penal do roubo, a clandestinidade com o furto e a precariedade com a apropriação indébita. Interessante notar que o esbulhador pode exercer defesa possessória contra terceiros que pratiquem ou tentem praticar atos de violência ou clandestinidade. Não se trata de legitimar o ato ilícito, mas sim de evitar a justiça privada que pode fazer valer a lei do mais forte, levando a comportamentos violentos, mas, por vezes, dá a impressão de fazer coro a máxima popular a dizer que "ladrão que rouba ladrão tem cem anos de perdão". Na realidade, trata-se de uma escolha jurídica pelo estabelecimento da segurança jurídica em repulsa a comportamentos violentos de a fim de evitar a violência decorrente da possível tentativa de fazer justiça por mão própria.

JURISPRUDÊNCIA COMENTADA: Em demanda na qual o comodatário se recusou injustificadamente a devolver a coisa entregue em comodato, tornando a sua posse injusta pelo vício objetivo da precariedade, a Quarta Turma do Superior Tribunal de Justiça, relator o Ministro Honildo Amaral de Melo Castro, julgou procedente o pedido de reintegração de posse, constando no voto que "a recusa do comodatário em restituir a coisa após o término do prazo do comodato, mormente quando notificado extrajudicialmente para tanto, implica em esbulho pacífico decorrente da precariedade da posse, podendo o comodante ser reintegrado na mesma através das ações possessórias"

(REsp 302.137/RJ, j. 15.09.2009). Importa destacar que se o comodato tem prazo determinado, não há a necessidade de notificação para constituir o comodatário em mora, configurar, por conseguinte, o esbulho e instrumentalizar a ação de reintegração de posse com pedido de liminar (art. 561 do CPC), tendo em vista que o inadimplemento da obrigação no seu termo, constitui de pleno direito o devedor em mora (art. 397, *caput*, do CC). A propósito, o Superior Tribunal de Justiça já decidiu que a notificação estaria dispensada mesmo em casos de comodato por prazo indeterminado quando ficasse comprovado, no processo, por qualquer meio, a ciência inequívoca do comodatário do interesse do comodante em reaver o imóvel (REsp 1.947.697/SC, 3.ª Turma, Rel. Min. Nancy Andrighi, j. 28.09.2021, v.u.).

REFORMA DO CÓDIGO CIVIL: "Art. 1.200. É injusta a posse violenta, clandestina ou com abuso de confiança." A substituição do vocábulo "precária" por "com abuso de confiança" foi muito festejada pelos membros da comissão, tendo em vista que deixa mais claro o sentido de "precariedade da posse" a que nos referimos nos comentários doutrinários *supra*. Tanto assim que era a expressão adotada no Esboço de Teixeira de Freitas e também na proposta original apresentada por Clóvis Beviláqua que foi alterada posteriormente no Código Civil de 1916 e mantida na codificação em vigor.

Art. 1.201. É de boa-fé a posse, se o possuidor ignora o vício, ou o obstáculo que impede a aquisição da coisa.

Parágrafo único. O possuidor com justo título tem por si a presunção de boa-fé, salvo prova em contrário, ou quando a lei expressamente não admite esta presunção.

COMENTÁRIOS DOUTRINÁRIOS: O artigo trata da classificação da posse sob o ponto de vista subjetivo, prescrevendo que está de boa-fé o possuidor que ignora que existe uma pessoa com melhor direito sobre a coisa do que ele, isto é, a ignorância fática ou jurídica no tocante ao conhecimento da legitimidade da posse pode não levar a que esse possuidor tenha o direito de ficar com o bem, mas aproveitará diversos efeitos benéficos em razão do desconhecimento do vício que lhe impede ser o verdadeiro titular da coisa. A *contrario sensu* do dispositivo legal, posse de má-fé será considerada aquela em que o possuidor tem pleno conhecimento de que o direito é de outrem, mas mesmo assim resiste a restituir o bem a quem de direito. O possuidor de má-fé é aquele que resolve deliberadamente afrontar o direito possessório de outrem ou então assume o risco de lutar por um bem no qual já tomou conhecimento que pertence a outrem e, por isso, experimentará efeitos jurídicos desfavoráveis sob o ponto de vista econômico. Os efeitos jurídicos do reconhecimento judicial da boa-fé e da má-fé do possuidor se encontram disciplinados nos arts. 1.214 a 1.222 deste Código, além de outras situações pontuais dispostas no livro do Direito das Coisas como, por exemplo, na usucapião ordinária (art. 1.242 do CC) e na regra da acessão invertida (art. 1.255, parágrafo único, do CC). Aplica-se aqui o princípio jurídico clássico de que a boa-fé se presume e a má-fé deve ser comprovada por quem a alega. O parágrafo único do art. 1.201 do Código Civil traz a conhecida regra de que o possuidor com justo título carrega consigo a presunção relativa de boa-fé. Quanto ao alcance da expressão "justo título", duas são as concepções que poderíamos visualizar na expressão. Uma que seria um título com aptidão genérica para transferir a propriedade, mas que não o realizou por um defeito intrínseco – quem alienou não era dono – ou extrínseco – o adquirente, em se tratando de aquisição derivada de um imóvel, não cuidou de realizar o registro junto ao cartório imobiliário. A posição acima ainda é majoritária, mas se mostra equivocada diante da submissão dessa análise ao princípio da função social da propriedade que a posse realiza concretamente e, sob essa ótica, o justo título a que se refere a lei poderia ser entendido como justa causa. Essa posição se identifica com os princípios filosóficos da eticidade, socialidade e operabilidade, propugnados pela atual codificação, sendo digno de encômios o Enunciado n. 303 da *IV Jornada de Direito Civil* que assim se pronuncia: "Considera-se justo título para presunção relativa da boa-fé do possuidor o justo motivo que lhe autoriza a aquisição derivada da posse, esteja ou não materializado em instrumento público ou particular. Compreensão na perspectiva da função social da posse". O titular de um contrato de promessa de compra e venda ostenta um justo título a induzir a sua boa-fé.

JURISPRUDÊNCIA COMENTADA: A 38.ª Câmara de Direito Privado do Tribunal Paulista, relator o Desembargador Achile Alexina, reconheceu a boa-fé do possuidor em razão do fato de este ter se responsabilizado em pagar todas as contas de consumo e *propter rem* que incidiam sobre o imóvel, além de ter assumido as despesas concernentes às obras de conservação do imóvel. Essa postura do possuidor, aliada a outras circunstâncias, pode gerar no julgador a convicção de que o possuidor realmente acreditava que tinha um bom direito sobre a coisa (TJSP, Apelação 0018178-53.2012.8.26.0009, j. 25.10.2018). A Primeira Turma do STJ entendeu acertadamente que a permanência do mutuário inadimplente na posse do imóvel após o regular leilão levado a efeito pelo credor hipotecário conduz ao reconhecimento da má-fé do possuidor com as deletérias consequências de não fazer jus à indenização pelas benfeitorias, exercício do direito de retenção e percepção dos frutos (AREsp 1.013.333/MG, Rel. Min. Gurgel de Faria, v.u., j. 03.05.2022).

Art. 1.202. A posse de boa-fé só perde este caráter no caso e desde o momento em que as circunstâncias façam presumir que o possuidor não ignora que possui indevidamente.

COMENTÁRIOS DOUTRINÁRIOS: A presunção de boa-fé que milita em favor do possuidor cede ante a um fato sério que deixe explícito para o intérprete que a pessoa já não mais ignora que possui indevidamente. Se antes julgava que tinha o melhor direito, agora já não consegue mais convencer de que ainda crê nesse fato. Se no início dos atos possessórios, o possuidor julgava que não existia ninguém com melhor título do que ele, como no caso em que a pessoa se apresenta levianamente como procuradora do proprietário, transferindo, por conta do aparente contrato de mandato, a posse do bem, presume-se a manutenção do caráter da posse de boa-fé. Essa presunção cede, no entanto, quando o verdadeiro proprietário demonstra que esse possuidor foi ludibriado. Essa perda de boa-fé pode se dar de forma extrajudicial ou judicial. No primeiro caso, pode se dar por uma notificação feita pelo proprietário ou um ato no qual o possuidor ateste documentalmente que o direito sobre o bem pertence a outrem. Se houver uma ação judicial que busque a recuperação do bem, a boa-fé do possuidor cessará na data em que for citado, na forma do que prescreve o art. 240 do Código de Processo Civil de 2015. Assim, cessa a posse de boa-fé quando ao possuidor é exigido reconhecer o melhor direito de outra pessoa, seja judicial ou extrajudicialmente. A partir da cessação da boa-fé, já não terá o possuidor que restituiu o bem o direito à indenização das benfeitorias, percepção dos frutos e os outros efeitos benéficos dessa condição. A posse pode ser injusta e de boa-fé, assim como justa e de má-fé. No primeiro caso, há a possibilidade de uma pessoa arrebatar um bem violentamente na convicção de que está agindo de acordo com o seu direito que pertence a outrem. No segundo, o possuidor não comete ato violento ou clandestino, mas sabe que o bem que apreendeu é de titularidade de outra pessoa.

JURISPRUDÊNCIA COMENTADA: O Tribunal de Justiça de Minas Gerais julgou interessante caso envolvendo posse de boa-fé. Importante companhia de eletricidade de Minas Gerais desapropriou uma área próxima ao reservatório de determinada usina hidrelétrica, cujo entorno fora ocupado por proprietários que realizaram obras de lazer. Proposta a ação possessória pela Companhia, a Câmara entendeu que a posse era injusta em face do esbulho praticado na área titularizada pela autora e julgou procedente o pedido de reintegração de posse, afastando inclusive a tese de composse levantada pelos réus por estar a gleba de terras delimitada por marcos precisos. Contudo, a Desembargadora Sandra Fonseca, relatora do caso, reconheceu a boa-fé dos ocupantes, assegurando-lhes direito à indenização pelas benfeitorias (art. 1.219 do CC) e acessões (art. 1.255 do CC) implementadas, sob o fundamento de que "se não houve resistência da CEMIG à época das obras, e se a construção foi tolerada por muitos anos, também sem qualquer embargo, não há como se reconhecer a má-fé, cabendo a indenização respectiva, considerando-se, também, o imperativo constitucional da função social da propriedade e da valorização do trabalho humano" (TJMG, Apelação Cível 2634640-64.2005.8.13.0702, 6.ª Câmara Cível, j. 07.06.2013). Essa decisão nos facilita a compreensão de que o possuidor de boa-fé traz consigo vantagens econômicas importantes, mas não tem assegurado o direito de ficar com a posse.

REFORMA DO CÓDIGO CIVIL: "Art. 1.202. A posse de boa-fé só perde este caráter no caso e desde o momento em que as circunstâncias façam presumir que o possuidor não ignora que possui a coisa indevidamente. Parágrafo único. Considera-se cessado o caráter de boa-fé da posse, na data da interpelação válida do possuidor, por citação, notificação ou protesto, judicial ou extrajudicial, se vier a ser reconhecida contra ele a pretensão possessória ou petitória do interpelante." A sugestão de alteração confere maior segurança jurídica ao importante e difícil momento de se saber quando cessa a boa-fé, como se pode perceber na justificativa apontada pela Subcomissão de Direito das Coisas: "Importante, sob o ponto de vista da segurança jurídica, a fixação de um termo inicial para a cessação dos efeitos da boa-fé. Se não há um ato anterior explícito de oposição ao possuidor como uma interpelação ou notificação, por exemplo, é de se admitir que a citação é o marco mais seguro para cessar a eventual característica da boa-fé, atraindo os efeitos da posse de má fé previstos na codificação civil. O Art. 240 do Código de Processo Civil prescreve que a citação válida, ainda que ordenada por juiz incompetente, constitui em mora o devedor, aplicando-se também para o réu em ação possessória que venha a sucumbir frente à pretensão do autor. A proposta também atende mecanismos extrajudiciais de conhecimento por parte do consumido de que o interpelante pode ter melhor direito do que ele sob a coisa disputada, o que será verificado posteriormente na demanda judicial, produzindo os efeitos correspondestes".

Art. 1.203. Salvo prova em contrário, entende-se manter a posse o mesmo caráter com que foi adquirida.

COMENTÁRIOS DOUTRINÁRIOS: O artigo cuida do caráter da posse segundo a presença ou não dos vícios objetivos da violência, clandestinidade ou precariedade. O artigo anotado anteriormente se refere à permanência da identidade possessória sob o ponto de vista subjetivo. Não há controvérsia acerca da possibilidade de modificação do título da posse por força de acordo de vontades como ocorre na *traditio brevi manu*, em que o possuidor direto adquire o bem das mãos do possuidor indireto e significa exatamente o contrário do constituto-possessório, no qual aquele que possui em nome próprio passa a possuir em nome alheio durante determinado período de tempo. Como exemplo da primeira situação pode ser citado o caso em que o locatário acaba por comprar o imóvel a ele locado e a segunda quando, por força da cláusula *constituti*, o vendedor de um imóvel transfere consensualmente a posse por força do constituto-possessório, mas o comprador o autoriza a permanecer com o bem durante determinado período de tempo. Em ambos os casos, houve uma inversão do *animus* da posse com a mudança jurídica do título da posse sem que isso coincida com a alteração do mundo fático. O artigo ainda retrata uma questão assaz polêmica acerca da possibilidade ou não de mudança do caráter da posse de modo unilateral, isto é, sem relação jurídica que sirva de suporte fático, o que se denomina interversão do título da posse. A primeira corrente propugna que ninguém pode, sem que haja consenso prévio, alterar o título da sua posse, fazendo jus à máxima latina *nemo sibi ipse* causam *possessionis mutare potest* (ninguém pode mudar por si mesmo a causa da posse), sob o argumento de que a vontade humana unilateral não poderia se sobrepor ao objetivismo do ordenamento jurídico. A outra corrente de opinião preconiza que, excepcionalmente, diante de situação fática concreta de explícita oposição ao possuidor legítimo, será possível essa transmutação, partindo de uma posse direta para o exercício de uma posse plena sem desdobramentos, como sucede na hipótese de alguém que inicie a sua posse em decorrência de um comodato ou de uma locação, por exemplo, e passe a possuir por ato próprio em razão da inércia do possuidor indireto. Em uma hipotética situação na qual o locador morre e o locatário fica mais de vinte anos sem pagar aluguel e sem que os herdeiros daquele tenham tomado quaisquer medidas de oposição a essa posse, é possível a interversão da posse com o reconhecimento da usucapião. Esse parece ser o entendimento mais correto, pois em consonância com a utilização social da posse, garantia constitucional, assim como com a própria redação do artigo, cuja expressão inicial "salvo prova em contrário" desloca essa questão para o processo civil, na medida em que fica estabelecido que, em regra, a posse mantém o mesmo caráter com que foi adquirida, mas que essa situação desafia a possibilidade da produção de prova de modo a convencer o juízo de que há poder de ingerência sobre a coisa de forma independente e autônoma. Os atos de contradição ao proprietário devem ser tais que não deem margem a dúvidas, pois ao possuidor compete o ônus de provar a mudança unilateral da posse. Na *III Jornada de Direito Civil* do CJF apresentamos enunciado nessa linha que acabou aprovado sob o n. 237: "É cabível a modificação do título da posse – *interversio possessionis* – na hipótese em que o até então possuidor direto demonstrar ato exterior inequívoco de oposição ao antigo possuidor indireto, tendo por efeito a caracterização do *animus domini*".

JURISPRUDÊNCIA COMENTADA: Em caso no qual um devedor hipotecante permaneceu exercendo posse sobre o bem utilizado para fins de moradia desde 23.04.1998, mesmo depois da perda do bem, a 12.ª Câmara Cível do Tribunal de Justiça do Estado do Rio de Janeiro, na relatoria da saudosa Desembargadora Lúcia Maria Miguel da Silva Lima, entendeu por reconhecer a usucapião especial pró-moradia com fundamento na interversão do caráter da posse em ementa assim redigida: "Apelação Cível. Ação de usucapião constitucional ou especial urbana. Imóvel urbano. Bem hipotecado. Sistema Financeiro de Habitação. Credor hipotecário. Instituição financeira privada. Não aplicação do óbice insculpido no art. 183, § 3º da C.R. Interrupção do pagamento das prestações. Interversão unilateral da posse. Imóvel usado como residência. Exteriorização do *animus domini*. Inércia do credor por mais de dez anos. Função social da propriedade. Ausência de boa-fé. Irrelevância para a espécie da usucapião pleiteada. Conhecimento do recurso e seu provimento" (TJSP, Apelação 0355307-72.2011.8.19.0001, j. 10.07.2018).

REFORMA DO CÓDIGO CIVIL: A inclusão de um parágrafo único consagra na legislação a possibilidade de interversão do caráter da posse já admitida na jurisprudência e na doutrina, como se pode ver no Enunciado n. 237 da *III Jornada de Direito Civil*, referido nos comentários doutrinários *supra*: "Art. 1.203. [...] Parágrafo único. Haverá modificação da causa da posse quando o então possuidor direto comprovar ato exterior e inequívoco de oposição ao antigo possuidor indireto".

CAPÍTULO II
DA AQUISIÇÃO DA POSSE

Art. 1.204. Adquire-se a posse desde o momento em que se torna possível o exercício, em nome próprio, de qualquer dos poderes inerentes à propriedade.

COMENTÁRIOS DOUTRINÁRIOS: O artigo mostra-se coerente com a teoria objetiva adotada no art. 1.196 ao deixar de trazer de modo casuístico as formas de aquisição e perda da posse, técnica legislativa vinculada à teoria subjetiva de Savigny, como se pode verificar na redação dos revogados arts. 493 e 494 do Código Civil de 1916 que se vinculavam a essa teoria nesse ponto. Assim, de modo claro e objetivo, a posse pode ser adquirida quando é possível a exteriorização de poderes de ingerência típicos do domínio sobre determinada coisa e se perde quando há a cessação de tais efeitos. A opção por esse tipo aberto é digna de elogios, conferindo maior coerência ao texto legal. A posse pode ser adquirida de forma originária e derivada. Será originária quando a aquisição não guardar relação jurídica com nenhum possuidor ou proprietário anterior e será derivada quando a aquisição tiver como suporte uma relação jurídica precedente. Como forma de aquisição originária da posse temos a ocupação de um bem móvel ou imóvel e como derivada a tradição ocorrida na compra de um bem móvel, momento em que o comprador adquirirá a posse e a propriedade da coisa. O modo originário de aquisição da posse dá origem à chamada posse natural, pois a obtenção se dá a partir do fato da apreensão, por exemplo, de um bem abandonado que fora por alguém apreendido, ostentando o possuidor de forma pública a submissão desse bem ao seu interesse social ou econômico. O modo derivado de aquisição da posse cria a chamada posse civil, pois decorre de uma relação jurídica de transmissão da posse. A importância prática da diferenciação das formas de aquisição está em que na aquisição originária não há que se falar em vícios anteriores que maculem a sua essência, ao passo que se a aquisição é derivada, é possível que esteja contaminada por defeitos na sua gênese, tais como a nulidade do ato, aquisição a *non domino*, dentre outros. Daí a importância, na aquisição derivada, do conhecimento da teoria do negócio jurídico estudada na parte geral deste Código. A posse também pode ser adquirida de forma derivada *mortis causa* em decorrência da incidência direta da lei. É o que ocorre na sucessão hereditária legítima por conta do direito de *saisine* previsto no art. 1.784 do Código Civil: "Aberta a sucessão, a herança transmite-se, desde logo, aos herdeiros legítimos e testamentários". Em outro giro, forma importante de aquisição derivada *inter vivos* se dá no constituto-possessório (cláusula *constituti*), instituto de larga aplicação prática nos negócios imobiliários e que acarreta a aquisição e a perda da posse por força do consenso, sem que no mundo dos fatos algo tenha se modificado. Dois negócios jurídicos são entabulados pelas partes. Um pelo qual o possuidor transmite a posse indireta ao adquirente e outro que legitima o alienante a continuar com a posse, ainda que apenas direta, durante o período de tempo previsto no pacto. Dessa forma, o possuidor que possuía em nome próprio passa, por força da manifestação de vontade, a possuir em nome alheio, como sucede na situação em que o vendedor continua no bem por determinado período de tempo, sendo que ao receber o preço, juridicamente, já fez a transferência da posse. É importante consignar que o instituto tem sua base de fundamento na autonomia da vontade, possibilitando proveitosa utilização de acordo com a conveniência dos contratantes. Há quem entenda que, como o constituto-possessório é forma de aquisição e perda da posse, o tempo em que o transferente estivesse com a coisa de fato, tê-la-ia na qualidade de detentor. Tal entendimento é minoritário e não é indicado como o mais correto. Na realidade, aquele que fica com a coisa será considerado possuidor direto, assumindo a obrigação, passado determinado prazo fixado pelas partes, de entregar o bem ao possuidor indireto, sob pena de cometimento de esbulho. Equívoco já superado nesse tempo de vigência da atual codificação foi o de que a ausência de referência expressa teria selado o fim do instituto. A prática diária demonstrou o acerto do enunciado que propomos em tempo ainda de vacância do Código Civil e que teve para a sua aprovação intenso debate no sentido de que "a posse das coisas móveis e imóveis também pode ser transmitida pelo constituto-possessório" (Enunciado n. 77 da *I Jornada de Direito Civil* do CJF). Para evitar controvérsias, o arquivado Projeto de Lei n. 6.960 que em 2002 se encontrava sob a relatoria do falecido Deputado Federal Ricardo Fiuza modificava o artigo, fazendo constar na redação previsão expressa ao constituto-possessório: "Art. 1.204. Adquire-se a posse de um bem quando sobre ele o adquirente obtém poderes de ingerência, inclusive pelo constituto-possessório". A ação cabível na hipótese de descumprimento do prazo para o alienante entregar efetivamente o bem é a de reintegração de posse. Se não houver prazo expresso, o adquirente poderá exigir a qualquer tempo, mediante interpelação no sentido da entrega do bem em prazo razoável. Se o alienante não acudir a essa determinação, a medida judicial cabível será a mesma, tendo em vista o cometimento do esbulho possessório pela precariedade.

JURISPRUDÊNCIA COMENTADA: A 17.ª Câmara Cível do Tribunal de Justiça do Estado do Rio Grande do Sul atribuiu efeitos à *saisine* como modo derivado *mortis causa* de aquisição da posse (art. 1784 do CC) para o fim de atribuir proteção possessória liminar a filho da falecida em demanda proposta em face de sua irmã (Agravo 70054253133, Rel. Des. Elaine Harzheim Macedo, j. 06.06.2013). Fui relator de um caso no qual, após a assinatura da escritura de compra e venda de um imóvel com a cláusula *constituti*, o vendedor se recusou a deixar o imóvel na data combinada. O juízo de primeiro grau entendeu que o caso envolveria demanda fundada na propriedade registrada no cartório imobiliário e indeferiu o pedido de reintegração de posse. Sucede, contudo, que não foi atribuído o devido efeito ao constituto-possessório como instituto jurídico que provoca a aquisição da posse em favor do adquirente e a perda para o alienante, cometendo este esbulho quando não há a devida restituição, sendo cabível, assim, o pedido de reintegração de posse (TJRJ, Apelação 47711-57.2004.8.19.0001, 16.ª Câmara Cível, Rel. Des. Marco Aurélio Bezerra de Melo, j. 05.02.2013). Digno de nota o caso enfrentado pela 19.ª Câmara de Direito Privado do Tribunal de Justiça do Estado de São Paulo, no qual foi reconhecida a aquisição da posse em favor da ex-companheira de um comodatário que, após o falecimento deste, persistiu no imóvel, conferindo-lhe função social pela produção e moradia. A despeito de ser reconhecido que a autora era possuidora por conta do falecimento do comodante pelo princípio da *saisine* (art. 1.784 do CC), não logrou buscar a recuperação do bem em face do comodatário original, possibilitando que a atual ocupante desde 2009 exercesse posse autônoma apta a gerar a propriedade pela usucapião. Não se trata da interversão da posse referida no art. 1.203 do Código Civil, pois não foi o próprio possuidor a título precário que alterou o título da sua posse, mas sim caso de aquisição por terceira pessoa em razão do abandono da herdeira do comodante. A ementa é tão intrigante quando esclarecedora e, por tal motivo, a reproduzimos: "Apelação Cível – Ação possessória – Sentença de improcedência – Inconformismo da autora – Posse indireta da autora comprovada. Conforme o princípio da 'saisine', a transmissão da posse aos herdeiros se dá de forma 'ex lege', passando eles a deter a posse indireta do bem que compõe o acervo hereditário, a partir da abertura da sucessão – Posse precária exercida pelo ex-companheiro da ré, a título de comodato, até o seu falecimento. Continuidade da posse exercida pela ré que, ignorando sua precariedade, passou a agir como possuidora em nome próprio. Não comprovada a existência de comodato verbal firmado pela autora com a ré. Ainda que inicialmente precária a posse exercida pela ré, não se pode afastar a mudança da natureza da posse, que passou a ser *ad usucapionem* desde setembro de 2009. Autora que manifestou oposição à posse da ré, ingressando com ação de reintegração de posse, após a consumação do prazo da prescrição aquisitiva. Ré que preencheu o requisito temporal da usucapião especial rural, tornando a terra produtiva e nela estabelecendo a sua moradia. Hipótese dos autos em que se impõe o acolhimento da exceção de usucapião, que é apenas incidental e não faz coisa julgada – Sentença mantida – Recurso não provido" (TJSP, Apelação Cível 1000529-10.2016.8.26.0012, Rel. Des. Daniela Menegatti Milano, j. 05.11.2018).

REFORMA DO CÓDIGO CIVIL: Sugere-se a referência expressa de que a posse seja exercida sobre outro direito real, como sucede, por exemplo, com a posse de servidão predial (art. 1.379 do CC). Assim, a redação ficaria nos seguintes termos: "Art. 1.204. Adquire-se a posse desde o momento em que se torna possível o exercício, em nome próprio, de qualquer dos poderes inerentes à propriedade ou a qualquer outro direito real".

Art. 1.205. A posse pode ser adquirida:

I – pela própria pessoa que a pretende ou por seu representante;

II – por terceiro sem mandato, dependendo de ratificação.

COMENTÁRIOS DOUTRINÁRIOS: A posse pode ser adquirida pela própria pessoa ou por seu legítimo mandatário, constituído para esse fim. Também ao gestor de negócio é lícito adquirir a posse, desde que essa aquisição seja ratificada pelo interessado. Importa que se observem os requisitos legais, isto é, a aquisição da posse não poderá ser revestida de violência, clandestinidade ou do abuso de confiança presente na aquisição precária da posse e, ainda, que a conduta do gestor seja autônoma, a fim de afastar a figura da detenção prevista nos arts. 1.198 e 1.208, parte inicial, do Código Civil.

REFORMA DO CÓDIGO CIVIL: Pelo presente dispositivo, restabelece-se a referência expressa à importante figura jurídica do "constituto-possessório", que figuraria no inciso III, conforme o Enunciado n. 77 *da I Jornada de Direito Civil*, nos moldes dos comentários doutrinários *supra*.

Art. 1.206. A posse transmite-se aos herdeiros ou legatários do possuidor com os mesmos caracteres.

COMENTÁRIOS DOUTRINÁRIOS: O artigo confirma o princípio de manutenção do caráter da posse estudado no art. 1.203 deste Código que, como visto, admite prova em contrário, ocasião em que se verificará a excepcional hipótese da interversão do caráter da posse. A única diferença é que aqui esse efeito nasce da sucessão hereditária. É também a demonstração explícita da máxima jurídica, segundo a qual ninguém pode transmitir direitos a outrem mais do que aqueles que possui (*Nemo plus iuris ad alium transferre potest quam ipse habet*).

Art. 1.207. O sucessor universal continua de direito a posse do seu antecessor; e ao sucessor singular é facultado unir sua posse à do antecessor, para os efeitos legais.

COMENTÁRIOS DOUTRINÁRIOS: Trata-se de mais uma particularidade da posse, que vem a ser a possibilidade legal de transmissão de posses, que poderá efetivar-se a título universal, como acontece na sucessão hereditária e a título singular, como se dá na união de posses entre o possuidor anterior e o atual, sendo necessária, portanto, a prova da relação jurídica entre eles. A sucessão possessória na posse que fora exercida pelo finado é obrigatória, dando-se *ex vi legis*, aplicando-se para os herdeiros legítimos e testamentários o direito de *saisine* previsto no art. 1.784 do Código Civil, ao passo que a união de posses é facultativa, sendo o atual possuidor quem irá verificar a conveniência de unir a sua posse à do anterior. Como estamos diante de aquisição derivada, a questão ganha relevo, pois com a acessão de posses, eventuais vícios aquisitivos anteriores contaminarão a posse atual. Efeito importante desse dispositivo pode ser encontrado na usucapião, pois o art. 1.243 do Código Civil admite a soma de posses para o fim de configurar o lapso temporal necessário de acordo com o tipo de prescrição aquisitiva.

REFORMA DO CÓDIGO CIVIL: O projeto de modificação sugere a seguinte redação: "Art. 1.207. O sucessor universal continua de direito a posse do seu antecessor; e ao sucessor singular é facultado unir sua posse à dos antecessores, para os efeitos legais"., qual seja, a referência à união de posses no plural, que compatibiliza, como bem percebeu a Subcomissão de Direito das Coisas, a sugestão de alteração ao disposto no artigo 1.243 do presente Código, que admite a *acessio possessionis* para fins de usucapião, conforme comentamos no citado dispositivo.

Art. 1.208. Não induzem posse os atos de mera permissão ou tolerância assim como não

autorizam a sua aquisição os atos violentos, ou clandestinos, senão depois de cessar a violência ou a clandestinidade.

COMENTÁRIOS DOUTRINÁRIOS: Para fins de análise do art. 1.208 do Código Civil, temos que atos de mera permissão são aqueles em que o possuidor expressamente permite que alguém se utilize de alguma forma da posse de outrem, como poderia ser o caso de o possuidor permitir a retirada de água do seu açude em um período crítico de estiagem. Atos de mera tolerância são aqueles em que o possuidor tacitamente tolera que alguém mantenha apenas um contato físico com a coisa, tal qual sucederia na hipótese de o possuidor passivamente se abster da defesa possessória por um eventual trânsito de vizinhos em seu imóvel, tendo em vista a queda da barragem dificultando a passagem para a estrada principal. O que ambos têm em comum é o fato de que esses atos, à semelhança do que ocorre na detenção prevista no art. 1.198 do Código Civil, não induzem posse e, portanto, não comportam defesa possessória nem conduzem à aquisição da propriedade por meio da usucapião, entre outros importantes efeitos do direito possessório. A relação, que com essa permissão se constitui, é assemelhada ao precário, porquanto os atos que o vizinho, por exemplo, tolera por cortesia, familiaridade, ou relações de boa vizinhança, pressupõem sempre uma permissão revogável ao arbítrio do que a conferiu. Assim, aquele que permite a um outro passar pelo seu terreno, tirar água na sua fonte, gozar da sombra de suas árvores etc., entende-se que concede essas vantagens por mero favor, e, portanto, que se reservou o direito de retirar a sua permissão; entende-se que pratica tais atos só e enquanto tem a permissão daquele que lh'as pode vedar. Enfim, acreditamos realmente que a detenção pode ser compreendida como a própria negação do estado de posse, sendo mero estado fático de contato de uma pessoa com a coisa, enquanto a posse é um poder jurídico que possibilita ao seu titular extrair vantagens econômicas do bem a ele disponível. Se o caso concreto revelar que o pretenso detentor ostenta legítimo poder de ingerência sobre o bem, detenção não é e sim posse e como tal goza da proteção dos interditos possessórios. Remanesce a problemática em se fixar com segurança um prazo para a inércia do possuidor agredido em seu direito, o que de certo modo resvala no valor segurança jurídica, mas, por outro lado, analisando-se a posse pela sua imanente função social, permite a lei que o juiz, no caso concreto, certifique se houve ou não a perda da posse por parte de quem se mostrou omisso na defesa do que lhe era próprio, permitindo, dessa sorte, a aquisição da posse por quem a tomou violenta ou clandestinamente e deu a ela uma destinação social. Tais situações, como também a de identificar se o sujeito é detentor ou se efetivamente é titular da posse, apenas vêm demonstrar que, apesar do acerto e solidez da teoria objetiva, por vezes, se mostra absolutamente indispensável pensar a posse sob o seu aspecto subjetivo.

Art. 1.209. A posse do imóvel faz presumir, até prova contrária, a das coisas móveis que nele estiverem.

COMENTÁRIOS DOUTRINÁRIOS: O dispositivo legal em estudo anotado confirma a existência do princípio da gravitação jurídica ou acessoriedade que consiste no efeito segundo o qual o acessório segue a sorte do principal. Como se percebe, essa norma comporta presunção relativa, admitindo prova em sentido contrário a ser produzida pelo interessado. O bem imóvel aqui é colocado como bem principal, existindo sobre si mesmo, e os móveis que o acompanham são aqueles cuja existência depende daquele. Por tal motivo, é muito importante, quando se faz a alienação da posse de um bem imóvel, definir quais os bens móveis que acompanham a coisa principal e quais ficaram com o alienante. A codificação atual foi muito feliz ao definir as pertenças no art. 93 como sendo aqueles "bens que, não constituindo partes integrantes, se destinam, de modo duradouro, ao uso, ao serviço ou ao aformoseamento de outro" e no artigo seguinte estabelecer que os bens móveis que guarnecem a coisa principal "não abrangem as pertenças, salvo se o contrário resultar da lei, da manifestação de vontade, ou das circunstâncias do caso". Desse modo, se, por exemplo, o contrato de compra e venda de um imóvel não se referir expressamente à aquisição conjunta do mobiliário não embutido e dos eletrodomésticos, tais bens podem ser levados pelo vendedor. Em outro giro, as partes integrantes como a louça sanitária e os armários embutidos, em regra, passam às mãos do comprador. Integra a praxe do direito imobiliário, sobretudo no meio rural, a cláusula "porteira fechada" que, uma vez presente no contrato, induz ao raciocínio segundo o qual o bem foi vendido com tudo o que dentro dele havia, incluindo bens móveis inanimados e os semoventes. De qualquer sorte, não se pode olvidar que essa questão se encontra entregue ao princípio da autonomia privada.

JURISPRUDÊNCIA COMENTADA: Em caso no qual uma pessoa alienou a posse de um imóvel e pretendia a restituição de valores referentes à venda de um motor a terceiro, pois segundo o autor da pretensão não teria sido alienado conjuntamente, o Tribunal de Justiça do Estado de São Paulo entendeu que a venda foi feita com cláusula porteira fechada; ainda que esta não tivesse sido expressa, foi aceita tacitamente mediante os costumes e as circunstâncias do caso: "Apelação. Ação de restituição de valores. Sentença de improcedência. Inconformismo da autora. Autor, cujo depoimento pessoal foi requerido e intimação foi realizada por força do art. 274, parágrafo único, não compareceu em audiência, pelo que incide sobre ele as penas da confissão. Testemunha ouvida ratificou a tese do réu, ao afirmar que a compra do lote rural foi feita a 'porteira fechada'. Manutenção da sentença por seus próprios fundamentos (art. 252 RITJSP). Recurso não provido" (TJSP, Apelação 0002018-27.2010.8.26.0589, 9.ª Câmara de Direito Privado, São Simão, Rel. Piva Rodrigues, j. 17.04.2018, *DJESP* 19.04.2018).

CAPÍTULO III
DOS EFEITOS DA POSSE

Art. 1.210. O possuidor tem direito a ser mantido na posse em caso de turbação, restituído no de esbulho, e segurado de violência iminente, se tiver justo receio de ser molestado.

§ 1º O possuidor turbado, ou esbulhado, poderá manter-se ou restituir-se por sua própria força, contanto que o faça logo; os atos de defesa, ou de desforço, não podem ir além do indispensável à manutenção, ou restituição da posse.

§ 2º Não obsta à manutenção ou reintegração na posse a alegação de propriedade, ou de outro direito sobre a coisa.

COMENTÁRIOS DOUTRINÁRIOS: O artigo apresenta o mais importante efeito da posse, que vem a ser proteção possessória independente da propriedade, inclusive extrajudicialmente. A ofensa à posse de alguém pode se apresentar de três formas que se consubstanciam na causa de pedir próxima das ações possessórias e que aqui se fazem presentes no *caput* do dispositivo como lesão ao direito possessório de outrem. A causa de pedir remota é sempre a mesma, ou seja, a existência da posse, e conforme se modifica a causa de pedir próxima, vão se delineando os espaços para a tipologia dos interditos possessórios, que são os meios judiciais de proteção da posse contra agressões de terceiros. Destarte, se uma pessoa sofre ameaça em sua posse, contará com o interdito proibitório, se houver turbação o possuidor tem direito à manutenção de posse e se for vítima de esbulho, a medida cabível será a reintegração de posse. A proteção mais palpável e objetiva é aquela que se faz utilizando as próprias forças. Nessa toada, o § 1º prevê a chamada autoproteção ou autotutela possessória que como todo direito deve ser exercido de modo a que não se transforme em abuso, tido como ato ilícito passível de reparação civil à luz do disposto no art. 187 do Código Civil. Assim, para que a legítima defesa ou o desforço pessoal sejam tidos como exercício regular do direito daquele que no momento da agressão não pode se valer da proteção da Administração Pública, judiciária ou policial, mister que preencham os seguintes requisitos: injustiça da agressão, a imediatidade da repulsa e proporcionalidade da defesa. Quando a lei diz "sua própria força" não está a proibir que o possuidor lesado se utilize de seguranças ou funcionários. Própria força é a força bastante para repelir a agressão dentro de um critério de razoabilidade e proporcionalidade aferido a partir da análise do caso concreto. Como a autotutela, dentre as formas de composição dos conflitos, é exceção, forçoso reconhecer que a sua interpretação é restritiva e qualquer exagero na repulsa que acabe por causar dano ao ofensor ou a terceiro poderá ensejar o dever de reparação, seja cometido pelo próprio possuidor ou por preposto (art. 932, III, c/c art. 933 do CC). A reação deve ser instantânea à ação agressora. Esse o sentido da expressão legal "contanto que o faça logo". Será a dinâmica do caso concreto com as suas peculiaridades que vai definir a observância ou não do requisito da imediatidade que, como o próprio vocábulo indica, significa uma reação que seja imediata, concomitante, ao ato da turbação ou do esbulho como bem assinalou o Enunciado n. 495 da *V Jornada de Direito Civil* do Conselho da Justiça Federal: "No desforço possessório, a expressão 'contanto que o faça logo' deve ser entendida restritivamente, apenas como a reação imediata ao fato do esbulho ou da turbação, cabendo ao possuidor recorrer à via jurisdicional nas demais hipóteses". Uma questão acadêmica merece ser posta apenas como reforço à ideia de que a lei não contém palavras inúteis, pois há uma pequena diferença técnica entre legítima defesa e desforço pessoal. Os atos de legítima defesa da posse vão pressupor que o possuidor ainda não perdeu o bem, estando sofrendo uma turbação, e o desforço necessário, também chamado desforço *incontinenti* ou pessoal, parte da premissa de que já teria havido o desapossamento injusto por meio do esbulho. Assim, na legítima defesa, a posse ainda está ao alcance do possuidor, enquanto o desforço imediato é feito quando o bem possuído já foi injustamente apreendido por outrem. A autoproteção possessória consiste em mera faculdade do possuidor vitimado por agressão injusta. Pode, portanto, renunciá-la, se quiser, sem que perca o direito de postular a proteção judicial que couber. É lícito ao detentor exercer a autoproteção possessória em nome do possuidor e sob as suas ordens, pois quando isso é feito, é como se o verdadeiro possuidor exercesse a autoproteção sob representação, como bem destaca o Enunciado n. 493 da *V Jornada de Direito Civil* do CJF: "O detentor (art. 1.198 do Código Civil) pode, no interesse do possuidor, exercer a autodefesa do bem sob seu poder". Para o justo receio previsto na lei, há a ação de interdito proibitório (art. 567 do CPC) que tem como causa de pedir próxima a ameaça de turbação ou esbulho, hipótese em que o juiz se utilizará da técnica das astreintes – cominação de multa diária – como forma de desencorajar a iminente agressão. Trata-se de ação com indisfarçável caráter inibitório, uma vez que objetiva a prevenção do ilícito possessório, não se confundindo com uma tutela cautelar do possuidor ameaçado. É cabível o interdito proibitório para proteger moradores que foram notificados pela municipalidade para desocuparem as suas residências no prazo de 15 dias, sob pena de demolição das mesmas, assim como a situação na qual grupo organizado, com seriedade, ameaça que dentro em breve invadirá determinada fazenda tida como improdutiva. A turbação pode ser entendida como qualquer ato que moleste ou perturbe o legítimo direito possessório, impedindo que o possuidor a exerça em toda a sua plenitude, como aconteceria se o perturbador da posse alheia impedisse que o vizinho adentrasse de automóvel em sua residência por meio da colocação de um anteparo de concreto ou na hipótese de alguém invadir parte de um terreno alheio às escondidas. A vítima de turbação pede ao juízo a permanência na posse que titularizava antes da lesão. Para tanto, a lei processual civil prevê a ação de manutenção de posse (*retinendae possessionis*) prevista nos arts. 560 a 566 do Código de Processo Civil. O esbulho é a perda injusta da posse por atos violentos, clandestinos ou precários (art. 1.200 do CC). Para proteger o possuidor do esbulho existe a ação de reintegração de posse (*recuperendae possessionis*), cuja regulamentação processual também se encontra nos arts. 560 a 566 do Código de Processo Civil. É cabível essa ação quando uma pessoa é violentamente retirada de sua posse, assim como quando vem a descobrir que, às escondidas, uma pessoa subtraiu a sua posse. Também pode ser manejada na hipótese em que alguém tenha abusado da confiança depositada pelo possuidor indireto e não devolvido o bem, na data combinada, sendo o exemplo do comodato acima assinalado interessante para a fixação desse conteúdo. Isso porque se o comodante emprestou gratuitamente um imóvel por um determinado período de tempo e, vencido o prazo, o comodatário não houver restituído o bem, cometerá, por conseguinte, esbulho pelas mãos do vício objetivo da precariedade. A par das chamadas ações possessórias típicas acima referidas, a posse conta com outro instrumento importante para a sua tutela. Trata-se dos embargos de terceiros, que podem ser deduzidos exclusivamente para a proteção possessória sempre que uma pessoa sofra ameaça da perda da posse decorrente de processo no qual não participou para a formação da coisa (art. 674, § 1º, CPC). A exceção ou defesa de domínio é a situação pela qual uma pessoa defende a posse alegando ser o proprietário da coisa. Tal postura é vedada peremptória e expressamente pelo § 2º do presente artigo, pois a despeito de a posse ser o poder de fato que exterioriza a propriedade, com a mesma não se confunde, gozando de independência e autonomia com relação a esse direito. Em reforço ao texto do direito material, o art. 557 do Código de Processo Civil/2015 também se coloca de forma a inviabilizar a exceção de domínio, tornando obsoleto o verbete 487 da antiga súmula de jurisprudência do STF que enuncia: "Será deferida a posse a quem, evidentemente, tiver o domínio, se com base neste for ela disputada". Prevalece na contemporaneidade o entendimento sufragado nos Enunciados n. 78 e n. 79 da *I Jornada de Direito Civil* do CJF/02: Enunciado n. 78: "Tendo em vista a não recepção, pelo novo Código Civil, da *exceptio proprietatis* (art. 1.210, § 2º), em caso de ausência de prova suficiente para embasar decisão liminar ou sentença final ancorada exclusivamente no *ius possessionis*, deverá o pedido ser indeferido e julgado improcedente, não obstante eventual alegação e demonstração de direito real sobre o bem litigioso". Enunciado n. 79: "A *exceptio proprietatis*, como defesa oponível às ações possessórias típicas, foi abolida pelo Código Civil de 2002, que estabeleceu a absoluta separação entre os juízos possessório e petitório". A posse é protegida por si mesma, dados os requisitos que a lei quis, quer corresponda ou não no titular ao fato da posse um direito, pelo que não pode o juiz, chamado a tutelar a posse, descer ao exame de questões relativas às razões petitórias, nem pode quem reclama contra a turbação ou a espoliação agir ao mesmo tempo com as ações possessórias e com as petitórias, devendo os dois juízos permanecer separados. Os argumentos favoráveis da celeridade e economia processual não convencem para a admissão da exceção de domínio, pois a sua aplicação retrataria uma injustificável balbúrdia processual, com a confusão entre o juízo possessório, em que se discute o *jus possessionis* (direito à posse), e o juízo petitório, em que deve restar provado o *jus possidendi* (direito de ter posse), sem prejuízo da necessária consideração de que a posse exerce uma função social própria independentemente da propriedade, conforme vimos por ocasião do estudo sobre a teoria social da posse. Ressalva interessante ao que se está aqui a defender ocorre quando se debruça o olhar sobre o instituto da expropriação social, que será analisada nos comentários aos §§ 4º e 5º do art. 1.228 do Código Civil, pois naquela situação a presença do direito possessório absorve por completo a situação fática retratada, levando a que tenha laborado em acerto o Enunciado n. 310 na *IV Jornada de Direito Civil*: "Interpreta-se extensivamente a expressão 'imóvel reivindicado' (art. 1.228, § 4º), abrangendo as pretensões tanto no juízo petitório quanto no possessório". Com o objetivo de conferir maior efetividade à proteção possessória, o ordenamento jurídico conta, desde as priscas eras da experiência romana, com um instrumental que permite à parte agredida obter rapidamente a tutela judicial adequada, que hoje denominamos de "liminar possessória", prevista no procedimento de manutenção e de reintegração de posse quando a ação for proposta dentro de ano e dia da turbação ou do esbulho (ação de força nova) afirmado na petição inicial (art. 558, CPC). Para tanto, dentro de um juízo de cognição sumária, o juiz deverá verificar, além do requisito temporal referido, se o autor se desincumbiu suficientemente do ônus de provar a sua posse, a turbação ou o esbulho praticado pelo réu, a data da turbação ou do esbulho e a continuação da posse em caso de turbação ou a perda na reintegração de posse (art. 561, CPC). Se lograr tal desiderato de plano, isto é, apenas com a documentação acostada à peça inaugural, o juiz deverá deferir a liminar sem a necessidade de ouvir o réu (liminar *inaudita altera parte* – art. 562, CPC). Se a documentação inicial não se mostrar suficiente, o juiz deverá designar *audiência de justificação*, na qual serão ouvidas as testemunhas arroladas pelo autor. Após tal ato processual, o juiz, em decisão atacável por agravo de instrumento, deferirá ou indeferirá o pedido liminar, prosseguindo o processo em seus demais momentos, como a apresentação de contestação, fase instrutória e decisória (arts. 562 a 564, CPC). Importa reconhecer que se a agressão à posse datar de mais de ano e dia, o processo continuará possessório e o autor poderá buscar uma tutela provisória de urgência ou de evidência, desde que preenchidos os requisitos processuais previstos nos arts. 300 ou 311 do Código de Processo Civil, respectivamente.

JURISPRUDÊNCIA COMENTADA: A Segunda Câmara Cível do Tribunal de Justiça de Santa Catarina entendeu que é necessária a demonstração de efetivo justo receio para que o autor tenha legitimidade ativa para a propositura de ação de interdito proibitório. Em trecho da decisão consta que "o interdito proibitório somente deve ser concedido quando eficazmente demonstrada a existência de posse legítima, além do cometimento de atos que importem em ameaça de privação do bem pelo possuidor, configuradores de esbulho ou turbação. Incomprovados tais pressupostos, é de se indeferir o mandado proibitório" (TJSC, Apelação Cível 2011.038666-7, Rel. Des. Jorge Luis Costa Beber, j. 27.06.2013). A Quinta Câmara Cível do mesmo Tribunal de Justiça de Santa Catarina entendeu que a abertura de atalho, a derrubada de mata nativa, a destruição de marco divisório e a plantação no terreno alheio comprovadas mediante prova pericial constituem manifestações eloquentes de turbação, justificando a procedência do pedido de manutenção de posse (Apelação Cível 2007.042330-2, Des. Odson Cardoso Filho, j. 13.05.2013). Em abril de 2005, a questão relativa à exceção de domínio chegou à apreciação do Supremo Tribunal Federal bem depois da vetusta Súmula n. 487 e o excelso pretório rechaçou a pretensão do Estado de Roraima que atravessou oposição em face de diversas partes que litigavam em ação de reintegração de posse por uma área no lote de terras na Ilha São Bento. Alegou o ente federativo a propriedade das terras objeto do conflito. A Suprema Corte, na relatoria da Ministra Ellen Gracie, extinguiu a intervenção de terceiro sem exame do mérito por entender que "a oposição em ação de reintegração de posse não é cabível, pois o que busca o opoente, nesse caso e em verdade, é o reconhecimento da propriedade sobre a terra litigiosa. As causas, ligadas por natureza, passariam – e passaram – a ter objetos diferentes: a primeira (principal) com base na posse, e a segunda (intervenção), com base no domínio, institutos bastante distintos um do outro. Dessa forma, dada a autonomia entre posse e propriedade, tem-se por manifestamente incabível o ajuizamento de oposição em que se alega o domínio das terras objeto de lide de índole possessória. A pretensão deduzida pelo Estado de Roraima, refutada pela União, por ser de natureza reivindicatória, não se confunde com o objeto da ação principal, de natureza possessória" (Ação Cível Originária 736/RR, *Informativo* n. *387* do STF). Em março de 2018, o Superior Tribunal de Justiça também mitigou o rigor da vedação à *exceção de domínio*, admitindo ao poder público que se utilizasse do instrumento processual da oposição, aqui ainda utilizado como intervenção de terceiro, na forma dos arts. 56 a 61 do CPC/1973 (v. arts. 682 a 686 do CPC/2015), pelo Poder Público, em demanda na qual os particulares disputavam a posse do bem que pertencia à União (STJ, EREsp 1.134.446/MT, Corte Especial, Rel. Min. Benedito Gonçalves, j. 21.03.2018). Nas lides entre particulares, a jurisprudência tem reforçado a proibição da exceção de domínio nas ações possessórias, assim como um dos seus efeitos de natureza processual que proíbe o ajuizamento de ação petitória quando em curso ação possessória (art. 557 do CPC): "Direito civil e processual civil. Recurso especial. Negativa de prestação jurisdicional. Inocorrência. Ação de manutenção de posse de imóvel. Pendência. Ajuizamento de ação de imissão na posse pelo proprietário. Inadmissibilidade. Natureza petitória. Art. 557 do CPC/15. Extinção sem resolução do mérito. Pedido possessório. Aplicação do direito à espécie. Requisitos. Comprovação. Procedência. 1. Ação de manutenção de posse ajuizada em 12/01/2018 e ação de imissão na posse ajuizada em 05/03/2018. Recurso especial interposto em 25/10/2019 e concluso ao Gabinete em 22/10/2020. Julgamento: Aplicação do CPC/2015. 2. O propósito recursal consiste em dizer, para além da negativa de prestação jurisdicional, acerca da viabilidade de ajuizamento de ação de imissão na posse de imóvel, na pendência de ação possessória envolvendo o mesmo bem. 3. Não ocorre violação dos arts. 489 e 1.022 do CPC/15 na hipótese em que o Tribunal de origem, aplicando o direito que entende cabível à hipótese, soluciona integralmente a controvérsia submetida à sua apreciação, ainda que de forma diversa daquela pretendida pela parte. 4. Nos termos do art. 557 do CPC/15, 'na pendência de ação possessória é vedado, tanto ao autor quanto ao réu, propor ação de reconhecimento do domínio, exceto se a pretensão for deduzida em face de terceira pessoa'. 5. A proibição do ajuizamento de ação petitória enquanto pendente ação possessória não limita o exercício dos direitos constitucionais de propriedade e de ação, mas vem ao propósito da garantia constitucional e legal de que a propriedade deve cumprir a sua função social, representando uma mera condição suspensiva do exercício do direito de ação fundada na propriedade. 6. Apesar de seu *nomen iuris*, a ação de imissão na posse é ação do domínio, por meio da qual o proprietário, ou o titular de outro direito real sobre a coisa, pretende obter a posse nunca exercida. Semelhantemente à ação reivindicatória, a ação de imissão funda-se no direito à posse que decorre da propriedade ou de outro direito real (*jus possidendi*), e não na posse em si mesmo considerada, como uma situação de fato a ser protegida juridicamente contra atentados praticados por terceiros (*jus possessionis*). 7. A ação petitória ajuizada na pendência da lide possessória deve ser extinta sem resolução do mérito, por lhe faltar pressuposto negativo de constituição e de desenvolvimento válido do processo. 8. Demonstrados os requisitos do art. 561 do CPC/2015, é de rigor a procedência do pedido de manutenção de posse. Aplicação do direito à espécie, na forma do art. 255, 5º, do RISTJ. 9. Recurso especial conhecido e provido" (STJ, REsp 1.909.196/SP, 3.ª Turma, j. 15.06.2021). Em reforço à jurisprudência referida, merece destaque o art. 557 do Código de Processo Civil, o qual preconiza que "na pendência de ação possessória é vedado, tanto ao autor quanto ao réu, propor ação de reconhecimento de domínio, exceto se a pretensão for deduzida em face de terceira pessoa". Como dito acima, o nome "ação de imissão de posse" não pode confundir o intérprete, pois na realidade a antiga citada ação tem natureza petitória tanto quanto a denominada ação reivindicatória. Como dito acima, a posse pode ser defendida por meio de embargos de terceiros possuidores (art. 674, § 1º, CPC). Há muito que o STJ admite a oposição de tal medida em favor do promitente comprador mesmo que a escritura de promessa de compra e venda não esteja registrada (Súmula n. 84, STJ), isto é, atribui-se no verbete uma conotação extremamente relevante à função social da posse como instituto autônomo assecuratório de direitos fundamentais, como moradia e trabalho. Releve-se que, mesmo estando o imóvel em construção, o adquirente goza da referida proteção, como assentou a Terceira Turma do citado Tribunal, destacando, na esteira do verbete 84 de sua súmula de jurisprudência, que "o imóvel adquirido só não estava na posse da recorrida em razão de ainda estar em fase de construção, razão pela qual o instrumento particular de compra e venda colacionado aos autos – ainda que desprovido de registro – deve ser considerado para fins de comprovação de sua posse, admitindo-se, via de consequência, a oposição dos embargos de terceiro". Relevante destacar, ainda, que "o instrumento de compra e venda foi firmado em data anterior ao próprio ajuizamento da ação de execução em que foi determinada a penhora do bem, não havendo que se falar em fraude à execução ou má-fé da parte adquirente" (REsp 1861025/DF, 3.ª Turma, Rel. Min. Nancy Andrighi, j. 12.05.2020). A cessão de direitos hereditários sobre um bem singularmente identificado, desde que instrumentalizado por escritura pública, também pode viabilizar a oposição eficaz dos embargos de terceiro. De efeito, o indigitado negócio jurídico não é nulo, apenas tem a sua eficácia suspensa até o momento em que o bem é atribuído ao herdeiro cedente. Desta forma, o cessionário tem posse justa passível de tutela possessória pelos interditos possessórios clássicos, assim como pelos embargos de terceiro (REsp 1809548/SP, 3.ª Turma, Rel. Min. Ricardo Villas Bôas Cueva, j. 19.05.2020).

PANDEMIA: Questão tormentosa nos últimos tempos tem sido a possibilidade ou não de deferimento de liminar possessória em tempos de pandemia. O art. 9º da Lei federal n. 14.010/2020 cuidou apenas da proibição de liminar de despejo em caso de locação imobiliária urbana (art. 59, § 1º, incs. I, II, V, VII, VIII e IX, da Lei n. 8.245/1991) e, mesmo assim, em razão do veto presidencial, apenas superado em 8 de setembro de 2020, obteve uma vigência de tal data até o dia 20 de outubro, prazo de vigência estipulado pelo Regime Jurídico Emergencial e Transitório das relações jurídicas de Direito Privado em tempos de covid-19 previsto na citada legislação. Entendemos que tal dispositivo deveria se aplicar, por analogia, às liminares possessórias, mas o fato é que o curto período de vigência apontado tornou a questão de somenos interesse prático, considerando-se que ainda estamos em plena pandemia com mortes diárias que ultrapassam mil pessoas. A Assembleia Legislativa do Estado do Rio de Janeiro houve por bem promulgar a Lei n. 9.020/2020, cujo art. 1º prevê que "ficam suspensos todos os mandados de reintegração de posse, imissão na posse, despejos e remoções judiciais ou extrajudiciais no Estado do Rio de Janeiro em ações distribuídas durante o estado de calamidade pública em virtude da situação de emergência decorrente do novo coronavírus (covid-2019), declarado pelo Decreto nº 46.973, de 16 de março de 2020. Parágrafo único. As disposições contidas no *caput* aplicam-se exclusivamente a situações de litígio em relação à ocupação de imóveis, que antecedem a data de publicação desta Lei". Por entender que tal legislação, por adentrar em matéria relativa a direito civil e a direito processual civil, invadiu competência legislativa privativa da União Federal (art. 22, I, CF), em processo de representação de inconstitucionalidade, o Desembargador Ferdinaldo do Nascimento, membro do Órgão Especial do TJRJ, deferiu liminar suspendendo os efeitos da lei. Tal decisão foi cassada pelo Ministro do STF Ricardo Lewandowski em Reclamação formulada pela Defensoria Pública do Estado do Rio de Janeiro, que argumentou que o Tribunal de origem descumprira a autorização conferida pelo Pleno do Supremo Tribunal Federal (Arguição de Descumprimento de Preceito Fundamental [ADPF] 672 e das Ações Diretas de Inconstitucionalidade [ADIs] 6.341 e 6.343), o qual afirmara a competência concorrente da União, dos Estados e Municípios para agirem no combate ao novo coronavírus, inclusive mediante a possibilidade jurídica da edição de leis especiais de combate e prevenção da pandemia. Assim, nos termos da Lei estadual n. 9.020/2020, questões litigiosas envolvendo a posse de bens imóveis anteriores à data de sua promulgação (25.09.2020), não possibilitarão a execução do ato de desalijo possessório individual ou coletivo. Com tal previsão, se quer evitar situações de turbação ou de esbulho após a vigência da lei, pois não fosse esse corte temporal, o turbador ou esbulhador não poderia sofrer os efeitos materiais da manutenção ou recuperação liminar da posse, o que se mostraria contrário à boa-fé que deve nortear as relações sociais. Importa destacar que o magistrado, com todos os efeitos jurídicos possíveis, inclusive indenizatórios, não está proibido de deferir a liminar possessória ou uma tutela provisória se a posse datar de mais de ano e dia. Apenas estará suspenso o ato material correspondente enquanto vigorar o estado de emergência na saúde pública a que se refere o Decreto estadual n. 46.973, de 16 de março de 2020. Mantendo a mesma preocupação com os efeitos decorrentes da pandemia, foi editada a lei 14.216/21 que estabelece medidas excepcionais em razão da Emergência em Saúde Pública de Importância Nacional (Espin) decorrente da infecção humana pelo coronavírus SARS-CoV-2, para suspender o cumprimento de medida judicial, extrajudicial ou administrativa que resulte em desocupação ou remoção forçada coletiva em imóvel privado ou público. No campo do Poder Judiciário, na Arguição de Descumprimento de Preceito Fundamental 828, o Supremo Tribunal Federal suspendeu despejos e desocupações em áreas urbanas rurais até março de 2022.

REFORMA DO CÓDIGO CIVIL: Propõe-se aqui a alteração dos vocábulos "restituir" e "restituir-se" por "reintegrar" e "reintegrar-se". A Subcomissão de Direito das Coisas justificou da seguinte forma: "A alteração dos vocábulos, longe de significar mudança semântica, objetiva a adequação sistemática da nomenclatura do Código Civil aos interditos possessórios previstos nos arts. 554 a 567 do Código de Processo Civil, os quais disciplinam as ações de interdito proibitório, manutenção e reintegração de posse, trazendo maior coerência e unidade ao sistema jurídica". Sugere-se também a inclusão de um § 3º com os seguintes dizeres: "§ 3º Os direitos referidos no *caput* poderão ser exercidos coletivamente, em caso de imóvel de extensa área que for possuído por considerável número de pessoas". Consoante já tivemos oportunidade de comentar *supra*, o parágrafo projetado referenda o bem lançado Enunciado n. 310 na *IV Jornada de Direito Civil*: "Interpreta-se extensivamente a expressão 'imóvel reivindicado' (art. 1.228, § 4º), abrangendo as pretensões tanto no juízo petitório quanto no possessório". A reforma dialoga, outrossim, com o disposto no art. 565 do CPC, que trata do litígio coletivo da posse.

Art. 1.211. Quando mais de uma pessoa se disser possuidora, manter-se-á provisoriamente a que tiver a coisa, se não estiver manifesto que a obteve de alguma das outras por modo vicioso.

COMENTÁRIOS DOUTRINÁRIOS: Ao dizer que, na dúvida entre duas pessoas disputando a posse, esta deve ser mantida provisoriamente nas mãos de quem está com a coisa, o artigo reforça a ideia romana de que o possuidor goza de posição mais favorável (*beati possidentis*). "Bem-aventurados os que se encontram na posse da coisa" é o recado da lei. No plano da concretude, se houver uma disputa pela posse do bem, o juiz deverá, num juízo de verossimilhança, manter provisoriamente essa posse, ressalvada a hipótese em que se mostrar evidente que o sujeito se encontra nessa situação por meio da prática de atos violentos, clandestinos ou em abuso de confiança. Ao autor competirá provar que o réu obteve o bem de forma viciosa.

Art. 1.212. O possuidor pode intentar a ação de esbulho, ou a de indenização, contra o terceiro, que recebeu a coisa esbulhada sabendo que o era.

COMENTÁRIOS DOUTRINÁRIOS: O dispositivo legal busca resolver a problemática criada a partir da propositura de ação possessória proposta em face de terceiro adquirente. A norma objetiva punir a má-fé do terceiro que adquire uma coisa sabendo que a mesma fora esbulhada de alguém. Nesse caso, o prejudicado poderá optar em propor ação de reintegração de posse cumulada com perdas e danos ou servir-se apenas desta última. Contudo, em proteção à boa-fé, se o terceiro adquirente desconhecer ou não tiver meios de saber do esbulho precedente, o direito o protege em homenagem à teoria da aparência. Desta forma, temos que, em face do terceiro de boa-fé, isto é, a pessoa que adquiriu o bem esbulhado, desconhecendo essa circunstância, somente poderá ser proposta ação reivindicatória se for, obviamente, proprietário da coisa. Se for igualmente possuidor, terá direito a pleitear indenização. Apropriado se mostra o Enunciado n. 80 da *I Jornada de Direito Civil* do CJF: "É inadmissível o direcionamento de demanda possessória ou ressarcitória contra terceiro possuidor de boa-fé, por ser parte passiva ilegítima, diante do disposto no art. 1.212 do novo Código Civil. Contra o terceiro de boa-fé cabe tão somente a propositura de demanda de natureza real".

REFORMA DO CÓDIGO CIVIL: Igualmente aqui se propõe uma correção para fazer referência à ação de reintegração de posse, e não "ação de esbulho", que inexiste no direito processual civil brasileiro.

Art. 1.213. O disposto nos artigos antecedentes não se aplica às servidões não aparentes, salvo quando os respectivos títulos provierem do possuidor do prédio serviente, ou daqueles de quem este o houve.

COMENTÁRIOS DOUTRINÁRIOS: A servidão predial (arts. 1.378 a 1.389 do CC) consiste em um direito real sobre a coisa alheia estabelecido, em regra, por consenso e a título oneroso, que possibilita ao dono do prédio dominante extrair utilidades de um prédio serviente, vizinho ao seu e pertencente a diverso dono e com ares de perpetuidade. Para o dono do prédio dominante é uma vantagem econômica. Para o dono do prédio serviente um encargo ou ônus de natureza real. O artigo esclarece algo que será revisitado com maior profundidade nos comentários ao instituto da servidão no sentido de que os titulares de servidões não aparentes, isto é, aquelas que não deixam marcas da posse, não gozam, por lógica, da proteção possessória a que se referiu nos artigos antecedentes. Estas somente se formam com o registro da escritura pública no registro imobiliário competente e, evidentemente, conferem direitos aos donos do prédio dominante como imposição de obrigação de fazer. Por outro lado, se a servidão, ainda que não tenha título registrado no cartório imobiliário, tem marcas de exercício possessório, é possível o exercício da proteção possessória. Exemplo prático pode ser colhido de uma situação em que haja uma passagem por dentro de um prédio alheio, tacitamente autorizada, que, com o passar do tempo e com atos exteriores típicos do domínio como obras, construção de estrada, porteira, dentre outros, confere direito possessório. Nesse caso, algo que se iniciou como um ato de mera tolerância acaba por se converter em posse com possibilidade de se tornar efetiva e registrável no cartório imobiliário com uma sentença de usucapião. Ainda tem cabimento a vetusta Súmula n. 415 da jurisprudência do STF: "Servidão de trânsito não titulada, mas tomada permanente, sobretudo pela natureza das obras realizadas, considera-se aparente, conferindo direito a proteção possessória".

Art. 1.214. O possuidor de boa-fé tem direito, enquanto ela durar, aos frutos percebidos.

Parágrafo único. Os frutos pendentes ao tempo em que cessar a boa-fé devem ser restituídos, depois de deduzidas as despesas da produção e custeio; devem ser também restituídos os frutos colhidos com antecipação.

COMENTÁRIOS DOUTRINÁRIOS: Aqui é tratado o efeito da qualidade subjetiva da posse com relação à percepção de frutos. Para entender o dispositivo, importa trazer à consideração a identificação da classificação dos frutos quanto ao estado que se dividem em frutos pendentes – que não podem ser colhidos –, percipiendos – os que poderiam ser colhidos, mas ainda não o foram – e percebidos – os que foram já colhidos e podem estar armazenados (frutos estantes) ou já se exauriram (frutos consumidos). Após o que vimos na análise do art. 1.201, basta registrar que o possuidor de boa-fé tem direito, até o momento da citação, aos frutos percebidos, de sorte que o retomante não fará jus a nenhuma indenização em decorrência da colheita. Já os frutos pendentes, no momento em que cessar a boa-fé, devem ser restituídos, descontados os gastos com a sua produção e custeio, tendo em vista o princípio da vedação do enriquecimento sem causa consagrado especificamente no art. 884 do Código Civil. O Código presume a má-fé de quem colhe os frutos por antecipação e, por tal motivo, obriga o possuidor a restituí-lo.

Art. 1.215. Os frutos naturais e industriais reputam-se colhidos e percebidos, logo que são separados; os civis reputam-se percebidos dia por dia.

COMENTÁRIOS DOUTRINÁRIOS: Os frutos podem ser naturais, industriais e civis, conforme decorram da ação da natureza, do engenho humano ou de um rendimento, respectivamente. Os juros remuneratórios decorrentes de um mútuo feneratício e os alugueres na locação constituem exemplos de frutos civis ou rendimentos. Quanto aos frutos naturais e industriais, ao amadurecerem, já podem ser colhidos, eis que já separáveis do bem principal, o que se mostra axiomático para a compreensão. O critério que precisava ser estabelecido pela norma jurídica, pois não se mostra obediente às leis da natureza, diz respeito aos frutos civis, e o critério adotado é muito satisfatório ao dizer que estes reputar-se-ão colhidos dia por dia. Assim, para calcular o montante que deverá ser restituído em dinheiro ao retomante que seja titular, por exemplo, de um imóvel alugado pelo possuidor de má-fé, bastará verificar o valor que corresponder proporcionalmente dentro do mês a partir do dia em que cessar a boa-fé, independentemente, inclusive, se o locatário pagou ou não o aluguel.

Art. 1.216. O possuidor de má-fé responde por todos os frutos colhidos e percebidos, bem como pelos que, por culpa sua, deixou de perceber, desde o momento em que se constituiu de má-fé; tem direito às despesas da produção e custeio.

COMENTÁRIOS DOUTRINÁRIOS: O recado jurídico dessa norma é cristalino: o possuidor que reconhece a titularidade do bem por parte de outra pessoa e, mesmo assim, não restitui a quem de direito, não conta com a indulgência do ordenamento jurídico, restando claro que, em homenagem ao princípio que veda o enriquecimento sem causa, à exceção das despesas de produção e custeio, deverá indenizar o retomante pelos frutos colhidos e percebidos, assim como pelos que não foram colhidos em razão de sua negligência.

REFORMA DO CÓDIGO CIVIL: A alteração visa não atribuir efeitos benéficos ao possuidor de má-fé, como se pode perceber da redação proposta: "Art. 1.216. O possuidor de má-fé responde por todos os frutos colhidos e percebidos, bem como pelos que, por culpa sua, deixou de perceber, desde o momento em que se constituiu de má-fé". Nas palavras da Subcomissão de Direito das Coisas lê-se: "Sugere-se a supressão final do atual Art. 1.216 do CC. Ao possuidor de má-fé não se deve reconhecer direito às despesas de custeio de produção. Trata-se de alteração que se ajusta ao regime das acessões, particularmente, ao Art. 1.255 do CC, em respeito ao princípio da eticidade".

Art. 1.217. O possuidor de boa-fé não responde pela perda ou deterioração da coisa, a que não der causa.

COMENTÁRIOS DOUTRINÁRIOS: A norma em estudo cuida dos efeitos da qualidade subjetiva da posse de boa-fé em relação à responsabilidade civil pelo perecimento do bem, prescrevendo, como regra, a irresponsabilidade do possuidor de boa--fé pela destruição total ou parcial da coisa, salvo quando o prejuízo decorrer de sua conduta culposa. Se o possuidor, ainda que de boa-fé, agiu com negligência ou imprudência, aplicar-se-ão ao caso as regras e princípios atinentes à responsabilidade civil subjetiva. Nessa toada, para que o retomante faça jus à reparação do dano, deverá demonstrar: a) que o possuidor agiu com negligência ou imprudência; b) a ocorrência de um dano patrimonial; c) o nexo causal ligando a conduta ao resultado, tal como se refere a parte final do referido artigo.

Art. 1.218. O possuidor de má-fé responde pela perda, ou deterioração da coisa, ainda que acidentais, salvo se provar que de igual modo se teriam dado, estando ela na posse do reivindicante.

COMENTÁRIOS DOUTRINÁRIOS: Em outro giro, aqui se encontram postos os deletérios efeitos da posse com relação ao prejuízo causado pelo perecimento da coisa em mãos do possuidor de má-fé e, nessa linha, o ordenamento jurídico demonstra a sua repulsa ao procedimento daquele que fica com o alheio ciente dessa condição. A leitura atenta do dispositivo comentado convence de que a improba *possessio* pode gerar uma responsabilidade civil objetiva, sendo despiciendo ao verdadeiro titular do bem provar a culpa do possuidor de má-fé a fim de pleitear a indenização decorrente da depreciação ocorrida com o seu patrimônio. O possuidor de má-fé somente ficará alforriado do dever de indenizar se provar que a perda ou destruição da coisa se daria, ainda que o bem estivesse em mãos do reivindicante, como na hipótese da combustão espontânea de um veículo com vício oculto ou de um imóvel que restou soterrado após um desastre natural de grandes proporções. Estando na posse do reivindicante ou do possuidor de má-fé, o fato é que haveria o perecimento do bem. Apenas para fins de uma análise sistemática do Direito Civil, registre-se que esse efeito decorrente da posse de má-fé é o mesmo que atinge o devedor em mora, consoante a semelhante redação do art. 399 do Código Civil: "O devedor em mora responde pela impossibilidade da prestação, embora essa impossibilidade resulte de caso fortuito ou de força maior, se estes ocorrerem durante o atraso; salvo se provar isenção de culpa, ou que o dano sobreviria ainda quando a obrigação fosse oportunamente desempenhada".

REFORMA DO CÓDIGO CIVIL: Inclui-se um reforço para reprimir a posse de má-fé com o acréscimo "sem culpa", como se pode verificar a seguir: "Art. 1.218. O possuidor de má-fé responde pela perda, ou deterioração da coisa, ainda que acidentais e sem culpa, salvo se provar que de igual modo se teriam dado, estando ela na posse do reivindicante".

Art. 1.219. O possuidor de boa-fé tem direito à indenização das benfeitorias necessárias e úteis, bem como, quanto às voluptuárias, se não lhe forem pagas, a levantá-las, quando o puder sem detrimento da coisa, e poderá exercer o direito de retenção pelo valor das benfeitorias necessárias e úteis.

COMENTÁRIOS DOUTRINÁRIOS: Continuando a análise dos efeitos da qualidade subjetiva da posse, a lei agora cuida do regramento das benfeitorias, as quais podem ser definidas como bens acessórios que melhoram a coisa principal, mantendo a sua higidez, aumentando a sua utilidade ou apenas embelezando-a. Na sequência, têm-se, portanto, as benfeitorias necessárias, úteis e voluptuárias, cuja definição legal se encontra no art. 96 do Código Civil. Benfeitorias necessárias são aquelas realizadas com o fito de conservar o bem ou evitar que se destrua, como a reparação de uma rachadura no prédio; úteis são aquelas que aumentam a utilidade, como a construção de uma garagem anexa à casa. A realização de benfeitorias necessárias e úteis assegura ao possuidor de boa-fé o direito à indenização, podendo, ainda, exercer o direito de retenção em decorrência destas (*jus tollendi*), permanecendo no bem até ser cabalmente indenizado. As benfeitorias voluptuárias podem ser retiradas pelo possuidor de boa-fé, desde que o seu levantamento não cause qualquer dano à coisa principal, como seria a hipótese da colocação de uma piscina de fibra de vidro no interior de um sítio de lazer. O direito de retenção assegurado ao possuidor de boa-fé é um meio coercitivo para obrigar o retomante a pagar as benfeitorias realizadas. É extensivo também, por analogia, às acessões (art. 1.255 do CC). Funda-se tal regra em um princípio de justiça, pois não se deve permitir que uma pessoa exija um direito seu sem que realize a sua obrigação. Se o retomante tem contas a prestar ao desapossado, não poderá, como regra, efetuar esse direito antes de realizar a sua prestação. O direito de retenção é o direito real deferido ao possuidor de boa-fé que tenha crédito indenizatório contra o retomante, permitindo-lhe que permaneça com o bem até que seja indenizado pelas benfeitorias necessárias, úteis e acessões que houver implementado na coisa. Desse modo, a coisa que se quer restituir ao legítimo titular fica vinculada ao adimplemento da obrigação. Há quem entenda que o direito de retenção pertence ao campo dos direitos pessoais em razão da taxatividade que norteia o estudo dos direitos reais. Entretanto, entendo que o direito de retenção se consubstancia em uma manifestação contundente de direito real em face da oponibilidade *erga omnes*, incidência sobre objeto determinado e exercício do direito pelo retentor independente de terceiros, características mais marcantes desse ramo do Direito Civil. Considerando a natureza executiva da ação possessória, é importante que tal pleito seja feito em sede de contestação, ainda que na eventualidade de perda pelo réu do direito possessório. Entretanto, nada obsta que seja feito em ação autônoma, tendo em vista a própria autonomia do direito à reparação indenizatória frente à proteção possessória. Questão difícil pode se apresentar em um caso concreto em que o valor das benfeitorias for considerável e o autor da ação possessória ou dominial não tiver recursos para arcar com a indenização. Como assegurar o direito estabelecido no comando judicial principal, que é o de assegurar a recuperação do imóvel por parte do autor e ao mesmo tempo garantir o valor fixado a título de indenização? A melhor solução, sem embargo de outras que possam ser pensadas pelo juiz de acordo com o caso concreto, será a fixação de um valor a título de ocupação, como se fora um aluguel, permitindo ao possuidor de boa-fé que compense o seu crédito com a utilização do bem alheio por determinado período de tempo. O norte principal a ser seguido deverá ser o de respeito à efetividade da tutela jurisdicional e da defesa do direito de propriedade que representam garantias fundamentais previstas no art. 5º da lei maior.

JURISPRUDÊNCIA COMENTADA: Em caso no qual havia um comodato denunciado e apto, em tese, para o deferimento da liminar de reintegração de posse em razão da recalcitrância do comodatário em restituir a posse ao comodante, o Tribunal de Justiça do Estado de São Paulo manteve o indeferimento da tutela provisória sob o principal fundamento de que havia princípio de prova contundente no tocante à realização de benfeitorias necessárias realizadas de boa-fé e que estas, como visto acima, autorizariam ao final da demanda, se procedente, o exercício do direito de retenção (TJSP, Agravo de Instrumento 2145577-48.2018.8.26.0000, 23.ª Câmara de Direito Privado, Rio Claro, Rel. Sebastião Flávio, j. 12.11.2018, *DJESP* 12.11.2018). Como dito acima, é tecnicamente mais correto que o pleito indenizatório seja feito em sede de contestação e de modo circunstanciado, isto é, com a devida precisão da obra e seu valor que pode ser submetido à prova pericial, mas, na esteira da jurisprudência predominante no Superior Tribunal de Justiça, nada obsta que seja feito em momento processual posterior, desde que se assegurem o contraditório e a ampla defesa (REsp 764.529/RS, 3.ª Turma, Rel. Min. Paulo de Tarso Sanseverino, j. 26.10.2010). Há muito, inclusive, que o STJ tem admitido pela via da ação autônoma (REsp 97.236/SP, 2.ª Turma, Rel. Min. Eliana Calmon, j. 15.08.2000). O que não se admite é que tal postulação surja de inopino em fase de liquidação de sentença. Nessa linha de raciocínio, em julgado de 22 de setembro de 2020 (REsp 1.836.846/PR), a Terceira Turma do colendo STJ, sob a relatoria da Ministra Nancy Andrighi, decidiu que "4. Nas ações possessórias e considerando a natureza dúplice dessas, não é possível afastar a ocorrência de julgamento *extra petita* (fora do pedido) da indenização por benfeitorias, em benefício do réu revel, ante a não apresentação de contestação ou da ausência de formulação de pedido indenizatório em momento posterior. 5. O deferimento do pleito de indenização por benfeitorias pressupõe a necessidade de comprovação da existência delas e da discriminação de forma correta. A fase de liquidação de sentença não é momento processual adequado para o reconhecimento da existência de benfeitorias a serem indenizadas, tendo o objetivo – apenas – de especificar o *quantum debeatur* (apuração do valor da indenização)". O Superior Tribunal de Justiça enfrentou questão assaz interessante, em caso no qual, diante de resolução de contrato de compra e venda por inadimplemento do adquirente, foi assegurado ao possuidor de boa-fé o direito de retenção e este entendia que não deveria pagar ao titular do imóvel em razão da ocupação do imóvel. Dirimindo a controvérsia, ficou decidido que o retentor não está isento de pagar pelo uso do imóvel enquanto exerce o seu direito, sob pena de se configurar enriquecimento sem causa (STJ, REsp 1.854.120/SP, 3.ª Turma, Rel. Min. Nancy Andrighi, j. 18.05.2021).

REFORMA DO CÓDIGO CIVIL: A atualização feita ao dispositivo estende expressamente a possibilidade do direito de retenção também no caso de acessões implantadas de boa-fé, o que já é consagrado na doutrina e na jurisprudência e apontado nos comentários doutrinários *supra*, além de reforçar o entendimento de que a cláusula de renúncia antecipada ao direito de indenização e retenção por benfeitorias pelo possuidor de boa-fé é nula quando inserida em contrato de adesão (art. 424 do CC).

Art. 1.220. Ao possuidor de má-fé serão ressarcidas somente as benfeitorias necessárias; não lhe assiste o direito de retenção pela importância destas, nem o de levantar as voluptuárias.

COMENTÁRIOS DOUTRINÁRIOS: O dispositivo apresenta uma perfeita compatibilização entre o repúdio à posse de má-fé e o respeito ao princípio geral do direito que veda o enriquecimento sem causa. O possuidor de má-fé tem direito a ser ressarcido pelas benfeitorias necessárias, mas não faz jus à reparação pelas despesas com benfeitorias úteis, nem com as voluptuárias, sendo-lhe defeso, ainda, exercer o direito de retenção. Como sabido, as benfeitorias necessárias são obras indispensáveis para a conservação do bem principal, trazendo inegáveis benefícios, portanto, ao verdadeiro titular do bem. Por tal motivo, nada mais justo que este indenize ao possuidor, ainda que configurada a má-fé.

Art. 1.221. As benfeitorias compensam-se com os danos, e só obrigam ao ressarcimento se ao tempo da evicção ainda existirem.

COMENTÁRIOS DOUTRINÁRIOS: O artigo trata da possibilidade de compensação entre o dano sofrido pelo lesado no direito possessório e o direito do ofensor de receber indenização pelas benfeitorias realizadas, na forma preconizada pelos artigos acima anotados. O termo jurídico evicção aqui é tomado em um sentido menos completo e técnico do que aquele previsto na teoria geral dos contratos (arts. 447 a 457 do CC), mas de qualquer sorte sugere a concepção de perda de uma coisa em decorrência de uma decisão judicial. Dessa forma, ao ser perdida a coisa, cumpre estabelecer se o possuidor sucumbente estava de boa-fé ou não. Com o intuito de revisão do conteúdo acima, importa destacar que se o possuidor estiver de boa-fé terá direito a ser indenizado pelas benfeitorias necessárias e úteis e, quanto às voluptuárias, o direito de levantá-las, se puder fazê-lo sem deterioração do bem principal. Se estiver de má-fé, a lei nega o direito de indenização, salvo as despesas com a conservação da coisa. Assim, como é possível que o possuidor que perdeu a coisa por decisão judicial, além das benfeitorias, tenha danificado a coisa e causado prejuízo patrimonial ao retomante, para apurar o saldo da indenização, a lei possibilita a compensação entre o crédito do reivindicante e o do ex-possuidor. Como somente é possível a compensação, como pagamento forçado, para dívidas que sejam líquidas, vencidas e de coisas fungíveis, a teor do que prescreve o art. 369 do Código Civil, parece-nos que a compensação aqui referenciada deve ser tomada no seu sentido vulgar de um simples acerto de contas entre o possuidor retomante – o que deve indenizar as benfeitorias – e o possuidor a ser desapossado – o que deve indenizar os danos que causou no imóvel.

JURISPRUDÊNCIA COMENTADA: Em ação de imissão de posse, na qual foi assegurado judicialmente o ingresso do verdadeiro titular na posse do imóvel, a 4.ª Câmara Cível do Tribunal de Justiça do Estado do Rio de Janeiro determinou que fosse feita a compensação entre as benfeitorias realizadas e o valor representado pelo tempo de utilização indevida da coisa alheia. Assim, no cumprimento do julgado, o magistrado deverá verificar o valor das benfeitorias e arbitrar um valor de aluguel, fazendo a devida compensação e apurando o saldo em favor do retomante ou daquele que restou desapossado (Ap. 2006.001.31640, Rel. Des. Mario dos Santos Paulo, j. 26.09.2006).

Art. 1.222. O reivindicante, obrigado a indenizar as benfeitorias ao possuidor de má-fé, tem o direito de optar entre o seu valor atual e o seu custo; ao possuidor de boa-fé indenizará pelo valor atual.

COMENTÁRIOS DOUTRINÁRIOS: A regra consolida a orientação mais equânime no sentido de que em se tratando de possuidor de má-fé, o reivindicante poderá optar em pagar a indenização calculada sobre o valor atual das benfeitorias ou o seu custo. Trata-se de direito potestativo daquele que foi vítima da retenção alheia de um bem de sua posse. Em se tratando de possuidor de boa-fé, este fará jus à indenização pelo valor atual, pois afinal de contas realizou as obras convencido de que o bem lhe pertencia. Houve uma melhoria de tratamento se comparado com o artigo correspondente do Código revogado que tratava indiscriminadamente da situação do possuidor de boa-fé e de má-fé. Agora, há um respeito à primazia da boa-fé nas relações jurídicas, cominando uma sanção à postura de má-fé do possuidor.

REFORMA DO CÓDIGO CIVIL: Aqui se insere tão somente a conjunção adversativa "porém" para deixar bem clara a distinção de efeitos entre a situação jurídica do possuidor de má-fé e a do possuidor de boa-fé: "Art. 1.222. O reivindicante, obrigado a indenizar as benfeitorias ao possuidor de má-fé, tem o direito de optar entre o seu valor atual e o seu custo. *Porém*, ao possuidor de boa-fé indenizará pelo valor atual".

CAPÍTULO IV
DA PERDA DA POSSE

Art. 1.223. Perde-se a posse quando cessa, embora contra a vontade do possuidor, o poder sobre o bem, ao qual se refere o art. 1.196.

COMENTÁRIOS DOUTRINÁRIOS: O artigo demonstra fidelidade com a teoria objetiva de Ihering, posto que a referência à perda da posse não apresenta aspectos anímicos relativos à perda da posse, como, por exemplo, o abandono que constava expressamente no inciso I do art. 520 do Código Civil revogado. Em razão disso, temos que a lei andou bem em afirmar que se perde a posse, embora contra a vontade do possuidor, quando faltar à pessoa o poder de fato sobre o bem, ao qual se refere de modo objetivo o art. 1.196 do Código Civil, abstraindo-se de perquirir casuisticamente as possibilidades, permitindo uma atuação mais explícita do direito de acordo com as peculiaridades do caso concreto. Entretanto, o abandono como forma de perda da posse não deixará de existir. Esse ato voluntário e material pelo qual alguém exterioriza a vontade de não mais possuir um bem está vinculado à razão natural das coisas, como, por exemplo, o arremesso de um relógio quebrado na lata de lixo, não podendo a lei impossibilitar a ocorrência dessa situação fática. Para a caracterização do abandono é necessária a análise da função socioeconômica da coisa possuída. Por exemplo, se uma pessoa deixa de frequentar a sua casa de praia durante determinado período de tempo em que está dedicada à realização de um curso ou se recuperando de uma patologia, não significa necessariamente que abandonou a coisa. Na aquisição derivada da posse, seja pela tradição ou pelo constituto-possessório, obviamente que enquanto há aquisição para um, há perda para outro. Nesse passo, importa consignar que o "não uso" puro e simples de uma posse não tem o condão de ensejar a sua perda, fazendo-se necessário que ao ato de despojamento, real e efetivo do bem, suceda a aquisição por parte de outrem. Prevê o art. 1.223 do Código Civil a possibilidade de alguém perder a posse contra a sua vontade. No Código revogado, havia a previsão de alguém perder a posse pela posse de outrem, ainda que contra a sua vontade, se, em tempo competente, não fosse manutenido ou reintegrado (art. 520, inc. III, do CC/1916). Na atual codificação, não se faz referência à expressão "tempo competente", de conteúdo enigmático, pois a lei não estabelecia qual seria o referido prazo e parte da doutrina dizia, a nosso sentir, equivocadamente, ser de ano e dia. Como é de fácil percepção, a expressão tempo competente era um exemplo de conceito juridicamente indeterminado da velha codificação. Vários juristas de escol subscreviam a tese de que havia um tempo competente para a recuperação da posse e este era de ano e dia por interpretação sistemática de dois artigos que foram revogados (arts. 508 e 520, III, do CC/1916). Sucede, entretanto, que hodiernamente a classificação de posse nova e velha se presta apenas para fixar o procedimento da ação possessória (art. 558 do CPC/2015) e, por conseguinte, para o cabimento ou não de decisão liminar de conteúdo possessório, não tendo efeito algum para a análise do direito material. Entendemos que o momento da perda do poder de fato sobre a coisa a que alude o artigo deverá ser identificado no caso concreto. Poderá ser de mais de ano e dia, como também de menos de ano e dia, conforme o caso. Imagine-se que em um terreno absolutamente abandonado há décadas, algumas pessoas passem a exteriorizar a propriedade mediante o poder de fato sobre o bem, utilizando-o para fins do exercício do direito social básico da moradia (art. 6º da CF), sem que encontrem oposição do proprietário ou possuidor. Passado um tempo razoável para a edificação, haverá para alguém a perda da posse e para os ocupantes o surgimento de direito possessório, com todos os seus efeitos jurídicos, inclusive a possibilidade de início da contagem do prazo para a aquisição da propriedade sobre o bem pela via originária da usucapião. Há também a possibilidade da ocorrência de um esbulho e, pela inércia do desapossado, o direito possessório surgir para o esbulhador, conforme já estudado por ocasião da análise da classificação da posse em justa e injusta, *ex vi* da parte final do art. 1.208 do Código Civil, que admite a cessação da violência e da clandestinidade como causa para a aquisição da posse para uma pessoa e, obviamente, perda para a outra, sendo certo que o mesmo poderá ocorrer, ainda que raramente, na interversão unilateral do caráter da posse em se tratando de posse precária. Afinal de contas, a posse cumpre o seu papel constitucional de função social das titularidades se for devidamente conservada pelo seu titular, que poderá perdê-la por abandono ou pela posse de outrem contra a sua vontade se, ciente da agressão, quedar-se inerte. Como a nova codificação civil não faz mais referência à ideia de ano e dia, temos que será o princípio da razoabilidade – a partir do conceito de posse, como poder de fato em que alguém passa a exteriorizar algum dos poderes inerentes à propriedade – o norte para se definir se a inércia do desapossado foi o bastante para gerar ou não o direito possessório em favor daquele que apreendeu o bem. A presença de atos materiais concretos no imóvel, como edificações, plantações, auxilia o intérprete na difícil elucidação da presença ou não do fenômeno possessório.

JURISPRUDÊNCIA COMENTADA: Interessante caso foi julgado pela 17.ª Câmara Cível do Tribunal de Justiça do Estado de Minas Gerais em que o autor da ação de reintegração de posse obteve liminar em seu favor, mas acabou abandonando o imóvel posteriormente, deixando que o local servisse de repositório de lixo e entulho, sendo, inclusive notificado pela Prefeitura de Belo Horizonte e alvo de batida policial em razão da possível prática de crimes envolvendo esconderijo de drogas e armamento em alguns lotes, conforme constou de Boletim de Ocorrência lavrado pela Polícia local. A Turma Julgadora entendeu que a liminar não deveria ser confirmada pela sentença, pois houve o abandono físico e anímico do imóvel posteriormente, incidindo ao caso o artigo em comento, levando a crer que o autor perdeu a posse do bem disputado que restou adquirido pelos réus. O julgado destacou ainda que para a solução do caso de forma justa bastaria tão somente a análise do direito possessório, não tangenciando o direito de propriedade, conforme já assinalado por ocasião da análise do art. 1.210 deste Código (TJMG, Apelação Cível 1.0024.09.662541-3/005, Rel. Amauri Pinto Ferreira, j. 21.06.2018).

Art. 1.224. Só se considera perdida a posse para quem não presenciou o esbulho, quando, tendo notícia dele, se abstém de retornar a coisa, ou, tentando recuperá-la, é violentamente repelido.

COMENTÁRIOS DOUTRINÁRIOS: O ausente aqui destacado é aquele que não presenciou a agressão sofrida à sua posse e não a ausência propriamente retratada como instituto de Direito Civil regulada nos arts. 22 a 39 do Código Civil. Assim, a vítima de um apossamento clandestino somente perderá a posse quando, ao tomar conhecimento da agressão, quedar-se inerte, ou, ao tentar recuperá-la, for violentamente repelida. Isso não significa que a medida judicial deva ser a manutenção de posse em razão de não ter havido a sua perda (arts. 562 do CPC/2015 e 1.210, *caput*, do CC). A medida será adequada ao tipo de lesão sofrida, como em todas as outras situações, isto é, se houver turbação, aí sim, a ação de manutenção de posse e se houver esbulho, a cabível será a ação de reintegração de posse. O possuidor que não presenciou o esbulho, não poderá exercer a faculdade da autoproteção possessória assim que souber da agressão, pois o § 1º do art. 1.210 acima anotado se refere à expressão contanto que o faça logo, a significar que a reação deve ser imediata. O pensamento em sentido contrário pode fomentar a ocorrência de atos de barbárie com inestimáveis consequências, tão comuns nas questões jurídicas que decorrem da disputa pela posse da terra, por exemplo, envolvendo comunidades sem-terra ou sem-teto, no campo e na cidade, respectivamente.

Melhor, sem dúvida, em casos que tais é submeter a lesão do possuidor ao Poder Judiciário que, em se tratando de posse nova – menos de ano e dia –, poderá conceder ao autor a liminar possessória na forma prevista no art. 562 do Código de Processo Civil. Ainda falta o enfrentamento de uma questão importante. A norma esclarece que o esbulhador não tem posse em face do verdadeiro possuidor que não presenciou o esbulho, deixando claro que este poderá se valer dos instrumentos de tutela possessória a fim de recuperar o bem, mas, e em face de terceiros? Nesse caso, poderá se valer da proteção possessória a fim de evitar justiça privada. Nessa linha de pensamento, importante que não haja vacância na titularidade. O problema dessa admissão é que repugna ao bom senso que uma pessoa (esbulhador) não seja possuidora em relação a alguém (esbulhado) e ao mesmo tempo possa ostentar essa qualidade diante de um eventual terceiro que queira para si o bem esbulhado. Como resolver o impasse? Acreditamos que a figura prevista no art. 1.197 do Código Civil que regula o desdobramento da posse fundamenta satisfatoriamente essa questão, pois haverá, no caso, uma excepcional hipótese de desdobramento fático da posse. Fático, pois, pela regra geral do instituto, somente haverá a dicotomia posse direta e indireta diante de relação jurídica de direito pessoal ou real na qual uma pessoa reserve consigo a posse indireta de um bem, transmitindo, por força do negócio jurídico, a posse direta para outra. Sendo excepcional a situação, continuamos crendo ser possível resolver o dilema mediante a absorção dessa figura jurídica. Nesse caso, figurará como possuidor direto o esbulhador – perante terceiros –, e o esbulhado, como possuidor indireto que, por sua vez, poderá promover a defesa de sua posse contra o esbulhador assim que tomar conhecimento do esbulho (art. 1.224 do CC). Somente poderá fazê-lo perante terceiros se estes não estiverem de boa-fé na forma do que reza o art. 1.212 do Código Civil: "O possuidor pode intentar a ação de esbulho, ou a de indenização, contra o terceiro, que recebeu a coisa esbulhada sabendo que o era".

REFORMA DO CÓDIGO CIVIL: A bem-vinda alteração se destina a tornar mais explícito o real propósito da norma que cuida da perda da posse por quem não presenciou o esbulho, conforme se pode ver: "Art. 1.224. Considera-se perdida a posse para quem não presenciou o esbulho, quando, tendo notícia dele, abstém-se de retomar a coisa, por meio de medida judicial, ou, tentando recuperá-la, não obtenha êxito nos atos de desforço, nos termos do art. 1.210, § 1º, deste Código". A subcomissão de direito das coisas apontou como justificativa para a modificação o que se segue: "Sugere-se a alteração dessa norma, porquanto a sua interpretação literal sugere indevida autotutela a partir do conhecimento do esbulho. Trata-se de compatibilização com o disposto no Art. 1.210, § 1º, do CC. Destaque-se, ainda, o Enunciado 495 das Jornadas de Direito Civil: 'No desforço possessório, a expressão 'contanto que o faça logo' deve ser entendida restritivamente, apenas como a reação imediata ao fato do esbulho ou da turbação, cabendo ao possuidor recorrer à via jurisdicional nas demais hipóteses'".

TÍTULO II
DOS DIREITOS REAIS

CAPÍTULO ÚNICO
DISPOSIÇÕES GERAIS

Art. 1.225. São direitos reais:

I – a propriedade;

II – a superfície;

III – as servidões;

IV – o usufruto;

V – o uso;

VI – a habitação;

VII – o direito do promitente comprador do imóvel;

VIII – o penhor;

IX – a hipoteca;

X – a anticrese;

XI – a concessão de uso especial para fins de moradia; (Incluído pela Lei n. 11.481, de 2007)

XII – a concessão de direito real de uso; (Redação dada pela Lei nº 14.620, de 2023)

XIII – a laje; (Redação dada pela Lei nº 14.620, de 2023)

XIV – os direitos oriundos da imissão provisória na posse, quando concedida à União, aos Estados, ao Distrito Federal, aos Municípios ou às suas entidades delegadas e a respectiva cessão e promessa de cessão. (Incluído pela Lei nº 14.620, de 2023)

COMENTÁRIOS DOUTRINÁRIOS: O artigo elenca que, além do direito real por excelência sobre a coisa própria que é a propriedade, existem direitos reais sobre as coisas alheias de gozo ou fruição como a superfície, servidões, usufruto, uso, habitação, concessão de uso especial para fins de moradia e a concessão de direito real de uso, assim considerados, pois possibilitam ao titular o exercício de parcelas de direitos dominiais sobre um bem pertencente a outra pessoa. O artigo também alude aos direitos reais de garantia do penhor, hipoteca, anticrese, devendo acrescer a estes a propriedade fiduciária. Cada um destes, com as peculiaridades que serão estudadas mais adiante, visa garantir, por meio da afetação de um patrimônio por parte do próprio devedor ou de terceiro, a realização da prestação em favor do credor. Há ainda a referência ao compromisso de compra e venda de imóvel que, quando registrado, cria também direito real de aquisição, um *tertius genus* em relação aos demais, exercido sobre a coisa própria a ser adquirida. O instituto será analisado por ocasião do enfrentamento dos arts. 1.417 e 1.418 do Código Civil. Na tradição do Direito Brasileiro, o número de direitos reais é taxativo, isto é, a sua existência depende de reserva legal (*numerus clausus*) e o artigo se dispõe a apresentar o referido rol. O próprio efeito *erga omnes* dos direitos reais parece explicar essa concepção, pois somente a lei poderia criar direitos que podem atingir a toda a coletividade. Nos direitos pessoais, a manifestação de vontade é importante instrumento de criação de tipos negociais e, por isso, se diz que o rol é exemplificativo, ou seja, *numerus apertus*, pois, além da presença de contratos típicos ou nominados, existem os chamados contratos atípicos, hoje expressamente reconhecidos no art. 425 do Código Civil a prescrever que é lícito às partes estipular contratos atípicos, desde que sejam observadas as regras e princípios jurídicos inerentes à teoria geral dos contratos. Entretanto, importa registrar que no Brasil a taxatividade não é uma característica absoluta como se poderia imaginar, existindo um espaço importante a ser ocupado pela autonomia privada e pela funcionalização dos institutos. É importante que no estágio atual de revisão do Direito Civil tenhamos a possibilidade de mitigar o rigor da taxatividade, cumprindo o comando constitucional da função social da propriedade (art. 5º, inc. XXIII, da CF/1988), pois a flexibilidade desse princípio permite a criação e o reconhecimento da realidade de figuras jurídicas importantes para a sociedade contemporânea. A posse, importante fato social, possui natureza jurídica de direito real por incidir sobre coisa determinada, ser dotada de eficácia contra todos e contar com o exercício direto, isto é, sem intermediários, como sucede nos direitos pessoais, prestacionais por excelência. Como se não bastasse, ainda é o instituto que inaugura o estudo dos direitos reais. Estes argumentos parecem convencer de que, a despeito da omissão legislativa, a posse é um direito real. Os direitos reais ainda possuem outras características: a) oponibilidade contra todos – os direitos reais produzem efeitos diretos em face de todas as pessoas (eficácia *erga omnes*), sendo, portanto, oponíveis a terceiros que não guardam qualquer relação com o titular ou com o próprio bem e estão obrigados a se abster de qualquer moléstia em relação ao bem alheio. Importante, já nesse passo, destacar que o fato de o direito real ser absoluto não significa que seja ilimitado. Ao contrário, todo direito subjetivo sofre limites legais e principiológicos, como ocorre com a função social e a boa-fé. A propriedade é um direito real absoluto porque ostenta eficácia *erga omnes* e recebe do ordenamento jurídico limites de toda ordem; b) aderência ou inerência – os direitos reais submetem a coisa ao titular, caminhando com ele, independentemente da observância de uma conduta de alguém; c) ambulatoriedade – os direitos reais aderem ao titular e, por tal motivo, caminham com ele até a extinção. Registre-se para uma melhor elucidação que os direitos pessoais, ao contrário, sendo direitos a uma prestação, não acompanham o titular, extinguindo-se, no comum das vezes, com o adimplemento; d) sequela – o conhecido atributo do *ius persequendi* significa que ao titular do direito real é concedido o direito de perseguir a coisa no local em que ela se encontrar e com quem estiver indevidamente o bem alheio. Qualquer um que sem autorização estiver com o bem alheio será considerado usurpador e municiará o titular da sequela de ação para recuperá-lo, como prescreve a parte final do art. 1.228 do Código Civil; e) publicidade – no Direito das Coisas há uma preocupação com a visibilidade do titular do direito sobre o bem a fim de que o efeito *erga omnes* possa incidir com justiça. Por tal motivo, na aquisição derivada *inter vivos* a propriedade móvel se transfere com a tradição (arts. 1.226 e 1.267 do CC) e a dos imóveis com o registro no cartório imobiliário (arts. 1.227 e 1.245 do CC). Esses atos solenes é que dão publicidade à transferência dos bens e decorrem da oponibilidade *erga omnes* acima estudada. Essa é a essência da importância da publicidade dos direitos reais ao acautelar a sociedade como um todo, embora em variadas situações isso não se efetive, como, por exemplo, na posse imobiliária, cuja aquisição e perda se dão informalmente e sem solenidades, assim como na aquisição por usucapião, em que a sentença que a reconhece é meramente declaratória, possibilitando a que o imóvel, por exemplo, esteja transcrito em nome de uma pessoa e a que usucapiu seja a verdadeira proprietária, conforme será visto na análise dos arts. 1.238 e seguintes deste Código; f) perpetuidade – diferentemente dos direitos pessoais, os direitos reais tendem a permanecer no tempo. Enquanto existir o objeto, ali estará o direito real. Essa assertiva significa que, em regra, os direitos reais não se extinguem pelo não uso, ressalvadas as situações jurídicas da servidão predial (art. 1.389, III, do CC) e do usufruto (art. 1.410, III, do CC), assim como todos os direitos reais de garantia que são marcados pela temporariedade do crédito, cuja satisfação objetivam garantir; g) preferência – o credor que disponha da garantia do penhor, anticrese e hipoteca tem o direito de receber o seu crédito antes dos credores quirografários, servindo-se para tanto do produto encontrado na alienação forçada do bem. Isso porque nos direitos reais de garantia o bem dado em garantia fica afetado ao cumprimento da obrigação, na forma do que prescreve o art. 1.419 do Código Civil: "Nas dívidas garantidas por penhor, anticrese ou hipoteca, o bem dado em garantia fica sujeito, por vínculo real, ao cumprimento da obrigação".

JURISPRUDÊNCIA COMENTADA: A Terceira Turma do Superior Tribunal de Justiça afastou pela via dos embargos de terceiro a constrição patrimonial do quinhão do multiproprietário que detinha direitos reais de natureza espaço-temporal. O multiproprietário provou ser titular durante determinado período do ano estabelecido no ato de instituição do *time sharing* de 2/52 do imóvel, merecendo ser preservado tal direito. Por tal vetor, não poderá ter esse patrimônio penhorado por dívida do incorporador, ainda que, sob o ponto de vista estritamente dogmático, o bem estivesse registrado em seu nome com o reconhecimento da referida fração em favor do multiproprietário. Injusta seria a perda desse patrimônio por dívida do incorporador e, principalmente, por tal motivo, o *decisum* se nos afigura absolutamente correto (REsp 1.546.165/SP, Rel. Min. Ricardo Villas Bôas Cueva, Rel. para o acórdão Min. João Otávio de Noronha, j. 26.04.2016). A Súmula n. 260 do STJ prescreve que "a convenção de condomínio aprovada, ainda que sem registro, é eficaz para regular as relações entre os condôminos", significando que é possível a criação de efeitos reais mesmo sem lei anterior que a defina.

REFORMA DO CÓDIGO CIVIL: A modificação aqui visa atualizar o rol de direitos reais que se acresceram na sociedade, desde a edição do Código Civil, resultando na seguinte proposição: "Art. 1.225. [...] VIII – a laje; IX – o penhor; X – a hipoteca; XI – a propriedade fiduciária em garantia; XII – a anticrese; XIII – a concessão de uso especial para fins de moradia; XIV – a concessão de direito real de uso; XV – os direitos oriundos da imissão provisória na posse, quando concedida à União, aos Estados, ao Distrito Federal, aos Municípios ou às suas entidades delegadas e a respectiva cessão e promessa de cessão". Apropriada nos parece a justificativa da Subcomissão de Direito das Coisas, a qual transcrevemos: "O direito real de laje é tratado atualmente nos arts. 1510-A a 1510-E do CC como um Título próprio, no entanto, valendo-se de numeração afeta aos direitos reais de garantia, mais precisamente da Anticrese. Por uma questão de sistema, tal instituto, por sua natureza, deve ser tratado no âmbito dos direitos reais sobre as coisas alheias de gozo ou fruição à guisa do direito real de sobrelevação no âmbito do direito real de superfície, com as peculiaridades do Direito Brasileiro, cujas alterações serão sugeridas no momento oportuno. A sugestão para a expressa referência ao instituto da Alienação Fiduciária em garantia de larga aplicação no Direito Brasileiro, tanto para aquisição de bens móveis (Dec-Lei Federal nº 911/1969) como para imóveis (Lei Federal nº 9514/1997), deve-se ao fato de que há proposição no sentido de tratar a propriedade fiduciária para fins de gestão ou administração (*trust* ou fidúcia) e a propriedade fiduciária em garantia".

Art. 1.226. Os direitos reais sobre coisas móveis, quando constituídos, ou transmitidos por atos entre vivos, só se adquirem com a tradição.

COMENTÁRIOS DOUTRINÁRIOS: A aquisição é feita a título singular quando os bens sobre os quais recaírem estiverem devidamente individuados, sejam eles singulares (art. 89 do CC) ou coletivos (arts. 90 e 91 do CC). Normalmente, se dá na aquisição *inter vivos*. Entretanto, na hipótese de sucessão testamentária, a aquisição reputar-se-á a título singular quando a sucessão for deferida ao legatário que recebe coisa certa e necessita pedir posse, pois não se transmite automaticamente pela abertura da sucessão, conforme esclarece o § 1º do art. 1.923 do Código Civil: "Desde a abertura da sucessão, pertence ao legatário a coisa certa, existente no acervo, salvo se o legado estiver sob condição suspensiva. § 1º Não se defere de imediato a posse da coisa, nem nela pode o legatário entrar por autoridade própria". Ao contrário, a aquisição será a título universal quando o sucessor sub-rogar-se em todos os direitos e deveres que competiam ao sucedido. Acontece na sucessão *mortis causa*, em que se aplica a regra do direito de *saisine* prescrita no art. 1.784 do Código Civil Brasileiro, que prevê: "Aberta a sucessão, a herança transmite-se, desde logo, aos herdeiros legítimos e testamentários". A aquisição originária é aquela em que a aquisição do direito não decorre da transferência do bem, feita por outra pessoa. O direito de propriedade, na origem, vem para o titular imaculado de eventuais vícios que pudessem existir em relações jurídicas anteriores. No rol dos modos de aquisição originária incluímos a usucapião (arts. 1.238 e 1.260), a ocupação (art. 1.263), o achado do tesouro (art. 1.264), especificação (art. 1.269), acessões imobiliárias (art. 1.248), assim como na confusão, comistão e adjunção (art. 1.272). Na aquisição derivada, ao contrário, o direito do adquirente é a consequência lógica e exata da relação jurídica anterior que lhe dá suporte e estrutura. A aquisição derivada se condiciona ao direito do antecessor, sendo a propriedade criada o resultado do direito titularizado pelo transferente. Nesse sentido, inclui-se a tradição para bens móveis (art. 1.267 do CC) e o registro do título com relação aos bens imóveis (art. 1.245 do CC). O artigo comentado confirma a concepção segundo a qual o Direito Civil brasileiro adota para a aquisição de bens o sistema romano, no qual a causa não se confunde com o modo de aquisição, pois não basta a existência do negócio jurídico para que a aquisição se aperfeiçoe, sendo indispensável a observância, no caso, da tradição. Exemplo interessante a confirmar essa regra é o art. 481 do Código Civil, o qual diz que "pelo contrato de compra e venda, um dos contratantes se obriga a transferir o domínio de certa coisa, e o outro, a pagar-lhe certo preço em dinheiro". Como é de fácil verificação, o vendedor, mediante o pagamento do preço, não transfere a coisa, se obriga a transferir. A transferência, em si, operar-se-á com a tradição que, como será visto com mais detalhes nas anotações ao art. 1.267 deste Código, é o modo segundo o qual a propriedade, na aquisição derivada *inter vivos* de um bem móvel, é adquirida.

Art. 1.227. Os direitos reais sobre imóveis constituídos, ou transmitidos por atos entre vivos, só se adquirem com o registro no Cartório de Registro de Imóveis dos referidos títulos (arts. 1.245 a 1.247), salvo os casos expressos neste Código.

COMENTÁRIOS DOUTRINÁRIOS: Pelo artigo anotado, a eficácia da criação de um direito real sobre bem imóvel depende do registro do ato constitutivo no cartório imobiliário, não podendo ser confundido o ato negocial inerente a uma escritura de doação de um imóvel ou a de compra e venda, por exemplo, com o registro que da mesma é feito no Registro de Imóveis, assim como não possui efeitos *erga omnes* a escritura pública da hipoteca de determinado bem imóvel sem o competente registro. O registro imobiliário como modo de aquisição derivada *inter vivos* de imóvel será estudado nos arts. 1.245 a 1.247 deste Código. Importa consignar, desde já, que como será visto nos comentários aos referidos dispositivos legais, há situações em que o registro tem um efeito meramente declaratório com vistas a conferir à aquisição da propriedade que já se operou por algum fato jurídico a publicidade apta ao estabelecimento da segurança jurídica, como ocorre, por exemplo, com o registro da carta de sentença de usucapião ou do formal de partilha na sucessão hereditária. O mesmo se verifica na arrematação de um imóvel em hasta pública e na desapropriação, quando se dá o pagamento da indenização devida.

JURISPRUDÊNCIA COMENTADA: A arrematação de um bem, seja ele móvel ou imóvel em hasta pública, também é tida como originária, inexistindo, portanto, relação jurídica entre o arrematante e o proprietário anterior. Sendo assim, a propriedade passa às mãos do arrematante livre de empeços, como gravames reais ou obrigações *propter rem*, ainda que fiscais como, por exemplo, dívidas de IPTU que, se forem pretéritas, se sub-rogam no preço da hasta (AgRg no Ag 1.225813/SP, 2.ª Turma, Rel. Min. Eliana Calmon, j. 23.03.2010; TJRJ, AI 0011151-02.2016.8.19.0000, 1.ª Câmara Cível, Rel. Des. José Carlos Maldonado de Carvalho, j. 31.05.2016). Conforme comentamos sobre o aforamento ou a enfiteuse ao tratar do direito real de superfície (arts. 1.369 e 1.372 do CC), o adquirente do domínio útil de imóvel público aforado (imóvel foreiro) ao particular deve pagar ao Estado enfiteuticador o laudêmio que, no caso, consiste no pagamento de verba relativa a 5% sobre o valor da venda do imóvel. O STJ, em cumprimento ao teor do dispositivo legal comentado, andou bem em decidir que o fato gerador do pagamento do laudêmio é a data do registro da escritura de alienação do imóvel no cartório imobiliário como se pode constatar no Informativo de Jurisprudência 757, de novembro de 2022: "Terreno de marinha. Fato gerador. Registro do imóvel em cartório. Efetiva transmissão de domínio útil. Art. 1227, do CC/2002" (REsp 1.833.609-PE, Re. Min. Benedito Gonçalves, 1.ª Turma, v.u., j. 08.11.2022).

REFORMA DO CÓDIGO CIVIL: A reforma aqui se dá mediante o esclarecimento de que os atos registrais são públicos e o registro no cartório imobiliário não gera presunção absoluta de veracidade, podendo, respeitado o direito à informação e à transparência, ser retificado com os efeitos jurídicos decorrentes, conforme já anotamos nos comentários doutrinários aos arts. 1.245 a 1.247 desta codificação. Isto que se pode observar na inclusão dos quatro parágrafos aqui reproduzidos: "§ 1º Qualquer interessado pode ter acesso à certidão de inteiro teor da matrícula, para a comprovação da propriedade, dos direitos, dos ônus reais e das restrições sobre o imóvel, para o resguardo de seus direitos. § 2º Detectado qualquer fato que evidencie que o registro não representa a verdade dos fatos, os órgãos da corregedoria dos serviços registrários providenciarão a notificação dos interessados para as retificações necessárias. § 3º Se a incorreção do registro não puder ser sanada, a pedido do interessado, ou de ofício, o juiz corregedor determinará a ciência daqueles que serão atingidos pela retificação, ou pelo cancelamento do registro. § 4º Cancelado o registro, poderá o proprietário reivindicar o imóvel, independentemente da boa-fé ou do título do terceiro adquirente".

TÍTULO III
DA PROPRIEDADE

CAPÍTULO I
DA PROPRIEDADE EM GERAL

SEÇÃO I
DISPOSIÇÕES PRELIMINARES

Art. 1.228. O proprietário tem a faculdade de usar, gozar e dispor da coisa, e o direito de reavê-la do poder de quem quer que injustamente a possua ou detenha.

§ 1º O direito de propriedade deve ser exercido em consonância com as suas finalidades econômicas e sociais e de modo que sejam preservados, de conformidade com o estabelecido em lei especial, a flora, a fauna, as belezas naturais, o equilíbrio ecológico e o patrimônio histórico e artístico, bem como evitada a poluição do ar e das águas.

§ 2º São defesos os atos que não trazem ao proprietário qualquer comodidade, ou utilidade, e sejam animados pela intenção de prejudicar outrem.

§ 3º O proprietário pode ser privado da coisa, nos casos de desapropriação, por necessidade ou utilidade pública ou interesse social, bem como no de requisição, em caso de perigo público iminente.

§ 4º O proprietário também pode ser privado da coisa se o imóvel reivindicado consistir em extensa área, na posse ininterrupta e de boa-fé, por mais de cinco anos, de considerável número de pessoas, e estas nela houverem realizado, em conjunto ou separadamente, obras e serviços considerados pelo juiz de interesse social e econômico relevante.

§ 5º No caso do parágrafo antecedente, o juiz fixará a justa indenização devida ao proprietário; pago o preço, valerá a sentença como título para o registro do imóvel em nome dos possuidores.

COMENTÁRIOS DOUTRINÁRIOS: O fundamento jurídico da propriedade privada repousa na Constituição Federal que a incluiu como garantia fundamental, cláusula pétrea, portanto, no art. 5º, inc. XXII, e no art. 170, inc. II, enquanto princípio da ordem econômica que se encontra "fundada na valorização do trabalho humano e na livre-iniciativa, tem por fim assegurar a todos existência digna, conforme os ditames da justiça social". Seguindo a linha traçada na lei maior, o *caput* do artigo em comento traz uma definição da propriedade legal da propriedade na qual considera o seu aspecto estático, que vem a ser o poder da pessoa sobre a coisa e o aspecto dinâmico ligado à sequela, assegurando ao proprietário a faculdade de reaver a coisa de quem quer que injustamente a possua ou detenha. No presente dispositivo há a referência expressa aos poderes inerentes ao domínio ou propriedade que são usar, fruir ou gozar, dispor e reaver. Destarte, opta o legislador por definir o instituto de forma pragmática e analítica, ou seja, arrolando expressamente as faculdades ostentadas pelo proprietário, sendo esse o conceito mais prestigiado pela doutrina pátria. Usar de um bem é retirar do mesmo tudo aquilo que ele puder proporcionar, seja em favor do próprio proprietário ou de terceiro. Para que o uso não se converta em ato ilícito pelas mãos do abuso do direito, é necessário que ele seja exercido segundo a função social e não se volte para prejudicar ninguém, conduzindo o exercício regular do direito para o próprio bem-estar da sociedade. Exemplo marcante da faculdade de uso é o do proprietário que utiliza o solo de um imóvel para a plantação ou para nele edificar a sua moradia. Fruir ou gozar tem a sua significação ligada à percepção de frutos e produtos que a coisa puder proporcionar, tais como alugar o imóvel e receber os frutos civis ou fazer a colheita dos frutos de uma plantação. O exercício do poder de fruição é mais bem compreendido com a leitura dos arts. 92, 93 e 1.232 do Código Civil que corporificam a regra geral de que os bens acessórios seguem a sorte do principal. Dispor refere-se ao poder de alterar a substância do bem, aliená-lo, gratuita ou onerosamente, e gravá-lo. Pode ser subdividido em duas manifestações jurídicas. A primeira contempla o poder de fato de destruir todas as coisas submetidas ao seu domínio. Também não deve ser exercido abusivamente, como no caso de destruir determinada safra de alimentos para forçar o aumento do preço no mercado. A segunda é o poder jurídico de alienar o bem ou gravá-lo, salvo hipótese de cláusula restritiva de inalienabilidade ou impenhorabilidade. O Código faz referência ao poder de reaver a coisa de quem quer que a detenha ou a possua, ou seja, o proprietário tem o direito de perseguir o bem no local em que estiver e com quem estiver. O poder de reaver é um efeito da sequela (*jus persequendi*). Esse direito do proprietário é extensivo ao superficiário, usufrutuário, usuário, titular de servidão predial, assim como ao promitente comprador do imóvel perante o promitente vendedor ou terceiros, cujo título esteja registrado no cartório imobiliário, conforme Enunciado n. 253 da *III Jornada de Direito Civil* realizada pelo Conselho da Justiça Federal: "O promitente comprador, titular de direito real (art. 1.417), tem a faculdade de reivindicar de terceiro o imóvel prometido à venda". A propriedade pode ser conceituada sinteticamente como sendo o poder de senhoria que uma pessoa exerce sobre uma coisa, dela excluindo qualquer ingerência de terceiros. Em uma ótica descritiva, a propriedade é definida segundo as suas características, e sob esse prisma podemos dizer que a propriedade é um direito subjetivo, absoluto, elástico, perpétuo, complexo e limitado, pelo qual uma pessoa submete determinado bem ao seu poder e interesse. A propriedade é um direito subjetivo, pois encerra uma situação jurídica em que todos devem uma prestação de não fazer ao proprietário, sendo dotada de coercitividade, além de passível de violação. É absoluta, pois ao contrário dos direitos pessoais, se exerce contra todos. É elástica, pois o proprietário pode distender e contrair os poderes dominiais ao seu talante, gerando os chamados direitos reais sobre a coisa alheia. É perpétua, porque não se extingue pelo não uso. É complexa, tendo em vista que encerra um feixe de poderes para o proprietário presentes no art. 1.228, *caput*, do Código Civil. É limitada, pois o proprietário enfrenta toda sorte de limites de ordem constitucional, legal e até convencional, estando hoje superada a ideia de que a propriedade é um direito sem limites. É exclusiva, sendo assegurado ao proprietário afastar qualquer ingerência alheia com relação ao bem que lhe pertence. Não se imagine que o condomínio seria uma exceção ou mitigação a essa característica da propriedade, pois cada condômino é titular de uma quota ideal do todo, ou seja, o direito de propriedade incide sobre a parte ideal, à exclusividade. Com efeito, dispõe o art. 1.314 do Código Civil que cada condômino poderá, respeitadas as restrições inerentes à indivisão, usar da coisa conforme sua destinação, propor ação reivindicatória ou possessória, conforme o caso e, ainda, alienar ou gravar a cota ideal. A parte final do *caput* do art. 1.228 do Código Civil, quando diz que o proprietário tem o direito de reaver a coisa diretamente do detentor, trouxe expressamente a possibilidade de o detentor figurar como réu em ação reivindicatória, atendendo aos reclamos doutrinários de que a ação reivindicatória pode ser movida contra o possuidor e o detentor, sendo que este último apenas na eventual circunstância de não ser possível a identificação do possuidor. O legislador civil não se preocupou em incluir expressamente que a função social integra o próprio conceito de propriedade, legitimando-a e conferindo o devido conteúdo ao instituto, mas, em interpretando o artigo conforme a Constituição (arts. 5º, XXIII, e 170, III, da CF) e em sintonia com o próprio § 1º, é possível se chegar ao mesmo resultado de atribuição de eficácia à função social da propriedade enquanto conteúdo do próprio domínio. O indigitado parágrafo apresenta um elenco exemplificativo de hipóteses a fim de que a sociedade fiscalize o cumprimento do cânone constitucional. Na Constituição da República e nas leis especiais que tutelam os apontados interesses difusos que enaltecem a função socioambiental da propriedade encontram-se previstas sanções para o descumprimento desse preceito. O fato é que a função social da propriedade se tornou uma exigência da vida em sociedade, pois da mesma forma que é importante a defesa dos direitos individuais dos titulares da propriedade, é fundamental que se exija do proprietário a observância das potencialidades econômicas e sociais dos bens que deverão ser revertidos em benefício da sociedade. Esse princípio dirige-se ao legislador, ao administrador, ao magistrado, à sociedade e ao próprio proprietário. Percebe-se a amplitude e importância desse cânone constitucional pela simples leitura do Enunciado n. 507 da *V Jornada de Direito Civil* do Conselho da Justiça Federal/STJ quando reza que "na aplicação do princípio da função social da propriedade imobiliária rural, deve ser observada a cláusula aberta do § 1º do art. 1.228 do Código Civil, que, em consonância com o disposto no art. 5º, inc. XXIII, da Constituição de 1988, permite melhor objetivar a funcionalização mediante critérios de valoração centrados na primazia do trabalho". A função social da propriedade deve ser observada, sobretudo, sobre os denominados bens de produção, com a imposição de normas que restrinjam as faculdades do domínio ao lado de outras que possibilitem ao proprietário atribuir função social ao que lhe pertence, passando a exercer os direitos com olhos voltados também para o bem da coletividade. Como afirmado, a incidência da função social é mais intensa sobre tais bens, mas isso não quer dizer que os bens de uso e de consumo não possam se submeter à energia estatal conformadora da função social da propriedade. Com efeito, um imóvel urbano é um bem de uso e a Constituição (art. 182, § 4º, II) e o Estatuto da Cidade (art. 5º da Lei n. 10.257/2001) contêm instrumentos jurídicos e políticos que visam fomentar que o titular de um bem nessas condições observe a função social da propriedade pelo parcelamento, edificação ou utilização compulsória do solo urbano, possibilitando a cobrança do IPTU progressivamente de acordo com a recalcitrância do titular em dar função social à propriedade, aumentando, portanto, o seu valor pelo prazo de cinco anos (art. 7º da Lei n. 10.257/2001). Na mesma visada, inegável que todo medicamento é um bem de consumo e a Lei n. 9.787/1999, conhecida como lei dos remédios genéricos, possibilitou a que indústrias nacionais produzissem remédios mais baratos após o período de proteção da patente dos medicamentos originais, fabricando-os mais barato para o público consumidor e, a princípio, com a mesma eficácia. A quebra da patente, que como sabido é direito de propriedade intelectual, é a demonstração de que bens essenciais como a patente de um medicamento podem (e devem) ser atingidos pela função social da propriedade. Na sociedade atual, não há mais espaço para entender a propriedade divorciada do elemento que lhe confere conteúdo e tutela jurídica, que vem a ser o exercício do domínio mediante a atenta observância da função social, pois, em que pese a proteção de ordem privada da propriedade, ela deverá retratar uma finalidade econômica e social apta a sua vocação urbana ou rural, gerando frutos, empregos e conduzindo a uma justa circulação das riquezas, de modo a que tenhamos uma sociedade mais justa e solidária, objetivo primaz do Estado Democrático de Direito deflagrado pela Constituição da República Federativa do Brasil de 1988. O art. 243 da Constituição Federal pela Emenda Constitucional n. 81/2014 possibilita o confisco, além do que já existe sobre imóveis rurais em que forem localizadas culturas ilegais de plantas psicotrópicas, de qualquer bem de raiz em que se verifique a exploração de trabalho escravo. Pelo texto, as áreas confiscadas serão destinadas à reforma agrária e a programas de habitação popular, conforme se trate de imóveis rurais ou urbanos, sem qualquer indenização e sem prejuízo de outras sanções legais. Prevê também o dispositivo legal que qualquer bem de valor econômico apreendido em decorrência do tráfico ilícito de entorpecentes e drogas afins e da exploração de trabalho escravo será confiscado e reverterá a fundo especial com destinação específica, na forma da lei. Eis um excelente exemplo de aplicação da função social da propriedade com a exata e enérgica intervenção do Estado na propriedade, a fim de punir tão grave e ignóbil conduta, ao passo que destina os bens para o devido cumprimento da função social. No Código Civil podemos citar a aplicação do princípio da função social da propriedade em determinadas modalidades de usucapião imobiliária (arts. 1.238, parágrafo único, e 1.242, parágrafo único), no novo regramento das acessões artificiais (arts. 1.255, parágrafo único, 1.258 e 1.259), na utilização de critério para aferição do uso nocivo ou anormal da propriedade (art. 1.278), passagem forçada (art. 1.285), passagem de cabos e tubulações (art. 1.286), no direito à utilização das águas (arts. 1.288 a 1.296), além dos institutos da superfície (arts. 1.369 a 1.377) e servidões prediais (arts. 1.378 a 1.389) e diversas normas especiais, como o Estatuto da Cidade (Lei n. 10.257/2001), Estatuto da Terra (Lei n. 4.504/1964), Lei do Parcelamento do Solo Urbano (Lei n. 6.766/1979), Código Florestal (Lei n. 12.651/2012), dentre outras. Na esteira de impor uma utilização regular do direito de propriedade, o § 2º veda expressamente o abuso do direito de propriedade. Com relação à propriedade, pode-se dizer que o Direito Brasileiro adotou a teoria mista do abuso do direito, pois são considerados atos abusivos aqueles que contrariam a função social da propriedade, como aqueles pelos quais a pessoa se serve da propriedade para prejudicar outrem. Contudo, forçoso reconhecer que, segundo a interpretação constitucional da funcionalização dos institutos, encontra-se superada a concepção subjetiva de abuso do direito, pois não há necessidade da demonstração de ato emulativo para a configuração do abuso do direito, bastando apenas a incidência do proprietário no comportamento descrito na primeira parte do dispositivo legal para que incorra nas sanções ao ato abusivo, ou seja, exercer alguma atividade sem que haja utilidade ou comodidade já significa abusar do direito, assim como em se tratando de bens imóveis aptos a servir de moradia ou produção, a própria omissão será o bastante para caracterizar o comportamento abusivo. Em outras palavras, abusa do direito de propriedade todo aquele que não empresta ao seu domínio a necessária função social, sendo desnecessário analisar a intenção de prejudicar do agente (teoria dos atos emulativos), até porque agir assim também é descurar-se da função social, o que a princípio tornaria despicienda a segunda parte do dispositivo legal. Apenas na responsabilidade civil, a fim de mensurar, por exemplo, o valor do dano moral segundo o comportamento do ofensor, é que pode se mostrar útil a análise do ato emulativo. Temos aqui uma manifestação específica do abuso do direito positivado genericamente no art. 187 do Código Civil: "Também comete ato ilícito o titular de um direito que, ao exercê-lo, excede manifestamente os limites impostos pelo seu fim econômico ou social, pela boa-fé ou pelos bons costumes". À guisa de exemplo, podemos pensar na hipótese de alguém construir um muro bem alto apenas para fazer sombra no prédio vizinho ou atrapalhar a navegação aérea; construir um poço profundo apenas para suprimir as águas dos outros adquirentes de lote; não permitir, sem justificativa plausível, a passagem forçada para alguém que necessite escoar a sua produção agrícola, encontrando-se a estrada pública em péssimas condições, entre outras posturas sociais reprováveis. Em todas essas situações é cabível ao prejudicado o ajuizamento de medida judicial tendente a compelir o proprietário a fazer ou a deixar de fazer o comportamento reputado abusivo. O § 3º se refere ao instituto de direito público denominado desapropriação que, em síntese, consiste no exercício de poder estatal pelo qual o Estado, em procedimento administrativo regular e, por vezes, judicial, adquire de modo original e compulsoriamente a propriedade do particular mediante justa e prévia indenização em dinheiro, tendo em vista algum interesse público, materializado nas leis de regência pela utilidade pública, interesse social ou ainda para fins de reforma agrária ou urbana, ocasião, em que, excepcionalmente, o pagamento ao expropriado poderá se dar mediante a emissão de títulos da dívida pública. A indenização justa, prévia e em dinheiro a ser paga ao particular em caso de desapropriação constitui garantia constitucional fundamental prevista no art. 5º, XXIV, da Lei Maior. Talvez mais afeto ao direito privado surge a figura da "desapropriação indireta", criação doutrinária e pretoriana, que reconhece o dever indenizatório ao particular quando o Estado sem o devido processo legal administrativo e/ou judicial expropria, ao arrepio da lei, informalmente a propriedade de alguém. Como exemplo, poderíamos pensar em uma situação na qual a União Federal construa em terreno privado uma escola pública que atualmente funciona com a matrícula de milhares de estudantes. No caso apontado, à guisa de exemplo, o interesse público e a própria função social da propriedade como cânone constitucional não recomendam a retomada do imóvel pelo particular, mas assegura a ele pleito indenizatório pela expropriação ilícita de seu terreno. Essa é a concepção jurídica da desapropriação indireta, isto é, assegurar ao particular reparação pelo dano decorrente da perda da propriedade sem a observância do devido processo legal. Em razão da possibilidade de o poder público adquirir propriedade mediante a usucapião (arts. 1.238 e ss. do CC) e presente interesse social ou econômico relevante em favor do Estado, o prazo de prescrição para a pretensão ressarcitória para a desapropriação indireta deve ser de dez anos, aplicando-se, por analogia, o parágrafo único do art. 1.238 do Código Civil, dispositivo para o qual remetemos o leitor. O Código Civil inova com a previsão dos §§ 4º e 5º, trazendo regra que, a despeito de não encontrar uma casuística importante, possui relevante interesse social pelo seu conteúdo de fidelização e radicalização da função social da propriedade, mormente para as grandes cidades e em áreas de notória ocupação, servindo por um lado para amenizar a angústia dos sem-teto e, ao mesmo tempo, como permanente estímulo a que o proprietário dê à terra a sua inarredável função social. Há quem afirme que a norma é inconstitucional por vulnerar o direito de propriedade, mas a nosso sentir, há aqui a observância adequada da função social da propriedade e apenas será aplicada para regularizar ocupações já consolidadas em que os ocupantes tenham dado, repita-se, uma destinação social e econômica relevante. Nesse sentido, é o teor do Enunciado n. 82 da *I Jornada de Direito Civil*: "É constitucional a modalidade aquisitiva de propriedade imóvel prevista nos §§ 4º e 5º do art. 1.228 do novo Código Civil". Similar à usucapião coletiva prevista no art. 10 do Estatuto da Cidade (Lei n. 10.257/2001), a previsão legal se diferencia, entre outros motivos analisados no capítulo referente à usucapião, pois o § 4º não assegura aos possuidores a propriedade do bem, apenas estabelece que o proprietário ficará privado da mesma se os indigitados possuidores demonstrarem que a ocupação quinquenal é de relevante interesse social ou econômico. Servimo-nos da palavra expropriação, pois prevê o § 5º a fixação de uma justa indenização em dinheiro que, uma vez paga ao proprietário, autorizará os possuidores a registrarem o imóvel em seu nome, mediante carta de sentença expedida para tal fim, fato similar ao que acontece na desapropriação clássica realizada pelo Poder Público. Não se fez referência à consequência para o não pagamento do valor fixado na decisão para a área, não nos parecendo que a sanção seja o desapossamento, conclusão que se tira pela redação do § 4º, que estabelece peremptoriamente ser o proprietário privado da coisa se o imóvel reivindicado consistir em extensa área, na posse ininterrupta e de boa-fé, por mais de cinco anos, de considerável número de pessoas, e estas nela houverem realizado, em conjunto ou separadamente, obras e serviços considerados pelo juiz de interesse social e econômico relevante. Em suma, o pagamento é requisito para a regularização da propriedade em favor dos destinatários da norma, como prevê o Enunciado n. 241 da *III Jornada de Direito Civil* do Conselho da Justiça Federal: mas o desinteresse pelo exercício dessa faculdade não conduzirá necessariamente no desalijamento possessório coletivo. Como obras e serviços de relevante interesse social ou econômico, podemos exemplificar com a construção de moradias no terreno, tendo em vista o aumento do rol dos direitos sociais do cidadão, *ex vi* da redação atual do art. 6º da CF. De efeito, a moradia é vital para que se assegure, no concreto, a dignidade da pessoa humana (art. 1º, inc. III, da CF), uma vez que tal direito se insere no chamado piso vital mínimo a que faz jus qualquer ser humano. Na linha do relevante interesse econômico, temos como exemplo a exploração da área para fins agrícolas ou industriais. Diante da manifesta presença de interesse público na solução do caso pela observância da função social da propriedade e da posse, deve ser flexibilizada essa defesa permitida em lei para que se admita também a sua utilização nas ações possessórias, tendo sido aprovado no Conselho da Justiça Federal o Enunciado n. 310 na *IV Jornada de Direito Civil*: "Interpreta-se extensivamente a expressão 'imóvel reivindicado' (art. 1.228, § 4º), abrangendo as pretensões tanto no juízo petitório quanto no possessório". Quanto à possibilidade da oposição da expropriação privada quando se tratar de ação reivindicatória proposta pelo Poder Público, não vemos razão para se excluir da incidência dos §§ 4º e 5º do art. 1.228 do Código Civil os imóveis registrados em nome do Poder Público. O argumento de que os bens imóveis públicos não se sujeitam à usucapião, a teor da Súmula n. 340 do STF, dos arts. 183, § 3º, e 191, parágrafo único, da CF e do art. 102 do Código Civil não resiste a uma análise séria, pois conforme veremos mais adiante, a expropriação privada não se confunde com usucapião, devendo as normas excepcionais merecerem uma interpretação restritiva. O dispositivo visa preservar o cânone constitucional da função social da propriedade (art. 5º, XXIII, da CF) e, ao mesmo tempo, punir o descumprimento dele. Dessa forma, mostra-se apropriado inserir o Poder Público quando autor de ação reivindicatória ou possessória proposta em face de ocupantes que preencham os árduos requisitos exigidos pela lei, conforme o Enunciado n. 304 aprovado na *IV Jornada de Direito Civil* do CJF/STJ. Parece haver um consenso de que a expropriação social se destina primordialmente a impedir que uma comunidade que tenha emprestado função social a uma titularidade durante cinco anos consecutivos seja desapossada em razão de pedido judicial feito por aquele que formalmente consta como proprietário da área litigiosa. Contudo, vozes se levantam em defesa da possibilidade de os interessados demandarem ação judicial objetivando a regularização da propriedade imobiliária, provados os requisitos exigidos pela lei. Em abono dessa tese, confira-se o bem lançado Enunciado n. 496 da *V Jornada de Direito Civil* do Conselho da Justiça Federal/STJ: "O conteúdo do art. 1.228, §§ 4º e 5º, pode ser objeto de ação autônoma, não se restringindo à defesa em pretensões reivindicatórias". Essa previsão legal se assemelha muito com a usucapião, mas com a mesma não se confunde. Como sabido, não existe a possibilidade de usucapião sem a presença do elemento subjetivo *animus domini*, conforme prevê o art. 1.238 do Código Civil na locução "possuir como seu", e se observarmos atentamente, constataremos que os §§ 4º e 5º do art. 1.228 do Código Civil não contemplam o referido requisito. Se, para alguns, o referido requisito já está implícito na norma quando esta exige que se tenha realizado no imóvel obras e serviços considerados pelo juiz de interesse social e econômico relevante, difícil será ultrapassar a possibilidade que a lei cria de pagamento do preço, que é típica situação de aquisição derivada e não originária, como a usucapião. Com efeito, se a hipótese vertente fosse a aquisição originária da usucapião, não seria referenciada a possibilidade de pagamento do preço e a matéria teria sido regulada no capítulo referente à usucapião. A desapropriação é contemplada no § 3º do artigo comentado que também se parece com a expropriação social. De efeito, há nessa figura jurídica a presença do interesse social, na medida em que se objetiva evitar a aflitiva desocupação em massa de considerável número de pessoas. Existe, outrossim, a possibilidade de pagamento do preço fixado pelo Estado-Juiz no próprio corpo do processo reivindicatório ou possessório, conforme o caso. Todavia, o artigo não cuida de desapropriação, conforme a concebemos tradicionalmente, de vez que não há a expedição de decreto expropriatório e, tampouco, trata-se de uma decisão política estatal. Na realidade, são os possuidores, muitas das vezes, no mais absoluto estado de necessidade, que devem estar no imóvel há mais de cinco anos, na posse ininterrupta e de boa-fé. Outro dado fundamental é que o requerimento para a expropriação privada deverá ser encaminhado pelos próprios réus e o preço, fixado pelo Magistrado. Aliás, importa considerar que o preço para a aquisição da área não será pago pelos cofres públicos e sim pelos ocupantes. Não nos parece, dada máxima vênia, possível que o Poder Judiciário imponha ao Poder Executivo, na hipótese considerada, a desapropriação da área *sub judice*. Nessa visada é o conteúdo do Enunciado n. 84 da *I Jornada de Direito Civil* do Conselho da Justiça Federal: "A defesa fundada no direito de aquisição com base no interesse social (art. 1.228, §§ 4º e 5º, do novo Código Civil) deve ser arguida pelos réus da ação reivindicatória, eles próprios responsáveis pelo pagamento da indenização". Nessa toada, me parece equivocado o teor do Enunciado n. 308 da *IV Jornada de Direito Civil* do CJF/STJ que admite seja a Administração Pública compelida judicialmente a arcar com os custos da expropriação quando se tratar de possuidores de baixa renda a fim de viabilizar a reforma agrária ou urbana, conforme o caso. A uma porque no mais das vezes a utilização de verba pública a ser paga ao pretenso proprietário configurará desvio de finalidade, pois os possuidores já seriam proprietários pela usucapião, faltando apenas a regularização da titularidade, o que consiste em faculdade em favor dos interessados. A duas porque se a Administração Pública quiser, poderá exercer o poder expropriante ordinário previsto no art. 2º da Lei n. 4.132/1962, que disciplina a desapropriação para fins de interesse social ou então para fins de reforma agrária ou urbana.

JURISPRUDÊNCIA COMENTADA: A ação reivindicatória é uma medida judicial de cunho real disponibilizada a quem, sendo titular do direito de propriedade, pretende trazer para si a posse de um bem que injustamente se encontra na posse ou detenção de outra pessoa. Na cidade de Atibaia, Estado de São Paulo, uma pessoa se encontrava na posse de imóvel que, por força de registro imobiliário de escritura celebrada no ano de 1997, era de propriedade de cinco condôminos que ajuizaram ação reivindicatória logrando êxito na recuperação do bem, cuja ementa assim foi publicada: "Sentença – Nulidade – Inocorrência – Fundamentação suficiente – Preliminar afastada. Reivindicatória – Usucapião não configurada – Atribuição da posse à proprietária do imóvel, na forma do art. 1.228 do CC – Ação procedente – Sentença mantida – Litigância de má-fé não verificada – Recursos improvidos" (TJSP, Apelação 4005633-23.2013.8.26.0048, 1.ª Câmara de Direito Privado, Rel. Luiz Antonio de Godoy, j. 23.11.2018). Em prestígio à função social da propriedade e cumprindo o art. 243 da Constituição Federal, o Supremo Tribunal Federal fixou importante precedente no sentido de que "é possível o confisco de todo e qualquer bem de valor econômico apreendido em decorrência do tráfico de drogas, sem a necessidade de se perquirir a habitualidade, reiteração do uso do bem para tal finalidade, a sua modificação para dificultar a descoberta do local do acondicionamento da droga ou qualquer outro requisito além daqueles previstos expressamente no art. 243, parágrafo único, da Constituição Federal" (STF, RE 638.491/PR, Tribunal Pleno, Rel. Min. Luiz Fux, j. 17.05.2017). O Tribunal de Justiça do Estado do Paraná admitiu lei que impunha ao contribuinte que pagasse um valor mais elevado a título de IPTU (progressividade) em razão da inobservância da função social da propriedade, em decisão ementada nos seguintes termos: "Recurso inominado. Ação anulatória de débito tributário. IPTU. Progressividade extrafiscal. Não cumprimento da função social. Art. 182, § 4º, II e 156 da Constituição Federal. Regulamentação pelo Estatuto das Cidades e Lei Municipal 632/2006. Notificação realizada para edificação dos terrenos. Decorrido prazo sem o cumprimento pelos autores. Alegação de dupla penalidade por se tratar de parque industrial. Não verificado o cumprimento da pena de reversão do imóvel ao patrimônio do município prevista na Lei Municipal 1.581/1982. Legalidade da progressividade. Sentença mantida por seus próprios fundamentos. Aplicação do art. 46 da Lei n. 9.099/95. Recurso não provido. Os Requerentes não apresentam justificativa plausível. Extrai-se da sentença: que seu imóvel não se enquadraria nas hipóteses legais que ensejam a imposição do IPTU progressivo; vale dizer, não esclarece 'se' e 'como' vem cumprindo a função social de sua propriedade nos termos do Plano Diretor do Município de Maringá (Lei Complementar Municipal n. 632/2006). 7. Assim sendo, compulsando os autos, verifica-se que as imagens juntadas pelo Requerido (seq. 36.1), só reforçaram a subutilização dos referidos imóveis. Outro ponto importante a ser destacado é que os Requerentes foram notificados desde dezembro/2012 para promover o loteamento do imóvel em questão, sob pena de lançamento do IPTU progressivo, mas somente agora, em 2017, vieram a se insurgir judicialmente, ou seja, quando da iminência de sofrer o indigitado lançamento por descumprimento da função social da propriedade. Precedentes" (TJPR, AC 1194853-7, 3.ª Câmara Cível, Maringá, Rel. Cláudio de Andrade, j. 07.10.2014, v.u.). Na Comarca de Tubarão, em Santa Catarina, determinado proprietário urbano passou a utilizar o imóvel para a criação de equinos, causando incômodos e reclamações dos vizinhos com relação ao mau cheiro e ao descumprimento do Código de Posturas da Cidade com a construção de um estábulo. O Município ajuizou ação de obrigação de fazer para cessar a atividade e demolir o estábulo. A Terceira Câmara de Direito Público do Tribunal Catarinense entendeu existir abuso do direito de propriedade e manteve a procedência do pedido com a ementa assim vazada: "Julgamento antecipado da lide. Cerceamento de defesa. Estando o magistrado apto a formar seu convencimento pleno e inabalável à vista das provas arregimentadas aos autos, dispensando a dilação probatória, inexiste cerceamento de defesa com julgamento antecipado da lide. Direito de vizinhança. Criação de equinos no perímetro urbano. Caracterizada área urbana e o incômodo à vizinhança, a criação de cavalos constitui abuso do direito de propriedade, resultando em sua proibição" (TJSC, Apelação Cível 2007.037939-1, Tubarão, Rel. Des. Sônia Maria Schmitz, j. 23.06.2009). O Tribunal de Justiça de São Paulo, em clássica decisão conhecida como o "Caso da Favela Pullman", sob a segura relatoria do Desembargador José Osório de Azevedo Júnior, renomado doutrinador na matéria, impediu que, em ação reivindicatória manejada pelo proprietário, houvesse o desalijo coletivo de comunidade formada por trinta famílias, assegurando, entretanto, aos proprietários direito à indenização: "Ação reivindicatória. Lotes de terreno transformados em favela dotada de equipamentos urbanos. Função social da propriedade. Direito de indenização dos proprietários. Lotes de terreno urbanos tragados por uma favela deixam de existir e não podem ser recuperados, fazendo, assim, desaparecer o direito de reivindicá-los. O abandono dos lotes urbanos caracteriza uso antissocial da propriedade, afastado que se apresenta do princípio constitucional da função social da propriedade. Permanece, todavia, o direito dos proprietários de pleitear indenização contra quem de direito" (TJSP, Apelação Cível 212.726-1-4, 8.ª Câmara de Direito Privado, j. 16.12.1994). O Superior Tribunal de Justiça prestigiou o acórdão como se pode ver da ementa a seguir: "Ação reivindicatória. Terrenos de loteamento situados em área favelizada. Perecimento do direito de propriedade. Abandono. CC, arts. 524, 589, 77 e 78. Matéria de fato. Reexame. Impossibilidade. Súmula 7-STJ. I – O direito de propriedade assegurado no art. 524 do CC anterior não é absoluto, ocorrendo a sua perda em face do abandono de terrenos de loteamento que não chegou a ser concretamente implantado, e que foi paulatinamente favelizado ao longo do tempo, com a desfiguração das frações e arruamento originariamente previstos, consolidada, no local, uma nova realidade social e urbanística, consubstanciando a hipótese prevista nos arts. 589 c/c 77 e 78, da mesma lei substantiva. II – 'A pretensão de simples reexame de prova não enseja recurso especial' – Súmula 7-STJ. III – Recurso especial não conhecido" (STJ, REsp 75.659/SP (1995/0049519-8), 4.ª Turma, Rel. Min. Aldir Passarinho Junior, Recorrente: Aldo Bartholomeu e outros, Recorrido: Odair Pires de Paula e outros, j. 21.06.2005). Em caso no qual o Estado do Acre se mostrou leniente em promover a proteção do bem público de ocupações por parte de milhares de famílias de baixa renda, o Superior Tribunal de Justiça houve por bem aplicar os §§ 4.º e 5.º do artigo estudado para obstar a reintegração de posse, prestigiando o enunciado 308 do Conselho da Justiça Federal suprarreferido. Destacou a citada Corte que, "ao tempo do julgamento do primeiro grau, a lide foi analisada à luz do disposto no art. 1.228, §§ 4.º e 5.º, do CC/2002, que trata da desapropriação judicial, chamada também por alguns doutrinadores de desapropriação por posse-trabalho ou de desapropriação judicial indireta, cujo instituto autoriza o magistrado, sem intervenção prévia de outros Poderes, a declarar a perda do imóvel reivindicado pelo particular em favor de considerável número de pessoas que, na posse ininterrupta de extensa área, por mais de cinco anos, houverem realizado obras e serviços de interesse social e econômico relevante. Os conceitos abertos existentes no art. 1.228 do CC/2002 propiciam ao magistrado uma margem considerável de discricionariedade ao analisar os requisitos para a aplicação do referido instituto, de modo que a inversão do julgado, no ponto, demandaria o reexame do conjunto fático-probatório, providência vedada no âmbito do recurso especial, em face do óbice da Súmula 7 do STJ. Não se olvida a existência de julgados desta Corte de Justiça no sentido de que 'inexiste desapossamento por parte do ente público ao realizar obras de infraestrutura em imóvel cuja invasão já se consolidara, pois a simples invasão de propriedade urbana por terceiros, mesmo sem ser repelida pelo Poder Público, não constitui desapropriação indireta' (AgRg no REsp 1.367.002/MG, Rel. Ministro Mauro Campbell Marques, Segunda Turma, julgado em 20.06.2013, *DJe* 28.06.2013). 10. Situação em que tal orientação não se aplica ao caso estudado, pois, diante dos fatos delineados no acórdão recorrido, não há dúvida de que os danos causados à proprietária do imóvel decorreram de atos omissivos e comissivos da administração pública, tendo em conta que deixou de fornecer a força policial necessária para o cumprimento do mandado reintegratório, ainda na fase inicial da invasão, permanecendo omissa quanto ao surgimento de novas habitações irregulares, além de ter realizado obras de infraestrutura no local, com o objetivo de garantir a função social da propriedade, circunstâncias que ocasionaram o desenvolvimento urbano da área e a desapropriação direta de parte do bem. O Município de Rio Branco, juntamente com o Estado do Acre, constituem sujeitos passivos legítimos da indenização prevista no art. 1.228, § 5.º, do CC/2002, visto que os possuidores, por serem hipossuficientes, não podem arcar com o ressarcimento dos prejuízos sofridos pelo proprietário do imóvel (*ex vi* do Enunciado n. 308 Conselho da Justiça Federal). A solução da controvérsia exige que sejam levados em consideração os princípios da proporcionalidade, da razoabilidade e da segurança jurídica, em face das situações jurídicas já consolidadas no tempo, de modo a não piorar uma situação em relação à qual se busca a pacificação social, visto que 'é fato público e notório que a área sob julgamento, atualmente, corresponde a pelo menos quatro bairros dessa cidade (Rio Branco), onde vivem milhares de famílias, as quais concedem função social às terras em litígio, exercendo seu direito fundamental social à moradia'. Os critérios para a apuração do valor da justa indenização serão analisados na fase de liquidação de sentença, não tendo sido examinados pelo juízo da primeira instância, de modo que não podem ser apreciados pelo Tribunal de origem, tampouco por esta Corte Superior, sob pena de supressão de instância. Recursos especiais parcialmente conhecidos e, nessa extensão, desprovidos" (STJ, REsp 1.442.440/AC, 1.ª Turma, Rel. Min. Gurgel de Faria, j. 07.12.2017, *DJe* 15.02.2018). No caso *supra*, julgado pela Primeira Turma, o STJ prestigiou a tese da desapropriação indireta e acatou o acórdão do tribunal acreano que determinou ao Município de Rio Branco e ao Estado do Acre, solidariamente, que indenizassem o proprietário prejudicado pela ocupação que, segundo as provas, fora apoiada pelo poder público mediante a omissão e a implementação de obras de infraestrutura no imóvel invadido. Em outro julgado, a mesma Corte fixou, com base no art. 1.238 do Código Civil, prazo prescricional decenal para a citada pretensão indenizatória, salvo comprovação da inexistência de obras ou serviços públicos no local, caso em que o prazo passa a ser de 15 anos em razão da norma preconizada no parágrafo único do referido artigo (EREsp 1.575.846/SC, 1.ª Seção, Rel. Min. Og Fernandes, j. 26.06.2019, m.v.). No ano de 2019, a Segunda Turma revisitou o tema em situação idêntica e destacou no *Informativo* n. *660* que "não configura desapropriação indireta quando o Estado limita-se a realizar serviços públicos de infraestrutura em gleba cuja invasão por particulares apresenta situação consolidada e irreversível" (REsp 1.770.001/AM, 2.ª Turma, Rel. Min. Mauro Campbell Marques, j. 05.11.2019, v.u.). A segunda orientação parece ser, com todo o respeito, a mais acertada, pois a ocupação se deu por inobservância do dever constitucional do proprietário registral de dar função social à propriedade, além do que não há nenhum ato ilícito por parte do poder público indicando haver apossamento administrativo abusivo. No caso, devem ser observados os §§ 4º e 5º do artigo em comento. Valer-se dos recursos públicos para indenizar o proprietário dormidor parece configurar desvio de finalidade, uma vez que, pela lei comentada, o pagamento da indenização como requisito para a transferência da propriedade deve ser feito pelos interessados, na dicção legal, o "*considerável número de pessoas*". Para fins de desapropriação indireta, conforme assinalamos nos comentários doutrinários acima, a Primeira Seção do STJ, por maioria, decidiu que se aplica o prazo do parágrafo único do anotado dispositivo em caso de desapropriação indireta, fixando a seguinte tese: "O prazo prescricional aplicável à desapropriação indireta, na hipótese em que o poder público tenha realizado obras no local ou atribuído natureza de utilidade pública ou de interesse social ao imóvel, é de dez anos, conforme parágrafo único do artigo 1.238 do Código Civil" (REsp 1.442.440/AC).

REFORMA DO CÓDIGO CIVIL: Várias alterações são sugeridas no presente dispositivo legal a fim de adequá-lo às construções doutrinárias e jurisprudenciais aos tempos que correm. Há referência expressa a teor dos arts. 5º, XXIII, e 170, III, da Constituição Federal, visto que se oferece uma noção precisa do sentido da expressão jurídica "função social da propriedade", conforme já constava, por exemplo, na Constituição da República de Weimar, ao dizer no parágrafo primeiro que "a propriedade atenderá à sua função social, e isto obriga o seu titular". Há, outrossim, uma correção de rumos no abuso do direito de propriedade, conforme crítica que fazemos nos comentários doutrinários, pois o § 2º passa a adotar o mesmo critério objetivo-finalístico que permeia o art. 187 do Código Civil, a dizer que "são defesos os atos que não tragam ao proprietário qualquer comodidade, ou utilidade, ou que sejam praticados com abuso de direito, nos termos do artigo 187 deste Código". Abandona-se, portanto, a vetusta concepção de abuso do direito apenas como ato emulativo (Enunciado n. 37 da *I Jornada de Direito Civil* e n. 539 da *VI Jornada de Direito Civil*). Com relação à expropriação social que hoje se encontra disciplinada nos §§ 4º e 5º, são dignas de nota as seguintes modificações: 1) possibilidade expressa de utilização do instituto tanto na ação reivindicatória como na possessória (Enunciado n. 310 da *IV Jornada de Direito Civil*); 2) estabelecimento de que a Fazenda Pública somente arcará com os custos da indenização quando o imóvel for ocupado por população de baixa renda e houver a sua participação no processo, nos termos da lei processual civil; 3) possibilidade de os possuidores se valerem do direito referido por ação autônoma, e não apenas por meio de defesa (Enunciado n. 496 da *V Jornada de Direito Civil*); 4) havendo destinação diversa para o imóvel expropriado, caberá ao ex-titular direito de preferência, pelo preço atual da coisa. Por fim, sugere-se o acréscimo do art. 1.228-A do Código Civil: "É reconhecida a titularidade de direitos patrimoniais sobre bens imateriais". Nesse diapasão, a Subcomissão de Direito das Coisas fundamenta a alteração com precisão: "a sugestão de alteração objetiva atualizar o Código Civil com as titularidades imateriais previstas, por exemplo, na Lei de Propriedade Industrial e no Direito Autoral. A substituição do vocábulo 'coisas' por 'bens' harmoniza a parte especial com a parte geral que adota a concepção ampla de 'bens'. Este critério também restou adotado na sugestão de alteração ao Art. 1.196 do CC, na definição de posse".

Art. 1.229. A propriedade do solo abrange a do espaço aéreo e subsolo correspondentes, em altura e profundidade úteis ao seu exercício, não podendo o proprietário opor-se a atividades que sejam realizadas, por terceiros, a uma altura ou profundidade tais, que não tenha ele interesse legítimo em impedi-las.

COMENTÁRIOS DOUTRINÁRIOS: O artigo enaltece o antigo princípio da totalidade, segundo o qual não existiriam, em tese, limites verticais para o direito de propriedade, abrangendo dos astros até às profundezas (*usque ad sidera et usque ad inferos*). Sucede que, a despeito de a lei de registros públicos apenas cuidar da especialização do imóvel no tocante ao aspecto horizontal, com marcos e limites que devem ser precisos para constar no Livro n. 2 (Registro Geral) do cartório imobiliário competente (art. 176, II, 3, da Lei n. 6.015/1973), o fato é que a função social da propriedade e a vedação ao abuso do direito limitam, e muito, os limites verticais da propriedade, recebendo um tratamento atual totalmente diverso da sua matriz romana. Por exemplo, na área urbana, os Municípios possuem atribuição constitucional para fixar limites de gabarito para as construções que são efetivamente realizadas por meio dos Códigos de Posturas Municipais e pelo Plano Diretor da Cidade, assim como há a proibição de que edificações prejudiquem a navegação aérea. Assim, o dispositivo analisado tem a felicidade de ponderar o direito de regular a utilização do proprietário com o interesse social. Nessa ponderação, importa ainda que seja trazida à consideração a necessidade de utilização de diversos tipos de energia essenciais para a vida contemporânea em sociedade que ora acabam por limitar o espaço aéreo, ora o subsolo do proprietário. Tais imissões devem ser toleradas, ainda que caiba pleitear indenização. No dispositivo a seguir essa limitação se mostra ainda mais eloquente quando se trata do direito ao subsolo.

JURISPRUDÊNCIA COMENTADA: A Oitava Câmara Cível do Tribunal de Justiça do Estado do Rio de Janeiro, relatora a Desembargadora Monica Di Piero, estabeleceu, em ação de constituição de servidão administrativa, mediante prévia indenização, o direito de determinada companhia de energia elétrica de utilizar o espaço aéreo que pertence ao proprietário. Razões superiores de interesse público para o fim de prestação de serviço de energia elétrica levaram a que a questão séria a ser dirimida pela decisão judicial ficasse restrita ao *quantum* indenizatório (TJRJ, Apelação 0030090-08.2008.8.19.0001, j. 06.11.2018). Afinal de contas, o intérprete não deve perder de vista a essencialidade da análise da função social da titularidade como esta vem destacada no comentado artigo.

Art. 1.230. A propriedade do solo não abrange as jazidas, minas e demais recursos minerais, os potenciais de energia hidráulica, os monumentos arqueológicos e outros bens referidos por leis especiais.

Parágrafo único. O proprietário do solo tem o direito de explorar os recursos minerais de emprego imediato na construção civil, desde que não submetidos a transformação industrial, obedecido o disposto em lei especial.

COMENTÁRIOS DOUTRINÁRIOS: O artigo complementa a regra do art. 1.229 e confirma o que diz o texto constitucional nos arts. 20, IX e X e 176, sem embargo de respeitar leis especiais sobre o tema como, por exemplo, o Código de Mineração (Decreto-lei n. 227/1967). No primeiro dos dispositivos, o constituinte deixou claro que são bens da União os recursos minerais, inclusive os do subsolo e as cavidades naturais subterrâneas e os sítios arqueológicos e pré-históricos e o segundo, no mesmo diapasão, estabelece que "as jazidas, em lavra ou não, e demais recursos minerais e os potenciais de energia hidráulica constituem propriedade distinta da do solo, para efeito de exploração ou aproveitamento, e pertencem à União, garantida ao concessionário a propriedade do produto da lavra". Por outro lado, importa destacar que ao proprietário do imóvel pertencerão os produtos remanescentes do solo, das encostas ou, até mesmo, do subsolo pertencente à União, desde que o proprietário explore os recursos minerais na construção civil de um prédio, para si ou para outrem, e não haja transformação industrial, como acontece para a confecção do aço ou do ferro. Dessa sorte, poderá o proprietário, por exemplo, explorar uma pedreira que exista dentro de seu imóvel.

Art. 1.231. A propriedade presume-se plena e exclusiva, até prova em contrário.

COMENTÁRIOS DOUTRINÁRIOS: O presente artigo representa uma significativa melhoria de ordem técnica ao substituir a palavra "ilimitada" que constava no correspondente art. 527 do Código Civil de 1916 por "plena". De fato, sofrendo a propriedade tantos limites, equivocada se mostrava a redação anterior. Na contemporaneidade, há limites à situação proprietária de várias ordens. No texto constitucional, a título de exemplo, temos o limite do exercício dominial, que deve ser centrado na função social da propriedade, mormente no que se refere aos bens de produção (art. 5º, XXIII); à requisição administrativa para remover iminente perigo público (art. 5º, XXV); à desapropriação por utilidade pública ou interesse social (art. 5º, XXIV), assim como os dispositivos relativos à política urbana (art. 182) e política agrária (art. 184). No campo infraconstitucional temos como principal exemplo os limites criados nas relações entre vizinhos previstos nos arts. 1.277 e seguintes do Código Civil, que proíbem o proprietário de se utilizar nocivamente do bem, causando com esse proceder lesão à saúde, ao sossego ou à segurança dos vizinhos. O primeiro limite convencional do direito de propriedade é a inserção de cláusula de inalienabilidade, incomunicabilidade e impenhorabilidade nos negócios jurídicos gratuitos constitutivos da propriedade. Se o ato apresentar expressamente apenas a cláusula de inalienabilidade, forçoso será reconhecer que o bem também é incomunicável e impenhorável, pois pelo argumento *a fortiori*, se não é possível alienar, também não poderá ser destinado a compor patrimônio com o futuro cônjuge nem gravar com garantia real ou ser penhorada, pois estas últimas circunstâncias, em última análise, podem acarretar a própria alienação forçada do imóvel em hasta pública. Nessa ótica, andou bem o Código Civil ao positivar o teor da antiga Súmula n. 49 do Supremo Tribunal Federal no atual art. 1.911, *caput*, do Código Civil: "A cláusula de inalienabilidade, imposta aos bens por ato de liberalidade, implica impenhorabilidade e incomunicabilidade". Por outro lado, o argumento *a fortiori* que justifica essa interpretação não se aplica, se houver, por exemplo, uma cláusula de impenhorabilidade ou de incomunicabilidade que, por óbvio, não incluirá a inalienabilidade. Pela restrição da inalienabilidade, fica o bem fora do comércio, não podendo ser alienado nem cancelado o gravame, permitindo-se, todavia, a sub-rogação para apólices da dívida pública ou para outro imóvel (arts. 1.848, § 2º, e 1.911, parágrafo único, do CC), salvo situação fática excepcional em que a presença do gravame coloque em risco a dignidade da pessoa a quem a restrição pretende, em tese, tutelar. Por exemplo, imaginemos uma situação em que uma pessoa portadora de uma patologia grave, que necessite urgentemente de recursos para fazer uma importante intervenção cirúrgica, e cujo único patrimônio que possui encontra-se gravado com a apontada cláusula restritiva. Nesse caso, justifica-se excepcionalmente o cancelamento do gravame real. Em se tratando de bens que integrem a legítima dos herdeiros necessários, o art. 1.848 do Código Civil impõe ao testador que decline no testamento causa que justifique o gravame como, por exemplo, uma drogadição grave que possa levar o filho a vender o único imóvel de moradia para a aquisição de drogas. Por analogia, essa obrigatoriedade também se aplica para a doação. Se não houver comprovada justa causa ou se esta cessar após a morte dos doadores, pode ser requerido o cancelamento do gravame. A incomunicabilidade não permite que o bem passe a pertencer ao acervo do casal, independentemente do regime de bens. A última restrição retira do bem a possibilidade de responder pelas dívidas, não permitindo sequer que o proprietário constitua um direito real de garantia. Em todas as hipóteses arroladas há a restrição do poder de disposição. Sendo a propriedade um direito elástico, consistem também exemplos de limites convencionais todas as possibilidades de criação de um direito real sobre a coisa alheia, tais como a superfície, o usufruto, a concessão de uso, a servidão, enfim, todos os institutos arrolados no art. 1.225 do Código Civil como direitos reais sobre as coisas alheias.

JURISPRUDÊNCIA COMENTADA: A jurisprudência tem entendido que a cláusula restritiva da inalienabilidade pode ser cancelada com a consequente liberação do bem para a alienação, isto é, sem a necessidade de sub-rogação real se o gravame que tem um viés protetivo do titular do bem gravado entrar em rota de colisão com o princípio da dignidade da pessoa humana. Um caso antigo, mas ainda aplicado atualmente, julgado pela 5.ª Câmara Cível do Tribunal de Justiça do Estado do Rio de Janeiro, ilustra bem essa situação. No caso, um jovem de 13 anos, sobrinho da testadora que não tinha herdeiros necessários, recebeu na qualidade de herdeiro universal alguns bens imóveis gravados com a cláusula da inalienabilidade e, ao chegar aos 50 anos de idade, se viu portador do vírus HIV, que o colocara em periclitante estado de saúde, necessitando urgentemente de numerário para custear o tratamento, proporcionando uma sobrevida digna. O pedido foi deferido em segunda instância com a seguinte ementa: "Testamento. Cláusula de inalienabilidade. Pretensão de beneficiários, atingido pelo vírus da AIDS e em estágio avançado da doença, de liberar-se o gravame, alienando-se o bem e aplicando o numerário daí defluente no tratamento de sua saúde. A proteção do benefício, que era a vontade da testadora, deixaria de ocorrer se, impossibilitado de vender o imóvel gravado, ficasse ele reduzido à miséria, sem recursos para minorar-lhe os sofrimentos nos últimos tempos de sua vida. Compatibilização, no caso, da regra do art. 1.676 do Código Civil com a do art. 5º da Lei de Introdução ao mesmo ordenamento e com a interpretação teleológica da cláusula. Deferimento do pedido, com o depósito do produto da venda em caderneta de poupança à disposição do Juízo, liberando-se gradualmente o numerário para custeio do tratamento" (TJRJ, Agravo de Instrumento 9983-34.1994.8.19.0000 (1994.002.01948), Rel. Humberto de Mendonça Manes, j. 14.02.1995). Isso não quer dizer que seja possível desconsiderar o efeito da cláusula restritiva, pois isto seria vulnerar a autonomia privada, importante valor constitucional, ainda com maior gravidade quando se trata de disposição de última vontade. Nessa linha, tivemos um caso em que, a despeito da engenhosidade da tese trazida pelo agravante, no sentido de que a viúva teria renunciado ao usufruto deixado em testamento pelo falecido marido, o que estaria a significar a perda de sentido do gravame de inalienabilidade imposta aos bens deixados para os filhos, o entendimento da 16.ª Câmara Cível do Tribunal de Justiça do Estado do Rio de Janeiro foi no sentido de preservar a incidência do gravame: "Agravo de instrumento. Inventário. Decisão que nega o cancelamento da cláusula de inalienabilidade sobre imóveis dos descendentes do *de cujus* estabelecida em testamento. Inconformismo. A renúncia do usufruto vitalício feita pela viúva e mãe dos herdeiros, por si só, não gera a convicção de que a vontade do testador estaria preservada se fosse cancelado o gravame da inalienabilidade para os filhos. Duas vontades dirigidas a fins distintos e que devem ser preservadas (arts. 112 e 1.899 do Código Civil). Ausência de situação fática que justifique a flexibilização da obrigatoriedade da cláusula restritiva da inalienabilidade em atenção aos princípios constitucionais da função social da propriedade e da dignidade da pessoa humana. Manutenção da decisão interlocutória. Recurso improvido" (TJRJ, Agravo de Instrumento 60354-06.2011.8.19.0000, Rel. Des. Marco Aurélio Bezerra de Melo, j. 24.01.2012). Como dito acima, a causa de inalienabilidade inclui a impenhorabilidade e incomunicabilidade do bem (art. 1.911, *caput*, CC), mas o contrário não se verifica. Conforme decisão do STJ, a inserção exclusiva de uma cláusula de impenhorabilidade não tem o condão de tornar o bem inalienável ou incomunicável (REsp 1.155.547/MG, Rel. Min. Marco Buzzi, j. 06.11.2018, *DJe* 09.11.2018, v.u.). Em caso no qual o gravame da inalienabilidade, impenhorabilidade e incomunicabilidade recaiu sobre bem integrante da legítima e, portanto, é exigida a demonstração de uma causa justa para a restrição da propriedade (art. 1.848, CC), o STJ, com acerto, admitiu o cancelamento das cláusulas restritivas, pois, após a morte do doador, não mais existiu causa que justificasse o limite convencional ao direito de propriedade que, como diz o artigo anotado, presume-se pleno. No *Informativo* n. *646*, publicado em 10 de maio de 2019, verifica-se que "é possível o cancelamento da cláusula de inalienabilidade de imóvel após a morte dos doadores se não houver justa causa para a manutenção da restrição ao direito de propriedade" (REsp 1.631.278/PR, Rel. Min. Paulo de Tarso Sanseverino, j. 19.03.2019, v.u.).

Art. 1.232. Os frutos e mais produtos da coisa pertencem, ainda quando separados, ao seu proprietário, salvo se, por preceito jurídico especial, couberem a outrem.

COMENTÁRIOS DOUTRINÁRIOS: O artigo retrata outra característica da propriedade relacionada ao princípio da acessoriedade ou da gravitação jurídica, segundo o qual todos os frutos, rendimentos civis, produtos e benfeitorias realizados em uma coisa, pertencem ao seu proprietário. Há uma diferença entre fruto e produto, pois o primeiro se reproduz automaticamente e o segundo, uma vez destacado, desfalca o bem principal, servindo de exemplo as pedras extraídas de uma pedreira. Caberão também ao proprietário as pertenças, definidas no art. 93 como "bens que, não constituindo partes integrantes, se destinam, de modo duradouro, ao uso, ao serviço ou ao adorno de outro", tais como a aparelhagem de som de um automóvel ou bens móveis que guarnecem uma residência, como o fogão, a geladeira, a televisão, entre outros. Desvia da regra geral a situação do usufrutuário que, embora não sendo o proprietário da coisa, faz jus aos frutos que ela encerra, conforme lhe assegura o art. 1.394 do Código Civil. Outra interessante exceção é a do art. 1.284 do Código Civil, que dispõe: "Os frutos caídos de árvore do terreno vizinho pertencem ao dono do solo onde caíram, se este for de propriedade particular".

SEÇÃO II
DA DESCOBERTA

Art. 1.233. Quem quer que ache coisa alheia perdida há de restituí-la ao dono ou legítimo possuidor.

Parágrafo único. Não o conhecendo, o descobridor fará por encontrá-lo, e, se não o encontrar, entregará a coisa achada à autoridade competente.

COMENTÁRIOS DOUTRINÁRIOS: Primeiramente, vale destacar que no Código antigo, a matéria era tratada na parte referente à aquisição e perda da propriedade móvel, o que causava perplexidade na doutrina nacional, pois a perda de um bem não significa necessariamente a perda da propriedade do mesmo, pois quem achá-lo tem, ainda que não participe com a sua manifestação de vontade, de restituí-la a seu legítimo dono. Para que o descobridor titularize a propriedade do bem deverá permanecer com o mesmo, ainda que ao arrepio da lei e aguardar o lapso temporal prescricional quinquenal necessário para ultimar a aquisição da propriedade móvel quando ausente a boa-fé e o justo título pela via da usucapião. O atual Código Civil, seduzido pela estranheza que o vocábulo "invenção" presente na velha Codificação causava, o modificou para descoberta, no que não foi muito feliz, pois foi substituído um termo técnico que consta nas codificações ocidentais por um vulgar criado pelo legislador em desrespeito às tradições do Direito Civil. É necessário que se faça uma diferenciação entre perda e abandono para que se possa obter a exata compreensão do direito. Na perda, o bem sai da esfera de proteção da pessoa, independentemente da sua vontade, ao passo que no abandono há o despojamento voluntário de um bem. A lei tutela o direito à posse e à propriedade de quem involuntariamente não tem notícia do que lhe pertence, impondo ao descobridor a restituição do bem ao dono ou ao legítimo possuidor, sob pena de responder civil e criminalmente pelo delito de apropriação de coisa achada (art. 169, parágrafo único, II, do CP). Interessante observar que a obrigação de fazer que nasce para o descobridor não decorre da sua vontade, nem de um evento da natureza, tendo a natureza jurídica de um ato-fato jurídico.

Art. 1.234. Aquele que restituir a coisa achada, nos termos do artigo antecedente, terá direito a uma recompensa não inferior a cinco por cento do seu valor, e à indenização pelas despesas que houver feito com a conservação e transporte da coisa, se o dono não preferir abandoná-la.

Parágrafo único. Na determinação do montante da recompensa, considerar-se-á o esforço desenvolvido pelo descobridor para encontrar o dono, ou o legítimo possuidor, as possibilidades que teria este de encontrar a coisa e a situação econômica de ambos.

COMENTÁRIOS DOUTRINÁRIOS: O artigo estabelece uma recompensa denominada achádego e que na atual codificação conta com um tarifamento mínimo, sem prejuízo do ressarcimento das despesas que houver feito com a conservação e transporte da coisa se o dono não preferir abandoná-la. A lei coloca duas situações jurídicas dignas de reflexão. Uma é o surgimento da responsabilidade civil por ato lícito decorrente do ato-fato jurídico de alguém ter achado coisa alheia perdida e, daí, fazer jus a uma recompensa. A outra é anotarmos que a lei retrata um exemplo de obrigação com faculdade de substituição, também chamada de obrigação facultativa. Observe-se que a obrigação de quem perdeu uma coisa e logrou que fosse devolvida pelo descobridor é a de indenizá-lo. Contudo, a lei faculta ao devedor proprietário abandonar a coisa a indenizar o descobridor. A obrigação facultativa parece, mas não se confunde com a obrigação alternativa a que se referem os arts. 252 e seguintes do Código Civil, pois enquanto esta conta dois ou mais objetos, aquela possui um único objeto, sendo facultado, entretanto, ao devedor substituir a obrigação primitiva por outra, estabelecida, no caso, pela lei, por outra prestação diversa e posta na relação em caráter substitutivo ou subsidiário. O valor da recompensa do descobridor não será nunca menor do que 5%, acrescido de eventuais gastos com a conservação da coisa e, positiva e subjetivamente, será arbitrado pelo juiz, observando-se os seguintes critérios: 1) esforço do descobridor em encontrar o dono, ou o legítimo possuidor; 2) grau de dificuldade por parte do titular do bem em encontrar a coisa perdida; 3) a situação econômica do descobridor e do dono da coisa ou seu possuidor. Conclui-se, dessa forma, que o magistrado deverá contar com alto grau de razoabilidade e proporcionalidade para alcançar um valor de recompensa que seja justo. Poderá o descobridor exercer o direito de retenção como meio coercitivo da indenização? Parece-nos que não, pois isso colidiria com a norma penal que prescreve como crime a conduta típica de não restituir a coisa achada (art. 169, II, CP). A possibilidade que a lei confere ao dono da coisa perdida de poder abandoná-la em substituição ao dever de indenizar pode ensejar um odioso locupletamento, condenável expressamente pelo art. 884 do Código Civil, cujo *caput*, de forma enfática, estabelece: "Aquele que, sem justa causa, se enriquecer à custa de outrem, será obrigado a restituir o indevidamente auferido, feita a atualização dos valores monetários". De efeito, um Código que tenha, dentre os seus princípios ideológicos a eticidade, não poderia contemplar uma hipótese em que uma pessoa tenha realizado gastos para zelar pelo bem de outrem e, ao restituí-lo, simplesmente o dono queira substituir a prestação devida pelo abandono do bem. Desse modo, parece-nos que se o descobridor agir de boa-fé, realizando gastos razoáveis, poderá obter o ressarcimento deles em juízo.

Art. 1.235. O descobridor responde pelos prejuízos causados ao proprietário ou possuidor legítimo, quando tiver procedido com dolo.

COMENTÁRIOS DOUTRINÁRIOS: O descobridor somente responderá por perdas e danos se agir dolosamente, destruindo a coisa ou não cumprindo intencionalmente com o dever legal de restituir a coisa, ou seja, se não houver a intenção manifesta de causar prejuízo ao dono da coisa ou ao seu legítimo possuidor não exsurgirá a obrigação de reparar o dano. Por razões de equidade e por não ter o descobridor obrigação de arcar com despesas para a conservação da coisa, o procedimento imperito ou negligente não ensejará o dever de indenizar, pois não haverá ato ilícito.

Art. 1.236. A autoridade competente dará conhecimento da descoberta através da imprensa e outros meios de informação, somente expedindo editais se o seu valor os comportar.

COMENTÁRIOS DOUTRINÁRIOS: O artigo impõe uma obrigação estatal nessa relação que se apresenta como eminentemente privada. Isso porque determina que na busca do real titular do bem, a autoridade policial se torne obrigada a dar conhecimento da descoberta pela imprensa e outros meios de comunicação, expedindo, inclusive, editais, se o valor da coisa comportar. Entretanto, em testemunho da verdade, forçoso reconhecer que é a lei processual quem estabelece regramento completo mediante um procedimento especial de jurisdição voluntária ao tratar do instituto jurídico das Coisas Vagas no art. 746 do CPC. Por esse regramento, caso seja a coisa recebida pela autoridade policial, deverá ser remetida ao juízo competente, o qual determinará sua arrecadação e mandará lavrar o respectivo auto, com a descrição do bem e as declarações do descobridor. Daí, passa-se à publicação de editais na rede mundial de computadores, no sítio do respectivo Tribunal e na plataforma de editais do Conselho Nacional de Justiça ou no órgão oficial e na imprensa da comarca, convocando o dono ou o legítimo possuidor a reclamá-la. Na mesma linha do Direito Civil, em se tratando de coisa de pequeno valor e não sendo possível a publicação no sítio do Tribunal, o supracitado edital será afixado apenas no átrio do fórum.

REFORMA DO CÓDIGO CIVIL: A sugestão de alteração aqui é singela, mas demonstra a importância da presente atualização, pois impõe à autoridade competente se valer também de meios digitais para tentar encontrar o titular do bem perdido.

Art. 1.237. Decorridos sessenta dias da divulgação da notícia pela imprensa, ou do edital, não se apresentando quem comprove a

propriedade sobre a coisa, será esta vendida em hasta pública e, deduzidas do preço as despesas, mais a recompensa do descobridor, pertencerá o remanescente ao Município em cuja circunscrição se deparou o objeto perdido.

Parágrafo único. Sendo de diminuto valor, poderá o Município abandonar a coisa em favor de quem a achou.

COMENTÁRIOS DOUTRINÁRIOS: O dispositivo legal em exame possibilita ao Município o direito de ficar com o valor da alienação forçada, deduzida a remuneração do descobridor e as despesas de conservação, quando não se tiver apresentado quem comprovasse a propriedade sobre a coisa. Essa alteração merece aplausos, pois a lei mostra-se mais consentânea com a tessitura federativa da Constituição da República de 1988 que conferiu ao Município maiores competências e prerrogativas. Ademais, é reduzido para sessenta dias o prazo para reclamação de coisa a contar da divulgação da notícia ou do edital. O Município, no âmbito do poder discricionário que ostenta, sempre em atenção ao interesse público, poderá abandonar a coisa em favor do descobridor se a mesma for de pequeno valor.

REFORMA DO CÓDIGO CIVIL: A alteração aqui diz respeito à exclusão do parágrafo único, que, sinceramente, não nos parece importante.

CAPÍTULO II
DA AQUISIÇÃO DA PROPRIEDADE IMÓVEL

SEÇÃO I
DA USUCAPIÃO

Art. 1.238. Aquele que, por quinze anos, sem interrupção, nem oposição, possuir como seu um imóvel, adquire-lhe a propriedade, independentemente de título e boa-fé; podendo requerer ao juiz que assim o declare por sentença, a qual servirá de título para o registro no Cartório de Registro de Imóveis.

Parágrafo único. O prazo estabelecido neste artigo reduzir-se-á a dez anos se o possuidor houver estabelecido no imóvel a sua moradia habitual, ou nele realizado obras ou serviços de caráter produtivo.

COMENTÁRIOS DOUTRINÁRIOS: O vocábulo usucapião se origina da junção da palavra *usus* acrescida do verbo *capio*, que significa tomar, dando origem à expressão "tomar pelo uso". Apegados às raízes latinas da palavra usucapião, importantes autores utilizam a palavra no feminino, sendo que fundamentados na praxe forense, outros não menos ilustres escritores a usam no masculino. Em razão da ausência de certeza quanto ao gênero e por entender que se trata de questão de somenos importância, optaremos pelo gênero feminino apenas por ter sido essa a opção legislativa. A despeito de reconhecermos a adoção da teoria dualista no Direito Brasileiro em razão da positivação da prescrição como fenômeno ligado ao perecimento da pretensão creditícia e a usucapião como modo de aquisição originária de direito real, a natureza jurídica do instituto é realmente a de prescrição, com a diferença que, na usucapião, a ação prolongada no tempo funciona como uma energia positiva e, na prescrição das pretensões creditícias, ela se mostra negativa. Além da inércia e do fator tempo, há um ponto de contato relevante, que é a previsão do art. 1.244 deste Código que contempla a aplicação na usucapião das chamadas genericamente de causas obstativas da prescrição. Ademais, um dos fundamentos da usucapião coincide com o da prescrição, que vem a ser a segurança jurídica em razão da paz social de se conferir juridicidade a um fato social que se prolonga no tempo sem a oposição do antigo titular da propriedade. Se por um lado é premiado o usucapiente, por outro é punido o desidioso. Afinal de contas, nada mais justo do que uma pessoa que agregou valor a determinado bem em razão da utilização, do trabalho, produção ou pela moradia, dentre outros, seja contemplada pelo reconhecimento social e jurídico de ser proprietário do bem. Em nível constitucional, podemos justificar o instituto na função social da posse e da propriedade, mormente nas duas modalidades de usucapião constitucional previstas nos arts. 183 e 191 da CF. Usucapião pode ser definida como uma modalidade de aquisição originária da propriedade ou de outro direito real sobre a coisa alheia que consiste no exercício da posse ininterrupta, sem oposição e com intenção de dono, durante o tempo previsto em lei. Controverte a doutrina com reflexos práticos se a aquisição aqui verificada é originária ou derivada. Por ocasião da análise dos modos de aquisição, vimos que, segundo o posicionamento majoritário, é originária a aquisição quando ela não decorrer de relação jurídica que tenha operado a transferência do bem e será derivada quando acontecer o contrário. Nessa linha de raciocínio, usucapião é modo originário de aquisição de direito real. Tal situação, longe de ser questão meramente acadêmica, produz importantes efeitos no campo prático, como se vê nas situações abaixo assinaladas que partem da premissa de que a usucapião é modo de aquisição originária de direitos reais: 1. podem ser usucapidos os bens gravados com a cláusula de inalienabilidade, tendo em vista que o usucapiente não possui relação jurídica com o proprietário anterior e, de tal sorte, não constituirá óbice a referida cláusula para a configuração da usucapião; 2. os bens gravados com fideicomisso (art. 1.951 do CC) podem ser usucapidos, merecendo destacar que, a princípio, apenas o direito do fiduciário submete-se à prescrição aquisitiva, pois, sendo o direito do fideicomissário sujeito a condição ou termo suspensivo, em face dele não corre a prescrição, *ex vi* do disposto no art. 199, I e II, do Código Civil. Para que o fideicomissário assista à perda de seu direito, deverá ficar inerte por um novo período apto a gerar uma nova usucapião; 3. não incidência do Imposto de Transmissão de Bens Imóveis (ITBI), pois os seus fatos geradores previstos no art. 135 do Código Tributário Nacional envolvem a transmissão de direitos sobre imóveis, o que não existe na usucapião; 4. possibilidade de usucapir imóvel que jamais foi registrado ou a porção menor de uma área maior registrada. Essas possibilidades devem-se ao fato de a aquisição ser originária e a sentença prolatada em favor do usucapiente será o instrumento hábil para abrir a matrícula junto ao cartório imobiliário competente; 5. na aquisição da propriedade por usucapião não se discute acerca de eventuais vícios ou defeitos que macularam a aquisição e/ou transmissões do imóvel objeto da usucapião; 6. possibilidade de usucapião de imóvel hipotecado produzindo como efeito a extinção do gravame real. O artigo em comento é feliz em apresentar os requisitos da usucapião, prescrevendo que a posse *ad usucapionem* há de ser ininterrupta, sem oposição, com intenção de dono, durante determinado prazo legal e que a mesma incida sobre coisa hábil a ser usucapida. Posse ininterrupta ou contínua é aquela que se mostra continuada durante o prazo previsto em lei sem que haja intervalos ocorridos por ato do próprio possuidor ou interrupção por parte de um terceiro interessado com relação ao objeto possuído. A intermitência e a vacilação do possuidor na condução do seu direito afastam a possibilidade de usucapir o bem. A posse contém uma particularidade interessante, pois é um direito que não se contenta, tão somente, com um fato idôneo a produzi-lo, mas, sobretudo, exige permanência no fato. Para efeito de usucapião, essa assertiva se mostra ainda mais importante. A posse deverá se dar sem oposição ou como se chama na praxe forense de "posse mansa e pacífica", pois para a configuração da usucapião, mister que à posse do usucapiente não tenha havido reação do verdadeiro titular do bem contra o possuidor. A ausência de oposição não se confunde com inconformidade, de modo que uma pessoa que proponha eventual ação possessória e sucumba à pretensão defensiva do réu não poderá obstar a aquisição da propriedade por meio da usucapião. Apenas interrompe o prazo prescricional a citação feita pelo verdadeiro proprietário que seja vitorioso na demanda. A posse deve ser exercida com intenção de dono (*animus domini*). Esse requisito subjetivo da usucapião deve ser visto pelo seu aspecto negativo, ou seja, analisa-se a ausência de algum obstáculo objetivo para que alguém possa ostentar que possui o bem como se fosse seu e alcança-se a presunção de que o possuidor atua em relação à coisa em nome próprio, isto é, "como seu", para usar da expressão legal. É necessário também distinguir vontade de intenção, pois é possível que o inquilino guarde consigo a vontade íntima de ser o proprietário do imóvel a ele locado, mas não terá o *animus domini*, na medida em que possui em nome do locador. Quem adentra na posse com obrigação de restituir não possui com intenção, juridicamente falando, de ser o dono da coisa. Goza, portanto, dos interditos possessórios, mas não tem aptidão para usucapir. O titular de posse direta não pode usucapir, ressalvada a hipótese de interversão do caráter da posse, tema ao qual nos dedicamos por ocasião da análise do art. 1.203 da codificação civil. De efeito, dois exemplos podem rememorar o tema e ilustrar com maior pragmatismo o que se está a afirmar. Por ocasião da análise dos modos de aquisição e perda da posse tivemos a oportunidade de estudar o constituto-possessório que, por uma inversão do *animus*, acarreta para o alienante a manutenção de uma posse direta e para o adquirente a posse indireta sem que no terreno materialmente nada tenha se configurado (ex.: A permanece na posse direta apesar de vender um imóvel a B, que paga o preço e se reserva no direito de ficar com a posse indireta). Destarte, por força da cláusula *constituti*, o adquirente permite que o alienante permaneça no bem pelo período de tempo que pactuarem. O fato, porém, é que como a cláusula *constituti* não se presume, se o acerto não foi expressamente pactuado e o alienante permanecer no bem pelo período legal de usucapião, poderá ver reconhecido em seu favor o direito de propriedade pela via originária da usucapião. Outro exemplo seria o de um locatário que há décadas já não exerce posse em nome do locador, não se observando mais traços desse contrato há tempo suficiente para levar o intérprete a concluir que o ex-locatário é hoje possuidor *cum animo domini*. Cumpre ressaltar que o *animus domini* não se confunde com a *opinio domini*, de modo que tem intenção de dono uma pessoa que possui um bem como se fosse seu, embora convicta de que existe alguém com melhor direito, como o de propriedade, por exemplo. Qualquer pessoa natural ou jurídica, de direito público ou privado, pode exercer posse *ad usucapionem*. Até mesmo o condomínio edilício, terreno onde pairam dúvidas sobre a sua natureza jurídica que entendo, diga-se, se tratar de pessoa jurídica, conforme anotação no art. 1.331 do Código Civil, pode usucapir, conforme o bem lançado Enunciado n. 596 da *VII Jornada de Direito Civil*: "O condomínio edilício pode adquirir imóvel por usucapião". Nem toda coisa é apta para ser objeto de usucapião. Dessa forma, importa que sejam identificados quais os bens passíveis de serem usucapidos (*res habilis*). A regra é a de que todos os bens que sejam apropriáveis são aptos a serem usucapidos, mas isso não se aplica para os bens públicos (arts. 183, § 3º, e 191, parágrafo único, da CF e 102 do CC). Há quem defenda a possibilidade de usucapião de bens que sejam apenas formalmente públicos, isto é, de propriedade de pessoa jurídica de direito público, mas desafetados a algum fim de interesse público e, nesse sentido, sobre estes poderia haver usucapião. Como a Constituição Federal não discriminou, é incabível usucapião sobre qualquer bem público, esteja ou não cumprindo função social. O que é cabível com relação ao bem público é a outorga compulsória de concessão de uso para fins de moradia. Independentemente da finalidade em que estejam afetados, não constituem bens públicos aqueles pertencentes às sociedades de economia mista e empresas públicas, pessoas jurídicas de direito privado sendo, portanto, passíveis de usucapião. Fazemos essa assertiva por dois motivos. O primeiro é que a Constituição e a lei proíbem a usucapião de bens públicos, que são aqueles pertencentes às pessoas de direito público. O segundo é que se determinado bem de sociedade de economia mista ou empresa pública estiver afetado a um fim de interesse público, não haverá usucapião mesmo pelo particular, pois a posse será exercida pela respectiva empresa paraestatal, que estará emprestando ao bem a devida função social. Controverte a doutrina acerca da natureza jurídica da terra devoluta a fim de se poder aferir a prescritibilidade ou não dos referidos bens. O primeiro óbice à usucapião das terras devolutas estaria ligado ao fato de serem elas uma espécie de bem dominical e, por determinação expressa da Constituição da República Federativa do Brasil, pertencerem à União (art. 20, inc. II) ou aos Estados-membros (art. 26, inc. IV). O segundo seria o fato de que pela história fundiária do Brasil, que passou de Colônia Portuguesa a Império Brasileiro e depois de Império a República, sucessivas situações imobiliárias ocorreram, proporcionando que a terra brasileira, em consonância com tais movimentos, igualmente fosse paulatinamente sendo privatizada. Desse modo, os bens imóveis que não foram incorporados ao patrimônio particular pelo registro cartorial a partir da Lei Federal 601/1850 deveriam ser considerados públicos. Essa orientação é sedutora, mas não se sustenta, pois enquanto a terra devoluta não é discriminada pelo Poder Público, é de titularidade privada. Servem de suporte a essa conclusão os seguintes motivos: 1º) prevê o art. 99 do Código Civil que os bens públicos são os de uso comum do povo, os de uso especial e os dominicais, não se referindo às terras devolutas; 2º) dispõe o art. 98 do Código Civil que todos os bens que não forem públicos, reputam-se particulares; 3º) o art. 188 da Constituição da República reza que a destinação de terras públicas e devolutas será compatibilizada com a política agrícola e com o plano nacional de reforma agrária. Note-se que a conjunção aditiva "e" sugere duas classes de bens distintas, a saber: os bens públicos e as terras devolutas (bem não público); 4º) existe um procedimento especial previsto na Lei Federal 6.383/1976 para a discriminação de terras devolutas, cuja decisão, judicial ou administrativa, possui natureza constitutiva, ensejando a que apenas após a discriminação da terra é que ela pertencerá ao Poder Público e daí, obviamente, não poderá mais ser usucapida. O último requisito a ser analisado é o tempo de posse. A usucapião como modalidade de prescrição tem no fator tempo um requisito inafastável para que haja a conversão da posse em propriedade. Nos artigos seguintes há referências a diversos prazos que vão formando as modalidades de usucapião. De fácil percepção se mostra a circunstância de que quanto maior o tempo de posse, menores serão os requisitos específicos. No Brasil, o prazo máximo se encontra no artigo comentado e tem por objeto bem imóvel, exigindo o prazo de quinze anos, sendo conhecido doutrinariamente como usucapião extraordinária por não exigir do adquirente justo título e boa-fé. A lei anterior dizia que o justo título e a boa-fé, em razão do tempo prolongado, estariam presumidos absolutamente. Esse equívoco foi corrigido e a nova lei deixa claro que os referidos requisitos especiais não são exigidos em razão, exatamente, do longo tempo dessa modalidade de usucapião conhecida como *longissimi temporis*. O menor é de dois anos da chamada usucapião familiar (art. 1.240-A). Em razão do interesse público na configuração efetiva e publicidade na aquisição de bens por usucapião deve ser admitida a complementação do prazo necessário para usucapir no curso do processo de usucapião, conforme registrou a *V Jornada de Direito Civil* do Conselho da Justiça Federal, que aprovou o Enunciado n. 497 com os seguintes dizeres: "O prazo, na ação de usucapião, pode ser completado no curso do processo, ressalvadas as hipóteses de má-fé processual do autor". Pode ser considerado como requisito negativo a ausência de causas obstativas ao curso do prazo de prescrição aquisitiva, tema que será aprofundado por ocasião da análise ao art. 1.244. O reconhecimento da aquisição da propriedade por usucapião tem como requisito prévio a prolação de uma sentença judicial procedente? Trata-se de mais uma questão controvertida no que se refere à posse e usucapião. Há entendimentos no sentido de que a sentença é requisito e, sendo assim, ela teria natureza constitutiva em razão da insegurança jurídica causada pela incerteza de um assento formal em que se estabeleça a quem efetivamente pertence o bem. Para essa corrente minoritária, enquanto não há sentença, o possuidor conta com uma mera expectativa de direito. Todavia, a opinião majoritária na doutrina e jurisprudência é a de que a ausência da sentença não inviabiliza a aquisição da propriedade pela usucapião, logo, teria a mesma um mero efeito declaratório, configurando-se a propriedade para aquele que exerceu posse *ad usucapionem* no prazo legal independentemente de submissão da questão ao Poder Judiciário. O art. 1.241 do Código Civil confirma tal assertiva. A sentença e o registro da mesma junto ao cartório do registro de imóveis conferirá o importante atributo da publicidade com a imanente eficácia *erga omnes* e segurança jurídica, mas não é requisito. Importa ainda que se refira à legitimação para usucapir. Em tese, todas as pessoas, naturais ou jurídicas, podem exercer posse e, por conseguinte, podem adquirir direitos reais por usucapião. Contudo, existem situações que provocam acirrados debates, como a situação do condômino, do compossuidor e do incapaz. No primeiro enfrentamento há entendimento no sentido de que o condômino e o compossuidor não podem usucapir em detrimento de outro condômino ou compossuidor, pois cada comunheiro presume-se mandatário do outro, fato que afastaria o requisito subjetivo de exercer a posse como se fosse sua. O fundamento legal dessa orientação é o art. 1.324 do Código Civil quando prevê que "o condômino que administrar sem oposição dos outros presume-se representante comum". Assim, faltaria ao condômino em relação aos seus consortes o *animus domini*, requisito subjetivo da usucapião. Todavia, a melhor posição é a que possibilita a utilização da interversão do caráter da posse referida na análise do art. 1.203 deste Código, na qual configurará ônus do usucapiente provar que exerce posse *ad usucapionem* sobre a integralidade do bem. O mesmo raciocínio deve servir para resolver a questão relativa ao compossuidor. Com relação à possibilidade de usucapião pelo incapaz temos que, como a aquisição originária da posse por apreensão tem a natureza jurídica de ato jurídico em sentido estrito simplesmente material, não haverá necessidade de capacidade do agente, como exige o art. 104, I, do Código Civil, aplicando-se ao caso o disposto no art. 185, que prescreve: "Aos atos jurídicos lícitos, que não sejam negócios jurídicos, aplicam-se, no que couber, as disposições do Título anterior". Nessa linha de raciocínio, apenas os atos em sentido estrito que sejam participativos, isto é, uma quitação, uma confissão, é que podem observar, em algumas hipóteses, os requisitos dos negócios jurídicos, além da circunstância de que a prescrição, por razões de especial tutela, não corre contra os incapazes, mas isso não se aplica quando for o caso de o tempo correr a favor, como é o caso da prescrição aquisitiva. A vontade de usucapir é natural, a exigir voluntariedade, ainda que esta não venha acompanhada do pleno discernimento do que se está fazendo. Esse posicionamento restou reforçado com a alteração do regime das incapacidades operada pelo Estatuto da Pessoa com Deficiência que inegavelmente veio prestigiar, dentro do possível, a autonomia privada do indivíduo com dificuldades de discernimento como aspecto de sua personalidade.

JURISPRUDÊNCIA COMENTADA: A Terceira Turma do Superior Tribunal de Justiça, na relatoria da Ministra Nancy Andrighi, entendeu que o tempo da posse com aptidão para se converter em propriedade pela usucapião ficaria interrompido a partir da decretação da falência em favor da massa falida objetiva que se forma com o acervo patrimonial destinado a quitar as obrigações do devedor. A suspensão dos créditos contra a massa falida se restringe às obrigações pessoais (REsp 1.680.357/RJ, j. 10.10.2017). No julgamento do Recurso Especial 668.131/PR, em 19.08.2010, a Quarta Turma, na relatoria do Ministro Luis Felipe Salomão, reconheceu a possibilidade de um herdeiro condômino usucapir o imóvel na sua integralidade, posto que a instância paranaense reconheceu a prova de que o interessado exercia posse exclusiva, com *animus domini*, preenchendo os demais requisitos legais sem que tivesse havido oposição dos demais herdeiros. Em outra vertente, o Tribunal de Justiça do Estado do Rio de Janeiro, em situação na qual não se discutia a usucapião familiar (art. 1.240-A, CC), negou à companheira e ex-condômina a qualidade de usucapiente durante o período em que utilizava exclusivamente a coisa comum enquanto aguardava a partilha judicial dos bens do casal (Apelação 17364-46.2006.8.19.0203, 9.ª Câmara Cível, Rel. Des. José Roberto P. Compasso, j. 28.06.2013). O Tribunal de Justiça do Estado do Rio Grande do Sul também negou a existência de usucapião entre coerdeiros: "Apelações cíveis. Ação de reintegração de posse. Usucapião. Disputa entre herdeiros. A propriedade e a posse transmitem-se aos herdeiros no momento da abertura da sucessão (artigo 1.784 do Código Civil), a posse direta de um não exclui a possibilidade da posse direta nem a posse indireta de todos (arts. 1.197 e 1.199 do Código Civil). O coerdeiro que ocupa de encontro aos demais coerdeiros tanto comete esbulho quanto não tem posse como dono, situação jurídica que justifica a procedência da ação de reintegração de posse e a improcedência da usucapião. Apelações desprovidas" (TJRS, AC 0019247-30.2018.8.21.7000, 20.ª Câmara Cível, Canoas, Rel. Des. Carlos Cini Marchionatti, j. 28.03.2018). A vedação à exceção de domínio contida no art. 1.210, § 1º, do Código Civil e, atualmente, no art. 557 do CPC/2015 (antigo art. 923 do CPC/1973) também se aplica para a usucapião, conforme se pode verificar na presente ementa: "Usucapião. Propositura da ação na pendência de processo possessório. Inadmissibilidade. Art. 923 do Código de Processo Civil – Na pendência do processo possessório é vedado tanto ao autor como ao réu intentar a ação de reconhecimento de domínio, nesta compreendida a ação de usucapião. Recurso especial conhecido e provido" (STJ, REsp 171624/MG, 4.ª Turma, Rel. Min. Barros Monteiro, j. 18.10.2004). Compreendido como justo título a causa jurídica, em tese, idônea para justificar a posse, no caso, do usucapiente, correta é a perspectiva do STJ publicada em sua ferramenta *Jurisprudência em Teses* segundo a qual a promessa de compra e venda constitui justo título apto a ensejar a aquisição da propriedade por usucapião (AgRg no AREsp 600900/SP, 3.ª Turma, Rel. Min. João Otávio de Noronha, j. 01.09.2015). Na forma do que doutrinariamente foi comentado acima, a citada Corte também fez publicar que a configuração da usucapião extingue eventuais ônus reais que incidam sobre o bem como, por exemplo, uma hipoteca (REsp 1545457/SC, 1.ª Turma, Rel. Min. Regina Helena Costa, j. 27.02.2018), assim como que uma demanda possessória julgada improcedente não enseja oposição nem interrompe a prescrição aquisitiva (AgRg no REsp 1010665/MS, 4.ª Turma, Rel. Min. Antonio Carlos Ferreira, j. 16.10.2014). A Primeira Seção do STJ, por maioria, decidiu que se aplica o prazo do parágrafo único do anotado dispositivo em caso de desapropriação indireta, fixando a seguinte tese: "O prazo prescricional aplicável à desapropriação indireta, na hipótese em que o poder público tenha realizado obras no local ou atribuído natureza de utilidade pública ou de interesse social ao imóvel, é de dez anos, conforme parágrafo único do artigo 1.238 do Código Civil". Questão interessante é saber se imóvel construído com recursos do Sistema Financeiro da Habitação seria passível de usucapião. Em nosso modo de ver, o que deve ter relevo é a função social da posse que está sendo exercida pelo usucapiente e sendo o proprietário registral pessoa jurídica de direito privado como, por exemplo, a Caixa Econômica Federal ou o Banco do Brasil, possível seria o reconhecimento da prescrição aquisitiva. Entretanto, essa não tem sido a orientação do Superior Tribunal de Justiça, que tem entendido majoritariamente que não é possível usucapião de imóvel vinculado ao Sistema Financeiro da Habitação, ainda que em situação de abandono (REsp 1.874.632/AL, 3.ª Turma, Rel. Min. Nancy Andrighi, j. 25.11.2021, v.u.). Da notícia do julgado pelo Tribunal da Cidadania, colhem-se os seguintes fundamentos: "O imóvel vinculado ao Sistema Financeiro de Habitação, porque afetado à prestação de serviço público, deve ser tratado como bem público, sendo, pois, imprescritível. Na eventual colisão de direitos fundamentais, como o de moradia e o da supremacia do interesse público, deve prevalecer, em regra, este último, norteador do sistema jurídico brasileiro, porquanto a prevalência dos direitos da coletividade sobre os interesses particulares é pressuposto lógico de qualquer ordem social estável. Mesmo o eventual abandono de imóvel público não possui o condão de alterar a natureza jurídica que o permeia, pois não é possível confundir a usucapião de bem público com a responsabilidade da Administração pelo abandono de bem público. Com efeito, regra geral, o bem público é indisponível. No caso, é possível depreender que o imóvel foi adquirido com recursos públicos pertencentes ao Sistema Financeiro Habitacional, com capital 100% (cem por cento) público, destinado à resolução do problema habitacional no país, não sendo admitida, portanto, a prescrição aquisitiva. Eventual inércia dos gestores públicos, ao longo do tempo, não pode servir de justificativa para perpetuar a ocupação ilícita de área pública, sob pena de se chancelar ilegais situações de invasão de terras. Por fim, não se pode olvidar, ainda, que os imóveis públicos, mesmo desocupados, possuem finalidade específica (atender a eventuais necessidades da Administração Pública) ou genérica (realizar o planejamento urbano ou a reforma agrária). Significa dizer que, aceitar a usucapião de imóveis públicos, com fundamento na dignidade humana do usucapiente, é esquecer-se da dignidade dos destinatários da reforma agrária, do planejamento urbano ou de eventuais beneficiários da utilização do imóvel, segundo as necessidades da Administração Pública". Em outro giro, o STJ admitiu usucapião parcial de gleba de terra possuída por particular em área de condomínio *pro indiviso* deste com o poder público (REsp 1.504.916/DF, Rel. Min. Luis Felipe Salomão, Rel. p/ Acórdão Min. Raul Araújo, 4.ª Turma, m.v., j. 27.09.2022). Conforme defendemos nos comentários doutrinários *supra*, a natureza originária da aquisição por usucapião leva a que eventuais direitos reais sobre as coisas alheias de garantia ou mesmo eventual penhora sobre o bem não prevaleçam perante o usucapiente. Como resta assentado em elucidativo trecho de ementa do Superior Tribunal de Justiça, *in verbis*: "não subsiste eventual penhora incidente sobre o bem objeto de usucapião, pois, extinguindo-se o direito de propriedade ao qual o gravame estava atrelado, não há como prevalecer os ônus que pendiam sobre o bem, ainda que destinados a garantir débito de natureza '*propter rem*'" (REsp 2.051.106/SP, Rel. Min. Nancy Andrighi, 3.ª Turma, j. 24.10.2023).

REFORMA DO CÓDIGO CIVIL: Inclui-se um parágrafo no artigo comentado para adequar o texto do Código Civil às possibilidades de usucapião pela via extrajudicial, aduzindo que "tanto a sentença que declarar a aquisição por usucapião, como a nota fundamentada de deferimento extrajudicial de usucapião".

Art. 1.239. Aquele que, não sendo proprietário de imóvel rural ou urbano, possua como sua, por cinco anos ininterruptos, sem oposição, área de terra em zona rural não superior a cinquenta hectares, tornando-a produtiva por seu trabalho ou de sua família, tendo nela sua moradia, adquirir-lhe-á a propriedade.

COMENTÁRIOS DOUTRINÁRIOS: Cuida a hipótese da previsão legal da usucapião especial rural, também chamada de usucapião *pro labore*, prevista primeiramente no art. 1º da Lei n. 6.969/1981 e depois no art. 191 da Carta Magna, cujo tempo de posse exigido é de cinco anos em razão dos requisitos específicos que consagram a funcionalização das titularidades imobiliárias. A lei exige destinação específica que contempla a moradia e o trabalho no imóvel e uma área compreendida como de diminuto tamanho a fim de que o instituto com assento constitucional não se preste para a consolidação de latifúndios. Pode-se afirmar que essa usucapião é do trabalhador do campo. O critério para saber se a usucapião é urbana ou rural é o da localização e não o da destinação. Em reforço à natureza meramente declaratória da decisão judicial que atesta a existência da usucapião de que já se falou acima, nesse caso específico, a sentença que reconhecer essa modalidade de usucapião alegada como matéria de defesa servirá de título para registro no cartório imobiliário (art. 7º da Lei n. 6.969/1981). Se a área a ser usucapida for maior do que cinquenta hectares, não poderá o possuidor reduzi-la para se adequar ao ditame legal. Essa modalidade de usucapião tem por objetivo a proteção do trabalhador rural e o fomento a que ele tenha condições de permanecer no campo. Contudo, a segurança da posse da terra é apenas a porta de entrada da reforma agrária, que exige um comprometimento muito mais sério com relação a toda uma implementação de medidas sociais e de infraestrutura nos lotes para que as famílias rurais possam viver com dignidade no campo. Em razão da lacuna na lei especial com relação à *acessio possessionis* nessa modalidade de usucapião, entendemos que deve ser aplicada a regra do art. 9º, § 3º, do Estatuto da Cidade, sendo possível, por conseguinte, apenas na sucessão *mortis causa* legítima. Questão tormentosa é saber da possibilidade de usucapião de área menor do que o módulo rural (art. 65 da Lei n. 4.504/1964), sabendo que este é tido como um bem indivisível, ou seja, figura como área mínima para fins de registro e guarda relação com a intenção de se potencializar a função do imóvel rural em vista da produtividade e do evitamento de favelização do campo. A questão é polêmica, mas o acerto parece estar ao lado daqueles que reconhecem ter estabelecido a Constituição a área máxima e não mínima, donde ser proibido ao intérprete prescrever um requisito não previsto na lei maior. Acompanhando esse posicionamento, a *VII Jornada de Direito Civil* do CJF aprovou o Enunciado n. 594, vazado nos seguintes termos: "É possível adquirir a propriedade de área menor do que o módulo rural estabelecido para a região, por meio da usucapião especial rural".

JURISPRUDÊNCIA COMENTADA: Em ação reivindicatória proposta pelo proprietário registral de um imóvel, o réu alegou e provou em defesa tratar-se de trabalhador rural de posse com finalidade social por mais de cinco anos sobre gleba de terra inferior a cinquenta hectares e nesse sentido logrou o reconhecimento de usucapião rural em seu favor. Destaca-se do voto trecho no qual a Sexta Turma do Tribunal de Justiça do Distrito Federal e dos Territórios registrou que "é ônus do autor/apelante (proprietário), comprovar que os requeridos/apelados não possuem os requisitos exigidos no art. 1.239 do Código Civil Brasileiro (usucapião especial rural), ou seja, que os réus não residem no local (área rural) com sua família; que a área ocupada por cada requerido seria maior que 50 hectares; que o período de ocupação é inferior a 05 anos e, ainda, que a terra estaria improdutiva ou que os beneficiários possuem outros imóveis na região ou fora dela". Disse ainda que "o usucapião especial rural não comporta discussão sobre a posse justa ou injusta, o que se perquire é apenas os requisitos exigidos no art. 1.239 do Código Civil. Neste tipo de usucapião, prestigia-se o trabalho do agricultor, garantindo a função social da terra, transferindo a propriedade daquele que a deixou inerte para o possuidor que a tornou produtiva" (APC 2012.05.1.006946-3, Ac. 105.8151, Rel. Des. Alfeu Machado, j. 08.11.2017). No julgamento do Recurso Especial 1.040.296/ES (02.06.2015), por maioria, vencido o Relator, Ministro Marco Buzzi, a Quarta Turma entendeu que a Constituição Federal não previu tamanho mínimo para usucapir, mas sim prestigiou a posse trabalho, sendo essa a tendência jurisprudencial que consolida a compreensão da possibilidade de usucapião rural, tendo por objeto área inferior ao módulo rural da região.

REFORMA DO CÓDIGO CIVIL: Inclui-se um parágrafo único na modalidade de usucapião especial rural para dizer que, assim como na usucapião especial urbana, o referido direito não poderá ser reconhecido ao mesmo possuidor mais de uma vez, conferindo unidade ao sistema (art. 1.240 do CC).

Art. 1.240. Aquele que possuir, como sua, área urbana de até duzentos e cinquenta metros quadrados, por cinco anos ininterruptamente e sem oposição, utilizando-a para sua moradia ou de sua família, adquirir-lhe-á o domínio, desde que não seja proprietário de outro imóvel urbano ou rural.

§ 1º O título de domínio e a concessão de uso serão conferidos ao homem ou à mulher, ou a ambos, independentemente do estado civil.

§ 2º O direito previsto no parágrafo antecedente não será reconhecido ao mesmo possuidor mais de uma vez.

COMENTÁRIOS DOUTRINÁRIOS: Trata-se de reprodução da usucapião criada pelo art. 183 da Constituição da República e regulamentada pelos arts. 9º a 13 da Lei n. 10.257/1991 (Estatuto da Cidade), também conhecida como usucapião especial urbana, usucapião pró-moradia ou usucapião *pro morare*. Assim como ocorre em todas as modalidades de usucapião, a lei exige os requisitos objetivos da posse ininterrupta e sem oposição e, ainda, o subjetivo do *animus domini*, sendo desnecessário que o possuidor esteja de boa-fé ou tenha justo título, fato que aproxima essa modalidade da usucapião extraordinária prevista no art. 1.238 do Código Civil. Prevendo um prazo exíguo de cinco anos, a lei exige que a área total do imóvel, incluindo a acessão que nele existir, não ultrapasse 250 metros quadrados, sendo defeso reduzir a área para o efeito de forçar a incidência da lei, pois esse proceder caracterizaria fraude à lei. A reproduzida norma jurídica veda que a posse seja exercida por preposto, pois constitui requisito dessa modalidade de usucapião que o imóvel sirva de moradia para o possuidor ou para a sua família, nesse conceito incluído, além da que se forma com o casamento, a que decorre da união estável (art. 226, § 3º, da CF e Lei n. 9.278/1996) e, ainda, a comunidade formada por qualquer dos pais e seus descendentes (art. 226, § 4º, da CF) ou qualquer família que se crie tendo como paradigma o afeto. O critério para aferir se o imóvel é urbano ou rural para efeito de usucapião especial é o da localização e não o da destinação previsto no Estatuto da Terra para fins de definição do arrendamento rural. O art. 1.243 do Código Civil Brasileiro permite para os efeitos de usucapião que o possuidor some a sua posse à dos seus antecessores. No caso vertente, essa soma de posses somente poderá se dar por meio da sucessão a título universal, não sendo lícita a soma de posses na usucapião individual que se verifique por cessão a título singular, na medida em que a lei confere, em regra, àquela pessoa que possuir por cinco anos e preencher os requisitos subjetivos, o direito de propriedade, objetivando evitar a especulação imobiliária da transferência indiscriminada o que contraria a função social do instituto. Abre exceção apenas ao direito hereditário, pois o herdeiro que recebe do acervo uma posse continua de pleno direito à posse anterior. Com efeito, estabelece o art. 9º, § 3º, do Estatuto da Cidade (Lei n. 10.257/2001) que o "herdeiro legítimo continua, de pleno direito, a posse de seu antecessor, desde que já resida no imóvel por ocasião da abertura da sucessão". Assim, na usucapião pró-moradia individual não tem cabida a união de posses por ato *inter vivos* nem *mortis causa* se a posse for transmitida como legado. Importante considerar que uma das habitações mais comuns nos grandes centros urbanos é o apartamento e, por tal motivo, não se pode excluir da incidência da usucapião pró-moradia a unidade autônoma vinculada a condomínio edilício, estando incluída tal hipótese no conceito de área urbana a que se refere a lei. No tocante à metragem, deverá ser somada a área exclusiva da unidade autônoma com a fração ideal do respectivo terreno a fim de se perquirir se extrapola ou não os 250 metros quadrados previstos em lei. Retrata essa ideia o Enunciado n. 85 da *I Jornada de Direito Civil* do CJF/STJ: "Para os efeitos do art. 1.240, *caput*, do novo Código Civil, entende-se por 'área urbana' o imóvel edificado ou não, inclusive unidades autônomas vinculadas a condomínios edilícios". Questão difícil diz respeito à possibilidade de usucapião de área inferior ao módulo urbano estabelecido por lei municipal. A primeira corrente sustenta que não seria possível pela natureza indivisível do módulo e pela necessidade de se evitar a favelização da cidade, o que geraria, portanto, um requisito de área máxima – 250 m² – e mínima – área estabelecida para o módulo urbano. Em nosso modo de ver, esse posicionamento é equivocado, pois provoca uma inversão de valores na ordem jurídica, na medida em que a norma municipal, hierarquicamente inferior à Constituição Federal, adquire relevância superior à Lei Maior que, como sabido, não fixa área mínima, somente área máxima, sendo essa a posição prevalecente na jurisprudência, inclusive do Supremo Tribunal Federal. Instituiu o art. 10 do Estatuto da Cidade (Lei n. 10.257/2001), com muita felicidade, uma nova modalidade de usucapião pró-moradia, que surge na mesma inspiração que a modalidade comentada e exigirá os mesmos requisitos para qualquer modalidade de usucapião, quais sejam: o *animus domini*, a posse ininterrupta e ausência de oposição séria. Além dos requisitos genéricos, mister que as áreas urbanas sejam maiores de 250 metros quadrados, estejam ocupadas por população de baixa renda para fins de moradia há mais de cinco anos e impossível se mostre a identificação dos terrenos de cada possuidor. Uma vez preenchidos os requisitos legais, será lícito aos possuidores, em estado de composse, ou, servindo-se de substituto processual, ajuizar a ação para declarar a usucapião coletiva. A associação de moradores, legitimada para propor a demanda, deverá estar devidamente registrada no cartório das pessoas jurídicas e contar com a autorização expressa dos moradores interessados. Importante registrar que nessa modalidade coletiva de usucapião, a lei especial admite a soma de posses por ato *inter vivos*, contanto que a posse do sucedido e do sucessor sejam contínuas e pacíficas (art. 10, § 1º). Os usucapientes poderão estabelecer frações ideais diferenciadas pelo reconhecimento de que normalmente o tamanho das posses difere (art. 10, § 3º). Se não houver manifestação de vontade nesse sentido, o juiz atribuirá fração ideal igual para todos os condôminos. Estabelecido o condomínio, as deliberações serão tomadas em assembleia, segundo o critério majoritário (art. 10, § 5º), o estado de comunhão será indivisível, e a extinção dependerá do voto de dois terços dos condôminos, no caso de execução de urbanização posterior à constituição do condomínio. Acerca do procedimento da ação de usucapião especial urbana coletiva, é possível fazer algumas considerações: 1) no curso da ação de usucapião ficarão suspensas quaisquer ações petitórias ou possessórias; 2) o possuidor, sozinho ou em litisconsórcio, os compossuidores e a associação de moradores da comunidade com personalidade jurídica e autorizada pelos moradores para o fim de propor a demanda, na qualidade de substituta processual, são partes legítimas para funcionar como autoras da ação de usucapião individual ou coletiva, conforme o caso; 3) a permissibilidade da alegação da usucapião como matéria de defesa já sedimentada em nossa jurisprudência, tendo em vista a natureza declaratória da sentença (Súmula n. 237 do STF), ganha um reforço da lei, similar à usucapião rural (art. 7º da Lei n. 6.969/1981), ou seja, a lei não somente admite expressamente a aludida alegação, como também prevê que a sentença procedente aos moradores valha como título para o registro no cartório de imóveis (art. 13 da Lei n. 10.257/2001); 4) faz-se referência expressa à intervenção da Defensoria Pública e ao deferimento da gratuidade, talvez porque constitua requisito para essa modalidade de usucapião a hipossuficiência da comunidade (art. 12, § 2º); 5) é obrigatória a intervenção do Ministério Público estadual na qualidade de *custos legis*, como sucede em todas as modalidades de usucapião (art. 12, § 1º); 6) inobstante o art. 14 da referida Lei preveja para esta ação o rito sumário, sob a égide no CPC/2015, que não mais contempla a existência de tal rito, será de se observar o procedimento comum, além das regras específicas do Estatuto da Cidade.

JURISPRUDÊNCIA COMENTADA: A Sétima Câmara Cível do Tribunal de Justiça do Espírito Santo confirmou a orientação jurisprudencial no sentido de que o ônus da prova no tocante à demonstração dos requisitos da usucapião especial urbana é do usucapiente, julgando procedente o pedido, em ementa assim vazada: "Processual civil. Apelação. Ação de usucapião especial urbana. Art. 183 da CF e 1.240 do CC. Comprovação de atos de posse e *animus domini* no prazo exigido por lei, pela autora/apelada. Sentença mantida. Recurso conhecido e desprovido. 1. Nos termos do art. 183 da Constituição da República e do art. 1.240 do Código Civil, a usucapião especial urbana, forma de aquisição originária da propriedade, exige como requisitos objetivos I) posse ininterrupta, direta e exclusiva por cinco anos; II) imóvel urbano de até 250 m²; III) destinação/utilização para moradia própria ou familiar; IV) não ser proprietário de outro imóvel urbano ou rural. 2. Pressupostos da aquisição originária devidamente comprovados no caso concreto. 3. Sentença mantida. 4. Recurso conhecido e desprovido" (TJES, Apl 0022553-54.2011.8.08.0035, 2.ª Câmara Cível, Rel. Des. Subst. Raimundo Siqueira Ribeiro, j. 09.10.2018, *DJES* 17.10.2018). O Pleno do Supremo Tribunal Federal, reconhecida a Repercussão Geral da Matéria, pois inúmeras prescrições aquisitivas urbanas encontravam-se inviabilizadas por equivocado fundamento, aprovou a tese de que "preenchidos os requisitos do art. 183 da Constituição Federal, o reconhecimento do direito à usucapião especial urbana não pode ser obstado por legislação infraconstitucional que estabeleça módulos urbanos na respectiva área em que situado o imóvel (dimensão do lote)" (STF, Pleno, RE 422.349/RS, Rel. Min. Dias Toffoli, j. 29.04.2015). Na mesma toada, o Superior Tribunal de Justiça, na sistemática dos recursos repetitivos, fixou a seguinte tese (tema repetitivo 985): "o reconhecimento da usucapião extraordinária, mediante o preenchimento dos requisitos específicos, não pode ser obstado em razão de a área usucapienda ser inferior ao módulo estabelecido em lei municipal". Por óbvio, tal entendimento deve ser aplicado para todas as modalidades de usucapião (REsp 1.667.842/SC, 2.ª Seção, Rel. Min. Luis Felipe Salomão, j. 03.12.2020). Interessante questão foi enfrentada pela Terceira Turma do Superior Tribunal de Justiça, tendo como relatora a eminente Ministra Nancy Andrighi. No caso, foi controvertido se uma utilização mista do imóvel usucapiendo, isto é, com fins de moradia, mas também com utilização de um pequeno comércio, no caso, de bicicletaria, poderia legitimar usucapião *pro moradia*. A Corte entendeu, em decisão de elevada densidade social, que essa circunstância, muito comum, a propósito, em comunidades de baixa renda com pequenos bares e outros comércios informais, não poderia servir de empecilho para o reconhecimento da usucapião especial urbana. Em destaque da decisão, colhemos que "No acórdão recorrido, considerou-se impossível declarar a usucapião de área utilizada para a bicicletaria operada pela família do recorrente, afirmando que apenas a porção do imóvel utilizada exclusivamente para sua moradia e de sua família poderia ser adquirida pela usucapião. No entanto, o requisito da exclusividade no uso residencial não está expressamente previsto em nenhum dos dispositivos legais e constitucionais que dispõem sobre a usucapião especial urbana. Assim, o uso misto da área a ser adquirida por meio de usucapião especial urbana não impede seu reconhecimento judicial, se a porção utilizada comercialmente é destinada à obtenção do sustento do usucapiente e de sua família. Há, de fato, a necessidade de que a área pleiteada seja utilizada para a moradia do requerente ou de sua família, mas não se exige que esta área não seja produtiva, especialmente quando é utilizada para o sustento do próprio recorrente". Enfim, "a destinação de parte do imóvel para fins comerciais não impede o reconhecimento da usucapião especial urbana sobre a totalidade da área" (STJ, REsp 1.777.404/TO, 3.ª Turma, Rel. Min. Nancy Andrighi, j. 05.05.2020, v.u.). Na mesma visada de uma orientação mais benéfica ao usucapiente nessa modalidade especial de usucapião, o STJ já destacou que "o fato de os possuidores serem proprietários de metade do imóvel usucapiendo não faz incidir a vedação de não possuir 'outro imóvel' urbano, contida no artigo 1.240 do Código Civil" (REsp 1.909.276/RJ, Rel. Min. Ricardo Villas Bôas Cueva, 3.ª Turma, v.u., j. 27.09.2022 – *Informativo de jurisprudência* n. *753*, de 17 de outubro de 2022).

REFORMA DO CÓDIGO CIVIL: Sugere-se a alteração do § 1º para dizer que "O título de propriedade e a concessão de uso serão conferidos à pessoa, independentemente de gênero, sexo, ou estado civil". A substituição da palavra "domínio" por "propriedade" se deve ao fato de que, como assentado na justificativa da Subcomissão de Direito das Coisas, "o domínio é o poder sobre a coisa, é o próprio pressuposto da pretensão de usucapião. Na verdade, busca-se o título de propriedade". Por outro lado, o reconhecimento das famílias homoafetivas torna obsoleta a redação original que falava em "homem ou a mulher".

Art. 1.240-A. Aquele que exercer, por 2 (dois) anos ininterruptamente e sem oposição, posse direta, com exclusividade, sobre imóvel urbano de até 250m² (duzentos e cinquenta metros quadrados) cuja propriedade divida com ex-cônjuge ou ex-companheiro que abandonou o lar, utilizando-o para sua moradia ou de sua família, adquirir-lhe-á o domínio integral, desde que não seja proprietário de outro imóvel urbano ou rural. (Incluído pela Lei n. 12.424, de 2011)

§ 1º O direito previsto no *caput* não será reconhecido ao mesmo possuidor mais de uma vez.

§ 2º (VETADO). (Incluído pela Lei n. 12.424, de 2011)

COMENTÁRIOS DOUTRINÁRIOS: A Lei n. 12.424/2011, que fez importantes alterações no Programa Minha Casa Minha Vida criado pela Lei n. 11.977/2011, modificou também o Código Civil, introduzindo o presente artigo que estabeleceu a figura jurídica da usucapião familiar. O dispositivo legal está ligado ao fato de que ele se vincula à usucapião especial urbana, que objetiva proteger o direito à moradia de pessoas que ocupam informalmente e por cinco anos ou mais determinada gleba de terras urbanas de até 250 m², consoante preconizam o art. 183 da Constituição Federal, o art. 1.240 do Código Civil e o art. 9º do Estatuto da Cidade. Além dos requisitos da usucapião pró-moradia, essa nova modalidade de prescrição aquisitiva estabelece como requisitos específicos que o ex-cônjuge ou ex-companheiro exerça posse com exclusividade durante dois anos sobre imóvel que tenha em condomínio com o ex-consorte que, abandonando o lar conjugal, acabará por possibilitar que o abandonado adquira a propriedade na sua integralidade. Assinala corretamente o Enunciado n. 500 da *V Jornada de Direito Civil* do Conselho da Justiça Federal/STJ que "a modalidade de usucapião prevista no art. 1.240-A do Código Civil pressupõe a propriedade comum do casal e compreende todas as formas de família ou entidades familiares, inclusive homoafetivas". Em outras palavras, somente terá cabimento a usucapião familiar se os cônjuges forem condôminos. Em se tratando de modalidade nova de usucapião, a fim de evitar que o proprietário dormidor seja surpreendido injustamente pela lei nova, à semelhança do que ocorrera com a entrada em vigor da usucapião especial urbana por ocasião da promulgação da Constituição Federal de 1988, "a fluência do prazo de 2 (dois) anos previsto pelo art. 1.240-A para a nova modalidade de usucapião nele contemplada tem início com a entrada em vigor da Lei n. 12.424/2011", conforme assentou o Enunciado n. 498 da *V Jornada de Direito Civil* do Conselho da Justiça Federal/STJ. A possibilidade de usucapião entre cônjuges, tendo por objeto a meação do imóvel comum, excepciona a regra geral de que não corre prescrição entre cônjuges durante a sociedade conjugal aplicável à usucapião por força do disposto no art. 1.244 do Código Civil, que estabelece a extensão ao "possuidor [d]o disposto quanto ao devedor acerca das causas que obstam, suspendem ou interrompem a prescrição, as quais também se aplicam à usucapião". Aliás, aplicando-se o art. 197, inc. I, do Código Civil, conforme a Constituição, conclui-se que também não corre prescrição entre companheiros durante a união estável (art. 226, § 3º, da CF). Com efeito, a lei atribuiu ao abandono do lar uma causa segundo a qual a prescrição aquisitiva passa a correr e não a partir da ruptura da sociedade conjugal ou convivencial, como prevê o art. 197, inc. I, do Código Civil. É bem verdade que a prescrição não corre entre cônjuges e companheiros como meio de evitar incluir mais um elemento de instabilidade no casamento ou na união estável e aqui se está falando de relação afetiva já dissolvida, mas trata-se de uma inovação que merece ser pensada. De certa maneira, a jurisprudência já vinha entendendo que uma separação de fato com tempo considerável seria o suficiente para possibilitar o início do curso da prescrição. Há ainda que se perguntar o sentido técnico-jurídico dos vocábulos legais ex-cônjuge e ex-companheiro. Na primeira hipótese, ex-cônjuge é aquele que se encontra divorciado. Na segunda, como a união estável é fática, apenas a análise do caso concreto é que vai fornecer dados suficientes para o convencimento do fim ou não da convivência. Ocorre que a lei emprestou outro significado ao dizer que para fins de usucapião, ex-cônjuge é aquele que abandonou o lar. Parece-nos que fundamenta a usucapião familiar a proteção da família, independentemente de gênero, pois a lei fala indiscriminadamente em ex-cônjuge ou ex-companheiro, mas em razão da interpretação sistemática com os dispositivos do Programa Minha Casa Minha Vida acima citados, sentimo-nos confortáveis para dizer que há uma premissa na legislação de que nos assentamentos humanos populares é a mulher que resiste com maior estoicismo às dificuldades da vida, não abandonando a sua prole. Desnecessário dizer que há várias demonstrações em contrário, mas a experiência profissional deste autor, acumulada no trabalho junto à Defensoria Pública fluminense, permite afirmar que a regra nessas rupturas da entidade familiar é a permanência da mulher com a família que ajudou a criar. Assim, identificada a *mens legis*, resta saber se a regra como se encontra disposta atende a seus fins. Parece-nos que dificilmente logrará alcançá-los. O primeiro entrave é o de que, pelo risco da perda patrimonial de metade do imóvel, seja forçada uma litigiosidade precoce entre os cônjuges ou companheiros que, em um primeiro momento, apenas resolveram se separar fisicamente, mas que poderiam tranquilamente deixar de lado a questão patrimonial ou tentar resolvê-la bem mais tarde, quando, por exemplo, os filhos já tivessem atingido a emancipação pessoal, constituindo os seus próprios núcleos familiares. Agora, temeroso pela usucapião com um prazo tão ínfimo, o ex-cônjuge vai querer partilhar o bem, o que pode ser desastroso para a família. Se, com o imóvel inteiro, já é difícil para o homem médio manter a sua família, o que se dirá quando o ex-parceiro contar com apenas metade desse patrimônio alienado às pressas, quando não em alienação judicial, que notoriamente traz prejuízos financeiros para quem tem o seu bem vendido nessas condições? A norma traz consigo também um viés de penalidade para aquele que abandona a família e isso recrudesce a vetusta e equivocada percepção da importância de imputar culpa a alguém pelo fim de um relacionamento afetivo. A Emenda Constitucional n. 66, que dispensou qualquer requisito prévio para o divórcio, representou um avanço, permitindo que o término da relação coincida com o fim do afeto entre o casal, desatrelando essa questão, a propósito, das influências religiosas. Nessa linha de raciocínio, a presente modalidade de usucapião parece realmente representar um retrocesso, mas a interpretação doutrinária pode conduzir a que não se admita o disparate de atribuir efeitos jurídicos à eventual culpa pelo fim da relação matrimonial ou de convivência estável e, nessa linha, aprovou o Enunciado n. 595 da *VII Jornada*, preconizando que "o requisito do 'abandono do lar' deve ser interpretado na ótica da usucapião familiar como abandono voluntário da posse do imóvel somado à ausência da tutela da família, não importando em averiguação da culpa pelo fim do casamento ou união estável. Revogado o Enunciado n. 499". Assim, duas perspectivas se apresentam na interpretação do abandono. A primeira que enxerga o vocábulo na perspectiva objetiva e física da ausência do companheiro ou cônjuge no lar comum, o que, portanto, bastaria para que o prazo prescricional começasse a correr. Outra, com a qual concordamos, entende que a aquisição da propriedade pelo usucapiente que permaneceu no bem não pode ser vista uma "penalidade" pelo desfazimento do vínculo, mas sim pela inobservância dos deveres matrimoniais. Além da possibilidade de um retrocesso no estudo do direito de família com o retorno da culpa, a orientação objetivista, em face da exiguidade do prazo de dois anos, pode acarretar o absurdo de se suscitar usucapião em situações, por exemplo, de estudos ou trabalhos prolongados em outro estado ou mesmo país. Algumas situações podem evitar a usucapião para o cônjuge que sai do lar. Uma delas é a propositura de ação cautelar de separação de corpos em que se demonstrará a seriedade da intenção futura do divórcio. Se for o caso, convém também oferecer alimentos. Em ambos os casos, não há que se falar em abandono do lar. Outra situação que pode ocorrer é o cônjuge que saiu do lar demonstrar que durante os dois anos se encontrava discutindo com o ex-cônjuge o destino do imóvel do casal. A configuração dessa situação provoca o reconhecimento recíproco do direito de propriedade sobre o bem, o que se consubstancia em causa interruptiva da prescrição, e por outro lado demonstra a presença da oposição séria à posse do ex-consorte, afastando a usucapião daquele que ficou com a posse exclusiva, pois como sabido, a posse *ad usucapionem* deve ser mansa e pacífica, isto é, sem oposição. No mais, obviamente, não terá cabimento da usucapião sendo feito o divórcio ou uma notificação judicial para fins de interrupção da prescrição (art. 202, inc. V, do CC), o que, como dito antes, pode acarretar mais uma situação desconfortável para o casal que está rompendo o vínculo afetivo. Foi aprovado na *IX Jornada de Direito Civil* do CJF/STJ o Enunciado n. 664 com o seguinte teor: "O prazo da usucapião contemplada no art. 1.240-A só iniciará seu curso caso a composse tenha cessado de forma efetiva, não sendo suficiente, para tanto, apenas o fim do contato físico com o imóvel". Não concordamos com o enunciado, pois temos que a composse entre os cônjuges ou companheiros se dará, de acordo com as peculiaridades do caso concreto, exatamente quando o juízo aferir o fim do estado de comunhão a partir do fim do contato físico com o imóvel por parte de um dos compossuidores. A justificativa nos parece ainda mais confusa ao dizer que o pagamento de despesas que incidem sobre o imóvel afastaria a possibilidade de usucapião familiar, criando uma figura de desdobramento da posse, sendo o possuidor físico do bem o possuidor direto e o outro possuidor indireto. Esse posicionamento, com a devida vênia, não se amolda ao previsto no art. 1.197 do Código Civil, que trata da figura jurídica do desdobramento da posse ou posses paralelas.

JURISPRUDÊNCIA COMENTADA: Em ação que objetivava extinguir o condomínio existente entre ex-casal e pleitear arbitramento do aluguel em desfavor daquele que exercia a posse do imóvel com exclusividade, o cônjuge-virago alegou usucapião familiar em razão do abandono por mais de dois anos por parte do varão. A Terceira Câmara Cível do Tribunal de Justiça de São Paulo, determinou o pagamento dos alugueres a fim de evitar o enriquecimento sem causa e denegou a usucapião familiar em razão de o imóvel estar com registro da propriedade em nome de terceiro (TJSP, APL 1001855-67.2015.8.26.0229, Ac. 11868655, 3.ª Câmara de Direito Privado, Hortolândia, Rel. Des. Beretta da Silveira, j. 28.09.2018). A Oitava Turma Cível do TJDF concedeu usucapião familiar em favor de ex-companheira em razão do abandono pelo prazo de dois anos do companheiro, registrando que "a usucapião familiar constitui medida socialmente relevante para tornar efetivo o direito à moradia, bem como dar concretude à função social da propriedade, desde que presentes as condições do art. 1.240-A do Código Civil de 2002. 4. O requisito legal do abandono do lar pressupõe a inércia perante a ocupação do bem pela ex-companheira, assim como o não exercício de atos de posse ou propriedade no imóvel" (TJDF, APC 2018.09.1.004863-0, Ac. 114.0826, 8.ª Turma Cível, Rel. Des. Eustáquio de Castro, j. 29.11.2018).

REFORMA DO CÓDIGO CIVIL: Há aqui uma sugestão de remodelação da usucapião familiar, nos moldes propugnados pela doutrina que criticou a entrada em vigor do instituto. Para atingir tal desiderato, boas sugestões são feitas. A primeira é deixar claro o momento em que se inicia o prazo para fins de usucapião, que será o momento em que cessar a composse, conforme prova produzida nos autos, presumindo-se esta (presunção relativa) quando o ex-cônjuge ou ex-convivente deixar de arcar com as despesas do imóvel. A segunda diz respeito ao fato de que a separação aqui delineada é a de fato, ou seja, não está a depender de um divórcio formal. A última e mais importante é a do § 5º, que confere uma conotação objetiva e desvencilhada da ideia de culpa para o requisito do abandono do lar, nos moldes do Enunciado n. 595 da *VII Jornada de Direito Civil* – suprarreferido. Para facilitar a análise do leitor, segue a proposta na sua inteireza: "Art. 1.240-A. Aquele que exercer, por 2 (dois) anos ininterruptamente e sem oposição, posse com intenção de dono, com exclusividade, sobre imóvel urbano de até 250m² (duzentos e cinquenta metros quadrados) cuja propriedade divida com ex-cônjuge ou ex-convivente que abandonou o lar, utilizando-o para sua moradia ou de sua família, adquirir-lhe-á a propriedade integral, desde que não seja proprietário de outro imóvel urbano ou rural. § 1º O direito previsto no *caput* não será reconhecido ao mesmo possuidor mais de uma vez. § 2º O prazo mencionado neste dispositivo, deve ser contado da data do fim da composse existente entre os ex-cônjuges ou os ex-conviventes. § 3º Presume-se como cessada a composse quando, a partir do fim da posse com intenção de dono, em conjunto, o ex-cônjuge ou ex-convivente deixa de arcar com as despesas relativas ao imóvel. § 4º As expressões ex-cônjuge e ex-convivente, contidas neste dispositivo, correspondem à situação fática da separação, independentemente de divórcio ou de dissolução da união estável. § 5º O requisito do abandono do lar deve ser interpretado como abandono voluntário da posse do imóvel, não importando em averiguação da culpa pelo fim da sociedade conjugal, do casamento ou da união estável".

Art. 1.241. Poderá o possuidor requerer ao juiz seja declarada adquirida, mediante usucapião, a propriedade imóvel.

Parágrafo único. A declaração obtida na forma deste artigo constituirá título hábil para o registro no Cartório de Registro de Imóveis.

COMENTÁRIOS DOUTRINÁRIOS: Ao afirmarmos acima que a sentença não se constitui em requisito do reconhecimento da propriedade por usucapião, nos posicionamos em favor da tese majoritária no sentido declaratório do referido ato processual e agora é possível atestar que é a própria lei, no artigo comentado, quem o diz. Conforme se verifica pela redação do dispositivo legal, a carta de sentença declaratória apenas servirá de título hábil para o registro do imóvel no competente cartório imobiliário, mas não condiciona a aquisição da propriedade. Mais contundente ainda é o art. 167, I, item 28, da Lei n. 6.015/1973, a estabelecer que no

Registro de Imóveis, além da matrícula, será feito o registro das sentenças declaratórias de usucapião. Essa dicção legal, ratificada pela codificação, impõe ao operador do direito a assunção de compromissos sérios no tocante à segurança jurídica das transações imobiliárias, pois pode suceder que a análise documental da aquisição de um imóvel dê conta de que determinada pessoa figura como proprietária quando, na verdade, o bem já fora usucapido por outrem, a quem o ordenamento jurídico, portanto, deverá reconhecer o direito de propriedade. Em vista da natureza declaratória da sentença, é possível ao réu, em uma ação reivindicatória ou possessória, presentes os requisitos da usucapião, alegar usucapião como matéria de defesa. Esse direito encontra-se também positivado nos arts. 7º da Lei n. 6.969/1981 (usucapião especial rural) e 13 da Lei n. 10.257/2001 (usucapião especial urbana), valendo a sentença que reconhecer a propriedade em favor do réu como título para registro no cartório imobiliário. Imagine-se a hipótese em que uma pessoa, após ter preenchido todos os requisitos da usucapião, sem que tenha tido, por sentença, o reconhecimento do domínio, abandone o lugar de origem e, por via de consequência, a posse já convertida em propriedade por meio da prescrição aquisitiva. Posteriormente, a pessoa cujo nome conste no cartório imobiliário como proprietária do bem o vende para um terceiro adquirente de boa-fé. Por incrível que pareça, poderá o usucapiente reivindicar o bem do terceiro de boa-fé por meio da antiga ação publiciana, resolvendo-se em perdas e danos o direito de quem comprou a *non domino* o imóvel, pois a despeito de confiar na presunção de legitimidade da certidão expedida pelo cartório imobiliário que apontava o vendedor como dono, acabou por sofrer evicção em razão do direito de propriedade adquirido por usucapião. Trata-se de efeito perigoso no tocante à segurança jurídica, mas que pode suceder em razão da natureza meramente declaratória da sentença. A propriedade pela via da usucapião se consumou silenciosa e sem a publicidade, quer daquela que poderia se originar do processo judicial, quer do próprio registro imobiliário. A ação publiciana é a ação do usucapiente sem posse atual em face do atual possuidor do bem. Cuida-se de ação petitória e não possessória, cujo objetivo é proteger a posse daquele que adquiriu a propriedade do bem por usucapião. Esse expediente processual deve a sua existência ao reconhecimento da natureza declaratória da sentença que reconhece a usucapião. Objetiva o demandante por meio dessa medida judicial ao reconhecimento do domínio pelo suporte fático apresentado e a consequente reivindicação. O procedimento é comum, tendo em conta o disposto no art. 318 do CPC/2015, Diploma Legal que não prevê a dicotomia de ritos: sumário ou ordinário, como fazia o Código de Processo Civil anterior. Em razão da natureza declaratória da sentença de usucapião, o seu reconhecimento produz o efeito de retroagir ao início da posse, situação justificada pela necessidade de proteger terceiros que mantiveram relações jurídicas com o possuidor baseado na aparência da propriedade. Questão interessante pode surgir quando na história de um casal unido pelo casamento, pela união estável ou pela união homoafetiva com o regime da comunhão parcial de bens, tenha acontecido a consumação da propriedade de um imóvel pela usucapião após a constituição do tipo familiar, admitindo-se como provado que somente um dos parceiros tenha iniciado a posse, ou seja, a aquisição da posse *ad usucapionem* foi exclusiva de um dos cônjuges ou companheiros e após a criação da entidade familiar, a propriedade foi adquirida. A quem pertence o bem? Deve ser partilhado? A nosso sentir, não. O imóvel pertencerá apenas àquele que iniciou os atos possessórios em razão do efeito retroativo da usucapião, embora, para evitar-se enriquecimento sem causa, tenha cabimento a busca por parte do prejudicado de compensação patrimonial calculada em proporção ao tempo de composse. O Código Civil português regula, com coerência, essa questão, no art. 1.288, que estabelece: "Invocada a usucapião, os seus efeitos retrotraem-se à data do início da posse", e de modo mais específico é o art. 1.722.2.b: "Consideram-se, entre outros, adquiridos por virtude de direito próprio anterior, sem prejuízo da compensação eventualmente devida ao patrimônio comum: b) Os bens adquiridos por usucapião fundada em posse que tenha o seu início antes do casamento".

JURISPRUDÊNCIA COMENTADA: O Supremo Tribunal Federal conta com duas súmulas de sua jurisprudência predominante em época na qual enfrentava também questões pertinentes ao direito infraconstitucional e afirmou que a sentença de usucapião é declarativa. Tais verbetes são amplamente utilizados pelas instâncias ordinárias: a) Súmula n. 237: "A usucapião pode ser alegada como matéria de defesa"; b) Súmula n. 263: "O possuidor deve ser citado, pessoalmente, para a ação de usucapião". Se isso é verdade, significa o reconhecimento de que é possível a usucapião sem posse atual, sendo de admitir a possibilidade de alguém possuir um bem que outrora foi usucapido por outrem. A jurisprudência do Superior Tribunal de Justiça também tem assentado tal posicionamento como se pode verificar, por exemplo, no julgamento pela Terceira Turma do Recurso Especial 118.360/SP, Rel. Ministro Vasco Della Giustina, no dia 16.12.2010, em que Sua Excelência fez constar na ementa que "a sentença proferida no processo de usucapião (art. 941 do CPC) possui natureza meramente declaratória (e não constitutiva), pois apenas reconhece, com oponibilidade *erga omnes*, um direito já existente com a posse *ad usucapionem*, exalando, por isso mesmo, efeitos *ex tunc*. O efeito retroativo da sentença se dá desde a consumação da prescrição aquisitiva. 4. O registro da sentença de usucapião no cartório extrajudicial não é essencial para a consolidação da propriedade imobiliária, porquanto, ao contrário do que ocorre com as aquisições derivadas de imóveis, o ato registral, em tais casos, não possui caráter constitutivo. Assim, a sentença oriunda do processo de usucapião é tão somente título para registro (arts. 945 do CPC; 550 do CC/1916; 1.241, parágrafo único, do CC/2002) e não título constitutivo do direito do usucapiente, buscando este, com a demanda, atribuir segurança jurídica e efeitos de coisa julgada com a declaração formal de sua condição. 5. O registro da usucapião no cartório de imóveis serve não para constituir, mas para dar publicidade à aquisição originária (alertando terceiros), bem como para permitir o exercício do *ius disponendi* (direito de dispor), além de regularizar o próprio registro cartorial". A sentença declaratória que, em caso de procedência do pedido, será submetida a registro imobiliário, deve retratar com fidedignidade no espaço físico o imóvel objeto da aquisição por usucapião e, para tal fim, a lei exige a juntada de plantas e/ou memorial descritivo, sendo que quando se trata de imóvel não registrado anteriormente, conveniente se mostra a realização de uma perícia, pois importa que se cumpra o princípio registral da especialidade, sob pena de a Carta de Sentença extraída do juízo para registro cair em exigência e inviabilizar o principal motivo da ação de usucapião, que vem a ser o registro do bem. Tal questão é de tal relevância que, acertadamente, o Tribunal da Cidadania admite, assegurado o contraditório, e a despeito da exegese da regra do art. 329 do CPC que, mesmo após a angularização processual com a citação e a consequente estabilização da demanda, o autor apresente alteração da identificação física do bem usucapiendo, sem a necessidade de concordância do réu. Afinal de contas, o pedido deve ser explícito na declaração da propriedade do imóvel objeto da lide, sem embargo de no curso do feito se verificar que, por exemplo, a metragem do imóvel é diversa da apontada na inicial. Assim, demonstra tal ponto de vista o julgado da relatoria do eminente Ministro Ricardo Villas Bôas Cueva, no qual consta que "4. Eventuais alterações no memorial descritivo do imóvel podem ser feitas unilateralmente antes da angularização da relação jurídico-processual ou, depois da citação, somente com a anuência explícita do réu. Precedente. 5. Na hipótese, não há como concluir que a mera juntada da planta e do memorial descritivo georreferenciado implicou alteração objetiva da demanda, ou seja, do pedido formulado na petição inicial da ação de usucapião. 6. No caso concreto, inexiste prejuízo aos litigantes, visto que, depois da apresentação dos documentos, o magistrado de primeiro grau determinou a intimação do demandado, dos confinantes e das Fazendas Públicas, em observância ao devido processo legal, ao contraditório e à ampla defesa" (REsp 1685140/MG, 3.ª Turma, j. 25.08.2020).

REFORMA DO CÓDIGO CIVIL: A redação propugnada inclui expressamente a possibilidade de usucapião extrajudicial, atualizando o sistema.

Art. 1.242. Adquire também a propriedade do imóvel aquele que, contínua e incontestadamente, com justo título e boa-fé, o possuir por dez anos.

Parágrafo único. Será de cinco anos o prazo previsto neste artigo se o imóvel houver sido adquirido, onerosamente, com base no registro constante do respectivo cartório, cancelada posteriormente, desde que os possuidores nele tiverem estabelecido a sua moradia, ou realizado investimentos de interesse social e econômico.

COMENTÁRIOS DOUTRINÁRIOS: Essa modalidade de usucapião é chamada de ordinária, pois exige que o usucapiente prove que a sua posse tem o suporte fático e jurídico de um justo título e da boa-fé, pois se entende que é extraordinária a circunstância de alguém se tornar proprietário por usucapião sobre um bem que sabe pertencer a outrem. Por isso, para que tal ocorra é preciso que corra o prazo mais longo do direito. O conceito de posse de boa-fé, real ou presumida pela presença de justo título, já foi observado por ocasião dos comentários ao art. 1.201 do Código Civil. A redução do prazo que aqui se faz presente configura mais um dos inúmeros efeitos benéficos decorrentes dessa qualidade subjetiva da posse. A ideia de justo título como título hábil, em tese, a transferir o domínio, não produzindo tal efeito em razão de um defeito formal ou substancial, ainda é muito presente em nossa jurisprudência, daí a necessária prudência para o advogado ao ajuizar tal ação confiando nessa concepção de justo título que ainda se mostra equívoca na doutrina e jurisprudência, pois se o autor não tiver o prazo para a usucapião extraordinária, tal pedido será julgado improcedente, dando-se por interrompida a prescrição aquisitiva em favor do proprietário por ato do próprio demandante possuidor *ad usucapionem*. Com relação a essa modalidade de usucapião ordinária estabelecida no artigo sob comento, mister considerar a regra transitória prevista no art. 2.029 do Código Civil: "Até dois anos após a entrada em vigor deste Código, os prazos estabelecidos no parágrafo único do art. 1.238 e no parágrafo único do art. 1.242 serão acrescidos de dois anos, qualquer que seja o tempo transcorrido na vigência do anterior, Lei n. 3.071, de 1º de janeiro de 1916". Como se vê, trata-se de regra objetiva para a solução do conflito da lei no tempo. A referida norma jurídica consiste em acrescer ao prazo legal até dois anos após a entrada em vigor do atual Código, possibilitando a que o proprietário tenha um prazo razoável para interromper a prescrição que corre em favor do possuidor. Como o Código Civil já tem mais de dez anos de vigência, dificilmente ainda tenha alguma questão dessa para ser enfrentada por algum Magistrado, tendo a informação mais um caráter histórico. A despeito de respeitáveis opiniões em contrário, parece-nos que para a efetivação da usucapião prevista no *caput* do art. 1.242 do Código Civil não é necessário registro para a configuração de justo título, bastando a existência de uma causa jurídica que justifique a posse do usucapiente como, por exemplo, uma compra e venda, doação, dação em pagamento, dentre outras. Nesse sentido, merece nossos encômios o Enunciado n. 86 da *I Jornada de Direito Civil* do Conselho da Justiça Federal: "A expressão justo título contida nos arts. 1.242 e 1.260 do CC, abrange todo e qualquer ato jurídico hábil, em tese, a transferir a propriedade, independentemente de registro", assim como o de n. 302, o qual reza que "pode ser considerado justo título para a posse de boa-fé o ato jurídico capaz de transmitir a posse *ad usucapionem*, observado o disposto no artigo 113 do Código Civil". O parágrafo único do presente artigo reduziu o prazo para cinco anos se o possuidor adquiriu o bem imóvel onerosamente e não logrou o regular registro da titularidade junto ao cartório imobiliário, tendo em vista o cancelamento posterior do mesmo. Se, somado a esse fato, o possuidor utilizar do imóvel para sua moradia ou tiver realizado investimentos de interesse social ou econômico, como seria a exploração agrícola da área, poderá se utilizar do prazo quinquenal para o efeito de adquirir a propriedade do imóvel. Essa previsão legal, a par de prestigiar a função social da posse, reduzindo o prazo para usucapir se o possuidor der uma destinação social relevante ao imóvel, também tutela a boa-fé do adquirente a título oneroso, que vê o seu título registrado e posteriormente cancelado. O prestígio ao serviço registral imobiliário, que em um primeiro momento referendou a eficácia do título, foi o germe do que posteriormente viria consagrado pela Lei n. 10.931/2004, que introduziu o § 5º no art. 214 da Lei n. 6.015/1973 consolidando a chamada usucapião tabular: "A nulidade não será decretada se atingir terceiro de boa-fé que já tiver preenchido as condições de usucapião do imóvel". O *caput* desse dispositivo legal prescreve que o registrador do cartório imobiliário declarará, de ofício ou por provocação, as nulidades de pleno direito que restarem comprovadas, assegurando-se a prévia oitiva dos possíveis atingidos com o reconhecimento da invalidade, e o citado parágrafo excepciona tal regra. Protege-se a aparência do direito e a boa-fé do adquirente, mesmo diante de uma nulidade flagrante, como seria o caso de o bem, por exemplo, ter sido comprado de quem não era dono ou descobrir-se que o vendedor era absolutamente incapaz, sem que se tivessem observado os requisitos da representação e prévia autorização judicial, na forma dos arts. 1.691, 1.750 e 1.781 do Código Civil. Tabular é a modalidade de usucapião que provoca o convalescimento de uma nulidade absoluta registral em razão do preenchimento dos requisitos da prescrição aquisitiva em favor daquele que de boa-fé tiver o seu título registrado no cartório imobiliário. *Tabulas*, do latim, significa tábua e remonta ao local em que se inscrevem informações importantes, como, por exemplo, a tábua em que, segundo a Bíblia Sagrada (Êxodo, 20:1-17), Moisés escreveu os dez mandamentos. A tábua aqui significa o livro do registro de imóveis. Na maioria das vezes, a usucapião se forma contra *tabulas*, pois o réu da ação de usucapião é a pessoa cujo nome consta no registro, mas que diante da prescrição aquisitiva operada em favor do usucapiente, levará a que se faça um novo registro em detrimento do antigo. Pode ainda, como visto alhures, ser reconhecida a usucapião de imóvel que não se encontra registrado em nome de ninguém, valendo a Carta de Sentença como documento hábil para a abertura da matrícula e, via de consequência, do primeiro registro. Pois bem. Na usucapião tabular ocorre a usucapião *secundum tabulas*, na medida em que o reconhecimento da propriedade por esse meio impede o registrador de declarar a nulidade em desfavor daquele, cujo nome consta no cartório imobiliário. O espírito do dispositivo assinalado é o mesmo que inspirou o art. 1.817 do Código Civil, que legitima as alienações onerosas de bens hereditários, realizadas em favor de terceiros de boa-fé. O § 900 do Código Civil Alemão contém regra similar denominada usucapião de livro, que ocorre quando uma pessoa, sem que tenha adquirido o bem do verdadeiro proprietário (aquisição *a non domino*), faça a inscrição no Livro de Imóveis de um título no cartório imobiliário. Passados trinta anos desse fato, ocorrerá o reconhecimento formal da propriedade pela prescrição aquisitiva junto ao cartório imobiliário. Dessa forma, temos aqui presente o reconhecimento da possibilidade de convalescimento de uma nulidade que, a princípio, deveria ser declarada pelo registrador, mas que não será feita em razão de o registro datar de mais de cinco anos, sendo levado a cartório por adquirente de boa-fé que tenha dado ao imóvel função social pelo exercício da moradia ou pela realização de investimentos de interesse social ou econômico. Pode ocorrer também de o direito ser reconhecido como matéria de defesa pelo magistrado na situação em que algum interessado demandar o cancelamento do título e a consequente reivindicação do imóvel, na forma do § 2º do art. 1.245 e parágrafo único do art. 1.247, ambos do Código Civil, e o réu se desincumbir do ônus de provar os requisitos da usucapião tabular. No caso da usucapião do parágrafo único do art. 1.242 do Código Civil, o reconhecimento da usucapião como matéria de defesa será o suficiente para que se faça a devida regularização do imóvel no cartório imobiliário, independentemente de ação principal de usucapião, pois já há o registro em nome do réu. Nesse mesmo ângulo de visada, foi aprovado o Enunciado n. 569 da *VI Jornada de Direito Civil* do Conselho da Justiça Federal: "No caso do art. 1.242, parágrafo único, a usucapião, como matéria de defesa, prescinde do ajuizamento da ação de usucapião, visto que, nessa hipótese, o usucapiente já é o titular do imóvel no registro". O reconhecimento judicial de uma nulidade registral que favoreceria o Estado, mas que se defronta com a posse social de um particular que preencha os requisitos da usucapião, justifica que o magistrado determine ao Oficial que não proceda ao cancelamento do registro e recomenda a cautela que, *ipso facto*, determine o bloqueio da matrícula a fim de que terceiros de boa-fé não sejam prejudicados por uma alienação de quem não era mais dono, mas que continuava junto ao cartório como proprietário.

JURISPRUDÊNCIA COMENTADA: O risco de quem acredita ser titular de um justo título em confronto com a jurisprudência pode ser percebido nessa ementa que dá conta da perda da usucapião ordinária com a consequente interrupção da prescrição aquisitiva: "Usucapião extraordinário. Inocorrência de lapso temporal. Usucapião ordinário. Ausência de justo título. Impossibilidade. Ação de usucapião extraordinário. Os autores não conseguiram demonstrar o lapso de tempo, previsto no art. 1.238 do novo Código Civil, para a aquisição do domínio pela prescrição aquisitiva, sem justo título necessário à postulação da usucapião ordinária. Não preencheram os requisitos legais necessários à obtenção da tutela jurisdicional, no sentido de lhes reconhecer o domínio do imóvel objeto da lide. Precária a prova oral produzida para aferir-se o lapso temporal alegado na exordial. Recurso Improvido" (TJRJ, Ap. 28.761/2002, 7.ª Câmara Cível, Rel. Des. Suely Lopes Magalhães, v.u.). A jurisprudência tem entendido que o ônus de provar a existência de justo título e boa-fé é do usucapiente: "Apelação Cível. Usucapião Ordinária. Justo título e boa-fé. Existência. Prazo decenal. Comprovação. Prova documental e testemunhal. Ônus probatório cumprido. Sentença mantida. Apelo não provido" (TJPR, Ap. 1001517-5, 17.ª Câmara Cível, Rel. Des. Vicente Del Prete Misurelli, j. 26.06.2013). A figura da usucapião tabular tem contado com tímidas referências na jurisprudência pátria: "Apelação cível – Ação declaratória – Usucapião tabular – Reconhecimento da exceção de usucapião – Bloqueio matrícula – Julgador – Possibilidade – Recurso improvido. O reconhecimento da exceção de usucapião não tem força para efeito registral, fazendo-se necessária, portanto, a ação de usucapião para declarar o domínio. A inércia do Estado de Mato Grosso do Sul em transferir o imóvel para o seu domínio, assim como a constatação da boa-fé da parte, impossibilita a decretação da nulidade do título de aquisição à alegação de eiva de vício. A fim de resguardar a autenticidade e a segurança do Registro de Imóveis, poderá o julgador determinar de ofício, a qualquer momento, ainda que sem oitiva das partes, o bloqueio da matrícula do imóvel (§ 3º do art. 214 da Lei n. 6.015/73)" (TJMS, Ap. 2011.001047-6, 3.ª Turma Cível, Rel. Des. Rubens Bergonzi Bossay, j. 02.08.2011).

Art. 1.243. O possuidor pode, para o fim de contar o tempo exigido pelos artigos antecedentes, acrescentar à sua posse a dos seus antecessores (art. 1.207), contanto que todas

sejam contínuas, pacíficas e, nos casos do art. 1.242, com justo título e de boa-fé.

COMENTÁRIOS DOUTRINÁRIOS: Em comentário inicial a essa regra, importa que se repise que o art. 1.207 deste Código admite a soma de posses por ato *inter vivos e mortis causa*, sendo que o principal efeito se dá nessa possibilidade expressa conferida ao possuidor no sentido de que para fins de usucapião, é possível acrescentar à sua posse a dos seus antecessores, contanto que ambas sejam contínuas e pacíficas. Em que pese considerável posição no sentido de que a acessão de posse *inter vivos* (união) somente se efetiva mediante ato transmissivo formalizado, nos parece que se a prova testemunhal for concludente e extreme de dúvidas, prescindirá de formalização, até porque a era da prova tarifada já não mais convence, sendo substituída pelo livre convencimento motivado do magistrado (art. 369, do CPC/2015), pois a prova consiste na afirmação e verificação de um fato, de sorte que se o possuidor conseguir mediante testemunhas provar o tempo de sua posse atual e da(s) posse(s) anterior(es), poderá servir-se da soma de posses para perfazer o prazo legal. Relembre-se que se o caso for de sucessão (*sucessio possessionis*), a título universal, o sucessor continuará obrigatoriamente com a posse do anterior para todos os fins de direito. Em caso de usucapião ordinária (art. 1.242 do CC), a posse deve vir acompanhada de justo título e boa-fé. As modalidades especiais de usucapião pró-moradia e *pro labore* que encontram assento constitucional e trazem consigo um caráter personalíssimo em favor da pessoa que preencher os requisitos legais não admite acessão de posses, apenas a sucessão que decorre da sucessão hereditária. Nessa linha, foi aprovado o Enunciado n. 317 da *IV Jornada de Direito Civil*: "A *acessio possessionis* de que trata o art. 1.243, primeira parte, do CC não encontra aplicabilidade relativamente aos arts. 1.239 e 1.240 do mesmo diploma legal, em face da normatividade da usucapião constitucional urbano e rural, arts. 183 e 191, respectivamente".

Art. 1.244. Estende-se ao possuidor o disposto quanto ao devedor acerca das causas que obstam, suspendem ou interrompem a prescrição, as quais também se aplicam à usucapião.

COMENTÁRIOS DOUTRINÁRIOS: No que se refere às causas impeditivas, suspensivas e interruptivas da usucapião, apesar da dualidade de tratamento da prescrição e da usucapião no âmbito do direito codificado, o fato é que os institutos guardam considerável similitude, constituindo ambos a influência do tempo nas relações e situações jurídicas. Na primeira, vigora a energia extintiva e na segunda, a força originária criadora de direitos reais sobre a coisa própria e alheia. As causas que impedem ou suspendem a prescrição se encontram disciplinadas na parte geral do Código Civil. Pelo art. 197 do Código Civil, não corre a prescrição entre os cônjuges, na constância da sociedade conjugal, entre ascendentes e descendentes, durante o poder familiar e entre tutelados ou curatelados e seus tutores ou curadores, durante a tutela ou curatela. O art. 198 inclui outras causas: a) contra os incapazes de que trata o art. 3º; b) contra os ausentes do país em serviço público da União, dos Estados ou dos Municípios; c) contra os que se acharem servindo nas Forças Armadas, em tempo de guerra. E o art. 199 disciplina que não corre igualmente a prescrição pendendo condição suspensiva, não estando vencido o prazo e pendendo ação de evicção. As causas acima arroladas serão impeditivas – o prazo não se inicia – ou suspensivas – o prazo se inicia, fica suspenso enquanto a causa persistir e depois volta a correr, computando-se o prazo a seguir e o anterior antes da suspensão – conforme o momento em que se apresentem. Se a causa for anterior ao início da contagem do prazo, será impeditiva. Se a causa acontecer após o exercício da posse *ad usucapionem*, vindo posteriormente a cessar, a causa reputar-se-á suspensiva. Diferem das causas suspensivas, porque sua existência é anterior ao início da prescrição e exercem, por isso, desde logo, a sua influência preclusiva sobre esta, impossibilitando o seu início; ao passo que as suspensivas são supervenientes ao início da prescrição, que já está correndo quando elas sobrevêm, e, por isso, não impedem o seu início, mas tolhem o prosseguimento do curso já iniciado, suspendendo-o. Vejamos o seguinte exemplo: uma pessoa de cinco anos de idade herdou um imóvel por ocasião do falecimento de seu pai e dois anos depois, sobre esse bem, determinada pessoa começou a exercer posse *ad usucapionem*. Teremos uma causa impeditiva do início do prazo prescricional até o infante completar 16 anos, pois não corre prescrição contra absolutamente incapazes. Todavia, se estivermos diante de uma incapacidade absoluta superveniente do proprietário em razão de uma lesão cerebral grave e outrem estiver exercendo posse *ad usucapionem*, enquanto não houver a recuperação do proprietário, o prazo ficará suspenso. As causas interruptivas se encontram disciplinadas no art. 202 do Código Civil. Nesse diapasão, todos os mecanismos legais aplicáveis ao caso como o despacho do juiz que determina a citação em uma ação ou protesto judicial ou o próprio reconhecimento do possuidor acerca do direito do proprietário, poderão impedir a consumação da prescrição aquisitiva. Destarte, se, por exemplo, a própria pessoa que exerce posse *ad usucapionem* vier a reconhecer, por qualquer meio, a titularidade do proprietário, se apresentará interrompida a posse por conta do disposto no art. 202, VI, de vez que estabelece esse dispositivo legal que a prescrição se interrompe por qualquer ato inequívoco, ainda que extrajudicial, que importe reconhecimento do direito pelo possuidor. Questão interessante é a da prescrição intercorrente, em que uma posse *ad usucapionem* interrompida por uma das maneiras aplicáveis à espécie previstas no art. 202 do Código Civil volte a correr a partir da data do ato que a interrompeu, ou do último ato do processo para a interromper (art. 202, parágrafo único, do CC). Diante dessa possibilidade que a lei cria, admitamos a situação em que uma pessoa tenha sucumbido em uma ação possessória ou petitória, mas o demandante vencedor, após o despacho ordinário determinando a reintegração de posse ou a imissão na posse, conforme seja a primeira ou a segunda hipótese, tenha se quedado inerte, dando azo ao surgimento de um novo prazo prescricional. Se este se consumar em favor do atual possuidor, não poderá mais o retomante recuperar a posse do bem, pois a perdeu em razão da usucapião operada em favor do réu. Foi a inércia do proprietário dormidor que deu ensancha ao surgimento dessa nova titularidade.

JURISPRUDÊNCIA COMENTADA: Em situação na qual uma coerdeira do imóvel usucapiendo tinha sido interditada, o Tribunal de Justiça de São Paulo manteve a improcedência do pedido de usucapião do imóvel, firme no sentido de que a partir de 1997, ano em que se efetivou a interdição, o prazo parou de correr (art. 198, I, c/c 1.244, CC). Como, até o referido ano, o possuidor ainda não tinha em seu favor o curso do prazo prescricional aquisitivo, não é possível a aquisição da propriedade. A ementa ficou lavrada nos seguintes termos: "Apelação cível. Usucapião – pretendida a prescrição aquisitiva com base na posse prolongada em bem imóvel como se proprietária fosse. Propriedade que foi transmitida por herança em favor de pessoa declarada judicialmente incapaz há longo tempo. Sentença de improcedência. Inconformismo da autora – suspensão da prescrição aquisitiva corretamente reconhecida. Recurso desprovido" (TJSP, Apelação 0029113-73.2012.8.26.0100, 2.ª Câmara de Direito Privado, Rel. Des. José Carlos Ferreira Alves, j. 19.10.2018).

PANDEMIA: No direito brasileiro, não existe uma causa genérica obstativa que poderia ser identificada como de caso fortuito ou de força maior (art. 393, parágrafo único, CC), isto é, mesmo diante de uma circunstância imprevisível que viesse a impedir ou tornar extremamente difícil a interrupção da prescrição, se esta não se encontrar nas hipóteses casuísticas previstas nos arts. 197 a 200 do Código Civil, o prazo correrá em favor do usucapiente. Com tal posicionamento majoritário, o legislador emergencial federal, diante da pandemia como clara hipótese de força maior, entendeu que deveria disciplinar a questão, protegendo a segurança jurídica, e o fez com o art. 10 da Lei n. 14.010/2020 (RJET), o qual dispõe que "suspendem-se os prazos de aquisição para a propriedade imobiliária ou mobiliária, nas diversas espécies de usucapião, a partir da entrada em vigor desta Lei até 30 de outubro de 2020". Pela demora do procedimento legislativo, a eficácia temporal da norma vai de 12 de junho, data de publicação da indigitada norma jurídica, até 30 de outubro de 2020, período esse em que os prazos de usucapião da propriedade ou de outro direito real (ex.: servidão predial – art. 1.379, CC) estarão suspensos na forma da referida Lei. Ainda que o parágrafo único do art. 1º diga que, para os fins de aplicação da Lei n. 14.010/2020, "considera-se 20 de março de 2020, data da publicação do Decreto Legislativo nº 6, como termo inicial dos eventos derivados da pandemia do coronavírus (covid-19)", o art. 10 dispõe categoricamente que a sua vigência se dará a partir da publicação. A causa suspensiva, aqui posta, pode ser compreendida como impeditiva do curso prescricional aquisitivo se, por acaso, o início da posse *ad usucapionem* se der durante o período de vigência da referida norma jurídica emergencial e temporária. Note-se que, ao tratar da prescrição extintiva, o legislador foi mais técnico e fez referência a causas impeditivas, suspensivas e interruptivas. Malgrado seja uma questão difícil, não me parece que seja possível reconhecer a pandemia como causa obstativa da prescrição nem antes nem depois da vigência da lei, pois matéria relativa a prazo prescricional, seja ele aquisitivo ou extintivo, é de ordem pública, submetida à reserva legal. Além disso, mesmo durante a pandemia, os tribunais brasileiros continuaram funcionando para o fim de receber pleitos tendentes a interromper o prazo de usucapião que estivesse correndo em favor do possuidor.

SEÇÃO II

DA AQUISIÇÃO PELO REGISTRO DO TÍTULO

Art. 1.245. Transfere-se entre vivos a propriedade mediante o registro do título translativo no Registro de Imóveis.

§ 1º Enquanto não se registrar o título translativo, o alienante continua a ser havido como dono do imóvel.

§ 2º Enquanto não se promover, por meio de ação própria, a decretação de invalidade do registro, e o respectivo cancelamento, o adquirente continua a ser havido como dono do imóvel.

COMENTÁRIOS DOUTRINÁRIOS: Complementando o art. 108 do Código Civil no tocante aos rigores para a aquisição da propriedade imobiliária, o qual exige a escritura pública para a celebração de atos que importem em constituição, transferência, modificação ou renúncia de direitos reais sobre bens imóveis que excedam a 30 vezes o salário mínimo do país, o dispositivo legal comentado adota o critério segundo o qual há uma nítida diferenciação em nosso sistema jurídico entre o título de aquisição de um bem e o correspondente modo de aquisição. Como sabido, o negócio jurídico gera apenas efeitos obrigacionais, como se pode observar, exemplificativamente, do art. 481 do Código Civil Brasileiro, o qual reza que "pelo contrato de compra e venda, um dos contratantes se obriga a transferir o domínio de certa coisa, e o outro, a pagar-lhe certo preço em dinheiro". Com a leitura atenta do dispositivo destacado, o leitor pode observar que, pelo sistema brasileiro, o título gera obrigações, mas não transfere o direito, diferentemente do sistema italiano e do francês em que a própria celebração válida do ato negocial é o suficiente para operar a transferência do bem. De efeito, na aquisição derivada *inter vivos*, tendo por objeto bens imóveis, a transferência da propriedade apenas se dará com o registro da escritura no cartório imobiliário. Ademais, o registro, na presente hipótese, tem efeito constitutivo, ou seja, somente será reputado dono do imóvel ou titular de direito real sobre a coisa alheia a pessoa cujo nome constar na certidão para esse fim expedida pelo registro de imóveis. Os títulos de aquisição, portanto, como a compra e venda, a doação, a dação em pagamento, ou até mesmo uma carta de arrematação extraída de um processo de execução não são hábeis para transferir o domínio por si só, necessitando a observância do registro, que é o seu modo de aquisição efetivo. Importante destacar que nem sempre o registro terá efeito constitutivo. Ostenta simples efeito declaratório o registro da carta de sentença que julgou procedente uma ação de usucapião de propriedade ou de direito real sobre a coisa alheia, de uma acessão edificada em um terreno, formal de partilha e carta de adjudicação extraída dos juízos de inventário e, ainda, a carta de sentença da desapropriação. Reconhecendo um direito preexistente, o registro, em tais ocasiões, é importante para regularizar o imóvel e dar publicidade *erga omnes* ao reconhecimento da propriedade, conferindo, por via de consequência, maior segurança jurídica. O art. 167 da Lei n. 6.015/1973 indica os títulos que são registrados no cartório imobiliário, merecendo tal dispositivo uma leitura atenta, tendo em vista o atributo da legalidade do qual falaremos adiante. Comumente se afirma que no cartório imobiliário são registrados direitos, mas a bem da verdade o registro incide sobre os fatos jurídicos que lhe servem de objeto da publicidade registral, pois o objeto propriamente dito da inscrição é que constitui o direito de propriedade, usufruto, hipoteca, dentre outros. O sistema registral brasileiro tem atribuição para a prática dos seguintes atos: matrícula do imóvel, registro do imóvel e averbações. A matrícula disciplinada nos arts. 227 a 235 da Lei n. 6.015/1973 é o ato de cadastramento de um imóvel, mediante a sua individualização e apresentação de suas confrontações. Por ela, almeja-se ao estabelecimento de um sistema cadastral semelhante ao alemão, em que o registro goza de presunção absoluta e todo o solo se encontra devidamente cadastrado no livro fundiário específico. Ainda não chegamos nesse estágio e, por isso, o registro por essas bandas possui presunção relativa, o que nos parece mais conveniente pela injustiça concreta que a presunção absoluta pode gerar. O registro é o ato posterior à matrícula em que, mediante a apresentação de um título constitutivo, a propriedade imobiliária ou a constituição de um direito real sobre a coisa alheia é registrada, entre outros atos arrolados no art. 167 da Lei n. 6.015/1973, tais como os contratos de locação de prédios, nos quais tenha sido consignada cláusula de vigência no caso de alienação da coisa locada (art. 167, I, 3), as convenções antenupciais (art. 167, I, 12), instituição de bem de família (art. 167, I, 1), contrato de alienação fiduciária em garantia de bem imóvel (art. 167, I, 35), concessão de direito real de uso para fins de moradia (art. 167, I, 40), dentre outros previstos em lei. Na aquisição derivada de bens imóveis *inter vivos*, é indispensável para que se faça o registro que o imóvel esteja matriculado junto ao cartório do registro de imóveis competente. A averbação é uma anotação feita a requerimento do interessado que diga respeito ao imóvel e/ou à pessoa do titular, como a modificação do estado civil pelo divórcio, alteração da descrição do imóvel, cancelamento de gravames, dentre outros atos que não criam direitos reais sobre bens imóveis. Não há aqui atos constitutivos da propriedade ou de outro direito real sobre a coisa alheia. Os atos sujeitos à averbação no cartório imobiliário estão disciplinados no art. 167, II, da Lei n. 6.015/1973, tais como, exemplificativamente, a modificação do nome de uma rua (art. 167, II, 4), alteração do nome por casamento ou separação (art. 167, II, 5) e, também, o restabelecimento da sociedade conjugal (art. 167, II, 10), dentre outros. O registro imobiliário possui os atributos da publicidade, força probante, legalidade, obrigatoriedade, continuidade, retificação, tipicidade, prioridade e especialidade, instância e territorialidade, constituindo-se em um conjunto de princípios e regras de ordem pública que disciplinam a organização e o funcionamento dos cartórios imobiliários com vistas à atribuição de segurança jurídica aos atos de transferência de bens imóveis no país. Os atos do registro de imóveis são públicos, ou seja, franqueados a qualquer pessoa e produzindo efeitos *erga omnes*, exatamente pela publicidade que dele emana. Além de constituir o direito real, obriga a terceiros que dele podem tomar conhecimento, mediante a simples solicitação de certidões. A força probante está ligada ao fato de que as certidões exaradas pelos cartórios imobiliários constituem meios de prova em juízo, gozando, como todos os atos administrativos, de presunção relativa de legitimidade. A força probante do registro provoca a inversão do ônus da prova em favor do detentor do título. O atributo da legalidade impõe ao registrador que faça uma análise minuciosa sobre a legalidade do título e dos documentos apresentados, pois se encontrar proibição legal, deverá recusar o registro. Se houver conflito entre a opinião do registrador e do interessado, o oficial deverá suscitar o procedimento administrativo de dúvida que consiste na submissão da questão ao juiz de direito com competência para registros públicos a fim de que este possa dirimir a dúvida acerca da possibilidade de registro ou não. A dúvida deve ser séria e transparente, isto, é calcada na lei, pois a atribuição primaz do registrador é a de envidar esforços para a consecução do registro, assim como possibilitar aos envolvidos a exata compreensão do óbice registral. Ao Poder Judiciário, sede em que ao requerente será permitido apresentar as suas razões e provas para o convencimento do magistrado, competirá decidir, após a obrigatória oitiva do Ministério Público, pelo cancelamento da prenotação (dúvida procedente), ou determinar ao Oficial que faça o registro (dúvida improcedente) nos termos dos arts. 198 a 207 da Lei n. 6.015/1973. Questão tormentosa diz respeito à denominada dúvida inversa que ocorre na situação em que o registrador não deflagra de ofício o procedimento administrativo de dúvida e o interessado a realiza diretamente ao juízo competente. Existem duas correntes sobre a matéria. Há entendimento no sentido de que é incabível essa medida, tendo em vista que a lei somente atribui legitimidade ao próprio Oficial para suscitar o referido incidente, conforme interpretação do art. 198 da Lei n. 6.015/1973. Há quem entenda que a dúvida é do Oficial, não podendo a parte substituir-se ao serventuário na declaração, e essa parece ser a corrente majoritária na doutrina e jurisprudência. Com o respeito às opiniões em contrário, temos que em uma visão sistemática do acesso à jurisdição assegurado pela lei maior, é de se possibilitar ao interessado o endereçamento dessa pretensão diretamente ao Poder Judiciário como muito bem assinalou o novel Código de Processo Civil quando tratou da usucapião extrajudicial no artigo 1.071 e incluiu o art. 216-A, § 7º, da Lei n. 6.015/1973, *in verbis:* "§ 7º Em qualquer caso, é lícito ao interessado suscitar o procedimento de dúvida, nos termos desta Lei". Ainda que se trate de norma excepcional e, portanto, com interpretação restrita a essa situação jurídica, merece referência, pois demonstra-se a inexistência de qualquer óbice grave de ordem teórica ou prática na aceitação da dúvida inversa, bastando que o juiz, ao recebê-la, oficie o cartório imobiliário com a determinação de suspensão dos efeitos da prenotação até o julgamento final da questão. Sem embargo desse posicionamento, há a possibilidade de impetração de mandado de segurança contra ato do registrador que se opuser a suscitar a dúvida de ofício, como é o seu dever. A obrigatoriedade apontada pela doutrina, no rigor da técnica, consiste em um ônus, pois a sua observância traz vantagem para o titular, sendo o único meio na aquisição derivada *inter vivos* de obter a propriedade ou outro direito real sobre o imóvel, ou seja, a observância desse consiste não em um dever legal, mas sim na efetivação de um interesse pessoal. A continuidade vincula-se ao reconhecimento de que o registro da escritura deve decorrer necessariamente do titular do direito anterior, guardando um encadeamento cronológico, sendo defeso realizar registros em nome do adquirente quando o imóvel não se encontrar registrado em nome do alienante (art. 195 da Lei n. 6.015/1973). Há que se ter um registro anterior para que o documento posterior possa encontrar assento no registro imobiliário. Nas aquisições originárias, como sucede na já estudada possibilidade de usucapião de um imóvel ainda não matriculado no registro de imóveis, pode não ocorrer continuidade, pois o direito é novo. Nesse caso, a carta de sentença autorizará a abertura de matrícula e o consequente registro. Não há óbice para que as partes se valham da chamada procuração em causa própria para realizar atos de alienação, pois quando houver a efetividade do mandato *in rem suam* com a consequente lavratura da escritura, o registrador fará referência ao alienante (mandante) anterior e ao adquirente (mandatário), mormente com a positivação de tal figura jurídica clássica nas transações imobiliárias, conferindo maior segurança para ambos os contratantes, consoante autorização conferida pelo art. 685 do Código Civil: "Conferido o mandato com a cláusula 'em causa própria', a sua revogação não terá eficácia, nem se extinguirá pela morte de qualquer das partes, ficando o mandatário dispensado de prestar contas, e podendo transferir para si os bens móveis ou imóveis objeto do mandato, obedecidas as formalidades legais". A retificação é o atributo que está ligado ao fato de que a presunção de veracidade do registro imobiliário é relativa, conforme anotaremos no art. 1.247, deste Código. Atendendo ao atributo da tipicidade, temos que apenas são registrados ou averbados, conforme o caso, no álbum imobiliário, os títulos *numerus clausus* arrolados no art. 167 da Lei n. 6.015/1973. A funcionalização dos institutos tem abrandado um pouco o rigor desse atributo, conforme tivemos oportunidade de discorrer ao analisar o princípio da taxatividade dos direitos reais. A prioridade é fixada pela prenotação, ou seja, a protocolização do título hábil, em tese, para registro. Esse é o ato que fixa, em regra, quem vai ser o proprietário do bem ou, se for o caso, o primeiro credor hipotecário na hipótese da sub-hipoteca (art. 1.478 do CC), atendendo-se à máxima latina *prior in tempore potiur jure*. Quando a sabedoria popular diz que o imóvel é daquele que registra primeiro, tecnicamente estaria se referindo à prenotação e não propriamente ao registro que, por exemplo, pela necessidade de atender algumas exigências, pode tardar a ser efetivado. Se o título for completamente estranho ao direito registral imobiliário, sequer será averbado, recebendo um número de protocolo sem qualquer efeito jurídico. Destarte, se uma pessoa apresenta uma escritura, pública ou particular, de cessão de posse de um imóvel que sequer está matriculado, não será feita sequer a prenotação do título e o documento será devolvido ao apresentante. Pela especialidade ou especialização exige-se que o registro do imóvel deve conter a descrição minudente do imóvel, sendo defeso o registro se há desconformidade entre a descrição do título e o registro. A descrição do prédio se tornará pública com o registro que deverá ser preciso em todas as suas características e confrontações, na forma do art. 176, inc. II, 3, da Lei n. 6.015/1973 com a redação dada pela Lei n. 10.267/2001, sendo este atributo um dos requisitos mais importantes da matrícula. Outra característica importante é a cindibilidade, a qual possibilita que o registrador proceda ao registro de parte do título que esteja de acordo com a lei e negar ou suscitar dúvida com relação àquele, cuja vicissitude ou a própria declaração de vontade das partes impeça o registro do todo. Consideremos que em um formal de partilha envolvendo dez imóveis, metade deles esteja com algum óbice legal que impeça o registro. Nesse caso, em razão de cada imóvel contar com a sua matrícula, pode ser feito o registro dos títulos que estejam em conformidade com a lei e a recusa dos demais. Também pode acontecer de uma escritura pública de compra e venda de um imóvel com pacto adjeto de hipoteca, no qual o título da venda admita, segundo a lei, o registro e a garantia real, descumprir os ditames de especialização da dívida. Como a venda é principal e a hipoteca acessório, o registrador pode proceder ao registro e negar o registro do referido direito real de garantia. Por fim, o atributo da instância que se fundamenta no *caput* do art. 13 da Lei de Registros Públicos nada mais é do que a constatação de que não se faz registro de imóvel senão pela manifestação expressa do interessado, afinal de contas, "títulos assentados são os apresentados por interessados", enquanto a territorialidade é a divisão das atribuições entre os cartórios imobiliários segundo áreas definidas denominadas de circunscrições. O § 2º do artigo em exame confirma o que fora dito anteriormente no sentido de que o registro do imóvel no cartório imobiliário competente goza de presunção relativa, isto é, enquanto não for invalidado por ação própria, que pode ser, por exemplo, uma ação de nulidade, anulatória ou de declaração de ineficácia. Em outro giro, se o interessado vencer demanda visando desconstituir o título, tal decisão judicial determinará o cancelamento do registro e a partir daí ficará sem efeito o ato registrário, conforme preconiza o art. 250, I, da Lei n. 6.015/1973 ao dizer que far-se-á o cancelamento do registro em cumprimento de decisão judicial transitada em julgado. A *V Jornada de Direito Civil* do Conselho da Justiça Federal/STJ considerou essa orientação no Enunciado n. 503 ao afirmar que "é relativa a presunção de propriedade decorrente do registro imobiliário, ressalvado o sistema Torrens".

JURISPRUDÊNCIA COMENTADA: O Conselho da Magistratura do Tribunal de Justiça do Estado de São Paulo, enfrentou uma questão interessante na qual foi feita uma escritura pública de doação com cláusulas restritivas de inalienabilidade, incomunicabilidade e impenhorabilidade sem que fosse cumprido o art. 1.848 do Código Civil, que determina a explicitação de justa causa para que o gravame possa incidir sobre os bens da legítima. O registrador recusou o registro e suscitou dúvida que foi resolvida em favor do apresentante do título, pois pelo princípio da cindibilidade, é possível que se faça o registro da doação, que é o ato principal, sem que se faça necessariamente o registro dos referidos gravames: "Registro de Imóveis – Dúvida julgada procedente – Negativa de registro de escritura pública de doação – Imposição imotivada de cláusulas restritivas – Inteligência dos artigos 1.848, *caput*, e 2.042 do Código Civil – Nulidade – Cindibilidade do título – Desconsideração das limitações – Recurso provido" (TJSP, Apelação 8818-68.2012.8.26.0438, Conselho Superior de Magistratura, Rel. Des. Renato Nalini, j. 06.11.2013). Da mesma forma, com relação ao testamento, o STJ já decidiu que a nulidade das cláusulas de inalienabilidade, incomunicabilidade e impenhorabilidade não tornam o testamento nulo (REsp 1.641.549/RJ, 4.ª Turma, Rel. Min. Antonio Carlos Ferreira, j. 13.08.2019, v.u.). A taxatividade dos atos registrários que se encontram arrolados no referido art. 167 da Lei n. 6.015/1973 tem recebido mitigação em atenção ao interesse público, notadamente da publicidade que o registro público encerra, como se pode ver em interessante decisão da Segunda Seção do Superior Tribunal de Justiça que, a despeito da inexistência de previsão legal e com o objetivo de tutelar os consumidores, determinou a averbação, junto à matrícula do imóvel, da existência de uma ação civil pública contra um empreendimento imobiliário que teria sido construído em área de preservação ambiental (STJ, REsp 1.161.300/SC, 2.ª Seção, Rel. Min. Herman Benjamin, j. 22.02.2011). Com relação à admissão da dúvida inversa não há um pronunciamento do Superior Tribunal de Justiça, devendo essa questão ser pesquisada junto ao Tribunal de Justiça local. Por exemplo, o Tribunal de Justiça do Estado do Rio de Janeiro tem reiteradamente inadmitido o procedimento como se pode ver dessa ementa: "Apelação. Dúvida Inversa. Formulação de exigência diante de requerimento de registro de escritura de compra e venda. Sentença que julgou extinto o feito sem resolução do mérito. Inconformismo. Interposição de apelação. Falta de interesse e de legitimidade da parte. Ausência de previsão legal. Descabimento da dúvida inversa. Precedentes. Razões recursais, ademais, que não prosperam, por pretenderem obter o registro de título sem o devido encadeamento histórico-registral, vulnerando-se o Princípio da Continuidade Registral. Recurso ao qual se nega provimento" (TJRJ, Conselho da Magistratura, 0389810-85.2012.8.19.0001, Des(a). Elisabete Filizzola Assunção, j. 29.01.2019). Em outro giro, o Tribunal de Justiça de São Paulo tem admitido a utilização desse expediente: "Registro de Imóveis – Dúvida Inversa – Admissibilidade – Título judicial – Qualificação – Admissibilidade – Ausência de manifestação do Oficial após a suscitação da dúvida inversa e de manifestação do Ministério Público antes da prolação da sentença – Irregularidades não contaminadoras da validade do procedimento administrativo – Demarcação de fração ideal de bem imóvel – Abertura de matrícula vedada – Indispensabilidade da prévia extinção do estado de condomínio de direito – Lançamento fiscal – Irrelevância – Dúvida julgada procedente – Recurso desprovido" (TJSP, Apelação 73902-47.2010.8.26.0224, Conselho Superior de Magistratura, Relator Des. Renato Nalini, j. 28.02.2013). Tivemos um caso no qual o juízo orfanológico teria homologado o formal de partilha que reconhecia em favor de determinado espólio o direito a terras no bairro da Barra da Tijuca, no Rio de Janeiro. De acordo com o modo de ver do herdeiro, havia uma determinação implícita contida no pronunciamento judicial de registro no cartório imobiliário do referido documento. Ocorre, entretanto, que na realidade se tratava de posse sem matrícula junto ao registro de imóveis, o que acarretou na negativa do registro: "Direito Registral Imobiliário. Registro de contrato de promessa de compra e venda de bem imóvel. Decisão impugnada proferida pelo juízo orfanológico que indeferiu pedido de abertura de matrícula por falta de amparo legal, remetendo as partes ao juízo da Vara de Registros Públicos. Inexistência de matrícula do imóvel em nome do promitente vendedor espólio do comendador Antonio de Souza Ribeiro. Competência da Vara de Registros Públicos para, decidindo o procedimento de dúvida, determinar ou não a abertura de matrícula e o consequente registro do imóvel junto ao 9º Registro do Cartório de Registro de Imóveis (art. 89 do CODJERJ), conforme análise dos requisitos formais e substanciais do título e a continuidade registral, na forma da Lei n. 6.015/73. O alvará de autorização para a venda de imóvel é meramente autorizativo, não vinculando o juízo orfanológico a determinar a abertura de matrícula, sob pena de extrapolar em sua competência definida pelo art. 87 do CODJERJ. Parecer do Ministério Público no sentido do improvimento. Recurso conhecido e improvido" (TJRJ, Agravo de Instrumento 2008.002.33186, 16.ª Câmara Cível, Rel. Des. Marco Aurélio Bezerra de Melo, j. 05.02.2009).

Art. 1.246. O registro é eficaz desde o momento em que se apresentar o título ao oficial do registro, e este o prenotar no protocolo.

COMENTÁRIOS DOUTRINÁRIOS: Por ocasião da análise dos atributos do registro imobiliário identificamos a prioridade que vai se verificar de acordo com a ordem cronológica de apresentação dos títulos, de modo que aquele que for prenotado primeiro goza de precedência frente aos que forem apresentados depois. Enfim, será a ordem de protocolo que fixará a prioridade do título. O artigo sob comento prevê que o registro é eficaz desde o momento em que se apresentar o título ao oficial do registro, e este o prenotar no protocolo. A prenotação é a porta de entrada de um título no cartório imobiliário. Todo registro de imóveis é obrigado a ter um livro de protocolo, que servirá para o apontamento de todos os títulos apresentados diariamente (art. 174 da Lei n. 6.015/1973). Esse ato formal fixará o momento de eficácia do registro, de modo que cumpridas todas as etapas e eventuais exigências legais, como até mesmo a instauração de um procedimento administrativo de dúvida, o efeito constitutivo do registro retroagirá à data da prenotação. Cumpre esclarecer pela gravidade da norma que, se o interessado não cumprir as exigências formuladas nem impugná-las administrativamente no prazo de trinta dias a contar da prenotação do mesmo no protocolo, perderá automaticamente o ato a eficácia que lhe é inerente, conforme prescreve o art. 205 da Lei n. 6.015/1973, na redação dada pela Lei do SERP (Lei n. 14.382/2022), *in verbis*: "Cessarão automaticamente os efeitos da prenotação se, decorridos 20 (vinte) dias da data do seu lançamento no Protocolo, o título não tiver sido registrado por omissão do interessado em atender às exigências legais". Anote-se que a recente norma reduziu o prazo de trinta para vinte dias. Esse prazo pode se mostrar peremptório para o interessado, devendo ser adotadas medidas explícitas de acatamento às determinações do oficial, mas certo é que pode acontecer de o registro não se ultimar nesse prazo por este estar suspenso, como ocorre durante o trâmite do julgamento da dúvida ou porque o ato registrário é dotado de complexidade maior, como sucede, por exemplo, com o registro de loteamento com muitas peculiaridades e lotes ou de uma incorporação imobiliária com muitas unidades autônomas.

Art. 1.247. Se o teor do registro não exprimir a verdade, poderá o interessado reclamar que se retifique ou anule.

Parágrafo único. Cancelado o registro, poderá o proprietário reivindicar o imóvel, independentemente da boa-fé ou do título do terceiro adquirente.

COMENTÁRIOS DOUTRINÁRIOS: Apontamos acima que o registro de imóveis no Brasil goza de presunção relativa e não absoluta de veracidade. Essa presunção leva a que o título tenha eficácia até que seja cancelado, mas confere a possibilidade ao interessado de postular a sua retificação se o mesmo se afastar do paradigma de realidade que deve qualificá-lo. Assim, a retificação dar-se-á quando o teor do registro não exprimir a verdade e a invalidade referida na lei ocorrerá em razão de algum defeito contemporâneo à sua formação, como a incapacidade do contratante ou dissonância entre a vontade e a declaração, gerando os chamados defeitos da vontade estudados na parte geral. Se houver nulidade (art. 166 do CC), é possível o conhecimento de ofício pelo registrador, salvo se atingir terceiro de boa-fé que já tiver preenchido as condições de usucapião do imóvel, na forma do § 5º do art. 214 da Lei n. 6.015/1973. Na hipótese de anulabilidade (art. 171 do CC), o seu reconhecimento dependerá de ação judicial proposta pelo interessado. Em se tratando de um erro meramente formal ou até mesmo material que não esteja ligado com a causa do ato negocial levado a registro, pode ser feita a retificação judicial ou extrajudicial em razão da modificação do art. 213 da Lei n. 6.015/1973 com as redações dadas pela Lei n. 10.931/2004 e pela Lei n. 14.382/2022 (Lei do SERP), que desjudicializaram o procedimento antigo, o qual estabelece que pode haver a retificação do registro ou da averbação, de ofício ou a requerimento do interessado nos casos de omissão ou erro cometido na transposição de qualquer elemento do título, indicação ou atualização de confrontação, alteração de denominação de logradouro público, comprovada por documento oficial, retificação que vise à indicação de rumos, ângulos de deflexão ou inserção de coordenadas georreferenciadas, em que não haja alteração das medidas perimetrais, alteração ou inserção que resulte de mero cálculo matemático feito a partir das medidas perimetrais constantes do registro, reprodução de descrição de linha divisória de imóvel confrontante que já tenha sido objeto de retificação ou a inserção ou modificação dos dados de qualificação pessoal das partes, comprovada por documentos oficiais, ou mediante despacho judicial quando houver necessidade de produção de outras provas. Se houver o cancelamento do registro por resolução do contrato, retificação, nulidade ou anulabilidade do título, o proprietário verdadeiro do bem imóvel poderá reivindicar o bem de quem quer que possua ou detenha, independentemente da boa-fé ou do título do adquirente.

REFORMA DO CÓDIGO CIVIL: Modificação que virá em bom tempo, adequando-se à jurisprudência maciça nos tribunais e atendendo ao princípio da boa-fé, ao proteger com intensidade o adquirente de boa-fé, além de esclarecer que a alienação *a non domino* não se situa no plano da validade, mas, sim, da eficácia, como se pode perceber no texto: "Art. 1.247. Se o teor do registro não exprimir a verdade, poderá o interessado postular que seja retificado ou cancelado. § 1º Não se procederá ao cancelamento do registro de título aquisitivo irregular que possa atingir direitos reais adquiridos onerosamente por terceiros de boa-fé, sem eles que sejam ouvidos. § 2º Não será considerado de boa-fé o terceiro que comprovadamente tinha ciência da irregularidade do título. § 3º A aquisição do terceiro de boa-fé não prevalecerá em face de direitos reais adquiridos, independentemente do registro; e nas situações expressamente previstas em lei". "Art. 1.247-A. A alienação de bem imóvel feita por aquele que não é o seu proprietário é considerada ineficaz e não se procederá ao seu registro. Parágrafo único. Nos termos deste artigo, ressalvam-se os direitos adquiridos de boa-fé."

SEÇÃO III

DA AQUISIÇÃO POR ACESSÃO

Art. 1.248. A acessão pode dar-se:

I – por formação de ilhas;

II – por aluvião;

III – por avulsão;

IV – por abandono de álveo;

V – por plantações ou construções.

COMENTÁRIOS DOUTRINÁRIOS: À luz do direito positivo, a acessão pode ser definida como um modo de aquisição originária do direito de propriedade que se verifica com a junção de um bem imóvel a outro imóvel ou de bens móveis a imóveis, conduzindo a que a coisa principal atraia a acessória, formando um novo bem ou modificando-o. No primeiro caso, temos as acessões naturais, assim chamadas por decorrerem de um evento da natureza, cujas modalidades são a formação de ilhas, a aluvião, a avulsão e o abandono de álveo. No segundo, temos as acessões artificiais, ou seja, aquelas que são formadas pela ação e engenho humanos e são as plantações e as construções. O artigo em exame enumera as formas de acessão prescrevendo que esta pode dar-se por meio de formação de ilhas, aluvião, avulsão, abandono de álveo e por intervenção do homem com a realização de plantações ou da edificação ou construção. Existem quatro teorias que discutem a natureza jurídica da acessão imobiliária. Pela primeira, a acessão seria um modo de aquisição da propriedade, a segunda a qualifica apenas como uma das faculdades inerentes ao domínio e poderia ser assim identificada para as acessões voluntárias, como as construções e plantações, mas não explica as acessões naturais, como a avulsão. A terceira teoria é eclética e divide as acessões em voluntárias, como manifestação do poder dominial, e as naturais como modo de aquisição da propriedade. A quarta propugna que a acessão, em verdade, não é uma forma de aquisição de bens, operando tão somente uma transformação na propriedade já existente. A primeira corrente configura corrente majoritária na doutrina e vem contemplada na própria legislação. Malgrado esse reconhecimento, parece-nos mais acertada a teoria eclética, pois nas construções e plantações também chamadas de acessões voluntárias ou discretas, a aquisição está ligada ao poder de uso do bem que conduz ao fato de que tudo o que se incorpora ao solo passa a pertencer ao dono deste (*superficies solo cedit*) como decorrência lógica do direito de propriedade e do princípio geral de que o acessório segue a sorte do principal, ao passo que na formação de ilhas, aluvião, avulsão e abandono do álveo, conhecidos igualmente como acessões naturais ou contínuas, há efetivo modo de adquirir a propriedade que surge independentemente da vontade do titular. O fundamento jurídico pelo qual se identifica a acessão em nossa codificação como modo de aquisição da propriedade reside na preocupação de se criar um condomínio entre o dono do prédio desfalcado e o dono do prédio beneficiado (acessões naturais) ou entre o dono do solo e o construtor ou plantador (acessões voluntárias).

Esse condomínio seria de difícil, senão impossível, administração, conduzindo à conclusão de que o melhor para a sociedade é atribuir a propriedade ao dono do imóvel beneficiado ou ao dono do solo, conforme o caso.

Subseção I
Das Ilhas

Art. 1.249. As ilhas que se formarem em correntes comuns ou particulares pertencem aos proprietários ribeirinhos fronteiros, observadas as regras seguintes:

I – as que se formarem no meio do rio consideram-se acréscimos sobrevindos aos terrenos ribeirinhos fronteiros de ambas as margens, na proporção de suas testadas, até a linha que dividir o álveo em duas partes iguais;

II – as que se formarem entre a referida linha e uma das margens consideram-se acréscimos aos terrenos ribeirinhos fronteiros desse mesmo lado;

III – as que se formarem pelo desdobramento de um novo braço do rio continuam a pertencer aos proprietários dos terrenos à custa dos quais se constituíram.

COMENTÁRIOS DOUTRINÁRIOS: O artigo comentado estabelece regras de como os proprietários ribeirinhos tornam-se proprietários das novas porções de terras por formação de ilhas. O fenômeno natural pode decorrer de sedimentação paulatina trazida pelas águas ou pelo rebaixamento do nível das águas, colocando à mostra o solo, sendo de bom-tom uma consulta atenta ao disposto nos arts. 23 a 25 do Decreto n. 24.643/1934, conhecido como Código de Águas. As ilhas podem ser públicas ou particulares. Serão públicas as ilhas que se formarem em águas públicas e privadas as que se formarem em águas particulares, segundo dispõe o art. 23 do Código de Águas (Decreto n. 24.643/1934): "As ilhas ou ilhotas, que se formarem no álveo de uma corrente, pertencem ao domínio público, no caso das águas públicas, e ao domínio particular, no caso das águas comuns ou particulares". O mesmo Código estabelece que são consideradas águas públicas os rios navegáveis e privados os não navegáveis, conforme estabelece o art. 2º do Código de Águas: "São águas públicas de uso comum: a) os mares territoriais, nos mesmos incluídos os golfos, bahias, enseadas e portos; b) as correntes, canais, lagos e lagoas navegáveis ou flutuáveis; c) as correntes de que se façam estas águas; d) as fontes e reservatórios públicos; e) as nascentes quando forem de tal modo consideráveis que, por si só, constituam o 'caput fluminis'; f) os braços de quaisquer correntes públicas, desde que os mesmos influam na navegabilidade ou flutuabilidade". Segundo o texto constitucional, são de domínio da União as ilhas fluviais e lacustres que se situarem na fronteira com outros países, assim como as ilhas oceânicas, isto é, as que estão distantes da costa, e as costeiras, que são aquelas que se situam na continuação do relevo continental (art. 20, IV, da CF). Pertencem aos Estados-membros as ilhas que não pertencerem à União, aos Municípios e a terceiros (art. 26, II e III, da CF). A preocupação do Código Civil reside apenas no dispositivo estudado no tocante ao regramento jurídico das ilhas ou ilhotas que se formarem nas águas particulares – rios não navegáveis – e que tenham como causa o movimento natural das águas. O inciso I deixa claro que para saber a quem pertencerá a ilha, devemos traçar uma linha mediana entre os proprietários dos terrenos ribeirinhos, e daí pertencerá a cada um o pedaço da ilha proporcional à testada de cada qual. No mesmo sentido, é o § 1º do art. 23 do Código de Águas: "Se a corrente servir de divisa entre diversos proprietários e elas estiverem no meio da corrente, pertencem a todos esses proprietários, na proporção de suas testadas até a linha que dividir o álveo em duas partes iguais". Os incisos II e III também trazem critérios importantes para definir a quem pertencerá a titularidade da ilha formada, no que se harmonizam com os arts. 23, § 2º e 24 do Código de Águas (art. 23, § 2º "As que estiverem situadas entre esta linha e uma das margens pertencem, apenas, ao proprietário ou proprietários desta margem". "Art. 24. As ilhas ou ilhotas, que se formarem, pelo desdobramento de um novo braço de corrente, pertencem aos proprietários dos terrenos, a custa dos quais se formaram. Parágrafo único. Se a corrente, porém, é navegável ou flutuável, eles poderão entrar para o domínio público, mediante prévia indenização").

Subseção II
Da Aluvião

Art. 1.250. Os acréscimos formados, sucessiva e imperceptivelmente, por depósitos e aterros naturais ao longo das margens das correntes, ou pelo desvio das águas destas, pertencem aos donos dos terrenos marginais, sem indenização.

Parágrafo único. O terreno aluvial, que se formar em frente de prédios de proprietários diferentes, dividir-se-á entre eles, na proporção da testada de cada um sobre a antiga margem.

COMENTÁRIOS DOUTRINÁRIOS: A aluvião é um modo originário e natural de aquisição da propriedade imobiliária que consiste no acúmulo imperceptível e sucessivo de depósitos e aterros que se acumulam nas margens dos rios. A aluvião imprópria possui a mesma definição, mas não se forma pelo depósito de aterros naturais, mas sim pelo afastamento das águas, que pode ter como causa a poluição ambiental ou o desvio das águas correntes. O prédio beneficiado pela aluvião não tem o dever indenizatório, pois como o acúmulo de terras se dá de forma lenta e imperceptível, não se teria como estabelecer o nexo de causalidade entre o beneficiado e o prejudicado. Esse é mais um ponto de diferenciação entre a aluvião e a avulsão prevista no artigo seguinte. Importante lembrar que se a aluvião acontecer em rios navegáveis, o acréscimo pertencerá ao Poder Público, consoante dispõe o já citado art. 2º do Código de Águas. O parágrafo único prevê que se o terreno aluvial se formar perante proprietários distintos, dividir-se-á entre eles, na proporção da testada de cada um sobre a antiga margem. O raciocínio é o mesmo utilizado para a formação de ilhas, ou seja, a divisão se dará entre os proprietários, na proporção da testada de cada um em relação à linha média. No mesmo sentir, a previsão do art. 18 do Código de Águas (Decreto n. 24.643/1934): "Quando a 'aluvião' se formar em frente a prédios pertencentes a proprietários diversos, far-se-á a divisão entre eles, em proporção a testada que cada um dos prédios apresentava sobre a antiga margem".

Subseção III
Da Avulsão

Art. 1.251. Quando, por força natural violenta, uma porção de terra se destacar de um prédio e se juntar a outro, o dono deste adquirirá a propriedade do acréscimo, se indenizar o dono do primeiro ou, sem indenização, se, em um ano, ninguém houver reclamado.

Parágrafo único. Recusando-se ao pagamento de indenização, o dono do prédio a que se juntou a porção de terra deverá aquiescer a que se remova a parte acrescida.

COMENTÁRIOS DOUTRINÁRIOS: A avulsão é um modo originário e natural de aquisição da propriedade imobiliária que consiste no deslocamento abrupto e violento de considerável porção de terra que, por força de aderência natural, desfalca um prédio, vindo a aderir em outro, que de tal movimento se beneficia. Para que o prédio beneficiado possa legitimamente adquirir a propriedade, mister que indenize o prejudicado ou que este permaneça inerte em reclamar a parte desfalcada no prazo decadencial de um ano a contar da data da avulsão. Importante registrar que o Código não tutela o acréscimo feito por intervenção humana, fato que se caracterizaria como esbulho. Também não se aplica o dispositivo se o acréscimo for de porção de terra que não conte com aderência natural. No último caso, aplicar-se-á o disposto acerca das coisas perdidas previsto nos arts. 1.233 a 1.237 do Código Civil, que regulam a descoberta, instituto já estudado anteriormente. Se não for fisicamente possível remover a parte acrescida ou se tal fato puder destruir a substância da propriedade beneficiada, estaremos diante de uma interessante hipótese de responsabilidade civil objetiva, ou seja, surgirá o dever de indenizar por parte do prédio beneficiado, independentemente de ter agido com dolo ou culpa. O dono do prédio prejudicado terá o prazo fatal de um ano para propor a ação indenizatória. O fundamento da previsão é o princípio geral do direito que condena o enriquecimento sem causa e prestigia a equidade nos fatos jurídicos, inclusive naqueles que decorrem de eventos naturais.

Subseção IV
Do Álveo Abandonado

Art. 1.252. O álveo abandonado de corrente pertence aos proprietários ribeirinhos das duas margens, sem que tenham indenização os donos dos terrenos por onde as águas abrirem novo curso, entendendo-se que os prédios marginais se estendem até o meio do álveo.

COMENTÁRIOS DOUTRINÁRIOS: Estabelece o art. 9º do Código de Águas que álveo "é a superfície que as águas cobrem sem transbordar para o solo natural e ordinariamente enxuto". A norma estabelece o efeito jurídico na situação em que o leito do rio seca por ação humana ou evento da natureza. Consentâneo com as disposições do Código de Águas, o dispositivo cuida do álveo abandonado em propriedade particular. Por tal motivo, fundamental que se repita que o rio em questão deve ser não navegável, pois se for navegável o álveo abandonado pertencerá ao Poder Público (art. 2º do Decreto n. 24.643/1934). A lei regula a situação em que o rio seca ou quando se abre novo curso, deixando seco o lugar por onde o rio passava. Decorrendo o fato de uma situação de força maior, não há que se falar em indenização. Entretanto, se o álveo abandonado decorrer de ação humana, por exemplo, de uma obra pública, o dono do terreno terá direito à indenização, à semelhança do que ocorre na desapropriação indireta.

Subseção V
Das Construções e Plantações

Art. 1.253. Toda construção ou plantação existente em um terreno presume-se feita pelo proprietário e à sua custa, até que se prove o contrário.

COMENTÁRIOS DOUTRINÁRIOS: O artigo comentado oferece uma presunção *iuris tantum* das acessões artificiais, também chamadas de industriais ou discretas (construções e plantações) ao estabelecer que toda construção ou plantação existente em um terreno presume-se feita pelo proprietário e à sua custa, até que se prove o contrário. Para que se possa compreender melhor o tema, é necessário que, inicialmente, façamos uma diferenciação entre benfeitoria e acessão artificial. Embora os efeitos jurídicos sejam praticamente os mesmos, no rigor da técnica e na prática serem tratadas como a mesma coisa, benfeitoria não se confunde com acessão. Benfeitorias são melhoramentos realizados na coisa com o objetivo de conservá-la (benfeitoria necessária), aumentar a utilidade (benfeitoria útil) ou torná-la mais aprazível, bela ou agradável (benfeitoria voluptuária), consoante o disposto nos arts. 96 e 97 do Código Civil Brasileiro, ingressando na classe dos bens reciprocamente considerados com a natureza jurídica de bens acessórios. As acessões artificiais são acréscimos realizados com o objetivo de criar coisa nova (construções ou plantações), embora se incorporem ao bem principal. Como exemplos de benfeitoria necessária, útil e voluptuária podem ser citados, respectivamente, o reparo na infiltração no teto de uma casa, evitando o desabamento do prédio, o aumento da vaga de garagem para comportar dois carros e a colocação de uma piscina de fibra de vidro no terreno. Como exemplos de acessão artificial vislumbra-se a construção de uma pequena casa ao lado da casa principal para acomodar uma filha que vai se casar ou o plantio de determinada cultura. Vê-se assim que a benfeitoria é uma obra em algo que já existe e a acessão artificial resulta no implante de uma construção ou plantação no terreno. A diferenciação importa em efeitos práticos. A boa-fé é imprescindível para que haja direito à indenização, enquanto nas benfeitorias necessárias haverá o referido direito com relação às benfeitorias necessárias. Em segundo lugar, a normatização das benfeitorias guarda uma semelhança com a gestão de negócios, em que vigora o princípio da solidariedade e o não locupletamento, ao passo que nas acessões o possuidor visa apenas ao seu próprio interesse. Há, ainda, a consideração de que na acessão o proprietário do imóvel paga o justo valor dos materiais e da mão de obra, enquanto na benfeitoria é lícito optar entre o valor atual e o seu custo (art. 1.222 do CC). Em adendo às reflexões acima, cumpre-nos informar que o Código Civil positivou a acessão invertida no parágrafo único do art. 1.255, que trataremos adiante, não tendo cabida tal norma jurídica na hipótese de benfeitorias, sejam elas necessárias, úteis ou voluptuárias. A regra milenar da acessão aqui tratada é a aplicação concreta do princípio de que o acessório segue a sorte do principal, de modo que tudo o que for semeado, plantado ou construído no terreno pertencerá ao proprietário do solo em que se semeou, plantou ou edificou. A presunção criada pela norma é apenas relativa, merecendo uma análise jurídica concreta, sendo certo que se o plantador ou construtor quiser descaracterizar a previsão normativa, deverá provar o contrário, pois, como sabido, o ônus da prova do fato compete a quem alega.

Art. 1.254. Aquele que semeia, planta ou edifica em terreno próprio com sementes, plantas ou materiais alheios, adquire a propriedade destes; mas fica obrigado a pagar-lhes o valor, além de responder por perdas e danos, se agiu de má-fé.

COMENTÁRIOS DOUTRINÁRIOS: Quem semeia, planta ou constrói em terreno próprio com material alheio adquire a propriedade do que semeou, plantou ou edificou, pois o terreno é tido como bem principal em relação aos bens móveis que por obra do homem acederam a terra (art. 1.254 do CC). Agindo de boa-fé, apenas arcará com o custo do material utilizado, mas se proceder de má-fé, terá que pagar o valor do material e eventuais perdas e danos causados ao dono dos materiais incorporados. O fundamento é a vedação ao enriquecimento sem causa (art. 884 do CC). Sendo possível a separação sem que a coisa padeça detrimento, o dono dos materiais poderá exigir a entrega daquilo que lhe pertence. A análise da boa-fé é subjetiva e será feita nos moldes do art. 1.201 do Código Civil, ou seja, estará de boa-fé o possuidor dos materiais quando desconhecer o melhor direito de outrem e estará de má-fé quando, a despeito de conhecer um vício que lhe impede a aquisição da coisa, mesmo assim utilizar os materiais sem autorização do titular. Em razão do disposto no art. 1.254 do Código Civil, o legítimo possuidor de um prédio que utiliza insumos que sabe serem alheios deverá pagar apenas pelos valores dos materiais, sementes ou plantas acrescidos da indenização, se houver, esquecendo-se o legislador de cominar sanção à má-fé, como poderia ser a cobrança da indenização em dobro. A nosso sentir, há um incentivo legal à má-fé. Bem mais razoável seria se o construtor ou plantador que utilizasse de má-fé materiais alheios fosse obrigado a pagar a indenização em dobro, como acontece quando uma pessoa abusa do direito e demanda em juízo por uma dívida já paga (art. 940 do CC), não honra as arras estipuladas em caráter penitencial (art. 420 do CC), ou quando o consumidor é cobrado por dívida já paga e paga novamente (art. 42, parágrafo único, da Lei n. 8.078/1990).

REFORMA DO CÓDIGO CIVIL: Na forma sugerida nos comentários doutrinários *supra*, inclui-se um parágrafo único para impor a indenização em dobro para a pessoa que agiu de má-fé.

Art. 1.255. Aquele que semeia, planta ou edifica em terreno alheio perde, em proveito do proprietário, as sementes, plantas e construções; se procedeu de boa-fé, terá direito a indenização.

Parágrafo único. Se a construção ou a plantação exceder consideravelmente o valor do terreno, aquele que, de boa-fé, plantou ou edificou, adquirirá a propriedade do solo, mediante pagamento da indenização fixada judicialmente, se não houver acordo.

COMENTÁRIOS DOUTRINÁRIOS: Em sentido contrário do que foi acima exposto, é a disposição do art. 1.255 do Código Civil, pois aqui se prevê a consequência jurídica de quem semeia, planta ou edifica com material próprio em terreno alheio, estabelecendo pertencer ao dono do solo aquilo que for acedido no terreno, ao passo que se assegura o direito à indenização ao construtor ou plantador durante o período em se encontrava de boa-fé, ou seja, sem saber que a titularidade pertencia a outrem, nos mesmos moldes do direito assegurado no art. 1.219 do Código Civil, que cuida da confecção de benfeitorias de boa-fé no solo alheio. A principalidade do solo em relação à acessão e a vedação ao enriquecimento sem causa constituem fundamentos das regras que asseguram a propriedade da coisa cedida mediante indenização na hipótese de boa-fé do possuidor. O legislador perdeu a oportunidade de normatizar aquilo que a jurisprudência há muito já consolidou no sentido de conferir ao plantador ou construtor de boa-fé o direito de retenção. O fundamento de tal posição prevalecente nos Tribunais é a utilização da inevitável analogia com o art. 1.219 do Código Civil, que concede ao possuidor de boa-fé o direito de retenção pelas benfeitorias necessárias e úteis incorporadas ao imóvel. O fato é que, em determinados casos concretos, é extremante difícil para o intérprete saber se a obra realizada envolve a confecção de uma acessão ou a realização de uma benfeitoria, tamanha a similitude, sendo de todo relevante destacar que o que se quer evitar é o enriquecimento sem causa daquele que recupera o bem e o respeito à boa-fé do construtor ou plantador que implementou melhorias no imóvel acreditando estar agindo em conformidade com o direito. A propósito da questão, segundo a razão, fatos semelhantes exigem consequências jurídicas semelhantes no teor da máxima latina *ubi eadem ratio legis ibi eadem dispositio*. Na *I Jornada de Direito Civil* do Conselho da Justiça Federal/STJ encaminhamos sugestão interpretativa seguida de fundamentação que fora aprovada por unanimidade, convertendo-se no Enunciado n. 81: "O direito de retenção previsto no art. 1.219 do CC, decorrente da realização de benfeitorias necessárias e úteis, também se aplica às acessões (construções e plantações), nas mesmas circunstâncias". Inspirado no art. 1.340 do Código Civil Português prevê o parágrafo único do art. 1.255 do Código Civil Brasileiro a acessão invertida ou inversa, em que se a construção ou a plantação superar consideravelmente o valor do terreno e o construtor ou plantador estiver de boa-fé ou se for autorizado pelo dono do terreno, será adjudicado a essa pessoa o terreno com a acessão, mediante indenização cabal. Tal previsão merece aplausos por guardar consonância com o princípio da função social da propriedade e a teoria objetiva que reprime o abuso do direito. Se o terreno e a construção ou plantação tiverem o mesmo valor econômico e ambos quiserem ficar com o bem, deverá ser feita uma licitação para definir, pelos melhores lances, quem deverá ficar com o imóvel, sendo essa regra de equidade utilizada pelo direito lusitano.

JURISPRUDÊNCIA COMENTADA: A Vigésima Câmara de Direito Privado do Tribunal de Justiça do Estado de São Paulo assegurou ao comodatário direito à indenização e retenção do imóvel até o pagamento pelo comodante, em julgamento de ação de reintegração de posse, aplicando, como defendido acima, o contido no art. 1.219 do Código Civil que regula a indenização por benfeitorias, por analogia, em favor daquele que realizou acessões artificiais de boa-fé no imóvel retomado (Apelação 1009901-76.2015.8.26.0348, Rel. Des. Álvaro Torres Júnior, j. 26.11.2018). No mesmo sentido, julgado do Rio de Janeiro, fixando como marco temporal para o término da boa-fé do possuidor, o ajuizamento da ação de reintegração de posse: "Controvérsia envolvendo resilição contratual de comodato e consequente reintegração na posse, tendo em vista a negativa de restituição espontânea do bem. Contexto probatório que evidencia a ocorrência do esbulho possessório. Tese referente à existência de doação de parte do terreno que não restou demonstrada. Exercício da posse, com *animus tenendi* que impede a aquisição da propriedade por usucapião. Ausência de elementos objetivos e precisos quanto à eventual interversão de posse. Direito ao recebimento da indenização pelas acessões que se restringe ao período anterior ao ajuizamento da presente ação, quando ainda não caracterizada indiscutivelmente a má-fé no exercício da posse. Aplicabilidade dos arts. 884, 1.220 e 1.255, todos do Código Civil. Apelo improvido" (TJRJ, Apelação 7534-88.2008.8.19.0008, 10.ª Câmara Cível, Des. Celso Peres, j. 08.05.2013). Aplicando a regra da acessão invertida, o Tribunal Paulista reconheceu que o valor da construção fora muito superior ao do terreno e determinou a adjudicação do imóvel em favor do réu da ação possessória, mediante paga de indenização: "Possessórias. Ação de reintegração de posse. Reconhecimento de mais-valia da construção em relação ao solo. Posse de boa-fé. Acessão inversa. Perda da propriedade do terreno a favor do possuidor. Art. 1.255, par. ún., do Código Civil. Formulação de pedido contraposto ou reconvenção. Desnecessidade. Aplicação por força de lei (*ex vi legis*). Em que pese a autora seja proprietária do terreno, a ré construiu no local, de boa-fé, a casa onde reside com sua família. Ocorre que o valor da construção é muito superior ao valor do solo, e, nessa toada, a solução da lide deve-se dar à luz do disposto no parágrafo único do art. 1.255 do Código Civil, com perda da propriedade do solo a favor da possuidora de boa-fé. A formulação de pedido nesse sentido, em contestação, é despicienda, segundo doutrina e jurisprudência, uma vez que a aplicação da regra se dá por força de lei (*ex vi legis*). Apelação não provida" (TJSP, Apelação 205567-07.2009.8.26.0004, 12.ª Câmara de Direito Privado, Rel. Des. Sandra Galhardo Esteves, j. 26.06.2013).

REFORMA DO CÓDIGO CIVIL: A modificação aqui é singela e objetiva tornar mais clara a regra da acessão invertida prevista no parágrafo único: "Parágrafo único. Se a construção ou a plantação exceder consideravelmente o valor do terreno, aquele que, de boa-fé, plantou ou edificou, adquirirá a propriedade do solo, mediante pagamento de indenização". Olvidou-se, lamentavelmente, de se fazer referência expressa à possibilidade de exercício do direito de retenção em favor daquele que implantar acessões de boa-fé, conforme a jurisprudência e o Enunciado n. 81 da *I Jornada de Direito Civil*.

Art. 1.256. Se de ambas as partes houve má-fé, adquirirá o proprietário as sementes, plantas e construções, devendo ressarcir o valor das acessões.

Parágrafo único. Presume-se má-fé no proprietário, quando o trabalho de construção, ou lavoura, se fez em sua presença e sem impugnação sua.

COMENTÁRIOS DOUTRINÁRIOS: É possível, contudo, que o construtor ou plantador e o dono do terreno estejam de má-fé, um por saber que o material utilizado não lhe pertence e o outro por reconhecer a titularidade alheia do solo. Dessa forma, pelo princípio de que ninguém pode se aproveitar da própria torpeza e aquele que diz pertencer o acessório ao titular do principal, a lei estabelece que a propriedade da acessão é do dono do solo, competindo a ele o dever de ressarcir as despesas realizadas pelo construtor ou lavrador, conforme o caso. Vale destacar que a postura do dono do solo que permite inerte a plantação ou edificação em seu terreno deveria merecer uma resposta mais severa do ordenamento jurídico, talvez com a previsão da perda do valor da metade da obra ou da plantação. Nossa modesta indagação é feita, pois a realidade brasileira mostra que as pessoas plantam ou edificam em solo alheio, no mais das vezes, por absoluto estado de necessidade, não nos olvidando de que o proprietário que não dá ao que lhe pertence uma destinação social formula um convite irrecusável para os hipossuficientes do país no sentido de que edifiquem ou plantem em seu lugar. Uma previsão legal nesse sentido guardaria consonância com o princípio constitucional da função social da propriedade (arts. 5º, inc. XXIII, e 170, inc. III, da CF) e um prestígio à concepção objetiva do abuso do direito (art. 1.228, § 2º, 1ª parte, CC).

Art. 1.257. O disposto no artigo antecedente aplica-se ao caso de não pertencerem as sementes, plantas ou materiais a quem de boa-fé os empregou em solo alheio.

Parágrafo único. O proprietário das sementes, plantas ou materiais poderá cobrar do proprietário do solo a indenização devida, quando não puder havê-la do plantador ou construtor.

COMENTÁRIOS DOUTRINÁRIOS: Existe, ainda, a possibilidade de alguém, estando de boa-fé, se utilizar de materiais alheios e plantar ou construir em solo alheio. Para essa rara situação em que existe uma pessoa proprietária das sementes ou materiais, outra do solo e um terceiro que efetiva a plantação ou construção, a lei brasileira prevê corretamente que o lesado pode buscar indenização do dono do solo que enriqueceu com o melhoramento ou do construtor ou plantador, conforme o caso. Não se trata de solidariedade que, como sabido, advém forçosamente da lei ou da autonomia privada, mas sim de subsidiariedade. O devedor primitivo é o construtor ou plantador, mas se este não reunir condições de arcar com as perdas e danos, poderá o dono do material de construção ou das sementes dirigir a sua pretensão ressarcitória do dono do solo. Interessante observar, por fim, que se o construtor ou plantador estiver de má-fé e, por sua situação nada tiver a receber, o dono dos bens móveis implantados no imóvel pode pedir indenização a este pelo benefício econômico que porventura obtiver.

JURISPRUDÊNCIA COMENTADA: Em que pese ser uma situação rara, a hipótese ventilada no artigo já chegou ao Superior Tribunal de Justiça que assentou a ideia de que "nos termos do parágrafo único do artigo 1.257 do Código Civil de 2002, o construtor proprietário dos materiais poderá cobrar do proprietário do solo a indenização devida pela construção quando não puder havê-la do contratante" (REsp 963.199/DF, 4.ª Turma, Rel. Min. Raul Araújo, j. 07.11.2016).

Art. 1.258. Se a construção, feita parcialmente em solo próprio, invade solo alheio em proporção não superior à vigésima parte deste, adquire o construtor de boa-fé a propriedade da parte do solo invadido, se o valor da construção exceder o dessa parte, e responde por indenização que represente, também, o valor da área perdida e a desvalorização da área remanescente.

Parágrafo único. Pagando em décuplo as perdas e danos previstos neste artigo, o construtor de má-fé adquire a propriedade da parte do solo que invadiu, se em proporção à vigésima parte deste e o valor da construção exceder consideravelmente o dessa parte e não se puder demolir a porção invasora sem grave prejuízo para a construção.

COMENTÁRIOS DOUTRINÁRIOS: Inova o legislador ao trazer esse dispositivo legal que será aplicado quando houver um prolongamento da construção feita em maior parte no próprio solo, invadindo pequena parte do solo alheio, no máximo na vigésima parte deste. Preocupa-se a lei com a efetivação do princípio constitucional da função social da propriedade e a visão objetiva do abuso do direito. Estamos diante de uma expropriação social da propriedade alheia gerando dever indenizatório, à semelhança da desapropriação indireta de bem particular feita pelo Poder Público. O construtor de boa-fé adquire a área prolongada, mas terá que indenizar o dono do prédio vizinho, cuja quantia abrangerá o valor da área perdida, a desvalorização da área remanescente e eventuais prejuízos experimentados pelo dono do prédio invadido. Estando o construtor de má-fé, e a destruição da área invadida acarretar grave prejuízo para o prédio, poderá adquirir a propriedade se pagar o décuplo do valor indenizatório previsto no *caput* ao vizinho. O parágrafo único do estudado artigo, mormente se cotejado com o art. 1.254 da mesma lei, quebrou a regra de ouro da razoabilidade. No primeiro dos dispositivos indigitados a lei prestigia o enriquecimento sem causa, pois impõe ao possuidor de má-fé para haver a coisa nova criada em terreno alheio o pagamento do equivalente a dez vezes o valor da indenização apurada, ou seja, se houve uma invasão mínima do solo alheio, terá o invasor que arcar com um valor extremamente elevado, e no segundo há incentivo à má-fé do construtor ou plantador, pois a despeito de usar material que sabe pertencer a outrem, apenas arcará com as perdas e danos. Melhor seria se o legislador adotasse o critério do art. 1.259 do Código Civil, que determina o pagamento em dobro das perdas e danos em ambos os casos, e se a área tiver um espaço aéreo de elevado valor econômico, tal quantia será levada em consideração para fins de indenização.

JURISPRUDÊNCIA COMENTADA: O Tribunal de Justiça do Estado de São Paulo, em julgamento de ação de reintegração de posse cumulada com perdas e danos, deu solução a um caso entre vizinhos, aplicando o estudado artigo por reconhecer a boa-fé do réu que invadiu minimamente a área do autor. A despeito do reconhecimento do esbulho, a área invadida com a acessão construída não foi retomada, sendo a demanda convertida puramente em indenização em favor do lesado. No caso, houve condenação em "indenização pela invasão e consequente perda de área e desvalorização da área remanescente, ao invés de demolição. Possibilidade. Invasão de 37,27 m² sobre imóvel que possui área de 1.060,00 m². Invasão que não ultrapassa a vigésima parte do terreno dos autores. Valor da construção que excede em muito o valor da área invadida" (TJSP, APL 0002015-36.2010.8.26.0116, Ac. 9940586, 12.ª Câmara de Direito Privado, Campos do Jordão, Rel. Des. Ramon Mateo Júnior, j. 31.10.2016).

REFORMA DO CÓDIGO CIVIL: A alteração, uma vez mais, em prestígio ao princípio da eticidade, objetiva tutelar o comportamento de boa-fé. Nas palavras da justificativa da Subcomissão de Direito das Coisas: "A única justificativa para que o possuidor de má-fé, ainda que pagando o décuplo das perdas e danos, é se da situação de apropriação dolosa de bem alheio, houver prejuízo a terceiro que tenha adquirido o bem ou parte dele de boa-fé, o que a sugestão permite resguardar". Eis o texto sugerido: "Art. 1.258. [...] § 1º O proprietário do terreno invadido poderá haver, do proprietário do terreno invasor, perdas e danos que incluam o valor da desvalorização total de seu imóvel. § 2º Pagando dez vezes o valor das perdas e danos previstos neste artigo, o construtor de má-fé adquire a propriedade da parte do solo que invadiu, desde que o valor total da construção, em proporção com a vigésima parte do solo, exceder consideravelmente o valor dessa parte e, ainda, não se possa demolir a porção que avançou sobre o terreno alheio, sem grave prejuízo para a totalidade da construção. § 3º O direito à aquisição da propriedade do solo em favor do construtor de má-fé somente é será reconhecido quando, além do atendimento aos requisitos previstos em lei, houver a necessidade de proteger terceiros de boa-fé".

Art. 1.259. Se o construtor estiver de boa-fé, e a invasão do solo alheio exceder a vigésima parte deste, adquire a propriedade da parte do solo invadido, e responde por perdas e danos que abranjam o valor que a invasão acrescer à construção, mais o da área perdida e o da desvalorização da área remanescente; se de má-fé, é obrigado a demolir o que nele construiu, pagando as perdas e danos apurados, que serão devidos em dobro.

COMENTÁRIOS DOUTRINÁRIOS: Encontramos no presente artigo uma situação semelhante à tratada acima, diferenciando-se, por, *in casu*, termos um prolongamento maior da construção no prédio alheio, excedendo a vigésima parte deste. Nesse caso, se o construtor estiver de boa-fé, adjudicará para si a propriedade construída no terreno alheio, mas terá que indenizar o dono do prédio vizinho pelo que a construção valorizou em seu prédio, acrescendo o valor da área perdida e, ainda, a importância da desvalorização causada na área remanescente. A lei pune com rigor a postura de má-fé do construtor que, sabendo não lhe pertencer a propriedade vizinha, ainda assim edifica em solo alheio em parte excedente à vigésima parte do terreno deste. Nessa situação, o construtor de má-fé poderá ser obrigado a demolir o que construiu, pagando em dobro as perdas e danos, que serão calculados sobre o que o ofendido perdeu (dano emergente) e o que deixou de ganhar (lucros cessantes). O art. 1.258 do Código Civil Brasileiro traz a regra para a invasão mínima e o dispositivo legal seguinte regula a invasão máxima. Não podemos deixar de destacar a importância da mudança legislativa que tempera a severidade da regra das acessões artificiais, que é a normatização do direito real de superfície, em que se permite a concessão temporária, gratuita ou onerosa do direito de plantar ou construir em terreno alheio, produzindo o efeito jurídico de uma pessoa ser considerada titular do direito real sobre a acessão artificial construída – superficiário – e outra continuar como proprietária do terreno em que se plantou, semeou ou edificou *dominus soli*. Por fim, cumpre trazer ao conhecimento dos leitores que as normas acima discutidas se inspiram no reconhecimento da principalidade do solo, na função social do bem edificado e na proteção da boa-fé.

JURISPRUDÊNCIA COMENTADA: Em caso no qual ficou comprovada por perícia que o réu em ação demolitória cumulada com perdas e danos invadiu mais da metade do terreno dos autores de boa-fé, a 34.ª Câmara de Direito Privado do Tribunal de Justiça do Estado de São Paulo determinou a apuração dos danos, mantendo-se a construção realizada em nome do invasor (APL 0001225-46.2014.8.26.0299, Rel. Des. Soares Levada, j. 21.09.2017). Em outra demanda, a 24.ª Câmara de Direito Privado do citado Tribunal, ao reconhecer a má-fé do invasor, determinou a demolição da acessão artificial levantada em prédio alheio, sem prejuízo da condenação em perdas e danos em dobro, na forma da parte final do artigo em comento. No caso, ficou provado que houve a "sucessão *causa mortis* na posse e no domínio do imóvel cuja porção dos fundos o réu invadiu. Fotografias que bem ilustram os momentos anterior e posterior ao esbulho e revelam que o réu rompeu obstáculo (muro) e instalou placas metálicas divisórias. Suposta compra da área litigiosa que esbarra não apenas nos efeitos da revelia, mas, sobretudo, no fato de que o instrumento correlato foi firmado mais de nove meses da formalização do esbulho. Inaplicabilidade da retenção de benfeitorias, porque o requerido exerceu posse de má-fé (art. 1.220 do Código Civil). Acervo probatório que não comprova realização de melhorias, mas de acessão artificial, o que exclui a almejada indenização e impõe, ao revés, a responsabilidade pela demolição (art. 1.259, última parte, do Código Civil)" (TJSP, APL 1007077-34.2013.8.26.0278, Rel. Des. Jonize Sacchi de Oliveira, j. 29.05.2018).

CAPÍTULO III
DA AQUISIÇÃO DA PROPRIEDADE MÓVEL

SEÇÃO I
DA USUCAPIÃO

Art. 1.260. Aquele que possuir coisa móvel como sua, contínua e incontestadamente durante três anos, com justo título e boa-fé, adquirir-lhe-á a propriedade.

COMENTÁRIOS DOUTRINÁRIOS: A aquisição da propriedade móvel comporta modos originários e derivados de aquisição. A usucapião e a ocupação são modos originários, enquanto a sucessão hereditária, o achado do tesouro, a tradição, a especificação e a confusão, comistão e adjunção são modos derivados. O artigo cuida da usucapião ordinária de bem móvel que exige para a sua configuração, além da posse de três anos, que o usucapiente possua o bem com *animus domini*, sem oposição e que o exercício do direito não sofra interrupção. Nessa modalidade de usucapião, a lei exige a posse titulada e a boa-fé do possuidor, aplicando-se o que já fora estudado anteriormente por ocasião da abordagem da usucapião ordinária de bem imóvel.

JURISPRUDÊNCIA COMENTADA: Em 26 de abril de 2018, a 14.ª Câmara Cível do Tribunal de Justiça do Estado do Rio Grande do Sul entendeu que o contrato de alienação fiduciária em garantia em mãos do usucapiente configurava justo título e boa-fé em favor do devedor fiduciante, cuja dívida já se encontrava atingida pela prescrição. E, nessa toada, deu provimento ao apelo para reconhecer a usucapião de um veículo automotor em razão da posse *ad usucapionem* exercida durante três anos com a consequente "baixa das restrições do veículo, assim como a regularização da propriedade do veículo em nome do autor" (TJRS, Apelação 1087687-23.2017.8.21.7000, Rel. Des. Mario Crespo Brum).

Art. 1.261. Se a posse da coisa móvel se prolongar por cinco anos, produzirá usucapião, independentemente de título ou boa-fé.

COMENTÁRIOS DOUTRINÁRIOS: Para a configuração da usucapião extraordinária de bem móvel tratada aqui, a lei prevê o prazo quinquenal de posse *ad usucapionem*, dispensando-se justo título e boa-fé, diferentemente do direito anterior que exigia o prazo prescricional aquisitivo decenal. Interessante questão que pode ocorrer envolvendo usucapião de bens móveis consiste na declaração de propriedade envolvendo apreensão que decorra da prática de crime contra o patrimônio. Conforme já estudamos por ocasião da análise da classificação da posse em justa e injusta, sabemos que o exemplo figurado retrata uma posse injusta segundo o art.

1.200 do Código Civil e, portanto, seria mais uma das inúmeras manifestações de detenção em sentido amplo e, assim, jamais daria ensejo ao início da posse, quiçá a qualificada posse para fins de usucapião. Entretanto, o art. 1.208 do Código Civil contempla expressamente a possibilidade de convalescimento da posse injusta. Assim, é cabível, em tese, a usucapião de um automóvel furtado em favor do próprio ladrão ou de um terceiro que tenha adquirido o referido bem.

JURISPRUDÊNCIA COMENTADA: Como dito acima, a jurisprudência entende que mesmo um veículo que tenha sido objeto de furto pode ser usucapido: "Apelação. Usucapião extraordinário. Automóvel objeto de furto. Chassi adulterado. Posteriores negócios envolvendo o bem, todos eles registrados no cadastro de trânsito. Somatória das posses superior aos cinco anos exigidos pelo art. 619 do CC de 1916. Posses exercidas com ânimo de dono, boa-fé e sem resistência. Domínio reconhecido" (TJSP, Apelação 9235651-83.2005.8.26.0000, 25.ª Câmara de Direito Privado, Rel. Des. Ricardo Pessoa de Mello Belli, j. 29.11.2005). Na mesma linha de raciocínio do *decisum* acima, em setembro de 2019, o Superior Tribunal de Justiça manteve acórdão do Tribunal fluminense que admitiu a aquisição da propriedade por usucapião, tendo por objeto veículo furtado, pois, como dito nos comentários ao art. 1.238, trata-se de aquisição originária, livre, portanto, das mazelas anteriores ao início da posse *ad usucapionem*. Além do que, como salientado nos comentários ao art. 1.208, os vícios objetivos da posse como, no caso, a clandestinidade, são passíveis de convalescimento pelo decurso do tempo. Como bem lançou o relator, "as peculiaridades do caso concreto, em que houve exercício da posse ostensiva de bem adquirido por meio de financiamento bancário com emissão de registro perante o órgão público competente, ao longo de mais de 20 (vinte) anos, são suficientes para assegurar a aquisição do direito originário de propriedade, sendo irrelevante se perquirir se houve a inércia do anterior proprietário ou se o usucapiente conhecia a ação criminosa anterior à sua posse (REsp 1637370/RJ, 3.ª Turma, Rel. Min. Marco Aurélio Bellizze, j. 10.09.2019). Por outro lado, não cabe usucapião de automóvel alienado fiduciariamente quando há a alienação a terceiro com a dívida não prescrita, conforme já decidiu o Superior Tribunal de Justiça. Nessa hipótese, em razão da higidez da obrigação, não foi superado o vício da clandestinidade, que funciona como entrave ao exercício da posse (art. 1.208, CC). Assim, a Quarta Turma entendeu que um veículo automotor gravado com alienação fiduciária em garantia não poderia ser usucapido por terceiro que adquiriu o bem do devedor fiduciante. Conforme consta nas anotações do *Informativo* n. *425*, "a transferência a terceiro de veículo gravado como propriedade fiduciária, à revelia do proprietário (credor), constitui ato de clandestinidade, incapaz de induzir posse (art. 1.208 do CC/2002), sendo, por isso mesmo, impossível a aquisição do bem por usucapião. De fato, em contratos com alienação fiduciária em garantia, sendo inerentes ao próprio contrato o desdobramento da posse e a possibilidade de busca e apreensão do bem, conclui-se que a transferência da posse direta a terceiros – porque modifica a essência do contrato, bem como a garantia do credor fiduciário – deve ser precedida de autorização" (REsp 881.270/RS, 4.ª Turma, Rel. Min. Luis Felipe Salomão, j. 02.03.2010). Em situação do possuidor sem justo título e boa-fé de um *trailer* durante cinco anos, o Tribunal mineiro reconheceu a aquisição da propriedade por usucapião: "Apelação civil. Ação de usucapião. Bem móvel. Veículo reboque 'trailer'. *Animus domini*. Presença das exigências legais. Arts. 1.260 e 1.261 do Código Civil. Pedido procedente. Sentença mantida. Recurso não provido. Honorários realinhados (art. 85, §§ 2º e 11, do CPC/15). Para o reconhecimento da usucapião de bem móvel, exige a Lei (art. 1.260, do Código Civil) a posse efetiva, independente de boa-fé, por lapso não inferior a cinco anos, além da prova de que o efetivo exercício desta posse ocorreu sempre com *animus domini*. Demonstrados tais requisitos, é inequívoca a possibilidade pela aquisição da propriedade, pelo possuidor, que exerce a posse mansa e pacífica por determinado lapso de tempo como se dono fosse, independente do título de domínio (art. 1.261, do Código Civil). Em razão do não provimento do recurso, leva-se à necessidade de se observar o disposto nos arts. 85, § 2º, inciso I, IV e §§ 11 c/c 16, respeitado o comando dos §§ 2º e 3º, do art. 98, do atual Código de Processo Civil" (TJMG, APCV 1.0133.12.000496-4/001, Rel. Des. Newton Teixeira Carvalho, j. 26.07.2018, *DJEMG* 03.08.2018).

Art. 1.262. Aplica-se à usucapião das coisas móveis o disposto nos arts. 1.243 e 1.244.

COMENTÁRIOS DOUTRINÁRIOS: Aplicam-se na usucapião de bens móveis as regras dos arts. 1.243 e 1.244 do Código Civil, conforme prevê o art. 1.262 da mesma lei. Sendo assim, permite-se, para fins de contagem do prazo prescricional, a soma da posse atual com a do seu antecessor na forma da lei (*acessio possessionis*). Além da referida regra, temos que para a anotada modalidade de usucapião se aplicarão as causas que impedem, suspendem ou interrompem o curso da prescrição estudada na parte geral nos arts. 197 a 204 do Código Civil.

SEÇÃO II
DA OCUPAÇÃO

Art. 1.263. Quem se assenhorear de coisa sem dono para logo lhe adquire a propriedade, não sendo essa ocupação defesa por lei.

COMENTÁRIOS DOUTRINÁRIOS: Modalidade primitiva de apreensão de titularidades, a ocupação é forma originária de aquisição da propriedade móvel ou semovente que se verifica pelo assenhoreamento de coisa sem dono (*res nullius*) e de coisas abandonadas (*res derelictae*). São coisas de ninguém os peixes no rio ou mar, animal de caça permitida, os enxames de abelha não pertencentes a outrem, as pedras, conchas e outras substâncias arrojadas às praias pelo mar e os animais domésticos sem sinais de titularidade do domínio. Não se pode confundir abandono com perda. O ocupante deverá provar a intenção manifesta que a pessoa teve em abandonar o bem, uma vez que o abandono não se presume. Na perda, a privação momentânea do bem decorre de um fortuito. Se o bem estiver perdido, o descobridor tem a obrigação de restituí-lo, conforme preconiza o art. 1.233 do Código Civil. A parte final do art. 1.263 do Código Civil ressalva as hipóteses em que a ocupação é ilícita, como seria a apreensão de um animal cuja caça fosse proibida por lei ambiental. Às vezes, o ocupante adquire a propriedade de parte de uma coisa que é comum a todos (*res comunes omnium*), como a pessoa que recolhe um balde de água de um rio.

JURISPRUDÊNCIA COMENTADA: Em pitoresca situação vivenciada na cidade de Araraquara, no Estado de São Paulo, uma pessoa encontrou na beira da estrada várias cédulas que totalizavam R$ 1.064.070,00 e sustentou tratar-se de coisa sem dono e, portanto, suscetível de ocupação, na forma da lei. Ocorre que a instrução do processo demonstrou tratar-se de coisa perdida, atraindo a incidência do art. 1.233 do Código Civil, o qual determina que cabe à pessoa que acha o bem restituí-lo ao dono ou, não o encontrando, entregá-lo à autoridade competente (TJSP, 3.ª Câmara de Direito Público, Rel. Des. Ronaldo Andrade, j. 16.09.2014).

SEÇÃO III
DO ACHADO DO TESOURO

Art. 1.264. O depósito antigo de coisas preciosas, oculto e de cujo dono não haja memória, será dividido por igual entre o proprietário do prédio e o que achar o tesouro casualmente.

COMENTÁRIOS DOUTRINÁRIOS: Tesouro é o depósito antigo de moedas ou coisas preciosas, enterrado ou oculto, de cujo dono não haja memória. O achado casual de um tesouro em terreno alheio gera a obrigação de entregar a metade ao dono do imóvel em que se achou. Se o descobridor não entregar, cometerá o crime de apropriação de tesouro, cujo tipo encontra-se descrito no art. 169, parágrafo único, I, do Código Penal. Não se considerará tesouro se terceiro conseguir provar a propriedade do achado.

Art. 1.265. O tesouro pertencerá por inteiro ao proprietário do prédio, se for achado por ele, ou em pesquisa que ordenou, ou por terceiro não autorizado.

COMENTÁRIOS DOUTRINÁRIOS: O dono do prédio adquirirá a propriedade por inteiro se o tesouro foi encontrado por ele ou por preposto contratado para pesquisa determinada por ele. Adquirirá também a integralidade do tesouro se a pessoa que achou invadiu seu terreno a fim de buscá-lo. Releve-se que o art. 1.264, parte final, do Código Civil, faz referência ao acaso (casualidade) como requisito para que o inventor adquira a metade do tesouro, ou seja, se o achado for proposital, aplica-se o artigo em análise.

Art. 1.266. Achando-se em terreno aforado, o tesouro será dividido por igual entre o descobridor e o enfiteuta, ou será deste por inteiro quando ele mesmo seja o descobridor.

COMENTÁRIOS DOUTRINÁRIOS: Achando-se em terreno aforado, o tesouro será dividido por igual entre o descobridor e o enfiteuta, ou será deste por inteiro quando ele mesmo seja o descobridor, conforme prevê o art. 1.266 do Código Civil. Aforamento ou enfiteuse é o direito real sobre a coisa alheia de natureza perpétua em que uma pessoa, chamada senhorio direto ou enfiteuticador, transfere a outra que se denomina enfiteuta ou foreiro os poderes de uso, gozo, fruição e reivindicação, mediante a paga de uma pensão ou foro, anual, certo e invariável. Como se tratava de instituto ultrapassado, o art. 2.038 do Código Civil proibiu a constituição de novas enfiteuses ou subenfiteuses, ressalvando, em homenagem à proteção ao ato jurídico perfeito, as que já existiam ao tempo da promulgação da lei. Assim é que o artigo faz referência ao enfiteuta que na qualidade de titular do domínio útil ficará com todo o tesouro achado ou dividirá com o descobridor se não for ele quem o encontre.

REFORMA DO CÓDIGO CIVIL: A modificação decorre tanto da própria obsolescência do instituto da enfiteuse ou do aforamento referido na redação atual quanto da necessidade de se estender a referida regra para qualquer direito real sobre a coisa alheia, como a servidão predial ou o usufruto.

SEÇÃO IV
DA TRADIÇÃO

Art. 1.267. A propriedade das coisas não se transfere pelos negócios jurídicos antes da tradição.

Parágrafo único. Subentende-se a tradição quando o transmitente continua a possuir pelo constituto-possessório; quando cede ao adquirente o direito à restituição da coisa, que se encontra em poder de terceiro; ou quando o adquirente já está na posse da coisa, por ocasião do negócio jurídico.

COMENTÁRIOS DOUTRINÁRIOS: Já tivemos oportunidade de abordar que o Brasil adota, nos modos de aquisição da propriedade, uma concepção romano-germânica, de modo que o título do direito não se confunde com a sua forma de aquisição. Destarte, o título de aquisição de um veículo automotor pode ser um contrato de compra e venda, mas a propriedade somente se transmitirá com a tradição do bem, sendo equívoco comum imaginar-se que o registro junto ao Departamento de Trânsito seja o momento de transferência do domínio. Tradição é a forma de aquisição derivada da propriedade móvel, que consiste na efetiva entrega do bem (tradição real), na entrega de alguma coisa que a simbolize, como as chaves entregues ao locatário de um automóvel (tradição simbólica), e, por último, na tradição consensual, que se dá por força da cláusula *constituti* prevista expressamente, para os bens móveis, no parágrafo único deste artigo e que consiste em uma forma de tradição consensual ou virtual em que uma pessoa que era titular de um bem em nome próprio passa a possuí-lo em nome do adquirente. Essa cláusula estudada amiúde entre os modos de aquisição e perda da posse não se presume, ou seja, deverá constar expressamente do título de alienação. Outra forma de transferência do bem móvel referida no Direito Romano é a *traditio longa manu* que ocorre quando a pessoa, a despeito de estar longe do bem móvel, adquire a posse e a propriedade do bem móvel, como sucede quando o animal cai na armadilha do caçador. Por fim, devemos mencionar a *traditio brevi manu* que se dá quando a pessoa já se encontra na posse de um bem por ocasião de um negócio jurídico (posse direta) e o adquire, a título gratuito ou oneroso. A configuração da *traditio brevi manu* representa exatamente o efeito jurídico contrário do constituto-possessório, ou seja, quem possuía em nome alheio passa a possuir em nome próprio.

JURISPRUDÊNCIA COMENTADA: Ainda que o veículo automotor estivesse registrado no Departamento de Trânsito em nome de determinada pessoa, o Tribunal Gaúcho entendeu que "a propriedade registral, perante o Detran, acarreta efeitos meramente administrativos. No âmbito civil gera, tão somente, presunção de propriedade, a qual cede perante a realidade fática, na medida em que a propriedade dos bens móveis se transfere pela tradição (art. 1.267 do Código Civil). Caso em que a proprietária registral logrou demonstrar ter alienado o veículo anteriormente ao sinistro". Assim, reconheceu ser parte ilegítima, na ação de indenização decorrente de atropelamento por veículo automotor, a pessoa que alienou o veículo e operou a tradição em favor do comprador, ainda que seu nome fosse apontado como proprietário do bem na esfera administrativa (TJRS, AC 0345952-89.2018.8.21.7000, 12.ª Câmara Cível, Porto Alegre, Rel. Des. Umberto Guaspari Sudbrack, j. 13.12.2018, *DJERS* 18.12.2018). No mesmo sentido, ficou assentado em julgado que tratou da relação contratual de compra e venda, legitimando compra e venda seguida de tradição com parte do preço sendo pago pela entrega de outro bem, ainda que o bem seja produto de roubo: "Apelação cível. Direito privado não especificado. Ação de indenização de danos materiais e obrigação de fazer. Reconvenção. Danos materiais e extrapatrimoniais. Compra e venda de veículo. Inadimplemento do comprador. I. Preliminar de ilegitimidade ativa. O autor é beneficiário do crédito representado pela compra e venda de veículo que embasa a ação de cobrança e obrigação de fazer, detendo assim legitimidade para a demanda, pois tem interesse no recebimento dos valores devidos e transferência do bem dado como parte de pagamento. No caso, o autor é proprietário de revenda de veículos automotores com CNPJ 07.637.116/0001-85, sendo esta a empresa que participou da relação comercial com o demandado, sob nome fantasia de Plínio Veículos. Preliminar rejeitada. II. De acordo com o artigo 1.267 do Código Civil, transfere-se a propriedade das coisas móveis com a simples tradição, ou seja, independentemente de registro no órgão competente. No caso, estabelecida relação comercial entre as partes, em que o demandado entregou seu veículo como parte de pagamento e levou consigo o veículo adquirido, que foi objeto de roubo. Injusta a recusa de transferência do bem dado em parte de pagamento. Inadimplemento do comprador que assumiu os riscos com tradição dos veículos antes mesmo da regularização dos documentos e pagamentos finais. Não havendo prova no sentido de existência dos fatos alegados na contestação, em especial má-fé e fraude pela revenda de veículos, ônus que incumbia ao réu, não há como acolher a tese de fraude na compra e venda de veículo, sendo improcedentes suas pretensões em reconvenção. Sentença mantida". À unanimidade, negaram provimento ao recurso (TJRS, AC 0143844-71.2018.8.21.7000, 17.ª Câmara Cível, Sapucaia do Sul, Rel. Des. Liege Puricelli Pires, j. 22.11.2018, *DJERS* 05.12.2018).

REFORMA DO CÓDIGO CIVIL: Não há aqui alteração de sentido. Há apenas uma melhora técnica das três regras que constam no parágrafo único do presente artigo, que passará a ficar mais claro, da seguinte forma: "Parágrafo único. Presume-se relativamente a tradição nas seguintes hipóteses: I – quando o transmitente continua a possuir pelo constituto-possessório; II – quando o transmitente cede ao adquirente o direito à restituição da coisa, que se encontra em poder de terceiro; ou III – quando o adquirente já está na posse da coisa, em virtude de um negócio jurídico".

Art. 1.268. Feita por quem não seja proprietário, a tradição não aliena a propriedade, exceto se a coisa, oferecida ao público, em leilão ou estabelecimento comercial, for transferida em circunstâncias tais que, ao adquirente de boa-fé, como a qualquer pessoa, o alienante se afigurar dono.

§ 1º Se o adquirente estiver de boa-fé e o alienante adquirir depois a propriedade, considera-se realizada a transferência desde o momento em que ocorreu a tradição.

§ 2º Não transfere a propriedade a tradição, quando tiver por título um negócio jurídico nulo.

COMENTÁRIOS DOUTRINÁRIOS: Instituto que merece uma análise detalhada é a alienação *a non domino* prevista no presente artigo. A tradição enquanto ato translatício do domínio exige idoneidade para a sua perfeita configuração, de modo que se realizada pelo não proprietário, não terá o condão de transferir o domínio. No entanto, se a alienação for feita pelo Poder Judiciário em leilão judicial ou a venda for realizada por estabelecimento comercial, situações que induzem a seriedade na aquisição em razão do primado da boa-fé objetiva, haverá a transferência do domínio pela tradição. No mesmo sentir, a regra para a constituição de direito real de garantia quando o bem não é de propriedade da pessoa que está prestando a garantia. Nesse caso, a garantia real se tornará eficaz com efeitos *ex tunc* mediante a aquisição da propriedade posteriormente. Nessa circunstância final, qualquer vício ocorrido na transferência será resolvido em favor do prejudicado em demanda meramente pessoal, pois a propriedade, pela tradição, ainda que anulável, já terá eficazmente acontecido. Se o bem que não pertencia ao alienante foi adquirido posteriormente e o adquirente estava de boa-fé, convalidar-se-á a transferência, retroagindo todos os efeitos do ato à data da tradição. A aquisição *a non domino* demonstra que a venda de um bem de outrem é válida, dependendo apenas da eficácia do direito que se dará com a aquisição superveniente. Trata-se da clássica versão da boa-fé sob o seu prisma subjetivo, ou seja, estará de boa-fé o adquirente quando ignorar a irregularidade na transmissão do bem a ele. Não se confunde, portanto, com a boa-fé objetiva ínsita aos negócios jurídicos ou aos atos ilícitos funcionais na figura do abuso do direito. Estabelece o § 2º do artigo anotado que não se opera a tradição que decorre de um ato nulo, pois em regra, o negócio jurídico nulo (art. 166 do CC), salvo raríssimas exceções, não produz efeitos e não admite ratificação (art. 169 do CC). Se o ato for anulável (art. 171 do CC), poderá ser convalidado pela confirmação posterior (art. 172 do CC) e produz os seus efeitos até a prolação da sentença desconstitutiva (art. 177 do CC). Nesse aspecto, importante analisarmos o erro como causa de anulabilidade da tradição. O erro é um vício de consentimento que se traduz em uma equivocada percepção da realidade, fazendo com que o agente manifeste uma vontade que não representa o seu verdadeiro querer. Significa que no erro substancial (arts. 138 e 139 do CC), a pessoa somente dirige a sua vontade a um fim em razão do erro que lhe retira a possibilidade de vislumbrar a verdade dos fatos ou, até mesmo, do direito, na hipótese do art. 139, III, consagrado na doutrina e agora positivado. Importante lembrar que na aquisição originária da usucapião (art. 1.260 do CC), da ocupação (art. 1.263 do CC), do achado do tesouro (art. 1.264 do CC), da especificação (art. 1.269 do CC) e da confusão, comistão e adjunção (art. 1.272 do CC), por não haver a figura do transmitente, não há que se falar em tradição, operando-se imediatamente a aquisição do bem. Quanto à aquisição de bens móveis por sucessão hereditária, em relação aos herdeiros legítimos e testamentários, não há que se falar em tradição, pois a posse e a propriedade transmitir-se-ão concomitantemente ao falecimento do autor da herança (direito de *saisine*), conforme estabelece o art. 1.784 do Código Civil. Em relação aos legatários, confiram-se as regras referentes aos arts. 1.923 a 1.940 do Código Civil. A propósito do tema, o art. 1.923, § 1º, assim dispõe: "Não se defere de imediato a posse da coisa, nem nela pode o legatário entrar por autoridade própria". Na herança, ainda que decorrente de testamento, o herdeiro é chamado para suceder sobre uma universalidade de bens deixados pelo falecido. No legado, o testador deixa para o herdeiro um objeto determinado ou uma importância em dinheiro. Por tais motivos, diz-se que na herança o herdeiro recebe a título universal e no legado o herdeiro recebe a título singular.

JURISPRUDÊNCIA COMENTADA: Em situação na qual o adquirente de um veículo o revendeu a terceiro de boa-fé mesmo antes da compensação do cheque, não terá o credor direito à reintegração de posse, pois com a tradição feita em favor do comprador, mesmo que inadimplente, o bem passa a ser deste para todos os fins de direito (TJSP, APL 1000696-54.2016.8.26.0003, 29.ª Câmara de Direito Privado, Rel. Des. Maria Cristina de Almeida Bacarim, j. 10.10.2018). Entretanto, o réu que adquiriu bem objeto de roubo deve ser obrigado a devolver ao real titular, ainda que esteja de boa-fé, em cumprimento ao § 2º do comentado artigo: "Reintegração de Posse. Bem móvel. Réu que adquiriu veículo objeto de roubo. Irrelevância da boa-fé do adquirente. Hipótese de aquisição de quem não era proprietário. Ausência dos requisitos objetivos para o reconhecimento da validade do negócio. Inteligência do art. 1.268 do Código Civil. Tradição que é ato causal, ligada ao título que lhe deu origem (art. 1.268, § 2º, do Código Civil). Assaltantes que não podiam transferir a propriedade que não detinham. Reintegração da autora na posse do veículo. Recurso desprovido" (TJSP, APL 1108263-81.2015.8.26.0100, Ac. 11360749, 36.ª Câmara de Direito Privado, Catanduva, Rel. Des. Milton Carvalho, j. 13.04.2018).

REFORMA DO CÓDIGO CIVIL: A proposição de reforma afirma com razão que a alienação *a non domino* de bem móvel não se encontra no plano da validade, mas, sim, da eficácia. As outras alterações foram sugeridas pelo professor Pedro Marcos Nunes Barbosa (PUC-Rio) à Subcomissão de Direito das Coisas e são por ele bem delineadas: "as modificações pontuais propostas servem: (a) para ampliar a extensão literal do texto do artigo de coisa (bem físico) para bem (material ou imaterial); (b) para contemplar os estabelecimentos físicos e virtuais, adotando a nomenclatura empresarial em detrimento da expressão vetusta comercial; e (c) para usar a expressão titular que é a pertinência subjetiva ativa mais ampla do que a palavra dono". O texto sugerido possui uma redação adaptada à evolução da doutrina e da jurisprudência e à virtualização da vida em sociedade tão bem reconhecida na reforma do Código Civil. Eis o texto: "Art. 1.268. Feita por quem não seja proprietário, a tradição não importa alienação da propriedade, presente a ineficácia do ato. § 1º Excepciona-se a regra do *caput* se o bem, oferecido ao público, em leilão, praça ou estabelecimento empresarial físico ou virtual, for transferido em circunstâncias tais que, ao adquirente de boa-fé, como a qualquer pessoa, o alienante se afigurar titular. § 2º Se o adquirente estiver de boa-fé e o alienante adquirir depois a propriedade, considera-se realizada a transferência desde o momento em que ocorreu a tradição. § 3º Não transfere a propriedade a tradição, quando tiver por título um negócio jurídico nulo".

SEÇÃO V
DA ESPECIFICAÇÃO

Art. 1.269. Aquele que, trabalhando em matéria-prima em parte alheia, obtiver espécie nova, desta será proprietário, se não se puder restituir à forma anterior.

COMENTÁRIOS DOUTRINÁRIOS: A especificação é modalidade originária de aquisição de propriedade móvel que se verifica quando uma pessoa, trabalhando em determinada matéria-prima, obtém uma coisa nova. Se a matéria-prima pertence ao especificador, este será o proprietário da coisa especificada. O artigo acima apontado alude à hipótese em que o especificador se utiliza de matéria-prima pertencente, em parte, a outrem. Nesse caso, também adquirirá a propriedade da coisa nova criada, sendo permitido ao prejudicado pleitear indenização pelo valor dos materiais utilizados.

Art. 1.270. Se toda a matéria for alheia, e não se puder reduzir à forma precedente, será do especificador de boa-fé a espécie nova.

§ 1º Sendo praticável a redução, ou quando impraticável, se a espécie nova se obteve de má-fé, pertencerá ao dono da matéria-prima.

§ 2º Em qualquer caso, inclusive o da pintura em relação à tela, da escultura, escritura e outro qualquer trabalho gráfico em relação à matéria-prima, a espécie nova será do especificador, se o seu valor exceder consideravelmente o da matéria-prima.

COMENTÁRIOS DOUTRINÁRIOS: Se o especificador, utilizando matéria-prima alheia, estiver de boa-fé e não for possível voltar ao estado anterior, adquirirá o domínio da coisa especificada. Se estiver de má-fé, perderá em proveito do dono do material utilizado a coisa nova especificada. Estará de boa-fé o especificador que desconhecer a titularidade de outrem sobre o material utilizado. Quando o valor do bem especificado é consideravelmente superior ao do material utilizado, o especificador adquirirá a coisa nova especificada, sem prejuízo do dever de indenizar. A pintura, a escritura e a escultura são bens principais em relação à tela, aos papéis utilizados e a um bloco de mármore, respectivamente.

Art. 1.271. Aos prejudicados, nas hipóteses dos arts. 1.269 e 1.270, se ressarcirá o dano que sofrerem, menos ao especificador de má-fé, no caso do § 1º do artigo antecedente, quando irredutível a especificação.

COMENTÁRIOS DOUTRINÁRIOS: O presente artigo encerra o ciclo de regras da especificação prevendo o direito à indenização pelos prejuízos experimentados, ora porque a obra especificadora ficou a cargo de um com material alheio, ora porque se especificou em material próprio. A lei veda o direito de ressarcimento para o especificador que reconhecendo ser a matéria-prima de outrem, mesmo assim a utiliza. Cuida a hipótese da aplicação dos princípios da boa-fé e da vedação ao enriquecimento sem causa.

SEÇÃO VI
DA CONFUSÃO, DA COMISSÃO E DA ADJUNÇÃO

Art. 1.272. As coisas pertencentes a diversos donos, confundidas, misturadas ou adjuntadas sem o consentimento deles, continuam a pertencer-lhes, sendo possível separá-las sem deterioração.

§ 1º Não sendo possível a separação das coisas, ou exigindo dispêndio excessivo, subsiste indiviso o todo, cabendo a cada um dos donos quinhão proporcional ao valor da coisa com que entrou para a mistura ou agregado.

§ 2º Se uma das coisas puder considerar-se principal, o dono sê-lo-á do todo, indenizando os outros.

COMENTÁRIOS DOUTRINÁRIOS: Trata o artigo epigrafado de hipóteses que dizem respeito às formas originárias de aquisição da propriedade móvel que derivam da acessão de móvel a móvel. É fato que a distinção entre as três figuras carece de praticidade jurídica, mas nem por isso nos furtaremos de esclarecer que a confusão é a mistura de coisas líquidas (ex.: gasolina aditivada); a comissão é a reunião de coisas sólidas sem que se possa definir com precisão os bens utilizados (ex.: uma barra de aço inoxidável);

e a adjunção é a justaposição de coisas sólidas, possibilitando a definição dos bens justapostos, mas cuja separação importará em perda substancial do novo bem formado (ex.: um anel de brilhantes). Os materiais reunidos não podem gerar outra coisa, pois se assim for estaremos diante de especificação, ocasião em que o material é de um e o trabalho de outro. Se o novo bem se tornar indivisível, haverá um condomínio forçado entre as partes, competindo a cada uma das pessoas uma cota sobre o todo, proporcional ao valor da coisa com que entrou para a mistura ou agregado. Se da confusão, comistão ou adjunção for possível identificar a acessoriedade de um bem em relação a outro, reputado principal, ao dono deste pertencerá o bem que se formou, devendo indenizar o dono do bem acessório. O § 2º é a aplicação concreta do princípio da gravitação jurídica em que o acessório deve seguir a sorte do principal.

Art. 1.273. Se a confusão, comissão ou adjunção se operou de má-fé, à outra parte caberá escolher entre adquirir a propriedade do todo, pagando o que não for seu, abatida a indenização que lhe for devida, ou renunciar ao que lhe pertencer, caso em que será indenizado.

COMENTÁRIOS DOUTRINÁRIOS: Se a pessoa que realizou a confusão, comistão ou adjunção estava de má-fé por saber que a coisa acedida pertencia a outrem, o proprietário do bem poderá optar entre renunciar ou ficar com o bem. Se ficar com o bem, deverá indenizar na parte relativa ao que não era seu, descontado o prejuízo que experimentar.

Art. 1.274. Se da união de matérias de natureza diversa se formar espécie nova, à confusão, comissão ou adjunção aplicam-se as normas dos arts. 1.272 e 1.273.

COMENTÁRIOS DOUTRINÁRIOS: Se renunciar à propriedade do bem oriundo de confusão, comissão ou adjunção, terá direito a receber indenização referente ao prejuízo que sofreu por ter abdicado da coisa nova criada.

CAPÍTULO IV
DA PERDA DA PROPRIEDADE

Art. 1.275. Além das causas consideradas neste Código, perde-se a propriedade:

I – por alienação;

II – pela renúncia;

III – por abandono;

IV – por perecimento da coisa;

V – por desapropriação.

Parágrafo único. Nos casos dos incisos I e II, os efeitos da perda da propriedade imóvel serão subordinados ao registro do título transmissivo ou do ato renunciativo no Registro de Imóveis.

COMENTÁRIOS DOUTRINÁRIOS: O artigo aponta a alienação, renúncia, abandono, perecimento da coisa e desapropriação como modalidades de perda da propriedade dos bens móveis e imóveis. O rol é meramente exemplificativo. A avulsão, a aluvião e a usucapião configuram hipóteses em que uma pessoa adquire originariamente a propriedade e outra a perde. Tais espécies não se encontram arroladas no dispositivo referido, mas provocam o efeito de perda do bem. Quanto à alienação e à renúncia, impende destacar que os efeitos da transmissão do bem imóvel somente se verificarão com o registro dos atos transmissivos no cartório do registro de imóveis. Se forem bens móveis, tal efeito se dará com a tradição. Cabe ainda o registro de que o abandono, o perecimento da coisa e a desapropriação ocorrem independentemente da tradição ou do registro. O não uso, que é modalidade de extinção da servidão predial (art. 1.389, III, do CC) e do usufruto (art. 1.410, VIII, do CC), não extingue a propriedade, que permanecerá até a perda pelo abandono ou pela prescrição aquisitiva verificada em favor de eventual possuidor. Ainda que seja extinto o direito real sobre a coisa alheia, a propriedade remanescerá até a perda por alguma das modalidades adiante apontadas. A alienação é um ato negocial e, portanto, voluntário e bilateral de transferência de um bem móvel ou imóvel realizada pelo alienante ao adquirente. Pode se realizar a título oneroso ou gratuito. No primeiro caso, temos como exemplo a compra e venda, a troca e a dação em pagamento, e no segundo caso temos a doação. Importante não esquecer que pelo sistema brasileiro de aquisição de bens, não basta a alienação para transferir a propriedade do bem que, via de regra, se dará pela tradição para os bens móveis e pelo registro para bens imóveis. O artigo em estudo ressalta em seu parágrafo único que, na hipótese de alienação que tenha por objeto bens imóveis, a perda somente produzirá seus regulares efeitos após o registro do título transmissivo no Registro de Imóveis. A renúncia consiste em ato unilateral e formal pelo qual uma pessoa rejeita um bem ou direito que lhe pertence. Somente produzirá efeitos a partir do registro do ato no cartório imobiliário. É muito comum a renúncia acontecer em relação a direitos hereditários, matéria regulada no livro das sucessões nos arts. 1.804 a 1.813 do Código Civil. Nesse passo, o parágrafo único do art. 1.804 estabelece que se reputa como não verificada a transmissão do acervo hereditário quando o herdeiro renuncia à herança. A renúncia à herança não poderá ser parcial, sob condição ou a termo, sendo lícito aceitar legados e renunciar à sucessão legítima, assim como na hipótese de mais de um quinhão hereditário, sob títulos sucessórios diversos, deliberar quanto aos quinhões que aceita e a quais renuncia. Na sucessão legítima, a parte do renunciante pertencerá aos outros herdeiros da mesma classe, ou se ele for o único, serão transmitidos aos da classe seguinte. Assim, por exemplo, se um dos filhos renunciar à herança, a parte dele acrescerá à do seu irmão. Se ele for filho único, a parte do herdeiro renunciante será transmitida aos ascendentes, cônjuge ou companheiro ou colateral, conforme a vocação hereditária estabelecida no art. 1.829 do Código Civil. O ato de renúncia à herança é formal, irrevogável, salvo defeito da vontade, e ninguém poderá participar da sucessão representando herdeiro renunciante, pois é como se o renunciante jamais tivesse sido chamado à sucessão. Se, porém, ele for o único legítimo da sua classe, poderão os filhos vir à sucessão, em seu nome e defendendo os próprios interesses (sucessão por cabeça). Nenhum ato de renúncia de direitos pode prejudicar terceiros de boa-fé, sendo isso um autêntico princípio geral. No caso da renúncia à herança, o legislador previu uma espécie diferenciada de fraude contra credores no art. 1.813: "Quando o herdeiro prejudicar os seus credores, renunciando à herança, poderão eles, com autorização do juiz, aceitá-la em nome do renunciante. § 1º A habilitação dos credores se fará no prazo de trinta dias seguintes ao conhecimento do fato. § 2º Pagas as dívidas do renunciante, prevalece a renúncia quanto ao remanescente, que será devolvido aos demais herdeiros". O abandono configura ato unilateral pelo qual uma pessoa manifesta informalmente o seu interesse em se despojar de determinado bem ou interesse. Não se confunde com a perda, que possui natureza involuntária e que já fora objeto de estudo na seção referente à descoberta que confere ao descobridor o dever de restituir, conforme preconiza o art. 1.233 do Código Civil. Exatamente por isso, a descoberta não é modalidade de perda da propriedade. O abandono também não se confunde com a renúncia, pois nesta a perda exige uma manifestação expressa e o abandono é realizado tacitamente. A renúncia é ato formal enquanto o abandono é ato material de despojamento voluntário de um bem. A derrelição de bens móveis é de fácil verificação, bastando ao intérprete aferir a intenção do titular do bem que, por exemplo, lança um relógio com defeito na lata de lixo. Registre-se que as coisas móveis sem dono, abandonadas ou de ninguém, podem ser ocupadas, gerando para o ocupante a aquisição do domínio, a teor do que prescreve o art. 1.263 do Código Civil. Há ainda que se referir ao perecimento do bem como modalidade de perda da propriedade, pois todos os bens materiais perecem. Assim, em regra, terá perecido o direito quando perecer o seu objeto. O objeto perece quando perde as suas qualidades essenciais ou o seu valor econômico, quando se confunde com outro, de modo a tornar impossível a identificação, ou quando fica em lugar de onde não pode ser retirado. Exceção interessante a essa regra se verifica no art. 1.425, § 1º, do Código Civil, que prevê, em benefício do credor com garantia real, a sub-rogação do bem dado em garantia pela indenização do seguro ou pela indenização paga pelo terceiro ao devedor. Nesse caso, teremos uma hipótese de perecimento do objeto com a sub-rogação do direito, que passará a incidir sobre a verba indenizatória. O dinheiro, como já se afirmou inúmeras vezes, funciona como um substitutivo universal das obrigações, de modo que se um comodatário tem que restituir uma coisa em determinada data e por descumprir a obrigação de zelo e guarda pela coisa dá causa ao perecimento do bem por culpa ou dolo, deverá indenizar o comodante pelo prejuízo sofrido. O tema da desapropriação pertence ao ramo do direito administrativo. Trata-se de modalidade de intervenção do Estado na propriedade privada que se inicia com a indicação, por parte do Poder Público, de um bem de especial interesse social ou utilidade pública e se ultima mediante a justa e prévia indenização, normalmente, em dinheiro, que se faz ao expropriado. Estudada no direito público, a desapropriação gera aquisição originária da propriedade após o pagamento da verba indenizatória ao expropriado. Por tal motivo, a perda por parte do expropriado não se dará com o registro da sentença no registro de imóveis e sim no momento do pagamento do preço por parte do poder expropriante. A desapropriação por utilidade pública está prevista no Decreto-lei n. 3.365/1941. A expropriação por interesse social está disciplinada na Lei n. 4.132/1962 e a que regulamenta a reforma agrária está disposta na Lei n. 8.629/1993, cujo procedimento judicial se encontra na Lei Complementar 76/1993. Esta última modalidade de desapropriação permite o pagamento ao desapropriado em títulos da dívida agrária expedidos pela União com cláusula assecuratória da preservação do valor real, resgatável no prazo máximo de vinte anos. Há também a desapropriação para fins de reforma urbana, positivada no art. 8º da Lei n. 10.257/2001 (Estatuto da Cidade) e com previsão para pagamento em títulos da dívida pública como sanção pela não observância da obrigação de realizar o parcelamento, edificação ou utilização do imóvel.

JURISPRUDÊNCIA COMENTADA: Em demanda na qual o credor adjudicou o imóvel do devedor e este foi desapossado, o juízo concedeu prazo de cinco dias para a retirada dos bens móveis que se encontravam no imóvel, sob pena de aplicação do inciso III do art. 1.275 do Código Civil. Como o comando não foi atendido, foi reconhecida a perda da propriedade dos bens móveis que guarneciam o imóvel por abandono (TJSP, AI 2162422-58.2018.8.26.0000, 17.ª Câmara de Direito Privado, Rel. Des. Afonso Bráz, j. 17.10.2018). O Tribunal paulista deu ganho de causa à contribuinte que, por meio de exceção de pré-executividade, se opôs à cobrança tributária sobre o imóvel objeto de decreto municipal de desapropriação por interesse social ante o reconhecimento de que "a desapropriação é uma das hipóteses de perda da propriedade (art. 1.275 do Código Civil)" (TJSP, AI 2108728-77.2018.8.26.000, 15.ª Câmara de Direito Público, Rel. Des. Rezende Silveira, j. 21.08.2018). O Tribunal do Espírito Santo entendeu que, após a formalização da renúncia no cartório do registro imobiliário competente, não podia mais ser feito o registro da propriedade em nome do comprador, pois a coisa teria se tornado *res nullius* com a formalização anterior da perda da propriedade, na forma do inciso II do estudado dispositivo legal: "Apelação cível. Suscitação de dúvida. Registro de escritura de compra e venda de imóvel. Recusa pelo oficial de registro. Renúncia de propriedade. *Res nullius*. Dúvida procedente. Recurso desprovido. 1) Renúncia é modalidade de perda da propriedade prevista no inciso II do art. 1.275 do Código Civil e somente produz efeitos quando levada a registro no CRI competente. Trata-se de negócio jurídico unilateral, pelo qual o proprietário declara formalmente abrir mão do direito de propriedade, tornando o bem sem dono, ou seja, *res nullius*. 2) Recurso desprovido" (TJES, APL 0016479-80.2016.8.08.0011, 2.ª Câmara Cível, Rel. Des. José Paulo Calmon Nogueira da Gama, j. 07.11.2017, *DJES* 29.11.2017).

Art. 1.276. O imóvel urbano que o proprietário abandonar, com a intenção de não mais o conservar em seu patrimônio, e que se não encontrar na posse de outrem, poderá ser arrecadado, como bem vago, e passar, três anos depois, à propriedade do Município ou à do Distrito Federal, se se achar nas respectivas circunscrições.

§ 1º O imóvel situado na zona rural, abandonado nas mesmas circunstâncias, poderá ser arrecadado, como bem vago, e passar, três anos depois, à propriedade da União, onde quer que ele se localize.

§ 2º Presumir-se-á de modo absoluto a intenção a que se refere este artigo, quando, cessados os atos de posse, deixar o proprietário de satisfazer os ônus fiscais.

COMENTÁRIOS DOUTRINÁRIOS: Sempre se mostrou tormentosa para a doutrina a caracterização do abandono de um bem imóvel. Entrementes, o atual Código Civil andou bem ao estabelecer nesse artigo um critério objetivo e seguro para que se tenha como provada a sua configuração. Segundo esse dispositivo, o abandono se realiza quando o proprietário demonstra a intenção de despojar-se do bem. Um dos motivos da dificuldade em se aferir a intenção de abandono do bem imóvel é o fato de estar contido, no poder de uso assegurado pelo art. 1.228 do Código Civil, o direito ao não uso do bem, donde concluir-se que um sítio de lazer que se encontra sem atividade há alguns anos não gera a conclusão absoluta de que o dono o abandonou, assim como uma sala comercial na cidade que esteja fechada não significa intenção manifesta de abandono. Para que o proprietário interrompa o prazo legal de três anos, bastará que recupere a posse do bem. Se o bem for urbano, caberá ao Município ou ao Distrito Federal a arrecadação, sendo da competência da União Federal se o imóvel for rural. O critério para aferir se o imóvel é urbano ou rural é o da destinação do bem, ou seja, mister a verificação da atividade preponderante desenvolvida no imóvel. Em se tratando de exploração predominantemente agrícola, pecuária ou assemelhada, o imóvel é rural e se a utilização for primordialmente para fins de moradia, tratar-se-á de imóvel urbano. Esta última conclusão é retirada do sistema e também da lei, que alude na parte final do § 1º que o imóvel será rural, "onde quer que ele se localize". O procedimento para a arrecadação de bem imóvel abandonado será aquele destinado às coisas vagas, previsto no art. 746 do Código de Processo Civil. Interessante alteração legal é a inclusão do requisito, para arrecadação de bens imóveis abandonados, da ausência de posse de terceiro, o que vem demonstrar que não é interesse do Estado arrecadar para si imóveis abandonados. Para isso, o ordenamento jurídico prevê a desapropriação. A finalidade da lei é que os bens não fiquem vagos, pois isso desinteressa a sociedade e se apresenta como uma afronta ao dispositivo constitucional da função social da propriedade. Outra aplaudida previsão legal é a presunção de abandono da posse quando, cessados os atos possessórios, o proprietário deixar de cumprir com as obrigações fiscais. Essa regra concede ao tema uma objetividade que pode fazer com que a norma seja efetivamente aplicada, auxiliando o Estado na realização das inexcedíveis reformas agrária e urbana. Se o titular de um imóvel urbano não paga o Imposto Predial e Territorial Urbano ao Município, correrá o risco de perder o imóvel para este ente, não por confisco, mas pela presunção absoluta criada pela lei. O mesmo se verifica para os imóveis rurais em relação à União no que se refere ao Imposto Territorial Rural, de competência da União. Não se pode entender que o inadimplemento dos ônus fiscais já caracteriza o abandono, pois assim poder-se-ia inferir que estaríamos diante de uma regra inconstitucional por ofender o art. 150, IV, da Constituição Federal, que prevê entre as limitações ao poder de tributar a regra segundo a qual ao Estado é defeso "utilizar tributo com efeito de confisco". Para a correta aplicação da norma, é fundamental que se entenda o abandono como um fato jurídico pelo qual a pessoa se despoja voluntariamente de um bem. Apenas após a ocorrência do referido fato é que surgirá mais um dado a confirmar o abandono, qual seja: o não recolhimento dos tributos que incidam sobre o imóvel. Nesse diapasão, foi aprovado o Enunciado n. 243 na *III Jornada de Direito Civil* do Conselho da Justiça Federal: "A presunção de que trata o § 2º do art. 1.276 não pode ser interpretada de modo a contrariar a norma-princípio do art. 150, inc. IV, da Constituição da República". Tanto assim que o arquivado Projeto de Lei n. 6.960/2002 propugnava a substituição da redação, retirando a ideia de presunção absoluta, nos seguintes termos: "Art. 1.276. *omissis* § 2º Presumir-se-á a intenção a que se refere este artigo quando, cessados os atos de posse, deixar o proprietário de satisfazer os ônus fiscais". A nosso sentir, ainda que o projeto não se converta em lei, é possível, mediante uma filtragem constitucional, interpretar-se o dispositivo nos moldes do artigo projetado. Integrando a *III Jornada de Direito Civil*, encaminhamos sugestão de interpretação ao § 2º do art. 1.276 do Código Civil, tendo sido aprovado por unanimidade o Enunciado n. 242 do Conselho da Justiça Federal: "A aplicação do art. 1.276 depende de devido processo legal em que seja assegurado ao interessado demonstrar a não cessação da posse". Em tal processo, também servirá de óbice à arrecadação a demonstração de que o proprietário atribui função social à propriedade, conforme teve oportunidade de destacar a *VII Jornada de Direito Civil*, ao aprovar o Enunciado n. 597, o qual reza que "a posse impeditiva da arrecadação, prevista no art. 1.276 do Código Civil, é efetiva e qualificada por sua função social". Os arts. 64 e 65 da Lei n. 13.465/2017 reforçam a importância desse instituto jurídico como instrumento de regularização fundiária de imóveis que, estando abandonados pelo pretérito proprietário, cumprem função social atual com a moradia de quem tem interesse em ver reconhecida a sua titularidade por ato do Poder Público, sem descurar da necessidade de procedimento administrativo com a garantia do devido processo legal: "Art. 64. Os imóveis urbanos privados abandonados cujos proprietários não possuam a intenção de conservá-los em seu patrimônio ficam sujeitos à arrecadação pelo Município ou pelo Distrito Federal na condição de bem vago. § 1º A intenção referida no *caput* deste artigo será presumida quando o proprietário, cessados os atos de posse sobre o imóvel, não adimplir os ônus fiscais instituídos sobre a propriedade predial e territorial urbana, por cinco anos. § 2º O procedimento de arrecadação de imóveis urbanos abandonados obedecerá ao disposto em ato do Poder Executivo municipal ou distrital e observará, no mínimo: I – abertura de processo administrativo para tratar da arrecadação; II – comprovação do tempo de abandono e de inadimplência fiscal; III – notificação ao titular do domínio para, querendo, apresentar impugnação no prazo de trinta dias, contado da data de recebimento da notificação. § 3º A ausência de manifestação do titular do domínio será interpretada como concordância com a arrecadação. § 4º Respeitado o procedimento de arrecadação, o Município poderá realizar, diretamente ou por meio de terceiros, os investimentos necessários para que o imóvel urbano arrecadado atinja prontamente os objetivos sociais a que se destina. § 5º Na hipótese de o proprietário reivindicar a posse do imóvel declarado abandonado, no transcorrer do triênio a que alude o art. 1.276 da Lei n. 10.406, de 10 de janeiro de 2002 (Código Civil), fica assegurado ao Poder Executivo municipal ou distrital o direito ao ressarcimento prévio, e em valor atualizado, de todas as despesas em que eventualmente houver incorrido, inclusive tributárias, em razão do exercício da posse provisória. Art. 65. Os imóveis arrecadados pelos Municípios ou pelo Distrito Federal poderão ser destinados aos programas habitacionais, à prestação de serviços públicos, ao fomento da Reurb-S ou serão objeto de concessão de direito real de uso a entidades civis que comprovadamente tenham fins filantrópicos, assistenciais, educativos, esportivos ou outros, no interesse do Município ou do Distrito Federal".

JURISPRUDÊNCIA COMENTADA: Os Tribunais têm entendido pela constitucionalidade do § 2º deste artigo sob o fundamento da função social da propriedade, mas há o reconhecimento de que a declaração de vacância não opera automaticamente a perda do bem: "Apelação. Ação ordinária. Arrecadação de bem vago, em decorrência de abandono por parte do titular do imóvel. Inteligência do artigo 1.276, § 2º, do Código Civil que estabelece a presunção absoluta da intenção de abandono no caso de dívida fiscal. Inconstitucionalidade da referida norma não configurada, porque conforme ao preceito constitucional que trata da função social da propriedade. Inexistente a contrariedade ao Enunciado n. 243 do Conselho de Justiça Federal, porque presentes as condições necessárias para a arrecadação. Declaração da vacância do bem, com consequente arrecadação, que, entretanto, não implica a perda automática da propriedade, que somente se daria, nos termos do art. 1276, *caput*, do Código Civil, decorridos três anos, a contar do ato constitutivo da arrecadação. Sentença reformada. Invertidos os ônus da sucumbência. Recurso de apelação provido" (TJSP, APL 0023241-77.2006.8.26.0071, Ac. 10743512, 12.ª Câmara de Direito Público, Bauru, Rel. Des. Souza Nery, j. 29.08.2017, *DJESP* 14.09.2017, p. 2.991).

REFORMA DO CÓDIGO CIVIL: Importantes alterações são propostas para a hipótese de abandono do imóvel. A primeira diz respeito à superação do equívoco apontado *supra* de se estabelecer presunção absoluta, o que afronta o art. 150, IV, da Constituição Federal, que proíbe a utilização do tributo como confisco. As outras dizem respeito às importantes atualizações legislativas, conferindo à codificação civil a centralidade que deve exercer. Confira-se o texto: "Art. 1.276. [...] § 2º Presumir-se-á a intenção a que se refere este artigo, quando, cessados os atos de posse, deixar o proprietário de satisfazer os ônus fiscais. § 3º Na pendência de ação judicial ou de procedimento extrajudicial, objetivando o reconhecimento do abandono de imóvel, é vedada a proposição de ação para o reconhecimento da propriedade. § 4º A perda da propriedade por abandono de resíduos sólidos não elimina a responsabilidade do antigo proprietário, nos termos do que está previsto na Lei nº 12.305, de 2 de agosto de 2012. § 5º O procedimento de arrecadação de imóveis abandonados submete-se ao que está previsto no art. 64 da Lei nº 13.465, de 11 de julho de 2017".

CAPÍTULO V
DOS DIREITOS DE VIZINHANÇA

SEÇÃO I
DO USO ANORMAL DA PROPRIEDADE

Art. 1.277. O proprietário ou o possuidor de um prédio tem o direito de fazer cessar as interferências prejudiciais à segurança, ao sossego e à saúde dos que o habitam, provocadas pela utilização de propriedade vizinha.

Parágrafo único. Proíbem-se as interferências considerando-se a natureza da utilização, a localização do prédio, atendidas as normas que distribuem as edificações em zonas, e os limites ordinários de tolerância dos moradores da vizinhança.

COMENTÁRIOS DOUTRINÁRIOS: Os chamados direitos de vizinhança são previsões legais que têm por objetivo regulamentar a relação social e jurídica que existe entre os titulares de direito real sobre imóveis, tendo em vista que a proximidade entre prédios ou apartamentos no condomínio em edifícios (arts. 19 da Lei n. 4.591/1964 e 1.336, IV, do CC), não raro, gera animosidades e problemas de intrincada solução. Para atingir o desiderato de harmonização da relação entre vizinhos, a lei limita reciprocamente o exercício do direito de propriedade dos vizinhos, apontando para a preservação do interesse público e privado. Essas limitações devem ser inspiradas em valores éticos importantes como a boa-fé, a lealdade e a solidariedade. A propriedade deve ser usada de tal maneira que torne possível a coexistência social. Se assim não se procedesse, se os proprietários pudessem invocar uns contra os outros seu direito absoluto e ilimitado, não poderiam praticar qualquer direito, pois as propriedades se aniquilariam no entrechoque de suas várias faculdades. Para serem vizinhos, os prédios não precisam ser contíguos, mas sim que a atividade exercida em um possa repercutir em outro. Imagine-se uma pessoa que exerce atividade nociva em seu terreno, depositando no rio alguns dejetos químicos. De acordo com a lei, aquele que sofrer a repercussão nociva reputar-se-á vizinho, independentemente de confrontar com o prédio ou não. Os recíprocos direitos e deveres dos vizinhos podem ser de natureza positiva (fazer) e negativa (não fazer). No primeiro caso, temos como exemplo a obrigação de proceder à demarcação do seu prédio junto ao vizinho e, no segundo, a obrigação de não usar de modo anormal da posse ou propriedade, ferindo a segurança, sossego ou saúde dos vizinhos. A natureza jurídica dos direitos de vizinhança é a de limite legal ao exercício do direito de propriedade e os deveres impostos aos vizinhos se qualificam como obrigações *propter rem*, nascendo com a titularidade e acompanhando-a. Essa limitação legal de respeito à coletividade aproxima muito o direito privado do público, exigindo dos profissionais do direito muita sensibilidade para enfrentar questões difíceis, em que o magistrado se vê na contingência de determinar a tolerância de uma atividade, de certo modo, nociva, em atenção ao interesse social, levando a que uma pessoa tenha que suportar – com certa dose de sacrifício – a passagem, por dentro de seu prédio, do esgoto emanado do prédio vizinho, por força do direito de vizinhança de passagens de cabos e tubulações previsto no art. 1.286 do Código Civil. Há diferença entre direito de vizinhança e servidão predial, merecendo destaque essa questão. Logicamente, somente se busca a diferenciação de institutos jurídicos que guardam consigo semelhança. Os direitos de vizinhança e as servidões prediais previstas nos arts. 1.378 a 1.389 do Código Civil aproximam-se na medida em que ambos envolvem situações reais entre vizinhos, guardando, inclusive, semelhança física. Muitas vezes, para que o advogado saiba se a situação jurídica trazida a ele envolve, por exemplo, o direito de vizinhança passagem forçada ou a servidão predial servidão de passagem, necessita consultar a certidão do cartório do registro de imóveis. Não por acaso, a expressão servidão legal, a despeito de tecnicamente incorreta, é usualmente encontrada em algumas escrituras antigas e no Código de Águas. Dessa forma, podemos estabelecer as seguintes diferenças: os direitos de vizinhança são criados por lei e, por conseguinte, as modalidades são exaustivas (*numerus clausus*) e as servidões prediais, em regra, se estabelecem por contrato, sendo meramente exemplificativas as referências legais (*numerus apertus*). Os direitos de vizinhança não visam aumentar a utilidade do prédio, mas sim se apresentam como necessários para a busca de uma coexistência pacífica entre os vizinhos (necessidade), ao passo que é da essência da servidão predial proporcionar ao prédio dominante uma melhor utilização de seu prédio mediante o sacrifício do prédio serviente (utilidade). Há ainda que se reconhecer que a natureza jurídica do direito de vizinhança é a de limite legal ao exercício do direito de propriedade e as servidões prediais são direitos reais sobre as coisas alheias de gozo ou fruição. Importante lembrar que a estudada teoria do abuso do direito de propriedade (arts. 187 e 1.228, § 2º, do CC) também tem grande importância nos estudos dos direitos de vizinhança, tanto em uma perspectiva subjetiva como objetiva, pois abusa do direito de propriedade imóvel quem a utiliza nocivamente, pondo em risco ou ferindo a segurança, o sossego ou a saúde dos donos dos prédios vizinhos, ou seja, aqueles que podem sofrer as repercussões nocivas da utilização anormal da propriedade, mas também comete abuso do direito a pessoa que não confere à sua titularidade a imperiosa função social da propriedade e prejudica o vizinho. Melhor seria se a codificação civil estabelecesse a diferença de modo mais explícito entre o conflito de vizinhança de tipo aberto, que vem a ser o uso anormal da propriedade, daqueles outros que estão tipificados de modo fechado, como as árvores limítrofes, passagem, passagem forçada, passagem de cabos e tubulações, águas e direito de construir etc. Realmente, a primeira situação retrata uma abstração muito grande em razão da presença dos conceitos jurídicos indeterminados segurança, sossego e saúde, a exigir dos operadores do direito maior cuidado e aprofundamento nas circunstâncias do caso concreto para se alcançar a decisão justa. Na segunda hipótese, as normas de solução ou prevenção são ditadas para determinado caso com menor abstração e insegurança jurídica. O artigo comentado visa ao direito de preservação da pessoa contra a utilização da posse ou da propriedade alheia de modo a causar dano à segurança, ao sossego ou à saúde e é exercido em caráter de reciprocidade, permitindo-se a adequação do ditado popular que diz "o direito de um termina quando começa o do outro". Visa a lei salvaguardar legítimos interesses contra as interferências nocivas do vizinho como, por exemplo, poluição sonora. Imaginemos um caso em que um vizinho resolve criar um tipo de raça de cachorro tida como de altíssima periculosidade sem as cautelas devidas e em lugar impróprio. Esse comportamento nocivo pode, em tese, prejudicar a segurança da vizinhança, acabar com o sossego pelos ruídos intoleráveis causados pelos animais e, ainda, colocar em risco a saúde das pessoas pelas doenças transmissíveis e possibilidade de ataque dos ferozes animais. Casos outros podem ser pensados, como o de casa de espetáculos ou agremiações de escolas de samba em que se determina a colocação de revestimentos acústicos, cultos religiosos ruidosos, em que a decisão judicial condena em dano moral e impõe multa para o caso de nova transgressão, não impondo outros limites, pois não foi pedido na fase de conhecimento e, portanto, vedado estaria na apelação. O sossego é a relativa tranquilidade, pois o ruído máximo que se tolera, à noite, não é o ruído máximo que se há de tolerar de dia. Segurança é a segurança material e a moral. Não está seguro quem, razoavelmente, se sente inseguro. Tanto se pode tratar de insegurança para o prédio como para a pessoa que o habita ou o tem de frequentar e saúde é a saúde do que habita, ou tem de frequentar o prédio, ou de qualquer ser, que viva no prédio, se pode aí ser alojado. Difícil se mostra estabelecer o sentido real da expressão "uso anormal da propriedade". Por isso, a doutrina se debruçou no estudo da matéria por meio de diversas teorias, sendo as principais a teoria do uso normal e a teoria do uso necessário, sendo que posteriormente houve uma fusão entre as duas com a convicção de que a questão deveria ser submetida à supremacia do interesse público. Pela teoria do uso normal propugnada por Ihering a partir dos estudos do Direito Romano, poder-se-ia considerar proibida qualquer utilização do bem que extrapole o seu uso normal e acarrete uma imissão nociva na posse ou propriedade alheia ocasionando lesão ao sossego, à saúde ou à segurança dos prédios vizinhos. Depois surgiu a teoria do uso necessário, a fim de dar resposta a situações típicas da sociedade industrializada, devendo o intérprete avaliar se a interferência é inevitável e necessária, pois nesse caso o vizinho estaria obrigado a suportar o incômodo. Importa registrar, nesse passo, não ser relevante a análise da intencionalidade do vizinho no tocante ao prejuízo causado (teoria do ato emulativo), mas sim o resultado, pois haverá sempre abuso do direito quando a utilização da propriedade estiver divorciada da função social, independentemente do elemento anímico de querer prejudicar a outrem. Dolo ou culpa são elementos subjetivos que somente devem ser considerados em eventual aferição acerca do dever de indenizar. Essas lições da doutrina e a prática jurisprudencial levaram a que o parágrafo único do artigo estudado retratasse com clareza esse avanço, digamos, normativo, do tratamento dessa matéria se comparado com o antigo art. 554 do Código Civil de 1916. De fato, a parte final do parágrafo único do art. 1.277 do Código Civil se refere ao critério dos limites ordinários de tolerância, demonstrando o referido conceito jurídico indeterminado a necessidade de o magistrado adentrar nas especificidades do caso concreto a fim de que logre alcançar o resultado mais justo, pois tais limites diferenciam-se entre imóveis rurais e urbanos e, entre esses, uns se destinam a comércio, outros a moradia, indústria e, ainda, existem aqueles que contemplam utilização mista. Como já se pode perceber, não raro a solução de um conflito entre vizinhos envolve a presença de direitos em conflito e a necessidade de sacrificar, ainda que parcialmente, um deles. Um norte que pode ser seguido pelo magistrado para melhor decidir a questão é o de consultar o plano de zoneamento da área, pois os bairros que compõem as cidades são divididos em zonas, nas quais a legislação municipal pode estabelecer, autorizada pela Constituição Federal, as atividades que são permitidas e as que são proibidas. A ofensa ao zoneamento da cidade traz para o ofensor a presunção relativa de que é ele o responsável pelo conflito de interesses de vizinhança postos à solução do magistrado. O único critério doutrinário que não foi incorporado pelo Código Civil é a pré-ocupação do imóvel a exigir uma tolerância maior daquele que chega posteriormente e se sente incomodado com as imissões que está sofrendo. A pré-ocupação deve ser utilizada com muita cautela para que não vire, na prática, a máxima imoral "os incomodados que se mudem". O desafio maior que gira em torno da matéria sempre foi a tentativa de se estabelecer um critério mais seguro para aferir o mau uso da propriedade imóvel, compatibilizando os interesses particulares de sossego, por exemplo, com a importância social de termos um posto de abastecimento funcionando 24 horas. O parágrafo único do art. 1.277 do Código Civil Brasileiro apresenta o melhor entendimento doutrinário sobre a matéria. Como se depreende da análise legal, a intenção do legislador foi a de deixar bem claro que a solução dos conflitos será obtida segundo as circunstâncias do caso concreto. Sem dúvida, há que se reconhecer diferenças importantes no julgamento de uma ação de dano infecto em uma zona rural ou urbana para fins exclusivos de moradia com uma demanda que gire em torno do interesse de moradores de uma zona de baixo meretrício, de grande exploração industrial ou, ainda, de localidade predominantemente comercial.

JURISPRUDÊNCIA COMENTADA: O direito à liberdade religiosa (art. 5º, inc. VI, da CF) é um grande exemplo da necessidade de se analisar a questão com as especificidades do caso concreto com a observação da regra de ouro de menor sacrifício ao direito que está sendo ponderado pela inserção de outro. Tivemos um caso no qual entidade religiosa estava fazendo os cultos em volume de som muito alto, causando dissabores além do tolerável perante a vizinhança. Com o cuidado de não ofender o referido direito fundamental, diante do poder geral de cautela, foi determinado à organização religiosa agravada: "a) restringir os cultos e momentos devocionais à área com revestimento acústico; b) para os demais eventos, realizados fora da área revestida, limitar suas emissões sonoras em 55 decibéis, a serem medidos a um metro e meio de distância" (TJRJ, Agravo de Instrumento 0000362-75.2015.8.19.0000, 16.ª Câmara Cível, Rel. Des. Marco Aurélio Bezerra de Melo, j. 16.06.2015). Sem embargo das determinações oriundas da obrigação de fazer, por vezes, a questão fica adstrita a pedido de compensação por dano moral puro em razão da violação da dignidade humana que uma ofensa grave ao direito de vizinhança pode causar: "Apelação cível. Direitos de vizinhança. Ação de dano infecto c/c indenização por danos morais. 1. Fatos descritos na inicial que se presumem verdadeiros ante a revelia e prova documental acostada aos autos, dos quais se depreende que as festas e rituais de religião praticados pelos réus perturbaram o sossego dos autores, ocasionando-lhes incômodos que desbordaram do que se considera mero dissabor da vida cotidiana. Dever de indenizar os danos morais configurado. Condenação que se impõe no caso. Indenização fixada. 2. Multa por descumprimento de ordem judicial. Valor cominado que se mostra adequado ao caso. Sentença mantida no ponto. 3. Pedido de realização de obra de proteção acústica ou modificação do local para a prática dos rituais. Inovação recursal, não conhecimento do apelo no ponto. Recurso conhecido em parte, sendo, nesta, parcialmente provido" (TJRS, Apelação Cível 70034881797, 17.ª Câmara Cível, Rel. Luiz Renato Alves da Silva, j. 30.09.2010); "Apelação. Direito de vizinhança. Ruídos que atrapalham o sossego. Prova pericial realizada com ciência prévia das demandadas que puderam controlar os níveis de ruídos durante a produção da prova. Dano moral caracterizado. Excesso de barulho fartamente demonstrado, incipiente a tese da regularidade suscitada pelas rés (art. 373, do Código de Processo Civil). Interferências no sossego da vizinhança (art. 1.277, do Código Civil) que impõem o dever de abstenção, para que as rés eliminem a perturbação causada (art. 1.279, do Código Civil). Conhecimento prévio da data e horário em que a perícia se realizaria, situação que, por óbvio, influenciou no ânimo daqueles que estavam no imóvel naquela oportunidade, que certamente não reproduziriam os ruídos nos mesmos volumes demonstrados no vídeo trazido pelos autores. Dever de indenizar. Abuso do direito de propriedade (artigos 187 e 1.228, § 1º, do Código Civil) que caracteriza ilícito civil indenizável. Danos morais em decorrência da perturbação do sossego e saúde dos vizinhos. *Quantum debeatur* razoavelmente fixada diante dos fatos narrados, do tempo das reclamações e dos bens juridicamente envolvidos. Vinculação ao artigo 944, *caput*, do Código Civil. Manutenção da decisão por seus próprios e bem lançados fundamentos. Artigo 252 do Regimento Interno do Tribunal de Justiça de São Paulo. Recursos não providos" (TJSP, APL 0008182-78.2011.8.26.0037, Ac. 12074999, 30.ª Câmara de Direito Privado, Araraquara, Rel. Des. Maria Lúcia Pizzotti, j. 05.12.2018, rep. *DJESP* 13.12.2018, p. 2.350); "Apelação cível. Direito de vizinhança. Fabricante de doces. Fumaça excessiva. Incômodo e transtornos causados aos vizinhos. Determinação de instalação de novo exaustor. Medida cabível. Danos morais. Pessoa idosa. Problema respiratório. Condenação devida. Recurso conhecido e desprovido. 1. O direito de vizinhança representa uma restrição legal ao livre exercício dos poderes inerentes à propriedade, em benefício da harmonia na convivência entre os moradores de prédios vizinhos. Nesses casos, o conflito se instala quando o dono ou morador de um prédio pratica ato que gera efeitos não desejados por outros moradores, limítrofes ou não. 2. A análise acerca do uso anormal da propriedade (arts. 1.277 e seguintes, do Código Civil) deve levar em consideração alguns fatores como localização e natureza da edificação, além do chamado ônus de vizinhança. 3. Evidenciado o incômodo provocado em propriedade vizinha por fábrica de doces, que produz grande quantidade de fumaça, além de dano à saúde da proprietária do imóvel contíguo, correta a determinação de algumas limitações ou adequações às instalações físicas da empresa, sem que se afete de forma desproporcional o direito de propriedade e o de livre-iniciativa. 4. O dano moral é configurado quando há violação a algum dos direitos relativos à personalidade do indivíduo, ou seja, quando a pessoa sofre prejuízo em algum dos atributos como o seu nome, a sua honra, a sua liberdade ou a sua integridade física, dentre outros, gerando o dever de indenizar. 5. A inalação constante de fumaça por pessoa idosa, que chegou a ser atendida em hospital com problemas respiratórios, torna devida a condenação da empresa no pagamento de compensação pelos danos morais. 6. Recurso conhecido e desprovido" (TJDF,

APC 2016.03.1.020352-5, Ac. 112.2330, 4.ª Turma Cível, Rel. Des. Luís Gustavo Barbosa de Oliveira, j. 05.09.2018, *DJDFTE* 12.09.2018). O Superior Tribunal de Justiça tem o entendimento consolidado de que, em caso de uso nocivo da propriedade, a responsabilidade civil do decorrente do direito de vizinhança possui natureza objetiva, sendo desnecessária, portanto, a prova da culpa (REsp 2.125.459/SP, Rel. Min. Nancy Andrighi, 3.ª Turma, j. 02.04.2024).

REFORMA DO CÓDIGO CIVIL: A pequena alteração que se propõe a esse belo artigo, fruto das investigações precisas de San Tiago Dantas, é a de incluir um parágrafo para dizer que o conceito de vizinhança não se confunde com a ideia vulgar de contiguidade, conforme comentamos doutrinariamente. A redação proposta é a seguinte: "§ 1º Consideram-se vizinhos os prédios dispostos de maneira a que o uso de um possa interferir no uso do outro, ainda que o prédio vizinho não seja necessariamente o contíguo".

Art. 1.278. O direito a que se refere o artigo antecedente não prevalece quando as interferências forem justificadas por interesse público, caso em que o proprietário ou o possuidor, causador delas, pagará ao vizinho indenização cabal.

COMENTÁRIOS DOUTRINÁRIOS: O artigo acima sugere critérios jurídicos para solucionar os conflitos quando os interesses forem predominantemente privados, cabendo a estes o estabelecimento da norma aplicável quando o interesse for público, prevendo a não incidência da determinação de cessação da atividade, assim, "o direito a que se refere o artigo antecedente não prevalece quando as interferências forem justificadas por interesse público, caso em que o proprietário ou o possuidor, causador delas, pagará ao vizinho indenização cabal". Já constatamos no curso desta obra que toda a nova estruturação da propriedade está centrada na compatibilização do interesse público com o interesse privado, e o dispositivo legal em exame não foge à regra. Imagine-se que uma empresa de grande porte que contribua com os seus tributos para boa parte da manutenção da cidade e ainda forneça inúmeros empregos diretos e indiretos esteja de certa forma prejudicando a qualidade de vida de alguns moradores. Salta aos olhos que a atividade não deve ser paralisada, o que não significa ser impossível ao juiz condicionar a atividade empresarial à adoção de uma nova postura, como seria o caso da colocação de determinado filtro ou limitar a realização da atividade a horários específicos, sem prejuízo da indenização a que se refere a parte final da lei. No estudo dessa matéria, é sempre importante ter em mente que as relações entre vizinhos trazem incômodos que muitas vezes resta ao prejudicado suportar, como uma obra de grande vulto, por exemplo. É possível que se admita que o uso normal da propriedade, como a construção de um prédio comercial, causa incômodo anormal a determinado vizinho, restando, nesse caso, ao julgador, permitir a continuação da obra, impondo dever indenizatório. Demonstra bem a imbricação entre o público e o privado, no regramento do uso anormal da propriedade, o bem colocado Enunciado n. 319 da *IV Jornada de Direito Civil* realizada pelo Conselho da Justiça Federal/STJ: "Art. 1.277. A condução e a solução das causas envolvendo conflitos de vizinhança devem guardar estreita sintonia com os princípios constitucionais da intimidade, da inviolabilidade da vida privada e da proteção do meio ambiente".

JURISPRUDÊNCIA COMENTADA: A transcendência pública dessa matéria é demonstrada com a constatação de que tem sido utilizada a busca da tutela coletiva para casos típicos de direito de vizinhança, como no caso do ajuizamento de Ação Civil Pública pelo Ministério Público do Estado de Santa Catarina em face de determinado clube recreativo que realizava atividades festivas atentatórias ao sossego dos vizinhos sem que houvesse o isolamento acústico devido. A Quarta Câmara de Direito Público do Tribunal de Justiça do Estado de Santa Catarina, na relatoria do Desembargador Rodrigo Collaço, manteve a liminar deferida que determinava, sob pena de multa, a suspensão das atividades que utilizassem aparelhos sonoros no estabelecimento (Agravo de Instrumento 2011.061347-8, j. 03.05.2012). A atividade empresarial é reputada como de notável interesse público, exigindo muita sensibilidade do julgador para compatibilizar os interesses: "Apelação cível. Direitos de vizinhança. Obra em propriedade lindeira. Construção de prédio comercial. Queda de madeirite sobre telhado. Queda de tapume sobre servidão. Caracterização de uso normal da propriedade pelo réu, com incômodo anormal à autora. Apuração da reparação de danos. I. As relações de vizinhança trazem ínsitas à sua essência um limite de tolerância, uma margem de incômodo imposta a quem vive em sociedade. Contudo, o abuso do direito de propriedade, causando danos aos vizinhos, configura, em tese, violação a direito de vizinhança que importa em uso normal da propriedade, causador de dano anormal, e, portanto, a consequência porventura existente é a reparação indenizatória. Solução extraída das regras constantes dos artigos 1.277 e 1.278 do Código Civil. II. Caso concreto no qual, em virtude da construção de um prédio comercial em imóvel vizinho ao da autora e da servidão de passagem por ela utilizada, houve a queda de um tapume e queda de uma madeira sobre seu telhado, causando danos. Manutenção das indenizações para fins de conserto da calha, pagamento das despesas com laudo pericial e danos morais no montante fixado pelo juízo *a quo*. Reforma da sentença para acrescer à condenação a indenização pelos reparos necessários no piso da servidão que dá acesso à residência da autora, em valor a ser apurado em liquidação de sentença, bem como para atribuir unicamente à parte demandada os ônus sucumbenciais. Recurso da ré desprovido. Recurso da autora parcialmente provido. Unânime" (TJRS, Apelação Cível 70048931786, 17.ª Câmara Cível, Rel. Liege Puricelli Pires, j. 11.10.2012). No mesmo sentido, as atividades ligadas ao direito ao lazer: "Direito Administrativo Municipal. Casa noturna. Capacidade da acústica de retenção do som. Penalidade de multa. A legislação municipal de Santa Cruz do Sul (Lei n. 2.617/1994) regula o funcionamento de casas noturnas, devendo os estabelecimentos onde haja execução ou reprodução de números musicais adotar instalações adequadas e reduzir a intensidade do som, de modo a não perturbar o sossego da vizinhança. Aos proprietários de tais estabelecimentos cabe tomar providências para que seus clientes não perturbem o sossego alheio, sob pena de sofrer a devida sanção legal. Manutenção da multa aplicada, por não comprovar o autor o cumprimento dos limites sonoros e a realização de obras de isolamento acústico, motivando o ato do Município, na preservação do interesse público. A incorreção na conversão das UPMs em Real, por si só, não enseja a nulificação da penalidade, tratando-se de mero erro material, passível de readequação por simples cálculo aritmético. Apelação provida" (TJRS, Apelação Cível 70029003431, 22.ª Câmara Cível, Rel. Carlos Eduardo Zietlow Duro, j. 30.04.2009).

Art. 1.279. Ainda que por decisão judicial devam ser toleradas as interferências, poderá o vizinho exigir a sua redução, ou eliminação, quando estas se tornarem possíveis.

COMENTÁRIOS DOUTRINÁRIOS: A pessoa que eventualmente seja condenada a tolerar interferências em sua segurança, sossego ou saúde em homenagem ao interesse público, na forma prevista nos artigos antecedentes, poderá, a qualquer tempo, pleitear a redução ou a própria cessação da atividade reputada nociva, conforme prevê o presente artigo. Não é correto dizer que a decisão de manutenção da atividade nociva em homenagem ao interesse público não transita em julgado em decorrência da possibilidade de revisão, pois o pleito de revisão terá causa de pedir e pedido diverso da demanda que resultou na impossibilidade de cessação da atividade ofensiva a segurança, sossego ou saúde do vizinho. O fundamento da modificação é a teoria da imprevisão (cláusula *rebus sic stantibus*) aplicada ao processo civil, à semelhança do que acontece com a possibilidade de revisão do débito alimentar prevista no art. 1.699 do Código Civil. Para ter êxito na ação revisional, o vizinho que sofre a interferência da utilização da propriedade alheia terá que provar a possibilidade da redução ou eliminação da interferência sem que esse fato traga prejuízo à atividade de interesse público. Apenas a título de ilustração, imaginemos uma situação em que, para manter a empresa em funcionamento, seria necessário que a comunidade na redondeza suportasse um impacto ambiental razoável. Sucede, entretanto, que passados três anos da decisão que manteve a atividade, a ciência descobre um filtro que minora a agressão ambiental. Nesse caso, poderá o interessado requerer a revisão do processo, pleiteando a condenação da empresa na colocação do aludido filtro sob pena de multa diária (astreinte), arbitrada segundo a sua natureza coercitiva, ou seja, que sirva efetivamente como um instrumento de cumprimento da obrigação. Repita-se que, normalmente, o interesse tutelado pela lei civil se mostra difuso, o que vai legitimar a propositura de ação civil pública nos moldes previstos na Lei n. 7.347/1985. Nesse passo, interessante previsão legal sobre o tema foi trazida pelo Estatuto da Cidade que, visando melhorar a qualidade de vida nos centros urbanos, estabeleceu que "lei municipal definirá os empreendimentos e atividades privados ou públicos em área urbana que dependerão de elaboração de estudo prévio de impacto de vizinhança (EIV) para obter as licenças ou autorizações de construção, ampliação ou funcionamento a cargo do Poder Público municipal" (art. 36 da Lei n. 10.257/2001). O instrumento jurídico objetiva prevenir os conflitos urbanos entre vizinhos e ainda servirá como fonte para dirimir os conflitos já existentes e, ao mesmo tempo, como instrumento de política urbana, na forma definida no art. 182 da Constituição da República.

JURISPRUDÊNCIA COMENTADA: O Tribunal de Justiça do Estado de São Paulo, malgrado reconhecer que o vizinho, em uma cidade grande como São Paulo, tinha que suportar a repercussão nociva decorrente da utilização do prédio vizinho, decidiu, com apoio na perícia técnica e na melhor exegese do art. 1.279 do Código Civil, determinar "medidas possíveis a serem adotadas pelos réus e que aliviariam a situação do imóvel da autora" (TJSP, APL 02125116-35.2009.8.26.0006, 30.ª Câmara de Direito Privado, Rel. Des. Andrade Neto, j. 04.04.2018). Com relação à emissão de ruídos, também trilhou o mesmo caminho o Tribunal catarinense: "Apelação cível. Ação ordinária de obrigação de fazer c/c pedido de tutela antecipada. Direito de vizinhança. Uso anormal da propriedade. Inteligência do art. 1.277, do Código Civil. Prova pericial que demonstra a existência de poluição sonora. Emissão de ruídos acima dos níveis permitidos. Imposição de construção de muro na divisa do imóvel que se mostra necessária a diminuir os transtornos causados à vizinhança. Sentença reformada. Inversão dos ônus sucumbenciais. Recurso provido" (TJSC, Apelação Cível 2010.064881-8, Itapiranga, Rel. Des. Eduardo Mattos Gallo Júnior, j. 11.05.2012).

REFORMA DO CÓDIGO CIVIL: Um pequeno – mas relevante – esclarecimento é aqui realizado, que vem a ser o de incluir a possibilidade de decisão administrativa para evitar o uso nocivo do direito de propriedade.

Art. 1.280. O proprietário ou o possuidor tem direito a exigir do dono do prédio vizinho a demolição, ou a reparação deste, quando ameace ruína, bem como que lhe preste caução pelo dano iminente.

COMENTÁRIOS DOUTRINÁRIOS: Para exercer judicialmente o direito de preservação da saúde, segurança e sossego, disponibiliza o ordenamento jurídico que pode ser feito um pedido ao juízo com preceito cominatório, no qual se pleiteia a cessação da atividade nociva, utilizando-se do meio coercitivo da multa diária (astreintes). A referida medida judicial é conhecida como ação de nunciação de obra, também apontada doutrinariamente como ação de dano infecto que não conta com procedimento especial. A despeito dessa circunstância, o § 1º do art. 47 do atual Código de Processo Civil, ao prever a competência para demandas sobre direito real imobiliário como o foro da situação da coisa, se refere expressamente à ação de nunciação de obra nova. O interessado poderá ainda pedir a demolição da obra (conhecida como ação demolitória) quando o prédio ameaçar ruína ou a prestação de uma garantia real ou pessoal, na hipótese em que a realização da obra configure risco iminente (art. 1.281 do CC). Se não for mais possível inibir a configuração do dano, o possuidor ou proprietário poderá pedir o ressarcimento do prejuízo, na forma do que prescreve o art. 937 do Código Civil: "O dono de edifício ou construção responde pelos danos que resultarem de sua ruína, se esta provier de falta de reparos, cuja necessidade fosse manifesta".

JURISPRUDÊNCIA COMENTADA: Em caso no qual "ficou demonstrado que a viga está com a resistência comprometida em função da deterioração e das fissuras, tendo o perito recomendado a sua demolição", o Tribunal mineiro não teve outra saída, senão dar cumprimento à parte inicial do artigo em análise (TJMG, APCV 1.0024.11.205990-2/002, Rel. Des. Mota e Silva, j. 13.07.2016, *DJEMG* 18.07.2016). A mesma consequência demolitória ocorre quando o vizinho réu atende apenas parcialmente a determinação de não colocar o prédio do autor em risco, mas acaba por não providenciar a "aprovação de projeto técnico pela municipalidade, de modo a atender as normas técnicas para este tipo de construção e que seja garantida a segurança para a demandante ou a quem utilizar o imóvel de sua propriedade" (TJRS, AC 0127441-61.2017.8.21.7000, 19.ª Câmara Cível, Caxias do Sul, Rel. Des. Voltaire de Lima Moraes, j. 31.08.2017, *DJERS* 05.09.2017).

REFORMA DO CÓDIGO CIVIL: Inclui-se acertadamente um parágrafo para, nos termos da doutrina e da jurisprudência, prever que a demolição deve ser considerada como a *ultima ratio* para a solução do problema de vizinhança tratada nesta seção, com a seguinte redação: "Parágrafo único. Em todos os casos, a demolição deve ser considerada medida excepcional".

Art. 1.281. O proprietário ou o possuidor de um prédio, em que alguém tenha direito de fazer obras, pode, no caso de dano iminente, exigir do autor delas as necessárias garantias contra o prejuízo eventual.

COMENTÁRIOS DOUTRINÁRIOS: A norma se assemelha com a do art. 1.280 do Código Civil, mas não se confunde, pois esta permite ao proprietário ou possuidor exigir garantia real ou pessoal por obras que representem perigo iminente, realizadas dentro do próprio prédio e não no prédio do vizinho. Imagine-se uma hipótese de servidão predial em que o dono do prédio dominante necessite realizar obras de manutenção do aqueduto que conduz as águas do prédio serviente até o seu prédio, conforme previsão do art. 1.380 do Código Civil. Com tal objetivo, necessita ingressar no prédio vizinho e realizar o reparo do canal que conduz as águas. Se, por acaso, a obra for de vulto e importar em iminente perigo para o patrimônio do prédio vizinho, este poderá, antes do início dos trabalhos, exigir a caução que o proteja de eventuais prejuízos. Outro exemplo que pode ser suscitado é o da confecção das instalações para a passagem forçada de cabos e tubulações previsto no art. 1.287 do Código Civil. Se essas obras representarem risco ao prédio onerado, o dono deste poderá exigir que sejam realizadas obras de segurança ou que o dono da obra preste caução pelo dano iminente.

JURISPRUDÊNCIA COMENTADA: Tivemos um caso no qual uma vizinha pedia a cessação das atividades de uma pessoa jurídica que explorava a atividade empresarial de pizzaria em razão da alegada poluição sonora que inviabilizaria a locação do apartamento. A decisão de primeiro grau determinou o fechamento da empresa, mas demos provimento ao recurso, mantendo efeito liminar positivo que já havia sido deferido, para manter a pizzaria em funcionamento, sem prejuízo da determinação, na forma da parte final do artigo comentado, da prestação de caução a ser depositada caso ao final da demanda, a alegação inaugural fosse comprovada. Eis a ementa do julgado: "Agravante que exerce atividade empresária que estaria impedindo a agravada de alugar seu imóvel, localizado no mesmo condomínio edilício, em virtude de poluição sonora que tornaria o apartamento inabitável. A probabilidade do direito não restou demonstrada, eis que as obras realizadas pela agravante foram autorizadas e aprovadas pela autoridade municipal competente, estando abarcadas pela presunção de legitimidade do ato administrativo que concedeu a licença para o funcionamento. O procedimento administrativo incluiu a análise do sistema de ar-condicionado e/ou ventilação mecânica. Já a prova produzida pela Agravada foi realizada de forma unilateral, mediante a publicação de vídeo no sítio da internet *YouTube*. As referidas obras foram realizadas ainda com a autorização da síndica do condomínio edilício, o que demandaria também dilação probatória para se desconstituir a presunção de regularidade das instalações do empreendimento. Assim, sopesando o princípio da segurança jurídica de quem realizou investimentos para empreender atividade empresarial, e considerando que o exercício do direito de propriedade da agravada visa apenas à complementação de sua renda, e não ao seu direito fundamental à moradia, é razoável que, até o julgamento do mérito da lide, a Agravante continue com seu regular funcionamento, sem necessidade de realização de novas obras, ou tendo que encerrar suas atividades, ainda que temporariamente, para se adequar a uma decisão judicial de natureza precária e provisória. A Agravada apresenta diversas alegações que tratam na verdade de matéria estranha ao objeto desde Agravo de Instrumento, uma vez que não dizem respeito à necessidade ou não da concessão da tutela de urgência. Impossibilidade de sua apreciação neste recurso, até mesmo para evitar, por parte desta Câmara Cível, o julgamento antecipado do mérito, em verdadeira supressão de instância. Entretanto, diante do pleito indenizatório trazido na petição inicial, convém aplicar a parte final do art. 1.280 do Código Civil a fim de condicionar a manutenção da atividade à prestação de caução no valor de R$ 1.500,00 por mês enquanto tramitar o processo, no prazo de 30 dias a contar deste julgamento. Diante do presente julgamento do mérito recursal do Agravo de Instrumento, há como consequência a perda do objeto do Agravo Interno interposto para impugnar a concessão do efeito suspensivo. Recurso provido. Reforma da decisão agravada. Não concessão da tutela de urgência, condicionando-se apenas ao Agravante o dever de depósito mensal de caução no valor de R$ 1.500,00 enquanto tramitar o processo (TJRJ, AI 0050656-63.2017.8.19.0000, 16.ª Câmara Cível, Rio de Janeiro, Rel. Des. Marco Aurelio Bezerra de Melo, *DORJ* 19.12.2017, p. 346).

SEÇÃO II
DAS ÁRVORES LIMÍTROFES

Art. 1.282. A árvore, cujo tronco estiver na linha divisória, presume-se pertencer em comum aos donos dos prédios confinantes.

COMENTÁRIOS DOUTRINÁRIOS: O art. 1.282 prevê que a árvore, cujo tronco esteja na linha divisória, presume-se pertencer em comum aos donos dos prédios confinantes. Trata-se de hipótese de condomínio legal e necessário surgido pelo fato de se encontrar na linha divisória entre dois prédios o tronco de uma árvore. A denominada árvore-meia pertencerá a ambos os confinantes e, se da mesma provier algum tipo de lucro ou despesa, deverá ser rateado pelos condôminos. Se de alguma forma a árvore causar prejuízo a algum vizinho, o proprietário desta será obrigado a indenizar, independentemente de culpa, aplicando-se o art. 937 do Código Civil que cuida da responsabilidade civil pelo fato da coisa: "O dono de edifício ou construção responde pelos danos que resultarem de sua ruína, se esta provier de falta de reparos, cuja necessidade fosse manifesta".

JURISPRUDÊNCIA COMENTADA: A 12.ª Câmara Cível do Tribunal de Justiça do Estado do Rio de Janeiro condenou um vizinho a reparar o dano patrimonial em razão de "árvores plantadas ao longo do muro divisório das propriedades e cujo crescimento irregular, causou a penetração das raízes na propriedade vizinha e no muro divisório, ocasionando queda deste em algumas partes e grandes rachaduras em outras, sem contar a sujeira na propriedade vizinha" (TJRJ, Apelação 0000485-67.2009.8.19.0070, Rel. Des. Lúcia Maria Miguel da Silva Lima, j. 13.01.2014).

Art. 1.283. As raízes e os ramos de árvore, que ultrapassarem a estrema do prédio, poderão ser cortados, até o plano vertical divisório, pelo proprietário do terreno invadido.

COMENTÁRIOS DOUTRINÁRIOS: O dispositivo examinado prevê que as raízes e os ramos de árvore que ultrapassarem a estrema do prédio poderão ser cortados até o plano vertical divisório pelo proprietário do terreno invadido. Trata-se de previsão excepcional de autotutela à moda da que anotamos no § 2º do art. 1.210 do Código Civil, o qual permite ao possuidor esbulhado ou turbado utilizar-se dos meios próprios, razoáveis e necessários para defender o seu direito. O proprietário ou titular da posse, para exercer o referido direito, não necessitará provar prejuízo, apenas terá como ônus provar que a árvore vizinha ultrapassou os limites do prédio em que se encontra ramificada, independentemente de decisão judicial, salvo se a questão transbordar da esfera do direito privado para o direito público ambiental com as suas regras e princípios especiais que gravitam em torno do art. 225 da Constituição Federal, cujo *caput* prevê que "todos têm direito ao meio ambiente ecologicamente equilibrado, bem de uso comum do povo e essencial à sadia qualidade de vida, impondo-se ao Poder Público e à coletividade o dever de defendê-lo e preservá-lo para as presentes e futuras gerações". Importa, finalmente, destacar que a existência desse direito potestativo não exclui o dever do titular da árvore de envidar esforços para que o vizinho não sofra prejuízos de ordem moral e/ou material em razão das raízes, dos galhos ou até mesmo da ruína desta, sob pena, como já se disse acima, de responder pela reparação integral do dano.

JURISPRUDÊNCIA COMENTADA: Em demanda que visava à remoção de coqueiro posto próximo à linha divisória dos prédios confinantes, o Tribunal de Justiça do Distrito Federal reconheceu a impossibilidade da intervenção na propriedade alheia para impor a retirada da árvore, devendo, portanto, ser mantida a citada espécie arbórea, pois sequer se trataria de uso anormal da propriedade, mas ressalvou ser possível a utilização de "ação cominatória com o fito de que o proprietário da árvore adote providência no sentido de obstar que haja projeção horizontal (*v.g.*, correção da inclinação por meio de cabos) sobre o terreno confinante (do autor/recorrente), evitando a queda dos frutos, de significativa massa, sobre ele. Ausência, na espécie, de pedido alternativo para uma solução da causa que harmonize o direito de ambos os proprietários" (TJDF, Rec. 2007.06.1.016453-3, Ac. 343.877, 2.ª Turma Recursal dos Juizados Especiais Cíveis e Criminais, Rel. Juiz Romulo de Araujo Mendes, *DJDFTE* 04.03.2009, p. 218). Conforme destacamos acima, o fato de existir possibilidade de autotutela não impede intervenção judicial para determinar a poda. Nessa linha, decidiu a 20.ª Câmara de Direito Privado do Tribunal de Justiça do Estado de São Paulo: "Apelação. Ação de Obrigação de Fazer. Direito de vizinhança. Árvore no terreno do réu que invade o espaço aéreo do autor, causando-lhe prejuízos que superam a normalidade. Ausência de perda do objeto pela poda das árvores no curso do processo, já que o pedido se estende para que sempre seja providenciada a poda a fim de obstar prejuízos ao autor. Direito potestativo previsto no art. 1.283 do Código Civil que não impede pedido judicial para que o réu tome as providências cabíveis. Manutenção da sentença. Negado provimento" (TJSP,

APL 1008229-64.2015.8.26.0564, Ac. 10201173, 25.ª Câmara de Direito Privado, São Bernardo do Campo, Rel. Des. Hugo Crepaldi, j. 23.02.2017, *DJESP* 09.03.2017).

Art. 1.284. Os frutos caídos de árvore do terreno vizinho pertencem ao dono do solo onde caíram, se este for de propriedade particular.

COMENTÁRIOS DOUTRINÁRIOS: Quanto à propriedade dos frutos caídos naturalmente da árvore, o Código traz uma exceção ao princípio de que o acessório seguirá a sorte do principal, pois, apesar de o fruto ser um acessório da árvore, se ele cair em propriedade particular vizinha, ao dono deste prédio pertencerão os frutos. Importante notar que a queda do fruto deve ser natural e que, se o fruto cair em via pública, pertencerá ao dono da árvore, pois regras excepcionais comportam interpretação restritiva. O Código preferiu excepcionar um princípio a incentivar conflitos entre vizinhos na disputa pelos frutos caídos da árvore. Além dessa justificativa, encontramos na literatura jurídica a fundamentação dessa regra de origem germânica ligada à ideia de que se o vizinho sofre as interferências nocivas que os frutos caídos acarretam, nada mais justo que possa também usufruir dos proveitos, trazendo à baila a ideia de que a pessoa que tem o bônus também deve arcar com o ônus. De fato, se o vizinho é obrigado a suportar os incômodos decorrentes da árvore vizinha como a sujeira das folhas, a atração de insetos e a sombra, que não sejam, no caso, bem-vindas, que tenha o bônus de ficar com os frutos da árvore.

SEÇÃO III
DA PASSAGEM FORÇADA

Art. 1.285. O dono do prédio que não tiver acesso a via pública, nascente ou porto, pode, mediante pagamento de indenização cabal, constranger o vizinho a lhe dar passagem, cujo rumo será judicialmente fixado, se necessário.

§ 1º Sofrerá o constrangimento o vizinho cujo imóvel mais natural e facilmente se prestar à passagem.

§ 2º Se ocorrer alienação parcial do prédio, de modo que uma das partes perca o acesso a via pública, nascente ou porto, o proprietário da outra deve tolerar a passagem.

§ 3º Aplica-se o disposto no parágrafo antecedente ainda quando, antes da alienação, existia passagem através de imóvel vizinho, não estando o proprietário deste constrangido, depois, a dar uma outra.

COMENTÁRIOS DOUTRINÁRIOS: O artigo em exame assegura ao possuidor ou proprietário de um imóvel que tenha a sua titularidade imobiliária encravada, o direito potestativo de exigir a passagem pelo interior do prédio vizinho. De fato, nenhum prédio pode ficar inacessível, sem acesso à via pública, nascente ou porto, pois tal consequência seria uma brutal afronta ao direito de propriedade e à função social que o integra. Não é possível usar e fruir de um bem se ele se encontra encravado. O encravamento deve ser natural e, como regra, tornar totalmente impossível a passagem a fim de assegurar ao vizinho interessado o trânsito forçado que, se for inviabilizado, poderá ser exigido por meio de manejo de ações possessórias, se por acaso tal passagem for obstruída. Em outro giro, se não houver encravamento nem servidão de passagem estabelecido, o trânsito no interior do prédio alheio equivale a um ato de mera permissão ou tolerância. Não há necessidade de o encravamento ser definitivo, ainda que seja temporário, como, por exemplo, uma enxurrada, que conferirá ao vizinho prejudicado o direito de exigir passagem forçada enquanto persistir aquela situação transitória de encravamento. Apesar de se tratar da manifestação de um direito potestativo em que o vizinho se submete ao exercício do direito de outrem sem o concurso de sua vontade, o vizinho que se utiliza da passagem deverá indenizar o dono do prédio pelo qual transita. Se não houver acordo, a indenização poderá ser fixada judicialmente em um *quantum* que represente a perda patrimonial do prédio que se submeteu à passagem. Havendo dois ou mais prédios que se mostrem aptos a suportar o exercício do direito do vizinho, este recairá sobre o prédio que mais natural e facilmente se prestar à passagem. Se na alienação de um prédio, o alienante ou o adquirente venha a perder a passagem que tinha, um ou outro terá direito à passagem forçada mesmo que antes da alienação tenha existido passagem através de imóvel vizinho. Embora o artigo anotado refira-se apenas ao proprietário como legitimado para pleitear a passagem forçada, há que se conceder uma interpretação extensiva ao dispositivo a fim de que tal direito seja deferido a qualquer titular de direito real, tais como o usufrutuário, o usuário, o superficiário e o enfiteuta. A lei poderia apresentar um arrojo maior na proteção da função social da posse, prevendo a possibilidade de o possuidor pleitear esse direito. No nosso modo de ver, a funcionalização dos institutos justifica a compreensão de que o possuidor não proprietário também tem o direito a que alude essa norma. Andou mal o Código Civil em não possibilitar expressamente ao vizinho o direito à passagem forçada para fins de exploração agrícola, industrial ou comercial de um acesso mais adequado, nos termos do artigo supracitado. Por vezes, mormente no meio rural, a passagem pública é inadequada aos fins sociais a que se destina e a sua utilização constitui óbice a uma melhor exploração do imóvel. Tal extensão pode ser deferida pelo magistrado aplicando-se a teoria do abuso de direito de propriedade em uma conotação objetiva (arts. 187 e 1.228, § 2º, do CC) e também pelo princípio da função social da propriedade (arts. 5º, inc. XXIII, e 170, inc. III, da CF e 1.228, § 1º, do CC). Nesse sentido, constava no art. 372 do anteprojeto de Código Civil elaborado pelo douto Orlando Gomes, *in verbis*: "Acesso Insuficiente ou Inadequado. Se o acesso à via pública, fonte ou porto for insuficiente ou inadequado, o proprietário que tiver necessidade de passagem, em razão das exigências da sua indústria ou agricultura poderá obter sentença judicial que o assegure nas condições do artigo anterior". Defendendo o referido posicionamento, encaminhamos proposta de enunciado para a *I Jornada de Direito Civil* do Conselho da Justiça Federal, que acabou aprovada nos seguintes termos: Enunciado n. 88: "O direito de passagem forçada, previsto no art. 1.285 do CC, também é garantido nos casos em que o acesso à via pública for insuficiente ou inadequado, consideradas inclusive as necessidades de exploração econômica".

JURISPRUDÊNCIA COMENTADA: A lamentável omissão legislativa não impede que a jurisprudência interprete o artigo extensivamente em atenção à função social da propriedade e à vedação ao abuso do direito, conforme se pode depreender de elucidativa ementa do Tribunal de Justiça do Estado de Minas Gerais, que ora se transcreve: "Apelação cível – Servidão de passagem c/c reintegração de posse – Requisitos – ausência de comprovação – Existência de outra via que dá acesso à via pública – Recurso improvido. A servidão de passagem é um direito real sobre coisa alheia, instituído justamente para aumentar a comodidade e a utilidade do prédio dominante. O direito de servidão de passagem pode ser estabelecido entre as partes litigantes apenas para facilitar o acesso a um prédio, tornando-o mais cômodo, independentemente de existir encravamento, sendo decorrente, portanto, da vontade das partes e não da lei. O artigo 5º, incisos XXII e XXIII, da Constituição Federal de 1988, consagra a garantia ao direito de propriedade, mas ressalva a sua destinação social. Conforme precedente do c. Superior Tribunal de Justiça, numa era em que a técnica da engenharia dominou a natureza, a noção de imóvel encravado já não existe em termos absolutos e deve ser inspirada pela motivação do instituto da passagem forçada, que deita raízes na supremacia do interesse público; juridicamente, encravado é o imóvel cujo acesso por meios terrestres exige do respectivo proprietário despesas excessivas para que cumpra a função social sem inutilizar o terreno do vizinho, que em qualquer caso será indenizado pela só limitação do domínio" (TJMG, Apelação 1.0056.06.128411-5/001, 14.ª Câmara Cível, Rel. Des. Hilda Teixeira da Costa, j. 19.08.2010). Antigo precedente do Superior Tribunal de Justiça já tinha decidido no sentido do Enunciado n. 88 do CJF antes citado: "Civil. Direitos de vizinhança. Passagem forçada (art. 559 do CC). Imóvel encravado. Numa era em que a técnica da engenharia dominou a natureza, a noção de imóvel encravado já não existe em termos absolutos e deve ser inspirada pela motivação do instituto da passagem forçada, que deita raízes na supremacia do interesse público; juridicamente, encravado é o imóvel cujo acesso por meios terrestres exige do respectivo proprietário despesas excessivas para que cumpra a função social sem inutilizar o terreno do vizinho, que em qualquer caso será indenizado pela só limitação do domínio. Recurso especial conhecido e provido em parte" (STJ, REsp 316.336/MS, 3.ª Turma, Rel. Min. Ari Pargendler, j. 18.08.2005, *DJ* 19.09.2005, p. 316). Na mesma linha, caminhou o Tribunal catarinense: "Agravo de instrumento. Direitos reais. Passagem forçada. Encravamento relativo de imóvel. Existência de caminho marginal, sobre a mata ciliar de curso d'água, que se revela penoso, impraticável, substancial e ambientalmente inadequado. Necessidade de trânsito forçado pelo imóvel dos agravados que se evidencia, a fim de proporcionar o aproveitamento econômico do imóvel encravado, e, em última análise, a sua função social. Risco de dano irreparável que se demonstra a partir tão só da intenção de acessar o imóvel e de impossibilidade de fazê-lo por outro modo. Presença dos requisitos necessários à antecipação de tutela (art. 273, *caput* e inc. I, do CPC c/c art. 1.285 do CC e art. 5º, incs. XXII e XXIII da CF). Recurso provido. 1. Conforma-se com mais adequação à noção de promoção da função social da propriedade a ideia de que o encravamento do imóvel, antes exigido de forma absoluta, possa ser relativo, desde que, no caso concreto, os elementos probatórios evidenciem que, embora seja acessível à via pública por outro caminho, a passagem se mostre fundamentalmente difícil, penosa ou perigosa e, por isto, reduza substancialmente o aproveitamento útil a que a propriedade poderia se destinar. 2. É devida, portanto, a antecipação dos efeitos da tutela, a fim de constituir passagem forçada aos proprietários de imóvel encravado que desejam dar legítima destinação econômica à sua terra, tanto mais porque, antes de tê-la por bloqueada pelos vizinhos, exerciam sobre ela trânsito costumeiro" (TJSC, Agravo de Instrumento 2012.046647-0, Garuva, Rel. Des. Eládio Torret Rocha, j. 16.05.2013). Por outro lado, a jurisprudência tem realçado o direito do vizinho a buscar a menor intervenção em seus domínios, afirmando ser possível "a transferência da passagem que é menos gravosa ao proprietário do prédio serviente e não implica prejuízo ao proprietário do prédio dominante" (TJSP, APL 1000736-93.2016.8.26.0372, Ac. 12009496, 13.ª Câmara de Direito Privado, Monte Mor, Rel. Des. Heraldo de Oliveira, j. 14.11.2018).

REFORMA DO CÓDIGO CIVIL: Muito bem-vinda a inserção de um parágrafo que reforça a funcionalização da propriedade imobiliária (Enunciado n. 88 da *I Jornada de Direito Civil*), como já anotado nos comentários doutrinários *supra*: "§ 1º O direito de passagem forçada também é garantido nos casos em que o acesso à via pública, à nascente ou ao porto for insuficiente ou inadequado, consideradas as necessidades de utilização social ou econômica de passagem".

SEÇÃO IV
DA PASSAGEM DE CABOS E TUBULAÇÕES

Art. 1.286. Mediante recebimento de indenização que atenda, também, à desvalorização da área remanescente, o proprietário é obrigado a tolerar a passagem, através de seu imóvel, de cabos, tubulações e outros condutos subterrâneos de serviços de utilidade pública, em proveito de proprietários vizinhos, quando de outro modo for impossível ou excessivamente onerosa.

Parágrafo único. O proprietário prejudicado pode exigir que a instalação seja feita de modo menos gravoso ao prédio onerado, bem como, depois, seja removida, à sua custa, para outro local do imóvel.

COMENTÁRIOS DOUTRINÁRIOS: O regramento dos direitos de vizinhança constitui terreno fértil para o fim de demonstrar a preocupação do legislador em compatibilizar o interesse público com os interesses particulares dos titulares da propriedade. Com o avanço da ciência e com a necessidade de democratizar o acesso às informações e aos bens da vida, é importante vencer obstáculos, mormente aqueles que se inserem no espírito egoístico que nos impregna a todos, uns em maior, outros, em menor extensão. Nesse diapasão, o artigo comentado impõe um dever de solidariedade ao estabelecer que ao vizinho é defeso impedir a passagem de fios, tubulações, conexões, condutos e outros instrumentos que devem passar pela via subterrânea para permitir ao vizinho acesso a saneamento básico, energia elétrica, linhas telefônicas, televisão a cabo, internet, dentre outros. Assim como acontece na passagem forçada, o prédio que sofre com as imissões invasivas tem direito à indenização cabal de todos os prejuízos sofridos, fato que demonstra estarmos diante de mais um caso típico de responsabilidade civil por ato lícito. Se o proprietário conseguir provar a possibilidade da utilização de outro caminho que não o de sua propriedade e o mesmo não for excessivamente oneroso, poderá afastar de seu patrimônio essa sujeição legal. Importa, mais uma vez, lembrar que os direitos de vizinhança, diferentemente das servidões prediais, são influenciados por um paradigma geral de necessariedade. A lei assegura ao dono do prédio que se submete à passagem de cabos e tubulações dois direitos: o de que a passagem seja exercida da forma menos gravosa (*modo civiliter*) possível e a possibilidade de removê-la de um local para outro se isso não inviabilizar a passagem dos cabos e tubulações. A hipótese guarda semelhança com dois direitos do dono do prédio serviente na servidão predial, conforme se vislumbra na interpretação dos arts. 1.378 e 1.379 do Código Civil.

JURISPRUDÊNCIA COMENTADA: A 36.ª Câmara de Direito Privado do Tribunal de Justiça do Estado de São Paulo consolidou o entendimento, na forma da lei, de que o proprietário só é obrigado a tolerar a passagem da tubulação de esgoto quando for impossível ou excessivamente onerosa a adoção de outro sistema. A perícia se mostrou firme no sentido de que, por meio do uso de uma bomba, o autor poderia conectar seu imóvel à rede pública situada na via frontal do imóvel, o que não se mostra excessivamente oneroso (TJSP, APL 1014507-84.2016.8.26.0002, Rel. Des. Arantes Theodoro, j. 19.04.2018). O exercício do direito de vizinhança não é necessariamente gratuito, como é o caso da passagem de cabos e tubulações e, portanto, aquele que se beneficia da imissão em seu interesse deve indenizar o dono do prédio vizinho: "Apelação cível. Passagem forçada. Tubulação esgoto. Sentença de procedência. Indenização em favor do proprietário do imóvel. Cabimento. Inteligência do art. 1.286 do Código Civil. *Quantum* a ser fixado em liquidação. Recurso provido. 1. O artigo 1.286 do Código Civil é claro ao determinar o pagamento de indenização ao proprietário da área cuja passagem será realizada, com a finalidade de ressarci-lo de eventual desvalorização da área remanescente, além da faixa comprometida pelos equipamentos subterrâneos. 2. A indenização deveria ser prévia e cabal a realização da obra, o que não obsta, contudo, seu pagamento após a finalização da passagem dos condutos subterrâneos, sob pena de prejuízo suportado pelo proprietário do imóvel cuja passagem será realizada. 3. Em relação à fixação do *quantum debeatur*, ante a complexidade dos cálculos envolvidos a fim de se estabelecer o montante necessário a indenizar cabalmente o apelante, este deve ser apurado em fase de liquidação, mediante a realização de perícia técnica, observando-se o prejuízo sofrido em decorrência da limitação específica da área atingida, bem como a redução do potencial do imóvel como um todo. 4. Levando-se em consideração que a indenização pleiteada decorre da procedência do pedido inicial, não há que se falar em redistribuição do ônus da sucumbência, eis que a parte autora decaiu da parte mínima de seu pedido inicial, e tampouco da aplicação do artigo 85, § 11, do CPC/15, posto que o apelante obteve êxito em seu recurso e eventual majoração dos honorários seria em seu desfavor" (TJPR, Apelação Cível 1687464-9, 18.ª Câmara Cível, Mangueirinha, Rel. Des. Marcelo Gobbo Dalla Dea, j. 14.06.2017, *DJPR* 26.06.2017, p. 501).

REFORMA DO CÓDIGO CIVIL: Pela similitude das situações fáticas no campo do direito de vizinhança, é proposto um parágrafo que diz: "§ 2º Aplicam-se às hipóteses deste artigo, no que couber, as regras do art. 1.285, relativas à passagem forçada".

Art. 1.287. Se as instalações oferecerem grave risco, será facultado ao proprietário do prédio onerado exigir a realização de obras de segurança.

COMENTÁRIOS DOUTRINÁRIOS: Pela regra, o proprietário poderá condicionar o exercício do direito de passagem dos cabos e tubulações à realização de obras de segurança sempre que as instalações oferecerem grave risco, submetendo a questão, se necessário, ao crivo do Poder Judiciário. Tem cabimento, à luz do que prescreve o art. 1.281 do Código Civil, exigir que a pessoa que vai realizar a obra em seu prédio lhe preste as necessárias garantias contra eventuais prejuízos.

SEÇÃO V

DAS ÁGUAS

Art. 1.288. O dono ou o possuidor do prédio inferior é obrigado a receber as águas que correm naturalmente do superior, não podendo realizar obras que embaracem o seu fluxo; porém a condição natural e anterior do prédio inferior não pode ser agravada por obras feitas pelo dono ou possuidor do prédio superior.

COMENTÁRIOS DOUTRINÁRIOS: O artigo em exame disciplina o escoamento natural das águas que fluem do prédio superior para o inferior, cuja temática vem regulada no Título III do Livro II do Código de Águas (Decreto n. 24.643/1934), nas disposições gerais na parte da lei que cuida do aproveitamento das águas comuns e das particulares, precisamente nos arts. 69 e 70: "Art. 69. Os prédios inferiores são obrigados a receber as águas que correm naturalmente dos prédios superiores. Parágrafo único. Se o dono do prédio superior fizer obras de arte, para facilitar o escoamento, procederá de modo que não piore a condição natural e anterior do outro. Art. 70. O fluxo natural, para os prédios inferiores, de água pertencente ao dono do prédio superior, não constitui por si só servidão em favor deles". São três os fundamentos que justificaram a edição desse dispositivo legal: (1º) a força natural da gravidade; (2º) necessidade vital da água para o ser humano; e (3º) princípio de solidariedade humana com sede constitucional (art. 3º, I, da CF). O prédio inferior está submetido à inflexão do direito do prédio superior de escoar as águas naturais que receber. Para que se aplique a regra em comento, importa que o fluxo da água resulte da ação da natureza e não de obra humana ou utilização de canalização, poço, cisternas e outros. Se, por acaso, o prédio inferior experimentar prejuízos em decorrência da força da água e não for possível imputar ao dono do prédio superior nenhuma conduta culposa, não há que se falar em indenização, pois quando o dano decorre de um caso fortuito ou de força maior, não se apresenta o indispensável nexo de causalidade a gerar responsabilidade civil, salvo as exceções legais. O dono do prédio superior não pode aproveitar o permissivo legal para impor um ônus ainda maior ao prédio inferior, não lhe sendo permitido mudar o curso, escoar dejetos químicos e outras práticas que representariam abuso do direito. Importa assinalar que águas escolatícias são aquelas que escorrem do prédio superior ao inferior por debaixo da terra e, ao chegar em seu destino natural, após a absorção parcial, ficam depositadas na parte mais baixa do terreno. O dono do prédio inferior também tem que suportar o escoamento dessas águas, independentemente de indenização, ressalvada a situação em que o escoamento provier de obra humana.

JURISPRUDÊNCIA COMENTADA: O prédio inferior extrai vantagens em relação à captação da água que naturalmente segue o caminho físico imposto pela lei da gravidade. Entretanto, pode ocorrer prejuízo, em razão de lama, rochas, aterros ou outros objetos que caem, causando dano. A responsabilidade decorrente de tais danos entre prédios vizinhos é sabidamente objetiva, independendo, portanto, da demonstração da culpa para que haja o dever indenizatório, desde que se prove o nexo de causalidade (TJMG, Apelação 1.0142.15.002323-2/001, Rel. Des. Roberto Vasconcellos, j. 06.09.2018). Em ação judicial na qual o autor experimentou a destruição de inúmeros móveis e eletrodomésticos em razão da invasão de água e lama que transpassaram por baixo do muro divisório dos terrenos, oriundas do imóvel superior da ré, na residência do prédio inferior da autora, o Tribunal paranaense somente afastou a responsabilidade civil em razão da prova frágil do autor, acrescido ao fato de que no dia do evento houve uma chuva torrencial (força maior), levando a que fosse decretada situação de emergência no Município de Maringá (TJPR, Apelação Cível 1731833-7, 18.ª Câmara Cível, Rel. Juíza Convocada Denise Antunes, j. 14.03.2018). A jurisprudência tem aplicado com fidelidade a regra segundo a qual o prédio inferior é obrigado a suportar as águas que naturalmente correm do superior, não sendo obrigado a desviá-las nem a captá-las: "Direito de vizinhança. Irregularidade na captação das águas da chuva. Alagamento de imóvel lindeiro situado em nível inferior. Ação de obrigação de fazer proposta contra os proprietários dos imóveis situados no nível superior. Sentença de improcedência. Apelo do autor. Obrigação do dono do prédio inferior de receber as águas que fluem naturalmente do prédio superior. Inexistência de previsão legal a impor ao proprietário do prédio superior a obrigação de construir obra para desviar o fluxo das águas ou para captá-las. Impossibilidade de se responsabilizar os donos dos imóveis localizados em nível superior pelos prejuízos causados pelo escoamento natural das águas de chuva ao imóvel localizado em nível inferior. Artigos 1.288 e 1.289 do Código Civil. Apelação desprovida" (TJSP, APL 0000828-98.2010.8.26.0081, Ac. 9658757, 29.ª Câmara de Direito Privado, Adamantina, Rel. Des. Carlos Henrique Miguel Trevisan, j. 03.08.2016, *DJESP* 11.08.2016).

Art. 1.289. Quando as águas, artificialmente levadas ao prédio superior, ou aí colhidas, correrem dele para o inferior, poderá o dono deste reclamar que se desviem, ou se lhe indenize o prejuízo que sofrer.

Parágrafo único. Da indenização será deduzido o valor do benefício obtido.

COMENTÁRIOS DOUTRINÁRIOS: O artigo se dispõe a atribuir o regramento jurídico para a situação de escoamento artificial das águas que fluem do prédio superior, isto é, diferentemente do artigo anterior, a captação aqui se dá com a intervenção humana e não simplesmente da natureza. A norma transcrita representa um retrocesso à concepção individualista da propriedade, pois permite que o dono do prédio inferior exija o desvio das águas artificialmente canalizadas pelo dono do prédio superior. Isso pode inviabilizar, eventualmente, uma melhor exploração do prédio superior. Expliquemos melhor. Pode acontecer de o dono do prédio superior ter realizado com outra pessoa a canalização de águas, mediante uma servidão predial de aqueduto, na forma do art. 1.378 do Código Civil, a fim de plantar arroz, e não encontre outra forma de escoar as águas que não seja para o prédio inferior. Se este exigir o desvio das águas, tornará impossível o plantio da referida cultura. O art. 92 do Código de Águas (Decreto n. 24.643/1934) prevê que "mediante indenização, os donos dos prédios inferiores, de acordo com as normas da servidão legal de escoamento, são obrigados a receber as águas das nascentes artificiais". Esse artigo de lei se mostra mais consentâneo com o estágio atual do direito de propriedade e sua inafastável preocupação com a função social e a vedação ao abuso do direito. Lamentavelmente, somos obrigados a concluir que o novo Código Civil revogou o art. 92 do Código de Águas, tendo em vista que a lei geral pode revogar a lei especial se com esta se mostrar incompatível, mas nada obsta que com uma interpretação conforme a Constituição se restaure, em concreto, o comando normativo da regra jurídica anterior.

Art. 1.290. O proprietário de nascente, ou do solo onde caem águas pluviais, satisfeitas as necessidades de seu consumo, não pode impedir, ou desviar o curso natural das águas remanescentes pelos prédios inferiores.

COMENTÁRIOS DOUTRINÁRIOS: O artigo analisado concede ao titular de um prédio o direito ao uso das fontes naturais. De efeito, o proprietário da fonte natural, seja a que decorra da nascente ou do escoamento natural das águas da chuva, pode da mesma se utilizar segundo as suas necessidades, mas lhe é defeso impedir o curso das águas remanescentes para o prédio inferior. A utilização das águas pelo prédio inferior é restrita ao que sobrar da regular utilização do prédio superior, uma vez que a utilização da fonte não captada está ligada ao poder dominial do uso assegurado constitucionalmente e pelo art. 1.228 do Código Civil, sempre em atenção à função social e à proibição do comportamento abusivo. Ainda sobre o tema, dispõe o art. 94 do Código de Águas que o "proprietário de uma nascente não pode desviar-lhe o curso quando da mesma se abasteça uma população". O referido dispositivo atende com precisão ao princípio da função social da propriedade e demonstra o repúdio do ordenamento jurídico ao abuso de direito.

JURISPRUDÊNCIA COMENTADA: Ao arrepio do comando do artigo suscitado, o proprietário de um prédio em zona rural no Estado de Santa Catarina, obstruiu o canal natural de água, causando dano a seu vizinho. Ficou provado que houve a modificação da corrente em obra realizada pelo proprietário do prédio situado em nível superior. A turma julgadora, firme no laudo pericial, determinou a desobstrução do fluxo da água e condenou o réu em perdas e danos (TJSC, AC 0000022-69.2011.8.24.0021, 2.ª Câmara de Enfrentamento de Acervos, Cunha Porã, Rel. Des. Helio David Vieira Figueira dos Santos, *DJSC* 03.10.2018, p. 483).

Art. 1.291. O possuidor do imóvel superior não poderá poluir as águas indispensáveis às primeiras necessidades da vida dos possuidores dos imóveis inferiores; as demais, que poluir, deverá recuperar, ressarcindo os danos que estes sofrerem, se não for possível a recuperação ou o desvio do curso artificial das águas.

COMENTÁRIOS DOUTRINÁRIOS: O artigo examinado dispõe que o possuidor do prédio superior não pode poluir as águas indispensáveis às primeiras necessidades da vida dos possuidores dos imóveis inferiores; as demais que poluir deverá recuperar e, não sendo possível, indenizará os prejudicados. O dever de abstinência também é estendido ao proprietário ou ao titular de qualquer direito real sobre a coisa alheia em que seja assegurado o uso. O que causa desconforto na apreciação dessa norma jurídica é a aparente permissibilidade com relação à poluição das águas que não digam respeito às necessidades vitais do homem, ressuscitando a triste figura do poluidor pagador. Na verdade, ninguém pode poluir a água, independentemente de sua natureza, não somente segundo reza o art. 225 da Constituição Federal, mas também conforme dispõem os arts. 33 e 54 da lei que define crimes contra o meio ambiente (Lei n. 9.605/1998). A propósito do tema, confira-se a redação da parte final do § 1º do art. 1.228 do Código Civil em que se tem assentada, por óbvio, a necessidade de exercer o direito de propriedade sem poluir o ar e as águas. No momento em que o mundo todo volta os seus olhos para a aflitiva questão do meio ambiente, a redação do artigo peca por se mostrar antagônica e retrógrada. Com essa afirmação, não queremos dizer que a doutrina e a jurisprudência veem a norma nesse péssimo ângulo de visada, mas certo é que a redação mostra-se extremamente infeliz. O interesse ao meio ambiente sadio e equilibrado é público e difuso, de nada adiantando a norma prever o dever de recuperar ou indenizar o dono do prédio inferior. Até mesmo o vetusto Código de Águas que entrou em vigor em 1934 tem uma redação mais moderna que a do Código Civil de 2002, pois no art. 111 dispõe que "se os interesses relevantes da agricultura ou da indústria o exigirem, e mediante expressa autorização administrativa, as águas poderão ser inquinadas, mas os agricultores ou industriais deverão providenciar para que as se purifiquem, por qualquer processo, ou sigam o seu esgoto natural". Preocupados com essa situação, elaboramos com a professora Ana Rita Vieira de Albuquerque proposta de enunciado para a *III Jornada de Direito Civil* promovida pelo Conselho da Justiça Federal e que culminou na aprovação por unanimidade do Enunciado n. 244: "O art. 1.293 deve ser interpretado conforme a Constituição, não facultando a poluição das águas que sejam essenciais ou não às primeiras necessidades da vida".

REFORMA DO CÓDIGO CIVIL: A atualização aqui empreendida visa corrigir um dos maiores equívocos no campo dos direitos de vizinhança, conforme bem apontou a justificativa da Subcomissão de Direito das Coisas: "A redação posta no dispositivo original parece normalizar a poluição das águas que não sejam indispensáveis às primeiras necessidades da vida, adotando o princípio do poluidor pagador de forma a afrontar o que dispõe o artigo 225 da Constituição Federal. O comando, em se tratando de águas que correm, natural ou artificialmente, do prédio superior para o inferior, deve ser o de evitar a poluição das águas, independentemente de serem ou não indispensáveis às primeiras necessidades da vida, prestigiando o princípio da prevenção, tão caro nas questões de direito ambiental. Nessa esteira, caminha o Enunciado 244 da *III Jornada de Direito Civil*: 'O art. 1.291 deve ser interpretado conforme a Constituição, não sendo facultada a poluição das águas, quer sejam essenciais ou não às primeiras necessidades da vida.' O parágrafo único destaca o dever de reparação do agente poluidor, malgrado se refira também ao dever de indenização, sem prejuízo de outras sanções de ordem administrativa e penal". A redação proposta é a que segue: "Art. 1.291. O possuidor do imóvel superior não poderá poluir as águas que correm, natural ou artificialmente, para os imóveis inferiores. Parágrafo único. Em caso de poluição das águas que correm, deverá o possuidor promover a devida recuperação ambiental, sem prejuízo da indenização cabível e de eventuais sanções administrativas e criminais".

Art. 1.292. O proprietário tem direito de construir barragens, açudes, ou outras obras para represamento de água em seu prédio; se as águas represadas invadirem prédio alheio, será o seu proprietário indenizado pelo dano sofrido, deduzido o valor do benefício obtido.

COMENTÁRIOS DOUTRINÁRIOS: O artigo em análise prevê a regra do denominado direito de represamento das águas. Não poderá, no entanto, captar todas as águas, desviar seu curso natural, nem represar águas que abasteçam uma população. Se o represamento causar dano ao prédio alheio, surgirá o dever de indenizar, independentemente da análise da culpa, pois se trata de responsabilidade civil objetiva. Se com o dano vierem eventuais benefícios ao prédio alheio, será compensado o *quantum* indenizatório com o benefício causado. Importa assinalar que o art. 161, § 1º, I, do Código Penal prevê o tipo penal "usurpação de águas", punindo com pena de um a seis meses de detenção quem "desvia ou represa, em proveito próprio ou de outrem, águas alheias".

JURISPRUDÊNCIA COMENTADA: Os Tribunais têm assegurado aos possuidores ou proprietários de prédios, sobretudo, rurais, o direito ao represamento das águas: "Apelação cível. Propriedade e direitos reais sobre coisas alheias. Ação cominatória. Direito de construir. Valo coletor. Desvio de águas pluviais. Ausência de prejuízo. O proprietário tem o direito de construir no seu prédio barragens, açudes ou outras obras de represamento de água, como se depreende do art. 1.292 do CC/02. – Circunstância dos autos em que a prova é conclusiva no sentido de que a construção de valo coletor não prejudica o uso da barragem localizada na propriedade do autor; e se impõe manter a sentença de improcedência. Recurso desprovido" (TJRS, AC 0355563-03.2017.8.21.7000, 18.ª Câmara Cível, Uruguaiana, Rel. Des. João Moreno Pomar, j. 21.03.2018, *DJERS* 28.03.2018); "Direito de vizinhança. Apelação. Pretensão de reforma de sentença que julgou improcedentes pedidos de indenização por danos materiais e morais decorrentes de construção de muro. Ilegitimidade passiva quanto a uma das rés. Ausência de prova quanto à participação na construção do muro. Laudo pericial que atesta a existência de dano patrimonial ao imóvel do autor e a construção do muro, por parte da ré, que fez represar águas pluviais, presente o nexo causal. Reforma da sentença que se impõe. Inteligência do art. 1.288, parte final, art. 1.290 e art. 1.292, todos do Código Civil. O proprietário tem direito de represar águas, desde que não invadam prédio alheio. A legislação civil veda o agravamento, pelo desvio artificial das águas pluviais, da condição natural do prédio inferior de recebê-las, com prejuízo a seu imóvel. Dano material configurado. Danos morais inexistentes. Meros dissabores. Recurso parcialmente provido" (TJSP, APL 1001423-60.2015.8.26.0322, Ac. 11760987, 26.ª Câmara de Direito Privado, Lins, Rel. Des. Alfredo Attié, j. 28.08.2018, *DJESP* 30.08.2018, p. 2.435).

Art. 1.293. É permitido a quem quer que seja, mediante prévia indenização aos proprietários prejudicados, construir canais, através de prédios alheios, para receber as águas a que tenha direito, indispensáveis às primeiras necessidades da vida, e, desde que não cause prejuízo considerável à agricultura e à indústria, bem como para o escoamento de águas supérfluas ou acumuladas, ou a drenagem de terrenos.

§ 1º Ao proprietário prejudicado, em tal caso, também assiste direito a ressarcimento pelos danos que de futuro lhe advenham da infiltração ou irrupção das águas, bem como da deterioração das obras destinadas a canalizá-las.

§ 2º O proprietário prejudicado poderá exigir que seja subterrânea a canalização que atravessa áreas edificadas, pátios, hortas, jardins ou quintais.

§ 3º O aqueduto será construído de maneira que cause o menor prejuízo aos proprietários dos imóveis vizinhos, e a expensas do seu dono, a quem incumbem também as despesas de conservação.

COMENTÁRIOS DOUTRINÁRIOS: O dispositivo *supra* consagra o direito de aqueduto que já se encontrava previsto no Código Civil revogado e no art. 117 do Código de Águas (Decreto n. 24.643/1934): "A todos é permitido canalizar pelo prédio de outrem as águas a que tenham direito, mediante prévia indenização ao dono deste prédio: a) para as primeiras necessidades da vida; b) para os serviços da agricultura ou da indústria; c) para o escoamento das águas superabundantes; d) para o enxugo ou bonificação dos terrenos". A interpretação da norma deve ser feita conforme a Constituição, pois a sua redação parece colocar a ausência de prejuízo considerável à agricultura e à indústria do vizinho como requisito para a canalização forçada das águas do prédio alheio, quando na realidade a funcionalização da propriedade com a exploração do imóvel para tais fins sociais justifica o exercício do estudado direito de vizinhança. Nesse sentido, na *VII Jornada de Direito Civil* do Conselho da Justiça Federal /STJ (2015) restou aprovado o Enunciado n. 598 vazado nos seguintes termos: "Na redação do art. 1.293, 'agricultura e indústria' não são apenas qualificadores do prejuízo que pode ser causado pelo aqueduto, mas também finalidades que podem justificar sua construção". O vizinho, titular do direito de aqueduto, deve exercer esse direito com razoabilidade (*modo civiliter*), de forma que cause o menor prejuízo aos donos dos imóveis vizinhos, que já suportam um ônus sem que tenham manifestado vontade nesse sentido. Na forma do princípio geral do direito *ubi emolumentum ibi onus* e do respeito à equidade dispõe o § 3º do art. 1.293 que são de responsabilidade do prédio beneficiado todas as despesas decorrentes das obras necessárias para a construção, conservação e limpeza do aqueduto, conforme preconiza o art. 126 do Decreto n. 24.643/1934: "Correrão por conta daquele que obtiver a servidão do aqueduto todas as obras necessárias para a sua conservação, construção e limpeza. Parágrafo único. Para este fim, ele poderá ocupar, temporariamente os terrenos indispensáveis para o depósito de materiais, prestando caução pelos prejuízos que possa ocasionar, se o proprietário serviente o exigir". O proprietário do prédio onerado com o aqueduto terá direito à reparação pelos danos futuros sofridos em decorrência de eventual infiltração, de uma possível invasão violenta e repentina das águas e até mesmo da própria destruição parcial das obras realizadas para a confecção do aqueduto. O Enunciado n. 245 da *III Jornada de Direito Civil* do Conselho da Justiça Federal propugna por interpretação extensiva do dispositivo acima citado em razão da funcionalização da propriedade e de um melhor aproveitamento das águas: "Muito embora omisso acerca da possibilidade de canalização forçada de águas através de prédios alheios para fins de agricultura ou indústria, o art. 1.293 não exclui a possibilidade da canalização forçada pelo vizinho, com prévia indenização aos proprietários prejudicados".

JURISPRUDÊNCIA COMENTADA: A despeito de chamar equivocadamente de "servidão de aqueduto" quando, na realidade, se trata de direito de aqueduto, espécie de direito de vizinhança, a ementa do acórdão catarinense deu justa solução ao litígio possessório, assegurando o direito de canalizar águas do prédio alheio para as primeiras necessidades da vida: "Apelação cível. Ação de reintegração de posse. Servidão de aqueduto. Obstrução do uso da água pelos réus. Requisitos possessórios comprovados. Inteligência do artigo 927 do CPC/73. Sentença mantida. Recurso conhecido e não provido. A servidão de aqueduto assegura ao vizinho o direito de canalizar e conduzir águas através de prédios alheios a fim de recebê-las ao suprimento de suas primeiras necessidades, assim como para atender aos serviços de agricultura, de indústria e, de forma extensiva, à pecuária, a teor da interpretação dada ao princípio da função social da propriedade e dos arts. 1.293 do Código Civil e

117 do Código de Águas. A procedência do pedido em ação de reintegração na posse de servidão de aqueduto condiciona-se à comprovação dos pressupostos processuais estabelecidos no artigo 927 do Código de Processo Civil/73, quais sejam, posse anterior, o esbulho praticado pelo réu e a perda da posse" (TJSC, AC 0001198-69.2013.8.24.0003, 2.ª Câmara de Direito Civil, Anita Garibaldi, Rel. Des. Sebastião César Evangelista, *DJSC* 18.05.2017, p. 84). Na linha do citado enunciado do CJF, o Tribunal gaúcho estendeu com correção o alcance do direito de aqueduto para atender as necessidades de atividade empresarial rural de irrigação de lavoura de arroz: "Apelação cível. Servidão legal de aqueduto. Direitos de vizinhança. Legitimidade ativa *ad causam* do arrendatário. Irrigação de lavoura de arroz. Impossibilidade de condução da água por meio distinto. Prévia indenização. Preenchimento dos requisitos legais. Em que pese a denominação atribuída pelo Código de Águas (Decreto n. 24.643/1934), a servidão de aqueduto é espécie de direito de vizinhança, não se tratando de direito real sobre coisa alheia. Assim, detêm legitimidade ativa para buscar sua instituição tanto o proprietário do prédio dominante, quanto seu possuidor. Hipótese em que a necessidade de passagem das águas pelo imóvel rural da ré encontra respaldo no art. 1.293 do CC/2002 c/c art. 117, *b*, do Código de Águas, porquanto se trata de medida indispensável à irrigação de lavoura arrozeira, ou seja, ao desenvolvimento da agricultura. Prova pericial produzida em juízo que corrobora a impossibilidade de condução das águas do açude do Tigre, até a lavoura de arroz, por meio distinto. Dispensável a aventada contiguidade dos imóveis, uma vez que, em se tratando de direitos de vizinhança, é ampla a abrangência do conceito jurídico de vizinhos, sendo assim considerados não apenas aqueles cujos imóveis são confinantes, mas todos aqueles passíveis de sofrerem os efeitos das condutas praticadas nos prédios circundantes. O fato de os canais de irrigação já existirem há décadas na propriedade da ré, estando, no entanto, desativados, denota a ausência de prejuízo ao desenvolvimento de suas atividades rurais. Outrossim, fixada a prévia indenização em favor da proprietária do prédio serviente, restam preenchidos os requisitos legais à instituição da servidão de aqueduto. Por outro lado, estando-se diante de direitos e deveres recíprocos, não há que se falar em registro imobiliário. O dever da ré de permitir a utilização da sua propriedade para a condução de água à lavoura de arroz cultivada pela autora, em sede de parceria agrícola, não possuirá caráter *erga omnes*, tampouco *propter rem*, sendo passível de alteração caso ocorra mudança na situação fática. Afastaram a preliminar recursal e deram parcial provimento ao apelo. Unânime" (TJRS, AC 0176199-76.2014.8.21.7000, 20.ª Câmara Cível, São Lourenço do Sul, Rel. Des. Dilso Domingos Pereira, j. 19.11.2014, *DJERS* 02.12.2014).

REFORMA DO CÓDIGO CIVIL: A sugestão de um § 4º vai ao encontro da busca pela funcionalização das titularidades, como já fora assentado nos Enunciados n. 245 e n. 598 da *III* e *V Jornada de Direito Civil*, respectivamente, como se pode perceber pelo seu teor: "§ 4º Sem prejuízo da indenização devida ao prejudicado, o aqueduto poderá ser ampliado para o melhor atendimento às necessidades da agricultura, da pecuária e da indústria, conforme as circunstâncias do caso".

Art. 1.294. Aplica-se ao direito de aqueduto o disposto nos arts. 1.286 e 1.287.

COMENTÁRIOS DOUTRINÁRIOS: Seguindo a regra de aplicação da norma jurídica que aconselha prever normas semelhantes para hipóteses semelhantes (*ubi eadem ratio legis ibi eadem dispositio*), o artigo anotado determina aplicar para o direito de aqueduto o que se encontra previsto para o direito de passagem de cabos e tubulações. Sendo as hipóteses extremamente semelhantes, será possível aplicar por analogia ao direito de passagem de cabos e tubulações as regras previstas para o direito de aqueduto. Por efeito disso, o prédio prejudicado poderá exigir a remoção, às suas expensas, do local do aqueduto se isso não inviabilizar a canalização das águas e exigir caução se as instalações do aqueduto oferecerem grave risco ou que se realizem as necessárias obras de segurança.

Art. 1.295. O aqueduto não impedirá que os proprietários cerquem os imóveis e construam sobre ele, sem prejuízo para a sua segurança e conservação; os proprietários dos imóveis poderão usar das águas do aqueduto para as primeiras necessidades da vida.

COMENTÁRIOS DOUTRINÁRIOS: Insta salientar que o direito de aqueduto não pode inviabilizar o uso e fruição do prédio onerado em toda a sua potencialidade. Desse modo, poderá o dono do prédio que suporta o aqueduto cercar ou edificar em sua propriedade, desde que não inviabilize o escoamento das águas, nem se impossibilitem as obras de conservação que se fizerem necessárias no aqueduto. Se outros proprietários de prédios vizinhos quiserem aproveitar as águas que sobrarem do prédio beneficiado para qualquer finalidade, poderão fazê-lo, mediante prévia indenização (arts. 1.296 do Código Civil e 134 do Decreto n. 24.643/1934). As águas que se destinam às primeiras necessidades da vida são consideradas águas de todos, de modo que todos os proprietários vizinhos poderão utilizá-las, independentemente de indenização, devendo esta regra geral, pela dimensão que possui, ser observada com muita atenção.

Art. 1.296. Havendo no aqueduto águas supérfluas, outros poderão canalizá-las, para os fins previstos no art. 1.293, mediante pagamento de indenização aos proprietários prejudicados e ao dono do aqueduto, de importância equivalente às despesas que então seriam necessárias para a condução das águas até o ponto de derivação.

Parágrafo único. Têm preferência os proprietários dos imóveis atravessados pelo aqueduto.

COMENTÁRIOS DOUTRINÁRIOS: Águas supérfluas são águas excedentes não essenciais para o titular do direito de aqueduto. Essas águas podem ser utilizadas pelos vizinhos que tenham interesse, mas para tanto deverão indenizar o(s) proprietário(s) prejudicado(s) e o dono do aqueduto. O valor da indenização será calculado segundo as despesas que seriam necessárias para canalizar a água do ponto de partida do prédio prejudicado até o ponto de derivação, ou seja, até o ponto em que a pessoa vai retirar a água para a utilização própria. Se houver vários pretendentes às águas supérfluas, se preferirá aquele cujo imóvel for atravessado pelo aqueduto.

REFORMA DO CÓDIGO CIVIL: É sugerida uma mera substituição do vocábulo "supérfluas" por "excedentes" a fim de se conferir uma melhor compreensão da norma, como descrito nos comentários *supra*.

SEÇÃO VI

DOS LIMITES ENTRE PRÉDIOS E DO DIREITO DE TAPAGEM

Art. 1.297. O proprietário tem direito a cercar, murar, valar ou tapar de qualquer modo o seu prédio, urbano ou rural, e pode constranger o seu confinante a proceder com ele à demarcação entre os dois prédios, a aviventar rumos apagados e a renovar marcos destruídos ou arruinados, repartindo-se proporcionalmente entre os interessados as respectivas despesas.

§ 1º Os intervalos, muros, cercas e os tapumes divisórios, tais como sebes vivas, cercas de arame ou de madeira, valas ou banquetas, presumem-se, até prova em contrário, pertencer a ambos os proprietários confinantes, sendo estes obrigados, de conformidade com os costumes da localidade, a concorrer, em partes iguais, para as despesas de sua construção e conservação.

§ 2º As sebes vivas, as árvores, ou plantas quaisquer, que servem de marco divisório, só podem ser cortadas, ou arrancadas, de comum acordo entre proprietários.

§ 3º A construção de tapumes especiais para impedir a passagem de animais de pequeno porte, ou para outro fim, pode ser exigida de quem provocou a necessidade deles, pelo proprietário, que não está obrigado a concorrer para as despesas.

COMENTÁRIOS DOUTRINÁRIOS: O indigitado artigo reuniu dois direitos de vizinhança que tradicionalmente sempre foram tratados em separado: o direito de limites entre prédios e o direito de tapagem. Sobre o direito à demarcação diz a lei que o proprietário pode constranger o seu confinante a proceder com ele à demarcação entre os dois prédios, a aviventar rumos apagados e a renovar marcos destruídos ou arruinados, repartindo-se proporcionalmente entre os interessados as respectivas despesas. Primeiramente, a interpretação de tal artigo deve ser extensiva, de modo a incluir o usuário, o usufrutuário, o superficiário e o enfiteuta. A solução pode ser amigável ou judicial. Se for amigável, os interessados dividirão as despesas necessárias à demarcação, com a contratação de um topógrafo ou a aquisição de materiais para a medição. Se for judicial, será exercido o direito por meio da ação real e de procedimento especial da ação demarcatória. A sentença que declarar o marco divisório da área será registrada junto à matrícula do imóvel. Se, além de demarcar (separar o imóvel por marcos), o vizinho quiser reivindicar ou reintegrar-se na posse de área de terra que entende ocupada indevidamente pelo outro, deverá cumular o pedido demarcatório com reivindicatório ou possessório, conforme o caso, tendo em vista que os pedidos são compatíveis entre si e sucessivos. Trata-se de uma manifestação de direito potestativo que não tem prazo para ser exercido, mas que pode ensejar contra o inerte a usucapião, presentes os requisitos legais. A nosso sentir, o possuidor também poderá pedir em juízo a demarcação de sua posse por meio da ação demarcatória de posse. Se não entendermos dessa maneira, o ordenamento jurídico correrá o sério risco de fomentar a justiça privada, pois os mesmos conflitos que podem surgir com os proprietários hão de suceder entre os possuidores, e a nossa Constituição consagra o princípio da inafastabilidade da jurisdição no art. 5º, XXXV. A lei assegura expressamente o proprietário de tapagem que consiste no exercício do direito de vedar a sua propriedade do seu confinante e de usar o tapume dentro dos limites permissivos desse direito que, como sabido, presume-se exclusivo. Para que tenhamos um verdadeiro condomínio necessário e indivisível, nos moldes da previsão legal, importa que ambos os confinantes tenham contribuído, em partes iguais, para a construção do tapume divisório e conjuntamente velem pela sua manutenção. Se não houver acordo na fixação de um muro que atenda às expectativas de ambos os vizinhos, será necessário recorrer aos costumes da localidade (art. 4º, LINDB). Assim, se um vizinho quiser fazer uma tapagem suntuosa, fugindo dos padrões médios da comunidade em que está inserido, deverá arcar com os gastos do muro na parte que exceder ao preço do tapume praticado na localidade. O § 2º do mesmo artigo dispõe que as sebes vivas, as árvores, ou plantas quaisquer, que sirvam de marco divisório, só podem ser cortadas, ou arrancadas, de comum acordo entre os proprietários. Importante atestar que no termo vulgar "cercas vivas" incluem-se as sebes vivas, arbustos ou arvoredos que, entrelaçando-se, impedem o acesso ao imóvel vizinho, às árvores e a quaisquer plantas que sirvam de tapumes. Para que possam ser cortadas ou arrancadas, será necessário o consentimento de ambos os confinantes, respondendo por perdas e danos o vizinho que cortar ou arrancar a cerca viva divisória sem que tenha havido consenso nesse sentido. Na construção de tapumes especiais para conter os animais, aplica-se a regra equitativa, sendo determinado pelo § 3º que apenas o vizinho que cria os animais deverá arcar com as despesas decorrentes da colocação da tapagem. Entretanto, se ambos os vizinhos criam animais, o rateio das despesas se impõe. Se o tapume especial se mostrar insuficiente para conter os animais e estes adentrarem na propriedade vizinha, causando estragos à plantação, por exemplo, o dono ou detentor desses deverá indenizar o lesado, independentemente da prova da culpa, aplicando-se à hipótese a responsabilidade civil pelo fato da coisa prevista no art. 936 do Código Civil, no qual se encontra estabelecido que o "dono, ou detentor, do animal ressarcirá o dano por este causado, se não provar culpa da vítima ou força maior".

JURISPRUDÊNCIA COMENTADA: A responsabilidade mútua dos confinantes se estende às situações nas quais há desabamento de muro divisório em razão do condomínio legal estabelecido dele decorrente: "Apelação cível. Ação de obrigação de fazer cumulada com indenização por danos morais e materiais. Direito de vizinhança. Desabamento de muro divisório. Prova pericial conclusiva no sentido da irregularidade na construção, tanto do ponto de vista do material utilizado quanto da mão de obra empregada. Responsabilidade de ambos os confinantes. Art. 1.297 do Código Civil. Manutenção da sentença. Recurso conhecido e desprovido" (TJRJ, APL 0045133-05.2010.8.19.0004, 7.ª Câmara Cível, São Gonçalo, Rel. Des. Luciano Sabóia Rinaldi de Carvalho, *DORJ* 13.12.2018, p. 311). Em caso advindo do Estado de Minas Gerais, em que havia divergência entre a área do imóvel que constava junto ao registro imobiliário (184.77,82 hectares) e a área real (334.43,73 hectares), o STJ reafirmou a sua jurisprudência e decidiu, reformando o acórdão mineiro, que a ação demarcatória é cabível para resolver o conflito decorrente da discrepância entre a realidade fática dos marcos divisórios e o constante no registro de imóveis (REsp 1.984.013/MG, Rel. Min. Ricardo Villas Bôas Cueva, 3.ª Turma, v.u., j. 27.09.2022 – *Informativo* n. *752*, de outubro de 2022).

Art. 1.298. Sendo confusos, os limites, em falta de outro meio, se determinarão de conformidade com a posse justa; e, não se achando ela provada, o terreno contestado se dividirá por partes iguais entre os prédios, ou, não sendo possível a divisão cômoda, se adjudicará a um deles, mediante indenização ao outro.

COMENTÁRIOS DOUTRINÁRIOS: Se houver confusão de limites, deverão ser primeiramente analisados os documentos que possam comprovar o tamanho real da área de cada titular. Assim, deverão ser consultadas, por exemplo, as certidões de ônus reais do cartório imobiliário, escrituras dos imóveis, as plantas de cada área, eventuais aprovações e registro de parcelamento da área junto ao Município. Se com esse procedimento não se chegar a um resultado satisfatório, a demanda será julgada segundo o exercício da posse justa, ou seja, aquela que não for violenta, clandestina ou precária, conforme preconiza o art. 1.200 do Código Civil. A idade da posse é irrelevante no caso. Em não sendo provada a posse, o juiz adotará uma decisão salomônica, qual seja: a de dividir a porção do imóvel disputada em partes absolutamente iguais. Como último critério, estabelece a lei que, se o imóvel não comportar divisão cômoda, como seria o caso de um açude explorado por um dos confinantes, o juiz deverá destinar a propriedade da área controvertida a um dos vizinhos, mediante o pagamento de indenização cabal ao dono do prédio prejudicado.

SEÇÃO VII
DO DIREITO DE CONSTRUIR

Art. 1.299. O proprietário pode levantar em seu terreno as construções que lhe aprouver, salvo o direito dos vizinhos e os regulamentos administrativos.

COMENTÁRIOS DOUTRINÁRIOS: O proprietário tem a faculdade de edificar ou plantar em seu imóvel as construções ou plantações que quiser, conforme dispõe o art. 1.299 do Código Civil. Esse direito encontra-se no bojo do poder de uso assegurado constitucionalmente nos arts. 5º, XXII, e 170, II, da CF e *caput* do art. 1.228 do Código Civil. Como cediço, a propriedade não tem, há muito tempo, o caráter ilimitado que ostentou outrora, de vez que já estudamos que a lei constitucional e infraconstitucional condiciona o exercício do direito de propriedade ao cumprimento de sua função social, na forma dos arts. 5º, XXIII, e 170, III, da CF e 1.228, § 1º, do Código Civil. A lei estabelece como requisitos para a construção o respeito aos limites legais previstos no Código Civil e também os limites publicísticos típicos do direito administrativo. Há ainda os limites convencionais ao direito de propriedade. Os principais limites ao direito de construir são ditados pelos direitos de vizinhança, mormente pelas normas que se seguem. Quanto aos limites publicísticos, à luz do texto constitucional, o Município é titular do poder de polícia edilício, ou seja, o poder de autorizar, fiscalizar e reprimir as construções em solo urbano. A construção deverá observar o Código de Posturas Municipais e o Plano Diretor da Cidade na forma prevista no art. 182 da Constituição da República e nos arts. 39 a 45 do Estatuto da Cidade, assim como não pode servir de obstáculo à navegação aérea. Nesse *munus* público, o Município pode embargar judicialmente obra que desatenda às normas para a construção A despeito de pertencer ao estudo do direito urbanístico, importa aludir que o Estatuto da Cidade (Lei n. 10.257/2001) trouxe, como importantes contribuições à fiscalização da função social da propriedade, os institutos do parcelamento, edificação ou utilização compulsórios (art. 5º), Imposto Predial e Territorial Urbano progressivo no tempo de acordo com a inutilização ou subutilização do solo urbano (art. 7º), possibilidade de desapropriação com pagamento em títulos se o proprietário descumprir as determinações de construção do município (art. 8º), a outorga onerosa do direito de construir (art. 28) e, ainda, a transferência, consultado o interesse público previsto em lei municipal, do direito de construir (art. 35). Nessa rápida referência que se fez a alguns dispositivos do Estatuto da Cidade, pode-se perceber que, para uma perfeita avaliação do direito de construir, fundamental que o interessado tenha em mãos o Plano Diretor da Cidade, assim como todas as leis municipais e regulamentos que estabeleçam as regras para o direito de construir. Caso tais limites não estejam sendo respeitados, contam o particular e o Poder Público com a ação de nunciação de obra nova – se a obra irregular ainda estiver em fase de construção – e com a ação demolitória – se a obra já estiver pronta. No plano do direito material, preconiza o art. 1.312 do Código Civil que todo aquele que violar as proibições para construir será obrigado a demolir as construções feitas, sem prejuízo do dever de reparar eventuais danos. A título de ilustração apenas, cumpre assinalar que o direito de construir ainda pode ser limitado pelo tombamento e pela requisição e servidão administrativa.

JURISPRUDÊNCIA COMENTADA: A jurisprudência tem respeitado o poder de construir do proprietário, apenas limitando-o quando razões de interesse público ou de claro direito de vizinhança assim exigirem. Em conflito de vizinhança na cidade de Biguaçu, em Santa Catarina, uma pessoa denunciou uma obra nova que estava construindo um edifício de cinco pavimentos e com isto dificultaria o acesso à luz do sol para fins de captação de energia, inviabilizando, na visada do autor, o sistema de aquecimento solar instalado. O pedido foi julgado improcedente e a Corte catarinense decidiu, com fundamento no art. 1.299 do Código Civil que "o proprietário tem o direito de construir em seu terreno o que lhe aprouver, desde que respeitados os direitos de vizinhança e os regulamentos administrativos, razão pela qual, atendidas as normas municipais, poderá levantar a sua edificação, ainda que comprometa a iluminação solar no imóvel lindeiro" (TJSC, AC 0003789-02.2007.8.24.0007, 3.ª Câmara de Direito Civil, Biguaçu, Rel. Des. Fernando Carioni, *DJSC* 27.11.2018). Por outro lado, a Segunda Câmara de Direito Civil do mesmo Tribunal entendeu que "consoante o art. 1.299 do Código Civil, o direito de construção do proprietário é limitado pelas normas administrativas e direito dos vizinhos. Assim, a construção de edificação que tem como base a parede do prédio vizinho, com risco de vedação de ventilação e entrada de luz solar, sem autorização de seu proprietário, e sem a demonstração inequívoca de ser de extrema necessidade para segurança dos moradores, evidencia a violação do direito de vizinhança, razão pela qual deve ser obstada" (TJSC, AI 4010967-37.2016.8.24.0000, Rel. Des. João Batista Góes Ulysséa, *DJSC* 19.12.2018).

Art. 1.300. O proprietário construirá de maneira que o seu prédio não despeje águas, diretamente, sobre o prédio vizinho.

COMENTÁRIOS DOUTRINÁRIOS: O artigo comentado proíbe o estilicídio, ou seja, que a água da chuva que cai sobre um prédio jorre ou goteje para o prédio vizinho. Preferiu a atual Codificação ser mais enfática que a anterior, pois sequer prevê a possibilidade de construir o beiral do telhado guardando um intervalo de dez centímetros. Se o proprietário respeitar esse intervalo, não irá despejar a água da chuva sobre o prédio do vizinho. Concluindo, estabelece a lei que o proprietário não pode construir despejando diretamente as águas pluviais sobre o prédio confinante. Se for absolutamente impossível não gotejar no prédio vizinho, como ocorre em algumas edificações em comunidades de baixa renda, pode ser adotado o critério antigo do art. 575 do Código Civil de 1916, que determinava a observação de um intervalo de dez centímetros, assim como o art. 105 do Código de Águas: "O proprietário edificará de maneira que o beiral de seu telhado não despeje sobre o prédio vizinho, deixando entre este e o beiral, quando por outro modo não o possa evitar, um intervalo de 10 centímetros, quando menos, de modo que as águas se escoem". Sem embargo, pode ser estabelecida uma servidão predial que assegure ao proprietário do prédio dominante o direito de escoar as águas das chuvas para o prédio serviente, mediante escritura pública registrada no cartório do registro de imóveis.

JURISPRUDÊNCIA COMENTADA: Não raro as questões de direito de vizinhança deságuam na responsabilidade civil, como teve ocasião de julgar o Tribunal de Justiça mineiro, em caso no qual a calha mal colocada em um prédio acabou não suportando as águas normais que provinham das chuvas e acabou por precipitar e alagar uma loja vizinha. Correta a conclusão contida na ementa no sentido de que "constitui violação às disposições do art. 1.300 do Código Civil e art. 105 do Código de Águas, a conduta da ré que instalou calha de forma inadequada, de modo a não suportar o volume de chuva intensa, ocasionando o alagamento da loja do apelante. Ausente a comprovação da anormalidade da chuva pela ré, de modo a caracterizar hipótese de força maior, e ainda, que a calha foi instalada e mantida segundo os padrões técnicos de qualidade, impõe-se o dever de indenizar. Em se tratando de direito de vizinhança, aplica-se a responsabilização objetiva" (APCV 1.0245.11.010120-2/001, Rel. Des. Edison Feital Leite, j. 01.09.2016).

Art. 1.301. É defeso abrir janelas, ou fazer eirado, terraço ou varanda, a menos de metro e meio do terreno vizinho.

§ 1º As janelas cuja visão não incida sobre a linha divisória, bem como as perpendiculares, não poderão ser abertas a menos de setenta e cinco centímetros.

§ 2º As disposições deste artigo não abrangem as aberturas para luz ou ventilação, não maiores de dez centímetros de largura sobre vinte de comprimento e construídas a mais de dois metros de altura de cada piso.

COMENTÁRIOS DOUTRINÁRIOS: Objetivando preservar a intimidade do prédio vizinho, proíbe o artigo em exame abrir janelas ou fazer eirado, terraço ou varanda a menos de metro e meio do terreno vizinho, pois em caso contrário, a privacidade do vizinho estaria vulnerada. O rol de regras jurídicas sobre o direito de construir não é exaustivo, isto é, desde que o proprietário faça obra que devasse o prédio vizinho, poderá ser compelido a parar a obra (ação de nunciação de obra nova) ou a desfazê-la (ação demolitória), conforme preconiza o art. 1.312 deste Código, desde que observe o prazo decadencial de ano e dia previsto no artigo seguinte.

A controvertida questão sobre a possibilidade de construção que não permitisse uma visão direta sobre o prédio vizinho teve no atual Código Civil uma solução parcialmente conciliadora entre parte da doutrina e a jurisprudência, sendo permitido, se a visão for oblíqua, construir janela guardando um intervalo de setenta e cinco centímetros. A Súmula n. 414 do Supremo Tribunal Federal, elaborada sob a égide do Código Civil de 1916, estabelecia não existir distinção entre a visão direta e a oblíqua para os fins de aplicação do art. 573 do Código Civil que fazia previsão apenas da distância mínima de menos de metro e meio do prédio de outrem. Como a finalidade da lei é preservar a intimidade do vizinho, tem-se por autorizada a construção de parede de tijolos translúcidos ou qualquer outro material que não permita a visão do prédio vizinho (Súmula n. 120 do STF). Pelo mesmo motivo, a lei permite a necessária abertura para luz ou ventilação que meça, no máximo, dez centímetros de largura sobre vinte centímetros de comprimento, desde que sejam construídas a mais de dois metros de altura do piso ou com utilização de tijolos de vidro que são igualmente translúcidos. Importa ainda que se registre que a intimidade ou privacidade para os fins deste artigo é tomada no sentido amplo para abranger também a audição, o olfato e a presença física que deve guardar distâncias mínimas previstas em lei de modo objetivo. Não é possível, portanto, admitir que se construa janela com distância menor do que setenta e cinco centímetros sob o argumento de que não há visão direta. O critério legal é objetivo.

JURISPRUDÊNCIA COMENTADA: A despeito de o § 1º do artigo em análise reduzir à metade a distância mínima quando a visão é perpendicular ou oblíqua, o Superior Tribunal de Justiça tem aplicado o critério clássico de um metro e meio, como se pode ver no Recurso Especial 1.531.094/SP, no qual em caso de janela construída de modo a não permitir visão direta, decidiu que "a proibição inserta no art. 1.301, *caput*, do Código Civil – de não construir janelas a menos de um metro e meio do terreno vizinho – possui caráter objetivo, traduzindo verdadeira presunção de devassamento, que não se limita à visão, englobando outras espécies de invasão (auditiva, olfativa e principalmente física). 3. A aferição do descumprimento do disposto na referida regra legal independe da aferição de aspectos subjetivos relativos à eventual atenuação do devassamento visual, se direto ou oblíquo, se efetivo ou potencial". Concordamos com a fundamentação, com a ressalva de que, no caso, dever-se-ia aplicar o § 1º do art. 1.301 que reduziu, como dito, a distância mínima à metade e não o *caput* (3.ª Turma, Rel. Min. Ricardo Villas Bôas Cueva, j. 18.10.2016). Essa orientação vem sendo seguida pelos Tribunais estaduais: "Apelação cível. Direitos de vizinhança. Ação cominatória de obrigação de fazer. Aberturas de janelas no imóvel vizinho. Inobservância do recuo previsto no art. 1.301 do CCB. Impossibilidade de relativização do disposto no art. 1301 do CC. Requisito objetivo. Não há se falar em relativização do disposto no art. 1.301 do CCB, conforme jurisprudência do STJ (REsp 1531094/SP) e da jurisprudência desta Câmara. Com efeito, impõe-se o fechamento das aberturas do vizinho que estão postas de forma contrária ao que dispõe o art. 1.301 do Código Civil. Jurisprudência a respeito. Reforma da sentença. Apelação provida" (TJRS, AC 0107943-42.2018.8.21.7000, 20.ª Câmara Cível, Lagoa Vermelha, Rel. Des. Glênio José Wasserstein Hekman, j. 14.11.2018, *DJERS* 26.11.2018).

Art. 1.302. O proprietário pode, no lapso de ano e dia após a conclusão da obra, exigir que se desfaça janela, sacada, terraço ou goteira sobre o seu prédio; escoado o prazo, não poderá, por sua vez, edificar sem atender ao disposto no artigo antecedente, nem impedir, ou dificultar, o escoamento das águas da goteira, com prejuízo para o prédio vizinho.

Parágrafo único. Em se tratando de vãos, ou aberturas para luz, seja qual for a quantidade, altura e disposição, o vizinho poderá, a todo tempo, levantar a sua edificação, ou contramuro, ainda que lhes vede a claridade.

COMENTÁRIOS DOUTRINÁRIOS: O artigo em estudo prevê uma presunção absoluta de anuência da obra realizada em descumprimento às normas edilícias previstas nos arts. 1.300 e 1.301 do Código Civil se o proprietário não exigir que se desfaça no prazo de ano e dia a contar do término da construção. O referido prazo tem natureza decadencial, não se aplicando as regras que impedem, suspendem ou interrompem a fluência do prazo encontradas no art. 207 do Código Civil. A inércia de um proprietário não repercutirá danosamente na titularidade do outro vizinho, pois independentemente de ter deixado escoar o prazo fatal de ano e dia, o proprietário terá que observar na sua construção as regras referentes à preservação da privacidade do vizinho e ao estilicídio. O direito de construir uma edificação ou de levantar um contramuro, observados os requisitos legais, não se submete à influência deletéria do tempo, ainda que com isso o vizinho perca a luz que pelas frestas adentravam em sua propriedade. Contudo, nada impede que os interessados, convencionalmente, estabeleçam uma servidão predial de luz em que o prédio serviente se obrigue a não impedir a entrada da luz solar no prédio dominante, consoante autoriza o art. 1.378 do Código Civil.

JURISPRUDÊNCIA COMENTADA: Na esteira de segura orientação do Superior Tribunal de Justiça (AGRG no AREsp n. 492.846/BA, 3.ª Turma, Rel. Min. Sidnei Beneti, j. 01.09.2014), os Tribunais estaduais têm entendido que o parágrafo único do art. 1.302 "excepciona o prazo decadencial suscitado quando se tratar de vãos, ou aberturas para luz, quando então poderá o vizinho, a todo tempo, levantar a sua edificação ainda que lhe vede a claridade" (TJSC, AC 0001569-13.2013.8.24.0042, 1.ª Câmara de Enfrentamento de Acervos, Maravilha, Rel. Des. José Maurício Lisboa, *DJSC* 31.10.2018), assim como reconhecendo a natureza decadencial do prazo de ano e dia "para que se desfaça janela, sacada, terraço ou goteira sobre o seu prédio, consoante inteligência do artigo 1.302 do Código Civil" (TJRJ, Apelação 40883-19.2012.8.19.0210, 7.ª Câmara Cível, Rel. Des. Luciano Rinaldi, j. 30.04.2013).

REFORMA DO CÓDIGO CIVIL: Sem alteração no sentido da norma, mas colocando a segunda oração do *caput* atual como § 1º e transformando o parágrafo único em § 2º, a fim de deixar mais claro o seu sentido.

Art. 1.303. Na zona rural, não será permitido levantar edificações a menos de três metros do terreno vizinho.

COMENTÁRIOS DOUTRINÁRIOS: Reconhecido que o grau de tolerabilidade das interferências dos vizinhos no campo é menor do que na cidade, a lei dobrou o espaçamento das construções que antes era de metro e meio para de três metros (art. 1.303 do CC). A norma visa assegurar a privacidade do vizinho, além de servir como um obstáculo à favelização do campo, situação que acarreta inestimáveis consequências danosas e contrárias à função social da propriedade.

JURISPRUDÊNCIA COMENTADA: No sentido do texto legal, os Tribunais vêm decidindo objetivamente pela possibilidade de demolição em caso de desrespeito à previsão legal de distância mínima de três metros: "Nunciação obra nova. Terreno rural. Desobediência norma legal. Art. 1.303 do CC/2002. Paralisação de demolição. Deferimento. Manutenção. Justiça gratuita. Preparo. Ato incompatível. Diante do descumprimento pelo réu da norma para edificação em terreno rural, desrespeitando o direito de vizinhança, patente é o deferimento da demolição da edificação, pois como dito, nos termos do art. 1.303 do Código Civil, em se tratando de área rural, os vizinhos devem respeitar a distância mínima de 03 metros para construções. À concessão dos benefícios da justiça gratuita exige-se comprovação da carestia, o que se revela incompatível com o recolhimento do preparo recursal" (TJMG, APCV 1.0408.14.000885-0/001, Rel. Des. Mariângela Meyer, j. 14.03.2016, *DJEMG* 13.05.2016).

Art. 1.304. Nas cidades, vilas e povoados cuja edificação estiver adstrita a alinhamento, o dono de um terreno pode nele edificar, madeirando na parede divisória do prédio contíguo, se ela suportar a nova construção; mas terá de embolsar ao vizinho metade do valor da parede e do chão correspondentes.

COMENTÁRIOS DOUTRINÁRIOS: O dispositivo legal em exame prevê o direito de meter trave no prédio vizinho, mas apenas na zona urbana e em local submetido a alinhamento, ou seja, quando não for fisicamente possível edificar sem travejar em prédio alheio. Se a área é espaçosa, o vizinho deve edificar sem madeirar a parede divisória do prédio contíguo, construindo a sua parede em uma distância razoável. Outro requisito para o travejamento é o de não colocar em risco a construção do prédio vizinho. Para tanto, o vizinho poderá louvar-se em peritos, mas, se por acaso, a construção ruir e causar dano, o vizinho que edificou terá que indenizar, independentemente da análise de culpa, *ex vi* do disposto no art. 937 do Código Civil, o qual prevê que "o dono de edifício ou construção responde pelos danos que resultarem de sua ruína, se esta provier de falta de reparos, cuja necessidade fosse manifesta". Nesse caso, é cabível o ajuizamento de uma ação de regresso em face do responsável pela obra se este agiu com culpa. Por derradeiro, atento ao espírito, por vezes egoísta, que o homem médio ainda ostenta em sua longa caminhada evolutiva e moral e preocupando-se com a equidade e a vedação do enriquecimento sem causa, a lei estabelece a obrigação de embolsar o valor da parede e do chão correspondente.

JURISPRUDÊNCIA COMENTADA: O direito de travejamento previsto no presente artigo não prescinde da necessária avaliação técnica a fim de evitar ruínas ou até mesmo acidentes. Essa orientação jurisprudencial é importante como se pode ver em decisão do Tribunal cearense, cuja Oitava Câmara Cível decidiu que "o simples fato de uma construção reforma de imóvel estar sendo acompanhada por um *expert* da área de Engenharia Civil, bem como a ausência de objeções pelos demais confinantes do imóvel, com exceção apenas do agravado, não dá direito ao agravante de querer impor a sua vontade, e assim, proceder com a tal 'reforma', utilizando-se, para isso, da parede de seu vizinho". Mais adiante, concluiu que "se o vizinho pretende erguer parede sobre o muro divisório do outro, travejando construção lindeira, com o afixamento, inclusive, de madeira, como é o caso destes autos, este não pode fazê-lo sem antes proceder com o exame de suporte (avaliação do Engenheiro Civil), e mais, sem atender, também, as disposições contidas no art. 1.304, do Código Civil Brasileiro, que prevê, no caso de positividade quanto ao suporte da obra, o dever do vizinho embolsar metade do valor da parede e do chão correspondente" (AI 003311179.2013.8.06.0000, Rel. Des. Antônio Pádua Silva, *DJCE* 27.08.2015).

Art. 1.305. O confinante, que primeiro construir, pode assentar a parede divisória até meia espessura no terreno contíguo, sem perder por isso o direito a haver meio valor dela se o vizinho a travejar, caso em que o primeiro fixará a largura e a profundidade do alicerce.

Parágrafo único. Se a parede divisória pertencer a um dos vizinhos, e não tiver capacidade para ser travejada pelo outro, não poderá este fazer-lhe alicerce ao pé sem prestar caução àquele, pelo risco a que expõe a construção anterior.

COMENTÁRIOS DOUTRINÁRIOS: Trata-se de direito potestativo assegurado ao vizinho que constrói primeiro em terreno vago e que seja confinante de outro. O referido direito, que inclui a possibilidade de assentar a parede divisória até meia espessura no terreno contíguo e fixar a largura e a profundidade do alicerce, não impede que o travejamento futuro do vizinho o obrigue a pagar pelo meio valor da parede divisória, consoante o disposto no art. 1.304 do Código Civil. Se a parede-meia for frágil e não permitir o travejamento, o vizinho que primeiro construiu pode exigir caução em decorrência do risco de ruína.

JURISPRUDÊNCIA COMENTADA: Os Tribunais têm entendido que "nos termos do artigo 1.305 do Código Civil, se mostra possível ao confinante assentar a parede divisória até meia espessura no terreno contíguo: "Considerando que a perícia ressaltou que o muro de divisão entre os dois imóveis se mostra estável, sem risco de queda, e feito de acordo com as normas da ABNT, desarrazoado se mostra o pedido de demolição e reconstrução formulado pela parte litigante" (TJDF, APC 2011.07.1.022874-0; Ac. 109.4340, 3.ª Turma Cível, Rel. Des. Flavio Rostirola, j. 02.05.2018, *DJDFTE* 11.05.2018).

Art. 1.306. O condômino da parede-meia pode utilizá-la até ao meio da espessura, não pondo em risco a segurança ou a separação dos dois prédios, e avisando previamente o outro condômino das obras que ali tenciona fazer; não pode sem consentimento do outro, fazer, na parede-meia, armários, ou obras semelhantes, correspondendo a outras, da mesma natureza, já feitas do lado oposto.

COMENTÁRIOS DOUTRINÁRIOS: Em continuidade ao regramento estabelecido no artigo anterior, sendo construída a parede-meia, as regras a serem aplicadas se referem ao condomínio necessário (arts. 1.327 a 1.330 do CC). Dessa forma, é assegurado ao condômino extrair qualquer proveito que for possível até ao meio da espessura do muro divisório. Requisito para o regular exercício do direito é a observância das regras de segurança e a comunicação prévia da realização da obra para que o vizinho possa fiscalizar as condições de segurança ou, querendo, remover objetos que se encontrem junto à sua parede a fim de evitar a deterioração de seu patrimônio. Necessitará do consentimento do dono do prédio contíguo para fazer na parede-meia armários ou obras que guardem equivalência com as realizadas pelo vizinho. Essa regra objetiva prevenir prejuízos. Imaginemos que do outro lado do prédio exista um armário embutido e o vizinho alvitre fazer um armário igual ou similar em espessura ou dimensão. É possível até em um acidente maior que os armários se encontrem ou então, menos mal, que apenas se torne mais frágil a parede-meia, perdendo a sua função de dividir os prédios de forma segura. Se não houver, do lado do vizinho, obras semelhantes às que um dos consortes quiser realizar, não haverá necessidade de consentimento, pois aí não se colocaria em risco a estrutura da parede-meia. Podemos concluir que a regra áurea é a de que cada condômino está autorizado a usar toda plenitude de seu direito, desde que não cause prejuízo ou risco ao outro consorte.

JURISPRUDÊNCIA COMENTADA: Em conflito entre vizinhos, o Tribunal paulista entendeu que houve utilização correta da parede-meia, causando uma apropriação de apenas três centímetros de comprimento do imóvel (TJSP, Apelação 1000222-03.2014.8.26.0602, 25.ª Câmara de Direito Privado, Des. Hugo Crepaldi, j. 19.10.2017).

REFORMA DO CÓDIGO CIVIL: Mesma medida adotada no art. 1.302. Não há alteração do sentido da regra.

Art. 1.307. Qualquer dos confinantes pode altear a parede divisória, se necessário reconstruindo-a, para suportar o alteamento; arcará com todas as despesas, inclusive de conservação, ou com metade, se o vizinho adquirir meação também na parte aumentada.

COMENTÁRIOS DOUTRINÁRIOS: Altear uma parede divisória é aumentar a sua altura. O alteamento é permitido, mas o alteador deverá arcar com todas as despesas do aumento, inclusive as que decorrerem da conservação do muro divisório. Se o vizinho se interessar na utilização da parede-meia que for acrescida, deverá ratear as despesas, adquirindo, com esse proceder, a meação da parte aumentada.

Art. 1.308. Não é lícito encostar à parede divisória chaminés, fogões, fornos ou quaisquer aparelhos ou depósitos suscetíveis de produzir infiltrações ou interferências prejudiciais ao vizinho.

Parágrafo único. A disposição anterior não abrange as chaminés ordinárias e os fogões de cozinha.

COMENTÁRIOS DOUTRINÁRIOS: O dispositivo legal proíbe encostar à parede divisória chaminés, fogões, fornos ou quaisquer aparelhos ou depósitos suscetíveis de produzir infiltrações ou interferências prejudiciais ao vizinho, salvo as chaminés ordinárias e os fogões de cozinha. Trata-se de regra jurídica desnecessária, pois encostar na parede divisória construções que coloquem em risco a segurança do prédio vizinho já é proibido por configurar uso anormal da propriedade em razão do risco à segurança do prédio vizinho. Obviamente, se a construção do forno ou a colocação de um fogão de cozinha não possuir nocividade, o vizinho poderá utilizá-lo sem problema algum.

JURISPRUDÊNCIA COMENTADA: No sentido dos comentários acima foi a decisão do Tribunal mineiro que proibiu a demolição de uma construção por não violar o direito ao sossego, saúde e segurança do vizinho, além de se tratar de construção de chaminé que encontra exceção autorizativa expressa no parágrafo único (TJMG, APCV 1.0024.08.992302-3/001, Rel. Des. Wanderley Paiva, j. 07.08.2013).

Art. 1.309. São proibidas construções capazes de poluir, ou inutilizar, para uso ordinário, a água do poço, ou nascente alheia, a elas preexistentes.

COMENTÁRIOS DOUTRINÁRIOS: Por óbvio, são proibidas construções capazes de poluir, ou inutilizar, para uso ordinário, a água do poço, ou nascente alheia, a elas preexistentes. Trata-se de uma regra básica de convivência entre os vizinhos. A postura do vizinho que polui as águas pode caracterizar o tipo penal do art. 54 da Lei n. 9.605/1998. A proibição se encontra prevista no art. 98 do Código de Águas (Decreto n. 24.643/1934), que de forma ainda mais enfática estabelece que "são expressamente proibidas construções capazes de poluir ou inutilizar para o uso ordinário a água do poço ou nascente alheia, a elas preexistentes". Como o dispositivo fala em construção, cabe a lição antes expendida no sentido de que se a obra ainda estiver em andamento, é cabível a ação de nunciação de obra nova, e se esta já tiver acabado, é cabível a ação demolitória.

Art. 1.310. Não é permitido fazer escavações ou quaisquer obras que tirem ao poço ou à nascente de outrem a água indispensável às suas necessidades normais.

COMENTÁRIOS DOUTRINÁRIOS: Enquanto o artigo anterior estabelece a proibição de construções capazes de poluir, ou inutilizar, para uso ordinário, a água do poço, ou nascente alheia, a elas preexistentes, este veda a confecção de escavações ou quaisquer obras que tirem ao poço ou à nascente de outrem a água indispensável às suas necessidades normais. É sabido por todos que, inerente ao poder de uso assegurado pelo ordenamento jurídico, poderá o proprietário do terreno realizar as escavações ou perfurar os poços que entender conveniente. Contudo, o exercício do direito deve ser regular, de modo a não suprimir as águas dos prédios vizinhos. Nesse diapasão, assevera o art. 97 do Código de Águas que: "Não poderá o dono do prédio abrir poço junto ao prédio vizinho, sem guardar as distâncias necessárias ou tomar as precisas precauções para que ele não sofra prejuízo". O proprietário deve restringir as escavações às necessidades normais, devendo ser punidos com rigor os atos abusivos, excessivos ou emulativos praticados contra o vizinho.

Art. 1.311. Não é permitida a execução de qualquer obra ou serviço suscetível de provocar desmoronamento ou deslocação de terra, ou que comprometa a segurança do prédio vizinho, senão após haverem sido feitas as obras acautelatórias.

Parágrafo único. O proprietário do prédio vizinho tem direito a ressarcimento pelos prejuízos que sofrer, não obstante haverem sido realizadas as obras acautelatórias.

COMENTÁRIOS DOUTRINÁRIOS: O artigo em comento retrata uma peculiar hipótese de vedação ao uso anormal da propriedade estabelecendo que o vizinho, quer seja possuidor ou proprietário, não pode executar qualquer obra suscetível de causar dano à segurança estrutural do prédio vizinho. Desmoronamento é a queda abrupta de parte de um prédio, *in casu*, resultante de obras ou serviços perpetrados no prédio vizinho. Na deslocação, a lesão é mais sutil, pois, quando da movimentação do solo ou subsolo, é possível que a lesão não se apresente no momento em que a obra está sendo levada a efeito. Preocupa-se ainda o legislador com a prevenção do ilícito ao dizer que também é defeso realizar obras que possam causar, de qualquer forma, comprometimento à solidez do prédio vizinho. O intérprete pode notar que o legislador apresenta a proteção do prédio vizinho ao que está realizando obras de forma a graduar a seriedade da lesão. Com o objetivo de compatibilizar o interesse de quem quer ou necessita fazer obras ou serviços em seu prédio com a repercussão que disso possa advir ao prédio vizinho, permite a lei a realização de obras acautelatórias. Constitui ônus do interessado na obra provar que as obras acautelatórias têm o poder de inibir a conflagração da lesão. Malgrado a opção principal pelo papel acautelatório da norma, se houver o dano, este deverá ser reparado, sem a necessidade de prova da culpa.

Art. 1.312. Todo aquele que violar as proibições estabelecidas nesta Seção é obrigado a demolir as construções feitas, respondendo por perdas e danos.

COMENTÁRIOS DOUTRINÁRIOS: A sanção principal para quem descumpre as regras relativas ao direito de construir é a demolição do que se construiu ao arrepio da lei, como uma obra que impeça completamente o acesso à luz e ventilação. Se o descumprimento de qualquer das regras que limitam o direito de construir acarretar prejuízo ao vizinho, este poderá cumular o pedido demolitório com o de perdas e danos. Essa indenização, por ser de natureza objetiva, independe da demonstração do elemento subjetivo da culpa do proprietário. Trata-se de hipótese de responsabilidade civil pelo fato da coisa similar ao que dispõe o art. 937 do Código Civil. Esse regramento mostra-se consentâneo com a teoria do risco criado, pois inobstante as cautelas devidas para a realização da obra ou do serviço, se esse fato causar dano ao vizinho, o dono da obra deve ser responsabilizado, com possibilidade de ação de regresso em face da empreiteira ou construtora. Ao ofendido bastará provar o nexo de causalidade e a configuração do dano, sendo irrelevante a análise da culpa.

JURISPRUDÊNCIA COMENTADA: O reconhecimento de se tratar de responsabilidade civil objetiva tem sido prestigiado pela jurisprudência: "Apelação cível. Responsabilidade civil. Ação de indenização por danos materiais. Terraplanagem em terreno adjacente ao imóvel da demandante. Sentença de parcial procedência. Recurso da parte autora. Violação aos direitos de vizinhança não configurada além dos limites impostos em sentença. Dano moral não configurado. Recurso conhecido e não provido. A responsabilidade civil pelos danos decorrentes da violação aos direitos de vizinhança pelo exercício irregular do direito de construir é de ordem objetiva, a teor do que preconiza o art. 1.312 do Código Civil. A caracterização da responsabilidade civil objetiva depende de prova do comportamento do ofensor, da lesão sofrida pela vítima e do nexo de causalidade entre o proceder falho e o dano experimentado. No Direito Processual Civil, cabe ao autor a comprovação do fato constitutivo de seu direito, nos termos do art. 373, inciso I, do CPC. Para a configuração do dano moral o sofrimento de quem se diz ofendido deve ultrapassar a linha da normalidade, atingindo sobremaneira a reputação, a honra ou a integridade moral do indivíduo e o seu comportamento psicológico. Não merece indenização apenas quando se trate de simples desagrado, irritação ou aborrecimento do outro diante de situação cotidiana ou de mero inadimplemento contratual no qual não se verificou situação capaz de causar à parte grave constrangimento" (TJSC, AC 0001127-85.2010.8.24.0031, 2.ª Câmara de Direito Civil, Indaial, Rel. Des. Sebastião César Evangelista, *DJSC* 30.08.2018, p. 124).

Art. 1.313. O proprietário ou ocupante do imóvel é obrigado a tolerar que o vizinho entre no prédio, mediante prévio aviso, para:

I – dele temporariamente usar, quando indispensável à reparação, construção, reconstrução ou limpeza de sua casa ou do muro divisório;

II – apoderar-se de coisas suas, inclusive animais que aí se encontrem casualmente.

§ 1º O disposto neste artigo aplica-se aos casos de limpeza ou reparação de esgotos, goteiras, aparelhos higiênicos, poços e nascentes e ao aparo de cerca viva.

§ 2º Na hipótese do inciso II, uma vez entregues as coisas buscadas pelo vizinho, poderá ser impedida a sua entrada no imóvel.

§ 3º Se do exercício do direito assegurado neste artigo provier dano, terá o prejudicado direito a ressarcimento.

COMENTÁRIOS DOUTRINÁRIOS: O mesmo espírito que anima a lei no art. 1.285 do Código Civil ao possibilitar a passagem forçada por dentro de um prédio se o vizinho estiver encravado sem acesso à via pública, nascente ou porto, encontra-se presente no artigo anotado. Por várias vezes no curso desta obra afirmamos que o direito de propriedade, notadamente a partir da Constituição da República de 1988, não possui mais o caráter absolutista, exclusivista e ilimitado que ostentava em priscas eras do desenvolvimento humano. O direito de propriedade, preservados os poderes de uso, gozo, fruição e sequela, deve ser encarado segundo a dinâmica imposta pela vida em sociedade como um direito e um dever. Desse modo, forçoso reconhecer que as previsões legais dos incisos I e II do artigo retrotranscrito são casuísticas sérias que impõem mitigação ao exercício do direito de propriedade. A obrigação de não fazer na modalidade da tolerância do ingresso do vizinho dirige-se ao proprietário e a qualquer ocupante e está condicionada ao prévio aviso feito ao vizinho e à impossibilidade de que o reparo seja feito na própria propriedade. A lei não prevê forma para o aviso, de modo que nos parece ser realizado por qualquer meio hábil a noticiar o intento do vizinho, seja por carta, telegrama, aviso, comunicado ou notificação. A utilização ou o ingresso em prédio restringir-se-á ao necessário legal. A lei permite que o possuidor ou proprietário vizinho ingresse em imóvel alheio para realizar tarefas de reparação, construção, reconstrução ou limpeza de sua casa ou muro divisório. Essas interferências se justificam pela nocividade que o abandono de um bem pode acarretar em outro ou nas pessoas que nele residem. Fundamental o exercício desse direito potestativo para inúmeras aplicações práticas, como, por exemplo, para conter as águas paradas que, como sabido, favorecem a proliferação da dengue no país, para conter um enxame de abelhas, para destruir uma casa de marimbondos, ninho de cobras, para que a dedetização ou a desratização realizada no prédio produza os efeitos esperados e, ainda, para a limpeza de esgotos, goteiras, aparelhos higiênicos, poços e nascentes e ao aparo de cerca viva. O ingresso também pode ser realizado para conter a ruína de parte do prédio, o corte de uma árvore prestes a tombar, entre outros casos de flagrante nocividade. Ao proprietário é assegurado o direito de sequela, ou seja, o de perseguir a coisa no local em que estiver e nas mãos de quem injustamente a possuir ou deter (art. 1.228 do CC). O inciso II torna eficaz esse direito ao permitir que o vizinho adentre na propriedade ou ocupação alheia para exercer o reapossamento daquilo que lhe pertence, inclusive dos animais que lá se encontrem. Esse direito não pode ser abusivo, pois recomenda o bom senso que antes de entrar em propriedade alheia para recuperar o que lá caiu, o interessado deve chamar o ocupante para que a entregue. O objetivo do artigo é proteger o interesse do proprietário nas situações em que o vizinho se ausente muito tempo do bem, quando utilize o imóvel em determinadas épocas do ano ou quando haja abandono do bem. O § 3º estabelece que se o exercício regular do direito causar dano ao vizinho, este fará jus à indenização. Trata-se de responsabilidade civil por ato lícito, pois, se houver por parte do vizinho abuso do direito (arts. 187 e 1.228, § 2º, do CC), culpa ou dolo (art. 186 do CC), a responsabilidade civil também existirá, só que com fundamento no dano injusto. Enfim, se o exercício do direito de penetração no prédio alheio for regular e mesmo assim o vizinho sofrer dano pela imissão tolerada, surgirá o dever de indenizar pelo risco criado, tendo o mesmo fundamento do genérico parágrafo único do art. 927 do Código Civil, que assim se expressa: "Haverá obrigação de reparar o dano, independentemente de culpa, nos casos especificados em lei, ou quando a atividade normalmente desenvolvida pelo autor do dano implicar, por sua natureza, risco para os direitos de outrem".

JURISPRUDÊNCIA COMENTADA: A Quarta Turma Cível do Tribunal de Justiça do Distrito Federal decidiu que "diante da premente necessidade de afastar os perigos decorrentes da má conservação do imóvel vizinho, a atuação da Ré encontra chancela no permissivo legal contido no art. 1.313, I, do Código Civil. V. É claro que o vizinho que usa do favor legal exerce um direito regular, todavia isso não o imuniza quanto a eventual prejuízo suportado pelo proprietário do prédio utilizado, na esteira do que prescreve o artigo 1.313, § 3º do Código Civil" (APC 2016.01.1.123035-3, Ac. 111.3810, 4.ª Turma Cível, Rel. Des. James Eduardo Oliveira, j. 18.07.2018).

REFORMA DO CÓDIGO CIVIL: A alteração aqui é singela, conquanto seja importante, pois faz uma distinção entre as "coisas" e os seres vivos sencientes, cujo tratamento é proposto no art. 91-A, o qual estabelece que eles são passíveis de proteção jurídica própria, em virtude de sua natureza especial. Por tal motivo, o inciso II atual há de ser desmembrado no inciso III, com os seguintes dizeres: "III – resgatar animais de sua propriedade, posse ou detenção que tenham invadido o terreno alheio".

CAPÍTULO VI
DO CONDOMÍNIO GERAL

SEÇÃO I
DO CONDOMÍNIO VOLUNTÁRIO

Subseção I
Dos Direitos e Deveres dos Condôminos

Art. 1.314. Cada condômino pode usar da coisa conforme sua destinação, sobre ela exercer todos os direitos compatíveis com a indivisão, reivindicá-la de terceiro, defender a sua posse e alhear a respectiva parte ideal, ou gravá-la.

Parágrafo único. Nenhum dos condôminos pode alterar a destinação da coisa comum, nem dar posse, uso ou gozo dela a estranhos, sem o consenso dos outros.

COMENTÁRIOS DOUTRINÁRIOS: Os efeitos jurídicos assinalados no dispositivo legal referido deixam claro que, pelo ordenamento jurídico pátrio, cada condômino é visto pela sociedade como se fora proprietário da integralidade do bem, devendo exercer as faculdades dominiais em absoluto respeito aos demais comunheiros. Não há uma propriedade coletiva. A coisa não pertence a todos, dividindo-se a parte de cada um concretamente a fim de que sobre essa cota possa o condômino exercer os poderes dominiais, mas sim o condômino é individualmente considerado proprietário do todo e abstratamente sabe-se que perante os outros comunheiros é proprietário de um quinhão, cota-parte ou fração ideal estabelecida no fato jurídico que constituiu o condomínio. O condomínio comum a que se refere o artigo acima é chamado de geral ou ordinário e pode ter a sua origem ligada a vários fatores, como a vontade das partes, a lei e até mesmo fatos jurídicos estranhos não dirigidos ao fim de se criar compropriedade, como sejam a abertura da sucessão *causa mortis* (art. 1.784 do CC) ou o casamento pelo regime da comunhão universal de bens (art. 1.667 do CC). O condomínio pode ser *pro diviso* e *pro indiviso*, sendo este último o que enseja relevantes querelas jurídicas, pois tem por objeto um bem indivisível, e como o instituto mitiga a característica da exclusividade do direito de propriedade, temos uma situação em que, perante terceiros, todos os condôminos são vistos como proprietários do todo e, na administração interna do bem, há que se analisar a participação nos bônus e nos ônus ofertados pela titularidade da coisa, segundo a fração ideal que cada um tiver sobre o bem. Assim, como diz a doutrina, no condomínio *pro indiviso* há a presença de várias pessoas, um único objeto e a divisão entre os membros sendo feita a partir da análise dos quinhões que servirão, em síntese, para apurar os direitos e deveres dos condôminos na ambiência da comunhão. A outra perspectiva do condomínio geral remonta ao Direito Romano e é chamada de teoria das propriedades plúrimas parciais, em que se entende que cada condômino é apenas dono de uma cota, existindo, dessa maneira, outras propriedades parciais. A leitura do artigo acima transcrito demonstra que o Direito Civil brasileiro permanece fiel ao primeiro grupo, adotando a denominada teoria da subsistência, também conhecida como teoria da propriedade integral que preconiza haver no condomínio a divisão do bem em cotas ideais, mas importa reconhecer a todos os condôminos os direitos compatíveis com a indivisão, de modo que na administração interna a lei reconheça os limites ao direito de propriedade criados pelos outros condôminos. Por isso, afirma-se que no condomínio o direito dos condôminos é qualitativamente igual e quantitativamente diferente. Assim, um condômino não pode usar da coisa de modo a suprimir ou reduzir o direito dos outros consortes. Perante terceiros, independentemente do seu quinhão, detém em suas mãos os poderes de usar, fruir, dispor e reaver o bem de quem quer que injustamente o possua ou detenha. Se um dos condôminos impedir o exercício da posse dos outros, será cabível o manejo dos interditos possessórios, sem prejuízo de pedido indenizatório e, obviamente, o pleito de extinção do próprio condomínio. O condômino também poderá demandar ação reivindicatória em face de terceiro, além de outras que se fundamentem no domínio, e também a possessória, que no caso decorre de ostentar a qualidade de compossuidor a que se refere o art. 1.199 do Código Civil. Essa ação independe de autorização ou participação dos demais comunheiros. Trata-se de legitimação extraordinária prevista no *caput* do art. 18 do Código de Processo Civil: "Ninguém poderá pleitear direito alheio em nome próprio, salvo quando autorizado pelo ordenamento jurídico". Procedente ou improcedente o pedido, os efeitos da coisa julgada alcançarão os demais condôminos. Em caso de sucumbência e ficar provado que esta deveu-se à má-fé do condômino demandante ou desídia manifesta, o(s) outro(s) condômino(s) poderá(ão) ajuizar ação indenizatória contra ele, mas a coisa julgada operada em face do terceiro não poderá ser atingida. Além de ser titular de todas as faculdades inerentes ao domínio, poderá o condômino dar em garantia a sua cota, o que vem confirmado pelo art. 1.420, § 2º, ambos do Código Civil, que assim dispõe: "A coisa comum a dois ou mais proprietários não pode ser dada em garantia real, na sua totalidade, sem o consentimento de todos; mas cada um pode individualmente dar em garantia real a parte que tiver". Na relação interna do condômino com os outros consortes deve ser respeitada a destinação natural da coisa, de sorte que se o bem indivisível pertencer a uma pluralidade de sujeitos e houver a exploração de determinada cultura ou a utilização do prédio para o funcionamento de uma escola, para que essas destinações sejam modificadas, há a necessidade da aprovação de todos os outros condôminos, independentemente de sua fração ideal. O condômino não pode impor aos demais consortes o ingresso de pessoas estranhas à vida condominial, pois essa situação poderá tornar ainda mais difícil a administração da vulnerável e nebulosa vida condominial. Dessa forma, para que se dê posse, uso ou fruição do bem a estranhos impõe-se o consenso geral, de acordo com o prescrito parágrafo único do artigo em questão. Conforme dissemos nos comentários ao art. 1.199 do Código Civil, há a possibilidade, remota, porém concreta, de um coproprietário agredir a cota de um condômino, sendo possível o manejo da ação reivindicatória. O exercício da propriedade conjunta em favor do condômino é um direito que há de ser remediado em juízo em caso de ato ilícito que o inviabilize.

JURISPRUDÊNCIA COMENTADA: Ainda que não estejamos de acordo, consoante já assinalamos, é forte a jurisprudência que entende pelo não cabimento da ação reivindicatória entre condôminos no condomínio *pro indiviso*: "Reivindicatória. Condomínio *pro indiviso*. Pretensão dirigida à viúva de coproprietário, legítima possuidora do bem, que reside com o filho do casal. Descabimento da pretensão em relação aos coproprietários. Exegese do art. 1.314 do Código Civil. Precedentes do Excelso Pretório, do Colendo Superior Tribunal de Justiça e desta E. Corte. Reivindicação que somente cabe contra terceiros. Sentença mantida. Recurso desprovido" (TJSP, APL 1000559-79.2017.8.26.0248, Ac. 11952629, 5.ª Câmara de Direito Privado, Indaiatuba, Rel. Des. A.C. Mathias Coltro, j. 24.10.2018).

Art. 1.315. O condômino é obrigado, na proporção de sua parte, a concorrer para as despesas de conservação ou divisão da coisa, e a suportar os ônus a que estiver sujeita.

Parágrafo único. Presumem-se iguais as partes ideais dos condôminos.

COMENTÁRIOS DOUTRINÁRIOS: O artigo em análise apresenta regra que visa solucionar um delicado problema, qual seja: o rateio das despesas com a coisa posta sob condomínio. Sabido que a simples situação jurídica de prostrar-se alguém diante de um bem como proprietário, por si só, já tem o condão de acarretar para essa pessoa gastos impostergáveis, como, por exemplo, os impostos, cujo fato gerador seja a propriedade. Dentro de nossas limitações e sem a preocupação de esgotar o assunto, temos o Imposto Predial e Territorial Urbano recolhido aos cofres do Município, o Imposto Territorial Rural de competência da União e o imposto sobre a propriedade de veículo automotor pago ao estado. Para não falar em eventuais contribuições de melhoria, despesas com luz, gás e água, gastos com a manutenção do bem, entre outros. Se o bem for um apartamento subordinado a um condomínio edilício, os condôminos deverão pagar ainda a cota condominial. O rateio das despesas deverá ser realizado em proporção à fração ideal que cada condômino ostenta. Assim, se a despesa mensal for de 1.200 reais, sendo um dos condôminos titular de 1/3 e outro de 2/3, o primeiro pagará a importância de 400 reais e o segundo, de 800 reais. Além das despesas, mister observar que sobre o bem pode incidir, por exemplo, um direito real de garantia, ocasião em que a coisa ficará sujeita, por vínculo real, ao cumprimento de uma obrigação pessoal que, se não for paga, acabará por ensejar a alienação forçada do bem. Nesse caso, cada condômino é obrigado a suportar os ônus a que a coisa está sujeita na proporção de sua fração ideal. A presunção estabelecida no parágrafo único é relativa, suprindo a ausência de critério estabelecido por lei ou pela vontade das partes. Dessarte, na falta de estipulação em contrário, presumir-se-ão iguais as cotas dos condôminos. Contudo, sempre que possível, deve-se buscar o real valor do quinhão de cada um para que se possa distribuir com justiça os bônus e ônus decorrentes da propriedade condominial. Tanto assim que o art. 1.325, § 3º, do Código Civil, quando estabelece, para fins de administração, o critério de maioria segundo o valor dos quinhões, determina que, em caso de dúvida sobre o valor do quinhão de cada um, a questão deverá ser submetida ao crivo do Judiciário, que procederá à avaliação judicial. Quinhão, fração ideal ou simplesmente cota é a participação que, no bem indiviso, corresponde a cada condômino, criação jurídica extremamente importante pelos efeitos que daí decorrem com relação aos direitos e deveres dos condôminos.

JURISPRUDÊNCIA COMENTADA: O regime de bens no casamento e na união estável constitui causa para a criação de condomínios. Com a ruptura da relação afetiva, não raro, inúmeros problemas surgem como, por exemplo, o rateio das despesas de que trata o comentado dispositivo legal. Nessa linha, entendeu o Tribunal de Justiça do Distrito Federal que "enquanto não alienado o bem e extinto o condomínio existente entre o casal sobre a propriedade do imóvel comum, cada condômino é obrigado, na proporção de sua parte, a concorrer para as despesas de conservação do bem, nos termos do art. 1.315 do Código Civil. O fato de um dos condôminos residir no imóvel comum não exclui a obrigação dos demais quanto às despesas para sua manutenção e conservação" (TJDF, APC 2016.07.1.004473-3, Ac. 113.9008, 8.ª Turma Cível. Rel. Des. Diaulas Costa Ribeiro, j. 22.11.2018).

Art. 1.316. Pode o condômino eximir-se do pagamento das despesas e dívidas, renunciando à parte ideal.

§ 1º Se os demais condôminos assumem as despesas e as dívidas, a renúncia lhes aproveita, adquirindo a parte ideal de quem renunciou, na proporção dos pagamentos que fizerem.

§ 2º Se não há condômino que faça os pagamentos, a coisa comum será dividida.

COMENTÁRIOS DOUTRINÁRIOS: O artigo em destaque possibilita a renúncia da cota como instrumento de liberação da corresponsabilidade do condômino no tocante às despesas e dívidas oriundas do estado de comunhão. Assim, se o condômino, por exemplo, não tem recursos suficientes ou interesse em pagar a parte de sua responsabilidade com relação aos impostos que incidem sobre a coisa, poderá abrir mão de sua parte em favor dos demais condôminos. A lei fala em despesas e dívidas, rendendo ensejo à interpretação de que a renúncia produzirá efeitos mesmo depois de constituída a obrigação. Trata-se de ato unilateral e formal pelo qual uma pessoa rejeita um bem ou direito que lhe pertence. Incidindo sobre bens imóveis, somente produzirá efeitos a partir do registro do ato no cartório imobiliário. Em se tratando de condomínio decorrente de direitos hereditários, é importante frisar que a renúncia da fração ideal do bem condominial não poderá ser parcial, sob condição ou termo, e nem em favor de alguém, pois nesse caso teríamos uma aceitação seguida de transmissão, vedada pelo *caput* do art. 1.808 do Código Civil: "Não se pode aceitar ou renunciar a herança em parte, sob condição ou a termo". Estabelece o § 1º que se os condôminos remanescentes, na proporção de suas respectivas cotas, assumirem, em estado de comunhão, as despesas e dívidas deixadas, adquirirão, segundo a proporção dos pagamentos que fizerem, a copropriedade do renunciante. Desse modo, fácil concluir que os condôminos somente aproveitarão a renúncia se assumirem a dívida, e a nova cota de cada um será calculada de acordo com os gastos realizados para quitar a dívida. A situação se assemelha a uma hipótese extraordinária de sub-rogação pessoal (arts. 346 a 351 do CC). Destarte, se existirem três condôminos, um renunciar em razão das dívidas que possui e não quiser (ou não puder) pagar e apenas um deles arcar com a obrigação que caberia ao renunciante, aproveitará este o quinhão que pertencia ao inadimplente. Se os condôminos não quiserem ou não puderem assumir as despesas deixadas pelo renunciante, a única solução jurídica viável será a alienação onerosa do bem, dividindo-se proporcionalmente o preço alcançado.

Art. 1.317. Quando a dívida houver sido contraída por todos os condôminos, sem se discriminar a parte de cada um na obrigação, nem se estipular solidariedade, entende-se que cada qual se obrigou proporcionalmente ao seu quinhão na coisa comum.

COMENTÁRIOS DOUTRINÁRIOS: O artigo trata de outra questão interessante que decorre dos deveres dos condôminos, que diz respeito à responsabilidade pelas dívidas contraídas. Certo é que estas podem ter sido assumidas em favor de todos os condôminos, como, por exemplo, a contratação de uma empresa para fazer um reparo urgente no telhado de uma casa. Diante desse fato, considera-se que a obrigação foi assumida por todos em favor da comunhão e, portanto, cada consorte arcará com as despesas segundo a proporção de sua fração ideal. Se, por acaso, um dos condôminos assumir integralmente a obrigação feita no interesse de todos, terá direito de regresso contra os demais, na proporção das respectivas cotas. Se os condôminos estipularem solidariedade na assunção da obrigação, cada um destes será reputado como devedor do todo, independentemente de sua cota, segundo a regra da solidariedade passiva prevista no art. 275 do Código Civil. Não nos esqueçamos, entretanto, de que "a solidariedade não se presume; resulta da lei ou da vontade das partes" (art. 265 do CC), de modo que, para a efetivação dessa consequência jurídica, fundamental será a estipulação expressa nesse sentido. Isso porque, pela leitura do referido artigo, vê-se com clareza que a regra é a da divisão da responsabilidade pelos condôminos segundo a proporção das respectivas cotas.

JURISPRUDÊNCIA COMENTADA: As despesas relativas ao consumo de água e energia elétrica no imóvel em condomínio configuram bom exemplo de obrigação contraída em favor de todos os condôminos. Nesse diapasão, correta a assertiva segundo a qual a "falta de individualização dos medidores de água e energia não é suficiente para afastar a responsabilidade do réu pelo pagamento da quantia apurada, devendo, neste caso, os condôminos responder proporcionalmente ao seu quinhão, nos termos do artigo 1.317 do Código Civil" (TJDF, Rec 2010.01.1.137231-5, Ac. 771.933, 4.ª Turma Cível, Rel. Des. Cruz Macedo, *DJDFTE* 31.03.2014).

Art. 1.318. As dívidas contraídas por um dos condôminos em proveito da comunhão, e durante ela, obrigam o contratante; mas terá este ação regressiva contra os demais.

COMENTÁRIOS DOUTRINÁRIOS: À exceção do condômino que administra o condomínio sem oposição dos demais e, portanto, presume-se representante comum (art. 1.324 do CC), o simples estado de comunhão não concede a nenhum dos consortes o direito de se considerar mandatário dos demais. Por esse ângulo de visada, importa reconhecer que a dívida contraída por um dos condôminos não pode responsabilizar os demais, dentro da ideia de que o contrato somente produz efeitos entre as partes contratantes. O dispositivo em estudo prestigia a força relativa dos contratos. Se o condômino conseguir provar que a dívida contraída reverteu em proveito da comunhão, assistir-lhe-á o direito de cobrar dos outros condôminos a parte de cada um na proporção da respectiva fração ideal. Nessa hipótese, a situação se aproximará da figura da gestão de negócios contemplada no art. 869 do Código Civil e o condômino que antecipou o valor das despesas da obrigação poderá exercer ação regressiva em face dos demais condôminos. Insta acentuar que a obrigação assumida pelo condômino isoladamente deve revestir-se da característica da necessariedade ou da utilidade, não podendo ser imputada aos demais condôminos a realização, por exemplo, de uma benfeitoria voluptuária não autorizada (art. 96, § 1º, do CC). Quando cabível, o direito regressivo poderá ser exercido por um instrumento de intervenção de terceiros no processo, denominado denunciação da lide (art. 125, II, do CPC/2015).

JURISPRUDÊNCIA COMENTADA: Em caso no qual um condômino assumiu sozinho despesa que interessava a todos os condôminos, o

Tribunal capixaba registrou que o "condômino é obrigado, na proporção de sua parte, a concorrer para as despesas de conservação ou divisão da coisa, e a suportar os ônus a que estiver sujeita" e que "restando devidamente comprovado nos autos que o apelado teve de arcar sozinho com despesas para conservação do bem havido sob a modalidade de condomínio, devem os apelantes ser condenados a lhe restituir o valor referente à sua quota-parte no custeio das referidas despesas, sobretudo quando os condôminos não firmaram entre si qualquer disposição em sentido contrário". Conferindo a devida exegese ao artigo em comento, concluiu que "o condômino que contrai dívidas em proveito da comunhão terá direito de regresso quanto ao valor da quota-parte dos demais" (TJES, Apl 0009270-56.2014.8.08.0035, 2.ª Câmara Cível, Rel. Des. Carlos Simões Fonseca, j. 28.03.2017).

Art. 1.319. Cada condômino responde aos outros pelos frutos que percebeu da coisa e pelo dano que lhe causou.

COMENTÁRIOS DOUTRINÁRIOS: Os *frutos*, assim como os *produtos* produzidos pelas coisas submetidas a regime de condomínio, devem ser divididos entre todos os condôminos na proporção dos respectivos quinhões, sendo certo que, na falta de estipulação da fração ideal, esta presumir-se-á igual para todos. Assim sendo, se parte de uma fazenda está arrendada a alguém, o pagamento do aluguel correspondente deverá reverter em benefício dos condôminos. Por outro lado, se em um condomínio *pro indiviso* os frutos decorrerem do trabalho de um só dos condôminos, não será justo o rateio, como seria o exemplo de um automóvel pertencente a três irmãos, sendo que um deles apenas o explora como taxista com a autorização dos demais. É óbvio que, nesse caso, os irmãos poderiam prever uma contraprestação pela utilização isolada de um bem em condomínio, mas o fruto do trabalho somente aproveitará ao taxista. Existem situações em que o dever de indenizar surge em decorrência direta do bem e não da culpa do titular. Essa hipótese de responsabilidade civil objetiva é chamada de responsabilidade civil pelo fato da coisa e se encontra prevista nos arts. 936, 937 e 938 do Código Civil. Pelo exposto, se, por exemplo, o animal atacar uma pessoa, se o prédio ou parte dele desabar ou se cair um objeto do imóvel, estando os bens submetidos ao regime condominial, todos os condôminos se responsabilizarão pela indenização, na proporção da cota de cada um. Se apenas um dos condôminos utiliza do imóvel, os outros poderão propor uma ação de arbitramento de aluguel a fim de que não se permita o locupletamento de um em detrimento dos demais. Esse expediente poderá ser usado, inclusive, enquanto tramita a ação de extinção de condomínio. O fundamento do referido pleito é o princípio geral do direito que veda o enriquecimento sem causa positivado que se encontra no art. 884 do Código Civil, que assim se exterioriza: "Aquele que, sem justa causa, se enriquecer à custa de outrem, será obrigado a restituir o indevidamente auferido, feita a atualização dos valores monetários".

JURISPRUDÊNCIA COMENTADA: O uso exclusivo por um dos coproprietários após a partilha do acervo patrimonial enseja, na forma do artigo em destaque, o arbitramento de um valor de aluguel a ser pago mensalmente. O caso julgado pelo Tribunal catarinense envolveu partilha de ex-casal, mas, como dito acima, esta é a adequada solução em qualquer caso de condomínio a fim de evitar o enriquecimento sem causa em favor daquele que fica se servindo exclusivamente do imóvel (TJSC, AC 0000970-13.2009.8.24.0043, 1.ª Câmara de Enfrentamento de Acervos, Mondaí, Rel. Des. Luiz Felipe Schuch, *DJSC* 14.12.2018). O STJ já decidiu que, cessado o comodato, o condômino privado da posse tem direito ao recebimento do aluguel na proporção correspondente ao seu quinhão na coisa indivisa. No caso, como o comodato não tinha prazo e não houve notificação premonitória para constituir em mora o comodatário, a Corte entendeu que a citação na ação de arbitramento de alugueres seria o momento de constituição da mora e da caracterização do esbulho para todos os fins de direito como a incidência do aluguel e os demais consectários do inadimplemento relativo (REsp 1.953.347/SP, Rel. Min. Antonio Carlos Ferreira, 4.ª Turma, v.u., j. 09.09.2022). Esse "aluguel" pago pelo coproprietário que se utiliza exclusivamente do bem ao outro possui natureza de obrigação *propter rem*, pois adere à coisa. Desse modo, questão polêmica se apresenta quando houver o inadimplemento por parte do condômino. Poderá o credor se valer da exceção estabelecida no art. 3º, IV, da Lei n. 8.009/1990 e penhorar o imóvel, mesmo que o condômino inadimplente utilize o imóvel para fins de moradia própria e de sua família? Por maioria, decidiu a Terceira Turma do Superior Tribunal de Justiça que sim, tendo o Informativo de Jurisprudência n. 748, de 12 de setembro de 2022 destacado que "a obrigação do coproprietário de pagar alugueres de imóvel que este utiliza com exclusividade, como moradia por sua família, em favor do outro configura-se como *propter rem* afastando, assim, a impenhorabilidade do bem de família" (REsp 1.888.863/SP, Rel. Min. Ricardo Villas Bôas Cueva, Rel. p/ Acórdão Min. Nancy Andrighi, 3.ª Turma, m.v., j. 10.05.2022). Concordamos com o julgado, mas interessa destacar o voto vencido do Ministro Ricardo Villas Bôas Cueva no sentido de que a instituição do bem de família legal, matéria de ordem pública, encontra fundamento na proteção do direito à moradia que está vinculado à tutela da dignidade da pessoa humana e, nesse passo, as exceções de penhorabilidade de tal bem devem receber exegese restritiva.

Art. 1.320. A todo tempo será lícito ao condômino exigir a divisão da coisa comum, respondendo o quinhão de cada um pela sua parte nas despesas da divisão.

§ 1º Podem os condôminos acordar que fique indivisa a coisa comum por prazo não maior de cinco anos, suscetível de prorrogação ulterior.

§ 2º Não poderá exceder de cinco anos a indivisão estabelecida pelo doador ou pelo testador.

§ 3º A requerimento de qualquer interessado e se graves razões o aconselharem, pode o juiz determinar a divisão da coisa comum antes do prazo.

COMENTÁRIOS DOUTRINÁRIOS: O condomínio é fonte das mais acirradas desavenças e dos mais intrincados conflitos – *condominium est mater discordiarum*. Por tal motivo, o presente artigo estabelece que qualquer um dos condôminos pode exigir, a qualquer tempo, a divisão da coisa comum. De fato, é muito difícil que a propriedade, essencialmente exclusiva, possa ser exercida sem atropelos por várias pessoas, agindo, perante terceiros, como donos do todo, e, diante dos condôminos, com apenas uma fração ideal. Chegando a um estado de total incompatibilidade com a administração do condomínio, a divisão é a solução viável. O direito do condômino de exigir a divisão da coisa comum é potestativo, isto é, os demais concôminos apenas se submetem ao exercício do direito do consorte sem que para isso tenham manifestado a sua vontade. O direito é também imprescritível, uma vez que pode ser exercido a qualquer tempo. Nada impede que a divisão seja amigável, mas se não houver acordo, poderá o interessado propor ação de divisão (*actio communi dividundo*) que seguirá o procedimento especial de jurisdição contenciosa (arts. 588 a 598 do CPC). O art. 588 do Código de Processo Civil de 2015 dispõe que "a petição inicial será instruída com os títulos de domínio do promovente e conterá: I – a indicação da origem da comunhão e a denominação, a situação, os limites e as características do imóvel; II – o nome, o estado civil, a profissão e a residência de todos os condôminos, especificando-se os estabelecidos no imóvel com benfeitorias e culturas; III – as benfeitorias comuns". Questão interessante sobre a imprescritibilidade da ação de divisão é a análise da possibilidade de usucapião de partes comuns. Em uma primeira análise, a negativa se impõe, tendo em vista o disposto no art. 1.324 do Código Civil, que cria a presunção de mandatário para o condômino que administrar sem oposição dos outros, sendo representante comum, o que afastaria a possibilidade de usucapião por falta de *animus domini*, requisito indispensável para essa modalidade de aquisição originária da propriedade. Entretanto, a jurisprudência tem admitido excepcionalmente essa possibilidade quando houver a demonstração inequívoca de *animus domini* pelo exercício de posse exclusiva de um compossuidor em oposição manifesta contra os demais que, por sua vez, permanecem inertes durante o prazo legal para a prescrição aquisitiva. Dispõe o § 1º que é absolutamente ineficaz a manifestação de vontade no sentido de permanecer o imóvel indiviso por mais de cinco anos. Na proibição, a lei não distingue se o condomínio decorreu de um ato *mortis causa* (sucessão testamentária) ou *inter vivos*, quer seja a título gratuito ou oneroso. Reforçando ainda mais a temporariedade do condomínio, o § 3º do apontado dispositivo legal estabelece ser lícito a qualquer interessado requerer a divisão da coisa comum antes do prazo quinquenal pactuado se graves razões o aconselharem, como seria o caso de sucessivos atos violentos de esbulho contra a compropriedade, encontrando os condôminos dificuldades em defender a coisa comum, ou quando a indivisão funcionar como um entrave à exploração do imóvel em toda a sua potencialidade.

JURISPRUDÊNCIA COMENTADA: Os Tribunais têm admitido a natureza de direito potestativo para o pedido judicial de extinção do condomínio, assim como a excepcional possibilidade de usucapião entre condôminos: "Apelações cíveis. Ação de extinção de condomínio. Bem indivisível fruto de herança. Direito potestativo do condômino em desfazer a copropriedade. Artigo 1.320 do Código Civil. Sentença que julgou parcialmente procedente o pedido, determinando a venda do bem em hasta pública. Divisão do resultado em percentual já definido no processo de partilha. Pretensões recursais dos apelantes em adquirir a casa construída e seu respectivo terreno. Ausência de impugnação à avaliação judicial do bem. Manutenção da sentença. Apelos conhecidos e improvidos. Unanimidade. Nos termos dos arts. 1.320 e 1.322, do Código Civil, é permitido o pedido de extinção do condomínio a qualquer tempo, sendo que, caracterizada a indivisibilidade do bem, caso não adjudicado, este deverá ser alienado em hasta pública" (TJSE, AC 201800826739, Ac. 30997/2018, 2.ª Câmara Cível, Rel. Des. Luiz Antônio Araújo Mendonça, j. 11.12.2018); "Usucapião de bem em condomínio. Posse qualificada durante o tempo legalmente determinado. Possibilidade de usucapir o bem comum. Autor provou a posse qualificada do imóvel. Não impugnada a existência de posse qualificada durante o período legalmente exigido. Possível a usucapião entre condôminos quando exercida posse exclusiva sobre o bem comum, com exclusão dos demais coproprietários. Sentença de procedência. Recurso dos requeridos improvido" (TJSP, Apelação 613-45.2011.8.26.0257, 2.ª Câmara de Direito Privado, Rel. Flavio Abramovici, j. 25.06.2013).

Art. 1.321. Aplicam-se à divisão do condomínio, no que couber, as regras de partilha de herança (arts. 2.013 a 2.022).

COMENTÁRIOS DOUTRINÁRIOS: No intuito de regular a divisão do condomínio, dispõe o art. 1.321 do Código Civil a aplicação, no que couber, das regras de partilha e herança. As normas que se aplicam à divisão do condomínio são as seguintes: a) assim como qualquer condômino pode exigir a divisão da coisa comum, os cessionários de direitos condominiais, assim como os credores, também podem (art. 2.013 do CC); b) se os condôminos forem capazes e a coisa comportar divisão cômoda, poderá ser feita partilha amigável por escritura pública ou por escrito particular homologado pelo juiz (art. 2.015 do CC); c) se não houver acordo ou se algum dos condôminos for incapaz, a divisão do condomínio será sempre judicial (art. 2.016 do CC); d) na divisão do condomínio deverá ser observada, quanto ao valor, natureza e qualidade dos bens, a maior igualdade possível, ou seja, a divisão deverá ser equitativa (art. 2.017 do CC); e) se houver no condomínio um administrador ou alguém que fique na posse dos bens, este deverá prestar contas aos demais condôminos quanto aos frutos percebidos, despesas efetuadas e, ainda, quanto a eventuais danos ocorridos por dolo ou culpa sua (art. 2.019 do CC); f) se na divisão do condomínio for sonegada a algum ou alguns dos condôminos parte que lhe caiba, poderá o prejudicado sujeitar o bem sonegado a uma nova divisão (art. 2.022 do CC).

JURISPRUDÊNCIA COMENTADA: A remissão feita pelo artigo às regras de partilha de herança é cogente, acarretando a nulidade do ato em caso de inobservância: "Ação declaratória de nulidade de ato de registro e de matrículas. Extinção de condomínio *pro indiviso*. Necessidade de individualização de áreas. Aplicação do regramento de partilha e herança. Irregularidade das matrículas. Recurso conhecido e provido. O art. 1.320 do Código Civil autoriza a extinção do condomínio e a divisão do imóvel a qualquer tempo. A divisão poderá ser administrativa, de comum acordo entre as partes interessadas ou judicial. O art. 1.321 do Código Civil remete a divisão do condomínio às regras de partilha e herança (arts. 2.013 a 2.022). O art. 2.016, ao seu turno, estabelece que será sempre judicial a partilha se os herdeiros divergirem, regra aplicável ao condomínio *pro indiviso*, em que a divisão é apenas de quinhões (de direito) e não fática. A divisão sem observância desse regramento, ao arrepio do art. 176 da Lei de Registros Públicos, implica nulidade dos atos registrais" (TJMS, APL 0003910-94.2007.8.12.0029, 5.ª Câmara Cível, Rel. Des. Luiz Tadeu Barbosa Silva, *DJMS* 24.10.2012).

Art. 1.322. Quando a coisa for indivisível, e os consortes não quiserem adjudicá-la a um só, indenizando os outros, será vendida e repartido o apurado, preferindo-se, na venda, em condições iguais de oferta, o condômino ao estranho, e entre os condôminos aquele que tiver na coisa benfeitorias mais valiosas, e, não as havendo, o de quinhão maior.

Parágrafo único. Se nenhum dos condôminos tem benfeitorias na coisa comum e participam todos do condomínio em partes iguais, realizar-se-á licitação entre estranhos e, antes de adjudicada a coisa àquele que ofereceu maior lanço, proceder-se-á à licitação entre os condôminos, a fim de que a coisa seja adjudicada a quem afinal oferecer melhor lanço, preferindo, em condições iguais, o condômino ao estranho.

COMENTÁRIOS DOUTRINÁRIOS: A Física já provou há muitos anos que todos os bens são fisicamente divisíveis, porém, a norma jurídica acima reproduzida trata de bens que são indivisíveis sob o ponto de vista jurídico. A indivisibilidade por esse ângulo de visada pode decorrer da natureza do objeto ou da vontade das partes. No primeiro caso, temos como exemplo um cavalo, no segundo, a manifestação de vontade de que determinado bem condominial não possa ser dividido pelo período máximo de cinco anos (art. 1.320, §§ 1º e 2º, do CC). Quando o bem for naturalmente indivisível ou se a divisão acarretar uma considerável perda de qualidade e/ou valor do bem, qualquer condômino pode requerer a adjudicação do bem, mediante indenização aos demais condôminos segundo a proporção dos quinhões, presumindo-se iguais se não houver deliberação em contrário (art. 1.315, parágrafo único, do CC). Se nenhum dos condôminos quiser ou puder adjudicar o bem, a única saída viável será a venda forçada e o valor alcançado será repartido entre os condôminos na forma antes aludida. Por outro lado, se houver na venda judicial um interesse de um estranho na aquisição do bem, deverá ser observada a preferência do condômino, mas pode suceder que alguns ou todos os condôminos queiram exercer o direito de preferência. Nesse caso, a lei prevê o seguinte critério de prioridade entre os condôminos, a saber: 1º) o que tiver na coisa benfeitorias mais valiosas, tendo cabimento, por uma interpretação sistemática e analógica, a utilização do mesmo critério para o caso das acessões, que tivemos oportunidade de defender por ocasião da análise do direito de retenção por acessões do possuidor de boa-fé diante do reivindicante do bem imóvel; 2º) não havendo ou não se provando as benfeitorias, o condômino de maior quota ideal; 3º) se os quinhões forem iguais, proceder-se-á à licitação entre estranhos, ocasião em que terceiros que se interessem pela coisa farão as suas propostas; 4º) alcançando-se o maior preço entre os estranhos, será procedida nova licitação entre os condôminos nos mesmos moldes na terceira fase referidos; 5º) por fim, nova licitação entre os condôminos e os estranhos a fim de se chegar ao melhor preço; 6º) chegando-se ao maior preço, antes de ser adjudicada a coisa ao vencedor, será ainda oportunizada a cobertura de proposta pelo condômino se, por acaso, não tiver sido ele quem ofereceu o maior lanço. Tal pleito, denominado pela praxe processual "ação de extinção de condomínio", seguia o procedimento de jurisdição voluntária, previsto nos arts. 1.113 a 1.119 do Código de Processo Civil de 1973. De efeito, estabelecia o art. 1.117 do Código de Processo Civil de 1973 que "também serão alienados em leilão, procedendo-se como nos arts. antecedentes: II – a coisa comum indivisível ou que, pela divisão, se tornar imprópria ao seu destino, verificada previamente a existência de desacordo quanto à adjudicação a um dos condôminos". Estabelecia o art. 1.119 do Código de Processo Civil revogado importante regra para o caso de descumprimento das preferências e prioridades anteriormente analisadas, ao dispor que o condômino prejudicado no seu direito poderia requerer, antes da assinatura da carta de adjudicação do bem em favor de alguém, o depósito do preço e a adjudicação da coisa. No Código de Processo Civil em vigor, o procedimento especial relativo à alienação judicial ficou restrito ao art. 730, que dispõe, "nos casos expressos em lei, não havendo acordo entre os interessados sobre o modo como se deve realizar a alienação do bem, o juiz, de ofício ou a requerimento dos interessados ou do depositário, mandará aliená-lo em leilão, observando-se o disposto na Seção I deste Capítulo e, no que couber, o disposto nos arts. 879 a 903". A Seção I a que remete o dispositivo legal supracitado é aquela que traz as disposições gerais relativas aos procedimentos especiais de jurisdição voluntária, enquanto os arts. 879 a 903 tratam da alienação inerente ao procedimento de expropriação de bens do devedor na execução. Em que pese a ausência no CPC/2015 de previsão expressa de preferência do condômino quando da alienação da coisa comum (art. 1.118 do CPC/1973), tendo em conta o disposto nos arts. 504 e 1.322 do Código Civil, esta deverá, ainda, prevalecer.

JURISPRUDÊNCIA COMENTADA: Quando há a venda de bem comum indivisível com impossibilidade de divisão cômoda, a dissolução do condomínio se dá pela via judicial, observando-se o artigo em exame e o art. 730 do Código de Processo Civil (TJSP, APL 1006161-61.2018.8.26.0007, Ac. 12072252, 9.ª Câmara de Direito Privado, São Paulo, Rel. Des. Edson Luiz de Queiroz, j. 08.12.2018).

REFORMA DO CÓDIGO CIVIL: Sem alteração de conteúdo.

Subseção II

Da Administração do Condomínio

Art. 1.323. Deliberando a maioria sobre a administração da coisa comum, escolherá o administrador, que poderá ser estranho ao condomínio;

resolvendo alugá-la, preferir-se-á, em condições iguais, o condômino ao que não o é.

COMENTÁRIOS DOUTRINÁRIOS: Linhas acima, pretendemos deixar claro que qualquer um dos condôminos pode exigir, a qualquer tempo, a divisão da coisa comum (art. 1.320 do CC), e se a coisa for indivisível ou se a divisão não se mostrar proveitosa, poderá requerer em juízo a extinção do condomínio (art. 1.322 do CC). Se há unanimidade no tocante à manutenção do condomínio, os condôminos necessitam estabelecer como será administrado o condomínio. A administração competirá a quem os condôminos escolherem, sendo permitida a escolha de um administrador estranho, o que muitas vezes se mostra aconselhável, pois a ciência da administração exige conhecimentos próprios de profissional habilitado especificamente para esse fim. O administrador será escolhido pela maioria, observando-se para tanto o valor dos quinhões de cada condômino e não o número de pessoas (art. 1.325 do CC). Se os condôminos resolverem alugar a coisa, preferirão o condômino ao estranho (art. 1.323 do CC). Os condôminos deverão estabelecer as atribuições do administrador, presumindo-se mandatário comum de todos os condôminos, obrigando com a sua manifestação de vontade todos os representados. Ao administrador compete, entre outras atribuições estabelecidas em pacto condominial, em ata de assembleia ou em outro ato jurídico escrito, representar em juízo, ativa e passivamente, o condomínio (art. 75, inc. XI, do CPC/2015), cobrar eventuais despesas em razão da coisa, perceber os frutos e repassá-los aos condôminos segundo a proporção da cota de cada um e prestar contas. A administração poderá ser gratuita ou onerosa. Se desta última espécie, deverão os condôminos fixar a remuneração do administrador.

Art. 1.324. O condômino que administrar sem oposição dos outros presume-se representante comum.

COMENTÁRIOS DOUTRINÁRIOS: Os poderes do mandatário presumido restringem-se aos atos de administração ordinária, sendo-lhe defeso, por exemplo, sem o consentimento dos condôminos, alienar, hipotecar, transigir ou firmar compromisso (art. 661 do CC). Para atos de administração extraordinária, indispensável se faz a procuração com poderes expressos. Se a despeito da procuração com poderes expressos e não houver ratificação posterior por parte dos demais condôminos, o mandatário tácito responderá pessoalmente pelas obrigações assumidas.

JURISPRUDÊNCIA COMENTADA: O condômino que exerce o poder de representante comum presumido deve prestar contas da sua administração a requerimento de qualquer dos condôminos (TJSP, APL 0009543-73.2013.8.26.0292, Ac. 11592680, 6.ª Câmara de Direito Privado, Jacareí, Rel. Des. Ana Maria Baldy, j. 28.06.2018).

Art. 1.325. A maioria será calculada pelo valor dos quinhões.

§ 1º As deliberações serão obrigatórias, sendo tomadas por maioria absoluta.

§ 2º Não sendo possível alcançar maioria absoluta, decidirá o juiz, a requerimento de qualquer condômino, ouvidos os outros.

§ 3º Havendo dúvida quanto ao valor do quinhão, será este avaliado judicialmente.

COMENTÁRIOS DOUTRINÁRIOS: No que tange às deliberações dos condôminos, a codificação civil definiu obrigatoriamente como critério para sua realização a maioria absoluta, a ser calculada pelo valor dos quinhões. Para efeitos legais, o valor econômico da coisa é que servirá de parâmetro para aferir o atingimento da maioria absoluta dos condôminos, de vez que não se deve computar a quantidade de consortes, mas sim a quota ideal de cada um dos comunheiros. Imaginemos o caso em que um imóvel valha 120.000 reais e tenha quatro condôminos, sendo que o primeiro seja titular de 50%, outro proprietário, de 30%, seguidos de outros dois, cada qual com iguais 10%. Para que se atinja a maioria, mister o apoio do primeiro, que sozinho é titular da metade do valor do bem, ao passo que este necessitará apenas que lhe acompanhe qualquer um dos comunheiros, pois nesse caso já se terá chegado à maioria absoluta exigida pela lei. Não podemos esquecer que a lei permite a qualquer um dos condôminos exigir a divisão ou a extinção da coisa comum, conforme o caso. O critério do valor econômico não nos parece seguro, pois causa muita discordância, cada qual considerando que a sua quota ideal é mais valiosa que a de seu consorte. A prova disso é que o § 3º do artigo em exame prevê desaconselhável judicialização para a avaliação do quinhão de cada um dos condôminos na hipótese de divergência insuperável entre eles. Melhor seria a adoção do disposto no art. 1.331, § 3º, do Código Civil com a redação dada pela Lei n. 10.931/2004, que, ao definir a fração ideal no condomínio edilício, se vale da segura análise da área total em relação à parte inseparável, o que pode fisicamente ser comprovado. A previsão de submissão ao Poder Judiciário, quando não é possível chegar à maioria absoluta, ou se houver divergência no tocante ao valor do quinhão de cada consorte, demonstra o porquê de o condomínio ser apenas um estado transitório e fonte de discórdias insuperáveis, pois bastará um desacerto no tocante ao valor de cada quinhão ou a impossibilidade de se alcançar a maioria absoluta para que se tenha que recorrer ao Judiciário a fim de decidir e, somente depois dessa árdua tarefa, é que se tomarão os votos para deliberação de algo fundamental para a vida condominial.

REFORMA DO CÓDIGO CIVIL: Pequena modificação para incluir ao lado do juiz no § 2º o árbitro, se a questão estiver submetida ao juízo arbitral.

Art. 1.326. Os frutos da coisa comum, não havendo em contrário estipulação ou disposição de última vontade, serão partilhados na proporção dos quinhões.

COMENTÁRIOS DOUTRINÁRIOS: Recomenda o bom senso jurídico que frutos, produtos, pertenças, benfeitorias e acessões incorporadas à coisa principal sejam partilhados entre os condôminos, segundo a proporção de seus quinhões, presumindo-se iguais se não houver estipulação em contrário (art. 1.315, parágrafo único). Entrementes, poderá constar no ato constitutivo do condomínio uma previsão diversa no que se refere à partilha dos bens acessórios à coisa principal, o que deverá ser observado, conforme autoriza o artigo em destaque. Aquele que administra bens alheios ou os recebe em nome de outrem tem o dever de prestar contas. Isso se aplica também ao condômino que tenha percebido os frutos, pois será ele obrigado a prestar contas de sua administração aos demais (art. 1.319 do CC).

JURISPRUDÊNCIA COMENTADA: O Tribunal de Justiça do Estado de São Paulo já teve ocasião de entender que "enquanto não especificados os direitos de cada qual (pela partilha), inexistindo estipulação em contrário ou disposição de última vontade, os frutos da coisa comum serão partilhados na proporção dos quinhões (art. 1.326 do atual Código Civil), cabendo ao herdeiro que se utiliza exclusivamente dos bens repartir os frutos ou pagar aluguel proporcional aos demais herdeiros" (TJSP, APL 1012009-51.2017.8.26.0011, Ac. 12044261, 30.ª Câmara de Direito Privado, São Paulo, Rel. Des. Maria Lúcia Pizzotti, j. 28.11.2018).

SEÇÃO II

DO CONDOMÍNIO NECESSÁRIO

Art. 1.327. O condomínio por meação de paredes, cercas, muros e valas regula-se pelo disposto neste Código (arts. 1.297 e 1.298; 1.304 a 1.307).

COMENTÁRIOS DOUTRINÁRIOS: O condomínio necessário é aquele que se verifica como decorrência natural da meação de paredes, cercas, muros e valas. Essa modalidade se contrapõe ao condomínio convencional por derivar da lei e por tender a uma perpetuidade, enquanto o condomínio comum é um estado transitório, sendo permitida, a qualquer tempo, a divisão da coisa comum ou a extinção do condomínio, conforme o caso. É também chamado de condomínio forçado, especial ou legal. O art. 1.327 do Código Civil faz remissão ao regulamento do direito de tapagem estudado no capítulo referente aos direitos de vizinhança, em que se assegura a qualquer vizinho que queira vedar a sua titularidade da do outro por meio de uma cerca viva ou morta, um muro, ou um tapume qualquer. Ao fazer isso, a obra realizada pertencerá aos vizinhos em condomínio, evitando-se o enriquecimento sem causa em razão da determinação de rateio das despesas decorrentes da obra. Se houver necessidade de tapumes especiais, arcará sozinho o vizinho com a despesa que houver (art. 1.297, § 3º, do CC). Essa regra também se aplicará quando o tronco de uma árvore estiver na linha divisória (art. 1.282 do CC).

Art. 1.328. O proprietário que tiver direito a estremar um imóvel com paredes, cercas, muros, valas ou valados, tê-lo-á igualmente a adquirir meação na parede, muro, valado ou cerca do vizinho, embolsando-lhe metade do que atualmente valer a obra e o terreno por ela ocupado (art. 1.297).

COMENTÁRIOS DOUTRINÁRIOS: O condômino de muro divisório se submete ao exercício do direito potestativo do vizinho de aumentar a sua altura, fato jurídico denominado alteamento e que foi estudado no item que trata do direito de vizinhança (art. 1.307). Tal presunção de que a parede-meia encerra um condomínio necessário é apenas relativa, pois para tal efeito importa que o vizinho, ao ter o seu imóvel estremado por outrem, arque com metade das despesas gastas com a sua confecção a fim de evitar o enriquecimento sem causa. Aconselha-se ao vizinho que queira estremar a sua propriedade que busque, antes da obra, o consentimento do outro a fim de evitar litígios futuros. Com o mesmo objetivo, se, por acaso, não houver o consentimento, interessante que se dê ciência ao vizinho da realização da obra e de seu custo, mediante prévio comunicado expresso.

Art. 1.329. Não convindo os dois no preço da obra, será este arbitrado por peritos, a expensas de ambos os confinantes.

COMENTÁRIOS DOUTRINÁRIOS: O normal é que o preço da obra seja fruto do consenso entre os vizinhos e, de preferência, que esse valor seja fixado antes da realização da obra. Entretanto, se não houver acordo antes ou depois da obra, o vizinho que construiu poderá submeter essa questão ao Poder Judiciário, pleiteando, se for o caso, o ressarcimento dos gastos com o muro divisório.

Art. 1.330. Qualquer que seja o valor da meação, enquanto aquele que pretender a divisão não o pagar ou depositar, nenhum uso poderá fazer na parede, muro, vala, cerca ou qualquer outra obra divisória.

COMENTÁRIOS DOUTRINÁRIOS: O artigo em análise reforça o entendimento de que o vizinho apenas adquirirá a propriedade da metade do muro divisório no momento em que indenizar o outro que realizou a obra às suas expensas, motivo pelo qual enquanto não pagar o valor da meação, não poderá fazer uso da tapagem divisória. Se o vizinho inadimplente, ao arrepio da lei, fizer alguma obra sobre o muro divisório, poderá aquele que assumiu sozinho as despesas com a construção requerer em juízo a paralisação da obra mediante pleito judicial cautelar se ela estiver em andamento ou pleitear a demolição, podendo ainda substituir tais medidas mais drásticas por pleito indenizatório. O atual Código Civil não faz mais referência ao compáscuo, que é o condomínio de pastagens, mas o fato social continua acontecendo e se regerá pelas regras comuns do condomínio.

CAPÍTULO VII
DO CONDOMÍNIO EDILÍCIO

SEÇÃO I
DISPOSIÇÕES GERAIS

Art. 1.331. Pode haver, em edificações, partes que são propriedade exclusiva, e partes que são propriedade comum dos condôminos.

§ 1º As partes suscetíveis de utilização independente, tais como apartamentos, escritórios, salas, lojas e sobrelojas, com as respectivas frações ideais no solo e nas outras partes comuns, sujeitam-se a propriedade exclusiva, podendo ser alienadas e gravadas livremente por seus proprietários, exceto os abrigos para veículos, que não poderão ser alienados ou alugados a pessoas estranhas ao condomínio, salvo autorização expressa na convenção de condomínio.

§ 2º O solo, a estrutura do prédio, o telhado, a rede geral de distribuição de água, esgoto, gás e eletricidade, a calefação e refrigeração centrais, e as demais partes comuns, inclusive o acesso ao logradouro público, são utilizados em comum pelos condôminos, não podendo ser alienados separadamente, ou divididos.

§ 3º A cada unidade imobiliária caberá, como parte inseparável, uma fração ideal no solo e nas outras partes comuns, que será identificada em forma decimal ou ordinária no instrumento de instituição do condomínio.

§ 4º Nenhuma unidade imobiliária pode ser privada do acesso ao logradouro público.

§ 5º O terraço de cobertura é parte comum, salvo disposição contrária da escritura de constituição do condomínio.

COMENTÁRIOS DOUTRINÁRIOS: Há uma grande controvérsia sobre a natureza jurídica do condomínio edilício, defendendo alguns que é um tipo especial de propriedade materializada por um misto de propriedade condominial indivisível com a propriedade exclusiva de cada condômino com relação à sua unidade autônoma. Essa posição é correta e a preferida … rópria lei, como se pode perceber da leitura … ut do artigo anotado, o qual diz que pode … m edificações, partes que são propriedade … e partes que são proprie- dade comum … ôminos. É nessa linha de pensamento … onhecem no condomínio edifício dua … les: uma individual, repre- sentada pe … utônoma, que pode ser uma sala, apar … uma garagem – no caso dos edifício … entre outras situações, e outra comu … ue estrutura a funcionalidade do c … a regular utilização e fruição do … minos. Há, como se disse alhu- re … simbiose entre a propriedade … va, tornando o condomínio edi- … doutrina, uma unidade em sen- … eito do reconhecimento das pro- … as submetidas ao regime clássico … nportante destacar que no condo- … propriedade individual continua … primaz do indivíduo e que está … uscetível de alienação separada da … titular no condomínio propriamen- … o em condomínio com a presença das … uns é apenas um instrumento para dina- … utilização dos espaços, mormente nos gran- … ntros urbanos, proporcionando maior acesso, … urança, conforto e, muitas vezes, lazer, além de … ossibilitar, pela questão física, o acesso a um maior número de pessoas a uma moradia. Há posicionamento bastante firme no tocante à afirmação de personalidade jurídica do condomínio edilício, ou seja, de que este seria uma pessoa jurídica, ainda que não se chegue ao ponto de equipará-lo a uma verdadeira sociedade de pessoas por faltar *affectio societatis*. Sobre o controvertido tema, podemos realmente observar que o condomínio edilício, a despeito de a personalidade jurídica ser um atributo conferido pela lei, realiza atos jurídicos próprios da pessoa, como compra e venda, prestação de serviços, contrato de trabalho, adquirindo, portanto, direitos e deveres na ordem jurídica em nome próprio, como se recebesse do mundo fático personalidade jurídica. Além disso, releve-se que o art. 63, § 3º, da Lei n. 4.591/1964, ao arrolar o inadimplemento do condômino na incorporação imobiliária como infração contratual, prevê a possibilidade de o condomínio edilício adquirir a unidade autônoma do condômino inadimplente. Vejamos o dispositivo legal: "No prazo de 24 (vinte e quatro) horas após a realização do leilão final, o condomínio, por decisão unânime de assembleia geral em condições de igualdade com terceiros, terá preferência na aquisição dos bens, caso em que serão adjudicados ao condomínio". No mesmo diapasão, e em reforço a esse posicionamento, o art. 1.358-S, do Código Civil (Lei n. 13.777/2018), prevê que "na hipótese de inadimplemento, por parte do multiproprietário, da obrigação de custeio das despesas ordinárias ou extraordinárias, é cabível, na forma da lei processual civil, a adjudicação ao condomínio edilício da fração de tempo correspondente". Há quem refute esse argumento dizendo que a massa falida e o espólio, pessoas formais a que o ordenamento jurídico atribui personalidade judiciária e até a possibilidade de contratar, assim como honrar compromissos, não são pessoas jurídicas, asseverando que os direitos e deveres são reconhecidos e impostos aos condôminos *ut singuli*. Ocorre que tais pessoas formais não gozam da perenidade que o condomínio edilício ostenta. São criadas apenas para desempenhar determinado fim e depois se extinguem. Por tal motivo, concordamos com o teor do Enunciado n. 235 da *IV Jornada de Direito Civil*, o qual afirma que "deve ser reconhecida personalidade jurídica ao condomínio edilício". Entendemos que dessa forma é possível dar maior funcionalidade à propriedade condominial, cumprindo, portanto, o comando constitucional da funcionalização dos institutos. A afirmação dessa tese permitirá, por exemplo, ao condomínio edilício, que figure em escritura pública de compra e venda de imóvel e consequente registro imobiliário para servir de garagem aos condôminos, mormente em condomínios edilícios mais antigos, que não contam na sua estruturação original com vagas de garagem suficientes para os dias atuais nas cidades. Pensamos tratar-se de uma pessoa jurídica *sui generis*, sem que seja propriamente uma sociedade por realmente faltar a *affectio societatis*. A experiência diária tem demonstrado que os condôminos de um condomínio edilício, muitas vezes, necessitam de uma pessoa jurídica que realize atos e negócios jurídicos em seu nome, sendo, portanto, funcionalmente adequada a personificação do condomínio edilício. Conforme já assinalado à saciedade, nessa modalidade de condomínio, temos um misto de propriedade exclusiva com propriedade condominial propriamente dita. Dessa forma, não há relação entre o bem principal e o acessório, uma vez que a unidade imobiliária é principal e o solo em que se edificou também. Aplausos para o artigo em destaque que procurou estabelecer quais são as partes comuns a todos os condôminos e as que constituem propriedade exclusiva, uma vez que o silêncio da lei especial quanto ao tema provocou toda sorte de conflitos jurídicos. Dessarte, as unidades imobiliárias são representadas por uma designação especial, numérica ou alfabética, e vão constituir os apartamentos, as salas, as lojas, entre outras. Regem-se pelas disposições concernentes à propriedade exclusiva, reconhecida ao titular do direito a propriedade da fração ideal do terreno sobre o qual foi edificada a construção, assim como tem direito às partes comuns do edifício, como o solo, a estrutura do prédio, o telhado, a rede geral de distribuição de água, esgoto, gás e eletricidade, a calefação e refrigeração centrais, e as demais partes comuns, inclusive o acesso ao logradouro público, que são utilizados em comum pelos condôminos, não podendo ser alienados separadamente, ou divididos. Para o cálculo da fração ideal na propriedade condominial levar-se-á em conta a área da unidade imobiliária em relação ao conjunto do prédio, modificação esta trazida pela Lei n. 10.931/2004, pois, com a entrada em vigor do novo Código Civil, o sistema adotado fora o do valor da unidade em relação ao restante do edifício. Exemplificativamente, temos que a cobertura do edifício, cuja área é de 200 metros quadrados, possuirá uma cota sobre o todo maior que o apartamento de 50 metros quadrados. O critério atual é mais seguro do que o do valor, pois este somente poderia ser utilizado, a nosso sentir, no momento da instituição do condomínio edilício na hipótese de incorporação imobiliária, ocasião em que a própria incorporadora estabeleceria o valor de cada unidade em relação ao conjunto da edificação. A fração ideal é um bem indivisível e, por conseguinte, somente será alienada por ocasião da alienação da unidade imobiliária autônoma, e sua definição precisa traz importantes efeitos jurídicos na vida do condomínio como, por exemplo, para o cálculo, nos termos da convenção de condomínio, que caberia a cada condômino no rateio das despesas. As partes comuns são bens indivisíveis e são coisas fora do comércio, não se permitindo a alienação separada. Com relação a elas temos um autêntico condomínio legal, tendendo à perpetuidade. Quanto às partes comuns, o direito dos condôminos é qualitativamente igual e quantitativamente diferente, adotando-se, por conseguinte, o critério do condomínio ordinário na teoria da propriedade integral preconizada pelo art. 1.314 do Código Civil, de modo que um condômino não pode suprimir ou reduzir o direito dos outros consortes. Entretanto, frente a terceiros estranhos à vida condominial, cada condômino é visto como proprietário do todo. Estabelece ainda o § 4º que nenhuma unidade mobiliária poderá ser privada do acesso ao logradouro público. A regra prevista no art. 1.285 do Código Civil que confere direito potestativo à passagem forçada se aplica no condomínio especial, isto é, se a unidade imobiliária estiver

encravada sem acesso à via
o direito potestativo de pass
-se judicialmente o rumo
diante indenização cabal dev
deixar passagem. O terraço de
tado parte comum, permitindo
sição em contrário (§ 5º). A fei
norma vai ao encontro de intere
adquirentes de unidade autônoma
poração imobiliária na modalidade
administração que desejem entabu
renciado a maior para o adquirente
que, arcando com um preço maior de
lação aos demais condôminos, se legit
o proprietário do terraço, podendo,
acrescê-la em novas construções, se per
pelas normas edilícias do Município em
situa o imóvel. Tem sido admitida, quand
vada em assembleia geral ou pela convençã
dominial, a privatização de parte comum d
fício, como seria a utilização de determinada
do corredor para ingresso exclusivo no apartam
to, a instalação de um bar nos arredores da pisc
ou até mesmo a utilização de uma área para o fu
cionamento de uma oficina. Em se tratando de at
a título precário, a mesma assembleia que autorizou
e estabeleceu as regras para a utilização poderá revogar a deliberação favorável a um dos condôminos. Entretanto, se essa situação se prolongar no tempo sem que haja impugnação do condomínio e a área utilizada não interessar ao uso coletivo, não poderá o condomínio de modo abusivo pleitear a retomada sem que apresente motivo legítimo. Tal conclusão extrai-se da submissão dessa questão ao princípio da boa-fé objetiva, denotando-se comportamento contraditório e abusivo por parte do condomínio. A possibilidade acima defendida não justifica o entendimento de que o condômino possa exercer posse *usucapionem* sobre o bem comum, ainda que o faça de modo exclusivo e por longo período de tempo, e isso pode ser constatado com a leitura do inciso II do art. 1.335 que, ao arrolar os direitos do condômino, prescreve que o uso das partes comuns, conforme a destinação, deve ser feito de modo que não exclua a utilização dos demais compossuidores. Assim, eventual utilização será vista apenas como detenção (art. 1.208 do CC), tamanha a precariedade dessa apropriação. Desnecessário afirmar a relevância do tema e as inúmeras questões polêmicas que surgem no âmbito da vida condominial causadas pela utilização do abrigo para veículos. O art. 2º da Lei n. 4.591/1964, com a redação conferida pela Lei n. 4.864/1965, continua importante para o estudo, pois apresenta as três

é correta e a preferida pela própria lei, como se pode perceber da leitura do *caput* do artigo anotado, o qual diz que pode haver, em edificações, partes que são propriedade exclusiva e partes que são propriedade comum dos condôminos. É nessa linha de pensamento que se reconhecem no condomínio edilício duas titularidades: uma individual, representada pela unidade autônoma, que pode ser uma sala, apartamento, loja, uma garagem – no caso dos edifícios-garagem –, dentre outras situações, e outra comum ou coletiva, que estrutura a funcionalidade do condomínio para a regular utilização e fruição dos próprios condôminos. Há, como se disse alhures, uma verdadeira simbiose entre a propriedade individual e a coletiva, tornando o condomínio edilício, como diz boa doutrina, uma unidade em sentido amplo, a despeito do reconhecimento das propriedades exclusivas submetidas ao regime clássico da propriedade. Importante destacar que no condomínio edilício, a propriedade individual continua sendo o objetivo primaz do indivíduo e que está indivisível e insuscetível de alienação separada da cota que toca ao titular no condomínio propriamente dito. A união em condomínio com a presença das partes comuns é apenas um instrumento para dinamizar a utilização dos espaços, mormente nos grandes centros urbanos, proporcionando maior acesso, segurança, conforto e, muitas vezes, lazer, além de possibilitar, pela questão física, o acesso a um maior número de pessoas a uma moradia. Há posicionamento bastante firme no tocante à afirmação de personalidade jurídica do condomínio edilício, ou seja, de que este seria uma pessoa jurídica, ainda que não se chegue ao ponto de equipará-lo a uma verdadeira sociedade de pessoas por faltar *affectio societatis*. Sobre o controvertido tema, podemos realmente observar que o condomínio edilício, a despeito de a personalidade jurídica ser um atributo conferido pela lei, realiza atos jurídicos próprios da pessoa, como compra e venda, prestação de serviços, contrato de trabalho, adquirindo, portanto, direitos e deveres na ordem jurídica em nome próprio, como se recebesse do mundo fático personalidade jurídica. Além disso, releve-se que o art. 63, § 3º, da Lei n. 4.591/1964, ao arrolar o inadimplemento do condômino na incorporação imobiliária como infração contratual, prevê a possibilidade de o condomínio edilício adquirir a unidade autônoma do condômino inadimplente. Vejamos o dispositivo legal: "No prazo de 24 (vinte e quatro) horas após a realização do leilão final, o condomínio, por decisão unânime de assembleia geral em condições de igualdade com terceiros, terá preferência na aquisição dos bens, caso em que serão adjudicados ao condomínio". No mesmo diapasão, e em reforço a esse posicionamento, o art. 1.358-S, do Código Civil (Lei n. 13.777/2018), prevê que "na hipótese de inadimplemento, por parte do multiproprietário, da obrigação de custeio das despesas ordinárias ou extraordinárias, é cabível, na forma da lei processual civil, a adjudicação ao condomínio edilício da fração de tempo correspondente". Há quem refute esse argumento dizendo que a massa falida e o espólio, pessoas formais a que o ordenamento jurídico atribui personalidade judiciária e até a possibilidade de contratar, assim como honrar compromissos, não são pessoas jurídicas, asseverando que os direitos e deveres são reconhecidos e impostos aos condôminos *ut singuli*. Ocorre que tais pessoas formais não gozam da perenidade que o condomínio edilício ostenta. São criadas apenas para desempenhar determinado fim e depois se extinguem. Por tal motivo, concordamos com o teor do Enunciado n. 235 da *IV Jornada de Direito Civil*, o qual afirma que "deve ser reconhecida personalidade jurídica ao condomínio edilício". Entendemos que dessa forma é possível dar maior funcionalidade à propriedade condominial, cumprindo, portanto, o comando constitucional da funcionalização dos institutos. A afirmação dessa tese permitirá, por exemplo, ao condomínio edilício, que figure em escritura pública de compra e venda de imóvel e consequente registro imobiliário para servir de garagem aos condôminos, mormente em condomínios edilícios mais antigos, que não contam na sua estruturação original com vagas de garagem suficientes para os dias atuais nas cidades. Pensamos tratar-se de uma pessoa jurídica *sui generis*, sem que seja propriamente uma sociedade por realmente faltar a *affectio societatis*. A experiência diária tem demonstrado que os condôminos de um condomínio edilício, muitas vezes, necessitam de uma pessoa jurídica que realize atos e negócios jurídicos em seu nome, sendo, portanto, funcionalmente adequada a personificação do condomínio edilício. Conforme já assinalado à saciedade, nessa modalidade de condomínio, temos um misto de propriedade exclusiva com propriedade condominial propriamente dita. Dessa forma, não há relação entre o bem principal e o acessório, uma vez que a unidade imobiliária é principal e o solo em que se edificou também. Aplausos para o artigo em destaque que procurou estabelecer quais são as partes comuns a todos os condôminos e as que constituem propriedade exclusiva, uma vez que o silêncio da lei especial quanto ao tema provocou toda sorte de conflitos jurídicos. Dessarte, as unidades imobiliárias são representadas por uma designação especial, numérica ou alfabética, e vão constituir os apartamentos, as salas, as lojas, entre outras. Regem-se pelas disposições concernentes à propriedade exclusiva, reconhecida ao titular do direito a propriedade da fração ideal do terreno sobre o qual foi edificada a construção, assim como tem direito às partes comuns do edifício, como o solo, a estrutura do prédio, o telhado, a rede geral de distribuição de água, esgoto, gás e eletricidade, a calefação e refrigeração centrais, e as demais partes comuns, inclusive o acesso ao logradouro público, que são utilizados em comum pelos condôminos, não podendo ser alienados separadamente, ou divididos. Para o cálculo da fração ideal na propriedade condominial levar-se-á em conta a área da unidade imobiliária em relação ao conjunto do prédio, modificação esta trazida pela Lei n. 10.931/2004, pois, com a entrada em vigor do novo Código Civil, o sistema adotado fora o do valor da unidade em relação ao restante do edifício. Exemplificativamente, temos que a cobertura do edifício, cuja área é de 200 metros quadrados, possuirá uma cota sobre o todo maior que o apartamento de 50 metros quadrados. O critério atual é mais seguro do que o do valor, pois este somente poderia ser utilizado, a nosso sentir, no momento da instituição do condomínio edilício na hipótese de incorporação imobiliária, ocasião em que a própria incorporadora estabeleceria o valor de cada unidade em relação ao conjunto da edificação. A fração ideal é um bem indivisível e, por conseguinte, somente será alienada por ocasião da alienação da unidade imobiliária autônoma, e sua definição precisa traz importantes efeitos jurídicos na vida do condomínio como, por exemplo, para o cálculo, nos termos da convenção de condomínio, que caberia a cada condômino no rateio das despesas. As partes comuns são bens indivisíveis e são coisas fora do comércio, não se permitindo a alienação separada. Com relação a elas temos um autêntico condomínio legal, tendendo à perpetuidade. Quanto às partes comuns, o direito dos condôminos é qualitativamente igual e quantitativamente diferente, adotando-se, por conseguinte, o critério do condomínio ordinário na teoria da propriedade integral preconizada pelo art. 1.314 do Código Civil, de modo que um condômino não pode suprimir ou reduzir o direito dos outros consortes. Entretanto, frente a terceiros estranhos à vida condominial, cada condômino é visto como proprietário do todo. Estabelece ainda o § 4º que nenhuma unidade mobiliária poderá ser privada do acesso ao logradouro público. A regra prevista no art. 1.285 do Código Civil que confere direito potestativo à passagem forçada se aplica no condomínio especial, isto é, se a unidade imobiliária estiver encravada sem acesso à via pública, poderá exercer o direito potestativo de passagem forçada, fixando-se judicialmente o rumo se for necessário e mediante indenização cabal devida a quem tiver que deixar passagem. O terraço de um edifício é reputado parte comum, permitindo, no entanto, disposição em contrário (§ 5º). A feição dispositiva da norma vai ao encontro de interesses legítimos de adquirentes de unidade autônoma mediante incorporação imobiliária na modalidade construção por administração que desejem entabular valor diferenciado a maior para o adquirente da cobertura que, arcando com um preço maior de cota em relação aos demais condôminos, se legitimará a ser o proprietário do terraço, podendo, inclusive, acrescê-la em novas construções, se permitido for pelas normas edilícias do Município em que se situa o imóvel. Tem sido admitida, quando aprovada em assembleia geral ou pela convenção condominial, a privatização de parte comum do edifício, como seria a utilização de determinada faixa do corredor para ingresso exclusivo no apartamento, a instalação de um bar nos arredores da piscina ou até mesmo a utilização de uma área para o funcionamento de uma oficina. Em se tratando de ato a título precário, a mesma assembleia que autorizou e estabeleceu as regras para a utilização poderá revogar a deliberação favorável a um dos condôminos. Entretanto, se essa situação se prolongar no tempo sem que haja impugnação do condomínio e a área utilizada não interessar ao uso coletivo, não poderá o condomínio de modo abusivo pleitear a retomada sem que apresente motivo legítimo. Tal conclusão extrai-se da submissão dessa questão ao princípio da boa-fé objetiva, denotando-se comportamento contraditório e abusivo por parte do condomínio. A possibilidade acima defendida não justifica o entendimento de que o condômino possa exercer posse *usucapionem* sobre o bem comum, ainda que o faça de modo exclusivo e por longo período de tempo, e isso pode ser constatado com a leitura do inciso II do art. 1.335 que, ao arrolar os direitos do condômino, prescreve que o uso das partes comuns, conforme a destinação, deve ser feito de modo que não exclua a utilização dos demais compossuidores. Assim, eventual utilização será vista apenas como detenção (art. 1.208 do CC), tamanha a precariedade dessa apropriação. Desnecessário afirmar a relevância do tema e as inúmeras questões polêmicas que surgem no âmbito da vida condominial causadas pela utilização do abrigo para veículos. O art. 2º da Lei n. 4.591/1964, com a redação conferida pela Lei n. 4.864/1965, continua importante para o estudo, pois apresenta as três situações jurídicas do cotidiano na vida de um condomínio edilício: 1ª) a vaga de garagem se encontra discriminada na escritura de transferência do imóvel e constitui parte distinta, exclusiva, mas vinculada à unidade imobiliária; 2ª) as vagas de garagem constituem propriedade exclusiva, sendo atribuídas a ela frações ideais do terreno, como sucede nos chamados edifícios-garagem; 3ª) o uso de garagem não se encontra discriminado no ato constitutivo da propriedade, sendo bem acessório em relação à unidade autônoma. Quando a vaga é um bem acessório, pode acontecer que o condomínio edilício assegure ao condômino apenas direito ao estacionamento com ou sem vaga demarcada na estrutura do prédio. Em regra, as convenções estabelecem uma forma de rodízio, por sorteio, entre os condôminos. De efeito, para saber o regime jurídico da garagem, é necessária a consulta ao ato de constituição do condomínio, mas pode acontecer a delicada situação de o condomínio assegurar aos condôminos direito ao estacionamento na garagem coletiva e a área não comportar vagas para todos. Nesse caso, devem ser evitados comportamentos egoísticos de apenas beneficiar determinados condôminos, podendo ser estabelecido um rodízio temporal entre os condôminos ou o pagamento de aluguel em favor do condomínio, como também compensação pecuniária em favor do condomínio pela utilização exclusiva de área comum.

JURISPRUDÊNCIA COMENTADA:

Questão polêmica na jurisprudência diz respeito à hipótese em que a garagem é um bem acessório vinculado à unidade, mas devidamente matriculada no cartório imobiliário. Se em uma execução por quantia certa, o apartamento do devedor não puder ser penhorado, pois é o único bem titularizado por este utilizado para fins de moradia (Lei n. 8.009/1990), poderá o credor exequente pedir a penhora da garagem? Parece-nos que sim, pois há uma autonomia registral que garante esse raciocínio e a lei protetiva do bem de família do devedor protege o local em que o executado habita sozinho ou com sua família e não o abrigo para veículos. Nesse sentido, é o Verbete n. 449 da jurisprudência predominante no Superior Tribunal de Justiça: "A vaga de garagem que possui matrícula própria no registro de imóveis não constitui bem de família para efeito de penhora". Malgrado não seja a garagem bem de família para fins de penhora, o fato é que a posterior hasta pública para alienação forçada da garagem deve se restringir aos condôminos em razão da atual redação do § 1º do artigo anotado, que proíbe a alienação do abrigo para veículos a pessoas estranhas ao condomínio, salvo autorização expressa na Convenção de Condomínio. Em caso de execução fiscal com penhora da garagem, a Segunda Turma do STJ assinalou que "a hasta pública para alienação de vaga de garagem em condomínio se restringe aos demais condôminos, salvo autorização expressa na convenção condominial" (Informativo de Jurisprudência n. 749, de setembro de 2022 – Resp 2.008.627/RS, Rel. Min. Assusete Magalhães, v.u., j. 13.09.2022). Em ação de usucapião ajuizada por um condômino sobre área que utilizava exclusivamente e por longo período de tempo, em um condomínio edilício, a Terceira Câmara de Direito Privado do Tribunal de Justiça do Estado de São Paulo entendeu que tal área "era comum inalienável, sem unidade autônoma e insuscetível de posse por força de norma cogente" (art. 1.331, § 2º). Mais adiante, confirmou o que falamos acima no tocante a tratar-se de "ocupação que, quando muito, deve ser interpretada como mera tolerância dos demais condôminos" (APL 0027366-88.2012.8.26.0100, Rel. Des. Nilton Santos, j. em 09.11.2018). Em outro giro, foi assegurada a um condômino a utilização exclusiva do terraço, sendo rechaçada a pretensão de reintegração de posse proposta pelo condomínio, uma vez que a escritura pública devidamente registrada no cartório imobiliário competente trazia a exceção prevista no § 5º acima explicitado (TJRJ, Apelação 0433010-11.2013.8.19.0001, 12.ª Câmara Cível, Rel. Des. Cherubin Helcias Schwartz Junior, j. 20.04.2018). A 16.ª Câmara Cível do Tribunal de Justiça do Estado do Rio de Janeiro entendeu que "a propriedade da unidade imobiliária abrange a correspondente fração ideal do solo, que inclui sua unidade e todas as partes comuns, aí incluídas os puc-s (pavimentos de uso comum) ou clubes, a depender de cada condomínio", atraindo a incidência dos parágrafos 1º e 3º do artigo comentado, sujeitando os condôminos, independentemente da utilização efetiva, de ratear as despesas decorrentes dessas partes comuns (TJRJ, AI 0066639-05.2017.8.19.0000, 16.ª Câmara Cível, Rio de Janeiro, Rel. Des. Eduardo Gusmão Alves de Brito Neto, *DORJ* 13.04.2018). O Superior Tribunal de Justiça já teve oportunidade de analisar em situação específica de utilização por mais de trinta anos de área comum, que não tinha mais do que 10 m², por parte de um condômino, aduzindo que essa situação fática que venceu muitos anos somente poderia modificar-se pela apresentação de um fato novo em respeito ao princípio da boa-fé objetiva (*suppressio*): "Processual. Civil. Condomínio. Área comum. Utilização exclusiva. Uso prolongado. Autorização da assembleia condominial. Princípio da boa-fé objetiva. Razão ponderável. Inocorrência. Detenção concedida pelo condomínio para que determinado condômino anexe à respectiva unidade, um fundo de corredor inútil para uso coletivo. Decorrido longo tempo e constatada a boa-fé, o condomínio, sem demonstrar fato novo, não pode retomar a área objeto da permissão" (STJ, REsp 325.870/RJ, Rel. Min. Humberto Gomes de Barros, j. 14.06.2004).

REFORMA DO CÓDIGO CIVIL: Importantes alterações são aqui sugeridas, como a previsão de direito de preferência para os condôminos no caso de possibilidade de alienação de vagas de garagem, fato que torna desnecessária a previsão do art. 1.338 do Código Civil vigente, assim como a normatização do que já vem sendo aceito pela jurisprudência (AgRg nos EAREsp 467865/RJ, Rel. Min Ricardo Cueva, 3. Turma, *DJe* 08.10.2015) e pela doutrina, segundo orientação do Enunciado n. 247 da *III Jornada de Direito Civil*: "No condomínio edilício é possível a utilização exclusiva de área 'comum' que, pelas próprias características da edificação, não se preste ao 'uso comum' dos demais condôminos". Nessa toada, o dispositivo passará a contar com os seguintes parágrafos: "§ 3º Se a convenção condominial permitir a alienação de vagas de garagem, terão preferência os condôminos a estranhos tanto por tanto. [...] § 5º No caso do § 4º, a assembleia, especialmente convocada para tanto, pode ceder, por maioria dos votos dos condôminos, a um ou mais condôminos, em caráter precário, oneroso ou gratuito, o exercício exclusivo de posse sobre pequenos espaços comuns".

Art. 1.332. Institui-se o condomínio edilício por ato entre vivos ou testamento, registrado no Cartório de Registro de Imóveis, devendo constar daquele ato, além do disposto em lei especial:

I – a discriminação e individualização das unidades de propriedade exclusiva, estremadas uma das outras e das partes comuns;

II – a determinação da fração ideal atribuída a cada unidade, relativamente ao terreno e partes comuns;

III – o fim a que as unidades se destinam.

COMENTÁRIOS DOUTRINÁRIOS: Tecnicamente, para que se esteja diante de um condomínio edilício, fundamental será a pluralidade de titulares no domínio e observância dos requisitos legais para a sua constituição, pois na aparência pode existir um edifício que pertença, por exemplo, a uma pessoa apenas e esta alugue ou dê em comodato para os seus filhos sem que a esse fato jurídico deva se atribuir a incidência das regras referentes ao condomínio edilício. Contudo, nada obsta que no momento da instituição do condomínio por escritura pública a propriedade ainda pertença a apenas um titular que, de futuro, ao fazer as alienações das unidades autônomas, efetivará fática e tecnicamente um condomínio edilício. Essa ressalva é importante, pois pode acontecer de algum registrador recusar o registro do ato de constituição do condomínio sob o argumento, a nosso sentir, equivocado, de que não existe ainda uma compropriedade. Nessa toada, registre-se o Enunciado n. 504 da *V Jornada de Direito Civil* do Conselho da Justiça Federal, vazado nos seguintes termos: "A escritura declaratória de instituição e convenção firmada pelo titular único de edificação composta por unidades autônomas é título hábil para registro da propriedade horizontal no competente registro de imóveis, nos termos dos arts. 1.332 a 1.334 do Código Civil". Aliás, a constituição do condomínio pelo único titular é feita na incorporação imobiliária, a teor do que dispõe o art. 44 da Lei n. 4.591/1964, que impõe ao incorporador, após a concessão do "habite-se", averbar no registro imobiliário junto à matrícula as unidades autônomas: "Art. 44. Após a concessão do habite-se pela autoridade administrativa, incumbe ao incorporador a averbação da construção em correspondência às frações ideais discriminadas na matrícula do terreno, respondendo perante os adquirentes pelas perdas e danos que resultem da demora no cumprimento dessa obrigação. (Redação dada pela Lei nº 14.382, de 2022). § 1º Se o incorporador não requerer a averbação, o construtor requerê-la-á, sob pena de ficar solidariamente responsável com o incorporador perante os adquirentes. § 2º Na omissão do incorporador e do construtor, a averbação poderá ser requerida por qualquer dos adquirentes de unidade". Ora, como visto, a imposição legal de implementação do condomínio é feita antes da alienação de qualquer unidade. Na mesma linha de raciocínio, o parágrafo único do art. 1.358-C referente ao instituto da multipropriedade, estabelece que esta não se extingue automaticamente se todas as frações de tempo passarem a pertencer ao mesmo multiproprietário. Nesse diapasão, a constituição de um condomínio pode se dar contratualmente por destinação do proprietário, testamento e incorporação imobiliária, desde que sejam preenchidos os requisitos acima delineados como a discriminação e individualização das unidades de propriedade exclusiva, estremadas uma das outras e das partes comuns, a determinação da fração ideal atribuída a cada unidade, relativamente ao terreno e partes comuns e o fim a que as unidades se destinam. Dentre os requisitos acima elencados não se inclui a averbação no registro imobiliário do "habite-se" expedido pela autoridade pública competente. Desse modo, o registro da instituição do condomínio edilício independe do referido ato. Decerto que para que se possibilite a venda de unidades autônomas em regime de incorporação imobiliária, indispensável será o registro do fracionamento formal do imóvel, ainda que este esteja em vias de ser construído para que depois se submeta aos rigores administrativos para a expedição da certidão de conclusão correta da obra atestando que o imóvel está apto aos fins a que se destina e de acordo com as posturas edilícias. Com efeito, é lícito que as pessoas resolvam estabelecer um condomínio edilício a partir da aquisição de um terreno e, na escritura de compra e venda do imóvel, realizem a divisão do futuro edifício em frações ideais, separando as unidades autônomas e as atribuindo a cada condômino, assim como é possível que esse procedimento conste em uma disposição testamentária feita pelo proprietário que, além de atribuir as unidades a quem deseja, estabeleça outras questões, como a primeira minuta de convenção e, portanto, a forma de administração. A instituição formal do condomínio edilício será ainda precedida pela averbação da construção junto à matrícula do imóvel e o registro do instrumento de instituição do condomínio edilício com a derradeira descrição das áreas comuns e das propriedades individuais. Incorporação imobiliária é a atividade empresarial complexa exercida com o intuito de promover o incremento da produção de unidades imobiliárias para fins de comercialização delas enquanto ainda estiverem em construção. Normalmente as alienações são feitas por meio de promessas de compra e venda com a característica da irretratabilidade. Os recursos daí advindos consistem exatamente no ativo do empreendimento. É por meio do fluxo de caixa que a operação contratual se viabiliza. Tanto assim que a lei confere a prerrogativa da desistência do empreendimento se ele não se tornar viável no prazo de seis meses. Não raro é a incorporação imobiliária que serve de meio para a instituição de um condomínio edilício. A sua regulamentação consta na Lei n. 4.591/1964, sendo que no parágrafo único do art. 28 dessa lei temos a definição legal do instituto, que é a preferida pela doutrina pátria, pois retrata com exatidão o sentido da expressão: "Para efeito desta lei, considera-se incorporação imobiliária a atividade exercida com o intuito de promover e realizar a construção, para alienação total ou parcial, de edificações ou conjunto de edificações compostas de unidades autônomas". Incorporador é "a pessoa física ou jurídica, comerciante ou não, que, embora não efetuando a construção, compromisse ou efetive a venda de frações ideais de terreno objetivando a vinculação de tais frações a unidades autônomas, em edificações a serem construídas ou em construção sob regime condominial, ou que meramente aceita propostas para efetivação de tais transações, coordenando e levando a termo a incorporação e responsabilizando-se, conforme o caso, pela entrega, a certo prazo, preço e determinadas condições, das obras concluídas", conceito presente no art. 29 da lei acima apontada e, por sua reprodução, observa-se que a atividade do incorporador não se restringe à construção, que pode ser por administração ou empreitada, mas, sobretudo, pelo ato de alienação das unidades que, afinal de contas, é o que cria o condomínio. Para a configuração da incorporação imobiliária, o incorporador deverá levar a registro no cartório do registro de imóveis o Memorial de Incorporação Imobiliária, que deve conter todos os documentos previstos no art. 32 da Lei n. 4.591/1964 (alterado pela Lei n. 14.382/2022), e dentre eles destaca-se a prova da propriedade, certidões negativas e vintenária do imóvel, projeto da construção, discriminação das áreas comuns e individuais, avaliação do custo global da obra, minuta da futura convenção de condomínio, atestado de idoneidade financeira do incorporador, declaração, acompanhada de plantas elucidativas, sobre o número de veículos que a garagem comporta e os locais destinados à guarda dos mesmos. Como facilmente pode ser percebido, a regra comentada trata da instituição do condomínio edilício formal no sentido estrito da palavra. Sucede, entretanto, que é importante reconhecer a existência do chamado *condomínio de fato* (também chamado de loteamento de acesso controlado – art. 2º, § 8º, Lei n. 6.766/1979 com a redação da Lei n. 13.465/2017) que vem a ser uma realidade sociojurídica típica nas cidades na qual há uma união de moradores com objetivos afins e que buscam privatizar de modo relativo áreas públicas com o objetivo de suprir deficiências na prestação de serviço público nas áreas da segurança, lazer e limpeza, dentre outras, fato que, inclusive, implica a valorização dos imóveis insertos na área abrangida pelos interessados. Para atingir os seus fins, os interessados decidem se cotizar para suportar a consecução de tais propósitos mediante a contribuição de associados, sob a administração de uma associação, na forma da lei civil. Não se trata de *condomínio de direito* pelo motivo óbvio de que a área comum não é de titularidade dos condôminos, mas sim um bem público de uso comum do povo. Conquanto tal figura – mormente no tocante à obrigatoriedade de adimplemento das contribuições pelos residentes não associados – teria dificuldades de enquadramento, e mesmo de aceitação, perante a dogmática clássica, seja pela impossibilidade de constituição de posse sobre bem público de uso comum do povo (art. 99, inc. I, CC/2002), que implicaria indevido cerceamento sobre o direito de ir e vir de qualquer cidadão nas áreas comuns do condomínio, seja pela igual impossibilidade de compelir uma pessoa a se associar ou se manter associada, decerto que há várias décadas essa realidade se tornou frequente, notadamente, nos grandes centros urbanos. Cabe asseverar que, em determinados casos, mesmo o operador do direito mais atento tem dificuldades fáticas em identificar, diante do caso concreto, se a situação apresentada como condomínio de casas é um loteamento antigo ou mesmo uma rua sem saída ou se é um condomínio de direito. O *condomínio de fato* se estrutura juridicamente por meio de uma associação de moradores (ver comentários ao art. 53 deste Código) e a grande polêmica que existe diz respeito à possibilidade ou não de exigibilidade da cobrança da cota associativa (condominial de fato) dos moradores que usufruem dos benefícios disponibilizados pelo condomínio de fato. A despeito de defender a legitimidade da cobrança dos moradores inseridos nessa atípica figura condominial em razão, sobretudo, da vedação ao enriquecimento sem causa, nos comentários jurisprudenciais abaixo o leitor poderá observar que a cobrança ficou inviabilizada por entendimento firme do STF e do STF, com fundamento na impossibilidade de se criar obrigação, no caso, taxa, sem lei anterior (art. 5º, inc. II, CF), assim como pelo reconhecimento de que ninguém é obrigado a se associar ou a permanecer associado (art. 5º, inc. XX, CF). Todavia, observa-se que, mesmo diante desse posicionamento, não se verificou a extinção de tais condomínios de fato. O que certamente ocorreu foi apenas um fomento à inadimplência, gerando um aumento nas despesas rateadas por aqueles que reconhecem a necessidade da prestação do serviço realizado pela associação. Após a consolidação do posicionamento jurisprudencial contrário à obrigatoriedade do pagamento, adveio a Lei n. 13.465/2017, que preencheu o vácuo legislativo sobre o tema e positivou a figura do condomínio de fato com a inclusão dos arts. 2º, § 8º, e 36-A na Lei n. 6.766/1979, tendo o primeiro conferido juridicidade ao loteamento de acesso controlado e o segundo criado amparo jurídico para a possibilidade da imposição da contribuição associativa decorrente de rateio pelos serviços oferecidos de natureza indivisível pela associação de moradores, desde que devidamente comprovados. Transcrevo os dispositivos legais: "Art. 2º. [...]. § 8º Constitui loteamento de acesso controlado a modalidade de loteamento, definida nos termos do § 1º deste artigo, cujo controle de acesso será regulamentado por ato do poder público Municipal, sendo vedado o impedimento de acesso a pedestres ou a condutores de veículos, não residentes, devidamente identificados ou cadastrados [...]. Art. 36-A. As atividades desenvolvidas pelas associações de proprietários de imóveis, titulares de direitos ou moradores em loteamentos ou empreendimentos assemelhados, desde que não tenham fins lucrativos, bem como pelas entidades civis organizadas em função da solidariedade de interesses coletivos desse público com o objetivo de administração, conservação, manutenção, disciplina de utilização e convivência, visando à valorização dos imóveis que compõem o empreendimento, tendo em vista a sua natureza jurídica, vinculam-se, por critérios de afinidade, similitude e conexão, à atividade de administração de imóveis. Parágrafo único. A administração de imóveis na forma do *caput* deste artigo sujeita seus titulares à normatização e à disciplina constantes de seus atos constitutivos, cotizando-se na forma desses atos para suportar a consecução dos seus objetivos". Por ocasião da entrada em vigor da lei acima referida, defendi em livro e artigo doutrinário que o Supremo Tribunal Federal não deveria reconhecer a inconstitucionalidade do novel regramento, pois não se está afirmando que a pessoa é obrigada a associar-se, mas sim que o interesse da coletividade no tocante à funcionalização da propriedade deve prevalecer e que não é lícito o enriquecimento sem causa (art. 884, CC) que se dará com o gozo das benesses *condominiais* sem a devida contraprestação. Eventuais abusos na cobrança como, por exemplo, inexistência de contraprestação, hão de ser identificadas pelos tribunais estaduais a quem compete aferir no mundo dos fatos a seriedade ou não dos condomínios de fato.

JURISPRUDÊNCIA COMENTADA: Firme na convicção de que é necessária a regularização da instituição do condomínio junto ao cartório do registro imobiliário com o registro, o Tribunal mineiro impôs, a requerimento de um condômino, obrigação de fazer "de regularizar a respectiva documentação de instituição/constituição junto ao Cartório de Registro de Imóveis, a fim de viabilizar o registro da transferência da unidade autônoma adquirida pelo autor" (TJMG, APCV 1.0155.12.000876-0/001, Rel. Des. Marcos Lincoln, j. 06.06.2018). Em que pese o art. 784, inc. X, do Código de Processo Civil de 2015 ter previsto que são títulos executivos extrajudiciais "o crédito referente às contribuições ordinárias ou extraordinárias de condomínio edilício, previstas na respectiva convenção ou aprovadas em assembleia geral, desde que documentalmente comprovadas", tal circunstância somente se aplica para os condomínios edilícios regularmente instituídos na forma do presente dispositivo legal: "Processual civil. Despesas condominiais em atraso. Ausência de título executivo. Inadmissibilidade da cobrança pela via executiva. Necessidade de regular instituição do condomínio (art. 1.332 do Código Civil). Indeferimento da petição inicial. Recurso conhecido e desprovido. 1. O condomínio edilício institui-se por ato entre vivos, registrado no Cartório de Registro de Imóveis, devendo dele constar, nos termos dos incisos I, II e III do art. 1.332 do CC: I. A discriminação e individualização das unidades de propriedade exclusiva, estremadas uma das outras e das partes comuns; II. A determinação da fração ideal atribuída a cada unidade, relativamente ao terreno e partes comuns; e, III. O fim a que as unidades se destinam. 2. O condomínio de fato, ou irregular, portanto, não pode ser considerado condomínio edilício e, assim, as respectivas cotas condominiais, embora sujeitas a ação de cobrança, não ensejam execução direta nos termos do art. 784, X, do CPC. 3. Recurso conhecido e desprovido" (TJDF, APC 2016.16.1.007516-7, Ac. 100.8965, 2.ª Turma Cível, Rel. Des. Sandra Reves, j. 05.04.2017, *DJDFTE* 11.04.2017). A jurisprudência em torno da admissibilidade do condomínio de fato é muito interessante. Em um primeiro momento, firmou-se o entendimento nos tribunais estaduais de que era possível a exigibilidade do pagamento das cotas decorrentes das despesas no condomínio de fato, sendo a Súmula n. 79 do Tribunal de Justiça do Estado do Rio de Janeiro um bom exemplo dessa fase: "em respeito ao princípio que veda o enriquecimento sem causa, as associações de moradores podem exigir dos não associados, em igualdade de condições com os associados, que concorram para o custeio dos serviços por elas efetivamente prestados e que sejam do interesse comum dos moradores da localidade". Em prosseguimento, a Primeira Turma do Supremo Tribunal Federal, por unanimidade, no ano de 2011, inclinou-se pela inconstitucionalidade da cobrança de taxa de associação àquele que não anuiu com a sua instituição, por ofensa ao princípio da legalidade e da liberdade de associação (RE 432106, 1.ª Turma, Rel. Min. Marco Aurélio, j. 20.09.2011, *DJe*-210, divulg. 03.11.2011, public. 04.11.2011). Já no ano de 2015, o STJ, por maioria, fixou em sede de recurso repetitivo, a tese segundo a qual "as taxas de manutenção criadas por associações de moradores não obrigam os não associados ou que a elas não anuíram" (REsp 1.280.871/SP, 2.ª Seção, Rel. Min. Marco Buzzi, j. 11.03.2015), entendimento aliás que culminou com o cancelamento da Súmula n. 79 do TJRJ. Posteriormente, o Supremo Tribunal Federal afetou a questão ao regime de repercussão geral sem determinação de suspensão dos processos pendentes (RE 695.911-RG/SP, Rel. Min. Dias Toffoli). Com o advento da Lei n. 13.465/2017, que incluiu os arts. 2º, § 8º, e 36-A na Lei n. 6.766/1979, cujos textos foram reproduzidos nos comentários doutrinários acima, a jurisprudência deveria se alterar, pois nem no STF nem no STJ a questão era tratada nesses termos. Em julgado ocorrido em 14 de julho de 2020, sob a minha relatoria, a 16.ª Câmara Cível, por maioria, decidiu que, a partir da entrada em vigor da Lei n. 13.465/2017, era possível exigir o pagamento das cotas decorrentes do condomínio de fato. A ementa que ora se transcreve retrata bem a questão: "Apelação cível. Direito civil. 'Condomínio de fato'. Pretensão de cobrança de taxas associativas inadimplidas por moradores de imóvel inserto na área de cobertura da associação de moradores. Sentença de improcedência. Inconformismo manifestado pela parte ré. 1. O 'condomínio de fato' ou 'loteamento de acesso controlado' é uma realidade sociojurídica típica nas cidades na qual há uma união de moradores que com o objetivo de suprir deficiências na prestação de serviço público no tocante à segurança, lazer, limpeza, valorização dos imóveis, dentre outras, decidem se cotizar para suportar a consecução de tais propósitos, sob a administração de uma associação, na forma da lei civil; 2. A obrigatoriedade ou não da cobrança associativa em face dos não associados nos 'condomínios de fato' ou 'loteamentos de acesso controlado' sempre foi questão jurídica polêmica na doutrina e jurisprudência, tendo este Tribunal editado no ano de 2005 o verbete sumular 79, o qual dispunha que '*em respeito ao princípio que veda o enriquecimento sem causa, as associações de moradores podem exigir dos não associados, em igualdade de condições com os associados, que concorram para o custeio dos serviços por elas efetivamente prestados e que sejam do interesse comum dos moradores da localidade*'; 3. No ano de 2011, a jurisprudência do

STF se inclinou pela inconstitucionalidade da referida cobrança por ofensa aos artigos 5º, II e XX, da Constituição da República (RE 432106, Relator(a): Min. Marco Aurélio, Primeira Turma, julgado em 20/09/2011); 4. No ano de 2015, o STJ, por maioria, fixou em sede de recurso repetitivo, a tese segundo a qual '*as taxas de manutenção criadas por associações de moradores não obrigam os não associados ou que a elas não anuíram*' (REsp 1.280.871/SP, Segunda Seção, Rel. Min. Marco Buzzi, julg. em 11/03/2015), entendimento que culminou com o cancelamento do verbete sumular 79, do TJRJ no ano de 2017; 5. Sucede, entretanto, que no ano de 2017, foi suprida a lacuna legislativa federal e entrou em vigor a Lei 13.465/17, alterando a lei de parcelamento do solo urbano (Lei 6.766/79). Nesse ângulo de visada, o atual artigo 2º, § 8º conferiu juridicidade ao loteamento de acesso controlado e o art. 36-A criou amparo jurídico para a possibilidade da imposição da contribuição associativa decorrente de rateio pelos serviços oferecidos de natureza indivisível pela associação de moradores, desde que devidamente comprovados; 6. A questão constitucional definitiva ainda não foi decidida pelo excelso pretório e se encontra atualmente submetida ao regime de repercussão geral sem determinação de suspensão dos processos pendentes (RE 695.911-RG/SP, Relator Ministro Dias Toffoli), com parecer ministerial favorável à cobrança em homenagem à vedação ao enriquecimento sem causa e ao princípio da solidariedade constitucional (art. 3º, I, CF). 7. Com relação ao caso concreto, restou comprovado que existem gastos de interesse da coletividade custeados pelo apelante no tocante a pagamento de funcionários que prestam serviços de segurança e limpeza, manutenção de equipamentos comunitários, custo com energia elétrica, dentre outras despesas assumidas pelos outros associados, dos quais os réus indiscutivelmente fazem uso, em razão da indivisibilidade dos serviços prestados; 8. O uso dos serviços acima relatados sem a contraprestação devida enseja o reconhecimento de seu enriquecimento sem causa, conduta vedada como regra (art. 884, CC) e princípio pelo ordenamento jurídico pátrio, configurando, ademais, comportamento antissocial e, portanto, abusivo; 9. Insta acentuar, em caráter *obter dictum*, que a associação subsiste desde o ano de 1993 e que a relação jurídica existente entre o apelante e os apelados remonta a 2009, ano em que os réus adquiriram o imóvel sobre o qual é imposta a cobrança em discussão, passando a adimplir com a contribuição associativa em continuidade aos antigos proprietários que já o faziam e certamente fazendo uso dos serviços fornecidos pela associação, em razão de sua natureza indivisível, fazendo exsurgir para o credor (*surrectio*) a legítima expectativa de reconhecimento do débito, mormente em razão da necessidade de previsibilidade no rateio das despesas, suprimindo-se, para os réus (*supressio*) o direito de pleitear a exoneração do referido pagamento de inopino, o que foi feito no ano de 2017 (arts. 113, 187 e 422, CC). 10. Deve-se, assim, reconhecer o dever de adimplemento pelos réus da contribuição associativa, a contar da entrada em vigor da Lei 13.465/17 (art. 1º da LINDB), acrescido de juros a contar da citação e corrigido a contar do efetivo inadimplemento. Precedente deste E. Tribunal em caso análogo; 11. Inversão dos ônus sucumbenciais. Deve-se, em razão do acolhimento parcial das razões recursais, condenar os réus ao pagamento das despesas processuais e dos honorários advocatícios, arbitrados em 10% (dez por cento) sobre o valor da condenação; 12. Sentença reformada. Recurso parcialmente provido" (TJRJ, Apelação 0022250-50.2018.8.19.0209, 16.ª Câmara Cível, Rel. Des. Marco Aurélio Bezerra de Melo, j. 14.07.2020). Em dezembro de 2020, o Supremo Tribunal Federal fechou o julgamento do RE 695.911-RG/SP, reconhecendo a efetividade da Lei n. 13.465/2017 para dirimir a questão, assim como de leis municipais, observados determinados requisitos. O Pleno do STF, por maioria, fixou as seguintes teses: "É inconstitucional a cobrança por parte de associação de taxa de manutenção e conservação de loteamento imobiliário urbano de proprietário não associado até o advento da Lei nº 13.465/17, ou de anterior lei municipal que discipline a questão, a partir da qual se torna possível a cotização dos proprietários de imóveis, titulares de direitos ou moradores em loteamentos de acesso controlado, que i) já possuindo lote, adiram ao ato constitutivo das entidades equiparadas a administradoras de imóveis ou (ii) sendo novos adquirentes de lotes, o ato constitutivo da obrigação esteja registrado no competente Registro de Imóveis". Ainda que seja possível a cobrança da taxa de manutenção do loteamento, tal contribuição não tem efeito real, mas simplesmente obrigacional e, portanto, não há a obrigatoriedade do pagamento das dívidas pretéritas, conforme pode ser observado no destaque contido no *Informativo* n. *702* do Superior Tribunal de Justiça: "A taxa de manutenção de loteamento urbano cobrada por associação de moradores, prevista no contrato-padrão registrado no Cartório de Imóveis, vincula os adquirentes somente à obrigação de pagar as taxas a partir da aquisição, não abrangendo débitos do anterior proprietário" (REsp 1.941.005/SP, 3.ª Turma, Rel. Min. Ricardo Villas Bôas Cueva, j. 22.06.2021, v.u.). Em agosto de

2022, o STJ confirmou a concepção jurisprudencial traçada ao ensejo da análise dos temas 492 (STF) e 882 (STJ), firmando posição no sentido de que "é inválida a cobrança de taxa de manutenção de loteamento fechado – por administradora constituída sob a forma de associação, de proprietários de lote não associados ou que a ela não anuíram expressamente – às relações jurídicas constituídas antes da entrada em vigor da Lei n. 13.465/2017 ou de anterior lei municipal" (REsp 1.991.508/SP, Rel. Min. Nancy Andrighi, 3.ª Turma, v.u., j. 09.08.2022 – *Informativo* n. *746*, de 29 de agosto de 2022).

REFORMA DO CÓDIGO CIVIL: Ao presente dispositivo sugere-se a inserção de dois parágrafos. O primeiro para prescrever "Ao condomínio edilício poderá ser atribuída personalidade jurídica, para a prática de atos de seu interesse". O segundo reconhece que "são títulos hábeis para o registro da propriedade condominial no competente ofício de registro de imóveis, a escritura de instituição firmada pelo titular único de edificação composta por unidades autônomas e a convenção de condomínio, nos termos dos arts. 1.332 a 1.334 deste Código". As previsões ancoram-se em enunciados do Conselho da Justiça Federal (Enunciados n. 235 e n. 504 da *IV* e *V Jornada de Direito Civil*, respectivamente), e a segunda encontra arrimo no art. 44 da Lei n. 4.591/1964. As duas situações são comentadas *supra*.

Art. 1.333. A convenção que constitui o condomínio edilício deve ser subscrita pelos titulares de, no mínimo, dois terços das frações ideais e torna-se, desde logo, obrigatória para os titulares de direito sobre as unidades, ou para quantos sobre elas tenham posse ou detenção.

Parágrafo único. Para ser oponível contra terceiros, a convenção do condomínio deverá ser registrada no Cartório de Registro de Imóveis.

COMENTÁRIOS DOUTRINÁRIOS: Convenção de condomínio é negócio jurídico de alta densidade normativa, destinado a reger o comportamento dos condôminos e de terceiros frente ao condomínio edilício, complementando as normas jurídicas estatais aplicáveis ao caso. Em resumo, poderíamos dizer que existem quatro correntes de opinião acerca da natureza jurídica da convenção. A primeira aponta para a ideia de um estatuto de associação que não convence pela ausência de *affectio societatis*; para a segunda seria um contrato, posição que atrai adeptos, pois é certa a sua origem negocial, mas, analisando os seus efeitos, verifica-se que ela extrapola os limites de um simples ato negocial; a terceira a compreende como ato normativo, pois obriga os condôminos e terceiros; e a última é a de que a convenção condominial possui natureza mista, pois decorre de um acordo plurilateral, mas ao mesmo tempo obriga os condôminos contemporâneos à sua confecção, condôminos posteriores e, ainda, terceiros como comodatários, locatários e qualquer pessoa que de alguma forma esteja no raio de atuação jurídica do condomínio edilício. Parece-nos que a natureza jurídica da convenção de condomínio é a de um autêntico ato-regra. Na sua formação tem-se um negócio jurídico plurilateral, em que os condôminos deliberarão, por maioria, respeitados a Lei n. 4.591/1964 e o Código Civil, os seus interesses na forma como lhes aprouver. Após o registro da convenção de condomínio, teremos uma regra de direito em que se estabelecerão os direitos e deveres recíprocos dos condôminos, independentemente de estes terem ou não participado na sua elaboração. Outro motivo que aproxima a convenção de uma norma jurídica é a sua normatividade genérica e abstrata, de modo que todas as pessoas que ingressarem na esfera de proteção jurídica da convenção se submeterão ao seu comando. A convenção de condomínio não pode contrariar a lei, mas como esta não pode ser casuística a ponto de particularizar todas as situações possíveis em todos os condomínios, há um grande espaço normativo para o referido ato-regra. A lei não exige unanimidade para a aprovação das propostas que se encontrem no espaço reservado pela norma autorizativa, contentando-se com o voto da maioria dos presentes, desde que se encontre pelo menos a representatividade de dois terços das frações ideais, conforme preconiza o artigo em análise. Sendo ato formal, é da sua substância a assinatura dos titulares de direito sobre as unidades independentes que representem, no mínimo, dois terços das frações ideais. Enquanto não registrada, a convenção já aprovada tem força obrigatória apenas perante os condôminos, possuidores, assim como eventuais detentores das unidades imobiliárias (eficácia *inter partes*). Após o registro no cartório imobiliário competente, ocasião em que se terá formado o condomínio, a convenção adquirirá a força obrigatória perante terceiros, típica dos direitos reais (eficácia *erga omnes*).

JURISPRUDÊNCIA COMENTADA: Os Tribunais têm reforçado a necessidade de que ao ato de instituição do condomínio, advenha o registro de sua convenção a fim de ficar mais claro o regramento que irá prevalecer na relação entre os condôminos e também perante terceiros, como se pode ver nesse significativo trecho de ementa de julgado do Tribunal capixaba: "3. Não basta à concretização da propriedade horizontal apenas o ato de instituição, sendo necessária sua constituição mediante a aprovação da convenção condominial, com a subscrição de titulares de direitos que representem, no mínimo, 2/3 (dois terços) das frações ideais da propriedade, conforme redação prevista no art. 1.333 do Código Civil. 3. A convenção condominial é ato dotado de formalidade e solenidade, uma vez que a Lei exige a forma escrita e o registro no cartório de imóveis, e, para sua aprovação, é necessário um quórum qualificado representado por titulares de direitos que correspondem, no mínimo, a 2/3 (dois terços) das frações ideais que compõem o condomínio. 4. A convenção condominial em questão expressamente determina o rateio das despesas condominiais em conformidade com a fração ideal do terreno de cada unidade. Parâmetro, inclusive, adotado objetivamente pela Lei, do que se conclui não guardar, em si, qualquer arbitrariedade. 5. Como o Condomínio é formado por 12 (doze) condôminos e a Assembleia Geral realizada em 16.01.2016 foi instalada na presença de 10 (dez) condôminos, dos quais apenas 2 (dois) divergiram sobre a forma de rateio das despesas, conclui-se que o estabelecimento do rateio das despesas comuns ordinárias e extraordinárias de acordo com a fração ideal de cada condômino obedeceu ao quórum mínimo para deliberação e inclusive para a alteração dos termos da Convenção Condominial. O pleito de declaração de nulidade de decisão de assembleia que expressamente previu a forma e o critério de rateio das despesas comuns e extraordinárias, não tem respaldo legal" (TJES, APL 0005092-38.2016.8.08.0021, 1.ª Câmara Cível, Rel. Des. Fabio Clem de Oliveira, j. 27.11.2018, *DJES* 10.12.2018).

REFORMA DO CÓDIGO CIVIL: A modificação alvitrada visa complementar o conteúdo do parágrafo único do artigo para o fim de reconhecer que a convenção de condomínio possui eficácia entre os condôminos, independentemente do registro, conforme doutrina e jurisprudência (Súmula n. 260 do STJ).

Art. 1.334. Além das cláusulas referidas no art. 1.332 e das que os interessados houverem por bem estipular, a convenção determinará:

I – a quota proporcional e o modo de pagamento das contribuições dos condôminos para atender às despesas ordinárias e extraordinárias do condomínio;

II – sua forma de administração;

III – a competência das assembleias, forma de sua convocação e *quorum* exigido para as deliberações;

IV – as sanções a que estão sujeitos os condôminos, ou possuidores;

V – o regimento interno.

§ 1º A convenção poderá ser feita por escritura pública ou por instrumento particular.

§ 2º São equiparados aos proprietários, para os fins deste artigo, salvo disposição em contrário, os promitentes compradores e os cessionários de direitos relativos às unidades autônomas.

COMENTÁRIOS DOUTRINÁRIOS: Contanto que a convenção seja reduzida a escrito, a lei permite a sua confecção por instrumento público ou privado. O art. 9º da Lei n. 4.591/1964 foi parcialmente revogado pelo Código Civil, pois no citado dispositivo temos que os promitentes compradores, cessionários ou promitentes cessionários dos direitos pertinentes à aquisição de unidades autônomas podem elaborar a convenção, enquanto que o § 2º desse artigo, lei posterior, ao tratar do tema, dispõe que os proprietários poderão afastar a equiparação legal por meio de disposição de vontade em contrário, excluindo da elaboração da convenção de condomínio, sem lógica, os titulares de direito real de aquisição. A norma civil, além de incoerente, mostra-se perigosa nos condomínios originados pela incorporação imobiliária (art. 28 da Lei n. 4.591/1964), pois é comum nessa forma de aquisição de bens imóveis a utilização da promessa de compra e venda e as sucessivas cessões, figurando como proprietária do bem a própria empresa incorporadora, que poderia, enquanto os condôminos não quitarem as prestações, impor a sua vontade aos demais, em autêntico e condenável abuso do direito, nada obstante a possibilidade de apreciação judicial para reprimir o abuso. Como visto no dispositivo acima, a convenção de condomínio deverá conter, minimamente, os mesmos requisitos da instituição do condomínio previstos no art. 1.332 do Código Civil acima reproduzido, além da quota proporcional e o modo de pagamento das contribuições dos condôminos para atender às despesas ordinárias e extraordinárias do condomínio, sua forma de administração, a competência das assembleias, forma de sua convocação e quórum exigido para as deliberações, as sanções a que estão sujeitos os condôminos, ou possuidores, o regimento interno (art. 1.334 do CC), bem como o modo de usar as coisas e serviços comuns, o modo de escolher o síndico e o conselho consultivo, o modo e o prazo de convocação das assembleias gerais dos condôminos. Em que pese a previsão de tais cláusulas, poderão ainda os condôminos, desde que não vulnerem norma cogente da Lei n. 4.591/1964 ou do Código Civil, deliberar sobre outras situações pontuais, como a utilização e eventual sorteio das vagas de garagens, a presença ou não de subsíndicos, de conselho fiscal, a responsabilidade civil por danos, furto ou roubo aos automóveis no interior do condomínio, dentre outras. Uma vez aprovada, a convenção somente poderá ser alterada mediante a aprovação de dois terços dos votos dos condôminos (art. 1.351 do CC). Para que a convenção de condomínio tenha oponibilidade contra todos, deverá ser registrada no cartório do registro de imóveis competente (art. 1.333, parágrafo único, do CC), mas isso não significa que a falta do registro desonere os condôminos de suas responsabilidades, tendo o Superior Tribunal de Justiça editado a correta Súmula n. 260, com o seguinte teor: "A convenção de condomínio aprovada, ainda que sem registro, é eficaz para regular as relações entre os condôminos". Questão tormentosa é a de saber o limite normativo das convenções e regimentos internos no tocante a cláusulas que não estão proibidas expressamente nas leis de regência, mas que resvalam na ofensa ao sistema como um todo, situando-se em zona cinzenta para a análise dos operadores do direito, como, por exemplo, a obrigatoriedade de não se permitir o ingresso de entregadores de alimentos ou remédios nas dependências do condomínio, exigindo dos condôminos que os atendam na portaria; a exigência de cadastro dos veículos dos condôminos, proibindo as visitas de estacionar no interior do edifício. A questão do aluguel e venda de vagas de garagem a estranhos ao condomínio, que sempre foi uma questão tormentosa, agora já se encontra pacificada com a atual redação do art. 1.331, § 1º, do Código Civil com a redação dada pela Lei n. 10.267/2012, que proibiu a prática, salvo autorização expressa na convenção de condomínio. Dois critérios podem ser utilizados para resolver o impasse entre a legalidade e a ilegalidade de eventual proibição ou restrição contida nos atos normativos do condomínio. O primeiro diz respeito à permissão de todas as regras restritivas que busquem a harmonização da vida condominial e não ofendam diretamente o direito de propriedade. O segundo está ligado à submissão das cláusulas às garantias do cidadão tidas como fundamentais pela Lei Maior. Por exemplo, temos a questão relativa à denominada cláusula de restrição pessoal que visa proibir determinadas pessoas, estabelecidas na convenção previamente, a título de condôminas ou mesmo de possuidoras. Casos como o de jogadores de futebol, políticos, artistas, garotas de programa. Em que pese divergência, somos da opinião de que tal cláusula é nula de pleno direito por ferir o princípio da dignidade humana e se materializar em odiosa discriminação. Ao passo que entendemos pela nulidade da cláusula, aderimos ao pensamento de que é possível, *a posteriori*, observados determinados requisitos, a suspensão e até mesmo a interdição da utilização da unidade autônoma com relação ao condômino que torna insuportável a vida em comum, tema enfrentado por ocasião da análise do art. 1.337 desta codificação civil. Em regra, a inadimplência, ainda que reiterada, não possibilita a privação do condômino de sua unidade autônoma, ressalvada a hipótese prevista no inciso I do parágrafo único do art. 1.358-S do Código Civil que, em situação muito peculiar, na qual o direito do condômino multiproprietário é utilizado como atividade empresarial para auferir lucros em razão da locação da sua fração de tempo, a convenção de condomínio pode outorgar poderes para que a administradora proíba o condômino inadimplente de utilizar o imóvel até a integral quitação da dívida. Nesse caso, na ponderação entre a autonomia privada e esse enérgico meio de coerção que parece vulnerar a proteção constitucional da propriedade privada (art. 5º, inc. XXII, e 170, inc. II), a primeira perspectiva deve prevalecer a bem da subsistência do negócio jurídico com a proteção do legítimo interesse dos outros condôminos multiproprietários adimplentes. Faz-se, no caso, o menor sacrifício possível ao direito do proprietário, pois em caso de quitação da dívida, são restabelecidas em sua inteireza todas as faculdades inerentes ao domínio (art. 1.228, *caput*, do CC). Presente como requisito obrigatório na confecção da convenção de condomínio à luz do disposto no inciso V desse artigo, o regimento interno tem o objetivo de subsidiar a lei e a convenção de condomínio, mas não pode com elas conflitar. Trata-se de um regramento que irá prever situações mais cotidianas do condomínio, permitindo um rápido e democrático entendimento, de vez que se aconselha a afixação do referido documento no átrio do edifício. Pode vir incorporado no bojo da convenção ou em documento próprio, sendo esta a forma mais aconselhável. Disporá o regimento interno, exemplificativamente, sobre a proibição de atividades mercantis no interior do edifício; o horário de silêncio; os dias e horários de mudança; a vedação a que se coloque roupas para secar na janela, que se atirem coisas dos andares, que se entre em trajes de banho pela portaria social; o valor da multa para o caso de transgressão aos seus comandos, dentre outras cláusulas que os condôminos julguem pertinentes. Uma norma regimental típica na finalidade de cuidar das questões do dia a dia e que é bastante comum é a que proíbe os funcionários ou prestadores de serviço dos condôminos do prédio, assim como entregadores ou os próprios funcionários do edifício, de utilizarem o elevador social. Se estiverem carregando mudanças ou volumes consideráveis, não há dúvida da obrigatoriedade da utilização do elevador de serviço que, aliás, serve principalmente para esse fim, mas se não estiverem nessa condição, será lícita a determinação de que não utilizem o elevador social? Em várias capitais do país existem leis proibindo esse tipo de discriminação. No Município do Rio de Janeiro, o art. 1º da Lei n. 3.629/2003 veda "qualquer forma de discriminação em virtude de raça, sexo, cor, origem, condição social, idade, porte ou presença de deficiência e doença não contagiosa por contato social no acesso aos elevadores existentes no Município do Rio de Janeiro". O art. 2º reza que o elevador social se presta para o transporte de pessoas e que estas somente podem ser orientadas a utilizarem o elevador de serviço quando estiverem transportando volumes, cargas, ou em serviços de obras ou reparos e em trajes de banho. Vemos com muito bons olhos a lei municipal, que tem similares em São Paulo, Belém, Campinas, Distrito Federal, Espírito Santo e Recife, entre outras. Há quem defenda inexistir discriminação social na aplicação da regra regimental que faculta a utilização do elevador social por determinadas pessoas, impondo que se sirvam do elevador de serviço as outras, pois haveria apenas o exercício da autonomia privada para disciplinar o uso de uma parte do edifício. Com todas as vênias, parece-nos que a norma regimental é discriminatória e afronta a Constituição Federal, na medida em que segrega o acesso a um lugar em razão da condição social. Vale dizer que se uma empregada doméstica entra no edifício ao lado de uma visita e ambas se dirigem à mesma unidade no edifício, a doméstica seria conduzida ao elevador de serviço e a visita para o elevador social. Essa situação somente deixaria de ser discriminatória se existisse algo fora da condição humana que justificasse o tratamento desigual, como, por exemplo, a empregada chegar ao edifício, vindo do supermercado, portando inúmeras sacolas de compra e a visita não, ou, por outro lado, se a visita estivesse com trajes de banho e a empregada não. Nesse caso, a primeira seria conduzida para o elevador de serviço e a segunda poderia utilizar o elevador que quisesse. Qualquer conclusão diversa dessa, em nosso sentimento, ofende os arts. 3º, IV, e 5º, *caput*, da Constituição Federal. Na redação original do atual Código Civil, a alteração do regimento interno acompanhava o mesmo quórum qualificado de dois terços exigido para a modificação da convenção de condomínio, que é ato jurídico de muito maior importância. Essa previsão, em boa hora, foi revogada pela Lei n. 10.931/2004, que alterou o art. 1.351 do Código Civil, permitindo a alteração do regimento interno mediante maioria simples.

JURISPRUDÊNCIA COMENTADA: O Superior Tribunal de Justiça proibiu cláusula na convenção condominial que possibilitava ao condomínio impedir que o condômino inadimplente utilizasse os elevadores em caso envolvendo uma mulher de certa idade que morava no oitavo andar. Há, no caso, clara ofensa à dignidade da pessoa humana, além de caracterizar odiosa prática de abuso do direito (art. 187 do CC) a ensejar, como sucedeu, reparação por dano moral (REsp 1401815/ES, 3.ª Turma, Rel. Min. Nancy Andrighi, j. 03.12.2013). A mesma Corte enfrentou a validade da polêmica cláusula da convenção condominial que possibilita ao condomínio vedar o acesso do condômino inadimplente às partes comuns do prédio destinadas ao lazer. Após tecer relevantes considerações sobre a presença na ordem jurídica civil de inúmeros mecanismos de coerção ao devedor como as multas passíveis de cominação e a possibilidade atual do exercício da própria execução judicial da dívida (art. 784, VIII, do CPC/2015), referindo que tal cláusula ofende ao direito de propriedade, uma vez que o acesso às partes comuns não decorre da adimplência, mas sim do fato de que, por lei, o titular da unidade imobiliária traz para si o direito inseparável a uma fração ideal do solo e das partes comuns, a que tem direito de utilização (art. 1.331, § 3º, do CC), o Ministro Marco Aurélio Bellizze analisa com sabedoria que essa restrição ofende a dignidade da pessoa humana sem que traga qualquer efetividade ao cumprimento da obrigação inadimplida, devendo, portanto, sucumbir ante à Constituição Federal e às leis do país (*Informativo* n. *588* do STJ de 2016, REsp 1.564.030/MG, Rel. Min. Marco Aurélio Bellizze, j. 09.08.2016).

REFORMA DO CÓDIGO CIVIL: A modificação aqui posta tem o condão de suprir lacunas que se encontram na Lei n. 4.591/1964 (art. 9º, § 3º, *e*, *f*, *g*), incluindo cláusulas obrigatórias na convenção, trazendo com isso maior nível de segurança jurídica e previsibilidade na vida condominial, além de incorporar no texto o conteúdo do Enunciado n. 248 da *III Jornada de Direito Civil*, o qual estabelece que a alteração do regimento interno não necessita ter o mesmo quórum qualificado de 2/3 que se exige para a convenção de condomínio. Por fim, o § 2º passa a deixar claro que a disposicão em contrário é na convenção de condomínio. É conveniente, portanto, a inclusão dos seguintes incisos: "Art. 1.334. [...] III – o modo de escolha do síndico, do subsíndico e do conselho fiscal, com a previsão das suas atribuições, além das já previstas em lei; IV – a competência das assembleias, forma de sua convocação e o quórum exigidos para as deliberações; V – as sanções a que estão sujeitos os condôminos ou os possuidores; VI – o regimento interno cujo quórum de alteração pode ser definido livremente pela convenção [...]. § 2º São equiparados aos proprietários, para os fins deste artigo, salvo disposição em contrário na convenção, os promitentes compradores e os cessionários de direitos relativos às unidades autônomas".

Art. 1.335. São direitos do condômino:

I – usar, fruir e livremente dispor das suas unidades;

II – usar das partes comuns, conforme a sua destinação, e contanto que não exclua a utilização dos demais compossuidores;

III – votar nas deliberações da assembleia e delas participar, estando quite.

COMENTÁRIOS DOUTRINÁRIOS: A norma transcrita assegura o direito do condômino sobre a propriedade exclusiva e sobre a condominial. No primeiro caso, a lei disse menos do que queria, pois ao proprietário é deferido, a teor do que prescreve o art. 1.228 do Código Civil, o poder de reaver a coisa de quem quer que injustamente a possua ou detenha. No segundo caso, temos a característica essencial da copropriedade, que é a utilização das partes comuns, de acordo com a destinação, não excluindo os demais proprietários ou possuidores, sob pena de condenável abuso de direito. Note-se que sabiamente a lei incluiu os compossuidores como titulares do direito recíproco, pois não raro a unidade imobiliária pertencente a alguém pode ter sido dada em locação, comodato, usufruto, dentre outros, e aos referidos possuidores diretos deve ser assegurada a utilização plena do bem comum. Tais direitos dos condôminos não podem ser exercidos abusivamente, sob pena de caracterizar o uso anormal da propriedade, adentrando na seara dos direitos de vizinhança. Outra interessante e controvertida inovação legislativa encontra-se na parte final do inciso III do artigo em comento, pois a previsão da pontualidade no pagamento das cotas condominiais se apresenta como poderoso instrumento coercitivo para o adimplemento da obrigação, tanto assim que diversas convenções de condomínio, na esfera reservada à autonomia da vontade, já previam a cláusula da pontualidade como requisito para votar nas deliberações das assembleias. Entretanto, a lei parece-nos extremamente rigorosa com o condômino inadimplente, pois fica proibido de votar e até de participar, o que é um exagero repudiado pelos Tribunais por violar o direito de defesa, o que permitirá reconhecer inconstitucionalidade parcial no aludido inciso para o fim de somente aplicá-lo no que pertine ao voto, mas não à proibição de participação. Por fim, nada obsta que a convenção estabeleça em sentido contrário, possibilitando ao condômino inadimplente participar e votar nas assembleias, uma vez que a norma destacada não é cogente. O promitente comprador ou cessionário com regular imissão na posse do imóvel e que tenha cientificado o condomínio dessa condição pode exercer os direitos estabelecidos no presente dispositivo legal, conforme já vinha preconizado no art. 9º da Lei n. 4.591/1964.

JURISPRUDÊNCIA COMENTADA: A utilização das partes comuns prevista no inciso II deve ser feita em harmonia com o interesse dos outros condôminos e com a própria destinação do bem, conforme decisão assemblear ou cláusula prevista na Convenção de Condomínio, sendo válida deliberação que "com o intuito de zelar pela coisa comum e pelas normas sociais de convivência", imponha unanimidade para a alteração da fachada externa, conforme artigo 1.336, III, do Código Civil e 10, da Lei n. 4.591/64 (TJSP, APL 1052965-02.2018.8.26.0100, 31.ª Câmara de Direito Privado, Rel. Des. Carlos Nunes, j. 23.10.2018). A colocação de antena externa de operadora de TV a cabo tem sido caracterizada como garantia do "direito de usar área comum desde que não exclua, obstrua ou cause transtorno à utilização dos demais condôminos"

(TJRJ, Apelação 00-22.2015.8.19.0001, 5.ª Câmara Cível, Rel. Des. Claudia Telles de Menezes, *DORJ* 02.08.2018). Em decisão de junho de 2018, o tribunal fluminense reputou como válida cláusula que imponha obrigação de não fazer no sentido de proibir que o proprietário de unidade autônoma não alugue imóvel para turistas pelo AIRBNB (TJRJ, AI 0064628-03.2017.8.19.0000, 19.ª Câmara Cível, Petrópolis, Rel. Des. Valeria Dacheux Nascimento, *DORJ* 25.06.2018). Discordo da perspectiva puramente restritiva adotada no julgado acima. Adiro, nessa ótica, ao bem lançado voto do eminente Ministro Luis Felipe Salomão que no dia 10 de outubro de 2019 deu início ao julgamento dessa questão no sentido de que os condomínios não podem proibir aos proprietários de realizar locação de curta temporada via Airbnb. Sua excelência afastou a conotação de hospedagem prevista na Lei 11.771/2008 que incluiria a prestação de diversos serviços, os quais não se verificam no Airbnb. Destacou, outrossim, que a economia de compartilhamento com a utilização de uma plataforma digital como, por exemplo, o Uber, é uma realidade importante para os interesses do País, com grande soma de investimentos, não sendo razoável a sua proibição, nada obstante possa o condomínio adotar medidas para regular o seu funcionamento, como o cadastramento dos anfitriões na portaria, dentre outras. Na realidade, o contrato não é de hospedagem, mas sim de locação por temporada, nos moldes previstos na Lei n. 8.245/1991, com as diferenças típicas da pós-modernidade trazida pela economia compartilhada via plataforma virtual. O processo que se encontrava com pedido de vista pelo Ministro Raul Araújo, teve o seu julgamento ultimado em abril de 2021, firmando entendimento em sentido contrário, restando vencido o relator que a nosso sentir, esposou o melhor entendimento para essa difícil questão. A ementa é bem clara e ora transcrevemos: "Direito civil. Recurso especial. Condomínio edilício residencial. Ação de obrigação de não fazer. Locação fracionada de imóvel para pessoas sem vínculo entre si, por curtos períodos. Contratações concomitantes, independentes e informais, por prazos variados. Oferta por meio de plataformas digitais especializadas diversas. Hospedagem atípica. Uso não residencial da unidade condominial. Alta rotatividade, com potencial ameaça à segurança, ao sossego e à saúde dos condôminos. Contrariedade à convenção de condomínio que prevê destinação residencial. Recurso improvido. 1. Os conceitos de domicílio e residência (CC/2002, arts. 70 a 78), centrados na ideia de permanência e habitualidade, não se coadunam com as características de transitoriedade, eventualidade e temporariedade efêmera, presentes na hospedagem, particularmente naqueles moldes anunciados por meio de plataformas digitais de hospedagem. 2. Na hipótese, tem-se um contrato atípico de hospedagem, que se equipara à nova modalidade surgida nos dias atuais, marcados pelos influxos da avançada tecnologia e pelas facilidades de comunicação e acesso proporcionadas pela rede mundial da internet, e que se vem tornando bastante popular, de um lado, como forma de incremento ou complementação de renda de senhorios, e, de outro, de obtenção, por viajantes e outros interessados, de acolhida e abrigo de reduzido custo. 3. Trata-se de modalidade singela e inovadora de hospedagem de pessoas, sem vínculo entre si, em ambientes físicos de estrutura típica residencial familiar, exercida sem inerente profissionalismo por aquele que atua na produção desse serviço para os interessados, sendo a atividade comumente anunciada por meio de plataformas digitais variadas. As ofertas são feitas por proprietários ou possuidores de imóveis de padrão residencial, dotados de espaços ociosos, aptos ou adaptados para acomodar, com certa privacidade e limitado conforto, o interessado, atendendo, geralmente, à demanda de pessoas menos exigentes, como jovens estudantes ou viajantes, estes por motivação turística ou laboral, atraídos pelos baixos preços cobrados. 4. Embora aparentemente lícita, essa peculiar recente forma de hospedagem não encontra, ainda, clara definição doutrinária, nem tem legislação reguladora no Brasil, e, registre-se, não se confunde com aquelas espécies tradicionais de locação, regidas pela Lei 8.245/91, nem mesmo com aquela menos antiga, genericamente denominada de aluguel por temporada (art. 48 da Lei de Locações). 5. Diferentemente do caso sob exame, a locação por temporada não prevê aluguel informal e fracionado de quartos existentes num imóvel para hospedagem de distintas pessoas estranhas entre si, mas sim a locação plena e formalizada de imóvel adequado a servir de residência temporária para determinado locatário e, por óbvio, seus familiares ou amigos, por prazo não superior a noventa dias. 6. Tampouco a nova modalidade de hospedagem se enquadra dentre os usuais tipos de hospedagem ofertados, de modo formal e profissionalizado, por hotéis, pousadas, hospedarias, motéis e outros estabelecimentos da rede tradicional provisora de alojamento, conforto e variados serviços à clientela, regida pela Lei 11.771/2008. 7. O direito de o proprietário condômino usar, gozar e dispor livremente do seu bem imóvel, nos termos dos arts. 1.228 e 1.335 do Código Civil de 2002 e 19 da Lei 4.591/64, deve harmonizar-se com os direitos relativos à segurança, ao sossego e à saúde das demais múltiplas propriedades abrangidas no Condomínio, de acordo com as razoáveis limitações aprovadas pela maioria de condôminos, pois são limitações concernentes à natureza da propriedade privada em regime de condomínio edilício. 8. O Código Civil, em seus arts. 1.333 e 1.334, concede autonomia e força normativa à convenção de condomínio regularmente aprovada e registrada no Cartório de Registro de Imóveis competente. Portanto, existindo na Convenção de Condomínio regra impondo destinação residencial, mostra-se indevido o uso de unidades particulares que, por sua natureza, implique o desvirtuamento daquela finalidade (CC/2002, arts. 1.332, III, e 1.336, IV). 9. Não obstante, ressalva-se a possibilidade de os próprios condôminos de um condomínio edilício de fim residencial deliberarem em assembleia, por maioria qualificada (de dois terços das frações ideais), permitir a utilização das unidades condominiais para fins de hospedagem atípica, por intermédio de plataformas digitais ou outra modalidade de oferta, ampliando o uso para além do estritamente residencial e, posteriormente, querendo, incorporarem essa modificação à Convenção do Condomínio. 10. Recurso especial desprovido" (REsp 1819075/RS, 4.ª Turma, Rel. Min. Luis Felipe Salomão, Rel. p/ Acórdão Min. Raul Araújo, j. 20.04.2021, *DJe* 27.05.2021). A Terceira Turma, por unanimidade, palmilhou o mesmo caminho no julgamento do Recurso Especial 1.884.483/PR, tendo como relator o Ministro Ricardo Villas Bôas Cueva (j. 23.11.2021), firmando entendimento no sentido de que o condomínio que possui destinação exclusivamente residencial pode proibir a locação de unidade autônoma por curto período de tempo. Idem, acórdão unânime em 2023, explicitando que: "nos termos da jurisprudência desta Corte, a exploração econômica de unidades autônomas mediante locação por curto ou curtíssimo prazo, caracterizadas pela eventualidade e pela transitoriedade, não se compatibiliza com a destinação exclusivamente residencial atribuída ao condomínio réu" (AgInt nos EDcl no REsp 1.933.270/RJ, Rel. Min. Maria Isabel Gallotti, 4.ª Turma, j. 06.03.2023, *DJe* 10.03.2023). A natureza e os fins econômicos da constituição de um condomínio em *shopping center* podem excepcionar, mediante assembleia ou disposição na convenção condominial, o disposto no inciso II, a fim de que se estabeleça uma ocupação do espaço comum de modo exclusivo por algum condômino, de modo que atenda aos interesses dos lojistas no tocante à captação de clientela. Assim, ocasional cláusula nesse sentido não será forçosamente nula. Essa coerente conclusão foi adotada pelo STJ, como se pode verificar no *Informativo* n. *629*, publicado em 17 de agosto de 2018, em que se destacou que "A cláusula prevista em convenção de condomínio de *shopping center*, permitindo a alguns condôminos – lojistas – o uso, gozo e fruição de áreas comuns, não é, em regra, nula" (REsp 1.677.737/RJ, Rel. Min. Paulo de Tarso Sanseverino, j. 19.06.2018, v.u.). Consoante o disposto no inciso III do artigo aqui tratado, o não pagamento da taxa de reforma regularmente aprovada em assembleia pela maioria dos condôminos impede o condômino inadimplente de votar e discutir as matérias submetidas ao debate e aprovação (TJMS, AC 0825796-88.2016.8.12.0001, 1.ª Câmara Cível, Rel. Des. João Maria Lós, *DJMS* 30.08.2018). A Corte da Cidadania já entendeu que o promitente comprador imitido na posse do imóvel e que tenha dado ciência da promessa ao condomínio tem direito de participar e votar nas assembleias gerais ordinária ou extraordinárias (REsp 1.918.949/RJ, Rel. Min. Ricardo Villas Bôas Cueva, 3.ª Turma, v.u., j. 07.12.2021).

REFORMA DO CÓDIGO CIVIL: A redação desse artigo sempre nos causou perplexidade. Proibir o condômino inadimplente de participar de assembleia é de um rigor excessivo e injustificável se imaginarmos que o tema a ser debatido pode afetar diretamente o interesse do devedor. A situação constrangedora se assemelha à proibição de utilizar área comum que, como já vimos, é vedada ao condomínio. Tal coerção constitui autêntico abuso do direito do credor, que possui diversas possibilidades de exigir o pagamento da prestação. Proibir de votar se justifica, ao passo que vedar a participação atenta contra o próprio regime democrático, ao qual estamos vinculados constitucionalmente. Daí que se propõe a seguinte redação para o inciso III do presente artigo: "Art. 1.335. [...] III – votar nas deliberações da assembleia, estando adimplente com as suas obrigações e os seus deveres perante o condomínio".

REFORMA DO CÓDIGO CIVIL: É sugerida também a inclusão do art. 1.335-A, que aumentaria os espaços para que a convenção restrinja condutas que perturbem a vida condominial, sendo passível de crítica a previsão para a possibilidade de limite de participação do condômino na assembleia, como dito *supra*. Inclui-se também um parágrafo único que atende ao reclamo de diversos setores da sociedade que convivem com a realidade condominial, que vem a ser a possibilidade de a convenção limitar a representação convencional nas assembleias. Lamentavelmente, ocorre várias vezes em que uma única pessoa comparece com vários instrumentos de mandato, colocando em risco a legitimidade das deliberações assembleares. Segue a proposição: "Art. 1.335-A. A convenção poderá limitar o direito de participação e de voto nas assembleias de condôminos que: I – estiverem inadimplentes para com o dever de contribuir para as despesas, ordinárias ou extraordinárias, do condomínio ou de rateio extraordinário aprovado em assembleia, qualquer que seja a sua finalidade; II – estiverem inadimplentes quanto aos valores do reembolso de reparos ou de indenizações a que eles próprios tenham sido condenados a pagar; III – tiverem sido apenados na forma do art. 1.337 deste Código; IV – descumprirem quaisquer dos deveres elencados no art. 1.336 deste Código. Parágrafo único. A convenção poderá, também, limitar a possibilidade de representação convencional dos condôminos nas assembleias".

Art. 1.336. São deveres do condômino:

I – contribuir para as despesas do condomínio na proporção das suas frações ideais, salvo disposição em contrário na convenção;

II – não realizar obras que comprometam a segurança da edificação;

III – não alterar a forma e a cor da fachada, das partes e esquadrias externas;

IV – dar às suas partes a mesma destinação que tem a edificação, e não as utilizar de maneira prejudicial ao sossego, salubridade e segurança dos possuidores, ou aos bons costumes.

§ 1º O condômino que não pagar a sua contribuição ficará sujeito à correção monetária e aos juros moratórios convencionados ou, não sendo previstos, aos juros estabelecidos no art. 406 deste Código, bem como à multa de até 2% (dois por cento) sobre o débito. (Redação dada pela Lei nº 14.905, de 2024)

§ 2º O condômino, que não cumprir qualquer dos deveres estabelecidos nos incisos II a IV, pagará a multa prevista no ato constitutivo ou na convenção, não podendo ela ser superior a cinco vezes o valor de suas contribuições mensais, independentemente das perdas e danos que se apurarem; não havendo disposição expressa, caberá à assembleia geral, por dois terços no mínimo dos condôminos restantes, deliberar sobre a cobrança da multa.

COMENTÁRIOS DOUTRINÁRIOS: O artigo aqui tratado arrola os deveres básicos dos condôminos, sem prejuízo das normas que estejam previstas na convenção e no regimento interno, ressalvadas situações teratológicas ou de ofensa a direito fundamental que somente podem ser analisadas de acordo com o caso concreto. Em regra, eventual contrariedade com a convenção ou com o regimento interno, conduzirá naturalmente o condômino, politicamente, à busca da alteração em assembleia, observando-se o quórum de 2/3 para a convenção e maioria simples para o regimento interno. Passemos a uma análise detalhada dos deveres básicos previstos em lei. O primeiro dever legal é o de contribuir para as despesas do condomínio, na proporção de sua fração ideal. O pagamento da cota condominial, cuja obrigação é *propter rem* (art. 1.345) é de extrema relevância por se destinar à manutenção das partes comuns do edifício, assim como ao pagamento dos salários dos funcionários do condomínio. Essa natureza real do débito condominial imposta pelo dispositivo legal comentado permite a penhora do único imóvel residencial do condômino, afastando a impenhorabilidade do bem de moradia (art. 3º, IV, da Lei n. 8.009/1990). Em caso de cobrança judicial de cota condominial que incida sobre imóvel hipotecado, terá preferência no recebimento o condomínio edilício ao crédito hipotecário por se tratar de obrigação real, aderindo e, portanto, onerando a própria coisa. Por ocasião da entrada em vigor, a norma jurídica que determinava o pagamento da cota condominial em proporção à fração ideal era cogente, modificando radicalmente o sistema que por décadas vigorou na Lei n. 4.591/1964 e ocasionou muitos conflitos, pois além de não admitir disposição em contrário, ainda ligava a fração ideal ao valor do imóvel e não à metragem. Essa situação foi alterada pela Lei n. 10.931/2004, que ressuscitou o modelo anterior, como se depreende da atual redação do inciso I do art. 1.336 e § 3º do art. 1.331 do Código Civil. É possível considerar-se justo que o condômino que tem imóvel maior como, por exemplo, a cobertura, pague mais do que os outros. Contudo, mais justo ainda é deixar essa questão ao talante dos condôminos que, reunidos democraticamente em assembleia, deverão ter maturidade para dispor sobre a questão como melhor lhes aprouver. O quórum para modificar e adequar as convenções antigas ao novo regramento é de 2/3. Está o condômino obrigado a não realizar obras que comprometam a segurança da edificação. Releve-se que tudo o que se estudou sobre o uso anormal da propriedade (arts. 1.277 a 1.281 do CC) e sobre o direito de construir (arts. 1.299 a 1.313 do CC), no capítulo referente aos direitos de vizinhança, se aplica no condomínio em edifícios. A propósito e mais especificamente, dispõe o art. 1.311, *caput,* do Código Civil que: "Não é permitida a execução de qualquer obra ou serviço suscetível de provocar desmoronamento ou deslocação de terra, ou que comprometa a segurança do prédio vizinho, senão após haverem sido feitas as obras acautelatórias". Não deve o condômino, igualmente, alterar a forma e a cor da fachada, das partes e esquadrias externas. Tal disposição deve ser interpretada de forma lúcida, ou seja, não será qualquer alteração que dará azo ao descumprimento da norma, mas apenas aquelas que destoem da arquitetura original da edificação. Aplica-se ao caso a parêmia latina *summa jus, summa injuria*, pois se o intérprete levar a letra fria da lei às últimas consequências, pode encerrar uma gritante injustiça. De fato, a jurisprudência tem admitido pequenas alterações, assim como cartazes com o nome e a atividade do profissional que ocupa a sala, aparelhos de ar-condicionado e, ainda, as grades e telas que visam evitar acidentes. É certo que as telas prejudicam a beleza da fachada do edifício, mas muito mais desagradável seria a queda fatal de um animal de estimação ou de uma criança. O que se visa proibir é aquela obra que destoe da construção original. O quórum para alteração de fachada é controvertido. Isso porque o inciso III do art. 1.336 do Código Civil proíbe a prática, mas não estabelece o quórum necessário para a aprovação da alteração da fachada. Há quem entenda que, no silêncio da lei, deve aplicar-se o art. 1.352 do Código Civil, que prevê que na falta de quórum especial, as deliberações serão aprovadas, em primeira convocação, mediante maioria dos votos dos condôminos presentes que representem pelo menos metade das frações ideais, assim como posicionamento no sentido da necessidade de se observar o mesmo quórum necessário para alterar a Convenção de Condomínio, isto é, 2/3. É grave o ato praticado por condômino ou ocupante que venha a repercutir na harmonia arquitetônica do edifício, pois a fachada de um edifício constitui parte comum deste, justificando-se a adoção do consenso unânime dos condôminos. Por tal motivo e em razão do silêncio do Código Civil é que nos parece cabível a aplicação do art. 10, § 2º, da Lei n. 4.591/1964, que estabelece a possibilidade de alteração da fachada se houver unanimidade entre os proprietários nesse sentido. O inciso IV do art. 1.336 do Código Civil retrata a aplicação específica do uso anormal da propriedade tratado no capítulo dos direitos de vizinhança ao estabelecer que os condôminos devem dar às suas partes a mesma destinação que tem a edificação, e não as utilizar de maneira prejudicial ao sossego, salubridade e segurança dos possuidores, ou aos bons costumes, visando proteger a segurança e a saúde dos vizinhos do edifício. Questão diária nos fóruns tem sido a cláusula na convenção de condomínio que proíbe a presença de animais no interior das unidades autônomas. A questão se encontra, hoje em dia, pacificada na doutrina no sentido de que deve se interpretar a proibição apenas para animal que cause incômodo, provocando interferência prejudicial à segurança, sossego ou saúde. A interpretação literal conduz a conclusões esdrúxulas, como a proibição de um aquário ou de um gato silencioso. Em outro giro, a ausência da cláusula não significa autorização para a permanência de um animal nocivo à segurança, sossego ou saúde das pessoas que compõem a sociedade condominial. Nesse mesmo ângulo de visada foi aprovado na *VI Jornada de Direito Civil* do Conselho da Justiça Federal o Enunciado n. 566, que diz: "A cláusula convencional que restringe a permanência de animais em unidades autônomas residenciais deve ser valorada à luz dos parâmetros legais de sossego, insalubridade e periculosidade". Uma das obrigações mais elementares do condômino é arcar com as despesas do condomínio segundo o valor oriundo do rateio. A inobservância dessa obrigação levará a que o condômino incorra na mora com os consectários deletérios decorrentes da lei e da convenção. O § 1º desse artigo prevê para o atraso no pagamento da cota condominial os juros moratórios máximos de 1% ao mês, se a convenção não dispuser em contrário, e multa de até 2% sobre o débito. Com relação aos juros moratórios, temos que não há possibilidade de uma construção jurídica no sentido de se admitir que a Convenção preveja juros moratórios que excedam a 1% ao mês, apenas pelo fato de a lei se referir à expressão "juros moratórios convencionados", pois tal previsão vulneraria o art. 406 do Código Civil, e se assim não se entender, a situação retratará uma odiosa prática abusiva e contrária à boa-fé objetiva. No sentido do texto é o Enunciado n. 20 da *I Jornada de Direito Civil* do Conselho da Justiça Federal/STJ: "A taxa de juros moratórios a que se refere o art. 406 é a do art. 161, § 1º, do Código Tributário Nacional, ou seja, 1% (um por cento) ao mês". A utilização da Taxa SELIC como índice de apuração dos juros legais não é juridicamente segura, porque impede o prévio conhecimento dos juros; não é operacional, porque seu uso será inviável sempre que se calcularem somente juros ou somente correção monetária; é incompatível com a regra do art. 591 do novo Código Civil, que permite apenas a capitalização anual dos juros; e pode ser incompatível com o art. 192, § 3º, da Constituição Federal, se resultarem juros reais superiores a 12% (doze por cento) ao ano. Vê-se, de logo, que o único fundamento que perdeu a atualidade é a referência ao art. 192, § 3º, da CF, que foi revogado pela Emenda Constitucional n. 32. Com relação à multa por atraso prevê o artigo acima referido a porcentagem máxima de 2% ao mês, adotando o mesmo critério para a relação consumerista, a teor do que prescreve o art. 52, § 1º, da Lei n. 8.078/1990. Revogado se encontra, portanto, o art. 12, § 3º, da Lei n. 4.591/1964, que permitia à convenção de condomínio fixar a multa por atraso no pagamento da cota condominial em até 20%. Pelo menos duas indagações surgiram no sentido de que se equiparasse a cláusula penal para o atraso do consumidor com a cláusula penal do débito condominial. São elas: (1ª) como o condomínio é um grande consumidor de produtos e serviços na qualidade de destinatário final (art. 2º da Lei n. 4.591/1964), não seria isonômico que cobrasse do condômino uma multa de até 20% e pagasse aos seus credores e fornecedores a multa de 2%, prevista no Código de Defesa do Consumidor; (2ª) a grandiosidade de alguns condomínios com a disponibilização de vários serviços, poderia, em alguns casos, converter o condomínio em um fornecedor de serviços e o condômino, por lógica, em consumidor. Apesar de conhecer as duas teses pela defesa consistente e combativa da Defensoria Pública do Estado do Rio de Janeiro, não nos parece razoável a alteração legislativa, pois se a pontualidade no pagamento da cota condominial não for dotada de uma coerção séria, é possível que maus condôminos apostem na inadimplência, colocando em risco compromissos sérios como, por exemplo, o salário dos empregados do edifício ou o reparo de uma peça indispensável nos elevadores do prédio. Na mesma linha de raciocínio e apresentando uma solução mais razoável para o impasse acerca do montante máximo para a multa no caso de inadimplemento da obrigação de pagar a cota condominial, tivemos a oportunidade de votar a favor do Enunciado n. 96 que se propõe a ser indicativo de alteração legislativa, aprovado na *I Jornada de Direito Civil* do Conselho da Justiça Federal: "Art. 1.336, § 1º O condômino que não pagar sua contribuição ficará sujeito aos juros moratórios convencionados ou, não sendo previstos, de um por cento ao mês, e multa de até 10% sobre o débito". Lamentavelmente, em 2004, a Presidência da República vetou a parte do projeto de lei que deu origem à Lei n. 10.931/2004. O projeto melhorava o tratamento jurídico da multa por atraso na cobrança de cota condominial e que continha a seguinte redação: "Art. 1.336, § 1º O condômino que não pagar a sua contribuição ficará sujeito aos juros moratórios convencionados, ou, não sendo previstos, o de um por cento ao mês e multa sobre o débito aplicada progressiva e diariamente à taxa de 0,33% (trinta e três centésimos por cento) por dia de atraso, até o limite estipulado pela Convenção do Condomínio, não podendo ser superior a dez por cento". Atitude corriqueira tem se verificado com relação à cobrança de cota condominial. O condomínio estabelece uma data para o pagamento da cota condominial (dia 10) e estipula que se o condômino pagar, exemplificativamente, com cinco dias de antecedência (dia 5), terá um desconto de 15%, e se pagar com dez dias de antecedência (dia 1), obterá um abono-pontualidade de 25%. Tal medida encerra uma odiosa fraude à lei. Com efeito, o inciso I do art. 1.336 estabelece que o condômino é obrigado a ratear as despesas do condomínio segundo a sua fração ideal, nem mais nem menos, salvo a constituição de fundo de reserva, que tem natureza excepcional. No mesmo sentir, a previsão do art. 12, *caput*, da Lei n. 4.591/1964, dispondo que o condômino "concorrerá nas despesas do condomínio, recolhendo nos prazos previstos na Convenção, a quota-parte que lhe couber em rateio". Ora, o condômino, como qualquer devedor, tem direito de saber o exato *quantum debeatur*, mormente quando este é o produto matemático do rateio das despesas do condomínio. Outra grave agressão à lei é a burla no tocante ao limite da cláusula penal moratória, tendo em vista a real possibilidade de se criar uma cláusula penal que exceda ao limite previsto em lei. O mais grave é que esse ilegítimo expediente está sendo utilizado em várias relações jurídicas, inclusive as que envolvem educação e saúde, direitos básicos do cidadão. Essa situação é conhecida como abono-pontualidade ou sanção premial, muito praticada em períodos de hiperinflação. Nesse sentido, restou aprovado na *V Jornada de Direito Civil* do Conselho da Justiça Federal o Enunciado n. 505, redigido nos seguintes termos: "É nula a estipulação que, dissimulando ou embutindo multa acima de 2%, confere suposto desconto de pontualidade no pagamento da taxa condominial, pois configura fraude à lei (Código Civil, art. 1.336, § 1º), e não redução por merecimento". Importa que seja assinalado que se o abono-pontualidade não retratar fraude à lei, será reputado como cláusula válida. Pela redação do art. 2.035 do Código Civil, a norma referida acima teria incidência imediata, independentemente do previsto nas convenções condominiais elaboradas sob a égide do direito anterior, em que era possível uma cláusula penal moratória de até 20%. Com efeito, a indigitada disposição transitória prevê a possibilidade de os efeitos que se produzirem após a vigência da atual codificação a ele se subordinarem, como seria o caso de o condômino que estivesse em mora após a vigência da lei. Para defendermos o nosso ponto de vista nos parece importante observar a natureza jurídica da convenção de condomínio. De efeito, o referido pacto condominial tem natureza de ato-regra, pois na sua confecção é autêntico negócio jurídico plurilateral, em que os condôminos deliberam o que lhes parecer mais favorável, e após o registro, este se assemelha a uma regra de direito em face da generalidade e da obrigatoriedade *ultra partes* de que se reveste. Pela natureza da convenção de condomínio, firme no art. 5º, XXXVI, da Constituição da República a dispor que a lei não poderá prejudicar o ato jurídico perfeito, e no art. 6º, § 1º, da Lei de Introdução às Normas do Direito Brasileiro, que define o ato jurídico perfeito, entendemos que a presente regra não poderá atingir as convenções de condomínio elaboradas sob a égide da Lei de condomínios (art. 12, § 3º, da Lei n. 4.591/1964). Entender de forma diferente é malferir a Lei Maior. É bem verdade que em algumas situações relativas à mudança das regras para o reajuste do aluguel, o Supremo Tribunal Federal não entendeu que a norma era inconstitucional, sob o argumento de que as normas de ordem pública se aplicam imediatamente e não ofendem o ato jurídico perfeito, mas não se aplica ao caso vertente, que trata de questão exclusivamente patrimonial. Concluindo, temos que a regra anotada somente se aplica para os condomínios edilícios, cujas convenções tenham sido celebradas após o dia 11 de janeiro de 2002, data de publicação do Código Civil, pois em se tratando de norma cogente, se faz obrigatória com a publicação e não com o término da *vacatio legis* em 12 de janeiro de 2003. A despeito desse posicionamento, somos forçados a reconhecer que a jurisprudência e a doutrina de modo uniforme adotaram o posicionamento da incidência imediata, estando pacificada essa posição. O protesto da cota condominial, ainda que não muito usual, pode ser utilizado como um mecanismo mais efetivo de cobrança a fim de evitar a necessidade da demanda judicial. No âmbito do Estado do Rio de Janeiro, essa possibilidade encontra-se positivada na Lei n. 5.373/2009, que alterou a Lei n. 3.350/1999. Além da legislação do Estado do Rio de Janeiro, citada aqui como exemplo, o fato é que o art. 1º da Lei n. 9.492/1997 estabelece que "protesto é o ato formal e solene pelo qual se prova a inadimplência e o descumprimento de obrigação originada em títulos e outros documentos de dívida". A literalidade da norma possibilita depreender que a dívida condominial se encaixa perfeitamente nesse texto. Para a efetivação sem riscos dessa possibilidade, dois cuidados devem ser tomados. O primeiro é o profissionalismo na administração do condomínio, no sentido da formalização das atas de assembleia, orçamentos, buscando sempre a elaboração de documentos que traduzam liquidez e certeza, além de manter sempre o cadastro dos moradores atualizado a fim de evitar protestos indevidos, o que poderia acarretar ações pleiteando dano moral contra o condomínio. O segundo é contar o condomínio com uma assessoria jurídica adequada a fim de aferir se a documentação possui as características aptas ao protesto, visando a maior garantia na recuperação dos créditos. Nos termos do art. 784, inciso X, do CPC/2015, poderá o condomínio valer-se da via executiva para a satisfação do crédito referente às contribuições ordinárias ou extraordinárias, previstas na convenção condominial ou aprovadas em assembleia geral, "desde que documentalmente comprovadas". Considerando o requisito previsto para a caracterização do título executivo extrajudicial, conclui-se que na eventual ausência de comprovação documental satisfatória, franqueada estará a ação de cobrança de cota condominial, que tomava o procedimento sumário, *ex vi* do art. 275, II, *b*, do Código de Processo Civil/1973, mas, por não encontrar correspondência no CPC/2015 – inexistindo nesta Lei a distinção de ritos ordinário e sumário –, a partir da vigência deste Diploma Processual, seguirá o procedimento comum. Com relação ao descumprimento dos incisos II a IV, qualquer condômino, assim como o condomínio, terá legitimidade para propor ação de nunciação de obra nova, se a obra não estiver concluída, ou ação demolitória, se a mesma já se findou, que seguirão, igualmente, o procedimento comum. Deste modo, a tutela judicial do condômino-credor é feita mediante o ajuizamento de execução (art. 784, inciso VIII) ou da ação de cobrança pelo procedimento comum (art. 318 do Código de Processo Civil/2015), mas também é cabível a utilização do protesto. Importa destacar que nenhuma forma de constrangimento abusivo do condômino a fim de forçá-lo a quitar as cotas condominiais em atraso será tolerada, como, por exemplo, apontar ostensivamente o nome dos devedores de cotas condominiais na entrada do edifício ou no *hall* dos elevadores. Fundamenta-se a proibição na proteção da dignidade da pessoa humana e na vedação ao abuso do direito previsto no art. 187 do Código Civil. Por fim, o prazo prescricional para a cobrança de cota condominial será de cinco anos, na forma do art. 206, § 5º, inc. I, do Código Civil, pois a dívida cobrada é líquida e é oriunda de instrumento público ou particular. A convenção deverá prever o valor máximo da multa por infração às indigitadas obrigações. Prevê a lei que não poderá ser superior a cinco vezes o valor da cota condominial. Se não houver disposição expressa na convenção, os condôminos deverão se reunir em assembleia e deliberar especificadamente sobre a infração, evitando-se tratar o tema na pauta genérica dos assuntos gerais. O quórum a ser observado é o de dois terços, salvo estipulação em contrário na convenção. A inobservância do quórum e a impossibilidade de o condômino apenado ser convocado corretamente com possibilidade de defesa acarretam o reconhecimento judicial da nulidade da sanção. Em que pesem respeitáveis opiniões em contrário, parece-nos que o atraso no pagamento não pode ensejar a aplicação de outro tipo de multa que não seja a de 2% sobre o valor da cota condominial prevista no § 1º do art. 1.336 do Código Civil. A multa prevista no § 2º desse artigo envolve comportamentos contrários à boa convivência no condomínio, como o de desrespeito ao sossego dos demais condôminos, estacionamento de veículos automotores em local indevido ou em desrespeito às normas do condomínio, danos causados nas áreas comuns, alteração das partes externas do prédio, dentre outras práticas. Ainda que sejamos favoráveis à tese de que a multa por impontualidade no pagamento da cota condominial deveria ter poder coercitivo maior com a fixação em 10% e não 2% sobre o valor da cota, fato que contribui para fomentar a inadimplência, somos refratários a que se utilize o critério da multa de até cinco vezes o valor da cota condominial ou até mesmo a regra do condômino nocivo ou antissocial do art. 1.337 do Código Civil para o caso de inadimplemento reiterado. Essa construção jurídica, a nosso sentir, retrata hipótese de fraude à lei, sendo, portanto, nula de pleno direito a teor do inciso VI do art. 166 do Código Civil. As multas cobradas poderão ser cumuladas com eventuais perdas e danos, tendo em vista que as causas geradoras do dever de pagar não se confundem.

JURISPRUDÊNCIA COMENTADA:

A importância social da satisfação perante o condomínio das despesas condominiais, a par de ser obrigação *propter rem* (art. 1.345, CC), goza de prevalência em relação a outras dívidas de mesma natureza, como se pode verificar na Súmula n. 276 da jurisprudência do Tribunal de Justiça do Estado do Rio de Janeiro: "O crédito tributário prefere ao condominial e este ao hipotecário". No que se afina com a Súmula n. 478 do Superior Tribunal de Justiça: "Na execução de crédito relativo a cotas condominiais, este tem preferência sobre o hipotecário". O inciso I retrata uma norma jurídica cogente no sentido de assumir, por rateio com os demais condôminos, as despesas do condomínio, delegando aos condôminos a tarefa de discutir quais as partes comuns do prédio que comportam utilização exclusiva e quem seriam os condôminos indicados para arcar exclusivamente com as despesas. A referida perspectiva foi adotada pelo Órgão Especial do TJRJ que, ao julgar incidente de uniformização de jurisprudência envolvendo o dever de arcar com despesas de transporte coletivo de ônibus, decidiu acertadamente, por unanimidade, que "a despesa pelo serviço de transporte coletivo prestado a condomínio pode ser objeto de rateio obrigatório entre os condôminos, desde que aprovado em assembleia, na forma da convenção" (Incidente de Uniformização de Jurisprudência 0422486.52.2013.8.19.0001, j. 27.06.2016). Em caso no qual o condômino ficou sem pagar a cota condominial durante 14 anos, o Tribunal de Justiça do Distrito Federal aplicou o instituto da *supressio*, decidindo que somente haveria o dever de pagar após a notificação de tal encargo e com relação ao valor cobrado dali em diante. Discordamos do resultado, pois a nosso sentir, deveria apenas ser observada a prescrição quinquenal da obrigação e, quando muito, pela *supressio*, retirar os encargos da mora como juros e multas (TJDF, Proc. 0027.95.9.152016-8070001, Ac. 107.0703, 1.ª Turma Cível, Rel. Des. Simone Lucindo, j. 31.01.2018). A Primeira Câmara Cível do Tribunal de Justiça do Estado do Rio de Janeiro decidiu que "a revogação unilateral de procuração dada aos causídicos contratados pelo Condomínio não tem o condão de afastar a responsabilidade do condômino pelas obrigações firmadas em Assembleia em prol do coletivo", destacando que os contratos de honorários advocatícios firmados pelo condomínio configuram interesses comuns, cujo rateio das despesas extraordinárias decorrentes do mandato foi objeto de aprovação em assembleia condominial não impugnada, gerando a "obrigação do condômino de contribuir com as despesas do condomínio. Aplicação do artigo 1.336, I, do CC/02 e do artigo 12 da Lei n. 4.591/64" (TJRJ, APL 0010022-77.2017.8.19.0209, 1.ª Câmara Cível, Rio de Janeiro, Rel. Des. Sérgio Ricardo de Arruda Fernandes, *DORJ* 20.12.2018). Os Tribunais têm entendido que a colocação de telas ou grades de proteção nas janelas da unidade habitacional não configura alteração de fachada (TJSP, Apelação Cível 209582-13.2009.8.26.0006, 9.ª Câmara de Direito Privado, Rel. Des. Grava Brazil, j. 19.06.2012). Por outro lado, é permitido ao condomínio edilício que estabeleça na convenção de condomínio ou em assembleia modelo de janela ou mesmo de tela de proteção a fim de manter a estrutura arquitetônica e não configurar alteração de fachada em violação ao inciso II deste artigo (TJSP, Apelação 1006744-33.2014.8.26.0477, 27.ª Câmara de Direito Privado, Rel. Des. Ana Catarina Strauch, j. 05.09.2017). O entendimento acerca da validade da cláusula que veda a presença de animais nas unidades autônomas tem seguido a orientação acima delineada no sentido de que somente seria proibida a presença de animais que coloquem em risco o sossego, a segurança ou a saúde dos outros condôminos, como se pode perceber da leitura dessa ementa: "Apelação cível. Condomínio. Ação declaratória de cláusula condominial que veda a permanência de animais de estimação dentro das unidades habitacionais autônomas. Cães de pequeno porte. Ausência de indicativos de que os cães causem incômodo, perigo ou risco de saúde à coletividade. Sentença mantida. Condomínio. Convenção Condominial é o estatuto que regulamenta os interesses dos condôminos, ditando as regras gerais e específicas de uso e de convívio não sendo, entretanto, absoluta devendo ser analisada em sua interpretação teleológica, ou seja, em harmonia à ordem pública, à boa-fé, aos princípios gerais do direito. Animais de estimação. A finalidade da norma proibitiva de animais dentro das unidades autônomas de um condomínio é, em última análise, evitar riscos à segurança e ao sossego dos condôminos, em consonância ao disposto no art. 19 da Lei n. 4.591, devendo ser analisado caso a caso. Caso. A situação dos autos conduz à certeza de que os animais são dóceis, domesticados, sendo de pequeno, encontram-se saudáveis, vacinados, vermifugados, com controle de ectoparasitas em dia e de forma alguma perturbam o sossego do condomínio ou causam qualquer tipo de incômodo com os vizinhos. Sentença mantida. Negaram provimento ao apelo. Unânime" (TJRS, Apelação Cível 70070817523, 17.ª Câmara Cível, Rel. Giovanni Conti, j. 29.09.2016). Contudo, ainda há entendimentos literais equivocados que aplicam a cláusula de forma literal, o que, como dito, nos parece equivocado: "Direito civil. Criação de animais domésticos em unidades residenciais de condomínio. Normas internas proibitivas. Prevalência da vontade da maioria. Sentença mantida. 1. Nos termos do art. 1.333 do Código Civil, a convenção que constitui o condomínio edilício deve ser subscrita pelos titulares de, no mínimo, dois terços das frações ideais e torna-se, desde logo, obrigatória para os titulares de direito sobre as unidades, ou para quantos sobre elas tenham posse ou detenção. 2. O ordenamento jurídico contempla a prevalência do direito da maioria quando em contraposição a postulações minoritárias que não tenham conotação jurídica de proteção à identidade, à consciência e a valores étnicos de minorias. 3. Havendo nas previsões normativas internas condominiais disposições proibitivas e restritivas à criação de animais domésticos, afigura-se afronta à vontade da maioria a permanência de cães em unidades residenciais. Apelação Cível desprovida" (TJDF, Proc. 07090.05-22.2017.8.07.0007, Ac. 114.1604, 5.ª Turma Cível, Rel. Des. Ângelo Passareli, j. 05.12.2018). Aguarda-se a consolidação do entendimento de que a proibição genérica sem aferição da efetiva nocividade do animal reste pacificada a partir de decisão da Terceira Turma do STJ que consolidou a compreensão segundo a qual "é ilegítima a restrição genérica contida em convenção condominial que proíbe a criação e guarda de animais de quaisquer espécies em unidades autônomas" (REsp 1.783.076/DF, 3.ª Turma, Rel. Min. Ricardo Villas Bôas Cueva, j. 14.05.2019, v.u., *Informativo* n. 649, de 2019). Em ação de obrigação de fazer ajuizada pelo Condomínio Edilício, a 25.ª Câmara de Direito Privado do Tribunal de Justiça do Estado de São Paulo entendeu pela aplicação da proibição do *venire contra factum proprium* em caso no qual um condômino construiu cobertura de garagem em desacordo com o padrão deliberado em assembleia condominial, o que contrariava os modelos previstos na convenção de condomínio e adotados por outros condôminos. O condomínio agiu, de fato, de modo contraditório ao admitir outras coberturas de garagem nos moldes da convenção de condomínio, pretendendo proibir apenas a do réu que igualmente não comprometia a edificação (art. 1.336, II). Além do que a assembleia não deve prevalecer aqui, pois deveria ter quórum de 2/3, mínimo para alteração da convenção (Apelação 1001159-52.2018.8.26.0576, Rel. Des. Hugo Crepaldi, j. em 18.12.2018). A prática abusiva acima destacada do abono-pontualidade tem sido proibida pelos Tribunais. Nessa toada, confira-se a Súmula n. 36 do Tribunal de Justiça do Estado do Rio de Janeiro: "Cota condominial – Desconto para pagamento antecipado – Multa. O desconto por pagamento antecipado da cota condominial embute multa, que não admite aplicação de outra e, muito menos, de percentual acima de 20%

como previsto na Lei n. 4.591/64". A tese da incidência imediata no atual Código Civil se encontra, há muito pacificada, na jurisprudência como se pode depreender da leitura da ementa abaixo: "Multa. Atraso. Quota. Condomínio. O Tribunal *a quo*, tal como determinava a convenção do condomínio (lastreada no art. 12, § 3º, da Lei n. 4.591/1964), manteve no patamar de 20% a multa pelo atraso no pagamento das quotas condominiais, mesmo aquelas vencidas após a vigência do CC/2002. Sucede que se cuida de obrigação periódica, renovada todo mês, e o art. 1.336, § 1º, do novo Código Civil revogou, por incompatibilidade, o referido artigo da Lei n. 4.591/1964. Assim, a regra convencional baseada no dispositivo revogado perde respaldo, a impor que aquelas parcelas vencidas após a nova ordem devem obedecer ao patamar de 2%, como previsto expressamente no retrocitado artigo do novo estatuto civil. Precedente citado" (4.ª Turma, REsp 663.285/SP, *DJ* 14.02.2005; REsp 677.344/SP, Rel. Min. Jorge Scartezzini, j. 02.05.2006). A Terceira Turma do Superior Tribunal de Justiça condenou determinado condomínio edilício a compensar pecuniariamente por dano moral condômina em mora que, residindo no oitavo andar, fora proibida por deliberação assemblear a se utilizar do elevador até que pagasse as cotas condominiais em atraso (REsp 1401815/ES, 3.ªTurma, Rel. Min. Nancy Andrighi, j. 03.12.2013). Ainda que proposta de enunciado que fizemos sobre a ilicitude de cláusula que, em razão do inadimplemento, impossibilite o condômino de frequentar áreas comuns – como a de lazer, por exemplo –, em agosto de 2019, o *Informativo* n. *651* do STJ ratificou a compreensão acima no sentido de que "é ilícita a disposição condominial que proíbe a utilização de áreas comuns do edifício por condômino inadimplente e seus familiares como medida coercitiva para obrigar o adimplemento das taxas condominiais" (REsp 1.699.022-SP, 4.ª Turma, Rel. Min. Luis Felipe Salomão, j. 28.05.2019, v.u.). Com relação ao prazo prescricional para a cobrança da cota condominial, a Segunda Seção do STJ fixou a tese de que "na vigência do Código Civil de 2002, é quinquenal o prazo prescricional para que o condomínio geral ou edifício (horizontal ou vertical) exercite a pretensão de cobrança da taxa condominial ordinária ou extraordinária constante em instrumento público ou particular, a contar do dia seguinte ao vencimento da prestação" (REsp 1.483.930, 2.ª Seção, Rel. Min. Luis Felipe Salomão, j. 23.11.2016). Na linha do que sustentamos acima, a Desembargadora Renata Cotta, do Tribunal do Estado do Rio de Janeiro, manteve monocraticamente sentença de primeiro grau no caso em que um condômino estava sendo acusado de estacionar a sua motocicleta em local inapropriado. Entendeu Sua Excelência que "malgrado tenha restado incontroverso o estacionamento da motocicleta do demandado na área comum do condomínio, a assembleia aventada pelo condomínio-demandante como fundamento da proibição e, consequentemente, da aplicação da multa, não observou o quórum necessário para deliberação de tal questão e tampouco foi convocada com esse objetivo, sendo decidida a questão quando tratados os 'assuntos gerais' de modo que insubsistente a cobrança ora suscitada" (TJRJ, Apelação Cível 148067-94.2003.8.19.0001, 3.ª Câmara Cível, j. 19.03.2013). Conforme dito acima, o art. 784, X, do atual Código de Processo Civil autoriza o condomínio edilício a valer-se da ação de execução por título extrajudicial para cobrar as contribuições ordinárias ou extraordinárias, desde que documentalmente comprovadas. A questão coloca-se de simples solução em relação às cotas condominiais vencidas, mas cabe a indagação acerca das vincendas no curso da execução. Atenta aos princípios da efetividade e da economia processual e com fincas nos arts. 323 do Código de Processo Civil – que permite a inclusão de parcelas vincendas no curso do processo, aqui aplicado analogicamente no processo de execução – e 780 da mesma lei, que possibilita a cumulação de várias execuções, "ainda que fundadas em títulos diferentes, quando o executado for o mesmo e desde que para todas elas seja competente o mesmo juízo e idêntico o procedimento", a Quarta Turma do Superior Tribunal de Justiça teve ocasião de decidir que "é possível a inclusão de parcelas vincendas na execução de título extrajudicial de contribuições ordinárias ou extraordinárias de condomínio edilício, desde que homogêneas, contínuas e da mesma natureza" (REsp 1.835.998/RS, Rel. Min. Luis Felipe Salomão, j. 26.10.2021, v.u.).

REFORMA DO CÓDIGO CIVIL: No § 1º, a sugestão de alteração diz respeito às consequências da mora do condômino no pagamento das despesas condominiais. Há um reclamo antigo e justificado pelo equívoco da ínfima cláusula penal moratória, assim como insegurança jurídica com relação aos juros moratórios e, ainda, acerca da abusiva prática do abono-pontualidade ou sanção premial. Por tal motivo, apontou a Subcomissão de Direito das Coisas, na justificativa ao texto, o que se segue: "A cláusula penal de dois por cento para uma obrigação relevante como a de pagar cota condominial que justifica até mesmo o afastamento da proteção do bem de família leva a que esta obrigação acessória não cumpra o seu papel coercitivo para o adimplemento. O fato é que houve uma confusão entre a estabilidade econômica que havia no ano dos últimos debates no Congresso Nacional e utilizaram o critério adotado no Código de Defesa do Consumidor. E há aí duas incorreções: a primeira é que cláusula penal nada tem a ver com atualização da obrigação. e a segunda, pois condômino não é contratante vulnerável como o consumidor à luz da lei e da Constituição Federal. Essa orientação, inclusive, justificou a aprovação do enunciado modificativo 96 (2002), o qual propunha cláusula penal de 10%. Há vinte anos que a comunidade jurídica e os outros atores que lidam com os condomínios aguardam essa modificação em razão do aumento da inadimplência. Com relação aos juros moratórios, o ideal é que sejam legais e não convencionados a fim de evitar fraude à lei com relação ao valor exato da sanção pecuniária em razão do inadimplemento. A inclusão da vedação ao abono-pontualidade já foi registrada no Enunciado 505 da *V Jornada de Direito Civil*, tendo em vista a sua potencialidade para fraudar a lei no tocante ao verdadeiro valor que deve pagar o condômino impontual". No § 2º, há a perspectiva de regulamentação das condições para locação do imóvel, no âmbito do condomínio residencial, em curtos intervalos de tempo, com destaque para a utilização das conhecidas plataformas digitais de hospedagem. Aqui, fiquei vencido no âmbito da Subcomissão de Direito das Coisas compostas de quatro integrantes, pois entendia que essa locação de curtíssima temporada via plataforma digital deveria ser autorizada ao condômino, salvo vedação expressa na convenção. Os demais colegas entenderam o contrário, isto é, que tal prática estaria vedada, salvo autorização expressa, como se pode ver na redação a seguir. Vamos aguardar a última palavra, que é a do parlamento. Digno de nota também é a melhoria e maior alcance e esclarecimento na redação dos deveres do condômino. Segue a sugestão de modificação para análise do leitor: "Art. 1.336. São deveres do condômino: [...] III – não alterar a forma e a cor da fachada, das partes e das esquadrias externas nem pendurar, permanentemente, objetos nas janelas, a não ser que autorizados pela convenção a fazê-lo e desde que pelo lado interno de sua unidade; IV – dar às suas partes a mesma destinação que tem a edificação; V – não utilizar as unidades de maneira prejudicial ao sossego, salubridade e segurança dos possuidores; VI – não permitir a entrada de pessoas em sua unidade, que tenham sido apenadas na forma do art. 1.337 deste Código e seus parágrafos; VII – reembolsar o condomínio a propósito de danos que, por omissão ou ação sua, causar à estrutura do edifício ou às coisas comuns; VIII – noticiar o condomínio sobre ter alienado a unidade, sob pena de continuar a responder pelas despesas condominiais. § 1º Nos condomínios residenciais, o condômino ou aqueles que usam sua unidade, salvo autorização expressa na convenção ou por deliberação assemblear, não poderão utilizá-la para fins de hospedagem atípica, seja por intermédio de plataformas digitais, seja por quaisquer outras modalidades de oferta. § 2º O condômino que não pagar os valores do rateio ordinário ou extraordinário de despesas, ou aquele que não fizer o reembolso de valores a que foi condenado a pagar ao condomínio, a qualquer título, ficará sujeito aos juros moratórios convencionados ou, não sendo previstos, aos juros estabelecidos no art. 406 deste Código, bem como à multa de até dez por cento sobre o débito, sendo vedada a estipulação de cláusula de desconto em razão da antecipação de pagamento. § 3º O condômino que não cumprir quaisquer dos deveres estabelecidos nos incisos I a VII, pagará a multa prevista no ato constitutivo ou na convenção condominial, não podendo ser superior a cinco vezes o valor de suas contribuições mensais, independentemente das perdas e danos que se apurarem; não havendo disposição expressa, caberá à assembleia geral, por dois terços no mínimo dos condôminos presentes na assembleia, deliberar sobre a cobrança da multa".

REFORMA DO CÓDIGO CIVIL: Há também a previsão de impor deveres condominiais a todos que se inserirem na esfera jurídica do condomínio: "Art. 1.336-A. Estão sujeitos às mesmas disposições do artigo antecedente todos os que, por ordem, por concessão ou autorização do proprietário ou por titularidade de direito real sobre coisa alheia, habitam, usam ou fruem a unidade, a qualquer título".

Art. 1.337. O condômino, ou possuidor, que não cumpre reiteradamente com os seus deveres perante o condomínio poderá, por deliberação de três quartos dos condôminos restantes, ser constrangido a pagar multa correspondente até ao quíntuplo do valor atribuído à contribuição

para as despesas condominiais, conforme a gravidade das faltas e a reiteração, independentemente das perdas e danos que se apurem.

Parágrafo único. O condômino ou possuidor que, por seu reiterado comportamento antissocial, gerar incompatibilidade de convivência com os demais condôminos ou possuidores, poderá ser constrangido a pagar multa correspondente ao décuplo do valor atribuído à contribuição para as despesas condominiais, até ulterior deliberação da assembleia.

COMENTÁRIOS DOUTRINÁRIOS: Inova a codificação atual com a previsão do presente artigo, trazendo duas noções jurídicas até então inexistentes no sistema jurídico pátrio: o condômino nocivo e o antissocial. A lei aqui se preocupa com o procedimento abusivo do condômino que com o seu comportamento reprovável coloca em risco todo o corpo social do condomínio, por vezes gerando incompatibilidade de convivência. O Código centra todas as suas atenções na reprimenda patrimonial, firme na ideia de que ao atingir o bolso do condômino ou possuidor, este mudará a postura reprovável. O pagamento da multa prevista no *caput* do artigo mencionado é hipótese mais branda, pois cuida apenas do condômino ou possuidor que sistematicamente desatende aos comandos da lei e/ou da convenção de condomínio, ao qual denominaremos de condômino nocivo. Esse descumprimento reiterado poderá ensejar a cobrança de cinco vezes o valor da cota condominial, segundo critérios estabelecidos na própria convenção, sem prejuízo de eventuais perdas e danos experimentados pelo condomínio. Imagine-se a hipótese de condômino que já pagou várias vezes a multa simples, arbitrada em função das festas que realiza todas as segundas-feiras e adentram a madrugada com uma poluição sonora incompatível e insuportável para os moradores. Já a previsão do parágrafo único é muito mais séria. Aqui, o comportamento do condômino ou possuidor é tão grave que torna a convivência insuportável, ao qual denominaremos de condômino antissocial, como seria o caso de uma pessoa que tivesse dois cães ferozes no interior da unidade imobiliária e, em função desse fato, já houvesse pagado toda a sorte de multas ao condomínio e continua mantendo a mesma postura abusiva. Para o caso, a lei prevê multa correspondente ao décuplo do valor atribuído à contribuição para as despesas condominiais, até o pronunciamento posterior de nova assembleia. Repugna ao bom senso que qualquer sanção seja aplicada a alguém sem que seja oportunizado o direito de defesa. Poderia se indagar que há o cumprimento do devido processo legal com a decisão da assembleia que deverá ser expressamente convocada para deliberar sobre a matéria. Essa penalidade não pode ser aplicada pelo síndico, apenas pela assembleia, e ainda assim há que se dar ao condômino efetiva proteção com relação à garantia constitucional da ampla defesa. Desse modo, se o condomínio edilício quiser optar pela possibilidade de aplicação da sanção ao condômino nocivo, terá que constar na Convenção de Condomínio um procedimento para a aplicação da multa e, aconselha-se, um rol de ilícitos passíveis de tão severa sanção, mormente quando se sustenta acerca da possibilidade de eventual interdição temporária do uso de unidade condominial ou a própria expulsão do condômino nocivo. Nesse passo, registre-se o Enunciado n. 92 da *I Jornada de Direito Civil* do Conselho da Justiça Federal: "As sanções do art. 1.337 do novo Código Civil não podem ser aplicadas sem que se garanta direito de defesa ao condômino nocivo". O Código Civil não teve a coragem encontrada em legislações alienígenas de prever para a hipótese de incompatibilidade de convivência a interdição temporária ou, conforme o caso, definitiva do uso da unidade imobiliária. Imaginemos uma situação em que o condômino abastado prefira pagar as multas arbitradas e continue realizando as suas festas madrugada adentro, praticando comércio que acarrete um alto consumo de água e mantendo os seus animais ferozes no interior do imóvel, entre outras práticas ainda mais condenáveis, como a exploração à prostituição ou o favorecimento ao consumo de drogas ilícitas no condomínio. O que fazer? Saem os condôminos ordeiros e cumpridores de suas obrigações e fica reinando absoluto no edifício o arruaceiro, o chalaceador, o intrigueiro, o egoísta, o bandido, o fascista, o traficante, o facínora, o mau-caráter, o insuportável? Pensamos que não. O legislador talvez tenha imaginado que a inovação no sentido propugnado malferiria a garantia constitucional ao direito de propriedade (art. 5º, inc. XXII, da CF). Entretanto, como já visto, o direito de propriedade deve cumprir função social (art. 5º, inc. XXIII, da CF) e não pode revestir-se de abuso de direito de propriedade (art. 1.228, § 2º), sob pena de configuração de ato ilícito (art. 187 do CC). Registre-se que o próprio art. 1.228, § 4º, do Código Civil prevê a possibilidade de privação de um bem para o caso lá previsto, sem importar, necessariamente, em perda do direito de propriedade. Parece-nos que a parte final do parágrafo único do art. 1.337, ao dispor "até ulterior deliberação da assembleia", pode funcionar como a reserva legal que possibilitará à assembleia ministrar um remédio ainda mais amargo com o objetivo de conter o condômino recalcitrante em sua insuportabilidade. Dessa forma, entendemos que a assembleia, com o quórum especial, previsto no *caput* (três quartos), poderá deliberar a interdição temporária do uso da unidade habitacional ou até mesmo a privação da coisa por parte do condômino ou do possuidor. Forçoso reconhecer que seria melhor a previsão expressa, até mesmo porque a norma é restritiva de direitos. Contudo, nos parece que a proposta sugerida, diante de impasses insolúveis e esgotadas todas as tentativas, é a única forma apta a solucionar a questão e harmonizar a vida no condomínio. Na qualidade de membro da *V Jornada de Direito Civil* do Conselho da Justiça Federal, encaminhamos proposta de enunciado favorável à tese da exclusão do condômino antissocial que restou aprovado sob o n. 508: "Verificando-se que a sanção pecuniária mostrou-se ineficaz, a garantia fundamental da função social da propriedade (arts. 5º, XXIII, da CF e 1.228, § 1º, do CC) e a vedação ao abuso do direito (arts. 187 e 1.228, § 2º, do CC) justificam a exclusão do condômino antissocial, desde que a ulterior assembleia prevista na parte final do parágrafo único do art. 1.337 do Código Civil delibere a propositura de ação judicial com esse fim, asseguradas todas as garantias inerentes ao devido processo legal". Em abono a essa tese, a Lei n. 13.777, de 20 de dezembro de 2018, que regula o regime de multipropriedade no âmbito do condomínio edilício, houve por bem em prever multa progressiva, sem prejuízo da possibilidade de privação temporária do direito de utilização do imóvel no período correspondente à sua fração de tempo, no caso de descumprimento reiterado de deveres (art. 1.358-J, § 1º, II, do CC). Melhor seria se adotasse o critério do art. 1.337 do Código Civil que se refere à criação de uma situação de insuportabilidade de convivência com os demais condôminos.

JURISPRUDÊNCIA COMENTADA: Ainda que a convenção preveja que o valor da multa a ser pago pelo condômino nocivo deva ser estabelecido em salários mínimos, prevalece a base de cálculo fixada sobre a cota condominial: "Condomínio. Ação de cobrança. Multa por descumprimento dos devedores do condômino perante o condomínio. Valor atrelado ao salário mínimo. Disposição da convenção nesse sentido, mas que não prevalece sobre a previsão da Lei. Artigo 1.337 do Código Civil que manda considerar para aquele fim o valor da contribuição condominial. Condenação reduzida. Recurso provido" (TJSP, APL 1005180-16.2018.8.26.0562, Ac. 11893422, 36.ª Câmara de Direito Privado, Santos, Rel. Des. Arantes Theodoro, j. 09.10.2018). A jurisprudência começa, ainda que muito timidamente, a admitir a exclusão do condômino antissocial, até mesmo por meio de tutela antecipada: "Agravo de instrumento. Ação de exclusão de condômino antissocial. Tutela antecipada. Deferimento. Possibilidade. Verossimilhança dos fatos alegados, tendo em vista que o agravado comprova, de forma inequívoca, o comportamento antissocial do demandado a impedir a convivência pacífica com os demais moradores. Receio de dano irreparável ou de difícil reparação, uma vez que a permanência do réu no condomínio coloca em risco a segurança e a integridade dos demais moradores. Manutenção da decisão que deferiu a tutela antecipada de exclusão do condômino, nos termos do art. 273, I, do CPC. Negaram seguimento ao recurso, por decisão monocrática" (TJRS, Agravo de Instrumento 70065533911, 18.ª Câmara Cível, Rel. Nelson José Gonzaga, j. 13.08.2015). "[...] 2. Por se tratar de punição imputada por conduta contrária ao direito, na esteira da visão civil-constitucional do sistema, deve-se reconhecer a aplicação imediata dos princípios que protegem a pessoa humana nas relações entre particulares, a reconhecida eficácia horizontal dos direitos fundamentais que, também, deve incidir nas relações condominiais, para assegurar, na medida do possível, a ampla defesa e o contraditório. Com efeito, buscando concretizar a dignidade da pessoa humana nas relações privadas, a Constituição Federal, como vértice axiológico de todo o ordenamento, irradiou a incidência dos direitos fundamentais também nas relações particulares, emprestando máximo efeito aos valores constitucionais. Precedentes do STF. 3. Também foi a conclusão tirada das Jornadas de Direito Civil do CJF: En. 92: Art. 1.337: As sanções do art. 1.337 do novo Código Civil não podem ser aplicadas sem que se garanta direito de defesa ao condômino nocivo [...]" (STJ, REsp 1.365.279/SP, 4.ª Turma, Rel. Min. Luis Felipe Salomão, j. 25.08.2015, *DJe* 29.09.2015). Aplicando as penalidades do art. 1.337 para o devedor contumaz: "Recurso especial. Direito condominial. Devedor de cotas condominiais ordinárias e extraordinárias. Condômino nocivo ou antissocial. Aplicação das sanções previstas nos arts. 1.336, § 1.º, e 1.337, *caput*, do Código Civil. Possibilidade. Necessidade de conduta reiterada e contumaz quanto ao inadimplemento dos débitos condominiais. Inexistência de bis in idem. Recurso não provido. 1. De acordo com o art. 1.336, § 1.º, do Código Civil, o condômino que não pagar a sua contribuição ficará sujeito aos juros moratórios convencionados ou, não sendo previstos, os de 1% (um por cento) ao mês e multa de até 2% (dois por cento) sobre o débito. 2. O condômino que deixar de adimplir reiteradamente a importância devida a título de cotas condominiais poderá, desde que aprovada a sanção em assembleia por deliberação de 3/4 (três quartos) dos condôminos, ser obrigado a pagar multa em até o quíntuplo do valor atribuído à contribuição para as despesas condominiais, conforme a gravidade da falta e a sua reiteração. 3. A aplicação da sanção com base no art. 1.337, *caput*, do Código Civil exige que o condômino seja devedor reiterado e contumaz em relação ao pagamento dos débitos condominiais, não bastando o simples inadimplemento involuntário de alguns débitos. 4. A multa prevista no § 1.º do art. 1.336 do CC/2002 detém natureza jurídica moratória, enquanto a penalidade pecuniária regulada pelo art. 1.337 tem caráter sancionatório, uma vez que, se for o caso, o condomínio pode exigir inclusive a apuração das perdas e danos. 5. Recurso especial não provido" (REsp 1.247.020/DF, 4.ª Turma, Rel. Min. Luis Felipe Salomão, j. 15.10.2015, *DJe* 11.11.2015).

REFORMA DO CÓDIGO CIVIL: Há muito, defendemos que deveria haver uma previsão expressa da possibilidade de exclusão do condômino antissocial, conforme referido *supra* nos comentários doutrinários com regramento que assegure ampla defesa e efetividade. Pelo projeto, ela recebe boa disciplina nos §§ 3º a 6º, na forma que se segue: "Art. 1.337. [...] § 3º Verificando-se que a sanção pecuniária se mostrou ineficaz, ulterior assembleia poderá deliberar, por 2/3 dos condôminos presentes, pela exclusão do condômino antissocial, a ser efetivada mediante decisão judicial, que proíba o seu acesso à unidade autônoma e às dependências do condomínio. § 4º Cessada a causa que deu ensejo à exclusão do condômino antissocial, poderá este requerer seja readmitido, mediante o mesmo quórum de condôminos previsto no parágrafo anterior. § 5º As sanções previstas neste artigo serão fixadas, levando-se em consideração a gravidade das faltas cometidas e a sua reiteração, devendo ser garantido ao condômino o direito à ampla defesa perante a assembleia. § 6º Se os atos antissociais forem praticados por um dos membros da família do proprietário ou do titular de outro direito real do imóvel ou se praticado por apenas um dos moradores da unidade, somente sobre este recairá a sanção de proibição de acesso à unidade".

Art. 1.338. Resolvendo o condômino alugar área no abrigo para veículos, preferir-se-á, em condições iguais, qualquer dos condôminos a estranhos, e, entre todos, os possuidores.

COMENTÁRIOS DOUTRINÁRIOS: As regras sobre a utilização da garagem pelos condôminos foram feitas nos comentários ao art. 1.331. O tema aqui tratado guarda relação com a possibilidade de o condômino alienar a vaga ou permitir o seu uso a pessoa estranha à vida condominial, desde que a convenção do condomínio ou a assembleia autorizem. Tal restrição não se aplica nos chamados edifícios-garagem, pois nestes a propriedade é exclusiva. A proibição acima delineada justifica-se pela tentativa de se estabelecer no edifício uma convivência harmônica ou razões de segurança e disciplina que devem estar acima de argumentos de ordem meramente econômica. Nesse sentido, foi aprovado o Enunciado n. 91 da *I Jornada de Direito Civil* do Conselho da Justiça Federal: "A convenção de condomínio, ou a assembleia geral, podem vedar a locação de área de garagem ou abrigo para veículos a estranhos ao condomínio". Por tal motivo, aplaudimos a alteração legislativa do § 1º do art. 1.331 do Código Civil, provocada pela Lei n. 12.607/2012, que prevê expressamente que os abrigos para veículos não podem ser alienados ou alugados a pessoas estranhas ao condomínio, salvo autorização expressa na convenção de condomínio. Dessa forma, se a convenção silenciar, não poderá o condômino vender ou alugar o abrigo para veículos a pessoas estranhas ao condomínio. Se houver tal autorização, fica assegurado o direito de preferência, em condições absolutamente iguais, do condômino frente a estranhos, nos termos do art. 1.338 do Código Civil. Se concorrerem na preferência o condômino e o possuidor, como seria o caso de um locador (proprietário e possuidor indireto) e um locatário (possuidor direto), a prioridade será assegurada ao possuidor direto, pois é este que está mais próximo à vida condominial e, provavelmente, é quem mais se ressente da falta de um abrigo para veículo.

JURISPRUDÊNCIA COMENTADA: A proibição de alugar vagas de garagem a estranhos deve ceder em relação à possibilidade de penhora, conforme vem assentado na jurisprudência dominante em prestígio à Súmula n. 449 do STJ: "Cobrança de despesas condominiais em fase de cumprimento de sentença. Preservação da decisão que deferiu pedido de substituição de penhora sobre imóvel de elevado valor que não atende ao princípio da menor onerosidade dos meios de execução. Possibilidade de penhora sobre vaga de garagem autônoma, com matrícula imobiliária distinta. Inexistência de vedação à multiplicidade de penhoras sobre o mesmo bem, inexistindo risco para a execução no caso concreto art. 1.338 do Código Civil. Vedação à alienação da vaga de garagem a terceiros estranhos ao condomínio que não impede a penhora de unidade autônoma. Súmula n. 449 do STJ. Confirmação da substituição da penhora, com a ressalva de que a alienação judicial e posterior transferência da vaga de garagem somente pode ser feita entre condôminos. Recurso desprovido, com observação" (TJSP, AI 2109582-13.2014.8.26.0000, Ac. 7870160, 25.ª Câmara de Direito Privado, São Paulo, Rel. Des. Edgard Rosa, j. 18.09.2014, *DJESP* 25.09.2014).

REFORMA DO CÓDIGO CIVIL: A proposição caminha no sentido da revogação da regra pelo fato de ela ter sido absorvida com maior grau de sistematização no art. 1.331, § 2º, deste Código, que trata da regulamentação dos abrigos para veículos.

Art. 1.339. Os direitos de cada condômino às partes comuns são inseparáveis de sua propriedade exclusiva; são também inseparáveis das frações ideais correspondentes as unidades imobiliárias, com as suas partes acessórias.

§ 1º Nos casos deste artigo é proibido alienar ou gravar os bens em separado.

§ 2º É permitido ao condômino alienar parte acessória de sua unidade imobiliária a outro condômino, só podendo fazê-lo a terceiro se essa faculdade constar do ato constitutivo do condomínio, e se a ela não se opuser a respectiva assembleia geral.

COMENTÁRIOS DOUTRINÁRIOS: Na análise do art. 1.331 quando se buscou a natureza da propriedade no condomínio edilício, consolidamos o entendimento de que a unidade imobiliária e as frações ideais formam um todo inalienável e indivisível, não sendo permitida, portanto, a alienação ou a constituição de gravame real sobre as partes comuns, nos termos deste artigo. O § 2º excepciona essa afirmativa com relação à parte acessória que seja individuada, como no caso que vimos acerca da vaga de garagem que conta com registro no cartório imobiliário. Mesmo assim somente pode ser alienada livremente a parte acessória para outro condômino. A alienação para estranhos somente será legitimada mediante prévia autorização expressa feito pela assembleia geral.

JURISPRUDÊNCIA COMENTADA: A possibilidade de penhora da vaga de garagem expressamente permitida pela Súmula n. 449 do Superior Tribunal de Justiça não colide com o § 1º deste artigo, "uma vez que a vaga de garagem é unidade autônoma, contando com matrícula própria e independente do apartamento" (TJSP, AI 2103631-67.2016.8.26.0000, Ac. 9726960, 31.ª Câmara de Direito Privado, São Paulo, Rel. Des. Adilson de Araújo, j. 23.08.2016).

Art. 1.340. As despesas relativas a partes comuns de uso exclusivo de um condômino, ou de alguns deles, incumbem a quem delas se serve.

COMENTÁRIOS DOUTRINÁRIOS: Com relação ao rateio das despesas, impõe-se fazer a referência de que se no condomínio existir parte comum com utilização exclusiva de um condômino, somente este deverá arcar com os gastos decorrentes desse uso individual. A lei prescreve que os gastos específicos que não se incluam na divisão das despesas comuns devem ficar cometidos ao condômino ou a um grupo de condôminos que utilize privativamente uma parte comum, nos termos do art. 1.340 do Código Civil, o qual reza que "as despesas relativas a partes comuns de uso exclusivo de um condômino, ou de alguns deles, incumbem a quem delas se serve". De fato, não parece justo que a utilização privativa de uma parte comum fosse rateada entre condôminos que dela não se utilizam. Como exemplo, poderíamos citar o pagamento de determinada verba para a manutenção de uma quadra de tênis utilizada por um grupo pequeno de condôminos. A forma como o dispositivo entrou em vigor merece críticas, pois acirra ainda mais os ânimos dos condôminos na já por demais conturbada coexistência condominial. Melhor que a lei não fosse cogente, delegando aos condôminos a tarefa de discutir quais as partes comuns do prédio que comportam utilização exclusiva e quem seriam os condôminos indicados para arcar exclusivamente com tais despesas.

JURISPRUDÊNCIA COMENTADA: Confira-se a ementa desse caso paradigmático em que o Superior Tribunal de Justiça analisou o direito de o condômino proprietário de loja térrea com entrada independe não arcar com despesas de que não participa de forma alguma como, por exemplo, as que decorrem da utilização do elevador e da portaria que dá entrada aos outros condôminos: "Recurso especial. Civil. Condomínio. Loja térrea com entrada independente. Taxas condominiais. Aplicação da orientação firmada por esta terceira turma quando do julgamento do REsp 1.652.595/PR. Mesmas partes. Taxa relativa a loja diversa. Contribuição do condômino apenas naquilo que efetivamente for partícipe na despesa. 1. 'A convenção condominial deve estar em sintonia com a Lei porque apesar da autonomia dos condôminos em autorregulamentar suas condutas, jamais poderão perder de vista a Lei, cuja obediência se impõe pelo princípio da supremacia da ordem pública sobre as deliberações privadas. A regra estabelecida no art. 1.340 do novo Código Civil atende ao princípio da equidade, evitando o enriquecimento indevido dos condôminos que se utilizam de serviços ou de partes comuns a diversos deles, em detrimento daqueles que não utilizam os referidos serviços e equipamentos comuns. Na espécie, o condômino somente pode suportar, na proporção de sua participação no condomínio, as despesas de conservação das coisas de cuja utilização efetivamente participa' (RESP 1652595/PR, Rel. Ministro Paulo de Tarso Sanseverino, Rel. p/ Acórdão Ministro Moura Ribeiro, Terceira Turma, julgado em 05/12/2017, *DJe* 20/02/2018) 2. Caso concreto em que se altera em parte a conclusão alcançada quando do julgamento do RESP n. 1.652.595/PR. O acórdão recorrido, na presente ação, reconhece a alteração da convenção de condomínio, a dispor expressamente acerca das taxas devidas pelas lojas. Observância, assim, do quanto dispôs a convenção a partir de sua alteração. 3. Recurso especial parcialmente provido" (STJ, REsp 1.704.578/PR, Proc. 2015/0259888-9, Rel. Min. Paulo de Tarso Sanseverino, j. 09.03.2018, *DJe* 14.03.2018). Seguindo o caminho de que é possível impor a um condômino o pagamento das despesas de área comum da qual somente ele se serve, correta a conclusão da 5.ª Câmara Cível do Tribunal de Justiça do Estado do Rio de Janeiro quando afirma que "se o autor recebeu autorização para utilizar a área comum do condomínio, cabe a ele suportar as respectivas despesas como estabelece o artigo 1.340 do Código Civil" (Apelação 0504240-79.2014.8.19.0001, Rel. Des. Henrique Carlos de Andrade Figueira, *DORJ* 12.11.2018).

Art. 1.341. A realização de obras no condomínio depende:

I – se voluptuárias, de voto de dois terços dos condôminos;

II – se úteis, de voto da maioria dos condôminos.

§ 1º As obras ou reparações necessárias podem ser realizadas, independentemente de autorização, pelo síndico, ou, em caso de omissão ou impedimento deste, por qualquer condômino.

§ 2º Se as obras ou reparos necessários forem urgentes e importarem em despesas excessivas, determinada sua realização, o síndico ou o condômino que tomou a iniciativa delas dará ciência à assembleia, que deverá ser convocada imediatamente.

§ 3º Não sendo urgentes, as obras ou reparos necessários, que importarem em despesas excessivas, somente poderão ser efetuadas após autorização da assembleia, especialmente convocada pelo síndico, ou, em caso de omissão ou impedimento deste, por qualquer dos condôminos.

§ 4º O condômino que realizar obras ou reparos necessários será reembolsado das despesas que efetuar, não tendo direito à restituição das que fizer com obras ou reparos de outra natureza, embora de interesse comum.

COMENTÁRIOS DOUTRINÁRIOS: Ainda no âmbito das despesas condominiais, prevê o Código as regras para solucionar as questões relativas à necessidade de realizar obras de interesse do condomínio. Nesse objetivo, estabelece tratamento diferenciado para benfeitorias necessárias, úteis e voluptuárias. Insta, portanto, relembrar alguns conceitos. Benfeitorias são melhoramentos realizados em um prédio com o objetivo de salvaguardá-lo da destruição ou do perecimento, aumentar a sua utilidade ou tornar a sua utilização mais cômoda ou aprazível. A norma oscila os seus efeitos jurídicos em consonância com o tipo de benfeitoria necessária, útil ou voluptuária que o condomínio queira realizar, cujas definições se encontram no art. 96 do Código Civil. São voluptuárias as de mero deleite ou recreio, que não aumentam o uso habitual do bem, ainda que o tornem mais agradável ou que sejam de elevado valor; úteis as que aumentam ou facilitam o uso do bem; e necessárias as que têm por fim conservar o bem ou evitar que se deteriore. Sendo a benfeitoria necessária, a obra pode ser urgente, estando eventualmente ligada à própria estrutura do edifício. Por tal motivo, poderão ser feitas sem autorização assemblear pelo condomínio, sob a determinação do síndico ou por qualquer condômino. O condômino, ou o próprio síndico que tenha antecipado os gastos com a obra, terá direito ao reembolso das despesas que realizou. Constituem exemplos de benfeitorias necessárias a obra para conter vazamentos no sistema elétrico do elevador, para conter rachaduras no prédio, ou para o conserto da caixa d'água ou na caixa coletora de esgoto. Em caso de benfeitoria útil, a lei prevê que a sua realização deve ser precedida de autorização assemblear, cujo quórum é da maioria dos condôminos. Se o condômino ou o próprio síndico realizar benfeitorias úteis às suas expensas, sem aprovação anterior, entender-se-á que o condômino praticou um ato de mera liberalidade, sendo-lhe vedado o direito de reembolso. Como exemplo, temos a confecção de obras para aumentar ou melhorar as garagens do edifício ou a pintura do prédio. Por último, temos as benfeitorias voluptuárias. Como essa modalidade de benfeitoria é absolutamente dispensável, estando ligada apenas a uma utilização mais aprazível e cômoda da coisa, a lei exige que a sua realização seja precedida de deliberação pela assembleia, cujo quórum qualificado é de dois terços. Assim como nas úteis, a pessoa que patrocinar a construção de benfeitorias voluptuárias sem legitimação para tanto não terá direito ao reembolso. Como exemplo de benfeitorias voluptuárias temos a troca dos azulejos da piscina por uma cor mais bonita ou a colocação de vidros na sauna para possibilitar uma vista aprazível.

JURISPRUDÊNCIA COMENTADA: A 5.ª Câmara Cível do Tribunal de Justiça do Estado do Rio de Janeiro manteve o indeferimento do pedido de tutela de urgência para que fosse suspensa obra aprovada em assembleia condominial, pois o laudo de vistoria trazido aos autos dava conta de que os vícios na fachada do prédio colocavam em risco a segurança dos moradores. Isso porque, na forma do § 1º do presente artigo, em se tratando de obra necessária e urgente, dispensada estaria até mesmo a aprovação da assembleia. Assim, se esta estivesse viciada por falha na notificação aos condôminos, mesmo assim a obra deveria ocorrer (TJRJ, AI 0056662-52.2018.8.19.0000, Rel. Des. Denise Nicoll Simões, j. 13.12.2018).

Art. 1.342. A realização de obras, em partes comuns, em acréscimo às já existentes, a fim de lhes facilitar ou aumentar a utilização, depende da aprovação de dois terços dos votos dos condôminos, não sendo permitidas construções, nas partes comuns, suscetíveis de prejudicar a utilização, por qualquer dos condôminos, das partes próprias, ou comuns.

COMENTÁRIOS DOUTRINÁRIOS: É importante diferenciar este artigo que trata das benfeitorias do artigo seguinte que cuida da realização de acessões. Observem que a lei fala, no art. 1.342, "em acréscimos às já existentes", consequência típica das acessões e não das benfeitorias. O critério para a aprovação da construção de acessões no edifício, tendo em vista a dispensabilidade, é o mesmo para as benfeitorias voluptuárias, ou seja, dois terços dos condôminos. A aprovação, mediante o referido quórum qualificado, não produzirá efeito se as obras, nas partes comuns, forem suscetíveis de prejudicar a utilização, por qualquer dos condôminos, das partes próprias, ou comuns. A título de exemplo de obras que acresçam às partes comuns já existentes, temos a edificação de uma guarita para auxiliar na segurança do prédio, a construção de uma churrasqueira, de uma casa para o porteiro ou para a casa de máquinas do elevador, entre outras.

JURISPRUDÊNCIA COMENTADA: Na forma do que preconiza o artigo anotado, "a realização de obras, em áreas comuns do condomínio, depende da aquiescência de dois terços dos condôminos. Hipótese dos autos em que o requerido construiu *box* de garagem e churrasqueira em área comum do edifício, sem prévia autorização da assembleia geral. A aprovação do projeto pelo município de Erechim não torna a obra regular quando ausente autorização para a construção por 2/3 dos condôminos", impondo-se a demolição da obra (TJRS, AC 0240280-92.2018.8.21.7000, 20.ª Câmara Cível, Erechim, Rel. Des. Dilso Domingos Pereira, j. 29.08.2018). A previsão legal acima vale para qualquer condômino e para o condomínio que também não pode realizar a obra útil de construção de um segundo porteiro eletrônico sem autorização da assembleia geral com um quórum qualificado de dois terços dos votos dos condôminos (TJSC, Apelação 0014451-21.2013.8.24.0005, 2.ª Câmara de Direito Civil, Rel. Des. João Batista Góes Ulysséa, *DJSC* 14.12.2018).

Art. 1.343. A construção de outro pavimento, ou, no solo comum, de outro edifício, destinado

a conter novas unidades imobiliárias, depende da aprovação da unanimidade dos condôminos.

COMENTÁRIOS DOUTRINÁRIOS: Ainda com relação à realização de obras, prevê o artigo acima que a construção de outro pavimento, ou, no solo comum, de outro edifício, destinado a conter novas unidades imobiliárias, depende da aprovação da unanimidade dos condôminos. É bem verdade que a lei especial de condomínios e incorporações (Lei n. 4.591/1964), em variadas passagens, delega a fixação do quórum para a deliberação de algumas matérias à convenção de condomínio, como sucede, a título de exemplo, nos arts. 22, § 5º, 24, § 1º, e 25, parágrafo único. Contudo, não é comum a exigência de unanimidade dos condôminos para a aprovação de alguma questão. Temos como exemplo dessa hipótese a possibilidade de alteração ou modificação da fachada (art. 10, § 2º, da Lei n. 4.591/1964) e agora a criada pela lei civil. A construção de outro pavimento ou de outro edifício, que necessitará da autorização municipal, terá o condão de acrescer a todos os condôminos a propriedade das áreas comuns construídas, até a posterior alienação, ocasião em que deverá ser repartido o preço, conforme fixado na ata de assembleia que deliberou nesse sentido ou, no silêncio, segundo as frações ideais dos condôminos.

Art. 1.344. Ao proprietário do terraço de cobertura incumbem as despesas da sua conservação, de modo que não haja danos às unidades imobiliárias inferiores.

COMENTÁRIOS DOUTRINÁRIOS: No que tange às despesas com a conservação da cobertura, dispõe o artigo assinalado que incumbem ao proprietário do terraço, de modo que não haja danos às unidades imobiliárias inferiores. Já tivemos a oportunidade de destacar que o legislador pacificou uma tormentosa questão jurídica ao dispor que o terraço de cobertura é parte comum, salvo disposição contrária da escritura de constituição do condomínio (art. 1.331, § 5º). Dessa forma, é possível que o documento de instituição do condomínio atribua ao dono da cobertura a propriedade do terraço. Nesse caso, será ele o incumbido de fazer as obras necessárias à conservação do terraço, de modo a não causar dano aos proprietários dos prédios inferiores, como seria o caso de obra tendente a conter vazamento de água decorrente da má instalação de uma piscina na cobertura. Não seria justo, na hipótese, que os condôminos rateassem uma despesa de exclusiva responsabilidade do proprietário do terraço e da cobertura. Se o condomínio ou qualquer condômino experimentar dano decorrente do terraço de cobertura afetado a um determinado condômino, advirá o dever de reparar o dano independentemente da demonstração de culpa, ou seja, pelo fato da coisa (art. 937 do CC).

JURISPRUDÊNCIA COMENTADA: O julgado que se segue reconheceu responsabilidade objetiva do responsável pela manutenção do terraço de cobertura em relação ao seu vizinho: "Condomínio edilício. Ação de obrigação de fazer. Reparos em unidade duplex de cobertura. Impermeabilização. Responsabilidade primária do proprietário. Artigo 1.344 do CC/2002. Laudo conclusivo dos problemas de infiltração localizados no apartamento do réu. Origem dos problemas na construção do prédio que não eximem o proprietário da responsabilidade de conservação. Possibilidade de regresso contra o construtor. Ação julgada procedente. Sentença reformada. Recurso provido" (TJSP, APL 0010464-89.2006.8.26.0126, Ac. 8435922, 25.ª Câmara de Direito Privado, Caraguatatuba, Rel. Des. Edgard Rosa, j. 07.05.2015, *DJESP* 21.05.2015).

Art. 1.345. O adquirente de unidade responde pelos débitos do alienante, em relação ao condomínio, inclusive multas e juros moratórios.

COMENTÁRIOS DOUTRINÁRIOS: As obrigações condominiais possuem natureza ambulatorial, consubstanciando exemplo típico de obrigação *propter rem*. Dessa forma, os adquirentes do bem submetido a regime condominial devem arcar com as despesas não adimplidas pelos titulares anteriores, inclusive, multa e juros de mora, conforme preconiza o artigo em estudo. Por tal motivo, é uníssona a recomendação de que o pretendente de um imóvel, antes de adquiri-lo, solicite ao síndico uma certidão de quitação das despesas condominiais a fim de que fique protegido de futuras demandas envolvendo a cobrança das referidas cotas atrasadas. A propósito do tema, a Lei n. 7.182/1984 deu nova redação ao parágrafo único do art. 4º da Lei n. 4.591/1964 e em boa hora previu que "A alienação ou transferência de direitos de que trata este artigo dependerá de prova de quitação das obrigações do alienante para com o respectivo condomínio".

Busca-se, assim, evitar que o adquirente seja surpreendido com eventuais débitos condominiais. O registro do título no cartório imobiliário não é um dever jurídico e sim um ônus, de modo que é o próprio adquirente quem deve se interessar por fazê-lo. A questão assim posta permite-nos fazer uma indagação: quem deverá arcar com as despesas condominiais? O adquirente do bem (comprador, compromitente comprador ou cessionário dos direitos) ou a pessoa cujo nome continua registrado junto ao cartório de imóveis e que, no rigor da técnica, continua sendo o proprietário? Depois de muita vacilação, a jurisprudência chegou a uma conclusão justa, decidindo que o réu, na ação de cobrança de cotas condominiais, deverá ser o possuidor do bem e não o proprietário, desde que o condomínio tenha ciência inequívoca da transação. Entender em sentido contrário é fomentar o enriquecimento sem causa, na medida em que foi o possuidor quem se beneficiou das vantagens decorrentes do estado condominial, como a água, o serviço do faxineiro e do porteiro, enfim, de toda a estrutura condominial. A vacilação inicial deveu-se a uma confusão entre o significado da palavra ônus, esta sim dependente de registro, e a obrigação *propter rem* que, eventualmente, pode ser devida pelo possuidor, como sucede em vários casos estudados no capítulo referente aos direitos de vizinhança. O alienante responderá solidariamente com o adquirente, cujo título não esteja registrado no cartório imobiliário se o condomínio não tiver ciência da transação imobiliária porque não comunicado da mesma ou porque não reunia condições de conhecer tal circunstância. Isso, pois, se o condomínio não sabia da transação, ganha relevo máximo o interesse maior da coletividade em receber o valor da cota, que é indispensável para a manutenção da estrutura condominial. Se o imóvel estiver submetido ao regime de usufruto, ambos os titulares de direito real (nu-proprietário e usufrutuário) possuem legitimidade passiva para a cobrança de cotas condominiais. Questão mais delicada se apresenta no arrendamento mercantil imobiliário com opção de compra, no qual, o arrendatário se compromete a pagar ao arrendador mensalmente e por prazo determinado, contraprestações pela ocupação do imóvel com direito ao exercício de compra no final do prazo contratado (art. 38, § 1º da Lei n. 10.150/2000). Isso porque, diferentemente do usufruto que tem natureza real, o *leasing* imobiliário tem natureza pessoal, com a possibilidade de o arrendatário exercer o direito potestativo de comprar o imóvel e, à primeira vista, à semelhança do que ocorre na locação imobiliária, urbana ou rural, na qual o locatário exerce a posse direta mediante o pagamento do aluguel, não haveria que se falar em legitimidade para que o locatário seja chamado a juízo para pagar a cota condominial. Nesse último caso, inelutavelmente, o inquilino não é devedor do pagamento da cota condominial perante o condomínio edilício. Entretanto, no arrendamento mercantil imobiliário (*leasing* imobiliário), o arrendatário, conquanto não seja titular de direito real sobre o imóvel arrendado, na realidade, se coloca na relação jurídica como aquele que pretende efetivamente se tornar proprietário do bem, à moda de um *leasing* não operacional, isto é, puramente financeiro. Por ele, a instituição arrendante financia o imóvel, com a garantia da retomada do mesmo em caso de inadimplemento, para fins de fomentar a aquisição da casa própria em situação similar à alienação fiduciária em garantia de imóvel. Tanto assim que a Caixa Econômica Federal possui um Programa de Arrendamento Residencial (PAR) que tem por finalidade precípua reduzir o déficit habitacional no país. No caso do arrendamento mercantil, o titular da propriedade e possuidor indireto é o arrendante a quem se pode exigir, portanto, o pagamento da cota condominial sem prejuízo de que o arrendatário – que ao final do contrato adimplir as prestações, será o proprietário do imóvel e que usufrui dos serviços prestados pelo condomínio – também responda pelo pagamento das cotas condominiais. Não se está falando que entre eles exista solidariedade passiva perante o condomínio, posto que esta resultaria da lei ou da vontade das partes, mas sim que o condomínio edilício pode cobrar as prestações em atraso tanto de um como de outro. Com tais considerações, em nosso modo de ver, o arrendatário pode ser responsabilizado pelo pagamento das cotas condominiais. Importante, por fim, destacar que o adquirente de unidade autônoma que for compelido a pagar cotas condominiais anteriores ao ato de alienação poderá propor ação de regresso em face do alienante se na escritura não assumiu expressamente tais obrigações, consoante o disposto no art. 502 do Código Civil: "O vendedor, salvo convenção em contrário, responde por todos os débitos que gravem a coisa até o momento da tradição".

JURISPRUDÊNCIA COMENTADA: Com relação à exigibilidade do pagamento da cota condominial quando o imóvel foi adquirido por meio de compromisso de compra e venda não registrado no cartório imobiliário, o Superior Tribunal de Justiça consolidou, pela Segunda Seção, por ocasião do julgamento do Recurso Especial 1345331/RS em 08.04.2015, submetido ao regime dos recursos representativos de controvérsia, as seguintes teses: a) o que define a responsabilidade pelo pagamento das obrigações condominiais não é o registro do compromisso de venda e compra, mas a relação jurídica material com o imóvel, representada pela imissão na posse pelo promissário comprador e pela ciência inequívoca do Condomínio acerca da transação; b) havendo compromisso de compra e venda não levado a registro, a responsabilidade pelas despesas de condomínio pode recair tanto sobre o promitente vendedor quanto sobre o promissário comprador, dependendo das circunstâncias de cada caso concreto; c) se restar comprovado: i) que o promissário comprador imitira-se na posse; e ii) o Condomínio teve ciência inequívoca da transação, afasta-se a legitimidade passiva do promitente vendedor para responder por despesas condominiais relativas a período em que a posse foi exercida pelo promissário comprador. No caso do usufruto, o posicionamento é pela solidariedade entre nu-proprietário e usufrutuário com relação aos débitos condominiais (STJ, REsp 726.485/RS, 4.ª Turma, Rel. Min. Jorge Scartezzini, j. 16.03.2006) e em caso de arrendamento, correto o entendimento do Superior Tribunal de Justiça segundo o qual "a ação de cobrança de débitos condominiais pode ser proposta contra o arrendatário do imóvel" (STJ, REsp 1.704.498/SP, 3.ª Turma, Rel. Min. Nancy Andrighi, j. 17.04.2018, *Informativo* n. *624* de 2018). A natureza *propter rem* possibilita a penhora do bem em execução judicial, mesmo que o proprietário não tenha participado da demanda que correu contra o locatário. Esse o sentido da decisão contida no *Informativo* n. *660*, de 6 de dezembro de 2019, nos termos do seguinte destaque: "O proprietário de imóvel gerador de débitos condominiais pode ter o seu bem penhorado em ação de cobrança ajuizada em face de locatário, já em fase de cumprimento de sentença, da qual não figurou no polo passivo" (REsp 1.829.663/SP, 3.ª Turma, Rel. Min. Nancy Andrighi, j. 05.11.2019, v.u.). Outro efeito da natureza ambulatorial da obrigação condominial pode ser percebido na tese fixada pela jurisprudência (ferramenta *Jurisprudência em Teses*) predominante no ano de 2019 no qual acertadamente afirmou que "o promitente vendedor que readquire a titularidade do direito real sobre o bem imóvel anteriormente alienado pode ser responsabilizado pelos débitos condominiais posteriores à alienação e contemporâneos à posse do promissário comprador, sem prejuízo de ulterior direito de regresso" (AgInt no REsp 1565327/PR, 4.ª Turma, Rel. Min. Raul Araújo, j. 21.03.2019). Cabe ainda a referência a um acontecimento no qual determinado condomínio foi condenado judicialmente a indenizar terceiros em razão de dano causado por má conservação do prédio. Não encontrando patrimônio do condomínio para penhorar, foi penhorada a unidade autônoma de condômino, no limite da fração ideal deste. O executado alegou se tratar de bem de família e que tinha adquirido o bem após o evento danoso. A decisão da Quarta Turma afastou a incidência da impenhorabilidade do bem de família por determinação do artigo 3º, IV, da Lei n. 8.009/1990, assim como ressaltou que a aquisição posterior ao dano era irrelevante, pois a obrigação tinha natureza *propter rem*. Dessarte, o *Informativo* n. *631*, publicado em 14 de setembro de 2018 trouxe como destaque o seguinte: "É possível a penhora de bem de família de condômino, na proporção de sua fração ideal, se inexistente patrimônio próprio do condomínio, para responder por dívida oriunda de danos a terceiros" (REsp 1.473.484/RS, Rel. Min. Luis Felipe Salomão, j. 21.06.2018, v.u.). Questão deveras interessante foi enfrentada pela Terceira Turma em uma situação na qual a unidade autônoma se encontrava registrada em nome da incorporadora, mas o promitente comprador estava em mora com relação à obrigação de receber o imóvel. Em uma posição formal e até mesmo consentânea com o direito positivo, o devedor da cota condominial seria a incorporadora. Entretanto, entendeu corretamente o colegiado que a exigência do pagamento deveria se dirigir ao promitente comprador em mora no recebimento do apartamento adquirido. Nessa senda, destacou o Informativo de Jurisprudência n. 731, de 4 de abril de 2022, que "o adquirente de imóvel deve pagar as taxas condominiais desde o recebimento das chaves ou, em caso de recusa ilegítima, a partir do momento no qual as chaves estavam à sua disposição" (REsp 1.847.734/SP, Rel. Min. Ricardo Villas Bôas Cueva, 3.ª Turma, v.u., j. 29.03.2022).

REFORMA DO CÓDIGO CIVIL: Na forma do que consta ao final dos comentários doutrinários *supra*, importante a remissão expressa ao art. 502 do Código Civil, deixando claro que a obrigação de pagar a cota condominial é de natureza real, mas não se confunde com os ônus reais. Desse modo, como regra, o adquirente que pagar as despesas que competiriam ao alienante, tem contra este direito de regresso. No mais, a proposta de inclusão do § 1º serve para dar segurança jurídica e previsibilidade sobre quem deve pagar a cota condominial no caso de alienação fiduciária em garantia de bem imóvel (art. 23, §

2º, da Lei n. 9.514/1997, com a redação dada pela Lei n. 14.620/23) e no arrendamento mercantil imobiliário (art. 38, § 1º, da Lei n. 10.150/2000). O § 2º objetiva apenas adequar a legislação ao que fora decidido pelo Superior Tribunal de Justiça em sede de recurso repetitivo no Recurso Especial n. 1.345331/RS, pela Segunda Seção, em 08.04.2015, sob a relatoria do Ministro Luis Felipe Salomão, conforme já delineado *supra*, nos comentários jurisprudenciais. Vejamos: "Art. 1.345. O adquirente de unidade responde pelos débitos do alienante, em relação ao condomínio, inclusive multas e juros moratórios, observado o disposto no art. 502 deste Código, em caso de alienação onerosa. § 1º Consideram-se adquirentes, para os fins de aplicação deste artigo, o devedor fiduciante e o arrendatário, nos casos de alienação fiduciária de bens imóveis e de arrendamento mercantil. § 2º O comprador, promitente comprador ou cessionário, portadores de títulos que não estejam registrados no Registro de Imóveis, serão os únicos responsáveis pelo pagamento das cotas condominiais, se ficar comprovado que se imitiram na posse do bem ou que o condomínio teve ciência inequívoca dos negócios jurídicos celebrados, como, por exemplo, pela comunicação a que alude o inciso VIII do art. 1.336, deste Código".

Art. 1.346. É obrigatório o seguro de toda a edificação contra o risco de incêndio ou destruição, total ou parcial.

COMENTÁRIOS DOUTRINÁRIOS: O seguro é o contrato em que, mediante o pagamento de um prêmio ao segurador, alcança-se o resultado de proteger o segurado de riscos predeterminados na apólice. Ocorrendo o sinistro que vem a ser o acontecimento funesto imprevisível, no caso, capaz de destruir total ou parcialmente o edifício, fará jus o segurado a uma indenização. Normalmente, o seguro é facultativo, inobstante a possibilidade de a lei torná-lo compulsório, como acontece no caso do seguro de automóveis. No caso em exame, a lei obriga a todo condomínio em edifícios contar com cobertura securitária contra o risco de incêndio ou destruição, seja ele total ou parcial. O seguro deverá ser feito, no máximo, cento e vinte dias após a concessão do "habite-se", sob pena do pagamento de multa mensal equivalente a 1/12 avos do imposto predial que poderá ser executado pelo Município, na forma do art. 13, parágrafo único, da Lei n. 4.591/1964. O prêmio pago à empresa seguradora deverá ser rateado junto aos condôminos, na proporção da fração ideal de cada um. Se o sinistro destruir totalmente o prédio ou mais de dois terços, aplicar-se-á o art. 1.357 do Código Civil que prevê a hipótese de reconstrução ou venda do imóvel. Ocorrendo sinistro que destrua menos de dois terços da edificação e estando o imóvel segurado, nos termos da lei, deverá o síndico promover o recebimento do seguro, providenciando a reconstrução ou os reparos, conforme o caso, das partes danificadas ou destruídas (art. 16 da Lei n. 4.591/1964).

SEÇÃO II
DA ADMINISTRAÇÃO DO CONDOMÍNIO

Art. 1.347. A assembleia escolherá um síndico, que poderá não ser condômino, para administrar o condomínio, por prazo não superior a dois anos, o qual poderá renovar-se.

COMENTÁRIOS DOUTRINÁRIOS: A administração de um edifício é exercida pelos seguintes órgãos: síndico, subsíndico (se houver previsão na convenção), conselho consultivo, assembleia geral ordinária e extraordinária e conselho fiscal. O síndico é o administrador do edifício, atuando em caráter permanente como dirigente diário dos destinos de um condomínio, esforçando-se para suprir as necessidades da coletividade. Funciona como se fora o mandatário da vontade dos condôminos, representando o condomínio ativa e passivamente, em juízo e fora dele. Deve permanecer fiel aos seus eleitores, sob pena de destituição compulsória de suas funções, como admite o art. 1.349 do Código Civil ao dizer que "a assembleia, especialmente convocada para o fim estabelecido no § 2º do artigo antecedente, poderá, pelo voto da maioria absoluta de seus membros, destituir o síndico que praticar irregularidades, não prestar contas, ou não administrar convenientemente o condomínio". O processo de escolha do síndico, seja ele condômino ou não, deve constar na convenção, a quem se outorgará um mandato de dois anos, o qual poderá renovar-se, de acordo com a autorização legal contida no artigo acima. A lei não limita períodos máximos para a reeleição, entregando essa questão à vontade dos condôminos e aos ditames da convenção. Lamentamos o arquivamento do Projeto de Lei n. 6.960/2002, que, modificando o dispositivo legal, limitava a um único período de reeleição, tendo em vista que a perpetuação na administração fere o princípio democrático presente em nossa Constituição. A assembleia deve ser convocada, fazendo-se alusão expressa para essa finalidade, a fim de que a escolha se revista da indispensável legitimidade. A convenção poderá fixar um mandato com prazo mais curto, mas nunca superior a dois anos. A Lei n. 4.591/1964, em seu art. 22, *in fine*, possibilita a reeleição, e a lei civil, na mesma linha, diz que o mandato poderá renovar-se, silenciando no tocante à possibilidade de várias ou apenas uma renovação do mandato. A matéria está entregue à convenção, que determinará quantas reeleições poderão ser feitas. No silêncio da convenção, poderá o mesmo síndico atravessar vários períodos à frente da administração do edifício. A lei veda a possibilidade de o condomínio ser administrado por um colegiado de síndicos, embora seja permitido que a assembleia invista outra pessoa com poderes de representação para alguma atividade especial, assim como que o síndico transfira poderes de representação para terceiros, desde que autorizado pela assembleia e não haja vedação expressa na convenção de condomínio (art. 1.348, §§ 1º e 2º, do CC). A Convenção de Condomínio pode autorizar que seja(m) eleito(s) subsíndico(s), fato que se verifica na prática, conforme previsão do art. 22, § 6º, da Lei n. 4.591/1964, que não foi revogada nesse particular. Na forma do disposto no art. 22, § 4º, da Lei n. 4.591/1964, a atividade do síndico poderá ser remunerada ou gratuita, consoante os dizeres da convenção ou deliberação assemblear. Se a assembleia não eleger o síndico em tempo hábil, poderá, qualquer condômino, requerer em juízo, mediante um procedimento de jurisdição voluntária (arts. 719 e ss. do CPC), a designação judicial de um síndico que exercerá o *munus* até nova convocação e eleição, de acordo com a disciplina do art. 27 da Lei n. 4.591/1964: "Se a assembleia não se reunir para exercer qualquer dos poderes que lhe competem, 15 dias após o pedido de convocação, o Juiz decidirá a respeito, mediante requerimento dos interessados". O art. 23 da Lei n. 4.591/1964 prevê a obrigatoriedade da eleição de um conselho consultivo, composto de três condôminos, com mandatos que não ultrapassem dois anos, permitida a reeleição. O referido conselho funciona como um órgão consultivo do síndico com a função de assessoria na administração do condomínio, sem prejuízo de atribuições específicas previstas na convenção. Resta que enfrentemos a seguinte questão: teria o Código Civil revogado a obrigatoriedade da eleição do conselho consultivo? Sabido que a lei nova que estabeleça disposições gerais a par das especiais já existentes não revoga nem modifica a lei anterior (art. 2º, § 2º, da Lei de Introdução às Normas do Direito Brasileiro), salvo quando a lei posterior se mostrar incompatível com a anterior, e esse não é o caso. Assim é que entendemos não ter sido revogado o indigitado dispositivo da lei especial, permanecendo a obrigatoriedade de eleição de tal conselho.

JURISPRUDÊNCIA COMENTADA: O Tribunal de Justiça paranaense deu razão a um condômino que se insurgiu contra um capítulo da convenção que previa a possibilidade de o condomínio ser administrado por quatro síndicos, anulando tal cláusula por ferir a unidade sindical prevista em lei (TJPR, Apelação 1704840-5, 9.ª Câmara Cível, Rel. Des. Coimbra de Moura, j. 14.12.2017). Por outro lado, ainda que a convenção de condomínio explicite que somente poderá ser síndico um condômino, se não existir nenhum interessado na função e houver consenso com relação aos condôminos presentes em assembleia, poderá ser escolhido um terceiro, tendo em vista a autorização expressa do artigo em análise (TJDF, Proc. 0027.95.9.152016-8070001, Ac. 107.0703, 1.ª Turma Cível, Rel. Des. Simone Lucindo, j. 31.01.2018).

REFORMA DO CÓDIGO CIVIL: A reforma aqui se circunscreve a fazer referência expressa a que o síndico, pessoa natural ou jurídica, poderá ser remunerado ou não, facultando ainda a escolha de subsíndico para assessorá-lo, além de outras atribuições dispostas na Convenção.

Art. 1.348. Compete ao síndico:

I – convocar a assembleia dos condôminos;

II – representar, ativa e passivamente, o condomínio, praticando, em juízo ou fora dele, os atos necessários à defesa dos interesses comuns;

III – dar imediato conhecimento à assembleia da existência de procedimento judicial ou administrativo, de interesse do condomínio;

IV – cumprir e fazer cumprir a convenção, o regimento interno e as determinações da assembleia;

V – diligenciar a conservação e a guarda das partes comuns e zelar pela prestação dos serviços que interessem aos possuidores;

VI – elaborar o orçamento da receita e da despesa relativa a cada ano;

VII – cobrar dos condôminos as suas contribuições, bem como impor e cobrar as multas devidas;

VIII – prestar contas à assembleia, anualmente e quando exigidas;

IX – realizar o seguro da edificação.

§ 1º Poderá a assembleia investir outra pessoa, em lugar do síndico, em poderes de representação.

§ 2º O síndico pode transferir a outrem, total ou parcialmente, os poderes de representação ou as funções administrativas, mediante aprovação da assembleia, salvo disposição em contrário da convenção.

COMENTÁRIOS DOUTRINÁRIOS: Entre as atribuições não previstas expressamente no presente artigo e que constam no art. 22, § 1º, da Lei n. 4.591/1964 temos o exercício da administração interna do edifício no tocante à moralidade, segurança, sossego, preservação da qualidade da água e da limpeza do prédio. Deverá, ainda, manter em sua custódia, durante o prazo de cinco anos, a documentação do condomínio a fim de atender às necessidades de ordem contábil. As convenções de condomínio costumam delegar ao síndico diversas atribuições não previstas em lei. A título de exemplo, seguem algumas: contratar, administrar e despedir empregados, remeter trimestralmente o balanço das despesas e receitas do condomínio, contratar empresas e profissionais (advogados, contadores, engenheiros) para tratarem de assuntos que interessem ao condomínio, abrir e movimentar contas em bancos, entre outras. O mandato do síndico é outorgado sem poderes especiais, devendo esse órgão da administração convocar assembleias especiais para deliberar sobre assuntos que extrapolem a administração ordinária, como seria o caso da propositura de uma ação de valor em face da construtora ou a apreciação de um contrato com uma empresa de telefonia para a locação de espaço no interior do edifício para instalar antena. Ligado diretamente ao síndico, a quem deve se reportar quanto aos seus atos funcionais, está o porteiro, que é tão controvertido quanto importante para a sociedade condominial, pois por ele passa a relação das pessoas externas com o condomínio e ainda entre os condôminos. Um bom profissional na portaria é fundamental para uma gestão harmônica e produtiva do síndico.

JURISPRUDÊNCIA COMENTADA: Tem sido comum o ajuizamento por parte de condôminos de ações judiciais visando à prestação de contas e exibição de documentos em face do síndico. Sucede, entretanto, que o condômino não é parte legítima para tanto. O síndico deve prestar contas à assembleia geral e não aos condôminos individualmente (TJSC, AC 0124479-12.2007.8.24.0023, 6.ª Câmara de Direito Civil, Florianópolis, Rel. Des. André Luiz Dacol, *DJSC* 22.11.2018, p. 297). Nesse sentido, corretamente, decidiu a 35.ª Câmara de Direito Privado do Tribunal de Justiça do Estado de São Paulo que "o condômino, individualmente, não tem legitimidade ativa para exigir a prestação de contas em face do condomínio e de sua administradora. É o síndico que deve prestar contas, contudo, à assembleia de condôminos, consoante o disposto no artigo 22, § 1º, *f* da Lei n. 4.591/64 e no artigo 1.348, VIII do Código Civil" (Apelação 1000821-46.2018.8.26.0037, Rel. Des. Gilberto Leme, j. 05.12.2018).

PANDEMIA: Os limites de poder do síndico sempre provocaram grande discussão na jurisprudência. A pandemia provocada pelo novo coronavírus tornou ainda mais árdua a tarefa do intérprete com relação a tal questão. O fato é que o artigo em comento foi elaborado dentro de uma ideia de normalidade no tocante à convivência social. A partir de abril do ano de 2020 assistimos a várias demandas envolvendo esse tema. O Projeto de Lei n. 1.179/2020, aprovado pelo Congresso Nacional, tentou disciplinar a questão em seu art. 11 que acrescia poderes ao síndico, a par dos que constam no art. 1.348 do Código Civil: "Art. 11. Em caráter emergencial, até 30 de outubro de 2020, além dos poderes conferidos ao síndico pelo art. 1.348 do Código Civil, compete-lhe: I – restringir a utilização das áreas comuns para evitar a contaminação pelo coronavírus (Covid-19), respeitado o acesso à propriedade exclusiva dos condôminos; II – restringir ou proibir a realização de reuniões e festividades e o uso dos abrigos de veículos por terceiros, inclusive nas áreas de propriedade exclusiva dos condôminos, como medida provisoriamente necessária para evitar a propagação do coronavírus (Covid-19), vedada qualquer restrição ao uso exclusivo pelos condôminos e pelo possuidor direto de cada unidade. Parágrafo único. Não se aplicam as restrições e proibições contidas neste artigo para casos de atendimento médico, obras de natureza estrutural ou realização de benfeitorias necessárias". Lamentavelmente, o Poder Executivo vetou tal proposição por entender que haveria uma concessão exagerada de poderes aos síndicos, retirando a autonomia privada e limitando a vontade coletiva dos condôminos que deveriam ser submetidos à deliberação assemblear. Assim, a Lei n. 14.010/20 (RJET) entrou em vigor sem tal previsão. Diante dessa lacuna, cada Estado ou Município, consoante a competência concorrente conferida pelo Pleno do Supremo Tribunal Federal (Arguição de Descumprimento de Preceito Fundamental [ADPF] 672 e das Ações Diretas de Inconstitucionalidade [ADIs] 6.341 e 6.343), estabeleceu medidas de combate à pandemia. Alguns entes da federação resolveram delegar aos condomínios a tarefa, outros expediram decretos e ainda houve leis especiais. Andou bem, por exemplo, o Estado do Rio de Janeiro que, por meio da Lei n. 8.808/2020 autorizou expressamente o síndico a proibir temporariamente, isto é, enquanto vigorar o estado de calamidade causado pela pandemia, a realização de obras e/ou reparos não emergenciais seja na área comum seja em cada unidade individualmente, salvo pequenos reparos que não ocasionem interrupção do fornecimento de água no condomínio nem provoquem fluxo de pessoas nas áreas comuns e em que os prestadores de serviço utilizem os devidos equipamentos de proteção individual contra a contaminação. Os tribunais foram acionados diversas vezes para dirimir litígios envolvendo essa questão. Em 24.11.2020, a Oitava Câmara Cível do TJRJ, na relatoria do Desembargador Cezar Costa, manteve, por unanimidade, a liminar que autorizou o condômino a realizar obra emergencial em sua unidade autônoma em situação na qual o síndico tinha proibido peremptoriamente (AI 0053908-69.2020.8.19.000). Em setembro de 2020, com o fundamento de fomentar o isolamento social e, de acordo com as medidas determinadas pela Lei federal n. 13.979/2020, o síndico de determinado condomínio no Rio de Janeiro proibiu o condômino de alugar para temporada (art. 48 da Lei n. 8.245/1991) a sua unidade autônoma. Diante desse quadro, o proprietário ingressou em juízo e a Segunda Câmara Cível do TJRJ, na relatoria do Desembargador Luiz Roldão de Freitas Gomes Filho, sob o fundamento do direito do condômino (arts. 1.314 e 1.335, inc. I, CC) e de propriedade entendeu por ilegítima tal restrição condominial que não estava calcada em nenhuma determinação legal, senão em ato unilateral e arbitrário do síndico (AI 0027409-48.2020.8.19.0000). Em ambas as decisões, o órgão julgador agiu com ponderação adequada. Em outro giro, em decisão monocrática do Desembargador Ricardo Couto, foi mantida a proibição para que determinado condômino realizasse em seu apartamento obras não emergenciais, nos moldes da Lei n. 8.808/2020, ainda que no caso houvesse um decreto municipal autorizando a retomada de quaisquer obras nos imóveis dos respectivos titulares: "Agravo de instrumento – paralisação de obras em residência – medidas restritivas adotadas durante a pandemia – tutela de urgência – revogação – não cabimento. I – Cabe Agravo de Instrumento contra a decisão que indefere a revogação da tutela de urgência, concedida para suspender as obras realizadas em unidade imobiliária, a pedido do condomínio. Entendimento do STJ quanto à extensão do conceito de decisão interlocutória que versa sobre tutela provisória (art. 1.015, I, do CPC). II – A existência de decreto municipal permitindo a retomada das obras não emergenciais não pode se sobrepor aos atos de gestão de cada condomínio, que são adotados de acordo com as particularidades do mesmo. Competência conferida ao síndico pela Lei Estadual nº 8.808/20, para verificar eventuais obras que devem ser evitadas. III – Ausência de elementos capazes de autorizar a revogação da medida, por ora, sem prejuízo aos demais condôminos. IV – Recurso ao qual se nega provimento" (TJRJ, AI 0057886-54.2020.8.19.0000, 7.ª Câmara Cível, j. 31.08.2020). No mesmo sentido: "Constitucional. Direito Civil. Condomínio edilício. Proibição, pelo síndico, da realização de obras no interior de suas unidades imobiliárias, durante o período de pandemia causada pelo vírus Sars-Cov-2. Medida restritiva que, em tese, encontra amparo no art. 1º da Lei Estadual nº 8.088/2020. Ausência de probabilidade de provimento do recurso. *Periculum in mora* que, ademais, não foi evidenciado, pois ausente demonstração de urgência na realização das obras. Recurso desprovido" (TJRJ, AI 0036587-21.2020.8.19.0000, 2.ª Câmara Cível, Rel. Des. Alexandre Freitas Câmara, j. 20.07.2020).

Art. 1.349. A assembleia, especialmente convocada para o fim estabelecido no § 2º do artigo antecedente, poderá, pelo voto da maioria absoluta de seus membros, destituir o síndico que praticar irregularidades, não prestar contas, ou não administrar convenientemente o condomínio.

COMENTÁRIOS DOUTRINÁRIOS: O art. 22, § 5º, da Lei n. 4.591/1964 estabelecia que a convenção de condomínio podia prever a forma e os requisitos para a aplicação da pena de destituição do síndico, rezando ainda que, no silêncio do referido documento, haveria a necessidade de um quórum qualificado de dois terços dos condôminos presentes à assembleia especial de destituição. Parece-nos que o Código Civil, no artigo anotado, revogou a lei de condomínios, pois estabelece expressamente a forma e os requisitos para a destituição. Guardaria mais lógica se a lei estabelecesse também o quórum de maioria absoluta para a eleição do síndico, pois por igual votação poderia o administrador ser destituído. Contudo, o art. 22 da Lei n. 4.591/1964, complementando o alcance do art. 1.347 do Código Civil, prescreve que o síndico será eleito na forma prevista na convenção e não, necessariamente, por maioria absoluta, nos parecendo mais razoável o critério da lei anterior. A demissão deve seguir o mesmo critério da nomeação, isto é, pelo voto da maioria dos presentes. Constituem requisitos para a destituição do síndico: 1º) prática de irregularidades; 2º) negativa do dever de prestar contas; 3º) administração inconveniente. O último requisito representará um julgamento de conveniência e oportunidade da assembleia, sendo defeso ao Poder Judiciário intervir nessa seara, salvo ilegalidade manifesta ou abuso do direito. Assim, se a ata da assembleia que destituir o síndico das suas funções contiver expressamente os motivos que levaram os condôminos a essa grave sanção, o síndico poderá movimentar o aparelho judiciário para anular a destituição e/ou pleitear danos morais se conseguir provar que os fatos articulados na fundamentação da destituição são inverídicos. Com efeito, estabelece o art. 140 do Código Civil que "o falso motivo só vicia a declaração de vontade quando expresso como razão determinante".

JURISPRUDÊNCIA COMENTADA: Como dito acima, o requisito da administração inconveniente é subjetivo e o Judiciário não deve, como regra, nele se imiscuir, como se pode ver na presente ementa: "Assembleia condominial. Destituição de síndico e de administradoras do condomínio. Pretendida anulação sob o argumento de que não se mencionou, no ato de convocação, quais as irregularidades supostamente praticadas pela autora, além de não ter havido a deliberação pela maioria absoluta dos integrantes da assembleia. Demanda que nada tem a ver com outra já apreciada por esta E. Câmara, que dizia respeito à assembleia realizada cerca de dois anos antes, para a eleição de síndico. Convocação da reunião que atendeu ao disposto na convenção condominial e no Código Civil. Insatisfação dos condôminos quanto à atuação da síndica, máxime em relação à falta de prestação de contas. Ausência de prova de que proprietários inadimplentes tenham votado. Adoção dos fundamentos da sentença, em razão do permissivo do artigo 252 do Regimento Interno desta Egrégia Corte – Sentença mantida Preliminar rejeitada e recurso desprovido" (TJSP, Apelação 127667-14.2010.8.26.0100, 5.ª Câmara de Direito Privado, Rel. Des. A. C. Mathias Coltro, j. 17.04.2013). A destituição de conselheiro do conselho consultivo também deve ser feita em assembleia com os rigores do presente dispositivo legal: "Apelação cível. Ação anulatória de assembleia geral extraordinária c/c pedido de reintegração de cargo no conselho consultivo do condomínio. Alegativas de irregularidades no edital de convocação da assembleia e ausência de especificação das razões da destituição do cargo. Infundadas. Finalidade de publicidade atingida. Exposição da motivação durante o ato. Anulação improcedente. Recurso improvido. Sentença mantida. 1 – Tratam os autos de pedido de anulação de assembleia geral realizada pelo condomínio apelado, sob o fundamento de que a mesma ocorrera sem a regular notificação prévia para o ato, além de não ter especificado os motivos pelos quais a recorrente deveria ser destituída do cargo de conselheira do conselho consultivo. 2 – *In casu*, a assembleia mencionada fora convocada pela síndica e devidamente comunicada aos condôminos da forma usual e mais segura no âmbito condominial, qual seja, a entrega de carta simples a todos os moradores, além da fixação da referida convocação nos quadros de avisos do edifício e elevadores, atingindo assim o objetivo pretendido de publicidade da convocação. 3. Diante da bem-sucedida convocação para a assembleia extraordinária dos condôminos através da forma que fora realizada pela comunidade condominial e utilizada sem qualquer impedimento em convocações anteriores, entende-se que, mesmo não havendo previsão convencional, não há qualquer elemento capaz de anular a referida assembleia que contrariou os interesses da autora. 4. Quanto ao argumento autoral de não ter havido especificações acerca dos motivos pelos quais a recorrente deveria ser destituída do cargo de conselheira, tal alegativa não merece ser acolhida, uma vez que a ata da assembleia geral extraordinária afasta qualquer dúvida acerca da motivação que levou à destituição da mesma (fls. 15 – 33) 5. Recurso improvido. Sentença mantida" (TJCE, APL 0208529-28.2013.8.06.0001, 2.ª Câmara de Direito Privado, Rel. Des. Maria de Fátima de Melo Loureiro, *DJCE* 20.12.2018).

PANDEMIA: A prestação regular de contas do síndico é algo tão importante na vida condominial que, mesmo diante da pandemia que estamos vivenciando, o legislador não ousou afastar tal dever. É o que se pode verificar do teor do art. 13 da Lei n. 14.010/2020 que estabelece o Regime Jurídico Emergencial e Transitório das relações jurídicas de Direito Privado (RJET): "É obrigatória, sob pena de destituição do síndico, a prestação de contas regular de seus atos de administração".

Art. 1.350. Convocará o síndico, anualmente, reunião da assembleia dos condôminos, na forma prevista na convenção, a fim de aprovar o orçamento das despesas, as contribuições dos condôminos e a prestação de contas, e eventualmente eleger-lhe o substituto e alterar o regimento interno.

§ 1º Se o síndico não convocar a assembleia, um quarto dos condôminos poderá fazê-lo.

§ 2º Se a assembleia não se reunir, o juiz decidirá, a requerimento de qualquer condômino.

COMENTÁRIOS DOUTRINÁRIOS: Dentre os órgãos de administração do condomínio, o que mais se destaca, mormente pelo conteúdo democrático e pelos poderes decisórios e deliberativos, é a assembleia, que goza de soberania, e as suas deliberações se fazem obrigatórias perante todos os condôminos, salvo irregularidades ou abuso de direito como, por exemplo, a opressão da minoria pela maioria representada por uma única pessoa titular de várias unidades autônomas. É ele que deve espelhar a manifestação de vontade dos condôminos naquilo que é do interesse destes, vinculando o síndico, o conselho consultivo, o conselho fiscal e, é claro, todos os demais condôminos, ressalvada a hipótese de vulneração às regras e princípios cogentes do Estado Democrático de Direito e também dos termos da convenção de condomínio ou do regimento interno. O art. 24 da Lei n. 4.591/1964 pode se mostrar útil para solucionar dúvidas acerca da assembleia que não estão disciplinadas no Código Civil: "Haverá, anualmente, uma assembleia geral ordinária dos condôminos, convocada pelo síndico na forma prevista na Convenção, à qual compete, além das demais matérias inscritas na ordem do dia, aprovar, por maioria dos presentes, as verbas para as despesas de condomínio, compreendendo as de conservação da edificação ou conjunto de edificações, manutenção de seus serviços e correlatas. § 1º As decisões da assembleia, tomadas, em cada caso, pelo *quorum* que a Convenção fixar, obrigam todos os condôminos. § 2º O síndico, nos oito dias subsequentes à assembleia, comunicará aos condôminos o que tiver sido deliberado, inclusive no tocante à previsão orçamentária, o rateio das despesas, e promoverá a arrecadação, tudo na forma que a Convenção previr. § 3º Nas assembleias gerais, os votos serão proporcionais às frações ideais do terreno e partes comuns, pertencentes a cada condômino, salvo disposição diversa da Convenção. § 4º Nas decisões da Assembleia que não envolvam despesas extraordinárias do condomínio, o locatário poderá votar, caso o condômino-locador a ela não compareça". Dentre essas questões, destaco, como exemplo, a possibilidade de o locatário da unidade participar e votar na assembleia caso o condômino-locador não compareça e a deliberação não envolva despesas extraordinárias (redação dada pela Lei n. 9.267/1996). Para sabermos o que a lei considera despesa ordinária e extraordinária devem ser consultados os arts. 23, § 1º, e 22, parágrafo único, da Lei n. 8.245/1991: "Art. 22. O locador é obrigado a: X – pagar as despesas extraordinárias de condomínio. Parágrafo único. Por despesas extraordinárias de condomínio se entendem aquelas que não se refiram aos gastos rotineiros de manutenção do edifício, especialmente: a) obras de reformas ou acréscimos que interessem à estrutura integral do imóvel; b) pintura das fachadas, empenas, poços de aeração e iluminação, bem como das esquadrias externas; c) obras destinadas a repor as condições de habitabilidade do edifício; d) indenizações trabalhistas e previdenciárias pela dispensa de empregados, ocorridas em data anterior ao início da locação; e) instalação de equipamento de segurança e de incêndio, de telefonia, de intercomunicação, de esporte e de lazer; f) despesas de decoração e paisagismo nas partes de uso comum; g) constituição de fundo de reserva. Art. 23. O locatário é obrigado a: XII – pagar as despesas ordinárias de condomínio. § 1º Por despesas ordinárias de condomínio se entendem as necessárias à administração respectiva, especialmente: a) salários, encargos trabalhistas, contribuições previdenciárias e sociais dos empregados do condomínio; b) consumo de água e esgoto, gás, luz e força das áreas de uso comum; c) limpeza, conservação e pintura das instalações e dependências de uso comum; d) manutenção e conservação das instalações e equipamentos hidráulicos, elétricos, mecânicos e de segurança, de uso comum; e) manutenção e conservação das instalações e equipamentos de uso comum destinados à prática de esportes e lazer; f) manutenção e conservação de elevadores, porteiro eletrônico e antenas coletivas; g) pequenos reparos nas dependências e instalações elétricas e hidráulicas de uso comum; h) rateios de saldo devedor, salvo se referentes a período anterior ao início da locação; i) reposição do fundo de reserva, total ou parcialmente utilizado no custeio ou complementação das despesas referidas nas alíneas anteriores, salvo se referentes a período anterior ao início da locação". A convocação é um ato jurídico formal, sendo assegurada aos condôminos a divulgação do conhecimento das matérias mais importantes a serem discutidas. Existem convenções que exigem a afixação da convocação no *hall* dos elevadores, além da notificação pessoal a todos os condôminos, a cargo de funcionário do condomínio. Outras, ainda, a publicação em jornal de grande circulação quando se trata de grandes condomínios. A convocação é o ato pelo qual são chamados à assembleia os condôminos do edifício e, tal ato constitui dever do síndico. Esse chamamento deverá definir com precisão a data, horário, local e temas que serão discutidos na assembleia, seja ela ordinária (art. 1.350) ou extraordinária, na qual se poderá deliberar sobre qualquer assunto de interesse dos condôminos, desde que previamente estabelecidos. Dentro do possível, deve ser evitada a expressão vaga e imprecisa "assuntos gerais", pois o condômino tem o direito de saber precisamente quais serão os temas versados na assembleia, até mesmo para que decida sobre o seu comparecimento. A Convenção deverá estabelecer a forma como se procederá à convocação. Se o ato convocatório não for levado a efeito ou não se revestir das formalidades da convenção de condomínio, a assembleia não poderá ser instalada e deliberar, sob pena de ineficácia de suas decisões, sendo lícito ao condomínio, representado pelo síndico, ou a qualquer condômino postular em juízo a ação anulatória de assembleia condominial. Se houver alguma irregularidade no que se refere à forma de convocação para a assembleia, ao quórum mínimo para determinada deliberação, presença de vícios de vontade, como o erro, o dolo ou a coação, vedação de voto ao inquilino quando permitido, abuso de direito de uma minoria em desfavor da maioria com menor fração ideal, entre outras lesões, poderá qualquer condômino propor, pelo procedimento comum, ação anulatória de assembleia geral ordinária. Na hipótese de a assembleia não ser convocada ou não deliberar sobre tema reputado obrigatório, poderá, outrossim, qualquer condômino propor, pelo procedimento especial de jurisdição voluntária, ação com o objetivo de requerer que o juiz profira decisão que terá o condão de suprir a inércia da assembleia à luz do que prescreve o art. 27 da Lei n. 4.591/1964: "Art. 27. Se a assembleia não se reunir para exercer qualquer dos poderes que lhe competem, 15 dias após o pedido de convocação, o Juiz decidirá a respeito, mediante requerimento dos interessados". O artigo aqui tratado cuida da assembleia geral ordinária, de natureza obrigatória e anual, em que deverão ser discutidas a aprovação do orçamento das despesas, as contribuições dos condôminos e a prestação de contas do síndico. Facultativamente, poderá a assembleia deliberar sobre quaisquer temas (assuntos gerais), dentre os quais se destacam a eleição de um novo síndico, eventual alteração da convenção de condomínio e do regimento interno, análise de proposta de contrato feita por terceiros, constituição de um fundo de reserva, mudança de destinação do prédio, entre outros assuntos colocados em pauta. A assembleia poderá nomear um representante do condomínio para determinada atividade, sem prejuízo das atribuições do síndico. As matérias disciplinadas expressamente no presente artigo não impedem que se faça a qualquer tempo assembleia geral extraordinária para deliberar qualquer assunto de interesse da coletividade (art. 1.355), sendo possível, inclusive que se trate de temas típicos de uma assembleia extraordinária no mesmo dia e hora da assembleia ordinária, desde que conste expressamente na pauta do dia.

JURISPRUDÊNCIA COMENTADA: A jurisprudência tende a respeitar a autoridade das decisões assembleares: "Apelação cível. Ação de consignação em pagamento. Autora alega que lhe foi cobrada cota extra sem que houvesse qualquer orçamento prévio. Sentença de improcedência. Recurso autoral. Artigo 24 da Lei n. 4.591/1964 e artigo 1.350, do Código Civil disciplinam as assembleias gerais ordinárias dos condomínios. Assembleia Geral Ordinária aprovou por unanimidade 6 cotas extras, no valor de R$ 100,00 por unidade, não sendo pré-requisito para a sua cobrança a apresentação de propostas por empresas para a elaboração da obra. Decisões das assembleias obrigam a todos os condôminos. Sentença mantida. Desprovimento do recurso" (TJRJ, APL 0045545-29.2016.8.19.0002, 23.ª Câmara Cível, Niterói, Rel. Des. Sônia de Fátima Dias, j. 30.05.2018). Em outro giro, em caso de irregularidade na convocação, deve ser aplicada a penalidade de nulidade da assembleia, retirando os efeitos, por lógico, das deliberações: "Condomínio. Declaração de nulidade de assembleia. Convocação de assembleia condominial por pessoa diversa do síndico exige a anuência de um quarto dos condôminos (artigo 1.350, § 1º, do Código Civil). Requerido é pessoa diversa do síndico e convocou a assembleia geral extraordinária, mas não comprovou a obtenção da anuência de um quarto dos condôminos em data prévia à realização daquela assembleia. Invalidade da convocação, o que implica a invalidade da assembleia geral extraordinária. Sentença de procedência, para declarar nula a convocação e, por conseguinte, a assembleia e quaisquer atos por ela deliberados (confirmando a tutela antecipada), condenando o Requerido ao pagamento das custas e despesas processuais e dos honorários advocatícios fixados em 10% do valor da causa a que foi atribuído o valor de R$ 1.000,00, observada a gratuidade processual. Recurso do requerido improvido, e majorados os honorários advocatícios do patrono do autor para R$ 2.000,00. Observada a gratuidade processual" (TJSP, APL 1038773-98.2017.8.26.0100, Ac. 11219739, 35.ª Câmara de Direito Privado, São Paulo, Rel. Des. Flavio Abramovici, j. 01.03.2018).

PANDEMIA: Verificou-se de plano que a imposição de isolamento social e, principalmente, o evitamento de aglomerações como estratégias para a contenção da contaminação pelo novo coronavírus, acabariam por dificultar o cumprimento desse dispositivo legal, tendo em vista que a imensa maioria das convenções condominiais prevê assembleia com a presença física dos condôminos ou, em outras palavras, pouquíssimos são os condomínios que preveem em suas convenções a utilização por meios virtuais. Por tal motivo, o art. 12 da Lei n. 14.010/2020 (RJET) prevê que, a partir de 12 de junho de 2020, data de publicação da lei, independentemente de previsão da convenção, é possível fazer a assembleia condominial de modo virtual. Além disso, há a previsão de que se, por acaso, não for possível fazer a assembleia por meios virtuais, o mandato do síndico ficará prorrogado. O problema é que, como já dito alhures, a lei emergencial perdeu a sua vigência em 30 de outubro de 2020, data que, no início do ano passado, se entendia como limite para a superação da pandemia, o que se verificou, posteriormente, de todo equivocado. Estamos ainda engatinhando na vacinação e com mortes diárias, em média, de mais de mil pessoas. O citado dispositivo legal, o qual se aplaude, reza que "a assembleia condominial, inclusive para os fins dos arts. 1.349 e 1.350 do Código Civil, e a respectiva votação poderão ocorrer, em caráter emergencial, até 30 de outubro de 2020, por meios virtuais, caso em que a manifestação de vontade de cada condômino será equiparada, para todos os efeitos jurídicos, à sua assinatura presencial. Parágrafo único. Não sendo possível a realização de assembleia condominial na forma prevista no *caput*, os mandatos de síndico vencidos a partir de 20 de março de 2020 ficam prorrogados até 30 de outubro de 2020". Entendemos que é possível manter, nos campos doutrinário e jurisprudencial, o sentido do texto legal mediante uma exegese que busque harmonizar os interesses da sociedade como um todo – que deve combater a propagação desse vírus tão letal – com os do condomínio, sendo de todo pertinente uma interpretação evolutiva com resultados ampliativos do art. 1.336, inc. IV, do Código Civil, o qual preconiza ser dever do condômino utilizar do imóvel de modo a preservar a saúde dos demais possuidores. Os meios virtuais para a realização de reuniões têm sido largamente utilizados nas associações e sociedades empresárias com inúmeras vantagens, sem a perda da necessária segurança jurídica. Aguarda-se que, após vencermos a pandemia com a vacinação em massa, as conquistas sociais e jurídicas desse período tão difícil permaneçam, como esta da possibilidade de realização de assembleias por meios virtuais. Releve-se que até atos notariais podem ser feitos de tal forma (Provimento n. 149/CNJ), preservando-se a autonomia privada e a segurança jurídica. No sentido do texto, a Segunda Turma Cível do Tribunal de Justiça do Distrito Federal e Territórios, por unanimidade, mesmo antes da vigência da Lei n. 14.010/2020, autorizou que o síndico que, obrigado as prestar contas, convocara a assembleia presencial para 30 de março de 2020, não a realizasse. Dentre outras questões, o relator assinalou que "de acordo com o direito de vizinhança, também é dever dos condôminos zelar pela saúde e segurança dos demais ocupantes, especialmente em relação ao espaço comum e à possibilidade de exposição e contaminação de seus pares, art. 1.336, inciso IV, do CC" (AI 0707020-34.2020.8.07.0000). Em prestígio do art. 12 da Lei n. 14.010/2020, permita-se citar a seguinte decisão: "Direito Civil. Condomínio edilício. Prorrogação do mandato de síndico em razão da impossibilidade de realização de assembleia de condomínio durante a pandemia do vírus Sars-cov-2. Presença dos requisitos necessários ao deferimento de tutela antecipada. Prorrogação do mandato que, ante a impossibilidade da realização de assembleia por meios virtuais, é admitida pelo art. 12, parágrafo único, da Lei nº 14.010/2020. Inviabilidade de se deixar o condomínio sem administração adequada. Irresignação com suposta má gestão do síndico que deve ser objeto de demanda própria. Recurso desprovido" (TJRJ, AI 0034595-25.2020.8.19.0000, 2.ª Câmara Cível, Rel. Des. Alexandre Freitas Câmara, j. 31.08.2020). Em outro giro, a 31.ª Câmara de Direito Privado do TJSP houve por bem não reconhecer a eficácia, em ação declaratória que objetivava tal fim, de uma assembleia feita de modo presencial no auge da pandemia. A assembleia deliberou pela destituição do síndico, elegendo outro para seu lugar com o quórum válido segundo a convenção, mas com muitas ausências pela lógica razão de que a reunião que se realizara na garagem do primeiro subsolo do edifício se mostrava completamente contrária aos objetivos do isolamento social recomendado pela OMS. Com muita felicidade, dentre as razões de decidir, destacou o Desembargador Adilson de Araújo que "mesmo que tenha sido atingido eventual quórum para deliberação das matérias constantes no edital, não é possível desconsiderar evento excepcional por que passa toda sociedade brasileira e, com mais intensidade, os moradores da cidade de São Paulo". Aludiu, a propósito, o eminente julgador que o Estado de São Paulo decretou quarentena a partir do dia 24.03.2020 (Apelação 1042765-62.2020.0100, j. 14.10.2020).

Art. 1.351. Depende da aprovação de 2/3 (dois terços) dos votos dos condôminos a alteração da convenção, bem como a mudança da destinação do edifício ou da unidade imobiliária. (Redação dada pela Lei nº 14.405, de 2022)

COMENTÁRIOS DOUTRINÁRIOS: A redação anterior do presente artigo apresentava dois quóruns qualificados. O primeiro para a alteração de convenção de dois terços, mantendo o critério que já vinha sendo adotado pelo art. 25, parágrafo único da Lei n. 4.591/1964, e o segundo para a modificação da destinação do imóvel, que necessita do voto de todos os condôminos. O art. 10, § 2º, da Lei n. 4.591/1964 também exige a aquiescência de todos os condôminos para que um condômino faça obra que altere ou modifique a fachada do edifício. Com a redação conferida pela Lei n. 14.405, de 14 de dezembro de 2022 houve uma unificação do quórum, retirando a obrigatoriedade de unanimidade para a alteração da destinação do edifício ou da unidade imobiliária, o que vai ao encontro do interesse de diversos condomínios que encontravam dificuldade quase que instransponível para essa alteração quando a lei exigia unanimidade. Trata-se de importante e correta alteração. O artigo seguinte estabelece a regra para o quórum e contagem dos votos nas assembleias de condomínio, momento em que explicaremos essa importante questão. Na *IX Jornada de Direito Civil* do CJF/STJ, realizada em maio de 2022, aprovou importante enunciado para atender situação fática que tem ocorrido em imóveis que se submetem a um tipo de obra chamada de *retrofit*, no qual se revitaliza construções antigas, muitas delas tombadas, adequando-as internamente às demandas atuais, mantendo o exterior. A aprovação de execução de projetos de *retrofit* não enseja necessariamente a alienação das unidades autônomas adaptadas aos novos tempos, mas se tal ocorrer, o construtor será considerado incorporador para todos os fins jurídicos. Por tal motivo, aplaudimos a aprovação do *Enunciado* n. *665* com a seguinte redação: "A reconstrução de edifício realizada com o propósito de comercialização das unidades durante a obra sujeita-se ao regime da incorporação imobiliária e torna exigível o registro do Memorial de Incorporação". De fato, como bem assinalado na justificativa do enunciado, "a comercialização dos imóveis a construir constitui um dos elementos essenciais de caracterização dessa atividade empresarial e sujeita o incorporador a deveres legais, entre os quais avultam mecanismos de prevenção e alocação de riscos, vinculação de receitas, proteção patrimonial dos credores vinculados ao negócio, notadamente os adquirentes".

REFORMA DO CÓDIGO CIVIL: A inclusão de um parágrafo único prevendo que, "nos casos em que as alterações previstas no *caput* forem pedidas pelo Poder Público, para os fins de aproveitamento de edificação subutilizada, será suficiente a aprovação por maioria simples dos condôminos" objetiva atender com maior eficiência ao princípio da socialidade, que permeia toda a codificação, pois facilita a concretização do princípio constitucional da função social da propriedade.

Art. 1.352. Salvo quando exigido quórum especial, as deliberações da assembleia serão tomadas, em primeira convocação, por maioria de votos dos condôminos presentes que representem pelo menos metade das frações ideais.

Parágrafo único. Os votos serão proporcionais às frações ideais no solo e nas outras partes comuns pertencentes a cada condômino, salvo disposição diversa da convenção de constituição do condomínio.

COMENTÁRIOS DOUTRINÁRIOS: Em regra, o quórum para as deliberações da assembleia é o de maioria de votos dos condôminos presentes que representem pelo menos metade das frações ideais.

Dessa forma, primeiro devem ser contados os votos para saber se a assembleia, em primeira convocação, poderá ser instalada. Para tanto, indispensável se faz a presença de pelo menos metade dos condôminos ou representantes que signifiquem a metade das frações ideais. Após, serão contados os votos, considerando-se aprovada a votação cujo quórum represente a maioria dos votos dos condôminos presentes. Como estamos tratando de votações nas assembleias, é sempre importante analisarmos os critérios de contagem dos votos, pois a falta de observância estrita a esse critério constitui causa de nulidade absoluta. Não se contam os votos tendo em vista a quantidade de pessoas, mas sim pelas frações ideais representadas pelas pessoas, de modo que se uma pessoa, por exemplo, é titular de quatro unidades imobiliárias de mesma dimensão que a unidade imobiliária dos demais condôminos, o voto dela valerá por quatro. Da mesma forma, o voto do proprietário da cobertura, normalmente de maior fração ideal do que o restante dos moradores terá uma valoração quantitativa e, portanto, qualitativa, maior. A norma segue a orientação da lei especial, referindo-se à possibilidade de a convenção dispor diferentemente (art. 24, § 3º, da Lei n. 4.591/1964). A lei brasileira não limita a quantidade de procurações dos condôminos que pode ser usada na assembleia, mas a convenção, para conter abusos, pode limitar a sua utilização para, por exemplo, três procurações por condômino. Como é de fácil percepção, a assembleia é indispensável para a vida condominial. Sem ela, o condomínio não consegue manter uma estrutura orgânica que prestigie os mais altos princípios democráticos, justificando e legitimando as decisões administrativas. Para apreender o significado da assembleia, basta que imaginemos um Estado, cujas deliberações provenham apenas do Poder Executivo. Desta sorte, se na primeira convocação não se conseguir o quórum do artigo precedente, as matérias em pauta deverão ser trazidas à baila e votadas, considerando-se aprovadas com o voto favorável da maioria dos presentes. Importa destacar, por derradeiro, que se houver abuso do direito da maioria (art. 187 do CC) contra alguma minoria, por exemplo, étnica, religiosa, LGBT ou qualquer outro motivo discriminatório e ofensivo à Constituição, as portas do Poder Judiciário estarão sempre abertas para a correção do ato abusivo, sem prejuízo, pela natureza de ato ilícito desse comportamento, de ensejar pedido de reparação de danos materiais e/ou morais.

JURISPRUDÊNCIA COMENTADA: Os Tribunais têm seguido à risca as determinações legais *supra*, entendendo que "a tomada de decisões por meio de Assembleia Geral subordina-se à vontade da maioria (absoluta ou simples), conforme disposto no § 1º do art. 24 da Lei n. 4.591/1964, no *caput* do art. 1.352 e no art. 1.353, ambos do CC, bem como no art. 35 da Convenção de Condomínio. 2.2. Consoante parágrafo único do art. 1.352, os votos serão proporcionais às frações ideais no solo e nas outras partes comuns pertencentes a cada condômino, salvo disposição diversa da convenção de constituição do condomínio. Por consectário, inexistindo disposição a respeito de como serão analisados os votos, estes corresponderão à fração ideal que o condômino tem, considerada sua área privativa e as áreas comuns" (TJDF, APC 2016.01.1.066172-7, Ac. 102.8928, 6.ª Turma Cível, Rel. Des. Alfeu Machado, j. 28.06.2017, *DJDFTE* 05.07.2017).

Art. 1.353. Em segunda convocação, a assembleia poderá deliberar por maioria dos votos dos presentes, salvo quando exigido quórum especial.

§ 1º Quando a deliberação exigir quórum especial previsto em lei ou em convenção e ele não for atingido, a assembleia poderá, por decisão da maioria dos presentes, autorizar o presidente a converter a reunião em sessão permanente, desde que cumulativamente: (Incluído pela Lei nº 14.309, de 2022)

I – sejam indicadas a data e a hora da sessão em seguimento, que não poderá ultrapassar 60 (sessenta) dias, e identificadas as deliberações pretendidas, em razão do quórum especial não atingido; (Incluído pela Lei nº 14.309, de 2022)

II – fiquem expressamente convocados os presentes e sejam obrigatoriamente convocadas as unidades ausentes, na forma prevista em convenção; (Incluído pela Lei nº 14.309, de 2022)

III – seja lavrada ata parcial, relativa ao segmento presencial da reunião da assembleia, da qual deverão constar as transcrições circunstanciadas de todos os argumentos até então apresentados relativos à ordem do dia, que deverá ser remetida aos condôminos ausentes; (Incluído pela Lei nº 14.309, de 2022)

IV – seja dada continuidade às deliberações no dia e na hora designados, e seja a ata correspondente lavrada em seguimento à que estava parcialmente redigida, com a consolidação de todas as deliberações. (Incluído pela Lei nº 14.309, de 2022)

§ 2º Os votos consignados na primeira sessão ficarão registrados, sem que haja necessidade de comparecimento dos condôminos para sua confirmação, os quais poderão, se estiverem presentes no encontro seguinte, requerer a alteração do seu voto até o desfecho da deliberação pretendida. (Incluído pela Lei nº 14.309, de 2022)

§ 3º A sessão permanente poderá ser prorrogada tantas vezes quantas necessárias, desde que a assembleia seja concluída no prazo total de 90 (noventa) dias, contado da data de sua abertura inicial. (Incluído pela Lei nº 14.309, de 2022)

COMENTÁRIOS DOUTRINÁRIOS: O dispositivo assinalado anda bem ao suprir uma lacuna que existia na Lei n. 4.591/1964 e que, portanto, causava tantas incertezas e, por via de consequência, instabilidade na vida condominial. Já destacamos acima a importância da assembleia para a administração do condomínio ante o seu elevado espírito democrático, não sendo de bom alvitre que a mesma não ocorra por não ter alcançado o quórum de instalação de maioria dos condôminos. Um dado fático empírico importante de ser registrado é que há condomínios em que boa parte dos condôminos simplesmente não se interessa pela administração do condomínio e, por via de consequência, não comparece nas assembleias. Nesse caso, o condomínio deve fazer duas convocações com um espaço de tempo de, por exemplo, meia hora, e, se não for possível alcançar o número mínimo de condôminos para a instalação, a assembleia ocorrerá, tomando-se por base o quórum da segunda convocação, sendo autorizada a deliberar sobre qualquer assunto que não exija quórum especial. Por exemplo, fixação de cota extra, aprovação das contas e remuneração do síndico são temas que podem ser deliberados por maioria simples na segunda convocação, mas, mudança da convenção ou alteração da fachada, não poderão ser deliberadas. Digna de encômios a alteração trazida pela Lei n. 14.309/2022 no presente artigo ao estabelecer critérios legais para a validade do que se chama de assembleia contínua, em aberto ou, como diz a lei, permanente. Nasce tal alteração da prática da vida condominial, em que por diversos motivos, os condomínios edilícios, encontraram dificuldades para aprovar determinadas matérias de seu interesse que exigiam quórum qualificado como, por exemplo, alteração da convenção, aprovação para a realização de benfeitorias voluptuárias ou mudança da destinação do edifício ou da unidade autônoma. O avançar das horas, a necessidade de uma reflexão maior sobre um determinado tema ou até mesmo o esclarecimento técnico de um engenheiro para subsidiar uma deliberação podem levar a que seja necessária a conversão da assembleia originalmente designada, na qual não se alcançou o quórum necessário, em "assembleia permanente". Importante destacar que a deliberação assemblear deve externar o resultado dos debates acerca das matérias postas em pauta, não sendo válida a continuação da assembleia apenas para formação do quórum exigido pela lei ou pela convenção, sob pena de invalidade do ato a ser reconhecida em demanda judicial. O texto traz os requisitos legais que se não forem atentamente observados, poderão levar à invalidade do ato, sendo de bom alvitre que os condomínios, cuja convenção já previam a possibilidade de assembleia em aberto de modo diverso ao que diz a lei, sejam atualizados. Pelo que se depreende do texto legal, o não atingimento do quórum necessário na assembleia originalmente designada, poderá conduzir a que o presidente do ato, de ofício ou a pedido de algum condômino, faça a sugestão de converter aquela assembleia ordinária ou extraordinária, em assembleia permanente. Para a aprovação desta deliberação bastará o voto da maioria dos condôminos presentes. O parágrafo primeiro estabelece requisitos cumulativos de validade da aludida conversão que deverão ser rigorosamente cumpridos. Os votos da primeira sessão serão contabilizados na assembleia contínua que se seguirá, nada obstante seja assegurado ao condômino alterar o seu voto até o desfecho da deliberação pretendida. Não há limite de assembleias quando convertida em sessão permanente, respeitado o prazo máximo de 90 dias que será contado a partir da assembleia original.

Art. 1.354. A assembleia não poderá deliberar se todos os condôminos não forem convocados para a reunião.

COMENTÁRIOS DOUTRINÁRIOS: Como vimos acima, a convocação é o ato pelo qual todos os condôminos são chamados para o comparecimento à reunião de assembleia. A forma da convocação não é disciplinada pela lei, devendo o intérprete consultar os termos da convenção de condomínio, devendo constar, minimamente, por óbvio, o dia, local e horário, além da pauta a ser discutida. Importa também, para a boa consecução do ato, que seja registrado expressamente o horário da primeira e da segunda convocação que, como visto no art. 1.353, autorizará a assembleia a deliberar as matérias, em regra, mediante maioria simples. A convocação de todos os condôminos para fins de aplicação correta da lei envolve os titulares de direito real sobre a coisa que assegurem a posse da unidade autônoma como o usufrutuário, assim como o promitente comprador com cláusula de imissão de posse. Com relação ao locatário, já anotamos no art. 1.350 que este poderá votar nas matérias que não envolvam despesas extraordinárias se o locador não comparecer. Se for essa a hipótese, o locatário também tem que ser convocado na forma da convenção, sob pena de nulidade. A nulidade da assembleia será pronunciada ainda que fique demonstrado que o voto do requerente da declaração judicial seja ineficaz para alterar o resultado, pois os condôminos não são convocados para votar as matérias apenas, mas também para debater democraticamente os temas que ocuparem a pauta do dia ou os assuntos gerais levantados.

JURISPRUDÊNCIA COMENTADA: À saciedade, já foi visto que "a assembleia geral constitui o órgão deliberativo do condomínio, cujas determinações vinculam o síndico, o conselho consultivo e todos os demais condôminos, salvo quando violarem a Lei, a convenção condominial ou os próprios direitos subjetivos dos condôminos. Se todos os condôminos não forem convocados para a reunião, a assembleia não poderá deliberar (art. 1.354 do CCB)" (TJCE, AI 0621534-79.2018.8.06.0000, 1.ª Câmara de Direito Privado, Rel. Des. Emanuel Leite Albuquerque, *DJCE* 13.09.2018). O vício grave de não fazer a devida convocação de todos os condôminos não fica sanado pela realização de segunda assembleia feita corretamente e que ratifique os atos anteriores ilegais: "Condomínio. Ação declaratória de nulidade de deliberações de assembleias. Alteração da convenção para impor obrigação de participação de titulares de lojas situadas no térreo no rateio de despesas. Primeira deliberação feita em assembleia realizada sem convocação de todos os condôminos. Hipótese de nulidade absoluta, que não comporta ratificação. Realização de nova assembleia, convocada para ratificar a deliberação posterior. Deliberação nula, pois não atingido o número mínimo de participantes, calculados de acordo com o percentual de participação no terreno e partes comuns. Procedência reconhecida. Recurso improvido. 1. Assembleia extraordinária deliberou a alteração da convenção condominial para, assim, atribuir aos condôminos titulares de lojas localizadas na parte térrea do edifício a obrigação de participação no rateio de despesas. Posteriormente, nova assembleia ratificou a deliberação anterior, partindo do pressuposto de que para o ato não tinham sido convocados todos os condôminos. 2. A primeira deliberação, já reputada viciada pela própria assembleia posterior, é nula, pois desrespeitou a norma do artigo 1.354, do Código Civil. Por se tratar de nulidade absoluta, a deliberação não comporta ratificação. 3. A segunda deliberação, por outro lado, não pode ser entendida como geradora da alteração da convenção, pois deixou de ser observado o quórum previsto no artigo 1.531, I, do Código Civil, que deve ser apurado segundo o critério previsto no artigo 1.352, do Código Civil, ou seja, de forma proporcional à fração ideal no terreno e partes comuns. 4. Daí advém necessariamente a declaração de nulidade das deliberações assembleares, como pleiteado pelo autor" (TJSP, APL 1126426-75.2016.8.26.0100, Ac. 11397855, 31.ª Câmara de Direito Privado, São Paulo, Rel. Des. Antonio Rigolin, j. 25.04.2018).

Art. 1.354-A. A convocação, a realização e a deliberação de quaisquer modalidades de assembleia poderão dar-se de forma eletrônica, desde que: (Incluído pela Lei nº 14.309, de 2022)

I – tal possibilidade não seja vedada na convenção de condomínio; (Incluído pela Lei nº 14.309, de 2022)

II – sejam preservados aos condôminos os direitos de voz, de debate e de voto. (Incluído pela Lei nº 14.309, de 2022)

§ 1º Do instrumento de convocação deverá constar que a assembleia será realizada por meio eletrônico, bem como as instruções sobre acesso, manifestação e forma de coleta de votos dos condôminos. (Incluído pela Lei nº 14.309, de 2022)

§ 2º A administração do condomínio não poderá ser responsabilizada por problemas decorrentes dos equipamentos de informática ou da conexão à internet dos condôminos ou de seus representantes nem por quaisquer outras situações que não estejam sob o seu controle. (Incluído pela Lei nº 14.309, de 2022)

§ 3º Somente após a somatória de todos os votos e a sua divulgação será lavrada a respectiva ata, também eletrônica, e encerrada a assembleia geral. (Incluído pela Lei nº 14.309, de 2022)

§ 4º A assembleia eletrônica deverá obedecer aos preceitos de instalação, de funcionamento

e de encerramento previstos no edital de convocação e poderá ser realizada de forma híbrida, com a presença física e virtual de condôminos concomitantemente no mesmo ato. (Incluído pela Lei nº 14.309, de 2022)

§ 5º Normas complementares relativas às assembleias eletrônicas poderão ser previstas no regimento interno do condomínio e definidas mediante aprovação da maioria simples dos presentes em assembleia convocada para essa finalidade. (Incluído pela Lei nº 14.309, de 2022)

§ 6º Os documentos pertinentes à ordem do dia poderão ser disponibilizados de forma física ou eletrônica aos participantes. (Incluído pela Lei nº 14.309, de 2022)

COMENTÁRIOS DOUTRINÁRIOS: Com o objetivo de trazer maior segurança jurídica e evitar impugnações judiciais em razão da realização de assembleias virtuais ou eletrônicas que já acontecem como mais um fenômeno social e jurídico trazido pela pandemia, a Lei n. 14.309/2022 estabeleceu critérios legais que devem ser observados, sob pena de nulidade do ato (art. 166, IV, V e VII, CC). Apesar dos rigores legais desenhados pela lei, a autonomia privada, valor tão caro à vida condominial, não foi esquecida, pois é possível que o condomínio delibere pela proibição de tal modalidade de assembleia, fazendo incluir em sua convenção tal previsão. Note-se que se não houver tal proibição expressa, o entendimento é o de que o condomínio está autorizado a fazer assembleias virtuais. Questão relevante é a de que o modelo virtual adotado não afasta a presencialidade necessária para a decisão assemblear, isto é, o ato continua presencial, na medida em que deve ser assegurado ao condômino, o direito de voz, de debater e de votar. Pode ser feita a assembleia no modo completamente virtual ou híbrido, ocasião em que alguns condôminos estarão presentes e outros participando eletronicamente por seus computadores pessoais ou smartphones, sendo de responsabilidade do condômino a viabilidade da própria participação, competindo ao condomínio a disponibilização dos meios necessários, mediante plataforma adequada às necessidades do caso. Para tanto, poderão ser aditados dispositivos na convenção e/ou no regimento interno. Aos interessados devem ser assegurados, outrossim, a disponibilização das atas e pautas da ordem do dia, na forma física ou eletrônica, conforme previsão convencional.

Art. 1.355. Assembleias extraordinárias poderão ser convocadas pelo síndico ou por um quarto dos condôminos.

COMENTÁRIOS DOUTRINÁRIOS: O dispositivo legal em análise consolida a ideia de que as matérias referidas no art. 1.350 (assembleia ordinária) não constituem empecilho para a convocação de assembleias gerais extraordinárias, que poderão deliberar sobre os mais diversos assuntos de interesse dos condôminos. Como exemplo, poderíamos imaginar a convocação para discutir a conveniência e a oportunidade da celebração de determinado contrato, a alteração da convenção, a constituição de um fundo de reserva para suprir despesas imprevisíveis, renovação do seguro de incêndio e destruição do prédio, destituição do síndico, deliberação sobre a medida a ser tomada contra condômino que reiteradamente não cumpre os deveres, entre outras infindáveis matérias que podem surgir. Enquanto a convocação para a assembleia geral ordinária é anual e constitui dever básico do síndico, apto, inclusive, a provocar a sua destituição, se não providenciar a sua realização, a convocação de assembleia geral extraordinária pode ser feita a qualquer tempo por um quarto dos condôminos. Se não houver a subscrição de assinaturas desse percentual de condôminos não poderá ser realizada a convocação, sendo totalmente ineficaz o ato. Nesse caso, restará aguardar a assembleia geral ordinária para levar a temática à discussão na pauta de assuntos gerais ou, se for algo urgente, submeter a questão à apreciação judicial. Nada obsta que a convenção delegue a outros órgãos de administração, como o conselho consultivo ou o conselho fiscal, o poder de convocar assembleia geral extraordinária, pois o presente artigo deve ser interpretado em harmonia com o art. 1.334, III, deste Código. Finalmente, importa lembrar que, no corpo do Código, encontramos algumas temáticas urgentes para o condomínio, como a realização de obras ou reparos urgentes que somente poderão ser feitos após autorização da assembleia que poderá ser convocada por qualquer condômino (art. 1.341, § 2º).

JURISPRUDÊNCIA COMENTADA: No sentido do texto, a jurisprudência tem admitido que "o artigo 1.355 do Código Civil estabelece diretriz geral sobre o tema no sentido de que a decisão sobre a convocação de assembleias extraordinárias não esteja privativamente a cargo do síndico. 4. Nada impede que a Convenção Condominial possa estender a competência para a convocação de assembleias extraordinárias a outras figuras que eventualmente componham a estrutura orgânica condominial, ampliando-se o rol previsto pelo artigo 1.355 do Código Civil, conforme inteligência do artigo 1.334, inciso III, do mesmo Diploma Legal. 5. Inexiste nulidade de convocação de assembleia geral extraordinária quando prevista a legitimidade do Conselho Fiscal na Convenção Condominial, independentemente de convalidação por, no mínimo, 1/4 dos condôminos" (TJDF, APC 2017.01.1.000604-8, Ac. 108.3472, 8.ª Turma Cível, Rel. Des. Ana Cantarino, j. 15.03.2018).

Art. 1.356. Poderá haver no condomínio um conselho fiscal, composto de três membros, eleitos pela assembleia, por prazo não superior a dois anos, ao qual compete dar parecer sobre as contas do síndico.

COMENTÁRIOS DOUTRINÁRIOS: O Código Civil supre outra lacuna da Lei n. 4.591/1964 no tocante à previsão legal do conselho fiscal. O referido órgão consta em inúmeras convenções condominiais sem que a ele se referisse a lei, possuindo natureza facultativa, conforme já vinha entendendo a maioria da doutrina especializada. Consolida, outrossim, o costume nas convenções, no sentido de o conselho ser formado por três condôminos e com atribuição preventiva de dar parecer sobre as contas do síndico. Merece registro que o parecer do conselho fiscal não é vinculativo, pois pode a assembleia geral ordinária, independentemente do parecer favorável do conselho fiscal, desaprovar as contas prestadas pelo síndico ou, ao contrário, aprovar as contas que foram rejeitadas pelo conselho fiscal. O Conselho Fiscal é uma espécie de Tribunal de Contas do condomínio e, portanto, convém que seja integrado por pessoas que tenham algum conhecimento técnico para o julgamento de contas.

JURISPRUDÊNCIA COMENTADA: O Tribunal de Justiça do Distrito Federal entendeu com acerto que "emerge da interpretação teleológica do artigo 1.356 do Código Civil que, em não sendo obrigatória a instituição do conselho fiscal para examinação das contas do condomínio como pressuposto para a linear gestão da entidade, é prescindível o prévio exame das contas por órgão fiscal constituído para essa finalidade, notadamente quanto a convenção condominial não contempla disposição diversa, resultando da regulação legal que a aprovação das contas por assembleia prévia e regularmente convocada, independentemente de prévia oitiva do órgão auxiliar, não padece de vício formal passível de ensejar sua invalidação" (TJDF, Rec 2009.01.1.195911-3, Ac. 547.481, 1.ª Turma Cível, Rel. Des. Teófilo Caetano, *DJDFTE* 22.11.2011).

SEÇÃO III

DA EXTINÇÃO DO CONDOMÍNIO

Art. 1.357. Se a edificação for total ou consideravelmente destruída, ou ameace ruína, os condôminos deliberarão em assembleia sobre a reconstrução, ou venda, por votos que representem metade mais uma das frações ideais.

§ 1º Deliberada a reconstrução, poderá o condômino eximir-se do pagamento das despesas respectivas, alienando os seus direitos a outros condôminos, mediante avaliação judicial.

§ 2º Realizada a venda, em que se preferirá, em condições iguais de oferta, o condômino ao estranho, será repartido o apurado entre os condôminos, proporcionalmente ao valor das suas unidades imobiliárias.

COMENTÁRIOS DOUTRINÁRIOS: No art. 1.346 do Código Civil vemos a previsão de obrigatoriedade da celebração de um contrato de seguro para cobrir o risco de destruição total ou parcial do edifício. Dessa forma, se houver a destruição total do prédio ou a destruição de mais de dois terços (destruição considerável), e ainda na hipótese de o mesmo ameaçar ruína, deverá ser convocada uma assembleia especial para deliberar sobre o interesse em reconstruir o edifício ou vender o terreno e os materiais. O quórum para tanto é de metade mais uma das frações ideais do terreno. Se a decisão for a venda, o condômino poderá exercer o direito de preferência, cujo preço alcançado será repartido entre os demais condôminos. O art. 14, § 3º, da Lei n. 4.591/1964 complementa o alcance da norma civil e prescreve que os dissidentes que não queiram reconstruir o prédio não serão obrigados a ratear as despesas e o art. 15 da mesma lei prevê o procedimento judicial para que a maioria possa adjudicar compulsoriamente as cotas dos condôminos que não optaram pela reconstrução do edifício. O artigo em destaque determina que, ao ser procedida a venda, o preço apurado seja repartido entre os condôminos, segundo a proporção do valor das unidades imobiliárias. O dispositivo não pode ser encarado ao pé da letra. Note-se que, por ocasião da venda, o prédio encontrava-se parcial ou totalmente destruído ou em ameaça de ruína, de modo que pode apenas subsistir como valor econômico a área comum do solo e os materiais, ou seja, é possível que não mais exista economicamente a unidade imobiliária, de modo que o rateio deveria ser proporcional à fração ideal de cada condômino e não ao valor de suas ex-unidades imobiliárias!

Art. 1.358. Se ocorrer desapropriação, a indenização será repartida na proporção a que se refere o § 2º do artigo antecedente.

COMENTÁRIOS DOUTRINÁRIOS: Prevê, ainda, o Código a hipótese de extinção do condomínio pela desapropriação. A desapropriação se reveste da natureza de um ato de império que limita o direito de propriedade individual, conferindo ênfase ao interesse público em relação ao interesse particular, tanto que as possibilidades legais de desapropriação terão por fundamento a utilidade pública (Decreto-lei n. 3.365/1941), o interesse social (Lei n. 4.132/1962) ou a reforma agrária (Lei n. 8.629/1993). Requisito insuperável para a perda da propriedade pelo particular e consequente aquisição pelo Poder Público é a justa e prévia indenização em dinheiro, ressalvada a desapropriação para fins de reforma agrária, em que se permite que o pagamento seja feito em títulos da dívida pública. Se a prévia indenização deve ser justa, óbvio que ela deve recuperar no patrimônio do expropriado o que ele efetivamente perdeu ou o que razoavelmente deixou de ganhar. Assim é que a verba indenizatória que recair sobre o imóvel deverá ser repartida, por justiça, segundo o valor das unidades imobiliárias e de acordo com as frações ideais de cada um dos condôminos. O art. 16 do Decreto-lei n. 3.365/1941 exige a citação de todos os condôminos para a ação de desapropriação. Note-se que os poderes outorgados ao síndico para representar ativa e passivamente o condomínio decorrem de um mandato legal genérico. No caso de uma desapropriação, que irá influir na esfera patrimonial exclusiva de cada um dos condôminos, o Poder Público deverá, sob pena de nulidade do processo, diligenciar a citação de todos os condôminos a fim de que seja assegurado o devido processo legal.

SEÇÃO IV
DO CONDOMÍNIO DE LOTES

(Incluído pela Lei n. 13.465, de 2017)

Art. 1.358-A. Pode haver, em terrenos, partes designadas de lotes que são propriedade exclusiva e partes que são propriedade comum dos condôminos. (Incluído pela Lei n. 13.465, de 2017).

§ 1º A fração ideal de cada condômino poderá ser proporcional à área do solo de cada unidade autônoma, ao respectivo potencial construtivo ou a outros critérios indicados no ato de instituição. (Incluído pela Lei n. 13.465, de 2017)

§ 2º Aplica-se, no que couber, ao condomínio de lotes:

I – o disposto sobre condomínio edilício neste Capítulo, respeitada a legislação urbanística; e

II – o regime jurídico das incorporações imobiliárias de que trata o Capítulo I do Título II da Lei nº 4.591, de 16 de dezembro de 1964, equiparando-se o empreendedor ao incorporador quanto aos aspectos civis e registrários. (Incluído pela Lei n. 14.382/2022)

§ 3º Para fins de incorporação imobiliária, a implantação de toda a infraestrutura ficará a cargo do empreendedor. (Incluído pela Lei n. 13.465, de 2017)

COMENTÁRIOS DOUTRINÁRIOS: Há muito que a doutrina especializada sustentava a possibilidade do estabelecimento do condomínio de lotes ou condomínio deitado com fundamento no art. 3º do Decreto-lei n. 271/1967 que, ao dispor ser possível a aplicação ao regime jurídico de loteamentos a Lei n. 4.591/1964, equiparando-se o loteador ao incorporador, os compradores de lote aos condôminos e as obras de infraestrutura à construção da edificação. O referido dispositivo já seria o bastante, a nosso sentir, para viabilizar a aprovação e registro de um condomínio de lotes para todos os fins de direito. Por essa visada, já seria possível a instituição de um condomínio horizontal que não teria por fim reconhecer como unidade autônoma um apartamento, sala, casa, isto é, uma edificação, mas sim um lote de terreno apto à edificação, isto é, dotado de infraestrutura básica para tanto, segundo os ditames da Lei n. 4.591/1964 no que tange à incorporação imobiliária e da Lei n. 6.766/1979 que disciplina a divisão do solo urbano, além, a toda evidência, da observância das normas edilícias da localidade em atenção à competência constitucional delegada aos Municípios (arts. 30, VIII, e 182 da CF). A despeito da clareza, da existência de inúmeras leis municipais admitindo essa figura e até mesmo de recente pronunciamento do Supremo Tribunal Federal, que reconheceu, com fundamento nos arts. 30, VIII, e 182, da Constituição Federal, validade de lei do Distrito Federal que ordenava o espaço urbano e previa, dentre outras regras, a possibilidade do reconhecimento do condomínio de lotes, o fato é que outras decisões estaduais e registradores pelo país afora entendiam pela impossibilidade dessa figura jurídica, trazendo insegurança jurídica aos incorporadores e adquirentes de lotes no condomínio a ser instalado. Na linha de raciocínio crítica ao condomínio de lotes de terrenos urbanos existe um argumento que sustentava a sua inexistência segundo a ordem jurídica vigente por parecer uma forma de fraudar a lei de parcelamento do solo urbano, incentivando a especulação imobiliária, levando a que o incorporador lograsse êxito em se ver livre do cumprimento das limitações, ônus e obrigações impostas pelo Direito Urbanístico constantes principalmente na Lei n. 6.766/1979, inegavelmente mais rigorosa do que a Lei n. 4.591/1964. Entretanto, parece-nos que a forma como o instituto foi positivado pela Lei n. 13.465/2017 extirpa essa preocupação. Isso porque a aludida legislação alterou o Código Civil no capítulo que trata do Condomínio Edilício, instituindo o art. 1.358-A, mas também fez alterações importantes na Lei n. 6.766/1979, que trata do parcelamento do solo urbano, sem embargo da submissão à Lei n. 4.591/1964 e ao próprio Código de Proteção e Defesa do Consumidor. Vejamos. Pela definição constante do *caput* e no § 1º do artigo em estudo no qual se diz que é possível existir, em terrenos, partes que são comuns e os lotes que consubstanciariam a propriedade exclusiva, já se verifica a clássica figura do condomínio edilício, sepultando de uma vez por todas qualquer dúvida acerca da viabilidade da incorporação imobiliária (§ 3º) destinada à venda de lotes no âmbito de um condomínio que se submeterá às regras e princípios previstos no Código Civil (§ 2º) e, no que couber, à Lei n. 4.591/1964 que já impõe ao incorporador uma série de deveres prévios a serem observados para a aprovação e registro no cartório imobiliário do memorial de incorporação e a possibilidade de comercialização dos lotes de terrenos urbanos (*v.g.* arts. 31 e 32). Pela via da Lei n. 6.766/1979, a novel legislação incluiu o § 7º ao art. 2º prescrevendo que "o lote poderá ser constituído sob a forma de imóvel autônomo ou de unidade imobiliária integrante de condomínio de lotes". Com isso, de modo muito explícito, a Lei n. 13.465, de 11 de julho de 2017 traz para o âmbito da lei de parcelamento do solo urbano toda a sua finalidade de salvaguardar, dentre outros, interesses pertinentes ao planejamento correto de ocupação da cidade, com a qualidade de vida dos seus habitantes e, é claro, a proteção ao vulnerável adquirente de lote, a quem também se aplicam, é de bom-tom a lembrança, as regras e princípios do Código de Proteção e Defesa do Consumidor (arts. 2º e 3º). Como exemplo da importância dessa extensão normativa do conceito de lote, podemos citar os §§ 4º e 5º do art. 2º da Lei n. 6.766/1979. O § 4º, pois preconiza que "considera-se lote o terreno servido de infraestrutura básica cujas dimensões atendam aos índices urbanísticos definidos pelo plano diretor ou lei municipal para a zona em que se situe". O § 5º por estabelecer que "a infraestrutura básica dos parcelamentos é constituída pelos equipamentos urbanos de escoamento das águas pluviais, iluminação pública, esgotamento sanitário, abastecimento de água potável, energia elétrica pública e domiciliar e vias de circulação". O fato é que o condomínio de lotes em nada se diferencia das formas de estabelecimento de fracionamento da propriedade imóvel em que se possibilita, para o bom cumprimento da função social da propriedade, a convivência entre a propriedade condominial, perpétua e indivisível, e as unidades autônomas que não terão por objeto mediato, obviamente, apartamentos, salas, casas, mas simplesmente o lote (art. 1.331, §§ 1º e 2º, do CC). Enfim, ao incorporador competirão obrigações de infraestrutura do estabelecimento do condomínio, como obrigação básica para disponibilizar os lotes de terreno à venda. Aos condôminos caberá arcar com as despesas com limpeza, segurança, manutenção, vigilância e demais serviços no condomínio. Será a convenção, como ato-regra que constitui o condomínio edilício, o documento que, ao lado da legislação, definirá os direitos e deveres dos condôminos, como sói acontecer em qualquer condomínio edilício. O condomínio de lotes, em suma, é um condomínio edilício sem edificação e que pode ser constituído a partir de uma incorporação imobiliária e, portanto, nada obsta que seja submetida, inclusive, ao regime do patrimônio de afetação, na forma da lei especial (arts. 31-A a 31-F da Lei n. 4.591/1964), consoante previu o Enunciado n. 625 da *VIII Jornada de Direito Civil* (2018). Na linha de raciocínio que já defendíamos na seara doutrinária, a Lei n. 14382/2022, acima incorporada ao texto, aproxima o regramento jurídico do condomínio edilício e das incorporações imobiliárias ao condomínio de lotes.

JURISPRUDÊNCIA COMENTADA: A tese fixada pelo Supremo Tribunal Federal em 29.10.2015, mesmo antes da lei, já acertava ao afirmar que os Municípios tinham competência, na forma do art. 182 da Constituição, para legislar sobre a ocupação do solo urbano (RE 607.940/DF, Pleno, Rel. Min. Teori Zavascki). Tese fixada em repercussão geral: "Os municípios com mais de vinte mil habitantes e o Distrito Federal podem legislar sobre programas e projetos específicos de ordenamento do espaço urbano por meio de leis que sejam compatíveis com as diretrizes fixadas no plano diretor". O Tribunal de Justiça do Estado de São Paulo, em caso envolvendo a aquisição de unidade autônoma em loteamento fechado por meio de arrematação judicial, impôs ao arrematante o pagamento das cotas condominiais em atraso, sob o argumento de que a novel legislação, ora comentada, impunha ao adquirente, seja de lote ou de unidade autônoma, as obrigações de natureza *propter rem* devidas pelo executado (TJSP, APL 1006822-47.2016.8.26.0286, Ac. 11895581, 3.ª Câmara de Direito Privado, Itu, Rel. Des. Nilton Santos Oliveira, j. 09.10.2018).

REFORMA DO CÓDIGO CIVIL: Sugere-se a inclusão de dois parágrafos importantes no condomínio de lotes. O primeiro para deixar claro o que falamos nos comentários doutrinários no sentido de que: "Para os fins de incorporação imobiliária, a implantação de toda a infraestrutura ficará a cargo do empreendedor". O outro parágrafo complementa o anterior e estabelece a possibilidade de submissão ao regime de patrimônio de afetação (art. 31-A da Lei n. 9.514/1997), conforme preconiza o correto Enunciado n. 625 da *VIII Jornada de Direito Civil*: "A incorporação imobiliária que tenha por objeto o condomínio de lotes poderá ser submetida ao regime do patrimônio de afetação, na forma da Lei especial".

CAPÍTULO VII-A
DO CONDOMÍNIO EM MULTIPROPRIEDADE

SEÇÃO I
DISPOSIÇÕES GERAIS

Art. 1.358-B. A multipropriedade reger-se-á pelo disposto neste Capítulo e, de forma supletiva e subsidiária, pelas demais disposições deste Código e pelas disposições das Leis nºs 4.591, de 16 de dezembro de 1964, e 8.078, de 11 de setembro de 1990 (Código de Defesa do Consumidor).

COMENTÁRIOS DOUTRINÁRIOS: Ao apagar das luzes do ano de 2018, já em pleno recesso forense, foi publicada a Lei n. 13.777, de 20 de dezembro de 2018 que altera o Código Civil na parte que cuida do condomínio edilício, disciplinando em seus arts. 1.358-B a 1.358-U, o regime jurídico da multipropriedade e o seu registro no cartório imobiliário, o que acarretou também alterações na Lei n. 6.015/1973, que disciplina o registro público. A lei foi publicada sem expressa previsão de *vacatio legis*, como recomenda a Lei Complementar 95/1998, atraindo, portanto, a incidência da Lei de Introdução às Normas do Direito Brasileiro, cujo art. 1º estabelece que, na ausência de previsão expressa de tempo para a entrada em vigor de uma lei federal, esta se dará no prazo de 45 dias. A despeito de ter sido vetado o art. 3º que previa que a lei entraria em vigor na data de sua publicação, o que seria pior, o prazo genérico ainda se mostra deveras diminuto. Isso porque a novel legislação traz reflexos importantes no estudo dos contratos, das titularidades, do direito registral imobiliário, direitos do consumidor e, por via de consequência, na economia do país, que tem demandado com razão pela segurança jurídica nos acertos negociais, tanto assim que o art. 1.358-B assinala que o próprio Código Civil, a lei de condomínios e incorporações (Lei n. 4.591/1964) e o Código de Proteção e Defesa do Consumidor (Lei n. 8.078/1990) exerceram papel supletivo e subsidiário na compreensão do instituto. A relação de direitos e deveres que vigora entre os condôminos assemelha-se ao condomínio edilício tradicional, conforme reconhece o Enunciado n. 89 *da I Jornada de Direito Civil* ao prescrever que "o disposto nos arts. 1.331 a 1.358 do novo Código Civil aplica-se, no que couber, aos condomínios assemelhados, tais como loteamentos fechados, multipropriedade imobiliária e clubes de campo". A positivação é de grande relevância para o país, mas inegável que um tempo maior para a entrada em vigor da lei seria conveniente e oportuno para assentar alguns posicionamentos jurídicos de consenso a partir de reflexões que deveriam ser debatidas pela comunidade jurídica, notadamente pelo fato de que a publicação se deu em período de recesso forense.

JURISPRUDÊNCIA COMENTADA: A relação intrínseca entre condomínio edilício e multipropriedade imobiliária já podia ser vista mesmo antes da positivação, em caso no qual em razão do inadimplemento da cota decorrente do rateio das despesas decorrentes da comunhão, foi determinada a alienação forçada da fração de tempo do condômino inadimplente com o reconhecimento expresso no acórdão da existência de um *time-sharing* (TJSP, Apelação 207831-68.2007.8.26.0100, 27.ª Câmara de Direito Privado, Rel. Des. Gilberto Leme, j. 25.09.2012). Em 26 de abril de 2016, o Superior Tribunal de Justiça contribuiu para o reconhecimento definitivo dessa realidade condominial, conferindo natureza real ao instituto a despeito da ausência de previsão legal. Em caso no qual um credor exequente buscava penhorar a integralidade de uma unidade autônoma, a Terceira Turma do referido sodalício entendeu como inviável a medida em respeito aos demais multiproprietários que compartilhavam a utilização do espaço com o devedor por determinado período de tempo (REsp 1.546.165/SP, Rel. Min. Ricardo Villas Bôas Cueva, Rel. para acórdão Min. João Otávio de Noronha, j. 26.04.2016, m.v., *DJe* 06.09.2016 – *Informativo* n. *589*, de setembro de 2016). Entretanto, a fim de que fique clara a autonomia do direito do condômino nessas condições, a propriedade de um período de tempo compartilhado não possibilita a que entre os condôminos de uma mesma unidade exista solidariedade passiva com relação às obrigações perante o condomínio, como teve oportunidade de assinalar a decisão da 29.ª Câmara de Direito Privado do Tribunal de Justiça do Estado de São Paulo, no julgamento da Apelação Cível 54474-06.2008.8.26.0562, relator o Desembargador Francisco Thomaz, julgado em 30.11.2011: "Cobrança. Despesas e encargos. Multipropriedade ou *time sharing*. Admissibilidade. Regime jurídico de condomínio – Modalidade que apresenta particularidades que não desnaturam a relação condominial. Solidariedade, entretanto, que não pode ser admitida, ante o parcelamento da fruição e gozo do imóvel em período determinado. Recente orientação do Egrégio Superior Tribunal de Justiça que deve ser amoldada ao caso concreto. Apelo parcialmente provido".

Art. 1.358-C. Multipropriedade é o regime de condomínio em que cada um dos proprietários de um mesmo imóvel é titular de uma fração de tempo, à qual corresponde a faculdade de uso e gozo, com exclusividade, da totalidade do imóvel, a ser exercida pelos proprietários de forma alternada.

Parágrafo único. A multipropriedade não se extinguirá automaticamente se todas as frações de tempo forem do mesmo multiproprietário.

COMENTÁRIOS DOUTRINÁRIOS: Também conhecida como *time sharing* ou propriedade a tempo compartilhado, a multipropriedade imobiliária é uma espécie de condomínio em que cada condômino, a despeito de ser titular de uma fração ideal do bem, exerce a propriedade exclusiva sobre o todo durante determinado período de tempo estabelecido em contrato. Em razão dessa faculdade dominial exclusiva, é possível ao condômino excluir os demais condôminos durante o período de tempo assinalado na escritura como de seu uso e gozo. A propriedade não perde a característica da perpetuidade, mas o exercício é temporário em favor de cada multiproprietário. O conceito trazido no artigo em exame não discrepa do conceito doutrinário acima citado, com a diferença de que, enquanto a doutrina contempla *time sharing* sobre bens móveis como, por exemplo, uma aeronave, a lei restringiu o seu alcance a bens imóveis, no âmbito do condomínio edilício. Continuará ocorrendo multipropriedade sobre bens móveis como modelo contratual atípico. O instituto reveste-se de especial interesse no tocante à função social da propriedade, pois o princípio da propriedade integral que anima o art. 1.314 do Código Civil pode, muitas vezes, inviabilizar a utilização potencial de um bem. Imaginemos a situação em que 12 amigos tenham interesse em reunir as suas economias para adquirir uma casa no balneário de Armação dos Búzios, no Estado do Rio de Janeiro, mas temem, com razão, que sendo todos titulares da coisa comum e podendo exercer sobre ela sem limite temporal todos os poderes do domínio, fiquem inviabilizados os objetivos da utilização daquele bem para férias ou lazer, uma vez que, se, no carnaval, os condôminos, com as respectivas famílias, resolverem ocupar a habitação de três quartos, o caos reinará. A solução para o impasse e para o atendimento dos objetivos dos condôminos será a de que, a despeito da compropriedade, a cada qual possa ser assegurada a utilização da casa de praia por uma unidade de tempo de titularidade exclusiva. Como a questão está entregue à autonomia da vontade, poderão os condôminos estabelecer um rodízio na utilização exclusiva, posto que, obviamente, nos períodos de alta temporada, o valor econômico e o interesse mostram-se consideravelmente superiores do que na baixa temporada. Lícito será ainda às partes interessadas estipular que as unidades de tempo sejam fixas, circunstância que levará o(s) condômino(s) proprietário(s) da unidade de tempo de janeiro ou de dezembro a despender(em) maior verba para assegurar para si o referido período. Pode suceder também que, de modo semelhante ao proprietário que parcela determinada gleba de terras e pretende aprovar, na forma da Lei n. 6.766/1979, um loteamento urbano e alienar posteriormente os lotes aos interessados, a multipropriedade pode ser estabelecida pelo interesse do proprietário exclusivo que faz uma divisão jurídica do imóvel em unidades de tempo e, posteriormente, o aliena para terceiros nessas condições. O instituto tem sido apontado como poderoso instrumento de fomento ao turismo, posto que empreendimentos de *time sharing* possibilitam que, sob a administração de uma pessoa natural ou jurídica, se confira mobilidade espacial aos titulares de unidades de tempo espalhados pelo globo. Essa é a orientação do Direito Civil de Portugal que caminhou no sentido de aprimorar o instituto denominado naquele país de direito real de habitação periódica, cujo art. 1º do Decreto-lei n. 275/1993 prevê que "sobre as unidades de alojamento integradas em hotéis-apartamentos, aldeamentos turísticos e apartamentos turísticos podem constituir-se direitos reais de habitação periódica limitados a um período certo de tempo de cada ano". Nesse sentido, o proprietário de 15 dias de uma unidade autônoma em Campos do Jordão pode ter interesse em passar esse período de tempo no balneário de Camboriú, em Santa Catarina, ao passo que o condômino catarinense queira se valer desse mesmo período para ir a essa bela cidade paulista. É claro que tal acerto pode envolver pessoas de diferentes países, como o cidadão romano que pretenda conhecer a cidade do Rio de Janeiro e o carioca, a de Roma. É possível também que o hotel que tenha sido constituído sob essa roupagem, mediante o recebimento de uma taxa de administração, hospede terceiros, prestando contas ao proprietário do tempo respectivo. Por derradeiro, é possível que a instituição desse direito real imobiliário seja feita com todas as frações de tempo ainda pertencentes a um único titular para posterior alienação, da mesma forma que o condomínio edilício pode se dar inicialmente com uma pessoa e depois se efetive no mundo fático com a venda progressiva das unidades autônomas, por parte, por exemplo, de uma empresa incorporadora de imóveis (art. 44 da Lei n. 4.591/1964). Como já nos referimos anteriormente, correto se apresenta o Enunciado n. 504 da *V Jornada de Direito Civil*: "A escritura declaratória de instituição e convenção firmada pelo titular único de edificação composta por unidades autônomas é título hábil para registro da propriedade horizontal no competente registro de imóveis, nos termos dos arts. 1.332 a 1.334 do Código Civil". Reforça tal compreensão o disposto no parágrafo único do art. 1.358-C, o qual estabelece que a multipropriedade não se extingue automaticamente se todas as frações de tempo passarem a pertencer ao mesmo multiproprietário.

REFORMA DO CÓDIGO CIVIL: Retira-se aqui a referência a bem imóvel para abrir a possibilidade de que o instituto alcance também os bens móveis, conforme proposta de inclusão do art. 1.358-V, que pretende disciplinar a multipropriedade mobiliária.

Art. 1.358-D. O imóvel objeto da multipropriedade:

I – é indivisível, não se sujeitando a ação de divisão ou de extinção de condomínio;

II – inclui as instalações, os equipamentos e o mobiliário destinados a seu uso e gozo.

COMENTÁRIOS DOUTRINÁRIOS: O imóvel objeto da multipropriedade é indivisível e inclui as pertenças a ele incorporadas, sejam estas de natureza móvel ou imóvel como, por exemplo, os equipamentos urbanos (equipamentos públicos de abastecimento de água, serviços de esgotos, energia elétrica, coleta de águas pluviais, rede telefônica e gás canalizado) e comunitários (praça de esporte, aparelho de ginástica para a terceira idade, parquinho infantil etc.) em se tratando de um loteamento (Lei n. 6.766/1979) ou as áreas de construções, jardins, piscina, quadra de esporte polivalente, elevadores, inovações de conforto, dentre outras, em se tratando de incorporação imobiliária (Lei n. 4.591/1964).

Art. 1.358-E. Cada fração de tempo é indivisível.

§ 1º O período correspondente a cada fração de tempo será de, no mínimo, 7 (sete) dias, seguidos ou intercalados, e poderá ser:

I – fixo e determinado, no mesmo período de cada ano;

II – flutuante, caso em que a determinação do período será realizada de forma periódica, mediante procedimento objetivo que respeite, em relação a todos os multiproprietários, o princípio da isonomia, devendo ser previamente divulgado; ou

III – misto, combinando os sistemas fixo e flutuante.

§ 2º Todos os multiproprietários terão direito a uma mesma quantidade mínima de dias seguidos durante o ano, podendo haver a aquisição de frações maiores que a mínima, com o correspondente direito ao uso por períodos também maiores.

COMENTÁRIOS DOUTRINÁRIOS: O elemento central do instituto é a possibilidade de utilização e fruição do bem de modo pleno durante um período de tempo que, antes da positivação, estava entregue completamente à autonomia privada, mas que agora conta com disposições legais cogentes com relação ao mínimo de fração temporal que competirá a cada multiproprietário. O artigo em comento trata dessa questão, conferindo no seu *caput* a característica da indivisibilidade à fração de tempo, denotando que o seu titular não pode parcelá-la. Pode até adquirir mais de uma, mas não a dividir em períodos de tempo inferiores ao que se encontra previsto no ato constitutivo do direito. O período mínimo de tempo será de sete dias, que poderão ser usufruídos de modo seguido ou intercalado, por exemplo, com três dias no mês de janeiro e quatro em fevereiro. A previsão de uma semana parece ter sido inspirada por uma versão do direito real de habitação periódica de Portugal que fora disciplinado inicialmente pelo Decreto-lei n. 335/1981, que previa a fração anual periódica mensal, alterada posteriormente pelo Decreto-lei n. 368/1983 para uma semana e, hoje, com o Decreto-lei n. 275/1993, já não conta com tempo mínimo algum, podendo ser, por exemplo, de um dia. Como a nossa positivação não visa exclusivamente ao fomento do turismo, temos que o período mínimo de uma semana está correto, no qual se terá um condomínio em multipropriedade com no máximo 52 multiproprietários e não 365 como poderia se dar no sistema português. Como se pode facilmente perceber, há ainda uma margem importante para a autonomia da vontade, pois, como pode ser constatado, o § 1º prescreve que a fração de tempo poderá se dar de três formas: 1) fixa, ocasião em que a determinação do direito real temporal se dará de modo perene, sempre no mesmo período de cada ano (ex.: 14 dias no mês de março, a cada ano); 2) flutuante, circunstância que possibilitará o estabelecimento de um período de tempo diverso em cada ano. Nesse caso, o titular do direito deverá ser informado previamente dos critérios, sempre objetivos, da determinação do intervalo de tempo no qual exercerá com exclusividade o domínio do imóvel. A cláusula específica no ato de instituição também deverá primar pela isonomia de tratamento na escolha da unidade de tempo, independentemente da quantidade de dias que cada multiproprietário detiver. Tomando-se como premissa básica o respeito a tais premissas que observam ditames constitucionais e de respeito ao consumidor relevantes, os interessados podem estabelecer rodízio, sorteio ou outro critério que lhes aprouver; 3) misto, em que se possibilita a combinação de um período fixo e outro flutuante. De qualquer sorte, importa consignar que por expressa e cogente determinação do § 2º, o ato constitutivo da multipropriedade deverá prever que todos os multiproprietários terão direito a uma mesma quantidade mínima de dias seguidos durante o ano, sem embargo de que uma pessoa adquira frações maiores do que a mínima, possibilitando a utilização pelo período de tempo correspondente.

SEÇÃO II
DA INSTITUIÇÃO DA MULTIPROPRIEDADE

Art. 1.358-F. Institui-se a multipropriedade por ato entre vivos ou testamento, registrado no competente cartório de registro de imóveis, devendo constar daquele ato a duração dos períodos correspondentes a cada fração de tempo.

COMENTÁRIOS DOUTRINÁRIOS: A instituição da multipropriedade dar-se-á por escritura pública ou testamento. A aquisição do direito real se efetivará com o registro do contrato no cartório imobiliário competente com a expressa previsão de cada fração de tempo que pertence a cada coproprietário. Enquanto não houver o registro, as disposições negociais terão efeitos apenas entre as partes. A convenção de condomínio como ato-regra que prevê os direitos e deveres dos multiproprietários poderá estipular as cláusulas que melhor atendam aos interesses dos condôminos, aplicando-se o que já foi dito por ocasião da análise da convenção de condomínio.

Art. 1.358-G. Além das cláusulas que os multiproprietários decidirem estipular, a convenção de condomínio em multipropriedade determinará:

I – os poderes e deveres dos multiproprietários, especialmente em matéria de instalações, equipamentos e mobiliário do imóvel,

de manutenção ordinária e extraordinária, de conservação e limpeza e de pagamento da contribuição condominial;

II – o número máximo de pessoas que podem ocupar simultaneamente o imóvel no período correspondente a cada fração de tempo;

III – as regras de acesso do administrador condominial ao imóvel para cumprimento do dever de manutenção, conservação e limpeza;

IV – a criação de fundo de reserva para reposição e manutenção dos equipamentos, instalações e mobiliário;

V – o regime aplicável em caso de perda ou destruição parcial ou total do imóvel, inclusive para efeitos de participação no risco ou no valor do seguro, da indenização ou da parte restante;

VI – as multas aplicáveis ao multiproprietário nas hipóteses de descumprimento de deveres.

COMENTÁRIOS DOUTRINÁRIOS: Diante das especificidades da copropriedade partilhada em frações de tempo, o artigo em análise impõe como cláusulas obrigatórias, sob pena de negativa do registro, as que fixem com clareza os poderes e deveres dos multiproprietários, especialmente em matéria de instalações, equipamentos e mobiliário do imóvel, de manutenção ordinária e extraordinária, de conservação e limpeza e de pagamento da contribuição condominial, o número máximo de pessoas que podem ocupar simultaneamente o imóvel no período correspondente a cada fração de tempo, as regras de acesso do administrador condominial ao imóvel para cumprimento do dever de manutenção, conservação e limpeza, a criação de fundo de reserva para reposição e manutenção dos equipamentos, instalações e mobiliário, o regime aplicável em caso de perda ou destruição parcial ou total do imóvel, inclusive para efeitos de participação no risco ou no valor do seguro, da indenização ou da parte restante e a previsão das multas aplicáveis ao multiproprietário nas hipóteses de descumprimento de deveres.

Art. 1.358-H. O instrumento de instituição da multipropriedade ou a convenção de condomínio em multipropriedade poderá estabelecer o limite máximo de frações de tempo no mesmo imóvel que poderão ser detidas pela mesma pessoa natural ou jurídica.

Parágrafo único. Em caso de instituição da multipropriedade para posterior venda das frações de tempo a terceiros, o atendimento a eventual limite de frações de tempo por titular estabelecido no instrumento de instituição será obrigatório somente após a venda das frações.

COMENTÁRIOS DOUTRINÁRIOS: Outra questão entregue à autonomia privada diz respeito à possibilidade de que o ato de instituição de condomínio ou mesmo a convenção prevejam limite máximo de fração de tempo para cada titular, salvo se este adquirir para alienação posterior, como investimento, ocasião em que o limite somente será obrigatoriamente observado após a alienação das frações. Essa possibilidade objetiva evitar possíveis comportamentos abusivos por parte daquele que figurar com uma copropriedade temporal amplamente majoritária em desfavor dos minoritários.

SEÇÃO III

DOS DIREITOS E DAS OBRIGAÇÕES DO MULTIPROPRIETÁRIO

Art. 1.358-I. São direitos do multiproprietário, além daqueles previstos no instrumento de instituição e na convenção de condomínio em multipropriedade:

I – usar e gozar, durante o período correspondente à sua fração de tempo, do imóvel e de suas instalações, equipamentos e mobiliário;

II – ceder a fração de tempo em locação ou comodato;

III – alienar a fração de tempo, por ato entre vivos ou por causa de morte, a título oneroso ou gratuito, ou onerá-la, devendo a alienação e a qualificação do sucessor, ou a oneração, ser informadas ao administrador;

IV – participar e votar, pessoalmente ou por intermédio de representante ou procurador, desde que esteja quite com as obrigações condominiais, em:

a) assembleia geral do condomínio em multipropriedade, e o voto do multiproprietário corresponderá à quota de sua fração de tempo no imóvel;

b) assembleia geral do condomínio edilício, quando for o caso, e o voto do multiproprietário corresponderá à quota de sua fração de tempo em relação à quota de poder político

atribuído à unidade autônoma na respectiva convenção de condomínio edilício.

COMENTÁRIOS DOUTRINÁRIOS: Os direitos do multiproprietário são os mesmos do proprietário de usar, fruir e dispor do imóvel com as suas instalações, equipamentos e mobiliário, acrescendo-se aqueles que estejam previstos no instrumento de instituição e na convenção de condomínio em multipropriedade. As faculdades dominiais, no caso, deverão ser exercidas em conformidade com o estado de comunhão e com a parcela de tempo de propriedade exclusiva, como se verifica, por exemplo, no inciso IV, que assegura o direito de participar e votar em assembleia da multipropriedade ou do condomínio edilício em que porventura a unidade estiver inserida, desde que esteja quite em correspondência à quota de sua fração de tempo no imóvel no primeiro caso ou à quota de poder político atribuído à unidade autônoma na respectiva convenção de condomínio edilício.

Art. 1.358-J. São obrigações do multiproprietário, além daquelas previstas no instrumento de instituição e na convenção de condomínio em multipropriedade:

I – pagar a contribuição condominial do condomínio em multipropriedade e, quando for o caso, do condomínio edilício, ainda que renuncie ao uso e gozo, total ou parcial, do imóvel, das áreas comuns ou das respectivas instalações, equipamentos e mobiliário;

II – responder por danos causados ao imóvel, às instalações, aos equipamentos e ao mobiliário por si, por qualquer de seus acompanhantes, convidados ou prepostos ou por pessoas por ele autorizadas;

III – comunicar imediatamente ao administrador os defeitos, avarias e vícios no imóvel dos quais tiver ciência durante a utilização;

IV – não modificar, alterar ou substituir o mobiliário, os equipamentos e as instalações do imóvel;

V – manter o imóvel em estado de conservação e limpeza condizente com os fins a que se destina e com a natureza da respectiva construção;

VI – usar o imóvel, bem como suas instalações, equipamentos e mobiliário, conforme seu destino e natureza;

VII – usar o imóvel exclusivamente durante o período correspondente à sua fração de tempo;

VIII – desocupar o imóvel, impreterivelmente, até o dia e hora fixados no instrumento de instituição ou na convenção de condomínio em multipropriedade, sob pena de multa diária, conforme convencionado no instrumento pertinente;

IX – permitir a realização de obras ou reparos urgentes.

§ 1º Conforme previsão que deverá constar da respectiva convenção de condomínio em multipropriedade, o multiproprietário estará sujeito a:

I – multa, no caso de descumprimento de qualquer de seus deveres;

II – multa progressiva e perda temporária do direito de utilização do imóvel no período correspondente à sua fração de tempo, no caso de descumprimento reiterado de deveres.

§ 2º A responsabilidade pelas despesas referentes a reparos no imóvel, bem como suas instalações, equipamentos e mobiliário, será:

I – de todos os multiproprietários, quando decorrentes do uso normal e do desgaste natural do imóvel;

II – exclusivamente do multiproprietário responsável pelo uso anormal, sem prejuízo de multa, quando decorrentes de uso anormal do imóvel.

§ 3º (VETADO).

§ 4º (VETADO).

§ 5º (VETADO).

COMENTÁRIOS DOUTRINÁRIOS: O artigo em tela disciplina as obrigações básicas do condômino multiproprietário que se assemelham àquelas que competem a qualquer condômino, como pagar a cota condominial se a multipropriedade estiver inserida em um condomínio edilício, assim como dividir as despesas com os demais condôminos a tempo compartilhado de acordo, salvo disposição em contrário, com a fração de tempo do qual figura como titular. Além de outras obrigações que estejam de acordo com as regras e princípios do direito constante no ato de instituição e na convenção de condomínio, o multiproprietário deverá responder pelo dano que causar, comunicar ao administrador quaisquer avarias ou vícios no imóvel, respeitar a sua destinação, não alterar o mobiliário e equipamentos que o guarnecem e cuidar para que o mesmo se mantenha limpo e conservado como recebeu das mãos do seu consorte, permitindo, outrossim, a realização de obras ou reparos que sejam urgentes, a bem do interesse de todos. O multiproprietário deverá respeitar rigorosamente a fração de tempo a que faz jus, sob pena de, não restituindo no dia e hora a que se obrigou, cometer esbulho frente aos demais condôminos com as consequências daí advindas, estudadas quando tratamos do instituto da posse, sem embargo da pena de multa diária, conforme convencionado no instrumento pertinente. O descumprimento das obrigações ensejará a cominação de multa, conforme estiver previsto na convenção de condomínio, sendo merecedora de elogio a previsão de perda temporária do direito de utilização do imóvel no período correspondente à sua fração de tempo, no caso de descumprimento reiterado de deveres, servindo agora como mais um fundamento para o que defendemos quando tratamos das consequências que podem decorrer do comportamento antissocial do condômino por ocasião da interpretação conforme a Constituição do art. 1.337 deste Código, dispositivo ao qual remetemos o leitor. Em nosso ângulo de visada, é cabível a privação temporária e até definitiva do condômino que com o seu mau comportamento cria insuportabilidade de convivência, desde que sejam asseguradas a ampla defesa e o contraditório em demanda judicial que deverá ser precedida por autorização expressa pela assembleia com o quórum qualificado de 2/3 dos condôminos.

REFORMA DO CÓDIGO CIVIL: Não há modificação do conteúdo. Parece que a finalidade é apenas tornar o inciso I mais objetivo com relação aos seus propósitos ao dizer que constitui obrigação do multiproprietário: "I – pagar a contribuição condominial em multipropriedade".

Art. 1.358-K. Para os efeitos do disposto nesta Seção, são equiparados aos multiproprietários os promitentes compradores e os cessionários de direitos relativos a cada fração de tempo.

COMENTÁRIOS DOUTRINÁRIOS: Remetemos o leitor para a análise do art. 1.417 deste Código quando analisamos as peculiaridades da promessa de compra e venda e cessões que se consideram títulos hábeis para a transferência do direito real de aquisição, apto, portanto, para o reconhecimento da categoria de multiproprietário, sistema também adotado nas Leis 4.591/1964 e 6.766/1979.

SEÇÃO IV
DA TRANSFERÊNCIA DA MULTIPROPRIEDADE

Art. 1.358-L. A transferência do direito de multipropriedade e a sua produção de efeitos perante terceiros dar-se-ão na forma da lei civil e não dependerão da anuência ou cientificação dos demais multiproprietários.

§ 1º Não haverá direito de preferência na alienação de fração de tempo, salvo se estabelecido no instrumento de instituição ou na convenção do condomínio em multipropriedade em favor dos demais multiproprietários ou do instituidor do condomínio em multipropriedade.

§ 2º O adquirente será solidariamente responsável com o alienante pelas obrigações de que trata o § 5º do art. 1.358-J deste Código caso não obtenha a declaração de inexistência de débitos referente à fração de tempo no momento de sua aquisição.

COMENTÁRIOS DOUTRINÁRIOS: A transferência da multipropriedade se dá de forma livre de acordo com as regras e princípios do Direito Civil, independentemente de ciência ou anuência dos demais multiproprietários que, salvo cláusula expressa em contrário, não têm direito de preferência. Contudo, se no âmbito do poder de disposição, resolver o interesse em alugar a fração de tempo, aplicar-se-á o art. 1.323 do Código Civil, no qual há a obrigatoriedade de o condômino dar preferência aos demais condôminos em idênticas condições ao que se estabeleceria para um estranho. O § 2º deste artigo contém um erro material, pois o artigo se refere ao § 5º do art. 1.358-J que fora vetado pelo Poder Executivo por receio de que houvesse o posicionamento de que não existiria solidariedade passiva em relação aos demais condôminos no tocante às obrigações tributárias inadimplidas eventualmente por algum multiproprietário com relação à sua quota de responsabilidade. Nessa ótica, dispõe o § 2º do referido art. 1.358-L que "o adquirente será solidariamente responsável com o alienante pelas obrigações de que trata o § 5º do art. 1.358-J deste Código caso não obtenha a declaração de inexistência de débitos referente à fração de tempo no momento de sua aquisição". Feita essa observação, na realidade, a lei estabelece que a obrigação *propter rem* decorrente das despesas condominiais da multipropriedade e do condomínio edilício, se houver, serão transferidas para o adquirente, assemelhando-se ao que prevê o art. 1.345 do Código Civil, o qual estabelece que o adquirente de unidade responde pelos débitos do alienante, em relação ao condomínio, inclusive multas e juros moratórios, sendo essa a regra genérica para o condomínio, enquanto que na multipropriedade, como reproduzido acima, há a previsão de solidariedade entre o adquirente e o alienante.

REFORMA DO CÓDIGO CIVIL: Conforme assinalado nos comentários doutrinários, o § 2º contém uma remissão errada. Por isso, a bom tempo a proposta caminha no sentido de fazer a correção, abolindo a remissão, prescrevendo que: "§ 2º O adquirente será solidariamente responsável com o alienante pelos tributos, contribuições condominiais e outros encargos que já incidam sobre o imóvel, caso não obtenha a declaração de inexistência de débitos referente à fração de tempo no momento de sua aquisição".

SEÇÃO V
DA ADMINISTRAÇÃO DA MULTIPROPRIEDADE

Art. 1.358-M. A administração do imóvel e de suas instalações, equipamentos e mobiliário será de responsabilidade da pessoa indicada no instrumento de instituição ou na convenção de condomínio em multipropriedade, ou, na falta de indicação, de pessoa escolhida em assembleia geral dos condôminos.

§ 1º O administrador exercerá, além daquelas previstas no instrumento de instituição e na convenção de condomínio em multipropriedade, as seguintes atribuições:

I – coordenação da utilização do imóvel pelos multiproprietários durante o período correspondente a suas respectivas frações de tempo;

II – determinação, no caso dos sistemas flutuante ou misto, dos períodos concretos de uso e gozo exclusivos de cada multiproprietário em cada ano;

III – manutenção, conservação e limpeza do imóvel;

IV – troca ou substituição de instalações, equipamentos ou mobiliário, inclusive:

a) determinar a necessidade da troca ou substituição;

b) providenciar os orçamentos necessários para a troca ou substituição;

c) submeter os orçamentos à aprovação pela maioria simples dos condôminos em assembleia;

V – elaboração do orçamento anual, com previsão das receitas e despesas;

VI – cobrança das quotas de custeio de responsabilidade dos multiproprietários;

VII – pagamento, por conta do condomínio edilício ou voluntário, com os fundos comuns arrecadados, de todas as despesas comuns.

§ 2º A convenção de condomínio em multipropriedade poderá regrar de forma diversa a atribuição prevista no inciso IV do § 1º deste artigo.

COMENTÁRIOS DOUTRINÁRIOS: Os multiproprietários elegerão uma pessoa para administrar a coisa comum, que não será necessariamente condômino, a fim de resolver as questões importantes referentes ao imóvel como despesas correntes e obras necessárias para a manutenção do bem. Consoante impõe o artigo em tela, o administrador terá, além de outras estabelecidas no ato de instituição do condomínio ou na convenção de condomínio, a atribuição de coordenar a utilização do imóvel, considerando o direito temporal de cada multiproprietário, determinando, a propósito, previamente o período de gozo a ser exercido no prazo de um ano. À semelhança de um síndico, deverá velar pela manutenção, conservação e limpeza do imóvel, tomando as medidas necessárias para tal desiderato. Em caso de realização de despesas, deverá submeter os orçamentos à aprovação pela maioria simples dos condôminos em assembleia. Nessa mesma toda, será de sua atribuição a elaboração do orçamento anual, com previsão das receitas e despesas, a cobrança das quotas de custeio de responsabilidade dos multiproprietários e o pagamento, por conta do condomínio edilício ou voluntário, com os fundos comuns arrecadados, de todas as despesas comuns.

Art. 1.358-N. O instrumento de instituição poderá prever fração de tempo destinada à realização, no imóvel e em suas instalações, em seus equipamentos e em seu mobiliário, de reparos indispensáveis ao exercício normal do direito de multipropriedade.

§ 1º A fração de tempo de que trata o *caput* deste artigo poderá ser atribuída:

I – ao instituidor da multipropriedade;

II – aos multiproprietários, proporcionalmente às respectivas frações.

§ 2º Em caso de emergência, os reparos de que trata o *caput* deste artigo poderão ser feitos durante o período correspondente à fração de tempo de um dos multiproprietários.

COMENTÁRIOS DOUTRINÁRIOS: A manutenção do imóvel é de extrema importância e a realização de obras pode, de fato, impedir a utilização da fração de tempo por seu titular. Para as manutenções cotidianas, o ato constitutivo pode prever antecipadamente período de tempo para tal fim. Nas situações emergenciais como uma enchente, incêndio, dentre outras, o multiproprietário poderá se ver constrangido a não utilizar o bem no período de tempo das obras indispensáveis. A convenção poderá prever uma compensação temporal em favor do multiproprietário prejudicado.

SEÇÃO VI
DISPOSIÇÕES ESPECÍFICAS RELATIVAS ÀS UNIDADES AUTÔNOMAS DE CONDOMÍNIOS EDILÍCIOS

Art. 1.358-O. O condomínio edilício poderá adotar o regime de multipropriedade em parte ou na totalidade de suas unidades autônomas, mediante:

I – previsão no instrumento de instituição;

II – deliberação da maioria absoluta dos condôminos.

Parágrafo único. No caso previsto no inciso I do *caput* deste artigo, a iniciativa e a responsabilidade para a instituição do regime da multipropriedade serão atribuídas às mesmas pessoas e observarão os mesmos requisitos indicados nas alíneas *a*, *b* e *c* e no § 1º do art. 31 da Lei nº 4.591, de 16 de dezembro de 1964.

COMENTÁRIOS DOUTRINÁRIOS: A lei admite que o condomínio edilício no qual se instale um sistema de multipropriedade seja misto, ou seja, uma parte com unidades autônomas não submetidas ao tempo compartilhado e outras com regramento de multipropriedade levado a efeito por uma incorporadora imobiliária. No caso, a multipropriedade imobiliária tomará as vestes de uma autêntica incorporação imobiliária e, após o cumprimento dos requisitos do art. 32 da Lei n. 4.591/1964, deverá levar a registro no cartório de imóveis o memorial de incorporação, cuja minuta de convenção já deverá trazer os princípios básicos para um regime dominial em que a titularidade imobiliária seja no tempo compartilhada. O art. 1.358-B afirma a submissão da multipropriedade à lei de condomínios e incorporações, no que couber, e o presente artigo prevê que aplicar-se-ão as alíneas *a*, *b* e *c* e o § 1º do art. 31 da Lei n. 4.591/1964: "A iniciativa e a responsabilidade das incorporações imobiliárias caberão ao incorporador, que somente poderá ser: a) o proprietário do terreno, o promitente comprador, o cessionário deste ou promitente cessionário com título que satisfaça os requisitos da alínea a do art. 32; b) o construtor; c) o ente da Federação imitido na posse a partir de decisão proferida em processo judicial de desapropriação em curso ou o cessionário deste, conforme comprovado mediante registro no registro de imóveis competente. § 1º No caso da alínea *b*, o incorporador será investido, pelo proprietário de terreno, o promitente comprador e cessionário deste ou o promitente cessionário, de mandato outorgado por instrumento público, onde se faça menção expressa desta Lei e se transcreva o disposto no § 4º, do art. 35, para concluir todos os negócios tendentes à alienação das frações ideais de terreno, mas se obrigará pessoalmente pelos atos que praticar na qualidade de incorporador".

REFORMA DO CÓDIGO CIVIL: A redação vigente dessa regra é confusa, além de trazer uma expressão infeliz e inconveniente (*maioria absoluta*) para algo tão importante como é a transformação de um condomínio edilício em multipropriedade, consoante apontamos nos comentários *supra*. Por tal motivo, aplaudimos a alteração da norma jurídica para nela constar previsão de quórum de 2/3 da totalidade dos condôminos. Vejamos como a proposição é bem mais clara: "Art. 1.358-O. O condomínio edilício já instituído poderá passar a adotar o regime de multipropriedade, quanto à parte ou quanto à totalidade de suas unidades autônomas, por deliberação tomada em instrumento público de retificação da instituição do condomínio, que será levada a registro. Parágrafo único. Se não houver unanimidade dos condôminos quanto à transformação, será convocada assembleia para deliberar especificamente quanto a essa pretensão e a deliberação de dois terços da totalidade dos condôminos, tomada em ata registrada, será levada a registro em complemento à instituição do condomínio".

Art. 1.358-P. Na hipótese do art. 1.358-O, a convenção de condomínio edilício deve prever, além das matérias elencadas nos arts. 1.332, 1.334 e, se for o caso, 1.358-G deste Código:

I – a identificação das unidades sujeitas ao regime da multipropriedade, no caso de empreendimentos mistos;

II – a indicação da duração das frações de tempo de cada unidade autônoma sujeita ao regime da multipropriedade;

III – a forma de rateio, entre os multiproprietários de uma mesma unidade autônoma, das contribuições condominiais relativas à unidade, que, salvo se disciplinada de forma diversa no instrumento de instituição ou na convenção de condomínio em multipropriedade, será proporcional à fração de tempo de cada multiproprietário;

IV – a especificação das despesas ordinárias, cujo custeio será obrigatório, independentemente do uso e gozo do imóvel e das áreas comuns;

V – os órgãos de administração da multipropriedade;

VI – a indicação, se for o caso, de que o empreendimento conta com sistema de administração de intercâmbio, na forma prevista no § 2º do art. 23 da Lei nº 11.771, de 17 de setembro de 2008, seja do período de fruição da fração de tempo, seja do local de fruição, caso em que a responsabilidade e as obrigações da companhia de intercâmbio limitam-se ao contido na documentação de sua contratação;

VII – a competência para a imposição de sanções e o respectivo procedimento, especialmente nos casos de mora no cumprimento das obrigações de custeio e nos casos de descumprimento da obrigação de desocupar o imóvel até o dia e hora previstos;

VIII – o quórum exigido para a deliberação de adjudicação da fração de tempo na hipótese de inadimplemento do respectivo multiproprietário;

IX – o quórum exigido para a deliberação de alienação, pelo condomínio edilício, da fração de tempo adjudicada em virtude do inadimplemento do respectivo multiproprietário.

COMENTÁRIOS DOUTRINÁRIOS: Com vistas ao estabelecimento de uma convivência social harmônica com clareza e segurança jurídica com relação aos direitos e obrigações dos condôminos, a regra anotada apresenta disposições específicas relativas às unidades autônomas de condomínios edilícios. Nesse caso, a convenção de condomínio, além dos requisitos básicos previstos nos arts. 1.332 e 1.334 do Código Civil, deverão observar os incisos do art. 1.358-P, que apresenta as matérias que deverão ser obrigatoriamente disciplinadas nesse ato negocial, como a identificação precisa das unidades, a fração de tempo que compete a cada condômino, a forma de rateio das despesas – sendo que, à falta de estipulação em sentido contrário, será proporcional à fração de tempo de cada multiproprietário –, a especificação das despesas ordinárias de custeio, os órgãos de administração, as sanções decorrentes da má gestão da coisa comum, da mora no cumprimento das obrigações de custeio, assim como do descumprimento da obrigação de desocupar o imóvel até o dia e hora previstos. Deverá, outrossim, a convenção prever o quórum necessário para a autorização de adjudicação da fração de tempo por parte do condomínio na hipótese de inadimplemento do respectivo multiproprietário (art. 1.358-S, *caput*) e, uma vez realizada, definir o quórum exigido para a deliberação de alienação, pelo condomínio edilício, da fração de tempo adjudicada. Isso porque essa aquisição é apenas um rito de passagem para que outra pessoa adquira a fração de tempo alienada forçadamente e não para que o condomínio edilício seja efetivamente o proprietário da cota temporal do multiproprietário inadimplente. Interessante a previsão do inciso VI do art. 1.358-P que faz referência à possibilidade de a multipropriedade imobiliário voltar-se, como dito linhas acima, para o incremento do turismo e da consequente hospedagem. Nesse caso, haverá uma atividade empresarial com sistema de administração de intercâmbio e a convenção deverá prever a responsabilidade e as obrigações dessa companhia que ficará limitada ao contrato que firmar com o multiproprietário. À luz do que preconiza o § 2º do art. 23 da Lei n. 11.771/2008, "considera-se prestação de serviços de hospedagem em tempo compartilhado a administração de intercâmbio, entendida como organização e permuta de períodos de ocupação entre cessionários de unidades habitacionais de distintos meios de hospedagem". O destinatário de tais serviços é considerado consumidor, aplicando-se, portanto, a Lei n. 8.078/1990.

REFORMA DO CÓDIGO CIVIL: A sugestão de alteração aqui se limita, basicamente, a dizer que, para a aplicação da sanção estabelecida no inciso VII, é indispensável a garantia do direito à ampla defesa e o respectivo procedimento.

Art. 1.358-Q. Na hipótese do art. 1.358-O deste Código, o regimento interno do condomínio edilício deve prever:

I – os direitos dos multiproprietários sobre as partes comuns do condomínio edilício;

II – os direitos e obrigações do administrador, inclusive quanto ao acesso ao imóvel para cumprimento do dever de manutenção, conservação e limpeza;

III – as condições e regras para uso das áreas comuns;

IV – os procedimentos a serem observados para uso e gozo dos imóveis e das instalações, equipamentos e mobiliário destinados ao regime da multipropriedade;

V – o número máximo de pessoas que podem ocupar simultaneamente o imóvel no período correspondente a cada fração de tempo;

VI – as regras de convivência entre os multiproprietários e os ocupantes de unidades autônomas não sujeitas ao regime da multipropriedade, quando se tratar de empreendimentos mistos;

VII – a forma de contribuição, destinação e gestão do fundo de reserva específico para cada imóvel, para reposição e manutenção dos equipamentos, instalações e mobiliário, sem prejuízo do fundo de reserva do condomínio edilício;

VIII – a possibilidade de realização de assembleias não presenciais, inclusive por meio eletrônico;

IX – os mecanismos de participação e representação dos titulares;

X – o funcionamento do sistema de reserva, os meios de confirmação e os requisitos a serem cumpridos pelo multiproprietário quando não exercer diretamente sua faculdade de uso;

XI – a descrição dos serviços adicionais, se existentes, e as regras para seu uso e custeio.

Parágrafo único. O regimento interno poderá ser instituído por escritura pública ou por instrumento particular.

COMENTÁRIOS DOUTRINÁRIOS: O regimento interno se encontra previsto obrigatoriamente por ocasião da confecção da convenção de condomínio, na forma do que dispõe o inciso V do art. 1.334 deste Código e, como dito nos comentários a tal artigo, este importante ato normativo tem o escopo de subsidiar a lei e a própria convenção, não podendo com as mesmas conflitar, sob pena de nulidade. Como se pode perceber da leitura dos incisos acima, trata-se de um regramento formal, mas que pode ser feito por instrumento público ou particular (parágrafo único) e que irá prever situações do dia a dia no condomínio, aqui analisadas segundo a peculiaridade do compartilhamento de tempo ínsito à multipropriedade. Importa que seja de fácil compreensão e acesso, podendo ser incorporado no bojo da convenção ou em documento próprio, sendo esta a forma mais aconselhável. Remetemos o leitor para os comentários ao art. 1.334 deste Código.

Art. 1.358-R. O condomínio edilício em que tenha sido instituído o regime de multipropriedade em parte ou na totalidade de suas unidades autônomas terá necessariamente um administrador profissional.

§ 1º O prazo de duração do contrato de administração será livremente convencionado.

§ 2º O administrador do condomínio referido no *caput* deste artigo será também o administrador de todos os condomínios em multipropriedade de suas unidades autônomas.

§ 3º O administrador será mandatário legal de todos os multiproprietários, exclusivamente para a realização dos atos de gestão ordinária da multipropriedade, incluindo manutenção, conservação e limpeza do imóvel e de suas instalações, equipamentos e mobiliário.

§ 4º O administrador poderá modificar o regimento interno quanto aos aspectos estritamente operacionais da gestão da multipropriedade no condomínio edilício.

§ 5º O administrador pode ser ou não um prestador de serviços de hospedagem.

COMENTÁRIOS DOUTRINÁRIOS: O artigo em comento impõe a figura de um administrador profissional quando no condomínio edilício tiver sido instituído o regime de multipropriedade, em consideração ao relevo e à dificuldade de administrar um empreendimento com tantas peculiaridades. O prazo de contratação desse serviço será estabelecido livremente pelos interessados. Nesse caso, a despeito de o administrador contar apenas com poderes de gestão ordinária da multipropriedade, incluindo manutenção, conservação e limpeza do imóvel e de suas instalações, equipamentos e mobiliário, poderá modificar o regimento interno quanto aos aspectos estritamente operacionais da gestão da multipropriedade no condomínio edilício.

REFORMA DO CÓDIGO CIVIL: A Comissão de Juristas optou aqui por deixar mais simples a questão da administração do condomínio edilício que se submeta ao regime de multipropriedade, nos seguintes termos: "Art. 1.358-R. O condomínio edilício em que tenha sido instituído o regime de multipropriedade em parte ou na totalidade de suas unidades autônomas, terá necessariamente um administrador, que pode ser pessoa natural ou jurídica".

Art. 1.358-S. Na hipótese de inadimplemento, por parte do multiproprietário, da obrigação de custeio das despesas ordinárias ou extraordinárias, é cabível, na forma da lei processual civil, a adjudicação ao condomínio edilício da fração de tempo correspondente.

Parágrafo único. Na hipótese de o imóvel objeto da multipropriedade ser parte integrante de empreendimento em que haja sistema de locação das frações de tempo no qual os titulares possam ou sejam obrigados a locar suas frações de tempo exclusivamente por meio de uma administração única, repartindo entre si as receitas das locações independentemente da efetiva ocupação de cada unidade autônoma, poderá a convenção do condomínio edilício regrar que em caso de inadimplência:

I – o inadimplente fique proibido de utilizar o imóvel até a integral quitação da dívida;

II – a fração de tempo do inadimplente passe a integrar o *pool* da administradora;

III – a administradora do sistema de locação fique automaticamente munida de poderes e obrigada a, por conta e ordem do inadimplente, utilizar a integralidade dos valores líquidos a que o inadimplente tiver direito para amortizar suas dívidas condominiais, seja do condomínio edilício, seja do condomínio em multipropriedade, até sua integral quitação, devendo eventual saldo ser imediatamente repassado ao multiproprietário.

COMENTÁRIOS DOUTRINÁRIOS: Em caso de multipropriedade imobiliária voltada para a fruição por parte dos multiproprietários de alugueres por meio de um sistema de locação das frações de tempo, a administração será confiada a uma pessoa jurídica especializada, que fará uma administração voltada para recolher e repartir as receitas das locações independentemente da efetiva ocupação de cada unidade autônoma, tornando a situação jurídica semelhante à de uma sociedade empresarial. Nesse caso, o administrador, por meio da convenção de condomínio, poderá receber, diante da inadimplência de algum multiproprietário, poderes excepcionais que extrapolam a simples gestão, na forma do que preconiza o parágrafo único do art. 1.358-S, como métodos coercitivos e satisfativos para viabilizar a atividade empresarial empreendida. O primeiro deles (inciso I) consiste na possibilidade de proibição para que o inadimplente utilize o imóvel até a integral quitação da dívida. Essa cláusula, em qualquer outra situação de condomínio edilício, não resiste a uma análise séria frente à Constituição Federal, conforme já assinalamos por ocasião da análise dos limites normativos da convenção de condomínio (item 6.1. deste capítulo). Assim, de ordinário, a inadimplência, ainda que reiterada, não pode possibilitar a privação do uso da unidade autônoma em atenção à proteção constitucional da propriedade privada (arts. 5º, XXII e 170, II) e, não raro, do próprio direito fundamental social da moradia (art. 6º). Entretanto, é de se dar no caso específico prevalência à autonomia privada a bem do interesse coletivo dos demais multiproprietários, sendo certo que a quitação da obrigação ensejará o restabelecimento, por completo, dos poderes inerentes ao domínio (art. 1.228 do CC). Diante da inadimplência, a convenção de condomínio pode delegar à administradora o poder para que a fração de tempo passe a integrar o seu *pool* (inciso II), isto é, os multiproprietários deverão confiar que o ativo que puder ser arrecadado com a exploração do direito do inadimplente reverta para a conta da administradora junto com outros valores que esta porventura receba em depósito e depois repasse aos demais condôminos adimplentes. A confiança e a pesquisa da solvência da administradora devem ser valores a serem considerados para a contratação e autorização, pois, se outros credores desta, por exemplo, trabalhistas, agredirem o patrimônio da devedora, os multiproprietários poderão ficar em situação delicada para receber os seus créditos. O último poder a ser considerado é o de autorizar que a administradora fique automaticamente munida de poderes e obrigada a, por conta e ordem do inadimplente, utilizar a integralidade dos valores líquidos a que o inadimplente tiver direito para amortizar suas dívidas condominiais, seja do condomínio edilício, seja do condomínio em multipropriedade, até sua integral quitação, devendo eventual saldo ser imediatamente repassado ao multiproprietário (inciso III).

REFORMA DO CÓDIGO CIVIL: A Comissão de Juristas sugere a revogação do artigo, o que não conta com nossa concordância.

Art. 1.358-T. O multiproprietário somente poderá renunciar de forma translativa a seu direito de multipropriedade em favor do condomínio edilício.

Parágrafo único. A renúncia de que trata o *caput* deste artigo só é admitida se o multiproprietário estiver em dia com as contribuições condominiais, com os tributos imobiliários e, se houver, com o foro ou a taxa de ocupação.

COMENTÁRIOS DOUTRINÁRIOS: O artigo em tela restringe o poder de alienação do multiproprietário, prevendo que este somente poderá renunciar (renúncia translativa) ao seu direito, *rectius*, alienar, em favor do próprio condomínio. Uma vez mais, como já defendido adredemente (ver comentários ao art. 1.331), a lei confere personalidade jurídica ao condomínio, o que nos parece correto. O problema do dispositivo é o de restringir o poder de disposição previsto na definição de propriedade do art. 1.228, *caput*, do Código Civil que como cediço possui assento constitucional como garantia fundamental (art. 5º, XXII) e princípio informador da ordem econômica (art. 170, II). Além da questão de índole constitucional, não compreendemos o porquê da restrição. Eventual condômino ou mesmo terceiro que adquirisse o bem, estaria submetido às obrigações previstas na formatação contratual da multipropriedade registrada no cartório imobiliário com a publicidade e eficácia *erga omnes* inerente. O que a lei veda, a bem da verdade, é que o direito real do multiproprietário fique adéspota a fim de não prejudicar os legítimos interesses dos demais condôminos.

REFORMA DO CÓDIGO CIVIL: O dispositivo anotado sempre contou com ampla crítica da doutrina por enxergar nele técnica jurídica inadequada ao se referir à renúncia translativa, sendo, a propósito, destituído de relevância prática e clareza. Por tal motivo, concordamos com a sugestão de revogação do dispositivo.

Art. 1.358-U. As convenções dos condomínios edilícios, os memoriais de loteamentos e os instrumentos de venda dos lotes em loteamentos urbanos poderão limitar ou impedir a instituição da multipropriedade nos respectivos imóveis, vedação que somente poderá ser alterada no mínimo pela maioria absoluta dos condôminos.

COMENTÁRIOS DOUTRINÁRIOS: De acordo com o que já se afirmara anteriormente, a multipropriedade pode acontecer sobre um imóvel que esteja estabelecido em regime de condomínio edilício ou não, sendo certo que é lícito a qualquer condomínio já instalado ou a se instalar que preveja cláusula na convenção que limite ou impeça a instituição da multipropriedade nos respectivos imóveis, vedação que somente poderá ser alterada no mínimo pela maioria absoluta dos condôminos. No primeiro caso, mister que a convenção do condomínio e o regimento interno que nesse caso será obrigatório (art. 1.358-Q) estabeleçam regras específicas que possibilitem a utilização da unidade autônoma com compartilhamento de tempo definido em favor de cada multiproprietário, de forma a viabilizar o bom convívio perante a vida condominial.

REFORMA DO CÓDIGO CIVIL: A Comissão de Juristas entendeu por bem em incluir o sistema de multipropriedade mobiliária no que pode ser o artigo 1.358-V. Conquanto considere fundamental que haja multipropriedade para bens móveis como aeronaves, embarcações, veículos automotores, dentre outros bens, temos dúvidas se não seria mais conveniente uma lei especial sobre o tema, pois no Código Civil a multipropriedade está inserida no condomínio edilício que tem por objeto apenas bens imóveis. Eis o texto proposto: "Art. 1.358-V. Aplica-se, no que couber, o disposto sobre condomínio multiproprietário imobiliário para o condomínio multiproprietário mobiliário, observado o disposto neste Capítulo. § 1º A instituição do condomínio multiproprietário de móveis e a oponibilidade da convenção perante terceiros se aperfeiçoam pelo registro do instrumento de sua instituição no Cartório de Títulos e Documentos do domicílio de cada um dos condôminos ou, em se tratando de veículos ou de embarcações, na repartição competente para o licenciamento ou a inscrição respectiva, fazendo-se a anotação de todos os proprietários no certificado de registro. § 2º

Feito o registro a que alude o parágrafo anterior, a coisa é tida como de propriedade de todos os multiproprietários que, solidariamente, respondem, com garantia real de penhor, pelos créditos de terceiro, derivados de: I - danos por fato da coisa; II - obrigações decorrentes de reparos, guarda ou conservação da coisa, assumidas por qualquer titular da unidade mobiliária. § 3º Não feito o registro referido no § 1º, responde o proprietário único, o possuidor ou o detentor, pelos danos referidos nos incisos I e II do § 2º deste artigo, sem prejuízo de ficar demonstrado que havia multipropriedade de fato e existente corresponsabilidade solidária de todos os multiproprietários, nos casos e na forma do art. 942 deste Código. § 4º Nas hipóteses dos §§ 2º e 3º deste artigo, é assegurado aos condôminos multiproprietários o direito de regresso contra o titular da unidade mobiliária periódica em razão de cuja conduta surgiu o crédito, independentemente de sua culpa. § 5º Excetuadas as hipóteses dos parágrafos 2º e 3º deste artigo, o condômino multiproprietário não responderá por obrigações civis, tributárias e administrativas decorrentes das demais unidades mobiliárias periódicas ou do uso da coisa pelo respectivo condômino multiproprietário. § 6º Nos casos de danos provocados a terceiros em razão do uso da coisa, é vedada a responsabilização dos condôminos multiproprietários cujo período de uso não coincida com a data do dano, respeitado, porém, o penhor legal de que trata o § 2º deste artigo. § 7º Consideram-se bem móvel a unidade mobiliária periódica, os direitos reais sobre ela e as respectivas ações. § 8º A averbação do contrato de administração multiproprietária de que trata o § 2º do art. 1.358-E deste Código, na hipótese de condomínio multiproprietário mobiliário, deverá ser feita na forma indicada no § 1º deste artigo."

CAPÍTULO VIII
DA PROPRIEDADE RESOLÚVEL

Art. 1.359. Resolvida a propriedade pelo implemento da condição ou pelo advento do termo, entendem-se também resolvidos os direitos reais concedidos na sua pendência, e o proprietário, em cujo favor se opera a resolução, pode reivindicar a coisa do poder de quem a possua ou detenha.

COMENTÁRIOS DOUTRINÁRIOS: O Código Civil se vale, equivocadamente, da mesma rubrica "Da Propriedade Resolúvel" para a identificação jurídica de dois fenômenos distintos: a propriedade verdadeiramente resolúvel de que se vale o presente artigo e a propriedade revogável tratada no artigo seguinte. Mais técnico seria se o legislador adotasse o gênero "Das Propriedades Temporárias". Ao analisarmos a propriedade de um bem, devemos levar conosco a presunção de que essa titularidade se encontra livre de gravames reais, ou seja, em regra, a propriedade é plena e não limitada. Da mesma forma, há uma presunção de que a propriedade não traz em seu bojo uma situação que reduza o seu alcance temporal, sendo a perpetuidade uma das clássicas características do domínio. A exceção do atributo da perpetuidade é posta no artigo em estudo pela presença de uma condição ou termo resolutivo fixado adredemente que retire a eficácia do direito em relação ao seu titular no futuro, retroagindo àquele primeiro momento. A propriedade resolúvel se caracteriza por trazer no próprio título constitutivo do direito de propriedade a causa de sua extinção. A norma transcrita acima cuida da propriedade resolúvel, que vem a ser uma modalidade de propriedade temporária marcada com o estigma da destruição, de vez que bastará o implemento de uma condição (evento futuro e incerto) ou o advento de um termo (evento futuro e certo) resolutivo para que a propriedade se extinga. A resolução do domínio pode acontecer em favor do próprio alienante, como na compra e venda com reserva de domínio, em que o vendedor guarda a propriedade para si, até que o preço esteja integralmente pago (art. 521 do CC), mas também pode favorecer terceiro, como no fideicomisso, em que a propriedade, no próprio ato que a constituiu, está submetida a uma condição resolutiva para o fiduciário e suspensiva para o fideicomissário ainda não concebido ao tempo da morte do testador, conforme preconizam os arts. 1.951 e 1.952 do Código Civil. Pelo implemento da condição ou advento do termo, uma pessoa vê o seu direito perecer, enquanto outra o adquire. Sempre que a propriedade for resolúvel para um, estará sob condição ou termo suspensivo para outro, ainda que a resolução opere em favor do próprio alienante, como acontece na propriedade fiduciária. O estudo desse tema requer que seja revisitada a matéria atinente aos elementos acidentais do negócio jurídico tratados na parte geral deste Código (arts. 121 a 137). Há uma inegável imbricação entre as matérias, pois a propriedade é resolúvel quando há incidência de uma condição ou termo resolutivo disciplinados nos arts. 127, 128 e 135 do

Código Civil. Enquanto a condição ou o termo não acontece, o proprietário resolúvel concentra todos os poderes inerentes ao domínio, podendo, inclusive, vender ou dar em garantia, na forma do que prescreve o art. 127 do Código Civil: "Se for resolutiva a condição, enquanto esta se não realizar, vigorará o negócio jurídico, podendo exercer-se desde a conclusão deste o direito por ele estabelecido". Por tal motivo, podemos afirmar que enquanto a resolução do domínio não ocorre, realmente o titular do bem concentra todos os poderes decorrentes de sua titularidade, mas ao adquirente é transmitido exatamente o direito que titularizava o alienante. Em se tratando de condição, cujo evento é futuro e incerto (art. 121), é possível que a propriedade não saia nunca das mãos do proprietário resolúvel. Entretanto, se houver o implemento da condição, a propriedade se perde para o titular resolúvel, passando imediatamente para o domínio pleno daquele a quem a resolução aproveita. Nada obsta que as partes entabulem a propriedade resolúvel submetida a um termo certo (art. 131). Nessa hipótese, as partes sabem de antemão quando o domínio se resolverá. Em ambos os casos, dispensada estará a intervenção judicial que reconheça essa situação. Há grande controvérsia na doutrina sobre a natureza jurídica da propriedade resolúvel. A primeira corrente defende a tese de que a propriedade resolúvel é um tipo de domínio especial e estaria justificado o seu estudo no livro referente ao direito das coisas. A segunda corrente sustenta que os aspectos jurídicos do instituto estão todos no tratamento da condição e do termo resolutivo, elementos acidentais do negócio jurídico, disciplinados na parte geral. Em nossa opinião, a natureza jurídica do instituto é a de uma espécie de propriedade atípica, exatamente por ser temporária. Não existe na parte geral capitulação precisa no âmbito dos negócios jurídicos para atender a singularidade de que se reveste o estudo do direito das coisas. A propriedade resolúvel pode ser constituída no ordenamento jurídico pátrio nos seguintes modelos: 1. Compra e venda com reserva de domínio, em que uma pessoa vende um bem à prestação para outra, transferindo a posse direta e reservando-se a posse indireta e a propriedade do bem até que a obrigação seja totalmente cumprida. Enquanto a dívida não for paga, o proprietário do bem será o credor, e após a quitação, a propriedade deverá ser transmitida para o comprador. No caso, temos que a propriedade do credor é resolúvel, pois no momento em que a dívida for paga, a propriedade, para ele, se extinguirá, adquirindo-a o comprador que pagou integralmente o preço (art. 521 do CC). 2. Sucede na retrovenda que o vendedor reserva consigo o direito potestativo de recomprar o bem alienado no prazo máximo de decadência de três anos, observando os critérios de pagamento do preço previstos no art. 505 do Código Civil. O aspecto de realidade desse direito e de seu caráter de resolubilidade do domínio se encontra no art. 507 do Código Civil, o qual dispõe que "o direito de retrato, que é cessível e transmissível a herdeiros e legatários, poderá ser exercido contra o terceiro adquirente". 3. A doação com cláusula de reversão em relação ao donatário que, se falecer antes do doador, levará a que a propriedade se resolva e retorne ao doador, não sendo, por conseguinte, partilhada entre os herdeiros, conforme dicção do art. 547 do Código Civil. 4. A propriedade fiduciária em relação ao credor a quem é transferida a propriedade resolúvel até que o devedor fiduciante pague as prestações devidas (art. 1.361). 5. O bem entregue em fideicomisso em relação ao fiduciário a quem se transfere a propriedade resolúvel, devendo transmiti-la ao fideicomissário mediante o implemento de uma condição ou o advento de um termo (art. 1.951). 6. No regime da superfície brasileiro em que o instituto é obrigatoriamente temporário, a propriedade do superficiário é resolúvel em relação ao fundeiro ou concedente, pois se extinguirá com o advento do termo ou no implemento da condição, conforme o caso (art. 1.369 do CC). Já foi afirmado que a propriedade resolúvel, enquanto não ocorre o advento do termo ou o implemento da condição, confere ao seu titular todos os poderes inerentes ao domínio, e a pessoa em cujo favor se opera a resolução tem apenas direito eventual na hipótese de condição e direito futuro quando se tratar de termo. Entrementes, quando acontece o fato previsto no título para a extinguir, os efeitos serão retroativos (*ex tunc*), e isso fica patente na própria redação do art. 1.358 do Código Civil acima reproduzido. Imaginemos uma pessoa que compre um bem imóvel gravado com a cláusula da reversão, ou seja, o doador, ao transferir gratuitamente o bem para o donatário, dispôs que o bem deveria voltar ao seu domínio se o donatário morresse antes dele, na forma do art. 547 do Código Civil. Se posteriormente a condição se verificar – o donatário morrer antes do doador –, o doador poderá propor ação reivindicatória em face de eventual adquirente do bem gravado com a condição resolutiva. Para proteger terceiros adquirentes é que se exige que a resolubilidade do domínio esteja devidamente prevista no registro competente. Em outras palavras, a resolução da propriedade produz efeitos retroativos (*ex tunc*) e todos os direitos constituídos pelo proprietário na pendência da condição ou do termo resolutivo são destruídos pelo implemento da condição ou pelo advento do termo. Outro exemplo elucidativo é a previsão de extinção da hipoteca pela resolução do domínio (art. 1.499, inc. III, do CC) como, por exemplo, na situação em que o fiduciário tenha dado um imóvel de sua propriedade resolúvel em hipoteca para alguém. Resolvido o domínio em favor do fideicomissário (art. 1.951 do CC), resolvida estará a hipoteca constituída, donde concluir-se não ser conveniente ao credor, salvo exceções relativas ao caso concreto, aceitar em garantia real propriedade resolúvel.

JURISPRUDÊNCIA COMENTADA: O efeito da resolução do domínio pode ser percebido com clareza nas ementas que se seguem: "Agravo de instrumento. Ação de execução. Contrato particular de compra e venda com reserva de domínio. Falência da executada. Tratando-se de propriedade resolúvel, enquanto não cumprido o contrato, o bem não integra o patrimônio da compradora" (TJRS, Agravo de Instrumento 70015429343, 13.ª Câmara Cível, Rel. Carlos Alberto Etcheverry, j. 09.06.2006); "Agravo de instrumento. Busca e apreensão. Quitação de dívida não reconhecida. Manutenção da posse da coisa litigiosa. Tutela de urgência indeferida. 1. Só o adimplemento da obrigação implementa a condição resolutiva da propriedade fiduciária, nos termos do art. 1.359 do Código Civil. Assim, permanece hígido o direito real de garantia sobre a coisa alienada em favor do credor, tendo em vista que o adimplemento da dívida ainda está em debate, inexistindo pronunciamento jurisdicional que reconheça a quitação por parte do agravante. 2. Não demonstrada probabilidade do direito aliado ao fato de que a simples alegação de deterioração do veículo pelo decurso de tempo não sustenta o perigo da demora, deve ser mantida a decisão que indeferiu a tutela provisória de urgência objetivando a liberação do veículo objeto de busca e apreensão. 3. Agravo conhecido e não provido" (TJDF, Proc. 07129.38-87.2018.8.07.0000, Ac. 113.5793, 7.ª Turma Cível, Rel. Des. Fábio Eduardo Marques, j. 09.11.2018).

Art. 1.360. Se a propriedade se resolver por outra causa superveniente, o possuidor, que a tiver adquirido por título anterior à sua resolução, será considerado proprietário perfeito, restando à pessoa, em cujo benefício houve a resolução, ação contra aquele cuja propriedade se resolveu para haver a própria coisa ou o seu valor.

COMENTÁRIOS DOUTRINÁRIOS: Na propriedade revogável, o direito de propriedade se vê afetado por uma causa superveniente à realização do ato jurídico, motivo pelo qual a ocorrência da revogação do domínio não poderá prejudicar terceiros, operando, portanto, efeitos *ex nunc*. Três hipóteses são comumente citadas para exemplificar a revogação da propriedade: a revogação da doação por descumprimento do encargo (art. 555 do CC), por ingratidão do donatário (art. 557 do CC) e o descumprimento do encargo pelo legatário (art. 1.938 do CC). Em todas essas situações, o evento revocatório da propriedade somente acontece após a constituição do direito real, decorrendo desse fato a impossibilidade de a revogação retroagir. Não podendo reivindicar a propriedade das mãos do terceiro adquirente de boa-fé, restará à pessoa beneficiada pelo evento que revogou o direito de propriedade pleitear o equivalente em dinheiro acrescido de perdas e danos, conforme o caso. No que tange à revogação da doação por ingratidão do donatário, a doutrina é unânime com relação à vedação de efeito retroativo, mesmo porque a lei assim determina no art. 563 do Código Civil: "A revogação por ingratidão não prejudica os direitos adquiridos por terceiros, nem obriga o donatário a restituir os frutos percebidos antes da citação válida; mas sujeita-o a pagar os posteriores, e, quando não possa restituir em espécie as coisas doadas, a indenizá-la pelo meio-termo do seu valor". Todavia, com relação ao descumprimento do encargo, tendo em vista a sua natureza negocial, indaga-se se é possível as partes estipularem cláusula no sentido de que o inadimplemento do encargo acarretaria a resolução do contrato com efeitos retroativos (*ex tunc*) decorrentes da incidência da referida condição resolutória expressa. Não nos parece conveniente para a segurança jurídica em geral que o acidental descumprimento do encargo possa produzir efeitos retroativos prejudicando terceiros de boa-fé, a quem restaria apenas buscar a tutela pessoal ressarcitória. Por tal motivo, temos que se o terceiro houver adquirido direito de natureza real, este não se resolverá em consequência do pacto comissório relativo ao inadimplemento do encargo, pois tem efeitos apenas *ex nunc*. No campo prático, a diferença entre propriedade resolúvel e propriedade revogável foi bem delineada no Enunciado n. 509 da *V Jornada de Direito Civil* do Conselho da Justiça Federal, vazado nos seguintes termos: "A resolução da propriedade, quando determinada por causa originária, prevista no título, opera *ex tunc* e *erga omnes*; se decorrente de causa superveniente, atua *ex nunc* e *inter partes*".

JURISPRUDÊNCIA COMENTADA: O efeito *ex nunc* da propriedade revogável pode ser percebido em julgado no qual foram ajuizados embargos de terceiro por uma pessoa que adquiriu de boa-fé um imóvel, cujo credor do alienante viera posteriormente a demandar a resolução do contrato por inadimplemento. O Tribunal do Distrito Federal deu ganho de causa ao autor: "A denominada eficácia real da resolução do contrato não afeta o possuidor atual na hipótese em que o imóvel não era litigioso ao tempo em que teve a sua posse transferida pelo adquirente, já na qualidade de proprietário, o terceiro". Além desse argumento, o julgado asseverou que "a resolução por fato superveniente, como no caso do inadimplemento do comprador, não projeta efeitos *erga omnes*, na esteira do que preceitua o artigo 1.360 do Código Civil" (TJDF, APC 2014.01.1.116829-4, Ac. 107.1939, 4.ª Turma Cível, Rel. Des. James Eduardo Oliveira, j. 31.01.2018).

CAPÍTULO IX
DA PROPRIEDADE FIDUCIÁRIA

Art. 1.361. Considera-se fiduciária a propriedade resolúvel de coisa móvel infungível que o devedor, com escopo de garantia, transfere ao credor.

§ 1º Constitui-se a propriedade fiduciária com o registro do contrato, celebrado por instrumento público ou particular, que lhe serve de título, no Registro de Títulos e Documentos do domicílio do devedor, ou, em se tratando de veículos, na repartição competente para o licenciamento, fazendo-se a anotação no certificado de registro.

§ 2º Com a constituição da propriedade fiduciária, dá-se o desdobramento da posse, tornando-se o devedor possuidor direto da coisa.

§ 3º A propriedade superveniente, adquirida pelo devedor, torna eficaz, desde o arquivamento, a transferência da propriedade fiduciária.

COMENTÁRIOS DOUTRINÁRIOS: A lei que instituiu a alienação fiduciária em garantia foi o Decreto-lei n. 911/1969, que alterou o art. 66 da Lei de Mercado de Capitais (Lei n. 4.728/1965) com claros objetivos de fomentar o consumo no país, contribuindo para o seu crescimento e permitindo à população o acesso mais efetivo aos chamados bens de consumo, como automóveis, motocicletas e eletrodomésticos, discurso falacioso que, sem macular a importância elevada do instituto, contribuiu para lançar a pátria nas trevas do período da ditadura militar. Posteriormente, o Código Civil de 2002 passou a regular a propriedade fiduciária nos arts. 1.361 a 1.368. Alienação fiduciária em garantia ou propriedade fiduciária é o direito real de garantia pelo qual o devedor aliena ao credor, para fins de garantia, a propriedade de um bem em caráter resolúvel e a posse indireta, permanecendo o devedor com a posse direta, tornando-se proprietário pleno com a quitação integral da obrigação à qual adere. O alienante é chamado tecnicamente de devedor fiduciante e o adquirente, de credor fiduciário. Por ela atribui-se ao credor da obrigação a propriedade resolúvel e a posse indireta, restando ao devedor a posse direta e a possibilidade, se quitar o financiamento, de consolidar em suas mãos a propriedade plena. A propriedade do credor é temporária, resolúvel, pois o devedor aliena o bem com a firme expectativa de recuperar o domínio, e assim sucederá obrigatoriamente no momento do adimplemento da obrigação que materializa o implemento da condição resolutiva prevista no pacto. A causa da sua constituição é a realização de um contrato bilateral, porque são impostos direitos e deveres para ambas as partes; oneroso, pois ambos os contratantes têm ganhos e perdas de ordem econômica; comutativo, eis que credor e devedor sabem de antemão as vantagens e desvantagens do pacto, encerra uma série de direitos e obrigações tanto para o credor como para o devedor; fiduciário, em razão da desconformidade entre o interesse econômico e a formalização jurídica do pacto; acessório, porque objetiva garantir um contrato principal, em regra, de mútuo e formal, pois a forma escrita é da sua essência, na medida em que se constitui com o registro no cartório de títulos e documentos quando tem por objeto bens móveis ou no cartório do registro de imóveis se tiver como objeto um bem imóvel. Essa classificação se reveste de importância, pois assim como estudado no compromisso de compra e venda, a alienação fiduciária em garantia se estrutura em um contrato que, uma vez registrado no cartório competente, tem o poder de constituir um direito real de garantia. Estruturalmente, é contrato, e no campo dos efeitos jurídicos, é direito real de garantia após o devido registro no cartório competente. Em uma necessária visada funcional, importante destacar que o instituto proporciona facilidade na aquisição de bens ao consumidor, mediante a outorga menos burocrática de financiamento, segurança na recuperação dos ativos por parte do credor e a redução das taxas de juros se comparadas com as que são praticadas pelo mercado financeiro nos casos de empréstimos que não contem com garantia real, como a disponibilização de crédito rotativo aos correntistas da instituição financeira. A despeito de topograficamente não constar dentre os direitos reais de garantia, entendemos que é essa a sua verdadeira natureza, bastando para tanto verificar que o bem sobre o qual incide o gravame fica vinculado ao cumprimento de uma obrigação de direito pessoal, tornando-se eficaz com o registro do instrumento público ou particular do contrato junto ao cartório de títulos e documentos situado no domicílio do devedor, ocasião em que, pelo atributo da publicidade, produzirá efeitos perante terceiros. Por tal motivo, aplicam-se à propriedade fiduciária, no que couber, as disposições gerais atinentes aos direitos reais de garantia – arts. 1.419 a 1.430 do Código Civil – conforme o art. 1.367 do Código Civil. Convém notar que na redação anterior, o citado art. 1.367 reportava-se, exclusivamente, aos arts. 1.421, 1.425, 1.426, 1.427 e 1.436. A alteração promovida pela Lei n. 13.043/2014 consignou – como acima referido – a aplicabilidade à propriedade fiduciária do disposto no "Capítulo I do Título X do Livro III da Parte Especial deste Código", restando excluída, portanto, a incidência do art. 1.436, que não se insere entre os dispositivos abrangidos pela referência vigente, corrigindo-se antigo equívoco, uma vez que tal dispositivo se refere às situações jurídicas que acarretam a extinção do penhor, nada tendo a ver com a propriedade fiduciária. Trazemos à colação a lembrança de que, no art. 1.421, há a previsão do princípio da indivisibilidade do direito real de garantia, estabelecendo que a garantia não se extingue de acordo com o pagamento parcial da dívida. Ao contrário, a garantia remanesce até que a dívida seja integralmente quitada, salvo disposição expressa no contrato. No art. 1.425 há um elenco de situações em que se terá o vencimento antecipado da dívida. O art. 1.426 estabelece que, no vencimento antecipado da dívida, em homenagem à vedação ao enriquecimento sem causa, não serão incluídos os juros que correspondam ao tempo ainda não decorrido. No art. 1.427 temos a figura do dador de garantia, que vem a ser a pessoa que dá um bem seu em garantia a uma obrigação alheia. O dador de garantia não é obrigado a reforçar a garantia, sob pena de vencimento antecipado da dívida, em caso de depreciação do bem, ressalvada a hipótese de culpa sua ou previsão expressa no contrato. A propriedade fiduciária acarreta o desdobramento da posse, como conceituado no art. 1.197 do Código Civil, operando-se o constituto-possessório, mediante a inversão do *animus possidendi*, na medida em que o devedor fiduciante que exercia posse em nome próprio passa a exercê-la em nome de outrem até a integral quitação das prestações. Enquanto isso não acontece, o credor fiduciário reserva consigo a posse indireta, mantendo-se como proprietário resolúvel. O constituto-possessório se faz presente na constituição da propriedade fiduciária, pois realmente aquele que possuía em nome próprio – devedor fiduciante – passa a possuir em nome do credor fiduciário, tornando-se possuidor direto em relação ao possuidor indireto e proprietário resolúvel até o completo adimplemento da obrigação principal. Normalmente, a propriedade fiduciária é constituída mediante a aquisição de um produto, momento em que o adquirente, para poder obter o empréstimo para comprá-lo, aliena ao mutuante o que acabou de adquirir. O objetivo de tal proceder é, com a transferência do bem, garantir o adimplemento da obrigação. Comumente, realizam-se três relações jurídicas. A primeira de compra e venda, em que o vendedor recebe à vista; a segunda vem a ser o contrato de mútuo e, acessoriamente a esse contrato, se estabelece a propriedade fiduciária em favor do credor. Contudo, nada obsta que o devedor aliene bem que já lhe pertença, como seria a hipótese em que o devedor, para conseguir o empréstimo de que necessita, tenha que alienar um patrimônio seu em favor do credor, questão completamente sedimentada na jurisprudência predominante do Superior Tribunal de Justiça a teor do Verbete 28, o qual estabelece que "o contrato de alienação fiduciária em garantia pode ter por objeto bem que já integrava o patrimônio do devedor". Com a proteção integral que a lei confere ao devedor fiduciante, que recuperará a propriedade do bem alienado se cumprir as suas obrigações, independentemente da vontade do credor, o elemento confiança já não se reveste da mesma importância da época da fidúcia romana. Nessa visada, pertinente é afirmar que não é a confiança a determinante desse instituto, mas sim o interesse das partes intervenientes: o empresário, em colocar sua produção mediante pagamento à vista; o consumidor, em adquirir utilidades a prestações que, de outra forma, seria penoso ou impossível comprar; e a financeira, na realização do seu escopo de incrementar a produção e o consumo, auferindo lucro para si diretamente e para o investidor indiretamente, através da aplicação de recursos captados da poupança popular dentro do sistema de mercado de capitais. Destaco, ainda, que, segundo o art. 1.368 do Código Civil, o terceiro estranho à relação obrigacional primitiva que pagar a dívida se sub-rogará nos direitos do credor, ou seja, ocupará o seu lugar na relação jurídica, de modo que lhe serão deferidos todos os direitos e ações que eram titularizados pelo credor originário. Com efeito, "a sub-rogação transfere ao novo credor todos os direitos, ações, privilégios e garantias do primitivo, em relação à dívida, contra o devedor principal e os fiadores" (art. 349 do CC). A hipótese é uma exceção ao art. 346, III, do Código Civil, que prevê a sub-rogação legal apenas para o terceiro interessado, que paga a dívida pela qual era ou podia ser obrigado, no todo ou em parte. Pelo sistema de desdobramento da posse que acontece na propriedade fiduciária, ficando o credor como proprietário resolúvel do imóvel, em caso de falência do devedor fiduciante, é assegurado ao titular do crédito o pedido de restituição à massa falida na hipótese de esta ter arrecadado o objeto alienado (arts. 7º do Decreto-lei n. 911/1969 e 85 a 93 da Lei n. 11.101/2005). O mesmo sistema justifica que eventual credor do devedor fiduciante tenha direito a penhorar os direitos aquisitivos do devedor fiduciante. Essa posição restou positivada no art. 835, XII, do Código de Processo Civil de 2015 sob o singelo argumento de que conquanto, para fins de garantia, tenha havido a transferência da propriedade resolúvel para o credor fiduciário, o devedor fiduciante conta com parcela de direito real até a completa quitação da dívida revestida de conteúdo patrimonial que pode ser do interesse de outro credor. Fundamental, nesse caso, será a prévia intimação do credor fiduciário, na forma do art. 804, § 3º do referido estatuto processual: "A alienação de bem gravado por penhor, hipoteca ou anticrese será ineficaz em relação ao credor pignoratício, hipotecário ou anticrético não intimado". A propriedade fiduciária é um caso típico de propriedade resolúvel, iniciando a sua fase constitutiva por meio de um negócio fiduciário, pois a transferência em favor do credor não tem o objetivo concreto de transferir a propriedade, mas apenas dotar o credor de um instrumento de garantia do crédito mais eficaz. O negócio fiduciário se caracteriza exatamente pelo fato da discrepância propositada entre o negócio jurídico e a sua finalidade econômica. De efeito, verificamos que a pessoa que quer, por exemplo, adquirir um veículo automotor e não tem recursos financeiros para tanto, o aliena para a instituição financeira que, economicamente, não quer ficar com o bem de ninguém, mas sim retirar o seu lucro da cobrança de juros inerente ao financiamento. Dessa forma, concluímos: quem deseja comprar aliena (devedor fiduciante) e aquele que pretende apenas receber o dinheiro emprestado com juros se faz proprietário e possuidor indireto (credor fiduciário). Para reflexão, a despeito de a propriedade ser do credor, as responsabilidades civis e tributárias que incidem sobre o bem (obrigações *propter rem*) competem ao devedor, exatamente porque o negócio de transferência tem o escopo de garantia e não de efetivo interesse econômico em fazer do fiduciário proprietário e do fiduciante um simples possuidor direto. Dentre elas, o pagamento da cota condominial que somente passará para o credor fiduciário no momento em que, configurado o inadimplemento e observados os requisitos legais, houver a consolidação da posse e da propriedade em mãos do credor fiduciário (art. 27, § 8º, da Lei n. 9.514/1997). Essa dicotomia entre o jurídico e o econômico pode levar a que espíritos mais afoitos passem a imaginar que o negócio fiduciário se confunde com o negócio simulado, ao qual a lei civil impõe a sanção de nulidade (art. 167 do CC). Todavia, no negócio simulado os simuladores não querem o que enganosamente realizaram para, em regra, prejudicar terceiros, enquanto no negócio fiduciário as partes querem efetivamente o fim econômico, que não tem nada de ilícito e, para tanto, se valem dessa sofisticada técnica jurídica de alienação apenas fiduciária. A propriedade fiduciária guarda semelhança com a venda com reserva de domínio e com o *leasing* ou arrendamento mercantil. A compra e venda com reserva de domínio (arts. 521 a 528 do CC) também é uma modalidade de negócio fiduciário, bastando, para tanto, observar o art. 521 do Código Civil, que estabelece: "Na venda de coisa móvel, pode o vendedor reservar para si a propriedade, até que o preço esteja integralmente pago". Há inegável desconformidade entre a real intenção das partes e o que as mesmas pactuaram sob o ponto de vista jurídico. Aquele que quer vender reserva consigo a propriedade e o que quer comprar permite expressamente que isso aconteça. Na realidade, fácil perceber que quem vende pretende despojar-se do bem e quem compra quer ter sobre o mesmo a propriedade plena. O acerto é feito dessa forma apenas para fins de garantia. Os institutos possuem semelhanças e dessemelhanças. Assemelham-se, pois objetivam facilitar a aquisição de bens móveis vendidos a prestação e são espécies do gênero negócio fiduciário, posto que o objetivo das partes é diverso do meio jurídico empregado. Na alienação fiduciária em garantia, a financeira quer receber o empréstimo (mútuo) e o devedor, resgatar a propriedade alienada fiduciariamente. Na compra e venda com reserva de domínio, o comprador quer ficar com a coisa e o vendedor, receber o preço. Para atingir o referido desiderato com segurança praticam negócios jurídicos diversos, pois na alienação fiduciária o adquirente aliena o bem à financeira, e na compra e venda com reserva de domínio quem vende figura como proprietário da coisa. As diferenças podem ser assim resumidas: a compra e venda com reserva de domínio tem natureza contratual e processualmente era regulada pelos arts. 1.070 e seguintes do Código de Processo Civil/1973 (sem correspondência entre os procedimentos especiais previstos no CPC/2015, o que, ao teor do art. 1.046, § 1º, do CPC/2015, implica que serão aplicadas as regras relativas ao procedimento especial do CPC/1973 às ações propostas e não sentenciadas até o início da vigência do novo Diploma Processual), enquanto a propriedade fiduciária é direito real de garantia regulamentado processualmente pelo Decreto-lei n. 911/1969 para bens móveis e pela Lei n. 9.514/1997 para imóveis; a alienação fiduciária em garantia tem natureza acessória e a compra e venda com reserva de domínio é contrato principal; na garantia fiduciária, a coisa pertence ao credor, enquanto, no segundo caso, temos que a propriedade resolúvel é do vendedor, que a transmitirá apenas quando for pago integralmente; a alienação fiduciária, em regra, envolve comprador, vendedor e o credor, e na venda com reserva de domínio, apenas comprador e vendedor. Por último, a compra e venda com reserva de domínio somente pode ter por objeto bem móvel, ao passo que é possível a constituição de propriedade fiduciária sobre bens móveis, imóveis e até sobre títulos de crédito. Considerando que o Código de Processo Civil de 2015, como acima referido, não inclui o procedimento especial expresso nos arts. 1.070 e seguintes do CPC/1973, tem-se que, sob a égide do novo código processual, ao credor (vendedor) na compra e venda com reserva de domínio, será franqueada, em caso de inadimplência do devedor (comprador) a via da ação de cobrança, eventualmente a via executiva, ou mesmo, a ação de reintegração de posse. O *leasing* financeiro é negócio jurídico fiduciário complexo em que uma pessoa jurídica aluga um determinado bem para o arrendatário, tendo este a opção de adquiri-lo ao término do contrato, devolvê-lo ou renovar o contrato (arts. 1º e 5º, da Lei n. 6.099/1974, e Res. BACEN 2.309/1996). Na alienação fiduciária em garantia, o valor pago é forçosamente amortizado na dívida principal e, uma vez quitado, automaticamente a propriedade passa a ser titularizada pelo devedor fiduciante, que até então exercia apenas a posse direta. No *leasing* financeiro, a contraprestação dada pelo arrendatário é aluguel e a propriedade somente será transferida se este quiser exercer o seu direito potestativo de compra do bem. A semelhança aqui é tão eloquente que a Lei n. 13.043/2014 incluiu um § 4º no art. 2º do Decreto-lei n. 911/1969 para dizer que "os procedimentos previstos no *caput* e no seu § 2º aplicam-se às operações de arrendamento mercantil previstas na forma da Lei n. 6.099, de 12 de setembro de 1974". Inclui-se até mesmo a ação de busca e apreensão com os seus dispositivos processuais e procedimentais especiais. O inadimplemento do arrendatário não possibilita ao arrendante cobrar as dívidas vincendas, pois estas têm como causa o uso e gozo da coisa arrendada, efeito típico da locação. Por outro lado, como a propriedade fiduciária é um direito real de garantia vinculado a um financiamento, a busca e apreensão do bem diante da inadimplência do devedor fiduciante permite ao credor cobrar o saldo devedor (art. 1.366). Prevê o § 1º que a propriedade fiduciária é constituída com o registro do contrato no Registro de Títulos e Documentos do domicílio do devedor, ou, em se tratando de veículos, na repartição competente para o licenciamento, fazendo-se a anotação no certificado de registro. Não há dúvidas de que se a alienação fiduciária incidir sobre bem móvel, o registro deverá ser feito junto ao cartório de títulos e documentos, mas a conjunção disjuntiva "ou" tem acarretado toda sorte de divergências no tocante à necessidade ou não do registro no cartório de títulos e documentos quando o bem alienado fiduciariamente for um veículo automotor. A redação realmente estabelece que em se tratando de veículo automotor, o registro seria feito junto à repartição competente para o licenciamento, fazendo-se a anotação no certificado de registro. Há duas correntes sobre a questão. A primeira propugna a interpretação literal do dispositivo e sustenta a dispensa do registro no cartório de títulos e documentos. Outro fundamento apontado pela doutrina para essa tese é o da operabilidade que, ao lado da eticidade e socialidade, é um dos princípios norteadores do Código Civil. Já entendemos que sob a ótica da legalidade e da constitucionalidade, o registro no cartório de títulos e documentos não podia ter sido dispensado pelo § 1º do art. 1.361 do Código Civil para o fim de constituição válida e eficaz do direito real de garantia em estudo, devendo a conjunção "ou" ser entendida como "e" em uma interpretação conforme a Constituição ante o disposto no art. 236 da Lei Maior, o qual determina sem reservas ou exceções, que "os serviços notariais e de registro são exercidos em caráter privado, por delegação do Poder Público". No âmbito da legislação infraconstitucional, merece destaque, sob esse prisma, o art. 22 do Código de Trânsito Brasileiro que, ao estabelecer as inúmeras atribuições dos órgãos executivos de trânsito

(Detran), não inclui delegação estatal para a constituição de garantia real e, em outro giro, o art. 129, item 5º da Lei de Registros Públicos (Lei n. 6.015/1973), que parece impor o registro no cartório de títulos e documentos dos contratos de alienação fiduciária em garantia sobre bem móvel. Releve-se, outrossim, que no novo direito real de garantia denominado "penhor de veículos", o legislador deixa bem clara a necessidade de se proceder ao registro do contrato no Cartório de Títulos e Documentos, assim como a anotação no certificado de propriedade do veículo (art. 1.462 do CC). Evoluímos nesse pensamento, acompanhando a doutrina e a jurisprudência majoritárias, pois embora entendamos que a posição minoritária é mais técnica sob o ponto de vista da dogmática, o fato é que encarecer a aquisição de bens com esse registro pago pelo consumidor não encontra justificativa no retorno que esses emolumentos podem trazer para o sistema de financiamento de veículos automotores que tem importância destacada na economia dos contratos. Inegável é que malgrado não ser a sua função, é a atividade pública dos Detrans que confere publicidade no tocante à existência ou não de direitos reais de garantia incidentes sobre veículos automotores. Em atenção ao referido § 1º do presente artigo, o Conselho Nacional de Trânsito (Contran), editou a Resolução n. 689, de 27.09.2017, substituída pela Resolução n. 807, de 15 de dezembro de 2020, que instituiu o Registro Nacional de Gravames (Renagrav), estabelecendo diversas regras para o devido apontamento do gravame, formalidades e registro dos contratos, baixa, entre outras. O art. 8º, § 1º, complementa com precisão, a norma do Código Civil, ao dizer "o registro dos contratos previsto no *caput* é ato bastante e suficiente para dar ampla publicidade e produz plenos efeitos probatórios contra terceiros, dispensado qualquer outro registro público". Outra norma digna de nota prescreve que a instituição credora fiduciária deverá encaminhar, no prazo de até dez dias, a informação relativa à quitação das obrigações a fim de que a baixa do gravame seja averbada junto ao registro do contrato, a fim de servir como prova do término da garantia vinculada ao veículo registrado no Detran (art. 18).

JURISPRUDÊNCIA COMENTADA: Conforme anotado acima, com a transferência fiduciária ao credor da propriedade resolúvel e da posse indireta, fica o devedor responsável por todas as obrigações civis e tributárias que incidem sobre a coisa, inclusive, por exemplo, as despesas condominiais (art. 27, § 8º, da Lei n. 9.514/1997), somente passando ao fiduciário no caso de recuperação do bem em razão do inadimplemento do fiduciante. Nesse sentido, destaca o *Informativo* n. *638* do STJ, de dezembro de 2018, que "a responsabilidade do credor fiduciário pelo pagamento das despesas condominiais dá-se quando da consolidação de sua propriedade plena quanto ao bem dado em garantia, ou seja, quando de sua imissão na posse do imóvel" (REsp 1.731.735/SP, 3.ª Turma, Rel. Min. Nancy Andrighi, j. 13.11.2018, v.u.). Em outro giro, a proteção da posse do devedor fiduciante como potencial proprietário do bem em caso de adimplemento das prestações (art. 25, *caput*, da Lei n. 9.514/1997) goza da proteção do bem de família prevista na Lei n. 8.009/1990, conforme salientado pelo *Informativo* n. *635*, publicado em 9 de novembro de 2018: "Os direitos do devedor fiduciante sobre imóvel objeto de contrato de alienação fiduciária em garantia possuem a proteção da impenhorabilidade do bem de família legal" (REsp 1.677.079/SP, Rel. Min. Ricardo Villas Bôas Cueva, j. 25.09.2018, v.u.). A Primeira Turma do Superior Tribunal de Justiça já teve a ocasião de enfrentar essa questão e deliberou no sentido da dispensabilidade do registro no cartório de títulos e documentos quando se tratar de gravame incidente sobre veículo automotor (STJ, REsp 686.932-PR, Rel. Min. Luiz Fux, j. 01.04.2008, *Informativo* n. *350*, de 2008), sob o argumento principal de que o escopo de publicidade do gravame é alcançado com maior efetividade com a anotação junto ao órgão licenciador de veículos automotores, como se pode verificar pelo enunciado de Súmula n. 92 daquela Corte quando afirma que "a terceiro de boa-fé não é oponível a alienação fiduciária não anotada no Certificado de Registro do veículo automotor". Além disso, os arts. 122 e 124 do Código de Trânsito Brasileiro (Lei n. 9.503/1997), que cuidam da expedição do certificado de registro de veículo, exigem a formalidade do registro no cartório de títulos e documentos do domicílio do devedor. No presente momento, essa questão se apresenta solucionada no âmbito da Suprema Corte que, por ocasião do julgamento do Recurso Extraordinário 611.639/RJ em 21.10.2015, com repercussão geral reconhecida, entendeu, por unanimidade, sob a relatoria do Ministro Marco Aurélio de Melo, que a dispensa de registro no cartório de títulos e documentos não ofende o art. 236 da Constituição Federal, sendo, portanto, desnecessária tal medida em se tratando de alienação fiduciária em garantia que tenha por objeto veículos automotores. Nos comentários ao art. 1.473 acerca da eficácia perante terceiros da hipoteca foi apontado que esta não deve alcançar o promitente comprador de unidade autônoma, cujo vendedor tenha hipotecado o bem para garantir empréstimo feito em favor de terceiro, na forma do verbete sumular 308: "A hipoteca firmada entre a construtora e o agente financeiro, anterior ou posterior à celebração da promessa de compra e venda, não tem eficácia perante os adquirentes do imóvel". Pois bem, pelas mesmas razões anotadas junto ao referido artigo, em homenagem à boa-fé do adquirente e à própria função social do contrato, o acerto de alienação fiduciária que faça a incorporadora promitente vendedora com a instituição financeira é inoponível ao promitente comprador. Nesse sentido, com acerto, o *Informativo* n. *649*, de junho de 2019, destacou que "a alienação fiduciária firmada entre a construtora e o agente financeiro não tem eficácia perante o adquirente do imóvel" (REsp 1.576.164/DF, 3.ª Turma, Rel. Min. Nancy Andrighi, j. 14.05.2019, v.u.). A falta de regular constituição da propriedade fiduciária acarreta a não produção de efeitos *erga omnes* dessa garantia real, subsistindo apenas o mútuo assumido pelas partes seja pela ausência de registro ou pelo fato de encontrar-se registrado, equivocadamente, no cartório de títulos e documentos do credor e não do devedor. Por esse motivo, acertada a decisão do Tribunal Paulista que, aplicando o artigo em estudo, concluiu "no sentido de que a constituição da propriedade fiduciária não decorre, automaticamente, da própria contratação, dependendo de registro no domicílio do devedor, ausente no caso vertente. Maculada a garantia (pacto acessório), subsiste intacta a obrigação principal (mútuo), motivo pelo qual o crédito do GAMA na falência do BCS foi corretamente classificado como quirografário" (TJSP, AI 2076551-94.2017.8.26.0000, Ac. 12012861, 1.ª Câmara Reservada de Direito Empresarial, São Paulo, Rel. Des. Carlos Dias Motta, j. 21.11.2018). Conforme anotado acima, com fundamento no art. 1.361, § 1º, do Código Civil, o Conselho Nacional de Trânsito (Contran) expediu norma (Resolução n. 807/2020) regulamentando o registro do contrato de alienação fiduciária junto aos Detrans. Dentre tais regras, ganha relevo o art. 18, *caput*, que impõe às instituições credoras fiduciárias, cujo objeto da garantia seja um veículo automotor, que, no prazo máximo de dez dias, informem ao órgão de trânsito a quitação da dívida para a devida liberação do registro do gravame. Havia uma controvérsia interessante no sentido de se o atraso dessa informação geraria o dano moral *in re ipsa*. Após longos debates, o Superior Tribunal de Justiça, a nosso ver, acertadamente, fixou a tese no sentido de que "o atraso, por parte da instituição financeira, na baixa de gravame de alienação fiduciária no registro de veículo não caracteriza, por si só, dano moral *in re ipsa*" (REsp 1.881.453/RS, 2.ª Seção, Rel. Min. Marco Aurélio Bellizze, j. 30.11.2021, *DJe* 07.12.2021, v.u. – Tema 1.078). Decerto, o dano moral na presente situação não é presumido, devendo ser demonstrado no âmbito da casuística que possa convencer o julgador de um abalo sério à personalidade do consumidor. Eventual atraso em cumprir com a sua obrigação sem maiores reflexos representa um contratempo ordinário imposto pela vida em sociedade. Assim como afirmamos nos comentários doutrinários, a constituição da propriedade fiduciária tem o escopo de conferir ao credor uma garantia real eficaz e, para tanto, é que a propriedade resolúvel é transferida. Trata-se, como visto, de negócio fiduciário em que há divergência entre os objetivos econômicos da contratação e os efeitos jurídicos do contrato em si. Sob a relatoria do Min. Marco Aurélio Bellizze, afirmou-se corretamente que a "intenção do devedor fiduciante, ao oferecer o imóvel como garantia ao contrato de alienação fiduciária, não é, ao fim e ao cabo, transferir para o credor fiduciário a propriedade plena do bem, diversamente do que ocorre na compra e venda, mas apenas garantir o adimplemento do contrato de financiamento a que se vincula, objetivando que, mediante o pagamento integral da dívida, a propriedade plena do bem seja restituída ao seu patrimônio" (REsp 1.726.733/SP, Rel. Min. Marco Aurélio Bellizze, 3.ª Turma, *DJe* 16.10.2020). Nesse mesmo diapasão, o prazo prescricional quinquenal (art. 206, § 5º, I, do CC) para a cobrança do mútuo feneratício com pacto adjeto de alienação fiduciária em garantia de bem imóvel inicia-se com a transferência definitiva do bem para o credor fiduciário diante da não realização da purga da mora pelo devedor fiduciante (art. 26, § 5º, da Lei n. 9.514/1997) e não com a constituição da garantia real que apenas fiduciariamente transfere a propriedade resolúvel ao credor (REsp 2.018.619/SP, Rel. Min. Raul Araújo, 4.ª Turma, v.u., j. 04.10.2022).

REFORMA DO CÓDIGO CIVIL: O presente artigo passará a tratar da propriedade fiduciária em sentido amplo, não apenas de garantia, tratando-se de regra geral que será esmiuçada nos artigos seguintes, trazendo para o ordenamento jurídico a propriedade fiduciária para fins de gestão ou administração (*trust* ou fidúcia), tema muito importante nos negócios jurídicos de investimento, por exemplo, nos fundos de investimento imobiliário. Amplia-se ainda o escopo desse artigo, que passará a cuidar do que poderia ser objeto da propriedade fiduciária, em vez de tratar da forma do respectivo contrato, atualizando-se e incorporando-se novos objetos ao instituto, como ativos financeiros, valores mobiliários, entre outros. A forma dos contratos de garantia está prevista no art. 1.424. "Art. 1.361. Considera-se fiduciária a propriedade transmitida com a finalidade de garantia ou de cumprimento de determinada função. § 1º A constituição da propriedade fiduciária não pode lesar terceiros, constituir fraude ou violar norma de ordem pública. § 2º Constitui-se a propriedade fiduciária com o registro do contrato, que lhe serve de título: I – no Registro de Imóveis, no caso de bem imóvel; II – no Registro de Títulos e Documentos, no caso de alienação ou cessão fiduciária de bem móvel, corpóreo ou incorpóreo, ressalvado o disposto nos demais incisos do *caput* e nos §§ 1º e 2º; III – na repartição competente para o licenciamento dos veículos automotores, fazendo-se a anotação no certificado de registro; § 3º O registro da alienação fiduciária de ativos financeiros e valores mobiliários sujeita-se ao disposto no § 4º do art. 1.432. § 4º O registro da alienação fiduciária de embarcações e aeronaves sujeita-se ao disposto na lei especial. § 5º Com a constituição da propriedade fiduciária em garantia, dá-se o desdobramento da posse, tornando-se o fiduciante possuidor direto da coisa. § 6º A propriedade superveniente, adquirida pelo fiduciante, torna eficaz, desde a aquisição, a transferência da propriedade fiduciária. § 7º A propriedade fiduciária pode ser atribuída por ato entre vivos ou testamento, tendo por objeto bens corpóreos ou incorpóreos, móveis ou imóveis, fungíveis ou infungíveis, determinados ou determináveis, presentes ou futuros, desde que alienáveis, e abrange os frutos e bens derivados dos bens sobre os quais recai".

Importante alteração é sugerida com a inclusão expressa da vinculação da alienação fiduciária em garantia com o patrimônio de afetação, conferindo maior segurança jurídica aos contratantes e demais interessados que com eles pretendam travar relações jurídicas. Nas palavras precisas da Subcomissão do Direito das Coisas, *in verbis*: "A segregação dos bens e direitos é inerente à atribuição fiduciária e sua alocação em um patrimônio separado visa preservar sua vinculação exclusiva ao cumprimento da função definida no ato constitutivo da fidúcia. O patrimônio separado em que são alocados é incomunicável e só responde pelas obrigações vinculadas à consecução do escopo específico para o qual foram afetados".

"Art. 1.361-A. Os bens objeto da propriedade fiduciária constituem patrimônio separado, incomunicável com o patrimônio próprio do fiduciário, do fiduciante e dos beneficiários, e só respondem pelas obrigações vinculadas ao próprio bem, ao direito ou à função específica para a qual é atribuída a propriedade fiduciária. Parágrafo único. As regras de limitação e de exclusão de responsabilidades previstas no *caput* poderão ser desconsideradas em casos de fraude, dolo, má-fé e atos ilícitos, nos termos da lei."

Além das hipóteses de extinção inerentes à natureza da propriedade fiduciária, decorrentes da realização da função para a qual foi atribuída, isto é, advento do termo ou da condição, além de outras definidas no título, o dispositivo explicita que a extinção opera a reversão dos bens ao fiduciante ou sua transmissão aos beneficiários, ou, quando se tratar de garantia fiduciária, reversão ao fiduciante, se adimplida a obrigação garantida, ou consolidação no patrimônio do fiduciário, se inadimplida, observados os requisitos definidos no Capítulo em que a propriedade fiduciária é disciplinada para os fins de garantia. A inclusão da regra que se segue está de acordo com a nova roupagem que se pretende conferir à propriedade fiduciária, prevendo, por exemplo, a sua extinção diante da realização da função para a qual foi transmitida (*trust*), deixando explícito também o efeito derradeiro da extinção da garantia.

"Art. 1.361-B. Extingue-se a propriedade fiduciária: I – pelo advento do termo ou da condição do negócio fiduciário; II – pelo cumprimento da função para a qual foi transmitida; III – pelas demais causas constantes do título. § 1º Com a extinção do negócio fiduciário, os bens então existentes no patrimônio separado serão restituídos ao fiduciante ou transmitidos aos beneficiários na forma do título. § 2º Opera-se a reversão da propriedade plena ao fiduciante, se e quando adimplida a obrigação, ou sua consolidação no patrimônio do fiduciário, se inadimplida."

Art. 1.362. O contrato, que serve de título à propriedade fiduciária, conterá:

I – o total da dívida, ou sua estimativa;

II – o prazo, ou a época do pagamento;

III – a taxa de juros, se houver;

IV – a descrição da coisa objeto da transferência, com os elementos indispensáveis à sua identificação.

COMENTÁRIOS DOUTRINÁRIOS: Tratando-se de direito real de garantia, aplica-se ao tema, no que for compatível, o disposto nos arts. 1.419 a 1.430 do Código Civil. Desse modo, apenas as pessoas que puderem alienar e as coisas que puderem ser alienadas é que poderão ser objeto de propriedade fiduciária, na forma preconizada pelo art. 1.420 do Código Civil. Merece registro que na propriedade fiduciária regida pelo Código Civil poderá ser credor fiduciário qualquer pessoa, não se aplicando a ela a restrição prevista no Decreto-lei n. 911/1969 que, inserido na Lei de Mercado de Capitais (Lei n. 4.728/1965), apenas permitia que figurassem na qualidade de credor resolúvel as instituições financeiras e, por força de uma interpretação extensiva, os consórcios de financiamento. Com efeito, a alienação fiduciária se restringia aos bens móveis infungíveis, como hoje se encontra expressamente previsto no art. 1.361, *caput*, do Código Civil, sendo sustentável com lógica o entendimento pelo qual somente podia ser celebrada quando a instituição financeira figurasse como credora e o objetivo da constituição da garantia fosse a aquisição de um bem, pois essa foi a matriz sobre a qual veio a lume o Decreto-lei n. 911/1969. Posteriormente, o entendimento da doutrina e jurisprudência foi se modificando e, hodiernamente, é possível alienação fiduciária em garantia sobre bens imóveis, conforme prevê o art. 22 da Lei n. 9.514/1997, sendo facultado a qualquer pessoa natural ou jurídica figurar como credor fiduciário pela redação conferida pela Lei n. 11.481/2007. Também pode incidir sobre bens móveis fungíveis e a cessão fiduciária de títulos de crédito, conforme preconiza o art. 66-B, Lei n. 4.728/1965, com a redação da Lei n. 10.931/2004. O art. 8º-A do Decreto-lei n. 911/1969, com a redação dada pela Lei n. 10.931/2004, resolveu importante questão ao dizer que os ditames processuais especiais nesta legislação contidos apenas serão aplicados quando uma instituição financeira figurar como credora, nada obstante ser lícito a qualquer pessoa celebrar o contrato de alienação fiduciária em garantia que, uma vez registrado, dará ensejo à constituição da propriedade fiduciária, conforme reza o artigo em análise. Analisados os requisitos subjetivos e objetivos, passemos aos requisitos formais. Quanto a estes, temos que a constituição do direito se dá estruturalmente por meio de um contrato escrito que discrimine o objeto dado em garantia, o montante da dívida ou sua estimativa, prazo para pagamento e taxa de juros, se houver, assim como que o credor leve o documento para fins de registro no cartório de títulos e documentos se o bem for móvel e no cartório do registro de imóveis se o bem for imóvel. Os requisitos alinhavados na lei visam possibilitar a especialização da obrigação e da coisa dada em garantia com vistas à segurança jurídica e à transparência do negócio jurídico. Após atravessar essas etapas, ter-se-á por constituída a propriedade fiduciária.

JURISPRUDÊNCIA COMENTADA: A ausência da descrição minuciosa da coisa, de modo que seja possível a sua identificação, retira do crédito a qualidade de preferencial, passando a ser quirografário: "Agravo de instrumento. Recuperação judicial. Impugnação de crédito. Cédula de crédito bancário garantida por cessão fiduciária de crédito representada por duplicatas mercantis. Transferência de créditos recebíveis a título de cessão fiduciária. Recebíveis, quando atendem aos requisitos da cessão fiduciária, não se submetem à recuperação judicial. Inobservância dos pressupostos legais. Falta de individualização dos créditos alienados. Violação do art. 1.362, IV, do Código Civil, e art. 18, IV, da Lei n. 9.514/97, em aplicação ao art. 66-B, *caput*, e § 4º, da Lei n. 4.728/65, com redação dada pela Lei n. 10.931/04. Precedentes. Crédito submetido à recuperação judicial na classe de quirografário. Propriedade fiduciária não constituída. Recurso improvido" (TJSP, AI 2143262-47.2018.8.26.0000, Ac. 11859602, 1.ª Câmara Reservada de Direito Empresarial, Laranjal Paulista, Rel. Des. Hamid Bdine, j. 01.10.2018). Ainda que o contrato de cessão fiduciária de crédito esteja registrado conferindo publicidade à transferência e identificando-se a coisa a que se vincula, esse direito creditício não se submeterá à recuperação judicial, pois pela própria estrutura da propriedade fiduciária, percebe-se que tal direito é do credor fiduciário e não mais da empresa recuperanda. Além disso, não se pode identificar o direito cedido fiduciariamente como um bem de capital a justificar a sua permanência na empresa que busca a recuperação judicial. Seguindo tal orientação, a Segunda Seção do Superior Tribunal de Justiça, por maioria, decidiu que "a cessão fiduciária de título de crédito não se submete à recuperação judicial, independentemente de registro em cartório" (REsp 1.629.470/MS, Rel. Min. Maria Isabel Gallotti, j. 30.11.2021).

Art. 1.363. Antes de vencida a dívida, o devedor, a suas expensas e risco, pode usar a coisa segundo sua destinação, sendo obrigado, como depositário:

I – a empregar na guarda da coisa a diligência exigida por sua natureza;

II – a entregá-la ao credor, se a dívida não for paga no vencimento.

COMENTÁRIOS DOUTRINÁRIOS: Antes de vencida a dívida, a propriedade do bem alienado, assim como a posse indireta, pertencerá ao credor fiduciário, ficando com o devedor fiduciante apenas a posse direta. Na qualidade de possuidor direto, o devedor poderá exercer os poderes e deveres inerentes ao domínio, sendo-lhe defesa apenas a disposição do bem. A despeito dessa posição jurídica de utilização, fruição e responsabilidade sobre o bem, a lei equipara o devedor fiduciante a um depositário que deverá cuidar da coisa diligentemente, como se ela lhe pertencesse, e restituir o bem ao credor se a dívida não for paga no vencimento. É o que determina diretamente o art. 1.363 do Código Civil e indiretamente o art. 4º do Decreto-lei n. 911/1969, que permite a conversão da busca e apreensão em ação de depósito. O art. 5º, LXVII, da Constituição da República veda a prisão civil por dívida, excepcionando-a tão somente para o inadimplemento voluntário e inescusável de obrigação alimentar e para o depositário infiel. Nesse diapasão, a lei infraconstitucional possibilitaria, em tese, a prisão civil do depositário infiel sempre que na eventual busca e apreensão o bem não fosse encontrado ou não se achasse na posse do devedor por fato a ele imputável, conforme autorização legal dos arts. 4º do Decreto-lei n. 911/1969 e 652 do Código Civil. Assim, a odiosa prisão era justificada a partir do entendimento de que o Pacto de São José da Costa Rica é norma infraconstitucional geral e para emendar a Constituição seria preciso observar o quórum qualificado e o sistema bicameral previsto no art. 5º, § 3º, da Constituição Federal, além da defesa da tese de que se não for a ameaça da prisão civil, a garantia do credor se esvai, pois os bens móveis são transferidos por simples tradição. Nesse sentido, a lei federal poderia criar situações fictícias de depositário, como na alienação fiduciária em garantia e no penhor. Essa prisão do depositário infiel na alienação fiduciária em garantia de bem móvel sempre foi cercada de controvérsias, existindo vozes a favor e contra essa medida extrema. Os argumentos contrários à prisão civil que costumam ser invocados pela doutrina e jurisprudência são os seguintes: 1º) A transferência da propriedade para o credor é fiduciária, verificando-se apenas com o objetivo de servir o bem como garantia da dívida, donde concluir-se não haver, propriamente, um contrato de depósito, uma vez que o devedor é possuidor direto e a propriedade plena se encontra sob condição suspensiva, efetivando-se com o adimplemento. 2º) O rol de direitos e garantias fundamentais do cidadão é de tipo aberto, exemplificativo, sendo permitido o aumento por força de tratados ou pactos em que o Brasil seja signatário (art. 5º, § 2º, da CF), e sobre o assunto temos o Pacto de São José da Costa Rica, que entrou em nosso ordenamento jurídico por força do Decreto Federal 678, de 6 de novembro de 1992. O referido pacto, em seu art. 7º, item 7, assim dispõe: "Ninguém deve ser detido por dívida. Este princípio não limita os mandados de autoridade judiciária competente expedidos em virtude de inadimplemento de obrigação alimentar". O silêncio do pacto em relação ao depositário infiel autorizaria a interpretação de que não há a ressalva para esse tipo de prisão. 3º) A Emenda Constitucional n. 45/2004 incluiu o § 3º no art. 5º da Constituição Federal, dizendo que os tratados e convenções internacionais que tenham por objeto a defesa dos direitos humanos têm o poder de emendar a Constituição. Em que pese o quórum de 3/5 dos votos em sistema bicameral para que o tratado produza esse efeito, parece-nos que isso somente se aplica para as novas convenções internacionais, devendo as anteriores ser recepcionadas como emenda à Constituição, registrando-se que o art. 4º, II, da Lei Maior já determina que a República Federativa do Brasil tem como princípio fundamental a prevalência dos direitos humanos. 4º) Parece-nos, ainda, importante consignar que no artigo congênere da Constituição anterior havia ao final do dispositivo a expressão "na forma da lei", o que não veio repetido pela Constituição atual, que suprimiu a expressão, tornando impossível, portanto, à lei ordinária fazer a equiparação do devedor fiduciante a depositário para os fins de considerá-lo depositário infiel e permitir a prisão. Em se tratando de alienação fiduciária em garantia que tenha como credor fiduciário instituição financeira, é possível, excepcionalmente, que o objeto da alienação fiduciária seja bem fungível (art. 66-B, § 1º, da Lei n. 4.728/1965), e nesse caso é de todo impossível a prisão civil do devedor, pois em se tratando de depósito irregular, submete-se às regras do art. 645 do Código Civil: "O depósito de coisas fungíveis, em que o depositário se obrigue a restituir objetos do mesmo gênero, qualidade e quantidade, regular-se-á pelo disposto acerca do mútuo". Os fatos acima narrados tornam a prisão civil, nessa hipótese e para o devedor pignoratício no penhor rural, inconstitucional, mas, em tese, seria cabível para o caso do depósito regular e necessário previsto no art. 652 do Código Civil redigido nos seguintes termos: "Seja o depósito voluntário ou necessário, o depositário que não o restituir quando exigido será compelido a fazê-lo mediante prisão não excedente a um ano, e ressarcir os prejuízos". Contudo, desde já é bom advertir que, com a Súmula Vinculante n. 25 do Supremo Tribunal Federal, qualquer que seja a modalidade de depósito, a prisão está proibida. Se o devedor estiver na iminência ou já se encontrar preso, poderá se socorrer com o baluarte das nossas liberdades, impetrando o remédio heroico do *habeas corpus* ou então agravo de instrumento para atacar a decisão interlocutória que determinou a prisão civil.

JURISPRUDÊNCIA COMENTADA: Duas decisões no Supremo Tribunal Federal marcam bem a mudança de orientação por parte da Suprema Corte. O primeiro é o Recurso Extraordinário 466.343/SP, da relatoria do eminente Ministro Cezar Peluso, cuja votação unânime pelo plenário em 3 de dezembro de 2008 rendeu ensejo à seguinte ementa: "Prisão civil. Depósito. Depositário infiel. Alienação fiduciária. Decretação da medida coercitiva. Inadmissibilidade absoluta. Insubsistência da previsão constitucional e das normas subalternas. Interpretação do art. 5º, inc. LXVII e §§ 1º, 2º e 3º, da CF, à luz do art. 7º, § 7, da Convenção Americana de Direitos Humanos (Pacto de San José da Costa Rica). Recurso improvido. Julgamento conjunto do RE 349.703 e dos HCs 87.585 e 92.566. É ilícita a prisão civil de depositário infiel, qualquer que seja a modalidade do depósito". A segunda é a Medida Cautelar em *Habeas Corpus* 98.893-8/SP, em que, em todas as instâncias, incluindo o Superior Tribunal de Justiça, a prisão do paciente se manteve e, em decisão liminar do ilustre Ministro Celso de Mello, foi concedida a ordem com a seguinte ementa: "*Habeas Corpus*. Prisão civil. Depositário judicial. A questão da infidelidade depositária. Tratados internacionais de direitos humanos. A jurisprudência constitucional do Supremo Tribunal Federal. Ilegitimidade jurídica da decretação da prisão civil do depositário infiel. Medida cautelar deferida. Não mais subsiste, no modelo normativo brasileiro, a prisão civil por infidelidade depositária, independentemente da modalidade de depósito, trate-se de depósito voluntário (convencional) ou cuide-se de depósito necessário, como o é o depósito judicial. Incabível, desse modo, no sistema constitucional vigente no Brasil, a decretação de prisão civil do depositário infiel. Doutrina. Precedentes". Estes, portanto, são os comentários que nos pareceram relevantes para explicar o fim da prisão civil do depositário infiel por conta da Súmula Vinculante n. 25 do Supremo Tribunal Federal: "É ilícita a prisão civil de depositário infiel, qualquer que seja a modalidade do depósito". Mesmo antes desse entendimento que se faz obrigatório pela natureza vinculante da súmula do STF, alguns Tribunais já vinham decidindo pela ilicitude da prisão, como se pode verificar dessa decisão de nossa relatoria: "Agravo de instrumento. Ação busca e apreensão fundada em contrato de alienação fiduciária convolada em ação de depósito. Veículo não encontrado. *Decisum* que revogou a decisão que decretou a prisão civil do devedor. Inconformismo da instituição financeira que não merece prosperar. Questão anteriormente controvertida que finalmente teve seu posicionamento firmado. Em razão da colidência de garantias constitucionais. A decretação da prisão civil em tais casos implicaria privilegiar o direito de propriedade em detrimento do direito à liberdade. Precedentes do STF e STJ. Medida que não se mostra mais cabível no atual cenário jurídico contaminado pelos valores existenciais insculpidos na carta magna de 1988. Recurso manifestamente inadmissível ao qual se nega seguimento, com amparo no art. 557, do CPC" (TJRJ, Agravo de Instrumento 2008.002.23462, 16.ª Câmara Cível, Rel. Des. Marco Aurélio Bezerra de Melo, j. 14.08.2008).

REFORMA DO CÓDIGO CIVIL: Relevante se mostra a previsão dos dois parágrafos que se seguem, pois preveem com assertividade a quem compete arcar com as obrigações *propter rem* que incidam ou venham a incidir sobre os bens objeto da propriedade fiduciária, exigindo-se, a bem da coletividade de credores destinatários da prestação, que o credor fiduciário seja diligente na consolidação da propriedade em caso de inadimplemento do devedor fiduciante: "Art. 1.363. [...] § 1º O fiduciante responde pelo pagamento dos impostos, taxas, contribuições condominiais e quaisquer outros encargos que recaiam ou venham a recair sobre os bens e direitos objeto da propriedade fiduciária, observado o parágrafo único do art. 1.368-B. § 2º Caso o credor fiduciário não consolide a propriedade em até 120 dias após o inadimplemento, responderá pelas contribuições condominiais".

Art. 1.364. Vencida a dívida, e não paga, fica o credor obrigado a vender, judicial ou extrajudicialmente, a coisa a terceiros, a aplicar o preço no pagamento de seu crédito e das despesas de cobrança, e a entregar o saldo, se houver, ao devedor.

COMENTÁRIOS DOUTRINÁRIOS: O artigo *supra* faz referência à possibilidade de mora do devedor fiduciante e seus efeitos, aduzindo que o credor pode recuperar a coisa e aliená-la a terceiros, aplicando o preço no pagamento da dívida. Entretanto, até chegar nesse ponto, muitas questões de ordem jurídica merecem ser antes discutidas. Primeiramente, há que se ter o entendimento claro de que, pelo sistema da propriedade fiduciária, o que justifica a posse direta por parte do devedor fiduciante é o adimplemento das prestações referentes ao financiamento. Diante da mora do devedor, além dos deletérios efeitos dos arts. 395 e 399 do Código Civil, abre-se a possibilidade de o credor fiduciário recuperar a posse do bem a ele alienado fiduciariamente. A mora do devedor se verifica independentemente de notificação por parte do credor. Entrementes, essa mora *ex re*, que observa o comando do art. 397, *caput*, do Código Civil, para fins de deferimento de liminar em busca e apreensão, precisa ser comprovada na forma da prescrição legal dos arts. 2º, §§ 2º e 3º, do Decreto-lei n. 911/1969. Nesse diapasão, passemos a discorrer sobre a comprovação da mora. Questão interessante é saber se para tal fim há necessidade de interpelação pessoal do devedor para a comprovação da mora ou se é suficiente que o credor encaminhe o aviso de cobrança para o domicílio declinado no contrato a fim de satisfazer a exigência legal da prova da mora. Entendíamos que se a exigência é de "comprovação", não seria suficiente o mero encaminhamento, mas sim o próprio recebimento da interpelação pelo seu destinatário, e aí sim é que restaria comprovada a mora para o fim de deferimento da liminar. Entretanto, refletindo melhor a questão, nos curvamos ao entendimento majoritário de que a lei adotou a teoria da expedição e, portanto, para fins de deferimento da liminar, basta que o credor demonstre que a carta foi dirigida ao endereço que o devedor assinalou em seu contrato. Tal posicionamento confere maior segurança jurídica ao instituto e decerto se coaduna com o fato de que a mora do devedor independe de interpelação, como antes apontado. Em outro giro, importante assinalar que não há necessidade de o credor na notificação anexar a planilha da dívida do devedor fiduciante, pois se presume que este saiba o seu débito, além do que esse ato, repise-se, não se destina à constituição da mora, mas sim à futura comprovação para fins de deferimento da liminar na busca e apreensão. Outra questão cercada de controvérsias diz respeito à validade da notificação extrajudicial do devedor fiduciante para fins de comprovação da mora. Por razões de ordem econômica, as instituições financeiras têm procurado cartórios que possuem os seus emolumentos para praticar o ato de notificação mais barato e, ordinariamente, o ato não é feito pelo cartório de títulos e documentos do domicílio do devedor que tem atribuição para fazer o registro do contrato. Isso porque o art. 2º, § 2º, do Decreto-lei n. 911/1969 estabelecia que "a mora decorrerá do simples vencimento do prazo para pagamento e poderá ser comprovada por carta registada expedida por intermédio de Cartório de Títulos e Documentos ou pelo protesto do título, a critério do credor". Essa notificação produz o efeito esperado para os fins de deferimento da liminar na ação de busca e apreensão? Duas correntes de opinião são sustentadas. A primeira, que conta com o nosso apoio, é a de que o ato acessório de notificação deve ser feito pelo mesmo cartório de títulos e documentos que procedeu ao registro do contrato de alienação fiduciária, ou seja, aquele situado no domicílio do devedor. A nosso viso, não há juridicamente nada que justifique o afastamento do princípio da territorialidade previsto na lei de registros públicos, o qual determina que a notificação deve ser feita pelo Cartório de Títulos e Documentos do domicílio do devedor. Outrossim, estabelece o art. 160 da Lei n. 6.015/1973 que é indispensável a existência de conexão entre o ato de registro e eventuais notificações que se façam necessárias, sendo equivocada a confecção do registro pelo cartório com atribuição para tal – o do domicílio do devedor – e a notificação por outro. Além disso, a territorialidade é afirmada no art. 130 da mesma lei. Qualquer ato fora da área de delegação estabelecida pelo Estado para o delegatário deve ser reputado ineficaz. Com efeito, destaca-se a decisão do Conselho Nacional de Justiça sobre o tema, no Procedimento de Controle Administrativo 642, julgado em 26 de maio de 2009: "Procedimento de controle administrativo. Serventias extrajudiciais – Registro de títulos e documentos – Criação de central de atendimento – Sítio eletrônico – Notificações postais para municípios de outros estados – Ilegalidade – Art. 130 da Lei n. 6.015/73, LRP. I. A criação de central de atendimento e distribuição igualitária dos títulos e documentos a serem registrados, mantido por associação civil não encontra qualquer óbice legal. Pelo contrário, pressupõe o exercício de competência inerente à autonomia do ente federado para a organização de seu serviço, espaço resguardado do controle do CNJ. II. Conquanto detenha o CNJ a missão estratégica de definir balizas orientadoras do Poder Judiciário e controlar, administrativa e financeiramente, a legalidade dos atos emanados de seus órgãos e agentes rumo à superação de deficiências estruturais, não se pode fazer substituir aos Tribunais (e Corregedorias de Justiça) em suas competências constitucionais, a exemplo da formatação de regras de organização judiciária (art. 96, II, *d*, CF/88). III. O princípio da territorialidade é vetor axiológico subjacente à sistemática adotada pela Lei n. 6.015/73, a ser observado por todas as serventias, e não apenas pela de registro de imóveis e de pessoas. A *mens legis* do art. 130 da Lei n. 6.015/73 é clara e visa a garantir a segurança e a eficácia dos atos jurídicos aos quais confere publicidade (art. 1º da Lei n. 6.015/73). IV. A não incidência do princípio da territorialidade constitui exceção e deve vir expressamente mencionada pela legislação. V. Procedimento a que se julga procedente". Além de a segurança figurar como princípio cardeal da Lei de Registros Públicos (art. 1º), a única exceção ao princípio da territorialidade diz respeito ao Cartório de Notas, tendo em vista que o art. 8º da Lei n. 8.935/1994 estabelece que é livre a escolha do Tabelião de Notas, qualquer que seja o domicílio das partes ou o lugar de situação dos bens objeto do ato ou negócio. Debruçando o olhar sobre essa questão, nos parece que a lacuna que existe com relação ao cartório de títulos e documentos deve proporcionar o entendimento de que o intérprete deve observar a regra das serventias extrajudiciais, que vem a ser o princípio da territorialidade. Convém notar que a redação atual do § 2º do art. 2º do Decreto-lei n. 911/1969, com a alteração promovida por meio da Lei n. 13.043/2014, admite a comprovação da mora por meio da expedição de carta registrada com aviso de recebimento, não se exigindo que a assinatura aposta no referido aviso seja a do destinatário. Enfim, comprovada a mora, o credor fiduciário pode ajuizar ação de busca e apreensão com pedido de liminar em face do devedor ou terceiro, possibilitando ao devedor purgar a mora em juízo no prazo de cinco dias (art. 3º, § 2º, do Decreto-lei n. 911/1969) a contar da juntada aos autos do mandado de citação e evitar a resolução do contrato, com a consequente perda do bem. Sobre essa questão, a Lei n. 10.931/2004, que alterou o Decreto-lei n. 911/1969, trouxe uma situação inusitada, qual seja: a despeito de revogar a exigência irrazoável de se ter quitado 40% do financiamento para exercer a purga da mora (antigo art. 3º, § 1º, do Decreto-lei n. 911/1969), o que foi um avanço, o legislador simplesmente se olvidou de permitir expressamente o exercício do aludido direito potestativo, na medida em que o vigente art. 3º, § 2º, do Decreto-lei n. 911/1969 foi redigido da seguinte maneira: "No prazo do § 1º, o devedor fiduciante poderá pagar a integralidade da dívida pendente, segundo os valores apresentados pelo credor fiduciário na inicial, hipótese na qual o bem lhe será restituído livre do ônus". O dispositivo legal parece tratar de vencimento antecipado da dívida e não de uma possível emenda da mora para evitar a resolução do contrato. Ainda mais quando se verifica que o bem lhe será restituído livre de ônus. Ora, ante a indivisibilidade dos direitos reais de garantia, se o gravame será extinto é porque a dívida também está quitada integralmente. Para evitar o equívoco da interpretação literal do artigo, necessário será, ao contrário, interpretar o dispositivo conforme a Constituição, que vê no consumidor o contratante débil a necessitar de proteção especial (arts. 5º, XXXII, e 170, V, da CF, e 4º, I, da Lei n. 8.078/1990), além da própria função social do contrato e boa-fé objetiva (arts. 5º, XXIII, 170, III, da CF, 4º, *caput*, da Lei n. 8.078/1990, e 113, 187, 421 e 422 do CC), que impõem, dentro do possível, a manutenção do contrato e a inerente circulação de riquezas e legítimas expectativas que o pacto encerra. Assim, entendemos que o retrotranscrito dispositivo legal não fala de purga da mora, desde que haja quitação das prestações vincendas, mas sim de vencimento antecipado que a lei coloca como uma faculdade do devedor na forma disciplinada no art. 52, § 2º, do Código de Proteção e Defesa do Consumidor: "É assegurado ao consumidor a liquidação antecipada do débito, total ou parcialmente, mediante redução proporcional dos juros e demais acréscimos". Destarte, parece-nos que há uma lacuna que deve ser preenchida pelos meios de integração da norma jurídica, como consta no art. 4º da Lei de Introdução às Normas do Direito Brasileiro e, *in casu*, a analogia impõe-se para resolver o problema com a aplicação do art. 401, I, do Código Civil Brasileiro, estabelecendo que a mora pode ser purgada por parte do devedor oferecendo este a prestação mais a importância dos prejuízos decorrentes do dia da oferta. Se o contrato for disciplinado pela lei consumerista, com mais razão, é possível servir-se da analogia, pois o art. 7º contém uma cláusula de abertura que possibilita, diante de lacuna, a utilização da analogia quando esta apresentar-se mais favorável ao consumidor, o que não quer dizer que isso não se aplique para contratos regidos pelo direito comum, que também devem ser entendidos segundo a função social e a boa-fé objetiva. Deferida a liminar em favor do credor e não sendo realizada a purga da mora em juízo, a propriedade se consolida nas mãos do credor fiduciário na forma do art. 3º, § 1º, independentemente da prolação da sentença, autorizando o titular a vender o bem e com o produto da alienação satisfazer o seu crédito e o que sobejar entregar ao devedor, como determina o artigo em comento. Como a quitação da dívida na propriedade fiduciária advém do pagamento das prestações, convém trazer à consideração o efeito jurídico do denominado inadimplemento mínimo, adimplemento substancial ou substancial *performance* que se fundamenta nos princípios da função social do contrato e na boa-fé objetiva a vedar a resolução do contrato e a consequente perda do bem a ser adquirido mediante a constituição da propriedade fiduciária quando o devedor já estiver tão próximo do adimplemento que acaba por suprimir a faculdade do credor de resolver o contrato, ainda que, obviamente, persista o débito a ser exigido acompanhado das mais variadas sanções. Em síntese, a teoria nos convence de que o ínfimo inadimplemento da prestação não autoriza a extinção do contrato. Imagine-se a situação de um financiamento dividido em 60 prestações e o devedor fiduciante já tenha pagado, por exemplo, 54. Sob o prisma da boa-fé objetiva e da preservação dos negócios jurídicos, justifica-se a extinção do contrato? Parece-nos que não. Ainda que brevemente, encerramos os comentários trazendo à consideração apontamentos sobre a tutela processual do credor fiduciário. A ação de busca e apreensão constitui processo autônomo, por expressa previsão do art. 3º, § 8º, do Decreto-lei n. 911/1969 com a redação dada pela Lei n. 10.931/2004. Apontamos abaixo, de modo sintético, os aspectos processuais que nos parecem mais relevantes: a) possibilidade de deferimento da liminar sem os requisitos da tutela de urgência, desde que comprovada a mora do devedor fiduciante e o bem objeto da constituição da propriedade fiduciária, em razão de sua especial destinação, não seja vital para a manutenção da atividade empresarial do devedor ou para sua subsistência, como no caso de veículo automotor alienado servir de táxi; b) conversão em ação de depósito se o bem não for encontrado ou não estiver na posse do devedor, após regular citação; c) consolidação da propriedade independentemente de sentença; d) o réu tem direito potestativo a purgar a mora ou, querendo, liquidar antecipadamente a dívida, no prazo de cinco dias, ficando com o bem livre do gravame real; e) possibilidade de apresentação de resposta no prazo de 15 dias após a execução da liminar, mesmo que o devedor tenha se servido do direito arrolado na alínea anterior; f) a apelação é recebida apenas no efeito devolutivo, não suspendendo, por conseguinte, os efeitos da sentença; g) responsabilidade civil objetiva do autor, que será condenado em 50% do financiamento, além de perdas e danos apurados, se, após a execução da liminar, o pedido final for julgado improcedente; h) registre-se que é permitido ao credor fiduciário ajuizar também ação de execução, que observará as normas processuais vigentes, na forma da autorização legal do art. 5º do Decreto-lei n. 911/1969. Pela leitura do artigo em análise, assim como do art. 2º do Decreto-lei n. 911/1969, é possível depreender que ao credor fiduciário é permitido executar extrajudicialmente a dívida, vendendo o bem a terceiros, independentemente de leilão, hasta pública, avaliação prévia ou qualquer outra medida fiscalizatória, ou seja, possibilita a lei infraconstitucional que o processo prossiga sem a observância do devido processo legal. A despeito de não ser o posicionamento majoritário em nossa doutrina, entendemos que tais regras ofendem o art. 5º, LIV, da CF, que estabelece: "Ninguém será privado da liberdade ou de seus bens sem o devido processo legal". Entre as garantias do devido processo legal se inclui a ampla defesa e o contraditório, que devem ser observados em todas as fases do procedimento. Ora, se o credor fiduciário é obrigado a alienar o bem apreendido, que o faça sob a fiscalização do Poder Judiciário ou, pelo menos, em público leilão, como sucede com a alienação fiduciária em garantia de bem imóvel em que, no art. 27 da Lei n. 9.514/1997, há possibilidade de controle do devedor acerca da alienação e do produto arrecadado. Como diz a lei, o devedor deve aplicar o preço da alienação na quitação do débito e se houver valor remanescente, este deverá ser entregue ao devedor, sob pena de enriquecimento sem causa do credor. Se não houver a regular prestação de contas, o devedor fiduciante tem o direito de ajuizar, posteriormente, ação de prestação de contas em face do credor fiduciário que alienou extrajudicialmente o bem sem dar contas ao devedor do preço apurado, além da possibilidade de impugnar o preço vil pelo qual eventualmente o bem foi vendido.

JURISPRUDÊNCIA COMENTADA: Na linha do que afirmamos acima, a Súmula n. 72 do Superior Tribunal de Justiça esclarece que "a comprovação da mora é imprescindível à busca e apreensão do bem alienado fiduciariamente". Ainda que não seja o nosso posicionamento, o fato é que o Superior Tribunal de Justiça consolidou o entendimento de que nos contratos celebrados posteriormente à Lei n. 10.931/2004, o devedor fiduciante somente pode purgar a mora se pagar a integralidade do financiamento, isto é, com o vencimento antecipado das prestações vincendas. Diante da controvérsia e da reiteração de casos envolvendo esse tema, o Ministro Luis Felipe Salomão, no julgamento do Recurso Especial 1418.593/MS, submeteu a questão ao regime de recursos repetitivos previsto no art. 543-C, do Código de Processo Civil, devendo a Segunda Seção deliberar sobre a necessidade de o devedor fiduciante pagar a integralidade do débito ou apenas as parcelas vencidas para o fim de manter o contrato. No julgamento do citado recurso especial, ficou assentado que, para os contratos firmados após a edição da Lei n. 10.931/2004, não será possível a purga da mora, impondo-se o pagamento da integralidade do débito ao fiduciante para a manutenção do contrato, com a restituição do bem. Pelas razões acima assinaladas, com a devida vênia, não nos parece ser esse o melhor posicionamento sobre o tema. A despeito do acatamento da doutrina e de grande parte da jurisprudência, a Segunda Seção do Superior Tribunal de Justiça, em fevereiro de 2017, julgou um caso típico de adimplemento substancial, dando provimento ao recurso especial em situação fática na qual o devedor fiduciante pagou 44 das 48 prestações devidas para aquisição de um veículo automotor. Proposta a ação de busca e apreensão, o juiz extinguiu o processo sem exame do mérito por falta de interesse de agir, decisão mantida pelo Tribunal mineiro. No julgamento do indigitado Recurso Especial 1.622.555/MG (*Informativo* n. *599* de 2017), no qual coube a relatoria ao Min. Marco Aurélio Bellizze, vencidos o relator original Min. Marco Buzzi acompanhado pelo Min. Luis Felipe Salomão, houve o início de uma mudança de orientação jurisprudencial para não admitir a defesa do devedor fundada no adimplemento substancial, ao menos no tocante à alienação fiduciária, sob o principal argumento de que o Decreto-lei n. 911/1969 não condiciona o manejo da ação de busca e apreensão à análise da extensão da mora ou da proporção do inadimplemento. Ao contrário, com a redação conferida pela Lei n. 10.931/2004 ficou reforçada a ideia de que o devedor somente pode evitar a perda do bem em caso de mora se pagar a "integralidade da dívida pendente, segundo os valores apresentados pelo credor fiduciário na inicial", previsão do art. 3º, § 2º do Decreto-lei n. 911/1969 que foi prestigiada pelo próprio Superior Tribunal de Justiça por ocasião do julgamento REsp n. 1.418.593/MS, afetado ao regime dos recursos repetitivos, conforme já fizemos alusão linhas atrás. Com a devida vênia, não nos parece acertada essa decisão, a teoria do adimplemento substancial tem como pilares os princípios da função social do contrato e da boa-fé objetiva e não a regra estabelecida no Decreto-lei n. 911/1969. A densidade normativa da solução do caso pela via do adimplemento substancial tem a sua base de sustentação na própria Constituição Federal, a qual inclui como garantia fundamental e princípio da ordem econômica a funcionalização das titularidades mobiliárias e imobiliárias (arts. 5º, XXIII e 170, II) que devem ser aferidas de acordo com as especificidades do caso concreto. Se o devedor for consumidor, com maior razão deve ser aplicada a referida teoria ante a vulnerabilidade desse contratante sedimentada nos arts. 5º, XXXII e 170, V, da *Lex Mater* e 4º, I, da Lei n. 8.078/1990. Acerca da comprovação da mora e do deferimento liminar da busca e apreensão, a jurisprudência tem entendido que "na ação de busca e apreensão, fundada em alienação fiduciária, basta a carta dirigida ao devedor com aviso de recebimento entregue no endereço constante do contrato, para comprovar a mora, e justificar a concessão de liminar" (Súmula n. 55 do TJRJ), sendo dispensada a indicação do valor do débito na notificação destinada à constituição de mora do devedor fiduciante (Súmula n. 245, STJ). O julgamento do Recurso Especial 1.184.570/MG em 9 de maio de 2012 pela Segunda Seção do Superior Tribunal de Justiça, submetido à sistemática da lei dos recursos repetitivos, confirmou definitivamente o entendimento de que a notificação feita pelo cartório de títulos e documentos, por via postal e por qualquer Cartório de Títulos e Documentos, ainda que não seja o do domicílio do devedor, é válida e eficaz para comprovar a mora para os fins de deferimento de liminar. Não caberá liminar quando o bem alienado fiduciariamente for importante para a manutenção da atividade empresarial do devedor ou para sua subsistência: "Alienação fiduciária. Busca e apreensão. Permanência do bem na posse da devedora. O bem dado em garantia pode permanecer na posse da devedora enquanto tramita a ação de busca e apreensão, por se tratar de equipamento instalado no complexo industrial para tratamento de gás carbônico, indispensável ao funcionamento da empresa cervejeira. Recurso conhecido pela divergência e provido" (STJ, REsp 318.182/SP, 4.ª Turma, Rel. Min. Ruy Rosado de Aguiar, j. 09.10.2001). A lei autoriza a venda extrajudicial do bem, devendo o valor da alienação ser aplicado no pagamento do crédito e o que sobejar entregue ao devedor fiduciante, conforme remansosa jurisprudência (TJRN, AC 2017.019311-8, 3.ª Câmara Cível, Rel. Des. João Rebouças, *DJRN* 30.05.2018), sendo direito deste exigir prestação de contas judicialmente se não for dada amigavelmente pelo credor fiduciário que retomou o bem e o alienou posteriormente (TJSP, AI 2184968-10.2018.8.26.0000, Ac. 12097647, 31.ª Câmara de Direito Privado, Sertãozinho, Rel. Des. Francisco Casconi, j. 14.12.2018, *DJESP* 20.12.2018). À luz do art. 3º do Decreto-lei n. 911/1969 e dos altos objetivos desse procedimento, é de tornar efetiva o mais rápido possível a recuperação do bem por parte do credor fiduciário diante do inadimplemento do devedor fiduciante, não devendo o magistrado, ao receber a ação de busca e apreensão, protrair a apreciação da liminar para depois do oferecimento da contestação e eventual dilação probatória. Seguindo tal orientação, a Segunda Seção do Superior Tribunal de Justiça firmou tese (Tema repetitivo 1.040), por maioria, no sentido de que "na ação de busca e apreensão de que trata o Decreto-lei nº 911/1969, a análise da contestação somente deve ocorrer após a execução da medida liminar" (REsp 1.892.589/MG, 2.ª Seção, Rel. Min. Paulo de Tarso Sanseverino, Rel. p/ Acórdão Min. Ricardo Villas Bôas Cueva, j. 16.09.2021, m.v.).

Art. 1.365. É nula a cláusula que autoriza o proprietário fiduciário a ficar com a coisa alienada em garantia, se a dívida não for paga no vencimento.

Parágrafo único. O devedor pode, com a anuência do credor, dar seu direito eventual à coisa em pagamento da dívida, após o vencimento desta.

COMENTÁRIOS DOUTRINÁRIOS: O artigo acima transcrito acoima de nulidade o chamado pacto comissório que permite, por estipulação contratual expressa, que o credor fiduciário fique automaticamente com a coisa alienada fiduciariamente se o devedor fiduciante não solver a obrigação. Essa cláusula é igualmente reputada como nula de pleno direito (nulidade textual – art. 166, VII) no âmbito dos dispositivos gerais dos direitos reais de garantia, consoante reza o art. 1.428 deste Código: "É nula a cláusula que autoriza o credor pignoratício, anticrético ou hipotecário a ficar com o objeto da garantia, se a dívida não for paga no vencimento. Parágrafo único. Após o vencimento, poderá o devedor dar a coisa em pagamento da dívida". Não há dúvida da obrigação legal que o credor fiduciário assume de, ao trazer para si a posse e a propriedade do bem alienado, promover a venda posterior do mesmo, resta saber se essa proibição se sustenta tecnicamente na alienação fiduciária em garantia. Isso porque, como já apontado, o credor fiduciário já é proprietário, ainda que resolúvel, do bem e não haveria sentido para a proibição de ficar com aquilo que já lhe pertence. Com a Lei n. 10.931/2004, que alterou, dentre outras, a Lei n. 4.728/1965 e nela incluiu o § 5º no art. 66-B, a alienação fiduciária sobre bem móvel se revestiu de melhor apuro técnico com relação à *lex comissoria*, prescrevendo que: "Aplicam-se à alienação fiduciária e à cessão fiduciária de que trata esta Lei os arts. 1.421, 1.425, 1.426, 1.435 e 1.436 da Lei n. 10.406, de 10 de janeiro de 2002". Releve-se que o artigo reproduzido não faz alusão ao art. 1.428 do Código Civil, que proíbe genericamente o pacto comissório nos direitos reais de garantia. Entretanto, a Lei n. 13.043/2014 alterou o art. 1.367, que tinha a redação idêntica à do § 5º do art. 66-B da Lei n. 4.728/1965, e passou a incluir todos os preceitos previstos nas disposições gerais dos direitos reais de garantia, incluindo a vedação ao pacto comissório, o que nos parece uma impropriedade técnica do artigo em destaque e da legislação posterior, mas é de se reconhecer que se trata de uma questão acadêmica, pois, no plano prático, o que se torna imperioso afirmar é a obrigatoriedade de o credor fiduciário alienar posteriormente a coisa alienada fiduciariamente e retomada em razão do inadimplemento do devedor. Isso não quer dizer que, para evitar o enriquecimento sem causa e a ofensa ao cânone constitucional do devido processo legal, seja permitido ao credor com garantia real ficar automaticamente com o objeto da garantia. Imagine-se a alienação fiduciária em garantia de um débito no valor de cinco mil reais, sendo que o bem vale 25 mil reais. Se ao credor, sem o devido processo legal, fosse permitido ficar automaticamente com o objeto da garantia, haveria um locupletamento deste em detrimento do devedor. A mesma proibição se aplica para os direitos reais de garantia na modalidade do penhor, da hipoteca e da anticrese, a teor do que prevê o art. 1.428 do Código Civil. Por tal motivo, a lei exige que, uma vez consolidado o domínio nas mãos do credor, diante do inadimplemento, a coisa seja alienada publicamente, ainda que extrajudicialmente, com o propósito de se alcançar o preço justo, preservando o interesse de ambos os contratantes. Sendo essa a preocupação, nos posicionamos favoráveis ao pacto marciano nas relações não consumeristas nos comentários a este dispositivo legal. Por fim, merece registro que é cabível a dação em pagamento como mecanismo de extinção da obrigação, pois no estágio pós-inadimplemento, credor e devedor já reúnem condições de saber o montante da dívida e o valor do bem e daí averiguar se é conveniente ou não a movimentação do aparelho judicial para resolver o conflito ou se é melhor extinguir a obrigação pela entrega do bem dado em garantia. Repise-se que a transferência ao credor do bem é realizada apenas com o escopo de lhe dar garantia (negócio fiduciário) com relação ao adimplemento do credor e, por tal motivo, permite-se uma construção jurídica de tamanha engenhosidade.

REFORMA DO CÓDIGO CIVIL: A nova redação sugerida e a revogação do parágrafo único se alinham à possibilidade de previsão do pacto marciano como exceção à regra da proibição do pacto comissório (art. 1.428, *caput*), como pode ser visto na sugestão de nova disciplina nos parágrafos do artigo 1.428: "Art. 1.365. É nula a cláusula que autoriza o proprietário fiduciário a ficar com a coisa alienada em garantia, se a dívida não for paga no vencimento, exceto na hipótese do art. 1.428. Parágrafo único. Revogado".

Art. 1.366. Quando, vendida a coisa, o produto não bastar para o pagamento da dívida e das despesas de cobrança, continuará o devedor obrigado pelo restante.

COMENTÁRIOS DOUTRINÁRIOS: Assim como os bens, as obrigações seguem, como regra, o princípio da gravitação jurídica que nos diz que o acessório segue a sorte do principal. O contrário não se verifica. No caso, o principal é a obrigação assumida, o mútuo, o financiamento, e secundário é o gravame real que surge com o objetivo de dar garantia ao credor fiduciário. Dessa forma, se for extinta a garantia, remanesce a dívida, a obrigação principal que obviamente seguirá sem garantia real alguma. Para satisfação do crédito, o credor poderá se valer da ação monitória, pois, com a extinção da garantia real, findou também a prerrogativa da execução por título extrajudicial que agora inexiste. Pela mesma razão, eventuais garantes como fiadores e avalistas também estão eximidos de responsabilidade, pois estes assumiram a garantia da propriedade fiduciária e não de um crédito que virou simplesmente quirografário.

JURISPRUDÊNCIA COMENTADA: Pela redação do dispositivo anotado, correto entendimento jurisprudencial que estabelece continuar o devedor fiduciante pessoalmente responsável pelo "débito remanescente se o produto da venda do bem apreendido for insuficiente ao adimplemento da dívida e de eventuais despesas de cobrança" (TJDF, Proc. 0701.59.1.422018-8070005, Ac. 111.4658, 2.ª Turma Cível, Rel. Des. Sandoval Oliveira, j. 08.08.2018). A jurisprudência tem entendido, outrossim, que, finda a garantia real, ainda que remanesça o débito, o credor não pode se valer da via executiva, sendo possível o ajuizamento de ação monitória. De fato, o que confere exequibilidade ao título é a existência da garantia real regularmente estabelecida (TJRJ, APL 0002528-93.2015.8.19.0028, 9.ª Câmara Cível, Rel. Des. Carlos Azeredo de Araújo, *DORJ* 05.03.2018).

Art. 1.367. A propriedade fiduciária em garantia de bens móveis ou imóveis sujeita-se às disposições do Capítulo I do Título X do Livro III da Parte Especial deste Código e, no que for específico, à legislação especial pertinente, não se equiparando, para quaisquer efeitos, à propriedade plena de que trata o art. 1.231. (Redação dada pela Lei n. 13.043, de 2014)

COMENTÁRIOS DOUTRINÁRIOS: A redação original do dispositivo era a seguinte: "Aplica-se à propriedade fiduciária, no que couber, o disposto nos arts. 1.421, 1.425, 1.426, 1.427 e 1.436 ". E nessa esteira, importantes dispositivos dos direitos reais de garantia aplicar-se-iam na propriedade fiduciária, como o princípio da indivisibilidade (art. 1.421), a possibilidade de vencimento antecipado da dívida com o efeito do expurgo dos juros remuneratórios que corresponderiam ao tempo ainda não decorrido para a sua incidência (arts. 1.425 e 1.426), a possibilidade de existir um dador de garantia real, isto é, alguém que afetava um patrimônio próprio para garantir dívida alheia e as formas de extinção do penhor que pela afinidade com o modelo inaugural da alienação fiduciária em garantia de bem móvel fungível também se aplicariam no caso (art. 1.437). A Lei n. 13.043/2014, que mudou o artigo, não modificou essas possibilidades. Ao contrário, entendeu por bem que deveria deixar claro que a propriedade fiduciária regrada dos arts. 1.361 a 1.368 do Código Civil constitui efetivamente uma das modalidades dos direitos reais de garantia e, com isso, fez a remissão mais ampla ao Capítulo I do Título X do Livro III da Parte Especial da referida codificação, que trata exatamente das disposições gerais atinentes ao penhor, hipoteca e anticrese. Também esclarece o artigo o que já se encontra de certa forma estampado no art. 1.368-A no sentido de que se devem aplicar as regras especiais que regem as propriedades fiduciárias especiais (Lei n. 9.514/1997, Lei n. 10.931/2004), sendo o Código Civil utilizado apenas para suprir lacunas. Por derradeiro, a lei explicita o que já consta na estrutura da propriedade fiduciária trazida no art. 1.361 do Código Civil já comentado, no sentido de que a propriedade é transferida ao credor apenas com o escopo de garantia e não para que tenha ele a propriedade plena a que se refere o art. 1.231 do mesmo corpo de leis. Então, tem o proprietário resolúvel e possuidor indireto (credor fiduciário) ações possessórias e dominiais em face do devedor fiduciante e em relação a eventuais terceiros que ilegalmente tenham se apropriado da coisa alienada, mas não é devedor de impostos e demais obrigações que adiram à coisa móvel (obrigações *propter rem*) como o IPVA, nem da cota condominial ou do IPTU em se tratando de imóvel, ressalvada a hipótese de retomada do bem, como se refere o parágrafo único do art. 1.368-B deste Código.

Art. 1.368. O terceiro, interessado ou não, que pagar a dívida, se sub-rogará de pleno direito no crédito e na propriedade fiduciária.

COMENTÁRIOS DOUTRINÁRIOS: O terceiro estranho à estrutura obrigacional primitiva que pagar a dívida se sub-rogará nos direitos do credor, ou seja, ocupará o seu lugar na relação jurídica, de modo que lhe sejam deferidos todos os direitos e ações que eram titularizados pelo credor originário. Terceiro interessado é aquele que possui interesse jurídico na extinção da obrigação, pois, se não houver o pagamento, poderá sofrer os efeitos como, por exemplo, o fiador e o avalista. Terceiro não interessado é o contrário, pois nada poderá sofrer sob o ponto de vista jurídico com a permanência da dívida, como é o caso do pai que paga a dívida da filha. Há interesse afetivo, mas não jurídico. O artigo constitui verdadeira exceção ao art. 346 do Código Civil, pois prevê que haverá sub-rogação legal, ainda que o terceiro seja não interessado, quando a regra é a de que somente haverá tal efeito em favor do terceiro interessado. O art. 349 do Código Civil estabelece o efeito da sub-rogação ao dizer que esta "transfere ao novo credor todos os direitos, ações, privilégios e garantias do primitivo, em relação à dívida, contra o devedor principal e os fiadores". Dessa forma, não somente os juros da dívida passarão a pertencer ao beneficiário da sub-rogação, mas também a própria ação de busca e apreensão.

REFORMA DO CÓDIGO CIVIL: A inclusão do parágrafo único que se segue deixa claro que o bem gravado com alienação fiduciária em garantia não se torna inalienável. Em caso de alienação pelo devedor fiduciante, o adquirente leva consigo o gravame em razão do princípio da afetação (art. 1.419 do CC), que caracteriza as garantias reais, sendo legítimo que o adquirente quite a obrigação, o que acarretará a remição do ônus real: "Art. 1.368. [...] Parágrafo único. Tem legítimo interesse para quitar a dívida garantida pela propriedade fiduciária o titular de direito real sobre a propriedade superveniente".

Art. 1.368-A. As demais espécies de propriedade fiduciária ou de titularidade fiduciária submetem-se à disciplina específica das respectivas leis especiais, somente se aplicando as disposições deste Código naquilo que não for incompatível com a legislação especial. (Incluído pela Lei n. 10.931, de 2004)

COMENTÁRIOS DOUTRINÁRIOS: O dispositivo assinalado acompanha a extensão atribuída ao instituto promovida primeiro pela Lei n. 9.514/1997, que permitiu expressamente a alienação fiduciária para bens imóveis, seguida da Lei n. 10.931/2004, que alargou ainda mais o alcance do instituto, possibilitando a alienação fiduciária de títulos de crédito, a cessão fiduciária de direitos sobre bens móveis e imóveis e pacificou o entendimento de que era possível a constituição de propriedade fiduciária sobre bens móveis fungíveis em uma visada diferente da perspectiva original do Decreto-lei n. 911/1969, voltado apenas para bens móveis infungíveis, ótica que também foi adotada pelo próprio Código Civil em 2002 (art. 1.361, *caput*). Essa regra veio em bom tempo, pois se antecipa para resolver o árduo problema de descortinar qual a regra aplicável nas questões de alienação fiduciária em garantia, e a solução preconizada não poderia ser mais feliz, pois adota o princípio da especialidade e, dessa forma, a lei especial será aplicada como regra. As regras do Código Civil deverão ser utilizadas para suprir eventuais lacunas naquele regramento específico, sendo que este não se aplica para a alienação fiduciária em garantia clássica, isto é, aquela que incide sobre bem móvel fungível. Digno de nota que a Lei n. 10.931/2004 alterou também o Decreto-lei n. 911/1969 para deixar claro no art. 8º-A que o procedimento especial de busca e apreensão somente se aplica quando o ônus da propriedade fiduciária for constituído para garantir débito fiscal ou previdenciário ou então nas hipóteses da Seção XIV da Lei n. 4.728, de 14 de julho de 1965, isto é, para a Alienação Fiduciária em Garantia no Âmbito do Mercado Financeiro e de Capitais. Há possibilidade de haver um diálogo entre as normas e os princípios protetivos insculpidos no Código de Defesa do Consumidor e as leis especiais de regência da alienação fiduciária em garantia de bem móvel (Decreto-lei n. 911/1969) e de imóvel (Lei n. 9.514/1997) como sucede, por exemplo, no espírito que norteia o art. 53 do estatuto consumerista ao tornar nula de pleno direito a chamada cláusula de decaimento, pela qual o devedor perderia tudo o que pagou em razão do que deixou de pagar. A obrigatoriedade que o credor fiduciário de imóvel assume ao consolidar a propriedade em seu nome em decorrência do inadimplemento do devedor fiduciante é a de fazer público leilão de venda do imóvel e proporcionar um acerto justo entre o crédito do credor e eventual saldo remanescente deverá ser entregue ao devedor inadimplente (arts. 26 e 27 da Lei n. 9.514/1997 com a redação dada pela Lei n. 14.711/2023). Assim, se a dívida for de R$ 100 mil e o imóvel for alienado por R$ 200 mil, o credor deve se satisfazer e pagar ao devedor o seu crédito. Ambas as regras têm por objetivo evitar o enriquecimento sem causa do credor em detrimento do devedor.

JURISPRUDÊNCIA COMENTADA: O entendimento exarado pelo Superior Tribunal de Justiça criticado nos comentários ao art. 1.364 com relação à inaplicabilidade da teoria do adimplemento substancial, assim como a obrigação do devedor fiduciante em mora quitar a integralidade da obrigação vencida e vincenda (vencimento antecipado da dívida) a fim de evitar o desfazimento do vínculo contratual tem por fundamento principal o princípio da especialidade prestigiado no presente artigo, como se pode ver no trecho desse voto que retrata a posição prevalecente na jurisprudência: "Com fundamento no princípio da especialidade deve prevalecer sobre os ditames do Código Civil, cuja aplicabilidade é apenas subsidiária. E na deliberação proferida pela Corte da Cidadania no mencionado precedente. De tal sorte, independentemente do percentual do débito liquidado pelo consumidor (se ínfimo ou considerável), poderá a parte credora, garantida pelo instituto da alienação fiduciária, valer-se da demanda reipersecutória para a finalidade de ser ressarcida, cabendo ao devedor o pagamento da integralidade da dívida pendente (parcelas vencidas e vincendas), incluindo os honorários advocatícios e as custas processuais. *In casu*, compreendendo o depósito realizado pelo devedor fiduciário tão somente das parcelas vencidas, não há falar em purga da mora, porquanto necessária a quitação também das parcelas vincendas" (TJSC, AI 4019066-59.2017.8.24.0000, 2.ª Câmara de Direito Comercial, Sombrio, Rel. Des. Robson Luz Varella, *DJSC* 29.05.2018). A despeito da regra que ora comentamos, ainda persistia grande controvérsia sobre a aplicabilidade do art. 53 do CDC ou os arts. 26 e 27 da Lei n. 9.514/1997, no caso de propriedade fiduciária de bem imóvel, tendo como devedor fiduciante adquirente um consumidor. Tal questão controvertida restou afetada pelo Superior Tribunal de Justiça (Tema 1095) e em novembro de 2022 acabou resolvida com a fixação da seguinte tese obrigatória a bem da segurança jurídica: "Em contrato de compra e venda de imóvel com garantia de alienação fiduciária devidamente registrado, a resolução do pacto, na hipótese de inadimplemento do devedor, devidamente constituído em mora, deverá observar a forma prevista na Lei nº 9.514/97, por se tratar de legislação específica, afastando-se, por conseguinte, a aplicação do Código de Defesa do Consumidor" (REsp 1.891.498/SP, Rel. Min. Marco Buzzi, 2.ª Seção, v.u., j. 26.10.2022 – Tema 1095). De efeito, como dito nos comentários doutrinários, os objetivos do procedimento de acerto de contas com o devedor fiduciante previsto nos arts. 26 e 27 da Lei n. 9.514/1997 e a vedação da cláusula de decaimento ou perdimento do art. 53 do CDC possuem o mesmo objetivo, qual seja: evitar o enriquecimento sem causa do credor fiduciário em prejuízo dos legítimos interesses do devedor fiduciante, como se pode verificar no § 4º do referido art. 27 da lei de regência: "Nos cinco dias que se seguirem à venda do imóvel no leilão, o credor entregará ao devedor a importância que sobejar, considerando-se nela compreendido o valor da indenização de benfeitorias, depois de deduzidos os valores da dívida e das despesas e encargos de que tratam os §§ 2º e 3º, fato esse que importará em recíproca quitação, não se aplicando o disposto na parte final do art. 516 do Código Civil" (a referência legal ao art. 516 é a do Código Civil de 1916). Esse posicionamento, bem consolidado na jurisprudência do Superior Tribunal de Justiça, pressupõe a constituição regular da propriedade fiduciária imobiliária com o devido registro do contrato no cartório do registro de imóveis (art. 23 da Lei n. 9.514/1997). Se não houver o registro, a relação entre as partes é meramente de direito pessoal e o devedor poderá exigir o que entender de direito antes da realização do leilão público extrajudicial (REsp 1.976.082/DF, Rel. Min. Nancy Andrighi, 3.ª Turma, v.u., j. 09.08.2022).

Art. 1.368-B. A alienação fiduciária em garantia de bem móvel ou imóvel confere direito real de aquisição ao fiduciante, seu cessionário ou sucessor. (Incluído pela Lei n. 13.043, de 2014)

Parágrafo único. O credor fiduciário que se tornar proprietário pleno do bem, por efeito de realização da garantia, mediante consolidação da propriedade, adjudicação, dação ou outra forma pela qual lhe tenha sido transmitida a propriedade plena, passa a responder pelo pagamento dos tributos sobre a propriedade e a posse, taxas, despesas condominiais e quaisquer outros encargos, tributários ou não, incidentes sobre o bem objeto da garantia, a partir da data em que vier a ser imitido na posse direta do bem. (Incluído pela Lei n. 13.043, de 2014)

COMENTÁRIOS DOUTRINÁRIOS: O artigo consagra a posição a nosso ver correta e defendida nos comentários ao art. 1.361 que afirma ter o devedor fiduciante, à semelhança de um promitente comprador com registro da escritura no cartório imobiliário, um direito real de aquisição que fica na dependência do adimplemento. Esse fato jurídico é o marco resolutivo da propriedade do credor que se verifica automaticamente. Até lá, o direito do fiduciante consiste na posse do bem e no referido direito real futuro de aquisição definitiva do bem alienado. Essa constatação legitima o devedor a manejar ações possessórias e reais contra terceiros que agridam o direito deste, inclusive, em face do próprio credor fiduciário que é proprietário resolúvel. Esse direito de conteúdo patrimonial pode ser penhorado por um credor do fiduciante independentemente da aquiescência ou mesmo prévia ciência do credor fiduciário. Essa circunstância que já era perfeitamente compreensível pela natureza da propriedade fiduciária e pelo artigo em comento, ficou expressa no atual Código de Processo Civil, cujo art. 835, XII, prescreve que a penhora poderá incidir sobre "direitos aquisitivos derivados de promessa de compra e venda e de alienação fiduciária em garantia". Com relação a essa alienação forçada, não há dúvida, mas a que se pretender fazer voluntariamente, dependerá da consulta do contrato, uma vez que não raro há cláusula impeditiva da venda para terceiro do bem alienado fiduciariamente sem o prévio e expresso consentimento do credor fiduciário. De qualquer sorte, sendo forçada ou voluntária a venda, a garantia remanescerá e o titular da garantia real não poderá ser prejudicado em seu legítimo direito. O parágrafo único também se encontrava pressuposto na essência do instituto, mas o legislador entendeu que deveria deixar ainda mais clara a ideia de que se o credor fiduciário recuperar a posse do bem com a consolidação da propriedade, o que se dará com o inadimplemento do devedor, observadas as garantias processuais, será dele a responsabilidade por todas as obrigações *propter rem* que incidirem sobre o bem objeto da garantia, a partir da data da efetiva imissão na posse. Enquanto tal fato não ocorrer, ainda que juridicamente o bem seja do credor pela incidência da condição resolutiva dos direitos do devedor, será deste a responsabilidade por tais pagamentos. Essa regra objetiva preservar os interesses patrimoniais do credor fiduciário, esclarecendo que enquanto este não estiver com o bem gravado em suas mãos, não poderá ser cobrado por dívida decorrente dessa titularidade. Não há superação, por exemplo, da norma que diz que, à luz do art. 34 do Código Tributário Nacional, o contribuinte do IPTU é "o proprietário do imóvel, o titular do seu domínio útil, ou o seu possuidor a qualquer título" ou que, como visto alhures, a teor do art. 1.345, do Código Civil, "o adquirente de unidade responde pelos débitos do alienante, em relação ao condomínio, inclusive multas e juros moratórios". A norma apenas fixa o momento em que a obrigação será do fiduciante ou do fiduciário a partir da posse física que cada um ostente em seu favor. Essa perspectiva já estava clara para as alienações fiduciárias sobre bens imóveis, pois o § 8º do art. 27 da Lei n. 9.514/1997, que rege o tema (redação conferida pela Lei n. 10.931/2004), já dispunha de modo similar que "responde o fiduciante pelo pagamento dos impostos, taxas, contribuições condominiais e quaisquer outros encargos que recaiam ou venham a recair sobre o imóvel, cuja posse tenha sido transferida para o fiduciário, nos termos deste artigo, até a data em que o fiduciário vier a ser imitido na posse". A nosso ver, essa profusão de leis envolvendo a alienação fiduciária em garantia ocorre como consequência do desconhecimento da natureza e dos efeitos normais do instituto.

JURISPRUDÊNCIA COMENTADA: Reconhecendo os direitos patrimoniais do devedor fiduciante e do credor fiduciário, a jurisprudência tem admitido a penhora dos direitos aquisitivos de um ou do outro e não propriamente do bem sobre o qual incide a garantia, como tivemos ocasião de decidir em processo sob a nossa relatoria: "Agravo de Instrumento. Medida Cautelar. Cumprimento de Sentença. Decisão indeferiu o pedido de alienação judicial do imóvel penhorado, mediante a realização de hasta pública. Inconformismo. 1 – Com a constituição da alienação fiduciária em garantia, o bem alienado passa a pertencer, ainda que seja uma propriedade resolúvel, ao credor fiduciário, não sendo possível, por conseguinte, penhorar tal bem por outra dívida do devedor fiduciante. 2 – Assim, é inviável determinar a penhora sobre a propriedade do bem que não integra o patrimônio do devedor, tendo em vista que o imóvel cuja penhora se pretende não pertence ao executado (devedor fiduciante), mas ao credor fiduciário, efeito essencial, como cediço, da alienação fiduciária em garantia. 3 – Ademais, não há que se falar em preferência do crédito alimentar reivindicado, eis que não se trata de concorrência entre privilégio e preferência, mas sim efeito natural da alienação fiduciária em garantia. 4 – Por outro lado, é possível que a constrição executiva recaia sobre os direitos aquisitivos do devedor fiduciário sobre o imóvel, na forma prevista no art. 835, XII, do CPC, como já determinado pelo juízo monocrático. 5 – Precedente do STJ e do TJRJ. Decisão mantida. Improvimento do recurso" (TJRJ, Agravo de Instrumento 0006331-66.2018.8.19.0000, 16.ª Câmara Cível, Rel. Des. Marco Aurélio Bezerra de Melo, j. 24.04.2018). O Superior Tribunal de Justiça consolidou o entendimento de que a responsabilidade patrimonial do credor fiduciário pelos débitos condominiais se inicia quando há a efetiva imissão na posse do bem, sendo excluído no processo de cobrança das cotas de condomínio o Itaú Unibanco S/A que não gozava da posse efetiva do bem no período em que a dívida estava sendo cobrada. Ao votar pelo provimento do recurso especial, no que foi acompanhada pelos outros Ministros, destacou sobre o ponto a Ministra Nancy Andrighi que "o art. 1.368-B do CC/02, veio, de forma harmônica, complementar o disposto no art. 27, § 8º, da Lei n. 9.514/97, ao dispor que o credor fiduciário que se tornar proprietário pleno do bem, por efeito de realização da garantia, mediante consolidação da propriedade, adjudicação, dação ou outra forma pela qual lhe tenha sido transmitida a propriedade plena, passa a responder pelo pagamento dos tributos sobre a propriedade e a posse, taxas, despesas condominiais e quaisquer outros encargos, tributários ou não, incidentes sobre o bem objeto da garantia, a partir da data em que vier a ser imitido na posse direta do bem. 6. Aparentemente, com a interpretação literal dos mencionados dispositivos legais, chega-se à conclusão de que o legislador procurou proteger os interesses do credor fiduciário, que tem a propriedade resolúvel como mero direito real de garantia voltado à satisfação de um crédito. 7. Dessume-se que, de fato, a responsabilidade do credor fiduciário pelo pagamento das despesas condominiais dá-se quando da consolidação de sua propriedade plena quanto ao bem dado em garantia, ou seja, quando de sua imissão na posse do imóvel, nos termos do art. 27, § 8º, da Lei n. 9.514/97 e do art. 1.368-B do CC/02. A sua legitimidade para figurar no polo passivo da ação resume-se, portanto, à condição de estar imitido na posse do bem" (STJ, REsp 1.731.735/SP, Proc. 2014/0139688-0, 3.ª Turma, Rel. Min. Nancy Andrighi, j. 13.11.2018). O raciocínio *supra* também deve ser utilizado para a cobrança de IPVA e multas que incidem no caso da alienação fiduciária em garantia sobre veículo automotor (TJRS, AI 0384590-31.2017.8.21.7000, 14.ª Câmara Cível, Arroio Grande, Rel. Des. Miriam Andréa da Graça Tondo Fernandes, j. 29.03.2018, *DJERS* 04.04.2018).

CAPÍTULO X
DO FUNDO DE INVESTIMENTO

(Incluído pela Lei n. 13.874, de 2019)

Art. 1.368-C. O fundo de investimento é uma comunhão de recursos, constituído sob a forma de condomínio de natureza especial, destinado à aplicação em ativos financeiros, bens e direitos de qualquer natureza. (Incluído pela Lei n. 13.874, de 2019)

§ 1º Não se aplicam ao fundo de investimento as disposições constantes dos arts. 1.314 ao 1.358-A deste Código. (Incluído pela Lei n. 13.874, de 2019)

§ 2º Competirá à Comissão de Valores Mobiliários disciplinar o disposto no *caput* deste artigo. (Incluído pela Lei n. 13.874, de 2019)

§ 3º O registro dos regulamentos dos fundos de investimentos na Comissão de Valores Mobiliários é condição suficiente para garantir a sua publicidade e a oponibilidade de efeitos em relação a terceiros. (Incluído pela Lei n. 13.874, de 2019)

COMENTÁRIOS DOUTRINÁRIOS: A Lei n. 13.874/2019, conhecida como Lei da Liberdade Econômica, decorre da conversão da Medida Provisória n. 881, de 30 de abril de 2019, que incluiu no Livro do Direito das Coisas o Capítulo X, tratando *Do Fundo de Investimento*, com o objetivo de incrementar essa operação econômica que apresenta importantes reflexos jurídicos, possibilitando a existência de investidores com responsabilidade limitada à sua respectiva quota de participação. Para que os leitores tenham noção da funcionalidade do instituto, segundo dados da ANBIMA (Associação Brasileira das Entidades dos Mercados Financeiro e de Capitais), o Brasil ocupa o 10º lugar entre as empresas de fundos de investimento no mundo. Apenas no ano de 2019, o patrimônio líquido dos fundos foi superior a 5 trilhões de reais, representando 74% do Produto Interno Bruto Nacional. A possibilidade operacional do fundo de investimento deverá ser previamente avaliada, disciplinada e autorizada pela Comissão de Valores Mobiliários (CVM), a quem compete, dentre outras atribuições, regulamentar, em consonância com a política econômica ditada pelo Conselho Monetário Nacional, os valores mobiliários de que trata a Lei n. 6.385/1976. Entre os valores mobiliários submetidos ao regime dessa lei incluem-se os contratos derivativos (art. 2º, inc. VIII), que podem ser compreendidos como aplicações financeiras de risco, cujo preço de mercado e, portanto, viabilidade de lucratividade, oscila de acordo com o valor dos ativos vinculados a tais pactos, como o *commodities* referente ao preço, por exemplo, da soja, do café, do boi gordo, do suco de laranja estocado, entre outros, ou mesmo a variação do preço de uma ação na bolsa de valores. A pessoa que pretende fazer aplicações em tais derivativos pode se deparar com algumas dificuldades que acabam desestimulando o investimento e, com isso, criar entraves ao vital crescimento econômico do País. E não para por aí. É possível realizar fundo de investimento sobre títulos recebíveis no mercado financeiro. São os chamados *fundos de investimento creditórios* que podem ser *padronizados*, que são mais seguros no tocante à possibilidade de recebimento do devedor, e *não padronizados*, que trazem para o investidor maior risco de inadimplemento como, por exemplo, créditos em recuperação judicial, futuros, de montante incerto e até precatórios. É possível até mesmo que um *fundo de investimento* adquira cotas de outro fundo se o gestor e a instituição administradora julgarem conveniente para proporcionar ao investidor maior rentabilidade. A regra é a de que maior o risco, maior rentabilidade. Menor o risco, menor a rentabilidade. A primeira dificuldade para o fomento da economia por meio do investimento diz respeito ao fato de que os recursos pessoais do investidor, isoladamente, podem não ser suficientes para a participação em determinado investimento que se mostre interessante financeiramente. A solução desse primeiro problema passa pela formação de um fundo de investimento com outras pessoas, em uma autêntica comunhão de recursos, que acaba por criar um condomínio especial, em que cada condômino será titular de uma cota ou quinhão. Nessa ótica, o artigo em comento atribui a natureza condominial destinada a atrair pessoas que apliquem em ativos financeiros sem a necessidade e os percalços inerentes à constituição de uma sociedade empresária como uma recuperação judicial ou falência. A despeito dessa natureza, o caráter *sui generis* dos fundos de investimento conduz a que não se possa aplicar regras do condomínio no Código Civil (arts. 1.314 a 1.358-A) que poderiam inviabilizar os elevados propósitos da novel legislação. Como aplicar, por exemplo, no fundo de investimento a regra de que a indivisão da coisa comum não pode passar de cinco anos ou que cada condômino responde perante os outros pelos frutos que colheu e pelo prejuízo que causou, dentre outras? Por outro lado, não há que se falar em síndico, mas o fundo conta com o administrador. Não há cota condominial, mas é paga uma taxa de administração. Além, é claro, da existência de cota ou quinhão titularizado por cada investidor (condômino) e realização de assembleias com a necessidade de observância de requisitos de validade com resultado na normatividade e na obrigatoriedade delas decorrentes. É possível se vislumbrar nos fundos de investimento situação similar à do art. 981 do Código Civil que define a sociedade, uma vez que há no fundo de investimento a formação de um capital a partir da contribuição dos investidores, exercício de atividade econômica e a partilha de resultados, sendo ainda de se destacar que o parágrafo único do referido dispositivo ainda contempla a possibilidade de existir uma sociedade de propósito específico, o que pode suceder com um fundo de investimento, por exemplo, para fomento de determinado empreendimento imobiliário. Ocorre, entretanto, que não há entre os investidores *affectio societatis*, além do que, e isso é o mais relevante, o direito positivo atribuiu, a partir de decisões e deliberações regulamentares da Comissão de Valores Mobiliários, feição condominial aos fundos de investimento e tal constatação é suficiente para o definitivo reconhecimento da natureza jurídica de direito real do estudado instituto. O *caput* reproduz com precisão a ideia contida na redação do art. 4º da Resolução CVM n. 175, de 23 de dezembro de 2023, a qual dispõe sobre a constituição, a administração, o funcionamento e a divulgação de informações dos fundos de investimento no Brasil. Não é por outro motivo que o § 1º esclarece corretamente que "competirá à Comissão de Valores Mobiliários disciplinar o disposto no *caput*", na medida em que o funcionamento do fundo depende de prévio registro junto à citada autarquia federal após a constituição por deliberação de um administrador a quem incumbe aprovar, no mesmo ato, o regulamento do Fundo de Investimento (art. 7º da Resolução CVM n. 175, de 23 de dezembro de 2023). Na conversão da medida provisória em lei, acerta o legislador em esclarecer a indispensabilidade do registro do regulamento do fundo na citada autarquia, sem o qual não haverá a devida publicidade que possibilita a produção de efeitos *erga omnes*, indispensável para que se atribua a necessária segurança jurídica, adequando a lei civil ao que já é praticado pela CVM.

JURISPRUDÊNCIA COMENTADA: Embora obedeça ao reconhecimento legal da natureza condominial dos fundos de investimento, com alguma dificuldade, optei, no que fui acompanhado pelos demais pares que integraram a turma julgadora, por dar provimento a agravo de instrumento que objetivava o reconhecimento da competência em razão da matéria e, portanto, absoluta, da vara empresarial em detrimento da vara cível em processo, cujo objeto envolvia a administração de um fundo de investimento, por entender que a intensa atuação da Comissão de Valores Mobiliários conferia maior afinidade temática com a referida vara especializada na forma da lei de organização e divisão judiciária do Estado do Rio de Janeiro. Confira-se a ementa: "Agravo de Instrumento. Direito processual civil. Embargos à execução. Decisão impugnada que deixou de analisar a preliminar de ilegitimidade do juízo. Inconformismo. 1 – O artigo 50, I, e, da Lei Estadual nº 6.956/15 (LODJ) determina que compete às Varas Empresariais o julgamento de causas envolvendo Direito Societário, inclusive com relação a matérias que envolvam atividade fiscalizatória da CVM. 2 – O fundo de investimento é uma comunhão de recursos, constituído sob a forma de condomínio de natureza especial, destinado à aplicação em ativos financeiros, bens e direitos de qualquer natureza, e regulamentado pela Comissão de Valores Mobiliários. Inteligência do disposto os artigos 1.368-C e 1.368-F do Código Civil, com as alterações trazidas pela Lei 13.874/19. 3 – Os artigos 6º e 7º da Instrução Normativa nº 555/14 da CVM estabelecem que o funcionamento do fundo depende de prévio registro junto à citada autarquia federal após a constituição por deliberação de um administrador a quem incumbe aprovar, no mesmo ato, o regulamento do Fundo de Investimento. 4 – Outrossim, verifica-se que a controvérsia diz respeito a discussão envolvendo um serviço específico e extremamente regulado, inerente a uma estrutura empresarial particular, qual seja, os fundos de investimento, envolvendo o exame de uma série de normas da CVM acerca da atividade de gestão de fundos. 5 – O artigo 92 da mencionada Instrução Normativa nº 555/14 da CVM aproxima os gestores de fundos de investimentos dos administradores de sociedade na medida em que determina o cumprimento de alguns deveres de conduta, dentre eles os de lealdade, diligência e informação. 6 – Assim, em que pese os fundos de investimentos possuírem natureza de condomínio especial, verifica-se que os mesmos possuem afinidade temática com o direito empresarial, fato que atrai a competência em razão da matéria da Vara Especializada. 7 – Decisão reformada. Provimento do recurso" (TJRJ, AI 0061040-17.2019.8.19.0000, 16.ª Câmara Cível, Rel. Des. Marco Aurélio Bezerra de Melo, j. 10.12.2019). A natureza *sui generis* dos fundos de investimento a que nos referimos nos comentários anteriores que o assemelham a uma sociedade empresarial, malgrado tenha tido o reconhecimento legal de condomínio especial, produz o peculiar efeito da possibilidade de haver a desconsideração da personalidade jurídica, uma vez preenchidos os requisitos do art. 50 do Código Civil, como decidiu a Terceira Turma do STJ, sendo destacado no *Informativo* n. *733*, de abril de 2022, que "fundo de investimento pode sofrer os efeitos da aplicação do instituto da desconsideração da personalidade jurídica" (REsp 1.965.982/SP, Rel. Min. Ricardo Villas Bôas Cueva, v.u., j. 05.04.2022).

REFORMA DO CÓDIGO CIVIL: Os fundos de investimentos receberam atenção da comissão de juristas. Muito do que foi aprovado advém do encaminhamento de sugestões feitas pela própria Comissão de Valores Mobiliários (CVM). A substituição do vocábulo "aplicação" por "investimento" serve para deixar claro que o objetivo dos fundos de investimento é exatamente obter ganhos financeiros sobre quaisquer bens e direitos. Por tal motivo, a referência a "ativos financeiros" seguida de "quaisquer bens e direitos" parece ser redundante. Daí, a sugestão de correção. O fundo de investimento é regido pelo regulamento, tal como disciplina com rigor técnico, enunciando os diversos direitos e obrigações, o art. 48 da novel Resolução n. 175 da Comissão de Valores Mobiliários. Esse esclarecimento é tão relevante para a previsibilidade, transparência e segurança jurídica dos fundos de investimento que merece referência expressa no Código Civil, que, com a entrada em vigor da Lei de Liberdade Econômica (Lei n. 13.874/2019), andou bem em disciplinar o instituto, no que tange às suas regras gerais mais importantes.

A redação original assegura a oponibilidade contra terceiros do regulamento do fundo de investimento tão somente com o registro do ato na Comissão de Valores Mobiliários, desburocratizando o instituto, pois não mais se discute acerca da necessidade de quaisquer outros registros. Possibilita, outrossim, aos envolvidos a segurança jurídica decorrente da publicidade e efeitos dela decorrentes. Sucede que a lei, como se encontra, olvidou-se de acrescer as futuras atas de assembleia que se realizam, criando outros direitos e obrigações para as partes. Daí que é fundamental incluir as importantes deliberações assembleares na referida publicidade e eficácia contra todos.

> "Art. 1.368-C. O fundo de investimento é uma comunhão de recursos, de natureza especial destinado aos investimentos em bens e direitos de qualquer natureza.
>
> § 2º O regulamento do fundo de investimento disporá sobre os direitos e de deveres conferidos às cotas, competindo à Comissão de Valores Mobiliários disciplinar o disposto no *caput* deste artigo.
>
> § 3º O registro dos regulamentos dos fundos de investimentos, bem como das atas das assembleias de cotistas, na Comissão de Valores Mobiliários, é condição suficiente para garantir a sua publicidade e a oponibilidade de efeitos em relação a terceiros."

Art. 1.368-D. O regulamento do fundo de investimento poderá, observado o disposto na regulamentação a que se refere o § 2º do art. 1.368-C desta Lei, estabelecer: (Incluído pela Lei n. 13.874, de 2019)

I – a limitação da responsabilidade de cada investidor ao valor de suas cotas; (Incluído pela Lei n. 13.874, de 2019)

II – a limitação da responsabilidade, bem como parâmetros de sua aferição, dos prestadores de serviços do fundo de investimento, perante o condomínio e entre si, ao cumprimento dos deveres particulares de cada um, sem solidariedade; e (Incluído pela Lei n. 13.874, de 2019)

III – classes de cotas com direitos e obrigações distintos, com possibilidade de constituir patrimônio segregado para cada classe. (Incluído pela Lei n. 13.874, de 2019)

§ 1º A adoção da responsabilidade limitada por fundo de investimento constituído sem a limitação de responsabilidade somente abrangerá fatos ocorridos após a respectiva mudança em seu regulamento. (Incluído pela Lei n. 13.874, de 2019)

§ 2º A avaliação de responsabilidade dos prestadores de serviço deverá levar sempre em consideração os riscos inerentes às aplicações nos mercados de atuação do fundo de investimento e a natureza de obrigação de meio de seus serviços. (Incluído pela Lei n. 13.874, de 2019)

§ 3º O patrimônio segregado referido no inciso III do *caput* deste artigo só responderá por obrigações vinculadas à classe respectiva, nos termos do regulamento. (Incluído pela Lei n. 13.874, de 2019)

COMENTÁRIOS DOUTRINÁRIOS: A criação do condomínio especial formado pelos investidores parece conduzir a uma outra dificuldade: qual o limite da responsabilidade do investidor? Responderá ele por eventual patrimônio líquido negativo do fundo na medida em que o negócio é sabidamente de risco. O dispositivo legal anotado objetiva lançar um olhar sobre o investidor e procurar captar a sua confiança em uma ambiência de maior segurança e, nessa linha, possibilita que o regulamento registrado junto à Comissão de Valores Mobiliários e que servirá de instrumento para a captação de investidores poderá limitar a responsabilidade de cada condômino (investidor) ao respectivo valor de suas cotas, retirando, portanto, de seus ombros ocasional responsabilidade por patrimônio líquido negativo do fundo. Com relação aos prestadores de serviços fiduciários que são os administradores e gestores do fundo, a lei também possibilita a limitação de sua responsabilidade perante o condomínio de investidores e entre si, prevendo, ainda, que cada agente responderá pelas faltas que cometer no cumprimento das obrigações, sem que entre eles exista solidariedade passiva. A obrigação de tais profissionais é de meio e não de resultado, respondendo civilmente somente se agirem com culpa, aplicando-se, portanto, a responsabilidade civil subjetiva (art. 927, *caput*, CC). Devem envidar esforços para uma boa rentabilidade, mas por ela não responde, pois sabidamente o investimento é de risco. Agrada-me, sobremaneira, o regramento da precitada instrução normativa da CVM que ao apontar as normas de conduta do administrador e do gestor do fundo de investimento, destaca com ênfase a deveres anexos à boa fé objetiva no tocante à lealdade, diligência, preservação da confiança depositada, eficiência e transparência exigida para o exercício das funções, tais como "I – exercer suas atividades buscando sempre as melhores condições para o fundo, empregando o cuidado e a diligência que todo homem ativo e probo costuma dispensar à administração de seus próprios negócios, atuando com lealdade em relação aos interesses dos cotistas e do fundo, evitando práticas que possam ferir a relação fiduciária com eles mantida, e respondendo por quaisquer infrações ou irregularidades que venham a ser cometidas sob sua administração ou gestão; II – exercer, ou diligenciar para que sejam exercidos, todos os direitos decorrentes do patrimônio e das atividades do fundo, ressalvado o que dispuser a política relativa ao exercício de direito de voto do fundo; III – empregar, na defesa dos direitos do cotista, a diligência exigida pelas circunstâncias, praticando todos os atos necessários para assegurá-los, e adotando as medidas judiciais cabíveis". São ainda obrigados a, sem prejuízo da remuneração a que fazem jus como, por exemplo, a taxa de administração, a transferir ao fundo qualquer benefício ou vantagem que possam alcançar em decorrência de sua condição. São proibidos, ademais, em regra, a receber "qualquer remuneração, benefício ou vantagem, direta ou indiretamente por meio de partes relacionadas, que potencialmente prejudique a independência na tomada de decisão de investimento pelo fundo". Outra questão digna de nota é que a referência aos serviços fiduciários e a introdução das alíneas no dispositivo legal que cuida da propriedade fiduciária nos remetem à possibilidade de que o fundo se configure em uma titularidade condominial separada do patrimônio da sociedade administradora e, portanto, imune aos efeitos da insolvência ou mesmo das dificuldades financeiras que esta porventura enfrentar. Na primeira edição deste trabalho, quando o comentário foi feito acerca da ainda Medida Provisória 881/19, foi destacada a timidez do tratamento legal, entre outros motivos, por não ter se valido a norma da experiência acumulada em anos de aplicação segura e promissora da Lei n. 8.668/1993, que disciplina os Fundos de Investimento Imobiliário, aludindo, outrossim, da conveniência de um diálogo com as regras previstas na Resolução CVM n. 175/2023, as quais atribuem a propriedade do patrimônio do fundo à instituição administradora, mas o fazem em caráter fiduciário e afetado aos fins do próprio fundo a partir da apontada segregação patrimonial que impede a comunicação do patrimônio dos condôminos com os bens da entidade que administra os seus recursos postos em investimento. A transferência da titularidade à administradora é feita em caráter resolúvel, apenas para o fim de possibilitar a esta a tomada de medidas econômicas e jurídicas tendentes ao melhor desempenho financeiro do fundo de investimento, à qual esteja vinculado o condômino-investidor. Aplaude-se o Congresso Nacional por ter feito essa adequação que consta agora nos parágrafos da norma anotada. O regramento é promissor para o fim de conferir a essa importante operação econômica a segurança jurídica legitimamente esperada pelo mercado financeiro. Por fim, importa destacar que o verbo "poderá" previsto no *caput* do artigo parece indicar que a norma é dispositiva, possibilitando a que o regulamento do fundo de investimento estabeleça conteúdo diverso da norma jurídica como, por exemplo, solidariedade entre os prestadores de serviços fiduciários mesmo em relações jurídicas não submetidas ao Código de Defesa do Consumidor ou responsabilização patrimonial diversa para o investidor. A matéria fica, aqui, entregue à autonomia privada.

JURISPRUDÊNCIA COMENTADA: Em caso emblemático no qual se discutiu a responsabilidade civil da administradora de fundos do Banco Marka em razão da perda decorrente da desvalorização do real no ano de 1999, a Quarta Turma do Superior Tribunal de Justiça deu provimento ao Recurso Especial em favor da instituição financeira, decidindo que descabia o pleito indenizatório por dano material ou moral em favor de investidor em fundos derivativos, tendo em vista que tais investimentos envolvem altos riscos e atraem investidores que são classificados no mercado financeiro como experientes e de perfil agressivo. A despeito de reconhecer a configuração da relação consumerista no caso, a decisão considerou que não há defeito do serviço na atividade exercida quando há o insucesso não culposo, pois tal obrigação é considerada como de meio e não de resultado no sentido da esperada lucratividade do investidor, à qual não se vincula contratualmente o fornecedor (STJ, REsp 799.241/RJ, 4.ª Turma, Rel. Min. Raul Araújo, j. 14.08.2012). Em outro giro, submetendo a questão igualmente ao Código de Defesa do Consumidor, o referido Tribunal teve ocasião de identificar enganosidade na publicidade no tocante aos riscos do investimento, reconhecendo violação ao dever de informar previsto no estatuto consumerista e condenando a administração a indenizar o investidor pelas perdas. No caso, concreto, o credor investidor passou a devedor sem que tivesse sido informado na contratação de que essa circunstância era possível de ocorrer (STJ, REsp 656.932/SP, 4.ª Turma, Rel. Min. Antonio Carlos Ferreira, j. 02.06.2014). Há outras decisões no mesmo sentido.

REFORMA DO CÓDIGO CIVIL: A alteração aqui sugerida visa ampliar a proteção do investidor, criando-se um novo parágrafo para reforçar a compreensão de que "As regras de limitação e de exclusão de responsabilidades previstas neste dispositivo poderão ser desconsideradas em casos de fraude, dolo, má-fé e atos ilícitos, nos termos da lei".

Art. 1.368-E. Os fundos de investimento respondem diretamente pelas obrigações legais e contratuais por eles assumidas, e os prestadores de serviço não respondem por essas obrigações, mas respondem pelos prejuízos que causarem quando procederem com dolo ou má-fé. (Incluído pela Lei n. 13.874, de 2019)

§ 1º Se o fundo de investimento com limitação de responsabilidade não possuir patrimônio suficiente para responder por suas dívidas, aplicam-se as regras de insolvência previstas nos arts. 955 a 965 deste Código. (Incluído pela Lei n. 13.874, de 2019)

§ 2º A insolvência pode ser requerida judicialmente por credores, por deliberação própria dos cotistas do fundo de investimento, nos termos de seu regulamento, ou pela Comissão de Valores Mobiliários. (Incluído pela Lei n. 13.874, de 2019)

§ 3º Caso o regulamento do fundo estabeleça classes de cotas com direitos e obrigações distintos, nos termos do inciso III do caput do art. 1.368-D deste Código, aplica-se o disposto neste artigo a cada classe de cotas, individualmente considerada. (Incluído pela Lei nº 14.754, de 2023)

COMENTÁRIOS DOUTRINÁRIOS: Como dito nos comentários ao artigo 1.368-C, os fundos de investimento possuem, *ex vi legis*, natureza condominial, mas se assemelham a uma pessoa jurídica, como se pode notar da redação do artigo sob comento em que se percebe nitidamente a aplicação da autonomia jurídica e financeira do fundo de investimento em relação aos prestadores de serviço que, uma vez mais, a lei afirma que não respondem objetivamente, mas mediante a culpa provada. Com efeito, a possível rentabilidade esperada pelo condômino investidor, da essência da operação financeira, gera obrigação de meio e não de resultado. O § 1º alude a que o fundo de investimento, por não se constituir em sociedade empresária, não se submete aos processos de recuperação judicial ou falência, mas sim a insolvência civil do condomínio, isto é, dos investidores cotistas, na forma preconizada nos arts. 955 a 965 deste *Código*, a cujos comentários remetemos o leitor. Então, se as dívidas excederem a importância dos bens do fundo, a insolvência civil poderá ser requerida pelo credor, pelo próprio devedor e também, em face do interesse público, pela Comissão de Valores Mobiliários. A parte final do *caput* comete grave equívoco ao dispor que os prestadores de serviço somente responderão por "dolo ou má-fé", tornando-se incoerente com a doutrina contemporânea da responsabilidade civil que, salvo raríssimas exceções como, por exemplo, a quantificação do valor do dano moral, não leva em consideração a gradação de culpa e, ainda, com o próprio regramento previsto para os fundos de investimento aqui tratado, o qual confere poderes normativos à CVM no tocante à disciplina da matéria. De qualquer maneira, a referência ao dolo aqui inclui a culpa para fins de responsabilização civil, sendo corrente na doutrina e na jurisprudência atual o respeito à clássica parêmia latina *culpa lata dolus aequiparatur* (a culpa grave se equipara ao dolo) e será grave, por exemplo, o descumprimento dos deveres de conduta dos gestores e administradores previstos na Resolução CVM n. 175/2023.

REFORMA DO CÓDIGO CIVIL: Propõe-se, com a presente alteração, que seja aplicado aos fundos de investimento com limitação de responsabilidade do cotista o regime de falência, atualmente previsto na Lei n. 11.101/2005, em vez do regime da insolvência civil (arts. 955 a 965 do CC), cujo procedimento é tratado de forma muito incipiente no Código Civil, o que resulta em lacunas procedimentais importantes, que poderiam resultar em grave insegurança jurídica para as partes envolvidas. Nesse sentido, a Lei n. 11.101/2005 revela-se um regramento mais robusto e adequado para a atender às necessidades da complexidade e da própria empresarialidade dos fundos de investimento. A alteração proposta dialoga com o parágrafo anterior quando se opta pela falência para a liquidação do fundo de investimento em vez da insolvência civil. Também se propõe deixar claro que a falência será decretada por classe afetada, quando houver, e não a todo o fundo, o que poderia, inclusive, tornar sem efeito a previsão de segregação patrimonial entre as classes de cotas. Os parágrafos seguintes dizem respeito à criação de uma disciplina que assegure a legitimidade ordinária do fundo para a propositura de ação indenizatória em face de seus prestadores de serviço, bem como a legitimidade processual aos cotistas, em caráter residual, caso a assembleia geral de cotistas desaprove a propositura da referida demanda. Uma vez que pode haver limitação de responsabilidade de cotistas, e o fundo deverá, nesse caso, fazer uso exclusivamente do seu patrimônio para fazer frente às suas obrigações, considerando ainda sua autonomia patrimonial e capacidade de contratar, é importante que se estabeleça uma disciplina de ressarcimento do fundo por prejuízos a ele causados, e não dos cotistas de forma individualizada. Assim, propõe-se a ação de responsabilidade de forma similar àquela prevista no art. 159 da Lei das Sociedades Anônimas.

"Art. 1.368-E. Os fundos de investimento respondem diretamente pelas obrigações legais e contratuais por eles assumidas, e os prestadores de serviço não respondem por essas obrigações, mas respondem pelos prejuízos que causarem quando procederem com fraude, dolo ou má-fé; ou quando praticarem algum ato ilícito. § 1º Os fundos de investimento, sujeitam-se às regras previstas na Lei nº 11.105, de 9 de fevereiro de 2005, no que couber e sem prejuízo do disposto nos parágrafos seguintes. § 2º A falência dos fundos de investimentos pode ser requerida judicialmente por credores, por deliberação própria dos seus cotistas, nos termos do seu regulamento, ou pela Comissão de Valores Mobiliários. § 3º Compete aos fundos de investimentos, mediante prévia deliberação da assembleia geral de cotistas, a ação reparação de danos contra os prestadores de serviço, pelos prejuízos causados ao seu patrimônio. § 4º Qualquer cotista poderá promover essa ação de reparação de danos, em nome próprio, se não for proposta no prazo de 3 (três) meses da deliberação da assembleia geral. § 5º Se a assembleia geral dos cotistas decidir não promover a ação de reparação de danos, poderá ela ser proposta por cotistas que representem 5% (cinco por cento), pelo menos, do patrimônio do fundo. § 6º A insolvência, falência ou a responsabilização dos fundos de investimento não afasta a possibilidade de aplicação da desconsideração da personalidade jurídica, prevista no art. 50 deste Código Civil, e na legislação específica, quando couber. § 7º A Comissão de Valores Mobiliários poderá disciplinar outros temas relativos à responsabilidade dos fundos de investimento."

Art. 1.368-F. O fundo de investimento constituído por lei específica e regulamentado pela Comissão de Valores Mobiliários deverá, no que couber, seguir as disposições deste Capítulo. (Incluído pela Lei n. 13.874, de 2019)

COMENTÁRIOS DOUTRINÁRIOS: O artigo enaltece o princípio da especialidade da lei, com respeito ao papel disciplinador e fiscalizatório da Comissão de Valores Mobiliários e, no que couber, à regulamentação civil. Assim, a lei específica que disciplina os fundos de investimentos imobiliários (Lei n. 8.668/1993) continua em pleno vigor, assim como outras legislações que objetivarem a regulamentação de algum tipo de fundo, assim como instruções da CVM que não colidam com a presente lei. Há também a possibilidade de incidência do Código de Defesa do Consumidor em fundos de investimento nos quais o investidor não seja profissional ou qualificado, sendo a adesão ao regulamento do fundo um fato episódico, acidental, notadamente nos casos em que o administrador (instituição financeira) ofereça os seus produtos no varejo da sua atividade empresarial, como se vê em algumas publicidades. Além da necessária referência aos arts. 2º e 3º, § 2º do citado estatuto, no qual é possível enquadrar o investidor como consumidor pelo primeiro dispositivo e a administradora e o gestor como fornecedores pelo segundo, importa trazer à consideração que o Supremo Tribunal Federal (ADI 2591) e o Superior Tribunal de Justiça (Súmula n. 297) já pacificaram o entendimento de que a instituição financeira se submete ao Código de Defesa do Consumidor, como já anotamos nos comentários jurisprudenciais ao art. 1.368-D deste Código.

TÍTULO IV
DA SUPERFÍCIE

Art. 1.369. O proprietário pode conceder a outrem o direito de construir ou de plantar em seu terreno, por tempo determinado, mediante escritura pública devidamente registrada no Cartório de Registro de Imóveis.

Parágrafo único. O direito de superfície não autoriza obra no subsolo, salvo se for inerente ao objeto da concessão.

COMENTÁRIOS DOUTRINÁRIOS: A propriedade superficiária é um direito real sobre a coisa alheia que permite o desdobramento dos poderes inerentes à propriedade, possibilitando a que o superficiário exerça as faculdades inerentes ao domínio em relação à edificação ou plantação em terreno alheio durante certo período de tempo e nos termos do pacto, enquanto ao fundeiro assegura-se a titularidade sobre o solo. Não foi tratada no Código Civil de 1916 que resolveu, com o apoio de parte da doutrina, se manter fiel ao absolutismo da máxima *superfícies solo cedit*, e positivar a enfiteuse, retratando a ótica de uma época que não tinha tanta preocupação com a funcionalização das titularidades prestigiada pela nossa Lei Maior, conferindo a elas uma visão mais estática e, por tal motivo, tem-se que essa antipatia é fruto de uma concepção equivocada acerca das possibilidades que a superfície proporciona, seu conteúdo verdadeiro e efeitos. No âmbito da funcionalidade e complexidade proporcionada pelo instituto, há quem entenda que esse direito apenas restringe o direito de utilização do imóvel por parte do dono do solo, sendo direito real sobre a coisa alheia de gozo ou fruição e, para outros, existem dois domínios: o do *dominus soli* e o do superficiário, ainda que este último seja resolúvel. O Enunciado n. 321 da *IV Jornada de Direito Civil* do Conselho da Justiça Federal adotou o posicionamento de que "os direitos e obrigações vinculados ao terreno e, bem assim, aqueles vinculados à construção ou à plantação formam patrimônios distintos e autônomos, respondendo cada um dos seus titulares exclusivamente por suas próprias dívidas e obrigações, ressalvadas as fiscais decorrentes do imóvel". Independentemente da orientação que se siga, importante é atribuir efeitos jurídicos ao direito autônomo do superficiário, como o reconhecimento da possibilidade de se estabelecerem outros direitos reais incidindo sobre a propriedade superficiária e sem a indispensabilidade do consentimento por parte do fundeiro. Na *III Jornada de Direito Civil* do Conselho da Justiça Federal foi aprovado o Enunciado n. 249, que contempla essa possibilidade: "A propriedade superficiária pode ser autonomamente objeto de direitos reais de gozo e de garantia, cujo prazo não exceda a duração da concessão da superfície, não se lhe aplicando o art. 1.474". A propósito, a possibilidade de o direito de superfície ser hipotecado constava no arquivado Projeto de Lei n. 6.960, que propugnava a inclusão de inciso nesse sentido no art. 1.473 do Código Civil. Entendemos que deve se respeitar a autonomia do direito do superficiário sobre a construção ou plantação sem que se possa negar a natureza de direito real sobre a coisa alheia do instituto, posto que, pela temporariedade imposta pela lei, temos que o concedente guarda consigo importante parcela de poder dominial, que é o de reaver o bem. Sem embargo desse fato, veremos que é possível o estabelecimento de uma superfície onerosa com pagamento feito pelo superficiário de modo sucessivo, em semelhança com a locação. Nesse caso, inegavelmente, haverá situação jurídica na qual o *dominus soli* retirará frutos do bem. Trata-se, enfim, de instrumento que excepciona o modo como os romanos nos períodos pré-clássico e clássico – *superficies solo cedit* – e o Código Civil anterior identificavam os poderes dominiais, ou seja, em sua unidade, posto que a atual regra das acessões artificiais prevista no art. 1.255 do Código Civil era absoluta, não permitindo alteração em seu conteúdo. A ligação do instituto à regra milenar das acessões é a chave para o perfeito conhecimento da matéria, pois pela constituição do direito haverá uma suspensão dos efeitos da regra das acessões. Com relação à nomenclatura, adotaremos o critério de denominar o dono do solo de fundeiro ou concedente e o titular do domínio sobre as construções ou plantações de superficiário ou concessionário. Em que pese o Código Civil chamar de proprietário o dono do solo, dando a ideia de que somente ele exerce propriedade (arts. 1.373, 1.375 e 1.376 do CC), parece-nos, como já assinalado, que a superfície contempla duas propriedades, a do superficiário de natureza resolúvel, tendo em vista que no Brasil a temporariedade é característica inexorável do direito real aqui tratado, e a do fundeiro perpétua. O instituto foi banido do ordenamento jurídico brasileiro em 1864 e a sua reintrodução, primeiro no Estatuto da Cidade e agora no Código Civil, é vista com bons olhos em razão do seu amplo espectro social como mais um instrumento para auxiliar a reforma urbana e agrária, de forma mais consentânea com a função social da propriedade, a livre-iniciativa e o valor do trabalho. Além do que a sua plasticidade pode explicar e, o mais importante, regulamentar, diversas relações jurídicas, às quais os institutos da posse, propriedade, servidão, usufruto etc. não conseguem se adequar, como as titularidades em jazigos de cemitérios, cadeiras e camarotes em estádios de futebol ou casas de espetáculos, dentre outras. O instituto possui traços de identificação com a locação, parceria rural, enfiteuse e a concessão de uso como direito resolúvel. A principal diferença com a locação urbana ou rural é a natureza meramente obrigacional desta, o que acarreta a eficácia *inter partes*, enquanto a superfície é instituto de direito real com inafastável eficácia *erga omnes*, sendo o superficiário proprietário, ainda que resolúvel, do que foi incorporado ao solo. Além do que fora explanado, merece relevo o fato de a locação ser sempre onerosa, enquanto a superfície pode ser gratuita. Por fim, cumpre considerar que o arrendamento rural contempla princípios e regras de natureza protetiva ao trabalhador rural insculpidas no Estatuto da Terra (Lei n. 4.504/1964 e Decreto n. 59.566/1966), assim como em relação ao locatário urbano também há regras que buscam um maior equilíbrio contratual na Lei n. 8.245/1991, fato que inocorre com relação à superfície, seja a regulamentada pelo Estatuto da Cidade, seja pelo Código Civil. A parceria agrícola, usualmente chamada de contrato de meia, ocorre quando o parceiro-outorgado recebe a propriedade das mãos do parceiro-outorgante com seus acrescidos para cultivar ou desenvolver atividade de pecuária, sendo o lucro repartido, segundo as proporções estipuladas e observados os limites da lei (art. 4º do Decreto n. 59.566/1966 e art. 96, VI, do Estatuto da Terra). Sucede que, além de a parceria pertencer ao campo dos direitos relativos, trata-se, como facilmente se pode verificar, de contrato aleatório em que há partilha dos riscos decorrentes do caso fortuito ou da força maior, circunstâncias ínsitas ao empreendimento agropecuário. Com a enfiteuse, definida no Código Civil revogado no art. 674, o instituto se avizinha ainda mais, sendo certo que a criação dos dois institutos no Direito Romano destinou-se aos mesmos fins, qual seja, o de proporcionar uma utilização mais racional do solo como mecanismo de incentivo na ocupação dos latifúndios, decorrente das conquistas territoriais. A simples dissonância da enfiteuse com o cânone constitucional da função social da propriedade já estava a clamar pela sua extinção, fato que apenas não se verifica totalmente pela impossibilidade de retroatividade da norma jurídica para atingir o direito adquirido dos senhorios diretos, conforme expressamente se encontra disposto no art. 2.038 do Código Civil. Quase toda a doutrina pátria aguardava ansiosamente a superação da enfiteuse pelo direito real de superfície, como sucedeu em Portugal e já constava no anteprojeto de Orlando Gomes nos arts. 524 a 531. A dessemelhança entre enfiteuse e superfície pode ser resumida nas seguintes constatações: 1. o foro, cânon ou prazo, remuneração do senhorio direto devida pelo enfiteuta é elemento essencial do instituto, enquanto o *solarium*, contraprestação dada ao fundieiro, não caracteriza o instituto que, como visto, pode ser gratuito; 2. apesar de o fundeiro ter direito de prelação na aquisição da superfície, não faz jus ao laudêmio, que vem a ser a importância entregue ao senhorio direto por alienação onerosa do bem enfitêutico como compensação por não ter exercido a preferência (2,5% para bens particulares e 5% para bens públicos sobre o valor do bem na alienação); 3. na superfície, não há que se falar em pena de comisso, que vem a ser a extinção, por sentença, da enfiteuse em decorrência do não pagamento consecutivo de três prestações anuais, talvez pelo simples motivo, como visto anteriormente, de que o que for incorporado ao solo pertence, à exclusividade, ao superficiário; 4. a enfiteuse é perpétua, ao passo que a superfície pode ser temporária, como se encontra previsto no Código Civil. De fato, a fossilização da enfiteuse pode ser demonstrada no total descaso da comunidade jurídica e da própria sociedade que apenas convive com o regime enfitêutico em razão da perpetuidade que lhe é inerente e da vedação. Talvez demonstremos com poucas palavras a forma com que o aforamento se apresenta, consignando que até os dias atuais, senhorios diretos, no país inteiro, recebem polpudos rendimentos decorrentes de foros e laudêmios sem que para isso contribuam com trabalho e produção, em um verdadeiro atentado contra a função social da posse e da propriedade ou, talvez, sendo mais ácido, em uma autêntica demonstração de enriquecimento sem causa. Admitindo-se a possibilidade de existirem duas propriedades na superfície, uma do dono do solo e outra do titular da superfície, é possível imaginar-se que a superfície nada mais seria do que o direito real pelo qual um prédio dominante (dono da superfície) extrairia vantagens e utilidades do prédio serviente (dono do solo). O raciocínio é sedutor, mas não se sustenta diante de uma análise séria. Em primeiro lugar, a servidão predial pressupõe diversidade de prédios e a superfície incide sobre o mesmo imóvel. A servidão predial é perpétua e inalienável, enquanto a superfície, no Direito Brasileiro, é obrigatoriamente temporária e pode ser alienada, gratuita ou onerosamente, transferindo-se por sucessão *mortis causa*. No direito público, encontramos o instituto que mais se assemelha com o direito real de superfície, qual seja, a concessão de uso como direito real resolúvel, introduzida no direito administrativo brasileiro pelo Decreto-lei n. 271/1967 que, em seu art. 7º, estabelece: "É instituída a concessão de uso de terrenos públicos ou particulares remunerada ou gratuita, por tempo certo ou indeterminado, como direito real resolúvel, para fins específicos de regularização fundiária de interesse social, urbanização, industrialização, edificação, cultivo da terra, aproveitamento sustentável das várzeas, preservação das comunidades tradicionais e seus meios de subsistência ou outras modalidades de interesse social em áreas urbanas". Há também a Medida Provisória 2.220/2001, que trata da concessão especial de uso para fins de moradia por nós identificada por ocasião do estudo da usucapião pró-moradia. Apenas para fins didáticos podemos afirmar que o direito real de superfície é uma versão privatista da referida concessão com a vantagem de permitir que o Estado invista na infraestrutura dos assentamentos urbanos ou rurais sem os gastos altíssimos com a indenização do expropriado, além de evitar-se um paternalismo que algumas vezes sufoca as ambições políticas das comunidades com a reprodução de currais eleitorais típicos da época do coronelismo. Acreditamos que muitos conflitos possessórios coletivos podem ser resolvidos com a utilização do direito real de superfície, permitindo-se, até mesmo, composições menos traumáticas ao erário público e resolvendo o problema das famílias hipossuficientes e dos proprietários do solo urbano ou rural. O modo mais comum de constituição do direito real de superfície é o contrato por meio de uma escritura pública, que deverá ser levada ao registro no cartório do registro de imóveis competente. Poderá também ser instituído por disposição de última vontade, em que o testador outorga a propriedade superficiária para determinada pessoa durante certo período de tempo, ao passo que outorga a outra a propriedade do solo. A despeito de o artigo em comento não se referir a essa modalidade de formação da superfície, não há óbice e, portanto, é permitida. O negócio jurídico que serve de causa à criação do instituto deve ser interpretado com bastante atenção, pois esse documento deve delimitar o objeto, modo de utilização, extensão da superfície, além de outras cláusulas, como, por exemplo, a onerosidade ou gratuidade, a temporariedade e o direito à indenização ou não, por ocasião da extinção da superfície. Há grande controvérsia quanto à possibilidade de constituição de superfície por usucapião, existindo autores que não a admitem. Essa possibilidade é expressa no art. 1.528 do Código Civil português e terá cabimento na usucapião ordinária na rara hipótese em que uma pessoa exercer posse de boa-fé durante o prazo legal, ostentando justo título pelo qual alguém se porta como concedente (aquisição *a non domino*) sem ser o verdadeiro proprietário do imóvel e outra figura como se fora superficiário do imóvel. A prova do *animus domini* é bastante difícil, mas não impossível, o que torna viável que alguém se porte, pelo decurso do prazo necessário à usucapião como fundeiro e outro como proprietário do solo e, com isso, haverá usucapião da propriedade superficiária, inclusive contra o Poder Público, em razão, sobretudo, da necessária funcionalização das titularidades estabelecida pela Constituição e do direito à moradia em razão do notório déficit habitacional nas cidades. No caso, o Poder Público ficará como fundeiro e o usucapiente como superficiário, não ofendendo o texto constitucional, que impede a usucapião da propriedade dos bens públicos (arts. 183, § 3º, e 191, parágrafo único, da CF). Conforme dispõe o parágrafo único do artigo em análise, o direito de superfície pode incidir sobre o solo e o subsolo, sendo que neste último caso somente se houver cláusula nesse sentido ou se for inerente à constituição do próprio direito real. Poderá a superfície ser utilizada para os fins de se efetivar uma plantação (*ad plantandum*) ou edificação (*ad aedificandum*), respeitando-se os termos do negócio jurídico que lhe deu suporte causal. Pode, ainda, recair sobre imóvel com acessões já implantadas, provocando a cisão entre a propriedade do solo e a propriedade da superfície. A despeito do lamentável silêncio do legislador pátrio, tal possibilidade não é proibida, sendo ao contrário, útil, como tem se mostrado em outros estatutos civis estrangeiros como o português e o italiano. A superfície por cisão pode ocorrer quando o *dominus soli* concede a outrem a superfície de área já plantada ou construída; na segunda, o *dominus soli* outorga a propriedade reservando para si a plantação ou construção; e, no último caso, o *dominus soli* destina a propriedade do solo para uma pessoa e a superfície para outra. Concordando com o texto acima, temos o Enunciado n. 250 da *III Jornada de Direito Civil* do Conselho da Justiça Federal/STJ, vazado nos seguintes termos: "Admite-se a constituição do direito de superfície por cisão". O direito de sobrelevação, superfície em segundo grau, direito de construir sobre prédio alheio ou direito real de laje consiste na possibilidade de o superficiário erguer uma construção sobre um prédio já construído, ou seja, é o ato pelo qual o concessionário constrói ou concede a um terceiro o direito de fazê-lo em cima de área já construída. O Estatuto da Cidade e o Código Civil, ao regulamentarem a matéria, silenciaram a respeito, possibilitando expressamente apenas que a obra superficiária seja feita no subsolo do prédio quando este for o objeto efetivo da concessão, como é o caso, por exemplo, da construção de vagas de garagem. Com alguma recalcitrância na doutrina, sempre nos pareceu que, em tese, a falta de regra expressa para o direito de superfície sobre a propriedade superficiária não impediria a sua utilização, conquanto entendêssemos que o ideal seria que o atual Código Civil contemplasse a possibilidade, como fez em relação ao subsolo. O Estatuto da Cidade fornece um espaço para interpretar, nesse sentido, no § 1º do art. 21, quando prescreve que "o direito de superfície abrange o direito de utilizar o solo, o subsolo ou o espaço aéreo relativo ao terreno, na forma estabelecida no contrato respectivo, atendida a legislação urbanística". No sentido do texto, foi aprovado na *VI Jornada de Direito Civil* do Conselho da Justiça Federal o Enunciado n. 568, o qual exprime que "o direito de superfície abrange o direito de utilizar o solo, o subsolo ou o espaço aéreo relativo ao terreno, na forma estabelecida no contrato, admitindo-se o direito de sobrelevação, atendida a legislação urbanística". De duas formas pode se efetivar o direito de sobrelevação. A primeira se dá em cima de propriedade plena, cujo titular conceda para fins de edificação a possibilidade de o superficiário edificar sobre o seu imóvel. Na segunda, o dono do solo e o superficiário não se confundem e este último é quem irá celebrar a superfície em segundo grau. Nessa última hipótese, indispensável será o consentimento do dono do solo, salvo se no ato de constituição da primeira superfície, o fundeiro já houver outorgado ao superficiário o direito de estabelecer com terceiro a referida laje em segundo grau. Duas questões básicas devem ser referidas. A primeira é a necessidade de o contrato ser específico com relação a esse direito, entendendo-se no silêncio a vedação ao direito de sobrelevação que, sendo excepcional, deve ser interpretado restritivamente. A outra é a de que horizontalizando a propriedade, indispensável será a observância da legislação urbanística e ambiental, além das posturas edilícias impostas pela municipalidade. Verifica-se da leitura do artigo que a temporariedade é característica marcante do instituto, não tendo a lei brasileira fixado o tempo máximo ou mínimo da concessão, mas não poderá ser de tal monta a ensejar fraude à lei, como, por exemplo, estabelecer o prazo de duzentos anos, prejudicando herdeiros necessários do *dominus soli*.

JURISPRUDÊNCIA COMENTADA: No sentido dos comentários acima, o Tribunal de Justiça do Distrito Federal reconheceu a impossibilidade de constar em inventário judicial um pretenso direito real de superfície que não se sustentava por não ter sido estabelecido por escritura pública registrada no cartório do registro de imóveis. A decisão asseverou que "uma das principais marcas do direito de superfície é sua transmissibilidade, por ato *inter vivos*, oneroso ou gratuito, ou *causa mortis*. 2.1 Todavia, apesar de o direito de superfície, entendido como sendo direito real de ter construção ou plantação em solo alheio, ser passível de transmissão aos herdeiros, por morte do superficiário (art. 1.372 do CCB), a forma legal de instituição do referido instituto é por meio de escritura pública (arts. 21 do Estatuto da Cidade e 1.369 do CC/2002). 2.2 No mesmo sentido, o art. 21, da Lei n. 10.257/2001(Estatuto da Cidade), prescreve que 'o proprietário urbano poderá conceder a outrem o direito de superfície do seu terreno, por tempo determinado ou indeterminado, mediante escritura pública registrada no cartório de registro de imóveis'" (TJDF, Rec 2013.00.2.027495-6, Ac. 781.347, 5.ª Turma Cível, Rel. Des. João Egmont, *DJDFTE* 30.04.2014).

REFORMA DO CÓDIGO CIVIL: De acordo com o que já assinalamos nos comentários doutrinários *supra*, o legislador silenciou em relação a uma questão muito importante na regulamentação do direito real de superfície, que vem a ser o reconhecimento da possibilidade de o direito real de superfície recair sobre imóvel com acessões já implantadas, provocando a cisão entre a propriedade do solo e a propriedade da superfície. Dessa forma, a superfície por cisão não foi expressamente prevista no Código Civil, ficando entregue à autonomia privada, gerando insegurança jurídica quanto à sua possibilidade, tendo em vista que os direitos reais são influenciados pela taxatividade dos seus institutos. Previsto com utilidade, por exemplo, nos direitos civis português e italiano, a superfície por cisão pode ocorrer quando o dono do solo concede a outrem a superfície de área já plantada ou construída, quando reserva para si a superfície e transfere a titularidade do solo ou, ainda, quando destina a propriedade do solo para uma pessoa e a superfície para outra. Reconhecendo a importância de preencher tal lacuna, foi aprovado na *III Jornada de Direito Civil* pelo CJF/STJ o Enunciado n. 250 com a seguinte redação: "Admite-se a constituição do direito de superfície por cisão". Outras modificações são sugeridas, como a possibilidade, ainda que de difícil ocorrência, da aquisição do direito real de superfície por usucapião, além do reconhecimento da separação dos direitos do *dominus soli* e do superficiário, e a possibilidade de cessão da sobrelevação, preenchidos eventuais requisitos legais específicos que podem ser de ordem urbanística ou rural. "Art. 1.369. § 1º O direito de superfície não autoriza obra no subsolo, salvo se for inerente ao objeto da concessão ou se esse uso for convencionado entre as partes. § 2º O direito real de superfície pode ser constituído por cisão. § 3º O direito real de superfície pode ser adquirido por usucapião. § 4º Os direitos e deveres vinculados ao terreno em superfície e os relativos à construção ou à plantação formam patrimônios distintos e autônomos, respondendo cada um de seus titulares exclusivamente por suas próprias dívidas e obrigações, ressalvadas as de natureza fiscal. § 5º Admite-se, na superfície, a cessão do direito de sobrelevação, desde que atendida a legislação específica."

Art. 1.370. A concessão da superfície será gratuita ou onerosa; se onerosa, estipularão as partes se o pagamento será feito de uma só vez, ou parceladamente.

COMENTÁRIOS DOUTRINÁRIOS: Questão igualmente entregue ao princípio da autonomia privada é a gratuidade ou onerosidade da concessão, sendo certo que se a superfície for onerosa, o pagamento pode ser feito de uma só vez ou parceladamente, competindo às partes a fixação do valor que poderá, inclusive, ser um percentual a incidir sobre o valor da terra nua disponibilizada para a construção ou plantação. O valor do *solarium* é fixado, em regra, no momento da concessão e guarda relação com os investimentos que o superficiário vai ter que realizar para a sua efetiva implantação. Em caso de lacuna no contrato quanto a esse elemento, deverá o intérprete se valer da hermenêutica contratual, tendo-se em conta as circunstâncias do caso e a boa-fé objetiva (arts. 112 a 114 do CC). Se houver onerosidade, o instituto se assemelha mais ainda com a locação urbana ou rural, de acordo com a destinação do imóvel, mas não se confunde, conforme já identificado no item que trata dos institutos análogos. De efeito, importa reconhecer que o direito real de superfície concede ao superficiário direitos mais amplos que o direito de uso outorgado ao locatário, além da oponibilidade *erga omnes* e da indispensabilidade do registro no cartório do registro de imóveis. Na superfície onerosa, o superficiário deve pagar a remuneração ao fundeiro, que se chama *solarium* ou cânon superficiário, sob pena de resolução do contrato, ressalvado o direito potestativo de purgar a mora até o momento da contestação.

JURISPRUDÊNCIA COMENTADA: O Tribunal de Justiça do Estado do Rio de Janeiro não autorizou a revisão do valor do *solarium* pedido pelo fundeiro que entendia que o valor pago era irrisório sob o fundamento de que ao ser fixado o valor da contraprestação a ser paga pelo superficiário, este avaliou o quanto deveria investir para a consecução do contrato. Os membros da 14.ª Câmara Cível do referido Tribunal, na relatoria do Desembargador José Carlos Paes, entenderam com acerto que "o instituto não possibilita a revisão do montante pactuado, pois, na verdade, o valor do direito de superfície se fixa no momento da concessão, tendo como parâmetro os investimentos necessários ao empreendimento que se pretende implantar, bem como o retorno esperado, pois, ao final do prazo avençado, o proprietário adquirirá as 'construções ou plantações' aderidas ao imóvel de sua propriedade e que a ela se agrega valor. Essa é a grande vantagem para o proprietário, e não o valor pactuado" (TJRJ, Apelação 1034704-31.2011.8.19.0002, j. 03.09.2014). Em demanda na qual a fixação do valor do *solarium* não ficou suficientemente esclarecida no contrato, entendeu o Tribunal de Justiça do Estado do Espírito Santo que o percentual sobre o valor do imóvel fixado no contrato deveria incidir sobre o valor da terra nua com possibilidade efetiva de utilização para a construção de um empreendimento em favor da Petrobras. No *decisum* constou que "a área ocupada pelo empreendimento dita a correspondência contratual com o percentual firmado para a apuração do valor devido, posto ser esta a *mens legis* do direito de superfície, estabelecido no art. 1.369 do Código Civil e pelo contrato firmado entre as partes. 11 – A interpretação do contrato firmado entre as partes sobre o direito de superfície deve ser efetivada de forma sistemática e teleológica, atendendo-se às regras do art. 112 do Código Civil, bem como art. 114 do mesmo diploma, posto constar expressa anuência dos litigantes sobre a redução da área que ocorreu cerca de três anos após firmarem a avença inicial e que se deu em decorrência de exigência do Poder Público para a implementação de todo o empreendimento. Assim, extrai-se do instrumento celebrado a existência de dois momentos no contrato: O primeiro da contratação e o segundo da revisão. 12 – A forma contratualmente disposta demonstra não haver ferimento ao art. 114 do Código Civil quando a parte se manifesta, de forma expressa, em Termo de Ajustamento de Conduta, quanto ao recebimento do valor da área destacada ao fim do contrato. 13 – As áreas sob concessão temporária ou definitiva, que não integram o local efetivamente ocupado, não podem fazer parte do cálculo de revisão no segundo momento da avença firmada. 14 – A irredutibilidade dos valores está garantida na forma contratualmente estabelecida pelas partes que possuem liberdade para contratar o custo do *solarium* como forma de pagamento, impedindo que o valor pago em ano posterior seja quantitativamente menor que o vigente no ano anterior" (TJES, APL 0017294-77.2012.8.08.0024, 4.ª Câmara Cível, Rel. Des. Walace Pandolpho Kiffer, j. 15.08.2016, *DJES* 30.08.2016). O julgado respeitou a essência do direito real de superfície, servindo-se corretamente da regra básica da hermenêutica contratual prevista no art. 112 deste Código, a qual propugna que "nas declarações de vontade se atenderá mais à intenção nelas consubstanciada do que ao sentido literal da linguagem".

Art. 1.371. O superficiário responderá pelos encargos e tributos que incidirem sobre o imóvel.

COMENTÁRIOS DOUTRINÁRIOS: O artigo acima prevê que o superficiário arcará com todas as obrigações *propter rem* que incidirem sobre o imóvel, entendidas nesse conceito as obrigações ambulatoriais que se relacionem com o objeto da superfície. No que se refere às obrigações reais, temos como exemplos os direitos de vizinhança, a cota condominial, o Imposto Predial e Territorial Urbano e o Imposto Territorial Rural. Na primeira mirada sobre essa regra jurídica, tem-se a impressão de que a norma é cogente, diferentemente do que ocorre no Estatuto da Cidade. Entrementes, se analisada sistematicamente no ordenamento jurídico, observa-se que não há qualquer óbice para o respeito à autonomia privada em instituto que guarda relação essencialmente com o patrimonialismo. Agora, em falta de disposição em sentido contrário, a norma supre importante lacuna do ato negocial. Sob a mesma esteira caminha o Enunciado n. 94 aprovado por unanimidade na *I Jornada de Direito Civil* do Conselho da Justiça Federal: "As partes têm plena liberdade para deliberar, no contrato respectivo, sobre o rateio dos encargos e tributos que incidirão sobre a área objeto da concessão do direito de superfície". Cumpre ressaltar que o sistema do Código Civil é o mesmo adotado no dispositivo, pois o usufrutuário, o usuário e o habitador também arcam com os encargos e tributos que incidirem sobre o imóvel, conforme pode ser constatado na leitura dos arts. 1.403, II, 1.413 e 1.416 do Código Civil. O inadimplemento dessa obrigação acessória também pode ensejar a resolução do contrato se o superficiário não purgar a mora, mediante o pagamento do principal, juros e eventual cláusula penal.

JURISPRUDÊNCIA COMENTADA: O Município de São João da Barra outorgou à pessoa jurídica que hoje se encontra em recuperação judicial, em um primeiro momento, a Cessão do Direito de Uso de uma área pública, obrigando-se, verificadas determinadas condições, a celebrar uma futura Concessão de Direito Real de Superfície com vistas à implementação de um projeto que atenderia igualmente ao interesse público. Em ação de execução fiscal por cobrança de IPTU, o executado opôs exceção de pré-executividade na qual arguiu ser parte ilegítima, pois no período da cobrança não tinha título de superfície registrado no cartório imobiliário. O Tribunal de Justiça do Estado do Rio de Janeiro entendeu que a posse superficiária, posto que nascida de um direito real, seria o suficiente para que houvesse a execução fiscal em face daquele que figura como possuidor de um direito real de superfície: "Direito Tributário e Processual Civil. Execução Fiscal. IPTU. Exceção de pré-executividade. Rejeição. Agravo de instrumento interposto pela executada. Alegação de ilegitimidade passiva por ser mera cessionária de uso do terreno para implantação de Unidade de Construção Naval no Distrito Industrial de São João da Barra, estando a posse e a propriedade mantidas com a cedente, pessoa jurídica de direito privado. Contrato de Cessão do Direito de Uso e Futura Concessão de Direito Real de Superfície através do qual a agravante assumiu a obrigação de pagar todos os tributos incidentes sobre a área cedida. Disposição contratual em consonância com a legislação civil (art. 1.371 do Código Civil e art. 21, § 3º do Estatuto das Cidades). Ausência de violação aos arts. 32 e 34 do Código Tributário Nacional. Posse fundada em direito real (superfície), onde o possuidor a exerce *ad usucapionem*, ou seja, com ânimo de dono, exteriorizando comportamento típico de proprietário. Legitimidade para figurar como sujeito tributário. Decisão mantida. Recurso improvido" (TJRJ, AI 0030884-17.2017.8.19.0000, 4.ª Câmara Cível, São João da Barra, Rel. Des. Marco Antonio Ibrahim, *DORJ* 17.10.2017).

REFORMA DO CÓDIGO CIVIL: A redação do *caput* do art. 1371 pode passar a falsa noção de que se trata de norma cogente, quando, na verdade, direito disponível que deve ser entregue à autonomia privada, conforme já tivemos ocasião de comentar *supra* (Enunciado n. 94 da *I Jornada de Direito Civil*). De bom tom a inclusão de um parágrafo único, prevendo que "as partes têm plena liberdade para deliberar, sobre o rateio dos encargos e tributos que incidirão sobre a área objeto da concessão do direito de superfície".

Art. 1.372. O direito de superfície pode transferir-se a terceiros e, por morte do superficiário, aos seus herdeiros.

Parágrafo único. Não poderá ser estipulado pelo concedente, a nenhum título, qualquer pagamento pela transferência.

COMENTÁRIOS DOUTRINÁRIOS: O artigo deixa claro que o direito real de superfície não possui caráter personalíssimo, admitindo-se a transferência por ato *inter vivos*, a título gratuito ou oneroso, a terceiros e também *mortis causa*, ocasião em que o direito, a partir do falecimento do titular, será imediatamente transmitido aos herdeiros legítimos ou testamentários por força do direito de *saisine* prescrito no art. 1.784 do Código Civil: "Aberta a sucessão, a herança transmite-se, desde logo, aos herdeiros legítimos e testamentários". Questão polêmica é a que envolve a possibilidade de limites ao poder de alienação do superficiário. Há quem entenda que é válida cláusula que preveja a dependência prévia de autorização como requisito de transferência do direito do superficiário, assim como que será lícito às partes que estipulem a vedação da transferência em determinado prazo ou até mesmo a proibição completa. Com o devido respeito às judiciosas interpretações, ante o caráter autônomo do direito do superficiário, parece-nos que será nula de pleno direito eventual cláusula de proibição ou restrição do direito de transferência afeto ao superficiário ou ao fundeiro, por violar o direito de propriedade e a respectiva função social. Da mesma forma, o pacto de reversão em favor do fundeiro em caso de falecimento do superficiário. O legítimo interesse do concedente em receber o *solarium* em caso de superfície onerosa resta protegido, pois o inadimplemento do superficiário ou do terceiro adquirente, que receberá das mãos daquele o direito na forma como lhe foi outorgado, desafiará o pleito de cobrança e de resolução do contrato. Como já foi assinalado, a superfície não possui caráter personalíssimo como sucede, por exemplo, com o direito de disposição do usufrutuário. Reconhecemos a dificuldade da questão ante o princípio da autonomia privada que também tem assento constitucional, mas, sopesando os interesses, parece-nos que a funcionalização do instituto restará prestigiada pelo reconhecimento da referida nulidade. O poder de alienação deve ser visto em toda a sua plenitude, incluindo eventual alienação forçada em hasta pública ou a possibilidade de dar a superfície em garantia real ao credor como expressamente admite o art. 1.473, X, do Código Civil. Inelutavelmente, eventual adquirente por arrematação ou adjudicação da superfície, receberá o mesmo direito de que gozava o superficiário original, não podendo o fundeiro ser prejudicado em seus legítimos interesses patrimoniais. O legislador quis deixar bem clara a dessemelhança do instituto com a enfiteuse, que prevê para a transferência do bem enfitêutico o pagamento de uma importância, tecnicamente chamada de laudêmio, equivalente, no direito privado, a 2,5% do valor da venda. O art. 678 do Código Civil revogado definia o instituto, *in verbis*: "Dá-se a enfiteuse, aforamento, ou emprazamento, quando por ato entre vivos, ou de última vontade, o proprietário atribui a outrem o domínio útil do imóvel, pagando a pessoa, que o adquire, e assim se constitui enfiteuta, ao senhorio direto uma pensão, ou foro, anual, certo e invariável". Assim é que nesse superado direito real, o enfiteuta exerce todos os poderes inerentes ao domínio, daí dizer-se que é titular do domínio útil, ao passo que enfiteuticador apenas exerce direitos patrimoniais sobre o bem, como o recebimento do foro, anual, certo e invariável, e percebe o laudêmio, que vem a ser uma prestação pecuniária percentual paga a ele em decorrência da alienação onerosa do bem gravado com enfiteuse (imóvel foreiro). No aforamento incidente sobre bem público, o laudêmio é de 5% sobre o preço da venda, sendo devido ao Poder Público a partir do registro no cartório imobiliário (art. 1.227 do CC). Nessa linha de raciocínio, anda bem o parágrafo único do artigo em vedar a estipulação pelo concedente, a qualquer título, de pagamento pela transferência do bem gravado com o direito de superfície. A redação retrata o estágio atual do ordenamento jurídico, que prestigia a função social do contrato e da propriedade, uma vez que não há causa legítima para o pagamento de importância, seja a que título for. O direito de superfície é do superficiário e, se for cedido, gratuita ou onerosamente, nada será devido ao proprietário. Isso porque, em face da autonomia dos direitos dos titulares na superfície, como justificar que o superficiário realize algum pagamento em favor do fundeiro por uma alienação de um patrimônio que é seu? A sanção para cláusula que se afaste do comando emergente da norma jurídica será a nulidade, na forma do art. 166, VII, *in fine*, do Código Civil.

Art. 1.373. Em caso de alienação do imóvel ou do direito de superfície, o superficiário ou o proprietário tem direito de preferência, em igualdade de condições.

COMENTÁRIOS DOUTRINÁRIOS: O artigo em análise assegura, em reciprocidade, direito de preferência em igualdade de condições com terceiros, em favor do fundeiro e do superficiário. Desse modo, para legitimar a alienação do imóvel ou do direito de superfície, deverá o proprietário ou o superficiário, conforme o caso, afrontar a outra parte no direito real para, querendo, exercer o seu direito de prelação. A lei não previu o prazo de caducidade da resposta, a consequência do descumprimento da norma, nem o que aconteceria se a propriedade ou a superfície estivesse submetida ao regime condominial. Há quem entenda que deve ser adotada a regra da preempção do Código Civil, cujo art. 513 assim se expressa: "A preempção, ou preferência, impõe ao comprador a obrigação de oferecer ao vendedor a coisa que aquele vai vender, ou dar em pagamento, para que este use de seu direito de prelação na compra, tanto por tanto". Divergimos desse ponto de vista, pois a superfície é direito real e deve conceder àquele a quem não se deu o direito de preferência a eficácia típica deste ramo do direito. Dessa forma, em nosso modo de ver, diante da lacuna legal, o intérprete deve servir-se da analogia com o direito de preferência deferido ao locatário previsto na lei do inquilinato que pode gerar para o locador, se o contrato estiver averbado no cartório do registro de imóveis, uma obrigação com eficácia real. Assim, pela Lei n. 8.245/1991 temos que, no silêncio do contrato, o direito de preferência caducará se não for exercido no prazo de trinta dias a contar da data da oferta (art. 28), se o proprietário ou superficiário for preterido em seu direito de preferência poderá pleitear indenização ou, depositando o preço e demais despesas do ato de transferência no prazo improrrogável de seis meses a contar da alienação (art. 33), haver para si a propriedade ou o resgate do direito de superfície (art. 29) e, havendo condomínio, o condômino terá prioridade sobre o direito do superficiário ou do proprietário. Se houver desistência da alienação após a concordância em exercer o direito de prelação, responderá o desistente pelos prejuízos ocasionados, inclusive lucros cessantes (art. 30). Repise-se que no regime da lei do inquilinato, para que o locatário tenha o direito de adjudicar o bem pagando a terceiro o preço pelo qual foi vendido o bem, terá que levar o seu contrato à averbação no registro de imóveis a fim de dar publicidade. No caso da superfície, a segurança jurídica e o interesse de terceiros estarão preservados, tendo em vista que o referido direito se constitui a partir do registro do contrato no cartório imobiliário, conferindo publicidade ao ato, de modo que os interessados, antes de adquirirem o bem ou o direito, deverão observar se a preferência foi observada. Sempre nos pareceu que essa seria a analogia mais adequada e nesse sentido, na *V Jornada de Direito Civil* do Conselho da Justiça Federal/STJ, foi aprovado o Enunciado n. 510, vazado nos seguintes termos: "Ao superficiário que não foi previamente notificado pelo proprietário para exercer o direito de preferência previsto no art. 1.373 do CC é assegurado o direito de, no prazo de seis meses, contado do registro da alienação, adjudicar para si o bem mediante depósito do preço". A propósito, esse direito também é exercido, salvo disposição contratual em contrário, no direito real de laje entre o titular da construção-base e o titular da laje, em caráter de reciprocidade (art. 1.510-D, CC).

REFORMA DO CÓDIGO CIVIL: Conforme apontamos *supra*, o direito de preferência previsto no *caput* não traz o procedimento a ser seguido por aquele a quem não se possibilitou o exercício do referido direito potestativo. Assim, a proposta de reforma anda bem ao suprir essa lacuna

"Art. 1.373. Em caso de alienação do imóvel ou do direito de superfície, o superficiário ou o proprietário tem direito de preferência, em igualdade de condições, devendo ser cientificado por escrito para que se manifeste no prazo de trinta dias, salvo se o contrato dispuser de modo diverso. § 1º O superficiário ou o proprietário a quem não se der conhecimento da alienação poderá, mediante depósito do respectivo preço, haver para si a parte alienada a terceiros, se o requerer no prazo decadencial de cento e oitenta dias, contado da data de alienação. § 2º Se houver mais de uma superfície, terá preferência, sucessivamente, o titular das ascendentes e o titular das descendentes, assegurada a prioridade para a superfície mais próxima à unidade sobreposta a ser alienada."

Art. 1.374. Antes do termo final, resolver-se-á a concessão se o superficiário der ao terreno destinação diversa daquela para que foi concedida.

COMENTÁRIOS DOUTRINÁRIOS: A superfície pode ser extinta pelo advento do termo ou implemento da condição, descumprimento do contrato no que se refere à destinação ao terreno diversa da pactuada, desapropriação, confusão, distrato, perecimento do imóvel e não uso. Tomando-se a temporariedade como característica inevitável da superfície, o advento do termo ou implemento da condição produz o efeito de extinguir a propriedade superficiária, restaurando a regra das acessões e passando o fundeiro a ter em suas mãos a propriedade do imóvel na sua integralidade. A superfície também poderá ser resolvida com culpa se o superficiário der destinação ao imóvel diversa da prevista no contrato, pois tal proceder caracteriza descumprimento do contrato, salvo hipótese de caso fortuito ou força maior. No caso de superfície onerosa, a resolução do contrato poderá se dar por inadimplemento do pagamento da contraprestação, assegurada ao superficiário a possibilidade de purgar a mora consoante dispõe genericamente o art. 401 do Código Civil, e recomenda o princípio da boa-fé objetiva e função social dos contratos, com o consectário do princípio da preservação do contrato. O inadimplemento de obrigação por parte do fundeiro ou do superficiário que diga respeito à substância do contrato também poderá dar azo ao desfazimento do vínculo contratual com fundamento na teoria geral dos contratos, pois se for um descumprimento que não diga respeito à essência do contrato, deverá o lesado, mantendo-se o vínculo, pleitear a execução específica da obrigação. Imaginemos o fundeiro que havia prometido entregar ao superficiário terra agricultável e se verifica posteriormente que o solo é estéril, ou, então, o superficiário que pratica queimada no terreno, fato que poderá, em pouco tempo, desertificar o solo.

REFORMA DO CÓDIGO CIVIL: É sugerida a inclusão de um parágrafo único na presente regra para prever que, se a superfície for estabelecida sem prazo determinado, será possível o exercício do direito potestativo de resilição unilateral, observada a regra do art. 473 deste Código.

Art. 1.375. Extinta a concessão, o proprietário passará a ter a propriedade plena sobre o terreno, construção ou plantação, independentemente de indenização, se as partes não houverem estipulado o contrário.

COMENTÁRIOS DOUTRINÁRIOS: O artigo estabelece que uma vez extinta a concessão, o fundeiro passará a ter a propriedade plena sobre o terreno, construção ou plantação, independentemente de indenização, se as partes não houverem estipulado o contrário. Tal consequência decorre da característica da elasticidade dos direitos reais, cujos poderes podem ser distendidos e contraídos ao sabor da vontade do proprietário. Uma forma de contraprestação ao proprietário pela outorga da concessão da superfície de um terreno a outrem pode ser exatamente o fato de ele ficar com a propriedade das acessões que forem edificadas ou plantadas, independentemente de indenização, motivo pelo qual não há que se falar em enriquecimento sem causa, assim como de eventuais benfeitorias, mormente pelo fato de que durante o prazo de vigência da concessão, o superficiário pode explorar o imóvel do proprietário em toda a sua potencialidade. É essa a regra dispositiva claramente posta para os interessados, nada impedindo que as partes, consultando os seus interesses, queiram dispor em contrário, prevendo a indenização das acessões e benfeitorias, ocasião em que poderão ser aplicados os arts. 1.219 e 1.255, do Código Civil, antes referidos.

Art. 1.376. No caso de extinção do direito de superfície em consequência de desapropriação, a indenização cabe ao proprietário e ao superficiário, no valor correspondente ao direito real de cada um.

COMENTÁRIOS DOUTRINÁRIOS: A desapropriação é uma das modalidades de perda da propriedade, que se verifica mediante a expropriação forçada de um bem pelo Poder Público, tendo por fundamento a utilidade pública do bem (Decreto-lei n. 3.365/1941) ou o interesse social (Lei n. 4.132/1962), mediante a paga de uma justa e prévia indenização em dinheiro (art. 5º, XXIV, da CF), salvo a desapropriação para fins de reforma agrária (LC n. 76/1993), em que a indenização poderá ser paga em títulos da dívida agrária resgatáveis por até dez anos e com cláusula de atualização monetária. O art. 1.376 do Código Civil estabelece o critério a ser utilizado para pagar a indenização aos expropriados da propriedade e da superfície. Deveras, a verba indenizatória total será dividida entre o titular do direito de propriedade e o concessionário da superfície, segundo a avaliação econômica do direito de cada um. O momento da desapropriação deve ser levado em consideração no cálculo da verba indenizatória, pois poderá acontecer de a desapropriação encontrar o direito real de superfície perto de seu término, período em que o bem deveria ser devolvido ao proprietário com as acessões e benfeitorias ou, ao contrário, é possível que a desapropriação coincida com o início da constituição da propriedade superficiária e o superficiário já tenha pagado o preço decorrente da exploração do imóvel. Nas duas hipóteses, se o cálculo da verba indenizatória somente levar em consideração o valor do solo ou apenas o valor das acessões construídas e/ou das benfeitorias realizadas, não se chegará a um valor justo. O perito do juiz nomeado para fazer a avaliação da perda patrimonial levará em consideração esse e outros variados aspectos, como, por exemplo, o estágio atual dos frutos gerados a partir da concessão. A confusão ocorrerá na hipótese em que se confundirem na mesma pessoa as qualidades de fundeiro e superficiário em razão de negócio jurídico que pode ser, por exemplo, uma dação em pagamento, doação ou até mesmo compra e venda. O distrato é a extinção da superfície pela vontade das partes e deverá ser feito da mesma forma que o contrato, ou seja, por escritura pública posteriormente levada ao cartório do registro de imóveis. O perecimento do imóvel torna impossível o exercício da exploração da superfície, fato que acarretará a extinção da propriedade superficiária. Anda bem o Código Civil Italiano (art. 954), que prevê o término do direito real de superfície pelo não uso durante vinte anos consecutivos. Em nosso sistema jurídico, existe essa forma de extinção para a servidão predial e usufruto atendendo ao princípio da funcionalização das titularidades, que deveria ter norteado a ação do legislador também para a propriedade superficiária. A nosso sentir, aplica-se essa possibilidade de extinção da superfície por analogia e, sobretudo, por uma interpretação conforme a Constituição, pois a justificativa da perda do direito pelo não uso vincula-se ao princípio constitucional da função social da propriedade, tratado alhures. Qualquer que seja a forma de extinção, para que produza efeitos *erga omnes*, indispensável será a averbação do ato junto à matrícula do imóvel no cartório do registro de imóveis.

REFORMA DO CÓDIGO CIVIL: Correta a inclusão de um parágrafo único para dizer, nos termos do que comentamos *supra*, que "O momento da desapropriação e as condições da superfície serão considerados para fins da divisão do montante indenizatório".

Art. 1.377. O direito de superfície, constituído por pessoa jurídica de direito público interno, rege-se por este Código, no que não for diversamente disciplinado em lei especial.

COMENTÁRIOS DOUTRINÁRIOS: As pessoas jurídicas de direito público interno podem outorgar, à luz do que prescrevem o Decreto-lei n. 271/1967 e a Medida Provisória 2.220/2001, a concessão de uso como direito real resolúvel quando a finalidade da expropriação é exatamente a de incrementar a reforma agrária ou de regularizar a situação fundiária de famílias sem-teto. Por tal motivo, parece-nos que esse instituto de direito público é a superfície com as peculiaridades do direito público, sobretudo, o interesse público e a legalidade. A perspectiva legal pode se mostrar importante para resolver situações jurídicas vitais para o interesse de pessoas que esperam com ansiedade a intervenção estatal a fim de ver resolvido o problema da falta de moradias ou para amenizar a angústia dos trabalhadores rurais sem-terra. Imagine-se a seguinte situação: União e Estado celebram convênio para instalar uma comunidade agrícola modelo, procurando dotar o trabalhador rural da terra, e, também, de toda a infraestrutura, inclusive de moradias dignas. Como somente a União, por intermédio do Incra, pode desapropriar para fins de reforma agrária, esta entidade disponibilizaria a área para a concretização do projeto, e o Estado ficaria a cargo de edificar as moradias. Pela regra tradicional das acessões poderia se criar o óbice de o Estado não querer edificar em área da União, além do que impossível seria ao Estado conceder o uso das habitações, pois afinal de contas o imóvel edificado seria da União. Se os entes, após a desapropriação, estabelecerem um direito real de superfície sobre o imóvel, ficando o Estado como superficiário, seria possível construir as moradias e depois conceder aos trabalhadores a utilização e exploração legitimada pela outorga da concessão de uso como direito real resolúvel. Ao ensejo do dispositivo anotado que busca atrair o Poder Público para o estabelecimento do direito real de superfície, passaremos a tecer comentários à previsão do instituto no Estatuto da Cidade (Lei n. 10.257/2001) que veio a regulamentar os arts. 182 e 183 da CF, dispondo sobre o direito urbanístico com viés notadamente publicista. O art. 21, *caput*, prevê que "o proprietário urbano poderá conceder a outrem o direito de superfície do seu terreno, por tempo determinado ou indeterminado, mediante escritura pública registrada no cartório de registro de imóveis". Da previsão estatutária extrai-se que a superfície poderá ser estabelecida por tempo determinado ou indeterminado e o atual Código Civil apenas refere-se a tempo determinado. A aparente contradição não deve espantar o intérprete, pois o que se tem de importante é que não se admite superfície em caráter perpétuo, talvez para que não se confunda o instituto com a superada enfiteuse. Dessa forma, se a superfície vigorar por prazo indeterminado, aplicar-se-ão a ela as regras referentes aos contratos assim estabelecidos, como a regra do art. 397, parágrafo único, do Código Civil, que assim se expressa: "Não havendo termo, a mora se constitui mediante interpelação judicial ou extrajudicial". Com relação aos limites de exercício da superfície, dispõe o art. 21, § 1º, do Estatuto da Cidade que "o direito de superfície abrange o direito de utilizar o solo, o subsolo ou o espaço aéreo relativo ao terreno, na forma estabelecida no contrato respectivo, atendida a legislação urbanística". O Código Civil e o Estatuto da Cidade deixam claro que as partes podem estabelecer o que lhes aprouver no que se refere à extensão da superfície. Se o direito real de superfície for rural, afastada será a incidência da Lei n. 10.257/2001, que trata apenas da concessão de superfície urbana. A propósito da convivência harmônica das normas e conclusão que deve servir de norte para o intérprete no presente diálogo das fontes, temos a posição do professor Ricardo Pereira Lira, autor do Enunciado n. 93 da *I Jornada de Direito Civil* do Conselho da Justiça Federal/STJ, redigido nos seguintes termos: "As normas previstas no Código Civil, regulando o direito de superfície, não revogam as normas relativas a direito de superfície constantes do Estatuto da Cidade (Lei n. 10.257/2001), por ser instrumento de política de desenvolvimento urbano". Estabelece o art. 21, § 3º, do Estatuto da Cidade que "o superficiário responderá integralmente pelos encargos e tributos que incidirem sobre a propriedade superficiária, arcando, ainda, proporcionalmente à sua parcela de ocupação efetiva, com os encargos e tributos sobre a área objeto da concessão do direito de superfície, salvo disposição em contrário do contrato respectivo". A previsão estatutária é mais razoável que a do Código Civil, a despeito de termos concluído pelo caráter dispositivo da norma também nas superfícies efetivadas sob a égide do direito comum. Prevê o art. 21, § 4º, da Lei n. 10.257/2001 que "o direito de superfície pode ser transferido a terceiros, obedecidos os termos do contrato respectivo", e o art. 21, § 5º, se encontra vazado nos seguintes termos: "Por morte do superficiário, os seus direitos transmitem-se a seus herdeiros". Apesar do silêncio da regra estatutária quanto à proibição da cobrança de contraprestação pela alienação da superfície, parece-nos que numa interpretação sistemática e finalística, tal vedação também se aplica para o direito real de superfície do Estatuto da Cidade, pois como afirmado anteriormente, trata-se de deliberado propósito do legislador de expurgar regras do direito de superfície que lembrem a vetusta enfiteuse. O art. 23 da Lei n. 10.257/2001 dispõe que "extingue-se o direito de superfície: I – pelo advento do termo; II – pelo descumprimento das obrigações contratuais assumidas pelo superficiário". Em seguida, temos o art. 24, § 1º, prescrevendo que "antes do termo final do contrato, extinguir-se-á o direito de superfície se o superficiário der ao terreno destinação diversa daquela para a qual for concedida". Preconiza o art. 24 da Lei n. 10.257/2001 que, "extinto o direito de superfície, o proprietário recuperará o pleno domínio do terreno, bem como das acessões e benfeitorias introduzidas no imóvel, independentemente de indenização, se as partes não houverem estipulado o contrário no respectivo contrato". Por fim, registre-se o art. 24, § 2º, da Lei n. 10.257/2001 lembrando que a extinção deverá ser averbada no cartório de registro de imóveis para que surta os regulares efeitos. Assim como a constituição da superfície depende do registro, a extinção também dependerá.

REFORMA DO CÓDIGO CIVIL: Correta a inclusão de um parágrafo único para dizer, nos termos do que comentamos *supra*, que "As normas previstas neste Código sobre o direito real de superfície não revogam as constantes da Lei nº 10.257, de 10 de julho de 2001".

TÍTULO V
DAS SERVIDÕES

CAPÍTULO I
DA CONSTITUIÇÃO DAS SERVIDÕES

Art. 1.378. A servidão proporciona utilidade para o prédio dominante, e grava o prédio serviente, que pertence a diverso dono, e constitui-se mediante declaração expressa dos proprietários, ou por testamento, e subsequente registro no Cartório de Registro de Imóveis.

COMENTÁRIOS DOUTRINÁRIOS: A servidão predial é um direito real exercido sobre a coisa alheia, que consiste na constituição de um encargo sobre o prédio serviente em favor do dono do prédio dominante, tendo por finalidade precípua tornar a propriedade deste mais útil, mais agradável ou mais condizente com a sua destinação natural. A servidão predial, uma vez constituída, representará um ônus para o dono do prédio serviente que perderá, em parte, a amplitude do seu poder de uso sobre o imóvel, e um benefício para o dono do prédio dominante. O prédio do qual são extraídas as vantagens é chamado de prédio dominante em contraposição ao que sofre o encargo, que é chamado de prédio serviente. Possui natureza jurídica de direito real sobre a coisa alheia de gozo ou fruição, característica que se apresenta com o registro da escritura no cartório do registro de imóveis, salvo a hipótese de usucapião, cuja sentença, como já vimos, é meramente declaratória. A servidão pode exercer importante função social e econômica e até mesmo socioambiental, possibilitando uma maior exploração e utilidade do prédio dominante (art. 5º, XXIII, da CF). De efeito, se um prédio tem água, pode lhe faltar pasto e o vizinho necessitar de água para exploração agrícola e ter uma vasta pastagem a que não está dando função social. Relembrando o que foi dito nos comentários aos artigos referentes ao estudo dos direitos de vizinhança, as diferenças destes para a servidão predial podem ser sintetizadas da seguinte forma: 1) os direitos de vizinhança são criados por lei e as servidões prediais, via de regra, se estabelecem por contrato; 2) os direitos de vizinhança não visam aumentar a utilidade do prédio, mas sim se apresentam como necessários para a busca de uma coexistência pacífica entre os vizinhos (necessariedade), ao passo que é da essência da servidão predial proporcionar ao prédio dominante uma melhor utilização de seu prédio mediante o sacrifício do prédio serviente (utilidade); 3) a natureza jurídica do direito de vizinhança é a de limite legal ao exercício do direito de propriedade, enquanto que as servidões prediais constituem direitos reais sobre as coisas alheias de gozo ou fruição. Tais diferenças não impedem – diante das inúmeras semelhanças fáticas entre os institutos – que por vezes o julgador se veja na contingência de analisar uma situação típica de direito de vizinhança e acabar aplicando algum preceito inerente à servidão predial. Algumas características das servidões prediais são dignas de registro especial, como o fato de tratar-se de um gravame real imobiliário e não uma simples obrigação pessoal do dono do prédio serviente. Diz-se que, na servidão predial, serve a coisa e não o dono. Essa frase presta-se para distinguir a obrigação de fazer e a servidão predial. Na primeira, o homem se obriga a prestar algo e, na segunda, é a coisa que fica onerada. Isso enaltece a característica dos direitos reais denominada "aderência". A despeito de a obrigação vincular as pessoas, o encargo incide sobre a coisa e com ela caminha, de modo que podemos afirmar que as obrigações que surgem da constituição de uma servidão predial são ambulatoriais, ostentando, portanto, natureza *propter rem*, recaindo sobre quem titularizar o bem gravado. O objeto da servidão é sempre bem imóvel vizinho, sendo que essa palavra não é sinônima de contiguidade, sendo possível que um prédio situado há vários metros do outro estabeleça com este uma servidão predial, desde que a utilização de um possa repercutir no outro, como seria o caso de uma fazenda que extraísse água de outra, sem que elas sejam confinantes. Outra característica é o fato de que pressupõe prédios com proprietários distintos. Merece destaque que constitui pressuposto existencial dessa modalidade de direito real a diversidade de prédios e proprietários, posto que não há servidão sobre o mesmo prédio (*nulli res sua servit*) nem sobre a própria coisa (*neminem res sua servit*). Essa característica era ressaltada no art. 695 do Código Civil revogado, mas talvez pela obviedade que encerra e por se configurar exortação doutrinária, o atual Código a ela não tenha se referido. Quando existem dois prédios vizinhos pertencentes ao mesmo dono e observa-se que um prédio extrai utilidade de outro, na verdade trata-se de uma serventia e não de servidão. A propósito, é possível que se constitua servidão por destinação do proprietário, tema adiante explicitado, que acontece quando o proprietário vende um prédio com a ressalva de que o comprador terá que suportar o ônus, por exemplo, da servidão de passagem. Não se trata propriamente de uma exceção, pois enquanto não há a transferência da propriedade tem-se uma serventia e não servidão. Mais uma característica que se encontrava positivada no Código Civil de 1916 que se mantém, mas não foi positivada, é o fato de que a servidão predial não se presume. De fato, a servidão restringe o direito de propriedade, motivo pelo qual a sua interpretação, segundo as inapagáveis lições colhidas da ciência da hermenêutica, deve ser restritiva. Decorre desse princípio a regra de que o ônus da prova da servidão incumbe a quem dela se aproveita, comportando interpretação restritiva, conforme pode ser vista na redação do art. 1 385 deste Código. A servidão predial é inalienável, de modo que se o imóvel for vendido, a servidão que favorece ou a que onera o acompanha, mercê da ambulatoriedade do direito real, mas a alienação isolada da servidão é impossível. As servidões prediais são indivisíveis. Dessa forma, se houver divisão dos imóveis, do prédio beneficiado ou do onerado, por ato inter vivos ou *mortis causa*, o direito real sobre a coisa alheia subsiste, conforme explicitaremos nos comentários ao art. 1.386 deste Código. A doutrina aponta que a servidão predial possui também a característica da perpetuidade, pois perdurará enquanto existirem os prédios a que o gravame real adere, mas o acerto parece em reconhecer que ela tem duração indeterminada, o que não significa que seja perpétua como a propriedade, que tem ares de principalidade diante do direito acessório de servidão predial. Na leitura dos arts. 1.387 a 1.389 deste Código, que disciplinam os modos de extinção da servidão predial, vê-se que de fato há uma tendência a que o instituto tenha duração indeterminada, mas nada obsta que seja estabelecido um termo ou condição contratual de natureza resolutiva em homenagem ao princípio da liberdade de contratar. A servidão predial possui a característica da acessoriedade, sendo, portanto, direito real sobre a coisa alheia de gozo ou fruição que acompanha a sorte do bem principal ao qual adere. Dessa característica aqui apontada apenas pelo viés didático que se procurou imprimir a esta obra ressaem as características da inalienabilidade, indivisibilidade e perpetuidade acima arroladas. Diferentemente dos direitos de vizinhança, as servidões prediais são ilimitadas, sendo possível a sua constituição sempre que houver a possibilidade do dono de um prédio de extrair utilidades de outro. A lei se refere a apenas uma modalidade de servidão predial, que é chamada de "servidão de trânsito" (art. 1.385, § 2º, do CC), mas tantas outras podem ser criadas pelo engenho humano, valendo a pena consultar o rol de servidões urbanas e rústicas citados no item referente às modalidades. Em que pese ser ilimitada a possibilidade de constituição de servidões prediais, as mais usuais são as de passagem ou trânsito, as de aqueduto, a de pastagem e a de não construir mais alto. Na primeira, o dono do prédio serviente se submete a que o dono do prédio dominante transite por dentro de sua propriedade. As partes poderão estabelecer se a passagem será a pé, a cavalo ou por outro veículo de transporte, sendo certo que a de maior inclui a de menor amplitude (art. 1.385, § 2º). Na segunda, o dono do prédio serviente permite que o dono do prédio dominante escoe água de sua propriedade em favor do dono do prédio dominante. As partes podem fixar limite para a retirada de água. Na terceira, ao dono do prédio dominante será lícito levar gado de sua propriedade para pastar na propriedade do prédio vizinho. As partes podem limitar a pastagem a determinada área e a horário específico. Na última, o dono do prédio serviente se compromete a não edificar acima do gabarito previsto no contrato. Em todos os exemplos citados observa-se o dono do prédio dominante extraindo alguma utilidade do prédio serviente, motivo que nos leva a reafirmar que a servidão normalmente não é gratuita. O artigo sob comento indica, outrossim, os modos de constituição das servidões prediais por ato de vontade: o contrato e o testamento. Quando realizada por contrato, tendo em vista a necessária incidência sobre bem imóvel, para a sua perfeição, necessário será, em regra, o instrumento público, pois o art. 108 do Código Civil prevê que a escritura pública é essencial para a validade dos atos jurídicos que importem em constituição de direitos reais sobre bens imóveis de valor superior a 30 vezes o salário mínimo. Na hipótese de contratante casado, indispensável será a outorga uxória ou marital, conforme o caso, ressalvada a hipótese de casamento pelo regime da separação total de bens (art. 1.647, inc. I, do CC). Para que o direito real de servidão predial se aperfeiçoe, produzindo efeitos *erga omnes*, na esteira do que prescreve o art. 1.227 do Código Civil, fundamental será o registro no cartório imobiliário da escritura. Terá o registro natureza meramente declaratória quando se tratar de testamento, pela incidência do art. 1.784 do Código Civil, que consagra o direito de *saisine*. Quando criada por ato de vontade e sempre que for fisicamente possível, a servidão predial deve ser descrita no ato constitutivo com precisão, sob pena de vulneração ao caro princípio da especialização registral. No transcorrer do estudo do tema, sobretudo no tocante aos direitos e deveres das partes envolvidas, será possível atestar que a referida delimitação é fundamental. A servidão predial por destinação do proprietário se dá quando este ostenta fisicamente uma serventia sobre dois prédios de sua propriedade e aliena um deles a outrem, preenchendo, portanto, o pressuposto de que a servidão exige titularidades diferentes para a sua constituição. Será que o adquirente do prédio, por exemplo, sobre o qual havia uma obra de passagem, terá o seu bem onerado pela servidão de passagem? Trata-se de questão polêmica, pois se de um lado existe a regra segundo a qual a servidão deve ser interpretada restritivamente, e não se presume, por outro, há que serem respeitadas as circunstâncias do caso concreto que, por sua vez, devem ser interpretadas segundo a vontade do declarante e os ditames da boa-fé. No arquivado Projeto de Lei n. 6.960/2002 havia previsão expressa para a constituição de servidão predial por destinação do proprietário com redação abrangente e precisa em que se vislumbrava a presença da servidão por destinação do proprietário, da seguinte forma: "Art. 1.379. Se, em um dos imóveis do mesmo proprietário, houver sinal exterior que revele serventia de um em favor do outro em caráter permanente, a serventia assumirá a natureza de servidão no momento em que os imóveis passarem a ter diversos donos, salvo declaração em contrário no título de transferência do domínio do imóvel alienado primeiramente. § 1º Aplicar-se-á o disposto neste artigo quando dois imóveis pertencentes a donos diversos de desmembramento de um imóvel único do mesmo proprietário anterior, que neste estabelecera serventia visível, por meio da qual uma de suas partes prestava determinada utilidade à outra, em caráter permanente, salvo declaração em contrário no título de transferência da parte que primeiramente for alienada. § 2º Não se aplicará o disposto neste artigo quando a utilidade prestada pela serventia consistir numa necessidade cujo atendimento pode ser exigido por meio de um direito decorrente da vizinhança predial, caso em que o exercício de tal direito não obrigará o seu titular ao pagamento de nenhuma indenização pela utilização da serventia". No nosso modo de ver, a previsão legal na atual codificação seria importante, mas a sua ausência não impede o reconhecimento da servidão por destinação do proprietário, uma vez provados os requisitos para essa forma de constituição, que são os seguintes: (1) aparência da servidão ou a demonstração de uma serventia que renda proveito a um dos imóveis; (2) alienação de um dos imóveis pelo titular anterior das duas titularidades; (3) ausência de cláusula expressa vedando ou afirmando a sua existência; (4) interpretação do fato conforme a boa-fé objetiva e a função social do contrato e da propriedade, respeitando, por conseguinte, as legítimas expectativas dos contratantes, nos moldes preconizados pelos arts. 112, 113, 421 e 422 do Código Civil. A servidão predial pode ser constituída por decisão judicial proferida nos autos de processo correspondente à Ação de Divisão (arts. 588 a 598 do CPC). Com efeito, prevê o art. 596, parágrafo único, II, do Código de Processo Civil que uma das regras norteadoras do trabalho dos arbitradores e do agrimensor nomeado como perito do juízo é o de aconselhar ao magistrado a instituição de servidões prediais que forem indispensáveis para a melhor exploração dos imóveis em condomínio, elaborando, ainda, o valor do orçamento que deverá ser pago ao condômino aquinhoado com direito de desfrute sobre o prédio serviente. Outra forma de constituição da servidão predial é a usucapião, que é explicitada no artigo seguinte. Passemos agora à classificação das servidões prediais. Quanto à natureza da utilização do prédio e localização, as servidões podem ser classificadas em urbanas e rústicas, sendo que uma primeira classificação surge da análise empírica. Comumente, são apontadas como urbanas as servidões utilizadas na cidade, como a servidão de não permitir ao prédio serviente que crie obstáculo para a entrada da luz no prédio dominante (*luminis*) e a que obriga o prédio serviente a não construir mais alto (*altius non tollendii*). Servidões rústicas são as utilizadas no campo, como aquela em que o prédio dominante adquire o direito de levar o gado para pastar no interior do prédio serviente (*servitus pascendi*), a de tirar água (*aquaeductus*) e as de trânsito (*iter, actus, via*). Essa classificação reveste-se apenas de efeito histórico e para demonstrar que realmente as servidões prediais podem ser ilimitadas, não tendo hoje em dia importância prática. Quanto ao modo do exercício, as servidões podem ser positivas e negativas. Servidões positivas são aquelas que permitem uma conduta positiva do dono do prédio dominante, como seria o caso da servidão de trânsito. Servidões negativas são as que se realizam exatamente pela conduta omissiva, podendo ser citada como exemplo a servidão de não construir mais alto. Quanto ao modo de exteriorização, as servidões podem ser aparentes e não aparentes. Servidões aparentes são aquelas que deixam marcas da posse e, por óbvio, permitirão a utilização dos interditos possessórios, tais como a servidão de aqueduto ou a servidão de passagem, em que as obras realizadas denotem exercício de posse. As servidões não aparentes, como a de não construir mais alto, que apenas se constituem com o registro do contrato no cartório imobiliário, não conferem proteção possessória, pois não se materializam com sinais exteriores e, logicamente, não podem ser usucapidas. Se a servidão não aparente estiver titulada e registrada no cartório imobiliário, conferirá ao dono do prédio dominante a proteção devida que pode ser tutelada mediante imposição de obrigações de fazer. Insta destacar que a servidão de passagem ou de trânsito oferece uma singular perspectiva, que é a de poder ser, ao mesmo tempo, aparente e não aparente. Com efeito, essa modalidade de servidão pode materializar atos possessórios quando, por exemplo, é construída uma estrada com canaleta para escoar as águas da chuva ou há colocação de porteiras nas duas propriedades, dentre outros sinais exteriores surgidos a partir de obras que forem realizadas. Por outro lado, pode ser que a passagem seja feita a pé, sem que se visualize o exercício da posse. A servidão aparente confere ao titular proteção possessória, conduzindo, se já não for previamente titulada e registrada, ao reconhecimento judicial de sua existência pela via originária da usucapião, uma vez presentes os requisitos do art. 1.379 do Código Civil. Quanto ao modo de exercício, as servidões podem ser positivas e negativas e também contínuas e descontínuas. Servidões contínuas são aquelas que mantêm a efetividade para a qual foram criadas, independentemente da atuação constante do seu titular. Descontínuas são aquelas que, ao contrário, exigem uma conduta humana permanente para que sejam eficazes. Como exemplo das primeiras, citamos a servidão de aqueduto, cuja transmissão da água se dê pela força motora de uma bomba d'água, ou a servidão na qual o dono do prédio serviente se obrigue a não construir mais alto, e, da segunda, a servidão de passagem ou de retirada de água por força humana. Fácil intuir que toda servidão positiva é descontínua e que toda servidão negativa é contínua. Essa classificação é importante para que possamos entender o alcance do art. 1.389, III, do Código Civil, que prevê a extinção da servidão predial pelo não uso durante dez anos consecutivos. O referido artigo somente se aplica para as servidões descontínuas, pois estas exigem uma ação humana efetiva e positiva. O direito público também se utiliza do instituto da servidão predial para atingir aos seus fins voltados ao interesse da coletividade. Seja pelo próprio ente federativo, seja por alguma pessoa jurídica delegatária de serviço público, por exemplo, de prestação de serviços de energia elétrica, gás, água e esgoto, dentre outros, é muito comum a expropriação de parte de um imóvel de propriedade particular para nele se constituir uma servidão administrativa com o escopo de assegurar a passagem de um cabo ou tubulação, fixação de antenas, dutos de gás, passagem de maquinários, retirada de água etc. Trata-se, portanto, de direito real sobre a coisa alheia, instituído por ato de império, mediante indenização e voltado para o interesse público. A grande diferença entre servidão predial e servidão administrativa é que, na primeira, verifica-se a presença de um gravame real de um prédio sobre outro, sendo o legítimo interesse do dono do prédio dominante extrair utilidades do prédio serviente, e, na segunda, a afetação se dá no interesse do serviço público. Não é de surpreender essa diferença, na medida em que é apenas o efeito natural da diferença entre o interesse privado e o interesse público. Enfim, servidão predial é instituto de direito público e servidão administrativa pertence ao direito público. O modo de constituição pode ser por contrato ou aquisição por desapropriação, tendo sempre como antecedente causal a expedição do competente decreto expropriatório com a fundamentação legal de interesse público. O art. 40 do Decreto-lei n. 3.365/1941, que estabelece as regras sobre a desapropriação por utilidade pública, prevê a possibilidade de se estabelecer servidão administrativa pelo Poder Público quando dispõe que "o expropriante poderá constituir servidões, mediante indenização na forma desta lei". Além das ações de usucapião, possessória e de nunciação de obra nova, temos ainda a ação confessória e ação negatória da servidão predial. Tal tema merece, ainda que brevemente, comentários. A ação confessória legitima o dono do prédio dominante a buscar a afirmação da servidão predial e, ato contínuo, assegurar a proteção correspondente, que pode ser uma tutela possessória, além de cumulativamente ser lícito o pleito indenizatório, como o reconhecimento de uma servidão de passagem contínua e permanente há anos e registrada no cartório imobiliário. A ação negatória objetiva exatamente o contrário, isto é, trata-se de medida judicial em que o dono do prédio serviente busca uma sentença desconstitutiva da servidão ou a declaração de que esta inexiste, como na situação em que o réu insiste que é titular de uma servidão de passagem e os documentos trazidos aos autos demonstram que o local em que deveria incidir o alegado gravame real é na verdade uma rua, espaço de uso comum do povo, reforçando, portanto, a tese de que nas vezes em que o réu passou por dentro do imóvel da autora foi apenas um ato de liberalidade que não induz posse, na forma do disposto no art. 1.207 do Código Civil. Em ambos os casos, aplica-se a regra geral *actor onus probandi*, impondo-se a necessidade da produção da prova por quem alega o fato constitutivo do direito, na forma do art. 373, I, do Código de Processo Civil.

JURISPRUDÊNCIA COMENTADA: As semelhanças entre direitos de vizinhança e servidão predial, por vezes, levam a que uma regra ou princípio que seria atinente a um instituto, acabe sendo aplicado a outro. Como exemplo desse fato pode ser apresentado um julgado muito interessante da relatoria da eminente Ministra Nancy Andrighi. Em um conflito de vizinhança acerca do direito de vista que no rigor da técnica somente poderia ser estabelecido por escritura pública registrada no cartório do registro de imóveis, a Terceira Turma do Superior Tribunal de Justiça reformou o acórdão do Estado do Rio de Janeiro, por maioria, com fundamento na vedação ao abuso do direito (art. 187 do CC). No caso, a fim de assegurar o direito de vista, ficou acertado em juízo que o vizinho que tinha construído um muro lindeiro iria garantir, mediante condições, a preservação da vista da paisagem a partir do terreno do vizinho prejudicado. Passado determinado período de tempo, o vizinho que se obrigou a respeitar a vista do outro construiu um muro verde e de forma abusiva impediu a vista panorâmica de seu vizinho. A decisão determinou o corte das árvores. Ainda que não se tenha feito uma verdadeira servidão predial de não construir mais alto com a devida escritura e registro imobiliário, como entendeu o Tribunal de origem, e, portanto, na dogmática, não haveria direito nenhum a ser tutelado, pois a faculdade de plantar é inerente ao direito de propriedade assegurado constitucionalmente e definido no art. 1.228 do Código Civil, a decisão da instância superior decidiu uma questão típica de direito de vizinhança em que não há direito de vista como se fora um caso de servidão de vista, também chamada de servidão de não construir mais alto (STJ, REsp 935.474/RJ, 3.ª Turma, Rel. Min. Ari Pargendler, Rel. p/ Acórdão Min. Nancy Andrighi, j. 19.08.2008). Ainda que, como visto, haja controvérsia na doutrina, acerca da possibilidade de constituição da servidão predial, a jurisprudência tem se posicionado pela afirmativa, como pode ser percebido nessa ementa: "Ação confessória. Servidão de passagem entre imóveis do autor. Estrada que passa pelo imóvel do réu. Perícia realizada nos autos. Sentença de procedência. Apelo dos réus. Agravo retido não acolhido. Perito não nomeado e que foi intimado para elaborar o laudo. Substituição reconhecida. Irregularidade que não compromete o laudo pericial. Mérito. Imóvel encravado em virtude de portão construído pelos réus e que impede o trânsito entre as duas propriedades dos autores. Servidão por destinação do proprietário. Conceituação. Precedente do TJSP. Descrição das matrículas dos imóveis que indicam uma ligação entre os imóveis. Laudo pericial que conclui pela existência anterior de estrada ligando os dois imóveis do autor. Espécie de servidão que prescinde do registro. Aparência e utilidade demonstradas. Autores que têm o direito ao reconhecimento do direito de passagem. Sentença mantida. Recurso desprovido" (TJSP, Apelação 3882-43.2008.8.26.0372, 21.ª Câmara de Direito Privado, Rel. Des. Virgilio de Oliveira Junior, j. 05.08.2013). O exercício pleno do direito à servidão predial, não raro, é obstaculizado por obras feitas no prédio serviente. Nesse caso, se a obra ainda está em andamento, é cabível a ação de nunciação de obra nova e, se já tiver sido ultimada, a demanda demolitória, como no caso de uma servidão predial no Município de São Miguel do Oeste, em Santa Catarina, em que o dono do prédio serviente construiu uma obra e colocou um portão inviabilizando a plena utilização da passagem assegurada por escritura registrada no cartório imobiliário em favor do titular do prédio dominante (TJSC, AC 0301769-32.2014.8.24.0067, 1.ª Câmara de Direito Civil, Rel. Des. Raulino Jacó Brüning, *DJSC* 17.12.2018). Outro ponto de tensão muito comum é a agressão ao direito possessório do titular da servidão predial como ocorreu em caso envolvendo servidão de passagem regularmente constituída e o dono do prédio serviente cometeu turbação, impedindo que parte da passagem fosse privada de trânsito, sendo julgada procedente a ação de manutenção de posse (TJRJ, APL 0013519-77.2014.8.19.0024, 24.ª Câmara Cível, Itaguaí, Rel. Des. Georgia de Carvalho Lima, j. 30.05.2018). No mesmo diapasão, o Tribunal gaúcho asseverou, ao manter a sentença de procedência em ação de reintegração de posse, que "a existência de outro acesso não impede a servidão de passagem que não se confunde com a passagem forçada. Aquela exige tão somente que proporcione utilidade, nos exatos termos do art. 1.378 do Código Civil. A servidão de passagem, ainda que não registrada, tem proteção possessória em face de quem tenha posse do prédio serviente ou lhe suceda" (TJRS, AC 0341140-04.2018.8.21.7000, 18.ª Câmara Cível, Caxias do Sul, Rel. Des. João Moreno Pomar, j. 22.11.2018). A Súmula n. 415 do STF continua tendo grande aplicação prática quando se pretende uma tutela possessória em juízo para defender uma servidão ainda não titulada, mas com marcas da posse: "Servidão de trânsito não titulada, mas tornada permanente, sobretudo pela natureza das obras realizadas, considera-se aparente, conferindo direito à proteção possessória". A 20.ª Câmara Cível do Tribunal de Justiça do Rio Grande do Sul, aplicando o referido verbete, considerou: "Caracterizada a servidão de trânsito, proporcionada pela utilização de muitos anos, verificada em caminho e justificada pela utilidade ao prédio dominante, considera-se aparente e faz jus à tutela possessória. Justifica-se o arbitramento da multa quando houver justificado receio de ineficácia do provimento final" (Apelação Cível 70045606191, Rel. Des. Carlos Cini Marchionatti, j. 23.11.2011). E também: "A necessidade de colocação de dutos em parte do imóvel do expropriado-réu com vistas à construção do gasoduto é fundamento para a constituição de servidão administrativa. Nesses casos, o laudo pericial é importante para que se alcance o valor justo da indenização a ser paga pelo Poder Público" (TJRJ, Apelação 610-66.2004.8.19.0084, 4.ª Câmara Cível, Rel. Des. Marcelo Lima Buhatem, j. 09.07.2013). Por meio do ajuizamento de ação confessória foi possível ao dono do prédio dominante conseguir determinação judicial para que fosse desobstruída passagem contínua e permanente que existia há anos devidamente registrada no ofício imobiliário (TJRS, Apelação Cível 70039881370, 20.ª Câmara Cível, Rel. Rubem Duarte, j. 27.04.2011), bem como a garantia de manutenção da servidão de água (TJSP, Apelação 9088291-42.2008.8.26.0000, 14.ª Câmara de Direito Privado, Rel. Des. Virgilio de Oliveira Junior, j. 05.11.2008). Em ação negatória visando à desconstituição da servidão predial, o pedido foi julgado procedente, pois o "substrato probatório foi convincente no sentido de que, ao contrário do que buscam fazer crer os demandados, não se revela indispensável o uso da passagem existente no imóvel da autora – utilização anterior da via por mera permissão ou tolerância – Atos que não induzem posse e nem direito à continuidade – Insistência no trânsito que se mostra ilegítima" (TJSC, Apelação Cível 2010.028618-2, Santo Amaro da Imperatriz, Rel. Des. Luiz Fernando Boller, j. 01.03.2012). Como afirmado nos comentários acima, o ônus da prova aqui segue a regra de que quem confessa ou nega a existência da servidão deve comprovar as suas alegações (TJRS, Apelação Cível 70054916440, 20.ª Câmara Cível, Rel. Carlos Cini Marchionatti, j. 26.06.2013).

REFORMA DO CÓDIGO CIVIL: Uma simples alteração da palavra "prédio" para "imóvel" a fim de simplificar a compreensão do Código Civil.

Art. 1.379. O exercício incontestado e contínuo de uma servidão aparente, por dez anos, nos termos do art. 1.242, autoriza o interessado a registrá-la em seu nome no Registro de Imóveis, valendo-lhe como título a sentença que julgar consumado a usucapião.

Parágrafo único. Se o possuidor não tiver título, o prazo da usucapião será de vinte anos.

COMENTÁRIOS DOUTRINÁRIOS: O artigo traz a previsão da possibilidade de constituição de servidão predial por usucapião. Não há nenhuma grande novidade nesse fato, pois, em tese, todos os direitos reais sobre as coisas alheias que sejam de gozo ou fruição são passíveis de prescrição aquisitiva. No caso da servidão predial, há lei expressa prevendo essa possibilidade e consolidando o posicionamento doutrinário de que, para tanto, a servidão deve ser aparente, ou seja, deixar marcas da posse, tendo em vista que esse direito é o pressuposto básico da prescrição aquisitiva. No mais, o usucapiente precisará provar os requisitos genéricos para a configuração do direito, quais sejam: o *animus domini*, a ausência de oposição e ser a posse contínua, ainda que a servidão predial seja descontínua. Aplicam-se, dessa forma, os estudos desenvolvidos por ocasião da abordagem jurídica dos requisitos da posse *ad usucapionem*. O art. 1.242 do Código Civil a que alude o *caput* do artigo em análise exige que a posse seja de boa-fé e esteja acompanhada de justo título, cujas concepções jurídicas podem ser conferidas na análise feita ao art. 1.201 do Código Civil, que define a posse de boa-fé. O parágrafo único do citado artigo nos parece incoerente com o sistema de usucapião do Código, pois o que se esperava é que o legislador seguisse a orientação clássica que constava no Código revogado, ou seja, a usucapião de servidão com justo título e boa-fé guardaria relação com o prazo do art. 1.242 do Código Civil, como de fato se verificou, e a usucapião sem justo título e boa-fé, por analogia, deveria se referir ao art. 1.238 do mesmo Código. Ocorre que o prazo para usucapião de propriedade sem justo título e boa-fé é de 15 anos e o seu congênere para a servidão predial é de 20 anos, o que nos parece que tenha sido um equívoco do legislador, pois um direito real limitado como a servidão predial não pode exigir mais tempo de posse do que a própria propriedade, que é o direito real definitivo. Entendemos que deve prevalecer a regra da lei, pois prescrição é matéria de ordem pública, não obstante a crítica apresentada. Nesse sentido, pedimos vênia para discordar do Enunciado n. 251 da *III Jornada de Direito Civil* do Conselho da Justiça Federal no sentido de que o prazo máximo para a usucapião de servidão predial seria de 15 anos e não de 20, como diz o parágrafo único do art. 1.379 do Código Civil: "O prazo máximo para o usucapião extraordinário de servidões deve ser de 15 anos, em conformidade com o sistema geral de usucapião previsto no Código Civil". Melhor seria se o Código Civil adotasse o critério que inspirou o art. 576 do anteprojeto de Código Civil elaborado por Orlando Gomes: "Aquisição pela usucapião – Pela posse incontestada e contínua de uma servidão, durante o tempo e nas condições estabelecidas para a aquisição da propriedade pela usucapião, o possuidor a estabelece em seu favor".

JURISPRUDÊNCIA COMENTADA: O reconhecimento da usucapião pode se dar de modo incidental em uma ação de reintegração de posse, como no caso em que uma pessoa que fazia a captação da água no prédio vizinho há mais de vinte anos se viu impossibilitada repentinamente de continuar exercendo esse direito. Na solução da demanda de reintegração de posse, o Tribunal mineiro decidiu que "o êxito na prova do exercício incontestado e contínuo da captação de água por prédio dominante, por período superior a vinte anos, importa na consumação da usucapião, conforme dispõe o artigo 1.379, do Código Civil. Todavia, a realização da retificação no barramento da água, obstruindo o livre curso do córrego, configura o esbulho previsto no artigo 561, do CPC/2015, ensejando a procedência do pedido reintegratório" (TJMG, APCV 1.0718.13.003302-7/002, Rel. Des. Shirley Fenzi Bertão, j. 08.03.2017, *DJEMG* 13.03.2017).

REFORMA DO CÓDIGO CIVIL: É sugerida a correção do parágrafo único do dispositivo legal em referência para constar o prazo de 15 anos para a usucapião ordinária de servidão predial, nos termos dos comentários *supra*.

CAPÍTULO II
DO EXERCÍCIO DAS SERVIDÕES

Art. 1.380. O dono de uma servidão pode fazer todas as obras necessárias à sua conservação e uso, e, se a servidão pertencer a mais de um prédio, serão as despesas rateadas entre os respectivos donos.

COMENTÁRIOS DOUTRINÁRIOS: O artigo autoriza o dono do prédio dominante a realizar obras com o objetivo de manter a utilidade plena da servidão predial. O direito de realizar as obras é um novo poder no âmbito da servidão predial e, por tal motivo, é chamado de *adminicula servitutis* ou servidões acessórias. Para tanto, o dono do prédio dominante tem o direito de entrar no prédio serviente com o material humano e de construção para a confecção da obra, sempre atento ao atributo da civilidade no exercício das servidões, respondendo pela devida reparação civil se causar dano, independentemente de culpa, aplicando-se, no caso, por analogia, a hipótese de responsabilidade civil objetiva prevista no art. 937 do Código Civil. Vários prédios podem, por exemplo, se utilizar de uma servidão predial de aqueduto, estabelecendo um estado de comunhão de servidões. Nessa hipótese, as despesas com os gastos da manutenção da servidão correrão a cargo de todos os titulares do direito real de servidão. Importa também trazer à consideração que o § 3º do art. 1.385 deste Código assegura ao dono do prédio dominante impor maior largueza à servidão predial como forma de potencializar o seu uso. O direito de realizar as obras tem o feitio cogente, pois se insere na própria essência do instituto, mas a quem compete fazê-las e quem arcará com as despesas, por se tratar de direito eminentemente patrimonial, encontra-se entregue à autonomia privada. Não há espaço para vedar que o titular da servidão predial realize obras para a manutenção da estrada que possibilite o trânsito por veículo automotor se for esse o exercício assegurado pela substância da servidão predial.

JURISPRUDÊNCIA COMENTADA: A jurisprudência tem assegurado o direito previsto neste artigo, rechaçando pretensões de nunciação de obra nova, desde que fique "comprovado que a obra realizada pelo réu está dentro dos limites da servidão que lhe beneficia, não há que se falar em paralisação desta" (TJMG, APCV 1.0629.15.000736-3/001, Rel. Des. Aparecida Grossi, j. 16.11.2017). Em situação na qual as provas documental e testemunhal se mostraram convincentes de que uma estrada onde existia direito de servidão de passagem se encontrava desnivelada, sobretudo, no período de chuva, foi assegurado ao dono do prédio dominante colocar pedra brita a fim de conservar a estrada que se situava dentro do prédio serviente, mas que era fundamental para a manutenção da servidão. O julgado também se preocupou com o exercício com civilidade da servidão, asseverando que "a conservação da passagem encontra respaldo no art. 1.380 do CC e, da forma que foi limitada na sentença, não gera perigo de dano ambiental ou da propriedade da recorrente. Foi deferido tão somente o nivelamento da estrada, por meio de colocação de pedra brita manualmente. Portanto, destina-se tão somente à manutenção da estrada, garantindo ao recorrente, assim como ao recorrido, melhor utilização da estrada, em especial nos dias chuvosos" (TJRS, Rec. Cv. 33748-13.2012.8.21.9000, 1.ª Turma Recursal Cível, Montenegro, Rel. Des. Leandro Raul Klippel, j. 13.09.2012).

Art. 1.381. As obras a que se refere o artigo antecedente devem ser feitas pelo dono do prédio dominante, se o contrário não dispuser expressamente o título.

COMENTÁRIOS DOUTRINÁRIOS: Em complemento ao disposto no artigo anterior, de modo supletivo a norma em comento estabelece que as obras devem ser feitas pelo dono do prédio dominante, se o contrário não dispuser expressamente o título. A máxima latina *ubi emolumentum, ibi onus* resume o porquê do dispositivo. Por justiça, quem tem o bônus deve arcar com o ônus, e a conservação e o uso de uma servidão interessam, pura e simplesmente, ao dono do prédio dominante, que dela extrai as utilidades de que necessita, nos termos previstos no ato constitutivo. De fato, o ganho sempre deve preceder a alguma perda. A norma é dispositiva, sendo permitido às partes que disponham em contrário no título de constituição da servidão, ocasião em que ao dono do prédio serviente competirá arcar com os gastos *supra*. Este também poderá ser convocado a arcar com as despesas se a necessidade da obra derivar de um comportamento culposo. Nada obsta que os interessados prevejam o rateio das despesas ou até mesmo prevejam percentual para cada um.

REFORMA DO CÓDIGO CIVIL: Mesma alteração proposta no art. 1.378, isto é, substituição da palavra "prédio" por "imóvel", a fim de simplificar a compreensão pelo cidadão sem formação jurídica.

Art. 1.382. Quando a obrigação incumbir ao dono do prédio serviente, este poderá exonerar-se, abandonando, total ou parcialmente, a propriedade ao dono do dominante.

Parágrafo único. Se o proprietário do prédio dominante se recusar a receber a propriedade do serviente, ou parte dela, caber-lhe-á custear as obras.

COMENTÁRIOS DOUTRINÁRIOS: Dispõe o artigo em análise que, se o custeio das obras competir ao dono do prédio serviente, este poderá ficar alforriado do dever de pagar as referidas despesas, abandonando o imóvel em favor do dono do prédio dominante. A faculdade jurídica desse abandono pode ser de todo o imóvel ou parcialmente, como seria o caso de o dono do prédio onerado abandonar a área que serve de pasto para a servidão de pastagem ou o trecho sobre o qual se realiza a passagem, mudando, com apoio na doutrina, a orientação do direito revogado que previa apenas a possibilidade de abandono total do imóvel. Essa previsão legal preocupa-se com a possibilidade eventual de a obra se mostrar extremamente custosa ou até mesmo superar o próprio valor do imóvel. Trata-se de ato unilateral potestativo, autorizado por expressa disposição legal. O Código Civil trouxe a novidade no parágrafo único do art. 1.382 estabelecendo que "se o proprietário do prédio dominante se recusar a receber a propriedade do serviente, ou parte dela, caber-lhe-á custear as obras". Na antiga codificação civil havia uma lacuna sobre como resolver o impasse de uma recusa do dono do prédio dominante de receber o imóvel. A previsão atual pacifica uma discussão jurídica em torno da solução para o destino do imóvel quando o abandono não fosse aceito. Resta claro agora que se o dono do prédio dominante se recusar a receber o imóvel, a propriedade continua sendo do prédio serviente, havendo inversão na obrigação de custear as obras, que passa a ser do prédio dominante.

REFORMA DO CÓDIGO CIVIL: Mesma alteração proposta no art. 1.378, isto é, substituição da palavra "prédio" por "imóvel", a fim de simplificar a compreensão pelo cidadão sem formação jurídica.

Art. 1.383. O dono do prédio serviente não poderá embaraçar de modo algum o exercício legítimo da servidão.

COMENTÁRIOS DOUTRINÁRIOS: Ao proibir que o dono do prédio serviente crie embaraços para o livre exercício do direito estabelecido em favor do dono do prédio dominante, o dispositivo anotado visa assegurar a manutenção da utilidade da própria servidão predial. Como exemplo de infração ao conteúdo da servidão, é possível imaginar a construção de um muro divisório sobre faixa de servidão de passagem ou fechar a passagem colocando cadeado na porteira de acesso, assim como obstar o curso da água em uma servidão de aqueduto. Trata-se de obrigação de não fazer básica do dono do prédio serviente que pode se verificar na modalidade abstinência ou tolerância. Como exemplo da primeira, temos a hipótese em que a servidão é de não construir mais alto. Nessa servidão, o dono do prédio serviente deve se abster de construir sobre a sua propriedade além do previsto no título constitutivo. Como exemplo da segunda, temos a situação criada pela servidão de passagem ou trânsito, em que o dono do prédio serviente deve tolerar que por dentro do seu prédio transite o dono do prédio dominante ou alguém sob sua ordem. Não se está dizendo com isso que o dono do prédio serviente tenha perdido os poderes dominiais sobre o imóvel que lhe pertence. Como já tivemos oportunidade de dizer, a servidão predial apenas limita, em algum sentido, os poderes da propriedade, o que não significa supressão dos poderes do domínio. A lei não estabelece as sanções para o descumprimento do preceito, mas podemos vislumbrá-las, haurindo fundamentos do ordenamento jurídico. Dessa forma, se o dono do prédio serviente pratica o que se obrigou a não fazer, poderá o dono do prédio dominante pleitear em juízo que ele reponha a situação no estado anterior, sob pena de pagamento de multa diária. Se a obra já estiver concluída, lícito será pedir a demolição da mesma. As medidas não excluem a possibilidade de pleito indenizatório. Em se tratando de obrigação de tolerância descumprida, poderá o dono do prédio dominante se utilizar das ações possessórias, pois essas servidões são aparentes, ou seja, deixam marcas da posse.

JURISPRUDÊNCIA COMENTADA: O Tribunal de Justiça paulista deferiu proteção possessória a titular de servidão predial em razão de o réu ter colocado cadeado e fechado a porteira sobre a qual era exercida a servidão de passagem. A 14.ª Câmara de Direito Privado, por unanimidade, reconheceu a comprovação da turbação do uso tranquilo e adequado da servidão configurada (Apelação 885-07.2009.8.26.0452, Rel. Des. Thiago de Siqueira, j. 22.08.2012).

REFORMA DO CÓDIGO CIVIL: Mesma alteração proposta no art. 1.378, isto é, substituição da palavra "prédio" por "imóvel", a fim de simplificar a compreensão pelo cidadão sem formação jurídica.

Art. 1.384. A servidão pode ser removida, de um local para outro, pelo dono do prédio serviente e à sua custa, se em nada diminuir as vantagens do prédio dominante, ou pelo dono deste e à sua custa, se houver considerável incremento da utilidade e não prejudicar o prédio serviente.

COMENTÁRIOS DOUTRINÁRIOS: Cuida a regra acima do direito de remoção da servidão que no Direito Civil anterior era deferido apenas ao dono do prédio serviente e hoje, por questões de equidade e isonomia, foi estendido ao dono do prédio dominante. Adotamos, nesse particular, a orientação de outros países e a recomendação da doutrina. Como o direito real atual não se compadece com o exercício emulativo ou caprichoso do direito, para que haja a mudança do local da servidão por qualquer uma das partes, mister será demonstrar a potencialização da utilização do prédio e a ausência de prejuízo para o legítimo exercício do direito decorrente da servidão predial. Assim é que, para exercer legitimamente o direito de remoção da servidão, importa que a mudança não suprima, em nenhum aspecto ou sentido, o conteúdo do exercício do direito do dono do prédio dominante, sendo esse o requisito básico do aludido direito. Modificado o local da servidão a requerimento do dono do prédio serviente, poderá o dono do prédio dominante solicitar a averbação da modificação no registro de imóveis e exigir que corram sob a sua responsabilidade as despesas decorrentes da alteração do local de exercício do gravame. Como exemplo de incremento na utilização da servidão, podemos imaginar a utilização de maquinários agrícolas mais sofisticados e pesados que necessitem transitar por dentro da propriedade do prédio serviente, exigindo a mudança do local da servidão de passagem. Nesse caso, o dono do prédio dominante é quem arcará com as despesas decorrentes da modificação do local da servidão e deverá indenizar o dono do prédio onerado.

JURISPRUDÊNCIA COMENTADA: Na forma do entendimento *supra* e da jurisprudência pacífica, o Tribunal de Justiça mineiro asseverou que, se houver "diminuição das vantagens do prédio dominante, a servidão não pode ser removida de um local para outro, pelo dono do prédio serviente, sob pena de violação do art. 1.384, do Código Civil" (TJMG, Apelação Cível 1.0084.14.002177-9/001, Rel. Des. José Arthur Filho, j. 21.02.2017).

REFORMA DO CÓDIGO CIVIL: Mesma alteração proposta no art. 1.378, isto é, substituição da palavra "prédio" por "imóvel", a fim de simplificar a compreensão pelo cidadão sem formação jurídica.

Art. 1.385. Restringir-se-á o exercício da servidão às necessidades do prédio dominante, evitando-se, quanto possível, agravar o encargo ao prédio serviente.

§ 1º Constituída para certo fim, a servidão não se pode ampliar a outro.

§ 2º Nas servidões de trânsito, a de maior inclui a de menor ônus, e a menor exclui a mais onerosa.

§ 3º Se as necessidades da cultura, ou da indústria, do prédio dominante impuserem à servidão maior largueza, o dono do serviente é obrigado a sofrê-la; mas tem direito a ser indenizado pelo excesso.

COMENTÁRIOS DOUTRINÁRIOS: A servidão, na qualidade de direito real que limita o exercício do direito de propriedade, deve ser utilizada sem exageros, com razoabilidade, de modo a não onerar o dono do prédio serviente mais do que o estritamente necessário. Consta nas fontes romanas que o exercício de uma servidão predial exige civilidade (*civiliter*). Por esse princípio, a utilização deve se restringir ao necessário, evitando-se, sempre que possível, agravar o encargo ao prédio serviente. Conforme já tivemos oportunidade de anotar ao estabelecer as características do instituto, a servidão predial não se presume. Sendo assim, estabelece o § 1º um corolário importante dessa assertiva, pois se a servidão foi estabelecida para o fim de permitir que o gado do dono do prédio dominante paste na propriedade do prédio serviente, não se poderá essa permissão incluir o direito de tirar água. Malgrado ostentem as servidões prediais a característica de serem ilimitadas e não taxativas como os direitos de vizinhança como já apontado, o § 2º é o único dispositivo que faz referência expressa a uma modalidade de servidão predial que é a mais presente na sociedade: a servidão de passagem. A norma materializa o argumento hermenêutico *a fortiori* que nos fornece a máxima de que aquele que pode o mais pode o menos. Destarte, se sou titular de uma servidão para passar de caminhão, poderei transitar de carro, de cavalo ou a pé, mas o contrário não acontece. No Direito Romano, a servidão de passagem era dividida em *iter* (passar a pé), *actus* (passar com o rebanho) e *via* (passar com carro de boi ou outro veículo). Desde o Direito Romano, portanto, que a servidão predial de passagem comporta os graus de amplitude atuais, modificando-se apenas os meios de comunicação. É na visão da função social da propriedade constitucional que deve ser compreendida a norma jurídica que permite ao dono do prédio dominante impor maior largueza ao exercício da servidão em função da cultura explorada no prédio ou da necessidade de incrementar a sua indústria, podendo exercer o direito potestativo de aumentar a amplitude de seu direito se comprovada a importância desse aumento de restrição para a sociedade, assegurado ao dono do prédio serviente o direito a indenização pela nova limitação criada. Essa regra está contida no § 3º e tem por consequência a mitigação do rigor do princípio de que a servidão predial não se presume.

JURISPRUDÊNCIA COMENTADA: Pela norma estudada, o regular exercício da servidão predial exige do seu titular um comportamento que torne a utilização do bem alheio o menos gravosa possível. Desta forma, se for possível a utilização de uma via alternativa de passagem de modo a garantir o direito de privacidade do dono do prédio serviente, autor da ação possessória, este deve ser assegurado, cujos custos de manutenção (arts. 1.380 e 1.381 do CC) competem, em regra, ao dono do prédio dominante (TJMS, AC 0800095-83.2012.8.12.0028, 5.ª Câmara Cível, Rel. Des. Sideni Soncini Pimentel, *DJMS* 03.08.2018).

REFORMA DO CÓDIGO CIVIL: Mesma alteração proposta no art. 1.378, isto é, substituição da palavra "prédio" por "imóvel", a fim de simplificar a compreensão pelo cidadão sem formação jurídica.

Art. 1.386. As servidões prediais são indivisíveis, e subsistem, no caso de divisão dos imóveis, em benefício de cada uma das porções do

prédio dominante, e continuam a gravar cada uma das do prédio serviente, salvo se, por natureza, ou destino, só se aplicarem a certa parte de um ou de outro.

COMENTÁRIOS DOUTRINÁRIOS: Uma das características das servidões prediais é a indivisibilidade que persiste mesmo se os prédios forem partilhados. De fato, a servidão predial grava o prédio serviente e beneficia o prédio dominante por inteiro. Assim é que mesmo havendo partilha dos bens entre os herdeiros, a servidão predial continua onerando ou beneficiando os prédios. Sendo a servidão predial indivisível, não poderá ser dito que ela incide em favor de parte ideal de um condômino, por exemplo. Ainda que o imóvel seja partilhado pela realização de um parcelamento ou por uma divisão em unidades autônomas em condomínio, a servidão que o gravava manter-se-á intacta. A partilha do prédio pode levar a que uma parte ideal do terreno no local em que a servidão estiver instalada passe a pertencer à mesma pessoa. Nesse caso, teremos a divisão da servidão, pois como sabido, não há servidão sobre a própria coisa. Outra exceção se dará se, na divisão de um prédio ou de outro, competir a uma ou mais pessoas o local do exercício da servidão. Nesse caso, outros titulares do prédio em que, por destino, ou natureza, não houver a utilização da servidão, não sofrerão o gravame ou, se a divisão ocorrer no prédio dominante, pelo mesmo motivo, não existirá ocasião para o exercício do direito.

REFORMA DO CÓDIGO CIVIL: Mesma alteração proposta no art. 1.378, isto é, substituição da palavra "prédio" por "imóvel", a fim de simplificar a compreensão pelo cidadão sem formação jurídica.

CAPÍTULO III
DA EXTINÇÃO DAS SERVIDÕES

Art. 1.387. Salvo nas desapropriações, a servidão, uma vez registrada, só se extingue, com respeito a terceiros, quando cancelada.

Parágrafo único. Se o prédio dominante estiver hipotecado, e a servidão se mencionar no título hipotecário, será também preciso, para a cancelar, o consentimento do credor.

COMENTÁRIOS DOUTRINÁRIOS: O cancelamento de gravame real da servidão predial é um tipo de averbação e se encontra arrolado no art. 167, II, 2, da Lei de Registros Públicos (Lei n. 6.015/1973). A mesma lei estatui que "o cancelamento efetuar-se-á mediante averbação, assinada pelo oficial, seu substituto legal ou escrevente autorizado, e declarará o motivo que o determinou, bem como o título em virtude do qual foi feito" (art. 248). No tocante especificamente ao cancelamento da servidão predial, preconiza o art. 257 da referida lei que "o dono do prédio serviente terá, nos termos da lei, direito a cancelar a servidão". Como o delegatário ou seus prepostos para fins de cancelamento da servidão predial devem aferir com segurança uma das hipóteses legais estabelecidas no Código Civil, a necessidade ou não de demanda judicial dependerá da situação fática prevista. Se esta puder se provar mediante simples documento, como seria o caso, por exemplo, da renúncia ou da compra do imóvel gravado pelo dono do prédio dominante, dispensada estará a via judicial, mas se for pelo não uso da servidão ou a cessação da utilidade desta, com o qual não concorda o dono do prédio dominante, por exemplo, indispensável será a sentença judicial correspondente. Não raro, a servidão predial representa para o seu titular um alto valor econômico, que será levado em consideração em eventual execução hipotecária. Por tal motivo, o parágrafo único preconiza que, estando o imóvel gravado com hipoteca, o credor hipotecário que é titular de direito real de garantia sobre o imóvel deverá legitimar a extinção por intermédio de seu consentimento. Essa importante previsão não constava no Código Civil revogado, mas já se encontrava presente no art. 256 da Lei de Registros Públicos (Lei n. 6.015/1973), que assim prevê: "O cancelamento da servidão, quando o prédio dominante estiver hipotecado, só poderá ser feito com aquiescência do credor, expressamente manifestada".

JURISPRUDÊNCIA COMENTADA: Em lide estabelecida por uma associação esportiva em face de um hospital, a 25.ª Câmara de Direito Privado do Tribunal de Justiça do Estado de São Paulo deu ganho de causa ao autor, determinando ao réu a demolição de muro edificado no eixo do caminho de servidão de trânsito, cuja prova foi o registro do referido ônus real no cartório imobiliário competente e o fundamento de que a servidão somente se extingue quando cancelada regularmente, o que não teria ocorrido no caso. Como se pode perceber, a averbação do cancelamento possui efeito constitutivo (APL 0031000-82.2007.8.26.0451, Rel. Des. Claudio Hamilton, j. 12.03.2015).

REFORMA DO CÓDIGO CIVIL: Mesma alteração proposta no art. 1.378, isto é, substituição da palavra "prédio" por "imóvel", a fim de simplificar a compreensão pelo cidadão sem formação jurídica.

Art. 1.388. O dono do prédio serviente tem direito, pelos meios judiciais, ao cancelamento do registro, embora o dono do prédio dominante lho impugne:

I – quando o titular houver renunciado a sua servidão;

II – quando tiver cessado, para o prédio dominante, a utilidade ou a comodidade, que determinou a constituição da servidão;

III – quando o dono do prédio serviente resgatar a servidão.

COMENTÁRIOS DOUTRINÁRIOS: O artigo em destaque estabelece as hipóteses legais em que o dono do prédio serviente, onerado com a servidão predial, poderá providenciar o cancelamento do registro junto ao cartório do registro de imóveis. A renúncia é ato unilateral abdicativo de um direito ou de um interesse. No caso, o titular do direito, ou seja, o dono do prédio dominante poderá abrir mão do direito real sobre a coisa alheia de servidão predial, desonerando o prédio serviente. A renúncia somente produzirá os efeitos queridos por ocasião do registro do ato junto ao cartório imobiliário competente. No Código anterior havia a previsão da extinção da servidão predial de passagem em decorrência da construção de estrada pública de acesso. O Código atual generaliza a hipótese específica que constava no direito revogado e, em síntese, é possível compreender que a servidão predial pode ser extinta quando cessar a utilidade ou comodidade que animou a sua constituição. Dessa forma, além do exemplo aludido, podemos imaginar a extinção de uma servidão predial de pastagem por ter o dono do prédio dominante se dedicado exclusivamente à agricultura, ou continuar com a pecuária, mas utilizar-se de outra técnica que não mais necessite de área do prédio alheio para levar o gado para pastar, ou ainda, o término de uma servidão de aqueduto pela possibilidade de escoamento de águas provindas da concessionária de serviço público. O comentado inciso demonstra, uma vez mais, que o elemento caracterizador da servidão predial é a utilidade. O resgate da servidão decorre das manifestações de vontade dos donos dos prédios dominante e serviente no sentido de pôr fim ao gravame antes estabelecido. O prédio será liberado do ônus real por meio de um distrato que deverá, segundo regra cogente do art. 472 do Código Civil, ser feito pela forma exigida para o contrato, ou seja, por escritura pública (art. 108 do CC), que somente produzirá os efeitos esperados com o cancelamento da servidão no registro de imóveis. Normalmente, o resgate se dá onerosamente em favor do dono do prédio dominante. Talvez por esse motivo a lei se refira ao resgate pelo dono do prédio serviente.

JURISPRUDÊNCIA COMENTADA: A forma de extinção deste artigo que costuma ser levada a juízo é aquela em que o dono do prédio serviente busca demonstrar que a servidão perdeu a utilidade ou a comodidade e o dono do prédio dominante resiste. Os Tribunais, atentos à funcionalidade do domínio e à aplicação do inciso II do dispositivo legal comentado, têm determinado a extinção da servidão de passagem por uma escadaria quando é aberta rua pública com a possibilidade de utilização da parte frontal da residência do prédio dominante (TJES, APL 0000285-12.2005.8.08.0004, 2.ª Câmara Cível, Rel. Des. Namyr Carlos de Souza Filho, j. 20.02.2018). Da mesma forma, quando há perda da utilidade de passagem por conta da alteração da atividade econômica implementada nos imóveis rurais confrontantes (TJGO, AC 0235130-35.2011.8.09.0138, 4.ª Câmara Cível, Rio Verde, Rel. Des. Kisleu Dias Maciel Filho, *DJGO* 17.02.2016). Outros casos no mesmo sentido podem ser exemplificados: "Agravo de instrumento. Extinção de servidão de passagem. Abertura de rua dando acesso ao imóvel dos agravados. Redes de água e esgoto e elétrica. Possibilidade de realocação confirmada pelas empresas prestadoras dos serviços. Mudança da situação fática confirmada. Verossimilhança das alegações demonstrada. Idade da parte, impossibilidade de integral utilização da propriedade em decorrência da servidão, e potencialidade de comercialização do imóvel não configuram dano irreparável ou de difícil reparação, a ensejar a antecipação da tutela. Poder geral de cautela. Animosidade recíproca. Via alternativa de acesso. Razoabilidade da medida que determina a não utilização da servidão, até a solução final do litígio (art. 273, § 7º, do CPC)" (TJPR, Apelação 902836-6, 17.ª Câmara Cível, Rel. Des. Stewalt Camargo Filho, j. 30.01.2013); "1. Extinção de servidão. Ação declaratória. 2. Limitação da propriedade para passagem de cabos telefônicos. 3. Avanço da tecnologia levando à desnecessidade de permanência da servidão. 4. Eventual manutenção na utilização da propriedade terá que ser indenizada, sendo matéria a ser discutida em demanda própria. 5. Recurso manifestamente improcedente, ao qual se nega seguimento, na forma do art. 557 do C.P.C." (TJRJ, Apelação 330-28.2010.8.19.0006, 4.ª Câmara Cível, Rel. Des. Mário dos Santos Paulo, j. 21.09.2011).

REFORMA DO CÓDIGO CIVIL: A par da adoção da nomenclatura imóvel dominante e serviente em substituição a prédio dominante e serviente, a proposta apresenta importante previsão que vai ao encontro das alterações legislativas que envolvem a atividade, no caso, dos delegatários registradores, trazendo a expressa possibilidade de cancelamento da servidão por meio extrajudicial. O *caput* prevê expressamente que o dono do imóvel serviente tem direito ao cancelamento da servidão, por meios judicial ou extrajudicial, e os dois parágrafos aqui referidos dão o norte para a sua efetivação: "§ 1º O cancelamento do registro pelo meio extrajudicial se dará diretamente perante o Cartório de Registro de Imóveis, cabendo ao oficial analisar a presença dos requisitos previstos neste dispositivo, por prova estritamente documental, e a concordância do titular do direito de servidão.§ 2º Em casos de existência de dúvidas pelo oficial de Registro de Imóveis, a parte interessada será remetida à via judicial".

Art. 1.389. Também se extingue a servidão, ficando ao dono do prédio serviente a faculdade de fazê-la cancelar, mediante a prova da extinção:

I – pela reunião dos dois prédios no domínio da mesma pessoa;

II – pela supressão das respectivas obras por efeito de contrato, ou de outro título expresso;

III – pelo não uso, durante dez anos contínuos.

COMENTÁRIOS DOUTRINÁRIOS: O art. 1.389 do Código Civil complementa as hipóteses de extinção da servidão predial. A primeira delas é a confusão. Na análise das características das servidões prediais tivemos oportunidade de anotar que não há servidão sobre a própria coisa (*nulli res sua servit*), sendo causa de extinção a aquisição posterior do prédio dominante pelo dono do prédio serviente ou vice-versa. Ocorrendo a previsão legal, não teremos mais servidão na acepção técnica da palavra, e sim uma serventia. A segunda é a supressão das obras realizadas para possibilitar o exercício da servidão, que denota uma postura contrária à continuidade da servidão. Só que a lei exige que as partes convertam em documento o desfazimento das obras, possibilitando, com esse proceder, o cancelamento da servidão junto ao registro de imóveis. Trata-se de previsão das mais interessantes esta que ocupa a última hipótese prevista no artigo comentado de extinção da servidão na codificação, pois o poder de uso inerente ao direito subjetivo de propriedade, na sua visão negativa, corresponde exatamente ao direito de não uso. Sucede, contudo, que no tocante à servidão predial, esse não pode ser o raciocínio, pois esse instituto que onera um prédio apenas se justifica pela inexcedível presença da utilidade. Dessa forma, se o dono do prédio dominante não está usando da servidão pelo prazo de dez anos, é porque a mesma não se mostra mais útil, e numa ótica de funcionalização dos institutos jurídicos, correta se mostra a extinção do ônus real. Essa modalidade de prescrição liberatória aplica-se em todas as modalidades de servidões que exijam um comportamento positivo do titular, ou seja, aquelas cujo desuso leva a que, com o tempo, acabe perdendo a sua eficácia. Incluem-se nesse rol as servidões não aparentes, pois estamos lidando com caducidade de direitos e não aquisição por usucapião, que apenas se verifica em servidões que deixam marcas da posse, isto é, as servidões aparentes de que se falou na classificação (comentários ao art. 1.378 do CC). Constitui ônus do dono do prédio serviente comprovar que após a constituição da servidão predial, o dono do prédio dominante parou de se servir da mesma. A ausência de uma prova robusta nesse sentido acarretará inapelavelmente a improcedência do pedido. Nas servidões contínuas negativas, o prazo se inicia quando o dono do prédio serviente realizar aquilo que se obrigou a não fazer. Nas servidões descontínuas positivas, a inércia será do próprio dono do prédio dominante que, por exemplo, deixa de transitar por dentro do prédio serviente ou de levar o gado para pastar. Importa não olvidar que a ocorrência do não uso deverá ser afirmada e provada em juízo, sendo a sentença o documento apto a ser levado ao cartório imobiliário para o devido cancelamento do gravame. A desapropriação é modo de perda da propriedade para o particular e modo de aquisição para o Estado como manifestação de sua autoridade, realizando-se mediante contraprestação estatal que se dá na maioria das vezes por indenização, não servindo de óbice a eventual existência de relação de direito real ou pessoal, pois deve se respeitar a supremacia do interesse público e o princípio da função social da propriedade. Tal procedimento pode se dar também para o fim de extinguir um direito real menor, como é o caso da servidão predial direta ou indiretamente. Imaginemos uma situação em que o Estado necessite desapropriar um imóvel para nele construir um hospital de oito andares e tal bem, em que há uma casa de alvenaria, encontra-se gravado com uma servidão predial de não construir mais alto do que dois andares. Nesse caso, o Estado deverá indenizar o dono do imóvel sobre o qual irá construir o nosocômio e também o dono do prédio dominante, que perderá, em atenção ao inafastável interesse público, seu direito subjetivo de conteúdo patrimonial e que lhe permitia desfrutar de uma bela vista para um vale. O Estado poderá desapropriar também o prédio dominante e o serviente, ocasião em que pela regra de que não há servidão sobre a própria coisa, estará extinto também o gravame real. Pode suceder, outrossim, que o Estado renuncie ao direito de servidão predial que, no caso concreto, não se mostra importante socialmente para os fins a que se destina a servidão predial. Se na propriedade original havia uma servidão de aqueduto, pois o proprietário anterior explorava o ramo da piscicultura, e o Estado pretende agora fazer no local uma escola, o ônus real perdeu completamente a utilidade que tinha antes da desapropriação do imóvel. A desapropriação ocasionará o dever de indenizar ao proprietário pela perda do bem na forma disciplinada pela lei maior no art. 5º, XXIV: "A lei estabelecerá o procedimento para desapropriação por necessidade ou utilidade pública, ou por interesse social, mediante justa e prévia indenização em dinheiro, ressalvados os casos previstos nesta Constituição". Assim, a delimitação do interesse público deve estar embasada na lei, em alguma hipótese de interesse social (Lei n. 4.132/1962) ou de utilidade pública (Decreto-lei n. 3.365/1941), ou mesmo para fins de reforma agrária ou urbana, ocasião em que o pagamento se dará por títulos da dívida pública. Conforme se depreende da leitura do *caput* do art. 1.387 do Código Civil, a extinção da servidão predial por desapropriação dispensa pedido de cancelamento formal junto ao registro de imóveis, pois o registro da Carta de Sentença ou da Escritura Pública, conforme o caso, é suficiente para provocar o cancelamento da servidão predial, produzindo efeitos em relação a terceiros. A última modalidade de extinção da servidão predial é denominada de *usucapio libertatis* que pode ocorrer à semelhança de direito português (art. 1.574 do CCP) quando houver um exercício constante de oposição por parte do dono do prédio serviente ao direito estabelecido em favor do dono do prédio dominante. A situação se assemelha, mas não se confunde, com o não uso, em razão de existir um comportamento ativo e ostensivo por parte do dono do prédio onerado em sentido contrário ao exercício da servidão, sem que haja uma reação. Também não é usucapião, que é uma manifestação de prescrição aquisitiva em que o tempo funciona como uma energia criadora. Acreditamos que a despeito de essa espécie de prescrição liberatória não constar expressamente em nosso Código Civil, é possível a sua aplicação, valendo-se do prazo de vinte anos exigido para a constituição de servidão predial por usucapião (art. 1.379), pois se o ato de oposição feito pelo dono do prédio dominante perdurar durante todo esse tempo, por óbvio que a servidão predial demonstra que perdeu a atualidade da função social do instituto.

JURISPRUDÊNCIA COMENTADA: Para fins de aplicação do inciso III deste artigo, a jurisprudência tem indicado a necessidade de prova robusta de não uso da servidão por mais de dez anos (TJRJ, APL 0002344-62.2007.8.19.0079, 2.ª Câmara Cível, Petrópolis, Rel. Des. Paulo Sergio Prestes dos Santos, *DORJ* 28.07.2017), assim como confirmado a orientação da necessidade imperiosa de que a desconstituição por não uso seja submetida ao crivo judicial. Assim, mesmo que uma passagem não seja utilizada por mais de trinta anos, "até que sobrevenha eventual decisão judicial em sentido contrário, permanece válida e eficaz a servidão particular, devidamente anotada no RGI do imóvel em questão" (TJRJ, AI 0066014-68.2017.8.19.0000, 15.ª Câmara Cível, Rio de Janeiro, Rel. Des. Gilberto Clovis Farias Matos, *DORJ* 22.02.2018).

REFORMA DO CÓDIGO CIVIL: É sugerida a inclusão de três incisos com possibilidades de acarretar a extinção da servidão, quais sejam, a desapropriação dos imóveis envolvidos, a destruição de um ou dos dois imóveis sobre os quais recaem a servidão ou o inadimplemento de obrigações assumidas pelas partes.

TÍTULO VI
DO USUFRUTO

CAPÍTULO I
DISPOSIÇÕES GERAIS

Art. 1.390. O usufruto pode recair em um ou mais bens, móveis ou imóveis, em um patrimônio inteiro, ou parte deste, abrangendo-lhe, no todo ou em parte, os frutos e utilidades.

COMENTÁRIOS DOUTRINÁRIOS: Usufruto é um direito real sobre a coisa alheia, exercido pelo usufrutuário, que adquire o direito temporário de uso e fruição do bem pertencente ao nu-proprietário, utilizando do mesmo e extraindo todas as vantagens possíveis com a obrigação de preservação da substância da coisa sobre a qual o direito incide e restituir finda a condição ou termo que o instituiu. O dever de conservação da substância da coisa a ser observado pelo usufrutuário é da natureza do instituto, cuja inobservância pode ensejar a extinção do gravame real, sem prejuízo das perdas e danos. Aquele que usa e extrai do bem frutuário suas vantagens, deve ter um cuidado especial em conservá-lo, devendo conferir-se ao vocábulo "substância" o sentido amplo de respeito às qualidades e modo de utilização da coisa no momento da constituição do direito outorgado ao usufrutuário de usar e fruir da coisa alheia para fins de gozo e fruição. O usufruto tem como partes o nu-proprietário e o usufrutuário. O nu-proprietário é quem desdobra os poderes dominiais de usar e fruir em favor da outra parte, que se chama usufrutuário. Vê-se, de logo, a coexistência de dois direitos reais, o do proprietário e o do usufrutuário, que tem direito de usar a coisa e extrair os seus frutos, desde que a conserve e restitua no tempo devido. Integra a sua essência até os dias atuais a ideia de auxílio e assistência familiar de um modo geral, mas também está presente especificadamente no direito de família, quando se trata do usufruto dos pais sobre os bens dos filhos (art. 1.689, I, do CC), sem o prejuízo de outras searas, como nas sucessões por conta do testamento, no direito contratual no tratamento do contrato de doação e na previsão constitucional do § 2º do art. 231, que estabelece o direito do indígena ao usufruto exclusivo das riquezas do solo, dos rios e dos lagos neles existentes. O legislador atual, em que pese não apresentar uma definição do instituto como fazia a lei anterior (art. 713 do CC/1916), não se olvidou de no artigo em tela afirmar que o usufruto pode recair em um ou mais bens, móveis ou imóveis, em um patrimônio inteiro, ou parte deste, abrangendo-lhe, no todo ou em parte, os frutos e utilidades. Assim é que, diferentemente da servidão predial, que somente pode ter por objeto bem imóvel, o usufruto, além das referências legais acima expendidas, ainda pode ter por objeto títulos de crédito (art. 1.395 do CC), ações das sociedades anônimas e até poderia ser concedido em favor do exequente, a incidir sobre bens móveis ou imóveis do executado, até a satisfação do crédito daquele, nos termos dos arts. 716 e seguintes do CPC/1973, o que não tem correspondência exata no CPC/2015. Tal dispositivo encontra mera semelhança com o que dispõem os arts. 867 a 869 do CPC/2015, que facultam a penhora sobre frutos e rendimentos de coisa móvel ou imóvel, na execução, inobstante, neste caso, não haja a constituição de direito real. Ao estabelecer que, em regra, os frutos acessórios da coisa seguem a sorte do principal, o art. 1.392 deste Código, para o qual remetemos o leitor, complementa em seus parágrafos o alcance do objeto do usufruto. As principais características do instituto são as seguintes: realidade, caráter personalíssimo e temporariedade. O usufruto não é mais servidão pessoal como no Direito Romano e, mesmo quando é constituído por contrato, possui natureza de direito real, com a presença de todas as características inerentes a esse ramo; dentre elas, as mais importantes são a incidência sobre coisa determinada, sequela, oponibilidade *erga omnes* e o fato de que o titular exerce o seu direito de desfrute diretamente, ou seja, sem a interveniência de outra pessoa. O usufruto é instituído *intuitu personae*, e não se transmite aos herdeiros, sendo a morte o seu termo final máximo. Outro fato que ressalta o aspecto personalíssimo do instituto está na vedação à alienação, gratuita ou onerosa, do referido direito real, prevista no art. 1.393 do Código Civil que apenas admite a cessão do usufruto. Diferentemente da servidão predial, que tende à perpetuidade, o usufruto é eminentemente temporário, podendo ser constituído por certo prazo, sob certa condição, para determinada finalidade ou durante a vida do usufrutuário (usufruto vitalício). Em se tratando de pessoa jurídica, o prazo máximo é de trinta anos (art. 1.410, III, do CC). O instituto se assemelha de modo mais significativo com o fideicomisso, comodato e locação. Com relação ao fideicomisso, há um equívoco clássico quando o usufruto é constituído por disposição de última vontade e o testador ou o tabelião, por ele, se refere à expressão usufruto sucessivo. Tal modalidade de usufruto não é admitida no Brasil, sendo o fideicomisso uma das formas técnicas de possibilitar a substituição testamentária ao lado da chamada substituição vulgar, na qual o testador apenas indica outra pessoa que substitua o herdeiro ou legatário originário na hipótese de este não querer ou não poder receber a herança. Os institutos do usufruto e do fideicomisso, portanto, não podem ser confundidos. No fideicomisso, a liberalidade permite o exercício da propriedade de forma sucessiva, ao passo que no usufruto, nu-proprietário e usufrutuário exercem os poderes dominiais simultaneamente. O usufruto possui natureza jurídica de direito real sobre a coisa alheia de gozo ou fruição, ao passo que o fideicomisso é instituto afeto ao direito das sucessões, inserido no capítulo da substituição fideicomissária, cuja configuração básica é prevista no art. 1.951 do mesmo corpo de leis: "Pode o testador instituir herdeiros ou legatários, estabelecendo que, por ocasião de sua morte, a herança ou o legado se transmita ao fiduciário, resolvendo-se o direito deste, por sua morte, a certo tempo ou sob certa condição, em favor de outrem, que se qualifica de fideicomissário". Outra diferença marcante é o fato de o fideicomisso gerar para o fiduciário uma propriedade resolúvel (art. 1.359 do CC), mas com todos os poderes inerentes ao domínio, e o usufrutuário ostentar apenas o poder de uso e fruição sobre um bem. Se houver dúvidas para saber se a disposição de última vontade se referia a um fideicomisso ou a um usufruto simultâneo, mister atentar para o que dispõe o art. 1.899 do Código Civil que, dando ênfase à interpretação teleológica, impõe: "Quando a cláusula testamentária for suscetível de interpretações diferentes, prevalecerá a que melhor assegure a observância da vontade do testador". Assim, se notarmos que o testador deu à propriedade um caráter de sucessividade, teremos um fideicomisso, e se o testador deixou para uma pessoa a nua-propriedade e para outra, simultaneamente, o poder de usar e fruir, estaremos diante de um usufruto, independentemente do nome que se dê aos institutos. O comodato é uma espécie de empréstimo que se assemelha muito ao usufruto, pois é igualmente gratuito e, em regra, personalíssimo, incidindo igualmente sobre bens infungíveis, em que cabem ao comodatário a posse direta e o dever de conservação da substância da coisa para depois restituí-la ao comodante, a quem é assegurada a posse indireta. Da mesma forma como acontece no usufruto, o comodante proporciona ao comodatário uma comodidade (*commodum datum*), tendo forte caráter assistencialista e, por inúmeras vezes, familiar, sendo rara a situação de disponibilizar ao comodatário o poder de fruição. A locação é contrato oneroso que incide sobre bens infungíveis, que provoca desdobramento da posse; o locatário assume a obrigação de conservar o bem como se fosse seu e não possui o caráter assistencialista que se vislumbra no comodato e no usufruto. Entende a doutrina, contudo, que é válida a constituição de usufruto oneroso por ato *inter vivos* e, nesse caso, os pontos de contato entre os institutos se fazem mais presentes. Por testamento somente se admite a forma gratuita, parecendo-nos ser possível, nesse caso, a estipulação de um encargo que não afasta, mas apenas limita, a liberalidade testamentária. Como se pode ver, não faltam entre os institutos pontos de contato. A grande diferença reside na natureza jurídica real do usufruto (eficácia *erga omnes*) em contraponto com a natureza pessoal do comodato e da locação (eficácia *inter partes*). Disso resulta, por exemplo, que se o comodante ou o locador alienar o bem que serve de objeto do contrato e, neste último caso, não houver cláusula de vigência registrada no cartório imobiliário (imóvel) ou de títulos e documentos (móvel), poderá o adquirente denunciar o pacto, trazendo para si a posse plena do bem. Se o nu-proprietário alienar o bem sobre o qual incide o usufruto, o usufrutuário continuará exercendo seu direito, tendo em vista a sequela, atributo inerente ao direito real. Outro ponto de diferença é o reconhecimento de que o direito do usufrutuário tem maior densidade do que o do comodatário ou locatário, pois ao primeiro se assegura o direito de uso e fruição, podendo, portanto, alugar ou até mesmo emprestar. O comodatário e o locatário, exceto na locação rural (arrendamento rural), não podem extrair frutos da coisa e, para subcontratar ou ceder o contrato, necessitam do consentimento prévio e expresso do comodante ou do locador, sob pena de resolução do contrato com culpa, sendo que ao usufrutuário, como visto linhas acima, é lícito fazer a cessão gratuita ou onerosa do usufruto.

JURISPRUDÊNCIA COMENTADA: O descumprimento da obrigação de conservar a substância da coisa pode ensejar a extinção do usufruto a pedido do nu-proprietário cumulada com pedido de perdas e danos (TJMG, Apelação

1.0720.05.022281-2/001, 12.ª Câmara Cível, Rel. Des. José Flávio de Almeida, j. 07.07.2010). O direito de fruição do usufrutuário é passível de pedido de penhora por seu credor. Em outro giro, descabe pedido de embargos de terceiro por parte do nu-proprietário, pois este não tem direito a ser protegido, tendo em vista que a constrição se restringe à percepção dos frutos da coisa (TJMS, APL 0801279-95.2012.8.12.0021, 2.ª Câmara Cível, Rel. Des. Paulo Alberto de Oliveira, *DJMS* 02.06.2017).

Art. 1.391. O usufruto de imóveis, quando não resulte de usucapião, constituir-se-á mediante registro no Cartório de Registro de Imóveis.

COMENTÁRIOS DOUTRINÁRIOS: O usufruto pode ser constituído por contrato, testamento, usucapião e lei. A constituição por decisão judicial não mais se identifica a partir da vigência do Código Processo Civil de 2015, que não repetiu o disposto nos arts. 716 a 724 do CPC/1973. Analisemos cada possibilidade isoladamente. O usufruto pode nascer da realização de um negócio jurídico que, por sua vez, pode se apresentar de duas formas. Na primeira, o proprietário desdobra em favor do usufrutuário os poderes de usar e fruir, reservando consigo a faculdade de alienação e a sequela sobre o bem (usufruto por alienação). Transforma-se em nu-proprietário e possuidor indireto pela voluntária restrição de seu direito real e faz do usufrutuário possuidor direto e titular do direito de utilizar o bem e dele extrair as vantagens permitidas pelo contrato. A segunda possibilidade é bastante comum e se denomina doação com reserva de usufruto (ou usufruto por retenção). Ocorre quando o proprietário doa um bem seu a outrem com a reserva de exercer sobre o mesmo um usufruto que, na maioria das vezes, é vitalício. Era chamada no Direito Romano de *deductio usufructu* e é utilizada, como regra, entre familiares que anseiam dispor de seu patrimônio em vida, mas temem em doar o bem e eventualmente ser dele privado pelo donatário, ficando em uma situação de necessidade e até mesmo de penúria por perder a moradia. Circunstância essa que, por vezes, pode ser perpetrada pelo próprio filho beneficiado. Então, como estratégia protetiva, os genitores, por exemplo, doam os bens a seus filhos, mas reservam consigo o poder de usar e fruir enquanto viverem. Desfazem-se da nua-propriedade, mas permanecem na posse direta do bem. Trata-se de manifestação de vontade absolutamente lícita e bastante utilizada no meio social e jurídico. Não há proibição para que se faça a venda de um bem e o vendedor reserve o usufruto por um tempo, até mesmo enquanto viver, sobre o bem alienado, mas nunca tivemos oportunidade de ver esse negócio jurídico na prática nem ouvir falar de que alguém o fez, pois, a nosso sentir, quando há o interesse jurídico de que o alienante permaneça no bem por um período de tempo, as partes entabulam no ato da venda o constituto-possessório, tema a que nos dedicamos no estudo da aquisição da posse. O art. 548 do Código Civil dispõe que "é nula a doação de todos os bens sem reserva de parte, ou renda suficiente para a subsistência do doador". Na doação com reserva de usufruto não se aplica a aludida proibição, pois com a proteção da retenção do direito de usar e fruir, o doador ficará assegurado do necessário para a sua subsistência, assim como não há a necessidade de prestação de caução, pois o doador se converte em usufrutuário de um bem que já administrava antes da criação do direito real. Outro efeito da doação com reserva de usufruto encontra-se no parágrafo único do art. 1.400 do Código Civil ao dispensar o usufrutuário de prestar caução. O fundamento da dispensa está em que, realizando uma liberalidade e permanecendo o doador como usufrutuário enquanto viver, isto é, concentrando os poderes internos da titularidade consigo – usar e fruir –, se tivesse que prestar caução, seria o mesmo que dar uma garantia para si mesmo. Vale dizer, o doador e atual ex-proprietário permanece com o bem, mantendo os poderes e administração que já tinha sobre o mesmo. Adotando-se a transferência do desfrute de um bem ou permanecendo com ele e transferindo a nua propriedade, é possível a constituição de usufruto com encargo para o usufrutuário. Com o mesmo fundamento, podem as partes acertar, por exemplo, ressalva contratual em favor do nu-proprietário que permita a ele utilizar ou extrair frutos sobre determinada parcela do usufruto transferido ao usufrutuário. Se o usufruto incidir sobre bem imóvel, indispensável será o registro no cartório imobiliário, *ex vi* do disposto nos arts. 1.391 e 1.227 do Código Civil. Recaindo sobre bens móveis, bastará a tradição para a efetivação do usufruto. O testador pode deixar o usufruto de um bem ou patrimônio como legado para alguém, nomeando determinada pessoa como nu-proprietário ou deixando para os herdeiros legítimos essa qualidade. Ao testador é livre dispor sobre o tempo do usufruto, mas se não o fizer, presume-se que o usufruto será vitalício, à luz do que reza o art. 1.921: "O legado de usufruto, sem fixação de tempo, entende-se deixado ao legatário por toda a sua vida". A constituição de usufruto por usucapião é de difícil verificação, pois se o usufrutuário exerce posse *ad usucapionem* sobre o bem, usufruindo-o, indica o bom senso que, via de regra, usucapirá a propriedade. Entrementes, se alguém exerce o usufruto com a convicção de que outrem é o nu-proprietário, independentemente de justo título e boa-fé, um adquirirá a usucapião do usufruto e o outro usucapirá a nua-propriedade (art. 1.238 do CC). Se houver justo título e boa-fé, o prazo será menor (art. 1.242 do CC). Se essa situação fática de possível configuração vence os anos e conta com a aquiescência tácita do verdadeiro titular do bem, é possível a ocorrência da prescrição aquisitiva. Essa forma de constituição de usufruto já era admitida pela doutrina pátria com a fundamentação dos modos de aquisição *a non domino*, mas somente foi consolidada com o presente artigo de lei. Como a sentença que reconhece a usucapião é meramente declaratória (art. 1.241 do CC), a constituição desse usufruto antecede a prolação de eventual sentença e registro no cartório imobiliário se o objeto for imóvel. Em regra, o usufruto legal pertence ao estudo do direito de família. Nesse ramo do Direito Civil temos uma hipótese de constituição de usufruto que decorre do poder familiar que os pais exercem sobre os bens dos filhos. Com efeito, prescreve o art. 1.689, I, do Código Civil que "o pai e a mãe, enquanto no exercício do poder familiar: I – são usufrutuários dos bens dos filhos". O art. 1.693 do Código Civil, sistematicamente incluído no subtítulo que prevê o usufruto sobre os bens dos filhos menores, arrola diversas hipóteses legais de exclusão do usufruto dos pais sobre os bens dos filhos, quais sejam: "a) os bens adquiridos pelo filho havido fora do casamento, antes do reconhecimento; b) os valores auferidos pelo filho maior de dezesseis anos, no exercício de atividade profissional e os bens com tais recursos adquiridos; c) os bens deixados ou doados ao filho, sob a condição de não serem usufruídos, ou administrados, pelos pais; d) os bens que aos filhos couberem na herança, quando os pais forem excluídos da sucessão". O atual Código Civil, ao colocar o cônjuge como herdeiro necessário, concorrendo com os ascendentes e descendentes (art. 1.829), acabou com o usufruto vidual previsto no art. 1.611 do Código Civil de 1916, criado como expediente protetivo do cônjuge supérstite, que à época constava como terceiro na vocação hereditária. A finalidade protetiva da mulher fica bem clara quando se verifica que essa modalidade de usufruto foi introduzida no Direito Brasileiro pela Lei n. 4.121/1962, que vem a ser o Estatuto da Mulher Casada. Em uma interpretação conforme a Constituição, parece-nos que o companheiro também deve ser colocado no patamar de herdeiro necessário, justificando, outrossim, a extinção dessa modalidade de usufruto que constava nos incisos I e II do art. 2º da Lei n. 8.971/1994. Uma previsão interessante de usufruto legal é o usufruto deferido em favor dos índios sobre as terras que tradicionalmente ocupam (art. 231, § 2º, da CF) e que possui, obviamente, índole protetiva. O usufruto legal, ainda que recaia sobre bem imóvel, independe de registro no cartório imobiliário. Como dito acima, o Diploma Processual Civil de 2015 não mais prevê a possibilidade de constituição de usufruto em favor do exequente, mas autoriza a penhora de frutos e rendimentos de coisa móvel ou imóvel (arts. 867 e 869). Cabe notar que, na regência do Código de Processo Civil de 1973, o usufruto que decorria de decisão judicial poderia acontecer no processo de execução por quantia certa contra devedor solvente, em que o juiz, adotando-se o princípio de que a execução deve ser o menos gravosa possível ao devedor e diante da importância de se manter a pessoa jurídica, autorizava ao credor o usufruto da empresa como forma de receber o seu crédito. Posteriormente, ainda quando em vigor o CPC/1973 e por meio da edição da Lei n. 11.382/2006, foram promovidas alterações no sentido de prever o usufruto sobre bens móveis e imóveis do devedor, não mencionando a empresa. Outrossim, quanto a esta, viável seria a penhora de percentual sobre o faturamento (arts. 655, inciso VII e 655-A, § 3º, do CPC/1973). Questão digna de nota é a situação jurídica do credor frente à constituição do usufruto, a qual pode se consubstanciar em uma fraude contra os interesses deste que, dependendo do momento em que for feita, pode ser contra credores ou de execução. No primeiro caso poderá o credor pleitear o reconhecimento da ineficácia judicial por meio da ação pauliana, seja o usufruto gratuito (art. 158 do CC) ou oneroso (art. 159 do CC). No segundo caso, ou seja, se a fraude for mais intensa na forma prevista no art. 792 do Código de Processo Civil, bastará requerimento incidental de ineficácia originária da constituição do usufruto frente ao credor demandante, no que se distingue da fraude contra credores, cujo reconhecimento de ineficácia é sucessivo e dependente de demanda judicial própria.

JURISPRUDÊNCIA COMENTADA: Na cidade de Dois Irmãos, no Rio Grande do Sul, foi ajuizada ação declaratória com vistas ao reconhecimento de usufruto de fato. Segundo a tese autoral, os genitores (autores) utilizaram o bem do filho (réu) por vinte e sete anos, exercendo posse mansa e pacífica. O Tribunal gaúcho manteve a sentença que extinguiu o processo sem julgamento do mérito por impossibilidade jurídica do pedido, aduzindo que "o usufruto, direito real sobre coisa alheia, é passível de ser constituído de 04 maneiras distintas: Por disposição contratual, por testamento, por usucapião e por força de Lei (direito de família e sucessões). Em todas elas, à exceção da terceira, é imprescindível o registro na matrícula do imóvel. Inteligência do art. 1.391 do CC/2002. Caso em que a pretensão de constituição de usufruto, fundada na posse mansa e pacífica, com ânimo de dono, há mais de 27 anos, sobre o imóvel de propriedade do filho dos autores, não encontra previsão legal, o que configura a impossibilidade jurídica do pedido" (TJRS, AC 150195-02.2014.8.21.7000, 20.ª Câmara Cível, Rel. Des. Dilso Domingos Pereira, j. 28.05.2014). A perspectiva adotada está correta, pois não se trata de pedido de usucapião que exigiria que o réu também tivesse tido uma postura possessória de nu-proprietário (posse indireta) a ser proposta em face de terceiro. No caso, os réus eram proprietários com postura coerente com tal estado. Conforme defendido acima, o usufruto vidual não mais se sustenta na relação de união estável a partir da sua extinção na sucessão do cônjuge que passou a ser contemplado com direito real de habitação, independentemente do regime de bens e sem prejuízo da participação que lhe caiba na herança, em relação ao imóvel destinado à residência da família, desde que seja o único daquela natureza a inventariar (art. 1.831 do CC). Desta forma, digna de crítica é a decisão judicial do Tribunal paranaense que entendeu pela permanência do usufruto vidual em favor do companheiro previsto na Lei n. 8.971/1994, mesmo depois da entrada em vigor do Código Civil de 2002, conferindo, ao arrepio da boa técnica, mais direitos ao companheiro do que ao cônjuge (TJPR, AI 366.279-3, Rel. Des. Fernando Wolff Bodziak, j. 25.04.2007). Os Tribunais têm reconhecido que a nulidade da doação universal de todos os bens do doador (art. 548 do CC) não se aplica quando há reserva de usufruto vitalício (TJSP, Apelação 155-92.2010.8.26.0247, 1.ª Câmara de Direito Privado, Rel. Des. Paulo Eduardo Razuk, j. 11.06.2013). A Corte catarinense reconheceu como fraude de execução situação em que o devedor, após o ajuizamento de demanda capaz de reduzi-lo à insolvência, doou o único imóvel que tinha para seus filhos com reserva de usufruto vitalício para a sua ex-mulher, com quem também se separara após a demanda. Tornada ineficaz a alienação, possibilitou-se a penhora (TJSC, Apelação Cível 2011.084769-1, Balneário Camboriú, Rel. Des. Guilherme Nunes Born, j. 01.08.2013). Também comete fraude de execução eventual herdeiro testamentário que renuncie ao direito de herdar o usufruto que receberia sobre vários imóveis com o propósito de impedir o seu credor de penhorar os frutos desse bem que, no caso, seriam os alugueres devidos pelos locatários de tais imóveis (STJ, EDCL no AGRG no AG 1370942/SP, 3.ª Turma, Rel. Min. Paulo de Tarso Sanseverino, j. 18.12.2012). Conforme assinalado acima, o usufruto legal deferido ao indígena pela Constituição Federal (art. 231, § 2º, CF), independe de registro e transmite, obviamente, a posse direta, mas esse exercício depende de regular procedimento demarcatório com prévio estudo antropológico e outros requisitos legais. Nesse passo, no Estado do Mato Grosso do Sul, o STJ manteve o acórdão local que reconheceu esbulho perpetrado por indígenas em fazenda, cujo possuidor manejou ação de reintegração de posse em face do Cacique, da Funai e da União Federal. Conquanto contasse com parecer favorável do Ministério Público Federal, que tem como uma de suas funções a tutela do indígena, a Corte negou que eventual laudo antropológico favorável e posterior à ocupação, tivesse o condão de justificar a posse dos réus (REsp 1.650.730-MS, 2.ª Turma, Rel. Min. Mauro Campbell Marques, por unanimidade, j. 20.08.2019, v.u., *Informativo* n. 655, publ. em 27.09.2019). Malgrado o usufruto que tenha por objeto bens imóveis seja constituído pelo registro, na relação entre nu-proprietário e usufrutuário, a relação jurídica usufrutuária produz seus regulares efeitos, obrigando, portanto, a ambos nos seus termos, seja constituído por contrato ou por testamento, como foi o caso enfrentado pela Terceira Turma do STJ (REsp 1.860.313/SP, Rel. Min. Marco Aurélio Bellizze, 3.ª Turma, j. 22.08.2023).

REFORMA DO CÓDIGO CIVIL: Nos comentários doutrinários *supra*, explicamos como pode se dar faticamente a usucapião de usufruto. A comissão sugere a inserção de um parágrafo único a dizer que "a usucapião de usufruto sujeita-se aos mesmos prazos e requisitos da usucapião da propriedade, no que couber".

Art. 1.392. Salvo disposição em contrário, o usufruto estende-se aos acessórios da coisa e seus acrescidos.

§ 1º Se, entre os acessórios e os acrescidos, houver coisas consumíveis, terá o usufrutuário o dever de restituir, findo o usufruto, as que ainda houver e, das outras, o equivalente em gênero, qualidade e quantidade, ou, não sendo

possível, o seu valor, estimado ao tempo da restituição.

§ 2º Se há no prédio em que recai o usufruto florestas ou os recursos minerais a que se refere o art. 1.230, devem o dono e o usufrutuário prefixar-lhe a extensão do gozo e a maneira de exploração.

§ 3º Se o usufruto recai sobre universalidade ou quota-parte de bens, o usufrutuário tem direito à parte do tesouro achado por outrem, e ao preço pago pelo vizinho do prédio usufruído, para obter meação em parede, cerca, muro, vala ou valado.

COMENTÁRIOS DOUTRINÁRIOS: Em complemento ao art. 1.390 deste Código, o dispositivo anotado confere destaque ao princípio da gravitação jurídica ao dizer que, salvo disposição em contrário, em matéria de fruição do bem pelo usufrutuário, o acessório segue a sorte do principal. Com efeito, via de regra, quando o usufruto recair sobre imóvel, ao usufrutuário será permitido exercer o seu direito sobre a coisa alheia também nas acessões e benfeitorias, sendo-lhe lícito, por exemplo, usufruir do estábulo, dos armazéns, da casa do caseiro etc. Todavia, é perfeitamente possível se estabelecer um usufruto recaindo em apenas parte do prédio, como seria o caso de determinada área fértil, ou, ao contrário, incidir apenas sobre a sede da fazenda, excluindo-se alguma(s) área(s) do prédio. Registre-se ainda que, se no curso do usufruto sobrevier algum acréscimo natural ou artificial ao imóvel (art. 1.248 do CC), poderá o usufrutuário aproveitá-los, pois inseridos estarão no direito de desfrute do bem. Os bens fungíveis e consumíveis como, por exemplo, o dinheiro, não podem ser objeto de usufruto, pois pela própria definição de usufruto como um direito real que tem em sua natureza o dever de o usufrutuário conservar a substância da coisa para restituí-la ao nu-proprietário, nota-se o equívoco que havia no antigo art. 726 do Código Civil, que estabelecia usufruto sobre bens fungíveis, dispondo que, nesse caso, o usufrutuário seria obrigado a restituir ao nu-proprietário o equivalente em gênero, qualidade e quantidade. Ora, essa circunstância, na realidade, pode ser desenhada como um autêntico contrato de mútuo na forma do art. 586 do Código Civil, uma vez que o usufrutuário passará a ser o proprietário do bem dado em usufruto, tendo o encargo de restituir coisa equivalente. Além do mais, com a extinção do usufruto impróprio, seu titular, em lugar de restituir a coisa, como se dá no usufruto, paga seu valor. Na realidade, o que o § 1º desta norma faz é estabelecer a consequência jurídica quando, entre os acessórios da coisa frutuária, forem encontrados bens consumíveis. É possível que se dê em usufruto imóvel que compreenda a exploração de árvores, como, por exemplo, eucaliptos, de relevante importância industrial e comercial. Não se proíbe, outrossim, que o usufruto recaia sobre recursos minerais existentes no subsolo. Em que pese ser a propriedade do subsolo distinta da do solo e pertencer à União, permite-se a exploração do subsolo no que toca aos recursos minerais de emprego imediato na construção civil, desde que não submetidos à transformação industrial. Em ambas as hipóteses, importa que o nu-proprietário e o usufrutuário estabeleçam a forma de exploração e o limite a fim de que se evitem disceptações no verdadeiro conteúdo do contrato. Por fim, importa destacar que o usufruto pode recair sobre uma coisa singular ou sobre um bem coletivo (arts. 89 e 90 do CC). Quando incide sobre um bem, individualmente considerado, os direitos apontados no § 3º do art. 1.392 do Código Civil, quais sejam, parte do tesouro achado por outrem (art. 1.264 do CC) e paga da meação do tapume divisório construído (arts. 1.297 e 1.328 do CC), serão deferidos ao proprietário. Se o usufruto recair sobre uma universalidade, os apontados direitos pertencerão ao usufrutuário. A *ratio* da previsão legal nos parece um tanto quanto obscura; mais justo e consentâneo com o sistema que as referidas verbas pertencessem ao proprietário do imóvel, mas tenhamos a humildade de reconhecer que essa previsão constava no direito anterior, em legislações estrangeiras e nos projetos de Código Civil anteriores ao atual. Indica-se como fundamento o fato de que se o nu-proprietário deu em usufruto uma universalidade, é porque alienou todos os direitos decorrentes da administração. Como os parágrafos devem ser interpretados em consonância com o *caput*, entendemos que todas as regras aqui dispostas são dispositivas.

JURISPRUDÊNCIA COMENTADA: Em determinado usufruto feito segundo as regras do Direito Civil e incidente sobre terreno, entendeu a Corte catarinense que os frutos civis de quatro quitinetes ali edificadas e dadas em locação seriam de direito do usufrutuário, mediante a aplicação deste artigo, pois à falta de disposição em contrário, o acessório nascido do usufruto pertence ao usufrutuário (TJSC, AC 0000171-45.2005.8.24.0031, 1.ª Câmara de Direito Civil, Indaial, Rel. Des. Jorge Luis Costa Beber, *DJSC* 17.07.018, p. 107).

Art. 1.393. Não se pode transferir o usufruto por alienação; mas o seu exercício pode ceder-se por título gratuito ou oneroso.

COMENTÁRIOS DOUTRINÁRIOS: Já vimos no artigo inaugural deste estudo (art. 1.390) que uma das características mais significativas do usufruto é o fato de se tratar de um direito real sobre a coisa alheia de gozo ou fruição personalíssimo, estabelecido, no mais das vezes, entre pessoas de confiança da própria família, é constituído com o objetivo de beneficiar o usufrutuário, dotando-o de meios de subsistência ou de forma que lhe permita realizar alguma atividade especial. Dessa forma, nada mais justo que o usufrutuário não possa alienar o direito a ele confiado. Essa é a respeitável orientação clássica que permanece em nossa legislação. O usufruto é inalienável a terceiros, pois, segundo a opinião de boa parte da doutrina, a sua transferência modificaria a própria essência personalíssima do instituto, que é a de amparar a pessoa do usufrutuário, de acordo com a sua situação peculiar de necessidade. Entretanto, forçoso é reconhecer que em outros ordenamentos e mesmo com apoio em alguma doutrina, seria melhor que essa questão ficasse entregue à vontade das partes. A norma deveria ser dispositiva e supletiva, isto é, ao nu-proprietário seria lícito vedar a alienação do usufruto pelo usufrutuário, mas se o contrato silenciasse, significaria a permissão. Enfim, o Direito Brasileiro permite apenas a cessão do exercício do usufruto para exploração por terceiro, permanecendo o usufrutuário obrigado perante o nu-proprietário. Realmente, a cessão do usufruto pode se mostrar interessante. Imaginemos que uma pessoa, moradora do Rio de Janeiro e ambientada familiar e profissionalmente nesta cidade, receba, por ato *inter vivos* ou por testamento, o usufruto de uma extensa área de plantio de soja no Estado de Mato Grosso do Sul. É bastante provável que o usufrutuário não saiba nem queira levar à frente o importante negócio rural. Nesse caso, a lei permite que ceda o usufruto para um terceiro, permanecendo vinculado ao nu-proprietário para todos os fins. A alienação do usufruto permitiria a efetiva substituição do usufrutuário primitivo para outrem a quem o direito foi transferido. No caso, para que possa usufruir o bem, poderá ceder o exercício, gratuita ou onerosamente, e ainda arrendar o imóvel para alguém, conforme lhe autoriza o art. 1.399 mais adiante, submetendo-se eventual locatário à resolução de seu contrato em razão da extinção do usufruto, salvo anuência do nu-proprietário, conforme preconiza especificadamente o art. 7º da Lei n. 8.245/1991: "Nos casos de extinção de usufruto ou de fideicomisso, a locação celebrada pelo usufrutuário ou fiduciário poderá ser denunciada, com o prazo de trinta dias para a desocupação, salvo se tiver havido aquiescência escrita do nu-proprietário ou do fideicomissário, ou se a propriedade estiver consolidada em mãos do usufrutuário ou do fiduciário. Parágrafo único. A denúncia deverá ser exercitada no prazo de noventa dias contados da extinção do fideicomisso ou da averbação da extinção do usufruto, presumindo-se, após esse prazo, a concordância na manutenção da locação". Importante esclarecer que o cessionário do usufruto é titular de direito pessoal e que a relação jurídica de direito real permanece entre o nu-proprietário e o usufrutuário (cedente). O Código revogado falava, a nosso sentir, equivocadamente, em alienação para o nu-proprietário, e o atual suprime esta expressão infeliz, mas permite ao usufrutuário que renuncie a seu direito, ato jurídico unilateral que acarretará a extinção do usufruto, à luz do que prescreve o art. 1.410, inc. I, deste Código.

JURISPRUDÊNCIA COMENTADA: Interessante decisão do Superior Tribunal de Justiça possibilitou a que na partilha de bens entre ex-companheiros e titulares de usufruto de determinado imóvel, tendo em vista o fim da união e, por conseguinte, da coabitação, fosse o bem cedido em locação, cujos frutos civis (alugueres) seriam partilhados entre esses. O acórdão ainda esclareceu que, se um dos usufrutuários houvesse por bem ficar no imóvel, teria que indenizar o outro, pela utilização exclusiva do bem, sob pena de se configurar enriquecimento sem causa. Pelos importantes esclarecimentos trazidos, reproduzimos integralmente a ementa: "Recurso especial. Ação de reconhecimento e de dissolução de união estável e divórcio c/c partilha de bens. Pretensão de partilha de direito real de usufruto sobre bem imóvel instituído em favor exclusivamente do companheiro. Uso desvirtuado do instituto, com o manifesto propósito de prejudicar a meação da companheira. Reconhecimento. Recurso especial improvido. 1. O direito real de usufruto, instituído por específicas hipóteses legais ou voluntariamente, a título gratuito ou oneroso, confere ao usufrutuário o domínio útil da coisa, ou seja, o direito de usar, gozar e usufruir o bem. Não lhe é dado, todavia, um dos atributos do domínio, que é o de dispor da coisa, cujo direito é reservado ao nu-proprietário. Diante do desmembramento dos atributos do domínio, exercitados simultaneamente por pessoas distintas, ressai evidente que a instituição do usufruto leva em conta as condições pessoais do usufrutuário. Por tal razão, é absolutamente correta a assertiva de que o direito real de usufruto é instituído *intuitu personae*, do que ressai a sua intransmissibilidade e inalienabilidade. 2. Para efeito de partilha, há que se interpretar o art. 1.393 do Código Civil em consonância com as regras próprias do regime de bens aplicável à espécie, de modo a não chancelar o uso desvirtuado do instituto, com o claro propósito de burlar a meação do outro consorte. 2.1 A intransmissibilidade do usufruto não pode se sobrepor ao desvirtuado uso do instituto, como se deu na hipótese, em que o recorrente, na vigência da união estável, utilizou-se de patrimônio integrante da comunhão de bens do casal, para, por pessoas interpostas – no caso, seus filhos, menores de idade (e valendo-se do poder de representação) –, instituir em seu exclusivo benefício o direito real de usufruto. 3. No caso de usufruto convencional ou voluntário, o proprietário (que detém todos os atributos do domínio), por ato gratuito ou oneroso, reserva para si a nua-propriedade e transfere para terceiro o usufruto (usufruto por alienação); ou reserva para si o usufruto do bem e transmite para terceiro a nua-propriedade (usufruto por retenção). A hipótese dos autos refoge *in totum* desse padrão. 3.1 Pela dinâmica da contratação entabulada, os então proprietários, no mesmo ato e a título oneroso, se despojaram do domínio útil do imóvel, em favor do recorrente, e da nua-propriedade, em favor dos filhos destes, à época, menores de idade (sem patrimônio próprio e suficiente para tanto) e representados, no ato, exclusivamente, pelo pai. Na verdade, afigurou-se de todo evidente que o companheiro, durante a união estável, valendo-se de seu poder de representação, adquiriu o imóvel sob comento em nome dos filhos, transferindo-se-lhes a nua-propriedade e reservando para si o direito real de usufruto. 4. Diante do rompimento da união estável/casamento, não se ignora a dificuldade, e mesmo a inviabilidade, na maioria dos casos, de o usufruto sobre o imóvel ser exercido simultaneamente pelos ex-consortes, ambos titulares de tal direito. 4.1 Não obstante, reconhecido que os ex-cônjuges são titulares do direito real de usufruto, e não sendo viável o exercício simultâneo do direito, absolutamente possível a cessão do bem imóvel, a título oneroso, a terceiro (*v.g.*, contrato de aluguel), cuja remuneração há de ser repartida, em porções iguais, entre ambos. Alternativamente, no caso de apenas um dos usufrutuários exercer o uso do bem, abre-se a via da indenização àquele que se encontra privado da fruição da coisa, compensação essa que pode se dar mediante o pagamento de valor correspondente à metade do valor estimado do aluguel do imóvel. Em qualquer hipótese, registre-se, as despesas do imóvel hão de ser arcadas pelos dois usufrutuários. 4.2 Naturalmente, o modo pelo qual se dará o exercício conjunto do usufruto, de titularidade de ambas as partes, que ora se reconhece, é questão a ser decidida pelos próprios envolvidos, da forma como melhor lhes aprouver. Seja como for, a incompatibilidade da vida em comum, própria do término da relação conjugal, não constitui óbice ao exercício conjunto da titularidade do direito real de usufruto, tal como ora proposto. 5. Recurso Especial improvido" (STJ, REsp 1.613.657/SP, Proc. 2016/0112857-6, 3.ª Turma, Rel. Min. Marco Aurélio Bellizze, j. 21.08.2018).

REFORMA DO CÓDIGO CIVIL: Pela proposta, cria-se um parágrafo único admitindo a alienação do usufruto ao nu-proprietário da coisa, desde que a avença não prive o usufrutuário do necessário à sua sobrevivência.

CAPÍTULO II
DOS DIREITOS DO USUFRUTUÁRIO

Art. 1.394. O usufrutuário tem direito à posse, uso, administração e percepção dos frutos.

COMENTÁRIOS DOUTRINÁRIOS: O artigo em tela estabelece os direitos básicos do usufrutuário. O primeiro deles é a posse que, no caso, se dá a partir do desdobramento (art. 1.197 do CC) ao tornar possível que uma pessoa se torne possuidora direta de um bem e outra possuidora indireta. No caso vertente, o nu-proprietário é possuidor indireto e o usufrutuário é possuidor direto. O direito à posse assegura ao usufrutuário a possibilidade de utilização dos remédios possessórios em caso de agressão. Esse direito, a propósito, pode ser exercido em face do nu-proprietário se este tentar recuperar a posse direta antes do término do usufruto. Também pode ser exercido contra o usufrutuário se, finda a causa, o termo ou a condição que originou, esse se recusar a restituir o bem amigavelmente. Ao usufrutuário compete exercer, ainda, o direito de uso sobre a coisa. Isso significa que poderá retirar do bem usufruído tudo aquilo que este for apto a proporcionar, como seria o exemplo de plantar ou morar em um imóvel. O usufrutuário é o administrador do bem dado em usufruto, sendo, por conseguinte, autorizado a resolver qual o melhor destino a ser dado ao bem. No exercício desse direito poderá arrendar (art. 1.399 do CC), dar em comodato, alugar ou ceder o exercício (art. 1.393 do CC). Se o proprietário, valendo-se da norma autorizativa do art. 1.400 do Código Civil, exigir do usufrutuário uma garantia para os bens sobre os quais incide usufruto e o usufrutuário não puder ou não quiser prestar, perderá em proveito do proprietário o direito de administração (art. 1.401 do CC). O usufrutuário tem direito aos frutos, consoante a disciplina estatuída no art. 1.396 deste Código, local em que comentaremos com maior riqueza de detalhes essa questão.

Art. 1.395. Quando o usufruto recai em títulos de crédito, o usufrutuário tem direito a perceber os frutos e a cobrar as respectivas dívidas.

Parágrafo único. Cobradas as dívidas, o usufrutuário aplicará, de imediato, a importância em títulos da mesma natureza, ou em títulos da dívida pública federal, com cláusula de atualização monetária segundo índices oficiais regularmente estabelecidos.

COMENTÁRIOS DOUTRINÁRIOS: O usufruto pode ter por objeto bens imateriais, de que o crédito seria um exemplo marcante. Quando titular de tal direito, ao usufrutuário será permitido cobrar as dívidas e ficar com os frutos civis, ou seja, os rendimentos. Como o usufrutuário deve conservar a substância da coisa, deverá aplicar o dinheiro recebido, imediatamente, em títulos de mesma natureza, ou em títulos da dívida pública federal. Se o usufrutuário não aplicar o dinheiro e este vier a perecer, terá que indenizar o nu-proprietário com o valor equivalente, como se tivesse celebrado um contrato de mútuo. Por outro lado, ainda que o investimento na forma da previsão legal não seja o mais oportuno, o nu-proprietário não poderá reclamar, pois a lei anteviu o que se compreendia como mais adequado de modo obrigatório, mas não cogente, pois as partes podem dispor em sentido contrário.

Art. 1.396. Salvo direito adquirido por outrem, o usufrutuário faz seus os frutos naturais, pendentes ao começar o usufruto, sem encargo de pagar as despesas de produção.

Parágrafo único. Os frutos naturais, pendentes ao tempo em que cessa o usufruto, pertencem ao dono, também sem compensação das despesas.

COMENTÁRIOS DOUTRINÁRIOS: Frutos são bens acessórios que a coisa frugífera e principal produz periodicamente sem que se destrua a substância. Quanto à origem, os frutos podem ser naturais, industriais e civis. Naturais são os frutos cuja criação deriva da ação da natureza, podendo ser citadas como exemplos a colheita do fruto da árvore ou as crias de um animal. Industriais são os que decorrem da atividade criativa do homem, como a descoberta da fórmula de um produto químico por uma fábrica. Quanto ao estado, os frutos podem ser pendentes, percipiendos e percebidos. Fruto pendente é o que ainda não se apresenta pronto para a percepção, percipiendos são os que já poderiam ter sido colhidos, mas não foram, e percebidos são os que já foram colhidos. Os frutos colhidos podem já ter sido consumidos (frutos consumidos) ou estarem guardados (frutos estantes). Ressalvado o direito adquirido de outrem que pode, em uma execução, já ter penhorado os frutos estantes oriundos da utilização de determinada coisa, a lei estabelece que os frutos pendentes (também os percipiendos), ao se iniciar o usufruto, pertencem ao usufrutuário, e ao terminar serão do nu-proprietário. Fica assegurado ao usufrutuário e ao nu-proprietário, em homenagem ao princípio geral do direito que veda o enriquecimento sem causa, o custeio das despesas de produção, conforme, respectivamente, se trate de início ou término do usufruto. É de se entender que a lei disse menos do que queria ao referir-se apenas ao fruto natural, pois não há razão para que não se aplique a regra para os frutos industriais. Os frutos civis ou rendimentos reputam-se percebidos dia por dia e se encontram disciplinados nos arts. 1.215 e 1.398 deste Código, respectivamente. Ainda que exista alguma controvérsia na doutrina, pela essência do instituto, o usufrutuário não tem direito a extrair os produtos da coisa, pois estaria ferindo o seu dever de conservar a substância do bem, na medida em que a retirada de produtos acaba por desfalcar a coisa principal. A única possibilidade de o usufrutuário retirar produtos da coisa é a existência de cláusula autorizativa expressa nesse sentido. Se não houver pacto expresso e o usufrutuário extrair produtos da coisa, como corte de árvores e minerais, poderá o nu-proprietário pleitear em juízo a extinção do usufruto por inadimplemento sem prejuízo de perdas e danos. As crias dos animais são frutos industriais da coisa que estão previstas no artigo seguinte que passaremos a discorrer.

JURISPRUDÊNCIA COMENTADA: A morte extingue o usufruto (art. 1.410, I, do CC), fazendo jus o herdeiro do nu-proprietário à tutela provisória de evidência a fim de que sejam imediatamente entregues "os semoventes, bem como eventuais frutos naturais, pendentes ao tempo da cessação do usufruto", na forma prevista no artigo em análise (TJRS, AI 0223278-80.2016.8.21.7000, 8.ª Câmara Cível, Rel. Des. Luiz Felipe Brasil Santos, j. 09.03.2017). Na mesma linha de pensamento, deve ser assegurada indenização integral a herdeiro do nu-proprietário em razão de colheita de soja que foi feita pelos sucessores do usufrutuário após o seu falecimento, pois como asseverou o julgado: "Frutos naturais, pendentes ao tempo em que cessa o usufruto, que pertencem ao dono, nos termos do artigo 1.396, parágrafo único, do Código Civil" (TJPR, Apelação Cível 1298766-7, 18.ª Câmara Cível, Rel. Juiz Conv. Helder Luis Henrique Taguchi, j. 28.10.2015).

Art. 1.397. As crias dos animais pertencem ao usufrutuário, deduzidas quantas bastem para inteirar as cabeças de gado existentes ao começar o usufruto.

COMENTÁRIOS DOUTRINÁRIOS: A primeira conclusão a que se chega com a leitura do artigo em tela é que ele se refere ao efeito do usufruto quando o seu objeto vem a ser uma universalidade de fato, na forma do que prescreve o art. 95 deste Código: "Apesar de ainda não separados do bem principal, os frutos e produtos podem ser objeto de negócio jurídico". Dessa forma, as crias dos animais geradas na vigência do usufruto pertencerão ao usufrutuário. Entretanto, um dos deveres básicos do usufrutuário é o de conservar a substância da coisa. Nesse ângulo de visada, competirá a ele assegurar ao nu-proprietário, por ocasião do término do usufruto, os animais que existiam antes do usufruto. Não será justificável a alegação do usufrutuário de que a perda do animal se deu por deterioração resultante do exercício regular do direito (art. 1.402 do CC), pois seu dever é o de inteirar sempre as cabeças de animal que faltarem com as crias que lhes sucederam. Em homenagem ao princípio da boa-fé objetiva que exige de ambos os contratantes uma postura leal e confiável, sem frustração de expectativas contratuais, o usufrutuário deverá considerar não apenas a quantidade, mas, sobretudo, a qualidade dos animais que recebeu. O artigo atual melhora a redação anterior, que apenas se referia à cabeça de gado, reduzindo injustificadamente o conteúdo da norma.

Art. 1.398. Os frutos civis, vencidos na data inicial do usufruto, pertencem ao proprietário, e ao usufrutuário os vencidos na data em que cessa o usufruto.

COMENTÁRIOS DOUTRINÁRIOS: Frutos civis são os rendimentos produzidos pelas coisas quando utilizadas por outrem, como os aluguéres, a contraprestação paga pelo superficiário ao fundeiro ou o pagamento do foro ao enfiteuta (art. 2.039 do CC). Conforme já assinalado nos comentários ao art. 1.215 deste Código, os frutos civis reputam-se percebidos dia por dia. Por tal motivo, os frutos civis vencidos no início do usufruto pertencerão ao usufrutuário e ao nu-proprietário caberão os que se vencerem ao final do usufruto. A regra demonstra a importância da definição do momento de extinção do usufruto que, em se tratando de imóveis, vai se verificar com o cancelamento do registro junto ao cartório imobiliário (art. 1.410, *caput*, do CC).

Art. 1.399. O usufrutuário pode usufruir em pessoa, ou mediante arrendamento, o prédio, mas não mudar-lhe a destinação econômica, sem expressa autorização do proprietário.

COMENTÁRIOS DOUTRINÁRIOS: Ínsita ao poder de desfrute de um bem é a prerrogativa de administrá-lo, motivo pelo qual compete ao usufrutuário definir o destino do bem: se vai arrendá-lo, estabelecer uma parceria agrícola, dar em comodato, explorá-lo pessoalmente ou exercer outra atividade que não coloque em risco a substância do bem, uma vez que este deve ser restituído em bom estado ao nu-proprietário, ressalvados os desgastes naturais do tempo. Entre as posturas defesas ao usufrutuário, salvo autorização expressa, está a de não dar ao imóvel destinação diversa da que era concedida ao bem antes da constituição do usufruto. Desta sorte, se o imóvel era utilizado para fins de agricultura, não poderá agora servir de pasto para o gado do usufrutuário. No mesmo sentido, se o imóvel era utilizado para determinada cultura, não se poderá modificar a exploração, possibilitando eventual desertificação do solo. Importa ressaltar que, independentemente das cláusulas contratuais estabelecidas entre o usufrutuário e o seu contratante, perante o nu-proprietário quem sempre responderá é o usufrutuário, pois, tratando-se de um instituto personalíssimo, é vedada a cessão do contrato. Já vimos que uma das causas de constituição do usufruto é a lei, e um dos exemplos é o usufruto que os pais, sob a titularidade do poder familiar, exercem sobre os bens dos filhos. Nessa especial modalidade de usufruto, não se deve aplicar a restrição susodita, tendo em vista que os pais têm ampla administração sobre os bens dos filhos menores e, em gozo desse poder-dever, lhes será lícito modificar a destinação econômica dos bens pertencentes aos filhos menores, até mesmo pelo fato de ser impossível a um menor sujeito ao poder familiar autorizar os seus pais à alteração do destino do imóvel.

JURISPRUDÊNCIA COMENTADA: Importante lembrar que dar o imóvel usufruído em locação, por si só, não atrai a causa de extinção do usufruto prevista no inciso VII do artigo 1.410 deste Código que se dá "por culpa do usufrutuário, quando aliena, deteriora, ou deixa arruinar os bens, não lhes acudindo com os reparos de conservação" (TJRS, AC 0231509-28.2018.8.21.7000, 20.ª Câmara Cível, Esteio, Rel. Des. Dilso Domingos Pereira, j. 29.08.2018).

CAPÍTULO III
DOS DEVERES DO USUFRUTUÁRIO

Art. 1.400. O usufrutuário, antes de assumir o usufruto, inventariará, à sua custa, os bens que receber, determinando o estado em que se acham, e dará caução, fidejussória ou real, se lha exigir o dono, de velar-lhes pela conservação, e entregá-los findo o usufruto.

Parágrafo único. Não é obrigado à caução o doador que se reservar o usufruto da coisa doada.

COMENTÁRIOS DOUTRINÁRIOS: Já abordamos que é da substância do instituto estudado a restituição dos bens ao nu-proprietário findo o usufruto. Como medida tendente a assegurar a entrega em bom estado e a fim de evitar controvérsia acerca de quais seriam estes e qual o seu estado no momento da constituição do direito real, a lei prevê que o usufrutuário, antes de se apossar dos bens, faça um inventário com uma declaração minuciosa, declarando o estado em que os recebeu. A norma é imperfeita, pois temos um comando, mas não há sanção. Entendemos que a ausência de inventário não autoriza a que o nu-proprietário tenha recebido os bens em bom estado. Note-se que nem nas modalidades de extinção do instituto há a previsão de alguma consequência que surja em decorrência do descumprimento do preceito de inventariar os bens dados em usufruto. Se o proprietário exigir, o usufrutuário terá também que prestar caução em seu favor. Deverá, portanto, oferecer ao proprietário uma garantia de que os bens serão devolvidos em bom estado, ressalvado o desgaste natural do tempo de utilização. A garantia pode ser pessoal, também chamada de fidejussória (depósito em dinheiro ou fiança), ou real (penhor, hipoteca, anticrese ou alienação fiduciária em garantia). Essa garantia poderá ser utilizada pelo proprietário para ressarcir-se do prejuízo que eventualmente decorra da deterioração culposa dos bens. O nu-proprietário pode dispensar o usufrutuário de prestar caução, pois tal questão está apenas vinculada ao seu interesse, estando, portanto, ligada ao princípio da autonomia privada. Se este é livre para dispor do seu bem como lhe aprouver, por que não poderá dispensar a caução? Como já afirmamos nos comentários ao art. 1.391, ao tratarmos da constituição de reserva de usufruto feita pelo doador, o presente artigo dispensa a caução nesse caso.

REFORMA DO CÓDIGO CIVIL: Consoante referimos nos comentários doutrinários, quando o usufruto é instituído por reserva, no caso de doação ou de testamento, a obrigatoriedade da garantia pode ser dispensada, pois o proprietário do bem reserva para si o usufruto. A proposta caminha corretamente ao entregar essa questão à autonomia privada, prescrevendo, no § 2º, que: "se o usufruto tiver sido instituído por decorrência de doação, ou por testamento, o doador ou o testador fixarão as regras quanto a esse dever, ou dispensarão o usufrutuário da garantia".

Art. 1.401. O usufrutuário que não quiser ou não puder dar caução suficiente perderá o direito de administrar o usufruto; e, neste caso, os bens serão administrados pelo proprietário, que ficará obrigado, mediante caução, a entregar ao usufrutuário o rendimento deles, deduzidas as despesas de administração, entre as quais se incluirá a quantia fixada pelo juiz como remuneração do administrador.

COMENTÁRIOS DOUTRINÁRIOS: Se o usufrutuário não prestar caução quando exigido, por não querer ou não poder, perderá a administração do usufruto, que passará a ser realizada pelo nu-proprietário, fato que desnatura a própria essência do poder de uso. Entretanto, para que o nu-proprietário possa exercer esse *munus*, terá que prestar caução ao usufrutuário em relação aos rendimentos auferidos pelo desfrute do bem. Dos rendimentos entregues ao usufrutuário será descontado o gasto com a administração e, se interessar ao proprietário, a remuneração do administrador. Se não houver acordo com relação ao valor do *pro labore* do nu-proprietário, este será fixado pelo juiz. O art. 731 do Código Civil revogado dispensava a caução quando a hipótese fosse de usufruto legal que os pais exercem sobre os bens dos filhos menores. Apesar do silêncio da lei atual, recorrendo à lógica do razoável, por estar essa modalidade de usufruto vinculada ao direito de família e sendo os pais, a toda evidência, os mais aptos para dirigir o destino de seus filhos menores, conclui-se que a exigência continua inexistindo nessa hipótese. Ademais, se os pais são os representantes legais dos filhos menores, quem poderia exigir a garantia? O Ministério Público não, pois só lhe seria lícito atuar em situação de risco para a criança e o adolescente, o que não se pode antever. Ademais, o art. 1.691 deste Código Civil, que prevê diversas proibições para os pais no que se refere aos bens dos filhos, de certa forma, já objetiva proteger o filho de uma ruinosa administração: "Não podem os pais alienar, ou gravar de ônus real os imóveis dos filhos, nem contrair, em nome deles, obrigações que ultrapassem os limites da simples administração, salvo por necessidade ou evidente interesse da prole, mediante prévia autorização do juiz. Parágrafo único. Podem pleitear a declaração de nulidade dos atos previstos neste artigo: I – os filhos; II – os herdeiros; III – o representante legal".

REFORMA DO CÓDIGO CIVIL: Sem alteração do conteúdo do artigo. Apenas uma alteração na forma como a regra se coloca, com a divisão entre *caput* e parágrafo único. "Art. 1.401. O usufrutuário que não quiser, ou não puder dar caução suficiente, perderá o direito de administrar o usufruto. Parágrafo único. Nos casos deste artigo, os bens serão administrados pelo proprietário, que ficará obrigado, mediante caução, a entregar ao usufrutuário o rendimento deles, deduzidas as despesas de administração, entre as quais se incluirá a quantia fixada pelo juiz como remuneração do administrador."

Art. 1.402. O usufrutuário não é obrigado a pagar as deteriorações resultantes do exercício regular do usufruto.

COMENTÁRIOS DOUTRINÁRIOS: Nessa toada, sendo o direito ao uso do bem da essência do usufruto, obviamente que durante a vigência do direito, a coisa sofrerá o desgaste natural do tempo. Sabido que o usufrutuário deve exercer o seu direito como se o bem fosse seu, ou nas palavras da doutrina tradicional, com a diligência ordinária de um bom pai de família, não poderá o usufrutuário, por culpa ou abuso do direito, danificar o bem, sob pena de nascer para o nu-proprietário o direito ao ressarcimento. A lei deixa claro que a responsabilidade civil do usufrutuário é subjetiva. O nu-proprietário somente fará jus à reparação se provar que agiu com culpa. A utilização da prática da queimada em imóvel agricultável, a falta de tratamento veterinário devido aos animais, a não realização de benfeitorias necessárias, o inadimplemento no pagamento dos tributos que incidem sobre a coisa (art. 1.403, II, do CC), a inércia diante de uma invasão do imóvel, e deixar prescrever o crédito são exemplos de exercício irregular do usufruto. Importante lembrar que se o nu-proprietário quiser inibir ou minorar a ocorrência do ilícito, poderá pleitear a extinção do contrato, com fulcro no art. 1.410, VII, deste Código.

Art. 1.403. Incumbem ao usufrutuário:

I – as despesas ordinárias de conservação dos bens no estado em que os recebeu;

II – as prestações e os tributos devidos pela posse ou rendimento da coisa usufruída.

COMENTÁRIOS DOUTRINÁRIOS: O usufrutuário arcará com as despesas ordinárias decorrentes da conservação dos bens recebidos a fim de que os mantenha no mesmo estado em que os recebeu, pois com esse proceder estará indiretamente observando a sua obrigação básica de preservar a substância da coisa e restituí-la findo o usufruto. Em síntese, são as despesas decorrentes da ação natural do tempo de utilização da coisa. As despesas extraordinárias competem ao nu-proprietário (art. 1.404 do CC). A pintura, a manutenção do armário embutido, o conserto de uma cerca, o reparo de um vazamento, a substituição de pertenças danificadas, dentre outras despesas módicas típicas da utilização graciosa de um imóvel alheio para fins de moradia constituem exemplos de obrigações a serem levadas a efeito pelo usufrutuário. O usufrutuário também deverá assumir as obrigações que decorram da posse do bem ou dos rendimentos da fruição. Assim é que lhe incumbirá pagar eventual Imposto Territorial

Rural (ITR) e o Imposto Predial e Territorial Urbano (IPTU). Com relação às cotas condominiais que, como cediço, também possuem natureza de obrigação *propter rem*, de regra, a obrigação será do usufrutuário, salvo se se tratar de despesas extraordinárias, pois estas competirão ao nu-proprietário à semelhança do que ocorre na relação jurídica travada entre locador e locatário no tocante à distribuição das obrigações perante o condomínio edilício, na forma dos arts. 22, X, parágrafo único e 23, XII, § 1º, da Lei n. 8.245/1991: "Art. 22. O locador é obrigado a: X – pagar as despesas extraordinárias de condomínio. Parágrafo único. Por despesas extraordinárias de condomínio se entendem aquelas que não se refiram aos gastos rotineiros de manutenção do edifício, especialmente: a) obras de reformas ou acréscimos que interessem à estrutura integral do imóvel; b) pintura das fachadas, empenas, poços de aeração e iluminação, bem como das esquadrias externas; c) obras destinadas a repor as condições de habitabilidade do edifício; d) indenizações trabalhistas e previdenciárias pela dispensa de empregados, ocorridas em data anterior ao início da locação; e) instalação de equipamento de segurança e de incêndio, de telefonia, de intercomunicação, de esporte e de lazer; f) despesas de decoração e paisagismo nas partes de uso comum; g) constituição de fundo de reserva. Art. 23. O locatário é obrigado a: XII – pagar as despesas ordinárias de condomínio. § 1º Por despesas ordinárias de condomínio se entendem as necessárias à administração respectiva, especialmente: a) salários, encargos trabalhistas, contribuições previdenciárias e sociais dos empregados do condomínio; b) consumo de água e esgoto, gás, luz e força das áreas de uso comum; c) limpeza, conservação e pintura das instalações e dependências de uso comum; d) manutenção e conservação das instalações e equipamentos hidráulicos, elétricos, mecânicos e de segurança, de uso comum; e) manutenção e conservação das instalações e equipamentos de uso comum destinados à prática de esportes e lazer; f) manutenção e conservação de elevadores, porteiro eletrônico e antenas coletivas; g) pequenos reparos nas dependências e instalações elétricas e hidráulicas de uso comum; h) rateios de saldo devedor, salvo se referentes a período anterior ao início da locação; i) reposição do fundo de reserva, total ou parcialmente utilizado no custeio ou complementação das despesas referidas nas alíneas anteriores, salvo se referentes a período anterior ao início da locação. § 2º O locatário fica obrigado ao pagamento das despesas referidas no parágrafo anterior, desde que comprovadas a previsão orçamentária e o rateio mensal, podendo exigir a qualquer tempo a comprovação das mesmas. § 3º No edifício constituído por unidades imobiliárias autônomas, de propriedade da mesma pessoa, os locatários ficam obrigados ao pagamento das despesas referidas no § 1º deste artigo, desde que comprovadas".

JURISPRUDÊNCIA COMENTADA: A utilização analógica da lei do inquilinato para servir de norte ao que pode ser considerado despesa ordinária ou extraordinária já teve ocasião de ser demonstrada na jurisprudência: "Apelação Cível. Arbitramento de aluguéis. Usufruto. Benfeitorias extraordinárias e ordinárias não módicas. Encargo do proprietário. Nos termos dos arts. 1.403 e 1.404 do CC/2002, incumbem ao usufrutuário as despesas ordinárias e módicas de conservação, ou seja, de mera manutenção do bem no estado em que se encontra para evitar a deterioração ou o desgaste excessivo. Por outro lado, as benfeitorias extraordinárias ou que não sejam consideradas módicas cabem ao proprietário do bem" (TJMG, APCV 1.0106.14.004232-1/001, Rel. Des. Sérgio André da Fonseca Xavier, j. 19.04.2016, *DJEMG* 27.04.2016). Em caso no qual a usufrutuária apostou em uma inexistente imunidade tributária e deixou de pagar o IPTU, o Tribunal paulista manteve sentença que julgou procedente pedido de resolução do usufruto por descumprimento da obrigação prevista no inciso II deste artigo (TJSP, APL 1027508-42.2016.8.26.0001, Ac. 12082997, 1.ª Câmara de Direito Privado, São Paulo, Rel. Des. Christine Santini, j. 11.12.2018). Em razão da interpretação conjunta deste artigo com o art. 34 do Código Tributário Nacional que trata do Imposto Predial e Territorial Urbano ("Art. 34. Contribuinte do imposto é o proprietário do imóvel, o titular do seu domínio útil, ou o seu possuidor a qualquer título"), remansosa jurisprudência tem entendido que o usufrutuário é parte legítima para figurar no polo passivo da execução fiscal na qual é cobrado o IPTU (TJMG, AI 1.0079.12.015582-9/001, Rel. Des. Yeda Athias, j. 03.04.2018). Também tem sido reconhecida a legitimidade ativa para o usufrutuário questionar a cobrança de IPTU, na esteira de decisões do Superior Tribunal de Justiça: "Encontra-se em consonância com o entendimento desta Corte acerca do assunto, porquanto, nas hipóteses de usufruto de imóvel, não há falar em solidariedade passiva no tocante ao IPTU quando apenas o usufrutuário é quem possui o direito de usar e fruir exclusivamente do bem" (EDcl no AgRg no REsp 698.041/RJ, 1.ª Turma, Rel. Min. Francisco Falcão, j. 06.04.2006).

Art. 1.404. Incumbem ao dono as reparações extraordinárias e as que não forem de custo módico; mas o usufrutuário lhe pagará os juros do capital despendido com as que forem necessárias à conservação, ou aumentarem o rendimento da coisa usufruída.

§ 1º Não se consideram módicas as despesas superiores a dois terços do líquido rendimento em um ano.

§ 2º Se o dono não fizer as reparações a que está obrigado, e que são indispensáveis à conservação da coisa, o usufrutuário pode realizá-las, cobrando daquele a importância despendida.

COMENTÁRIOS DOUTRINÁRIOS: Os reparos extraordinários e os ordinários que não forem de custo módico incumbem ao nu-proprietário. Como exemplos de reparações extraordinárias, temos as obras de reforma para recuperar a habitabilidade do prédio ou assegurar o plantio de determinada cultura – como a irrigação do solo –, as que digam respeito à estrutura integral do prédio ou a construção de encostas no prédio para evitar o desabamento. Já o critério de despesa módica é concedido objetivamente pelo § 1º do artigo sob comento que diz não serem módicas as despesas que superem dois terços do rendimento líquido anual do usufrutuário. Por razões de equidade, o usufrutuário deverá pagar os juros do capital despendido pelo proprietário com a realização da obra, uma vez que este vai permanecer com o bem após as melhorias decorrentes, inclusive com possibilidade de melhorar o próprio rendimento a que faz jus. Inova com felicidade o Código Civil ao permitir que o usufrutuário faça a obra às suas expensas e depois cobre o que gastou do nu-proprietário na hipótese em que este não se desincumbe de seu dever.

JURISPRUDÊNCIA COMENTADA: Malgrado não tenha o nu-proprietário posse sobre o imóvel entregue em usufruto, tem ele legitimidade ativa e passiva para discutir deliberação de assembleia geral extraordinária que fixou a obrigação de instalação individual de gás natural nas unidades condominiais, pois à luz da norma comentada será dele o dever de arcar com as despesas decorrentes (TJSP, APL 1007439-17.2014.8.26.0564, Ac. 9602677, 32.ª Câmara de Direito Privado, São Bernardo do Campo, Rel. Des. Ruy Coppola, j. 14.07.2016).

Art. 1.405. Se o usufruto recair num patrimônio, ou parte deste, será o usufrutuário obrigado aos juros da dívida que onerar o patrimônio ou a parte dele.

COMENTÁRIOS DOUTRINÁRIOS: O usufruto pode recair sobre um patrimônio que, como sabido, é composto de ativo e passivo. Se a coisa se encontra com encargo real ou em decorrência de sua aquisição e alguma dívida com previsão de juros compensatórios foi assumida, recomenda o sentimento de justiça que o usufrutuário pague ao nu-proprietário os juros que decorram dessa dívida da qual acaba tirando proveito. Óbvio que se o usufruto recair apenas sobre determinada parte, apenas sobre esta é que incidirá o dever de o usufrutuário pagar os juros da dívida do nu-proprietário.

Art. 1.406. O usufrutuário é obrigado a dar ciência ao dono de qualquer lesão produzida contra a posse da coisa, ou os direitos deste.

COMENTÁRIOS DOUTRINÁRIOS: Importante lembrar que pelo desdobramento da posse, fica assegurada ao usufrutuário a posse direta do bem sobre o qual recai o usufruto, o que irá permitir a ele exercer, por ato próprio, os atos de defesa da posse. Todavia, como o nu-proprietário conserva em seu poder a propriedade e a posse indireta e, portanto, também é parte legítima para os atos de proteção da posse, sendo certo, ademais, que no momento da extinção do usufruto irá consolidar em suas mãos, novamente, todos os poderes inerentes ao domínio, a lei obriga ao usufrutuário a cientificar o nu-proprietário de eventuais agressões à posse ou ao direito possuído, à semelhança do que acontece nas relações jurídicas entre locador e locatário. Não há sanção específica para o descumprimento do preceito. Contudo, se ficar demonstrado que eventual dano experimentado pelo nu-proprietário guarda nexo causal com a omissão culposa do usufrutuário, este poderá ser responsabilizado civilmente.

Art. 1.407. Se a coisa estiver segurada, incumbe ao usufrutuário pagar, durante o usufruto, as contribuições do seguro.

§ 1º Se o usufrutuário fizer o seguro, ao proprietário caberá o direito dele resultante contra o segurador.

§ 2º Em qualquer hipótese, o direito do usufrutuário fica sub-rogado no valor da indenização do seguro.

COMENTÁRIOS DOUTRINÁRIOS: O usufrutuário não é obrigado a fazer o seguro da coisa, salvo se a isso se obrigou no ato de constituição. Essa constatação resta clara pela interpretação da condição contida no início da redação ("Se a coisa...") da norma. Contudo, se a coisa estiver segurada, competirá ao usufrutuário pagar o prêmio a fim de cobrir o nu-proprietário do risco de perecimento do bem. Ocorrendo o sinistro e, portanto, surgindo o dever de indenizar, caberá ao proprietário exigir da seguradora o direito resultante do contrato de seguro. Uma vez paga a indenização, o usufruto recairá sobre o dinheiro pago, tendo em vista que a lei diz que o direito do usufrutuário fica sub-rogado no valor indenizatório. Com relação ao exercício desse direito, não é importante saber quem fez o seguro e muito menos quem pagou o prêmio. Conforme se depreende da leitura da regra, ocorrerá sub-rogação real quando houver desapropriação ou danificação culposa de um bem gravado com usufruto, ou seja, o gravame que onerava determinada coisa, agora incidirá sobre o pagamento da indenização paga pelo poder expropriante ou pelo causador do dano, conforme se trate de desapropriação ou ato ilícito. O elemento subjetivo remanesce intacto e também todas as demais cláusulas do contrato de usufruto. Apenas o objeto do direito se altera e, portanto, o usufrutuário exercerá o seu direito de uso e fruição sobre o dinheiro representativo do bem que se destruiu no sinistro. Se a coisa segurada for um imóvel e este for reconstruído com a utilização da verba indenizatória, o usufruto se restaurará em todos os seus termos. O art. 1.410, V, do Código Civil, dispõe que se extingue o usufruto pelo perecimento da coisa, observada a disposição do artigo em comento e a hipótese de desapropriação do bem. A referida previsão legal poderia gerar a convicção, à primeira vista, de que o usufruto tinha sido extinto e outro teria sido criado. Entrementes, não nos parece acertada essa conclusão, de vez que o usufruto é o mesmo, com as mesmas pessoas e com as mesmas cláusulas contratuais compatíveis com a nova situação fática. Tal consequência nos parece demonstrar que houve apenas uma alteração objetiva no usufruto que já existia e não a constituição de um novo usufruto.

JURISPRUDÊNCIA COMENTADA: A ausência de obrigação legal de o usufrutuário arcar com o seguro da coisa usufruída tem respaldo jurisprudencial: "Agravo Interno. Apelação Cível. Direito Civil. Usufruto. Seguro da Coisa. Art. 1.407 do Código Civil. 1) O único sentido semântico que se pode extrair da expressão 'se a coisa estiver segurada' contida no art. 1.407 do Código Civil é a de que o seguro da 'coisa' já havia sido contratado antes da instituição do usufruto, hipótese em que cabe ao usufrutuário efetuar o pagamento das contribuições que se vencerem a partir de então. 2) Contraria os princípios gerais do direito admitir que o instituidor do usufruto onere o usufrutuário com encargos constituídos de forma unilateral posteriormente instituição do direito real sobre coisa alheia em favor deste último. 3) Assim, somente se a coisa já se encontrar segurada quando da constituição do usufruto constitui obrigação do usufrutuário prosseguir no pagamento do prêmio. 4) Decisão monocrática que se mantém na íntegra. 5) Recurso ao qual se nega provimento" (TJRJ, APL 0118109-82.2011.8.19.0001, 5.ª Câmara Cível, Rel. Des. Heleno Ribeiro P. Nunes, j. 13.01.2015).

Art. 1.408. Se um edifício sujeito a usufruto for destruído sem culpa do proprietário, não será este obrigado a reconstruí-lo, nem o usufruto se restabelecerá, se o proprietário reconstruir à sua custa o prédio; mas se a indenização do seguro for aplicada à reconstrução do prédio, restabelecer-se-á o usufruto.

COMENTÁRIOS DOUTRINÁRIOS: O vocábulo edifício na parte inicial é utilizado como sinônimo de prédio que se encontra ao final do texto, a despeito de as expressões não se confundirem. De efeito, a primeira designa uma construção de maior vulto e a segunda pode identificar qualquer construção incorporada ao solo e até mesmo a terra nua. Uma das formas de perda do direito é a destruição do objeto. Esta máxima jurídica cede ante o direito de sub-rogação (arts. 1407 e 1409 do CC). O artigo em destaque estabelece que, se houver perecimento total do objeto ou parcial com perda substancial da possibilidade de fruição sem culpa do nu-proprietário e sem que o bem esteja segurado, não ficará o nu-proprietário obrigado a reconstruí-lo, e se o fizer por sua conta e risco, não se restabelecerá o usufruto, sendo essa, a propósito, uma das formas de extinção do aludido direito real, *ex vi* do disposto no art. 1.410, V, do Código Civil.

Art. 1.409. Também fica sub-rogada no ônus do usufruto, em lugar do prédio, a indenização paga, se ele for desapropriado, ou a importância do dano, ressarcido pelo terceiro responsável no caso de danificação ou perda.

COMENTÁRIOS DOUTRINÁRIOS: O artigo analisado prevê mais duas possibilidades de sub-rogação real: a que deriva da indenização pela desapropriação do bem e a que decorre do dever de reparar o dano causado por terceiro ao referido bem. Não se trata propriamente de uma constituição de usufruto, mas sim de uma modificação objetiva do usufruto já constituído. Em todas essas hipóteses, o usufruto modificado será regido pelo art. 1.392, § 1º, do Código Civil, posto que seu objeto será o dinheiro, bem consumível por excelência. Em razão do interesse público que anima a desapropriação por especial interesse social (Lei n. 4.132/1962) ou utilidade pública (Decreto-lei n. 3.365/1941), estão sujeitos nu-proprietário e usufrutuário ao ato de império estatal levado a efeito pelo Poder Público. A desapropriação ocasionará o dever de indenizar ao proprietário pela perda do bem. Conforme estabelece o texto constitucional (art. 5º, XXIV), a desapropriação far-se-á mediante prévia e justa indenização em dinheiro, ressalvada a hipótese em que a expropriação se dá para fins de reforma agrária, ocasião em que a paga indenizatória será feita em títulos da dívida agrária. Uma vez paga a indenização ou entregues os títulos da dívida agrária, sobre esses bens, força da sub-rogação, deverá incidir o usufruto. O dever de reparar o dano causado em decorrência de um procedimento culposo constitui princípio geral do direito insculpido genericamente nos arts. 186, 187 e 927, todos do Código Civil. Assim, se alguém der causa ao perecimento total ou parcial de um bem frutuário e for obrigado a reparar pecuniariamente o dano causado, sobre o valor pago incidirá o usufruto.

JURISPRUDÊNCIA COMENTADA: O nu-proprietário e o usufrutuário possuem legitimidade ativa para buscar indenização em razão de apossamento administrativo (TJSP, APL 1014079-60.2015.8.26.0577, Ac. 9409140, 9.ª Câmara de Direito Público, São José dos Campos, Rel. Des. Décio Noratangeli, j. 05.05.2016). Pela ótica traçada na regra em análise, os frutos decorrentes de indenização do imóvel expropriado pertencem ao usufrutuário (TJSP, EDcl 0019670-16.2009.8.26.0032/50000, Ac. 7362504, 9.ª Câmara de Direito Público, Araçatuba, Rel. Des. Rebouças de Carvalho, j. 18.12.2013).

CAPÍTULO IV
DA EXTINÇÃO DO USUFRUTO

Art. 1.410. O usufruto extingue-se, cancelando-se o registro no Cartório de Registro de Imóveis:

I – pela renúncia ou morte do usufrutuário;

II – pelo termo de sua duração;

III – pela extinção da pessoa jurídica, em favor de quem o usufruto foi constituído, ou, se ela perdurar, pelo decurso de trinta anos da data em que se começou a exercer;

IV – pela cessação do motivo de que se origina;

V – pela destruição da coisa, guardadas as disposições dos arts. 1.407, 1.408, 2ª parte, e 1.409;

VI – pela consolidação;

VII – por culpa do usufrutuário, quando aliena, deteriora, ou deixa arruinar os bens, não lhes acudindo com os reparos de conservação, ou quando, no usufruto de títulos de crédito, não dá às importâncias recebidas a aplicação prevista no parágrafo único do art. 1.395;

VIII – pelo não uso, ou não fruição, da coisa em que o usufruto recai (arts. 1.390 e 1.399).

COMENTÁRIOS DOUTRINÁRIOS: O artigo anotado arrola hipóteses de extinção de usufruto por ato unilateral, pelo advento do termo, pelo implemento de uma condição, pela morte da pessoa natural ou da pessoa jurídica, pelo perecimento do objeto, por culpa do usufrutuário e por resilição bilateral. É verdade que o cancelamento do registro no cartório imobiliário é o momento em que se concede eficácia à extinção do usufruto (efeito constitutivo), mas não custa lembrar que o usufruto pode recair em bens móveis e bens imateriais, não tendo cabida a referência, *in casu*, ao ato registral. Com a extinção do usufruto, eventuais direitos de terceiros outorgados pelo usufrutuário também estarão extintos como, por exemplo, a locação. Nessa toada, o art. 7º da lei do inquilinato: "Nos casos de extinção de usufruto ou de fideicomisso, a locação celebrada pelo usufrutuário ou fiduciário poderá ser denunciada, com o prazo de trinta dias para a desocupação, salvo se tiver havido aquiescência escrita do nu-proprietário ou do fideicomissário, ou se a propriedade estiver consolidada em mãos do usufrutuário ou do fiduciário. Parágrafo único. A denúncia deverá ser exercitada no prazo de noventa dias contados da extinção do fideicomisso ou da averbação da extinção do usufruto, presumindo-se, após esse prazo, a concordância na manutenção da locação". Passemos à análise dos casos. A primeira situação é a renúncia. O art. 717 do Código revogado referia-se à possibilidade de o usufruto ser alienado ao nu-proprietário, acarretando com isso a extinção do usufruto. O Código Civil atual, ao dispor sobre a cessão do exercício do usufruto e mostrando-se mais técnico, não mais se utiliza da palavra alienação para designar o ato em que o usufrutuário abre mão do direito de usufruto em favor do nu-proprietário. À primeira vista, pode parecer mesmo paradoxal que o usufrutuário possa alienar o usufruto ao verdadeiro titular da propriedade. Isso posto, é de se concluir que o usufruto pode ser extinto no momento em que o usufrutuário, mediante ato unilateral de despojamento do direito, renuncia ao poder de uso e fruição estabelecido no ato constitutivo do direito em favor do proprietário. O usufruto é sempre um direito temporário, podendo, no máximo, ser vitalício. Além disso, é personalíssimo, de modo que uma vez outorgado ao usufrutuário, não pode ser transferido por ato *inter vivos* ou por sucessão *mortis causa*. Com o falecimento do nu-proprietário, o direito de propriedade é transferido para os seus herdeiros legítimos ou testamentários, conforme o caso (art. 1.784 do CC). Os herdeiros deverão cumprir o estabelecido na constituição do usufruto, tendo em vista a característica da aderência e a eficácia *erga omnes* típica dos direitos reais. A extinção do usufruto pela morte do usufrutuário independe do reconhecimento por sentença judicial e torna automaticamente precária eventual posse que esteja sendo exercida pelos herdeiros do usufrutuário falecido, legitimando o nu-proprietário para a ação de reintegração de posse. O advento do termo previsto no inciso II configura mais uma manifestação concreta da temporalidade do usufruto, logo, a sua extinção pode estar demarcada negocialmente no ato constitutivo por um evento futuro e certo, diverso da morte, como seria, por exemplo, a chegada de determinada data. À luz do que prescreve o art. 128 do Código Civil, o termo resolutivo extingue, para todos os efeitos, o direito que a ela se opõe e o art. 135 do mesmo regramento legal prevê que ao termo final se aplica o que couber para a condição resolutiva. Por tal motivo, a chegada de uma data final prevista para o término do direito tem o condão de extinguir o direito real de usufruto. O implemento da condição resolutiva também deve ser destacado. Condição é a cláusula acessória que subordina o efeito do negócio jurídico a evento futuro e incerto. A extinção do usufruto pode estar marcada por uma condição resolutiva, como seria o caso de alguém dar em usufruto determinado imóvel para uma pessoa até eventual aprovação no concurso público para determinada carreira jurídica. Sendo a pessoa jurídica a usufrutuária extinta, findará também o usufruto. O prazo máximo para a constituição de um usufruto em favor de uma pessoa jurídica era de cem anos. O art. 1.410, inc. III, do atual Código Civil reduziu consideravelmente esse prazo para trinta anos. De tal sorte, a temporariedade do usufruto fica assegurada pela extinção da pessoa jurídica, ou, se isso não acontecer, em um prazo máximo de trinta anos, reputando-se como não escrita eventual cláusula que estabeleça um prazo maior. O inciso IV dispõe que se extingue o usufruto com a cessação do motivo que determinou a sua criação. O Código Civil vigente corrige uma falha que existia no anterior que confundia o conceito de causa e de motivo do negócio jurídico. As hipóteses previstas nos arts. 140 e 1.410, inc. IV, do Código Civil referem-se aos motivos que levam uma pessoa a praticar determinado negócio jurídico. Normalmente, tais motivos são desconsiderados por não fazerem parte da estrutura do ato. Todavia, se os motivos respondem ao porquê da constituição do usufruto, aí então deverão ser considerados. Por exemplo, tendo em vista o seu caráter assistencial, o usufruto pode ser estabelecido em razão de o usufrutuário cursar uma faculdade, de convalescer de determinada doença, durante o período de obras de construção de sua casa, ou outros motivos que tenham sido antevistos na celebração do negócio jurídico. Quando esses motivos não mais existirem, o interessado poderá pleitear a extinção do usufruto que, se não for atendida amigavelmente, desafiará medida judicial para tanto. A cessação da causa também poderá determinar o fim do usufruto legal. A causa da existência do usufruto legal dos pais em relação aos bens dos filhos menores previsto no art. 1.689, I, do Código Civil, é a existência do poder familiar. Desta sorte, se o poder familiar se extingue pela maioridade dos filhos ou pela perda do referido poder, extinguir-se-á, outrossim, o próprio usufruto, pela cessação da causa que deu origem ao direito. Em regra, os direitos perecem, perecendo o seu objeto, sem prejuízo da possibilidade de sub-rogação real comentada linhas acima (arts. 1.407, 1.408, 2ª parte, e 1.409 do CC). A destruição pode ser total ou parcial. Se for total, extinto estará o direito, pois o objeto do direito real é a coisa e não se concebe exercício de direitos sem objeto. Entretanto, cumpre destacar que se a destruição parcial retirar a qualidade de fruição da coisa ou impedir a utilização do bem, haverá igualmente a extinção do instituto. Uma das hipóteses de consolidação do usufruto é a própria renúncia, já tratada anteriormente. Outra forma de consolidação é a que acontece quando o usufrutuário adquire a propriedade da coisa por ato *inter vivos* ou *mortis causa*. Admita-se, como exemplo, a situação em que o usufrutuário é herdeiro do nu-proprietário e este vem a falecer. Outra hipótese rara, mas possível, é o casamento sob o regime da comunhão universal de bens entre o(a) proprietário(a) e a(o) usufrutuária(o). A extinção do usufruto pode decorrer da resolução do contrato por culpa do usufrutuário. O usufrutuário é proibido de alienar, deteriorar ou deixar arruinar os bens que constituem o objeto do usufruto, sendo da essência do instituto, como já observado, o dever de manutenção da substância da coisa. De tal sorte que se descumprir qualquer um desses preceitos, poderá o nu-proprietário requerer em juízo a extinção do usufruto por resolução do contrato. No usufruto de crédito (art. 1.395 do CC), o usufrutuário é obrigado a aplicar, de imediato, a importância recebida em títulos da mesma natureza ou em apólices da dívida pública federal. Se não fizer, poderá, igualmente, o nu-proprietário pleitear a extinção do usufruto, sem prejuízo de eventuais perdas e danos sofridos pelo nu-proprietário, em razão de negligência ou imprudência do usufrutuário. Não haverá a resolução do contrato se o ato de ruína ou deterioração for causado por terceiro, a quem caberá, contudo, pedido de reparação dos danos. O último inciso apresenta interessante hipótese de extinção do usufruto pelo não uso, ou não fruição, da coisa em que o usufruto recai. Da mesma forma que na servidão predial, o direito condena o desuso de um direito real deferido por afrontar a destinação social da constituição do instituto e, por conseguinte, malferir o paradigma constitucional da funcionalização dos institutos (art. 5º, inc. XXIII, da CF). Importante lembrar que o usufrutuário pode ceder o exercício do usufruto (art. 1.393 do CC), assim como pode arrendar o bem (art. 1.399 do CC). Ambas as posturas se inserem na utilização e/ou fruição do bem, não se podendo aplicar a sanção do artigo acima transcrito em tais hipóteses. Diferentemente da extinção pelo não uso da servidão predial, cujo prazo de inércia deve ser de dez anos (art. 1.389, III, do CC), aqui a lei não estabelece prazo para a extinção do usufruto pelo fato de o usufrutuário não usar nem fruir do bem outorgado a ele com esse fim. Em função do comando constitucional da função social da propriedade, em razão de a lei não ter estabelecido prazo para sanção pelo não uso, e pelo princípio da operosidade que marca a interpretação do atual Código Civil, refletindo a inspiração de Miguel Reale e que possibilita ao magistrado a construção de decisões de acordo com a hipótese concreta, reformulamos pensamento anteriormente esposado no sentido de que o prazo seria o de dez anos, genericamente previsto no art. 205 do Código Civil, tendo em vista que a matéria estaria inserida na prescrição de direitos reais. De fato, pela fundamentação acima, percebe-se que se há alguma regra equivocada, é a da servidão predial, que prevê prazo – e muito longo, sob o ponto de vista do dever de prestigiar a funcionalidade das titularidades. Será o magistrado, de acordo com as especificidades do caso concreto, que irá definir pela aplicação ou não da sanção pelo não uso e não fruição do bem posto para desfrute do usufrutuário. Nesse sentido, cedemos ao conteúdo do Enunciado n. 252 da *III Jornada de Direito Civil* do Conselho da Justiça Federal/STJ, vazado nos seguintes termos: "A extinção de usufruto pelo não uso, de que trata o art. 1.410, VIII, independe do prazo previsto no art. 1.389, III, operando-se imediatamente, considerando-se assim desatendida sua função social".

JURISPRUDÊNCIA COMENTADA: Diferentemente da extinção do usufruto de imóveis por outros fundamentos que somente irá produzir efeitos com a averbação do cancelamento no ofício imobiliário, "extinto pela morte do usufrutuário, o usufruto instituído por ato *inter vivos*, o cancelamento do gravame, no registro de imóveis, independe de decisão judicial", conforme Verbete 13 da súmula de jurisprudência predominante no Tribunal de Justiça do Estado do Rio de Janeiro. Na linha do Enunciado n. 252 da *III Jornada de Direito Civil* acima reproduzido, a jurisprudência do Superior Tribunal de Justiça prestigia a impossibilidade de aplicação de qualquer prazo de natureza decadencial ou prescricional, devendo o magistrado decidir a questão de acordo com o caso concreto e tendo em mira o princípio constitucional da função social da propriedade. Nesse sentido, já ficou decidido que "a extinção do usufruto pelo não uso pode ser levada a efeito sempre que, diante das circunstâncias da hipótese concreta, se constatar o não atendimento da finalidade social do bem gravado" (REsp 1179259/MG, 3.ª Turma, Rel. Min. Nancy Andrighi, j. 14.05.2013). A extinção do usufruto e a consolidação da propriedade nas mãos do nu-proprietário não materializa o fato gerador do Imposto de Transmissão Causa Mortis e Doação (ITCMD) por ausência de transferência de bens e direitos a título não oneroso, conforme asseverado no Enunciado n. 7 da Súmula de Jurisprudência do Conselho da Magistratura do Tribunal de Justiça do Estado do Rio de Janeiro: "A extinção do usufruto por renúncia ou morte do usufrutuário não é fato gerador da cobrança de ITD, sob pena de incorrer em bitributação, vez que a doação do imóvel constitui fato gerador do imposto de transmissão *inter vivos*". O não pagamento das obrigações *propter rem* que incidem sobre o imóvel por parte do usufrutuário (art. 1.403, II, do CC) podem ensejar a resolução do usufruto por culpa do usufrutuário, na forma do inciso VII do artigo em análise (TJSP, APL 1003283-73.2016.8.26.0189, Ac. 11991698, 2.ª Câmara de Direito Privado, Fernandópolis, Rel. Des. Giffoni Ferreira, j. 09.11.2018). A morte do usufrutuário que arrendou imóvel a terceiro acarreta a extinção do arrendamento, não havendo esbulho por parte dos nus-proprietários que notificaram os arrendatários quanto ao desinteresse na continuação do arrendamento. Inteligência do inciso I desta norma, assim como do art. 26, V, do Decreto n. 59.566/1966: "O arrendamento se extingue: V – Pela resolução ou extinção do direito do arrendador" (TJRS, AC 0267262-46.2018.8.21.7000, 17.ª Câmara Cível, Arroio do Tigre, Rel. Des. Liege Puricelli Pires, j. 29.11.2018, *DJERS* 11.12.2018). Conforme aludimos nos comentários doutrinários, a morte do usufrutuário torna precária a posse dos seus herdeiros e possibilita que o nu-proprietário busque a recuperação da posse do bem dado em usufruto. Isso, porém, não significa que o espólio do falecido usufrutuário não tenha direito de reivindicar os direitos pessoais decorrentes do contrato. São duas relações jurídicas que não se confundem. A primeira que se dá entre o nu-proprietário e os sucessores do usufrutuário e a segunda entre estes e o arrendatário (REsp 1.758.946/SP, 3.ª Turma, Rel. Min. Marco Aurélio Bellizze, j. 08.06.2021, v.u.).

REFORMA DO CÓDIGO CIVIL: "Art. 1.410. A sugestão de alteração aqui é da substituição de motivo por causa. Causa é o propósito objetivo do negócio jurídico. O inciso IV atual utiliza o vocábulo motivo de inafastável concepção subjetiva, quando deveria falar em causa.

Art. 1.411. Constituído o usufruto em favor de duas ou mais pessoas, extinguir-se-á a parte em relação a cada uma das que falecerem, salvo se, por estipulação expressa, o quinhão desses couber ao sobrevivente.

COMENTÁRIOS DOUTRINÁRIOS: O usufruto simultâneo (cousufruto) é aquele outorgado em favor de duas ou mais pessoas. Trata-se de situação semelhante à do condomínio, em que a comunhão se dá no direito real de usar e fruir, submetendo-se os cousufrutuários às regras do condomínio ordinário anteriormente estudado. Conforme se verá abaixo, os efeitos jurídicos decorrentes da extinção do cousufruto vão depender se o mesmo foi estabelecido por ato inter vivos ou *mortis causa*. O primeiro é disciplinado neste artigo e o segundo no livro das sucessões, no art. 1.946 do mesmo corpo de leis. Na extinção do cousufruto em decorrência de ato *inter vivos*, de acordo com a natureza temporária e personalíssima do direito real de usufruto, conforme forem falecendo os usufrutuários (art. 1.410, I), a propriedade, salvo disposição expressa em contrário, vai se consolidando, pouco a pouco, nas mãos do nu-proprietário. Nesse caso, a regra é que não haverá direito de acrescer em favor dos usufrutuários sobreviventes, consolidando-se paulatinamente a propriedade em mãos do nu-proprietário ou a quem o suceder pelo direito hereditário ou contratual. Enfim, para que o quinhão do usufrutuário falecido ou renunciante seja transferido ao(s) outro(s) usufrutuário(s), indispensável a existência de cláusula expressa nesse sentido. O art. 1.946 do Código Civil, no capítulo referente ao direito de acrescer entre herdeiros e legatários, estabelece os efeitos da morte dos cousufrutuários no usufruto simultâneo que teve como causa o testamento, estabelecendo que "legado um só usufruto conjuntamente a duas ou mais pessoas, a parte da que faltar acresce aos colegatários. Parágrafo único. Se não houver conjunção entre os colegatários, ou se, apesar de conjuntos, só lhes foi legada certa parte do usufruto, consolidar-se-ão na propriedade as cotas dos que faltarem, à medida que eles forem faltando". Com efeito, se o testador legou um só usufruto a mais de uma pessoa, os colegatários acrescerão o seu direito ao de quem faleceu. Se o testador não quis deixar o usufruto em conjunto aos colegatários e, ao contrário, deixou apenas determinada cota, conclui-se que ele não quis contemplar os cousufrutuários com a totalidade do usufruto, motivo pelo qual, conforme forem falecendo os colegatários, a cota destes consolidar-se-á nas mãos do proprietário. Registre-se que a regra do usufruto simultâneo decorrente de contrato – não acrescer aos cousufrutuários, conforme forem falecendo – constitui exceção quando se trata de testamento. Sob a mesma ótica acima, se um dos usufrutuários contemplados em um testamento renunciar ao seu quinhão determinado de usufruto, a parte do renunciante deverá ser incorporada ao patrimônio do nu-proprietário e não transferida ao usufrutuário remanescente, posto que a disposição testamentária não se mostrou conjuntiva em favor dos cousufrutuários.

JURISPRUDÊNCIA COMENTADA: Em um caso no qual os pais titularizavam o usufruto legal sobre o bem imóvel do filho submetido ao

Poder Familiar (art. 1.689, inc. I, do CC) e apenas um deles usufruía da titularidade, excluindo o outro, o Superior Tribunal de Justiça manteve o acórdão do Estado do Rio Grande do Norte que determinara ao cônjuge contemplado com a posse exclusiva a pagar metade do valor de um aluguel ao outro que estava privado do direito de usufruir da coisa. Entendeu a Corte que "nessa hipótese, é factível cobrança do equivalente à metade da locação do imóvel, pois a simples ocupação do bem por um dos ex-consortes representa impedimento de cunho concreto, ou mesmo psicológico, à utilização simultânea pelo outro usufrutuário" (STJ, REsp 1098864/RN, 3.ª Turma, Rel. Min. Nancy Andrighi, j. 04.09.2012, *DJe* 21.09.2012). Na linha de raciocínio acima expendida, decidiu o Tribunal de Justiça do Rio Grande do Sul pela inviabilidade do direito de acrescer ao usufrutuário remanescente pela inexistência de cláusula expressa de reversão na escritura pública de constituição do usufruto, aduzindo que "reversão é a cláusula segundo a qual, na comunhão usufrutuária, a morte ou a renúncia do cousufrutuário opera o direito ao usufrutuário remanescente de acrescer o usufruto do outro". E, ao final arremata, aduzindo que "ausente disposição expressa instituindo o direito de acrescer, a renúncia do usufruto produz a sua extinção em face do nu-proprietário, e não a transferência do direito real de uso ao usufrutuário remanescente" (TJRS, Apelação Cível 70014890750, 18.ª Câmara Cível, Rel. Pedro Celso Dal Pra, j. 24.08.2006). Em que pese o artigo em análise falar em estipulação expressa para que exista o direito de acrescer em favor de um usufrutuário em caso de morte do outro, a interpretação, conforme os ditames da boa-fé e as circunstâncias do caso concreto, podem levar a que se entenda que a vontade do instituidor do usufruto era a de que, em caso de seu falecimento, passasse a sua cota para o sobrevivente. É o que entendeu a 20.ª Câmara Cível do Tribunal de Justiça do Estado do Rio Grande do Sul em caso no qual o instituidor do usufruto (genitor) doou a seus quatro filhos ações de uma empresa, reservando o usufruto das mesmas para si e sua esposa. A despeito de não fazer a ressalva expressa no ato para os fins de atribuir o direito de acrescer, vários indicativos fáticos levaram ao ensejo de que o interesse era este como, por exemplo, uma procuração outorgada em favor da genitora para que esta fosse a administradora da companhia, o que dependia de ser usufrutuária da soma da cota dos dois usufrutuários e o fato de que os nus-proprietários (filhos) somente terem se insurgido depois de algum tempo e sob o falso argumento de distribuição equivocada de dividendos. O *decisum* constatou que "ainda que ausente a chamada cláusula do direito de acrescer no documento de doação, o art. 1.411, do Código Civil, não pode ser interpretado de forma isolada, visto que norteado pela boa-fé e intenção volitiva preconizadas pelos arts. 113 e 422, do mencionado diploma legal. No caso, não há falar em extinção parcial do usufruto pelo falecimento do doador, porquanto o contexto dos autos denota que a intenção principal era que a integralidade das ações ficasse com gravame vitalício em favor da requerida" (TJRS, AC 0267542-17.2018.8.21.7000, 20.ª Câmara Cível, Encantado, Rel. Des. Walda Maria Melo Pierro, j. 31.10.2018).

TÍTULO VII
DO USO

Art. 1.412. O usuário usará da coisa e perceberá os seus frutos, quanto o exigirem as necessidades suas e de sua família.

§ 1º Avaliar-se-ão as necessidades pessoais do usuário conforme a sua condição social e o lugar onde viver.

§ 2º As necessidades da família do usuário compreendem as de seu cônjuge, dos filhos solteiros e das pessoas de seu serviço doméstico.

COMENTÁRIOS DOUTRINÁRIOS: No direito real de uso, que pode ser constituído por contrato ou por testamento, o nu-proprietário outorga ao usuário um direito mais restrito que o usufruto. Entretanto, pela redação do artigo vê-se que não é mais verdade que o usuário não pode fruir do bem. Apenas exige-se que o desfrute esteja limitado às necessidades da família, que serão aferidas segundo a investigação da realidade do usuário e de sua família. Os institutos do usufruto e do direito real de uso se assemelham muito, chegando a ser dito que o uso é um usufruto em miniatura. Contudo, há diferenças entre os institutos que devem restar claras. Por exemplo, o exercício do usufruto pode ser cedido (art. 1.393 do CC) e o uso é incessível, além do fato de o direito real de uso ser indivisível, incidindo sobre o bem em que o usuário mantém contato físico com a coisa e sobre o qual pode retirar os frutos para satisfazer as necessidades próprias e de sua família. No que se refere ao direito privado, o instituto não traz qualquer relevância prática. Contudo, no âmbito do direito administrativo, o instituto tem muita importância, sendo, por exemplo, o direito outorgado ao trabalhador rural posteriormente à ultimação do procedimento expropriatório movido pelo INCRA para fins de Reforma Agrária. Nessa toada, o art. 7º do Decreto-lei n. 271/1967 criou um novo direito real denominado de "concessão de uso", que vem a ser um contrato em que o Poder Público outorga ao particular, respeitado o interesse público, o uso dos bens dominicais, muitas vezes desapropriados exatamente para que se possibilitasse às pessoas hipossuficientes o acesso à moradia ou a esta e ao trabalho para os trabalhadores rurais sem-terra. Com a redação conferida pela Lei n. 11.481/2007 dilargou-se, sobremaneira, o alcance da concessão de uso como direito real resolúvel, que passou a ter a finalidade expressa de instrumento de regularização fundiária de interesse social, urbanização, industrialização, edificação, cultivo da terra, aproveitamento sustentável das várzeas, preservação das comunidades tradicionais e seus meios de subsistência ou outras modalidades de interesse social em áreas urbanas. A referida lei incluiu no rol do art. 1.225 do Código Civil a concessão de uso especial para fins de moradia (inciso XI) e a concessão de direito real de uso (inciso XII). Outorgado o uso ao particular, este poderá registrá-lo junto ao cartório imobiliário, gerando ao usuário a eficácia *erga omnes* inerente ao direito real. O instituto se assemelha ao direito real de superfície (art. 1.369 c/c 1.377 do CC), com a diferença de que a concessão de uso é outorgada com caráter resolutivo, de modo que o bem reverterá ao Poder Público se o concessionário der destino ao bem diverso do que consta no contrato, se o alienar ou descumprir alguma cláusula contratual.

REFORMA DO CÓDIGO CIVIL: Alteração importante no § 2º, estendendo e atualizando o alcance do dispositivo para o reconhecimento de famílias homoafetivas e substituindo a vinculação do direito real de uso para filhos solteiros para filhos com menos de dezoito anos de idade ou incapazes ou, devidamente comprovado, daqueles que formam a família parental do usuário.

Importante previsão no que poderá ser o art. 1.412-A, ao se admitir a utilização do instituto do direito real de uso nas concessões de jazigos em cemitérios, tendo em vista que há sempre grande dificuldade em enquadrar um tipo negocial para tal acerto. Isso não quer dizer que tais concessões deverão utilizar esse modelo jurídico, mas apenas que é facultado.

Art. 1.413. São aplicáveis ao uso, no que não for contrário à sua natureza, as disposições relativas ao usufruto.

COMENTÁRIOS DOUTRINÁRIOS: Como assinalado na norma, aplicam-se as disposições já estudadas por ocasião do usufruto no tocante a modo de constituição, direitos e deveres, objeto e modo de extinção, com a ressalva de que extrapola os limites do uso a constituição em favor de pessoa jurídica.

TÍTULO VIII
DA HABITAÇÃO

Art. 1.414. Quando o uso consistir no direito de habitar gratuitamente casa alheia, o titular deste direito não a pode alugar, nem emprestar, mas simplesmente ocupá-la com sua família.

COMENTÁRIOS DOUTRINÁRIOS: Quando o uso consistir no direito de habitar gratuitamente casa alheia, o titular desse direito não a pode alugar, nem emprestar, mas simplesmente ocupá-la com sua família. É o que estabelece literalmente o artigo comentado. Dessa forma, o direito real de habitação consiste na possibilidade de o habitador utilizar gratuita e temporariamente bem imóvel alheio para fim exclusivo de sua moradia e de sua família, não podendo, por conseguinte, alugar nem emprestar o imóvel, sob pena de resolução do contrato. Incidindo obviamente apenas sobre bem imóvel, sua constituição contratual dar-se-á com o registro da escritura pública no cartório imobiliário. Percebe-se que, assim como acontece com o uso, o direito real de habitação é celebrado *intuitu familiae*, de modo que não produzirá efeito eventual cláusula que impeça o habitador de morar no imóvel sem a família ou excluindo-se algum membro desta. Esse direito também pode ser constituído por testamento e por lei, sendo esta última hipótese a mais frequente, pertencendo à temática do direito sucessório, exatamente na sucessão do cônjuge e do companheiro. Com efeito, reza o art. 1.831 do Código Civil que independentemente da participação do cônjuge sobrevivente na herança, a ele será assegurado o direito real de habitação relativamente ao imóvel destinado à residência da família, desde que seja o único daquela natureza a inventariar, não havendo a necessidade de o beneficiário comprovar que inexiste outros imóveis no acervo hereditário para partilhar. O direito recai sobre o imóvel que servia de moradia para o ex-cônjuge ou ex-companheiro sobrevivente. O novo estatuto civil não mais contempla o usufruto vidual para fins de regulamentação da sucessão do cônjuge previsto no art. 1.611 do Código Civil de 1916. Quanto ao companheiro, já tivemos oportunidade de nos manifestar por ocasião da análise do usufruto legal que nos parece não ser mais possível sustentar a vigência do art. 2º da Lei n. 8.971/1994 que estabelecia o usufruto vidual em favor do companheiro. Em nosso sentimento, à semelhança do direito sucessório conferido ao cônjuge sobrevivente no art. 1.831 do Código Civil, deve-se aplicar para o caso da sucessão do companheiro o parágrafo único do art. 7º da Lei n. 9.278/1996, que prescreve: "Dissolvida a união estável por morte de um dos conviventes, o sobrevivente terá direito real de habitação, enquanto viver ou não constituir nova união ou casamento, relativamente ao imóvel destinado à residência da família". Permanecendo a necessidade de uma habitação para moradia, o direito real de habitação legal pode se mostrar vitalício se o cônjuge ou companheiro beneficiado não contrair casamento nem viver em união estável, não sendo possível aos herdeiros que ficaram com a nua-propriedade recuperar a posse do bem nem pleitear extinção de condomínio, pois eventual copropriedade também se submeterá ao estudado direito real. Importa destacar que o direito real de habitação legal pressupõe a propriedade exclusiva do falecido. Se a titularidade do bem estiver em condomínio, o cônjuge ou companheiro sobrevivente não fará jus a tal direito, pois atingiria (gravaria) bem de terceiro sem a sua autorização.

JURISPRUDÊNCIA COMENTADA: O Superior Tribunal de Justiça tem entendido que o companheiro não faz jus ao usufruto vidual, mas sim ao direito real de habitação, aplicando-se para tanto o art. 1.831 do Código Civil. Com o brilho costumeiro, salientou o Ministro Luis Felipe Salomão que "é bem verdade que o art. 1.790 do Código Civil de 2002, norma que inovou o regime sucessório dos conviventes em união estável, não previu o direito real de habitação aos companheiros. Tampouco a redação do art. 1.831 do Código Civil traz previsão expressa de direito real de habitação à companheira. Ocorre que a interpretação literal das normas conduziria à conclusão de que o cônjuge estaria em situação privilegiada em relação ao companheiro, o que deve ser rechaçado pelo ordenamento jurídico" (STJ, REsp 1329993/RS, 4.ª Turma, Rel. Min. Luis Felipe Salomão, j. 17.12.2013, *DJe* 18.03.2014). Esse posicionamento foi renovado na Corte da Cidadania, como se pode verificar no *Informativo* n. *655*, publicado em 27 de setembro de 2019, com o seguinte destaque: "A constituição de união estável superveniente à abertura da sucessão, ocorrida na vigência do Código Civil de 1916, afasta o estado de viuvez previsto como condição resolutiva do direito real de habitação do cônjuge supérstite" (REsp 1.617.636/DF, 3.ª Turma, Rel. Min. Marco Aurélio Bellizze, j. 27.08.2019, v.u.). Enfrentamos um caso em que o herdeiro que recebera o bem com o gravame de direito real de habitação em favor da madrasta pretendia a sua extinção e, para tanto, alegou necessidade e que o mesmo teria se iniciado em 1971, levando a uma fática habitação vitalícia. A Câmara entendeu que "o direito real de habitação somente se extingue com a morte ou com o advento de novo casamento ou união estável, o que não foi demonstrado nos autos. Ausência de comprovação de que a ré Maria Laura possuía em 1971 ou possui hoje outro imóvel residencial em sua integralidade. Precedentes do STJ e TJRJ. Sentença mantida. Recursos conhecidos e desprovidos" (TJRJ, Apelação 2008.001.48793, 16.ª Câmara Cível, Rel. Des. Marco Aurélio Bezerra de Melo, j. 13.01.2009). Em 2019, o STJ publicou em seu sítio eletrônico (ferramenta *Jurisprudência em Teses*) a seguinte tese que se mostra majoritária na doutrina e na jurisprudência: "A inexistência de outros bens imóveis no patrimônio de cônjuge/companheiro sobrevivente não é requisito para o reconhecimento do direito real de habitação". Questão assaz instigante é saber se o condomínio *pro indiviso* de um imóvel entre o falecido e terceira pessoa poderia possibilitar que o cônjuge supérstite herdasse o direito real de habitação. Decerto que o instituto, como dito acima, possui natureza protetiva da família, mas não é possível juridicamente vincular um terceiro estranho a ela. Em outras palavras, não é legítimo exigir de um terceiro a solidariedade familiar que vincula os demais herdeiros do falecido. Nesse diapasão, confira-se a ementa em embargos de divergência: "Embargos de divergência. Recurso especial. Direito real de habitação. Copropriedade de terceiro anterior à abertura da sucessão. Título aquisitivo estranho à relação hereditária. 1. O direito real de habitação possui como finalidade precípua garantir o direito à moradia ao cônjuge/companheiro supérstite, preservando o imóvel que era destinado à residência do casal, restringindo temporariamente os direitos de propriedade originados da transmissão da herança em prol da solidariedade familiar. 2. A copropriedade anterior à abertura da sucessão impede o reconhecimento do direito real de habitação, visto que de titularidade comum a terceiros estranhos à relação sucessória que ampararia o pretendido direito. 3. Embargos de divergência não providos" (EREsp 1.520.294-SP, 2.ª Seção, Rel. Min. Maria Isabel Gallotti, j. 26.08.2020, *DJe* 02.09.2020, v.u.). Em outra situação de condomínio entre o sucedido casado e uma filha de anterior casamento, o STJ assegurou a esta condômina o direito à percepção de aluguéres (art. 1.319 do CC) em razão da utilização do imóvel com exclusividade pelo cônjuge virago sobrevivente em razão do direito real de habitação previsto no art. 1.831 do Código Civil (REsp 1.830.080/SP, Rel. Min. Paulo de Tarso Sanseverino, 3.ª Turma, v.u., j. 26.04.2022).

Art. 1.415. Se o direito real de habitação for conferido a mais de uma pessoa, qualquer delas que sozinha habite a casa não terá de pagar aluguel à outra, ou às outras, mas não as pode inibir de exercerem, querendo, o direito, que também lhes compete, de habitá-la.

COMENTÁRIOS DOUTRINÁRIOS: Em primeiro lugar, importa afirmar que convém que não se celebre o direito real de habitação em favor de mais de uma família, pois tal previsão pode desnaturar o instituto. Contudo, é possível que a habitação seja deferida a vários habitadores simultaneamente, na forma do artigo acima destacado. Nesse caso, os coabitadores devem exercer a habitação outorgada de modo que um não inviabilize o direito de outro. Se, a despeito de o direito real de habitação ser exercido por várias pessoas, apenas uma morar no imóvel, os outros não poderão cobrar dos moradores uma taxa de ocupação similar a um aluguel, como sucederia, em homenagem ao princípio da vedação ao enriquecimento sem causa, se fossem condôminos e um deles utilizasse sozinho o imóvel. Para entender melhor a proibição, importa que se reconheça que o instituto tem as suas raízes fincadas no direito de família, ramo do Direito Civil naturalmente extrapatrimonial.

Art. 1.416. São aplicáveis à habitação, no que não for contrário à sua natureza, as disposições relativas ao usufruto.

COMENTÁRIOS DOUTRINÁRIOS: Assim como sucede com o uso, na habitação se aplicam as mesmas regras relativas ao usufruto, naquilo que não se mostrar incompatível. Nesse ângulo de visada, merece atenção que a habitação é ainda mais restrita do que o usufruto e o uso, sendo igualmente incessível, não se admitindo nenhuma fruição, uma vez que o direito visa assegurar exclusivamente direito à moradia em favor do habitador e da sua família.

JURISPRUDÊNCIA COMENTADA: Situação interessante de aplicação das regras do usufruto foi o reconhecimento, à semelhança do que ocorre no usufruto (art. 1.410, VIII, do CC), da extinção da habitação pelo não uso mediante a "comprovação de que o ex-companheiro não usa o imóvel, objeto do direito real de habitação" (TJRJ, Apelação 0015691-23.2009.8.19.0038, 22.ª Câmara Cível, Rel. Des. Rogério de Oliveira Souza, j. 15.08.2017).

TÍTULO IX
DO DIREITO DO PROMITENTE COMPRADOR

Art. 1.417. Mediante promessa de compra e venda, em que se não pactuou arrependimento, celebrada por instrumento público ou particular, e registrada no Cartório de Registro de Imóveis, adquire o promitente comprador direito real à aquisição do imóvel.

COMENTÁRIOS DOUTRINÁRIOS: O compromisso de compra e venda de imóvel é um contrato em que os contratantes se obrigam a tornar efetiva a venda de um imóvel, mediante o cumprimento das obrigações futuras pactuadas. O compromissário comprador obriga-se a pagar o preço e o compromitente a reproduzir o consentimento, outorgando a escritura dita definitiva. O conteúdo dessa modalidade contratual é alvo de intrincadas discussões na doutrina. O acerto parece estar no acatamento de que o objeto do compromisso consiste na reprodução do consentimento a fim de que se efetive a venda de um bem imóvel. Normalmente, o que motiva as pessoas a realizarem tal pacto é a falta de dinheiro para pagamento à vista por parte do comprador. Daí que na prática da venda de unidade autônoma em condomínio edilício, na venda de lotes ou até mesmo nas relações jurídicas entre particulares, o compromisso de compra e venda funciona como uma verdadeira garantia para o vendedor, pois se o preço não for pago, pode ser resolvido o contrato judicialmente e o compromitente vendedor é reintegrado na posse do imóvel. Pela garantia do adimplemento que o credor granjeia com a celebração da promessa houve quem incluísse o instituto dentre os direitos reais de garantia. Outros veem como o exercício do gozo e fruição por parte do promitente comprador sobre bem alheio e, assim, o incluem entre os direitos reais sobre a coisa alheia de gozo ou fruição. A denominação compromisso de compra e venda, que também pode ser denominada de promessa irretratável de compra e venda, deve ser reservada à situação em que, por lei ou contrato, é vedada a retratação das partes, pois a nosso sentir a promessa de compra e venda de imóvel não registrada no cartório do registro de imóveis e com cláusula de arrependimento seria apenas uma espécie atípica de pré-contrato ou contrato preliminar da compra e venda. Isso porque, nesse caso, será exigida para a realização do contrato definitivo uma nova manifestação de vontade expressa, a qual não poderá, obviamente, ser substituída pela decisão judicial. Ainda que situe o compromisso de compra e venda como uma espécie de contrato preliminar, percebe-se que, quanto ao conteúdo, o autor também se posiciona no sentido de que nos compromissos de compra e venda em que não há possibilidade de arrependimento, o compromitente vendedor apenas tem que reproduzir ou ratificar o consentimento para a venda do bem que já fora externado por ocasião da celebração do compromisso. Assim, a questão fica mais na perspectiva de nomenclatura do que nos efeitos. Estando ou não registrada a promessa no cartório competente, se o contrato não contiver cláusula de arrependimento ou for daqueles em que a lei proíbe tal pacto, como sucede na incorporação imobiliária e na venda de lotes, temos uma promessa irretratável de compra e venda ou compromisso de compra e venda de imóvel e, ao tomar tal feição, o contrato torna-se típico, perdendo a natureza de um mero pré-contrato ou contrato preliminar. De efeito, nesse caso, o consentimento dado para a realização do contrato já significa o acatamento futuro da própria venda definitiva, bastando ao compromissário comprador cumprir as prestações futuras pactuadas ou, se for o caso, ocorrer a solução para a questão que teria impedido a venda propriamente dita do imóvel. A prova da verdade dessa assertiva está em que se o compromitente vendedor não honrar com o compromisso, a parte prejudicada tem direito a pleitear ao juízo sentença constitutiva que substitua, com a mesma eficácia, a vontade do devedor da referida obrigação de fazer. Se a promessa não contiver cláusula de arrependimento e estiver registrada junto ao cartório imobiliário, será reconhecido ao compromissário comprador direito real de aquisição de imóvel como categoria autônoma do direito real, não sendo propriamente direito real sobre a coisa alheia de gozo ou fruição, nem de garantia. Essa é a orientação da atual codificação. Com efeito, nessa situação jurídica, estamos diante de direito real de aquisição estabelecido por meio de um contrato típico denominado compromisso de compra e venda e que consiste em atribuir ao adquirente a obrigação de, na grande maioria dos casos, pagar o preço, competindo ao alienante, diante do adimplemento, a obrigação da escritura definitiva.

Em nosso modo de ver, trata-se, portanto, de instituto autônomo que, com o registro, atribui ao promitente comprador direito real de aquisição. A propósito, todos os poderes inerentes ao domínio – usar, fruir, dispor e reaver – são transferidos ao compromissário comprador, restando ao compromitente vendedor o direito de resolver o contrato em caso de inadimplemento. O compromisso de compra e venda de imóveis loteados pode ser feito por instrumento público ou particular, conforme autorização expressa do art. 26 da Lei n. 6.766/1979. Quanto aos imóveis não loteados, há divergência, entendendo parte da doutrina e jurisprudência continuar imprescindível a observância da forma pública do contrato. Ousamos discordar desse ponto de vista, pois sendo o compromisso de compra e venda modalidade de contrato preliminar, como querem alguns, sendo modalidade especial de contrato típico de compra e venda, como nos parece, o fato é que deverão constar em seu bojo todos os requisitos do contrato definitivo, à exceção da forma que poderá ser por instrumento particular, *ex vi* do prescrito no art. 462 do Código Civil: "O contrato preliminar, exceto quanto à forma, deve conter todos os requisitos essenciais ao contrato a ser celebrado". Mais enfático ainda é o artigo seguinte que admite expressamente a possibilidade de instrumento público ou particular. O caso retrata clara exceção ao rigor preconizado pelo art. 134 deste Código. Importante assinalar ainda que a liberdade relativa de forma do compromisso de compra e venda não dispensa que as partes estabeleçam, com rigor, todas as cláusulas do contrato futuro, como a descrição minuciosa do objeto da venda, preço e demais cláusulas necessárias para um válido e eficaz contrato de compra e venda. Isso é relevante, pois na eventualidade de se necessitar de outorga judicial para a escritura definitiva, a decisão judicial não poderá exercer o papel integrador da vontade que não foi devidamente manifestada. Para que a promessa de compra e venda produza os efeitos esperados pelo promitente comprador de um autêntico direito potestativo de exigir posteriormente a escritura definitiva, adjudicando para si a titularidade definitiva do bem alienado, mister que não se tenha pactuado o direito de arrependimento. Quando a promessa é irretratável é que podemos usar a nomenclatura compromisso de compra e venda ou promessa irretratável de compra e venda. Nas promessas de compra e venda de bem imóvel, regidas pelo direito comum, é válida a cláusula de arrependimento que já se encontrava no art. 22 do Decreto-lei n. 58/1937 para imóveis não loteados, e hoje nos arts. 463 e 1.417 do Código Civil. Esta última regra é enfática quando diz que "mediante promessa de compra e venda, em que se não pactuou arrependimento, celebrada por instrumento público ou particular, e registrada no Cartório de Registro de Imóveis, adquire o promitente comprador direito real à aquisição do imóvel". Mais condizente com a boa-fé objetiva e a função social dos contratos se o legislador fixasse as arras como único momento propício para o arrependimento, sendo elas, obviamente, penitenciais, na forma do disposto no art. 420 do Código Civil: "Se no contrato for estipulado o direito de arrependimento para qualquer das partes, as arras ou sinal terão função unicamente indenizatória. Neste caso, quem as deu perdê-las-á em benefício da outra parte; e quem as recebeu devolvê-las-á, mais o equivalente. Em ambos os casos não haverá direito a indenização suplementar". Entretanto, esse não é o critério adotado pelo direito positivo que, como visto, permite aos contratantes a reserva do direito de arrepender-se da contratação definitiva. Nesse caso, não há ofensa à Constituição Federal, de modo que nos resta emprestar efetividade aos dispositivos legais acima referidos. Trata-se, na realidade, de exemplo de comportamento contraditório – *venire contra factum proprium* –, vedado pela Teoria dos Atos Próprios, que encontra fundamento no princípio da boa-fé objetiva e visa proteger as partes que legitimamente confiaram na estabilidade das relações jurídicas. Assim, não pode o promitente vendedor invocar o direito de arrependimento para voltar contra seus próprios atos, frustrando as expectativas despertadas no promitente comprador, que passou a ter motivos legítimos para confiar na manutenção do negócio jurídico celebrado. Há consenso em admitir que, se o imóvel já estiver quitado, não há mais espaço para o exercício do direito potestativo de arrependimento. No regime especial de compromisso de compra e venda de lote é nula de pleno direito a cláusula de arrependimento ou retratação, *ex vi* do previsto no art. 25 da Lei n. 6.766/1979: "São irretratáveis os compromissos de compra e venda, cessões ou promessas de cessão, os quais atribuam direito a adjudicação compulsória e, estando registrados, confiram direito real oponível a terceiros". No mesmo sentido é a previsão do art. 32, § 2º, da Lei n. 4.591/1964, com a redação dada pela Lei n. 10.931/2004. Destarte, para fins de aquisição de unidade autônoma na incorporação imobiliária: "Os contratos de compra e venda, promessa de venda, cessão ou promessa de cessão de unidades autônomas são irretratáveis e, uma vez registrados, conferem direito real oponível a terceiros, atribuindo direito à adjudicação compulsória perante o incorporador ou quem o suceder, inclusive na hipótese de insolvência posterior ao término da obra". Importa destacar que o adquirente somente fara jus à adjudicação compulsória se a propriedade efetivamente for titularizada pelo incorporador e o memorial de incorporação estiver devidamente registrado no cartório imobiliário. Com o Decreto-lei n. 745/1969, a proteção do compromissário comprador ficou ainda maior, pois a referida norma jurídica instituiu a mora *ex persona*, excepcionando a regra do art. 397 do Código Civil. Dessa forma, em caso de inadimplemento do pagamento de alguma prestação, ainda que no contrato conste cláusula resolutiva expressa, a resolução do pacto dependerá da prévia interpelação judicial ou extrajudicial do devedor, proteção que viria reproduzida mais tarde no § 3º do art. 32 da Lei n. 6.766/1979, que trata do parcelamento do solo urbano: "Vencida e não paga a prestação, o contrato será considerado rescindido 30 (trinta) dias depois de constituído em mora o devedor. § 1º Para os fins deste artigo o devedor-adquirente será intimado, a requerimento do credor, pelo Oficial do Registro de Imóveis, a satisfazer as prestações vencidas e as que se vencerem até a data do pagamento, os juros convencionados e as custas de intimação. § 2º Purgada a mora, convalescerá o contrato". Como o Decreto-lei n. 745/1969 se refere ao art. 22 do Decreto-lei n. 58/1937 e este, com a Lei n. 649/1949, estendeu seus efeitos aos imóveis não loteados, podemos dizer que sejam loteados ou não os imóveis, a mora e a consequente resolução por inadimplemento do pagamento das prestações dependerão de prévia interpelação do devedor. Mesmo com a alteração promovida pela Lei n. 13.097/2015, a mora continuou *ex persona* com o prazo de quinze dias de omissão do devedor para o fim de configurar a possibilidade de resolução do contrato. Não nos parece que a novel legislação tenha permitido a configuração imediata da resolução do contrato por inadimplemento para fins, por exemplo, de deferimento de liminar em ação de reintegração de posse, sendo indispensável para a recuperação do bem por parte do promissário vendedor a prévia extinção do contrato por descumprimento da obrigação por parte do promissário comprador. No regime da incorporação imobiliária, a mora também depende de prévia interpelação, como se vê no art. 63 da Lei n. 4.591/1964: "É lícito estipular no contrato, sem prejuízo de outras sanções, que a falta de pagamento, por parte do adquirente ou contratante, de 3 prestações do preço da construção, quer estabelecidas inicialmente, quer alteradas ou criadas posteriormente, quando for o caso, depois de prévia notificação com o prazo de 10 dias para purgação da mora, implique na rescisão do contrato, conforme nele se fixar, ou que, na falta de pagamento, pelo débito respondem os direitos à respectiva fração ideal de terreno e à parte construída adicionada, na forma abaixo estabelecida, se outra forma não fixar o contrato". Após vacilação doutrinária e jurisprudencial, se entendeu que todas as questões que estejam circunscritas nas relações obrigacionais das partes não devem depender do registro do compromisso no cartório imobiliário como, por exemplo, a obrigatoriedade do registro para que a mora do devedor dependa de prévia interpelação judicial. Em regra, a resolução do contrato de compromisso de compra e venda de imóvel se dá pelo inadimplemento do compromissário comprador em relação às prestações a que se encontra obrigado a pagar. Após a efetiva constituição em mora, o compromitente vendedor deverá ajuizar a ação de resolução do contrato, a qual, uma vez julgada procedente, ensejará a procedência do pedido resolutório com a consequente reintegração de posse em favor do autor alienante. Na prática, é comum que os pedidos sejam explicitadamente cumulados (art. 327 do CPC) na petição inicial, o que se recomenda para evitar maiores discussões, ou seja, a ação será de resolução do contrato cumulada com pedido de reintegração de posse, sendo cabível, notadamente após a inclusão do parágrafo único no art. 1º do Decreto-lei n. 745/1969, pedido de tutela provisória ante a possibilidade de convencimento do magistrado quanto à evidência do direito autoral (art. 311, IV, do CPC/2015). Questão polêmica envolve a possibilidade de ajuizamento da ação de reintegração de posse após a constituição do devedor em mora sem que haja a purgação desta, mesmo nos casos em que o contrato conta com cláusula resolutiva expressa. Em nosso modo de ver, é incabível, pois o promissário comprador pode ter defesas de mérito que inviabilizem a liminar possessória como, por exemplo, o adimplemento substancial, a frustração do fim do contrato, o inadimplemento de obrigações importantes para a função social do contrato por parte do alienante, entre outras, além do que, no rigor da técnica, não há no compromisso de compra e venda o desdobramento da posse, ou seja, não é correto dizer que o promissário comprador seja possuidor direto e o promitente vendedor possuidor indireto. Entretanto, os adeptos da possibilidade do manejo da ação possessória, obtiveram, com o advento da Lei n. 13.097/2015 que alterou o Decreto-lei n. 745/1969 reforço a essa tese, pois o parágrafo único do art. 1º da referida legislação prescreve que "nos contratos nos quais conste cláusula resolutiva expressa, a resolução por inadimplemento do promissário comprador se operará de pleno direito (art. 474 do Código Civil), desde que decorrido o prazo previsto na interpelação referida no *caput*, sem purga da mora". Essa, a propósito, tem sido a orientação mais recente do Superior Tribunal de Justiça, como se verá nos comentários jurisprudenciais abaixo. Interessante observar que a prescrição para a cobrança das prestações em atraso será quinquenal, a teor do art. 206, § 5º, I, do Código Civil, e para a resolução do contrato o prazo será decenal, consoante a prescrição ordinária prevista no art. 205 da referida codificação, contando-se o prazo do vencimento da última prestação. Há posicionamento de que a pretensão para cobrar as dívidas prescreve em cinco anos, mas que a resolução do contrato seria um direito perpétuo, pois o movimento do credor para a dissolução do vínculo é potestativo e não há lei que preveja prazo para tal exercício. Conquanto sustentável, não nos parece adequado, tendo em vista que não convém para a segurança jurídica que um direito de conteúdo patrimonial seja imprescritível. Cláusula de perdimento ou decaimento é aquela em que se estipula a perda de todas as prestações pagas em decorrência de inadimplemento de uma ou mais parcelas por parte do compromissário comprador. Trata-se de cláusula manchada com a pecha da abusividade por conta de retratar odioso enriquecimento sem causa por parte do compromitente vendedor, a quem se permitiria reter todos os valores pagos em razão dos impagos. É proibida em todos os compromissos de compra e venda, importando apenas que se busquem as várias hipóteses para daí extraírem-se os fundamentos legais, além da árdua tarefa de se alcançar o justo valor de perda por parte do compromissário comprador ou, por outro lado, o *quantum* que estaria autorizado a reter o compromitente vendedor. O que fazer quando, em razão das mais diversas surpresas da vida, o compromissário comprador não consegue honrar os seus compromissos contratuais e pretende extinguir o contrato em razão de seu próprio inadimplemento? Deverá perder tudo? Ao compromitente vendedor é lícito reter todos os valores pagos pelo compromissário comprador? A questão jurídica deve ser analisada sob o prisma das seguintes hipóteses: a) contratos celebrados antes da vigência do Código de Proteção e Defesa do Consumidor; b) contratos celebrados posteriormente à vigência do Código de Proteção e Defesa do Consumidor e submetidos à sua incidência; c) contratos celebrados posteriormente à vigência do Código de Proteção e Defesa do Consumidor, mas não submetidos a ele e anteriores à entrada em vigor do atual Código Civil; d) contratos celebrados posteriormente à vigência do Código Civil de 2002 não regidos pelo Código de Proteção e Defesa do Consumidor. Assim, se o compromisso de compra e venda foi celebrado entre particulares antes da vigência do Código Civil de 2002 ou se presentes as figuras do fornecedor e do consumidor, mas antes do advento da lei consumerista, a questão será resolvida com a incidência do art. 924 do Código Civil de 1916. Esse artigo autoriza o Magistrado a reduzir o valor da cláusula penal em proporção ao grau de inadimplemento do devedor. Se o contrato for regido pelo Código de Proteção e Defesa do Consumidor, pois presentes os requisitos dos arts. 2º e 3º, é de se aplicar o art. 53 do estatuto consumerista, que estabelece: "Nos contratos de compra e venda de móveis ou imóveis mediante pagamento em prestações, bem como nas alienações fiduciárias em garantia, consideram-se nulas de pleno direito as cláusulas que estabeleçam a perda total das prestações pagas em benefício do credor que, em razão do inadimplemento, pleitear a resolução do contrato e a retomada do produto alienado". Esse dispositivo legal repudia a cláusula de decaimento de modo específico. Constituem exemplo eloquente de incidência da regra os compromissos de compra e venda em que a empresa loteadora ou uma incorporadora imobiliária figure como compromitente vendedora. A última situação é aquela em que o compromisso de compra e venda foi celebrado posteriormente à vigência do Código Civil de 2002, mas não se encontram presentes as figuras do fornecedor e do consumidor. Nessa hipótese, a defesa do compromissário comprador está ligada à aplicação do art. 413 do Código Civil em vigor, que corporifica os princípios da eticidade, operosidade e da socialidade, valores caros para a adequada interpretação do Direito Civil na contemporaneidade. A cláusula de decaimento não pode produzir seus regulares efeitos, sendo abusiva e, portanto, nula de pleno direito em todas as situações relacionadas. Entretanto, o que se deve buscar é a justiça comutativa mediante o cálculo das perdas do compromissário comprador e do compromitente vendedor. Se ao primeiro não deve ser permitido recuperar tudo o que pagou, pois, afinal de contas, o inadimplemento é dele, também não será correto deferir ao segundo a retenção de todas as parcelas pagas. Há que se buscar o equilíbrio e essa tarefa é bastante difícil. A jurisprudência tem se inclinado por estabelecer um percentual que oscila entre 10, 20, 25 e 30% de retenção das parcelas pagas pelo compromissário comprador, analisando a questão de modo casuístico, sempre na busca de um valor que se aproxime do justo, evitando-se o enriquecimento sem causa. Ainda que seja de iniciativa do compromissário comprador, que por dificuldades econômicas não consegue honrar o contrato, é devida a restituição de parte do preço pago. Quando há imissão de posse por parte do compromissário comprador e este não consegue pagar as prestações decorrentes do contrato, é também devido o pagamento de uma taxa de ocupação, como se fora um aluguel, pelo período de tempo utilizado a fim de se rechaçar o enriquecimento sem causa deste em detrimento do compromitente vendedor, que transferiu a posse e não recebeu o valor correspondente à venda. A Lei n. 13.786, de 27 de dezembro de 2018 incluiu o art. 67-A na Lei n. 4.591/1964, que disciplina o regramento das incorporações imobiliárias com o objetivo de estabelecer maior nível de segurança jurídica na apuração das perdas do consumidor promitente comprador de imóvel junto às incorporadoras imobiliárias. Nessa linha, o adquirente que der causa ao desfazimento do vínculo fará jus à restituição do que houver pagado diretamente ao incorporador, com atualização monetária, deduzindo-se o valor que fora pago a título de comissão de corretagem e à pena convencional, que não poderá exceder a 25% da quantia paga. Como se pode perceber do que fora assinalado acima, a lei aqui não inovou em relação ao que vinha sendo praticado pela jurisprudência, que continuará oscilando entre 10, 15, 20 e 25% da possibilidade de perda, analisando o caso concreto e reduzindo a penalidade, conforme critérios como valorização ou desvalorização superveniente do imóvel, atraso na entrega, custos extraordinários na incorporação, causa justificada para o inadimplemento como doença, desemprego etc. Também fica mantida a possibilidade de perda de um valor à semelhança de um aluguel se a unidade autônoma for disponibilizada regularmente para o adquirente, além das despesas de natureza *propter rem* que incidirem sobre o imóvel. Na forma da nova lei, deverão ser assumidos pelo promitente comprador à luz do § 2º do art. 67-A, da Lei n. 4.591/1964 os valores referentes a "I – quantias correspondentes aos impostos reais incidentes sobre o imóvel; II – cotas de condomínio e contribuições devidas a associações de moradores; III – valor correspondente à fruição do imóvel, equivalente à 0,5% (cinco décimos por cento) sobre o valor atualizado do contrato, *pro rata die*; IV – demais encargos incidentes sobre o imóvel e despesas previstas no contrato". Essa previsão também se encontra em consonância com o pensamento majoritário da doutrina e jurisprudência. Causa-nos estranheza, senão perplexidade, a pena convencional para o caso de incorporação imobiliária submetida a patrimônio de afetação que o § 5º do art. 67-A da Lei n. 4.591/1964 estabelece no patamar máximo de até 50%. A ideia parece ter sido a de fomentar a utilização dessa garantia importante para o negócio complexo da incorporação imobiliária, mas esse fundamento não pode servir para transformar a extinção do contrato em uma fonte de enriquecimento sem causa. Pena de perda da metade do que se gastou, acrescida de outros valores como a própria indenização pela utilização do imóvel não se sustenta jurídica nem mesmo economicamente. No mundo dos fatos, por essa previsão legal, o promitente comprador poderá perder mais de cinquenta por cento, pois não raro, autorizado pela tese fixada em recurso repetitivo no Superior Tribunal de Justiça, é passado para ele o pagamento da comissão de corretagem, desde que previamente informado o preço total da aquisição da unidade autônoma, com o destaque do valor da comissão de corretagem (*vide* REsp 1.599.511/SP). Cremos que as decisões judiciais com a prudência necessária exigida na arte de julgar, hão de manter o patamar médio de dez por cento de perda, podendo, excepcionalmente, chegar a 25%, aplicando-se o Verbete sumular 543, acima reproduzido. Note-se que a lei fala em até cinquenta por cento, cabendo aos atores jurídicos não permitir essa disparatada perda para o consumidor, bastando para tanto reduzir o montante da penalidade, corrigindo o abuso e desproporção que a aplicação desse patamar traduziria. Releve-se que mesmo o art. 413 do Código Civil que, por sua natureza, rege relações, em regra, paritárias, contém dispositivo que determina ao julgador reduzir a cláusula penal quando "o montante da penalidade for manifestamente excessivo, tendo-se em vista a natureza e a finalidade do negócio". Sem embargo que, em se tratando de relações consumeristas, com muito maior razão essa convicção há de se fazer presente, pois o art. 53 da Lei n. 8.078/1990 reputa nula de pleno direito a cláusula de perdimento das prestações pagas em razão daquelas que deixou de pagar. É verdade que a perda não é total, mas devolver o imóvel e perder mais do que cinquenta por cento do que pagou é algo que extrapola os limites do razoável e do equilíbrio contratual. Importa lembrar, uma vez mais, que a vulnerabilidade do consumidor constitui cláusula pétrea no ordenamento constitucional (arts. 5º, XXXII e 170, V), expressamente estampado no art. 4º, I, do Código de Defesa do Consumidor, estatuto que aponta como prática abusiva exigir do consumidor vantagem manifestamente excessiva e, ainda, arrola como hipótese de nulidade absoluta o estabelecimento de obrigações consideradas iníquas, abusivas, que coloquem o consumidor em desvantagem exagerada, ou sejam incompatíveis com a boa-fé ou a equidade. O que fazer se é a própria lei e não a manifestação de vontade que fere tão caros princípios com sede constitucional? A nosso ver, enquanto não houver o reconhecimento da inconstitucionalidade sem redução de texto do art. 67-A da Lei n. 4.591/1964 com a redação conferida pela Lei n. 13.786/2018 para esclarecer que a regra somente se aplica em incorporações imobiliárias, cujo adquirente não seja consumidor, o correto será a aplicação deste artigo com o tempero, no âmbito da legalidade, dos arts. 413 do Código Civil e do art. 53 da Lei n. 8.078/1990. Por fim, entendemos que a lei nova não pode ser aplicada nos contratos celebrados anteriormente a ela, sob pena de vulneração do art. 5º, XXXVI, da Constituição Federal, critério que fora utilizado por ocasião da edição do Verbete 285 do Superior Tribunal de Justiça, o qual estabeleceu que "nos contratos bancários posteriores ao Código de Defesa do Consumidor incide a multa moratória nele prevista". Releve-se que não se levaram em consideração os planos de abordagem do negócio jurídico com a ideia de que, como a mora se dá no momento da eficácia, a submissão do contrato à nova lei não representaria retroatividade proibida, mas sim incidência imediata da norma jurídica (também chamada de retroatividade mínima). Entretanto, tal situação não nos parece de grande relevo, pois como dito, na maioria das situações contratuais tratadas na lei, há tão somente uma positivação da orientação jurisprudencial já estabelecida com a exceção acima assinalada e criticada de penalidade abusiva. Como o compromisso de compra e venda, naquilo que diz respeito aos efeitos obrigacionais, é uma modalidade de venda de imóvel, à exceção da forma, que pode ser por instrumento particular, todos os requisitos de validade e legitimação exigidos para o contrato de compra e venda devem igualmente estar presentes no compromisso, tais como a vedação de venda de ascendente a descendente sem o consentimento dos demais descendentes e do cônjuge (art. 496 do CC), assim como as hipóteses de proibição da compra e venda por falta de legitimação negocial dos vendedores e compradores do art. 497 do Código Civil. Da mesma forma, estabelece o art. 1.647, inc. I, do Código Civil que a outorga uxória ou marital, conforme o caso, é indispensável na alienação envolvendo bens imóveis, e sendo o compromisso de compra e venda uma autêntica venda sob a condição resolutiva do adimplemento, forçoso será reconhecer a necessidade da referida outorga, salvo no caso de casamento sob o regime da separação total de bens. A sanção que outrora desafiou variados posicionamentos hoje se encontra pacificada a teor do art. 1.649, o qual reza que "a falta de autorização, não suprida pelo juiz, quando necessária (art. 1.647), tornará anulável o ato praticado, podendo o outro cônjuge pleitear-lhe a anulação, até dois anos depois de terminada a sociedade conjugal". Questão das mais delicadas é a possibilidade exitosa de oposição de embargos de terceiros possuidores como mecanismo para afastar a constrição do bem prometido à venda na hipótese em que o alienante teve o bem penhorado por uma dívida a ele exigível. Se o compromisso estiver registrado no cartório de imóveis, não há maior dificuldade na questão, pois o exequente ficará inibido de proceder à penhora sobre o bem, tendo em vista o atributo da publicidade decorrente do registro, ressalvada a possibilidade de excutir o eventual crédito decorrente do compromisso de compra e venda. Tanto assim que, com o registro, é cabível a utilização das ações de natureza real em favor do promitente comprador ajuizada em face de terceiros, conforme assinala o Enunciado n. 253 da *III Jornada de Direito Civil* promovida pelo CJF: "O promitente comprador, titular de direito real (art. 1.417), tem a faculdade de reivindicar de terceiro o imóvel prometido à venda". Quando o título não está registrado, obviamente que não haverá a oponibilidade contra terceiros, efeito típico da constituição do direito real, e a situação do credor exequente fica bastante delicada, pois não reúne condições para tomar conhecimento da transferência que o devedor fizera anteriormente. Se o compromissário comprador ou o cessionário não tiverem adquirido a posse por nenhum dos estudados modos de aquisição e não houver o registro da escritura no cartório do registro de imóveis, o pedido do embargante deverá ser julgado improcedente. Ao ser confeccionada uma escritura de compromisso de compra e venda em que o promitente comprador fica obrigado a quitar as prestações decorrentes do contrato, é possível às partes vincularem notas promissórias ao termo contratual a fim de conferir maior segurança jurídica ao pacto. As notas promissórias podem ser emitidas em caráter *pro soluto* e *pro solvendo*. No primeiro caso, as notas promissórias entregues ao credor significam o próprio pagamento – *pro soluto* – do imóvel, devendo o promitente vendedor outorgar a escritura definitiva tão logo o promitente comprador quite todas as prestações e, em caso de inadimplemento, não caberá a resolução do contrato, restando ao credor a via executiva para receber o seu crédito. No segundo caso, a nota promissória está vinculada ao contrato para pagamento – *pro solvendo* – e a cada prestação paga pelo devedor deverá o credor entregar a nota promissória, de modo que a quitação somente ocorrerá quando for paga a última prestação corporificada pelo referido título de crédito. É de bom alvitre que a escritura esclareça a que título foram expedidas as notas promissórias, entendendo-se no silêncio das partes que as mesmas foram emitidas em caráter *pro soluto*, na forma do seguinte exemplo: "Cláusula x – O promitente comprador pagará o saldo devedor do preço de x que será satisfeito em x parcelas no valor de x, representadas por notas promissórias em caráter *pro solvendo*".

JURISPRUDÊNCIA COMENTADA: A jurisprudência tem respeitado a eficácia obrigacional da promessa de compra e venda, aplicando as regras desse ramo do direito independentemente do registro do contrato no ofício imobiliário. Exemplo dessa perspectiva é a Súmula n. 76 do Superior Tribunal de Justiça: "A falta de registro do compromisso de compra e venda de imóvel não dispensa a prévia interpelação para constituir em mora o devedor". A despeito da dificuldade de compatibilizar os direitos do promitente comprador com o credor do promitente vendedor, o Superior Tribunal de Justiça, firme na efetividade da função social da posse, entendeu por tutelar fortemente o adquirente, ainda que este não tenha o seu título registrado no cartório imobiliário, mas que exerce posse efetiva sobre o bem. Ante os fins sociais do direito, a jurisprudência predominante no indigitado Tribunal, a teor da Súmula n. 84, é a seguinte: "É admissível a oposição de embargos de terceiro fundados em alegação de posse advinda de compromisso de compra e venda de imóvel, ainda que desprovido do registro". Registre-se que essa legitimidade foi reconhecida pelo Supremo Tribunal Federal por ocasião do julgamento do Mandado de Segurança n. 24.908 (*Informativo* n. *408* de 2005), relator o eminente Ministro Ayres Britto, impetrado contra ato da Presidência da República que expediu decreto expropriatório. Do julgado, colhe-se significativo trecho que resume bem a questão: "No particular, todos sabemos que, a partir do novo diploma substantivo, o direito do promitente comprador do imóvel foi erigido à condição de direito real, previsto no rol taxativo do art. 1.225. Mais precisamente o art. 1.417. 12. Dito de outro modo, com o registro, o direito meramente obrigacional da promessa de compra e venda se transforma em direito real à aquisição (oponível *erga omnes*), com o poder de sequela que é próprio dos direitos dessa natureza. Daí o Enunciado n. 253 do Centro de Estudos Judiciários do Conselho da Justiça Federal prescrever que 'o promitente comprador, titular de direito real (art. 1.417), tem a faculdade de reivindicar de terceiro o imóvel prometido à venda'". Voltando à linha obrigacional da promessa de compra e venda, importa que se analise a questão da aquisição do imóvel mediante tal título no qual o promitente comprador se obriga a pagar as prestações futuras. Ainda que passível de críticas doutrinárias, o fato é que mesmo quando a iniciativa da resolução do contrato é do compromissário comprador, a restituição de parte do valor pago deve ser feita como prescreve a Súmula n. 1 da jurisprudência predominante do Tribunal de Justiça do Estado de São Paulo, que se mostra bastante esclarecedora ao retratar o melhor posicionamento nessa matéria quando diz que "o compromissário comprador de imóvel, mesmo inadimplente, pode pedir a rescisão do contrato e reaver as quantias pagas, admitida a compensação com gastos próprios de administração e propaganda feitos pelo compromissário vendedor, assim como com o valor que se arbitrar pelo tempo de ocupação do bem". Aliás, essa questão, no Superior Tribunal de Justiça, está resolvida desde 2002, com o julgamento dos Embargos de Divergência em Recurso Especial 59870/SP, Relator o Ministro Barros Monteiro: "Promessa de venda e compra. Resilição. Denúncia pelo compromissário comprador em face da insuportabilidade no pagamento das prestações. Restituição. O compromissário comprador que deixa de cumprir o contrato em face da insuportabilidade da obrigação assumida tem o direito de promover ação a fim de receber a restituição das importâncias pagas. Embargos de divergência conhecidos e recebidos, em parte". Ainda que seja de iniciativa do compromissário comprador, que por dificuldades econômicas não consegue honrar o contrato, é devida a restituição de parte do preço pago (Agravo em Recurso Especial 335.272/SP, Rel. Min. Sidnei Beneti, j. 02.08.2013). Em maio de 2013, por ocasião do julgamento do Recurso Especial 1.286.144/MG, a Terceira Turma do Superior Tribunal de Justiça, sob a relatoria do Ministro Paulo de Tarso Sanseverino, entendeu pela desnecessidade de pedido expresso do promitente comprador em ação de resolução de contrato de promessa de compra e venda para a restituição do preço pago, pois tal pleito representa uma consequência imediata da própria resolução. O julgado foi noticiado no *Informativo* n. *518* de 2013 com o seguinte teor: "O juiz, ao decretar a resolução de contrato de promessa de compra e venda de imóvel, deve determinar ao promitente vendedor a restituição das parcelas do preço pagas pelo promitente comprador, ainda que não tenha havido pedido expresso nesse sentido. A resolução, própria dos contratos bilaterais, consiste basicamente na extinção do contrato pelo inadimplemento definitivo do devedor, constituindo direito formativo extintivo, pois ocasiona, com o seu exercício, a desconstituição da relação obrigacional e a liberação do credor e do devedor de suas obrigações (eficácia liberatória). Além disso, resulta também da resolução do contrato uma nova relação obrigacional, a relação de liquidação, na qual serão tratados os direitos do credor e do devedor à restituição das prestações já efetivadas e o direito do credor à indenização por perdas e danos. A eficácia restitutória constitui, portanto, consequência natural e indissociável da resolução do contrato. Assim, na ação de resolução de contrato de compra e venda, não há necessidade de o devedor, na contestação ou em reconvenção, requerer a devolução das prestações entregues ao credor, a qual pode e deve ser determinada de ofício pelo juiz como decorrência lógica da decretação de resolução do contrato. Importante ressaltar, ainda, que o credor, da mesma forma e em decorrência do mesmo pedido de resolução, também possui o direito de receber eventuais prestações entregues ao devedor. Precedentes citados" (REsp 300.721/SP, 4.ª Turma, *DJ* 29.10.2001; REsp 97.538/SP, 3.ª Turma, *DJ* 08.05.2000; REsp 1.286.144/MG, Rel. Min. Paulo de Tarso Sanseverino, j. 07.03.2013). Em contratos de consumo, estabelece a Súmula n. 543 do STJ que "na hipótese de resolução de contrato de promessa de compra e venda de imóvel submetido ao Código de Defesa do Consumidor, deve ocorrer a imediata restituição das parcelas pagas pelo promitente comprador – integralmente, em caso de culpa exclusiva do promitente vendedor/construtor, ou parcialmente, caso tenha sido o comprador quem deu causa ao desfazimento" (2.ª Seção – aprovado em 26.08.2015). Cremos, como afirmado, que pelos altos propósitos tutelados na súmula vinculados à proteção do consumidor vulnerável e à boa-fé objetiva, essa orientação permanecerá mesmo após a vigência da Lei n. 13.786/2018. O percentual de perda para o promitente comprador tem oscilado na jurisprudência e deve ser visto de acordo com o caso concreto, podendo chegar, em casos extremos, a 25% (AgRg no REsp 927.433/DF, 4.ª Turma, Rel. Min. Maria Isabel Gallotti, j. 14.02.2012, *DJe* 28.02.2012), sem prejuízo do pagamento de taxa de ocupação à semelhança de um aluguel em caso de imissão de posse em favor do adquirente (TJPR, Proc. 981319-0, 11.ª Câmara Cível, Rel. Des. Fernando Wolff Bodziak, j. 10.07.2013). Como facilmente se percebe, a Lei n. 13.786/2018 que, dentre outras disposições, alterou o regime da promessa de compra e venda imobiliária na incorporação imobiliária e na lei de parcelamento do solo urbano, não modificou o entendimento jurisprudencial nessa matéria, ainda que tenha fixado percentual de perda de 25% para o promitente comprador inadimplente (art. 67-A, inc. II, da Lei n. 4.591/1964), podendo chegar a até 50% se a incorporação imobiliária estiver submetida a garantia do patrimônio de afetação (art. 67-A, § 5º, da Lei n. 4.591/1964). Como a lei estabelece percentual máximo que pode gerar enriquecimento sem causa em favor do promitente vendedor, é possível ao magistrado, de acordo com as circunstâncias do caso, submeter a questão à incidência do art. 413 do Código Civil, a cujos comentários remetemos o leitor. No tocante à venda de lotes pelo regime do parcelamento do solo urbano, a referida lei se mostrou mais equilibrada ao prever a perda de 10% do valor atualizado do contrato em caso de inadimplemento do adquirente do lote (art. 32-A, inc. II, da Lei n. 6.766/1979). Em ambos os casos, se houver a imissão da posse em favor do adquirente e o contrato for resolvido por inadimplemento deste, caberá a fixação de um percentual à guisa de um valor de aluguel em favor do alienante que afinal de contas ficou privado do bem. Nessa toada, importa que se diga não estar o promissário comprador obrigado a pagar tal verba se o imóvel alienado ainda não estiver construído como, por exemplo, no caso de condomínio de lotes (art. 1.358-A, CC), pois nesse caso o promitente vendedor não disponibilizou bem para sua utilização e/ou fruição. Nesse sentido, decidiu a Terceira Turma do Superior Tribunal de Justiça (REsp 1.936.470/SP, Rel. Min. Nancy Andrighi, j. 26.10.2021), aduzindo que "na rescisão de contrato de compra e venda de imóvel residencial não edificado, o adquirente não pode ser condenado ao pagamento de taxa de ocupação". A lei nova peca em estabelecer percentual (arts. 43-A, § 2º, da Lei n. 4.591/1964, e 32-A, inc. I, da Lei n. 6.766/1979), pois deveria deixar essa questão para o caso concreto, que poderia elucidar com mais justiça e rigor com o auxílio de prova pericial. Com a devida vênia, entendemos que, no caso sob análise, não é possível aprioristicamente estabelecer um percentual genérico para evitar o enriquecimento sem causa. Os julgados ainda têm se deparado com contratos anteriores à Lei n. 13.786/2018 e, embora não haja uma orientação segura, atualmente temos percebido uma tendência no Superior Tribunal de Justiça em se orientar pelo percentual de 25% previsto na lei suprarreferida como forma de desestimular o inadimplemento por parte do promitente comprador (AgInt no REsp 2.076.914/SP, Rel. Min. Humberto Martins, 3.ª Turma, j. 30.10.2023). Conforme narramos nos comentários doutrinários *supra*, há o entendimento com que não concordamos, segundo o qual, em contratos de compromisso de compra e venda com cláusula resolutiva expressa (arts. 474 do CC e 1º do Decreto-lei n. 745/1969, com a redação da Lei n. 13.097/2015), há a possibilidade de, uma vez constituído em mora o adquirente, o alienante ajuizar ação de reintegração de posse para reaver o bem, tendo em vista o reconhecimento de que ausente a purga da mora, o contrato já estaria resolvido automaticamente, independentemente de pronunciamento judicial, isto é, seria desnecessária a ação de resolução do contrato por inadimplemento do adquirente. Ainda que, por maioria, esse foi o entendimento da Quarta Turma do Superior Tribunal de Justiça, como se pode verificar no *Informativo* n. *704*, publicado em 16 de agosto de 2021, no qual consta que "é possível o manejo de ação possessória, fundada em cláusula resolutiva expressa, decorrente de inadimplemento contratual do promitente comprador, sendo desnecessário o ajuizamento de ação para resolução do contrato" (REsp 1.789.863/MS, 4.ª Turma, Rel. Min. Marco Buzzi, j. 10.08.2021, m.v.). A possibilidade de adjudicação compulsória do imóvel adquirido da incorporadora a que nos referimos nos comentários doutrinários depende do preenchimento dos requisitos legais, entre eles, destaca-se a comprovação da titularidade imobiliária em nome da incorporadora e do respectivo registro do memorial de incorporação no cartório imobiliário. Nesse sentido, decidiu a Terceira Turma do STJ, destacando o reconhecimento da eficácia entre as partes do contrato e a possibilidade de o adquirente pleitear reparação civil em decorrência dessa espécie de inadimplemento legal. No Informativo de Jurisprudência n. 736, de 16 e maio de 2022, destacou-se que "não é cabível a adjudicação compulsória de imóvel pelos promitentes compradores de unidades autônomas adquiridas de incorporadora não titular do domínio do terreno e sem o devido registro do memorial de incorporação no Cartório de Registro de Imóveis" (REsp 1.770.095/DF, Rel. Min. Marco Aurélio Bellizze, 3.ª Turma, v.u., j. 10.05.2022).

O Superior Tribunal de Justiça tem entendido reiteradamente pela aplicação do percentual de 25% de retenção, ainda que o imóvel tenha sido utilizado pelo adquirente, sendo a cobrança de taxa de ocupação cobrada separadamente (STJ, REsp 2.024.829/SC, Rel. Min. Nancy Andrighi, 3.ª Turma, j. 07.03.2023). Como consta em voto lavrado pelo Ministro Marco Buzzi, "o percentual de retenção de 25% (vinte e cinco por cento) dos valores pagos pelos adquirentes, reiteradamente afirmado por esta corte como adequado para indenizar o construtor das despesas gerais e desestimular o rompimento unilateral do contrato" (AgInt nos EDcl no REsp 2.109.469/SP, Rel. Min. Marco Buzzi, 4.ª Turma, j. 08.04.2024, *DJe* 11.04.2024).

REFORMA DO CÓDIGO CIVIL: É sugerida a colocação de um parágrafo único no presente artigo para destacar a existência de compromisso de compra e venda regido por leis especiais como sucede no parcelamento do solo urbano (Lei n. 6.766/1979) e na incorporação imobiliária (Lei n. 4.591/1964). "Art. 1.417. [...] Parágrafo único. O tratamento do compromisso de compra e venda registrado na matrícula do imóvel, constante neste Código, não exclui o previsto em leis especiais."

Art. 1.418. O promitente comprador, titular de direito real, pode exigir do promitente vendedor, ou de terceiros, a quem os direitos deste forem cedidos, a outorga da escritura definitiva de compra e venda, conforme o disposto no instrumento preliminar; e, se houver recusa, requerer ao juiz a adjudicação do imóvel.

COMENTÁRIOS DOUTRINÁRIOS: O artigo acima consagra o direito potestativo do promitente comprador ou seu cessionário de ir a juízo exigir uma sentença que produza o mesmo efeito se a obrigação fosse devidamente cumprida. Esse direito se encontra previsto no art. 501 do CPC/2015, *in verbis*: "Na ação que tenha por objeto a emissão de declaração de vontade, a sentença que julgar procedente o pedido, uma vez transitada em julgado, produzirá todos os efeitos da declaração não emitida". Hoje já se fala no reconhecimento da desnecessidade da ação de adjudicação compulsória quando houver a quitação integral do preço, o que já se encontra admitido para o caso de venda de lotes, a teor do art. 26, § 6º, da Lei n. 6.766/1979: "Art. 26. Os compromissos de compra e venda, as cessões ou promessas de cessão poderão ser feitos por escritura pública ou por instrumento particular, de acordo com o modelo depositado na forma do inciso VI do art. 18 e conterão, pelo menos, as seguintes indicações: § 6º. Os compromissos de compra e venda, as cessões e as promessas de cessão valerão como título para o registro da propriedade do lote adquirido, quando acompanhados da respectiva prova de quitação. (Incluído pela Lei n. 9.785, de 1999)".

Contudo, é de se considerar que por ora a perspectiva legal continua reconhecendo a necessidade de confecção de nova escritura chamada de definitiva para as hipóteses que não se amoldem à lei de parcelamento do solo urbano, como na incorporação imobiliária ou no compromisso celebrado entre pessoas naturais. Essa exigência encarece e burocratiza a transferência da propriedade, além de muitas vezes exigir o ingresso de ação judicial em face do espólio ou requerimento de alvará no juízo do inventário, circunstâncias essas que são desnecessárias para o efeito de tornar definitiva a venda de um imóvel mediante compromisso de compra e venda. Fundamental para o êxito da demanda será a apresentação de título que seja hábil para o futuro registro no cartório imobiliário (compromisso de compra e venda, cessão ou a promessa de cessão) e a prova da quitação. A prova da quitação pode ser mitigada no caso em que houver adimplemento substancial ou inadimplemento mínimo da obrigação do compromissário comprador. Imaginemos a situação em que o adquirente tenha quitado 90% das prestações. Nesse caso, já não mais se justifica a resolução do contrato, devendo o compromitente vendedor se satisfazer com a devida ação de cobrança. Indispensável, outrossim, que o imóvel a ser adjudicado esteja devidamente matriculado no cartório do registro de imóveis, assim como que a cadeia dominial com relação aos transferentes não contenha solução de continuidade a fim de se adequar aos rigores do registro imobiliário. Destarte, transcorrido o prazo conferido ao compromitente vendedor para outorgar voluntariamente a escritura definitiva, cabível será a imediata ação judicial que, julgada procedente, atribuirá ao compromissário comprador o reconhecimento do direito de propriedade definitivo. Essa medida judicial é tradicionalmente conhecida como ação de adjudicação compulsória. Repise-se que se o objeto do contrato-promessa for um lote urbano, é dispensável a propositura de ação judicial para operar a adjudicação do imóvel, sendo autêntico caso de inépcia da inicial por falta de interesse de agir. Prescreve, nesse diapasão, o art. 26, § 6º, da Lei n. 6.766/1979 com a redação dada pela Lei n. 9.785/1999: "Os compromissos de compra e venda e as promessas de cessão valerão como título para o registro da propriedade do lote adquirido, quando acompanhados da respectiva prova de quitação". Aguarda-se que essa perspectiva se estenda aos compromissos de compra e venda de unidades autônomas em regime de incorporação imobiliária, assim como aqueles disciplinados pelo direito comum. A despeito de reconhecermos que a designação "lote" tem uma definição técnica diferente de frações ideais ou de unidades autônomas, e que, pelo princípio da especialidade da norma jurídica, a lei regente da aquisição em condomínios é igualmente especial e não se destina a reger questões de parcelamento do solo urbano, entendemos que é cabível a aplicação do art. 6º, VIII, do Código de Proteção ao Consumidor no tocante ao direito básico de facilitação da defesa de seus direitos a fim de que o direito de adjudicação compulsória, sem a necessidade de propositura de ação judicial, seja estendido para os casos de compromisso de compra e venda submetidos à incidência da Lei n. 4.591/1964. Efetivamente, qual a diferença entre um compromisso de compra e venda de bem imóvel que, formulado à luz da Lei n. 4.591/1964 é, por definição, irretratável (art. 32, § 4º) e quitado e uma escritura definitiva? Nenhuma. Estamos diante, apenas, de mais uma formalidade inútil e dispendiosa que o tempo há de suprimir, mormente nos tempos atuais de desjudicialização dos procedimentos, como aconteceu com a boa Lei n. 11.447/2007, que possibilita a realização de inventário, separação e divórcio no cartório extrajudicial de notas, e se repete no CPC de 2015 quanto à usucapião extrajudicial. Acrescentaríamos ainda em defesa dessa tese que o art. 7º da lei consumerista contém a chamada cláusula de abertura, que permite expressamente a utilização da analogia quando a lei que se pretende transplantar para o caso concreto for mais favorável ao consumidor, reputado contratante vulnerável pela Lei Maior (arts. 5º, XXIII, e 170, III, da CF). Esse nosso pleito foi atendido com a entrada em vigor da Lei n. 14.382/2022, que inseriu o art. 216-B na Lei n. 6.015/1973, regulamentada pelo Provimento n. 150/2023 do Conselho Nacional de Justiça, que inseriu a possibilidade de adjudicação compulsória extrajudicial, cabível em todas as modalidades de compromisso de compra e venda. Parece-nos que o Código Civil vigente incorre no mesmo equívoco de antigas decisões do Supremo Tribunal Federal que, interpretando literalmente o art. 22 do Decreto-lei n. 58/1937, entendiam que somente era possível exigir a adjudicação compulsória se o compromisso de compra e venda estivesse registrado no cartório imobiliário. O art. 1.418 do Código Civil estabelece que "o promitente comprador, titular de direito real, pode exigir do promitente vendedor, ou de terceiros, a quem os direitos deste forem cedidos, a outorga da escritura definitiva de compra e venda, conforme o disposto no instrumento preliminar; e, se houver recusa, requerer ao juiz a adjudicação do imóvel". Como facilmente pode ser verificado, o Código Civil de 2002 retrata a posição doutrinária e jurisprudencial dos anos 1960 e início dos anos

1970, exatamente o período em que o projeto do atual Código fora gestado. De fato, a relação entre promitente comprador e vendedor é obrigacional e não real. O registro e a sua inafastável oponibilidade *erga omnes* serve para que se crie o chamado direito real de aquisição exercido em face de terceiros, mas não pode ser condicionante do cumprimento de uma obrigação contratual em que ao comprador incumbe o pagamento do preço e ao vendedor, uma vez adimplida a obrigação, a outorga da escritura definitiva. Essas obrigações não podem estar condicionadas ao direito real criado pelo registro, sob pena de transformar o ônus do registro em obrigação propriamente dita. Nesse sentido, insta acentuar a existência do Enunciado n. 95 na *I Jornada de Direito Civil* do Conselho da Justiça Federal/STJ, vazado nos seguintes termos: "O direito à adjudicação compulsória (art. 1.418 do novo CC), quando exercido em face do promitente vendedor, não se condiciona ao registro da promessa de compra e venda no cartório do registro imobiliário (Súmula n. 239 do STJ)". O registro do compromisso de compra e venda também legitima o compromissário comprador a figurar nas ações de desapropriação, impugnando a expropriação, ou, como parte legítima ao recebimento da verba indenizatória. Se o contrato estiver quitado, o compromissário comprador receberá a verba indenizatória na sua integralidade. Se ainda dever alguma prestação ao compromitente vendedor, a este será autorizado o recebimento de parte da indenização suficiente para a quitação e o que sobejar será do adquirente.

JURISPRUDÊNCIA COMENTADA: Em consonância com o entendimento doutrinário prevalecente, a jurisprudência tem admitido a adjudicação compulsória do imóvel, cuja escritura tenha sido feita por instrumento particular (TJRS, Apelação Cível 70051141554, 20.ª Câmara Cível, Rel. Carlos Cini Marchionatti, j. 05.12.2012). Na mesma toada, em que pese a infeliz redação do Código sugerir que o registro é requisito para a adjudicação compulsória, somos do entendimento de que continua em plena aplicabilidade o Verbete de jurisprudência 239 do STJ e essa tem sido a orientação do colendo Superior Tribunal de Justiça. Registre-se que esse posicionamento se tornou predominante na mais alta Corte do direito infraconstitucional quando já vigorava o art. 25 da Lei n. 6.766/1979, cujo texto, igualmente, parece sugerir que o registro é requisito para a outorga da escritura definitiva. Como dito acima, para fins de comprovação da quitação para a adjudicação compulsória, os Tribunais têm admitido a tese do adimplemento substancial em absoluta coerência com a boa-fé objetiva e a função social do contrato. Assim, o Superior Tribunal já decidiu que a prova da quitação pode ser mitigada no caso em que houver adimplemento substancial ou inadimplemento mínimo da obrigação do compromissário comprador (REsp 1215289/SP, 3.ª Turma, Rel. Min. Sidnei Beneti, j. 05.02.2013, *DJe* 21.02.2013). Por outro lado, não pode ser olvidado que a ausência da quitação acarretará inarredavelmente a improcedência do pedido: "Apelação cível. Adjudicação compulsória. Improcedência. Requisitos contratuais não atendidos. A ausência de demonstração da quitação integral do preço do imóvel, nos termos do contrato de financiamento ajustado, afasta o direito à adjudicação compulsória. Recurso de apelação ao qual se nega provimento" (TJRS, Apelação Cível 70054757802, 18.ª Câmara Cível, Rel. Pedro Celso Dal Pra, j. 20.06.2013). Além da quitação, deve ficar comprovada a observância do princípio da continuidade registral (ver comentários aos arts. 1.245 a 1.247 do CC), que exige um encadeamento lógico entre o registro anterior e o posterior, sob pena de improcedência do pedido (TJRS, Apelação Cível 70041922964, 20.ª Câmara Cível, Rel. Glênio José Wasserstein Hekman, j. 07.03.2012). No mesmo sentido: "Ação de adjudicação compulsória. Sentença improcedente. Inconformismo Desacolhimento. Ação proposta pela cessionária contra o cedente e proprietários registrais do bem. Regularidade da cadeia de transmissão obrigacional que não ficou comprovada. Contrato de compromisso de compra e venda que não foi assinado por todos os proprietários. Ausência de comprovação do pagamento pelo cedente. Sentença mantida, por outros fundamentos. Recurso desprovido" (TJSP, Apelação 4078-04.2009.8.26.0396, 9.ª Câmara de Direito Privado, Rel. Des. Grava Brazil, j. 06.08.2013). O direito à adjudicação compulsória é imprescritível por se tratar de direito potestativo sem prazo definido para o exercício, como bem entendeu a 1.ª Câmara de Direito Privado do Tribunal de Justiça do Estado de São Paulo (Apelação 9094843-57.2007.8.26.0000, Rel. Des. Cláudio Godoy, j. 02.07.2013). Como vimos, a teor da Súmula n. 239 do STJ, o registro da promessa de compra e venda não é requisito para a adjudicação compulsória do imóvel. Entretanto, se o promitente vendedor fizer uma segunda alienação para um terceiro e a promessa não estiver registrada, a ausência de eficácia *erga omnes* impedirá a adjudicação compulsória em favor do primeiro adquirente, restando a este pleitear perdas e danos contra o alienante com quem tinha um contrato existente, válido e eficaz. De fato, não se pode afirmar que essa segunda alienação tenha sido feita *a non domino*, pois a ausência do registro leva a que a titularidade pertença ao alienante e o terceiro adquirente não pode ser prejudicado (REsp 2.095.461/MG, Rel. Min. Nancy Andrighi, 3.ª Turma, j. 21.11.2023).

REFORMA DO CÓDIGO CIVIL: A sugestão de modificação caminha na esteira do que consta em nossos comentários doutrinários, pois sempre nos causou espécie que apenas os compromissos de compra e venda regidos pela Lei n. 6.766/1979 (art. 26, § 6º), que têm por objeto a aquisição de lotes, poderiam admitir a adjudicação compulsória extrajudicial. Pelo projeto, a desjudicialização para a regularização do imóvel se faz presente, atendendo a importante parcela da população brasileira. A previsão dialogará com o art. 216-B da Lei n. 6.015/1973, com a redação conferida pela Lei n. 14.382/2022, que possibilita a efetivação da adjudicação compulsória extrajudicialmente no serviço de registro de imóveis da situação da coisa. O Provimento n. 150/2023 do Conselho Nacional de Justiça estabelece diretrizes para a regulamentação de tal direito.

"Art. 1418. [...]

Parágrafo único. Se houver recusa do promitente vendedor ou de terceiros, o compromissário comprador poderá requerer ao juiz ou ao oficial do Cartório de Registro de Imóveis, a adjudicação compulsória judicial ou extrajudicial do imóvel, na forma da legislação especial."

TÍTULO X
DO PENHOR, DA HIPOTECA E DA ANTICRESE

CAPÍTULO I
DISPOSIÇÕES GERAIS

Art. 1.419. Nas dívidas garantidas por penhor, anticrese ou hipoteca, o bem dado em garantia fica sujeito, por vínculo real, ao cumprimento da obrigação.

COMENTÁRIOS DOUTRINÁRIOS: A existência dos direitos reais de garantia vincula-se ao fato de que o patrimônio do devedor – e não mais o seu corpo – é a garantia de que goza o credor no tocante ao adimplemento da obrigação. Nessa senda, dispõe o art. 391 do Código Civil que "pelo inadimplemento das obrigações respondem todos os bens do devedor". E ainda mais preciso, por reconhecer que nem todos os bens respondem pelas dívidas, como que impondo a interpretação restritiva no artigo acima citado, temos o art. 789 do Código de Processo Civil a prescrever que "o devedor responde com todos os seus bens presentes e futuros para o cumprimento de suas obrigações, salvo as restrições estabelecidas em lei". Nas garantias reais, a proteção do credor é maior do que nas garantias pessoais, tendo em vista que não fica na dependência do patrimônio genérico do devedor ou de seu eventual avalista ou fiador. Nos direitos reais de garantia, o bem sobre o qual incide o gravame somente vai ser liberado do ônus, em regra, por ocasião do adimplemento, ainda que o devedor o aliene, pois ao credor é conferido o poder de sequela, além da preferência, atributos que conferem aos institutos do penhor, hipoteca, anticrese e alienação fiduciária em garantia a natureza jurídica de direito real. Tais direitos também se mostram bem mais eficazes na proteção do crédito do que a fraude contra credores (arts. 158 a 165 do CC) e a fraude de execução (art. 792 do CPC). Os direitos reais de garantia são direitos subjetivos constituídos pelo devedor ou por um terceiro em favor do credor, mediante a afetação de um bem, cujo valor representativo, no momento da execução, garantirá o cumprimento da obrigação. São instituídos para tutelar o exclusivo interesse do credor de receber o que lhe é devido, não se analisando a questão da garantia sob o prisma da comutatividade e equilíbrio jurídico e econômico que deve nortear a relação obrigacional subjacente. Importante destacar, neste momento inaugural do estudo, que a garantia, conquanto seja real, não é a coisa em si, mas sim o valor que esta representa no momento em que o credor buscar a satisfação, pelos meios processuais cabíveis, do seu crédito que restou inadimplido. Diferenciam-se dos direitos reais de gozo ou fruição, tais como as servidões, o usufruto, o uso e a habitação, pois estes são constituídos mediante a restrição dos poderes dominiais em favor do titular do direito real sobre a coisa, enquanto nos direitos reais de garantia a coisa é apenas afetada para garantir o crédito. Nos primeiros, o direito se realiza independentemente de uma relação de direito pessoal, ao passo que os direitos reais de garantia vivem à margem e sob a dependência do direito pessoal de crédito que a ele acede. O artigo comentado ressalta a característica da aderência, indicando que a coisa sobre a qual incidirá o direito real de garantia fica vinculada ao cumprimento da obrigação. A despeito do silêncio da lei, aplica-se também o referido efeito na propriedade fiduciária estudada linhas atrás (arts. 1.361 a 1.368 do CC). Dessa afetação ressaem a sequela (*jus persequendi*) e a ambulatoriedade. Pela primeira, é assegurado ao credor, independentemente de eventuais e sucessivas alienações, o poder de perseguir o bem onde o mesmo estiver a fim de receber o crédito a que faz jus. A ambulatoriedade se dá pelo ônus real, de modo que interessará ao credor a coisa e não quem a titulariza, na medida em que forçosamente o gravame caminhará com o bem quando este for alienado. A sequela deferida ao credor com garantia real não pode ensejar enriquecimento sem causa, pois, a despeito de este poder penhorar o bem nas mãos de quem o detiver, independentemente de quando ou a quem se alienou, assegurado será sempre ao terceiro prejudicado direito de regresso contra o verdadeiro devedor.

JURISPRUDÊNCIA COMENTADA: Pela vinculação do bem ao adimplemento da obrigação, em execução de título extrajudicial, garantido por hipoteca, é incabível o pedido para que a constrição incida sobre parte do imóvel a fim de ser observada a menor onerosidade do devedor. O artigo em estudo deixa suficientemente claro que é impossível reduzir a penhora que somente estará extinta quando paga a dívida ou operada a excussão efetiva com a alienação forçada. Essa foi a correta compreensão do Tribunal paranaense ao desprover o recurso meramente procrastinatório do executado (TJPR, Agravo de Instrumento 1524291-4, 14.ª Câmara Cível, Curitiba, Rel. Des. Fernando Antônio Prazeres, j. 14.09.2016).

REFORMA DO CÓDIGO CIVIL: O trabalho da Comissão de Juristas traz importantes avanços na disciplina das garantias reais e tem a possibilidade de dialogar com o marco legal das garantias, exercendo a centralidade que caracteriza o Código Civil. A justificativa apresentada pela Subcomissão de Direito das Coisas traz consigo as bases utilizadas para as propostas de alteração, *in verbis*: "A subcomissão deliberou, por unanimidade, aproveitar em grande parte o trabalho excelente elaborado pelo Grupo de Estudos Temáticos (GET) criado pela Portaria 826, de 19 de janeiro de 2021 pela Secretaria Especial de Produtividade e Competitividade (SEPEC), do Ministério da Fazenda que durante um ano estudou, com a participação de notáveis juristas, membros do executivo federal e do mercado, a possibilidade de modernizar a estrutura das garantias reais aos tempos que correm. Extrai-se de tal trabalho que o presente dispositivo decorre diretamente da Lei-Modelo da ONU, introduzindo, no Direito brasileiro, a conceito unitário e funcional, que pretende conferir tratamento harmônico aos negócios jurídicos com função de garantia. Esse modelo decorre da experiência do UCC, art. 9, dos EUA, que recorreu à requalificação funcional dos negócios jurídicos como forma de (i) dar tratamento uniforme a institutos regulados de maneira distinta nas diferentes unidades federativas e (ii) impor tal tratamento aos negócios atípicos com função de garantia. Embora o Direito Brasileiro não admita direitos reais atípicos, aos menos quatro modalidades típicas são comumente utilizadas para afastar o regime geral das garantias reais: a propriedade retida, a propriedade fiduciária, a transmissão da propriedade com cláusula de retrovenda e o leasing financeiro. Sendo a problemática comum aos sistemas de *Common Law* e de Direito Continental, a Lei-Modelo da ONU sugere a adoção do tratamento unitário e de requalificação funcional para os chamados 'equivalentes funcionais'. Em suma, há recomendação de que os equivalentes funcionais sejam absorvidos pelas garantias reais tradicionais, seja por meio de sua eliminação completa do sistema, seja por meio da uniformização do tratamento legal (a discussão quanto às duas alternativas é tratada no Guia Legislativo de Garantias Mobiliárias da UNCITRAL)".

Especificamente no presente artigo, é proposta a inclusão de um parágrafo único, esclarecendo que "o disposto neste Título X aplica-se, no que couber, às demais modalidades de garantia real", exatamente pelo fato de que o indigitado Título se propõe a disciplinar a teoria geral dos direitos reais de garantia.

Art. 1.420. Só aquele que pode alienar poderá empenhar, hipotecar ou dar em anticrese; só os bens que se podem alienar poderão ser dados em penhor, anticrese ou hipoteca.

§ 1º A propriedade superveniente torna eficaz, desde o registro, as garantias reais estabelecidas por quem não era dono.

§ 2º A coisa comum a dois ou mais proprietários não pode ser dada em garantia real, na sua totalidade, sem o consentimento de todos; mas cada um pode individualmente dar em garantia real a parte que tiver.

COMENTÁRIOS DOUTRINÁRIOS: O artigo em análise apresenta os requisitos subjetivo e objetivo para a constituição válida e eficaz de um direito real de garantia, prevendo a possibilidade de se dar eficácia ao direito real de garantia contratado por quem não era o proprietário do bem, e estabelece a regra observada para que o bem condominial possa garantir uma obrigação. O requisito formal vem disciplinado no art. 1.424 deste Código. O requisito subjetivo responde à pergunta sobre quem poderá celebrar validamente direito real de garantia, e a resposta é que somente as pessoas que podem alienar poderão validamente dar um bem em garantia. Seguem algumas regras sobre a falta de capacidade ou legitimação para realizar direitos reais de garantia: a) Os pais somente poderão dar em garantia bens imóveis de propriedade dos filhos na presença de uma necessidade séria ou um evidente interesse da prole, necessitando de prévia autorização do juiz, na forma do art. 1.691 do Código Civil: "Não podem os pais alienar, ou gravar de ônus real os imóveis dos filhos, nem contrair, em nome deles, obrigações que ultrapassem os limites da simples administração, salvo por necessidade ou evidente interesse da prole, mediante prévia autorização do juiz. Parágrafo único. Podem pleitear a declaração de nulidade dos atos previstos neste artigo: I – os filhos; II – os herdeiros; III – o representante legal". Pensemos na hipótese em que um pai tem necessidade de contrair empréstimo para angariar recursos a serem utilizados no tratamento de uma doença de seu filho. b) A possibilidade de alienação do bem imóvel do tutelado se encontra disciplinada no art. 1.750 do Código Civil: "Os imóveis pertencentes aos menores sob tutela somente podem ser vendidos quando houver manifesta vantagem, mediante prévia avaliação judicial e aprovação do juiz". O mesmo raciocínio pode ser utilizado na hipótese de curatela, em razão da expressa remissão do art. 1.781 do Código Civil. c) O falido não perde a capacidade de fato, mas não possui legitimação para dar bens em garantia (art. 103 da Lei n. 11.101/2005). A mesma proibição toca o empresário que se submeter a processo de recuperação judicial, salvo se autorizado pelo juiz, mediante o critério da utilidade e depois de ouvido o Comitê (art. 66 da Lei n. 11.101/2005, com a redação dada pela Lei n. 14.112/2020). d) O mandatário dependerá de poderes especiais para dar em garantia os bens do mandante. e) O pai não pode dar em garantia um bem seu a uma dívida do filho, salvo se os demais descendentes e o cônjuge consentirem, pois o art. 496 do Código Civil proíbe a venda de bens de ascendente a descendente sem a referida solenidade, cominando a sanção de anulabilidade ao ato assim praticado. Há quem entenda que a norma comporta interpretação restritiva, mas discordamos em razão da própria leitura do art. 1.420 do Código Civil, e também da *mens legis*, que é a de fiscalizar o respeito ao princípio da igualdade da legítima dos herdeiros necessários. f) O condômino, conforme entendimento doutrinário que já se fazia majoritário sob a égide do direito anterior, pode dar o bem em condomínio, na sua integralidade, se tiver consentimento de todos os condôminos, mas cada condômino poderá gravar a sua quota-parte que tiver, independentemente de consentimento dos demais e de o bem ser divisível ou indivisível. A propósito, prevê a parte final do art. 1.314 do Código Civil que o condômino, entre outros direitos, poderá gravar a parte ideal, encontrando-se, portanto, harmônico o tratamento da matéria. g) As pessoas casadas necessitam da vênia conjugal quando a garantia real tiver por objeto bem imóvel, salvo se casados forem pelo regime da comunhão universal de bens (arts. 1.647, I, e 1.649 do CC). O requisito objetivo responde à pergunta sobre o que poderá ser dado em garantia real, e a resposta é que somente os bens alienáveis poderão servir como objeto de um direito real de garantia ou, em outras palavras, somente os bens que puderem ser alienados em eventual execução forçada ou em venda amigável autorizada é que poderão ser dados em garantia. O contrato que preveja como garantia um bem inalienável é absolutamente ineficaz. Seguem algumas regras sobre a impossibilidade de constituição eficaz dos direitos reais de garantia em razão da inidoneidade do objeto: a) os bens públicos de uso comum do povo e os de uso especial, enquanto afetados ao interesse público, não podem ser dados em garantia (art. 100 do CC); b) o bem deixado em testamento ou doado com a cláusula de inalienabilidade também não pode ser dado em garantia, a teor do que prescreve o art. 1.911 do Código Civil, vazado nos seguintes termos: "A cláusula de inalienabilidade, imposta aos bens por ato de liberalidade, implica impenhorabilidade e incomunicabilidade"; c) pode ser dado em garantia bem futuro como sucede com a hipoteca da unidade autônoma ainda não construída no regime da incorporação imobiliária; d) o bem que não pertence ao devedor ou ao dador de garantia torna a constituição do direito real de garantia ineficaz. Entretanto, se a coisa for adquirida posteriormente, o ato se convalidará, operando efeitos *ex tunc*, ou seja, retroagirão à data do registro do contrato no cartório competente (art. 1.420, § 1º, do CC). Na mesma direção do aludido dispositivo legal é o art. 1.268, que trata da tradição como modo de aquisição da propriedade móvel; e) quanto aos bens impenhoráveis arrolados no art. 833 do Código de Processo Civil e encontrados também no art. 1º da Lei n. 8.009/1990, que dispõe sobre a impenhorabilidade do bem de moradia, nesse conceito incluídos o imóvel que serve de sede para a moradia da família, os equipamentos de uso profissional e os móveis que guarnecem a residência, temos a fazer uma anotação assaz relevante. É que, à primeira vista, parece que os bens absolutamente impenhoráveis não podem ser objeto de garantia, pois o destino final do bem dado em garantia pode ser a constrição judicial. Contudo, o art. 1.433, IV, do Código Civil, que cuida dos direitos do credor pignoratício, permite que a venda do bem apenhado seja amigável, ocasião em que não se fará necessária a penhora e, portanto, não haverá óbice para que se constitua penhor sobre coisa impenhorável. No caso da hipoteca, o inciso V do art. 3º da Lei n. 8.009/1990 excepciona a impenhorabilidade do bem de família quando o imóvel for oferecido como garantia real pelo casal ou pela entidade familiar, tendo em vista que a constituição de direitos reais de garantia no financiamento imobiliário visa exatamente a fomentar o acesso à moradia por meio de empréstimos com taxas de juros menos agressivas, mas para tanto o credor, no caso, hipotecário, deve gozar de segurança jurídica e ter a sua boa-fé protegida. Desse modo, se a pessoa natural manifestou livremente a sua vontade e afetou com o gravame hipotecário o imóvel que está adquirindo a fim de conquistar o sonho da casa própria, será iníquo, em caso de inadimplemento, decidir pela impenhorabilidade com fundamento na proteção do direito constitucional social e fundamental à moradia. Entretanto, se o imóvel é hipotecado para fins de empréstimos para o incremento da produção rural por meio de cédula rural hipotecária e esse serve para a moradia, não é cabível o penhor de tal bem.

JURISPRUDÊNCIA COMENTADA: Em razão da clareza da dicção legal no sentido de que apenas o bem que pode ser alienado pode ser dado em garantia, o Tribunal de Justiça paulista considerou que a hipoteca prestada por quem não é titular da propriedade do imóvel é nula de pleno direito (TJSP, APL 1115636-32.2016.8.26.0100, Ac. 12028079, 16.ª Câmara de Direito Privado, São Paulo, Rel. Des. Coutinho de Arruda, j. 30.11.2018). A exceção acima vista de penhora de único imóvel residencial de possibilidade de hipoteca "para execução de hipoteca sobre o imóvel oferecido como garantia real pelo casal ou pela entidade familiar" deve ser interpretada restritivamente, pois tem uma finalidade social importante de fomentar a construção civil para disponibilizar imóveis para moradia. Por exemplo, mesmo que o devedor entregue em hipoteca imóvel único que lhe sirva de moradia, em execução futura, reconhecida será a impenhorabilidade (TJSC, Apelação Cível 2012.008976-6, Meleiro, Rel. Des. Guilherme Nunes Born, j. 20.06.2013). Denominamos bem de moradia em razão da orientação jurisprudencial pacificada no Superior Tribunal de Justiça no sentido de que "o conceito de impenhorabilidade de bem de família abrange também o imóvel pertencente a pessoas solteiras, separadas e viúvas" (Súmula n. 364). A Quarta Turma do Superior Tribunal de Justiça também já pacificou o entendimento de que não se aplica a exceção do art. 3º, V, da Lei n. 8.009/1990 na hipótese de hipoteca outorgada para garantia de dívida de terceiro, seja pessoa natural ou jurídica, como se pode verificar no *Informativo* n. *493* de 2012 da referida Corte: "A exceção prevista no art. 3º, V, da Lei n. 8.009/1990, que deve ser interpretada restritivamente, somente atinge os bens que foram dados em garantia de dívidas contraídas em benefício da própria família. No caso, a hipoteca foi constituída em garantia de dívida de terceiro, o que não afasta a proteção dada ao imóvel pela lei que rege os bens de família. Precedentes citados" (REsp 268.690/SP, *DJ* 12.03.2001; REsp 1.022.735/RS, *DJe* 18.02.2010; AgRg no AgRg no Agr. 1.094.203/SP, *DJe* 10.05.2011; REsp 997.261/SC, Rel. Min. Luis Felipe Salomão, j. 15.03.2012). Por outro lado, o Superior Tribunal de Justiça, por unanimidade, consolidou o entendimento de que se a garantia hipotecária foi dada em proveito de pessoa jurídica na qual o casal figura como sócio, haverá a presunção absoluta de que a hipoteca era de interesse do casal, atraindo a incidência da retrocitada exceção. Para o fim da penhorabilidade, evidentemente que a pessoa jurídica familiar em favor de quem foi prestada a garantia se confunde com a própria entidade familiar a quem a hipoteca beneficia com a outorga do empréstimo. Nesse sentido, a Segunda Seção, na relatoria do Ministro Luis Felipe Salomão decidiu que "é possível a penhora de bem de família dado em garantia hipotecária pelo casal quando os cônjuges forem os únicos sócios da pessoa jurídica devedora" (EARESP 848.498/PR, j. 25.04.2018, *DJe* 07.06.2018 – *Informativo* n. *627* de 2018).

REFORMA DO CÓDIGO CIVIL: As novas redações introduzidas visam flexibilizar o objeto das garantias reais, bem como esclarecer regras que atualmente resultam em insegurança jurídica, a exemplo das garantias reais outorgadas *a non domino* que se tornam eficazes com a aquisição superveniente, as prestadas pelo condômino que afetam a quota-parte e sobre bens futuros.

"Art. 1.420. [...]

§ 1º A propriedade superveniente torna eficazes, desde o registro do título aquisitivo ou a tradição, as garantias reais estabelecidas por quem não era dono, observado o art. 1.420-A.

§ 2º A garantia real prestada por condômino afetará apenas a sua quota do bem comum; se o bem for dividido, a garantia se conserva sobre o que couber ao garantidor.

Art. 1.420-A. Os bens futuros, inclusive os adquiridos futuramente, podem ser objeto de garantia real, que se torna eficaz na data de aquisição da propriedade pelo garantidor. Parágrafo único. Para fins de prioridade da garantia, prevalecerá a data do registro."

Art. 1.421. O pagamento de uma ou mais prestações da dívida não importa exoneração correspondente da garantia, ainda que esta

compreenda vários bens, salvo disposição expressa no título ou na quitação.

COMENTÁRIOS DOUTRINÁRIOS: O dispositivo em referência destaca a característica da indivisibilidade do direito real de garantia, pois, a despeito da possibilidade de se dividir a obrigação de natureza pessoal, aquele permanece íntegro e indivisível até que a obrigação seja concluída, salvo disposição contratual em contrário. O art. 1.429 deste Código complementa o alcance da regra ao dizer que os sucessores do devedor a quem se defere o direito de remir a obrigação não podem resgatar parcialmente a dívida. O princípio da indivisibilidade produz o efeito de não se extinguir parcialmente o ônus real em conformidade com o pagamento da dívida, realizado parceladamente. Ao contrário, a garantia remanesce até que a dívida seja integralmente quitada. Releve-se que a dívida garantida pode ser divisível, mas o direito real que a ela adere é indivisível por força de lei (art. 88 do CC). A regra é aplicada, ainda que sejam vários os bens dados em garantia. Em respeito ao princípio da autonomia da vontade, a norma é dispositiva, de modo que as partes podem dispor em contrário, ocasião em que haverá extinção parcial do direito real de garantia (divisibilidade). A indivisibilidade alcança também a propriedade fiduciária, como se colhia da expressa determinação do art. 1.367 do Código Civil, em sua redação original: "Aplica-se à propriedade fiduciária, no que couber, o disposto nos arts. 1.421, 1.425, 1.426, 1.427 e 1.436"; mesmo na redação conferida pela Lei n. 13.043/2014 ("A propriedade fiduciária em garantia de bens móveis ou imóveis sujeita-se às disposições do Capítulo I do Título X do Livro III da Parte Especial deste Código e, no que for específico, à legislação especial pertinente, não se equiparando, para quaisquer efeitos, à propriedade plena de que trata o art. 1.231"), a conclusão persiste.

JURISPRUDÊNCIA COMENTADA: A Lei n. 11.775/2008 instituiu medidas de importante alcance social com vistas a estimular e facilitar o adimplemento de dívidas originárias de operações de crédito rural e de crédito fundiário e uma delas é a possibilidade de redução das garantias em excesso (art. 59, II) em clara previsão legal que excepciona o princípio da indivisibilidade das garantias reais insculpido nesta regra anotada. A jurisprudência tem entendido que essa "norma é especial em relação ao Código Civil e deve ser aplicada no caso de dívidas originárias de operações de crédito rural" (TJDF, APC 2015.01.1.066047-8, Ac. 100.4602, 5.ª Turma Cível, Rel. Des. Silva Lemos, j. 08.02.2017).

Art. 1.422. O credor hipotecário e o pignoratício têm o direito de excutir a coisa hipotecada ou empenhada, e preferir, no pagamento, a outros credores, observada, quanto à hipoteca, a prioridade no registro.

Parágrafo único. Excetuam-se da regra estabelecida neste artigo as dívidas que, em virtude de outras leis, devam ser pagas precipuamente a quaisquer outros créditos.

COMENTÁRIOS DOUTRINÁRIOS: A preferência estabelecida no artigo anotado assegura ao credor hipotecário e pignoratício que receba antes dos credores quirografários, ou seja, sendo a coisa excutida, primeiramente recebe o credor preferencial e depois aquele que não goza de nenhuma prerrogativa especial no tocante ao recebimento do crédito. Significa então que esse credor, em eventual execução preferirá, no que se refere ao pagamento de dívidas, aos demais credores quirografários. A lei não faz referência à anticrese, pois esta se paga pela fruição das vantagens patrimoniais da coisa gravada, sendo assegurado ao credor anticrético reter o bem como mecanismo de proteção do crédito, extinguindo-se no prazo máximo de 15 anos (art. 1.423 do CC). No tocante à hipoteca, importante frisar que o art. 1.476 do Código Civil possibilita ao devedor hipotecante estabelecer várias hipotecas sobre o mesmo bem, seja em favor do próprio credor, seja em relação a um novo credor. Nessa hipótese, surge a indagação sobre quem deverá receber primeiro, sendo assegurada tal prerrogativa observando-se a regra da prioridade, ou seja, o direito pertencerá a quem primeiro protocolar o contrato de hipoteca no registro de imóveis, uma vez que os efeitos do registro retroagirão ao momento da prenotação, conforme estudado no capítulo referente ao Registro de Imóveis. Prevê o parágrafo único desta regra que se exceptuam da preferência as dívidas que, em virtude de outras leis, devam ser pagas precipuamente a quaisquer outros créditos. Trata-se do privilégio legal que não se confunde com a preferência, levando a que o chamado credor privilegiado receba antes do credor com garantia real. Sobre o tema, dispõe o art. 958 do Código Civil que "os títulos legais de preferência são os privilégios e os direitos reais". Complementando o sentido da lei, prevê o art. 961 do Código Civil que "o crédito real prefere ao pessoal de qualquer espécie; o crédito pessoal privilegiado, ao simples; e o privilégio especial, ao geral". Nos arts. 964 e 965, a lei civil elenca os créditos que gozam de privilégio especial e geral em relação aos créditos pignoratícios e hipotecários. Para a aplicação do que se disse é necessário que seja declarada a insolvência do devedor, ocasião em que todos os credores são chamados para receber seus créditos. As regras sobre preferências e privilégios se destinam à solução de conflitos que surjam entre os vários credores. Conflito bastante comum é o que ocorre na busca para o recebimento dos créditos decorrentes do débito fiscal e de cota condominial. Em ambos os casos, o crédito hipotecário sucumbe ante a preferência de tais créditos. No primeiro caso, o fundamento é o art. 186 do Código Tributário Nacional, o qual estabelece que "prefere a qualquer outro, seja qual for sua natureza ou o tempo de sua constituição, ressalvados os créditos decorrentes da legislação do trabalho ou do acidente de trabalho". Com relação ao débito condominial, é a natureza *propter rem* que explica a preferência desse crédito em relação ao crédito hipotecário, uma vez que o pagamento da cota condominial se destina a assegurar a manutenção do bem, assegurando a própria higidez da garantia hipotecária. Assim, uma vez alienado forçadamente um imóvel por débito condominial ou tributário, eventual credor hipotecário apenas receberá o seu crédito se do produto da arrematação sobejar valor suficiente para o pagamento ou resgate da hipoteca e satisfação do titular de tal crédito. Insta salientar que se a hipótese for de falência, na forma da Lei n. 11.101/2005 com a redação dada pela Lei n. 14.112/2020, que regulamenta a recuperação judicial da empresa e falência, o credor hipotecário receberá primeiro, a teor do que dispõe o art. 83 da referida Lei: "Art. 83. A classificação dos créditos na falência obedece à seguinte ordem: I – os créditos derivados da legislação trabalhista, limitados a 150 (cento e cinquenta) salários-mínimos por credor, e aqueles decorrentes de acidentes de trabalho; *II – os créditos gravados com direito real de garantia até o limite do valor do bem gravado*; III – os créditos tributários, independentemente da sua natureza e do tempo de constituição, exceto os créditos extraconcursais e as multas tributárias; IV – (revogado); V – (revogado); VI – os créditos quirografários, a saber: a) aqueles não previstos nos demais incisos deste artigo; b) os saldos dos créditos não cobertos pelo produto da alienação dos bens vinculados ao seu pagamento; e c) os saldos dos créditos derivados da legislação trabalhista que excederem o limite estabelecido no inciso I do *caput* deste artigo; VII – as multas contratuais e as penas pecuniárias por infração das leis penais ou administrativas, incluídas as multas tributárias; VIII – os créditos subordinados, a saber: a) os previstos em lei ou em contrato; e b) os créditos dos sócios e dos administradores sem vínculo empregatício cuja contratação não tenha observado as condições estritamente comutativas e as práticas de mercado; IX – os juros vencidos após a decretação da falência, conforme previsto no art. 124 desta Lei. No mesmo sentido é o atual art. 186 do Código Tributário Nacional, com a redação dada pela Lei Complementar 118/2005: "Art. 186. O crédito tributário prefere a qualquer outro, seja qual for sua natureza ou o tempo de sua constituição, ressalvados os créditos decorrentes da legislação do trabalho ou do acidente de trabalho. Parágrafo único. Na falência: I – o crédito tributário não prefere aos créditos extraconcursais ou às importâncias passíveis de restituição, nos termos da lei falimentar, nem aos créditos com garantia real, no limite do valor do bem gravado; II – a lei poderá estabelecer limites e condições para a preferência dos créditos decorrentes da legislação do trabalho; e III – a multa tributária prefere apenas aos créditos subordinados". Como se pode perceber dos dispositivos legais transcritos, tal preferência da hipoteca sobre o crédito hipotecário somente vai se aplicar na hipótese de falência, não podendo tal regra ser extensiva a outras hipóteses que atraíram o *caput* do artigo transcrito e não o seu parágrafo único. O crédito trabalhista goza de privilégio em relação ao crédito tributário no concurso de credores decorrente de insolvência ou falência, *ex vi* do art. 449, § 1º da Consolidação das Leis do Trabalho: "Os direitos oriundos da existência do contrato de trabalho subsistirão em caso de falência, concordata ou dissolução da empresa. § 1º Na falência constituirão créditos privilegiados a totalidade dos salários devidos ao empregado e a totalidade das indenizações a que tiver direito". O artigo em destaque, além de estabelecer a regra da preferência acima explicitada, assegura ao credor pignoratício e ao hipotecário o direito de excussão, que consiste na possibilidade de executar o devedor sem a necessidade de aguardar a formação de um título judicial, de vez que complementando e concedendo eficácia à norma, prevê o art. 784, V, do Código de Processo Civil, que o contrato de penhor, hipoteca e anticrese constituem títulos executivos extrajudiciais. No que se refere à anticrese, apesar da norma processual, não é da essência do instituto a execução, uma vez que o credor anticrético é pago pelos frutos e rendimentos proporcionados pelo imóvel (arts. 1.423 e 1.506). É comum nas lides diárias no foro ouvir-se falar em execução da hipoteca ou do penhor, mas há erro de ordem técnica, pois o que se executa é a dívida e não a garantia real. Não poderíamos falar sobre execução dos direitos reais de garantia sem ao menos fazer uma breve referência à possibilidade de execução hipotecária extrajudicial. De efeito, o Decreto-lei n. 70/1966, na esteira da Lei n. 4.380/1964, que criou o Banco Nacional de Habitação (BNH), permite em seus arts. 31 e 32 uma expropriação imobiliária sem o devido processo legal, uma vez que todo o procedimento é administrativo. Por não possibilitar adequada defesa ao devedor, há muito não se compadece com o ordenamento constitucional vigente, que assegura a ampla defesa, o contraditório, e estabelece igualmente como garantia fundamental a indeclinabilidade da jurisdição. A referida norma sofreu tantas críticas doutrinárias sob o ponto de vista da afronta ao texto constitucional e ensejou a procedência de tantas demandas judiciais que se avolumavam em razão dos desmandos e atropelos típicos de um procedimento kafkiano, que houve por bem o legislador fazer publicar a Lei n. 5.741/1971, que devolveu ao Poder Judiciário a inafastável função jurisdicional de fazer com que uma pessoa perca o seu patrimônio (art. 5º, LIV, da CF). Contudo, essa lei apenas faculta ao credor o exercício da ação judicial, não revogando o draconiano Decreto-lei n. 70/1966, que continua em vigor. Contudo, peca também a Lei n. 5.741/1971 por limitar o poder de defesa do executado. Deveras, estatui o art. 5º da referida norma que o executado somente poderá alegar em embargos em que depositou por inteiro a importância reclamada na inicial ou em que resgatou a dívida, oferecendo, desde logo, a prova da quitação.

JURISPRUDÊNCIA COMENTADA: Há muito que a jurisprudência do Superior Tribunal de Justiça caminha no sentido de que o crédito tributário prefere àquele que conta com garantia real, conforme asseverou a Primeira Turma do Superior Tribunal de Justiça: "Diante da preferência do crédito tributário sobre o crédito hipotecário, e uma vez certificada a inexistência de outros bens penhoráveis, e mesmo a insuficiência do valor do bem constrito para satisfazer o débito fiscal, conclui-se não haver qualquer sentido prático na decretação da nulidade da alienação. Trata-se de medida que nenhum proveito traria ao credor hipotecário, obrigado a realizar novo leilão, cujo produto, de qualquer sorte, teria de ser destinado à satisfação do débito tributário" (STJ, REsp 440.811/SP, 1.ª Turma, Rel. Min. Teori Albino Zavascki, j. 03.02.2005). O Superior Tribunal de Justiça tem se orientado pela preferência no pagamento da cota condominial em relação ao crédito hipotecário (AgRg no Agr. 1382719/SP, 4.ª Turma, Rel. Min. Maria Isabel Gallotti, j. 18.08.2011, *DJe* 29.08.2011) em razão da natureza *propter rem* da obrigação e da importância do crédito vinculado à própria higidez da copropriedade. No mesmo sentido, é a Súmula de jurisprudência 276 do Tribunal de Justiça do Estado do Rio de Janeiro, que de modo bastante objetivo reza que "o crédito tributário prefere ao condominial e este ao hipotecário". A preferência do crédito trabalhista tem sido prestigiada na jurisprudência do Superior Tribunal de Justiça como se pode verificar a seguir, *in verbis*: "A exegese do artigo 186 do Código Tributário Nacional preconiza a supremacia do crédito trabalhista (*necessarium vitae*) em relação ao tributário e a deste em relação aos demais. 5. A natureza privilegiada do crédito trabalhista tem fundamento nos arts. 449, § 1º, da CLT, 186 do CTN, 30 da Lei n. 6.830/80 e 759, parágrafo único, do Código Civil de 1916, agora com a redação mais abrangente e precisa do art. 1.422, parágrafo único, do Novo Código Civil, instituído pela Lei n. 10.406, de 10/01/2002" (STJ, REsp 687.686/SC, 1.ª Turma, Rel. Min. Luiz Fux, j. 01.09.2005). Lamentavelmente, as Cortes estaduais têm admitido a execução extrajudicial da hipoteca, podendo ser utilizados como exemplos dessa orientação os Verbetes 4 e 20 da jurisprudência predominante no Tribunal de Justiça do Estado de São Paulo: Súmula n. 4: "É cabível liminar em ação de imissão de posse, mesmo em se tratando de imóvel objeto de arrematação com base no Decreto-Lei n. 70/66". Súmula n. 20: "A execução extrajudicial, fundada no Decreto-Lei n. 70, de 21/11/1966, é constitucional". A despeito das críticas acima, o Supremo Tribunal Federal, que como cediço, é o referido órgão do Poder Judiciário que dá a última palavra sobre a constitucionalidade das leis e da compatibilidade destas com a ordem constitucional, já decidiu que o Decreto-lei n. 70/1966 se compatibiliza com a Constituição Federal no Agravo Regimental no Recurso Extraordinário 513.546/SP, julgado em agosto de 2008, Relator o Ministro Eros Roberto Grau: "Agravo regimental no Recurso Extraordinário. Execução Extrajudicial. Decreto-lei n. 70/66. Recepção pela Constituição do Brasil. 1. O Decreto-lei n. 70/66, que dispõe sobre execução extrajudicial, foi recebido pela Constituição do Brasil. Agravo regimental a que se nega provimento". Essa questão foi reconhecida como de repercussão geral em fevereiro de 2010 no excelso pretório, tendo como relator o eminente Ministro Dias Toffoli. Sua excelência assinalou que essa questão "apresenta densidade constitucional e extrapola os interesses subjetivos das partes, sendo relevante para os milhões de mutuários do Sistema Financeiro da Habitação e, igualmente, para a sociedade como um todo, uma vez que a decisão a ser proferida neste feito possui estreito vínculo com a liquidez do Sistema Financeiro da Habitação". Levado ao plenário em 18.08.2011, votaram pela compatibilidade do Decreto-lei n. 70/1966 com a Constituição Federal o Relator e o Ministro Ricardo Lewandowski, desprovendo o recurso extraordinário. No *Informativo* n. *636* do STF de 2011 encontram-se as razões do eminente relator a seguir transcritas: "O Min. Dias Toffoli, relator, desproveu o recurso. Na mesma linha do que afirmado no RE 556520/SP, já mencionado, consignou que, de há muito, encontra-se consolidado, no STF, o entendimento segundo o qual as disposições constantes do Decreto-lei n. 70/1966 foram recepcionadas pela CF/1988. Assim, inexistiria vício na excussão que pudesse vir a ser levada a cabo pelo credor hipotecário. Asseverou que esse procedimento não seria realizado de forma aleatória, mas se submeteria a efetivo controle judicial em pelo menos uma de suas fases, de modo que o devedor seria intimado a acompanhá-lo, com a possibilidade de impugnação, inclusive no âmbito judicial, se irregularidades vierem a ocorrer no seu trâmite. Enfatizou, ainda, que essa orientação teria sido seguida pelos Tribunais pátrios, não sendo razoável modificá-la, decorridos muitos anos. Assinalou, no ponto, que se mostraria de rigor reafirmar, em sede de repercussão geral, essa pacífica jurisprudência" (RE 627106/PR, Rel. Min. Dias Toffoli, j. 18.08.2011). Os Ministros Luiz Fux, Cármen Lúcia e Ayres Britto votaram em sentido contrário, estando o feito com vista para o Ministro Gilmar Mendes. Pelas razões acima expendidas, ansiamos que na continuidade do julgamento, o Supremo Tribunal Federal expurgue o odioso Decreto-lei n. 70/1966 do cenário jurídico nacional.

REFORMA DO CÓDIGO CIVIL: Em primeiro lugar, é proposta aqui a inclusão de dois parágrafos que envolvem a prioridade registral, a qual comentamos *supra*. O primeiro diz respeito às garantias reais sobre bens futuros ou sob condição. O segundo vem a ser a faculdade de se possibilitar a cessão, gratuita ou onerosa, do grau de prioridade ostentado pelo credor. Os dois são muito importantes na disciplina das garantias reais. Em um segundo momento, faz-se referência mais eloquente a que o modo de constituição de garantia real, independentemente de sua fonte, será o registro a fim de conferir maior segurança jurídica. Com o mesmo objetivo, apresenta-se a disciplina da reserva de grau de garantia. Tomamos a liberdade de fazer a correção de um erro material, pois, no trabalho original, os dispositivos em que se incluíram as alíneas *a* e *b* se referem ao art. 1.423, que trata da anticrese, nada tendo a ver com constituição de garantia real nem reserva de garantia por parte do credor.

"Art. 1.422. O credor hipotecário e o pignoratício têm o direito de excutir a coisa hipotecada ou empenhada, e preferir, no pagamento, a outros credores, observada a prioridade no registro.

§ 1º Excetuam-se da regra estabelecida neste artigo as dívidas que, em virtude de outras leis, devam ser pagas precipuamente a quaisquer outros créditos.

§ 2º O registro confere prioridade à totalidade da obrigação garantida prevista no título, ainda que futura ou condicionada.

§ 3º Poderá o credor solvente, nos contratos paritários e simétricos, ceder seu grau de prioridade a outro credor garantido sobre o mesmo bem, por instrumento particular ou público escrito, devidamente registrado, sub-rogando-se na prioridade do cessionário.

Art. 1.422-A. As garantias reais constituem-se com o registro, seja a sua fonte legal, judicial ou convencional.

Parágrafo único. Os atos produzem efeitos entre as partes, conforme aplicável, desde a sua assinatura ou do momento da verificação da hipótese prevista em lei.

Art. 1.422-B. Poderá o proprietário, por instrumento público ou particular e registrado, nos termos da lei, reservar o grau de prioridade sobre bem de sua propriedade para a outorga futura de garantia real, observadas as normas cogentes e de ordem pública.

Parágrafo único. A reserva de grau não obstará a execução sobre o bem, nem reservará qualquer valor sobre o produto da sua alienação, enquanto não houver sido constituída garantia sobre o grau reservado."

Art. 1.423. O credor anticrético tem direito a reter em seu poder o bem, enquanto a dívida não for paga; extingue-se esse direito decorridos quinze anos da data de sua constituição.

COMENTÁRIOS DOUTRINÁRIOS: É da essência da anticrese a entrega que o devedor faz ao credor do imóvel a fim de que este, em compensação da dívida, perceba os frutos e rendimentos proporcionados pela coisa. Merece destaque, observando-se o artigo sistematicamente, que não se fala aqui em execução, como no dispositivo antecedente, tendo em vista que na anticrese há uma execução particular que se verifica no momento em que o devedor entrega o imóvel ao credor anticrético.

Art. 1.424. Os contratos de penhor, anticrese ou hipoteca declararão, sob pena de não terem eficácia:

I – o valor do crédito, sua estimação, ou valor máximo;

II – o prazo fixado para pagamento;

III – a taxa dos juros, se houver;

IV – o bem dado em garantia com as suas especificações.

COMENTÁRIOS DOUTRINÁRIOS: Constituem requisitos formais a especialização e o registro do contrato no cartório competente. Para cumprir o requisito da especialização, deverão as partes descrever minuciosamente os elementos da obrigação principal, tais como o montante da dívida, o prazo para pagamento e a taxa de juros, se houver, além de identificar com precisão o bem sobre o qual recairá o gravame real, distinguindo-o dos demais, sob pena de que não se produzam os efeitos desejados, na forma do que preconiza o artigo anotado. Ainda que o bem seja naturalmente fungível como um veículo automotor qualquer, por ocasião da constituição do direito real de garantia, a afetação tornará tal bem infungível, uma vez que este já não pode mais ser substituído por outros da mesma espécie, qualidade e quantidade, consoante dispõe o art. 80 do Código Civil. No sentido do texto, confira-se o *Enunciado* n. *667*, aprovado na *IX Jornada de Direito Civil*, realizada em maio de 2022, pelo CJF/STJ: "No penhor constituído sobre bens fungíveis, satisfaz o requisito da especificação de que trata o art. 1.424, IV, do Código Civil, a definição, no ato constitutivo, da espécie, qualidade e quantidade dos bens dados em garantia". Digno de destaque, outrossim, é o *Enunciado* n. *666*, aprovado na mesma jornada que se refere ao penhor de créditos futuros: "No penhor de créditos futuros, satisfaz o requisito da especificação, de que trata o art. 1.424, IV, do Código Civil, a definição, no ato constitutivo, de critérios ou procedimentos objetivos que permitam a determinação dos créditos alcançados pela garantia". É a partir do registro do contrato no cartório devido que se terá configurada a eficácia *erga omnes* do direito real de garantia. Em se tratando de imóvel, o registro será feito junto ao cartório imobiliário, e se for móvel, no cartório de títulos e documentos. Incidindo o direito real de garantia sobre veículo automotor, além do registro cartorial, mister, outrossim, a anotação junto ao certificado de propriedade do veículo, tanto na hipótese de penhor de veículos (art. 1.462 do CC), como na alienação fiduciária em garantia de bem móvel (art. 1.361, § 1º, do CC). Há controvérsia acerca da necessidade ou não do registro do contrato no cartório de títulos e documentos do contrato de alienação fiduciária em garantia que tenha por objeto veículo automotor. Como vimos nos comentários ao art. 1.361 deste Código, o entendimento prevalecente é o de que basta a anotação do gravame junto ao Departamento de Trânsito (Detran) para a validade da alienação fiduciária em garantia, o que também se aplica para o penhor. Cada modalidade de garantia prevê o seu peculiar registro. À guisa de exemplo, o penhor comum (art. 1.432 do CC) deve ser registrado no cartório de títulos e documentos e o penhor rural e a hipoteca sobre bens imóveis deverão ser registrados no cartório de registro de imóveis (arts. 1.227 e 1.438 do CC). Nada obsta que se constitua um gravame real sobre dívida, cujo valor somente se descobrirá futura como expressamente (art. 1.487 do CC).

REFORMA DO CÓDIGO CIVIL: "Art. 1.424. [...]

> [...]
>
> II – o prazo fixado para pagamento ou o período coberto pela garantia;
>
> [...]
>
> Parágrafo único. Admite-se, nos negócios jurídicos paritários e simétricos, a descrição que defina o objeto da garantia como uma universalidade de fato, com os seus elementos identificadores mínimos."

O art. 1.424 é modificado com alusão expressa no inciso II da possibilidade de a garantia real se destinar a período futuro incerto, como a possibilidade de que, nos contratos simétricos e paritários, admita-se como objeto da garantia real uma universalidade de fato, como pode suceder no penhor rural agrícola e pecuário. Sugere-se, outrossim, a inclusão do art. 1.424-A, que visa flexibilizar a especialização das garantias reais, nos moldes das previsões contidas no art. 9º da Lei-Modelo da ONU sobre Garantias Reais. Finalmente, o art. 1.424-B contém redação adaptada do atual art. 1.476, relativo à hipoteca, esclarecendo que também para os bens móveis é possível criar-se garantias subsequentes: "Art. 1.424-A. O outorgante pode constituir novas garantias sobre o bem, em favor do mesmo credor ou de outro, as quais ficam sujeitas às normas que definem a prioridade.

Art. 1424-B. A prioridade entre as garantias reais incidentes sobre o mesmo bem rege-se pelo número de ordem do registro."

Art. 1.425. A dívida considera-se vencida:

I – se, deteriorando-se, ou depreciando-se o bem dado em segurança, desfalcar a garantia, e o devedor, intimado, não a reforçar ou substituir;

II – se o devedor cair em insolvência ou falir;

III – se as prestações não forem pontualmente pagas, toda vez que deste modo se achar estipulado o pagamento. Neste caso, o recebimento posterior da prestação atrasada importa renúncia do credor ao seu direito de execução imediata;

IV – se perecer o bem dado em garantia, e não for substituído;

V – se se desapropriar o bem dado em garantia, hipótese na qual se depositará a parte do preço que for necessária para o pagamento integral do credor.

§ 1º Nos casos de perecimento da coisa dada em garantia, esta se sub-rogará na indenização do seguro, ou no ressarcimento do dano, em benefício do credor, a quem assistirá sobre ela preferência até seu completo reembolso.

§ 2º Nos casos dos incisos IV e V, só se vencerá a hipoteca antes do prazo estipulado, se o perecimento, ou a desapropriação recair sobre o bem dado em garantia, e esta não abranger outras; subsistindo, no caso contrário, a dívida reduzida, com a respectiva garantia sobre os demais bens, não desapropriados ou destruídos.

COMENTÁRIOS DOUTRINÁRIOS: As hipóteses em que a dívida com garantia real vence antes do termo final estão arroladas no artigo 1.425 do Código Civil, devendo ser cotejadas tais regras com o art. 333 do mesmo códex, norma inserida na Seção Do Tempo do Pagamento e que dispõe sobre o direito de o credor cobrar a dívida antes de vencido o prazo estipulado no contrato ou na lei: "Ao credor assistirá o direito de cobrar a dívida antes de vencido o prazo estipulado no contrato ou marcado neste Código: I – no caso de falência do devedor, ou de concurso de credores; II – se os bens, hipotecados ou empenhados, forem penhorados em execução por outro credor; III – se cessarem, ou se se tornarem insuficientes, as garantias do débito, fidejussórias, ou reais, e o devedor, intimado, se negar a reforçá-las. Parágrafo único. Nos casos deste artigo, se houver, no débito, solidariedade passiva, não se reputará vencido quanto aos outros devedores solventes". A norma indigitada se aplica também para a propriedade fiduciária, *ex vi* do disposto no art. 1.367 do Código Civil. Analisemos, agora, tais hipóteses: a) *Deterioração e depreciação do objeto da garantia real*. A deterioração está ligada à degradação física parcial do objeto, enquanto a depreciação vem a ser a perda ou diminuição do valor econômico do bem. A lei não distingue se a deterioração ou a depreciação foi culposa ou não, de modo que ao intérprete não é permitido distinguir. Outro dado significativo é observar que essa perda de qualidade do direito real de garantia, para que enseje o vencimento antecipado da dívida, deverá ser posterior, pois se o credor aceitou objeto de valor inferior à dívida, não poderá pleitear o reforço da garantia. Situação interessante de possível depreciação do imóvel é aquela em que o credor hipotecário realiza o mútuo em favor do comprador para que este estabeleça um empreendimento imobiliário para futura alienação de lotes ou de unidades autônomas, conforme se trate de loteamento ou condomínio edilício. Nesse caso, o valor que o bem representará para o credor dependerá do cumprimento ou não das obrigações de fazer decorrentes da prévia aprovação do empreendimento imobiliário. O descumprimento dessas obrigações pode provocar a deterioração do bem dado em garantia em razão da desvalorização que o imóvel e as suas acessões sofrerão (art. 1.474 do CC), acarretando o vencimento antecipado da dívida (art. 1.425, I, do CC). Essa circunstância legitimará o credor hipotecário a buscar o cumprimento específico da obrigação que o devedor assumiu perante o Poder Público e os adquirentes de observar fielmente os padrões construtivos que constituíram requisito para aprovação do projeto. De efeito, conforme vimos na parte conceitual dos direitos reais de garantia, o que realmente garante o credor é o valor da coisa e o credor tem legitimidade e interesse para provocar o Judiciário em razão desse fato. Importa destacar ainda que o devedor tem uma chance de evitar o vencimento antecipado, reforçando a garantia anteriormente prestada. Se não o fizer, a despeito de legitimamente intimado, ocorrerá inarredavelmente tal efeito. b) *Bens gravados com garantia real penhorados por outra obrigação*. Dispõe o art. 333, II, do Código Civil que provoca o vencimento antecipado da dívida a penhora de bens hipotecados ou empenhados em razão de outra dívida. Há também aqui a necessidade de o credor intimar o devedor para reforçar a garantia, sob pena de, não o fazendo, surgir o efeito da antecipação do vencimento da dívida. Afinal de contas, no silêncio da lei e segundo a lógica (*ana logon*), hipóteses semelhantes exigem soluções semelhantes. c) *Insolvência ou falência*. Ambas as hipóteses estão ligadas à situação em que as dívidas de alguém superam os bens de que a pessoa dispõe para saldá-las. Nesse caso, todos os créditos contra o devedor são chamados para a execução coletiva da insolvência civil ou para a falência. A insolvência civil é instituto de Direito Processual Civil – arts. 748 a 786-A do CPC/1973, cuja aplicação persistirá, mesmo a partir da vigência do CPC/2015, consoante o disposto no art. 1.052 deste Diploma Legal, até a edição de lei específica – que cuida da execução por quantia certa contra devedor insolvente, cujo art. 748 estabelece com precisão, *in verbis*: "Dá-se a insolvência toda vez que as dívidas excederem à importância dos bens do devedor". A falência possui o mesmo sentido, mas é instituto de Direito Empresarial, aplicado aos devedores comerciantes, e se encontra regulamentada pela Lei n. 11.101/2005. Nesses casos, a decisão judicial de quebra do devedor, comerciante ou não, é fundamental para que as dívidas se considerem vencidas. Essa hipótese é uma repetição desnecessária do disposto no art. 333, I, do Código Civil, aplicável aos direitos reais de garantia. A insolvência do devedor acarreta, outrossim, a possibilidade de o credor sub-hipotecário executar a segunda dívida garantida por hipoteca antes de vencida a primeira (art. 1.477 do CC), a despeito de a nova lei de falências não fazer referência expressa. d) *Inadimplemento do devedor*. Nem sempre o inadimplemento do devedor acarretará o vencimento antecipado das dívidas vincendas. Para que isso aconteça, necessário que haja uma cláusula contratual nesse sentido (art. 1.425, III, do CC) e, nesse caso, perderá o devedor a possibilidade de pagar a sua dívida em prestações. A obrigação que era divisível passa a ser indivisível. Em homenagem ao princípio da boa-fé objetiva, preclui para o credor a possibilidade de executar o devedor pela dívida inteira se ele vier a receber posteriormente a prestação que já se encontrava em atraso. O art. 28, § 1º, III, da Lei n. 10.931/2004 prevê expressamente a possibilidade de vencimento antecipado da dívida em razão do descumprimento de obrigação assumida por meio de Cédula de Crédito Bancário: "A Cédula de Crédito Bancário é título executivo extrajudicial e representa dívida em dinheiro, certa, líquida e exigível, seja pela soma nela indicada, seja pelo saldo devedor demonstrado em planilha de cálculo, ou nos extratos da conta corrente, elaborados conforme previsto no § 2º. § 1º Na Cédula de Crédito Bancário poderão ser pactuados: III – os casos de ocorrência de mora e de incidência das multas e penalidades contratuais, bem como as hipóteses de vencimento antecipado da dívida". e) *Perecimento do objeto da garantia real*. Perecimento é a destruição total do bem dado em garantia. Assim como na deterioração e na depreciação, o devedor deve ser intimado para substituir o produto que pereceu. Se não o fizer, porque não pode ou não quer, a dívida se considerará vencida antecipadamente. Estabelece o § 1º do art. 1.425 do Código Civil que se o bem que pereceu estiver segurado, haverá uma substituição do objeto da garantia, que passará a ser o valor da indenização (sub-rogação). O perecimento é uma das formas de perda da propriedade (art. 1.275, IV, do CC). Por tal motivo, é comum que o credor condicione o empréstimo com garantia real à realização de um contrato de seguro, pois assim estará protegido de eventual destruição total do bem. Não se tem, no caso, a odiosa prática da venda casada que aconteceria se o credor exigisse que o seguro fosse feito com determinada seguradora. Refere-se apenas à possibilidade de uma cláusula que objetiva acautelar a garantia do credor, que reside no valor econômico que o bem representa no momento da cobrança. Se o perecimento for causado culposamente por uma pessoa e esta indenizar o devedor, a verba paga substituirá o bem dado em garantia (sub-rogação). Em se tratando de bem hipotecado, a dívida somente será vencida antecipadamente se não houver outros bens garantindo a obrigação. f) *Desapropriação do objeto da garantia real*. A desapropriação acarreta a perda da propriedade do bem, que passará a pertencer ao Poder Público expropriante, mediante a paga prévia e justa de uma indenização em dinheiro ou a outorga de títulos da dívida pública federal se a desapropriação for realizada para fins de reforma agrária ou urbana. Se o bem desapropriado estiver gravado com garantia real, a dívida considerar-se-á vencida antecipadamente e a verba indenizatória ou os títulos da dívida pública federal serão entregues ao credor no limite da cobertura do valor da dívida. O que sobejar pertencerá ao devedor que teve o bem de sua propriedade expropriado. A desapropriação também é arrolada pela lei como modo de perda da propriedade (art. 1.275, V, do CC), e se houver mais de uma hipoteca garantindo a obrigação, o vencimento da dívida somente será antecipado se não houver outros bens garantindo a obrigação. g) *Alienação de móvel empenhado*. Dispõe o art. 1.465 do Código Civil que a alienação ou a mudança do veículo empenhado sem prévia autorização do credor importará no vencimento antecipado da dívida, sendo essa uma hipótese não arrolada nos artigos específicos de vencimento antecipado da dívida (arts. 333 e 1.425 do CC).

JURISPRUDÊNCIA COMENTADA: A jurisprudência tem afastado a alegação de que a cláusula de vencimento antecipado da dívida em contratos bancários submetidos à Lei n. 8.078/1990 seria nula por ser abusiva frente ao consumidor vulnerável. Não há qualquer nulidade se houver a devida clareza e transparência na previsão da cláusula, conforme prevê o art. 28, § 1º, III da Lei n. 10.931/2004: "Apelação cível. Ação de revisão de contrato. Cédula de crédito bancário. Sentença de parcial procedência. Recurso da parte ré/financeira. Insurgência atinente à possibilidade de compensação dos valores a serem repetidos com aqueles ainda devidos pela parte autora já devidamente consignada no *decisum* objurgado. Ausência de interesse recursal. Reclamo não conhecido no ponto. Cláusulas atinentes à tarifa administrativa de 'registro de contrato' e de 'honorários extrajudiciais' inviáveis, quer porque o contrato foi firmado após a resolução do CMN n. 3.518/2007, o que impossibilita a exigência da primeira, quer porque o art. 51, XII, do Código de Defesa do Consumidor veda a incidência da segunda. *Decisum* escorreito. Pretensão relativa à manutenção da cláusula de vencimento antecipado da dívida que merece acolhimento. Autorização disposta no art. 28, § 1º, III, da Lei n. 10.931/04 e no art. 1.425 do Código Civil. Precedentes jurisprudenciais. Recurso conhecido em parte e, nesta, parcialmente provido" (TJSC, AC 0501320-77.2013.8.24.0018, 1.ª Câmara de Enfrentamento de Acervos, Chapecó, Rel. Des. José Maurício Lisboa, *DJSC* 03.07.2018). Na linha da orientação do Superior Tribunal de Justiça, registrou o Tribunal Catarinense que "é possível aos contratantes, com amparo no princípio da autonomia da vontade, estipular o vencimento antecipado, como sói ocorrer nos mútuos feneratícios, em que o inadimplemento de determinado número de parcelas acarretará o vencimento extraordinário de todas as subsequentes, ou seja, a integralidade da dívida poderá ser exigida antes de seu termo (REsp 1489784/DF, Rel. Min. Ricardo Villas Bôas Cueva, j. 15.12.2015) (STJ, AgInt no REsp 1576189/DF, 3.ª Turma, Rel. Min. Marco Aurélio Bellizze, j. 14.08.2018)" (TJSC, AC 0019999-86.2011.8.24.0008, 2.ª Câmara de Direito Civil, Blumenau, Rel. Des. Rubens Schulz, *DJSC* 05.12.2018). Considerando a natureza obrigacional e a possibilidade de renúncia dessa garantia estabelecida em favor do credor, não haverá modificação do início da fluência do prazo prescricional, "prevalecendo, para tal fim, o termo ordinariamente indicado no contrato" (AgInt no REsp 1643798/PR, 4.ª Turma, Rel. Min. Marco Buzzi, j. 14.08.2018).

Art. 1.426. Nas hipóteses do artigo anterior, de vencimento antecipado da dívida, não se compreendem os juros correspondentes ao tempo ainda não decorrido.

COMENTÁRIOS DOUTRINÁRIOS: A previsão excepcional de vencimento antecipado da dívida não pode servir de instrumento de enriquecimento sem causa. Dessa forma, apesar de a dívida ser antecipada, não serão imputados juros pelo tempo que ainda não decorreu. Razões de equidade fundamentam a previsão legal anotada que, em uma visão sistemática, também se encontra no direito potestativo deferido ao consumidor de liquidar antecipadamente a dívida na forma do art. 52, § 2º, da Lei n. 8.078/1990: "No fornecimento de produtos ou serviços que envolva outorga de crédito ou concessão de financiamento ao consumidor, o fornecedor deverá, entre outros requisitos, informá-lo prévia e adequadamente sobre: § 2º É assegurado ao consumidor a liquidação antecipada do débito, total ou parcialmente, mediante redução proporcional dos juros e demais acréscimos". Se, por ocasião do vencimento antecipado da dívida, o credor incluir juros compensatórios pelo tempo ainda não decorrido e o devedor pagar a importância cobrada, este poderá propor ação de repetição de indébito, uma vez que faz jus à restituição do valor indevidamente pago, com fulcro no art. 876 do Código Civil: "Todo aquele que recebeu o que lhe não era devido fica obrigado a restituir; obrigação que incumbe àquele que recebe dívida condicional antes de cumprida a condição". Essa regra aplica-se na propriedade superficiária, a teor do já referido no art. 1.367 do Código Civil.

JURISPRUDÊNCIA COMENTADA: Correto o entendimento segundo o qual se o fornecedor aplicar a válida cláusula de vencimento antecipado frente ao consumidor e não promover o devido expurgo dos juros será obrigado a repetir o indébito em dobro, na forma do art. 42 da Lei n. 8.078/1990: "Na cobrança de débitos, o consumidor inadimplente não será exposto a ridículo, nem será submetido a qualquer tipo de constrangimento ou ameaça. Parágrafo único. O consumidor cobrado em quantia indevida tem direito à repetição do indébito, por valor igual ao dobro do que pagou em excesso, acrescido de correção monetária e juros legais, salvo hipótese de engano justificável". Nessa toada o Tribunal de Justiça do Distrito Federal decidiu: "Em que pese a legalidade de estipulação contratual que possibilita o vencimento antecipado da dívida em caso de inadimplemento, com fulcro nos artigos 28, § 1º, inciso III, da Lei n. 10.931/2004 e 1.425, inciso III, do Código Civil, não devem ser incluídos, na dívida, os juros correspondentes ao período ainda não transcorrido, a teor do art. 1.426 do Código Civil, sob pena de enriquecimento sem causa do credor, tendo em vista que o uso do capital pelo devedor deu-se em prazo menor que o estabelecido. 3. Para que haja a devolução em dobro do indébito, é necessária a comprovação de três requisitos, conforme o parágrafo único do art. 42 do CDC, a saber: I) que a cobrança realizada tenha sido indevida; II) que haja o efetivo pagamento pelo consumidor; e III) a ausência de engano justificável. Verificado o preenchimento dos três requisitos, a repetição do indébito deve ser feita em dobro" (TJDF, APC 2016.01.1.068251-4, Ac. 101.4426, 1.ª Turma Cível, Rel. Des. Simone Costa Lucindo Ferreira, j. 27.04.2017).

Art. 1.427. Salvo cláusula expressa, o terceiro que presta garantia real por dívida alheia não fica obrigado a substituí-la, ou reforçá-la, quando, sem culpa sua, se perca, deteriore, ou desvalorize.

COMENTÁRIOS DOUTRINÁRIOS: Normalmente, o devedor é quem dá o bem em garantia para o credor, mas nada obsta que um terceiro denominado dador de garantia que, embora não figure como o devedor principal, afete patrimônio seu para garantir dívida alheia. Importante, no entanto, anotar que a lei concede ao dador de garantia a escusa do reforço ou da substituição, de vez que ele não é o devedor, mas apenas garante. Desse modo, se o bem perecer, deteriorar ou depreciar sem que ele, culposamente, tenha sido o responsável, não haverá a obrigação de reforçar ou substituir a garantia. Importante observar que a lei não está dizendo que a dívida não se considerará vencida antecipadamente, apenas é referido que o dador de garantia não está obrigado a reforçar a garantia com outros bens de sua propriedade. O direito é disponível e estritamente patrimonial, de modo que andou bem o legislador em dizer que a norma é dispositiva, ou seja, permite-se cláusula expressa em contrário.

JURISPRUDÊNCIA COMENTADA: A situação do dador de garantia é similar à do fiador, impondo interpretação restritiva e a compreensão de que, na forma do artigo em análise, não sendo ele devedor, não será "permitida a penhora de outro bem de propriedade do simples garantidor da dívida quando não há prova da sua culpa em relação à perda da hipoteca" (TJMS, AI 1407345-66.2016.8.12.0000, 2.ª Câmara Cível, Rel. Des. Vilson Bertelli, *DJMS* 29.07.2016).

Art. 1.428. É nula a cláusula que autoriza o credor pignoratício, anticrético ou hipotecário a ficar com o objeto da garantia, se a dívida não for paga no vencimento.
Parágrafo único. Após o vencimento, poderá o devedor dar a coisa em pagamento da dívida.

COMENTÁRIOS DOUTRINÁRIOS: O artigo comentado trata da vedação ao chamado pacto comissório. No tocante ao estudo dos direitos reais de garantia, podemos dizer que o pacto comissório é a cláusula que autoriza o credor com garantia real a ficar imediatamente com a coisa se a dívida não for paga no vencimento. Constitui nulidade textual, ou seja, prevista expressamente em lei, *ex vi* do art. 166, VII, do Código Civil, que retira a eficácia da cláusula comissória, seja ela estabelecida no próprio pacto ou em documento apartado, sem, contudo, atingir o contrato. A proibição se justifica, pois, se a cláusula contratual pudesse produzir efeito, estaria o ordenamento jurídico referendando um possível enriquecimento sem causa e em detrimento dos legítimos interesses do devedor e da própria sociedade, uma vez que é totalmente possível que o bem dado em garantia supere, em muito, o montante da dívida. Há quem fundamente na moral. Como se fora a proteção do devedor contra o credor, mas no nosso modo de ver a questão é de ordem técnica e está ligada à proibição do possível locupletamento do credor. Importante destacar que, por vezes, para fugir da proibição do pacto comissório, o credor de um empréstimo se vale do pacto de retrovenda inserto no compromisso de compra e venda ou até da compra e venda. O acordo usurário simulado ficaria da seguinte forma: o devedor contrai uma dívida e, em seguida, transfere o seu bem imóvel ao credor, mas pode recuperá-lo por força da cláusula especial da compra e venda denominada de retrovenda prevista no art. 505 do Código Civil. O prazo fixado para o retrato por parte do alienante devedor é de natureza decadencial e, a bem da verdade, é exatamente o tempo fixado pelas partes para o pagamento da dívida. Veja o leitor que o acerto é feito de modo a que o credor fique automaticamente com o bem imóvel do devedor que fora transferido para garantir o pagamento da dívida, em autêntico pacto comissório. Dessa forma, a vedação ao pacto comissório que constitui regra de equidade de ordem pública é vulnerada em autêntica simulação que, apesar de contar com a participação do devedor (simulação inocente), não impede o reconhecimento judicial de nulidade da transferência do imóvel. Destacamos, nesse passo, a revogação do art. 103 do Código Civil de 1916: "A simulação não se considerará defeito em qualquer dos casos do artigo antecedente, quando não houver intenção de prejudicar a terceiros, ou de violar disposição de lei". Da leitura do dispositivo, percebe-se que não deveria ser reconhecida a simulação quando não houvesse prejuízo a terceiros. Dizemos isso, pois, nesse caso, o prejudicado é o devedor que alienou o imóvel e não um terceiro. Como o artigo não foi reproduzido na atual codificação, é possível que um negócio jurídico seja invalidado, mesmo que a simulação não seja maliciosa. Nesse sentido é o Enunciado n. 152 da *III Jornada de Direito Civil* do CJF, que estabelece: "Toda simulação, inclusive a inocente, é invalidante". Outra razão justificadora da proibição pode ser encontrada no princípio constitucional processual do devido processo legal, de vez que o art. 5º, inc. LIV, da CF veda a perda forçada de bens sem o devido processo legal. Concluindo, temos que para que o credor tenha a sua pretensão satisfeita, terá que executar a dívida e, após a observância dos requisitos legais presentes no processo de execução, receber apenas o seu crédito. O que sobejar deverá ser entregue ao devedor. Inova o Código Civil ao disciplinar a matéria, pois o parágrafo único do artigo em tela cria a possibilidade de, após o vencimento da obrigação, aceitar o credor o recebimento do objeto dado em garantia. A hipótese é de dação em pagamento, cuja natureza é a de ato negocial que enseja a extinção do pagamento mediante a entrega de objeto diverso do que era devido. A dação em pagamento encontra-se regulamentada nos arts. 356 a 359 do Código Civil. A despeito de não ser tecnicamente correto falar em vedação ao pacto comissório na alienação fiduciária em garantia, pois o bem é alienado, com escopo de garantia, exatamente para o credor, pelos mesmos fins que animam a proibição no penhor, hipoteca e anticrese, na alienação fiduciária, seja de móvel ou imóvel, ao consolidar o domínio diante do inadimplemento, o credor é obrigado a alienar o bem a terceiro, amortizando a dívida com o produto da venda e devolvendo eventual saldo ao devedor. Situação diversa e que em nosso modo de ver é absolutamente legítima é a de se estipular o chamado pacto marciano. Por tal pacto, as partes estipulam que se o devedor não pagar a dívida, a coisa passará à propriedade do credor, desde que se alcance o justo valor do bem por avaliação realizada por terceiro. Satisfeito o requisito do preço justo, poderão os interessados discutir acerca do direito patrimonial que tocará a cada qual, promovendo-se a quitação da obrigação, entregando-se ao devedor eventual saldo remanescente se por acaso o valor alcançado pelo bem for superior ao da dívida. Na *VIII Jornada de Direito Civil* do CJF (2018) o tema voltou a ser discutido e tivemos a oportunidade de votar favorável ao Enunciado n. 626 que trouxe uma redação mais explícita e que destacou expressamente a viabilidade do instituto nas relações paritárias, *in verbis*: "Não afronta o art. 1.428 do Código Civil, em relações paritárias, o pacto marciano, cláusula contratual que autoriza que o credor se torne proprietário da coisa objeto da garantia mediante aferição de seu justo valor e restituição do supérfluo (valor do bem em garantia que excede o da dívida)". O enunciado objetiva exatamente suprimir a antijuridicidade do pacto comissório com seu viés de acordo usurário, para lograr, por meio do justo preço, alcançado no momento da apropriação do bem pelo credor, a preservação do legítimo interesse do devedor, trazendo consigo o mérito de possibilitar que o bem consiga um valor mais consentâneo com a realidade, pois como sabido, nas alienações forçadas, promovidas pelo Poder Judiciário ou por particular, há uma inegável depreciação do objeto expropriado que, em regra, é vendido em preço inferior ao de mercado, em detrimento dos elevados fins da execução forçada da dívida que deve tutelar o patrimônio do credor e do devedor com a possível efetividade.

JURISPRUDÊNCIA COMENTADA: A vedação ao pacto comissório é matéria de ordem pública e, por tal motivo, pode ser reconhecida de ofício pelo magistrado, consoante o contido no art. 168, parágrafo único, do Código Civil: "As nulidades dos artigos antecedentes podem ser alegadas por qualquer interessado, ou pelo Ministério Público, quando lhe couber intervir. Parágrafo único. As nulidades devem ser pronunciadas pelo juiz, quando conhecer do negócio jurídico ou dos seus efeitos e as encontrar provadas, não lhe sendo permitido supri-las, ainda que a requerimento das partes". No caso, não havia no instrumento principal da dívida e da garantia real a proibida cláusula comissória, mas o devedor havia outorgado poderes ao credor em uma procuração por instrumento público para vender o seu imóvel se a dívida não fosse paga no vencimento. Cristalina a presença do pacto comissório em ofensa ao artigo em destaque (TJDF, APC 2016.03.1.022931-8, Ac. 110.3321, 8.ª Turma Cível, Rel. Des. Eustáquio de Castro, j. 07.06.2018). Para se alcançar a melhor interpretação da norma anotada, os Tribunais têm externado a compreensão doutrinária de que "o pacto comissório é vedado pelo ordenamento jurídico para evitar enriquecimento sem causa do credor, *ex vi* do art. 1.428 do Código Civil" (TJDF, APC 2016.01.1.118680-8, Ac. 107.7527, 8.ª Turma Cível, Rel. Des. Mario-Zam Belmiro, j. 22.02.2018). Nessa mesma linha, o Superior Tribunal de Justiça tem entendido que "consoante a orientação jurisprudencial firmada nesta Corte Superior, é nulo o compromisso de compra e venda que se traduz, em verdade, como instrumento para o credor obter o bem dado em garantia em relação a obrigações decorrentes de contrato de mútuo, quando estas não forem adimplidas", sendo válida, entretanto, a dação em pagamento posterior, autorizada pelo parágrafo único do artigo em tela (STJ, REsp 1.424.930/MT, Proc. 2013/0372967-3, 4.ª Turma, Rel. Desig. Min. Luis Felipe Salomão, *DJe* 24.02.2017). A simulação inocente aludida nos comentários acima, na qual é feito um mútuo seguido de compra e venda com pacto de retrovenda em favor do credor, possibilita a que o magistrado reconheça de ofício a nulidade da transferência do imóvel (STJ, REsp 1076571/SP, 4.ª Turma, Rel. Min. Marco Buzzi, j. 11.03.2014).

REFORMA DO CÓDIGO CIVIL: A vedação ao pacto comissório que se encontra no atual art. 1.428 do Código Civil tem por objetivo primaz não permitir o locupletamento do credor, na hipótese de a dívida ser de um valor menor do que o bem. Ocorre que esse objetivo correto pode ser alcançado com mais efetividade para ambas as partes, respeitando-se a autonomia privada, por meio do denominado pacto marciano que, na proposição feita ao Senado, somente será válido nos contratos simétricos e paritários, sendo nula de pleno direito nos contratos regidos pelo Código de Defesa do Consumidor. O pacto marciano assegura a aferição do justo valor do bem dado em garantia e a restituição do supérfluo age como barreira de contenção a possíveis abusos do credor, tutelando a vulnerabilidade do devedor. Impede-se que o credor fixe unilateralmente o valor da coisa dada em garantia, bem como que se aproprie de valor superior ao da obrigação principal, de sorte que afaste a possibilidade de enriquecimento sem causa do credor, que não lucrará com o ajuste. Desse modo, enquanto o pacto comissório gera o risco de desvirtuamento do sistema de garantias, que passaria a apresentar intuito especulativo, a cláusula marciana assegura a manutenção do sistema por meio da proteção da comutatividade da equação prestacional. A garantia mantém-se como acessória do débito, sem que o credor se aproprie de valor superior ao da dívida. Como resultado, o sistema de garantias é preservado. Contribui ainda o pacto marciano para a função preventiva do sistema ao conceder maior eficácia à garantia, permitindo a aquisição da coisa pelo credor. De outro giro, colabora para a função promocional, ao proporcionar, a um só tempo, ao credor modo mais célere e menos dispendioso de satisfação do crédito, e ao devedor o alcance do valor de mercado do bem, dificilmente obtido no procedimento de leilão, e o recebimento do eventual supérfluo. Outro efeito socialmente desejável da cláusula marciana consiste no aumento da previsibilidade das relações contratuais e, por via de consequência, de segurança jurídica. Enfim, na forma como a norma está disposta, haverá o favorecimento do bom funcionamento do mercado e do sistema econômico, evitando-se eventual enriquecimento sem causa por parte do credor.

"Art. 1.428. [...]

§ 1º Não se aplica o disposto no *caput* nos negócios jurídicos paritários se houver cláusula que autoriza que o credor se torne proprietário da coisa objeto da garantia mediante aferição de seu justo valor e restituição do supérfluo.

§ 2º É nula de pleno direito a cláusula que afaste a apuração do valor do bem ou a devolução do excedente.

§ 3º Nos negócios jurídicos paritários e simétricos, após o vencimento da dívida, poderá também o devedor, com aquiescência do credor, dar o bem ou direito em pagamento da dívida, desde que não o faça em prejuízo dos demais credores.

§ 4º O disposto neste artigo não pode violar normas cogentes ou de ordem pública, especialmente em relações de consumo.

§ 5º Prevalece o disposto no *caput* deste artigo se o objeto da garantia se caracterizar como bem de família, na forma de lei especial, vedado pacto em contrário."

Art. 1.429. Os sucessores do devedor não podem remir parcialmente o penhor ou a hipoteca na proporção dos seus quinhões; qualquer deles, porém, pode fazê-lo no todo.

Parágrafo único. O herdeiro ou sucessor que fizer a remição fica sub-rogado nos direitos do credor pelas quotas que houver satisfeito.

COMENTÁRIOS DOUTRINÁRIOS: Conforme assinalamos por ocasião dos comentários ao art. 1.421 deste Código ao discorrermos sobre o atributo da indivisibilidade dos direitos reais de garantia no qual fica claro que, salvo disposição contratual em contrário, não há possibilidade de os herdeiros do devedor realizarem um resgate parcial da dívida como, por exemplo, apenas na parte do seu quinhão. A remição deverá ser integral em favor dos legítimos interesses do credor. Na hipótese do herdeiro que pagar a dívida na sua integralidade, fará jus a substituir o credor na parte que excede ao que devia, ou seja, um valor maior do que o correspondente ao seu quinhão hereditário. O pagamento com sub-rogação é estudado no âmbito da teoria geral das obrigações (arts. 346 a 351 do CC). *In casu*, trata-se de sub-rogação de terceiro interessado que paga a dívida toda pela qual era ou podia ser obrigado, na forma do art. 346, inc. III, deste Código: "A sub-rogação opera-se, de pleno direito, em favor: III – do terceiro interessado, que paga a dívida pela qual era ou podia ser obrigado, no todo ou em parte". Imaginemos que um pai faleça deixando para seus três filhos uma dívida garantida com hipoteca no valor de 30 mil reais e um patrimônio total avaliado em 300 mil reais. Na hipótese ventilada, cada um dos descendentes somente deveria arcar com dez mil reais. Entretanto, como o direito real de garantia é indivisível, não pode o herdeiro resgatar parcialmente a dívida e com isso desonerar apenas seu quinhão. Por tal motivo, um deles quita a obrigação no todo e daí poderá cobrar, dos demais, 20 mil reais, valor que representa exatamente o excedente de sua dívida real. O herdeiro tem interesse em fazer isso, pois em nome da indivisibilidade, todo o imóvel se encontra onerado.

Art. 1.430. Quando, excutido o penhor, ou executada a hipoteca, o produto não bastar para pagamento da dívida e despesas judiciais, continuará o devedor obrigado pessoalmente pelo restante.

COMENTÁRIOS DOUTRINÁRIOS: O direito real de garantia é acessório, pois depende da configuração de um direito pessoal. Cria-se o direito real de garantia com o objetivo de garantir o cumprimento de uma obrigação, a qual se vincula. Aplica-se, portanto, a máxima jurídica de que o acessório segue a sorte do principal (princípio da gravitação jurídica). Por exemplo, se a dívida foi contraída por uma pessoa absolutamente incapaz e a garantia fora prestada por uma pessoa capaz, a nulidade da primeira relação jurídica afeta a segunda. Para demonstrar isso, basta que observemos que a primeira e principal modalidade de extinção da propriedade fiduciária (art. 1.367 do CC), do penhor (art. 1.436, I, do CC) e da hipoteca (art. 1.499, I, do CC) é a extinção da obrigação principal. Todavia, o contrário não acontece, ou seja, a extinção do direito real de garantia com a alienação forçada ocorrente no processo de execução não tem o condão de pôr fim à dívida se o credor não for completamente satisfeito. À guisa de exemplo, vislumbre-se a hipótese em que, por uma dívida de 100 mil reais, o imóvel venha a ser arrematado judicialmente por 50 mil. Nesse caso, estará extinto o direito real de garantia, mas continuará o devedor quirografário obrigado pelo restante, nos termos da regra ora discutida. Outro exemplo interessante poderia ser consultado no art. 1.483 do Código Civil, revogado pelo Novo Código de Processo Civil, mas cuja orientação foi mantida, ora inserida no Diploma Processual, em seu art. 877, § 4º, que prevê a remição da execução hipotecária em processo de falência ou de insolvência civil. Nesse caso, poderá ser remida a execução pela massa falida ou pelo concurso de credores, tomando-se por base o preço da avaliação, dispensando-se a praça e, se este não for o bastante para pagar o total da dívida ao credor hipotecário, este deverá se habilitar no concurso de credores na qualidade de credor quirografário e, portanto, sem preferência ou privilégio.

JURISPRUDÊNCIA COMENTADA: Pela interpretação do artigo comentado, com a arrematação judicial do imóvel dado em hipoteca extingue-se, evidentemente, esta garantia real do credor, mas se este ainda tiver saldo a ser cobrado do devedor, poderá fazê-lo nos próprios autos, respondendo o executado pessoalmente (STJ, REsp 1201108/DF, 3.ª Turma, Rel. Min. Ricardo Villas Bôas Cueva, j. 17.05.2012).

REFORMA DO CÓDIGO CIVIL: Nesta proposição, o sentido da norma é o mesmo narrado nos comentários doutrinários, tratando-se apenas de atualização para se referir também à execução extrajudicial, com melhoria da redação.

"Art. 1.430. Quando, concluída a execução da garantia real, e o produto não bastar para pagamento da dívida e despesas havidas com a cobrança e a execução, seja ela judicial ou extrajudicial, continuará o devedor obrigado pessoalmente pelo restante da dívida."

CAPÍTULO II
DO PENHOR

SEÇÃO I
DA CONSTITUIÇÃO DO PENHOR

Art. 1.431. Constitui-se o penhor pela transferência efetiva da posse que, em garantia do débito ao credor ou a quem o represente, faz o devedor, ou alguém por ele, de uma coisa móvel, suscetível de alienação.

Parágrafo único. No penhor rural, industrial, mercantil e de veículos, as coisas empenhadas continuam em poder do devedor, que as deve guardar e conservar.

COMENTÁRIOS DOUTRINÁRIOS: Penhor comum é o direito real de garantia que consiste na transferência real da posse direta de um bem móvel pelo devedor ou alguém por ele, ao credor, com o objetivo de garantir determinada obrigação. O penhor comum incide sobre bem móvel e se constitui com a tradição do objeto em favor do credor, fato que torna o contrato real. Em outras palavras, a tradição efetiva é elemento de formação do direito real, sem o qual o mesmo inexiste. Teremos um pré-contrato de penhor se à contratação não seguir a entrega efetiva do bem. A incidência sobre bem móvel e a transferência da posse ao credor pela tradição efetiva são os dois traços mais característicos do instituto. A cláusula *constituti*, modalidade de tradição consensual, não se aplica para o penhor comum, que exige a tradição real ou efetiva, mas poderá provocar o desdobramento da posse nos penhores especiais adiante estudados, como o rural, industrial, mercantil e de veículos. Apesar das características apontadas, forçoso reconhecer que existem penhores especiais que incidem sobre bens imóveis, como o penhor industrial e mercantil (art. 1.447 do CC), assim como podem submeter-se à hipoteca bens móveis, conforme sucede com os navios e aeronaves (art. 1.473, VI e VII, do CC). A tradição a que se refere o *caput* do artigo é chamada de tradição real, pois se realiza com a efetiva entrega da coisa. Nos penhores rural, industrial, mercantil ou de veículos (penhores especiais), não se dá a tradição efetiva, posto que os bens continuam em poder do devedor, que assume o dever de conservação e guarda. Os direitos resultantes da propriedade industrial podem ser dados em garantia pignoratícia especial. Essa é a conclusão bem-vinda a que se chegou na *IX Jornada de Direito Civil* ao aprovar o *Enunciado* n. *668* com a seguinte redação: "Os direitos de propriedade industrial caracterizados pela exclusividade são suscetíveis de penhor, observadas as necessidades de averbação junto ao Instituto Nacional da Propriedade Industrial para a plena eficácia perante terceiros". O penhor comum enseja o desdobramento da posse, figurando o credor pignoratício como possuidor direto e o devedor como possuidor indireto (art. 1.197 do CC), merecendo destaque que a posse do credor é apenas com o escopo de garantir o adimplemento de modo mais efetivo, atuando o credor como mero depositário da coisa (art. 1.435, I, do CC), sendo-lhe defesa, portanto, a utilização ou fruição da coisa a ele entregue.

JURISPRUDÊNCIA COMENTADA: De acordo com a autorização prevista no parágrafo único do artigo em tela, que permite ao devedor ficar com a coisa sob a sua guarda, mantém-se a possibilidade de tradição ficta do bem empenhado. Nessa perspectiva, a Quarta Turma do Superior Tribunal de Justiça já teve ocasião de decidir que "em que pese o diploma civilista não dispor textualmente acerca da possibilidade de fazer-se a tradição simbólica, isso ressai nítido da leitura de seu art. 1.431, parágrafo único, que estabelece que no penhor rural, industrial, mercantil e de veículos, 'as coisas empenhadas continuam em poder do devedor'" (REsp 1.377.908/RJ, Proc. 2012/0198131-6, 4.ª Turma, Rel. Min. Luis Felipe Salomão, *DJe* 01.07.2013).

REFORMA DO CÓDIGO CIVIL: "Art. 1.431. O penhor poderá ser constituído sobre uma ou várias coisas móveis, determinadas ou determináveis, presentes ou futuras, fungíveis ou infungíveis, desde que alienáveis a título oneroso.

§ 1º No penhor rural, industrial, mercantil e de veículos, as coisas empenhadas continuam em poder do devedor, que as deve guardar e conservar.

§ 2º Nos negócios simétricos e paritários em geral, também podem as partes convencionar que as coisas empenhadas continuam em poder do devedor, que as deve guardar e conservar."

A alteração aqui proposta foi muito bem justificada pela Subcomissão de Direito das Coisas, na qual funcionamos como relator: "O ajuste se faz necessário para se especificar de forma abrangente os bens que podem ser objeto de penhor, aproveitando redação diretamente adaptada da Lei-Modelo da ONU sobre garantias reais, de forma a atender os padrões internacionais. Nessa seção realizamos uma das alterações centrais do projeto, eliminando a transmissão da posse como requisito constitutivo do penhor, que passa a constituir-se pelo registro, tal qual a hipoteca. A transmissão da posse passa a ser facultativa, podendo ser livremente convencionada. Além disso, especifica-se de forma abrangente os bens que podem ser objeto de penhor, aproveitando redação diretamente adaptada da Lei-Modelo da ONU sobre garantias reais, de forma a atender os padrões internacionais. A mesma fonte instruiu as redações dos arts. 1.431-A a 1.431-C, adaptados dos arts. 10, 11 e 28 da Lei-Modelo, mas que refletem, igualmente, outras disposições semelhantes já contidas na legislação especial brasileira, a exemplo dos Decretos-Lei 167/1967 e 413/1969."

Por sugestão da relatoria-geral, a possibilidade de a posse do bem permanecer com o devedor à semelhança da hipoteca ficou restrita aos negócios jurídicos simétricos e paritários. Tais alterações são importantes para conferir segurança jurídica e previsibilidade a negócios jurídicos importantes para o país envolvendo o penhor agrícola e pecuário. Nas palavras do relator-geral, Flávio Tartuce, a alteração objetiva destravar as dificuldades que muitas vezes surgem nas garantias reais mobiliárias relevantes para o fomento do agronegócio no Brasil com segurança jurídica.

REFORMA DO CÓDIGO CIVIL: "Art. 1.431-A. Salvo convenção em contrário, em contratos paritários e simétricos, a garantia estende-se automaticamente aos frutos dos bens onerados, civis ou naturais, com o mesmo grau de prioridade. Parágrafo único. A garantia conserva-se sobre os bens sub-rogados ao objeto da garantia, nos termos dos artigos a seguir, entendendo-se por bens sub-rogados: I – os bens que o substituírem, incluindo na forma de dinheiro ou créditos decorrentes da sua alienação; e II – os produtos da sua transformação."

REFORMA DO CÓDIGO CIVIL: "Art. 1.431-B. Os credores pignoratícios conservam automaticamente os seus direitos, sem necessidade de nova publicidade, sobre os seguintes bens sub-rogados ao bem onerado:

I – a indenização do seguro do bem objeto da garantia;

II – a indenização devida pela pessoa responsável pela perda ou deterioração do bem;

III – a indenização devida em caso de desapropriação do bem;

IV – o montante apurado na venda do bem, ainda que entregue ou depositado ao garantidor;

V – outros bens adquiridos em substituição do bem dado em garantia, ressalvando-se que, se o novo bem não estiver abrangido pelo objeto original da garantia, deverá ser feita nova publicidade no prazo de até quinze dias após o surgimento do bem substituto."

REFORMA DO CÓDIGO CIVIL: "Art. 1.431-C. Demonstrado que um bem móvel corpóreo, objeto de penhor, tenha se integrado a um conjunto de bens do mesmo gênero, ou se transformado em um produto ou subproduto, da mesma titularidade, é conservada a garantia, no limite do valor original da coisa, sem que seja necessária nova publicidade."

Art. 1.432. O instrumento do penhor deverá ser levado a registro, por qualquer dos contratantes; o do penhor comum será registrado no Cartório de Títulos e Documentos.

COMENTÁRIOS DOUTRINÁRIOS: O contrato de penhor é formal, devendo ser lavrado em instrumento público ou particular, e os requisitos para a sua constituição válida e eficaz são a especialização e o registro. Pela especialização, discriminam-se a dívida e o bem dado em garantia (art. 1.424

do CC) e com o registro cria-se o terreno possível para que se justifique a sequela caracterizadora das garantias reais, ganhando o penhor a eficácia *erga omnes* típica dos direitos reais. O penhor comum (arts. 1.431 a 1.437 do CC) e o penhor de direitos e títulos de crédito serão registrados no cartório do registro de títulos e documentos; o penhor rural (arts. 1.438 a 1.446 do CC) e o penhor industrial e mercantil (arts. 1.447 a 1.450 do CC), no registro de imóveis; e o penhor de veículos (arts. 1.461 a 1.466 do CC), no cartório do registro de títulos e documentos e no certificado de propriedade do veículo. Não há necessidade de se confeccionar um instrumento para o contrato principal e outro para o contrato acessório de penhor. Diz a lei que qualquer um dos contratantes pode levar o contrato a registro e de fato trata-se de ônus que interessa a ambos. O credor tem interesse, pois, a partir do registro do contrato, o seu crédito contará com uma garantia real, fato que lhe concede inúmeras vantagens, como a execução e a preferência (art. 1.422 do CC), além dos específicos arrolados no art. 1.433 do Código Civil. O devedor tem interesse em que os seus direitos de devedor pignoratício sejam preservados. Tais direitos do devedor correspondem às obrigações do credor pignoratício e encontram-se elencados no art. 1.435 do mesmo corpo de leis. A natureza real do instituto resta clara pela afetação do bem à realização da obrigação principal que ficará disponibilizado para futura penhora em execução judicial. Após a alienação forçada, o devedor pode exigir do credor que entregue o valor que sobejar da dívida ou, em outra ponta, continuar como credor quirografário diante do exaurimento do valor da coisa e existência de saldo devedor. No mais, verificada a realidade do direito pela entrega do bem ao credor e mediante o registro do contrato no cartório de registro de títulos e documentos, incidem todas as características gerais dos direitos reais de garantia, como a sequela, preferência, exequibilidade, acessoriedade, indivisibilidade e proibição do pacto comissório. Importante não confundir o penhor com a penhora. Esta última é termo técnico de processo civil que se constitui na constrição judicial de determinado bem na primeira fase da execução por quantia certa contra devedor solvente. Destarte, se a dívida não for paga no vencimento, poderá o credor, tendo em vista o direito de excussão da garantia, requerer em juízo a penhora do bem empenhado.

REFORMA DO CÓDIGO CIVIL: "Art. 1.432. O penhor será registrado perante o Oficial do Registro de Títulos e Documentos por sistema nacional centralizado, observada a atribuição da prática do serviço a registrador do domicílio do outorgante, ou em registro eletrônico distribuído, que atenda aos requisitos de segurança e de publicidade. § 1º Serão válidas as garantias mobiliarias constituídas pelo registro em plataforma de registros distribuídos que adotem, de forma permanentemente auditável e interoperável com os serviços registrais e notariais, os seguintes requisitos: I – protocolos de validação consensuais; II – criptografia na identificação e autenticação de pessoas e operações; III – protocolos de armazenamento e de recuperação de dados; e IV – governança, com testes de segurança, resiliência de rede e monitoramento contínuos. § 2º Submetem-se às regras de publicidade do penhor, para eficácia perante terceiros: I – as penhoras sobre bens móveis; II – as cessões de crédito (art. 288); e III – os contratos de arrendamento mercantil financeiro, na forma da lei especial. § 3º O penhor sobre títulos de crédito cartulares constitui-se pelo endosso. § 4º O penhor sobre valores mobiliários ou ativos financeiros sujeitos a registro ou depósito centralizado constitui-se exclusivamente pela anotação feita na entidade competente, na forma da lei especial, ou pelo registro em plataforma de registros distribuídos. § 5º O penhor sobre aeronaves e sobre embarcações é realizado na forma da lei especial. § 6º O registro do penhor extingue-se em cinco anos, contados da última data de vencimento constante no título ou, na sua ausência, contados da data da celebração do contrato. § 7º Antes de findo esse prazo, o penhor poderá ser prorrogado mediante novo registro, mantida a precedência que lhe competia."

As sugestões de modificações aqui presentes pretendem conferir uniformidade ao tratamento do registro do penhor, fundamental para que, com a devida publicidade, a referida garantia real ostente a indispensável eficácia *erga omnes*. Objetivam também disciplinar o registro do penhor sobre valores mobiliários, conferindo estabilidade e segurança jurídica com relação ao que compete aos registros públicos e ao que é da alçada das entidades registradoras de ativos financeiros. O § 4º, como dito na justificativa do anteprojeto, reforça a obrigatoriedade e uniformidade do registro dos chamados "equivalentes funcionais", ratificando a escolha do projeto de adotar, para as garantias reais, uma abordagem unitária e funcional, tal qual estabelecida na Lei-Modelo da ONU sobre Garantias Reais. Os parágrafos seguintes esclarecem questões importantes, como a referência aos penhores sobre embarcações e aeronaves, o prazo máximo do penhor e a possibilidade de prorrogação, nos termos ali descritos.

SEÇÃO II
DOS DIREITOS DO CREDOR PIGNORATÍCIO

Art. 1.433. O credor pignoratício tem direito:

I – à posse da coisa empenhada;

II – à retenção dela, até que o indenizem das despesas devidamente justificadas, que tiver feito, não sendo ocasionadas por culpa sua;

III – ao ressarcimento do prejuízo que houver sofrido por vício da coisa empenhada;

IV – a promover a execução judicial, ou a venda amigável, se lhe permitir expressamente o contrato, ou lhe autorizar o devedor mediante procuração;

V – a apropriar-se dos frutos da coisa empenhada que se encontra em seu poder;

VI – a promover a venda antecipada, mediante prévia autorização judicial, sempre que haja receio fundado de que a coisa empenhada se perca ou deteriore, devendo o preço ser depositado. O dono da coisa empenhada pode impedir a venda antecipada, substituindo-a, ou oferecendo outra garantia real idônea.

COMENTÁRIOS DOUTRINÁRIOS: A atual codificação sistematizou com maior apuro técnico os direitos do credor pignoratício de forma a consolidar o que constava em artigos separados ou ficava entregue à discussão da doutrina e da jurisprudência. O estudo dos direitos do credor pignoratício exige o cotejo das regras contidas nos arts. 1.433 e 1.435 do Código Civil a fim de que se perceba que os direitos do credor pignoratício correspondem aos deveres do devedor pignoratício. O primeiro direito arrolado no dispositivo anotado é a posse direta da coisa empenhada. A tradição real é um elemento constitutivo do penhor, como se percebe do *caput* do art. 1.431 do Código Civil. Mediante esse fato jurídico teremos o desdobramento da posse, ocasião em que a posse direta pertencerá ao credor pignoratício e a posse indireta restará concedida em favor do devedor pignoratício. A posse é desdobrada apenas para fins de garantia, não podendo esse atípico possuidor se utilizar do bem, posto que é mero depositário da coisa. Temos que a lei somente assegura ao credor pignoratício a posse direta a fim de que possa conceder maior eficácia à garantia real criada, pois os bens móveis se transmitem com a simples tradição, e se o bem ficasse com o devedor, poderia este transmitir o bem a outrem, prejudicando o credor e terceiros adquirentes de boa-fé. A posse direta deferida ao credor pignoratício lhe assegura o manejo das ações possessórias. Nos penhores especiais (rural, industrial, mercantil e de veículos), o parágrafo único do art. 1.431 do Código Civil possibilita que a transferência dessa posse seja feita apenas simbolicamente para o credor, enquanto as coisas empenhadas ficam em poder do devedor, que as deve guardar e conservar como se fora um depositário. Em seguida, há o direito de retenção. Pela regra geral, o possuidor de boa-fé faz jus à retenção do bem em decorrência das benfeitorias que tiver realizado na coisa (art. 1.219 do CC). No caso do penhor comum, o direito de retenção é deferido ao credor pignoratício a fim de lhe assegurar o recebimento das despesas realizadas com a custódia da coisa. Para que o credor pignoratício possa, no âmbito do exercício do direito, reter a coisa até ser indenizado, mister que as despesas realizadas não tenham tido como causa a sua própria culpa. O devedor responde pelos danos causados ao credor em razão do vício da coisa empenhada. Trata-se de responsabilidade civil objetiva, vez que independe da análise de culpa do devedor. Este deve ser diligente a ponto de não transferir a posse de bens viciados que possuam potencialidade lesiva. O direito à execução judicial a que se refere o inciso IV já se encontra assegurado pelo art. 1.422 do Código Civil. Complementa o alcance desse direito o art. 784, V, do Código de Processo Civil que arrola o contrato de penhor como título executivo extrajudicial: "Art. 784. São títulos executivos extrajudiciais: V – o contrato garantido por hipoteca, penhor, anticrese ou outro direito real de garantia e aquele garantido por caução". Em razão da vedação ao pacto comissório, ao qual aludimos no art. 1.428 deste Código, o credor pignoratício não pode ficar com a coisa se a dívida não for paga no vencimento, sendo nula eventual cláusula que disponha em sentido contrário. A possibilidade de venda amigável do bem (inciso IV) se consubstancia em uma excepcional forma de execução que já constava no direito anterior no art. 774, III, como uma das obrigações do credor. No Código atual, a regra se encontra no local devido, ou seja, como um direito do credor. O referido direito depende de autorização expressa no contrato, autorização posterior pessoal ou por meio de mandatário com poderes específicos para tanto. Considerando-se que a maioria dos contratos de financiamento com pacto adjeto de penhor é de adesão, a previsão legal se mostra com potencialidade para, no concreto, malferir o devido processo legal (art. 5º, LIV, da CF). De qualquer sorte, admitindo-se como constitucional a norma, não estará o devedor impedido de buscar por ação autônoma os seus direitos se estes forem calcados aos pés do credor. O inciso V assegura ao credor pignoratício apropriar-se dos frutos. Trata-se de direito que somente pode ser entendido segundo a lógica se observarmos o disposto no art. 1.435, III, do Código Civil, pois a apropriação dos frutos deve ser descontada do montante da dívida com os seus consectários, sob pena de estar o ordenamento jurídico referendando o enriquecimento sem causa. Esse inovador direito do credor aproxima, *in casu*, o penhor da anticrese, uma vez que nesse instituto o credor anticrético tem direito a receber os frutos e compensá-los da dívida. Se o credor notar que a coisa dada em garantia está na iminência de perecer ou deteriorar, poderá requerer ao juízo competente autorização para a venda antecipada do bem, devendo ficar a quantia depositada (inciso VI). O devedor poderá evitar a venda antecipada oferecendo-se para substituí-la por outra, cujo valor assegure satisfatoriamente a obrigação. Poderá o devedor, em vez de substituir a coisa, dar outra garantia idônea. Em ambos os casos – de venda antecipada com depósito do preço da venda ou de entrega de outro bem para garantir a dívida – estaremos diante de sub-rogação real, à semelhança do previsto e estudado no art. 1.425, § 1º, do Código Civil. Importante observar que a regra se refere ao receio fundado de perecimento ou deterioração do bem, pois se estes já aconteceram, deverá ser aplicado o art. 1.425, I e IV, do Código Civil, que prevê para o caso o vencimento antecipado da dívida. Esse direito do credor não constava no direito anterior.

JURISPRUDÊNCIA COMENTADA: A posse direta sobre o bem empenhado exercida pelo credor não o autoriza a ficar com a mesma se a dívida não for adimplida, pois isto malferiria a vedação ao pacto comissório que se aplica integralmente ao instituto (STJ, AgRg nos EREsp 1.010.149/SP, Corte Especial, Rel. Min. Laurita Vaz, *DJe* 7/6/2011; TJES, Apelação 50030019140, 1.ª Câmara Cível, Rel. Des. Fábio Clem de Oliveira, j. 15.05.2012).

Art. 1.434. O credor não pode ser constrangido a devolver a coisa empenhada, ou uma parte dela, antes de ser integralmente pago, podendo o juiz, a requerimento do proprietário, determinar que seja vendida apenas uma das coisas, ou parte da coisa empenhada, suficiente para o pagamento do credor.

COMENTÁRIOS DOUTRINÁRIOS: O artigo veda a que o credor, como regra, seja obrigado a entregar parte da coisa empenhada se a dívida não for paga integralmente. Há aqui um reforço à característica da indivisibilidade que também pode ser visto especificadamente no art. 1.435, IV, deste Código. O rigor da indivisibilidade é mitigado pela possibilidade de o devedor, proprietário da coisa, requerer ao juiz autorização para vender apenas uma das coisas ou uma parte da coisa concedida em garantia. A primeira hipótese ocorre quando o penhor é garantido por vários bens, e a segunda, quando o bem dado em garantia for divisível. O fundamental para a alienação é que o preço alcançado seja o suficiente para cumprir a obrigação principal. Se a dívida ainda não estiver vencida, parece-nos que o artigo permite ao devedor que liquide antecipadamente o débito, sob o argumento de que os prazos são constituídos em favor do devedor, tal como se vê assegurado aos consumidores no art. 52, § 2º, do Código de Defesa do Consumidor: "No fornecimento de produtos ou serviços que envolva outorga de crédito ou concessão de financiamento ao consumidor, o fornecedor deverá, entre outros requisitos, informá-lo prévia e adequadamente sobre: § 2º É assegurado ao consumidor a liquidação antecipada do débito, total ou parcialmente, mediante redução proporcional dos juros e demais acréscimos". Nesse caso, autorizado estará o devedor de expurgar de sua dívida os juros remuneratórios.

SEÇÃO III

DAS OBRIGAÇÕES DO CREDOR PIGNORATÍCIO

Art. 1.435. O credor pignoratício é obrigado:

I – à custódia da coisa, como depositário, e a ressarcir ao dono a perda ou deterioração de que for culpado, podendo ser compensada na dívida, até a concorrente quantia, a importância da responsabilidade;

II – à defesa da posse da coisa empenhada e a dar ciência, ao dono dela, das circunstâncias que tornarem necessário o exercício de ação possessória;

III – a imputar o valor dos frutos, de que se apropriar (art. 1.433, inciso V) nas despesas de

guarda e conservação, nos juros e no capital da obrigação garantida, sucessivamente;

IV – a restituí-la, com os respectivos frutos e acessões, uma vez paga a dívida;

V – a entregar o que sobeje do preço, quando a dívida for paga, no caso do inciso IV do art. 1.433.

COMENTÁRIOS DOUTRINÁRIOS: O dispositivo anotado aponta os deveres básicos do credor pignoratício, sem embargo de outros que possam ser acrescidos em razão de disposições contratuais. O primeiro dever previsto no dispositivo acima é de custódia, que tem o significado de proteção. O credor, na qualidade de depositário, deve ter o mesmo cuidado com a coisa do devedor que teria se ela fosse sua. Depositário é quem recebe uma coisa para guardar com a incumbência de restituir. Diz-se também que o credor pignoratício deve zelar pela coisa com a diligência ordinária de um bom pai de família na velha dicção oriunda do Direito Romano (*bonus pater familiae*). O credor deve igualmente indenizar o devedor pelos danos causados em razão do procedimento negligente ou imprudente com que guardou a coisa. Nesse passo, importa destacar que, se o credor for instituição financeira, haverá a incidência do Código de Defesa do Consumidor (arts. 2º e 3º, § 2º, da Lei n. 8.078/1990 e Súmula 297, STJ) e, portanto, a responsabilidade pela guarda da coisa será objetiva (art. 14 da Lei n. 8.078/1990), isto é, independentemente da existência de culpa do fornecedor. Outra questão importante é que, no caso, não terá cabimento eventual cláusula que limite a responsabilidade da instituição financeira como se admite no aluguel de cofre no banco, por exemplo, uma vez que, pela especialização (art. 1.424 do CC), o credor pignoratício aceita acautelar o bem móvel empenhado na sua integralidade, ficando responsável objetivamente pela sua defesa contra furto, roubo ou qualquer extravio ou perecimento. O credor pode compensar a obrigação decorrente do dano causado com o seu direito de crédito. Normalmente, a compensação é feita entre dívidas líquidas, vencidas e de coisas fungíveis, conforme prevê o art. 369 do Código Civil ("A compensação efetua-se entre dívidas líquidas, vencidas e de coisas fungíveis"), mas o art. 1.435, I, do Código Civil permite excepcionalmente a compensação de um crédito líquido com um ilíquido, ou seja, a compensação do crédito decorrente da responsabilidade civil contratual com a obrigação principal do devedor pignoratício. A posse é deferida ao devedor apenas com o escopo de garantia, não concedendo ao credor o poder de uso ou fruição. Com a transferência da posse direta, o credor tem a obrigação de defender a posse de terceiros. Deverá, outrossim, cientificar o devedor das circunstâncias fáticas que o levaram a exercer a ação possessória. Com o término da obrigação principal pelo adimplemento, compete ao credor devolver o bem dado em garantia com os seus frutos e acessões. Apesar de o devedor pignoratício estar de boa-fé, não terá direito à percepção dos frutos após a extinção da obrigação, ressalvada a hipótese em que lhe é lícito perceber os frutos durante o período de vigência do penhor (arts. 1.433, V, e 1.435, III, do CC). O credor deve entregar ao devedor o valor que exceder à dívida, pois a constituição da garantia real não pode servir como instrumento de enriquecimento sem causa. Esse é um dos motivos pelos quais a lei veda o pacto comissório (art. 1.428 do CC). Assim, na hipótese de venda judicial ou extrajudicial do bem, o credor será obrigado a prestar contas ao devedor, devendo entregar a ele a importância conseguida na venda do bem que exceda à dívida.

JURISPRUDÊNCIA COMENTADA: A Segunda Seção do STJ, por unanimidade, aprovou, em novembro de 2019, a Súmula de jurisprudência n. 638 com o seguinte teor: "É abusiva a cláusula contratual que restringe a responsabilidade de instituição financeira pelos danos decorrentes de roubo, furto ou extravio de bem entregue em garantia no âmbito de contrato de penhor civil". Todas as situações apontadas no verbete podem ser consideradas como fortuito interno a ser suportado pelo fornecedor, como salienta jurisprudência pacífica (STJ, REsp 1.250.997/SP, 4.ª Turma, Rel. Min. Marco Buzzi, j. 05.02.2013), isto é, inerente à atividade empresarial exercida e prestada ao consumidor. Não se sustenta a tese da possibilidade de limitação da responsabilidade, pois, no caso do penhor, o credor, pela especialização (art. 1.424, CC), já tem delimitado o valor do bem do devedor que deverá ser guardado com segurança, diferentemente, por exemplo, dos aluguéis de cofre, em que a cláusula limitativa é válida, como se encontra explicado nos comentários ao art. 565 deste *Código*. Pelos deveres estabelecidos nos incisos III e IV do artigo acima, o credor a se valer dos frutos que receber para a quitação da obrigação pela imputação do pagamento e, finda a obrigação, restituir a coisa com os acessórios. Essa obrigação inclui dividendos das ações que foram empenhadas: "Os dividendos das ações dadas em penhor do empréstimo. Os dividendos produzidos pelas ações durante o penhor devem ser entregues aos demandantes, porque é obrigação do credor pignoratício restituir com os respectivos frutos, uma vez paga a dívida, conforme disposto nos artigos 1.433, inciso V, e 1.435, incisos III e IV, do Código Civil" (TJRS, AC 396505-87.2011.8.21.7000, 20.ª Câmara Cível, Porto Alegre, Rel. Des. Carlos Cini Marchionatti, j. 23.11.2011).

REFORMA DO CÓDIGO CIVIL: As alterações sugeridas têm o condão de dotar o penhor mobiliário de mecanismos de maior segurança e transparência para o garantidor pignoratício, como o direito de exigir contas, restituição do bem em caso de descumprimento das obrigações por parte do credor, e até em relação a pessoas que eventualmente tenham direito sobre a coisa empenhada.

"Art. 1.435. [...] III – a imputar o valor dos frutos, de que se apropriar (art. 1.433, inciso V) nas despesas de guarda e conservação, nos juros e no capital da obrigação garantida, sucessivamente, prestando contas ao garantidor; VI – a levar ao imediato conhecimento do garantidor qualquer risco de deterioração ou perecimento da coisa empenhada. § 1º O garantidor pignoratício terá direito à restituição dos bens empenhados quando o credor descumprir as suas obrigações legais e aquelas decorrentes do instrumento, em relação à guarda, à defesa ou à conservação dos bens, ou quando houver fundado perigo que se percam ou deteriorem. § 2º O garantidor ou qualquer outra pessoa com direitos sobre o bem objeto do penhor pode solicitar ao credor informações atualizadas sobre a obrigação garantida e os bens dele integrantes."

REFORMA DO CÓDIGO CIVIL: Trata-se de importante regra que consolida a possibilidade de penhor sobre bens fungíveis, estabelecendo os efeitos jurídicos, em atenção ao princípio da autonomia privada.

"Art. 1.435-A. Enquanto não houver inadimplemento da obrigação principal, aquele que der em garantia um estoque de bens fungíveis conserva o direito de vendê-lo, no todo ou em parte, no curso normal do negócio, pagando ao credor de acordo com os termos do contrato.

Parágrafo único. O credor terá o direito de exigir a recomposição do estoque dos bens, ou da universalidade, sempre que se tornarem insuficientes, mesmo que a garantia seja prestada por terceiro."

SEÇÃO IV
DA EXTINÇÃO DO PENHOR

Art. 1.436. Extingue-se o penhor:

I – extinguindo-se a obrigação;

II – perecendo a coisa;

III – renunciando o credor;

IV – confundindo-se na mesma pessoa as qualidades de credor e de dono da coisa;

V – dando-se a adjudicação judicial, a remissão ou a venda da coisa empenhada, feita pelo credor ou por ele autorizada.

§ 1º Presume-se a renúncia do credor quando consentir na venda particular do penhor sem reserva de preço, quando restituir a sua posse ao devedor, ou quando anuir à sua substituição por outra garantia.

§ 2º Operando-se a confusão tão somente quanto a parte da dívida pignoratícia, subsistirá inteiro o penhor quanto ao resto.

COMENTÁRIOS DOUTRINÁRIOS: As modalidades de extinção do penhor podem ser divididas entre as que dizem respeito à obrigação principal e as que estão ligadas ao penhor propriamente dito e estão previstas no art. 1.436 do Código Civil. Por exemplo, a extinção do penhor pela extinção da obrigação principal (inciso I) decorre reflexamente, tendo em vista a acessoriedade do direito real de garantia, assim como sucede com a venda do bem empenhado para satisfazer a pretensão creditícia (inciso V). As outras modalidades tratam da extinção do penhor independentemente da extinção da obrigação principal que a ele acede. O direito real de garantia é acessório, e, como tal, segue a sorte do principal. Extinguindo-se a obrigação principal integralmente, por consequência, extinguir-se-á a obrigação acessória. A obrigação pode se extinguir pelo pagamento direto, ou seja, aquele que foi adredemente pactuado e cumprido, assim como por algumas das variadas modalidades de pagamento indireto previstas no Código Civil, tais como o pagamento em consignação (arts. 334 a 345), imputação do pagamento (arts. 352 a 355), se o débito escolhido for o garantido com penhor, dação em pagamento (arts. 356 a 359), novação (arts. 360 a

367), compensação (arts. 368 a 380), confusão (arts. 381 a 384) e remissão (arts. 385 a 388). O perecimento da coisa também acarreta a extinção do penhor. Perecimento significa destruição total. Em regra, o perecimento da coisa enseja a extinção do direito. Contudo, merece registro a exceção prevista no art. 1.425, § 1º, do Código Civil, que estabelece a substituição da garantia se o bem estiver segurado ou se o autor do dano que causou o perecimento indenizar o devedor que vem a ser o dono da coisa. Em casos tais, sobre a verba indenizatória recairá a garantia do credor, produzindo-se o vencimento antecipado da dívida se o bem não for substituído (art. 1.425, IV, do CC). O credor pode renunciar ao direito real, expressa ou tacitamente, extinguindo o gravame. A renúncia é um ato unilateral de despojamento de determinado direito. Quando for expressa, exigirá ato formal nesse sentido e averbação do cancelamento do penhor no cartório competente (art. 1.437). A renúncia tácita encontra-se disciplinada no § 1º do artigo sob comento, ou seja, ocorrerá quando o credor consentir na venda particular do penhor sem reserva de preço, quando restituir a posse do bem ao devedor ou quando consentir na substituição do bem dado em garantia. Em tais casos, a renúncia se presume. A propósito do tema, impende lembrar que a teor do art. 387 deste Código "a restituição voluntária do objeto empenhado prova a renúncia do credor à garantia real, não a extinção da dívida". Assim é que estará extinto o penhor, mas não a obrigação principal. Confundindo-se na mesma pessoa as qualidades de credor e dono da coisa, o penhor será extinto. Não se pode confundir o disposto nesse inciso com a hipótese de confusão da obrigação regulada no direito das obrigações (arts. 381 a 384), pois nesse caso o penhor se extinguirá por extinção da obrigação principal, aplicando-se, portanto, o inciso I. Se o credor adquire a coisa empenhada por ato *inter vivos* ou *mortis causa*, o penhor estará extinto, pois a configuração existencial do penhor pressupõe que a coisa pertença ao devedor ou ao dador de garantia, cuja posse tenha sido transmitida apenas para fins de garantia. Para que a confusão extinga por completo o penhor, necessário se faz que incida sobre o todo, pois se for apenas em parte, subsistirá inteiro o penhor quanto ao resto, conforme parágrafo segundo do artigo ora estudado. O inciso V estabelece diversas situações que encerram a alienação do bem empenhado. No primeiro caso, a venda se dá por alienação forçada; no segundo, pelo resgate levado a cabo pelo devedor, por terceiros interessados ou pelos sucessores do devedor; e, no último, por consentimento do devedor pignoratício, que poderá ser realizado anterior ou posteriormente à celebração do contrato. No capítulo correspondente ao estudo da propriedade resolúvel, foi visto que se a propriedade for resolvida pelo implemento de uma condição ou pelo advento de um termo, resolver-se-ão também os direitos reais concedidos em sua pendência. Então, imagine-se o caso em que um fiduciário (art. 1.951 do CC) tenha empenhado a propriedade resolúvel que recebeu por conta da sucessão testamentária e, após a constituição do penhor, o fideicomissário se forme na faculdade de direito, sendo esse o evento futuro e incerto que conduziria a propriedade do bem empenhado para ele. Nesse caso, teremos a extinção do penhor pela resolução da propriedade do bem dado em penhor. Imagine-se que o garante da dívida tenha transmitido a posse direta ao credor pignoratício de um bem que não lhe pertença, e ele não tenha tornado eficaz o direito real de garantia criado por intermédio da aquisição posterior do bem empenhado. Se o verdadeiro proprietário propuser ação reivindicatória e o pedido for julgado procedente, ter-se-á por extinto o penhor. A despeito de a prescrição não extinguir o direito material, mas sim a pretensão que dele emana (art. 189 do CC), se o direito principal já não se encontra mais dotado de exigibilidade pela inércia do credor dentro do prazo previsto em lei, não se justifica que o bem continue em posse do credor, cabendo ao garante pleitear a devolução do bem, fato que ensejará a extinção do penhor.

REFORMA DO CÓDIGO CIVIL: O inciso I retrata importante atualização nas formas de extinção do penhor, pois, pela reforma, é possível que um mesmo objeto ou até mesmo uma universalidade de fato garanta mais de uma obrigação. O inciso V resume o sentido de extinção da obrigação pela excussão ou pelo perdão da dívida, mostrando-se mais claro.

"Art. 1.436. [...]

I – extinguindo-se todas as obrigações por ele garantidas;

[...]

V – ocorrendo a sua excussão ou a remissão da dívida."

REFORMA DO CÓDIGO CIVIL: "Art. 1.436-A. O penhor sobre uma universalidade não se extingue pela perda ou deterioração de todos os bens dela integrantes, quando posteriormente recompostos, no curso do termo original da garantia."

Relevante alteração para adaptar a sequela inerente aos direitos reais de garantia às novas modalidades de penhor sobre universalidades. Nos dizeres da justificativa apresentada pela Subcomissão de Direito das Coisas, "tais alterações visam adaptar a sequela, característica do penhor, às novas modalidades de penhores sobre universalidades. Desse modo, o penhor sobre bens destinados à venda deixará de acompanhar o bem vendido, mas poderá sub-rogar-se sobre o produto da venda e os bens substitutos, em linha com as soluções adotadas nos padrões internacionais".

Art. 1.437. Produz efeitos a extinção do penhor depois de averbado o cancelamento do registro, à vista da respectiva prova.

COMENTÁRIOS DOUTRINÁRIOS: O instrumento do penhor deve ser levado ao registro no cartório de títulos e documentos para que surta, pela publicidade inerente ao ato, os efeitos típicos dos direitos reais de garantia, consoante o disposto no art. 1.432 do Código Civil. Da mesma forma, para que os efeitos criados pelo penhor se extingam por completo, mister a averbação do cancelamento do registro junto ao cartório competente a fim de que se atribua ao ato a segurança jurídica necessária em atenção ao interesse de terceiros. O art. 250 da Lei n. 6.015/1973 trata da averbação do cancelamento dos gravames e aponta quais as situações e a documentação necessária para tanto: "Art. 250 – Far-se-á o cancelamento: I – em cumprimento de decisão judicial transitada em julgado; II – a requerimento unânime das partes que tenham participado do ato registrado, se capazes, com as firmas reconhecidas por tabelião; III – A requerimento do interessado, instruído com documento hábil. IV – a requerimento da Fazenda Pública, instruído com certidão de conclusão de processo administrativo que declarou, na forma da lei, a rescisão do título de domínio ou de concessão de direito real de uso de imóvel rural, expedido para fins de regularização fundiária, e a reversão do imóvel ao patrimônio público".

SEÇÃO V
DO PENHOR RURAL

Subseção I
Disposições Gerais

Art. 1.438. Constitui-se o penhor rural mediante instrumento público ou particular, registrado no Cartório de Registro de Imóveis da circunscrição em que estiverem situadas as coisas empenhadas.

Parágrafo único. Prometendo pagar em dinheiro a dívida, que garante com penhor rural, o devedor poderá emitir, em favor do credor, cédula rural pignoratícia, na forma determinada em lei especial.

COMENTÁRIOS DOUTRINÁRIOS: Modalidade de penhor especial, o penhor rural é gênero de que são espécies o penhor agrícola (arts. 1.442 e 1.443 do CC) e o penhor pecuário (arts. 1.444 a 1.446 do CC). O que determina se o penhor rural é agrícola ou pecuário é o bem sobre o qual incide, conforme pode ser observado nos arts. 1.442 e 1.444 do Código Civil. Ambos se encontram regulamentados pela Lei Federal especial 492/1937, limitando-se o Código Civil a estabelecer regras gerais que ocasionalmente podem se mostrar incompatíveis com a lei geral, revogando-a. À luz do que prescreve a referida lei especial, o devedor mantém a posse direta, mas a título de depositário. Com efeito, prevê o *caput* do art. 1º que "constitui-se o penhor rural pelo vínculo real, resultante do registro, por via do qual, agricultores ou criadores, sujeitam a sua cultura ou seus animais ao cumprimento de obrigações, ficando como depositário daquelas ou destes". A Lei n. 6.015/1973, que dispõe sobre o registro público, em seu art. 167, I, 15, prevê o registro dos contratos de penhor rural: "No Registro de Imóveis, além da matrícula, serão feitos. I – o registro: 15) dos contratos de penhor rural". A tradição é elemento marcante no penhor comum, mas não se encontra presente no penhor rural, cujo regime é muito mais próximo da hipoteca, mostrando que a diferença, nos dias atuais, é essencialmente normativa. Pode ser hipotecado bem móvel (navios e aeronaves), assim como poderão ser submetidos ao penhor imóveis (colheitas pendentes e maquinários em funcionamento) e sem que haja tradição efetiva. O penhor rural perderia a sua importância econômica e social se o produtor rural, seja agricultor ou pecuarista, tivesse que abrir mão da posse dos bens que pretende produzir em favor do credor pignoratício para fins de garantia. A especialidade do objeto desse penhor afasta, por si só, a possibilidade de tradição efetiva. A introdução do penhor rural no ordenamento jurídico brasileiro pelas leis especiais acima aludidas teve por objetivo incrementar o financiamento de produção agrícola e pecuária, já que o Código Civil se limitava a estabelecer os bens sobre os quais podiam incidir penhor agrícola, mas sem incorporar em seu conteúdo maiores possibilidades de financiamento (arts. 781 a 788 do Código Civil revogado). O penhor rural se diferencia do penhor comum, pois não incide necessariamente sobre bens móveis (ex.: colheitas pendentes) e nem a tradição efetiva é um de seus pressupostos existenciais. Ao contrário, o penhor rural se constitui por contrato formal escrito, em que se deve especializar a obrigação e a coisa sobre a qual recai o penhor (art. 1.424) sem que o devedor transfira a posse direta dos bens ao credor pignoratício. Pode ser feito por instrumento público ou particular e somente terá a eficácia inerente aos direitos reais após o registro no cartório imobiliário com atribuição, observado o local em que se encontram situados os bens. Já vimos que o devedor pignoratício fica na posse direta do bem empenhado na qualidade de depositário, figurando o credor, portanto, como possuidor indireto e depositante do imóvel sobre o qual incide a garantia real. Isso representa exatamente o contrário do que estudamos no penhor comum, em que o credor pignoratício é o depositário e possuidor direto e o devedor é depositante e possuidor indireto. É válida a realização de um subpenhor rural. Isso porque nada obsta que se estabeleça um novo penhor rural sobre o primeiro que fora estabelecido, respeitado o princípio da prioridade em favor daquele que primeiro prenotou o título no registro de imóvel, desde que o registro tenha se seguido à prenotação. Não havendo nessa modalidade de penhor a tradição efetiva, não haverá óbice para a constituição de novos penhores rurais a par dos que já existem. A propósito do tema, confira-se o art. 4º, § 1º, da Lei n. 492/1937, que permite expressamente a efetivação do subpenhor. O credor pignoratício deve ficar atento a não realizar o empréstimo sob a garantia real de um subpenhor no que se refere ao valor total do bem, pois, como sabido, somente após a satisfação do primeiro crédito é que se pagará o segundo, o terceiro, o quarto, dentre outros, conforme o caso. A cédula rural pignoratícia a que se refere o parágrafo único do artigo em tela é regulamentada pelo Decreto-lei n. 167/1967, cujo art. 14 apresenta os seus requisitos: "A cédula rural pignoratícia conterá os seguintes requisitos, lançados no contexto: I – Denominação 'Cédula Rural Pignoratícia'. II – Data e condições de pagamento; havendo prestações periódicas ou prorrogações de vencimento, acrescentar: 'nos termos da cláusula Forma de Pagamento abaixo' ou 'nos termos da cláusula Ajuste de Prorrogação abaixo'. III – Nome do credor e a cláusula à ordem. IV – Valor do crédito deferido, lançado em algarismos e por extenso, com indicação da finalidade ruralista a que se destina o financiamento concedido e a forma de sua utilização. V – Descrição dos bens vinculados em penhor, que se indicarão pela espécie, qualidade, quantidade, marca ou período de produção, se for o caso, além do local ou depósito em que os mesmos bens se encontrarem. VI – Taxa dos juros a pagar, e da comissão de fiscalização, se houver, e o tempo de seu pagamento. VII – Praça do pagamento. VIII – Data e lugar da emissão. IX – Assinatura do emitente ou de representante com poderes especiais, admitida a assinatura sob a forma eletrônica, desde que garantida a identificação inequívoca de seu signatário. § 1º As cláusulas 'Forma de Pagamento' ou 'Ajuste de Prorrogação', quando cabíveis, serão incluídas logo após a descrição da garantia, estabelecendo-se, na primeira, os valôres e datas das prestações e na segunda, as prorrogações previstas e as condições a que está sujeita sua efetivação. § 2º A descrição dos bens vinculados à garantia poderá ser feita em documento à parte, em duas vias, assinadas pelo emitente e autenticadas pelo credor, fazendo-se, na cédula, menção a essa circunstância, logo após a indicação do grau do penhor e de seu valor global. § 3º Além dos requisitos previstos neste artigo, é vedado ao registrador exigir qualquer outro documento complementar, como avaliação do bem ofertado em garantia, anotação de responsabilidade técnica, reconhecimento de firma ou sinal público. § 4º É inexigível, para o registro de operações financeiras, a apresentação de Certidão Negativa de Débito (CND) para comprovação da quitação de créditos tributários, de contribuições federais e de outras imposições pecuniárias compulsórias. § 5º É vedado negar o registro do título na hipótese em que o valor da garantia seja inferior ao crédito liberado. § 6º As disposições dos §§ 3º, 4º e 5º deste artigo aplicam-se às demais cédulas e instrumentos vinculados a financiamentos rurais". O objeto desse penhor cedular são os bens suscetíveis de penhor rural e de penhor mercantil (art. 15). A possibilidade de o devedor expedir em favor do credor a cédula rural pignoratícia, conferindo mobilidade ao crédito, posto que o referido documento é um título de crédito com as características ínsitas a essa modalidade de documento, é estudada nos arts. 887 a 926 do Código Civil. O título de crédito ganha circulabilidade pelo endosso. Como visto acima, a lei especial a que se refere o artigo é a Lei n. 492/1937 e o Decreto-lei n. 167/1967, sendo que na primeira hipótese, a lei faculta a credor e devedor a emissão de título de crédito que será criado após a constituição do penhor, ao passo que na esteira do decreto-lei apontado, o penhor nasce no mesmo momento em que é expedida a cédula rural pignoratícia, tanto assim que é esse o título gerador do próprio penhor, consoante pode ser vislumbrado na simples leitura do art. 14 desse comando normativo. Outro dado interessante é que se pode criar cédulas de crédito rural (gênero de que é espécie a cédula rural pignoratícia) sem configuração do penhor, conforme esclarece o art. 9º da lei ao dispor que "A cédula de crédito rural é promessa de pagamento em dinheiro, sem ou com garantia real cedularmente constituída, sob as seguintes denominações e modalidades". Como anteriormente dito, o devedor fica com os bens empenhados a título de depositário, o que conduz ao retorno à discussão acerca da possibilidade de prisão civil do depositário infiel que já fora adotada para a alienação fiduciária em garantia sobre bem móvel. Nessa linha, o art. 1º da Lei n. 492/1937 dispõe que, a partir do registro do contrato de penhor rural, o devedor pignoratício ficará como depositário dos bens empenhados, consequência jurídica que nos permite indagar acerca da sanção para a negativa de entrega da coisa empenhada. Certo sobre o tema, temos o disposto no art. 5º, LXVII, da Constituição da República, no sentido de que não haverá prisão civil por dívida, salvo para o inadimplemento voluntário e inescusável da obrigação alimentar e para o depositário infiel. Além de constar na lei maior, estabelece o art. 652 do Código Civil que "seja o depósito voluntário ou necessário, o depositário que não o restituir quando exigido será compelido a fazê-lo mediante prisão não excedente a um ano, e ressarcir os prejuízos". Complementando o regramento, a lei instrumental dispõe no art. 902, § 1º, que, por ocasião da propositura da ação de depósito, poderá o autor, se assim quiser, requerer a prisão civil do depositário infiel por prazo não superior a um ano. A salvo de controvérsias que esta prisão é, na verdade, um meio coercitivo para o cumprimento da obrigação, não se confundindo com o conteúdo punitivo inerente à sanção penal. Assim é que para os que admitem a prisão, o depositário deve ser solto tão logo entregue(s) o(s) objeto(s) apenhado(s), servindo de justificativa para a prisão a infidelidade do depositário e não a dívida propriamente dita. Contudo, pelos mesmos argumentos que nos levaram a entender que a prisão civil do devedor fiduciante, na alienação fiduciária em garantia, não fora recepcionada pela atual ordem constitucional, temos que a prisão do devedor pignoratício, no penhor rural, também é indevida, tendo em vista a força normativa do Pacto de São José da Costa Rica e o reconhecimento de que esse depósito não é decorrente de contrato específico de depósito, nem se amolda a nenhuma das situações do depósito necessário a que se refere a lei com a medida excepcional da prisão civil. Essa é a orientação atual à luz da doutrina majoritária e da jurisprudência do Supremo Tribunal Federal.

JURISPRUDÊNCIA COMENTADA: A jurisprudência tem reconhecido a eficácia publicitária do registro do penhor no cartório do registro de imóveis, sem embargo da atribuição de efeito constitutivo sem o qual inviável a ação executiva proposta pelo credor contra o devedor pignoratício, devendo os embargos à execução opostos por este último ser julgados procedentes (TJES, APL 0000911-43.2017.8.08.0058, Rel. Des. Subst. Lyrio Regis de Souza Lyrio, j. 18.09.2018, *DJES* 09.10.2018). O efeito constitutivo do registro imobiliário também já fora reconhecido para o fim de retirar o crédito da qualidade preferencial e inseri-lo como quirografário em devedor submetido à recuperação judicial (TJSP, EDcl 0270757-21.2012.8.26.0000/50000, Ac. 7234778, 2.ª Câmara Reservada de Direito Empresarial, Serrana, Rel. Des. José Reynaldo, j. 02.09.2013). Com relação à possibilidade de prisão civil do depositário infiel (devedor fiduciante ou pignoratício), o Supremo Tribunal Federal aprovou a Súmula Vinculante n. 25, que extirpou do cenário jurídico a malsinada norma que admitia esse recurso ilegítimo, nos seguintes termos: "É ilícita a prisão civil de depositário infiel, qualquer que seja a modalidade do depósito". Além da fundamentação jurídica da atipicidade do depósito que também se aplica para a prisão civil do devedor fiduciante, a referida súmula baseia-se na incompatibilidade de tal prisão com o art. 5º, LXVII e § 2º, da Constituição Federal, além do art. 7º, item 7, da Convenção Americana sobre Direitos Humanos (Pacto de São José da Costa Rica), ratificada pelo Brasil em 25 de setembro de 1992 ("Artigo 7 – Direito à liberdade pessoal – 7. Ninguém deve ser detido por dívidas. Este princípio não limita os mandados de autoridade judiciária competente expedidos em virtude de inadimplemento de obrigação alimentar") e 11 do Pacto Internacional sobre Direitos Civis e Políticos, ratificada pelo Brasil em 24 de janeiro de 1992 ("Artigo 11 – Ninguém poderá ser preso apenas por não poder cumprir com uma obrigação contratual").

Art. 1.439. O penhor agrícola e o penhor pecuário não podem ser convencionados por prazos superiores aos das obrigações garantidas. (Redação dada pela Lei n. 12.873, de 2013)

§ 1º Embora vencidos os prazos, permanece a garantia, enquanto subsistirem os bens que a constituem.

§ 2º A prorrogação deve ser averbada à margem do registro respectivo, mediante requerimento do credor e do devedor.

COMENTÁRIOS DOUTRINÁRIOS: Os arts. 7º e 13 da Lei n. 492/1937 que previam prazos máximos para o penhor rural, sendo de dois anos para o penhor agrícola e três anos para o penhor pecuário, a despeito de serem leis especiais, *in casu*, encontram-se revogados, pois a regulamentação da matéria feita posteriormente pelo Código Civil se mostra incompatível com a lei anterior. Desse modo, na atual redação do artigo anotado (redação dada pela Lei n. 12.873/2013), o prazo máximo criado para o penhor agrícola e para o penhor pecuário não pode ser superior ao das obrigações garantidas. A norma jurídica é cogente, mas digno de destaque o § 2º, que permite prorrogação, desde que o requerimento seja subscrito pelo credor e pelo devedor e averbado junto à matrícula do imóvel no registro de imóvel competente. A chegada do termo contratual não extingue a relação jurídica de direito real de garantia regularmente constituída, sendo possível que o credor, por exemplo, execute o devedor pignoratício após o vencimento do prazo contratual máximo. Apenas quando demonstrada a inexistência de bens a garantir a dívida considerar-se-á extinto o penhor rural ou, obviamente, com o adimplemento da obrigação. O prazo máximo estabelecido para o penhor rural que seja de modo a não ultrapassar o prazo da obrigação principal não se aplica para garantias fidejussórias que, porventura, as partes tenham estipulado para o mesmo crédito como, por exemplo, uma cédula de crédito bancário, na forma do art. 26 da Lei n. 10.931/2004: "A Cédula de Crédito Bancário é título de crédito emitido, por pessoa física ou jurídica, em favor de instituição financeira ou de entidade a esta equiparada, representando promessa de pagamento em dinheiro, decorrente de operação de crédito, de qualquer modalidade. § 1º A instituição credora deve integrar o Sistema Financeiro Nacional, sendo admitida a emissão da Cédula de Crédito Bancário em favor de instituição domiciliada no exterior, desde que a obrigação esteja sujeita exclusivamente à lei e ao foro brasileiros. § 2º A Cédula de Crédito Bancário em favor de instituição domiciliada no exterior poderá ser emitida em moeda estrangeira".

JURISPRUDÊNCIA COMENTADA: A inobservância do prazo correto para a constituição do penhor rural enseja a correta recusa do registro de cédula rural pignoratícia, pois este elemento é da substância do ato (TJSP, AC 736-6/0, Conselho Superior da Magistratura, Jaboticabal, Rel. Des. Passos de Freitas, j. 02.08.2007). A jurisprudência tem reconhecido a autonomia de outras garantias para o mesmo crédito com relação ao prazo de vigência. Assim, o limite temporal do penhor rural para, no máximo, o prazo da obrigação principal, não se aplica para a cédula de crédito bancário (art. 26 da Lei n. 10.931/2004) que não encontra "qualquer limite legal ao prazo de vigência da garantia fidejussória prestada em cédula de crédito bancário, legítima a cláusula contratual que estabeleceu, na ausência de oposição das partes, a prorrogação automática e sucessiva do prazo por períodos iguais ao original" (TJES, Apelação 26110006066, 2.ª Câmara Cível, Rel. Des. José Paulo Calmon Nogueira da Gama, j. 20.11.2012).

Art. 1.440. Se o prédio estiver hipotecado, o penhor rural poderá constituir-se independentemente da anuência do credor hipotecário, mas não lhe prejudica o direito de preferência, nem restringe a extensão da hipoteca, ao ser executada.

COMENTÁRIOS DOUTRINÁRIOS: A norma em análise é categórica ao admitir a existência de penhor rural em prédio hipotecado e que este pode ser feito sem o prévio e expresso consentimento do credor hipotecário. No que tange à possibilidade de constituição do penhor rural em imóvel hipotecado, o art. 4º da Lei n. 492/1937 já tinha revogado o art. 783 do Código Civil de 1916, possibilitando que sobre o imóvel hipotecado se constituísse um penhor rural, independentemente de consentimento do credor hipotecário. De efeito, o obstáculo do consentimento do credor hipotecário não trazia qualquer benefício para o credor ou para o devedor, já que a hipoteca e o penhor rural se submetem ao sistema imobiliário brasileiro que, respeitando a continuidade dos atos registrais, inscreverá o contrato de hipoteca à margem da matrícula do imóvel e, após, se for o caso, será levado a efeito o registro do penhor rural. O credor hipotecário preserva a sua prioridade no tocante à execução do devedor, e este conta com uma facilidade maior para conseguir empréstimos, de modo que possa produzir no imóvel, atendendo-se, outrossim, ao princípio constitucional da função social da propriedade. A parte final do dispositivo ressalta que o penhor rural não limita o direito do credor hipotecário de executar a dívida totalmente, enfatizando, uma vez mais, a indivisibilidade do direito real de garantia.

Com relação à desnecessidade de consentimento do credor hipotecário, merece referência o art. 219 da Lei de Registros Públicos (Lei n. 6.015/1973), que estabelece: "O registro do penhor rural independe do consentimento do credor hipotecário".

Art. 1.441. Tem o credor direito a verificar o estado das coisas empenhadas, inspecionando-as onde se acharem, por si ou por pessoa que credenciar.

COMENTÁRIOS DOUTRINÁRIOS: Já vimos na análise do art. 1.438 deste Código que é da essência econômica e jurídica do penhor rural que o devedor pignoratício, conquanto na qualidade de depositário, fique na posse direta do bem. O direito assegurado pela norma em comento em favor do credor pignoratício é conferido exatamente por essa circunstância. Não tendo ele a posse dos bens sobre os quais titulariza direito real de garantia, nada mais justo que possa, por si, ou pessoa de sua confiança e por ele credenciada, fazer a devida inspeção sobre os bens onerados. É absolutamente legítima a desconfiança de que os bens empenhados estejam se deteriorando ou sendo transferidos para outrem indevidamente, o que pode, inclusive, justificar o vencimento antecipado da dívida, conforme já comentamos no art. 1.425 deste Código. Cumpre destacar ainda que, não raro, penhores rurais são feitos com proteção maior e taxas de juros menores em favor do seu objeto que é a produtividade no meio rural. Assim, o credor pode ter interesse em fiscalizar se o valor emprestado está sendo utilizado corretamente para os elevados propósitos dessa modalidade especial de financiamento e garantia. A regra aqui anotada é complementada pelos §§ 2º e 3º do art. 3º da Lei n. 492/1937. O primeiro prevê que "assiste ao credor ou endossatário da cédula rural pignoratícia direito para, sempre que lhe convier, verificar o estado das coisas ou animais dados em garantia, inspecionando-os onde se acharem, por si ou por interposta pessoa, e de solicitar a respeito informações escritas do devedor". E o segundo estabelece a sanção: "A provada resistência ou recusa deste ou de quem ofereceu a garantia ao cumprimento do disposto no parágrafo anterior, importa, se ao credor convier, no vencimento da dívida e sua imediata exigibilidade".

Subseção II
Do Penhor Agrícola

Art. 1.442. Podem ser objeto de penhor:
I – máquinas e instrumentos de agricultura;
II – colheitas pendentes, ou em via de formação;
III – frutos acondicionados ou armazenados;
IV – lenha cortada e carvão vegetal;
V – animais do serviço ordinário de estabelecimento agrícola.

COMENTÁRIOS DOUTRINÁRIOS: O artigo em destaque, com rigor técnico e clareza, inclui o maquinário necessário à produção agrícola, a colheita dos gêneros alimentícios, os frutos, a lenha e o carvão vegetal e até eventuais animais que sejam utilizados no serviço ordinário de estabelecimento agrícola como possíveis objetos do penhor agrícola, uma das espécies, ao lado do penhor pecuário, do gênero penhor rural. Podem ser facilmente os objetos dessa modalidade de penhor rural os bens que guardam relação com a atividade agrícola e que vão permitir ao agricultor obter financiamento para a produção de insumos agrícolas. São máquinas e instrumentos de agricultura os tratores, os arados, manuais e automotores, os caminhões e também as enxadas, as pás, entre outros instrumentos típicos do trabalho no campo. O penhor agrícola permite que se dê ao penhor rural um viés de contrato aleatório, pois a lei admite que a garantia incida sobre as colheitas pendentes, ou em vias de formação, ou seja, bens que faticamente ainda não existem. Os frutos naturais ou industriais que podem estar armazenados ou acondicionados em armazéns ou silos e estocados em caixotes, sacas e outros também podem ser objeto de penhor rural. Não se pode mais constituir penhor agrícola sobre a madeira preparada para o corte, tendo em vista as dissensões que essa possibilidade causava no direito anterior. Agora, somente poderá ser objeto dessa modalidade de penhor a madeira já cortada ou o carvão vegetal. Por fim, podem ser objeto de penhor agrícola os animais que são utilizados no serviço ordinário do estabelecimento agrícola, ou seja, os cavalos, os burros e outros animais que não sirvam como instrumentos de produção industrial.

REFORMA DO CÓDIGO CIVIL: Singelas alterações no objeto do penhor para atualizar o texto à realidade atual.

"Art. 1.442.

I – máquinas e instrumentos da atividade agrária;

[...]

III – frutos e produtos, acondicionados ou armazenados, ainda que destinados a beneficiamento ou transformação;

IV – madeira preparada para corte, lenha cortada e carvão vegetal;

[...]."

Art. 1.443. O penhor agrícola que recai sobre colheita pendente, ou em via de formação, abrange a imediatamente seguinte, no caso de frustrar-se ou ser insuficiente a que se deu em garantia.

Parágrafo único. Se o credor não financiar a nova safra, poderá o devedor constituir com outrem novo penhor, em quantia máxima equivalente à do primeiro; o segundo penhor terá preferência sobre o primeiro, abrangendo este apenas o excesso apurado na colheita seguinte.

COMENTÁRIOS DOUTRINÁRIOS: O penhor agrícola que recai sobre colheita pendente, ou em fase de formação, torna a garantia do credor pignoratício sujeita às intempéries e malogros tão comuns nas atividades de produção no campo, uma vez que o produtor rural, a despeito do avanço tecnológico, depende dos mais variados fatores para que a sua produção assegure o seu lucro e subsistência, além de possibilitar o cumprimento das obrigações assumidas perante os credores que financiaram a atividade agrícola desenvolvida. Sem dúvida que o contrato assim estabelecido é do tipo aleatório, pois há sempre o risco de uma praga, de ausência de chuvas, de importação do produto explorado a preços mais convidativos, entre outras circunstâncias ainda mais graves. Dessa forma, é necessário que se estabeleça uma forma de salvaguardar o interesse do credor pignoratício sem que a sociedade brasileira corra o risco da paralisação da produção. Essa é a razão pela qual diz o artigo comentado que o penhor agrícola que recai sobre colheita pendente, ou em via de formação, abrange a imediatamente seguinte, no caso de frustrar-se ou ser insuficiente a que se deu em garantia. Essa é a ótica adotada pelo § 1º do art. 7º da Lei n. 492/1937 quando reza com maiores detalhes que "Sendo objeto do penhor agrícola a colheita pendente ou em via de formação, abrange ele a colheita imediatamente seguinte no caso de frustrar-se ou ser insuficiente a dada em garantia. Quando, porém, não quiser ou não puder o credor, notificado com 15 dias de antecedência, financiar a nova safra, fica o devedor com o direito de estabelecer com terceiro novo penhor, em quantia máxima equivalente ao primitivo contrato, considerando-se, qualquer excesso apurado na colheita, apenhado à liquidação da dívida anterior". Se o credor não financiar a nova safra, poderá o devedor constituir com outrem novo penhor, em quantia máxima equivalente à do primeiro; o segundo penhor terá preferência sobre o primeiro, abrangendo este apenas o excesso apurado na colheita. Nesse caso, o penhor agrícola anterior é imediatamente abrangido pelo posterior se a colheita frustrar-se ou se mostrar insuficiente para pagar a dívida assumida, e o parágrafo único resolve outra demanda social, estabelecendo que se o credor não financiar o novo empreendimento do produtor rural, este poderá celebrar com outro financiador a sua produção. A colheita decorrente do novo investimento pagará ao segundo credor integralmente e o que sobejar servirá para pagar ao antigo credor pignoratício. Antes de pleitear o financiamento com novo credor, deverá o devedor notificar o credor concedendo-lhe um prazo razoável para declarar se aceita ou não financiar a nova atividade do produtor rural. Se observarmos sob um prisma individualista, a norma se mostra injusta com o credor do primeiro investimento, mas se analisarmos sob o ponto de vista da função social da propriedade e da necessidade da produção dos gêneros alimentícios, concluiremos que a norma é socialmente justa, malgrado esteja sobre os ombros do credor a prova, em sede judicial, da presença dos requisitos da norma a fim de poder manejar a execução da dívida com a utilização dessa garantia real.

JURISPRUDÊNCIA COMENTADA: Na forma do parágrafo único do artigo em tela é possível que em caso de recusa do credor para financiar a nova sofra, o devedor realize novo penhor com terceiro, desde que observe a quantia máxima de empréstimo do primeiro. No caso, o segundo penhor terá preferência sobre o primeiro e este ficará restrito a apenas o que seja excedente na apuração da colheita seguinte (TJMT, APL 36096/2018, Rel. Des. Dirceu dos Santos, j. 29.08.2018).

Subseção III

Do Penhor Pecuário

Art. 1.444. Podem ser objeto de penhor os animais que integram a atividade pastoril, agrícola ou de lacticínios.

COMENTÁRIOS DOUTRINÁRIOS: Essa modalidade de penhor rural recai sobre semoventes que integram a atividade pastoril, agrícola ou de laticínios e também não é realizada a tradição dos animais, posto que o devedor pignoratício permanece na titularidade da posse direta dos bens a ele pertencentes. Podem figurar como objeto do penhor pecuário todos os animais de quaisquer espécies pertencentes ao devedor criador ou a terceiro que garanta, no âmbito do direito real, a dívida de outra pessoa. Podem servir de objeto do penhor pecuário todos os animais utilizados na produção de laticínios, de lã, assim como sobre animais de corte ou consumo (art. 1.446). A despeito de terem por objeto bens móveis, o contrato público ou particular (art. 1.438) deve ser registrado no cartório de imóveis, devendo ser respeitada a perfeita especialização da dívida e dos animais que a garante, onde os mesmos podem ser encontrados e, sobretudo, o destino que o devedor pretende dar aos animais onerados. Se não houver uma perfeita individualização dos bens, padecerá o penhor de ineficácia relativa em relação a eventuais terceiros adquirentes de boa-fé dos animais empenhados, tendo em vista que a sequela decorre da publicidade do contrato em que constem todos os característicos dos animais.

Art. 1.445. O devedor não poderá alienar os animais empenhados sem prévio consentimento, por escrito, do credor.

Parágrafo único. Quando o devedor pretende alienar o gado empenhado ou, por negligência, ameace prejudicar o credor, poderá este requerer se depositem os animais sob a guarda de terceiro, ou exigir que se lhe pague a dívida de imediato.

COMENTÁRIOS DOUTRINÁRIOS: O devedor pignoratício, na qualidade de depositário irregular dos animais empenhados, não pode vendê-los sem o consentimento, por escrito, do credor. A regra que poderia ser apenas um efeito da permanência do devedor pignoratício com o bem como depositário, na realidade se mostra relevante, pois é da natureza da criação de animais, a sua venda e, muitas vezes, o abate. A venda feita, em desobediência à regra, será absolutamente ineficaz frente ao adquirente, que não poderá alegar desconhecimento em razão da publicidade do registro imobiliário. Está aí mais uma demonstração da importância do reconhecimento do caráter constitutivo do registro do penhor rural. O art. 12, *caput* e § 1º, da Lei n. 492/1937, caminham no mesmo sentido: "Art. 12. Não pode o devedor vender o gado, nem qualquer dos animais empenhados, sem prévio, consentimento escrito do credor. § 1º Quando o devedor pretenda vendê-los ou, por negligente, ameace prejudicar ao credor, pode este requerer se depositem os animais sob a guarda de terceiro ou exigir que incontinenti se lhe pague a dívida". A toda evidência, a inalienabilidade aqui presente inclui a impenhorabilidade, conforme anotamos ao analisar o art. 1.420 deste Código, ou seja, somente pode ser dado em garantia o que pode ser vendido. Na forma do parágrafo único, o descumprimento da regra abre para o credor a faculdade de exigir que a coisa seja colocada em depósito com terceiro de confiança ou exigir o vencimento antecipado da dívida, aplicando-se os arts. 1.425 e 1.426 da codificação civil.

Art. 1.446. Os animais da mesma espécie, comprados para substituir os mortos, ficam sub-rogados no penhor.

Parágrafo único. Presume-se a substituição prevista neste artigo, mas não terá eficácia contra terceiros, se não constar de menção adicional ao respectivo contrato, a qual deverá ser averbada.

COMENTÁRIOS DOUTRINÁRIOS: Na eventualidade de morte de alguns dos animais empenhados, os que forem adquiridos para substituí-los se submeterão ao gravame real, desde que sejam da mesma espécie. A presunção é apenas *juris tantum*, competindo ao devedor afastar a presunção por prova em contrário, demonstrando que as partes dispuseram outra coisa para a eventualidade da morte ou que, por exemplo, a morte decorrente de caso fortuito ou força maior não acarretaria a incidência da regra. Em homenagem à segurança jurídica e visando tutelar a boa-fé, o credor pignoratício somente terá direito de sequela em face do terceiro adquirente de boa-fé se o termo aditivo de inclusão dos novos animais for averbado junto ao registro de imóveis. Essa regra também está inserta no art. 12, §§ 2º e 3º da Lei n. 492/1937: "§ 2º Os animais da mesma espécie, comprados para substituir os mortos, ficam sub-rogados no penhor, que se estende às crias dos empenhados. § 3º Esta substituição presume-se, mas não vale contra terceiros se não constar de menção adicional ao respectivo contrato".

REFORMA DO CÓDIGO CIVIL: A sugestão de revogação do parágrafo único confere direito de maior amplitude ao credor pignoratício, que poderá exercer a sequela inclusive em relação a terceiros que, porventura, não tenham conhecimento do gravame, o que nos parece não recomendado por afrontar a segurança jurídica.

"Art. 1.446. Parágrafo único. Revogado."

SEÇÃO VI
DO PENHOR INDUSTRIAL E MERCANTIL

Art. 1.447. Podem ser objeto de penhor máquinas, aparelhos, materiais, instrumentos, instalados e em funcionamento, com os acessórios ou sem eles; animais, utilizados na indústria; sal e bens destinados à exploração das salinas; produtos de suinocultura, animais destinados à industrialização de carnes e derivados; matérias-primas e produtos industrializados.

Parágrafo único. Regula-se pelas disposições relativas aos armazéns gerais o penhor das mercadorias neles depositadas.

COMENTÁRIOS DOUTRINÁRIOS: O artigo indica quais os bens que podem ser objeto de penhor industrial e mercantil. Em razão da possibilidade de tradição simbólica que é admissível nessa modalidade de penhor, ocasião em que ocorrerá o desdobramento da posse (art. 1.197 do CC) na qual o credor ficará como possuidor indireto e o devedor permanecerá como possuidor direto, nada obsta que bens fungíveis e consumíveis figurem como garantias pignoratícias no penhor mercantil e industrial. Essa modalidade especial de penhor se diferencia do penhor rural pelo objeto, mas não nos permite estabelecer um critério seguro e preciso para a escolha dos bens sobre os quais incidiria um ou outro penhor. Observamos que incide penhor agrícola, por exemplo, sobre produtos ainda não industrializados como a lenha cortada, as colheitas pendentes; mas também teremos esse penhor sobre as máquinas e instrumentos de agricultura que são produtos já acabados, da mesma natureza que as máquinas, aparelhos, materiais, instrumentos e outros objetos descritos como objetos de penhor industrial. Com efeito, para saber se o penhor é rural ou industrial e comercial, mister consultar o contrato e os objetos que o compõem, segundo os parâmetros legais. O penhor industrial e comercial previsto no Código Civil não se confunde com o penhor cedular industrial regido pelo Decreto-lei n. 413/1969. Se os produtos estiverem depositados, serão regulados pelas regras atinentes aos armazéns gerais. A referida legislação criou o penhor cedular industrial com o objetivo de fomentar o financiamento de atividades industriais. Esse penhor se constitui pela emissão de um título de crédito líquido, certo e exigível denominado cédula de crédito industrial, que encerra uma promessa de pagamento em dinheiro, com garantia real, cedularmente constituída (art. 9º). O art. 10 prescreve que "A cédula de crédito industrial é título líquido e certo, exigível pela soma dela constante ou do endosso, além dos juros, da comissão de fiscalização, se houver, e demais despesas que o credor fizer para segurança, regularidade e realização de seu direito creditório". Essa modalidade de penhor somente pode ser celebrada por instituições financeiras em sentido estrito que atuem mediante autorização do Conselho Monetário Nacional (art. 1º). O art. 14 da referida lei aponta os requisitos para a constituição desse penhor cedular, sendo que o art. 20 estabelece quais são os bens que podem ser objeto desse penhor: "I – Máquinas e aparelhos utilizados na indústria, com ou sem os respectivos pertences; II – Matérias-primas, produtos industrializados e materiais empregados no processo produtivo, inclusive embalagens; III – Animais destinados à industrialização de carnes, pescados, seus produtos e subprodutos, assim como os materiais empregados no processo produtivo, inclusive embalagens; IV – Sal que ainda esteja na salina, bem assim as instalações, máquinas, instrumentos utensílios, animais de trabalho, veículos terrestres e embarcações, quando servirem à exploração salineira; V – Veículos automotores e equipamentos para execução de terraplanagem, pavimentação, extração de minério e construção civil bem como quaisquer viaturas de tração mecânica, usadas nos transportes de passageiros e cargas e, anda, nos serviços dos estabelecimentos industriais; VI – Dragas e implementos destinados à limpeza e à desobstrução de rios, portos e canais, ou à construção dos dois últimos, ou utilizados nos serviços dos estabelecimentos industriais; VII – Toda construção utilizada como meio de transporte por água, e destinada à indústria da revelação ou da pesca, quaisquer que sejam as suas características e lugar de tráfego; VIII – Todo aparelho manobrável em voo apto a se sustentar a circular no espaço aéreo mediante reações aerodinâmicas, e capaz de transportar pessoas ou coisas; IX – Letra de câmbio, promissórias, duplicatas, conhecimentos de embarques, ou conhecimentos de depósitos, unidos aos respectivos 'warrants'; X – Outros bens que o Conselho Monetário Nacional venha a admitir como lastro dos financiamentos industriais". No art. 28 temos uma vez mais o desdobramento da posse indireta para o credor pignoratício (financiador), figurando o devedor como possuidor direto e fiel depositário dos bens empenhados. O art. 29 dispõe que enquanto não registrada, a cédula de crédito industrial tem apenas eficácia *inter partes*, não valendo, portanto, contra terceiros. O art. 30 determina que o penhor cedular deverá ser registrado no registro de imóveis do local da situação dos bens. Pelo Código Civil é possível constituir-se penhor industrial sem a emissão de títulos de crédito, mas o penhor cedular apenas se configura com a emissão da cédula.

JURISPRUDÊNCIA COMENTADA: O Superior Tribunal de Justiça continua entendendo que é possível a celebração de penhor mercantil que tenha por objeto bens fungíveis e consumíveis, pois feita a tradição simbólica para o credor, este não perderá a garantia, bastando que o devedor reponha o bem consumido, no qual incidirá o gravame (AgRg no AREsp 26.267/SP, 3.ª Turma, Rel. Min. Sidnei Beneti, j. 28.05.2013).

REFORMA DO CÓDIGO CIVIL: Nos trabalhos de atualização do penhor, houve um movimento para simplesmente revogar o penhor industrial e mercantil, que já encontra farta disciplina em legislação especial. Contudo, prevaleceu a concepção de apenas atualizar a redação e a previsão de um artigo para afirmar que se aplicam as regras do penhor comum na disciplina jurídica do penhor industrial e mercantil, preservando-se, assim, a centralidade exercida pelo Código Civil.

"Art. 1.447. Podem ser objeto de penhor, entre outros bens, máquinas, aparelhos, materiais, instrumentos, instalados e em funcionamento, com os acessórios ou sem eles; animais, utilizados na indústria; sal e bens destinados à exploração das salinas; produtos de suinocultura, animais destinados à industrialização de carnes e derivados; matérias-primas e produtos industrializados; estoques de bens móveis em geral destinados ao uso, à transformação ou à comercialização na indústria ou no comércio.

Parágrafo único. Regula-se pelas disposições relativas aos armazéns gerais o penhor das mercadorias neles depositadas.

Art. 1.447-A. O penhor industrial e mercantil se submete, no que couber, às mesmas regras do penhor comum."

Art. 1.448. Constitui-se o penhor industrial, ou o mercantil, mediante instrumento público ou particular, registrado no Cartório de Registro de Imóveis da circunscrição onde estiverem situadas as coisas empenhadas.

Parágrafo único. Prometendo pagar em dinheiro a dívida, que garante com penhor industrial ou mercantil, o devedor poderá emitir, em favor do credor, cédula do respectivo crédito, na forma e para os fins que a lei especial determinar.

COMENTÁRIOS DOUTRINÁRIOS: Da mesma forma que o penhor cedular do Decreto-lei n. 413/1969, o penhor industrial apenas se constitui mediante o registro do contrato do penhor, por instrumento público ou particular, no cartório imobiliário em que se encontram situados. O parágrafo único do artigo demonstra que o penhor cedular e o penhor industrial e comercial do Código Civil não representam a mesma coisa. O penhor cedular do aludido decreto-lei apenas se configura com a emissão da cédula representativa do crédito, ao passo que, pelo Código Civil, o devedor poderá emitir cédula do crédito em favor do credor. Se isso acontecer, o penhor industrial será regido pela aludida legislação especial que deve prevalecer sobre a lei geral.

Art. 1.449. O devedor não pode, sem o consentimento por escrito do credor, alterar as coisas empenhadas ou mudar-lhes a situação, nem delas dispor. O devedor que, anuindo o credor, alienar as coisas empenhadas, deverá repor outros bens da mesma natureza, que ficarão sub-rogados no penhor.

COMENTÁRIOS DOUTRINÁRIOS: O devedor pignoratício, nos penhores especiais, fica na posse direta dos bens na qualidade de depositário irregular, de modo que não poderá alterar ou mudar a situação das coisas empenhadas, salvo se contar com o consentimento escrito do credor. Se o credor consente na alienação, deverão ser adquiridos novos bens que substituirão os antigos e passarão imediatamente a integrar o penhor já constituído. Do mesmo modo que acontece no penhor pecuário com relação aos animais que morrerem no curso do penhor e outros forem adquiridos (art. 1.446 do CC), a sub-rogação somente produzirá os efeitos *erga omnes*, atingindo terceiros adquirentes, se houver um aditivo contratual e o mesmo for averbado junto ao registro de imóveis competente.

Art. 1.450. Tem o credor direito a verificar o estado das coisas empenhadas, inspecionando-as onde se acharem, por si ou por pessoa que credenciar.

COMENTÁRIOS DOUTRINÁRIOS: É permitido ao credor pignoratício vistoriar o estado das coisas empenhadas. Interessante observar que não há, no Código Civil, artigo de lei estabelecendo que no penhor industrial ou mercantil, o devedor pignoratício figurará como depositário, mas no penhor cedular industrial, o art. 28 do Decreto-lei n. 413/1969 prevê que o devedor pignoratício, emitente da cédula, manterá a posse direta dos bens empenhados e responderá pela sua guarda e conservação como fiel depositário. Assim é que se no penhor industrial não for expedida cédula (art. 1.448, parágrafo único, do CC), não se poderá chamar o devedor pignoratício de depositário dos bens, o que não afasta, em absoluto, a possibilidade de o credor inspecionar o estado em que se acham os bens sobre os quais incide a sua garantia.

SEÇÃO VII
DO PENHOR DE DIREITOS E TÍTULOS DE CRÉDITO

Art. 1.451. Podem ser objeto de penhor direitos, suscetíveis de cessão, sobre coisas móveis.

COMENTÁRIOS DOUTRINÁRIOS: O artigo ora estudado confirma uma premissa jurídica básica de que todos os bens que tenham valor econômico podem ser objeto de garantias reais. No caso, são referidos os direitos patrimoniais suscetíveis de cessão que possuem natureza jurídica de bens móveis. Por tal motivo, nada obsta a que se dê em penhor, por exemplo, um direito autoral (no seu aspecto patrimonial), uma marca ou uma patente. Obviamente, se o direito for personalíssimo e, portanto, insuscetível de cessão, não poderá ser dado em garantia, tal como acontece com o direito de preferência conferido ao comprador previsto no art. 520 do Código Civil: "O direito de preferência não se pode ceder nem passa aos herdeiros". Não poderão ser empenhados os direitos oriundos da relação trabalhista ou os decorrentes do direito a alimentos. Na mesma esteira, nem com autorização judicial poderá o tutor, sob pena de nulidade, constituir-se cessionário de crédito ou de direito, contra o menor (art. 1.749, III). O curador também não pode ser cessionário de crédito contra o representado (art. 1.781). Nos moldes legais, os direitos acima elencados não podem ser empenhados, pois não são direitos suscetíveis de cessão. Quanto à caução de títulos de crédito, o Código revogado tratava a matéria disposta na presente seção como caução de títulos de crédito pessoal, pois esse penhor sobre bem incorpóreo não se realiza por uma tradição efetiva de uma coisa material. A nomenclatura antiga era equivocada, pois o vocábulo caução é sinônimo de garantia e funciona como gênero de que são espécies o aval, a fiança (cauções ou garantias pessoais ou fidejussórias) e o penhor, hipoteca, anticrese e a alienação fiduciária em garantia (cauções ou garantias reais). Assim, no direito anterior, tínhamos uma palavra genérica para explicar um instituto específico que é o penhor. Além dessa alteração, o Código Civil atual suprime o penhor sobre títulos nominativos da dívida pública que constava no art. 789 da codificação revogada. O penhor de créditos não se confunde com a cessão de crédito. O credor, no penhor, continua como titular do direito creditício, apenas transferindo, para fins de garantia, a posse do título de crédito ao seu credor. Já na cessão de crédito, em verdade, temos uma autêntica alienação de direitos, uma vez que o cessionário passa a ser o legítimo titular do direito de crédito. A cessão de crédito é disciplinada nos arts. 286 a 298 do Código Civil.

Art. 1.452. Constitui-se o penhor de direito mediante instrumento público ou particular, registrado no Registro de Títulos e Documentos.

Parágrafo único. O titular de direito empenhado deverá entregar ao credor pignoratício os documentos comprobatórios desse direito, salvo se tiver interesse legítimo em conservá-los.

COMENTÁRIOS DOUTRINÁRIOS: Conforme já anotamos anteriormente, o penhor se forma a partir da celebração de um contrato formal, exigindo escritura pública ou particular, sob pena de nulidade. Para que produza os efeitos *erga omnes*, típicos dos direitos reais, fundamental que seja registrado, em se tratando de bens móveis, no cartório de registro de títulos e documentos (art. 1.432 do CC). O parágrafo único traz um arremedo de tradição efetiva para o penhor de direitos, pois prevê que o devedor deverá entregar ao credor pignoratício os documentos que comprovam o crédito, permitindo-se escusar-se da obrigação se demonstrar interesse legítimo em conservá-los. O interesse em conservar o documento deverá ser legítimo e comprovado pelo devedor ao seu credor como, por exemplo, uma determinação judicial, empresarial ou até mesmo de ordem pública de natureza tributária, por exemplo.

JURISPRUDÊNCIA COMENTADA: O registro é igualmente constitutivo e se justifica pela ausência de tradição dos bens incorpóreos que configuram objeto dessa modalidade de penhor, ao contrário do penhor comum que se materializa com a tradição da coisa corpórea (arts. 1.431 e 1.432 do CC). Esse o sentido da decisão acerca da eficácia de cédulas de crédito bancário garantidas por penhor sobre direitos e créditos (recebíveis) da 1.ª Câmara Reservada de Direito Empresarial do Tribunal de Justiça do Estado de São Paulo (AI 0032374-55.2012.8.26.0000, Rel. Des. Fernando Loureiro, j. 26.03.2013).

REFORMA DO CÓDIGO CIVIL: A sugestão aqui é de uma redação mais enxuta, na qual se prestigia a publicidade das garantias reais, com a precisa remissão à redação anteprojetada do art. 1.432.

"Art. 1.452. Constitui-se o penhor de direito mediante instrumento público ou particular, registrado na forma do art. 1432."

Art. 1.453. O penhor de crédito não tem eficácia senão quando notificado ao devedor; por notificado tem-se o devedor que, em instrumento público ou particular, declarar-se ciente da existência do penhor.

COMENTÁRIOS DOUTRINÁRIOS: De certa forma, o penhor de direitos se assemelha a uma cessão do crédito, de vez que a lei assegura ao credor pignoratício o direito de receber a importância consubstanciada no título nos moldes descritos no art. 1.459, IV, do Código Civil. Assim, torna-se fundamental que o devedor seja notificado da constituição do penhor de crédito, da mesma forma que na cessão de crédito o devedor deve ser cientificado, sob pena de não produzir perante ele os efeitos da cessão (art. 290 do CC). Se o devedor do título não for cientificado da constituição do penhor em favor de um credor pignoratício e resgatar o débito perante o seu credor originário, o pagamento se reputará válido, eis que feito de boa-fé ao credor putativo. O fundamento dessa conclusão se encontra no art. 309 do Código Civil, que assim disciplina a matéria, *in verbis*: "O pagamento feito de boa-fé ao credor putativo é válido, ainda provado depois que não era credor". No Código revogado (art. 792, II), ao credor competia notificar o devedor do título para que não pagasse ao seu credor enquanto vigorasse o penhor. Por fim, registre-se que a lei equipara a notificação a qualquer ato do devedor do título que importe em reconhecimento da constituição do penhor.

JURISPRUDÊNCIA COMENTADA: Um apontado devedor obteve êxito em ação declaratória de quitação de débito em razão de estar sendo cobrado por um crédito que foi dado em garantia real a um terceiro sem que tivesse havido a regular notificação. Nesse caso, com acerto, o Tribunal de Justiça do Estado de Minas Gerais declarou, com fulcro no art. 1.453 do Código Civil, "inexistente a dívida, cancelando-se o protesto tirado" (TJMG, Apelação 1.0295.11.002647-9/001, 13.ª Câmara Cível, Rel. Des. Newton Teixeira Carvalho, j. 03.03.2016).

Art. 1.454. O credor pignoratício deve praticar os atos necessários à conservação e defesa do direito empenhado e cobrar os juros e mais prestações acessórias compreendidas na garantia.

COMENTÁRIOS DOUTRINÁRIOS: Vale lembrar que o credor pignoratício tem o dever de velar pelo direito do devedor pignoratício a ele confiado na qualidade de depositário. Sobre o tema, confiram-se as anotações ao art. 1.435 deste Código. No penhor de direitos, a mesma regra se aplica, sendo que aqui posturas positivas a fim de evitar a prescrição, a dilapidação do patrimônio do devedor, a insolvência ou outras situações ruinosas para o devedor pignoratício frente ao seu devedor estão a exigir do credor pignoratício do crédito um comportamento proativo. Os juros e eventuais prestações acessórias a que se refere o artigo, quando recebidos, devem ser descontados da dívida, tal qual se encontra disciplinado no art. 1.435, III, do Código Civil.

Art. 1.455. Deverá o credor pignoratício cobrar o crédito empenhado, assim que se torne exigível. Se este consistir numa prestação pecuniária, depositará a importância recebida, de acordo com o devedor pignoratício, ou onde o juiz determinar; se consistir na entrega da coisa, nesta se sub-rogará o penhor.

Parágrafo único. Estando vencido o crédito pignoratício, tem o credor direito a reter, da

quantia recebida, o que lhe é devido, restituindo o restante ao devedor; ou a excutir a coisa a ele entregue.

COMENTÁRIOS DOUTRINÁRIOS: No que tange aos direitos e deveres do credor, o atual Código Civil modificou o ângulo de visada da matéria ao disciplinar a cobrança do crédito empenhado como um dever do credor pignoratício, no que andou bem, deixando bem mais claro ao intérprete a essência dessa modalidade especial de penhor. O artigo em análise retrata exatamente a forma como se vai exercer os direitos decorrentes do penhor de crédito. No *caput* é conferido ao credor o dever de cobrar a dívida exigível do devedor constante do título, como se fora um mandatário do credor do título. Se o objeto da prestação for dinheiro, o credor deverá depositar a quantia em um banco oficial. Se o objeto da prestação for de dar coisa, esta substituirá (sub-rogação) o título empenhado, incidindo o penhor sobre o bem entregue ao credor pignoratício. Tal circunstância ocasiona uma mutação objetiva no penhor. O parágrafo único complementa o raciocínio ao dizer que o credor que faz a cobrança tem o direito de reter, da quantia recebida, o valor do seu crédito, com o dever de restituir ao seu devedor o que sobejar. Expliquemos melhor. Num primeiro momento, o credor pignoratício, na qualidade de mandatário do credor do título e que vem a ser o seu devedor pignoratício, cobra do devedor do título o valor representativo ou exige a entrega de determinada coisa. Com isso, o penhor passa a incidir sobre o valor ou coisa depositado, de vez que o título já foi cobrado. Agora, resta ao credor pignoratício aguardar o vencimento da dívida do devedor pignoratício. Se este não cumprir a sua obrigação, o credor estará autorizado a reter o que lhe é devido e restituir ao devedor o saldo da obrigação. Se a obrigação for de entregar coisa, deverá executar a dívida com garantia real, sendo vedado o pacto comissório (art. 1.428 do CC).

Art. 1.456. Se o mesmo crédito for objeto de vários penhores, só ao credor pignoratício, cujo direito prefira aos demais, o devedor deve pagar; responde por perdas e danos aos demais credores o credor preferente que, notificado por qualquer um deles, não promover oportunamente a cobrança.

COMENTÁRIOS DOUTRINÁRIOS: O mesmo título pode ser empenhado a vários credores. Observe-se que um título de 100 mil reais pode ser empenhado para garantir cinco dívidas de 20 mil reais. Sucede que há de ser respeitada a regra da prioridade (*prior in tempore potiur jure*), de modo que o primeiro credor pignoratício preferirá aos que lhe seguirem. O devedor, regularmente notificado, na forma do art. 1.453 do Código Civil, deverá, ao realizar o pagamento, observar a preferência dos credores pignoratícios do título. Se o credor com prioridade no recebimento da dívida não efetivar a cobrança, mesmo depois de notificado pelos demais credores, poderá responder por perdas e danos decorrentes da negligência em exercer o direito, causando dano aos outros credores pignoratícios, como seria o caso de a inércia do credor com prioridade ser a causa da insolvência do devedor.

Art. 1.457. O titular do crédito empenhado só pode receber o pagamento com a anuência, por escrito, do credor pignoratício, caso em que o penhor se extinguirá.

COMENTÁRIOS DOUTRINÁRIOS: Já assinalamos anteriormente que o titular do crédito empenhado é o devedor pignoratício que deu em garantia ao seu credor esse direito seu. Nessa toada, ao credor pignoratício são entregues os títulos comprobatórios do crédito (art. 1.451 do CC) e é este quem deverá fazer a devida cobrança (art. 1.455 do CC). A propósito, no caminhar do raciocínio, exige-se que o devedor seja notificado pelo seu credor (devedor pignoratício) a fim de saber a quem deve pagar (art. 1.453 do CC), isto é, para que não pague ao titular do crédito empenhado e sim ao seu credor pignoratício. Entretanto, como se vê do dispositivo em debate, a norma é dispositiva e poderá o devedor pignoratício, excepcionalmente, ser autorizado pelo credor pignoratício a receber o pagamento diretamente do devedor do título, desde que se observe a forma escrita. Essa circunstância acarretará a extinção do penhor pela perda do objeto.

REFORMA DO CÓDIGO CIVIL: O penhor de direitos e títulos de crédito, que é importante para a circulação de recursos financeiros, recebe aqui uma roupagem mais ampla, preenchendo lacunas, o que poderá potencializar ainda mais a sua utilização com maior grau de segurança e previsibilidade.

"Art. 1.457. Sendo notificado o devedor, apenas ao credor pignoratício caberá receber os créditos empenhados, competindo-lhe:

I – praticar os atos necessários à sua conservação e à sua defesa;

II – cobrar os juros e mais prestações acessórias compreendidas na garantia;

III – promover a intimação dos devedores inadimplentes;

IV – usar dos meios judiciais e extrajudiciais para receber os créditos e exercer os demais direitos conferidos ao garantidor pignoratício no contrato original.

§ 1º O devedor do crédito cedido poderá opor ao credor pignoratício as exceções de que dispunha na data da notificação; porém, quando tiver anuído com o penhor sem qualquer reserva, não poderá opor as mesmas exceções posteriormente.

§ 2º Se o penhor for fracionário em relação aos valores de cada pagamento devido, poderá o devedor do crédito cedido obter quitação pagando diretamente ao credor original, que o receberá na qualidade de depositário; se pagar ao credor pignoratício, a quitação é limitada à fração objeto do penhor.

§ 3º A repactuação do crédito é ineficaz perante o credor pignoratício, exceto se este houver anuído.

§ 4º O inadimplemento obrigacional pelo garantidor não confere ao devedor do crédito cedido o direito a repetir contra o credor pignoratício qualquer valor que já tenha pago."

Art. 1.458. O penhor, que recai sobre título de crédito, constitui-se mediante instrumento público ou particular ou endosso pignoratício, com a tradição do título ao credor, regendo-se pelas Disposições Gerais deste Título e, no que couber, pela presente Seção.

COMENTÁRIOS DOUTRINÁRIOS: O artigo em tela restringe o campo de atuação do penhor de crédito para estabelecer a forma pela qual se constitui o penhor de títulos de crédito. Note-se, sistematicamente, que a seção que estamos estudando refere-se a penhor de direitos e penhor de títulos de crédito. O art. 887 do Código Civil apresenta uma clássica definição de título de crédito preconizando que se trata de um "documento necessário ao exercício do direito literal e autônomo nele contido", concluindo a referida norma que a eficácia de tal título depende do preenchimento dos requisitos legais. Como pode ser entendido, o título de crédito é um documento formal, previsto e regulamentado pela lei. De modo que somente se configurará penhor de título de crédito, aplicando-se as regras seguintes, se o documento for descrito na lei como tal. Configuram exemplos marcantes a nota promissória, a duplicata, o cheque e a letra de câmbio. Registre-se que o crédito pode estar documentado em um título sem que estejamos diante de um título de crédito, como sucede, por exemplo, com um termo de reconhecimento de dívida, tão usual no mundo dos negócios. O referido documento prova a existência de um crédito, mas não pode ser chamado tecnicamente de título de crédito e, por conseguinte, não serão aplicadas as regras típicas do instituto. Esse penhor pode ser constituído por instrumento público, particular ou por simples endosso. Em todas as situações, mister que suceda ao ato a tradição efetiva do título para que se possibilite o cumprimento da obrigação assumida. O endosso é o ato jurídico de transferência do título de crédito e normalmente se efetiva a fim de que o novo portador seja o único e verdadeiro titular do direito perante o devedor da obrigação cambial. Entretanto, nada obsta que o endosso seja pignoratício, chamado pela Lei Uniforme (Decreto n. 57.663/1966) de endosso-caução, cujo art. 19 assim se expressa: "Quando o endosso contém a menção 'valor em garantia', 'valor em penhor', ou qualquer outra menção que implique uma caução, o portador pode exercer todos os direitos emergentes da letra, mas um endosso feito por ele só vale como endosso a título de procuração". Por meio desta modalidade de endosso, o endossatário será considerado credor pignoratício da cártula creditícia e poderá exercer os direitos previstos no art. 1.459 deste Código, dentre os quais, o próprio recebimento da importância consubstanciada no título de crédito, mas o fará em decorrência da garantia real estabelecida e não por direito próprio, daí a lei uniforme fazer referência ao endosso-procuração na parte final do transcrito dispositivo legal.

Art. 1.459. Ao credor, em penhor de título de crédito, compete o direito de:

I – conservar a posse do título e recuperá-la de quem quer que o detenha;

II – usar dos meios judiciais convenientes para assegurar os seus direitos, e os do credor do título empenhado;

III – fazer intimar ao devedor do título que não pague ao seu credor, enquanto durar o penhor;

IV – receber a importância consubstanciada no título e os respectivos juros, se exigíveis, restituindo o título ao devedor, quando este solver a obrigação.

COMENTÁRIOS DOUTRINÁRIOS: O penhor de títulos de crédito se configura com a tradição do título. Por esse fato, o credor pignoratício terá direito à posse e à proteção possessória, assim como poderá se utilizar dos meios judiciais para salvaguardar os seus direitos e os do credor do título empenhado (devedor pignoratício). Assim como sucede no penhor de direitos, o credor pignoratício de títulos de crédito deve intimar o devedor do título empenhado para que não pague ao credor do título empenhado durante o prazo do penhor, sob pena de valer o pagamento feito pelo devedor do título ao seu credor. Por último, similar ao art. 1.455 do Código Civil, poderá o credor pignoratício do título de crédito cobrar o débito e seus acessórios ou restituir o título ao devedor pignoratício se este cumprir satisfatoriamente a obrigação. O titular do crédito empenhado, como já vimos, nada mais é do que o devedor pignoratício que, em regra, não pode receber o seu crédito, já que o empenhou ao seu credor. Entretanto, excepcionalmente autoriza o art. 1.457 desta codificação que ele receba o seu crédito mediante a anuência por escrito de seu credor, extinguindo o penhor por falta de objeto.

Art. 1.460. O devedor do título empenhado que receber a intimação prevista no inciso III do artigo antecedente, ou se der por ciente do penhor, não poderá pagar ao seu credor. Se o fizer, responderá solidariamente por este, por perdas e danos, perante o credor pignoratício.

Parágrafo único. Se o credor der quitação ao devedor do título empenhado, deverá saldar imediatamente a dívida, em cuja garantia se constituiu o penhor.

COMENTÁRIOS DOUTRINÁRIOS: Reza o inciso III do artigo antecedente que o credor pignoratício de um título de crédito tem o direito de providenciar a intimação do devedor do título para que este não pague ao seu credor, enquanto durar o penhor. Se este, regularmente intimado, ou de qualquer forma ciente da constituição do penhor sobre o título de crédito, realizar o pagamento, o credor pignoratício poderá responsabilizar o devedor pignoratício e o devedor do título. Trata-se de responsabilidade solidária determinada pela parte final do artigo comentado. Tratando-se de responsabilidade solidária passiva entre o devedor pignoratício e o devedor do título empenhado, poderá o credor pignoratício exigir o pagamento integral do valor consubstanciado no título, tanto de um como de outro, *ex vi* do disposto no art. 275 do Código Civil: "O credor tem direito a exigir e receber de um ou de alguns dos devedores, parcial ou totalmente, a dívida comum; se o pagamento tiver sido parcial, todos os demais devedores continuam obrigados solidariamente pelo resto. Parágrafo único. Não importará renúncia da solidariedade a propositura de ação pelo credor contra um ou alguns dos devedores". A justificativa para que o devedor do título empenhado figure novamente como devedor da obrigação que já adimpliu é o fato de que ele já havia sido notificado para não pagar ao seu credor e desatendeu aos seus termos. Para que se evite o enriquecimento sem causa, quando o devedor do título pagar a obrigação exigida pelo credor pignoratício, se sub-rogará nos direitos deste, posto que na relação jurídica interna entre ele e o devedor pignoratício não figura mais como devedor. Com efeito, o art. 346, III deste Código, ao cuidar da sub-rogação pessoal legal possibilita ao terceiro interessado que pague uma dívida de outrem perante o seu credor, substituindo-o na relação jurídica estabelecida.

JURISPRUDÊNCIA COMENTADA: O credor pignoratício após receber regularmente o título por meio do endosso-caução é parte legítima para a execução por título extrajudicial. Se for feita a regular notificação do devedor nos termos deste artigo e do antecedente (inciso III) e o devedor realizar o pagamento ao seu credor, fazendo tábula rasa dos direitos do credor pignoratício, poderá ser chamado à responsabilidade pelo pagamento da dívida, devendo os seus embargos à execução ser rejeitados (TJPR, Apelação Cível 1490074-6, 15.ª Câmara Cível, Irati, Rel. Des. Luiz Carlos Gabardo, j. 16.03.2016).

SEÇÃO VIII
DO PENHOR DE VEÍCULOS

Art. 1.461. Podem ser objeto de penhor os veículos empregados em qualquer espécie de transporte ou condução.

COMENTÁRIOS DOUTRINÁRIOS: Nas vendas de automóveis realizadas à prestação, normalmente são utilizados os seguintes institutos fiduciários que objetivam salvaguardar os interesses dos credores: alienação fiduciária em garantia, a compra e venda com reserva de domínio e o arrendamento mercantil (*leasing*). Na alienação fiduciária em garantia, o financiador da compra do veículo celebra com o comprador um mútuo vinculado a um pacto de direito real de garantia em que é transferida a propriedade resolúvel do bem para o credor fiduciário até que seja adimplida a obrigação, momento jurídico em que o ex-devedor fiduciante passará a ser o proprietário do bem, colocando fim ao desdobramento da posse. Na compra e venda com reserva de domínio (arts. 521 a 528 do CC), há um contrato de compra e venda com um pacto adjeto em que o vendedor reserva para si a propriedade resolúvel até que a obrigação seja quitada, ocasião em que posse e propriedade se concentram em definitivo nas mãos do comprador. Na forma mais comum de arrendamento mercantil, prevista, para fins de regulamentação do tratamento tributário da matéria, pela Lei n. 6.099/1974, também chamada de *leasing*, o eventual adquirente do bem, na verdade, o aluga, com uma cláusula final de opção de compra. Exercendo o direito de compra, pagará o saldo residual relativo ao preço final do automóvel, isto é, amortizando os valores já pagos a título de aluguel. A essas formas de garantia ao credor pelo financiamento da aquisição de veículos automotores se somará essa inovadora modalidade de penhor. Por ela, o devedor conservará a propriedade, ficando, outrossim, com a posse direta do bem, na qualidade de depositário. O credor pignoratício se reservará na posse indireta do bem. Assim como as modalidades especiais de penhor rural, industrial e mercantil, não haveria vantagem econômica se o devedor fosse obrigado a fazer a tradição do bem empenhado em favor do credor pignoratício. O objeto desse penhor pode ser qualquer veículo de transporte ou de condução, tais como um carro, um caminhão, um trator, um ônibus, dentre outros. Uma das vantagens da nova garantia real é ser menos burocrática, uma vez que o credor não necessitará retransmitir a titularidade do bem quando for cumprida a obrigação, como sucede com a alienação fiduciária em garantia, com o *leasing* e com a compra e venda com reserva de domínio. Passados mais de quinze anos de vigência do Código Civil, verifica-se que esta modalidade de garantia não teve o efeito social esperado, não tendo grande serventia prática.

Art. 1.462. Constitui-se o penhor, a que se refere o artigo antecedente, mediante instrumento público ou particular, registrado no Cartório de Títulos e Documentos do domicílio do devedor, e anotado no certificado de propriedade.

Parágrafo único. Prometendo pagar em dinheiro a dívida garantida com o penhor, poderá o devedor emitir cédula de crédito, na forma e para os fins que a lei especial determinar.

COMENTÁRIOS DOUTRINÁRIOS: Toda modalidade de direito real constituído por contrato exige a especialização com a descrição da dívida e do bem dado em garantia, assim como o registro, do qual a partir da publicidade do ato, ressai a eficácia *erga omnes*, típica dos direitos reais. O artigo em exame exige a inscrição no cartório do registro de títulos e documentos do domicílio do devedor e a anotação do certificado de propriedade do veículo, a cargo do departamento de trânsito do Estado. A exigência objetiva dar maior segurança jurídica para terceiros, tendo em vista que os bens móveis são transferidos por simples tradição e em se tratando de veículo automotor pode ser exigido que o comprador de um automóvel confira o Documento Único de Transferência (DUT), mas não exatamente o registro no cartório de títulos e documentos do domicílio do devedor. Se não houver essa anotação, o bem será considerado livre de ônus, protegendo-se a boa-fé do adquirente. O parágrafo único do artigo em tela admite que o devedor emita cédula de crédito na forma que a lei especial disciplinar. Tal previsão legal tem a vantagem de mobilizar o crédito, incentivando as financeiras a ofertarem crédito aos adquirentes de bem de consumo por meio do penhor de veículos.

Art. 1.463. (Revogado pela Lei n. 14.179, de 2021)

Art. 1.464. Tem o credor direito a verificar o estado do veículo empenhado, inspecionando-o onde se achar, por si ou por pessoa que credenciar.

COMENTÁRIOS DOUTRINÁRIOS: Diferentemente das previsões legais assemelhadas encontradas nos arts. 1.441 e 1.450 do Código Civil, o dispositivo em comento não se justifica pelo fato de o devedor pignoratício ficar na posse direta do bem na qualidade de simples depositário, uma vez que não há regra nesse sentido. O direito é assegurado ao credor apenas para que fiscalize o estado do veículo. Se o veículo estiver deteriorado ou depreciado, o devedor poderá ser intimado para reforçar a garantia.

Não o fazendo, operar-se-á o vencimento antecipado da dívida, à luz do que prescreve o art. 1.425, I, deste Código. A regra se mostra interessante para o credor, pois, como sabido, o que garante a dívida é o valor que a coisa representa no momento da execução, e, inspecionando o estado do veículo empenhado, poderá antever e até mesmo evitar prejuízos.

Art. 1.465. A alienação, ou a mudança, do veículo empenhado sem prévia comunicação ao credor importa no vencimento antecipado do crédito pignoratício.

COMENTÁRIOS DOUTRINÁRIOS: A par das inúmeras hipóteses legais de vencimento antecipado da dívida, previstas no art. 1.425 do Código Civil, o artigo em destaque prevê o vencimento antecipado da dívida em decorrência da postura temerária do devedor que se muda ou aliena o bem sem prévia comunicação ao credor. O credor, pelo registro do penhor no cartório de títulos e documentos e, principalmente, pela publicidade conferida ao ônus real decorrente da anotação do gravame no certificado de propriedade do veículo, já é dotado de sequela, o que protege o credor de sucessivas alienações. Imperioso lembrar, ainda, que a norma não exige autorização do credor para legitimar a venda, mas tão somente que ele seja comunicado a fim de que saiba com quem está o bem que garante a obrigação principal, de modo a facilitar o processo de execução. Em ambos os casos, se não houver a comunicação prévia, por expressa previsão legal, haverá o vencimento antecipado da dívida.

Art. 1.466. O penhor de veículos só se pode convencionar pelo prazo máximo de dois anos, prorrogável até o limite de igual tempo, averbada a prorrogação à margem do registro respectivo.

COMENTÁRIOS DOUTRINÁRIOS: A lei prevê de forma cogente o prazo máximo de dois anos para o penhor de veículos, permitindo-se a prorrogação por igual prazo, que deverá ser averbada junto aos registros necessários, a fim de que se produzam os regulares efeitos. O art. 1.439 do Código Civil previa o prazo de três anos para o contrato de penhor rural agrícola e de quatro anos para o penhor rural pecuário, igualmente prorrogável por igual período, o que veio a ser alterado com a edição da Lei n. 12.873/2013, determinando como prazo máximo para ambas as modalidades aquele que se aplicar às obrigações garantidas. Nos parece que a exiguidade do prazo se deve à rapidez com que os automóveis se veem desvalorizados economicamente, fato que poderia ameaçar o objetivo primaz dos direitos reais de garantia, que é o de garantir o integral cumprimento da obrigação.

REFORMA DO CÓDIGO CIVIL: Nos comentários doutrinários *supra*, trazemos o nosso pensamento acerca da justificativa para que o prazo máximo do penhor seja tão exíguo, mas parece-nos que entregar o tema à autonomia privada é o melhor caminho. Nesse sentido, é sugerida nova redação ao artigo, nos seguintes termos: "Art. 1.466. O penhor de veículos será convencionado pelo prazo da obrigação principal".

SEÇÃO IX

DO PENHOR LEGAL

Art. 1.467. São credores pignoratícios, independentemente de convenção:

I – os hospedeiros, ou fornecedores de pousada ou alimento, sobre as bagagens, móveis, joias ou dinheiro que os seus consumidores ou fregueses tiverem consigo nas respectivas casas ou estabelecimentos, pelas despesas ou consumo que aí tiverem feito;

II – o dono do prédio rústico ou urbano, sobre os bens móveis que o rendeiro ou inquilino tiver guarnecendo o mesmo prédio, pelos aluguéis ou rendas.

COMENTÁRIOS DOUTRINÁRIOS: O penhor legal é criado por lei e tem por fundamento a necessidade imaginada pelo legislador de proteger determinada categoria especial de crédito, à semelhança do que sucede na hipoteca legal regulada nos arts. 1.489 a 1.491 do Código Civil. Essa modalidade de garantia creditícia se mostra mais eficaz do que os privilégios creditórios legais previstos para a execução coletiva nos arts. 955 a 965 do Código Civil, uma vez que não ficam na dependência de deflagração da decretação de insolvência ou de quebra do devedor, assim como do próprio direito de retenção. A opção legislativa demonstra a tutela especial. Dois foram os créditos especiais escolhidos pelo artigo em estudo:

o da pessoa física ou jurídica que hospeda pessoas mediante a paga de uma remuneração e a do dono do imóvel, objeto de locação urbana ou rural, que cede o uso do bem tendo por causa o pagamento de um aluguel. Ambos os credores poderão pedir a homologação do penhor legal em juízo a fim de que sejam penhorados os bens empenhados (arts. 1.471 do CC e 703 a 706 do CPC/2015). No primeiro caso, os bens empenhados são as bagagens, os móveis, as joias ou até mesmo o dinheiro que os consumidores guardarem no interior da unidade que serviu para a hospedagem. No segundo caso, os bens empenhados serão os bens móveis que o inquilino tiver guarnecendo a sua residência ou o estabelecimento que serve de objeto para a locação não residencial. Embora a similitude entre o penhor legal e o direito de retenção seja inegável, ensejando ambos a manifestação do exercício da autotutela como técnica de incrementar o recebimento do que é devido ao credor, devemos diferenciá-los. Pelo direito de retenção, a lei assegura ao credor que retenha o bem até ser regiamente indenizado, conforme sucede com o depositário, em que a lei permite o exercício do referido direito para que se assegure a este o recebimento da retribuição devida ou o líquido valor das despesas ou dos prejuízos ocasionados em decorrência do contrato (art. 644 do CC). É igualmente deferido o direito de retenção ao possuidor de boa-fé até que seja indenizado pelas benfeitorias necessárias e úteis que tiver realizado no imóvel. Tal direito também é estendido para o caso das acessões imobiliárias, como vimos em comentários ao art. 1.219 deste Código. Diferentemente do direito de retenção, o penhor legal incide sobre bens móveis e sempre decorrerá de uma postura positiva do credor que, na defesa de seu crédito, se apossa dos bens do devedor para depois requerer a homologação do penhor, buscando o recebimento de seu crédito, respeitada a prioridade no recebimento da dívida e a possibilidade de execução, fatos que bem demonstram estarmos diante de um autêntico direito real de garantia especial. Note-se que a conduta do titular do direito de retenção é apenas passiva no atinente à cobrança do que lhe é devido, o que não sucede com o titular do penhor legal, a quem se permite um comportamento ativo para cobrar o que lhe é devido. Passemos a analisar o inciso I que envolve o contrato de hospedagem e também o Código de Proteção e Defesa do Consumidor. A pessoa jurídica que atue no ramo de hotelaria ou pousada amolda-se ao conceito de fornecedores de serviço na exata dicção do art. 3º da Lei n. 8.078/1990, assim como o hóspede reputa-se consumidor à luz do art. 2º do Código de Defesa do Consumidor. Estabelecidas as bases da ideia de que estamos diante de um contrato de consumo, resta saber se a previsão do penhor legal se coaduna com a regra prevista em lei especial anterior que, como cediço, não é revogada por lei geral posterior, a não ser que com ela se mostre incompatível, mormente tendo a lei consumerista maior densidade axiológica por ancorar-se nas próprias garantias constitucionais (art. 5º, XXXII) e como princípio da ordem econômica (art. 170, V). Vale, ainda, considerar a cláusula de abertura estatuída no art. 7º do CDC, que deve servir sempre de anteparo a qualquer possibilidade de retrocesso trazido pelo novo Código Civil ou por outras leis supervenientes. Nesse sentido, reza o *caput* do art. 42 do Código de Proteção e Defesa do Consumidor que "na cobrança de débitos, o consumidor inadimplente não será exposto ao ridículo, nem será submetido a qualquer tipo de constrangimento ou ameaça". Pelo penhor legal, o consumidor não é exposto ao ridículo, pois se trata de procedimento judicial em que o credor pretende salvaguardar o seu direito, como tantos outros previstos em lei. Entendemos, outrossim, que não se trata de ameaça, pois a referida palavra não pode significar o exercício regular de um direito reconhecido por lei. Entrementes, quando a lei especial diz que o consumidor não poderá sofrer, na cobrança de dívidas, nenhum tipo de constrangimento, parece-nos, com todas as vênias, que estaria o Código de Defesa do Consumidor vedando a utilização do penhor legal como técnica de cobrança de dívidas, pois inegável que a postura de autotutela praticada pelo dono do hotel em se apropriar de bens de uso e consumo do devedor, inclusive bagagem e dinheiro, antes mesmo de recorrer à autoridade judiciária, causará, por certo, toda a sorte de constrangimentos ao consumidor. A lei não prevê o momento em que poderá ser realizado o penhor legal, tampouco há referência a um valor mínimo da dívida a fim de justificar o procedimento, o que cria uma condição puramente potestativa em favor do hospedeiro, possibilitando que o consumidor seja vítima de uma prática abusiva nos moldes do art. 39 da Lei n. 8.078/1990. Algumas questões jurídicas podem ser suscitadas na cobrança do crédito locatício previsto no inciso II da norma anotada. A primeira delas diz respeito à inviolabilidade do domicílio prevista no art. 5º, XI, da Constituição da República, que estatui, *in verbis*: "A casa é asilo inviolável do indivíduo, ninguém nela podendo penetrar sem consentimento do morador, salvo em caso de flagrante delito ou desastre, ou para prestar socorro, ou, durante o dia, por determinação judicial". E nesse ponto ganha relevo a questão relativa ao tipo penal de invasão de domicílio (art. 150, CP) que pune a entrada ou permanência, clandestina ou astuciosa, de uma pessoa em casa alheia ou em suas dependências. Aplicar essa regra, inegavelmente, será afrontar a Constituição Federal. Outra questão tormentosa na condução do penhor legal é a Lei n. 8.009/1990, conhecida como lei da impenhorabilidade do bem de família, norma jurídica posterior ao anteprojeto que deu origem ao atual Código e que estabelece ser impenhorável o único imóvel que serve de residência para a família, assim como os bens móveis que guarnecem a residência. Não guarda logicidade falar-se em empenhamento de bens que não são penhoráveis. Por tais motivos, o penhor legal na hipótese *supra* parece-nos inconstitucional se não houver o consentimento do locatário, além de anômalo ante a Lei n. 8.009/1990, que tornou impenhoráveis, ressalvadas algumas exceções (art. 3º), as pertenças de um imóvel que não se repute adorno suntuoso, verificado por ato do juiz com o ato de penhora realizado pelo oficial de justiça, sendo vedada, portanto, a justiça privada.

JURISPRUDÊNCIA COMENTADA: Em que pese nosso posicionamento da inviabilidade da utilização do penhor legal nos contratos regidos pelo Código de Defesa do Consumidor, a jurisprudência tem admitido e recusado compensação por dano moral pleiteado por consumidor inadimplente em razão da retenção dos seus pertences. Essa foi a conclusão da 31.ª Câmara de Direito Privado do Tribunal de Justiça do Estado de São Paulo em razão da realização de um penhor legal por um hotel na cidade de Guarujá pelo não pagamento das diárias em uma suíte de apart-hotel (APL 1003657-55.2014.8.26.0223, Ac. 11604462, Rel. Des. Carlos Nunes, j. 05.07.2018). Na mesma linha, tem sido admitida utilização desse expediente na cobrança de aluguéres, sendo julgada improcedente ação de indenização pela retenção de bens móveis da locatária como forma de adimplemento da dívida pelo entendimento de que o inciso II do artigo em exame confere validade a essa conduta (TJRS, RCív 0034520-97.2017.8.21.9000, 1.ª Turma Recursal Cível, Rel. Juiz José Ricardo de Bem Sanhudo, j. 25.07.2017). Uma das hipóteses de cabimento da liminar de despejo é a falta de pagamento de aluguel e acessórios da locação no vencimento, estando o contrato desprovido de qualquer das garantias locatícias previstas no art. 37 da Lei n. 8.245/1991 (art. 59, § 1º, IX, da Lei n. 8.245/1991). Em uma locação de *shopping center* sem garantia e com o inadimplemento comprovado, o Tribunal de Justiça maranhense manteve decisão interlocutória que, além de deferir a liminar, assegurou ao locador a retenção dos bens como garantia da dívida, sob a condição estabelecida na lei do inquilinato de prestação de caução. Em nosso modo de ver, o fato de se tratar de locação não residencial leva a que a decisão tenha sido acertada (TJMA, AI 043229/2016, 5.ª Câmara Cível, Rel. Des. José de Ribamar Castro, j. 21.11.2016).

Art. 1.468. A conta das dívidas enumeradas no inciso I do artigo antecedente será extraída conforme a tabela impressa, prévia e ostensivamente exposta na casa, dos preços de hospedagem, da pensão ou dos gêneros fornecidos, sob pena de nulidade do penhor.

COMENTÁRIOS DOUTRINÁRIOS: O penhor legal também exige para a sua configuração o requisito da especialização, ou seja, que conste com precisão o *quantum debeatur* e o bem que irá garantir a dívida. Na hipótese da garantia locatícia, a dívida será calculada segundo o valor do aluguel e dos consectários decorrentes da mora, desde que estejam previstos no contrato ou, se for o caso, no valor do documento de quitação no caso de locação verbal. Sucede, entretanto, que a fixação do valor da diária e das despesas realizadas pelo hóspede não se encontra prevista em nenhum contrato ou documento. Por tal motivo, a lei estabelece que as despesas do hóspede deverão ser calculadas segundo tabela impressa, prévia e ostensivamente exposta na casa, não só do preço da hospedagem, como também dos preços dos serviços utilizados pelo consumidor dos serviços. Se o hotel ou assemelhado não tiver a referida tabela, não poderá utilizar-se do penhor legal, sob pena de nulidade. A regra prestigia a boa-fé objetiva com os seus consectários de transparência e dever de informação, valores caros na exegese das relações consumeristas, como é o caso.

Art. 1.469. Em cada um dos casos do art. 1.467, o credor poderá tomar em garantia um ou mais objetos até o valor da dívida.

COMENTÁRIOS DOUTRINÁRIOS: Considerados os comentários feitos por ocasião do art. 1.467 deste Código, cumpre registrar que o penhor legal retrata situação jurídica de autotutela em favor do credor, pois delega ao interessado a possibilidade de proteger o seu direito antes mesmo do pronunciamento judicial, uma vez que a homologação do penhor legal é feita posteriormente ao início de constituição do penhor. O fato é que o dispositivo legal em tela possibilita ao credor tomar em garantia (justiça privada), ou seja, se apossar dos bens do devedor em quantidade suficiente para garantir o recebimento de seu crédito. Em complemento, o artigo seguinte permite ao credor se apossar dos bens do devedor.

Art. 1.470. Os credores, compreendidos no art. 1.467, podem fazer efetivo o penhor, antes de recorrerem à autoridade judiciária, sempre que haja perigo na demora, dando aos devedores comprovante dos bens de que se apossarem.

COMENTÁRIOS DOUTRINÁRIOS: A autorização deferida na regra em comento visa proteger o credor do *periculum in mora* ocasionado pela possibilidade de o devedor retirar os bens do alcance do credor. Parece-nos que essa norma não apresenta grande utilidade prática, pois é da própria essência do penhor legal assegurar o referido apossamento que não exonerará o credor de requerer em juízo a homologação judicial do penhor legal nos moldes dos arts. 1.471, do Código Civil, e 703, do Código de Processo Civil, assim como também é defeso apossar-se de bens que excedam o valor da dívida, dentro da lógica do razoável. A ausência da entrega de comprovante dos bens de que se apossou o credor aos devedores torna ilegítimo o procedimento, justificando que o devedor peça em juízo a recuperação da posse.

JURISPRUDÊNCIA COMENTADA: O Tribunal de Justiça paulista assegurou a busca e apreensão dos bens apreendidos pelo credor em contrato de hospedagem em *flat* em razão de não ter sido entregue aos devedores o comprovante dos bens apossados nem o pedido imediato de homologação judicial, na forma da lei (TJSP, APL 0228452-18.2009.8.26.0100, Ac. 5535408, 29.ª Câmara de Direito Privado, São Paulo, Rel. Des. Reinaldo Caldas, j. 16.11.2011).

Art. 1.471. Tomado o penhor, requererá o credor, ato contínuo, a sua homologação judicial.

COMENTÁRIOS DOUTRINÁRIOS: O procedimento para a homologação judicial do penhor legal se encontra arrolado dentre os procedimentos especiais, precisamente nos arts. 703 a 706 do Código de Processo Civil, e pode assim ser esquematizado: 1º) no plano do direito material, o credor toma em garantia um ou mais objetos do devedor para garantir o cumprimento da obrigação; 2º) por petição inicial, é solicitada em juízo a homologação do penhor legal; 3º) para tanto, o credor instruirá a inicial com o contrato de locação ou a conta pormenorizada das despesas, a tabela de preços, se for o caso, e o inventário dos bens do devedor que servem de objeto ao penhor legal; 4º) o devedor é citado para pagar ou contestar na audiência preliminar que for designada, ato a partir do qual será observado o procedimento comum; 5º) na forma do art. 704 do Código de Processo Civil de 2015 a defesa do devedor somente poderá versar sobre a nulidade do processo, extinção da obrigação, não se tratar de dívida sujeita ao penhor legal ou os bens não poderem ser dados em penhor, eventualmente, por serem impenhoráveis, ou a alegação de haver sido ofertada caução idônea, rejeitada pelo credor; 6º) por último, rechaçadas as defesas do requerido, o juiz homologará o penhor, consolidando-se a posse do autor sobre o bem e constituindo o direito real de garantia; indeferido, restituído será o bem ao devedor, "ressalvado ao autor o direito de cobrar a dívida pelo procedimento comum, salvo se acolhida a alegação de extinção da obrigação". Da sentença caberá apelação, restando previsto no § 1º do art. 706 que "na pendência de recurso, poderá o relator ordenar que a coisa permaneça depositada ou em poder do autor". Vale lembrar que o penhor legal é forma excepcional de criação de direito real de garantia, pois, como sabido, a forma contratual é a regra. Desse modo, se o locatário prestar em favor do credor uma caução idônea, não poderá ser validamente efetivado o penhor legal. Inovação trazida pelo Código de Processo Civil de 2015 é a possibilidade de a homologação do penhor legal ser promovida pela via extrajudicial, como previsto no art. 703, §§ 2º, 3º e 4º. Nesse caso, o requerimento deverá atender aos mesmos requisitos exigidos para o ingresso pela via judicial. Será promovida a notificação extrajudicial do devedor para – em cinco dias – pagar ou impugnar a cobrança, podendo alegar qualquer das defesas previstas no art. 704 do CPC/2015. Caso haja impugnação, haverá o encaminhamento para o Juízo competente. Inerte, será formalizada a homologação do penhor legal pelo notário, por meio de escritura pública.

Art. 1.472. Pode o locatário impedir a constituição do penhor mediante caução idônea.

COMENTÁRIOS DOUTRINÁRIOS: O penhor legal é forma excepcional de criação de direito real de garantia, pois como sabido a forma contratual é a regra. Deste modo, se o locatário prestar em favor do credor uma caução idônea, não poderá ser validamente efetivado o penhor legal. Caução, na dicção legal, tem o significado de garantia, que poderá ser fidejussória, como a fiança ou uma garantia real.

CAPÍTULO III
DA HIPOTECA

SEÇÃO I
DISPOSIÇÕES GERAIS

Art. 1.473. Podem ser objeto de hipoteca:

I – os imóveis e os acessórios dos imóveis conjuntamente com eles;

II – o domínio direto;

III – o domínio útil;

IV – as estradas de ferro;

V – os recursos naturais a que se refere o art. 1.230, independentemente do solo onde se acham;

VI – os navios;

VII – as aeronaves;

VIII – o direito de uso especial para fins de moradia; (Incluído pela Lei n. 11.481, de 2007)

IX – o direito real de uso; (Incluído pela Lei n. 11.481, de 2007)

X – a propriedade superficiária; (Redação dada pela Lei nº 14.620, de 2023)

XI – os direitos oriundos da imissão provisória na posse, quando concedida à União, aos Estados, ao Distrito Federal, aos Municípios ou às suas entidades delegadas e a respectiva cessão e promessa de cessão. (Incluído pela Lei nº 14.620, de 2023)

§ 1º A hipoteca dos navios e das aeronaves reger-se-á pelo disposto em lei especial.

§ 2º Os direitos de garantia instituídos nas hipóteses dos incisos IX e X do *caput* deste artigo ficam limitados à duração da concessão ou direito de superfície, caso tenham sido transferidos por período determinado. (Incluído pela Lei n. 11.481, de 2007)

COMENTÁRIOS DOUTRINÁRIOS: A hipoteca é um direito real de garantia que, à exceção dos navios e das aeronaves, tem por objeto um imóvel e não enseja o desapossamento do bem das mãos do devedor ou de eventual terceiro dador da garantia. Pela constituição da hipoteca, o bem fica afetado ao cumprimento de uma obrigação pessoal, não perdendo o devedor hipotecário nenhum dos poderes inerentes à propriedade, de modo que continuará exercendo o poder de uso, fruição, disposição e sequela. Por outro lado, para o credor hipotecário o registro da hipoteca se apresenta de grande valia, tendo em vista que, pelo atributo da sequela, o credor fica protegido das futuras alienações do imóvel. Sob o ponto de vista teórico e de evolução da dogmática, a hipoteca representa o instrumento de garantia mais perfeito, elaborado pela ciência civil. Pode-se até dizer que, pelo apuro técnico a que o direito consegue chegar nesse instituto, é um dos padrões de perfeição da ciência jurídica, como, também, por exemplo, os títulos de crédito. É fácil compreender-se essa excelência de instrumento econômico e jurídico, que é a hipoteca, quando se a compara, no seu funcionamento, com as outras garantias, as quais representam, nitidamente, fases da evolução do instituto. Além do que, ao garantir-se a posse e propriedade do bem ao devedor, maior facilidade ele terá para adimplir a obrigação. Esta, que é uma de suas maiores vantagens, é também um entrave para a satisfação dos interesses do credor, pois permanecendo a titularidade do bem nas mãos do devedor, a passagem da propriedade para o credor ou a quem arremate o bem e quite a obrigação é, muitas vezes, cercada de incidentes processuais e toda sorte de impugnações que acabam por tornar a hipoteca um instituto de menor utilização, nos dias que correm, do que a alienação fiduciária em garantia, pois nesta o bem é transferido para o credor e somente voltará às mãos do devedor fiduciante se a obrigação principal for paga. Há tempos que parte da doutrina processual, a partir de estudo formulado por Francesco Carnelutti, tem se negado a reconhecer que a hipoteca seria um direito real, pois não se vislumbra no instituto nenhuma manifestação de direito real por parte do credor sobre o bem do devedor ou de terceiro, uma vez que o devedor hipotecário ou o dador de garantia continuam com o uso, gozo, disposição e sequela sobre o bem. Para essa corrente, haveria uma ação hipotecária disponibilizada ao credor que, na proteção de seu direito creditício, acordou com o devedor a pré-penhora de determinado bem. Sem dúvida que esse posicionamento seduz e atrai pela sutil inteligência de que se reveste, mormente se notarmos que as principais normas sobre a hipoteca se encontram no âmbito do processo civil, tais como o previsto no art. 1.482 deste Código, que, equivocadamente, trata da remição da execução num código de direito material. Convém notar que o CPC/2015 revogou o citado dispositivo legal do Código Civil e, em seu art. 877, § 3º, contempla regra correspondente àquela do artigo revogado ("no caso de penhora de bem hipotecado, o executado poderá remi-lo até a assinatura do auto de adjudicação, oferecendo preço igual ao da avaliação, se não tiver havido licitantes, ou ao do maior lance oferecido"). Entretanto, há alguns aspectos que nos parecem devam ser referidos, tais como o fato de a hipoteca nascer de um contrato acessório em que as partes convencionam o cumprimento espontâneo de uma obrigação principal. De fato, o entendimento de que a hipoteca é um instituto processual parece partir da premissa do inadimplemento com a necessidade de recurso ao aparelho judiciário para a garantia da percepção do crédito. Ora, o normal é que a hipoteca, assim como fora constituída, se resolva no âmbito do direito material, por meio do pagamento da dívida. Observamos, ainda, que o credor titulariza direitos reais à medida que ele pode intimar o devedor para que reforce a garantia, sob pena de vencimento antecipado (art. 1.425, I), pode se opor ao preço oferecido pelo terceiro adquirente no caso de remição por este tencionada (art. 1.481, § 1º), e o que se mostra mais contundente na defesa da natureza real do direito: o credor é titular do direito de sequela, podendo executar a dívida hipotecária, independentemente de com quem esteja o bem no momento da execução. Como sabido, a sequela é uma das características mais marcantes dos direitos reais. Por tais motivos, nos parece que a hipoteca é um direito real que, reconheça-se, apresenta diferenciada estrutura se comparada com os demais direitos reais. O artigo em análise apresenta os bens que podem ser objeto de hipoteca. Consideram-se bens imóveis o solo e tudo o que lhe incorporar natural ou artificialmente, conforme prescreve o art. 79 do Código Civil. Os bens imóveis se submetem ao regime hipotecário. A mobilidade ou imobilidade do bem não constitui critério seguro para saber se o mesmo deve ser empenhado ou hipotecado, de vez que, enquanto incide penhor rural agrícola sobre colheitas pendentes (art. 1.442, II, do CC), existe hipoteca sobre aeronave (Lei n. 7.565/1986). A norma jurídica e a autonomia da vontade é que definirão o direito real da garantia a ser constituído. Quando o direito real de usufruto, uso e habitação incide sobre bem imóvel, a lei a considera imóvel (art. 80), mas não poderão ser dados em hipoteca a terceiros, tendo em vista o caráter de indisponibilidade de que se revestem (arts. 1.393, 1.413 e 1.416 do CC). A exceção fica por conta do direito real de uso, que decorre da concessão de uso outorgada pelo Poder Público, na qual a Lei n. 11.481/2007, por razões de interesse público e de fomento à moradia, possibilitou que sirvam de objeto de hipoteca, respeitada a temporariedade inerente a esses institutos. Ainda na parte geral, precisamente nos arts. 92 a 97 do Código Civil, são identificados os bens acessórios. Acessórios ao imóvel são as edificações, as plantações, assim como as benfeitorias necessárias, úteis ou voluptuárias realizadas e incorporadas ao bem. As pertenças entram na classe dos acessórios do imóvel, tais como os materiais utilizados de modo duradouro, por destinação do proprietário, para o fim de exploração industrial, aformoseamento ou comodidade, de que são exemplos as máquinas utilizadas no imóvel, o gado, a estátua, o ar-condicionado, dentre outros. Importante não esquecer que tais bens podem, individualmente considerados, garantir uma dívida, como a constituição de um penhor mercantil ou industrial sobre as máquinas, penhor pecuário sobre o gado e o penhor convencional sobre a estátua. A propósito da referida conclusão, merece registro que o art. 95 do Código Civil estabelece que: "Apesar de ainda não separados do bem principal, os frutos e produtos podem ser objeto de negócio jurídico". Registre-se uma vez mais que para dirimir possíveis conflitos referentes ao alcance da garantia real, a lei exige que haja especialização do bem dado em garantia (art. 1.424, IV, do CC), sob pena de ineficácia do ato. Pode, ainda, incidir hipoteca sobre o domínio direto e útil de um imóvel, titularidades que existem no vetusto direito real de enfiteuse. O Código Civil veda a constituição de novos aforamentos no art. 2.038 do Código Civil, mas resguardou o ato jurídico perfeito, ressalvando as que já existiam sob a égide do direito anterior. O art. 678 do Código Civil revogado definia o instituto, *in verbis*: "Dá-se a enfiteuse, aforamento, ou emprazamento, quando por ato entre vivos, ou de última vontade, o proprietário atribui a outrem o domínio útil do imóvel, pagando a pessoa, que o adquire, e assim se constitui enfiteuta, ao senhorio direto uma pensão, ou foro, anual, certo e invariável". Assim é que nesse superado direito real, o enfiteuta exerce todos os poderes inerentes ao domínio, daí dizer-se que é titular do domínio útil, ao passo que enfiteuticador apenas exerce direitos patrimoniais sobre o bem, como o recebimento do foro, anual, certo e invariável, e percebe o laudêmio, que vem a ser uma prestação pecuniária percentual paga a ele em decorrência da alienação onerosa do bem gravado com enfiteuse (imóvel foreiro). No aforamento particular, o laudêmio é de 2,5% sobre o preço da venda. Pois bem, tanto o enfiteuticador (titular do domínio direto), quanto o enfiteuta (titular do domínio útil), poderão dar em hipoteca os respectivos direitos patrimoniais. É lícito ao proprietário hipotecar os produtos com valor econômico que remanescem do solo, das encostas ou, até mesmo, do subsolo, desde que se trate de exploração dos recursos minerais na construção civil de um prédio e não haja transformação industrial. Dessa sorte, o proprietário pode explorar uma pedreira que exista dentro de seu imóvel e hipotecá-la para fins de financiamento de sua atividade. Apesar de serem bens móveis, os navios e aeronaves se submetem ao regime hipotecário. A hipoteca de navios é regida pelas normas da Lei n. 2.180/1954, que dispõe sobre o Tribunal Marítimo. A hipoteca de aeronaves é regida pelo Código Brasileiro do Ar (Lei n. 7.565/1986). O registro da hipoteca de navios é feito no Tribunal Marítimo e, das aeronaves, no Registro Aeronáutico Brasileiro. É comum que se constitua a hipoteca ainda na fase de confecção dos valiosos bens a fim de facilitar e fomentar o financiamento da construção. Repise-se que a Lei n. 11.481/2007 aumentou o rol de bens que podem servir de objeto da hipoteca. São direitos reais sobre as coisas alheias temporários que já foram aqui estudados como o direito real de uso e a propriedade superficiária. Dotados de valor econômico, tais bens podem ser dados em hipoteca, observando-se a advertência prevista no § 2º no sentido de que a hipoteca fica limitada ao período de tempo de vigência dos direitos do usuário ou do superficiário, conforme o caso. Uma modalidade de hipoteca que merece ser apontada é a denominada hipoteca reversa. Trata-se de modalidade de direito real de garantia pela qual uma pessoa, em regra, idosa, grava o seu imóvel em favor do credor com o escopo de receber determinada importância em dinheiro, entregue pelo mutuante de uma só vez ou em parcelas periódicas, valor que somente deverá ser quitado após o falecimento ou alienação do imóvel por parte do mutuário. Essa modalidade de hipoteca é utilizada em outros países como, por exemplo, nos Estados Unidos, recebendo a denominação de *reverse mortgage* e que funciona como um produto econômico oferecido pelas instituições financeiras que tem como destinatário a pessoa idosa a fim de que esta, com o notório aumento da expectativa de vida, reúna condições de extrair do patrimônio imobiliário eventualmente granjeado uma liquidez monetária apta a atribuir melhor qualidade de vida sem que com isso a pessoa tenha que se desfazer do patrimônio em vida. Serve como complemento da aposentadoria para o devedor e para o credor há a vantagem de considerável segurança jurídica com relação à satisfação da recuperação do ativo emprestado por dois motivos: 1) a morte é evento futuro e certo e com relação aos idosos, estatisticamente, é mais próxima; 2) os bens imóveis são dotados de perenidade se comparados com os móveis. Aplicam-se, no caso, todas as características já vistas na hipoteca com a peculiaridade de que a satisfação do crédito dar-se-á após o momento da morte do devedor ou mesmo da alienação, voluntária ou forçada, do bem onerado. Com o evento morte faz-se um acerto de contas em relação à importância que o credor emprestou e o valor do imóvel afetado ao cumprimento da obrigação. Enquanto a hipoteca clássica, muitas vezes, é feita para facilitar a aquisição de um imóvel para fins de moradia e, conforme vai sendo pago o financiamento, o bem, em proporção ao adimplemento, se incorpora no patrimônio livre do adquirente, nessa modalidade, ainda atípica no Brasil, os recursos entregues ao devedor, se não forem pagos, levarão à perda futura do imóvel, que não atingirá a esfera jurídica do devedor, mas dos seus pretensos herdeiros que, como sabido, possuem sobre a herança apenas expectativa de direito. Sendo o ato de constrição oneroso, sequer há que se falar em preservação da legítima dos herdeiros necessários. Sem lei federal regulamentando, não vemos como ser possível a efetivação dessa modalidade de hipoteca em razão da insegurança jurídica que desmotiva o empreendimento, da especialização ser diferente do modelo estabelecido no Código Civil, além das dificuldades de ordem registral para a eficácia da garantia, pois, como cediço, a tipicidade norteia tal ramo do direito. Em se tratando de constrição imobiliária, se a pessoa for casada, indispensável será a outorga uxória, salvo se o regime for o da separação absoluta de bens (art. 1.647, I, do CC). Importa ainda esclarecer, nesse passo, a dificuldade que a hipoteca reversa terá para subsistir frente ao direito real de habitação que compete ao cônjuge ou companheiro sobrevivente que somente pode ser renunciado após a sua efetivação com a morte, conforme prevê o Enunciado n. 271 da *III Jornada de Direito Civil* do Conselho da Justiça Federal/STJ: "Art. 1.831: O cônjuge pode renunciar ao direito real de habitação, nos autos do inventário ou por escritura pública, sem prejuízo de sua participação na herança".

De efeito, tal proteção que encontra fundamento na proteção da entidade familiar e no direito à moradia é dotada de interesse público, sendo irrenunciável antes de sua efetivação. Tramita no Congresso Nacional o PLS 52/2018 que acrescenta o Capítulo II-B, à Lei n. 9.514/1997, para dispor sobre a hipoteca reversa de coisa imóvel, de autoria do Senador Paulo Bauher e que, na realidade, cuida, a nosso ver, de um novo instituto que seria a alienação fiduciária em garantia reversa, não só porque altera a lei de alienação fiduciária de imóvel, mas também porque o art. 33-G da lei projetada prescreve que "a hipoteca reversa regulada por esta lei é o negócio jurídico pelo qual o credor hipotecário reverso, com o escopo de garantia contrata a transferência ao devedor hipotecário reverso da propriedade resolúvel de coisa imóvel". A instituição financeira se torna devedora, possuidora indireta e proprietária resolúvel do imóvel e o tomador do empréstimo fica como possuidor direto da coisa até o seu passamento. O conceito de idoso para fins de aplicação dessa lei é a pessoa com mais de 60 (sessenta) anos de idade. Nos termos do art. 33-I, § 1º, "para a constituição da hipoteca reversa, o credor hipotecário reverso deve ser pessoa com idade igual ou superior a 60 (sessenta) anos". A norma projetada apresenta indisfarçável aspecto cogente com relação à idade mínima. Mantendo a concepção jusfilosófica dessa figura jurídica acima referida, o § 2º do art. 33-I, § 3º, dispõe que o falecimento do devedor, comprovado por atestado de óbito, configura o termo final para a reposição do empréstimo ou do crédito da hipoteca reversa. Se o credor falecer até cinco anos da celebração do contrato, o imóvel será entregue aos herdeiros que herdaram também a dívida contraída pelo autor da herança, respondendo, por óbvio, nos limites desta. Passado esse período de tempo, a propriedade se consolidará nas mãos do devedor fiduciante que fica obrigado, se a dívida não for paga pelos interessados, assegurada a liminar de reintegração de posse se o imóvel não for entregue amigavelmente pelos herdeiros. Peca o projeto de lei por não trazer, à moda da alienação fiduciária em garantia de imóvel clássica, determinação para a venda do imóvel de modo público a fim de que os herdeiros possam fiscalizar a estrita satisfação do crédito com a devolução do que sobejar a fim de não se permitir a configuração de enriquecimento sem causa em desfavor do espólio do verdadeiro devedor. Se o credor for instituição financeira, o contrato submeter-se-á ao Código de Proteção e Defesa do Consumidor e essa consolidação da propriedade sem prestação de contas, ofende a não mais poder princípios e regras desse ramo do direito, sendo digno de destaque que a pessoa idosa é considerada hipervulnerável. Ainda que esta já esteja falecida por ocasião da perda peremptória do imóvel, o fato é que o momento jurídico a ser considerado para a análise da validade do negócio é o da contratação. Falta de boa-fé objetiva, transparência, locupletamento, vulnerabilidade são alguns pontos a serem considerados se submetidos ao crivo do Poder Judiciário, a nosso sentir, acaso prevaleça esse grave equívoco. A hipoteca possui as seguintes características, muitas das quais serão revisitadas por ocasião da análise dos artigos: extensibilidade, acessoriedade, sequela, publicidade e indivisibilidade. A extensibilidade significa que a constituição de uma hipoteca abrangerá todas as acessões e benfeitorias que forem incorporadas ao bem objeto do gravame. Há, portanto, uma extensão do objeto principal aos acessórios da coisa (art. 1.474 do CC). A hipoteca é sempre acessória de uma obrigação pessoal que vincula o credor ao devedor, sendo esta a relação jurídica principal. O pagamento da dívida extingue a hipoteca (art. 1.499, I, do CC). Inexiste, no Direito Civil brasileiro, a figura da hipoteca abstrata ou autônoma, pois toda hipoteca realizada estará necessariamente vinculada a uma obrigação, dita principal. Normalmente, o contrato principal é um mútuo, mas nada obsta que se tenha uma locação, empreitada, dentre outros. Pelo princípio da gravitação jurídica, o acessório segue o principal. Dessa forma, eventual nulidade do contrato principal contaminará a hipoteca, retirando-lhe os naturais efeitos. Em outro giro, se a hipoteca for nula por vício de forma, por exemplo, válida será a obrigação principal. A sequela é um dos atributos mais marcantes dos direitos reais de garantia, sem o qual a grande vantagem da hipoteca, que é a de possuir um sistema que atende satisfatoriamente aos interesses do credor e do devedor, não existiria. O credor não sofre prejuízo com eventual alienação posterior do bem gravado, pois pelo registro, do qual ressai, entre outras características, a publicidade e a sequela, poderá se utilizar da garantia real, independentemente de quem seja o titular da propriedade do bem. A publicidade é uma característica que advém do registro do ato constitutivo da hipoteca no cartório competente que, por sua vez, é um requisito formal indispensável para a constituição válida e regular de qualquer direito real de garantia, atribuindo maior segurança nas relações negociais por permitir ao eventual adquirente do bem conhecer com exatidão a situação jurídica do imóvel. A última característica a ser destacada é a indivisibilidade. O gravame hipotecário incide sobre o bem em sua totalidade e somente com a quitação integral da obrigação principal é que estará extinta a hipoteca (arts. 1.421 e 1.429 do CC). Ainda que a dívida seja divisível, a hipoteca subsistirá na sua integralidade, independentemente da natureza solidária ou não da obrigação. Dessa forma, se a penhora recai sobre o bem dado em hipoteca, não tem cabimento a alegação de excesso de execução, ainda que este tenha um valor superior ao da dívida. Mitigação ao caráter da indivisibilidade foi trazida pelo art. 1.488 deste Código que permite a divisibilidade do gravame hipotecário em lotes ou em unidades autônomas na hipótese de o imóvel gravado com hipoteca ser loteado ou se tratar de condomínio edilício. Os requisitos subjetivos e objetivos da hipoteca são os mesmos de qualquer direito real de garantia e foram estudados nos comentários ao art. 1.420 desta codificação. Por tal motivo, passaremos à análise dos requisitos formais da constituição válida e eficaz da hipoteca. O requisito da especialização é observado quando as partes descrevem minuciosamente os elementos da obrigação principal, tais como o montante da dívida, o prazo para pagamento e a taxa de juros, se houver, e especificam com precisão o bem sobre o qual recairá a hipoteca (art. 1.428 do CC). Importa, no caso da hipoteca, que se faça uma leitura atenta ao art. 1.487 deste Código e aos respectivos comentários, pois no tocante à hipoteca o ordenamento jurídico pátrio admite que se faça a especialização de uma hipoteca para garantia de dívida futura ou mesmo sob condição (eventual). Outra questão interessante no tocante à especialização é a possibilidade de os contratantes, no momento da celebração do contrato de hipoteca, preverem um preço de avaliação do bem hipotecado para eventual alienação judicial forçada, questão tratada no art. 1.484. O requisito formal da hipoteca se completa com o indispensável registro, temática tratada por ocasião da análise do art. 1.496 deste Código.

JURISPRUDÊNCIA COMENTADA: Em razão da necessidade de aportes econômicos de vulto na atividade empresarial da incorporação imobiliária, tornou-se prática comum no mercado imobiliário a celebração de hipoteca sobre fração ideal do prédio a ser construído a fim de que a empresa possa angariar o financiamento. Também foi utilizada a prática de alienar por promessa de compra e venda ao adquirente, em regra, consumidor, e no contrato incluir uma cláusula-mandato, na qual o promitente comprador outorga poderes ao promitente vendedor para, se precisar, dar em hipoteca, a unidade autônoma prometida à venda. Com muita felicidade, o Superior Tribunal de Justiça rechaçou essa prática tida como abusiva e, em muitos casos, sequer informada ao adquirente. Como se pode ver, a edição da Súmula n. 308 da jurisprudência predominante no Superior Tribunal de Justiça que, a bom tempo, retirou das financeiras o atributo da sequela quando esta prejudicasse os direitos dos consumidores na incorporação imobiliária, enfraquecendo a utilização do instituto que gradativamente passou a ser substituído pela alienação fiduciária de bem imóvel: "A hipoteca firmada entre a construtora e o agente financeiro, anterior ou posterior à celebração da promessa de compra e venda, não tem eficácia perante os adquirentes do imóvel". Essa compreensão também restou estendida para a alienação fiduciária em garantia de bem imóvel, aplicando-se analogicamente o verbete (REsp 1.576.164/DF, 3.ª Turma, Rel. Min. Nancy Andrighi, j. 14.05.2019, v.u.). Malgrado tenha sido uma sábia decisão da Corte da Cidadania, inelutável o reconhecimento de que a característica da sequela da hipoteca ficou enfraquecida. Essa ineficácia da sequela em relação ao consumidor é bastante abrangente, pois, como pode se perceber, pode ser anterior à celebração do contrato, na ocasião em que o consumidor, ao celebrar a promessa de compra e venda com a incorporadora, já tem a unidade autônoma adquirida hipotecada à instituição financeira. É iníqua a manutenção dessa hipoteca em desfavor do adquirente, pois, ao quitar a sua promessa junto à incorporadora, vê-se na contingência de assumir parte do financiamento entabulado perante a instituição financeira, ofendendo a boa-fé objetiva e a função social do contrato. A referida abusividade também pode ser reconhecida se a hipoteca for posterior à celebração da compra e venda pelo reconhecimento da abusividade da chamada cláusula-mandato. Essa cláusula se caracteriza pela concreta possibilidade de existir um conflito de interesses entre o mandante e o mandatário, desnaturando a relação jurídica de representação pelo mandato. Por ela, uma das partes recebe poder para em nome da outra celebrar o contrato de mandato, ou seja, o mandante (adquirente) outorga poderes para o mandatário (incorporadora) dar em hipoteca a determinada instituição financeira a unidade autônoma adquirida. A malsinada cláusula-mandato será acionada se a incorporadora necessitar de adquirir empréstimos no mercado financeiro para ultimar a construção e, para tanto, se vale dessa cláusula para hipotecar os imóveis adquiridos pelos consumidores. A nulidade é reconhecida expressamente pelo art. 51, VIII, do Código de Defesa do Consumidor. Em relação jurídica regida pelo direito comum, a hipoteca celebrada com base na existência de cláusula-mandato também pode ter reconhecida a sua invalidade. O Código Civil apenas estabelece para o caso uma sanção de menor intensidade, que vem a ser a da anulabilidade, conforme preconizam os arts. 117 e 119 do Código Civil. Diante do verbete, a jurisprudência dos estados tem sido construída no sentido de que constitui direito do adquirente o cancelamento da hipoteca, firme no raciocínio de que "a garantia hipotecária do financiamento concedido pelo SFH para a construção de imóveis não atinge o terceiro comprador da unidade. Embargos acolhidos" (TJRS, Embargos Infringentes 70055087621, 9.º Grupo de Câmaras Cíveis, Rel. Elaine Harzheim Macedo, j. 30.08.2013). Nos financiamentos levados a efeito por instituições bancárias vinculadas ao interesse da União Federal como o Banco do Brasil e a Caixa Econômica Federal, o raciocínio tem sido o mesmo (TRF 2.ª Região, AC 0139884-10.2016.4.02.5103, 5.ª Turma Especializada, Rel. Des. Fed. Ricardo Perlingeiro, j. 04.12.2018). Diante desse entendimento jurisprudencial predominante, poderá o credor hipotecário celebrar com a construtora a cessão do crédito que esta detém perante o promitente comprador do imóvel e, com esse negócio jurídico, sem qualquer prejuízo ao vulnerável consumidor, poderá ser paga a prestação, com fins liberatórios da obrigação, diretamente à instituição financeira. Nessa ótica, por unanimidade, a Terceira Turma do Superior Tribunal de Justiça, na relatoria do Ministro João Otávio Noronha, entendeu que, para garantir o pagamento da dívida, o "banco mutuante pode, nos termos do art. 22 da Lei n. 4.864/65, valer-se da cessão fiduciária dos direitos decorrentes dos contratos de compra e venda realizados entre a incorporadora e o promitente comprador e, assim, sub-rogar-se no direito de receber os valores devidos à construtora nos termos em que pactuados" (REsp 1.601.575/PR, j. 02.08.2016). Vejamos dois efeitos interessantes da característica da indivisibilidade da hipoteca segundo a jurisprudência. O devedor de um financiamento bancário que afetou o patrimônio imobiliário da empresa em uma hipoteca não tem o direito de pleitear a liberação de parte dos bens gravados de acordo com o pagamento parcial realizado, uma vez que, como assentado em decisão do Tribunal catarinense, "por força do princípio da indivisibilidade da hipoteca, o imóvel vinculado a ela continua totalmente afetado ao pagamento do saldo, mesmo quando este é inferior ao valor daquele" (TJSC, Apelação Cível 2005.030292-3, Capital, Rel. Des. João Henrique Blasi, j. 18.08.2009). Não cabe alegação de excesso de execução quando é penhorado bem de valor superior ao da dívida garantida por hipoteca (TJSP, Agravo de Instrumento 41742-54.2013.8.26.0000, 14.ª Câmara de Direito Privado, Rel. Des. Melo Colombi, j. 19.06.2013).

REFORMA DO CÓDIGO CIVIL: "Art. 1.473. [...]

[...]

XII – o direito real do promitente comprador;

XIII – o direito aquisitivo oriundo da propriedade resolúvel.

XIV – o direito real de laje

[...]

§ 3º Os direitos de garantia instituídos nas hipóteses dos incisos XII e XIII do *caput* deste artigo sub-rogam-se na propriedade plena, mediante sua aquisição superveniente."

Com o objetivo de atualizar o texto, três direitos reais com valor patrimonial podem ser objeto de hipoteca e se encontram previstos no Livro do Direito das Coisas. São eles: o direito real do promitente comprador, o direito aquisitivo da propriedade resolúvel e o direito real de laje, os quais são acrescidos nos incisos do dispositivo legal anotado a fim de atribuir maior segurança jurídica à instituição da hipoteca sobre os novos objetos postos no artigo antecedente.

REFORMA DO CÓDIGO CIVIL: A sugestão de inclusão do art. 1.473-B confere importante legitimidade ao credor hipotecário em relação ao imóvel prometido à venda ao devedor hipotecante, como a possibilidade de adjudicação compulsória e o pagamento na qualidade de terceiro interessado, além do direito a adicionar à dívida garantida os valores que eventualmente pagou em nome do devedor e promitente comprador.

"Art. 1.473-B. Poderá o credor exercer o direito à adjudicação compulsória, judicial ou extrajudicial, em favor do promitente comprador.

§ 1º Pendendo o pagamento do preço, poderá o credor, sobrevindo a mora do promitente comprador, promover a excussão da garantia hipotecária ou efetivar, em nome do adquirente, o pagamento ao vendedor.

§ 2º Se o credor efetuar o pagamento do preço, o valor pago, com todos os seus acessórios e eventuais penalidades, será adicionado à dívida garantida pela hipoteca, ressalvado ao credor o direito de executar desde logo o devedor e a garantia."

Art. 1.474. A hipoteca abrange todas as acessões, melhoramentos ou construções do imóvel. Subsistem os ônus reais constituídos e registrados, anteriormente à hipoteca, sobre o mesmo imóvel.

COMENTÁRIOS DOUTRINÁRIOS: O artigo em tela representa mais uma aplicação do princípio *acessorium sequitur principale* (princípio da gravitação jurídica) ao dizer que a hipoteca abrange todas as acessões, melhoramentos ou construções que se fizerem no imóvel. Há uma automática extensão do alcance da garantia hipotecária original, pois constitui presunção relativa que todas as acessões introduzidas no imóvel também garantirão a obrigação pessoal. Além das acessões naturais ou artificiais, a regra também incide em relação às benfeitorias, sejam elas necessárias, úteis ou voluptuárias. Insta acentuar que essa característica envolve norma jurídica dispositiva, permitindo que as partes afastem o seu comando, de modo que pode ser feito um penhor rural incidindo apenas sobre determinada colheita pendente e, ao mesmo tempo, que haja a constituição de uma hipoteca excluindo determinados acessórios do imóvel, respeitando-se a regra da prioridade em favor do credor que prenotou primeiramente o título no cartório do registro de imóveis. Frise-se que as pertenças do imóvel, tais como os arados, os animais, os utensílios para o plantio, a geladeira, o fogão, enfim, os bens móveis que guarnecem a propriedade rural ou a residência, em regra, não serão abrangidos pela hipoteca do imóvel, pois a teor do art. 94 do Código Civil, "os negócios jurídicos que dizem respeito ao bem principal não abrangem as pertenças, salvo se o contrário resultar da lei, da manifestação de vontade, ou das circunstâncias do caso". A extensibilidade não alcança suposto direito real constituído anteriormente, tendo em vista a análise da prioridade pela qual os ônus reais adredemente configurados por meio do regular registro imobiliário devem ser respeitados prioritariamente. Assim é que a configuração de um direito real de superfície, de servidão predial, de usufruto e até mesmo de outra hipoteca anterior (art. 1.476 do CC) deverá preservar a prioridade em relação aos direitos reais posteriormente configurados, lembrando que a prioridade é fixada pela prenotação do título junto ao cartório do registro de imóveis competente. Ainda com relação à extensibilidade da hipoteca, vem à tona a necessidade de indagar-se: qual a solução jurídica adequada para a situação em que as benfeitorias e acessões artificiais forem realizadas por pessoa que exerça posse de boa-fé sobre o imóvel hipotecado? O possuidor de boa-fé tem direito à percepção de indenização pelas benfeitorias e acessões, podendo, inclusive, exercer o direito de retenção. Observadas essas conhecidas premissas básicas, surge a indagação se o terceiro poderia deduzir em face do credor hipotecário o direito à indenização e se em decorrência delas poderá exercer o direito de retenção contra um eventual arrematante judicial do imóvel. Admitindo-se que as benfeitorias ou as acessões foram realizadas após a constituição da hipoteca, não se poderá sonegar o direito do terceiro de concorrer pelo que sobejar da execução hipotecária, na qualidade de credor sem garantia real. Em apoio a esse ponto de vista, merece referência o art. 961 do Código Civil, prevendo que o crédito real prefere ao pessoal de qualquer espécie. Não poderá também exercer o direito de retenção, pois com a execução do devedor, extintas ficarão todas as dívidas que se relacionem com a pessoa do devedor e com o imóvel, não podendo o arrematante do bem ser impedido de exercer imediatamente o direito de ter posse (*jus possidendi*) sobre o imóvel após o registro da carta de adjudicação no cartório imobiliário. Dessa forma, a nosso sentir, temos que a realização de acessões e/ou benfeitorias pelo possuidor de boa-fé, após o registro da hipoteca, assegurará o recebimento da indenização se após o pagamento dos credores com privilégio e preferência sobrar dinheiro para ressarcir o possuidor e não poderá ser exercido o direito de retenção em face do terceiro adquirente.

JURISPRUDÊNCIA COMENTADA: O Superior Tribunal de Justiça firmou o entendimento, na forma da doutrina acima retratada, de que o possuidor, ainda que de boa-fé, não tem direito à indenização e retenção por benfeitorias e/ou acessões incorporadas sobre o imóvel hipotecado em razão da extensibilidade da hipoteca aos acessórios do imóvel gravado. Em decisão unânime da Terceira Turma restou assentado ser irrelevante que as benfeitorias se incorporaram ao imóvel posteriormente à instituição do gravame ou mesmo de não haver nenhuma menção a elas no termo constitutivo da hipoteca, assim como que "eventual direito de indenização por benfeitorias construídas por terceiro de boa-fé deve ser direcionado contra o proprietário do imóvel, não sendo oponível ao titular do direito real de garantia". Concluindo-se "que admitir que terceiros possam exercer direito de retenção sobre benfeitorias erguidas em imóveis dados em hipoteca equivaleria a retirar a eficácia do próprio direito real de garantia e a tornar letra morta a disposição contida no art. 1.474 do Código Civil" (STJ, REsp 1.361.214/MG, Proc. 2013/0001179-4, 3.ª Turma, Rel. Min. Ricardo Villas Boas Cueva, j. 27.11.2018).

Art. 1.475. É nula a cláusula que proíbe ao proprietário alienar imóvel hipotecado.

Parágrafo único. Pode convencionar-se que vencerá o crédito hipotecário, se o imóvel for alienado.

COMENTÁRIOS DOUTRINÁRIOS: A hipoteca continuaria na vanguarda das garantias reais não fossem as dificuldades processuais da sua execução em razão da necessidade de privação da propriedade do garante que passa para as mãos do arrematante. Outro dado relevante é a perda da eficácia plena da sequela na hipoteca para a garantia da incorporação imobiliária com a correta, sob o ponto de vista da função social do contrato e da boa-fé objetiva, Súmula n. 308 do Superior Tribunal de Justiça acima anotada (art. 1.473 do CC), também aplicada para a alienação fiduciária em garantia de bem imóvel pelas mesmas razões (REsp 1.576.164/DF, 3.ª Turma, Rel. Min. Nancy Andrighi, j. 14.05.2019, v.u.). Isso porque, com a sequela conferida ao credor hipotecário para buscar o seu crédito, o proprietário do bem gravado não perde as faculdades dominiais, sequer o poder de disposição. Não há qualquer prejuízo aos interesses do credor a previsão de nulidade textual contida neste artigo que, de modo cogente, proíbe a inserção de cláusula que impeça o devedor hipotecante de vender um patrimônio que é seu. Destarte, para o devedor, o instituto também atende às suas expectativas pela manutenção de todos os poderes inerentes à propriedade (art. 1.228, *caput*, do CC). Não há aqui personalismo e sim patrimonialismo, pois o contrato principal pode até ser celebrado em atenção à pessoa do devedor e à sua solvabilidade aparente, mas o pacto adjeto da hipoteca é constituído em atenção ao bem sobre o qual incide a garantia real. O artigo em comento harmoniza-se com a garantia fundamental do direito de propriedade insculpida no art. 5º, XXII, e no princípio da ordem econômica do inciso II do art. 170 da Carta Magna. Por tal motivo, parece-nos que qualquer legislação que disponha em sentido contrário, como sucede com o Decreto-lei n. 413/1969, por exemplo, padecerá de inconstitucionalidade, nulificando, portanto, a lei que se incompatibiliza com a Constituição Federal. O parágrafo único do referido dispositivo legal admite pacto no sentido de vencimento antecipado da dívida na hipótese de alienação do bem sobre o qual incide o gravame e, nesse sentido, respeita a legislação a parcela de autonomia da vontade que, sem violar o direito de propriedade, regula os interesses das partes contratantes na forma estipulada no contrato, em absoluta preservação da liberdade contratual. Ainda que a alienação seja forçada a partir do requerimento de penhora feito pelo credor do devedor hipotecário, o direito do credor com a preferência no recebimento de seu crédito, imanente aos direitos reais de garantia, estará preservado. Há exceção a essa regra estabelecida pela Lei n. 8.004/1990 com a redação conferida pela Lei n. 10.150/2000, que dispõe sobre transferência de financiamento no âmbito do Sistema Financeiro da Habitação. A lei não proíbe que o titular do bem gravado com hipoteca o aliene a terceiros, mas impõe a anuência da instituição financiadora, como se pode verificar do seu art. 1º, o qual reza que: "O mutuário do Sistema Financeiro da Habitação (SFH) pode transferir a terceiros os direitos e obrigações decorrentes do respectivo contrato, observado o disposto nesta lei. Parágrafo único. A formalização de venda, promessa de venda, cessão ou promessa de cessão relativas a imóvel financiado através do SFH dar-se-á em ato concomitante à transferência do financiamento respectivo, com a interveniência obrigatória da instituição financiadora". Justifica-se essa exigência, pois tais financiamentos são feitos com taxas de juros remuneratórios mais atraentes e com forma de pagamento mais dilatado em favor de pessoas com perfil socioeconômico de baixa e média renda e que não possuam outro imóvel, valendo-se também de recursos públicos oriundos do FGTS com forte apelo social de incremento de acesso à moradia formal. A despeito de a norma ser anterior ao Código Civil, a questão é regida pelo princípio da especialidade, de modo que continua em vigor tal exigência de ordem pública. O art. 20 da Lei n. 10.150/2000 permitiu que contratos de compra e venda feitos sem a devida autorização prévia e a interveniência da instituição financiadora fossem regularizados, desde que tivessem sido celebrados entre o mutuário e o adquirente até o dia 25.10.1996 e tenham previsão de cobertura pelo Fundo de Compensação de Variações Salariais (FCVS): "As transferências no âmbito do SFH, à exceção daquelas que envolvam contratos enquadrados nos planos de reajustamento definidos pela Lei n. 8.692, de 28 de julho de 1993, que tenham sido celebradas entre o mutuário e o adquirente até 25 de outubro de 1996, sem a interveniência da instituição financiadora, poderão ser regularizadas nos termos desta Lei. Parágrafo único. A condição de cessionário poderá ser comprovada junto à instituição financiadora, por intermédio de documentos formalizados junto a Cartórios de Registro de Imóveis, Títulos e Documentos, ou de Notas, onde se caracterize que a transferência do imóvel foi realizada até 25 de outubro de 1996". O parágrafo único do artigo ora estudado dispõe que as partes podem estipular que a venda do bem acarretará o vencimento antecipado da dívida, aumentando o rol de possibilidades desta importante consequência jurídica e econômica prevista genericamente no art. 1.425 deste Código.

JURISPRUDÊNCIA COMENTADA: O artigo em exame tem servido de fundamento para possibilitar que o imóvel hipotecado seja penhorado por dívida de terceiro, respeitada a preferência real, pois, se pode ser alienado, pode ser penhorado. Com esse argumento, o Tribunal de Justiça do Distrito Federal assentou que "a existência de gravame hipotecário não importa na inalienabilidade e, por conseguinte, na impenhorabilidade do imóvel hipotecado, na esteira do que prescrevem os arts. 1.419 e 1.475 do Código Civil e 799, inciso I, do Código de Processo Civil" (TJDF, Proc. 0706.99.4.412017-8070000, Ac. 107.3888, 4.ª Turma Cível, Rel. Des. James Eduardo Oliveira, j. 08.02.2018). Em caso de transferência para terceiro do imóvel hipotecado sob o regime do Sistema Financeiro da Habitação sem a interveniência da instituição financiadora, desde que o cessionário preencha os requisitos acima citados do art. 20 da Lei n. 10.150/2000, é possível a regularização da alienação com a manutenção da hipoteca se ainda não houver o pagamento e, inclusive, a possibilidade de discussão das obrigações financeiras assumidas pelo cedente, sendo tal questão decidida pelo Superior Tribunal de Justiça em julgado submetido ao regime de obrigatoriedade inerente aos recursos repetitivos (REsp 1.150.429/CE, Corte Especial, Min. Ricardo Villas Bôas Cueva, j. 25.04.2013). Eis as teses que foram fixadas: 1. Tratando-se de contrato de mútuo para aquisição de imóvel garantido pelo FCVS, avençado até 25.10.1996 e transferido sem a interveniência da instituição financeira, o cessionário possui legitimidade para discutir e demandar em juízo questões pertinentes às obrigações assumidas e aos direitos adquiridos. 2. Na hipótese de contrato originário de mútuo sem cobertura do FCVS, celebrado até 25.10.1996, transferido sem a anuência do agente financiador e fora das condições estabelecidas pela Lei n. 10.150/2000, o cessionário não tem legitimidade ativa para ajuizar ação postulando a revisão do respectivo contrato. 3. No caso de cessão de direitos sobre imóvel financiado no âmbito do Sistema Financeiro da Habitação realizada após 25.10.1996, a anuência da instituição financeira mutuante é indispensável para que o cessionário adquira legitimidade ativa para requerer revisão das condições ajustadas, tanto para os contratos garantidos pelo FCVS como para aqueles sem referida cobertura. Na mesma linha, os Tribunais Regionais Federais têm firme jurisprudência no sentido de que a "Lei n. 10.150/2000 assegurou ao cessionário de financiamento regido pelo SFH em que o contrato de mútuo contenha cláusula de cobertura de eventual saldo residual pelo Fundo de Compensação das Variações Salariais (FCVS), cuja cessão de direitos e obrigações tenha sido celebrada até 25 de outubro de 1996, ainda que sem anuência da instituição financeira, a legitimidade para discutir questões relativas às obrigações assumidas e aos direitos adquiridos, afastando, por outro lado, aqueles que não tenham previsão de cobertura pelo referido Fundo. Precedente: REsp 1.150.429/CE, Relator Ministro Ricardo Villas Bôas Cueva, Corte Especial, *DJe* de 10.05.2013, julgamento realizado na forma do art. 543-C do Código de Processo Civil. 6. Hipótese em que a cessão de direito somente ocorreu em 02.01.2000, sendo, portanto, forçoso reconhecer a ilegitimidade ativa daquele que firmou com o autor o denominado contrato de gaveta, em data posterior a 25.10.1996" (TRF 1.ª Região, AC 0001285-14.2001.4.01.3400, 6.ª Turma, Rel. Des. Fed. Daniel Paes Ribeiro, *DJF1* 19.12.2018).

Art. 1.476. O dono do imóvel hipotecado pode constituir outra hipoteca sobre ele, mediante novo título, em favor do mesmo ou de outro credor.

COMENTÁRIOS DOUTRINÁRIOS: Ao devedor hipotecário é assegurado o direito de constituir várias hipotecas, tendo por objeto o mesmo bem, o que poderá fazê-lo em favor do credor atual ou futuro. Para que a hipoteca produza seus efeitos naturais, mister que os futuros credores atentem para o valor do bem da dívida anteriormente contraída e para a data de vencimento, pois o credor anterior tem prioridade no recebimento do respectivo crédito e apenas poderá executar o imóvel, em regra, quando se vencer a primeira. A confecção da nova hipoteca vai exigir novo contrato e, por conseguinte, novo registro no cartório competente, não sendo possível o estabelecimento de mais de uma hipoteca no mesmo instrumento, ainda que se respeite o direito de preferência de algum credor hipotecário em relação a outro. O primeiro credor chama-se credor hipotecário, e, os posteriores, credores sub-hipotecários.

JURISPRUDÊNCIA COMENTADA: No âmbito do direito registral, alguns cartórios imobiliários se recusam a fazer uma segunda hipoteca sem a anuência do primeiro credor hipotecário, mas uma vez suscitada a dúvida e submetida a questão ao crivo do Poder Judiciário, tem sido afirmado com acerto que "de acordo com o artigo 1.476 do Código Civil, admite-se sub-hipoteca, ou seja, um imóvel pode ser hipotecado mais de uma vez ao mesmo credor ou a outrem mediante novo contrato. É desnecessária a anuência do credor hipotecário já registrado para fins de registro de hipoteca posterior, haja vista que seu crédito já se encontra garantindo" (TJMG, AI 1.0358.16.003325-6/001, Rel. Des. Elias Camilo, j. 09.11.2017).

Art. 1.477. Salvo o caso de insolvência do devedor, o credor da segunda hipoteca, embora vencida, não poderá executar o imóvel antes de vencida a primeira.

§ 1º Não se considera insolvente o devedor por faltar ao pagamento das obrigações garantidas por hipotecas posteriores à primeira. (Incluído pela Lei nº 14.711, de 2023)

§ 2º O inadimplemento da obrigação garantida por hipoteca faculta ao credor declarar vencidas as demais obrigações de que for titular garantidas pelo mesmo imóvel. (Incluído pela Lei nº 14.711, de 2023)

COMENTÁRIOS DOUTRINÁRIOS: O credor sub-hipotecário é obrigado a respeitar a prioridade do primeiro credor hipotecário, de modo que somente poderá executar o imóvel quando vencer a primeira hipoteca, ainda que o seu crédito já esteja vencido. O art. 1.425, II, do Código Civil disciplina que a insolvência civil e a falência constituem causa para o vencimento antecipado da dívida, ocasião em que se abre o concurso creditório entre os vários credores, devendo ser observados os privilégios e as preferências no recebimento (arts. 955 a 965 do CC). Com a nova redação estabelecida pela Lei n. 14.711/23 (Marco Legal das Garantias), o vencimento antecipado da dívida encontra-se previsto expressamente no dispositivo *supra* (§ 2º), sendo digno de nota o fato de que a lei deixa claro que o inadimplemento de obrigações posteriores à primeira hipoteca não torna o devedor insolvente para os fins de aplicação da regra. Ora, se está cumprindo as suas obrigações perante o primeiro credor hipotecário, em relação a ele há adimplemento, não sendo legítimo submeter esse credor ao procedimento de insolvência (§ 1º).Em caso de insolvência, o credor sub-hipotecário se habilitará, junto com os demais credores, no recebimento do crédito. O procedimento judicial da insolvência civil se encontra normatizado no Código de Processo Civil de 1973 nos arts. 748 a 786-A, aplicáveis mesmo após a vigência do CPC/2015, em razão do disposto no art. 1.052 deste Código, até a edição de lei específica. Não se considerará o devedor insolvente em razão da impontualidade nos pagamentos das dívidas garantidas por hipotecas posteriores à primeira. Entretanto, se ficar demonstrado que o passivo do devedor é maior que o seu ativo e, principalmente, que o valor do bem sobre o qual incidem as hipotecas não é o bastante para suportar as obrigações do devedor, poderá ser requerida a insolvência do devedor hipotecário, fato que acarretará o vencimento antecipado de todas as dívidas, abrindo-se o concurso creditório. A propósito, dispõe o art. 748 do Código de Processo Civil/1973 que: "Dá-se a insolvência toda vez que as dívidas excederem à importância dos bens do devedor".

Art. 1.478. O credor hipotecário que efetuar o pagamento, a qualquer tempo, das dívidas garantidas pelas hipotecas anteriores sub-rogar-se-á nos seus direitos, sem prejuízo dos que lhe competirem contra o devedor comum. (Redação dada pela Lei nº 14.711, de 2023)

Parágrafo único. Se o primeiro credor estiver promovendo a execução da hipoteca, o credor da segunda depositará a importância do débito e as despesas judiciais.

COMENTÁRIOS DOUTRINÁRIOS: O artigo em comento trata da remição da hipoteca pelo credor sub-hipotecário, apresentando os efeitos e o procedimento. Para entender a remição da hipoteca pelo credor sub-hipotecário é preciso reconhecer a possibilidade de o mesmo imóvel servir de garantia real para mais de uma obrigação e atentar para a prioridade desfrutada pelo primeiro credor hipotecário em relação aos demais, o que gera o legítimo interesse de o segundo credor hipotecário tomar para si prioridade no recebimento, substituindo o primeiro credor com todos os consectários do crédito dele, sem prejuízo do direito próprio que ostenta. Além dessas premissas básicas, é importante reconhecer que o credor de segunda hipoteca somente pode executar a sua hipoteca em se vencendo a primeira a fim de assegurar a eficácia plena do direito do primeiro credor hipotecário. A Lei n. 14.711/2023, conhecida como Marco Legal das Garantias, simplificou o procedimento da sub-rogação, extinguindo um procedimento anterior que se mostrava complexo. Objetiva-se aqui tornar a hipoteca mais atraente como instrumento de garantia real. A sub-rogação pessoal é legal, ou seja, opera-se imediatamente com a simples incidência da lei. Nesse diapasão, dispõe o art. 346, I, do Código Civil que, *in verbis*: "A sub-rogação opera-se, de pleno direito, em favor: I – do credor que paga a dívida do devedor comum [...]". Regulam o procedimento judicial da remição da hipoteca os arts. 270 a 273 da Lei de Registros Públicos (Lei n. 6.015/1973): "Art. 270. Se o credor de segunda hipoteca, embora não vencida a dívida, requerer a remição, juntará o título e certidão da inscrição da anterior e depositará a importância devida ao primeiro credor, pedindo a citação deste para levantar o depósito e a do devedor para dentro do prazo de cinco dias remir a hipoteca, sob pena de ficar o requerente sub-rogado nos direitos creditórios, sem prejuízo dos que lhe couberem em virtude da segunda hipoteca. Art. 271. Se o devedor não comparecer ou não remir a hipoteca, os autos serão conclusos ao Juiz para julgar por sentença a remição pedida pelo segundo credor. Art. 272. Se o devedor comparecer e quiser efetuar a remição, notificar-se-á o credor para receber o preço, ficando sem efeito o depósito realizado pelo autor. Art. 273. Se o primeiro credor estiver promovendo a execução da hipoteca, a remição, que abrangerá a importância das custas e despesas realizadas, não se efetuará antes da primeira praça, nem depois de assinado o auto de arrematação".

Art. 1.479. O adquirente do imóvel hipotecado, desde que não se tenha obrigado pessoalmente a pagar as dívidas aos credores hipotecários, poderá exonerar-se da hipoteca, abandonando-lhes o imóvel.

COMENTÁRIOS DOUTRINÁRIOS: O presente artigo apresenta a interessante novidade no Direito Brasileiro acerca da possibilidade de o adquirente do imóvel exonerar-se da hipoteca mediante o abandono do imóvel em favor do credor. Fazendo isso, o adquirente se sub-roga nos direitos do credor, desde que não tenha se obrigado pessoalmente a adimplir a obrigação. O termo "abandono" na lei é aqui colocado fora do sentido jurídico clássico, pois não se abandona um bem em favor de outrem. Na realidade, esse despojamento voluntário de uma titularidade torna a coisa uma *res derelicta* e, portanto, não pertencente a ninguém. A previsão se assemelha a uma dação em pagamento, mas com ela não se confunde, tendo em vista que a referida modalidade de adimplemento constitui negócio jurídico bilateral, necessitando, portanto, do consentimento do credor, e o abandono realiza um autêntico direito potestativo do adquirente, pelo qual o credor se encontra em estado de sujeição, da mesma forma que o art. 1.382 do Código Civil, o qual permite ao dono do prédio serviente abandonar a propriedade, ou parte dela, em favor do dono do prédio dominante quando lhe competir arcar com as despesas de manutenção da servidão predial. A despeito de não constar expressamente no art. 1.409 do Código Civil como forma de extinção da hipoteca, o referido abandono acarretará a extinção da hipoteca.

REFORMA DO CÓDIGO CIVIL: "Art. 1.479. O proprietário do imóvel hipotecado, desde que não se tenha obrigado pessoalmente a pagar as dívidas aos credores hipotecários, poderá exonerar-se da hipoteca, abandonando-lhes o imóvel."

A sugestão de nova redação amplia o alcance do abandono do imóvel hipotecado para alcançar também o terceiro garantidor. Nas palavras da justificativa da Subcomissão de Direito das Coisas, "o art. 1.479 é modificado para que o instituto do abandono hipotecário possa ser utilizado não apenas pelo terceiro adquirente do imóvel hipotecado, mas também pelo terceiro garantidor que não se responsabilizou pessoalmente pela dívida".

Art. 1.480. O adquirente notificará o vendedor e os credores hipotecários, deferindo-lhes, conjuntamente, a posse do imóvel, ou o depositará em juízo.

Parágrafo único. Poderá o adquirente exercer a faculdade de abandonar o imóvel hipotecado, até as vinte e quatro horas subsequentes à citação, com que se inicia o procedimento executivo.

COMENTÁRIOS DOUTRINÁRIOS: A norma acima citada esclarece qual o procedimento que deve ser adotado para a realização do abandono previsto no artigo antecedente. A primeira providência é a regular notificação do transmitente, que será o próprio devedor, se não tiver havido outras alienações, assim como dos credores hipotecários. Nessa notificação, que poderá ser feita extrajudicialmente, já que a lei não fez previsão da forma, o adquirente assegurará a posse do imóvel, conjuntamente, aos interessados. Como a lei concede ao adquirente de imóvel hipotecado o direito potestativo de abandonar o bem em favor dos credores, se estes se negarem a receber o imóvel, o adquirente poderá exercer o pagamento em consignação, aplicando-se para a hipótese o art. 334 do Código Civil, *in verbis*: "Considera-se pagamento, e extingue a obrigação, o depósito judicial ou em estabelecimento bancário da coisa devida, nos casos e forma legais". Sobre o cabimento da consignação em pagamento, registre-se o disposto no art. 335, inciso I, do Código Civil, ao prever que a consignação tem lugar se o credor, sem justa causa, recusar receber o pagamento. Como se trata de consignação em pagamento de coisa devida e não de dinheiro, não se poderá fazer o depósito extrajudicial, devendo aplicar-se, *in casu*, as regras previstas nos arts. 539 e seguintes do Código de Processo Civil/2015 para a ação de consignação em pagamento. Importante registrar que o artigo em estudo faz alusão à figura jurídica do "vendedor", mas devemos entender que a lei disse menos do que queria, permitindo uma interpretação extensiva, pois o direito deve igualmente ser assegurado se o ato transmissivo for, *v.g.*, uma dação em pagamento ou até mesmo uma doação. Mais técnico é o art. 1.479, que não faz referência a "comprador" e sim a "adquirente". O abandono após o ajuizamento da ação executiva possui algumas peculiaridades do próprio processo. Na execução por quantia certa contra devedor solvente, o devedor é citado para pagar em três dias (art. 829 do CPC/2015). Não sendo o adquirente devedor da obrigação que se executa, pode não querer pagar e se sub-rogar nos direitos do credor, preferindo abandonar o imóvel para que, com a venda forçada, a dívida seja paga aos credores hipotecários. E se houver saldo remanescente da venda forçada da coisa? A quem tocará? A lei silencia, mas por razões de equidade e para que não se contrariem princípios jurídicos relevantes, entendemos que deveria ser o valor que sobejar da dívida entregue ao adquirente que abandonou o imóvel para a execução, pois se entendermos que o credor faria jus a todo o valor, violaríamos o princípio jurídico que veda o enriquecimento sem causa (arts. 884 a 886 do CC). Da mesma forma, se o saldo remanescente coubesse ao devedor, pois este já teria, em tese, posto fim à sua situação jurídica em relação ao bem executado, por ocasião da alienação gratuita ou onerosa anteriormente realizada.

REFORMA DO CÓDIGO CIVIL: "Art. 1.480. [...]

§ 1º Poderá o adquirente exercer a faculdade de abandonar o imóvel hipotecado, até as vinte e quatro horas subsequentes à citação inicial do procedimento executivo.

§ 2º O proprietário responderá pela conservação do bem até a entrega efetiva da coisa, com a atribuição da posse direta."

Os dois parágrafos trazidos como sugestão de acréscimo ao conteúdo jurídico do art. 1.480 se justificam para prever o momento da faculdade do abandono do imóvel, impondo ao proprietário o dever de conservar o bem na qualidade de possuidor direto (art. 1.197 do CC) como se fora comodatário.

Art. 1.481. Dentro em trinta dias, contados do registro do título aquisitivo, tem o adquirente do imóvel hipotecado o direito de remi-lo, citando os credores hipotecários e propondo importância não inferior ao preço por que o adquiriu.

§ 1º Se o credor impugnar o preço da aquisição ou a importância oferecida, realizar-se-á licitação, efetuando-se a venda judicial a quem oferecer maior preço, assegurada preferência ao adquirente do imóvel.

§ 2º Não impugnado pelo credor, o preço da aquisição ou o preço proposto pelo adquirente, haver-se-á por definitivamente fixado para a remissão do imóvel, que ficará livre de hipoteca, uma vez pago ou depositado o preço.

§ 3º Se o adquirente deixar de remir o imóvel, sujeitando-o a execução, ficará obrigado a ressarcir os credores hipotecários da desvalorização que, por sua culpa, o mesmo vier a sofrer, além das despesas judiciais da execução.

§ 4º Disporá de ação regressiva contra o vendedor o adquirente que ficar privado do imóvel em consequência de licitação ou penhora, o que pagar a hipoteca, o que, por causa de adjudicação ou licitação, desembolsar com o

pagamento da hipoteca importância excedente à da compra e o que suportar custas e despesas judiciais.

COMENTÁRIOS DOUTRINÁRIOS: O art. 1.478 deste Código cuida da remição da hipoteca pelo credor sub-hipotecário, enquanto o presente dispositivo em estudo apresenta o direito, o procedimento a ser adotado e os efeitos para a remição a ser realizada pelo terceiro adquirente, isto é, a forma como este poderá livrar-se do encargo da hipoteca que incide sobre o seu imóvel quando não seja de seu interesse abandonar o imóvel aos credores como admitido no já anotado art. 1.479 da codificação civil. O resgate ou remição da hipoteca, no caso, não põe fim à obrigação principal que conhecerá o efeito translativo dos direitos do credor hipotecário para o adquirente que paga a dívida do devedor. Destarte, o adquirente que pagar aos credores hipotecários se sub-rogará nos direitos deste, a teor do que dispõe o art. 346, II, do Código Civil: "A sub-rogação opera-se, de pleno direito, em favor: II – do adquirente do imóvel hipotecado, que paga a credor hipotecário, bem como do terceiro que efetiva o pagamento para não ser privado de direito sobre imóvel". O prazo para o exercício da remição é de trinta dias contados do registro do título constitutivo, sob pena de decadência, isto é, da perda do próprio direito potestativo de remição da hipoteca. Para tanto, o adquirente providenciará a citação dos credores hipotecários a fim de que se pronunciem acerca do oferecimento do preço para o resgate da hipoteca, que não poderá ser inferior ao preço pelo qual adquiriu o imóvel. Será observado o procedimento de jurisdição voluntária (art. 719 do CPC/2015). Impugnado o preço oferecido por qualquer um dos credores, será estabelecido um procedimento licitatório em que o bem será vendido judicialmente a quem oferecer maior quantia. A lei atual permite que qualquer pessoa participe da licitação, e assegura ao adquirente o exercício do direito de preferência que, se não for observado, permitirá a ele tornar, em juízo, ineficaz a alienação. Para que se instaure a concorrência, fundamental que o imóvel seja primeiramente avaliado por um perito judicial, salvo se as partes fixaram no contrato de hipoteca um valor que, atualizado, sirva de base para a venda do imóvel em juízo, conforme autorização legal prevista no art. 1.484 do Código Civil. A impugnação por parte do credor pode ter outro fundamento como, por exemplo, a perda do prazo legal para o resgate da hipoteca. Não havendo impugnação, mediante o depósito judicial do preço, o imóvel ficará livre do encargo hipotecário, servindo a sentença judicial de título para a baixa da hipoteca no registro de imóveis. O adquirente poderá se voltar contra o verdadeiro devedor para exercer o direito creditício assegurado pela sub-rogação efetivada, pois a sub-rogação opera de pleno direito em favor do adquirente do imóvel hipotecado que paga ao credor hipotecário. Estabelece o § 3º que se o adquirente deixar de remir o imóvel, sujeitando-o à execução, ficará obrigado a ressarcir os credores hipotecários da desvalorização que, por sua culpa, o mesmo vier a sofrer, além das despesas judiciais da execução, valores estes que deverão ser incluídos na sub-rogação anteriormente referida. Diz o § 4º do artigo em comento que todos os prejuízos experimentados pelo adquirente serão computados no exercício da ação regressiva proposta em face do alienante a título oneroso, não se aplicando a regra se a alienação for a título gratuito. Para mais detalhes sobre o procedimento judicial da remição da hipoteca pelo adquirente, confira-se o disposto nos arts. 266 a 269 da Lei de Registros Públicos (Lei n. 6.015/1973): "Art. 266. Para remir o imóvel hipotecado, o adquirente requererá, no prazo legal, a citação dos credores hipotecários propondo, para a remição, no mínimo, o preço por que adquiriu o imóvel. Art. 267. Se o credor, citado, não se opuser à remição, ou não comparecer, lavrar-se-á termo de pagamento e quitação e o Juiz ordenará, por sentença, o cancelamento de hipoteca. Parágrafo único. No caso de revelia, consignar-se-á o preço à custa do credor. Art. 268. Se o credor, citado, comparecer e impugnar o preço oferecido, o Juiz mandará promover a licitação entre os credores hipotecários, os fiadores e o próprio adquirente, autorizando a venda judicial a quem oferecer maior preço. § 1º Na licitação, será preferido, em igualdade de condições, o lanço do adquirente. § 2º Na falta de arrematante, o valor será o proposto pelo adquirente. Art. 269. Arrematado o imóvel e depositado, dentro de quarenta e oito (48) horas, o respectivo preço, o Juiz mandará cancelar a hipoteca, sub-rogando-se no produto da venda os direitos do credor hipotecário".

JURISPRUDÊNCIA COMENTADA: O prazo de trinta dias previsto para a remição da hipoteca pelo terceiro adquirente é tido pela jurisprudência como decadencial, levando, portanto, à perda do direito potestativo caso não exercido dentro do tempo legal (TJMG, AGIN 0571127-84.2012.8.13.0000, Rel. Des. Leite Praça, j. 05.07.2012).

Art. 1.482. (Revogado pela Lei n. 13.105, de 2015).

Art. 1.483. (Revogado pela Lei n. 13.105, de 2015).

Art. 1.484. É lícito aos interessados fazer constar das escrituras o valor entre si ajustado dos imóveis hipotecados, o qual, devidamente atualizado, será a base para as arrematações, adjudicações e remições, dispensada a avaliação.

COMENTÁRIOS DOUTRINÁRIOS: O artigo em tela positiva que, ao se fazer a especialização da obrigação e do objeto dado em garantia para fins de constituição da hipoteca, as partes interessadas podem estabelecer um preço de avaliação do imóvel para a eventualidade de execução forçada do bem, tendo por objetivo conceder ao processo executivo maior celeridade. Essa possibilidade é bem-vinda em economias estáveis e perigosa em períodos de instabilidade econômica, pois, às vezes, mesmo com a atualização monetária a que se refere a lei, não se chega a um valor que retrate o valor de venda do imóvel, nem a real intenção das partes. Outro dado que merece ser levado em consideração é o reconhecimento de que, não raro, o imóvel conhece uma importante valorização ou uma desvalorização em decorrência, por exemplo, de uma obra pública. Se isso acontecer, terá cabimento pedido judicial de revisão do valor do contrato, a fim de evitar a onerosidade excessiva de uma parte em detrimento da outra. O fato incontestável é que a efetivação dessa cláusula dependerá das circunstâncias do caso concreto, pois o que interessa de fato é que a excussão seja feita de modo justo com a alienação forçada ocorrendo, tendo como norte o valor real do imóvel a fim de que se respeite a vedação ao enriquecimento sem causa, a boa-fé objetiva e a função social do contrato. Se o valor clausulado se tornar dissonante com a realidade, o juiz da execução deverá promover a devida avaliação judicial, sob o crivo do contraditório e da ampla defesa.

JURISPRUDÊNCIA COMENTADA: Malgrado tenhamos acima defendido que é possível a desconsideração do valor fixado para fins de futura alienação forçada, há jurisprudência que se fideliza com a autonomia privada, olvidando-se de outros princípios do direito das obrigações como aquele, por exemplo, que veda o enriquecimento sem causa, admitindo que "é lícito aos interessados fazer constar das escrituras o valor entre si ajustado dos imóveis hipotecados, o qual, devidamente atualizado, será a base para as arrematações, adjudicações e remições, dispensada a avaliação. Ou seja, o valor ajustado pelas partes para garantir a solvência dos agravantes serve como avaliação para ulterior arrematação em venda judicial" (TJRS, AI 0311190-47.2018.8.21.7000, 16.ª Câmara Cível, Cerro Largo, Rel. Des. Vivian Cristina Angonese Spengler, j. 13.12.2018). De acordo com os valores defendidos pelo Direito Civil contemporâneo se encontra a decisão que reconhece a validade do artigo em estudo, ressalvando, contudo, a necessidade de se proceder a uma nova avaliação quando o valor arbitrado contratualmente estiver em desacordo com o valor de mercado (TJSC, AI 4013622-11.2018.8.24.0000, 1.ª Câmara de Direito Comercial, Chapecó, Rel. Des. Guilherme Nunes Born, *DJSC* 08.08.2018).

Art. 1.485. Mediante simples averbação, requerida por ambas as partes, poderá prorrogar-se a hipoteca, até 30 (trinta) anos da data do contrato. Desde que perfaça esse prazo, só poderá subsistir o contrato de hipoteca reconstituindo-se por novo título e novo registro; e, nesse caso, lhe será mantida a precedência, que então lhe competir. (Redação dada pela Lei n. 10.931, de 2004)

COMENTÁRIOS DOUTRINÁRIOS: A hipoteca não pode ser celebrada por prazo indeterminado nem por período superior a trinta anos, conforme alteração do artigo em tela feita pela Lei n. 10.931/2004 que aumentou o prazo anterior, que era de vinte anos, para trinta anos, reputando-se como não escrita qualquer cláusula que exceda o aludido limite. Findo o prazo máximo previsto em lei, a hipoteca será extinta automaticamente. Restaurou-se, a bom tempo, o prazo que constava na antiga codificação, amoldando-se a lei à prática, pois é comum a celebração de financiamentos imobiliários para a aquisição da casa própria por um prazo maior como forma de possibilitar ao mutuário a assunção da obrigação sem que coloque em risco a subsistência da família. É possível que as partes escolham um prazo inferior ao previsto em lei e posteriormente promovam a averbação do termo aditivo da hipoteca junto ao registro de imóveis, observando-se o prazo legal máximo. É no registro da hipoteca que surgem os efeitos do instituto e que constará o termo inicial e final da hipoteca, segundo a data em que o contrato foi celebrado. Nada obstante o prazo assinalado pela lei, podem as partes, mediante novo contrato, constituir nova hipoteca, que deverá observar todos os requisitos subjetivos, objetivos e formais necessários à constituição válida e eficaz do referido direito real de garantia. Uma vez registrado o novo contrato na forma retromencionada, será assegurada ao credor a prioridade no recebimento do crédito que já ostentava antes do registro. A hipoteca legal não se submete ao prazo peremptório de trinta anos, possuindo validade enquanto persistirem os fatos que deram origem à sua configuração, mas a especialização deve ser renovada a cada vinte anos, o que trouxe falta de coerência ao sistema, pois a lei que alterou o art. 1.485 do Código Civil deveria também promover a adequação da norma contida no art. 1.498, que tem a seguinte redação: "Vale o registro da hipoteca, enquanto a obrigação perdurar; mas a especialização, em completando vinte anos, deve ser renovada". No tocante à hipoteca legal, deve-se considerar revogado o art. 238 da Lei de Registros Públicos que estabelece o prazo de trinta anos para a perempção da hipoteca.

JURISPRUDÊNCIA COMENTADA: A jurisprudência tem decidido, na linha do defendido acima, que o simples decurso do prazo de trinta anos de inscrição da hipoteca já é o suficiente para a extinção automática do gravame, desde que não tenha sido anteriormente providenciada a prorrogação do contrato (TJSP, Apelação 1896-14.2011.8.26.0125, 37.ª Câmara de Direito Privado, Rel. Des. Dimas Carneiro, j. 29.01.2013). Em caso no qual a hipoteca foi registrada em 1982, a 6.ª Câmara Cível do Tribunal de Justiça do Estado do Rio de Janeiro decidiu que o referido prazo decadencial de trinta anos operou no ano de 2012, desaguando forçosamente no cancelamento da hipoteca (TJRJ, Apelação 0032931-76.2013. 8.19.0202, 6.ª Câmara Cível, Rel. Des. Inês da Trindade Chaves de Melo, j. 31.05.2017).

Art. 1.486. Podem o credor e o devedor, no ato constitutivo da hipoteca, autorizar a emissão da correspondente cédula hipotecária, na forma e para os fins previstos em lei especial.

COMENTÁRIOS DOUTRINÁRIOS: A cédula hipotecária ou hipoteca cedular, prevista na presente regra, tem por objetivo dar maior mobilidade ao crédito, uma vez que a cédula hipotecária tem a natureza jurídica de título de crédito (arts. 10 do Decreto-lei n. 167/1967 e 10 do Decreto-lei n. 413/1969) com as características previstas nos arts. 887 a 926, ambos do Código Civil. Além da vantagem da mobilidade do crédito, há a segurança para os credores pela vinculação real que se instaura com o registro da cédula junto ao cartório imobiliário competente. A norma necessita de uma regulamentação por lei especial, pois na atualidade existe o Decreto-lei n. 167/1967, que dispõe sobre títulos de crédito rural, e o Decreto-lei n. 413/1969, que dispõe a respeito de títulos de crédito industrial. As apontadas normas possuem regramentos especiais, pois se aplicam nas situações em que somente podem figurar como credores hipotecários as instituições financeiras. O artigo em comento faculta às partes envolvidas expedirem cédulas hipotecárias, ao passo que nas leis especiais referidas é da essência da hipoteca a emissão de cédula hipotecária, que será o título de constituição do indigitado direito real de garantia. Quanto à hipoteca cedular rural, atualmente vigora o Decreto-lei n. 167/1967, que prevê a criação de cédula rural hipotecária (art. 9º, II), além da cédula rural pignoratícia (art. 9º, I), sendo lícita, ainda, a realização de cédula rural pignoratícia e hipotecária (art. 9º, II e III). Por essa lei, apenas as instituições financeiras que integrem o Sistema Nacional de Crédito Rural é que estariam legitimadas à emissão das referidas cédulas (art. 1º). Outro requisito específico é a utilização do financiamento para fins de produção rural. Interessante anotar que, na lei especial, a hipoteca é constituída pela simples emissão da cédula, sem maiores formalidades, a não ser os requisitos de confecção do título previstos no art. 20, tais como a descrição da dívida e do bem (especialização) insculpidas nos incisos IV e V do referido dispositivo legal. Já no que pertine à hipoteca cedular industrial, o Decreto-lei n. 413/1969 dispõe sobre a possibilidade de emissão de cédula de crédito industrial. Nessa hipoteca, somente poderá figurar como credor hipotecário instituição financeira, e, como devedor, pessoa física ou jurídica que se dedique à atividade industrial (art. 1º). Nos arts. 9º e 10 há a previsão da natureza jurídica de título de crédito de que se reveste a cédula. Na própria confecção do título já há o estabelecimento dos requisitos que darão vida à hipoteca (art. 14), tais como a descrição pormenorizada da dívida a garantir e do bem a que se sujeita o gravame real (especialização). No art. 29 do referido decreto-lei se encontra a previsão da necessidade do registro da cédula junto ao cartório imobiliário a fim de que a hipoteca possa produzir os efeitos *erga omnes*. Enquanto não existir eventual legislação especial permitindo que qualquer pessoa emita cédula hipotecária, somos do entendimento de que devem ser aplicadas as legislações acima, pois a parte final do dispositivo em análise remete à legislação especial.

Art. 1.487. A hipoteca pode ser constituída para garantia de dívida futura ou condicionada, desde que determinado o valor máximo do crédito a ser garantido.

§ 1º Nos casos deste artigo, a execução da hipoteca dependerá de prévia e expressa concordância do devedor quanto à verificação da condição, ou ao montante da dívida.

§ 2º Havendo divergência entre o credor e o devedor, caberá àquele fazer prova de seu crédito. Reconhecido este, o devedor responderá, inclusive, por perdas e danos, em razão da superveniente desvalorização do imóvel.

COMENTÁRIOS DOUTRINÁRIOS: A hipoteca como direito real acessório deve sempre estar vinculada a uma obrigação principal e, esta, pelo princípio da especialização, deve constar com todos os seus caracteres na escritura que será registrada para a constituição da hipoteca, sendo que no caso presente deverá ser expressamente referido valor máximo que o garantidor possa ser chamado à responsabilidade. A norma anotada torna possível a celebração da hipoteca para garantir uma dívida futura ou condicionada, como permite expressamente o artigo em comento. Nesse aspecto, o Código Civil brasileiro segue a orientação adotada em outros países ao permitir que o credor, ao celebrar um contrato de empréstimo em que ainda não sabe exatamente qual será o *quantum debeatur* e nem se haverá inadimplemento, se proteja com a garantia real da hipoteca incidindo sobre determinado bem imóvel do devedor ou de terceiro. Preocupado com a proliferação de cláusulas puramente potestativas vedadas a teor do art. 122 deste Código, ou seja, aquelas em que a eficácia do ato fica na dependência do arbítrio de uma das partes, o § 1º deste artigo reza que a execução da hipoteca ficará na dependência da prévia e expressa concordância do devedor. Em outro giro, se o devedor criar obstáculo infundado na execução da hipoteca, responderá por perdas e danos, assumindo, outrossim, o risco da desvalorização do imóvel, conforme acertadamente prevê o § 2º. As partes estão obrigadas a fixar um valor máximo do crédito que poderá ser utilizado pelo devedor, tal qual sucede com os contratos atípicos de abertura de conta-corrente com a disponibilização de crédito futuro, sob pena de se criar para o garantidor uma responsabilidade que não pretenda ou não tenha lastro para assumir, em total afronta à boa-fé e à própria autonomia privada que responsabiliza somente quando há a devida e prévia informação acerca das questões substanciais da contratação. A assunção dessa responsabilidade deve ser expressa, mas nada obsta que seja feita em documento apartado ou ainda *a posteriori*, desde que anterior ao vencimento da obrigação. Se for feita após o inadimplemento do devedor principal, o ato tomará outra natureza jurídica como, por exemplo, a assunção de dívida, mas não a responsabilização por uma hipoteca futura. Sendo o credor titular de um direito eventual, assegura-lhe o art. 130 do Código Civil que pratique todos os atos destinados a conservar o direito. A hipoteca eventual se reveste de importante interesse prático, pois facilita e agiliza a concessão de crédito em conta-corrente, permitindo que uma soma mais elevada seja disponibilizada, por exemplo, para determinada pessoa jurídica que necessite de um elevado crédito especial. Quanto à hipoteca condicional, estabelece o art. 121 do Código Civil que "considera-se condição a cláusula que, derivando exclusivamente da vontade das partes, subordina o efeito do negócio jurídico a evento futuro e incerto". Desta forma, a exigibilidade de determinada obrigação estará vinculada à ocorrência de um evento futuro e incerto. A hipoteca, sendo direito acessório à obrigação principal, seguirá a sorte desta, tornando-se exigível quando, uma vez implementada a eventual condição suspensiva (art. 125 do CC), o devedor não cumprir a obrigação espontaneamente. Se a condição for resolutiva (arts. 127 e 128 do CC), uma vez realizada a condição, cessarão os efeitos da obrigação principal e, por via reflexa, da hipoteca. Parece-nos, a bem da verdade, que não é a hipoteca o real direito condicional, mas sim a obrigação principal que ela objetiva garantir.

JURISPRUDÊNCIA COMENTADA: O entendimento jurisprudencial tem sido o de decretar a sanção de nulidade às hipotecas constituídas para assegurar dívida futura quando não há a limitação clara e expressa do valor máximo a ser suportado pelo garantidor. Nesse sentido, assentou a 24.ª Câmara de Direito Privado do Tribunal de Justiça do Estado de São Paulo que "a responsabilidade do garante em escritura pública de hipoteca constituída para dívida futura deve estar limitada ao valor máximo do crédito consignado no título, sob pena de violação do art. 1.487 do Código Civil" (APL 0013640-57.2013.8.26.0344, Rel. Des. Nelson Jorge Júnior, j. 26.02.2015).

Art. 1.487-A. A hipoteca poderá, por requerimento do proprietário, ser posteriormente estendida para garantir novas obrigações em favor do mesmo credor, mantidos o registro e a publicidade originais, mas respeitada, em relação à extensão, a prioridade de direitos contraditórios ingressos na matrícula do imóvel. (Incluído pela Lei nº 14.711, de 2023)

§ 1º A extensão da hipoteca não poderá exceder ao prazo e ao valor máximo garantido constantes da especialização da garantia original. (Incluído pela Lei nº 14.711, de 2023)

§ 2º A extensão da hipoteca será objeto de averbação subsequente na matrícula do imóvel, assegurada a preferência creditória em favor da: (Incluído pela Lei nº 14.711, de 2023)

I – obrigação inicial, em relação às obrigações alcançadas pela extensão da hipoteca; (Incluído pela Lei nº 14.711, de 2023)

II – obrigação mais antiga, considerando-se o tempo da averbação, no caso de mais de uma extensão de hipoteca. (Incluído pela Lei nº 14.711, de 2023).

§ 3º Na hipótese de superveniente multiplicidade de credores garantidos pela mesma hipoteca estendida, apenas o credor titular do crédito mais prioritário, conforme estabelecido no § 2º deste artigo, poderá promover a execução judicial ou extrajudicial da garantia, exceto se convencionado de modo diverso por todos os credores. (Incluído pela Lei nº 14.711, de 2023).

COMENTÁRIOS DOUTRINÁRIOS: Inspirado no direito civil francês, o recarregamento – ou a extensão – da hipoteca aqui disciplinado foi introduzido no sistema jurídico brasileiro pelo Marco Legal das Garantias (Lei n. 14.711/2023) e consiste na possibilidade de o devedor estender o alcance da garantia em favor do mesmo credor sem a necessidade de se formalizar outra escritura pública e, consequentemente, outro registro, bastando a averbação junto à matrícula do imóvel, respeitada, evidentemente, a prioridade de outros gravames que, porventura, existam em favor de outros credores. Por exemplo, imaginemos que o devedor tenha dado um imóvel de R$ 500.000,00 para garantir uma dívida de R$ 200.000,00. Nada obsta que contraia perante o mesmo credor um empréstimo de R$ 300.000,00, desde que não exceda o prazo previsto na escritura de hipoteca. Por fim, o § 2º define com segurança a prioridade creditória, que será a da obrigação inicial ou a mais antiga, conforme o caso. A Lei de Registros Públicos (Lei n. 6.015/1973) foi alterada para permitir expressamente a averbação "da extensão da garantia real à nova operação de crédito, nas hipóteses autorizadas por lei" (art. 167, II, 37, da Lei n. 6.015/1973, com a redação dada pela Lei 14.711/2023). O § 3º traz importante previsão para fins de segurança jurídica, respeitando o princípio da prioridade em favor do titular do crédito mais prioritário, nos termos do § 2º.

Art. 1.488. Se o imóvel, dado em garantia hipotecária, vier a ser loteado, ou se nele se constituir condomínio edilício, poderá o ônus ser dividido, gravando cada lote ou unidade autônoma, se o requererem ao juiz o credor, o devedor ou os donos, obedecida a proporção entre o valor de cada um deles e o crédito.

§ 1º O credor só poderá se opor ao pedido de desmembramento do ônus, provando que o mesmo importa em diminuição de sua garantia.

§ 2º Salvo convenção em contrário, todas as despesas judiciais ou extrajudiciais necessárias ao desmembramento do ônus correm por conta de quem o requerer.

§ 3º O desmembramento do ônus não exonera o devedor originário da responsabilidade a que se refere o art. 1.430, salvo anuência do credor.

COMENTÁRIOS DOUTRINÁRIOS: Trata-se de inovação de relevante alcance social, pois o artigo retrotranscrito permite que no imóvel hipotecado seja realizado um empreendimento da envergadura da instituição de condomínio edilício a partir da incorporação imobiliária ou que se instale um regime de parcelamento do solo urbano, regulamentado pela Lei n. 6.766/1979. Para que consigam a aprovação pelos órgãos municipais competentes, primeiramente deverá o interessado dirigir-se ao juiz com requerimento no sentido de que o ônus real seja dividido, de modo a gravar cada unidade imobiliária autônoma ou cada lote, conforme o caso. Verifica-se que a presente norma jurídica mitiga o alcance da indivisibilidade dos direitos reais de garantia, característica importante dessa categoria do Direito Civil. O credor poderá se opor ao referido pedido se demonstrar que o pedido de desmembramento do gravame real importa em diminuição da garantia. A cada um dos titulares do futuro lote ou da futura unidade autônoma incidirá o gravame hipotecário, segundo a proporção do valor de cada um deles e do respectivo crédito. Essa orientação legal se harmoniza com a essência da hipoteca que garante ao credor, mediante a sequela, perseguir o bem gravado em razão da afetação deste ao cumprimento da obrigação, independentemente de quem seja o seu titular. E também garante ao devedor (art. 1.475 do CC) o poder de disposição, além dos outros inerentes à propriedade (art. 1.228, *caput*, do CC). Os §§ 2º e 3º complementam o alcance do *caput*, dispondo que as despesas judiciais e extrajudiciais correrão por conta de quem requerer o desmembramento, e que o procedimento não se mostra incompatível com o disposto no art. 1.430 do Código Civil ao prever que a execução da hipoteca não extingue a obrigação principal se com o produto da execução não for possível pagar o credor.

JURISPRUDÊNCIA COMENTADA: Em caso no qual no registro imobiliário constava a hipoteca integral e indivisível sobre uma gleba de terras que posteriormente fora dividida em lotes, foi possível decisão favorável a um dos adquirentes de lote que pleiteou o desmembramento da garantia na forma do artigo em estudo a fim de que ficasse onerado apenas com o percentual correspondente a área que adquirira (TJPR, ApCvReex 1556097-3, 11.ª Câmara Cível, Londrina, Rel. Des. Lenice Bodstein, j. 19.10.2016). Reconhecendo a função social acima destacada, o Superior Tribunal de Justiça atribuiu incidência imediata ao estudado dispositivo legal, aplicando o art. 2.035 do Código Civil e possibilitou que, mesmo em hipoteca celebrada sob a égide do Código Civil de 1916 que não continha tal regra, fosse feito o apontado fracionamento. Nesse passo, a relatora, Ministra Nancy Andrighi, asseverou que "o art. 1.488 do Código Civil de 2002, que regula a possibilidade de fracionamento de hipoteca, consubstancia uma das hipóteses de materialização do princípio da função social dos contratos, aplicando-se, portanto, imediatamente às relações jurídicas em curso, nos termos do art. 2.035 do Código Civil de 2002" (STJ, REsp 691.738/SC, 3.ª Turma, Rel. Min. Nancy Andrighi, j. 12.05.2005, *DJ* 26.09.2005).

REFORMA DO CÓDIGO CIVIL: A inclusão dos §§ 3º e 4º confere maior segurança ao credor hipotecário para a recuperação do ativo emprestado. Nas palavras acertadas da justificativa apresentada ao Senado pela Subcomissão de Direito das Coisas, "trata-se de extensão automática da garantia real sobre os frutos da venda, na hipótese de financiamento à urbanização de loteamentos e de incorporação imobiliária. Dessa forma, à semelhança da regra idêntica estabelecida para o penhor de estoques, constitui-se importante proteção aos credores para o recebimento de garantias sobre os bens destinados à venda. Vide justificativa ao artigo 1.436-A".

"Art. 1.488. [...]

[...]

§ 3º O desmembramento do ônus não exonera o devedor originário da responsabilidade a que se refere o art. 1.430, salvo com a anuência do credor.

§ 4º Se o lote ou a unidade autônoma forem alienados pelo empreendedor, a hipoteca abrangerá automaticamente os créditos decorrentes da alienação, sem a necessidade de novo registro."

SEÇÃO II
DA HIPOTECA LEGAL

Art. 1.489. A lei confere hipoteca:

I – às pessoas de direito público interno (art. 41) sobre os imóveis pertencentes aos encarregados da cobrança, guarda ou administração dos respectivos fundos e rendas;

II – aos filhos, sobre os imóveis do pai ou da mãe que passar a outras núpcias, antes de fazer o inventário do casal anterior;

III – ao ofendido, ou aos seus herdeiros, sobre os imóveis do delinquente, para satisfação do dano causado pelo delito e pagamento das despesas judiciais;

IV – ao coerdeiro, para garantia do seu quinhão ou torna da partilha, sobre o imóvel adjudicado ao herdeiro reponente;

V – ao credor sobre o imóvel arrematado, para garantia do pagamento do restante do preço da arrematação.

COMENTÁRIOS DOUTRINÁRIOS: A hipoteca ora tratada é aquela cuja gênese é a lei, a despeito de que a sua constituição depende da especialização feita em juízo e o posterior registro no ofício imobiliário. Assim como sucede no penhor legal, a lei escolhe credores especiais para facultar a eles uma proteção maior do que teriam se não fosse a criação de uma garantia real por lei. Para compreender o instituto, importa que primeiramente observemos quem são os tais credores especiais, à semelhança do penhor legal, em que temos a pessoa física ou jurídica que hospede pessoas mediante remuneração e o locador. Com efeito, estabelece o artigo anotado quais são as hipóteses em que a lei autoriza a pessoa a buscar o reconhecimento da hipoteca legal nas seguintes situações: a) Às pessoas de direito público interno (art. 41 do CC) sobre os imóveis pertencentes aos encarregados da cobrança, guarda ou administração dos respectivos fundos e rendas: aqui temos a possibilidade de fazer com que incida hipoteca sobre o imóvel de pessoas encarregadas de cobrança, guarda ou administração de bens públicos. Dificilmente veremos um administrador público, espontaneamente, criando um direito real de garantia em seu desfavor, mas como o pedido de especialização pode ser formulado em juízo pela própria pessoa jurídica de direito público ou pelo Ministério Público, se solicitado, aguarda-se a eficácia da norma, pois nem sempre o sequestro de bens do administrador público faltoso com os seus deveres é realizado a tempo de garantir o ressarcimento ao erário público. b) Aos filhos, sobre os imóveis do pai ou da mãe que passar a outras núpcias, antes de fazer o inventário do casal anterior: cuida a hipótese de importante sanção para o viúvo ou viúva que descumpre o comando de não dever casar antes de dar partilha dos bens aos herdeiros na hipótese de ter filhos do cônjuge falecido, conforme preconiza o art. 1.523, I, do Código Civil. Cumpre registrar que, pelo parágrafo único do indigitado dispositivo legal, é permitido aos nubentes que requeiram a inaplicabilidade da causa suspensiva, desde que demonstrem a inexistência de prejuízo para o herdeiro. Se o pedido for deferido, entendemos não dever incidir a regra da hipoteca legal, que tem por fundamento exatamente garantir a cota que tocar aos herdeiros capazes ou incapazes. Assim é que se por decisão judicial afastou-se a referida causa suspensiva para o casamento, não há sentido para a permanência da possibilidade de constrição de bens imóveis. c) Ao ofendido, ou aos seus herdeiros, sobre os imóveis do delinquente, para satisfação do dano causado pelo delito e pagamento das despesas judiciais: a hipoteca sobre o imóvel do delinquente que causa dano a outrem objetiva assegurar a integral reparação do dano. Entretanto, parece-nos que somente poderá ser requerida quando houver o trânsito em julgado da ação que discute a responsabilidade penal pelo evento, de modo que reconhecendo que essa instância não se confunde com a instância civil, melhor que o demandante, se entender necessário, requeira o sequestro dos bens do pretenso ofensor, antes mesmo de que seja identificado como delinquente. d) Ao coerdeiro, para garantia do seu quinhão ou torna da partilha, sobre o imóvel adjudicado ao herdeiro reponente: herdeiro reponente é aquele que deverá repor em dinheiro em favor dos demais herdeiros o valor que, a bem da verdade, deveria ser partilhado entre eles, por ter adjudicado bens insuscetíveis de divisão cômoda. Para entender o dispositivo importa que se reconheça a previsão legal do art. 2.019 do Código Civil que possibilita ao cônjuge sobrevivente ou ao herdeiro que requeira a adjudicação de um bem que no acervo hereditário não comporte divisão cômoda, sob a obrigação de repor em dinheiro a parte que toca aos outros herdeiros desfalcados com a adjudicação do bem. O imóvel, em regra, é um bem indivisível e, uma vez adjudicado a um herdeiro, poderá suportar a hipoteca legal desde que a especialização seja requerida em juízo pelos interessados. e) Ao credor sobre o imóvel arrematado, para garantia do pagamento do restante do preço da arrematação: o credor pode requerer a arrematação (art. 892, § 1º, do CPC/2015) ou a adjudicação de um imóvel penhorado (art. 876, do CPC/2015). Nesses casos, poderá acontecer de o seu crédito se mostrar inferior ao valor pelo qual o imóvel foi arrematado ou adjudicado, o que lhe obrigará a pagar aos demais credores, se houver, ou ao devedor, a diferença do preço da arrematação. Para garantir essa obrigação, a lei inova prevendo a hipótese de hipoteca legal sobre o imóvel arrematado. A lei não faz referência à adjudicação, não sendo correto, segundo recomendações indeléveis da ciência da hermenêutica, estender o conteúdo de norma excepcional e restritiva de direitos, donde concluir-se que o dispositivo legal apenas se aplica para o caso de arrematação. A especialização poderá ser requerida pelo próprio arrematante, pelos outros credores, se houver, ou pelo próprio devedor. A hipoteca legal também é utilizada para legitimar o exercício da tutela e da curatela. O parágrafo único do art. 1.745 do Código Civil prevê a possibilidade de o juiz que dirija a tutela de um órfão condicionar o seu exercício à prestação de caução idônea e esta pode ser a hipoteca legal, aplicando-se tal regra para a curatela por força do disposto no art. 1.774 da mesma codificação: "Aplicam-se à curatela as disposições concernentes à tutela, com as modificações dos artigos seguintes". O objetivo é acautelar o patrimônio do tutelado ou curatelado, mormente em caso de conflito entre parentes que em tese poderiam exercer o referido *munus* público. Se o representante a ser nomeado for pessoa de reconhecida idoneidade, não haverá necessidade da prestação de garantia, conforme a parte final do parágrafo único do supracitado art. 1.745 deste Código: "Se o patrimônio do menor for de valor considerável, poderá o juiz condicionar o exercício da tutela à prestação de caução bastante, podendo dispensá-la se o tutor for de reconhecida idoneidade". O objeto da hipoteca legal é o imóvel de propriedade do administrador público, do pai ou da mãe, do autor do ato ilícito, do herdeiro e do credor, isto é, conforme a relação jurídica. Não é possível estender o alcance da hipoteca legal para situações não previstas em lei, pois em se tratando de ônus a interpretação deve ser restritiva. Ademais, à luz do texto constitucional, ninguém pode ser compelido a fazer ou deixar de fazer nada senão em virtude da lei (art. 5º, II). Todo direito real de garantia tem como requisito formal a especialização e o registro, e a hipoteca legal não foge à regra, pois, se a lei é a sua causa geradora, o registro da decisão judicial será o momento em que ganhará eficácia. O art. 1.497 do Código Civil, nessa esteira, permite também que o Ministério Público, desde que solicitado, promova a especialização da hipoteca legal em juízo. Cabe destacar que a ação de especialização da hipoteca legal, regida pelos arts. 1.205 a 1.210 do CPC/1973 como procedimento especial, não encontra correspondência no CPC/2015, conduzindo à conclusão de que, na vigência da nova lei processual, seu procedimento será o comum (art. 1.049 do CPC/2015). Apenas com o objetivo de que não se confundam institutos diversos, já que o atual Código Civil, corretamente, não mais fez referência à hipoteca judicial que se encontrava legislada no art. 824, achamos por bem dar notícia da hipoteca judicial ou judiciária disciplinada no art. 495 do Código de Processo Civil/2015, que trouxe importantes alterações em relação ao art. 466 do CPC/1973, em que estava disciplinada. O *caput* assim se manifesta: "A decisão que condenar o réu ao pagamento de prestação consistente em dinheiro e a que determinar a conversão de prestação de fazer, de não fazer ou de dar coisa em prestação pecuniária valerão como título constitutivo de hipoteca judiciária". Colhe-se que não mais se refere apenas à sentença, como constava do supracitado art. 466 do código revogado, mas à decisão. Além das hipóteses previstas nos incisos I, II e III do art. 466 do CPC revogado – repetidas nos incisos I e II do art. 495 –, o referido dispositivo incluiu em seu inciso III a previsão da produção de hipoteca judicial mesmo quando a decisão que a constituiu seja objeto de recurso dotado de efeito suspensivo. O § 2º do artigo em comento prevê a possibilidade de constituição da hipoteca pela apresentação da cópia da sentença junto ao cartório do registro imobiliário, independente de determinação judicial ou demonstração de urgência, o que confere a terceiros ciência do gravame, importando a alienação posterior do bem pelo devedor na caracterização de fraude à execução (art. 792, III) do CPC. Ao credor competirá comunicar ao juízo a realização da hipoteca, no prazo de quinze dias, a fim de que o devedor seja cientificado (§ 3º). A constituição da hipoteca resulta em preferência ao credor hipotecário frente aos demais, observada a prioridade no registro (§ 4º). No § 5º resta expressa a responsabilidade em indenizar a parte adversa pelos danos que tenha sofrido em razão da constituição da hipoteca, independentemente da perquirição sobre culpa do beneficiário, no caso de reforma ou invalidação da decisão a que se refere o *caput*, devendo a liquidação do *quantum* indenizatório ocorrer nos mesmos autos. O artigo transcrito se encontra referido no capítulo atinente aos elementos e efeitos da sentença, sendo, portanto, inegável instituto de processo civil e mero efeito da prolação de uma decisão judicial que condene alguém a pagar determinada importância em dinheiro, ou converta em prestação pecuniária uma prestação de fazer, não fazer ou dar. Para que a hipoteca judicial seja dotada de sequela, indispensável que se dê publicidade ao ato por intermédio do registro que se encontra previsto no art. 167, I, 2, da Lei de Registros Públicos (Lei n. 6.015/1973).

JURISPRUDÊNCIA COMENTADA: Em situação na qual foi pedida em juízo a especialização de hipoteca legal em desfavor do prefeito de determinada cidade goiana, o Tribunal local decidiu acertadamente que "inexiste previsão legal para imposição de registro de hipoteca sobre os bens do prefeito municipal em favor da Fazenda Pública". O fato é que o rol de casos de hipoteca legal é taxativo, não admitindo, portanto, interpretação extensiva (TJGO, AC 0149958-55.2009.8.09.0087, 5.ª Câmara Cível, Rel. Des. Delintro Belo de Almeida Filho, *DJGO* 10.10.2013). A jurisprudência tem se mostrado firme no sentido de somente exigir a especialização da hipoteca legal sobre o patrimônio do tutor ou curador quando houver motivo sério que deve ser compreendido como a soma da animosidade na família do interditando com relação a quem exercerá o múnus público e a justificável desconfiança acerca da idoneidade do representante. Em caso no qual irmãos se digladiavam sobre quem deveria ser curador da mãe interditanda que era titular de considerável patrimônio, o Tribunal paulista optou por manter o mesmo curador que já havia sido nomeado para exercer a curadoria do genitor, mas impôs a especialização da hipoteca legal como requisito (TJSP, Apelação 10496-36.2009.8.26.0079, 5.ª Câmara de Direito Privado, Rel. Des. Edson Luiz de Queiroz, j. 13.03.2013). Por outro lado, em situação na qual o único patrimônio da interditanda era um imóvel doado e gravado em usufruto vitalício a ela e dois benefícios previdenciários no valor de um salário mínimo e por não haver prova de nenhum ato inidôneo do curador, a mesma Corte dispensou a prestação de caução (TJSP, Apelação 4950-98.2011.8.26.0347, 7.ª Câmara de Direito Privado, Rel. Des. Mendes Pereira, j. 12.06.2013).

A hipoteca judiciária acima referida é compreendida pela jurisprudência como um efeito secundário da sentença que condena uma pessoa a pagar indenização, sendo possível a sua especialização mesmo antes do trânsito em julgado da condenação, pois o recurso especial não possui, salvo decisão contrária, efeito suspensivo (STJ, REsp 981.001/SP, Rel. Min. Nancy Andrighi, j. 24.11.2009, *Informativo* n. *417* de 2009). A similitude entre a hipoteca legal e a judicial conduz ao convencimento de que deve ser assegurado ao devedor contraditório e ampla defesa para os fins de sua especialização, não podendo o credor de verba indenizatória simplesmente indicar os bens a serem gravados e o magistrado afetá-los sem a oitiva do executado. Com a diferença de que a referência ao art. 466 do CPC na ementa deve ser atualizada para o art. 495 do CPC/2015, o *decisum* a seguir retrata com fidedignidade o estágio atual da jurisprudência: "3.1 A hipoteca judicial ou judiciária constitui modalidade *sui generis* de garantia outorgada, dentre outros casos, em benefício de virtual credor e em desfavor daquele que comete ato ilícito, cujo principal efeito é a instituição do direito de sequela (art. 466 do CPC), não havendo, contudo, submissão imediata de imóveis à satisfação da obrigação, mas apenas segurança de que os aludidos bens se manterão potencialmente intactos para resguardar eventual cumprimento de sentença, deflagrada quando do encerramento da fase cognitiva. 3.2 Não obstante constitua a hipoteca judiciária efeito secundário próprio da sentença (que condena o devedor à prestação em dinheiro ou coisa), instituindo-se independentemente do trânsito em julgado, afigura-se imprescindível sua especialização, como forma de individualização do bem a respaldar a obrigação e a oportunizar a intervenção do devedor nesse procedimento. 3.3 Assim, embora a lei concretamente não estabeleça um procedimento próprio para a efetivação da hipoteca judiciária, em possuindo os institutos objetivos e características semelhantes, é indelével a viabilidade de aplicação analógica dos preceitos concernentes à hipoteca legal àquela outra modalidade de garantia. 3.4 Há que se ter em perspectiva uma interpretação sistemática associada ao conteúdo do art. 620 do CPC, porquanto embora tal preceito legal assegure a menor devassa possível ao patrimônio do devedor na fase de ultimação da obrigação, de outro lado, por constituir emanação direta de princípio de envergadura constitucional (art. 1º, III, da CF/88), também irradia efeitos no estágio incipiente em que surge a hipoteca judicial, ou seja, quando o crédito ainda não está definitivamente constituído, sujeito a objeções e questionamentos. 3.5 Daí a necessidade imperativa, sob pena de nulidade, de se oportunizar ao alvo da medida gravosa sua escorreita participação na eleição do bem em que incidirá o ônus, podendo impugnar a indicação feita pelo virtual credor, fornecendo base empírica para justificar a afetação de determinado imóvel em substituição a outro, seja diante da desproporção do encargo frente ao valor do bem imóvel, ou ante a existência de outra causa a comprometer sua expressão econômica. 4. Recurso especial parcialmente conhecido, e, nesta extensão, provido para anular a hipoteca judiciária efetuada nos presentes autos, sem prejuízo de nova constituição da garantia, observado o contraditório no respectivo procedimento" (REsp 1120024/SP, 4.ª Turma, Rel. Min. Marco Buzzi, j. 13.11.2012, *DJe* 28.06.2013).

REFORMA DO CÓDIGO CIVIL: Aqui há apenas uma atualização das hipóteses de hipoteca legal com relação à família que se forma a partir da união estável e à inclusão de honorários contratuais de advogado no *quantum* indenizatório, conforme sugestão de alteração contida no livro do direito das obrigações.

"Art. 1.489. [...]

[...]

II – aos filhos, sobre os imóveis do pai ou da mãe que passar a outras núpcias ou estabelecer união estável, antes de fazer o inventário do casal anterior;

III – ao ofendido, ou aos seus herdeiros, sobre os imóveis do agente causador do dano, para satisfação dos prejuízos causados pelo ato ilícito e pelo pagamento das despesas judiciais e honorários contratuais de advogado;

IV - ao coerdeiro, para garantia do seu quinhão ou torna da partilha, sobre o imóvel adjudicado ao herdeiro reponente;

[...]"

Art. 1.490. O credor da hipoteca legal, ou quem o represente, poderá, provando a insuficiência dos imóveis especializados, exigir do devedor que seja reforçado com outros.

COMENTÁRIOS DOUTRINÁRIOS: O credor de hipoteca legal ou o seu representante legal na hipótese de credor incapaz, poderá requerer reforço de garantia ao devedor. Dizia o art. 1.208 do Código de Processo Civil revogado que se os bens fossem insuficientes para suprir o crédito do menor, de interdito ou da mulher casada e não houvesse reforço suficiente mediante caução real ou fidejussória, mandaria o juiz proceder à avaliação de outros bens. Se não houvesse, julgaria improcedente a especialização. Ainda que a norma processual do CPC/1973 esteja revogada, cremos que, na compatibilização da anotada regra de Direito Civil com a Constituição da República é possível o pedido de reforço de garantia, fato que, se restar desatendido, o juiz determinará a avaliação de outros bens. Somente será julgada improcedente a especialização da hipoteca legal quando se tratar de credor menor. Nos demais, não se aplicaria a regra processual susodita, não constituindo a insuficiência de bens causa para a improcedência do pedido de especialização da hipoteca legal.

Art. 1.491. A hipoteca legal pode ser substituída por caução de títulos da dívida pública federal ou estadual, recebidos pelo valor de sua cotação mínima no ano corrente; ou por outra garantia, a critério do juiz, a requerimento do devedor.

COMENTÁRIOS DOUTRINÁRIOS: O Código Civil permite que os bens legalmente hipotecáveis sejam substituídos por títulos da dívida pública federal ou estadual que serão recebidos pelo valor de sua cotação mínima no ano de constituição da hipoteca legal. Poderá ainda a garantia ser substituída por outra garantia real ou fidejussória. O requerimento somente poderá ser formulado pelo devedor e o juiz decidirá atentando para a idoneidade da garantia oferecida. Se a sub-rogação não acarretar prejuízo para o credor, o pedido será deferido. Deverá, por exemplo, aferir a capacidade econômica do fiador ou se o bem dado em garantia preenche os requisitos subjetivos e objetivos previstos no art. 1.420 do Código Civil: "Só aquele que pode alienar poderá empenhar, hipotecar ou dar em anticrese; só os bens que se podem alienar poderão ser dados em penhor, anticrese ou hipoteca. § 1º A propriedade superveniente torna eficaz, desde o registro, as garantias reais estabelecidas por quem não era dono. § 2º A coisa comum a dois ou mais proprietários não pode ser dada em garantia real, na sua totalidade, sem o consentimento de todos; mas cada um pode individualmente dar em garantia real a parte que tiver".

SEÇÃO III
DO REGISTRO DA HIPOTECA

Art. 1.492. As hipotecas serão registradas no cartório do lugar do imóvel, ou no de cada um deles, se o título se referir a mais de um.

Parágrafo único. Compete aos interessados, exibido o título, requerer o registro da hipoteca.

COMENTÁRIOS DOUTRINÁRIOS: Os direitos reais sobre imóveis constituídos, ou transmitidos por ato entre vivos, em regra, somente são dotados de eficácia após o regular registro no cartório imobiliário competente que assegura a prioridade ao credor no recebimento da dívida. O registro da hipoteca, em qualquer uma de suas modalidades, é o momento em que se efetiva o direito real de garantia, chegando-se mesmo a afirmar que hipoteca sem registro é hipoteca inexistente. O artigo *supra* se preocupa com a atribuição do cartório imobiliário para a realização do registro da hipoteca, dispondo que será competente o local da situação da coisa. Em cidades que contem com inúmeros distritos, será comum observar que a tarefa registral é dividida em ofícios. Dessa forma, é possível que em uma mesma cidade existam vários registros de imóveis. A atribuição de cada um é fixada conforme a divisão das circunscrições imobiliárias que, por sua vez, é estabelecida segundo a localização do imóvel. Importante registrar que se o imóvel se situar em circunscrições limítrofes, deverá ser registrado em todas elas, *ex vi* do disposto no art. 169, II, da Lei n. 6.015/1973: "II – para o imóvel situado em duas ou mais circunscrições, serão abertas matrículas em ambas as serventias dos registros públicos". O registro da hipoteca é um ônus da pessoa que tenha interesse em vê-la com eficácia, de modo que o cumprimento apenas favorece ao interessado que diligenciou o registro. Normalmente, o interessado é o credor, mas nada impede que o próprio devedor, exibindo o título que dá causa à hipoteca, requeira o registro junto ao cartório imobiliário. O registro de qualquer modalidade de hipoteca encontra-se previsto no art. 167, I, 2, da Lei n. 6.015/1973: "No Registro de Imóveis, além da matrícula, serão feitos. I – o registro: [...] 2) das hipotecas legais, judiciais e convencionais". O Livro pertinente é o de número 2 que cuida do Registro Geral (art. 176 da Lei n. 6.015/1973).

Art. 1.493. Os registros e averbações seguirão a ordem em que forem requeridas, verificando-se ela pela da sua numeração sucessiva no protocolo.

Parágrafo único. O número de ordem determina a prioridade, e esta a preferência entre as hipotecas.

COMENTÁRIOS DOUTRINÁRIOS: O dispositivo acima assinalado cuida da função do protocolo para a fixação da prioridade registral da hipoteca. O protocolo é um livro fundamental na estrutura de um registro de imóveis, pois nele são apontados todos os títulos que diariamente são apresentados, ressalvados os títulos que dão entrada no cartório imobiliário apenas para exame ou cálculo de emolumentos. Na escrituração do protocolo de uma hipoteca constará o número de ordem do registro, a data da apresentação, o nome do apresentante, a natureza formal do título e os atos que devam ser praticados para que se proceda ao registro. Já foi visto que o art. 1.476 desta codificação prevê que o mesmo imóvel pode ser dado em hipoteca para várias pessoas ou várias vezes para o mesmo credor e, ainda, suportar um outro gravame, como, por exemplo, um penhor rural ou uma alienação fiduciária. Para saber quem tem prioridade no recebimento, terá que ser aferido o número de ordem no livro do protocolo, pois é a prenotação do título que determinará a prioridade entre os vários credores com garantia real. A propósito, cumpre registrar o que estabelece o art. 186 da Lei n. 6.015/1973, *in verbis*: "O número de ordem determinará a prioridade do título, e esta a preferência dos direitos reais, ainda que apresentados pela mesma pessoa mais de um título simultaneamente". A possibilidade de constituição de sub-hipoteca é impossível no penhor comum, tendo em vista o pressuposto existencial da tradição do objeto. Tal expediente deve-se ao sistema registral imobiliário que vai permitir sucessivos registros do referido gravame real.

Art. 1.494. (Revogado pela Lei n. 14.382, de 2022)

COMENTÁRIOS DOUTRINÁRIOS: O artigo foi revogado pela Lei n. 14.382, de 27 de junho de 2022, que dispõe sobre o Sistema Eletrônico de Registros Públicos (SERP). Malgrado essa revogação, optamos por manter nossos comentários com essa pequena adaptação, pois, como já tínhamos assinalado, essa temática é tratada pela Lei de Registros Públicos com pequena adaptação. Em complemento ao estudo do artigo anterior, o presente artigo tratava da proibição de registrar duas hipotecas sobre o mesmo imóvel no mesmo dia, situação jurídica que permanece em razão de já estar disposta na Lei de Registros Públicos (Lei n. 6.015/1973). Pois bem, a fim de que se precise quem, dentre os eventuais credores com preferência real, será o credor prioritário, a lei veda que se inscrevam no mesmo dia duas hipotecas, salvo se as escrituras indicarem a hora em que foram lavradas, pois neste caso, a escritura lavrada em primeiro lugar terá a prioridade. Para que se compreenda com perfeição o alcance da norma, importa que se faça uma acurada leitura dos arts. 190 a 192 da Lei n. 6.015/1973: "Art. 190 – Não serão registrados, no mesmo dia, títulos pelos quais se constituam direitos reais contraditórios sobre o mesmo imóvel. Art. 191 – Prevalecerão, para efeito de prioridade de registro, quando apresentados no mesmo dia, os títulos prenotados no Protocolo sob número de ordem mais baixo, protelando-se o registro dos apresentados posteriormente, pelo prazo correspondente a, pelo menos, um dia útil. Art. 192 – O disposto nos arts. 190 e 191 não se aplica às escrituras públicas, da mesma data e apresentadas no mesmo dia, que determinem, taxativamente, a hora da sua lavratura, prevalecendo, para efeito de prioridade, a que foi lavrada em primeiro lugar".

Art. 1.495. Quando se apresentar ao oficial do registro título de hipoteca que mencione a constituição de anterior, não registrada, sobrestará ele na inscrição da nova, depois de a prenotar, até trinta dias, aguardando que o interessado inscreva a precedente; esgotado o prazo, sem que se requeira a inscrição desta, a hipoteca ulterior será registrada e obterá preferência.

COMENTÁRIOS DOUTRINÁRIOS: O artigo em tela cuida da necessidade de sobrestamento da segunda hipoteca. Antes de fazer o registro do gravame hipotecário no álbum imobiliário, deverá o oficial do cartório observar se há, no título apresentado, referência expressa a uma hipoteca anterior não registrada. Em caso afirmativo, deverá sobrestar o registro da segunda, facultando ao primeiro a oportunidade de diligenciar a prenotação da sua hipoteca no livro próprio a fim de que assegure a prioridade. Trata-se de ônus a ser suportado pelo primeiro credor e deverá ser realizado, sob pena de caducidade, no prazo de trinta dias. Esgotado o prazo, sem que o primeiro credor providencie a prenotação do título, o oficial procederá ao registro da segunda hipoteca que, pela inércia do primeiro, se assegurará acerca da sua prioridade no recebimento em relação ao credor anterior, assim como a eventuais credores que durante o sobrestamento tenham prenotado seus títulos. A prenotação produzirá os seus efeitos, inclusive, perante um eventual adquirente do bem. A propósito do tema, dispõe o art. 189 da Lei n. 6.015/1973: "Apresentado título de segunda hipoteca, com referência expressa à existência de outra anterior, o oficial, depois de prenotá-la, aguardará durante 30 (trinta) dias que os interessados na primeira promovam a inscrição. Esgotado esse prazo, que correrá da data da prenotação, sem que seja apresentado o título anterior, o segundo será inscrito e obterá preferência sobre aquele". Para que tenhamos uma ideia da importância de ser o primeiro credor hipotecário, basta uma mirada de atenção no fato de que o credor sub-hipotecário, ressalvada a hipótese de falência ou insolvência, somente poderá cobrar o seu crédito após o vencimento da primeira hipoteca à luz do que prescreve o já estudado art. 1.477 deste Código.

Art. 1.496. Se tiver dúvida sobre a legalidade do registro requerido, o oficial fará, ainda assim, a prenotação do pedido. Se a dúvida, dentro em noventa dias, for julgada improcedente, o registro efetuar-se-á com o mesmo número que teria na data da prenotação; no caso contrário, cancelada esta, receberá o registro o número correspondente à data em que se tornar a requerer.

COMENTÁRIOS DOUTRINÁRIOS: O registro é o momento em que a hipoteca é efetivamente inscrita no livro 2 do registro de imóveis, denominado, pelo art. 176 da Lei n. 6.015/1973, "Registro Geral". Antes de proceder ao registro da hipoteca, o oficial do registro de imóveis vai aferir se todos os requisitos substanciais e/ou formais do título estão presentes, momento em que poderá formular exigências ao interessado, que as deve cumprir no prazo de trinta dias, sob pena de caducidade da prenotação. O oficial poderá, ainda, observando que, entre a exigência por ele formulada e a resposta do requerente do registro, existe uma controvérsia de cunho jurídico, suscitar o procedimento administrativo de dúvida, ocasião em que, por ofício endereçado ao juiz competente, a mesma será dirimida por sentença. A instauração do procedimento de dúvida não impede que se faça a prenotação do título. Se a dúvida for julgada improcedente pelo juiz, ou seja, se ele entender que o oficial não tinha razão, proceder-se-á ao registro da hipoteca, respeitado o número de inscrição que constava na prenotação. Se a dúvida for julgada procedente, o oficial cancelará o apontamento realizado por ocasião da prenotação, e se o interessado tornar a requerer o registro de seu título, novo número de inscrição será criado pela nova prenotação do título (arts. 198 – alterado pela Lei n. 14.382/2022 – a 204 da Lei n. 6.015/1973). Remetemos o leitor para os comentários ao art. 1.245 deste Código quando enfrentamos as questões pertinentes à dúvida registral.

REFORMA DO CÓDIGO CIVIL: A sugestão confere maior efetividade à prenotação como instrumento que confere a prioridade ao possibilitar publicidade ao gravame a fim de proteger eventuais interesses de terceiros e do próprio credor hipotecário. "Art. 1.496. Se tiver dúvida sobre a legalidade do registro requerido, o oficial fará, ainda assim, a prenotação do pedido. Se a dúvida for julgada improcedente, o registro efetuar-se-á com o mesmo número que teria na data da prenotação."

Art. 1.497. As hipotecas legais, de qualquer natureza, deverão ser registradas e especializadas.

§ 1º O registro e a especialização das hipotecas legais incumbem a quem está obrigado a prestar a garantia, mas os interessados podem promover a inscrição delas, ou solicitar ao Ministério Público que o faça.

§ 2º As pessoas, às quais incumbir o registro e a especialização das hipotecas legais, estão sujeitas a perdas e danos pela omissão.

COMENTÁRIOS DOUTRINÁRIOS: Não há eficácia nas garantias reais sem que se proceda à especialização e ao registro. A hipoteca legal, ainda que com procedimento judicial, não foge a essa regra. O artigo em comento trata com mais simplicidade a questão da legitimação para requerer em juízo a especialização da hipoteca legal. Assim, o responsável pela garantia é quem possui a incumbência de providenciar a especialização, mas a lei estende, de forma mais objetiva do que constava no direito anterior, a legitimação a qualquer interessado. Se a pessoa a quem incumbe realizar a especialização da hipoteca legal ficar inerte, poderá responder por perdas e danos em razão da omissão. Quem tem a incumbência de especializar a hipoteca legal, respectivamente, são os encarregados da cobrança, guarda ou administração de fundos ou rendas públicas, o pai ou a mãe, o ofensor, o herdeiro reponente ou o credor que, na execução judicial, arrematou o imóvel para si, na forma do art. 1.489 deste Código.

Art. 1.498. Vale o registro da hipoteca, enquanto a obrigação perdurar; mas a especialização, em completando vinte anos, deve ser renovada.

COMENTÁRIOS DOUTRINÁRIOS: A hipoteca convencional torna-se perempta se no prazo de vinte anos não for requerida a averbação de um novo título junto ao registro de imóveis, conforme visto nos comentários ao art. 1.485 deste Código. O registro da hipoteca legal não encontra óbice temporal, perdurando indefinidamente ou até a cessação da causa para a possível obrigação que justificou a sua constituição. A responsabilidade geradora da obrigação não possui termo pré-fixo. Entretanto, a lei exige que a especialização se renove em se completando vinte anos, a fim de que seja averiguado em juízo se persiste a necessidade do gravame hipotecário. Na lei anterior, o prazo era de trinta anos, mas o atual é mais do que suficiente para que as circunstâncias iniciais tenham sido modificadas e não mais haja a indispensabilidade do ônus imobiliário. Se o prazo de vinte anos não for observado pelo interessado, restará extinta a hipoteca legal.

SEÇÃO IV
DA EXTINÇÃO DA HIPOTECA

Art. 1.499. A hipoteca extingue-se:

I – pela extinção da obrigação principal;

II – pelo perecimento da coisa;

III – pela resolução da propriedade;

IV – pela renúncia do credor;

V – pela remição;

VI – pela arrematação ou adjudicação.

COMENTÁRIOS DOUTRINÁRIOS: O artigo em análise prevê as várias hipóteses legais que podem acarretar a extinção da hipoteca sob o prisma do direito material, pois, para que o gravame real não mais onere formalmente o imóvel, indispensável será o cancelamento na forma do art. 248 da Lei n. 6.015/1973, ou seja, mediante a averbação junto ao registro de imóveis (art. 1.500 do CC). O registro hipotecário, enquanto não cancelado junto ao registro de imóveis, produz todos os seus regulares efeitos (art. 252 da Lei n. 6.015/1973). Além das hipóteses previstas neste artigo, a hipoteca pode ser extinta pela averbação do distrato no registro de imóveis, assim como pela perempção. O distrato deverá ser feito da mesma forma exigida para a confecção do contrato, devendo ser observada, *in casu*, a escritura pública, a teor do que prescreve o art. 472 do Código Civil. A perempção da hipoteca se dá quando, passados trinta anos de sua constituição, as partes não procedem à averbação de um novo título hipotecário (art. 1.485 do CC). Passemos à análise de cada uma das hipóteses previstas no artigo supracitado. A extinção da obrigação principal é a forma natural de extinção do ônus hipotecário. Além de temporária, a hipoteca é acessória, tendo em vista que a sua existência depende da obrigação principal. Conforme já anotamos nas características da hipoteca (art. 1.473 do CC), o ordenamento jurídico brasileiro não se compadece com a hipoteca abstrata, ou seja, aquela que independe da obrigação principal. A obrigação principal pode ser extinta por variadas formas, sendo que a modalidade normal é o adimplemento direto por meio do pagamento na forma previamente pactuada ou na forma da lei. Entretanto, pode ser que a obrigação principal se desfaça pela invalidade declarada (ato nulo) ou decorrente de sentença constitutiva (ato anulável), assim como pelo pagamento em consignação (arts. 334 a 345), imputação do pagamento (arts. 352 a 355), dação em pagamento (arts. 356 a 359), novação (arts. 360 a 367), compensação total (arts. 368 a 380), confusão (arts. 381 a 384) e, por fim, pela remissão da dívida (arts. 385 a 388). Dentre as modalidades de pagamento indireto não se fez referência à sub-rogação, pois a ocorrência desse fato jurídico acarreta apenas a substituição do polo ativo da relação obrigacional. Para melhor elucidar a explicação, poderemos utilizar a remição da hipoteca pelo credor sub-hipotecário (art. 1.478 do CC). À medida que o credor sub-hipotecário paga ao primeiro credor hipotecário, se sub-roga nos direitos deste e vai poder cobrar do devedor o crédito sub-rogado, sem prejuízo do que já tinha antes da sub-rogação (art. 346, I). A prescrição extingue apenas a pretensão de direito material, não ocasionando a perda do direito material, como podemos observar na redação do art. 882 do Código Civil, que diz não ter cabimento a repetição do indébito quando o devedor paga dívida prescrita. Ora, se o pagamento de dívida prescrita não dá ensejo à repetição do indébito, é porque quem paga dívida prescrita cumpre obrigação, embora esta seja inexigível. Contudo, se a dívida perdeu a exigibilidade pela inércia do titular em exercer o direito subjetivo de cobrança no prazo previsto em lei para a hipótese, não há motivo que justifique a existência do gravame real. O interessado poderá, demonstrando a prescrição da obrigação principal, requerer em juízo o cancelamento da hipoteca. Trata-se de interessante hipótese em que a prescrição é alegada pelo autor da ação, o que não obsta o seu reconhecimento, pois o art. 193, *in fine*, do Código Civil estatui que a prescrição pode ser alegada por quem a aproveite, não dispondo a regra se por ação ou exceção. Em regra, perece o direito, perecendo o objeto. Perecimento é a destruição total da coisa. Se o bem for deteriorado ou depreciado economicamente, estaremos diante de uma situação que pode acarretar o vencimento antecipado da dívida, se o devedor, regularmente intimado, não reforçar a garantia prestada (art. 1.425, I, do CC). O perecimento também enseja o vencimento antecipado da dívida, mas com a destruição total do bem sem que seja substituído por outro; teremos, além daquele efeito, a extinção da hipoteca. Se a coisa destruída for segurada, haverá sub-rogação, incidindo a garantia sobre o valor da indenização (art. 1.425, § 1º). A resolução da propriedade sobre a qual incide o gravame também extingue a hipoteca. A propriedade resolúvel (art. 1.359 do CC) vem a ser uma modalidade de propriedade cuja eficácia cessa diante do implemento de uma condição resolutiva ou do advento de um termo resolutivo. Quando a condição ou o termo se efetivarem, a propriedade modificará de titular, passando a exercê-la a pessoa que se aproveita da incidência da condição ou do termo, conforme o caso. Na abordagem do indigitado artigo, fizemos alusão ao fato de que, com a resolução da propriedade, são extintos todos os direitos reais concedidos na sua pendência. Imagine-se, na forma de exemplificação, que o fiduciário (art. 1.951 do CC) tenha entregue o imóvel do qual é titular de propriedade resolúvel em hipoteca a determinado credor que o aceitou. O fideicomissário, ou seja, o beneficiário do implemento da condição ou do termo, receberá a propriedade livre de qualquer ônus real, pois resolvendo-se a propriedade, resolveu-se a hipoteca anteriormente constituída. A renúncia é um ato unilateral de despojamento de determinado direito. O credor pode renunciar à hipoteca, mediante termo público ou particular requerido ao oficial do registro de imóveis. Como a extinção da hipoteca se dá pelo ato formal do cancelamento, entendemos que não cabe a renúncia tácita, que é admitida no penhor (art. 1.436, § 1º, do CC) e não tem previsão na hipoteca. Acerca da extinção formal do gravame, estabelece o art. 251, I, da Lei de Registros Públicos que o cancelamento da hipoteca pode ser feito à vista de autorização expressa pelo credor (renúncia) formulada em instrumento público ou particular. A remição da hipoteca pelo adquirente do imóvel extingue a hipoteca, desde que observe os rigores legais delineados nos comentários aos arts. 1.478 a 1.481 deste Código. O mesmo ocorre com a remição da execução disciplinada no art. 826 do Código de Processo Civil que disciplina o resgate da dívida, estabelecendo que essa poderá ser feita a qualquer tempo pelo devedor, desde que deposite o que deve, acrescido dos juros, honorários e correção monetária. A adjudicação e a alienação do bem por iniciativa particular ou em hasta pública também têm o condão de acarretar a extinção da hipoteca. A arrematação pode ser feita por qualquer interessado na aquisição do imóvel levado à praça (arts. 876 a 903 do CPC). A adjudicação do imóvel é o ato judicial pelo qual o credor exequente oferece ao devedor executado determinado preço não inferior ao da avaliação, requerendo ao juízo que a propriedade do imóvel hipotecado e já penhorado seja a ele reconhecida, conforme pode se ler no *caput* do art. 876 do Código de Processo Civil: "É lícito ao exequente, oferecendo preço não inferior ao da avaliação, requerer que lhe sejam adjudicados os bens penhorados". A arrematação se verifica quando terceiro, mediante disputa em que vencerá quem der o maior lanço, compra o bem levado à praça ou leilão, conforme se trate de bem imóvel ou móvel, respectivamente. A arrematação pode se dar a partir de uma alienação do bem por iniciativa particular, *ex vi* do disposto no art. 880 do gizamento processual civil: "Não efetivada a adjudicação, o exequente poderá requerer a alienação por sua própria iniciativa ou por intermédio de corretor ou leiloeiro público credenciado perante o órgão judiciário". É igualmente possível que se faça a partir de iniciativa particular, conforme art. 881 da citada codificação: "A alienação far-se-á em leilão judicial se não efetivada a adjudicação ou a alienação por iniciativa particular". O que interessa para o direito material é que ambas as hipóteses ensejam a satisfação do credor, mediante o pagamento da dívida, ainda que se realizem após a propositura de ação executiva.

JURISPRUDÊNCIA COMENTADA: Conforme afirmamos acima, ainda que a prescrição da obrigação principal não esteja arrolada expressamente como modo de extinção da obrigação, não há sentido em se manter o bem gravado com hipoteca se a pretensão creditícia se encontra extinta pelo decurso do tempo. Com essa fundamentação, o Tribunal de Justiça gaúcho determinou o cancelamento da hipoteca oriunda de uma dívida bancária prescrita (TJRS, Apelação Cível 70055085161, 18.ª Câmara Cível, Rel. Pedro Celso Dal Pra, j. 22.08.2013).

Art. 1.500. Extingue-se ainda a hipoteca com a averbação, no Registro de Imóveis, do cancelamento do registro, à vista da respectiva prova.

COMENTÁRIOS DOUTRINÁRIOS: O artigo em comento registra que, além das hipóteses elencadas no dispositivo legal antecedente, o cancelamento do registro extingue a hipoteca, desde que averbado no álbum imobiliário, mediante a entrega da respectiva prova desse fato. O cancelamento pode se dar por qualquer um dos motivos disciplinados no art. 251 da referida legislação: "O cancelamento de hipoteca só pode ser feito: I – à vista de autorização expressa ou quitação outorgada pelo credor ou seu sucessor, em instrumento público ou particular; II – em razão de procedimento administrativo ou contencioso, no qual o credor tenha sido intimado (art. 698 do Código de Processo Civil); III – na conformidade da legislação referente às cédulas hipotecárias". Se o cancelamento da hipoteca decorrer de sentença judicial, como seria o caso do julgamento de uma ação anulatória da hipoteca, enquanto esta não transitar em julgado, a averbação não poderá ser feita. Com efeito, à luz do que prescreve o art. 259 da Lei n. 6.015/1973, na hipótese de sentença judicial, o cancelamento somente poderá ser realizado quando a decisão transitar em julgado.

Art. 1.501. Não extinguirá a hipoteca, devidamente registrada, a arrematação ou adjudicação, sem que tenham sido notificados judicialmente os respectivos credores hipotecários, que não forem de qualquer modo partes na execução.

COMENTÁRIOS DOUTRINÁRIOS: O artigo em análise destaca que a arrematação ou adjudicação (art. 1.499, VI), não extinguirá a hipoteca, devidamente registrada, sem que tenham sido notificados judicialmente os respectivos credores hipotecários que não forem de qualquer modo partes na execução. O credor hipotecário, quando comparado ao credor quirografário sem privilégio, goza de preferência no recebimento do crédito, conforme estatui o art. 1.422 do Código Civil, e deve ter os seus interesses preservados. Não por outro motivo que o art. 889, inciso V, do Código de Processo Civil/2015 determina que antes de ser levado um imóvel hipotecado à praça seja(m) intimado(s) com pelo menos cinco dias de antecedência o(s) credor(es) hipotecário(s). Encontra-se na doutrina processual controvérsia acerca da sanção decorrente do descumprimento do referido comando. O atual Código Civil parece-nos que pacifica o entendimento de que a consequência que decorre da inobservância da intimação é a ineficácia da arrematação ou adjudicação do imóvel. Com efeito, o oficial do registro de imóveis não procederá ao cancelamento da hipoteca se observar que eventuais credores com garantia real não foram intimados ou notificados para o ato de alienação forçada. Para que isso aconteça, importa que os credores hipotecários não tenham figurado no processo judicial. No mesmo sentido, confira-se o art. 251, II, da Lei de Registros Públicos: "Art. 251. O cancelamento de hipoteca só pode ser feito: II – em razão de procedimento administrativo ou contencioso, no qual o credor tenha sido intimado (art. 698 do Código de Processo Civil); [...]". Deveras, a referida norma somente permite o cancelamento efetivo do gravame hipotecário em decorrência de processo judicial se o credor hipotecário for intimado.

SEÇÃO V
DA HIPOTECA DE VIAS FÉRREAS

Art. 1.502. As hipotecas sobre as estradas de ferro serão registradas no Município da estação inicial da respectiva linha.

COMENTÁRIOS DOUTRINÁRIOS: Trata-se de hipoteca especial ligada historicamente ao período em que as linhas de estradas de ferro estavam afetas à iniciativa privada, mas que depois, com o período de estatização que atravessamos, ela perdeu um pouco em importância. Hodiernamente, nos deparamos com um movimento de intensas privatizações, fato que pode fazer com que essa garantia volte a ter algum relevo, tendo em vista o imenso alcance social inerente ao transporte coletivo de pessoas e carga. Atende à função social da empresa o interesse pela iniciativa privada na exploração desse transporte barato e ecológico, mas que de preferência empreenda a atividade desde o início para que não pairem dúvidas acerca dos procedimentos de privatização que têm ocorrido no país, em que nos sentimos lesados, pois a empresa vencedora recebe do Estado toda a estrutura, financiada pelos cofres públicos, montada e operante sem que, por vezes, sequer cumpra com fidedignidade os compromissos sociais assumidos no contrato de exploração. Estabelece o artigo em comento que as hipotecas sobre as estradas de ferro serão registradas no Município da estação inicial da respectiva linha. Tal norma jurídica excepciona a regra prevista no art. 1.492 do Código Civil, pois o registro da hipoteca não será feito no lugar do imóvel. A linha do trem, não raro, atravessa municípios e até mesmo estados, sendo que nessa hipoteca há um belíssimo exemplo de universalidade de direito, pois se trata de um complexo de relações jurídicas dotadas de valor econômico. Na hipoteca de vias férreas, o objeto da garantia compreende o solo, o trilho, as estações, os terrenos marginais e o próprio trem. Dessa forma, não temos um único local da situação da coisa, sendo, portanto, mais eficaz no sentido da publicidade do gravame real que a hipoteca seja registrada no município da estação inicial da respectiva linha. Com a mesma visada, o art. 171 da Lei de Registros Públicos (Lei n. 6.015/1973) estabelece que "os atos relativos a vias férreas serão registrados na circunscrição imobiliária onde se situe o imóvel". Tratando-se de empreendimento de vulto, o tratamento especial da hipoteca pode servir de incremento para a utilização desse importantíssimo serviço de transporte no país.

REFORMA DO CÓDIGO CIVIL: Em se tratando de direito real de garantia sobre bem imóvel, nada mais lógico que o seu registro seja feito no cartório imobiliário competente, e não no Município da estação inicial da linha. "Art. 1.502. As hipotecas sobre as estradas de ferro serão registradas nas circunscrições imobiliárias do Município onde se situam os respectivos trechos da linha."

Art. 1.503. Os credores hipotecários não podem embaraçar a exploração da linha, nem contrariar as modificações, que a administração deliberar, no leito da estrada, em suas dependências, ou no seu material.

COMENTÁRIOS DOUTRINÁRIOS: O credor hipotecário não pode impedir a utilização e exploração do bem hipotecado, circunstância que é uma característica marcante de qualquer hipoteca e, no caso específico, reveste-se de maior importância ainda. O transporte público constitui serviço público essencial que deve ser eficiente. Nessa esteira, confiram-se os arts. 37, *caput*, 37, § 6º, e 175 da Constituição da República. Há, ainda, a Lei n. 8.987/1995, que dispõe sobre o regime de concessão e permissão da prestação de serviços públicos. De forma mais pragmática, sob o ponto de vista do usuário, temos os arts. 6º, X, e 22 do Código de Defesa do Consumidor. O primeiro preconiza como direito básico do consumidor a adequada e eficaz prestação dos serviços públicos em geral. O segundo estabelece que "os órgãos públicos, por si ou suas empresas, concessionárias, permissionárias ou sob qualquer outra forma de empreendimento, são obrigados a fornecer serviços adequados, eficientes, seguros e, quanto aos essenciais, contínuos. Parágrafo único. Nos casos de descumprimento, total ou parcial, das obrigações referidas neste artigo, serão as pessoas jurídicas compelidas a cumpri-las e a reparar os danos causados, na forma prevista neste Código". A continuidade e a eficiência do serviço público já se encontram asseguradas pela lei maior e por leis federais especiais, de modo que os credores hipotecários não podem praticar ou deliberar nada que de certa forma constitua obstáculo a um serviço público presto e eficaz.

Art. 1.504. A hipoteca será circunscrita à linha ou às linhas especificadas na escritura e ao respectivo material de exploração, no estado em que ao tempo da execução estiverem; mas os credores hipotecários poderão opor-se à venda da estrada, à de suas linhas, de seus ramais ou de parte considerável do material de exploração; bem como à fusão com outra empresa, sempre que com isso a garantia do débito enfraquecer.

COMENTÁRIOS DOUTRINÁRIOS: O artigo em tela reforça a necessidade de uma perfeita individuação dos bens gravados, o que representa um dos aspectos da especialização, que é um dos requisitos formais dos direitos reais de garantia. Dessa forma, a escritura deverá estabelecer com precisão quais serão os bens gravados por ocasião do registro da hipoteca, servindo-se, no mais das vezes, de rebuscados levantamentos topográficos. O tema ganha relevo se observarmos a quantidade de proprietários marginais, cujos bens não podem ser confundidos com aqueles sobre os quais pesa o ônus real da hipoteca. A expressão "no estado em que ao tempo da execução estiverem" excepciona a possibilidade de vencimento antecipado da dívida em razão da deterioração ou depreciação do objeto prevista no art. 1.425, I, do Código Civil. A razão é simples: a destruição parcial da universalidade de bens sobre os quais incide hipoteca é absolutamente inevitável. A proteção conferida ao credor nessa especial hipoteca é a de poder se opor à venda da estrada, à de suas linhas, de seus ramais ou de parte considerável do material de exploração, fato que se mostra incoerente com a estrutura da garantia hipotecária, pois com a sequela inerente aos direitos reais de garantia, o eventual comprador já levaria consigo o gravame real, não pondo em risco a proteção do credor. É cabível, ainda, que o credor hipotecário crie obstáculo à fusão de uma sociedade se demonstrar que o ato colocou em risco a garantia do seu crédito. Parece-nos que, por se tratar de reprodução fiel de artigo do Código Civil de 1916, o legislador não se deu conta de outras modalidades de modificação dos tipos sociais, tais como a transformação, a incorporação, a fusão e a cisão, fato que permite ao intérprete estender o alcance da norma. À exceção da transformação, que não pode prejudicar os credores (art. 1.115), a incorporação, a fusão e a cisão, estudadas no volume quatro desta obra, podem contar com uma postura protetiva dos credores a fim de que não sejam prejudicados.

Art. 1.505. Na execução das hipotecas será intimado o representante da União ou do Estado, para, dentro em quinze dias, remir a estrada de ferro hipotecada, pagando o preço da arrematação ou da adjudicação.

COMENTÁRIOS DOUTRINÁRIOS: O artigo em análise prevê o prazo para a União ou o Estado exercer o poder de resgatar o bem hipotecado, que será de quinze dias a contar da arrematação ou da adjudicação do bem. Antes desse prazo não se passará carta em favor do arrematante ou do credor adjudicatário. Para exercer o respectivo direito, o Poder Público deverá depositar em favor do arrematante ou do credor adjudicatário o preço pelo qual foi realizada a arrematação ou a adjudicação. Os ônus reais adredemente configurados por meio do regular registro imobiliário devem ser respeitados prioritariamente. Assim é que a configuração de um direito real de superfície, de servidão predial, de usufruto e até mesmo de outra hipoteca anterior deverá preservar a prioridade em relação aos direitos reais posteriormente configurados segundo a parêmia latina *prior in tempore potiur iure*. O momento de fixação da prioridade é a prenotação do título no registro de imóveis competente, conforme já assinalado anteriormente (art. 1.493 do CC).

CAPÍTULO IV
DA ANTICRESE

Art. 1.506. Pode o devedor ou outrem por ele, com a entrega do imóvel ao credor, ceder-lhe o direito de perceber, em compensação da dívida, os frutos e rendimentos.

§ 1º É permitido estipular que os frutos e rendimentos do imóvel sejam percebidos pelo credor à conta de juros, mas se o seu valor ultrapassar a taxa máxima permitida em lei para as operações financeiras, o remanescente será imputado ao capital.

§ 2º Quando a anticrese recair sobre bem imóvel, este poderá ser hipotecado pelo devedor ao credor anticrético, ou a terceiros, assim como o imóvel hipotecado poderá ser dado em anticrese.

COMENTÁRIOS DOUTRINÁRIOS: A anticrese é um direito real de garantia que consiste na transferência da posse de determinado imóvel para o credor a fim de que este, percebendo os frutos gerados pela exploração do imóvel, vá imputando nos juros e no principal da dívida do devedor até que a mesma se extinga pelo pagamento. A constituição dependerá de escritura pública se o valor do bem exceder a 30 vezes o salário mínimo e registro no cartório imobiliário, a teor do que prescrevem os arts. 108 e 1.227 do Código Civil. O art. 167, I, 11, da Lei de Registros Públicos prevê o registro do contrato de anticrese. O art. 1.506, § 1º, do Código Civil permite a constituição de anticrese apenas para o recebimento dos juros de uma dívida, mas veda que a taxa supere o que for permitido por lei para as operações financeiras. Se superar tal valor, o remanescente será imputado ao capital. Em se tratando de credor instituição financeira, a taxa de juros deverá observar os arts. 591 e 406 do Código Civil com a redação dada pela Lei n. 14.905/2024. Apesar de o contrato de anticrese ser um título executivo extrajudicial, na forma prevista no art. 784, inc. V, do Código de Processo Civil, não é comum que a satisfação do crédito se dê por esse modo, de vez que a lei autoriza ao credor anticrético reter em seu poder o bem até que a dívida seja integralmente quitada, conforme reza o art. 1.423 do Código Civil. Trata-se de instituto obsoleto em nosso ordenamento jurídico, apenas não banido pelo novo Código pelo temor fundado que o operador do direito tem de romper com o passado. A principal desvantagem do instituto em relação às formas mais modernas de garantia sobre o bem imóvel é o fato de não permitir ao devedor ficar na posse do bem, o que constitui um entrave econômico para a circulação de riquezas, tornando ainda mais difícil a quitação da obrigação. Imagine-se a hipótese de um mutuário, para a aquisição da casa própria, tendo que pagar as prestações do empréstimo e ainda um aluguel para abrigar a sua família ou um trabalhador rural que queira financiar a produção. Como irá produzir se o imóvel está na posse do credor anticrético? A inutilidade é patente se comparada com outros direitos reais de garantia mais modernos e eficazes incidentes sobre bem imóvel, como a hipoteca, o penhor rural e, sobretudo, a propriedade fiduciária. Aguardemos mais cem anos de descaso para que o instituto seja abolido, tal como ocorreu com a enfiteuse. Para o credor anticrético, o instituto também não traz vantagem, ao possibilitar a este o direito de perceber os frutos e cuidar do imóvel alheio, e estará também vinculado a um complicado mecanismo de administração, mostrando-se de todo inconveniente.

Art. 1.507. O credor anticrético pode administrar os bens dados em anticrese e fruir seus frutos e utilidades, mas deverá apresentar anualmente balanço, exato e fiel, de sua administração.

§ 1º Se o devedor anticrético não concordar com o que se contém no balanço, por ser inexato, ou ruinosa a administração, poderá impugná-lo, e, se o quiser, requerer a transformação em arrendamento, fixando o juiz o valor mensal do aluguel, o qual poderá ser corrigido anualmente.

§ 2º O credor anticrético pode, salvo pacto em sentido contrário, arrendar os bens dados em anticrese a terceiro, mantendo, até ser pago, direito de retenção do imóvel, embora o aluguel desse arrendamento não seja vinculativo para o devedor.

COMENTÁRIOS DOUTRINÁRIOS: O artigo anotado apresenta os direitos básicos do credor anticrético, como o de perceber os frutos até que o débito seja liquidado e o direito de retenção do imóvel. Poderá, ainda, administrar o imóvel, arrendando-o a terceiro, se não houver cláusula em contrário no título de constituição. Como o credor anticrético administra o que não lhe pertence, assume o dever de prestar contas anualmente. Se o devedor não as julgar bem prestadas por inexatidão ou por ruinosa administração, poderá requerer em juízo a conversão da administração em arrendamento, cujo valor do aluguel será fixado pelo juiz.

REFORMA DO CÓDIGO CIVIL: A reforma aqui sugerida pretende conferir ao instituto da anticrese maior possibilidade de se tornar mais atrativo como garantia real, tendo em vista que um dos entraves que tornam a anticrese um direito real de garantia tão obsoleto e de raríssima utilização é o fato de o devedor ter que se despir da posse do bem em favor do credor que passa a administrá-lo e com seus frutos quita a obrigação. O recolhimento dos frutos pode ocorrer, ou parte dele, estando o bem em mãos do próprio devedor sob a fiscalização do credor. Em outro giro, o § 4º estabelece que o credor poderá renunciar a garantia, liberando-se das suas obrigações de guarda e administração do bem quando a anticrese for estabelecida no seu modelo clássico previsto no *caput* do presente dispositivo.

"Art. 1.507. [...]

[...]

§ 2º O credor anticrético pode, salvo pacto em sentido contrário, arrendar os bens dados em anticrese a terceiro, mantendo, até ser pago, o direito de retenção do imóvel.

§ 3º As partes poderão também convencionar a locação do bem ao proprietário, hipótese em que o credor será isento de suas obrigações de administração da anticrese.

§ 4º Sem prejuízo do § 3º, o credor poderá, a qualquer tempo, liberar-se das suas obrigações, renunciando à garantia."

Art. 1.508. O credor anticrético responde pelas deteriorações que, por culpa sua, o imóvel vier a sofrer, e pelos frutos e rendimentos que, por sua negligência, deixar de perceber.

COMENTÁRIOS DOUTRINÁRIOS: O artigo examinado prevê, quanto à responsabilidade pela guarda da coisa alheia, que o credor anticrético responde pelas deteriorações que, por culpa sua, o imóvel vier a sofrer, e pelos frutos e rendimentos que, por sua negligência, deixar de perceber. Trata-se de responsabilidade civil contratual que decorre da própria estrutura da anticrese, uma vez que é transferida ao credor a posse direta do bem a fim de que, administrando o bem, consiga receber o seu crédito. O credor anticrético deve exercer a custódia sobre a coisa como se ela lhe pertencesse, com a diligência ordinária do *bonus pater familiae*. Desse modo, deverá indenizar ao devedor anticrético pelas deteriorações que causar ao imóvel, assim como por não ter percebido os frutos e rendimentos em decorrência de seu proceder negligente. Evidentemente, não arcará com os prejuízos decorrentes do desgaste natural da coisa ou de desvalorização superveniente.

Art. 1.509. O credor anticrético pode vindicar os seus direitos contra o adquirente dos bens, os credores quirografários e os hipotecários posteriores ao registro da anticrese.

§ 1º Se executar os bens por falta de pagamento da dívida, ou permitir que outro credor o execute, sem opor o seu direito de retenção ao exequente, não terá preferência sobre o preço.

§ 2º O credor anticrético não terá preferência sobre a indenização do seguro, quando o prédio seja destruído, nem, se forem desapropriados os bens, com relação à desapropriação.

COMENTÁRIOS DOUTRINÁRIOS: A anticrese dota o credor anticrético de sequela, uma vez que o efeito da referida garantia real atingirá o adquirente do bem, assim como eventuais credores quirografários e hipotecários que tenham prenotado os seus títulos registrados após a constituição da anticrese, tendo em vista a regra da prioridade já estudada por ocasião das anotações ao art. 1.493 do Código Civil. Como vimos, apesar de não ser da essência do instituto, o credor anticrético pode executar judicialmente o devedor, por força do permissivo legal do art. 784, inc. V, do Código de Processo Civil. Se optar por esse modo de execução e lograr a penhora do imóvel ou não opor o direito de retenção a outro credor que execute a dívida, não terá direito de preferência no recebimento do preço. O credor anticrético também não possui preferência sobre o valor indenizatório decorrente do seguro ou da desapropriação, não se aplicando as regras previstas no art. 1.425, §§ 1º e 2º, do Código Civil.

Art. 1.510. O adquirente dos bens dados em anticrese poderá remi-los, antes do vencimento da dívida, pagando a sua totalidade à data do pedido de remição e imitir-se-á, se for o caso, na sua posse.

COMENTÁRIOS DOUTRINÁRIOS: O artigo em exame anuncia que o adquirente dos bens dados em anticrese poderá remi-los antes do vencimento da dívida, pagando a sua totalidade à data do pedido de remição, e imitir-se-á, se for o caso, na sua posse. A lei faculta ao adquirente que resgate a anticrese. Para tanto, deverá pagar ao credor anticrético o montante da dívida, podendo imitir-se na posse do imóvel. Trata-se de direito potestativo que, se não for atendido pelo credor anticrético, poderá acarretar um pedido de imissão de posse, mediante o pagamento em consignação da dívida. Se o imóvel estiver também hipotecado, como faculta o art. 1.506, § 2º acima destacado, deverá ser observado o procedimento previsto nos arts. 1.481 do Código Civil, 877, § 3º, do CPC/2015 e 266 a 269 da Lei n. 6.015/1973.

TÍTULO XI
DA LAJE

(Incluído pela Lei n. 13.465, de 2017)

Art. 1.510-A. O proprietário de uma construção-base poderá ceder a superfície superior ou inferior de sua construção a fim de que o titular da laje mantenha unidade distinta daquela originalmente construída sobre o solo.

§ 1º O direito real de laje contempla o espaço aéreo ou o subsolo de terrenos públicos ou privados, tomados em projeção vertical, como unidade imobiliária autônoma, não contemplando as demais áreas edificadas ou não pertencentes ao proprietário da construção-base.

§ 2º O titular do direito real de laje responderá pelos encargos e tributos que incidirem sobre a sua unidade.

§ 3º Os titulares da laje, unidade imobiliária autônoma constituída em matrícula própria, poderão dela usar, gozar e dispor.

§ 4º A instituição do direito real de laje não implica a atribuição de fração ideal de terreno ao titular da laje ou a participação proporcional em áreas já edificadas.

§ 5º Os Municípios e o Distrito Federal poderão dispor sobre posturas edilícias e urbanísticas associadas ao direito real de laje.

§ 6º O titular da laje poderá ceder a superfície de sua construção para a instituição de um sucessivo direito real de laje, desde que haja autorização expressa dos titulares da construção-base e das demais lajes, respeitadas as posturas edilícias e urbanísticas vigentes.

COMENTÁRIOS DOUTRINÁRIOS: A Lei n. 13.465/2017 entendeu por bem tipificar o que entendeu ser mais um direito real, qual seja: o direito real de laje. A constatação desse fato é simples, bastando ao leitor observar que foi incluído o inciso XIII no art. 1.225 do Código Civil, que disciplina a tipificação dos direitos reais com o nome "Laje", ao passo que a novel legislação se serve do último artigo do Direito das Coisas para tratar do tema, mediante a técnica de incluir letras, criando-se desse modo o art. 1.510-A da citada codificação. Talvez fosse mais técnico que o legislador positivasse o instituto no âmbito do direito real de superfície (por exemplo, art. 1.377-A, CC), ou seja, como uma de suas possíveis manifestações. Ainda que se reconheçam as peculiaridades da laje como, por exemplo, a perpetuidade, a constituição de matrícula própria e a cessão de todos os poderes dominiais ao lajeiro à guisa de uma autêntica alienação, gratuita ou onerosa, de propriedade do espaço aéreo edificável, o fato é que o estudado direito nasce a partir da concessão que o proprietário da construção-base faz em favor do lajeiro para que este edifique uma construção. Parece-nos ser essa a essência do instituto que, conquanto exista há muito tempo no plano da informalidade, agora se apresenta como um direito formal. Não é outro o sentido conceitual que se extrai da redação do artigo anotado, podendo se afirmar que a laje é uma espécie de direito de sobrelevação atípica se comparada com experiências estrangeiras e constitui uma das formas de apresentação do direito real de superfície. Feita essa breve consideração, passemos a analisar o direito posto. O direito real de laje, na sua imanente verticalização, contempla o espaço aéreo e o subsolo, criando-se uma unidade imobiliária autônoma em relação à pertencente ao dono do prédio sobre o qual é assentada a construção, conferindo ao seu titular os poderes inerentes ao domínio: usar, fruir, dispor e reaver, isto é, vemos o lajeiro como autêntico proprietário da laje e da acessão que implantar. A positivação apresentada não sugere a existência de um direito real sobre a coisa alheia, conforme discorreremos abaixo. Parece-nos padecer de nulidade eventual cláusula que pretenda a exclusão de qualquer uma dessas faculdades previstas no *caput* do art. 1.228, *caput*, do Código Civil por se apresentar como fraude à lei (art. 166, VI, do CC) que se mostra imperativa no § 3º do presente artigo ante o interesse público ínsito à regularização fundiária. Por exemplo, a nosso sentir, padecerá de nulidade eventual cláusula que impeça o lajeiro de dispor de seu imóvel por ato *inter vivos* ou *mortis causa*. A propósito, a salvo de dúvidas que esse direito se transmite aos herdeiros, não se vislumbrando na sua positivação nenhuma conotação personalíssima. A identificação da autonomia da laje é assegurada pela necessidade de abertura de uma matrícula própria no registro imobiliário tal como prevista no § 3º e instrumentalizada de modo efetivo pela alteração feita pela Lei n. 13.465/2017, com a inclusão do § 9º no art. 176 da Lei de Registros Públicos (6.015/1973), o qual determina que tal abertura de matrícula e averbação serão feitas no Livro 2 que trata do Registro Geral, *in verbis*: "§ 9º A instituição do direito real de laje ocorrerá por meio da abertura de uma matrícula própria no registro de imóveis e por meio da averbação desse fato na matrícula da construção-base e nas matrículas de lajes anteriores, com remissão recíproca". Diferentemente das regras genéricas para a superfície que dão conta da necessária temporariedade do instituto no Direito Brasileiro, a cessão da laje como direito real é feita de forma perpétua. É o que se dessume dessa positivação à parte, na qual não se inclui que o direito de laje deverá ser por tempo certo ou não como sucede no direito real de superfície tradicional no Direito Brasileiro, mesmo na perspectiva da sobrelevação. Da mesma forma como ocorre na positivação do direito real de superfície, ao titular da laje compete arcar com as obrigações *propter rem* que recaiam sobre o imóvel como, por exemplo, o pagamento de IPTU que incidir sobre a sua unidade, conforme consta no § 2º. Preocupa-nos que essa tributação se dê em comunidades de baixa renda, exatamente nas quais vemos se manifestar essa forma de edificação de moradias. Com a regularização fundiária e a correspondente atribuição de títulos de propriedade ao dono da construção-base e ao(s) lajeiro(s) se poderá ter o direito real de laje desejado pela novel legislação. Se houver o comportamento estatal de tributação sem a devida cautela, a proteção dos moradores de uma favela pode se transformar em uma tragédia com a execução de dívidas tributárias envolvendo obrigações reais que, como cediço, não gozam da proteção do direito de moradia estabelecido pela Lei n. 8.009/1990, levando, por conseguinte, à possível perda do bem. Nessa linha de raciocínio, o eminente professor Ricardo Lira apresentou junto à Academia Brasileira de Direito Civil sugestão de alteração legislativa nos seguintes termos: "Art. 1510-A, § 2º: O titular do direito de laje responderá pelos encargos e tributos que incidirem sobre a sua unidade, salvo quando essa unidade estiver situada em área de favela, ou, não sendo assim, esse titular ou sua família tiver uma renda inferior a dois salários mínimos federais, quando o titular só responderá pelos encargos e tributos que incidirem sobre sua unidade após decorrido o prazo de cinco anos". Pelo direito português que trata do tema corretamente no âmbito da superfície, o direito de construir sobre edifício alheio acarreta automaticamente a que se crie um condomínio nas áreas comuns da edificação. Ainda que a instituição da laje não implique a atribuição de fração ideal ao titular da laje ou direito sobre as áreas já edificadas pelo dono da construção-base (art. 1.510-A, § 4º, do CC), a criação de um condomínio sobre as partes comuns também foi adotada no Direito Brasileiro, conforme pode ser visto no art. 1.510-C, § 1º, deste Código. O § 5º aproxima o direito real de laje das políticas urbanísticas que devem ser implementadas pelo Poder Público à luz do texto constitucional, uma vez que, ao determinar que os Municípios e o Distrito Federal poderão dispor sobre posturas edilícias e urbanísticas associadas ao direito real de laje, nada mais faz a lei do que observar o que dispõe o art. 182 da *Lex Mater*: "Art. 182. A política de desenvolvimento urbano, executada pelo Poder Público municipal, conforme diretrizes gerais fixadas em lei, tem por objetivo ordenar o pleno desenvolvimento das funções sociais da cidade e garantir o bem-estar de seus habitantes. § 1º O plano diretor, aprovado pela Câmara Municipal, obrigatório para cidades com mais de vinte mil habitantes, é o instrumento básico da política de desenvolvimento e de expansão urbana. § 2º A propriedade urbana cumpre sua função social quando atende às exigências fundamentais de ordenação da cidade expressas no plano diretor. § 3º As desapropriações de imóveis urbanos serão feitas com prévia e justa indenização em dinheiro. § 4º É facultado ao Poder Público municipal, mediante lei específica para área incluída no plano diretor, exigir, nos termos da lei federal, do proprietário do solo urbano não edificado, subutilizado ou não utilizado, que promova seu adequado aproveitamento, sob pena, sucessivamente, de: I – parcelamento ou edificação compulsórios; II – imposto sobre a propriedade predial e territorial urbana progressivo no tempo; III – desapropriação com pagamento mediante títulos da dívida pública de emissão previamente aprovada pelo Senado Federal, com prazo de resgate de até dez anos, em parcelas anuais, iguais e sucessivas, assegurados o valor real da indenização e os juros legais". Pela leitura do § 6º, é possível que o titular da laje ceda a superfície de sua construção para um novo direito de laje, desde que previamente autorizado pelo dono da construção-base, de modo semelhante ao que ocorre na sublocação (art. 13 da Lei n. 8.245/1991) e, respeitada, a toda evidência, as posturas edilícias e urbanísticas vigentes, além do direito de vizinhança, pois deve ficar demonstrada a possibilidade física, já que tal construção não pode correr risco de desmoronamento, da mesma forma como se encontra previsto para a criação da primeira laje, no artigo seguinte. A esse fato jurídico dá-se o nome de subsuperfície que, no caso da experiência brasileira, poderia ser chamado de sublaje ou a laje da laje. O argumento principal a favor da tese de se tratar de um direito real sobre a coisa alheia parece ser o fato de que o direito real de laje seria uma manifestação do direito de sobrelevação que, como dito anteriormente, é uma forma de se apresentar o direito real de superfície. Como tivemos ocasião de nos posicionar ao tratar do direito de superfície, o superficiário exerce o seu direito real sobre bem alheio, ainda que reconheçamos a autonomia desse direito com os efeitos jurídicos inerentes a essa condição como o fato de poder ser objeto de outros direitos reais de gozo ou de garantia, dentre outras situações. Ocorre, contudo, que o direito real de laje, ainda que encontre a sua matriz no direito de superfície (sobrelevação), apresenta pontos diferentes que lhe conferem uma natureza jurídica peculiar se comparados com quaisquer outros institutos jurídicos. Nesse passo, a forma como foi positivado o direito real de laje dá conta de que se trata de instituto perpétuo, com necessária abertura de matrícula e registro próprio, não se vislumbrando nenhum direito real que tenha sido reservado ao proprietário da construção-base e, no plano da dogmática, figura de modo autônomo no elenco de direitos reais dispostos no inciso XIII do art. 1.225 do Código Civil. Note-se que o próprio § 3º do art. 1.510-A, do Código Civil faz questão de afirmar que o lajeiro é titular do poder de usar, fruir, dispor e reaver, concentrando, portanto, todos os poderes inerentes à propriedade, na forma do *caput* do art. 1.228, do Código Civil. Por essas considerações e outras que advêm do direito consuetudinário, temos a impressão de tratar-se de direito real sobre a coisa própria. Malgrado esse convencimento, temos que essa questão é interessante sob o ponto de vista das importantes elucubrações acadêmicas, mas não se mostra com maior relevo prático se submetida ao papel da autonomia privada, mesmo no âmbito dos direitos reais. Dessa forma, temos que, se em um acerto contratual ficar estabelecido, por exemplo, prazo para utilização da construção a ser feita sobre a laje ou a previsão de uma fruição temporária em favor do proprietário da construção-base, esse pacto poderá se amoldar a um direito real de superfície. Em outro giro, estabelecido o contrato com as características sociais preconizadas pelo direito real de laje, o lajeiro exercerá direito real sobre coisa própria, titular que se tornou da propriedade do que construiu. Uma vez mais, a questão se resolve na submissão constitucional à funcionalização dos institutos de direito. Grande relevo de ordem social e prática, sobretudo nos grandes centros urbanos, é o tratamento da posse da laje com todos os consectários inerentes a esse fato, isto é, a proteção possessória e a possibilidade de aquisição da laje por usucapião. O direito real de laje na forma como veio positivado pela Lei n. 13.465/2017 pode não atingir com a eficiência esperada os fins da demanda por regularização fundiária das habitações construídas sobre imóveis alheios nos assentamentos humanos informais. A premissa do *caput* do artigo em análise é a da existência do reconhecimento da propriedade formal da construção-base, o que não ocorre na realidade das favelas. Vejamos a redação do referido artigo: "O proprietário de uma construção-base poderá ceder a superfície superior ou inferior de sua construção a fim de que o titular da laje mantenha unidade distinta daquela originalmente construída sobre o solo". A venda de lajes traz consigo um problema sério no tocante à segurança da comunidade, sobretudo pelos riscos de desabamento e outros acidentes, mas não há como negar que com o crescente déficit de moradias, diante da explosão demográfica mundial, aumento da expectativa de vida e, algumas vezes, da própria falta de comprometimento público e da sociedade com essa questão, a verticalização das favelas foi a solução encontrada e, para tanto, aquele que é dono do solo acaba por alienar definitivamente o direito de construir sobre a sua edificação. Não se nega a importância da regularização registral do direito de laje, fartamente utilizado em comunidades de baixa renda, mas não é possível importar o modelo do direito de sobrelevação português ou o modelo suíço com algumas adaptações, pois em tais países não nos parece que a favela seja um modelo tão ricamente utilizado para tentar solucionar o déficit de moradia, como o que existe no Brasil. Essa aquisição de posse natural que se desdobrará em comunidades de milhares e milhões de pessoas, muitas vezes, é marcada no início com vícios objetivos da posse (art. 1.200) e com má-fé (art. 1.201), devendo, na forma como a matéria vem tratada no presente dispositivo legal, primeiro ser regularizada a situação do *dominus soli* para, ato contínuo, proceder ao registro do direito real daquele que comprou a laje de seu vizinho. Enquanto isso não acontecer, a relação estabelecida entre os moradores será meramente obrigacional e a segurança jurídica de tais transações estará entregue à boa-fé das pessoas que a entabulam e ao registro de tal venda junto à Associação de Moradores, local que costuma intervir na venda e arquivá-la entre os seus documentos a fim de atribuir a necessária efetividade ao referido negócio jurídico. Em tais situações, a associação de moradores é utilizada frequentemente para amparar e conferir segurança jurídica aos atos de alienação da laje, funcionando como um órgão registral de fato e informal, à guisa de um direito consuetudinário. Lamentavelmente, com a entrada em vigor do Decreto Federal regulamentador n. 9.310/2018 (arts. 58 a 63) não houve qualquer avanço com relação ao reconhecimento formal da juridicidade da posse de lajes. Em outro giro, tivemos ocasião de participar da aprovação de importante enunciado doutrinário que restou aprovado e reconhece a possibilidade de usucapião da laje. Trata-se do Enunciado n. 627 da *VIII Jornada de Direito Civil* do Conselho da Justiça Federal/STJ em 2018, vazado nos seguintes termos: "O direito de laje em terreno privado é passível de usucapião". Na *IX Jornada de Direito Civil,* foi aprovado o *Enunciado* n. *669* com o seguinte texto: "É possível o registro do direito real de laje sobre construção edificada antes da vigência da lei, desde que respeitados os demais requisitos previstos tanto para a forma quanto para o conteúdo material da transmissão".

JURISPRUDÊNCIA COMENTADA: Há que se estabelecer uma diferença muito clara entre a constituição do direito de laje com a existência de um único imóvel com dois andares. Na cidade de Limeira, no Estado de São Paulo, foi rechaçada a pretensão de um réu em ação de extinção de condomínio que alegava direito de laje apenas por morar no andar de cima de uma residência. A Quinta Câmara de Direito Privado do Tribunal paulista entendeu que essa extinção exsurgia como direito potestativo do autor e que o réu não era proprietário (lajeiro) do andar de cima, mas apenas era titular de fração ideal do imóvel como um todo e erigiu uma acessão (TJSP, Apelação 1003200-18.2017.8.26.0320, Rel. Des. A.C. Mathias Coltro, j. 01.08.2018).

REFORMA DO CÓDIGO CIVIL: A primeira proposta da autonomia da titularidade do lajeiro é fundamental para que possibilite, a par da alienação, a constituição de garantias reais a fim de possibilitar a obtenção de financiamentos com o escopo de melhorar a habitação. Aguarda-se que, diante dessa possibilidade, o Poder Público, por meio da Caixa Econômica Federal, atue como mutuante, possibilitando empréstimos a longo prazo, cobrando juros de meio por cento ao mês, vedado o anatocismo. O § 8º abre a possibilidade do reconhecimento de usucapião do espaço aéreo, facilitando a regularização fundiária, na situação narrada nos comentários doutrinários em que o dono do solo não tem a propriedade regularizada.

"Art. 1.510-A. [...]

[...]

§ 7º O direito real de laje poderá ser objeto de garantia real, independentemente da construção-base.

§ 8º O direito real de laje pode ser adquirido por usucapião."

Art. 1.510-B. É expressamente vedado ao titular da laje prejudicar com obras novas ou com falta de reparação a segurança, a linha arquitetônica ou o arranjo estético do edifício, observadas as posturas previstas em legislação local.

COMENTÁRIOS DOUTRINÁRIOS: A outorga do direito de laje, convencional ou por concessão onerosa ou gratuita, do dono da construção-base, não encerra um direito ilimitado do lajeiro, a despeito de o § 3º estabelecer de modo cogente que devem ser assegurados a este os poderes inerentes à propriedade (art. 1.228, *caput*) de usar, fruir, dispor e reaver. Desta forma, como a vinculação é física e jurídica com o seu vizinho dono da construção-base, o lajeiro deverá exercer o seu direito com civilidade, respeitando o direito daquele. A lei coloca, em rol não exaustivo, obrigação de não fazer obras que comprometam a segurança do prédio ou desrespeitem a harmonia estética e arquitetônica do imóvel como um todo. Essa vinculação não convence se tratar de um direito real sobre a coisa alheia, pois se trata apenas de uma regra de convivência entre vizinhos em razão da proximidade de ambos. Note-se que mesmo no condomínio edilício em que não se nega a propriedade exclusiva de cada unidade autônoma, há o mesmo dever que decorre da lei e da convenção de condomínio. A norma também adverte que toda construção a ser empreendida deve se submeter às posturas edilícias do local que são regidas e fiscalizadas pelo Município ou Distrito Federal (art. 182 da CF). Uma das questões de grande destaque na prática é a imposição de maior valor de pagamento do IPTU por aumento de área construída. Aqui, a despesa será arcada exclusivamente por quem tira proveito da construção. No artigo seguinte, será vista a necessidade de rateio das despesas em razão de obras de interesse comum.

Art. 1.510-C. Sem prejuízo, no que couber, das normas aplicáveis aos condomínios edilícios,

para fins do direito real de laje, as despesas necessárias à conservação e fruição das partes que sirvam a todo o edifício e ao pagamento de serviços de interesse comum serão partilhadas entre o proprietário da construção-base e o titular da laje, na proporção que venha a ser estipulada em contrato.

§ 1º São partes que servem a todo o edifício:

I – os alicerces, colunas, pilares, paredes-mestras e todas as partes restantes que constituam a estrutura do prédio;

II – o telhado ou os terraços de cobertura, ainda que destinados ao uso exclusivo do titular da laje;

III – as instalações gerais de água, esgoto, eletricidade, aquecimento, ar condicionado, gás, comunicações e semelhantes que sirvam a todo o edifício; e

IV – em geral, as coisas que sejam afetadas ao uso de todo o edifício.

§ 2º É assegurado, em qualquer caso, o direito de qualquer interessado em promover reparações urgentes na construção na forma do parágrafo único do art. 249 deste Código.

COMENTÁRIOS DOUTRINÁRIOS: A relação jurídica travada entre o dono da construção-base e o lajeiro acaba por criar um condomínio forçado com relação aos alicerces, colunas, pilares, paredes-mestras e todas as partes restantes que constituam a estrutura do prédio; o telhado ou os terraços de cobertura, ainda que destinados ao uso exclusivo do titular da laje; as instalações gerais de água, esgoto, eletricidade, aquecimento, ar-condicionado, gás, comunicações e semelhantes que sirvam a todo o edifício; e em geral, as coisas que sejam afetadas ao uso de todo o edifício. A submissão às normas do condomínio mostra-se de extrema importância para que se busque uma convivência harmônica entre o dono da construção-base e o lajeiro, sendo de todo conveniente a leitura do art. 1.336 deste Código: "São deveres do condômino: I – contribuir para as despesas do condomínio na proporção das suas frações ideais, salvo disposição em contrário na convenção; II – não realizar obras que comprometam a segurança da edificação; III – não alterar a forma e a cor da fachada, das partes e esquadrias externas; IV – dar às suas partes a mesma destinação que tem a edificação, e não as utilizar de maneira prejudicial ao sossego, salubridade e segurança dos possuidores, ou aos bons costumes". Por tal motivo, as despesas com a manutenção das partes comuns serão suportadas pelos interessados na proporção que ficar convencionada no contrato que dá origem ao direito de laje e, se não houver, deverá ser feito um rateio entre os interessados, cada qual arcando com a metade dos gastos. O § 2º do artigo em comento traz para o direito das coisas a regra excepcional do art. 249, parágrafo único da codificação civil que reza: "Em caso de urgência, pode o credor, independentemente de autorização judicial, executar ou mandar executar o fato, sendo depois ressarcido". Trata-se de autorização de autotutela (justiça privada) para a confecção de obrigação de fazer a ser delegada a terceiro, cujo gasto depois poderá ser cobrado daquele a quem se impunha tal obrigação que pode tocar tanto o dono da construção-base como o lajeiro, de acordo com as circunstâncias do caso concreto.

Art. 1.510-D. Em caso de alienação de qualquer das unidades sobrepostas, terão direito de preferência, em igualdade de condições com terceiros, os titulares da construção-base e da laje, nessa ordem, que serão cientificados por escrito para que se manifestem no prazo de trinta dias, salvo se o contrato dispuser de modo diverso.

§ 1º O titular da construção-base ou da laje a quem não se der conhecimento da alienação poderá, mediante depósito do respectivo preço, haver para si a parte alienada a terceiros, se o requerer no prazo decadencial de cento e oitenta dias, contado da data de alienação.

§ 2º Se houver mais de uma laje, terá preferência, sucessivamente, o titular das lajes ascendentes e o titular das lajes descendentes, assegurada a prioridade para a laje mais próxima à unidade sobreposta a ser alienada.

COMENTÁRIOS DOUTRINÁRIOS: A norma em tela apresenta outro ponto de convergência com o direito real de superfície, que é a possibilidade do exercício do direito de preferência assegurado ao titular da laje e ao dono da construção-base. A diferença é que na laje a regra é dispositiva, conforme estabelece a parte final, ao dizer "salvo se o contrato dispuser de modo diverso". No art. 1.373 deste Código, a preferência possui natureza cogente: "Em caso de alienação do imóvel ou do direito de superfície, o superficiário ou o proprietário tem direito de preferência, em igualdade de condições". Além disso, em tratamento jurídico mais apropriado, são apresentadas as consequências e os critérios para o exercício do citado direito. A notificação deve ser feita por escrito, concedendo um prazo de trinta dias para que o interessado se manifeste, presumindo que se nada foi requerido ou expressado, autorizada estará a alienação. Aquele a quem foi sonegado equivocadamente o direito de preferência conta com o prazo decadencial de cento e oitenta dias para, querendo, depositar o preço pelo qual foi a transação, tornando ineficaz a alienação e havendo para si a construção-base ou a laje, conforme o caso. Até mesmo em caso de execução judicial do devedor, haverá a possibilidade de exercício desse direito, pois a Lei n. 13.465/2017 alterou o art. 799 do Código de Processo Civil e passou a impor ao exequente que requeira a intimação do titular da construção-base quando a penhora recair sobre o direito real de laje, ao passo que se tiver por objeto direito relacionado à construção-base, obrigatória será a intimação do lajeiro: "Incumbe ainda ao exequente: X – requerer a intimação do titular da construção-base, bem como, se for o caso, do titular de lajes anteriores, quando a penhora recair sobre o direito real de laje; XI – requerer a intimação do titular das lajes, quando a penhora recair sobre a construção-base".

Art. 1.510-E. A ruína da construção-base implica extinção do direito real de laje, salvo:

I – se este tiver sido instituído sobre o subsolo;

II – se a construção-base for reconstruída no prazo de 5 (cinco) anos. (Redação dada pela Lei nº 14.382, de 2022)

Parágrafo único. O disposto neste artigo não afasta o direito a eventual reparação civil contra o culpado pela ruína.

COMENTÁRIOS DOUTRINÁRIOS: De acordo com o que já foi explanado acima, de modo diverso ao direito de superfície, a laje tende à perpetuidade, salvo disposição contratual em contrário, com a fixação de um termo ou de uma condição. A ruína da construção-base não acarretará necessariamente a extinção do direito real de laje quando o objeto da concessão for o subsolo ou quando o dono da construção-base reconstruir o seu imóvel no prazo de cinco anos. Se, durante esse prazo fatal, não houver a reconstrução do bem, extinto estará o direito real de laje. A laje pode ser extinta por outros modos, como a própria vontade das partes, a desapropriação do prédio em sua inteireza, devendo tais circunstâncias ser levados ao registro imobiliário para a devida averbação.

REFORMA DO CÓDIGO CIVIL: A sugestão de alteração aqui contida vai ao encontro do que defendemos desde a entrada em vigor da Lei n. 13.465/2017, que pode ser consultada nos comentários doutrinários *supra* e que consiste, em síntese, no acatamento legal da autonomia da posse do lajeiro com os seus efeitos naturais, inclusive usucapião.

"Art. 1.510-F. Admite-se, além do direito real à laje, a autonomia da sua posse.

§ 1º A posse de que trata este artigo pode ser cedida a título gratuito ou oneroso e transferível por ato entre vivos ou causa mortis.

§ 2º Os sucessores legítimos e testamentários não ficam impedidos de exercer a posse prevista no § 1º ainda que sejam proprietários de outro imóvel urbano ou rural.

§ 3º O possuidor pode, para o fim de contar o prazo exigido por este artigo, acrescentar sua posse à de seu antecessor, contanto que ambas sejam contínuas.

§ 4º Os direitos decorrentes da posse de que trata este artigo podem ser objeto de garantia real imobiliária, uma vez reconhecida a usucapião da laje.

§ 5º A posse de que trata este artigo dependerá de comprovação de que unidade imobiliária atende a critérios de habitabilidade, entendendo-se como tal, as condições da edificação ao uso a que se propõe dentro da realidade em que se situa o imóvel, não sendo necessária a expedição de habite-se.

§ 6º A unidade imobiliária sobre a qual recai a posse da laje deverá ter saída própria, direta ou indiretamente, para via pública e possuir designação numérica ou alfabética para fins de identificação."

LIVRO IV
DO DIREITO DE FAMÍLIA

TÍTULO I
DO DIREITO PESSOAL

Comentários de

FLÁVIO TARTUCE

COMENTÁRIOS DOUTRINÁRIOS INTRODUTÓRIOS: O Direito de Família pode ser conceituado como o ramo do Direito Civil que tem como conteúdo o estudo dos seguintes institutos jurídicos: a) casamento; b) união estável; c) relações de parentesco; d) filiação; e) alimentos; f) bem de família; g) tutela, curatela e guarda. Tornou-se comum na doutrina conceituar o Direito de Família relacionando-o aos institutos que são estudados por esse ramo do Direito Privado. Além desse conteúdo, constante do atual Código Civil, acrescente-se a investigação contemporânea das novas manifestações familiares, as chamadas *novas famílias*. É cediço que as normas de Direito de Família são essencialmente normas de ordem pública ou cogentes, pois estão relacionadas com o direito existencial ou pessoal, com a própria concepção da pessoa humana. No tocante aos seus efeitos jurídicos, diante da natureza dessas normas, pode-se dizer que é nula qualquer previsão que traga renúncia aos direitos existenciais de origem familiar, ou que afaste normas que protegem a pessoa. Ilustrando, entendo ser nulo o contrato de namoro nos casos em que existe entre as partes envolvidas uma união estável, eis que a parte renuncia por esse contrato e de forma indireta a alguns direitos essencialmente pessoais, como é o caso do direito a alimentos. Continuo a entender que esse contrato é nulo por fraude à lei imperativa (art. 166, inc. VI, do CC), e também por ser o seu objeto ilícito (art. 166, inc. II, do CC). Mantenho essa minha antiga posição, mesmo tendo ciência da infeliz propagação desses negócios, muitas vezes com escrituras públicas lavradas nos Tabelionatos de Notas no Brasil, em clara fraude à lei. Cumpre anotar que a jurisprudência já afastou os efeitos do chamado contrato de namoro, em decisão da 7.ª Câmara do Tribunal de Justiça do Rio Grande do Sul, em que foi relator o Des. Luiz Felipe Brasil Santos (Proc. 70006235287, j. 16.06.2004). Segundo o magistrado, "esses abortos jurídicos que andam surgindo por aí, que são nada mais que o receio de que um namoro espontâneo, simples e singelo, resultante de um afeto puro, acaba se transformando em uma união com todos os efeitos patrimoniais indesejados ao início". Como outra ilustração, o Tribunal de Justiça de São Paulo julgou extinta uma ação de dissolução de contrato de namoro, por impossibilidade jurídica do pedido e falta de interesse processual (TJSP, Apelação 1025481-13.2015.8.26.0554, Acórdão 9559002, 3.ª Câmara de Direito Privado, Santo André, Rel. Des. Beretta da Silveira, j. 28.06.2016, *DJESP* 11.07.2016). O acórdão acabou por confirmar a sentença, no sentido de que "a impossibilidade jurídica do pedido decorre da ausência de previsão legal que reconheça o denominado 'contrato de namoro'. Ademais, a hipótese não se assemelha ao reconhecimento e dissolução de sociedade de fato para que os autos possam ser encaminhados a uma das Varas de Família da comarca, haja vista que se trata de 'contrato', diga-se, não juntado aos autos, parecendo se tratar de contrato verbal. [...] A preocupação dos requerentes, notadamente a do autor, no sentido de encerrar a relação havida de modo a prevenir outras demandas, o que o requerente não quer que ocorra 'em hipótese nenhuma' [*sic*] (último parágrafo de fl. 2), não basta para pedir provimento jurisdicional, desnecessário para o fim colimado". Porém, mais recentemente, surgiram julgados estaduais admitindo validade e efeitos para o contrato de namoro. Do Tribunal Paulista, destaco, mas em hipótese fática em que se verificou não estarem presentes os requisitos da união estável: "Ação de reconhecimento e dissolução de união estável cumulada com partilha de bens. Sentença que julgou improcedente a ação. Inconformismo da parte autora. Não preenchidos os elementos essenciais caracterizadores da união estável previstos na Lei. Contrato de namoro firmado pelas partes. Caracterizado simples namoro, sem intenção de formação de núcleo familiar. Sentença mantida. Recurso desprovido" (TJSP, Apelação Cível 1000884-65.2016.8.26.0288, Acórdão 13687270, Ituverava, 9.ª Câmara de Direito Privado, Rel. Des. Rogério Murillo Pereira Cimino, j. 25.06.2020, *DJESP* 07.07.2020, p. 2146); ou, ainda, do Tribunal de Justiça do Paraná: "de acordo com a Lei, doutrina e jurisprudência em direito de família, para que o contrato de namoro qualificado ou união estável seja válido, é necessário os agentes sejam capazes e o objeto seja lícito, possível, determinado ou determinável, observando forma prescrita ou não defesa em Lei (conforme dicção do art. 104 do Código Civil brasileiro). O documento poderá ser público ou privado" (TJPR, Apelação Cível 0002492-04.2019.8.16.0187, Curitiba, 11.ª Câmara Cível, Rel. Des. Sigurd Roberto Bengtsson, j. 30.11.2022, *DJPR* 01.12.2022). Exposta a divergência jurisprudencial nas Cortes Estaduais, mesmo não havendo proibição para a lavratura de contratos de namoro pelos Tabelionatos nos Estados, reitero que a minha posição é pela sua nulidade absoluta, diante do claro intuito de fraude presente em tais atos, que não podem prevalecer na prática. Feita tal anotação, por outra via, há também normas de Direito de Família que são normas de ordem privada ou dispositivas, como aquelas relacionadas com o regime de bens, de cunho eminentemente patrimonial (arts. 1.639 a 1.688 do CC). Dessa forma, eventualmente, é possível que a autonomia privada traga previsões contrariando essas normas dispositivas. A própria organização do Código Civil de 2002, no tocante à família, demonstra essa divisão. Primeiramente, os arts. 1.511 a 1.638 tratam do direito pessoal ou existencial. Por conseguinte, nos arts. 1.639 a 1.722, o Código Privado regulamenta o direito patrimonial e conceitos correlatos. É correto afirmar, na verdade, que essa divisão entre direito patrimonial e direito existencial atinge todo o Direito Privado. Essa organização do Direito de Família, de imediato, demonstra a tendência de *personalização* do Direito Civil, ao lado da sua *despatrimonialização*, uma vez que a pessoa é tratada antes do patrimônio. Perde o patrimônio o papel de ator principal e se torna mero coadjuvante. Pontue-se, em complemento, que o Direito de Família tem sido analisado, tanto nos âmbitos doutrinário quanto jurisprudencial, a partir dos princípios constitucionais e dos direitos fundamentais previstos no art. 5º do Texto Maior, conforme será visto pelo conteúdo que se segue e em comentários a vários comandos. Conforme também é apontado pela doutrina contemporânea e percebido pela análise dos julgados de todos os Tribunais Brasileiros, o Direito de Família passou por profundas alterações estruturais e funcionais nas últimas décadas.

REFORMA DO CÓDIGO CIVIL: Diante das profundas alterações anteriormente assinaladas, sendo o projeto original do vigente Código Civil de 1972, e contando com mais de cinquenta anos, justifica-se plenamente a sua reforma e atualização, pois ele já "nasceu velho". Esse discurso voltou à tona com toda a força, sendo utilizado com frequência pelos dois principais líderes do processo de reforma, o Presidente do Senado Federal, Rodrigo Pacheco, e o Ministro do Superior Tribunal de Justiça, Luis Felipe Salomão. Assim, além de alterações pontuais e específicas dos institutos de Direito de Família, é imperiosa uma mudança na estruturação no livro de Direito de Família, o que foi proposto pela Relatora-Geral, a Professora Rosa Maria de Andrade Nery, e acatado pela Comissão de Juristas, da seguinte forma: "TÍTULO I. DO DIREITO PESSOAL. SUBTÍTULO I. DO DIREITO DE CONSTITUIR FAMÍLIA. CAPÍTULO I. DISPOSIÇÕES GERAIS. CAPÍTULO II. DAS PESSOAS NA FAMÍLIA. CAPÍTULO III. DO CASAMENTO. Seção I. Dos Impedimentos. Seção II. Do procedimento pré-nupcial e da celebração do casamento. Seção III. Das Formas Especiais de Celebração do Casamento. Seção IV. Das provas do Casamento. Seção V. Da Invalidade do Casamento. CAPÍTULO IV. DA UNIÃO ESTÁVEL. CAPÍTULO V. DA EFICÁCIA DO CASAMENTO E DA UNIÃO ESTÁVEL. CAPÍTULO VI. DA DISSOLUÇÃO DA SOCIEDADE E DO VÍNCULO CONJUGAIS. SUBTÍTULO II. DA FILIAÇÃO. CAPÍTULO I. DA CONVIVÊNCIA ENTRE PAIS E FILHOS E DO EXERCÍCIO DA AUTORIDADE PARENTAL. CAPÍTULO II. DO RECONHECIMENTO DOS FILHOS. CAPÍTULO III. DA SOCIOAFETIVIDADE. CAPÍTULO IV. DA ADOÇÃO. CAPÍTULO V. DA FILIAÇÃO DECORRENTE DE REPRODUÇÃO ASSISTIDA. Seção I. Disposições Gerais. Seção II. Doação de Gametas. Seção III. Da Cessão Temporária de Útero. Seção IV. Da Reprodução Assistida *Post Mortem*. Seção V. Do Consentimento Informado. Seção VI. Das Ações de Investigação de Vínculo Biológico e Negatória de Paternidade. CAPÍTULO VI. DA AUTORIDADE PARENTAL. Seção I. Disposições Gerais. Seção II. Do Exercício da autoridade parental. Seção III. Da Suspensão e Extinção da Autoridade Parental. TÍTULO II.

DO DIREITO PATRIMONIAL. SUBTÍTULO I. DO REGIME DE BENS ENTRE OS CÔNJUGES. CAPÍTULO I. DISPOSIÇÕES GERAIS. CAPÍTULO II. DOS PACTOS CONJUGAL E CONVIVENCIAL. CAPÍTULO III. DO REGIME DE COMUNHÃO PARCIAL. CAPÍTULO IV. DO REGIME DE COMUNHÃO UNIVERSAL. CAPÍTULO V. DO REGIME DE SEPARAÇÃO DE BENS. SUBTÍTULO II. DO USUFRUTO E DA ADMINISTRAÇÃO DOS BENS DE FILHOS MENORES. SUBTÍTULO III. DOS ALIMENTOS. CAPÍTULO I. DAS DISPOSIÇÕES GERAIS. CAPÍTULO II. DOS ALIMENTOS DEVIDOS A NASCITURO E GESTANTE. CAPÍTULO III. DOS ALIMENTOS DEVIDOS ÀS FAMÍLIAS CONJUGAIS. CAPÍTULO IV. DOS ALIMENTOS COMPENSATÓRIOS. TÍTULO III. DA TUTELA, DA CURATELA E DA TOMADA DE DECISÃO APOIADA. CAPÍTULO I. DA TUTELA. Seção I. Dos Tutores. Seção II. Dos Incapazes de Exercer a Tutela. Seção III. Do Exercício da Tutela. Seção IV. Da Cessação da Tutela. Seção V. Dos Bens do Tutelado. CAPÍTULO II. DA CURATELA. Seção I. Das pessoas sujeitas à curatela. Seção I-A. Da Diretiva Antecipada de Curatela. Seção II. Da curatela de nascituro e de gestante. CAPÍTULO III. DA TOMADA DE DECISÃO APOIADA". Além dessa reestruturação, a Comissão de Juristas chegou a votar a eventual alteração do nome do livro para o plural: Direito das Famílias, seguindo proposta sugerida por Maria Berenice Dias. Porém, por ampla maioria de votos e por razões diversas, manteve-se o termo como está: Direito de Família. Com o devido respeito, penso que a alteração do nome do livro em nada modificaria a efetiva inclusão de novas entidades familiares, que já consta de trechos da Reforma.

SUBTÍTULO I
DO CASAMENTO

CAPÍTULO I
DISPOSIÇÕES GERAIS

Art. 1.511. O casamento estabelece comunhão plena de vida, com base na igualdade de direitos e deveres dos cônjuges.

COMENTÁRIOS DOUTRINÁRIOS: Como primeiro instituto familiar tratado pelo Código Civil de 2002, o casamento civil mereceu um tratamento bem abrangente na Lei Geral Privada, sendo a forma mais tradicional de constituição de família no Brasil e estando protegido no art. 226, § 1º, do Texto Maior. O casamento pode ser conceituado como a união de duas pessoas, reconhecida e regulamentada pelo Estado, formada com o objetivo de constituição de uma família e baseada em um vínculo de afeto. Na realidade jurídica brasileira está superada a sua conceituação clássica, que associava o casamento à exigência de diversidade de sexos. Como é notório, desde 2011, com a decisão do STF sobre união homoafetiva, reconhece-se, no Brasil, o casamento entre pessoas do mesmo sexo ou casamento homoafetivo, o que será exposto no próximo tópico, relativo à jurisprudência comentada. No âmbito doutrinário e na mesma linha, na *VII Jornada de Direito Civil*, realizada pelo Conselho da Justiça Federal em 2015, aprovou-se enunciado segundo o qual é existente e válido o casamento entre pessoas do mesmo sexo (Enunciado n. 601). Frise-se que não houve ainda qualquer alteração legislativa no sentido de admissão da nova entidade familiar, o que não deve ser considerado como óbice para o seu amplo reconhecimento, pois cabe à doutrina e à jurisprudência a tarefa de adequar a norma ao fato social, o que vem ocorrendo. De todo modo, urge a alteração legislativa sobre o tema, para que o Congresso Nacional cumpra o seu papel. Confirmada a premissa de inclusão, todas as regras pessoais e patrimoniais do casamento entre pessoas de sexos distintos, e que serão a partir do presente momento analisadas, incidem para o casamento entre pessoas do mesmo sexo. No que concerne à sua natureza jurídica do casamento, três são as teorias que procuram justificá-la. Para a primeira corrente, denominada *teoria institucionalista*, o casamento é uma instituição, o que denota uma forte carga moral no instituto, visão que hoje é superada no Brasil. De acordo com a segunda corrente, a *teoria contratualista*, o casamento constitui um contrato de natureza especial, e com regras próprias de formação. Tal vertente foi adotada pelo Código Civil Português, que em seu art. 1.577º traz a seguinte previsão: "Casamento é o contrato celebrado entre duas pessoas de sexo diferente que pretendem constituir família mediante uma plena comunhão de vida, nos termos das disposições deste Código". Essa corrente também não prevalece entre nós, pelo fato de ter o casamento uma principiologia própria, diversa dos contratos, como ainda será exposto. Ademais, o conteúdo do casamento é mais do que patrimonial, ainda prevalecendo no Brasil a ideia de *patrimonialidade* nos contratos. Por fim, para a *teoria mista ou eclética*, que parece ser majoritária no Brasil, o casamento é uma instituição quanto ao conteúdo e um contrato especial quanto à formação. Pode-se dizer, assim e conforme a terceira corrente, que há no casamento um *negócio jurídico especial*. Quando as pessoas se casam não buscam esse intuito patrimonial, mas afetivo, para uma comunhão plena de vida, conforme se retira do dispositivo em comentários. A norma também enuncia que o casamento é regido pelo princípio da igualdade entre os cônjuges, o que é um desdobramento da igualdade constitucional entre homens e mulheres, retirada do art. 5º, inc. I, do Texto Maior. Como última nota de comentário, o casamento é regido por três princípios jurídicos, que lhe são próprios. O primeiro deles é o *princípio da monogamia*, que continua vigente em nosso ordenamento jurídico para o casamento. Esse regramento pode ser retirado do art. 1.521, inc. VI, do próprio Código Civil, que dispõe que não podem casar as pessoas casadas, o que constitui um impedimento matrimonial a gerar a nulidade absoluta do casamento (art. 1.548, inc. II, do CC). O segundo princípio é o *da liberdade de união*, que consubstancia a livre escolha da pessoa do outro cônjuge como manifestação da autonomia privada. Por fim, há o princípio da *comunhão de vida* ou *comunhão indivisa*, regido pela igualdade entre os cônjuges, exatamente como consta do comando ora visualizado.

JURISPRUDÊNCIA COMENTADA: Sobre o reconhecimento do casamento homoafetivo, penso que se trata de um desdobramento do julgamento do STF sobre o reconhecimento das uniões homoafetivas, o que se deu no ano de 2011, e está publicado no *Informativo* n. *625* da Suprema Corte. Duas foram as conclusões do *decisum*. A primeira delas de que a união homoafetiva constitui uma entidade familiar. A segunda que a ela seriam aplicadas, por analogia, todas as regras da união estável heteroafetiva, o que incluiria a possibilidade de conversão em casamento, nos termos do art. 1.726 do Código Civil. Ora, se é possível essa conversão, qual seria o óbice para o casamento homoafetivo celebrado diretamente no Cartório de Registro Civil? Nessa linha, posicionou-se o Superior Tribunal de Justiça, ao final daquele mesmo ano, conforme acórdão assim publicado no seu *Informativo* n. *486*: "Casamento. Pessoas. Igualdade. Sexo. *In casu*, duas mulheres alegavam que mantinham relacionamento estável há três anos e requereram habilitação para o casamento junto a dois cartórios de registro civil, mas o pedido foi negado pelos respectivos titulares. Posteriormente ajuizaram pleito de habilitação para o casamento perante a vara de registros públicos e de ações especiais sob o argumento de que não haveria, no ordenamento jurídico pátrio, óbice para o casamento de pessoas do mesmo sexo. Foi-lhes negado o pedido nas instâncias ordinárias. O Min. Relator aduziu que, nos dias de hoje, diferentemente das constituições pretéritas, a concepção constitucional do casamento deve ser plural, porque plurais são as famílias; ademais, não é o casamento o destinatário final da proteção do Estado, mas apenas o intermediário de um propósito maior, qual seja, a proteção da pessoa humana em sua dignidade. Assim sendo, as famílias formadas por pessoas homoafetivas não são menos dignas de proteção do Estado se comparadas com aquelas apoiadas na tradição e formadas por casais heteroafetivos. O que se deve levar em consideração é como aquele arranjo familiar deve ser levado em conta e, evidentemente, o vínculo que mais segurança jurídica confere às famílias é o casamento civil. Desse modo, se é o casamento civil a forma pela qual o Estado melhor protege a família e se são múltiplos os arranjos familiares reconhecidos pela CF/1988, não será negada essa via a nenhuma família que por ela optar, independentemente de orientação sexual dos nubentes, uma vez que as famílias constituídas por pares homoafetivos possuem os mesmos núcleos axiológicos daquelas constituídas por casais heteroafetivos, quais sejam, a dignidade das pessoas e o afeto. Por consequência, o mesmo raciocínio utilizado tanto pelo STJ quanto pelo STF para conceder aos pares homoafetivos os direitos decorrentes da união estável deve ser utilizado para lhes proporcionar a via do casamento civil, ademais porque a CF determina a facilitação da conversão da união estável em casamento (art. 226, § 3º). Logo, ao prosseguir o julgamento, a Turma, por maioria, deu provimento ao recurso para afastar o óbice relativo à igualdade de sexos e determinou o prosseguimento do processo de habilitação do casamento, salvo se, por outro motivo, as recorrentes estiverem impedidas de contrair matrimônio" (STJ, REsp 1.183.378/RS, Rel. Min. Luis Felipe Salomão, j. 25.10.2011). Consigne-se que, na mesma linha da possibilidade jurídica do casamento homoafetivo, concluiu o Conselho Superior da Magistratura do Tribunal de São Paulo, em decisão publicada em 23 de outubro de 2012, com a seguinte ementa: "Registro civil das pessoas naturais – recurso interposto contra sentença que indeferiu a habilitação para o casamento entre pessoas do mesmo sexo – orientação emanada em caráter definitivo pelo Supremo Tribunal Federal (ADI 4.277), seguida pelo Superior Tribunal de Justiça (REsp 1.183.378) – Impossibilidade de a via administrativa alterar a tendência sacramentada na via jurisdicional – Recurso provido" (TJSP, Apelação Cível 0010043-42.2012.8.26.0562, da Comarca de Santos). Conforme se extrai da precisa e técnica relatoria do Des. José Renato Nalini, que menciona as decisões dos Tribunais Superiores, "a partir da sinalização das Cortes Superiores, inúmeras as decisões amparadas e fundamentadas nesses julgados. Inclusive em São Paulo. Se, na via administrativa, fosse alterada essa tendência, o Judiciário se veria invocado a decidir, agora na esfera jurisdicional, matéria já sacramentada nos Tribunais com jurisdição para todo o território nacional. Como servos da Constituição – interpretada por aquele Colegiado que o pacto federativo encarregou guardá-la – os juízes e órgãos do Poder Judiciário não podem se afastar da orientação emanada em caráter definitivo pelo STF. É por isso que, doravante, os dispositivos legais e Constitucionais relativos ao casamento e à união estável não podem mais ser interpretados à revelia da nova acepção jurídica que lhes deram o Supremo Tribunal Federal e o Superior Tribunal de Justiça". Ao final do mesmo ano de 2012, a Corregedoria do Tribunal de Justiça de São Paulo acabou por regulamentar a possibilidade do casamento homoafetivo diretamente nos Cartórios de Registro Civil, por meio do seu Provimento CG 41/2012. Sucessivamente, muitas Corregedorias Estaduais percorreram o mesmo caminho. Fez o mesmo, em âmbito nacional, o Conselho Nacional de Justiça (CNJ), por meio da sua Resolução n. 175, de 2013, que veda às autoridades competentes, caso dos responsáveis pelos Cartórios de Registro Civil de todo o País, a recusa de habilitação, celebração de casamento civil ou de conversão de união estável em casamento entre pessoas de mesmo sexo. Diante da edição dessas normas administrativas, como desdobramentos do *decisum* do STF, o casamento homoafetivo passou a ser admitido no Brasil. Entendo que a questão está consolidada na realidade jurídica brasileira, havendo um verdadeiro direito adquirido em relação a tal reconhecimento. Nessa realidade jurídica, qualquer tentativa legislativa de se afastar o casamento homoafetivo seria inconstitucional, por lesão ao que consta do art. 5º, inc. XXXVI, da Constituição Federal. Sem falar nos argumentos constantes da própria decisão do Supremo Tribunal Federal, notadamente a isonomia, a vedação da discriminação e a dignidade da pessoa humana. Por fim, não se pode admitir o retrocesso social, como tem decidido a própria Suprema Corte Brasileira em julgados de diferentes temas, como foi no caso do reconhecimento da inconstitucionalidade do art. 1.790 do Código Civil, que tratava da sucessão do companheiro (publicado no *Informativo* n. *864* do STF).

REFORMA DO CÓDIGO CIVIL: A Comissão de Juristas sugere revogar o dispositivo e deslocar o seu conteúdo para o art. 1.514-A, que ficaria mais bem posicionado, com a seguinte redação, a respeito do casamento: "O casamento estabelece comunhão plena de vida, com base na igualdade de direitos e deveres dos cônjuges". Assim, o Código Civil começará o livro do Direito de Família tratando das entidades familiares em geral, com a inclusão de novos comandos, novas letras do art. 1.511. Consoante o novo art. 1.511-A, *caput*, "o planejamento familiar é de livre decisão do casal, competindo ao Estado propiciar recursos educacionais e financeiros para o exercício deste direito, vedada qualquer forma de coerção, por parte de instituições privadas ou públicas", o que representa uma especificação civil da regra já prevista no art. 227, § 6º, da Constituição Federal. O § 1º do novo preceito tutela a proteção do nascituro e do embrião no seio da família, tratando-os como pessoas desde a concepção, e confirmando a adoção da teoria concepcionista: "A potencialidade da vida humana pré-uterina e a vida humana pré-uterina e uterina são expressões da dignidade humana e de paternidade e maternidade responsáveis". A menção à potencialidade humana pré-uterina diz respeito aos gametas, aos óvulos e aos espermatozoides, tratados como expressões da dignidade humana, com vistas a se vedar a sua venda ou comercialização. A ampla e necessária proteção da gestante e, por via indireta, mais uma vez do nascituro, passa a ser expressa na projeção de novo § 2º ao art. 1.511, o que é salutar: "O cuidado físico e psíquico que se deva dar a gestante ou a quem pretende engravidar é tema concernente à intimidade da vida familiar com o suporte de assistência médica que o Estado deve prestar à família". Sobre as famílias protegidas expressamente na legislação civil, o projetado art. 1.511-B passará a prever que "são reconhecidas como famílias as constituídas pelo casamento, união estável, bem como a família parental". Sobre a última, o seu § 1º estabelecerá que "a família parental é a composta por, pelo menos, um ascendente e seu descendente, qualquer que seja a natureza da filiação, bem como a que resulta do convívio entre parentes colaterais que vivam sob o mesmo teto com compartilhamento de responsabilidades familiares pessoais e patrimoniais". Cite-se, de início e pelo que está no texto proposto, a *família monoparental*, constituída por um dos pais, *solo*, com os seus filhos. Há também a tutela da *família anaparental*, ou sem pais, formada, a título de ilustração, por irmãos ou primos que vivem sob o mesmo teto, compartilhando convivência, realidade cada vez mais comum em uma população que envelhece em nosso País. Ainda de acordo com a sugestão da Comissão de Juristas, o art. 1.511-B receberá um § 2º, segundo o qual, "para a preservação dos direitos atinentes à formação dessa família parental, é facultado a todos os seus membros declararem, em conjunto, por escritura pública, a assunção da corresponsabilidade pessoal e patrimonial entre seus membros e postularem a averbação dessa declaração nos respectivos assentos de nascimento, na forma do § 1º do art. 10 deste Código, sem que essa providência lhes altere o estado familiar". Assim, passará a ser facultada a formalização da família parental, para ser ampliada a proteção, inclusive em face de terceiros, elaborando-se uma escritura pública, perante o Tabelionato de Notas, e fazendo o seu registro no Cartório de Registro Civil das Pessoas Naturais, nos termos da projeção de § 1º ao art. 10: "No assento de nascimento da pessoa natural, nos termos da Lei nº 6.015, de 31 de dezembro de 1973, será reservado espaço para averbações decorrentes de vontade expressa pelo interessado que permitam a identificação de fato peculiar de sua vida civil, sem que isto lhe altere o estado pessoal, familiar ou político". Por fim, a respeito dessa família parental, ela "cria obrigações comuns e recíprocas de suporte, de sobrevivência e de sustento dos que dividem fraternalmente a mesma morada" (art. 1.511-B, § 3º). O *princípio da não intervenção*, atualmente previsto no art. 1.513 do Código Civil – e somente quanto ao casamento –, passa a ser regra expressa para qualquer entidade familiar, o que já é realidade doutrinária e jurisprudencial, nos termos do projetado art. 1.511-C: "É defeso a qualquer pessoa, de direito público ou privado: I – interferir na comunhão de vida instituída pela família; II – obstar os direitos da família parental; III – negar a quem vive sozinho ou às famílias parentais a proteção pessoal que a lei destina às famílias conjugais e ao seu patrimônio mínimo; IV – privar a mulher gestante de tratamento digno durante a gestação e de parto seguro, em companhia de quem ela escolher". Destaco a impossibilidade de intervenção para se impedir o exercício dos direitos da família parental ou mesmo para as pessoas solteiras, na proteção do seu patrimônio mínimo, caso do bem de família, o que confirma a interpretação extensiva que se tem dado à Lei n. 8.009/1990 para a tutela da moradia, mesmo que de pessoas solteiras, divorciadas ou viúvas (Súmula n. 364 do STJ). Também se verifica na última proposta, mais uma vez, a proteção da mulher gestante, atendendo-se ao *protocolo de gênero* e à tutela dos direitos das mulheres. Como outra proposta, a Comissão de Juristas pretende confirmar a afirmação hoje majoritária, na doutrina e na jurisprudência, no sentido de ser o divórcio um direito potestativo, conclusão que é retirada da Emenda Constitucional n. 66 e virá em boa hora: "Ninguém pode ser obrigado a permanecer casado porque o direito ao divórcio é incondicionado, constituindo direito potestativo da pessoa" (art. 1.511-D). Também há a intenção de se prever a gratuidade, para aqueles que necessitarem, na efetivação de atos familiares que são registrados perante o Cartório de Registro das Pessoas Naturais, no novo art. 1.511-E: "O trâmite legal para a procedimento pré-nupcial, celebração do casamento e registro da conversão da união estável em casamento são gratuitos, nos termos da lei". De toda sorte, não se pode pensar haver uma gratuidade automática, mas apenas daqueles que se encontram em situação de vulnerabilidade ou hipossuficiência econômica, diante do trecho final "nos termos da lei". Caberá, eventualmente, a regulamentação do tema pelo Conselho Nacional de Justiça (CNJ). Como outro assunto de enorme relevância, a Comissão de Juristas concluiu que a temática do estado civil da pessoa natural deve estar prevista e regulada na codificação geral privada, que deve voltar a ter um protagonismo legislativo perdido em relação a leis específicas, caso da Lei de Registros Públicos (Lei n. 6.015/1973). Nesse contexto, o novo art. 1.511-F preverá que "o estado civil pessoal comprova-se pelos assentos do registro civil das pessoas naturais, lançados nos termos deste Código e da legislação em vigor". E mais, "alterações lançadas no registro civil de pessoas naturais, por vontade manifestada pelos interessados, nos termos do § 1º do art. 10, deste Código, não prejudicam interesses de terceiros, nem alteram o estado civil do interessado" (art. 1.511-G ora projetado). Como nota derradeira, e na linha das minhas anotações doutrinárias e jurisprudenciais, o Anteprojeto de reforma e atualização reconhece a família homoafetiva tanto decorrente do casamento como da união estável, afirmando que eles são constituídos por duas pessoas, não importando o gênero.

Art. 1.512. O casamento é civil e gratuita a sua celebração.

Parágrafo único. A habilitação para o casamento, o registro e a primeira certidão serão isentos de selos, emolumentos e custas, para as pessoas cuja pobreza for declarada, sob as penas da lei.

COMENTÁRIOS DOUTRINÁRIOS: Complementando o que consta do Texto Maior, no antes citado art. 226, § 1º, estabelece o Código Civil que o casamento é civil e gratuita a sua celebração. Quanto à habilitação para o casamento, a lei civil dispõe que o registro e a primeira certidão serão isentos de selos, emolumentos e custas para as pessoas cuja pobreza for declarada, sob as penas da lei. Vê-se, aqui, traço de proteção das classes mais desfavorecidas, o *Direito Civil dos Pobres*, o que remonta à clássica obra de Antonio Menger. Eventual desrespeito do registrador civil em relação a tal norma enseja a imposição de penalidades administrativas e civis, sem prejuízo de ação específica para o cumprimento do seu conteúdo. De toda sorte, consoante ementa doutrinária aprovada na *I Jornada de Direito Notarial e Registral*, em 2022, "em caso de suspeita ou dúvida acerca da declaração de pobreza para fins de habilitação de casamento, o Oficial de Registro Civil das Pessoas Naturais poderá solicitar documentos comprobatórios acerca da hipossuficiência" (Enunciado n. 9).

JURISPRUDÊNCIA COMENTADA: Reconhecendo a possibilidade de ingresso de mandado de segurança diante do desrespeito ao que consta da norma: "Remessa necessária. Mandado de segurança. Gratuidade para habilitação de casamento. Negativa imotivada do oficial do registro civil. Ofensa ao art. 1.512 do Código Civil. Violação a direito líquido e certo do impetrante. Concessão da ordem. Correção da decisão recorrida. Desprovimento. Art. 1.512 do CC. O casamento é civil e gratuita a sua celebração. Parágrafo único. A habilitação para o casamento, o registro e a primeira certidão serão isentos de selos, emolumentos e custas, para as pessoas cuja pobreza for declarada, sob as penas da lei" (TJPB, RNec 045.2012.001163-5/001, 1.ª Câmara Especializada Cível, Rel. Des. Leandro dos Santos, *DJPB* 11.12.2013, p. 22). Pontue-se que o Tribunal de Justiça de Santa Catarina acabou por concluir que a gratuidade também diz respeito aos valores relativos ao despacho designatário do dia e hora da celebração, às diligências e à condução do juiz de paz até o local de realização do casamento, em casos de casamento coletivo. Conforme a ementa que traz esse entendimento: "Isenção de custas e emolumentos referentes a todos os atos praticados pelo juiz de paz na celebração de casamentos de pessoas de baixa renda. Isenção atual restrita aos atos de habilitação, celebração do casamento, registro do ato e fornecimento de certidão. Artigos 1.512 do CC/2002 e 35 da LC n. 156/1997. Possibilidade de cobrança dos valores relativos ao despacho designatário do dia e hora da celebração, às diligências e à condução do juiz de paz até o local de realização do ato. Exigência que não se coaduna com o caráter social dos casamentos coletivos e com a necessidade de regularização do estado civil dos integrantes de comunidades carentes. Necessidade de ampliação da isenção. Medida que depende de alteração da LC n. 156/1997. Retorno à Corregedoria-Geral da Justiça para que promova o encaminhamento do projeto de Lei ao presidente deste Tribunal" (TJSC, Pedido de Providências 2009.900037-1, Conselho da Magistratura, Rel. Des. Luiz Carlos Freyesleben, *DJSC* 31.08.2009, p. 151).

REFORMA DO CÓDIGO CIVIL: Diante da mudança estrutural do livro de Direito de Família, a Comissão de Juristas propõe a revogação do art. 1.512, passando o seu conteúdo a constar no antes citado art. 1.511-E, que traz a gratuidade para os que assim necessitarem, declarando-se pobres, e em relação a outros atos extrajudiciais familiares perante o Cartório de Registro Civil das Pessoas Naturais, além do procedimento de celebração do casamento. A proposta em nada muda o atual entendimento doutrinário e jurisprudencial a respeito do tema, retirado das minhas anotações, tendo havido um alarde desnecessário. Ademais, sugere-se que o Código Civil, antes do casamento, trate das relações de parentesco e de conjugalidade em termos gerais, em organização metodológica de conteúdo já ministrada em várias Faculdades de Direito. De fato, não há razão para o livro de Direito de Família iniciar-se com o casamento, dando a ideia de que essa relação familiar prevalece sobre todas as demais, estando em uma posição hierárquica superior. Sobre esses comandos, comentarei quando do estudo das relações de parentesco.

Art. 1.513. É defeso a qualquer pessoa, de direito público ou privado, interferir na comunhão de vida instituída pela família.

COMENTÁRIOS DOUTRINÁRIOS: A norma consagra o *princípio da liberdade ou da não intervenção* na ótica do Direito de Família, o que é reforçado pelo art. 1.565, § 2º, da própria codificação, segundo o qual o planejamento familiar é de livre decisão do casal, sendo vedada qualquer forma de coerção por parte de instituições privadas ou públicas em relação a esse direito. Por certo que o princípio em questão mantém relação direta com o princípio da autonomia privada, que deve existir no âmbito do Direito de Família. A autonomia privada constitui o direito ou poder que a pessoa tem de regulamentar os próprios interesses. O fundamento constitucional da autonomia privada é a liberdade, um dos principais atributos do ser humano, sendo certo que esse regramento não existe apenas em sede contratual, mas também na ótica familiar. Retornando-se à essência do art. 1.513 do CC/2002, deve-se ter muito cuidado na sua leitura. Isso porque o real sentido do texto legal é que o Estado ou mesmo um ente privado não pode intervir *coativamente* nas relações de família. Porém, o Estado poderá incentivar o controle da natalidade e o planejamento familiar por meio de políticas públicas. Como é notório, a Constituição Federal de 1988 incentiva a paternidade responsável e o próprio planejamento familiar, devendo o Estado propiciar recursos educacionais e científicos para o exercício desses direitos, vedada qualquer forma coercitiva por parte de instituições oficiais e privadas (art. 226, § 7º, da CF/1988). Além disso, o Estado deve assegurar a assistência à família na pessoa de cada um dos que a integram, criando mecanismos para coibir a violência no âmbito de suas relações (art. 226, § 8º, da CF/1988). É importante ainda dizer que a Lei n. 9.263/1996 regulamentou o art. 226, § 7º, da Constituição, que trata do planejamento familiar, proibindo que até mesmo o Estado utilize ações de regulação da fecundidade com o objetivo de realizar o controle demográfico. Tudo isso diz respeito ao citado *princípio da não intervenção*. Contudo, é pertinente apontar que esse princípio deve ser lido e ponderado perante outros princípios, como no caso do *princípio do melhor interesse da criança e do adolescente*, que será abordado quando do estudo dos arts. 1.583 e 1.584 do Código Civil. Por fim, há uma clara tendência de intervenção do Estado nas relações de filiação no Brasil, tidas como *relações familiares verticais*, podendo ser citada a Lei n. 13.010/2014, conhecida como *Lei da Palmada* ou *Lei Menino Bernardo*. A Reforma do Código Civil pretende ampliar essa intervenção, como se verá dos meus comentários sobre o Anteprojeto.

JURISPRUDÊNCIA COMENTADA: Com base no dispositivo em análise, o Tribunal de Justiça do Rio Grande do Sul, de forma correta, afastou a legitimidade de uma mulher no pleito de reconhecimento de união estável de outras pessoas, com quem não mantinha qualquer relação familiar: "A autora não é titular do direito material que quer submeter ao juízo e que diz com o reconhecimento de união estável. Nos termos da Lei Processual vigente, 'para propor ou contestar ação é necessário ter interesse e legitimidade' (art. 3º) e 'ninguém pode pleitear, em nome próprio, direito alheio, salvo quando autorizado por Lei' (art. 6º). A legitimidade extraordinária (hipótese em que aquele que tem legitimidade para estar no processo como parte não é titular do direito material a ser discutido em juízo), no sistema brasileiro, não pode decorrer da vontade das partes, mas somente da Lei. Não é demais dizer que também é personalíssima a definição do *status familiar* de cada um. Tanto é assim que o art. 1.513 do Código Civil expressamente veda a qualquer pessoa, de direito público ou privado, interferir na comunhão de vida instituída pela família. Isso significa, precisamente, a impossibilidade de interferência de terceiros na esfera inviolável de privacidade da entidade familiar. Nesse contexto, impõe-se a extinção do feito sem resolução de mérito, com fulcro no art. 267, inc. VI, do Código de Processo Civil, em razão da ilegitimidade ativa da apelante, que não possui legitimidade ordinária e nem mesmo extraordinária para postular o reconhecimento judicial de união estável supostamente havida entre terceiros. Relação de estado, personalíssima, de interesse próprio e exclusivo dos conviventes" (TJRS, Apelação Cível 315167-23.2013.8.21.7000, 8.ª Câmara Cível, Vacaria, Rel. Des. Luiz Felipe Brasil Santos, j. 28.11.2013, *DJERS* 09.12.2013).

REFORMA DO CÓDIGO CIVIL: A Comissão de Juristas propõe a revogação do art. 1.513 do Código Civil, para que o *princípio da não intervenção* seja previsto não só para o casamento, como também para todas as entidades familiares, pela projeção no novo art. 1.511-C, outrora comentado.

Art. 1.514. O casamento se realiza no momento em que o homem e a mulher manifestam, perante o juiz, a sua vontade de estabelecer vínculo conjugal, e o juiz os declara casados.

COMENTÁRIOS DOUTRINÁRIOS: A respeito do aperfeiçoamento do casamento como negócio jurídico, esse ocorre no momento em que o homem e a mulher manifestam, perante o juiz, a autoridade celebrante, a sua vontade de estabelecer vínculo conjugal, e essa autoridade os declara casados. Atente-se que antes da celebração do casamento deve ser realizado o processo de habilitação, que ainda será estudado nesta obra, com tratamento entre os arts. 1.525 e 1.532 da própria codificação.

JURISPRUDÊNCIA COMENTADA: Em interessante caso concreto em que se analisou o direito à pensão por morte, o Tribunal Regional Federal da 5ª Região utilizou a norma em estudo como fundamento para afastar a configuração do casamento. Nos seus termos, "hipótese em que a recorrente e o *de cujus*, servidor aposentado da FUNASA, requereram a habilitação para o casamento em 03 de setembro de 2010, mas o Sr. J. F. S. faleceu em 19 de setembro de 2010, antes da solenidade para a celebração do casamento, que estava marcada para o dia 30 de setembro de 2010". Assim, concluiu-se que "não houve casamento, pois um dos contraentes faleceu antes de manifestar a sua vontade de estabelecer vínculo conjugal perante o juiz competente, requisito essencial para a celebração do casamento, nos termos do art. 1.514 do Código Civil". E mais, a afastar o direito à pensão: "A recorrente afirmou, durante a audiência de instrução, que a sua relação com o Sr. J. F. S. era de patrão e empregada, já que ela havia sido contratada para cuidar dele, e que, mesmo após eles terem decidido se casar, continuaram dormindo em quartos separados e ela continuou recebendo o salário pela prestação dos seus serviços, relatando que todo mês ele pagava o seu salário. [...]. Os nubentes não tinham a real intenção de estabelecer uma comunhão plena de vida, pelo casamento, mas apenas o intuito de assegurar à parte demandante a pensão por morte, já que o Sr. Justino Florentino da Silva contava com 82 anos de idade e o seu estado de saúde era bastante grave" (TRF da 5.ª Região, Apelação Cível 0008624-96.2011.4.05.8400, 2.ª Turma, Rel. Des. Fed. Francisco Barros Dias, *DEJF* 22.03.2013, p. 251).

REFORMA DO CÓDIGO CIVIL: Com vistas a trazer maior clareza e diminuir o excesso formal e de burocracias na celebração do casamento, muito distante da realidade brasileira, sugere-se que o art. 1.514 passe a prever que "o casamento se realiza quando duas pessoas livres e desimpedidas manifestam, perante o celebrante, a sua vontade de estabelecer vínculo conjugal e o celebrante os declara casados". Assim, como será aprofundado, o celebrante do casamento poderá ser outra pessoa que não o juiz de paz, com o fim de deixar mais livre, e de acordo com o planejamento do casal, a celebração do matrimônio. Ademais, a justiça de paz não foi instalada na grande maioria das unidades da Federação. Insere-se um parágrafo único no art. 1.514, enunciando que, "pelo casamento, os nubentes assumem mutuamente a condição de consortes e responsáveis pelos encargos da família", o que confirma o que está previsto no seu art. 1.565. Ademais, como antes pontuado, o conteúdo do atual art. 1.511 passa a ser o novo art. 1.514-A, diante da nova organização do livro de Direito de Família, proposto pela Professora Rosa Nery: "O casamento estabelece comunhão plena de vida, com base na igualdade de direitos e deveres dos cônjuges". Por fim, a norma passará a mencionar que o casamento é celebrado entre duas pessoas, e não mais homem e mulher, com a admissão do casamento homoafetivo, como já é na atualidade, desde a decisão do Supremo Tribunal Federal de 2010, na ADPF n. 132.

Art. 1.515. O casamento religioso, que atender às exigências da lei para a validade do casamento civil, equipara-se a este, desde que registrado no registro próprio, produzindo efeitos a partir da data de sua celebração.

COMENTÁRIOS DOUTRINÁRIOS: Apesar da separação entre o Estado e a Igreja, o Código Civil de 2002 inovou no que se refere ao Código Civil de 1916, ao trazer duas regras quanto aos efeitos jurídicos do casamento religioso. A inovação é parcial, pois já havia previsão quanto ao casamento religioso com efeitos civis no art. 226, § 2º, da Constituição Federal ("O casamento religioso tem efeito civil, nos termos da lei") e no art. 73 da Lei de Registros Públicos (Lei n. 6.015/1973). O primeiro desses dispositivos constantes da atual codificação é justamente o art. 1.515, segundo o qual o casamento religioso, que atender às exigências da lei para a validade do casamento civil, equipara-se a este. Isso desde que seja registrado no Cartório de Registro Civil, produzindo efeitos a partir da data de sua celebração. Como se observa, também esse casamento gerará efeitos jurídicos a partir da celebração, conforme a norma anterior aqui comentada. Na verdade, o registro tem efeitos retroativos ou *ex tunc*, até a celebração do ato. O termo *religioso* deve ser lido em sentido amplíssimo, englobando qualquer religião, o que está de acordo com o direito fundamental à liberdade de credo previsto na Constituição Federal, em seu art. 5º, inc. VI. Como última nota, pontue-se que o antigo Projeto n. 699/2011 – antigo projeto Ricardo Fiuza – pretendia alterar o dispositivo do Código Civil, para que passasse a ter a seguinte redação: "Art. 1.515. O casamento religioso, celebrado e registrado na forma do § 2º do art. 1.512 do CC, e não atentando contra a monogamia, contra os princípios da legislação brasileira, contra a ordem pública e contra os bons costumes, poderá ser registrado pelos cônjuges no Registro Civil, em que for, pela primeira vez, domiciliado o casal". A proposta era louvável, pois acabava detalhando a atual previsão legal, inclusive à luz do princípio da monogamia, vedando casamentos religiosos sucessivos. O tema é igualmente tratado pela Reforma do Código Civil, como se verá.

JURISPRUDÊNCIA COMENTADA: Aplicando o artigo em comentário, é interessante trazer à colação interessante julgado do Tribunal Gaúcho, que reconheceu os efeitos civis de casamento religioso celebrado em 1893, para fins de obtenção de cidadania italiana por parte da bisneta do casal: "Diante do disposto no art. 226, § 2º, da Constituição Federal e no art. 1.515 do Código Civil, é atribuído ao casamento religioso o efeito civil, desde que atendidas as exigências da Lei para validade do casamento civil. É de ser reconhecida a possibilidade de suprimento do registro civil de casamento dos bisavós quando demonstrada a vontade das partes à época, em 1893, e resta inequívoca a formação de uma família com prole, não se podendo perder de vista que o casamento civil no Brasil somente foi instituído através do Decreto n. 181, de 1890. Recurso desprovido" (TJRS, Apelação Cível 459972-74.2010.8.21.7000, 7.ª Câmara Cível, Montenegro, Rel. Des. Sérgio Fernando de Vasconcellos Chaves, j. 23.03.2011, *DJERS* 06.04.2011). Sobre o comentário a respeito do sentido amplo do termo *religião*, assim já concluiu a mesma Corte Gaúcha (TJRS, Apelação Cível 70003296555, 8.ª Câmara Cível, Rel. Rui Portanova, j. 27.06.2002).

REFORMA DO CÓDIGO CIVIL: Sugere-se a revogação do art. 1.515, para que o tema do casamento religioso seja tratado, com maior clareza e liberdade, na seção relativa às formas especiais de celebração do casamento, no novo art. 1.542-A, mais à frente comentado.

Art. 1.516. O registro do casamento religioso submete-se aos mesmos requisitos exigidos para o casamento civil.

§ 1º O registro civil do casamento religioso deverá ser promovido dentro de noventa dias de sua realização, mediante comunicação do celebrante ao ofício competente, ou por iniciativa de qualquer interessado, desde que haja sido homologada previamente a habilitação regulada neste Código. Após o referido prazo, o registro dependerá de nova habilitação.

§ 2º O casamento religioso, celebrado sem as formalidades exigidas neste Código, terá efeitos civis se, a requerimento do casal, for registrado, a qualquer tempo, no registro civil, mediante prévia habilitação perante a autoridade competente e observado o prazo do art. 1.532.

§ 3º Será nulo o registro civil do casamento religioso se, antes dele, qualquer dos consorciados houver contraído com outrem casamento civil.

COMENTÁRIOS DOUTRINÁRIOS: Os requisitos do casamento religioso são os mesmos do casamento civil, o que inclui o registro, conforme preceitua o comando em estudo. No que tange a esse fator de eficácia em si, seu prazo de natureza decadencial é de noventa dias, contados de sua realização, mediante comunicação do celebrante ao ofício competente, ou por iniciativa de qualquer interessado, desde que haja sido homologada previamente a habilitação regulamentada pela codificação. Após o referido prazo, o registro dependerá de nova habilitação. Se o casamento religioso for celebrado sem as formalidades exigidas pela legislação, qual seja o processo de habilitação, terá efeitos civis se, a requerimento do casal, for registrado, a qualquer tempo, no registro civil, mediante prévia habilitação perante a autoridade competente. Nessa hipótese, deve ser respeitado o prazo decadencial de noventa dias, contados de quando foi extraído o certificado para a eficácia dessa habilitação. Sendo homologada a habilitação e certificada a inexistência de impedimento, o oficial fará o registro do casamento religioso. Os efeitos do registro, nessa segunda situação, também são retroativos, ou seja, *ex tunc*. Como se nota, duas são as situações de casamento religioso com efeito civil: precedido ou não de processo de habilitação. Será nulo o registro civil do casamento religioso se, antes dele, qualquer dos consorciados houver contraído com outrem casamento civil. Isso porque não podem casar as pessoas casadas (art. 1.521, inc. VI, do CC), o que consubstancia violação ao antes referenciado princípio da monogamia. Por derradeiro, insta observar que caso seja celebrado o casamento apenas no religioso, sem os devidos procedimentos civis, o casamento será inexistente. Nessa realidade, caso os então nubentes passem a viver em convivência informal, haverá uma união estável, desde que preenchidos os requisitos do art. 1.723 do Código Civil.

JURISPRUDÊNCIA COMENTADA: Alguns julgados têm sido exigentes quanto ao prazo decadencial previsto na norma, afastando a configuração do casamento caso não seja atendido. Assim entendendo: "Pedido de registro civil de casamento religioso formulado por viúva. Intenção de receber integralidade da herança do companheiro falecido. Sentença de improcedência. Casamento religioso com efeitos civis. Ausência de registro no prazo de 90 dias (§ 1º do artigo 1.516 do Código Civil). Falta de habilitação e proclamas. Pretensão refutada. Pleito de recebimento de quinhões hereditários renunciados no âmbito de ação de inventário. Impossibilidade. Quotas que retornam ao monte mor e são partilhadas entre demais herdeiros. Declaração incidental de inconstitucionalidade do artigo 1.790, inciso III, do Código Civil. Reconhecimento de direito real de habitação. Improcedência de arrolamento de bens em ação de inventário. Inovação recursal" (TJSC, Apelação 2014.013263-0, 5.ª Câmara de Direito Civil, São Francisco do Sul, Rel. Des. Jairo Fernandes Gonçalves, j. 04.12.2014, *DJSC* 07.01.2015, p. 258). Como se pode notar, na linha do que comentei, o julgado acaba concluindo pela presença de uma união estável, além de analisar a inconstitucionalidade do art. 1.790 do Código Civil, que acabou por ser reconhecida pelo STF, como ainda será visto neste livro. Porém, em sentido contrário, relativizando o seu teor em prol da operabilidade e preservando a autonomia privada manifestada em vida: "O pedido de registro do termo de casamento religioso para efeitos civis não foi deduzido na época oportuna, em razão da enfermidade súbita e posterior falecimento do cônjuge varão. Assim, sendo, diante das particularidades do caso concreto, é justificável a superação do prazo decadencial, prazo previsto no art. 1.516, § 1º, do Código Civil/2002, para permitir o registro no ofício competente, conforme a orientação emanada do egrégio Superior Tribunal de Justiça, máxime por se tratar de mero ato para formalizar o casamento já realizado. A exegese sistemática da ordem jurídica vigente no país demonstra, o *quantum satis*, a plausibilidade da pretensão deduzida na inicial, até em homenagem ao relevante valor que o direito positivo atribui à vontade declarada da pessoa que em face da morte não pôde proceder aos atos tendentes à realização de seu intento" (TJDF, Apelação Cível 2005.01.1.003612-0, Acórdão 275517, 1.ª Turma Cível, Rel. Des. José Divino, *DJU* 03.07.2007, p. 148). Concordo com a última forma de julgar, desde que não esteja configurado o intuito de fraude, uma vez que o *material deve prevalecer sobre o formal* na realidade do Direito Civil Contemporâneo.

REFORMA DO CÓDIGO CIVIL: Assim como o dispositivo anterior, a Comissão de Juristas propõe a revogação do art. 1.516, para que o casamento religioso seja tratado no tópico relativo às modalidades especiais de celebração do casamento, no novo art. 1.542-A. Nos termos do *caput* do dispositivo proposto, "o registro do casamento religioso submete-se aos mesmos requisitos exigidos para o casamento civil"; o que é simples reprodução do texto atual. Consoante, o seu § 1º, "o registro civil do casamento religioso deverá ser promovido dentro de noventa dias de sua realização, por comunicação do celebrante ao ofício competente, ou por iniciativa de qualquer interessado, dependendo o registro, esgotado o prazo, de novo procedimento pré-nupcial". Não haverá mais menção à habilitação do casamento, pois esta é substituída por um processo muito mais célere, o qual será integralmente digitalizado em nosso País: o *procedimento pré-nupcial*. Também com vistas a uma maior facilitação do ato, o § 2º do art. 1.542-A passará a prever que "o casamento religioso, celebrado sem as formalidades exigidas neste Código, terá efeitos civis se, a requerimento do casal, for registrado, a qualquer tempo, no Cartório de Registro Civil das Pessoas Naturais, depois de cumprida a exigência do art. 1.531". O último comando citado passará a prever que o oficial do Cartório de Registro das Pessoas Naturais, após a verificação de todos os dados, certificará estarem os nubentes aptos para a celebração do casamento, não havendo mais a necessidade do burocrático certificado de habilitação. Por fim, é mantida a regra de nulidade absoluta do duplo casamento, diante do *princípio da monogamia*, estatuindo o § 3º do novo art. 1.542-A que "será nulo o registro civil do casamento religioso se, antes dele, qualquer dos consorciados houver contraído com outrem casamento civil".

CAPÍTULO II
DA CAPACIDADE PARA O CASAMENTO

Art. 1.517. O homem e a mulher com dezesseis anos podem casar, exigindo-se autorização de ambos os pais, ou de seus representantes legais, enquanto não atingida a maioridade civil.

Parágrafo único. Se houver divergência entre os pais, aplica-se o disposto no parágrafo único do art. 1.631.

COMENTÁRIOS DOUTRINÁRIOS: Não se pode confundir a incapacidade para o casamento com os impedimentos matrimoniais. A primeira impede que alguém se case com qualquer pessoa, enquanto os impedimentos somente atingem determinadas pessoas em situações específicas. Em outras palavras, os impedimentos envolvem a *legitimação*, conceituada como uma capacidade ou condição especial para celebrar determinado ato ou negócio jurídico. Aspecto que sempre mereceu críticas é o fato de o CC/2002 não trazer um rol específico a respeito das pessoas capazes ou incapazes de casar, tratando apenas da idade mínima para tanto na norma em comentário, a chamada idade núbil. *De lege ferenda*, esse rol sequer constou do projeto de lei conhecido como *Estatuto das Famílias* do IBDFAM, que pretendia *descodificar* tal matéria, tratando-a em separado, em lei especial. Todavia, mostrando certa evolução, o texto da alteração legislativa projetada enunciava que os relativamente incapazes necessitariam de autorização de ambos os pais ou de seus representantes legais. No sistema em vigor, como não há regras específicas a respeito da capacidade para o casamento, sempre foi necessário socorrer-se à Parte Geral do CC/2002, em complemento ao que consta do seu art. 1.517. O projeto de Reforma do Código Civil, como se verá, pretende mudar em parte essa realidade. Repise-se que a teoria das incapacidades foi substancialmente alterada pela Lei n. 13.146, de julho de 2015, que instituiu o Estatuto da Pessoa com Deficiência. A mudança estrutural que interessa em matéria de capacidade para o casamento diz respeito à revogação de todos os incisos do art. 3º do Código Civil. Como antes pontuado, e deve ser aqui retomado, no sistema anterior, eram tidos como absolutamente incapazes: a) os menores de dezesseis anos (menores impúberes); b) os enfermos e deficientes mentais sem o necessário discernimento para a prática dos atos da vida civil: e c) as pessoas que por causa transitória ou definitiva não pudessem exprimir sua vontade. Essas pessoas também seriam os incapazes para o casamento. Porém, o panorama legal mudou. Na nova redação do art. 3º do Código Civil somente são absolutamente incapazes os menores de 16 anos, não mais havendo maiores que tenham tal condição. A antiga previsão do seu inciso II foi totalmente retirada do sistema. O seu anterior inciso III passou a compor o inciso III do art. 4º, em substituição aos excepcionais com desenvolvimento completo. Em suma, as pessoas que por causa transitória ou definitiva não puderem exprimir vontade, caso do sujeito em coma, passaram a ser relativamente incapazes para os atos civis em geral. Assim, com as mudanças citadas, parece que o sistema finalmente encontrou uma coerência técnica, pois os incapazes para o casamento são apenas os menores de 16 anos, nos termos do art. 1.517 do Código Civil e do novo art. 3º do Código Civil, devidamente atualizado com a Lei n. 13.146/2015. Como se verá a seguir, o Estatuto da Pessoa com Deficiência também retirou do sistema a possibilidade de nulidade absoluta do casamento da pessoa enferma mental, tendo sido revogado o art. 1.548, inciso I, da codificação material. Isso também colaborou para a citada coerência técnica, na minha opinião. Oportuno ressaltar que as pessoas com deficiência tiveram uma *inclusão familiar plena* pelo seu estatuto protetivo. Conforme o art. 6º da Lei n. 13.146/2015, a deficiência não afeta a plena capacidade civil da pessoa, inclusive para: a) casar-se e constituir união estável; b) exercer direitos sexuais e reprodutivos; c) exercer o direito de decidir sobre o número de filhos e de ter acesso a informações adequadas sobre reprodução e planejamento familiar; d) conservar sua fertilidade, sendo vedada a esterilização compulsória; e) exercer o direito à família e à convivência familiar e comunitária; e f) exercer o direito à guarda, à tutela, à curatela e à adoção, como adotante ou adotando, em igualdade de oportunidades com as demais pessoas. O Estatuto da Pessoa com Deficiência, assim, pretendeu igualar a pessoa com deficiência para os atos existenciais, o que representa um notável avanço. Na tutela das pessoas com deficiência, substituiu-se a premissa da *dignidade-vulnerabilidade* pela *dignidade-igualdade*. Todavia, alguns reparos devem ser feitos na lei, especialmente perante o CPC/2015, o que também será aqui analisado, nos comentários aos dispositivos que dizem respeito à curatela e às propostas ora formuladas para a Reforma do Código Civil. Feitas tais considerações gerais a respeito da capacidade matrimonial, o homem e a mulher com dezesseis anos, ou seja, em idade núbil, podem casar, exigindo-se autorização de ambos os pais, ou de seus representantes legais, enquanto não atingida a maioridade civil, que se dá aos 18 anos. Trata-se de uma autorização especial para o casamento, que não se confunde com a assistência, instituto próprio para a representação em geral dos interesses de relativamente incapazes. Em havendo divergência entre os pais sobre essa autorização, a questão será levada ao juiz, que decidirá de acordo com o caso concreto, sempre buscando a proteção integral do menor e da família, ambos amparados constitucionalmente. Conforme esclarecedor enunciado doutrinário aprovado na *V Jornada de Direito Civil*, "o artigo 1.517 do Código Civil, que exige autorização dos pais ou responsáveis para casamento, enquanto não atingida a maioridade civil, não se aplica ao emancipado" (Enunciado n. 512 do Conselho da Justiça Federal). A ementa doutrinária é perfeita, uma vez que o emancipado tem a seu favor a antecipação dos efeitos da maioridade, passando a ser um menor capaz. Por fim, caso o menor se encontre em idade inferior aos 16 anos, a questão comporta análise conforme o art. 1.520 do Código Civil, analisado a seguir, que foi alterado pela Lei n. 13.811/2019.

JURISPRUDÊNCIA COMENTADA: Afastando debate sobre o art. 1.517 em caso de menor com idade inferior aos 16 anos "A postulante, ao tempo da propositura da demanda, possuía 14 anos de idade, completando 15 anos no último dia 16 de julho; situação fática que não se amolda ao disposto no art. 1.517, do Código Civil. Situações excepcionais elencadas no art. 1.520, do Código Civil. Inobservância na hipótese; estudo social que sugere que o pleito de suprimento não seja deferido, posto que a menor encontra-se numa etapa não compatível com a realidade e as responsabilidades advindas de um casamento" (TJSE, Apelação Cível 201800718933, Acórdão 21813/2018, 1.ª Câmara Cível, Rel. Des. Ana Bernadete Leite de Carvalho Andrade, j. 24.09.2018, *DJSE* 27.09.2018).

REFORMA DO CÓDIGO CIVIL: A Comissão de Juristas sugere a substituição dos termos "homem" e "mulher" por "pessoa", na linha de outros dispositivos do Código Civil e pelo fato de ser proposta a regulamentação do casamento homoafetivo na lei civil, pelo menos implicitamente, confirmando a posição consolidada pela jurisprudência brasileira, pelo STF, STJ e CNJ. Assim, o comando passará a prever o seguinte: "Art. 1.517. A pessoa com dezesseis anos pode se casar, exigindo-se autorização de ambos os pais ou de seus representantes legais, enquanto não atingida a maioridade civil. Parágrafo único. Se houver divergência entre os pais, aplica-se o disposto no parágrafo único do art. 1.631".

Art. 1.518. Até a celebração do casamento podem os pais ou tutores revogar a autorização. (Redação dada pela Lei n. 13.146, de 2015)

COMENTÁRIOS DOUTRINÁRIOS: Previa originalmente o art. 1.518 do Código Civil que a autorização especial para o casamento poderia ser revogada pelos pais, tutores ou curadores até a celebração do casamento. Esse comando foi alterado pela Lei n. 13.146/2015 (Estatuto da Pessoa com Deficiência), passando a enunciar que até a celebração do casamento podem os pais ou tutores revogar a autorização. Como se percebe, não há mais menção aos curadores, uma vez que não se decreta mais a nulidade do casamento das pessoas que estavam mencionadas no art. 1.548, inc. I, do CC/2002, ora revogado pelo mesmo Estatuto, como ainda será aprofundado. Essa autorização pode ser plenamente revogada pelos pais, tutores ou curadores até a celebração do casamento.

Art. 1.519. A denegação do consentimento, quando injusta, pode ser suprida pelo juiz.

COMENTÁRIOS DOUTRINÁRIOS: Em complemento à norma anterior, se a denegação do consentimento para o casamento da pessoa em idade núbil for injusta, esta pode ser suprida pelo juiz, também sempre em busca da proteção integral do adolescente e da família.

Art. 1.520. Não será permitido, em qualquer caso, o casamento de quem não atingiu a idade núbil, observado o disposto no art. 1.517 deste Código. (Redação dada pela Lei n. 13.811, de 2019)

COMENTÁRIOS DOUTRINÁRIOS: No dia 12 de março de 2019 foi promulgada – e está em vigor no País – a Lei n. 13.811, que alterou o art. 1.520 do Código Civil Brasileiro. O dispositivo previa, antes da alteração, que, "excepcionalmente, será permitido o casamento de quem ainda não alcançou a idade núbil (art. 1.517), para evitar imposição ou cumprimento de pena criminal ou em caso de gravidez". Já pela atual redação, "Não será permitido, em qualquer caso, o casamento de quem não atingiu a idade núbil, observado o disposto no art. 1.517 deste Código". Mesmo antes da entrada em vigor da norma, o texto modificativo já vinha recebendo elogios de uns e críticas de outros, sendo certo que, com a sua emergência, os debates se intensificaram. Vale destacar, de imediato, pois relevante para as minhas conclusões, que não houve alteração ou revogação expressa de qualquer outro comando do Código Civil em vigor. Como primeiro aspecto a ser destacado, a norma anterior, que excepcionava a possibilidade do casamento do menor de 16 anos, recebia abrandamentos por três leis penais que surgiram sucessivamente à codificação material, a Lei n. 11.106/2005, a Lei n. 12.015/2009 e a Lei n. 13.718/2018. A verdade é que o casamento do menor de 16 anos – denominado por parcela da doutrina como *casamento infantil* – já era proibido pelo nosso sistema jurídico, mesmo antes da mudança e como premissa geral, havendo apenas duas exceções previstas no anterior art. 1.520 do Código Civil que tinham sido sobremaneira mitigadas, a saber: a) para evitar a imposição e o cumprimento de pena criminal; e b) em caso de gravidez. Tal afirmação é retirada da dicção do art. 1.517 da codificação material, que não sofreu modificação pela norma emergente. Como antes pontuei, não se pode confundir a incapacidade para o casamento com os impedimentos matrimoniais. A primeira impede que alguém se case com qualquer pessoa, enquanto os impedimentos somente atingem determinadas pessoas em situações específicas, previstas no art. 1.521 do CC/2002. Nesse contexto, não se pode dizer que a alteração do art. 1.520 do Código Civil tenha criado hipótese de impedimento matrimonial, estando no âmbito da incapacidade, que não foi alterada, pois não houve qualquer modificação do texto do art. 1.517. Sobre as citadas leis penais que mitigaram as exceções de autorização judicial do casamento do menor de 16 anos, de início, a Lei n. 11.106/2005 afastou a extinção da punibilidade nos casos do então *estupro presumido* (art. 107, incs. VII e VIII, do Código Penal), ou seja, na hipótese de alguém manter relação sexual com uma criança ou adolescente com idade inferior a 14 anos, e depois se casar com ela. Como não havia que se falar mais em extinção da punibilidade, muitos passaram a entender que o art. 1.520 do CC/2002 estaria revogado na parte que tratava da extinção da pena criminal. Todavia, nessa realidade legislativa, existia manifestação em sentido contrário, ou seja, ainda pela possibilidade do casamento, havendo o anterior estupro presumido. Segundo os que assim entendiam, não se poderia falar em revogação da norma civil, pois o menor poderia, sim, em alguns casos, exercer a opção de se casar com aquele que praticara o crime contra os costumes. Como a ação penal, no caso do crime em questão, ainda era considerada de natureza privada, estávamos diante de um caso de renúncia ou perdão tácito, que decorreria de fato incompatível com a pretensão de ver o agente punido, no caso, com a celebração do casamento. Em casos tais e naquele sistema anterior, se a menor de idade quisesse se casar, a sua vontade poderia ser considerada relevante para tal finalidade, conforme o Enunciado n. 138 do Conselho da Justiça Federal, aprovado na *I Jornada de Direito Civil* ("A vontade dos absolutamente incapazes, na hipótese do inc. I do art. 3º, é juridicamente relevante na concretização de situações existenciais a eles concernentes, desde que demonstrem discernimento bastante para tanto"). Com base nesse enunciado doutrinário, o magistrado poderia autorizar o casamento se a menor declarasse querer viver com o pai da criança e desde que demonstrasse discernimento bastante para tanto, o que seria provado por perícia psicológica. Além desse argumento penal, poderia ser utilizado um argumento civil. Como a família deve ser analisada de acordo com o contexto social, o casamento com o autor do crime poderia ser tido como uma forma de abrandar o problema de uma gravidez indesejada. Ou melhor, seria adequado enviar o criminoso, pai dessa criança que ainda vai nascer, para a cadeia? Alguns doutrinadores respondiam negativamente na realidade anterior. Argumentava-se que o Direito Penal deveria ser a *ultima ratio*, o último caminho a ser percorrido, ao contrário do Direito de Família, que busca a pacificação social, a vida conjunta em harmonia. Em reforço, anteriormente era ser citado o princípio do melhor interesse da criança e do adolescente (*best interest of the child*), bem como a função social da família. Ilustrava-se com a hipótese fática de uma menina de 13 anos que teve relacionamento sexual com um homem de 18 anos e dele ficou grávida. O pai da criança não tem qualquer antecedente criminal e a menor quer casar com o "criminoso" a qualquer custo. Ambos se amam. Se entendêssemos simplesmente pela derrogação do dispositivo, esse casamento não poderia ser realizado. Como conclusão, o pai da criança iria para a cadeia e a menor ficaria em situação de desamparo. Aliás, na prática, possivelmente ela constituiria uma união estável com o pai da criança, passando a visitá-lo na prisão. Acreditava-se, ainda naquele sistema anterior e com uma visão totalmente diferente da sociedade, que o casamento e a consequente extinção da punibilidade do agente eram a melhor solução para esse caso descrito. Por esse entendimento, o Direito de Família acabaria prevalecendo sobre o Direito Penal. De toda sorte, mesmo nessa realidade jurídica anterior, entre os anos de 2005 e 2009, alguns juristas já defendiam a revogação parcial do art. 1.520 do CC. O meu entendimento era de uma abordagem casuística àquela época, mas que acabou sendo alterada. Assim, a título de ilustração, no caso do relacionamento de uma criança de nove anos de idade com um homem adulto – conforme foi julgado pelo STF no passado e será visto a seguir –, dever-se-ia entender que o casamento não poderia ser realizado. Isso porque a manifestação da vontade da menor não seria juridicamente relevante para tanto. No caso em questão, o art. 1.520 do CC, em sua redação originária, não teria incidência. A minha conclusão anterior, em suma, era justamente na linha de se analisar caso a caso, o que traria a conclusão de que seria melhor considerar que o preceito civil não foi derrogado ou revogado parcialmente de forma tácita. Nesse sentido, determinando uma leitura civil-constitucional do então art. 1.520 do CC, o teor do Enunciado n. 329 do Conselho da Justiça Federal, aprovado na *IV Jornada de Direito Civil*, ocorrida em outubro de 2006: "a permissão para casamento fora da idade núbil merece interpretação orientada pela dimensão substancial do princípio da igualdade jurídica, ética e moral entre o homem e a mulher, evitando-se, sem prejuízo do respeito à diferença, tratamento discriminatório". Sucessivamente, a segunda lei penal que mitigou a aplicação do art. 1.520 em sua redação original, a Lei n. 12.015, de 7 de agosto de 2009, encerrou totalmente o debate anterior, não sendo mais possível, desde então, o casamento da menor com aquele que cometeu o crime antes denominado como de *estupro presumido*, em hipótese alguma. Isso porque o Código Penal, ao tratar dos crimes sexuais contra vulnerável, passou a prever em seu art. 217-A que é crime "ter conjunção carnal ou praticar outro ato libidinoso com menor de 14 (catorze) anos". O tipo penal passou a ser denominado como *estupro de vulnerável*, sendo certo que a vulnerabilidade encerra uma presunção absoluta ou *iure et de iure*. Outro ponto fulcral da alteração constava do novo art. 225, parágrafo único, do Código Penal, segundo o qual, havendo pessoa vulnerável, a ação penal do crime sexual seria pública incondicionada. Nesse contexto, não sendo mais a ação penal de natureza privada, não pode – desde a lei de 2009 – o casamento funcionar como forma de *perdão tácito do crime*, conforme outrora afirmei. Desapareceu o fundamento principal da tese que era anteriormente seguida, de análise casuística. Em reforço, apesar das tentativas de alguns juristas e julgadores de mitigar a ideia de vulnerabilidade, essa realmente encerra um conceito jurídico absoluto, como se decidiu e se consolidou no âmbito do Superior Tribunal de Justiça, conforme se verá no próximo tópico. Por fim, liquidando o que já parecia estar esclarecido, a Lei n. 13.718/2018 incluiu um novo parágrafo no art. 217-A do Código Penal, prevendo que "As penas previstas no *caput* e nos §§ 1º, 3º e 4º deste artigo aplicam-se independentemente do consentimento da vítima ou do fato de ela ter mantido relações sexuais anteriormente ao crime" (§ 5º). Em suma, por tudo o que foi exposto, de fato, o art. 1.520 do Código Civil encontrava-se já derrogado tacitamente em relação à hipótese fática de casamento envolvendo menor de 14 anos, somente sendo aplicado à pessoa entre essa idade e os 16 anos, o que passou a não ser mais permitido, de forma peremptória e inafastável. Todas essas modificações comprovam a minha afirmação, no sentido de que o casamento do menor de 16 anos não seria possível juridicamente antes da alteração de 2019, ou seja, era algo condenado e proibido como regra pelo nosso sistema jurídico. E, como consequência, diante de um tratamento específico, apesar dessa proibição, a lei previa a solução da anulabilidade, pela dicção expressa do art. 1.550, inc. I, do Código Civil. Esse dispositivo não foi revogado, expressa ou tacitamente, pela Lei n. 13.811/2019, e, sendo assim, a solução da anulabilidade ou nulidade relativa do casamento infantil continua em vigor. A mesma afirmação vale quanto à possibilidade de convalidação do casamento, hipótese em que o ato inválido passará a ser válido caso tenha passado despercebida a proibição perante o Cartório de Registro Civil. Continua em vigor, nesse contexto, o art. 1.551 do Código Civil, segundo o qual não se anulará, por motivo de idade, o casamento de que resultou gravidez. O mesmo em relação ao art. 1.553 da mesma codificação, que estabelece a possibilidade de convalidação do casamento do menor que não atingiu a idade núbil caso este, depois de completá-la, confirme a sua intenção de casar, com a autorização de seus representantes legais, se for necessária, ou com suprimento judicial. A possibilidade de convalidação, por óbvio, dar-se-á muitas vezes após a idade núbil ou mesmo a maioridade ser atingida, preservando uma família que pode estar constituída e que merece proteção, conforme o art. 226 do Texto Maior. Também não estão revogados, expressa ou tacitamente, os dispositivos que consagram regras específicas a respeito da ação anulatória, caso do art. 1.552 do Código Civil, que prevê quem pode promover a ação anulatória do casamento infantil. Igualmente quanto ao prazo decadencial de 180 dias para a demanda, conforme o art. 1.560, § 1º, da Lei Geral Privada, que será ainda analisado. Todos esses comandos são específicos quanto à anulação do casamento, negócio jurídico especial, devendo prevalecer em relação às regras gerais sobre a teoria geral do negócio jurídico, previstas na Parte Geral da codificação privada. Por tudo isso, não me convence a afirmação feita no âmbito doutrinário no sentido de ser o *casamento infantil* agora nulo de pleno direito, pois a lei proíbe a prática do ato sem cominar sanção, presente a chamada *nulidade virtual*, nos termos do art. 166, inc. VII, segunda parte, do Código Civil. Esse comando geral somente seria aplicado se não existissem todas essas disposições específicas, que, repise-se, não foram revogadas expressa ou tacitamente. Para afastar a alegação de revogação tácita, lembro e insisto: o casamento do menor de 16 anos já não era admitido pelo sistema jurídico nacional. Não se pode dizer que a alteração do art. 1.520 tenha criado hipótese de impedimento matrimonial, na linha do que pontuei no início deste breve texto. Primeiro, porque não houve qualquer inclusão nesse sentido no art. 1.521 do CC, sendo certo que os impedimentos não podem ser presumidos ou subentendidos, uma vez que a norma é restritiva da autonomia privada. Segundo, pelo fato de se tratar de hipótese de incapacidade que já estava prevista no sistema, pelo art. 1.517 do Código Civil. Terceiro, porque os impedimentos são específicos, o que não é o caso. De todo modo, entendo que é urgente a alteração legislativa, para suprir essa contradição, devendo o casamento infantil ser tratado como nulo de pleno direito, o que é sugerido pelo Anteprojeto de Reforma do Código Civil.

JURISPRUDÊNCIA COMENTADA: Em um primeiro julgado a ser destacado, e antes referenciado nas minhas notas doutrinárias, o Supremo Tribunal Federal já havia entendido que o fato de o criminoso constituir união estável com a vítima não gerava a extinção da sua punibilidade penal em casos semelhantes ao que aqui foi exposto: "Extinção de punibilidade. Estupro de vítima menor de 14 anos e união estável. Em conclusão de julgamento, o Tribunal, por maioria, negou provimento a recurso extraordinário em que se discutia a possibilidade de se aplicar a regra prevista no inciso VII do art. 107 do CP em favor de condenado por estupro, que passou a viver em união estável com a vítima, menor de quatorze anos, e o filho, fruto da relação (CP: 'Art. 107. Extingue-se a punibilidade: [...] VII – pelo casamento do agente com a vítima, nos crimes contra os costumes...'). Entendeu-se que somente o casamento teria o condão de extinguir a punibilidade, e que a união estável sequer poderia ser considerada no caso, haja vista a menor ser incapaz de consentir. Ressaltaram-se, também, as circunstâncias terríveis em que ocorrido o crime, quais sejam, o de ter sido cometido pelo tutor da menor, e quando esta tinha nove anos de idade. Asseverou-se, por fim, o advento da Lei n. 11.106/2005, que revogou os incisos VII e VIII do art. 107 do CP. Vencidos os Ministros Marco Aurélio, relator, Celso de Mello e Sepúlveda Pertence que davam provimento ao recurso para declarar a extinção da punibilidade, reconhecendo a união estável, e aplicando, por analogia, em face do art. 226, § 3º, da CF, o inciso VII do art. 107 do CP, tendo em vista o princípio da ultratividade da lei mais benéfica" (STF, RE 418.376/MS, Rel. orig. Min. Marco Aurélio, Rel. p/ Acórdão Min. Joaquim Barbosa, j. 09.02.2006). Em outro julgado de destaque, concluiu a Terceira Seção do Superior Tribunal de Justiça, em agosto de 2015 e em sede de incidente de recursos repetitivos, que "para a caracterização do crime de estupro de vulnerável, previsto no artigo 217-A do Código Penal, basta que o agente tenha conjunção carnal ou pratique qualquer ato libidinoso com pessoa menor de 14 anos. O consentimento da vítima, sua eventual experiência sexual anterior ou a existência de relacionamento amoroso entre o agente e a vítima não afastam a ocorrência do crime" (STJ, REsp 1.480.881/PI, 3.ª Seção, Rel. Min. Rogerio Schietti Cruz, j. 26.08.2015, *DJe* 10.09.2015, publicado no seu *Informativo* n. *568*). No mesmo sentido, a antes citada Súmula n. 593 da Corte, de outubro de 2017: "O crime de estupro de vulnerável se configura com a conjunção carnal ou prática de ato libidinoso com menor de 14 anos, sendo irrelevante eventual consentimento da vítima para a prática do ato, sua experiência sexual anterior ou existência de relacionamento amoroso com o agente". Como se pode notar, as novas leis e as decisões superiores colocavam o Direito Penal em posição de prestígio em relação ao Direito de Família, na linha do que sustentei nas minhas notas doutrinárias.

CAPÍTULO III
DOS IMPEDIMENTOS

COMENTÁRIOS DOUTRINÁRIOS INTRODUTÓRIOS: Como antes exposto, enquanto os impedimentos matrimoniais apenas atingem determinadas pessoas, a incapacidade matrimonial veda que a pessoa se case com qualquer um que seja.

Em relação aos impedimentos, o Código Civil de 2002 inovou substancialmente no tocante à matéria. Isso porque o art. 183 do CC/1916 trazia em seus dezesseis incisos, de forma concentrada e confusa, todos os impedimentos. Com tom didático, diante da operabilidade, a atual codificação trata apenas de uma espécie de impedimento e não mais de impedimentos absolutos, relativos e impedientes, como fazia a codificação material anterior. Na verdade, as hipóteses antes tratadas como de impedimentos absolutos, agora são os únicos casos de impedimentos admitidos (art. 1.521 do CC/2002), e que continuam a gerar a nulidade absoluta do casamento (art. 1.548 do CC/2002). Os impedimentos que antes eram tidos como relativos, atualmente são tratados como causas de anulabilidade (art. 1.550 do CC/2002). Por fim, os antigos impedimentos impedientes são hoje causas suspensivas pelo atual Código Privado (art. 1.523), apenas trazendo sanções patrimoniais aos cônjuges, não gerando a nulidade absoluta ou relativa do matrimônio celebrado.

Art. 1.521. Não podem casar:

I – os ascendentes com os descendentes, seja o parentesco natural ou civil;

II – os afins em linha reta;

III – o adotante com quem foi cônjuge do adotado e o adotado com quem o foi do adotante;

IV – os irmãos, unilaterais ou bilaterais, e demais colaterais, até o terceiro grau inclusive;

V – o adotado com o filho do adotante;

VI – as pessoas casadas;

VII – o cônjuge sobrevivente com o condenado por homicídio ou tentativa de homicídio contra o seu consorte.

COMENTÁRIOS DOUTRINÁRIOS: Como impedimentos para o casamento, o art. 1.521 do CC/2002 traz um rol taxativo (*numerus clausus*) daquelas pessoas que não podem casar em determinadas e específicas circunstâncias. As situações são tidas como de maior gravidade, envolvendo ordem pública, além dos interesses das próprias partes. Como primeira hipótese, não podem casar os ascendentes com os descendentes até o infinito, no caso de parentesco natural (*impedimento decorrente de parentesco consanguíneo*). Dessa forma, o filho não pode casar com a mãe, o neto com a avó, o bisneto com a bisavó, o trineto com a trisavó, e assim sucessivamente, sem limites. Duas são as razões para tanto. A primeira visa a impedir o *incesto*, ou seja, relações sexuais entre pessoas da mesma família, tendo índole moral, sendo este um dos negativos absolutos de Freud. A segunda razão é evitar problemas congênitos à prole, comuns em casos tais, o que alguns ainda denominam *eugenia*. Como segunda situação de impedimento, não podem casar os colaterais até terceiro grau (*impedimento decorrente de parentesco consanguíneo*). De acordo com esse impedimento, não podem se casar os irmãos, que são colaterais de segundo grau, sejam *bilaterais ou germanos* – mesmo pai e mesma mãe –, ou *unilaterais* – mesmo pai ou mesma mãe. A regra também se estende aos tios e sobrinhas, tias e sobrinhos, que são colaterais de terceiro grau. Trata-se da hipótese do chamado *casamento avuncular*, sendo a expressão utilizada para o vínculo entre tios e sobrinhos. Sobre os últimos, continua em vigor o Decreto-lei n. 3.200/1941, no sentido de que o casamento entre colaterais de terceiro grau pode ser realizado se não houver risco à prole, o que deve ser aprovado por uma junta médica formada por dois profissionais da área. O Enunciado n. 98 do CJF/STJ, aprovado na *I Jornada de Direito Civil* (2002), consubstanciando o entendimento doutrinário da maioria, aponta que não houve revogação dessa lei específica, por ser norma especial anterior. Em síntese, o referido decreto-lei afasta o impedimento moral na hipótese de casamento entre colaterais de terceiro grau, não havendo incesto nessa situação e devendo a junta médica esclarecer quanto ao impedimento científico. Atente-se ao fato de que os chamados *primos-irmãos*, ou tão somente primos, que são colaterais de quarto grau, podem se casar livremente. Seguindo, como terceiro impedimento, não podem casar os afins em linha reta (*impedimento decorrente de parentesco por afinidade*). Nos termos do art. 1.595 do CC/2002, há parentesco por afinidade entre um cônjuge ou companheiro e os parentes do outro consorte ou convivente. Pelo texto legal, o impedimento existe somente na afinidade em linha reta até o infinito, atingindo sogra e genro, sogro e nora – linha reta ascendente; padrasto e enteada, madrasta e enteado – linha reta descendente; e assim sucessivamente até o infinito. A razão desse impedimento é apenas moral. Tanto isso é verdade que os cunhados podem se casar, depois de terminado o casamento, pois são parentes afins colaterais, hipótese em que não há impedimento. Adiante-se que o Código Civil de 2002 inovou no ponto de reconhecer a afinidade também em decorrência da união estável (art. 1.595), não sendo esta forma de parentesco extinta na linha reta com a dissolução do casamento ou da união estável (art. 1.595, § 2º). Em outras palavras, *sogra é para a vida inteira*, ou seja, casado uma vez, o vínculo permanece eternamente e, com isso, o impedimento matrimonial. Esclareça-se, em reforço, que o parentesco por afinidade na linha reta é infinito, o que engloba o citado impedimento. Também não se pode casar com a mãe da sogra, a avó da sogra, a bisavó da sogra e assim sucessivamente, sem limitações. No que concerne ao parentesco por afinidade na linha reta descendente, merece destaque a consolidada valorização social da afetividade, na relação constituída entre padrastos, madrastas e enteados, tema que ainda será aprofundado nos nossos comentários. Diante dessa realidade, pensamos que se deve sustentar a impossibilidade de casamento entre irmãos socioafetivos, que foram criados juntos como tal desde a infância. Penso que devem eles ser tratados como os irmãos biológicos, incidindo o impedimento matrimonial previsto no art. 1.521, inc. IV, do CC/2002. Assim, entendo que os irmãos socioafetivos devem ser considerados como impedidos de casar. A afirmação ganha força com a decisão do Supremo Tribunal Federal, do ano de 2016, que equiparou a parentalidade socioafetiva à biológica (publicada no *Informativo* n. *840* da Corte). Voltando-se ao estudo dos impedimentos matrimoniais, como quarta hipótese legal, não podem casar o adotante com quem foi cônjuge do adotado e o adotado com quem o foi do adotante; os ascendentes e descendentes em casos envolvendo a adoção; o adotado com o filho do adotante (*impedimentos em decorrência do parentesco civil formado pela adoção*). Como se tem afirmado doutrinariamente, são aplicadas as mesmas regras do parentesco consanguíneo ou natural. Para fins didáticos pode-se dizer que a *adoção imita a família natural*. De qualquer sorte, o adotado pode se casar com a irmã do adotante, pois esta seria como se sua tia fosse. Como visto, não há esse impedimento na família natural se uma junta médica afastar os problemas congênitos à prole, que não estarão presentes por razões óbvias nos casos em questão. Em reforço, a lei não prevê expressamente esta última hipótese como caso de impedimento matrimonial. Não podem casar as pessoas casadas, sendo esse *impedimento decorrente de vínculo matrimonial*, a sexta hipótese prevista no art. 1.521 do CC. Como antes destaquei, o Código Privado em vigor continua consagrando o princípio da monogamia, que é retirado substancialmente desse impedimento. Mesmo sendo tratada como impedimento matrimonial – e assim deve ser visualizada como categoria jurídica criada pela lei –, a hipótese parece ser de incapacidade matrimonial; eis que a pessoa casada não pode contrair matrimônio com qualquer um que seja. Por fim, não podem casar o cônjuge sobrevivente com o condenado por homicídio ou tentativa de homicídio contra o seu consorte (*impedimento decorrente de crime*). Filio-me à parcela majoritária da doutrina que considera existir o impedimento somente nos casos de crime doloso e havendo trânsito em julgado da sentença penal condenatória. Nessa realidade, se o casamento ocorre ainda no curso do processo criminal, será reputado válido, pois quando da celebração não havia a limitação à autonomia privada, que somente pode decorrer de lei. O casamento permanece válido, mesmo no caso de sentença penal transitada em julgado superveniente, ou seja, posterior ao matrimônio. De qualquer forma, há quem veja desatualização nesse impedimento, sendo pertinente ressaltar que o antigo Projeto de *Estatuto das Famílias* do IBDFAM retirava a hipótese como impedimento matrimonial (art. 24). Por razões óbvias, o Código Civil em vigor não menciona mais o impedimento no caso do "cônjuge adúltero com o seu corréu, por tal condenado" (art. 183, inc. VII, do CC/1916). Primeiro, diante do fato do crime de adultério não ser mais tipificado. Segundo, em decorrência da consolidada relativização da culpa nas outrora ações de separação-sanção, que não são mais possíveis diante da aprovação da Emenda Constitucional n. 66/2010, conhecida como Emenda do Divórcio. Terceiro, por uma clara mudança nos costumes familiares nacionais. Sabe-se que os impedimentos matrimoniais aqui transcritos geram a nulidade absoluta do casamento (art. 1.548, inc. II, do CC).

JURISPRUDÊNCIA COMENTADA: Da jurisprudência paulista, admitindo o *casamento avuncular*, o que confirma o entendimento doutrinário antes esposado a respeito do inciso IV do art. 1.521 e da sua mitigação: "Casamento. Tio e sobrinha. Autorização judicial. Extinção do processo. Impossibilidade jurídica do pedido. Artigo 1.521, IV, do Código Civil. Prevalência do disposto no Decreto-lei n. 3.200/41. Ocorrência. Admissibilidade do enlace desde que autorizado por exames pré-nupciais. Prosseguimento do feito para realização de tais exames. Recurso parcialmente provido" (TJSP, Apelação Cível 414.053-4/0-00, 5.ª Câmara de Direito Privado, Mococa, Rel. Des. Francisco Casconi, j. 26.04.2006); ou, mais recentemente: "Casamento avuncular. Impedimento previsto no art. 1.521, IV, do. CCB que deve ser interpretado nos termos do Decreto-lei n. 3.200/41. Aplicação do Enunciado nº 98, do CJF. Casamento entre colaterais de 3º grau que pode ser procedido mediante comprovação médica de inexistência de risco à eventual prole. Instrução probatória produzida a contento. Interessada que se encontra em período de menopausa, que impede a concepção pelas vias ordinárias. Sentença de Primeiro Grau reformada. RECURSO PARCIALMENTE PROVIDO, para se autorizar a conversão da união estável em matrimônio" (TJSP, Apelação cível 1004177-36.2019.8.26.0224, Acórdão 14317803, Guarulhos, 2.ª Câmara de Direito Privado, Rel. Des. Penna Machado, j. 01.02.2021, *DJESP* 11.02.2021, p. 1888). Sobre a impossibilidade de casamento com o sogro decorrente de união estável, da mesma Corte Estadual: "Ação de anulação fundada na existência do impedimento previsto no artigo 1.521, II, do Código Civil. Mulher que vivia em união estável com o filho do contraente. Vínculo de afinidade caracterizado (artigo 1.595 do Código Civil) a nulificar o matrimônio" (TJSP, Apelação com Revisão 604.649.4/0, Acórdão 3583912, 2.ª Câmara de Direito Privado, Santos, Rel. Des. Morato de Andrade, j. 14.04.2009, *DJESP* 15.07.2009). Corroborando a afirmação de ser o vínculo de afinidade da linha reta para a *vida inteira*, não admitindo a existência de união estável entre madrasta e enteado: "Ação de reconhecimento de união estável *post mortem*. Improcedência da pretensão. Relacionamento ocorrido entre madrasta e enteado. Existência de impedimento legal ao reconhecimento. Art. 1.521, II do Código Civil. Parentesco por afinidade em linha reta. Não extinção com a dissolução do casamento. Art. 1.595, § 2º do Código Civil" (TJRN, Apelação Cível 2016.018325-5, 2.ª Câmara Cível, Pedro Velho, Rel. Des. Ibanez Monteiro, *DJRN* 05.06.2018). Na linha do que defendi em minhas anotações doutrinárias sobre a existência de impedimento matrimonial entre irmãos socioafetivos, em outubro de 2022, a Quarta Turma do Superior Tribunal de Justiça tratou da viabilidade jurídica desses vínculos entre eles, utilizando o termo "fraternidade socioafetiva". Nos termos da publicação constante do *Informativo* n. *453* da Corte, que teve como Relator o Ministro Marco Buzzi, "inexiste qualquer vedação legal ao reconhecimento da fraternidade/irmandade socioafetiva, ainda que *post mortem*, pois a declaração da existência de relação de parentesco de segundo grau na linha colateral é admissível no ordenamento jurídico pátrio, merecendo a apreciação do Poder Judiciário". O número do processo não foi divulgado por questão de segredo de justiça.

REFORMA DO CÓDIGO CIVIL: Exatamente na linha das minhas anotações doutrinárias e jurisprudenciais, a Comissão de Juristas sugere ajustes pontuais, mais do que necessários, no tratamento dos impedimentos matrimoniais. No inciso IV, propõe-se mencionar apenas os irmãos, não importando a sua origem, uma vez que o parentesco civil gera os mesmos efeitos do natural, a incluir a adoção, a parentalidade socioafetiva e a reprodução assistida. Veja-se, a esse propósito, a proposta de novo art. 1.512-A, *caput* e § 2º: "A relação de parentesco pode ter causa natural ou civil. [...]. § 2º O parentesco é civil, conforme resulte de socioafetividade, de adoção ou de reprodução assistida em que há a utilização de material genético de doador". Também se retira a menção aos irmãos bilaterais e unilaterais, uma vez que o impedimento matrimonial existe em qualquer hipótese de vínculo colateral de segundo grau. Retira-se, ainda, a expressão aos demais colaterais, até o terceiro grau, não havendo mais o citado impedimento, na linha do que comentei a respeito do Decreto-lei n. 3.200/1941 que, aliás, se propõe seja revogado, nas disposições finais da Reforma. Assim, passa a ser possível juridicamente o *casamento avuncular*, entre tios e sobrinhos, o que já era realidade em nosso País em sua admissão, apesar da raridade na prática. Revoga-se o inciso V do art. 1.521, que hoje menciona o adotado com o filho do adotante. De todo modo, a restrição se mantém, pelo inciso anterior, pois devem ser considerados irmãos adotivos. O mesmo valerá, na minha interpretação, quanto aos irmãos socioafetivos, por força do transcrito art. 1.512-A, § 2º, ora proposto, não podendo eles se casar, por conclusão inevitável diante das alterações legislativas. Seguindo, é necessária uma melhor redação do inciso VII, passando a mencionar o viúvo ou a viúva com o condenado por homicídio contra o seu consorte. A vedação também passa a abranger o divorciado ou ex-convivente com quem foi condenado por tentativa de homicídio contra o seu ex-consorte ou ex-convivente, no novo inciso VIII, mantendo-se a coerência do sistema e a equiparação da união estável ao casamento para essa finalidade. Por fim, pelo projetado inciso IX, não podem se casar "as pessoas que vivem na constância de união estável, ressalvada a hipótese de conversão da própria união estável em casamento". O objetivo é ampliar os impedimentos para a união estável, uma vez que o projeto seguiu a orientação do Supremo Tribunal Federal no sentido de que a monogamia se aplica tanto ao casamento quanto à união estável. Como foi julgado pela Corte quando da análise do Tema n. 529, de repercussão geral, "a preexistência de casamento ou de união estável de um dos conviventes, ressalvada a exceção do artigo 1.723, § 1º do Código Civil, impede o reconhecimento de novo vínculo referente ao mesmo período, inclusive para fins previdenciários, em virtude da consagração do dever de fidelidade e da monogamia pelo ordenamento jurídico-constitucional brasileiro". Vale lembrar que a questão foi julgada em 18 de dezembro de 2020, prevalecendo o entendimento do Ministro Relator, Alexandre de Moraes, com votação apertada, de 6 votos contra 5.

Art. 1.522. Os impedimentos podem ser opostos, até o momento da celebração do casamento, por qualquer pessoa capaz.

Parágrafo único. Se o juiz, ou o oficial de registro, tiver conhecimento da existência de algum impedimento, será obrigado a declará-lo.

COMENTÁRIOS DOUTRINÁRIOS: No que concerne à oposição dos impedimentos matrimoniais no Cartório de Registro das Pessoas Naturais, essa poderá ocorrer até o momento da celebração, por qualquer pessoa capaz. Caso o oficial do registro e o juiz tenham conhecimento do impedimento, deverão reconhecê-lo de ofício (*ex officio*). Essa oposição é regulamentada pelos arts. 1.529 e 1.530 do CC/2002 que, como será visto, tratam do processo de habilitação para o casamento. Aqui, interessante apontar que a expressão "juiz" constante da norma em estudo deve ser interpretada em sentido amplo, incluindo o juiz de paz, o juiz de casamento, ou eventual juiz de direito que tenha conhecimento do impedimento.

REFORMA DO CÓDIGO CIVIL: Diante de uma ampliação das pessoas que podem celebrar o casamento, em atendimento ao planejamento do casal para o ato matrimonial, o conhecimento do impedimento pode ser feito por qualquer um dos celebrantes, na proposta de alteração do art. 1.522, que passará a prever o seguinte: "Se o celebrante ou o oficial de registro tiverem conhecimento da existência de algum impedimento, serão obrigados a declará-lo".

CAPÍTULO IV
DAS CAUSAS SUSPENSIVAS

Art. 1.523. Não devem casar:

I – o viúvo ou a viúva que tiver filho do cônjuge falecido, enquanto não fizer inventário dos bens do casal e der partilha aos herdeiros;

II – a viúva, ou a mulher cujo casamento se desfez por ser nulo ou ter sido anulado, até dez meses depois do começo da viuvez, ou da dissolução da sociedade conjugal;

III – o divorciado, enquanto não houver sido homologada ou decidida a partilha dos bens do casal;

IV – o tutor ou o curador e os seus descendentes, ascendentes, irmãos, cunhados ou sobrinhos, com a pessoa tutelada ou curatelada, enquanto não cessar a tutela ou curatela, e não estiverem saldadas as respectivas contas.

Parágrafo único. É permitido aos nubentes solicitar ao juiz que não lhes sejam aplicadas as causas suspensivas previstas nos incisos I, III e IV deste artigo, provando-se a inexistência de prejuízo, respectivamente, para o herdeiro, para o ex-cônjuge e para a pessoa tutelada ou curatelada; no caso do inciso II, a nubente deverá provar nascimento de filho, ou inexistência de gravidez, na fluência do prazo.

COMENTÁRIOS DOUTRINÁRIOS: As causas suspensivas do casamento são situações de menor gravidade, geralmente para impedir confusão patrimonial e envolvendo a ordem privada. Justamente por isso, elas não geram nulidade absoluta ou relativa do casamento, mas apenas impõem sanções aos nubentes. Em regra, essas sanções são a imposição do regime da separação total legal ou obrigatória (art. 1.641, inc. I, do CC) e a suspensão da realização do casamento (art. 1.524 do CC). Isso quer dizer que, em havendo casamento, sem que tenham sido alegadas as causas suspensivas, esse é válido, mas o regime de comunhão parcial de bens será ineficaz, tendo em vista que se aplicam as regras da separação de bens. A norma em estudo faz uma recomendação curiosa, prevendo que "não devem casar". A primeira previsão diz respeito ao viúvo ou viúva que tiver filho do cônjuge falecido enquanto não fizer o inventário dos bens do casal com a respectiva partilha, o que visa a evitar a citada confusão patrimonial. Eventualmente, sendo feita a prova de ausência de prejuízo para os envolvidos, o casamento poderá ser celebrado por qualquer regime, sem a imposição de sanções (art. 1.523, parágrafo único, do CC). A título de exemplo, cite-se a elaboração de inventário negativo, inclusive extrajudicialmente, apontando que aquele casal dissolvido não tinha bens, ou sendo eventualmente provado que os bens já foram todos doados sem que haja qualquer nulidade. Atente-se que a Resolução n. 35 do Conselho Nacional de Justiça, que visou a esclarecer dúvidas quanto à prática da então Lei n. 11.441/2007, que introduziu no sistema o inventário extrajudicial, por escritura pública, enuncia em seu art. 28 a possibilidade do inventário negativo extrajudicial, por escritura pública. Esse entendimento é mantido com a emergência do Código de Processo Civil de 2015, que, em seu art. 730, reafirmou a possibilidade do inventário extrajudicial no seu art. 610. Para essa primeira causa suspensiva, além da imposição do regime da separação legal ou obrigatória de bens, o art. 1.489, inc. II, do CC consagra a imposição de uma hipoteca legal a favor dos filhos sobre os bens imóveis dos pais que passarem a outras núpcias antes de fazerem o inventário do cônjuge falecido. Há, portanto, nessa primeira hipótese de causa suspensiva, uma *dupla sanção aos cônjuges*. Vale dizer, ainda, que se o filho for apenas do cônjuge falecido, ou seja, não for filho do viúvo ou viúva que pretende se casar novamente, não se impõe a causa suspensiva ao cônjuge sobrevivente, pois se trata de limitação da autonomia privada que somente pode decorrer de lei, não admitindo interpretação extensiva ou analogia. O mesmo ocorre se o filho for apenas daquele que pretende se casar. Como segunda hipótese legal, não devem casar a viúva ou a mulher cujo casamento se desfez por nulidade absoluta ou relativa até dez meses depois do começo da viuvez ou da dissolução da sociedade conjugal. O objetivo da previsão é evitar confusões sobre a paternidade do filho que nascer nesse espaço temporal (*turbatio* ou *confusio sanguinis*), sendo certo que a norma somente se aplica à mulher, por razões óbvias. Todavia, se for provada a ausência de gravidez ou o nascimento de filho nesse período, esta causa suspensiva será afastada, uma vez que não haverá prejuízo, nos termos do parágrafo único do diploma em estudo. Parte da doutrina conclui que essa última regra também será aplicada se for provada a existência de gravidez, diante das presunções constantes do art. 1.597, incs. I e II, do CC. Sobre essa última afirmação, na *II Jornada de Prevenção e Solução Extrajudicial de Litígios*, promovida pelo Conselho da Justiça Federal em agosto de 2021, aprovou-se o seguinte enunciado: "Na hipótese prevista no art. 1.523, inciso II do Código Civil, não será imposto o regime de separação obrigatória de bens ao novo casamento da mulher grávida quando os contraentes firmarem declaração de que são pais do nascituro, independentemente de autorização judicial" (Enunciado n. 139). Pontuo que alterei minha posição anterior e atualmente concordo com tal solução, com vistas à redução de burocracias e à desjudicialização. Anote-se que, com os avanços da medicina, esta causa suspensiva tende a desaparecer, pois se busca cientificamente a realização eficiente de um exame que demonstre a parentalidade da criança via exame de DNA, sem que isso ofereça riscos à prole e à sua mãe. Por fim sobre essa causa suspensiva, frise-se que não havia previsão legal de imposição de causa suspensiva sobre as hipóteses de separação ou divórcio, pois estes exigiam prazos maiores do que aquele que consta do dispositivo aqui comentado (dez meses), não havendo razão plausível para as suas menções. Deve-se atentar ao fato de que a separação de direito foi extinta com a aprovação da Emenda do Divórcio, não havendo mais prazos mínimos para o pedido de dissolução do casamento. A premissa é mantida mesmo tendo sido a separação de direito reafirmada pelo CPC/2015, tema que ainda será aprofundado nesta obra, tendo em vista que o Supremo Tribunal Federal julgou a questão no seu Tema n. 1.053, de repercussão geral. Assim, para manter a coerência do sistema, a norma deveria ser alterada para incluir a menção ao divórcio. De toda sorte, a tendência da proposta legislativa é de se abolir as causas suspensivas do casamento, como constava do Projeto de *Estatuto das Famílias* do IBDFAM e está no Anteprojeto de Reforma do Código Civil. A terceira causa suspensiva diz respeito ao divorciado, enquanto não houver sido homologada ou decidida a partilha dos bens do casal, o que também visa a evitar confusões quanto ao patrimônio. A razão da inclusão dessa previsão no atual Código Civil é que o divórcio poderá ser concedido sem que haja prévia partilha de bens (art. 1.581 do CC). Nos termos da Lei n. 11.441/2007, do art. 1.124-A do CPC/1973 e do art. 733 do CPC/2015, o divórcio e também a partilha podem ser extrajudiciais, por escritura pública. Também aqui, não havendo prejuízo patrimonial, o casamento poderá ser celebrado por qualquer regime, cessando a causa suspensiva. Por fim, não devem casar o tutor e o curador, bem como seus parentes – descendentes, ascendentes, irmãos, cunhados ou sobrinhos –, com a pessoa tutelada ou curatelada, enquanto não cessada a tutela ou curatela, ou não estiverem saldadas as respectivas contas prestadas. A *ratio* da causa suspensiva é moral, pois, supostamente, o tutor ou o curador poderia induzir o tutelado ou o curatelado a erro, diante de uma relação de confiança. De qualquer modo, o objetivo também é a proteção patrimonial. Mais uma vez demonstrada a inocorrência de prejuízo para a pessoa tutelada ou curatelada, o casamento poderá ser celebrado por qualquer regime, pois desaparece a causa suspensiva. Acrescente-se que o Código Civil em vigor não faz menção ao impedimento impediente que constava do art. 183, inc. XVI, do

Código Privado anterior, de 1916, qual seja, o que obstava o casamento do "juiz, ou escrivão e seus descendentes, ascendentes, irmãos, cunhados ou sobrinhos, com órfão ou viúva, da circunscrição territorial onde um ou outro tiver exercício, salvo licença especial da autoridade judiciária superior". A lei previa este impedimento uma vez que o órfão ou a viúva poderia ter um sentimento de paixão pelo juiz ou escrivão de forma a viciar a sua vontade, razão pela qual o seu patrimônio deveria ser protegido. Diante da mudança nos costumes e do consciente coletivo nacional, tais previsões não mais se justificavam, razão de sua retirada da codificação privada. Como última nota, adiante-se que, desaparecendo o motivo de imposição da causa suspensiva, justifica-se a ação de alteração de regime de bens, a ser proposta por ambos os cônjuges (art. 1.639, § 2º, do CC). Nesse sentido, o Enunciado n. 262 do Conselho da Justiça Federal, aprovado na *III Jornada de Direito Civil*, em 2003: "A obrigatoriedade da separação de bens, nas hipóteses previstas nos incs. I e III do art. 1.641 do Código Civil, não impede a alteração do regime, desde que superada a causa que o impôs".

JURISPRUDÊNCIA COMENTADA: Em complemento ao último comentário doutrinário, pontue-se que a jurisprudência há tempos tem seguido exatamente o teor do Enunciado n. 262 da *III Jornada de Direito Civil* (por todos: STJ, REsp 821.807/PR, 3.ª Turma, Rel. Min. Nancy Andrighi, j. 19.10.2006, *DJU* 13.11.2006, p. 261; TJSP, Apelação sem Revisão 552.439.4/9, Acórdão 2630948, 3.ª Câmara de Direito Privado, São Vicente, Rel. Des. Beretta da Silveira, j. 27.05.2008, *DJESP* 28.07.2008; e TJDF, Recurso 2015.05.1.001177-8, Acórdão 870.253, 2.ª Turma Cível, Rel. Des. João Egmont, *DJDFTE* 02.06.2015, p. 133). Sobre a causa suspensiva prevista no inciso I do art. 1.523, afastando a imposição do regime da separação obrigatória, pelo fato de o filho ter nascido e não havendo mais o tão citado prejuízo patrimonial: "Tendo em vista que a viúva deu à luz o filho após 45 dias do óbito do marido, poderá contrair novo matrimônio, antes mesmo de decorrer o lapso temporal previsto no artigo 183, inciso XVI, do Código Civil de 1916 (atual artigo 1.523, inciso I, do Código Civil), porque suprimida a causa da vedação e cessado está o efeito do impedimento. Não há se falar em vulneração ao artigo 1.523, inciso I, do Código Civil, porquanto não se faz necessária a efetiva homologação da partilha (por meio de sentença), para se permitir o regime de comunhão universal de bens nas novas núpcias da viúva que tem filhos do casamento anterior, desde que aquela tenha sido iniciada, com a apresentação de todos os bens a serem partilhados, o que afasta a possibilidade de confusão de patrimônios dos bens da nova sociedade conjugal com os dos filhos da união anterior" (TJGO, Apelação Cível 0229316-28.2014.8.09.0044, Formosa, 4.ª Câmara Cível, Rel. Des. Sebastião Luiz Fleury, *DJGO* 19.09.2016, p. 160). Por fim, exatamente na linha do que comentei, tem-se entendido que "a violação das disposições do art. 1.523 do Código Civil não culminam na anulação ou invalidação do casamento, por configurarem impedimentos proibitivos, sem caráter absoluto, gerando apenas as sanções do art. 1.641, I, do Código Civil. Mantida a qualidade de cônjuge da viúva nomeada inventariante, no muito ser-lhe-á imposto o regime de separação legal de bens, sendo que ainda assim poderá exercer a função de inventariante, pois exige a norma apenas que houvesse sua convivência com o *de cujus* à época do falecimento" (TJMS, Agravo de Instrumento 1413892-59.2015.8.12.0000, 5.ª Câmara Cível, Rel. Des. Vladimir Abreu da Silva, *DJMS* 14.04.2016, p. 37).

REFORMA DO CÓDIGO CIVIL: A Comissão de Juristas, após um intenso debate entre a Subcomissão de Direito de Família e a Relatoria-Geral, propõe retirar do sistema não só o regime da separação obrigatória, como também todas as causas suspensivas do casamento, revogando-se o art. 1.523 e todos os dispositivos que tratam dos institutos correlatos. Como bem justificaram os juristas da subcomissão – Pablo Stolze Gagliano, Maria Berenice Dias, Rolf Madaleno e Ministro Marco Buzzi –, "com a revogação, o instituto da separação obrigatória de bens em razão da idade ou da pseudoconfusão de bens por não haver sido feito a partilha ou o inventário de um relacionamento anterior, deixa de existir em nosso sistema. A normatização revogada discrimina as pessoas no tocante à sua capacidade de discernimento, apenas porque septuagenários, assim como é incoerente impor um regime obrigatório de separação de bens por supor que pudessem ser confundidos os bens da relação afetiva anterior com o novo relacionamento conjugal ou convivencial, sabido que toda classe de bens goza de fácil comprovação quanto à sua aquisição, quer se trate de imóveis, móveis, semoventes, automóveis, depósitos e aplicações financeiras, constituições de sociedades empresárias etc.". Essa fácil comprovação da origem do patrimônio e da sua titularidade, com o incremento de mecanismos das novas tecnologias e com a possibilidade de partilha ou divisão a qualquer momento, faz desaparecer totalmente a razão de ser dos incisos I, II e III do art. 1.521, no meu entender, sendo plenamente possível afastar a alegada confusão patrimonial que serve com razão para a existência das causas suspensivas e a imposição do regime da separação obrigatória, no art. 1.641, que igualmente se propõe seja totalmente revogado. No tocante ao primeiro inciso, que diz respeito ao viúvo ou à viúva, foi mantida a hipoteca legal em favor dos filhos, sobre os imóveis dos pais, ampliando-se a restrição para os casos de união estável, no art. 1.489, inc. II, do CC que passará a ter a seguinte redação: "A lei confere hipoteca: [...] II – aos filhos, sobre os imóveis do pai ou da mãe que passar a outras núpcias ou estabelecer união estável, antes de fazer o inventário do casal anterior". Entendo que a manutenção dessa hipoteca legal ainda se justifica, para que haja certa restrição aos imóveis em casos pontuais, não se justificando, porém, a restrição à liberdade de todos os brasileiros na escolha do regime de bens, por conta de um suposto risco de fraude, que muitas vezes é meramente hipotético. Em uma realidade em que a grande maioria da população não tem bens a partilhar, mas apenas dívidas e patrimônio passivo, não se justifica esse grave atentado à liberdade de escolher o regime do novo casamento ou da nova união estável. As hipóteses de fraude podem ser perfeitamente resolvidas por mecanismos da Teoria Geral do Direito Civil e do Processo Civil, como a simulação (art. 167 do CC), a fraude à lei (art. 166, inc. VI, do CC), a fraude contra credores (arts. 158 a 165 do CC) e a fraude à execução (arts. 792 do CPC), sem prejuízo de outros institutos que podem ser alegados e aplicados. Toda essa argumentação também serve para afastar a causa suspensiva relativa à tutela e à curatela, além de um rígido controle pelo juiz e pelos órgãos da Justiça que a fiscalizam, em procedimento judicial. Como já é no sistema atual, a própria imposição do regime da separação obrigatória pode ser flexibilizada, nos termos do parágrafo único do art. 1.523 e com a possibilidade de alteração do regime, sendo imperioso um passo a mais para retirar as anacrônicas e superadas causas suspensivas do regime civilístico.

Art. 1.524. As causas suspensivas da celebração do casamento podem ser arguidas pelos parentes em linha reta de um dos nubentes, sejam consanguíneos ou afins, e pelos colaterais em segundo grau, sejam também consanguíneos ou afins.

COMENTÁRIOS DOUTRINÁRIOS: Como antes pontuado, as causas suspensivas do casamento podem suspender a realização do matrimônio. Nesses casos, somente poderão ser arguidas por parentes em linha reta, consanguíneos ou afins – pais, avós, sogros, pais dos sogros e assim sucessivamente –, e pelos colaterais em segundo grau, consanguíneos ou afins – irmãos ou cunhados. Isso porque, reafirme-se, as causas suspensivas incidem em situações de interesse particular ou ordem privada. Nessa realidade jurídica, não poderão ser declaradas de ofício por eventual juiz ou pelo oficial do registro civil. Pelo teor do Enunciado n. 330 do Conselho da Justiça Federal, aprovado na *IV Jornada de Direito Civil*, realizada em 2006, o direito de alegar uma causa suspensiva se estende à hipótese de parentesco civil: "As causas suspensivas da celebração do casamento poderão ser arguidas inclusive pelos parentes em linha reta de um dos nubentes e pelos colaterais em segundo grau, por vínculo decorrente de parentesco civil".

REFORMA DO CÓDIGO CIVIL: Na linha dos comentários ao dispositivo anterior, e por todas as razões ali aduzidas, com a retirada, do sistema jurídico, das causas suspensivas e do regime da separação obrigatória de bens, a Comissão de Juristas propõe a revogação do art. 1.524 do Código Civil, que trata da sua alegação e conhecimento. Também há proposta de alteração do dispositivo da Lei de Registros Públicos (Lei n. 6.015/1973) que trata da alegação das causas suspensivas, deixando o seu art. 67 de mencioná-las e passando a prever o seguinte: "Art. 67. O procedimento pré-nupcial seguirá os trâmites fixados pelo Código Civil, após o requerimento dos nubentes. Parágrafo único. Se houver impedimento ou outro obstáculo jurídico para o casamento, o oficial de registro dará ciência do fato aos nubentes, os quais poderão requerer a suscitação de dúvida na forma do art. 198 desta Lei, admitida a produção de provas adicionais". Sobre no novo procedimento pré-nupcial, tratarei a seguir.

CAPÍTULO V
DO PROCESSO DE HABILITAÇÃO PARA O CASAMENTO

Art. 1.525. O requerimento de habilitação para o casamento será firmado por ambos os nubentes, de próprio punho, ou, a seu pedido, por procurador, e deve ser instruído com os seguintes documentos:

I – certidão de nascimento ou documento equivalente;

II – autorização por escrito das pessoas sob cuja dependência legal estiverem, ou ato judicial que a supra;

III – declaração de duas testemunhas maiores, parentes ou não, que atestem conhecê-los e afirmem não existir impedimento que os iniba de casar;

IV – declaração do estado civil, do domicílio e da residência atual dos contraentes e de seus pais, se forem conhecidos;

V – certidão de óbito do cônjuge falecido, de sentença declaratória de nulidade ou de anulação de casamento, transitada em julgado, ou do registro da sentença de divórcio.

COMENTÁRIOS DOUTRINÁRIOS: O casamento é tido como um negócio jurídico complexo, especial e formal. Talvez o casamento seja, ao lado do testamento, o negócio que apresenta o maior número de requisitos especiais e solenidades, o que precisa ser modificado, especialmente tendo em vista o incremento das novas tecnologias e a implementação do Sistema Eletrônico dos Registros Públicos (SERP), diante da Lei n. 14.382/2022. Isso pode ser percebido pelo estudo do seu processo de habilitação e da celebração do casamento. Inicialmente, o requerimento de habilitação para o casamento será firmado por ambos os nubentes, de próprio punho, ou, a seu pedido, por procurador, devendo ser instruído com os seguintes documentos: a) certidão de nascimento ou documento equivalente; b) autorização por escrito das pessoas sob cuja dependência legal estiverem, ou ato judicial que a supra; c) declaração de duas testemunhas maiores, parentes ou não, que atestem conhecê-los e afirmem não existir impedimento que os iniba de casar; d) declaração do estado civil, do domicílio e da residência atual dos contraentes e de seus pais, se forem conhecidos; e) certidão de óbito do cônjuge falecido, de sentença declaratória de nulidade ou de anulação de casamento, transitada em julgado, ou do registro da sentença de divórcio. A respeito da habilitação e da celebração do casamento, a Lei n. 14.382/2022, que instituiu o Sistema Eletrônico de Registros Públicos (SERP), trouxe várias alterações importantes quanto ao processo de habilitação de casamento, tema que está analisado no livro em coautoria com Carlos Eduardo Elias de Oliveira, e que será igualmente aqui estudado (OLIVEIRA, Carlos Eduardo E. de; TARTUCE, Flávio. *Lei do Sistema Eletrônico de Registros Públicos*. Rio de Janeiro: Forense, 2023). Como ali destacamos, a Lei do SERP, originária da Medida Provisória n. 1.085, promoveu diversas alterações de alta complexidade mediante um processo legislativo mais acelerado, o que deixou alguns pontos abertos ou dúbios a atrair a intervenção da doutrina, das normas infralegais e da jurisprudência. As modificações foram feitas, substancialmente, na Lei de Registros Públicos (LRP, Lei n. 6.015/1973), sem a revogação expressa de qualquer dispositivo do Código Civil, o que deixou muitas dúvidas. De toda sorte, alguns comandos da codificação privada estão revogados tacitamente, pois a nova norma tratou de algumas matérias inteiramente, havendo incompatibilidades entre a lei posterior e a anterior, nos termos do art. 2º, § 1º, da LINDB (Lei de Introdução às Normas do Direito Brasileiro). Como primeira modificação de relevo introduzida pela Lei do SERP, a respeito da habilitação do casamento, prevê o novo art. 67, § 4º-A, da Lei de Registros Públicos que os nubentes têm o direito de apresentar o requerimento de habilitação e a documentação pertinentes eletronicamente. Consoante está expresso nessa norma, "a identificação das partes e a apresentação dos documentos exigidos pela lei civil para fins de habilitação poderão ser realizadas eletronicamente mediante recepção e comprovação da autoria e da integridade dos documentos".

REFORMA DO CÓDIGO CIVIL: Tendo em vista a redução de burocracias e de custos desnecessários para a população brasileira, fundamentos para a Reforma do Código Civil, a Comissão de Juristas propõe que o vetusto, demorado, excessivamente formalista e ora superado processo de habilitação do casamento seja substituído por um *procedimento pré-nupcial*, mais simples e digitalizado, o que será possível com a implementação do Sistema Eletrônico dos Registros Públicos (SERP). Assim, o art. 1.525 do Código Civil passará a prever que "a celebração do casamento será precedida de procedimento pré-nupcial, requerido pelos nubentes, que se identificarão por meio físico ou virtual, ao oficial do Cartório de Registro Civil".

Art. 1.526. A habilitação será feita pessoalmente perante o oficial do Registro Civil, com a audiência do Ministério Público. (Redação dada pela Lei n. 12.133, de 2009).

Parágrafo único. Caso haja impugnação do oficial, do Ministério Público ou de terceiro, a habilitação será submetida ao juiz. (Incluído pela Lei n. 12.133, de 2009).

COMENTÁRIOS DOUTRINÁRIOS: Conforme a redação original do art. 1.526 do CC, o processo de habilitação seria realizado perante o oficial do Registro Civil e, após a audiência do Ministério Público, seria homologado pelo juiz. A norma era criticada pela doutrina, no sentido de burocratizar de forma excessiva o casamento, justamente pela necessidade de homologação pelo juiz. Sobre a sua redação original, foi aprovado, na *I Jornada de Direito Civil*, em 2002, o Enunciado n. 120 do Conselho da Justiça Federal dispondo que deveria "ser suprimida a expressão 'será homologada pelo juiz' no art. 1.526, o qual passará a dispor: 'Art. 1.526. A habilitação de casamento será feita perante o oficial do Registro Civil e ouvido o Ministério Público'". Foram as justificativas do enunciado doutrinário em questão, com as quais se concordava, diante da tendência de desjudicialização dos interesses e conflitos: "Desde há muito que as habilitações de casamento são fiscalizadas e homologadas pelos órgãos de execução do Ministério Público, sem que se tenha quaisquer notícias de problemas como, por exemplo, fraudes em relação à matéria. A *judicialização* da habilitação de casamento não trará ao cidadão nenhuma vantagem ou garantia adicional, não havendo razão para mudar o procedimento que extrajudicialmente funciona de forma segura e ágil". Na realidade anterior o entendimento quanto às exigências do que constava no preceito variava nas unidades da Federação. Em São Paulo, por exemplo, conforme parecer da Corregedoria-Geral de Justiça – Processo n. 28/2003 –, o juiz de direito deveria homologar o casamento, mas somente nos casos de dúvidas. Quanto ao Ministério Público, a Procuradoria-Geral de Justiça do Estado de São Paulo tinha norma prevendo que ele somente atuaria nas situações de maior complexidade (Ato n. 289/2002). Afastando a variação que se verificava nos Tribunais Estaduais, e confirmando a tendência de *desjudicialização* ou *fuga do Judiciário*, surgiu a Lei n. 12.133, de 17 de dezembro de 2009, que deu nova redação ao dispositivo, a saber. Com a nova expressão da norma, a habilitação seria feita pessoalmente perante o oficial do Registro Civil, com a audiência do Ministério Público. Se houvesse impugnação do oficial, do Ministério Público ou de terceiro, a habilitação será submetida ao juiz. Como se pode notar, a norma alterada em 2009 seguia a tendência consolidada na *I Jornada de Direito Civil*, o que veio em boa hora, naquela ocasião. De toda sorte, entendo que esse dispositivo do Código Civil foi revogado pela Lei do SERP. A revogação tácita do art. 1.526 do Código Civil se deu pelo fato de sua incompatibilidade com a Lei do SERP, que, além de revogar expressamente o § 1º do art. 67 da Lei de Registros Públicos, restringiu a invocar a oitiva do Ministério Público se houver o incidente de impugnação. Assim, houve revogação tácita, nos termos do antes citado art. 2º, § 1º, LINDB. Consoante o novo art. 67, § 1º, da Lei n. 6.015/1973, "se estiver em ordem a documentação, o oficial de registro dará publicidade, em meio eletrônico, à habilitação e extrairá, no prazo de até 5 (cinco) dias, o certificado de habilitação, podendo os nubentes contrair matrimônio perante qualquer serventia de registro civil de pessoas naturais, de sua livre escolha, observado o prazo de eficácia do art. 1.532 da Lei nº 10.406, de 10 de janeiro de 2002 (Código Civil)".

JURISPRUDÊNCIA COMENTADA: Sobre a responsabilidade do registrador civil, por esse comando, entendeu o Tribunal de Justiça de Minas Gerais que "a entrega de autos de habilitação de casamento para análise do Ministério Público, conforme estabelece o art. 1.526 do Código Civil de 2002, uma semana após a realização do casamento dos contraentes, bem como a inserção de adesivo na parte superior da capa dos autos informando uma data hipotética do casamento, representa ato de improbidade administrativa prevista no art. 11 da Lei n. 8.429/92" (TJMG, Apelação Cível 1.0521.13.002977-5/001, Rel. Des. Washington Ferreira, j. 02.03.2016, *DJEMG* 10.03.2016). Entendo que esse entendimento pode ser mantido com o surgimento da Lei do SERP, apesar da revogação tácita do art. 1.526 do Código Civil, diante da regra do art. 67, § 1º, da Lei de Registros Públicos.

REFORMA DO CÓDIGO CIVIL: Como visto, o art. 1.526 do Código Civil já deve ser considerado como revogado tacitamente pela Lei do SERP. Seja como for, com a substituição do processo de habilitação pelo simplificado *procedimento pré-nupcial* desaparece a habilitação do casamento, excessivamente formalista, passando o art. 1.526 a tratar das buscas feitas pelo Oficial do Cartório de Registro Civil das Pessoas Naturais, para se verificar se a pessoa está apta a se casar, especialmente se não há qualquer impedimento ou incapacidade. Nos termos da norma projetada, "o oficial do Cartório de Registro Civil das Pessoas Naturais fará buscas no sistema eletrônico de dados pessoais, acerca da idade núbil, do estado civil dos nubentes e de sua capacidade de exercício". Não havendo qualquer restrição, a pessoa estará apta para contrair matrimônio, podendo o casamento ser celebrado a qualquer tempo, inclusive imediatamente. Vale lembrar que a Comissão de Juristas também sugere alterar o art. 67 da Lei de Registros Públicos, que passará a enunciar, em seu *caput*, que o procedimento pré-nupcial seguirá os trâmites fixados pelo Código Civil, após o requerimento dos nubentes.

Art. 1.527. Estando em ordem a documentação, o oficial extrairá o edital, que se afixará durante quinze dias nas circunscrições do Registro Civil de ambos os nubentes, e, obrigatoriamente, se publicará na imprensa local, se houver.

Parágrafo único. A autoridade competente, havendo urgência, poderá dispensar a publicação.

COMENTÁRIOS DOUTRINÁRIOS: Trata-se de outra norma que está revogada tacitamente, em parte, pela Lei do SERP. Em sua redação original, estando em ordem a documentação exigida pela lei para a habilitação do casamento, o oficial extrairia o edital, que se afixaria durante quinze dias nas circunscrições do Registro Civil de ambos os nubentes, e, obrigatoriamente, se publicaria na imprensa local, se houver. Esse dispositivo legal disciplinava a publicação dos *proclamas do casamento*, que pode até ser dispensada pela autoridade competente pela homologação do casamento em casos de urgência. Nos termos de enunciado doutrinário aprovado na *V Jornada de Direito Civil*, promovida pelo Conselho da Justiça Federal em 2011, "o juiz não pode dispensar, mesmo fundamentadamente, a publicação do edital de proclamas do casamento, mas sim o decurso do prazo" (Enunciado n. 513). Não me filiava ao teor do enunciado doutrinário, pois ele estaria distante do texto legal e do princípio da operabilidade, no sentido de facilitação dos institutos civis, um dos baluartes da atual codificação privada. Em suma, valorizava-se muito nessa ementa doutrinária o aspecto formal e pouco a materialidade dos atos jurídicos, o que estaria na contramão da visão que deve prevalecer sobre o Direito Civil Contemporâneo. De todo modo, entendo que o *caput* do art. 1.527 do Código Civil foi revogado tacitamente pela Lei do SERP. Isso porque, nos termos da nova legislação sobre o tema, os terceiros interessados terão quinze dias da publicação dos proclamas para apresentarem impugnação, o que represente aplicação analógica do art. 216-A, § 4º, da Lei de Registros Públicos, diante de uma lacuna legal no art. 67, § 1º, da mesma Lei n. 6.015/1973, aqui antes citado. Como está desenvolvido na obra em coautoria com Carlos Eduardo Elias de Oliveira, foi abolida a obrigação de afixação do edital de proclamas na serventia, uma vez que a Lei do SERP revogou expressamente o § 3º do art. 67 da Lei de Registros Públicos e, de modo tácito, parece ter revogado o *caput* do art. 1.527 do CC por incompatibilidade, nos termos do sempre invocado art. 2º da Lei de Introdução à Normas do Direito Brasileiro (OLIVEIRA, Carlos Eduardo E. de; TARTUCE, Flávio. *Lei do Sistema Eletrônico de Registros Públicos*. Rio de Janeiro: Forense, 2023, p. 76). Igualmente, está extinta a ultrapassada exigência de publicação de proclamas na imprensa local. Sobre o parágrafo único do art. 1.527, parece-me não ter sido revogado tacitamente, pois ele deve ser lido à luz do art. 69 da Lei de Registros Públicos, na redação dada pela Lei do SERP, que detalha o procedimento para o pedido de dispensa de publicação de edital de proclamas, quando houver urgência. Vejamos como se dá tais procedimentos, nos termos do último comando citado e como está no livro escrito com Carlos Eduardo Elias de Oliveira. Em suma, cabe aos nubentes apresentar ao oficial do Registro Civil a petição de dispensa de publicação dos proclamas. Por conta do silêncio do art. 69 da LRP, entendemos que o momento de apresentação da petição pode ser qualquer um anterior à publicação do edital de proclamas. Assim, não há a necessidade que seja necessariamente no momento do requerimento inicial de habilitação. O silêncio do legislador foi intencional, com o objetivo de acudir, entre outras situações, a de a urgência sobrevir após o início do procedimento de habilitação. Após a apresentação da petição de dispensa, os nubentes terão o prazo curto de vinte quatro horas para apresentar documentos comprobatórios, complementando a petição anterior. O registrador, então, decidirá no prazo de vinte e quatro horas, sendo ele a autoridade competente para decidir esse pedido. Não há necessidade de prévia consulta ao Ministério Público nem ao juiz nessa hipótese, no nosso entender. Da decisão do registrador caberá recurso ao juiz corregedor. Aqui, não há a necessidade de oitiva prévia do Ministério Público, seja por falta de previsão legal no art. 69 da Lei de Registros Públicos, seja porque a situação de urgência que ronda o caso não acomoda a espera por um parecer do Ministério Público. Cabe ao juiz corregedor decidir o recurso no prazo mais breve possível. A legitimidade para interpor o recurso da decisão do registrador é dos nubentes. Caso, porém, por qualquer motivo, o Ministério Público tenha tomado ciência da decisão – o que, na prática, será raro –, entendemos que ele terá legitimidade recursal também. O art. 69 da LRP é omisso acerca do prazo recursal. À vista dessa lacuna legal, a nossa posição é pela aplicação, por analogia, do prazo recursal no procedimento de dúvida, na forma do art. 202 da LRP. Esse prazo é o mesmo do recurso de apelação previsto no Código de Processo Civil, ou seja, é de quinze dias da intimação, contados em dias úteis. Como última nota a respeito dos proclamas, importante pontuar que não há mais a obrigação de duplo registro e de dupla publicação do edital de proclamas, na hipótese de os nubentes residirem em diferentes distritos do Registro Civil das Pessoas Naturais. A esse propósito foi revogado o § 4º do art. 67 da Lei de Registros Públicos e, atualmente, basta o registro dos proclamas no Cartório de Registro Civil escolhido pelos nubentes para o procedimento de habilitação. O Cartório necessariamente terá de ser o da residência de qualquer um dos nubentes, conforme estabelece o *caput* do art. 67 da Lei de Registros Públicos. Realmente, a duplicidade de registro e de publicação dos proclamas era desnecessária, especialmente pelo fato de os proclamas, na maior parte dos Estados brasileiros, serem publicados na internet com base em normas locais, o que confere um alcance que vai muito além dos limites territoriais de uma serventia registral, sendo muito mais eficiente e menos onerosa do que a publicação em jornais físicos.

JURISPRUDÊNCIA COMENTADA: Novamente tratando de responsabilidade do registrador pelo não atendimento das normas legais a respeito do casamento, e mais uma vez do Tribunal de Minas Gerais: "Constatadas e apuradas irregularidades em procedimento para habilitação de casamento procedida pela Oficiala Substituta, em ofensa ao artigo 1.527, do Código Civil, responde o Oficial Titular do Cartório pela infração prevista no artigo 31, I, da Lei n. 8.935/94, pela negligência em seu dever de fiscalização. Deve ser mantida a pena de repreensão (artigo 32, I da Lei n. 8.935/94), notadamente diante das atenuantes já consideradas pela douta Juíza Diretora do Foro" (TJMG, RADM 1.0000.14.011012-3/000, Rel. Des. Armando Freire, j. 06.10.2014, *DJEMG* 10.10.2014). Esse entendimento também está mantido, mesmo com a revogação tácita do art. 1.527, caput, do Código Civil.

REFORMA DO CÓDIGO CIVIL: Como está desenvolvido nos meus comentários doutrinários, o art. 1.527 do Código Civil já perdeu parte de sua eficácia, estando revogado tacitamente, pelo menos em parte, pela Lei do SERP, nas alterações que promoveu no art. 67, § 1º, da Lei de Registros Públicos (Lei n. 6.015/1973). Com a modificação também deste último comando da legislação especial, que remeterá o tratamento do procedimento pré-nupcial ao Código Civil, o seu art. 1.527 passará a enunciar que, de posse dos dados exigidos no artigo anterior, "o oficial registrador fará a verificação junto ao Sistema Nacional de Produção de Embriões, sobre possível impedimento para o casamento". Seguindo proposta da outra Relatora-Geral, a Professora Rosa Maria de Andrade Nery, essa verificação é necessária tendo em vista a regulamentação da reprodução assistida no Projeto, visando evitar casamento entre irmãos havidos de técnicas de reprodução assistida heteróloga, nos termos da proibição constante do art. 1.521, inc. IV, do CC. Por fim, cabe destacar que os editais e os proclamas têm hoje a sua publicidade colocada em dúvidas, pois as publicações, sobretudo em jornais locais, não são lidas por praticamente ninguém. A internet hoje cumpre esse papel de publicidade e informação coletiva em muitas situações concretas, sendo imperioso rever o *sistema analógico* em vigor para a celebração do casamento, colocando o Direito Civil no mundo digital.

Art. 1.528. É dever do oficial do registro esclarecer os nubentes a respeito dos fatos que podem ocasionar a invalidade do casamento, bem como sobre os diversos regimes de bens.

COMENTÁRIOS DOUTRINÁRIOS: O diploma consagra o dever de o oficial do registro de esclarecer os nubentes a respeito dos fatos que podem ocasionar a invalidade do casamento, bem como sobre os diversos regimes de bens. Exemplificando, o oficial do registro deve informar sobre os impedimentos matrimoniais, sob pena de a violação desse dever gerar a sua responsabilização civil, nos termos do art. 186 do Código vigente e da legislação específica. Conforme o art. 22 da Lei n. 8.935/1994, na redação dada pela Lei n. 13.286/2016, "os notários e oficiais de registro são civilmente responsáveis por todos os prejuízos que causarem a terceiros, por culpa ou dolo, pessoalmente, pelos substitutos que designarem ou escreventes que autorizarem, assegurado o direito de regresso". O mesmo comando prevê um prazo prescricional de três anos para a pretensão de reparação civil, contado o prazo da data de lavratura do ato registral ou notarial. Como se nota, a norma prevê a responsabilidade subjetiva dos registradores, desde que comprovado o seu dolo ou a sua culpa.

REFORMA DO CÓDIGO CIVIL: A Comissão de Juristas recomenda a alteração do dispositivo, retirando-se expressamente do Código Civil o dever de informar do registrador civil, que, além de ser óbvio, já se retira de vários dispositivos da Lei n. 8.935/1994, caso dos seus arts. 3º, 4º e 30. Ademais, como anotado, esse dever de informar pode ser abstraído do art. 22 dessa norma específica, que consagra a responsabilidade civil subjetiva dos registradores civis. Nesse contexto, adequando-se ao novo e célere *procedimento pré-nupcial*, o dispositivo passará a tratar da possibilidade de ele ser efetivado por procuração, prevendo o comando que "qualquer dos nubentes, ou ambos, podem ser representados por procurador, devendo a procuração, que terá eficácia de noventa dias, ser outorgada por instrumento público, com poderes especiais".

Art. 1.529. Tanto os impedimentos quanto as causas suspensivas serão opostos em declaração escrita e assinada, instruída com as provas do fato alegado, ou com a indicação do lugar onde possam ser obtidas.

COMENTÁRIOS DOUTRINÁRIOS: Tanto os impedimentos matrimoniais quanto as causas suspensivas do casamento serão opostos em declaração escrita e assinada, instruída com as provas do fato alegado, ou com a indicação do lugar onde possam ser obtidas. Sobre o procedimento dessa oposição, veremos nos comentários do próximo preceito legal.

REFORMA DO CÓDIGO CIVIL: Trata-se de outro dispositivo que deve ser modificado substancialmente com a Reforma proposta pela Comissão de Juristas. Primeiro, porque a existência de impedimento matrimonial obstará, no novo *procedimento pré-nupcial* e mediante uma rápida consulta no sistema eletrônico, que o nubente seja considerado apto a se casar, não se celebrando o matrimônio. Consoante o novo parágrafo único do art. 67 da Lei de Registros Públicos sugerido, "se houver impedimento ou outro obstáculo jurídico para o casamento, o oficial de registro dará ciência do fato aos nubentes, os quais poderão requerer a suscitação de dúvida na forma do art. 198 desta Lei, admitida a produção de provas adicionais". Ademais, a eventual oposição de impedimentos por terceiros passa a estar no art. 1.532 do Código Civil, que ainda será comentado. Segundo, pelo fato de haver proposta de retirar do Código Civil as causas suspensivas do casamento, como antes comentado. Nesse contexto, propõe-se que o art. 1.529 passe a tratar do procedimento pré-nupcial para a pessoa que tenha a sua autonomia prejudicada, com a viabilidade do uso da tomada de decisão apoiada, preceituando que, "no caso da hipótese do inciso II do art. 4º deste Código, quando o nubente desejar ser auxiliado por apoiadores, o requerimento de que cuida o art. 1.525 deverá também ser firmado por dois apoiadores que tenham contribuído para a tomada de decisão, nos termos do art. 1.783-E". Vale lembrar que, nos termos do art. 4º, inc. II, que ora se propõe, são relativamente incapazes "aqueles cuja autonomia estiver prejudicada por redução de discernimento, que não constitua deficiência, enquanto perdurar esse estado". Em relação ao art. 1.783-E, passará ele a admitir a tomada de decisão apoiada para atos existenciais, como é o casamento. Nos termos do seu *caput*, "o procedimento de tomada de decisão apoiada pode ser utilizado pelas pessoas relativamente incapazes, referidas no inciso II do art. 4º do Código Civil, quando ela tiver de decidir-se sobre os atos de cunho existencial de sua vida civil". A eleição de pessoas para tomada de decisão apoiada não prejudica a atuação do curador para os atos de cunho patrimonial da vida civil do curatelado (§ 1º). Para a celebração de casamento dessas pessoas, a tomada de decisão apoiada será realizada perante o Oficial de Registro Civil das Pessoas Naturais no procedimento anterior ao casamento, desde que o ato nupcial se inclua no termo em que constem os limites do apoio a ser oferecido (novo § 2º do proposto art. 1.783-E).

Art. 1.530. O oficial do registro dará aos nubentes ou a seus representantes nota da oposição, indicando os fundamentos, as provas e o nome de quem a ofereceu.

Parágrafo único. Podem os nubentes requerer prazo razoável para fazer prova contrária aos fatos alegados, e promover as ações civis e criminais contra o oponente de má-fé.

COMENTÁRIOS DOUTRINÁRIOS: Opostos os impedimentos ou as causas suspensivas do casamento, o Oficial do Registro Civil dará aos nubentes ou a seus representantes a nota da oposição, indicando os fundamentos, as provas e o nome de quem a ofereceu. Em casos tais, podem os nubentes requerer prazo razoável para fazer prova contrária aos fatos alegados, e promover as ações civis e criminais contra o oponente de má-fé. O procedimento dessa oposição está previsto no art. 67, § 5º, da Lei de Registros Públicos (Lei n. 6.015/1973), que foi igualmente foi modificado pela Lei n. 14.382/2022 (Lei do SERP). Se houver impugnações de terceiros ou se o próprio oficial oferecer nota de oposição indicando a existência de óbices ao casamento, cabe-lhe deflagrar o incidente a ser julgado pelo juiz, conforme esse dispositivo e os arts. 1.526 e 1.530 do CC. Os nubentes serão cientificados pelo oficial para que, em vinte e quatro horas, indiquem a prova que pretendem produzir. Terão, sucessivamente, mais três dias para apresentar essas provas, assegurado o direito a prazo maior mediante pedido fundamentado na forma do art. 1.530 do CC. O Ministério Público e os interessados serão ouvidos no prazo de cinco dias e, por fim, o juiz decidirá pela procedência ou não da impugnação do terceiro ou da nota de oposição do registrador. A Lei de Registros Públicos não é clara acerca de quem promoverá o processamento desse incidente, realizando as intimações, recebendo as petições e tramitando os autos, sendo necessário conferir as normas das Corregedorias de cada Estado. Entendemos que, embora o § 5º do art. 67 da Lei de Registros Públicos implicitamente atribua esse processamento ao próprio órgão judicial, por questões operacionais e de respeito aos nubentes, cabe ao registrador cuidar do processamento até o recebimento da petição de indicação de provas pelos nubentes (OLIVEIRA, Carlos Eduardo E. de; TARTUCE, Flávio. *Lei do Sistema Eletrônico de Registros Públicos*. Rio de Janeiro: Forense, 2023, p. 82). Isso porque o prazo para a apresentação dessa petição é muito curto, sendo de apenas vinte e quatro horas, como visto. As partes teriam dificuldades operacionais em protocolar essa petição perante o órgão judiciário dentro desse curto prazo, pois não terão, com facilidade, acesso à identificação do juízo competente e do número de autuação do procedimento perante o Poder Judiciário. A tarefa do registrador é cuidar dos atos iniciais do processamento do incidente, quais sejam, deflagrar o incidente, intimar os nubentes para apresentar petição de indicação de provas e receber essa petição. Em seguida, cabe ao registrador remeter os autos ao órgão judicial, perante o qual prosseguirá o processamento do incidente, com o recebimento da petição de produção de provas pelos nubentes, com a intimação do Ministério Público e dos interessados e com a decisão judicial. Eventualmente, caso o juiz rejeite a impugnação do terceiro ou a nota de oposição do registrador ou, ainda, reconheça a existência de causa suspensiva, os autos retornarão ao registrador para a última fase do procedimento, qual seja, a fase do certificado de habilitação.

REFORMA DO CÓDIGO CIVIL: Trata-se de outro burocrático comando que perde totalmente a sua razão de ser diante das alterações propostas pela Comissão de Juristas, sobretudo tendo em vista o simplificado procedimento pré-nupcial e a modificação substancial do art. 67 da Lei de Registros Públicos. Nesse contexto, sugere-se que o art. 1.530 do CC passe a tratar de outro tema, qual seja, a forma do requerimento para o *procedimento pré-nupcial* para as pessoas com menos de dezoito anos, passando a prever que "o requerimento de que cuida o art. 1.525 deverá ser firmado pelos representantes legais do nubente com mais de dezesseis e menos de dezoito anos de idade".

Art. 1.531. Cumpridas as formalidades dos arts. 1.526 e 1.527 e verificada a inexistência de fato obstativo, o oficial do registro extrairá o certificado de habilitação.

COMENTÁRIOS DOUTRINÁRIOS: Se cumpridas as formalidades previstas em lei e verificada a inexistência de fato obstativo, caso dos impedimentos matrimoniais, o oficial do registro extrairá o certificado de habilitação. Não havendo causa suspensiva, o casamento poderá ser celebrado por qualquer regime, impondo-se o regime da comunhão parcial de bens caso não seja celebrado pacto antenupcial, uma vez que esse é regime legal ou supletório da vontade dos cônjuges.

REFORMA DO CÓDIGO CIVIL: Com a modificação substancial do sistema de celebração do casamento, que passa a ser muito mais simples, menos burocrático e menos custoso para os nubentes, haverá a necessidade de se ter uma certificação do ato, a ser efetivada pelo Oficial do Cartório de Registro Civil das Pessoas Naturais. Segue-se o modelo da certificação eletrônica da união estável, incluído pela Lei do SERP na Lei de Registros Públicos. Como está no art. 70-A, § 6º, da Lei n. 6.015/1973, incluído pela Lei n. 14.382/2022, ao tratar da conversão extrajudicial da união estável em casamento, "não constará do assento de casamento convertido a partir da união estável a data do início ou o período de duração desta, salvo no caso de prévio procedimento de certificação eletrônica de união estável realizado perante oficial de registro civil". A certificação eletrônica da união estável foi regulamentada pelo Provimento n. 141 do Conselho Nacional de Justiça e depois incorporada ao Código Nacional de Normas (CNN-CNJ). Prevê o seu art. 533, *caput*, que o procedimento de certificação eletrônica de união estável, realizado perante oficial de registro civil, autoriza a indicação das datas de início e, se for o caso, de fim da união estável no registro, tendo natureza facultativa. Na mesma linha, o novo art. 1.531 do Código Civil passará a prever que "o oficial do Cartório após a verificação de todos os dados certificará estarem os nubentes aptos para a celebração do casamento". Eventualmente, no futuro, o tema deverá ser regulamentado pelo Conselho Nacional de Justiça.

Art. 1.532. A eficácia da habilitação será de noventa dias, a contar da data em que foi extraído o certificado.

COMENTÁRIOS DOUTRINÁRIOS: A habilitação de casamento terá eficácia de noventa dias, e não mais três meses como constava do art. 181 do Código Civil de 1916, contados de quando for extraído o certificado. O prazo mencionado tem natureza decadencial. Dentro desse prazo, caberá aos nubentes agendar e realizar a celebração do casamento. Esse agendamento e celebração serão feitos perante a autoridade celebrante, a qual, no caso de casamento civil, costuma ser representada e designada pelo próprio registrador (art. 1.533 do CC e art. 67, § 7º, da LRP). Nesse ponto, o § 7º do art. 67 da LRP precisa ser interpretado sistematicamente com o art. 1.516 do CC, pois aquele dispositivo se limita a tratar da hipótese de casamento civil, afirmando que o agendamento do casamento será feito perante o registrador. Ocorre que, no caso de casamento religioso com efeitos civis, o agendamento dar-se-á diretamente com a autoridade religiosa celebrante, e não com o registrador. Após a celebração do casamento religioso, deverá ser promovido o registro do casamento perante o Cartório de Registro das Pessoas Naturais competente no prazo de 90 dias. Ultrapassado esse prazo, o registro dependerá de nova habilitação, conforme o art. 1.516 do CC.

PANDEMIA: Tendo esse prazo de noventa dias natureza decadencial, ficou ele suspenso entre o dia 12 de junho de 2020 – data da entrada em vigor da Lei n. 14.010/2020 –, e 30 de outubro do mesmo ano. Isso se deu por força do art. 3º, § 2º, da referida norma, que introduziu o Regime Jurídico Emergencial e Transitório das relações jurídicas de Direito Privado (RJET) no período da pandemia do coronavírus (covid-19). Nos termos do *caput* desse comando, "os prazos prescricionais consideram-se impedidos ou suspensos, conforme o caso, a partir da entrada em vigor desta Lei até 30 de outubro de 2020". E, conforme o seu § 2º, a mesma solução aplica-se à decadência, conforme a ressalva prevista no art. 207 do Código Civil.

JURISPRUDÊNCIA COMENTADA: Em outro julgado de responsabilização do Registrador Civil, agora por danos morais diante da não celebração do casamento, do Tribunal Paulista: "Dano moral. Casamento frustrado. Autores que tiveram a celebração de casamento civil cancelada no dia do ato cerimonial perante o Cartório de Registro Civil do 3º Subdistrito de Campinas por falha na prestação de serviço. Sentença de procedência. Admissão de falha/culpa do réu pela não observância de sua preposta, quando da remarcação do casamento. Nova data que ultrapassaria o prazo de 90 dias para eficácia à habilitação prevista em Lei (art. 1.532 do Código Civil). Inconformismo exclusivo do demandado. Descabimento. Falha injustificável. Suficiência da prova produzida, lastreada em filmagem da cerimônia gravada em mídia DVD, demonstrando que a esdrúxula situação de constrangimento vivida pelo casal ultrapassou o mero aborrecimento ou dissabor do cotidiano. Dever de indenizar reconhecido. Alteração do édito condenatório de R$ 20.000,00. Possibilidade. Redução deste para R$ 15.000,00, ante a peculiaridade dos fatos" (TJSP, Apelação 1001492-66.2017.8.26.0114, Acórdão 11690788, 9.ª Câmara de Direito Privado, Campinas, Rel. Des. Galdino Toledo Júnior, j. 07.08.2018, *DJESP* 21.08.2018, p. 1.971).

REFORMA DO CÓDIGO CIVIL: Não havendo mais o processo de habilitação do casamento, com os antigos e superados editais ou proclamas, que não cumprem com a necessária publicidade, sugere-se suprimir a regra ora em vigor. Pelo sistema ora proposto pela Comissão de Juristas, a presença de eventual impedimento para o casamento será rara, diante das consultas aos sistemas eletrônicos. Todavia, se for o caso de sua rara presença, estabelece o projetado art. 1.532 do Código Civil, com a possibilidade de um procedimento eletrônico de oposição, que "os impedimentos para o casamento podem ser opostos por meio físico ou virtual em declaração escrita, assinada e instruída com as provas do fato alegado ou com a indicação do lugar onde possam ser obtidas". Além disso, consoante o seu novo parágrafo único, "podem os nubentes fazer prova contrária dos fatos alegados e, verificada a falsidade das alegações, promover as ações civis e criminais contra o oponente de má-fé". Entendo que a situação será raríssima, tendo sido incluída a norma por precaução, para completar o sentido do novo parágrafo único do art. 67 da Lei de Registros Públicos, aqui antes comentado.

CAPÍTULO VI
DA CELEBRAÇÃO DO CASAMENTO

Art. 1.533. Celebrar-se-á o casamento, no dia, hora e lugar previamente designados pela autoridade que houver de presidir o ato, mediante petição dos contraentes, que se mostrem habilitados com a certidão do art. 1.531.

COMENTÁRIOS DOUTRINÁRIOS: Relativamente à celebração do casamento, esta ocorrerá no dia, hora e lugar previamente designados pela autoridade que houver de presidir o ato, mediante petição dos contraentes, que se mostrem habilitados com a certidão de habilitação. Sobre esse documento, na *I Jornada de Direito Notarial e Registral*, realizada em agosto de 2022 pelo Conselho da Justiça Federal e pelo Superior Tribunal de Justiça, aprovou-se ementa doutrinária segundo a qual "a certidão do registro civil necessária à habilitação para casamento deve ter sido emitida há menos de 90 (noventa) dias contados da data da apresentação dos documentos para habilitação" (Enunciado n. 11). O ato deve ser presidido pelo juiz de paz, nos termos do Texto Maior. Tem-se admitido, ainda, a atuação do preposto do oficial de registro civil como autoridade celebrante do casamento, notadamente naqueles locais em que não há juiz de paz atuando. Nesse sentido, o Enunciado n. 79, da mesma *I Jornada de Direito Notarial e Registral*, "o preposto do oficial de registro civil das pessoas naturais poderá, eventualmente, atuar como juiz de paz da respectiva circunscrição, mediante designação pela autoridade judiciária competente". Observe-se que a matéria, até o momento, não está regulamentada de maneira uniforme em nosso País. O art. 98, inc. II, da CF/1988 preceitua que a União, no Distrito Federal e nos Territórios, e os Estados criarão "justiça de paz, remunerada, composta de cidadãos eleitos pelo voto direto, universal e secreto, com mandato de quatro anos e competência para, na forma da lei, celebrar casamentos, verificar, de ofício ou em face de impugnação apresentada, o processo de habilitação e exercer atribuições conciliatórias, sem caráter jurisdicional, além de outras previstas na legislação". Não há uniformidade quanto à justiça de paz no Brasil, sendo certo que cada unidade da Federação tomou um rumo. No Estado de São Paulo, por exemplo, o casamento é celebrado pelo juiz de casamento, nos termos do que prevê a Constituição Estadual, sendo certo que a sua função não é remunerada, sendo ele nomeado pelo secretário da Justiça. Em algumas unidades da Federação, caso do Estado da Bahia, quem celebra o casamento ainda é o juiz de Direito, o que parece fugir das suas atribuições.

REFORMA DO CÓDIGO CIVIL: Como já pontuado, seguindo sugestão da Subcomissão de Direito de Família, a Comissão de Juristas almeja uma maior liberdade na celebração do casamento, de acordo com o planejamento do casal, prestigiando a sua liberdade como expressão da dignidade humana (art. 1º, inc. III, da Constituição Federal). Nesse contexto, sugere-se que o *caput* do art. 1.533 do Código Civil passe a prever que o casamento será celebrado no dia, hora e lugar previamente designados, pela autoridade que houver de presidir o ato. Não há mais a menção à presença de duas testemunhas nem a que seja realizado na sede do Cartório, o que é totalmente dispensável. Como bem justificou a Subcomissão de Direito de Família, "dispensamos a exigência de testemunhas, que, nos tempos atuais, não significam nenhum ganho de segurança adicional e acabam sendo um obstáculo desnecessário, ainda mais se levarmos em conta que a união estável não exige qualquer testemunha para sua formalização". E mais, "como, porém, a diretriz dos trabalhos desta Comissão é prestigiar a autonomia privada dos inúmeros brasileiros, facultamos a quem interessar realizar um ato de celebração do casamento mais ritualístico, de acordo com suas preferências pessoais, inclusive religiosas. Deixamos livre para as partes escolherem o modo da celebração". Seguindo, novamente com vistas a facilitar os procedimentos, até porque muitos Estados não regularizaram a Justiça de Paz, admite-se que o oficial de registro civil das pessoas naturais, ou seu preposto, seja investido das funções de juiz de paz, tomando a declaração mútua de vontade dos nubentes de contrair casamento, no ato da celebração, e colhendo-lhes a assinatura no termo de celebração (art. 1.533, parágrafo único, do Código Civil). Essa realidade, a propósito, já ocorre em muitas unidades da Federação, como está no Enunciado n. 79, aprovado na *I Jornada de Direito Notarial e Registral*, cujo teor foi adotado para a proposta de reforma do Código Civil.

Art. 1.534. A solenidade realizar-se-á na sede do cartório, com toda publicidade, a portas abertas, presentes pelo menos duas testemunhas, parentes ou não dos contraentes, ou, querendo as partes e consentindo a autoridade celebrante, noutro edifício público ou particular.

§ 1º Quando o casamento for em edifício particular, ficará este de portas abertas durante o ato.

§ 2º Serão quatro as testemunhas na hipótese do parágrafo anterior e se algum dos contraentes não souber ou não puder escrever.

COMENTÁRIOS DOUTRINÁRIOS: No que concerne ao ato solene, este será realizado na sede do Cartório de Registro Civil, caso não se tenha feito a opção do casamento religioso com efeitos civis. O ato deve se dar com toda publicidade, a portas abertas, presentes pelo menos duas testemunhas, parentes ou não dos contraentes. Se as partes quiserem, e consentindo a autoridade celebrante, o casamento poderá ser celebrado em outro edifício, público ou particular, o que inclui o salão de festas da cerimônia. Nesse último caso, ficará o edifício particular de portas abertas durante o ato casamentário. Para uma maior segurança jurídica, o número de testemunhas aumenta para quatro, o que igualmente se aplica se algum dos contraentes não souber ou não puder escrever, sendo analfabeto. Como outra novidade a respeito do procedimento do casamento, em complemento ao último dispositivo da codificação privada, a Lei do SERP incluiu na Lei de Registros Públicos a possibilidade de a celebração do casamento ocorrer por videoconferência, desde que sejam asseguradas ampla publicidade para terceiros acompanharem sincronamente e a manifestação de vontade dos nubentes, das testemunhas e da autoridade celebrante. Consoante o novo art. 67, § 8º, da Lei n. 6.015/1973, "a celebração do casamento poderá ser realizada, a requerimento dos nubentes, em meio eletrônico, por sistema de videoconferência em que se possa verificar a livre manifestação da vontade dos contraentes". Reafirmo que o último comando, na atualidade, deve ser interpretado sistematicamente com o art. 1.534 do Código Civil, que exige que a celebração ocorra com "toda publicidade, a portas abertas, presentes pelo menos duas testemunhas" ou, no caso de qualquer dos nubentes não puder ou não souber escrever, quatro testemunhas. As portas devem permanecer abertas mesmo se o casamento ocorrer em edifício particular, tendo em vista a necessidade de publicidade do ato. Assim, entendemos que no caso de celebração eletrônica do casamento, é forçoso garantir similar publicidade. Nesse contexto, é preciso disponibilizar publicamente o acesso de qualquer pessoa à cerimônia eletrônica. Essa disponibilidade poderá ser feita por diferentes formas, como pela transmissão ao vivo da cerimônia em plataformas abertas e gratuitas de transmissão de vídeos, como o YouTube ou uma *live* no Instagram; ou pela publicação, na internet, como no site do cartório, da data, do horário e do *link* de acesso à sala virtual de videoconferência em que a cerimônia ocorrerá. Caberá às normas de serviço locais, de cada Estado, regulamentarem esse aspecto, tendo em vista a preservação da ampla publicidade da cerimônia do casamento (OLIVEIRA, Carlos Eduardo E. de; TARTUCE, Flávio. *Lei do Sistema Eletrônico de Registros Públicos*. Rio de Janeiro: Forense, 20232, p. 74). Além disso, apesar do silêncio do art. 67, § 8º, da LRP, a plataforma virtual de videoconferência da cerimônia do casamento deverá permitir a manifestação de vontade das testemunhas e da autoridade celebrante. Trata-se de decorrência lógica, pois eles são participantes diretos da cerimônia. Não há necessidade de se garantir o direito de voz aos demais presentes, como ao público. Isso porque não há previsão legal de apresentação de impugnação ao casamento por terceiros no momento da cerimônia de casamento. A insurgência de terceiros, no caso, deveria ter sido manifestada durante o procedimento de habilitação do casamento ou poderá vir a ser formulada posteriormente, se envolver algum vício ou questão de ordem pública, como no caso de uma ação declaratória de nulidade absoluta do casamento, nos termos do art. 1.548 do Código Civil.

Pandemia: Diante da pandemia de covid-19, para a efetivação de medidas de distanciamento social, algumas unidades da Federação passaram a admitir o casamento por vídeo, por meio de normas das Corregedorias dos Tribunais de Justiça editadas no ano de 2020. Foi o caso de Minas Gerais (Portaria n. 6.405/CGJ, de abril de 2020), de Pernambuco (Provimento n. 18, de maio de 2020), de Alagoas (Provimento n. 15, de abril de 2020) e de Santa Catarina (Provimento n. 22, de março de 2020). Segundo o coautor Mário Luiz Delgado, essas normas concretizam o princípio da presença virtual, segundo o qual "a presença física e o comparecimento da pessoa por meio dos mecanismos de comunicação em tempo real se equivalem e produzem os mesmos efeitos jurídicos". O casamento em vídeo passou a ser previsto pela Lei do SERP, como antes pontuado.

REFORMA DO CÓDIGO CIVIL: Com a redução de formalidades ora proposta pela Comissão de Juristas, sugere-se a revogação do art. 1.534 do Código Civil, uma vez que a redação proposta para o dispositivo anterior atende ao seu conteúdo, sem todas essas solenidades hoje exigidas, totalmente desnecessárias, na visão compartilhada pelos membros da comissão. Por um lapso na tramitação das discussões, apesar de essa conclusão poder ser retirada de outros comandos, faltou a inclusão expressa da possibilidade de o casamento ser realizado pela forma eletrônica, por videoconferência, como está hoje no art. 67, § 8º, da Lei de Registros Públicos, incluído pela Lei do SERP. Sendo assim, talvez seja interessante incluir a sua previsão como novo parágrafo do art. 1.533, exatamente como foi sugerido pela Subcomissão de Direito de Família, com pequenas alterações, a saber: "Todos os atos relativos ao procedimento pré-nupcial e à celebração do casamento poderão ser realizados, a requerimento dos nubentes, em meio eletrônico, por sistema de videoconferência em que se possa verificar a livre manifestação da vontade dos contraentes".

Art. 1.535. Presentes os contraentes, em pessoa ou por procurador especial, juntamente com as testemunhas e o oficial do registro, o presidente do ato, ouvida aos nubentes a afirmação de que pretendem casar por livre e espontânea vontade, declarará efetuado o casamento, nestes termos: "De acordo com a vontade que ambos acabais de afirmar perante mim, de vos receberdes por marido e mulher, eu, em nome da lei, vos declaro casados".

COMENTÁRIOS DOUTRINÁRIOS: Presentes os contraentes, pessoalmente ou por procurador especial, juntamente com as testemunhas e o oficial do registro, o presidente do ato, após ouvir dos nubentes a afirmação de que pretendem casar por livre e espontânea vontade, declarará efetuado o casamento, nos termos constantes da norma em comentário, que será aplicada também ao casamento celebrado por videoconferência, nos termos da Lei do SERP. Como se pode perceber, a redação da oração que deve ser dita é bem confusa e arcaica, repetindo-se o que estava na codificação anterior. Por isso, entendo que o dispositivo se distancia da *operabilidade*, no sentido de simplicidade do Direito Privado, um dos princípios da atual codificação privada. Melhor seria alterar o dispositivo em uma linguagem a ser compreendida pelo cidadão comum, pelo brasileiro médio, o que acaba sendo feito na prática, ou mesmo deixar a questão em aberto, como se sugere no Anteprojeto para a Reforma do Código Civil. Como enuncia o próprio Código Civil, no seu art. 113, *caput*, os negócios jurídicos devem ser interpretados conforme os usos do lugar de sua celebração. Nesse contexto social, forçoso entender que são possíveis variações na forma de expressão, desde que não se prejudique a sua essência. Assim, por exemplo, no caso de casamento homoafetivo, as expressões marido e mulher podem ser substituídas por cônjuges ou por outra que os consortes preferirem. Também pode ser mitigada nos casos de casamentos coletivos.

REFORMA DO CÓDIGO CIVIL: Mais uma vez para a redução de formalidades e burocracias, a Comissão de Juristas propõe que não haja qualquer previsão de palavras a serem ditas pela autoridade celebrante, como está no atual e arcaico art. 1.535 da Lei Geral Privada. A questão ficou em aberto, sendo de livre escolha dos nubentes e da própria autoridade, revogando-se o teor da norma, até porque se propõe a realidade do casamento homoafetivo. Mais uma vez, como bem justificou a Subcomissão de Direito de Família, a quem se seguiu, "limitamos a exigir que haja um ato de celebração com a declaração de vontade dos nubentes, com a assinatura delas e da autoridade celebrante, constando as informações necessárias ao registro de casamento. Com isso, desburocratizamos a vida dos cidadãos, sem afastar o direito daqueles que preferem modos rituais mais pessoais de celebração de casamento". Com essa modificação, o art. 1.535 passará a tratar de outro tema relativo à celebração do casamento, qual seja, a possibilidade de atuação de um procurador, enunciando que, "se um dos nubentes ou ambos fizerem-se representar por procuradores, estes darão o assentimento e assinarão o termo".

Art. 1.536. Do casamento, logo depois de celebrado, lavrar-se-á o assento no livro de registro. No assento, assinado pelo presidente do ato, pelos cônjuges, as testemunhas, e o oficial do registro, serão exarados:

I – os prenomes, sobrenomes, datas de nascimento, profissão, domicílio e residência atual dos cônjuges;

II – os prenomes, sobrenomes, datas de nascimento ou de morte, domicílio e residência atual dos pais;

III – o prenome e sobrenome do cônjuge precedente e a data da dissolução do casamento anterior;

IV – a data da publicação dos proclamas e da celebração do casamento;

V – a relação dos documentos apresentados ao oficial do registro;

VI – o prenome, sobrenome, profissão, domicílio e residência atual das testemunhas;

VII – o regime do casamento, com a declaração da data e do cartório em cujas notas foi lavrada a escritura antenupcial, quando o regime não for o da comunhão parcial, ou o obrigatoriamente estabelecido.

COMENTÁRIOS DOUTRINÁRIOS: Logo após a celebração do casamento, será lavrado o assento no livro de registro. Nesse assento, assinado pelo presidente do ato, pelos cônjuges, pelas testemunhas, e pelo oficial do registro, constarão os dados mencionados na norma. Pelo que consta nesse preceito e também no seu antecessor, fica a dúvida sobre qual o momento exato de celebração do casamento. Essa se dá quando da declaração oral do presidente do ato ou quando do assento no registro civil? A resposta correta é que o ato será plenamente firmado com a declaração solene pela autoridade competente, o que também é esclarecido pelo outrora comentado art. 1.514 do próprio Código Civil ("O casamento se realiza no momento em que o homem e a mulher manifestam, perante o juiz, a sua vontade de estabelecer vínculo conjugal, e o juiz os declara casados"). Em suma, o registro não é o ato constitutivo do vínculo conjugal, mas apenas o meio de prova a respeito do ato casamentário. Pode-se dizer, assim, que o registro está no plano da eficácia do casamento, não no plano da validade, o qual é constituído pela declaração dos nubentes. Como última observação a respeito da celebração do casamento, cabe observar última alteração trazida pela Lei do SERP, Lei n. 14.382/2022. Nos termos da Lei de Registros Públicos, a celebração do casamento deverá ser anotada nos autos do procedimento de habilitação. Porém, se os atos ocorrerem perante serventias diferentes, caberá ao oficial da celebração do casamento comunicar eletronicamente o fato ao oficial da habilitação para que este promova a devida anotação nos autos do procedimento de habilitação, nos termos do novo art. 67, § 6º, da Lei de Registros Públicos. Se os atos ocorrerem na mesma serventia, entendemos que a anotação da celebração do casamento no procedimento de habilitação é obrigatória, apesar do silêncio do último comando, pois esse dispositivo apenas trata da anotação quando a celebração ocorrer em serventia diferente da do procedimento de habilitação. Ocorre que a finalidade da anotação é permitir, por meio da consulta ao procedimento de habilitação, a fácil identificação de que o casamento foi celebrado. Por isso, a anotação deve dar-se mesmo se a celebração ocorrer no mesmo Cartório de Registro Civil da habilitação, o que constitui uma interpretação teleológica do referido dispositivo (OLIVEIRA, Carlos Eduardo E. de; TARTUCE, Flávio. *Lei do Sistema Eletrônico de Registros Públicos*. Rio de Janeiro: Forense, 2023, p. 75). A propósito, o dever de comunicação da serventia anterior para a anotação da celebração nos autos do procedimento de habilitação do casamento já era previsto em normas locais, a exemplo do item 68 do Capítulo XVII das Normas da Corregedoria do Estado de São Paulo, sendo certo que a Lei do SERP apenas positivou em lei federal o que já estava em atos infralegais, prática comum adotada pelo legislador na norma emergente.

REFORMA DO CÓDIGO CIVIL: Há proposta de aperfeiçoamento do texto, não só diante das mudanças relativas às formalidades e ao *procedimento pré-nupcial*, como também tendo em vista outras regras que são modificadas. Assim, a norma passará a prever o seguinte: "Art. 1.536. Do casamento, logo depois de celebrado, lavrar-se-á o assento assinado pelo presidente do ato e pelos cônjuges no livro próprio em que serão exarados: I – os prenomes, sobrenomes, datas de nascimento, profissão, domicílio e residência atual dos cônjuges; II – os prenomes, sobrenomes, datas de nascimento ou de morte, domicílio e residência atual dos pais; III – o prenome e sobrenome do cônjuge precedente e a data da dissolução do casamento anterior, se houver; IV – o resultado das informações obtidas das pesquisas levadas a efeito pelo Cartório; VI – o regime do casamento, com a declaração da data e do cartório em cujas notas foi lavrada a escritura antenupcial, quando o regime não for o da comunhão parcial ou o obrigatoriamente estabelecido por lei". Observo que há um pequeno lapso na última proposição, pois não há mais o regime da separação obrigatória de bens, devendo ser retirada a locução a ele referente, no último inciso proposto. Também é preciso corrigir o número do último inciso, de "VI" para "V".

Art. 1.537. O instrumento da autorização para casar transcrever-se-á integralmente na escritura antenupcial.

COMENTÁRIOS DOUTRINÁRIOS: Nos casos em que se exige a autorização especial para o casamento, como nas hipóteses envolvendo menores em idade núbil, o seu instrumento transcrever-se-á integralmente na escritura pública de pacto antenupcial. Observe-se que o dispositivo tem aplicação para o casamento do menor entre 16 e 18 anos, não tendo sido atingido pela alteração do art. 1.520 do Código Civil por força da Lei n. 13.811/2019, que passou a proibir somente o casamento do menor de 16 anos.

REFORMA DO CÓDIGO CIVIL: A Subcomissão de Direito de Família sugeriu a revogação expressa do art. 1.537 do Código Civil, o que foi acatado pelos Relatores-Gerais e pela Comissão de Juristas, pois trata-se de uma burocracia tida hoje como desnecessária. Segue-se a mesma linha proposta para a revogação do art. 1.657, que hoje exige que as convenções antenupciais sejam registradas perante o oficial do Registro de Imóveis, para que tenham eficácia perante terceiros, tema que ainda será por mim analisado.

Art. 1.538. A celebração do casamento será imediatamente suspensa se algum dos contraentes:

I – recusar a solene afirmação da sua vontade;

II – declarar que esta não é livre e espontânea;

III – manifestar-se arrependido.

Parágrafo único. O nubente que, por algum dos fatos mencionados neste artigo, der causa à suspensão do ato, não será admitido a retratar-se no mesmo dia.

COMENTÁRIOS DOUTRINÁRIOS: Com o intuito de preservar a higidez da vontade declarada, e revestindo o casamento de inquestionável seriedade, a sua celebração será imediatamente suspensa se algum dos contraentes: a) recusar a solene afirmação da sua vontade; b) declarar que esta não é livre e espontânea e c) manifestar-se arrependido. O nubente que der causa à suspensão do ato não poderá retratar-se no mesmo dia. Essa regra será aplicada mesmo se a manifestação tiver sido feita em tom jocoso (*animus jocandi*) ou de brincadeira.

REFORMA DO CÓDIGO CIVIL: A Subcomissão de Direito de Família propôs a revogação do dispositivo, na linha de reduzir as burocracias e o rigor formal excessivo do ato casamentário. Houve divergência inicial entre mim e a Professora Rosa Nery, na Relatoria-Geral, pois a jurista queria manter a previsão de seriedade do ato. Ao final, acabou havendo um consenso, sugerindo-se, na Comissão de Juristas, a revogação expressa do comando. De fato, todo esse rigor que inspira a norma está distante da realidade da grande maioria dos brasileiros, muitas vezes motivados pela irreverência e pelo intuito de fazer brincadeiras.

Art. 1.539. No caso de moléstia grave de um dos nubentes, o presidente do ato irá celebrá-lo onde se encontrar o impedido, sendo urgente, ainda que à noite, perante duas testemunhas que saibam ler e escrever.

§ 1º A falta ou impedimento da autoridade competente para presidir o casamento suprir-se-á por qualquer dos seus substitutos legais, e a do oficial do Registro Civil por outro *ad hoc*, nomeado pelo presidente do ato.

§ 2º O termo avulso, lavrado pelo oficial *ad hoc*, será registrado no respectivo registro dentro em cinco dias, perante duas testemunhas, ficando arquivado.

COMENTÁRIOS DOUTRINÁRIOS: Como primeira regra relativa aos casamentos especiais quanto à celebração, a norma trata do *casamento nos casos de moléstia grave*. Assim, se um dos nubentes estiver acometido por moléstia grave, o presidente do ato celebrará o casamento onde se encontrar a pessoa impedida, e sendo urgente ainda que à noite. O ato será celebrado perante duas testemunhas que saibam ler e escrever. À luz da *operabilidade*, da facilitação do Direito Privado, houve redução no número de testemunhas, que antes era de quatro, conforme exigia o art. 198 do CC/1916. Por óbvio que a urgência dispensa o processo de habilitação anterior. Eventual falta ou impedimento da autoridade competente para presidir o casamento será suprida por qualquer dos seus substitutos legais, e a do oficial do Registro Civil por outro *ad hoc*, nomeado pelo presidente do ato. O termo avulso, lavrado por esse oficial nomeado às pressas, será registrado no respectivo registro dentro em cinco dias, perante duas testemunhas, ficando arquivado.

JURISPRUDÊNCIA COMENTADA: Conforme anotado, tratando da dispensa do processo de habilitação em havendo casamento por moléstia grave: TJRS, Apelação Cível 70013292107, 7.ª Câmara Cível, Carazinho, Rel. Des. Ricardo Raupp Ruschel, j. 11.01.2006. Na mesma linha e citando o mesmo julgado: "Apelação cível. Ação de registro de casamento. Impugnação pelo Ministério Público de primeiro grau do assento da cerimônia civil realizada. Moléstia grave de um dos nubentes, portador de câncer no sistema nervoso (*glioma maligno*), que veio a falecer no curso do presente feito. Prévio processo de habilitação dispensável no caso. Observância dos requisitos previstos no art. 1.539 do Código Civil de 2002. Inexistência de bens a inventariar. Ausência de prejuízo econômico evidente. Manifestação favorável pela Procuradoria-Geral de Justiça ao registro. [...]. A urgência do ato dispensa os atos preparatórios da habilitação e proclamas (Apelação Cível n. 70013292107, Sétima Câmara Cível, Tribunal de Justiça do RS, Rel. Ricardo Raupp Ruschel, j. 11-1-2006)" (TJSC, Apelação Cível 2013.052846-7, 6.ª Câmara de Direito Civil, Garopaba, Rel. Des. Subst. Stanley da Silva Braga, j. 19.09.2013, *DJSC* 30.09.2013, p. 291).

REFORMA DO CÓDIGO CIVIL: Como antes pontuado, a Comissão de Juristas sugere, de início, seja inserido um novo nome de seção no livro de Direito de Família, a tratar "Das Formas Especiais de Celebração do Casamento" (Seção IV), a englobar o *casamento nos casos de moléstia grave*, o *casamento nuncupativo*, o *casamento por procuração* e o *casamento religioso com efeitos civis*. Sobre o *casamento nos casos de moléstia grave*, são também sugeridas alterações no texto, mais uma vez com vistas à redução de formalidades e burocracias. De acordo com o novo § 1º do art. 1.539, na linha de uma maior liberdade a respeito da autoridade celebrante, "o presidente do ato será o registrador civil das pessoas naturais ou seu preposto, o qual lavrará o termo da celebração do casamento e colherá a assinatura das duas testemunhas e dos nubentes que puderem ou souberem assinar". Ademais, nos termos com o projetado § 2º, "o termo avulso será registrado no respectivo registro dentro em cinco dias, perante duas testemunhas, ficando arquivado".

Art. 1.540. Quando algum dos contraentes estiver em iminente risco de vida, não obtendo a presença da autoridade à qual incumba presidir o ato, nem a de seu substituto, poderá o casamento ser celebrado na presença de seis testemunhas, que com os nubentes não tenham parentesco em linha reta, ou, na colateral, até segundo grau.

COMENTÁRIOS DOUTRINÁRIOS: O dispositivo trata do *casamento nuncupativo*, feito *a viva voz*, o que significa o termo *nuncupare*. Fala-se, ainda, em *casamento in extremis vitae momentis*, ou *in articulo mortis*, isto é, para aquele que esteja em momento extremo para perder a vida ou em razão da sua morte provável. Nesse contexto, quando algum dos contraentes estiver em iminente risco de vida, não sendo possível ter a presença da autoridade competente para presidir o ato ou de seu substituto, poderá o casamento ser celebrado na presença de seis testemunhas. Visando a dar maior segurança ao ato, tais testemunhas não podem ter relação de parentesco com os nubentes, em linha reta, ou, na colateral, até segundo grau, o que vai até os irmãos. Essa forma especial de casamento não poderá ser utilizada com o intuito de enriquecimento sem causa, o que pode motivar a decretação da sua nulidade absoluta, por fraude à lei imperativa (art. 166, inc. VI, do CC). Também não poderá prevalecer se decorrer de simulação absoluta, o que de igual modo gera a sua nulidade (art. 167 do CC). Aqui, portanto, temos casos excepcionais de invalidade, em que podem ser aplicadas as regras gerais da teoria das nulidades previstas na Parte Geral do Código Civil.

JURISPRUDÊNCIA COMENTADA: Reconhecendo a validade do casamento, por terem sido atendidos os requisitos legais para o ato: "Casamento nuncupativo. Casamento celebrado em caso de iminente risco de vida de um dos nubentes. Ato praticado pessoalmente pelos contraentes, na presença de seis testemunhas. Manifestação expressa dos nubentes quanto ao desejo de casar. As partes já conviverem em união estável desde 1988. Requisitos legais cumpridos. Celebração válida" (TJRN, Apelação Cível 2012.006285-6, 1.ª Câmara Cível, São Gonçalo do Amarante, Rel. Des. Dilermando Mota, *DJRN* 09.10.2014). No mesmo sentido, do Superior Tribunal de Justiça, sendo pouco rígido quando aos requisitos formais quando da celebração de um *casamento nuncupativo avuncular*: "Ação de decretação de nulidade de casamento nuncupativo ajuizada em novembro de 2008. [...]. Recurso Especial que discute a validade de casamento nuncupativo realizado entre tio e sobrinha com o falecimento daquele, horas após o enlace. A inquestionável manifestação da vontade do nubente enfermo, no momento do casamento, fato corroborado pelas 6 testemunhas exigidas por Lei, ainda que não realizada de viva voz, supre a exigência legal quanto ao ponto. A discussão relativa à nulidade preconizada pelo art. 1.548 do CC-02, que se reporta aos impedimentos, na espécie, consignados no art. 1.521, IV, do CC-02 (casamento entre colaterais, até o terceiro grau, inclusive) fenece por falta de escopo, tendo em vista que o quase imediato óbito de um dos nubentes não permitiu o concúbito pós-casamento, não havendo que se falar, por conseguinte, em riscos eugênicos, realidade que, na espécie, afasta a impositividade da norma, porquanto lhe retira seu lastro teleológico. Não existem objetivos pré-constituídos para o casamento, que descumpridos, imporiam sua nulidade, mormente naqueles realizados com evidente possibilidade de óbito de um dos nubentes. Casamento nuncupativo, pois esses se afastam tanto do usual que, salvaguardadas as situações constantes dos arts. 166 e 167 do CC-02, que tratam das nulidades do negócio jurídico, devem, independentemente do fim perseguido pelos nubentes, serem ratificados judicialmente. E no amplo espectro que se forma com essa assertiva, nada impede que o casamento nuncupativo realizado tenha como motivação central, ou única, a consolidação de meros efeitos sucessórios em favor de um dos nubentes. Pois essa circunstância não macula o ato com um dos vícios citados nos arts. 166 e 167 do CC-02: incapacidade; ilicitude do motivo e do objeto; malferimento da forma, fraude ou simulação" (STJ, REsp 1.330.023/RN, 3.ª Turma, Rel. Min. Nancy Andrighi, *DJe* 29.11.2013). Como se pode notar, o julgado afastou a presença das causas de nulidade previstas nos arts. 166 e 167 do Código Civil, na linha da preocupação dos meus comentários. Quanto ao prazo de dez dias, o Superior Tribunal de Justiça julgou, em 2022, que é possível flexibilizar a sua exigência. Consoante o julgado, que traz análise detalhada dos procedimentos, e que merece destaque: "O casamento nuncupativo, também denominado de *in articulo mortis* ou *in extremis*, é uma figura de raríssima incidência prática, cuja particularidade é a postergação das formalidades legais indispensáveis à celebração do casamento em virtude da presença de circunstâncias muito excepcionais. Da análise dos dispositivos legais que disciplinam o instituto, vê-se que essa espécie de casamento pressupõe: (i) que um dos contraentes esteja em iminente risco de vida; (ii) que não seja possível obter a presença da autoridade responsável para presidir o ato; e (iii) que o casamento seja celebrado na presença de seis testemunhas que não possuam parentesco em linha reta ou colateral até segundo grau com os nubentes. Presentes esses requisitos, deverão as testemunhas comparecer a autoridade judicial em 10 dias, a quem caberá tomar a declaração de que: (i) foram convocadas por parte do enfermo; (ii) que o enfermo se encontrava em perigo de vida, mas com plena ciência do ato; e (iii) que, em sua presença, declararam os contraentes, por livre e espontânea vontade, o desejo de se casarem; ato contínuo, caberá ao juiz proceder às diligências necessárias para verificar, apenas *a posteriori*, se os contraentes poderiam ter se habilitado na forma ordinária, ouvir eventuais interessados e, se constatada a idoneidade dos cônjuges, registrar o casamento. É indispensável à substância do ato que tenha sido o casamento celebrado na presença de seis testemunhas que não tenham parentesco em linha reta ou, na colateral, até o segundo grau, com os contraentes e que declarem que aquela era mesmo a vontade dos nubentes, com o propósito de validar o consentimento externado e evitar a prática de fraude. Também é elemento essencial para o registro dessa espécie de casamento o fato de os contraentes serem capazes e não estarem impedidos ao tempo da celebração do matrimônio nuncupativo, pois, se não poderiam os nubentes casar pela modalidade ordinária, não poderiam casar, de igual modo, por essa modalidade excepcional. A observância do prazo de 10 dias para que as testemunhas compareçam à autoridade judicial, conquanto diga respeito à formalidade do ato, não trata de sua essência e de sua substância e, consequentemente, não está associado à sua existência, validade ou eficácia, razão pela qual se trata, em tese, de formalidade suscetível de flexibilização, especialmente quando constatada a ausência de má-fé. Hipótese em que as instâncias ordinárias recusaram o registro do casamento somente ao fundamento de inobservância do prazo legal, sem examinar, contudo, os demais elementos estruturais do ato jurídico, bem como deixaram de considerar, especificamente quanto ao prazo, a ausência de má-fé do contraente supérstite, o curto período entre o casamento e o falecimento da nubente, o período de luto do contraente sobrevivente, a dificuldade de cumprimento do prazo pelas testemunhas e o natural desconhecimento da tramitação e formalização dessa rara hipótese de celebração do matrimônio. Recurso especial conhecido e provido, a fim de, afastado o óbice da inobservância do prazo de 10 dias, determinar seja dado regular prosseguimento ao pedido, perquirindo-se sobre o cumprimento das demais formalidades legais" (STJ, REsp n. 1.978.121/RJ, Rel. Min. Nancy Andrighi, 3ª Turma, j. 22.03.2022, *DJe* 25.03.2022). Estou filiado integralmente às ementas, sobretudo à última, em prol da operabilidade, no sentido de facilitação dos institutos privados, um dos regramentos fundamentais do Código Civil de 2002.

REFORMA DO CÓDIGO CIVIL: Na linha de todas as propostas anteriores, almeja-se a redução das burocracias para o *casamento nuncupativo*, reduzindo-se o número de testemunhas à metade, de seis para três. Assim, a norma passará a estar assim escrita: "Art. 1.540. Quando algum dos contraentes estiver em iminente risco de morte, não podendo contar com a presença da autoridade à qual incumba presidir o ato, nem a de seu substituto, poderá o casamento ser celebrado na presença de três testemunhas, que com os nubentes não tenham parentesco em linha reta ou colateral, até segundo grau". Não se pode negar que a redução dessa formalidade virá em boa hora.

Art. 1.541. Realizado o casamento, devem as testemunhas comparecer perante a autoridade judicial mais próxima, dentro em dez dias, pedindo que lhes tome por termo a declaração de:

I – que foram convocadas por parte do enfermo;

II – que este parecia em perigo de vida, mas em seu juízo;

III – que, em sua presença, declararam os contraentes, livre e espontaneamente, receber-se por marido e mulher.

§ 1º Autuado o pedido e tomadas as declarações, o juiz procederá às diligências necessárias para verificar se os contraentes podiam ter-se habilitado, na forma ordinária, ouvidos os interessados que o requererem, dentro em quinze dias.

§ 2º Verificada a idoneidade dos cônjuges para o casamento, assim o decidirá a autoridade competente, com recurso voluntário às partes.

§ 3º Se da decisão não se tiver recorrido, ou se ela passar em julgado, apesar dos recursos interpostos, o juiz mandará registrá-la no livro do Registro dos Casamentos.

§ 4º O assento assim lavrado retrotrairá os efeitos do casamento, quanto ao estado dos cônjuges, à data da celebração.

§ 5º Serão dispensadas as formalidades deste e do artigo antecedente, se o enfermo convalescer e puder ratificar o casamento na presença da autoridade competente e do oficial do registro.

COMENTÁRIOS DOUTRINÁRIOS: Justamente para evitar fraudes, como anotei quanto à regra anterior, o preceito em comentário prescreve que, realizado *o casamento nuncupativo*, devem as testemunhas comparecer perante a autoridade judicial mais próxima, dentro em dez dias, pedindo que lhes tome por termo a declaração de: a) que foram convocadas por parte do enfermo; b) que este parecia em perigo de vida, mas em seu juízo; c) que, em sua presença, declararam os contraentes, livre e espontaneamente, receber-se por marido e mulher. Dessa forma, instaura-se um procedimento de jurisdição voluntária, no qual deve intervir o Ministério Público. Autuado o pedido e tomadas as declarações, o juiz – da autoridade judicial mais próxima –, procederá às diligências necessárias para verificar se os contraentes podiam ter-se habilitado, na forma ordinária, ouvidos os interessados que o requererem, dentro em quinze dias. Verificada a idoneidade dos cônjuges para o casamento, o casamento será tido como válido e assim o decidirá a autoridade competente, com recurso voluntário às partes. Se da decisão ninguém tiver recorrido, ou se ela passar em julgado, apesar dos recursos interpostos, o juiz mandará registrá-la no livro do Registro dos Casamentos (§ 3º). O assento então lavrado retrotrairá os efeitos do casamento, quanto ao estado dos cônjuges, à data da celebração, com efeitos *ex tunc*. Por fim, serão dispensadas as formalidades previstas nos arts. 1.540 e 1.541 do CC, se o enfermo convalescer, curar-se, e puder ratificar o casamento na presença da autoridade competente e do oficial do registro. Isso porque a confirmação posterior afasta a necessidade de todas essas formalidades para se verificar a idoneidade da vontade. A princípio, não sendo respeitados os requisitos constantes desses dispositivos, o casamento deve ser tido como ineficaz, não gerando efeitos. Eventualmente, pode entender-se que o mesmo não foi celebrado, o que também afasta os seus efeitos jurídicos. No último caso, deduz-se que o casamento é inexistente, pois sequer existiu no plano jurídico. Para concluir da última maneira, deve-se seguir a *teoria da inexistência* do negócio jurídico, tese que não é por mim compartilhada.

JURISPRUDÊNCIA COMENTADA: Aplicando as normas de confirmação do ato, do Tribunal de Justiça do Rio Grande do Norte: "Civil e processual civil. Apelação cível. Casamento nuncupativo. Sentença homologatória de termo de celebração de casamento em iminente risco de vida, bem como de adjudicação dos bens inventariados. Ausência de comprovação de vício quanto à manifestação da vontade inequívoca do moribundo em convolar núpcias. Testemunhos que comprovam o nível de consciência do *de cujus*. Observância de todas as formalidades legais com base nos artigos 1.540 e 1.541 do Código Civil de 2002. Verba honorária aplicada de forma escorreita. Recurso conhecido e desprovido. Manutenção da sentença" (TJRN, Apelação Cível 2010.015840-5, 3.ª Câmara Cível, Natal, Rel. Des. Amaury de Souza Moura Sobrinho, *DJRN* 01.04.2011, p. 56). Como antes pontuado, alguns julgados têm afastado o rigor na análise desses requisitos. Da jurisprudência do Tribunal de Justiça de São Paulo pode ser extraída a seguinte ementa: "Casamento nuncupativo. Presença dos requerimentos legais previstos para a validade do ato. Celebração efetiva do casamento *in extremis*. Declaração espontânea do desejo de se receberem por marido e mulher. Determinação de efetivação do registro previsto no artigo 76, § 5º, da Lei n. 6.015/1973. Recurso provido" (TJSP, Apelação Cível 107.743-4, 7.ª Câmara de Direito Privado, Sorocaba, Rel. Des. Salles de Toledo, j. 01.09.1999). Estou integralmente filiado à ementa, em prol da operabilidade, no sentido de facilitação dos institutos privados, um dos regramentos fundamentais do Código Civil de 2002.

REFORMA DO CÓDIGO CIVIL: Na linha dos meus comentários, mais uma vez há propostas de redução de burocracias para o *casamento nuncupativo*. De início, o seu *caput* e incisos passarão a prever que, "realizado o casamento, devem as testemunhas e o cônjuge sobrevivente comparecer perante o oficial de Registro Civil das pessoas naturais do local onde celebrado o ato, em dez dias, pedindo que lhes tome por termo, em separado, a declaração de que: I – foram convocadas por parte do enfermo; II – este parecia em perigo de morte, mas em seu juízo; III – em sua presença, declararam os contraentes, livre e espontaneamente, a vontade de casar; IV – foi inviável a celebração eletrônica do casamento". Conforme se pode notar, a última regra admite expressamente a celebração eletrônica do casamento, como antes pontuado, o que é uma novidade no comando, além da menção restrita ao oficial do Registro Civil. Autuado o pedido e tomadas as declarações, o oficial de Registro Civil das Pessoas Naturais, verificando não existir impedimentos ou vícios de vontade, procederá ao registro do casamento (§ 1º). Não será mais necessária a realização de diligências nesse novo parágrafo sugerido para o art. 1.541, pois o procedimento foi simplificado, não havendo mais editais ou proclamas. Nos termos do § 2º projetado, com maior clareza e simplificação, "verificada a idoneidade dos cônjuges para o casamento e a ausência de vícios da vontade, o oficial procederá ao registro, podendo ser suscitada a dúvida em caso de recusa". Revoga-se o § 3º, pois a questão ficará sujeita à suscitação de dúvida perante o oficial do Registro Civil das Pessoas Naturais, não havendo mais justificativa para a sua previsão atual. Seguindo, mantém-se a redação do § 4º, mencionando a eficácia do ato: "O assento assim lavrado retrotrairá os efeitos do casamento, quanto ao estado dos cônjuges, à data da celebração". Por fim, também é mantido o § 5º do art. 1.541, com reparos necessários, mencionando apenas o oficial do registro civil e incluindo um prazo decadencial de dez dias, assim como está no *caput*, para trazer maior estabilidade e segurança jurídica: "Serão dispensadas as formalidades deste e do artigo antecedente, se o enfermo convalescer e puder ratificar o casamento na presença do oficial do registro, no prazo do de dez dias".

Art. 1.542. O casamento pode celebrar-se mediante procuração, por instrumento público, com poderes especiais.

§ 1º A revogação do mandato não necessita chegar ao conhecimento do mandatário; mas, celebrado o casamento sem que o mandatário ou o outro contraente tivessem ciência da revogação, responderá o mandante por perdas e danos.

§ 2º O nubente que não estiver em iminente risco de vida poderá fazer-se representar no casamento nuncupativo.

§ 3º A eficácia do mandato não ultrapassará noventa dias.

§ 4º Só por instrumento público se poderá revogar o mandato.

COMENTÁRIOS DOUTRINÁRIOS: Trata-se do *casamento celebrado por procuração*, possível juridicamente desde que haja instrumento público, lavrado no Tabelionato de Notas e com poderes especiais para tanto. Vale dizer que a eficácia do mandato não ultrapassará noventa dias da sua celebração. Eventualmente, se o casamento for celebrado no 91º dia, deve ser considerado inexistente ou nulo, o que depende da filiação ou não à teoria da inexistência. A título de exemplo, José Fernando – mandante –, pode outorgar poderes para Anderson – mandatário –, casar-se com Giselda – a outra nubente –, uma vez que irá viajar para o exterior, por longo período. Se José Fernando, o mandante, quiser revogar o mandato, a revogação não necessita chegar ao conhecimento do mandatário, Anderson. Entretanto, somente é possível revogar o mandato para o casamento por meio de instrumento público, novamente lavrado no Tabelionato de Notas. Celebrado o casamento sem que o mandatário ou o outro contraente tivessem ciência da revogação anterior, responderá o mandante por perdas e danos perante o eventual prejudicado, caso do outro nubente, por exemplo. A expressão perdas e danos deve ser encarada em sentido amplo, incluindo eventuais danos materiais e morais decorrentes da sua revogação. Ilustrando, estão incluídas as despesas materiais com a celebração do casamento. Isso, sem falar que a revogação do mandato é motivo para a anulação do casamento, nos termos do art. 1.550, inc. V, do próprio Código Civil, como ainda se verá. No casamento *in extremis*, nada impede que o nubente que não esteja em iminente risco de vida seja representado nesse casamento nuncupativo. Entendo, como a maioria da doutrina, que não há óbice para que o casamento seja celebrado por procurações outorgadas por ambos os cônjuges, se ambos não puderem comparecer. Porém, novamente como a posição majoritária, não vejo com bons olhos o fato de a procuração ser outorgada a um mesmo procurador, pois isso desvirtuaria a natureza do consentimento de ambos. A título de curiosidade, o Código Civil Português parece ter adotado esse entendimento ao dispor, em seu art. 1.620º, 1, da seguinte forma: "É lícito a um dos nubentes fazer-se representar por procurador na celebração do casamento".

JURISPRUDÊNCIA COMENTADA: Entendendo que só o fato de os cônjuges terem idade avançada em casamento celebrado por procuração, para fins previdenciários: "Idade avançada do ex-servidor (89 anos) e celebração do casamento por procuração que não invalidam o casamento. Manifestação de vontade comprovada pela procuração, pelo processo de habilitação e por atestado médico que demonstra lucidez do outorgante (ex-servidor). Anulação do casamento que depende de demanda autônoma, não podendo ser reconhecida incidentalmente no presente processo. Ausência de vícios. Desnecessidade de que os cônjuges residam no mesmo endereço. Irrelevância da pouca duração do casamento até a morte do ex-servidor. Ausência de separação de fato, que sequer é exceção à concessão do benefício previdenciário. Direito ao recebimento da pensão por morte (art. 22, I, e 25 do Decreto n. 22.870/2003 do Município do Rio de Janeiro), desde a data da habilitação (art. 30), com recebimento dos atrasados. Recurso a que se dá provimento" (TJRJ, Apelação 0118508-72.2015.8.19.0001, 2.ª Câmara Cível, Rio de Janeiro, Rel. Des. Alexandre Freitas Câmara, j. 28.06.2017, *DORJ* 29.06.2017, p. 205).

REFORMA DO CÓDIGO CIVIL: Mais uma vez há propostas de redução de burocracias e de aperfeiçoamentos a respeito do *casamento celebrado por procuração*. De início, para sanar dúvidas hoje existentes, e por mim apontadas nos meus comentários, o *caput* do art. 1.542 passará a expressar que "qualquer dos nubentes ou ambos podem ser representados na celebração por procurador investido de poderes especiais por instrumento público de procuração, este com eficácia máxima de noventa dias". Como se percebe, inclui-se a menção expressa sobre a possibilidade de ambos os cônjuges optarem por essa forma especial de celebração, trazendo-se ao *caput* a atual regra do § 3º, com melhor técnica. Sobre a revogação do mandato, inclui-se no § 1º regra clara, no sentido de que "só poderá ser feita por instrumento público e em data anterior à da celebração do casamento". Ademais, consoante o projetado § 2º, com menção a respeito a quem são dirigidas as perdas e danos: "a revogação do mandato não necessita chegar ao conhecimento do mandatário, mas celebrado o casamento sem que o mandatário ou o outro contraente tivessem ciência da revogação, responderá o mandante por perdas e danos perante o mandatário e o outro nubente". Inclui-se previsão no sentido de não se considerar "como celebrado o casamento contraído em nome do mandante quando o mandatário já não mais esteja no exercício de poderes de representação" (§ 3º), hipótese em que não será tido como aperfeiçoado o ato. Por fim, o § 4º do art. 1.542 do Código Civil passará a prever a possibilidade do *casamento nuncupativo por procuração*, com a limitação de que "o nubente que não estiver em iminente risco de vida poderá fazer-se representar no casamento nuncupativo". Como última nota, e como antes pontuado, repise-se a inclusão de um art. 1.542-A, na nova seção destinada aos *casamentos especiais quanto à celebração*, tratando do *casamento religioso com efeitos civis*. Nos termos do seu *caput*, o registro do casamento religioso submete-se aos mesmos requisitos exigidos para o casamento civil. Esse registro civil do casamento religioso deverá ser promovido dentro de noventa dias de sua realização, por comunicação do celebrante ao ofício competente, ou por iniciativa de qualquer interessado, dependendo o registro, esgotado o prazo, de um novo procedimento pré-nupcial (§ 1º). O casamento religioso, celebrado sem as formalidades exigidas neste Código, terá efeitos civis se, a requerimento do casal, for registrado, a qualquer tempo, no Cartório de Registro Civil das Pessoas Naturais, depois de cumprida a exigência do art. 1.531 (§ 2º). Diante do princípio da monogamia, está previsto que "será nulo o registro civil do casamento religioso se, antes dele, qualquer dos consorciados houver contraído com outrem casamento civil" (§ 3º).

CAPÍTULO VII
DAS PROVAS DO CASAMENTO

Art. 1.543. O casamento celebrado no Brasil prova-se pela certidão do registro.

Parágrafo único. Justificada a falta ou perda do registro civil, é admissível qualquer outra espécie de prova.

COMENTÁRIOS DOUTRINÁRIOS: A prova está no plano da eficácia do negócio jurídico e o casamento celebrado no Brasil é provado pela certidão do seu registro, que traz como conteúdo a fé pública, servindo como prova específica para a situação de casado. Contudo, justificada a falta ou perda do registro civil, são admissíveis quaisquer outras espécies de provas, tidas como *provas supletórias*. A título de exemplo, podem ser citadas aquelas em que consta a situação de casado, tais como a cédula de identidade, o passaporte e a certidão de proclamas.

JURISPRUDÊNCIA COMENTADA: Em hipótese fática relativa à legitimidade para a oposição de embargos de terceiro, entendeu o Tribunal do Distrito Federal, citando a norma em comentário, que "para que o cônjuge seja considerado legitimado ativo, para efeitos da parte final do § 2º do artigo 674 do CPC, é necessária a comprovação da sua situação conjugal. Conforme dispõe o artigo 1.543 do Código Civil, o casamento celebrado no Brasil prova-se pela certidão do registro. Oportunizada a emenda à inicial, com especificação do que deveria ser corrigido ou complementado, a Embargante não atendeu ao comando judicial" (TJDF, Apelação Cível 2017.13.1.001989-7, Acórdão 109.2635, 3.ª Turma Cível, Rel. Des. Flavio Rostirola, j. 25.04.2018, *DJDFTE* 04.05.2018. No mesmo sentido: TJSP, Apelação 0059517-34.2003.8.26.0000, Acórdão 5455758, 2.ª Câmara de Direito Privado, Osasco, Rel. Des. Álvaro Passos, j. 04.10.2011, *DJESP* 28.11.2011).

Art. 1.544. O casamento de brasileiro, celebrado no estrangeiro, perante as respectivas autoridades ou os cônsules brasileiros, deverá ser registrado em cento e oitenta dias, a contar da volta de um ou de ambos os cônjuges ao Brasil, no cartório do respectivo domicílio, ou, em sua falta, no 1º Ofício da Capital do Estado em que passarem a residir.

COMENTÁRIOS DOUTRINÁRIOS: O dispositivo trata do *casamento perante autoridade consular* prevendo que o casamento de brasileiro, celebrado no estrangeiro, perante as respectivas autoridades ou os cônsules brasileiros, deverá ser registrado no Brasil, em cento e oitenta dias, a contar da volta de um ou de ambos os cônjuges ao nosso País. Segundo o mesmo dispositivo, esse registro deverá ser feito no Cartório do respectivo domicílio ou, em sua falta, no 1º Ofício da Capital do Estado em que passarem a residir. A norma trata da prova do casamento, mas acaba regulamentando essa forma especial de celebração. Em suma, nota-se a aplicação da regra *locus regit actum*, isto é, o matrimônio de brasileiro celebrado fora do Brasil deve ser provado de acordo com a norma do País onde foi celebrado. Em outras palavras, em relação aos brasileiros que se casam no exterior, o casamento será considerado *autêntico*, nos termos da lei ou lugar em que foram feitos, legalizadas as certidões pelos cônsules ou, quando por estes tomados, nos termos do regulamento consular, conforme o art. 32 da Lei n. 6.015/1973, a Lei de Registros Públicos. Consigne-se ainda que, a respeito dos estrangeiros residentes no Brasil, estes podem se casar perante as autoridades diplomáticas ou consulares do país de ambos os nubentes (art. 7º, § 2º, da Lei de Introdução). Conforme pontua a melhor doutrina, o casamento pode ser realizado no consulado ou fora dele, de acordo com as normas e solenidades do país estrangeiro. Os efeitos do ato é que obedecem à lei brasileira, mas esse casamento não é passível de assento no registro civil. Também conforme as lições que prevalecem na doutrina, não haverá competência da autoridade consular se um dos nubentes for brasileiro ou tiver nacionalidade diversa do país representado. Por fim, pontue-se de imediato que também é possível o divórcio por escritura pública lavrada perante a autoridade consular, o que foi introduzido na Lei de Introdução às Normas do Direito Brasileiro pela Lei n. 12.874, de outubro de 2013 (art. 18, § 1º).

JURISPRUDÊNCIA COMENTADA: Conforme reconheceu decisão do Tribunal de Justiça de Minas Gerais, o requisito do registro no Brasil no prazo de 180 dias é mero fator relativo à prova do casamento no País, não influenciando na validade ou mesmo na eficácia do matrimônio no Brasil. Desse modo, o registro pode ocorrer mesmo após o citado prazo. O *decisum* merece destaque em sua ementa: "Família. Apelação. Ação anulatória de transcrição em cartório brasileiro de casamento celebrado no exterior. Decisão judicial anterior de dissolução de união estável entre as mesmas partes. Irrelevância. Recurso improvido. O casamento entre brasileiros celebrado no exterior produz efeitos no território nacional mesmo que averbado após o prazo de 180 dias previsto no artigo 1.544 do CC/02, porquanto o traslado da referida certidão para o cartório brasileiro destina-se apenas a fazer prova de sua celebração, não interferindo em sua validade e eficácia no âmbito do território nacional. Assim, faz-se irrelevante a prévia existência de decisão judicial transitada em julgado em que foi dissolvida a união estável entre as mesmas partes, pois, em havendo casamento, o vínculo conjugal só poderia ser rompido mediante divórcio" (TJMG, Apelação Cível 1.0024.07.506350-3/0021, 3.ª Câmara Cível, Belo Horizonte, Rel. Des. Dídimo Inocêncio de Paula, j. 15.10.2009, *DJEMG* 11.12.2009). O acórdão retira o caráter peremptório da exigência legal, contando com o meu apoio doutrinário, eis que no Direito Civil Contemporâneo o material deve prevalecer sobre o formal (*princípio da operabilidade*). Em outra aplicação interessante da norma, concluiu o Tribunal de Justiça do Paraná, confirmando as minhas anotações doutrinárias: "Ação de alteração de registro civil. Sentença de improcedência para acrescer ao sobrenome da autora o patronímico do marido. Casamento entre brasileira e estadunidense realizado em Belize. Retificação do traslado do ato civil praticado no estrangeiro. Trasladação. Simples transcrição. Ato que não pode ser objeto de qualquer inserção ou suprimento. Princípio do *locus regit actum*. Observância ao artigo 32 da Lei de Registros Públicos (6.015/1973) e 1.544 do Código Civil. [...]. A trasladação do assento de casamento ocorrido em país estrangeiro consiste em mera transcrição do documento original, tendo como objetivo gerar efeitos legais no Brasil, não sendo possível alterar o nome dos cônjuges, uma vez ausente providência idêntica do assento de origem. A Lei dos Registros Públicos autoriza a retificação do assento no registro civil tão somente em caso de erro evidente, constatável desde logo, em confronto com os dados constantes no documento original" (TJPR, Apelação Cível 1328990-4, 12.ª Câmara Cível, Curitiba, Rel. Des. Ivanise Maria Tratz Martins, j. 16.09.2015, *DJPR* 1º.10.2015, p. 275).

Art. 1.545. O casamento de pessoas que, na posse do estado de casadas, não possam manifestar vontade, ou tenham falecido, não se pode contestar em prejuízo da prole comum,

salvo mediante certidão do Registro Civil que prove que já era casada alguma delas, quando contraiu o casamento impugnado.

COMENTÁRIOS DOUTRINÁRIOS: Ao lado das provas diretas do casamento, o Código Civil também trata da prova indireta, que é feita pela *posse de estado de casados*, ou seja, pela demonstração pública da situação de casados. Para tanto, são utilizados três critérios para a sua demonstração, o que remonta ao Direito Romano, a saber: a) *nomen* ou *nominatio*, pelo fato de um cônjuge utilizar o nome do outro; b) *tractatus* ou *tractatio*, pois os cônjuges se tratam como se fossem casados; e c) *fama* ou *reputatio*, diante do reconhecimento geral, da reputação social, de que ambos são casados. Conforme o comando em estudo, o casamento de pessoas que, na posse do estado de casadas, não possam manifestar vontade, ou tenham falecido, não se pode contestar em prejuízo da prole comum. Essa regra deverá ser aplicada salvo se existir certidão do Registro Civil que prove que já era casada alguma delas, quando contraiu o casamento impugnado. Tais requisitos, como se verá, também têm sido utilizados para a demonstração da união estável e da posse de estado de filhos, gerador da parentalidade socioafetiva.

Art. 1.546. Quando a prova da celebração legal do casamento resultar de processo judicial, o registro da sentença no livro do Registro Civil produzirá, tanto no que toca aos cônjuges como no que respeita aos filhos, todos os efeitos civis desde a data do casamento.

COMENTÁRIOS DOUTRINÁRIOS: Quando a prova da celebração legal do casamento resultar de eventual processo judicial, o registro da sentença no livro do Registro Civil produzirá, tanto no que toca aos cônjuges como no que diz respeito aos filhos, todos os efeitos civis desde a data do casamento. Em suma, os efeitos da sentença declaratória da ação que visa a provar o casamento são retroativos (*ex tunc*).

Art. 1.547. Na dúvida entre as provas favoráveis e contrárias, julgar-se-á pelo casamento, se os cônjuges, cujo casamento se impugna, viverem ou tiverem vivido na posse do estado de casados.

COMENTÁRIOS DOUTRINÁRIOS: Como última regra a respeito da prova do casamento, no caso de uma ação judicial para tanto, deve-se aplicar a regra *in dubio pro matrimonio*. Isso porque, na dúvida entre as provas favoráveis e as provas contrárias, deve-se julgar pela existência do casamento, se os cônjuges, cujo casamento se impugna, viverem ou tiverem vivido na posse do estado de casados. Esse ditame de interpretação ou hermenêutica consta do dispositivo transcrito.

CAPÍTULO VIII
DA INVALIDADE DO CASAMENTO

COMENTÁRIOS DOUTRINÁRIOS INTRODUTÓRIOS: A invalidade de um ato ou negócio jurídico está relacionada com a teoria das nulidades, estudada na Parte Geral do Código Civil. Mas como o casamento é um negócio jurídico complexo e único (*sui generis*), existem normas especiais quanto à sua invalidade, que devem necessariamente ser consideradas para a prática, diante de um tratamento específico que consta da Parte Especial da codificação material. De qualquer forma, como muitas vezes não há solução dentro dessas regras especiais, será buscado o *socorro técnico* na teoria geral do negócio jurídico para solucionar eventuais dúvidas ou conflitos. Isso porque todo casamento é um negócio jurídico, não havendo aplicação por analogia ou interpretação extensiva, mas mera incidência direta da norma jurídica ou subsunção. Vale dizer que essa aplicação ocorrerá somente em casos excepcionais, eis que existem dispositivos legais previstos para as nulidades do casamento. Quando são estudados os problemas que atingem a formação do casamento, a doutrina aponta três hipóteses: a) casamento inexistente; b) casamento nulo; e c) casamento anulável. No primeiro caso não se tem propriamente hipótese de invalidade, sendo certo que não sigo a chamada *teoria da inexistência* dos atos e negócios jurídicos em geral. No meu entender, essa teoria não foi adotada tanto pelo Código Civil de 1916 como pelo Código Civil de 2002, sendo certo que o art. 104 da atual codificação já adentrou diretamente no plano da validade. De toda sorte, muitos doutrinadores são adeptos da teoria da inexistência, caso do coautor deste livro, José Fernando Simão. Sigo a antiga lição doutrinária no sentido de ser a teoria da inexistência inútil, inconveniente e inapropriada, uma vez que o Código Civil procurou resolver os problemas e vícios dos negócios jurídicos no plano da validade. Pontue-se que a *teoria da inexistência* surgiu na doutrina europeia em 1808, a partir do trabalho de Zachariae von Linghental, para então explicar a hipótese fática do casamento entre pessoas do mesmo sexo, que não era tratado como situação de nulidade na época. Assim, criou-se a alternativa de se reconhecer a inexistência do ato, argumento que não vale mais para a realidade brasileira atual, que admite o casamento homoafetivo, como antes demonstrei. Restam, portanto, duas hipóteses geralmente apontadas como de casamento inexistente. A primeira diz respeito à ausência total de vontade, como no caso de a pessoa se casar totalmente sedada. A segunda é o caso de incompetência absoluta da autoridade celebrante (*ratione materiae*). São elencados, no último enquadramento categórico, os casos de casamento celebrado por juiz de direito – nas hipóteses em que o juiz de paz ou de casamento for a autoridade competente –, por promotor de justiça, por delegado de polícia, somente perante a autoridade eclesiástica – sem a conversão em casamento civil ou perante uma *autoridade local*. Como autoridade local, podem ser citados os casamentos celebrados pelos coronéis e fazendeiros, pelo interior do Brasil no passado. Com todo o respeito em relação a quem admite o casamento inexistente, entendo que a melhor solução é considerar as hipóteses como de nulidade absoluta, por indeterminação do objeto – diante da ausência de vontade – e por desrespeito à forma ou à solenidade (art. 166, incs. II, IV e V, do CC). Por esse caminho, a título de exemplo, poderá ser convalidado pela coabitação um casamento nulo que perdurou por muito tempo. Se considerarmos que o casamento é inexistente nessas situações, haverá entre as partes mera união estável, o que não se coaduna com a vontade dos contraentes, que sempre quiseram o casamento. Esse entendimento, na verdade, confirma a tese de que a teoria da inexistência pode gerar situações injustas e que, para o casamento, em alguns casos, deve-se buscar socorro na teoria das nulidades prevista na Parte Geral do Código Civil. Em complemento, nota-se que o Código Civil não traz qualquer tratamento para ação visando a reconhecer a inexistência do casamento, o que, em regra, não é necessário, pois o *ato inexistente é um nada para o Direito*. Porém, em algumas situações, será necessária ação específica para afastar efeitos deste ato que não existe. Conforme apontam os adeptos da teoria da inexistência, para essa ação aplicam-se as mesmas regras previstas para a ação de nulidade absoluta, tais como a inexistência de prazos para sua declaração – não sujeita à decadência –, a possibilidade de sua propositura pelo Ministério Público e efeitos retroativos da sentença ou *ex tunc*. Além disso, tem-se reconhecido que a inexistência do casamento pode ser conhecida de ofício pelo juiz, como nas hipóteses de casamento celebrado por autoridade absolutamente incompetente, em razão da matéria. Aqui reside mais um motivo para se criticar a teoria da inexistência do casamento. Assim, se serão aplicadas as regras de nulidade absoluta, inútil seria o plano da existência, sendo melhor considerar que o casamento é nulo. Ressalve-se que o casamento inexistente não pode ser reconhecido como casamento putativo, não gerando efeitos aos cônjuges que estejam de boa-fé. Em outras palavras, o art. 1.561 do CC não deve ser aplicado a essa forma de vício, segundo a interpretação majoritária que tem sido dada ao último comando. Eis mais uma e última razão para se criticar a teoria da inexistência, pois a boa-fé não pode curar o que não existe. Se as hipóteses aqui analisadas fossem enquadradas como de nulidade absoluta, seria perfeitamente possível o aproveitamento do ato como um casamento, para todos os efeitos familiares. Tal interpretação se coaduna com a expressão do art. 226, *caput*, da CF/1988, segundo a qual a família é a base da sociedade, contando com especial proteção do Estado. Representa ainda clara aplicação dos princípios da função social e da boa-fé no âmbito do Direito de Família. Como última nota doutrinária, lembro que os casos de inexistência – para aqueles que a admitem – e de invalidade do casamento – nulidade e anulabilidade – geram a sua extinção por motivos anteriores à sua celebração, envolvendo os planos da existência e da validade do casamento. Não se confundem, assim, com o divórcio, que gera a extinção do casamento por motivos posteriores à sua celebração, e que estão no seu plano da eficácia, conforme ainda se verá.

REFORMA DO CÓDIGO CIVIL: O tratamento da invalidade do casamento necessita de reparos, sobretudo para se adequar ao tratamento previsto na Parte Geral, o que foi proposto pela Comissão de Juristas e será analisado a seguir.

Art. 1.548. É nulo o casamento contraído:

I – Revogado pela Lei n. 13.146/2015.

II – por infringência de impedimento.

COMENTÁRIOS DOUTRINÁRIOS: A norma em estudo preconiza, de forma inicialmente taxativa, as hipóteses de nulidade absoluta do casamento. Advirta-se, contudo, que a primeira delas foi revogada pela Lei n. 13.146/2015 (Estatuto da Pessoa com Deficiência). Previa o dispositivo que seria nulo o casamento contraído por enfermo mental sem o necessário discernimento para a prática dos atos da vida civil. A norma jurídica visava a proteger aqueles que não têm vontade relevante para o ato a ser celebrado. A proteção era considerada a mesma constante do então art. 3º, inc. II, do CC, também incluindo os doentes mentais sem discernimento, eis que enfermidade e doença seriam expressões sinônimas. Deveria apenas ser feita a ressalva de que não se exigia o processo de interdição prévio para o casamento ser considerado nulo, como vinha entendendo doutrina e jurisprudência majoritárias. De todo modo, com vistas à plena inclusão das pessoas com deficiência, esse dispositivo foi revogado expressamente pelo art. 114 da Lei n. 13.146/2015. A par dessa realidade, as pessoas antes descritas no comando podem se casar livremente, não sendo mais consideradas como absolutamente incapazes no sistema civil brasileiro. A inovação veio em boa hora, pois a lei presumia de forma absoluta que o casamento seria prejudicial aos então incapazes, o que não se sustentava social e juridicamente. Aliás, conforme se retira do art. 1º da norma emergente, o Estatuto da Pessoa com Deficiência é destinado a assegurar e a promover, em condições de igualdade, o exercício dos direitos e das liberdades fundamentais por pessoa com deficiência, visando à sua inclusão social e cidadania. A possibilidade atual de casamento dessas pessoas parece tender a alcançar tais objetivos, especialmente pelo que consta do art. 6º da mesma norma especial, aqui antes já citado. De qualquer modo, entendo que é preciso retomar a antiga previsão constante originalmente no art. 3º do Código Civil de 2002, no sentido de ser reconhecida como absolutamente incapaz a pessoa que não tenha qualquer condição de exprimir vontade. Cite-se, como exemplos, a pessoa que se encontra em coma profundo ou o portador do mal Alzheimer. Nesse sentido, dei parecer ao anterior Projeto de Lei n. 757/2015, em curso no Congresso Nacional, e que pretende alterar o Código Civil de 2002, o Código de Processo Civil de 2015 e o próprio Estatuto da Pessoa com Deficiência. Na Câmara dos Deputados, onde agora a projeção tramita, o número do projeto é PL 11.091/2018. O Anteprojeto de Reforma do Código Civil, como se sabe, também pretende alterar o tratamento do tema, afastando os problemas aqui relatados. Urge, portanto, que o dispositivo revogado em matéria de nulidade de casamento volte parcialmente ao sistema jurídico, sem que exista qualquer relação com a pessoa com deficiência, assim como deve ocorrer com a reintrodução da regra do art. 3º, inc. III, no CC/2002. Caso isso não ocorra, uma solução possível para resolver o problema seria concluir que, nos casos em que não há vontade daquele que celebra o ato, o negócio jurídico deveria ser considerado inexistente. Todavia, já expus os vários problemas teóricos e práticos atinentes à teoria da inexistência. Entendo que o caminho pela teoria da inexistência gera muita instabilidade e incerteza, como sempre ocorreu na prática. Isso justifica o retorno parcial do comando, com a ressalva de que ele não pode atingir a pessoa com deficiência, pelo menos em regra, pelo que consta do art. 6º do EPD. Reitere-se que o Anteprojeto de Reforma do Código Civil, em curso no Senado Federal, pretende seguir esse caminho, com a seguinte redação para o art. 3º, inc. II, do Código Civil, ora proposto e como absolutamente incapazes: "aqueles que por nenhum meio possam expressar sua vontade, em caráter temporário ou permanente". Feita essa importante pontuação, acrescente-se que havia uma questão polêmica a respeito da antiga regra. Como enquadrar a previsão das pessoas que, por causa transitória ou definitiva, não pudessem exprimir vontade, antes prevista no art. 3º, inc. III, do CC/2002? O casamento celebrado por essas pessoas seria inexistente, nulo ou anulável? Para os adeptos da teoria da inexistência, o casamento seria considerado inexistente, por ausência de vontade. De qualquer forma, havia entendimento majoritário na doutrina enquadrando a hipótese como de anulabilidade, nos termos do art. 1.550, inc. IV, do CC/2002, relativo ao incapaz de consentir e de manifestar de forma inequívoca a sua vontade. Nessa linha, o Enunciado n. 332, aprovado na *IV Jornada de Direito Civil*, deu interpretação restritiva ao art. 1.548, inc. I, do CC, não admitindo a nulidade absoluta do casamento das pessoas então descritas no art. 3º, inc. III, do CC e seguindo, portanto, essa corrente, que era tida como majoritária: "A hipótese de nulidade prevista no inc. I do art. 1.548 do Código Civil se restringe ao casamento realizado por enfermo mental absolutamente incapaz, nos termos do inc. II do art. 3º do Código Civil". Entretanto, sempre entendi que a hipótese então descrita no art. 3º, inc. III, do CC seria de nulidade absoluta do casamento se a pessoa incapaz não tivesse a mínima condição de exprimir sua vontade. Isso porque a previsão do então art. 3º, III, estaria mais próxima do anterior art. 1.548, inc. I, do que do art. 1.550, inc. IV. Porém, com a mudança do sistema pelo Estatuto da Pessoa com Deficiência esse panorama mudou consideravelmente, o que parece afastar toda a polêmica anterior. Isso porque as pessoas que por causa transitória ou definitiva não puderem exprimir vontade passaram a ser tratadas como relativamente incapazes, pelo novo art. 4º, inc. III, do Código Civil. Desse modo, não há mais como enquadrar o seu casamento como nulo, mas apenas como anulável, presente um incapaz de consentir e de manifestar de modo inequívoco a sua vontade (art. 1.550, inc. IV, do CC). Em suma, nota-se que o casamento nulo, no sistema ora em vigor, somente estará presente na hipótese de infringência aos impedimentos matrimoniais, não se cogitando mais a nulidade por problema de vontade. Em resumo, a Lei n. 13.146/2015 parece ter sanado mais essa controvérsia, pelo menos no campo técnico-jurídico e apesar dos problemas que também gerou. No tocante à hipótese de nulidade do casamento que resta, como antes demonstrado, os únicos impedimentos matrimoniais estão previstos no art. 1.521 do CC. São impedimentos decorrentes de parentesco consanguíneo, de parentesco por afinidade, de parentesco civil, de vínculo matrimonial e de crime cometido. Como esses impedimentos são insanáveis e graves, a lei consagra como consequência da sua infringência a nulidade absoluta do casamento.

JURISPRUDÊNCIA COMENTADA: Trazendo interessante debate jurisprudencial de Direito Intertemporal relativo a casamento celebrado antes da citada revogação pelo Estatuto da Pessoa com Deficiência e confirmando muitas das minhas afirmações: "No Brasil, a Convenção sobre os Direitos das Pessoas com Deficiência e seu Protocolo Facultativo de Nova York foi ratificada pelo Congresso Nacional por meio do Decreto Legislativo n. 186/2008, em conformidade com o procedimento previsto no artigo 5º, § 3º, da Constituição Federal, e promulgada pelo Decreto n. 6.949, de 25/08/2009, marcando a internalização dessa convenção internacional em nosso ordenamento jurídico. No plano infraconstitucional, o Estatuto da Pessoa com Deficiência, concretizando os compromissos assumidos pelo Brasil no plano externo, foi aprovado pela Lei n. 13.146, de 06/07/2015, destinando-se a assegurar e a promover, em condições de igualdade, o exercício dos direitos e das liberdades fundamentais das pessoas com deficiência, visando à sua inclusão social e cidadania (artigo 1º). Importante destacar que o Estatuto da Pessoa com Deficiência, no plano interno, deu nova roupagem à conformação das incapacidades no ordenamento jurídico-civil brasileiro, uma vez que expressamente consagrou-se que a deficiência não afeta a plena capacidade civil da pessoa (artigo 6º). De acordo com a nova sistemática, as pessoas com deficiência não são mais consideradas absolutamente incapazes, do que decorreu a revogação dos incisos II e III do art. 3º do Código Civil, mas tão somente relativamente incapazes se, por causa transitória ou permanente, não puderem exprimir sua vontade, ou sobre a maneira de os exercer, sobre certos atos da vida civil. Ocorre, contudo, que a nova tessitura legislativa, a despeito das louváveis inovações que introduzira no ordenamento jurídico-civil, não é suficiente para alterar a declaração de nulidade de casamento realizada pelo Juiz de primeiro grau. Isso porque a celebração do enlace se deu antes da vigência da Lei n. 13.146/2015, quando ainda vigorava o inciso I do artigo 1.548 do Código Civil, segundo o qual seria nulo o casamento contraído por enfermo mental sem o necessário discernimento para os atos da vida civil. Por mais que a nova disciplina normativa não preveja a deficiência mental como causa para obstaculizar o casamento, não há dúvida de que ele só possa ser realizado por quem tenha, de alguma maneira, capacidade para assentir sobre este ato civil. A prova produzida, de forma inafastável, desde o tempo em que realizada a interdição do Réu até a perícia feita nestes autos, salienta a inexistência de aptidão para que ele, de forma autônoma, possa exprimir sua vontade sobre o ato de casar-se. Dessa maneira, se o caso dos autos é de casamento de pessoa com deficiência contraído anteriormente à edição da Lei n. 13.146/2015, é certo que os vícios que macularam de nulidade os casamentos anteriormente celebrados não poderão ser convalidados tão somente pelo fato de que o legislador infraconstitucional deu nova roupagem à teoria das capacidades no ordenamento jurídico--civil" (TJDF, Apelação Cível 2015.06.1.013240-4, Acórdão 111.3483, 5.ª Turma Cível, Rel. Des. Ângelo Passareli, j. 01.08.2018, *DJDFTE* 09.08.2018). Na mesma linha: "Nos termos do art. 1.548, I, do Código Civil Brasileiro, vigente ao tempo do enlace, é nulo o casamento contraído pelo enfermo mental sem o necessário discernimento para os atos da vida civil. Nessa esteira, deve prosperar o pedido autoral de reforma da sentença, uma vez que não é razoável concluir que o *de cujus* aos 78 (setenta e oito) anos tenha apresentado transtornos de personalidade e de comportamento que indicavam sua incapacidade, em seguida, aos 81 (oitenta e um) anos sua saúde mental tenha se restabelecido, para cerca de 1 (um) ano e meio depois apresentar transtorno neuropsiquiátrico e demência. Além de se considerar o frágil estado de saúde do *de cujus* ao tempo do casamento, a diferença de idade de cerca de sessenta anos entre a ré e o genitor da autora, e o fato de que a ré é sobrinha de uma das noras do *de cujus*, corroboram as alegações autorais de que a ré se casou com seu pai exclusivamente com vistas a obter vantagens patrimoniais" (TJPE, Apelação 0074581-91.2007.8.17.0001, 4.ª Câmara Cível, Rel. Juiz Conv. Mariana Vargas Cunha de Oliveira Lima, j. 09.03.2017, *DJEPE* 19.04.2017).

REFORMA DO CÓDIGO CIVIL: Tendo em vista as imperiosas modificações que são propostas pela Comissão de Juristas para a teoria das incapacidades (arts. 3º e 4º do CC), segundo desenvolvi nos meus comentários doutrinários, é necessário modificar o atual regime de nulidade absoluta do casamento. Nesse contexto, inclui-se um inciso III no art. 1.548, expressando ser nulo o casamento contraído pelas pessoas mencionadas no inc. II do art. 3º do próprio Código, a saber: "aqueles que por nenhum meio possam expressar sua vontade, em caráter temporário ou permanente". Por óbvio, não há razão para se considerar como simplesmente anulável o casamento de uma pessoa que não tenha condição alguma de expressar a sua vontade, como é o caso da quem está em coma profundo, sendo urgente essa alteração no texto legal. Além disso, para sanar a antes exposta polêmica a respeito da modificação do art. 1.520 do Código Civil, e do chamado *casamento infantil*, inclui-se expressamente a nulidade absoluta do casamento contraído "por quem ainda não atingiu a idade núbil", ou seja, em se tratando de pessoa com menos de dezesseis anos de idade (novo art. 1.548, inc. I-A).

Art. 1.549. A decretação de nulidade de casamento, pelos motivos previstos no artigo antecedente, pode ser promovida mediante ação direta, por qualquer interessado, ou pelo Ministério Público.

COMENTÁRIOS DOUTRINÁRIOS: O Código Civil em vigor não menciona mais a nulidade absoluta no caso de casamento celebrado perante autoridade incompetente, o que constava do art. 208 do CC/1916, sendo certo que a incompetência em relação ao local (*ratione loci*) gera a sua anulabilidade, como ainda se verá. Quanto aos seus efeitos e procedimentos, a eventual ação correspondente é denominada *ação declaratória de nulidade absoluta de casamento*. Diante desse caráter declaratório, afirma-se que a ação é imprescritível, seguindo os critérios desenvolvidos pelo *clássico* Agnelo Amorim Filho e adotados pela codificação de 2002. Além disso, pode-se argumentar que, além de envolver preceitos de ordem pública e de Direito de Família, a nulidade não convalesce pelo decurso do tempo, como está previsto expressamente no art. 169 do próprio Código Civil. Nos termos da norma em comentário, a decretação de nulidade pode ser promovida mediante a citada ação, por qualquer interessado ou mesmo pelo Ministério Público, igualmente por envolver preceitos de ordem pública. Quanto ao foro competente, este seria o da residência da mulher, pelo que constava do art. 100, inc. I, do CPC/1973. Todavia, a regra passou a ser o foro de domicílio do guardião do incapaz, pelo CPC/2015. Não o havendo, o foro competente é o do último domicílio do casal. Além disso, será competente o foro de domicílio do réu, se nenhuma das partes residir no antigo domicílio do casal (art. 53 do CPC em vigor). Porém, eventualmente, haverá competência do foro de residência da pessoa sob violência doméstica ou familiar, o que foi incluído no preceito instrumental por força da Lei n. 13.894/2019, única hipótese em que se admite a vulnerabilidade da mulher para os devidos fins processuais. Na linha do que leciona a doutrina quase com unanimidade, a nulidade absoluta não pode ser reconhecida de ofício, mas apenas o impedimento matrimonial, de acordo com o antes citado art. 1.522 do CC/2002. Eis aqui mais um exemplo de aplicação do *princípio da não intervenção*, constante do antes comentado art. 1.513 do Código Civil. Não se olvide a existência de polêmica, uma vez que, como a matéria de nulidade é de ordem pública, deveria ser conhecida de ofício pelo juiz, nos termos da regra do parágrafo único do art. 168 do CC/2002. Em suma, entendo que é forte o argumento de que o último dispositivo deveria prevalecer em relação ao princípio da não intervenção, o que não prevalece na doutrina. A Reforma do Código Civil, como se verá, pretende resolver esse dilema. Por fim, consigne-se que o Código de Processo Civil de 2015 traz um tópico próprio a respeito das ações de Direito de Família, atribuindo um rito especial a tais demandas (arts. 693 a 699 do CPC/2015). Não há previsão expressa de aplicação dessas normas específicas às ações de invalidade do casamento (nulidade absoluta ou relativa). Nos termos do art. 693 do Codex, "as normas deste Capítulo aplicam-se aos processos contenciosos de divórcio, separação, reconhecimento e extinção de união estável, guarda, visitação e filiação". Entendo que o rol previsto no artigo instrumental é meramente exemplificativo (*numerus apertus*), e não taxativo (*numerus clausus*). Fixada tal premissa, o procedimento especial pode ser perfeitamente aplicado à ação de nulidade do casamento. Pontue-se que essa nossa forma de pensar foi adotada no X Congresso Brasileiro do IBDFAM, em outubro de 2015, com a aprovação do Enunciado n. 19 daquela entidade, segundo o qual "o rol do art. 693 do Novo CPC é meramente exemplificativo, e não taxativo".

JURISPRUDÊNCIA COMENTADA: Afastando o conhecimento de ofício da nulidade do casamento, como comentei: "A decretação de nulidades relacionadas ao casamento segue regramento específico e somente pode ser promovida por meio de ação própria, conforme determina o art. 1.549 do Código Civil" (TJDF, Apelação Cível 2016.11.1.002514-5, Acórdão 113.9002, 8.ª Turma Cível, Rel. Des. Diaulas Costa Ribeiro, j. 22.11.2018, *DJDFTE* 27.11.2018). Além disso, reconhecendo a legitimidade do Ministério Público e afastando prazo de cento e oitenta dias que foi ventilado pela parte: "Legitimidade *ad causam* do Ministério Público autor. Art. 1.549 do CCB. Preliminar rejeitada. Fundamentado o pedido em alegação de nulidade *ipso facto* do matrimônio, está o Ministério Público legitimado para a propositura da ação que questiona a validade do ato, nos termos do art. 1.549 do Código Civil. Direito de ação. Arguição de prescrição rejeitada. Ao pedido de declaração de nulidade absoluta do casamento não se aplica o prazo prescricional de 180 dias previsto no inciso I do art. 1.560 do Código Civil, que versa sobre a hipótese de anulabilidade do ato jurídico, por sua vez disposta no inciso IV do art. 1.550 do mesmo diploma legal" (TJRS, Agravo de Instrumento 0137120-22.2016.8.21.7000, 7.ª Câmara Cível, Caxias do Sul, Rel. Des. Sandra Brisolara Medeiros, j. 28.09.2016, *DJERS* 03.10.2016).

REFORMA DO CÓDIGO CIVIL: A Comissão de Juristas propõe uma melhora na redação do *caput* do art. 1.549, substituindo-se o termo "promovida" por "postulada", *in verbis*: "a declaração de nulidade de casamento, pelos motivos previstos no artigo antecedente, pode ser postulada por ação direta, por qualquer interessado, ou pelo Ministério Público". Além disso, sugere-se a inclusão de um parágrafo único, para que, resolvendo a divergência por mim exposta, seja possível o conhecimento de ofício da nulidade absoluta do casamento: "em tendo conhecimento da nulidade do casamento o juiz deve declará-la de ofício". De fato, convenci-me totalmente, no processo de elaboração do Anteprojeto, de que não há razão para que se conclua de forma contrária, porque a nulidade absoluta do casamento envolve matéria cogente ou de ordem pública, exatamente como está no art. 168 da própria codificação privada. Assim, é preciso manter a coerência do sistema de invalidades, sobretudo com a Parte Geral, o que foi adotado em outras propostas de atualização pela Comissão de Juristas.

Art. 1.550. É anulável o casamento:

I – de quem não completou a idade mínima para casar;

II – do menor em idade núbil, quando não autorizado por seu representante legal;

III – por vício da vontade, nos termos dos arts. 1.556 a 1.558;

IV – do incapaz de consentir ou manifestar, de modo inequívoco, o consentimento;

V – realizado pelo mandatário, sem que ele ou o outro contraente soubesse da revogação do mandato, e não sobrevindo coabitação entre os cônjuges;

VI – por incompetência da autoridade celebrante.

§ 1º Equipara-se à revogação a invalidade do mandato judicialmente decretada. (Redação dada pela Lei n. 13.146/2015)

§ 2º A pessoa com deficiência mental ou intelectual em idade núbia poderá contrair matrimônio, expressando sua vontade diretamente ou por meio de seu responsável ou curador. (Incluído pela Lei n. 13.146/2015)

COMENTÁRIOS DOUTRINÁRIOS: As hipóteses de anulabilidade do casamento constam de rol taxativo (*numerus clausus*) previsto no comando em estudo, sem prejuízo de outros dispositivos que completam o tratamento da matéria. Ressalte-se que o Código Civil de 2002 retirou uma previsão de anulabilidade que era totalmente desatualizada, envolvendo o rapto (art. 183, inc. X, do CC/1916). De todo modo, advirta-se que os casos concretos de anulação do casamento são raros na prática contemporânea do Direito de Família. Passando para o estudo das hipóteses elencadas na lei, como primeira delas, é anulável o casamento o contraído por quem não completou a idade mínima para casar, a *idade núbil*, estando aqui menor de 16 anos. O Código Civil de 2002 igualou a idade núbil em 16 anos, tanto para homem quanto para mulher, sendo certo que o Código Civil de 1916 previa que a idade núbil das mulheres era de 16 anos e dos homens 18 anos (art. 183, inc. XII). Isso porque a puberdade é apontada como um requisito para a constituição do casamento. O menor que tiver menos idade do que o limite mínimo para casar necessitaria de autorização judicial, com as ressalvas que eram, feitas quanto ao art. 1.520 do Código Civil, como antes pontuei. Porém, o casamento do menor de 16 anos passou a ser expressamente vedado, por força das alterações desse comando pela Lei n. 13.811/2019. Todavia, reitero a minha posição doutrinária no sentido de continuar sendo o casamento anulável, pois não houve revogação expressa da norma em estudo, sendo necessária uma alteração legislativa para que se expresse a nulidade absoluta do casamento. Além disso, como desenvolvi nos comentários ao art. 1.520 da codificação, o casamento infantil já era vedado no sistema anterior. Como segunda hipótese prevista em lei, é anulável o casamento contraído por menor em idade núbil – entre 16 e 18 anos –, não havendo autorização do seu representante legal. Lembro que o menor entre 16 e 18 anos não necessita de autorização judicial para se casar, mas apenas do consentimento de seus pais ou outros representantes, caso dos tutores (art. 1.517 do CC). Repito que se trata de uma *autorização especial*, que não se confunde com assistência, tratada pela Parte Geral do Código Civil. Nota-se que os menores recebem um tratamento específico quando se fala em capacidade para o casamento. Diante desse tratamento diferenciado, não podem ser invocadas as regras previstas para a teoria das nulidades na Parte Geral do Código Civil. Nota-se que o casamento celebrado por menores, sejam eles absoluta ou relativamente incapazes, é anulável. Confrontando-se com o tratamento relativo aos demais negócios jurídicos, os contratos celebrados por menores de 16 anos – absolutamente incapazes, sem a devida representação, são nulos (art. 166, inc. I, do CC). Já os contratos celebrados por menores entre dezesseis e dezoito anos, relativamente incapazes, são anuláveis. Seguindo, como terceira previsão legal, tem-se a anulabilidade do casamento celebrado sob coação moral e por erro essencial quanto à pessoa, o que merecerá maiores aprofundamentos quando da análise dos arts. 1.558 e 1.557 da codificação privada. A quarta hipótese de anulação, prevista no inc. IV do art. 1.550, diz respeito ao incapaz de consentir e de manifestar de forma inequívoca a sua vontade. Essa previsão continua a englobar os ébrios habituais, entendidos como os alcoólatras, e os viciados em tóxicos (art. 4º, inc. II, do CC, atualizado com a Lei n. 13.146/2015). Todavia, o comando não incide mais para as pessoas com discernimento mental reduzido e aos excepcionais sem desenvolvimento completo, constantes do art. 4º, incisos II e III, da codificação, antes das alterações advindas do Estatuto da Pessoa com Deficiência. Essas pessoas podem se casar livremente, até porque foi incluído um § 2º no art. 1.550 do CC/2002 pelo EPD, passando a preceituar que a pessoa com deficiência mental ou intelectual em idade núbil poderá contrair matrimônio, expressando sua vontade diretamente ou por meio de seu responsável ou curador. Mais uma vez, nota-se o objetivo de plena inclusão social da pessoa com deficiência, especialmente para os atos existenciais familiares, afastando-se a tese de que o casamento poderia ser-lhe prejudicial. De toda sorte, não havendo discernimento da pessoa com deficiência, pode-se reconhecer a invalidade do ato, com enquadramento no inc. IV do art. 1.550. Em resumo, sobre a teoria das incapacidades prevista nos arts. 3º e 4º do CC e o casamento, foi visto que os casos envolvendo os menores são de anulabilidade do casamento (art. 1.550, incs. I e II); que não mais existem maiores absolutamente incapazes, tendo sido revogado o art. 1.548, inc. I, do CC; e que os casos envolvendo os demais incapazes são de anulabilidade (art. 1.550, inc. IV). Vale repisar, ademais, que as pessoas com deficiência, em regra, podem se casar livremente, nos termos do novo § 2º do art. 1.550 do Código Civil, o que deve ser lido no sentido de haver discernimento para tanto. No que diz respeito aos incapazes tratados nos arts. 3º e 4º da atual codificação, devidamente atualizados pelo Estatuto da Pessoa com Deficiência, faltou abordar uma hipótese: a do pródigo (art. 4º, inc. IV, do CC). Como se sabe, o pródigo é aquele que gasta de maneira destemperada o seu próprio patrimônio, podendo chegar a um estado de miserabilidade, razão pela qual há uma interdição relativa quanto aos atos de alienação de bens (art. 1.782 do CC). Justamente porque a interdição é relativa é que o pródigo pode se casar livremente. Aliás, vale dizer que não sendo celebrado pacto antenupcial, o regime do seu casamento será o da comunhão parcial (regime legal), nos termos do art. 1.640, *caput*, do CC. Não há que se falar na imposição do regime da separação obrigatória de bens, pois o pródigo não consta do art. 1.641 da mesma codificação. As limitações à autonomia privada devem decorrer necessariamente de lei, o que não é o caso. É de se indagar se, para celebrar o pacto antenupcial, fazendo a opção por outro regime, o pródigo deverá ser assistido. A minha resposta é positiva, na linha da doutrina considerada como majoritária, porque o referido pacto tem natureza contratual, envolvendo a administração e a disposição de patrimônio. Não havendo a referida assistência, somente o pacto será anulável, nos termos do art. 171, inc. I, do CC, o que não atinge a validade do casamento celebrado. Como quinta e penúltima previsão legal, é anulável o casamento celebrado por procuração, havendo revogação do mandato. Em suma, enuncia a atual codificação civil que o casamento poderá ser anulado se realizado por mandatário e ocorrendo a revogação do mandato, sem que o representante e o outro cônjuge tivessem conhecimento dessa revogação pelo mandante. Essa revogação terá efeitos se realizada antes da celebração do casamento. Em caso contrário o ato encontra-se aperfeiçoado, não sendo o caso de sua anulação. Também deve ser considerada como hipótese de revogação a invalidade do mandato reconhecida judicialmente, caso da sua nulidade absoluta (art. 1.550, § 1º, do CC). Em suma, a nulidade absoluta ou relativa do mandato gera a anulação do casamento. Cite-se o caso em que a procuração não foi celebrada por escritura pública, conforme exige o antes estudado art. 1.542 do CC, gerando a nulidade absoluta do mandato, por desrespeito à forma e à solenidade (art. 166, incs. IV e V, do CC). Por razões óbvias, a anulação do casamento cabe somente ao mandante, que detém a titularidade dessa ação personalíssima. O outro cônjuge não poderá anular o casamento após a sua celebração, o que constitui outra aplicação da vedação do comportamento contraditório (*venire contra factum proprium non potest*), exemplo de incidência da boa-fé objetiva em sede de Direito de Família. Esse casamento também será convalidado se houver coabitação entre os cônjuges em qualquer hipótese conforme prevê o próprio art. 1.550, inc. V, da atual codificação material. Novamente, é a boa-fé objetiva que proíbe um comportamento contraditório (*venire contra factum proprium*) e impede a anulabilidade do casamento. A questão da prova da manutenção de relação sexual não é simples. De qualquer forma, em situações de dúvida, deve-se entender pela manutenção do casamento quando houver coabitação (*in dubio pro casamento*). Por fim, é anulável o casamento celebrado perante autoridade relativamente incompetente, o que engloba apenas a atinente ao local (*ratione loci*). A título de exemplo, pense-se o caso de um juiz de paz de uma determinada localidade que realiza o casamento em outra, fora de sua competência. Entendo, na linha da melhor doutrina, que na última previsão também se enquadra a incompetência *ratione personae*, quando o substituto do juiz de casamento for incompetente.

JURISPRUDÊNCIA COMENTADA: Analisando a hipótese do inc. IV, relativa ao incapaz de consentir, já sob a vigência do EPD e na linha do que pontuei, entendeu de forma correta o Tribunal do Distrito Federal que "na forma do art. 1.550, IV, do Código Civil, é anulável o casamento do incapaz de consentir ou manifestar, de modo inequívoco, o consentimento. Na situação em exame, o nubente sofreu variados AVCs nos anos anteriores ao casamento, o que comprometeu a sua lucidez e sua capacidade de tomar decisões em sua vida civil, fragilidade de saúde esta que era de conhecimento da ré, a qual atuava como cuidadora contratada. A República Federativa do Brasil é signatária da Convenção de Nova York sobre os Direitos das Pessoas com Deficiência (Decreto n. 6.949/2009), legislação esta com *status* de Emenda Constitucional, por observar os requisitos do § 3º do art. 5º da Constituição. É dever do Estado Brasileiro adotar medidas para proteger as pessoas com deficiência, tanto dentro como fora do lar, contra todas as formas de exploração, violência e abuso. Inteligência do art. 16 deste documento internacional" (TJDF, Proc. 00332.38-05.2014.8.07.0016, Ac. 113.5440, 7.ª Turma Cível, Rel. Des. Gislene Pinheiro, j. 07.11.2018, *DJDFTE* 09.11.2018). Ao final, entendeu-se pela anulabilidade do casamento, afastando o que consta da literalidade do art. 1.550, § 2º, do CC, pela falta de discernimento para o ato. Também com conteúdo interessante, afastando a anulação do casamento, pelo fato de o nubente somente ter problemas físicos, não sendo o caso de se aplicar o inc. IV do art. 1.550: "*In casu*, a incapacidade do apelado se restringe a limitações físicas, decorrentes da sua idade avançada, não havendo qualquer deficiência mental ou intelectual que afete a capacidade de manifestar a sua vontade. A sentença que decretou a interdição do genitor da apelante foi posterior ao casamento realizado e somente relativa a negócios de administração de bens e negócios de cunho patrimonial, não abrangendo, portanto, o instituto do casamento. Assim, não há que se falar em necessidade da anuência de seu curador para realização e concretização do ato. Consoante laudo pericial realizado, diante da capacidade intelectual e psíquica reconhecida antes da sentença que decretou a interdição do genitor da autora, o apelado podia, à época, dispor do seu patrimônio da maneira que entendesse melhor, tendo os seus descendentes apenas uma expectativa de direito de herança com relação a tais bens" (TJDF, Apelação Cível 2014.01.1.052311-4, Acórdão 953.151, 5.ª Turma Cível, Rel. Des. Josaphá Francisco dos

Santos, j. 06.07.2016, *DJDFTE* 15.07.2016). Por fim, confirmando que o rol do art. 1.550 do Código Civil é taxativo, como afirmei: "A alegação de adultério e ameaças não se enquadram nas hipóteses taxativas do mencionado dispositivo" (TJSP, Apelação 0005169-95.2011.8.26.0126, Acórdão 8691601, 14.ª Câmara Extraordinária de Direito Privado, Caraguatatuba, Rel. Des. Edson Luiz de Queiróz, j. 10.08.2015, *DJESP* 21.09.2015).

REFORMA DO CÓDIGO CIVIL: Muitas são as propostas para a alteração do tratamento a respeito da nulidade relativa ou anulabilidade do casamento, pois a norma atual está distante da nossa realidade contemporânea, sendo necessário atualizar o art. 1.550 do Código Civil. De início, propõe-se revogar o inciso I do art. 1.550 do Código Civil, pois, como visto anteriormente, o chamado *casamento infantil*, da pessoa com menos de dezesseis anos, deve ser tratado como hipótese de nulidade absoluta, e não relativa, questão que ainda não está resolvida na atualidade. Em relação ao inciso II, como a Comissão de Juristas recomenda a lei civil não usar mais o termo "menor", ficará ele com a seguinte redação, sem que haja modificação de conteúdo: "II – da pessoa com mais de dezesseis anos de idade, em idade núbil, quando não autorizado por seu representante legal". No que diz respeito aos vícios do consentimento, sugere-se a retirada de um tratamento específico para a anulação do casamento, remetendo-se o tema ao que está previsto na Parte Geral do Código Civil, mantendo-se a harmonia do sistema. Assim, o inciso III do art. 1.550 passará a prever ser anulável o casamento "por erro, dolo ou coação, observado, no que couber, o disposto nos arts. 138 a 155 deste Código". Além de se remeter ao tratamento da Parte Geral, do erro e da coação, é incluída expressamente na lei a possibilidade de anulação do casamento por dolo, o que resolve lacuna anterior. Isso porque, sendo o casamento um negócio jurídico, como bem argumentou a Subcomissão de Direito de Família, "fixada a premissa da sua natureza jurídica, consequência lógica é a projeção, no que couber, dos defeitos invalidades do negócio jurídico (erro, dolo e coação), já previstos e regulados na Parte Geral do Código Civil. A proposição, portanto, não inova, mas apenas ajusta o sistema normativo de invalidação do casamento a previsões já existentes, conferindo harmonia interpretativa e segurança jurídica". Quanto ao inciso IV, também se almeja uma maior clareza no texto, sanando a divergência exposta nos meus comentários doutrinários e passando a prever a nulidade relativa do casamento "das pessoas referidas no inciso II do art. 4º deste Código que não obtiveram o auxílio de apoiadores, quando assim o tiverem desejado". Revoga-se o inc. V e também o parágrafo único, pois, no caso de revogação do mandato, o casamento deve ser considerado como não celebrado. Mesmo destino deve ter o inc. VI, pois houve uma ampliação a respeito da autoridade que pode celebrar o casamento, sem que haja qualquer consequência caso o ato seja público e devidamente registrado. Eventual desrespeito à forma passa a gerar a nulidade relativa por outra previsão, a de um novo inc. VII, segundo o qual será anulável o casamento "quando celebrado em descumprimento da forma para o casamento, conforme prevista neste Código e na legislação sobre registros públicos". De todo modo, penso que essa anulação somente será cabível em casos excepcionalíssimos, pois a regra é a preservação do ato, pelo princípio da conservação do negócio jurídico. Como pontuado, revoga-se o atual § 1º do art. 1.550 do CC, que trata da invalidade do mandato. Por fim, com vistas a um tratamento mais técnico a respeito do casamento da pessoa com deficiência, o § 2º enunciará que "a pessoa com deficiência, em idade núbil, poderá contrair matrimônio, expressando sua vontade, cabendo ao oficial do Registro Civil fornecer os recursos de acessibilidade e de tecnologia assistida disponíveis para que ela tenha garantido o direito de compreender o sentido do casamento e de livremente manifestar-se no momento da celebração". A principal inovação está na disponibilização dos recursos de acessibilidade e de tecnologia assistida pelo oficial do Registro Civil, caso, por exemplo, do uso de lentes, lupas, método *Braille*, equipamentos com síntese de voz, grandes telas de impressão, sistemas de TV com aumento para leitura de documentos, impressoras de pontos e de relevo, entre outros.

Art. 1.551. Não se anulará, por motivo de idade, o casamento de que resultou gravidez.

COMENTÁRIOS DOUTRINÁRIOS: O Código Civil em vigor enuncia hipóteses em que o casamento anulável pode ser convalidado, inclusive por confirmação das partes. Lembre-se que convalidar significa tornar válido o que inicialmente era inválido. Em suma, é sanado um problema que envolve o plano da validade, o segundo degrau da *Escada Ponteana*, na divisão didática do negócio jurídico que sigo. A primeira possibilidade dessa convalidação consta da norma em estudo, pela qual não se anula o casamento, por motivo de idade, se dele resultou gravidez, não sendo necessária sequer a autorização do seu representante legal. A norma tem sua razão de ser, visando a amparar a família pelo casamento, nos termos do art. 226, *caput*, da CF/1988. O dispositivo se aplica tanto aos menores de dezesseis anos quanto aos que se encontram na idade núbil, entre dezesseis e dezoito anos, sendo complementada pelas regras a seguir. Quanto aos menores de 16 anos, reitero a minha posição – exposta quando do estudo do art. 1.520 do Código Civil – no sentido de não ter havido revogação tácita do dispositivo em estudo, já que o seu casamento continua sendo anulável, por força do art. 1.550, inc. I, do CC, que não foi revogado ou alterado pela Lei n. 13.811/2019.

REFORMA DO CÓDIGO CIVIL: A Relatoria-Geral e a Comissão de Juristas aderiram à proposta de emenda formulada por Maria Berenice Dias, para a revogação do dispositivo, pois a nulidade absoluta do casamento da pessoa com menos de dezesseis anos e a nulidade relativa do casamento da pessoa com idade entre dezesseis e dezoito anos devem ser mantidas em todos os casos, não havendo razão, diante das mudanças dos costumes da sociedade brasileira, em se manter a convalidação do casamento em situações tais e em virtude da gravidez. Nas justificativas da jurista, que foram aceitas, "de todo descabido convalidar casamento anulável em face da gravidez, que não enseja o reconhecimento da maioridade. Assim, não faz desaparecer a causa de invalidade do casamento".

Art. 1.552. A anulação do casamento dos menores de dezesseis anos será requerida:

I – pelo próprio cônjuge menor;

II – por seus representantes legais;

III – por seus ascendentes.

COMENTÁRIOS DOUTRINÁRIOS: Reitero, mais uma vez, que o Código Civil de 2002 igualou a idade núbil em 16 anos, tanto para homem quanto para mulher e que o menor que tiver menos idade do que o limite mínimo para casar necessitará de autorização judicial, sempre atendendo ao seu melhor interesse (*best interest of the child*). Eventualmente, sendo celebrado o casamento por alguma falha no Cartório, o ato será considerado anulável, desde que proposta ação anulatória no prazo de cento e oitenta dias, pelo próprio menor, por seus representantes legais ou por seus ascendentes. Apesar de estarem presentes interesses de incapazes, a norma não prevê a legitimidade do Ministério Público para a anulação do casamento e deve prevalecer sobre o art. 178, inc. II, do CPC/2015, que traria conclusão em contrário. Como argumento suplementar, cite-se o *princípio da não intervenção*, retirado do art. 1.513 do Código Civil. Vale lembrar, em complemento, a regra do art. 177 do Código Civil, a respeito dos atos anuláveis em geral, segundo o qual somente o interessado pode arguir a anulabilidade, e não o Ministério Público, por evolver ordem privada ou interesse particular. Como última nota doutrinária, reitero o meu entendimento doutrinário no sentido de que a alteração do art. 1.520 do CC pela Lei n. 13.811/2019 não tornou o casamento infantil nulo de pleno direito, devendo prevalecer as regras especiais em estudo sobre os preceitos da teoria geral do negócio jurídico, previstos na parte inaugural da codificação privada.

REFORMA DO CÓDIGO CIVIL: Como a hipótese do chamado casamento infantil, da pessoa com menos de dezesseis anos que ainda não atingiu a idade núbil, passará a ser tratada com a consequência da nulidade absoluta, o dispositivo perde a sua razão de ser, devendo ser revogado. Assim, passará a ter aplicação a regra do art. 168 do Código Civil, na Parte Geral, com a alegação da nulidade por qualquer interessado ou mesmo pelo Ministério Público, pois a questão envolve matéria de ordem pública: "as nulidades dos artigos antecedentes podem ser alegadas por qualquer interessado, ou pelo Ministério Público, quando lhe couber intervir". Vale lembrar que a hipótese se enquadra no art. 166, inc. VI, primeira parte, pois a lei prevê expressamente que o casamento infantil é nulo, no art. 1.520 do CC. Ademais, caberá o conhecimento de ofício dessa nulidade, não só pelo art. 1.549, parágrafo único, ora projetado, como também pelo parágrafo único do art. 168: "as nulidades devem ser pronunciadas pelo juiz, quando conhecer do negócio jurídico ou dos seus efeitos e as encontrar provadas, não lhe sendo permitido supri-las, ainda que a requerimento das partes". Busca-se, assim, a coerência do sistema civil em matéria de invalidade dos atos e negócios jurídicos.

Art. 1.553. O menor que não atingiu a idade núbil poderá, depois de completá-la, confirmar seu casamento, com a autorização de seus representantes legais, se necessária, ou com suprimento judicial.

COMENTÁRIOS DOUTRINÁRIOS: Trata-se de mais um comando que não foi revogado pela Lei n. 13.811/2019, permanecendo incólume, pelos argumentos pontuados. Como outra regra importante a respeito da convalidação do casamento anulável, enuncia o dispositivo que o menor poderá, depois de completar a idade núbil, confirmar o seu casamento, com a autorização de seus representantes legais, se necessária, ou com suprimento judicial. Essa confirmação expressa está em sintonia com o art. 172 do próprio Código Privado, segundo o qual o negócio anulável pode ser confirmado pelas partes, salvo direito de terceiro. A regra, como se vê, aplica-se ao menor com idade inferior a 16 anos, que expressa e pessoalmente confirmar o ato casamentário no Cartório de Registro Civil ou em eventual ação judicial.

REFORMA DO CÓDIGO CIVIL: Diante da inclusão da regra de ser o *casamento infantil* nulo de pleno direito, hipótese de nulidade absoluta, revoga-se a regra do art. 1.553, que trata de hipótese de convalidação. Mantém-se a coerência com a previsão do art. 169 do Código Civil, segundo o qual a nulidade absoluta não admite convalidação, não sendo possível a confirmação pelas partes: "o negócio jurídico nulo não é suscetível de confirmação, nem convalesce pelo decurso do tempo".

Art. 1.554. Subsiste o casamento celebrado por aquele que, sem possuir a competência exigida na lei, exercer publicamente as funções de juiz de casamentos e, nessa qualidade, tiver registrado o ato no Registro Civil.

COMENTÁRIOS DOUTRINÁRIOS: Trata-se de mais uma hipótese de convalidação do casamento anulável, diante da presença da incompetência relativa em relação ao local (*ratione loci*). Se a autoridade relativamente incompetente exercer publicamente o ato, presentes os requisitos mínimos de validade exigidos pela lei e ocorrer o registro posterior do casamento no Cartório do Registro Civil, este passa a ser válido, afastando-se a anulabilidade ou nulidade relativa. Há polêmica se a norma tem aplicação para a incompetência absoluta, em relação à matéria (*ratione materiae*), como naquelas situações aqui descritas de casamento celebrado por quem não tenha qualquer competência para tanto (*v.g.*, promotor de justiça, delegado de polícia e autoridade local, caso dos antigos coronéis). A minha resposta é negativa, pois não se pode convalidar o que não existe – para os que veem tais situações como de casamento inexistente –, muito menos o negócio jurídico nulo, cuja única hipótese de convalidação é a conversão substancial, prevista no art. 170 do Código Civil.

REFORMA DO CÓDIGO CIVIL: Diante de toda a complexidade existente hoje na interpretação do dispositivo – na linha dos meus comentários –, da busca pela redução de burocracias e de uma maior liberdade a respeito da autoridade celebrante, sendo a anulação do casamento por problema de forma admitida somente possível em casos excepcionais –, a Comissão de Juristas recomenda a revogação expressa do art. 1.554 do Código Civil.

Art. 1.555. O casamento do menor em idade núbil, quando não autorizado por seu representante legal, só poderá ser anulado se a ação for proposta em cento e oitenta dias, por iniciativa do incapaz, ao deixar de sê-lo, de seus representantes legais ou de seus herdeiros necessários.

§ 1º O prazo estabelecido neste artigo será contado do dia em que cessou a incapacidade, no primeiro caso; a partir do casamento, no segundo; e, no terceiro, da morte do incapaz.

§ 2º Não se anulará o casamento quando à sua celebração houverem assistido os representantes legais do incapaz, ou tiverem, por qualquer modo, manifestado sua aprovação.

COMENTÁRIOS DOUTRINÁRIOS: Reafirme-se, com fins didáticos, que o menor entre 16 e 18 anos não necessita de autorização judicial para se casar, mas apenas do consentimento de seus pais ou outros representantes, caso dos tutores (art. 1.517 do CC). Sendo desrespeitada essa premissa, o prazo para a propositura da ação anulatória é decadencial de cento e oitenta dias, ação essa que somente pode ser proposta pelo incapaz (ao deixar de sê-lo), por seus representantes legais ou por seus herdeiros necessários. A respeito do início da contagem dos prazos decadenciais, há as seguintes regras, constantes do § 1º do preceito em comentário: a) se a ação for proposta pelo menor, o prazo será contado a partir do momento em que completar 18 anos; b) se a ação for proposta pelo representante legal, o prazo será contado a partir da celebração do casamento; e c) sendo proposta a ação por herdeiro necessário, o prazo será contado da data do óbito do menor. Além disso, não se anulará esse casamento quando à sua celebração tiverem assistido os representantes legais do menor, ou se esses representantes tiverem manifestado a sua aprovação. Assim, o vício em questão é sanável, podendo o casamento ser convalidado na hipótese descrita pela lei. Na verdade, se os representantes que não autorizaram o casamento estavam presentes à celebração e nada fizeram para impedir a realização, concordaram tacitamente com o enlace. Se pudessem, posteriormente, requerer a anulação, agiriam contrariamente aos ditames da boa-fé objetiva em nítido comportamento contraditório proibido pelo ordenamento (*venire contra factum proprium non potest*). Como última nota doutrinária, o preceito em comento não sofreu qualquer alteração por força da Lei n. 13.811/2019 – que passou a proibir o casamento do menor de 16 anos –, pois trata do casamento do menor a partir dessa idade, ou seja, em idade núbil.

REFORMA DO CÓDIGO CIVIL: A Comissão de Juristas sugere alterações pontuais no art. 1.555, para que passe a ser mais efetivo, e diante de outras modificações que são feitas na codificação privada. Nesse contexto, de início, o *caput* passará a prever, sem utilizar o termo "menor", que "o casamento da pessoa com dezesseis anos ou mais de idade, em idade núbil, quando não autorizado por seu representante legal, só poderá ser anulado se a ação for proposta em cento e oitenta dias, por iniciativa do incapaz, ao deixar de sê-lo, de seus representantes legais ou de seus herdeiros necessários". Ademais, consoante o seu § 1º, com maior clareza, "o prazo estabelecido neste artigo será contado do dia em que cessou a incapacidade, no primeiro caso; a partir do casamento, no segundo; e, no terceiro, da morte do incapaz, se ela ocorrer entre os seus 16 (dezesseis) e 18 (dezoito) anos". Por fim, como a situação do casamento da pessoa entre dezesseis e dezoito anos é de nulidade relativa, mantém-se a possibilidade de sua convalidação no § 2º, com a seguinte dicção e maior clareza, sendo ela admitida se for demonstrado um comportamento concludente do representante legal do incapaz: "não se anulará o casamento quando à sua celebração houverem assistido os representantes legais do incapaz, ou tiverem, por qualquer modo, demonstrado aprovar a celebração". Assim, não se exigirá apenas a manifestação expressa do representante, o que hoje traduz um rigor formal inadmissível.

Art. 1.556. O casamento pode ser anulado por vício da vontade, se houve por parte de um dos nubentes, ao consentir, erro essencial quanto à pessoa do outro.

COMENTÁRIOS DOUTRINÁRIOS: O casamento pode ser anulado se houver por parte de um dos nubentes, ao consentir, erro essencial quanto à pessoa do outro (*error in persona*). Como é notório, no erro, a pessoa se engana sozinha, sendo esse o requisito essencial para a anulação do casamento. O dolo, conforme aponta a maioria da doutrina, não anula o casamento; o que não deixa de ser questionável, diante da gravidade desse vício da vontade. Também em relação ao erro existem alterações engendradas pela Lei n. 13.146/2015, que institui o Estatuto da Pessoa com Deficiência, com vistas à sua inclusão para atos civis existenciais, possibilitando amplamente o seu casamento, com o afastamento do erro como causa de anulação, como se verá a seguir.

JURISPRUDÊNCIA COMENTADA: Afastando o erro, pelo fato de que os fatos alegados já eram de conhecimento do cônjuge que pretendia anular o casamento, em julgamento preciso e correto: "Em demanda que envolve a validade do casamento, tratando-se de direitos indisponíveis, resta afastada a presunção de veracidade dos fatos alegados pela parte autora, conforme dicção do artigo 345, inciso II, do Código de Processo Civil, não há falar em nulidade do casamento no caso concreto, porquanto restou demonstrado que no período de união estável anterior ao matrimônio, o varão já apresentava transtornos mentais, provavelmente decorrentes do uso de substâncias entorpecentes, fato que era do conhecimento da autora" (TJRS, Apelação Cível 0132187-35.2018.8.21.7000, 7.ª Câmara Cível, Guaíba, Rel. Des. Sandra Brisolara

Medeiros, j. 25.07.2018, *DJERS* 31.07.2018). Apontando quais seriam os requisitos para essa anulação, o que somente se admite em casos excepcionais e de maior gravidade, do Tribunal de Justiça de Goiás: "Para que os casos de erro essencial elencados no art. 1.557 do Código Civil sejam aproveitados por quem os alega, faz-se necessária a presença dos seguintes requisitos: 1º) a circunstância ignorada pelo outro cônjuge deve preexistir ao casamento; 2º) a descoberta da verdade deve ser posterior ao matrimônio e 3º) tal descoberta deve tornar insuportável a vida em comum para o cônjuge enganado. As hipóteses que caracterizam o erro essencial e permitem a anulação do casamento estão taxativamente previstas no artigo 1.557, do Código Civil, não se admitindo interpretação extensiva. Não configuradas tais hipóteses, não há que se falar em casamento anulável por erro essencial por parte de um dos cônjuges quanto à pessoa do outro. O débito sexual conduz ao descumprimento do dever conjugal da vida em comum, nos termos do art. 1.566, do CC, o que acarreta a dissolução do casamento através de separação judicial, considerando que mera decepção do cônjuge quanto à periodicidade das relações íntimas não tem a faculdade de acarretar a anulação do casamento" (TJGO, Apelação Cível 100469-69.2007.8.09.0006, Anápolis, Rel. Des. Gilberto Marques Filho, *DJGO* 13.10.2010, p. 128).

REFORMA DO CÓDIGO CIVIL: Como antes pontuado, seguindo proposta da Subcomissão de Direito de Família, a Comissão de Juristas sugere a revogação dos dispositivos que tratam dos vícios do erro e da coação no casamento, remetendo o seu tratamento para a Parte Geral, naquilo que for possível, e mantendo-se a coerência do sistema da teoria das invalidades. Assim, deve ser revogado expressamente o art. 1.556 do Código Civil.

Art. 1.557. Considera-se erro essencial sobre a pessoa do outro cônjuge:

I – o que diz respeito à sua identidade, sua honra e boa fama, sendo esse erro tal que o seu conhecimento ulterior torne insuportável a vida em comum ao cônjuge enganado;

II – a ignorância de crime, anterior ao casamento, que, por sua natureza, torne insuportável a vida conjugal;

III – a ignorância, anterior ao casamento, de defeito físico irremediável que não caracterize deficiência ou de moléstia grave e transmissível, por contágio ou por herança, capaz de pôr em risco a saúde do outro cônjuge ou de sua descendência; (Redação dada pela Lei n. 13.146/2015)

IV – (Revogado).

COMENTÁRIOS DOUTRINÁRIOS: O art. 1.557 da codificação substantiva traz um rol taxativo ou *numerus clausus* de situações excepcionais caracterizadoras do erro, e que merecem um estudo especial. Como antes destaquei, o Estatuto da Pessoa com Deficiência emergente alterou o seu inciso III e revogou o seu inciso IV. Quanto ao primeiro inciso, considera-se erro essencial sobre a pessoa do outro cônjuge no que diz respeito à identidade, honra e boa fama do outro cônjuge, sendo esta uma informação de conhecimento ulterior pelo nubente e que torne insuportável a vida em comum ao cônjuge enganado. A honra deve ser tida em sentido amplo, englobando tanto a autoestima (honra subjetiva) quanto a reputação social (honra objetiva). Na última ideia estaria também a boa fama. Vários são os exemplos apontados há tempos pela doutrina sendo interessante citar os seguintes: casamento celebrado com homossexual, com bissexual, com viciado em tóxicos, com irmão gêmeo de uma pessoa, com pessoa violenta, com viciado em jogos de azar, com pessoa adepta de práticas sexuais não convencionais, entre outras hipóteses. No inciso II, há a previsão de erro relativo à ignorância de crime anterior ao casamento e que por sua natureza torne insuportável a vida conjugal. Como o requisito da insuportabilidade prevalece, não há necessidade do trânsito em julgado da sentença penal, bastando a repercussão social do crime. Como ilustração, casar-se com um grande traficante de drogas, desconhecendo essa característica o outro cônjuge. O inciso III do art. 1.557 trata da ignorância, anterior ao casamento, de defeito físico irremediável, que não caracterize deficiência, ou de moléstia grave e transmissível, pelo contágio ou pela herança, capaz de pôr em risco a saúde do outro cônjuge ou de sua descendência. Pontue-se que a Lei n. 13.146/2015 incluiu a exceção destacada, a respeito da pessoa com deficiência, não cabendo a anulação do casamento em casos tais. Exemplos anteriores de defeitos físicos irremediáveis, mantidos no sistema: hermafroditismo (duas manifestações sexuais); deformações genitais; ulcerações no pênis e impotência *coeundi*, aquela para o ato sexual. Importante destacar que a impotência *generandi* ou *concipiendi*, para ter filhos, não gera a anulabilidade do casamento; o que demonstra que o sexo é mais importante para o casamento do que a procriação. São exemplos clássicos de moléstias graves e transmissíveis: tuberculose, AIDS, hepatite e sífilis. Em todos os casos relacionados, há presunção absoluta ou *iure et de iure* da insuportabilidade da vida em comum, razão pela qual ela não é mencionada na lei. Atente-se que foi revogado pela Lei n. 13.146/2015 o antigo inciso IV do art. 1.557 da codificação civil, que mencionava a ignorância, anterior ao casamento, de doença mental grave que, por sua natureza, tornasse insuportável a vida em comum. Eram exemplos aqui antes mencionados a esquizofrenia, a psicopatia, a psicose, a paranoia, entre outros. Era apontada a desnecessidade de a pessoa estar interditada, no sistema anterior à revogação. Agora, o casamento das pessoas citadas será válido, o que visa a sua plena inclusão social, objetivo primordial do Estatuto da Pessoa com Deficiência, especialmente pelo que consta do seu art. 6º. Cabe ainda anotar que a lei civil já não elencava mais como fundamento do erro quanto à pessoa o defloramento da mulher, ignorado pelo marido (art. 219, inc. IV, do CC/1916). Por óbvio que esse dispositivo perdeu a aplicação prática há tempos, antes mesmo do Código Civil de 2002, não estando adaptado às mudanças de costumes em nosso País e no mundo ocidental civilizado. Por fim, observo que os casos de anulabilidade do casamento por erro essencial são raros na prática, assim como ocorre com a coação, tendo sido substituídos pelo divórcio facilitado, sem discussão de motivos. A anulação por erro era muito utilizada, no passado, por pessoas que pretendiam se casar novamente na Igreja Católica, estando ainda restrita, em casos cada vez mais escassos, para essas situações. Ademais, muitos dos exemplos acima apontados são hoje considerados como superados e mesmo discriminatórios, sendo necessário rever o sistema atual.

JURISPRUDÊNCIA COMENTADA: Sobre o inciso I do art. 1.557 do CC, o Tribunal Fluminense entendeu ser motivo para a anulação por erro a hipótese de "pessoa idosa e ingênua que se casou com mulher vinte e nove anos mais jovem, pensando que esta lhe tinha afeto, quando os fatos imediatamente posteriores à celebração demonstraram que o interesse era apenas patrimonial" (TJRJ, Apelação 200900121641, 19.ª Câmara Cível, Rio de Janeiro, Rel. Des. Cláudio Brandão, j. 04.08.2009, *DORJ* 04.11.2009). Em julgado remoto, já se entendeu que a homossexualidade do cônjuge seria motivo de anulação por erro, o que pode ser contestado em tempos atuais: "Vício de vontade. Esposa que desconhecia o homossexualismo do marido antes do casamento. Artigos 1.556 e 1.557 do Código Civil. Comprovação dos requisitos para anulação" (TJSP, Apelação Cível 580.938.4/6, Acórdão 3250468, 4.ª Câmara de Direito Privado, São Paulo, Rel. Des. Teixeira Leite, j. 11.09.2008, *DJESP* 10.10.2008). Concluindo pela necessidade de prova de uma situação de gravidade que diz respeito à honra e boa fama, julgou de forma correta o Tribunal do Distrito Federal: "Por erro essencial, entende-se o desconhecimento acerca das qualidades e condições pessoais e sociais dos nubentes, características cuja ciência posterior torna insuportável a vida em comum ao cônjuge enganado. Para resultar na anulabilidade do casamento, não basta que a convivência comum tenha se tornado inviável, mas que tal impossibilidade decorra de qualidades relativas à identidade, à honra ou à boa fama da pessoa, as quais devam ser desconhecidas antes da união formal. A existência de erro essencial deve ser comprovada de forma cabal, pois a anulabilidade somente ocorre em caráter excepcional, razão pela qual a ausência de provas inequívocas acerca das alegações resultará na prevalência do casamento" (TJDF, Apelação Cível 2016.05.1.001883-4, Acórdão 100.7698, 7.ª Turma Cível, Rel. Des. Leila Cristina Garbin Arlanch, j. 29.03.2017, *DJDFTE* 05.04.2017). Ainda sobre o mesmo inciso, entendeu o Tribunal de Santa Catarina que "a negativa de manter relações sexuais, pelo demandado, não configura erro essencial quanto à pessoa do outro cônjuge, previsto no art. 1.557, inciso I, do Código Civil, pois não diz respeito à sua identidade, mas à opção por ele feita de não manter determinada conduta" (TJSC, Apelação Cível 0310459-60.2015.8.24.0020, 2.ª Câmara de Direito Civil, Criciúma, Rel. Des. João Batista Góes Ulysséa, *DJSC* 20.06.2017, p. 125). Ademais, não se tem admitido a anulação do casamento por erro nas hipóteses de infidelidade do outro cônjuge, o que enseja apenas o divórcio: "Discute-se no presente recurso se houve erro essencial quanto à pessoa do outro cônjuge a justificar a anulação do casamento. O descumprimento dos deveres conjugais como o da fidelidade recíproca, respeito e consideração mútuos (artigo 1.566, do Código Civil) enseja o divórcio entre as partes (artigo 1.573, do Código Civil), e não a anulação de casamento (artigos 1.556 e 1.557, ambos do Código Civil)" (TJMS, Apelação Cível 0802958-54.2016.8.12.0001, 2.ª Câmara Cível, Rel. Des. Paulo Alberto de Oliveira, *DJMS* 15.08.2018, p. 66). Como última situação atinente ao inciso I do art. 1.557 do CC, merece destaque o debate que afasta a anulação por erro diante de um comportamento diferente do cônjuge após o casamento, longe de um esperado *cônjuge ideal*, o que não se tem aceitado como argumento. Por todos os arestos que assim deduzem: "O cerne da questão controvertida consiste em averiguar se estão presentes os requisitos configuradores do erro essencial sobre a pessoa, mais precisamente o que diz respeito à sua identidade. A irresignação apresentada diz respeito ao comportamento antagônico do cônjuge varão antes e depois do matrimônio. Com efeito, o fato do cônjuge apresentar comportamento diferente do quanto esperado, mais se aproxima de violação dos deveres que ambos os nubentes devem ter no matrimônio do que propriamente a incidência das hipóteses de vício de vontade. A circunstância de um cônjuge não se comportar e agir como o marido ou esposa idealizado não possui o condão de ensejar a anulação do casamento, podendo servir, em tese, de base para um possível pedido de separação ou divórcio" (TJCE, Apelação 42135-75.2006.8.06.0001/1, Câmaras Cíveis Reunidas, Rel. Des. Paulo Francisco Banhos Ponte, *DJCE* 07.02.2014, p. 10). Sobre o inciso II, exigindo o trânsito em julgado da sentença penal condenatória, ao contrário do que sustentei: "Denúncia por crime de homicídio imputado ao réu não constitui erro essencial quanto à pessoa (art. 1.557, II, do CC/02), se não há sentença criminal condenatória com trânsito em julgado por esta conduta, tampouco prova de que a autora não sabia da condição do réu, e que tal fato teria tornado insuportável a vida em comum" (TJRS, Apelação Cível 425773-21.2013.8.21.7000, 7.ª Câmara Cível, São Vicente do Sul, Rel. Des. Liselena Schifino Robles Ribeiro, j. 13.11.2013, *DJERS* 20.11.2013). De todo modo, advirta-se que no caso analisado não restaram comprovadas a insuportabilidade da vida em comum e o desconhecimento do fato criminoso, o que eu considero fundamental para a anulação do casamento. Quanto ao inciso III do art. 1.557, admitindo a anulação por impotência instrumental ou *couendi*: "Comprovada a impotência sexual do varão, e comprovado que esse fato era desconhecido antes do matrimônio, é de rigor considerar demonstrada a caracterização de erro essencial. Desimporta, para isso, a causa da impotência: se física ou psicológica. Importa apenas a consequência. A saber: a ocorrência de erro quanto a uma circunstância essencial do outro, e a frustração de uma legítima expectativa, decorrente dos usos e costumes da nossa cultura, de que haverá sexo entre as pessoas que se casam" (TJRS, Apelação Cível 70036910933, 8.ª Câmara Cível, Rio Grande, Rel. Des. Rui Portanova, j. 22.07.2010, *DJERS* 02.08.2010. Ver, ainda: TJMG, Apelação Cível 10024122275746001, 7.ª Câmara Cível, Rel. Washington Ferreira, j. 25.06.2013).

REFORMA DO CÓDIGO CIVIL: Mais uma vez, seguindo proposta da Subcomissão de Direito de Família, a Comissão de Juristas sugere a revogação dos dispositivos que tratam dos vícios do erro e da coação no casamento, remetendo o seu tratamento para a Parte Geral, naquilo que for possível, e mantendo-se a coerência do sistema. Assim, deve ser revogado o art. 1.557 do Código Civil, até porque muitas das hipóteses de erro essencial quanto à pessoa nele previstas atualmente não se coadunam com a realidade, sobretudo com as mudanças nos costumes verificadas nos últimos tempos, podendo ser tidas até como discriminatórias. Muito mais fácil, ademais, o caminho do divórcio, tido como um direito potestativo dos cônjuges, na linha da proposta de inclusão do novo art. 1.511-D na codificação privada, e aqui antes comentado.

Art. 1.558. É anulável o casamento em virtude de coação, quando o consentimento de um ou de ambos os cônjuges houver sido captado mediante fundado temor de mal considerável e iminente para a vida, a saúde e a honra, sua ou de seus familiares.

COMENTÁRIOS DOUTRINÁRIOS: A coação moral ou *vis compulsiva* constitui um vício da vontade ou do consentimento, havendo tratamento específico na Parte Geral do Código Civil (arts. 151 a 155). Quanto ao casamento, consta conceito específico de coação no art. 1.558 da atual codificação material, ora em estudo, sendo interessante confrontar as duas formas de coação previstas na atual codificação privada. Conforme o art. 151 do Código Civil, no que diz respeito aos atos e negócios jurídicos em geral, a coação incute no paciente fundado temor de dano iminente e considerável à sua pessoa, à sua família, ou aos seus bens. Eventualmente, o dano iminente também pode atingir pessoa que não seja da família do negociante, como uma pessoa que lhe é próxima. Quanto à coação para o casamento, a lei afirma que está presente quando o consentimento de um ou de ambos os cônjuges tiver sido captado mediante fundado temor de mal considerável e iminente para a vida, a saúde e honra, sua ou de seus familiares. Como se observa, há um tratamento diferenciado. Pelo que consta literalmente da lei, não se considera coação para o casamento o temor de mal considerável a bens ou a pessoa que não seja da família do contraente, ao contrário do que ocorre para os atos e negócios jurídicos em geral, caso dos contratos. De toda sorte, apesar dessa diferenciação na literalidade, entendo que é possível que os dois comandos se comuniquem, para os devidos fins de anulabilidade. Em suma, é possível anular um casamento por coação relacionada ao patrimônio ou à pessoa que não seja da família do coato. Além dessa necessária interação entre livros distintos do Código Civil, outros comandos da Parte Geral relativos à coação merecem aplicação para o enfretamento da coação no casamento. De início, é o caso do art. 152 do CC que recomenda a análise *in* concreto da coação, levando em conta o sexo, a idade, a experiência, a saúde e o temperamento do coagido. No casamento, do mesmo modo, não se pode considerar coação o mero temor reverencial (art. 153). A coação exercida por terceiro também pode anular o casamento, desde que o outro cônjuge tenha conhecimento ou devesse ter conhecimento do vício (arts. 154 e 155). Mais uma vez percebe-se a aplicação de normas da teoria geral do negócio jurídico, de forma residual, uma vez que o casamento assume essa natureza jurídica. Como última nota, advirto novamente que os casos de anulação do casamento por coação são raríssimos na prática, sendo mais comum o caminho do divórcio.

REFORMA DO CÓDIGO CIVIL: Com a remessa do tema da coação no casamento para a Parte Geral, não há mais a razão de ser do dispositivo, como sugerido pela Subcomissão de Direito de Família, devendo ele ser revogado expressamente. Na linha dos meus comentários doutrinários, não há mais motivo para se diferenciar a coação no casamento da coação presente em qualquer outro negócio jurídico, havendo instabilidade e insegurança nesse duplo tratamento.

Art. 1.559. Somente o cônjuge que incidiu em erro, ou sofreu coação, pode demandar a anulação do casamento; mas a coabitação, havendo ciência do vício, valida o ato, ressalvadas as hipóteses dos incisos III e IV do art. 1.557.

COMENTÁRIOS DOUTRINÁRIOS: Em casos de erro e de coação, a ação anulatória é personalíssima, somente cabendo ao cônjuge que incidiu em erro. Ainda conforme a norma em estudo, a coabitação posterior – que significa, na visão contemporânea, a convivência sob mesmo teto –, havendo ciência do vício, convalida o casamento celebrado sob coação ou em erro. A norma excepciona os casos de erro por defeito físico irremediável, moléstia grave ou doença mental grave, tidas como de extrema gravidade pelo legislador. Advirta-se, contudo, que a última previsão foi retirada do sistema jurídico pelo Estatuto da Pessoa com Deficiência (EPD), como antes se viu. Mais uma vez, a norma adota a máxima *venire contra factum proprium non potest*, ao vedar que o cônjuge que coabitou ingresse com a ação para anular o casamento, a não ser naqueles casos excepcionais.

JURISPRUDÊNCIA COMENTADA: Em raro julgado que admite a convalidação do ato por coabitação, em hipótese de erro, transcreve-se decisão do Tribunal Paulista: "Casamento. Anulação. Erro essencial quanto a pessoa do outro cônjuge. Confissão pelo marido, na semana seguinte ao ato de que era dependente de drogas. Aceitação das condições e consentida nova chance. Renovação da prática de uso de drogas. Pretendido reconhecimento da insuportabilidade da vida comum. Não acolhimento. Coabitação. Fator que afasta o pleito de anulação. Aplicação do artigo 1.559, do Código Civil. União válida" (TJSP, Acórdão 407.842-4/4-00, 3.ª Câmara de Direito Privado, São Vicente, Rel. Des. Élcio Trujillo, j. 23.05.2006). Em outro julgado que merece ser destacado, decisão monocrática do Superior Tribunal de Justiça confirmou a tese de que herdeiros podem seguir com a ação de anulação proposta ainda em vida pelo seu ascendente: "Os efeitos da ação de anulação de casamento são muito mais intensos e abrangentes que o da ação de divórcio, já que na primeira se discute a própria validade do casamento. Desse modo, há de aplicar-se o entendimento segundo o qual a intransmissibilidade que deriva da norma do art. 1.559 do Código Civil diz respeito apenas à legitimidade para a propositura da ação, mas não impede o prosseguimento por parte dos herdeiros" (STJ, REsp 1.651.905/MG, 4.ª Turma, Rel. Min. Luis Felipe Salomão, j. 03.12.2018, *DJe* 12.12.2018, p. 5.760). Porém, ao final, advirta-se que a anulação do casamento por erro não foi admitida, pelas seguintes razões, que retomam o debate sobre a correta interpretação dos arts. 1.556 e 1.557 do Código Civil: "Na análise aos autos, vislumbra-se que o autor/apelado é comerciante e não um agricultor ignorante como a inicial quer fazer crer. Não há o vício a justificar a anulação. O apelado se enganou porque quis, tanto que a apelante impôs como condição de casar que este se realizasse sob o regime da comunhão universal de bens. Isso porque a prova testemunhal admitiu que o casal não namorou ou teve um namoro curto antes do casamento. Ora, quem casa com quem conhece pouco, assume o risco de casar com quem não conhece. Não podemos esquecer que estamos tratando de um caso ocorrido em uma cidade pequena, onde é muito fácil obter informações sobre as pessoas. Não quero dizer que o casal deve permanecer casado mesmo depois da decepção. Entretanto, a decepção com a esposa dá ensejo ao divórcio, não à anulação de casamento. A prova testemunhal foi unânime, inclusive a filha da autora admitiu que a ré tratava muito mal o autor, que não gostava dele e se casou por interesse, não tinha um comportamento condizente com uma mulher casada, tendo relacionamento com vários homens, se autoflagelou com um cinto para imputar a culpa ao autor, saía de casa e retornava 3 ou 4 dias depois, que era usuária de drogas e fazia uso de bebidas alcoólicas, e por outro lado confirmando também que o autor é uma pessoa simples e muito boa, não tendo notícias de agressões por parte do autor em relação à ex-esposa ou de uso de bebida alcoólica. Por outro lado, infere-se que todos os fatos alegados pelo autor e confirmados pelas testemunhas ocorreram após o casamento, e na verdade, os fatos apresentados aos autos constituem violação aos deveres do casamento, que poderiam ensejar a sua dissolução, nos termos do art. 1.572 do Código Civil. Ademais, a causa motivadora da presente ação não se coaduna com o pedido de anulação de casamento, mas, sim, com o descumprimento dos deveres conjugais previstos no art. 1.566 do citado Diploma. O fato de a autora ter casado por interesse, como informa a prova oral, não autoriza a anulação do casamento, até porque o casamento não se confunde com amor. O amor independe de sexo, cor, idade ou qualquer outra condição formal ou legal. O casamento, por seu turno, constitui um ato jurídico formal e complexo que deve ser realizado dentro de requisitos fixados em lei, visando à consecução de um negócio jurídico, por meio do qual as partes pretendem obter algum tipo de vantagem, que pode ser econômica ou não. Ademais, consoante se viu nos autos, não há prova da conduta da apelante, anterior ao casamento, que permita concluir que ela tenha enganado o requerente ou que ele pudesse se enganar quanto à pessoa com quem se casou, ao que se acresce o fato de que o autor é comerciante e não trabalhador rural, como por ele mesmo confessado às fl. 05 da petição inicial, quando disse que tirava seu sustento do seu bar, não sendo crível que embase o pedido de nulidade do casamento na sua alegada ingenuidade. Para que o erro seja considerado essencial faz-se necessário que o erro seja anterior ao casamento, o cônjuge enganado ignorava tal erro e a descoberta deste tornou insuportável a vida em comum. Cabia ao autor provar um comportamento desonroso que ferisse a honra, boa fama e a identidade da requerida, além do desconhecimento por parte do requerente quando contraiu núpcias com a consequente impossibilidade da vida em comum. Destarte, não demonstrados os requisitos dos artigos 1.556 e 1.557 do Código Civil, não há como decretar a anulação do matrimônio" (STJ, REsp 1.651.905/MG, 4.ª Turma, Rel. Min. Luis Felipe Salomão, j. 03.12.2018, *DJe* 12.12.2018, p. 5.760).

REFORMA DO CÓDIGO CIVIL: A Subcomissão de Direito de Família sugeriu, ao contrário das normas anteriores, que o dispositivo a respeito da legitimidade para a ação anulatória do casamento em havendo vício do consentimento seja mantido. A proposição foi aceita pela Relatoria-Geral e pelos demais membros da Comissão de Juristas, pelas peculiaridades que traz, e que devem ser mantidas somente para a nulidade relativa do casamento. Assim, com a inclusão proposta pela possibilidade de anulação do casamento por dolo, o que vem em boa hora, para sanar lacuna, passará o art. 1.559 a prever o seguinte: "somente o cônjuge que incidiu em erro essencial, sofreu coação ou foi vítima de dolo, pode demandar a anulação do casamento".

Art. 1.560. O prazo para ser intentada a ação de anulação do casamento, a contar da data da celebração, é de:

I – cento e oitenta dias, no caso do inciso IV do art. 1.550;

II – dois anos, se incompetente a autoridade celebrante;

III – três anos, nos casos dos incisos I a IV do art. 1.557;

IV – quatro anos, se houver coação.

§ 1º Extingue-se, em cento e oitenta dias, o direito de anular o casamento dos menores de dezesseis anos, contado o prazo para o menor do dia em que perfez essa idade; e da data do casamento, para seus representantes legais ou ascendentes.

§ 2º Na hipótese do inciso V do art. 1.550, o prazo para anulação do casamento é de cento e oitenta dias, a partir da data em que o mandante tiver conhecimento da celebração.

COMENTÁRIOS DOUTRINÁRIOS: A norma estabelece os prazos decadenciais e os seus inícios para o caso de ingresso de uma ação anulatória de casamento. A única hipótese não tratada pelo dispositivo diz respeito ao casamento do menor em idade núbil, com previsão no outrora comentado art. 1.555 da codificação material. Caso a ação não seja proposta no prazo fixado em lei, o casamento convalida, passando a ser plenamente válido. Os prazos são os seguintes, do maior para o menor: a) em havendo coação, quatro anos; b) presente o erro essencial quanto à pessoa do outro cônjuge, três anos; c) sendo incompetente de forma relativa a autoridade celebrante, dois anos; d) nos demais casos, de revogação de mandato, hipóteses envolvendo casamento de menores e de incapazes de consentir, o prazo será de cento e oitenta dias. Em havendo casamento celebrado por menor de 16 anos, o prazo decadencial de cento e oitenta dias é contado de quando ele atinge essa idade núbil; não tendo sido a regra revogada expressa ou tacitamente pela alteração do art. 1.520 do CC pela Lei n. 13.811/2019; na linha do que sustentei. Se a demanda é proposta por seus representantes legais ou ascendentes, o prazo decadencial de cento e oitenta dias é contado do casamento. Em havendo revogação de mandato, o prazo decadencial de cento e oitenta dias é contado da data em que o mandante tiver conhecimento ou ciência da sua celebração. Para todas as demais situações elencadas no comando – erro essencial, coação moral, incompetência relativa e do incapaz de consentir –, o prazo é contado da celebração do casamento. Quanto à coação, nota-se outra diferença quanto ao tratamento constante da Parte Geral, pois lá o prazo decadencial de quatro anos é contado da cessação da coação (art. 178, inc. I, do CC). Entendo que essa última solução é mais justa e correta, devendo estar prevista também para as hipóteses de casamento. De todo modo, como antes pontuei, as situações de anulação de casamento por coação são raríssimas.

PANDEMIA: Como todos esses prazos do art. 1.560 do Código Civil são decadenciais, ficaram suspensos entre o dia 12 de junho de 2020 – data da entrada em vigor da Lei n. 14.010/2020 –, e 30 de outubro do mesmo ano. Tal conclusão é retirada do art. 3º, § 2º, da referida norma, que introduziu o Regime Jurídico Emergencial e Transitório das relações jurídicas de Direito Privado (RJET) no período da pandemia do coronavírus (covid-19).

JURISPRUDÊNCIA COMENTADA: Como bem julgou o Tribunal do Rio Grande do Sul, os prazos decadenciais do art. 1.560 do CC não se aplicam às hipóteses de nulidade absoluta do casamento: "Arguição de prescrição rejeitada. Ao pedido de declaração de nulidade absoluta do casamento não se aplica o prazo prescricional de 180 dias previsto no inciso I do art. 1.560 do Código Civil, que versa sobre a hipótese de anulabilidade do ato jurídico, por sua vez disposta no inciso IV do art. 1.550 do mesmo diploma legal" (TJRS, Agravo de Instrumento 0137120-22.2016.8.21.7000, 7.ª Câmara Cível, Caxias do Sul, Rel. Des. Sandra Brisolara Medeiros, j. 28.09.2016, *DJERS* 03.10.2016). Sobre o erro, conforme o Tribunal do Distrito Federal, "nos termos do artigo 1.560 do Código Civil, o prazo para intentar a ação de anulação de casamento conta-se da data da celebração, sendo irrelevante, no caso, o fato de o erro essencial ter sido descoberto um ano após a realização do ato" (TJDF, Recurso 2008.01.1.119996-2, Acórdão 346.269, 4.ª Turma Cível, Rel. Des. Cruz Macedo, *DJDFTE* 23.03.2009, p. 103). Na mesma linha: "Nos termos do artigo 1.560 do Código Civil, o prazo para ser ajuizada ação de anulação do casamento com base em erro essencial, é de 03 (três) anos a contar da data de sua celebração" (TJMG, Apelação Cível 0016838-27.2010.8.13.0520, 4.ª Câmara Cível, Pompéu, Rel. Des. Darcio Lopardi Mendes, j. 12.01.2012, *DJEMG* 30.01.2012).

REFORMA DO CÓDIGO CIVIL: A Comissão de Juristas propõe uma simplificação do hoje complexo art. 1.560 do Código Civil, na linha das sugestões de alteração do tratamento da nulidade relativa do casamento. Nesse contexto, a norma passará a prever, no seu inciso I, que o prazo para ser intentada a ação de anulação do casamento, a contar da data da celebração, é de cento e oitenta dias, nos casos dos incisos IV e VII do art. 1.550, ou seja, nos casos das pessoas referidas no inciso II do art. 4º do Código que não obtiveram o auxílio de apoiadores, quando assim o tiverem desejado; e quando o casamento for celebrado em descumprimento da forma para o casamento. Revoga-se o inciso II, pela retirada da confusa regra a respeito da incompetência relativa da autoridade celebrante. No inciso III, mantém-se o prazo de três anos para todos os casos de erro quanto à pessoa. Por sua vez, o inciso IV, ao lado da coação, passará a tratar do prazo para a ação anulatória do casamento em havendo dolo. Serão revogados, por fim, os §§ 1º e 2º do comando, pelo novo tratamento de nulidade absoluta do chamado *casamento infantil* e pelo fato de a revogação do mandato fazer que o casamento não seja tido como celebrado, não sendo mais hipótese de nulidade relativa.

Art. 1.561. Embora anulável ou mesmo nulo, se contraído de boa-fé por ambos os cônjuges, o casamento, em relação a estes como aos filhos, produz todos os efeitos até o dia da sentença anulatória.

§ 1º Se um dos cônjuges estava de boa-fé ao celebrar o casamento, os seus efeitos civis só a ele e aos filhos aproveitarão.

§ 2º Se ambos os cônjuges estavam de má-fé ao celebrar o casamento, os seus efeitos civis só aos filhos aproveitarão.

COMENTÁRIOS DOUTRINÁRIOS: O casamento nulo ou anulável pode gerar efeitos em relação à pessoa que o celebrou de boa-fé e aos filhos, sendo denominado casamento putativo. A expressão *putare*, de origem latina, quer dizer *crer, imaginar, pensar*. Portanto, casamento putativo é o casamento que existe na imaginação do contraente de boa-fé. Como antes já havia anotado, o casamento somente será putativo nos casos de nulidade ou anulabilidade, nunca nos casos de inexistência matrimonial. No presente ponto, repise-se, surge justificativa para não se aceitar a teoria da inexistência, pois as conclusões podem ser injustas. A boa-fé mencionada no art. 1.561 do CC é a boa-fé subjetiva, aquela que existe no plano da intenção das partes, caracterizadora de um estado psicológico. De acordo com o *caput* do dispositivo em comento, o casamento putativo produz efeitos somente até o trânsito em julgado da sentença anulatória. Filio-me à corrente doutrinária que afirma que a ação anulatória produz efeitos *ex tunc*; porém, reconhecida a boa-fé, os efeitos da desconstituição do casamento só vigoram a partir do seu trânsito em julgado, com efeitos *ex nunc*, o que seria uma exceção à regra geral. Seguindo no estudo do preceito a respeito do casamento putativo, se um dos cônjuges estava de boa-fé, os efeitos do casamento somente atingirão ele e os filhos, trazendo, por exemplo, a possibilidade de o cônjuge enganado pleitear alimentos. Fica a dúvida: esses alimentos serão devidos somente até o trânsito em julgado da sentença anulatória? Filio-me aos que entendem que os alimentos, assim como outros efeitos pessoais do casamento persistem após o reconhecimento de sua invalidade, caso da emancipação e do direito de usar o nome. Quanto aos alimentos serão fixados de acordo com o *binômio* ou *trinômio alimentar*. Ressalte-se que tais efeitos envolvem direitos existenciais da personalidade do cônjuge de boa-fé, que devem persistir, como regra, em virtude do princípio constitucional que tutela a proteção da pessoa humana (art. 1º, inc. III, da CF/1988). A hipótese de boa-fé de apenas um dos cônjuges é completada pela previsão do art. 1.564 do CC/2002, que ainda procura imputar culpa a uma das partes pela nulidade ou anulabilidade do casamento, o que é criticado pela doutrina contemporânea que prega o fim da culpa para a dissolução dos vínculos do casamento. A norma ainda será devidamente comentada. Por outra via, estando ambos os cônjuges de boa-fé, em regra, o casamento produzirá efeitos para ambos até o trânsito em julgado da sentença anulatória. Eventual pacto antenupcial gerará efeitos até essa decisão final, com a necessidade de eventual partilha de bens adquiridos na vigência da união até essa data. Em suma, ambos os cônjuges serão beneficiados. Quanto aos alimentos, novamente poderão ser fixados de acordo com o binômio ou trinômio alimentar, mesmo após essa sentença. Por fim, se ambos os cônjuges estavam de má-fé quando da celebração do ato, os efeitos do casamento somente atingirão os filhos. Na verdade, em todas as hipóteses os filhos merecerão o mesmo tratamento, devendo ser resguardados todos os seus direitos e sem distinção de sua origem, diante da igualdade consagrada no art. 227, § 6º, da CF/1988 e no art. 1.596 do CC/2002.

JURISPRUDÊNCIA COMENTADA: Interessante acórdão do Tribunal de Justiça do Distrito Federal concluiu que se deve presumir a boa-fé dos cônjuges envolvendo o casamento putativo, o que está em sintonia com a principiologia do Código Civil de 2002. Ademais, de forma correta, entendeu-se que a citada boa-fé deve ser analisada de acordo com a realidade social do momento de celebração do casamento: "Civil. Família. Nulidade de casamento. Apelação. Matrimônio realizado com impedimento. Casamento anterior. Declaração da nulidade do segundo. Boa-fé do cônjuge presumida e comprovada. Art. 1.561 do CC/02. Produção de todos os efeitos. Casamento putativo. 1. A boa-fé necessária para o reconhecimento do casamento putativo deve ser verificada no momento da celebração do matrimônio e, como decorre, naturalmente, de erro, a existência de conduta ética é presumida. 2. Deve-se considerar o desenvolvimento dos fatos conforme a época em que se passaram. Na década de 70, os meios de comunicação não eram rápidos, eficientes e acessíveis como hoje, e as distâncias eram 'maiores'. 3. Residindo a cônjuge de boa-fé no ambiente rural de outra Comarca e sendo pessoa de pouca instrução (analfabeta), não é desarrazoado supor que ela realmente não possuía conhecimento acerca do impedimento matrimonial de seu falecido marido, com quem conviveu por mais de 30 anos" (TJDF, Recurso 2003.07.1.010759-4, Acórdão 536.110, 2.ª Turma Cível, Rel. Des. J. J. Costa Carvalho, *DJDFTE* 26.09.2011, p. 115). De data mais recente, afastando efeitos sucessórios do casamento para os cônjuges, pela ausência de boa-fé: "Primeiras declarações. Rejeição. Existência de bens do acervo que não foram declarados. Juízo que entendeu não se comunicarem com o falecido, tendo em vista o recebimento por herança, por parte do cônjuge. Casamento sob o regime de comunhão total de bens. Casamento declarado nulo, mas não reconhecida boa-fé de qualquer dos cônjuges ou, pelo contrário, sua má-fé. Efeitos da putatividade do casamento que só beneficiam os filhos, nos termos do artigo 1.561, § 2º, do Código Civil de 2002, com correspondência no artigo 221 do Código Civil de 1916. Meação, portanto, dos bens havidos por herança, que devem constar das primeiras declarações Expedição de ofícios ao BACEN e à Receita Federal, ante a inexistência de declaração das contas bancárias e investimentos do falecido" (TJSP, Agravo de Instrumento 2193786-87.2014.8.26.0000, Acórdão 8354354, 10.ª Câmara de Direito Privado, Nova Odessa, Rel. Des. João Carlos Saletti, j. 07.04.2015, *DJESP* 08.05.2015). Por fim, mantendo a pensão por morte em favor do cônjuge que contraiu o casamento de boa-fé: "Sob a pessoa casada incide impedimento legal de contrair novas núpcias, conforme o art. 1.561, § 1º, do Código Civil. Inobstante o impedimento legal, subsistem os efeitos do casamento ao cônjuge que, desconhecendo o estado civil de casado do marido, contrai núpcias de boa-fé com este, a configurar o instituto do casamento putativo, nos termos do art. 1.561, § 1º, da Lei civil. Havendo a preservação dos efeitos do casamento em relação a apelante, resta impossível o cancelamento da pensão por morte determinada na sentença do juízo *a quo*" (TJPA, Apelação 0002301-17.2011.8.14.0201, Acórdão 158206, 5.ª Câmara Cível Isolada, Belém, Rel. Des. Constantino Augusto Guerreiro, j. 14.04.2016, *DJPA* 18.04.2016, p. 181).

Art. 1.562. Antes de mover a ação de nulidade do casamento, a de anulação, a de separação judicial, a de divórcio direto ou a de dissolução de união estável, poderá requerer a parte, comprovando sua necessidade, a separação de corpos, que será concedida pelo juiz com a possível brevidade.

COMENTÁRIOS DOUTRINÁRIOS: Sobre a ação declaratória de nulidade absoluta, essa pode, na literalidade da norma, ser precedida de medida cautelar de separação de corpos, assim como a ação anulatória, devendo o juiz conceder a liminar com maior brevidade possível se for constatada a sua necessidade. No sistema processual anterior, caberia a medida cautelar de separação de corpos, enquadrada no art. 888, inciso VI, do CPC/1973; dispositivo não reproduzido pelo Estatuto Processual emergente. No novo sistema instrumental, acredito que a medida está sujeita às regras da tutela de urgência ou de evidência, o que dependerá de um correto preenchimento pela jurisprudência nos próximos anos (arts. 300 e seguintes, do CPC/2015). Talvez, pela tradição de seu tratamento, o seu enquadramento se dê na tutela de urgência cautelar de caráter antecedente, prevista entre os arts. 305 e 308 do Estatuto Processual em vigor. A norma tem sido utilizada há tempos pela jurisprudência, por analogia, para as hipóteses de separação judicial, divórcio e dissolução de união estável. O preceito deve ser completado com as medidas protetivas de urgência, previstas na Lei Maria da Penha (Lei n. 11.340/2006). Conforme o seu art. 23, poderá o juiz, quando necessário, sem prejuízo de outras medidas: a) encaminhar a ofendida e seus dependentes a programa oficial ou comunitário de proteção ou de atendimento; b) determinar a recondução da ofendida e a de seus dependentes ao respectivo domicílio, após afastamento do agressor; c) determinar o afastamento da ofendida do lar, sem prejuízo dos direitos relativos a bens, guarda dos filhos e alimentos; d) determinar a separação de corpos; e) determinar a matrícula dos dependentes da ofendida em instituição de educação básica mais próxima do seu domicílio, ou a transferência deles para essa instituição, independentemente da existência de vaga, medida incluída pela Lei n. 13.882/2019 e *f)* conceder à ofendida auxílio-aluguel, com valor fixado em função de sua situação de vulnerabilidade social e econômica, por período não superior a seis meses, incluída pela Lei n. 14.674/2023.

JURISPRUDÊNCIA COMENTADA: Utilizando o conteúdo da norma para caso de separação judicial, como anotei e por todos: "Em sede de exame provisório de separação de corpos é despicienda a cognição percuciente do caso, sendo que a demonstração de fundado temor de uma das partes em ver violada sua integridade física é suficiente ao deferimento da medida. Nesse contexto, evidenciada a animosidade entre o casal, mostra-se irretocável a decisão que deferiu a medida liminar, determinando o afastamento do agravante do lar conjugal, tanto mais porque demonstrado que dispõe de melhores condições para estabelecer nova residência que a agravada" (TJSC, Agravo de Instrumento 2009.009912-1, 4.ª Câmara de Direito Civil, Videira, Rel. Des. Eládio Torret Rocha, *DJSC* 03.08.2009, p. 139). Em hipótese relativa à união estável, novamente por todos e citando as medidas protetivas em relação à violência doméstica previstas na Lei Maria da Penha: "O art. 1.562 do Código Civil prevê a possibilidade do ajuizamento de ação cautelar de separação de corpos, como medida preparatória para o ajuizamento da ação de dissolução da união estável. No caso em exame, a ação originária deve ser processada e julgada na Vara de Família, porquanto o pedido da autora para afastamento de seu ex-companheiro não guarda qualquer relação com a Lei n. 11.340/06 (Lei Maria da Penha), mas, sim, com a medida cautelar prevista no art. 1.562 do Código Civil" (TJDF, Recurso 2012.00.2.005684-2, Acórdão 612.949, 3.ª Turma Cível, Rel. Des. Nídia Corrêa Lima, *DJDFTE* 14.09.2012, p. 108). Por fim, tratando a hipótese legal como sendo de tutela de urgência cautelar de caráter antecedente: "Pedido de tutela cautelar de caráter antecedente de separação de corpos com pedido acautelatório de busca e apreensão e guarda de filho menor. Decisão que deferiu a liminar pleiteada para que a demandada deixasse o lar conjugal. [...]. Medida de afastamento do lar conjugal. Requisitos preenchidos. Demonstração: a) da intenção do agravado em fazer cessar as obrigações conjugais; b) na animosidade existente entre as partes e da c) necessidade de permanência do recorrido no lar conjugal, em razão de sua condição de saúde. Decisão agravada que não prejudica as medidas protetivas concedidas em favor da agravante. Recorrente que não comprovou a necessidade de residir em um hotel. Elementos dos autos que indicam a possibilidade de fixar residência em outros imóveis do casal. Decisão combatida mantida. A ausência de manifesto risco à segurança do consorte não é óbice para o deferimento de pedido cautelar de separação de corpos, uma vez que permanece o propósito de fazer cessar o regime de bens e os demais deveres conjugais, com a legitimação da situação fática. [...] Para o deferimento do pedido cautelar de afastamento do lar, a presença do *fumus boni iuris* e do *periculum in mora* é constatada pela comprovação do casamento ou da união estável e a alegação de insuportabilidade da vida em comum (Agravo de Instrumento n. 4006078-06.2017.8.24.0000, Rel. Des. Luiz Cézar Medeiros, Quinta Câmara de Direito Civil, j. 30-5-2017). [...]" (TJSC, Agravo de Instrumento 4008402-66.2017.8.24.0000, 4.ª Câmara de Direito Civil, Balneário Camboriú, Rel. Des. Rosane Portella Wolff, *DJSC* 28.11.2017, p. 155).

REFORMA DO CÓDIGO CIVIL: Em atualizações necessárias, retira-se inicialmente a menção à separação judicial, extinta pela Emenda Constitucional n. 66 conforme julgou o STF (Tema n. 1.053, de repercussão geral), e expressa-se o divórcio, sem qualquer classificação. Também será necessário incluir os efeitos concretos da separação de fato no sentido de colocar fim à sociedade conjugal e ao regime de bens, como foi adotado em outros dispositivos da Reforma. Assim, a Comissão de Juristas propõe que a norma passe a ter a seguinte redação: "Art. 1.562. Antes de promover a ação de nulidade do casamento, a de anulação, a de divórcio ou a de dissolução de união estável, a parte poderá requerer, comprovando sua necessidade, a separação de corpos, que será concedida pelo juiz com a possível brevidade e implicará os efeitos previstos nos arts. 1.571 e 1.571-A deste Código".

Art. 1.563. A sentença que decretar a nulidade do casamento retroagirá à data da sua celebração, sem prejudicar a aquisição de direitos, a título oneroso, por terceiros de boa-fé, nem a resultante de sentença transitada em julgado.

COMENTÁRIOS DOUTRINÁRIOS: Os efeitos da sentença da ação declaratória de nulidade são retroativos, ou seja, *ex tunc*, norma que pode ser aplicada aos casos de anulabilidade do casamento, com a mesma conclusão. A parte final do dispositivo traz uma inovação importante que merece ser comentada. Determina o referido comando legal que essa sentença com efeitos retroativos não poderá prejudicar a aquisição de direitos, a título oneroso, por terceiros de boa-fé, nem a resultante de sentença transitada em julgado. A eficácia legal do dispositivo é inegável, trazendo interessante conclusão. Dois institutos são aqui protegidos: a boa-fé objetiva – daquele que adquiriu direitos com boa conduta – *v.g.*, adquirente de um imóvel que pagou o preço com total pontualidade –, e a coisa julgada – conforme proteção como cláusula pétrea prevista no art. 5º, inc. XXXVI, da CF/1988 e no art. 6º da Lei de Introdução às Normas do Direito Brasileiro. Com essa proteção, a boa-fé objetiva, no que tange ao Direito de Família, é elevada ao posto de preceito de ordem pública. Primeiro, por estar ao lado da coisa julgada. Segundo, porque consegue vencer o ato nulo, a exemplo do que ocorre pela regra do art. 167, § 2º, do CC/2002, que trata da *inoponibilidade do ato simulado perante terceiros de boa-fé*. A título de exemplo, imagine-se o seguinte caso: A e B, marido e mulher, vendem um imóvel a C, que o adquire de boa-fé. O casamento dos primeiros é declarado nulo por sentença judicial, pois A já era casado. No caso em questão, mesmo havendo essa nulidade, o que geraria eventual partilha do bem, a venda deve ser reputada válida, pois celebrada com boa-fé por C. O cunho social da norma é indeclinável, seguindo toda uma tendência de proteger aquele que age bem, movido pela boa-fé.

JURISPRUDÊNCIA COMENTADA: Em rara aplicação da norma, para hipótese de anulação de casamento por erro, concluiu o Tribunal de Justiça de Pernambuco que "a declaração de nulidade do casamento torna-o sem validade desde o instante de sua celebração, tendo, portanto, o efeito *ex tunc*, não produzindo os efeitos civis do matrimônio perante os contraentes, salvo nos casos de boa-fé dos nubentes (artigo 1.563, do Código Civil)". Quanto aos alimentos, concluiu a Corte que "no caso concreto, o alimentante demonstrou que a alimentanda iniciou novo relacionamento amoroso, resultando, inclusive, no nascimento de uma filha. Declarações prestadas pela própria alimentanda em audiência. Existência de prova inequívoca e convencimento da verossimilhança da alegação para fins de antecipação dos efeitos da tutela (artigo 273, *caput*, do Código de Processo Civil). Suspenso provisoriamente o desconto de pensão alimentícia na folha de pagamento do alimentante" (TJPE, Agravo de Instrumento 0005350-33.2014.8.17.0000, 6.ª Câmara Cível, Rel. Juíza Conv. Cátia Luciene Laranjeira de Sá, j. 31.03.2015, *DJEPE* 27.05.2015).

Art. 1.564. Quando o casamento for anulado por culpa de um dos cônjuges, este incorrerá:

I – na perda de todas as vantagens havidas do cônjuge inocente;

II – na obrigação de cumprir as promessas que lhe fez no contrato antenupcial.

COMENTÁRIOS DOUTRINÁRIOS: A norma, aqui antes comentada, repete o que a codificação de 1916 já previa, a respeito de sanções ao cônjuge culpado pela anulação do casamento. São duas as penalidades. Primeiro, perderá todas as vantagens havidas do cônjuge inocente, tendo a necessidade de devolver bens, dependendo do regime de bens adotado. A norma tem maior incidência para a comunhão universal de bens, que é o regime em que se comunicam os bens anteriores ao casamento. Como esse deixou de ser o regime legal desde 1977, a sua aplicação, na literalidade, é demais reduzida, sendo raros os casamentos celebrados por tal regime nos dias de hoje. Há quem entenda que, como decorrência dessa sanção, o cônjuge de má-fé não pode pretender a meação dos bens do outro cônjuge, se casado pelo regime da comunhão parcial. O inocente, entretanto, terá direito à meação do patrimônio trazido pelo culpado. O culpado não poderá ainda ser considerado herdeiro do inocente. Todavia, deverão ser partilhados os bens havidos durante o casamento pelo esforço comum, aplicação do princípio que veda o enriquecimento sem causa. A solução parece até plausível, dando *vida prática* ao texto legal, hoje praticamente inexistente. A segunda sanção é a obrigação de cumprir as promessas feitas no contrato antenupcial, como é o caso de doações antenupciais. Aqui a desatualização do preceito é ainda mais flagrante, pois as doações antenupciais caíram em desuso prático há tempos no Brasil. Além disso, fica em dúvida a eficácia do dispositivo com a Emenda do Divórcio, notadamente para a corrente que prega a impossibilidade total de discussão da culpa nas questões envolvendo o casamento. No entanto, mesmo entre aqueles que são partidários da tese da morte da culpa no divórcio, há quem entenda pela viabilidade de sua discussão na anulação do casamento, estando a culpa reduzida a essa seara.

REFORMA DO CÓDIGO CIVIL: Segundo restou debatido no âmbito da Comissão de Juristas nomeada para a Reforma do Código Civil, no âmbito do Senado Federal, não há mais qualquer razão para se mencionar a culpa na ação de anulação do casamento. Ademais, como desenvolvido nos meus comentários, as duas sanções previstas no art. 1.562 são hoje desatualizadas, tendo reduzida aplicação prática, razão pela qual o dispositivo deve ser revogado expressamente.

CAPÍTULO IX
DA EFICÁCIA DO CASAMENTO

Art. 1.565. Pelo casamento, homem e mulher assumem mutuamente a condição de consortes,

companheiros e responsáveis pelos encargos da família.

§ 1º Qualquer dos nubentes, querendo, poderá acrescer ao seu o sobrenome do outro.

§ 2º O planejamento familiar é de livre decisão do casal, competindo ao Estado propiciar recursos educacionais e financeiros para o exercício desse direito, vedado qualquer tipo de coerção por parte de instituições privadas ou públicas.

COMENTÁRIOS DOUTRINÁRIOS: Como foi exposto, de forma até exaustiva, o casamento é um negócio jurídico complexo, com regras especiais na sua formação, constituindo, ainda, uma instituição quanto ao conteúdo e um contrato especial quanto à formação. Desse modo, o casamento gera efeitos jurídicos amplos, trazendo deveres para ambos os cônjuges que pretendem essa comunhão plena de vida. Esses efeitos e deveres estão no plano da eficácia do casamento, situando-se no terceiro degrau da *Escada Ponteana.* Pelo casamento, tanto o homem quanto a mulher assumem mutuamente a condição de consortes, companheiros e responsáveis pelos encargos da família e comunhão plena de vida, havendo igualdade plena entre ambos. Assim, os deveres não são impostos de forma unilateral a um deles, como constava originalmente e de forma superada do Código Civil de 1916. Como primeiro efeito do casamento, qualquer um dos nubentes poderá acrescer ao seu o sobrenome do outro. Diante da igualdade entre homem e mulher a regra se aplica a ambos os cônjuges, sendo ainda mais comum que as mulheres utilizem o sobrenome dos maridos, prática que deve ser revista, na minha opinião, por afastar a identidade da mulher. Além disso, pelo que consta do próprio dispositivo legal, percebe-se que a inclusão do nome não é obrigatória. Lembre-se que o atual Código Civil reconhece o nome como um direito da personalidade (arts. 16 a 19), o que faz com que as normas que o protegem tenham natureza cogente, ou de ordem pública. Além disso, diante dessa natureza, deve-se entender que o nome incorporado passa a ser elemento da personalidade do cônjuge que o incorporou, e não mais do outro cônjuge, afirmação que tem sido aplicada pela jurisprudência superior, como se verá a seguir. Relativamente ao planejamento familiar, este é de livre decisão do casal, competindo ao Estado propiciar recursos educacionais e financeiros para o exercício desse direito, o que está em sintonia com a ideia de *família democrática.* Como visto, é vedado qualquer tipo de coerção por parte de instituições privadas ou públicas, o que melhor consubstancia o princípio da liberdade ou da não intervenção, prevista no art. 1.513 do Código Civil. Segundo o Enunciado n. 99 CJF/STJ, aprovado na *I Jornada de Direito Civil*, o art. 1.565, § 2º, também deve ser aplicado à união estável, diante do seu reconhecimento constitucional como entidade familiar; afirmação que vale para as uniões e casamentos homoafetivos.

JURISPRUDÊNCIA COMENTADA: Tratando o nome incorporado pelo cônjuge como direito da personalidade, entre os mais recentes arestos do Superior Tribunal de Justiça e por todos: "A pretensão de alteração do nome civil para exclusão do patronímico adotado por cônjuge por ocasião do casamento, por envolver modificação substancial em um direito da personalidade, é inadmissível quando ausentes quaisquer circunstâncias que justifiquem a alteração, especialmente quando o sobrenome se encontra incorporado e consolidado em virtude do uso contínuo do patronímico pela ex-cônjuge por quase 35 anos" (STJ, REsp 1.732.807/RJ, 3.ª Turma, Rel. Min. Nancy Andrighi, j. 14.08.2018, *DJe* 17.08.2018). Acrescente-se que, para o mesmo Superior Tribunal de Justiça, o acréscimo do sobrenome do cônjuge pode ocorrer mesmo após a celebração do casamento, desde que por ação judicial, entendimento que confirma a dedução jurídica de ser um direito da personalidade do cônjuge que pretende a inclusão, assegurado pela lei. Conforme a ementa, "o art. 1.565, § 1º, do Código Civil de 2002 autoriza a inclusão do sobrenome de um dos nubentes no nome do outro, o que se dá mediante solicitação durante o processo de habilitação, e, após a celebração do casamento, com a lavratura do respectivo registro. Nessa hipótese, a alteração do nome de um ou de ambos os noivos é realizada pelo oficial de registro civil de pessoas naturais, sem a necessidade de intervenção judicial. Dada a multiplicidade de circunstâncias da vida humana, a opção conferida pela legislação de inclusão do sobrenome do outro cônjuge não pode ser limitada, de forma peremptória, à data da celebração do casamento. Podem surgir situações em que a mudança se faça conveniente ou necessária em período posterior, enquanto perdura o vínculo conjugal. Nesses casos, já não poderá a alteração de nome ser procedida diretamente pelo oficial de registro de pessoas naturais, que atua sempre limitado aos termos das autorizações legais, devendo ser motivada e requerida perante o Judiciário, com o ajuizamento da ação de retificação de registro civil prevista nos arts. 57 e 109 da Lei n. 6.015/73.

Trata-se de procedimento judicial de jurisdição voluntária, com participação obrigatória do Ministério Público" (STJ, REsp 910.094/SC, 4.ª Turma, Rel. Min. Raul Araújo, j. 04.09.2012, *DJe* 19.06.2013). Essa liberdade abrange a possibilidade de inclusão de um segundo sobrenome do outro cônjuge, como decidiu o STJ no ano de 2019. Nos termos do acórdão, "o art. 1.565, § 1º, do Código Civil de 2002 não impõe limitação temporal para a retificação do registro civil e o acréscimo de patronímico do outro cônjuge por retratar manifesto direito de personalidade. A inclusão do sobrenome do outro cônjuge pode decorrer da dinâmica familiar e do vínculo conjugal construído posteriormente à fase de habilitação dos nubentes. Incumbe ao Poder Judiciário apreciar, no caso concreto, a conveniência da alteração do patronímico à luz do princípio da segurança jurídica" (STJ, REsp 1.648.858/SP, 3ª Turma, Rel. Min. Ricardo Villas Bôas Cueva, j. 20.08.2019, *DJe* 28.08.2019, publicado no seu *Informativo* n. *655*). A Lei do SERP (Lei n. 14.382/2022), nas alterações que fez na Lei de Registros Públicos a respeito do nome, confirmou essas premissas, admitindo a sua alteração extrajudicialmente, ou seja, por pedido direto ao Cartório de Registro Civil.

REFORMA DO CÓDIGO CIVIL: Com vistas à admissão do casamento homoafetivo, na linha da jurisprudência do STF e do STJ hoje consolidada, a Comissão de Juristas propõe, inicialmente, que o *caput* do art. 1.565 do CC deixe de mencionar o homem e a mulher, passando a expressar os nubentes e conviventes, que vivem em união estável: "pelo casamento, os nubentes assumem mutuamente a condição de consortes e responsáveis pelos encargos da família". Insere-se, ainda, no § 1º uma regra de equiparação, quanto à eficácia ou aos efeitos, da união estável ao casamento: "igual responsabilidade assumem os conviventes de união estável". Passa o capítulo, portanto, a tratar da "Eficácia do Casamento e da União Estável". Cumpre destacar que, seguindo-se proposta da Relatora-Geral, Professora Rosa Nery, e na linha do que já constava da Lei n. 9.278/1996, propõe-se que a codificação privada passe a expressar as partes da união estável como conviventes, e não como companheiros. Além de ser mais técnica, e expressar melhor essa entidade familiar, a expressão é mais fácil de se utilizar, não sendo necessário o uso dos termos "companheiro" e "companheira". Ademais, amolda-se melhor à união estável homoafetiva, que igualmente passa a ser admitida expressamente na Lei Civil. Sobre a inclusão do sobrenome de um consorte pelo outro, exatamente na linha dos meus comentários e pelo que já está previsto na Lei do SERP (Lei n. 14.382/2022), o § 2º do art. 1.565 passará a enunciar que "qualquer dos nubentes ou conviventes, querendo, poderão acrescer ao seu o sobrenome do outro". Como se vê, todas as propostas traduzem ajustes e atualizações necessárias diante de decisões superiores vinculativas e alterações legislativas recentes, orientadas por interpretações que já prevalecem na atualidade.

Art. 1.566. São deveres de ambos os cônjuges:

I – fidelidade recíproca;

II – vida em comum, no domicílio conjugal;

III – mútua assistência;

IV – sustento, guarda e educação dos filhos;

V – respeito e consideração mútuos.

COMENTÁRIOS DOUTRINÁRIOS: O dispositivo, a exemplo do art. 233 do CC/1916, seu correspondente, enuncia os deveres de ambos os cônjuges no casamento. A grave quebra desses deveres poderia motivar, no sistema anterior à Emenda Constitucional n. 66, a *separação-sanção*, nos termos literais do art. 1.572, *caput*, do CC, dispositivo que deve ser tido como revogado, diante de sua incompatibilidade superveniente com a Constituição Federal, como ainda será aqui mais bem desenvolvido. O primeiro dever é o de fidelidade recíproca (art. 1.566, inc. I). Ocorrendo a infidelidade, havia motivo para a separação-sanção, apesar da forte tendência doutrinária e jurisprudencial de relativização da culpa. Todavia, reitere-se que o panorama mudou com a Emenda do Divórcio, como se verá mais adiante. Vale ainda dizer que não se utiliza mais a expressão *adultério*, que perdeu a sua razão de ser, até porque o termo quer dizer literalmente, violação do leito alheio ou *cópula*. Ora, não necessariamente haverá tal violação, ou mesmo a cópula, no ato de infidelidade, expressão mais bem adaptada à realidade contemporânea. Há debate antigo a respeito da possibilidade do *perdão do adultério* ou da *infidelidade*, o que era admitido pela doutrina clássica e pela jurisprudência anterior, mesmo tendo sido revogado o art. 319 do CC/1916 já pela Lei do Divórcio (Lei n. 6.515/1977). Contudo, esse debate parece ter sido esvaziado diante da mudança dos costumes e com uma tendência de objetivação dos temas atinentes ao divórcio, novamente diante da Emenda Constitucional n. 66/2010.

Entendo que, na verdade, a nova ordem jurídica instituída por essa Emenda confirma a tese de possibilidade de perdão da infidelidade, principalmente para a corrente que prega a morte total da culpa para a dissolução do casamento. De fato, é possível que o cônjuge perdoe o outro, o que é até praxe, pois o casamento é fundado em uma relação de afeto. De qualquer forma, ressalte-se novamente que não se filia mais à utilização da expressão *adultério*, sendo melhor falar em *infidelidade* quando o referido dever matrimonial é quebrado. Anote-se que a doutrina contemporânea apontava, antes da Emenda do Divórcio, novas modalidades de *adultério* ou *infidelidade,* supostamente adaptadas à realidade do século XXI. O primeiro deles seria o adultério ou infidelidade virtual, nos casos em que um dos cônjuges mantém contatos amorosos com outras pessoas, pela internet, por meio de *chats, e-mails* e redes sociais, por exemplo. Para tanto, não haveria necessidade sequer de contato sexual para a configuração da infidelidade, havendo no caso uma conduta desonrosa do cônjuge que pratica tais atos, nos termos expressos do que consta do art. 1.573, inc. VI, do CC. Há julgados anteriores admitindo a sua configuração, principalmente em primeira instância, inclusive com a imputação do dever de indenizar ao cônjuge culpado. Falava-se, ainda, em *adultério* ou *infidelidade casto ou da seringa*, nas situações em que a esposa realizava uma inseminação artificial heteróloga com material genético de terceiro colhido em banco de sêmen, sem a devida autorização do marido. A hipótese tanto podia se enquadrar como injúria grave quanto como conduta desonrosa, ambas a motivar a separação-sanção (art. 1.573, incs. III e VI, do CC), no sistema anterior. Entretanto, mais uma vez, com a entrada em vigor da EC n. 66/2010 a questão da infidelidade deve ser vista com ressalvas. Como é notório, alterou-se o art. 226, § 6º, da Constituição Federal de 1988, que passou a prever que "o casamento civil pode ser dissolvido pelo divórcio". Não há mais menção à separação judicial, havendo corrente doutrinária de peso que afirma a impossibilidade de discussão da culpa para a dissolução do casamento. Para essa corrente, não é mais possível a discussão da culpa na separação judicial – agora extinta –, e no divórcio, para qualquer finalidade. Porém, penso de forma distinta, eis que a culpa, em casos excepcionais e somente para dois aspectos de relevância jurídica, pode ser discutida para a dissolução do casamento, em sede de divórcio. Isso porque a fidelidade continua sendo um dever do casamento e não uma mera faculdade. Além da manutenção do dever de fidelidade como regra do casamento – sendo a culpa a sua violação –, conserva-se no sistema um modelo dualista, com e sem culpa. Assim, entendo que ficam então mantidas as novas modalidades de infidelidade apontadas pela doutrina, não mais para a *separação-sanção,* mas para eventual discussão em sede de ação de divórcio, notadamente para fins de alimentos e de responsabilidade civil do cônjuge. No último caso, estou filiado à corrente majoritária, doutrinária e jurisprudencial, no sentido de que simples violação do dever de fidelidade não gera a responsabilidade civil do cônjuge, sendo necessário provar o dano efetivamente sofrido em decorrência da infidelidade do outro consorte ou que esse seja presumido ou *in re ipsa*, diante da gravidade da situação concreta. Entre as hipóteses em que se presume o dano, citem-se os casos de transmissão sexual de doença de um consorte ao outro. Tudo isso porque o art. 186 do Código Civil, ao tratar do ilícito civil indenizante, exige a violação de um direito – correspondente a um dever jurídico – somado a um dano. Pelo mesmo comando, não se pode atribuir a responsabilidade civil ao *cúmplice do adultério ou da infidelidade*, pois não se impõe a ele o primeiro dos deveres do casamento. O tema do divórcio será aprofundado mais à frente, quando do estudo da dissolução do casamento, representando o debate a respeito da culpa uma das principais divergências que decorrem da Emenda Constitucional n. 66/2010. Superado o estudo do primeiro dos deveres do casamento, a vida em comum no domicílio conjugal, antigo *dever de coabitação,* constitui expressamente o segundo dever decorrente do casamento (art. 1.566, inc. II), o que inclui o *débito conjugal* – dever de manter relações sexuais –, de acordo com a doutrina tradicional. Atualmente, como antes destaquei, o conceito de coabitação tem sido analisado de acordo com a realidade social, de modo a admitir-se a coabitação fracionada. Nessa realidade, é possível que cônjuges se mantenham distantes, em lares distintos, por boa parte do tempo, sem que haja o rompimento do afeto, do amor existente entre eles, vínculo mais forte a manter a união. Anote-se, ainda, que é possível que os cônjuges até durmam em camas separadas, sem que isso configure a separação de fato do casal. O que vale, em suma, é o afeto entre eles, o compartilhamento do amor fraterno com o objetivo de manutenção do casamento e da comunhão plena de vida prevista no art. 1.511 do Código Civil. Lembro que o art. 1.569 da atual codificação prescreve que o cônjuge, eventualmente, poderá ausentar-se do domicílio conjugal para atender a encargos públicos, ao exercício da sua profissão, ou a interesses particulares relevantes. Em suma, não deve haver rigidez na análise desse dever matrimonial. Ainda no que concerne à coabitação, diante do *regime democrático* que deve imperar nas relações familiares, a última norma ainda dispõe que o domicílio conjugal será escolhido por ambos os cônjuges. O terceiro dever é o de mútua assistência (art. 1.566, inc. III, do Código Civil), sendo entendida não só como assistência econômica, mas também assistência afetiva e moral, o que traduz a tão citada comunhão plena de vida. A título de exemplo, um dos cônjuges deve se preocupar com os problemas pessoais do outro, auxiliando-o na solução desses problemas. Também constitui dever expresso decorrente do matrimônio o sustento, guarda e educação dos filhos (art. 1.566, inc. IV, do CC). Essa previsão mantém relação direta com a solidariedade social prevista na Constituição Federal (art. 3º, inc. I), que obviamente deve estar presente nas relações familiares (solidariedade familiar), até mais do que em qualquer outra relação. Vale lembrar que a família é a *celula mater* da sociedade e, se a solidariedade não for atendida em relações dessa natureza, o que dizer quanto ao restante das relações privadas. Note-se que, curiosamente, o dever de guarda, sustento e educação dos filhos não é apenas um dever entre pais e filhos, mas também entre os cônjuges e, como será visto, entre os companheiros. Por fim, constitui dever do matrimônio o respeito e consideração mútuos (art. 1.566, inc. V, do CC). Há, sem dúvidas, uma relação direta com o princípio da boa-fé objetiva, e com o dever de colaboração e cooperação que dele resulta, como ainda será aqui aprofundado mais à frente.

JURISPRUDÊNCIA COMENTADA: Na linha do que comentei sobre a *infidelidade virtual* e quanto à responsabilização civil, condenando o cônjuge ao pagamento de R$ 20.000,00 a título de danos morais, cite-se famosa decisão da 2.ª Vara Cível de Brasília, com a seguinte ementa: "Direito civil. Ação de indenização. Dano moral. Descumprimento dos deveres conjugais. Infidelidade. Sexo virtual (internet). Comentários difamatórios. Ofensa à honra subjetiva do cônjuge traído. Dever de indenizar. Exegese dos arts. 186 e 1.566 do Código Civil de 2002. Pedido julgado procedente" (Ação de Reparação de Danos, Processo 2005.01.1.118170-3, Requerente: Q. E. M., Requerido: R. R. M., Decisão prolatada em 21 maio 2008, Juiz Jansen Fialho de Almeida). Sobre a impossibilidade de responsabilização civil do cúmplice da infidelidade, justamente por não haver em relação a ele o dever de fidelidade, por todos: "O cúmplice de cônjuge infiel não tem o dever de indenizar o traído, uma vez que o conceito de ilicitude está imbricado na violação de um dever legal ou contratual, do qual resulta dano para outrem, e não há no ordenamento jurídico pátrio norma de direito público ou privado que obrigue terceiros a velar pela fidelidade conjugal em casamento do qual não faz parte. Não há como o Judiciário impor um 'não fazer' ao cúmplice, decorrendo disso a impossibilidade de se indenizar o ato por inexistência de norma posta legal e não moral – que assim determine. O réu é estranho à relação jurídica existente entre o autor e sua ex-esposa, relação da qual se origina o dever de fidelidade mencionado no art. 1.566, inciso I, do Código Civil de 2002. De outra parte, não se reconhece solidariedade do réu por suposto ilícito praticado pela ex-esposa do autor, tendo em vista que o art. 942, *caput* e § único, do CC/02 (art. 1.518 do CC/16), somente tem aplicação quando o ato do coautor ou partícipe for, em si, ilícito, o que não se verifica na hipótese dos autos" (STJ, REsp 1.122.54/MG, 4.ª Turma, Rel. Min. Luis Felipe Salomão, j. 10.11.2009, *DJe* 27.11.2009). Na mesma linha de afastamento da responsabilidade civil do cúmplice da traição, mas reconhecendo o dever de indenizar da ex-esposa que engana o marido quanto à prole, estando evidenciado o dano imaterial em casos tais na minha opinião, pela presença de especial gravidade fática para o enganado: "Exige-se, para a configuração da responsabilidade civil extracontratual, a inobservância de um dever jurídico que, na hipótese, consubstancia-se na violação dos deveres conjugais de lealdade e sinceridade recíprocos, implícitos no art. 231 do CC/16 (correspondência: art. 1.566 do CC/02). Transgride o dever de sinceridade o cônjuge que, deliberadamente, omite a verdadeira paternidade biológica dos filhos gerados na constância do casamento, mantendo o consorte na ignorância. O desconhecimento do fato de não ser o pai biológico dos filhos gerados durante o casamento atinge a honra subjetiva do cônjuge, justificando a reparação pelos danos morais suportados. A procedência do pedido de indenização por danos materiais exige a demonstração efetiva de prejuízos suportados, o que não ficou evidenciado no acórdão recorrido, sendo certo que os fatos e provas apresentados no processo escapam da apreciação nesta via especial. Para a materialização da solidariedade prevista no art. 1.518 do CC/16 (correspondência: art. 942 do CC/02), exige-se que a conduta do 'cúmplice' seja ilícita, o que não se caracteriza no processo examinado" (STJ, REsp 742.137/RJ, 3.ª Turma, Rel. Min. Nancy Andrighi, j. 21.08.2007, *DJU* 29.10.2007, p. 218). Como outro exemplo jurisprudencial, corroborando a minha afirmação doutrinária no sentido de que a quebra da fidelidade, por si só, não gera a responsabilidade civil do cônjuge, por todos os arestos estaduais que trazem essa conclusão: "A violação dos deveres conjugais descritos no art. 1.566 do Código Civil, dentre eles a fidelidade, não constitui, por si só, ofensa à honra e à dignidade do cônjuge preterido, de modo a render ensejo à obrigação de indenizar dor psíquica" (TJSP, Apelação 1050099-60.2014.8.26.0100, Acórdão 9563313, 7.ª Câmara de Direito Privado, São Paulo, Rel. Des. Mary Grün, j. 29.06.2016, *DJESP* 05.07.2016). Porém, em sentido contrário, trazendo análise a respeito da dignidade dos cônjuges e concluindo que a quebra da fidelidade em um longo casamento enseja danos morais: "Descumprimento de dever basal do casamento. Dano moral que depende da sujeição à indignidade do cônjuge traído. Colisão entre o princípio fundamental da dignidade da pessoa humana (art. 1º, inciso III, da CF) e o direito à felicidade individual. A chave funcional do dano moral está no princípio constitucional e fundamental da dignidade da pessoa humana. Direito de ser feliz que não autoriza ou legitima o quebramento do dever legal de fidelidade (art. 1.566, inciso I, do Código Civil). Casamento que perdurou por vinte e dois anos. Elementos probantes seguros indicativos do relacionamento extraconjugal da ré. Abalo psíquico e sofrimento no âmago do consorte que extrapolou o mero aborrecimento e frustração próprios do término da vida conjugal. Circunstância concreta que espelha real mácula à honradez externa do cônjuge enganado. Pretensão à reparação moral acolhida. *Quantum* indenizatório arbitrado em R$ 10.000,00. Montante que se revela proporcional e compatível com a extensão do dano, além de adequado às circunstâncias pessoais da requerida (art. 944 do Cód. Civil)" (TJSP, Apelação 1016143-74.2015.8.26.0405, Acórdão 11523460, 7.ª Câmara de Direito Privado, Osasco, Rel. Des. Rômolo Russo, j. 08.06.2018, *DJESP* 12.06.2018, p. 1.522). Com o devido respeito, fico com o primeiro caminho trilhado pelo Tribunal Bandeirante. Por fim, reconhecendo o dever de indenizar do companheiro pela transmissão de doença à sua companheira, na linha do que anotei e com premissas que valem igualmente ao casamento, do Superior Tribunal de Justiça: "A família deve cumprir papel funcionalizado, servindo como ambiente propício para a promoção da dignidade e a realização da personalidade de seus membros, integrando sentimentos, esperanças e valores, servindo como alicerce fundamental para o alcance da felicidade. No entanto, muitas vezes este mesmo núcleo vem sendo justamente o espaço para surgimento de intensas angústias e tristezas dos entes que o compõem, cabendo ao aplicador do direito a tarefa de reconhecer a ocorrência de eventual ilícito e o correspondente dever de indenizar. O parceiro que suspeita de sua condição soropositiva, por ter adotado comportamento sabidamente temerário (vida promíscua, utilização de drogas injetáveis, entre outros), deve assumir os riscos de sua conduta, respondendo civilmente pelos danos causados. A negligência, incúria e imprudência ressoam evidentes quando o cônjuge/companheiro, ciente de sua possível contaminação, não realiza o exame de HIV (o Sistema Único de Saúde – SUS disponibiliza testes rápidos para a detecção do vírus nas unidades de saúde do país), não informa o parceiro sobre a probabilidade de estar infectado nem utiliza métodos de prevenção, notadamente numa relação conjugal, em que se espera das pessoas, intimamente ligadas por laços de afeto, um forte vínculo de confiança de uma com a outra. Assim, considera-se comportamento de risco a pluralidade de parceiros sexuais e a utilização, em grupo, de drogas psicotrópicas injetáveis, e encontram-se em situação de risco as pessoas que receberam transfusão de sangue ou doações de leite, órgãos e tecidos humanos. Essas pessoas integram os denominados 'grupos de risco' em razão de seu comportamento facilitar a sua contaminação. Na hipótese dos autos, há responsabilidade civil do requerido, seja por ter ele confirmado ser o transmissor (já tinha ciência de sua condição), seja por ter assumido o risco com o seu comportamento, estando patente a violação a direito da personalidade da autora (lesão de sua honra, de sua intimidade e, sobretudo, de sua integridade moral e física), a ensejar reparação pelos danos morais sofridos" (STJ, REsp 1.760.943/MG, 4.ª Turma, Rel. Min. Luis Felipe Salomão, j. 19.03.2019). Anote-se que nesse último *decisum* a indenização por dano moral foi fixada, exemplarmente, em R$120.000,00 (cento e vinte mil reais), sem prejuízo dos danos materiais.

REFORMA DO CÓDIGO CIVIL: Seguindo a linha da imperiosa necessidade de Reforma do Direito de Família, diante das mudanças pelas quais passou a sociedade brasileira nos últimos vintes anos, a Comissão de Juristas sugere alterações relevantes para o art. 1.566 do Código Civil, que trata dos deveres do casamento, ampliando-o também para a união estável e passando o seu *caput* a enunciar que "são deveres de ambos os cônjuges ou conviventes". São mantidos os dois primeiros incisos do preceito, não prosperando a proposta formulada na Comissão de Juristas por Maria Berenice Dias no sentido de serem retirados os dois primeiros deveres pois, segundo ela, "de todo injustificado imiscuir-se o estado na vida íntima do casal, a ponto de impor-lhes o dever de fidelidade. O adultério nem crime é e, para o divórcio ou a dissolução da união estável, não cabe justificar o pedido. Do mesmo modo, não há como ser imposta, por lei, a vida em comum em um único domicílio conjugal". Mantidos os deveres de fidelidade, de vida em comum no domicílio conjugal – versão atual da antiga coabitação –, de mútua assistência e de respeito e consideração mútuos entre os cônjuges ou conviventes, sugere-se que o inciso IV seja alterado e, de forma mais clara e consentânea ao sistema já vigente, passe a impor aos consortes "de forma colaborativa assumirem os deveres de cuidado, sustento e educação dos filhos, dividindo os deveres familiares de forma compartilhada". Não se menciona mais, assim, a guarda, substituída pelo dever de cuidado, sempre de forma compartilhada. Nesse inciso foi, sim, adotada outra emenda de Maria Berenice Dias, uma vez que "não basta atribuir aos pais o dever de guarda, expressão, aliás, que nem mais é utilizada, pois filhos não são objetos que possam ser guardados. Ao depois, impositivo prever a obrigação de ambos de partilharem os encargos familiares e o exercício da parentalidade". Seguindo, o § 1º do art. 1.566 também deve ser alterado para que mencione que, "ainda que finda a sociedade conjugal ou convivencial, ex-cônjuges ou ex-conviventes devem compartilhar, de forma igualitária, o convívio com filhos e dependentes". Em suma, faz-se necessária uma regra segundo a qual o dever de compartilhamento do convívio entre pais e filhos permaneça após o fim da união. Sobre os encargos relativos aos filhos, o novo § 2º preverá que "igualmente devem os ex-cônjuges e ex-conviventes compartilhar as despesas destinadas à manutenção dos filhos e dos dependentes, bem como as despesas e encargos que derivem da manutenção do patrimônio comum". A premissa da colaboração, portanto, é sempre a igualdade, de acordo com as possibilidades de cada um dos cônjuges ou conviventes. Como outra previsão, específica e separada – para que não exista confusão nos tratamentos legais –, o § 3º enunciará que "os ex-cônjuges e ex-conviventes têm o direito de compartilhar a companhia e arcar com as despesas destinadas à manutenção dos animais de estimação, enquanto a eles pertencentes". Por óbvio que os animais de estimação não são filhos, sendo importante destacar que a Reforma do Código Civil não os trata como pessoas, mas como *seres vivos sencientes*, dotados de sensibilidade (projeto de art. 70-A). Por isso, frise-se, não há que se confundir a sua situação jurídica com a dos filhos, como acabou prevalecendo na Comissão de Juristas. A proposta inicial da Subcomissão de Direito de Família era de que essa regra constasse no art. 1.703 do Código Civil, em previsão relativa aos alimentos, mas a Relatoria-Geral entendeu ser melhor deslocá-la para o art. 1.566, o que acabou prevalecendo, em consenso entre todos os membros da Comissão de Juristas e votação final. De todo modo, as justificativas da citada subcomissão servem para fundamentar a proposição: "a questão envolvendo os animais de estimação vem tomando cada vez mais espaço dentre a doutrina especializada, e nos próprios julgamentos dos Tribunais Superiores. Tal ocorre face à modernização da sociedade, em que os casais passaram a gerar menos filhos, ou mesmo passam a tê-los em etapas mais avançadas de suas vidas. Nesse ínterim, abre-se espaço para uma relação mais próxima com os animais de estimação, os quais são tratados como verdadeiros membros da família moderna. Embora jurisprudência recente (STJ, REsp 1.944.228) tenha ainda mantido a postura legalista de que os animais de estimação são uma espécie de coisas, e, por isso, suas despesas devem ser suportadas pelo dono, não se pode perder de vista que a realidade das famílias impõe um passo à frente por parte do legislador. Isso, no intuito de que se regulamente de forma mais adequada essa relação de afeto, cuidado e carinho havida entre os tutores e seus animais de estimação. Vale pontuar, nesse aspecto, que julgado da Quarta Turma (em segredo de justiça) reconhece, inclusive, que os animais, embora irracionais, são seres sencientes, ou seja, dotados da aptidão de sentir. Dentre várias propostas recebidas pela Subcomissão de Direito de Família, salienta-se a valorosa contribuição do Professor Vicente de Paula Ataide Junior, da UFPR, a qual serviu de base para a redação do artigo em tela, cujo teor determina que as despesas dos animais de estimação serão suportadas, proporcionalmente, pelos tutores. A fim de evitar maiores polêmicas, deixa-se expresso, por outro lado, ser vedada a prisão civil, de modo a não tornar equiparado o dever de contribuir com as despesas do animal com a pensão alimentícia". De fato, a atuação do Professor e magistrado Vicente de Paula Ataide Jr., como consultor da Comissão de Juristas, foi fundamental para os novos tratamentos legais a respeito dos animas, na legislação civil. Destaque-se que não foi incluída a previsão expressa sobre a impossibilidade de prisão civil, pois não há mais proposta de seu tratamento na seção relativa a alimentos, mas como despesas gerais, o que afasta qualquer debate sobre a viabilidade da restrição à liberdade no caso do seu não pagamento. Sobre um dos julgados superiores citados, a conclusão foi no sentido de que "a solução de questões que envolvem a ruptura da entidade familiar e o seu animal de estimação não pode, de modo algum, desconsiderar o ordenamento jurídico posto – o qual, sem prejuízo de vindouro e oportuno aperfeiçoamento legislativo, não apresenta lacuna e dá respostas aceitáveis a tais demandas –, devendo, todavia, o julgador, ao aplicá-lo, tomar como indispensável balizamento o aspecto afetivo que envolve a relação das pessoas com o seu animal de estimação, bem como a proteção à incolumidade física e à segurança do pet, concebido como ser dotado de sensibilidade e protegido de qualquer forma de crueldade. [...]. A relação entre o dono e o seu animal de estimação encontra-se inserida no direito de propriedade e no direito das coisas, com o correspondente reflexo nas normas que definem o regime de bens (no caso, o da união estável). A aplicação de tais regramentos, contudo, submete-se a um filtro de compatibilidade de seus termos com a natureza particular dos animais de estimação, seres que são dotados de sensibilidade, com ênfase na proteção do afeto humano para com os animais. [...]. As despesas com o custeio da subsistência dos animais são obrigações inerentes à condição de dono, como se dá, naturalmente com os bens em geral e, com maior relevância, em relação aos animais de estimação, já que a sua subsistência depende do cuidado de seus donos, de forma muito particularizada. Enquanto vigente a união estável, é indiscutível que estas despesas podem e devem ser partilhadas entre os companheiros (*ut* art. 1.315 do Código Civil). Após a dissolução da união estável, esta obrigação pode ou não subsistir, a depender do que as partes voluntariamente estipularem, não se exigindo, para tanto, nenhuma formalidade, ainda que idealmente possa vir a constar do formal de partilha dos bens hauridos durante a união estável. Se, em razão do fim da união, as partes, ainda que verbalmente ou até implicitamente, convencionarem, de comum acordo, que o animal de estimação ficará com um deles, este passará a ser seu único dono, que terá o bônus – e a alegria, digo eu – de desfrutar de sua companhia, arcando, por outro lado, sozinho, com as correlatas despesas" (STJ, REsp 1.944.228/SP, Rel. Min. Ricardo Villas Bôas Cueva, Rel. p/ Acórdão Min. Marco Aurélio Bellizze, 3.ª Turma, j. 18.10.2022, *DJe* 07.11.2022). Em muitos aspectos, não se pode negar, o que se propõe como Reforma para o Código Civil sobre o tema dos animais foi adotado nesse importante precedente.

Art. 1.567. A direção da sociedade conjugal será exercida, em colaboração, pelo marido e pela mulher, sempre no interesse do casal e dos filhos.

Parágrafo único. Havendo divergência, qualquer dos cônjuges poderá recorrer ao juiz, que decidirá tendo em consideração aqueles interesses.

COMENTÁRIOS DOUTRINÁRIOS: Confirmando a necessária boa-fé objetiva que deve haver entre os cônjuges, o Código Civil de 2002 estabelece um dever de colaboração entre eles quanto à direção da sociedade conjugal, sem distinção entre marido ou mulher e sempre no interesse do casal e dos filhos. Substituiu-se assim o regime de chefia única, pelo marido, que constava originalmente do Código Civil de 1916, e que já havia sido superado de forma definitiva pela Constituição Federal de 1988. Em suma, substituiu-se a hierarquia do marido pela *diarquia conjugal* ou *familiar*. A norma em questão, portanto, consubstancia a ideia de *família democrática*, sustentada pela doutrina contemporânea brasileira, estabelecida em regime de cooperação entre os cônjuges, com a possibilidade de os filhos opinarem sobre os caminhos que serão percorridos pelo núcleo familiar. Se for o caso, em havendo divergência quanto a essa direção, qualquer dos cônjuges poderá recorrer ao juiz, que decidirá tendo em consideração os interesses da família. Tais demandas de suprimento judicial a respeito da gestão familiar são raríssimas na prática, representando exceção *ao princípio da não intervenção*, constante do art. 1.513 do Código Civil.

JURISPRUDÊNCIA COMENTADA: Em caso concreto em que a norma em comento foi utilizada, o Tribunal de Minas Gerais concluiu que a mulher tem o direito de fazer laqueadura, o que independe de autorização do seu marido, sendo essa opção decorrente do livre exercício de sua autonomia privada: "Planejamento familiar. Direito de liberdade. Interesse familiar e social. Art. 1º, inciso III, art. 5º, *caput* e incisos I, X, da Constituição da República. Art. 1.567 e parágrafo único do Código

Civil de 2002. Ponderação de princípios. [...]. A esterilização voluntária regulamentada pela Lei n. 9.263, de 1996, é um direito social conquistado pela mulher e que deve ser garantido pelo Estado como corolário do planejamento familiar. A exigência do consentimento do cônjuge para a esterilização voluntária constitui ofensa à dignidade da pessoa humana, da liberdade individual, bem como do planejamento familiar, revelando-se retrocesso social da proteção conferida pela Constituição da República" (TJMG, Apelação Cível 1.0647.13.008279-3/002, Rel. Des. Marcelo Rodrigues, j. 23.06.2015, *DJEMG* 29.06.2015). Em raro caso de suprimento judicial da vontade de um dos cônjuges, merece destaque, do Tribunal Paulista: "Ação buscando tutela inibitória preventiva. Casal em vias de se separar, a mulher não concordando com a administração isolada, pelo marido, de todo o patrimônio comum. Inteligência ao artigo 1.567 do Código Civil. Apelo contra sentença que julgou procedente a demanda. Procuração outorgada a dois filhos para sua representação na administração dos bens. Legalidade da providência. Irresignação do marido pugnando pela improcedência da lide, bem como pela devolução dos valores. Descabimento" (TJSP, Apelação 0000739-95.2011.8.26.0451, Acórdão 6582262, 8.ª Câmara de Direito Privado, Piracicaba, Rel. Des. Luiz Ambra, j. 13.0.2013, *DJESP* 05.04.2013).

REFORMA DO CÓDIGO CIVIL: Diante da possibilidade jurídica do casamento homoafetivo e da necessária equiparação entre casamento e união estável, para os fins dos efeitos decorrentes das duas entidades familiares, a Comissão de Juristas propõe que o art. 1.567 do CC passe a ter a seguinte redação: "a direção da sociedade conjugal ou convivencial será exercida, em colaboração, por ambos os cônjuges ou conviventes, sempre no interesse do casal e dos filhos. Parágrafo único. Havendo divergência, qualquer dos cônjuges ou conviventes poderão recorrer ao juiz que decidirá tendo em consideração aqueles interesses". Retira-se, portanto, as expressões "homem" e "mulher", como foi feito em outras propostas de atualização da codificação civil, em interpretação que já prevalece na atualidade.

Art. 1.568. Os cônjuges são obrigados a concorrer, na proporção de seus bens e dos rendimentos do trabalho, para o sustento da família e a educação dos filhos, qualquer que seja o regime patrimonial.

COMENTÁRIOS DOUTRINÁRIOS: Eis mais uma norma que confirma a substituição da *hierarquia* pela *diarquia familiar*, bem como a ideia de família democrática. Assim, no que tange à colaboração patrimonial, o dispositivo prevê que cada cônjuge deve concorrer, na proporção dos seus bens e dos seus rendimentos, para o sustento da família e para a educação dos filhos, qualquer que seja o regime matrimonial adotado entre eles. Tal previsão acaba repercutindo também para os alimentos devidos aos filhos, em casos de dissolução do casamento.

JURISPRUDÊNCIA COMENTADA: Em um dos casos em que a norma foi utilizada para fins de atribuição da verba alimentar para os filhos, do Tribunal de Minas Gerais: "Sendo os alimentos provisórios fixados no início da lide, quando ainda não houve dilação probatória para que se afira a real situação financeira das partes, tal prestação deve ser arbitrada com relativa parcimônia, até que se produza nos autos conjunto probatório robusto no qual possa o julgador se basear, com segurança, acerca do valor dos alimentos, observando o binômio necessidade do alimentando e possibilidade socioeconômica do alimentante. Considerando que os artigos 1.566, IV e 1.568, do CC/02, estabelecem a obrigação de ambos os pais no sustento dos filhos e havendo comprovação, por ora, de que o alimentante não possui condições de prover os alimentos provisórios aos filhos menores no percentual fixado pelo juízo de primeiro grau, deve ser reduzido o valor da pensão alimentícia em favor de seus dois filhos menores, e, via de consequência, a reforma parcial da decisão agravada é medida que se impõe" (TJMG, Agravo de Instrumento 1.0209.16.002209-8/001, Rel. Des. Yeda Athias, j. 30.08.2016, *DJEMG* 13.09.2016). Em sentido próximo a respeito da contribuição de cada um dos consortes para o sustento dos filhos, julgou o Tribunal do Distrito Federal, em conclusão que se repete na Corte, que "conforme o art. 1.568 do Código Civil, os cônjuges são obrigados a concorrer, na proporção de seus bens e dos rendimentos do trabalho, para o sustento da família e a educação dos filhos, qualquer que seja o regime patrimonial. Se a cada ex-convivente coube a guarda de um dos filhos, o possuidor da melhor condição financeira deve pensionar o descendente que se encontra sob a responsabilidade do outro, a fim de preservar o equilíbrio entre as obrigações dos alimentantes e os direitos dos alimentados" (TJDF, Apelação Cível 2017.10.1.003026-6, Acórdão 111.9749, 2.ª Turma Cível, Rel. Des. Sandoval Oliveira, j. 22.08.2018, *DJDFTE* 31.08.2018).

REFORMA DO CÓDIGO CIVIL: Mais uma vez com vistas à equiparação do casamento à união estável para os fins de eficácia ou geração de efeitos das duas entidades familiares, sugere-se que o art. 1.568 do CC tenha a seguinte redação: "os cônjuges ou conviventes são obrigados a concorrer, na proporção de seus bens e dos rendimentos do trabalho, para o sustento da família e para a educação dos filhos, qualquer que seja o regime patrimonial de bens". Na essência, nada muda quanto ao conteúdo da norma, que apenas é ampliada para a união estável, como já deve ser interpretada na atualidade.

Art. 1.569. O domicílio do casal será escolhido por ambos os cônjuges, mas um e outro podem ausentar-se do domicílio conjugal para atender a encargos públicos, ao exercício de sua profissão, ou a interesses particulares relevantes.

COMENTÁRIOS DOUTRINÁRIOS: Como antes pontuei, novamente diante da *diarquia conjugal* e da ideia de *família democrática*, o domicílio do casal será escolhido por ambos, e não exclusivamente pelo marido como constava originalmente no Código Civil de 1916. Quebrando-se com a rigidez relativa à coabitação, a norma ainda prescreve que qualquer um dos cônjuges, eventualmente, poderá ausentar-se do domicílio conjugal para atender a encargos públicos, ao exercício da sua profissão, ou a interesses particulares relevantes; sem que isso configure a separação de fato do casal. Entendo que a norma também se aplica à união estável, diante de uma desejável equiparação dos institutos quanto às regras de solidariedade.

JURISPRUDÊNCIA COMENTADA: Confirmando a pensão por morte em favor da esposa de funcionário público falecido, com base na falta de rigidez quanto ao domicílio conjugal, entendeu com razão o Tribunal de Justiça de Pernambuco: "É fato incontroverso a existência de enlace matrimonial entre a requerente e o ex-servidor público, desde 08 de abril de 1994, conforme certidão às fls. 14. Também não resta dúvida da transferência voluntária da parte autora de seu local de trabalho, IX Gerência Regional de Saúde de Ouricuri para a VIII Gerência Regional de Saúde de Petrolina. A requerente alega que a mudança de cidade apenas se deu por razões de saúde e que ficava hospedada na casa de seu filho, mantendo, entretanto, a convivência marital por meio de constantes viagens entre as cidades nos finais de semana. Como se pode observar, as testemunhas confirmam a relação conjugal e alegam desconhecer ocorrência de separação. Suposta divergência entre os motivos para a mudança de endereço, se para ajudar ao filho ou por problemas de saúde, não são suficientes para elidir as alegações autorais, uma vez que a manutenção do casamento restou patente entre as testemunhas. O artigo 1.569 do Código Civil, ao mesmo passo em que prevê como dever dos cônjuges a vida em comum, no domicílio conjugal, permite a ausência para atender ao exercício de profissão ou a interesses particulares relevantes. Cumpre salientar o entendimento esposado na Súmula n. 382 do Supremo Tribunal Federal que torna desnecessário o convívio sob o mesmo teto (*more uxório*) para configurar união estável e se adéqua ainda mais ao presente caso, tendo em vista haver prova documental (certidão de casamento) do enlace entre as partes. Sendo assim, em razão da juntada de prova documental (certidão de casamento) e dos depoimentos testemunhais, caberia à fundação previdenciária o ônus de provar a ocorrência de separação de fato, de forma incontroversa, a ponto de obstar o direito da parte autora ao recebimento de benefício previdenciário (artigo 333, II do Código de Processo Civil). Isso não ocorreu no presente caso. Desta forma, tão somente a transferência do local de trabalho da parte autora não pode servir de motivação para a improcedência do pedido de pensão por morte, tendo em vista as partes serem casadas civilmente e haver informações de permanência do convívio" (TJPE, Apelação 0002879-35.2012.8.17.0640, Rel. Des. Erik de Sousa Dantas Simões, j. 10.06.2014, *DJEPE* 03.07.2014).

REFORMA DO CÓDIGO CIVIL: Assim como as proposições anteriores, a Comissão de Juristas sugere a inclusão dos conviventes, que vivem em união estável, na norma, como é interpretada na atualidade. Assim, o art. 1.569 do CC passará a prever o seguinte: "O domicílio do casal será escolhido por ambos os cônjuges ou conviventes, mas um e outro podem ausentar-se do domicílio conjugal para atender a encargos públicos, ao exercício de sua profissão, ou a interesses particulares relevantes".

Art. 1.570. Se qualquer dos cônjuges estiver em lugar remoto ou não sabido, encarcerado

por mais de cento e oitenta dias, interditado judicialmente ou privado, episodicamente, de consciência, em virtude de enfermidade ou de acidente, o outro exercerá com exclusividade a direção da família, cabendo-lhe a administração dos bens.

COMENTÁRIOS DOUTRINÁRIOS: Ao contrário do que constava do Código Civil de 1916, que mencionava apenas a mulher em seu art. 251, a direção exclusiva da família por um dos cônjuges é cabível, estando o outro: a) em lugar remoto ou não sabido; b) encarcerado por mais de cento e oitenta dias; e c) interditado judicialmente ou privado, episodicamente, de consciência, em virtude de enfermidade ou de acidente. No último caso, tendo em vista as mudanças advindas do Estatuto da Pessoa com Deficiência, pode-se falar em curatela em vez de interdição.

JURISPRUDÊNCIA COMENTADA: A jurisprudência do Tribunal do Rio de Janeiro discutiu a incidência da norma, merecendo colação a seguinte ementa: "Requerimento de alvará para autorização judicial com vistas à gestão da administração do lar conjugal pela mulher. Caracterização de situação de episódica falta de discernimento pelo varão. Sentença de extinção do processo por apontada impossibilidade jurídica do pedido. Inconsistência do referido fundamento, de vez que inocorrente qualquer vedação do ordenamento jurídico à pretensão em tela. Amparo do pedido pelos arts. 1.567, parágrafo único, e 1.570 do novo Código Civil. Situação, além disso, respaldada pelo disposto no art. 1.109 do CPC, que dispensa expressamente o órgão judicial de observância da legalidade estrita. Necessidade de dilação probatória. Anulação da sentença" (TJRJ, Acórdão 2005.001.50995, 3.ª Câm. Cível, Rel. Des. Luiz Fernando de Carvalho, j. 25.04.2006). Entendo que a decisão foi precisa e correta ao deferir o alvará para que a esposa fizesse a gestão dos bens do casal.

REFORMA DO CÓDIGO CIVIL: Como última regra do capítulo relativo aos efeitos do casamento e da união estável, inclui-se no art. 1.570 a menção aos conviventes, para que passe a preceituar o seguinte, sem qualquer outra modificação na essência: "se qualquer dos cônjuges ou conviventes estiverem em lugar remoto ou não sabido, encarcerado por mais de cento e oitenta dias, interditado judicialmente ou privado, episodicamente, de consciência, em virtude de enfermidade ou de acidente, o outro exercerá com exclusividade a direção da família, cabendo-lhe a administração dos bens".

CAPÍTULO X
DA DISSOLUÇÃO DA SOCIEDADE E DO VÍNCULO CONJUGAL

Art. 1.571. A sociedade conjugal termina:

I – pela morte de um dos cônjuges;

II – pela nulidade ou anulação do casamento;

III – pela separação judicial;

IV – pelo divórcio.

§ 1º O casamento válido só se dissolve pela morte de um dos cônjuges ou pelo divórcio, aplicando-se a presunção estabelecida neste Código quanto ao ausente.

§ 2º Dissolvido o casamento pelo divórcio direto ou por conversão, o cônjuge poderá manter o nome de casado; salvo, no segundo caso, dispondo em contrário a sentença de separação judicial.

COMENTÁRIOS DOUTRINÁRIOS: O fim da sociedade conjugal e do casamento é um dos temas mais relevantes para a prática do Direito de Família, devendo ser esclarecido, inicialmente, que reconhecido o casamento homoafetivo como entidade familiar, na linha das mais recentes decisões superiores e da regulamentação administrativa pelos Tribunais Estaduais, as regras a seguir analisadas aplicam-se a essa entidade familiar. Como uma das normas atuais de maior importância para o tema, destaque-se a Emenda Constitucional n. 66/2010, conhecida como *Emenda do Divórcio*, que trouxe uma verdadeira revolução no tratamento da matéria. Anote-se que a então Proposta de Emenda Constitucional n. 28/2009 recebeu no seu trâmite várias numerações, como PEC n. 413/2005 e PEC n. 33/2007, tendo sido a última proposta elaborada pelo Deputado Sérgio Barradas Carneiro, com o auxílio teórico e técnico dos juristas que compõem o Instituto Brasileiro de Direito de Família (IBDFAM). A visualização concreta de seus impactos somente é possível com a devida confrontação com o sistema introduzido pelo Código Civil de 2002, para que se verifiquem quais categorias foram extintas e quais permanecem no Direito de Família nacional. Também é necessário confrontar a Emenda do Divórcio com a emergência do Código de Processo Civil de 2015, que reafirmou a separação judicial e a extrajudicial em vários de seus dispositivos, infelizmente. A redação anterior do art. 226, § 6º, da Constituição Federal de 1988, antes da citada Emenda era a seguinte: "O casamento civil pode ser dissolvido pelo divórcio, após prévia separação judicial por mais de um ano nos casos expressos em lei, ou comprovada separação de fato por mais de dois anos". Após a sua emergência, o citado comando constitucional passou a ter a seguinte dicção: "O casamento civil pode ser dissolvido pelo divórcio". Conforme sustento há tempos, a inovação tem aplicação imediata, como norma constitucional autoexecutável. Nesse contexto, entendo que não há a necessidade de qualquer *ponte infraconstitucional* para a sua eficácia, o que está de acordo com a doutrina que reconhece a força normativa da Constituição. Constata-se, de qualquer forma, que apenas houve alteração no Texto Maior, sem qualquer modificação ou revogação de dispositivos do Código Civil ou de leis específicas, cabendo à doutrina e à jurisprudência apontar quais construções jurídicas ainda persistem, por estarem de acordo com a nova redação da Norma Fundamental. Portanto, a par dessa realidade, grandes foram e são os desafios para a civilística nacional brasileira, desde a emergência dessa Emenda Constitucional. Como primeiro e fulcral impacto da Emenda do Divórcio a ser apontado, verifica-se que não é mais viável juridicamente a *separação de direito*, a englobar a separação judicial e a separação extrajudicial, banidas totalmente do sistema jurídico no meu entender, seguindo as lições da doutrina que considero como mais importante e majoritária no âmbito do Direito de Família Brasileiro. Destaco o argumento no sentido de que os *fins sociais da norma*, nos termos do art. 5º da Lei de Introdução, são de justamente colocar fim à categoria da separação de direito. Pensar de forma contrária torna totalmente inútil o trabalho parlamentar de reforma da Constituição Federal. Sendo assim, entendo que os dispositivos infraconstitucionais que tratam da separação de direito, geradora do fim da sociedade conjugal, mas não do casamento, devem ser tidos como revogados tacitamente, por incompatibilidade superveniente com o Texto Maior. Da hermenêutica constitucional contemporânea, podem ser citados três princípios, que conduzem à mesma conclusão, pelo fim da separação jurídica ou de direito. O primeiro deles é o *princípio da máxima efetividade ou da eficiência* do texto constitucional, sendo certo que manter a burocracia no fim do casamento, com o modelo *bifásico* – fundado na separação de direito e no divórcio –, não traz essa eficácia pretendida. Como segundo princípio, da *força normativa da Constituição*, a manutenção da separação de direito violaria a necessária otimização legal que se deve dar à Emenda e com a ideia de atualização do Texto Maior. Por fim, manter a separação de direito no sistema entra em colisão com o *princípio da interpretação das leis em conformidade com a Constituição*, uma vez que as leis infraconstitucionais devem se adequar à Norma Fundamental e não o contrário. Por tudo isso, em conformidade com a CF/1988, sustento desde 2010 que não há mais sentido teórico e prático na manutenção da separação de direito, devendo ser considerados como revogados tacitamente os dispositivos que tratam do instituto. De todo modo, ressalto que esse entendimento nunca foi pacífico na doutrina, havendo respostas contrárias dadas no âmbito da doutrina, pois muitos juristas entenderam que a Emenda do Divórcio apenas suprimiu os prazos para o divórcio e para a separação de direito, que continua viável juridicamente no ordenamento jurídico brasileiro. Adotando essa solução, na *V Jornada de Direito Civil*, promovida pelo Conselho da Justiça Federal em 2011, foram aprovados quatro enunciados doutrinários que concluíram pela manutenção da separação de direito no sistema jurídico nacional. Conforme o Enunciado n. 514, "a Emenda Constitucional n. 66/2010 não extinguiu o instituto da separação judicial e extrajudicial". Nos termos do Enunciado n. 515, "pela interpretação teleológica da Emenda Constitucional n. 66/2010, não há prazo mínimo de casamento para a separação consensual". Além disso, estabelece o Enunciado n. 516 que "na separação judicial por mútuo consentimento, o juiz só poderá intervir no limite da preservação do interesse dos incapazes ou de um dos cônjuges, permitida a cindibilidade dos pedidos, com a concordância das partes, aplicando-se esse entendimento também ao divórcio". Por fim, cite-se o Enunciado n. 517 do Conselho da Justiça Federal, *in verbis*: "A Emenda Constitucional n. 66/2010 extinguiu os prazos previstos no art. 1.580 do Código Civil, mantido o divórcio por conversão". No que concerne aos enunciados doutrinários transcritos, é forçoso concluir que não deveriam sequer ter sido votados, por encerrarem tema controverso, de grande debate na doutrina e na jurisprudência nacionais. As *Jornadas de Direito Civil* têm o condão de demonstrar o pensamento consolidado da civilística nacional, o que não foi atendido pelas ementas transcritas. Fugiu-se, portanto, dos objetivos desse grande evento brasileiro, o mais importante da área do Direito Privado em nosso País. Por outro viés, ouviu-se no meio jurídico que os malfadados enunciados, ao deduzirem pela manutenção da separação de direito, constituem um total retrocesso, o que sempre foi compartilhado por mim. Curiosamente, quando da *VI Jornada de Direito Civil*, realizada em março de 2013, Rodrigo da Cunha Pereira propôs enunciado com a seguinte redação: "Por uma interpretação lógica, sistemática, teleológica, histórica e social, a Emenda Constitucional n. 66/2010 que instituiu o Divórcio Direto no ordenamento jurídico revogou a separação judicial do cenário infraconstitucional, eliminando prazos desnecessários e acabando com a discussão da culpa quando da dissolução do vínculo conjugal". A proposta sequer foi votada, por decisão dos juristas que coordenavam a citada comissão. Infelizmente, o mesmo ocorreu em 2015 e em 2018, quando da *VII* e *VIII Jornadas de Direito Civil*. De toda sorte, seguindo a linha da última corrente citada, infelizmente, o Código de Processo Civil de 2015 reafirmou a separação de direito, a englobar a separação judicial e a extrajudicial, em vários de seus comandos. Sempre entendi tratar-se de uma grande infelicidade, outro enorme retrocesso, agora no plano legislativo. Vários dispositivos da norma instrumental emergente continuaram a tratar das categorias, o que não deveria ocorrer, em hipótese alguma. Não se olvide que, quando da elaboração do parecer final sobre o então Novo CPC no Senado Federal, pelo Relator Senador Vital do Rêgo, foram apresentadas propostas de alteração por meio da Emenda 61 – do Senador Pedro Taques –, da Emenda 129 – do Senador João Durval – e das Emendas 136, 137, 138, 139, 140, 141, 142 e 143 – do Senador Antonio Carlos Valadares –, visando à retirada do texto dos tratamentos relativos ao malfadado instituto da separação judicial do Estatuto Processual emergente. Todavia, as emendas foram afastadas pelo Senador Vital do Rego, que assim argumentou, citando inclusive os enunciados da *V Jornada de Direito Civil*, anteriormente transcritos. Na votação final dos destaques no Senado Federal, realizada no dia 17 de dezembro de 2014, havia uma insurgência pontuada pela Senadora Lídice da Mata a respeito dessa manutenção. Porém, a Ilustre Senadora acabou por ser convencida pela conservação da separação judicial no texto, retirando, ao final, o seu destaque. Sendo assim, o Código de Processo Civil hoje em vigor nasceu com um *instituto morto* em vários de seus dispositivos. Vejamos apenas alguns deles. Em termos gerais de incidência das regras atinentes às ações contenciosas de Direito de Família, o art. 693 do CPC/2015 enuncia que "as normas deste Capítulo aplicam-se aos processos contenciosos de divórcio, separação, reconhecimento e extinção de união estável, guarda, visitação e filiação". Na sequência, vêm as regras específicas "Do Divórcio e da Separação Consensuais, da Extinção Consensual de União Estável e da Alteração do Regime de Bens do Matrimônio". Quanto ao divórcio e à separação judicial consensuais, como primeiro diploma especial, o art. 731 do CPC/2015 estabelece que as suas homologações, observados os requisitos legais, poderão ser requeridas em petição assinada por ambos os cônjuges, da qual constarão: a) as disposições relativas à descrição e à partilha dos bens comuns; b) as disposições concernentes à pensão alimentícia entre os cônjuges; c) o acordo atinente à guarda dos filhos incapazes e ao regime de visitas; e d) o valor da contribuição para criar e educar os filhos. Nos termos do seu parágrafo único, se os cônjuges não acordarem sobre a partilha dos bens, far-se-á esta depois de homologado o divórcio, conforme as normas relativas à partilha de bens, constantes dos arts. 647 a 658 do mesmo Estatuto Processual emergente. O tratamento unificado para as duas ações – de separação e de divórcio – constituiu novidade do CPC/2015, pois os arts. 1.120 a 1.124 do anterior CPC regulavam apenas a separação judicial. Quanto aos requisitos, não houve modificação de relevo, lamentando-se o tratamento expresso da separação de direito, mais uma vez. Eventualmente, o divórcio e a extinção de união estável, feitos consensualmente – não havendo nascituro, filhos incapazes, nos termos literais da lei, hoje superados pelo entendimento do Conselho Nacional de Justiça, e observados os requisitos legais –, poderão ser realizados por escritura pública, da qual constarão as disposições de que trata o art. 731 do próprio *Codex*. Confirmando-se a evolução inaugurada pela Lei n. 1.441/2007 – que inseriu o art. 1.124-A no antigo CPC –, pelo art. 733 do Código de Processo em vigor, continua viável juridicamente o divórcio extrajudicial, por escritura pública. Todavia, lamenta-se novamente a menção à separação extrajudicial, em flagrante retrocesso. Em suma, apesar de todas as resistências citadas – o que também se dá no âmbito da jurisprudência superior, como ainda se verá –, e do infeliz tratamento no CPC/2015, insisti na minha posição doutrinária no sentido de que não vige mais o *sistema bifásico*, de extinção da sociedade conjugal – pela separação de direito –, e do casamento – pelo divórcio. Essa posição, como se verá, apesar de não prevalecer em um primeiro momento no âmbito do Superior Tribunal de Justiça, saiu vencedora quando o Supremo Tribunal Federal julgou o Tema n. 1.053, de repercussão geral. Desse modo, os comandos que fazem menção à separação de direito, seja ela judicial ou extrajudicial, não têm mais aplicação no sistema jurídico nacional. Nesse contexto, continuei a sustentar, posição que hoje prevalece e a ser considerada para os devidos fins práticos, que as ações em curso de separação judicial, consensuais ou litigiosas, em regra, devem ser extintas sem julgamento do mérito, por falta de objeto jurídico viável, salvo se já houver sentença prolatada. Entretanto, diante dos princípios da economia e da fungibilidade, pode o juiz da causa dar oportunidade para que as partes envolvidas adaptem o seu pedido, da separação judicial para o divórcio. Se houver tutela de urgência de separação de corpos em que houve concessão de liminar, permite-se a aplicação do princípio da fungibilidade, podendo tais ações ser convertidas, no sentido de transformadas, em ações de divórcio, uma vez que sua simples extinção pode trazer prejuízos irremediáveis às partes. Sempre segui também a corrente segundo a qual não há mais que se falar em *divórcio indireto* ou por *conversão*, persistindo apenas o divórcio direto, que será aqui denominado tão somente como *divórcio*, eis que não há necessidade de qualquer distinção categórica; o que também prevaleceu com o julgamento do Tema n. 1.053 pelo Supremo Tribunal Federal. Outro ponto a ser mencionado é que não há mais prazo para o casal se divorciar, o que parece ser unânime entre uma ou outra corrente a respeito da persistência da separação de direito. O legislador constitucional não expressa mais o prazo de um ano da separação judicial, ou de dois anos de separação de fato para o divórcio, estando revogado ou prejudicado o art. 1.580 do Código Civil, eis que a norma superior prevalece sobre a inferior. Assim, é possível o casamento em um dia e o divórcio no dia seguinte, ou no próprio dia do casamento. Sendo verificadas as principais alterações no sistema de dissolução da sociedade conjugal e do casamento com a Emenda do Divórcio e a posição que prevaleceu no STF e que vale para a prática, anteriormente o tema se dividia em quatro partes: a) estudo da anulação e nulidade do casamento, conforme o Capítulo aqui já analisado; b) abordagem da separação de direito ou jurídica – que colocava fim apenas à sociedade conjugal e não ao vínculo matrimonial; c) visualização do divórcio – que efetivamente põe fim ao casamento; e d) a análise da morte dos cônjuges – matéria estudada no livro de Direito das Sucessões. Partindo-se ao âmago do art. 1.571 do Código Civil, ora em comentário, deve ser tido como revogado tacitamente ou não recepcionado pelo novo Texto Constitucional o inc. III do comando legal, uma vez que, repise-se, todas as modalidades de separação de direito foram retiradas do sistema, a incluir a separação judicial. Com tal premissa de conclusão, a sociedade conjugal termina com a morte de um dos cônjuges, pela nulidade e anulação do casamento e pelo divórcio. Por outra via, o casamento válido será dissolvido pelo divórcio e pela morte. Como se verá mais à frente, o conceito de sociedade conjugal deve ser mantido para algumas finalidades, notadamente com repercussões contratuais. Também não tem mais sentido, em parte, o § 2º do diploma nas menções ao divórcio direto ou por conversão e à sentença de separação judicial. A última norma deve ser lida da seguinte maneira: "Dissolvido o casamento pelo divórcio, o cônjuge poderá manter o nome de casado". O tema do uso do nome ainda será abordado mais à frente. No que diz respeito à anulação e à nulidade do casamento, reitero que se encontram no plano da validade do negócio jurídico; enquanto o divórcio está no plano da eficácia, ou seja, o casamento válido perde seus efeitos ou parte deles com a dissolução do vínculo. Estando no plano da eficácia, o divórcio produzirá efeitos *ex nunc*, ou seja, a partir de sua declaração, não se falando em retroatividade dos efeitos. Como outro aspecto relevante, é interessante discorrer sobre a dissolução do casamento por morte presumida, em decorrência de ausência, prevista no § 1º do art. 1.571, segundo o qual o casamento do ausente se desfaz, estando o seu ex-cônjuge livre para se casar com terceiro. Surge a dúvida: como fica a situação desse seu ex-consorte casado quando o desaparecido reaparece após todo esse prazo mencionado na codificação privada de 2002? Dois posicionamentos podem ser tidos em relação à matéria. Pelo primeiro deles, deve-se considerar válido o segundo casamento e dissolvido o primeiro, ressaltando a boa-fé dos nubentes, e desvalorizando a conduta, muitas vezes, de abandono do ausente. Já pela segunda vertente, é necessário declarar nulo o segundo casamento, eis que não podem casar as pessoas casadas, nos termos do art. 1.521, inc. VI, do CC. Com o reaparecimento, não se aplicaria, portanto, a regra do art. 1.571 da codificação privada. Tendo em vista a valorização da boa-fé e da eticidade, um dos baluartes da atual codificação privada, inclina-se a adotar o primeiro posicionamento, havendo proposta legislativa formulada pelo saudoso Professor e Mestre Zeno Veloso nesse sentido. Conforme a sua projeção, o dispositivo do Código Civil ficaria com a seguinte redação: "Art. 1.571-A. Se o cônjuge do ausente contrair novo casamento, e o que se presumia morto retornar ou confirmar-se que estava vivo quando celebradas as novas núpcias, o casamento precedente permanece dissolvido". A encerrar sobre o tema, previa o art. 14 da Lei n. 14.118, de 12 de janeiro de 2021 – que instituiu o *Programa Casa Verde e Amarela*, para aquisição de imóveis por famílias de baixa renda –, que, nas hipóteses de dissolução de união estável, separação ou divórcio, o título de propriedade do imóvel adquirido, construído ou regularizado na constância do casamento ou da união estável seria registrado em nome da mulher ou a ela transferido, independentemente do regime de bens aplicável, excetuadas as operações de financiamento habitacional firmadas com recursos do FGTS. Todavia, na hipótese de haver filhos do casal e a guarda fosse atribuída exclusivamente ao homem, o título da propriedade do imóvel construído ou adquirido seria registrado em seu nome ou a ele transferido, revertida a titularidade em favor da mulher caso a guarda dos filhos seja a ela posteriormente atribuída. Previsões no mesmo sentido já constavam do art. 35-A da Lei n. 11.977/2009, que criou o primeiro programa *Minha Casa, Minha Vida*, incluído pela Lei n. 12.693/2012 ("Nas hipóteses de dissolução de união estável, separação ou divórcio, o título de propriedade do imóvel adquirido no âmbito do PMCMV, na constância do casamento ou da união estável, com subvenções oriundas de recursos do orçamento geral da União, do FAR e do FDS, será registrado em nome da mulher ou a ela transferido, independentemente do regime de bens aplicável, excetuados os casos que envolvam recursos do FGTS. Parágrafo único. Nos casos em que haja filhos do casal e a guarda seja atribuída exclusivamente ao marido ou companheiro, o título da propriedade do imóvel será registrado em seu nome ou a ele transferido"). Com as mudanças no Governo Federal, o último programa foi reativado, surgindo o *Minha Casa, Minha Vida 2*, gerando o fim do *Programa Casa Verde e Amarela* e a revogação do art. 14 da Lei n. 14.118/2021. Nesse contexto, os parágrafos do art. 10 da nova Lei n. 14.620/2023, que revogou a norma anterior, trouxeram regras no mesmo sentido das anteriores, a saber: "§ 2º. Na hipótese de dissolução de união estável, separação ou divórcio, o título de propriedade do imóvel adquirido, construído ou regularizado no âmbito do Programa na constância do casamento ou da união estável será registrado em nome da mulher ou a ela transferido, independentemente do regime de bens aplicável. § 3º Na hipótese de haver filhos do casal e a guarda ser atribuída exclusivamente ao homem, o título da propriedade do imóvel construído ou adquirido será registrado em seu nome ou a ele transferido, revertida a titularidade em favor da mulher caso a guarda dos filhos seja a ela posteriormente atribuída. § 4º O disposto neste artigo não se aplica aos contratos de financiamento firmados com recursos do FGTS". Foi incluído, como novidade, um § 5º no último comando, prevendo que "a mulher vítima de violência doméstica e familiar que esteja sob medida protetiva de urgência está autorizada a realizar o distrato dos contratos de compra e venda antes do prazo final contratual, sendo-lhe permitido ser beneficiada em outra unidade habitacional, independentemente do registro no Cadastro Nacional de Mutuários (Cadmut)". Em suma, as regras são repetidas pelos últimos governos, mesmo com vieses políticos diferentes. Há quem veja nas normas inconstitucionalidade, por favorecer a mulher, violando o art. 5º, inc. I, do Texto Maior, argumento que me parece plausível, especialmente por ignorar o regime de bens adotado pelos consortes, desrespeitando o exercício da autonomia privada. Essa inconstitucionalidade, a propósito, já foi reconhecida pelos Órgãos Especiais dos Tribunais de Justiça de Minas Gerais, do Rio Grande do Sul, do Mato Grosso do Sul e de São Paulo (TJMG, Arguição de Inconstitucionalidade 1.0702.12.054293-2/002, Órgão Especial, Rel. Des. Wagner Wilson, j. 11.03.2015, publ. 15.05.2015; TJRS, Incidente de Inconstitucionalidade 70082231507, Rel. Des. Luiz Felipe Brasil Santos, j. 10.10.2019; TJMS, Recurso 0809355-66.2015.8.12.0001, Órgão Especial, Rel. Des. Paschoal Carmello Leandro, *DJMS* 04.09.2018, p. 46; e TJSP, Arguição de Inconstitucionalidade 0083671-96.2015.8.26.0000, Órgão Especial, Rel. Des. Ferreira Rodrigues, j. 09.03.2016). Talvez as edições das novas leis aumentem tal reconhecimento no âmbito das nossas Cortes Estaduais e faça que a questão seja levada ao Supremo Tribunal Federal. Ademais, lamenta-se o teor dos textos ao relacionar a guarda unilateral – que quebra a regra da prioridade dada à guarda compartilhada, nos termos dos arts. 1.583 e 1.584 da codificação –, com o domínio sobre o imóvel. A propriedade ganha uma *natureza ambulatória*, seguindo a guarda sobre filhos, o que causa estranheza, pelas dificuldades de sua efetivação, sem a necessária e esperada estabilidade relacionada ao domínio. Por fim, caso essa atribuição da propriedade traga prejuízo a algum dos consortes, a questão antes era e será resolvida com perdas e danos. Esse era o teor do art. 15 da Lei n. 14.118/2021, *in verbis*: "os prejuízos sofridos pelo cônjuge ou pelo companheiro em razão do disposto nos arts. 13 e 14 desta Lei serão resolvidos em perdas e danos". Aqui, poder-se-ia dizer que há uma novidade parcial no texto, pois a menção às perdas e danos apenas estava no art. 73-A da Lei n. 11.977/2009. Com a volta do programa *Minha Casa, Minha Vida*, em sua segunda versão, penso que a última norma é que terá aplicação. De toda sorte, a imputação de responsabilidade civil e o pagamento de indenização por perdas e danos decorrem de qualquer situação em que uma parte cause prejuízo a outra, por um ilícito praticado, nos termos do que está previsto no art. 927, *caput*, do Código Civil.

PANDEMIA: Em 2020, houve um aumento considerável dos casos de separação de fato e de divórcio no Brasil, por conta da pandemia de covid-19. Conforme estudos feitos pelo Conselho Notarial do Brasil, e levando-se em conta apenas as escrituras públicas consensuais que foram celebradas no período, após uma diminuição considerável nos primeiros três meses de pandemia, os divórcios extrajudiciais aumentaram 54% entre maio e julho de 2020. Em maio de 2020, como ainda será exposto e aprofundado, o Conselho Nacional de Justiça editou o seu Provimento n. 100, possibilitando que as escrituras públicas fossem realizadas pela via eletrônica ou digital, facilitando sobremaneira os procedimentos. Em 2023, essa previsão administrativa, como outras, foi incorporada ao Código Nacional de Normas do CNJ (CNN-CNJ). Infelizmente, também houve um aumento considerável dos casos de violência doméstica, segundo dados colhidos pelo Ministério da Mulher, da Família e dos Direitos Humanos, do Governo Federal.

JURISPRUDÊNCIA COMENTADA: Já existiam muitos julgados estaduais que confirmavam o fim da separação de direito, notadamente da separação judicial. Do Tribunal do Distrito Federal: "Civil. Divórcio litigioso. Extinção sem julgamento do mérito. Artigo 267, inciso VI, do Código de Processo Civil. Ausência de trânsito em julgado da separação judicial. EC n. 66/2010. Supressão do instituto da separação judicial. Aplicação imediata aos processos em curso. A aprovação da PEC n. 28 de 2009, que alterou a redação do artigo 226 da Constituição Federal, resultou em grande transformação no âmbito do direito de família ao extirpar do mundo jurídico a figura da separação judicial. A nova ordem constitucional introduzida pela EC n. 66/2010, além de suprimir o instituto da separação judicial, também eliminou a necessidade de se aguardar o decurso de prazo como requisito para a propositura de ação de divórcio. Tratando-se de norma constitucional de eficácia plena, as alterações introduzidas pela EC n. 66/2010 têm aplicação imediata, refletindo sobre os feitos de separação em curso. Apelo conhecido e provido" (TJDF, Recurso 2010.01.1.064251-3, Acórdão 452.761, 6.ª Turma Cível, Rel. Des. Ana Maria Duarte Amarante Brito, *DJDFTE* 08.10.2010, p. 221). Também merece relevo o acórdão da 8.ª Câmara de Direito Privado do Tribunal de Justiça de São Paulo, muito debatido no passado, proferido no Agravo de Instrumento 990.10.357301-3, em 12 de novembro de 2010, e que teve como relator o Desembargador Caetano Lagrasta. O julgado foi assim ementado: "Separação judicial. Pedido de conversão em divórcio. Emenda Constitucional n. 66/2010. Aplicação imediata e procedência do pedido. Determinação de regular andamento do feito em relação aos demais capítulos. Recurso provido". No corpo do seu voto, preleciona o magistrado relator que, "com a promulgação da Emenda Constitucional n. 66/2010, e a nova redação do § 6º do art. 226 da CF, o instituto da separação judicial não foi recepcionado, mesmo porque não há direito adquirido a instituto jurídico. A referida norma é de aplicabilidade imediata e não impõe condições ao reconhecimento do pedido de divórcio, sejam de natureza subjetiva – relegadas para eventual fase posterior à discussão sobre culpa – ou objetivas – transcurso do tempo". Com conclusão no mesmo sentido, do próprio Tribunal Paulista, mais recentemente: TJSP, Agravo de Instrumento 20715437820138260000, 3.ª Câmara de Direito Privado, Rel. Des. Egidio Giacoia, j. 1º.04.2014, *DJESP* 03.04.2014; e TJSP, Apelação 0000527-41.2009.8.26.0032, Acórdão 5645955, 4.ª Câmara de Direito Privado, Araçatuba, Rel. Des. Fábio Quadros, j. 19.01.2012, *DJESP* 07.02.2012. Igualmente entendendo pelo fim da separação de direito, cumpre colacionar decisão do Tribunal de Justiça da Bahia, que assim concluiu: "Com o advento da Emenda Constitucional n. 66, de 13/07/2010, que alterou o art. 226, § 6º, da Constituição Federal, houve uma verdadeira revolução no instituto do divórcio, que passou a ser considerado um verdadeiro direito, pondo fim à separação judicial e eliminando qualquer prazo para dissolução do vínculo matrimonial. A Emenda Constitucional n. 66/2010, entrou imediatamente em vigor com a sua publicação, tornando-se impertinentes e desnecessárias quaisquer discussões acerca do requisito, outrora existente, de lapso temporal superior a dois anos para pleitear-se a dissolução do casamento civil, através do divórcio direto" (TJBA, Apelação Cível 0004074-23.2005.805.0256.0, Processo 0004074-2/2005, 5.ª Câmara Cível, Teixeira de Freitas, Rel. Emilio Salomão Pinto Reseda, j. 25.01.2011). Na mesma esteira, destacado acórdão do Tribunal de Justiça de Minas Gerais, deduzindo que "com a Emenda Constitucional n. 66/10, para a extinção do vínculo conjugal não mais se discute sobre separação, sanção ou falência. Portanto, considerando a norma inserta no artigo 462 do Código de Processo Civil, para a decretação da separação, não há mais necessidade dos requisitos tempo ou culpa, sob pena de rematada incoerência na medida em que, se para o divórcio, que extingue o vínculo conjugal, não há qualquer requisito, com muito mais razão não se pode exigir qualquer requisito para a separação. V.V.P. [...]" (TJMG, Apelação Cível 1.0079.08.405935-5/001, 8.ª Câmara Cível, Rel. Des. Bitencourt Marcondes, Rel. p/ Acórdão Fernando Botelho, *DJEMG* 11.05.2011). No plano superior, de voto prolatado pelo Ministro Luis Felipe Salomão no Superior Tribunal de Justiça pode ser extraído trecho com a seguinte manifestação acidental: "Assim, para a existência jurídica da união estável, extrai-se o requisito da exclusividade de relacionamento sólido da exegese do § 1º do art. 1.723 do Código Civil de 2002, *fine*, dispositivo esse que deve ser relido em conformidade com a recente EC n. 66 de 2010, a qual, em boa hora, aboliu a figura da separação judicial" (STJ, REsp 912.926/RS, 4.ª Turma, Rel. Min. Luis Felipe Salomão, j. 22.02.2011, *DJe* 07.06.2011). Em outro julgado, seguiu anteriormente a mesma trilha a Ministra Isabel Gallotti, em decisão monocrática: "Após a EC n. 66/10 não mais existe no ordenamento jurídico brasileiro o instituto da separação Judicial. Não foi delegado ao legislador infraconstitucional poderes para estabelecer qualquer condição que restrinja direito à ruptura do vínculo conjugal" (STJ, Documento 40398425, *DJe* 22.10.2014). Em suma, também naquela Corte Superior poderiam ser encontradas decisões que seguiam a posição por mim sempre defendida. Porém, infelizmente, em então contestado aresto de março de 2017, a Quarta Turma do Superior Tribunal de Justiça acabou por concluir que o instituto da separação judicial remanesce no ordenamento jurídico nacional. Conforme a ementa, "a separação é modalidade de extinção da sociedade conjugal, pondo fim aos deveres de coabitação e fidelidade, bem como ao regime de bens, podendo, todavia, ser revertida a qualquer momento pelos cônjuges (Código Civil, arts. 1.571, III, e 1.577). O divórcio, por outro lado, é forma de dissolução do vínculo conjugal e extingue o casamento, permitindo que os ex-cônjuges celebrem novo matrimônio (Código Civil, arts. 1.571, IV, e 1.580). São institutos diversos, com consequências e regramentos jurídicos distintos. A Emenda Constitucional n. 66/2010 não revogou os artigos do Código Civil que tratam da separação judicial" (STJ, REsp 1.247.098/MS, 4.ª Turma, Rel. Min. Maria Isabel Gallotti, j. 14.03.2017, *DJe* 16.05.2017). Como não poderia ser diferente, sempre estive filiado ao voto vencido do Ministro Salomão, em especial pelas citações à minha posição doutrinária e de muitos outros juristas como Luiz Edson Fachin, Paulo Lôbo, Rolf Madaleno, Zeno Veloso, Álvaro Villaça Azevedo, Maria Berenice Dias, Cristiano Chaves, Nelson Rosenvald, Pablo Stolze Gagliano, Rodolfo Pamplona Filho e Daniel Amorim Assumpção Neves; este último com o forte argumento de que o CPC/2015 não poderia ter repristinado a separação de direito. Cerca de cinco meses depois, mais uma vez lamentavelmente, fez o mesmo a Terceira Turma da Corte, ao julgar que "a dissolução da sociedade conjugal pela separação não se confunde com a dissolução definitiva do casamento pelo divórcio, pois versam acerca de institutos autônomos e distintos. A Emenda à Constituição n. 66/2010 apenas excluiu os requisitos temporais para facilitar o divórcio. O constituinte derivado reformador não revogou, expressa ou tacitamente, a legislação ordinária que cuida da separação judicial, que remanesce incólume no ordenamento pátrio, conforme previsto pelo Código de Processo Civil de 2015 (arts. 693, 731, 732 e 733 da Lei n. 13.105/2015). A opção pela separação faculta às partes uma futura reconciliação e permite discussões subjacentes e laterais ao rompimento da relação. A possibilidade de eventual arrependimento durante o período de separação preserva, indubitavelmente, a autonomia da vontade das partes, princípio basilar do direito privado. O atual sistema brasileiro se amolda ao sistema dualista opcional que não condiciona o divórcio à prévia separação judicial ou de fato" (STJ, REsp 1.431.370/SP, 3.ª Turma, Rel. Min. Ricardo Villas Bôas Cueva, j. 15.08.2017, *DJe* 22.08.2017). Essa votação foi unânime. Apesar do surgimento desses acórdãos, mantive firme a minha posição doutrinária, antes exposta, no sentido de ter sido o instituto extinto. Em suma, não obstante os arestos superiores do STF, continuei a compartilhar e a defender o entendimento de extinção da separação de direito no Direito de Família brasileiro, conforme consta das decisões antes destacadas. Até porque o tema pendia de análise pelo Supremo Tribunal Federal, que, nos autos do Recurso Extraordinário 1.167.478/RJ, reconheceu a repercussão geral de questão constitucional, o que se deu em junho de 2019 – Rel. Min. Luiz Fux (Tema n. 1.053, de repercussão geral). Pois bem, felizmente e depois de treze anos de intenso debate e muitas discussões doutrinárias e jurisprudenciais, o Pleno do Supremo Tribunal Federal finalmente examinou a questão do fim da separação judicial, em novembro de 2023. Por maioria de votos, sete votos contra três, concluiu que ela não persiste mais no sistema jurídico brasileiro, desde a Emenda Constitucional n. 66/2010. Seguiram o voto do relator – Luiz Fux – os Ministros Cristiano Zanin, Dias Toffoli, Edson Fachin – que sempre defendeu essa posição, como doutrinador –, Gilmar Mendes, Luís Roberto Barroso e Cármen Lúcia. Foram vencidos os Ministros Nunes Marques, André Mendonça e Alexandre de Moras, que, apesar de julgarem pela necessidade de uma separação judicial prévia para o divórcio – o que foi unânime –, ainda concluíam pela possibilidade da ação autônoma de separação judicial. A tese final foi ementada da seguinte maneira: "após a promulgação da EC 66/10, a separação judicial não é mais requisito para o divórcio, nem subsiste como figura autônoma no ordenamento jurídico. Sem prejuízo, preserva-se o estado civil das pessoas que já estão separadas por decisão judicial ou escritura pública, por se tratar de ato jurídico perfeito" (STF, RE 1.167.478/RJ, Tribunal Pleno, Rel. Min. Luiz Fux, Tema 1.053, j. 08.11.2023). Apesar de a tese mencionar apenas a separação judicial, entendo que ela vale também para a separação extrajudicial. Assim, o instituto da separação de direito, a englobar as duas figuras, foi banido do ordenamento jurídico, sendo inconstitucionais os dispositivos do Código Civil, do Código de Processo Civil e da legislação específica que mencionam a categoria, como sempre defendi em meus livros, inclusive neste e nos meus comentários doutrinários anteriores. Como o julgamento foi prolatado em sede de repercussão geral, tem força vinculativa para novas decisões da primeira e da segunda instância, nos termos dos arts. 489, 926, 927 e 985 do Estatuto Processual. O Superior Tribunal de Justiça também precisará rever a sua posição, passando a prevalecer a posição anterior do Ministro Luis Felipe Salomão, alinhada à da maioria dos Ministros do Supremo Tribunal Federal. Espera-se, ainda, que a doutrina vencida se recolha quanto a essas discussões, uma vez que a decisão deve ser cumprida. Como tenho afirmado em minhas aulas e palestras, é preciso saber perder, em prol do respeito institucional, da certeza, da estabilidade e da segurança jurídica. Além disso, é preciso cumprir a lei, sobretudo a força vinculativa das decisões judiciais que são precedentes qualificados, como é o caso dessa decisão do STF, e nos termos do que foi consagrado pelo Código de Processo Civil de 2015. Como se verá a seguir, a Reforma do Código Civil, ora em trâmite no Senado Federal, segue essa linha, e propõe a revogação expressa de todos os dispositivos, do CC/2002 e do CPC/2015, que tratam tanto da separação judicial quanto da extrajudicial. orientando-se pela afirmação de que o divórcio é um direito potestativo do casal, como está na proposta de novo art. 1.511-E.

REFORMA DO CÓDIGO CIVIL: Na linha dos meus últimos comentários, com o julgamento do Tema n. 1.053, de repercussão geral, pelo Supremo Tribunal Federal e a tese fina exarada, a Comissão de Juristas propõe a revogação expressa de todos os dispositivos legais que tratam da separação de direito – a incluir a separação judicial e a extrajudicial –, retirando-a definitivamente do sistema civil. Além disso, sugere-se que a separação de fato passe a gerar expressamente o fim da sociedade conjugal, que engloba o regime de bens e os deveres do casamento, como tem defendido a doutrina majoritária e julgado o Superior Tribunal de Justiça. Assim, o art. 1.571 do Código Civil necessita de ajustes urgentes, diante desse panorama jurídico já existente, inaugurando o capítulo intitulado "Da dissolução da sociedade e dos vínculos conjugais", e incluindo-se também a dissolução do vínculo convivencial, relativo à união estável, na linha de outras propostas da Reforma. Nos termos do novo texto, "a sociedade conjugal e a sociedade convivencial terminam: I – pela morte de um dos cônjuges ou de um dos conviventes; II – pela nulidade ou anulação do casamento; III – pela separação de corpos ou pela separação de fato dos cônjuges ou conviventes; IV – pelo divórcio; V – pela dissolução da união estável". Cumpre observar, diante de leituras totalmente equivocadas que surgiram a respeito do Anteprojeto, que a sociedade convivencial não representa o reconhecimento de novas entidades familiares, mas é apenas o ente criado pela união estável, relacionado aos deveres impostos aos conviventes e ao regime de bens, assim como ocorre com o casamento. Em outras palavras, a sociedade conjugal está para o casamento assim como a sociedade convivencial está para a união estável. Mantém-se o § 1º do art. 1.571, mas o seu § 2º sofre modificações e é incluído um § 3º no comando. Consoante a nova redação do § 2º, com ampliação necessária para a união estável, na linha do que está consagrado na Lei do SERP, "dissolvido o casamento pelo divórcio, o cônjuge poderá manter o nome de casado, estendendo-se a mesma possibilidade ao convivente em caso de dissolução de união estável". Na linha dos meus comentários e da decisão do STF, a norma não mencionará mais as modalidades de divórcio, retiradas do sistema pelo fim da separação judicial. Além disso, o § 3º enunciará que "de nenhuma forma a hipótese do inciso III pode ser condicionante do direito ao divórcio ou da dissolução da união estável". Assim, não pode haver qualquer vinculação entre a separação de fato e o divórcio ou a dissolução da união estável, não sendo a primeira requisito dos segundos, que representam um direito potestativo do consorte, que não quer mais permanecer casado ou vivendo em união estável. Como última previsão, inclui-se a possibilidade da dissolução da união estável e do *divórcio post mortem* no novo § 4º do art. 1.571, *in verbis*: "o falecimento de um dos cônjuges ou de um dos conviventes, depois da propositura da ação de divórcio ou de dissolução da união estável, não enseja a extinção do processo, podendo os herdeiros prosseguir com a demanda, retroagindo os efeitos da sentença à data estabelecida na sentença como aquela do final do convívio". Justificou a Subcomissão de Direito de Família do seguinte modo: "por sugestão do Professor Rodrigo da Cunha Pereira, propõe-se, em respeito à vontade do autor/falecido, o divórcio 'post mortem': 'o falecimento de um dos cônjuges depois da propositura da ação de divórcio não enseja a extinção do processo, podendo os herdeiros prosseguir com a demanda' e 'os efeitos da sentença retroagem à data do óbito'. É digno de nota que, em justa linha de equiparação e equilíbrio, também fora sugerida a adoção da regra de dissolução da união estável 'post mortem': 'o falecimento de um dos companheiros depois da propositura da ação de dissolução da união estável, não enseja a extinção do processo, podendo os herdeiros prosseguir com a demanda'. Figure-se o exemplo de uma mulher, há anos vítima de violência doméstica, que decide se divorciar, falecendo em um acidente automobilístico dois meses após a propositura da demanda e antes da prolação da sentença. Caso o juiz não decrete o divórcio ('post mortem'), o cônjuge agressor torna-se viúvo, com prováveis direitos previdenciários e sucessórios". Essa solução foi admitida em julgado do Superior Tribunal de Justiça, em 2024, merecendo destaque trecho de sua ementa, sendo citado o projeto de Reforma do Código Civil em seu teor: "a caracterização do divórcio como um direito potestativo ou formativo, compreendido como o direito a uma modificação jurídica, implica reconhecer que o seu exercício ocorre de maneira unilateral pela manifestação de vontade de um dos cônjuges, gerando um estado de sujeição do outro cônjuge. [...]. Hipótese em que, após o ajuizamento da ação de divórcio o cônjuge requerido manifestou-se indubitavelmente no sentido de aquiescer ao pedido que fora formulado em seu desfavor e formulou pedido reconvencional, requerendo o julgamento antecipado e parcial do mérito quanto ao divórcio. [...]. É possível o reconhecimento e validação da vontade do titular do direito mesmo após sua morte, conferindo especial atenção ao desejo de ver dissolvido o casamento, uma vez que houve manifestação de vontade indubitável no sentido do divórcio proclamada em vida e no bojo da ação de divórcio. Não se está a reconhecer a transmissibilidade do direito potestativo ao divórcio; o direito já foi exercido e cuida-se de preservar os efeitos que lhe foram atribuídos pela Lei e pela declaração de vontade do cônjuge falecido. [...]. Legitimidade dos herdeiros do cônjuge falecido para prosseguirem no processo e buscarem a decretação do divórcio *post mortem*" (STJ, REsp 2.022.649/MA, 4.ª Turma, Rel. Min. Antonio Carlos Ferreira, j. 16.05.2024, *DJe* 21.05.2024). Também podem ser encontrados dezenas de julgados estaduais no mesmo sentido, o que demonstra que o tema está maduro para ser debatido pelo Congresso Nacional e para ser incluído na lei. Somente para ilustrar, entre vários arestos do Tribunal Paulista que concluem do mesmo modo: "Divórcio *post mortem*. Possibilidade de reconhecimento. Inequívoca manifestação de vontade do falecido por ocasião da distribuição de sua petição inicial. Idêntica manifestação de vontade da parte contrária, veiculada por meio da contestação que, de resto, insurgiu-se em face de outras questões de fundo patrimonial. Superveniência da morte da parte que. Frente à Emenda Constitucional nº 66. Não mais implica na mera extinção da ação. Necessidade de aferição do preenchimento do requisito exigido pela norma constitucional. Direito potestativo. Precedentes deste e de outros Tribunais de Justiça. Reconhecimento que retroage seus efeitos à data da propositura da ação. Recurso a que se dá provimento" (TJSP, Apelação Cível 1006921-76.2020.8.26.0609, Acórdão 16860008, Taboão da Serra, 9.ª Câmara de Direito Privado, Rel. Des. Wilson Lisboa Ribeiro, j. 20.06.2023, *DJESP* 23.06.2023, p. 2700). Ainda, sem prejuízo de muitos outros julgados no mesmo sentido: "Apelação cível. Ação de divórcio litigioso. Óbito do autor no curso da ação. Manifestação inequívoca da vontade das partes. Presente. Decretação de divórcio *post mortem*. Possibilidade. O Código do Processo Civil, no artigo 200, dispõe que os atos das partes consistentes em declarações unilaterais ou bilaterais de vontade produzem imediatamente a constituição, modificação ou extinção de direitos processuais. Apesar do óbito do autor ocorrido no decorrer da ação, considerando a presença de manifestação inequívoca da vontade das partes sobre o desejo de divorciarem, tem-se viabilizada sua decretação *post-mortem*" (TJMG, Apelação Cível 5000077-84.2022.8.13.0172, 4.ª Câmara Cível Especializada, Rel. Des. Pedro Aleixo, j. 21.03.2024, *DJEMG* 25.03.2024). Urge, portanto, a sua inclusão no texto do Código Civil.

Art. 1.572. Qualquer dos cônjuges poderá propor a ação de separação judicial, imputando ao outro qualquer ato que importe grave violação dos deveres do casamento e torne insuportável a vida em comum.

§ 1º A separação judicial pode também ser pedida se um dos cônjuges provar ruptura da vida em comum há mais de um ano e a impossibilidade de sua reconstituição.

§ 2º O cônjuge pode ainda pedir a separação judicial quando o outro estiver acometido de doença mental grave, manifestada após o casamento, que torne impossível a continuação da vida em comum, desde que, após uma duração de dois anos, a enfermidade tenha sido reconhecida de cura improvável.

§ 3º No caso do parágrafo 2º, reverterão ao cônjuge enfermo, que não houver pedido a separação judicial, os remanescentes dos bens que levou para o casamento, e se o regime dos bens adotado o permitir, a meação dos adquiridos na constância da sociedade conjugal.

COMENTÁRIOS DOUTRINÁRIOS: Apesar da literalidade da norma, sempre entendi que o seu conteúdo não mais se aplica desde o surgimento da Emenda Constitucional n. 66/2010, diante dos comentários desenvolvidos ao dispositivo anterior. O preceito tratava de três modalidades de *separação judicial litigiosa*, em que não há consenso entre os cônjuges e geradoras apenas da dissolução da sociedade conjugal. A primeira delas era a *separação-sanção*, com a tradicional e superada em parte análise da culpa, por grave violação dos deveres do casamento e insuportabilidade da vida em comum. A segunda era a *separação-falência*, diante da ruptura da vida em comum por mais de um ano e impossibilidade de sua reconstituição; instituto que já se mostrava inútil por conta do divórcio direto. Por fim, havia no preceito a *separação-remédio*, fundada em doença mental superveniente que acometesse um dos cônjuges, com duração de dois anos pelo menos, cura improvável e que tornasse impossível a vida em comum. Mostrando a falta de aplicação da norma, não houve qualquer preocupação de sua revogação com a emergência do Estatuto da Pessoa com Deficiência, mesmo com a ofensa ao que nele consta e também ao conteúdo da Convenção de Nova York, tratado internacional de Direitos Humanos do qual o Brasil é signatário e que tem força de Emenda à Constituição, diante do teor do art. 5º, § 3º, do Texto Maior. Na verdade, mesmo diante da afirmação de que a separação judicial persiste no sistema, observa-se a sua diminuição nos foros do País, o que demonstra que está caindo em desuso, a fazer com que as normas correlatas percam eficácia por *desuetudo*. Com a decisão do STF, proferida no Tema n. 1.053, de repercussão geral, o art. 1.572 do Código Civil, ao tratar das antigas modalidades de separação judicial litigiosa, deve ser tido como revogado tacitamente, por ser incompatível com a CF/1988, não tendo mais aplicação. Conforme a tese exarada, que vincula decisões das demais instâncias, a separação judicial não subsiste como figura autônoma no ordenamento jurídico brasileiro.

JURISPRUDÊNCIA COMENTADA: Confirmando a última anotação doutrinária, os poucos julgados encontrados e prolatados após a Emenda do Divórcio tratavam de debate a respeito da responsabilidade civil dos cônjuges, tema analisado quando do estudo dos deveres do casamento. Nessa linha, afastando o dever de indenizar pela simples violação dos deveres conjugais, como comentei, mas ainda admitindo a separação judicial por adultério: "Adultério cometido pela ré e levado a conhecimento público. Inexistência de ilicitude de comportamento atribuível à demandada. Violação do dever de fidelidade que enseja separação judicial, nos termos do artigo 1.572 do Código Civil, ou mesmo o divórcio. Ausência de ferimento a direitos da personalidade do requerente. Antijuridicidade da conduta do demandante, que, ao ter ciência do adultério, agrediu fisicamente a ré, dando ensejo a sua prisão em flagrante. Fatos levados a conhecimento público a partir da cobertura feita pela imprensa em razão da prisão do autor e das circunstâncias que a envolveram. Eventuais aborrecimentos experimentados pelo requerente a partir do episódio que não podem ser imputados à requerida. Ausência dos requisitos para a caracterização da responsabilidade civil" (TJSP, Apelação 1003093-74.2016.8.26.0201, Acórdão 10919298, 6.ª Câmara de Direito Privado, Garça, Rel. Des. Vito

José Guglielmi, j. 26.10.2017, *DJESP* 06.11.2017, p. 2.639). Também prolatado na vigência da Emenda n. 66/2010, afastando a culpa pela falta de vantagens para qualquer dos cônjuges e admitindo a mera separação-ruptura: "Caracterizada a hipótese de separação judicial autorizada pelo art. 1.572, § 1º do CCB/02, estando demonstrada a impossibilidade de manutenção da vida em comum, descabe a declaração de culpa de um dos consortes pelo rompimento do vínculo. O reconhecimento da culpa, no caso concreto, não acarretará qualquer benefício para o cônjuge supostamente inocente, inexistindo interesse jurídico nesse provimento. A separação judicial pode ser decretada sem que ocorra a partilha dos bens que, diante da existência de controvérsia sobre a delimitação do patrimônio, pode ser postergada para momento posterior à sentença" (TJMG, Apelação Cível 0215052-28.2008.8.13.0295, 4.ª Câmara Cível, Ibiá, Rel. Des. Heloisa Combat, j. 31.03.2011, *DJEMG* 18.04.2011). Atualmente, com a decisão do STF no Tema n. 1.053, de repercussão geral, reafirme-se que a norma não tem mais aplicação.

REFORMA DO CÓDIGO CIVIL: Na linha dos meus comentários, e tendo em vista a decisão do STF citada, a Comissão de Juristas propõe a revogação expressa do art. 1.572 do Código Civil.

Art. 1.573. Podem caracterizar a impossibilidade da comunhão de vida a ocorrência de algum dos seguintes motivos:

I – adultério;

II – tentativa de morte;

III – sevícia ou injúria grave;

IV – abandono voluntário do lar conjugal, durante um ano contínuo;

V – condenação por crime infamante;

VI – conduta desonrosa.

Parágrafo único. O juiz poderá considerar outros fatos que tornem evidente a impossibilidade da vida em comum.

COMENTÁRIOS DOUTRINÁRIOS: Novamente diante da Emenda do Divórcio, sempre entendi que não tem mais validade e eficácia a norma em estudo que elencava um rol meramente exemplificativo ou *numerus apertus* de motivos que poderiam caracterizar a insuportabilidade da vida em comum na *separação-sanção*, a saber: a) adultério ou infidelidade; b) tentativa de morte; c) sevícia, que quer dizer maus-tratos, d) injúria grave; e) abandono voluntário do lar conjugal, durante um ano contínuo; f) condenação por crime infamante; e g) conduta desonrosa. A regra era tida como inútil pela quase unanimidade da doutrina, pois o seu parágrafo único estabelecia que o juiz poderia considerar outros fatos que tornassem evidente a impossibilidade da vida em comum. Sem falar no termo "conduta desonrosa", constante do seu último inciso, que já era bem aberta. A menção ao prazo de um ano também era inócua, pela possibilidade de enquadramento de prazos menores nas duas últimas previsões. Acrescente-se que, antes do surgimento da Emenda do Divórcio, já se admitia a mitigação da culpa em algumas situações, como nos casos de culpa recíproca dos cônjuges ou de sua difícil investigação, a tornar o processo tormentoso para as partes. Também se falava em mitigação da culpa em hipóteses de fim do amor ou de deterioração factual do casamento, decretando-se a então separação judicial por mera causa objetiva. Nessa linha, merece destaque o Enunciado n. 254, aprovado na *III Jornada de Direito Civil*, promovida pelo Conselho da Justiça Federal em 2004, a saber: "Formulado o pedido de separação judicial com fundamento na culpa (art. 1.572 e/ou art. 1.573 e incisos), o juiz poderá decretar a separação do casal diante da constatação da insubsistência da comunhão plena de vida (art. 1.511) – que caracteriza hipótese de 'outros fatos que tornem evidente a impossibilidade da vida em comum' – sem atribuir culpa a nenhum dos cônjuges". Esse enunciado, em total consonância com a então jurisprudência do STJ, complementava outro, aprovado na mesma *I Jornada de Direito Civil*, segundo o qual, na separação-sanção, recomendava-se a apreciação objetiva de fatos que tornassem evidentes a impossibilidade da vida em comum (Enunciado n. 100 do CJF/STJ). De fato, em muitas situações é difícil a prova de quem, realmente, foi o culpado pelo fim do casamento ou pela quebra da afetividade. Sobre a possibilidade de eventual debate da culpa em ação de divórcio, o tema será analisado mais à frente. Com a decisão do STF, proferida no Tema n. 1.053, de repercussão geral, o art. 1.573 do Código Civil, ao tratar das situações que podem caracterizar a *separação-sanção* –, em rol exemplificativo totalmente inútil –, deve ser tido como revogado tacitamente, por ser incompatível com a CF/1988, não tendo mais aplicação. Conforme a tese exarada, que vincula decisões das demais instâncias, a separação judicial não subsiste como figura autônoma no ordenamento jurídico brasileiro.

JURISPRUDÊNCIA COMENTADA: Conforme os meus últimos comentários, entre os julgados estaduais anteriores que mitigavam a culpa do cônjuge, do Tribunal Paulista: "Separação judicial. Inexistência de amor. A inexistência de amor autoriza a separação, não a imputação de culpa pelos desentendimentos do casal" (TJSP, Apelação Cível 270.393-4/2-00, 4.ª Câmara de Direito Privado, Rel. Des. Carlos Stroppa, j. 04.09.2003). Ou, ainda, do Tribunal de Minas Gerais: "Separação judicial. Casamento. Cônjuge. Deveres. Violação. Culpa. Deterioração factual. Em separação judicial, é reconhecida a responsabilidade de ambos os cônjuges pela 'deterioração factual' do casamento, quando não há prova que só um deles é o responsável pelo fracasso da relação, tornando insuportável a vida em comum. Nega-se provimento à apelação" (TJMG, Acórdão 1.0024.03.104852-3/001, 4.ª Câmara Cível, Belo Horizonte, Rel. Des. Almeida Melo, j. 07.04.2005, *DJEMG* 03.05.2005). Exatamente na mesma linha, por todos os arestos superiores que traziam a mesma conclusão, antes da Emenda do Divórcio, transcreve-se ementa de acórdão do Superior Tribunal de Justiça, que representa importante precedente, em que se decretou a separação por mera insuportabilidade da vida conjugal, havendo pedido de discussão da culpa e não sendo esta comprovada: "Direito civil. Direito de família. Separação por conduta desonrosa do marido. Prova não realizada. Irrelevância. Insuportabilidade da vida em comum manifestada por ambos os cônjuges. Possibilidade da decretação da separação. Nova orientação. Código Civil de 2002 (art. 1.573). Recurso desacolhido. Na linha de entendimento mais recente e em atenção às diretrizes do novo Código Civil, evidenciado o desejo de ambos os cônjuges em extinguir a sociedade conjugal, a separação deve ser decretada, mesmo que a pretensão posta em juízo tenha como causa de pedir a existência de conduta desonrosa" (STJ, REsp 433.206/DF, 4.ª Turma, Rel. Min. Sálvio de Figueiredo Teixeira, j. 06.03.2003, *DJ* 07.04.2003, p. 293; Veja: STJ, REsp 467.184/SP). Entre os raros acórdãos recentes, posteriores à Emenda do Divórcio, ainda aplicando o teor do dispositivo em estudo, destaque-se: "No âmbito do direito de família, não há a possibilidade de averiguação de responsabilidades patrimoniais pelo fim das relações familiares. O art. 1.573 do Código Civil prevê o adultério como causa que pode determinar a impossibilidade da vida em comum, o que permite ao cônjuge pedir a separação judicial por grave violação dos deveres do casamento" (TJRS, Apelação Cível 290770-60.2014.8.21.7000, 7.ª Câmara Cível, Santo Ângelo, Rel. Des. Liselena Schifino Robles Ribeiro, j. 24.09.2014, *DJERS* 30.09.2014). De todo modo, reitere-se que, com a decisão do STF proferida em sede de repercussão geral (Tema n. 1.053), tais entendimentos não podem mais ser repetidos.

REFORMA DO CÓDIGO CIVIL: Diante da retirada da separação judicial do sistema jurídico, pela decisão do STF antes citada e em todas as suas modalidades, e também por todos os problemas pontuados a respeito do art. 1.573 do CC, a Comissão de Juristas propõe a revogação do art. 1.573 do Código Civil. Esta é, aliás, a posição da grande maioria dos doutrinadores que participaram da elaboração do Anteprojeto, como Maria Berenice Dias, Rolf Madaleno, Pablo Stolze Gagliano, José Fernando Simão, Nelson Rosenvald, Giselda Hironaka, Marco Aurélio Bezerra de Melo e do próprio presidente da Comissão, Ministro Luis Felipe Salomão.

Art. 1.574. Dar-se-á a separação judicial por mútuo consentimento dos cônjuges se forem casados por mais de um ano e o manifestarem perante o juiz, sendo por ele devidamente homologada a convenção.

Parágrafo único. O juiz pode recusar a homologação e não decretar a separação judicial se apurar que a convenção não preserva suficientemente os interesses dos filhos ou de um dos cônjuges.

COMENTÁRIOS DOUTRINÁRIOS: O dispositivo tratava da antiga *separação jurídica judicial consensual*, por mútuo consentimento desde que os cônjuges estivessem casados há mais de um ano (*prazo de reflexão*), estando também revogado pela Emenda do Divórcio, na minha opinião doutrinária, que foi confirmada pelo STF (Tema n. 1.053). Os arts. 1.120 a 1.124 do CPC/1973, que regulamentavam a ação de separação consensual, também devem ser tidos como não vigentes, pois não recepcionados pela nova redação do Texto Maior. A revogação também atinge os arts. 731 e 733 do CPC/2015, nas menções à separação judicial, no meu entender. Todavia, como antes destaquei, havia quem entendesse que o instituto continuaria em vigor, o que poderia ser retirado do Enunciado n. 516, aprovado na *V Jornada de Direito Civil*. Conforme o seu teor, na separação judicial por mútuo consentimento, o juiz só poderá intervir no limite da preservação do interesse dos incapazes ou de um dos cônjuges, permitida a cindibilidade dos pedidos, com a concordância das partes. Essa preservação dos interesses dos incapazes, especialmente dos filhos, era retirada do parágrafo único do dispositivo. De todo modo, com o tão citado julgamento pela Suprema Corte Brasileira, essa posição está totalmente prejudicada.

JURISPRUDÊNCIA COMENTADA: Aplicando o teor do preceito, já sob a vigência da Emenda do Divórcio, e admitindo implicitamente a separação judicial como foi feito pelas instâncias ordinárias, do Superior Tribunal de Justiça: "Ausência de violação às regras do art. 1.574, parágrafo único, do Código Civil, e do art. 34, § 2º, da Lei n. 6.515/77, pois o objetivo dessas normas é a preservação dos interesses dos filhos e do cônjuge que, em face do acordo celebrado no curso da ação de separação, restem prejudicados. Constatada a possibilidade concreta de prejuízo a um dos cônjuges, em separação já declarada, mostra-se plenamente possível ao juízo rejeitar a homologação de acordo, que entenda desatender, como no caso, aos interesses de um dos consortes. A análise do prejuízo a um dos consortes, decorrente de acordo firmado no curso de ação de separação, fora pela Corte de origem realizada à luz das provas acostadas e dos termos em que firmado o ato transacional, cuja revisão por esta Corte encontra óbice no Enunciado n. 7/STJ" (STJ, REsp 1.203.786/SC, 3.ª Turma, Rel. Min. Paulo de Tarso Sanseverino, *DJe* 19.03.2014). E, de data mais próxima, do Tribunal do Ceará, confirmando esse aresto, mas aplicando a conclusão nele constante em caso de divórcio: "A pretensão recursal visa reformar a decisão proferida pelo MM. Juiz de Direito da 11ª Vara de Família da Comarca de Fortaleza, que decretou o divórcio do casal, porém não homologou a cláusula do acordo que condicionou a permanência do usufruto do imóvel pelo cônjuge virago à não contração de união estável ou matrimonial. A meu ver, agiu com acerto a magistrada de 1º grau, posto que a cláusula em questão afronta a autonomia privada, garantida como forma de exercício de liberdade. Aliás, a livre formação familiar é um direito que deve ser assegurado a qualquer cidadão, sob pena de violação ao princípio da dignidade da pessoa humana. Tanto é que o direito fundamental ao matrimônio, está tutelado, inclusive, pela declaração universal dos direitos humanos (art. 16.1.). Não prospera o argumento de que 'a alteração dada à cláusula não preserva suficientemente o interesse do menor', ao contrário enxergo resguardados os interesses da criança, isso porque, a sua inclusão poderá gerar prejuízos à criança na medida em que se aplicada impedirá que a mãe permaneça residindo com a filha no imóvel apontado no acordo entabulado". Na sequência a ementa cita o julgado superior, e arremata: "A possibilidade de recursar-se o juiz a homologar acordo que não preserva o interesse de um dos cônjuges, encontra previsão no parágrafo único do art. 1.574 do Código Civil, bem como no § 2º do art. 34 da Lei n. 6.515/77. Tenho, daí, que o magistrado tem a faculdade de não homologar convenção que trate da separação judicial, e que não preserve suficientemente o interesse dos filhos ou de um dos cônjuges, o que entendo ser o caso dos autos, ressaltando que na hipótese o divórcio foi decretado, deixando de homologar tão somente a condição imposta para usufruto do imóvel pelo cônjuge virago, por tratar-se de cláusula prejudicial aos interesses de um dos consortes. Ademais, não houve qualquer prejuízo para as partes, visto que restaram preservadas as suas vontades de se divorciarem e partilharem os bens, inclusive com a transferência do imóvel para o filho do casal" (TJCE, Apelação 0871173-21.2014.8.06.0001, 1.ª Câmara de Direito Privado, Rel. Des. Emanuel Leite Albuquerque, j. 27.06.2018, *DJCE* 05.07.2018, p. 40). Como se pode perceber, considera-se no último acórdão que a separação consensual está viva no nosso sistema jurídico, entendimento que não se pode mais repetir, diante da decisão do STF no Tema n. 1.053, de repercussão geral.

REFORMA DO CÓDIGO CIVIL: Com a retirada da separação judicial do sistema jurídico brasileiro, em todas as suas modalidades e por decisão do STF (Tema n. 1.053, de repercussão geral), a Comissão de Juristas propõe a revogação do art. 1.574 do Código Civil, não se justificando mais o tratamento da separação judicial consensual.

Art. 1.575. A sentença de separação judicial importa a separação de corpos e a partilha de bens.

Parágrafo único. A partilha de bens poderá ser feita mediante proposta dos cônjuges e homologada pelo juiz ou por este decidida.

COMENTÁRIOS DOUTRINÁRIOS: Assim como ocorreu com as últimas três normas comentadas, trata-se de mais um comando que está revogado tacitamente, diante da emergência da Emenda do Divórcio, de 2010, e pelo que foi decidido pelo STF quando do julgamento do seu Tema n. 1.053, de repercussão geral. Isso porque não persiste mais o *sistema bifásico* de dissolução do casamento, pelo qual a separação judicial colocava fim à sociedade conjugal e não ao vínculo matrimonial; e o divórcio extinguiria ambos. Na minha leitura da Emenda Constitucional n. 66, o que acabou prevalecendo, apenas o último instituto persiste no sistema. A norma tinha incidência tanto na separação judicial consensual quanto na litigiosa, prevendo que a sentença de ambas acarretaria separação de corpos e partilha de bens. A última não era considerada obrigatória mesmo no divórcio, desde a emergência da Súmula n. 197 do Superior Tribunal de Justiça, em 1997.

JURISPRUDÊNCIA COMENTADA: Ainda aplicando o teor da norma, na vigência da Emenda do Divórcio, o que se tornou raro na prática e que deve desaparecer na prática: "Na dicção do artigo 1.575 do Código Civil, a sentença de separação judicial importa a separação de corpos e a partilha de bens. Conclui-se, pois, que enquanto não decretada a separação judicial os bens conjugais permanecem sobre a condição de mancomunhão. A mancomunhão se caracteriza como a situação jurídica da propriedade dos bens em relação ao casal. Aqueles os pertencem de forma igual, sem qualquer distinção ou divisão ou preferência. Destarte, a doutrina e a jurisprudência entendem que enquanto perdurar a mancomunhão, ou seja, enquanto não houver a dissolução da sociedade conjugal, com a cessação do regime de bens, não há como restar caracterizado qualquer tipo de condomínio a autorizar a cobrança de aluguel em face do cônjuge que permanece residindo no imóvel conjugal" (TJES, Agravo de Instrumento 0037211-49.2012.8.08.0035, 2.ª Câmara Cível, Rel. Des. Álvaro Manoel Rosindo Bourguignon, j. 30.04.2013, *DJES* 14.05.2013). Alguns arestos vinham aplicando o teor do art. 1.575 do Código Civil para a ação de dissolução de união estável, o que parece ser desnecessário diante da emergência do CPC/2015, que praticamente equiparou-a ao divórcio. De toda sorte, assim concluindo e por todos: "À luz do art. 1.575 do Código Civil de 2002, a partilha de bens decorrente de separação pode ser realizada por meio do acordo entre as partes, desde que homologado judicialmente. Na hipótese, houve acordo extrajudicial acerca da dissolução do primeiro período da união estável entabulada pelas partes, que vieram a retomar a relação em momento subsequente, no qual restaram estabelecidas todas as questões relativas àquela fase, inclusive sob o prisma patrimonial, sem a interposição de nenhum recurso ou ressalva. No acordo firmado, constou ser devida uma indenização à ex-companheira relativa ao período correspondente a maio/2005 a 12 de dezembro/2007, pleito formulado na inicial (e-STJ fls. 3-21) e contra o qual não houve impugnação pela via processual adequada. Há manifesta renúncia tácita acerca da meação de bens, por meio de silêncio eloquente na transação celebrada entre partes capazes devidamente acompanhadas de seus respectivos advogados. Impossibilidade de rediscussão das mesmas questões objeto de acordo diante da ocorrência do fenômeno da preclusão consumativa (arts. 471 e 474 do CPC/1973). Rediscutir questões concernentes ao acordo firmado revela manifesta violação do princípio da boa-fé objetiva tendo em vista a legítima expectativa de que a controvérsia já havia sido solucionada pelas partes quando da sua celebração" (STJ, REsp 1.620.710/GO, 3.ª Turma, Rel. Min. Ricardo Villas Bôas Cueva, *DJe* 21.03.2017). Louva-se, contudo, no último julgado, a aplicação do princípio da boa-fé objetiva ao caso concreto, com conclusão que me parece perfeita tecnicamente. De todo modo, com o julgamento do STF a respeito do tema, esses entendimentos jurisprudenciais pela manutenção do art. 1.575 do CC não devem se repetir.

REFORMA DO CÓDIGO CIVIL: Assim como os dispositivos anteriores, a Comissão de Juristas propõe a revogação do art. 1.575 do CC, por tratar de efeitos da sentença que decreta a separação judicial, não existente mais no sistema jurídico brasileiro, como instituto autônomo, na linha do decidido pelo STF quando da análise do Tema n. 1.053, de repercussão geral, com a seguinte tese: "após a promulgação da EC nº 66/2010, a separação judicial não é mais requisito para o divórcio nem subsiste como figura autônoma no ordenamento jurídico. Sem prejuízo, preserva-se o estado civil das pessoas que já estão separadas, por decisão judicial ou escritura pública, por se tratar de ato jurídico perfeito (art. 5º, XXXVI, da CF)".

Art. 1.576. A separação judicial põe termo aos deveres de coabitação e fidelidade recíproca e ao regime de bens.

Parágrafo único. O procedimento judicial da separação caberá somente aos cônjuges, e, no caso de incapacidade, serão representados pelo curador, pelo ascendente ou pelo irmão.

COMENTÁRIOS DOUTRINÁRIOS: Mais uma norma que está revogada tacitamente pela Emenda do Divórcio, posição que foi confirmada pelo julgamento do STF quando da análise do Tema n. 1.053, de repercussão geral. Conforme o seu teor, a separação judicial colocaria fim aos deveres de coabitação e fidelidade recíproca e ao regime de bens. Porém, o vínculo matrimonial estaria mantido, o que já era realidade jurídica desde a emergência da Lei do Divórcio, em 1977. Reitero que a minha posição doutrinária sempre foi no sentido de ter a Emenda do Divórcio extinguido o modelo bifásico de dissolução do casamento, restando apenas o divórcio, afirmação que hoje prevalece no ordenamento jurídico brasileiro. A norma em comento também previa que a ação de separação, fosse ela consensual ou litigiosa, era personalíssima em regra, pois o pedido somente caberia aos cônjuges. A única exceção que era feita dizia respeito aos casos de incapacidade, em que eles seriam representados pelo curador, pelo ascendente ou pelo irmão. Cumpre destacar, a reforçar a desnecessidade da figura da separação judicial, que a separação de fato, atualmente, assume substancialmente o papel que antes era dado à separação de direito, pondo igualmente fim à sociedade conjugal e ao regime de bens, posição adotada pela Comissão de Juristas para a Reforma do Código Civil, como antes pontuado e que ainda será aprofundado. Apesar do desaparecimento dos institutos e das citadas revogações, esclareça-se que a categoria da separação de fato está totalmente mantida no sistema familiarista brasileiro. É notório que a separação de fato somente ocorre no plano físico e extrajudicial, não se confundindo com a separação de direito ou jurídica, pois não gera os mesmos efeitos concretos. Na verdade, a separação de fato constitui uma *separação informal*, caracterizada pelo distanciamento corporal ou afetivo dos cônjuges. Mesmo com a atual desnecessidade de dois anos de separação de fato para o divórcio direto, diante da nova redação do art. 226, § 6º, da CF/1988, o instituto continua com parte de suas aplicações. A primeira aplicação da separação de fato é que também o separado de fato pode manter união estável com terceiro, segundo o art. 1.723, § 1º, da atual codificação material; o que ainda será aqui aprofundado. Outro efeito relevante é que a separação de fato altera o regime sucessório. Isso porque o polêmico art. 1.830 do CC/2002 determina que somente é reconhecido o direito sucessório ao cônjuge sobrevivente se, ao tempo da morte do outro, não estavam separados judicialmente, nem separados de fato há mais de dois anos, salvo prova, neste caso, de que essa convivência se tornara impossível sem culpa do sobrevivente. Por tal previsão, em regra, a separação de fato, há mais de dois anos, afasta o cônjuge supérstite da sucessão do outro cônjuge. Na menção aos separados judicialmente, o comando deve ser tido como revogado ou não recepcionado pelo Texto Maior com a entrada em vigor da EC n. 66/2010. O tema também será analisado em outro trecho desta obra. Mas as consequências da separação de fato não são apenas essas expressamente previstas em lei. Isso porque o casamento estabelece comunhão plena de vidas, nos termos do art. 1.511 do Código Civil, e, finda essa comunhão, outros efeitos devem advir, apesar de a lei não mencionar a separação de fato como causa do fim da sociedade conjugal. O primeiro efeito deve ser entendido com relação ao patrimônio adquirido por um dos cônjuges após a separação de fato, o que vem sendo defendido há tempos pela doutrina e aplicado pela jurisprudência como ainda se verá. O princípio homenageado por esse entendimento doutrinário é aquele que afasta o enriquecimento sem causa de um dos cônjuges, em atendimento ao previsto nos arts. 884 a 886 do CC/2002. Resumindo, o fim da comunhão de vidas impõe também o fim do regime de bens, em que pese a ausência de expressa previsão legal nesse sentido. Pelo mesmo raciocínio, finda a comunhão de vidas, os deveres de fidelidade e vida em comum no domicílio conjugal, previstos no art. 1.566, incs. I e II, do CC/2002, não mais podem ser exigidos. A Emenda Constitucional n. 66/2010 e a tão citada decisão do Supremo Tribunal Federal (Tema n. 1.053) acabaram tornando ainda mais viável essa conclusão, diante da extinção da separação de direito como categoria do Direito de Família Brasileiro. Tanto isso é verdade que o Conselho Nacional de Justiça, em agosto de 2024, resolveu alterar a sua Resolução n. 35, retirando as menções à separação extrajudicial, e passando a tratar da possibilidade da escritura pública de separação de fato. Nos termos do novo art. 52-A da Resolução n. 35 do CNJ, a escritura pública de declaração de separação de fato consensual deverá se ater exclusivamente ao fato de que cessou a comunhão plena de vida entre o casal. Para a sua lavratura, deverão ser apresentados perante o Tabelião: a) certidão de casamento; b) documento de identidade oficial e CPF/MF; c) manifestação de vontade espontânea e isenta de vícios de não mais manter a convivência marital e de desejar a separação de fato; d) pacto antenupcial, se houver; e) certidão de nascimento ou outro documento de identidade oficial dos filhos, se houver; f) certidão de propriedade de bens imóveis e direitos a eles relativos; g) documentos necessários à comprovação da titularidade dos bens móveis e direitos, se houver; e h) inexistência de gravidez do cônjuge virago ou desconhecimento acerca desta circunstância (art. 52-B). O restabelecimento da comunhão plena de vida entre o casal também pode ser feito por escritura pública, ainda que a separação de fato tenha sido judicial (art. 52-C). Na escritura pública de restabelecimento da comunhão plena de vida entre o casal, o tabelião deve: a) anotar o restabelecimento à margem da escritura pública de separação de fato consensual, quando esta for de sua serventia, ou, quando de outra, comunicar o restabelecimento, para a anotação necessária na serventia competente; e b) comunicar o restabelecimento ao juízo da separação de fato judicial, se for o caso (art. 52-D). O retorno da comunhão plena de vida entre o casal não altera os termos da sociedade conjugal, que se reestabelece sem modificações (art. 52-E da Resolução n. 35 do CNJ, alterada em agosto de 2024). Como última nota doutrinária a respeito do art. 1.576, resta saber se o conceito de sociedade conjugal está mantido no sistema familiarista, uma vez que a separação de direito foi retirada do sistema, sendo a sua finalidade anterior justamente a de pôr fim à sociedade mantida entre os cônjuges. Antes de analisá-la, cumpre demonstrar o conceito de sociedade conjugal. Ora, esta constitui um *ente despersonalizado* formado pelo casamento e relacionado com os deveres de coabitação, fidelidade recíproca e com o regime de bens. Pontuo, diante do Anteprojeto de Reforma do Código Civil ora apresentado, que as mesmas afirmações podem ser feitas para a união estável, surgindo a ideia de sociedade convivencial, como antes se expôs. Tais deduções categóricas eram e ainda podem ser retiradas justamente do comando que ora se comenta, que dispunha que a separação judicial colocava fim a tais deveres e às regras patrimoniais decorrentes da sociedade. Como se percebe, foi utilizada a lógica simples para chegar à construção doutrinária do que é a sociedade conjugal. Constata-se que a sociedade conjugal está inserida no conceito de casamento. Por óbvio, sendo dissolvido o casamento, também o será a sociedade conjugal. Entretanto, anteriormente não se poderia dizer o contrário. Nesse sentido, comprovava a asserção o fato de que, mesmo após a separação judicial, poderiam os cônjuges, a qualquer tempo, restabelecer a sociedade conjugal, por ato regular em juízo, conforme o próximo comando a ser comentado, o que ainda é possível, como se verá. Atualmente, como há no sistema apenas o divórcio como instituto que possibilita a extinção do casamento por fato posterior e pedido dos cônjuges, sendo este efetivado, desaparecem tanto o casamento como a sociedade conjugal. Desse modo, em uma primeira análise poderia ser tido como desnecessário e extinto o conceito jurídico da sociedade conjugal. Porém, essa afirmação é equivocada e não verdadeira. Justifica-se, do ponto de vista *teórico* e *prático*, a permanência do conceito de sociedade conjugal. Na *questão teórica*, a manutenção da sociedade conjugal está amparada na pertinência de sua verificação nas situações relativas ao regime de bens. Dessa forma, como antes se demonstrou, ganha relevo a tese de que a separação de fato põe fim à sociedade conjugal e ao correspondente regime patrimonial entre os cônjuges. Em reforço, tal sociedade compõe o elemento central do casamento. Veja-se, por exemplo, a regra do art. 1.567 do Código Civil, segundo a qual a direção da sociedade conjugal será exercida pelo marido e pela mulher, em um regime de colaboração entre ambos. Do ponto de *vista prático*, justifica-se a sua permanência no sistema pelas diversas menções legais e concretas ao fim da sociedade conjugal, especialmente em questões que envolvem outros ramos do Direito Civil, caso do Direito das Obrigações e do Direito Contratual. De início, cite-se o art. 197, inciso I, do CC/2002, pelo qual não corre a prescrição entre os cônjuges na constância da sociedade conjugal. Na seara contratual, o art. 550 do CC/2002 enuncia a anulabilidade da doação do cônjuge ao seu concubino, tendo a ação anulatória prazo decadencial de dois anos a contar da dissolução da sociedade conjugal. Por derradeiro, não se olvide a importância do art. 1.649 do Código Civil, que estabelece prazo decadencial de dois anos, mais uma vez a contar da dissolução da sociedade conjugal, para a ação anulatória de negócio celebrado sem a outorga conjugal (art. 1.647 do CC).

JURISPRUDÊNCIA COMENTADA: Acolhendo a tese do fim da comunhão de bens após a separação de fato, existem numerosos julgados que influenciaram o Anteprojeto de Reforma do Código Civil, cabendo a transcrição do seguinte, do Superior Tribunal de Justiça, ora em tramitação, cabendo a transcrição do seguinte, do Superior Tribunal de Justiça e para iniciar: "Direito civil. Família. Sucessão. Comunhão universal de bens. Inclusão da esposa de herdeiro, nos autos de inventário, na defesa de sua meação. Sucessão aberta quando havia separação de fato. Impossibilidade de comunicação dos bens adquiridos após a ruptura da vida conjugal. [...]. Não faz jus à meação dos bens havidos pelo marido na qualidade de herdeiro do irmão, o cônjuge que encontrava-se separado de fato quando transmitida a herança.

Tal fato ocasionaria enriquecimento sem causa, porquanto o patrimônio foi adquirido individualmente, sem qualquer colaboração do cônjuge. A preservação do condomínio patrimonial entre cônjuges após a separação de fato é incompatível com orientação do novo Código Civil, que reconhece a união estável estabelecida nesse período, regulada pelo regime da comunhão parcial de bens (CC 1.725). Assim, em regime de comunhão universal, a comunicação de bens e dívidas deve cessar com a ruptura da vida comum, respeitado o direito de meação do patrimônio adquirido na constância da vida conjugal. 6. Recurso especial provido" (STJ, REsp 555.771/SP, 4.ª Turma, Rel. Min. Luis Felipe Salomão, j. 05.05.2009, *DJe* 18.05.2009). Ou, ainda, por todos: "Nestes casos, esta Corte tem entendido que os bens havidos após a separação de fato não integram a partilha. Logo, a meu sentir, tal fundamento, por si só, é suficiente para manter a decisão hostilizada" (STJ, REsp 330.953/ES, 4.ª Turma, Rel. Min. Jorge Scartezzini, j. 05.10.2004, *DJ* 06.12.2004, p. 315). "Na verdade, havendo separação de fato prolongada antes da decretação do divórcio, não pode esse tempo ser desconhecido pelo julgador para efeito da partilha de bens, de modo a incluir na mesma aqueles incorporados ao patrimônio de cada qual após a separação de fato" (STJ, REsp 40.785/RJ, 3.ª Turma, Rel. Min. Carlos Alberto Menezes Direito, j. 19.11.1999, *DJ* 05.06.2000, p. 152). "Casamento. Comunhão de bens. Partilha. Bens adquiridos depois da separação de fato. Adquirido o imóvel depois da separação de fato, quando o marido mantinha concubinato com outra mulher, esse bem não integra a meação da mulher, ainda que o casamento, que durou alguns meses, tivesse sido realizado sob o regime da comunhão universal. Precedentes. Recurso não conhecido" (STJ, REsp 140.694/DF, 4.ª Turma, Rel. Min. Ruy Rosado de Aguiar, j. 13.10.1997, *DJ* 15.12.1997, p. 66.430). De data mais próxima: "deve-se aplicar analogicamente a regra do art. 1.576 do CC à separação de fato, a fim de fazer cessar o regime de bens, o dever de fidelidade recíproca e o dever de coabitação. Em virtude disso, o raciocínio a ser empregado nas hipóteses em que encerrada a convivência *more uxorio*, mas ainda não decretado o divórcio, é o de que os bens adquiridos durante a separação de fato não são partilháveis com a decretação do divórcio" (STJ, REsp n. 1.760.281/TO, Rel. Min. Marco Aurélio Bellizze, 3ª Turma, j. 24.5.2022, *DJe* 31.05.2022). Tal entendimento, hoje consolidado no Tribunal da Cidadania, tem-se repetido há tempos nos Tribunais Estaduais, sendo pertinente transcrever por todos, diante de sua clareza: "Não obstante a previsão legal dos artigos 1.575 e 1.576 do Código Civil que estabelecem que o fim da comunhão se dá somente com o ato de separação judicial ou divórcio, à luz da teoria da primazia da realidade, cessada a convivência, cessam também todos os efeitos jurídicos do casamento, inclusive o regime de bens. Tendo o imóvel sido adquirido durante o período da separação de fato, ainda que pouco tempo após o afastamento do apelante do lar, diante da inexistência de prova no sentido de esforço conjunto/comum do ex-casal para a aquisição do imóvel, presume-se que este foi adquirido com o patrimônio exclusivo da apelada" (TJDF, Apelação Cível 2013.01.1.054647-2, Acórdão 954.022, 4.ª Turma Cível, Rel. Des. Cruz Macedo, j. 30.06.2016, *DJDFTE* 18.07.2016). Entretanto, a questão não era pacífica na jurisprudência nacional, podendo ser encontrados julgados anteriores que concluíam de maneira diversa. Isso porque o Código Civil, em sua literalidade, estabelece que apenas a extinta separação de direito causa o fim da sociedade conjugal. Nesse sentido, da jurisprudência mineira: "Partilha decretada em decorrência da ação de divórcio. Casamento sob o regime da comunhão universal de bens. Não prevalece a alegação de que o patrimônio foi adquirido após a separação de fato do casal, pois a separação de fato não se constitui em causa de incomunicabilidade de bens. Recurso desprovido para manter a r. sentença pelos seus próprios e jurídicos fundamentos. Contudo, escorreita a decisão do douto magistrado, considerando o regime adotado à época do casamento, qual seja, o da comunhão de bens que propõe, que devem ser partilhados os bens existentes à data da propositura da ação de divórcio e não bens existentes à época da separação de fato, ainda que ocorrida vários anos antes do ajuizamento da ação. Assim, os bens adquiridos após a separação de fato, são bens da comunhão até a dissolução do casamento, sujeitos à partilha. Nos termos do art. 230 do C. Civil, evidencia-se que o regime de bens é inalterável, importando o regime da comunhão universal, na comunicação de todos os bens presentes e futuros (art. 262)" (TJMG, Processo 1.0000.00.253515-1/000(1), 6.ª Câmara Cível, Rel. Sérgio Lellis Santiago, j. 04.03.2002). Na mesma linha, o Supremo Tribunal Federal, em decisões muito antigas, acolheu a tese da manutenção do regime de bens em todos os seus efeitos, mesmo após a separação de fato do casal: "Divórcio. Partilha. Regime de comunhão universal de bens. Bens adquiridos após a separação de fato. No regime de comunhão universal de bens, ainda que sobrevenha separação de fato do casal, como na espécie, os bens adquiridos após essa separação, ainda que com o produto do trabalho do marido, são bens da comunhão até a dissolução do casamento. Recurso extraordinário conhecido e provido" (STF, REsp 95.258/MG, 1.ª Turma, Rel. Min. Rafael Mayer, j. 26.10.1982). Ver, também: "Para a comunicação dos bens basta sua aquisição na constância do casamento, entendida esta expressão como sociedade conjugal e não como vínculo matrimonial, tanto assim que, com o desquite (que só dissolve a sociedade conjugal), se põe termo ao regime matrimonial de bens, como se o casamento (isto é, o vínculo) fosse dissolvido (art. 322 do Código Civil). O equívoco do agravante foi o de entender que a sociedade conjugal se extingue com a simples separação de fato, o que não é certo. Agravo regimental a que se nega provimento" (STF, AI-AgR 70303/RJ, 2.ª Turma, Rel. Min. Moreira Alves, j. 10.05.1977). Repise-se que essa última interpretação não se coaduna com o princípio que veda o enriquecimento sem causa e se afasta frontalmente da ideia de comunhão plena de vidas estampada no art. 1.511 da atual codificação material privada. Na verdade, este último entendimento está totalmente superado na atual jurisprudência nacional, sobretudo diante dos julgados do Superior Tribunal de Justiça antes destacados.

REFORMA DO CÓDIGO CIVIL: Na linha dos dispositivos anteriores que tratam da separação judicial, a Comissão de Juristas propõe, como não poderia ser diferente, a revogação expressa do art. 1.576 do Código Civil. Além disso, sugere-se a inclusão de um novo art. 1.576-A, tratando dos efeitos da separação de fato, exatamente na linha dos meus comentários doutrinários e das anotações jurisprudenciais. Nos termos do novo comando, que virá em ótima hora, "com a separação de fato cessam os deveres de fidelidade e vida em comum no domicílio conjugal, bem como os efeitos decorrentes do regime de bens, resguardado o direito aos alimentos na forma do art. 1.694 deste Código". Assim, reconhece-se, na lei e como já se faz na jurisprudência brasileira, que a separação de fato coloca fim à sociedade conjugal, o que inclui os deveres do casamento do art. 1.566 e o regime de bens sem, contudo, atingir o direito e o dever em relação aos alimentos. Nas justificativas da Subcomissão de Direito de Família, "a extinção legal da separação judicial é medida que não poderia mais tardar". E mais, "a supressão do instituto da separação judicial não apenas implicará a modernização do nosso Direito de Família, em sintonia com a ordem constitucional, mas, também, vai ao encontro dos anseios da grande maioria dos brasileiros que pretende reconstruir, com brevidade e menor onerosidade possíveis, a sua vida familiar e afetiva". Sobre os efeitos da separação de fato, pontuaram os membros da subcomissão que "tardava a consagração de um dispositivo legal que reconhecesse a inegável projeção de efeitos da separação de fato no fim do enlace conjugal. Sentido nenhum há em se reconhecer eficácia, sobretudo no plano patrimonial, em um núcleo casamentário já faticamente desfeito. Antigo precedente, aliás, do Superior Tribunal de Justiça, da lavra do eminente Min. Ruy Rosado de Aguiar já apontava nesse sentido: '[...] A separação de fato, quando se prolonga no tempo, produz efeitos também sobre o regime de bens, de tal sorte que se deve reconhecer como antijurídica a recusa do marido em autorizar a mulher a alienar bem imóvel que ela adquiriu por herança de sua mãe, vinte anos depois da separação. [...]'" (REsp 127.077/ES, Rel. Min. Ruy Rosado de Aguiar, 4.ª Turma, j. 26.08.1997, *DJ* 10.11.1997, p. 57777). Note-se, aliás, que a jurisprudência caminhou no sentido da consolidação do entendimento constante na sugestão ora proposta: "Agravo regimental. Recurso especial. Intimação. Ciência inequívoca. Separação de fato. Deveres conjugais. Comunhão de bens. Efeitos. Súmula 83/STJ. Art. 535, CPC. Violação. Não ocorrência. Embargos. Finalidade de prequestionamento. Súmula 98/STJ. [...]. 4. Constatada a separação de fato, cessam os deveres conjugais e os efeitos da comunhão de bens. 5. Agravo regimental provido" (AgRg no REsp 880.229/CE, Rel. Min. Maria Isabel Gallotti, 4.ª Turma, j. 07.03.2013, *DJe* 20.03.2013). As justificativas dos juristas que compuseram a Subcomissão de Direito de Família, notáveis especialistas sobre o tema, demonstram a posição que ora prevalece na prática do Direito Civil Brasileiro, sendo mais do que necessárias as alterações do texto legal, que se encontra totalmente desatualizado diante da jurisprudência nacional.

Art. 1.577. Seja qual for a causa da separação judicial e o modo como esta se faça, é lícito aos cônjuges restabelecer, a todo tempo, a sociedade conjugal, por ato regular em juízo.

Parágrafo único. A reconciliação em nada prejudicará o direito de terceiros, adquirido antes e durante o estado de separado, seja qual for o regime de bens.

COMENTÁRIOS DOUTRINÁRIOS: O dispositivo trata da possibilidade de reconciliação judicial do casal separado judicialmente, que não pode prejudicar direitos de terceiros. Sempre entendi que não está ele revogado tacitamente pela Emenda do Divórcio, tendo ainda aplicação diante da decisão do STF a respeito do seu Tema n. 1.053, de repercussão geral. Porém, tem a norma aplicação reduzida, somente para os que se encontrarem separados judicialmente – ou até extrajudicialmente, diante da leitura atualizada da norma frente à Lei n. 11.441/2007 e do CPC/2015 –, com a entrada em vigor da alteração constitucional aqui tão comentada. Do mesmo modo, perde sentido em parte a discussão anterior, a respeito da possibilidade da reconciliação do casal por meio de escritura pública, reconhecida pela Resolução n. 35/2007 do Conselho Nacional de Justiça, em texto que não foi alterado recentemente, em agosto de 2024 ("Art. 48. O restabelecimento de sociedade conjugal pode ser feito por escritura pública, ainda que a separação tenha sido judicial. Neste caso, é necessária e suficiente a apresentação de certidão da sentença de separação ou da averbação da separação no assento de casamento"). Em suma, a norma e o entendimento da resolução podem ser aplicados aos casais já separados judicial ou extrajudicialmente, seja a separação litigiosa ou consensual, antes da Emenda do Divórcio, ou seja, até 12 de julho de 2010, ou que ainda se encontram nessa situação e que queiram se reconciliar, diante da proteção do direito adquirido (art. 5º, inc. XXXI, da Constituição Federal). Justamente por isso nunca defendi a sua revogação tácita ou não recepção pelo Texto Maior, mas a sua aplicação reduzida ou limitada, apenas aos separados juridicamente antes da entrada em vigor da Emenda 66/2010. A reconciliação pode ser pedida a qualquer tempo, nos próprios autos da ação de separação ou de divórcio, não havendo a necessidade de uma ação específica para tanto, como se retira do art. 46 da Lei n. 6.515/1977, ainda aplicável quanto a esse aspecto procedimental. Essa foi a posição adotada pelo STF quando do julgamento do Tema n. 1.053, pela observação que consta ao final da tese exarada a respeito da proteção do ato jurídico perfeito: "após a promulgação da EC nº 66/2010, a separação judicial não é mais requisito para o divórcio nem subsiste como figura autônoma no ordenamento jurídico. Sem prejuízo, preserva-se o estado civil das pessoas que já estão separadas, por decisão judicial ou escritura pública, por se tratar de ato jurídico perfeito (art. 5º, XXXVI, da CF)". Como última observação, conforme o Enunciado n. 53, aprovado na *I Jornada de Direito Notarial e Registral*, promovida pelo Conselho da Justiça Federal e pelo Superior Tribunal de Justiça em agosto de 2022, "é admissível a escritura de restabelecimento da sociedade conjugal, ainda que haja filhos incapazes ou nascituros". Como não há qualquer prejuízo aos filhos menores nesses casos, votei favorável à proposta de ementa doutrinária, aplicável, no meu entendimento, aos casais que se encontram separados desde antes da entrada em vigor da Emenda do Divórcio.

JURISPRUDÊNCIA COMENTADA: Admitindo a reconciliação judicial de casal divorciado, em uma interpretação extensiva da norma: "Vindo aos autos manifestação de reconciliação dos cônjuges, ainda que depois de prolatada sentença homologatória de divórcio consensual, é possível torná-la sem efeito, por aplicação da norma disposta no *caput* do art. 1.577 do Código Civil, não havendo trânsito em julgado" (TJRS, Apelação Cível 0381364-18.2017.8.21.7000, 7.ª Câmara Cível, Sapucaia do Sul, Rel. Des. Sandra Brisolara Medeiros, j. 29.01.2018, *DJERS* 05.02.2018). Em outra interessante conclusão, que conta com o meu apoio, o Superior Tribunal de Justiça admitiu a continuidade da ação mesmo em havendo a morte de um dos cônjuges que pretendia a reconciliação: "Protocolizada petição inicial na qual consta requerimento de restabelecimento do vínculo conjugal nos termos do art. 1.577 do Código Civil, estando devidamente subscrita pelos interessados e pelo causídico comum por eles constituído e tendo sido regularmente instruído o feito, a superveniente morte de um dos cônjuges não obsta o deferimento do pedido" (STJ, REsp 1.322.036/SP, 3.ª Turma, Rel. Min. João Otávio de Noronha, *DJe* 25.05.2015). Confirmando a desnecessidade de ação específica, por todos: "O restabelecimento da sociedade conjugal pode acontecer a todo e qualquer tempo, podendo ser revertida a separação judicial, independente de ser litigiosa ou consensual. Art. 1.577 do Código Civil e o art. 46 da Lei n. 6.515/77. A Lei estabelece que o pedido de restabelecimento da sociedade conjugal pode ser feito nos autos da ação de separação, sendo desnecessário o ajuizamento de ação autônoma. Necessário cassar a decisão que se nega a analisar o pedido feito pelos agravantes e determina o ajuizamento de ação autônoma" (TJDF, Recurso 2015.00.2.021986-4, Acórdão 892.878, 1.ª Turma Cível, Rel. Des. Romulo de Araujo Mendes, *DJDFTE* 22.09.2015, p. 185). Esses julgados são confirmados pela tese final formulada pelo STF quando do julgamento do seu Tema n. 1.053, especialmente pela menção à tutela do ato jurídico perfeito, preservando-se o estado civil das pessoas que já estão separadas, por decisão judicial ou escritura pública, e sendo sempre viável a reconciliação do casal, por qualquer opção, seja judicial, seja extrajudicial.

REFORMA DO CÓDIGO CIVIL: Mais uma vez para confirmar a posição amplamente majoritária da doutrina e da jurisprudência, na linha de todos os meus comentários, sugere-se a seguinte redação para o art. 1.577 do CC, ampliando-se as regras para a união estável: "seja qual for a causa da separação, é lícito aos cônjuges ou conviventes restabelecerem, a todo tempo, a sociedade conjugal ou convivencial, de forma judicial ou extrajudicial. Parágrafo único. A reconciliação em nada prejudicará os direitos de terceiros, adquiridos antes ou durante a separação, seja qual for o regime de bens adotado pelos cônjuges ou conviventes".

Art. 1.578. O cônjuge declarado culpado na ação de separação judicial perde o direito de usar o sobrenome do outro, desde que expressamente requerido pelo cônjuge inocente e se a alteração não acarretar:

I – evidente prejuízo para a sua identificação;

II – manifesta distinção entre o seu nome de família e o dos filhos havidos da união dissolvida;

III – dano grave reconhecido na decisão judicial.

§ 1º O cônjuge inocente na ação de separação judicial poderá renunciar, a qualquer momento, ao direito de usar o sobrenome do outro.

§ 2º Nos demais casos caberá a opção pela conservação do nome de casado.

COMENTÁRIOS DOUTRINÁRIOS: Como antes anotado, a lei privada possibilita que um dos cônjuges utilize o sobrenome do outro, o que não deixa de ser um exercício livre da autonomia privada no Direito de Família (art. 1.565, § 1º, do CC/2002 e Lei do SERP, com as alterações promovidas no art. 57 da Lei de Registros Públicos). Não se pode esquecer que o nome é o sinal que representa a pessoa perante o meio social, reconhecido como um direito da personalidade e fundamental, envolvendo normas de ordem pública e normas de ordem privada (arts. 16 a 19 do CC, art. 5º, inc. X, da CF/1988 e art. 55 da Lei n. 6.015/1973, modificado pela Lei do SERP – Lei n. 14.382/2022). Apesar da previsão expressa de utilização do nome pelo outro cônjuge, há quem critique a possibilidade, por retirar a identidade do consorte, especialmente da mulher, por representar uma perda de identidade, argumento com o qual concordo. Porém, a prática está de acordo com os usos familiares brasileiros, sendo ainda muito comum no seio social. De acordo com o dispositivo a ser analisado, em regra, o cônjuge declarado culpado na separação perderia o direito de usar o sobrenome ou patronímico do inocente. Essa já era a premissa aplicada na vigência da lei anterior, retirada do art. 17 da Lei do Divórcio. Todavia, o Código Civil de 2002, em sua redação literal, excepciona essa regra, prevendo que mesmo o cônjuge culpado poderia continuar a utilizar o sobrenome do inocente se a alteração lhe acarretasse: a) evidente prejuízo para a sua identificação; b) manifesta distinção entre o seu nome de família e o dos filhos havidos da união dissolvida; e c) dano grave reconhecido na decisão judicial. Na mesma linha era a redação do art. 25, parágrafo único, da Lei do Divórcio, dispositivo que foi revogado tacitamente pelo art. 1.578 do Código Civil de 2002, que incorporou totalmente esse tratamento anterior. Vejamos dois exemplos de incidência das exceções. No primeiro caso, a mulher fica conhecida no cenário político e social pelo sobrenome do marido. É ela a supostamente "culpada" pelo fim do casamento, pois foi infiel. Mas, mesmo assim, poderia usar o nome do marido, se o pretendesse. Em outro exemplo, o marido impõe que as suas filhas somente tenham o seu sobrenome, não o da esposa. Ocorrendo a separação por culpa da última, ela continuaria a usar o sobrenome do outro, se quisesse, pois a retirada do sobrenome do marido traria problemas de identificação em relação às filhas. Na verdade, como as exceções eram muito amplas, vislumbrava-se que a regra seria a manutenção do sobrenome pelo cônjuge, se assim ele quisesse. Em suma, o impacto da culpa em relação ao uso do nome foi substancialmente diminuído com a emergência da codificação privada de 2002, frente ao sistema legal anterior. Por outra via, o cônjuge inocente na ação de separação judicial poderia renunciar, a qualquer momento, ao direito de usar o sobrenome do outro, o que se retira da literalidade do (§ 1º do artigo em estudo). Nas demais situações, caberia a opção de preservar ou não o nome de casado, o que era tido como exercício de um direito personalíssimo (§ 2º do art. 1.578). Conforme o anterior Enunciado n. 124 do Conselho da Justiça Federal, aprovado por unanimidade na *I Jornada de Direito Civil*, esses dois parágrafos deveriam ser tidos como revogados, pois desnecessários diante do exercício da autonomia privada do interessado e da proteção do nome como direito da personalidade. Como se pôde perceber, os textos relativos ao art. 1.578 do CC/2002 foram aqui utilizados no passado, eis que não se pode conceber qualquer influência da culpa no tocante ao uso do nome pelo cônjuge. Primeiro, porque o dispositivo citado deve ser tido como totalmente revogado ou não recepcionado por incompatibilidade com o Texto Maior, uma vez que faz menção à separação judicial, retirada do sistema pela Emenda do Divórcio, posição que foi confirmada com o julgamento do STF no seu Tema n. 1.053, de repercussão geral. Segundo, pois a norma é de exceção, não admitindo aplicação por analogia ao divórcio. Terceiro, porque, insiste-se, o nome incorporado pelo cônjuge constitui um direito da personalidade e fundamental daquele que o incorporou, que envolve a dignidade humana, havendo relação com a vida privada da pessoa natural (art. 5º, inc. X, da CF/1988). Nesse contexto, não se pode fazer interpretação jurídica a prejudicar direito fundamental, o que vem sendo aplicado pela melhor jurisprudência. Adotando a ideia de ser o nome um direito da personalidade daquele que o incorporou, o Enunciado n. 127, aprovado na *II Jornada de Prevenção e Solução Extrajudicial de Litígios* prevê ser "admissível o requerimento, pelo(a) interessado(a), ao Registro Civil de Pessoas Naturais para retorno ao nome de solteiro(a), após decretado o divórcio (art. 29, § 1º, alínea *f*, Lei n. 6.015/1973), dispensando-se a intervenção judicial". Nos termos das suas justificativas, "o Prov. 82/2019 do CNJ trouxe uma série de medidas voltadas a desformalizar o procedimento de alteração do sobrenome diretamente perante o Registro Civil de Pessoas Naturais (RCPN), em virtude de separação, divórcio e anulação de casamento, com a expressa dispensa de intervenção judicial. No § 3º do art. 1º, o aludido Provimento autoriza, ainda, que, após a dissolução do casamento em decorrência do óbito do(a) cônjuge, possa o(a) viúvo(a) requerer averbação para eventual retorno ao nome de solteiro(a) diretamente perante o RCPN. Sendo assim, a proposta ora apresentada almeja apenas, em consonância com o referido § 3º do art. 1º do Provimento e em homenagem à isonomia, reconhecer que, após dissolução do casamento em razão do divórcio, possa o ex-cônjuge requerer perante o RCPN o retorno ao sobrenome de solteiro, da mesma forma que é autorizado ao(à) viúvo(a), visto que essas são as duas hipóteses de dissolução do casamento, em caráter irreversível, igualmente previstas no § 1º do art. 1.571, CC/2002". A ementa doutrinária teve o meu total apoio quando da plenária desse evento, que trouxe passos adiantes em prol da extrajudicialização. Ademais, nessa mesma *II Jornada de Prevenção e Solução Extrajudicial de Litígios*, promovida pelo Conselho da Justiça Federal em agosto de 2021, foi aprovado outro enunciado doutrinário, que segue exatamente a linha do que foi desenvolvido nos meus comentários, sendo necessário valorizar medidas extrajudiciais para a efetiva tutela do nome. Trata-se do Enunciado n. 120, o qual prevê que "são admissíveis a retomada do nome de solteiro e a inclusão do sobrenome do cônjuge de quem não o fez quando casou, a qualquer tempo, na constância da sociedade conjugal, por requerimento ao Registro Civil das Pessoas Naturais, independentemente de autorização judicial". A Lei do SERP (Serviços Eletrônico de Registros Públicos, Lei n. 14.382/2022) confirmou todas essas premissas, permitindo a alteração extrajudicial do nome nessas hipóteses, diretamente no Cartório de Registro Civil, por alterações feitas no art. 57 da Lei de Registros Públicos, a saber quanto às suas principais regras: "a alteração posterior de sobrenomes poderá ser requerida pessoalmente perante o oficial de registro civil, com a apresentação de certidões e de documentos necessários, e será averbada nos assentos de nascimento e casamento, independentemente de autorização judicial, a fim de: I – inclusão de sobrenomes familiares; II – inclusão ou exclusão de sobrenome do cônjuge, na constância do casamento; III – exclusão de sobrenome do ex-cônjuge, após a dissolução da sociedade conjugal, por qualquer de suas causas; IV – inclusão e exclusão de sobrenomes em razão de alteração das relações de filiação, inclusive para os descendentes, cônjuge ou companheiro da pessoa que teve seu estado alterado". A recente alteração da Resolução n. 35 do CNJ, em agosto de 2024, também traz essa afirmação, com a redação do seu novo art. 41, a saber: "Havendo alteração do nome de algum cônjuge em razão de escritura de restabelecimento da sociedade conjugal ou do divórcio consensual, o Oficial de Registro Civil que averbar o ato no assento de casamento também anotará a alteração no respectivo assento de nascimento, se de sua unidade, ou, se de outra, comunicará ao Oficial competente para a necessária anotação". Assim, o nome, reconhecido como direito da personalidade daquele cônjuge que o incorporou, pode ser por ele mantido ou renunciado, o que esvazia totalmente o art. 1.578 do Código Civil, tido também hoje como revogado pela decisão do STF quando da análise do seu Tema n. 1.053, por tratar o comando da separação judicial como instituto autônomo, o que não é mais possível juridicamente.

JURISPRUDÊNCIA COMENTADA: Na linha dos meus comentários, o Superior Tribunal de Justiça tem entendido há tempos que a utilização do sobrenome pela mulher, ou a sua permanência após o divórcio, constitui uma faculdade desta. Uma das decisões que merece destaque ainda expõe que o nome é incorporado à personalidade da pessoa, o que deve ser totalmente mantido com a Emenda do Divórcio: "Divórcio direto. Uso. Nome. Marido. Mulher. O Tribunal *a quo*, em embargos de declaração, decidiu que, no divórcio direto, a continuação do uso do nome de casada pela mulher constitui uma faculdade. Ademais, como assinalado na ementa do acórdão impugnado, a ora embargada foi casada durante 45 anos e, já com 70 anos de idade, o nome se incorporou à sua personalidade. O acórdão recorrido fundou-se nos elementos probatórios constantes dos autos, não cabendo a este Superior Tribunal revolvê-los a teor da Súm. n. 7-STJ. A Turma não conheceu do recurso" (STJ, REsp 241.200/RJ, Rel. Min. Aldir Passarinho Junior, j. 04.04.2006). Em data mais próxima, posicionou-se o Tribunal da Cidadania na mesma linha, concluindo que "a utilização do sobrenome do ex-marido por mais de 30 (trinta) anos pela ex-mulher demonstra que há tempo ele está incorporado ao nome dela, de modo que não mais se pode distingui-lo, sem que cause evidente prejuízo para a sua identificação. A lei autoriza que o cônjuge inocente na separação judicial renuncie, a qualquer momento, ao direito de usar o sobrenome do outro (§ 1º do art. 1.578 do CC/2002). Por isso, inviável que, por ocasião da separação, haja manifestação expressa quanto à manutenção ou não do nome de casada" (STJ, REsp 1.482.843/RJ, 3.ª Turma, Rel. Min. Moura Ribeiro, j. 02.06.2015, *DJe* 12.06.2015). Por fim, devem ser comentados dois julgados recentes do Superior Tribunal de Justiça sobre o uso do nome pelo ex-cônjuge, o que confirma tratar-se de um direito da personalidade daquele que o incorporou, influenciado pela autonomia privada do incorporador. O primeiro deles considerou que há pleno direito da ex-esposa em retomar o nome de solteira após o falecimento de seu ex-marido. Como consta do seu corpo, "o direito ao nome é um dos elementos estruturantes dos direitos da personalidade e da dignidade da pessoa humana, pois diz respeito à propriedade identidade pessoal do indivíduo, não apenas em relação a si, como também em ambiente familiar e perante a sociedade". Sendo assim, "impedir a retomada do nome de solteiro na hipótese de falecimento do cônjuge implicaria grave violação aos direitos da personalidade e à dignidade da pessoa humana após a viuvez, especialmente no momento em que a substituição do patronímico é cada vez menos relevante no âmbito social, quando a questão está, cada dia mais, no âmbito da autonomia da vontade e da liberdade e, ainda, quando a manutenção do nome pode, em tese, acarretar ao cônjuge sobrevivente abalo de natureza emocional, psicológica ou profissional, em descompasso, inclusive, com o que preveem as mais contemporâneas legislações civis" (STJ, REsp 1.724.718/MG, 3.ª Turma, Rel. Min. Nancy Andrighi, j. 22.05.2018, *DJe* 29.05.2018). O segundo acórdão a ser pontuado, pelas mesmas razões, considerou que a revelia na ação de divórcio na qual se pretendia a exclusão do patronímico adotado por ocasião do casamento não significa concordância tácita com a modificação do nome civil. Isso porque "a pretensão de alteração do nome civil para exclusão do patronímico adotado por cônjuge por ocasião do casamento, por envolver modificação substancial em um direito da personalidade, é inadmissível quando ausentes quaisquer circunstâncias que justifiquem a alteração, especialmente quando o sobrenome se encontra incorporado e consolidado em virtude do uso contínuo do patronímico pela ex-cônjuge por quase 35 anos" (STJ, REsp 1.732.807/RJ, 3.ª Turma, Rel. Min. Nancy Andrighi, j. 14.08.2018, *DJe* 17.08.2018). Como se vê, a solução jurisprudencial superior está na linha do que defendi nos meus comentários, e conforme vem se posicionando a doutrina que considero majoritária sobre o assunto, tendo sido essa posição confirmada pelo julgamento do STF quando do enfrentamento do seu Tema n. 1.053, de repercussão geral.

REFORMA DO CÓDIGO CIVIL: A par de todos os comentários doutrinários desenvolvidos, tendo em vista sobretudo as posições do STF e do STJ antes expostas, bem como as alterações promovidas pela Lei do SERP (Lei n. 14.382/2022) na Lei de Registros Públicos, a Comissão de Juristas sugere a revogação expressa do art. 1.578 do CC, por ainda relacionar o uso do nome à culpa discutida no âmbito da separação judicial, o que não é mais a nossa realidade jurídica.

Art. 1.579. O divórcio não modificará os direitos e deveres dos pais em relação aos filhos.

Parágrafo único. Novo casamento de qualquer dos pais, ou de ambos, não poderá importar restrições aos direitos e deveres previstos neste artigo.

COMENTÁRIOS DOUTRINÁRIOS: Como aqui já comentado mais de uma vez, o divórcio coloca fim ao casamento válido, encerrando também a sociedade conjugal estabelecida entre os cônjuges, conforme enuncia o art. 1.571 do atual Código Civil. Tal sistemática não foi alterada com a Emenda do Divórcio, o que mantém a regra segundo a qual o divórcio não modifica os direitos e deveres dos pais em relação aos filhos. Portanto, o art. 1.579 do CC não deve ser considerado como revogado tacitamente com a decisão do STF a respeito do Tema n. 1.053, de repercussão geral. Além disso, havendo eventual novo casamento de qualquer dos pais, ou de ambos, esse novo enlace não pode importar em restrições aos direitos e deveres dos cônjuges em relação aos filhos, que não podem ser prejudicados pelo fim do relacionamento entre seus pais.

JURISPRUDÊNCIA COMENTADA: Com base no comando, o Tribunal do Distrito Federal tem entendido reiteradamente que "o poder familiar é igualmente exercido pelos genitores e decorre da paternidade e filiação e, nos termos do artigo 1.579 do Código Civil, mesmo no caso de dissolução da sociedade conjugal contraída entre os genitores, não se modificam os direitos e deveres dos pais em relação aos filhos, devendo ser exercido de forma conjunta entre estes, independentemente da situação conjugal existente" (TJDF, Apelação Cível 2016.07.1.007369-4, Acórdão 111.3923, 3.ª Turma Cível, Rel. Des. Maria de Lourdes Abreu, j. 01.08.2018, *DJDFTE* 09.08.2018).

REFORMA DO CÓDIGO CIVIL: A Comissão de Juristas sugere, na linha de outras propostas, que o art. 1.579 do CC também seja aplicado à união estável: "a dissolução da sociedade conjugal ou convivencial não modificará os direitos e deveres dos pais em relação aos filhos. Parágrafo único. Novo casamento ou nova união de qualquer dos pais ou de ambos, não poderão importar restrições aos direitos e deveres previstos neste artigo". Altera-se a menção ao divórcio para também incluir os efeitos da previsão para os casos de separação de fato.

Art. 1.580. Decorrido um ano do trânsito em julgado da sentença que houver decretado a separação judicial, ou da decisão concessiva da medida cautelar de separação de corpos, qualquer das partes poderá requerer sua conversão em divórcio.

§ 1º A conversão em divórcio da separação judicial dos cônjuges será decretada por sentença, da qual não constará referência à causa que a determinou.

§ 2º O divórcio poderá ser requerido, por um ou por ambos os cônjuges, no caso de comprovada separação de fato por mais de dois anos.

COMENTÁRIOS DOUTRINÁRIOS: Eis mais uma norma que foi atingida pela Emenda do Divórcio, em grande parte do seu conteúdo, devendo ser considerada como revogada no atual sistema jurídico, tendo em vista a decisão do STF no Tema n. 1.053, de repercussão geral, que retirou do sistema a separação judicial, seja como requisito para o divórcio, seja como figura autônoma no ordenamento jurídico. Advirta-se que, além das modalidades judiciais que nela estavam previstas, a Lei n. 11.441/2007 possibilitou o divórcio extrajudicial, por escritura pública, no Tabelionato de Notas, o que foi confirmado pelo art. 733 do Código de Processo Civil de 2015, como antes se expôs. Lembro que, nos termos do Provimento n. 100 do Conselho Nacional de Justiça (CNJ), de maio de 2020, depois incorporado ao Código Nacional de Normas (arts. 284 e seguintes do CNN-CNJ), a escritura pública de divórcio pode ser feita pela via digital ou eletrônica, se forem respeitados requisitos de validade específicos, relativos à sua solenidade virtual. Conforme o art. 286 do Código Nacional de Normas, são requisitos da prática do ato notarial eletrônico: a) a videoconferência notarial para captação do consentimento das partes sobre os termos do ato jurídico; b) a concordância expressada pelas partes com os termos do ato notarial eletrônico; c) a assinatura digital pelas partes, exclusivamente através do e-notariado; d) a assinatura do Tabelião de Notas com a utilização de certificado digital ICP-Brasil; e e) o uso de formatos de documentos de longa duração com assinatura digital. Sobre a gravação da videoconferência notarial, nos termos do parágrafo único desse dispositivo, deverá conter ela, no mínimo: a) a identificação, a demonstração da capacidade e a livre manifestação das partes atestadas pelo tabelião de notas; b) o consentimento das partes e a concordância com a escritura pública; c) o objeto e o preço do negócio pactuado; d) a declaração da data e horário da prática do ato notarial; e e) a declaração acerca da indicação do livro, da página e do tabelionato onde será lavrado o ato notarial. Repito que o desrespeito a qualquer um desses requisitos de validade gera a nulidade absoluta do pacto antenupcial, nos termos dos incs. IV e V do art. 166 do Código Civil, que tratam da observância da forma e da solenidade. Também deve ser observada, entre outras regras importantes, o prescrito no antigo art. 6º do Provimento n. 100/2020 do CNJ, atual art. 289 do Código Nacional de Normas, relativo à competência dos Tabelionatos: "a competência para a prática dos atos regulados nesta Seção é absoluta e observará a circunscrição territorial em que o tabelião recebeu sua delegação, nos termos do art. 9º da Lei n. 8.935/1994". A inobservância desse preceito igualmente conduz à nulidade absoluta do ato. Discute-se amplamente se a norma administrativa é ilegal ou não, notadamente ao fixar a última regra, de competência absoluta, em conflito com a Lei n. 8.935/1994. Ademais, como se sabe, a competência para tratar de assuntos afeitos ao Direito Civil é do Poder Legislativo, nos termos do art. 22, inc. I, da Constituição Federal, a colocar em dúvida a constitucionalidade da norma do CNJ, apesar da louvável tentativa de extrajudicialização e de redução de burocracias. Por isso, é imperiosa a sua inclusão na lei, o que é almejado pela Comissão de Juristas que apresentou Anteprojeto para a reforma e atualização da atual codificação privada. O Código Civil em vigor, a exemplo do que constava do art. 226, § 6º, da CF/1988, em sua redação original, reconhecia duas modalidades básicas de divórcio. A primeira delas seria a do *divórcio indireto ou por conversão*, aquele que era precedido por uma separação judicial ou extrajudicial, ou até mesmo por uma anterior medida cautelar de separação de corpos com concessão de liminar. Esse divórcio poderia ser *judicial* – consensual ou litigioso –, ou *extrajudicial* – somente consensual –, na atualizada leitura frente à Lei n. 11.441/2007 e ao Código de Processo Civil em vigor. A segunda modalidade que estava prevista na norma era do *divórcio direto*, em havendo separação de fato do casal por mais de dois anos, também assumindo as formas *judicial* – consensual ou litigioso –, ou extrajudicial – somente consensual. Reitero que a Emenda Constitucional n. 66/2010 aboliu essa divisão, subsistindo apenas o divórcio direto, sem prazo mínimo, que pode ser simplesmente denominado como *divórcio*, posição adotada pelo STF no julgamento do Tema n. 1.053, de repercussão geral. Essa é a posição a ser advogada para os devidos fins práticos. Interessante verificar que o Código de Processo Civil de 2015 também parece não considerar as duas modalidades anteriores, por utilizar apenas o termo *divórcio*, especialmente nos seus arts. 731 e 733, que tratam da homologação da sua sentença judicial, em caso de consenso entre os cônjuges; bem como da via extrajudicial. Eis outro ponto de importância fulcral da inovação constitucional que merece destaque. De toda sorte, o divórcio continua podendo ser efetivado pela via judicial ou extrajudicial, sendo a minha posição pela subsistência anterior da Lei n. 11.441/2007 e do art. 1.124-A do CPC/1973 nesse aspecto. Essa minha posição é mantida sob a égide do art. 733 do CPC/2015. Desse mesmo modo, merecem aplicação os aspectos relativos ao divórcio extrajudicial que constam da Resolução n. 35/2007 do Conselho Nacional de Justiça relativos à disciplina, conforme já concluiu o próprio CNJ no ano de 2010 (Pedido de Providências 00005060-32.2010.2.00.0000). Atendendo a pedido de providências formulado sucessivamente pelo IBDFAM, em agosto de 2024, o Conselho Nacional de Justiça decidiu alterar substancialmente a sua antiga Resolução n. 35, incluindo a possibilidade de divórcio e dissolução da união estável mesmo com filhos menores ou incapazes. Também foram incluídas regras a respeito da escritura pública de separação de fato, como antes pontuei, e retiradas as menções à separação extrajudicial, na linha do entendimento do STF quando do julgamento do Tema n. 1.053 de repercussão geral. Tive a honra de atuar em conjunto com a assessoria do então Corregedor-Geral de Justiça, Ministro Luis Felipe Salomão, para a produção do texto, que representa enormes avanços para a prática do Direito de Família. Nesse contexto, nos termos do seu novo art. 33, "para a lavratura da escritura pública de divórcio consensual, deverão ser apresentados: a) certidão de casamento; b) documento de identidade oficial e CPF/MF; c) pacto antenupcial, se houver; d) certidão de nascimento ou outro documento de identidade oficial dos filhos, se houver; e) certidão de propriedade de bens imóveis e direitos a eles relativos; e f) documentos necessários à comprovação da titularidade dos bens móveis e direitos, se houver". Seguindo, consoante a nova redação do art. 34 da Resolução n. 35 do CNJ, as partes devem declarar ao tabelião, no ato da lavratura da escritura, que não têm filhos comuns ou, havendo, indicar seus nomes, as datas de nascimento e se existem incapazes. As partes devem, ainda, declarar ao tabelião, na mesma ocasião, que o cônjuge virago não se encontra em estado gravídico, ou, ao menos, que não tenha conhecimento sobre esta condição (§ 1º). E mais, como importante avanço, em havendo filhos comuns do casal menores ou incapazes, será permitida a lavratura da escritura pública de divórcio, desde que devidamente comprovada a prévia resolução judicial de todas as questões referentes a guarda, visitação e alimentos deles, o que deverá ficar consignado no corpo da escritura (§ 2º). Na dúvida quanto às questões de interesse do menor ou do incapaz, o tabelião submeterá a questão à apreciação do juiz prolator da decisão (art. 34, § 3º). Da escritura, deve constar declaração das partes de que estão cientes das consequências do divórcio, firmes no propósito de pôr fim à sociedade conjugal ou ao vínculo matrimonial, respectivamente, sem hesitação, com recusa de reconciliação e concordância com a regulamentação da guarda, da convivência familiar e dos alimentos dos filhos menores ou incapazes realizada em juízo (art. 35). O comparecimento pessoal das partes é dispensável à lavratura de escritura pública de divórcio consensual, sendo admissível ao divorciando se fazer representar por mandatário constituído, desde que por instrumento público com poderes especiais, descrição das cláusulas essenciais e prazo de validade de trinta dias (art. 36). Foi alterado também o art. 39 da Resolução n. 35 do CNJ, para expressar que a partilha em escritura pública de divórcio consensual far-se-á conforme as regras da partilha em inventário extrajudicial, no que couber. Está previsto no art. 40 da norma administrativa em estudo que o traslado da escritura pública de divórcio consensual será apresentado ao Oficial de Registro Civil do respectivo assento de casamento, para a averbação necessária, independente de autorização judicial e de audiência do Ministério Público. Vale repisar a regra a respeito do uso do nome, do seu art. 41, segundo a qual, "havendo alteração do nome de algum cônjuge em razão de escritura de restabelecimento da sociedade conjugal ou do divórcio consensual, o Oficial de Registro Civil que averbar o ato no assento de casamento também anotará a alteração no respectivo assento de nascimento, se de sua unidade, ou, se de outra, comunicará ao Oficial competente para a necessária anotação". Além disso, não há sigilo na escritura pública de divórcio consensual, o que visa a proteção dos direitos de terceiros, efetivando-se a publicidade do ato notarial (art. 42). É também admissível, por consenso das partes, a escritura pública de retificação das cláusulas de obrigações alimentares, ajustadas no divórcio consensual (art. 44). Eventualmente, o tabelião poderá se negar a lavrar a escritura de divórcio se houver fundados indícios de prejuízo a um dos cônjuges ou em caso de dúvidas sobre a declaração de vontade, fundamentando a recusa por escrito (art. 46). Por fim, decidiu-se no âmbito do Conselho Nacional de Justiça que todas essas disposições são aplicáveis, no que couber, à extinção consensual da união estável (art. 46-A da Resolução n. 35 do CNJ). Feitas essas importantes notas de atualização, voltando-se ao art. 1.580 do Código Civil, está ele revogado tacitamente, pois não recepcionado pelo novo Texto Constitucional. Sendo abolido o divórcio indireto, vários dispositivos da Lei do Divórcio (Lei n. 6.515/1977) também devem ser tidos como definitivamente revogados, afirmação a ser mantida na vigência do Estatuto Processual emergente. De início, mencione-se o seu art. 35, que tratava da conversão da separação judicial em divórcio, com apensamento aos autos da separação. Outro comando que desapareceu do sistema, o que foi confirmado pelo STF, é o seu art. 37, que preconizava fundamentalmente que o juiz conheceria diretamente do pedido de conversão, quando não houvesse contestação ou necessidade de se produzir provas em audiência, proferindo sentença, dentro de dez dias. Também deve ser tido como inconstitucional o art. 36 da citada norma, pelo qual: "Do pedido referido no artigo anterior, será citado o outro cônjuge, em cuja resposta não caberá reconvenção. Parágrafo único. A contestação só pode fundar-se em: I – falta do decurso de 1 (um) ano da separação judicial; II – descumprimento das obrigações assumidas pelo requerente na separação". Cumpre lembrar que, a respeito do descumprimento das obrigações assumidas na separação, o Supremo Tribunal Federal já havia entendido há tempos pela não recepção desse texto pela CF/1988, que antes da Emenda do Divórcio já não trazia tal requisito para a conversão em divórcio (RE 387.271, Rel. Min. Marco Aurélio, j. 08.08.2007, Tribunal Pleno). Esclareça-se que nenhum dos Ministros do Supremo Tribunal Federal entendeu pela aplicação do art. 36, parágrafo único, II, da Lei do Divórcio como causa impeditiva da conversão em divórcio. A divergência surgiu quanto à não recepção da norma impugnada pela CF/1988 ou a sua recepção, mas inconstitucionalidade. Foi então vencido o Relator Ministro Marco Aurélio que entendia ter sido a norma recepcionada pela Constituição, e propugnava a comunicação formal da decisão ao Senado Federal. Outro debate que desaparece com a Emenda do Divórcio se refere à anterior possibilidade de conversão de uma anterior medida cautelar de separação de corpos em divórcio, sem que houvesse a prévia separação de direito, diante do que constava do *caput* do art. 1.580 do CC/2002. O dispositivo trazia como requisito para a conversão em divórcio lapso temporal de um ano do trânsito em julgado da sentença que houvesse decretado a separação judicial, ou da decisão concessiva da medida cautelar de separação de corpos. Pontue-se mais uma vez que o CPC/2015 não trata mais dessa cautelar entre os procedimentos específicos, substituída pelos mecanismos de tutela provisória, regulados entre os seus arts. 300 a 311, pelas tutelas de urgência e de evidência, sendo ambas aplicáveis ao Direito de Família. Aprofunde-se que ainda há dúvida entre o enquadramento dessa medida anterior como tutela antecipada em caráter antecedente ou tutela cautelar de caráter antecedente. Se investigada a natureza jurídica da medida, o primeiro caminho parece o mais correto. Todavia, existe toda uma tradição prática processual no sentido de ter a separação de corpos natureza cautelar. Na doutrina civilista anterior à EC n. 66/2010 e ao CPC/2015, a possibilidade de conversão da cautelar de separação de corpos em divórcio já era reconhecida pela doutrina e por mim compartilhada, servindo como fundamento para tanto os mecanismos previstos na Lei n. 11.340/2006 (Lei Maria da Penha), que visa a coibir a violência doméstica e familiar contra a mulher. Vários dispositivos legais da norma poderiam ser citados como fundamento para a possibilidade de se manter o marido violento longe de casa e, ato contínuo, de se reconhecer a possibilidade de conversão da separação de corpos em divórcio. De início, mencione-se o seu art. 18, que determina que o juiz deve decidir de imediato, no prazo de 48 horas, cabendo medidas de urgência de forma isolada ou cumulativamente, a saber: "I – conhecer do expediente e do pedido e decidir sobre as medidas protetivas de urgência; II – determinar o encaminhamento da ofendida ao órgão de assistência judiciária, quando for o caso, inclusive para o ajuizamento da ação de separação judicial, de divórcio, de anulação de casamento ou de dissolução de união estável perante o juízo competente; (Redação dada pela Lei nº 13.894, de 2019); III – comunicar ao Ministério Público para que adote as providências cabíveis; IV – determinar a apreensão imediata de arma de fogo sob a posse do agressor". Em complemento, o art. 22 da norma preconiza como medidas protetivas a suspensão da posse ou a restrição do porte de armas, com comunicação ao órgão competente; o afastamento do lar; a proibição de condutas e a restrição ou suspensão de visitas aos dependentes menores; a prestação dos alimentos provisórios e provisionais; o comparecimento do agressor a programas de recuperação e reeducação; e o acompanhamento psicossocial do agressor, por meio de atendimento individual ou em grupo de apoio. As duas últimas previsões foram incluídas pela Lei n. 13.984/2020. Faz o mesmo o seu art. 23, inc. IV, expressando a separação de corpos, inclusive com a possibilidade de atuação do Ministério Público em casos tais (art. 25 da Lei n. 11.340/2006). Superado esse ponto, de grande interesse técnico, também deve ser tido como não recepcionado pela EC n. 66/2010 o art. 1.580, § 1º, do Código Civil, segundo o qual a conversão em divórcio seria concedida sem que houvesse menção à sua causa. Isso porque não existe mais no sistema a citada conversão, a não ser para o caso de pessoas já separadas juridicamente, em que é possível, na verdade, transformar a ação de separação em ação de divórcio. A respeito do antigo divórcio direto, lembre-se do desaparecimento do instituto, não havendo qualquer requisito temporal de separação de fato para que os cônjuges pleiteiem o divórcio. Reitero que o casal pode se casar em um dia e requerer o divórcio no dia seguinte. Algumas regras que constavam da Lei do Divórcio estão do mesmo modo prejudicadas, caso do seu art. 40, *caput*, que previa os requisitos mínimos para a petição inicial da ação de divórcio. Agora, a referida exordial deve apenas obedecer aos requisitos gerais do Código de Processo Civil (art. 319 do CPC/2015, correspondente ao art. 282 do CPC/1973). Dúvida surge se os cônjuges insistirem na separação judicial mesmo com a entrada em vigor da alteração constitucional e do Código de Processo Civil de 2015. Exemplificando, o casal ingressou com a ação de separação judicial em meados de 2009. Com a entrada em vigor da Emenda Constitucional n. 66/2010, o juiz da causa abre vista às partes para que se manifestem sobre eventual conversão em divórcio. Se as partes assim não quiserem, entendem alguns doutrinadores que a ação deverá ser julgada extinta, por falta de interesse processual, por falta de adequação (art. 485, inc. VI, do CPC/2015). Vale dizer que o enquadramento anterior era na impossibilidade jurídica do pedido (art. 267, inc. VI, do CPC/1973). Todavia, esse caminho processual foi retirado do sistema pelo Estatuto Processual ora em vigor, sendo necessário se situar em outra hipótese de extinção sem o julgamento do mérito. Entendo haver falta de interesse processual na hipótese descrita, pelo fato de ser a ação de divórcio a via adequada, e não a ação de separação. De todo modo, por questão de boa-fé processual, o juiz deve informar que essa será sua conclusão posterior às partes. Trata-se de aplicação do dever de cooperação processual entre todas as partes do processo, retirada do art. 6º do CPC/2015. Sobre o § 2º do art. 1.580, entendo que ele até pode não ser tido como totalmente revogado, devendo ser lido na seguinte dicção: "O divórcio poderá ser requerido, por um ou por ambos os cônjuges". Não se deve considerar, portanto, a menção ao prazo que consta do final do preceito legal. Como último comentário digno de nota, reitero a minha posição no sentido de que a culpa pode ser discutida em sede de divórcio, mas não para que sirva de entrave para a dissolução do casamento. A culpa pode ser debatida somente para dois fins: de alimentos, o que ainda será aqui estudado; e para a imputação do dever de indenizar a um dos cônjuges, fundado na responsabilidade civil, conforme antes desenvolvi. Sou defensor, em casos tais, que a ação de divórcio seja cumulada com outros pedidos, devendo o juiz pronunciar decisões parciais, no curso da demanda, sucessivamente, de acordo com os interesses das partes e a definição de prioridades. A título de exemplo, havendo pedido de divórcio cumulado com alimentos, o juiz pode deferir o divórcio por sentença – sem atribuição inicial da culpa – e seguir no curso da lide a discussão a respeito dos alimentos e da eventual influência da culpa para a sua fixação. Tal opção não afasta a possibilidade de as partes ingressarem com duas ações autônomas: uma de divórcio e outra de alimentos, o que depende de sua pretensão. O Código de Processo Civil de 2015, como feliz inovação, acabou por possibilitar esse caminho. Conforme o seu art. 356, passa a ser possível o julgamento antecipado parcial do mérito, quando um ou mais dos pedidos formulados ou parcela deles: a) mostrar-se incontroverso; b) estiver em condições de imediato julgamento, por não haver a necessidade de produção de provas ou por ter ocorrido à revelia. Cite-se justamente o caso em que o divórcio se mostra incontroverso, podendo a demanda seguir para o debate de outras questões. Conforme correto enunciado aprovado na *VII Jornada de Direito Civil*, de setembro de 2015, que adota essa ideia, "transitada em julgado a decisão concessiva do divórcio, a expedição de mandado de averbação independe do julgamento da ação originária em que persista a discussão dos aspectos decorrentes da dissolução do casamento" (Enunciado n. 602). No mesmo sentido, o Enunciado n. 18 do IBDFAM, aprovado no seu *X Congresso Brasileiro*, em outubro de 2015: "Nas ações de divórcio e de dissolução da união estável, a regra deve ser o julgamento parcial do mérito (art. 356 do CPC/2015), para que seja decretado o fim da conjugalidade, seguindo a demanda com a discussão de outros temas". Cumpre acrescentar que na *II Jornada de Direito Processual Civil*, promovida pelo Conselho da Justiça Federal em 2018, aprovou-se o Enunciado n. 117, estabelecendo que esse comando pode ser aplicado nos julgamentos dos Tribunais, de segunda e terceira instâncias, o que alcança o divórcio, no meu entender. Em complemento, estabelece o Estatuto Processual vigente que a decisão que julgar parcialmente o mérito poderá reconhecer a existência de obrigação líquida – certa quanto à existência e determinada quanto ao valor –, ou mesmo ilíquida – que não preenche tais requisitos (art. 356, § 1º, do CPC/2015). A parte poderá liquidar ou executar, desde logo, a obrigação reconhecida na decisão que julgar parcialmente o mérito, independentemente de caução ou garantia, ainda que haja recurso contra essa interposto (art. 356, § 2º, do CPC/2015). Na hipótese dessa execução, se houver trânsito em julgado da decisão, a execução será definitiva (art. 356, § 3º, do CPC/2015). Além disso, a liquidação e o cumprimento da decisão que julgar parcialmente o mérito poderão ser processados em autos suplementares, a requerimento da parte ou a critério do juiz (art. 356, § 4º, do CPC/2015). Como última regra instrumental, está previsto que a decisão proferida com base neste artigo é impugnável por agravo de instrumento (art. 356, § 5º, do CPC/2015).

JURISPRUDÊNCIA COMENTADA: Sobre a possibilidade de conversão da separação de corpos diretamente em divórcio, o Superior Tribunal de Justiça, sanando a polêmica que surgiu no Tribunal Mineiro, acabou por concluir pela sua possibilidade, merecendo transcrição a ementa desse importante acórdão: "Civil. Família. Separação judicial. Conversão em divórcio. Art. 1.580 do Código Civil. Cautelar de separação de corpos. O texto é claro: o legislador utilizou a conjunção alternativa ou, prevendo duas hipóteses distintas. Não há margem para outra interpretação, que não a literal. Acrescente-se que o art. 25 da Lei n. 6.515/1977, com a redação dada pela Lei n. 8.408/1992, já fazia tal previsão. Confira-se: A conversão em divórcio da separação judicial dos cônjuges existente há mais de 1 (um) ano, contada da data da decisão ou da que concedeu a medida cautelar correspondente (art. 8º), será decretada por sentença, da qual não constará referência à causa que a determinou. Para o art. 44 dessa lei, o prazo de conversão conta-se a partir da data em que, por decisão judicial proferida em qualquer processo, mesmo de jurisdição voluntária, for determinada ou presumida a separação dos cônjuges. A combinação dos dois artigos anteriores revela a intenção do legislador de permitir que o cômputo do lapso temporal de um ano para a conversão em divórcio ocorresse a partir da medida cautelar de separação de corpos. Na hipótese, a separação de corpos foi homologada por sentença em 06.06.2001. O pedido de conversão em divórcio deu-se em 11.11.2002, assim, as partes cumpriram o prazo exigido pela lei para a conversão da separação judicial em divórcio. Cumprida a exigência legal, nenhum embaraço poderá ser oposto à conversão. Defere-se a conversão de separação em divórcio, desde que observado o prazo de um ano, contado do trânsito em julgado da sentença que decretou ou da decisão homologatória da separação judicial, ou daquela que concedeu a medida cautelar de separação de corpos" (STJ, REsp 726.870/MG, 3.ª Turma, Rel. Min. Humberto Gomes de Barros, j. 28.11.2006, *DJ* 18.12.2006, p. 371). Dessa forma, a tese que defendo há tempos acabou por ser adotada por aquele Tribunal Superior. Todavia, ressalte-se que a discussão é mencionada apenas para demonstrar a evolução das questões processuais em prol da família, uma vez que o debate não cabe mais na vigência da Emenda Constitucional n. 66/2010 e tendo em vista a decisão do STF aqui tão mencionada (Tema n. 1.053), diante do desaparecimento total da figura do divórcio por conversão. Toda essa evolução da jurisprudência talvez sirva para mostrar que a separação de corpos tem natureza satisfativa, podendo ser requerida na própria ação de divórcio, com natureza de tutela antecipada de caráter antecedente. Sendo assim, no Código de Processo Civil, estaria sujeita aos procedimentos previstos entre os seus arts. 303 e 304. Essa é a minha percepção, sendo certo que a prática familiarista poderá efetivamente demonstrar qual será o correto enquadramento da cautelar de separação de corpos entre as categorias relativas à tutela provisória. Como outro aspecto que pontuei nas minhas notas doutrinárias, antes da Emenda do Divórcio, a jurisprudência nacional vinha entendendo pela impossibilidade de se discutir culpa em qualquer modalidade de divórcio anterior, o que incluía o divórcio direto. Nesse sentido, interessante transcrever duas decisões do Superior Tribunal de Justiça prolatadas na vigência da Lei do Divórcio, cujo conteúdo não foi alterado, mas apenas confirmado pela redação do art. 1.580 do CC/2002: "Civil. Família. Alimentos. Se, antes mesmo da sentença na separação judicial, as partes requereram o divórcio direto, nos termos do art. 40 da Lei n. 6.515/1977, é irrelevante a disposição daquela reconhecendo a culpa da mulher, para o efeito de alimentos. Recurso não conhecido" (STJ, REsp 67.493/SC, 3.ª Turma, Rel. Min. Costa Leite, j. 30.10.1995, *DJ* 26.08.1996, p. 29.681). "Direito de família. Divórcio direto não consensual. Causa da separação (culpa). Desnecessidade de sua investigação. Art. 40 da Lei n. 6.515/1977, com a redação dada pela Lei n. 7.841/1989. Após a alteração legislativa introduzida pela Lei n. 7.841/1989, modificando a redação do *caput* do art. 40 da Lei n. 6.515/1977 e revogando seu § 1º, não há mais que se cogitar, pelo menos não necessariamente, da análise da causa da separação (culpa) para efeito de decretação do divórcio direto, sendo bastante o requisito da separação de fato por dois anos consecutivos" (STJ, REsp 40.020/SP, 4.ª Turma, Rel. Min. Sálvio de Figueiredo Teixeira, j. 22.08.1995, *DJ* 02.10.1995, p. 32.366). Na verdade, o grande debate concernente à Emenda Constitucional n. 66/2010 refere-se à possibilidade atual de discussão da culpa para dissolver o casamento, agora em sede de divórcio. Em outras palavras, fica a dúvida se a culpa pode ser exportada da *separação-sanção* para a ação de divórcio. A minha resposta é positiva, para fins de alimentos e para os fins de responsabilidade civil, como antes destaquei. Porém, quanto aos alimentos, o STJ vem respondendo, na atualidade, de forma negativa, sendo pertinente transcrever: "O Superior Tribunal de Justiça perfilha o entendimento de que, no divórcio, a verificação do cônjuge culpado é irrelevante para a concessão de alimentos, mormente porque sobreleva, para o direito, *ab ovo*, o amparo às necessidades prementes do cônjuge hipossuficiente, em virtude do princípio da solidariedade familiar. Ademais, mesmo que se falasse em ausência de culpa do recorrente, por ter sido absolvido do crime de ameaça, o fato é que ele não imputa à recorrida qualquer culpa na dissolução do vínculo conjugal, e, mesmo que imputasse, não há qualquer reconhecimento de culpa pela Corte de origem. Então, se ambos não fossem considerados culpados, ainda assim persistiria o dever de prestar alimentos, em virtude da caracterização do estado de necessidade econômica de um dos ex-cônjuges" (STJ, REsp 1.720.337/PR, 4.ª Turma, Rel. Min. Luis Felipe Salomão, j. 15.05.2018, *DJe* 29.05.2018, p. 6.774). Reitero que o tema será mais bem abordado quando do estudo dos alimentos. Como últimos julgados que devem ser destacados, são encontradas ementas estaduais que seguem a solução de subsumir o art. 356 do CPC/2015 para as ações de divórcio. A título de exemplo, do Tribunal Gaúcho: "Situação em que o autor ingressou com ação de conversão de separação judicial em divórcio, requerendo, cumulativamente, a revisão de alimentos e regulamentação de visita, optando pelo procedimento comum. O provimento deste recurso limita-se à desconstituição da sentença no que diz com a extinção do feito relativamente às pretensões cumuladas (item 'a' do dispositivo sentencial). Resta, porém, subsistente o Decreto de divórcio (item 'b' do dispositivo sentencial). Tal solução é agora autorizada pelo art. 356, I, do CPC, na medida em que não há controvérsia quanto ao pedido de divórcio" (TJRS, Apelação Cível 0005725-67.2017.8.21.7000, 8.ª Câmara Cível, Canoas, Rel. Des. Luiz Felipe Brasil Santos, j. 23.03.2017, *DJERS* 30.03.2017). Do Tribunal Catarinense, exatamente no mesmo caminho: "De acordo com o art. 356, I, do CPC, se um dos pedidos for incontroverso, é possível o julgamento antecipado parcial de mérito. Tal disposição é aplicável às ações que envolvem direito de família, podendo, nesses termos, ser decretado o divórcio sem prejuízo do prosseguimento da ação para o debate das demais questões, tal como guarda dos filhos e alimentos" (TJSC, Agravo de Instrumento 4016783-97.2016.8.24.0000, 1.ª Câmara de Direito Civil, Criciúma, Rel. Des. Domingos Paludo, *DJSC* 23.03.2017, p. 83). Em complemento, do Superior Tribunal de Justiça, reconhecendo a possibilidade de decretação da separação de fato do casal, seguindo-se a demanda na discussão de outros temas, demonstrando que a Corte deve trilhar o mesmo entendimento quanto ao divórcio, na minha percepção: "O CPC/15 passou a admitir, expressamente, a possibilidade de serem proferidas decisões parciais de mérito, reconhecendo a possibilidade de pedidos cumulados ou de parcelas de pedidos suscetíveis de fracionamento estarem aptos para julgamento em momentos processuais distintos, seja porque sobre eles não existe controvérsia, seja porque sobre eles não há necessidade de mais aprofundada dilação probatória, com aptidão, em ambas as hipóteses, para a formação de coisa julgada material. Na hipótese, a decisão que fixou a data da separação de fato do casal para fins de partilha de bens versa sobre o mérito do processo, na medida em que se refere a um diferente fragmento de um mesmo pedido e de um mesmo objeto litigioso – a partilha de bens das partes –, especialmente porque a pretensão de partilha de bens deduzida em juízo pressupõe a exata definição 'do que' se partilha, o que somente se pode delimitar a partir do exame dos bens suscetíveis de divisão em um determinado lapso temporal. O acórdão que, a despeito de não conhecer do agravo de instrumento, ingressa no mérito da questão controvertida e se pronuncia sobre o acerto da decisão proferida em 1º grau, é suscetível de exame no âmbito do recurso especial, devendo, na hipótese, a afirmação da parte que sugere que a separação teria ocorrido em determinada data ser examinada em conjunto com as demais provas produzidas que sugerem a fixação de data distinta, dada a inegável repercussão que essa definição trará à partilha de bens" (STJ, REsp 1.798.975/SP, 3.ª Turma, Rel. Min. Nancy Andrighi, j. 02.04.2019, *DJe* 04.04.2019).

REFORMA DO CÓDIGO CIVIL: Por mencionar as modalidades de divórcio, bem como o requisito prévio da separação judicial, a Comissão de Juristas propõe a revogação expressa do art. 1.580 do Código Civil, o que não pode ser diferente, pois a norma não tem mais aplicação, ou a sua incidência é bem reduzida na atualidade. Sobre o tratamento do e-notariado e a possibilidade de elaboração de escrituras públicas digitais ou eletrônicas não só de divórcio, mas também de outros atos civis, reitere-se que a Comissão de Juristas recomenda a inclusão, no novo livro chamado de "Direito Civil Digital", de toda a normatização antes prevista no Provimento n. 100 do Conselho Nacional de Justiça, e que atualmente consta dos arts dos arts. 284 a 319 do Código Nacional de Normas (CNN-CNJ). Como antes pontuado, há a necessidade urgente de se dar legalidade a essa forma de celebração dos negócios e atos jurídicos em geral, sendo o Código Civil o *locus* apropriado para tanto, até para que a codificação privada volte a ter um protagonismo legislativo perdido nos últimos anos, sobretudo diante da Lei de Registros Públicos.

Art. 1.581. O divórcio pode ser concedido sem que haja prévia partilha de bens.

COMENTÁRIOS DOUTRINÁRIOS: As duas últimas regras previstas no Código Civil relativas à dissolução do casamento não foram prejudicadas pela Emenda do Divórcio, estando mantidas, sem qualquer interferência da alteração constitucional. Pela primeira delas, "o divórcio pode ser concedido sem que haja prévia partilha de bens", o que confirma parcialmente o teor da Súmula n. 197 do STJ ("O divórcio direto pode ser concedido sem que haja prévia partilha de bens"). Como a lei não determinava a análise da causa do divórcio, a partilha de bens não deveria e não deve ser obstáculo para a sua concessão. Vale lembrar, ainda, que o direito ao divórcio é um direito personalíssimo do cônjuge, sendo inafastável e indeclinável. Novamente, penso ser possível o uso do art. 356 do CPC/2015, cumulando-se o divórcio – que será prioridade na demanda –, com a partilha de bens – que seguirá depois de decretado o fim do vínculo conjugal. A norma também se aplica ao divórcio extrajudicial, conforme consta da Resolução n. 35 do CNJ, em seu art. 39, em redação atualizada em agosto de 2024: "a partilha em escritura pública de divórcio consensual far-se-á conforme as regras da partilha em inventário extrajudicial, no que couber". Desse modo, a partilha dos bens do casal pode ocorrer em momento posterior à sua concessão. No campo processual, o melhor caminho é a partilha ser feita nos próprios autos do divórcio. Também é possível o caminho de uma ação própria, a correr perante a Vara da Família. A partilha ainda pode ser extrajudicial, no Tabelionato de Notas e mediante escritura pública, havendo acordo entre os ex-cônjuges.

JURISPRUDÊNCIA COMENTADA: Do Superior Tribunal de Justiça, ainda exigindo o fator tempo, mesmo com a Emenda Constitucional n. 66, mas apontando que a partilha de bens não pode ser óbice para o divórcio, neste ponto de forma perfeita: "A regulamentação das ações de estado, na perspectiva contemporânea do fenômeno familiar, afasta-se da tutela do direito essencialmente patrimonial, ganhando autonomia e devendo ser interpretada com vistas à realização ampla da dignidade da pessoa humana. A tutela jurídica do direito patrimonial, por sua vez, deve ser atendida por meio de vias próprias e independentes, desobstruindo o caminho para a realização do direito fundamental de busca da felicidade. O divórcio, em qualquer modalidade, na forma como regulamentada pelo CC/02, está sujeito ao requisito único do transcurso do tempo" (STJ, REsp 1.281.236/SP, 3.ª Turma, Rel. Min. Nancy Andrighi, j. 19.03.2013, *DJe* 26.03.2013). Confirmando os meus comentários, sobre os caminhos que podem ser percorridos pelos cônjuges, do Tribunal do Distrito Federal: "O divórcio pode ser decretado sem que haja prévia partilha de bens, consoante dispõe expressamente o art. 1.581 do Código Civil e, ainda, a Súmula n. 197 do STJ. A sentença atacada não merece qualquer reparo, ao acolher a pretensão da autora, ora apelada, e decretado o divórcio do casal, deixando a questão patrimonial para ser discutida em ação própria ou, mesmo, podendo ser resolvida de forma consensual" (TJDF, Apelação Cível 2016.09.1.006371-0, Acórdão 105.9865, 5.ª Turma Cível, Rel. Des. Robson Barbosa de Azevedo, j. 08.11.2017, *DJDFTE* 24.11.2017).

REFORMA DO CÓDIGO CIVIL: Na linha de outras propostas de equalização entre as entidades familiares, a Comissão de Juristas propõe a inclusão de menção à união estável no art. 1.581 do CC, passando a prever o seguinte: "o divórcio ou a dissolução da união estável podem ser concedidos sem que haja prévia partilha de bens".

Art. 1.582. O pedido de divórcio somente competirá aos cônjuges.

Parágrafo único. Se o cônjuge for incapaz para propor a ação ou defender-se, poderá fazê-lo o curador, o ascendente ou o irmão.

COMENTÁRIOS DOUTRINÁRIOS: Trata-se de outra norma que continua em vigor mesmo com a emergência da Emenda Constitucional n. 66 estabelece que a ação de divórcio é personalíssima ou *intuitu personae*, pois o seu pedido somente cabe aos cônjuges. Porém, no caso de incapacidade do cônjuge para propor a ação, estando ele sobre curatela ou interditado, a lei consagra a legitimidade do curador, do ascendente ou do irmão. A norma não menciona o descendente, pois não seria correto que ele pleiteasse o divórcio de seus pais. Além disso, discute-se a legitimidade do Ministério Público em casos tais, eis que a lei não a prevê nesse dispositivo especial. De toda sorte, o art. 178, inc. II, do CPC/2015 (equivalente ao art. 82, inc. I, do CPC/1973) estabelece que cabe ao Ministério Público intervir nos casos que envolvem interesse dos incapazes. Para afastar essa dúvida, o antigo Projeto de Lei Ricardo Fiuza pretendia introduzir a legitimidade do Ministério Público, o que vinha em boa hora. Como esse projeto não tramita mais atualmente, a Comissão de Juristas nomeada no Senado Federal para a Reforma do Código Civil resolveu propor o mesmo texto.

JURISPRUDÊNCIA COMENTADA: Como bem decidiu o Superior Tribunal de Justiça em 2018, havendo a necessidade de ajustes na partilha entre os cônjuges, esses poderão ser feitos de forma consensual, nos âmbitos judicial ou extrajudicial, e sem a necessidade de uma ação anulatória para tanto. Conforme parte da ementa do acórdão, "a coisa julgada material formada em virtude de acordo celebrado por partes maiores e capazes, versando sobre a partilha de bens imóveis privados e disponíveis e que fora homologado judicialmente por ocasião de divórcio consensual, não impede que haja um novo ajuste consensual sobre o destino dos referidos bens, assentado no princípio da autonomia da vontade e na possibilidade de dissolução do casamento até mesmo na esfera extrajudicial, especialmente diante da demonstrada dificuldade do cumprimento do acordo na forma inicialmente pactuada. É desnecessária a remessa das partes a uma ação anulatória quando o requerimento de alteração do acordo não decorre de vício, de erro de consentimento ou quando não há litígio entre elas sobre o objeto da avença, sob pena de injustificável violação aos princípios da economia processual, da celeridade e da razoável duração do processo. A desjudicialização dos conflitos e a promoção do sistema multiportas de acesso à justiça deve ser francamente incentivada, estimulando-se a adoção da solução consensual, dos métodos autocompositivos e do uso dos mecanismos adequados de solução das controvérsias, tendo como base a capacidade que possuem as partes de livremente convencionar e dispor sobre os seus bens, direitos e destinos" (STJ, REsp 1.623.475/PR, 3.ª Turma, Rel. Min. Nancy Andrighi, j. 17.04.2018, *DJe* 20.04.2018). Como se pode notar, foi utilizado o forte argumento da desjudicialização das contendas, o que conta com o meu apoio. Afastando a legitimidade do descendente em caso de cônjuge incapaz, do Tribunal Gaúcho: "Sendo incapaz o cônjuge, a ação pode ser proposta pelo curador, ascendente ou irmão, nos termos do parágrafo único do referido artigo 1.582, do Código Civil, não constando do rol dos legitimados, os descendentes" (TJRS, Apelação Cível 0424351-06.2016.8.21.7000, 7.ª Câmara Cível, Guaíba, Rel. Des. Liselena Schifino Robles Ribeiro, j. 22.02.2017, *DJERS* 02.03.2017). Também entendendo que os filhos não têm essa legitimidade em caso de falecimento de seus pais, e devendo a ação ser extinta por perda do objeto: "A legitimidade para propor ação rescisória da sentença de divórcio não se transmite aos filhos em razão da morte do ex-cônjuge, porquanto não há que se falar em sucessão de direito personalíssimo" (TJMG, Agravo 1.0000.13.070721-9/001, Rel. Des. Bitencourt Marcondes, j. 13.02.2014, *DJEMG* 24.02.2014). De toda sorte, ementa doutrinária aprovada no *XII Congresso Brasileiro de Direito de Família e das Sucessões* do IBDFAM, em 2021, prevê que "a ação de divórcio já ajuizada não deverá ser extinta sem resolução de mérito, em caso do falecimento de uma das partes". A questão, portanto, não está pacificada, havendo julgados em sentido contrário, como o seguinte, do Tribunal Paulista: "Divórcio litigioso. Falecimento do cônjuge no curso da ação. Sentença de extinção sem julgamento do mérito. Inconformismo. Acolhimento. A morte de um dos cônjuges no decorrer da demanda não acarreta a perda de seu objeto, vez que já manifesta a vontade de um dos cônjuges de se divorciar. Divórcio no direito positivo-constitucional que verte, após a Emenda Constitucional n. 66/2010, em direito potestativo e incondicional de cada qual dos cônjuges. Inteligência da nova redação dada ao artigo 226, § 6º, da Constituição Federal, com supressão do requisito temporal e causal. Princípio da ruptura do afeto. Direito cujo exercício somente depende da manifestação de vontade de qualquer interessado. Hipótese constitucional de uma rara verdade jurídico-absoluta, a qual materializa o direito civil-constitucional, que, em última reflexão, firma o divórcio liminar. Particularidade que suprime a possibilidade de oposição de qualquer tese de defesa, salvo a inexistência do casamento, fato incogitável. Detalhe que excepciona, inclusive, a necessidade de contraditório formal. Possibilidade de decreto do divórcio *post mortem*, com efeitos retroativos à data do ajuizamento da ação, de forma excepcional. Precedentes. Ação procedente. Recurso provido" (TJSP, Apelação Cível 1032535-74.2020.8.26.0224, Acórdão 14857942, 7.ª Câmara de Direito Privado, Guarulhos, Rel. Des. Rômolo Russo, j. 28.07.2021, *DJESP* 30.07.2021, p. 2.815). Urge, portanto, a alteração do dispositivo, para que a questão reste superada e seja definitivamente resolvida.

REFORMA DO CÓDIGO CIVIL: Na linha dos meus comentários doutrinários e anotações sobre a última divergência jurisprudencial destacada, a Comissão de Juristas sugere incluir a menção ao Ministério Público no parágrafo único do art. 1.582. Também há sugestão de que o *caput* trate da ação de dissolução da união estável, na linha de proposições anteriores, de equalização das entidades familiares quanto aos seus efeitos: "o pedido de divórcio ou de dissolução de união estável somente competirá aos cônjuges ou conviventes. Parágrafo único. Se o cônjuge ou convivente for incapaz para propor a ação ou defender-se, poderá fazê-lo o Ministério Público, o curador, o ascendente, o descendente ou o irmão". São também propostas três novas letras para o art. 1.582 do Código Civil, para que trate de institutos de dissolução do vínculo do casamento e da união estável muito debatidos nos últimos anos, pela doutrina e pela jurisprudência. De início, o novo art. 1.582-A tratará do *divórcio unilateral,* mediante um procedimento extrajudicial próprio no Cartório de Registro Civil das Pessoas Naturais (RCPN), que recebe uma nova atribuição. Trata-se de mais do que necessária medida de extrajudicialização, uma das linhas adotadas pela Reforma e em prol do princípio da operabilidade, confirmando-se a afirmação de ser o divórcio um direito potestativo, como está sendo projetado no novo art. 1.582-E. Nos termos do *caput* da norma projetada, "o cônjuge ou o convivente, poderão requerer unilateralmente o divórcio ou a dissolução da união estável no Cartório do Registro Civil em que está lançado o assento do casamento ou onde foi registrada a união, nos termos do § 1º do art. 9º deste Código". Como se pode perceber, o procedimento extrajudicial somente se aplica à união estável que estiver registrada no Livro E, no próprio Cartório de Registro das Pessoas Naturais. Quanto ao procedimento, de início, o pedido de divórcio ou de dissolução da união estável será subscrito pelo interessado e por advogado ou por defensor público (art. 1.582-E, § 1º). Serão notificados prévia e pessoalmente o outro cônjuge ou convivente para conhecimento do pedido, dispensada a notificação se estiverem presentes perante o oficial ou tiverem manifestado ciência por qualquer meio (art. 1.582-E, § 2º). Como se pode perceber, há um procedimento extrajudicial de notificação da parte contrária, não se cogitando a presença de um *divórcio-surpresa*, como alguns chegaram a cogitar e a criticar. Não cabe também a verdadeira anedota jurídica, feita por críticos da proposta, de que seriam surpreendidos pelo divórcio quando voltassem de viagem. A premissa é de que o outro cônjuge ou convivente seja notificado da dissolução do procedimento que almeja a dissolução do vínculo. Somente na hipótese de não serem encontrados o cônjuge e o convivente para serem notificados, proceder-se-á com a sua notificação editalícia, após exauridas as buscas de endereço nas bases de dados disponibilizadas ao sistema judiciário (art. 1.582-E, § 3º). E, após efetivada a notificação pessoal ou por edital, o oficial do Registro Civil procederá, em cinco dias, à averbação do divórcio ou à da dissolução da união estável (art. 1.582-E, § 4º). A medida é muito útil na prática, sobretudo nos casos de violência familiar e doméstica, nas situações em que o outro cônjuge ou convivente está em local incerto e não sabido, ou mesmo quando ele se nega a assinar o divórcio, por anos a fim. Vale lembrar que muitos julgados, hoje, já decretam o divórcio liminar, sem ouvir a outra parte, aplicando o art. 356 do Código de Processo Civil. Nesse sentido, com várias ementas que se repetem no Tribunal do Paraná no mesmo sentido: "O direito de casar. Porque voltado para a constituição de uma comunhão de vida. E, da mesma forma, o direito de manter-se casado e de extinguir o casamento. Porque o amor é uma ação que somente pode ser exercida na liberdade. É um direito individual potestativo, que decorre da autonomia privada no âmbito das relações familiares, que, ao fim e ao cabo, abrange o direito de escolher, manter e extinguir a entidade familiar. O Estado não pode, por meio da técnica processual, constranger ninguém nem a se casar nem, tampouco, a se manter casado contra a sua vontade manifesta. O divórcio liminar confere máxima efetivação dos direitos de personalidade, produz imediato alívio psicológico ao demandante e não gera nenhum prejuízo ao demandado. Precedente do Supremo Tribunal Federal. Literatura jurídica. [...]. Na dimensão biopolítica, o processo deve servir a vida, não a vida ao processo, sob pena de não se tutelar adequadamente a dignidade da pessoa humana, tornando a técnica jurídica refém do positivismo e do formalismo exacerbados. Logo, não se pode ignorar a força criativa dos fatos sociais, os quais ganham normatividade, a partir da concretização dos princípios e das garantias constitucionais (como a do acesso à ordem jurídica justa e da razoável duração do processo), e, portanto, maior operabilidade, já que as sociedades contemporâneas exigem formas mais eficientes de solucionar conflitos, inclusive para evitar a eternização de incertezas. Interpretação dos artigos 1º, inc. III, e 5º, incs. XXXV e LXXVIII, da Constituição Federal, e 1º, 4º e 8º do Código de Processo Civil. Literatura jurídica. [...]. Não é prudente que o Estado-Juiz mantenha unido um casal, em que um dos cônjuges quer se divorciar, impondo-lhe um duplo sofrimento: Os que já decorrem das próprias circunstâncias da vida, decorrentes da frustração de um projeto conjugal comum, e mais a punição trazida pelo processo judicial que, mesmo diante da manifesta falta de *affectio maritalis*, impõe a manutenção do casamento, quando o divórcio poderia ser determinado in limine litis, por se tratar de um direito potestativo. [...]. Por ser a decretação do divórcio um direito humano, potestativo e incondicional do cônjuge que não pretende mais manter o vínculo conjugal, obrigá-lo a aguardar a solução final do processo, suportando sozinho os ônus do tempo de tramitação processual, sabendo-se que o demandado não terá razões jurídicas para se opor ao pedido, é uma solução judicial não razoável, desproporcional, inefetiva e inadequada, seja da perspectiva do direito processual, seja a do direito material. Em outras palavras, é inadmissível a criação de obstáculos processuais não-razoáveis para a manutenção do casamento contra a vontade da parte" (TJPR, Recurso 0076124-03.2023.8.16.0000, Maringá, 12.ª Câmara Cível, Rel. Des. Eduardo Augusto Salomão Cambi, j. 11.04.2024, *DJPR* 11.04.2024). Ainda, do Tribunal Paulista: "Agravo de instrumento. Divórcio. Liminar de separação de corpos concedida. Elementos que indicam a deterioração da relação havida entre o casal. Decisão que deve visar a proteção da agravada e da filha maior. Elementos autorizadores da tutela de urgência. Decisão mantida. Recurso não provido" (TJSP, Agravo de Instrumento 2222953-37.2023.8.26.0000, Acórdão 17119980, Mogi das Cruzes, 5.ª Câmara de Direito Privado, Rel. Des. Erickson Gavazza Marques, j. 01.09.2023, *DJESP* 11.09.2023, p. 1920). No que diz respeito ao uso do nome, tendo em vista as minhas anotações anteriores sobre o art. 1.578, inclui-se um § 5º no art. 1.582-A, estabelecendo que, "em havendo, no pedido de divórcio ou de dissolução de união estável, cláusula relativa à alteração do nome do cônjuge ou do requerente para retomada do uso do seu nome de solteiro, o oficial de Registro que averbar o ato, também anotará a alteração no respectivo assento de nascimento, se de sua unidade e, se de outra, comunicará ao oficial competente para a necessária anotação". Confirma-se, portanto, o direito de se manter o nome incorporado ou de retirá-lo, como já se abstrai, hoje, do teor do art. 57 da Lei de Registros Públicos (Lei n. 6.015/1973), alterado pela Lei do SERP (Lei n. 14.382/2022). Por fim, nos termos da correta interpretação que hoje se faz do art. 356 do CPC/2015, prioriza-se o fim do vínculo, deixando-se outras questões relativas ao casal e aos seus filhos para debate futuro, havendo proposta de um § 6º no art. 1.582 nesse sentido: "com exceção do disposto no § 5º, nenhuma outra pretensão poderá ser cumulada ao pedido unilateral de divórcio ou de dissolução de união estável, especialmente, pretensão de alimentos, arrolamento de bens, guarda de filhos, partilha de bens, exclusão do ex-cônjuge ou convivente de plano de saúde, alteração do domicílio da família, ou qualquer outra medida protetiva ou acautelatória". Como é notório, já havia proposta de inclusão do *divórcio unilateral* no sistema civil pelo Projeto de Lei n. 3457, de 2019, de autoria do Senador Rodrigo Pacheco, mediante sugestão formulada por Jones Figueirêdo Alves, José Fernando Simão, Mario Luiz Delgado e por mim. Houve voto favorável com duas emendas do Relator Senador Marcos Rogério, aguardando-se votação na Comissão de Constituição e Justiça do Senado. O tema parece estar maduro para ser analisado pelo Congresso Nacional, portanto, conclusão que foi a mesma da Subcomissão de Direito de Família e dos demais membros da Comissão de Juristas. Como outra proposta, almeja-se que o Código Civil passe a tratar do divórcio extrajudicial e da dissolução extrajudicial da união estável consensuais, revogando-se expressamente o seu tratamento no art. 733 do Código de Processo Civil. São alterados os arts. 731 e 732 do Estatuto Processual, que passarão a prever o seguinte, com as modificações e sem mais mencionar a separação judicial: "Art. 731. A homologação do divórcio consensual, observados os requisitos legais, poderá ser requerida em petição assinada por ambos os cônjuges, da qual constarão: I – as disposições relativas à descrição e à partilha dos bens comuns; II – as disposições relativas à pensão alimentícia entre os cônjuges; III – o acordo relativo à guarda dos filhos incapazes e ao regime de visitas; e IV – o valor da contribuição para criar e educar os filhos. Parágrafo único. Se os cônjuges não acordarem sobre a partilha dos bens, far-se-á esta depois de homologado o divórcio, na forma estabelecida nos arts. 647 a 658"; "Art. 732. As disposições relativas ao processo de homologação judicial de divórcio consensual aplicam-se, no que couber, ao processo de homologação da extinção consensual de união estável". Além disso, nos termos do novo art. 1.582-B do CC, "o divórcio, a dissolução da união estável, a partilha de bens, a guarda de filhos com menos de dezoito anos de idade e os alimentos em favor dessas pessoas poderão ser formalizados por escritura pública, se houver consenso entre as partes". Amplia-se, portanto, a extrajudicialização dessas medidas, mesmo havendo filhos menores, incapazes ou nascituros, com a necessidade de atuação do Ministério Público, perante o Tabelionato de Notas, em situações tais. Como se pode perceber, será também possível que os cônjuges ou conviventes acordem sobre a guarda, consoante o novo § 1º do art. 1.582-B, "a escritura pública dependerá de prévia aprovação do Ministério Público se ocorrer uma das seguintes hipóteses: I – um dos cônjuges ou conviventes for incapaz; II – o casal aguarda o nascimento de filho ou tem filho com menos de dezoito anos de idade; III – o documento contempla cláusulas relativas a guarda ou alimentos dos filhos com menos de dezoito anos de idade". Para tanto, "o tabelião encaminhará a minuta de escritura pública ao Ministério Público, caso em que a manifestação ministerial será exarada no prazo de quinze dias úteis e limitar-se-á à fiscalização dos interesses do incapaz" (art. 1.582-B, § 2º, do CC). Em casos de discordância do Ministério Público, não serão admitidos o divórcio ou a dissolução da união estável pela via extrajudicial, sendo necessário às partes socorrerem-se à via judicial (art. 1.582-B, § 3º, do CC). As modificações são mais do que necessárias, para a redução de burocracias e a desjudicialização das contendas, em prol da operabilidade, um dos princípios originais do Código Civil de 2002. Como visto, havia pedido de providências perante o Conselho Nacional de Justiça, formulado pelo IBDFAM, para autorizar a extrajudicialização de divórcios e inventários, mesmo com filhos menores e testamentos (Pedido de Providências n. 0001596-43.2023.2.00.0000). Para demonstrar o apoio doutrinário anterior às ideias expostas, que contavam com o meu apoio, na *I Jornada de Direito Notarial e Registral*, foi aprovado o Enunciado n. 52, admitindo que "o divórcio consensual, a separação consensual e a extinção consensual de união estável, mesmo havendo filhos incapazes, poderão ser realizados por escritura pública, nas hipóteses em que as questões relativas à guarda, ao regime de convivência e aos alimentos dos filhos incapazes já estiverem previamente resolvidas na esfera judicial". Como antes pontuado, o Conselho Nacional de Justiça, em agosto de 2024, acatou esses pedidos de providências do IBDFAM, alterando sua Resolução n. 35, e passando a admitir o divórcio e a dissolução da união estável extrajudiciais e consensuais, por escritura pública, mesmo havendo filhos menores ou incapazes. Também foram retiradas menções à separação extrajudicial e incluídas previsões sobre a escritura pública de separação de fato, muito além do pedido então formulado. Tive a hora de atuar na elaboração do texto, em grupo de trabalho nomeado pelo então Corregedor-Geral de Justiça, Ministro Luis Felipe Salomão. Como se verá dos comentários de José Fernando Simão, também foram acrescentadas na Resolução n. 35 do CNJ regras expressas a respeito do inventário extrajudicial mesmo havendo testamento, herdeiros incapazes ou menores de idade, com a presença do consenso entre todos os envolvidos. As propostas de alterações da Comissão de Juristas confirmam esses entendimentos recentes do Conselho Nacional de Justiça, trazendo soluções necessárias para o sistema ora em vigor no texto expresso da lei, de forma definitiva. Por fim, sugere-se a inclusão de um novo art. 1.582-C, estabelecendo que "é garantido ao cônjuge e ao convivente o direito de permanecer na residência conjugal, se com ele residirem filhos com menos de dezoito anos ou incapazes ou a quem se dedicou aos cuidados da família e não desempenha atividade remunerada". Trata-se de um novo direito real de habitação instituído pela lei, *ope legis*, decorrente do fim do casamento ou da união estável. Segue-se a feliz proposta da Relatora-Geral, Professora Rosa Maria de Andrade Nery, com o fim de se proteger o patrimônio mínimo e o direito à moradia do ex-cônjuge ou ex-convivente que assim o necessitar, para a tutela de vulnerabilidades não só do ex-consorte, mas também de seus filhos.

CAPÍTULO XI
DA PROTEÇÃO DA PESSOA DOS FILHOS

Art. 1.583. A guarda será unilateral ou compartilhada. (Redação dada pela Lei n. 11.698, de 2008)

§ 1º Compreende-se por guarda unilateral a atribuída a um só dos genitores ou a alguém que o substitua (art. 1.584, § 5º) e, por guarda compartilhada a responsabilização conjunta e o exercício de direitos e deveres do pai e da mãe que não vivam sob o mesmo teto, concernentes ao poder familiar dos filhos comuns. (Incluído pela Lei n. 11.698, de 2008)

§ 2º Na guarda compartilhada, o tempo de convívio com os filhos deve ser dividido de forma equilibrada com a mãe e com o pai, sempre tendo em vista as condições fáticas e os interesses dos filhos. (Redação dada pela Lei n. 13.058, de 2014)

I – (Revogado);

II – (Revogado);

III – (Revogado).

§ 3º Na guarda compartilhada, a cidade considerada base de moradia dos filhos será aquela que melhor atender aos interesses dos filhos. (Redação dada pela Lei n. 13.058, de 2014)

§ 4º (VETADO).

§ 5º A guarda unilateral obriga o pai ou a mãe que não a detenha a supervisionar os interesses dos filhos, e, para possibilitar tal supervisão, qualquer dos genitores sempre será parte legítima para solicitar informações e/ou prestação de contas, objetivas ou subjetivas, em assuntos ou situações que direta ou indiretamente afetem a saúde física e psicológica e a educação de seus filhos. (Incluído pela Lei n. 13.058, de 2014)

COMENTÁRIOS DOUTRINÁRIOS: Após cuidar da separação judicial – agora retirada do sistema na minha opinião doutrinária, reitero – e do divórcio, o Código Civil determina as regras referentes à "Proteção da Pessoa dos Filhos". Sobre esse tema, o Código Privado traz disposições importantes a respeito da guarda existente no âmbito do poder familiar, substancialmente nos arts. 1.583 e 1.584. Tais artigos foram profundamente modificados pela Lei n. 11.698, de 13 de junho de 2008, que entrou em vigor em 16 de agosto de 2008, ou seja, sessenta dias depois de sua publicação. Sucessivamente, houve nova alteração por meio da Lei n. 13.058, de 22 de dezembro de 2014, originária do Projeto de Lei n. 117/2013, aqui denominada de *Lei da Guarda Compartilhada Obrigatória*. O tema deve ser abordado desde a Lei do Divórcio, passando pelo Código Civil de 2002 e pela citada modificação de 2008, chegando até a aprovação da Emenda Constitucional n. 66/2010 e a essa última norma, de 2014. Com relação ao Código de Processo Civil de 2015, há apenas um pequeno impacto, relativo à prestação de contas, como ainda se verá. Como se percebe, o tratamento legislativo sobre o tema ainda não encontrou a esperada estabilidade, sendo sucessivas as alterações legislativas, a última delas geradora de sérios problemas aos filhos, na minha opinião. Iniciando-se pela Lei n. 6.515/1977, esta estabelecia a influência da culpa na fixação da guarda. De início, o art. 9º da Lei do Divórcio prescrevia que, no caso de dissolução da sociedade conjugal pela separação judicial consensual, seria observado o que os cônjuges acordassem sobre a guarda dos filhos. No caso de separação judicial fundada na culpa, os filhos menores ficariam com o cônjuge que não tivesse dado causa à dissolução, ou seja, com o cônjuge inocente (art. 10, *caput*). Se pela separação judicial fossem responsáveis ambos os cônjuges, os filhos menores ficariam em poder da mãe, salvo se o juiz verificasse que tal solução pudesse gerar prejuízo de ordem moral aos filhos (art. 10, § 1º). Verificado pelo juiz que os filhos não deveriam permanecer em poder da mãe nem do pai, seria possível deferir guarda a pessoa notoriamente idônea, da família de qualquer dos cônjuges (art. 10, § 2º, da Lei do Divórcio). No sistema da redação original do Código Civil de 2002, preceituava o seu art. 1.583 que, no caso de dissolução da sociedade conjugal, prevaleceria o que os cônjuges acordassem sobre a guarda de filhos, no caso de separação ou divórcio consensual. Na realidade, a regra completava a proteção integral da criança e do adolescente prevista no ECA (Lei n. 8.069/1990). Isso porque, quanto aos efeitos da guarda existentes na vigência do poder familiar e que visam à proteção dos filhos, determina o art. 33, *caput*, daquele diploma que "a guarda obriga à prestação de assistência material, moral e educacional à criança ou adolescente, conferindo a seu detentor o direito de opor-se a terceiros, inclusive aos pais". Não havendo acordo entre os cônjuges, nos termos da redação original do Código Civil, a guarda seria atribuída a quem revelasse as melhores condições para exercê-la, conforme a redação original do art. 1.584 do CC/2002, que ainda será estudado de forma mais aprofundada nos comentários seguintes. Sobre o dispositivo que ora se estuda, o seu *caput* passou a expressar, pela Lei n. 11.698/2008, que a guarda será unilateral ou compartilhada. Em suma, seguindo o clamor doutrinário então existente, a lei passou a prever, expressamente, essa modalidade de guarda. Nos termos legais, a *guarda compartilhada* é entendida como aquela em que há a responsabilização conjunta e o exercício de direitos e deveres do pai e da mãe que não vivam sob o mesmo teto, concernentes ao poder familiar dos filhos comuns. O mesmo § 1º do comando define a *guarda unilateral* como a atribuída a um só dos genitores ou a alguém que o substitua. Esses diplomas não sofreram qualquer alteração com a nova modificação legislativa, pela Lei n. 13.058/2014. Porém, determinava o § 2º do art. 1.583 do Código Privado que a guarda unilateral seria atribuída ao genitor que revelasse as melhores condições para exercê-la, o que era repetição da anterior previsão do art. 1.584 do CC/2002. Todavia, o preceito ia além, ao estabelecer alguns critérios objetivos para a fixação dessa modalidade de guarda, a saber: a) afeto nas relações com o genitor e com o grupo familiar; b) saúde e segurança; c) educação; o que era apontado pela doutrina antes dessa alteração legislativa de 2008. Entretanto, infelizmente, esses parâmetros foram retirados com a alteração legislativa de 2014, havendo aqui o primeiro retrocesso legislativo desse diploma legal. Seguindo no estudo do tema, prescrevia o § 3º do art. 1.583, modificado pela Lei n. 11.698/2008, que a guarda unilateral obrigaria o pai ou a mãe que não a detivesse a supervisionar os interesses dos filhos (*direito de supervisão*). Implicitamente, havia previsão sobre o direito de visitas, comum a essa forma de guarda. Com a Lei n. 13.058/2014 passou-se a estabelecer que, "na guarda compartilhada, a cidade considerada base de moradia dos filhos será aquela que melhor atender aos interesses dos filhos". Entendo que há nesse preceito uma grave confusão entre guarda compartilhada e alternada, pois se reconhece a viabilidade de o filho residir em lares e até cidades distintas, ao se considerar uma cidade como base da moradia.

Pontue-se que o equívoco foi percebido pelo coautor José Fernando Simão, que participou da audiência pública no Senado Federal de debate do então Projeto de Lei n. 117/2013; um dos grandes críticos da alteração legislativa de 2014. No presente momento, a norma em vigor somente gera confusão na interpretação das questões relativas à guarda, como bem antevisto pelo jurista, que acertou mais uma de suas previsões sobre o Direito Civil. Sigo o entendimento de que a *guarda alternada*, aquela em que o filho permanece de forma fracionada um tempo com cada um dos seus pais, traz sérios problemas à formação da criança, que perde os seus referenciais para o seu sadio crescimento. Acrescento que, conforme informações que me foram transmitidas por pessoas que acompanharam o processo legislativo, o objetivo dos elaboradores da lei de 2014 foi de regulamentar a guarda alternada, sob a falsa denominação de guarda compartilhada. Também me foi informado que isso foi feito com dois objetivos. O primeiro, de afastar a necessidade de convivência entre os pais da criança, chegando alguns a defender um modelo em que a criança fica seis meses com cada um dos seus pais. O segundo, e principal, de redução ou até extinção da verba alimentar, que poderia ser afastada diante dessa convivência concomitante. Reitero que a dupla residência do filho, como pregado por muitos defensores da lei, entra em contrariedade com a orientação predominante dos especialistas da área da psicanálise, caso de Giselle Groeninga, o meu referencial teórico nesse campo do conhecimento. Na verdadeira e autêntica guarda compartilhada, o filho tem um lar único, convivendo ambos os pais com o seu filho e estando sempre presentes na sua vida cotidiana. Assim, nessa realidade, não se pode admitir a existência de uma residência base e outras como subsidiárias, o que poderia ser retirado de uma compreensão literal da lei. Tentando resolver toda essa grave confusão categórica causada pela lei emergente, para que seja aplicada a verdadeira guarda compartilhada, na *VII Jornada de Direito Civil*, realizada em 2015, foram aprovados enunciados doutrinários sobre o tema. O primeiro deles, de forma precisa e correta, estabelece que "a divisão, de forma equilibrada, do tempo de convívio dos filhos com a mãe e com o pai, imposta para a guarda compartilhada pelo § 2º do art. 1.583 do Código Civil, não deve ser confundida com a imposição do tempo previsto pelo instituto da guarda alternada, pois esta não implica apenas a divisão do tempo de permanência dos filhos com os pais, mas também o exercício exclusivo da guarda pelo genitor que se encontra na companhia do filho" (Enunciado n. 604). Ademais, entendeu-se naquele evento que a distribuição do tempo de convivência na guarda compartilhada deve atender precipuamente ao melhor interesse dos filhos, não devendo a divisão de forma equilibrada, a que alude o § 2º do art. 1.583 do Código Civil, representar convivência livre ou, ao contrário, repartição de tempo matematicamente igualitário entre os pais (Enunciado n. 603). Em complemento, conforme outra ementa doutrinária, que igualmente visa a afastar a confusão existente entre guarda compartilhada e a alternada, "O tempo de convívio com os filhos 'de forma equilibrada com a mãe e com o pai' deve ser entendido como divisão proporcional de tempo, da forma que cada genitor possa se ocupar dos cuidados pertinentes ao filho, em razão das peculiaridades da vida privada de cada um" (Enunciado n. 606). Por fim, aprovou-se proposta no sentido de que a guarda compartilhada não exclui a fixação do regime de convivência, com os mesmos fins de afastar a malfadada confusão com a guarda alternada (Enunciado n. 605). Ainda no que diz respeito ao art. 1.583 do Código Civil, cumpre apontar que a Lei n. 13.058/2014 incluiu um § 5º, enunciando que "a guarda unilateral obriga o pai ou a mãe que não a detenha a supervisionar os interesses dos filhos, e, para possibilitar tal supervisão, qualquer dos genitores sempre será parte legítima para solicitar informações e/ou prestação de contas, objetivas ou subjetivas, em assuntos ou situações que direta ou indiretamente afetem a saúde física e psicológica e a educação de seus filhos". A menção à supervisão e à prestação de contas pode estar relacionada aos alimentos, o que acaba por confirmar o segundo objetivo para a instituição da guarda alternada travestida de compartilhada. Deve ser esclarecido, de imediato, que a fixação da guarda compartilhada – ou alternada, como pretendeu o legislador –, não gera, por si só, a extinção da obrigação alimentar em relação aos filhos, devendo a fixação dos alimentos sempre ser analisada de acordo com o binômio ou trinômio alimentar. Em relação à ação de prestação de contas dos alimentos, entendia-se muitas vezes por sua impossibilidade, por ilegitimidade ativa do alimentante e falta de interesse processual, entre outros argumentos. Esse era o entendimento majoritário, que foi substancialmente alterado pela nova lei material de 2014, pois passou a ser plenamente possível, afastando-se os argumentos processuais anteriores em contrário, a ação de prestação de contas de alimentos. Entendo que a exigência da prestação deve ser analisada mais objetiva do que subjetivamente, deixando-se de lado pequenas diferenças de valores e excesso de detalhes na exigência da prestação, o que poderia torná-la inviável ou até aumentar o conflito entre as partes. Em complemento, essa ação deve ser analisada diante do impacto trazido pelo Código de Processo Civil de 2015. Isso porque os arts. 914 a 919 do CPC/1973 tratavam do rito especial da ação de prestação de contas, tanto em relação àquele que teria o direito de exigi-las quanto para o obrigado a prestá-las. No CPC/2015, o procedimento especial foi mantido somente no que concerne a quem tem o direito de exigi-las, nos termos dos seus arts. 550 a 553 (*ação de exigir contas*). Para aqueles que são obrigados à sua prestação, a ação deve seguir o procedimento comum e não mais o especial. Como última observação a respeito do comando, na *IX Jornada de Direito Civil*, promovida pelo Conselho da Justiça Federal e pelo Superior Tribunal de Justiça em maio de 2022, aprovou-se o Enunciado n. 671, que analisa o art. 1.583, § 2º, do Código Civil, prevendo que "a tenra idade da criança não impede a fixação de convivência equilibrada com ambos os pais". Como está em suas justificativas, "a lei não faz menção ou restrição à idade da criança como limitador ao direito de convivência. Todavia, em fixação de convivência de bebês ou crianças de tenra idade, o que se vê é o estabelecimento de regimes restritíssimos, com a fixação de poucas horas mensais para o convívio. A situação é especificamente grave quanto à convivência fixada em favor dos pais homens, tendo em vista a questão sociológica enraizada que, equivocadamente, atribui apenas à mulher a capacidade para o cuidado. O bebê, que está começando a descobrir o mundo, tem condições psicoemocionais de criar laços de afinidade com seus familiares e demais pessoas que o cercam. É, portanto, na tenra idade que o petiz construirá os vínculos mais fortes e duradouros de sua vida. O tempo tem outra dimensão para as crianças pequenas. Cada dia perdido por um dos genitores é um momento de exploração, aprendizado e vinculação. O infante precisa de sua mãe e de seu pai para que seu desenvolvimento seja saudável". Como se verá a seguir, a questão colocada pelo enunciado tem sido debatida em nossos Tribunais, o que foi intensificado nos últimos anos, sobretudo em virtude dos desafios decorrentes da pandemia e de outros fatos sociais para a convivência de pais e filhos. De todo modo, entendo que o enunciado doutrinário deve ser analisado à luz do princípio do melhor interesse da criança, como reconhecem os próprios acórdãos que serão a seguir colacionados.

JURISPRUDÊNCIA COMENTADA: Reconhecendo a ilegitimidade do alimentante para a ação de prestação de contas de alimentos, no sistema anterior: "Segundo a jurisprudência desta Corte, o alimentante não detém interesse de agir quanto a pedido de prestação de contas formulado em face da mãe do alimentando, filho de ambos, sendo irrelevante, a esse fim, que a ação tenha sido proposta com base no art. 1.589 do Código Civil, uma vez que esse dispositivo autoriza a possibilidade de o genitor que não detém a guarda do filho fiscalizar a sua manutenção e educação, sem, contudo, permitir a sua ingerência na forma como os alimentos prestados são administrados pela genitora" (STJ, AgRg no REsp 1.378.928/PR, 3.ª Turma, Rel. Min. Sidnei Beneti, j. 13.08.2013, *DJe* 06.09.2013. No mesmo sentido, entre os julgados estaduais anteriores e por todos: TJDF, Recurso 2013.01.1.033648-0, Acórdão 766.021, 4.ª Turma Cível, Rel. Des. Arnoldo Camanho de Assis, *DJDFTE* 12.03.2014, p. 280; TJMG, Apelação Cível 1.0518.13.016606-0/001, Rel. Des. Washington Ferreira, j. 19.08.2014, *DJEMG* 22.08.2014; TJMG, Apelação Cível 1.0643.11.000295-0/001, Rel. Des. Áurea Brasil, j. 10.07.2014, *DJEMG* 22.07.2014; TJPR, Apelação Cível 1204895-0, 12.ª Câmara Cível, Palmas, Rel. Juiz Conv. Luciano Carrasco Falavinha Souza, *DJPR* 12.09.2014, p. 330). Pontue-se novamente, para fins didáticos, que esse entendimento está superado diante da emergência da lei de 2014 e da atual redação do art. 1.583 do Código Civil. A corroborar essa minha afirmação, a viabilidade da ação de prestação de contas relativa aos alimentos foi reconhecida em acórdão do Superior Tribunal de Justiça do ano de 2020, que cita a minha posição doutrinária. Vejamos o teor de parte da ementa, que traz argumentos relevantes: "O cerne da controvérsia gira em torno da viabilidade jurídica da ação de prestar (exigir) contas ajuizada pelo alimentante contra a guardiã do menor/alimentado para obtenção de informações acerca da destinação da pensão paga mensalmente. O ingresso no ordenamento jurídico da Lei nº 13.058/2014 incluiu a polêmica norma contida no § 5º do art. 1.583 do CC/02, versando sobre a legitimidade do genitor não guardião para exigir informações e/ou prestação de contas contra a guardiã unilateral, devendo a questão ser analisada, com especial ênfase, à luz dos princípios da proteção integral da criança e do adolescente, da isonomia e, principalmente, da dignidade da pessoa humana, que são consagrados pela ordem constitucional vigente. Na perspectiva do princípio da proteção integral e do melhor interesse da criança e do adolescente e do legítimo exercício da autoridade parental, em determinadas hipóteses, é juridicamente viável a ação de exigir contas ajuizada por genitor(a) alimentante contra a(o) guardiã(o) e representante legal de alimentado incapaz, na medida em que tal pretensão, no mínimo, indiretamente, está relacionada com a saúde física e também psicológica do menor, lembrando que a lei não traz palavras inúteis. Como os alimentos prestados são imprescindíveis para própria sobrevivência do alimentado, que no caso tem seríssimos problemas de saúde, eles devem ao menos assegurar uma existência digna a quem os recebe. Assim, a função supervisora, por qualquer dos detentores do poder familiar, em relação ao modo pelo qual a verba alimentar fornecida é empregada, além de ser um dever imposto pelo legislador, é um mecanismo que dá concretude ao princípio do melhor interesse e da proteção integral da criança ou do adolescente. O poder familiar que detêm os genitores em relação aos filhos menores, a teor do art. 1.632 do CC/02, não se desfaz com o término do vínculo matrimonial ou da união estável deles, permanecendo intacto o poder-dever do não guardião de defender os interesses superiores do menor incapaz, ressaltando que a base que o legitima é o princípio já destacado. Em determinadas situações, não se pode negar ao alimentante não guardião o direito de averiguar se os valores que paga a título de pensão alimentícia estão sendo realmente dirigidos ao beneficiário e voltados ao pagamento de suas despesas e ao atendimento dos seus interesses básicos fundamentais, sob pena de se impedir o exercício pleno do poder familiar. Não há apenas interesse jurídico, mas também o dever legal, por força do § 5º do art. 1.583 do CC/02, do genitor alimentante de acompanhar os gastos com o filho alimentado que não se encontra sob a sua guarda, fiscalizando o atendimento integral de suas necessidades materiais e imateriais essenciais ao seu desenvolvimento físico e também psicológico, aferindo o real destino do emprego da verba alimentar que paga mensalmente, pois ela é voltada para esse fim. O que justifica o legítimo interesse processual em ação dessa natureza é só e exclusivamente a finalidade protetiva da criança ou do adolescente beneficiário dos alimentos, diante da sua possível malversação, e não o eventual acertamento de contas, perseguições ou picuinhas com a(o) guardiã(o), devendo ela ser dosada, ficando vedada a possibilidade de apuração de créditos ou preparação de revisional, pois os alimentos são irrepetíveis" (STJ, REsp 1.814.639/RS, 3.ª Turma, Rel. Min. Paulo de Tarso Sanseverino, Rel. p/ Acórdão Min. Moura Ribeiro, j. 26.05.2020, *DJe* 09.06.2020). No ano de 2021 surgiu julgado da Quarta Turma do STJ, a demonstrar que a viabilidade da ação de prestação de contas de alimentos está consolidada na sua Segunda Seção. Consoante a sua ementa, "a Lei n. 13.058/2014, que incluiu o § 5º ao art. 1.583 do CC, positivou a viabilidade da propositura da ação de prestação de contas pelo alimentante com o intuito de supervisionar a aplicação dos valores da pensão alimentícia em prol das necessidades dos filhos". E mais, seguindo o meu entendimento de que a referida demanda não pode aumentar o conflito entre os genitores, apontou o Ministro Luis Felipe Salomão que "na ação de prestação de contas de alimentos, o objetivo veiculado não é apurar um saldo devedor a ensejar eventual execução – haja vista a irrepetibilidade dos valores pagos a esse título –, mas investigar se a aplicação dos recursos destinados ao menor é a que mais atende ao seu interesse, com vistas à tutela da proteção de seus interesses e patrimônio, podendo dar azo, caso comprovada a má administração dos recursos alimentares, à alteração da guarda, à suspensão ou até mesmo à exoneração do poder familiar. A ação de exigir contas propicia que os valores alimentares sejam melhor conduzidos, bem como previne intenções maliciosas de desvio dessas importâncias para finalidades totalmente alheias àquelas da pessoa à qual devem ser destinadas, encartando também um caráter de educação do administrador para conduzir corretamente os negócios dos filhos menores, não se deixando o monopólio do poder de gerência desses valores nas mãos do ascendente guardião. O Juízo de piso exerce importante papel na condução da prestação de contas em sede de alimentos, pois, estando mais próximo das partes, pode proceder a um minucioso exame das condições peculiares do caso concreto, de forma a aferir a real pretensão de proteção dos interesses dos menores, repelindo o seu manejo como meio de imissão na vida alheia motivado pelo rancor afetivo que subjaz no íntimo do(a) alimentante" (STJ, REsp 1.911.030/PR, 4.ª Turma, Rel. Min. Luis Felipe Salomão, j. 01.06.2021, *DJe* 31.08.2021). Exposto o tema da prestação de contas, na linha dos meus comentários, e aplicando o teor dos enunciados doutrinários aprovados na *VIII Jornada de Direito Civil*, com o fito de afastar a nefasta guarda alternada: "A guarda alternada não tem previsão expressa no Código Civil, sendo criação doutrinária e jurisprudencial decorrente da previsão do CC 1.583, § 2º. A jurisprudência tem entendido que a forma equilibrada a que se refere o referido dispositivo não deve significar a divisão igualitária das horas que o filho passa com pai e mãe, sobretudo quando essa divisão não atenda ao melhor interesse do menor. No caso, embora ambos os genitores sejam aptos a oferecer todas as condições de afeto, saúde e educação ao pré-adolescente em questão, prática forense e relatos psicossociais desaconselham a alternância constante de residência, sendo mais prudente e consentâneo com a regra do melhor interesse do menor a guarda compartilhada com o lar de referência em que já se encontra" (TJDF, Apelação Cível 2016.01.1.128908-5, Acórdão 114.5618, 1.ª Turma Cível, Rel. Des. Roberto Freitas, j. 23.01.2019, *DJDFTE* 28.01.2019). No mesmo sentido, com contundência: "A alternância de domicílios é prejudicial à criança e ao seu desenvolvimento, porquanto causa grande instabilidade em seu equilíbrio psicológico, haja vista não possuir uma casa certa e uma rotina, devendo ser concedida a guarda compartilhada, com base na residência da genitora. Ambos os genitores manifestaram a vontade de participar ativamente da rotina e das decisões que envolvem o filho, o que já fizeram por algum tempo, assim como salutar preocupação com seu bem-estar. Particularidades envolvendo a ausência do genitor quando dos períodos de guarda alternada que também justificam a concessão da guarda compartilhada, até mesmo para que passe a valorizar a convivência com o filho e lhe dedique o máximo de atenção quando juntos" (TJRS, Apelação Cível 0075372-18.2018.8.21.7000, 8.ª Câmara Cível, Santana do Livramento, Rel. Des. José Antônio Daltoé Cezar, j. 16.08.2018, *DJERS* 24.08.2018). Do STJ, confirmando a decisão do Tribunal Paulista que afastou a possibilidade de alternância de residências: "Reconhecimento e dissolução de união estável c/c guarda. Fixação de domicílio do filho e do regime de convivência com os pais. Guarda compartilhada distinta da guarda alternada. Medida imprescindível ao melhor interesse da criança. Revisão de matéria fático-probatória. Impossibilidade. Súmula n. 07/STJ" (STJ, REsp 1.699.243/SP, 3.ª Turma, Rel. Min. Paulo de Tarso Sanseverino, j. 10.05.2018, *DJe* 16.05.2018, p. 5.223). Por fim, sobre a questão da guarda compartilhada de criança em tenra idade, na linha do Enunciado n. 671 da *IX Jornada de Direito Civil*, em um primeiro aresto ilustrativo, o Tribunal Paulista ampliou a convivência do pai com filho de tenra idade no seguinte contexto fático: "Mudança de contexto social e do quadro de saúde pública. Perícia psicológica e social determinada, mas ainda não realizada. Mais de 1 (um) ano sem contato físico entre pai e filho de tenra idade. Prejuízo ao vínculo afetivo e desenvolvimento psicológico da criança. Observância do melhor interesse do menor. Majoração das visitas presenciais para uma vez por semana, aos sábados, por 6 horas" (TJSP, Agravo de Instrumento n. 2207243-45.2021.8.26.0000, Acórdão n. 15768665, São José dos Campos, 9ª Câmara de Direito Privado, Rel. Des. Piva Rodrigues, j. 17.06.2022, *DJESP* 22.06.2022, p. 2265). Também se tem entendido que a alteração no regime de guarda ou convivência em se tratando de criança de tenra idade somente se justifica em casos excepcionais, como se retira dos seguintes acórdãos: "Agravo de instrumento. Ação de regulamentação de guarda e direito de visitas. Tutela provisória parcialmente deferida para fixar a guarda compartilhada com lar de referência materno e regulamentar o direito provisório de convivência do genitor – insurgência do genitor – pedido de fixação de guarda unilateral ou de inversão do lar de referência. Ausência de prova de situação de risco ou abuso ao infante na companhia materna – art. 1.585, CC – situação de fato – criança de tenra idade (dois anos) sob os cuidados da genitora desde o nascimento – modificação de situação fática somente em situações excepcionais de risco – hipótese não configurada no caso – inexistência de fatos que desabonem a conduta da genitora. Necessidade de prévia instrução probatória – regime de convivência assegurado e ampliado por decisão ulterior – recurso conhecido e desprovido" (TJPR, Recurso n. 0070590-49.2021.8.16.0000, Curitiba, 12ª Câmara Cível, Rel. Des. Rosana Amara Girardi Fachin, j. 13.06.2022, *DJPR* 14.06.2022). Como se observa, os arestos destacam a necessidade de se observar o princípio do melhor interesse da criança nas hipóteses descritas, podendo o enunciado trazer essa menção, como foi sugerido na plenária da *IX Jornada de Direito Civil*, mas não foi atendido. De todo modo, tal regramento deve sempre ser observado, orientando a interpretação da ementa doutrinária e de outros temas relacionados à guarda de filhos.

REFORMA DO CÓDIGO CIVIL: Os meus comentários doutrinários e as anotações jurisprudenciais ora desenvolvidas demonstram que o tema da guarda decorrente do fim do casamento ou da união estável é um dos assuntos mais divergentes e polêmicos da atualidade do Direito de Família, sendo imperiosa a alteração da legislação. Porém, na Comissão de Juristas nomeada no âmbito do Senado Federal, não se chegou a um consenso mínimo sequer sobre o termo a ser utilizado em casos tais: se "guarda", "convivência", "convívio", "custódia", "autoridade" ou outros. Muitas foram as alterações feitas pela Relatoria-Geral ao texto inicial enviado pela Subcomissão de Direito de Família e, sucessivamente, muitas emendas foram formuladas pelos juristas que compuseram a Comissão, a demonstrar que o tema não estava ainda maduro para a aprovação e sugestão de qualquer uma das propostas então formuladas. O assunto sequer foi debatido nas quatro audiências públicas anteriores realizadas, e a Comissão de Juristas também recebeu várias notas técnicas, de diversos coletivos e grupos, com posições conflitantes. Ficou claro que será preciso aguardar o destino que será dado, pelo Parlamento, à Lei da Alienação Parental (Lei n. 12.318/2010), ou seja, se ela será revogada, alterada ou mantida nos próximos anos. A par desse panorama fático, formulei sugestão, que acabou sendo acatada pela maioria dos juristas, de que não fossem feitas propostas de alterações dos dispositivos relativos à temática, remetendo-se o debate para o âmbito do Congresso Nacional, com a participação de vários grupos de interesses e também da própria Comissão de Juristas, no futuro. Esse foi o único tema, de todos os propostos pelas subcomissões temáticas, que acabou por não ser analisado e debatido, com a elaboração de propostas, o que evidencia todas as suas dificuldades atuais.

Art. 1.584. A guarda, unilateral ou compartilhada, poderá ser: (Redação dada pela Lei n. 11.698, de 2008)

I – requerida, por consenso, pelo pai e pela mãe, ou por qualquer deles, em ação autônoma de separação, de divórcio, de dissolução de união estável ou em medida cautelar; (Incluído pela Lei n. 11.698, de 2008)

II – decretada pelo juiz, em atenção a necessidades específicas do filho, ou em razão da distribuição de tempo necessário ao convívio deste com o pai e com a mãe. (Incluído pela Lei n. 11.698, de 2008)

§ 1º Na audiência de conciliação, o juiz informará ao pai e à mãe o significado da guarda compartilhada, a sua importância, a similitude de deveres e direitos atribuídos aos genitores e as sanções pelo descumprimento de suas cláusulas. (Incluído pela Lei n. 11.698, de 2008)

§ 2º Quando não houver acordo entre a mãe e o pai quanto à guarda do filho, encontrando-se ambos os genitores aptos a exercer o poder familiar, será aplicada a guarda compartilhada, salvo se um dos genitores declarar ao magistrado que não deseja a guarda da criança ou do adolescente ou quando houver elementos que evidenciem a probabilidade de risco de violência doméstica ou familiar. (Redação dada pela Lei n. 14.713, de 2023)

§ 3º Para estabelecer as atribuições do pai e da mãe e os períodos de convivência sob guarda compartilhada, o juiz, de ofício ou a requerimento do Ministério Público, poderá basear-se em orientação técnico-profissional ou de equipe interdisciplinar, que deverá visar à divisão equilibrada do tempo com o pai e com a mãe. (Redação dada pela Lei n. 13.058, de 2014)

§ 4º A alteração não autorizada ou o descumprimento imotivado de cláusula de guarda unilateral ou compartilhada poderá implicar a redução de prerrogativas atribuídas ao seu detentor. (Redação dada pela Lei n. 13.058, de 2014)

§ 5º Se o juiz verificar que o filho não deve permanecer sob a guarda do pai ou da mãe, deferirá a guarda a pessoa que revele compatibilidade com a natureza da medida, considerados, de preferência, o grau de parentesco e as relações de afinidade e afetividade. (Redação dada pela Lei n. 13.058, de 2014)

§ 6º Qualquer estabelecimento público ou privado é obrigado a prestar informações a qualquer dos genitores sobre os filhos destes, sob pena de multa de R$ 200,00 (duzentos reais) a R$ 500,00 (quinhentos reais) por dia pelo não atendimento da solicitação. (Incluído pela Lei n. 13.058, de 2014)

COMENTÁRIOS DOUTRINÁRIOS: Em sua redação original, previa o *caput* do art. 1.584 do Código Civil que, decretada a separação judicial ou o divórcio, sem que houvesse entre as partes acordo quanto à guarda dos filhos, seria ela atribuída a quem revelasse as melhores condições para exercê-la. Assim, em caso de conflito entre os genitores havia previsão legal apenas quanto à guarda unilateral, criando-se uma verdadeira tradição jurídica a respeito da guarda materna no Brasil, desde a emergência da Lei do Divórcio. Além disso, o parágrafo único deste comando legal enunciava que a guarda poderia ser atribuída a terceiro, se o pai ou a mãe não pudesse exercê-la, de preferência respeitadas a ordem de parentesco e a relação de afetividade com a criança ou o adolescente. Os enunciados então aprovados na *IV Jornada de Direito Civil*, evento realizado pelo Conselho da Justiça Federal em outubro de 2006, acompanhavam a tendência civil-constitucional de se pensar sempre no melhor interesse da criança e do adolescente a respeito da guarda existente no âmbito do poder familiar. Nessa esteira, o Enunciado n. 333 determina que "o direito de visita pode ser estendido aos avós e pessoas com as quais a criança ou o adolescente mantenha vínculo afetivo, atendendo ao seu melhor interesse". Pontue-se, contudo, que o Enunciado n. 672 da *IX Jornada de Direito Civil*, promovida em 2022, cancelou essa ementa anterior, preceituando que "o direito de convivência familiar pode ser estendido aos avós e pessoas com as quais a criança ou adolescente mantenha vínculo afetivo, atendendo ao seu melhor interesse". Na verdade, essa é a expressão utilizada também pelo art. 1.589, parágrafo único, do Código Civil, incluído pela Lei n. 12.398/2011: "o direito de visita estende-se a qualquer dos avós, a critério do juiz, observados os interesses da criança ou do adolescente". O enunciado, assim, pode motivar a mudança legislativa, alterando o termo "visita" para "convivência", estando justificado pelo fato de que "embora seja da tradição do Direito de Família nomear o direito do pai ou mãe, mesmo dos avós ou outros, que não detêm a guarda, como direito de visita, a expressão legal não corresponde ao direito de convivência familiar assegurado à criança, ao adolescente e ao jovem no art. 227, *caput*, da Constituição da República. O direito-dever de convivência familiar estende-se a todos aqueles que mantêm vínculo afetivo com a criança e adolescente". Note-se que a extensão do direito de visitas – ou melhor, de convivência –, a terceiros, sejam eles parentes ou não da criança ou do adolescente, fica garantida por força da interpretação constitucional do Código Civil e de outros dispositivos que ainda serão aqui estudados. Em razão do teor do enunciado doutrinário citado e de normas que serão analisadas, o ex-marido da mãe da criança, o padrasto, que com ela criou laços afetivos, tem direito de visitas, sempre atendendo ao melhor interesse da criança e do adolescente. Também têm o direito de visitas os irmãos do menor. Frise-se, mais uma vez, que o Código Civil de 2002, em sua redação original, mudou o sistema anterior de guarda, uma vez que a culpa não mais influencia a determinação do cônjuge que a deterá, ao contrário do que constava do art. 10 da Lei do Divórcio, norma revogada tacitamente pela codificação privada, diante de incompatibilidade de tratamento. Assim, constata-se, de imediato, que não há qualquer impacto da Emenda do Divórcio sobre a guarda, eis que a culpa já não mais gerava qualquer consequência jurídica em relação a tal aspecto. A título de exemplo de aplicação do último dispositivo anterior – art. 1.584, parágrafo único –, a guarda poderia ser atribuída à avó paterna ou materna, desde que ela revelasse condições para tanto. Pois bem, buscando interpretar os arts. 1.583 e 1.584 do CC/2002, de acordo com sua redação original, foram aprovados outros importantes enunciados doutrinários nas *Jornadas de Direito Civil*. De início, preconizava o Enunciado n. 102 da *I Jornada de Direito Civil* que "a expressão 'melhores condições' no exercício da guarda, na hipótese do art. 1.584, significa atender ao melhor interesse da criança", entendimento que está mantido, mesmo com a alteração dos arts. 1.583 e 1.584 em 2014. Ato contínuo, na *IV Jornada de Direito Civil* a questão da guarda voltou a ser debatida, surgindo o Enunciado n. 336, com a seguinte redação: "O parágrafo único do art. 1.584 aplica-se também aos filhos advindos de qualquer forma de família". Quando o enunciado doutrinário trata de qualquer forma de família, inclui a chamada parentalidade socioafetiva, tema abordado no presente capítulo desta obra. A situação de parentalidade socioafetiva se verifica, por exemplo, quando determinada pessoa aceita registrar o filho de terceiro como se biologicamente fosse seu (adoção à brasileira). Esse posicionamento doutrinário, por igual, deve ser tido como mantido no atual sistema, mesmo com as alterações pela Lei n. 13.058/2014. O Enunciado n. 334, também da *IV Jornada*, dispõe que "a guarda de fato pode ser reputada como consolidada diante da estabilidade da convivência familiar entre a criança ou o adolescente e o terceiro guardião, desde que seja atendido o princípio do melhor interesse". Assim, nota-se que expressão *melhores condições*, constante da redação originária do art. 1.584 do CC/2002, era tida como uma cláusula geral. E, para preenchê-la, os enunciados doutrinários citados propunham o atendimento do maior interesse da criança e do adolescente. Sobre a atual redação do comando, o seu *caput*, que fora modificado em 2008, mas sem qualquer alteração legislativa em 2014, estabelece que a guarda, unilateral ou compartilhada, poderá ser efetivada por dois meios. O primeiro deles se dá quando for requerida, por consenso, pelo pai e pela mãe, ou por qualquer deles, em ação autônoma de separação, de divórcio, de dissolução de união estável ou em medida cautelar. Essa primeira opção envolve o pleno acordo dos genitores a respeito da matéria. Quanto à menção à ação de separação, essa deve ser vista com ressalvas, diante de sua retirada do sistema pela Emenda do Divórcio, conforme antes desenvolvido e como foi julgado pelo STF (Tema n. 1.053, de repercussão geral). Reitero, com base no art. 356 do CPC/2015, que é perfeitamente possível cumular o pedido de divórcio com a regulamentação da guarda dos filhos. O segundo meio se dá quando a guarda é decretada pelo juiz, em atenção a necessidades específicas do filho, ou em razão da distribuição de tempo necessário ao convívio deste com o pai e com a mãe. No tocante a esse segundo caminho, trata-se da guarda imposta pelo juiz na ação correspondente. Na audiência de conciliação da ação em que se pleiteia a guarda, o juiz informará ao pai e à mãe o significado da guarda compartilhada, a sua importância, a similitude de deveres e direitos atribuídos aos genitores e as sanções pelo descumprimento de suas cláusulas (art. 1.584, § 1º, do CC). Também não houve qualquer modificação em tal diploma, em 2014, sendo a única alteração existente em 2008. Porém, estabelecia o § 2º da norma que, quando não houvesse acordo entre a mãe e o pai quanto à guarda do filho, seria aplicada, sempre que possível, a guarda compartilhada. Constata-se, portanto, que essa passou a ser prioritária, diante da emergência da Lei n. 11.698/2008. A Lei n. 13.058/2014 alterou o último comando, dispondo sucessivamente que, "quando não houver acordo entre a mãe e o pai quanto à guarda do filho, encontrando-se ambos os genitores aptos a exercer o poder familiar, será aplicada a guarda compartilhada, salvo se um dos genitores declarar ao magistrado que não deseja a guarda do menor". Por essa norma é que a guarda compartilhada passaria a ser *obrigatória* ou *compulsória*, o que justificava a nomenclatura dada por mim à nova lei. A obrigatoriedade ficava clara pelo fato de que o afastamento da guarda compartilhada – ou alternada, como pretenderam os elaboradores da lei –, deve ser motivado, cabendo ao juiz da causa analisar a questão sempre sob a perspectiva do princípio do maior interesse da criança ou do adolescente. Apesar da expressa previsão legal anterior de prioridade, dos esforços interdisciplinares contidos nos citados enunciados doutrinários e no entendimento jurisprudencial, sempre vislumbrei a existência de certos entraves para a efetivação da guarda compartilhada. Isso porque, para que seja possível a concreção dessa modalidade de guarda, acredito ser necessária certa harmonia entre os cônjuges, uma convivência pacífica mínima, pois, caso contrário, será totalmente inviável a sua efetivação, inclusive pela existência de prejuízos à formação do filho, pelo *clima de guerra* existente entre os genitores. Por isso é que a mediação e a orientação psicológica são instrumentos fundamentais, devendo sempre entrar em cena para a aproximação dos genitores, ex-cônjuges ou ex-companheiros. Não se pode, todavia, impor a guarda compartilhada – ainda mais travestida e denominada como alternada –, o que somente será prejudicial ao filho, entrando em colisão com o princípio da proteção integral da criança e do adolescente, retirado do art. 229 da Constituição Federal e de vários artigos do Estatuto da Criança e do Adolescente. Vinha eu entendendo, portanto, como parte considerável da doutrina que, mesmo com a modificação legislativa de 2014, não haveria a citada obrigatoriedade, na linha do que tem sido reconhecido por muitos julgados, que ainda serão aqui expostos. A confirmação sobre a ausência dessa obrigatoriedade, no meu entender, se deu com uma nova alteração do § 2º do art. 1.584, por força da Lei n. 14.713/2023, tratando do afastamento da guarda compartilhada em havendo potencial risco de violência doméstica. Nos termos do novo comando, ora em vigor, "quando não houver acordo entre a mãe e o pai quanto à guarda do filho, encontrando-se ambos os genitores aptos a exercer o poder familiar, será aplicada a guarda compartilhada, salvo se um dos genitores declarar ao magistrado que não deseja a guarda da criança ou do adolescente ou quando houver elementos que evidenciem a probabilidade de risco de violência doméstica ou familiar". No que diz respeito aos procedimentos, foi incluído um art. 699-A ao Código de Processo Civil, prevendo que, nas ações de guarda, antes de iniciada a audiência de mediação e conciliação, o juiz indagará às partes e ao Ministério Público se há risco de violência doméstica ou familiar, fixando o prazo de cinco dias para a apresentação de prova ou de indícios pertinentes. Em certa medida, as alterações legislativas confirmam parte do entendimento jurisprudencial. A título de exemplo, analisando a questão e confirmando a fixação de guarda unilateral, do Superior Tribunal de Justiça, destaco: "é direito da criança e do adolescente desenvolver-se em um ambiente familiar saudável e de respeito mútuo de todos os seus integrantes. A não observância desse direito, em tese, a coloca em risco, se não físico, psicológico, apto a comprometer, sensivelmente, seu desenvolvimento. Eventual exposição da criança à situação de violência doméstica perpetrada pelo pai contra a mãe é circunstância de suma importância que deve, necessariamente, ser levada em consideração para nortear as decisões que digam respeito aos interesses desse infante. No contexto de violência doméstica contra a mulher, é o juízo da correlata Vara Especializada que detém, inarredavelmente, os melhores subsídios cognitivos para preservar e garantir os prevalentes interesses da criança, em meio à relação conflituosa de seus pais. Na espécie, a pretensão da genitora de retornar ao seu país de origem, com o filho – que pressupõe suprimento judicial da autorização paterna e a concessão de guarda unilateral à genitora, segundo o Juízo *a quo* – deu-se em plena vigência de medida protetiva de urgência destinada a neutralizar a situação de violência a que a demandante encontrava-se submetida" (STJ, REsp 1.550.166/DF, Rel. Min. Marco Aurélio Bellizze, 3.ª Turma, j. 21.11.2017, *DJe* 18.12.2017). De todo modo, penso que a expressão "probabilidade de risco de violência doméstica ou familiar" deve ser analisada com cautela pelo julgador. Isso porque o Direito Civil não fixou com clareza, até o presente momento e para os fins de vários institutos privados, a definição de risco. Muito maior será, portanto, o desafio em se dizer o que é a "probabilidade de risco", cláusula geral que demandará tempo e esforço para ser devidamente preenchida pelos magistrados, de acordo com as circunstâncias do caso concreto. Portanto, já vislumbro grandes desafios para a aplicação do novo comando. De todo modo, podem servir de apoio nesse preenchimento dois enunciados doutrinários do IBDFAM, aprovados no seu *XIV Congresso Brasileiro*, em outubro de 2023, poucos dias antes da entrada em vigor da nova lei. O primeiro deles é o Enunciado n. 47, segundo o qual, "constatada a ocorrência de violência doméstica, a decisão que fixar o regime de convivência entre os pais e seus filhos deve considerar o impacto sobre a segurança, bem-estar e desenvolvimento saudável das crianças e adolescentes envolvidos, sopesando o risco de exposição destes a novas formas de violência". A ementa doutrinária traz parâmetros interessantes, que devem ser levados em conta pelo julgador para o eventual afastamento da guarda compartilhada. Além dele, destaco o Enunciado n. 50 do IBDFAM, segundo o qual "a restrição ou limitação à convivência paterna ou materna em razão da violência doméstica contra a criança ou adolescente não deve ser indiscriminadamente extensiva aos demais familiares vinculados ao agressor, respeitado sempre o superior interesse e vontade da criança ou adolescente". De fato, penso que a "probabilidade de risco de violência doméstica ou familiar", pelo menos em regra, não pode dizer respeito a familiares dos pais, genitores ou detentores da guarda. Feitas essas notas de atualização legislativa, outro aspecto divergente na prática diz respeito à obrigatoriedade da guarda compartilhada quando os genitores residem em cidades distintas, ou em lares distantes. Mais uma vez, com o intuito de afastar uma indesejável imposição, que pode trazer mais prejuízos do que benefícios ao filho, entendo que esta não é viável juridicamente quando há dificuldades geográficas relativas aos genitores. Percebo, na verdade, certa confusão doutrinária e jurisprudencial entre a guarda física – efetivamente exercida –, e a autoridade parental (ou poder familiar), quando se dá a resposta positiva nessas situações, especialmente com o argumento de que as atuais tecnologias propiciam o exercício da guarda a distância. Ora, a efetiva guarda traz um *recheio* muito mais complexo do que a autoridade parental (ou poder familiar), preenchido pela educação e pela orientação contínua, que demandam tempo, dedicação e ampla responsabilidade dos detentores da guarda. E, com o devido respeito, o correto preenchimento desse trinômio não pode ser exercido a distância, mesmo com o uso das tecnologias mais variadas. A contínua presença física ainda é insubstituível para os principais componentes da profunda formação de um filho. Em complemento, defender a viabilidade da guarda compartilhada a distância parece conduzir, mais uma vez, à infeliz confusão com a guarda alternada, como antes exposto. Seguindo no estudo do art. 1.584, o seu § 3º, modificado pela Lei n. 11.698/2008, preceitua que para estabelecer as atribuições do pai e da mãe e os períodos de convivência sob guarda compartilhada, o juiz, de ofício ou a requerimento do Ministério Público, pode basear-se em orientação técnico-profissional ou de equipe interdisciplinar. A norma menciona a utilização da mediação familiar para o incremento da guarda compartilhada, mecanismo que foi incentivado pelo Código de Processo Civil, em vários de seus preceitos, e que deve sempre ser buscada para a efetivação da autêntica guarda compartilhada, como antes anotei. Sobre o tema, Enunciado n. 335 da *IV Jornada de Direito Civil*, de 2006, já estabelecia que a guarda compartilhada era prioritária, devendo "ser estimulada, utilizando-se, sempre que possível, da mediação e da orientação de equipe interdisciplinar". Pela Lei n. 13.058/2014 foi incluída uma pequena alteração, passando a constar do final do diploma a locução "que deverá visar à divisão equilibrada do tempo com o pai e com a mãe". Mais uma vez, há claro equívoco em se confundir a guarda compartilhada com a alternada, com o uso do termo *divisão*. A alteração não autorizada ou o descumprimento imotivado de cláusula de guarda, unilateral ou compartilhada, pode implicar a redução de prerrogativas atribuídas ao seu detentor (art. 1.584, § 4º, do CC). A Lei n. 13.058/2014 excluiu a locação "inclusive quanto ao número de horas de convivência com o filho", o que poderia prejudicar o compartilhamento ou divisão da guarda. Se o juiz verificar que o filho não deve permanecer sob a guarda do pai ou da mãe, deferirá a guarda à pessoa que revele compatibilidade com a natureza da medida, considerados, de preferência, o grau de parentesco e as relações de afinidade e afetividade (art. 1.584, § 5º, do CC). Dessa forma, como antes pontuei, continua prevista norma no sentido de que a guarda pode ser atribuída aos avós, aos tios ou até a um companheiro homoafetivo do genitor, o que não foi alterado pela norma do final de 2014. Entretanto, como novidade, foi incluída no Código Civil uma penalidade no caso de não prestação de informações por entidades públicas e privadas a qualquer dos genitores. De acordo com o novel art. 1.584, § 6º, do CC, qualquer estabelecimento público ou privado é obrigado a prestar informações a qualquer dos genitores sobre os filhos destes, sob pena de multa de R$ 200,00 (duzentos reais) a R$ 500,00 (quinhentos reais) por dia pelo não atendimento da solicitação. Imagine-se, por exemplo, o caso de uma escola que não quer prestar informações sobre o processo educativo do aluno a um dos pais, estando sujeita às citadas multas, o que me parece salutar, em uma primeira análise. Condena-se a menção dos valores em reais, sem qualquer índice de atualização, o que pode gerar a sua contínua desvalorização no tempo. Melhor seria se o comando tivesse utilizado como parâmetro o salário mínimo, como por vezes é comum na legislação. Como última nota doutrinária, relembro, mais uma vez, que a guarda compartilhada não impede a fixação de alimentos, como se retira do Enunciado n. 607, aprovado na *VIII Jornada de Direito Civil*: "A guarda compartilhada não implica ausência de pagamento de pensão alimentícia". O que se compartilha, em regra, é a convivência e não as despesas com a manutenção dos filhos. Em suma, prevalece a fixação de acordo com o *binômio* ou *trinômio alimentar*, afirmação que permanece com a vigência da Lei n. 13.058/2014, não se podendo admitir julgados que adotam caminho diverso.

PANDEMIA: Sabe-se que um dos grandes desafios surgidos com a pandemia de covid-19 disse respeito à guarda de filhos e ao exercício do direito de convivência familiar em tempos de isolamento e de distanciamento social. Muitos dilemas surgiram no período pandêmico, especialmente no ano de 2020, chegando alguns juristas até a defender a guarda alternada nesse período. Tentando amenizar os problemas práticos, fizemos sugestão de dispositivo legal, em conjunto com os Professores José Fernando Simão e Maurício Bunazar, ao então Projeto de Lei n. 1.179, que originou a Lei n. 14.010/2020 e que criou um Regime Jurídico Emergencial Transitório em matéria de Direito Privado (RJET). A sugestão foi acatada pelo Senador Rodrigo Pacheco e debatida na sua tramitação inicial, no Senado Federal. O seu texto era o seguinte: "O regime de guarda e de visitas de menores fixado anteriormente à pandemia fica mantido, salvo se, comprovadamente, qualquer dos genitores for submetido a isolamento ou houver situação excepcional que não atenda ao melhor interesse do menor. Parágrafo único. Em relação aos pais e avós idosos, as visitas serão exercidas por meios virtuais". A projeção visava a manter o sistema de guarda anterior, justificando-se a sua alteração apenas em casos excepcionais, devidamente justificados. Também almejava a proteção das pessoas idosas, pais e avós, mais suscetíveis a terem a doença em estado mais grave. A conservação da guarda anterior tendia a afastar uma indesejada judicialização, o que, infelizmente, acabou ocorrendo, até porque se têm percebido muitas discrepâncias nas opiniões dos juristas, o que repercute nos julgados. Os acórdãos sobre tal debate serão expostos e analisados a seguir. Como última nota de doutrina, destaco que no *XIII Congresso Brasileiro de Direito de Família e das Sucessões* do IBDFAM, em outubro de 2021, finalmente, a nossa proposta acabou por ser aprovada como ementa doutrinária, com o seguinte texto: "Em tempos de pandemia, o regime de convivência que já tenha sido fixado em decisão judicial ou acordo deve ser mantido, salvo se, comprovadamente, qualquer dos pais for submetido a isolamento ou houver situação excepcional que não atenda ao melhor interesse da criança ou adolescente" (Enunciado n. 41). Acrescento que nesse evento também se aprovou o Enunciado n. 38 do IBDFAM, igualmente com grande relevo para as questões relativas à guarda e à convivência em tempos pandêmicos, prevendo que "a interação pela via digital, ainda que por videoconferência, sempre que possível, deve ser utilizada de forma complementar à convivência familiar, e não substitutiva". As ementas são muito importantes podendo ser utilizadas em eventuais novas crises que surgirem no futuro.

JURISPRUDÊNCIA COMENTADA: Ainda sob a redação original do art. 1.584, admitindo a atribuição de guarda para avó, o que é possível pelo atual sistema: "Trata-se de avó de oitenta anos que pede guarda da neta que se encontra em sua companhia desde o nascimento. Os pais não se opõem e poderiam, com dificuldade, criar a filha numa situação mais modesta, devido a seus baixos salários e ainda sustentam outro filho. O Ministério Público com isso não concorda, pois os pais poderiam criá-las e a avó encontra-se em idade avançada. A Turma, ao prosseguir o julgamento, por maioria, deu provimento ao recurso nos termos do voto do Min. Relator – que invocou a jurisprudência e o art. 33 do ECA no sentido de que prevalece o interesse da criança no ambiente que melhor assegure seu bem-estar, quer físico, quer moral, seja com os pais ou terceiros. Precedente citado: REsp 469.914/RS, *DJ* 05.05.2003" (STJ, REsp 686.709/PI, Rel. Min. Humberto Gomes de Barros, j. 28.06.2006). Sobre a necessidade de um mínimo de convivência pacífica entre os genitores para a guarda compartilhada, como um dos precedentes do Tribunal de Justiça Gaúcho e antes mesmo da alteração legislativa de 2008: "Guarda compartilhada. Caso em que há divergência entre as partes quanto à guarda. A guarda compartilhada pressupõe harmonia e convivência pacífica entre os genitores" (TJRS, Processo 70008775827, 8.ª Câmara Cível, Porto Alegre, Rel. Juiz Rui Portanova, j. 12.08.2004). Igualmente a ilustrar, vejamos dois outros acórdãos estaduais, que trazem a mesma conclusão, pela necessidade de existência de uma *convivência pacífica mínima*, já sob a égide da lei de 2008: "Agravo de instrumento. Dissolução de união estável litigiosa. Pedido de guarda compartilhada. Descabimento. Ausência de condições para decretação. A guarda compartilhada está prevista nos arts. 1.583 e 1.584 do Código Civil, com a redação dada pela Lei n. 11.698/2008, não podendo ser impositiva na ausência de condições cabalmente demonstradas nos autos sobre sua conveniência em prol dos interesses do menor. Exige harmonia entre o casal, mesmo na separação, condições favoráveis de atenção e apoio na formação da criança e, sobremaneira, real disposição dos pais em compartilhar a guarda como medida eficaz e necessária à formação do filho, com vista a sua adaptação à separação dos pais, com o mínimo de prejuízos ao filho. Ausente tal demonstração nos autos, inviável sua decretação pelo Juízo. Agravo de instrumento desprovido" (TJRS, Agravo de Instrumento 70025244955, 7.ª Câmara Cível, Camaquã, Rel. Des. André Luiz Planella Villarinho, j. 24.09.2008, *DOERS* 01.10.2008, p. 44). "Guarda compartilhada. Adolescente. Situação familiar não propícia ao implemento da medida. Deferimento de guarda única à avó paterna. Direito de visitação da genitora. O melhor interesse da criança ou do adolescente prepondera na decisão sobre a guarda, independentemente dos eventuais direitos daqueles que requerem a guarda. O implemento da guarda compartilhada requer um ambiente familiar harmonioso e a convivência pacífica entre as partes que pretendem compartilhar a guarda do menor. O conjunto probatório dos autos revela que, lamentavelmente, não há qualquer comunicação, contato e muito menos consenso entre a autora (avó) e a ré (mãe) necessários ao estabelecimento da guarda compartilhada. Assim sendo, há que se instituir no caso concreto a tradicional modalidade da guarda única em favor da autora, legitimando-se a situação de fato. Também merece reparo o regime de visitação imposto na r. sentença, o qual passará a ser em fins de semana alternados e somente aos domingos, de 8 às 20 horas ou em qualquer outro dia da semana e horário que for acordado entre mãe e filho, medida necessária para que o adolescente restabeleça seu vínculo com a mãe até que atinja a maioridade civil. Precedente citado: TJRS, 70001021534/RS, Rel. Des. Maria Berenice Dias, julgado em 02.03.2005" (TJRJ, Acórdão 2007.001.35726, Capital, Rel. Des. Roberto de Souza Cortes, j. 27.11.2007, *DORJ* 14.02.2008, p. 312). Não obstante tal posição, que é por mim seguida, reafirme-se, cumpre destacar julgados do Superior Tribunal de Justiça, segundo os quais a guarda compartilhada pode ser imposta pelo magistrado, mesmo não havendo o consenso entre os genitores. Vejamos duas dessas ementas, que parecem confundir a guarda compartilhada com a alternada, na linha do que pontuei nos comentários ao art. 1.583 do Código Civil: "A guarda compartilhada busca a plena proteção do melhor interesse dos filhos, pois reflete, com muito mais acuidade, a realidade da organização social atual que caminha para o fim das rígidas divisões de papéis sociais definidas pelo gênero dos pais. A guarda compartilhada é o ideal a ser buscado no exercício do poder familiar entre pais separados, mesmo que demandem deles reestruturações, concessões e adequações diversas, para que seus filhos possam usufruir, durante sua formação, do ideal psicológico de duplo referencial. Apesar de a separação ou do divórcio usualmente coincidirem com o ápice do distanciamento do antigo casal e com a maior evidenciação das diferenças existentes, o melhor interesse do menor, ainda assim, dita a aplicação da guarda compartilhada como regra, mesmo na hipótese de ausência de consenso. A inviabilidade da guarda compartilhada, por ausência de consenso, faria prevalecer o exercício de uma potestade inexistente por um dos pais. E diz-se inexistente, porque contrária ao escopo do poder familiar que existe para a proteção da prole. A imposição judicial das atribuições de cada um dos pais, e o período de convivência da criança sob guarda compartilhada, quando não houver consenso, é medida extrema, porém necessária à implementação dessa nova visão, para que não se faça do texto legal, letra morta. A guarda compartilhada deve ser tida como regra, e a custódia física conjunta – sempre que possível – como sua efetiva expressão" (STJ, REsp 1.428.596, 3.ª Turma, Rel. Min. Nancy Andrighi, j. 03.06.2014). Ou, ainda, trazendo a mesma confusão entre guarda compartilhada e alternada: "Guarda compartilhada. Alternância. Residência. Menor. A guarda compartilhada (art. 1.583,

§ 1º, do CC/2002) busca a proteção plena do interesse dos filhos, sendo o ideal buscado no exercício do poder familiar entre pais separados, mesmo que demandem deles reestruturações, concessões e adequações diversas, para que seus filhos possam usufruir, durante sua formação, do ideal psicológico do duplo referencial. Mesmo na ausência de consenso do antigo casal, o melhor interesse do menor dita a aplicação da guarda compartilhada. Se assim não fosse, a ausência de consenso, que poderia inviabilizar a guarda compartilhada, faria prevalecer o exercício de uma potestade inexistente por um dos pais. E se diz inexistente porque contraria a finalidade do poder familiar, que existe para proteção da prole. A drástica fórmula de imposição judicial das atribuições de cada um dos pais e do período de convivência da criança sob a guarda compartilhada, quando não houver consenso, é medida extrema, porém necessária à implementação dessa nova visão, para que não se faça do texto legal letra morta. A custódia física conjunta é o ideal buscado na fixação da guarda compartilhada porque sua implementação quebra a monoparentalidade na criação dos filhos, fato corriqueiro na guarda unilateral, que é substituída pela implementação de condições propícias à continuidade da existência das fontes bifrontais de exercício do poder familiar. A guarda compartilhada com o exercício conjunto da custódia física é processo integrativo, que dá à criança a possibilidade de conviver com ambos os pais, ao mesmo tempo em que preconiza a interação deles no processo de criação" (STJ, REsp 1.251.000/MG, 3.ª Turma, Rel. Min. Nancy Andrighi, j. 23.08.2011, publicado no seu *Informativo* n. *481*). Essas premissas foram reforçadas em aresto mais recente da Corte e com a mesma relatoria, pronunciada na vigência da lei de 2014. Conforme consta da sua ementa, foi ali fixada a controvérsia de se dizer em que hipóteses a guarda compartilhada poderá deixar de ser implementada, à luz da nova redação do art. 1.584 do Código Civil. Na sua dicção, "a nova redação do art. 1.584 do Código Civil irradia, com força vinculante, a peremptoriedade da guarda compartilhada. O termo 'será' não deixa margem a debates periféricos, fixando a presunção – *jure tantum* – de que, se houver interesse na guarda compartilhada por um dos ascendentes, será esse o sistema eleito, salvo se um dos genitores [ascendentes] declarar ao magistrado que não deseja a guarda do menor (art. 1.584, § 2º, *in fine*, do CC). A guarda compartilhada somente deixará de ser aplicada quando houver inaptidão de um dos ascendentes para o exercício do poder familiar, fato que deverá ser declarado prévia ou incidentalmente à ação de guarda, por meio de decisão judicial, no sentido da suspensão ou da perda do Poder Familiar" (STJ, REsp 1.629.994/RJ, 3.ª Turma, Rel. Min. Nancy Andrighi, j. 06.12.2016, *DJe* 15.12.2016). Entretanto, no mesmo ano de 2016, surgiu outro julgado do mesmo Superior Tribunal de Justiça, mais *flexível* na minha leitura. Conforme a decisão, a inexistência de consenso entre os cônjuges não impede a guarda compartilhada. Entretanto, "essa regra cede quando os desentendimentos dos pais ultrapassarem o mero dissenso, podendo resvalar, em razão da imaturidade de ambos e da atenção aos próprios interesses antes dos do menor, em prejuízo de sua formação e saudável desenvolvimento (art. 1.586 do CC/2002). Tratando o direito de família de aspectos que envolvem sentimentos profundos e muitas vezes desarmoniosos, deve-se cuidar da aplicação das teses ao caso concreto, pois não pode haver solução estanque já que as questões demandam flexibilidade e adequação à hipótese concreta apresentada para solução judicial" (STJ, REsp 1.417.868/MG, 3.ª Turma, Rel. Min. João Otávio de Noronha, j. 10.05.2016, *DJe* 10.06.2016). Com o devido respeito, há tempos critico as decisões anteriores que impõem a guarda compartilhada quando não há a harmonia mínima entre os guardiões, pois o compartilhamento em casos tais pode aumentar os conflitos e gerar situações de maiores prejuízos ao filho, inclusive em decorrência de alienações parentais praticadas por ambos os guardiões. O último aresto reconhece tal situação, representando um grande avanço na jurisprudência superior. Eis uma questão que ainda precisa ser pacificada nos próximos anos, especialmente pela Segunda Seção do Superior Tribunal de Justiça. A Corte terá que dizer, de forma definitiva e sem hesitações, se a guarda compartilhada é peremptória, obrigatória, ou não. Reafirmo, nesse contexto, a minha posição pela necessidade de uma convivência pacífica mínima entre os genitores, para que a guarda compartilhada seja efetivada. Por fim, sobre a imposição da guarda compartilhada a distância, na linha do que antes comentei e defendi, parece perfeita tecnicamente a conclusão do seguinte julgado do Superior Tribunal de Justiça: "As peculiaridades do caso concreto inviabilizam a implementação da guarda compartilhada, tais como a dificuldade geográfica e a realização do princípio do melhor interesse dos menores, que obstaculizam, a princípio, sua efetivação. Às partes é concedida a possibilidade de demonstrar a existência de impedimento insuperável ao exercício da guarda compartilhada, como, por exemplo, limites geográficos. Precedentes" (STJ, REsp 1.605.477/RS, 3.ª Turma, Rel. Min. Ricardo Villas Bôas Cueva, j. 21.06.2016,

DJe 27.06.2016). Essa posição também não é pacífica na Corte, devendo ser resolvida na sua Segunda Seção. Em aresto do ano de 2021, entendeu-se que é "imperioso concluir que a guarda compartilhada não demanda custódia física conjunta, tampouco tempo de convívio igualitário, sendo certo, ademais, que, dada sua flexibilidade, esta modalidade de guarda comporta as fórmulas mais diversas para sua implementação concreta, notadamente para o regime de convivência ou de visitas, a serem fixadas pelo juiz ou por acordo entre as partes em atenção às circunstâncias fáticas de cada família individualmente considerada. Portanto, não existe qualquer óbice à fixação da guarda compartilhada na hipótese em que os genitores residem em cidades, estados, ou, até mesmo, países diferentes, máxime tendo em vista que, com o avanço tecnológico, é plenamente possível que, à distância, os pais compartilhem a responsabilidade sobre a prole, participando ativamente das decisões acerca da vida dos filhos" (STJ, REsp 1.878.041/SP, 3.ª Turma, Rel. Min. Nancy Andrighi, j. 25.05.2021, *DJe* 31.05.2021, v.u.). Reitero que fico com o entendimento anterior.

PANDEMIA: Analisando alguns julgados relativos à pandemia de covid-19 e a suas repercussões para a guarda de filhos, verificou-se, de início, acórdãos que afastavam a alteração do sistema de guarda ou de visitas anterior, pela ausência de motivos plausíveis para tanto, na linha da nossa proposta legislativa que acabou não sendo adotada. Assim concluindo, a ilustrar: "Agravo de instrumento. Guarda. Indeferimento de tutela de urgência (suspensão provisória das visitas paternas, com substituição por videochamadas, enquanto durar a pandemia da covid-19). Não há nenhuma conduta concreta do agravado que demonstre negligência em relação às medidas de proteção estabelecidas pelo Governo Estadual. Ele é um pai responsável e não colocará a saúde do filho em risco. Há indício de que a agravante busca satisfação de interesse pessoal, não o melhor interesse da criança. Confirma-se decisão. Nega-se provimento ao recurso" (TJSP, Agravo de Instrumento 2062572-60.2020.8.26.0000, Acórdão 13799730, 7.ª Câmara de Direito Privado, São Bernardo do Campo, Rel. Des. Mary Grün, j. 28.07.2020, *DJESP* 31.07.2020, p. 2.799). Ou, ainda: "Direito civil. Direito de família. Agravo de instrumento. Alegação de descumprimento de decisão judicial. Fundamentos não convincentes. Modificação das circunstâncias. Alteração da guarda compartilhada. Concessão de guarda unilateral ao genitor. Decisão mantida. 1. Segundo o ordenamento jurídico pátrio, a guarda deve observar o melhor interesse da criança. A alteração da guarda deve ocorrer se verificado que os genitores não se ajustam à modalidade compartilhada. 2. Em que pese a suspensão das visitas deferida em outro agravo de instrumento tenha se mostrado em um primeiro momento adequada segundo os argumentos apresentados pela genitora, a possibilidade de contágio da covid-19 decorrente do contato com o pai foi posteriormente afastada. A alteração da guarda da filha por outros motivos que não o risco de contágio não constitui descumprimento deliberado e injustificado da decisão. 3. Agravo de instrumento conhecido, mas não provido. Unânime" (TJDF, Recurso 07105.83-36.2020.8.07.0000, Ac. 127.6060, 3.ª Turma Cível, Rel. Des. Fátima Rafael, j. 19.08.2020, *DJe* 31.08.2020). De todo modo, emergiram acórdãos que ressaltaram a necessidade de proteger os filhos em tempos de restrito isolamento social. Do Tribunal de Justiça de São Paulo, em decisão que afastou a concessão de tutela de urgência para a retida de filho em meio à pandemia: "Laços que podem ser cativados de formas alternativas, diante da situação excepcional vivenciada a nível mundial. Ausência dos elementos autorizadores para a concessão da tutela de urgência. Decisão mantida. Recurso não provido" (TJSP, Agravo de Instrumento 2209517-16.2020.8.26.0000, Acórdão 14004089, 5.ª Câmara de Direito Privado, São Paulo, Rel. Des. Erickson Gavazza Marques, j. 28.09.2020, *DJESP* 01.10.2020, p. 1.569). Na mesma linha, diante da situação peculiar da filha: "Decisão que deferiu o pedido formulado pelo genitor no sentido de que fossem mantidas as visitas paternas durante a pandemia do covid-19. Menor acometida de cardiopatia congênita operada. Atestado médico determinando seguisse as orientações de isolamento social. O afastamento em nada prejudicará os laços de afeto entre o agravado e a filha, já que poderão ser cativados e conquistados a qualquer momento, bastando a boa vontade e o interesse ora demonstrados. Preponderância do direito à saúde da criança sobre aquele de convivência com seus pais. Precedente. Agravo de instrumento provido para determinar que a infante permaneça no lar materno até o final da quarentena adotada no Estado de São Paulo, nos termos do Decreto nº 64.881, de 22 de março de 2020, complementado pelo Decreto nº 64.946, de 23 de abril do mesmo ano, permitido o contato remoto entre pai e filha através dos meios digitais disponíveis" (TJSP, Agravo de Instrumento 2068292-08.2020.8.26.0000, Acórdão 13833851, 8.ª Câmara de Direito Privado, São Paulo, Rel. Des. Theodureto Camargo, j. 06.08.2020, *DJESP* 14.08.2020, p. 3.192). Porém, em sentido totalmente contrário, por se tratar de momento de maior flexibilização das medidas de isolamento no Estado, demonstrando como os fatos são determinantes para o julgamento da questão: "Reconhecimento e dissolução de união estável. Insurgência contra a decisão que suspendeu o direito de convivência do menor com o genitor até o fim da quarentena imposta ao combate à covid-19, bem como indeferiu o pleito de modificação da guarda. Ausência de previsão do fim da pandemia. Estado de São Paulo, todavia, que se encontra em plano de flexibilização. Distanciamento social imposto que não pode cercear totalmente a convivência paterna, sob pena de comprometimento do desenvolvimento do menor. Referencial paterno assim como o materno é indispensável à formação da criança. Visitas paternas restabelecidas. Pretensa alteração da guarda do menor pelo fato de a genitora se tratar de profissional de saúde. Inadmissibilidade. Retirar o filho da companhia da mãe seria puni-la em momento no qual já realiza grande sacrifício. Agravada que, certamente, tomará as cautelas necessárias para não contrair a doença e proteger o filho do vírus. Agravo provido em parte" (TJSP, Agravo de Instrumento 2070499-77.2020.8.26.0000, Acórdão 13968760, 4.ª Câmara de Direito Privado, Rio Claro, Rel. Des. Natan Zelinschi de Arruda, j. 16.09.2020, *DJESP* 29.09.2020, p. 1.639). Essa variação nos julgamentos enfatiza a necessidade de uma norma emergencial sobre o tema, como pontuei nos comentários doutrinários, sem negar todas as polêmicas que sempre se fazem presentes a respeito da guarda de filhos, analisadas neste tópico. Como último aspecto prático, não se pode admitir alguns argumentos discriminatórios que foram feitos em relação aos profissionais da área da saúde, no sentido de que deveriam não ter mais o direito à guarda ou às visitas, pelo risco de transmitirem a covid-19 aos seus filhos ou netos. Afastando tal alegação, somente a ilustrar: "constatado nos autos a inexistência de risco para a filha e avós maternos, porquanto o pai, médico, não cuida de pacientes infectados pelo coronavírus, não há justa razão para impedir as visitas à menor" (TJDF, Recurso 07081.97-33.2020.8.07.0000, Acórdão 127.6074, 3.ª Turma Cível, Rel. Des. Fátima Rafael, j. 19.08.2020, *DJe* 01.09.2020). Mesmo se tratando de profissionais que atenderam diretamente os pacientes de covid-19, são inaceitáveis prejulgamentos definitivos, até porque foram discriminados profissionais que foram mais do que essenciais em tempos de pandemia. Ademais, por vezes, os médicos, enfermeiros e técnicos de enfermagem tomam até mais cuidados preventivos do que o restante da população.

Art. 1.585. Em sede de medida cautelar de separação de corpos, em sede de medida cautelar de guarda ou em outra sede de fixação liminar de guarda, a decisão sobre guarda de filhos, mesmo que provisória, será proferida preferencialmente após a oitiva de ambas as partes perante o juiz, salvo se a proteção aos interesses dos filhos exigir a concessão de liminar sem a oitiva da outra parte, aplicando-se as disposições do art. 1.584. (Redação dada pela Lei n. 13.058, de 2014)

COMENTÁRIOS DOUTRINÁRIOS: O art. 1.585 do Código Civil também foi alterado pela Lei n. 13.058/2014. Originalmente, previa o comando a aplicação dos arts. 1.583 e 1.584 para a guarda fixada em sede de cautelar de separação de corpos do casal. Agora, a sua atual redação estabelece que em sede de medida cautelar de separação de corpos, em sede de medida cautelar de guarda ou em outra sede de fixação liminar de guarda, a decisão sobre guarda de filhos, mesmo que provisória, será proferida preferencialmente após a oitiva de ambas as partes perante o juiz. Exceção deve ser feita para os casos em que a proteção dos interesses dos filhos exige a concessão de liminar sem a oitiva da outra parte, aplicando-se as disposições da norma anterior. Em suma, ampliava-se o mesmo tratamento para outras cautelares possíveis na prática familiarista, recomendando-se a oitiva dos genitores, inclusive para que seja viável a guarda compartilhada – ou alternada, como pretenderam os elaboradores da Lei n. 13.058/2014. Esclareça-se, mais uma vez, que as cautelares específicas foram extintas pelo Código de Processo Civil de 2015. Assim, será necessário situar tais procedimentos entre as medidas de tutela provisória, tratadas nos arts. 300 a 311 do CPC/2015. Diante da prática anterior relativa às cautelares, tal enquadramento deve se dar, pelo menos em regra, na tutela provisória de urgência cautelar antecedente (arts. 305 a 310).

JURISPRUDÊNCIA COMENTADA: Na linha dos meus últimos comentários, trazendo o enquadramento da cautelar de guarda de filhos nas tutelas de urgência, mas afastando a sua reversão: "O CPC/2015 dispõe em seu artigo 300 acerca do instituto da tutela de urgência, destacando que sua concessão ocorrerá quando houver demonstração da probabilidade do direito e do perigo de dano ou de risco ao resultado útil do processo. Estabelece o artigo 1.585 do Código Civil que a decisão sobre guarda de menor, ainda, que provisória, será proferida preferencialmente após a oitiva das partes, salvo se a proteção aos interesses dos menores exigir imediato e urgente provimento liminar. Encontrando-se a menor há longa data sob a convivência e cuidados da família paterna, sem haver, por outro lado, demonstração de iminente perigo à menor a ensejar a imediata reversão da guarda, mostra-se mais prudente aguardar a instrução processual, apta a fornecer maiores elementos probatórios para a resolução da demanda, com amparo no princípio do melhor interesse da criança" (TJDF, Processo 0710.43.2.752017-8070000, Acórdão 105.5334, 8.ª Turma Cível, Rel. Des. Ana Cantarino, j. 20.10.2017, *DJDFTE* 27.10.2017). Além disso, tem-se entendido reiteradamente no âmbito das Cortes Estaduais que "segundo a nova legislação aplicável, Lei n. 13.058/14, não havendo motivo relevante que autorize a fixação liminar da guarda, esta somente será apreciada após a oitiva da parte contrária. Art. 1.585 do Código Civil" (TJRS, Agravo de Instrumento 0466154-37.2014.8.21.7000, 8.ª Câmara Cível, Eldorado do Sul, Rel. Des. Alzir Felippe Schmitz, j. 09.04.2015, *DJERS* 17.04.2015).

Art. 1.586. Havendo motivos graves, poderá o juiz, em qualquer caso, a bem dos filhos, regular de maneira diferente da estabelecida nos artigos antecedentes a situação deles para com os pais.

COMENTÁRIOS DOUTRINÁRIOS: Em casos excepcionais, havendo motivos graves, poderá o juiz, em qualquer caso e visando também ao melhor interesse da criança e do adolescente, regular de maneira diferente as regras outrora analisadas, revertendo a guarda antes fixada. A expressão "motivos graves" é uma cláusula geral, que deve ser preenchida caso a caso. Entre eles podem ser citados os maus-tratos, as agressões físicas ou psicológicas e o abuso no exercício da autoridade parental. A presente norma não sofreu qualquer alteração por força da Lei n. 13.058/2014.

JURISPRUDÊNCIA COMENTADA: Em caso de maus-tratos praticados pela mãe, concluiu o Tribunal de Justiça do Ceará pela reversão da guarda no seguinte sentido: "Direito civil e processual civil. Apelação cível. Guarda. Dissenso entre a mãe e avó materna. Indícios de maus-tratos perpetrados pela mãe da criança. Genitora portadora de HIV e transtornos mentais. Decisão que privilegia o melhor interesse da criança. Precedentes das turmas de direito privado do STJ. Sentença mantida. Recurso conhecido e não provido. 1. A análise do relatório social (fls. 74/76, e-SAJ), elaborado a fim de investigar em que situação se alcançaria e atenderia o melhor interesse da infante, mostra-se imprescindível à resolução da problemática, e indica que a medida de proteção de acolhimento institucional à infante com pouco mais de um ano de vida é a melhor medida a ser tomada, *a priori*, a fim de resguardar a integridade física e mental da menor, pois a mãe e a avó materna mostram indícios de que não possuem condições de prover a guarda, sustento, e educação daquela. 2. Em atenção ao melhor interesse do menor, existindo situação de risco à infante, em prejuízo de sua formação e saudável desenvolvimento (art. 1.586 do CC/2002), tal como no presente caso, pode-se adotar medidas a fim de assegurar a incolumidade física e mental da criança. 3. Ausente o prognóstico favorável à pretensão da parte apelante na doutrina e na jurisprudência, tal como reconhecido na sentença proferida e da manifestação do representante do Ministério Público nesta instância recursal. Merece ser prestigiada a decisão do juízo de primeira instância, com a presente fundamentação apoiada em precedentes do STJ. Decisão mantida. 4. Por fim, rejeita-se a tese recursal e mantenha-se a medida de proteção de acolhimento institucional da infante, *a priori*, com fundamento no artigo 101, inciso VII do Estatuto da Criança e do Adolescente, bem como recomenda-se a adoção de medida de proteção de acompanhamento médico, psicológico/psiquiátrico, à genitora e avó materna da infante, a fim de que melhor se conduza a presente situação apresentada nos autos, nos termos do artigo 101, inciso V, do Estatuto da Criança e do Adolescente" (TJCE, Apelação 0103107-80.2015.8.06.0167, 2.ª Câmara de Direito Privado, Rel. Des. Teodoro Silva Santos, j. 18.07.2018, *DJCE* 26.07.2018, p. 66). Sobre a análise da citada cláusula geral, como se retira de aresto do Tribunal de Goiás que analisou a manutenção da guarda em favor de bisavós, "o pedido de modificação de guarda deve ser analisado com zelo, observando-se primordialmente o bem-estar e o melhor interesse da criança, de sorte que esta medida só será cabível, quando comprovada a existência de motivos graves no comportamento do guardião, de molde a ensejar prejuízo ao filho. Inteligência do art. 1.586 do Código Civil. Se o conjunto probatório aponta de forma consistente que os bisavós vêm ministrando, com esmero, todos os cuidados materiais e emocionais para o pleno desenvolvimento do menor, associado ao fato de que o pai não trouxe ao caderno processual elementos que os desabonem, de modo a atestar a necessidade de modificação da guarda, há que se manter a guarda em favor dos bisavós" (TJGO, Apelação Cível 0095745-30.2015.8.09.0042, 6.ª Câmara Cível, Fazenda Nova, Rel. Des. Norival Santome, *DJGO* 23.03.2017, p. 141).

Art. 1.587. No caso de invalidade do casamento, havendo filhos comuns, observar-se-á o disposto nos arts. 1.584 e 1.586.

COMENTÁRIOS DOUTRINÁRIOS: Todas as normas ora analisadas a respeito da guarda existente no âmbito do poder familiar devem ser aplicadas aos casos de invalidade do casamento, ou seja, de casamento nulo e anulável. Também aqui não houve qualquer mudança engendrada pela Lei n. 13.058/2014.

Art. 1.588. O pai ou a mãe que contrair novas núpcias não perde o direito de ter consigo os filhos, que só lhe poderão ser retirados por mandado judicial, provado que não são tratados convenientemente.

COMENTÁRIOS DOUTRINÁRIOS: Se o pai ou a mãe contrair novas núpcias, não perderá o direito de ter consigo os filhos, que só lhe poderão ser retirados por mandado judicial, provado que não são tratados convenientemente, ou que está presente um motivo grave, nos termos do antes analisado art. 1.586 da codificação privada. Como se constata, deve sempre prevalecer o melhor interesse do menor, nos termos do Enunciado n. 337 do Conselho da Justiça Federal, aprovado na *IV Jornada de Direito Civil*: "O fato de o pai ou a mãe constituírem nova união não repercute no direito de terem os filhos do leito anterior em sua companhia, salvo quando houver comprometimento da sadia formação e do integral desenvolvimento da personalidade destes". Também não houve qualquer mudança em tal dispositivo por força da Lei n. 13.058/2014.

Art. 1.589. O pai ou a mãe, em cuja guarda não estejam os filhos, poderá visitá-los e tê-los em sua companhia, segundo o que acordar com o outro cônjuge, ou for fixado pelo juiz, bem como fiscalizar sua manutenção e educação.

Parágrafo único. O direito de visita estende-se a qualquer dos avós, a critério do juiz, observados os interesses da criança ou do adolescente. (Incluído pela Lei n. 12.398, de 2011)

COMENTÁRIOS DOUTRINÁRIOS: Conforme o comando em estudo, também sem alterações por força da Lei n. 13.058/2014, o pai ou a mãe, em cuja guarda não estejam os filhos, poderá visitá-los e tê-los em sua companhia, segundo o que acordar com o outro cônjuge, ou for fixado pelo juiz, bem como fiscalizar sua manutenção e educação. Sigo a doutrina que admite a fixação de multa diária ou *astreintes* quando o genitor detentor da guarda não cumpre acordo homologado judicialmente sobre esse regime de visitas. Como novidade anterior, a Lei n. 12.398/2011 introduziu expressamente no art. 1.589 do CC/2002 o direito de visitas a favor dos avós, observado o princípio do melhor interesse da criança e do adolescente. Tal hipótese já era admitida pela jurisprudência, sendo imperioso que o direito de visitas seja estendido a outras hipóteses, como no caso de padrastos e madrastas que mantenham vínculos afetivos com os enteados e enteadas. Da *IV Jornada de Direito Civil*, do ano de 2006, o último e importante enunciado doutrinário a respeito da guarda de filhos a ser comentado é o de número 338, a saber: "A cláusula de não tratamento conveniente para a perda da guarda dirige-se a todos os que integrem, de modo direto ou reflexo, as novas relações familiares". De acordo com o teor da ementa doutrinária, qualquer pessoa que detenha a guarda do menor, seja ela pai, mãe, avó, parente consanguíneo ou socioafetivo, poderá perdê-la ao não dar tratamento conveniente ao incapaz. O enunciado, com razão, estende a toda e qualquer pessoa os deveres de exercício da guarda de acordo com o maior interesse da criança e do adolescente. Entendo que a afirmação doutrinária deve ser plenamente mantida com a emergência da Lei n. 13.058/2014.

JURISPRUDÊNCIA COMENTADA: Para ilustrar, trazendo aplicação do dispositivo a respeito da regulamentação de visitas a favor do pai, transcreve-se: "Regulamentação de direito de visitas. Preponderância dos interesses da criança. Convivência com o pai que é necessária para seu bom desenvolvimento psicológico e emocional. Direito natural do pai consagrado no art. 1.589 do Código Civil de 2002. Visita fora da casa materna, aos domingos, das 9 às 19 horas, que é razoável e se mostra benéfica à formação afetiva da criança.

Inexistência de motivo concreto para restrição, devendo a autora adaptar sua rotina e da criança para que esta última possa estar na companhia do pai. Jurisprudência dominante neste TJSP e no STJ. Decisão parcialmente reformada. Recurso provido em parte" (TJSP, Apelação Cível 669.353.4/4, Acórdão 4220130, 4.ª Câmara de Direito Privado, Franca, Rel. Des. Maia da Cunha, j. 26.11.2009, *DJESP* 18.12.2009). Sobre a possibilidade de incidência de multa diária ou *astreintes* quando o genitor detentor da guarda da criança descumpre acordo homologado judicialmente sobre o regime de visitas, do Superior Tribunal de Justiça: "O direito de visitação tem por finalidade manter o relacionamento da filha com o genitor não guardião, que também compõe o seu núcleo familiar, interrompido pela separação judicial ou por outro motivo, tratando-se de uma manifestação do direito fundamental de convivência familiar garantido pela Constituição Federal. A cláusula geral do melhor interesse da criança e do adolescente, decorrente do princípio da dignidade da pessoa humana, recomenda que o Poder Judiciário cumpra o dever de protegê-las, valendo-se dos mecanismos processuais existentes, de modo a garantir e facilitar a convivência da filha com o visitante nos dias e na forma previamente ajustadas, e coibir a guardiã de criar obstáculos para o cumprimento do acordo firmado com a chancela judicial". Diante dessas afirmações, conclui-se que "a aplicação das *astreintes* em hipótese de descumprimento do regime de visitas por parte do genitor, detentor da guarda da criança, se mostra um instrumento eficiente, e, também, menos drástico para o bom desenvolvimento da personalidade da criança, que merece proteção integral e sem limitações. Prevalência do direito de toda criança à convivência familiar" (STJ, REsp 1.481.531/SP, 3.ª Turma, Rel. Min. Moura Ribeiro, j. 16.02.2017, *DJe* 07.03.2017). Admitindo o direito de visitas aos avós, antes da alteração legislativa de 2011 e por todos: TJRS, Agravo de Instrumento 70035611953, 7.ª Câmara de Direito Privado, Rel. Des. André Luiz Planella Villarinho, j. 11.08.2010, *DJERS* 19.08.2010; e TJSP, Agravo de Instrumento 572.373.4/3, 3.ª Câmara de Direito Privado Rel. Des. Beretta da Silveira, j. 28.04.2009, *DJESP* 19.06.2009. Em sentido contrário ao que defendi, afastando o direito de visitas em favor do padrasto: "Em disputa de guarda de criança com cinco anos de idade, entre ex-padrasto e pai biológico, é de se deferi-la ao último, levando-se em consideração o princípio do melhor interesse da infante, bem como a responsabilidade do genitor no plano legal. Detendo a criança uma família com laços consanguíneos, bem como já estar nela inserida, convivendo com seu pai e irmãos, descabido falar em direito de compartilhamento em finais de semana, férias escolares, natal e ano novo a ser concedido ao ex-padrasto, porquanto o hiato de dias nessa relação, dificultará, por certo, a adaptação da menor à sua família biológica, bem como inviabilizará o pai de exercer seu pleno poder familiar" (TJGO, Apelação Cível 503292-69.2008.8.09.0020, Cachoeira Alta, Rel. Des. Sérgio Mendonça de Araújo, *DJGO* 27.09.2012, p. 656). Não se pode negar, contudo, que o caso analisado tinha certas peculiaridades, a dificultar as visitas em favor do padrasto.

Art. 1.590. As disposições relativas à guarda e prestação de alimentos aos filhos menores estendem-se aos maiores incapazes.

COMENTÁRIOS DOUTRINÁRIOS: As disposições relativas à guarda e prestação de alimentos aos filhos menores estendem-se aos maiores incapazes, outro preceito também sem alteração recente. Assim, a título de exemplo, a hipótese de fixação de guarda de um filho maior, que foi interditado relativamente por ser um ébrio habitual ou viciado em tóxicos. Vale lembrar, a propósito, que a Lei n. 13.146/2015 – conhecida como Estatuto da Pessoa com Deficiência (EPD) – alterou consideravelmente a teoria das incapacidades, modificando de forma substancial os arts. 3º e 4º do Código Civil. Na nova realidade legislativa brasileira não existem maiores que sejam absolutamente incapazes, sendo raros os casos de manutenção ou de instituição da guarda após a maioridade, estando extinto o poder familiar ou autoridade parental. De todo modo, é urgente a alteração desses dispositivos legais, como tenho insistido nos meus comentários e o que é almejado pela Reforma do Código Civil.

JURISPRUDÊNCIA COMENTADA: Aplicando o teor do comando em estudo, entendeu o Tribunal do Ceará que "estando configurada a extinção do poder familiar em face da maioridade civil dos filhos cuja guarda se pleiteia, não há mais que se falar acerca da concessão de guarda de qualquer deles, conforme o art. 1.590 do CC/02. Tendo em vista o exposto, impõe-se reconhecer a perda superveniente do objeto da presente ação, vez que atingida a maioridade civil dos filhos cuja guarda se requer, extinguindo-se o poder familiar dos pais e o questionamento referente à guarda daqueles" (TJCE, Apelação 0717299-07.2000.8.06.0001, 6.ª

Câmara Cível, Rel. Des. Maria Vilauba Fausto Lopes, *DJCE* 05.11.2014, p. 41).

SUBTÍTULO II
DAS RELAÇÕES DE PARENTESCO

CAPÍTULO I
DISPOSIÇÕES GERAIS

COMENTÁRIOS DOUTRINÁRIOS INTRODUTÓRIOS: O direito parental ou relações de parentesco traz como conteúdo as relações jurídicas estabelecidas entre pessoas que mantêm entre si um vínculo familiar, sobretudo de afetividade. A palavra *parentesco* vem de *parente*, do latim *parens-tis*, particípio passado do verbo *pario-ere*, que significa parir, dar à luz, gerar. Assim, o parentesco pode ser definido como o vínculo jurídico existente entre as pessoas que descendem uma das outras, entre o cônjuge ou companheiro e os parentes do outro cônjuge ou companheiro; bem como entre as pessoas que mantêm entre si um vínculo civil. Em sentido amplo, a matéria engloba, no atual Código Civil, disposições gerais (arts. 1.591 a 1.595), regras quanto à filiação (arts. 1.596 a 1.606), preceitos sobre o reconhecimento de filhos (arts. 1.607 a 1.617), normas referentes à adoção (arts. 1.618 a 1.629) e comandos relacionados ao poder familiar (arts. 1.630 a 1.638). Três são as formas ou modalidades de parentesco, levando-se em conta a sua origem. A primeira delas é o *parentesco consanguíneo* ou *natural*, existente entre pessoas que mantêm entre si um vínculo biológico ou de *sangue*, ou seja, que descendem de um ancestral comum, de forma direta ou indireta. O termo *natural* é criticado por alguns juristas, pois traria a ideia de que as outras modalidades de parentesco seriam artificiais. A segunda modalidade é o *parentesco por afinidade*, existente entre um cônjuge ou companheiro e os parentes do outro cônjuge ou companheiro. Lembre-se que marido e mulher e companheiros não são parentes entre si, havendo vínculo de outra natureza, decorrente da conjugalidade ou convivência. A grande inovação do Código Civil de 2002 é reconhecer o parentesco de afinidade decorrente da união estável, como se retira do seu art. 1.595, que será aqui estudado. Por fim, há o *parentesco civil*, aquele decorrente de outra origem, que não seja a consanguinidade ou a afinidade, conforme estabelece o art. 1.593 do CC/2002, outra norma que ainda será devidamente comentada. Adiante-se que, no Direito de Família Contemporâneo, o parentesco civil decorre da adoção, da parentalidade socioafetiva e do uso das técnicas de reprodução assistida. O parentesco é conceito jurídico fundamental para importantes categorias jurídicas como os alimentos e a sucessão.

REFORMA DO CÓDIGO CIVIL: Diante do seu caráter geral para o Direito de Família, como antes pontuado, a Comissão de Juristas encarregada da Reforma do Código Civil sugere que o tema abra o livro respectivo, tratando "das pessoas na família", entre os novos arts. 1.512-A e 1.512-G. O primeiro dispositivo sobre o tema tratará das modalidades gerais de parentesco, como deve ser, prevendo que "a relação de parentesco pode ter causa natural ou civil. § 1º O parentesco é natural se resultar de consanguinidade, ainda que o nascimento tenha sido propiciado por cessão temporária de útero. § 2º O parentesco é civil, conforme resulte de socioafetividade, de adoção ou de reprodução assistida em que há a utilização de material genético de doador" (art. 1.512-A). E o segundo deles, também com um sentido genérico, tratará do parentesco na linha reta ou colateral: "qualquer que seja a causa, o parentesco pode se dar em linha reta ou colateral" (art. 1.512-B).

Art. 1.591. São parentes em linha reta as pessoas que estão umas para com as outras na relação de ascendentes e descendentes.

COMENTÁRIOS DOUTRINÁRIOS: São parentes em linha reta as pessoas que estão umas para com as outras na relação de ascendentes e descendentes. O parentesco na linha reta é contado de forma muito simples: à medida que se sobe – linha reta ascendente –, ou se desce – linha reta descendente –, a *escada parental*, tem-se um grau de parentesco, como se retira do art. 1.594 do Código Civil, uma vez que se contam, na linha reta, os graus de parentesco pelo número de gerações. Desse modo, o grau de parentesco entre mim e meu pai é de primeiro grau na linha reta ascendente. O parentesco entre mim e meu avô é de segundo grau na linha reta ascendente. O parentesco entre mim e meu bisavô é de terceiro grau na linha reta ascendente, e assim de forma sucessiva. Por outra via, o parentesco entre mim e meu filho é de primeiro grau na linha reta descendente. O parentesco entre mim e meu neto é de segundo grau na linha reta descendente; entre mim e meu bisneto, o parentesco é de terceiro grau na linha reta descendente, e assim sucessivamente. Muito simples, portanto, é a contagem de graus de parentesco, seja na linha reta ascendente ou na descendente. Vale lembrar, como última nota, que conforme o art. 1.829 do Código Civil, os descendentes e ascendentes são os primeiros elencados na ordem de sucessão legítima; sendo herdeiros necessários e tendo em seu favor a proteção da legítima, correspondente a 50% do patrimônio do falecido (arts. 1.789 e 1.845 do CC).

JURISPRUDÊNCIA COMENTADA: Com base no art. 1.591 do CC, sem prejuízo de outros comandos, tem-se admitido a *ação avoenga*, afirmando-se que a ação investigatória de vínculo parental cabe do neto contra o avô, visando a constituir, a título de exemplo, o vínculo do último em relação ao pai do primeiro. Entre os primeiros precedentes superiores: "A Segunda Seção desta Corte Superior consagrou o entendimento de que é juridicamente possível e legítima a ação ajuizada pelos netos, em face do suposto avô, com a pretensão de que seja declarada relação avoenga, se já falecido o pai dos primeiros, que em vida não pleiteou a investigação de sua origem paterna. [...]" (STJ, AgRg no Ag 1.319.333/MG, 3.ª Turma, Rel. Min. Vasco Della Giustina (Desembargador convocado do TJRS), j. 03.02.2011, *DJe* 14.02.2011). Ou, ainda: "Ação dos netos para identificar a relação avoenga. Precedente da Terceira Turma. Precedente da Terceira Turma reconheceu a possibilidade da ação declaratória 'para que diga o Judiciário existir ou não a relação material de parentesco com o suposto avô' (REsp 269/RS, Rel. Min. Waldemar Zveiter, *DJ* 07.05.1990). Recursos especiais conhecidos e providos" (STJ, REsp 603.885/RS, 3.ª Turma, Rel. Min. Carlos Alberto Menezes Direito, j. 03.03.2005, *DJ* 11.04.2005, p. 291). Entre os julgados mais recentes, citando o art. 1.591 da codificação privada como fundamento e admitindo o oposto, ou seja, a ação do avô contra o neto: "Os efeitos da sentença, que não se confundem com a coisa julgada e seus limites subjetivos, irradiam-se com eficácia *erga omnes*, atingindo mesmo aqueles que não figuraram como parte na relação jurídica processual. Reconhecida, por decisão de mérito transitada em julgado, a relação de parentesco entre pai e filho, a consecutiva relação avoenga (vínculo secundário) é efeito jurídico dessa decisão (art. 1.591 do CC/2002), afigurando-se inadequada a ação declaratória incidental para a desconstituição do vínculo primário, sob o exclusivo argumento de inexistência de liame biológico" (STJ, REsp 1.331.815/SC, 4.ª Turma, Rel. Min. Antonio Carlos Ferreira, *DJe* 01.08.2016).

REFORMA DO CÓDIGO CIVIL: Como visto, na parte introdutória ao Direito de Família no Código Civil, o novo art. 1.512-B preverá que "qualquer que seja a causa, o parentesco pode se dar em linha reta ou colateral". Na sequência, repete-se o teor do atual art. 1.591 do CC, a respeito da definição do parentesco na linha reta, mas incluindo-se também o parentesco civil: "são parentes em linha reta as pessoas que estão umas para com as outras na relação de ascendente e descendente, seja o parentesco natural ou civil".

Art. 1.592. São parentes em linha colateral ou transversal, até o quarto grau, as pessoas provenientes de um só tronco, sem descenderem uma da outra.

COMENTÁRIOS DOUTRINÁRIOS: São parentes em *linha colateral* ou *transversal*, até o quarto grau, as pessoas provenientes de um só tronco, sem descenderem uma da outra. A grande inovação desse dispositivo está na redução do limite do parentesco colateral, que, pela codificação anterior, era de sexto grau (art. 331 do CC/1916). Atualmente, como se nota, o limite é o quarto grau, o que está de acordo com a busca da facilitação do Direito Privado, em prol do princípio da operabilidade. Em relação a tais parentes colaterais é que se deve reconhecer o direito sucessório, excluindo-se os demais, acima do quarto grau. Conforme o art. 1.839 da própria codificação privada, "se não houver cônjuge sobrevivente, nas condições estabelecidas no art. 1.830, serão chamados a suceder os colaterais até o quarto grau". Aqui pode ser feita a crítica de que o atual Código Civil restringiu as relações familiares, quando a tendência é justamente a oposta. Sobre a forma de contagem dos graus de parentesco, veremos quando dos comentários ao art. 1.594 do Código Civil.

JURISPRUDÊNCIA COMENTADA: Afastando o direito sucessório de um parente de quinto grau, em sucessão aberta na vigência do Código Civil de 2002: "Correta a extinção da ação, pois o requerente possui parentesco de quinto grau com a autora da herança, em desacordo com o contido no art. 1.839 do Código Civil, considerado o grau na forma do art. 1.592 do Código Civil" (TJRS,

Apelação Cível 0182656-22.2017.8.21.7000, 7.ª Câmara Cível, Uruguaiana, Rel. Des. Liselena Schifino Robles Ribeiro, j. 16.08.2017, *DJERS* 18.08.2017). Também com base no art. 1.592, afastando o benefício previdenciário a quem não era parente do falecido, do Tribunal Paulista: "Falecido que, de fato, era viúvo ao tempo do óbito e não deixou filhos, certo de que também não contava com dependentes cadastrados perante o INSS. Apelante que, todavia, não é herdeira do *de cujus* nos termos da Lei Civil, na medida em que não era parente colateral dele. Elementos coligidos aos autos, dando conta de que a apelante era sobrinha, por consanguinidade, apenas da falecida esposa do *de cujus*. Art. 1.592 do Código Civil que é claro ao estabelecer que somente se consideram parentes colaterais até o quarto grau, aqueles que provenham de um só tronco, isto é, que tenham consanguinidade. Apelante que, nesse cenário, é parte ilegítima a deduzir este pedido de alvará" (TJSP, Apelação Cível 1000732-85.2017.8.26.0060, Acórdão 13766666, 6.ª Câmara de Direito Privado, Auriflama, Rel. Des. Rodolfo Pellizari, j. 20.07.2020, *DJESP* 23.07.2020, p. 1.866).

REFORMA DO CÓDIGO CIVIL: Pretende-se incluir no novo art. 1.512-D do CC a menção ao parentesco colateral civil, da seguinte forma: "são parentes em linha colateral ou transversal, até o quarto grau, as pessoas provenientes de um só tronco, natural ou civil, sem descenderem umas das outras". Com isso, será possível, por exemplo, o reconhecimento jurídico dos irmãos socioafetivos, como já desenvolvido.

Art. 1.593. O parentesco é natural ou civil, conforme resulte de consanguinidade ou outra origem.

COMENTÁRIOS DOUTRINÁRIOS: A norma confirma a classificação do parentesco antes exposta, apenas não mencionando o parentesco por afinidade, que será tratado mais à frente. O dispositivo não tem correspondente na codificação anterior, tendo sido utilizado para uma verdadeira *revolução* que atingiu as relações parentais nos últimos, relacionada à parentalidade *socioafetiva*. Como se nota, o parentesco civil é aquele que tem outra origem, que não seja a consanguinidade (e também a afinidade, que está prevista no art. 1.595). Tradicionalmente, no que tange ao parentesco civil, este sempre foi relacionado com a adoção. Entretanto, diante dos progressos científicos e da valorização dos vínculos afetivos de cunho social, são reconhecidas outras duas formas de parentesco civil: a) a decorrente de técnicas de reprodução assistida heteróloga, com a utilização de material genético de terceiro; e b) a parentalidade socioafetiva. Nesse sentido, como primeiro marco doutrinário de consolidação da categoria do parentesco civil a ser destacado, na *I Jornada de Direito Civil*, promovida pelo Conselho da Justiça Federal sob a chancela do Superior Tribunal de Justiça, foi aprovado o Enunciado n. 103, com a seguinte redação: "O Código Civil reconhece, no art. 1.593, outras espécies de parentesco civil além daquele decorrente da adoção, acolhendo, assim, a noção de que há também parentesco civil no vínculo parental proveniente quer das técnicas de reprodução assistida heteróloga relativamente ao pai (ou mãe) que não contribuiu com seu material fecundante, quer da paternidade socioafetiva, fundada na posse do estado de filho". Na mesma *Jornada* doutrinária, aprovou-se o Enunciado n. 108 do CJF/STJ estabelecendo que "no fato jurídico do nascimento, mencionado no art. 1.603, compreende-se à luz do disposto no art. 1.593, a filiação consanguínea e também a socioafetiva". Em continuidade, na *III Jornada de Direito Civil*, promovida em dezembro de 2004, foi aprovado o Enunciado n. 256, *in verbis:* "A posse de estado de filho (parentalidade socioafetiva) constitui modalidade de parentesco civil". Na *IV Jornada de Direito Civil*, realizada em outubro de 2006, foram aprovados três enunciados doutrinários relativos ao tema. O primeiro, de número 339, prevê que "a paternidade socioafetiva, calcada na vontade livre, não pode ser rompida em detrimento do melhor interesse do filho". O segundo, de número 341, dispõe que "para os fins do art. 1.696, a relação socioafetiva pode ser elemento gerador de obrigação alimentar". Por fim, em consonância com o princípio da igualdade entre filhos, que também deve ser aplicado quanto à guarda, foi aprovado o Enunciado n. 336 prescrevendo que "o parágrafo único do art. 1.584 aplica-se também aos filhos advindos de qualquer forma de família". Na *V Jornada de Direito Civil*, de 2011, mais um enunciado surgiu, estabelecendo com apurada técnica que "o reconhecimento judicial do vínculo de parentesco em virtude de socioafetividade deve ocorrer a partir da relação entre pai(s) e filho(s), com base na posse do estado de filho, para que produza efeitos pessoais e patrimoniais" (Enunciado n. 519). Como último aspecto a ser pontuado, relembro que para a configuração dessa *posse de estado de filho* são utilizados os clássicos critérios relativos à posse de estado de casados, conceito que constava do art. 203

do Código Civil de 1916 e que está no art. 1.545 do Código Civil de 2002, aqui antes analisado. Da prova de estado de casados, igualmente decorre a posse de estado de filhos, não havendo qualquer documento que possa atestar o vínculo anterior. Os três critérios para tal configuração são bem delineados pela doutrina, tendo sido mencionados no emblemático julgamento do STF sobre a repercussão geral da parentalidade socioafetiva, que ainda será exposto (Recurso Extraordinário 898.060/SC, Rel. Min. Luiz Fux, j. 21.09.2016, publicado no seu *Informativo* n. *840*). O primeiro deles é o tratamento (*tractatus* ou *tractatio*), relativo ao fato de que, entre si e perante a sociedade, as partes se relacionam como se fossem unidas pelo vínculo de filiação, ou seja, como pais e filhos. A *fama* ou *reputatio*, segundo elemento, representa uma repercussão desse tratamento, constituindo o reconhecimento geral da situação que se concretiza. A entidade familiar é analisada de acordo com o meio social, como projeção natural da expressão base da sociedade, conforme consta do art. 226, *caput*, da Constituição Federal de 1988. Como último elemento, com tom complementar e acessório, há o nome (*nomen* ou *nominatio*), presente quando a situação fática revela que o declarado filho utiliza o sobrenome do seu suposto pai. Alerte-se que é levado em conta não somente o nome registral civil, mas também o nome social, especialmente nos casos em que o filho é conhecido pelo nome do pai perante a comunidade onde vive, ou vice-versa. De toda sorte, deve-se atentar que esse último elemento não é primordial para que a posse de estado de filho e a consequente parentalidade socioafetiva estejam reconhecidas.

JURISPRUDÊNCIA COMENTADA: A parentalidade socioafetiva começou a ser reconhecida de forma mais consolidada no âmbito dos Tribunais Estaduais no início deste século XXI, já na vigência do Código Civil de 2002. Os primeiros arestos aplicaram o conceito aos casos de *adoção à brasileira*, quando alguém reconhece um filho como seu mesmo sabendo não o ser, passando tal reconhecimento a ser tido como irrevogável por aquele que fez o reconhecimento. Do Tribunal de Justiça do Rio Grande do Sul, pioneiro na análise do tema, cumpre transcrever, por todos, duas ementas: "Conforme precedentes desta Corte, o reconhecimento espontâneo no ato registral estabelece uma filiação socioafetiva, com os mesmos efeitos da adoção, e como tal irrevogável. Impossibilidade jurídica do pedido reconhecida. Recurso desprovido" (TJRS, Processo 70009804642, 8.ª Câmara Cível, Tupanciretã, Rel. Juiz Alfredo Guilherme Englert, j 17.02.2005). "Em prevalecendo a paternidade socioafetiva entre o falecido pai registral e os réus, perfeitamente delineada nos autos, além de incomprovado defeito nos atos registrais, mantém-se a improcedência da ação" (TJRS, Processo 70010450336, 8.ª Câmara Cível, Porto Alegre, Rel. Juiz José Ataídes Siqueira Trindade, j. 17.02.2005). No âmbito do Tribunal de Justiça de São Paulo, tal reconhecimento jurisprudencial da parentalidade socioafetiva se deu logo em seguida, sendo pertinente destacar, por todos: "Investigação de paternidade. Prova hematológica. Paternidade biológica reconhecida por exame de DNA. Criança, todavia, registrada anteriormente pelo companheiro de sua mãe. Paternidade socioafetiva ou adoção à brasileira configurada. Prevalecimento desta última pois a filha está perfeitamente integrada na família formada pela genitora biológica e o pai socioafetivo. Inconveniência para a criança, em prol de que existem normas de proteção de seu desenvolvimento socioafetivo, de se alterar a situação já existente e consolidada. Restrição da sentença aos efeitos meramente declaratórios, sem alterar o registro de nascimento da filha, com a observância do procedimento determinado pelo art. 47, § 2º, do Estatuto da Criança e do Adolescente. Recurso provido em parte para esse fim" (TJSP, Apelação 369958-4/8-00, 9.ª Câmara de Direito Privado, Novo Horizonte, Rel. Des. João Carlos Garcia, j. 31.01.2006, v.u., Voto 9.975). No Superior Tribunal de Justiça, o tema da socioafetividade parental vinha e continua sendo debatido de forma crescente, o que pode ser percebido pelas várias decisões publicadas em seus informativos de jurisprudência. Para ilustrar, colaciona-se ementa do seu *Informativo* n. *414*, de novembro de 2009: "Paternidade socioafetiva. Registro. Falecido o pai registral e diante da habilitação do recorrente como herdeiro, em processo de inventário, a filha biológica inventariante ingressou com ação de negativa de paternidade, ao buscar anular o registro de nascimento do recorrente sob alegação de falsidade ideológica. Anote-se, primeiramente, não haver dúvida sobre o fato de que o *de cujus* não é o pai biológico do recorrente. Quanto a isso, dispõe o art. 1.604 do CC/2002 que ninguém pode vindicar estado contrário ao que consta do registro de nascimento, salvo provando o erro ou a falsidade do registro. Assim, essas exceções só se dão quando perfeitamente demonstrado que houve vício de consentimento (erro, coação, dolo, fraude ou simulação) quando da declaração do assento de nascimento, particularmente a indução ao engano. Contudo, não há falar em erro ou falsidade se o registro de nascimento de filho não biológico decorre do reconhecimento espontâneo de paternidade mediante escritura pública (adoção 'à brasileira'), pois, inteirado o pretenso pai de que o filho não é seu, mas movido pelo vínculo socioafetivo e sentimento de nobreza, sua vontade, aferida em condições normais de discernimento, está materializada. Há precedente deste Superior Tribunal no sentido de que o reconhecimento de paternidade é válido se refletir a existência duradoura do vínculo socioafetivo entre pai e filho, pois a ausência de vínculo biológico não é fato que, por si só, revela a falsidade da declaração da vontade consubstanciada no ato de reconhecimento. Destarte, não dá ensejo à revogação do ato de registro de filiação, por força dos arts. 1.609 e 1.610 do CC/2002, o termo de nascimento fundado numa paternidade socioafetiva, sob posse de estado de filho, com proteção em recentes reformas do Direito contemporâneo, por denotar uma verdadeira filiação registral, portanto, jurídica, porquanto respaldada na livre e consciente intenção de reconhecimento voluntário. Precedente citado: REsp 878.941-DF, *DJ* 17.09.2007" (STJ, REsp 709.608/MS, Rel. Min. João Otávio de Noronha, j. 05.11.2009). Não se olvide que na jurisprudência superior reconhece-se também a *maternidade socioafetiva*, e não só a *paternidade socioafetiva*, o que justifica o uso do termo *parentalidade*, merecendo colação decisão assim publicada no *Informativo* n. *436*, de maio de 2010: "Negatória. Maternidade socioafetiva. Trata-se, na origem, de ação negatória de maternidade cumulada com pedido de anulação de assento de nascimento ajuizada pela ora recorrente contra a ora recorrida, à época menor, representada por seu tutor. Alega, em seu pedido, falsidade ideológica perpetrada pela falecida mãe, que registrou filha recém-nascida de outrem como sua. O tribunal *a quo* afirmou como espontâneo o reconhecimento da maternidade, a anulação do assento de nascimento da criança apenas poderia ser feita na presença de prova robusta, qual seja, de que a mãe teria sido induzida a erro por desconhecer a origem genética da criança, ou, então, valendo-se de conduta reprovável e mediante má-fé, declarar como verdadeiro vínculo familiar inexistente. No caso, inexiste meio de desfazer um ato levado a efeito com perfeita demonstração de vontade da mãe, que um dia declarou, perante a sociedade, em ato solene e de reconhecimento público, ser mãe de criança, valendo-se, para tanto, da verdade socialmente construída com base no afeto, demonstrando, dessa forma, a efetiva existência de vínculo familiar. A diferença de registro de nascimento com a realidade biológica, em razão de conduta que desconsiderava a verdade sobre o aspecto genético, somente pode ser pleiteada por aquele que teve sua filiação falsamente atribuída, e os efeitos daí decorrentes apenas podem operar-se contra aquele que realizou o ato de reconhecimento familiar. Isso porque prevalece, na espécie, a ligação socioafetiva construída e consolidada entre mãe e filha, que tem proteção indelével conferida à personalidade humana, mediante cláusula geral que a tutela e encontra apoio na preservação da estabilidade familiar. Assim, a Turma negou provimento ao recurso" (STJ, REsp 1.000.356/SP, Rel. Min. Nancy Andrighi, j. 25.05.2010). Do ano de 2016, merece relevo o acórdão superior que reconheceu a parentalidade socioafetiva *post mortem*. Conforme publicação constante do *Informativo* n. *581* do Tribunal da Cidadania: "Será possível o reconhecimento da paternidade socioafetiva após a morte de quem se pretende reconhecer como pai. De fato, a adoção póstuma é prevista no ordenamento pátrio no art. 42, § 6º, do ECA, nos seguintes termos: 'A adoção poderá ser deferida ao adotante que, após inequívoca manifestação de vontade, vier a falecer no curso do procedimento, antes de prolatada a sentença'. O STJ já emprestou exegese ao citado dispositivo para permitir como meio de comprovação da inequívoca vontade do *de cujus* em adotar as mesmas regras que comprovam a filiação socioafetiva, quais sejam: o tratamento do adotando como se filho fosse e o conhecimento público daquela condição. Portanto, em situações excepcionais em que fica amplamente demonstrada a inequívoca vontade de adotar, diante da sólida relação de afetividade, é possível o deferimento da adoção póstuma, mesmo que o adotante não tenha dado início ao processo formal para tanto (REsp 1.326.728/RS, 3.ª Turma, *DJe* 27/02/2014). Tal entendimento consagra a ideia de que o parentesco civil não advém exclusivamente da origem consanguínea, podendo florescer da socioafetividade, o que não é vedado pela legislação pátria, e, portanto, plenamente possível no ordenamento (REsp 1.217.415/RS, 3.ª Turma, *DJe* 28/06/2012; e REsp 457.635/PB, 4.ª Turma, *DJ* 17.03.2003)" (STJ, REsp 1.500.999/RJ, 3.ª Turma, Rel. Min. Ricardo Villas Bôas Cueva, j. 12.04.2016, *DJe* 19.04.2016). Como decisão mais impactante de todas, no âmbito do Supremo Tribunal Federal, foi fixada a seguinte tese em julgamento relativo a *repercussão geral* do tema: "A paternidade socioafetiva, declarada ou não em registro, não impede o reconhecimento do vínculo de filiação concomitante, baseada na origem biológica, com os efeitos jurídicos próprios" (Recurso Extraordinário 898.060/SC, com repercussão geral, Rel. Min. Luiz Fux,

j. 21.09.2016, publicado no seu *Informativo* n. *840*). Como impactos iniciais, tal *decisum* traz três consequências que merecem destaque. A primeira delas é o reconhecimento expresso, o que foi feito por vários Ministros, no sentido de ser a *afetividade* um valor jurídico e um princípio inerente à ordem civil-constitucional brasileira. A segunda consequência é a afirmação de ser a paternidade socioafetiva uma forma de parentesco civil, nos termos do art. 1.593 do CC e como comentei, em situação de igualdade com a paternidade biológica. Em outras palavras, não há hierarquia entre uma ou outra modalidade de filiação, o que representa um razoável equilíbrio. A terceira consequência é a vitória da multiparentalidade, que passou a ser admitida pelo Direito brasileiro, mesmo que contra a vontade do pai biológico. Ficou claro, pelo julgamento, que o reconhecimento do vínculo concomitante é para todos os fins, inclusive alimentares e sucessórios. Quanto aos efeitos sucessórios, vale aqui uma nova nota doutrinária, eis que na *VIII Jornada de Direito Civil,* promovida pelo Conselho da Justiça Federal em abril de 2018, aprovou-se o Enunciado n. 632, segundo o qual, "nos casos de reconhecimento de multiparentalidade paterna ou materna, o filho terá direito à participação na herança de todos os ascendentes reconhecidos". Sem dúvida, grandes são os desafios com essas afirmações, mas é tarefa da doutrina, da jurisprudência e dos aplicadores do Direito resolver os problemas que surgem, de acordo com o caso concreto. A respeito da possibilidade do vínculo concomitante, destaque-se que o Ministro Fux utilizou como paradigma um caso julgado nos Estados Unidos da América. Foram suas palavras: "A pluriparentalidade, no Direito Comparado, pode ser exemplificada pelo conceito de 'dupla paternidade' (*dual paternity*), construído pela Suprema Corte do Estado da Louisiana, EUA, desde a década de 1980 para atender, ao mesmo tempo, ao melhor interesse da criança e ao direito do genitor à declaração da paternidade. Doutrina. Os arranjos familiares alheios à regulação estatal, por omissão, não podem restar ao desabrigo da proteção a situações de pluriparentalidade, por isso que merecem tutela jurídica concomitante, para todos os fins de direito, os vínculos parentais de origem afetiva e biológica, a fim de prover a mais completa e adequada tutela aos sujeitos envolvidos, ante os princípios constitucionais da dignidade da pessoa humana (art. 1º, III) e da paternidade responsável (art. 226, § 7º)" (STF, RE 898.060/SC, Tribunal Pleno, Rel. Min. Luiz Fux, j. 21.09.2016, publicado no seu *Informativo* n. *840*). A tese firmada também acaba por possibilitar que os filhos acionem os pais biológicos para obter o vínculo de filiação com intuitos alimentares e sucessórios, em claras *demandas frívolas*, com finalidade patrimonial pura. Segue-se, então, o caminho que já vinha sendo percorrido pelo STJ, e que era por nós criticado. Esse foi um dos pontos negativos da premissa fixada, na minha opinião doutrinária. Em todos os casos, entendo que tais demandas com mero intuito financeiro devem ser evitadas. Cite-se, a propósito, o caso de um pai biológico que pleiteia a paternidade para si de filho já registrado em nome de pai socioafetivo, com fins puramente econômicos. A merecer críticas, o acórdão anterior publicado no *Informativo* n. *512* do STJ, com o seguinte trecho: "É possível o reconhecimento da paternidade biológica e a anulação do registro de nascimento na hipótese em que pleiteados pelo filho adotado conforme prática conhecida como 'adoção à brasileira'. A paternidade biológica traz em si responsabilidades que lhe são intrínsecas e que, somente em situações excepcionais, previstas em lei, podem ser afastadas. O direito da pessoa ao reconhecimento de sua ancestralidade e origem genética insere-se nos atributos da própria personalidade. A prática conhecida como 'adoção à brasileira', ao contrário da adoção legal, não tem a aptidão de romper os vínculos civis entre o filho e os pais biológicos, que devem ser restabelecidos sempre que o filho manifestar o seu desejo de desfazer o liame jurídico advindo do registro ilegalmente levado a efeito, restaurando-se, por conseguinte, todos os consectários legais da paternidade biológica, como os registrais, os patrimoniais e os hereditários. Dessa forma, a filiação socioafetiva desenvolvida com os pais registrais não afasta os direitos do filho resultantes da filiação biológica, não podendo, nesse sentido, haver equiparação entre a 'adoção à brasileira' e a adoção regular. Ademais, embora a 'adoção à brasileira', muitas vezes, não denote torpeza de quem a pratica, pode ela ser instrumental de diversos ilícitos, como os relacionados ao tráfico internacional de crianças, além de poder não refletir o melhor interesse do menor. Precedente citado: REsp 833.712-RS, *DJ* 4/6/2007" (STJ, REsp 1.167.993/RS, Rel. Min. Luis Felipe Salomão, j. 18.12.2012). Com o devido respeito, entendo que essa forma anterior de julgar representaria um retrocesso, uma volta ao passado, desprezando a posse de estado de filhos fundada na reputação social (*reputatio*) e no tratamento dos envolvidos (*tractatus*). Ademais, abria a possibilidade de um filho "escolher" o seu pai não pelo ato de afeto, mas por meros interesses patrimoniais, em uma clara demanda frívola. De fato, a tese adotada pelo STF possibilita tal caminho, tendo sido utilizado como argumento o princípio constitucional da paternidade responsável. Nos termos do voto do Relator, Ministro Luiz Fux, "a paternidade responsável, enunciada expressamente no art. 226, § 7º, da Constituição, na perspectiva da dignidade humana e da busca pela felicidade, impõe o acolhimento, no espectro legal, tanto dos vínculos de filiação construídos pela relação afetiva entre os envolvidos quanto daqueles originados da ascendência biológica, sem que seja necessário decidir entre um ou outro vínculo quando o melhor interesse do descendente for o reconhecimento jurídico de ambos" (decisão publicada no *Informativo* n. *840* do STF). Ressalve-se, portanto, que deve ser mantido o vínculo com o pai socioafetivo, pelo que consta da tese ementada do julgamento. Em outras palavras, nota-se, mais uma vez, a possibilidade da multiparentalidade. Igualmente a demonstrar a divergência anterior, existiam decisões superiores que afastavam a parentalidade socioafetiva em casos de engano quanto à prole. A ilustrar, vejamos julgado assim publicado no *Informativo* n. *555* do STJ: "Direito civil. Desconstituição de paternidade registral. Admitiu-se a desconstituição de paternidade registral no seguinte caso: a) o pai registral, na fluência de união estável estabelecida com a genitora da criança, fez constar o seu nome como pai no registro de nascimento, por acreditar ser o pai biológico do infante; b) estabeleceu-se vínculo de afetividade entre o pai registral e a criança durante os primeiros cinco anos de vida deste; c) o pai registral solicitou, ao descobrir que fora traído, a realização de exame de DNA e, a partir do resultado negativo do exame, não mais teve qualquer contato com a criança, por mais de oito anos até a atualidade; e d) o pedido de desconstituição foi formulado pelo próprio pai registral. De fato, a simples ausência de convergência entre a paternidade declarada no assento de nascimento e a paternidade biológica, por si só, não autoriza a invalidação do registro. Realmente, não se impõe ao declarante, por ocasião do registro, prova de que é o genitor da criança a ser registrada. O assento de nascimento traz, em si, essa presunção. Entretanto, caso o declarante demonstre ter incorrido, seriamente, em vício de consentimento, essa presunção poderá vir a ser ilidida por ele. Não se pode negar que a filiação socioafetiva detém integral respaldo do ordenamento jurídico nacional, a considerar a incumbência constitucional atribuída ao Estado de proteger toda e qualquer forma de entidade familiar, independentemente de sua origem (art. 227 da CF). Ocorre que o estabelecimento da filiação socioafetiva perpassa, necessariamente, pela vontade e, mesmo, pela voluntariedade do apontado pai, ao despender afeto, de ser reconhecido como tal. Em outras palavras, as manifestações de afeto e carinho por parte de pessoa próxima à criança somente terão o condão de convolarem-se numa relação de filiação se, além da caracterização do estado de posse de filho, houver, por parte do indivíduo que despende o afeto, a clara e inequívoca intenção de ser concebido juridicamente como pai ou mãe da criança. Portanto, a higidez da vontade e da voluntariedade de ser reconhecido juridicamente como pai consubstancia pressuposto à configuração de filiação socioafetiva no caso aqui analisado. Dessa forma, não se concebe a conformação dessa espécie de filiação quando o apontado pai incorre em qualquer dos vícios de consentimento. Ademais, sem proceder a qualquer consideração de ordem moral, não se pode obrigar o pai registral, induzido a erro substancial, a manter uma relação de afeto igualmente calcada no vício de consentimento originário, impondo-lhe os deveres daí advindos sem que voluntária e conscientemente o queira. Além disso, como a filiação socioafetiva pressupõe a vontade e a voluntariedade do apontado pai de ser assim reconhecido juridicamente, caberá somente a ele contestar a paternidade em apreço. Por fim, ressalte-se que é diversa a hipótese em que o indivíduo, ciente de que não é o genitor da criança, voluntária e expressamente declara o ser perante o Oficial de Registro das Pessoas Naturais ('adoção à brasileira'), estabelecendo com esta, a partir daí, vínculo da afetividade paterno-filial. Nesta hipótese – diversa do caso em análise –, o vínculo de afetividade se sobrepõe ao vício, encontrando-se inegavelmente consolidada a filiação socioafetiva (hipótese, aliás, que não comportaria posterior alteração). A consolidação dessa situação – em que pese antijurídica e, inclusive, tipificada no art. 242 do CP –, em atenção ao melhor e prioritário interesse da criança, não pode ser modificada pelo pai registral e socioafetivo, afigurando-se irrelevante, nesse caso, a verdade biológica. Trata-se de compreensão que converge com o posicionamento perfilhado pelo STJ (REsp 709.608/MS, 4.ª Turma, *DJe* 23.11.2009; e REsp 1.383.408/RS, 3.ª Turma, *DJe* 30.05.2014)" (STJ, REsp 1.330.404/RS, Rel. Min. Marco Aurélio Bellizze, j. 05.02.2015, *DJe* 19.02.2015). Como se nota, os casos de engano ou erro no registro também levantavam o questionamento sobre a prevalência da parentalidade socioafetiva. Todavia, sempre acreditei que deve prevalecer o melhor interesse da criança e do adolescente. Talvez, no caso anterior, o caminho jurídico mais correto seria o de afastar o vínculo pela não consolidação da posse de estado de filho e não pura e simplesmente pela presença do engano. De toda sorte, como o STF acabou por adotar o caminho da multiparentalidade, mesmo que contra a vontade das partes, o vínculo com o pai socioafetivo não poderá ser desfeito, sendo possível também demandar o pai biológico. Sendo assim, penso que o STJ não mais decidirá como fez na última ementa, devendo seguir a nova orientação do STF, com repercussão geral. Reafirmo que fica claro, pela tese da repercussão geral, que é possível reconhecer o duplo vínculo mesmo contra a vontade das partes envolvidas. Sem dúvida, há um novo paradigma para a matéria, o que deve influenciar todas as decisões judiciais que surgirem no futuro. A propósito, já sob a égide da nova posição do Supremo Tribunal Federal, a mesma Terceira Turma do STJ proferiu *decisum* reconhecendo ser possível a multiparentalidade, mesmo que contra a vontade dos envolvidos. Nos termos da sua ementa: "O Supremo Tribunal Federal, ao julgar o Recurso Extraordinário n. 898.060, com repercussão geral reconhecida, admitiu a coexistência entre as paternidades biológica e socioafetiva, afastando qualquer interpretação apta a ensejar a hierarquização dos vínculos. A existência de vínculo com o pai registral não é obstáculo ao exercício do direito de busca da origem genética ou de reconhecimento de paternidade biológica. Os direitos à ancestralidade, à origem genética e ao afeto são, portanto, compatíveis. O reconhecimento do estado de filiação configura direito personalíssimo, indisponível e imprescritível, que pode ser exercitado, portanto, sem nenhuma restrição, contra os pais ou seus herdeiros" (STJ, REsp 1.618.230/RS, 3.ª Turma, Rel. Min. Ricardo Villas Bôas Cueva, j. 28.03.2017, *DJe* 10.05.2017). Em 2021 fez o mesmo a Quarta Turma do Tribunal, com destaque para o seguinte trecho do acórdão: "A possibilidade de cumulação da paternidade socioafetiva com a biológica contempla especialmente o princípio constitucional da igualdade dos filhos (art. 227, § 6º, da CF). Isso porque conferir 'status' diferenciado entre o genitor biológico e o socioafetivo é, por consequência, conceber um tratamento desigual entre os filhos. No caso dos autos, a instância de origem, apesar de reconhecer a multiparentalidade, em razão da ligação afetiva entre enteada e padrasto, determinou que, na certidão de nascimento, constasse o termo 'pai socioafetivo', e afastou a possibilidade de efeitos patrimoniais e sucessórios. Ao assim decidir, a Corte estadual conferiu à recorrente uma posição filial inferior em relação aos demais descendentes do 'genitor socioafetivo', violando o disposto nos arts. 1.596 do CC/2002 e 20 da Lei n. 8.069/1990. Recurso especial provido para reconhecer a equivalência de tratamento e dos efeitos jurídicos entre as paternidades biológica e socioafetiva na hipótese de multiparentalidade" (STJ, REsp 1.487,596/MG, 4.ª Turma, Rel. Min. Antonio Carlos Ferreira, j. 28.09.2021, *DJe* 01.10.2021). Acredito que essa posição deve se consolidar no âmbito da Segunda Seção do STJ. Como última anotação jurisprudencial a respeito da parentalidade socioafetiva e da multiparentalidade, em 14 de novembro de 2017, o Conselho Nacional de Justiça (CNJ) editou o Provimento n. 63, admitindo os seus reconhecimentos no Cartório de Registro Civil, desde que haja consenso entre todos os envolvidos. Em 2019, a norma foi aperfeiçoada pelo Provimento n. 83, do mesmo CNJ, e, em 2023, foi ela incorporada ao Código Nacional de Normas do próprio CNJ (CNN-CNJ), estando previstas as regras anteriores entre os seus arts. 505 a 511. Analisando somente as suas duas regras fundamentais, conforme o atual art. 505 do CNN-CNJ, o reconhecimento voluntário da paternidade ou da maternidade socioafetiva de pessoas maiores de doze anos será autorizado perante os oficiais de Registro Civil das Pessoas Naturais. Anote-se que o requisito da idade mínima de doze anos do reconhecido foi incluído pela norma administrativa de 2019. Esse reconhecimento voluntário é irrevogável, somente podendo ser desconstituído pela via judicial, nas hipóteses de vício de vontade, fraude ou simulação. Poderão requerê-lo os maiores de dezoito anos de idade, independentemente do estado civil. Porém, não cabe o reconhecimento por irmãos entre si nem por ascendentes em relação a descendentes. O pretenso pai ou mãe será pelo menos dezesseis anos mais velho que o filho a ser reconhecido. As duas últimas regras são similares às da adoção. Na dicção do anterior art. 10-A do Provimento n. 63/2017, acrescentado pelo Provimento n. 83/2019, atual art. 506 do CNN-CNJ, a paternidade ou a maternidade socioafetiva deve ser estável e deve estar exteriorizada socialmente. Ademais, conforme o seu § 1º, o registrador deverá atestar a existência do vínculo afetivo da paternidade ou maternidade socioafetiva mediante apuração objetiva por intermédio da verificação de elementos concretos. Como norma salutar, passou-se a estabelecer que o requerente demonstrará a afetividade por todos os meios em direito admitidos, bem como por documentos, tais como, em rol meramente exemplificativo ou *numerus apertus*: *a)* apontamento escolar como responsável ou representante do aluno; *b)* inscrição do pretenso filho em plano de saúde ou em órgão de previdência; *c)* registro oficial de que residem na mesma unidade domiciliar; d) vínculo de conjugalidade – casamento ou união estável – com o ascendente biológico; *e)* inscrição como dependente do requerente em entidades associativas; *f)* fotografias em celebrações relevantes; e *g)* declaração de testemunhas com firma reconhecida (art. 10-A, § 2º, do anterior Provimento n. 63 do CNJ, atual art. 506, § 2º, do CNN-CNJ). Como outro documento não previsto na relação, cite-se uma escritura pública de reconhecimento do vínculo socioafetivo. A ausência destes documentos não impede o registro, desde que justificada a impossibilidade, no entanto, o registrador deverá atestar como apurou o vínculo socioafetivo (§ 3º do atual art. 506 do CNN-CNJ). Os documentos colhidos na apuração do vínculo socioafetivo deverão ser arquivados pelo registrador (originais ou cópias) juntamente com o requerimento (§ 4º do art. 506 do CNN-CNJ). O antigo art. 11 do Provimento n. 63, igualmente modificado em 2019, passou a exigir a necessidade de atuação do Ministério Público no Cartório de Registro Civil, outra inovação elogiável, que foi mantida no art. 507 do CNN-CNJ. Entendo que a atuação do Ministério Público nesse procedimento somente é necessária se a pessoa a ser reconhecida for menor de idade ou incapaz. Nesse sentido, prevê o Enunciado n. 121, aprovado na *II Jornada de Prevenção e Solução Extrajudicial de Litígios*, no ano de 2021, que "a manifestação do Ministério Público, nos autos do Procedimento Extrajudicial de Reconhecimento da Parentalidade Socioafetiva, é obrigatória quando a pessoa reconhecida contar com menos de 18 anos de idade na data do reconhecimento, ficando dispensada quando se tratar de pessoa reconhecida maior e capaz". No mesmo sentido, o Enunciado n. 43 do IBDFAM, aprovado no seu *XIII Congresso Brasileiro de Direito de Família e das Sucessões*, em outubro do mesmo ano: "É desnecessária a manifestação do Ministério Público nos reconhecimentos extrajudiciais de filiação socioafetiva de pessoas maiores de dezoito anos". Suspeitando de fraude, falsidade, má-fé, vício de vontade, simulação ou dúvida sobre a configuração do estado de posse de filho, o registrador fundamentará a recusa, não praticará o ato e encaminhará o pedido ao juiz competente nos termos da legislação local (anterior art. 12 do Provimento n. 63 do CNJ, atual art. 508 do CNN-CNJ). Nos termos do Enunciado n. 6 da *I Jornada de Direito Notarial e Registral*, de agosto de 2022, e ao qual me filio, "o procedimento de reconhecimento de filiação socioafetiva não deve ser encaminhado para a análise do Judiciário, quando a ausência de consentimento do genitor ocorrer em razão de seu falecimento prévio". Especificamente quanto ao reconhecimento extrajudicial da multiparentalidade, ela era retirada do art. 14 desse Provimento n. 63/2017 do CNJ, também alterado posteriormente pelo citado Provimento n. 83/2019 do mesmo órgão. Nos seus termos ora em vigor, e que estão no 510 do Código Nacional de Normas, não deixando dúvidas quanto à essa possibilidade, "o reconhecimento da paternidade ou da maternidade socioafetiva somente poderá ser realizado de forma unilateral e não implicará o registro de mais de dois pais e de duas mães no campo FILIAÇÃO no assento de nascimento. 1º Somente é permitida a inclusão de um ascendente socioafetivo, seja do lado paterno ou do materno. 2º A inclusão de mais de um ascendente socioafetivo deverá tramitar pela via judicial". Dando amparo doutrinário a essa possibilidade de registro extrajudicial da multiparentalidade, cite-se o Enunciado n. 29 do IBDFAM, aprovado no *XII Congresso Brasileiro*, em outubro de 2019: "em havendo o reconhecimento da multiparentalidade, é possível a cumulação da parentalidade socioafetiva e da biológica no registro civil".

REFORMA DO CÓDIGO CIVIL: Confirmando-se toda a evolução doutrinária e jurisprudencial exposta nos meus comentários e anotações, a Comissão de Juristas propõe que todas as modalidades de parentesco sejam colocadas em um artigo inicial, com um sentido de equalização, sem que se reconheça qualquer hierarquia entre elas, exatamente como decidido pelo Supremo Tribunal Federal (STF, RE 898.060/SC, Tribunal Pleno, Rel. Min. Luiz Fux, j. 21.09.2016, publicado no seu *Informativo* n. *840*). Por isso se justifica o novo art. 1.512-A, prevendo o seu *caput* que "a relação de parentesco pode ter causa natural ou civil". Ademais, "o parentesco é natural se resultar de consanguinidade, ainda que o nascimento tenha sido propiciado por cessão temporária de útero" (§ 1º). Como é notório, resolveu-se incluir na codificação privada o tema da reprodução assistida, assunto que ainda será aqui analisado. Igualmente na linha da posição consolidada em doutrina e jurisprudência, inclui-se o § 2º no art. 1.512-A, prevendo que "o parentesco é civil, conforme resulte de socioafetividade, de adoção ou de reprodução assistida em que há a utilização de material genético de doador". Retira-se, portanto, o termo "outra origem", que é genérico, sendo necessária a definição do que seja o parentesco civil. Ademais, além dessas regras gerais, são incluídas previsões específicas sobre a parentalidade socioafetiva, entre os novos arts. 1.617-A e 1.617-C. De acordo com o novo 1.617-A, e na linha do entendimento jurisprudencial antes exposto, "a inexistência de vínculo genético não exclui a filiação se comprovada a presença de vínculo de socioafetividade". Em outras palavras, admite-se a multiparentalidade, com a presença de vínculos concomitantes, consanguíneo e socioafetivo, o que confirma tese julgada pelo STF, em repercussão geral, bem como o entendimento majoritário da doutrina e da jurisprudência. A respeito dos deveres parentais advindos da parentalidade socioafetiva, o novo art. 1.617-B passará a prever que "a socioafetividade não exclui nem limita a autoridade dos genitores naturais, sendo todos responsáveis pelo sustento, zelo e cuidado dos filhos em caso de multiparentalidade". Por fim, prevaleceu na Comissão de Juristas o entendimento, contra o meu voto, de que somente é possível o reconhecimento extrajudicial da parentalidade socioafetiva no âmbito judicial, o que afasta toda a regulamentação pelo Conselho Nacional de Justiça anteriormente comentada. Consoante o novo art. 1.617-C, "o reconhecimento de filiação socioafetiva de crianças, de adolescentes, bem como de incapazes, será feito por via judicial". Porém, para pessoas capazes e maiores de dezoito anos, havendo a concordância dos pais naturais, dos pais socioafetivos e do filho, o reconhecimento poderá ser feito extrajudicialmente, cabendo ao oficial do Registro Civil reconhecer a existência do vínculo de filiação e levá-lo a registro (§ 1º). Em casos de discordância de um ou de ambos os genitores naturais, o reconhecimento da multiparentalidade poderá ser buscado apenas judicialmente (§ 2º). Essas mudanças propostas, que acabaram prevalecendo pelo voto da maioria, farão que o Conselho Nacional de Justiça tenha que regulamentar novamente o tema.

Art. 1.594. Contam-se, na linha reta, os graus de parentesco pelo número de gerações, e, na colateral, também pelo número delas, subindo de um dos parentes até ao ascendente comum, e descendo até encontrar o outro parente.

COMENTÁRIOS DOUTRINÁRIOS: O dispositivo traz as formas de contagem de graus de parentesco na linha reta e na linha colateral ou transversal, sendo certo que a primeira já foi explicada, quando das anotações sobre o art. 1.591. Sobre a última, na linha colateral, conta-se o número de graus também de acordo com o número de gerações, subindo de um dos parentes até o ascendente comum, e descendo até encontrar o outro parente. Assim, a premissa fundamental é a seguinte: deve-se subir *ao máximo*, até o parente comum, para depois descer e encontrar o parente procurado. Primeiramente, ilustrando, qual é o grau de parentesco entre mim e minha irmã? Deve-se subir um grau até o pai ou mãe – ancestral comum –, para depois descer até a irmã. A conclusão é que o parentesco é *colateral em segundo grau*. O mínimo parentesco colateral existente é de segundo grau, justamente diante da regra de subir ao máximo, até o tronco comum, para depois descer. Não há, portanto, parentesco colateral de primeiro grau. Quanto aos irmãos, vale ainda dizer que estes podem ser classificados em *bilaterais* ou *germanos* – mesmo pai e mesma mãe –, e *unilaterais* – mesmo pai ou mesma mãe. Os *irmãos unilaterais* podem ser *uterinos* – mesma mãe e pais diferentes –, ou *consanguíneos* – mesmo pai e mães diferentes. Seguindo, qual é o grau de parentesco entre mim e meu tio? Deve-se subir dois graus até o avô ou avó, que é o ancestral comum. A atenção aqui deve ser redobrada, pois o erro mais comum, aqui, é subir até o pai ou mãe, o que não está correto. Repita-se que se deve subir até o avô ou avó, que é o tronco comum, para depois descer ao tio. Portanto, o parentesco é colateral de terceiro grau. Ato contínuo, percebe-se que o grau de parentesco entre primos – entre mim e o filho do meu tio –, é de quarto grau, o máximo previsto em lei. Seguindo na análise dos graus na linha colateral, o que desperta algumas dúvidas no meio jurídico, surge a questão: qual o grau de parentesco entre sobrinho-neto e tio-avô? No caso em questão, o ponto-chave está em escolher um papel ou personagem entre os dois. Escolherei ser o sobrinho-neto, o que torna a análise mais fácil. A pergunta então é: qual o grau de parentesco entre mim e o meu tio-avô, que é o irmão do meu avô? Deve-se subir o máximo, até o bisavô ou bisavó, que é parente em terceiro grau na linha reta ascendente, para então descer até o tio-avô. A resposta, portanto, é que o parentesco é colateral de quarto grau, mais uma vez o máximo previsto em lei. Superadas essas regras básicas, é fundamental ressaltar que o parentesco natural colateral ainda pode ser classificado em duas modalidades quanto à forma de contagem, o que remonta à *doutrina clássica* do Direito Civil. No *parentesco colateral igual*, a distância que separa os parentes do tronco comum é a mesma quanto ao número de gerações. É o que ocorre no parentesco entre irmãos, pois se sobe uma geração e desce-se também uma geração (*parentesco colateral de segundo grau igual*). Ocorre o mesmo no parentesco entre primos, pois se sobem duas gerações e descem-se duas gerações (*parentesco colateral de quarto grau igual*). Ademais, no *parentesco colateral desigual*, a distância que separa os parentes do tronco comum não é a mesma. Em outras palavras, a medida de subida de gerações não é igual à medida da descida. É o que acontece no parentesco entre tio e sobrinho (*parentesco colateral de terceiro grau desigual*: "subi dois e desci um") e sobrinho-neto e tio-avô (*parentesco de quarto grau desigual*: "subi três e desci um"). Por fim, o parentesco natural pode ainda ser duplicado. A título de exemplo, ilustre-se com a situação em que dois irmãos se casam com duas irmãs. Nessa situação, os filhos que nascerem dos dois casais serão parentes colaterais em linha duplicada.

REFORMA DO CÓDIGO CIVIL: Sugere-se que o teor do art. 1.594 do CC seja deslocado para os dispositivos introdutórios do livro de Direito de Família, sem alteração do conteúdo. Assim, teríamos o art. 1.512-E com a seguinte redação: "contam-se, na linha reta, os graus de parentesco pelo número de gerações e, na colateral, também pelo número delas, subindo de um dos parentes até o ascendente comum e descendo até encontrar o outro parente".

Art. 1.595. Cada cônjuge ou companheiro é aliado aos parentes do outro pelo vínculo da afinidade.

§ 1º O parentesco por afinidade limita-se aos ascendentes, aos descendentes e aos irmãos do cônjuge ou companheiro.

§ 2º Na linha reta, a afinidade não se extingue com a dissolução do casamento ou da união estável.

COMENTÁRIOS DOUTRINÁRIOS: Como visto, o parentesco por afinidade é aquele existente entre um cônjuge ou companheiro e os parentes do outro cônjuge ou companheiro. Pontuo novamente que marido e mulher e companheiros ou conviventes não são parentes entre si, havendo vínculo de outra natureza, decorrente da conjugalidade ou convivência; e que a grande inovação do Código Civil de 2002 é reconhecer o parentesco de afinidade decorrente da união estável. Além disso, a lei prevê que o parentesco por afinidade se limita aos ascendentes, aos descendentes e aos irmãos do cônjuge ou companheiro. Na linha reta, até o infinito, a afinidade não se extingue com a dissolução do casamento ou da união estável. Por isso, é que se afirma que *sogra é para a vida inteira*. Esclarecendo a contagem do parentesco por afinidade, estará presente na linha reta ascendente em relação à sogra, à mãe da sogra, à avó da sogra, e assim sucessivamente até o infinito. O mesmo deve ser dito em relação ao sogro, ao pai do sogro, ao avô do sogro, e assim de forma sucessiva. Para baixo, haverá parentesco por afinidade na linha reta descendente em relação ao enteado, ao filho do enteado, ao neto do enteado etc. Aqui estão presentes os impedimentos matrimoniais como visto, nos termos do art. 1.521, inc. II, do CC, eis que não se extingue o vínculo, mesmo que com a dissolução da sociedade conjugal ou da união estável. No que concerne ao parentesco por afinidade colateral, aquele existente entre cunhados – irmã ou irmão do cônjuge ou companheiro –, não há qualquer impedimento matrimonial. Por isso, cunhados podem ser casar livremente. O mesmo deve ser dito em relação aos enteados entre si. Esclarecendo, imagine-se que um homem, que tem um filho de um relacionamento anterior, casa-se com uma mulher que tem uma filha, igualmente de outra relação. Esses filhos podem se casar, não havendo impedimento decorrente da lei, sendo ambos afins colaterais. De toda sorte, com a constante valorização da parentalidade socioafetiva, fica em xeque tal possibilidade de casamento, sob os enfoques moral e ético, se houver um vínculo de irmandade socioafetiva construído entre eles. Vale o contra-argumento segundo o qual os impedimentos matrimoniais, obrigatoriamente, devem decorrer da norma jurídica. Eis uma situação concreta que deve ser debatida mais profundamente nos próximos anos, em especial diante da decisão da tão citada decisão do STF que reconheceu, de forma consolidada, ser o vínculo socioafetivo formador de parentesco civil. O meu entendimento doutrinário, repise-se, é no sentido de se impor o impedimento matrimonial em relação aos irmãos socioafetivos.

JURISPRUDÊNCIA COMENTADA: Reconhecendo que o parentesco por afinidade colateral é extinto com a morte, a afastar a legitimidade para a abertura da sucessão: "Parentesco por afinidade na linha colateral que se extingue com a morte de um dos cônjuges e, consequentemente, implica na ausência de direitos sucessórios. Artigo 1.595, § 2º, do Código Civil. Ilegitimidade ativa bem reconhecida" (TJSP, Apelação 1001214-15.2014.8.26.0003, Acórdão 8103395, 4.ª Câmara de Direito Privado, São Paulo, Rel. Des. Maia da Cunha, j. 11.12.2014, *DJESP* 23.01.2015).

REFORMA DO CÓDIGO CIVIL: A regulamentação do parentesco por afinidade é deslocada para o art. 1.512-F, no tópico que abrirá o livro de Direito de Família. Nesse contexto, com ajustes de redação para mencionar o convivente, e não mais o companheiro, bem como o divórcio, ao final, o comando preverá o seguinte: "Cada cônjuge ou convivente, no casamento ou na união estável, é aliado aos parentes do outro pelo vínculo da afinidade. § 1º A afinidade limita-se aos ascendentes, aos descendentes, qualquer que seja o grau, e aos irmãos do cônjuge ou convivente. § 2º Na linha reta, a afinidade não se extingue com o divórcio ou com a dissolução da união estável". Como se pode notar, no seu conteúdo e na sua efetividade prática, não há qualquer alteração da norma. Como última regra do tópico relativo ao parentesco, também se propõe a inclusão de um novo e necessário art. 1.512-G, para expressar, na linha dos comentários, que "cônjuges e conviventes não são parentes, mas parceiros de comunhão de vida por decorrência de casamento ou de união estável, presente o vínculo conjugal ou convivencial". Conforme antes pontuado, o vínculo convivencial é aquele decorrente da união estável, e não de outra entidade familiar, como de forma totalmente equivocada alguns chegaram a interpretar. Inclui-se ainda um parágrafo único no último preceito, enunciando que "os filhos provindos de outros relacionamentos do cônjuge ou do convivente são enteados e desse fato não decorre, por si só e necessariamente, vínculo de filiação socioafetiva". Prevaleceu na Comissão de Juristas essa afirmação, no sentido de não se poder presumir o vínculo socioafetivo da relação entre padrastos, madrastas e enteados, entendimento com o qual concordo totalmente. Sempre é preciso demonstrar, no caso concreto, a presença dos elementos da *posse de estado de filhos* antes expostos: tratamento, reputação e nome. Portanto, a última previsão legal proposta é mais do que necessária, diante de várias confusões verificadas na prática, entre padrasto, madrasta e pais socioafetivos.

CAPÍTULO II
DA FILIAÇÃO

Art. 1.596. Os filhos, havidos ou não da relação de casamento, ou por adoção, terão os mesmos direitos e qualificações, proibidas quaisquer designações discriminatórias relativas à filiação.

COMENTÁRIOS DOUTRINÁRIOS: A filiação pode ser conceituada como a relação jurídica decorrente do parentesco por consanguinidade ou outra origem, estabelecida particularmente entre os ascendentes e descendentes de primeiro grau. Em suma, trata-se da relação jurídica existente entre os pais e os filhos, sendo certo que sigo a afirmação doutrinária e jurisprudencial no sentido de ser o direito à filiação um direito fundamental, retirado da cláusula geral de tutela da pessoa humana prevista no art. 1º, inc. III, da Constituição Federal. A norma em comento repete o art. 227, § 6º, da CF/1988, consagrando o princípio da igualdade entre os filhos, uma vez que os filhos, havidos ou não da relação de casamento, ou por adoção terão os mesmos direitos e qualificações. As normas também proíbem quaisquer designações discriminatórias relativas à filiação. Esses comandos legais regulamentam especificamente na ordem familiar a isonomia constitucional, ou igualdade em sentido amplo, constante do art. 5º, *caput*, da CF/1988, um dos princípios do Direito Civil Constitucional ("Todos são iguais perante a lei, sem distinção de qualquer natureza, garantindo-se aos brasileiros e aos estrangeiros residentes no País a inviolabilidade do direito à vida, à liberdade, à igualdade, à segurança e à propriedade, nos termos seguintes"). Está superada, nessa ordem de ideias, a antiga discriminação de filhos que constava da codificação anterior, principalmente do art. 332 do CC/1916, cuja lamentável redação era a seguinte: "O parentesco é legítimo, ou ilegítimo, segundo procede, ou não de casamento; natural, ou civil, conforme resultar de consanguinidade, ou adoção". Como é notório, este dispositivo já havia sido revogado pela Lei n. 8.560/1992, que regulamentou a investigação de paternidade dos filhos havidos fora do casamento. Em suma, juridicamente, todos os filhos são iguais perante a lei, havidos ou não durante o casamento. Essa igualdade abrange também os filhos adotivos, os filhos socioafetivos e aqueles havidos por técnica de reprodução assistida heteróloga, com material genético de terceiro. Diante disso, não se pode mais utilizar as odiosas expressões *filho adulterino* ou *filho incestuoso* que são discriminatórias. Igualmente, não podem ser utilizadas, em hipótese alguma, as expressões *filho espúrio* ou *filho bastardo*, comuns em passado não tão remoto. Apenas para fins didáticos utiliza-se o termo *filho havido fora do casamento*, eis que, juridicamente, todos são iguais. Isso repercute tanto no campo patrimonial quanto no pessoal, não sendo admitida qualquer forma de distinção jurídica, sob as penas da lei. Trata-se, desse modo, na ótica familiar, da primeira e mais importante especialidade da isonomia constitucional.

JURISPRUDÊNCIA COMENTADA: Reitere-se que o julgamento do STF sobre a repercussão geral da parentalidade socioafetiva confirmou o princípio da igualdade entre filhos, estendendo esse regramento constitucional para os filhos advindos da posse de estado (publicado no *Informativo* n. *840* da Corte). Em julgado impactante, o Tribunal de Justiça do Pará utilizou o princípio em questão para afastar a possibilidade de um pai desfazer o vínculo de parentalidade em relação ao seu filho, alegando falta de convivência e de vínculo biológico: "Pretende o apelante a declaração de nulidade do registro de filiação do apelado, haja vista que embora o tenha registrado, jamais manteve com o filho qualquer vínculo, seja biológico ou afetivo. Por objetivar a proteção à pessoa dos filhos, o art. 1.596 do Código Civil vedou qualquer discriminação com relação aos filhos havidos ou não da relação de casamento ou aqueles que forem adotivos. Portanto, por força do art. 1.609, do Código Civil, o reconhecimento da filiação é irrevogável, exceto nos casos em que haja comprovado erro ou falsidade do registro, de acordo com o art. 1.604, também do Código Civil. Denota-se das peças produzidas pelo apelante e mesmo da sua oitiva em audiência que o registro se deu por livre e espontânea vontade, sem qualquer vício em seu consentimento, tendo este afirmado que não houve ameaça por parte dos avós maternos do requerido; que o requerente concedeu o registro de livre e espontânea vontade. Sendo assim, estando cristalino que o ato de registro do filho se deu por livre e espontânea vontade e sem qualquer vício, este ato é irrevogável, motivo pelo qual a sentença deve ser mantida em sua íntegra" (TJPA, Apelação Cível 0035018-37.2013.8.14.0301, Acórdão 196876, 1.ª Turma de Direito Privado, Belém, Rel. Des. Gleide Pereira de Moura, j. 16.10.2018, *DJPA* 18.10.2018, p. 295). Sobre a pretensão de um pai de que a sua filha reconhecida judicialmente não utilizasse o seu sobrenome, bem julgou o Tribunal de Santa Catarina, com base na igualdade entre filhos e do seguinte modo: "Irresignação somente em relação ao patronímico e o valor fixado a título de alimentos. Inclusão do patronímico paterno ao nome da menor. Apelido de família que deve corresponder àquele utilizado pelos demais herdeiros do investigado. Nítido intento do recorrente de discriminar a filha havida fora do casamento. Impossibilidade. Exegese do artigo 227, § 6º da Constituição Federal. [...]. Tratando-se o nome de um direito personalíssimo, o filho deve receber o patronímico paterno utilizado pelos demais herdeiros, o qual é indicativo do tronco familiar. Entender o contrário seria permitir um ato discriminatório contra a filha havida fora do casamento, o que é vedado, conforme artigo 227, § 6º, da Constituição Federal, cujo citado preceito foi reprisado no artigo 1.596, do Código Civil" (TJSC, Apelação Cível 2014.049546-0, 3.ª Câmara de Direito Civil, Palhoça, Rel. Juiz Saul Steil, j. 10.03.2015, *DJSC* 16.03.2015, p. 109). Sobre a afirmação de ser o direito à filiação um direito fundamental, transcrevo, por todos e do Superior Tribunal de Justiça: "Os direitos à filiação, à identidade genética e à busca pela ancestralidade integram uma parcela significativa dos direitos da personalidade e são elementos indissociáveis do conceito de dignidade da pessoa humana, impondo ao Estado o dever de tutelá-los e de salvaguardá-los de forma integral e especial, a fim de que todos, indistintamente, possuam o direito de ter esclarecida a sua verdade biológica" (STJ, REsp 1.632.750/SP, 3.ª Turma, Rel. Min. Moura Ribeiro, Rel. p/ Acórdão Min. Nancy Andrighi, j. 24.10.2017, *DJe* 13.11.2017).

REFORMA DO CÓDIGO CIVIL: De forma mais técnica e abrangente, não importando a sua origem, a Comissão de Juristas recomenda que o art. 1.596 do CC passe a prever o seguinte, a respeito do princípio da igualdade entre os filhos: "os filhos, independentemente de sua origem, terão os mesmos direitos e qualificações, proibidas quaisquer designações discriminatórias relativas à filiação". Em todo o Anteprojeto são evitadas qualificações quanto aos filhos, como a expressão "filho havido fora do casamento", o que concretiza de forma definitiva o princípio da isonomia ou da *igualdade substancial*, retirado do art. 5º do Texto Maior.

Art. 1.597. Presumem-se concebidos na constância do casamento os filhos:

I – nascidos cento e oitenta dias, pelo menos, depois de estabelecida a convivência conjugal;

II – nascidos nos trezentos dias subsequentes à dissolução da sociedade conjugal, por morte, separação judicial, nulidade e anulação do casamento;

III – havidos por fecundação artificial homóloga, mesmo que falecido o marido;

IV – havidos, a qualquer tempo, quando se tratar de embriões excedentários, decorrentes de concepção artificial homóloga;

V – havidos por inseminação artificial heteróloga, desde que tenha prévia autorização do marido.

COMENTÁRIOS DOUTRINÁRIOS: O art. 1.597 do CC/2002 consagra as antigas presunções de paternidade decorrentes do casamento (*pater is est quem nuptiae demonstrant*), ao lado de novas presunções, que não estavam na codificação anterior, relacionadas a técnicas de reprodução assistida. Pela exatidão da norma, existem *cinco presunções* de concepção de filhos durante o casamento. Na primeira delas, mencionam-se os filhos nascidos 180 dias, pelo menos, depois de estabelecida a convivência conjugal. A presunção leva em conta o início do casamento, constituindo uma presunção relativa ou *iuris tantum*, que admite prova em contrário, principalmente pelo exame de DNA. Tal meio de prova, que traz certeza quase absoluta do vínculo parental, fez com que as antigas presunções de paternidade se desatualizassem, prevalecendo nos casos de dúvidas concretas e práticas quanto à filiação. Como segunda previsão legal, são também presumidos como concebidos durante o casamento, os filhos nascidos nos 300 dias subsequentes à dissolução da sociedade conjugal, por morte, separação judicial, nulidade e anulação do casamento. Anote-se que não há mais a separação judicial, podendo o termo ser substituído por divórcio, eis que não há mais prazos para este. Essa presunção relativa ou *iuris tantum* leva em conta o fim do vínculo entre os pais. Mais uma vez, a presunção perdeu força pela prova via DNA. Como terceira regra, presumem-se concebidos durante o casamento os filhos havidos por fecundação artificial homóloga, mesmo que falecido o marido. A técnica de reprodução assistida homóloga é aquela que envolve material genético dos próprios cônjuges. Há quem entenda que a parte final do dispositivo ao utilizar a locução "mesmo que falecido o marido" é inconstitucional, por violar o princípio da paternidade responsável retirado do art. 226, § 7º, do Texto Maior. Nessa linha de pensamento, pelo Enunciado n. 127 da *I Jornada de Direito Civil*, há proposta de alterar o inc. III do art. 1.597 para constar "havidos por fecundação artificial homóloga", retirando-se menção ao falecimento do marido. A questão é muito polêmica, pois do outro lado coloca-se o direito da mãe de ter e cuidar do filho sozinha, de seu marido já falecido, fazendo uma produção independente, o que deve prevalecer, no meu entendimento. Em complemento, o Enunciado n. 106 do Conselho da Justiça Federal determina que, "para que seja presumida a paternidade do marido falecido, será obrigatório que a mulher, ao se submeter a uma das técnicas de reprodução assistida com o material genético do falecido, esteja na condição de viúva, sendo obrigatório, ainda, que haja autorização escrita do marido para que utilize seu material genético após sua morte". Anote-se que a Resolução n. 1.957, de 15 de dezembro de 2010, do Conselho Federal de Medicina, já admitia a técnica em caso de falecimento, desde que houvesse prévia autorização do falecido. Em maio de 2013, a citada norma foi revogada pela Resolução n. 2.013, que estabeleceu a mesma premissa. Em setembro de 2015, a Resolução n. 2.121 do CFM substituiu a anterior, de 2013, também tratando da reprodução assistida *post mortem*. A Resolução n. 2.168, em novembro de 2017, tratou igualmente da temática, tendo sido substituída pela Resolução n. 2.294/2021 e depois pela Resolução n. 2.320, de setembro de 2022, sendo esta última a que está em vigor no presente momento, com o mesmo texto anterior: "é permitida a reprodução assistida *post mortem* desde que haja autorização prévia específica do(a) falecido(a) para o uso do material biológico criopreservado, de acordo com a legislação vigente". Cumpre anotar que a principal inovação da nova norma ético-médica de 2022 foi a de mitigar a limitação para a reprodução assistida por mulheres com idade superior a 50 anos, o que foi muito debatido nos últimos anos. Pontue-se, ainda, que o antigo Provimento n. 63/2017 do CNJ, que substituiu o Provimento n. 52/2016 igualmente admite a reprodução assistida *post mortem*, exigindo a autorização prévia específica do falecido ou falecida para o uso do seu material genético. Conforme o seu art. 17, § 2º, "nas hipóteses de reprodução assistida *post mortem*, além dos documentos elencados nos incisos do *caput* deste artigo, conforme o caso, deverá ser apresentado termo de autorização prévia específica do falecido ou falecida para uso do material biológico preservado, lavrado por instrumento público ou particular com firma reconhecida". Em 2023, a norma foi incluída no Código Nacional de Normas do próprio CNJ, estando prevista no seu art. 513, § 2º. Em verdade, todo o tratamento da reprodução assistida e suas repercussões para os Cartórios de Registro Civil das Pessoas Naturais foram incorporados nessa norma geral, estando previstos entre os seus arts. 512 e 515. Houve uma redução de burocracias, sistemática ora mantida, pois o Provimento n. 52/2016 admitia apenas a escritura pública, lavrada em Tabelionato de Notas, para tais fins. Anote-se novamente que o Provimento n. 83/2019 do próprio CNJ modificou o Provimento n. 63/2017, mas somente quanto à parentalidade socioafetiva e à multiparentalidade, em nada alterando o tratamento do tema da reprodução assistida, o que foi confirmado pelo Código Nacional de Normas do CNJ. Seguindo, o quarto inciso do dispositivo em comentário, prevê que se presumem como concebidos os filhos havidos, a qualquer tempo, quando se tratar de embriões excedentários, decorrentes de concepção artificial homóloga. Esses embriões são os decorrentes da manipulação genética, mas que não foram introduzidos no ventre materno, estando crioconservados em clínicas de reprodução assistida. A fecundação, em casos tais, ocorre *in vitro*, na proveta, por meio da técnica ZIFT, ou seja, a fecundação ocorre fora do corpo da mulher. Há ainda a técnica GIFT, que não é o caso, em que o gameta masculino é introduzido artificialmente no corpo da mulher, onde ocorre a fecundação. Como última previsão da norma, são presumidos como concebidos durante o casamento os filhos havidos por inseminação artificial heteróloga, desde que tenha prévia autorização do marido. Trata-se da técnica de reprodução assistida efetivada com material genético de terceiro, geralmente sêmen doado por outro homem. Várias questões controvertidas práticas envolvendo o biodireito e a bioética surgem em decorrência dos últimos três incisos do art. 1.597 do CC, que não tratou propriamente da reprodução assistida, mas apenas das presunções de parentalidade dela decorrentes, havendo um vazio legislativo sobre o tema no Brasil. Vejamos apenas algumas delas, dentro das propostas desta obra de comentários ao Código Civil. De início, conforme a melhor doutrina, as presunções dos incs. III, IV e V do art. 1.597 devem ser aplicadas à união estável. Consolidando tal forma de pensar, na *VI Jornada de Direito Civil* foi aprovado o Enunciado n. 570, *in verbis*: "O reconhecimento de filho havido em união estável fruto de técnica de reprodução assistida heteróloga 'a patre' consentida expressamente pelo companheiro representa a formalização do vínculo jurídico de paternidade-filiação, cuja constituição se deu no momento do início da gravidez da companheira". Não só sobre esses incisos do comando, mas quanto aos dois primeiros, na *I Jornada de Direito Notarial e Registral*, promovida pelo Conselho da Justiça Federal e pelo Superior Tribunal de Justiça em agosto de 2022, aprovou-se ementa doutrinária prevendo que "a presunção de paternidade, prevista no art. 1.597 do Código Civil, aplica-se aos conviventes em união estável, desde que esta esteja previamente registrada no Livro E do Registro Civil das Pessoas Naturais da Sede, ou, onde houver, no 1º Subdistrito da Comarca, nos termos do Provimento CNJ n. 37/2014" (Enunciado n. 7). Após refletir sobre o tema, concluo que o enunciado doutrinário é perfeito e está de acordo com o que prevê a Lei do SERP, com a necessária equiparação da união estável que esteja registrada ao casamento. A doutrina sempre debateu a possibilidade jurídica da técnica de reprodução assistida heteróloga em casos de união homoafetiva, sendo a resposta prevalecente positiva, diante da decisão do STF que passou a admitir tal entidade familiar (ADPF 132/RJ e ADI 4.277/DF). A interpretação da Resolução CFM n. 1.957/2010 já conduzia a tal possibilidade, pois mencionava que qualquer pessoa capaz poderia fazer uso da técnica de reprodução assistida. Destaco que a Resolução n. 2.294/2021 do CFM, em substituição às Resoluções n. 2.168/2017, n. 2.121/2015 e n. 2.013/2013, que já traziam tal possibilidade, era clara, afastando qualquer dúvida, ao expressar que "é permitido o uso das técnicas de RA para heterossexuais, homoafetivos e transgêneros. É permitida a gestação compartilhada em união homoafetiva feminina. Considera-se gestação compartilhada a situação em que o embrião obtido a partir da fecundação do(s) oócito(s) de uma mulher é transferido para o útero de sua parceira". Pontue-se que a última frase, a respeito do casal homoafetivo feminino e da gestação compartilhada, não constava da anterior Resolução n. 2.121/2015, tendo sido incluída na norma de 2021 a menção expressa à *pessoa trans*. De todo modo, a Resolução n. 2.320/2022 não traz mais os trechos destacados, sobretudo a regra que mencionava expressamente as pessoas homoafetivas e trans. De todo modo, diante do reconhecimento constitucional das uniões homoafetivas e da pluralidade das entidades familiares, não se pode afastar o direito dessas pessoas fazerem uso das técnicas de reprodução assistida, até porque a resolução em vigor menciona os casais homoafetivos femininos no seu item II.2 ("é permitida a gestação compartilhada em união homoafetiva feminina. Considera-se gestação compartilhada a situação em que o embrião obtido a partir da fecundação do(s) oócito(s) de uma mulher é transferido para o útero de sua parceira"). Pensar o contrário representaria um enorme retrocesso. No âmbito da doutrina, concluindo da mesma maneira, destaque-se enunciado aprovado na *VII Jornada de Direito Civil*, promovida em 2015, com a seguinte redação: "É possível o registro de nascimento dos filhos de pessoas do mesmo sexo originários de reprodução assistida, diretamente no Cartório de Registro Civil, sendo dispensável a propositura de ação judicial, nos termos da regulamentação da Corregedoria local" (Enunciado n. 608). No mesmo caminho, o Enunciado n. 12 do IBDFAM, aprovado no seu *X Congresso*, do mesmo ano: "É possível o registro de nascimento dos filhos de casais homoafetivos, havidos de reprodução assistida, diretamente no Cartório do Registro Civil". Sobre a incidência da presunção prevista no art. 1.597, inc. V, do Código Civil, no *XIV Congresso Brasileiro do IBDFAM*, em 2023, aprovou-se, de forma correta, o Enunciado n. 54, segundo o qual "a presunção de filiação prevista no artigo 1.597, inciso V, do Código Civil, também se aplica aos casais homoafetivos". Como se nota, os enunciados doutrinários possibilitam o registro dos filhos havidos de técnica de reprodução assistida engendrada por casais homoafetivos, sem ação judicial, o que é um passo decisivo para a saudável desjudicialização das contendas. No mesmo sentido, o anterior Provimento n. 63/2017 do CNJ igualmente trata e regulamenta o registro dos filhos havidos de técnica de reprodução assistida nas hipóteses de casais homoafetivos, o que já era admitido pelo Provimento 52/2016, do mesmo órgão. As regras foram todas incorporadas pelo Código Nacional de Normas do próprio CNJ, em 2023. Nos termos do art. 512 da última norma administrativa em vigor, "o assento de nascimento de filho havido por técnicas de reprodução assistida será inscrito no Livro A, independentemente de prévia autorização judicial e observada a legislação em vigor no que for pertinente, mediante o comparecimento de ambos os pais, munidos de documentação exigida por este Capítulo". Também está previsto que se os pais forem casados ou conviverem em união estável, poderá somente um deles comparecer ao ato de registro, desde que apresente a documentação exigida, comentada a seguir. No caso de filhos de casais homoafetivos, o assento de nascimento deverá ser adequado para que constem os nomes dos ascendentes, sem referência à distinção quanto à ascendência paterna ou materna. Alterando-se o assunto, em relação à técnica de reprodução assistida heteróloga, não caberá revogação da autorização por parte do marido ou companheiro após o emprego da técnica. Quatro são os argumentos jurídicos principais para tal conclusão: 1º) aplicação do princípio da igualdade entre filhos, o que atinge aqueles decorrentes da técnica de reprodução assistida (art. 227, § 6º, da CF/1988 e art. 1.596 do CC); 2º) incidência do princípio do melhor interesse da criança (art. 227, *caput*, da CF/1988); 3º) havendo emprego da técnica, a presunção passa a ser absoluta ou *iure et de iure*, conforme o Enunciado n. 258 do Conselho da Justiça Federal ("Não cabe a ação prevista no art. 1.601 do Código Civil se a filiação tiver origem em procriação assistida heteróloga, autorizada pelo marido nos termos do inc. V do art. 1.597, cuja paternidade configura presunção absoluta"); 4º) aplicação da máxima que veda o comportamento contraditório, relacionada à boa-fé objetiva, em proteção ao filho (*venire contra factum proprium*). Ainda nas hipóteses de técnica de reprodução assistida heteróloga, prevalece o entendimento de impossibilidade de quebra de sigilo do doador do material genético, mesmo nos casos de desamparo do filho. Nesse sentido, o Enunciado n. 111 da *I Jornada de Direito Civil*, que prevê o fundamento para tal conclusão: "A adoção e a reprodução assistida heteróloga atribuem a condição de filho ao adotado e à criança resultante de técnica conceptiva heteróloga; porém, enquanto na adoção haverá o desligamento dos vínculos entre o adotado e seus parentes consanguíneos, na reprodução assistida heteróloga sequer será estabelecido o vínculo de parentesco entre a criança e o doador do material fecundante". Nesse contexto, não cabe eventual ação de investigação de paternidade contra o doador, inclusive para se pleitear alimentos ou direitos sucessórios do último. Anote-se que a atual Resolução n. 2.320/2022 do Conselho Federal de Medicina, confirmando o que estava nas Resoluções n. 2.294/2021, n. 2.168/2017, n. 2.121/2015 e n. 2.013/2013, do mesmo modo protege o sigilo do doador. Como palavras finais para o tema, o Provimento 52 do CNJ, de março de 2016, acabou por quebrar o debatido sigilo, pois exigia a documentação relativa ao doador do material genético na reprodução assistida e também do seu cônjuge ou companheiro, o que poderia colocar em xeque a reprodução assistida heteróloga, afrontando a intimidade do doador do material genético (art. 2º, § 1º). Ora, conjugando-se a tese do julgamento do STF sobre a parentalidade socioafetiva com o teor da norma administrativa que então estava em vigor, os filhos havidos da técnica heteróloga poderiam eventualmente buscar o seu vínculo biológico genético com o doador do material genético e para todos os fins, o que representava sérios riscos para a efetividade futura da reprodução assistida. Entretanto, felizmente, o novo Provimento n. 63/2017 do CNJ retirou todas as menções à quebra do sigilo, o que veio em boa hora, tendo sido a norma administrativa anterior revogada expressamente. Essa realidade foi igualmente mantida pelo Código Nacional de Normas do CNJ. Reiteramos que a tese do julgamento do STF não pode incidir para a reprodução assistida, sob pena de inviabilizá-la. Por fim, sobre o tema da gestação de substituição, algumas ponderações devem ser feitas. De início, conforme o Enunciado n. 257 do Conselho da Justiça Federal e da *III Jornada de Direito Civil*, as presunções constantes do art. 1.597, incs. III, IV e V, do CC, devem ser interpretadas restritivamente, não abrangendo a utilização de óvulos doados e a gestação de substituição. De *lege ferenda*, o Enunciado n. 129 do Conselho da Justiça Federal faz proposição para inclusão de um dispositivo, nos seguintes termos: "Art.

1.597-A. A maternidade será presumida pela gestação. Parágrafo único. Nos casos de utilização das técnicas de reprodução assistida, a maternidade será estabelecida em favor daquela que forneceu o material genético, ou que, tendo planejado a gestação, valeu-se da técnica de reprodução assistida heteróloga". Pela vigente Resolução n. 2.320/2022, do Conselho Federal de Medicina, admite-se no Brasil a gestação de substituição, somente a título gratuito, o que é confirmado pelo Provimento n. 63/2017 do CNJ e pelo seu atual Código Nacional de Normas. Assim, pode-se dizer, com tom didático, que não há uma *barriga de aluguel*, como se afirma nos meios populares; mas um comodato de barriga (empréstimo). Ainda nos termos da citada resolução médica, o empréstimo ou a doação temporária de útero apenas é admitido no âmbito familiar, em um parentesco até o quarto grau. Já por força das anteriores Resoluções n. 2.294/2021, n. 2.168/2017, n. 2.121/2015 e n. 2.013/2013, houve uma ampliação do parentesco, que antes era até o segundo grau, em decorrência da revogada Resolução n. 1.957/2010, todas do Conselho Federal de Medicina. Em suma, conforme a recente Resolução n. 2.320/2022 do Conselho Federal de Medicina, a cedente temporária de útero deve ter ao menos um filho vivo. Também está expresso que a cedente temporária do útero deve pertencer à família de um dos parceiros em parentesco consanguíneo até o quarto grau (primeiro grau: pais e filhos; segundo grau: avós e irmãos; terceiro grau: tios e sobrinhos; quarto grau: primos). Na impossibilidade de se atender ao último item deverá ser solicitada autorização do próprio Conselho Regional de Medicina. Pontue-se, que a anterior Resolução n. 2.168/2017 manteve a regra a respeito do limite do parentesco, uma vez que as resoluções anteriores à de 2013 estabeleciam o limite de parentesco ao segundo grau, englobando apenas mães e filhas e irmãs. Em tal aspecto, a ampliação foi considerável, chegando até o parentesco de quarto grau, de qualquer um dos parceiros. Todavia, não há mais menção expressa, nesse item e desde 2015, ao limite de 50 anos de idade para as mulheres que se submetem à reprodução assistida, sendo essa uma das principais novidades das três últimas resoluções do CFM. É verdade que a atual Resolução n. 2.320/2022, a exemplo das duas anteriores, estabelece como regra que a idade máxima das candidatas à gestação por técnicas de RA é de 50 anos. Porém, há uma ressalva logo em seguida com a seguinte dicção: "as exceções a esse limite são aceitas com base em critérios técnicos e científicos, fundamentados pelo médico responsável, sobre a ausência de comorbidades não relacionadas à infertilidade da mulher e após esclarecimento ao(s) candidato(s) sobre os riscos envolvidos para a paciente e para os descendentes eventualmente gerados a partir da intervenção, respeitando a autonomia da paciente e do médico". Como é notório, já existiam julgados que afastavam tal limite de idade para as mulheres, por ser atentatório aos seus direitos. Ademais, a inclusão a respeito dos demais casos, além do parentesco, abre a possibilidade de gestação de substituição planejada por casais homoafetivos femininos, na linha de regra anterior aqui antes comentada, o que é plenamente possível, no âmbito ético-médico. No âmbito jurídico, a resposta também parece ser positiva, pois a tendência doutrinária e jurisprudencial continua sendo a de admitir a família homoafetiva para todos os fins civis, na linha da tão comentada decisão do Supremo Tribunal Federal, do ano de 2011. Seguindo, cabe lembrar que a doadora do material genético é a *genetrix*; enquanto a mulher que gera é a *gestatrix*. Na linha do Enunciado n. 129 da *I Jornada de Direito Civil*, que representa o entendimento da doutrina majoritária, deve-se concluir que a mãe será aquela que forneceu o material genético (*genetrix*). Discutia-se no Brasil a possibilidade de mulheres que não são parentes fazerem uso da gestação de substituição. Debatia-se, nesse contexto, se duas companheiras homoafetivas poderiam se submeter à técnica, cumulada com a inseminação heteróloga, utilizando material genético de terceiro. A tese da admissão acabou se concretizando com a citada decisão do STF de reconhecimento da união homoafetiva como entidade familiar equiparada à união estável (*Informativo* n. *625* do STF). Repise-se que do mesmo modo dispõe expressamente a Resolução n. 2.320/2022, do CFM, assim como já faziam as anteriores Resoluções n. 2.94/2021, n. 2.168/2017, n. 2.121/2015 e n. 2.013/2013 do mesmo Órgão. Por fim, parte considerável da doutrina tem entendido pela possibilidade de emprego da gestação de substituição *post mortem*, desde que haja prévia autorização da esposa e companheira, o que conta com o nosso apoio. Nesse sentido, o Enunciado n. 633 da *VIII Jornada de Direito Civil*, de 2018: "É possível ao viúvo ou ao companheiro sobrevivente, o acesso à técnica de reprodução assistida póstuma – por meio da maternidade de substituição, desde que haja expresso consentimento manifestado em vida pela sua esposa ou companheira". Como se pode perceber, de fato, há hoje um *vácuo legislativo* a respeito da reprodução assistida, com muitas dúvidas e polêmicas, sendo necessário incluir o tema no Código Civil, o que é almejado pelo processo de Reforma, ora em tramitação no Senado Federal.

JURISPRUDÊNCIA COMENTADA: Na linha do que comentei, o STJ já concluiu que os dois primeiros incisos do art. 1.597 também se aplicam à união estável, o que deve ser estendido para todas as previsões da norma. Conforme o seu teor, "a presunção de concepção dos filhos na constância do casamento prevista no art. 1.597, II, do CC se estende à união estável. Para a identificação da união estável como entidade familiar, exige-se a convivência pública, contínua e duradoura estabelecida com o objetivo de constituição de família com atenção aos deveres de lealdade, respeito, assistência, de guarda, sustento e educação dos filhos em comum. O art. 1.597, II, do CC dispõe que os filhos nascidos nos trezentos dias subsequentes à dissolução da sociedade conjugal presumem-se concebidos na constância do casamento. Assim, admitida pelo ordenamento jurídico pátrio (art. 1.723 do CC), inclusive pela CF (art. 226, § 3º), a união estável e reconhecendo-se nela a existência de entidade familiar, aplicam-se as disposições contidas no art. 1.597, II, do CC ao regime de união estável" (STJ, REsp 1.194.059/SP, Rel. Min. Massami Uyeda, j. 06.11.2012, publicado no seu *Informativo* n. *508*). No mesmo sentido, o Provimento 63/2017 e o Código Nacional de Normas do Conselho Nacional de Justiça fazem menção à união estável. Essa realmente parece ser a melhor conclusão. Primeiro, porque não há vedação de aplicação da norma por analogia, pois não se trata de norma restritiva da autonomia privada. Segundo, a união estável é entidade familiar protegida no Texto Maior, o que deve abranger os filhos havidos dessa união. Sobre a possibilidade de companheiros homoafetivos fazerem uso das técnicas de reprodução assistida, no âmbito da jurisprudência do Superior Tribunal de Justiça pode ser encontrado aresto que admitiu a adoção unilateral por companheira homoafetiva de mulher que havia se submetido a reprodução assistida heteróloga. Nos termos da publicação do acórdão, "a adoção unilateral prevista no art. 41, § 1º, do ECA pode ser concedida à companheira da mãe biológica da adotanda, para que ambas as companheiras passem a ostentar a condição de mães, na hipótese em que a menor tenha sido fruto de inseminação artificial heteróloga, com doador desconhecido, previamente planejada pelo casal no âmbito de união estável homoafetiva, presente, ademais, a anuência da mãe biológica, desde que inexista prejuízo para a adotanda. O STF decidiu ser plena a equiparação das uniões estáveis homoafetivas às uniões estáveis heteroafetivas, o que trouxe, como consequência, a extensão automática das prerrogativas já outorgadas aos companheiros da união estável tradicional àqueles que vivenciem uma união estável homoafetiva. Assim, se a adoção unilateral de menor é possível ao extrato heterossexual da população, também o é à fração homossexual da sociedade. Deve-se advertir, contudo, que o pedido de adoção se submete à norma-princípio fixada no art. 43 do ECA, segundo a qual 'a adoção será deferida quando apresentar reais vantagens para o adotando'. Nesse contexto, estudos feitos no âmbito da Psicologia afirmam que pesquisas têm demonstrado que os filhos de pais ou mães homossexuais não apresentam comprometimento e problemas em seu desenvolvimento psicossocial quando comparados com filhos de pais e mães heterossexuais. Dessa forma, a referida adoção somente se mostra possível no caso de inexistir prejuízo para a adotanda" (STJ, REsp 1.281.093/SP, 3.ª Turma, Rel. Min. Nancy Andrighi, j. 18.12.2012, publicado no seu *Informativo* n. *513*). Em 2019, essa posição foi confirmada e ampliada pela Corte, que admitiu o registro da criança em nome de dois pais que haviam planejado a técnica de reprodução assistida, afastando-se o registro em nome da doadora do material genético. Conforme o acórdão: "pretensão de inclusão de dupla paternidade em assento de nascimento de criança concebida mediante as técnicas de reprodução assistida sem a destituição de poder familiar reconhecido em favor do pai biológico. 'A adoção e a reprodução assistida heteróloga atribuem a condição de filho ao adotado e à criança resultante de técnica conceptiva heteróloga; porém, enquanto na adoção haverá o desligamento dos vínculos entre o adotado e seus parentes consanguíneos, na reprodução assistida heteróloga sequer será estabelecido o vínculo de parentesco entre a criança e o doador do material fecundante' (Enunciado n. 111 da *Primeira Jornada de Direito Civil*). A doadora do material genético, no caso, não estabeleceu qualquer vínculo com a criança, tendo expressamente renunciado ao poder familiar. Inocorrência de hipótese de adoção, pois não se pretende o desligamento do vínculo com o pai biológico, que reconheceu a paternidade no registro civil de nascimento da criança. A reprodução assistida e a paternidade socioafetiva constituem nova base fática para incidência do preceito 'ou outra origem' do art. 1.593 do Código Civil. Os conceitos legais de parentesco e filiação exigem uma nova interpretação, atualizada à nova dinâmica social, para atendimento do princípio fundamental de preservação do melhor interesse da criança. O Supremo Tribunal Federal, no julgamento RE 898.060/SC, enfrentou, em sede de repercussão geral, os efeitos da paternidade socioafetiva, declarada ou não em registro, permitindo implicitamente o reconhecimento do vínculo de filiação concomitante baseada na origem biológica. O Conselho Nacional de Justiça, mediante o Provimento n. 63, de novembro de 2017, alinhado ao precedente vinculante da Suprema Corte, estabeleceu previsões normativas que tornariam desnecessário o presente litígio. Reconhecimento expresso pelo acórdão recorrido de que o melhor interesse da criança foi assegurado" (STJ, REsp 1.608.005/SC, 3.ª Turma, Rel. Min. Paulo de Tarso Sanseverino, j. 14.05.2019, *DJe* 21.05.2019). Em outro tema tratado nos meus comentários, em 2017 surgiu sentença afastando a possibilidade de pai homoafetivo, que havia planejado e autorizado a técnica de reprodução assistida com seu companheiro, renunciar à paternidade. A decisão foi prolatada pelo juiz corregedor da 2.ª Vara de Registros Públicos da Comarca de São Paulo, Marcelo Benacchio, em 12 de abril de 2017 (Processo 1010250-76.2017.8.26.0100). Por fim, sobre a limitação de idade para as mulheres fazerem uso da técnica de reprodução assistida, o que acabou sendo parcialmente superado no âmbito do Conselho Federal de Medicina, existiam julgados que a afastavam, por ser atentatório aos seus direitos. Cite-se a decisão do Tribunal Regional Federal da 1ª Região, no Agravo de Instrumento 0055717-41.2014.4.01.0000/MG, tendo sido relatora a Desembargadora Federal Maria do Carmo Cardoso, prolatada em dezembro de 2014. O *decisum* estava fundamentado no Enunciado n. 41, aprovado na *I Jornada de Direito da Saúde* do Conselho Nacional de Justiça (CNJ), realizada em 15 de dezembro de 2014, segundo o qual "o estabelecimento da idade máxima de 50 anos, para que mulheres possam submeter-se ao tratamento e à gestação por reprodução assistida, afronta o direito constitucional à liberdade de planejamento familiar". Como outra concreção prática de relevo, em 2021, emergiu importante precedente a respeito da reprodução assistida no âmbito do Superior Tribunal de Justiça, especialmente sobre a autorização ao destino de embriões excedentários após a morte. Em votação apertada, a Corte decidiu que "a declaração posta em contrato padrão de prestação de serviços de reprodução humana é instrumento absolutamente inadequado para legitimar a implantação *post mortem* de embriões excedentários, cuja autorização, expressa e específica, deve ser efetivada por testamento ou por documento análogo". Como justificativas principais do aresto, concluiu-se que "a decisão de autorizar a utilização de embriões consiste em disposição *post mortem*, que, para além dos efeitos patrimoniais, sucessórios, relaciona-se intrinsecamente à personalidade e dignidade dos seres humanos envolvidos, genitor e os que seriam concebidos, atraindo, portanto, a imperativa obediência à forma expressa e incontestável, alcançada por meio do testamento ou instrumento que o valha em formalidade e garantia" (STJ, REsp 1.918.421/SP, 4.ª Turma, Rel. Min. Marco Buzzi, Rel. p/ Acórdão Min. Luis Felipe Salomão, j. 08.06.2021, *DJe* 26.08.2021). O *decisum* cita várias posições doutrinárias, inclusive as minhas. De todo modo, parece-me que houve um excesso de rigor formal no julgamento final. Por isso, estou filiado ao voto vencido, do Ministro Marco Buzzi, até porque entendo que, no caso concreto, os embriões teriam o direito de ser implantados.

REFORMA DO CÓDIGO CIVIL: A Comissão de Juristas recomenda uma redação mais simplificada para o art. 1.597 do Código Civil e da máxima *pater is est*, hoje muito confuso, como se retira dos meus comentários. Nesse contexto, o dispositivo passaria a prever o seguinte, sem mais os seus incisos, que são revogados: "presumem-se filhos dos cônjuges ou conviventes os nascidos ou concebidos na constância do casamento ou da união estável registrada, conforme o § 1º do art. 9º deste Código, ou durante o convívio de fato dos conviventes". A presunção relativa de paternidade ou maternidade, portanto, pode decorrer de uma união estável, no caso de ela estar devidamente registrada no Livro E, no Cartório de Registro Civil das Pessoas Naturais, exatamente como se retira do Enunciado n. 7, aprovado na *I Jornada de Direito Notarial e Registral*, que contou com o meu total apoio, após rever minha posição doutrinária anterior. Hoje entendo que, pela Lei do SERP, a união estável registada no livro E, no Cartório de Registro Civil das Pessoas Naturais, deve ser equiparada ao casamento, inclusive para fins formais. Sobre a reprodução assistida, é incluído, inicialmente e em termos gerais, um art. 1.598-A, com a seguinte redação: "Presumem-se filhos dos cônjuges ou conviventes os havidos, a qualquer tempo, pela utilização de técnicas de reprodução humana assistida por eles expressamente autorizadas. Parágrafo único. A autorização para o uso, após a morte, do próprio material genético, em técnica de reprodução humana assistida, dar-se-á por manifestação inequívoca de vontade, por escritura pública ou testamento público, respeitado o disposto no art. 1.629-Q deste Código". Como se pode perceber, trata-se de regra de presunção que se aplica tanto ao casamento quanto à união estável, sendo admitida a reprodução assistida *post* *mortem*, como hoje se retira das normas administrativas do Conselho Federal de Medicina e do Conselho Nacional de Justiça. Sobre a reprodução assistida, incluindo a gestação de substituição, almeja-se a sua regulamentação específica nos novos arts. 1.629 a 1.629-V. Nos debates do Anteprojeto, essas propostas sugiram na primeira audiência pública realizada na OABSP, em outubro de 2023, tendo sido entregues pela Professora Ana Cláudia Scalquette, que depois foi incorporada à Comissão de Juristas, como sua consultora. A jurista já havia atuado na elaboração do *Estatuto da Reprodução Assistida*, que ainda tramita na Câmara dos Deputados, sendo o seu número original o PL 4.892/2012. Pela projeção, o novo Capítulo V do livro de Direito de Família tratará da "Filiação decorrente da reprodução assistida", com cinco seções tratando dos seguintes temas: *disposições gerais, da doação de gametas, da cessão temporária de útero, da reprodução assistida* post mortem *e do consentimento informado*. Iniciando-se pelas disposições gerais, o primeiro dispositivo, art. 1.629-A, abrirá o tema, prevendo e conceituando que "a reprodução humana medicamente assistida decorre do emprego de técnicas médicas cientificamente aceitas que, ao interferirem diretamente no ato reprodutivo, viabilizam a fecundação e a gravidez". Todas as pessoas nascidas a partir da utilização de técnicas de reprodução humana assistida terão os mesmos direitos e deveres garantidos às pessoas concebidas naturalmente, vedada qualquer forma de discriminação, ressalvado o disposto no art. 1.798, ao tratar da legitimação sucessória dessas pessoas, com alguns requisitos que precisam ser observados e que ainda serão estudados nesta obra, em comentários de José Fernando Simão. Essa é a previsão do novo art. 1.629-B do Código Civil, que especializa a igualdade entre os filhos, retirada do art. 227, § 6º, da Constituição Federal e do art. 1.596 do Código Civil. Quanto à submissão às técnicas de reprodução assistida, na linha da normatização administrativa consolidada pelo Conselho Federal de Justiça, o novo art. 1.629-C enunciará que "pode se submeter ao tratamento de reprodução humana assistida qualquer pessoa maior de dezoito anos, apta a manifestar, livremente, a sua inequívoca vontade". Assim, nos termos da lei, será possível a utilização por casais heterossexuais, homoafetivos ou mesmo por pessoas solteiras, entendimento hoje já retirado da normatização administrativa em vigor, antes citada. Consoante o projetado art. 1.629-D da codificação privada, com previsibilidade e segurança, na linha do entendimento hoje consolidado e pelo que está previsto na normatização do Conselho Federal de Medicina, "as técnicas reprodutivas não podem ser utilizadas para: I – fecundar ócitos humanos com qualquer outra finalidade que não o da procriação humana; II – criar seres humanos geneticamente modificados; III – criar embriões para investigação de qualquer natureza; IV – criar embriões com finalidade de escolha de sexo, eugenia ou para originar híbridos ou quimeras; V – intervir sobre o genoma humano com vista à sua modificação, exceto na terapia gênica para identificação e tratamento de doenças graves via diagnóstico pré-natal ou via diagnóstico genético pré-implantacional". Esclarecendo, os *seres híbridos* são aqueles criados a partir de espécies diferentes. As *quimeras* são as hipóteses em que a pessoa tem dois DNAs distintos ou células que possuem material geneticamente distinto. Todas as previsões, como se pode perceber, estão na linha da necessária tutela da dignidade da pessoa humana (art. 1º, inc. III, da Constituição Federal), vedando-se um uso indevido e abusivo das técnicas de reprodução assistida, em atentado a valores intrínsecos à própria humanidade. Seguindo, o tratamento será indicado quando houver possibilidade razoável de êxito, não representar risco grave para a saúde física ou psíquica dos pacientes, incluindo a descendência, e desde que haja prévia aceitação livre e consciente de sua aplicação por parte dos envolvidos que deverão ser anterior e devidamente informados de sua possibilidade de êxito, assim como de seus riscos e de suas condições de indicação e aplicação (art. 1.629-E). Assim, além da necessária segurança para os pacientes, adota-se a premissa do *consentimento informado* para a utilização das técnicas de reprodução assistida, o que igualmente está de acordo com a regulamentação da atuação médica, sobretudo com o Código de Ética Médica, em várias de suas previsões. Destaco, entre tantas, a regra do seu art. 22, segundo a qual é vedado ao médico "deixar de obter consentimento do paciente ou de seu representante legal após esclarecê-lo sobre o procedimento a ser realizado, salvo em caso de risco iminente de morte". Há normas específicas sobre o tema ora propostas, que serão ainda comentadas. Iniciando-se a seção sobre a doação de gametas, admite-se apenas a sua doação pura e simples, sem condições ou termo, sendo vedada a comercialização a qualquer título (art. 1.629-F). Confirma-se, portanto, o que está previsto no antes comentado e projetado art. 1.511-A, § 1º, segundo o qual "a potencialidade da vida humana pré-uterina e a vida humana pré-uterina e uterina são expressões da dignidade humana e de paternidade e maternidade responsáveis". O doador deve ser maior de dezoito anos e manifestar, por escrito, a sua vontade livre e inequívoca, de doar material genético, o que mais uma vez é confirmação do consentimento informado (art. 1.629-G). Por questão ética indiscutível, veda-se ao médico responsável pelas clínicas, unidades ou serviços e aos integrantes da equipe multidisciplinar que nelas trabalham serem doadores de gametas na unidade ou rede que integram (art. 1.629-G, parágrafo único). Também na linha do que já está previsto em normas éticas do Conselho Federal de Medicina, a escolha dos doadores cabe ao médico responsável pelo tratamento e deverá garantir, sempre que possível, que o doador tenha semelhança fenotípica, imunológica e a máxima compatibilidade com os receptores (art. 1.629-H). Todos os dados relativos a doadores, receptores e demais recorrentes das técnicas de reprodução medicamente assistida devem ser tratados no mais estrito sigilo, não podendo ser facilitadas nem divulgadas informações que permitam a identificação do doador e do receptor (art. 1.629-I). Segue-se, assim e na linha dos meus comentários doutrinários, a necessária proteção do sigilo. Ademais, na linha do que já comentei sobre o novo procedimento pré-nupcial ao casamento, propõe-se a inclusão na lei civil de regra segundo a qual "é obrigatório para as clínicas, hospitais e quaisquer centros médicos de reprodução medicamente assistida informar ao Sistema Nacional de Produção de Embriões os nascimentos de crianças com material genético doado, seus respectivos dados registrais e os dados do doador, a fim de viabilizar consulta futura pelos Ofícios de Registro Civil de Pessoas Naturais, em razão de verificação de impedimentos em procedimento pré-nupcial para o casamento" (art. 1.629-J). Isso para se evitar o casamento entre irmãos, havendo sugestão, ainda, de um parágrafo único no último preceito, segundo o qual "o Sistema Nacional de Produção de Embriões manterá arquivo atualizado, com informação de todos os nascimentos em consequência de processos de reprodução assistida heteróloga, sendo este arquivo perene". Garante-se, no novo art. 1.629-K, "o sigilo ao doador de gametas, salvaguardado o direito da pessoa nascida com a utilização de seu material genético de conhecer sua origem biológica, mediante autorização judicial, para a preservação de sua vida, a manutenção de sua saúde física, a sua higidez psicológica ou por outros motivos justificados". Essa já é a conclusão majoritária da doutrina e o que está previsto na regulamentação do CFM. O mesmo direito é garantido ao doador em caso de risco para sua vida, saúde ou por outro motivo relevante, a critério do juiz (proposta de § 1º do art. 1.629-K). Nenhum vínculo de filiação será estabelecido entre o concebido com material genético doado e o respectivo doador, o que também está de acordo com a posição que hoje prevalece, no sentido de que, na reprodução assistida, prevalece a máxima do planejamento (proposta de § 2º do art. 1.629-K). Partindo-se para a Seção III, sobre a cessão temporária de útero, ou gestação de substituição, todas as propostas seguem a linha do entendimento majoritário, de enunciados aprovados em *Jornadas de Direito Civil*, e da regulamentação do CNJ e do CFM, em sua maioria. Nesse contexto, a cessão temporária de útero é permitida para casos em que a gestação não seja possível em razão de causa natural ou em casos de contraindicação médica (art. 1.629-L). A cessão temporária de útero não pode ter finalidade lucrativa ou comercial (art. 1.629-M). A cedente temporária do útero deve, preferencialmente, ter vínculo de parentesco com os autores do projeto parental, não havendo, contudo, qualquer limitação nesse sentido, o que ainda poderá ser regulamentado posteriormente, inclusive pelo CFM (art. 1.629-N). Nesse ponto, como se pode perceber, não se seguiu a posição hoje consolidada nas normas éticas do Conselho Federal de Medicina. Consoante a proposta de art. 1.629-O, mais uma vez consagrando o consentimento informado, a cessão temporária de útero deve ser formalizada em documento escrito, público ou particular, firmado antes do início dos procedimentos médicos de implantação, no qual deverá constar, obrigatoriamente, a quem se atribuirá o vínculo de filiação. O registro de nascimento da criança nascida em gestação de substituição será levado a efeito em nome dos autores do projeto parental, assim reconhecidos pelo oficial do Registro Civil. Essa é a proposta de art. 1.629-P, *caput*, que contempla a máxima do planejamento. Além da declaração de nascido vivo (DNV) ou documento equivalente, é necessária a apresentação do termo de consentimento informado, firmado na clínica que realizou o procedimento, e do documento escrito, público ou particular, firmado antes do início dos procedimentos médicos de implantação com a cessionária de útero, no qual conste a quem se atribui o vínculo de filiação (art. 1.629-P, § 1º). Em nenhuma hipótese o Cartório de

Registro Civil de Pessoas Naturais publicizará o assento de nascimento ou dados dos quais se possa inferir o caráter da gestação, tendo em vista o princípio da igualdade entre os filhos (art. 1.629-P, § 2º). No que diz respeito à última seção, sobre a reprodução assistida *post mortem*, ela passará a ser expressamente admitida no novo art. 1.629-Q, encerrando polêmica anterior e trazendo certeza e estabilidade para a sua utilização. Nos termos da projeção, "é permitido o uso de material genético de qualquer pessoa após a sua morte, seja óvulo, espermatozoide ou embrião, desde que haja expressa manifestação, em documento escrito, autorizando o seu uso e indicando: I – a quem deverá ser destinado o gameta, seja óvulo ou espermatozoide, e quem o deverá gestar após a concepção; II – a pessoa que deverá gestar o ser já concebido, em caso de embrião. Parágrafo único. Em caso de filiação *post mortem*, o vínculo entre o filho concebido e o genitor falecido se estabelecerá para todos os efeitos jurídicos de uma relação paterno-filial". Como última previsão, o novo art. 1.629-R, com vistas à proteção de valores éticos e da própria humanidade, preverá que "não serão permitidas a coleta e a utilização de material genético daquele que não consentiu expressamente, ainda que haja manifestação de seus familiares em sentido contrário". Assim, vale a premissa da autonomia privada, para que seja possível a reprodução assistida na gestação por substituição. Como última seção a respeito da matéria, trata-se especificamente do chamado consentimento informado para reprodução assistida. Consoante o art. 1.629-S, para "a realização do procedimento de reprodução assistida, todos os envolvidos terão de firmar o termo de consentimento informado". Com os fins de se atender ao dever de informação, a assinatura será precedida de todas as informações necessárias para propiciar o esclarecimento indispensável de modo a garantir a liberdade de escolha e adesão ao tratamento e às técnicas indicadas (art. 1.629-T). Além disso, as informações quanto aos riscos conhecidos do procedimento escolhido serão fornecidas por escrito, juntamente com suas implicações éticas, sociais e jurídicas (art. 1.629-T, parágrafo único). No termo de consentimento informado, se os pacientes forem casados ou viverem em união estável, é necessária a manifestação do cônjuge ou convivente, concordando expressamente com o procedimento indicado e com o uso ou não de material genético de doador, o que é fundamental para resolver muitos problemas práticos e disputas que existem na atualidade (art. 1.629-U). Também com a mesma finalidade, em caso de vício de consentimento quanto ao uso de qualquer uma das técnicas de reprodução assistida heteróloga, como o erro, o dolo e a coação, será admitida ação negatória de parentalidade, mas subsistirá a relação parental se comprovada a socioafetividade (art. 1.629-U, parágrafo único). Como última previsão, igualmente com a função de trazer mais segurança para o procedimento, e para a preservação dos vínculos parentais e tutelando-se os interesses do filho gerado, enuncia-se que "no termo de consentimento deve, ainda, constar o destino a ser dado ao material genético criopreservado em caso de rompimento da sociedade conjugal ou convivencial, de doença grave ou de falecimento de um ou de ambos os autores do projeto parental, bem como em caso de desistência do tratamento proposto" (art. 1.692-V). O parágrafo único da última proposta, na linha do que está previsto na Lei de Biossegurança (Lei n. 11.101/2005), ainda prevê que "os embriões criopreservados poderão ser destinados à pesquisa ou entregues para outras pessoas que busquem tratamento e precisem de material genético de terceiros; e não poderão ser descartados". Como se pode notar, a regulamentação ora proposta está em consonância com a posição hoje amplamente majoritária, da doutrina – sobretudo tendo em vista os enunciados aprovados nas *Jornadas de Direito Civil* antes comentados –, do Conselho Federal de Medicina e do Conselho Nacional de Justiça.

Art. 1.598. Salvo prova em contrário, se, antes de decorrido o prazo previsto no inciso II do art. 1.523, a mulher contrair novas núpcias e lhe nascer algum filho, este se presume do primeiro marido, se nascido dentro dos trezentos dias a contar da data do falecimento deste e, do segundo, se o nascimento ocorrer após esse período e já decorrido o prazo a que se refere o inciso I do art. 1.597.

COMENTÁRIOS DOUTRINÁRIOS: Em complemento ao inciso II do art. 1.597, a totalmente confusa redação do art. 1.598 dispõe que, salvo prova em contrário, se, antes de decorrido o prazo previsto no inc. II do art. 1.523 – dez meses depois da dissolução da conjugalidade anterior –, a mulher contrair novas núpcias e lhe nascer algum filho, duas regras de presunção são aplicadas. Primeiro, haverá presunção de que o filho é do primeiro marido, se nascer dentro dos trezentos dias a contar do falecimento deste primeiro marido. Segundo, haverá presunção de que o filho é do segundo marido se o nascimento ocorrer após esses trezentos dias da dissolução da primeira união e já decorrido o prazo de cento e oitenta dias do início do segundo casamento. Pontue-se que, passados mais de quinze anos da vigência do Código Civil de 2002, não se conhece qualquer julgado aplicando o seu confuso conteúdo. Por lógico que essas confusas trazem presunções relativas que admitem prova em contrário, via exame de DNA, por exemplo. Reitere-se, pois oportuno, que justamente diante dessa possibilidade de prova em contrário, os dois primeiros incisos do art. 1.597 do CC/2002 têm pouca relevância prática na atualidade, o que repercute no comando em comentário. Isso se dá, substancialmente, em face do exame de DNA, que traz certeza quase absoluta quanto à paternidade. Ora, qual aplicador do Direito fará uso dessas presunções relativas quando se tem prova das mais efetivas nos casos em questão? Diante também dessa realidade é que se tem afirmado que a presunção *pater is est* perdeu a força de outrora. Entre a adoção dessa presunção e a realização do exame, o juiz, com certeza, fará a opção pela segunda. Imagine-se um caso prático. Um ex-marido, na situação descrita no inc. II do art. 1.597, se nega a reconhecer um filho de sua ex-mulher. Como já foi dito, e isso é comum, em vez de aplicar a presunção legal, o juiz da ação investigatória determinará a realização do exame. Ocorrendo a negativa, aplica-se a presunção judicial da Súmula n. 301 do STJ e da Lei n. 12.004/2009, presumindo-se relativamente à paternidade daquele que se nega a fazer o exame, o que acaba confirmando, por outra via, a presunção prevista do art. 1.597, inc. II, do mesmo CC/2002. Diante do seu texto truncado e ineficiente, o art. 1.598 do CC não teve a devida aplicação prática nos mais de vinte anos de vigência do Código Civil.

REFORMA DO CÓDIGO CIVIL: Como exposto nos meus comentários, o art. 1.598 do Código Civil é totalmente confuso, anacrônico e praticamente sem aplicação concreta, razão pela qual a Comissão de Juristas propõe a sua revogação expressa e imedita, que é urgente.

Art. 1.599. A prova da impotência do cônjuge para gerar, à época da concepção, ilide a presunção da paternidade.

COMENTÁRIOS DOUTRINÁRIOS: A prova de impotência do marido para gerar, à época da concepção, ilide ou afasta a presunção de paternidade; norma que deve ser estendida ao companheiro ou convivente. O dispositivo traz exceção à presunção de paternidade (*pater is est*) e é apenas aplicado à impotência *generandi*, para ter filhos, conforme expressamente previsto e apontado pela doutrina majoritária. Todavia, há quem entenda que a regra também se aplica à *impotência coeundi* ou instrumental, para o ato sexual em si. Sigo a primeira forma de pensar a norma, sendo pertinente lembrar que, para a prova dessa impotência, há a necessidade de uma perícia médica, ônus que cabe a quem a alega, nos termos do art. 373, inc. I, do CPC/2015. Ademais, pelos avanços médicos e terapêuticos, a impotência instrumental tem sido encarada como um *mito* no mundo prático. Talvez por isso, e por ser a alegação de impotência constrangedora, não se têm encontrado debates práticos a respeito do dispositivo, que perdeu sua razão de ser, tendo conteúdo superado e antiquado.

REFORMA DO CÓDIGO CIVIL: Outro dispositivo que, segundo a Comissão de Juristas, deve ser revogado. Como bem justificou a Subcomissão de Direito de Família, "dispensa maior digressão a revogação ora proposta, porquanto as referências normativas, a exemplo do adultério da mulher ou da impotência dos cônjuges, não se justificam". As razões de revogação apresentadas também dizem respeito aos arts. 1.600, 1.601, 1.602, estando as normas, de fato, totalmente distantes das realidades do exame de DNA e da parentalidade socioafetiva. Além disso, acabam entrando em delicado debate sobre a integridade físico-psíquica e a privacidade das pessoas envolvidas. Por fim, destaco as minhas anotações sobre a reduzida aplicação prática da norma, que não tem mais razão de ser, sendo antiquada.

Art. 1.600. Não basta o adultério da mulher, ainda que confessado, para ilidir a presunção legal da paternidade.

COMENTÁRIOS DOUTRINÁRIOS: Norma totalmente antiquada quanto à terminologia adotada, determina o dispositivo em estudo que não basta o adultério da mulher, ainda que confessado, para ilidir a presunção legal da paternidade.

Tentando *salvar* o dispositivo, seria melhor que o dispositivo estabelecesse que não basta a infidelidade da mulher ou da companheira, ainda que confessada, para afastar a presunção de paternidade em relação ao marido ou companheiro. Além disso, também quanto ao conteúdo, a norma apresenta sérios problemas, devendo ser completada pelo teor do art. 1.602 da própria codificação. As razões de críticas serão expostas nos comentários ao último comando, mais à frente. De todo modo, trata-se de mais um dispositivo que não foi aplicado na prática nos mais de vinte anos de vigência do Código Civil.

REFORMA DO CÓDIGO CIVIL: Como antes pontuado, a Comissão de Juristas propõe a revogação expressa do dispositivo, que está superado e desatualizado, especialmente porque não se pode falar mais em crime de adultério.

Art. 1.601. Cabe ao marido o direito de contestar a paternidade dos filhos nascidos de sua mulher, sendo tal ação imprescritível.

Parágrafo único. Contestada a filiação, os herdeiros do impugnante têm direito de prosseguir na ação.

COMENTÁRIOS DOUTRINÁRIOS: O art. 1.601 foi dos dispositivos mais criticados do Código Civil de 2002, ao estabelecer que cabe ao marido o direito de contestar a paternidade dos filhos nascidos de sua mulher, sendo essa *ação negatória de paternidade* imprescritível. O diploma também enuncia que contestada a filiação, os herdeiros do impugnante têm direito de prosseguir na ação. Primeiramente, vale lembrar que o art. 178, §§ 3º e 4º, do CC/1916 previa um prazo decadencial de dois meses, ou três meses quando ausente o marido ou ocultado o nascimento, para a propositura da ação negatória de paternidade. A legislação privada de 2002 consagra a imprescritibilidade da demanda, ou seja, sua não sujeição à prescrição ou à decadência. Tendo como fundamento uma das críticas que se faz ao diploma, tem-se entendido que ele não se aplica aos casos de técnica de reprodução assistida heteróloga autorizada pelo marido, até porque não há o vínculo biológico entre o pai que registrou e o filho, sendo a premissa que orienta a filiação advinda dessa técnica o seu planejamento. Nesse sentido, como importante marco doutrinário, o Enunciado n. 258 do Conselho da Justiça Federal, aprovado na *III Jornada de Direito Civil*: "Não cabe a ação prevista no art. 1.601 do Código Civil se a filiação tiver origem em procriação assistida heteróloga, autorizada pelo marido nos termos do inciso V, do art. 1.597, cuja paternidade configura presunção absoluta". Porém, a crítica mais contundente formulada pela doutrina diz respeito à tão comentada parentalidade socioafetiva, que acabou sendo concretizada na doutrina e na jurisprudência, como antes se expôs, notadamente nos citados casos de "adoção à brasileira". Como tenho sustentado em vários escritos, e na linha dos melhores julgados sobre o tema, além da *verdade registral* e da *verdade biológica*, também merece alento jurídico a *verdade socioafetiva*, nos casos contemporâneos envolvendo a filiação. Vale destacar, pois isso ainda não havia sido feito até então, que a tese da parentalidade socioafetiva remonta ao belo trabalho do saudoso Professor João Baptista Villela, que trata da *desbiologização da paternidade*, segundo o qual o vínculo que une pais e filhos é mais do que um *dado biológico*, é um *dado cultural*. Em suma, *pai é quem cria*, como se afirma nos meios populares, o que acabou sendo transposto para os meios jurídicos. No âmbito doutrinário, a expressão paternidade socioafetiva tem sido atribuída a Luiz Edson Fachin, hoje Ministro do Supremo Tribunal Federal. Analisando um exemplo prático, se o marido, depois de uma década de convivência, descobre que o filho de sua mulher não é seu filho, diante de exame de DNA feito em laboratório extrajudicial, não poderá mais quebrar esse vínculo, pois a afetividade prevalece sobre o vínculo biológico, conclusão que se retira de muitos julgados que serão a seguir expostos, tornando o dispositivo em comento *letra morta*. No âmbito doutrinário, nota-se que tal conclusão é retirada do Enunciado n. 520 do Conselho da Justiça Federal, aprovado na *V Jornada de Direito Civil*, em 2011: "O conhecimento da ausência de vínculo biológico e a posse de estado de filho obstam a contestação da paternidade presumida". Como última nota, caso não seja comprovada a paternidade socioafetiva, a ação negatória de paternidade pode ser julgada procedente.

JURISPRUDÊNCIA COMENTADA: Confirmando os meus comentários doutrinários, entre os recentes arestos estaduais: "Caso em que o pai registral reconheceu a ré como filha com a presunção de que seria o pai (*pater is est*), pois viveu por mais de 08 anos em relacionamento estável com a genitora. Logo, trata-se de 'ação negatória de paternidade' clássica, com fundamento no artigo 1.601 do Código Civil. No caso concreto, o exame de DNA comprovou a inexistência de vínculo biológico. Portanto, tem-se que o pai registral/apelante provou estar em estado de erro no momento do registro, pois em função da presunção decorrente do *pater est*, tinha motivos razoáveis e suficientes para crer que era o pai biológico. Apesar disso, não é caso para procedência do pedido, porque não foi alegada a inexistência de paternidade socioafetiva pelo pai registral, e porque não foi feita ou requerida qualquer prova nesse sentido, tendo o pai registral, em realidade, deixado de comparecer aos atos do processo há anos, não tendo contato sequer com sua defensora. Destaca-se, ainda, que entre o nascimento e registro, e o ajuizamento da ação, passaram-se quase 14 anos, e a contestação confirma a formação e consolidação dos laços de paternidade socioafetiva, que, como dito, é questão que não foi sequer negada ou controvertida pelo pai registral. A verdade socioafetiva, consolidada numa relação pai e filha, tida e mantida por quase 14 anos, é digna e merecedora de proteção estatal" (TJRS, Apelação Cível 0397475-14.2016.8.21.7000, 8.ª Câmara Cível, Esteio, Rel. Des. Rui Portanova, j. 22.06.2017, *DJERS* 28.06.2017). Na mesma linha, como se retira de acórdão do Superior Tribunal de Justiça, "esta Corte entende, em harmonia com os princípios norteadores do Código Civil de 2002 e da Constituição Federal de 1988, que o êxito de ação negatória de paternidade depende da demonstração de inexistência de vínculo biológico e socioafetivo, bem como da comprovação de vício de consentimento, ambos requisitos ausentes no caso concreto". Constou de parte de sua ementa: "A paternidade socioafetiva foi reconhecida pelo Tribunal local, circunstância insindicável nesta instância especial em virtude do óbice da Súmula n. 7/STJ. Consagração da própria dignidade da menor ante o reconhecimento do seu histórico de vida e a condição familiar ostentada, valorizando-se, além dos aspectos formais, a verdade real dos fatos. A filiação gera efeitos pessoais e patrimoniais, não desfeitos pela simples vontade de um dos envolvidos. Incidência do princípio do melhor interesse da criança e adolescente prescrito no art. 227 da Constituição Federal, no Estatuto da Criança e do Adolescente, bem como na Convenção sobre os Direitos da Criança, incorporada ao ordenamento pátrio pelo Decreto n. 99.710/1990" (STJ, REsp 1.713.123/MS, 3.ª Turma, Rel. Min. Ricardo Villas Bôas Cueva, j. 06.03.2018, *DJe* 12.03.2018) São muitos os julgados superiores com mesma conclusão, sendo pertinente destacar, da Quarta Turma, afastando a negatória pela ausência de erro do pai registral: "A 'adoção à brasileira', ainda que fundamentada na 'piedade' e muito embora seja expediente à margem do ordenamento pátrio, quando se fizer fonte de vínculo socioafetivo entre o pai de registro e o filho registrado, não consubstancia negócio jurídico sujeito a distrato por mera liberalidade, tampouco avença submetida a condição resolutiva, consistente no término do relacionamento com a genitora. Em conformidade com os princípios do Código Civil de 2002 e da Constituição Federal de 1988, o êxito, em ação negatória de paternidade, depende da demonstração, a um só tempo, da inexistência de origem biológica e também de que não tenha sido constituído o estado de filiação, fortemente marcado pelas relações socioafetivas e edificado, na maioria das vezes, na convivência familiar. Nos casos em que inexistente erro substancial quanto à pessoa dos filhos reconhecidos, não tendo o pai falsa noção a respeito das crianças, não será possível a alteração desta situação, ainda que seja realizada prova da filiação biológica com resultado negativo. Em linha de princípio, somente o pai registral possui legitimidade para a ação na qual se busca impugnar a paternidade – usualmente denominada de ação negatória de paternidade –, não podendo ser ajuizada por terceiros com mero interesse econômico (STJ, REsp 1412946/MG, 4.ª Turma, Rel. Min. Luis Felipe Salomão, j. 17.03.2016, *DJe* 22.04.2016). [...]" (STJ, REsp 1.333.360/SP, 4.ª Turma, Rel. Min. Luis Felipe Salomão, j. 18.10.2016, *DJe* 07.12.2016). Todavia, não havendo a comprovação da paternidade socioafetiva, também conforme pontuei, tem-se entendido pela procedência da ação negatória de paternidade. Assim concluindo, por todos: "Controvérsia em torno da presença dos requisitos legais para a desconstituição da paternidade declarada em desacordo com a verdade biológica. Possibilidade, segundo a orientação jurisprudencial desta Corte, de desconstituição do registro de nascimento quando baseado em vício de consentimento e uma vez afastada a existência de filiação socioafetiva, como verificado no caso dos autos" (STJ, Ag. Int. no REsp 1.531.311/DF, 3.ª Turma, Rel. Min. Paulo de Tarso Sanseverino, j. 21.08.2018, *DJe* 05.09.2018).

REFORMA DO CÓDIGO CIVIL: A Comissão de Juristas propõe a revogação expressa do dispositivo, confirmando a necessidade de afastar todos os problemas pontuados em meus comentários, sobretudo tendo em vista a realidade contemporânea da posse de estado de filhos, da parentalidade socioafetiva e da multiparentalidade.

Art. 1.602. Não basta a confissão materna para excluir a paternidade.

COMENTÁRIOS DOUTRINÁRIOS: Em complemento ao art. 1.600 do Código Civil, enuncia a norma em estudo que não basta a confissão materna para excluir a paternidade. Em síntese, não basta a declaração da mãe de que o seu marido não é o pai da criança, incidindo as presunções do art. 1.597 do CC. De toda sorte, outras provas e outros fatos devem ser considerados no caso concreto, como, por exemplo, o sempre citado exame de DNA. Isso esvazia a aplicação do dispositivo, que hoje não tem quase aplicação prática. Percebe-se aqui outro impacto gerado pelo exame de DNA, que traz certeza quase absoluta quanto à paternidade: em eventual ação investigatória ou negatória da paternidade, a prova de infidelidade perde espaço para a prova biológica, muito mais eficaz do que aquilo que consta do dispositivo. Mesmo porque, se bastasse a declaração da mulher para se ilidir a paternidade, estariam seriamente comprometidos os interesses da criança. A criança até poderia ser objeto de *vingança da mulher* contra seu marido. Ademais, os arts. 1.600 e 1.602 do CC/2002 devem ser abrandados em muitas situações fáticas. Imagine-se que uma mulher casada e separada de fato viva em união estável com outro homem, vindo a engravidar deste último. Quando do nascimento do filho, o companheiro declara ser o pai no Cartório de Registro Civil, pretendendo o registro do filho. Ora, se os dispositivos em comento forem levados à risca, o filho não será registrado em nome do convivente – verdadeiro pai biológico –, mas do marido, uma vez que o art. 1.597, inc. I, do Código não menciona a separação de fato. Vigente a sociedade conjugal, a máxima *pater is est* imperaria, caminho que não deve ser seguido, eis que prevalece, naquele momento, a declaração do companheiro. Por derradeiro, ressalto que sigo as críticas formuladas por parcela considerável da doutrina no sentido de que os arts. 1.600 e 1.602 trazem claras discriminações à mulher e aos filhos, tratando-os inferiormente frente à situação do marido e suposto pai. Em outras palavras, a norma em comento parece trazer resquícios da ideia de que os interesses relativos ao casamento e ao marido devem prevalecer sobre a tutela dos filhos.

JURISPRUDÊNCIA COMENTADA: Em raro julgado em que se debateu o conteúdo da norma, em ação negatória de paternidade, entendeu-se que a revelia do réu não produziria efeitos, pois a demanda envolvia direitos indisponíveis. Ademais, tanto o autor – suposto pai –, quanto o réu – suposto filho –, não compareceram para fazer o exame de DNA. Julgou-se pela impossibilidade de se obrigar o suposto filho a ceder material para a realização do exame. Havia, porém, uma declaração da mãe do requerido de que o autor não seria o pai, nos termos do art. 1.602 do Código Civil, o que foi considerado como irrelevante, pois havia claro interesse da genitora no desfecho do processo em favor do autor. Assim, a paternidade não foi excluída, sendo julgada improcedente a ação negatória (TJSP, Apelação com Revisão 578.077.4/6, Acórdão 3613956, 1.ª Câmara de Direito Privado, Marília, Rel. Des. Luiz Antonio de Godoy, j. 05.05.2009, *DJESP* 23.06.2009).

REFORMA DO CÓDIGO CIVIL: A Comissão de Juristas propõe a revogação expressa também do art. 1.602 do CC, que está superado e desatualizado pela realidade da parentalidade socioafetiva, como pontuado nos meus comentários doutrinários.

Art. 1.603. A filiação prova-se pela certidão do termo de nascimento registrada no Registro Civil.

COMENTÁRIOS DOUTRINÁRIOS: A filiação deve ser provada pela certidão do termo do nascimento registrada no Cartório de Registro Civil, decorrendo daí uma presunção relativa de veracidade. Também fazendo referência à paternidade socioafetiva, determina o Enunciado n. 108 do Conselho da Justiça Federal, aprovado na *I Jornada de Direito Civil* que "no fato jurídico do nascimento, mencionado no art. 1.603, compreende-se, à luz do disposto no art. 1.593, a filiação consanguínea e também a socioafetiva". Comprova-se, portanto, a afirmação de ser a paternidade socioafetiva um dos temas mais importantes do Direito de Família Contemporâneo, aplicado como ressalva a vários comandos do Código Civil. Como visto, com a decisão do STF de setembro de 2016, o parentesco socioafetivo passou a ter posição de igualdade perante o parentesco biológico ou natural (Recurso Extraordinário 898.060/SC, publicado no seu *Informativo* n. *840*).

JURISPRUDÊNCIA COMENTADA: Confirmando o teor do Enunciado n. 108 da *I Jornada de Direito Civil*, por todos os julgados estaduais: "A prova da filiação é feita pela certidão do registro civil de pessoas naturais, consoante o disposto no artigo 1.603 do Código Civil, que produz a presunção de filiação quase absoluta, já que somente pode ser invalidada provando-se que houve erro ou falsidade do registro, nos termos do art. 1.604 da Lei Civil. Não é taxativo o rol do artigo 1.605 do Código Civil. Provas testemunhais e perícias médicas, em especial o exame de DNA, servem como comprovação da filiação. A paternidade socioafetiva, segundo doutrina e jurisprudência, é o laço que se estabelece de maneira espontânea e consciente, de modo a não autorizar a anulação do registro original, com amparo, principalmente, no entendimento de que, conforme artigo 1.610 do Código Civil, o reconhecimento dos filhos não pode ser revogado, nem mesmo quando feito em testamento. Em se tratando de questões envolvendo interesses de crianças e adolescentes, esses devem ser priorizados, em atenção aos princípios da absoluta prioridade e da proteção integral (art. 227 da CF e art. 4º do ECA), os quais devem também sopesar a discussão em torno do reconhecimento da verdade biológica e do direito do infante em preservar seu estado de filiação. Não é razoável excluir a paternidade de menor em razão de exame de DNA que afastou a paternidade biológica, negando-lhe a condição de filho de que sempre desfrutou desde o seu nascimento, visto que o menor tem o autor como pai e seu grupo familiar como referência de família, caracterizando-se, no presente caso, a paternidade socioafetiva" (TJDF, Apelação Cível 2017.06.1.004873-2, Acórdão 111.2047, 5.ª Turma Cível, Rel. Des. Sebastião Coelho, j. 25.07.2018, *DJDFTE* 06.08.2018). Em outro caso importante a ser pontuado, o Superior Tribunal de Justiça seguiu o mesmo caminho de se considerar o vínculo socioafetivo, reformando decisões inferiores. Conforme o seu teor, "nos termos do artigo 1.603 do Código Civil, 'a filiação prova-se pela certidão do termo de nascimento registrada no registro civil'. Assim, o estado de filiação se comprova por meio da certidão de nascimento devidamente registrada no registro civil, a qual, na hipótese em tela, evidencia a legitimidade ativa do recorrente, enquanto herdeiro do pai registral, para o ajuizamento da ação anulatória de partilha, assim como da medida cautelar inominada, que visa à determinação de indisponibilidade dos bens imóveis. A simples divergência entre a paternidade declarada no assento de nascimento e a paternidade biológica não autoriza, por si só, a anulação do registro, o qual só poderia ser anulado, uma vez comprovado erro ou falsidade, em ação própria, destinada à desconstituição do registro. A jurisprudência e doutrina consagram a possibilidade de reconhecimento da socioafetividade como relação de parentesco, tendo a Constituição e o Código Civil previsto outras hipóteses de estabelecimento do vínculo parental distintas da vinculação genética. Ademais, a filiação socioafetiva, a qual encontra respaldo no artigo 227, § 6º, da CF/88, envolve não apenas a adoção, mas também 'parentescos de outra origem', de modo a contemplar a socioafetividade. As decisões proferidas pelas instâncias ordinárias, ao desconstituírem o registro de nascimento com base, exclusivamente, no exame de DNA, desconsideraram a nova principiologia, bem assim as regras decorrentes da eleição da afetividade como paradigma a nortear as relações familiares. Recurso Especial conhecido em parte e, na extensão, provido, a fim de reconhecer a legitimidade ativa do recorrente e em consequência, determinar o prosseguimento do feito na origem" (STJ, REsp 1.128.539/RN, 4.ª Turma, Rel. Min. Marco Buzzi, *DJe* 26.08.2015).

REFORMA DO CÓDIGO CIVIL: A Comissão de Juristas propõe que o art. 1.603 do CC passe a ter a seguinte redação: "a filiação prova-se pelo registro de nascimento". Como bem esclareceu a Subcomissão de Direito de Família, "trata-se de mero ajuste redacional, sem perda da essência normativa. A prova da filiação, afinal, emana do próprio 'registro', e não da 'certidão do termo'". Quanto à parentalidade socioafetiva, pelo que está no Enunciado n. 108 da *III Jornada de Direito Civil*, não haverá mais necessidade de se incluir a ressalva no art. 1.603, pois ela já estará prevista em outras propostas de alteração do Código Civil.

Art. 1.604. Ninguém pode vindicar estado contrário ao que resulta do registro de nascimento, salvo provando-se erro ou falsidade do registro.

COMENTÁRIOS DOUTRINÁRIOS: O dispositivo possibilita o que denomino como a *ação vindicatória de filho*, proposta por terceiro que quer pleitear para si o vínculo de parentalidade, com base em erro ou falsidade no registro. Ilustre-se com o caso do pai biológico que tem conhecimento imediato de que o seu filho foi registrado por terceiro, que se alegou pai. A parentalidade socioafetiva, mais uma vez, deve servir de ressalva para o comando, afastando a legitimidade do terceiro que, fundado em suposto vínculo biológico, quer haver o vínculo para si. Todavia, lembro que, com a decisão do STF de análise da repercussão geral sobre a socioafetividade, a regra passou a ser o duplo vínculo ou a multiparentalidade. Em suma, sendo proposta a ação pelo pai biológico para vindicar o filho, seria viável juridicamente manter o pai socioafetivo no registro, e incluir o pai biológico, especialmente se houver acordo entre todos os envolvidos. Porém, entendo não ser possível desfazer o vínculo socioafetivo em casos tais, na ação vindicatória proposta pelo terceiro, o que esvazia em grande parte a função original da norma, que foi elaborada em outra realidade jurídica, distante do reconhecimento da posse de estado de filhos, da parentalidade socioafetiva e da multiparentalidade. Também não é viável incluir o pai biológico se houver a comprovação do outro vínculo, especialmente em se tratando de filho menor de idade, o que pode lhe trazer prejuízos imensuráveis, de cunho psicológico e social. A opção para incluir o pai biológico no registro e instituir a multiparentalidade, nessas situações, deve ser do filho, e não do pai. Ademais, devem ser afastados os pedidos de demandas *frívolas*, com claro intuito patrimonial ou financeiro. Pode-se, então, assim resumir a matéria trazida pelo dispositivo em comento, devidamente atualizada com aquela revolucionária decisão superior. A *regra* é que não cabe a quebra do que consta do registro de nascimento. Como *exceção*, o registro pode ser quebrado nos casos de erro ou falsidade do registro, por meio da *ação vindicatória de filho*. Por fim, como *exceção da exceção*, a quebra do registro não pode afastar a parentalidade ou paternidade socioafetiva. Restará o debate sobre a possibilidade de incluir também o pai biológico no registro de nascimento do filho, para todos os fins jurídicos, inclusive sucessórios e alimentares. Reitero novamente que tal opção somente cabe ao filho, e não ao pai, mormente em se tratando de demandas movidas por puros interesses patrimoniais do pai biológico. Como se pode perceber, a norma hoje mais gera confusão do que soluções no caso concreto.

JURISPRUDÊNCIA COMENTADA: Como sustentei nos meus comentários, a verdade socioafetiva, fundada na posse de filhos, deve ser considerada nos casos de propositura de uma ação vindicatória de filiação. Isso porque, como aqui desenvolvido, o pai registral pode já ter estabelecido um vínculo socioafetivo com a criança registrada. Nesses casos, portanto, o vínculo existente entre o filho e o réu deve ser tido como *inquebrável*, inclusive diante do princípio do maior interesse da criança. Como sustento há mais de uma década, a ação vindicatória de filho deverá ser julgada improcedente nessas situações. Refletindo melhor sobre a questão, penso que é até possível a sua extinção sem resolução do mérito, por ilegitimidade ativa, nos termos do que consta do art. 485, inc. VI, do CPC/2015. O caminho pela improcedência da ação vem sendo percorrido pela jurisprudência do Superior Tribunal de Justiça. Como primeiro aresto de destaque, cumpre colacionar acórdão que traz essa correta interpretação do comando civil ora abordado, citando outro precedente de destaque: "Estabelecendo o art. 1.604 do Código Civil que 'ninguém pode vindicar estado contrário ao que resulta do registro de nascimento, salvo provando-se erro ou falsidade de registro', a tipificação das exceções previstas no citado dispositivo verificar-se-ia somente se perfeitamente demonstrado qualquer dos vícios de consentimento, que, porventura, teria incorrido a pessoa na declaração do assento de nascimento, em especial quando induzido a engano ao proceder o registro da criança. Não há que se falar em erro ou falsidade se o registro de nascimento de filho não biológico efetivou-se em decorrência do reconhecimento de paternidade, via escritura pública, de forma espontânea, quando inteirado o pretenso pai de que o menor não era seu filho; porém, materializa-se sua vontade, em condições normais de discernimento, movido pelo vínculo socioafetivo e sentimento de nobreza. 'O reconhecimento de paternidade é válido se reflete a existência duradoura do vínculo socioafetivo entre pais e filhos. A ausência de vínculo biológico é fato que por si só não revela a falsidade da declaração de vontade consubstanciada no ato do reconhecimento. A relação socioafetiva é fato que não pode ser, e não é, desconhecido pelo Direito. Inexistência de nulidade do assento lançado em registro civil' (REsp 878.941 – DF, Terceira Turma, relatora Ministra Nancy Andrighi, *DJ* de 17.09.2007). O termo de nascimento fundado numa paternidade socioafetiva, sob autêntica posse de estado de filho, com proteção em recentes reformas do Direito Contemporâneo, por denotar uma verdadeira filiação registral – portanto, jurídica –, conquanto respaldada pela livre e consciente intenção do reconhecimento voluntário, não se mostra capaz de afetar o ato de registro da filiação, dar ensejo a sua revogação, por força do que dispõem os arts. 1.609 e 1.610 do Código Civil" (STJ, REsp 709.608/MS, 4.ª Turma, Rel. Min. João Otávio de Noronha, j. 05.11.2009, *DJe* 23.11.2009). Mais recentemente, concluiu o mesmo Tribunal da Cidadania que "a socioafetividade é contemplada pelo art. 1.593 do Código Civil, no sentido de que o parentesco é natural ou civil, conforme resulte da consanguinidade ou outra origem. Impossibilidade de retificação do registro de nascimento do menor por ausência dos requisitos para tanto, quais sejam:

a configuração de erro ou falsidade (art. 1.604 do Código Civil). A paternidade socioafetiva realiza a própria dignidade da pessoa humana por permitir que um indivíduo tenha reconhecido seu histórico de vida e a condição social ostentada, valorizando, além dos aspectos formais, como a regular adoção, a verdade real dos fatos. A posse de estado de filho, que consiste no desfrute público e contínuo da condição de filho legítimo, restou atestada pelas instâncias ordinárias. A 'adoção à brasileira', ainda que fundamentada na 'piedade', e muito embora seja expediente à margem do ordenamento pátrio, quando se fizer fonte de vínculo socioafetivo entre o pai de registro e o filho registrado não consubstancia negócio jurídico sujeito a distrato por mera liberalidade, tampouco avença submetida à condição resolutiva, consistente no término do relacionamento com a genitora (precedente). Aplicação do princípio do melhor interesse da criança, que não pode ter a manifesta filiação modificada pelo pai registral e socioafetivo, afigurando-se irrelevante, nesse caso, a verdade biológica" (STJ, REsp 1.613.641/MG, 3.ª Turma, Rel. Min. Ricardo Villas Bôas Cueva, *DJe* 29.05.2017). Como se pode notar, o último julgado cita o melhor interesse da criança como fundamento para a improcedência da demanda. Da Quarta Turma da Corte, e entre os seus julgamentos de data mais próxima, merece destaque o seguinte trecho de aresto de Relatoria do Ministro Luis Felipe Salomão: "Em conformidade com os princípios do Código Civil de 2002 e da Constituição Federal de 1988, o êxito em ação negatória de paternidade depende da demonstração, a um só tempo, da inexistência de origem biológica e também de que não tenha sido constituído o estado de filiação, fortemente marcado pelas relações socioafetivas e edificado na convivência familiar. Vale dizer que a pretensão voltada à impugnação da paternidade não pode prosperar quando fundada apenas na origem genética, mas em aberto conflito com a paternidade socioafetiva. No caso, ficou claro que o autor reconheceu a paternidade do recorrido voluntariamente, mesmo sabendo que não era seu filho biológico, e desse reconhecimento estabeleceu-se vínculo afetivo que só cessou com o término da relação com a genitora da criança reconhecida. De tudo que consta nas decisões anteriormente proferidas, dessume-se que o autor, imbuído de propósito manifestamente nobre na origem, por ocasião do registro de nascimento, pretende negá-lo agora, por razões patrimoniais declaradas. Com efeito, tal providência ofende, na letra e no espírito, o art. 1.604 do Código Civil, segundo o qual não se pode 'vindicar estado contrário ao que resulta do registro de nascimento, salvo provando-se erro ou falsidade do registro', do que efetivamente não se cuida no caso em apreço. Se a declaração realizada pelo autor, por ocasião do registro, foi uma inverdade no que concerne à origem genética, certamente não o foi no que toca ao desígnio de estabelecer com o infante vínculos afetivos próprios do estado de filho, verdade social em si bastante à manutenção do registro de nascimento e ao afastamento da alegação de falsidade ou erro. A manutenção do registro de nascimento não retira da criança o direito de buscar sua identidade biológica e de ter, em seus assentos civis, o nome do verdadeiro pai. É sempre possível o desfazimento da adoção à brasileira mesmo nos casos de vínculo socioafetivo, se assim decidir o menor por ocasião da maioridade; assim como não decai seu direito de buscar a identidade biológica em qualquer caso, mesmo na hipótese de adoção regular" (STJ, REsp 1.352.529/SP, 4.ª Turma, Rel. Min. Luis Felipe Salomão, *DJe* 13.04.2015). Ou, mais recentemente, confirmando ser esse o entendimento do Tribunal: "Esta Corte consolidou orientação no sentido de que para ser possível a anulação do registro de nascimento, é imprescindível a presença de dois requisitos, a saber: (i) prova robusta no sentido de que o pai foi de fato induzido a erro, ou ainda, que tenha sido coagido a tanto e (ii) inexistência de relação socioafetiva entre pai e filho. Assim, a divergência entre a paternidade biológica e a declarada no registro de nascimento não é apta, por si só, para anular o registro. Precedentes. Na hipótese, o recorrente refletiu por tempo considerável e, findo esse período, procedeu à realização do registro de forma voluntária. Não há elementos capazes de demonstrar a existência de erro ou de outro vício de consentimento, circunstância que impede o desfazimento do ato registral. Não só, as provas examinadas pelo Tribunal local apontam para a existência de vínculo socioafetivo entre as partes, o que corrobora a necessidade de manutenção do registro tal qual realizado" (STJ, REsp 1.829.093/PR, 3.ª Turma, Rel. Min. Nancy Andrighi, j. 01.06.2021, *DJe* 10.06.2021). Como há tempos tem decidido a Corte, fica seriamente em dúvida a viabilidade da ação se ela puder quebrar a harmonia de famílias constituídas e consolidadas. Isso foi reconhecido em acórdão do Superior Tribunal de Justiça do remoto ano de 2002, que analisa a temática sob o prisma da legitimidade ativa: "Ação de anulação de registro. Legitimação ativa. Precedentes da Corte. 1. Os precedentes da Corte mostram que é necessário, em matéria de direito de família, oferecer temperamento para a admissão da legitimidade ativa de terceiros com o objetivo de anular o assento de nascimento, considerando a realidade dos autos e a necessidade de proteger situações familiares reconhecidas e consolidadas. 2. Recurso especial conhecido, mas, desprovido" (STJ, REsp 215.249/MG, 3.ª Turma, Rel. Min. Carlos Alberto Menezes Direito, j. 03.10.2002, *DJ* 02.12.2002, p. 305). Como consta de trecho importante da Relatoria do então Ministro Menezes Direito, "a meu sentir, os precedentes da Corte mostram, com muita claridade, que é necessário, em matéria de direito de família, oferecer temperamento para a admissão da legitimidade ativa de terceiros com o objetivo de anular o assento de nascimento, considerando a realidade dos autos e a necessidade de proteger situações familiares reconhecidas e consolidadas" (REsp 215.249/MG). Os julgados transcritos e comentados demonstram a quantidade de dilemas que são gerados pela norma.

REFORMA DO CÓDIGO CIVIL: Tendo em vista todas as divergências existentes a respeito da *ação vindicatória de filho*, eis que, quando incluída na lei, se desconsiderava a realidade posterior e vigente da parentalidade socioafetiva e da multiparentalidade, a Comissão de Juristas sugere a revogação expressa do art. 1.604 do CC. Deixa-se, assim, a questão em aberto ao julgador, sem que se possa dar prioridade ao vínculo consanguíneo em detrimento do biológico, como acabou julgando o STF a respeito do tema e ao contrário do que parece induzir o dispositivo. Ademais, não se pode negar que o termo "vindicar" é impróprio para ser utilizado, pois geralmente é usado para ações relativas a coisas.

Art. 1.605. Na falta, ou defeito, do termo de nascimento, poderá provar-se a filiação por qualquer modo admissível em direito:

I – quando houver começo de prova por escrito, proveniente dos pais, conjunta ou separadamente;

II – quando existirem veementes presunções resultantes de fatos já certos.

COMENTÁRIOS DOUTRINÁRIOS: Na falta ou defeito do termo de nascimento, a filiação pode ser provada por qualquer forma admitida em direito, conforme determina a norma. Complementando o referido dispositivo, os seus incisos preveem que são admitidas como provas supletivas da filiação: a) prova por escrito, proveniente dos pais, de forma conjunta ou separada; b) existência de presunções relativas resultantes de fatos já certos, inclusive pela posse de estado de filho, ou seja, pelo fato de o filho conviver há tempo com os supostos pai e mãe. Pela última previsão, há de se invocar, mais uma vez, a parentalidade socioafetiva, sendo certo que a relação dos meios de prova é meramente exemplificativa ou *numerus apertus* e não taxativa ou *numerus clausus*. Ainda sobre o comando, na *I Jornada de Direito Civil*, promovida pelo Conselho da Justiça Federal em 2002, aprovou-se o Enunciado n. 109, prevendo que "a restrição da coisa julgada oriunda de demandas reputadas improcedentes por insuficiência de prova não deve prevalecer para inibir a busca da identidade genética pelo investigando". O enunciado trata da relativização da coisa julgada nas ações de investigação de paternidade julgadas improcedentes em momento em que não existia o exame de DNA, admitida pela jurisprudência superior e por parte considerável da doutrina, o que é o meu caso. Entendo que a premissa da relativização da coisa julgada justifica-se plenamente, utilizando-se a técnica de ponderação, desenvolvida, entre outros, por Robert Alexy, e adotada expressamente pelo art. 489, § 2º, do CPC/2015, *in verbis:* "No caso de colisão entre normas, o juiz deve justificar o objeto e os critérios gerais da ponderação efetuada, enunciando as razões que autorizam a interferência na norma afastada e as premissas fáticas que fundamentam a conclusão". Pela ponderação, entendo que, em casos tais, o direito à verdade biológica, intimamente ligado à dignidade humana (art. 1º, inc. III, da CF/1988) deve prevalecer sobre a proteção do direito adquirido e da coisa julgada (art. 5º, inc. XXXVI, da CF/1988). A propósito da utilização eficiente da técnica da ponderação para resolver os problemas relativos ao Direito de Família, cabe mencionar o Enunciado n. 17 do IBDFAM, aprovado no seu *X Congresso Brasileiro*, realizado em 2015: "A técnica de ponderação, adotada expressamente pelo art. 489, § 2º, do Novo CPC, é meio adequado para a solução de problemas práticos atinentes ao Direito das Famílias e das Sucessões".

JURISPRUDÊNCIA COMENTADA: Sobre a relativização da coisa julgada nas ações investigatórias de paternidade, conforme por último pontuei, entende o Superior Tribunal de Justiça pela sua possibilidade, cumprindo transcrever o primeiro precedente relativo ao tema naquele Tribunal Superior: "Processo civil. Investigação de paternidade. Repetição de ação anteriormente ajuizada, que teve seu pedido julgado improcedente por falta de provas. Coisa julgada. Mitigação. Doutrina. Precedentes. Direito de família. Evolução. Recurso acolhido. I – Não excluída expressamente a paternidade do investigado na primitiva ação de investigação de paternidade, diante da precariedade da prova e da ausência de indícios suficientes a caracterizar tanto a paternidade como a sua negativa, e considerando que, quando do ajuizamento da primeira ação, o exame pelo DNA ainda não era disponível e nem havia notoriedade a seu respeito, admite-se o ajuizamento de ação investigatória, ainda que tenha sido aforada uma anterior com sentença julgando improcedente o pedido. II – Nos termos da orientação da Turma, 'sempre recomendável a realização de perícia para investigação genética (HLA e DNA), porque permite ao julgador um juízo de fortíssima probabilidade, senão de certeza' na composição do conflito. Ademais, o progresso da ciência jurídica, em matéria de prova, está na substituição da verdade ficta pela verdade real. III – A coisa julgada, em se tratando de ações de estado, como no caso de investigação de paternidade, deve ser interpretada *modus in rebus*. Nas palavras de respeitável e avançada doutrina, quando estudiosos hoje se aprofundam no reestudo do instituto, na busca, sobretudo, da realização do processo justo, 'a coisa julgada existe como criação necessária à segurança prática das relações jurídicas e as dificuldades que se opõem à sua ruptura se explicam pela mesmíssima razão. Não se pode olvidar, todavia, que numa sociedade de homens livres, a Justiça tem de estar acima da segurança, porque sem Justiça não há liberdade'. IV – Este Tribunal tem buscado, em sua jurisprudência, firmar posições que atendam aos fins sociais do processo e às exigências do bem comum" (STJ, REsp 226.436/PR, 4.ª Turma, Rel. Min. Sálvio de Figueiredo Teixeira, j. 28.06.2001, *DJ* 04.02.2002, p. 370, *RBDF* 11/73, *RDR* 23/354, *RSTJ* 154/403). Pelo que consta da ementa do julgado, é possível uma nova ação para a prova da paternidade, se a ação anterior foi julgada improcedente em momento em que não existia o exame de DNA. A decisão traz conclusão interessante, no sentido de que a *justiça justa deve prevalecer sobre a justiça segura*. Em outro acórdão, demonstrando que a tendência dessa relativização é realmente forte, o mesmo Tribunal Superior repetiu esse posicionamento anterior: "Paternidade. DNA. Nova ação. A paternidade do investigado não foi expressamente afastada na primeva ação de investigação julgada improcedente por insuficiência de provas, anotado que a análise do DNA àquele tempo não se fazia disponível ou sequer havia notoriedade a seu respeito. Assim, nesse contexto, é plenamente admissível novo ajuizamento da ação investigatória. Precedentes citados: REsp 226.436/PR, *DJ* 04.02.2002; REsp 427.117/MS, *DJ* 16.02.2004; e REsp 330.172/RJ, *DJ* 22.04.2002" (STJ, REsp 826.698/MS, Rel. Min. Nancy Andrighi, j. 06.05.2008). A tese também foi adotada no Tribunal de Justiça de São Paulo, em decisão da lavra do Desembargador e jurista Antônio Carlos Mathias Coltro, que merece destaque: "Ação negatória de paternidade. Sentença extintiva do processo sem julgamento do mérito, diante da existência de decisão procedente em ação de investigação de paternidade já transitada em julgado. Possibilidade de reabertura da discussão, com realização do exame de DNA. Considerações sobre a coisa julgada e a invalidade do processo em que se verifique, por fim, que o demandante, anteriormente demandado, não era parte legítima no polo passivo. Provimento do recurso" (TJSP, Ação Negatória de Paternidade, Apelação 330.185.4/0-00, Processo 1846/2003, 1.ª Vara Cível, 5.ª Câmara de Direito Privado, Bauru, Rel. Des. Antônio Carlos Mathias Coltro, apelante A. R., apelado W. G. R. [menor rep. por sua mãe], voto 10.860). Em momento ainda mais atual, decidiu o Supremo Tribunal Federal de maneira similar, conforme julgado publicado no seu *Informativo* n. 622, de abril de 2011. Merece destaque o seguinte trecho do voto do Ministro Dias Toffoli, assim publicado naquele *Informativo* de jurisprudência: "Reconheceu-se a repercussão geral da questão discutida, haja vista o conflito entre o princípio da segurança jurídica, consubstanciado na coisa julgada (art. 5º, XXXVI, da CF), de um lado; e a dignidade humana, concretizada no direito à assistência jurídica gratuita (art. 5º, LXXIV, da CF) e no dever de paternidade responsável (art. 226, § 7º, da CF), de outro. [...]. A seguir, destacou a paternidade responsável como elemento a pautar a tomada de decisões em matérias envolvendo relações familiares. Nesse sentido, salientou o caráter personalíssimo, indisponível e imprescritível do reconhecimento do estado de filiação, considerada a preeminência do direito geral da personalidade. Aduziu existir um paralelo entre esse direito e o direito fundamental à informação genética, garantido por meio do exame de DNA. No ponto, asseverou haver precedentes da Corte no sentido de caber ao Estado providenciar aos necessitados acesso a esse meio de prova, em ações de investigação de paternidade. Reputou necessária a superação da coisa julgada em casos tais, cuja decisão terminativa se dera por insuficiência de provas [...]. Afirmou que o princípio da segurança jurídica não seria, portanto, absoluto, e que não poderia prevalecer em detrimento da dignidade da pessoa humana, sob o prisma do acesso à informação genética e da personalidade do indivíduo. Assinalou não se poder mais tolerar a prevalência, em relações de vínculo paterno-filial, do fictício critério da verdade legal, calcado em presunção absoluta, tampouco a negativa de respostas acerca da origem biológica do ser humano, uma vez constatada a evolução nos meios de prova voltados para esse fim" (STF, RE 363.889/DF, Rel. Min. Dias Toffoli, 07.04.2011). A encerrar o presente tópico, cabe debater se é cabível a relativização da coisa julgada em hipótese fática em que o reconhecimento do vínculo se deu, exclusivamente, pela recusa do investigado ou de seus herdeiros em comparecer ao laboratório para a coleta do material biológico. O Superior Tribunal de Justiça, com razão, respondeu negativamente, pois os precedentes que admitem tal relativização têm aplicação bem restrita, o que deve ser mantido, sob pena de agressão desmedida à segurança jurídica. Como consta da ementa do acórdão, "o Supremo Tribunal Federal, ao apreciar o RE 363.889/DF, com repercussão geral reconhecida, permitiu, em caráter excepcional, a relativização da coisa julgada formada em ação de investigação julgada improcedente por ausência de provas, quando não tenha sido oportunizada a realização de exame pericial acerca da origem biológica do investigando por circunstâncias alheias à vontade das partes. Hipótese distinta do caso concreto em que a ação de investigação de paternidade foi julgada procedente com base na prova testemunhal, e, especialmente, diante da reiterada recusa dos herdeiros do investigado em proceder ao exame genético, que, chamados à coleta do material por sete vezes, deixaram de atender a qualquer deles" (STJ, REsp 1562239/MS, 3.ª Turma, Rel. Min. Paulo de Tarso Sanseverino, j. 09.05.2017, *DJe* 16.05.2017). O aresto também está bem fundamentado na vedação do comportamento contraditório (*venire contra factum proprium non potest*). Conforme consta do seu teor, houve conduta manifestamente contrária à boa-fé objetiva, diante da reiterada negativa, por parte da recorrente, de produzir a prova que traria certeza à controvérsia sobre a paternidade, para, depois, transitada em julgado a decisão que lhe foi desfavorável, ajuizar ação negatória de paternidade visando à realização do exame de DNA que se negara a realizar anteriormente.

REFORMA DO CÓDIGO CIVIL: Concluiu-se na Comissão de Juristas que não há mais qualquer razão em se trazer um rol ou uma relação meramente exemplificativa (*numerus apertus*) de como se pode provar o vínculo de filiação. Assim, propõe-se a revogação expressa dos incisos do dispositivo, que passará a prever apenas no seu *caput* em termos gerais o seguinte: "Art. 1.605. Na falta ou defeito do termo de nascimento, poderá provar-se a filiação natural ou civil por qualquer modo admissível em direito. I – revogado; II – revogado". Utiliza-se uma expressão mais aberta e eficiente para a prática, como já hoje se interpreta o comando, sem qualquer inovação de conteúdo.

Art. 1.606. A ação de prova de filiação compete ao filho, enquanto viver, passando aos herdeiros, se ele morrer menor ou incapaz.

Parágrafo único. Se iniciada a ação pelo filho, os herdeiros poderão continuá-la, salvo se julgado extinto o processo.

COMENTÁRIOS DOUTRINÁRIOS: Encerrando o tratamento da matéria, o preceito em destaque impõe que a ação de prova de filiação compete ao filho, enquanto ele viver. Há, portanto, uma ação personalíssima ou *intuitu personae*; sendo certo que a geração mais próxima exclui a mais remota (*v.g.*, o filho exclui o neto, que exclui o bisneto e assim sucessivamente). Essa demanda – que em regra é a ação de investigação de parentalidade ou paternidade –, contudo, será transmitida aos herdeiros se o filho morrer menor ou incapaz. Iniciada a ação pelo filho, os seus herdeiros poderão continuá-la, salvo se o processo for julgado extinto. A completar o sentido do comando, cumpre destacar o seguinte enunciado aprovado na *V Jornada de Direito Civil*, em 2011: "Qualquer descendente possui legitimidade, por direito próprio, para o reconhecimento do vínculo de parentesco em face dos avós ou qualquer ascendente de grau superior, ainda que o seu pai não tenha iniciado a ação de prova da filiação em vida" (Enunciado n. 521 do CJF/STJ). O enunciado doutrinário possibilita a *ação avoenga*, do neto contra o avô, que já foi aqui citada e é admitida pela jurisprudência. Entendo que a ação pode ser proposta livremente pelo neto, desde que falecido o filho, não estando ela adstrita às hipóteses em que a demanda investigatória foi proposta, o que limitaria muito o direito à busca à filiação.

JURISPRUDÊNCIA COMENTADA: Sobre a *ação avoenga*, sem prejuízo dos julgados superiores antes transcritos, destaque-se o seguinte trecho de acórdão, que somente admite a demanda de forma sucessiva quando a ação já foi iniciada: "O direito ao reconhecimento judicial de vínculo paternal, seja ele genético ou socioafetivo, é pessoal, podendo ser transferido entre filhos e netos apenas de forma sucessiva, na hipótese em que a ação tiver sido iniciada pelo próprio filho e não houver sido extinto o processo. Interpretação do art. 1.606 e parágrafo único, do Código Civil. A ação foi proposta pelos netos objetivando o reconhecimento de vínculo socioafetivo entre a mãe, pré-morta, e os avós, um deles também já falecido, que a teriam criado como filha desde os 3 (três) anos de idade, carecendo os autores, portanto, de legitimidade ativa *ad causam*, sendo-lhes resguardado, porém, o direito de demandar em nome próprio" (STJ, REsp 1.492.861/RS, 3.ª Turma, Rel. Min. Marco Aurélio Bellizze, *DJe* 16.08.2016). Com o devido respeito, reitero que a minha posição é no sentido de que a ação cabe diretamente pelos netos, mesmo já estando previamente falecido o seu pai. Admitindo essa ação, mas trazendo balizas de controle para a sua propositura, também merece destaque, do mesmo Tribunal da Cidadania: "O caso concreto ensejador do presente Recurso Especial se diferencia dos precedentes em que o STJ reconheceu o direito próprio e personalíssimo do neto buscar constituição de relação avoenga, pois neles o genitor do investigante era pré-morto e não havia exercido pretensão em vida em lide cuja sentença de mérito julgou improcedente aquela ação, não havendo similitude fática a autorizar o conhecimento da insurgência por eventual dissídio jurisprudencial. Apreciação do mérito da insurgência em função do prequestionamento de norma atinente aos limites da coisa julgada, aplicando-se o direito à espécie, nos termos da Súmula n. 456 do STF. Ilegitimidade ativa *ad causam* de pretensa neta, enquanto vivo seu genitor, de investigar a identidade genética com a finalidade de constituição de parentesco. Não há legitimação concorrente entre gerações de graus diferentes postularem o reconhecimento judicial de parentesco, com base em descendência genética, existindo somente legitimidade sucessiva, de modo que as classes mais próximas, enquanto vivas, afastam as mais remotas (art. 1.606, *caput*, do CC). Interpretação do direito à identidade genética, carente de regulamentação, em harmonia com o regime de filiação disciplinado no Código Civil. Aparente tensão entre direitos fundamentais de mesma magnitude que deve ser solucionada mediante observância do princípio da proporcionalidade (razoabilidade), sendo este o vetor hermenêutico apropriado a salvaguardar os núcleos essenciais de direitos em suposta colidência. Valor/princípio da dignidade da pessoa humana que tanto informa o direito à identidade pessoal, lastrado na verdade biológica do indivíduo, como também, os direitos de filiação, privacidade e intimidade do investigado e das demais pessoas envolvidas em lides voltadas à constituição coercitiva de parentesco, garantindo-se segurança jurídica no âmbito das relações de família. Inexistência de regulamentação específica do direito à busca da verdade biológica, ressalvado o disposto no art. 48 da Lei n. 8.069/1990, que enseja a observância do regime de filiação regulado no Código Civil. Impossibilidade do reconhecimento de relação de parentesco de forma interposta (*per saltum*), tendo em vista o caráter linear do regime estabelecido no Código Civil (CC, arts. 1.591/1.594), de modo que as classes mais remotas derivam das próximas. O princípio da proporcionalidade não autoriza conferir um caráter absoluto ao direito de identidade genética, para com base nele afastar a norma restritiva do art. 1.606 do CC, tendo em vista que o valor/princípio da dignidade da pessoa humana informa tanto o direito do indivíduo buscar sua verdade biológica, como também a segurança jurídica e a privacidade da intimidade nas relações de parentesco do investigado e das próprias gerações antecedentes à investigante, exceto venha o legislador futuramente regular o tema de forma diferente. A concentração da legitimidade para investigação da identidade genética de determinado tronco familiar na geração mais próxima, enquanto viva, constitui entendimento mais adequado à salvaguarda do núcleo essencial dos direitos fundamentais em tensão, respectivamente, identidade genética de descendentes remotos e a privacidade e intimidade do investigado e das próprias classes de parentesco mais imediatas, garantindo-se segurança jurídica às relações de família e respectivo regime de parentesco, evitando-se o risco de sentenças contraditórias e transtornos irreversíveis ante o aforamento de múltiplas ações judiciais para o mesmo fim, por parte de um número muito maior de legitimados, então concorrentes. Se, por um lado, é razoável obrigar qualquer indivíduo vir a juízo revelar sua intimidade e expor sua vida privada para se defender de demanda dirigida ao reconhecimento de parentesco, com consequências sociofamiliares irreversíveis, não há essa mesma proporcionalidade para autorizar que esse idêntico investigado possa ser constrangido por todos os demais descendentes de determinado parente de grau mais próximo, sujeitando-se a um sem-número de demandas, com possibilidade de decisões incongruentes, presentes e futuras, nas quais um mesmo tronco de descendência, cada qual por si, poderia postular declaração judicial de parentalidade lastrada em um igual vínculo genético. No âmbito das relações de parentesco não decorrentes da adoção, o exercício do direito de investigação da identidade genética, para fins de constituição de parentesco é limitado, sim, pelo disposto no art. 1.606 do Código Civil, o qual restringiu o universo *de quem* (a geração mais próxima viva) e *quando* pode ser postulada declaração judicial de filiação (não haver anterior deliberação a respeito). A extensão da legitimação também não se mostra necessária em função de o pai da investigante não ter conseguido realizar exame de DNA em anteriores demandas nas quais restou sucumbente em relação ao ora investigado, porquanto o próprio progenitor, por si, ainda detém a possibilidade de relativizar os provimentos jurisdicionais que não o reconheceram como filho, vez que, segundo o entendimento mais recente da Suprema Corte, pode ser reinaugurada essa discussão nos casos em que a improcedência decorreu de processo no qual não estava disponível às partes a realização do exame de DNA (*Informativo* n. *622*, RE 363.889, Rel. Min. Dias Toffoli, acórdão pendente de publicação em 23.11.2011). Impossibilidade jurídica do pedido, vez que as gerações mais remotas não podem desconstituir indiretamente provimentos jurisdicionais de improcedência inerentes à relação de estado pertinente ao seu ascendente imediato (art. 1.606, parágrafo único, do CC)" (STJ, REsp 876.434/RS, 4.ª Turma, Rel. Min. Raul Araújo, j. 01.12.2011, *DJe* 01.02.2012). Como se pode perceber, o aresto traz interessante debate sobre a relativização da coisa julgada nas ações investigatórias de filiação, como antes pontuei.

REFORMA DO CÓDIGO CIVIL: Com a finalidade de se admitir expressamente a chamada *ação avoenga*, na linha da doutrina e da jurisprudência majoritárias, a Comissão de Juristas propõe alterar o art. 1.606 do Código Civil. Nesse sentido, em termos genéricos, e para qualquer ação fundada na filiação, o seu *caput* passará a prever que "a ação para constituir ou desconstituir a parentalidade em linha reta compete aos ascendentes e aos descendentes, sem limites de grau ou de linha". Como justificaram os membros da Subcomissão de Direito de Família, "trata-se de regra simples, referente à legitimidade na ação de prova de parentalidade. A opção pela expressão 'parentalidade' justifica-se, pois pode contemplar demandas diversas, que gravitam em torno da filiação, como, por exemplo, a ação declaratória de paternidade e a ação declaratória de maternidade". E mais, iniciada a ação e morto o seu autor, os herdeiros poderão continuá-la, salvo se julgado extinto o processo (§ 1º). Por fim, sobre a não sujeição da ação de filiação a qualquer prazo, seja prescricional, seja decadencial, insere-se o § 2º, o que vem em boa hora, confirmando-se a posição da jurisprudência superior: "a ação de que trata o *caput* deste artigo não se sujeita à prescrição ou à decadência". Como é notório, a antiga Súmula n. 149 do Supremo Tribunal Federal reconhece há tempos a imprescritibilidade da ação de investigação de paternidade, o que deve ser ampliado a todas as demandas relativas à filiação. Além disso, como já estava no art. 27 do ECA, em relação às crianças e aos adolescentes: "o reconhecimento do estado de filiação é direito personalíssimo, indisponível e imprescritível, podendo ser exercitado contra os pais ou seus herdeiros, sem qualquer restrição, observado o segredo de Justiça". As premissas do último comando devem ser estendidas também às pessoas com idade superior a dezoito anos, pois a filiação envolve a tutela da dignidade humana, o que igualmente motiva as modificações propostas.

CAPÍTULO III
DO RECONHECIMENTO DOS FILHOS

Art. 1.607. O filho havido fora do casamento pode ser reconhecido pelos pais, conjunta ou separadamente.

COMENTÁRIOS DOUTRINÁRIOS: O tema reconhecimento de filhos, antes do Código Civil de 2002, estava tratado pela Lei n. 8.560/1992, conhecida como *Lei da Investigação da Paternidade*, norma que continua parcialmente em vigor, particularmente naqueles pontos que tratam da matéria processual. O reconhecimento de filhos no atual Código Civil consta dos seus arts. 1.607 a 1.617. De acordo com o primeiro comando legal constante da codificação material vigente, o filho havido fora do casamento pode ser reconhecido pelos pais, de forma conjunta ou separada. O dispositivo não menciona mais o termo *filho ilegítimo*, como previa o art. 355 do CC/1916, norma esta que já não estava sintonizada com a igualdade entre filhos constante do Texto Maior (art. 227, § 6º). Em relação à maternidade, quando esta constar do termo de nascimento, como é comum, a mãe só poderá contestá-la quando estiverem preenchidos os requisitos da norma a seguir, que ainda será comentada. Na verdade, as grandes discussões relativas à filiação referem-se ao reconhecimento da paternidade, justamente porque esta não é certa, decorrendo da presunção *pater is est*, muito mitigada na atualidade, diante do exame de DNA. O reconhecimento de filhos pode ocorrer de duas formas. A primeira é o *reconhecimento voluntário* ou *perfilhação*, nas situações descritas no art. 1.609 do CC. A segunda é o *reconhecimento judicial* ou *forçado*, nas hipóteses em que não há o reconhecimento voluntário, o mesmo devendo ocorrer de forma coativa, por meio da ação investigatória de parentalidade, a englobar a de paternidade – mais comum –, e de maternidade – muito rara na prática.

JURISPRUDÊNCIA COMENTADA: O Tribunal de Justiça de São Paulo analisou hipótese fática de pretensão de homologação de acordo feito pelas supostas filhas com os irmãos do suposto pai falecido, reconhecendo a paternidade deste com relação a elas. A homologação foi afastada pela Corte, eis que "o reconhecimento voluntário da paternidade só pode ser realizado pelos pais, conjunta ou separadamente, nos termos do art. 1.607 do Código Civil. Ainda que o suposto pai tenha falecido, não cabe aos supostos tios reconhecer a paternidade de outrem. Versando a causa sobre direito indisponível, é inadmissível a transação, nos termos do art. 841 do CC. Não obstante, o exame de DNA juntado pelos requerentes é inconclusivo quanto a paternidade do *de cujus* com relação às apelantes" (TJSP, Apelação 1012868-93.2014.8.26.0004, Acórdão 9113111, 7.ª Câmara de Direito Privado, São Paulo, Rel. Des. Mendes Pereira, j. 22.01.2016, *DJESP* 18.02.2016).

REFORMA DO CÓDIGO CIVIL: A Subcomissão de Direito de Família orientou-se no sentido de revogação do dispositivo, com as seguintes justificativas: "a proposta pretende realizar a revogação de dispositivos que não se justificam mais, por implicar interpretação com viés discriminatório, e, ainda, proceder com atualização redacional". A Relatoria-Geral – composta pela Professora Rosa Nery e por mim e – e também a Comissão de Juristas concordaram com a proposta, com a retirada do texto do art. 1.607 do Código Civil, pois não mais se justifica na contemporaneidade.

Art. 1.608. Quando a maternidade constar do termo do nascimento do filho, a mãe só poderá contestá-la, provando a falsidade do termo, ou das declarações nele contidas.

COMENTÁRIOS DOUTRINÁRIOS: Como antes pontuei, a norma é aplicável em casos excepcionais diante da velha regra pela qual a maternidade é *quase* sempre certeza (*mater semper certa est*). Como exemplo de casos em que se contesta a maternidade, por falsidade do termo ou das declarações nele contidas, citem-se as hipóteses fáticas de trocas de bebês em maternidade. De qualquer modo, caso proposta uma ação de investigação de maternidade, mais uma vez a parentalidade socioafetiva deve ser levada em conta, mais especificamente a maternidade socioafetiva.

JURISPRUDÊNCIA COMENTADA: Analisando a maternidade socioafetiva em caso de contestação da maternidade: "Apelação cível. Ação negatória de maternidade. Ação anulatória do registro civil. Adoção à brasileira. Preliminar de ilegitimidade ativa. Ainda que intitulada de ação negatória de maternidade, cuja legitimidade ativa seria exclusiva da mãe (art. 1.608 do CC/02), se a ação intentada pelo próprio filho objetiva a declaração de inexistência de filiação e anulação do registro, o filho é parte legítima para intentar a ação. Preliminar rejeitada. Adoção à brasileira e filiação socioafetiva. Incontroversa a adoção à brasileira do autor pelos pais registrais, a exemplo da adoção legal, aquela é irrevogável. Existindo manifesta filiação socioafetiva por mais de três décadas entre o autor e a ré (mãe registral), a pretensão de anulação não comporta acolhimento, nem mesmo diante de eventual rompimento de relações entre as partes – filho e mãe – cujos sentimentos em conflito, não têm o condão de desconstituir os vínculos de filiação entre eles. Rejeitaram a preliminar e desproveram a apelação" (TJRS, Apelação Cível 70032889644, 7.ª Câmara Cível, Porto Alegre, Rel. Des. André Luiz Planella Villarinho, j. 07.07.2010, *DJERS* 15.07.2010). No âmbito do Tribunal de Minas Gerais, de forma correta, afirmou-se que "em se tratando de maternidade e paternidade declaradas espontaneamente em cartório, não basta a realização de exame de DNA para alteração do registro de nascimento do investigado, sob pena de ofensa aos artigos 1.604 e 1.608 do Código Civil. Necessitando a matéria de maiores esclarecimentos, inclusive através da produção de prova testemunhal requerida pelo réu, imperioso o retorno dos autos ao juízo de origem" (TJMG, Apelação Cível 0426555-86.2006.8.13.0148, 6.ª Câmara Cível, Lagoa Santa, Rel. Des. Edilson Olímpio Fernandes, *DJEMG* 01.07.2011). Sobre a troca de bebês em maternidade, inclusive com o reconhecimento do dever de indenizar do hospital, pela falha do serviço prestado: "Responsabilidade civil. Indenização. Dano moral. Troca de bebês na maternidade. Entidade hospitalar que tem o dever de zelar pela correta identificação dos recém-nascidos. Negligência verificada. Responsabilidade da ré caracterizada. Dano moral configurado" (TJSP, Apelação 9217539-61.2008.8.26.0000, Acórdão 6484645, 1.ª Câmara de Direito Privado, Urupês, Rel. Des. Elliot Akel, j. 05.02.2013, *DJESP* 27.02.2013). Ou, mais recentemente, do Superior Tribunal de Justiça, confirmando o valor indenizatório fixado pelas instâncias inferiores: "Cuida-se, na origem, de Ação de Compensação por Danos Morais ajuizada pelos agravados buscando o reconhecimento da responsabilidade civil do Estado em razão do dano aos direitos da personalidade causados pela troca de bebês em maternidade pública. Em relação ao termo inicial da prescrição, deve ser observada a teoria *da actio nata,* em sua feição subjetiva, pela qual o prazo prescricional deve ter início a partir do conhecimento da violação ou da lesão ao direito subjetivo. No tocante aos danos morais, somente em hipóteses excepcionais, quando estiver evidente que o *quantum* indenizatório foi fixado em montante irrisório ou exorbitante, é possível ao STJ rever o valor arbitrado pelas instâncias ordinárias com esteio nos deslindes fáticos da controvérsia, o que não se verifica *in casu*. A Corte *a quo*, de maneira amplamente fundamentada e atenta às peculiaridades do caso concreto, o qual diz respeito a questão extremamente delicada (bebês trocados na maternidade), entendeu que os elementos evidenciados nos autos 'demonstram a ocorrência de uma enorme violação dos direitos de personalidade dos apelados, a justificar a fixação de indenização no patamar de R$ 100.000,00 (cem mil reais) para cada um'" (STJ, Ag. Int. no REsp 1.682.737/AC, 2.ª Turma, Rel. Min. Herman Benjamin, j. 15.05.2018, *DJe* 21.11.2018, p. 1.934). Problema de maior alcance diz respeito à fixação de parentalidade em casos tais, sendo recomendável, sempre, a manutenção de vínculos socioafetivos já consolidados.

REFORMA DO CÓDIGO CIVIL: Assim como o dispositivo anterior, a Subcomissão de Direito de Família sugeriu a revogação expressa do art. 1.608 do CC, que perdeu sua razão de ser diante da posse de estado de filhos, da parentalidade socioafetiva e da multiparentalidade, além de ser discriminatório. A posição externada foi adotada pela Relatoria-Geral e pela Comissão de Juristas. De fato, a norma não mais se justifica nos tempos atuais, devendo-se aproveitar a oportunidade de uma ampla reforma para a retirada da norma do nosso sistema jurídico.

Art. 1.609. O reconhecimento dos filhos havidos fora do casamento é irrevogável e será feito:

I – no registro do nascimento;

II – por escritura pública ou escrito particular, a ser arquivado em cartório;

III – por testamento, ainda que incidentalmente manifestado;

IV – por manifestação direta e expressa perante o juiz, ainda que o reconhecimento não haja sido o objeto único e principal do ato que o contém.

Parágrafo único. O reconhecimento pode preceder o nascimento do filho ou ser posterior ao seu falecimento, se ele deixar descendentes.

COMENTÁRIOS DOUTRINÁRIOS: O art. 1.609 do CC/2002, repetindo basicamente o que constava do art. 1º da Lei n. 8.560/1992, disciplina cinco hipóteses de reconhecimento voluntário de filhos ou *perfilhação*, sendo irrevogável, a não ser nos casos de vícios do consentimento, de simulação ou de falsidade do registro, desde que não exista a parentalidade socioafetiva configurada no caso concreto, conforme vários julgados aqui já transcritos. A primeira delas se dá no registro do nascimento, no primeiro momento em que esse é possível. A segunda se efetiva por escritura pública – a ser lavrada no Tabelionato de Notas –, ou por escrito particular, a ser arquivado no Cartório de Registro das Pessoas Naturais. Tal procedimento deve ser adotado nos casos em que o reconhecimento não ocorreu no registro do nascimento. A terceira situação de perfilhação é relacionada a um testamento, ainda que a manifestação seja incidental, estando abrangidos o legado – disposição testamentária específica –, e o codicilo – disposição de pequena monta. Por fim, o reconhecimento voluntário pode se dar por manifestação direta e expressa perante o juiz, ainda que o reconhecimento de filho não seja o objeto único e principal do ato que o contém. Vale aqui citar, como exemplo, a declaração feita por uma pessoa, como testemunha, em uma ação de despejo. Se o ato é de reconhecimento de filho, deve ser reputado como válido e eficaz, mesmo não sendo este o objeto da ação. Como norma especial anterior, e diante de tratamento específico no Código Civil, continua em vigor a regra do art. 3º da Lei n. 8.560/1992, que veda o reconhecimento de filho na ata do casamento.

Pode surgir crítica quanto à vigência do dispositivo, pela alegação de que a interpretação deve ser guiada sempre pelo reconhecimento do filho, à luz da proteção da dignidade humana e do direito ao vínculo de parentalidade. Abrandando o sentido da norma, sigo a doutrina que afirma que o reconhecimento resulta automaticamente do casamento dos pais. Assim sendo, o comando específico tem reduzida aplicação prática. Diante da vedação de qualquer forma de discriminação, logicamente, não pode constar referência alguma a respeito da natureza da filiação, ou seja, se o filho é havido ou não do casamento (art. 5º da Lei n. 8.560/1992). Na verdade, a possibilidade de distinção não deveria ser sequer cogitada. O reconhecimento pode preceder ao nascimento – reconhecimento de nascituro –, ou ser posterior ao falecimento – reconhecimento *post mortem* –, se o filho a ser reconhecido deixar descendentes. Ao se prever a possibilidade de reconhecimento do filho não gerado, consagra a lei direitos ao nascituro, que, para os concepcionistas, deve ser considerado pessoa, pois o nascituro tem ao menos os direitos da personalidade. Entendo que o reconhecimento de filhos constitui um ato jurídico *stricto sensu*, ou em sentido estrito, justamente porque os seus efeitos são apenas aqueles decorrentes de lei. Não há, em regra, uma composição de vontades, a fazer com que o mesmo seja configurado como um negócio jurídico. Trata-se também de um ato unilateral e formal, como será aprofundado quando dos comentários do art. 1.614 da codificação privada.

JURISPRUDÊNCIA COMENTADA: O parágrafo único do art. 1.609 tem sido utilizado em julgados para afastar a ação investigatória de paternidade *post mortem*. Assim entendendo, por todos: "Considerando que as partes sempre souberam que havia um aparente vínculo biológico entre elas, e nenhuma iniciativa foi tomada para a regularização do registro civil da falecida, não vinga a pretensão *post mortem*, especialmente quando o § único do artigo 1.609 do Código Civil dispõe que o reconhecimento do filho somente será posterior ao seu falecimento, se ele deixar descendentes, o que não ocorre no caso concreto" (TJRS, Apelação Cível 0027007-35.2015.8.21.7000, 8.ª Câmara Cível, Arroio do Tigre, Rel. Des. Alzir Felippe Schmitz, j. 25.06.2015, *DJERS* 26.08.2015). Sobre o fundamento da irrevogabilidade do que consta no *caput* da norma, tem-se entendido no âmbito do Superior Tribunal de Justiça que a regra "inserta no *caput* do art. 1.609 do CC-02 tem por escopo a proteção da criança registrada, evitando que seu estado de filiação fique à mercê da volatilidade dos relacionamentos amorosos. Por tal razão, o art. 1.604 do mesmo diploma legal permite a alteração do assento de nascimento excepcionalmente nos casos de comprovado erro ou falsidade do registro. Para que fique caracterizado o erro, é necessária a prova do engano não intencional na manifestação da vontade de registrar. Inexiste meio de desfazer um ato levado a efeito com perfeita demonstração da vontade daquele que, um dia declarou perante a sociedade, em ato solene e de reconhecimento público, ser pai da criança, valendo-se, para tanto, da verdade socialmente construída com base no afeto, demonstrando, dessa forma, a efetiva existência de vínculo familiar. Permitir a desconstituição de reconhecimento de paternidade amparado em relação de afeto teria o condão de extirpar da criança preponderante fator de construção de sua identidade e de definição de sua personalidade. E a identidade dessa pessoa, resgatada pelo afeto, não pode ficar à deriva em face das incertezas, instabilidades ou até mesmo interesses meramente patrimoniais de terceiros submersos em conflitos familiares" (STJ, REsp 1.383.408/RS, 3.ª Turma, Rel. Min. Nancy Andrighi, *DJe* 30.05.2014). Como se extrai do acórdão, mais uma vez se aplicou a parentalidade socioafetiva, como tem sido comum na jurisprudência. Além disso, na linha do meu primeiro comentário, sobre a exigência do vício do consentimento ou da simulação, além da não configuração da parentalidade socioafetiva, para se afastar o reconhecimento de parentalidade, por todos: "O reconhecimento do filho no registro de nascimento é irrevogável, a teor do disposto no art. 1.609 do Código Civil. A anulação do ato somente é admitida quando demonstrada a existência de coação, erro, dolo, simulação ou fraude. Verificado que o pai registral realizou o registro da criança porque acreditava ser o pai biológico, deve ser reconhecido o vício de consentimento originário decorrente de erro. A relação de afeto estabelecida entre o apelante e apelado está consubstanciada no vício de consentimento originário e foi rompida após a ciência da ausência de paternidade biológica, o que afasta o reconhecimento da filiação socioafetiva. Precedente do STJ" (TJRS, Apelação Cível 0336195-42.2016.8.21.7000, 7.ª Câmara Cível, Faxinal do Soturno, Rel. Des. Jorge Luís Dall'Agnol, j. 09.11.2016, *DJERS* 14.11.2016). Por fim, em hipótese fática envolvendo o reconhecimento por escritura pública, bem julgou o Tribunal do Distrito Federal que "conforme preceitua o artigo 1º da Lei n. 8.560/1992 e o inciso II do artigo 1.609 do Código Civil, o reconhecimento voluntário de filho, realizado por meio de escritura pública, é ato irrevogável e irretratável. A declaração espontânea e livre do autor, registrada em documento público, é ato que impede a procedência da negatória de paternidade. Incabível o afastamento do reconhecimento formal da paternidade, devido à ausência de vício de consentimento apto a invalidar a escritura pública de reconhecimento de paternidade" (TJDF, Apelação Cível 2015.09.1.010010-4, Acórdão 100.9501, 6.ª Turma Cível, Rel. Des. Carlos Divino Vieira Rodrigues, j. 15.03.2017, *DJDFTE* 19.04.2017).

REFORMA DO CÓDIGO CIVIL: Na linha dos meus comentários doutrinários e jurisprudenciais, e de outras modificações feitas no Código Civil pela Comissão de Juristas, são propostos ajustes no art. 1.609, que, em seu *caput*, continuará a prever que "o reconhecimento voluntário da filiação natural ou civil é irrevogável e será feito". No inciso I, passa-se a prever: "diretamente no Cartório do Registro Civil das Pessoas Naturais, ressalvado o disposto no § 2º do art. 9º deste Código". Faz-se a ressalva a respeito do reconhecimento de filiação socioafetiva de pessoa com menos de dezoito anos de idade, que será necessariamente feito por sentença judicial e levado a registro. Portanto, pela proposta e na linha do que antes comentei, prevaleceu na Comissão de Juristas, por voto da maioria e com a minha posição vencida, o entendimento segundo o qual o reconhecimento de filiação socioafetiva de pessoa com menos de dezoito anos de idade somente poderá ser feito no âmbito judicial, não se admitindo o seu reconhecimento extrajudicial. Assim, todas as normas do Conselho Nacional de Justiça deverão ser revistas, somente se admitindo o reconhecimento extrajudicial da parentalidade socioafetiva para as pessoas com idade superior a dezoito anos. O inc. II do art. 1.609 passará a mencionar "por escritura pública ou documento particular, reconhecido por autenticidade, a ser arquivado no Cartório do Registro Civil das Pessoas Naturais". Passa-se, portanto, a se exigir a autenticidade nos casos de instrumento particular, aumentando a segurança jurídica. O inciso III, em termos gerais e na linha dos meus comentários, passará a prever expressamente o reconhecimento "por testamento, legado ou codicilo, ainda que incidentalmente manifestado". No inciso IV, novamente com os fins de deixar a norma mais clara, inclui-se a menção expressa ao Juiz de Direito: "por manifestação direta e expressa perante o Juiz de Direito, ainda que o reconhecimento não haja sido o objeto único e principal do ato que o contém". Por fim, inclui-se uma nova previsão, um inciso V, em atendimento à realidade das novas tecnologias e do incremento dos meios de comunicação, prevendo ser possível o reconhecimento de filhos, "por manifestação em veículos de comunicação, redes sociais ou outras espécies de mídia, inequivocamente documentada". Em relação ao parágrafo único do dispositivo, é ele mantido, no sentido de que "o reconhecimento pode preceder o nascimento do filho ou ser posterior ao seu falecimento, se ele deixar descendentes". Vale lembrar, quanto ao nascituro, que vários dispositivos da Reforma adotam a teoria concepcionista, reconhecendo a sua personalidade jurídica para os fins civis. No entanto, a grande novidade sobre do tema diz respeito à inclusão de um novo art. 1.609-A, que traz para a codificação privada o tratamento do reconhecimento oficioso da paternidade, hoje previsto na Lei n. 8.560/1992, mas com regra importante e diversa, a respeito da inversão do ônus da prova. Conforme as justificativas dos juristas da Subcomissão de Direito de Família, "adotou-se, aqui, regramento diverso daquele previsto na Lei nº 8.560/92, para admitir diretamente o registro de nascimento em nome do pai, em caso de negativa injustificada de reconhecimento da paternidade, com a recusa ao exame de DNA. Em seguida, o expediente deverá ser encaminhado ao Ministério Público para a propositura de ação de alimentos e fixação do regime de convivência. Tal providência impede que mães aguardem anos ou meses o reconhecimento de um vínculo paterno-filial, frequentemente negado por mágoa, desconsideração ou capricho. Pelos dados Arpen, entre 2016 e 2021, 16 milhões de crianças foram registradas somente no nome da mãe (Fonte: https://www.correiobraziliense.com.br/brasil/2023/08/5116706-por-dia-quase-500-criancas-sao-registradas-sem-o-nome-do-pai-no-brasil.html#). Desse modo, diante da possibilidade de ser identificado o vínculo genético via exame de DNA, imperiosa a alteração legislativa". Revoga-se expressamente, como consequência, toda a Lei n. 8.560/1992. Nos termos do *caput* do novo art. 1.609 do CC, "promovido o registro de nascimento pela mãe e indicado o genitor do seu filho, o oficial do Registro Civil deve notificá-lo pessoalmente para que faça o registro da criança ou realize o exame de DNA". Assegura-se, portanto, o contraditório e a ampla defensa com a notificação extrajudicial do suposto pai. Seguindo, estabelece o seu § 1º que, "em caso de negativa do indicado como genitor de reconhecer a paternidade, bem como de se submeter ao exame do DNA, o oficial deverá incluir o seu nome no registro, encaminhando a ele cópia da certidão". Como antes exposto, exatamente da linha das justificativas para a proposta, "após encaminhará o expediente ao Ministério Público ou à Defensoria Pública para propor ação de alimentos e a fixação do regime de convivência" (§ 2º). Não sendo localizado o indicado como genitor, o expediente deverá ser encaminhado ao Ministério Público ou à Defensoria Pública para a propositura da ação declaratória de parentalidade, alimentos e regulamentação da convivência (§ 3º). Com vistas a manter novamente o contraditório e a ampla defesa, o § 4º do dispositivo preverá que "a qualquer tempo, o pai poderá buscar a exclusão do seu nome do registro, mediante a prova da ausência do vínculo genético ou socioafetivo". Por fim, como última previsão, "se o suposto genitor houver falecido ou não existir notícia de seu paradeiro, o juiz determinará, às expensas do autor da ação, a realização do exame de pareamento do código genético (DNA) em parentes consanguíneos, preferindo-se os de grau mais próximo aos de grau mais remoto, importando a respectiva recusa em presunção relativa de paternidade, a ser apreciada em conjunto com o contexto probatório" (§ 5º do novo art. 1.609-A do Código Civil). A inovação foi amplamente debatida na Comissão de Juristas, especialmente pelo fato de ter sido exposta nas audiências públicas pelo Professor Pablo Stolze Gagliano, relator da Subcomissão de Direito de Família. Foram feitos ajustes pela Relatora-Geral, Professora Rosa Nery, submetidos a consenso com a respectiva subcomissão. Chegou-se, assim, ao texto final ora proposto, que foi aprovado de forma unânime perante todo o colegiado. Trata-se de projeção de norma muito importante, que, além de atender ao protocolo de gênero, visa afastar a triste realidade brasileira de pessoas sem o nome do pai no registro. A par dessa realidade, penso que a proposta é fundamental para alterar esse infeliz panorama social.

Art. 1.610. O reconhecimento não pode ser revogado, nem mesmo quando feito em testamento.

COMENTÁRIOS DOUTRINÁRIOS: Confirmando o que consta do *caput* do art. 1.609 do Código Civil, o preceito em estudo enuncia que a irrevogabilidade do reconhecimento de filhos permanece mesmo que seja feito por testamento que, como se sabe, é ato revogável, tendo uma *revogabilidade essencial* que não pode ser afastada pela autonomia privada. Assim, nota-se que o conteúdo pessoal ou existencial do testamento relativo ao reconhecimento de filho não pode ser atingido pela revogação do seu conteúdo patrimonial. Tal regra denota a natureza *sui generis* ou especial do reconhecimento de filho.

JURISPRUDÊNCIA COMENTADA: Como se retira de preciso julgado do Tribunal do Rio Grande do Sul, que sintetiza tudo o que foi visto aqui, "o reconhecimento voluntário de paternidade – seja ele com ou sem dúvida por parte do reconhecente – é ato irrevogável e irretratável, conforme os arts. 1.609 e 1.610 do Código Civil. Embora seja juridicamente possível o pedido de anulação do reconhecimento espontâneo, com fundamento no art. 1.604 do Código Civil, para tanto é necessária a comprovação de vício de vontade na origem do ato. Precedentes do STJ. Não tendo o demandante logrado êxito em comprovar a ocorrência de erro ou de qualquer outro vício de vontade apto a nulificar o reconhecimento espontâneo de paternidade operado, não se desincumbindo a contento do ônus probatório que lhe competia, conforme o art. 373, inc. I, do CPC/15, deve prevalecer a irrevogabilidade e irretratabilidade do ato, pois praticado de forma livre e consciente. Nesse contexto, é desnecessária qualquer análise acerca da configuração, ou não, de paternidade socioafetiva, uma vez que somente se cogita de anular reconhecimento voluntário de paternidade quando houver a comprovação de vício de consentimento quanto ao reconhecimento operado, o que não ocorre na espécie" (TJRS, Apelação Cível 0299389-08.2016.8.21.7000, 8.ª Câmara Cível, Vacaria, Rel. Des. Luiz Felipe Brasil Santos, j. 24.11.2016, *DJERS* 30.11.2016).

Art. 1.611. O filho havido fora do casamento, reconhecido por um dos cônjuges, não poderá residir no lar conjugal sem o consentimento do outro.

COMENTÁRIOS DOUTRINÁRIOS: O dispositivo tem redação muito polêmica, enunciando que o filho havido fora do casamento e reconhecido por um dos cônjuges não poderá residir no lar conjugal sem o consentimento do outro cônjuge. O dispositivo privilegia o casamento, mas, por outro lado, não deixa de discriminar o filho havido fora do casamento, sendo resquício do odioso tratamento que era dado pelo Código Civil de 1916. Por isso, pode-se falar até em sua inconstitucionalidade, por desrespeito ao princípio da igualdade entre filhos, retirado do art. 227, § 6º, do Texto Maior. Penso que seria melhor que o Código Civil de 2002 não trouxesse o comando legal em questão, cabendo ao aplicador analisar as circunstâncias fáticas diante da nova principiologia do Direito de Família, particularmente tendo como fundamento o princípio de maior interesse da criança (*best interest of the child*). Na verdade, como parcela considerável da doutrina, entendo que o art. 1.611 deve ser harmonizado com o art. 1.612 do próprio Código Civil, com o fim de mantê-lo ainda no sistema e tentar *salvar* o seu conteúdo.

REFORMA DO CÓDIGO CIVIL: Na linha dos meus comentários, a Comissão de Juristas entendeu que não seria possível *salvar* o conteúdo do art. 1.611 do Código Civil, por ser ele claramente discriminatório em relação aos filhos havidos fora do casamento, violando o princípio constitucional da igualdade entre os filhos, retirado do art. 227, § 6º, da Constituição Federal. Assim, sugere-se a sua revogação expressa.

Art. 1.612. O filho reconhecido, enquanto menor, ficará sob a guarda do genitor que o reconheceu, e, se ambos o reconheceram e não houver acordo, sob a de quem melhor atender aos interesses do menor.

COMENTÁRIOS DOUTRINÁRIOS: Eis outra norma que parece ser resquício do odioso tratamento relativo aos filhos havidos fora do casamento constante da codificação anterior, podendo ser tido como inconstitucional, assim como o anterior. Todavia, na realidade vigente, o preceito parece ter certa utilidade, para *salvar* o conteúdo do seu antecessor. Assim, prescreve a norma que o filho reconhecido, enquanto menor, ficará sob a guarda do genitor que o reconheceu. Contudo, se ambos o reconhecerem e não houver acordo entre os seus genitores, ficará ele sob a guarda de quem melhor atender aos interesses do menor. O princípio de melhor interesse da criança e do adolescente é cristalino nesse comando legal, devendo prevalecer no caso concreto. Em síntese, como afirma parte considerável da doutrina, o antes comentado art. 1.611 deve ser interpretado com justa e ponderada medida, conforme o conteúdo do que consta no dispositivo que ora se estuda. Sem prejuízo de tais conclusões, anote-se que o dispositivo criticado não considera a questão de o filho reconhecido ser maior e capaz e, portanto, simplesmente não desejar morar no lar conjugal. Também não considera a situação em que o filho reconhecido pelo marido já é filho biológico de sua esposa. Por fim, não foram levadas em conta as recentes alterações a respeito da guarda existente no âmbito do poder familiar, especialmente a introdução da guarda compartilhada como regra do sistema. A título de ilustração sobre os problemas da norma, imagine-se um caso prático em que nasce uma criança cuja mãe é solteira e, portanto, o pai não a reconhece. Posteriormente, casando-se com a mãe da criança, o pai biológico reconhece seu filho havido antes do casamento. Nessa situação, o filho reconhecido já reside no lar conjugal, não sendo o caso de incidir o dispositivo. Sobre o afastamento do conteúdo do art. 1.611, imagine-se a situação de um pai que, casado com outra mulher, reconhece um filho havido fora do casamento. No caso, é melhor para a criança que fique sob a guarda do pai, não podendo a esposa arguir a proteção do lar conjugal e que o filho ali não permanecerá, prevalecendo o que consta do art. 1.612 da codificação.

JURISPRUDÊNCIA COMENTADA: Na linha do meu comentário anterior, citando o teor do art. 1.612, mas concluindo pela fixação da guarda compartilhada, conforme as alterações legislativas sobre o tema: "Em consonância com o princípio da proteção integral da criança e do adolescente, tem-se que o instituto da guarda destina-se a resguardar o menor, devendo a mesma ser atribuída a quem revelar condições mais adequadas para exercê-la, baseando-se em quem melhor atender aos interesses da criança, nos moldes do artigo 1.612 do Código Civil. No caso em análise, como bem assinalado pelo Juízo singular, a guarda compartilhada é a que melhor atende aos interesses da menor" (TJDF, Apelação 2012.01.1.193289-9, Acórdão 989.355, 1.ª Turma Cível, Rel. Des. Rômulo de Araújo Mendes, j. 14.12.2016, *DJDFTE* 30.01.2017). Tal forma de julgar se repete no âmbito da Corte.

REFORMA DO CÓDIGO CIVIL: Assim como o dispositivo anterior, a Comissão de Juristas propõe a revogação expressa do art. 1.612 do CC, pois, como bem pontuaram os membros da Subcomissão de Direito de Família, "a proposta pretende realizar a revogação e ajuste de dispositivos que não se justificam mais, por implicar interpretação com viés discriminatório". De fato, a melhor solução é retirar a norma do sistema jurídico nacional.

Art. 1.613. São ineficazes a condição e o termo apostos ao ato de reconhecimento do filho.

COMENTÁRIOS DOUTRINÁRIOS: O ato de reconhecimento de filhos, como ato jurídico *stricto sensu* especial ou *sui generis*, é incondicional, não estando sujeito a condição, evento futuro e incerto. Também não pode estar sujeito a termo, evento futuro e certo. Nos dois casos, devem ser considerados sem efeito, ineficazes, somente a condição e o termo apostos no reconhecimento, aproveitando-se o restante do ato, o que é aplicação do princípio da conservação do negócio jurídico. Em outras palavras, a condição e o termo, como elementos acidentais, não atingem a validade do ato referente ao reconhecimento. Será válido e eficaz o reconhecimento, sendo ineficazes os elementos acidentais apostos. A título de exemplo, se alguém faz a seguinte declaração: "Reconheço você como meu filho quando meu pai morrer"; a partir do termo – da palavra *quando* –, as expressões devem ser excluídas. O mesmo vale quanto à seguinte hipótese: "Reconheço-te como meu filho, se você cantar no *show* amanhã". O filho já foi reconhecido, de forma pura e irrevogável, não sendo possível considerar a palavra *se* – a condição aposta na declaração –, e o que se segue a ela na expressão. Apesar de não estar previsto na norma, é comum a afirmação doutrinária no sentido de que o reconhecimento voluntário de filho produz efeitos *erga omnes*, ou seja, contra todos, e *ex tunc*, efeitos retro-operantes ou retroativos. Ademais, trata-se de um ato personalíssimo ou *intuitu personae*, que somente compete ao suposto pai e à suposta mãe.

JURISPRUDÊNCIA COMENTADA: Como julgou o Tribunal de Santa Catarina, mais uma vez em caso em que se reconheceu a parentalidade socioafetiva, e citando o dispositivo comentado, "ninguém pode contestar a filiação inserida no registro de nascimento, salvo se provar que o registro foi realizado por erro ou falsidade, pois o reconhecimento de filho não pode ser revogado, sendo ineficaz qualquer condição ou termo apostos no ato de reconhecimento (CC, arts. 1.604, 1.610 e 1.613). Incumbe ao autor comprovar que realizou o registro da paternidade por erro essencial ao qual foi induzido pela mãe da requerida. O contato esporádico entre o autor e sua filha após a separação da mãe da menor não constitui justificativa suficiente para revogação da paternidade e a exclusão de seu nome do registro de nascimento, mormente quando evidenciado que este busca se eximir de sua obrigação alimentar" (TJSC, Apelação Cível 2015.076964-3, Câmara Especial Regional de Chapecó, Ponte Serrada, Rel. Des. Subst. Luiz Antônio Zanini Fornerolli, *DJSC* 18.04.2016, p. 319).

REFORMA DO CÓDIGO CIVIL: Em relação ao art. 1.613 do CC, a Comissão de Juristas sugere a menção ao encargo no comando, único elemento acidental que o legislador se esqueceu de expressar, e que também deve ser tido como ineficaz quando inserido no ato ou negócio que traga o reconhecimento de filho. Também se inclui a expressão "quaisquer", para que qualquer um dos elementos acidentais não gere efeitos. Nesse contexto, a norma passará a ter a seguinte redação: "são ineficazes quaisquer condições, termo ou encargo apostos ao ato de reconhecimento do filho". De acordo com a Subcomissão de Direito de Família, de forma correta e precisa, "procedeu-se com atualização redacional, agregando-se a referência ao 'encargo', ao lado do 'termo' e da 'condição', o que completa a menção aos denominados elementos acidentais, segundo a Teoria Geral do Direito Civil".

Art. 1.614. O filho maior não pode ser reconhecido sem o seu consentimento, e o menor pode impugnar o reconhecimento, nos quatro anos que se seguirem à maioridade, ou à emancipação.

COMENTÁRIOS DOUTRINÁRIOS: Como antes anotei, sigo a corrente doutrinária que afirma ser o reconhecimento de filho um ato jurídico *stricto sensu* unilateral, cujos efeitos jurídicos decorrem pura e simplesmente de lei. Porém, dúvidas quanto a essa afirmação surgem quanto ao que consta da primeira parte do dispositivo em estudo, ao prever que o filho maior não pode ser reconhecido sem o seu consentimento, o que é repetição do art. 4º da Lei n. 8.560/1992. Pelo que consta desse comando, o reconhecimento de filho maior passa a ser um ato bilateral? Continuo a responder negativamente, uma vez que exigência de consentimento do filho maior é apenas uma medida protetiva que se justifica pelo fato de o reconhecimento envolver efeitos existenciais e patrimoniais de grande repercussão. Há, na verdade, um *ato unilateral receptício*, que apenas depende da aceitação da outra parte, até porque o ato de reconhecimento é o que predomina nessas hipóteses. Essa afirmação, constante de outra obra de minha autoria, acabou por ser adotada no âmbito do Superior Tribunal de Justiça, como se verá do próximo item. No que diz respeito à segunda parte do preceito em estudo, que prevê um prazo para se impugnar o reconhecimento pelo menor, que é decadencial de quatro anos a contar da sua maioridade, a previsão é criticável. Isso porque o direito de impugnar a paternidade não estaria sujeito a prazo decadencial, nem prescricional, por envolver questão referente ao estado de pessoas e à dignidade humana, relacionado ao direito à busca da verdade biológica e ao direito fundamental à filiação. Nesse contexto, já se concordava integralmente com a proposta de alteração do dispositivo constante do antigo Projeto Ricardo Fiuza, que pretende retirar a menção ao prazo decadencial, ficando o comando com a seguinte redação nessa projeção almejada: "O filho maior não pode ser reconhecido sem o seu consentimento, e o menor pode impugnar o reconhecimento após a sua maioridade". A Reforma do Código Civil, como se verá, pretende adotar o mesmo caminho. Como última nota doutrinária, mesmo com a nova redação da proposta legislativa, é importante ficar claro que essa impugnação deve ser reputada improcedente nos casos em que estiver caracterizada a parentalidade socioafetiva, em decorrência da posse de estado de filho e do vínculo de afeto formado. Mas entender que a imposição de prazo decadencial de quatro anos valoriza essa parentalidade socioafetiva, com devido respeito, parece um equívoco, pois a relação de afeto é, sobretudo, qualitativa e não quantitativa.

JURISPRUDÊNCIA COMENTADA: Como antes pontuei, a questão sobre a natureza jurídica do ato de reconhecimento do filho maior foi debatida em recente julgado do Superior Tribunal de Justiça, que cita a minha posição a respeito da natureza jurídica do reconhecimento de filho como ato jurídico *stricto sensu* unilateral e afasta a possibilidade de reconhecimento *post mortem* da maternidade socioafetiva de filho maior, justamente pelo fato de ter ocorrido o seu falecimento e faltar o consenso. Como está no acórdão, "a pretensão de reconhecimento da maternidade socioafetiva *post mortem* de filho maior é, em tese, admissível, motivo pelo qual é inadequado extinguir o feito em que se pretenda discutir a interpretação e o alcance da regra contida no art. 1.614 do CC/2002 por ausência de interesse recursal ou impossibilidade jurídica do pedido. Imprescindibilidade do consentimento do filho maior para o reconhecimento de filiação *post mortem* decorre da impossibilidade de se alterar, unilateralmente, a verdade biológica ou afetiva de alguém sem que lhe seja dada a oportunidade de se manifestar, devendo ser respeitadas a memória e a imagem póstumas de modo a preservar a história do filho e também de sua genitora biológica" (STJ, REsp 1.688.470/RJ, 3.ª Turma, Rel. Min. Nancy Andrighi, j. 10.04.2018, *DJe* 13.04.2018). Anote-se, ainda, que o mesmo Superior Tribunal de Justiça não tem aplicado esse prazo de quatro anos no que tange à impugnação judicial, restringindo a sua incidência para impugnações administrativas. Vejamos dois desses julgados que seguem a linha constante do meu comentário doutrinário: "O prazo decadencial de 4 anos estabelecido nos arts. 178, § 9º, inc. VI e 362 do Código Civil de 1916 (correspondente ao art. 1.614 do Código Civil atual) aplica-se apenas aos casos em que se pretende, exclusivamente, desconstituir o reconhecimento de filiação, não tendo incidência nas investigações de paternidade, hipótese dos autos, nas quais a anulação do registro civil constitui mera consequência lógica da procedência do pedido. Precedentes da 2ª Seção" (STJ, Ag. Rg. no REsp 1.259.703/MS, 4.ª Turma, Rel. Min. Maria Isabel Gallotti, j. 24.02.2015, *DJe* 27.02.2015). Em complemento: "O prazo do artigo 1.614 do Código Civil refere-se ao filho que deseja impugnar reconhecimento de paternidade, e não à ação de investigação desta. Ademais, o prazo previsto no artigo supracitado vem sendo mitigado pela jurisprudência desta Corte Superior" (STJ, AgRg no Ag 1.035.876/AP, 3.ª Turma, Rel. Min. Sidnei Beneti, j. 04.09.2008, *DJe* 23.09.2008). Por fim, julgou o STJ em 2021, com base na interpretação do presente comando, que "não há, no ordenamento jurídico brasileiro, vedação expressa ou implícita à pretensão de direito autônomo à declaração de existência de relação de parentesco natural entre pessoas supostamente pertencentes à mesma família, calcada nos direitos personalíssimos de investigar a origem genética e biológica e a ancestralidade (corolários da dignidade da pessoa humana) e do qual pode eventualmente decorrer direito de natureza sucessória, não se aplicando à hipótese a regra do art. 1.614 do CC/2002" (STJ, REsp 1.892.941/SP, 3.ª Turma, Rel. Min. Nancy Andrighi, j. 01.06.2021, *DJe* 08.06.2021).

REFORMA DO CÓDIGO CIVIL: Acatando proposta da Professora Rosa Nery, em votação aberta e por maioria, a Comissão de Juristas sugere a inclusão de ressalva no art. 1.614 do Código Civil a respeito do reconhecimento de filho com dezoito anos ou mais, passando a prever que "o filho maior não pode ser reconhecido sem o seu consentimento, mas os genitores biológicos têm o direito de fazer a prova da parentalidade, caso tenham sido impedidos, por razões alheias à sua vontade de fazê-lo, se, logo de seu nascimento, o filho tenha sido arrebatado de seu convívio". A norma passará a admitir, portanto e a título de exemplo, o reconhecimento do vínculo parental, em momento posterior, nas hipóteses de subtração ou de troca de bebês em maternidade. Retira-se a menção final ao reconhecimento do vínculo em relação ao filho menor de dezoito anos, que, como visto dos meus comentários e anotações jurisprudenciais, tem redação anacrônica e com vários problemas práticos. Ademais, com tom mais genérico e efetivo, sugere-se a inclusão de um novo art. 1.614-A, prevendo que "o filho pode impugnar o reconhecimento de parentalidade a qualquer tempo". Assim, não haverá qualquer prazo para a impugnação do vínculo pelo filho, pois, nas justificativas da Subcomissão de Direito de Família, "exclui-se um prazo decadencial anacrônico. A regra, no âmbito das ações de filiação, é a imprescritibilidade, tendo em vista, em especial, o direito constitucional à busca da identidade e origem de cada indivíduo. A proposta, portanto, assenta-se em uma premissa simples: extirpar um prazo injustificável".

Art. 1.615. Qualquer pessoa, que justo interesse tenha, pode contestar a ação de investigação de paternidade, ou maternidade.

COMENTÁRIOS DOUTRINÁRIOS: No que concerne à contestação da ação de investigação de paternidade, que diz respeito ao reconhecimento forçado do vínculo, estabelece o comando que esta cabe a qualquer pessoa que tenha justo interesse para tanto. Anote-se que esse dispositivo não sofreu qualquer interferência pelo Código de Processo Civil de 2015. Assim, deve-se entender que interessados são todas aquelas pessoas que possam vir a ser afetadas pela decisão, nos planos existencial ou patrimonial, o que ocorre com o genitor biológico, o genitor que consta do registro, o genitor afetivo; bem como com o cônjuge ou companheiro do suposto genitor, os herdeiros do suposto genitor, dentre outros.

JURISPRUDÊNCIA COMENTADA: A jurisprudência do Tribunal Mineiro, em decisão de 2008, muito bem reconheceu a legitimidade à herdeira para tal contestação, tendo em vista a presença de um interesse existencial ou moral: "Ação constitutiva negatória de paternidade. Legitimidade ativa da neta. Ação de investigação de paternidade anteriormente ajuizada pela apelada julgada procedente. Interesse moral ou material da herdeira em requerer a realização de exame de DNA. Artigo 1.615 do CC. [...]. Decorre da exegese do artigo 1.615 do Código Civil a possibilidade de impugnação da ação investigatória de paternidade por qualquer pessoa legitimamente interessada em demonstrar a irrealidade do estado de filho legítimo ostentado por alguém. A presença de interesse moral, bem como interesse patrimonial decorrente do direito sucessório, legitima a autora a pretender a declaração de inexistência de filiação legítima da apelada" (TJMG, Apelação Cível 1.0479.06.114117-8/0011, 1.ª Câmara Cível, Passos, Rel. Des. Armando Freire, j. 05.08.2008, *DJEMG* 12.09.2008). Sobre a legitimidade do cônjuge do suposto pai, julgou recentemente o STJ, em decisão publicada no seu *Informativo* n. *578*, que, "mesmo nas hipóteses em que não ostente a condição de herdeira, a viúva poderá impugnar ação de investigação de paternidade *post mortem*, devendo receber o processo no estado em que este se encontra". Ainda conforme a ementa, interpretando o art. 1.615 do Código Civil, "o interesse em contestar não é privativo dos litisconsortes necessários. Esclareça-se, a propósito, que a doutrina – seja sob a égide do Código de 1916, seja do atual – orienta-se no sentido de que o 'justo interesse' pode ser de ordem econômica ou moral. De igual modo já decidiu o STF, em julgado no qual foi reconhecida a legitimidade da viúva do alegado pai para contestar ação de investigação de paternidade em hipótese em que não havia petição de herança (RE 21.182/SE, 1.ª Turma, j. 29/04/1954). Desta feita, o interesse puramente moral da viúva do suposto pai, tendo em conta os vínculos familiares e a defesa do casal que formou com o falecido, compreende-se no conceito de 'justo interesse' para contestar a ação de investigação de paternidade, nos termos do art. 365 do CC/1916 e do art. 1.615 do CC/2002. Não sendo herdeira, deve ela, todavia, receber o processo no estado em que este se encontrar, uma vez que não ostenta a condição de litisconsorte passiva necessária" (STJ, REsp 1.466.423/GO, Rel. Min. Maria Isabel Gallotti, j. 23.02.2016, *DJe* 02.03.2016). Por fim, entendeu o mesmo Tribunal Superior mais remotamente que "a ação negatória de paternidade compete ao marido, não se autorizando a aplicação do art. 1.615 do

Código Civil para autorizar a intervenção de terceiro, cabendo ao Ministério Público intervir para proteger os interesses do menor" (STJ, REsp 886.124/DF, 3.ª Turma, Rel. Min. Carlos Alberto Menezes Direito, j. 20.09.2007, *DJU* 19.11.2007, p. 227).

REFORMA DO CÓDIGO CIVIL: A Comissão de Juristas sugere manter o art. 1.615, mas incluir dois novos preceitos, como seus desdobramentos, necessários diante da realidade da posse de estado de filho, da parentalidade socioafetiva e da multiparentalidade. Nos termos do novo art. 1.615-A, com vistas a conservar ao máximo o vínculo parental já constituído, "a contestação do vínculo de parentalidade depende da prova da ocorrência do vício de vontade, falsidade do termo ou das declarações nele contidas". E mais, "não basta prova da inocorrência de vínculo genético para excluir a filiação, se for comprovada a existência da posse do estado de filho, nem a prova do estado de filho impede o reconhecimento da filiação natural" (art. 1.612-B).

Art. 1.616. A sentença que julgar procedente a ação de investigação produzirá os mesmos efeitos do reconhecimento; mas poderá ordenar que o filho se crie e eduque fora da companhia dos pais ou daquele que lhe contestou essa qualidade.

COMENTÁRIOS DOUTRINÁRIOS: A norma trata dos efeitos da sentença da ação de investigação de paternidade. Antes de analisá-la, é interessante tecer alguns comentários sobre essa demanda, que muito interessa à prática do Direito de Família, concretizando o reconhecimento forçado ou coativo de filho. Essa ação segue o procedimento comum, previsto no CPC/2015; antigo rito ordinário no CPC/1973. Por ter natureza declaratória, por envolver estado de pessoas e a dignidade humana, a ação não está sujeita a qualquer prazo, sendo imprescritível. Nesse sentido, prevê o art. 27 do Estatuto da Criança e do Adolescente, Lei n. 8.069/1990, que "o reconhecimento do estado de filiação é direito personalíssimo, indisponível e imprescritível, podendo ser exercitado contra os pais ou seus herdeiros, sem qualquer restrição, observado o segredo de Justiça". Sobre o seu foro competente, veremos a análise que tem sido feita pela jurisprudência. A legitimidade ativa para a ação investigatória tem natureza personalíssima em favor do filho, em regra. Sendo menor, este deverá ser representado – se menor de 16 anos –, ou assistido – se menor entre 16 e 18 anos –, geralmente pela mãe. A ação também cabe ao filho maior de 18 anos, sem a necessidade de representação ou assistência. O Ministério Público também pode agir como substituto processual, tendo legitimação extraordinária, conforme a Lei n. 8.560/1992. Como visto, como outra exceção, a investigatória também cabe do neto contra o avô, visando a constituir o vínculo do último em relação ao pai do primeiro (*ação avoenga*). No que diz respeito à legitimidade passiva para a ação investigatória, em regra, a ação será proposta contra o suposto pai ou suposta mãe. Falecido este ou esta, a ação será proposta contra os herdeiros da pessoa investigada e não contra o espólio, diante de seu caráter pessoal e por não ter o espólio personalidade jurídica. Não havendo herdeiros e falecendo o suposto pai ou mãe, a ação será proposta contra o Município ou União, que receberá os bens vagos. Por fim, no tocante à legitimidade passiva, a ação também pode ser proposta contra o avô, se o pai do autor tiver falecido (*ação avoenga*). Quanto às provas, diante das avançadas técnicas de engenharia genética, a prova mais efetiva é a realização de exame de DNA dos envolvidos, o que traz certeza quase absoluta quanto ao vínculo biológico, sendo pertinente lembrar a afirmação de ser o direito à filiação um direito fundamental, amparado na proteção da pessoa humana. Mitigando o exame de DNA, tornou-se comum, como exaustivamente demonstrado, discutir a parentalidade socioafetiva, fundada na posse de estado de filho, em sede de ação investigatória. Ilustrando, imagine-se que um casal tem um filho, que é devidamente registrado pelo marido, que pensa ser o seu filho. Trinta anos depois, após a morte do marido, a mulher conta ao seu filho que o seu pai não é aquele que faleceu, mas outra pessoa, com quem ela teve um relacionamento rápido quando era jovem. Ciente do fato, o filho resolve promover a ação contra o seu suposto pai verdadeiro. Realizado o exame de DNA no curso da ação, constata-se que o pai biológico do autor é o réu e não aquele que o criou durante trinta anos. No caso descrito, diante da parentalidade socioafetiva, não seria possível desconstituir o vínculo de filiação já estabelecido. Dever-se-ia concluir que a ação somente declararia a existência do vínculo biológico, o que era reconhecido como um direito personalíssimo da parte. Porém, em relação ao vínculo de filiação com todas as suas consequências, este permaneceria em relação ao falecido. Pontue-se que, no julgamento do Recurso Extraordinário n. 898.060/SC, assim votaram inicialmente os Ministros Luiz Edson Fachin e Teori Zavascki, que concluíram pela prevalência do vínculo socioafetivo. Entretanto, ao final, acabou por prevalecer a possibilidade de se demandar o pai biológico para todos os fins jurídicos, o que não afasta o vínculo socioafetivo. Em suma, repise-se que a regra, em casos tais, passou a ser a multiparentalidade, mesmo que contra a vontade das partes envolvidas. Aprofundando o tema da prova, é notório que o exame de DNA constitui meio dos mais eficazes, pois traz certeza quase absoluta quanto à existência ou não do vínculo biológico. O exame de DNA veio a substituir a fragilidade da prova testemunhal que antes era produzida, baseada principalmente no relacionamento sexual plúrimo da mãe do investigante com vários homens (*exceptio plurium concubentium*). Essa prova revelava-se como vexatória, por ser violadora da intimidade e da dignidade humana da mãe. A respeito da obrigatoriedade da realização do exame de DNA, com a condução coercitiva do investigado, vejamos a conclusão da jurisprudência superior no próximo item, o que acabou por influenciar a legislação. Por fim, em relação à sentença que julgar procedente a ação investigatória, objeto do artigo em comentário, esta produzirá os mesmos efeitos do reconhecimento voluntário ou perfilhação. Contudo, essa sentença poderá determinar que o filho seja criado e educado fora da companhia dos pais ou daquele que contestou essa qualidade, desde que isso não viole o princípio do maior interesse do menor ou da proteção integral da criança e do adolescente. O conteúdo do art. 1.616 do Código Civil repercute na questão dos alimentos, como se verá a seguir.

JURISPRUDÊNCIA COMENTADA: Sobre a não sujeição da ação investigatória à prescrição ou à decadência, na linha do que comentei, destaca-se a Súmula n. 149 do STF, pela qual "é imprescritível a ação de investigação de paternidade, mas não o é a da petição de herança". A ação de petição de herança será estudada mais à frente nesta obra, não cabendo aqui comentar sobre ela, não havendo da minha parte qualquer divergência quanto à primeira parte da sumular. Sobre o foro competente para a ação investigatória de paternidade, como se trata de uma ação pessoal, em regra, será competente o foro de domicílio do réu (art. 46 do CPC/2015). Entretanto, tem-se entendido no âmbito jurisprudencial que se a ação estiver cumulada com a de alimentos, "o foro de domicílio ou residência do alimentando é o competente para a ação de investigação de paternidade, quando cumulada com a de alimentos" (Súmula n. 1 do STJ). Se a ação estiver cumulada com petição de herança, será competente o mesmo juízo do inventário, antes da partilha; ou o foro de domicílio de qualquer herdeiro, após a partilha (ver: STJ, CC 28.535/PR, 2.ª Seção, Rel. Min. Carlos Alberto Menezes Direito, j. 08.11.2000, *DJ* 18.12.2000, p. 152). Como ressalva, em havendo pendência do julgamento da investigação de paternidade, a ação de petição de herança deve correr na mesma Vara da Família em que segue tal demanda declaratória (STJ, CC 124.274/PR, 2.ª Seção, Rel. Min. Raul Araújo, j. 08.05.2013, publicado no seu *Informativo* n. *524*). Por fim quanto ao tema, se a ação estiver cumulada com alimentos e petição de herança, será competente o foro de domicílio ou residência do alimentando (STJ, CC 51.061/GO, Rel. Min. Carlos Alberto Menezes Direito, j. 09.11.2005). Essas regras de competência, notadamente as reconhecidas pela jurisprudência, devem ser mantidas na vigência do Código de Processo Civil de 2015. Sobre a obrigatoriedade do exame de DNA, igualmente como pontuei, o Supremo Tribunal Federal, em julgado histórico, acabou por entender por sua impossibilidade. A decisão, por maioria de votos, concluiu que o direito à intimidade biológica do suposto pai prevalece sobre a busca da verdade biológica, conforme a seguinte ementa: "Investigação de paternidade. Exame DNA. Condução do réu 'debaixo de vara'. Discrepa, a mais não poder, de garantias constitucionais implícitas e explícitas – preservação da dignidade humana, da intimidade, da intangibilidade do corpo humano, do império da lei e da inexecução específica e direta de obrigação de fazer – provimento judicial que, em ação civil de investigação de paternidade, implique determinação no sentido de o réu ser conduzido ao laboratório, 'debaixo de vara', para coleta do material indispensável à feitura do exame DNA. A recusa resolve-se no plano jurídico-instrumental, consideradas a dogmática, a doutrina e a jurisprudência, no que voltadas ao deslinde das questões ligadas à prova dos fatos" (STF, HC 71.373/RS, Rel. Min. Francisco Rezek, Rel. Acórdão Min. Marco Aurélio, j. 10.11.1994, Tribunal Pleno, *DJ* 22.11.1996, p. 45.686). Apesar da dedução pela não obrigatoriedade do exame, o STF entendeu que a sua negativa conduz à presunção relativa de paternidade. Tal decisão acabou por influir na legislação e na jurisprudência posteriores. De início, cite-se a redação dos arts. 231 e 232 do atual Código Civil, aqui já estudados. No plano jurisprudencial foi editada a Súmula n. 301 do STJ, *in verbis*: "Em ação investigatória, a recusa do suposto pai a submeter-se ao exame de DNA induz presunção *juris tantum* de paternidade". Em data mais próxima, entrou em vigor no Brasil a Lei n. 12.004/2009, que introduziu na Lei n. 8.560/1992 norma expressa a respeito da presunção pela negativa ao exame: "Art. 2º-A. Na ação de investigação de paternidade, todos os meios legais, bem como os moralmente legítimos, serão hábeis para provar a verdade dos fatos. Parágrafo único. A recusa do réu em se submeter ao exame de código genético – DNA – gerará a presunção da paternidade, a ser apreciada em conjunto com o contexto probatório". Em verdade, a última norma era até desnecessária, pela existência dos citados dispositivos do Código Civil e pela jurisprudência consolidada. Em continuidade de estudo, após uma longa tramitação no Congresso Nacional, foi promulgada e publicada a Lei n. 14.138/2021, que acrescenta um § 2º ao art. 2º-A da Lei n. 8.560/1992 para permitir, em sede de ação de investigação de paternidade, a realização do exame de pareamento do código genético (DNA) em parentes do suposto pai. Conforme expressa o novo comando legal, "se o suposto pai houver falecido ou não existir notícia de seu paradeiro, o juiz determinará, a expensas do autor da ação, a realização do exame de pareamento do código genético (DNA) em parentes consanguíneos, preferindo-se os de grau mais próximo aos mais distantes, importando a recusa em presunção da paternidade, a ser apreciada em conjunto com o contexto probatório". Parte da doutrina, caso de Rolf Madaleno, já tratava da realização desse exame em relação aos parentes, citando o entendimento jurisprudencial estadual que a admitia. A Lei n. 14.138/2021 superou divergências anteriores, possibilitando de forma incontestável a realização do exame de DNA nos parentes do falecido investigado, gerando a sua recusa a presunção relativa ou *iuris tantum* do vínculo biológico, a ser analisada com outras provas. Assim, com o novo comando, passaram a ser úteis e necessárias as previsões anteriores do art. 2º-A da Lei n. 8.560/1992, introduzidas em 2009, que são completadas pela nova norma. Anoto que julgados superiores já vinham entendendo dessa forma, pela presença de uma presunção relativa e aplicando o enunciado de súmula antes citado. Como se retira de acórdão da Quarta Turma do STJ, do ano de 2015 e de outros sucessivos, na mesma linha e com igual relator, "inexistindo a prova pericial capaz de propiciar certeza quase absoluta do vínculo de parentesco (exame de impressões do DNA), diante da recusa dos irmãos paternos do investigado em submeter-se ao referido exame, comprova-se a paternidade mediante a análise dos indícios e presunções existentes nos autos, observada a presunção *juris tantum*, nos termos da Súmula 301/STJ. Precedentes" (STJ, AgRg no AREsp 499.722/DF, 4.ª Turma, Rel. Min. Raul Araújo, j. 18.12.2014, *DJe* 06.02.2015). Em resumo, pode-se concluir que a Lei n. 14.138/2021 fez com que a negativa dos parentes do investigado falecido ao exame de DNA deixasse de ser um mero indício do vínculo biológico, passando a gerar uma presunção. Sendo assim, não se pode negar que o impacto da negativa ao exame de pareamento genético pelo parente passa a gerar o mesmo efeito da negativa pelo próprio investigado. Por fim, quanto aos alimentos na ação investigatória, estatui a Súmula n. 277 do Superior Tribunal de Justiça que "julgada procedente a investigação de paternidade, os alimentos são devidos a partir da citação". Isso vale se os alimentos não forem fixados provisoriamente, por meio de tutela antecipada ou em cautelar de alimentos provisionais. O entendimento sumulado é aplicação do princípio da igualdade entre filhos (art. 227, § 6º, da CF/1988 e art. 1.596 do CC), uma vez que se o filho reconhecido voluntariamente tem direito a alimentos provisórios desde a citação do réu na ação de alimentos, o filho reconhecido posteriormente por sentença também deve o ter. Trata-se, ainda, de incidência do art. 1.616 do CC, ora comentado, pelo qual a sentença da ação investigatória deve ter os mesmos efeitos do reconhecimento voluntário. Parece-me que o Código de Processo Civil de 2015 nada muda a respeito dessas conclusões jurisprudenciais. Como última nota, destaco que o Superior Tribunal de Justiça passou a admitir a utilização de medidas previstas no art. 139, inc. IV, do Código de Processo Civil de 2015 em caso de negativa de realização do exame de DNA. Conforme esse preceito legal, o juiz poderá "determinar todas as medidas indutivas, coercitivas, mandamentais ou sub-rogatórias necessárias para assegurar o cumprimento de ordem judicial, inclusive nas ações que tenham por objeto prestação pecuniária". O caso diz respeito a herdeiro que se negava a fazer o exame, tendo concluído a Corte que "a impossibilidade de condução do investigado 'debaixo de vara' para a coleta de material genético necessário ao exame de DNA não implica a impossibilidade de adoção das medidas indutivas, coercitivas e mandamentais autorizadas pelo art. 139, IV, do novo CPC, com o propósito de dobrar a sua renitência, que deverão ser adotadas, sobretudo, nas hipóteses em que não se possa desde logo aplicar a presunção contida na Súmula 301/STJ ou quando se observar a existência de postura anticooperativa de que resulte o *non liquet* instrutório em desfavor de quem adota postura cooperativa, pois, maior do que o direito de um filho de ter um pai, é o direito de um filho de saber quem é o seu pai". Assim, julgou-se que "aplicam-se aos terceiros que possam fornecer material genético para a realização do novo exame de DNA as mesmas diretrizes anteriormente formuladas, pois, a despeito de não serem legitimados passivos para responder à ação investigatória (legitimação *ad processum*), são eles legitimados para a prática de determinados e específicos atos processuais (legitimação *ad actum*), observando-se, por analogia, o procedimento em contraditório delineado nos arts. 401 a 404, do novo CPC, que, inclusive, preveem a possibilidade de adoção de medidas indutivas, coercitivas, sub-rogatórias ou mandamentais ao terceiro que se encontra na posse de documento ou coisa que deva ser exibida" (STJ, Rcl 37.521/SP, Segunda Seção, Rel. Min. Nancy Andrighi, j. 13.05.2020, *DJe* 05.06.2020). O acórdão destaca a possibilidade de se exigir a exibição de documento ou coisa que se encontre em poder do herdeiro, sob pena de busca e apreensão. Pelos interesses envolvidos, que dizem respeito à busca da verdade biológica, sou favorável à utilização de tais medidas nessas situações. Como outras medidas coercitivas podem ser citadas as apreensões do passaporte, da carteira de motorista e também de cartões bancários ou de crédito dos envolvidos. Destaque-se que, em fevereiro de 2023, o Supremo Tribunal Federal julgou a constitucionalidade do art. 139, inc. IV, na ADI 5.941, em acórdão do qual foi Relator o Ministro Luiz Fux. Sucessivamente, no mesmo ano de 2023, já se pronunciou o Superior Tribunal de Justiça, em acórdão com o seguinte trecho: "O Supremo Tribunal Federal, por ocasião do julgamento da ADI 5.941, firmou posição no sentido de que restrições impostas ao devedor, como a apreensão do passaporte, são constitucionais, desde que respeitados os critérios e requisitos da fundamentação adequada, do contraditório, ainda que diferido, e da proporcionalidade. Hipótese em que a situação financeira privilegiada do devedor de alimentos foi demonstrada, bem como foram suficientemente evidenciados os indícios de ocultação de patrimônio, mostrando-se razoável e proporcional a medida, especialmente após o esgotamento das medidas executivas típicas" (STJ, Ag. Int. no HC 712.901/SP, Rel. Min. Nancy Andrighi, 3.ª Turma, j. 13.03.2023, *DJe* 15.03.2023). Portanto, os últimos acórdãos demonstram a plena viabilidade prática dessas medidas, também em se tratando de dívidas de alimentos, assunto que ainda será aqui analisado.

REFORMA DO CÓDIGO CIVIL: A Comissão de Juristas propõe a retirada da locução final do comando – "mas poderá ordenar que o filho se crie e eduque fora da companhia dos pais ou daquele que lhe contestou essa qualidade" –, que não tem qualquer aplicação prática na atualidade, tendo em vista o princípio do maior interesse da criança e do adolescente – e podendo ser tida até como discriminatória. Assim, o art. 1.616 do Código Civil passará a prever, tão somente, que "a sentença que julgar procedente a ação de prova de parentalidade produzirá os mesmos efeitos do reconhecimento voluntário". Essa parte do comando, sim, como se extrai das minhas anotações doutrinárias e jurisprudenciais, tem grande importância, teórica e prática.

Art. 1.617. A filiação materna ou paterna pode resultar de casamento declarado nulo, ainda mesmo sem as condições do putativo.

COMENTÁRIOS DOUTRINÁRIOS: Encerrando o estudo do reconhecimento de filhos, determina o preceito transcrito que a filiação materna ou paterna pode resultar de casamento declarado nulo, ainda que este não seja reconhecido como putativo. A norma é óbvia, e até desnecessária, uma vez que a nulidade ou anulabilidade do casamento não pode interferir na questão da filiação. Mais uma vez, o dispositivo parece ser resquício de outra época, em que existia a discriminação quanto aos filhos havidos fora do casamento, podendo ser tido até como inconstitucional. Assim, a norma está fora da ordem jurídica atual, não tendo a devida aplicação prática.

REFORMA DO CÓDIGO CIVIL: Na linha dos meus comentários doutrinários, sendo o dispositivo anacrônico, a Comissão de Juristas sugere a sua revogação expressa.

CAPÍTULO IV
DA ADOÇÃO

Art. 1.618. A adoção de crianças e adolescentes será deferida na forma prevista pela Lei n. 8.069, de 13 de julho de 1990 – Estatuto da Criança e do Adolescente. (Redação dada pela Lei n. 12.010, de 2009)

COMENTÁRIOS DOUTRINÁRIOS: Há tempos tem-se afirmado que adoção talvez seja o instituto de Direito de Família que mais tenha sido objeto de alterações estruturais e funcionais com o passar do tempo, diante de várias leis que o regulamentaram. Citem-se, anteriormente, Código Civil de 1916, a Lei n. 3.133/1957, a Lei n. 4.655/1965, o Código de Menores (Lei n. 6.697/1979), e o Estatuto da Criança e do Adolescente (Lei n. 8.069/1990), o que acabou por gerar uma *colcha de retalhos legislativa* a respeito do tema. Além de tudo isso, contribuindo com a situação de dúvidas, o Código Civil de 2002 tratou do assunto. Como mais uma peça da *colcha*, foi promulgada a Lei n. 12.010, em 3 de agosto de 2009, então conhecida como *Lei Nacional da Adoção* ou *Nova Lei da Adoção*. No final de 2017, surgiu a Lei n. 13.509, trazendo amplas reformas a respeito do tema. O que se nota é que o tema adoção nunca teve no Brasil uma estabilidade legislativa consolidada, havendo ainda outros projetos de lei que pretendem tratar do tema, como o Estatuto da Adoção, idealizado pelo IBDFAM. Sobre a norma de 2009, ela revogou vários dispositivos do Código Civil que tratavam da adoção (arts. 1.620 a 1.629), alterando, ainda, os arts. 1.618 e 1.619 da atual codificação privada. Em síntese, pode-se afirmar que com essa modificação anterior a matéria ficou consolidada no Estatuto da Criança e do Adolescente (Lei n. 8.069/1990), que também teve vários dos seus comandos alterados. Tal estruturação foi mantida com a Lei n. 13.509/2017. Antes da entrada em vigor do Código Civil de 2002, duas eram as formas de adoção previstas no ordenamento jurídico brasileiro: a) a *adoção plena ou estatutária*, para os casos de menores, crianças e adolescentes e tratada pelo Estatuto da Criança e do Adolescente (ECA); e b) a *adoção simples, civil* ou *restrita*, nas hipóteses fáticas envolvendo maiores, tratada pelo Código Civil de 1916. O Código Civil de 2002 havia consolidado a matéria, não mais prevalecendo a divisão acima apontada, eis que o Código Civil de 1916, que tratava da adoção simples, foi totalmente revogado ou ab-rogado (art. 2.045 do CC). Assim sendo, o Código Civil de 2002 era tanto para a adoção de maiores quanto de menores de 18 anos. Com a *Lei Nacional da Adoção* de 2009 houve uma reviravolta no tratamento legal, eis que não há mais dispositivos no Código Civil regulamentando o instituto. O seu art. 1.618 determina que a adoção de crianças e adolescentes será deferida na forma prevista pela Lei n. 8.069, de 13 de julho de 1990 (ECA), sendo certo que os seus comentários fogem ao objetivo da presente obra.

REFORMA DO CÓDIGO CIVIL: A Comissão de Juristas sugere que a adoção de pessoas incapazes, mesmo que com idade superior a dezoito anos, também seja regulada pelo sistema protetivo do Estatuto da Criança e do Adolescente, passando o art. 1.618 a prever que "a adoção de crianças, de adolescentes e de pessoas incapazes será deferida na forma prevista pela Lei nº 8.069, de 13 de julho de 1990 (Estatuto da Criança e do Adolescente)". A proposta tem total razão de ser, na medida da necessária tutela de vulnerabilidades.

Art. 1.619. A adoção de maiores de 18 (dezoito) anos dependerá da assistência efetiva do poder público e de sentença constitutiva, aplicando-se, no que couber, as regras gerais da Lei n. 8.069, de 13 de julho de 1990 – Estatuto da Criança e do Adolescente. (Redação dada pela Lei n. 12.010, de 2009)

COMENTÁRIOS DOUTRINÁRIOS: Seguindo a linha dos comentários ao último comando, o art. 1.619 da codificação privada, modificado em 2009, é claro ao estabelecer que a adoção de maiores de dezoito anos dependerá da assistência efetiva do poder público e de sentença constitutiva, aplicando-se, no que couber, as regras gerais da mesma Lei n. 8.069/1990. Em suma, o que se percebe é que a matéria de adoção, relativa a menores e a maiores, passou a ser consolidada no Estatuto da Criança e do Adolescente. Em suma, a lei de 2009 representou mais uma tentativa de decodificação, ou seja, de retirada dos institutos privados do Código Civil. Todavia, não deixou de causar certo espanto, uma vez que uma típica norma de proteção de vulneráveis – o ECA – passa a regulamentar interesses de adultos, o que é criticável, do ponto de vista técnico-metodológico e estrutural. Como nota doutrinária de relevo sobre a natureza jurídica do instituto, entendo como a maioria da doutrina, que a adoção é um ato jurídico *stricto sensu*, enquadrado no art. 185 do CC/2002, pois os seus efeitos são apenas fixados em lei. Entretanto, não se pode negar que há um quê de negócio jurídico na adoção, eis que esta depende de iniciativa da parte, do exercício da autonomia privada pelo adotante. Para reforçar, lembre-se que a adoção não pode ser imposta, como ocorre com o reconhecimento de filho. Sem falar que, na adoção de pessoa com idade superior a 12 anos, há a necessidade de se ouvir o adotado. A questão, em suma, é controversa. Como outro aspecto a ser pontuado, é interessante deixar claro que tanto a adoção de menores quanto a de maiores, com tratamento consolidado no ECA, dependem de ação judicial. Nesse sentido, não deixa dúvidas o seu art. 47, no sentido de que o vínculo da adoção se constitui por sentença judicial, que será inscrita no registro civil mediante mandado do qual não se fornecerá certidão. Antes da nova lei, na *IV Jornada de Direito Civil* foi aprovado o Enunciado n. 272, prevendo que "não é admitida em nosso ordenamento jurídico a adoção por ato extrajudicial, sendo indispensável a atuação jurisdicional, inclusive para a adoção de maiores de dezoito anos". O enunciado foi aprovado pela comissão da Parte Geral, esclarecendo o conteúdo do então art. 10, inc. III, do CC, pelo qual se faria a averbação no registro público dos atos judiciais e extrajudiciais de adoção. Por óbvio que não há mais atos extrajudiciais de adoção. Esclareça-se que, também elucidando o conteúdo desse dispositivo da Parte Geral, foi aprovado o Enunciado n. 273, com o seguinte sentido: "Tanto na adoção bilateral quanto na unilateral, quando não se preserva o vínculo com qualquer dos genitores originários, deverá ser averbado o cancelamento do registro originário de nascimento do adotado, lavrando-se novo registro. Sendo unilateral a adoção, e sempre que se preserve o vínculo originário com um dos genitores, deverá ser averbada a substituição do nome do pai ou da mãe natural pelo nome do pai ou da mãe adotivos". Atente-se ao fato de que a Lei n. 12.010/2009 revogou expressamente o art. 10, inc. III, do Código Civil, sanando totalmente o equívoco anterior constante da codificação privada. Como últimas palavras, quanto ao processo de adoção, este corre na Vara da Infância e Juventude nos casos de menores e na Vara da Família em casos de maiores, sempre com a intervenção do Ministério Público, pois se trata de questão envolvendo o estado de pessoas e a ordem pública.

REFORMA DO CÓDIGO CIVIL: A subcomissão de Direito de Família fez proposta importante de *desjudicialização* da adoção de pessoas com idade superior a dezoito anos. Como bem justificaram os juristas que a compuseram, "a partir do momento em que se tornou possível o reconhecimento da filiação socioafetiva bem como o estabelecimento da multiparentalidade extrajudicialmente, não se justifica manter a adoção de pessoas maiores de idade na esfera judicial. A desjudicialização dos procedimentos que não demandem a apreciação de controvérsia entre as partes é uma tendência cada vez mais saliente, como forma de desafogar o Poder Judiciário. De outro lado, a qualificação dos profissionais que desempenham funções registrais, tem permitido delegar-lhes encargos certificatórios da ausência de fraude, falsidade, má-fé ou vício de vontade na manifestação das partes. Como se trata de procedimento que diz com o direito à identidade, a participação do Ministério Público garante a higidez do ato". Assim, como primeira opção, a adoção extrajudicial das pessoas com mais de dezoito anos poderá se dar por escritura pública, perante o Tabelionato de Notas. Haverá, ainda e como segunda opção, um procedimento extrajudicial de adoção, que se processará perante o Cartório de Registro Civil das Pessoas Naturais, com regras próximas ao que se tem hoje nos casos de parentalidade socioafetiva, segundo a regulamentação ora vigente pelo Conselho Nacional de Justiça. Assim, nos termos do projetado art. 1.619 do Código Civil, "a adoção de pessoas capazes e maiores de dezoito anos poderá ser feita extrajudicialmente, por escritura pública ou perante o oficial de Registro Civil de Pessoas Naturais da residência do adotando". No caso do segundo procedimento, "o Oficial do Cartório de Registro Civil das Pessoas Naturais ouvirá as partes para identificar a legítima intenção de adoção e obterá a concordância dos genitores que constam do assento de nascimento do adotando, presencialmente ou formalizada por outro meio" (§ 1º). Em caso de discordância de um ou de ambos os genitores naturais, o reconhecimento da adoção somente poderá ser efetivado no âmbito judicial, ou seja, somente será possível a via extrajudicial de forma consensual, havendo o pleno acordo entre todos os envolvidos (§ 2º). Como não poderia ser diferente, a adoção extrajudicial não exclui, necessariamente, a multiparentalidade (§ 3º). Por fim, assim como se dá nos casos de reconhecimento extrajudicial da parentalidade socioafetiva pela normatização ora vigente, "suspeitando de fraude, falsidade, má-fé, vício de vontade, simulação ou havendo dúvida sobre a busca da adoção, o registrador encaminhará o pedido ao juízo competente, justificando a recusa" (§ 3º do art. 1.619 do Código Civil). As normas propostas são mais do que necessárias para o seguro caminho da extrajudicialização, um dos nortes da Reforma do Código Civil, não havendo qualquer razão para que a adoção da pessoa com mais de dezoito anos seja apenas efetivada no âmbito judicial.

Art. 1.620. (Revogado pela Lei n. 12.010, de 2009)

Art. 1.621. (Revogado pela Lei n. 12.010, de 2009)

Art. 1.622. (Revogado pela Lei n. 12.010, de 2009)

Art. 1.623. (Revogado pela Lei n. 12.010, de 2009)

Art. 1.624. (Revogado pela Lei n. 12.010, de 2009)

Art. 1.625. (Revogado pela Lei n. 12.010, de 2009)

Art. 1.626. (Revogado pela Lei n. 12.010, de 2009)

Art. 1.627. (Revogado pela Lei n. 12.010, de 2009)

Art. 1.628. (Revogado pela Lei n. 12.010, de 2009)

Art. 1.629. (Revogado pela Lei n. 12.010, de 2009)

CAPÍTULO V
DO PODER FAMILIAR

SEÇÃO I
DISPOSIÇÕES GERAIS

Art. 1.630. Os filhos estão sujeitos ao poder familiar, enquanto menores.

COMENTÁRIOS DOUTRINÁRIOS: O poder familiar pode ser conceituado como aquele exercido pelos pais em relação aos filhos, dentro da ideia de *família democrática*, do regime de colaboração familiar e de relações baseadas, sobretudo, no afeto. Destaque-se que parte da doutrina prefere o termo *autoridade parental,* constando proposta de alteração das expressões no antigo Estatuto das Famílias e também na atual Reforma do Código Civil. Nessa linha, nas justificativas da proposição é expresso que o termo *autoridade* se coaduna com o princípio de melhor interesse dos filhos, além de contemplar a solidariedade familiar. O art. 87 do projeto determina que "a autoridade parental deve ser exercida no melhor interesse dos filhos". Nos termos do vigente Código Civil, o poder familiar será exercido pelo pai e pela mãe, não sendo mais o caso de se utilizar, em hipótese alguma, a expressão *pátrio poder*, totalmente superada pela *despatriarcalização* do Direito de Família, ou seja, pela perda do domínio exercido pela figura paterna no passado. Também não há mais menção aos filhos legítimos, legitimados ou reconhecidos, o que remonta à odiosa e hoje inconstitucional discriminação dos filhos havidos fora do casamento. Segundo a norma em estudo e que está em vigor, os filhos, não importando a sua origem, estão sujeitos ao poder familiar, enquanto menores. Quanto a esse comando legal, prescreve o Enunciado n. 112 do Conselho da Justiça Federal, aprovado na *I Jornada de Direito Civil*, que "em acordos celebrados antes do advento do novo Código, ainda que expressamente convencionado que os alimentos cessarão com a maioridade, o juiz deve ouvir os interessados, apreciar as circunstâncias do caso concreto e obedecer ao princípio *rebus sic stantibus*". O enunciado doutrinário visa a elucidar conflito de direito intertemporal que possa surgir. Em síntese, com a redução da maioridade civil e com o fim do poder familiar aos 18 anos do filho, os alimentos também podem cessar antes do período fixado entre as partes. Para tanto, devem ser analisadas as circunstâncias fáticas que envolvem a lide. O enunciado é bom tecnicamente, apesar de não se concordar com a utilização do termo em latim *rebus sic stantibus*, expressão esta que é própria da teoria da imprevisão e do Direito Contratual; estando um tanto quanto superada mesmo neste último ramo do Direito Civil.

JURISPRUDÊNCIA COMENTADA: Sobre a substituição do pátrio poder pelo poder familiar, didático e explicativo julgado do Tribunal de Pernambuco aduz que "é cediço que o exercício do poder familiar, introduzido nos artigos 1.630 e seguintes do Código Civil brasileiro e previsto no artigo 21 e seguintes do Estatuto da Criança e do Adolescente, em substituição ao pátrio poder ou poder parental é um conjunto de direitos e deveres de ambos os genitores, em igualdade de condições, quanto à pessoa e bens dos filhos menores, representando acima de tudo uma obrigação dos pais para com os filhos. Vale ressaltar que um dos principais objetivos a serem alcançados por meio do exercício do poder familiar é o desenvolvimento equilibrado e sadio do menor, através de uma adequada formação humana e social". Sobre o caso concreto julgado, entendeu-se pela necessidade de destituição do poder familiar, uma vez que "da prova produzida nos autos, percebe-se que o melhor interesse da criança restará preservado com a destituição do poder familiar dos genitores, bem como com a colocação da infante em família substituta. Os laudos acostados aos autos comprovam que as crianças se encontravam, de fato, em um grave contexto de vulnerabilidade. Às fls. 127/128 e 129/130, os relatórios da secretaria de assistência social asseveraram que a família é reincidente nas condições de vulnerabilidade e que ante a conjuntura averiguada a melhor medida aplicável às crianças é a colocação em família substituta na modalidade adoção haja vista não ter sido possível inserção em família extensa, visto a consulta à tia paterna dos infantes. Saliente-se que as crianças já foram acolhidas em outra Comarca pelos mesmos motivos de negligência. Inclusive, o estudo relata as fls. 128 que a situação de flagrante abandono informada em estudo anterior permanece, visto os genitores denotarem a condição de andarilhos, vulnerabilizando, assim, as condições das crianças e violando, dentre outros, o direito à educação. Ademais, importante destacar também a informação da tia das crianças que informou relato de negligência e maus-tratos, haja vista que os meninos passam fome e que além de sofrerem castigos físicos (fls. 128). Outrossim, como bem destacado pelo togado de origem às fls. 148 'as provas coligidas nos autos durante a instrução processual, indicam que apesar de todo o tempo de acolhimento dos infantes, os requeridos não demonstram a menor preocupação em adotar medidas necessárias capazes de modificar a situação anteriormente posta, no sentido de receber os meninos e responsabilizarem-se pelos cuidados e educação, sendo certo que, as responsabilizaram-se pelos seus cuidados e educação, sendo certo que, as crianças permanecem abrigados até esta data, sem que se vislumbrem perspectivas de retorno à família de origem. Encontram-se privados de integrar um lar que lhes propicie carinho, afeto e atenção especial que merecem'. Ademais, os depoimentos das audiências de instrução também comprovaram a ausência de cuidados dos genitores para com seus filhos. Assim, diante de todas as tentativas infrutíferas de recolocação da criança no ambiente familiar e da ausência de condições de criar os filhos, pertinente o pedido de destituição do poder familiar" (TJPE, Recurso 0002400-61.2017.8.17.0480, Rel. Des. José Viana Ulisses Filho, j. 31.10.2018, *DJEPE* 19.11.2018). Também merece relevo acórdão superior, relativo a caso de homologação de sentença estrangeira, que conclui não existir poder familiar, e a respectiva guarda que dela decorre, quanto a filho maior: "Este tribunal exerce juízo meramente delibatório nas hipóteses de homologação de sentença estrangeira; vale dizer, cabe ao STJ, apenas, verificar se a pretensão atende aos requisitos previstos no art. 5º da Resolução STJ n. 9/2005 e se não fere o disposto no art. 6º do mesmo ato normativo, bem como as disposições da LINDB. De fato, a sentença homologanda atendeu aos requisitos legais para concessão do *exequatur*. Não obstante, o filho alcançou a maioridade em 25/01/2014, tanto pela Lei brasileira (art. 5º, *caput,* do Código Civil brasileiro), quanto pela Lei francesa (art. 488 do Código Civil francês). E o art. 1.630 do Código Civil brasileiro não permite a guarda de pessoa capaz" (STJ, SEC 11.686/EX, Corte Especial, Rel. Min. Og Fernandes, *DJe* 18.11.2015).

REFORMA DO CÓDIGO CIVIL: Na linha dos meus comentários, a Comissão de Juristas sugere que o poder familiar seja substituído pela ideia de autoridade parental, passando o art. 1.630 do Código a prever o seguinte: "os filhos, enquanto com menos de dezoito anos de idade, estão sujeitos à autoridade parental". Não se utiliza mais a expressão "menor", na linha de outras propostas, não sendo mais considerada a chamada "menoridade". Nas justificativas da Subcomissão de Direito de Família, que também serviram para motivar as alterações dos dispositivos seguintes, "indispensável substituir a expressão 'poder familiar' por 'autoridade parental', como de há muito reclama a doutrina, por necessidade de eliminar que pais tem poder sobre os filhos, remetendo a uma hierarquização que afronta os direitos fundamentais de crianças e adolescentes. Ao depois esta é a expressão adotada pelo Estatuto da Criança e o Adolescente (ECA) sendo recomendável uma uniformidade terminológica no arcabouço legal. É urgente a necessidade de uma alteração significativa quanto aos papéis parentais, que ainda se encontram absolutamente hierarquizados". De todo modo, não foram debatidas as propostas que mantinham relação com o tema da guarda de filhos, diante de todas as enormes dificuldades encontradas pela Comissão de Juristas. Assim, o tema deve ser discutido no âmbito do Congresso Nacional, com a realização de novas audiências públicas para tanto.

Art. 1.631. Durante o casamento e a união estável, compete o poder familiar aos pais; na falta ou impedimento de um deles, o outro o exercerá com exclusividade.

Parágrafo único. Divergindo os pais quanto ao exercício do poder familiar, é assegurado a qualquer deles recorrer ao juiz para solução do desacordo.

COMENTÁRIOS DOUTRINÁRIOS: O dispositivo em estudo prescreve que durante o casamento e a união estável, compete o poder familiar aos pais e, na falta ou impedimento de um deles, o outro o exercerá com exclusividade. Divergindo os pais quanto ao exercício do poder familiar, é assegurado a qualquer deles recorrer ao juiz para a solução do desacordo. Mais uma vez, o Código Civil atribui a solução ao Poder Judiciário, criando mais uma ação: a de *solução de divergência quanto ao poder familiar*. Também aqui a mediação familiar interdisciplinar pode entrar em cena para resolver as controvérsias. Por razões óbvias, não há mais menção à chefia exercida pelo marido, diante da sempre citada *despatriarcalização* do Direito de Família, superando-se a idade de pátrio poder.

JURISPRUDÊNCIA COMENTADA: Como se extrai de preciso julgado do Tribunal de Goiás, "verificada a morte de um dos pais, o poder familiar é conferido, inteiramente, ao genitor sobrevivente (artigo 1.631 do Código Civil) e, não se verificando nenhuma conduta que o desabone de exercer tal encargo, seu direito de guarda não lhe pode ser tolhido. Nas ações de atribuição, ou modificação de guarda, conquanto seja recomendável a oitiva dos menores, sua opinião não é determinante, por si só, para a definição daquele que irá assumir a responsabilidade, em especial, quando as partes litigantes entabularam acordo, além de não haver, nos autos, comprovação de qualquer fato que desabone a conduta da parte definida para exercer a guarda dos infantes. Ademais, tal medida é, sempre, excepcional, devendo ser realizada somente quando realmente for necessária, em face das peculiaridades de cada caso, para não expor as crianças a qualquer constrangimento desnecessário, sendo despicienda, no caso em análise" (TJGO, Apelação Cível 0341900-16.2015.8.09.0137, 5.ª Câmara Cível, Rio Verde, Rel. Des. Francisco Vildon José Valente, *DJGO* 25.11.2016, p. 101). No mesmo sentido, acórdão do Tribunal Paulista afirma, com base no art. 1.631 do Código Civil que a "guarda deferida em favor do pai apta a prevalecer, mesmo porque, não há nada que o desabone" (TJSP, Agravo de Instrumento 2131342-13.2017.8.26.0000, Acórdão 11096439, 4.ª Câmara de Direito Privado, Itaquaquecetuba, Rel. Des. Natan Zelinschi de Arruda, j. 19.12.2017, *DJESP* 01.03.2018, p. 2.237).

REFORMA DO CÓDIGO CIVIL: Na linha de uma necessária *extrajudicialização* de alguns institutos, a Subcomissão de Direito de Família sugeriu a desvinculação da conjugalidade com a parentalidade na autoridade parental, a desjudicialização de conflitos e a abertura para a atuação de padrastos e madrastas. Assim, o art. 1.631 do Código Civil passará a ter a seguinte redação: "A autoridade parental compete a ambos aos pais, em igualdade de condições, quer eles vivam juntos ou tenham rompido a sociedade conjugal ou convivencial. Parágrafo único. Divergindo os pais quanto ao exercício da autoridade parental, devem eles, de preferência, buscar a mediação ou outras formas de soluções extrajudiciais, antes de recorrerem à via judicial". Como se pode perceber, a menção à mediação e aos meios extrajudiciais de controvérsias – como a negociação e a conciliação – é salutar e necessária, tendo prioridade em relação à via judicial, mas sem excluí-la.

Art. 1.632. A separação judicial, o divórcio e a dissolução da união estável não alteram as relações entre pais e filhos senão quanto ao direito, que aos primeiros cabe, de terem em sua companhia os segundos.

COMENTÁRIOS DOUTRINÁRIOS: Na linha do que consta do art. 1.579 do Código Civil, prevê o dispositivo em comentário que a separação judicial, o divórcio e a dissolução da união estável não alteram as relações entre pais e filhos senão quanto ao direito, que aos primeiros cabe, de terem em sua companhia os segundos. O dispositivo acaba trazendo um direito à convivência familiar e, ao seu lado, um dever dos pais de terem os filhos sob sua companhia. Nessa norma reside fundamento jurídico substancial para a responsabilidade civil por abandono afetivo, eis que a companhia inclui esse afeto. Completa-se, portanto, o teor do art. 229 da Constituição Federal, que consagra o dever dos pais de criar e educar os filhos menores. Anote-se, mais uma vez, que a menção à separação judicial deve ser vista com ressalvas, eis que a categoria foi extinta pela Emenda do Divórcio (Emenda Constitucional n. 66/2010), mesmo diante da emergência do Código de Processo Civil de 2015, que reafirmou o instituto da separação judicial e da existência de julgados que admitem o instituto. Como último aspecto a ser pontuado, o preceito deve ser levado em conta na fixação da guarda, principalmente nos casos de guarda unilateral, no que tange à regulamentação de visitas em favor daquele genitor que não tem a guarda do filho.

JURISPRUDÊNCIA COMENTADA: Sobre o abandono afetivo, sou favorável à possibilidade de reparação civil, em havendo dano imaterial causado ao filho, tendo como fundamento os dois dispositivos citados nos meus comentários. Nesse sentido, vale citar o emblemático julgamento do Superior Tribunal de Justiça que admitiu sua reparação, assim ementado: "Inexistem restrições legais à aplicação das regras concernentes à responsabilidade civil e o consequente dever de indenizar/compensar no Direito de Família. O cuidado como valor jurídico objetivo está incorporado no ordenamento jurídico brasileiro não com essa expressão, mas com locuções e termos que manifestam suas diversas desinências, como se observa do art. 227 da CF/88. Comprovar que a imposição legal de cuidar da prole foi descumprida implica em se reconhecer a ocorrência de ilicitude civil, sob a forma de omissão. Isso porque o *non facere*, que atinge um bem juridicamente tutelado, leia-se, o necessário dever de criação, educação e companhia – de cuidado – importa em vulneração da imposição legal, exsurgindo, daí, a possibilidade de se pleitear compensação por danos morais por abandono psicológico. Apesar das inúmeras hipóteses que minimizam a possibilidade de pleno cuidado de um dos genitores em relação à sua prole, existe um núcleo mínimo de cuidados parentais que, para além do mero cumprimento da lei, garantam aos filhos, ao menos quanto à afetividade, condições para uma adequada formação psicológica e inserção social. A caracterização do abandono afetivo, a existência de excludentes ou, ainda, fatores atenuantes – por demandarem revolvimento de matéria fática – não podem ser objeto de reavaliação na estreita via do recurso especial" (STJ, REsp 1.159.242/SP, 3.ª Turma, Rel. Min. Nancy Andrighi, j. 24.04.2012, *DJe* 10.05.2012). A questão, contudo, não é pacífica na Corte Superior, eis que, na sua atual composição, existem julgados que trazem entendimento em sentido contrário. Seguindo esse caminho, por todos: "A indenização por dano moral, no âmbito das relações familiares, pressupõe a prática de ato ilícito. O dever de cuidado compreende o dever de sustento, guarda e educação dos filhos. Não há dever jurídico de cuidar afetuosamente, de modo que o abandono afetivo, se cumpridos os deveres de sustento, guarda e educação da prole, ou de prover as necessidades de filhos maiores e pais, em situação de vulnerabilidade, não configura dano moral indenizável. Precedentes da 4.ª Turma" (STJ, REsp 1.579.021/RS, 4.ª Turma, Rel. Min. Maria Isabel Gallotti, j. 19.10.2017, *DJe* 29.11.2017). Na verdade, na minha leitura, a jurisprudência do Superior Tribunal de Justiça, em sua atual composição, até tem entendido pela possibilidade de reparação dos danos morais por abandono afetivo, desde que comprovado o prejuízo imaterial suportado pela vítima. Conforme a Afirmação n. 7, constante da Edição n. 125 da ferramenta *Jurisprudência em Teses* da Corte, publicada em 2019 e dedicada à responsabilidade civil por dano moral, "o abandono afetivo de filho, em regra, não gera dano moral indenizável, podendo, em hipóteses excepcionais, se comprovada a ocorrência de ilícito civil que ultrapasse o mero dissabor, ser reconhecida a existência do dever de indenizar". Além disso, somente tem sido reparado o dano moral por abandono afetivo após o reconhecimento da paternidade, e não antes da sua ocorrência, como está na tese n. 8 da mesma publicação. Outro filtro que tem sido utilizado pelo Tribunal Superior é a prescrição de três anos, prevista no art. 206, § 3º, inc. V, do CC/2002, a contar da maioridade, como se extrai do seguinte acórdão, por todos: "hipótese em que a ação foi ajuizada mais de três anos após atingida a maioridade, de forma que prescrita a pretensão com relação aos atos e omissões narrados na inicial durante a menoridade. Improcedência da pretensão de indenização pelos atos configuradores de abandono afetivo, na ótica do autor, praticados no triênio anterior ao ajuizamento da ação" (STJ, REsp 1.579.021/RS, 4.ª Turma, Rel. Min. Maria Isabel Gallotti, j. 19.10.2017, *DJe* 29.11.2017). Com o devido respeito, não estou filiado a essa forma de julgar, pois os danos decorrentes do abandono afetivo são continuados, não sendo o caso de falar em prescrição, por ausência de um termo inicial para a contagem do prazo. Acrescente-se que o Superior Tribunal de Justiça reconhece direito de indenização não somente nos casos de abandono afetivo, mas também havendo abandono material do filho pelo pai. Conforme aresto prolatado em 2017, publicado no *Informativo* n. *609* da Corte, "o descumprimento da obrigação pelo pai, que, apesar de dispor de recursos, deixa de prestar assistência material ao filho, não proporcionando a este condições dignas de sobrevivência e causando danos à sua integridade física, moral, intelectual e psicológica, configura ilícito civil, nos termos do art. 186 do Código Civil de 2002. Estabelecida a correlação entre a omissão voluntária e injustificada do pai quanto ao amparo material e os danos morais ao filho dali decorrentes, é possível a condenação ao pagamento de reparação por danos morais, com fulcro também no princípio constitucional da dignidade da pessoa humana" (STJ, REsp 1.087.561/RS, 4.ª Turma, Rel. Min. Raul Araújo, j. 13.06.2017, *DJe* 18.08.2017). Confirmou-se, ao final, a condenação do pai a pagar R$ 35.000,00 a título de danos morais ao filho, sem prejuízo da imposição de condutas para a sua assistência econômica. Como última nota sobre o abandono afetivo, ressalto que em 2021 surgiu outro acórdão da Terceira Turma do STJ admitindo a sua reparação, novamente sob a relatoria da Ministra Nancy Andrighi. Consoante a sua ementa, "é juridicamente possível a reparação de danos pleiteada pelo filho em face dos pais que tenha como fundamento o abandono afetivo, tendo em vista que não há restrição legal para que se apliquem as regras da responsabilidade civil no âmbito das relações familiares e que os arts. 186 e 927, ambos do CC/2002, tratam da matéria de forma ampla e irrestrita. Precedentes específicos da 3ª Turma. A possibilidade de os pais serem condenados a reparar os danos morais causados pelo abandono afetivo do filho, ainda que em caráter excepcional, decorre do fato de essa espécie de condenação não ser afastada pela obrigação de prestar alimentos e nem tampouco pela perda do poder familiar, na medida em que essa reparação possui fundamento jurídico próprio, bem como causa específica e autônoma, que é o descumprimento, pelos pais, do dever jurídico de exercer a parentalidade de maneira responsável" (STJ, REsp 1.887.697/RJ, 3.ª Turma, Rel. Min. Nancy Andrighi, j. 21.09.2021, *DJe* 23.09.2021). Como se percebe, a reparação foi confirmada, mesmo havendo o cumprimento da obrigação de alimentos, tendo sido a indenização fixada, pelas peculiaridades do caso concreto, em R$ 30.000,00 (trinta mil reais).

REFORMA DO CÓDIGO CIVIL: Retira-se a menção à separação judicial do dispositivo, assim como se dá em outros comandos, diante da Emenda Constitucional n. 66 e do julgamento do Supremo Tribunal Federal no seu Tema n. 1.053, de Repercussão Geral. Nesse contexto, o dispositivo é atualizado, passando a prever o seguinte: "Art. 1.632. O divórcio ou a dissolução da união estável dos pais não alteram as relações com os filhos, bem como suas responsabilidades e compartilhamento do exercício da parentalidade". Também haverá maior clareza na menção às responsabilidades parentais e na afirmação de ser regra o exercício conjunto da autoridade parental.

Art. 1.633. O filho, não reconhecido pelo pai, fica sob poder familiar exclusivo da mãe; se a mãe não for conhecida ou capaz de exercê-lo, dar-se-á tutor ao menor.

COMENTÁRIOS DOUTRINÁRIOS: Encerrando as regras gerais quanto ao poder familiar, enuncia o preceito em comentário que o filho, não reconhecido pelo pai, fica sob o poder familiar exclusivo da mãe. Mas, se a mãe não for conhecida ou capaz de exercê-lo, o poder familiar será exercido por um tutor. A exemplo de outros dispositivos que aqui foram analisados a respeito da filiação, a norma parece representar resquício do odioso sistema de discriminação dos então filhos tidos como *ilegítimos*, por cogitar o seu não reconhecimento pelos pais. Assim, penso que não deveria estar na atual codificação privada, trazendo no seu conteúdo obviedades.

REFORMA DO CÓDIGO CIVIL: Na linha dos meus comentários doutrinários, é preciso atualizar a norma, para que se retirem os resquícios da odiosa discriminação dos filhos havidos fora do casamento, o que é inconstitucional, por força do art. 227, § 6º, da Constituição Federal. Nesse contexto, sugere-se a seguinte redação para o comando: "Art. 1.633. O filho reconhecido apenas pela mãe fica sob sua autoridade, mas caso a mãe não seja conhecida ou não seja capaz de exercer a autoridade parental, dar-se-á tutor à criança ou ao adolescente".

SEÇÃO II
DO EXERCÍCIO DO PODER FAMILIAR

Art. 1.634. Compete a ambos os pais, qualquer que seja a sua situação conjugal, o pleno exercício do poder familiar, que consiste em, quanto aos filhos: (Redação dada pela Lei n. 13.058, de 2014)

I – dirigir-lhes a criação e a educação; (Redação dada pela Lei n. 13.058, de 2014)

II – exercer a guarda unilateral ou compartilhada nos termos do art. 1.584; (Redação dada pela Lei n. 13.058, de 2014)

III – conceder-lhes ou negar-lhes consentimento para casarem; (Redação dada pela Lei n. 13.058, de 2014)

IV – conceder-lhes ou negar-lhes consentimento para viajarem ao exterior; (Redação dada pela Lei n. 13.058, de 2014)

V – conceder-lhes ou negar-lhes consentimento para mudarem sua residência permanente

para outro Município; (Redação dada pela Lei n. 13.058, de 2014)

VI – nomear-lhes tutor por testamento ou documento autêntico, se o outro dos pais não lhe sobreviver, ou o sobrevivo não puder exercer o poder familiar; (Redação dada pela Lei n. 13.058, de 2014)

VII – representá-los judicial e extrajudicialmente até os 16 (dezesseis) anos, nos atos da vida civil, e assisti-los, após essa idade, nos atos em que forem partes, suprindo-lhes o consentimento; (Redação dada pela Lei n. 13.058, de 2014)

VIII – reclamá-los de quem ilegalmente os detenha; (Incluído pela Lei n. 13.058, de 2014)

IX – exigir que lhes prestem obediência, respeito e os serviços próprios de sua idade e condição. (Incluído pela Lei n. 13.058, de 2014)

COMENTÁRIOS DOUTRINÁRIOS: O exercício do poder familiar ou da autoridade parental está tratado no preceito em análise, recentemente alterado pela Lei n. 13.058/2014, trazendo as atribuições desse exercício que compete aos pais, verdadeiros deveres legais. Como primeiro atributo, podem, os pais, dirigir a criação e a educação dos filhos, o que igualmente representa um verdadeiro dever jurídico, retirado do art. 229 do Texto Maior, a ensejar a sua violação o abandono afetivo, se houver dano moral ou imaterial ao filho. O segundo diz respeito ao exercício da guarda unilateral ou compartilhada, conforme a Lei da Guarda Compartilhada Obrigatória, tema tratado anteriormente nesta obra. Os pais têm também o poder de conceder ou negar aos filhos o consentimento para se casarem, em se tratando de menores em idade núbil. O quarto atributo diz respeito à possibilidade jurídica de conceder-lhes ou negar-lhes consentimento para viajarem ao exterior, o que também foi incluído justamente pela citada Lei n. 13.058/2014. Os pais podem ainda conceder aos filhos ou negar-lhes o consentimento para mudarem sua residência permanente para outro Município, outra inclusão legislativa recente, pela mesma norma citada. Como sexto atributo há a nomeação de tutor por testamento ou documento autêntico, se o outro dos pais não lhe sobreviver, ou o sobrevivo não puder exercer o poder familiar. Os pais não só podem como também devem representá-los, judicial ou extrajudicialmente até os 16 anos, nos atos da vida civil e assisti-los, após essa idade, nos atos em que forem partes, suprindo-lhes o consentimento. Aqui houve outra alteração pela Lei n. 13.058/2014, com a menção aos atos extrajudiciais. A atribuição dos pais é concernente à reclamação ou vindicação dos filhos de quem ilegalmente os detenha. Por fim, podem os pais exigir que lhes prestem obediência, respeito e os serviços próprios de sua idade e condições, caso dos afazeres domésticos que podem ser exercidos e os atos e tarefas de cooperação familiar. Nota-se que tais atribuições devem ser tidas também como verdadeiros deveres legais dos pais em relação aos filhos. Assim, a sua violação pode gerar a responsabilidade civil da autoridade parental por ato ilícito, nos termos dos requisitos constantes do art. 186 do CC/2002. Quanto à última atribuição, o preceito deve ser lido à luz da dignidade humana e da proteção integral da criança e do adolescente. De início, porque a exigência de obediência não pode ser desmedida, sendo vedados maus-tratos e relação ditatorial. Havendo abusos nesse exercício, estará configurado o abuso de direito, o que pode repercutir, em casos de danos, na esfera da responsabilidade civil (arts. 187 e 927 do CC). Como consequência, além da suspensão ou destituição do poder familiar, o pai ou a mãe poderá ser condenado a pagar indenização por danos morais aos filhos se os maus-tratos estiverem presentes. Lembre-se de que como parâmetros para o abuso de direito devem ser considerados os previstos no art. 187 do CC, que são verdadeiras cláusulas gerais: fim social, boa-fé objetiva e, principalmente, bons costumes; o que gera a responsabilidade objetiva do pai ou mãe abusadores, nos termos do Enunciado n. 37 do Conselho da Justiça Federal, aprovado na *I Jornada de Direito Civil*. Sobre tal delicada situação, entrou em vigor no Brasil a Lei n. 13.010/2014, conhecida como *Lei da Palmada* ou *Lei Menino Bernardo,* em homenagem à vítima de violências praticadas pelo pai e pela madrasta. A nova norma alterou dispositivos do Estatuto da Criança e do Adolescente, passando a prever o seu art. 18-A que a criança e o adolescente têm o direito de ser educados e cuidados sem o uso de castigo físico ou de tratamento cruel ou degradante, como formas de correção, disciplina, educação ou qualquer outro pretexto, pelos pais, pelos integrantes da família ampliada, pelos responsáveis, pelos agentes públicos executores de medidas socioeducativas ou por qualquer pessoa encarregada de cuidar deles, tratá-los, educá-los ou protegê-los. A lei ainda define as práticas que são vedadas, e que servem como orientação para o conteúdo do art. 1.634 do Código Civil. Assim, considera-se castigo físico a ação de natureza disciplinar ou punitiva aplicada com o uso da força física sobre a criança ou o adolescente que resulte em sofrimento físico ou em lesão. O tratamento cruel ou degradante é conceituado pela norma como a conduta, ou forma cruel de tratamento, em relação à criança ou ao adolescente que os humilhe, os ameace gravemente ou os ridicularize. Em complemento, conforme o novo art. 18-B do ECA, os pais, os integrantes da família ampliada, os responsáveis, os agentes públicos executores de medidas socioeducativas ou qualquer pessoa encarregada de cuidar de crianças e de adolescentes, de tratá-los, de educá-los ou de protegê-los que utilizarem castigo físico ou tratamento cruel ou degradante como formas de correção, disciplina, educação ou qualquer outro pretexto estarão sujeitos, sem prejuízo de outras sanções cabíveis, às seguintes medidas, que serão aplicadas de acordo com a gravidade do caso: a) encaminhamento a programa oficial ou comunitário de proteção à família; b) encaminhamento a tratamento psicológico ou psiquiátrico; c) encaminhamento a cursos ou programas de orientação; d) obrigação de encaminhar a criança a tratamento especializado; e e) advertência. Todas essas medidas serão aplicadas pelo Conselho Tutelar, sem prejuízo de outras providências legais, caso da responsabilização civil antes citada. Voltando ao âmago do inciso IX do art. 1.634 da codificação material, vale lembrar que os pais não podem explorar economicamente os filhos, exigindo-lhes trabalhos que não são próprios de sua idade ou formação. Como se sabe, a exploração do trabalho infantil é um mal que assola todo o País. Em casos de abuso, mais uma vez, o poder familiar pode ser suspenso ou extinto, cabendo também a aplicação das regras da responsabilidade civil (art. 187 c/c o art. 927 do CC/2002). Outra questão que tem sido muito debatida diz respeito à utilização da imagem dos filhos na internet, sobretudo em redes sociais, inclusive com fins econômicos. Sobre o tema, merece destaque o Enunciado n. 39 do IBDFAM, aprovado no seu *XIII Congresso Brasileiro*, em outubro de 2021. Consoante o seu teor, "a liberdade de expressão dos pais em relação à possibilidade de divulgação de dados e imagens dos filhos na internet deve ser funcionalizada ao melhor interesse da criança e do adolescente e ao respeito aos seus direitos fundamentais, observados os riscos associados à superexposição".

JURISPRUDÊNCIA COMENTADA: Em caso envolvendo grande conflito entre os pais, em que a mãe tentava obstar as visitas do pai, e esse pretendia a sua ampliação, julgou o Superior Tribunal de Justiça, dando conteúdo aos atributos e deveres que decorrem do poder familiar ou da autoridade parental: "A prevalência do melhor interesse da criança impõe o dever aos pais de pensar de forma conjugada no bem-estar dos filhos, para que possam os menores usufruir harmonicamente da família que possuem, tanto a materna, quanto a paterna, sob a premissa de que toda criança ou adolescente tem o direito de ter amplamente assegurada a convivência familiar, conforme linhas mestras vertidas pelo art. 19 do ECA. É inerente ao poder familiar, que compete aos pais, quanto à pessoa dos filhos menores, tê-los em sua companhia, nos termos do art. 1.634, II, do CC/02, ainda que essa companhia tenha que ser regulada pelo direito de visitas explicitado no art. 1.589 do CC/02, considerada a restrição contida no art. 1.632 do CC/02, quando colhido o casal pela separação judicial, divórcio ou dissolução da união estável; sem que se tenha notícia de que o poder familiar do recorrido em relação à filha tenha sido de alguma forma suspenso ou extinto, assiste-lhe o direito de visitar a filha, nos termos em que fixadas as visitas em Juízo" (STJ, REsp 1.032.875/DF, 3.ª Turma, Rel. Min. Fátima Nancy Andrighi, j. 28.04.2009, *DJe* 11.05.2009). Sobre a obrigação alimentar que decorre do comando, vários julgados trazem a conclusão segundo a qual "a teor do art. 1.634 do Código Civil, os pais têm o dever primário de dar assistência a seus filhos, nos termos também do art. 229 da Constituição Federal, decorrendo daí a obrigação alimentar daqueles para com estes, em cumprimento do dever de sustento" (TJMS, Agravo de Instrumento 1412012-61.2017.8.12.0000, 4.ª Câmara Cível, Rel. Des. Dorival Renato Pavan, *DJMS* 26.02.2018, p. 149). Sendo assim, "o dever de sustentar os filhos é obrigação de ambos os pais, decorrente do exercício do poder familiar, não podendo ser atribuído a apenas um deles, independentemente da situação conjugal, conforme preceituam os artigos 229 da Constituição Federal e 1.634 do Código Civil" (TJDF, Apelação Cível 2017.13.1.001253-0, Acórdão 114.9948, 8.ª Turma Cível, Rel. Des. Ana Cantarino, j. 07.02.2019, *DJDFTE* 12.02.2019). Por fim, vários julgados citam os atributos do poder familiar, e a sua correspondente violação, como fundamento para a suspensão ou a extinção da autoridade parental, o que ainda será aqui analisado. Nessa linha, por todos: "Consoante o disposto no art. 22 do Estatuto da Criança e do Adolescente, 'aos pais incumbe o dever de sustento, guarda e educação dos filhos menores', além dos demais deveres previstos no art. 1.634 do Código Civil, podendo o descumprimento injustificado dessas obrigações resultar aos genitores tanto a suspensão quanto a perda do poder familiar (art. 24 do ECA) (TJSC, Apelação Cível n. 0033522-81.2015.8.24.0023, da Capital, Rel. Des. Joel Figueira Júnior, Quarta Câmara de

Direito Civil, j. 26-10-2017)". (TJSC, Apelação Cível 0004765-79.2013.8.24.0045, 1.ª Câmara de Direito Civil, Palhoça, Rel. Des. André Carvalho, *DJSC* 04.06.2018, p. 86).

REFORMA DO CÓDIGO CIVIL: Segundo a Subcomissão de Direito de Família, é mais do que necessária a atualização do conteúdo do art. 1.634 do CC, no *caput* e em alguns de seus incisos. Assim, "cuidou-se de contemplar o princípio da igualdade, no exercício deste importante *munus*. Procedeu-se, pois, nessa linha, com a necessária atualização redacional". Dessa maneira, o dispositivo passará a prever, no inciso I, que compete a ambos os pais, qualquer que seja a situação conjugal, "prestar assistência material e afetiva aos filhos, acompanhando sua formação e desenvolvimento e assumindo os deveres de cuidado, criação e educação para com eles". A menção ao acompanhamento contínuo na formação e no desenvolvimento, a incluir a educação dos filhos, parece-me essencial, trazendo clareza à norma. O inciso II passará a prever como atributo da autoridade parental: "zelar pelos direitos estabelecidos nas leis especiais de proteção à criança e ao adolescente, compartilhando a convivência e as responsabilidades parentais de forma igualitária". Mais uma vez, em boa hora, haverá menção expressa ao compartilhamento da convivência e das responsabilidades parentais, como regra geral do sistema civilístico e com destaque para o que está já consagrado pelo ECA, como norma especial. O inciso IV passará a prever a concessão e a negativa do consentimento para os filhos viajarem, em sentido amplo, a fim de incluir também as viagens nacionais, o que traz mais segurança para o tratamento do tema, em complemento ao que está no citado Estatuto. Como se sabe, na redação atual do art. 83 do ECA, dada pela Lei n. 13.182/2019, nenhuma criança ou adolescente menor de dezesseis anos poderá viajar para fora da Comarca onde reside desacompanhado dos pais ou dos responsáveis sem expressa autorização judicial. Essa regra é excepcionada em alguns casos: "a) tratar-se de comarca contígua à da residência da criança ou do adolescente menor de 16 (dezesseis) anos, se na mesma unidade da Federação, ou incluída na mesma região metropolitana; (Redação dada pela Lei nº 13.812, de 2019); b) a criança ou o adolescente menor de 16 (dezesseis) anos estiver acompanhado: (Redação dada pela Lei nº 13.812, de 2019); 1) de ascendente ou colateral maior, até o terceiro grau, comprovado documentalmente o parentesco; 2) de pessoa maior, expressamente autorizada pelo pai, mãe ou responsável. § 2º A autoridade judiciária poderá, a pedido dos pais ou responsável, conceder autorização válida por dois anos". Assim, não basta o Código Civil mencionar apenas as viagens para o exterior, sendo mais do que necessário atualizá-lo. No que diz respeito ao inciso VI, passará a prever como atributo dos pais: "nomear-lhes tutor por testamento ou documento autêntico, se o outro dos pais não lhe sobreviver ou se o sobrevivo não puder exercer a autoridade parental"; substituindo-se a expressão "poder familiar" por "autoridade parental", na linha de outras propostas. Na sequência, o inciso IX passará a ter um tom mais genérico, deixando as questões de dúvidas a critério de eventual julgador, e passando a mencionar que os pais, em relação aos filhos, poderão "exigir que lhes prestem obediência e respeito". São incluídos dois novos incisos no comando, muito necessários na contemporaneidade, sobretudo tendo em vista o incremento das novas tecnologias e o seu uso muitas vezes desenfreado, excessivo e até explosivo por crianças e adolescentes. Assim, pelo novo inciso X, os pais poderão "evitar a exposição de fotos e vídeos em redes sociais ou a exposição de informações, de modo a preservar a imagem, a segurança, a intimidade e a vida privada dos filhos". Adota-se, portanto, o teor do Enunciado n. 39 do IBDFAM, aprovado no seu *XIII Congresso Brasileiro de Direito de Família e das Sucessões*, e por mim comentado. Por fim, e na mesma linha de se evitar um uso excessivo das novas tecnologias pelos filhos, sobretudo das redes sociais, poderão os pais "fiscalizar as atividades dos filhos no ambiente digital" (art. 1.634, inc. XI, do CC). Como se pode perceber, são mais do que necessários, são urgentes os dois últimos incisos propostos pela Comissão de Juristas, na linha do necessário e novo tratamento do direito digital. Vale lembrar que há propostas de inclusão de regras para a proteção da criança e do adolescente no ambiente digital, no novo livro sobre o Direito Civil Digital – no seu Capítulo VI, sobre "A presença e a identidade de crianças e adolescentes no ambiente digital" –, tendo a principal delas a seguinte redação: "Art. . É garantida a proteção integral de crianças e adolescentes no ambiente digital, observado o seu melhor e superior interesse, nos termos do estatuto que os protege e deste Código, estabelecendo-se, no ambiente digital, um espaço seguro e saudável para sua utilização".

SEÇÃO III
DA SUSPENSÃO E EXTINÇÃO DO PODER FAMILIAR

Art. 1.635. Extingue-se o poder familiar:

I – pela morte dos pais ou do filho;

II – pela emancipação, nos termos do art. 5º, parágrafo único;

III – pela maioridade;

IV – pela adoção;

V – por decisão judicial, na forma do artigo 1.638.

COMENTÁRIOS DOUTRINÁRIOS: Superada a análise do exercício do poder familiar, o comando que ora se comenta consagra cinco hipóteses em que ocorre a extinção do poder familiar. A primeira delas se dá pela morte dos pais ou do filho, eis que o poder familiar tem caráter personalíssimo ou *intuitu personae*. O segundo inciso do dispositivo estabelece a extinção do poder familiar pela emancipação, nos termos do art. 5º, parágrafo único, do CC/2002 e em uma das modalidades ali previstas, uma vez que a emancipação antecipa os efeitos da maioridade para os devidos fins civis. Entre todas as categorias previstas no último artigo, merece destaque, pela prevalência prática, a emancipação voluntária, por autorização dos pais, feita extrajudicialmente e tendo o filho ao menos 16 anos completos. De todo modo, vale lembrar que, com a emancipação, o menor continua menor, mas passa a ser um menor capaz. A maioridade do filho, aos 18 anos, constitui a terceira situação prevista em lei de extinção do poder familiar, não havendo razão mais para o poder familiar, diante da independência obtida com a maioridade. A extinção do poder familiar se dá, na quarta hipótese elencada na lei, pela adoção, diante do rompimento de vínculo em relação à família anterior. Por fim, como última previsão, tem-se a extinção do poder familiar diante de decisão judicial, nos casos do art. 1.638 do CC/2002, que será mais à frente aqui comentado. Ainda sobre essa norma e quanto ao art. 1.638 do Código Civil, o Enunciado n. 673, aprovado na *IX Jornada de Direito Civil*, promovida em maio de 2022, prevê que, "na ação de destituição do poder familiar de criança ou adolescente que se encontre institucionalizado, promovida pelo Ministério Público, é recomendável que o juiz, a título de tutela antecipada, conceda a guarda provisória a quem esteja habilitado para adotá-lo, segundo o perfil eleito pelo candidato à adoção". A ementa doutrinária, assim, procura efetivar a adoção por meio da concessão de tutela de urgência, o que vem em boa hora.

JURISPRUDÊNCIA COMENTADA: Decisão do Tribunal do Rio Grande do Sul afastou debate a respeito da perda do poder familiar, diante da maioridade do filho. Como consta de parte da ementa, "a presente apelação foi interposta pela genitora, representada pela defensoria pública, inconformada com a sentença que a destituiu do poder familiar em relação ao filho, concedendo, igualmente, a adoção do menino à ora apelada. O recurso deve ser conhecido parcialmente. Isso porque, o adotando alcançou a maioridade no curso do processo. À vista disso, a controvérsia acerca da destituição do poder familiar torna-se prejudicada, considerando a cessação do poder familiar, nos termos do artigo 5º cumulado com o artigo 1.635, inciso III, do Código Civil. Sentença mantida. O adotando está aos cuidados da adotante, ora apelada, desde tenra idade, uma vez que os pais biológicos não possuíam condições de cuidar do filho, cedendo a responsabilidade para terceiros. O jovem manifestou o desejo de concretizar a adoção, haja vista que foi criado em tal núcleo familiar desde bebê. Descreveu ter um relacionamento próximo aos irmãos afetivos e à mãe, a qual, segundo ele, é afetiva e dedicada, além de procurar lhe oferecer o melhor em termos de cuidado e educação. Precedente do STJ" (TJRS, Apelação Cível 0182072-18.2018.8.21.7000, 8.ª Câmara Cível, Caxias do Sul, Rel. Des. José Antônio Daltoé Cezar, j. 1º.11.2018, *DJERS* 12.11.2018). Como se pode perceber, além da maioridade, o filho havia sido adotado, concretizando o vínculo familiar com outra pessoa. E sobre a adoção, como se retira de vários acórdãos, "consoante disposição contida no artigo 1.635, inc. IV, do Código Civil e artigo 41 do Estatuto da Criança e do Adolescente, a procedência do pedido de adoção possui como um de seus efeitos imediatos a perda do poder familiar dos pais biológicos em relação à criança adotada, sendo, portanto, desnecessário o ajuizamento de demanda autônoma para a obtenção deste desiderato" (TJSC, Apelação Cível 0010842-13.2014.8.24.0064, 4.ª Câmara de Direito Civil, São José, Rel. Des. Joel Figueira Júnior, *DJSC* 16.03.2017, p. 195). Ou, ainda, também sobre o tema e no mesmo sentido quanto à desnecessidade de ação específica de destituição do poder familiar, "o pedido de adoção engloba o pedido de destituição do poder familiar (art. 1.635, IV, do CC/2002 c/c art. 41 do ECA), sendo prescindível o ajuizamento de demandas distintas para tanto. Comprovada a negligência dos pais biológicos para com sua filha, logo após o nascimento desta, e sendo inequívoco que a menor, ao longo de mais de 08 (oito) anos, bem se adaptou à companhia da adotante, apresentando desenvolvimento natural e vínculos de afetividade e afinidade satisfatórios, deve ser mantida a decisão que julgou procedente o pedido de adoção, por ser esta a medida que preserva o melhor interesse da criança" (TJMG, Apelação Cível 1.0183.07.135321-7/001, Rel. Des. Ana Paula Caixeta, j. 12.03.2015, *DJEMG* 19.03.2015).

REFORMA DO CÓDIGO CIVIL: Diante da não análise do tema da guarda de filhos, restou apenas a proposta de atualização do inciso II do art. 1.635, que passará prever a extinção do poder familiar "pela emancipação, nos termos do inciso I do parágrafo único do art. 5º deste Código". Como já era antes, apenas com ajustes redacionais e com menção à autoridade parental, trata-se da extinção do poder familiar, "pela concessão de emancipação pelos que tenham a autoridade parental, por instrumento público, independentemente de homologação judicial".

Art. 1.636. O pai ou a mãe que contrai novas núpcias, ou estabelece união estável, não perde, quanto aos filhos do relacionamento anterior, os direitos ao poder familiar, exercendo-os sem qualquer interferência do novo cônjuge ou companheiro.

Parágrafo único. Igual preceito ao estabelecido neste artigo aplica-se ao pai ou à mãe solteiros que casarem ou estabelecerem união estável.

COMENTÁRIOS DOUTRINÁRIOS: Com conteúdo considerado óbvio em tempos atuais, e na linha de outros comandos que já foram estudados, caso do art. 1.579 da própria codificação, estatui a norma que o pai ou a mãe que contrair novas núpcias, ou estabelecer união estável, não perde, quanto aos filhos do relacionamento anterior, os direitos ao poder familiar. Em relação ao seu exercício, novamente por razões óbvias, não haverá qualquer interferência do novo cônjuge ou companheiro. A mesma regra vale para o pai ou a mãe que sejam solteiros, que tiverem filhos sob poder familiar e que casarem ou estabelecerem união estável. O que se debate na atualidade é se o padrasto ou madrasta, tidos e reconhecidos como pais socioafetivos, podem também exercer o poder familiar ou autoridade parental. A minha resposta doutrinária é positiva, pois a posse de estado de filho gera todos os fins jurídicos próprios da filiação consanguínea, como reconheceu o Supremo Tribunal Federal na tese firmada no julgamento da repercussão geral sobre o tema (publicado no *Informativo* n. *840* da Corte).

REFORMA DO CÓDIGO CIVIL: Para que a norma fique mais clara e adaptada a outras propostas da Reforma, passará a prever o seguinte: "Art. 1.636. Qualquer dos pais que vier a se casar ou estabelecer união estável não perde quanto aos filhos de relacionamentos anteriores, os direitos e deveres decorrentes da autoridade parental". Sugere-se a revogação expressa do dispositivo, pois, além de ser óbvio, traz certa discriminação específica quanto aos pais solteiros, sendo necessário retirar o seu conteúdo do sistema jurídico.

Art. 1.637. Se o pai, ou a mãe, abusar de sua autoridade, faltando aos deveres a eles inerentes ou arruinando os bens dos filhos, cabe ao juiz, requerendo algum parente, ou o Ministério Público, adotar a medida que lhe pareça reclamada pela segurança do menor e seus haveres, até suspendendo o poder familiar, quando convenha.

Parágrafo único. Suspende-se igualmente o exercício do poder familiar ao pai ou à mãe condenados por sentença irrecorrível, em virtude de crime cuja pena exceda a dois anos de prisão.

COMENTÁRIOS DOUTRINÁRIOS: Na linha do que já comentei sobre o art. 1.635, prevê o comando em estudo que se o pai, ou a mãe, abusar de sua autoridade parental, faltando aos deveres a eles inerentes ou arruinando os bens dos filhos, cabe ao juiz, requerendo algum parente, ou o Ministério Público, adotar as medidas que lhe pareçam adequadas para a segurança do menor e de seus haveres, sendo possível até a suspensão do exercício poder familiar, quando essa for conveniente. Caberá essa suspensão, igualmente, quando o pai ou a mãe forem condenados, por sentença irrecorrível, em virtude de crime cuja pena exceda a dois anos de prisão. Nota-se, portanto, que o artigo trata da *suspensão do poder familiar*, que, se ocorrer de forma reiterada, conforme análise fática pelo juiz da causa e se retira do próximo preceito, pode gerar até a extinção desse atributo familiar. Vale dizer que tanto o processo de suspensão quanto o de destituição correm na Vara da Infância e Juventude, sempre com a intervenção do Ministério Público. Essa intervenção, ou mesmo a possibilidade de o Ministério Público promover a ação de suspensão ou destituição do poder familiar, consta do art. 201, III, do ECA (Lei n. 8.069/1990).

JURISPRUDÊNCIA COMENTADA: O Superior Tribunal de Justiça manteve tutela antecipada de suspensão do poder familiar em caso de especial gravidade, em que a mãe da criança fazia uso de drogas, álcool e praticava atos ilícitos, mantendo o filho sob abrigo institucional. Como consta do aresto, "acórdão recorrido que manteve a decisão interlocutória que antecipou os efeitos da tutela e suspendeu o poder familiar da genitora, determinando a busca e apreensão do menor recém-nascido para ingresso em abrigo e a imediata comunicação ao setor de colocação em família substituta com relação ao filho mais velho. Apesar da complexidade e relevância da questão de fundo, não cabe, em regra, recurso especial com o escopo de reexaminar decisão ou acórdão que concede medida liminar ou antecipação da tutela, tendo em vista a natureza precária de tal provimento, que não enfrenta, em cognição exauriente, o mérito da demanda. Ficou sobejamente demonstrado nos autos ser a genitora dependente química que não consegue abster-se das drogas, da prostituição e da prática de delitos e, portanto, não revela condições de prestar os cuidados básicos aos filhos, colocando-os em situação de risco. A antecipação dos efeitos da tutela com a determinação das providências adotadas foi devidamente justificada pela situação de risco dos menores em proteção e ante o perigo na demora a ser combatido na tutela de urgência, de modo a se preservar a utilidade e a efetividade da medida constritiva adotada" (STJ, Ag. Int. no AREsp 890.218/RJ, 4.ª Turma, Rel. Min. Raul Araújo, j. 16.02.2017, *DJe* 09.03.2017). Em outro julgado superior sobre a suspensão, utilizando indevidamente o termo *pátrio poder*, concluiu a Corte que "na hipótese em que o julgador, ao analisar as alegações e provas produzidas nos autos, entende que o melhor para os interesses da criança é suspender o pátrio poder e garantir, sob orientação, visitas de sua genitora para tentar preservar o vínculo afetivo entre elas, apresentado os motivos que formaram o seu convencimento, não há falar em negativa de entrega da plena prestação jurisdicional" (STJ, AgRg no AREsp 383.001/SC, 3.ª Turma, Rel. Min. João Otávio de Noronha, j. 21.08.2014, *DJe* 01.09.2014). Em outro caso de especial gravidade, o Tribunal do Rio Grande do Sul manteve o afastamento do filho em relação à sua genitora, em sede de ação de destituição do poder familiar, sob o argumento de se deferir ao menos a sua suspensão. Conforme o *decisum*, "caso dos autos em que a agravante se insurgiu contra decisão proferida pelo juízo monocrático, nos autos da ação de destituição do poder familiar, ajuizada pelo Ministério Público, ora agravado, a qual indeferiu a visitação da genitora ao filho. À vista disso, postulou o deferimento das visitas. A ação de destituição do poder familiar deu-se em virtude da situação de vulnerabilidade enfrentada pelo infante, que, possivelmente, sofria maus-tratos e vivia em ambiente hostil na companhia da agravante e de terceiros. Com efeito, o caderno probante revela a conduta nociva da agravante, que, inclusive, já fugiu do hospital com o filho, entregando-o aos cuidados de terceiros. Portanto, neste momento, mostra-se temerário o deferimento das visitas, diante do risco ao desenvolvimento do menino. Constata-se a ausência de indícios aptos a alterar a decisão agravada. Neste sentido, deve-se seguir, ao menos por ora, a diretriz firmada pelo artigo 1.637 do Código Civil, bem como pelo Estatuto da Criança e do Adolescente, na tentativa de resguardar o melhor interesse e a proteção do infante" (TJRS, Agravo de Instrumento 0124794-59.2018.8.21.7000, 8.ª Câmara Cível, Porto Alegre, Rel. Des. José Antônio Daltoé Cezar, j. 02.08.2018, *DJERS* 09.08.2018).

Art. 1.638. Perderá por ato judicial o poder familiar o pai ou a mãe que:

I – castigar imoderadamente o filho;

II – deixar o filho em abandono;

III – praticar atos contrários à moral e aos bons costumes;

IV – incidir, reiteradamente, nas faltas previstas no artigo antecedente.

V – entregar de forma irregular o filho a terceiros para fins de adoção. (Incluído pela Lei n. 13.509, de 2017)

Parágrafo único. Perderá também por ato judicial o poder familiar aquele que: (Incluído pela Lei n. 13.715, de 2018)

I – praticar contra outrem igualmente titular do mesmo poder familiar: (Incluído pela Lei n. 13.715, de 2018)

a) homicídio, feminicídio ou lesão corporal de natureza grave ou seguida de morte, quando se tratar de crime doloso envolvendo violência doméstica e familiar ou menosprezo ou discriminação à condição de mulher; (Incluído pela Lei n. 13.715, de 2018)

b) estupro ou outro crime contra a dignidade sexual sujeito à pena de reclusão; (Incluído pela Lei n. 13.715, de 2018)

II – praticar contra filho, filha ou outro descendente: (Incluído pela Lei n. 13.715, de 2018)

a) homicídio, feminicídio ou lesão corporal de natureza grave ou seguida de morte, quando se tratar de crime doloso envolvendo violência doméstica e familiar ou menosprezo ou discriminação à condição de mulher; (Incluído pela Lei n. 13.715, de 2018)

b) estupro, estupro de vulnerável ou outro crime contra a dignidade sexual sujeito à pena de reclusão. (Incluído pela Lei n. 13.715, de 2018)

COMENTÁRIOS DOUTRINÁRIOS: O dispositivo legal em questão trata dos fundamentos da destituição do poder familiar por sentença judicial. Há, em tais condutas, um *ilícito caducificante*, na linha da classificação da ilicitude atribuída a Pontes de Miranda, que traz como sanção a perda de um direito ou de um atributo. Esses motivos para a destituição, na redação original do comando, são: a) o castigo imoderado do filho; b) o abandono do filho; c) a prática de atos contrários à moral e aos bons costumes; e d) a incidência reiterada nas faltas previstas no art. 1.637 do CC. Sucessivamente, houve a inclusão sobre a entrega, de forma irregular, do filho a terceiros para fins de adoção; por força da Lei n. 13.509/2017, que trouxe alterações a respeito da adoção, como antes visto. Sucessivamente, no ano de 2018, o art. 1.638 do CC/2002 recebeu um parágrafo único, trazendo novas hipóteses de destituição do poder familiar em virtude de graves crimes, por força da Lei n. 13.715. Assim, perderá novamente por ato judicial o poder familiar aquele que praticar contra outrem que também titular do mesmo poder familiar: a) homicídio, feminicídio ou lesão corporal de natureza grave ou seguida de morte, quando se tratar de crime doloso envolvendo violência doméstica e familiar ou menosprezo ou discriminação à condição de mulher; b) estupro ou outro crime contra a dignidade sexual sujeito à pena de reclusão. Igualmente, também gera a destituição do poder familiar o ato de praticar contra o filho, a filha ou outro descendente, caso de um neto ou neta, esses mesmos crimes. Instituto relativo ao poder familiar como questão a ser ponderada em ações de destituição do poder familiar é a *alienação parental* ou implantação das *falsas memórias*. Atendendo ao clamor doutrinário, e seguindo parte da jurisprudência que se formava à época, foi promulgada a Lei n. 12.318, de 26 de agosto de 2010, conhecida como *Lei da Alienação Parental*. Nos termos do seu art. 2º, "considera-se alienação parental a interferência na formação psicológica da criança ou do adolescente promovida ou induzida por um dos genitores, pelos avós ou pelos que tenham a criança ou adolescente sob a sua autoridade, guarda ou vigilância para que repudie genitor ou que cause prejuízo ao estabelecimento ou à manutenção de vínculos com este". O comando exemplifica algumas situações concretas de alienação parental, a saber: a) realizar campanha de desqualificação da conduta do genitor no exercício da paternidade ou maternidade; b) dificultar o exercício da autoridade parental; c) dificultar contato de criança ou adolescente com genitor; d) dificultar o exercício do direito regulamentado de convivência familiar; e) omitir deliberadamente a genitor informações pessoais relevantes sobre a criança ou adolescente, inclusive escolares, médicas e alterações de endereço; f) apresentar falsa denúncia contra genitor, contra familiares deste ou contra avós, para obstar ou dificultar a convivência deles com a criança ou adolescente; e g) mudar o domicílio para local distante, sem justificativa, visando a dificultar a convivência da criança ou adolescente com o outro genitor, com familiares deste ou com avós. Enuncia-se ainda na lei especial que a prática de ato de alienação parental fere direito fundamental da criança ou do adolescente de convivência familiar saudável, prejudica a realização de afeto nas relações com genitor e com o grupo familiar, *constitui abuso moral contra a criança ou o adolescente* e descumprimento dos deveres inerentes à autoridade parental ou decorrentes de tutela ou guarda (art. 3º da Lei n. 12.318/2010, destaque feito por mim). Desse modo, não há dúvida de que, além das consequências para o poder familiar, a alienação parental pode gerar a responsabilidade civil do alienador, por abuso de direito (art. 187 do CC). Tal responsabilidade tem natureza objetiva, independendo de culpa, nos termos do sempre citado Enunciado n. 37, aprovado na *I Jornada de Direito Civil*. Declarada a presença de algum indício de ato de alienação parental, a requerimento ou de ofício, em qualquer momento processual, em ação autônoma ou incidentalmente, o processo terá tramitação prioritária, e o juiz determinará, com urgência, ouvido o Ministério Público, as medidas provisórias necessárias para preservação da integridade psicológica da criança ou do adolescente (art. 4º da Lei n. 12.318/2010). Isso, inclusive, para assegurar sua convivência com genitor ou viabilizar a efetiva reaproximação entre ambos, se for o caso. Ainda nos termos da legislação, recentemente alterada pela Lei n. 14.340/2022, deve-se a assegurar à criança ou ao adolescente e ao genitor a garantia mínima de visitação assistida no Fórum em que tramita a ação ou em entidades conveniadas com o Poder Judiciário. Ficam ressalvados os casos em que há iminente risco de prejuízo à integridade física ou psicológica da criança ou do adolescente, atestado por profissional eventualmente designado pelo juiz para acompanhamento das visitas (art. 4º, parágrafo único, da Lei 12.318/2010). Em havendo indício da prática de ato de alienação parental, em ação autônoma ou incidental, o juiz, se necessário, determinará perícia psicológica ou biopsicossocial (art. 5º, *caput*, da Lei n. 12.318/2010). O laudo pericial terá base em ampla avaliação psicológica ou biopsicossocial, conforme o caso, compreendendo, inclusive, entrevista pessoal com as partes, exame de documentos dos autos, histórico do relacionamento do casal e da separação, cronologia de incidentes, avaliação da personalidade dos envolvidos e exame da forma como a criança ou adolescente se manifesta acerca de eventual acusação contra genitor (§ 1º). A perícia será realizada por profissional ou equipe multidisciplinar habilitados, exigida, em qualquer caso, aptidão comprovada por histórico profissional ou acadêmico para diagnosticar atos de alienação parental (§ 2º). O perito ou equipe multidisciplinar designada para verificar a ocorrência de alienação parental terá prazo de 90 dias para apresentação do laudo, prorrogável exclusivamente por autorização judicial baseada em justificativa circunstanciada (§ 3º). Foi incluído um § 4º no comando, pela Lei n. 14.340/2022, estabelecendo que na ausência ou insuficiência de serventuários responsáveis pela realização de estudo psicológico, biopsicossocial ou qualquer outra espécie de avaliação técnica exigida pela norma, ou por determinação judicial, a autoridade judiciária poderá proceder à nomeação de perito com qualificação e experiência pertinentes ao tema. Essa última norma específica é completada pelo art. 699 do CPC/2015, segundo o qual, quando o processo envolver discussão sobre fato relacionado a abuso ou a alienação parental, o juiz, ao tomar o depoimento do incapaz, deverá estar acompanhado por especialista. Acrescente-se mais uma vez que a Lei n. 14.713/2023 incluiu no CPC/2015 um novo art. 699-A, prevendo que, nas ações de guarda, antes de iniciada a audiência de mediação e conciliação, o juiz indagará às partes e ao Ministério Público se há risco de violência doméstica ou familiar, fixando o prazo de cinco dias para a apresentação de prova ou de indícios pertinentes. Tratando da efetividade dessas medidas, conforme o Enunciado n. 28 do IBDFAM, aprovado no seu *XII Congresso Brasileiro*, em outubro de 2019, "havendo indício de prática de ato de alienação parental, devem as partes ser encaminhadas ao acompanhamento diagnóstico, na forma da Lei, visando ao melhor interesse da criança. O Magistrado depende de avaliação técnica para avaliar a ocorrência ou não de alienação parental, não lhe sendo recomendado decidir a questão sem estudo prévio por profissional capacitado, na forma do § 2º do art. 5º da Lei nº 12.318/2010, salvo para decretar providências liminares urgentes". Do mesmo evento, também tratando do tema, destaque-se o Enunciado n. 27, segundo o qual, "no caso de comunicação de atos de alienação parental nas ações de família, o seu reconhecimento poderá ocorrer na própria demanda, sendo desnecessária medida judicial específica para tanto". No plano concreto, estabelece o art. 6º da lei que, estando caracterizada a alienação parental ou qualquer conduta que dificulte a convivência de criança ou adolescente com genitor, em ação autônoma ou incidental, poderá o juiz, cumulativamente ou não, sem prejuízo da decorrente responsabilidade civil ou criminal e da ampla utilização de instrumentos processuais aptos a inibir ou atenuar seus efeitos, segundo a gravidade do caso: a) declarar a ocorrência de alienação parental e advertir o alienador; b) ampliar o regime de convivência familiar em favor do genitor alienado; c) estipular multa ao alienador; d) determinar acompanhamento psicológico ou biopsicossocial; e) determinar a alteração da guarda para guarda compartilhada ou sua inversão; e f) determinar a fixação cautelar do domicílio da criança ou adolescente. Anote-se que a Lei n. 14.340/2022 retirou da norma a sanção da suspensão da autoridade parental, prevista no inciso VII do preceito, por considerá-la uma medida drástica. Caracterizada a mudança abusiva de endereço, a inviabilização ou a obstrução à convivência familiar, o juiz também poderá inverter a obrigação de levar para ou retirar a criança ou adolescente da residência do genitor, por ocasião das alternâncias dos períodos de convivência familiar, em decorrência do regime de vistas (art. 6º, § 1º, da Lei n. 12.318/2010). Em continuidade de estudo, a Lei n. 14.340/2022 incluiu novo § 2º nesse mesmo dispositivo, enunciado, com vistas a um aperfeiçoamento das medidas, que o acompanhamento psicológico ou o biopsicossocial deve ser submetido a avaliações periódicas, com a emissão, pelo menos, de um laudo inicial, que contenha a avaliação do caso e o indicativo da metodologia a ser empregada, e de um laudo final, ao término do acompanhamento. Como se pode perceber, as medidas são bem mais amplas, o que representa notável avanço. Nunca houve previsão da destituição total do poder familiar, mas apenas de sua suspensão, o que acabou sendo retirado pela lei de 2022. Observa-se que o termo utilizado pela nova lei é autoridade parental, na linha da doutrina mais avançada sobre o tema, aqui citada. A respeito da atribuição ou alteração da guarda, deve-se dar preferência ao genitor que viabiliza a efetiva convivência da criança ou adolescente com o outro genitor nas hipóteses em que seja inviável a guarda compartilhada (art. 7º). Desse modo, a solução passa a ser a guarda unilateral, quebrando-se a regra da guarda compartilhada constante dos arts. 1.583 e 1.584 do CC, talvez diante da impossibilidade de efetivação da última. Enuncia-se processualmente que a alteração de domicílio da criança ou adolescente é irrelevante para a determinação da competência relacionada às ações fundadas em direito de convivência familiar, salvo se decorrente de consenso entre os genitores ou de decisão judicial (art. 8º da Lei n. 12.318/2010). Apesar dos avanços da nova lei, entendo, com base na minha experiência de atendimentos de casos concretos, que a imputação da alienação parental tornou as disputas judiciais sobre a guarda de filhos um ambiente ainda mais explosivo, diante de uma generalização de sua imputação. Talvez por isso a lei precise de alguns reparos, para evitar esse verdadeiro *duelo*, em que aquele que primeiro *saca* o argumento acaba por muitas vezes vencendo a disputa. Ressalto, porém, que não sou favorável à sua revogação, como tem sido proposto em alguns meios, jurídicos e não jurídicos. Exposto esse tema, e voltando-se à norma em comentário, destaque-se que a previsão a respeito das faltas reiteradas previstas no art. 1.637 do CC/2002 é a grande novidade da redação original do art. 1.638 da atual codificação privada. A nova previsão veio alterar substancialmente o tratamento do tema, não havendo mais um rol taxativo (*numerus clausus*) a fundamentar a destituição do poder familiar. A tendência do Direito Privado é de se concluir que as relações constantes em lei não são taxativas, mas exemplificativas (*numerus apertus*). Esse sistema aberto, aliás, está mais adequado à sistemática da operabilidade, baseada em cláusulas gerais, adotada pelo Código Civil de 2002.

JURISPRUDÊNCIA COMENTADA: Sobre a última previsão comentada, a propósito, a jurisprudência do STJ acabou por firmar a tese de que "na hipótese em que o reconhecimento de 'adoção à brasileira' foi fator preponderante para a destituição do poder familiar, à época em que a entrega de forma irregular do filho para fins de adoção não era hipótese legal de destituição do poder familiar, a realização da perícia se mostra imprescindível para aferição da presença de causa para a excepcional medida de destituição e para constatação de existência de uma situação de risco para a infante". Em suma, entendeu-se que a norma emergente não poderia pura e simplesmente retroagir, sendo necessário analisar as circunstâncias do caso concreto e a caracterização da adoção à brasileira (STJ, REsp 1.674.207/PR, 3.ª Turma, Rel. Min. Moura Ribeiro, j. 17.04.2018, *DJe* 24.04.2018). Sobre a alienação parental, além da eventual perda da guarda em algumas situações, a jurisprudência nacional reconhecia, antes da inclusão na lei, que a utilização desses mecanismos também poderia provocar eventual ação em que se discutiria a destituição do poder familiar. Sobre o tema, é interessante a transcrição do pioneiro julgado do Tribunal de Justiça do Rio Grande do Sul: "Destituição do poder familiar. Abuso sexual. Síndrome da alienação parental. Estando as visitas do genitor à filha sendo realizadas junto a serviço especializado, não há justificativa para que se proceda à destituição do poder familiar. A denúncia de abuso sexual levada a efeito pela genitora não está evidenciada, havendo a possibilidade de se estar frente à hipótese da chamada síndrome da alienação parental. Negado provimento" (TJRS, Agravo de Instrumento 70015224140, 7.ª Câmara de Direito Privado, Rel. Maria Berenice Dias, j. 12.06.2006). O tema do mesmo modo havia sido apreciado pelo Tribunal de Justiça de São Paulo, cabendo a transcrição da seguinte ementa, por todas: "Regulamentação de visitas. Guarda da criança concedida ao pai. Visitas provisórias da mãe. Necessidade. Preservação do superior interesse da menor. Síndrome da alienação parental. Sentença de improcedência mantida. Recurso improvido, com determinação" (TJSP, Apl-Rev 552.528.4/5, Ac. 2612430, 8.ª Câmara de Direito Privado, Guarulhos, Rel. Des. Caetano Lagrasta, j. 14.05.2008, *DJESP* 20.06.2008). Como visto, a Lei da Alienação Parental não prevê expressamente a solução da destituição do poder familiar. Na linha de outra anotação feita por mim, destaque-se que acórdão do Superior Tribunal de Justiça do ano de 2014 concluiu pela incidência do então Código de Processo Civil para os casos de alienação parental, o que deve ser mantido no que diz respeito ao CPC/2015. Nos termos da publicação constante do *Informativo* n. *538* do Tribunal da Cidadania, "a Lei n. 12.318/2010 prevê que o reconhecimento da alienação parental pode se dar em ação autônoma ou incidentalmente, sem especificar, no entanto, o recurso cabível, impondo, neste aspecto, a aplicação das regras do CPC. A decisão que, de maneira incidente, enfrenta e resolve a existência de alienação parental antes de decidir sobre o mérito da principal não encerra a etapa cognitiva do processo na primeira instância. Portanto, esse ato judicial tem natureza de decisão interlocutória (art. 162, § 2º, do CPC) e, por consequência, o recurso cabível, nessa hipótese, é o agravo (art. 522 do CPC). Cabe ressaltar que seria diferente se a questão fosse resolvida na própria sentença, ou se fosse objeto de ação autônoma, como prevê a Lei n. 12.318/2010, hipóteses em que o meio de impugnação idôneo seria a apelação, porque, nesses casos, a decisão poria fim à etapa cognitiva do processo em primeiro grau" (STJ, REsp 1.330.172/MS, Rel. Min. Nancy Andrighi, j. 11.03.2014). Também sobre a alienação parental, reconhecendo a possibilidade de imposição de multa, por todos: "Agravo de instrumento. Ação declaratória de alienação parental. Decisão [que] determinou o cumprimento do acordo de visitas. Prevalência do interesse do menor. Imposição de multa. Possibilidade. Certo é que o convívio da figura paterna é necessário para o desenvolvimento psicológico e social da criança, sendo assim, um contato físico maior entre pai e filho torna a convivência entre eles mais estreita, possibilitando o genitor dar carinho e afeto a seu filho, acompanhá-lo em seu crescimento e em sua educação. Deve-se impor multa à genitora pelo descumprimento do acordo de visitas, haja vista os indícios de alienação parental, visando, inclusive, que esta colabore à reaproximação de pai e filha" (TJMG, Agravo de Instrumento 10105120181281001, 4.ª Câmara Cível, Rel. Dárcio Lopardi Mendes, j. 23.01.2014). Em caso de especial gravidade, e na linha de outros julgados que aqui transcrevi, colaciona-se, do Tribunal do Rio Grande do Sul: "Cabível a destituição do poder familiar imposta ao genitor que não cumprira com os deveres insculpidos no art. 1.634 do Código Civil e nos arts. 227 e 229 da Constituição Federal, porquanto não apresenta condições de cuidar, proteger e se responsabilizar pela filha. Genitora usuária contumaz de drogas ilícitas e que não adere a qualquer tratamento proposto" (TJRS, Apelação Cível 0004516-29.2018.8.21.7000, 7.ª Câmara Cível, São Vicente do Sul, Rel. Des. Liselena Schifino Robles Ribeiro, j. 28.02.2018, *DJERS* 05.03.2018). Ou, ainda, entre numerosos acórdãos que trazem hipóteses graves de destituição: "Pais que não oferecem os cuidados necessários aos filhos de 3 e 10 anos de idade. Relatos de negligência. Colocação dos menores em situação de abandono e desamparo. Inexistência de substancial modificação do comportamento do ascendente, cujas consequências deram ensejo à presente demanda. Infração ao dever de cuidado. Exegese do art. 1.634, I e II, do Código Civil e art. 24 do Estatuto da Criança e do Adolescente. Extinção do poder familiar hígida. Sentença mantida" (TJSC, Apelação Cível 0900014-18.2017.8.24.0034, 1.ª Câmara de Direito Civil, Itapiranga, Rel. Des. Raulino Jacó Brüning, *DJSC* 28.09.2018, p. 130).

REFORMA DO CÓDIGO CIVIL: Assim como se deu no tema da guarda de filhos, a Comissão de Juristas, por votação da maioria, resolveu não debater as sugestões feitas para o tema da extinção do poder familiar, havendo propostas divergentes e longe de uma unanimidade mínima para a elaboração do Anteprojeto. Assim, acredito que eventuais modificações do texto devem ser debatidas no âmbito do Congresso Nacional, com a realização de audiências públicas específicas para tratar dessa delicada temática, inclusive quanto ao destino que será dado à Lei da Alienação Parental.

TÍTULO II
DO DIREITO PATRIMONIAL

SUBTÍTULO I
DO REGIME DE BENS ENTRE OS CÔNJUGES

CAPÍTULO I
DISPOSIÇÕES GERAIS

Art. 1.639. É lícito aos nubentes, antes de celebrado o casamento, estipular, quanto aos seus bens, o que lhes aprouver.

§ 1º O regime de bens entre os cônjuges começa a vigorar desde a data do casamento.

§ 2º É admissível alteração do regime de bens, mediante autorização judicial em pedido motivado de ambos os cônjuges, apurada a procedência das razões invocadas e ressalvados os direitos de terceiros.

COMENTÁRIOS DOUTRINÁRIOS: Após o tratamento do direito pessoal, o Código Civil de 2002 disciplina os direitos patrimoniais relacionados com o casamento, particularmente as regras quanto aos regimes de bens. A atual codificação traz regras gerais a respeito desse tratamento patrimonial (arts. 1.639 a 1.652), preceitos relacionados com o pacto antenupcial (arts. 1.653 a 1.657), bem como regras especiais quanto aos quatro regimes previstos, a saber: comunhão parcial (arts. 1.658 a 1.666), comunhão universal (arts. 1.667 a 1.671), participação final nos aquestos (arts. 1.672 a 1.686) e separação de bens (arts. 1.687 e 1.688). Deve ficar claro que, admitido o casamento homoafetivo, na linha do que se consolidou nos Tribunais Brasileiros, todas as regras aqui analisadas incidem para tais entidades familiares, sem qualquer distinção. Pontue-se que não há mais regulamentação do *regime dotal*, que constava do Código Civil de 1916, nos arts. 278 a 311 que, na realidade, mesmo na vigência do revogado diploma, não tinha qualquer aplicação prática. O regime dotal representava verdadeira letra morta da lei, sendo apelidado anteriormente de *regime dos coronéis*. O regime matrimonial de bens pode ser conceituado como o conjunto de regras relacionadas com interesses patrimoniais ou econômicos resultantes da entidade familiar, sendo as suas normas, em regra, de ordem privada e de natureza contratual. Esclareça-se que sigo o entendimento segundo o qual casamento não é um contrato, ao contrário do seu recheio, formado pelas regras patrimoniais que serão ora estudadas, com nítido conteúdo contratual. Ademais, diante da aprovação da Emenda Constitucional n. 66/2010, que baniu do sistema familiarista todas as formas de separação jurídica – incluindo a separação judicial e a extrajudicial –, um apontamento deve ser feito. Isso, diante de várias menções à dissolução da sociedade conjugal em regras relativas ao regime de bens. Reafirme-se que na posição que sigo, e que foi adotada pelo Supremo Tribunal Federal no seu Tema n. 1.053, de repercussão geral, a separação jurídica está banida do sistema jurídico, mesmo tendo sido reafirmada pelo CPC/2015. Ora, é notório que o divórcio põe fim ao casamento e também à sociedade conjugal, sendo certo que, extinto o primeiro, também estará finda a segunda categoria. Desse modo, onde se lê nos dispositivos "dissolução da sociedade conjugal", pode-se entender dissolução do casamento e da sociedade conjugal, na linha do que defende parte considerável da doutrina. Feito tal esclarecimento, quatro são os princípios que regem o regime de bens, retirados da norma em estudo e de outros dispositivos que seguirão. O primeiro deles é o *princípio da autonomia privada* que, na visão pós-moderna ou contemporânea do Direito Privado, substitui o antigo princípio da autonomia da vontade. A autonomia privada decorre da liberdade e da dignidade humana, sendo o direito que a pessoa tem de regulamentar os seus próprios interesses. Nesse sentido, há uma liberdade na escolha do regime de bens, conforme o art. 1.639, *caput*, do CC/2002. Porém, essa vontade não poderá estar viciada, sob pena de se reconhecer a nulidade ou anulabilidade do pacto antenupcial. Filia-se à doutrina que aponta ser esse princípio, em regra, irrestrito, somente encontrando limites nas normas cogentes ou de ordem pública. Portanto, é possível que os cônjuges celebrem casamento por outro regime de bens, que não seja um dos mencionados pela legislação em vigor, ou mesmo combinem os vários regimes de bens existentes, criando um regime misto. No entanto, esse novo regime escolhido não pode ferir justamente as normas cogentes, de ordem pública.

Nesse sentido, o Enunciado n. 331 do Conselho da Justiça Federal, aprovado na *IV Jornada de Direito Civil* (2006), prevê que "o estatuto patrimonial do casal pode ser definido por escolha de regime de bens distinto daqueles tipificados no Código Civil (art. 1.639 e parágrafo único do art. 1.640), e, para efeito de fiel observância do disposto no art. 1.528 do Código Civil, cumpre certificação a respeito, nos autos do processo de habilitação matrimonial". Na mesma linha, o Enunciado n. 80 da *I Jornada de Direito Notarial e Registral*, de 2022: "podem os cônjuges ou companheiros escolher outro regime de bens além do rol previsto no Código Civil, combinando regras dos regimes existentes (regime misto)". A título de exemplo, o casal pode estabelecer que, quanto aos bens móveis, incide o regime da separação de bens; em relação aos imóveis adquiridos, o regime da comunhão parcial; criando justamente um regime misto. Também é possível convencionar que somente haverá comunicação de quantias depositadas em conta corrente conjunta do casal, e assim sucessivamente. Esclareça-se que sigo a afirmação de ser possível a criação de um regime novo, com regramento totalmente atípico, desde que, mais uma vez, não se atinjam as normas de ordem pública. A criação de um regime diferente da relação constante da codificação material, estabelecendo apenas a comunicação de certos bens, parece ser uma opção cada vez mais comum, em especial no caso de casais que atuam como prestadores de serviços ou como profissionais liberais, e que desejam a valorização do patrimônio decorrente de seu trabalho. Muitas vezes, na prática, o regime da comunhão parcial pode trazer uma comunicação de bens não desejada pelas partes. O segundo princípio que rege o tema, é o da *indivisibilidade do regime de bens*. Quanto a ele, apesar de ser viável juridicamente a criação de outros regimes que não estejam previstos em lei, não é possível fracionar os regimes em relação aos cônjuges. Em outras palavras, o regime é único para ambos os consortes, em particular diante da isonomia constitucional entre marido e mulher (arts. 5º e 226 da CF/1988) e do princípio da comunhão indivisa (art. 1.511 do CC/2002). Como aplicação prática desse princípio, será nulo o pacto antenupcial que determinar o regime da comunhão universal de bens para o marido e o da separação de bens para a esposa. Como exceção anterior ao princípio em questão poderia ser citada a previsão do art. 1.572, § 3º, que trazia um benefício patrimonial ao cônjuge doente na separação-remédio, suprimida pela Emenda Constitucional n. 66/2010. Todavia, como exceção ainda aplicável, mencione-se o tratamento diferenciado no casamento putativo quando há má-fé de um dos cônjuges (art. 1.561 do CC). Como antes demonstrado, o cônjuge de boa-fé é atingido pelos efeitos do casamento; o de má-fé, não. Em outras palavras, o cônjuge de boa-fé terá a seu favor a aplicação das regras relativas ao regime de bens adotado. O cônjuge de má-fé estará submetido às regras obrigacionais relacionadas ao enriquecimento sem causa, tendo de provar os bens que foram adquiridos pelo trabalho e esforços próprios, nos termos do art. 884 do Código Civil. Ademais, o cônjuge de má-fé perderá em favor do cônjuge de boa-fé todas as vantagens advindas do casamento, sendo a ele imputada a culpa, nos termos do art. 1.564 do CC/2002. O terceiro princípio é o da *variedade de regime de bens*, relacionado ao fato de a lei consagrar quatro possibilidades de regimes de bens aos nubentes. No silêncio das partes, prevalecerá o regime da comunhão parcial, que é o regime legal ou supletório (art. 1.640, *caput*, do CC). O regime de bens adotado começa a vigorar desde a data do casamento (art. 1.639, § 1º, do CC). Por fim, como grande novidade quanto ao sistema anterior, da codificação de 1916, e onde residem os maiores debates jurisprudenciais sobre a norma em estudo, há o *princípio da mutabilidade justificada*. Ao contrário da codificação material anterior, o art. 1.639, § 2º, do CC/2002, possibilita a modificação do regime de bens, mediante autorização judicial, em pedido motivado de ambos os nubentes, apurada a procedência das razões invocadas e desde que ressalvados os direitos de terceiros. Inicialmente, percebe-se que a regra é clara no sentido de que somente será possível a alteração do regime mediante pedido de ambos os cônjuges ao juiz. Desse modo, surgiu mais uma demanda com a codificação de 2002: a *ação de alteração do regime de bens*, que segue jurisdição voluntária, correndo perante a Vara de Família, desde que a Comarca tenha tal especialização. Não havendo, a ação tramita na Vara Cível. Destaque-se, de *lege ferenda*, a tentativa de se criar a possibilidade de alteração administrativa do regime de bens, mediante escritura pública, a ser lavrada perante o Tabelionato de Notas. O Projeto de Lei anterior conhecido como *Estatuto das Famílias* do IBDFAM trazia tal proposição no seu art. 39, seguindo a tendência de *desjudicialização* das contendas, o que vem em boa hora. No mesmo sentido, o *Projeto de Lei de Desburocratização*, que contou com sugestões minhas. Pela projeção, afasta-se a necessidade de uma ação judicial para a alteração do regime. Ora, se o casamento é celebrado em um Cartório, se o regime de bens é escolhido em um Cartório e se cabe o divórcio no Cartório, desde a Lei n. 11.441/2007, por que a alteração do regime de bens deve ser judicial? A dúvida demonstra que as previsões atuais, de *judicialização* dessa medida, não têm sentido técnico-jurídico. Pela proposta, o § 2º do art. 1.639 do Código Civil passaria a ter a seguinte redação: "É admissível alteração do regime de bens mediante escritura pública firmada por ambos os cônjuges a ser averbada no Registro Civil das Pessoas Naturais, no Registro de Imóveis e, se for o caso, no Registro Público de Empresas Mercantis e Atividades Afins". Em complemento, introduz-se um § 3º no mesmo preceito, prevendo que a alteração do regime de bens não terá eficácia retroativa e será ineficaz com relação a terceiros de boa-fé, tema que ainda será aqui analisado. A respeito da união estável, em tom similar, há proposta de inclusão de um parágrafo único no art. 1.725 do Código Civil, preceituando que a alteração do regime de bens poderá ser feita por meio de contrato escrito, produzindo-se efeitos a partir da data de sua averbação e, igualmente, sendo ineficaz a modificação a terceiros de boa-fé. A proposta também visava revogar os dispositivos do CPC/2015 sobre o tema, uma vez que o Estatuto Processual confirmou a necessidade de uma ação judicial para tanto, cabendo trazer a lume a regra do seu art. 734, *caput*, que está em vigor no momento: "A alteração do regime de bens do casamento, observados os requisitos legais, poderá ser requerida, motivadamente, em petição assinada por ambos os cônjuges, na qual serão expostas as razões que justificam a alteração, ressalvados os direitos de terceiros". Entendo que a reafirmação da necessidade de uma demanda judicial no CPC/2015 já nasceu desatualizada diante de outras projeções mais avançadas e da posição da doutrina. Tanto isso é verdade que a Reforma do Código Civil visa modificar vários dos aspectos ora em vigor e por mim criticados, como se verá do tópico específico a seguir. O segundo ponto a ser observado sobre a modificação do regime de bens é que, nos termos do CC/2002 e do CPC/2015, a alteração somente é possível se for fundada em "pedido motivado" ou "motivadamente", desde que "apurada a procedência das razões invocadas". Esse *justo motivo*, constitui uma cláusula geral, a ser preenchida pelo juiz caso a caso, à luz da operabilidade. Para o seu devido preenchimento devem ser levados em conta interesses subjetivos das partes, bem como questões objetivas relativas ao ordenamento jurídico. Parte da doutrina chegou a sustentar que a proibição de que marido e mulher casados pelo regime da comunhão universal ou da separação obrigatória constituam sociedade empresária, constante do art. 977 do CC/2002, seria um motivo para a alteração do regime de bens entre eles. Entretanto, tem-se entendido, de forma majoritária, que essa proibição do art. 977 do CC/2002 somente atinge as sociedades constituídas após a entrada em vigor da nova codificação, nos termos do Enunciado n. 204 do Conselho da Justiça, aprovado na *III Jornada de Direito Civil*. No mesmo sentido, o antigo Parecer Jurídico 125/2003 do Departamento Nacional de Registro do Comércio, que retirou a utilidade prática do exemplo. Por tudo isso, entendo que o exemplo envolvendo o art. 977 do CC não pode ser utilizado. Como primeira ilustração concreta de subsunção da alteração do regime de bens, repise-se o desaparecimento de causa suspensiva do casamento, prevista no art. 1.523 do Código Civil, sendo possível alterar o regime da separação obrigatória de bens para outro, na esteira do que prevê o Enunciado n. 262 do Conselho da Justiça Federal, aprovado na *IV Jornada de Direito Civil*. Esse pode ser tido, atualmente, como o principal exemplo de *justo motivo* para a alteração de regime de bens. Imagine-se a hipótese de casamento celebrado pela separação obrigatória pelo fato de não ter sido efetuada a partilha dos bens do casamento anterior de um dos cônjuges, que é superada por uma partilha extrajudicial. Como outra concretização, pode ser mencionado algum interesse patrimonial relevante do casal ou de qualquer dos cônjuges, o que tem sido utilizado por muitos julgados, mitigando sobremaneira a exigência do *justo motivo* que consta no dispositivo legal em análise. Seguindo o estudo da ação de alteração do regime de bens, nos termos exatos do CC/2002 e do CPC/2015, essa não poderá prejudicar os direitos de terceiros, o que representa uma clara intenção de proteger a boa-fé objetiva e desprestigiar a má-fé. Pelas dicções literais das normas, de forma alguma essa alteração do regime poderá ser utilizada com intuito de fraude, inclusive tributária. No sentido dessa proteção, preceitua o Enunciado n. 113 do Conselho da Justiça Federal, aprovado na *I Jornada de Direito Civil* que "é admissível a alteração do regime de bens entre os cônjuges, quando então o pedido, devidamente motivado e assinado por ambos os cônjuges, será objeto de autorização judicial, com ressalva dos direitos de terceiros, inclusive dos entes públicos, após perquirição de inexistência de dívida de qualquer natureza, exigida ampla publicidade". De qualquer forma, destaque-se que, havendo prejuízo para terceiros de boa-fé, a alteração do regime deve ser reconhecida como meramente ineficaz em relação a esses, o que não afeta a sua validade e eficácia entre as partes. Como desenvolvo a seguir nos comentários jurisprudenciais, penso que é possível afastar, sem prejuízos aos terceiros, o rígido ou rigoroso controle proposto pelo enunciado transcrito. Como últimos aspectos doutrinários, cabe aqui trazer alguns comentários sobre o tratamento constante do CPC/2015. Expressa o seu § 1º do art. 734 do CPC/2015 que, ao receber a petição inicial da ação de alteração de regime de bens, o juiz determinará a intimação do Ministério Público e a publicação de edital que divulgue a pretendida modificação, somente podendo decidir o juiz depois de decorrido o prazo de trinta dias da publicação do edital. Como se vê, o Estatuto Processual de 2015 aprofundou a preocupação com a possibilidade de fraudes, determinando a atuação do MP, mesmo não havendo interesses de incapazes. A preocupação parece excessiva e, mais uma vez, desatualizada frente à doutrina e à jurisprudência mais avançadas, pronunciadas na vigência do Código Civil Brasileiro de 2002, especialmente pelo fato de que a alteração de regime de bens envolve interesses privados ou particulares. Por isso penso que não se justifica a atuação do Ministério Público em casos tais, pelo menos em regra. Além disso, conforme o § 2º do art. 734 do CPC/2015, os cônjuges, na petição inicial ou em petição avulsa, podem propor ao juiz meio alternativo de divulgação da alteração do regime de bens, a fim de resguardar direitos de terceiros. A título de exemplo, é possível a divulgação da alteração em um jornal local ou em um sítio da internet com grandes acessos na localidade. Mais uma vez, há, no meu entendimento, uma preocupação excessiva com a fraude, na contramão da doutrina e da jurisprudência construídas sob a égide do Código Civil de 2002, sendo a última a seguir analisada. Por fim, demonstrando a mesma preocupação, após o trânsito em julgado da sentença de alteração do regime de bens, serão expedidos mandados de averbação aos cartórios de registro civil e de imóveis. Nos termos do mesmo § 3º do art. 734 do CPC/2015, caso qualquer um dos cônjuges seja empresário, deve ser expedido também mandado de averbação ao registro público de empresas mercantis e atividades afins.

JURISPRUDÊNCIA COMENTADA: Darei um enfoque, nos presentes comentários, nas questões atinentes à ação de modificação do regime de bens, que levanta as principais polêmicas relativas ao art. 1.639 do Código Civil. De início, na linha dos meus comentários, sobre a não aplicação da proibição do art. 977 da vigente codificação para os casamentos anteriores, ver, por todos: "Mandado de segurança. Sociedade regularmente registrada na junta comercial entre marido e mulher. Superveniência do Código Civil de 2002. Artigo 977 a proibir sociedade entre casados no regime da comunhão universal ou no da separação obrigatória. Direito adquirido dos sócios. Segurança concedida. Apelo da Fazenda desprovido. Código Civil. Art. 977. Desnecessidade de adoção de regime diverso de casamento – § 2º do artigo 1.639 do CC ou de desfazimento da sociedade ou do matrimônio, para cumprir o preceito do artigo 977. Direito adquirido dos cônjuges que formaram sociedade antes da vigência do novo Código Civil. Apelo da Fazenda desprovido. A vedação do artigo 977 do CC não se aplica às sociedades registradas anteriormente à vigência da nova lei, mas incide apenas para as sociedades a serem constituídas após 11.1.2003. O artigo 2.031 do CC não incide sobre sociedades entre cônjuges cujos atos constitutivos sejam anteriores ao advento da nova normatividade, pois a eles socorre o direito adquirido de índole fundante e de ênfase explicitada na Constituição de 1988, a partir da alteração topográfica do capítulo dos direitos e garantias individuais" (TJSP, Apelação Cível 358.867-5/0, 1.ª Câmara de Direito Público, São Paulo, Rel. Des. Renato Nalini, *DJESP* 26.04.2006, Voto 11.033). No tocante ao desaparecimento de causa suspensiva como motivo da alteração do regime de bens, da separação obrigatória para a comunhão parcial, cabe transcrever parte de ementa de acórdão do Superior Tribunal de Justiça, aqui outrora mencionado, aplicando esse exemplo: "Assim, se o Tribunal Estadual analisou os requisitos autorizadores da alteração do regime de bens e concluiu pela sua viabilidade, tendo os cônjuges invocado como razões da mudança a cessação da incapacidade civil interligada à causa suspensiva da celebração do casamento a exigir a adoção do regime de separação obrigatória, além da necessária ressalva quanto a direitos de terceiros, a alteração para o regime de comunhão parcial é permitida. Por elementar questão de razoabilidade e justiça, o desaparecimento da causa suspensiva durante o casamento e a ausência de qualquer prejuízo ao cônjuge ou a terceiro permitem a alteração do regime de bens, antes obrigatório, para o eleito pelo casal, notadamente porque cessada a causa que exigia regime específico" (STJ, REsp 821.807/PR, 3.ª Turma, Rel. Min. Nancy Andrighi, j. 19.10.2006, *DJ* 13.11.2006, p. 261). Ou, ainda, do Tribunal Paulista, por todos os arestos estaduais: "Regime imposto por Lei em razão da inobservância da causa suspensiva apontada, a qual agora já não mais existe, vez que a partilha já foi regularizada, deixando de existir a causa suspensiva (artigo 1.523, inciso III do Código Civil) e, por consequência, torna-se insubsistente tal imposição legal, ou seja, a obrigatoriedade do regime da separação de bens (artigo 1.641, inciso I, do Código Civil), que reflete de forma negativa aos interesses do casal. Possibilidade. Pretensão razoável que atende ao disposto no § 2º, do artigo 1.639 do CC/2002" (TJSP, Apelação sem Revisão 552.439.4/9, Acórdão 2630948, 3.ª Câmara de Direito Privado, São Vicente, Rel. Des. Beretta da Silveira, j. 27.05.2008, *DJESP* 28.07.2008). Da mesma jurisprudência paulista, admitindo a possibilidade de alteração do regime de bens diante de dificuldades contratuais encontradas por um dos consortes, mitigando a exigência de *justo motivo*, como antes anotei: "Regime de bens. Pedido de alteração do regime de comunhão parcial de bens para o de separação total. Alegação de dificuldade de contratação de financiamento para aquisição de imóvel residencial, por força das dívidas contraídas pelo cônjuge varão. Preenchimento dos requisitos previstos no art. 1.639, § 2º, do Código Civil verificado. Ausência de óbice à alteração do regime de bens do casamento. Medida que não acarretará prejuízo algum aos cônjuges ou aos filhos. Terceiros que não serão atingidos pela alteração, que gerará efeitos apenas 'ex nunc'. Alteração determinada" (TJSP, Apelação com Revisão 600.593.4/4, Acórdão 4048973, 1.ª Câmara de Direito Privado, São Paulo, Rel. Des. Luiz Antonio de Godoy, j. 08.09.2009, *DJESP* 06.11.2009). Do Tribunal de Minas Gerais, ilustre-se com acórdão que admitiu a alteração do regime de bens diante do nascimento de um filho extraconjugal de um dos membros do casal, o que igualmente parece ser um motivo justo para a incidência do art. 1.639, § 2º, do CC/2002, notadamente diante de repercussões patrimoniais que podem surgir desse fato: "Procedimento de jurisdição voluntária. Alteração do regime de bens do casamento. Filho nascido de relacionamento extraconjugal. Filha comum. Motivo justo. Recurso provido. I. A individualização do patrimônio dos cônjuges, por meio da alteração do regime de bens da comunhão para o da separação como faculta o art. 1.639, § 2º, do CCB/02, é solução razoável e que se impõe quando, tendo o varão um filho nascido de relacionamento extraconjugal, os cônjuges querem a preservação da família e dos direitos da filha comum sobre o patrimônio amealhado com o esforço do trabalho de sua mãe. II. Como a má-fé não se presume e como o filho tido fora do casamento pelo varão tem mera expectativa de herdar os bens deixados por este, não é lícito imaginar que seu pai não mais mantenha ou adquira bens após a alteração aqui pretendida, causando-lhe, assim, prejuízos efetivos, o que, conjugado à documentação que atesta a boa índole dos cônjuges, autoriza afastar a ideia de fraude que justificou a improcedência do pedido de alteração do regime de bens do casamento" (TJMG, Apelação Cível 1.0439.09.112664-9/001, Rel. Des. Peixoto Henriques, j. 02.10.2012, *DJEMG* 19.10.2012). Em complemento, há quem entenda pela desnecessidade absoluta de motivação para que o regime de bens seja alterado, eis que se trata de uma exigência excessiva constante da lei. Em suma, haveria uma intervenção desnecessária do Estado nas questões familiares, o que feriria o princípio da não intervenção constante do art. 1.513 do CC/2002 e outros regramentos do Direito. Com esse sentir, decisão do Tribunal Gaúcho, de relatoria do Des. Luiz Felipe Brasil Santos, que conta com o meu apoio doutrinário, pelo menos em parte: "Estando expressamente ressalvados os interesses de terceiros (art. 1.639, § 2º, do CCB), em relação aos quais será ineficaz a alteração de regime, não vejo motivo para o Estado Juiz negar a modificação pretendida. Trata-se de indevida e injustificada ingerência na autonomia de vontade das partes. Basta que os requerentes afirmem que o novo regime escolhido melhor atende seus anseios pessoais que se terá por preenchida a exigência legal, ressalvando-se, é claro, a suspeita de eventual má-fé de um dos cônjuges em relação ao outro. Três argumentos principais militam em prol dessa exegese liberalizante, a saber: 1) não há qualquer exigência de apontar motivos para a escolha original do regime de bens quando do casamento; 2) nada obstaria que os cônjuges, vendo negada sua pretensão, simulem um divórcio e contraiam novo casamento, com opção por regime de bens diverso; 3) sendo atualmente possível o desfazimento extrajudicial do próprio casamento, sem necessidade de submeter ao Poder Judiciário as causas para tal, é ilógica essa exigência quanto à singela alteração do regime de bens. 2. Não há qualquer óbice a que a modificação do regime de bens se dê com efeito retroativo à data do casamento, pois, como já dito, ressalvados estão os direitos de terceiros. E, sendo retroativos os efeitos, na medida em que os requerentes pretendem adotar o regime da separação total de bens, nada mais natural (e até exigível, pode-se dizer) que realizem a partilha do patrimônio comum de que são titulares. 3. Em se tratando de feito de jurisdição voluntária, invocável a regra do art. 1.109 do CPC, para afastar o critério de legalidade estrita, decidindo-se o processo de acordo com o que se repute mais conveniente ou oportuno (critério de equidade)" (TJRS, Apelação Cível 172902-66.2011.8.21.7000, 8.ª Câmara Cível, Marcelino Ramos, Rel. Des. Luiz Felipe Brasil Santos, j. 28.07.2011, *DJERS* 04.08.2011). Consigne-se que, em sentido muito próximo, o Tribunal

Paulista entendeu que não há necessidade de detalhamento das razões, ou seja, pela "desnecessidade de apresentação muito pormenorizada de razão" para a alteração do regime (TJSP, Apelação 0018358-39.2009.8.26.0344, Acórdão 5185207, 7.ª Câmara de Direito Privado, Marília, Rel. Des. Gilberto de Souza Moreira, j. 01.06.2011, *DJESP* 09.08.2011). Também em sentido de mitigação dos motivos, pronunciou-se da mesma maneira o STJ, conforme publicação que consta do seu *Informativo* n. *518*, com o seguinte tom: "Nesse contexto, admitida a possibilidade de aplicação do art. 1.639, § 2º, do CC/2002 aos matrimônios celebrados na vigência do CC/1916, é importante que se interprete a sua parte final – referente ao 'pedido motivado de ambos os cônjuges' e à 'procedência das razões invocadas' para a modificação do regime de bens do casamento – sob a perspectiva de que o direito de família deve ocupar, no ordenamento jurídico, papel coerente com as possibilidades e limites estruturados pela própria CF, defensora de bens como a intimidade e a vida privada. Nessa linha de raciocínio, o casamento há de ser visto como uma manifestação de liberdade dos consortes na escolha do modo pelo qual será conduzida a vida em comum, liberdade que se harmoniza com o fato de que a intimidade e a vida privada são invioláveis e exercidas, na generalidade das vezes, no interior de espaço privado também erguido pelo ordenamento jurídico à condição de 'asilo inviolável'. Sendo assim, deve-se observar uma principiologia de 'intervenção mínima', não podendo a legislação infraconstitucional avançar em espaços tidos pela própria CF como invioláveis. Deve-se disciplinar, portanto, tão somente o necessário e o suficiente para a realização não de uma vontade estatal, mas dos próprios integrantes da família. Desse modo, a melhor interpretação que se deve conferir ao art. 1.639, § 2º, do CC/2002 é a que não exige dos cônjuges justificativas exageradas ou provas concretas do prejuízo na manutenção do regime de bens originário, sob pena de esquadrinhar indevidamente a própria intimidade e a vida privada dos consortes. Nesse sentido, a constituição de uma sociedade por um dos cônjuges poderá impactar o patrimônio comum do casal. Assim, existindo divergência conjugal quanto à condução da vida financeira da família, haveria justificativa, em tese, plausível à alteração do regime de bens. Isso porque se mostra razoável que um dos cônjuges prefira que os patrimônios estejam bem delimitados, para que somente o do cônjuge empreendedor possa vir a sofrer as consequências por eventual fracasso no empreendimento" (STJ, REsp 1.119.462/MG, Rel. Min. Luis Felipe Salomão, j. 26.02.2013). Do ano de 2021, destaco dois arestos da Terceira Turma da Corte, compartilhando essa forma de julgar. Consoante o primeiro deles, "a melhor interpretação que se pode conferir ao referido artigo é aquela no sentido de não se exigir dos cônjuges justificativas ou provas exageradas, sobretudo diante do fato de a decisão que concede a modificação do regime de bens operar efeitos *ex nunc*. Isso porque, na sociedade conjugal contemporânea, estruturada de acordo com os ditames assentados na Constituição de 1988, devem ser observados – seja por particulares, seja pela coletividade, seja pelo Estado – os limites impostos para garantia da dignidade da pessoa humana, dos quais decorrem a proteção da vida privada e da intimidade, sob o risco de, em situações como a que ora se examina, tolher indevidamente a liberdade dos cônjuges no que concerne à faculdade de escolha da melhor forma de condução da vida em comum" (STJ, REsp 1.904.498/SP, 3.ª Turma, Rel. Min. Nancy Andrighi, j. 04.05.2021, *DJe* 06.05.2021). O segundo acórdão repete exatamente a mesma fundamentação (STJ, REsp 1.947.749/SP, 3.ª Turma, Rel. Min. Nancy Andrighi, j. 14.09.2021, *DJe* 16.09.2021). Em suma, reitero que se tem mitigado jurisprudencialmente a estrita exigência normativa do art. 1.639, § 2º, do CC e do art. 734 do CPC/2015, o que vem em boa hora, pois são os cônjuges aqueles que têm a melhor consciência sobre os embaraços que o regime de bens adotado pode gerar em sua vida cotidiana. A interpretação deve ser a mesma no que diz respeito ao vigente Código de Processo Civil, que, repito, parece ter nascido desatualizado também ao exigir o pedido motivado para a alteração do regime de bens. Sobre a proteção dos direitos de terceiros, dando uma interpretação rígida a tal exigência, nos termos do Enunciado n. 113 da *I Jornada de Direito Civil*: "Casamento. Regime de bens do casamento. Alteração. Fraude. Improcedência do pedido. Regime de bens. Alteração. Artigo 1.639 do Código Civil. Casamento realizado pelo regime da comunhão de bens, na data de 12/09/1970. Desejo de modificá-lo para o da separação de bens. Intuito de fraude e de simulação, ante recente ajuizamento de ação de investigação de paternidade em face do cônjuge-varão. A norma civil não foi criada para transformar o legal em ilegal. Suposto direito à herança consolida-se tão somente após a morte. Enquanto vivos os autores poderão dispor livremente dos seus bens móveis e imóveis. Manutenção da sentença recorrida. Conhecimento e improvimento do apelo" (TJRJ, Acórdão 16.151/2004, 17.ª Câmara Cível, Petrópolis, Rel. Des. Raul Celso Lins e Silva, j. 10.11.2004). Porém, reitero que penso ser possível abrandar tal exigência, com a solução da ineficácia da alteração em relação a terceiros prejudicados, como se concluiu a seguir: "A alteração do regime de bens não tem efeito em relação aos credores de boa-fé, cujos créditos foram constituídos à época do regime de bens anterior" (TJRS, Agravo de Instrumento 70038227633, 8.ª Câmara Cível, Porto Alegre, Rel. Des. Rui Portanova, j. 24.08.2010, *DJERS* 30.08.2010). O acórdão julga pela desnecessidade de prova, pelos cônjuges, da inexistência de ações judiciais ou de dívidas, pois isso não prejudica a eficácia da alteração do regime entre os cônjuges. Em síntese, não se segue a linha do citado enunciado doutrinário, pois a perquirição da existência de dívidas ou demandas não seria uma exigência para a modificação do regime. De qualquer forma, cumpre ressaltar que outras decisões exigem tal prova, para que a alteração patrimonial seja considerada idônea e, assim, deferida pelo juiz da causa (por todos: TJDF, Recurso 2006.01.1.036489-5, Acórdão 386.017, 6.ª Turma Cível, Rel. Des. Luis Gustavo B. de Oliveira, *DJDFTE* 12.11.2009, p. 121; e TJSP, Apelação 644.416.4/0, Acórdão 4168081, 4.ª Câmara de Direito Privado, Boituva, Rel. Des. Ênio Santarelli Zuliani, j. 29.10.2009, *DJESP* 10.12.2009). A questão, como se vê, é polêmica. Ainda no que concerne à publicidade da modificação do regime patrimonial, no ano de 2012, o Superior Tribunal de Justiça decidiu que o mero registro da sentença transitada em julgado tem o condão de dar publicidade à alteração do regime de bens, não devendo prevalecer norma de corregedoria do Tribunal do Estado do Rio Grande do Sul que apontava a necessidade de publicação de editais dessa alteração. Assim, em certo sentido, não se adotou, por igual, a parte final do citado Enunciado n. 113, que aponta a necessidade de ampla publicidade na modificação do regime. Vejamos a ementa do *decisum:* "Civil. Família. Matrimônio. Alteração do regime de bens do casamento (art. 1.639, § 2º, do CC/2002). Expressa ressalva legal dos direitos de terceiros. Publicação de edital para conhecimento de eventuais interessados, no órgão oficial e na imprensa local. Provimento n. 24/03 da Corregedoria do Tribunal Estadual. Formalidade dispensável, ausente base legal. Recurso especial conhecido e provido. 1. Nos termos do art. 1.639, § 2º, do Código Civil de 2002, a alteração do regime jurídico de bens do casamento é admitida, quando procedentes as razões invocadas no pedido de ambos os cônjuges, mediante autorização judicial, sempre com ressalva dos direitos de terceiros. 2. Mostra-se, assim, dispensável a formalidade emanada de Provimento do Tribunal de Justiça de publicação de editais acerca da alteração do regime de bens, mormente pelo fato de se tratar de providência da qual não cogita a legislação aplicável. 3. O princípio da publicidade, em tal hipótese, é atendido pela publicação da sentença que defere o pedido e pelas anotações e alterações procedidas nos registros próprios, com averbação no registro civil de pessoas naturais e, sendo o caso, no registro de imóveis. 4. Recurso especial provido para dispensar a publicação de editais determinada pelas instâncias ordinárias" (STJ, REsp 776.455/RS, 4.ª Turma, Rel. Min. Raul Araújo, j. 17.04.2012, *DJe* 26.04.2012). Seguindo no estudo dos impactos jurisprudenciais da modificação do regime de bens, deve ficar claro que os efeitos da alteração do regime são *ex nunc,* a partir do trânsito em julgado da decisão, o que é óbvio, por uma questão de eficácia patrimonial. Nesse sentido, além de ementa antes transcrita, ver: STJ, REsp 1.300.036/MT, 3.ª Turma, Rel. Min. Paulo de Tarso Sanseverino, j. 13.05.2014, *DJe* 20.05.2014; TJRS, Apelação Cível 374932-56.2012.8.21.7000, 7.ª Câmara Cível, Carazinho, Rel. Des. Sérgio Fernando de Vasconcellos Chaves, j. 24.10.2012, *DJERS* 30.10.2012; e TJSP, Apelação 0013056-15.2007.8.26.0533, Acórdão 5065672, 9.ª Câmara de Direito Privado, Santa Bárbara d'Oeste, Rel. Des. Viviani Nicolau, j. 12.04.2011, *DJESP* 01.06.2011. Esclareça-se que a natureza desses efeitos é capaz de afastar a necessidade de prova da ausência de prejuízos a terceiros pelos cônjuges, para que a alteração do regime de bens seja deferida. Ademais, eventuais efeitos *ex tunc* fariam que o regime de bens anterior não tivesse eficácia, atingindo um ato jurídico perfeito constituído por vontade dos cônjuges. Aprofunde-se, contudo, que, no caso de mudança do regime para a comunhão universal de bens, há comunicação dos bens anteriores ao casamento. Assim, a alteração atinge bens anteriores, o que não decorre da alteração do regime em si, mas dos efeitos próprios da comunhão universal e da comunicação total dos aquestos, a atingir os bens cuja aquisição tem causa anterior ao casamento. Assim decidiu o Superior Tribunal de Justiça, em aresto de 2023, que causou certa confusão, pela forma como foi publicado, mencionando efeitos *ex tunc* e com a seguinte ementa: "Recurso especial. Civil e processual civil. Direito de família. Casamento. Alteração do regime de bens de separação total para comunhão universal. Retroação à data do matrimônio. Eficácia "ex tunc". Manifestação expressa de vontade das partes. Corolário lógico do novo regime. Recurso especial provido. 1. Nos termos do art. 1.639, § 2º, do Código Civil de 2002, 'é admissível alteração do regime de bens, mediante autorização judicial em pedido motivado de ambos os cônjuges, apurada a procedência das razões invocadas e ressalvados os direitos de terceiros'. 2. A eficácia ordinária da modificação de regime de bens é 'ex nunc', valendo apenas para o futuro, permitindo-se a eficácia retroativa ('ex tunc'), a pedido dos interessados, se o novo regime adotado amplia as garantias patrimoniais, consolidando, ainda mais, a sociedade conjugal. 3. A retroatividade será corolário lógico do ato se o novo regime for o da comunhão universal, pois a comunicação de todos os bens dos cônjuges, presentes e futuros, é pressuposto da universalidade da comunhão, conforme determina o art. 1.667 do Código Civil de 2002. 4. A própria lei já ressalva os direitos de terceiros que eventualmente se considerem prejudicados, de modo que a modificação do regime de bens será considerada ineficaz em relação a eles (art. 1.639, § 2º, parte final). 5. Recurso especial provido, para que a alteração do regime de bens de separação total para comunhão universal tenha efeitos desde a data da celebração do matrimônio ('ex tunc')" (STJ, REsp 1.671.422/SP, Rel. Min. Raul Araújo, 4.ª Turma, j. 25.04.2023, *DJe* 30.05.2023). De todo modo, lendo o acórdão, a conclusão foi exatamente esta que acabei de expor: a suposta eficácia retroativa decorre dos efeitos do regime da comunhão universal, e não simplesmente da alteração do regime. Por fim, como último tema, a jurisprudência do Superior Tribunal de Justiça acabou por concluir que é possível alterar regime de bens de casamento celebrado na vigência da codificação anterior. Muitos poderiam pensar que a resposta é negativa, diante do que consta do art. 2.039 da atual codificação, norma de direito intertemporal pela qual: "O regime de bens nos casamentos celebrados na vigência do Código Civil anterior, Lei n. 3.071, de 1º de janeiro de 1916, é o por ele estabelecido". Mas essa não é a melhor resposta para os devidos fins práticos, pois o último comando apenas impõe a aplicação das regras especiais dos respectivos regimes de bens aos casamentos anteriores e quanto aos fatos e comunicações de bens ocorridas na vigência da legislação anterior. Como o art. 1.639, § 2º, do CC/2002 é uma norma geral quanto ao regime de bens, pode ser aplicada a qualquer casamento, entendimento esse que foi acatado pelo Tribunal de Justiça de São Paulo, já em 2004: "Casamento. Regime de bens. Alteração. Possibilidade de sua alteração mesmo para casamentos realizados sob a égide da legislação anterior – Interpretação ampliativa e sistemática da norma do art. 2.039 do Código Civil que não leva à conclusão da vedação da alteração do regime matrimonial nos casamentos anteriores a sua vigência – Recurso provido" (TJSP, Apelação Cível 320.566-4/0, 10.ª Câmara de Direito Privado, São Paulo Rel. Marcondes Machado, 08.06.2004, v.u.). Coube, contudo, ao Superior Tribunal de Justiça fazer a melhor interpretação da questão no nosso ponto de vista. Isso porque esse Egrégio Tribunal Superior utilizou o art. 2.035, *caput*, do CC, e a Escada Ponteana para deduzir que é possível alterar regime de bens de casamento celebrado na vigência da codificação anterior. Pelo teor do comando, quanto ao plano da validade, devem ser aplicadas as normas do momento da constituição ou celebração do negócio. No tocante ao plano da eficácia, devem incidir as normas do momento dos efeitos. Como o regime de bens está no plano da eficácia, aplica-se a norma atual, que trata da alteração do regime. Vejamos o precedente do Tribunal da Cidadania que traz esse entendimento: "Civil. Regime matrimonial de bens. Alteração judicial. Casamento ocorrido sob a égide do CC/1916 (Lei n. 3.071). Possibilidade. Art. 2.039 do CC/2002 (Lei n. 10.406). Correntes doutrinárias. Art. 1.639, § 2º, c/c art. 2.035 do CC/2002. Norma geral de aplicação imediata. 1 – Apresenta-se razoável, *in casu*, não considerar o art. 2.039 do CC/2002 como óbice à aplicação de norma geral, constante do art. 1.639, § 2º, do CC/2002, concernente à alteração incidental de regime de bens nos casamentos ocorridos sob a égide do CC/1916, desde que ressalvados os direitos de terceiros e apuradas as razões invocadas pelos cônjuges para tal pedido, não havendo que se falar em retroatividade legal, vedada nos termos do art. 5º, XXXVI, da CF/88, mas, ao revés, nos termos do art. 2.035 do CC/2002, em aplicação de norma geral com efeitos imediatos. 2 – Recurso conhecido e provido pela alínea 'a' para, admitindo-se a possibilidade de alteração do regime de bens adotado por ocasião de matrimônio realizado sob o pálio do CC/1916, determinar o retorno dos autos às instâncias ordinárias a fim de que procedam à análise do pedido, nos termos do art. 1.639, § 2º, do CC/2002" (STJ, REsp 730.546/MG, 4.ª Turma, Rel. Min. Jorge Scartezzini, j. 23.08.2005, *DJ* 03.10.2005, p. 279). Sucessivamente, outros julgados surgiram na mesma esteira desse julgamento, estando a questão consolidada na nossa jurisprudência (por todos: STJ, REsp 1.112.123/DF, 3.ª Turma, Rel. Min. Sidnei Beneti, j. 16.06.2009, *DJe* 13.08.2009; TJRS, Apelação Cível 383376-78.2012.8.21.7000, 8.ª Câmara Cível, Bagé, Rel. Des. Luiz Felipe Brasil Santos, j. 29.11.2012, *DJERS* 05.12.2012; TJSP, Apelação 9102946-53.2007.8.26.0000, Acórdão 5628185, 4.ª Câmara de Direito Privado, São Paulo, Rel. Des. Fábio Quadros, j. 17.11.2011, *DJESP* 24.01.2012; TJPR, Apelação Cível 0413965-9,

11.ª Câmara Cível, Astorga, Rel. Des. Mário Rau, *DJPR* 28.03.2008, p. 110; TJMG, Apelação Cível 1.0439.06.053252-0/001, 7.ª Câmara Cível, Muriaé, Rel. Des. Antônio Marcos Alvim Soares, j. 06.03.2007, *DJEMG* 04.05.2007; e TJRJ, Apelação Cível 2007.001.08400, 5.ª Câmara Cível, Rel. Des. Milton Fernandes de Souza, j. 27.03.2007). Cumpre esclarecer que esse entendimento jurisprudencial já tinha amparo doutrinário no Enunciado n. 260 do Conselho da Justiça Federal, aprovado na *III Jornada de Direito Civil*, realizada em 2004, nos seguintes termos: "Arts. 1.639, § 2º, e 2.039: A alteração do regime de bens prevista no § 2º do art. 1.639 do Código Civil também é permitida nos casamentos realizados na vigência da legislação anterior". Eis mais um tema que encontrou a devida estabilidade, diante da harmonia da jurisprudência com a doutrina.

REFORMA DO CÓDIGO CIVIL: De início, cabe esclarecer que a Comissão de Juristas nomeada no Senado Federal sugere que o título relativo ao regime de bens e ao direito patrimonial também se aplique à união estável, passando a ser denominado "Do Regime de Bens entre os Cônjuges e Conviventes". São seguidas as propostas pontuadas nos meus comentários doutrinários e anotações jurisprudenciais, sobretudo para a *desjudicialização* da alteração do regime de bens, e para a superação das várias divergências a respeito da temática. Iniciando-se com o art. 1.639 do Código Civil, que inaugura o tema do regime patrimonial de bens na codificação privada, pela proposição, o seu *caput* passará a prever que "é lícita aos cônjuges ou conviventes, antes ou depois de celebrado o casamento ou constituída a união estável, a livre estipulação quanto aos seus bens e interesses patrimoniais". Como se pode perceber, além da menção à união estável, há a possibilidade de mudança do regime, mesmo que de forma extrajudicial, após a celebração do casamento ou a constituição da convivência. Em todos os casos, como já ocorre no sistema atual, o regime de bens entre os cônjuges ou conviventes começa a vigorar desde a data do casamento ou da constituição da união estável (projeção do § 1º do art. 1.639). Não se admite, em qualquer hipótese, que o regime de bens tenha eficácia retroativa ou *ex tunc*, não tendo sido adotada proposta que surgiu nesse sentido na Comissão de Juristas. Como é notório, a jurisprudência superior consolidada não admite que a escritura pública de união estável tenha eficácia retroativa, posição que foi espelhada na proposta do texto legal. Dos acórdãos superiores, destaco o seguinte, sem prejuízo de outros que ainda serão aqui expostos, entre os mais recentes e relatados pelo vice-presidente da Comissão de Juristas, o Ministro Marco Aurélio Bellizze: "em razão da interpretação do art. 1.725 do CC/2002, decorre a conclusão de que não é possível a celebração de escritura pública modificativa do regime de bens da união estável com eficácia retroativa, especialmente porque a ausência de contrato escrito convivencial não pode ser equiparada à ausência de regime de bens na união estável não formalizada, inexistindo lacuna normativa suscetível de ulterior declaração com eficácia retroativa. [...] Em suma, às uniões estáveis não contratualizadas ou contratualizadas sem dispor sobre o regime de bens, aplica-se o regime legal da comunhão parcial de bens do art. 1.725 do CC/2002, não se admitindo que uma escritura pública de reconhecimento de união estável e declaração de incomunicabilidade de patrimônio seja considerada mera declaração de fato preexistente, a saber, que a incomunicabilidade era algo existente desde o princípio da união estável, porque se trata, em verdade, de inadmissível alteração de regime de bens com eficácia *ex tunc*" (STJ, REsp 1.845.416/MS, Rel. Min. Marco Aurélio Bellizze, Rel. p/ Acórdão Min. Nancy Andrighi, 3.ª Turma, j. 17.08.2021, *DJe* 24.08.2021). Seguindo exatamente essa linha, e com o intuito de afastar as corriqueiras fraudes praticadas com a celebração de pactos com eficácia *ex tunc*, sobretudo em detrimento dos direitos das mulheres, o novo art. 1.653-A, parágrafo único, passará a prever que "não se admitirá eficácia retroativa ao pacto conjugal ou convivencial que sobrevier ao casamento ou à constituição da união estável". Sobre a modificação do regime de bens, seguindo a linha da Reforma de reduzir burocracias, de desjudicializar e de *destravar a vida das pessoas* – expressão que tenho constantemente utilizado –, o § 2º do art. 1.639 traz texto segundo o qual, "depois da celebração do casamento ou do estabelecimento da união estável, o regime de bens pode ser modificado por escritura pública e só produz efeitos a partir do ato de alteração, ressalvados os direitos de terceiros". Atende-se, assim, ao antigo pleito doutrinário no sentido de que a alteração do regime de bens, especialmente no casamento, pode ser feita por escritura pública, perante o Tabelionato de Notas, sem a necessidade de ser judicializada a questão, como é na realidade atual, com um entrave desnecessário e injustificável para os dias de hoje. Como antes afirmei, se o casamento é celebrado e dissolvido extrajudicialmente, não há razão plausível para que a mudança do regime de bens seja feita apenas no plano judicial. Além de uma alteração substancial desse comando da codificação material, a Comissão de Juristas propõe a alteração do art. 734 do Código de Processo Civil, que trata dos procedimentos para a modificação do regime de bens do casamento e que tem conteúdo parcialmente superado, como antes pontuei. O dispositivo instrumental, de forma direta e objetiva, passará a prever o seguinte: "Art. 734. A alteração do regime de bens do casamento ou da união estável, observados os requisitos legais, poderá ser requerida no âmbito judicial ou extrajudicial, perante o juiz ou o Tabelionato de Notas, desde que consensual, em pedido assinado por ambos os cônjuges ou conviventes, e desde que assistidos por advogado ou defensor público. § 1º Revogado. § 2º Revogado. § 3º Revogado. § 4º A alteração do regime de bens não terá eficácia retroativa". Com o devido respeito, não há razão para se impor aos cônjuges a justificação para a mudança do regime de bens, não havendo também qualquer razão para se exigir a atuação do MP, por se tratar de questão estritamente patrimonial. A esse propósito, mitigando a última imposição, na *III Jornada de Direito Processual Civil*, promovida pelo Conselho da Justiça Federal e pelo Superior Tribunal de Justiça em 2023, aprovou-se o Enunciado n. 177, estabelecendo que, "no procedimento de alteração de regime de bens, a intimação do Ministério Público prevista no art. 734, § 1º, do CPC somente se dará nos casos dos arts. 178 e 721 do CPC". Como foi ali justificado, "o art. 734, § 1º, trata de matéria patrimonial e, em tese, disponível, de modo que não se justifica tratar o dispositivo como exceção ao art. 721, do CPC, que forma um regime único interventivo para o Ministério Público nos procedimentos especiais de jurisdição voluntária". Por esses aspectos e também por outros por mim demonstrados, a norma processual é hoje totalmente desnecessária, devendo ser revogada. Além da modificação do regime de bens por escritura pública, será possível a sua alteração por cláusula prévia estabelecida no contrato entre cônjuges ou companheiros, por pacto antenupcial ou convivencial celebrado sempre por escritura pública, sob pena de nulidade absoluta. Trata-se da proposta de um novo art. 1.653-A do Código Civil e da *sunset clause*, que estudarei mais à frente.

Art. 1.640. Não havendo convenção, ou sendo ela nula ou ineficaz, vigorará, quanto aos bens entre os cônjuges, o regime da comunhão parcial.

Parágrafo único. Poderão os nubentes, no processo de habilitação, optar por qualquer dos regimes que este código regula. Quanto à forma, reduzir-se-á a termo a opção pela comunhão parcial, fazendo-se o pacto antenupcial por escritura pública, nas demais escolhas.

COMENTÁRIOS DOUTRINÁRIOS: Trata-se do comando legal que determina que o *regime legal* ou *supletório* de bens do casamento é o da comunhão parcial, inclusive nos casos de nulidade ou ineficácia da convenção entre os cônjuges, do pacto antenupcial. Cabe lembrar que esse regime é o legal desde a entrada em vigor da Lei do Divórcio, em 26 de dezembro de 1977 (Lei n. 6.515/1977). Antes da Lei do Divórcio, o regime legal era o da comunhão universal de bens. Sobre a escolha de outro regime, a norma estabelece que poderão os nubentes, no processo de habilitação, optar por qualquer dos regimes que a codificação regula, o que não exclui a adoção por um regime misto ou até totalmente atípico, desde que respeitadas as normas de ordem pública. Quanto à forma, reduzir-se-á a termo a opção pela comunhão parcial, fazendo-se o pacto antenupcial por escritura pública lavrada no Tabelionato de Notas, nas demais escolhas.

JURISPRUDÊNCIA COMENTADA: Como se retira de preciso julgado do Tribunal Gaúcho, "não havendo pacto antenupcial, é ineficaz o registro na certidão de casamento do regime da comunhão universal de bens, vigorando o regime da comunhão parcial. Inteligência. Artigo 258 do Código Civil de 1916 e artigo 1.640 do Código Civil 2002" (TJRS, Apelação Cível 208004-47.2014.8.21.7000, 8.ª Câmara Cível, Erechim, Rel. Des. Rui Portanova, j. 21.08.2014, *DJERS* 26.08.2014).

REFORMA DO CÓDIGO CIVIL: De acordo com o novo *caput* do art. 1.640 do CC, projetado pela Comissão de Juristas, "não havendo convenção, ou sendo ela nula ou ineficaz, vigorará, quanto aos bens entre os cônjuges ou conviventes, o regime da comunhão parcial". Como se pode perceber, mais uma vez há a unificação do tratamento de instituto de Direito de Família tanto em relação ao casamento quanto no que diz respeito à união estável, mantendo-se como regime legal ou *supletório* a comunhão parcial de bens, para ambos. Ao contrário do que pensam alguns, esse regime deve ser mantido como premissa geral no ordenamento jurídico brasileiro, pois é hoje a opção natural da grande maioria dos brasileiros, que geralmente não procura afastá-lo por convenção por entender ser ele a solução justa e correta para reger as relações patrimoniais do seu casamento ou união estável. Não se verificou, portanto, qualquer justificativa plausível para que, como poucos sustentam, a separação convencional de bens passasse a ser o regime supletório. Consoante o novo § 1º do art. 1.640, "poderão os cônjuges ou conviventes optar por qualquer dos regimes que este Código regula e, quanto à forma desta manifestação, reduzir-se-á a termo a opção pela comunhão parcial, fazendo-se o pacto antenupcial por escritura pública, nas demais escolhas". Assim, no caso da união estável, a escolha por outro regime também exige a escritura pública, para o chamado pacto convivencial. Como se verá a seguir, foi retirado expressamente do sistema civilístico o regime da participação final nos aquestos, diante de sua pouca efetividade prática e por não ter sido a opção dos brasileiros nos vinte anos de vigência da codificação. A possibilidade de previsão de regime atípico, além do rol previsto na codificação privada e na linha dos meus comentários, está no novo § 2º do art. 1.640, *in verbis*: "é lícito aos cônjuges ou conviventes criarem regime atípico ou misto, conjugando regras dos regimes previstos neste Código, desde que não haja contrariedade a normas cogentes ou de ordem pública". Reitere-se que geralmente o regime atípico traz em seu conteúdo a conjugação de outros regimes. Segue-se o modelo dos contratos atípicos, que no geral e igualmente conjugam elementos de outros negócios já existentes, por aplicação do art. 425 do Código Civil: "é lícito às partes estipular contratos atípicos, observadas as normas gerais fixadas neste Código". Frise-se, a título de exemplo, que é possível instituir, em relação aos bens móveis adquiridos durante o casamento ou a união estável, a separação de bens, enquanto a comunhão parcial será eficaz para os bens imóveis. Pode-se estabelecer a separação convencional como regra do regime, com exceção para determinados bens, como para imóveis adquiridos por ambos ou para valores depositados em determinada conta bancária, mantida conjuntamente entre os consortes. Como outra ilustração, se os cônjuges ou conviventes assim o quiserem, poderão estipular apenas algumas das regras da participação final nos aquestos, que serão revogadas. Há, assim, como foi uma das premissas gerais da Reforma, uma valorização considerável da autonomia privada, da vontade individual e da liberdade, o que guiou o trabalho da Comissão de Juristas. Tudo isso, desde que não haja contrariedade a normas cogentes ou de ordem pública, o que foi reforçado no projetado art. 1.655 do Código Civil como já é na atualidade, pela menção à "disposição absoluta de lei". Na nova redação proposta para o último dispositivo, mais clara e completa, ficará ele com a seguinte dicção: "é nula de pleno direito a convenção ou cláusula do pacto antenupcial ou convivencial que contravenha disposição absoluta de lei, norma cogente ou de ordem pública, ou que limite a igualdade de direitos que deva corresponder a cada cônjuge ou convivente". Destaco que a limitação relativa à igualdade de direitos de cada consorte é fundamental, para afastar cláusulas ou disposições que, por exemplo, importem violência patrimonial ou que se traduzam em onerosidade excessiva para um deles. Adota-se, mais uma vez, o modelo existente para os contratos, por aplicação da função social do contrato (art. 421), da boa-fé objetiva (art. 422 do CC) e dos institutos correlatos a esses dois princípios.

Art. 1.641. É obrigatório o regime da separação de bens no casamento:

I – das pessoas que o contraírem com inobservância das causas suspensivas da celebração do casamento;

II – da pessoa maior de 70 (setenta) anos; (Redação dada pela Lei n. 12.344, de 2010)

III – de todos os que dependerem, para casar, de suprimento judicial.

COMENTÁRIOS DOUTRINÁRIOS: O comando impõe o regime da separação legal ou obrigatória de bens, havendo clara limitação da autonomia privada dos nubentes. Desse modo, nas suas hipóteses, se eleito por pacto antenupcial o regime da comunhão universal, da comunhão parcial ou da participação final dos aquestos, tal convenção será nula por infração à norma de ordem pública, nos termos do art. 1.655 do CC/2002, que ainda será aqui analisado. O atual art. 1.641 do CC/2002, que reproduz parcialmente o art. 258, parágrafo único, do CC/1916, impõe, de forma obrigatória, o regime da separação de bens em três hipóteses. A primeira delas diz respeito às pessoas que contraírem o casamento com inobservância das causas suspensivas da celebração do casamento, constantes do antes comentado art. 1.523 do CC/2002. A segunda, da pessoa que tenha idade superior a 70 anos, o que vale tanto para o homem quanto para a mulher. Destaque-se que a norma foi alterada pela Lei n. 12.344, de 9 de dezembro de 2010, uma vez que a idade antes prevista era de 60 anos. Por fim, como terceira hipótese, impõe-se o regime da separação legal ou obrigatória em relação a todos os que dependerem de suprimento judicial para casar, notadamente nos casos de ausência de autorização dos representantes legais. Em suma, é o caso dos menores entre 16 e 18 anos. Em relação aos menores de 16 anos, como visto, não há mais a possibilidade de seu casamento, por força da alteração do art. 1.520 do CC pela Lei n. 13.811/2019; não se subsumindo mais a eles, em tese, o último inciso do art. 1.641. Todavia, pode ocorrer de o casamento ser celebrado por uma falha do Cartório e das autoridades celebrantes, ocorrendo a convalidação posterior, já que continua sendo anulável, como antes sustentei. Nessa hipótese fática remota, deve-se impor o regime da separação obrigatória de bens. O objetivo da norma é a proteção de determinadas pessoas, especialmente no que tange ao seu patrimônio. No caso do inciso I, o objetivo é o de evitar confusão patrimonial nas hipóteses tratadas pelo art. 1.523 do CC. Lembre-se da hipótese da viúva que não fez inventário dos bens que tinha com o ex-marido e que pretende se casar com terceiro. Com o objetivo de proteger os herdeiros, essa viúva somente poderá se casar pelo regime da separação legal ou obrigatória de bens. O inciso II do art. 1.641 do CC visa, supostamente, à tutela do idoso, potencial vítima de um *golpe do baú*, em geral praticado por pessoa mais jovem, com más intenções. De qualquer forma, até para sustentar a tese de inconstitucionalidade a seguir demonstrada, entendo que a norma tende a proteger não o idoso, mas os interesses patrimoniais dos seus herdeiros, que, muitas vezes à espreita, esperam a morte do familiar e o recebimento do acervo patrimonial. De imediato, insta notar que o casamento, para o idoso, não trará prejuízos afetivos, mas vantagens, ainda mais se contraído com pessoa mais jovem. Vale ainda se lembrar do antigo provérbio a respeito da herança: "o filho bom não precisa, o filho ruim, não merece". Quanto ao inciso III, este envolve a tutela de incapazes, tidos como vulneráveis por imposição da lei. Aqui, haveria até uma justificativa maior para o regime legal. Na verdade, há quem veja a imposição do regime da separação obrigatória de bens como mais uma intromissão indesejada do Estado na vida privada familiar. Em reforço, a imposição do regime estaria fundada em um *patrimonialismo exagerado*, que o Direito Civil Contemporâneo não mais deseja; visão que é compartilhada por mim. Por isso, o anterior Projeto de Estatuto das Famílias pretendia retirar do sistema esse regime impositivo, o que viria em boa hora. Consta das justificativas da projeção que "por seu caráter discriminatório e atentatório à dignidade dos cônjuges, também foi suprimido o regime de separação obrigatório". Faz o mesmo o projeto de Reforma do Código Civil, ora em curso, como será exposto em tópico próprio. Sobre a afirmação de inconstitucionalidade do inc. II do art. 1.641, de fato, há posicionamento convincente na doutrina segundo o qual essa previsão é inconstitucional. A essa conclusão chegaram os juristas que participaram da *I Jornada de Direito Civil*, conforme o Enunciado n. 125 do Conselho da Justiça Federal, que propõe a revogação da norma. Foram as suas justificativas, com as quais se concorda integralmente: "A norma que torna obrigatório o regime da separação absoluta de bens em razão da idade dos nubentes (qualquer que seja ela) é manifestamente inconstitucional, malferindo o princípio da dignidade da pessoa humana, um dos fundamentos da República, inscrito no pórtico da Carta Magna (art. 1º, inc. III, da CF). Isso porque introduz um preconceito quanto às pessoas idosas que, somente pelo fato de ultrapassarem determinado patamar etário, passam a gozar da presunção absoluta de incapacidade para alguns atos, como contrair matrimônio pelo regime de bens que melhor consultar seus interesses". O enunciado doutrinário é perfeito, tendo o meu apoio doutrinário. Primeiro, porque o dispositivo atacado é totalmente dissonante da realidade pós-moderna ou contemporânea, que tende a proteger a pessoa e sua liberdade individual. Realmente, ao contrário de ser uma norma de tutela, trata-se de uma norma de preconceito. Ademais, penso que constitui exercício da autonomia privada a pessoa da melhor idade casar-se com quem bem entender. A justificativa de proteção patrimonial dos herdeiros também não é plausível. Ora, se esses querem juntar um bom patrimônio, que o façam diante do seu trabalho, pois *herdeiro não é profissão*. Quanto ao aumento da idade para os 70 anos, conforme a Lei n. 12.344/2010, não afastou o problema, mantendo-se a tese de inconstitucionalidade. Estando a limitação em qualquer patamar etário, a inconstitucionalidade persiste, especialmente pelo claro preconceito contra as pessoas de idade avançada. Some-se a esses argumentos uma flagrante afronta ao que prescreve o Estatuto da Pessoa Idosa, a Lei n. 10.741/2003. Outro debate interessante, que somente confirma o entendimento majoritário, consta do Enunciado n. 261 da *III Jornada de Direito Civil*, *in verbis*: "A obrigatoriedade do regime da separação de bens não se aplica a pessoa maior de sessenta anos, quando o casamento for precedido de união estável iniciada antes dessa idade". O principal argumento para se filiar ao enunciado é justamente a inconstitucionalidade do inciso II do dispositivo em comento. Se o preceito não é inconstitucional, ao menos que se dê um mínimo de eficácia social à norma, por sua flagrante injustiça, o que acabou sendo a conclusão parcial do Supremo Tribunal Federal no julgamento do seu Tema n. 1.236, de repercussão geral, como será visto a seguir. Como último comentário doutrinário, nota-se que a principal polêmica relativa ao regime da separação obrigatória de bens tem origem na Súmula n. 377 do STF, o que justifica o seu tratamento no próximo tópico a ser desenvolvido.

JURISPRUDÊNCIA COMENTADA: Sobre o primeiro aspecto antes desenvolvido, entendeu o Tribunal de Justiça do Rio Grande do Sul pela inconstitucionalidade da previsão do art. 1.641, II, do CC em vigor, por trazer violação à dignidade da pessoa humana (TJRS, Apelação 70004348769, 7.ª Câmara Cível, Rel. Maria Berenice Dias, j. 27.03.2003, m.v.). Em seu voto, a Relatora Desembargadora Maria Berenice Dias faz menção a outra decisão, do Tribunal de Justiça de São Paulo, que teve como relator o então Desembargador Cezar Peluso, posteriormente Ministro do Supremo Tribunal Federal. O citado julgado do Tribunal Paulista teve a seguinte ementa: "Casamento. Regime de bens. Separação legal obrigatória. Nubente sexagenário. Doação à consorte. Validade. Inaplicabilidade do art. 258, parágrafo único, II, do Código Civil, que não foi recepcionado pela ordem jurídica atual. Norma jurídica incompatível com os arts. 1º, III, e 5º, I, X e LIV da CF em vigor" (TJSP, Apelação Cível 007.512-4/2-00, 2.ª Câmara de Direito Privado, Rel. Des. Cezar Peluso, j. 18.08.1998). A questão pendia de julgamento no Supremo Tribunal Federal, diante do reconhecimento da repercussão geral da inconstitucionalidade da norma do art. 1.641, inc. II, do CC, em outubro de 2022 (STF, Agravo no Recurso Extraordinário n. 1.309.642/SP, com a Relatoria do Ministro Luís Roberto Barroso, Tema 1.236). Em 2023 a questão foi analisada pelo STF, como será exposto a seguir. De todo modo, como tentativa anterior de minimizar os efeitos dessa infeliz limitação, alguns julgadores consideraram possível alterar o regime da separação obrigatória de bens do idoso, com base no art. 1.639, § 2º, do CC/2002, havendo na tese da inconstitucionalidade do art. 1.641, inc. II, um *justo motivo* para a modificação das regras patrimoniais. A título de exemplo, contando com meu apoio anterior, do Tribunal de Justiça de Santa Catarina: "Apelação cível. Procedimento de jurisdição voluntária. Modificação do regime matrimonial de bens. Sentença que declarou extinto o processo por ausência das condições da ação. Legitimidade e interesse para pleitear a respectiva alteração, que encontraria respaldo no art. 1.639, § 2º, do CC. Matrimônio contraído quando os insurgentes possuíam mais de 60 (sessenta) anos de idade. Separação obrigatória de bens. Pretendida modificação para o regime de comunhão universal. Interpretação sistemática do Código Civil e da Constituição Federal. Conclusão de que a imposição de regime de bens aos idosos se revela inconstitucional. Afronta ao princípio da dignidade da pessoa humana. Legislação que, conquanto revestida de alegado caráter protecionista, mostra-se discriminatória. Tratamento diferenciado em razão de idade. Maturidade que, de per si, não acarreta presunção da ausência de discernimento para a prática dos atos da vida civil. Nubentes plenamente capazes para dispor de seu patrimônio comum e particular, assim como para eleger o regime de bens que melhor atender aos interesses postos. Necessidade de interpretar a Lei de modo mais justo e humano, de acordo com os anseios da moderna sociedade, que não mais se identifica com o arcaico rigorismo que prevalecia por ocasião da vigência do CC/1916, que automaticamente limitava a vontade dos nubentes sexagenários e das noivas quinquagenárias. [...]" (TJSC, Apelação Cível 2011.057535-0, 4.ª Câmara de Direito Civil, Criciúma, Rel. Des. Luiz Fernando Boller, j. 1º.12.2011, *DJSC* 18.01.2012, p. 161). De toda sorte, outros acórdãos não adotavam esse caminho, eis que não haveria qualquer inconstitucionalidade, devidamente declarada ou não, do inc. II, do art. 1.641 do CC/2002, norma posta, antes vigente e supostamente com plena aplicabilidade (por todos: TJCE, Apelação 676-75.2009.8.06.0167/1, 5.ª Câmara Cível, Rel. Des. Francisco Suenon Bastos Mota, *DJCE* 19.08.2011, p. 52; TJRS, Apelação Cível 628181-06.2010.8.21.7000, 8.ª Câmara Cível, Campina das Missões, Rel. Des. Luiz Felipe Brasil Santos, j. 24.02.2011, *DJERS* 09.03.2011; TJGO, Apelação Cível 112258-0/188, Goiatuba, Rel. Des. Kisleu Dias Maciel Filho, *DJGO* 04.03.2008, p. 187; e TJMG, Apelação Cível 1.0528.07.004241-1/0011, 6.ª Câmara Cível, Prata, Rel. Des. Antônio Sérvulo, j. 04.11.2008, *DJEMG* 12.12.2008). O julgamento a seguir, do Tribunal Mineiro, foi exigente quanto à declaração de inconstitucionalidade por Tribunal Superior ou Órgão Especial da Corte, de acordo com a premissa da reserva de plenário, retirada do art. 97 da Constituição Federal de 1988: "Alteração do regime de bens. Nubente maior de 60 anos. Princípio da isonomia. Não recepção do art. 258, § único, II, do CC de 1916 pela CR/88. Inconstitucionalidade do art. 1.641, II, do CC. Cláusula de reserva de plenário. Inteligência do art. 97 da CR/88. 1. É necessário que a Corte Superior se pronuncie sobre a não recepção do art. 258, parágrafo único, inciso II, do Código Civil de 1916 pela CR/88, bem como sobre a inconstitucionalidade do art. 1.641, II, do CC, de forma que somente após este precedente o órgão fracionário possa declará-la, diante da cláusula de reserva de plenário prevista no art. 97 da Constituição da República. 2. Suscitar relevância da questão" (TJMG, Apelação Cível 6497335-28.2009.8.13.0702, 8.ª Câmara Cível, Uberlândia, Rel. Des. Vieira de Brito, j. 12.08.2010, *DJEMG* 18.11.2010). Apesar da polêmica citada, que pendia de solução no STF e que foi solucionada em sentido muito próximo, insta verificar que o idoso com idade entre 60 e 70 anos, que se casou pelo regime da separação obrigatória antes da elevação legal da idade, poderia alterar o regime de bens, conforme vinha posicionando-se a jurisprudência. A modificação da lei, sem dúvidas, serve como *justo motivo* para a referida modificação. Vejamos, adotando essa afirmação, a jurisprudência estadual: "Apelação cível. Família. Alteração de regime de casamento. Separação legal. Art. 1.641, II, do Código Civil. Lei n. 12.344/2010. Desaparecimento da causa impositiva do regime adotado. Consistência da motivação. Direitos de terceiros. Efeitos prospectivos. Requisitos preenchidos. Recurso provido. I – O desaparecimento da causa da imposição do regime de separação legal de bens, na constância do casamento, não impede a alteração do regime de bens, pois, diante do permissivo legal do art. 1.639, § 2º, do Código Civil, o regime [de] bens não é imutável, não havendo que se falar em ato jurídico perfeito sob tal aspecto. II – O Código Civil de 2002, em seu art. 1.639, § 2º, permite a alteração do regime de bens do casamento, mediante autorização judicial, através de pedido motivado de ambos os cônjuges, apurada a procedência das razões invocadas e ressalvando-se os direitos de terceiros. III – No presente caso, há certidões negativas judiciais e extrajudiciais, que demonstram a salvaguarda do direito de terceiros. IV – Ademais, a alteração de regime de bens possui efeitos prospectivos, razão pela qual restam ressalvados os direitos de terceiros. V – Preenchidos os pressupostos legais, há que se deferir a modificação pretendida" (TJMG, Apelação Cível 0053786-93.2011.8.13.0079, 5.ª Câmara Cível, Contagem, Rel. Des. Leite Praça, j. 01.12.2011, *DJEMG* 26.01.2012). Sobre o teor do Enunciado n. 261, aprovado na *III Jornada de Direito Civil*, da jurisprudência superior, aplicando a premissa constante da ementa doutrinária: "O reconhecimento da existência de união estável anterior ao casamento é suficiente para afastar a norma, contida no CC/16, que ordenava a adoção do regime da separação obrigatória de bens nos casamentos em que o noivo contasse com mais de sessenta, ou a noiva com mais de cinquenta anos de idade, à época da celebração. As idades, nessa situação, são consideradas reportando-se ao início da união estável, não ao casamento" (STJ, REsp 918.643/RS, 3.ª Turma, Rel. Min. Massami Uyeda, j. 26.04.2011, *DJe* 13.05.2011). Consigne-se que o acórdão menciona idades diversas do homem e da mulher, porque diz respeito a fatos que ocorreram na vigência do CC/1916, incidindo a última norma. Mais recentemente, na mesma esteira: "Afasta-se a obrigatoriedade do regime de separação de bens quando o matrimônio é precedido de longo relacionamento em união estável, iniciado quando os cônjuges não tinham restrição legal à escolha do regime de bens, visto que não há que se falar na necessidade de proteção do idoso em relação a relacionamentos fugazes por interesse exclusivamente econômico. Interpretação da legislação ordinária que melhor a compatibiliza com o sentido do art. 226, § 3º, da CF, segundo o qual a lei deve facilitar a conversão da união estável em casamento" (STJ, REsp 1.318.281/PE, 4.ª Turma, Rel. Min. Maria Isabel Gallotti, j. 1º.12.2016, *DJe* 07.12.2016). Vale lembrar que a conclusão inserida no enunciado doutrinário e nos julgados constava do art. 45 da Lei do Divórcio, *in verbis*: "Quando o casamento se seguir a uma comunhão de vida entre os nubentes, existentes antes de 28 de junho de 1977, que haja perdurado por 10 (dez) anos consecutivos ou da qual tenha resultado filhos, o regime matrimonial de bens será estabelecido livremente, não se lhe aplicando o disposto no artigo 258, parágrafo único, n. II, do Código Civil". De qualquer modo, o prazo de dez anos não deve ser mais considerado, pois não há tempo mínimo para a existência de uma união estável constitucionalmente protegida. Como antes pontuado, pendia no Supremo Tribunal Federal o julgamento a respeito da inconstitucionalidade do art. 1.641, inc. II, do Código Civil, que impõe o regime da separação obrigatória de bens para a pessoa maior de setenta anos (STF, Agravo no Recurso Extraordinário n. 1.309.642/SP, com a Relatoria do Ministro Luís Roberto Barroso – Tema 1.236). Em 1º de fevereiro de 2024, logo na volta das atividades da Corte após o recesso, a questão acabou por ser julgada, concluindo o Tribunal, de forma unânime, que o regime da separação obrigatória de bens nos casamentos e uniões estáveis envolvendo pessoas com mais de setenta anos pode ser alterado pela vontade das partes, pelo exercício da autonomia privada, desde que seja feito por escritura pública, a ser lavrada no Tabelionato de Notas. De forma totalmente surpreendente, portanto, em afirmação não defendida por qualquer doutrinador de que se tenha notícia ou por qualquer Tribunal Brasileiro, inclusive no Superior Tribunal de Justiça, o Supremo Tribunal Federal inaugurou a tese segundo a qual o art. 1.641, inc. II, do Código Civil é norma dispositiva ou de ordem privada – e não norma cogente ou de ordem pública, como antes se sustentava de forma unânime –, podendo ser afastada por convenção entre as partes. Apesar da afirmação dos Ministros, quando do julgamento, no sentido de que manter essa *obrigatoriedade* da separação legal de bens desrespeitaria o direito de autodeterminação das pessoas idosas, a verdade é que não se declarou inconstitucional o preceito, como parte considerável da doutrina entendia, fazendo que a norma continue em plena vigência no ordenamento jurídico brasileiro. Com o devido respeito – aos julgadores e aos que *cantaram vitória* com o *decisum*, em prol da liberdade –, entendo que, por continuar a ser a regra geral no nosso sistema civil, a vontade das pessoas idosas continua sendo aviltada. A única possibilidade de se afastar a previsão extrajudicialmente é pela escritura pública, lavrada em Tabelionato de Notas, o que está na contramão da tendência de redução das burocracias para os atos existenciais familiares, percebida, por exemplo, com a entrada em vigor da Lei n. 14.382/2022, conhecida como Lei do SERP (Sistema Eletrônico de Registros Públicos). Sem falar que, pelos seus custos, a escritura pública não é acessível para grande parte da população. A Corte também entendeu que, além da opção da escritura pública, as pessoas acima dos setenta anos que sejam casadas ou vivam em união estável até a data do julgamento podem alterar o regime de bens por meio de uma ação judicial, nos termos do art. 1.639, § 2º, do Código Civil e do art. 734 do Código de Processo Civil, e, em todos os casos, a alteração produzirá efeitos patrimoniais apenas para o futuro, ou seja, efeitos *ex nunc*, e *não ex tunc*. Como antes pontuei, alguns julgados estaduais já vinham concluindo dessa forma, pela possibilidade de se afastar o regime da separação obrigatória por meio de decisão judicial. Nesse contexto, para os casamentos e uniões estáveis firmados antes do julgamento, as partes podem manifestar imediatamente – perante o juiz ou o Tabelião – a sua vontade de mudança para outro regime, caso da comunhão parcial, por exemplo, que é o adotado pela grande maioria da população brasileira. Quanto à modulação dos efeitos da decisão, julgou-se que, em respeito à segurança jurídica, ela somente passa a valer para os casos futuros, sem afetar os processos de herança ou divisão de bens que já estejam em andamento. Foi incluída na decisão do Ministro Relator a seguinte ressalva: "a presente decisão tem efeitos prospectivos, não afetando as situações jurídicas já definitivamente constituídas". Ao final, a tese de repercussão geral fixada para o Tema n. 1.236, para os fins de atingir todos os processos judiciais em curso e os futuros, de todas as instâncias, e até eventual mudança da lei, foi a seguinte: "nos casamentos e uniões estáveis envolvendo pessoa maior de 70 anos, o regime de separação de bens previsto no artigo 1.641, II, do Código Civil, pode ser afastado por expressa manifestação de vontade das partes mediante escritura pública". Pois bem, como já adiantei, trata-se de uma conclusão inédita, não encontrada nas páginas da doutrina e em outros julgados, porque até aqui se afirmou que a separação do maior de setenta anos era totalmente obrigatória, sem a possibilidade de convenção em contrário, por ser o art. 1.641, inc. II, do Código Civil norma cogente ou de ordem pública. Como separação *obrigatória* entende-se algo *peremptório*, que não admite escolhas, que não oferece opções para as partes, que não aceita outros caminhos de planejamento ou convenção pelos consortes ou conviventes, excluindo totalmente o exercício da autonomia privada. O que o Supremo Tribunal Federal passou a dizer é que não se tem mais, no caso do art. 1.641, inc. II, do Código Civil, uma separação realmente obrigatória, pois, muito além da possibilidade de se alterar o regime de bens por meio de uma ação judicial, as partes podem afastar o regime e escolher outro por meio de uma escritura pública. Não se pode negar, portanto, que a separação de bens do maior de setenta anos *deixou de ser uma separação obrigatória*. Passou a ser uma *separação legal*, mas obrigatória não é mais, uma vez que as partes podem convencionar em sentido contrário, afastando a previsão. Sendo assim, passamos a ter no sistema civilístico duas separações legais: a *obrigatória* – prevista nos incisos I e III do art. 1.641 do Código Civil; e a *não obrigatória* – que está no inciso II do mesmo dispositivo, para os maiores de setenta anos. Além disso, temos agora *dois regimes legais* ou *supletivos*, na ausência de previsão em sentido contrário em pacto antenupcial ou contrato de convivência, e com a possibilidade de serem afastados por escritura pública. Para as pessoas em geral, esse regime é o da comunhão parcial de bens, como está no art. 1.640 do Código Civil – para o casamento – e no art. 1.725 do Código Civil – para a união estável. Para as pessoas maiores de setenta anos, o regime que vale como regra geral é a separação legal de bens, na linha do que foi definido pelo Supremo Tribunal Federal, em seu julgamento. A existência de *dois regimes legais* confirma a minha afirmação de contínuo aviltamento à vontade dos maiores de setenta anos. Parece-me que a nova decisão, portanto, altera a nossa realidade jurídica a respeito do tema, devendo a matéria ser repensada pelas Cortes Brasileiras e pela doutrina, em dois aspectos principais que trago para debate, sem prejuízo de outros que poderão surgir no futuro. O primeiro deles diz respeito à Súmula n. 377 do Supremo Tribunal Federal, que ainda será analisada, com os necessários aprofundamentos. O que sempre fundamentou a permanência da Súmula n. 377 do Supremo Tribunal Federal no sistema após a entrada em vigor do Código Civil de 2002 foi a conclusão de se tratar de uma *separação obrigatória, peremptória*, regida por norma cogente ou de ordem pública, sem a possibilidade de se estabelecer o contrário. Foi justamente por isso, e pela vedação do enriquecimento sem causa, que me alinhei aos doutrinadores que defenderam a permanência da sumular no nosso ordenamento jurídico, o que gerou as decisões posteriores do Tribunal da Cidadania. Com a decisão do STF em estudo, esse pilar do sistema é alterado. Isso porque, se há a possibilidade de as partes com idade superior a setenta anos preverem ou convencionarem o contrário da separação de bens, escolhendo outro regime, ou alterarem o regime judicialmente, não há que se falar mais em aplicação sumular, pois ela era justificada pela falta de opções de outros caminhos de escolha aos cônjuges ou conviventes. Se essa posição não prevalecer na jurisprudência, é preciso, ao menos, que as Cortes Brasileiras, especialmente o STJ, debatam e digam se isso foi alterado ou não. Em outras palavras, é preciso que o Tribunal da Cidadania analise se houve ou não a superação do seu entendimento anterior pacificado, o chamado *overruling* nos termos da parte final do art. 489, § 1º, inc. VI, do Código de Processo Civil, segundo o qual "não se considera fundamentada qualquer decisão judicial, seja ela interlocutória, sentença ou acórdão, que: [...] deixar de seguir enunciado de súmula, jurisprudência ou precedente invocado pela parte, sem demonstrar a existência de distinção no caso em julgamento ou a superação do entendimento". Para tanto, a propósito, o próprio Tribunal poderá realizar audiências públicas com a oitiva de especialistas sobre a temática, como está no art. 927, § 2º, do próprio Estatuto Processual: "a alteração de tese jurídica adotada em enunciado de súmula ou em julgamento de casos repetitivos poderá ser precedida de audiências públicas e da participação de pessoas, órgãos ou entidades que possam contribuir para a rediscussão da tese". Ora, se o quadro fático e jurídico que criou e consolidou o sistema anterior de precedentes e a jurisprudência a respeito da temática foram alterados com a nova decisão da Corte Suprema com o que foi prolatado no Tema 1.236, é mais do que necessário rever as balizas anteriores e discutir novamente o assunto, a fim de se manter a jurisprudência estável, íntegra e coerente, como impõe o art. 926 do Código de Processo Civil. Assim, a jurisprudência brasileira, sobretudo do Superior Tribunal de Justiça, precisará dizer novamente se a Súmula n. 377 ainda é aplicável, mesmo com a possibilidade de afastamento do regime de separação por escritura pública ou por uma ação judicial de mudança do regime de bens. A outra questão de relevo diz respeito à sucessão hereditária, sobretudo quanto à concorrência dos descendentes com o cônjuge ou convivente do falecido. Como está previsto no art. 1.829 do Código Civil – na correta leitura após a decisão do Supremo Tribunal Federal que reconheceu a inconstitucionalidade do art. 1.790 do Código Civil (Temas n. 498 e 809) –, a sucessão legítima defere-se na ordem seguinte: aos descendentes, em concorrência com o cônjuge ou convivente sobrevivente, salvo se casado este ou se viver em união estável com o falecido, "no regime da comunhão universal, ou no da separação obrigatória de bens (art. 1.640, parágrafo único); ou se, no regime da comunhão parcial, o autor da herança não houver deixado bens particulares". Como se pode notar, é afastada a concorrência sucessória dos descendentes com o cônjuge ou convivente do *de cujus* no "regime da separação obrigatória de bens". Porém, como defendi neste texto, não há mais uma autêntica separação obrigatória no caso do inciso II do art. 1.641, pois os cônjuges ou conviventes podem convencionar em sentido contrário, o que traz a conclusão pela concorrência em casos tais, assim como se dá na separação convencional de bens e como restou decidido pela Segunda Seção do Superior Tribunal de Justiça (STJ, REsp 1.382.170/SP, Rel. Min. Moura Ribeiro, Rel. p/ Acórdão Min. João Otávio de Noronha, 2.ª Seção, j. 22.04.2015, *DJe* 26.05.2015). Sendo assim, entendo que esse tema também deverá ser revisto pela jurisprudência do Superior Tribunal de Justiça, sobretudo porque não havia essa opção de convencionar ao contrário antes do novo julgamento do Supremo Tribunal Federal. Como se retira de outro acórdão do Tribunal da

Cidadania, na contramão da nova decisão do STF, "o que não se mostra possível é a vulneração dos ditames do regime restritivo e protetivo, seja afastando a incidência do regime da separação obrigatória, seja adotando pacto que o torne regime mais ampliativo e comunitário em relação aos bens" (STJ, REsp 1.922.347/PR, Rel. Min. Luis Felipe Salomão, 4.ª Turma, j. 07.12.2021, *DJe* 01.02.2022). Ainda, entre os acórdãos mais remotos: "a norma do art. 258, parágrafo único, II, do Código Civil, possui caráter cogente. É nulo e ineficaz o pacto antenupcial firmado por mulher com mais de cinquenta anos, estabelecendo como regime de bens o da comunhão universal" (STJ, REsp 102.059/SP, Rel. Min. Barros Monteiro, 4.ª Turma, j. 28.05.2002, *DJ* 23.09.2002, p. 366). Os dois julgados do Tribunal da Cidadania, como se pode notar, colidem frontalmente com a tese final exarada no julgamento do Tema n. 1.236, a demonstrar a discordância dos dois Tribunais Superiores a respeito da temática, a confirmar a necessidade de se rediscutir a temática. Como outro aspecto fundamental que gostaria de trazer para debate para a civilística, e com o devido respeito ao que está sendo fixado pelo STF quanto à modulação de efeitos, penso que a nova tese não atingir os processos de inventário ainda em curso, e com partilha ainda não encerrada, representa uma situação de total injustiça e de verdadeira afronta à estabilidade e à segurança. Isso porque, na linha dos últimos julgados colacionados, os cônjuges e conviventes viviam em um sistema em que não havia a opção de se convencionar o contrário ao regime de separação obrigatória. Dito de outra forma, não havia qualquer opção de planejamento familiar e sucessório, ao contrário do que está sendo afirmado agora pela Corte Suprema – de forma inédita, reitere-se. Se tivessem antes essa opção, muitos cônjuges e conviventes a teriam adotado, não podendo agora ser prejudicados. Entendo, nesse contexto, que a ressalva no sentido de que "a presente decisão tem efeitos prospectivos, não afetando as situações jurídicas já definitivamente constituídas", não tem o condão de atingir os processos em curso com partilhas ainda não efetivadas, pois as situações jurídicas não estão definitivamente constituídas nessas hipóteses. Lembro, a propósito, que, no próprio julgamento da inconstitucionalidade do art. 1.790 do Código Civil, o caminho adotado foi o de que o novo entendimento deve ser aplicado aos inventários judiciais em que a sentença de partilha não tenha transitado em julgado e às partilhas extrajudiciais em que ainda não haja escritura pública. Penso que a solução deve ser a mesma para o Tema n. 1.236, o que ainda pode ser reavaliado pela própria Corte Suprema. Como última observação, não se pode negar que a nova decisão do Supremo Tribunal Federal intensifica as razões da proposta de Reforma do Código Civil sobre o tema, ora em discussão que, como visto, propõe a extinção do regime da separação obrigatória de bens, em todas as suas modalidades. Feita essa importante atualização a respeito do julgamento do Supremo Tribunal Federal, não se pode negar que a questão mais polêmica e tormentosa para a doutrina e para a jurisprudência do Direito de Família, relativa ao regime da separação obrigatória de bens e nos mais de vinte anos de vigência do Código Civil, referiu-se à Súmula n. 377 do Supremo Tribunal Federal, segundo a qual "no regime da separação legal comunicam-se os bens adquiridos na constância do casamento". O debate inicial, sem prejuízo de outros que serão aqui expostos, disse respeito à persistência ou não da súmula no nosso ordenamento jurídico. A súmula foi editada em 3 de abril de 1964 e criou, no regime da separação legal de bens algo próximo à comunhão parcial de bens. Tem sua origem no art. 259 do CC/1916 que dispunha: "Embora o regime seja o da separação de bens, prevalecerão, no silêncio do contrato, os princípios dela, quanto à comunicação dos adquiridos na constância do casamento". Como se nota pelo artigo em questão, se o pacto antenupcial que adotou a separação convencional de bens não mencionasse expressamente a exclusão dos bens, ocorreria a sua comunicação. Antes de verificar se o entendimento sumulado tem ou não incidência, segundo as nossas Cortes, é preciso demonstrar uma polêmica inicial, por trás da súmula. Isso porque nunca foi pacífica a questão quanto à necessidade ou não de prova de esforço comum para a citada comunicação prevista na Súmula n. 377 do STF. Na jurisprudência do Superior Tribunal de Justiça eram encontrados julgados nos dois sentidos. Inicialmente, concluindo pela necessidade de prova do esforço comum para a comunicação dos bens: STJ, REsp 646.259/RS, 4.ª Turma, Rel. Min. Luis Felipe Salomão, j. 22.06.2010, *DJe* 24.08.2010; REsp 123.633/SP, 4.ª Turma, Rel. Min. Aldir Passarinho Junior, j. 17.03.2009, *DJe* 30.03.2009; e REsp 9.938/SP, 4.ª Turma, Rel. Min. Sálvio de Figueiredo Teixeira, j. 09.06.1992, *DJ* 03.08.1992, p. 11.321. Porém, em sentido contrário, afastando a necessidade dessa prova, citando como fundamentos principais a dignidade humana e a solidariedade familiar: STJ, AgRg no REsp 1.008.684/RJ, 4.ª Turma, Rel. Min. Antonio Carlos Ferreira, j. 24.04.2012, *DJe* 02.05.2012; REsp 1.090.722/SP, 3.ª Turma, Rel. Min. Massami Uyeda, j. 02.03.2010, *DJe* 30.08.2010; REsp 736.627/PR, 3.ª

Turma, Rel. Min. Carlos Alberto Menezes Direito, j. 11.04.2006, *DJ* 1º.08.2006, p. 436; e REsp 154.896/RJ, 4.ª Turma, Rel. Min. Fernando Gonçalves, j. 20.11.2003, *DJ* 1º.12.2003, p. 357. Na verdade, na jurisprudência anterior do STJ, parecia prevalecer a corrente que afastava a prova do esforço comum para a comunicação de bens na incidência da Súmula n. 377 do STF para o casamento. Na união estável, a solução que vinha sendo dada pela jurisprudência superior não era a mesma. Como não poderia ser diferente, a polêmica atingia os Tribunais Estaduais, podendo ser encontradas numerosas decisões, seguindo um ou outro pensamento. A ilustrar, pela necessidade de prova do esforço comum para comunicação de bens na separação obrigatória de bens: TJRS, Apelação Cível 452435-56.2012.8.21.7000, 8.ª Câmara Cível, Porto Alegre, Rel. Des. Alzir Felippe Schmitz, j. 13.12.2012, *DJERS* 19.12.2012; TJMG, Apelação Cível 0012917-45.2001.8.13.0045, 5.ª Câmara Cível, Caeté, Rel. Des. Áurea Brasil, j. 01.09.2011, *DJEMG* 22.09.2011; TJDF, Recurso 2007.01.1.098975-8, Acórdão 415.800, 5.ª Turma Cível, Rel. Des. Nilsoni de Freitas, *DJDFTE* 13.04.2010, p. 73; TJSP, Agravo de Instrumento 990.10.127838-3, Acórdão 4527828, 4.ª Câmara de Direito Privado, São Paulo, Rel. Des. Ênio Santarelli Zuliani, j. 13.05.2010, *DJESP* 21.06.2010; e TJRJ, Agravo de Instrumento 7072/2000, 12.ª Câmara Cível, Rio de Janeiro, Rel. Des. Wellington Jones Paiva, j. 16.04.2002. Pelo outro caminho, ou seja, pela desnecessidade dessa prova, a demonstrar a dissonância interna nas Cortes dos Estados: TJRS, Agravo de Instrumento 551906-79.2011.8.21.7000, 8.ª Câmara Cível, Porto Alegre, Rel. Des. Rui Portanova, j. 17.05.2012, *DJERS* 23.05.2012; TJMG, Apelação 3179114-29.2006.8.13.0702, 6.ª Câmara Cível, Uberlândia, Rel. Des. Sandra Fonseca, j. 29.03.2011, *DJEMG* 29.04.2011; e TJSP, Agravo de Instrumento 0554986-95.2010.8.26.0000, Acórdão 4960320, 7.ª Câmara de Direito Privado, Tupã, Rel. Des. Pedro Baccarat, j. 16.02.2011, *DJESP* 04.03.2011. A divergência também sempre existiu na doutrina, sendo a minha posição pela necessidade de prova do esforço comum. Primeiro, porque a falta da prova do esforço comum transformaria o regime da separação de bens em uma comunhão parcial, o que não parece ter sido o objetivo da sumular. Segundo, diante da vedação do enriquecimento sem causa, constante do art. 884 do Código Civil, eis que a comunicação automática ocorreria sem qualquer razão plausível, em decorrência do mero casamento. Terceiro, porque tenho ressalvas quanto à eficiência atual do regime da comunhão parcial de bens. Quarto, pois o melhor caminho para o nosso Direito é extinguir definitivamente a separação legal e não a transformar em outro regime, o que seria uma solução temporária. No ano de 2018, essa visão por mim compartilhada foi adotada pela Segunda Seção do Superior Tribunal de Justiça, de forma até surpreendente, encerrando o debate no âmbito das turmas de Direito Privado. Conforme concluiu a maioria dos Ministros do Tribunal da Cidadania, a correta interpretação da Súmula n. 377 do Supremo Tribunal Federal indica a necessidade de prova do esforço comum para que haja a comunicação de bens no casamento. A ementa do acórdão, que cita a minha posição em outras obras, foi assim publicada: "Embargos de divergência no recurso especial. Direito de família. União estável. Casamento contraído sob causa suspensiva. Separação obrigatória de bens (art. 258, II, do CC/1916; art. 1.641, II, do CC/2002). Partilha. Bens adquiridos onerosamente. Necessidade de prova do esforço comum. Pressuposto da pretensão. Moderna compreensão da Súmula n. 377/STF. Embargos de divergência providos. 1. Nos moldes do art. 1.641, II, do Código Civil de 2002, ao casamento contraído sob causa suspensiva, impõe-se o regime da separação obrigatória de bens. 2. No regime de separação legal de bens, comunicam-se os adquiridos na constância do casamento, desde que comprovado o esforço comum para sua aquisição. 3. Releitura da antiga Súmula n. 377/STF (No regime de separação legal de bens, comunicam-se os adquiridos na constância do casamento), editada com o intuito de interpretar o art. 259 do CC/1916, ainda na época em que cabia à Suprema Corte decidir em última instância acerca da interpretação da legislação federal, mister que hoje cabe ao Superior Tribunal de Justiça. 4. Embargos de divergência conhecidos e providos, para dar provimento ao recurso especial" (STJ, EREsp 1.623.858/MG, 2.ª Seção, Rel. Min. Lázaro Guimarães (Desembargador convocado do TRF 5.ª Região), j. 23.05.2018, *DJe* 30.05.2018). Sendo assim, reconhecida a força vinculativa da decisão transcrita – pelo que consta dos arts. 489 e 927 do CPC/2015, entre outros –, os Tribunais devem seguir a afirmação de incidência da Súmula n. 377 do STF para os casos de casamentos celebrados pelo regime de separação obrigatória de bens, com a necessidade de prova do esforço comum para que haja a comunicação de bens. Em suma, esse debate parece ter sido encerrado, no meu entender. Outra controvérsia relativa à Súmula n. 377 do STF – essa já não mais tão calorosa no âmbito da jurisprudência, no presente momento – disse respeito à sua persistência ou não no sistema familiarista nacional.

Sempre sustentei a persistência da súmula, desde o início dos meus estudos a partir da entrada em vigor do Código Civil de 2002, novamente tendo como fundamento a vedação do enriquecimento sem causa, diante da necessidade de prova do esforço comum para a comunicação dos bens. Por outro lado, ressalto que José Fernando Simão, coautor desta obra, pensava de forma contrária, pelo fato de o art. 259 do CC/1916, que dava fundamento à sumular, ter sido revogado pelo CC/2002, e não reproduzido pela atual codificação. Como se percebe de todos os julgados transcritos até aqui, a jurisprudência tem aplicado a Súmula n. 377 do Supremo Tribunal Federal, inclusive para a união estável, conforme será ainda estudado. De toda sorte, a discussão persistiu por muito tempo entre os estudiosos. Quanto às *Jornadas de Direito Civil*, não foi ainda aprovado qualquer enunciado doutrinário seguindo uma ou outra forma de pensar. Na verdade, quando da *III Jornada de Direito Civil*, realizada no ano de 2004, Francisco José Cahali fez proposição seguindo a primeira corrente. Como não houve consenso, nem maioria, a proposta não foi aprovada naquele evento. Sendo demonstrada qual a visão mais prestigiada a respeito da Súmula n. 377 do STF, será exposto que o tema repercute diretamente na dispensa da outorga conjugal para os atos tratados pelo art. 1.647 do CC/2002. Isso porque o dispositivo dispensa a vênia ou outorga do cônjuge do regime da *separação absoluta*, o que leva em conta a comunicação ou não de bens. A problemática será analisada quando dos comentários do último comando citado. Como outra questão jurisprudencial a ser pontuada, essa surgida na doutrina, debate-se a possibilidade de seu afastamento por pacto antenupcial firmado entre os cônjuges, ou mesmo em contrato de convivência celebrado entre companheiros. Entendo que é perfeitamente possível o afastamento da sumular, por não ser o seu conteúdo de ordem pública, mas sim de matéria afeita à disponibilidade de direitos. A Súmula n. 377 do STF traz como conteúdo matéria de ordem privada, totalmente disponível e afastada por convenção das partes não só no casamento, como na união estável. Além da clareza desse argumento, acrescente-se, como pontua o coautor desta obra Mário Luiz Delgado, que tal previsão ingressa na licitude da escolha do regime de bens, retirada do antes comentado art. 1.639 do Código Civil. A única restrição de relevo a essa regra diz respeito às disposições absolutas de lei, consideradas regras cogentes, conforme consta do art. 1.655 da mesma codificação, o que conduziria à nulidade absoluta da previsão. Todavia, não há qualquer problema em afastar a Súmula n. 377 pela vontade das partes, o que, na verdade, ampliaria os efeitos do regime da separação obrigatória, passando esse a ser uma verdadeira *separação absoluta*, em que nada se comunica. Exatamente no mesmo sentido, na *VIII Jornada de Direito Civil*, promovida pelo Conselho da Justiça Federal em abril de 2018, aprovou-se o Enunciado n. 634, prevendo que "é lícito aos que se enquadrem no rol de pessoas sujeitas ao regime da separação obrigatória de bens (art. 1.641 do Código Civil) estipular, por pacto antenupcial ou contrato de convivência, o regime da separação de bens, a fim de assegurar os efeitos de tal regime e afastar a incidência da Súmula n. 377 do STF". Em 2022, foi aprovado enunciado doutrinário na *I Jornada de Direito Notarial e Registral* do Conselho da Justiça Federal, oriunda de proposta por mim formulada, com a seguinte redação: "podem os cônjuges, por meio de pacto antenupcial, optar pela não incidência da Súmula 377 do STF". Esse meu entendimento, motivado o debate pelo saudoso Mestre Zeno Veloso, acabou por ser adotado pela Corregedoria-Geral do Tribunal de Justiça de Pernambuco, que editou provimento admitindo o afastamento da Súmula n. 377 do STF por pacto antenupcial celebrado por cônjuges com idade superior a setenta anos (Provimento 08/2016). Nos seus termos, "CONSIDERANDO que é possível, por convenção dos nubentes e em escritura pública, o afastamento da aplicação da Súmula n. 377 do STF, 'por não ser o seu conteúdo de ordem pública, mas, sim, de matéria afeita à disponibilidade de direitos' (ZENO VELOSO); CONSIDERANDO que, enquanto a imposição do regime de separação obrigatória de bens, para os nubentes maiores de setenta anos, é norma de ordem pública (artigo 1.641, II, do Código Civil), não podendo ser afastada por pacto antenupcial que contravenha a disposição de lei (artigo 1.655 do Código Civil); poderão eles, todavia, por convenção, ampliar os efeitos do referido regime de separação obrigatória, 'passando esse a ser uma verdadeira separação absoluta, onde nada se comunica' (JOSÉ FERNANDO SIMÃO); CONSIDERANDO que podem os nubentes, atingidos pelo artigo 1.641, inciso II, do Código Civil, afastar por escritura pública a incidência da Súmula n. 377 do STF, estipulando nesse ponto e na forma do que dispõe o artigo 1.639, *caput*, do Código Civil, quanto aos seus bens futuros o que melhor lhes aprouver (MÁRIO LUIZ DELGADO); CONSIDERANDO que o afastamento da Súmula n. 377 do STF, 'constitui um correto exercício de autonomia privada, admitido pelo nosso Direito, que conduz a um eficaz mecanismo de planejamento familiar, perfeitamente exercitável por força de ato público, no caso de um pacto antenupcial (artigo 1.653 do Código Civil)'; conforme a melhor doutrina pontificada por FLÁVIO TARTUCE)". Como conteúdo do provimento, passou-se a estabelecer que, "no regime de separação legal ou obrigatória de bens, na hipótese do artigo 1.641, inciso II, do Código Civil, deverá o oficial do registro civil cientificar os nubentes da possibilidade de afastamento da incidência da Súmula n. 377 do Supremo Tribunal Federal, por meio de pacto antenupcial. Parágrafo único. O oficial do registro esclarecerá sobre os exatos limites dos efeitos do regime de separação obrigatória de bens, onde comunicam-se os bens adquiridos onerosamente na constância do casamento". Sucessivamente, no mês de dezembro de 2017 e igualmente influenciada pela minha posição e de outros autores, surgiu decisão da Corregedoria-Geral de Justiça do Tribunal Paulista com o mesmo entendimento: "Nas hipóteses em que se impõe o regime de separação obrigatória de bens (art. 1.641 do CC), é dado aos nubentes, por pacto antenupcial, prever a incomunicabilidade absoluta dos aquestos, afastando a incidência da Súmula n. 377 do Excelso Pretório, desde que mantidas todas as demais regras do regime de separação obrigatória. Situação que não se confunde com a pactuação para alteração do regime de separação obrigatória, para o de separação convencional de bens, que se mostra inadmissível". Espera-se que outros Estados sigam o mesmo exemplo de Pernambuco e São Paulo, possibilitando esse correto e preciso exercício da autonomia privada, afastando-se o teor da Súmula n. 377 do STF por iniciativa dos cônjuges ou companheiros. No final de 2021, surgiu importante precedente da Quarta Turma do Superior Tribunal de Justiça, na mesma linha, concluindo que "no casamento ou na união estável regidos pelo regime da separação obrigatória de bens, é possível que os nubentes/companheiros, em exercício da autonomia privada, estipulando o que melhor lhes aprouver em relação aos bens futuros, pactuem cláusula mais protetiva ao regime legal, com o afastamento da Súmula n. 377 do STF, impedindo a comunhão dos aquestos" (STJ, REsp n. 1.922.347/PR, Rel. Min. Luis Felipe Salomão, 4ª Turma, j. 07.12.2021, *DJe* 1º.02.2022). Talvez este último acórdão até motive o surgimento de norma administrativa do Conselho Nacional de Justiça admitindo o que foi concluído na decisão. Como última nota, reitero que o julgamento do STF, no seu Tema n. 1.236, de repercussão geral, deve trazer novos debates jurisprudenciais a respeito do regime da separação obrigatória, sobretudo, mais uma vez, quanto à permanência integral da Súmula n. 377 do STF. Todos esses debates revelam uma *complexidade caótica* a respeito do tema nos mais de vinte anos de vigência do Código Civil, o que motivou a proposta de sua retirada do sistema pela Comissão de Juristas nomeada no âmbito do Senado Federal para a Reforma do Código Civil.

REFORMA DO CÓDIGO CIVIL: Como destaquei nos meus comentários sobre o art. 1.523 do Código Civil, a Comissão de Juristas propõe a retirada da separação obrigatória de bens do sistema jurídico, em todas as suas previsões atuais, revogando-se expressamente não só o comando que trata das causas suspensivas do casamento como também o art. 1.641 da codificação privada. Desde o início dos debates, houve propostas nesse sentido das Subcomissões de Direito de Família, de Direito Contratual e de Direito das Sucessões nomeadas no âmbito do Senado Federal. Sem dúvidas que seria mais fácil para o nosso trabalho que a separação obrigatória do maior de setenta anos tivesse sido retirada do sistema por julgamento do STF (Tema n. 1.236), assim como ocorreu com a separação judicial e na linha dos meus comentários anteriores (Tema n. 1.053). De todo modo, não tendo sido esse o caminho adotado pela Suprema Corte, a Relatoria-Geral, formada pela Professora Rosa Maria de Andrade Nery e por mim, levou para os debates finais duas propostas para votação pela Comissão de Juristas. A primeira delas, adotada por mim e seguindo as citadas subcomissões, era de retirada da separação obrigatória do sistema, em todas as situações, fazendo que as questões relativas a eventuais fraudes sejam resolvidas pelos institutos da Teoria Geral do Direito Civil, e de acordo com as peculiaridades do caso concreto, sem sacrificar a vontade de todas as pessoas com idade superior a setenta anos. Dito de outro modo, não seria possível afastar a manifestação de vontade da sociedade brasileira, pelo argumento da fraude, problema que atinge a minoria da população brasileira. Como dito, na proposta que prevaleceu e para os fins de uma necessária proteção sem se restringir a autonomia privada, foi mantida e até ampliada, ademais, a hipoteca legal em favor dos filhos, sobre os imóveis do pai ou da mãe que passar a outras núpcias ou estabelecer união estável, antes de fazer o inventário do casal anterior (art. 1.489, inc. II, e atual art. 1.523, inc. I, do Código Civil). A segunda proposta, da Professora Rosa Maria de Andrade Nery, era no sentido de retirar a imposição do regime da separação obrigatória de bens para a pessoa com idade superior aos setenta anos, mantendo-se apenas para as atuais previsões do art. 1.641, incs. I e III, presente uma causa suspensiva do casamento e no caso de pessoas que dependem de suprimento judicial para se casar. Também se visava a um novo art. 1.641-A na codificação privada, prevendo que "é vedado o regime da comunhão universal de bens no casamento ou na união estável para os maiores de 80 anos, que tenham herdeiros necessários". Entre as duas propostas, acabou prevalecendo, por voto da maioria dos membros da Comissão de Juristas, a primeira solução, mais simples e menos limitativa da liberdade, retirando-se do nosso sistema, definitivamente, o regime da separação obrigatória de bens, e revogando-se expressamente o art. 1.641 do CC. Caberá, agora, ao Parlamento Brasileiro, dentro do regime democrático, decidir entre o sistema atual e o caminho que por nós foi proposto – ou mesmo um outro –, sendo certo que a temática representa um dos maiores desafios do Direito de Família e do Direito das Sucessões na atualidade, não tendo encontrado a necessária estabilidade nos mais de vinte anos de vigência do Código Civil de 2002. Os meus comentários doutrinários e anotações jurisprudenciais evidenciam o *verdadeiro caos* existente sobre o tema. Como palavras finais, para os fins de justificar a nossa proposta prevalecente e com o devido respeito a quem pensa de forma contrária, debates técnicos profundos, desnecessários em muitos casos, e com questões técnicas complicadas até para os mais experientes juristas, nunca se justificaram, ainda mais quando totalmente distantes da realidade e da compreensão pela sociedade. A grande maioria da população sequer entende o início dos debates que dizem respeito à separação obrigatória de bens, um dos assuntos mais complexos de todo o nosso sistema jurídico. Como bem justificou a Subcomissão de Direito de Família – composta por Pablo Stolze Gagliano, Maria Berenice Dias, Rolf Madaleno e pelo Ministro Marco Buzzi, grandes expoentes e especialistas no assunto do Direito Civil Brasileiro –, "o Estado precisava dar mais espaço à vontade de quem pretende autodeterminar o seu próprio destino. Suprimiu-se todo o confuso regramento do regime de participação final nos aquestos, bem como a injustificada, senão inconstitucional, separação obrigatória de bens". Ainda de acordo com eles, "foi proposta a revogação de todo o art. 1.641, com consequente ajuste redacional no art. 1.654. Com a revogação, o instituto da separação obrigatória de bens em razão da idade ou da pseudoconfusão de bens por não haver sido feita a partilha ou o inventário de um relacionamento anterior deixa de existir em nosso sistema. A normatização revogada discrimina as pessoas no tocante à sua capacidade de discernimento, apenas porque septuagenários, assim como é incoerente impor um regime obrigatório de separação de bens por supor que pudessem ser confundidos os bens da relação afetiva anterior com o novo relacionamento conjugal ou convivencial, sabido que toda classe de bens goza de fácil comprovação quanto à sua aquisição, quer se tratem de imóveis, móveis, semoventes, automóveis, depósitos e aplicações financeiras, constituições de sociedades empresárias etc.". Faço minhas as palavras dos juristas, e espero que esse caminho, de revogação expressa do art. 1.641 do CC, seja o adotado pelo Congresso Nacional Brasileiro.

Art. 1.642. Qualquer que seja o regime de bens, tanto o marido quanto a mulher podem livremente:

I – praticar todos os atos de disposição e de administração necessários ao desempenho de sua profissão, com as limitações estabelecida no inciso I do art. 1.647;

II – administrar os bens próprios;

III – desobrigar ou reivindicar os imóveis que tenham sido gravados ou alienados sem o seu consentimento ou sem suprimento judicial;

IV – demandar a rescisão dos contratos de fiança e doação, ou a invalidação do aval, realizados pelo outro cônjuge com infração do disposto nos inciso III e IV do art. 1.647;

V – reivindicar os bens comuns, móveis ou imóveis, doados ou transferidos pelo outro cônjuge ao concubino, desde que provado que os bens não foram adquiridos pelo esforço comum destes, se o casal estiver separado de fato por mais de cinco anos;

VI – praticar todos os atos que não lhes forem vedados expressamente.

COMENTÁRIOS DOUTRINÁRIOS: No que diz respeito à administração dos interesses patrimoniais dos cônjuges, os arts. 1.642 e 1.643 da atual codificação material preveem os atos que podem ser praticados isoladamente por qualquer um deles, sem a autorização ou outorga do outro e não importando o regime de bens adotado. Em geral, esses atos são aqueles relacionados com a administração geral das economias domésticas e dos bens individuais ou do casal. Como primeiro deles, qualquer um dos cônjuges pode praticar todos os atos de disposição e de administração necessários ao desempenho de sua profissão, com as devidas exceções legais. Assim, a título de exemplo, um advogado ou um médico pode locar uma sala para o seu escritório, bem como os equipamentos que o guarnecem. Como segundo ato, qualquer um dos cônjuges pode administrar os bens próprios, tidos como bens particulares. A ilustrar, uma esposa casada pelo regime da comunhão parcial pode administrar uma fazenda recebida como herança. Qualquer um dos cônjuges pode ainda desobrigar ou reivindicar os imóveis que tenham sido gravados ou alienados sem o seu consentimento ou sem suprimento. Apesar de a lei falar em *reivindicação*, o caso é de anulação do ato de alienação ou do gravame, estando a ação anulatória sujeita a prazo decadencial de dois anos, contados do término do casamento e da sociedade conjugal (art. 1.647 c/c o art. 1.649 do CC, c/c o art. 226, § 6º, da CF/1988, com a redação dada pela Emenda Constitucional n. 66/2010). Como quarta previsão na norma, o cônjuge pode isoladamente demandar a rescisão dos contratos de fiança e doação, ou a invalidação do aval, realizados pelo outro cônjuge com infração do disposto nos incs. III e IV do art. 1.647, dispositivo que será estudado a seguir. Mais uma vez, apesar de a lei falar em rescisão – que gera a extinção por motivo posterior à celebração –, entendo que o caso é de anulação da fiança e do aval, o que gera a extinção dos mesmos por motivo anterior ou concomitante à celebração (art. 1.647 do CC) no prazo decadencial de dois anos, contados do fim do casamento e da sociedade conjugal (art. 1.649 do CC). Como quinta atribuição isolada, o cônjuge pode livremente reivindicar os bens comuns, móveis ou imóveis, doados ou transferidos pelo outro cônjuge ao concubino, desde que provado que os bens não foram adquiridos pelo esforço comum destes, se o casal estiver separado de fato por mais de cinco anos. Por óbvio que esse dispositivo não deve ser aplicado havendo uma união estável entre o doador e o donatário. Consigne-se, por oportuno, que a atual codificação possibilita que o separado de fato constitua uma união estável com terceiro (art. 1.723, § 1º, do CC). A previsão em comento – constante do art. 1.642, inc. V, do CC –, complementa a norma do art. 550 do próprio Código Privado, que prevê a anulabilidade das doações feitas por um dos cônjuges ao concubino (ou "cúmplice"), havendo uma relação concomitante ao casamento. Na verdade, deve-se entender novamente que essa doação é anulável, pois o art. 550 é norma com maior especificidade. Penso que ambos os dispositivos são condenáveis, pois parece que o legislador ignorou que o separado de fato pode ter uma união estável com esse "concubino" ou "cúmplice". De todo modo, o único caso em que ambos os comandos legais poderão ser aplicados é naquele em que o cônjuge é casado e não separado, mantendo uma relação paralela, presente um concubinato, nos termos do art. 1.727 do CC/2002. O art. 1.642, V, ainda apresenta um outro problema, pois acaba prevendo, de forma invertida, um prazo para a união de fato, o que não é recomendável. Acertadamente, o antigo Projeto de Lei Ricardo Fiuza pretendia suprimir o lapso temporal mencionado, havendo proposta de sua correção na Reforma do Código Civil, ora em trâmite, como se verá a seguir. A conclusão a que se chega é que, se houver separação de fato, independentemente do lapso de separação, tal artigo não será aplicado, pois finda a comunhão plena de vidas e surgida, então, uma união estável, não há a possibilidade de reivindicação de bens. Como última previsão, no inciso VI do comando em estudo, qualquer um dos cônjuges pode praticar os atos que não lhes forem vedados expressamente em lei, pois para o Direito Civil *o que não está proibido está permitido*.

JURISPRUDÊNCIA COMENTADA:

Em caso envolvendo aval dado por um dos cônjuges, têm entendido as Cortes Estaduais, com razão, que "não há que se falar em nulidade do aval dado pelo marido sem a outorga uxória da esposa, quando referida garantia fidejussória for prestada em razão do exercício da profissão e para a consecução da atividade empresarial, nos termos do art. 1.642 do Código Civil" (TJMG, Apelação Cível 1.0349.15.001428-1/001, Rel. Des. Arnaldo Maciel, j. 06.11.2018, *DJEMG* 08.11.2018. Ver, no mesmo sentido: TJSP, Apelação 0001919-85.2015.8.26.0426, Acórdão 9691848, 38.ª Câmara de Direito Privado, Patrocínio Paulista, Rel. Des. Eduardo Siqueira, j. 10.08.2016, *DJESP* 18.08.2016). Em sentido próximo, também tratando do exercício de profissão e de contrato de mútuo: "Empréstimo para capital de giro. Sócio administrador que assina como devedor solidário. Outorga uxória. Desnecessidade. Aplicação dos ditames do art. 1.642, inciso I, do Código Civil" (TJRJ, Apelação 0024589-86.2013.8.19.0037, 18.ª Câmara Cível, Nova Friburgo, Rel. Des. Eduardo de Azevedo Paiva, *DORJ* 14.06.2018, p. 317). Sobre o inciso II, de forma correta, o Superior Tribunal de Justiça concluiu que a norma alcança a celebração de contrato de arrendamento rural, que não exige a outorga do cônjuge, mesmo quando celebrado com prazo superior a dez anos (STJ, REsp 1.764.873/PR, 3.ª Turma, Rel. Min. Paulo de Tarso Sanseverino, j. 14.05.2019, *DJe* 21.05.2019). Por fim, tem-se entendido reiteradamente que "a fiança prestada por sócio e devedor solidário da empresa devedora, no exercício de sua atividade de empresário, em contrato bancário, independe da outorga uxória de seu cônjuge, conforme estabelece o art. 1.642, I, do Código Civil" (TJMG, Apelação Cível 1.0180.12.000652-3/001, Rel. Des. Evangelina Castilho Duarte, j. 18.05.2017, *DJEMG* 05.06.2017).

REFORMA DO CÓDIGO CIVIL: Assim como outros dispositivos, a Comissão de Juristas propõe a inclusão da união estável no art. 1.642 do Código Civil, que passará a prever o seguinte: "qualquer que seja o regime de bens, os cônjuges ou os conviventes podem livremente: [...] IV – demandar a invalidação do negócio jurídico, nas hipóteses do art. 1.647; V – anular as doações da pessoa casada ou em união estável a terceiro, na forma do art. 550, e reivindicar os bens comuns, móveis ou imóveis, transferidos pelo outro cônjuge ou convivente a outra pessoa, na hipótese do art. 1.564-D". Assim, como se pode perceber, e na linha dos meus comentários doutrinários, sugere-se resolver o problema do inc. IV, para que passe a mencionar a invalidação do negócio jurídico celebrado sem outorga conjugal ou convivencial, nas hipóteses previstas no art. 1.647. Também como pontuado nas minhas notas doutrinárias, em relação ao inciso V, passa-se a mencionar a anulação e posterior reivindicação do bem doado nas situações descritas no art. 1.564 ora projetado, segundo o qual "a relação não eventual entre pessoas impedidas de casar não constitui família". A situação, portanto, é de doação da pessoa casada e não separada a um terceiro com quem mantenha um relacionamento, prevendo a nova redação proposta para o art. 550 da codificação privada o seguinte: "a doação de pessoa casada ou em união estável a terceiro com quem mantenha relação na forma do art. 1.564-D pode ser anulada pelo outro cônjuge ou convivente, ou por seus herdeiros necessários, até dois anos depois de dissolvida a sociedade conjugal ou a união estável".

Art. 1.643. Podem os cônjuges, independentemente de autorização um do outro:

I – comprar, ainda a crédito, as coisas necessárias à economia doméstica;

II – obter, por empréstimo, as quantias que a aquisição dessas coisas possa exigir.

COMENTÁRIOS DOUTRINÁRIOS: Em complemento ao dispositivo anterior, a norma estabelece dois outros atos que podem ser praticados isoladamente por qualquer um dos cônjuges, sem a necessidade de autorização ou outorga do outro, com vistas à manutenção das economias domésticas. Não há mais menção apenas à esposa, por razões óbvias e diante da igualdade constitucional entre homens e mulheres. Assim qualquer um dos cônjuges pode, sem a necessidade de autorização ou outorga do outro, comprar, ainda que a crédito, as coisas necessárias à economia doméstica, para a vida cotidiana. Pode, ainda, obter, por empréstimo ou mútuo, as quantias que a aquisição dessas coisas possa exigir. Penso que a norma também se aplica à união estável, pela necessária equiparação dos institutos em matéria de regime de bens, sempre que ela for possível.

JURISPRUDÊNCIA COMENTADA: Como têm julgado de forma correta as Cortes, "presume-se que o empréstimo contraído por um dos cônjuges durante o matrimônio tenha sido revertido em benefício da entidade familiar. Ausente a prova em contrário, as parcelas a serem pagas após a separação devem integrar a partilha" (TJDF, Apelação Cível 2014.07.1.031397-9, Acórdão 112.3825, 3.ª Turma Cível, Rel. Des. Alvaro Ciarlini, j. 05.09.2018, *DJDFTE* 18.09.2018). No mesmo sentido, tratando de dívida bancária constituída para as economias domésticas: "Partilha da dívida decorrente do empréstimo contraído junto à Caixa Econômica Federal. Inteligência dos artigos 1.643 e 1.644 do Código Civil. Ausência de prova sobre o uso exclusivo do valor, pelo divorciando" (TJSE, Apelação Cível 201700702859, Acórdão 13769/2017, 1.ª Câmara Cível, Rel. Des. Roberto Eugenio da Fonseca Porto, j. 04.07.2017, *DJSE* 07.07.2017).

REFORMA DO CÓDIGO CIVIL: Novamente, a Comissão de Juristas sugere que o art. 1.643 passe a tratar também da união estável, prevendo, a respeito da administração das economias domésticas, que "podem os cônjuges ou os conviventes, independentemente de autorização um do outro: I – comprar, ainda que a crédito, as coisas necessárias à economia doméstica, à alimentação e às despesas destinadas à educação dos filhos comuns; II – obter, por empréstimo, as quantias que a aquisição ou o adimplemento dessas coisas e obrigações possam exigir". Também em boa hora foram incluídas menções à alimentação e à educação dos filhos, o que traz mais efetividade ao texto em vigor.

Art. 1.644. As dívidas contraídas para os fins do artigo antecedente obrigam solidariamente ambos os cônjuges.

COMENTÁRIOS DOUTRINÁRIOS: As dívidas contraídas pelos cônjuges para os fins de subsistência doméstica geram a solidariedade passiva legal entre ambos, nos termos da norma em estudo, o que se justifica pelo interesse do casal e pela ideia de comunhão plena de vida, retirada do art. 1.511 do próprio Código Civil. Em suma, ainda que apenas um dos cônjuges figure como devedor, ambos responderão solidariamente pelo adimplemento obrigacional. Isso não inclui, por exemplo, dívidas pessoais de um dos cônjuges contraídas em seu único e exclusivo interesse. Entendo que a norma, assim como outras relativas ao regime de bens, também se aplica à união estável.

JURISPRUDÊNCIA COMENTADA: Como primeiro exemplo prático importante a respeito dessa responsabilidade solidária pelas economias domésticas, recente julgado superior concluiu que a execução de título extrajudicial por inadimplemento de mensalidades escolares de filhos do casal pode ser redirecionada ao outro consorte, ainda que ele não esteja nominalmente previsto nos instrumentos negociais que deram origem à dívida. Como expressa o aresto, "nos arts. 1.643 e 1644 do Código Civil, o legislador reconheceu que, pelas obrigações contraídas para a manutenção da economia doméstica, e, assim, notadamente, em proveito da entidade familiar, o casal responderá solidariamente, podendo-se postular a excussão dos bens do legitimado ordinário e do coobrigado, extraordinariamente legitimado. Estão abrangidas na locução 'economia doméstica' as obrigações assumidas para a administração do lar e, pois, à satisfação das necessidades da família, no que se inserem as despesas educacionais" (STJ, REsp 1.472.316/SP, 3.ª Turma, Rel. Min. Paulo de Tarso Sanseverino, j. 05.12.2017, *DJe* 18.12.2017). Também a merecer colação, entendeu o mesmo Tribunal da Cidadania que "convém registrar que a meação do cônjuge responde pelas obrigações do outro somente quando contraídas em benefício da família, conforme disposto no art. 592, inc. IV, do CPC, em interpretação conjugada com os arts. 1.643 e 1.644, do CC/02, configurada, nessas circunstâncias, a solidariedade passiva entre os cônjuges. Em tais situações, há presunção de comunicabilidade das dívidas assumidas por apenas um dos cônjuges, que deve ser elidida por aquele que pretende ver resguardada sua meação". No caso concreto, contudo, julgou-se que "tratando-se, porém, de dívida oriunda de ato ilícito praticado por apenas um dos cônjuges, ou seja, apresentando a obrigação que motivou o título executivo, natureza pessoal, demarcada pelas particularidades ínsitas à relação jurídica subjacente, a meação do outro só responde mediante a prova, cujo ônus é do credor, de que se beneficiou com o produto oriundo da infração, o que é notoriamente descartado na hipótese de ilícito decorrente de acidente de trânsito, do qual não se cogita em aproveitamento econômico àquele que o causou" (STJ, REsp 874.273/RS, 3.ª Turma, Rel. Min. Nancy Andrighi, j. 03.12.2009, *DJe* 18.12.2009). Das Cortes Estaduais, destaque-se a conclusão no sentido de que "a agravante informa que seu ex-marido foi réu em ação de cobrança em razão de ter realizado um empréstimo com o autor, ora agravado, e que foi incluída no polo passivo já na fase de execução sob o fundamento de que foi beneficiada pelo empréstimo, uma vez que parte do valor foi empregado no custeio de seu tratamento médico, mas, estava no CTI e não foi consultada e nem consentiu ou anuiu para a aquisição do empréstimo. Apresentou impugnação visando sua imediata exclusão, posto que sequer participou do processo de conhecimento, além de já ter ocorrido a prescrição. Restou incontroverso que a dívida foi adquirida para o pagamento do tratamento a que a ora recorrente foi submetida em hospital particular, em razão do seu grave estado de saúde. Na forma dos artigos 1.643 e 1.644 do Código Civil existia solidariedade entre os cônjuges quando a dívida foi contraída, ainda que apenas por um destes, pois visava a manutenção da economia doméstica, que deve ser interpretada de forma ampla, abarcando despesas ordinárias e extraordinárias para o apoio emocional e material dos que integram a entidade familiar, como, por exemplo, educação, alimentos, habitação, lazer, saúde, entre outros. É indiscutível que a dívida foi contraída para quitar gastos com a saúde do cônjuge virago enquanto ainda estava casada, configurando dívida comum do casal destinada a sanar as necessidades da família, o que gera a legitimidade passiva extraordinária para a execução da agravante. Diante da solidariedade imposta pela Lei não há que se cogitar de prescrição, nem de ofensa ao contraditório, ou à ampla defesa pelo fato do cônjuge virago não ter participado da fase de conhecimento" (TJRJ, Agravo de Instrumento 0042450-60.2017.8.19.0000, 8.ª Câmara Cível, Rio de Janeiro, Rel. Des. Cezar Augusto Rodrigues Costa, *DORJ* 23.03.2018, p. 403). E, como consequência dessa solidariedade, tem-se incluído o nome de ambos os devedores em cadastros de inadimplentes, nos termos do que consta do art. 43 do CDC: "Admissibilidade, no caso concreto de solidariedade dos cônjuges por dívidas contraídas em benefício da unidade familiar, inteligência dos artigos 1.643 e 1.644 do Código Civil. Inclusão da dívida em cadastro de proteção ao crédito constitui exercício regular de direito, sendo indevida qualquer indenização" (TJSP, Apelação 1027520-48.2014.8.26.0576, Acórdão 9721611, 15.ª Câmara de Direito Privado, São José do Rio Preto, Rel. Des. Coelho Mendes, j. 16.08.2016, *DJESP* 29.08.2016).

REFORMA DO CÓDIGO CIVIL: Mais uma vez se propõe a inclusão da união estável no art. 1.644, que passará a prever o seguinte: "as dívidas contraídas para os fins do artigo antecedente obrigam solidariamente a ambos os cônjuges ou conviventes".

Art. 1.645. As ações fundadas nos incisos III, IV e V do art. 1.642 competem ao cônjuge prejudicado e a seus herdeiros.

COMENTÁRIOS DOUTRINÁRIOS: Competem ao cônjuge ou aos seus herdeiros as seguintes demandas: a) ação para desobrigar ou reivindicar os imóveis que tenham sido gravados ou alienados sem o seu consentimento ou sem suprimento judicial, o que corresponde à anulação por falta de outorga conjugal; b) ação para rescindir – ou melhor, para anular –, os contratos de fiança e de doação, ou a invalidação do aval, realizados pelo outro sem a sua outorga conjugal; e c) ação para reivindicar os bens comuns, móveis ou imóveis, doados ou transferidos pelo outro cônjuge ao concubino, o que deve ser entendido como uma ação anulatória, como antes comentei. Quanto aos herdeiros legitimados, entendo que são não só os herdeiros necessários – caso dos descendentes e dos ascendentes –, como também os facultativos – os colaterais até o quarto grau, desde que tenham algum interesse em tais ações. No caso de cônjuge separado de fato e havendo união estável, penso que o companheiro igualmente tem a citada legitimidade processual.

JURISPRUDÊNCIA COMENTADA: Bem aplicando a norma, julgou o Tribunal Paulista que "a empresa devedora e seu avalista não possuem legitimidade para arguir a nulidade do aval por ausência de outorga uxória (art. 1.645 do CC/2002)" (TJSP, Agravo de Instrumento 2109705-74.2015.8.26.0000, Acórdão 8758376, 11.ª Câmara de Direito Privado, São Paulo, Rel. Des. Walter Fonseca, j. 27.08.2015, *DJESP* 09.09.2015). Em caso em que se pretendia afastar a legitimidade dos herdeiros do cônjuge falecido para anular fiança prestada sem outorga, julgou corretamente o Tribunal do Distrito Federal que "nos termos do artigo 1.645 do Código Civil, impõe-se reconhecer a legitimidade dos herdeiros do cônjuge falecido para figurarem no polo ativo de demanda objetivando o reconhecimento da nulidade de fiança prestada pelo cônjuge supérstite. Ainda que a fiadora não tenha alegado a nulidade da fiança prestada em sede de embargos à execução, persiste o interesse dos herdeiros do cônjuge falecido para pleitear a nulidade da integralidade da garantia prestada" (TJDF, Recurso 2007.01.1.151655-0, Acórdão 488.103, 3.ª Turma Cível, Rel. Des. Nídia Corrêa Limam, *DJDFTE* 23.03.2011, p. 181).

REFORMA DO CÓDIGO CIVIL: Há proposta de inclusão da união estável no preceito, para prever o seguinte, e sem qualquer outra inovação no seu conteúdo: "Art. 1.645. As ações fundadas nos incisos III, IV e V do art. 1.642 competem ao cônjuge ou convivente prejudicado e a seus herdeiros".

Art. 1.646. No caso dos incisos III e IV do art. 1.642, o terceiro, prejudicado com a sentença favorável ao autor, terá direito regressivo contra o cônjuge, que realizou o negócio jurídico, ou seus herdeiros.

COMENTÁRIOS DOUTRINÁRIOS: Em havendo ação anulatória de alienação imobiliária, de doação, de fiança e de aval por falta de outorga conjugal, o terceiro, eventualmente prejudicado com a sentença favorável ao autor, terá direito regressivo contra o cônjuge que realizou o negócio jurídico, ou contra os seus herdeiros, em caso de falecimento do consorte. Ao contrário dessa ação regressiva, penso que a melhor solução deve ser a proteção de terceiros de boa-fé, somente aplicando o seu teor em casos de ciência da falta da autorização por esse terceiro que celebra o ato anulável. Em suma, a boa-fé objetiva pode vencer a anulação do negócio jurídico.

JURISPRUDÊNCIA COMENTADA: Adotando a solução constante da minha última nota, no sentido de tutela dos terceiros de boa-fé, do Superior Tribunal de Justiça em caso relativo ao aval: "Até o advento do CC/02, bastava, para prestar aval, uma simples declaração escrita de vontade; o art. 1.647, III, do CC/02, no entanto, passou a exigir do avalista casado, exceto se o regime de bens for o da separação absoluta, a outorga conjugal, sob pena de ser tido como anulável o ato por ele praticado. Se, de um lado, mostra-se louvável a intenção do legislador de proteger o patrimônio da família; de outro, há de ser ela balizada pela proteção ao terceiro de boa-fé, à luz dos princípios que regem as relações cambiárias. Os títulos de crédito são o principal instrumento de circulação de riquezas, em virtude do regime jurídico-cambial que lhes confere o atributo da negociabilidade, a partir da possibilidade de transferência do crédito neles inscrito. Ademais, estão fundados em uma relação de confiança entre credores, devedores e avalistas, na medida em que, pelo princípio da literalidade, os atos por eles lançados na cártula vinculam a existência, o conteúdo e a extensão do crédito transacionado. A regra do art. 1.647, III, do CC/02 é clara quanto à invalidade do aval prestado sem a outorga conjugal. No entanto, segundo o art. 903 do mesmo diploma legal, tal regra cede quando houver disposição diversa em Lei Especial. A leitura do art. 31 da Lei Uniforme de Genebra (LUG), em comparação ao texto do art. 1.647, III, do CC/02, permite inferir que a Lei civilista criou verdadeiro requisito de validade para o aval, não previsto naquela Lei Especial. 8. Desse modo, não pode ser a exigência da outorga conjugal estendida, irrestritamente, a todos os títulos de crédito, sobretudo aos típicos ou nominados, como é o caso das notas promissórias, porquanto a Lei Especial de regência não impõe essa mesma condição. Condicionar a validade do aval dado em nota promissória à outorga do cônjuge do avalista, sobretudo no universo das negociações empresariais, é enfraquecê-lo enquanto garantia pessoal e, em consequência, comprometer a circularidade do título em que é dado, reduzindo a sua negociabilidade; é acrescentar ao título de crédito um fator de insegurança, na medida em que, na cadeia de endossos que impulsiona a sua circulação, o portador, não raras vezes, desconhece as condições pessoais dos avalistas. Conquanto a ausência da outorga não tenha o condão de invalidar o aval prestado nas notas promissórias emitidas em favor de credor de boa-fé, não podem as recorrentes suportar com seus bens a garantia dada sem o seu consentimento, salvo se dela tiverem se beneficiado" (STJ, REsp 1.644.334/SC, 3.ª Turma, Rel. Min. Nancy Andrighi, j. 21.08.2018, *DJe* 23.08.2018, p. 1.904). A polêmica relativa ao aval será exposta nos comentários ao próximo dispositivo. Na mesma linha de proteção de terceiro de boa-fé, em debate sobre a necessidade de outorga convivencial, ou seja, de aplicação do art. 1.647 do Código Civil para a união estável, extrai-se da mesma Corte Superior: "Negócio jurídico realizado sem a autorização de um dos companheiros. Necessidade de proteção do terceiro de boa-fé em razão da informalidade inerente ao instituto da união estável. Caso concreto. Ausência de contrato de convivência registrado em cartório, bem como de comprovação da má-fé dos adquirentes. Manutenção dos negócios jurídicos que se impõe, assegurando-se, contudo, à autora o direito de pleitear perdas e danos em ação própria. [...]. Revela-se indispensável a autorização de ambos os conviventes para alienação de bens imóveis adquiridos durante a constância da união estável, considerando o que preceitua o art. 5º da Lei n. 9.278/1996, que estabelece que os referidos bens pertencem a ambos, em condomínio e em partes iguais, bem como em razão da aplicação das regras do regime de comunhão parcial de bens, dentre as quais se insere a da outorga conjugal, a teor do que dispõem os arts. 1.647, I, e 1.725, ambos do Código Civil, garantindo-se, assim, a proteção do patrimônio da respectiva entidade familiar. Não obstante a necessidade de outorga convivencial, diante das peculiaridades próprias do instituto da união estável, deve-se observar a necessidade de proteção do terceiro de boa-fé, porquanto, ao contrário do que ocorre no regime jurídico do casamento, em que se tem um ato formal (cartorário) e solene, o qual confere ampla publicidade acerca do estado civil dos contratantes, na união estável há preponderantemente uma informalidade no vínculo entre os conviventes, que não exige qualquer documento, caracterizando-se apenas pela convivência pública, contínua e duradoura. Na hipótese dos autos, não havia registro imobiliário em que inscritos os imóveis objetos de alienação em relação à copropriedade ou à existência de união estável, tampouco qualquer prova de má-fé dos adquirentes dos bens, circunstância que impõe o reconhecimento da validade dos negócios jurídicos celebrados, a fim de proteger o terceiro de boa-fé, assegurando-se à autora/recorrente o direito de buscar as perdas e danos na ação de dissolução de união estável c. c. partilha, a qual já foi, inclusive, ajuizada" (STJ, REsp 1.592.072/PR, 3.ª Turma, Rel. Min. Marco Aurélio Bellizze, *DJe* 18.12.2017).

REFORMA DO CÓDIGO CIVIL: A proposta, assim como as anteriores, é de uma necessária inclusão da união estável no dispositivo, a saber: "Art. 1.646. No caso dos incisos III e IV do art. 1.642, o terceiro, prejudicado com a sentença favorável ao autor, terá direito regressivo contra o cônjuge ou convivente, que realizou o negócio jurídico, ou seus herdeiros".

Art. 1.647. Ressalvado o disposto no art. 1.648, nenhum dos cônjuges pode, sem autorização do outro, exceto no regime da separação absoluta:

I – alienar ou gravar de ônus real os bens imóveis;

II – pleitear, como autor ou réu, acerca desses bens ou direitos;

III – prestar fiança ou aval;

IV – fazer doação, não sendo remuneratória, de bens comuns, ou dos que possam integrar futura meação.

Parágrafo único. São válidas as doações nupciais feitas aos filhos quando casarem ou estabelecerem economia separada.

COMENTÁRIOS DOUTRINÁRIOS: O comando legal traz hipóteses de *legitimação*, ou seja, de capacidade especial exigida para determinados atos e negócios jurídicos. Trata-se da exigência da *outorga ou vênia conjugal*, que pode ser assim classificada: a) *outorga ou vênia uxória*, a autorização da mulher, da esposa, uma vez que *uxor* em latim quer dizer esposa; e b) *outorga ou vênia marital*, do marido. Uma primeira dúvida que surge do dispositivo é se ele se aplica à união estável, exigindo-se a outorga *convivencial*. A resposta não é simples e é grande a controvérsia doutrinária e jurisprudencial em torno do tema, que será verificado de forma aprofundada quando do estudo do art. 1.725 do CC. De toda forma, adianto a minha posição doutrinária atual no sentido que não se exige outorga convivencial para os atos que constam do art. 1.647 da codificação privada, pois a norma é restritiva e especial para o casamento, limitadora da autonomia privada, não admitindo aplicação por analogia para a união estável. No que diz respeito ao *caput* da norma em estudo, nota-se que a lei exige, em regra e sendo casado o negociante, a outorga do seu cônjuge para a prática desses citados atos. Mas o *caput* do dispositivo excepciona um regime, o da *separação absoluta*. Qual regime de bens seria esse, afinal de contas, ao tratar do regime da separação total de bens, a lei o faz em duas formas, estabelecendo a *separação obrigatória* ou *legal* e a separação *convencional* – quando celebrado por pacto antenupcial –, não havendo qualquer menção quanto a essa *separação absoluta*? Na verdade, a discussão sobre qual o regime mencionado no art. 1.647, *caput*, gira, mais uma vez, em torno da antiga e aqui tão comentada Súmula n. 377 do Supremo Tribunal Federal, que prevê a comunicabilidade dos bens adquiridos durante o casamento celebrado pelo regime da separação legal ou obrigatória. A Súmula n. 377, vale reafirmar, criou a meação dos aquestos – bens onerosamente adquiridos, pelo esforço comum, na interpretação que ora prevalece –, o que retira o caráter de *separação absoluta* da *separação obrigatória*. Assim, necessária a outorga conjugal para as pessoas casadas pelo regime de separação imposta pela lei. Como a sumular vem sendo aplicada, e isso já foi aqui demonstrando de forma suficiente, há separação obrigatória somente no regime da separação convencional, entendimento que hoje prevalece, para os devidos fins práticos. Sobre os atos que exigem a outorga conjugal, a norma prevê cinco hipóteses, todas elas com o intuito de proteger a meação do outro cônjuge. A primeira delas trata da alienação ou gravação de ônus real relativa a bens imóveis. Aqui se enquadram, a título de exemplo, negócios como a venda, a hipoteca e a celebração de compromisso de compra e venda devidamente registrado, como vendedor, hipotecante e promitente vendedor. Por óbvio, que o comprador, o credor da hipoteca e o compromissário comprador não precisam de outorga de seus cônjuges para celebrarem tais negócios, pois o objetivo é a proteção da meação, o que não é atingida em casos tais. A segunda hipótese prevista na norma diz respeito ao pleito, como autor ou réu, acerca de bens imóveis ou direitos sobre tais bens. Essa previsão equivale ao atual art. 73 do CPC/2015 que, com modificações, correspondente ao art. 10 do CPC/1973. Conforme a atual previsão processual, o cônjuge necessitará do consentimento do outro para propor ação que verse sobre direito real imobiliário, salvo quando casados sob o regime de separação absoluta de bens. Ademais, está previsto no seu § 1º que ambos os cônjuges serão necessariamente citados para a ação: a) que verse sobre direito real imobiliário, salvo quando casados sob o regime de separação absoluta de bens; b) resultante de fato que diga respeito a ambos os cônjuges ou de ato praticado por eles; c) fundada em dívida contraída por um dos cônjuges a bem da família; e d) que tenha por objeto o reconhecimento, a constituição ou a extinção de ônus sobre imóvel de um ou de ambos os cônjuges. Além disso, prescreve o § 2º do art. 73 do CPC/2015 que nas ações possessórias, a participação do cônjuge do autor ou do réu somente é indispensável nas hipóteses de composse ou de ato por ambos praticado. O CPC em vigor inovou substancialmente ao estabelecer que se aplicam todas essas regras à união estável comprovada nos autos (art. 73, § 3º, do CPC/2015). Essa última previsão repercute diretamente na conclusão relativa à outorga convivencial, como se verá a seguir, quando do estudo do art. 1.725 do CC/2002. Ademais, tem prevalecido a aplicação da consequência processual prevista no art. 74 do CPC/2015, equivalente ao art. 11 do CPC/1973. Nesse contexto, o consentimento para os atos processuais ora indicados pode ser suprido judicialmente quando for negado por um dos cônjuges sem justo motivo, ou quando lhe seja impossível concedê-lo. Todavia, a falta da outorga do cônjuge e o não suprimento judicial gera a invalidade do processo, assim entendida como a nulidade absoluta processual. Voltando-se ao Código Civil, a terceira hipótese de exigência de outorga conjugal prevista no art. 1.647 alcança a fiança e o aval. Começando pelo último instituto, há grande polêmica doutrinária e jurisprudencial, retirada do Enunciado n. 114 do Conselho da Justiça Federal, *in verbis*: "O aval não pode ser anulado por falta de vênia conjugal, de modo que o inc. III do art. 1.647 apenas caracteriza a inoponibilidade do título ao cônjuge que não assentiu". O enunciado doutrinário sempre foi considerado *contra legem*, pois o art. 1.649 do CC/2002 consagra a anulação do ato correspondente. Esse enunciado acabava consubstanciando o entendimento doutrinário majoritário, principalmente entre os autores de Direito Empresarial, uma vez que a anulação do aval feriria o *princípio da ampla circulação dos títulos de crédito*. Justamente diante dessa polêmica, o antigo Projeto de Lei n. 7.312/2002 pretendia suprimir a menção ao aval no comando legal, o que também é almejado pela atual Reforma do Código Civil. Isso porque, em razão dos princípios de Direito Cambiário, o aval é aposto em títulos de crédito que normalmente circulam desacompanhados de quaisquer outros documentos que identifiquem o avalista e o seu correspondente estado civil. Anote-se que a regra relativa ao aval não existia no sistema anterior, razão pela qual não se aplica aos atos praticados na vigência da codificação de 1916, conclusão retirada de alguns julgados. No próximo item, veremos como a jurisprudência tem analisado o preceito, com os devidos comentários doutrinários complementares. Voltando-se ao inciso III do art. 1.647 do Código Civil em vigor, há exigência de outorga do cônjuge em caso de fiança prestada por um deles, prevendo a Súmula n. 332 do STJ que a fiança prestada sem autorização de um dos cônjuges implica a ineficácia total da garantia. Tal sumular será analisada criticamente quando do estudo do art. 1.649. Por fim, o inciso IV do art. 1.647 do CC/2002 traz a exigência da outorga conjugal para a doação de bens comuns realizada por um dos cônjuges, sejam eles móveis ou imóveis, e que possam fazer doação. Exclui-se a doação remuneratória, modalidade que não constitui propriamente um ato de liberalidade, tratando-se de uma remuneração por um serviço prestado, o que motiva a desnecessidade de outorga conjugal em casos tais. Como outra exceção, o parágrafo único do art. 1.647, afasta a necessidade de autorização do outro cônjuge em caso de doações nupciais feitas aos filhos quando casarem ou estabelecerem economia separada. Não se trata no último caso de doações *propter nuptias*, condicionadas ao casamento, mas de doações puras, o que alcança os presentes de casamento. Como última nota doutrinária, pontue-se que a Lei n. 14.118/2021, que instituiu o *Programa Casa Verde e Amarela* – em substituição ao primeiro *Minha Casa, Minha Vida* (Lei n. 11.977/2009) –, para aquisição de imóveis por famílias de baixa renda, estabeleceu, em seu art. 13, que os contratos e os registros efetivados no âmbito desse programa serão formalizados, preferencialmente, em nome da mulher e, na hipótese de esta ser chefe de família, poderão ser firmados independentemente da outorga do cônjuge, afastada a aplicação do disposto nos arts. 1.647, 1.648 e 1.649 do Código Civil. Nos termos do seu § 1º, esse contrato será registrado no Cartório de Registro de Imóveis competente, sem a exigência de dados relativos ao cônjuge ou ao companheiro e ao regime de bens. Estava ainda previsto no seu § 2º que o disposto nesse comando não se aplica aos contratos de financiamento firmados com recursos do FGTS. Seguiu-se, portanto e em parte, o texto do art. 73-A da Lei n. 11.977/2009 (*Minha Casa, Minha Vida*), incluído pela Lei n. 12.693/2012, segundo o qual "excetuados os casos que envolvam recursos do FGTS, os contratos em que o beneficiário final seja mulher chefe de família, no âmbito do PMCMV ou em programas de regularização fundiária de interesse social promovidos pela União, Estados, Distrito Federal ou Municípios, poderão ser firmados independentemente da outorga do cônjuge, afastada a aplicação do disposto nos arts. 1.647 a 1.649 da Lei nº 10.406, de 10 de janeiro de 2002. § 1º. O contrato firmado na forma do *caput* será registrado no registro de imóveis competente, sem a exigência de documentos relativos a eventual cônjuge. § 2º. Prejuízos sofridos pelo cônjuge por decorrência do previsto neste artigo serão resolvidos em perdas e danos". Em 2023, com a mudança no Governo Federal, o programa *Casa Verde e Amarela* foi extinto, voltando-se ao programa *Minha Casa, Minha Vida*, em nova versão, emergente com a Lei n. 14.620/2023. Vejamos o que prevê o seu art. 10, com repetição de regras anteriores, mas com destaque para a inovação prevista no seu último parágrafo, relativo aos casos de violência doméstica: "Art. 10. Os contratos e os registros efetivados no âmbito do Programa serão formalizados, prioritariamente, no nome da mulher e, na hipótese de ela ser chefe de família, poderão ser firmados independentemente da outorga do cônjuge, afastada a aplicação do disposto nos arts. 1.647, 1.648 e 1.649 da Lei nº 10.406, de 10 de janeiro de 2002 (Código Civil). § 1º. O contrato firmado na forma prevista no *caput* será registrado no cartório de registro de imóveis competente, com a exigência de simples declaração da mulher acerca dos dados relativos ao cônjuge ou ao companheiro e ao regime de bens. § 2º. Na hipótese de dissolução de união estável, separação ou divórcio, o título de propriedade do imóvel adquirido, construído ou regularizado no âmbito do Programa na constância do casamento ou da união estável será registrado em nome da mulher ou a ela transferido, independentemente do regime de bens aplicável. § 3º. Na hipótese de haver filhos do casal e a guarda ser atribuída exclusivamente ao homem, o título da propriedade do imóvel construído ou adquirido será registrado em seu nome ou a ele transferido, revertida a titularidade em favor da mulher caso a guarda dos filhos seja a ela posteriormente atribuída. § 4º O disposto neste artigo não se aplica aos contratos de financiamento firmados com recursos do FGTS. § 5º. A mulher vítima de violência doméstica e familiar que esteja sob medida protetiva de urgência está autorizada a realizar o distrato dos contratos de compra e venda antes do prazo final contratual, sendo-lhe permitido ser beneficiada em outra unidade habitacional, independentemente do registro no Cadastro Nacional de Mutuários (Cadmut)" (Lei n. 14.620/2023). A última previsão é importante e fundamental, contando como meu total apoio.

JURISPRUDÊNCIA COMENTADA: Sobre a polêmica exposta a respeito do aval, podem ser encontrados julgados que aplicam expressamente o teor do antes citado Enunciado n. 114 do Conselho da Justiça Federal, como o seguinte, do Tribunal de Santa Catarina: "Ação anulatória de ato jurídico. Nota promissória. Aval. Outorga uxória. Ausência. Artigo 1.647, III, do Código Civil. Nulidade da garantia. Não ocorrência. Ineficácia com relação à esposa do avalista. Proteção da meação. Verossimilhança ausente. Tutela antecipada. Não concessão. Interlocutória correta. Não provimento do agravo. 'O aval não pode ser anulado por falta de vênia conjugal, de modo que o inc. III do art. 1.647 apenas caracteriza a inoponibilidade do título ao cônjuge que não assentiu' (Enunciado n. 114, *Jornada I*, do Superior Tribunal de Justiça)" (TJSC, Agravo de Instrumento 2008.043814-8, 2.ª Câmara de Direito Comercial, Rio do Oeste, Rel. Des. Jorge Henrique Schaefer Martins, *DJSC* 29.09.2009, p. 98). Todavia, em sentido contrário, fazendo incidir a literalidade do art. 1.649 do atual Código Civil, concluindo pela anulação do aval: "Aval. Ausência de outorga uxória. Desconto de valores de conta-corrente conjunta por dívida contraída somente pelo marido. Arts. 1.647, inciso III, e 1.649 do Novo Código Civil. Anulabilidade. Observação de que, nos demais contratos, o marido da autora é devedor solidário. Majoração da condenação por danos morais. Afastamento da condenação por danos materiais. Recursos parcialmente providos" (TJSP, Apelação 7024903-5, Acórdão 3173435, 20.ª Câmara de Direito Privado, São Paulo, Rel. Des. Luis Carlos de Barros, j. 04.08.2008, *DJESP* 27.08.2008). Ademais, conforme pontuei, trazendo a correta conclusão no sentido de que tal exigência somente incide para os atos praticados na vigência do CC/2002, uma vez que não havia previsão no mesmo sentido no CC/1916: "Aval. Nota promissória vinculada a contrato bancário. Alegação, apenas em sede de apelação, de falta da outorga uxória. Título emitido na vigência do CC/16. Ausência de previsão legal exigindo outorga conjugal para prestação do aval. Art. 235, III, do CC/16 que só prevê a exigência para fiança. Hipótese, ademais, em que não poderia o próprio avalista alegar tal vício. Impossibilidade. Incidência do princípio de que ninguém pode se beneficiar da própria torpeza" (TJSP, Apelação 1068749-3, Acórdão 4037809, 23.ª Câmara de Direito Privado, Capivari, Rel. Des. J. B. Franco de Godoi, j. 26.08.2009, *DJESP* 01.10.2009). Pois bem, entre 2016 e 2017, o Superior Tribunal de Justiça restringiu consideravelmente a aplicação do art. 1.647, inciso III, do Código Civil, somente para os títulos de crédito atípicos ou inominados, aqueles não regulados em lei específica. Aplicou-se, na essência, o teor do art. 903 da própria codificação privada, segundo o qual, "salvo disposição diversa em lei especial, regem-se os títulos de crédito pelo disposto neste Código". Foram excluídos, entre outros, o cheque, a duplicata e a letra de câmbio, principais títulos de crédito existentes no Direito brasileiro. De acordo com o primeiro aresto, do final de 2016 e da Quarta Turma da Corte: "É imprescindível proceder-se à interpretação sistemática para a correta compreensão do art. 1.647, III, do CC/2002, de modo a harmonizar os dispositivos do Diploma civilista. Nesse passo, coerente com o espírito do Código Civil, em se tratando da disciplina dos títulos de crédito, o art. 903 estabelece que, 'salvo disposição diversa em lei especial, regem-se os títulos de crédito pelo disposto neste Código'. No tocante aos títulos de crédito nominados, o Código Civil deve ter uma aplicação apenas subsidiária, respeitando-se as disposições especiais, pois o objetivo básico da regulamentação dos títulos de crédito, no novel Diploma civilista, foi permitir a criação dos denominados títulos atípicos ou inominados, com a preocupação constante de diferençar os títulos atípicos dos títulos de crédito tradicionais, dando aos primeiros menos vantagens. A necessidade de outorga conjugal para o aval em títulos inominados – de livre criação – tem razão de ser no fato de que alguns deles não asseguram nem mesmo direitos creditícios, a par de que a possibilidade de circulação é, evidentemente, deveras mitigada. A negociabilidade dos títulos de crédito é decorrência do regime jurídico-cambial, que estabelece regras que dão à pessoa para quem o crédito é transferido maiores garantias do que as do regime civil" (STJ, REsp 1.633.399/SP, 4.ª Turma, Rel. Min. Luis Felipe Salomão, j. 10.11.2016, *DJe* 01.12.2016). Em 2017, surgiu acórdão da Terceira Turma da Corte, seguindo a mesma linha do seu antecessor, o que parece representar uma pacificação sobre o tema no Tribunal da Cidadania. Vejamos trecho principal da sua ementa: "O Código Civil de 2002 estatuiu, em seu art. 1.647, inciso III, como requisito de validade da fiança e do aval, institutos bastante diversos, em que pese ontologicamente constituam garantias pessoais, o consentimento por parte do cônjuge do garantidor. Essa norma exige uma interpretação razoável sob pena de descaracterização do aval como típico instituto cambiário. A interpretação mais adequada com o referido instituto cambiário, voltado a fomentar a garantia do pagamento dos títulos de crédito, à segurança do comércio jurídico e, assim, ao fomento da circulação de riquezas, é no sentido de limitar a incidência da regra do art. 1.647, inciso III, do CCB aos avais prestados aos títulos inominados regrados pelo Código Civil, excluindo-se os títulos nominados regidos por leis especiais. Precedente específico da Colenda 4.ª Turma. Alteração do entendimento deste relator e desta Terceira Turma" (STJ, REsp 1.526.560/MG, 3.ª Turma, Rel. Min. Paulo de Tarso Sanseverino, j. 16.03.2017, *DJe* 16.05.2017). Estou filiado a tal forma de julgar, que encontrou uma alternativa legal dentro do próprio sistema para não fazer incidir a literalidade da anulabilidade da garantia em títulos de crédito o que, de fato, parece ferir de morte o princípio da plena circulação desses documentos. Ainda sobre o aval, merece destaque outro aresto superior, publicado no *Informativo* n. *420* do Tribunal da Cidadania, que traz a mesma interpretação exposta por mim sobre o termo separação absoluta, que consta do *caput* do art. 1.647: "Aval. Outorga. Separação obrigatória. Bens. Segundo a exegese do art. 1.647, III, do CC/2002, é necessária a vênia conjugal para a prestação de aval por pessoa casada sob o regime da separação obrigatória de bens. Essa exigência de outorga conjugal para os negócios jurídicos de (presumidamente) maior expressão econômica, tal como a prestação de aval ou a alienação de imóveis, decorre da necessidade de garantir a ambos os cônjuges um meio de controlar a gestão patrimonial; pois, na eventual dissolução do vínculo matrimonial, os consortes podem ter interesse na partilha dos bens adquiridos onerosamente na constância do casamento. Anote-se que, na separação convencional de bens, há implícita outorga prévia entre os cônjuges para livremente dispor de seus bens, o que não se verifica na separação obrigatória, regime patrimonial decorrente de expressa imposição do legislador. Assim, ao excepcionar a necessidade de autorização conjugal para o aval, o art. 1.647 do CC/2002, mediante a expressão 'separação absoluta', refere-se exclusivamente ao regime de separação convencional de bens e não ao da separação legal. A Súmula n. 377-STF afirma haver interesse dos consortes pelos bens adquiridos onerosamente ao longo do casamento sob o regime de separação legal, suficiente razão a garantir-lhes o mecanismo de controle de outorga uxória ou marital para os negócios jurídicos previstos no art. 1.647 do CC/2002. Com esse entendimento, a Turma, ao prosseguir o julgamento, deu provimento ao especial para declarar a nulidade do aval prestado pelo marido sem autorização da esposa, ora recorrente" (STJ, REsp 1.163.074-PB, Rel. Min. Massami Uyeda, j. 15.12.2009). Em suma, como antes afirmei, entende-se como separação absoluta somente a separação convencional de bens, firmada por pacto antenupcial.

REFORMA DO CÓDIGO CIVIL: Confirmando parte dos meus comentários doutrinários e anotações jurisprudenciais, a Comissão de Juristas propõe reparos mais do que necessários para o art. 1.647 do CC. Assim, o *caput* passará a tratar também da união estável, na linha das sugestões anteriores e suprimindo eterna discussão sobre o assunto: "ressalvado o disposto no art. 1.648, nenhum dos cônjuges ou conviventes pode, sem autorização do outro, exceto no regime da separação de bens". Porém, a outorga convivencial somente será necessária no caso de união estável registrada no Livro E, no Cartório de Registro Civil das Pessoas Naturais, na linha de outras proposições da Reforma. Nesse sentido, o novo § 3º do art. 1.647, *in verbis*: "o disposto neste artigo aplica-se à união estável devidamente registrada no Registro Civil das Pessoas Naturais". Passa-se a mencionar no *caput* apenas a separação de bens, pois a única modalidade a ser tratada na norma será a convencional, extinguindo-se a separação legal ou obrigatória, como antes exposto. Com isso, também se encerra outro debate infindável sobre o tema. O inciso II é revogado, por tratar de matéria processual, que está disposta no CPC/2015, afastando-se outra divergência relativa à outorga conjugal, e passando a incidir apenas os arts. 73 e 74 do Estatuto Processual, sem qualquer conflito com a codificação material. Também se retira a menção ao aval do inciso II, como antes pontuei, o que também é fundamental para afastar dúvidas e insegurança jurídica sobre o tema. Ademais, é incluído um § 2º, enunciando, na linha da posição hoje prevalecente, "a falta de outorga não invalidará o aval, mas configurará sua ineficácia parcial no tocante à meação do cônjuge ou convivente que não participaram do ato". Suprime-se o atual parágrafo único, que hoje prevê, sem razão de ser e distante da nossa realidade fática, serem válidas as doações nupciais feitas aos filhos quando casarem ou estabelecerem economia separada. Por fim, pontuo o novel § 1º, segundo o qual "nenhum dos cônjuges ou conviventes pode, mesmo em se tratando de bem particular, dispor sem o assentimento do outro, do imóvel onde estabeleceram o domicílio conjugal ou convivencial nem quanto aos móveis que o guarnecem". A norma proposta visa proteger o direito de moradia do cônjuge ou convivente, tendo claro caráter protetivo.

Art. 1.648. Cabe ao juiz, nos casos do artigo antecedente, suprir a outorga, quando um dos cônjuges a denegue sem motivo justo, ou lhe seja impossível concedê-la.

COMENTÁRIOS DOUTRINÁRIOS: A falta da *outorga conjugal*, seja ela uxória ou marital, pode ser suprida pelo juiz, se um dos cônjuges a denegar sem que haja um *motivo justo* para tanto, ou lhe seja impossível concedê-la. A expressão motivo justo é mais uma cláusula geral, a ser preenchida pelo juiz caso a caso. Cite-se a hipótese fática de um cônjuge que não quer autorizar a venda de um imóvel somente para perturbar psicologicamente o outro, que passa por dificuldades financeiras. Como hipótese de impossibilidade para a concessão da outorga, exemplifica-se com o caso de um cônjuge que está em local incerto e não sabido, havendo a possibilidade do suprimento judicial da sua vontade.

JURISPRUDÊNCIA COMENTADA: Como exemplo concreto de injusto motivo a falta da outorga, destaque-se a situação na qual os cônjuges estão separados de fato há muitos anos e um deles, por mero capricho, se nega a anuir com o ato, como analisou o Tribunal de Justiça do Distrito Federal: "O suprimento da outorga somente é possível em caso de injustificada recusa, nos termos do art. 1.648 do Código Civil. Havendo animosidade entre os coproprietários, a solução é a extinção judicial do condomínio, se o caso, com a adjudicação da coisa a um dos comunheiros ou a venda do bem para repartição do preço" (TJDF, Recurso 2011.01.1.210828-3, Acórdão 619.580, 3.ª Turma Cível, Rel. Des. Rômulo de Araújo Mendes, *DJDFTE* 17.10.2012, p. 139). Como outra concreção jurisprudencial, entendendo pela possibilidade de suprimento judicial pelo fato de que o imóvel a ser vendido era um bem particular, não comunicável na comunhão parcial de bens: "Demonstrado nos autos que o autor adquiriu o imóvel que envolve a lide antes de se casar com a ré pelo regime da comunhão parcial de bens, cabível o suprimento da outorga uxória necessária à escritura pública de compra e venda do bem, diante da recusa imotivada da demandada. Inteligência do art. 1.648 do Código Civil" (TJRS, Apelação Cível 229922-44.2013.8.21.7000, 17.ª Câmara Cível, Passo Fundo, Rel. Des. Gelson Rolim Stocker, j. 04.07.2013, *DJERS* 16.07.2013).

REFORMA DO CÓDIGO CIVIL: A Comissão de Juristas sugere incluir menção à união estável no preceito, que enunciará o seguinte: "Art. 1.648. Cabe ao juiz, nos casos do artigo antecedente, suprir a outorga, quando um dos cônjuges ou conviventes a deneguem sem motivo justo ou lhes seja impossível concedê-la".

Art. 1.649. A falta de autorização, não suprida pelo juiz, quando necessária (art. 1.647), tornará anulável o ato praticado, podendo o outro cônjuge pleitear-lhe a anulação, até dois anos depois de terminada a sociedade conjugal.

Parágrafo único. A aprovação torna válido o ato, desde que feita por instrumento público, ou particular, autenticado.

COMENTÁRIOS DOUTRINÁRIOS: Como antes pontuado, a falta da outorga conjugal gera a nulidade relativa ou anulabilidade do ato correspondente, não havendo eventual suprimento judicial, exceção que deve ser feita para o inciso II do art. 1.647, cuja consequência processual, pela nulidade do processo, consta do art. 74 do atual CPC. Advirta-se que, no revogado Código Civil, dúvida havia se o ato praticado sem a outorga seria nulo ou anulável. Isso porque o art. 252 daquele diploma dispunha: "A falta não suprida pelo juiz, de autorização do marido, quando necessária (art. 242), invalidará o ato da mulher; podendo esta nulidade ser alegada pelo outro cônjuge, até 2 (dois) anos depois de terminada a sociedade conjugal". Note-se que a lei usava o termo "nulidade" a indicar que se tratava de nulidade absoluta, apesar de trazer um prazo decadencial próprio da nulidade relativa. Como se verá da análise jurisprudencial, prevalecia a afirmação no sentido de ser o ato então praticado nulo de pleno direito. No sistema atual, encerrando qualquer dúvida existente, frise-se que tais atos são anuláveis, podendo o outro cônjuge pleitear-lhe a invalidade no prazo decadencial de dois anos depois de terminada a sociedade conjugal, o que será contado do divórcio, da separação de direito ou da morte do cônjuge. Pode-se cogitar o início do prazo da separação de fato devidamente comprovada, seguindo-se o entendimento aqui antes exposto no sentido de que ela também põe fim à sociedade conjugal. Diante da alteração da lei, não pode ser mantida a anterior interpretação jurisprudencial pela nulidade absoluta, ou seja, os atos praticados sem outorga na vigência do Código Civil de 2002 são anuláveis e não nulos, aplicando-se, então, a lei vigente no momento de sua celebração. Quanto aos atos praticados na vigência do Código Civil de 1916, como a questão envolve o plano da validade, serão nulos, subsumindo-se a norma anterior, como se retira do art. 2.035 do CC/2002. Relembre-se que a outorga conjugal é hipótese de legitimação, de uma capacidade especial, que se enquadra no plano da validade do negócio jurídico. Por tudo isso, merece análise crítica a Súmula n. 332 do STJ, que trata da fiança, como se verá a seguir. Como último comentário, estabelece o parágrafo único do art. 1.649 que havendo aprovação do ato por parte do cônjuge, desde que feita por instrumento público, ou particular autenticado, o cônjuge não poderá promover a referida ação anulatória. E se assim o faz, não poderá voltar atrás, promovendo a demanda, aplicando-se a máxima que veda o comportamento contraditório, e que mantém relação com o princípio da boa-fé objetiva (*venire contra factum proprium non potest*). A seguir será visto um julgado superior que aplicou tal conceito parcelar da boa-fé a questão relativa à outorga conjugal.

PANDEMIA: Tendo em vista o art. 3º, § 2º, da Lei n. 14.010/2020, que criou o RJET, esse prazo decadencial de dois anos ficou suspenso entre os dias 12 de junho e 30 de outubro de 2020, o que deve ser considerado para os devidos fins práticos.

JURISPRUDÊNCIA COMENTADA: Trazendo a conclusão de serem os atos praticados na vigência do CC/1916 sem a outorga conjugal nulos de pleno direito, especialmente a fiança: "É nula a fiança prestada sem a anuência do cônjuge do fiador. Precedentes. Tendo o arresto sido invalidado em decorrência da decretação da nulidade da fiança prestada sem a anuência da esposa do fiador, torna-se irrelevante se perquirir se houve a comprovação de que o imóvel penhorado seria ou não bem de família" (STJ, REsp 797.853/SP, 5.ª Turma, Rel. Min. Arnaldo Esteves Lima, j. 27.03.2008, *DJ* 28.04.2008, p. 1). Ou, ainda: "Fiança. Falta de outorga uxória. Nulidade que alcança, inclusive, a meação marital. Precedentes da Corte. I – A fiança prestada sem outorga uxória é nula de pleno direito, alcançando todo o ato, inclusive a meação marital. II – O artigo 263, X, do Código Civil, que também fundamentou a decisão recorrida, ao excluir da comunhão a fiança prestada pelo marido, não contradiz a norma do artigo 235, III, do mesmo Código, cuja interpretação, conjugada com o disposto no artigo 239, leva à seguinte conclusão: o marido está proibido de prestar fiança, sem o consentimento da mulher; se o fizer, a mulher pode pleitear a anulação do ato, ainda na constância da sociedade conjugal, com ineficácia total do ato; se a anulação é requerida depois de extinta a sociedade, só a meação da mulher fica protegida" (STJ, REsp 113.317/MS, 3.ª Turma, Rel. Min. Waldemar Zveiter, j. 03.12.1998, *DJ* 26.04.1999, p. 89). Não se pode negar que há certa confusão técnica nesse julgado, ao usar de forma indiscriminada os termos "nula", "anulação" – própria da nulidade relativa –, e "ineficácia total". Veja-se, ainda, entre os arestos mais antigos do STJ: "A fiança prestada pelo marido sem outorga uxória é nula de pleno direito, alcançando inclusive a meação marital" (STJ, REsp 202.550/SP, 6.ª Turma, Rel. Min. Vicente Leal, j. 06.09.2001, *DJ* 1º.10.2001, p. 255). Na atual composição da Corte tem prevalecido, a respeito da fiança, o teor da antes citada Súmula n. 332 do STJ, segundo a qual a fiança prestada sem autorização de um dos cônjuges implica a ineficácia total da garantia. Na minha leitura, a sumular cita a ineficácia levando em conta que o momento da pactuação da fiança sem outorga pode gerar a nulidade absoluta ou relativa do ato. Se assim não o for, como muitos julgados superiores o fazem, considerando apenas a ineficácia da garantia em relação ao cônjuge que não assentiu, há clara afronta à lei em vigor, que prevê que a questão se resolve no plano da validade, e não da eficácia. Assim, imperiosa uma revisão da sumular, a fim de clarear tal questão. A propósito, em correto julgado da Corte, do ano de 2022 em que se afirmou a nulidade relativa do ato, foi afirmado que "o art. 1.647, III, do CC/2002 exige a outorga conjugal para prestar fiança, exceto no regime de separação absoluta de bens. O art. 1.642, I, por seu turno, autoriza o marido ou a mulher, independentemente de autorização do outro cônjuge, a praticar todos os atos de disposição e de administração necessários ao desempenho de sua profissão, exceto alienar ou gravar de ônus reais os imóveis. Contudo, o art. 1.642, IV, do mesmo diploma legal possibilita ao cônjuge, sem anuência nem consentimento do outro, pleitear a nulidade da fiança prestada sem outorga conjugal. A melhor exegese é aquela que mantém a exigência geral de outorga conjugal para prestar fiança, sendo indiferente o fato de o fiador prestá-la na condição de comerciante ou empresário, considerando a necessidade de proteção da segurança econômica familiar. A fiança prestada sem outorga conjugal conduz à nulidade do contrato. Incidência da Súmula n. 332 do STJ" (STJ, REsp n. 1.525.638/SP, Rel. Min. Antonio Carlos Ferreira, 4ª Turma, j. 14.06.2022, *DJe* 21.06.2022). Também a esclarecer essa questão de direito intertemporal e o teor do art. 2.039 do CC/2002, aqui antes mencionado, julgou o Superior Tribunal de Justiça, no ano de 2020, que "em se tratando de casamento celebrado na vigência do CC/1916 sob o regime da separação convencional de bens, somente aos negócios jurídicos celebrados na vigência da legislação revogada é que se poderá aplicar a regra do art. 235, I, do CC/1916, que previa a necessidade de autorização conjugal como condição de eficácia da hipoteca, independentemente do regime de bens. Contudo, aos negócios jurídicos celebrados após a entrada em vigor do CC/2002, deverá ser aplicada a regra do art. 1.647, I, do CC/2002, que prevê a dispensa de autorização conjugal como condição de eficácia da hipoteca quando o regime de bens for o da separação absoluta, ainda que se trate de casamento celebrado na vigência da legislação civil revogada" (STJ, REsp 1.797.027/PB, 3.ª Turma, Rel. Min. Nancy Andrighi, j. 15.09.2020, *DJe* 18.09.2020). Esclareça-se, contudo e com o devido respeito, que, apesar de o acórdão mencionar condição de eficácia, os dispositivos citados tratam de requisitos de validade, o que justifica a incidência da norma do momento da celebração, nos termos do art. 2.035, *caput*, da atual codificação privada. Sobre a aplicação da máxima que veda o comportamento contraditório no âmbito da outorga conjugal, cite-se notório aresto do STJ, prolatado na vigência do Código Civil de 1916, assim ementado: "Promessa de compra e venda. Consentimento da mulher. Atos posteriores. '*Venire contra factum proprium*'. Boa-fé. A mulher que deixa de assinar o contrato de promessa de compra e venda juntamente com o marido, mas depois disso, em juízo, expressamente admite a existência e validade do contrato, fundamento para a denunciação de outra lide, e nada impugna contra a execução do contrato durante mais de 17 anos, tempo em que os promissários compradores exerceram pacificamente a posse sobre o imóvel, não pode depois se opor ao pedido de fornecimento de escritura definitiva. Doutrina dos atos próprios" (STJ, REsp 95.539/SP, 4.ª Turma, Rel. Min. Ruy Rosado de Aguiar, j. 03.09.1996, *DJ* 14.10.1996, p. 39.015). Tal entendimento parece-me perfeito e correto, sendo certo que a boa-fé objetiva ou comportamental prevaleceu até sobre a arguição de nulidade do ato. Como último exemplo jurisprudencial, igualmente aplicando a máxima que veda o comportamento contraditório, tem-se entendido que a ação anulatória não poderá ser proposta pelo próprio cônjuge que realizou o negócio sem a devida outorga: "No caso dos autos, todavia, a falta da vênia conjugal foi arguida tão somente pelo cônjuge que prestou a fiança sem a autorização de sua esposa. Nesse caso, é de se aplicar a orientação desta Corte no sentido de não conferir, ao cônjuge que concedeu a referida garantia fidejussória sem a outorga uxória, legitimidade para arguir a sua invalidade, permitindo apenas ao outro cônjuge que a suscite, nos termos do art. 1.650 do atual Código Civil" (STJ, REsp 832.669/SP, 6.ª Turma, Rel. Min. Maria Thereza de Assis Moura, j. 17.05.2007, *DJ* 04.06.2007, p. 437). Como se verá, e isso consta do julgado, o próximo comando a ser comentado não atribui ao próprio cônjuge que praticou o ato sem outorga a legitimidade para ingresso da ação anulatória, o que constitui o principal argumento para afastar sua intenção de anular o negócio jurídico.

REFORMA DO CÓDIGO CIVIL: Sugere-se a inclusão da união estável na regra de legitimidade para se pleitear a anulação do negócio jurídico celebrado sem a *outorga convivencial*. Além disso, não haverá mais a necessidade de o documento particular de confirmação ser autenticado, até pelo incremento das novas tecnologias, e em prestígio ao princípio da conservação dos negócios jurídicos. Nesse contexto, a norma passará a prever o seguinte: "Art. 1.649. A falta de autorização, não suprida pelo juiz, quando necessária (art. 1.647), tornará anulável o ato praticado, podendo o outro cônjuge ou convivente pleitear-lhe a anulação, até dois anos depois de terminada a sociedade conjugal ou convivencial. Parágrafo único. A aprovação torna válido o ato, desde que feita por instrumento público ou particular". Por óbvio que, pelo que está no projeto de art. 1.647, a presente regra somente se aplicará em casos de união estável devidamente registrada no Cartório de Registro das Pessoas Naturais, no seu Livro E, hipótese em que a união estável é equiparada ao casamento também quanto às regras de formalidade, caso das relativas à outorga conjugal.

Art. 1.650. A decretação de invalidade dos atos praticados sem outorga, sem consentimento, ou sem suprimento do juiz, só poderá ser demandada pelo cônjuge a quem cabia concedê-la, ou por seus herdeiros.

COMENTÁRIOS DOUTRINÁRIOS: Como antes comentei, a ação anulatória do ato ou negócio jurídico praticado sem outorga conjugal será proposta pelo cônjuge que deveria dar a autorização, não podendo ser proposta pelo próprio cônjuge que o celebrou. No máximo admite-se a propositura de demanda por herdeiro interessado no ato, seja ele necessário ou facultativo, aplicando-se o mesmo prazo decadencial de dois anos. O prazo do herdeiro será contado da morte do sucedido, sendo certo que o seu falecimento também põe fim à sociedade conjugal e ao casamento (art. 1.571 do CC).

JURISPRUDÊNCIA COMENTADA: Na linha da minha última nota doutrinária, julgado publicado no *Informativo* n. *581* do Tribunal da Cidadania, de 2016, com o seguinte resumo relativo a caso de fiança: "O prazo decadencial para herdeiro do cônjuge prejudicado pleitear a anulação da fiança firmada sem a devida outorga conjugal é de dois anos, contado a partir do falecimento do consorte que não concordou com a referida garantia" (STJ, REsp 1.273.639/SP, Rel. Luis Felipe Salomão, j. 10.03.2016, *DJe* 18.04.2016). Entre os vários julgados estaduais que afastam a legitimidade do próprio cônjuge que celebrou a fiança sem outorga, na linha do julgado superior colacionado ao comentário do dispositivo anterior: "Falta de legitimidade do apelante para questionar a ausência de outorga uxória em relação à fiança que ele mesmo prestou" (TJSP, Apelação 1001559-91.2016.8.26.0655, Acórdão 11975826, 29.ª Câmara de Direito Privado, Várzea Paulista, Rel. Des. Silvia Rocha, j. 05.11.2018, *DJESP* 22.11.2018, p. 2.739).

REFORMA DO CÓDIGO CIVIL: Mais uma vez se almeja a inclusão da união estável no dispositivo, com a seguinte dicção: "Art. 1.650. A decretação de invalidade dos atos praticados sem outorga, sem consentimento ou sem suprimento do juiz, só poderá ser demandada pelo cônjuge ou convivente a quem caiba concedê-la ou por seus herdeiros". Na essência, assim como os outros comandos que trazem igual proposição, não há mudanças quanto ao seu conteúdo.

Art. 1.651. Quando um dos cônjuges não puder exercer a administração dos bens que lhe incumbe, segundo o regime de bens, caberá ao outro:

I – gerir os bens comuns e os do consorte;

II – alienar os bens móveis comuns;

III – alienar os imóveis comuns e os móveis ou imóveis do consorte, mediante autorização judicial.

COMENTÁRIOS DOUTRINÁRIOS: Em relação à administração dos bens do casamento, quando um dos cônjuges não puder exercê-la por algum motivo, segundo o regime de bens adotado, caberá ao outro: a) gerir os bens comuns e os do consorte; b) alienar os bens móveis comuns; c) alienar os imóveis comuns e os móveis ou imóveis do consorte, mediante autorização judicial. A previsão, assim como o dispositivo seguinte, visa a proteger os bens do casamento.

JURISPRUDÊNCIA COMENTADA: Julgado do Tribunal do Distrito Federal determinou a liberação de veículo de um dos cônjuges apreendido pelo DETRAN. Conforme a sua ementa, "pela peculiaridade da situação, nenhum óbice a que se libere o veículo com fundamento no art. 1.651, I, do Código Civil, objetivando a administração dos bens em comum dos cônjuges. Não se mostra razoável a cobrança das diárias pelo depósito do veículo, quando este valor se aproximar em demasia do valor do próprio bem" (TJDF, Recurso 2008.01.1.014117-6, Acórdão 589.188, 1.ª Turma Cível, Rel. Des. Lecir Manoel da Luz, *DJDFTE* 28.05.2012, p. 128). Merece também destaque julgado da mesma Corte que afastou a aplicação da norma em estudo para empresa individual de responsabilidade limitada de apenas um dos cônjuges. Conforme parte da ementa, "tratando-se de Empresa Individual de Responsabilidade Limitada, EIRELI, cabe ao empresário integralizar a totalidade do capital social, que, a partir de então, deixa a esfera patrimonial da pessoa física, constituindo patrimônio próprio da empresa. Desse modo, não há como ampliar os poderes de administração dos bens do casal, que foram conferidas à ora agravante, para que esta venha a administrar o patrimônio de terceiro, isto é, da pessoa jurídica que tem como único titular o ora agravado" (TJDF, Recurso 2015.00.2.023858-2, Acórdão 908.538, 1.ª Turma Cível, Rel. Des. Nídia Corrêa Lima, *DJDFTE* 09.12.2015, p. 139).

REFORMA DO CÓDIGO CIVIL: Mais uma vez, a proposição é apenas de inclusão da união estável, passando a prever o *caput* do dispositivo o seguinte: "Art. 1.651. Quando um dos cônjuges ou conviventes não puder exercer a administração dos bens que lhe incumbe, segundo o regime de bens, caberá ao outro: [...]". No inciso I, também se objetiva prever, sem modificação de conteúdo e apenas incluindo a união estável, a menção a "gerir os bens comuns e os do consorte ou convivente". Por sua vez, o inciso III passará a prever: "alienar os imóveis comuns e os móveis ou imóveis do consorte ou convivente, mediante autorização judicial".

Art. 1.652. O cônjuge, que estiver na posse dos bens particulares do outro, será para com este e seus herdeiros responsável:

I – como usufrutuário, se o rendimento for comum;

II – como procurador, se tiver mandato expresso ou tácito para os administrar;

III – como depositário, se não for usufrutuário, nem administrador.

COMENTÁRIOS DOUTRINÁRIOS: O dispositivo traz a responsabilidade de cada cônjuge na administração de bens do casal, respondendo esse tanto em relação ao outro quanto aos seus herdeiros, que eventualmente possam vir a ser prejudicados. Vejamos três casos concretos envolvendo o dispositivo em questão. Como primeiro deles, se um cônjuge estiver recebendo aluguéis de um imóvel comum, será tratado como um usufrutuário em relação a tais bens. Como segunda previsão, se um cônjuge estiver administrando bens móveis do casal, havendo uma autorização tácita, será tratado como mandatário (arts. 653 a 692 do CC). Por fim, se um dos cônjuges estiver guardando um bem móvel do casal, será considerado depositário, estando sujeito às normas previstas nos arts. 627 a 652 da atual codificação material. Por fim, ainda no que concerne à administração de bens, vale lembrar que a Lei n. 11.340/2006 (Lei Maria da Penha), que tem por objetivo coibir a violência doméstica, traz um dispositivo que visa à proteção patrimonial no interesse do cônjuge. Conforme o seu art. 24, para a proteção patrimonial dos bens da sociedade conjugal ou daqueles de propriedade particular da mulher, o juiz poderá determinar, liminarmente, as seguintes medidas, entre outras: a) restituição de bens indevidamente subtraídos pelo agressor à ofendida; b) proibição temporária para a celebração de atos e contratos de compra, venda e locação de propriedade em comum, salvo expressa autorização judicial; c) suspensão das procurações conferidas pela ofendida ao agressor; e d) prestação de caução provisória, mediante depósito judicial, por perdas e danos materiais decorrentes da prática de violência doméstica e familiar contra a ofendida.

JURISPRUDÊNCIA COMENTADA: Interessante julgado paulista concluiu pelo direito do espólio de exigir contas da ex-esposa do falecido, tendo como fundamento o art. 1.652 do Código Civil e mesmo no regime da separação obrigatória de bens: "Recusa injustificada da demandada em prestar as contas que lhe são exigidas (embora confessadamente tenha havido alienação de bem e movimentação de contas bancárias conjuntas na constância do casamento). Falecido portador de mal de Alzheimer (tendo sido ajuizada ação de interdição, sem desfecho, ante o falecimento após a perícia médica). Legitimidade e interesse do espólio em exigir as contas, visando o resguardo do patrimônio que será partilhado aos herdeiros" (TJSP, Apelação com Revisão 602.848.4/3, Acórdão 3392922, 8.ª Câmara de Direito Privado, São Paulo, Rel. Des. Salles Rossi, j. 10.12.2008, *DJESP* 09.01.2009).

REFORMA DO CÓDIGO CIVIL: Assim como se deu em todas as regras gerais sobre o regime de bens, a Comissão de Juristas recomenda a inclusão da união estável no art. 1.652, que passará a ter a seguinte redação no seu *caput* e sem qualquer modificação dos seus incisos: "O cônjuge ou convivente que estiver na posse dos bens particulares do outro será para com este e seus herdeiros responsável: [...]". Como se pode notar, muitas das proposições são apenas de atualização das normas, para incluir o convivente, sem modificação essencial de conteúdo.

CAPÍTULO II
DO PACTO ANTENUPCIAL

Art. 1.653. É nulo o pacto antenupcial se não for feito por escritura pública, e ineficaz se não lhe seguir o casamento.

COMENTÁRIOS DOUTRINÁRIOS: Sobre a natureza jurídica do pacto antenupcial, entendo tratar-se de um contrato, diante do seu claro intuito patrimonial. Reitero, todavia, que me filio à corrente que entende ser o casamento um negócio jurídico especial. Conforme a norma em estudo, o pacto antenupcial deve ser feito por escritura pública no Tabelionato de Notas, sendo nulo se assim não o for e ineficaz se não ocorrer o casamento. De acordo com o dispositivo legal, há uma formalidade e solenidade exigida como requisito de validade desse negócio jurídico. Além disso, está previsto no comando que o pacto antenupcial do qual não seguir o casamento, pode até ser válido, mas não gerará efeitos práticos, sendo ineficaz, pois o casamento não foi celebrado. Trata-se, portanto, de um negócio celebrado sob condição suspensiva, uma vez que só começa a produzir efeitos com o casamento. Em maio de 2020, reitero que se passou a admitir a escritura pública por via eletrônica ou digital, por conta do Provimento n. 100 do Conselho Nacional de Justiça (CNJ), o que abrange o pacto antenupcial, matéria que foi sucessivamente incorporada ao Código Nacional de Normas do CNJ. Entre os seus vários preceitos, vejamos novamente os principais, sem prejuízo de uma necessária leitura completa da norma administrativa, para os que pretenderem celebrar o pacto antenupcial por esse caminho. Conforme o atual art. 286 do CNN-CNJ, são requisitos da prática do ato notarial eletrônico: a) a videoconferência notarial para captação do consentimento das partes sobre os termos do ato jurídico; b) a concordância expressada pelas partes com os termos do ato notarial eletrônico; c) a assinatura digital pelas partes, exclusivamente por meio do e-notariado; d) a assinatura do Tabelião de Notas com a utilização de certificado digital ICP-Brasil; e e) o uso de formatos de documentos de longa duração com assinatura digital. Sobre a gravação da videoconferência notarial, deverá conter ela, no mínimo: a) a identificação, a demonstração da capacidade e a livre manifestação das partes atestadas pelo tabelião de notas; b) o consentimento das partes e a concordância com a escritura pública; c) o objeto e o preço do negócio pactuado; d) a declaração da data e horário da prática do ato notarial; e e) a declaração acerca da indicação do livro, da página e do tabelionato em que será lavrado o ato notarial. O desrespeito a qualquer um desses requisitos de validade gera a nulidade absoluta do pacto antenupcial, nos termos dos incs. IV e V do art. 166 do Código Civil, que tratam da observância da forma e da solenidade. Sem prejuízo de outras regras importantes, o art. 299 do Código Nacional de Normas do CNJ enuncia que os atos notariais eletrônicos se reputam autênticos e detentores de fé pública, como regulado na legislação processual. Além disso, está previsto, como não poderia ser diferente, que os atos notariais celebrados por meio eletrônico produzirão os mesmos efeitos previstos no ordenamento jurídico quando observarem os requisitos necessários para a sua validade, estabelecidos em lei e no próprio provimento (art. 300 do CNN-CNJ). Com o intuito de evitar práticas de concorrência predatória, o art. 289 da norma administrativa enuncia que "a competência para a prática dos atos regulados nesta Seção é absoluta e observará a circunscrição territorial em que o tabelião recebeu sua delegação, nos termos do art. 9º da Lei n. 8.935/1994". Para os atos notariais digitais, portanto, não há ausência de competência territorial, sendo essa a norma mais polêmica de todas, uma vez que tal questão seria restrita ao âmbito legislativo, ferindo o teor da lei especial por último referenciada. Não se pode negar, ademais, a força do argumento da inconstitucionalidade dessas previsões, que seriam de competência do Poder Legislativo da União, por força do art. 22, inc. I, da Constituição Federal, por se tratar de matéria relativa ao Direito Civil e às suas formalidades. Porém, o argumento da redução de burocracias e da necessária digitalização ganhou muita força nos últimos anos, razão pela qual dificilmente essa inconstitucionalidade será reconhecida. De todo modo, urge a sua inclusão na legislação, o que a Reforma do Código Civil pretende fazê-lo, no novo livro sobre o "Direito Civil Digital", com a incorporação integral de todas as normas editadas pelo Conselho Nacional de Justiça sobre o tema. Como última nota doutrinária sobre a temática, há grande dúvida teórica e prática para a hipótese de elaboração de um pacto antenupcial por escritura pública, não seguido pelo casamento. Os casos concretos que envolvem essa situação são comuns na minha prática advocatícia e consultiva. Passando os envolvidos a viver em união estável, é forçoso admitir que o ato celebrado seja aproveitado na sua eficácia como contrato de convivência. Trata-se de hipótese de conversão de negócio ineficaz ou *pós-eficacização*, em que determinado negócio jurídico não produz efeitos em um primeiro momento, mas tem a eficácia reconhecida pela situação concreta posterior que, aqui, é a convivência entre os envolvidos. Serve como alento complementar para tal dedução o princípio da conservação do negócio jurídico, que tem relação direta com a função social do contrato, como consta do Enunciado n. 22 do Conselho da Justiça Federal, aprovado na *I Jornada de Direito Civil*.

JURISPRUDÊNCIA COMENTADA: No âmbito do Superior Tribunal de Justiça, existem acórdãos na mesma linha dos meus últimos comentários, o que revela, mais uma vez, que a situação descrita é comum na prática. De início, destaque-se o julgamento prolatado no Recurso Especial 1.483.863/SP, pela Quarta Turma, tendo como relatora a Ministra Maria Isabel Gallotti, em 10 de maio de 2016 e publicado em 22 de junho do mesmo ano. Como consta de seu resumo sobre a pactuação patrimonial existente na união estável, "o contrato pode ser celebrado a qualquer momento da união estável, tendo como único requisito a forma escrita. Assim, o pacto antenupcial prévio ao segundo casamento, adotando o regime da separação total de bens ainda durante a convivência em união estável, possui o efeito imediato de regular os atos a ele posteriores havidos na relação patrimonial entre os conviventes, uma vez que não houve estipulação diversa". A clareza da premissa por mim seguida é retirada do voto da Ministra Relatora, com destaque especial para o seguinte trecho: "No caso em exame, o pacto antenupcial, a par de estabelecer o regime da separação de bens, dispôs, expressamente, acerca da incomunicabilidade 'dos bens que cada cônjuge possuir ao casar e os que lhe sobrevierem na constância do casamento [...]'. Ao se referir aos bens possuídos por cada cônjuge na data do futuro casamento, o pacto claramente dispôs sobre a não comunicação dos bens adquiridos ao longo da união que sucedeu ao primeiro casamento, este já formalmente encerrado com a respectiva partilha de bens conforme consta do acórdão recorrido (e-STJ fl. 1285). Assim, ao meu sentir, o pacto antenupcial, estabelecendo a livre vontade dos então conviventes e futuros cônjuges de se relacionarem sob o regime da separação total de bens, embora somente tenha vigorado com a qualidade de pacto antenupcial a partir da data do casamento (7.7.2004), já atendia, desde a data de sua celebração (16.4.2003), ao único requisito legal para disciplinar validamente a relação patrimonial entre os conviventes de forma diversa da comunhão parcial, pois é um contrato escrito, feito sob a forma solene, e mais de segura, da escritura pública. Dessa forma, a celebração de pacto antenupcial em 16.4.2003, ocasião em que foi adotado o regime de separação de bens ainda durante o período de convivência em união estável, e não tendo havido ressalva alguma acerca do início de sua vigência, faz imperioso concluir pelo acerto do acórdão recorrido ao decidir que o referido pacto possui o efeito imediato de regular os atos a ele posteriores havidos na relação informal entre os conviventes e, portanto, deve reger a união estável a partir dessa data. Registro que o acórdão recorrido em nada diverge do acórdão no REsp 680.738-BA, da relatoria do Ministro Jorge Scartezzini, apontado como paradigma. Neste, cuidava-se de união estável de 40 anos de duração, à qual seguiu-se casamento sob o regime da separação convencional de bens. Entendeu-se que o regime do casamento não se sobreporia à situação fática em que havia patrimônio formado com esforço comum ao longo de décadas, tendo sido consignado que 'no momento do casamento não havia como se diferenciar os bens individualmente de cada consorte, o que, aliás, não ocorreu no momento do referido pacto'. Recusou-se, portanto, a pretendida retroatividade do pacto antenupcial para reger os bens adquiridos pelos conviventes nas décadas anteriores. No presente caso, não determinou o acórdão recorrido a retroatividade do pacto antenupcial, mas a sua incidência imediata, a partir do dia em que celebrado por escritura pública, assegurando-se a meação da recorrente quanto aos bens adquiridos durante a união estável em data anterior ao pacto" (STJ, REsp 1.483.863/SP, 4.ª Turma, Rel. Min. Maria Isabel Gallotti, j. 10.05.2016, *DJe* 22.06.2016). Mais recentemente, da mesma Corte merece citação outro julgamento, do ano de 2018, que admitiu que um pacto antenupcial gerasse efeitos como contrato de convivência, prevalecendo o regime escolhido pelas partes no primeiro. Como se retira de sua ementa, "segundo disposição contida no art. 5º da Lei n. 9.278/96 e no art. 1.725 do CC/2002, aplica-se à união estável o regime da comunhão parcial de bens, sendo possível, no entanto, disposição dos conviventes em sentido contrário, cujo único requisito exigido é a forma escrita. O eg. Tribunal de origem concluiu que o pacto antenupcial firmado entre os conviventes, além de dispor sobre a escolha do regime da separação total de bens, tratou sobre regras patrimoniais atinentes à própria união estável, extremando o acervo patrimonial de cada um e consignando a ausência de interesse na constituição de esforço comum para formação de patrimônio em nome do casal. Independentemente do *nomen iuris* atribuído ao negócio jurídico, as disposições estabelecidas pelos conviventes visando disciplinar o regime de bens da união estável, ainda que contidas em pacto antenupcial, devem ser observadas, especialmente porque atendida a forma escrita, o único requisito exigido. Precedente do STJ" (STJ, Ag. Int. no REsp 1.590.811/RJ, 4.ª Turma, Rel. Min. Lázaro Guimarães (Desembargador convocado do TRF 5.ª Região), j. 27.02.2018, *DJe* 02.03.2018). Como se pode notar, foi utilizado o argumento suplementar da falta de solenidades para o contrato de convivência. Por derradeiro, exatamente na mesma linha, e trazendo repercussões para o Direito das Sucessões, outro *decisum* da mesma Quarta Turma do Tribunal da Cidadania, com o seguinte trecho de destaque e menção ao primeiro dos precedentes: "Na hipótese, há peculiaridade aventada por um dos filhos, qual seja, a existência de um pacto antenupcial – em que se estipulou o regime da separação total de bens – que era voltado ao futuro casamento dos companheiros, mas que acabou por não se concretizar. Assim, a partir da celebração do pacto antenupcial, em 4 de março de 1997 (fl. 910), a união estável deverá ser regida pelo regime da separação convencional de bens. Precedente: REsp 1.483.863/SP" (STJ, Ag. Int. no REsp 1.318.249/GO, 4.ª Turma, Rel. Min. Luis Felipe Salomão, j. 22.05.2018, *DJe* 04.06.2018). A tendência, portanto, é que tal entendimento, de preservação da autonomia privada, consolide-se na jurisprudência superior, influenciando os Tribunais Estaduais.

REFORMA DO CÓDIGO CIVIL: Como primeira nota sobre o tema, a Comissão de Juristas sugere um novo nome para o tópico em estudo, a saber: "CAPÍTULO II. Dos Pactos Conjugal e Convivencial". Assim, além da inclusão do tratamento da união estável, como se verá a seguir, os pactos relativos ao casamento ou à união estável podem ser celebrados após o estabelecimento do vínculo conjugal ou convivencial, não sendo apenas *antenupciais*. Ainda, a Comissão de Juristas propõe que o atual art. 1.653 do Código Civil seja revogado expressamente, para que os temas nele previstos sejam tratados, com ampliação para a união estável e aperfeiçoamentos necessários, nos novos arts. 1.653-A e 1.653-B. Assim, pela primeira previsão, "é nulo o pacto conjugal ou convivencial, se não for feito por escritura pública, e ineficaz se não lhe seguir o casamento". Ademais, com vistas a proteger especialmente as esposas e as companheiras, e na linha da correta interpretação que vem prevalecendo na jurisprudência do Superior Tribunal de Justiça, o novo parágrafo único do art. 1.653-A passará a prever que "não se admitirá eficácia retroativa ao pacto conjugal ou convivencial que sobrevier ao casamento ou à constituição da união estável". Adotou-se, nesta última previsão, o *protocolo de gênero*, com vistas a proteger os interesses das mulheres, pois a eficácia retroativa ou *ex tunc* tem sido utilizada para a fraude de seus direitos. Ademais, consoante o inovador art. 1.653-B do CC, ora proposto, "admite-se convencionar no pacto antenupcial ou convivencial a alteração automática de regime de bens após o transcurso de um período de tempo prefixado, sem efeitos retroativos, ressalvados os direitos de terceiros". Como antes pontuado, trata-se da chamada *sunset clause* ou *cláusula de caducidade*

– literalmente, "cláusula do pôr do sol" –, com origem no sistema da *Common Law*, tendo sido destacada pelo Professor Pablo Stolze Gagliano em vários momentos dos encontros da Comissão de Juristas. Como constou do Relatório da Subcomissão de Direito de Família, da qual ele fez parte, sempre foi a sua intenção tratar da "regra inovadora (*sunset clause*), no sentido de permitir ao casal optar, após um lapso de tempo, pela alteração automática do regime de bens ('é admitido pactuar a alteração automática de regime de bens após o transcurso de um período de tempo prefixado')". Assim, a título de exemplo, os cônjuges e companheiros poderão convencionar que nos cinco anos iniciais do relacionamento o regime patrimonial será o da separação convencional de bens, convertendo-se em comunhão parcial depois desse período de experiência. A previsão, mais uma vez, é essencialmente patrimonial, não havendo qualquer lesão a normas cogentes ou de ordem pública, o que foi uma preocupação constante da Reforma. Mais uma vez, segue-se a linha de redução de burocracias, de desjudicialização, de *destravar a vida das pessoas*, como tenho destacado de forma constante.

Art. 1.654. A eficácia do pacto antenupcial, realizado por menor, fica condicionada à aprovação de seu representante legal, salvo as hipóteses de regime obrigatório de separação de bens.

COMENTÁRIOS DOUTRINÁRIOS: Quanto ao pacto antenupcial celebrado por menor de idade, a sua eficácia fica condicionada à aprovação de seu representante legal, salvo as hipóteses do regime de separação obrigatória de bens. Em relação à parte final do artigo, que trata dos menores de 16 anos, havendo recusa dos representantes para o casamento suprida por decisão judicial, não seria possível celebrar pacto antenupcial, pois o regime de bens seria o da separação obrigatória, conforme prevê o art. 1.641, inc. III, da atual codificação. De todo modo, essa última regra somente tem aplicação aos casamentos celebrados até a entrada em vigor da Lei n. 13.811/2019, que, alterando o art. 1.520 do CC, passou a proibir expressamente o casamento infantil. Eventualmente, poderá ser aplicada a um casamento de menor de 16 anos que foi celebrado por falha do Cartório e dos celebrantes, e que veio a ser convalidado. Celebrado o pacto no último caso, este será nulo por infringir a ordem pública. Esclarecendo, o preceito em estudo será aplicado aos menores entre 16 e 18 anos, havendo autorização dos representantes para o casamento e não a necessidade de suprimento judicial. Além dessa autorização para o casamento, é imprescindível a assistência para celebrar o pacto, sob pena de sua anulabilidade. A eficácia do pacto não atinge a validade do casamento, eis que a questão envolve planos diversos do negócio jurídico. Por fim, na linha da melhor doutrina, não se pode esquecer que a outorga do consentimento pelo representante legal do menor para o casamento não se confunde com a assistência para o pacto antenupcial, sendo dois atos distintos.

JURISPRUDÊNCIA COMENTADA: Em demanda em que se reconheceu a invalidade do pacto antenupcial celebrado por escritura pública em casamento de menor de idade, julgou o Tribunal de Justiça do Espírito Santo pela falta de requisitos essenciais para o ato: "A autorização para casar (quando for a hipótese) deve ser integralmente transcrita na escritura pública de pacto antenupcial, nos termos do art. 1.537, do Código Civil. A eficácia de pacto antenupcial, realizado por menor, está subordinada à aprovação de seu respectivo representante legal, à exceção das hipóteses de regime obrigatório de separação de bens, nos termos do art. 1.654, do Código Civil" (TJES, Apelação Cível 47050055384, Rel. Des. Annibal de Rezende Lima, j. 19.04.2011, *DJES* 11.05.2011, p. 34). Julgou-se pela invalidade do pacto pela falta de autorização dos pais.

REFORMA DO CÓDIGO CIVIL: Com a retirada do regime da separação obrigatória de bens do sistema jurídico, a ampliação da possibilidade dos pactos celebrados após a união, bem como a retirada da utilização do termo "menor" de toda a codificação privada, a norma precisa ser alterada para passar a prever o seguinte: "Art. 1.654. A eficácia do pacto realizado por adolescente em idade núbil fica condicionada à aprovação de seu representante legal ou, na falta desta, de autorização judicial".

Art. 1.655. É nula a convenção ou cláusula dela que contravenha disposição absoluta de lei.

COMENTÁRIOS DOUTRINÁRIOS: Como uma das normas mais importantes a respeito do exercício da temática, estabelece o Código Civil que é nula, no sentido de nulidade absoluta, a convenção ou cláusula que constar no pacto que entre em conflito com disposição absoluta de lei, entendida como norma cogente ou de ordem pública. Esse é o comando legal que limita a autonomia privada do pacto, reconhecendo a função social do pacto antenupcial. Isso porque pode ser traçado um paralelo entre esse dispositivo e o art. 421 do CC/2002 que limita a autonomia contratual para os contratos em geral. Portanto, a eficácia social da primeira norma é indiscutível. A título de exemplo de sua subsunção, serão nulas as seguintes cláusulas constantes do pacto antenupcial, por normas de ordem pública: a) previsão contratual que estabelece que o marido, nos regimes da comunhão universal ou parcial de bens, possa vender imóvel sem outorga conjugal, afastando o art. 1.647, inc. I, do CC; b) cláusula que determina a administração dos bens de forma exclusiva pelo marido, pois a mulher é incompetente para tanto, afastando a isonomia constitucional; c) cláusula que estabeleça a renúncia prévia aos alimentos, infringindo a absoluta regra do art. 1.707 do CC; d) cláusula que regulamenta previamente as regras referentes à guarda dos filhos, para o caso de divórcio do casal; e) cláusula que imponha multa para caso de infidelidade, sendo certo que as perdas e danos não podem ser fixadas previamente em casos tais; e f) cláusula que afaste o regime da separação obrigatória de bens nas hipóteses descritas pelo art. 1.641 do CC; g) cláusula que exclui expressamente o direito sucessório do cônjuge sobrevivente, afastando as regras da sucessão legítima e trazendo a renúncia prévia à herança, havendo claro pacto sucessório, em infringência ao art. 426 do Código Civil. Acrescente-se que a própria codificação veda a renúncia a direitos da personalidade (art. 11 do CC/2002), o que igualmente se aplica à autonomia privada do casamento. Entretanto, é fundamental deixar claro que eventual nulidade de cláusula do pacto antenupcial não pode prejudicar o restante do ato, o que é a aplicação do princípio da conservação dos negócios jurídicos, que visa à manutenção da autonomia privada, também em sede de casamento. Assim, a parte útil do negócio jurídica não fica viciada pela inútil, aplicando-se a máxima *utile per inutile non vitiatur* (art. 184 do CC). Entendo que não há qualquer óbice jurídico para que o pacto antenupcial tenha por objeto um conteúdo existencial, como regras relativas à boa convivência do casal. Nessa linha, o teor do Enunciado n. 635 da *VIII Jornada de Direito Civil*, realizada em abril de 2018. Nos seus termos, que contou com o nosso apoio, "o pacto antenupcial e o contrato de convivência podem conter cláusulas existenciais, desde que estas não violem os princípios da dignidade da pessoa humana, da igualdade entre os cônjuges e da solidariedade familiar". Ainda sobre o art. 1.655 do Código Civil, reitero que há debate interessante e profundo a respeito da possibilidade de inclusão de cláusula compromissória de arbitragem em pacto antenupcial. A questão diz respeito ao conteúdo do art. 852 do Código Civil, segundo o qual "é vedado compromisso para solução de questões de estado, de direito pessoal de família e de outras que não tenham caráter estritamente patrimonial". Também está relacionado ao art. 1º da Lei n. 9.307/1996, que tem a seguinte redação: "As pessoas capazes de contratar poderão valer-se da arbitragem para dirimir litígios relativos a direitos patrimoniais disponíveis". Superando-se o debate que foi inaugurado na *I Jornada*, aprovou-se o Enunciado n. 96 na *II Jornada de Prevenção e Solução Extrajudicial de Litígios*, em agosto de 2021, *in verbis*: "É válida a inserção da cláusula compromissória em pacto antenupcial e em contrato de união estável". Apesar das minhas resistências doutrinárias – pelo fato de ser difícil a separação absoluta de interesses puramente patrimoniais nas disputas de família –, não se pode negar que o enunciado representa um passo adiante na concreção prática da arbitragem, para o Direito de Família. Em complemento para a ressalva, surgirão debates sobre a forma como a cláusula compromissória foi inserida em tais contratos, notadamente se houve ou não imposição de um dos consortes ao outro, sobretudo nas hipóteses fáticas em que há disparidade econômica entre eles. Também haverá resistências quanto à própria funcionalidade de arbitragem, pois podem surgir, em meio ao procedimento, debates de questões existenciais, muito além do patrimônio puro das partes.

JURISPRUDÊNCIA COMENTADA: Concluindo pela aplicação da função social e também da boa-fé objetiva ao pacto antenupcial, é interessante transcrever excepcional ementa do Tribunal Paulista, que afastou antecipadamente os efeitos de pacto, pela suspeita de um *golpe do baú*: "Ação anulatória. Tutela antecipada que suspendeu os efeitos do pacto antenupcial firmado entre as partes. Manutenção. Como qualquer negócio jurídico, está sujeito a requisitos de validade e deve ser iluminado e controlado pelos princípios da boa-fé objetiva e da função social. Não se alega coação e nem vício de consentimento, mas nulidade por violação a princípios cogentes que regem os contratos. Pressupõe o regime da comunhão universal de bens a comunhão de vidas, a justificar a construção de patrimônio comum, afora as exceções legais. O litígio entre o casal, que desbordou para os autos do inventário da genitora da autora, e a significativa mutação patrimonial fundada em casamento de curtíssima duração, autorizam a suspensão dos efeitos do pacto antenupcial. Não há como nesta sede acatar os argumentos do recorrente acerca de violação a direito adquirido, ou a exercício regular de direito, pois o que por ora se discute é a validade do negócio nupcial, e sua aptidão a gerar efeitos patrimoniais. Decisão mantida. Recurso não provido" (TJSP, Agravo de Instrumento 569.461.4/8, Acórdão 2706323, 4.ª Câmara de Direito Privado, São Paulo, Rel. Des. Francisco Eduardo Loureiro, j. 10.07.2008, *DJESP* 29.07.2008). Esclareço que sou contra o conteúdo da norma do art. 1.641, inc. II, do CC, pela tentativa de evitar o citado *golpe* de forma generalizada, trazendo odiosa discriminação contra o idoso. Porém, em casos específicos, esse não pode ser admitido, sob pena de se prestigiar a má-fé e o enriquecimento sem causa. Sobre a nulidade da cláusula que afasta o regime da separação obrigatória de bens nas hipóteses descritas pelo art. 1.641 do CC, ver: TJMG, Apelação Cível 0095286-21.2008.8.13.0023, 5.ª Câmara Cível, Alvinópolis, Rel. Des. Manuel Bravo Saramago, j. 16.06.2011, *DJEMG* 11.07.2011; e TJRJ, Apelação Cível 9014/2004, 3.ª Câmara Cível, Rio de Janeiro, Rel. Des. Antonio Eduardo F. Duarte, j. 26.10.2004. A respeito da tentativa de se criar um regime de separação total de bens com efeitos sucessórios, para que não houvesse direitos sucessórios em hipóteses tais, violando-se a proibição dos pactos sucessórios do art. 426: "As normas de direito sucessório dispostas no Título II, Capítulo I, do Código Civil (artigos 1.829 e seguintes) são de caráter cogente, não se admitindo disposição em contrário, revestindo-se de nulidade, nos termos do artigo 1.655 do Código Civil, toda e qualquer norma que confronte disposição legal" (TJMT, Apelação 15809/2016, Capital, Rel. Des. Sebastião Barbosa Farias, j. 21.06.2016, *DJMT* 24.06.2016, p. 82). Na mesma linha, sobre a tentativa de se afastar a concorrência sucessória por meio de pacto antenupcial, o que é nulo, mais uma vez por infração ao art. 426 do Código Civil, ver: "O Código Civil de 2002 trouxe importante inovação, erigindo o cônjuge como concorrente dos descendentes e dos ascendentes na sucessão legítima. Com isso, passou-se a privilegiar as pessoas que, apesar de não terem qualquer grau de parentesco, são o eixo central da família. Em nenhum momento o legislador condicionou a concorrência entre ascendentes e cônjuge supérstite ao regime de bens adotado no casamento. Com a dissolução da sociedade conjugal operada pela morte de um dos cônjuges, o sobrevivente terá direito, além do seu quinhão na herança do *de cujus*, conforme o caso, à sua meação, agora sim regulada pelo regime de bens adotado no casamento. O artigo 1.655 do Código Civil impõe a nulidade da convenção ou cláusula do pacto antenupcial que contravenha disposição absoluta de lei" (STJ, REsp 954.567/PE, 3.ª Turma, Rel. Min. Massami Uyeda, j. 10.05.2011, *DJe* 18.05.2011). Como consta do voto do relator, "a pretensão da recorrente de que o pacto antenupcial teria excluído o viúvo da sucessão dos bens próprios da falecida não prospera, porquanto o artigo 1.655 do Código Civil impõe a nulidade da convenção ou cláusula do pacto antenupcial que contravenha disposição absoluta de lei". Da mesma Corte, cite-se fundamental acórdão segundo o qual "é inviável a pretensão de estender o regime de bens do casamento, de separação total, para alcançar os direitos sucessórios dos cônjuges, obstando a comunicação dos bens do falecido com os do cônjuge supérstite. As regras sucessórias são de ordem pública, não admitindo, por isso, disposição em contrário pelas partes. [...]. Conforme já decidido por esta Corte, 'O pacto antenupcial que estabelece o regime de separação total de bens somente dispõe acerca da incomunicabilidade de bens e o seu modo de administração no curso do casamento, não produzindo efeitos após a morte por inexistir no ordenamento pátrio previsão de ultratividade do regime patrimonial apta a emprestar eficácia póstuma ao regime matrimonial' (REsp 1.294.404/RS, Rel. Ministro Ricardo Villas Bôas Cueva, Terceira Turma, julgado em 20/10/2015, *DJe* de 29/10/2015)" (STJ, Ag. Int no REsp. 1.622.459/MT, 4.ª Turma, Rel. Min. Raul Araújo, j. 03.12.2019, *DJe* 19.12.2019). Exatamente nessa linha julgou o Conselho Superior da Magistratura do Estado de São Paulo, em decisão de setembro de 2023, não admitindo a eficácia registral de pacto de renúncia à herança, por violação a normas cogentes ou de ordem pública, presente um pacto sucessório vedado pelo art. 426 do CC. Consoante o seu teor, que reconhece a impossibilidade legal de registro imobiliário do contrato de convivência com essa previsão, e a nulidade absoluta da renúncia à herança pelo cônjuge ou convivente: "não se desconhece a controvérsia doutrinária sobre o tema, bem como a existência de alguns julgados em sentido contrário, mas o fato é que, no sistema dos registros públicos, impera o princípio da legalidade estrita, de sorte que, tal como se apresenta, o título não comporta registro" (TJSP, Apelação Cível 1007525-42.2022.8.26.0132, Rel. Corregedor-Geral de Justiça Des. Fernando Torres de Garcia, j. 22.09.2023). Para o Estado de São Paulo, portanto, esse é o entendimento a ser considerado, para os devidos fins práticos, abrangendo o contrato de convivência e o pacto antenupcial.

REFORMA DO CÓDIGO CIVIL: Na linha dos meus comentários ao dispositivo e com vistas a deixar mais clara a nulidade dos pactos conjugais ou convivenciais em casos de lesão a normas cogentes, a Comissão de Juristas propõe uma redação mais ampla para o art. 1.655 do CC, que passará a prever o seguinte: "é nula de pleno direito a convenção ou cláusula do pacto antenupcial ou convivencial que contravenha disposição absoluta de lei, norma cogente ou de ordem pública, ou que limite a igualdade de direitos que deva corresponder a cada cônjuge ou convivente". A última inclusão atende ao *protocolo de gênero,* para proteger e tutelar os direitos das mulheres. Assim, a título de exemplo, será nula de pleno direito qualquer cláusula que gere uma situação de desequilíbrio econômico para a esposa ou para a convivente, ou mesmo que traduza violência patrimonial. Além dessa previsão, insere-se no sistema um dispositivo possibilitando que os pactos tragam conteúdo extrapatrimonial ou existencial. Consoante a proposta de novo art. 1.655-A, "os pactos conjugais e convivenciais podem estipular cláusulas com solução para guarda e sustento de filhos, em caso de ruptura da vida comum, devendo o tabelião informar a cada um dos outorgantes, em separado, sobre o eventual alcance da limitação ou renúncia de direitos". Nota-se, portanto, que será necessária, mais uma vez, a escritura pública, lavrada no Tabelionato de Notas, presente o necessário dever de informar no notário acerca do conteúdo do avençado que traga renúncia de direitos do cônjuge ou do convivente. Cite-se, a título de exemplo, uma cláusula que imponha o dever alimentar a apenas um dos cônjuges, em caso de divórcio do casal. Por fim, propõe-se um parágrafo único no último preceito, novamente para o controle do pactuado, segundo o qual "as cláusulas não terão eficácia se, no momento de seu cumprimento, mostrarem-se gravemente prejudiciais para um dos cônjuges ou conviventes e sua descendência, violando a proteção da família ou transgredindo o princípio da igualdade". Atende-se novamente ao *protocolo de gênero*, vedando-se previsões que sejam desproporcionais, o que passará a formar, por interpretação conjunta do último dispositivo com o art. 421 da própria codificação privada, o conteúdo do princípio da função social do contrato.

Art. 1.656. No pacto antenupcial, que adotar o regime de participação final nos aquestos, poder-se-á convencionar a livre disposição dos bens imóveis, desde que particulares.

COMENTÁRIOS DOUTRINÁRIOS: No que concerne ao pacto antenupcial que adotar o regime da participação final dos aquestos, introduzido pelo Código Civil de 2002, é possível convencionar a livre disposição dos bens imóveis desde que particulares. Isso porque, conforme será estudado, durante o casamento celebrado por esse regime, há uma separação de bens. O dispositivo em questão relativiza a regra do art. 1.647, inciso I, do CC, dispensando a outorga conjugal em casos tais se as partes assim convencionarem. Essa relativização é possível, pois a própria lei a permite. Contudo, só será válida a dispensa para a alienação de imóveis. A título de exemplo, se convencionarem os cônjuges que a fiança poderá ser prestada independentemente da concordância do outro cônjuge, a cláusula será nula, pelo que estabelece o art. 1.655 do CC. De todo modo, a norma tem reduzidíssima aplicação prática, diante da quase inexistente adesão a esse regime.

JURISPRUDÊNCIA COMENTADA: Em rara aplicação do comando, concluiu-se pela incidência em união estável, para a meação de bens. Conforme se extrai de dois julgados do Tribunal de Justiça do Estado da Paraíba, "o reconhecimento da convivência pública e perene entre homem e mulher como entidade familiar tem, entre seus objetivos, a proteção dos frutos provenientes desta relação. Assim, diante do conjunto probatório, que indicou a contribuição da companheira na aquisição de imóvel, bem como ausente qualquer cláusula excludente, prevista no art. 1.656, do Código Civil, deve ser o bem partilhado" (TJPB, Apelação 0008009-41.2011.815.0011, 1.ª Câmara Especializada Cível, Rel. Des. Marcos Cavalcanti de Albuquerque, *DJPB* 16.09.2014, p. 9; e TJPB, Apelação Cível 0000072-70.2011.815.0951, 1.ª Câmara Especializada Cível, Rel. Des. Marcos Cavalcanti de Albuquerque, *DJPB* 26.02.2014, p. 11).

REFORMA DO CÓDIGO CIVIL: Propõe-se a revogação expressa do art. 1.656 do

Código Civil, diante da retirada do regime da participação final dos aquestos do sistema jurídico nacional, tendo em vista a sua não efetivação prática nos mais de vinte anos de vigência do Código Civil. Inclui-se, porém, com outro conteúdo, o art. 1.656-A, segundo o qual "os pactos conjugais ou convivenciais poderão ser firmados antes ou depois de celebrado o matrimônio ou constituída união estável; e não terão efeitos retroativos". Além da reafirmação de que os pactos conjugais e convivenciais somente terão sempre eficácia *ex nunc*, e não *ex tunc*, abre-se a possibilidade de que os pactos sejam firmados depois da união, não sendo mais apenas *antenupciais* mas também *pós-nupciais*. Segundo a Subcomissão de Direito de Família, houve a intenção "de permitir que os pactos conjugais e/ou convivenciais possam ser estipulados tanto antes como depois do casamento ou da instituição da união estável, permitindo, destarte, que depois da celebração do casamento ou da constituição de uma união estável se faça possível a alteração do regime de bens, mediante escritura pública pós-conjugal ou convivencial, sem a intervenção judicial, mas cujos efeitos nunca serão retroativos (*ex tunc*), mas sempre *ex nunc*, sem retornar ao passado, mesmo no caso da mudança para o regime da comunhão universal, ressalvados sempre os direitos de terceiros". A inovação vem em boa hora, em prol do aumento da liberdade e da diminuição da intervenção na vida conjugal ou convivencial.

Art. 1.657. As convenções antenupciais não terão efeito perante terceiros senão depois de registradas, em livro especial, pelo oficial do Registro de Imóveis do domicílio dos cônjuges.

COMENTÁRIOS DOUTRINÁRIOS: Para que tenha efeitos *erga omnes*, ou seja, contra terceiros, os pactos antenupciais deverão ser averbados em livro especial pelo oficial do Registro de Imóveis do domicílio dos cônjuges. Essa regra tende à proteção dos direitos de terceiros e apenas se refere aos bens imóveis do casal. Vale dizer que a eficácia em face de terceiros do regime de bens em relação aos bens móveis decorre simplesmente do pacto antenupcial celebrado em Tabelionato de Notas e do posterior regime do casamento. Filio-me à crítica formulada pela doutrina majoritária, para quem a publicidade estaria esvaziada pela possível existência de outros imóveis em locais que não sejam o de domicílio dos nubentes. O argumento é reforçado nos casos em que os nubentes não tenham a propriedade de imóveis, perdendo razão o citado registro imobiliário do pacto antenupcial. Assim, entendo que a norma não tem mais razão de ser.

JURISPRUDÊNCIA COMENTADA: Reconhecendo a ineficácia do pacto pela ausência do citado registro, do Tribunal Paulista: "Estipulação levada a efeito por pacto antenupcial somente gera efeito perante terceiros após ser devidamente registrada em livro especial do Registro de Imóveis do domicílio dos cônjuges, nos termos do artigo 1.657 do CC/2002 e 167, inciso I-12, e 178, inciso V, da Lei. 6.015/1973. No caso, tal registro não ocorreu, o que torna ineficaz o pacto perante terceiros, sendo de rigor a manutenção integral da sentença que determinou o prosseguimento da execução" (TJSP, Apelação 1020227-06.2014.8.26.0001, Acórdão 8194908, 31.ª Câmara de Direito Privado, São Paulo, Rel. Des. Paulo Ayrosa, j. 10.02.2015, *DJESP* 20.02.2015).

REFORMA DO CÓDIGO CIVIL: Na linha dos meus comentários doutrinários, sobre a reduzida aplicação prática e eficácia da norma, a Comissão de Juristas propõe a sua revogação expressa. De acordo com a subcomissão de Direito de Família, "visando, sobretudo, à desburocratização – uma das diretrizes desta reforma – procedeu-se com sugestão no sentido do fim do registro do pacto antenupcial". Além dessa norma, sugere-se a revogação expressa dos comandos da Lei de Registros Públicos que tratam desse registro (art. 167, inc. I, número 12, e art. 178, inc. V).

CAPÍTULO III
DO REGIME DE COMUNHÃO PARCIAL

Art. 1.658. No regime de comunhão parcial, comunicam-se os bens que sobrevierem ao casal, na constância do casamento, com as exceções dos artigos seguintes.

COMENTÁRIOS DOUTRINÁRIOS: Como antes pontuado, o regime da comunhão parcial é o *regime legal ou supletório*, que valerá e terá eficácia para o casamento se silentes os cônjuges ou se nulo ou mesmo ineficaz o pacto antenupcial. Aliás, repise-se que já era assim desde a entrada em vigor da Lei do Divórcio (Lei n. 6.515/1977), ou seja, desde 26 de dezembro de 1977. Esse é, portanto, o regime da grande maioria dos brasileiros, já que não é comum a celebração de pacto antenupcial no Brasil, o que somente ocorre com pessoas de alto nível econômico, que geralmente fazem a opção pela separação convencional ou por um regime misto. Deve-se atentar para a denominação correta do regime, não se utilizando expressões categóricas incorretas como, por exemplo, *separação parcial de bens*. Acrescente-se que o regime da comunhão parcial também é o legal no caso de união estável, não havendo contrato entre os companheiros em sentido contrário, conforme o art. 1.725 da atual codificação; dispositivo que ainda será aqui estudado. A regra básica do regime da comunhão parcial é a de que se comunicam os bens havidos durante o casamento com exceção dos incomunicáveis, previstos na norma posterior. Melhor explicando, haverá comunicação dos bens adquiridos durante a união, sendo essa massa patrimonial – sobre a qual há a meação ou divisão igualitária de bens –, denominada de *aquestos*. Para a incidência da meação não há a necessidade de prova do esforço comum, apenas se afastando a comunicação caso o bem se enquadre em uma das hipóteses previstas no art. 1.659.

JURISPRUDÊNCIA COMENTADA: Em debate que se intensificou nos últimos anos no Brasil, trazendo a possibilidade de divisão dos direitos sobre imóvel alienado fiduciariamente para instituição financeira, por todos os julgados: "Os direitos pessoais sobre imóvel integrante de programa habitacional do Distrito Federal são passíveis de partilha, porquanto dotados de conteúdo econômico, ainda que a propriedade fiduciária do bem seja da Caixa Econômica Federal. Precedentes. Em regra, comprovada a cooperação mútua dos cônjuges para a aquisição do bem, deve o mesmo ser partilhado em 50% (cinquenta por cento) para cada um, haja vista que a comunhão parcial implica na comunicabilidade de todos os bens futuros do casal, nos termos do art. 1.658 do Código Civil. A controvérsia acerca do processo de transferência do imóvel e demais questões correlatas, tal como o pleito de oitiva do gestor do programa habitacional, devem ser dirimidas no âmbito administrativo ou, se for o caso, na via processual adequada, que não é o juízo familiar" (TJDF, Processo 07316.46-74.2017.8.07.0016, Acórdão 113.3113, 3.ª Turma Cível, Rel. Des. Flavio Rostirola, j. 25.10.2018, *DJDFTE* 31.10.2018). O mesmo vale a veículo adquirido durante o casamento, estando quitado ou não, como se extrai do seguinte acórdão, novamente por todos: "Veículo. Pleito visando que a partilha recaia sobre o montante das parcelas quitadas no decorrer da convivência marital. Alegação de que o automóvel se encontra alienado fiduciariamente. Inexistência de prova nesse sentido. Relatório do Detran demonstrando que o automóvel foi adquirido na constância do casamento. Partilha do valor integral do bem inarredável em igual proporção (artigo 1.658 do Código Civil)" (TJSC, Apelação Cível 0002723-74.2013.8.24.0007, 4.ª Câmara de Direito Civil, Biguaçu, Rel. Des. José Agenor de Aragão, *DJSC* 21.09.2018, p. 210).

Art. 1.659. Excluem-se da comunhão:

I – os bens que cada cônjuge possuir ao casar, e os que lhe sobrevierem, na constância do casamento, por doação ou sucessão, e os sub-rogados em seu lugar;

II – os bens adquiridos com valores exclusivamente pertencentes a um dos cônjuges em sub-rogação dos bens particulares;

III – as obrigações anteriores ao casamento;

IV – as obrigações provenientes de atos ilícitos, salvo reversão em proveito do casal;

V – os bens de uso pessoal, os livros e instrumentos de profissão;

VI – os proventos do trabalho pessoal de cada cônjuge;

VII – as pensões, meios-soldos, montepios e outras rendas semelhantes.

COMENTÁRIOS DOUTRINÁRIOS: O art. 1.659 da codificação material vigente estabelece, em sete incisos, quais são os bens incomunicáveis na comunhão parcial, enquadrados como bens particulares de cada um dos cônjuges. Como primeira previsão, têm-se os bens que cada cônjuge já possuía ao casar e aqueles havidos por doação ou sucessão, bem como os sub-rogados no seu lugar. Essa sub-rogação é a real, ou seja, a substituição de uma coisa por outra, como nos casos de venda de bem, sendo adquiridos outros bens como produtos dos primeiros. No segundo inciso, há a previsão relativa aos bens adquiridos com valores exclusivamente pertencentes a um dos cônjuges em sub-rogação dos bens particulares. Essa previsão deve ser interpretada restritivamente, no sentido de que se o bem é adquirido também com esforços do outro cônjuge, de qualquer natureza, haverá comunicação. Ilustrando, caso o cônjuge venda bem particular e receba R$ 100.000,00 adquirindo outro, durante o casamento, por R$ 150.000,00 haverá sub-rogação em R$ 100.000,00 e comunicação quanto aos R$ 50.000,00 restantes. No inciso III há menção às obrigações anteriores ao casamento, caso das dívidas pessoais que cada cônjuge já possuía ao casar, caso de financiamentos celebrados por qualquer um deles quando ainda eram solteiros. Seguindo, estão excluídas da comunicação parcial as obrigações decorrentes de ato ilícito, salvo reversão em proveito do casal. A título de exemplo, se os cônjuges possuem uma fazenda e o marido, na administração da mesma, causar um dano ambiental, haverá responsabilidade solidária do casal, respondendo todos os seus bens. Isso porque a atividade desenvolvida na fazenda era realizada em benefício do casal. Em reforço, não se pode esquecer a responsabilidade solidária nos casos de danos ambientais, conforme o art. 14, § 1º, da Lei n. 6.938/1981. O inciso V do art. 1.659 exclui da comunhão os bens de uso pessoal de cada um dos cônjuges (*v.g.*, joias, roupas, escova de dente, relógios, celulares, discos de vinil, CDs, DVDs etc.); os livros (*v.g.*, obras jurídicas e de outras áreas profissionais, coleções raras etc.); e os instrumentos de profissão (*v.g.*, bisturi, fita métrica, máquina de costura, aparelhos de dentista, aparelhos médicos, automóvel usado por motorista profissional etc.). Em previsão controversa, e que gera muitos debates técnicos e práticos, o inciso VI do comando estatui que não se comunicam na comunhão parcial os proventos do trabalho pessoal de cada cônjuge, o que inclui o salário, as remunerações em sentido amplo, a aposentadoria, entre outros. Sobre tal polêmico preceito, como aponta a doutrina majoritária, é necessária uma interpretação restritiva, pois caso contrário haveria um esvaziamento quase total do regime de bens da comunhão parcial. Chegar-se-ia ao absurdo de se concluir que se os rendimentos do trabalho não se comunicam, os bens sub-rogados desses rendimentos também não e, sendo assim, praticamente nada ou quase nada se comunicaria nesse regime. Justamente por isso, havia proposta legislativa de revogar esse dispositivo, constante no antigo Projeto Ricardo Fiuza. No mesmo sentido, há proposição na Reforma do Código Civil, ora em curso. Dessa forma, penso que, em situações de dúvida, deve-se julgar pela comunicação dos bens adquiridos na constância do casamento. Outra solução plausível, seguida por parcela considerável da doutrina, e igualmente a qual estou filiado, é no sentido de se entender no exato momento em que as referidas rendas se transformam em patrimônio, ou seja, são *patrimonializadas*, como se dá na compra dos bens com esses montantes, opera-se em relação a estes a comunhão e a correspondente comunicação, pela incidência da regra contida no art. 1.658 da codificação privada. Feitas tais considerações, o último inciso do art. 1.659, com polêmica semelhante à da última previsão, estabelece que não se comunicam as pensões – quantias pagas de forma periódica em virtude de lei, decisão judicial, ato *inter vivos* ou *mortis causa*, visando à subsistência de alguém –, os meios-soldos – metade do valor que o Estado paga ao militar reformado –, os montepios – pensão paga pelo Estado aos herdeiros de um funcionário público falecido –, bem como outras rendas semelhantes e que têm caráter pessoal ou personalíssimo. Novamente a norma merece interpretação restritiva, sendo certo que a partir do momento em que tais valores são *patrimonializados* haverá comunicação. Por fim, sigo a afirmação doutrinária no sentido de que só há comunicação dos rendimentos de direitos patrimoniais do autor, tidos como proventos do seu trabalho, a partir do momento em que são igualmente *patrimonializados*. Quanto ao direito autoral em si, vale lembrar a previsão do art. 39 da Lei de Direitos Autorais (Lei n. 9.610/1998), que é claro ao afastar a comunicação em qualquer regime, salvo previsão em contrário no pacto antenupcial.

JURISPRUDÊNCIA COMENTADA: Sobre o inciso I do art. 1.659 do Código Civil, vale colacionar a posição superior sobre os bens doados a um dos cônjuges, sendo desnecessária a cláusula expressa de incomunicabilidade em casos tais: "No regime de comunhão parcial de bens, não integra a meação o valor recebido por doação na constância do casamento – ainda que inexistente cláusula de incomunicabilidade – e utilizado para a quitação de imóvel adquirido sem a contribuição do cônjuge não donatário" (STJ, REsp 1.318.599/SP, Rel. Min. Nancy Andrighi, j. 23.04.2013, publicado no seu *Informativo* n. *523*). No mesmo sentido: "No regime da comunhão parcial de bens, a cláusula de incomunicabilidade dos bens recebidos em doação por um dos cônjuges decorre da Lei (art. 1.659, inc. I, do Código Civil/2002), sendo desnecessária a inclusão dessa regra no contrato correspondente. A comunicabilidade dos bens adquiridos na vigência do casamento celebrado sob o regime da comunhão parcial de bens tem por lógica a ideia de participação mútua na formação do patrimônio do casal. No caso de doação em dinheiro feita pelo genitor de um dos cônjuges para aquisição de imóvel, o documento particular para formalização do negócio jurídico (CC/2002, arts. 541, parágrafo único, e 221, parágrafo único) não se caracteriza como instrumento substancial do ato, admitindo-se que a transmissão seja comprovada por outros meios, em atenção ao princípio do que veda o enriquecimento sem causa" (STJ, Ag. Int. REsp 1.351.529/SP, 4.ª Turma, Rel. Des. Fed. Conv. Lázaro Guimarães, j. 13.03.2018, *DJe* 24.04.2018, p. 1.653). E, subsumindo a premissa para a união estável: "O bem recebido individualmente por companheiro, através de doação pura e simples, ainda que o doador seja o outro companheiro, deve ser excluído do monte partilhável da união estável regida pelo estatuto supletivo, nos termos do art. 1.659, I, do CC/2002" (STJ, REsp 1.171.488/RS, 4.ª Turma, Rel. Min. Raul Araújo, j. 04.04.2017, *DJe* 11.05.2017). Sobre o inciso IV, como bem julgou a mesma Corte, a excluir a responsabilidade da esposa, e tutelando sua meação, diante de ilícito tributário cometido pelo marido: "Tratando-se de execução fiscal oriunda de ato ilícito e, havendo oposição de embargos de terceiro por parte do cônjuge do executado, com o fito de resguardar a sua meação, o ônus da prova de que o produto do ato não reverteu em proveito da família é do credor e não do embargante. Precedentes: REsp 107.017/MG, Ministro Castro Meira, *DJ* 22.08.2005; REsp 260.642/PR; Ministro Franciulli Netto, *DJ* 14.03.2005; REsp 641.400/PB, Ministro José Delgado, *DJ* 01.02.2005; REsp 302.644/MG, Segunda Turma, Rel. Min. Francisco Peçanha Martins, *DJ* de 05.04.2004. [...]. Considerando-se que a embargada não comprovou a alegação de que a sonegação do imposto devido pela sociedade representada pelo executado teria revertido em benefício da família deste, não merece prosperar o pedido do INSS, devendo ser resguardado o direito da embargante à meação do bem penhorado (fls. 57/58). [...]" (STJ, REsp 701.170/RN, 1.ª Turma, Rel. Min. Luiz Fux, j. 03.08.2006, *DJ* 18.09.2006, p. 269). Vale lembrar, nesse contexto, o teor da Súmula n. 251 do próprio STJ, segundo a qual a meação só responde pelo ato ilícito quando o credor, na execução fiscal, provar que o enriquecimento dele resultante aproveitou ao casal. Sobre o polêmico inciso VI do art. 1.659, a solução da interpretação restritiva foi pacificada no âmbito da Segunda Seção do Superior Tribunal de Justiça, na linha do que aqui pontuei: "Necessária a interpretação restritiva do art. 1.659, VI, do Código Civil, sob pena de se malferir a própria natureza do regime da comunhão parcial. 'O entendimento atual do Superior Tribunal de Justiça é o de que os proventos do trabalho recebidos, por um ou outro cônjuge, na vigência do casamento, compõem o patrimônio comum do casal, a ser partilhado na separação, tendo em vista a formação de sociedade de fato, configurada pelo esforço comum dos cônjuges, independentemente de ser financeira a contribuição de um dos consortes e do outro não'" (REsp 1.399.199/RS, 2.ª Seção, Rel. Min. Maria Isabel Gallotti, Rel. p/ Acórdão Min. Luis Felipe Salomão, j. 09.03.2016, *DJe* 22.04.2016) (STJ, REsp 1.660.877/PB, Rel. Min. Paulo de Tarso Sanseverino, j. 07.02.2018, *DJe* 14.02.2018, p. 3.996). Ou, ainda, como se retira do corpo de *decisum* da Terceira Turma da Corte, "não se pode olvidar que o art. 1.659, VI, do CC/2002, é fruto de profunda discussão no âmbito doutrinário e jurisprudencial, especialmente porque, se fosse a regra interpretada literalmente, o resultado seria a incomunicabilidade quase integral dos bens adquiridos na constância da sociedade conjugal, desnaturando-se por completo o regime da comunhão parcial ou total de bens" (STJ, REsp 1.651.292/RS, 3.ª Turma, Rel. Min. Nancy Andrighi, j. 19.05.2020, *DJe* 25.05.2020). Por fim, merece destaque, igualmente da Corte Superior, por trazer importante solução prática: "No regime de comunhão parcial ou universal de bens, o direito ao recebimento dos proventos não se comunica ao fim do casamento, mas, ao serem tais verbas percebidas por um dos cônjuges na constância do matrimônio, transmudam-se em bem comum, mesmo que não tenham sido utilizadas na aquisição de qualquer bem móvel ou imóvel (arts. 1.658 e 1.659, VI, do Código Civil). O mesmo raciocínio é aplicado à situação em que o fato gerador dos proventos e a sua reclamação judicial ocorrem durante a vigência do vínculo conjugal, independentemente do momento em que efetivamente percebidos, tornando-se, assim, suscetíveis de partilha. Tal entendimento decorre da ideia de frutos percipiendos, vale dizer, aqueles que deveriam ter sido colhidos, mas não o foram. Precedentes. Na hipótese, os saldos bancários originam-se de economias advindas de salários e aposentadoria do falecido, sendo imprescindível que o montante apurado seja partilhado com a companheira no tocante ao período de vigência do vínculo conjugal" (STJ, AgRg no REsp 1.143.642/SP, 4.ª Turma, Rel. Min. Luis Felipe Salomão, *DJe* 03.06.2015).

REFORMA DO CÓDIGO CIVIL: Conforme os meus comentários doutrinários e anotações jurisprudenciais, é mais do que necessário revogar os anacrônicos incisos VI e VII do art. 1.659, que colidem com o próprio *espírito* do regime da comunhão parcial de bens. Além disso, a

Comissão de Juristas sugere um reparo no inciso V, para que mencione também os instrumentos de qualquer ofício ou trabalho, sem que seja necessariamente uma profissão ("os bens de uso pessoal, os livros e instrumentos de profissão ou ofício"). Por fim, a Professora Rosa Nery sugeriu, o que foi acatado pela Comissão de Juristas, o afastamento da comunicação das "indenizações por danos causados à pessoa de um dos cônjuges ou conviventes ou a seus bens privativos, com exceção do valor do lucro cessante que teria sido auferido caso o dano não tivesse ocorrido". Assim, não se comunicarão as indenizações pessoais ou personalíssimas recebidas por cada um dos consortes, ou aquelas relativas aos seus bens particulares. Faz-se uma exceção relativa aos valores que o prejudicado deixou de receber caso não tivesse ocorrido o evento danoso, hipótese em que há que se reconhecer a comunicação desses lucros cessantes, se a causa se deu durante o casamento ou a união estável, por interpretação do art. 1.658 e da própria essência da comunhão parcial de bens.

Art. 1.660. Entram na comunhão:

I – os bens adquiridos na constância do casamento por título oneroso, ainda que só em nome de um dos cônjuges;

II – os bens adquiridos por fato eventual, com ou sem o concurso de trabalho ou despesa anterior;

III – os bens adquiridos por doação, herança ou legado, em favor de ambos os cônjuges;

IV – as benfeitorias em bens particulares de cada cônjuge;

V – os frutos dos bens comuns, ou dos particulares de cada cônjuge, percebidos na constância do casamento, ou pendentes ao tempo de cessar a comunhão.

COMENTÁRIOS DOUTRINÁRIOS: Em complemento à regra geral prevista no art. 1.668, o dispositivo em estudo elenca especificamente cinco hipóteses de bens comunicáveis no regime da comunhão parcial. Reitera-se que esses bens são considerados *aquestos*, conceituados aqueles que cada um dos cônjuges ou ambos adquirem durante a união, que integram a comunhão, e sobre os quais incide a meação, a divisão igualitária que independe da prova do esforço patrimonial para a sua aquisição. De início, há previsão sobre os bens adquiridos na constância do casamento a título oneroso, ainda que em nome de somente um dos cônjuges. Essa previsão do inciso I entra claramente em conflito com o malfadado inciso VI do art. 1.659. Como outrora advertido, a interpretação restritiva da última norma citada deve guiar a comunicação dos bens adquiridos durante a união. A título de exemplo, se um imóvel é adquirido em nome de apenas um dos cônjuges durante o casamento, deverá ser dividido igualmente entre ambos. A solução é a mesma seja qual for a contribuição patrimonial dos envolvidos, ou seja, deve haver a divisão igualitária daquilo que foi pago na vigência do casamento ou da união estável, mesmo sendo o bem adquirido anteriormente. Mesmo se um cônjuge colaborar com apenas um 1% do total para a compra de um apartamento, a divisão entre marido e mulher deve ser em 50% para cada um deles. Como segunda previsão de bens comunicáveis, o inciso II trata dos bens adquiridos por fato eventual com ou sem colaboração do outro cônjuge. É o caso dos valores que se referem a jogo, aposta, loteria, entre outros. Como se tornou comum na prática, o marido que abandona a mulher após receber uma *bolada* de uma loteria deverá dividir o valor recebido na constância da união se o regime for o da comunhão parcial. Também deve haver a comunicação dos bens adquiridos por doação, herança ou legado em favor de ambos os cônjuges. A previsão é óbvia, pois em casos tais os dois são beneficiados pela estipulação feita em vida ou *mortis causa*. O inciso IV do art. 1.660 trata das benfeitorias necessárias, úteis e voluptuárias em bens particulares de cada cônjuge. Isso porque as benfeitorias são bens acessórios, acréscimos e melhoramentos introduzidos de forma onerosa e que valorizam a coisa principal. Há aqui uma presunção de que tais benfeitorias foram realizadas com recursos de ambos os cônjuges, durante o casamento, o que justifica a comunicação. Contando com o meu apoio, o antigo Projeto Ricardo Fiuza pretende acrescentar expressamente a locução "acessões" que são bens acessórios, mas não são benfeitorias, constituindo incorporações como nos casos de construções e plantações. Por fim, comunicam-se na comunhão parcial os frutos civis – rendimentos privados –, ou naturais decorrentes de bens comuns ou particulares de cada cônjuge percebidos na constância do casamento, ou pendentes quando cessar a união. É o caso, por exemplo, dos aluguéis de imóvel comum ou particular, que sejam recebidos durante o casamento. Podem ser mencionados, ainda, os lucros advindos de empresa de ambos, ou mesmo de apenas um dos consortes, devendo ambos comunicar.

Como última nota, entendo que neste inciso devem ser incluídos, por analogia, os produtos.

JURISPRUDÊNCIA COMENTADA: Sobre o inciso I do art. 1.660, entendeu o Superior Tribunal de Justiça que as cotas de uma sociedade que foi constituída durante o casamento devem ser partilhadas com igualdade entre os cônjuges. Conclui a Corte, ainda, que, diante da vedação do enriquecimento sem causa, os valores das cotas devem ser fixados de acordo com o momento da partilha. Desse modo, "verifica-se a existência de mancomunhão sobre o patrimônio, ou parte dele, expresso, na hipótese, em cotas de sociedade, que somente se dissolverá com a partilha e consequente pagamento, ao cônjuge não sócio, da expressão econômica das cotas que lhe caberiam por força da anterior relação conjugal. Sob a égide dessa singular relação de propriedade, o valor das cotas de sociedade empresária deverá sempre refletir o momento efetivo da partilha" (STJ, REsp 1.537.107/PR, 3.ª Turma, Rel. Min. Nancy Andrighi, j. 17.11.2016, *DJe* 25.11.2016). Ainda sobre o inciso I, ratificando a minha afirmação sobre a divisão do valor pago para a aquisição de imóvel na vigência da união: "Na dicção [dos] arts. 1.658 e 1.666 do Código Civil, o regime da comunhão parcial implica a divisão de todos os bens adquiridos na constância do casamento, excetuadas as hipóteses legais de não comunicabilidade. Em se tratando de imóvel financiado, só é cabível a partilha das parcelas que foram amortizadas durante o período da relação conjugal, considerando-se o marco final a data da separação fática do casal" (TJMG, Apelação Cível 1.0720.10.001638-8/001, Rel. Des. Raimundo Messias Junior, j. 11.02.2014, *DJEMG* 24.02.2014). Sobre o inciso II do preceito em estudo, merece destaque outro aresto do Tribunal da Cidadania, nos seguintes termos: "O prêmio da lotomania, recebido pelo ex-companheiro, sexagenário, deve ser objeto de partilha, haja vista que: i) se trata de bem comum que ingressa no patrimônio do casal, independentemente da aferição do esforço de cada um; ii) foi o próprio legislador quem estabeleceu a referida comunicabilidade; iii) como se trata de regime obrigatório imposto pela norma, permitir a comunhão dos aquestos acaba sendo a melhor forma de se realizar maior justiça social e tratamento igualitário, tendo em vista que o referido regime não adveio da vontade livre e expressa das partes; iv) a partilha dos referidos ganhos com a loteria não ofenderia o desiderato da lei, já que o prêmio foi ganho durante a relação, não havendo falar em matrimônio realizado por interesse ou em união meramente especulativa" (STJ, REsp 1.689.152/SC, 4.ª Turma, Rel. Min. Luis Felipe Salomão, j. 24.10.2017, *DJe* 22.11.2017). Sobre os frutos civis e outros rendimentos recebidos durante o casamento, existem interessantes debates no âmbito da jurisprudência superior. De início, tem-se entendido que ingressam na comunhão as verbas trabalhistas pleiteadas por um dos cônjuges durante a união. Por todos os arestos que assim concluem, colaciona-se: "Ao cônjuge casado pelo regime da comunhão parcial de bens é devida a meação das verbas trabalhistas pleiteadas judicialmente durante a constância do casamento. As verbas indenizatórias decorrentes da rescisão do contrato de trabalho só devem ser excluídas da comunhão quando o direito trabalhista tenha nascido ou tenha sido pleiteado após a separação do casal" (STJ, REsp 646.529/SP, 3.ª Turma, Rel. Min. Nancy Andrighi, j. 21.06.2005, v.u., *BOLAASP* 2.480/3.969). Em outro *decisum* mais recente, publicado no *Informativo* n. *430* do STJ, concluiu a mesma Turma, com mesma relatoria: "O ser humano vive da retribuição pecuniária que aufere com o seu trabalho. Não é diferente quando ele contrai matrimônio, hipótese em que marido e mulher retiram de seus proventos o necessário para seu sustento, contribuindo, proporcionalmente, para a manutenção da entidade familiar. Se é do labor de cada cônjuge, casado sob o regime da comunhão parcial de bens, que invariavelmente advêm os recursos necessários à aquisição e conservação do patrimônio comum, ainda que em determinados momentos, na constância do casamento, apenas um dos consortes desenvolva atividade remunerada, a colaboração e o esforço comum são presumidos, servindo, o regime matrimonial de bens, de lastro para a manutenção da família. Em consideração à disparidade de proventos entre marido e mulher, comum a muitas famílias, ou, ainda, frente à opção do casal no sentido de que um deles permaneça em casa cuidando dos filhos, muito embora seja facultado a cada cônjuge guardar, como particulares, os proventos do seu trabalho pessoal, na forma do art. 1.659, inc. VI, do CC/2002, deve-se entender que, uma vez recebida a contraprestação do labor de cada um, ela se comunica" (STJ, REsp 1.024.169/RS, 3.ª Turma, Rel. Min. Nancy Andrighi, j. 13.04.2010, *DJe* 28.04.2010). Como se nota, o trecho transcrito procura dar um sentido ao antes comentado e criticado art. 1.659, inc. VI, do Código Civil. Tema correlato à comunicação das verbas trabalhistas diz respeito ao Fundo de Garantia de Tempo de Serviço (FGTS), seguindo o STJ o mesmo caminho da comunicação se o fato gerador estiver relacionado a momento em que a união gerava efeitos. Conforme acórdão de relatoria do Ministro Paulo de Tarso Sanseverino, por todos: "Os valores oriundos do Fundo de Garantia do Tempo de Serviço configuram frutos civis do trabalho, integrando, nos casamentos realizados sob o regime da comunhão parcial sob a égide do Código Civil de 1916, patrimônio comum e, consequentemente, devendo ser considerados na partilha quando do divórcio. Inteligência do art. 271 do CC/1916. Interpretação restritiva dos enunciados dos arts. 269, IV, e 263, XIII, do Código Civil de 1916, entendendo-se que a incomunicabilidade abrange apenas o direito aos frutos civis do trabalho, não se estendendo aos valores recebidos por um dos cônjuges, sob pena de se malferir a própria natureza do regime da comunhão parcial" (STJ, REsp 848.660/RS, 3.ª Turma, Rel. Min. Paulo de Tarso Sanseverino, j. 03.05.2011, *DJe* 13.05.2011). Apesar da menção a dispositivos do Código Civil de 1916, a forma de pensar deve ser a mesma sob a égide do Código Civil de 2002. Em suma, as verbas em si não se comunicam, pois se enquadram como proventos do trabalho de cada cônjuge. Porém, se sacados os valores, haverá comunicação, pois passam a ser considerados frutos civis. Em 2016, essa conclusão foi completada pela Segunda Seção do mesmo Tribunal Superior, que deduziu pela não comunicação dos valores relativos ao FGTS recebidos anteriormente à união. Após profundos debates, a ementa constante do *Informativo* n. *581* foi assim publicada, em resumo: "Diante do divórcio de cônjuges que viviam sob o regime da comunhão parcial de bens, não deve ser reconhecido o direito à meação dos valores que foram depositados em conta vinculada ao FGTS em datas anteriores à constância do casamento e que tenham sido utilizados para aquisição de imóvel pelo casal durante a vigência da relação conjugal. Diverso é o entendimento em relação aos valores depositados em conta vinculada ao FGTS na constância do casamento sob o regime da comunhão parcial, os quais, ainda que não sejam sacados imediatamente à separação do casal, integram o patrimônio comum do casal, devendo a CEF ser comunicada para que providencie a reserva do montante referente à meação, a fim de que, num momento futuro, quando da realização de qualquer das hipóteses legais de saque, seja possível a retirada do numerário pelo ex-cônjuge" (STJ, REsp 1.399.199/RS, Rel. Min. Maria Isabel Gallotti, Rel. para Acórdão Min. Luis Felipe Salomão, j. 09.03.2016, *DJe* 22.04.2016). Como se nota, acabou prevalecendo a posição do Ministro Luis Felipe Salomão, que é por mim compartilhada, levando-se em conta a essência dos fatos geradores das aquisições patrimoniais. Em suma, o entendimento do Superior Tribunal de Justiça sobre o tema pode ser resumido na seguinte afirmação, constante da Edição n. 113 da ferramenta *Jurisprudência em Teses* da Corte, publicada em 2018: "As verbas de natureza trabalhista nascidas e pleiteadas na constância da união estável ou do casamento celebrado sob o regime da comunhão parcial ou universal de bens integram o patrimônio comum do casal e, portanto, devem ser objeto da partilha no momento da separação" (tese n. 3, sendo certo que a edição trata da Dissolução do Casamento e da União Estável). E, mais ainda, sobre o FGTS: "Deve ser reconhecido o direito à meação dos valores depositados em conta vinculada ao Fundo de Garantia de Tempo de Serviço – FGTS auferidos durante a constância da união estável ou do casamento celebrado sob o regime da comunhão parcial ou universal de bens, ainda que não sejam sacados imediatamente após a separação do casal ou que tenham sido utilizados para aquisição de imóvel pelo casal durante a vigência da relação" (tese n. 4, publicada na mesma ferramenta e edição). Outra situação em debate diz respeito à previdência privada complementar. Continuo a entender que os fundos de previdência privada constituem aplicações financeiras, devendo ocorrer sua comunicação finda a união, tese que sempre foi defendida pelo coautor desta obra José Fernando Simão. Exatamente nessa linha, vale transcrever julgado do Tribunal Gaúcho que adota a premissa: "Separação judicial. Partilha de bens. Valores existentes na conta em nome do varão provenientes de FGTS e Previdência Privada. 1. Como o regime de bens do casamento era o da comunhão parcial, então todo o patrimônio amealhado pelo casal a título oneroso durante a convivência deve ser repartido igualitariamente, inclusive os valores que integravam as aplicações realizadas no Banco Real ABN AMRO, ainda que existente em conta bancária apenas no nome do separando e decorrentes do FGTS e da Previdência Privada. 2. Se os valores do FGTS e da Previdência Privada foram sacados pelo varão e estão depositados em conta bancária ou se destinaram à aquisição de ações, então passaram a integrar o patrimônio comum do casal. 3. É cabível a expedição de ofício ao Banco Real solicitando informações acerca dos depósitos ou aplicações financeiras existentes em nome do separando. Recurso provido" (TJRS, Agravo de Instrumento 70028689602, 7.ª Câmara Cível, Porto Alegre, Rel. Des. Sérgio Fernando Silva de Vasconcellos Chaves, j. 22.07.2009, *DJERS* 13.10.2009, p. 47). De toda sorte, a questão não é pacífica, pois podem ser encontrados acórdãos estaduais que seguem o caminho inverso, pela não comunicação dos valores depositados para os fins de previdência privada: "Separação litigiosa. Sentença de procedência. Hipótese de comprovação da vida em comum ser insuportável regime da comunhão parcial de bens. Recurso dele para excluir da partilha os bens imóveis adquiridos por doação de seus pais e com verbas de seu FGTS, além da previdência privada, provido para essa finalidade" (TJSP, Apelação 994.08.128025-7, Acórdão 4357264, 4.ª Câmara de Direito Privado, Santa Rosa do Viterbo, Rel. Des. Teixeira Leite, j. 25.02.2010, *DJESP* 31.03.2010). Insta verificar que, na linha do que foi aqui defendido, o próprio STJ entendeu pela comunicação de frutos civis, rendimentos advindos de aplicação financeira mantida por ex-cônjuge na vigência da sociedade conjugal. Conforme julgado publicado no *Informativo* n. *506* daquela Corte Superior: "Quando perder o caráter alimentar, deve ser partilhada em inventário a aplicação financeira de proventos de aposentadoria mantida por um dos ex-consortes durante a vigência do matrimônio sob o regime de comunhão universal de bens. A melhor interpretação referente à incomunicabilidade dos salários, proventos e outras verbas similares (arts. 1.668, V, 1.659, VI e VII, do CC) é aquela que fixa a separação patrimonial apenas durante o período em que ela ainda mantém natureza alimentar, não desprezando a devida compatibilização dessa restrição com os deveres de mútua assistência. Embora o CC disponha expressamente que se excluem 'da comunhão os proventos do trabalho pessoal de cada cônjuge', é forçoso convir que os valores, depois de recebidos por qualquer dos cônjuges, passam a compor a renda familiar e se comunicam até a separação de fato do casal, sendo absolutamente irrelevante a sua origem. Do contrário, somente o consorte que possuísse trabalho remunerado seria o titular da íntegra do patrimônio alicerçado durante a sociedade conjugal, entendimento que subverteria o sistema normativo relativo ao regime patrimonial do casamento. De modo que o comando da incomunicabilidade deve ser relativizado quando examinado em conjunto com os demais deveres do casamento; pois, instituída a obrigação de mútua assistência e de mantença do lar por ambos os cônjuges, não há como considerar isentas as verbas obtidas pelo trabalho pessoal de cada um deles ou proventos e pensões tampouco como hábeis a formar uma reserva particular. Conforme dispõe a lei, esses valores devem obrigatoriamente ser utilizados para auxílio à mantença do lar da sociedade conjugal. Assim, os proventos de aposentadoria como bem particular são excluídos da comunhão apenas enquanto as respectivas cifras mantenham um caráter alimentar em relação àquele consorte que as aufere. No entanto, suplantada a necessidade de proporcionar a subsistência imediata do titular, as verbas excedentes integram o patrimônio comum do casal e se comunicam, devendo ser incluídas entre os bens a serem meados no inventário aberto em função da morte de um dos cônjuges" (STJ, REsp 1.053.473/RS, Rel. Min. Marco Buzzi, j. 02.10.2012). Porém, mais recentemente, a Terceira Turma do STJ acabou por excluir a comunicação de valores depositados em previdência privada de um dos companheiros, em união estável regida pela comunhão parcial, conclusão que é a mesma para as hipóteses de casamento. Nos termos de trecho de sua ementa, "cinge-se a controvérsia a identificar se o benefício de previdência privada fechada está incluído dentro no rol das exceções do art. 1.659, VII, do CC/2002 e, portanto, é verba excluída da partilha em virtude da dissolução de união estável, que observa, em regra, o regime da comunhão parcial dos bens. A previdência privada possibilita a constituição de reservas para contingências futuras e incertas da vida por meio de entidades organizadas de forma autônoma em relação ao regime geral de previdência social. As entidades fechadas de previdência complementar, sem fins lucrativos, disponibilizam os planos de benefícios de natureza previdenciária apenas aos empregados ou grupo de empresas aos quais estão atrelados e não se confundem com a relação laboral (art. 458, § 2º, VI, da CLT). O art. 1.659, inciso VII, do CC/2002 expressamente exclui da comunhão de bens as pensões, meios-soldos, montepios e outras rendas semelhantes, como, por analogia, é o caso da previdência complementar fechada" (STJ, REsp 1.477.937/MG, 3.ª Turma, Rel. Min. Ricardo Villas Bôas Cueva, j. 27.04.2017, *DJe* 20.06.2017). Em 2020 surgiu outro acórdão da mesma Turma, trazendo a distinção entre os planos e aduzindo que "os planos de previdência privada aberta, de que são exemplos o VGBL e o PGBL, não apresentam os mesmos entraves de natureza financeira e atuarial que são verificados nos planos de previdência fechada, a eles não se aplicam os óbices à partilha por ocasião da dissolução do vínculo conjugal apontados em precedente da 3.ª Turma desta Corte (REsp 1.477.937/MG). Embora, de acordo com a SUSEP, o PGBL seja um plano de previdência complementar aberta com cobertura por sobrevivência e o VGBL seja um plano de seguro de pessoa com cobertura por sobrevivência, a natureza securitária e previdenciária complementar desses contratos é marcante no momento em que o investidor passa a receber, a partir de determinada data futura e em prestações periódicas, os valores que acumulou ao longo da vida, como forma de complementação do valor recebido da previdência pública e com o propósito de manter um determinado padrão de vida. Todavia, no período que antecede a percepção dos valores, ou seja, durante as contribuições e formação do patrimônio, com múltiplas possibilidades de depósitos, de aportes diferenciados e de retiradas, inclusive antecipadas, a natureza preponderante do contrato de previdência complementar aberta é de investimento, razão pela qual o valor existente em plano de previdência complementar aberta, antes de sua conversão em renda e pensionamento ao titular, possui natureza de aplicação e investimento, devendo ser objeto de partilha por ocasião da dissolução do vínculo conjugal por não estar abrangido pela regra do art. 1.659, VII, do CC/2002" (STJ, REsp 1.698.774/RS, 3.ª Turma, Rel. Min. Nancy Andrighi, j. 01.09.2020, *DJe* 09.09.2020). Exatamente na mesma linha, a tese n. 6 publicada na Edição n. 113 da ferramenta *Jurisprudência em Teses* da Corte, em 2018: "Os valores investidos em previdência privada fechada se inserem, por analogia, na exceção prevista no art. 1.659, VII, do Código Civil de 2002, consequentemente, não integram o patrimônio comum do casal e, portanto, não devem ser objeto da partilha". Com o devido respeito, parece haver certa contradição entre as posições constantes das duas formas de julgar da Corte, o que deve ser pacificado no âmbito da sua Segunda Seção, em breve. De todo modo, reafirmo aqui a minha posição, pela necessidade de comunicação dos valores depositados em previdência privada, tratando-se de casamento ou união estável regido pela comunhão parcial. Por fim, da prática jurisprudencial, entende-se que há comunicação dos aluguéis recebidos durante a união, mesmo que se refiram a imóvel pertencente a apenas um dos cônjuges; porém, "o montante recebido a título de aluguéis de imóvel particular do 'de cujus' não se comunica à companheira supérstite após a data da abertura da sucessão. [...]. A comunicabilidade ou não dos frutos deve levar em conta a data da ocorrência do fato que dá ensejo à sua percepção, isto é, o momento em que o titular adquire o direito a seu recebimento. Precedente da Segunda Seção. A data da celebração do contrato de locação ou o termo final de sua vigência em nada influenciam no desate da questão, pois os aluguéis somente podem ser considerados pendentes se deveriam ter sido recebidos na constância da união e não o foram. A partir da data do falecimento do locador – momento em que houve a transmissão dos direitos e deveres decorrentes do contrato aos herdeiros, por força do art. 10 da Lei 8.245/91 –, todo e qualquer vínculo apto a autorizar a recorrente a partilhar dos aluguéis foi rompido" (STJ, REsp 1.795.215/PR, 3.ª Turma, Rel. Min. Nancy Andrighi, j. 23.03.2021, *DJe* 26.03.2021).

REFORMA DO CÓDIGO CIVIL: A Comissão de Juristas propõe uma necessária reforma no art. 1.660 do CC, para a ampliação da comunicação de bens ou da meação na comunhão parcial, deixando também o tratamento da matéria mais claro e efetivo, tendo em vista os vários desafios práticos que surgiram sobre a temática nos mais de vinte anos de vigência da codificação privada de 2002. Uma das razões da ampliação é a retirada da concorrência sucessória do cônjuge e do convivente do sistema jurídico, sobretudo com os descendentes, no art. 1.829, inc. I, do CC, que tem a seguinte e confusa redação: "a sucessão legítima defere-se na ordem seguinte: I – aos descendentes, em concorrência com o cônjuge sobrevivente, salvo se casado este com o falecido no regime da comunhão universal, ou no da separação obrigatória de bens (art. 1.640, parágrafo único); ou se, no regime da comunhão parcial, o autor da herança não houver deixado bens particulares". Como se sabe, atualmente, essa concorrência do cônjuge ou convivente com os descendentes do *de cujus* está limitada aos bens particulares do falecido, aqueles que não se comunicam na comunhão parcial, o que foi pacificado na Segunda Seção do Superior Tribunal de Justiça: "Nos termos do art. 1.829, I, do Código Civil de 2002, o cônjuge sobrevivente, casado no regime de comunhão parcial de bens, concorrerá com os descendentes do cônjuge falecido somente quando este tiver deixado bens particulares. [...]. A referida concorrência dar-se-á exclusivamente quanto aos bens particulares constantes do acervo hereditário do *de cujus*" (STJ, REsp 1.368.123/SP, Rel. Min. Sidnei Beneti, Rel. p/ Acórdão Min. Raul Araújo, 2.ª Seção, j. 22.04.2015, *DJe* 08.06.2015). Seguiu-se, como se sabe, a solução do Enunciado n. 270 da *III Jornada de Direito Civil, in verbis*: "o art. 1.829, inc. I, só assegura ao cônjuge sobrevivente o direito de concorrência com os descendentes do autor da herança quando casados no regime da separação convencional de bens ou, se casados nos regimes da comunhão parcial ou participação final nos aquestos, o falecido possuísse bens particulares, hipóteses em que a concorrência se restringe a tais bens, devendo os bens comuns (meação) ser partilhados exclusivamente entre os descendentes". A Comissão de Juristas concluiu pela mais do que necessária extinção da concorrência sucessória do cônjuge ou convivente com os descendentes do falecido por entender ser ela confusa, anacrônica e distante de uma segura e justa solução prática das controvérsias. Os processos de inventários litigiosos são hoje infindáveis, e a concorrência sucessória não se coaduna com a solução extrajudicial e consensual das disputas, pois aumenta o conflito, não ocasionando a necessária pacificação social. Além dessas justificativas, algumas das proposições incluídas no art. 1.660 resolvem e suprem debates jurisprudenciais sobre os temas, assim como trazem em seu conteúdo o *protocolo de gênero*, para a tutela dos direitos das mulheres tanto nas hipóteses envolvendo o casamento quanto a união estável. Assim, nos termos do inciso I, haverá a comunicação dos "bens adquiridos por título oneroso na constância do casamento ou da união estável, ainda que só em nome de um dos cônjuges ou conviventes". Em relação a ele, houve a inclusão da união estável e clareza quanto à aquisição do bem ter se dado na constância do relacionamento havido entre as partes. Como outra modificação, o inciso III passará a enunciar "os bens adquiridos por doação, herança ou legado, em favor de ambos os cônjuges ou conviventes"; mais uma vez apenas com a inclusão da união estável no preceito. No inciso IV, preceituam-se "as benfeitorias em bens particulares de cada cônjuge ou convivente, entendendo-se como valor a ser partilhado, sempre que possível, o da valorização do bem em razão das benfeitorias realizadas". A menção à valorização do bem particular em virtude de benfeitorias é salutar, para se afastar disputas desnecessárias no âmbito do Poder Judiciário, pois como esclareceu a Subcomissão de Direito de Família, a "presente proposta regula, com justiça, a valorização do bem no regime da comunhão parcial de bens. Trata-se de situação bastante comum no Brasil que, por certo, carece de disciplina mais detalhada, para evitar injustiça e enriquecimento sem causa de uma das partes. A proposta, portanto, justifica-se em firme base fática e social". No inciso V, a proposição da Comissão de Juristas apenas inclui novamente a união estável e diz respeito aos "frutos dos bens comuns, ou dos particulares de cada cônjuge ou convivente, percebidos na constância do casamento ou da união estável ou pendentes ao tempo de cessar a comunhão". Porém, no novo inciso VI, há a antes citada ampliação considerável da comunicação de bens ou da meação na comunhão parcial, abrangendo, na linha dos meus comentários doutrinários e anotações jurisprudenciais, "as remunerações, salários, pensões, dividendos, fundo de garantia por tempo de serviço, previdências privadas abertas ou outra classe de recebimentos ou indenizações que ambos os cônjuges ou conviventes obtenham durante o casamento ou união estável, como provento do trabalho ou de aposentadoria". A previsão, portanto, completa as revogações dos incisos VI e VII do art. 1.659 que, atualmente, apenas causam confusão. Assim, além da comunicação das rendas em geral, os seus frutos e as suas decorrências se comunicam, em prol do outro cônjuge ou convivente, o que vem em boa hora, com os fins de deixar mais clara a matéria e afastar disputas ainda não pacificadas que hoje ainda existem sobre os institutos previstos no novo inciso VI. Também como nova previsão e na mesma linha de ampliação da comunicação de bens, o incluso inc. VII preverá a meação sobre "os direitos patrimoniais sobre as quotas ou ações societárias adquiridas na constância do casamento ou da união estável". Consoante as justificativas da Subcomissão de Direito de Família, "a presente proposta pretende a comunicabilidade, não das quotas ou ações societárias *de per si*, pois isso violaria a própria *affectio societatis*, além de agredir regras fundamentais de direito societário. O que se pretende, sim, visando a evitar indesejável enriquecimento sem causa, é a comunicabilidade dos 'direitos patrimoniais' sobre tais quotas ou ações, o que pode ser apurado mediante balanço contábil". Também é incluída, no inciso VIII, com as mesmas justificativas, "a valorização das quotas ou das participações societárias ocorrida na constância do casamento ou da união estável, ainda que a aquisição das quotas ou das ações tenha ocorrido anteriormente ao início da convivência do casal, até a data da separação de fato". Por fim, insere-se previsão complementar, no novo inc. IX, da "valorização das quotas sociais ou ações societárias decorrentes dos lucros reinvestidos na sociedade na vigência do casamento ou união estável do sócio, ainda que a sua constituição seja anterior à convivência do casal, até a data da separação de fato". Não se olvide, quanto à valorização das quotas sociais, que o Superior Tribunal de Justiça tem entendimento diverso, pela sua não comunicação. Vejamos, entre os últimos arestos: "consoante a jurisprudência desta Corte, a valorização patrimonial das cotas sociais adquiridas antes do casamento ou da união estável não deve integrar o patrimônio comum a ser partilhado, por ser decorrência de um fenômeno econômico que dispensa a comunhão de esforços do casal" (STJ, Ag. Int. nos EDcl no AREsp 699.207/SP, Rel. Min. Raul Araújo, 4.ª Turma, j. 27.06.2022, *DJe* 29.06.2022). Ou, entre os arestos mais antigos: "o regime de bens aplicável às uniões estáveis é o da comunhão parcial, comunicando-se, mesmo por presunção, os bens adquiridos pelo esforço comum dos companheiros. A valorização patrimonial das cotas sociais de sociedade limitada, adquiridas antes do início do período de convivência, decorrente de mero fenômeno econômico, e não do esforço comum dos companheiros, não se comunica" (STJ, REsp 1.173.931/RS, Rel. Min. Paulo de Tarso Sanseverino, 3.ª Turma, j. 22.10.2013, *DJe* 28.10.2013). Não se olvide que, em relação ao último inciso incluído no art. 1.660, relativo à valorização das quotas sociais, prestigiou-se entendimento do Tribunal Paulista, caso do seguinte aresto com repetição em outros julgados de mesma Relatoria: "Partilha de bens. Regime da comunhão parcial de bens. Saldo existente em aplicações financeiras partilhado em sentença. Insurgência em relação à forma de atualização dos valores a serem entregues à ex-esposa pelo ex-marido. Correção e incidência de juros que devem levar em conta os índices dos fundos de investimentos em que estavam aplicados os valores partilhados. Cotas sociais de pessoa jurídica adquiridas pelo ex-marido por doação de seu genitor constituem bens próprios. Aquisições posteriores a título oneroso e aumento do capital social. Comunicação dos frutos de bens particulares recebidos na constância do casamento, independentemente de esforço comum do cônjuge. Frutos que correspondem à parcela do aumento do capital social decorrente da incorporação de lucros que, caso distribuídos aos sócios, constituiriam aquestos. Parcela de aumento do capital social eventualmente decorrente de correção monetária do capital e reavaliação de outros ativos são incomunicáveis ao outro cônjuge. Comunicação da mais-valia, nos moldes acima estabelecidos, se dará somente até a data da separação de fato do casal. Sucesso ou infortúnio da pessoa jurídica após a separação de fato do casal não se comunica ao outro cônjuge, cessado o regime de bens. Esposa que não se torna sócia da pessoa jurídica, mas sim sua credora, com direito a receber seus haveres à conta da participação do marido. Apuração dos haveres será objeto de ação própria, pois envolve interesses de terceiros que não figuram como partes nesta demanda. Ação e reconvenção parcialmente procedentes. Recurso do autor parcialmente provido. Recurso da ré desprovido" (TJSP, Apelação Cível 1043882-52.2019.8.26.0576, Acórdão 15977273, São José do Rio Preto, 1.ª Câmara de Direito Privado, Rel. Des. Francisco Loureiro, j. 23.08.2022, rep. *DJESP* 29.08.2022, p. 1794). Na Subcomissão de Direito de Família e na Relatoria-Geral foi adotada solução diversa ao entendimento do STJ, para se afastar o enriquecimento sem causa do cônjuge sócio, em detrimento do regime da comunhão parcial, e pelo fato de que houve, como antes pontuado, a retirada da concorrência sucessória do cônjuge ou convivente em relação aos descendentes, quanto aos bens particulares do falecido, sendo necessário ampliar a meação para compensar essa retirada. A questão foi votada na Comissão de Juristas, formada inclusive por Ministros do STJ, nas reuniões da primeira semana de abril de 2024, tendo havido forte apoio à proposta também da Subcomissão de Direito de Empresa e de ampla maioria dos membros do grupo, vencendo na votação final. Entre outros argumentos, prevaleceu a necessidade de proteção dos direitos das esposas e conviventes, efetivando-se o *protocolo de gênero*. Cabe agora, ao Congresso Nacional, analisar qual o melhor caminho para o tema, sendo necessário, em prol da segurança jurídica, que todas essas situações sejam positivadas na lei brasileira.

Art. 1.661. São incomunicáveis os bens cuja aquisição tiver por título uma causa anterior ao casamento.

COMENTÁRIOS DOUTRINÁRIOS: A lei civil considera incomunicáveis os bens cuja aquisição tiver por título uma causa anterior ao casamento. A título de ilustração, cite-se a hipótese de um rapaz solteiro que vende a crédito um terreno seu, cujo valor é recebido após a celebração do casamento sob o regime da comunhão parcial. Tal valor é incomunicável, pois a sua causa é anterior ao matrimônio. Trata-se, portanto, de outra regra que traduz a essência da comunhão parcial, de comunicação apenas dos bens havidos durante a união, excluindo-se os bens anteriores. Advirta-se, contudo, que, se houver alguma valorização do imóvel anterior, caso de benfeitorias que nele são introduzidas, em relação a estas haverá comunicação.

JURISPRUDÊNCIA COMENTADA: Como primeira ilustração jurisprudencial a ser citada, entendeu o Tribunal de Minas Gerais que "se a aquisição de um dos bens imóveis foi firmada e paga integralmente por um dos cônjuges, antes do casamento, afasta-se a partilha, não elidindo a incomunicabilidade o fato de o registro imobiliário ter sido feito já na constância daquele" (TJMG, Apelação Cível 0025142-82.2010.8.13.0045, Rel. Des. Washington Ferreira, j. 10.07.2012, *DJEMG* 20.07.2012). Em outro julgado a ser destacado, do Superior Tribunal de Justiça, julgou-se pela "exclusão da comunhão de imóvel quitado e escriturado na vigência do matrimônio anterior, mas registrado na vigência da união estável. Aplicação do enunciado normativo do art. 1.661 do Código Civil, que exclui da comunhão 'os bens cuja aquisição tiver por título uma causa anterior ao casamento'" (STJ, REsp 1.563.942/MG, 3.ª Turma, Rel. Min. Paulo de Tarso Sanseverino, j. 16.10.2018, *DJe* 18.10.2018, p. 5.149). O debate da demanda dizia respeito à divisão patrimonial relativa a união estável, precedida por casamento com outra pessoa. Por fim, destaque-se, a correta conclusão segundo a qual "comprovado que o imóvel objeto da *quaestio* foi adquirido exclusivamente às expensas da Ré, com a entrega de um veículo de sua propriedade, somado aos valores oriundos da meação que lhe coube por ocasião da dissolução da primeira união mantida pelos litigantes, o desprovimento do apelo é medida que se impõe" (TJSC, Apelação Cível 0003569-43.2011.8.24.0078, 4.ª Câmara de Direito Civil, Urussanga, Rel. Des. Joel Figueira Júnior, *DJSC* 16.03.2017, p. 192).

REFORMA DO CÓDIGO CIVIL: Sem qualquer inovação em relação ao seu conteúdo, a Comissão de Juristas propõe apenas inclusão da união estável no art. 1.661 do CC, que passará a prever o seguinte: "Art. 1.661. São incomunicáveis os bens cuja aquisição tiver por título uma causa anterior ao casamento ou à constituição de união estável".

Art. 1.662. No regime da comunhão parcial, presumem-se adquiridos na constância do casamento os bens móveis, quando não se provar que o foram em data anterior.

COMENTÁRIOS DOUTRINÁRIOS: Relativamente aos bens móveis, a lei consagra uma presunção de que foram adquiridos na constância da união, ou seja, haverá comunicação. Essa presunção é relativa ou *iuris tantum*, cabendo prova em contrário de quem alega que o bem é exclusivo e incomunicável. Há interessante polêmica doutrinária a respeito da aquisição de novo bem móvel, sub-rogado, com a contribuição do outro cônjuge. Esse bem continua a ser particular, integrará a comunhão ou terá natureza mista, sendo considerado parte particular e parte comum? Sigo a terceira corrente, no sentido de que somente parte dele será comum, proporcionalmente ao valor contribuído para sua aquisição.

JURISPRUDÊNCIA COMENTADA: Muitos julgados estaduais trazem a conclusão de inversão do ônus da prova a respeito da demonstração de que o bem móvel foi adquirido por apenas um dos cônjuges ou companheiros, sendo necessária a efetiva demonstração da premissa a fim de afastar a presunção prevista no comando. Nessa linha: "É cabível a partilha igualitária dos bens móveis arrolados pela autora, pois o réu não se desincumbiu de provar que foram adquiridos por ele antes da união estável, havendo presunção legal de terem sido adquiridos na constância da vida conjugal, quando não demonstrada a sua aquisição em data anterior ou que pertencem a terceiros. Incidência do art. 1.662 do Código Civil" (TJRS, Apelação Cível 0262155-21.2018.8.21.7000, 7.ª Câmara Cível, Passo Fundo, Rel. Des. Sérgio Fernando de Vasconcellos Chaves, j. 31.10.2018, *DJERS* 08.11.2018). Ou, ainda, sobre os bens domésticos: "Documentos que comprovam propriedades. Reconhecimento tácito pelo réu dos bens móveis. Inversão do ônus da prova. Art. 373, II do CPC. Bens móveis de uso doméstico. Inteligência do art. 1.662 do Código Civil. Acolhimento de todos os bens indicados por ambas as partes" (TJBA, Apelação 0515604-72.2013.8.05.0001, 5.ª Câmara Cível, Salvador, Rel. Des. Raimundo Sérgio Sales Cafezeiro, j. 06.06.2017, *DJBA* 12.06.2017, p. 390). O mesmo se diga, no sistema atual, quanto aos veículos que são adquiridos no curso do casamento ou da união estável, mesmo estando em nome de apenas um dos consortes: "Veículo comprado durante a vigência do matrimônio. Presunção de esforço comum. Admissibilidade" (TJSP, Apelação 0019970-24.2011.8.26.0576, Acórdão 6685267, 9.ª Câmara de Direito Privado, São José do Rio Preto, Rel. Des. Galdino Toledo Junior, j. 23.04.2013, *DJESP* 10.05.2013).

REFORMA DO CÓDIGO CIVIL: Além da inclusão da união estável, sugere-se que a norma mencione apenas os bens móveis que guarnecem o domicílio comum, passando o dispositivo a prever o seguinte: "Art. 1.662. No regime da comunhão parcial, presumem-se adquiridos na constância do casamento ou da união estável os bens móveis que guarnecem o domicílio comum, quando não se provar que o foram em data anterior". Essa restrição deixa mais claro o texto da lei, como bem argumentou a Subcomissão de Direito de Família: "trata-se de ajuste redacional simples, com o escopo de esclarecer os bens que se presumem adquiridos na constância do casamento ou da união estável". Assim, no exemplo do veículo constante do acórdão por último citado, deverá haver a presunção relativa de meação da coisa.

Art. 1.663. A administração do patrimônio comum compete a qualquer dos cônjuges.

§ 1º As dívidas contraídas no exercício da administração obrigam os bens comuns e particulares do cônjuge que os administra, e os do outro na razão do proveito que houver auferido.

§ 2º A anuência de ambos os cônjuges é necessária para os atos, a título gratuito, que impliquem cessão do uso ou gozo dos bens comuns.

§ 3º Em caso de malversação dos bens, o juiz poderá atribuir a administração a apenas um dos cônjuges.

COMENTÁRIOS DOUTRINÁRIOS: No regime da comunhão parcial de bens, a administração do patrimônio comum compete a qualquer um dos cônjuges, diante da igualdade constitucional dos consortes, do sistema de colaboração existente entre eles e do interesse comum presente nesse regime de bens. As dívidas contraídas no exercício dessa administração obrigam os bens comuns e particulares do cônjuge que os administra, e os do outro cônjuge na razão do proveito que houver auferido. Como primeiro exemplo concreto, imagine-se que o marido tem uma empresa, anterior ao casamento, e a administra sozinho. Nesse caso, a parte que tem nos bens comuns e os bens exclusivos da esposa não responde por dívidas contraídas pelo marido na administração da empresa, já que o bem é anterior. Por outra via, se a empresa foi constituída na vigência do matrimônio, sendo de ambos e administrada pelo marido, que contrai dívidas, responderão tanto os bens particulares do marido quanto os bens comuns, em regra. Eventualmente, se a mulher for beneficiada por essa administração responderão os seus bens particulares, na proporção da vantagem produzida. A norma em estudo ainda determina que a anuência de ambos os cônjuges é necessária para os atos que, a título gratuito, impliquem a cessão do uso ou gozo dos bens comuns, caso da instituição de um usufruto ou da celebração de um contrato de comodato de imóvel pertencente a ambos. Por fim, em havendo prova de malversação dos bens, ou seja, de dilapidação do patrimônio ou desvio de bens, o juiz poderá atribuir a administração a apenas um dos cônjuges, analisando as provas dessa má administração.

JURISPRUDÊNCIA COMENTADA: Aplicando por analogia o dispositivo em estudo, concluiu de forma correta o Tribunal do Paraná que "o bem integrante do patrimônio indiviso pendente de partilha administrado por apenas um dos ex-cônjuges pode ser arrendado sem a anuência do outro. Aplicação analógica do art. 1.663, § 2º do Código Civil. Ao insatisfeito com a administração cabe pleitear a responsabilização do ex-cônjuge por meio da propositura da ação própria, não se admitindo que moleste a posse legítima do arrendatário" (TJPR, Apelação Cível 1527789-1, 12.ª Câmara Cível, Palmeira, Rel. Juiz Conv. Luciano Carrasco Falavinha Souza, j. 15.08.2018, *DJPR* 30.08.2018, p. 59). Sobre as dívidas que são contraídas na vigência do casamento, tem-se julgado corretamente que "a meação do cônjuge do executado responde pela dívida contraída pelo cônjuge executado em proveito da família e, para fins de liberação da meação da penhora que recairá sobre o imóvel do casal, é o cônjuge detentor de metade do patrimônio quem deve demonstrar que a dívida não foi contraída em benefício da entidade familiar e que o débito se reverteu em proveito exclusivo do cônjuge-executado" (TJSP, Agravo de Instrumento 2092063-20.2017.8.26.0000, Acórdão 11097560, 12.ª Câmara de Direito Privado, São Sebastião da Grama, Rel. Des. Sandra Galhardo Esteves, j. 08.01.2018, *DJESP* 24.01.2018, p. 5.131). E mais, "havendo prova de que as dívidas foram realizadas em proveito da família, o saldo devedor existente a partir da separação de fato deve ser partilhado" (TJDF, Apelação Cível 2016.09.1.016479-5, Acórdão 107.3329, 6.ª Turma Cível, Rel. Des. Esdras Neves, j. 07.02.2018, *DJDFTE* 21.02.2018).

REFORMA DO CÓDIGO CIVIL: Mais uma vez as proposições são de inclusão da união estável no dispositivo, que passará a ter seguinte redação: "Art. 1.663. A administração do patrimônio comum compete a qualquer dos cônjuges ou conviventes. § 1º As dívidas contraídas no exercício da administração obrigam os bens comuns e particulares do cônjuge ou convivente que os administra, e os do outro na razão do proveito que houver auferido. § 2º A anuência de ambos os cônjuges ou conviventes é necessária para os atos, a título gratuito, que impliquem cessão do uso ou gozo dos bens comuns. § 3º Em caso de malversação dos bens, o juiz poderá atribuir a administração a apenas um dos cônjuges ou conviventes". Como se pode notar, além da mais do que necessária inclusão do convivente, não há qualquer mudança no conteúdo da disposição legal.

Art. 1.664. Os bens da comunhão respondem pelas obrigações contraídas pelo marido ou pela mulher para atender aos encargos da família, às despesas de administração e às decorrentes de imposição legal.

COMENTÁRIOS DOUTRINÁRIOS: Os bens da comunhão, os aquestos que formam a meação, também respondem pelas obrigações contraídas pelo marido ou pela mulher para atender aos encargos da família, às despesas de administração e às decorrentes de imposição legal. Concretizando a norma, os bens da comunhão respondem pelas dívidas domésticas; pelas despesas de alimentação dos membros da entidade familiar; pelas despesas de aluguel e condomínio do apartamento onde reside o casal; pelas contas de água, luz, telefone e gás; pelos tributos do imóvel de residência, pelos valores relativos a empréstimos para a aquisição do imóvel de residência da família; entre outros valores no interesse da família.

JURISPRUDÊNCIA COMENTADA: Novamente tratando da questão probatória relativa às dívidas, extrai-se da jurisprudência, por todos, "caso dos autos em que a simples juntada de notas, recibos, cupons fiscais acostados ao processo (fls. 318/346), são insuficientes para concluir que sejam responsáveis pelas dívidas contraídas pelo apelante junto às instituições financeiras. E não se pode olvidar que a prova da existência de eventuais dívidas a que pretende sejam partilhadas, incumbe a quem alega, assim como de que foram revertidas em prol da família, nos termos do artigo 1.664 do Código Civil, o que não ocorreu *in casu*. Dívidas contraídas após a separação do casal, devem ser excluídas da partilha" (TJRS, Apelação Cível 0135868-13.2018.8.21.7000, 8.ª Câmara Cível, Passo Fundo, Rel. Des. José Antônio Daltoé Cezar, j. 13.12.2018, *DJERS* 17.12.2018). Por outra via, em caso similar a um dos exemplos que citei nos meus comentários, concluindo que a dívida foi contraída no interesse da família, entendeu o Tribunal de Justiça de São Paulo que "o contexto dos autos leva a crer que o mútuo celebrado entre as partes possibilitou a quitação do imóvel pelo executado e, via de consequência, o acréscimo do patrimônio da entidade familiar. Sem o capital tomado mediante empréstimo, o devedor não poderia liquidar a dívida outrora contraída com a construtora. Inteligência dos arts. 1.663 e 1.664 do Código Civil. Meação da mulher que responde pelas dívidas do marido, salvo se ela provar não terem sido assumidas em benefício da família" (TJSP, Agravo de Instrumento 2132431-37.2018.8.26.0000, Acórdão 11752675, 24.ª Câmara de Direito Privado, Barueri, Rel. Des. Jonize Sacchi de Oliveira, j. 23.08.2018, *DJESP* 12.09.2018, p. 2.566). Em suma, tem variado a análise jurisprudencial a respeito da presunção de que a dívida foi contraída no interesse de apenas um dos cônjuges ou no da família, o que demanda uma análise casuística, tendo em vista a natureza da obrigação assumida e as circunstâncias que a envolvem.

REFORMA DO CÓDIGO CIVIL: A Comissão de Juristas, em linha coerente com propostas anteriores, sugere que o dispositivo mencione também a união estável. Além disso, entendeu-se ser interessante incluir na norma previsão expressa quanto aos gastos de caráter urgente e extraordinários, para deixá-la mais clara, com a seguinte redação final proposta: "Art. 1.664. Os bens da comunhão respondem pelas obrigações contraídas pelos cônjuges ou conviventes para atender aos encargos da família, às despesas de administração e às decorrentes de imposição legal, mesmo quando se trate de gastos de caráter urgente e extraordinários". Também não se menciona o "homem" e a "mulher", mantendo-se coerência com a admissão da união estável e do casamento homoafetivo pelo Anteprojeto.

Art. 1.665. A administração e a disposição dos bens constitutivos do patrimônio particular competem ao cônjuge proprietário, salvo convenção diversa em pacto antenupcial.

COMENTÁRIOS DOUTRINÁRIOS: No tocante à administração e à disposição dos bens constitutivos do patrimônio particular, tais atos competem ao cônjuge proprietário, salvo convenção diversa em pacto antenupcial. Como consta do próprio comando legal em comento, é possível que os cônjuges pactuem a necessidade de outorga conjugal para a venda de um bem particular. A norma em questão constitui novidade frente à codificação anterior, e deve ser confrontada com o art. 1.647 da atual codificação material. Na realidade, para os casos de bens imóveis particulares continua sendo necessária a outorga conjugal, no caso de alienação do mesmo na vigência do regime da comunhão parcial. Em suma, o dispositivo em estudo não tem o condão de afastar as exigências constantes do art. 1.647, sob pena de nulidade absoluta da previsão, por infringir norma de ordem pública (art. 1.655). Nessa mesma linha, o Enunciado n. 340 do Conselho da Justiça Federal, aprovado na *IV Jornada de Direito Civil*, no ano de 2006, prevendo que "no regime da comunhão parcial de bens é sempre indispensável a autorização do cônjuge, ou seu suprimento judicial, para atos de disposição sobre bens imóveis". Como reforço ao seu teor, é importante lembrar que via de regra são introduzidas benfeitorias nesses bens particulares que, como visto, são comunicáveis na vigência da comunhão parcial (art. 1.660, inc. IV, do CC). Desse modo, a alienação de um imóvel nessas condições sem a outorga poderia gerar o enriquecimento sem causa de um cônjuge em relação ao outro, o que é vedado pelo art. 884 do CC/2002. Concluindo, sendo alienado um imóvel particular sem a outorga do outro cônjuge, mesmo na comunhão parcial, é possível alegar a anulabilidade do ato, com base nos arts. 1.647 e 1.649 do CC. Por fim, anote-se que para afastar esse conflito aparente entre os arts. 1.665 e 1.647, inc. I, o anterior Projeto Ricardo Fiuza pretendia alterar o primeiro dispositivo, que passaria a ter a seguinte redação: "A administração dos bens constitutivos do patrimônio particular compete ao cônjuge proprietário, salvo convenção diversa no pacto antenupcial". Sempre estive filiado à proposta, eis que ela encerra a controvérsia aqui demonstrada, trazendo mais certeza e estabilidade ao tema. No mesmo sentido, aliás, há sugestão na atual Reforma do Código Civil, ora em tramitação.

JURISPRUDÊNCIA COMENTADA: Concluindo que a falta de outorga conjugal para e alienação de bem particular na comunhão parcial deveria ser suprida judicialmente, conforme os meus comentários: "Bem adquirido antes do casamento que atrai a incidência do art. 1.665 do Código Civil. Desnecessidade de outorga marital que, em tese, deveria ser suprida necessariamente pelo MM Juízo ante o conflito de interesses do casal. Esposo da autora que é corréu, titular de outra cota do bem" (TJSP, Apelação 1001713-50.2015.8.26.0007, Acórdão 9488575, 7.ª Câmara de Direito Privado, São Paulo, Rel. Des. Mary Grün, j. 06.06.2016, *DJESP* 10.06.2016).

REFORMA DO CÓDIGO CIVIL: A Comissão de Juristas sugere a seguinte redação para o art. 1.655, com a inclusão da união estável e menção aos pactos conjugais e convivenciais em sentido amplo, e não mais apenas ao pacto antenupcial: "Art. 1.665. A administração e a disposição dos bens constitutivos do patrimônio particular competem ao cônjuge ou convivente proprietário, salvo convenção diversa em pacto conjugal ou convivencial". Na linha dos meus comentários doutrinários, seria interessante, ainda, retirar a menção expressa à disposição de bens, na linha do Enunciado n. 340 da *IV Jornada de Direito*, o que acabou permanecendo na projeção, por um lapso. Assim, sugere-se que seja feito um aperfeiçoamento da proposta, no âmbito do Congresso Nacional.

Art. 1.666. As dívidas, contraídas por qualquer dos cônjuges na administração de seus bens particulares e em benefício destes, não obrigam os bens comuns.

COMENTÁRIOS DOUTRINÁRIOS: Como derradeira regra relativa à comunhão parcial de bens, estabelece a codificação privada que as dívidas contraídas por qualquer dos cônjuges na administração de seus bens particulares e em benefício destes não obrigam os bens comuns, ou seja, sobre eles não há comunhão ou meação. Isso porque tais dívidas não dizem respeito aos interesses da família ou do outro cônjuge, estando a meação do último protegida e preservada. Todavia, os casos relativos a essas dívidas são raríssimos, uma vez que por regra as obrigações assumidas são de interesse de ambos e do núcleo familiar. Imagine-se, a título de exemplo, um imóvel que é anterior ao casamento, que nada produz e que deve ser mantido e administrado pelo cônjuge proprietário.

JURISPRUDÊNCIA COMENTADA: Novamente trazendo debate a respeito da prova da origem da dívida e do interesse que há sobre ela, atribuindo tal ônus ao credor, julgou o Tribunal de Minas Gerais que "nos termos do artigo 1.666 do Código Civil, sem a prova de que a dívida contraída pela agravada foi adquirida em favor da família, ônus que incumbe ao credor, não há que se falar na penhora dos bens comuns do casal, tampouco da metade dos ativos financeiros existentes na conta bancária particular do esposo da executada. Estranho à lide. Além disso, não se sabe se os bens perseguidos são considerados comuns, porquanto não se sabe sua origem, ou seja, se adquiridos antes ou durante a constância do casamento, devendo ser observadas, ainda, as hipóteses de exclusão da comunhão previstas no art. 1.659 do Código Civil" (TJMG, Agravo de Instrumento 1.0479.09.174166-6/001, Rel. Des. Mariângela Meyer, j. 25.11.2014, *DJEMG* 10.12.2014). Além do exemplo citado nos meus comentários, veja-se o seguinte, de afastamento da comunicação: "Pretensão à penhora do faturamento da empresa individual de titularidade do cônjuge da executada. Regime de comunhão parcial de bens. Débito particular que não incide sobre os bens comuns do casal (art. 1.666 do Código Civil)" (TJSP, Agravo de Instrumento 2027578-50.2013.8.26.0000, Acórdão 7129177, 11.ª Câmara de Direito Privado, São Paulo, Rel. Des. Rômolo Russo, j. 29.10.2013, *DJESP* 14.11.2013).

REFORMA DO CÓDIGO CIVIL: A Subcomissão de Direito de Família sugeriu a inclusão, no dispositivo, da viabilidade de compensação, na futura partilha, por dívidas pessoais pagas com bem comum, o que foi acatado pela Relatoria-Geral e pela Comissão de Juristas, como bem justificaram: "a proposta é inovadora e necessária por imperativo de justiça. Visa a prever a compensação na futura partilha, por dívidas pessoais pagas com bem comum. Prestigia-se, por um lado, a eficiência, e, por outro, o justo direito ao ressarcimento". Nesse contexto, o comando passará a prever o seguinte, em boa hora: "Art. 1.666. Se um dos consortes, na administração de bens particulares, vier a constituir dívidas cuja satisfação acarrete a excussão de bens comuns, terá o outro, caso não tenha anuído com o ato, o direito de reaver sua parte do valor subtraído do patrimônio comum, em eventual partilha". A subcomissão de especialistas ainda propôs a inclusão de norma relativa à fraude ao regime da comunhão parcial, praticada por cônjuge ou convivente, seguindo proposta elaborada por Rolf Madaleno. Trata-se do novo art. 1.666-A, com a seguinte dicção: "O ato de administração ou de disposição praticado por um só dos cônjuges ou conviventes em fraude ao patrimônio comum implicará sua responsabilização pelo valor atualizado do prejuízo. § 1º O cônjuge ou convivente que sonegar bens da partilha, buscando apropriar-se de bens comuns que esteja, em seu poder ou sob a sua administração e, assim, lesar economicamente a parte adversa, perderá o direito que sobre eles lhe caiba. § 2º Comprovada a prática de atos de sonegação, a sentença de partilha ou de sobrepartilha decretará a perda do direito de meação sobre o bem sonegado em favor do cônjuge ou convivente prejudicado". Como se nota, em boa hora, assim como ocorre em matéria sucessória, a fraude engendrada pelo cônjuge ou convivente implicará a imposição da pena de sonegados, com a perda do direito em relação ao bem.

CAPÍTULO IV
DO REGIME DE COMUNHÃO UNIVERSAL

Art. 1.667. O regime de comunhão universal importa a comunicação de todos os bens presentes e futuros dos cônjuges e suas dívidas passivas, com as exceções do artigo seguinte.

COMENTÁRIOS DOUTRINÁRIOS: Como antes comentei, a comunhão universal de bens era o regime legal até a entrada em vigor da Lei do Divórcio, ou seja, até 25 de dezembro de 1977. Justamente por isso, na prática, muitos casais, atualmente, são casados por esse regime, notadamente das gerações anteriores. Desde a entrada em vigor da Lei n. 6.515/1977, a sua previsão depende de pacto antenupcial, o que é confirmado pelo Código Civil de 2002. Na prática familiarista, raríssimos são os casos de pessoas que se casam por esse regime, o que se dá por alguma razão moral ou religiosa; ou mesmo por interesses escusos de um dos consortes, que busca um *golpe do baú*. Novamente deve-se tomar cuidado com a denominação categórica, não se utilizando expressões incorretas como *comunhão total* ou tão somente *comunhão de bens*. Como sua regra básica ou fundamental, comunicam-se tanto os bens anteriores ou presentes quanto os posteriores à celebração do casamento, ou seja, há uma comunicação plena nos aquestos, o que inclui as dívidas passivas de ambos. Após a união, portanto, forma-se uma máxima patrimonial única, com exceção de poucos e restritos bens, que estão descritos no art. 1.668 da codificação, e que sequer serão expostos. Sintetizando, em regra e com raríssimas declinações, todos os bens adquiridos durante o relacionamento, por um ou ambos os cônjuges, são comunicáveis na comunhão universal. Também se comunicam os bens recebidos por um ou por ambos por herança ou doação durante o casamento.

JURISPRUDÊNCIA COMENTADA: Para o Superior Tribunal de Justiça, na comunhão universal também há comunicação das quotas de sociedade de advogados adquiridas por um dos cônjuges na vigência desse regime. Nos termos da parte final da longa ementa do Tribunal da Cidadania: "Afigura-se incontroverso que a aquisição das quotas sociais da sociedade de advogados pelo recorrido deu-se na constância do casamento, cujo regime de bens era o da comunhão universal. Desse modo, se a obtenção da participação societária decorreu naturalmente dos esforços e patrimônios comuns dos então consortes, sua divisão entre os cônjuges, por ocasião de sua separação, é medida de justiça e consonante com a lei de regência. Naturalmente, há que se preservar o caráter personalíssimo dessas sociedades, obstando-se a atribuição da qualidade de sócio a terceiros que, nessa condição, não detenham com os demais a denominada *affectio societatis*. Inexistindo, todavia, outro modo de se proceder à quitação do débito ou de implementar o direito à meação ou à sucessão, o direito destes terceiros (credor pessoal do sócio, ex-cônjuge e herdeiros) é efetivado por meio de mecanismos legais (dissolução da sociedade, participação nos lucros etc.) a fim de amealhar o valor correspondente à participação societária. [...] Recurso especial provido, para, reconhecendo, em tese, o direito da cônjuge, casada em comunhão universal de bens, à partilha do conteúdo econômico das quotas sociais da sociedade de advogados então pertencentes ao seu ex-marido (não se lhe conferindo, todavia, o direito à dissolução compulsória da sociedade), determinar que o Tribunal de origem prossiga no julgamento das questões remanescentes veiculadas no recurso de apelação" (STJ, REsp 1.531.288/RS, 3.ª Turma, Rel. Min. Marco Aurélio Bellizze, j. 24.11.2015, *DJe* 17.12.2015). Em outro exemplo digno de nota, julgou o Tribunal do Distrito Federal que no regime da comunhão universal "os direitos sobre imóvel situado em área irregular, localizado em Área de Preservação Permanente, devem ser divididos por serem dotados de expressão econômica integrante do patrimônio comum das partes" (TJDF, Apelação Cível 2015.02.1.005703-6, Ac. 103.2159, 8.ª Turma Cível, Rel. Des. Eustáquio de Castro, j. 13.07.2017, *DJDFTE* 24.07.2017). Ademais, assim como ocorre na comunhão parcial de bens, tem-se entendido que "os valores depositados a título de FGTS configuram frutos civis do trabalho, suscetíveis, portanto, de partilha em regime de comunhão universal de bens" (STJ, Ag. Int. no REsp 1.647.001/PR, 3.ª Turma, Rel. Min. Nancy Andrighi, j. 24.10.2017, *DJe* 07.11.2017). Também igualmente como ocorre no regime legal: "A indenização trabalhista recebida por um dos ex-cônjuges após a dissolução do vínculo conjugal, mas correspondente a direitos adquiridos na constância do casamento celebrado sob o regime da comunhão universal de bens, integra o patrimônio comum do casal e, portanto, deve ser objeto da partilha. Precedentes" (STJ, Ag. Rg. no REsp 1.467.151/RS, 4.ª Turma, Rel. Min. Marco Buzzi, j. 16.04.2015, *DJe* 23.04.2015). Por fim, em afirmação que também vale para o Código Civil de 2002, no meu entender, julgou-se que "no regime de comunhão universal de bens, regido pelo Código Civil de 1916, admite-se a comunicação do valor da indenização decorrente de anistia política, mesmo que recebida após o término do casamento, desde que o período indenizado corresponda à constância do matrimônio. Deve-se evidenciar que os valores passíveis de divisão, segundo o entendimento jurisprudencial para a hipótese, são aqueles que indenizam o que o perseguido político deixou de receber, em uma expectativa de desenvolvimento normal de sua carreira profissional. A razão da comunicação das verbas recebidas a título de indenização decorrente de anistia, é que são indenizados os valores que deveriam ter sido pagos ao trabalhador, mas que por força da perseguição política, deixaram de ser pagos, fato que onerou todo o grupo familiar, que poderia ter usufruído de melhor qualidade de vida, ou incrementado o patrimônio comum, ou ainda conjugado ambas as circunstâncias. Não havendo, contudo, coincidência entre o período considerado para o cálculo da indenização e a constância do matrimônio, deixa de ser cabível a partilha" (STJ, REsp 1.593.111/DF, 3.ª Turma, Rel. Min. Nancy Andrighi, j. 27.04.2017, *DJe* 02.05.2017).

REFORMA DO CÓDIGO CIVIL: A proposição da Comissão de Juristas é apenas de inclusão da união estável no dispositivo, que passará a prever o seguinte, sem mudança no seu conteúdo: "Art. 1.667. O regime de comunhão universal importa a comunicação de todos os bens presentes e futuros dos cônjuges ou conviventes e suas dívidas passivas, com as exceções do artigo seguinte".

Art. 1.668. São excluídos da comunhão:

I – os bens doados ou herdados com a cláusula de incomunicabilidade e os sub-rogados em seu lugar;

II – os bens gravados de fideicomisso e o direito do herdeiro fideicomissário, antes de realizada a condição suspensiva;

III – as dívidas anteriores ao casamento, salvo se provierem de despesas com seus aprestos, ou reverterem em proveito comum;

IV – as doações antenupciais feitas por um dos cônjuges ao outro com a cláusula de incomunicabilidade;

V – Os bens referidos nos incisos V a VII do art. 1.659.

COMENTÁRIOS DOUTRINÁRIOS: Mesmo havendo uma comunicação muito ampla no regime em estudo, pode-se afirmar que esta é *quase total* na comunhão universal, pois o preceito em comentário traz o rol dos bens incomunicáveis e que não entram nos aquestos em cinco situações. A primeira delas diz respeito aos bens doados ou herdados com a cláusula de incomunicabilidade, e os correspondentes sub-rogados. A cláusula de incomunicabilidade é a que veda a comunhão nos aquestos em qualquer regime, devendo ser justificada, quando inserida no testamento, nos termos do art. 1.848 do Código Civil. Porém surge dúvida quanto à possibilidade de venda desse bem incomunicável ao outro cônjuge. A mim parece que, em regra, é possível a sua alienação onerosa, desde que não haja simulação – causa de nulidade absoluta –, fraude contra credores – hipótese de nulidade relativa ou anulabilidade –, ou fraude à execução – causa de ineficácia. Vale lembrar que a incomunicabilidade não gera a inalienabilidade do bem, e que o art. 499 do CC/2002 autoriza a venda entre cônjuges quanto aos bens excluídos da comunhão, sendo certo que as limitações à autonomia privada devem constar necessariamente de lei. A segunda previsão de bens incomunicáveis na comunhão universal é relacionada aos bens gravados de fideicomisso e o direito do herdeiro fideicomissário, antes de realizada a condição suspensiva. O fideicomisso é uma forma de substituição testamentária em que um primeiro herdeiro – fiduciário –, pode ser substituído por outro – fideicomissário –, conforme consta dos arts. 1.951 a 1.960 da codificação privada. No sistema do Código Civil de 2002 o fideicomissário será pessoa ainda não existente no momento da abertura da sucessão, o que limite sobremaneira a sua aplicação prática, quase inexistente. De todo modo, a respeito da exceção em estudo, quando o bem estiver com o fiduciário é que estará presente a referida incomunicabilidade, pois a sua propriedade é resolúvel. A terceira exceção estabelece que não se comunicam as dívidas anteriores à união, salvo se tiverem como origem dívidas relacionadas com os preparativos do casamento – os *aprestos* –, ou aquelas que se reverterem em proveito comum. Em outras palavras, as dívidas anteriores de cada cônjuge são incomunicáveis, salvo aquelas contraídas para a aquisição do imóvel do casal, para a mobília desse imóvel, para o enxoval, para a festa do casamento, entre outras despesas que interessam a ambos. A quarta declinação de incomunicabilidade diz respeito às doações antenupciais feitas por um dos cônjuges a outro, com cláusula de incomunicabilidade em pacto antenupcial. Neste caso, preserva-se a vontade dos cônjuges, a autonomia privada. Por fim, são incomunicáveis na comunhão universal os bens referidos nos incisos V a VII do art. 1.659 do CC, ou seja, bens que também não se comunicam na comunhão universal. São eles os bens de uso pessoal, os livros, os instrumentos de profissão, os proventos do trabalho de cada um e as pensões em geral, com todas as ilustrações apontadas nos comentários àquele comando. Vale repetir aqui a crítica feita em relação aos incisos VI e VII do art. 1.659 do CC, notadamente quanto às duas últimas previsões. Se esses dispositivos forem interpretados literalmente ou mesmo extensivamente, o que não pode ocorrer, nada se comunicará na comunhão universal, esvaziando-se o regime em estudo. Em suma, as previsões merecem interpretações restritivas, até mais do que ocorre na comunhão parcial. Diante disso, o Projeto Ricardo Fiuza também pretende retirar a menção ao inciso VI desse dispositivo, pelas razões óbvias antes demonstradas quando comentado o regime da comunhão parcial de bens.

JURISPRUDÊNCIA COMENTADA: Prevalece na jurisprudência estadual o entendimento de presunção de comunicação de todos os bens, cabendo à parte que alega a prova da incomunicabilidade, por enquadramento em uma das situações descritas no art. 1.668 do CC. Nesse sentido:

"Cônjuge prejudicada que é casada no regime da comunhão universal de bens com o primeiro devedor. Aplicação dos arts. 1.667 e 1.668, ambos do Código Civil. Encargo que tem a devedora de derruir a presunção relativa de que a dívida contraída pelo seu marido não se deu em prol da entidade familiar. Precedentes desta Corte e do Superior Tribunal de Justiça" (TJSC, Agravo de Instrumento 4027661-29.2018.8.24.0900, 4.ª Câmara de Direito Comercial, Turvo, Rel. Des. José Carlos Carstens Kohler, *DJSC* 13.12.2018, p. 294). No mesmo sentido, da jurisprudência estadual, explicando muito bem os limites e as regras fundamentais da comunhão universal, por todos: "Os litigantes contraíram matrimônio pelo regime da comunhão universal de bens, motivo pelo qual todos os bens adquiridos na constância do casamento, bem como aqueles recebidos por herança e os adquiridos anteriormente, devem ser partilhados de forma igualitária, observadas as exceções previstas no art. 1.668 do CCB. Não restando comprovada nos autos a existência de imóvel localizado em outro município e dito sonegado pelo varão, bem como tendo sido recebido na constância do matrimônio herança deixada por morte da genitora daquele, revertendo-se em prol do casal, não há falar em partilha de tais bens" (TJRS, Apelação Cível 0386468-88.2017.8.21.7000, 7.ª Câmara Cível, Triunfo, Rel. Des. Sandra Brisolara Medeiros, j. 28.02.2018, *DJERS* 06.03.2018). Sobre o primeiro inciso do art. 1.668, julgou de forma correta o Tribunal Paulista que "embora a regra para o regime da comunhão universal de bens seja a da comunicação de todos os bens, presentes e futuros, dos cônjuges (art. 1.667 do CC), a Lei expressamente excepciona da comunhão 'os bens doados ou herdados com a cláusula de incomunicabilidade e os sub-rogados em seu lugar', nos termos do que preceitua o artigo 1.668, I, do Código Civil. Assim, como estipulada a incomunicabilidade do bem, este jamais integrou o patrimônio da mulher do executado e, consequentemente, com a morte dela, os embargantes não herdaram qualquer direito em relação ao imóvel penhorado, cuja propriedade é exclusiva do executado" (TJSP, Apelação 0000220-57.2013.8.26.0223, Acórdão 8624576, 30.ª Câmara de Direito Privado, Guarujá, Rel. Des. Lino Machado, j. 15.07.2015, *DJESP* 23.07.2015).

REFORMA DO CÓDIGO CIVIL: De início, a Comissão de Juristas sugere a inclusão da união estável no inc. III do dispositivo, prevendo que não se comunicarão no regime da comunhão universal "as dívidas anteriores ao casamento ou ao estabelecimento da união estável, salvo se provierem de despesas com seus aprestos ou reverterem em proveito comum". Revoga-se o inciso IV, pela menção atual às doações antenupciais, uma vez que o pacto antenupcial, em sua literalidade, foi retirado do sistema. Ademais, o inciso V do art. 1.668 passará a mencionar apenas a não comunicação dos "bens referidos nos incisos V e VIII do art. 1.659", diante das propostas que foram formuladas para o último comando. Assim, são supridas as críticas feitas em meus comentários doutrinários, em especial as que dizem respeito às atuais menções aos proventos do trabalho e às rendas em geral, problema também existente hoje na comunhão parcial de bens, como pontuei nos comentários ao art. 1.659 do CC.

Art. 1.669. A incomunicabilidade dos bens enumerados no artigo antecedente não se estende aos frutos, quando se percebam ou vençam durante o casamento.

COMENTÁRIOS DOUTRINÁRIOS: Em relação aos frutos – bens acessórios que saem do principal sem diminuir a sua quantidade –, são eles comunicáveis, mesmo que digam respeito aos bens incomunicáveis, mas desde que vençam ou sejam percebidos na constância do casamento. A título de exemplo, os aluguéis retirados por um dos cônjuges em relação a um imóvel recebido com cláusula de incomunicabilidade (inc. I do art. 1.668) são comunicáveis, pois se presume que foram adquiridos na constância da união e de forma onerosa. O mesmo se diga quanto às verbas trabalhistas e FGTS relativos a trabalho desenvolvido por um dos cônjuges durante o casamento, na linha dos julgados aqui já transcritos; bem como as indenizações relativas a fatos ocorridos na constância do casamento.

JURISPRUDÊNCIA COMENTADA: No que tange às pensões, a nosso ver, de maneira correta, o Superior Tribunal de Justiça afastou a comunicação da pensão por invalidez, apesar de o regime de casamento ser o da comunhão universal de bens. Vejamos a ementa do aresto: "A indenização, ou pensão mensal, decorrente de seguro por invalidez não integra a comunhão universal de bens, nos termos do art. 263, I, do CC/1916. Entendimento diverso provocaria um comprometimento da subsistência do segurado, com a diminuição da renda destinada ao seu sustento após a invalidez, e, ao mesmo tempo, ensejaria o enriquecimento indevido do ex-cônjuge, porquanto seria um bem conseguido por esse apenas às custas do sofrimento e do prejuízo pessoal daquele" (STJ, REsp 631.475/RS, 3.ª Turma, Rel. Min. Humberto Gomes de Barros, Rel. p/ Acórdão Min. Nancy Andrighi, j. 13.11.2007, *DJ* 08.02.2008, p. 1). Entretanto, no tocante às verbas recebidas após a separação do casal, referentes a benefício previdenciário da aposentadoria do INSS, que foram nascidas e pleiteadas durante o casamento, entendeu o Superior Tribunal de Justiça que deveriam ser partilhadas, mais uma vez de forma correta, a exemplo do que ocorre com as vergas trabalhistas: "Verbas recebidas a título de benefício previdenciário. Direito que nasceu e foi pleiteado pelo varão durante o casamento. Inclusão na partilha de bens. Recurso não conhecido. No regime da comunhão universal de bens, as verbas percebidas a título de benefício previdenciário resultantes de um direito que nasceu e foi pleiteado durante a constância do casamento devem entrar na partilha, ainda que recebidas após a ruptura da vida conjugal. 2. Recurso especial não conhecido" (STJ, REsp 918.173/RS, 3.ª Turma, Rel. Min. Massami Uyeda, j. 10.06.2008, *DJ* 23.06.2008, p. 1). Sobre a possibilidade de tais frutos responderem por dívidas trabalhistas do outro cônjuge, tem-se julgado que "incabível afastar a penhora realizada nos autos principais, quando verificado que não atingiu bem impenhorável, porque incidente sobre os frutos ou aluguéis de imóvel de propriedade exclusiva de um dos cônjuges, que por força do artigo 1.669 do Código Civil, são incluídos no regime da comunhão universal" (TRT da 3.ª Região, Apelação 0011559-84.2017.5.03.0151, Rel. Des. Luiz Otávio Linhares Renault, *DJEMG* 24.08.2018).

Art. 1.670. Aplica-se ao regime da comunhão universal o disposto no Capítulo antecedente, quanto à administração dos bens.

COMENTÁRIOS DOUTRINÁRIOS: Quanto à administração dos bens na comunhão universal, devem ser aplicadas as mesmas regras vistas para a comunhão parcial. É o caso do art. 1.663, ao estabelecer que a administração do patrimônio comum compete a qualquer dos cônjuges, prevendo a norma, ainda, a responsabilidade patrimonial dos consortes. Cite-se, também, o art. 1.665, ao prever que a administração e a disposição dos bens constitutivos do patrimônio particular competem ao cônjuge proprietário, salvo convenção diversa em pacto antenupcial. Por fim, subsome-se à comunhão universal o art. 1.666, segundo o qual as dívidas, contraídas por qualquer dos cônjuges na administração de seus bens particulares e em benefício destes, não obrigam os bens comuns. Valem os mesmos comentários antes feitos, agora projetados para a comunhão universal de bens.

JURISPRUDÊNCIA COMENTADA: Diante da possibilidade de administração dos interesses do marido, concluiu o Tribunal Paulista, de forma correta, pela legitimidade para propositura de ação de despejo pela nora do falecido locador, casada em regime de comunhão universal de bens com um dos herdeiros necessários. Como fundamentos foram utilizados os arts. 2º e 10 da Lei n. 8.245/1991 e os arts. 1.667 e 1.670 do Código Civil (TJSP, Apelação 0081580-43.2009.8.26.0000, Acórdão 6875574, 31.ª Câmara de Direito Privado, Santo André, Rel. Des. Hamid Bdine, j. 23.07.2013, *DJESP* 02.08.2013).

Art. 1.671. Extinta a comunhão, e efetuada a divisão do ativo e do passivo, cessará a responsabilidade de cada um dos cônjuges para com os credores do outro.

COMENTÁRIOS DOUTRINÁRIOS: Finalizando o estudo do regime, sendo extinta a comunhão pela dissolução da sociedade conjugal e do casamento, e sendo efetuada a divisão do ativo e do passivo entre os cônjuges, cessará a responsabilidade de cada um para os credores do outro, eis que fica dissolvido o regime de bens e a comunicação nos aquestos. Como hipóteses que geram a extinção do regime devem ser mencionadas a morte de um ou ambos os cônjuges, o divórcio e a separação de fato, conforme antes desenvolvido.

JURISPRUDÊNCIA COMENTADA: Como decorrência da norma, tem-se entendido que "o bem atribuído a um dos cônjuges, após a dissolução da sociedade conjugal, não é alcançado por penhora em execução movida contra seu ex-cônjuge, sendo irrelevante o fato de não ter sido registrada a sentença de separação judicial. Precedentes" (TJPR, Agravo 0672654-9/01, 17.ª Câmara Cível, Curitiba, Rel. Des. Stewalt Camargo Filho, *DJPR* 15.04.2013, p. 285).

CAPÍTULO V
DO REGIME DE PARTICIPAÇÃO FINAL NOS AQUESTOS

Art. 1.672. No regime de participação final nos aquestos, cada cônjuge possui patrimônio próprio, consoante disposto no artigo seguinte, e lhe cabe, à época da dissolução da sociedade conjugal, direito à metade dos bens adquiridos pelo casal, a título oneroso, na constância do casamento.

COMENTÁRIOS DOUTRINÁRIOS: A participação final de aquestos constitui um regime novo, não previsto na codificação anterior, de 1916, vindo a substituir o antigo regime dotal. Muitos doutrinadores apontam que se trata de um *regime contábil* e *complexo*, próprio para casais de empresários, o que acaba afastando a sua efetivação prática. Nesses mais de 15 anos de vigência do Código Civil de 2002 raras são as pessoas que se casaram por tal regime, existindo poucos julgados sobre o tema. Quanto à sua origem, há divergência doutrinária, havendo tratamento similar em países como Suécia, Dinamarca, Finlândia, Noruega, Colômbia, Uruguai, França, Espanha e Costa Rica. Diante da sua baixa adesão, o Projeto de Lei conhecido como Estatuto das Famílias do IBDFAM pretende suprimir o regime, por representar um suposto estrangeirismo desnecessário, não adotado na prática familiarista nacional. Anote-se que Clóvis do Couto e Silva, responsável pela elaboração do livro relativo ao Direito de Família na atual codificação, pretendia que esse regime fosse o legal ou supletório, o que, felizmente, acabou não se concretizando, eis que a atual codificação fez a opção pelo regime da comunhão parcial de bens, tão afeito à nossa tradição. Quanto à sua regra fundamental, basicamente, durante o casamento há uma separação total e absoluta de bens, e no caso de dissolução do casamento e da sociedade conjugal, algo próximo de uma comunhão parcial, presente uma espécie de *regime misto*. Cada cônjuge terá direito a uma participação daqueles bens para os quais colaborou para a aquisição, devendo provar o esforço para tanto, sendo essa a diferença substancial quanto à comunhão parcial. Deve-se atentar para o fato de que, a análise da regra fundamental desse regime, não leva em conta os momentos anterior e posterior ao casamento, como ocorre em todos os outros regimes. A diferença fundamental que se percebe na participação final dos aquestos considera a vigência do casamento e a sua dissolução, eis que nessa confrontação está a principal peculiaridade do regime da participação final nos aquestos. Nos termos da norma em estudo, durante o casamento cada cônjuge possui patrimônio próprio, cabendo-lhe, à época da dissolução do casamento e da sociedade conjugal, direito à metade dos bens adquiridos pelo casal, a título oneroso, na constância do casamento. Desse modo, não há dúvidas de que durante o casamento há uma separação de bens. No caso de dissolução, não há propriamente uma meação, como estabelece o Código Civil em outros comandos, mas uma participação de acordo com a contribuição de cada um para a aquisição do patrimônio, a título oneroso.

JURISPRUDÊNCIA COMENTADA: Trazendo confusão com a comunhão parcial, tema que ainda será aqui aprofundado, destaque-se da jurisprudência estadual: "Regime de participação final nos aquestos (arts. 1.672 e seguintes do CC/2002). [...]. Pretendida a partilha dos bens adquiridos pelo autor (apartamento e conjunto de aplicações financeiras), a título oneroso, durante o período de convivência (março de 2009 a agosto de 2015). Possibilidade. Regime misto ao qual são aplicáveis as regras da comunhão parcial após a dissolução da sociedade conjugal, devendo ser observado, contudo, o rol de bens incomunicáveis (art. 1.674 do CC/2002). Valor da meação. Apuração em sede de liquidação de sentença" (TJSC, Apelação Cível 0301200-85.2016.8.24.0091, 6.ª Câmara de Direito Civil, Florianópolis, Rel. Des. Stanley Braga, *DJSC* 06.07.2018, p. 277). Além disso, deferindo a alteração do regime de bens da participação final, diante de numerosas dificuldades de gestão experimentada pelos consortes, colaciona-se: "caso concreto em que deve ser deferido o pedido de alteração do regime de bens do casamento, da comunhão parcial de bens para participação final nos aquestos, com eficácia *ex nunc*" (TJRS, Apelação Cível 0258979-73.2014.8.21.7000, 8.ª Câmara Cível, Campo Bom, Rel. Des. Ricardo Moreira Lins Pastl, j. 16.10.2014, *DJERS* 21.10.2014).

REFORMA DO CÓDIGO CIVIL: Como antes pontuado, foi retirado expressamente do sistema civilístico o regime da participação final nos aquestos, diante de sua pouca efetividade prática e por não ter sido a opção dos brasileiros nos mais de vinte anos de vigência da codificação. Sobre essa conclusão, justificou a Subcomissão de Direito de Família – formada pelos juristas Pablo

Stolze Gagliano (sub-relator), Ministro Marco Buzzi, Maria Berenice Dias e Rolf Madaleno – que "suprimiu-se todo o confuso regramento do regime de participação final nos aquestos, atendendo a *clamor* da doutrina, e, sem dúvida, da própria sociedade: 'mas, como dissemos na abertura deste capítulo, esse regime não deverá cair no gosto da sociedade brasileira'". A sugestão foi acatada pelos Relatores-Gerais e por todos os demais membros da Comissão de Juristas. Foram mantidos, além da comunhão parcial, os regimes da separação convencional e da comunhão universal de bens. Assim, há proposta de revogação expressa dos arts. 1.672 a 1.686 do vigente Código Civil. Muitos dos meus comentários a seguir desenvolvidos, além de demonstrarem a pouca efetividade prática do instituto, evidenciarão os vários problemas técnicos e anacronismos desse regime instituído com o Código Civil de 2002.

Art. 1.673. Integram o patrimônio próprio os bens que cada cônjuge possuía ao casar e os por ele adquiridos, a qualquer título, na constância do casamento.

Parágrafo único. A administração desses bens é exclusiva de cada cônjuge, que os poderá livremente alienar, se forem móveis.

COMENTÁRIOS DOUTRINÁRIOS: Integram o patrimônio próprio os bens que cada cônjuge possuía ao casar e os por ele adquiridos, a qualquer título, na constância do casamento. A administração desses bens é exclusiva de cada cônjuge, que os poderá livremente alienar, se forem móveis, na constância da união. Nesta norma, além da anterior, reside diferença em relação à comunhão parcial, pois no último caso os bens adquiridos durante a união, em regra, presumem-se de ambos.

JURISPRUDÊNCIA COMENTADA: O debate sobre a penhora de bens do outro cônjuge surge mais uma vez como desdobramento desse regime, julgando o Tribunal Paulista: "Deferimento de penhora de imóveis indicados pelo exequente. Alegada impossibilidade, em razão de os imóveis serem de propriedade exclusiva do cônjuge mulher. Acolhimento da arguição. Prova do casamento do devedor com a real proprietária dos imóveis sob o regime de participação final nos aquestos. Propriedade exclusiva do adquirente do bem que não se estende ao cônjuge, com o patrimônio pessoal deste não se comunicando. Artigos 1.672 e 1.673 do Código Civil. Impenhorabilidade reconhecida" (TJSP, Agravo de Instrumento 2082707-06.2014.8.26.0000, Acórdão 9716298, 20.ª Câmara de Direito Privado, Franca, Rel. Des. Correia Lima, j. 15.08.2016, *DJESP* 24.08.2016). O aresto demonstra que, de fato, há uma separação de bens na vigência do casamento.

Art. 1.674. Sobrevindo a dissolução da sociedade conjugal, apurar-se-á o montante dos aquestos, excluindo-se da soma dos patrimônios próprios:

I – os bens anteriores ao casamento e os que em seu lugar se sub-rogaram;

II – os que sobrevieram a cada cônjuge por sucessão ou liberalidade;

III – as dívidas relativas a esses bens.

Parágrafo único. Salvo prova em contrário, presumem-se adquiridos durante o casamento os bens móveis.

COMENTÁRIOS DOUTRINÁRIOS: Ocorrendo a eventual dissolução do casamento e da sociedade conjugal na participação final nos aquestos, deverá ser apurado o montante dos aquestos, a parte comunicável, excluindo-se da soma dos patrimônios próprios: a) os bens anteriores ao casamento e os que em seu lugar se sub-rogaram, presente a substituição real ou objetiva; b) os bens que sobrevieram a cada cônjuge por sucessão ou liberalidade; e c) as dívidas relativas a esses últimos bens. Em suma, conforme o preceito em análise, esses bens não se comunicam, uma vez que são anteriores à união. Por outra via, salvo prova em contrário, presumem-se adquiridos durante o casamento os bens móveis, estando presente similaridade com a comunhão parcial, havendo uma presunção relativa ou *iuris tantum* de comunicação ou participação. Porém, somente nesse ponto há essa aproximação, conforme se verá pelas outras regras que serão aqui analisadas.

Art. 1.675. Ao determinar-se o montante dos aquestos, computar-se-á o valor das doações feitas por um dos cônjuges, sem a necessária autorização do outro; nesse caso, o bem poderá ser reivindicado pelo cônjuge prejudicado ou por seus herdeiros, ou declarado no monte partilhável, por valor equivalente ao da época da dissolução.

COMENTÁRIOS DOUTRINÁRIOS: Na determinação do montante dos aquestos, será computado o valor das doações feitas por um dos cônjuges, sem a necessária autorização do outro. Nesse caso, o bem poderá ser reivindicado pelo cônjuge prejudicado ou por seus herdeiros; ou declarado no monte partilhável por valor equivalente ao da época da dissolução. Mais uma vez, apesar da lei falar em *reivindicação*, anote-se que, realizada a doação sem a outorga conjugal, o ato é anulável, sujeito a ação anulatória a prazo decadencial de dois anos, contados da dissolução do casamento e da sociedade conjugal (arts. 1.647 e 1.649 do CC). Eis aqui, portanto, mais um equívoco técnico do legislador. A reivindicação está no plano da eficácia; enquanto anulação no plano da validade.

Art. 1.676. Incorpora-se ao monte o valor dos bens alienados em detrimento da meação, se não houver preferência do cônjuge lesado, ou de seus herdeiros, de os reivindicar.

COMENTÁRIOS DOUTRINÁRIOS: O valor dos bens alienados em detrimento da meação – ou melhor, tecnicamente, da participação – deve ser incorporado ao monte partível, se não houver preferência do cônjuge lesado, ou de seus herdeiros, de reivindicá-los. Pensar em meação, como se retira dessa norma e de outras que se seguem, entra em conflito com a essência do regime, segundo o qual haverá a comunicação apenas quanto aos bens adquiridos onerosamente, o que denota a necessidade de prova do esforço patrimonial comum. Todavia, não se pode negar que o dispositivo se relaciona com a vedação do enriquecimento sem causa, que guia esse regime, trazendo a conclusão de que o regime é muito justo, apesar da sua dificultosa incidência prática.

Art. 1.677. Pelas dívidas posteriores ao casamento, contraídas por um dos cônjuges, somente este responderá, salvo prova de terem revertido, parcial ou totalmente, em benefício do outro.

COMENTÁRIOS DOUTRINÁRIOS: No que diz respeito às dívidas posteriores ao casamento, contraídas por um dos cônjuges na participação final nos aquestos, somente este responderá, salvo prova de terem revertido, parcial ou totalmente, em benefício do outro ou do casal. Confirma-se, assim, a dedução jurídica anterior, no sentido de haver uma separação total e absoluta de bens durante o casamento.

Art. 1.678. Se um dos cônjuges solveu uma dívida do outro com bens do seu patrimônio, o valor do pagamento deve ser atualizado e imputado, na data da dissolução, à meação do outro cônjuge.

COMENTÁRIOS DOUTRINÁRIOS: Se um dos cônjuges pagou ou solveu uma dívida do outro consorte com bens do seu patrimônio, o valor do pagamento deve ser atualizado e imputado, na data da dissolução, à meação do outro cônjuge. Isso deverá ser provado por quem alega o pagamento da dívida, como, por exemplo, por meio de recibos ou notas fiscais, que devem ser guardados por aquele que fez o desembolso. Para essa prova, é possível até que um cônjuge exija recibo do outro, o que demonstra a inviabilidade social do regime, diante do espírito de conduta do brasileiro. Ora, essa exigência, nos comuns relacionamentos de nosso País, até pode motivar o divórcio do casal, diante da existência de desconfianças entre as partes e de supostos interesses em se antecipar os efeitos do fim da união. Ademais, apesar da norma novamente falar em meação, a eventual diminuição da participação do outro pelas dívidas pagas distancia o regime da comunhão parcial, em que tal regra e exigência nunca foi nem é comum.

Art. 1.679. No caso de bens adquiridos pelo trabalho conjunto, terá cada um dos cônjuges uma quota igual no condomínio ou no crédito por aquele modo estabelecido.

COMENTÁRIOS DOUTRINÁRIOS: No caso de bens adquiridos pelo trabalho conjunto terá cada um dos cônjuges uma quota igual no condomínio ou no crédito por aquele modo estabelecido. A regra é de divisão igualitária – *concursu partes fiunti* –, o que comporta prova em contrário no sentido de que houve uma colaboração superior à metade do valor do bem, ou seja, superior a cinquenta por cento do condomínio formado. Novamente, nota-se por esse comando que não há a meação própria da comunhão parcial no regime em estudo, uma vez que nessa não há prova em sentido contrário da participação econômica diferenciada de cada um dos consortes quanto aos bens adquiridos durante a união.

Art. 1.680. As coisas móveis, em face de terceiros, presumem-se do domínio do cônjuge devedor, salvo se o bem for de uso pessoal do outro.

COMENTÁRIOS DOUTRINÁRIOS: Na participação final dos aquestos, as coisas móveis, em face de terceiros, presumem-se do domínio do cônjuge devedor, salvo se o bem for de uso pessoal do outro. A título de exemplo, em havendo um financiamento para compra de um veículo, a dívida será apenas daquele que celebrou o contrato, não atingindo o outro cônjuge, exatamente igual ao que ocorreria na separação convencional e absoluta de bens.

Art. 1.681. Os bens imóveis são de propriedade do cônjuge cujo nome constar no registro.

Parágrafo único. Impugnada a titularidade, caberá ao cônjuge proprietário provar a aquisição regular dos bens.

COMENTÁRIOS DOUTRINÁRIOS: No que diz respeito aos imóveis, esses são de propriedade do cônjuge cujo nome constar no registro, salvo impugnação dessa titularidade, cabendo ao cônjuge proprietário o ônus de provar a aquisição regular dos bens de forma individual. Aqui, o ônus de provar não é de quem alega o domínio, mas daquele cuja titularidade consta do registro, havendo uma inversão do ônus da prova, o que quebra a regra do art. 373, inc. I, do CPC/2015, correspondente ao art. 333, inc. I, do CPC/1973. Entendo que essa quebra da regra geral quanto ao ônus de provar não deixa de ser injusta, diante da dificuldade de sua construção, podendo-se falar até em *prova diabólica*. Em suma, recomenda-se que, durante o regime, um cônjuge solicite ao outro uma declaração, de que o bem imóvel foi adquirido somente por seus recursos. Mais uma vez, essa exigência documental pode desestabilizar o relacionamento existente entre os consortes que escolheram a participação final dos aquestos, a corroborar as afirmações no sentido de sua pouca efetividade prática.

Art. 1.682. O direito à meação não é renunciável, cessível ou penhorável na vigência do regime matrimonial.

COMENTÁRIOS DOUTRINÁRIOS: Nos termos literais do art. 1.682 do CC, relativamente ao direito à meação nesse regime, este é irrenunciável, incessível e impenhorável, o que traz a ideia de ser essa personalíssima ou *intuitu personae*. Como antes afirmado, sigo o entendimento doutrinário no sentido de não haver uma meação, própria da comunhão parcial, nesse regime, mas uma participação final, como indica a sua própria denominação. Nota-se, na verdade, uma hesitação do legislador que acabou por entrar em conflito consigo mesmo, trazendo muitas incertezas e inseguranças para o regime, o que também justifica a sua baixa adesão prática.

Art. 1.683. Na dissolução do regime de bens por separação judicial ou por divórcio, verificar-se-á o montante dos aquestos à data em que cessou a convivência.

COMENTÁRIOS DOUTRINÁRIOS: Em havendo dissolução do regime da participação final nos aquestos por separação judicial ou por divórcio, verificar-se-á o montante dos aquestos à data em que cessou a convivência, o que visa a evitar fraudes por aquele que detém a titularidade ou a posse do bem partível. Não sendo possível nem conveniente a divisão de todos os bens em natureza, calcular-se-á o valor de alguns ou de todos para a reposição em dinheiro ao cônjuge que não for o proprietário do bem. A título de exemplo, sendo adquirido um veículo com quantias de ambos os cônjuges, e estando este no nome de apenas um deles, deverá ocorrer a reposição em dinheiro de um consorte a outro, de acordo com a sua ajuda financeira. A menção à separação judicial deve ser lida com ressalvas, pois esta foi banida pela Emenda Constitucional n. 66, na visão por mim compartilhada e adotada pelo STF no julgamento do seu Tema n. 1.053, de repercussão geral.

Art. 1.684. Se não for possível nem conveniente a divisão de todos os bens em natureza, calcular-se-á o valor de alguns ou de todos para reposição em dinheiro ao cônjuge não proprietário.

Parágrafo único. Não se podendo realizar a reposição em dinheiro, serão avaliados e, mediante autorização judicial, alienados tantos bens quantos bastarem.

COMENTÁRIOS DOUTRINÁRIOS: Em complemento à regra anterior, não sendo possível realizar a reposição em dinheiro, serão avaliados e alienados judicialmente tantos bens quantos bastarem para o pagamento das respectivas quotas dos consortes.

Art. 1.685. Na dissolução da sociedade conjugal por morte, verificar-se-á a meação do cônjuge sobrevivente de conformidade com os artigos antecedentes, deferindo-se a herança aos herdeiros na forma estabelecida neste Código.

COMENTÁRIOS DOUTRINÁRIOS: As mesmas duas regras quanto à reposição em dinheiro e à alienação judicial devem ser aplicadas se o casamento for dissolvido por morte, com a ressalva de que a herança deve ser deferida na forma estabelecida no capítulo que regulamenta o Direito Sucessório.

Art. 1.686. As dívidas de um dos cônjuges, quando superiores à sua meação, não obrigam ao outro, ou a seus herdeiros.

COMENTÁRIOS DOUTRINÁRIOS: Finalizando o tratamento desse *regime contábil* e *complexo*, estabelece o art. 1.686 que as dívidas de um dos cônjuges, quando superiores à sua meação – ou participação –, não obrigam ao outro, ou a seus herdeiros, o que complementa as primeiras regras básicas quanto ao regime aqui comentadas. Em conclusão, percebe-se que o regime não é de fácil aplicação, do ponto de vista operacional, em razão das intrincadas questões que dele suscitam e dos conflitos que pode gerar aos cônjuges e até a seus herdeiros.

CAPÍTULO VI
DO REGIME DE SEPARAÇÃO DE BENS

Art. 1.687. Estipulada a separação de bens, estes permanecerão sob a administração exclusiva de cada um dos cônjuges, que os poderá livremente alienar ou gravar de ônus real.

COMENTÁRIOS DOUTRINÁRIOS: Conforme antes demonstrado, o regime da separação de bens pode ser *convencional* – com origem em pacto antenupcial ou em contrato de convivência –, ou legal e obrigatório – nos casos do art. 1.641 da atual codificação. Sem prejuízo de todas as polêmicas antes demonstradas sobre o regime da separação obrigatória, cabe agora comentar as suas duas regras específicas quanto à separação convencional de bens, aquela que decorre da autonomia privada dos consortes. O primeiro dispositivo traz a regra básica quanto ao regime, ou seja, a de que não haverá a comunicação de qualquer bem, seja posterior ou anterior à celebração do casamento, cabendo a administração desses bens de forma exclusiva a cada um dos cônjuges. Justamente por isso, cada um dos cônjuges poderá alienar ou gravar com ônus real os seus bens mesmo sendo imóveis, nas hipóteses em que foi convencionada a separação de bens. Esse preceito confirma a tese de que somente na separação convencional há *separação absoluta*, sendo livre a disposição de bens, sem a necessidade de outorga conjugal (art. 1.647, *caput*, do CC). Esclareça-se que não se aplica à separação convencional de bens a Súmula n. 377 do STF.

JURISPRUDÊNCIA COMENTADA: Confirmando o meu último comentário, e citando outra obra de minha autoria, decidiu o Superior Tribunal de Justiça a respeito de união estável e contrato de convivência que "o pacto realizado entre as partes, adotando o regime da separação de bens, possui efeito imediato aos negócios jurídicos a ele posteriores, havidos na relação patrimonial entre os conviventes, tal qual a aquisição do imóvel objeto do litígio, razão pela qual este não deve integrar a partilha. Inaplicabilidade, *in casu*, da Súmula n. 377 do STF, pois esta se refere à comunicabilidade dos bens no regime de separação legal de bens (prevista no art. 1.641 do CC), que não é caso dos autos. O aludido verbete sumular não tem aplicação quando as partes livremente convencionam a separação absoluta dos bens, por meio de contrato antenupcial. Precedente" (STJ, REsp 1.481.888/SP, 4.ª Turma, Rel. Min. Marco Buzzi, j. 10.04.2018, *DJe* 17.04.2018). Como não poderia ser diferente, a afirmação vale para o casamento, sem qualquer ressalva. Da recente jurisprudência estadual, resumindo muito bem a essência desse regime, extrai-se de aresto do Tribunal do Rio Grande do Sul que "no regime da separação de bens, previsto no art. 1.687 do Código Civil, cada um conserva, com exclusividade, o domínio, a posse e a administração de seus bens, assim como a responsabilidade pelas suas dívidas anteriores e posteriores ao casamento" (TJRS, Apelação Cível 0299441-33.2018.8.21.7000, 7.ª Câmara Cível, Triunfo, Rel. Des. Liselena Schifino Robles Ribeiro, j. 31.10.2018, *DJERS* 08.11.2018). Ou, ainda, do Tribunal Catarinense: "O regime da separação convencional de bens não repercute na esfera patrimonial dos cônjuges/companheiros, de modo que caberá a cada um apenas aquilo que adquirir para si, sem direito à meação (art. 1.687 do Código Civil), resguardada porém a obrigação de contribuição nas despesas do lar (art. 1.688 do Código Civil)" (TJSC, Apelação Cível 2016.008942-1, 3.ª Câmara de Direito Civil, Joinville, Rel. Des. Gilberto Gomes de Oliveira, j. 05.04.2016, *DJSC* 18.04.2016, p. 121).

Art. 1.688. Ambos os cônjuges são obrigados a contribuir para as despesas do casal na proporção dos rendimentos de seu trabalho e de seus bens, salvo estipulação em contrário no pacto antenupcial.

COMENTÁRIOS DOUTRINÁRIOS: Como ressalva à regra geral de afastamento de comunicação de bens, seja na separação convencional, seja na legal, ambos os cônjuges são obrigados a contribuir para as despesas do casal na proporção dos rendimentos do seu trabalho e de seus bens, salvo estipulação em contrário no pacto antenupcial. Mesmo sendo clara a norma, no sentido de que cabe regra em contrário no pacto antenupcial, conclui-se que a convenção não pode trazer situação de enorme desproporção, no sentido de que o cônjuge em pior condição financeira terá que arcar com todas as despesas da união. Este último caso, de patente onerosidade excessiva, gera a nulidade absoluta da cláusula constante da convenção antenupcial, pelo que prescreve o outrora comentado art. 1.655 do CC/2002. Há questão interessante, travada substancialmente no âmbito da jurisprudência, no sentido de se admitir ou não a existência de uma sociedade de fato dentro do regime da separação convencional de bens. Em outras palavras, mesmo tendo os cônjuges optado pelo regime da separação convencional de bens, por força de pacto antenupcial, seria viável, juridicamente, que alguns bens fossem partilhados, pela prova efetiva de uma sociedade de fato? Entendo que sim, desenvolvendo as razões no próximo item, com a análise da divergência jurisprudencial sobre tal temática.

JURISPRUDÊNCIA COMENTADA: Sobre a viabilidade jurídica de se reconhecer ou não uma sociedade de fato dentro da separação convencional de bens, é grande o debate no Tribunal da Cidadania, existindo decisões nos dois sentidos no mesmo Superior Tribunal de Justiça. Entendendo pela não comunicação de bens, com um voto vencido: "A cláusula do pacto antenupcial que exclui a comunicação dos aquestos impede o reconhecimento de uma sociedade de fato entre marido e mulher para o efeito de dividir os bens adquiridos depois do casamento. Precedentes" (STJ, REsp 404.088/RS, 3.ª Turma, Rel. Min. Castro Filho, Rel. p/ Acórdão Min. Humberto Gomes de Barros, j. 17.04.2007, *DJ* 28.05.2007, p. 320). No entanto, em sentido contrário, colaciona-se: "O regime jurídico da separação de bens voluntariamente estabelecido é imutável e deve ser observado, admitindo-se, todavia, excepcionalmente, a participação patrimonial de um cônjuge sobre bem do outro, se efetivamente demonstrada, de modo concreto, a aquisição patrimonial pelo esforço comum, caso dos autos, em que uma das fazendas foi comprada mediante permuta com cabeças de gado que pertenciam ao casal" (STJ, REsp 286.514/SP, 4.ª Turma, Rel. Min. Aldir Passarinho Junior, j. 02.08.2007, *DJ* 22.10.2007, p. 276). Como se constata, os julgamentos que admitem a divisão de alguns bens entendem que esta é possível desde que seja provado o efetivo esforço patrimonial comum, exatamente na mesma linha do que restou recentemente pacificado no âmbito da Segunda Seção do Superior Tribunal de Justiça (EREsp 1.623.858/MG, Rel. Min. Lázaro Guimarães (Desembargador convocado do TRF 5.ª Região), j. 23.05.2018, *DJe* 30.05.2018). Prevalecendo a última solução, os bens e rendimentos que devem compor a sociedade de fato são aqueles que foram adquiridos pelo esforço de ambos os cônjuges, cabendo a prova por quem alega o direito no caso concreto. Não há uma simples meação, pois a solução se dá no campo do Direito das Obrigações, especialmente com a regra que veda o enriquecimento sem causa prevista no art. 884 do Código Civil. Reafirme-se, pois esse é um ponto fundamental, que cabe ao cônjuge que pretende a divisão o ônus de provar quais bens e rendimentos foram adquiridos com a sua ajuda efetiva. Os bens que compõem essa sociedade de fato devem ser divididos de acordo com os esforços e contribuições patrimoniais de cada um dos cônjuges. A título de ilustração, se um imóvel foi adquirido com 70% de contribuição de uma parte e 30% de contribuição da outra, assim deve ser partilhado. Frise-se que não se trata propriamente de uma meação, regida pelo Direito de Família, mas de divisão de acordo com o que cada uma das partes efetivamente auxiliou na aquisição onerosa. Outras regras e princípios servem como amparo para a conclusão seguida. Além da vedação do enriquecimento sem causa, podem ser mencionadas as disposições relacionadas à sociedade em comum.

Conforme o art. 986 do Código Civil, "enquanto não inscritos os atos constitutivos, reger-se-á a sociedade, exceto por ações em organização, pelo disposto neste Capítulo, observadas, subsidiariamente e no que com ele forem compatíveis, as normas da sociedade simples". Em complemento, estabelece o art. 988 da mesma Lei Geral Privada que "os bens e dívidas sociais constituem patrimônio especial, do qual os sócios são titulares em comum". Mais uma vez, deve ser firmada a premissa segundo a qual essa titularidade depende de prova de contribuição ou esforço para a aquisição dos bens. Em complemento, a existência de uma sociedade de fato no regime da separação convencional de bens também decorre do princípio da boa-fé, retirado do art. 113 do Código Civil. Penso que um cônjuge que nega a divisão de bens adquiridos pela outra parte viola a cláusula geral de boa-fé objetiva, especialmente a confiança depositada pelo outro consorte (*Treu und Glauben*). Por derradeiro, serve como argumento a proteção do direito de propriedade do cônjuge, sendo esse direito reconhecido pela Constituição Federal Brasileira como um direito e garantia fundamental, conforme previsão constante do seu art. 5º, inc. XXII. Nesse contexto de proteção do direito de propriedade, deve ser considerada a existência de um condomínio de fato entre os cônjuges, nos termos do que estabelecem os arts. 1.314 a 1.322 do Código Civil brasileiro. Negar a partilha dos bens adquiridos pelo esforço patrimonial de um dos cônjuges, mesmo no regime da separação convencional de bens, viola o mandamento superior, que protege o direito subjetivo em questão. Concluindo, existem muitos argumentos jurídicos para sustentar a possibilidade de existência de uma sociedade de fato dentro do regime da separação convencional de bens. Exatamente nessa linha, outro julgado do Superior Tribunal de Justiça, do ano de 2019, que reconhece a viabilidade de uma sociedade de fato dentro da separação convencional, desde que seja construída prova escrita nesse sentido. Como se retira de parte da ementa do acórdão: "o regime jurídico da separação convencional de bens voluntariamente estabelecido pelo ex-casal é imutável, ressalvada manifestação expressa de ambos os cônjuges em sentido contrário ao pacto antenupcial. A prova escrita constitui requisito indispensável para a configuração da sociedade de fato perante os sócios entre si. Inexistência de *affectio societatis* entre as partes e da prática de atos de gestão ou de assunção dos riscos do negócio pela recorrida" (STJ, REsp 1.706.812/DF, 3.ª Turma, Rel. Min. Ricardo Villas Bôas Cueva, j. 03.09.2019, *DJe* 06.09.2019). O aresto afastou a possibilidade de divisão de bens justamente por não existir prova concreta da sociedade de fato.

REFORMA DO CÓDIGO CIVIL: A Comissão de Juristas sugere necessária reforma do tratamento legal da separação convencional de bens, com a ampliação da participação patrimonial do cônjuge e do convivente nesse regime. Um dos objetivos, na minha visão como Relator-Geral do Anteprojeto, é de compensar a retirada da sua concorrência sucessória com os descendentes do falecido, diante da proposta de alteração do art. 1.829 do CC, que passará a prever o seguinte: "A sucessão legítima defere-se na ordem seguinte: I – aos descendentes; II – aos ascendentes; III – ao cônjuge ou ao convivente sobrevivente; IV – aos colaterais até o quarto grau". Como é notório, hoje se reconhece a concorrência sucessória do cônjuge ou do convivente, com os descendentes do falecido, no regime da separação convencional de bens, conforme já estava previsto no Enunciado n. 270 da *III Jornada de Direito Civil*. Essa foi a posição consolidada no âmbito da Segunda Seção do Superior Tribunal de Justiça, no acórdão a seguir: "no regime de separação convencional de bens, o cônjuge sobrevivente concorre com os descendentes do falecido. A lei afasta a concorrência apenas quanto ao regime da separação legal de bens prevista no art. 1.641 do Código Civil. Interpretação do art. 1.829, I, do Código Civil" (STJ, REsp 1.382.170/SP, Rel. Min. Moura Ribeiro, Rel. p/ Acórdão Min. João Otávio de Noronha, 2.ª Seção, j. 22.04.2015, *DJe* 26.05.2015). A solução causa perplexidade perante a sociedade, uma vez que, pelo senso comum e geral, a separação convencional também deveria afastar a herança e a sucessão, o que não é a nossa realidade jurídica, pois meação e herança não se confundem. Por essa e outras razões é que a Comissão de Juristas sugeriu a retirada da concorrência sucessória do sistema, especialmente em havendo casamento ou união estável pelo regime de separação convencional de bens. Reitero, ademais, que ela tornou os inventários litigiosos infindáveis e de difícil solução na prática, estando distanciada da pacífica solução das controvérsias. Nesse contexto, de início, o Anteprojeto almeja incluir menção expressa à união estável no *caput* do art. 1.688, a saber: "ambos os cônjuges ou conviventes são obrigados a contribuir para as despesas do casal na proporção dos rendimentos de seu trabalho e de seus bens, salvo estipulado em contrário no pacto antenupcial, ou em escritura pública de união estável". Por um lapso a norma proposta menciona o "pacto antenupcial", devendo ser alterado o termo para "pacto conjugal e convivencial", na linha das outras proposições aqui comentadas. O novo § 1º trará a inclusão da divisão dos bens havidos pelo esforço comum dos cônjuges e conviventes na separação convencional, admitindo a presença de uma sociedade de fato no regime, e afastando o indesejado enriquecimento sem causa: "no regime da separação, admite-se a divisão de bens havidos por ambos os cônjuges ou conviventes com a contribuição econômica direta de ambos, respeitada a sua proporcionalidade". Corrige-se, portanto, a lacuna hoje existente sobre o tema, resolvendo-se o dilema exposto nos meus comentários doutrinários e anotações jurisprudenciais. Além disso, há a inclusão de um novo § 2º, *in verbis*: "o trabalho realizado na residência da família e os cuidados com a prole, quando houver, darão direito a obter uma compensação que o juiz fixará, na falta de acordo, ao tempo da extinção da entidade familiar". Segundo a Subcomissão de Direito de Família, trata-se da *compensação por economia de cuidado no regime da separação convencional*, o que protege o direito das mulheres, de acordo com o protocolo de gênero. Como bem justificaram, "no sistema normativo ora proposto, fora mantido o regime da separação de bens, criando-se, no parágrafo único do artigo 1.688, o direito a uma compensação econômica ao cônjuge que se dedicou aos cuidados do domicílio comum e aos cuidados da prole (tal dispositivo harmoniza-se com a proposta dos alimentos compensatórios humanitários)". Após profundas discussões na Comissão de Juristas, nos debates da primeira semana de abril de 2024, as proposições foram aprovadas, por maioria de votos, cabendo agora a sua análise pelo Congresso Nacional Brasileiro.

SUBTÍTULO II
DO USUFRUTO E DA ADMINISTRAÇÃO DOS BENS DE FILHOS MENORES

Art. 1.689. O pai e a mãe, enquanto no exercício do poder familiar:

I – são usufrutuários dos bens dos filhos;

II – têm a administração dos bens dos filhos menores sob sua autoridade.

COMENTÁRIOS DOUTRINÁRIOS: Como desdobramento do exercício do poder familiar, e para a tutela patrimonial dos filhos menores, a lei estabelece que o pai e a mãe, enquanto no seu exercício, são usufrutuários dos bens dos filhos; mantendo-se a nua propriedade em favor dos últimos. Há, assim, um *usufruto legal* em favor dos pais sobre os bens dos seus filhos menores, o que acarreta também a administração dos bens dos filhos menores sob sua autoridade. Como há claro intuito de proteção, o instituto deve ser analisado à luz do princípio do maior interesse da criança e do adolescente.

JURISPRUDÊNCIA COMENTADA: Diante da afirmação de que a categoria visa ao maior interesse do filho, a jurisprudência superior entende que "partindo-se da premissa de que o poder dos pais, em relação ao usufruto e à administração dos bens de filhos menores, não é absoluto, deve-se permitir, em caráter excepcional, o ajuizamento de ação de prestação de contas pelo filho, sempre que a causa de pedir estiver fundada na suspeita de abuso de direito no exercício desse poder, como ocorrido na espécie. Com efeito, inviabilizar, de plano, o ajuizamento de ação de prestação de contas nesse tipo de situação, sob o fundamento de impossibilidade jurídica do pedido para toda e qualquer hipótese, acabaria por cercear o direito do filho de questionar judicialmente eventual abuso de direito de seus pais, no exercício dos encargos previstos no art. 1.689 do Código Civil, contrariando a própria finalidade da norma em comento (preservação dos interesses do menor)" (STJ, REsp 1.623.098/MG, 3.ª Turma, Rel. Min. Marco Aurélio Bellizze, j. 13.03.2018, *DJe* 23.03.2018). Sobre a contratação de dívidas em nome do filho menor, concluiu o Tribunal Paulista: "Situação retratada nos autos que revela que a movimentação bancária foi feita pelo genitor dos autores, portador de pleno poder familiar, da representação e administração dos bens deles. Separação litigiosa dos genitores, com a guarda exclusiva de um deles, que não interfere no poder familiar, salvo decisão judicial limitadora, na forma dos artigos 1.632, 1689 e 1.690 do Código Civil. Hipótese em que na condição de representante legal dos autores, enquanto menores, perante a instituição financeira, não havia nenhum óbice legal ou contratual para inibir o pedido feito de transferência de valores das contas poupança para conta-corrente em outra agência. Ausência de ato ilícito ou de falha na prestação dos serviços do réu, devendo todo e qualquer dano ser reclamado contra o pai dos autores" (TJSP, Apelação 0016682-04.2012.8.26.0004, Acórdão 10656897, 12.ª

Câmara de Direito Privado, São Paulo, Rel. Des. Jacob Valente, j. 03.08.2017, *DJESP* 15.08.2017, p. 2.621).

REFORMA DO CÓDIGO CIVIL: Com a retirada da menção ao termo "menor" do Código Civil, a Comissão de Juristas sugere um novo título para o tratamento da matéria, a saber: "Do Usufruto e da Administração dos Bens de Filhos com Menos de Dezoito Anos de Idade". Além disso, o art. 1.689 passará a prever o seguinte: "os pais, enquanto no exercício da autoridade parental: I – são usufrutuários dos bens dos filhos; II – têm a administração dos bens dos filhos crianças e adolescentes sob sua autoridade". Como se nota, a expressão "poder familiar" é trocada para "autoridade parental", termo que prevalece no Anteprojeto, por razões já apontadas. Além disso, no inciso II deixa-se novamente de se usar o termo "menor".

Art. 1.690. Compete aos pais, e na falta de um deles ao outro, com exclusividade, representar os filhos menores de dezesseis anos, bem como assisti-los até completarem a maioridade ou serem emancipados.

Parágrafo único. Os pais devem decidir em comum as questões relativas aos filhos e a seus bens; havendo divergência, poderá qualquer deles recorrer ao juiz para a solução necessária.

COMENTÁRIOS DOUTRINÁRIOS: Como outro desdobramento do poder familiar, e novamente com o fito de proteção dos interesses patrimoniais dos filhos menores, estabelece a lei que compete aos pais e, na falta de um deles, ao outro, com exclusividade, representar os filhos menores de dezesseis anos, bem como assisti-los até completarem a maioridade ou serem emancipados. Em complemento, os pais devem decidir em comum as questões relativas aos filhos e a seus bens. Em havendo divergência quanto a essa administração, a lei prevê a possibilidade de qualquer um deles recorrer ao juiz para a solução necessária, suprindo a vontade do outro.

JURISPRUDÊNCIA COMENTADA: Igualmente a merecer destaque, em complemento ao último *decisum* transcrito, da mesma Câmara e Relatoria da Corte Bandeirante, tratando de contrato de serviços educacionais firmado por menor: "Instrumento feito em nome da aluna, mas foi subscrito por sua genitora na qualidade de 'responsável', por esta ser relativamente incapaz. Circunstância em que o contrato foi efetivamente convalidado pela aluna com a sua frequência nas aulas, não se obrigando por ele a sua genitora, que atuou em mera condição de assistência (artigo 1.690 do Código Civil). Hipótese em que se o contrato não existisse, o dever de ressarcir os serviços prestados remanesceria pela aluna, nos termos dos artigos 884 e 928 do Código Civil" (TJSP, Apelação 0010454-51.2008.8.26.0554, Acórdão 8642848, 16.ª Câmara Extraordinária de Direito Privado, Santo André, Rel. Des. Jacob Valente, j. 28.07.2015, *DJESP* 07.08.2015). Também se tem entendido, com base no preceito em estudo que "estando a filha menor devidamente representada por seus genitores, desnecessária a expedição de alvará judicial para a movimentação de conta poupança da criança" (TJDF, Recurso 2011.01.1.090020-2, Acórdão 689.184, 5.ª Turma Cível, Rel. Des. Romeu Gonzaga Neiva, *DJDFTE* 05.07.2013, p. 147). E, sobre a representação processual do menor em juízo, julga-se que "é realizada pelos pais, em conjunto. Exegese dos arts. 1.634 e 1.690 do Código Civil" (TJRS, Agravo de Instrumento 52788-64.2012.8.21.7000, 9.ª Câmara Cível, Rio Grande, Rel. Des. Tasso Caubi Soares Delabary, j. 14.02.2012, *DJERS* 05.03.2012).

Art. 1.691. Não podem os pais alienar, ou gravar de ônus real os imóveis dos filhos, nem contrair, em nome deles, obrigações que ultrapassem os limites da simples administração, salvo por necessidade ou evidente interesse da prole, mediante prévia autorização do juiz.

Parágrafo único. Podem pleitear a declaração de nulidade dos atos previstos neste artigo:

I – os filhos;

II – os herdeiros;

III – o representante legal.

COMENTÁRIOS DOUTRINÁRIOS: No plano da administração dos bens dos filhos menores, os pais não podem alienar ou gravar de ônus real os imóveis dos filhos, nem contrair, em nome deles, obrigações que ultrapassem os limites da simples administração. Exceção deve ser feita para os casos de necessidade ou de evidente interesse da prole, em atendimento ao princípio do maior interesse da criança e do adolescente, e mediante prévia autorização do juiz. Se tais atos de alienação ou disposição forem realizados sem autorização, deverão ser tidos como nulos, de pleno direito, havendo previsão de nulidade textual. A norma é de ordem pública, tutelando os vulneráveis. O próprio comando reconhece legitimidade dos filhos, herdeiros e representante legal do menor para propor a ação declaratória de nulidade absoluta do ato. Como a norma é especial quanto à legitimidade, compreendo que o Ministério Público não a tem, não sendo o caso de se aplicar o art. 168 do CC/2002, preceito relativo às nulidades absolutas dos negócios jurídicos em geral. Por fim, deve-se entender que essa ação declaratória não está sujeita à decadência ou à prescrição, eis que o negócio jurídico nulo não convalesce pelo decurso de tempo (art. 169 do CC/2002). A ação é essencialmente declaratória, o que igualmente justifica a sua não sujeição à prescrição ou à decadência.

JURISPRUDÊNCIA COMENTADA: Trazendo a tutela patrimonial do menor de idade, e bem aplicando o dispositivo, julgou o Tribunal Paulista: "Alvará judicial. Requerimento por menor visando o recebimento dos saldos do FGTS e PIS-PASEP deixados pelo pai falecido em acidente de trânsito. Pedido, também, de alvará para recebimento do seguro obrigatório (DPVAT). Alvarás deferidos e cumpridos, com depósito dos valores em conta judicial. Pretensão dos advogados que patrocinaram os interesses do menor a levantar a parcela correspondente aos valores dos honorários contratados por escrito pelo menor representado pela mãe. Contratos nulos, posto celebrados em desacordo com a regra de ordem pública do artigo 1.691 do Código Civil, que exige prévia autorização judicial para os atos que ultrapassem os limites de simples administração dos direitos dos incapazes. Autorização que certamente não seria concedida já que o menor e sua mãe são pessoas muito pobres e seriam encaminhadas ao patrocínio da Defensoria Pública. Recurso prejudicado e anulação de ofício dos aludidos contratos" (TJSP, Agravo de Instrumento 589.120.4/9, Acórdão 3352934, 2.ª Câmara de Direito Privado, São Paulo, Rel. Des. Morato de Andrade, j. 18.11.2008, *DJESP* 14.01.2009). Em outro caso de relevo prático, relativo ao levantamento de multa diária processual, concluiu a mesma Corte: "Demanda ajuizada por menor impúbere. Pretensão de levantamento do valor relativo às *astreintes*. Descabimento. A administração dos bens pertencentes aos filhos menores deve se limitar à preservação do melhor interesse da prole. Inteligência do art. 1.691 do CC/02. Quantia que somente poderá ser levantada após a maioridade civil ou a efetiva comprovação da necessidade do infante, situação não verificada na hipótese em análise" (TJSP, Agravo de Instrumento 2123647-71.2018.8.26.0000, Acórdão 12198107, 2.ª Câmara de Direito Privado, São Paulo, Rel. Des. Rosangela Telles, j. 08.02.2019, *DJESP* 18.02.2019, p. 2.644). Como última ilustração, entendeu o Superior Tribunal de Justiça que "salvo justo motivo concretamente visualizado, a negativa de levantamento de valores depositados em juízo, a título de indenização securitária devida a beneficiária menor impúbere representada por sua genitora, ofende o disposto no art. 1.689, I e II, do CC/2002, sobretudo quando o objetivo da operação é propiciar a adequada gestão do patrimônio do incapaz e garantir-lhe condições de alimentação, educação e desenvolvimento, medidas com as quais se efetiva a prioridade absoluta constitucionalmente garantida à criança, ao adolescente e ao jovem (art. 227, *caput*, da CF/88)". E mais, como se extrai do aresto, de forma precisa tecnicamente: "O poder familiar inclui, dentre outras obrigações, o dever de criação e educação dos filhos menores conforme dispõe, por exemplo, o artigo 1.634, I, do Código Civil, além das disposições do Estatuto da Criança e do Adolescente. No caso dos autos, não há notícia acerca de eventual conflito de interesses entre a menor e sua genitora, nem mesmo discussão quanto à correção do exercício do poder familiar, daí por que inexiste motivo plausível ou justificado que imponha restrição à mãe, titular do poder familiar, de dispor dos valores recebidos por menor de idade" (STJ, REsp 1.131.594/RJ, 4.ª Turma, Rel. Min. Marco Buzzi, j. 18.04.2013, *DJe* 08.05.2013). Como outra ilustração importante, aplicando o art. 1.691 do Código Civil, julgado da Quarta Turma do STJ do ano de 2021 concluiu que "o fato de ter sido concedida a gestão da herança a terceiro não implica restrição do exercício do poder familiar do genitor sobrevivente para promover a contratação de advogado, em nome dos herdeiros menores, a fim de representar os interesses deles no inventário" (STJ, REsp 1.566.852/SP, 4.ª Turma, Rel. Min. Luis Felipe Salomão, Rel. p/ Acórdão Min. Raul Araújo, j. 17.08.2021, m.v.). Por fim, destaque-se o aresto da mesma Corte Superior no sentido de que a presença dos pais dispensa a autorização judicial em contrato de gestão de carreira de atleta relativamente incapaz. Como constou de sua ementa, "o regramento disposto no art. 1.691 do CC, que exige autorização judicial para a contração de obrigações em nome do filho menor, não se aplica ao filho emancipado, porquanto dotado este de capacidade civil plena, podendo realizar os atos da vida civil, por si só. Celebrados os contratos dos presentes autos antes da entrada em vigor do inciso VI do art. 27-C da Lei n. 9.615/1998 (Lei Pelé), mostra-se descabida a análise da sua higidez à luz desse dispositivo legal, por se tratar de ato jurídico perfeito (art. 6º, § 1º, da LINDB). A título de reforço argumentativo, é nulo de pleno direito o contrato de gerenciamento de carreira pactuado pelo atleta em formação menor de dezoito anos, afigurando-se válida, ao revés, a avença celebrada pelo atleta profissional menor de dezoito anos devidamente assistido, caso ainda não adquirida a capacidade civil plena, conforme a norma dos arts. 3º, § 1º, I, 27-C, VI, 28 e 29, § 4.º, todos da Lei n. 9.615/1998" (STJ, REsp. 1.872.102/SP, Rel. Min. Marco Aurélio Bellizze, 3.ª Turma, j. 02.03.2021, *DJe* 11.03.2021).

REFORMA DO CÓDIGO CIVIL: A Subcomissão de Direito de Família sugeriu uma premente reforma do tratamento da gestão patrimonial dos bens dos filhos com menos de dezoito anos, por seus pais. Consoante as suas justificativas, na proposição: "o art. 1.691 proíbe os pais de renunciarem aos direitos de que seus filhos sejam titulares, alienarem, ou gravarem de ônus real os seus bens imóveis, sociedades empresárias, objetos preciosos e valores mobiliários, buscando evitar incidentes registrados na mídia de pais que se tornaram titulares das riquezas dos filhos mediante a articulação fraudatória de pessoas jurídicas. O juiz, por provocação do menor de idade ou do Ministério Público ou de qualquer parente do menor de idade, pode adotar providências que assegurem a preservação dos bens do menor de idade, podendo ser exigida caução ou fiança dos pais, ou ser nomeado um administrador judicial". Nesse contexto, o *caput* do dispositivo passará a prever o seguinte, com regras mais claras e específicas quanto aos atos vedados: "não podem os pais renunciar aos direitos de que seus filhos sejam titulares nem alienar, ou gravar de ônus real os seus bens imóveis, sociedades empresárias, objetos preciosos e valores mobiliários nem contrair, em nome deles, obrigações que ultrapassem os limites da simples administração, salvo por necessidade ou evidente interesse da prole, mediante prévia autorização do juiz". No que diz respeito à legitimidade para a ação declaratória de nulidade absoluta desses atos e negócios, o § 1º do art. 1.691 passará a prever, sem alteração de conteúdo, que "podem pleitear a declaração de nulidade dos atos previstos neste artigo: I – os filhos; II – os herdeiros; III – o representante legal". Inclui-se um novo § 2º, para expressar, quanto aos procedimentos, que: "quando a administração dos pais puser em perigo o patrimônio do filho, o juiz, a pedido do próprio filho, do Ministério Público ou de qualquer parente, poderá adotar as providências que estime necessárias para a segurança e conservação dos seus bens". Além disso, "para a continuação da administração dos bens da criança e do adolescente, o juiz pode exigir caução ou fiança, inclusive nomear um administrador" (§ 3º do art. 1.691). Por fim, para trazer maior segurança jurídica, é incluído um § 4º no preceito, prevendo a respeito da exigência de prestação de contas pelo filho e que, "ao término da autoridade parental, os filhos podem, no prazo de dois anos, exigir de seus pais a prestação de contas da administração que exerceram sobre os seus bens, respondendo os pais por dolo ou culpa, pelos prejuízos que sofreram" (§ 4º do art. 1.691 do CC). Como se pode notar, as propostas são louváveis e necessárias, para uma maior estabilidade do instituto do usufruto legal, funcionalizando-o em prol dos interesses dos filhos.

Art. 1.692. Sempre que no exercício do poder familiar colidir o interesse dos pais com o do filho, a requerimento deste ou do Ministério Público o juiz lhe dará curador especial.

COMENTÁRIOS DOUTRINÁRIOS: Se eventualmente houver a colisão entre os interesses dos pais com os do filho na administração do patrimônio do último, a requerimento deste ou do Ministério Público, o juiz lhe dará um curador especial. Aqui a legitimidade do MP é clara e especificada em lei, devendo sempre ser reconhecida.

JURISPRUDÊNCIA COMENTADA: Julgado do Tribunal Paulista aplicou a norma, nomeando como curadora do menor a sua avó, com vistas para a proteção dos interesses patrimoniais do menor. Nos termos da ementa: "Instituição de Curatela pelo testador para administração do patrimônio do herdeiro menor, na figura da viúva. Existência de colisão de interesses. Viúva inventariante que ajuizou pretensão ao reconhecimento de herdeira necessária, colocando-se em litígio contra o menor. Respeitada a preponderância da vontade do testador, a existência de interesses conflitantes desaconselha a manutenção da curatela e recomenda a substituição na figura da avó materna que detém a guarda do infante (arts. 1.735,

II e 1.692 do CC)" (TJSP, Agravo de Instrumento 02238866420118260000, 6.ª Câmara de Direito Privado, Rel. Des. Percival Nogueira, j. 11.04.2013, *DJESP* 12.04.2013). Outros julgados têm apontado a necessidade de se definir especificamente as razões do conflito, bem como os eventuais prejuízos que pode sofrer o menor. Nessa linha: "A nomeação de curador especial reclama colisão de interesses entre o menor de 18 anos com quem tem a função de representá-lo ou assisti-lo. Tal providência cinge-se à situação concreta vivenciada pelo incapaz, devendo ser reclamada nos próprios autos em que há a aludida colidência de interesses, até porque seus efeitos alcançarão os atos do feito em que se verificar a propalada situação conflituosa. No caso, não há como permitir o processamento do pedido genérico e demasiadamente abstrato, que apenas menciona a possibilidade de perda do imóvel que reside com sua família ante a suposta demanda em que os pais figuram como réus, do que não se tem notícia mais detalhada, não tendo a parte autora, quando instada para tanto, trazido aos autos dados capazes de demonstrar a real causa de pedir curadoria especial em autos próprios" (TJRS, Apelação Cível 70043990316, 8.ª Câmara Cível, Rel. Des. Ricardo Moreira Lins Pastl, j. 27.10.2011, *DJERS* 1º.11.2011).

Art. 1.693. Excluem-se do usufruto e da administração dos pais:

I – os bens adquiridos pelo filho havido fora do casamento, antes do reconhecimento;

II – os valores auferidos pelo filho maior de dezesseis anos, no exercício de atividade profissional e os bens com tais recursos adquiridos;

III – os bens deixados ou doados ao filho, sob a condição de não serem usufruídos, ou administrados, pelos pais;

IV – os bens que aos filhos couberem na herança, quando os pais forem excluídos da sucessão.

COMENTÁRIOS DOUTRINÁRIOS: Como última regra relativa à proteção patrimonial dos filhos menores, estabelece a codificação privada que devem ser excluídos do usufruto legal e da administração dos pais: a) os bens adquiridos pelo filho havido fora do casamento, antes do reconhecimento pelo pai; b) os valores auferidos pelo filho maior de 16 anos, no exercício de atividade profissional, e os bens com tais recursos adquiridos; c) os bens deixados ou doados ao filho, sob a condição de não serem usufruídos, ou administrados, pelos pais, ou seja, com estipulação expressa de afastamento do usufruto; e d) os bens que aos filhos couberem na herança, quando os pais forem excluídos da sucessão. Em casos tais, como se pode perceber, preservam-se a autonomia privada e interesses específicos dos filhos, sendo essas as razões de ser das previsões.

JURISPRUDÊNCIA COMENTADA: Em julgado de subsunção da norma, concluiu o Tribunal do Distrito Federal que a doação de dinheiro feita a menor "sob condição expressa de somente ser utilizado quando implementado determinado acontecimento: completasse 18 anos ou ingressasse em curso superior [...] situa-se, pois, dentre as exceções previstas no art. 1.693, III, do CC, excluindo-se da administração e usufruto dos pais" (TJDF, Apelação 408038020058070001, 6.ª Turma Cível, Rel. Des. Jair Soares, j. 12.09.2007, *DJU* 27.09.2007, p. 121). Ou, ainda, do Tribunal Paulista, julgou-se o seguinte, a respeito de levantamento de quantia de menor de idade que era credor e coexequente: "Deferimento do levantamento de 25% do valor depositado nos autos (R$ 7.280,79), devendo a diferença (75%) permanecer depositada na conta judicial até ser alcançada a maioridade do coexequente menor. Insurgência. Alegação de que os pais, enquanto no exercício do poder familiar, administram os bens dos filhos menores sob sua autoridade, nos termos do art. 1.689, II, do Código Civil. Cabimento. Incidência do art. 1.689, II, do Código Civil. Dinheiro que não consta como bem excluído da administração dos pais, nos termos do art. 1.693 do Código Civil. Não há como presumir a má-fé ou a incapacidade da mãe em relação à administração dos bens de seu filho. A administração e o usufruto legais são corolários do poder familiar, no direito brasileiro. Nos termos do art. 197, II, do Código Civil, não flui prescrição contra o menor. Coagravante maior que é mãe solteira e que aufere parcos rendimentos, tanto que beneficiária da justiça gratuita, não sendo razoável que o núcleo familiar fique sem parte da indenização até 2025, quando o coagravante menor finalmente atingirá a maioridade" (TJSP, Agravo de Instrumento 2237149-51.2019.8.26.0000, Acórdão 13988531, 7.ª Câmara de Direito Privado, São Paulo, Rel. Des. Miguel Brandi, j. 22.09.2020, *DJESP* 14.10.2020, p. 2.017).

REFORMA DO CÓDIGO CIVIL: Com meros ajustes redacionais, a Comissão de Juristas sugere que o art. 1.693 do CC passe a prever o seguinte: "Excluem-se da administração e do usufruto dos pais: I – os bens adquiridos pelo filho, antes de ser reconhecida a relação de parentalidade". Assim, diante da igualdade entre filhos, deixa-se de mencionar no inciso I o filho havido fora do casamento, o que não tem hoje qualquer justificativa, teórica ou prática. No inciso III, a norma passará a prever "os bens deixados ou doados ao filho, sob a condição de não serem usufruídos ou administrados pelos pais", havendo apenas a retirada de uma vírgula, mal posicionada, antes do "ou". O mesmo foi feito quanto ao inciso IV, *in verbis* e na nova redação sugerida: "os bens que aos filhos couberem na herança quando os pais forem excluídos da sucessão".

SUBTÍTULO III
DOS ALIMENTOS

Art. 1.694. Podem os parentes, os cônjuges ou companheiros pedir uns aos outros os alimentos de que necessitem para viver de modo compatível com a sua condição social, inclusive para atender às necessidades de sua educação.

§ 1º Os alimentos devem ser fixados na proporção das necessidades do reclamante e dos recursos da pessoa obrigada.

§ 2º Os alimentos serão apenas os indispensáveis à subsistência, quando a situação de necessidade resultar de culpa de quem os pleiteia.

COMENTÁRIOS DOUTRINÁRIOS: Desde a sua mais elementar existência, o ser humano sempre necessitou ser alimentado para que pudesse exercer suas funções vitais. Nessa realidade, vale lembrar que a palavra alimento vem do latim *alimentum*, que queria dizer sustento, manutenção ou subsistência. Nesse contexto, os chamados *alimentos familiares* representam uma das principais efetivações do princípio da solidariedade nas relações sociais, sendo essa a própria concepção da categoria jurídica. Esclareça-se que o instituto também permeia outros ramos do Direito Privado, interessando a este estudo os alimentos que surgem do vínculo alimentar, a justificar a expressão por último destacada. A título de exemplo de alimentos relativos a outra seara privada, podem ser citados os *alimentos reparatórios, de ato ilícito* ou *indenizatórios*, devidos pelo responsável no caso de falecimento de alguém por ato ilícito, e pagos aos dependentes do falecido, nos termos do art. 948 do Código Civil. Com base nos ensinamentos da melhor doutrina, conceituo os alimentos familiares como as prestações devidas para a satisfação das necessidades da pessoa que não pode provê-las pelo trabalho ou esforço próprio. Aquele que pleiteia os alimentos é denominado *alimentando* ou *credor*; enquanto aquele que os deve pagar é o *alimentante* ou *devedor*. O pagamento desses valores visa à pacificação social, estando amparado nos princípios da dignidade da pessoa humana e da solidariedade familiar, ambos de índole constitucional. No plano conceitual e em sentido amplo, os alimentos devem compreender as necessidades vitais da pessoa, cujo objetivo é a manutenção da sua dignidade: a alimentação, a saúde, a moradia, o vestuário, o lazer, a educação, entre outros. Em breve síntese, os alimentos devem ser concebidos dentro da ideia de *patrimônio mínimo*, de acordo com a festejada tese construída pelo professor e Ministro do STF Luiz Edson Fachin. Diante dessa proteção máxima da pessoa humana, precursora da personalização do Direito Civil, e em uma perspectiva civil-constitucional, tenho sustentado que o art. 6º da CF/1988 serve como *uma luva* para preencher o conceito atual dos alimentos. Esse dispositivo do Texto Maior traz como conteúdo os direitos sociais que devem ser oferecidos pelo Estado, a saber: a educação, a saúde, a alimentação, o trabalho, a moradia, o transporte, o lazer, a segurança, a previdência social, a proteção à maternidade e à infância, e a assistência aos desamparados. Anote-se que a menção à alimentação foi incluída pela Emenda Constitucional n. 64, de 4 de fevereiro de 2010, o que tem relação direta com o tema aqui estudado. Ademais, destaque-se que, conforme a doutrina contemporânea constitucionalista, os direitos sociais também devem ser tidos como direitos fundamentais, tendo aplicação imediata nas relações privadas. Nesse contexto, aplicando-se a tese da *eficácia horizontal dos direitos fundamentais*, tais direitos existem e devem ser respeitados nas relações privadas particulares, no sentido de que os alimentos estão muito mais fundamentados na solidariedade familiar do que na própria relação de parentesco, casamento ou união estável. Acrescento que a obrigação alimentar e o correspondente direito aos alimentos têm características únicas, que os distinguem de todos os outros direitos e obrigações, como a possibilidade de prisão civil, prevista no art. 5º, inc. LXVII, do Texto Maior e regulamentada pelo Código de Processo Civil. Feitas tais considerações introdutórias a respeito dos alimentos familiares, partindo para a análise específica do art. 1.694 do Código Civil, nele consta o pressuposto ou fundamento legal infraconstitucional para o dever de prestar alimentos nas relações familiares, prevendo a norma que podem os parentes, os cônjuges ou os companheiros pedir uns aos outros os *alimentos familiares* de que necessitem para viver de modo compatível com a sua condição social e inclusive para atender às necessidades de sua educação. Nota-se que os companheiros também podem pleitear alimentos uns dos outros, incidindo a isonomia quanto a esse direito, ou seja, a mulher pode pleitear alimentos do marido e vice-versa; a companheira pode pleitear alimentos do companheiro e vice-versa. Todavia, não se pode negar que ainda prevalecem as hipóteses de mulheres pleiteando alimentos de homens, sendo o tema ainda de *faceta feminina*. Diante dos reconhecimentos da união homoafetiva e do casamento homoafetivo como entidades familiares, de forma exaustiva demonstrados nos meus comentários, firme-se a premissa de que os alimentos também podem ser pleiteados em tais relacionamentos familiares, sem qualquer distinção. O conteúdo dos alimentos visa, primeiramente, a manter o estado anterior (*status quo*), o que inclui, pelo sentido textual do dispositivo, a educação. Entretanto, deve-se ter em mente que o pagamento dos alimentos deve ser analisado de acordo com o contexto social, não se admitindo exageros na sua fixação, ou que ele acarrete *parasitismo social*. Confrontando o atual texto privado com o dispositivo anterior (art. 396 do CC/1916), a mudança estrutural é imensa, pois a lei anterior apenas previa que "de acordo com o prescrito neste capítulo podem os parentes exigir uns dos outros os alimentos de que necessitem para subsistir". Seguindo na análise do comando, a exemplo da lei anterior, os alimentos devem ser fixados dentro do *binômio necessidade* de quem os pleiteia x *possibilidade* de quem os deve prestar, ou nos termos da lei "na proporção das necessidades do reclamante e dos recursos da pessoa obrigada" (art. 1.694, § 1º, do CC/2002). Em tom didático e simplificado fala-se, nos meios familiaristas, do binômio *necessidade/possibilidade*. Anote-se, contudo, que a proporcionalidade ou razoabilidade na fixação dos alimentos é de tamanha importância na atualidade, que alguns doutrinadores falam na existência de um *trinômio alimentar (razoabilidade ou proporcionalidade/necessidade/possibilidade)*. De fato, como se extrai de alguns julgados que serão comentados, é sustentável a citada ampliação para uma tríade. Com relação à possibilidade de quem paga os alimentos, que deve ser analisada após a necessidade, esclareça-se que na *VI Jornada de Direito Civil* foi aprovado o Enunciado n. 573, prescrevendo que "na apuração da possibilidade do alimentante, observar-se-ão os sinais exteriores de riqueza". Esses sinais exteriores de riqueza, geralmente, são colhidos em redes sociais na internet, caso do Facebook e do Instagram, servindo a ata notarial para demonstrar os fatos correlatos. Como é notório, o CPC/2015 tratou especificamente desse documento, estabelecendo o seu art. 384 que a existência e o modo de existir de algum fato podem ser atestados ou documentados, a requerimento do interessado, mediante ata lavrada por Tabelião de Notas. A mesma norma prevê que dados representados por imagem ou som gravados em arquivos eletrônicos poderão constar da ata notarial. Essa previsão expressa tem incrementado o seu uso nas demandas de Direito de Família. A encerrar a abordagem dos pressupostos para a obrigação alimentar, o Código Civil de 2002 introduziu outra feliz inovação, ao prever que mesmo o cônjuge ou companheiro culpado pelo fim do relacionamento pode pleitear os alimentos necessários ou indispensáveis à subsistência do inocente (art. 1.694, § 2º, do CC/2002). A questão, que igualmente mantém relação com a solidariedade familiar, é igualmente regulamentada pelo art. 1.704, parágrafo único, da atual codificação e será ainda aprofundada. De toda sorte, destaque-se que, com a aprovação da Emenda Constitucional n. 66/2010, é forte o entendimento segundo o qual tais dispositivos estão revogados, por incompatibilidade superveniente com o Texto Maior, eis que não há mais qualquer influência da culpa quanto aos alimentos. Farei a exposição dessas três vertentes mais à frente. Por fim, tem-se admitido amplamente no Brasil, na seara do Direito de Família, os chamados *alimentos compensatórios*, que são fixados, dissolvido o casamento ou a união estável determinando tempo ou não, a fim de afastar o desequilíbrio econômico causado pela redução do padrão socioeconômico do cônjuge ou companheiro que ficou desprovido de bens ou de meação. Como se verá, a proposta de Reforma do Código Civil, ora em tramitação, pretende incluir o seu tratamento na codificação privada, em inclusão mais do que necessária no presente momento. A hipótese típica é de escolha pelas partes do regime de separação convencional de bens, em que não há a comunicação de qualquer bem. Finda a sociedade conjugal ou convivencial, tem-se entendido como possível que um dos consortes pleiteie do outro uma verba extra, a título de alimentos compensatórios. A tese é interessante, pois traz para o Direito de Família a experiência do direito obrigacional a respeito da vedação da onerosidade excessiva ou desequilíbrio negocial. Por isso, há uma clara interação com os princípios da boa-fé objetiva e da função social, em salutar diálogo entre livros diversos do Código Civil. Em reforço, há um fundamento na responsabilidade civil, com proximidade conceitual em relação aos antes citados alimentos indenizatórios, tratados pelo art. 948, inc. II, do CC/2002. Não obstante o certo do apreço que tenho pelo conceito de alimentos compensatórios, especialmente por eventual fundamento na solidariedade, a adesão à ideia merece as devidas ressalvas, até que seja tratada na lei. Isso porque, reitero, os alimentos entre os cônjuges devem ser analisados socialmente, de acordo com a emancipação da mulher e com a sua plena inserção no mercado de trabalho. A Constituição Federal de 1988 estabelece a isonomia entre o homem e a mulher em seu art. 5º, inc. I. E, apesar da existência de verdadeiros precipícios de diferenças em algumas situações concretas, deve a sociedade buscar a diminuição das discrepâncias. O Direito deve cumprir um papel de aproximação, o que parece ter sido tentado pelo CPC de 2015, ao abolir o antigo foro privilegiado da mulher, sem qualquer outra razão, como ocorre no caso de violência doméstica, nas ações de extinção do casamento (art. 100, inciso I, do CPC/1973). Ao contrário, não se pode, pura e simplesmente, assumir uma eventual posição de inferioridade, o que tende a perpetuá-la, e não a extingui-la. A fixação dos alimentos compensatórios, a par dessas afirmações, não pode ser desmedida ou exagerada, de modo a gerar o ócio permanente do ex-cônjuge, ou uma espécie de *parasitismo* amparado pelo Poder Judiciário. Em outras palavras, a sua fixação não pode perpetuar a figura da *dondoca*, que não trabalha ou desenvolve qualquer atividade, vivendo às custas da profissão de ex-cônjuge. Tal figura, aliás, está bem distante da personificação da mulher contemporânea, pós-moderna, empreendedora e independente. Nesse contexto, deve ser vista com ressalvas a ideia de que os alimentos compensatórios visam a manter o *status quo* de alto padrão da ex-mulher que não trabalhava quando casada, e que continuará sem trabalhar após o fim da união. Em casos tais, o fundamento para tais alimentos deixa de ser o princípio da solidariedade, passando a ser o enriquecimento sem causa, vedado expressamente pelo art. 884 do Código Civil de 2002 e pelos princípios adotados pelo Direito Civil Contemporâneo, notadamente o da eticidade.

Pandemia: Ressalva importante sobre a prisão civil do devedor de alimentos surgiu em meio à pandemia de covid-19, no ano de 2020, o que teve início no âmbito da jurisprudência do Superior Tribunal de Justiça, afastando-a em regime fechado, e possibilitando-se, apenas, a prisão domiciliar. Os julgados que assim concluíram serão expostos a seguir. Sucessivamente, veio a Lei n. 14.010/2020, que instituiu um regime transitório em matéria de Direito Privado em tempos de pandemia (RJET), e que teve a minha atuação em sua elaboração, sob a liderança do Professor Otávio Luiz Rodrigues. Conforme o seu art. 15, até 30 de outubro de 2020 – data considerada como de fim de abrangência da nova norma –, "a prisão civil por dívida alimentícia, prevista no art. 528, § 3º e seguintes da Lei nº 13.105, de 16 de março de 2015 (Código de Processo Civil), deverá ser cumprida exclusivamente sob a modalidade domiciliar, sem prejuízo da exigibilidade das respectivas obrigações". O conteúdo da norma teve o meu total apoio, desde o início da crise pandêmica, concretizando a proteção da vida, da saúde e da dignidade humana, com o fim de evitar a propagação do vírus. Além da viabilidade da prisão domiciliar, ela não afastou a possibilidade de outras medidas para a efetivação do recebimento da dívida de alimentos, inclusive as medidas coercitivas atípicas, como a apreensão de documentos (passaporte, cartões bancários ou de crédito e carteira de motorista) ou bloqueio de serviços (telefonia e TV por assinatura), nos termos do art. 139, inc. IV, do CPC/2015. Vale repisar que em 2023 o Supremo Tribunal Federal julgou a constitucionalidade do art. 139, inc. IV, na ADI 5.941, em acórdão do qual foi Relator o Ministro Luiz Fux. Entendeu-se como possível, de acordo com a Constituição Federal de 1988, a apreensão do passaporte, da carteira de motorista e de outros documentos do devedor, especialmente em casos de dívidas de alimentos. Sucessivamente, no mesmo ano de 2023, já se pronunciou o Superior Tribunal de Justiça, em acórdão com o seguinte trecho: "O Supremo Tribunal Federal, por ocasião do julgamento da ADI 5.941, firmou posição no sentido de que restrições impostas ao devedor, como a apreensão do passaporte, são constitucionais, desde que respeitados os critérios e requisitos da fundamentação adequada, do contraditório, ainda que diferido, e da proporcionalidade. Hipótese em que a situação financeira privilegiada do devedor de alimentos foi demonstrada, bem como foram suficientemente evidenciados os indícios de ocultação de patrimônio, mostrando-se razoável e proporcional a medida, especialmente após o esgotamento das medidas executivas típicas" (STJ, Ag. Int. no HC 712.901/SP, 3.ª Turma, Rel. Min. Nancy Andrighi, j. 13.03.2023, *DJe* 15.03.2023). Essa é a posição a ser considerada, para os devidos fins práticos.

JURISPRUDÊNCIA COMENTADA: De início reconhecendo o pagamento de verbas alimentares nos casos envolvendo a família homoafetiva: "A legislação que regula a união estável deve ser interpretada de forma expansiva e igualitária, permitindo que as uniões homoafetivas tenham o mesmo regime jurídico protetivo conferido aos casais heterossexuais, trazendo efetividade e concreção aos princípios da dignidade da pessoa humana, da não discriminação, igualdade, liberdade, solidariedade, autodeterminação, proteção das minorias, busca da felicidade e ao direito fundamental e personalíssimo à orientação sexual. [...]. O direito a alimentos do companheiro que se encontra em situação precária e de vulnerabilidade assegura a máxima efetividade do interesse prevalente, a saber, o mínimo existencial, com a preservação da dignidade do indivíduo, conferindo a satisfação de necessidade humana básica. O projeto de vida advindo do afeto, nutrido pelo amor, solidariedade, companheirismo, sobeja obviamente no amparo material dos componentes da união, até porque os alimentos não podem ser negados a pretexto de uma preferência sexual diversa. No caso ora em julgamento, a cautelar de alimentos provisionais, com apoio em ação principal de reconhecimento e dissolução de união estável homoafetiva, foi extinta ao entendimento da impossibilidade jurídica do pedido, uma vez que 'não há obrigação legal de um sócio prestar alimentos ao outro'. Ocorre que uma relação homoafetiva rompida pode dar azo ao pensionamento alimentar e, por conseguinte, cabível, em processo autônomo, que o necessitado requeira sua concessão cautelar com a finalidade de prover os meios necessários ao seu sustento durante a pendência da lide" (STJ, REsp 1.302.467/SP, 4.ª Turma, Rel. Min. Luis Felipe Salomão, j. 03.03.2015, *DJe* 25.03.2015). Também conforme pontuei, em julgado paradigmático, o Superior Tribunal de Justiça analisou os alimentos a partir da citada perspectiva social, merecendo destaque o seguinte trecho da decisão da Ministra Fátima Nancy Andrighi: "No que toca à genérica disposição legal contida no art. 1.694, *caput*, do CC/2002, referente à compatibilidade dos alimentos prestados com a condição social do alimentado, é de todo inconcebível que ex-cônjuge, que pleiteie alimentos, exija-os com base no simplista cálculo aritmético que importe no rateio proporcional da renda integral da desfeita família; isto porque a condição social deve ser analisada à luz de padrões mais amplos, emergindo, mediante inevitável correlação com a divisão social em classes, critério que, conquanto impreciso, ao menos aponte norte ao julgador que deverá, a partir desses valores e das particularidades de cada processo, reconhecer ou não a necessidade dos alimentos pleiteados e, se for o caso, arbitrá-los. Por restar fixado pelo Tribunal Estadual, de forma induvidosa, que a alimentanda não apenas apresenta plenas condições de inserção no mercado de trabalho como também efetivamente exerce atividade laboral, e mais, caracterizada essa atividade como potencialmente apta a mantê-la com o mesmo *status* social que anteriormente gozava, ou ainda alavancá-la a patamares superiores, deve ser julgado procedente o pedido de exoneração deduzido pelo alimentante em sede de reconvenção e, por consequência, improcedente o pedido de revisão de alimentos formulado pela então alimentada. Recurso especial conhecido e provido" (STJ, REsp 933.355/SP, 3.ª Turma, Rel. Min. Nancy Andrighi, j. 25.03.2008, *DJ* 11.04.2008, p. 1). Tal decisão inaugurou, naquele Tribunal Superior, a conclusão segundo a qual os alimentos entre os cônjuges têm *caráter excepcional*, pois aquele que tem condições laborais deve buscar o seu sustento pelo esforço próprio. O caso ficou conhecido como da *psicóloga dos Jardins*, sendo certo que uma ex-mulher recebia pensão do ex-marido por longos vintes anos, sendo o último valor pago de R$ 6.000,00. Ingressou ela em juízo para pleitear o aumento do valor, sustentando a falta de condições para manter o padrão de vida anterior com os rendimentos do seu trabalho. Almejava dobrar o valor da pensão alimentícia, sob a alegação de que não vinha mais aceitando convites para eventos sociais, que teve de dispensar seu caseiro, que não mais trocava de carro com a frequência anterior e que não viajava para o exterior anualmente. Além da contestação, o ex-marido apresentou reconvenção, sob a premissa de que a ex-mulher tinha condições de sustento próprio, notadamente por suas atividades como psicóloga em clínica própria e como professora universitária, bem como pela locação de dois imóveis de sua propriedade. Após os trâmites no Tribunal Paulista, a Corte Estadual aumentou o valor da pensão para R$ 10.000,00, incidindo a ideia de manutenção do padrão social. Porém, de forma correta, a Ministra Nancy Andrighi acolheu o pleito de exoneração do ex-marido, julgando que, "não existindo nenhum tipo de dúvida quanto à capacidade da recorrida de prover, nos exatos termos do art. 1.695 do CC/02, sua própria mantença, impende, ainda, traçar considerações relativas ao teor do disposto no art. 1.694 do CC/02, do qual se extrai que os alimentos prestados devem garantir modo de vida 'compatível com a sua condição social'. A genérica disposição legal não pode ser entendida como parâmetro objetivo, mesmo porque seria virtualmente impossível o estabelecimento da exata condição socioeconômica anterior, para posterior reprodução por meio de alimentos prestados pelo ex-cônjuge devedor de alimentos. O conceito deve ser interpretado com temperança, fixando-se a condição social anterior dentro de patamares razoáveis, que permitam acomodar as variações próprias das escolhas profissionais, dedicação ao trabalho, tempo de atividade entre outras variáveis". A votação foi unânime, na linha da justa relatoria. Outras decisões da Corte e de Tribunais Estaduais passaram a seguir tal correto entendimento, consentâneo com a plena inserção da mulher no mercado de trabalho e com o afastamento de alimentos com *caráter parasitário*. Entendo que esse já um exemplo de aplicação do *trinômio alimentar*, em substituição ao velho *binômio*. Como outro aspecto importante, atente-se que, para o Superior Tribunal de Justiça, não é possível rever o valor alimentar antes fixado pelas instâncias inferiores, por se tratar de matéria de fato, conforme estabelece a sua Súmula n. 7. Nessa esteira, a premissa número 18 da Edição n. 65 da ferramenta *Jurisprudência em Teses*, dedicada aos alimentos e publicada no ano de 2016. Conforme a afirmação: "A fixação da verba alimentar tem como parâmetro o binômio necessidade do alimentando e possibilidade do alimentante, insusceptível de análise em sede de recurso especial por óbice da Súmula n. 7/STJ". Mais uma vez na linha do que pontuei, a jurisprudência também já tem admitido provas extraídas de *sites* de relacionamentos e de redes sociais, como se retira do seguinte aresto, dentre muitos que poderiam ser trazidos à colação: "Agravado que demonstra sinais exteriores de riqueza condizentes com a fixação de um salário mínimo para o dever alimentar. Afinal de contas, em redes sociais ele mesmo intitula-se sócio-proprietário de imobiliária, além de ser proprietário de dois veículos automotores" (TJRS, Agravo de Instrumento 0116433-24.2016.8.21.7000, 8.ª Câmara Cível, Gravataí, Rel. Des. Ivan Leomar Bruxel, j. 08.09.2016, *DJERS* 13.09.2016). Sobre a substituição do binômio pelo trinômio alimentar, veja-se: "Família. Ação de alimentos. Filha maior e portadora de Síndrome de Down. Readequação do *quantum* alimentar. Análise do chamado binômio alimentar (ou trinômio, para alguns). Necessidades/possibilidades, dependendo de cotejo pelo conjunto dos fatos. Circunstâncias que autorizam certa readequação da pensão. O dever de sustentar a prole compete a ambos os genitores, cada um concorrendo na medida de sua disponibilidade" (TJRS, Apelação Cível 70022268874, 8.ª Câmara Cível, Porto Alegre, Rel. Des. Luiz Ari Azambuja Ramos, j. 24.01.2008, *DOERS* 01.02.2008, p. 35). Parece-me existir realmente uma evolução conceitual, diferenciando-se o trinômio do mero binômio pela necessidade imperiosa de se analisar a verba alimentar de acordo com o contexto social. A esse propósito, pode ser citado o entendimento do Superior Tribunal de Justiça, antes destacado, segundo o qual os alimentos entre os cônjuges teriam um caráter excepcional. Ora, tal conclusão está fundada na posição que a mulher exerce na contemporaneidade, independente e procurando o seu sucesso profissional. Também com base no *trinômio alimentar*, na minha interpretação, recente acórdão do Superior Tribunal de Justiça considerou que os alimentos podem ser fixados de forma diferente com relação aos filhos, caso eles estejam em situação econômica discrepante, sem que isso represente violação ou desrespeito ao princípio da igualdade, previsto no art. 227, § 6º, da CF/1988 e no art. 1.596 do CC/2002. Conforme consta dessa importante ementa, "do princípio da igualdade entre os filhos, previsto no art. 227, § 6º, da Constituição Federal, deduz-se que não deverá haver, em regra, diferença no valor ou no percentual dos alimentos destinados à prole, pois se presume que, em tese, os filhos – indistintamente – possuem as mesmas demandas vitais, tenham as mesmas condições dignas de sobrevivência e igual acesso às necessidades mais elementares da pessoa humana. A igualdade entre os filhos, todavia, não tem natureza absoluta e inflexível, devendo, de acordo com a concepção aristotélica de isonomia e justiça, tratar-se igualmente os iguais e desigualmente os desiguais, na medida de suas desigualdades, de modo que é admissível a fixação de alimentos em valor ou percentual distinto entre os filhos se demonstrada a existência de necessidades diferenciadas entre eles ou, ainda, de capacidades contributivas diferenciadas dos genitores. Na hipótese, tendo sido apurado que havia maior capacidade contributiva de uma das genitoras em relação a outra, é justificável que se estabeleçam percentuais diferenciados de alimentos entre os filhos, especialmente porque é dever de ambos os cônjuges contribuir para a manutenção dos filhos na proporção de seus recursos" (STJ, REsp 1.624.050/MG, 3.ª Turma, Rel. Min. Nancy Andrighi, j. 19.06.2018, *DJe* 22.06.2018). De todo modo, acredito ser melhor falar em razoabilidade do que em proporcionalidade como componente da tríade alimentar. Isso porque a razoabilidade é mais guiada por elementos subjetivos; enquanto a proporcionalidade, por fatores objetivos. Em matéria alimentar, as questões pessoais são muito mais relevantes do que as pertinências objetivas. É o caso concreto que irá guiar não só a atribuição do dever de pagar os alimentos, como também o valor a ser pago. De toda sorte, a utilização de uma ou outra expressão não parece trazer maiores prejuízos práticos. Como concreção do último tema por mim comentado, admitindo a fixação dos alimentos compensatórios, por todos os julgados de segunda instância: "Se os documentos juntados com a petição inicial parecem, efetivamente, indicar que as partes conviveram em regime de união estável e que pode haver efetivo desequilíbrio na partilha do patrimônio, isso é suficiente para dar suporte ao pedido de fixação de alimentos que a doutrina vem chamando de 'compensatórios', que visam à correção do desequilíbrio existente no momento da separação, quando o juiz compara o *status* econômico de ambos os cônjuges e o empobrecimento de um deles em razão da dissolução da sociedade conjugal. A própria tese acerca da possibilidade de fixação de alimentos compensatórios – bem como a da prevalência do princípio da dignidade da pessoa humana sobre o da irrepetibilidade dos alimentos – insere-se no contexto da verossimilhança, emprestando relevância aos fundamentos jurídicos expendidos na peça de recurso. Alegação de ocorrência de desequilíbrio na equação econômico-financeira sugere, de forma enfática, a potencialidade de causação de lesão grave e de difícil reparação, a demandar atuação jurisdicional positiva e imediata por meio do recurso de agravo" (TJDF, Recurso 2011.00.2.003519-3, Acórdão 508.103, 4.ª Turma Cível, Rel. Des. Arnoldo Camanho de Assis, *DJDFTE* 03.06.2011, p. 148). No âmbito do Superior Tribunal de Justiça tem-se admitido a fixação dos alimentos compensatórios, mas afastado a possibilidade de prisão pela falta de seu pagamento, pois não haveria uma natureza alimentar pura, o que me parece correto tecnicamente: "No caso dos autos, executa-se a verba correspondente aos frutos do patrimônio comum do casal a que a autora faz jus, enquanto aquele se encontra na posse exclusiva do ex-marido. Tal verba, nestes termos reconhecida, não decorre do dever de solidariedade entre os cônjuges ou da mútua assistência, mas sim do direito de meação, evitando-se, enquanto não efetivada a partilha, o enriquecimento indevido por parte daquele que detém a posse dos bens comuns. A definição, assim, de um valor ou percentual correspondente aos frutos do patrimônio comum do casal a que a autora faz jus, enquanto aquele encontra-se na posse exclusiva do ex-marido, tem, na verdade, o condão de ressarci-la ou de compensá-la pelo prejuízo presumido consistente na não imissão imediata nos bens afetos ao quinhão a que faz jus. Não há, assim, quando de seu reconhecimento, qualquer exame sobre o binômio 'necessidade-possibilidade', na medida em que esta verba não se destina, ao menos imediatamente, à subsistência da autora, consistindo, na prática, numa antecipação da futura partilha. Levando-se em conta o caráter compensatório e/ou ressarcitório da verba correspondente à parte dos frutos dos bens comuns, não se afigura possível que a respectiva execução se processe pelo meio coercitivo da prisão, restrita, é certo, à hipótese de inadimplemento de verba alimentar, destinada, efetivamente, à subsistência do alimentando" (STJ, RHC 28.853/RS, 3.ª Turma, Rel. Min. Nancy Andrighi, Rel. p/ Acórdão Min. Massami Uyeda, j. 01.12.2011, *DJe* 12.03.2012). Como se pode perceber, o acórdão ratifica a minha afirmação no sentido de haver um caráter reparatório na categoria exposta. Por fim, deve ser lembrado que os montantes alimentares devem ser fixados de acordo com os valores fixos efetivamente recebidos pelo devedor. Concretizando tal forma de entender o Direito, como bem concluiu o Superior Tribunal de Justiça, em 2019, eventuais participações em lucros do devedor não entram na base de cálculo da verba alimentar: "os alimentos incidem sobre verbas pagas em caráter habitual, aquelas incluídas permanentemente no salário do empregado, ou seja, sobre vencimentos, salários ou proventos, valores auferidos pelo devedor no desempenho de sua função ou de suas atividades empregatícias, decorrentes dos rendimentos ordinários do devedor. A parcela denominada participação nos lucros (PLR) tem natureza indenizatória e está excluída do desconto para fins de pensão alimentícia, porquanto verba transitória e desvinculada da remuneração habitualmente recebida submetida ao cumprimento de metas e produtividade estabelecidas pelo empregador" (STJ, REsp 1.719.372/SP, 3.ª Turma, Rel. Min. Ricardo Villas Bôas Cueva, j. 05.02.2019, *DJe* 01.03.2019). O mesmo deve ser dito quanto às parcelas denominadas como "diárias" ou valores relativos a "tempo de espera indenizado", que "possuem natureza indenizatória, restando excluídas do desconto para fins de pensão alimentícia, porquanto verbas transitórias"; nos termos de outro acórdão superior, do ano de 2020 (STJ, REsp 1.747.540/SC, 3.ª Turma, Rel. Min. Ricardo Villas Bôas Cueva, j. 10.03.2020, *DJe* 13.03.2020). Por fim, em 2021, julgou a mesma Corte, quanto às horas extras, que "especificamente, quanto às horas extras, há precedente específico da Quarta Turma do Superior Tribunal de Justiça no sentido de que os valores pagos a título de horas extras devem ser incluídos na base de cálculo da verba alimentar, sob o fundamento de seu caráter remuneratório e o acréscimo patrimonial delas advindo consubstancia aumento superveniente nas possibilidades do alimentante (REsp n.º 1.098.585/SP, Relator o Ministro Luís Felipe Salomão, Quarta Turma, *DJe* 29.8.2013). A Primeira Seção do STJ, por ocasião do julgamento do Recurso Especial n.º 1.358.281/SP, processado sob o rito do art. 543-C do CPC/73, relatoria do Min. Herman Benjamim, reafirmou o entendimento no sentido de que o adicional de horas extras possui caráter remuneratório para efeito de incidência de contribuição previdenciária. Identificada a necessidade dos credores demandantes e o pedido deduzido na petição inicial, deve ser reconhecido que o valor recebido pelo devedor demandado a título de horas extras integra a base de cálculo dos alimentos fixados em percentual sobre os rendimentos líquidos do alimentante" (STJ, REsp 1.741.716/SP, 3.ª Turma, Rel. Min. Paulo de Tarso Sanseverino, j. 25.05.2021, *DJe* 11.06.2021).

Pandemia: Sobre a impossibilidade de prisão civil do devedor de alimentos em regime fechado em tempos pandêmicos, vejamos três julgados iniciais, do Superior Tribunal de Justiça, seguindo a Recomendação n. 62/2020 do Conselho Nacional de Justiça: "*Habeas corpus*. Prisão civil. Devedor de alimentos. Pedido de substituição da medida por prisão domiciliar. Superação do óbice previsto na Súmula n.º 691/STF. Recomendação n.º 62/2020 do CNJ. Pandemia do coronavírus (covid 19). situação excepcional a autorizar a concessão da ordem. Suspensão do cumprimento da prisão civil. 1. Controvérsia em torno da regularidade da prisão civil do devedor inadimplente de prestação alimentícia, bem como acerca da forma de seu cumprimento no momento da pandemia pelo coronavírus (covid-19). 2. Possibilidade de superação do óbice previsto na Súmula n.º 691 do STF, em casos de flagrante ilegalidade ou quando indispensável para garantir a efetividade da prestação jurisdicional, o que não ocorre no caso dos autos. 3. Considerando a gravidade do atual momento, em face da pandemia provocada pelo coronavírus (covid-19), a exigir medidas para contenção do contágio, foi deferida parcialmente a liminar para assegurar ao paciente o direito à prisão domiciliar, em atenção à Recomendação CNJ nº 62/2020. 4. Esta Terceira Turma do STJ, porém, recentemente, analisando pela primeira vez a questão em colegiado, concluiu que a melhor alternativa, no momento, é apenas a suspensão da execução das prisões civis por dívidas alimentares durante o período da pandemia, cujas condições serão estipuladas na origem pelos juízos da execução da prisão civil, inclusive com relação à duração, levando em conta as determinações do Governo Federal e dos Estados quanto à decretação do fim da pandemia (HC n.º 574.495/SP). 5. Ordem de *habeas corpus* concedida" (STJ, HC 580.261/MG, 3.ª Turma, Rel. Min. Paulo de Tarso Sanseverino, j. 02.06.2020, *DJe* 08.06.2020). "Decretação. Pandemia. Súmula nº 309/STJ. Art. 528, § 7º, do CPC/2015. Prisão civil. Pandemia (covid-19). Suspensão temporária. Possibilidade. Diferimento. Provisoriedade. 1. Em virtude da pandemia causada pelo coronavírus (covid-19), admite-se, excepcionalmente, a suspensão da prisão dos devedores por dívida alimentícia em regime fechado. 2. Hipótese emergencial de saúde pública que autoriza provisoriamente o diferimento da execução da obrigação cível enquanto pendente a pandemia. 3. Ordem concedida" (STJ, HC 574.495/SP, 3.ª Turma, Rel. Min. Ricardo Villas Bôas Cueva, j. 26.05.2020, *DJe* 01.06.2020). "*Habeas corpus* substitutivo de recurso ordinário. Família. Alimentos. Filhos menores. Admissibilidade em hipóteses excepcionais. Prisão civil na execução de alimentos. Inadimplemento de obrigação alimentar atual (Súmula 309/STJ). Pandemia de covid-19. Risco de contágio. Prisão domiciliar. Ordem parcialmente concedida. 1. O presente *habeas corpus* foi impetrado como substitutivo do recurso ordinário cabível, o que somente é admitido excepcionalmente pela jurisprudência desta Corte de Justiça e do egrégio Supremo Tribunal Federal quando constatada a existência de flagrante ilegalidade no ato judicial impugnado, podendo-se, em tais hipóteses, conceder-se a ordem de ofício. 2. O pagamento parcial do débito não afasta a regularidade da prisão civil, porquanto as quantias inadimplidas caracterizam-se como débito atual, que compreende as três prestações anteriores à citação e as que vencerem no curso do processo, nos termos da Súmula 309/STJ. 3. Diante do iminente risco de contágio pelo covid-19, bem como em razão dos esforços expendidos pelas autoridades públicas em reduzir o avanço da pandemia, é recomendável o cumprimento da prisão civil por dívida alimentar em regime diverso do fechado. 4. Ordem de *habeas corpus* parcialmente concedida para que o paciente, devedor de alimentos, cumpra a prisão civil em regime domiciliar" (STJ, HC 561.257/SP, 4.ª Turma, Rel. Min. Raul Araújo, j. 05.05.2020, *DJe* 08.05.2020). Cumpre acrescentar outro julgado superior, que considerou não ser possível a prisão civil do devedor de alimentos em regime fechado em momento anterior ou posterior à referida lei, o que pode, na minha opinião doutrinária, ser aplicada até para datas posteriores a 30 de outubro de 2020, data fixada pela Lei n. 14.010/2020 (RJET), se ainda estivessem presentes os efeitos da pandemia. Nos termos da tese firmada no *decisum*, "é ilegal/teratológica a prisão civil do devedor de alimentos, sob o regime fechado, no período de pandemia, anterior ou posterior à Lei n. 14.010/2020" (STJ, HC 569.014/RN, 3.ª Turma, Rel. Min. Marco Aurélio Bellizze, j. 06.10.2020, *DJe* 14.10.2020). O debate já ocorria no âmbito dos Tribunais Estaduais. Entendendo que a prisão em regime fechado não deve ser aplicada até o fim das medidas de distanciamento social, do Tribunal Paulista: "impetração em face de decisão que decretou a prisão do paciente e a inscrição no cartório de protestos do pronunciamento judicial. Prisão que, por conta da excepcionalidade do momento com a pandemia do covid-19, deve ser suspensa até o encerramento das medidas de isolamento social. Decisão judicial mantida, quanto ao protesto, não sendo desnecessário pedido da parte (art. 528, § 1º, CPC). Expedição de salvo-conduto determinado. Ordem concedida para esse fim" (TJSP, HC 2213075-93.2020.8.26.0000, Acórdão 14190576, 3.ª Câmara de Direito Privado, Presidente Prudente, Rel. Des. Carlos Alberto de Salles, j. 28.11.2020, *DJESP* 04.12.2020, p. 2.404). Ou, ainda, na mesma linha: "Ordem de prisão civil do devedor, com cumprimento suspenso enquanto pendentes as medidas de contenção social decorrentes da pandemia de covid-19. Cabimento" (TJSP, Agravo de Instrumento 2141712-46.2020.8.26.0000, Acórdão 14194762, 9.ª Câmara de Direito Privado, Monte Alto, Rel. Des. Galdino Toledo Júnior, j. 30.11.2020, *DJESP* 04.12.2020, p. 2.627). Porém, na própria Corte Paulista havia divergência a respeito do assunto, podendo ser destacado o seguinte acórdão, que possibilitou a prisão civil em regime fechado do devedor de alimentos, tendo em vista o término do prazo previsto no RJET: "Cumprimento de sentença. Conversão do regime de prisão do devedor em domiciliar diante da pandemia de Coronavírus. Irresignação. Acolhimento parcial. Fundamentos e natureza jurídica da ordem que impedem, como regra, a prisão domiciliar do devedor de alimentos. Término do prazo estabelecido na Lei 14.010/2020 que afasta a imposição legal dessa espécie de prisão. Ordem, ao que consta, ainda pendente. Cabimento do cumprimento do saldo de prisão mediante o encarceramento do executado. Agravo provido em parte" (TJSP, Agravo de Instrumento 2144146-08.2020.8.26.0000, Acórdão 14194763, 9.ª Câmara de Direito Privado, São Paulo, Rel. Des. Galdino Toledo Júnior, j. 30.11.2020, *DJESP* 04.12.2020, p. 2.628). Sobre a possibilidade de utilização das medidas coercitivas atípicas do art. 139, inc. IV, do CPC/2015 para a satisfação do débito alimentar, em tempos pandêmicos, trazendo ressalva a ser considerada, vejamos julgado estadual de 2020: "Execução de alimentos. Tramitação pelo rito da prisão civil. Decisão que, suspendendo a ordem de prisão em razão da pandemia da covid-19, deferiu o pedido de suspensão da CNH do executado. A adoção de medidas coercitivas atípicas para satisfação da dívida, previstas pelo art. 139, inc. IV, do CPC, devem ser adotadas excepcionalmente. Não configurado estado de excepcionalidade. Manutenção da medida que inviabilizará o exercício profissional pelo executado, que é motorista de caminhão autônomo. Potencial de causar prejuízos, em última análise, às próprias exequentes. Medida que teria pouca ou nenhuma eficácia para a quitação do débito, ganhando propósito meramente punitivo e ultrapassando os limites da razoabilidade" (TJSP, Agravo de Instrumento 2175185-23.2020.8.26.0000, Acórdão 14106051, 8.ª Câmara de Direito Privado, Mogi das Cruzes, Rel. Des. Theodureto Camargo, j. 29.10.2020, *DJESP* 09.11.2020, p. 1.573). Em 2021, infelizmente, tivemos a segunda onda da pandemia, muito pior do que a primeira, e o Superior Tribunal de Justiça voltou a se pronunciar, no sentido de afastar a prisão civil do devedor de alimentos em regime fechado mesmo após o fim de vigência do RJET, desde que presentes os efeitos sociais decorrentes da pandemia. Conforme preciso acórdão da sua Terceira Turma, que aponta a necessidade de se verificar os momentos diferentes da crise, e prolatado no início de 2021, em meio à gravíssima segunda onda pandêmica: "A experiência acumulada no primeiro ano de pandemia revela a necessidade de afastar uma solução judicial apriorística e rígida para a questão, conferindo o protagonismo, quanto ao ponto, ao credor dos alimentos, que, em regra, reúne melhores condições de indicar, diante das inúmeras especificidades envolvidas e das características peculiares do devedor, se será potencialmente mais eficaz o cumprimento da prisão em regime domiciliar ou o diferimento para posterior cumprimento da prisão em regime fechado, ressalvada, em quaisquer hipóteses, a possibilidade de serem adotadas, inclusive cumulativa e combinadamente, as medidas indutivas, coercitivas, mandamentais ou sub-rogatórias, nos termos do art. 139, IV, do CPC, de ofício ou a requerimento do credor. Ordem parcialmente concedida, apenas para impedir, por ora, a prisão civil do devedor de alimentos sob o regime fechado, mas facultando ao credor indicar, no juízo da execução de alimentos, se pretende que a prisão civil seja cumprida no regime domiciliar ou se pretende diferir o seu cumprimento, sem prejuízo da adoção de outras medidas indutivas, coercitivas, mandamentais ou sub-rogatórias"

(STJ, HC 645.640/SC, 3.ª Turma, Rel. Min. Nancy Andrighi, j. 23.03.2021, *DJe* 26.03.2021). Ainda em 2021, o próprio Superior Tribunal de Justiça publicou a Edição 178 da ferramenta *Jurisprudência em Teses*, com orientações jurisprudenciais sobre a covid-19. De acordo com a tese n. 1, "durante a pandemia da covid-19, faculta ao credor indicar, no juízo da execução de alimentos, se pretende que a prisão civil seja cumprida no regime domiciliar ou se prefere diferir o seu cumprimento". E, consoante a tese n. 2, "é possível a penhora de bens do devedor de alimentos, sem que haja a conversão do rito da prisão para o da constrição patrimonial, enquanto durar a suspensão de todas as ordens de prisão civil, em decorrência da pandemia da covid-19". Todavia, em novembro de 2021, o Conselho Nacional de Justiça voltou a recomendar a prisão civil do devedor de alimentos em regime fechado, fazendo com que a Terceira Turma do STJ se pronunciasse novamente. Vejamos esse novo acórdão: "Civil. Processual civil. *Habeas corpus*. Execução de alimentos. Cabimento contra decisão denegatória de liminar na origem. Súmula 691/STF. Possibilidade de concessão da ordem de ofício. Excepcionalidade. Modificação de capacidade econômica do devedor. Pagamento parcial dos alimentos. Irrelevância. Ausência de impedimento absoluto que justifique a inadimplência. Impossibilidade de cumprimento da prisão civil do devedor de alimentos em regime fechado durante a pandemia causada pelo coronavírus. Evolução jurisprudencial desta Corte. Cumprimento em regime domiciliar, diferimento do cumprimento e escolha pelo credor da medida concretamente mais adequada. Revisitação do tema a partir do atual cenário da pandemia no Brasil. Necessidade. Retomada de atividades econômicas, comerciais, sociais, culturais e de lazer. Avanço substancial da vacinação em todo o país. Superação das circunstâncias que justificaram a impossibilidade de prisão civil do devedor de alimentos em regime fechado. Retomada da adoção dessa medida coercitiva. Possibilidade. 1- O propósito do *habeas corpus* é definir se, no atual momento da pandemia causada pelo coronavírus, é admissível a retomada da prisão civil do devedor de alimentos em regime fechado. 2- É incabível, por força da Súmula 691/STF, a impetração de *habeas corpus* contra decisão denegatória de liminar proferida pelo Relator no Tribunal de origem, sem que a questão tenha sido apreciada pelo órgão colegiado, ressalvada a excepcional superação desse entendimento diante da possibilidade de concessão da ordem de ofício. 3- A jurisprudência desta Corte se consolidou no sentido de que é inviável a apreciação de fatos e provas relacionadas à capacidade econômica ou financeira do devedor dos alimentos e de que o pagamento apenas parcial das parcelas vencidas ou vincendas no curso da execução é insuficiente, por si só, para impedir a prisão civil do alimentante. Precedentes. 4- Desde o início da pandemia causada pelo coronavírus, observa-se que a jurisprudência desta Corte oscilou entre a determinação de cumprimento da prisão civil do devedor de alimentos em regime domiciliar, a suspensão momentânea do cumprimento da prisão em regime fechado e a possibilidade de escolha, pelo credor, da medida mais adequada à hipótese, se diferir o cumprimento ou cumprir em regime domiciliar. Precedentes. 5- Passados oito meses desde a última modificação de posicionamento desta Corte a respeito do tema, é indispensável que se reexamine a questão à luz do quadro atual da pandemia no Brasil, especialmente em virtude da retomada das atividades econômicas, comerciais, sociais, culturais e de lazer e do avanço da vacinação em todo o território nacional. 6- Diante do cenário em que se estão em funcionamento, em níveis próximos ao período pré-pandemia, os bares, restaurantes, eventos, *shows*, boates e estádios, e no qual quase três quartos da população brasileira já tomou a primeira dose e quase um terço se encontra totalmente imunizada, não mais subsistem as razões de natureza humanitária e de saúde pública que justificaram a suspensão do cumprimento das prisões civis de devedores de alimentos em regime fechado. 7- Na hipótese, a devedora de alimentos é empresária, jovem e não informa possuir nenhuma espécie de problema de saúde ou comorbidade que impeça o cumprimento da prisão civil em regime fechado, devendo ser considerado, ademais, que nas localidades em que informa possuir domicílio, o percentual da população totalmente imunizada supera 80%. 8- *Habeas corpus* não conhecido. Ordem denegada de ofício" (STJ, HC 706.825/SP, 3.ª Turma, Rel. Min. Nancy Andrighi, j. 23.11.2021, *DJe* 25.11.2021). Por tudo o que foi aqui demonstrado, portanto, a conclusão final foi no sentido de se verificar o momento ou a fase pandêmica, para se concluir se seria viável a prisão civil do devedor de alimentos em regime fechado ou não. As lições aprendidas nessa grave crise servem para o futuro.

REFORMA DO CÓDIGO CIVIL: Seguindo sugestão da Relatora-Geral, Professora Rosa Maria de Andrade Nery, a *Comissão de Juristas* propõe a divisão do tratamento dos alimentos nos seguintes capítulos: "Subtítulo III. Dos Alimentos. Capítulo I. Disposições Gerais.

Capítulo II. Dos alimentos devidos ao nascituro e à gestante. Capítulo III. Dos Alimentos devidos às Famílias Conjugais e Convivenciais. Capítulo IV. Dos Alimentos Compensatórios". Quanto ao art. 1.694, há proposta de menção aos conviventes, e não mais aos companheiros, pela opção feita à primeira expressão no Anteprojeto, tida como mais técnica pelos membros da Comissão. Também se limitam os parentes que podem pleitear os alimentos: em linha reta até o infinito e os colaterais de segundo grau, ou seja, os irmãos. Nesse contexto, o art. 1.694 do CC passará a prever o seguinte: "podem os parentes em linha reta, os cônjuges ou conviventes e os irmãos pedir uns aos outros os alimentos de que necessitem para viver de modo compatível com a sua condição social, inclusive para atender às necessidades de sua educação". Também não se denominam as partes como credor e devedor, diante das peculiaridades da obrigação alimentar, diferente de todas as demais, e passando o seu § 1º a ter a seguinte redação: "os alimentos devem ser fixados na proporção das necessidades do reclamante e dos recursos da pessoa obrigada". Na sequência, insere-se previsão necessária, no sentido de que pode haver a obrigação de alimentos em qualquer modalidade de parentesco, inclusive havendo vínculo socioafetivo ou multiparentalidade: "§ 2º A obrigação de prestar alimentos independe da natureza do parentesco e da existência de multiparentalidade". Deve ficar claro, contudo, que, ao contrário do que foi afirmado de modo totalmente equivocado por alguns, não há vínculo alimentar entre padrastos, madrastas e enteados tão somente em virtude do parentesco por afinidade na linha reta, sendo necessária a comprovação dos elementos da posse de estado de filhos para que essa obrigação esteja presente. Além da regra do *caput*, o *binômio* ou *trinômio alimentar* é mantido no § 3º do art. 1.694, ao mencionar que, "para a manutenção dos filhos, os cônjuges ou conviventes contribuirão na proporção de seus recursos". Insere-se, ainda, regra relativa à possibilidade de o alimentante, aquele que paga os alimentos, solicitar esclarecimentos a respeito da utilização da verba alimentar, independentemente do pedido de prestação de contas: "§ 4º Havendo fundados indícios sobre a adequada utilização da verba alimentar, o alimentante pode solicitar esclarecimentos, que não exigem a apresentação de prestação de contas". Por fim, atendendo a sugestão da Defensora Pública Fernanda Fernandes, membro consultora da *Comissão de Juristas* nomeada no âmbito do Senado Federal, foi incluído no art. 1.694 um § 5º, segundo o qual "a violência doméstica impede o surgimento da obrigação de alimentos em favor de quem praticou a agressão". A regra terá aplicação não somente em relação a cônjuges e conviventes, mas também quanto aos parentes do alimentante, obstando o surgimento da obrigação alimentar em relação a filhos, pais, irmãos e outros. Atende-se a mais uma vez ao *protocolo de gênero*, para a tutela e proteção dos direitos das mulheres, um dos motes do Anteprojeto. Por fim, como já adiantado, há propostas de inclusão de três regras a respeito dos alimentos compensatórias, na linha dos meus comentários doutrinários e anotações jurisprudenciais. Com a inclusão do instituto na lei civil, todas as minhas resistências a respeito dessa categoria desaparecerão, diante do seu amparo legal. Assim, conforme o novo art. 1.709-A do CC, "o cônjuge ou convivente cuja dissolução do casamento ou da união estável produza um desequilíbrio econômico que importe em uma queda brusca do seu padrão de vida, terá direito aos alimentos compensatórios que poderão ser por prazo determinado ou não, pagos em uma prestação única, ou mediante a entrega de bens particulares do devedor". Além disso, sugere-se a inclusão do art. 1.709-B, prevendo que "o cônjuge ou convivente, cuja meação seja formada por bens que geram rendas, e que se encontrem sob a posse e a administração exclusiva do seu parceiro, poderá requerer que lhe sejam pagos mensalmente pelo outro consorte ou convivente, parte da renda líquida destes bens comuns, a título de alimentos compensatórios patrimoniais, e que serão devidos até a efetiva partilha dos bens comuns". Inclui-se na norma, portanto, o tratamento dos *alimentos compensatórios patrimoniais*, que, segundo a Subcomissão de Direito de Família e seguindo a doutrina de Rolf Madaleno, "têm sua gênese no parágrafo único do artigo 4º da Lei 5.478/1968, e que consiste na entrega de parte da renda líquida dos bens comuns, que geram renda e que estão sendo administrados pelo outro consorte ou companheiro, permitindo também, a aceleração do processo de partilha dos bens comuns". Por fim, na linha da jurisprudência superior hoje consolidada, é incluída previsão que veda a prisão civil do devedor dos alimentos compensatórios: "Art. 1.709-C. A falta de pagamento dos alimentos compensatórios não enseja a prisão civil do seu devedor". A inclusão dos alimentos compensatórios no Código Civil igualmente atende ao *protocolo de gênero*, para a tutela dos direitos das mulheres, sobretudo das esposas e conviventes.

Art. 1.695. São devidos os alimentos quando quem os pretende não tem bens suficientes, nem pode prover, pelo seu trabalho, à própria mantença, e aquele, de quem se reclamam, pode fornecê-los, sem desfalque do necessário ao seu sustento.

COMENTÁRIOS DOUTRINÁRIOS: O *binômio* ou *trinômio alimentar* é confirmado pelo dispositivo em comentário, segundo o qual são devidos os alimentos quando quem os pretende – o alimentando ou credor –, não tem bens suficientes, nem pode prover, pelo seu trabalho, à própria mantença, e aquele, de quem se reclamam – o alimentante ou devedor –, pode fornecê-los, sem desfalque do necessário ao seu sustento. Deve-se compreender que o dispositivo inclui do mesmo modo o cônjuge ou companheiro que pode trabalhar, mas não consegue emprego, devendo os alimentos ser fixados de forma transitória em casos tais. Para a devida ilustração prática, a mulher que está fora do mercado de trabalho, enquanto busca a sua recolocação, terá direito aos alimentos por tempo razoável, geralmente fixado entre dois e cinco anos, afirmação que conta com meu apoio. Além disso, é preciso atentar que na análise do pagamento da verba alimentar deve-se, primeiro, verificar a situação econômica e social do alimentando, para depois dirigir os olhos para a situação do alimentante. Alterar essa visão pode conduzir a um indesejado enriquecimento sem causa. Como é notório, tornou-se comum na prática na jurisprudência, a fixação dos alimentos em um terço dos rendimentos do alimentante ou devedor, proporção esta que não consta da lei, não sendo, portanto, obrigatória. Em algumas situações, alerte-se, a fixação em tal patamar por conduzir ao citado enriquecimento sem causa do alimentando. Nesse contexto, vejamos uma pequena história, geralmente utilizada em minhas aulas e palestras sobre o tema, a fim de demonstrar que o montante de um terço dos rendimentos do alimentando não é fixo, muito menos obrigatório. Imagine-se um caso em que um cantor sertanejo está fazendo *shows* por todo o Brasil. Certo final de semana esse cantor vai até uma cidade do interior mineiro para uma apresentação e conhece uma fã muito bonita. Apaixonam-se por um instante e têm um relacionamento sexual sem as devidas proteções. No caso descrito a fã engravida. Nove meses depois do nascimento da criança e após a realização de um exame de DNA em laboratório privado o cantor reconhece o filho como seu, no cartório de Registro das Pessoas Naturais, no momento do nascimento. Entretanto, por um descuido de seus empresários, o pai não vem pagando os alimentos pactuados livremente, em acordo entre as partes, o que motiva a propositura de ação de alimentos com base na Lei n. 5.478/1968. Para ilustrar, esse cantor tem um ganho mensal de cerca de R$ 240.000,00 reais e gasta cerca de R$ 5.000,00 mensais com a manutenção de um filho, havido de outro relacionamento, e que reside na Capital de São Paulo, cidade onde os gastos são maiores. Surge então a pergunta: qual o valor dos alimentos definitivos a ser fixado nessa ação proposta pelo filho que reside no interior? Como antes demonstrado, a jurisprudência superior já concluiu que filhos em situações econômicas diferentes devem receber valores diferenciados. Logicamente, deve ser afastado de imediato o montante correspondente a um terço do salário do alimentante (R$ 80.000,00), o que é demais para manter essa criança, ainda mais em uma pequena cidade do interior mineiro. Essa fixação conduz ao enriquecimento sem causa do interessado, sendo, portanto, inadmissível, pela vedação constante do art. 884 do CC/2002. Alguns poderiam defender a fixação em R$ 5.000,00, assim como recebe o outro filho da Capital de São Paulo, diante da igualdade entre filhos constante do art. 227, § 6º, da CF/1988 e do art. 1.596 do CC/2002. Para afastar essa tese, atente-se que os dois filhos, no que tange à especial situação de necessidade alimentar, não estão em situação de igualdade estrita, pois residem em locais diversos, onde os gastos mensais são totalmente diferentes. Concluindo, imperioso entender que o valor deve ser fixado com razoabilidade, uma vez que o montante de R$ 2.000,00 ou de R$ 2.500,00 mensais pode até ser justo e razoável para manter esse filho, residente na pequena cidade do interior mineiro, com o mesmo padrão do outro que reside na Capital de São Paulo. Razoabilidade e proporcionalidade sempre devem estar presentes, portanto, havendo aqui outro exemplo de evolução do *binômio* para o *trinômio alimentar*. Não se pode admitir, em hipótese alguma, que os alimentos sejam utilizados como punição. Muito ao contrário, não é esse o seu fundamento, mas sim a manutenção das pessoas que deles necessitam.

JURISPRUDÊNCIA COMENTADA: O reconhecimento fração de 1/3 pelo costume judiciário consta da premissa n. 8 da Edição 77 da ferramenta *Jurisprudência em Teses* do STJ, denominada Alimentos II: "Ante a natureza alimentar do salário e o princípio da razoabilidade, os empréstimos com desconto em folha de pagamento (consignação facultativa/voluntária) devem limitar-se a 30% (trinta por cento) dos vencimentos do trabalhador". De toda forma, sem prejuízo da ilustração antes citada, em casos envolvendo pessoas de baixa renda, essa fração, muitas vezes, constitui valor inalcançável. Justamente por isso, conforme a melhor jurisprudência, essa fração também deve ser analisada dentro do binômio ou trinômio alimentar. Ademais, cabe a revisão desse montante, caso ocorra um fato novo que importe em alteração da correlação entre os requisitos. Nesse sentido, por todos: "Revisional de alimentos. Nascimento de nova filha após a constituição da obrigação revisanda. Pedido de redução. Cabimento. 1. No caso, a manutenção da obrigação revisanda, em 1/3 da renda líquida paterna, consagraria a inviabilidade da manutenção do alimentante e de sua nova família, especialmente o de sua outra filha, de si dependente, nascida posteriormente à sua constituição. 2. Demonstrada a ocorrência de modificação nas possibilidades do alimentante, correta a redução procedida na origem da verba alimentar para o percentual de 20% dos rendimentos paternos, patamar que bem equaciona o binômio alimentar, não deixando de atender às necessidades da alimentada" (TJRS, Apelação Cível 174275-98.2012.8.21.7000, 8.ª Câmara Cível, Osório, Rel. Des. Ricardo Moreira Lins Pastl, j. 28.06.2012, *DJERS* 04.07.2012). Ou, ainda: "Ação revisional de alimentos. Obediência ao binômio necessidade/possibilidade. Manutenção de alimentos fixados em valor correspondente a um terço dos vencimentos líquidos do alimentante. Exclusão apenas de verbas não pactuadas no processo de separação, com natureza indenizatória ou decorrentes de excepcional esforço pessoal do alimentante. Recurso provido, em parte, com determinação" (TJSP, Apelação Cível 279.689-4/9, 4.ª Câmara de Direito Privado, Caçapava, Rel. Carlos Stroppa, j. 11.12.2003, v.u.). Cumpre destacar que o mesmo Tribunal Paulista já fixou os alimentos em 2/3 dos rendimentos do devedor, tendo como fundamento o tão citado trinômio alimentar: "Alimentos. *Quantum* fixado e que comporta pequena redução, a 2/3 do salário mínimo montante que se adéqua ao trinômio necessidade/possibilidade/razoabilidade" (TJSP, Apelação com Revisão 636.646.4/5, Acórdão 3958276, 5.ª Câmara de Direito Privado, São Paulo, Rel. Des. A. C. Mathias Coltro, j. 29.07.2009, *DJESP* 30.10.2009).

Art. 1.696. O direito à prestação de alimentos é recíproco entre pais e filhos, e extensivo a todos os ascendentes, recaindo a obrigação nos mais próximos em grau, uns em falta de outros.

COMENTÁRIOS DOUTRINÁRIOS: A obrigação de alimentos é recíproca entre cônjuges e companheiros, como se retira do antes comentado art. 1.694 do CC/2002. Essa reciprocidade da obrigação e do direito também existe entre pais e filhos, sendo extensivo a todos os ascendentes, recaindo a obrigação nos mais próximos em grau, uns na falta de outros. Em complemento ao dispositivo em estudo, na *IV Jornada de Direito Civil,* realizada em outubro de 2006, foi aprovado o Enunciado n. 341 do Conselho da Justiça Federal que "para os fins do art. 1.696, a relação socioafetiva pode ser elemento gerador de obrigação alimentar". Como se percebe, trata-se de mais uma valorização da parentalidade socioafetiva, tema que foi a tônica naquele evento. Com a tão comentada decisão do STF, prolatada em 2016 e em sede de repercussão geral, não restam dúvidas quanto à plena possibilidade de o filho socioafetivo pleitear alimentos do seu ascendente "de criação", e também vice-versa. Como visto, a tese firmada naquele julgamento foi a seguinte: "A paternidade socioafetiva, declarada ou não em registro, não impede o reconhecimento do vínculo de filiação concomitante, baseada na origem biológica, com os efeitos jurídicos próprios" (Recurso Extraordinário 898.060/SC, com repercussão geral, Rel. Min. Luiz Fux, j. 21.09.2016, publicado no *Informativo* n. *840* do STF). Em suma, é possível também pleitear alimentos do pai biológico juntamente com o pai socioafetivo, pois a multiparentalidade foi firmada para todos os fins jurídicos, inclusive alimentares e sucessórios. De qualquer forma, mesmo concordando com o julgamento, no que tange à obrigação decorrente de parentesco, o art. 1.696 do CC/2002 traz uma ordem lógica a ser seguida, em regra, quanto à sua satisfação. Dessa forma, os parentes de grau mais próximo excluem os de grau mais remoto. Em outras palavras, os pais excluem os avós, que excluem os bisavós, e assim sucessivamente. Todavia, há de reconhecer a responsabilidade subsidiária em casos tais, especialmente dos avós, o que retirado do estudo do art. 1.698, com comentários a seguir. Como última nota doutrinária, no *XII Congresso Brasileiro de Direito das Famílias e das Sucessões* do IBDFAM, realizado em Belo Horizonte em outubro de 2019, aprovou-se enunciado com conteúdo interessante, com a seguinte redação: "é possível a relativização do princípio da reciprocidade, acerca da obrigação de prestar alimentos entre pais e filhos, nos casos de abandono afetivo e material pelo genitor que pleiteia alimentos, fundada no princípio da solidariedade familiar, que o genitor nunca observou" (Enunciado n. 34). A questão merece ser debatida com maior profundidade para a prática do Direito de Família Brasileiro.

JURISPRUDÊNCIA COMENTADA: Entre os primeiros precedentes estaduais que admitiram alimentos em decorrência do vínculo socioafetivo, destaque-se: "Família. Negativa de paternidade. Retificação de assento de nascimento. Alimentos. Vício de consentimento não comprovado. Vínculo de parentalidade. Prevalência da realidade socioafetiva sobre a biológica. Reconhecimento voluntário da paternidade, declaração de vontade irretratável. Exegese do art. 1.609 do CCB/2002" (TJRS, Apelação Cível 70022450548, 8.ª Câmara Cível, Rel. Luiz Ari Azambuja Ramos, j. 24.01.2008). Da jurisprudência superior, afastando a repetição dos alimentos pagos a filho socioafetivo, mas reconhecendo o dever de indenizar da mãe que engana o marido suposto pai quanto à prole, conforme outros arestos aqui já estudados: "Os alimentos pagos a menor para prover as condições de sua subsistência são irrepetíveis. O elo de afetividade determinante para a assunção voluntária da paternidade presumidamente legítima pelo nascimento de criança na constância do casamento não invalida a relação construída com o pai socioafetivo ao longo do período de convivência. O dever de fidelidade recíproca dos cônjuges é atributo básico do casamento e não se estende ao cúmplice de traição a quem não pode ser imputado o fracasso da sociedade conjugal por falta de previsão legal. O cônjuge que deliberadamente omite a verdadeira paternidade biológica do filho gerado na constância do casamento viola o dever de boa-fé, ferindo a dignidade do companheiro (honra subjetiva) induzido a erro acerca de relevantíssimo aspecto da vida que é o exercício da paternidade, verdadeiro projeto de vida. A família é o centro de preservação da pessoa e base mestra da sociedade (art. 226 CF/88) devendo-se preservar no seu âmago a intimidade, a reputação e a autoestima dos seus membros. Impõe-se a redução do valor fixado a título de danos morais por representar solução coerente com o sistema" (STJ, REsp 922.462/SP, 3.ª Turma, Rel. Min. Ricardo Villas Bôas Cueva, j. 04.04.2013, *DJe* 13.05.2013). Sobre a multiparentalidade, do mesmo STJ, trazendo a conclusão no sentido de que a tese fixada pelo STF repercute para os fins de alimentos, como ora sustentei, ver: Ag. Int. no REsp 1.622.330/RS, 3.ª Turma, Rel. Min. Ricardo Villas Bôas Cueva, j. 12.12.2017, *DJe* 02.02.2018. Destaque-se, ainda, do Tribunal Gaúcho, sempre pioneiro nessas questões: "Embora a existência de entendimento no sentido da possibilidade de conversão do parentesco por afinidade em parentesco socioafetivo somente quando, em virtude de abandono de pai ou mãe biológicos e registrais, ficar caracterizada a posse de estado da filiação consolidada no tempo, a vivência dos vínculos familiares nessa seara pode construir a socioafetividade apta a converter a relação de afinidade em paternidade propriamente dita. Sob essa ótica, a filiação socioafetiva, que encontra alicerce no artigo 227, § 6º, da Constituição Federal, realiza a própria dignidade da pessoa humana, constitucionalmente prevista, porquanto possibilita que um indivíduo tenha reconhecido seu histórico de vida e a condição social vivenciada, enaltecendo a verdade real dos fatos. Multiparentalidade que consiste no reconhecimento simultâneo, para uma mesma pessoa, de mais de um pai ou mais de uma mãe, estando fundada no conceito pluralista da família contemporânea. Caso dos autos em que a prova documental acostada aos autos e o termo de audiência de ratificação evidenciam que ambas as partes, maiores e capazes, desejam o reconhecimento da filiação socioafetiva e da multiparentalidade, o que, ao que tudo indica, não traria qualquer prejuízo a elas e a terceiros. Genitor biológico da apelante que está de acordo com o pleito, sendo que o simples ajuizamento de ação de alimentos contra ele em 2008, com a respectiva condenação, não descaracteriza, por si só, a existência de parentalidade socioafetiva entre os apelantes" (TJRS, Apelação Cível 70077198737, 8.ª Câmara Cível, Rel. Des. José Antônio Daltoé Cezar, j. 22.11.2018, *DJ* 28.11.2018). Por fim, na linha dos meus últimos comentários, tem entendido o Superior Tribunal de Justiça que "apenas na impossibilidade de os genitores prestarem alimentos, serão os parentes mais remotos demandados, estendendo-se a obrigação alimentar, na hipótese, para os ascendentes mais próximos". E mais, "o desemprego do alimentante primário – genitor – ou sua falta confirmam o desamparo do alimentado e a necessidade de socorro ao ascendente de grau imediato, fatos que autorizam o ajuizamento da ação de alimentos diretamente contra este. O mero inadimplemento da obrigação alimentar, por parte do genitor, sem que se demonstre sua impossibilidade de prestar os alimentos, não faculta ao alimentado pleitear alimentos diretamente aos avós. Na hipótese, exige-se o prévio esgotamento dos meios processuais disponíveis para obrigar o alimentante primário a cumprir sua obrigação, inclusive com o uso da coação extrema preconizada no art. 733 do CPC" (STJ, REsp 1.211.314, 3.ª Turma, Rel. Min. Nancy Andrighi, j. 15.09.2011, *DJe* 22.09.2011).

REFORMA DO CÓDIGO CIVIL: A Comissão de Juristas sugere regras mais claras a respeito dos alimentos entre parentes, com destaque para a inclusão da parentalidade socioafetiva e da multiparentalidade, desde que presentes os requisitos da posse de estado de filhos: *tratamento, reputação* e *nome*. Assim, propõe-se a seguinte redação para o art. 1.696: "O direito à prestação de alimentos é recíproco entre pais e filhos, e extensivo a todos os ascendentes e descendentes, recaindo a obrigação nos mais próximos em grau, uns em falta de outros. Parágrafo único. A regra prevista no *caput* aplica-se aos casos de parentalidade socioafetiva e de multiparentalidade". Por sugestão da Professora Rosa Nery, é também incluída uma regra relativa à igualdade econômica entre os filhos, devendo ser essa a premissa geral a ser considerada pelo julgador, a saber: "Art. 1.696-A. Os filhos, qualquer que seja a origem da filiação, têm direito de postular situação de igualdade econômica com seus irmãos ou com as pessoas que vivem às expensas do genitor ou da genitora com quem não mais convive ou nunca conviveu". Ficará em dúvida se essa igualdade será aplicada em casos de filhos que têm situação fática totalmente distinta, como aqueles que vivem em cidades distintas e com realidades econômicas diferentes, tendo decidido o Superior Tribunal de Justiça que em casos tais é possível fixar verbas alimentares com valores que não são iguais: "a igualdade entre os filhos, todavia, não tem natureza absoluta e inflexível, devendo, de acordo com a concepção aristotélica de isonomia e justiça, tratar-se igualmente os iguais e desigualmente os desiguais, na medida de suas desigualdades, de modo que é admissível a fixação de alimentos em valor ou percentual distinto entre os filhos se demonstrada a existência de necessidades diferenciadas entre eles ou, ainda, de capacidades contributivas diferenciadas dos genitores" (STJ, REsp 1.624.050/MG, 3.ª Turma, Rel. Min. Nancy Andrighi, j. 19.06.2018, *DJe* 22.06.2018). No meu entender, confirma-se com a proposição o princípio da igualdade entre filhos, havendo uma presunção relativa de igualdade da verba alimentar em relação aos filhos e até mesmo a outros alimentandos. Porém, essa presunção *iuris tantum* pode ser afastada em casos específicos, e pelas peculiaridades do caso concreto, como está no acórdão destacado.

Art. 1.697. Na falta dos ascendentes cabe a obrigação aos descendentes, guardada a ordem de sucessão e, faltando estes, aos irmãos, assim germanos como unilaterais.

COMENTÁRIOS DOUTRINÁRIOS: Complementando o que consta do seu antecessor, determina o comando em comentário que, na falta de ascendentes, cabe a obrigação aos descendentes, guardada a ordem sucessória. Na falta de descendentes e ascendentes, os alimentos poderão ser pleiteados aos irmãos, germanos ou bilaterais – mesmo pai e mesma mãe –, e unilaterais – mesmo pai ou mesma mãe. Em resumo, os arts. 1.696 e 1.697 da codificação privada trazem ordem a ser seguida quando se pleiteiam os alimentos decorrentes do parentesco, a saber: a) ascendentes, sendo certo que o grau mais próximo exclui o mais remoto; b) descendentes, novamente o grau mais próximo exclui o mais remoto; e c) irmãos, primeiro os bilaterais e depois os unilaterais. Reafirme-se que, em todos os casos, há que se reconhecer a parentalidade socioafetiva e a eventual multiparentalidade, tanto quanto aos ascendentes como em relação aos descendentes. Duas outras questões polêmicas surgem dos dois dispositivos. A primeira é saber se os tios, tios-avôs, sobrinhos, sobrinhos-netos e primos são obrigados a prestar alimentos, eis que são parentes colaterais. Como não há menção expressa na lei, não há que se falar em obrigação alimentar, segundo o posicionamento majoritário da doutrina e da jurisprudência, para os devidos fins práticos. Todavia, há que se mencionar, aqui, o entendimento minoritário, segundo o qual há a viabilidade jurídica de se pleitear alimentos aos demais parentes colaterais. A tese está fundada na afirmação de serem os colaterais herdeiros e, tendo direitos, também têm obrigações, caso de prestar alimentos. Em outras palavras, se têm bônus também têm ônus. De toda forma, não se pode negar que a melhor solução para amparar tal entendimento seria uma alteração legislativa, ampliando-se os obrigados pela obrigação alimentar. A questão foi debatida na elaboração do Anteprojeto de Reforma do Código Civil, diante de propostas formuladas por Maria Berenice Dias, mas acabou prevalecendo a afirmação do atual texto legal. Outro tema de constante debate diz respeito ao dever de prestar alimentos dos parentes por afinidade – caso da sogra, do sogro, do genro e da nora, do padrasto e da madrasta, do enteado e da enteada –, uma vez que a lei não faz qualquer distinção quanto à origem do parentesco, no seu art. 1.694 do CC/2002. Como sustentam os defensores da exigência dessa obrigação, o vínculo por afinidade na linha reta nunca é extinto, mantendo-se sempre a solidariedade familiar que sustenta os alimentos. Novamente tem-se uma tese minoritária, servindo como reforço para afastá-la a constatação de que tais parentes afins não são herdeiros. Assim, se não têm bônus, não têm ônus. Entretanto, a respeito da afinidade na linha reta descendente, há uma tendência de se reconhecer alimentos familiares, notadamente na relação entre padrasto ou madrasta e enteado ou enteada, desde que haja vínculo socioafetivo. Vale lembrar que, contribuindo para o debate, entrou em vigor no Brasil a Lei n. 11.924/2009, que possibilita que a enteada ou o enteado utilize o sobrenome do padrasto ou madrasta, desde que exista justo motivo para tanto (art. 57, § 8º, da Lei n. 6.015/1973). Com a Lei do SERP (Lei n. 14.382/2022), essa alteração pode ser feita extrajudicialmente, sendo a sua redação atual: "o enteado ou a enteada, se houver motivo justificável, poderá requerer ao oficial de registro civil que, nos registros de nascimento e de casamento, seja averbado o nome de família de seu padrasto ou de sua madrasta, desde que haja expressa concordância destes, sem prejuízo de seus sobrenomes de família". Parece-me insuficiente pensar que o vínculo estabelecido entre tais pessoas será apenas para os fins de uso do nome, principalmente em tempos de valorização da socioafetividade, presente muitas vezes em tais relacionamentos. Desse modo, a tendência é de se reconhecer dever de alimentos nessas relações, valorizando-se o princípio jurídico da afetividade, desde que presente a posse de estado de filhos. Superada essa intrincada questão, outra dúvida que surge é a seguinte: no caso de coexistirem cônjuge ou companheiro e parentes, a obrigação deve ser pleiteada dos primeiros, para então depois dos segundos? Opino doutrinariamente que sim, pois é perfeitamente lógica a ordem prevista no Código Civil. O dever relacionado quanto aos cônjuges e companheiros consta do art. 1.694, enquanto os parentes estão mencionados nos arts. 1.696 e 1.697 da mesma Norma Geral Privada.

JURISPRUDÊNCIA COMENTADA: Afastando o dever de alimentar de tias idosas, sob o argumento de não haver fundamento na lei, veja-se do Superior Tribunal de Justiça: "Ação de alimentos ajuizada pelos sobrinhos menores, representados pela mãe, em face das tias idosas. Conforme se extrai da descrição dos fatos conferida pelo Tribunal de origem, que não pode ser modificada em sede de recurso especial, o pai sempre enfrentou problemas com alcoolismo, mostrando-se agressivo com a mulher e incapaz de fazer frente às despesas com a família, o que despertou nas tias o sentimento de auxiliar no sustento dos sobrinhos. Quanto à mãe, consta apenas que é do lar e, até então, não trabalhava. Se as tias paternas, pessoas idosas, sensibilizadas com a situação dos sobrinhos, buscaram alcançar, de alguma forma, condições melhores para sustento da família, mesmo depois da separação do casal, tal ato de caridade, de solidariedade humana, não deve ser transmutado em obrigação decorrente de vínculo familiar, notadamente em se tratando de alimentos decorrentes de parentesco, quando a interpretação majoritária da lei tem sido no sentido de que tios não devem ser compelidos a prestar alimentos aos sobrinhos. A manutenção do entendimento firmado, neste Tribunal, que nega o pedido de alimentos formulado contra tios deve, a princípio, permanecer, considerada a cautela que não pode deixar jamais de acompanhar o Juiz em decisões como a dos autos, porquanto os processos circunscritos ao âmbito do Direito de Família batem às portas do Judiciário povoados de singularidades, de matizes irrepetíveis, que absorvem o Julgador de tal forma, a ponto de uma jurisprudência formada em sentido equivocado ter o condão de afetar de forma indelével um sem-número de causas similares com particularidades diversas, cujos desdobramentos poderão inculcar nas almas envolvidas cicatrizes irremediáveis. Condição peculiar reveste este processo ao tratar de crianças e adolescentes de um lado e, de outro, de pessoas idosas, duas categorias tuteladas pelos respectivos estatutos protetivos – Estatuto da Criança e do Adolescente, e Estatuto da Pessoa Idosa, ambos concebidos em sintonia com as linhas mestras da Constituição Federal. Na hipótese em julgamento, o que se verifica ao longo do relato que envolve as partes é a voluntariedade das tias de prestar alimentos aos sobrinhos, para suprir omissão de quem deveria prestá-los, na acepção de um dever moral, porquanto não previsto em lei. Trata-se, pois, de um ato de caridade, de mera liberalidade, sem direito de ação para sua exigibilidade. O único efeito que daí decorre, em relação aos sobrinhos, é o de que, prestados os alimentos, ainda que no cumprimento de uma obrigação natural nascida de laços de solidariedade, não são eles repetíveis, isto é, não terão as tias qualquer direito de serem ressarcidas das parcelas já pagas. Recurso especial provido" (STJ, REsp 1.032.846/RS, 3.ª Turma, Rel. Min. Nancy Andrighi, j. 18.12.2008, *DJe* 16.06.2009). Da jurisprudência estadual, na mesma linha e por todos: "Ação de alimentos. Tio não está obrigado a sustentar sobrinha. Parentesco colateral em terceiro grau está excluído do *onus alimentorum*" (TJSP, Apelação Cível 362.878-4/1, 4.ª Câmara de Direito Privado, Ribeirão Preto, Rel.

Natan Zelinschi de Arruda, j. 06.01.2005, v.u.). Sobre o pleito de alimentos em relação ao padrasto que tenha eventual vínculo socioafetivo, veja-se, na linha do que defendo: "Alimentos à enteada. Possibilidade. Vínculo socioafetivo demonstrado. Parentesco por afinidade. Forte dependência financeira observada. *Quantum* arbitrado compatível com as necessidades e as possibilidades das partes. Comprovado o vínculo socioafetivo e a forte dependência financeira entre padrasto e a menor, impõe-se a fixação de alimentos em prol do dever contido no art. 1.694 do Código Civil. Demonstrada a compatibilidade do montante arbitrado com a necessidade das alimentadas e a possibilidade do alimentante, em especial os sinais exteriores de riqueza em razão do elevado padrão de vida deste, não há que se falar em minoração da verba alimentar" (TJSC, Agravo de Instrumento 2012.073740-3, 2.ª Câmara de Direito Civil, São José, Rel. Des. João Batista Góes Ulysséa, j. 18.02.2013, *DJSC* 22.02.2013, p. 106). Porém, em sentido contrário, já se pronunciou que "o padrasto não possui dever de sustento em relação aos enteados. A contribuição é fruto de ato volitivo de alimentante, fazendo presumir sua capacidade com os alimentos discutidos na ação" (TJRS, Apelação Cível 70029577913, 7.ª Câmara Cível, Rio Grande, Rel. Des. André Luiz Planella Villarinho, j. 28.10.2009, *DJERS* 09.11.2009, p. 40). Penso que a decisão do Supremo Tribunal, do ano de 2016, que reconheceu a possibilidade jurídica da multiparentalidade ou do duplo vínculo de filiação, dá amparo à tese do dever de prestar alimentos do padrasto ou madrasta que tenha vínculo socioafetivo com o enteado ou enteada, ou vice-versa (STF, Recurso Extraordinário 898.060/SC, Rel. Min. Luiz Fux, com repercussão geral, j. 21.09.2016, publicado no *Informativo* n. *840* do STF). Conforme a tese firmada, repise-se, "a paternidade socioafetiva, declarada ou não em registro, não impede o reconhecimento do vínculo de filiação concomitante, baseada na origem biológica, com os efeitos jurídicos próprios". Lida ao contrário a afirmação, a existência de parentalidade biológica não afasta a parentalidade socioafetiva, para todos os fins, inclusive alimentares.

REFORMA DO CÓDIGO CIVIL: Diante do princípio constitucional da igualdade, retirado do art. 5º da Constituição Federal de 1988, a *Comissão de Juristas* propõe a exclusão de qualquer qualificação dos irmãos da codificação privada, passando o dispositivo em estudo a prever o seguinte: "Art. 1.697. Na falta dos ascendentes cabe a obrigação aos descendentes, guardada a ordem de sucessão e, faltando estes, aos irmãos". Em relação ao conteúdo da norma, portanto, não há qualquer modificação, presente apenas um necessário ajuste redacional. Não houve a ampliação da obrigação alimentar para tios, sobrinhos e outros parentes, como proposto por Maria Berenice Dias, o que consolida a posição ora vigente na codificação privada, que deve ser mantida. A *Comissão de Juristas* propõe, ainda, a inclusão de um novo art. 1.697-A, prevendo o seguinte: "cabe aos filhos e a outros descendentes, maiores e capazes, solidariamente, o dever familiar de ajudar, amparar, assistir e alimentar genitores e outros ascendentes que na velhice ou enfermidade ficarem sem condições de prover o próprio sustento". Assim, inclui-se expressamente uma necessária regra de proteção das pessoas idosas, confirmando-se, na codificação privada, a obrigação solidária já prevista no art. 12 do Estatuto da Pessoa Idosa (Lei n. 10.741/2003): "a obrigação alimentar é solidária, podendo a pessoa idosa optar entre os prestadores". Amplia-se a solidariedade também em favor dos genitores e ascendentes que sejam enfermos, mas não necessariamente idosos, o que vem em boa hora, efetivando-se a solidariedade social e familiar, prevista no art. 3º, inc. I, do Texto Maior. A proposta, mais uma vez, foi da Relatora-Geral, Professora Rosa Maria de Andrade Nery, que revelou muitas preocupações com a tutela de vulnerabilidades, outra marca do Anteprojeto enviado ao Congresso Nacional, em várias de suas proposições.

Art. 1.698. Se o parente, que deve alimentos em primeiro lugar, não estiver em condições de suportar totalmente o encargo, serão chamados a concorrer os de grau imediato; sendo várias as pessoas obrigadas a prestar alimentos, todas devem concorrer na proporção dos respectivos recursos, e, intentada ação contra uma delas, poderão as demais ser chamadas a integrar a lide.

COMENTÁRIOS DOUTRINÁRIOS: A obrigação relativa aos alimentos familiares é, em regra, divisível, o que pode ser retirado dos outrora comentados arts. 1.696 e 1.697 do Código Civil, do dispositivo que ora se estuda e das lições da doutrina clássica e contemporânea. Como a solidariedade não se presume, por força do art. 265 do Código Civil, haveria a necessidade de a lei prever em sentido geral que a obrigação não é fracionária ou divisível, cabendo sempre uma opção de demanda em relação aos devedores, o que não ocorre. Lembro, pois oportuno, que tal prerrogativa jurídica possibilita que o credor ingresse com ação em face de um, alguns ou todos os devedores, estando consagrada no art. 275 do Código Civil. A única previsão legal de solidariedade passiva na obrigação de alimentos familiares é colocada pelo sistema jurídico brasileiro em favor do idoso, conforme estabelece o art. 12 da Lei n. 10.741/2011, *in verbis:* "A obrigação alimentar é solidária, podendo a pessoa idosa optar entre os prestadores". Mesmo sendo essa a opção legislativa, parece-me que a solução de divisibilidade como premissa geral afronta a solidariedade constitucional. A melhor solução seria a solidariedade civil como regra, o que facilitaria o recebimento do crédito alimentar pelo credor. Por isso fiz proposição nesse sentido para a Comissão de Juristas encarregada da Reforma do Código Civil, o que acabou não prevalecendo, na votação final. Em verdade, o sistema jurídico nacional parece hoje desequilibrado, ao proteger pela solidariedade passiva alimentar apenas o idoso, merecendo uma urgente reforma legislativa. Não se justifica a falta de proteção de outros vulneráveis, caso das crianças e dos adolescentes, de pessoas com deficiência e das mulheres sob violência doméstica. E não se olvide que o alimentando constitui um vulnerável por excelência, o que justifica a existência de todo o aparato legal protetivo e o fundamento da matéria em normas de ordem pública e interesse social. Sendo assim, a título de exemplo, se um pai não idoso necessita de alimentos e tem quatro filhos em condições de prestá-los e quer receber a integralidade do valor alimentar, a ação de alimentos deverá ser proposta em face de todos, em litisconsórcio passivo necessário. Porém, como a obrigação é divisível, esse pai pode optar em receber de um ou alguns dos filhos, havendo litisconsórcio passivo facultativo, até porque cabem ações em separado. Também a título de exemplo, com a vitória da multiparentalidade no julgamento do STF sobre a repercussão geral da parentalidade socioafetiva, o filho terá que promover a ação de alimentos contra o pai biológico e o pai socioafetivo, havendo vínculo com ambos e condições iguais em prestar os alimentos. Pela tese ali firmada, e que tantas vezes aqui foi transcrita, fica cristalina essa possibilidade de demanda alimentar contra os dois ou mais pais. Nas situações descritas, caso a ação seja proposta em face de apenas um dos filhos ou um dos pais – socioafetivo ou biológico –, caberá a aplicação do polêmico e tão criticado art. 1.698 do CC. Conforme o seu teor, se o parente, que deve alimentos em primeiro lugar, não estiver em condições de suportar totalmente o encargo, serão chamados a concorrer os de grau imediato. E mais, sendo várias as pessoas obrigadas a prestar alimentos, todas devem concorrer na proporção dos respectivos recursos, e, intentada ação contra uma delas, poderão as demais ser chamadas a integrar a lide. A segunda parte do comando deixa clara a mencionada divisibilidade da obrigação, aplicando-se a máxima *concursu partes fiunt*, de divisão igualitária de acordo com o número de devedores, dedução de fracionamento que é retirada do art. 258 do CC/2002. Doutrinariamente, na *IV Jornada de Direito Civil*, foi aprovado o Enunciado n. 342 do Conselho da Justiça, tratando da responsabilidade subsidiária dos demais parentes, casos dos avós, que figuram na grande maioria dos casos analisados pela jurisprudência e com a seguinte redação: "Observadas as suas condições pessoais e sociais, os avós somente serão obrigados a prestar alimentos aos netos em caráter exclusivo, sucessivo, complementar e não solidário, quando os pais destes estiverem impossibilitados de fazê-lo, caso em que as necessidades básicas dos alimentandos serão aferidas, prioritariamente, segundo o nível econômico-financeiro dos seus genitores". Sem prejuízo dessa questão, dúvidas fulcrais surgem do art. 1.698 do CC, especialmente no que toca a essa responsabilidade subsidiária de outros devedores, caso dos avós. A quem cabe a convocação? Qual o instrumento jurídico cabível para tanto? Sigo a corrente doutrinária no sentido de haver um *litisconsórcio sucessivo-passivo*, pois se trata de uma situação de responsabilidade subsidiária especial. Sendo assim, essas convocações dos demais parentes devedores serão formuladas pelo autor da ação e não pelo réu, como defendem alguns. A título de exemplo, um filho pede alimentos ao pai. Após a contestação por este, mencionando que não tem condições de arcar integralmente com os alimentos, o autor da ação poderá requerer a inclusão do avô no polo passivo, com base no que consta do art. 1.698 do CC/2002. Parece-me ser um equívoco dizer que a convocação dos demais devedores cabe ao réu, pois a legislação processual – seja a anterior ou a nova –, não consagra essa forma de intervenção de terceiro. Em reforço, o atual Código Civil não menciona que a referida convocação cabe ao demandado. Em reforço, do ponto de vista funcional, verifica-se que, por razões óbvias, se a convocação coubesse ao réu, geralmente o pai do autor, não iria ele indicar os avós paternos, mas, sim, os maternos. Acrescente-se que a tese de convocação pelo autor da ação de alimentos ganha força com o art. 238 do Estatuto Processual de 2015, segundo o qual a citação é o ato pelo qual são convocados o réu, o executado ou o interessado para integrar a relação processual. Consigne-se que o termo "convocados" não constava do art. 213 do CPC/1973, seu correspondente, que utilizava a expressão "se chama". Não se pode negar, contudo, que é forte o entendimento doutrinário de que a convocação caberia ao réu, por meio de uma forma de intervenção de terceiros *sui generis*, atípica ou especial. Há, ainda, quem sustente pela extensão da regra de solidariedade, sendo cabível o chamamento ao processo tratado pelo art. 130, inc. III, do CPC/2015; correspondente ao art. 77, inc. III, do CPC/1973. Por fim, como última corrente doutrinária, anote-se a aprovação de enunciado, na *V Jornada de Direito Civil*, evento promovido em 2011, visando a facilitar a compreensão da matéria, possibilitando a citada convocação tanto pelo autor quanto pelo réu: "O chamamento dos codevedores para integrar a lide, na forma do art. 1.698 do Código Civil pode ser requerido por qualquer das partes, bem como pelo Ministério Público, quando legitimado" (Enunciado n. 523 do Conselho da Justiça Federal). A proposta é louvável, por viabilizar a ampla tutela do alimentando, vulnerável na relação jurídica. O proponente do enunciado, Daniel Ustarroz, argumentou muito bem que "essa solução privilegia o princípio do melhor interesse do menor e o ideal de celeridade processual, tornando desnecessária a propositura de outra ação de alimentos". Em síntese, nota-se uma *Torre de Babel doutrinária* a respeito da matéria, sendo pertinente verificar qual a solução que vem sendo dada pela jurisprudência, no tópico a seguir.

JURISPRUDÊNCIA COMENTADA: De início, da jurisprudência do STJ merecem destaque os arestos entendendo pela responsabilidade subsidiária, sucessiva e complementar dos avós, colacionando-se, por todos os primeiros arestos: "A responsabilidade dos avós de prestar alimentos aos netos não é apenas sucessiva, mas também complementar, quando demonstrada a insuficiência de recursos do genitor" (STJ, REsp 579.385/SP, 3.ª Turma, Rel. Min. Nancy Andrighi, j. 26/08.2004, *DJ* 04.10.2004, p. 291). Na mesma linha é a afirmação número 15, constante da Edição n. 65 da ferramenta *Jurisprudência em Teses*, da Corte Superior: "A responsabilidade dos avós de prestar alimentos aos netos apresenta natureza complementar e subsidiária, somente se configurando quando demonstrada a insuficiência de recursos do genitor". Exatamente no mesmo sentido da tese, a Súmula n. 596 da Corte, aprovada em novembro de 2017, a demonstrar que tal posição está ali consolidada. Sobre a convocação dos avós, entre os primeiros arestos superiores, entendendo que cabe aos réus da demanda – no caso, os pais –, chamar ou convocar os avós e afastando a solidariedade, como pontuei: "A obrigação alimentar não tem caráter de solidariedade, no sentido que 'sendo várias pessoas obrigadas a prestar alimentos todos devem concorrer na proporção dos respectivos recursos'. O demandado, no entanto, terá direito de chamar ao processo os corresponsáveis da obrigação alimentar, caso não consiga suportar sozinho o encargo, para que se defina quanto caberá a cada um contribuir de acordo com as suas possibilidades financeiras. Neste contexto, à luz do novo Código Civil, frustrada a obrigação alimentar principal, de responsabilidade dos pais, a obrigação subsidiária deve ser diluída entre os avós paternos e maternos na medida de seus recursos, diante de sua divisibilidade e possibilidade de fracionamento. A necessidade alimentar não deve ser pautada por quem paga, mas sim por quem recebe, representando para o alimentado maior provisionamento tantos quantos coobrigados houver no polo passivo da demanda" (STJ, REsp 658.139/RS, 4.ª Turma, Rel. Min. Fernando Gonçalves, j. 11.10.2005, *DJ* 13.03.2006, p. 326). Ou, ainda, de data mais próxima: "A obrigação alimentar é de responsabilidade dos pais, e, no caso de a genitora dos autores da ação de alimentos também exercer atividade remuneratória, é juridicamente razoável que seja chamada a compor o polo passivo do processo a fim de ser avaliada sua condição econômico-financeira para assumir, em conjunto com o genitor, a responsabilidade pela manutenção dos filhos maiores e capazes. Segundo a jurisprudência do STJ, 'o demandado [...] terá direito de chamar ao processo os corresponsáveis da obrigação alimentar, caso não consiga suportar sozinho o encargo, para que se defina quanto caberá a cada um contribuir de acordo com as suas possibilidades financeiras' (REsp n. 658.139/RS, Quarta Turma, relator Ministro Fernando Gonçalves, *DJ* de 13.03.2006). Não obstante se possa inferir do texto do art. 1.698 do CC – norma de natureza especial – que o credor de alimentos detém a faculdade de ajuizar ação apenas contra um dos coobrigados, não há óbice legal a que o demandado exponha, circunstanciadamente, a arguição de não ser o único devedor e, por conseguinte, adote a iniciativa de chamamento de outro potencial devedor para integrar a lide. 4. Recurso especial provido" (STJ, REsp 964.866/SP, 4.ª Turma, Rel. Min. João Otávio de Noronha, j. 1º.03.2011, *DJe* 11.03.2011). Como se percebe, as decisões tendiam a seguir a terceira corrente antes exposta, o que me parece um equívoco, pelas razões outrora esposadas. No final de

2018 surgiu outro julgado superior, expondo todo o debate doutrinário – inclusive com a minha posição sustentada em outra obra – e decidindo, pelo menos em parte, na linha do Enunciado n. 523 da *V Jornada de Direito Civil* que "em ação de alimentos, quando se trata de credor com plena capacidade processual, cabe exclusivamente a ele provocar a integração posterior no polo passivo". Porém, "nas hipóteses em que for necessária a representação processual do credor de alimentos incapaz, cabe também ao devedor provocar a integração posterior do polo passivo, a fim de que os demais coobrigados também componham a lide, inclusive aquele que atua como representante processual do credor dos alimentos, bem como cabe provocação do Ministério Público, quando a ausência de manifestação de quaisquer dos legitimados no sentido de chamar ao processo os demais coobrigados possa causar prejuízos aos interesses do incapaz" (REsp 1.715.438/RS, 3.ª Turma, Rel. Min. Nancy Andrighi). Como nele consta, explicando o teor do dispositivo em estudo, "a regra do art. 1.698 do CC/2002, por disciplinar questões de direito material e de direito processual, possui natureza híbrida, devendo ser interpretada à luz dos ditames da lei instrumental e, principalmente, sob a ótica de máxima efetividade da lei civil. A definição acerca da natureza jurídica do mecanismo de integração posterior do polo passivo previsto no art. 1.698 do CC/2002, por meio da qual são convocados os coobrigados a prestar alimentos no mesmo processo judicial e que, segundo a doutrina, seria hipótese de intervenção de terceiro atípica, de litisconsórcio facultativo, de litisconsórcio necessário ou de chamamento ao processo, é relevante para que sejam corretamente delimitados os poderes, ônus, faculdades, deveres e responsabilidades daqueles que vierem a compor o polo passivo, assim como é igualmente relevante para estabelecer a legitimação para provocar e o momento processual adequado para que possa ocorrer a ampliação subjetiva da lide na referida hipótese". E mais, como antes sustentei, em parte: "A natureza jurídica do mecanismo de integração posterior do polo passivo previsto no art. 1.698 do CC/2002 é de litisconsórcio facultativo ulterior simples, com a particularidade, decorrente da realidade do direito material, de que a formação dessa singular espécie de litisconsórcio não ocorre somente por iniciativa exclusiva do autor, mas também por provocação do réu ou do Ministério Público, quando o credor dos alimentos for incapaz". E, em arremate final: "No que tange ao momento processual adequado para a integração do polo passivo pelos coobrigados, cabe ao autor requerê-lo em sua réplica à contestação; ao réu, em sua contestação; e ao Ministério Público, após a prática dos referidos atos processuais pelas partes, respeitada, em todas as hipóteses, a impossibilidade de ampliação objetiva ou subjetiva da lide após o saneamento e organização do processo, em homenagem ao contraditório, à ampla defesa e à razoável duração do processo" (STJ, REsp 1.715.438/RS, 3.ª Turma, Rel. Min. Nancy Andrighi, j. 13.11.2018, *DJe* 21.11.2018). Entendo que o julgado representa um notável avanço, por afastar a possibilidade de convocação exclusiva pelo réu, tutelando efetivamente o direito a alimentos. Espera-se, portanto, que a questão seja pacificada nesse sentido no âmbito da Segunda Seção da Corte.

REFORMA DO CÓDIGO CIVIL: Todos os meus comentários doutrinários e anotações jurisprudenciais demonstram um verdadeiro caos, material e processual, na aplicação do art. 1.698 do CC. Sendo assim, sugeri, para o Anteprojeto de Reforma do Código Civil, que o dispositivo passasse a prever a solidariedade da obrigação alimentar quanto aos devedores com uma redação bem sintética e objetiva: "a obrigação de prestar alimentos é solidária em relação aos devedores". Porém, acabou prevalecendo, na votação final de abril de 2024, a posição da Subcomissão de Direito de Família e da Relatora Rosa Maria de Andrade Nery, para que a divisibilidade da obrigação de alimentos fosse mantida, mas com aperfeiçoamentos necessários ao art. 1.698 do CC. Assim foram as justificativas da citada subcomissão, que tinha outra proposta: "considerando que no artigo em questão existe multiplicidade de normas, para fins diversos, buscou-se fracionar estas normas incluindo-as em parágrafos, de sorte a melhorar a técnica legislativa. O *caput* e o § 1º são mero desdobramento da parte inicial do texto atualmente em vigor. O § 2º busca positivar a interpretação jurisprudencial a respeito da obrigação alimentar dos avós, hoje prevista na Súmula 596 do STJ, *verbis*: 'A obrigação alimentar dos avós tem natureza complementar e subsidiária, somente se configurando no caso de impossibilidade total ou parcial de seu cumprimento pelos pais'. Em relação aos §§ 3º e 4º, muito se discute na doutrina civilista e processualista sobre o conteúdo da parte final do artigo hoje em vigor: 'intentada ação contra uma delas, poderão as demais ser chamadas a integrar a lide'. Há interpretações em vários sentidos, inclusive a respeito da modalidade de intervenção de terceiros aí prevista. Atualmente, há precedentes do STJ entendendo que tal não se cuida de uma espécie de intervenção de terceiros, mas sim de um litisconsórcio ulterior facultativo. Portanto, tanto o § 3º quanto o 4º são sugeridos a fim de acolher a atual jurisprudência em torno do tema, visando a garantir maior segurança jurídica às lides que envolvem alimentos". Ao final foram feitos reparos nas propostas iniciais da Subcomissão de Direito de Família e o dispositivo ora proposto pela Comissão de Juristas é o seguinte, vencida a minha posição: "Art. 1.698. Se o parente, que deve alimentos em primeiro lugar, não estiver em condições de suportar totalmente o encargo por incapacidade financeira total ou parcial, poderá o credor reclamá-los aos de grau imediato. § 1º Sendo várias as pessoas obrigadas a prestar alimentos, concorrerão na proporção dos respectivos recursos. § 2º É direito do alimentando demandar diretamente o obrigado sucessivo ou incluí-lo, a qualquer tempo, no polo passivo no curso da ação proposta contra o obrigado antecedente, desde que esteja comprovada a incapacidade financeira deste último". Com o devido respeito, penso que a proposta resolve alguns dos dilemas hoje existentes, atribuindo ao alimentando, e somente a ele, a prerrogativa de indicar os demais parentes que devem suportar o encargo alimentar, ou colocá-los no polo passivo, como verdadeiras *opções* que lhe são atribuídas. Todavia, a proposição ainda oferece entraves materiais e processuais para o alimentando receber imediatamente o valor que lhe é devido. A existência de uma obrigação divisível, no meu entender, somente atrasa esse recebimento.

Art. 1.699. Se, fixados os alimentos, sobrevier mudança na situação financeira de quem os supre, ou na de quem os recebe, poderá o interessado reclamar ao juiz, conforme as circunstâncias, exoneração, redução ou majoração do encargo.

COMENTÁRIOS DOUTRINÁRIOS: A norma trata, de início, da revisão da obrigação relativa aos alimentos familiares, o que pode se dar para os fins de aumentar ou diminuir o valor antes fixado, diante de uma mudança no *binômio* ou *trinômio alimentar*, e por meio de ação própria. Em havendo prova pré-constituída da obrigação alimentar – por meio de certidão de nascimento ou de casamento, por exemplo –, a possibilidade de revisão é confirmada pelo art. 15 da Lei n. 5.478/1968, que tem a seguinte redação: "A decisão judicial sobre alimentos não transita em julgado e pode a qualquer tempo ser revista, em face da modificação da situação financeira dos interessados". Doutrina e jurisprudência majoritárias apontam que se trata da aplicação da *cláusula rebus sic stantibus* para a sentença da ação de alimentos, ou seja, enquanto permanecerem as circunstâncias analisadas pela decisão, a verba alimentar antes fixada permanecerá como está. No entanto, alterando-se as circunstâncias, justifica-se a revisão do montante, para majorá-lo ou diminuí-lo. Apesar de ser esse o entendimento majoritário, a ele não se filia. Primeiro porque a cláusula *rebus sic stantibus* foi criada para o Direito Contratual, não sendo conveniente aplicá-la ao âmbito do Direito de Família que lida com o direito existencial. Segundo, porque a citada cláusula encontra-se superada no âmbito dos contratos, pela exigência atual de um fator imprevisível, o que torna a revisão da obrigação praticamente impossível naquele campo. Assim, entendo ser melhor afirmar que a sentença de alimentos não transita em julgado, e ponto final. A mudança estrutural drástica no *binômio* ou *trinômio alimentar* pode também fundamentar a extinção da obrigação alimentar, com a correspondente ação de exoneração de alimentos. No caso de alimentandos com menos de dezoito anos, filhos como regra, a obrigação alimentar é extinta quando estes atingem a maioridade. Entretanto, essa extinção não ocorre de forma automática, sendo necessária uma ação de exoneração para tanto. Nessa linha, na *IV Jornada de Direito Civil* foi aprovado o Enunciado n. 344, determinando que "a obrigação alimentar originada do poder familiar, especialmente para atender às necessidades educacionais, pode não cessar com a maioridade". O assunto será aprofundado a seguir, com a devida análise jurisprudencial.

JURISPRUDÊNCIA COMENTADA: Sobre a revisão da obrigação alimentar, em afirmação que tem o meu total apoio, tem-se entendido que "a constituição de nova família pelo alimentante não acarreta a revisão automática da quantia estabelecida em favor dos filhos advindos de união anterior". Esse é o teor da premissa número 13, publicada na Edição n. 65 da ferramenta *Jurisprudência em Teses* do Superior Tribunal de Justiça, com citação de precedentes (por todos: AgRg no AREsp 452.248/SP, 4.ª Turma, Rel. Min. Raul Araújo, j. 16.06.2015, *DJe* 03.08.2015; REsp 1.496.948/SP, 3.ª Turma, Rel. Min. Moura Ribeiro, j. 03.03.2015, *DJe* 12.03.2015; e REsp 1.027.930/RJ, 3.ª Turma, Rel. Min. Nancy Andrighi, j. 03.03.2009). Nesse contexto, deve a parte que pleiteia a revisão do valor a ser pago provar que a constituição dessa nova família gerou uma modificação substancial no binômio ou trinômio alimentar. Sobre a maioridade do filho, como acima sustentei, o Superior Tribunal de Justiça editou a Súmula n. 358, estabelecendo que "o cancelamento de pensão alimentícia de filho que atingiu a maioridade está sujeito à decisão judicial, mediante contraditório, ainda que nos próprios autos". Pontue-se que a obrigação alimentar do genitor pode continuar, tratando-se de filho universitário, até que o mesmo encerre os seus estudos e a situação de dependência. Nesse sentido, consolidou-se o Superior Tribunal de Justiça a seguinte forma de pensar: "O STJ já proclamou que o advento da maioridade extingue o pátrio poder, mas não revoga, automaticamente, o dever de prestar alimentos, que passam a ser devidos por efeito da relação de parentesco. A teor dessa orientação, antes de extinguir o encargo de alimentar, deve-se possibilitar ao alimentado demonstrar, nos mesmos autos, que continua a necessitar de alimentos" (STJ, Agravo Regimental 655.104/SP, 3.ª Turma, Rel. Min. Humberto Gomes de Barros, j. 28.06.2005). O último julgado é muito interessante, apenas lamentando-se o fato de o mesmo ainda trazer a expressão "pátrio poder", totalmente superada e substituída por poder familiar. O enunciado no acórdão acaba confirmando o entendimento majoritário do STJ, recentemente sumulado e constante do item 4 da Edição n. 65 da ferramenta *Jurisprudência em Teses* ("São devidos alimentos ao filho maior quando comprovada a frequência em curso universitário ou técnico, por força da obrigação parental de promover adequada formação profissional"). Todavia, ressalve-se que o mesmo Tribunal da Cidadania entende que o pai não é obrigado a custear o ensino pós-universitário ou de pós-graduação do filho, como no caso de curso de especialização, mestrado ou doutorado. Conforme se extrai de decisão publicada no *Informativo* n. *484* daquela Corte: "O estímulo à qualificação profissional dos filhos não pode ser imposto aos pais de forma perene, sob pena de subverter o instituto da obrigação alimentar oriunda das relações de parentesco, que objetiva preservar as condições mínimas de sobrevida do alimentado. Em rigor, a formação profissional completa-se com a graduação, que, de regra, permite ao bacharel o exercício da profissão para a qual se graduou, independentemente de posterior especialização, podendo assim, em tese, prover o próprio sustento, circunstância que afasta, por si só, a presunção *iuris tantum* de necessidade do filho estudante. Assim, considerando o princípio da razoabilidade e o momento socioeconômico do país, depreende-se que a missão de criar os filhos se prorroga mesmo após o término do poder familiar, porém finda com a conclusão, pelo alimentado, de curso de graduação. A partir daí persistem as relações de parentesco que ainda possibilitam a busca de alimentos, desde que presente a prova da efetiva necessidade. Com essas e outras considerações, a Turma deu provimento ao recurso para desonerar o recorrente da obrigação de prestar alimentos à sua filha" (STJ, REsp 1.218.510/SP, Rel. Min. Nancy Andrighi, j. 27.09.2011). Como última ilustração jurisprudencial, se o filho atingir a maioridade, mas for diagnosticado com graves problemas mentais incapacitantes, a obrigação alimentar deve subsistir, conforme reconheceu outro julgado superior. Confirmando muitas das premissas aqui expostas, extrai-se que "o advento da maioridade não extingue, de forma automática, o direito à percepção de alimentos, mas esses deixam de ser devidos em face do Poder Familiar e passam a ter fundamento nas relações de parentesco, em que se exige a prova da necessidade do alimentado. No entanto, quando se trata de filho com doença mental incapacitante, a necessidade do alimentado se presume, e deve ser suprida nos mesmos moldes dos alimentos prestados em razão do Poder Familiar" (STJ, REsp 1.642.323/MG, 3.ª Turma, Rel. Min. Nancy Andrighi, j. 28.03.2017, *DJe* 30.03.2017). O acórdão também está baseado no Estatuto da Pessoa com Deficiência, em especial pelo que consta do seu art. 8º, segundo o qual é dever do Estado, da sociedade e da família assegurar à pessoa com deficiência, com prioridade, a efetivação dos direitos referentes à vida, à saúde, à sexualidade, à paternidade e à maternidade, à alimentação, entre outros. Como último aspecto, tem-se julgado que a simples alteração do binômio ou trinômio alimentar, por si só, não enseja a modificação do valor alimentar ou a sua atribuição posterior ao cônjuge. Nesse sentido, entende o STJ que "a concessão do pensionamento não está limitada somente à prova da alteração do binômio necessidade-possibilidade, devendo ser consideradas outras circunstâncias, tais como a capacidade potencial para o trabalho e o tempo decorrido entre o seu início e a data do pedido de desoneração" (STJ, REsp 1.829.295/SC, 3.ª Turma, Rel. Min. Paulo de Tarso Sanseverino, j. 10.03.2020, *DJe* 13.03.2020).

PANDEMIA: Debateu-se nos momentos pandêmicos, muito intensamente, a respeito da alteração do *binômio* ou *trinômio alimentar*, com os graves problemas econômicos advindos da pandemia de covid-19. Com o fim de evitar demandas oportunistas, o julgador manteve-se atento a tal alegação, sendo necessária a prova efetiva da alteração das possibilidades do potencial econômico do alimentante e também das necessidades do alimentado, diante das peculiaridades do caso concreto. Assim concluindo e afastando a revisão dos alimentos, vejamos dois acórdãos, somente a ilustrar: "Apelação. Ação revisional de alimentos. Pretensão à redução dos alimentos de 2 para 1 salário mínimo, sob invocação de nova família e incapacidade de pagamento frente a seus ganhos. Sentença de improcedência. Insurgência pelo autor. Descabimento. Revisão que tem por limites os parâmetros estabelecidos pelo art. 1.699 CC, reportando-se a fatos supervenientes à fixação da obrigação alimentar. Ausência de comprovação de que a constituição de nova família foi posterior à fixação dos alimentos e tenha resultado em situação de penúria e desequilíbrio financeiro capaz de afetar o sustento de um filho em detrimento do outro. Alegação de incapacidade financeira inconsistente e sem prova de redução. Autor que declarou rendimentos de US$ 3000.00, o que resultou, por força da simples desvalorização do Real em relação ao Dólar, em constante e sistemática diminuição do valor de seu comprometimento mensal para pagamento da pensão, que foi estabelecida em moeda nacional com equivalência em salários mínimos, passando de aproximadamente 25% para 12% de seus rendimentos, o que alcançou seu maior patamar justamente no período da covid-19, que tem interferido na maior queda do Real frente à moeda americana. Ausência dos requisitos da modificação da obrigação alimentar. Sentença mantida. Recurso improvido" (TJSP, Apelação Cível 1010847-68.2014.8.26.0482, Acórdão 13528308, 9.ª Câmara de Direito Privado, Presidente Prudente, Rel. Des. Mariella Ferraz de Arruda Pollice Nogueira, j. 04.05.2020, *DJESP* 08.05.2020, p. 2.406). "Agravo de instrumento. Alimentos. Revisional. Tutela provisória. Indeferida. Binômio necessidade e possibilidade. Mudança na situação financeira do alimentante. Não demonstrada. Pandemia. Covid-19. Reflexos na economia. Necessidade de substrato mínimo para atestar a redução da capacidade contributiva. Decisão mantida. 1. Agravo de instrumento interposto contra decisão que, apreciando pedido de tutela provisória no bojo da ação de revisão de alimentos, indeferiu a redução do encargo alimentar. 2. Para o atendimento ao pleito de revisão de alimentos, incumbe ao autor da ação comprovar os requisitos do art. 1.699 do Código Civil, demonstrando a mudança da situação financeira do requerente ou das necessidades do alimentando. 3. Embora a pandemia provocada pelo Coronavírus (covid-19) tenha o potencial de comprometer as obrigações alimentares, haja vista a crise econômica decorrente, persiste a necessidade de comprovação da alteração no binômio possibilidade/necessidade. Ainda que de forma mais superficial, inabitual, haja vista a excepcionalidade da situação. 4. A mera referência do alimentante, empresário, à pandemia enquanto fato novo, público e notório não constitui, por si, fundamento para a redução da verba alimentar, sendo pertinente, na falta de maiores elementos, a manutenção da decisão agravada até a análise definitiva da controvérsia. 5. Recurso conhecido e desprovido" (TJDF, Recurso 07185.30-44.2020.8.07.0000, Acórdão 128.0587, 2.ª Turma Cível, Rel. Des. Sandoval Oliveira, j. 02.09.2020, *DJe* 17.09.2020). Porém, em sentido contrário, julgando pela possibilidade de revisão do *quantum* alimentar, pelas provas construídas nos feitos e pelas dificuldades econômicas então existentes, em virtude da pandemia: "Apelação cível. Revisão de alimentos. O fato de o alimentante não possuir mais vínculo empregatício, ao contrário do que sucedia quando da estipulação da verba alimentar, configura, sem dúvida, modificação para pior de sua condição financeira, apta a justificar a redução da verba, nos limites postulados, mormente considerando a notória crise econômica de âmbito nacional, que mais se agrava no atual quadro de pandemia de covid-19. Alimentos reduzidos de 30% para 22% do salário mínimo. Deram provimento. Unânime" (TJRS, Apelação 0025512-77.2020.8.21.7000, Processo 70083871533, 8.ª Câmara Cível, Veranópolis, Rel. Des. Luiz Felipe Brasil Santos, j. 28.05.2020, *DJERS* 15.09.2020). "Agravo de instrumento. Alimentos provisórios. Verba fixada em oito salários mínimos para dois filhos menores. Alimentante dentista autônomo. Superveniência da pandemia da covid-19. Acolhimento parcial do pedido de redução em primeiro grau. Revisão da pensão provisória para cinco salários mínimos. Inconformismo dos alimentandos. Rejeição. Capacidade financeira do alimentante drasticamente atingida pelos efeitos econômicos da quarentena da covid-19. Decisão que reduziu a pensão de modo razoável, até o final da quarentena. Decisão mantida. Negaram provimento ao recurso" (TJSP, Agravo de Instrumento 2126524-13.2020.8.26.0000, Acórdão 13742197, 8.ª Câmara de Direito Privado, São Paulo, Rel. Des. Alexandre Coelho, j. 13.07.2020, *DJESP* 16.07.2020, p. 2.148). A variação dos entendimentos revela a necessidade de sempre avaliar as circunstâncias concretas para a atribuição ou não da obrigação alimentar, em momentos de crise ou não.

REFORMA DO CÓDIGO CIVIL: Mais uma vez, os meus comentários doutrinários e anotações jurisprudenciais revelam uma situação insegura a respeito do pagamento dos alimentos aos filhos, sobretudo quando atingem a maioridade, mas ainda necessitam de ajuda financeira de seus ascendentes. Por isso, é preciso melhorar o texto da lei, com o fim de se trazer mais segurança jurídica e estabilidade a respeito do tema. Nesse contexto, sugere-se a manutenção do *caput* do art. 1.699, com a inclusão de dois novos parágrafos. Nos termos do § 1º, "nas hipóteses de alimentos pleiteados por crianças e adolescentes, cessa a obrigação alimentar com a maioridade, mas é do alimentante o ônus de pleitear a cessação do pagamento". Assim, como hoje já entende a jurisprudência superior, e como está na Súmula n. 358 do STJ, a maioridade cessa a obrigação de alimentos, mas não de forma automática. Ademais, consoante o projetado § 2º, "atingida a maioridade por pessoa apta ao trabalho, o direito de pleitear alimentos será prorrogado por tempo razoável para que encerre a sua formação educacional, compreendida como aquela necessária à conclusão de curso de ensino superior, técnico ou profissionalizante". Confirma-se, portanto, o entendimento majoritário da doutrina e da jurisprudência, aqui antes exposto em minhas anotações, assegurando-se o pagamento dos alimentos ao filho até o encerramento de curso de ensino superior, e não além disso.

Art. 1.700. A obrigação de prestar alimentos transmite-se aos herdeiros do devedor, na forma do art. 1.694.

COMENTÁRIOS DOUTRINÁRIOS: Trata-se de outro dispositivo polêmico da atual codificação material, sem previsão idêntica na codificação de 1916, e que traz vários problemas práticos. De acordo com o comando legal, em relação ao devedor, está consagrada a transmissibilidade da obrigação alimentar. Vale lembrar que, quanto ao credor, não há essa transmissibilidade, sendo a obrigação de alimentos personalíssima ou *intuitu personae* quanto a ele. Como decorrência dessa afirmação, falecendo o alimentando, a obrigação é automaticamente extinta. O atual Código Privado, assim, supostamente, encerra polêmica anterior. Isso porque, quanto às relações de parentesco, havia norma expressa no art. 402 do CC/1916 no sentido de que a obrigação seria intransmissível. No que toca ao casamento, ou mesmo à união estável, a obrigação era considerada transmissível segundo o art. 23 da Lei do Divórcio (Lei n. 6.515/1977). Ao contrário do entendimento tido como majoritário na doutrina, e que se consolidou na jurisprudência como se verá, sigo a posição de que os herdeiros devem responder integralmente e não somente até os limites das dívidas do alimentante vencidas enquanto este era vivo, havendo uma assunção total da obrigação alimentar, de forma continuada. Isso porque o dispositivo em comento menciona, no seu trecho final, ao art. 1.694 da própria codificação, que trata dos pressupostos dos alimentos e do binômio ou trinômio alimentar. Em sentido contrário ao que sustento, traduzindo a posição majoritária, o Enunciado n. 343 do Conselho da Justiça Federal, aprovado na *IV Jornada de Direito Civil*, segundo o qual "a transmissibilidade da obrigação alimentar é limitada às forças da herança".

JURISPRUDÊNCIA COMENTADA: Como um dos primeiros precedentes de aplicação da norma no âmbito do Superior Tribunal de Justiça, imputando o dever ao espólio do falecido, destaque-se: "Transmite-se, aos herdeiros do alimentante, a obrigação de prestar alimentos, nos termos do art. 1.700 do CC/02. O espólio tem a obrigação de continuar prestando alimentos àquele a quem o falecido devia. Isso porque o alimentado e herdeiro não pode ficar à mercê do encerramento do inventário, considerada a morosidade inerente a tal procedimento e o caráter de necessidade intrínseco aos alimentos" (STJ, REsp 1.010.963/MG, 3.ª Turma, Rel. Min. Fátima Nancy Andrighi, j. 26.06.2008, *DJe* 05.08.2008). A respeito dessa responsabilidade do espólio, concluiu o próprio Superior Tribunal de Justiça, sucessivamente, pela necessidade de condenação prévia do falecido para que o espólio responda. Uma das primeiras decisões foi assim publicada no *Informativo* n. *420* da Corte: "Trata-se de REsp em que se discute a legitimidade do espólio para figurar como réu em ação de alimentos e a possibilidade de ele contrair obrigação de alimentar, mesmo que inexistente condenação antes do falecimento do autor da herança. A Turma entendeu que, inexistindo condenação prévia do autor da herança, não há por que falar em transmissão do dever jurídico de prestar alimentos em razão de seu caráter personalíssimo, portanto intransmissível. Assim, é incabível, no caso, ação de alimentos contra o espólio, visto que não se pode confundir a regra do art. 1.700 do CC/2002, segundo a qual a obrigação de prestar alimentos transmite-se aos herdeiros do devedor, com a transmissão do dever jurídico de alimentar, utilizada como argumento para a propositura da referida ação. Trata-se de coisas distintas. O dever jurídico é abstrato e indeterminado e a ele se contrapõe o direito subjetivo, enquanto a obrigação é concreta e determinada e a ela se contrapõe uma prestação. Ressaltou-se que, na hipótese, as autoras da ação eram netas do *de cujus* e, já que ainda vivo o pai, não eram herdeiras do falecido. Assim, não há sequer falar em alimentos provisionais para garantir o sustento enquanto durasse o inventário. Por outro lado, de acordo com o art. 1.784 do referido Código, aberta a sucessão, a herança é transmitida, desde logo, aos herdeiros legítimos e testamentários. Dessa forma, o pai das alimentandas torna-se herdeiro e é a sua parte da herança que deve responder pela obrigação de alimentar seus filhos, não o patrimônio dos demais herdeiros do espólio" (STJ, REsp 775.180/MT, Rel. Min. João Otávio de Noronha, j. 15.12.2009). Em data mais próxima, a mesma premissa foi aplicada em caso envolvendo a ex-estudante de Direito Suzane von Richthofen, condenada a 38 anos de reclusão pelo envolvimento no homicídio dos pais, e que pleiteava o pagamento de verbas alimentares ao espólio de seus genitores. Consta da ementa desse julgamento que "embora a jurisprudência desta Corte Superior admita, nos termos dos arts. 23 da Lei do Divórcio e 1.700 do Código Civil, que, caso exista obrigação alimentar preestabelecida por acordo ou sentença – por ocasião do falecimento do autor da herança –, possa ser ajuizada ação de alimentos em face do Espólio – de modo que o alimentando não fique à mercê do encerramento do inventário para que perceba as verbas alimentares –, não há cogitar em transmissão do dever jurídico de prestar alimentos, em razão de seu caráter personalíssimo e, portanto, intransmissível". Em complemento, deduziram os julgadores que "igualmente, ainda que não fosse a ação de alimentos ajuizada em face de espólio, foi manejada quando a autora já havia alcançado a maioridade e extinto o poder familiar. Assim, não há cogitar em concessão dos alimentos vindicados, pois não há presunção de dependência da recorrente, nos moldes dos precedentes desta Corte Superior". Pontuou, ainda, o Ministro Relator que "o preso tem direito à alimentação suficiente, assistência material, saúde e ao vestuário, enquanto que a concessão de alimentos demanda a constatação ou presunção legal de necessidade daquele que os pleiteia; todavia, na exordial, em nenhum momento a autora afirma ter buscado trabalhar durante o período em que se encontra reclusa, não obstante a atribuição de trabalho e a sua remuneração sejam, conforme disposições da Lei de Execução Penal, simultaneamente um direito e um dever do preso" (STJ, REsp 1.337.862/SP, 4.ª Turma, Rel. Min. Luis Felipe Salomão, j. 11.02.2014, *DJe* 20.03.2014). A tese foi reafirmada em julgado publicado em 2015, até com maior contundência. Conforme aresto constante do *Informativo* n. 555 do Tribunal da Cidadania: "Extingue-se, com o óbito do alimentante, a obrigação de prestar alimentos a sua ex-companheira decorrente de acordo celebrado em razão do encerramento da união estável, transmitindo-se ao espólio apenas a responsabilidade pelo pagamento dos débitos alimentares que porventura não tenham sido quitados pelo devedor em vida (art. 1.700 do CC). De acordo com o art. 1.700 do CC, 'A obrigação de prestar alimentos transmite-se aos herdeiros do devedor, na forma do art. 1.694'. Esse comando deve ser interpretado à luz do entendimento doutrinário de que a obrigação alimentar é fruto da solidariedade familiar, não devendo, portanto, vincular pessoas fora desse contexto. A morte do alimentante traz consigo a extinção da personalíssima obrigação alimentar, pois não se pode conceber que um vínculo alimentar decorrente de uma já desfeita solidariedade entre o falecido-alimentante e a alimentada, além de perdurar após o término do relacionamento, ainda lance seus efeitos para além da vida do alimentante, deitando garras no patrimônio dos herdeiros, filhos do *de cujus*. Entender que a obrigação alimentar persiste após a morte, ainda que nos limites da herança, implicaria agredir o patrimônio dos herdeiros (adquirido desde o óbito por força da *saisine*). Aliás, o que se transmite, no disposto do art. 1.700 do CC, é a dívida existente antes do óbito e nunca o dever ou a obrigação de pagar alimentos, pois personalíssima. Não há vínculos entre os herdeiros e a ex-companheira que possibilitem se protrair, indefinidamente, o pagamento dos alimentos a esta, fenecendo, assim, qualquer tentativa de transmitir a obrigação de prestação de alimentos após a morte do alimentante. O que há, e isso é inegável, até mesmo por força do expresso texto de lei, é a transmissão da dívida decorrente do débito alimentar que porventura não tenha sido paga pelo alimentante enquanto em vida. Essa limitação de efeitos não torna inócuo o texto legal que preconiza a transmissão, pois, no âmbito do STJ, se vem dando interpretação que, embora lhe outorgue efetividade, não descura dos comandos macros que regem as relações das obrigações alimentares" (STJ, REsp 1.354.693/SP, Rel. orig. Min. Maria Isabel Gallotti, voto vencedor Min. Nancy Andrighi, Rel. para Acórdão Min. Antonio Carlos Ferreira, j. 26.11.2014, *DJe* 20.02.2015). Sucessivamente, a posição se consolidou de tal forma que passou a constituir a ferramenta *Jurisprudência em Teses* da Corte. Conforme a premissa n. 7, publicada na sua Edição 77 (Alimentos II), "a obrigação de prestar alimentos é personalíssima, intransmissível e extingue-se com o óbito do alimentante, cabendo ao espólio saldar, tão somente, os débitos alimentares preestabelecidos mediante acordo ou sentença não adimplidos pelo devedor em vida, ressalvados os casos em que o alimentado seja herdeiro, hipóteses nas quais a prestação perdurará ao longo do inventário" (março de 2017). Portanto, o entendimento constante de todos os acórdãos é o que deve ser considerado, para os devidos fins práticos.

REFORMA DO CÓDIGO CIVIL: A Comissão de Juristas pretende resolver as polêmicas expostas nos meus comentários doutrinários, e seguindo a posição que hoje é majoritária na jurisprudência superior e constante de Enunciado n. 343 da *IV Jornada de Direito Civil*, destacada por mim. Assim, o art. 1.700 do CC passará a prever que "a morte do devedor extingue a obrigação de prestar alimentos, transmitindo-se aos herdeiros a obrigação de pagar eventuais prestações vencidas, respeitada a força da herança". Além disso, em tom complementar, com a finalidade de proteger o filho com menos de dezoito anos de idade, e para a tutela de vulnerabilidades, o novo art. 1.700-A enunciará o seguinte: "ocorrendo a morte do devedor e em caso de ser o alimentando também seu herdeiro com menos de dezoito anos de idade, terá o direito de obter, antes da partilha e a título de antecipação do seu quinhão hereditário, bens suficientes para prover a própria subsistência".

Art. 1.701. A pessoa obrigada a suprir alimentos poderá pensionar o alimentando, ou dar-lhe hospedagem e sustento, sem prejuízo do dever de prestar o necessário à sua educação, quando menor.

Parágrafo único. Compete ao juiz, se as circunstâncias o exigirem, fixar a forma do cumprimento da prestação.

COMENTÁRIOS DOUTRINÁRIOS: O artigo relaciona-se à classificação dos alimentos familiares quanto à forma de pagamento, em duas modalidades. De início, têm-se os *alimentos próprios* ou *in natura*, aqueles pagos em espécie, ou seja, por meio do fornecimento de alimentação, sustento e hospedagem, sem prejuízo do dever de prestar o necessário para a educação dos menores. Além disso, há os *alimentos impróprios*, pagos mediante pensão. Cabe ao juiz da causa, de acordo com as circunstâncias do caso concreto, fixar qual a melhor forma de cumprimento da prestação. Tornou-se comum a sua fixação em salários mínimos, sendo esse utilizado como índice de correção monetária, o que se admite, pois os alimentos não representam dívida de dinheiro, e sim *dívida de valor*, pois são fixados para a aquisição de certos bens da vida. Esse critério, contudo, não é obrigatório. Vale dizer que a Lei n. 11.232/2005 introduziu alteração no art. 475-Q do CPC/1973, que passou a preceituar que os alimentos indenizatórios podem ser fixados em salários mínimos. A premissa foi confirmada pelo art. 533 do CPC/2015, seu correspondente. Apesar dessas previsões processuais, há quem entenda que essa fixação em salários mínimos é inconstitucional, o que se estenderia aos alimentos familiares, pois não se pode utilizar esse parâmetro para outros fins que não seja o de pagamento de salário aos trabalhadores (art. 7º, inc. IV, da CF/1988). Não se filia a esse último argumento, pois o dispositivo constitucional invocado somente se aplica às relações entre empregadores e trabalhadores, não prejudicando em nada o trabalhador a fixação dos alimentos por essa forma. Na prática, a fixação dos alimentos em salários mínimos prevalece e é aplicada por todos os Tribunais, constituindo um verdadeiro *costume judiciário.*

JURISPRUDÊNCIA COMENTADA: Conforme a premissa número 7, publicada na Edição n. 65 da ferramenta *Jurisprudência em Teses*, do STJ, que conta com o meu apoio: "é possível a modificação da forma da prestação alimentar (em espécie ou *in natura)*, desde que demonstrada a razão pela qual a modalidade anterior não mais atende à finalidade da obrigação, ainda que não haja alteração na condição financeira das partes nem pretensão de modificação do valor da pensão". Merece colação um dos precedentes que gerou tese, para se vislumbrar a sua dimensão prática: "A ação revisional de alimentos tem como objeto a exoneração, redução ou majoração do encargo, diante da modificação da situação financeira de quem presta os alimentos, ou os recebe, nos termos do que dispõe o art. 1.699 do Código Civil/2002. A variabilidade ou possibilidade de alteração que caracteriza os alimentos, e que está prevista e reconhecida no referido art. 1.699, não diz respeito somente à possibilidade de sua redução, majoração e exoneração na mesma forma em que inicialmente fixados, mas também à alteração da própria forma do pagamento sem modificação de valor, pois é possível seu adimplemento mediante prestação em dinheiro ou o atendimento direto das necessidades do alimentado (*in natura*), conforme se observa no que dispõe o art. 1.701 do Código Civil/2002. Nesse contexto, a ação de revisão de alimentos, que tem rito ordinário e se baseia justamente na característica de variabilidade da obrigação alimentar, também pode contemplar a pretensão de modificação da forma da prestação alimentar (em espécie ou *in natura*), devendo ser demonstrada a razão pela qual a modalidade anterior não mais atende à finalidade da obrigação, ainda que não haja alteração na condição financeira das partes nem pretensão de modificação do valor da pensão, cabendo ao juiz fixar ou autorizar, se for o caso, um novo modo de prestação" (STJ, REsp 1.505.030/MG, 4.ª Turma, Rel. Min. Raul Araújo, j. 06.08.2015, *DJe* 17.08.2015). Como se pode notar, portanto, tem-se aplicado o art. 1.699 do Código Civil também para a forma de pagamento dos alimentos, o que me parece correto tecnicamente. Como última aplicação a ser mencionada, tem-se concluído no âmbito das Cortes Nacionais que o anterior pagamento dos alimentos *in natura* pode retificar ou até afastar eventual pedido de prisão civil. Adotando a primeira solução, veja-se: "Prisão civil do devedor de alimentos que não está dotada de função retributiva, consubstanciando meio de compelir o alimentante inadimplente que, podendo satisfazer a obrigação, não o faz. Hipótese na qual se identifica a existência de excesso de execução, observando-se que os cálculos da exequente incluíram período no qual esteve sob a guarda do executado, ocasião em que houve seu sustento direto pelo alimentante na forma do art. 1.701 do Código Civil. Ordem de prisão que deve ser precedida pela adequação do valor executado" (TJSP, Agravo de Instrumento 2062072-62.2018.8.26.0000, Acórdão 12076911, 7.ª Câmara de Direito Privado, São Paulo, Rel. Des. Rômolo Russo, j. 05.12.2018, *DJESP* 18.12.2018, p. 2.015).

REFORMA DO CÓDIGO CIVIL: A Comissão de Juristas propõe manter o art. 1.701 do Código Civil, em sua integralidade e nas disposições gerais a respeito dos alimentos, incluindo-se, na sequência, o Capítulo II, referente aos "alimentos devidos ao nascituro e à gestante". Com isso, revoga-se expressamente a *Lei dos Alimentos Gravídicos* (Lei n. 11.804/2008), que utiliza uma expressão incorreta, relativa ao estado da mãe. Como a Reforma do Código Civil reforça a teoria concepcionista (art. 2º do CC), em especial para os fins do Direito Civil e do próprio Código Civil, reconhece-se a personalidade jurídica do nascituro desde a sua concepção, sendo fundamental a alteração do nome dessa categoria de alimentos. No mais, a essência das suas regras ora vigentes é mantida, mas com a inclusão no Código Civil, que deve retomar a sua posição de grande protagonista legislativo em matéria de Direito Privado. Também são sugeridos aperfeiçoamentos necessários ao texto, sobretudo para reconhecer o nascituro como sujeito de direitos. Assim, nos termos do emergente art. 1.701-A, "havendo indícios da paternidade, serão fixados alimentos, devidos pelo genitor ao outro parceiro, com a finalidade de contribuir para o sustento do nascituro e da gestante durante a gravidez. § 1º Os alimentos devem ser fixados de acordo com as necessidades da gestação e as possibilidades do alimentante. § 2º Os alimentos serão devidos desde a concepção, independente da data de sua fixação e perdurarão até o fim da gestação, observado o art. 1.701-C". Há, assim, uma maior clareza quanto aos termos inicial e final do seu pagamento. Também com um texto mais didático em relação ao atual art. 2º da Lei n. 11.804/2008, mas sem mudanças no seu conteúdo para a proteção tanto do nascituro como da mulher grávida, o novo art. 1.701-B preverá o seguinte: "os alimentos durante a gestação compreenderão os valores suficientes para cobrir as despesas adicionais ao período de gravidez, especialmente: I – alimentação, para garantia da subsistência de gestante e de nascituro; II – assistência médica, incluindo exames complementares, internações, parto, medicamentos e demais prescrições preventivas e terapêuticas; III – assistência psicológica; IV – outras despesas que o juiz considere como pertinentes". Por fim, na mesma linha do atual art. 6º da norma especial, mas com complementações necessárias, o art. 1.701-C do Código Civil terá a seguinte dicção: "com o nascimento, os alimentos serão convertidos integralmente em pensão alimentícia em favor do filho. § 1º Poderá o juiz, ao fixar os alimentos, arbitrar valor diverso para os futuros alimentos que serão devidos após o nascimento. § 2º Caso não haja o arbitramento de valor nos termos do § 1º, os alimentos continuarão a ser devidos, na forma prevista no *caput*, até que uma das partes solicite a sua revisão". Como se pode notar, todas as proposições trazem mais efetividade prática e segurança para a aplicação desse importante instituto.

Art. 1.702. Na separação judicial litigiosa, sendo um dos cônjuges inocente e desprovido de recursos, prestar-lhe-á o outro a pensão alimentícia que o juiz fixar, obedecidos os critérios estabelecidos no art. 1.694.

COMENTÁRIOS DOUTRINÁRIOS: Enuncia de forma textual o Código Civil de 2002 que na separação judicial litigiosa, sendo um dos cônjuges inocente e desprovido de recursos, o outro, culpado, será obrigado a prestar os alimentos, obedecidos os critérios legais relativos ao *binômio* ou *trinômio alimentar.* Manteve-se, assim e de forma expressa, a influência da culpa quanto aos alimentos, o que é mitigado pelo conteúdo dos arts. 1.694, § 2º, e 1.704, parágrafo único, do Código Civil. Apesar de se mencionar no comando a separação judicial, a norma não está totalmente revogada, como sustentei quanto a outros comandos que fazem o mesmo, diante da emergência da Emenda Constitucional n. 66/2010 e do julgamento do STF no seu Tema n. 1.053, de repercussão geral. Isso porque a minha posição é pela possibilidade de se debater a culpa em ação de divórcio, para os devidos fins de atribuição da obrigação alimentar, de forma integral ou mitigada. Nesse contexto, o preceito deve ser lido no contexto de prever que, no divórcio litigioso, sendo um dos cônjuges inocente e desprovido de recursos, prestar-lhe-á o culpado a pensão alimentícia que o juiz fixar, obedecido e observado o *binômio* ou *trinômio alimentar.* Essa é a minha posição doutrinária, mas que não prevalece na jurisprudência brasileira, como se verá a seguir.

JURISPRUDÊNCIA COMENTADA: São encontrados julgamentos que se repetem no âmbito do Tribunal do Distrito Federal atribuindo os alimentos provisórios com base no comando em estudo. Por todos eles, transcreve-se: "A fixação de alimentos provisórios deve se basear na peculiaridade de que essa verba tem a destinação de assegurar a mantença básica do alimentando até o provimento final no processo, pois se trata de medida concedida em juízo de cognição sumária, nos termos do artigo 1.702 do Código Civil e do artigo 300 do Código de Processo Civil. Deixando o agravante de comprovar que sua situação financeira não suporta o valor fixado pelo juízo de primeiro grau a título de alimentos provisórios, não cabe a redução destes nesta sede. Ademais, a amplitude probatória inerente à ação originária poderá possibilitar a melhor aferição do binômio necessidade/possibilidade" (TJDF, Processo 0711.04.9.352017-8070000, Acórdão 106.7455, 1.ª Turma Cível, Rel. Des. Simone Lucindo, j. 13.12.2017, *DJDFTE* 25.01.2018). Também já se utilizou o comando para a possibilidade de pleito de *alimentos pós-divórcio*, tema que ainda será aqui analisado: "A legislação, doutrina e jurisprudência acenam positivamente com a possibilidade de os ex-cônjuges, quando do divórcio, serem obrigados a prestação alimentar um em favor do outro, desde que provada a necessidade do alimentando e possibilidade do alimentante. *In casu*, o binômio necessidade *versus* possibilidade restou comprovado, sendo correta a fixação da pensão em favor da recorrida" (TJAL, Apelação 0724493-49.2012.8.02.0001, 1.ª Câmara Cível, Rel. Des. Tutmés Airan de Albuquerque Melo, *DJAL* 23.07.2015, p. 40).

REFORMA DO CÓDIGO CIVIL: A Comissão de Juristas sugere um Capítulo III, para subtítulo dos alimentos, a saber: "Dos Alimentos devidos às Famílias Conjugais e Convivenciais". Nesse novo título estarão os arts. 1.702, 1.704, 1.708 e 1.709, sendo os demais revogados, por razões distintas, sobretudo para adaptação à nova organização temática construída pela Professora Rosa Maria de Andrade Nery. Nos termos do art. 1.702, *caput*, ora proposto, "em caso de dissolução do casamento, da sociedade conjugal ou convivencial, sendo um dos cônjuges desprovido de recursos, prestar-lhe-á o outro a pensão alimentícia que o juiz fixar, obedecidos os critérios estabelecidos no art. 1.694". Não há mais menção à separação judicial, diante de sua retirada do sistema jurídico, sendo o texto alterado para contemplar o divórcio, a separação de fato – que, pelo Anteprojeto, põe fim à sociedade conjugal, como visto – e a dissolução da união estável. Ademais, propõe-se um parágrafo único ao art. 1.702, para confirmar o caráter transitório e excepcional dos alimentos para os cônjuges ou conviventes, na linha da jurisprudência hoje consolidada no âmbito do Superior Tribunal de Justiça e aqui antes comentada: "verificando-se que o credor reúne aptidão para obter, por seu próprio esforço, renda suficiente para a sua mantença, poderá o juiz fixar a pensão alimentícia com termo final, observado o lapso temporal necessário e razoável para que ele promova a sua inserção, recolocação ou progressão no mercado de trabalho". Consoante as justificativas da Subcomissão de Direito de Família, em boa hora, a projeção "consagra os alimentos transitórios, entendimento já assente na jurisprudência. Entende-se que não é necessária uma regulamentação exaustiva do instituto, de sorte a deixar uma cláusula geral a ser interpretada pela jurisprudência, que poderá acompanhar a evolução da sociedade, que cada vez mais prega pela igualdade de gênero, bem como pela devida inclusão no mercado de trabalho". Espera-se, portanto, a aprovação das modificações pelo Congresso Nacional, pois são mais do que necessárias.

Art. 1.703. Para a manutenção dos filhos, os cônjuges separados judicialmente contribuirão na proporção de seus recursos.

COMENTÁRIOS DOUTRINÁRIOS: Quanto aos alimentos devidos aos filhos, visando à sua manutenção digna, determina a norma que os cônjuges separados judicialmente contribuirão na proporção de seus recursos, ou seja, de acordo com a sua possibilidade. Repetindo o art. 20 da Lei do Divórcio, percebe-se que o dispositivo não menciona a culpa no que tange aos alimentos devidos aos filhos, devendo-se levar em conta os rendimentos e o patrimônio dos genitores, incidindo a proporcionalidade e o tão aclamado binômio ou trinômio alimentar. Diante da Emenda do Divórcio, que retirou do sistema a separação judicial, o art. 1.703 do CC/2002 deve ser lido com menção aos "cônjuges divorciados", ou seja, com ressalvas. No que diz respeito à maioridade do filho, relembro que não ocorrerá a extinção automática, sendo sempre pertinente analisar o caso concreto e a eventual persistência da obrigação fundada no vínculo filial, notadamente no caso de filho universitário.

JURISPRUDÊNCIA COMENTADA: Como primeiro exemplo de debate prático sobre o comando em estudo, do Tribunal do Paraná extrai-se a seguinte ementa, mencionando expressamente o *trinômio alimentar*: "Decisão que fixou alimentos provisórios devidos pelo pai da criança em 2 salários mínimos. Irresignação. Majoração da obrigação alimentar. Observância do trinômio necessidade, possibilidade e proporcionalidade. Alegação do pai de situação de desemprego. Ausência de comprovação do alegado. Conjunto probatório a indicar que o pai pode ter recursos que permitem pagar o valor fixado em sede de liminar recursal. No montante de três salários mínimos. Interpretação e aplicação dos arts. 1.694 e 1.703 do Código Civil" (TJPR, Agravo de Instrumento 1719074-4, 12.ª Câmara Cível, Curitiba, Rel. Juiz Conv. Francisco Cardozo Oliveira, j. 28.11.2018, *DJPR* 18.12.2018, p. 117). Porém, propondo uma análise padronizada na fixação de alimentos, com o qual não se concorda, definitivamente, e muito distante da esperada razoabilidade que forma o trinômio alimentar: "Por força do disposto no art. 1.703 do Código Civil, 'para a manutenção dos filhos, os cônjuges separados judicialmente contribuirão na proporção de seus recursos'. No § 1º do art. 1.694, prescreve que na fixação dos alimentos deve ser observado o trinômio necessidade/possibilidade/proporcionalidade. Salvo situações excepcionais, atende àquele trinômio decisão que arbitra os alimentos em quantia correspondente a 1 (um) salário mínimo" (TJSC, Agravo de Instrumento 4006997-92.2017.8.24.0000, 2.ª Câmara de Direito Civil, Brusque, Rel. Des. Newton Trisotto, *DJSC* 29.11.2018, p. 134). Aplicando o antes citado Enunciado n. 573 da *VI Jornada de Direito Civil*, e concluindo pela divisão igualitária do pagamento da verba alimentar, do Tribunal Paulista: "Agravado que aponta a possibilidade financeira materna de custear em maior parte as despesas mensais da filha. Temática atinente à possibilidade financeira materna que não é capaz de exonerar o genitor de seu dever alimentar, notadamente porque a obrigação de prestar alimentos compete a cada um dos genitores na proporção de seus recursos (art. 1.703 do Código Civil). Padrões de conforto evidenciados pela prova documental encartada que indicam que as partes desfrutam de condições econômicas equivalentes. A prova documental encartada demonstra que o agravado, o qual é advogado e empresário, desfruta de elevado padrão de conforto, o que permite, a princípio, a aplicação do Enunciado n. 573, aprovado na *VI Jornada de Direito Civil*: 'Na apuração da possibilidade do alimentante, observar-se-ão os sinais exteriores de riqueza'. Admissibilidade de igual repartição das despesas da menor entre seus genitores. Alimentos majorados para o valor mensal de R$ 8.500,00" (TJSP, Agravo de Instrumento 2129482-74.2017.8.26.0000, Acórdão 11306148, 7.ª Câmara de Direito Privado, São Paulo, Rel. Des. Rômolo Russo, j. 21.03.2018, *DJESP* 06.04.2018, p. 2.192).

REFORMA DO CÓDIGO CIVIL: Diante da nova organização dada ao tema dos alimentos, e da retirada da separação judicial do sistema jurídico, a Comissão de Juristas sugere a revogação expressa do dispositivo, sendo certo que a leitura correta do seu conteúdo, que possibilita o pleito de alimentos dos filhos em caso de divórcio dos seus pais, pode ser retirada dos antes comentados arts. 1.697, 1.697-A e 1.699 ora projetados.

Art. 1.704. Se um dos cônjuges separados judicialmente vier a necessitar de alimentos, será o outro obrigado a prestá-los mediante pensão a ser fixada pelo juiz, caso não tenha sido declarado culpado na ação de separação judicial.

Parágrafo único. Se o cônjuge declarado culpado vier a necessitar de alimentos, e não tiver parentes em condições de prestá-los, nem aptidão para o trabalho, o outro cônjuge será obrigado a assegurá-los, fixando o juiz o valor indispensável à sobrevivência.

COMENTÁRIOS DOUTRINÁRIOS: Como se extrai do art. 1.702 do Código Civil, manteve-se literalmente na codificação privada a influência da culpa quanto aos alimentos, o que já era retirado do art. 19 da Lei do Divórcio, segundo o qual "o cônjuge responsável pela separação judicial prestará ao outro, se dela necessitar, a pensão que o juiz fixar". Assim, o cônjuge inocente pelo fim da união pode pleitear os alimentos do culpado, de forma integral e sem qualquer ressalva, o que é retirado do *caput* da norma em comentário. Quanto à possibilidade de o culpado pleitear alimentos do inocente, a premissa geral, que igualmente consta do preceito em análise é pela resposta negativa. Entretanto, nos termos do já citado art. 1.694, § 2º, os alimentos serão apenas os indispensáveis à subsistência quando a situação de necessidade resultar de culpa de quem os pleiteia. Melhor explicando, o comando legal está prevendo expressamente que em casos de dissolução do casamento, da sociedade conjugal ou da união estável, aquele que foi o culpado pelo fim do relacionamento, o que acabou por causar eventual situação de necessidade, terá somente direito aos *alimentos necessários* ou *indispensáveis*, visando à manutenção da sua dignidade. O dispositivo deve ser analisado em confronto com outros, que também constam da atual codificação privada e, em especial, com a aprovação da sempre citada Emenda Constitucional n. 66/2010, conhecida como Emenda do Divórcio, que retirou do sistema jurídico a separação judicial (Tema n. 1.053 do STF, de repercussão geral). O art. 1.694, § 2º, do CC/2002, como se nota, quebra a regra geral, consagrada há tempos, de que o culpado não pode pleitear alimentos do inocente, abrandando o impacto da culpa na separação judicial litigiosa e, eventualmente, na ação de dissolução de união estável, para aqueles que entendem pela possibilidade de discussão da culpa nestas ações, o que é meu caso. Esse contexto, o parágrafo único do art. 1.704 do CC/2002 complementa aquele último dispositivo ao enunciar que se o cônjuge declarado culpado vier a necessitar de alimentos, e não tiver parentes em condições de prestá-los, nem aptidão para o trabalho, o outro cônjuge será obrigado a assegurá-los, fixando o juiz o valor indispensável à sobrevivência. Em resumo, somente serão devidos os alimentos indispensáveis ou necessários ao culpado se preenchidos esses últimos requisitos, ou seja, se o culpado não tiver parentes em condições de fazê-lo, nem condições de trabalho, tudo dentro do binômio ou trinômio alimentar. Reafirmo a minha posição doutrinária no sentido de que esses critérios igualmente servem para a ação de reconhecimento e dissolução de união estável, se a culpa eventualmente for discutida nesta última demanda. Todas essas normas devem ser analisadas à luz da Emenda Constitucional n. 66/2010 surgindo três correntes doutrinárias sobre o tema da culpa e dos alimentos. A *primeira corrente*, que prevalece entre os juristas que compõem o IBDFAM e que tem prevalecido, sustenta a total impossibilidade de discussão de culpa para a dissolução do casamento, incluindo a questão de alimentos, estando revogados tacitamente os arts. 1.702 e 1.704, *caput*, do CC/2002. Como consequência, desaparece a relevância jurídica dos arts. 1.694, § 2º, e 1.704, parágrafo único, do CC/2002, devendo os alimentos ser fixados de acordo com o *binômio* ou *trinômio alimentar*. Para a *segunda corrente*, não há possibilidade de se discutir a culpa para a dissolução do casamento em sede de ação de divórcio. Todavia, a culpa pode ser debatida em sede de ação especial de alimentos, podendo os alimentos ser fixados nos parâmetros dos arts. 1.694, § 2º, e 1.704, *caput* e parágrafo único, do Código Civil. Por fim, a *terceira corrente* alega que em algumas situações, de maior gravidade, a culpa pode ser debatida em sede de ação de divórcio, inclusive para a análise da fixação dos alimentos necessários. Destaque-se que tais alimentos também podem ser pleiteados em ação autônoma, o que depende da opção processual dos requerentes. Do mesmo modo, não houve, para mim, a revogação de todos os preceitos aqui citados, mantendo-se um *sistema dual*, com e sem culpa, podendo esta ser mitigada em algumas situações. O art. 1.702 do CC/2002 somente terá aplicação aos separados judicialmente até a Emenda do Divórcio, eis que a separação jurídica foi banida do sistema; mesmo tendo sido reafirmada pelo CPC/2015. Pode-se até ler no dispositivo menção à ação de divórcio e não mais à separação judicial, como antes pontuei. Esta é a minha opinião doutrinária. De todo modo, a questão está nebulosa, sendo necessário alterar o Código Civil para deixá-la mais efetiva na prática.

JURISPRUDÊNCIA COMENTADA: Antes da Emenda do Divórcio, os preceitos citados em meus comentários já vinham recebendo a devida aplicação pela jurisprudência nacional, cabendo a transcrição de duas ementas, para ilustrar: "Separação judicial. Culpa da ré verificada. Demonstração da relação extraconjugal bastante suspeita mantida entre a ré e terceiro, com as características do denominado 'quase adultério', que constitui injúria grave. Alimentos. Ausência de comprovação de não ter parentes em condições de prestá-los. Inteligência do art. 1.704, parágrafo único, do Código Civil. Encargo indevido. Valores depositados em conta vinculada ao Fundo de Garantia por Tempo de Serviço (FGTS) do autor. Adoção do regime de comunhão parcial de bens. Partilha indevida, por não integrar o patrimônio comum" (TJSP, Apelação com Revisão 566.291.4/0, Acórdão 3642822, 1.ª Câmara de Direito Privado, Rosana, Rel. Des. Luiz Antonio de Godoy, j. 19.05.2009, *DJESP* 08.07.2009). "Alimentos. Inexistência da obrigação de prestar alimentos decorrente de vínculo matrimonial, em razão da existência de filhas maiores e capazes. Dever de sustento previsto no parágrafo único do art. 1.704 do Novo Código Civil. 1. Em suas razões a autora sustenta sua necessidade de perceber alimentos e a possibilidade da ré em prestá-los, o que não afasta a obrigatoriedade proveniente do vínculo de parentesco existente com suas filhas. 2. Embora seja questão incontroversa o vínculo matrimonial ainda existente entre as partes, vigorando, em tese, o dever de mútua assistência entre os cônjuges, na forma do art. 1.566 do CC, também é fato incontroverso que a autora é mãe de filhas maiores, as quais teriam o dever de auxílio no seu sustento, em razão do vínculo de parentesco, afastando a obrigação por parte do apelado, nos termos do que dispõe o parágrafo único do art. 1.704 do Código Civil vigente. Precedentes citados: TJRJ Acórdão n. 2006.001.59227, rel. Des. José de Samuel Marques, julgado em 10/01/2007 e Acórdão n. 2006.001.65409, Rel. Des. Rogério de Oliveira Souza, julgado em 27/03/2007" (TJRJ, Acórdão 2007.001.32813, Rio de Janeiro, Rel. Des. Letícia de Faria Sardas, j. 09.08.2007, *DORJ* 05.03.2008, p. 312). Porém, após a Emenda do Divórcio têm prevalecido os julgados que desassociam os alimentos da culpa no âmbito do divórcio, ou mesmo da separação judicial. Veja-se, nessa linha: "No mais, sabe-se que, com a alteração da redação do art. 226, § 6º, da Constituição Federal pela Emenda Constitucional n. 66/2010, a separação judicial deixou de existir, tornando-se desnecessário o transcurso do tempo para a decretação do divórcio e a discussão sobre culpa. Desta forma, não se cogita mais da culpa na análise da obrigação de prestar alimentos, que serão definidos pela necessidade do outro cônjuge em hipóteses excepcionais, do que não se trata o caso" (TJSP, Agravo 0060840-25.2013.8.26.0000, 4.ª Câmara de Direito Privado, Rel. Des. Maia da Cunha, j. 09.05.2013). Tal afirmação também tem imperado no âmbito do STJ, na linha da primeira corrente doutrinária que expus, que deve ser considerada para os devidos fins práticos. Conforme aresto publicado no *Informativo* n. *558* da Corte, "com a edição da EC n. 66/2010, a nova redação do art. 226, § 6º, da CF – que dispõe que o casamento civil pode ser dissolvido pelo divórcio – eliminou os prazos à concessão do divórcio e afastou a necessidade de arguição de culpa, presente na separação, não mais adentrando nas causas do fim da união, deixando de expor desnecessária e vexatoriamente a intimidade do casal, persistindo essa questão apenas na esfera patrimonial quando da quantificação dos alimentos. Criou-se, dessa forma, nova figura totalmente dissociada do divórcio anterior". Diante dessas afirmações, conclui-se no aresto pela desnecessidade da audiência para a concessão do divórcio, o que conta com o meu apoio em tal aspecto: "Assim, os arts. 40, § 2º, da Lei n. 6.515/1977 (Lei do Divórcio) e 1.122, §§ 1º e 2º, do CPC, ao exigirem uma audiência a fim de se conceder o divórcio direto consensual, passaram a ter redação conflitante com o novo entendimento, segundo o qual não mais existem as condições preexistentes ao divórcio: de averiguação dos motivos e do transcurso de tempo. Isso porque, consoante a nova redação, o divórcio passou a ser efetivamente direto. A novel figura passa ser voltada para o futuro. Passa a ter vez no Direito de Família a figura da intervenção mínima do Estado, como deve ser. Vale relembrar que, na ação de divórcio consensual direto, não há causa de pedir, inexiste necessidade de os autores declinarem o fundamento do pedido, cuidando-se de simples exercício de um direito potestativo. Portanto, em que pese a determinação constante no art. 1.122 do CPC, não mais subsiste o referido artigo no caso em que o magistrado tiver condições de aferir a firme disposição dos cônjuges em se divorciarem, bem como de atestar que as demais formalidades foram atendidas. Com efeito, o art. 1.122 do CPC cuida obrigatoriamente da audiência em caso de separação e posterior divórcio. Assim, não havendo mais a separação, mas o divórcio consensual direto e, principalmente, em razão de não mais haver que se apurarem as causas da separação para fins de divórcio, não cabe a audiência de conciliação ou ratificação, por se tornar letra morta. Nessa perspectiva, a audiência de conciliação ou ratificação teria apenas cunho eminentemente formal, sem nada a produzir. De fato, não se desconhece que a Lei do Divórcio ainda permanece em vigor, discorrendo acerca de procedimentos da separação judicial e do divórcio (arts. 34 a 37, 40, § 2º, e 47 e 48), a qual remete ao CPC (arts. 1.120 a 1.124). Entretanto, a interpretação de todos esses dispositivos infraconstitucionais deverá observar a nova ordem constitucional e a ela se adequar, seja por meio de declaração de inconstitucionalidade parcial sem redução de texto, seja como da interpretação conforme a Constituição ou, como no caso em comento, pela interpretação sistemática dos artigos" (STJ, REsp 1.483.841/RS, 3.ª Turma, Rel. Min. Moura Ribeiro, j. 17.03.2015, *DJe* 27.03.2015).

REFORMA DO CÓDIGO CIVIL: Na linha dos meus comentários doutrinários, é necessário melhorar o texto do art. 1.704 do CC, sobretudo tendo em vista a Emenda do Divórcio e a retirada da separação judicial do sistema jurídico. Assim, o texto que passou na votação final da Comissão de Juristas, após intensos debates, foi o seguinte: "Art. 1.704. O fim da sociedade conjugal ou convivencial do devedor com o credor de alimentos extingue o dever alimentar". Com isso, encerra-se qualquer debate sobre a possibilidade de *alimentos pós-divórcio*, sendo certo que bastará a separação de fato do casal para a extinção da obrigação de alimentos familiares. Chegou-se a debater uma proposta em favor do cônjuge ou convivente em situação de extrema vulnerabilidade, para a manutenção da obrigação do outro cônjuge ou convivente em casos tais. Porém, por ampla maioria, o texto foi rejeitado, com o meu voto contrário, pois penso que seria necessária uma regra nesse sentido.

Art. 1.705. Para obter alimentos, o filho havido fora do casamento pode acionar o genitor, sendo facultado ao juiz determinar, a pedido de qualquer das partes, que a ação se processe em segredo de justiça.

COMENTÁRIOS DOUTRINÁRIOS: A norma mostra-se óbvia em tempos atuais, sendo justificada, no passado, pela odiosa discriminação existente quanto aos então filhos ilegítimos, o que foi totalmente superado pelo art. 227, § 6º, da Constituição Federal, que consagrou o princípio da igualdade entre os filhos, assim como fez, sucessivamente, o art. 1.596 do Código Civil. Em relação ao segredo de justiça que a norma menciona, vale lembrar que ele atinge todas as ações de família, sendo desnecessária a previsão, que parece remontar àquele nefasto tratamento anterior. Sobre os alimentos fixados previamente na eventual ação proposta pelo filho havido fora do casamento, veremos nos comentários ao próximo comando.

JURISPRUDÊNCIA COMENTADA: Afastando a possibilidade de fixação de alimentos previamente em ação investigatória de paternidade, julgou-se que "mesmo que se entenda que o art. 1.705 do Código Civil não condiciona o exercício do direito nele previsto ao prévio ajuizamento da ação de investigação de paternidade, observa-se que não há nos autos provas contundentes acerca da filiação" (TJDF, Recurso 2008.00.2.017961-6, Acórdão 351.106, 6.ª Turma Cível, Rel. Des. José Divino de Oliveira, *DJDFTE* 23.04.2009, p. 150).

REFORMA DO CÓDIGO CIVIL: Diante da menção aos filhos havidos fora do casamento, e por sua obviedade, a Comissão de Juristas sugere a revogação expressa do art. 1.706 do Código Civil, sem que se dê qualquer mudança no tratamento atual do tema.

Art. 1.706. Os alimentos provisionais serão fixados pelo juiz, nos termos da lei processual.

COMENTÁRIOS DOUTRINÁRIOS: O comando relaciona-se à classificação dos alimentos quanto à sua finalidade. De início, existem os *alimentos definitivos* ou *regulares*, fixados definitivamente, por meio de acordo de vontades ou de sentença judicial já transitada em julgado. Oportuno lembrar que a Lei n. 11.441/2007 possibilitou que esses alimentos sejam fixados quando da celebração do divórcio por escritura pública, no Tabelionato de Notas; regra confirmada pelo art. 733 do CPC/2015. Ressalte-se, ainda, que embora recebam a denominação *definitivos*, os alimentos podem ser revistos se sobrevier mudança na situação financeira de quem os supre, ou na de quem os recebe, podendo o interessado reclamar ao juiz, conforme as circunstâncias, a sua exoneração, redução ou majoração do encargo, conforme o antes comentado art. 1.699 do CC/2002. Como segunda categoria, destaquem-se os *alimentos provisórios*, fixados de imediato na ação de alimentos que segue o rito especial previsto na Lei n. 5.478/1968, conhecida como Lei de Alimentos, norma que não foi totalmente revogada pelo CPC/2015, permanecendo em vigor na maioria dos seus dispositivos. Em outras palavras, estão fundados na obrigação alimentar de Direito de Família e, por isso, exigem prova pré-constituída do parentesco, notadamente pela certidão de nascimento, ou do casamento, pela correspondente certidão de casamento. Esses alimentos são frutos da cognição sumária do juiz antes mesmo de ouvir o réu da demanda. Por fim, há os *alimentos provisionais*, fixados em outras ações que não seguem o rito especial mencionado, visando a manter a parte que os pleiteia no curso da lide, por isso a sua denominação *ad litem*. O exemplo típico diz respeito justamente ao filho havido fora do casamento que não foi registrado e que geralmente ingressa com a ação de investigação de paternidade cumulada com alimentos, nos termos do dispositivo em estudo e do seu antecessor. Na vigência do CPC/1973, eram fixados por meio de antecipação de tutela ou em liminar concedida em medida cautelar de separação de corpos em ações em que não houvesse a mencionada prova pré-constituída, caso da ação de investigação de paternidade ou da ação de reconhecimento e dissolução da união estável. Pontue-se que o CPC de 2015 não reproduziu as antigas regras dos arts. 852 a 854 do CPC/1973, que tratavam dos alimentos provisionais, em sede de medida cautelar específica. Sendo assim, acredito que os alimentos provisionais estarão enquadrados em algumas das regras relativas à tutela de urgência, entre os arts. 300 e 311 do CPC/2015. Somente a prática familiarista poderá demonstrar qual a categoria em que se situará o instituto. Entretanto, parece-me que diante do costume jurisprudencial anterior, possivelmente o enquadramento se dará no procedimento cautelar de caráter antecedente, nos termos dos arts. 305 a 310 do Estatuto Processual emergente.

JURISPRUDÊNCIA COMENTADA: No caso de confirmação dos alimentos provisionais, convertidos em definitivos, vale lembrar o teor da antes citada Súmula n. 277 do Superior Tribunal de Justiça, *in verbis*: "Julgada procedente a investigação de paternidade, os alimentos são devidos a partir da citação". A ementa jurisprudencial confirma o princípio constitucional da igualdade entre os filhos, bem como a regra segundo a qual a sentença que julgar procedente a ação de investigação produzirá os mesmos efeitos do reconhecimento voluntário (art. 1.616 do CC/2002).

REFORMA DO CÓDIGO CIVIL: Com a nova organização sistemática do subtítulo dos alimentos na codificação privada, sugere-se a revogação expressa do art. 1.706 do CC, passando o tema nele previsto a ser tratado, sem alteração do seu conteúdo, no novo art. 1.700-B, *in verbis*: "os alimentos provisionais serão fixados pelo juiz, nos termos da lei processual". Assim, o tema é deslocado para as disposições gerais relativas ao assunto, sem qualquer mudança de conteúdo.

Art. 1.707. Pode o credor não exercer, porém lhe é vedado renunciar o direito a alimentos, sendo o respectivo crédito insuscetível de cessão, compensação ou penhora.

COMENTÁRIOS DOUTRINÁRIOS: A norma prevê algumas das características da obrigação de prestar os alimentos familiares que, como antes comentei, traduz uma *obrigação única*, com características próprias que a diferenciam de todas as outras obrigações. Muitas são as questões de debate levantadas pelo seu teor. Como primeira delas, consagra-se expressamente a irrenunciabilidade dos alimentos familiares, pois a primeira parte do dispositivo é clara no sentido de que pode o credor não exercer, porém lhe é vedado renunciar o direito a alimentos. O dispositivo equivale parcialmente ao art. 404 do CC/1916, que tinha redação semelhante, dispondo que "pode-se deixar de exercer, mas não se pode renunciar o direito a alimentos". Esse também era o sentido da Súmula n. 379 do STF no que tange à separação judicial, antigo desquite ("No acordo de desquite não se admite renúncia aos alimentos, que poderão ser pleiteados ulteriormente, verificados os pressupostos legais"). Contudo, apesar do teor do dispositivo legal anterior e do entendimento sumulado, doutrina e jurisprudência anteriores vinham entendendo, quase que com unanimidade, pela possibilidade de renúncia aos alimentos quando da separação judicial, do divórcio ou da dissolução da união estável. Justamente por isso, parcela considerável e respeitável da doutrina aponta que a primeira parte do art. 1.707 do atual Código Civil, ao vedar a renúncia aos alimentos, constitui um total retrocesso, não devendo ser aplicado às renúncias estabelecidas nesses casos, mas somente nas relações de parentesco. Balizando esse entendimento majoritário da doutrina, foi aprovado enunciado na *III Jornada de Direito Civil* com o seguinte teor: "O art. 1.707 do Código Civil não impede que seja reconhecida válida e eficaz a renúncia manifestada por ocasião do divórcio (direto ou indireto) ou da dissolução da 'união estável'. A irrenunciabilidade do direito a alimentos somente é admitida enquanto subsista vínculo de Direito de Família" (Enunciado n. 263 do Conselho da Justiça Federal). Como se nota, há uma grande polêmica, que precisa ser resolvida urgentemente, uma vez que a lei consagra uma regra clara, mas a doutrina se divide. Veremos, no próximo tópico, qual é o entendimento jurisprudencial e qual a minha posição sobre essa grande divergência. Voltando-se às características previstas no art. 1.707 do Código Civil em vigor, está nele previsto que a obrigação alimentar é incessível e inalienável pois, diante do seu caráter personalíssimo, não pode ser objeto de cessão gratuita ou onerosa. Essa cessão deve ser lida em sentido amplo, a englobar a cessão de crédito (arts. 286 a 298 do CC/2002), a cessão de débito ou assunção de dívida (arts. 299 a 303 do CC/2002) e mesmo a cessão de contrato, se excepcionalmente for o caso. Anote-se que os contratos de transmissão ou cessão não podem ter como objeto direitos essencialmente pessoais ou existenciais, principalmente aqueles relacionados com a própria dignidade humana, caso dos alimentos. Isso justifica também a inalienabilidade dos alimentos, ou seja, que eles não podem ser "vendidos" ou "doados". Repise-se a regra do art. 11 do CC/2002, segundo o qual os direitos da personalidade são, como regra, intransmissíveis e irrenunciáveis, não podendo o seu exercício sofrer limitação voluntária; não se podendo negar que os alimentos se situam entre esses direitos. O mesmo art. 1.707 do Código Civil veda que a obrigação alimentar seja objeto de compensação, forma de pagamento indireto que gera a extinção de dívidas mútuas ou recíprocas, entre pessoas que são, ao mesmo tempo, credoras e devedoras entre si (arts. 368 a 380 do CC/2002). Há, assim, uma *obrigação incompensável*, sendo certo que a atual codificação afasta supostamente a polêmica anterior a respeito da possibilidade de compensação de alimentos, principalmente nos casos de reciprocidade de dívidas entre alimentante e alimentando, não importando a sua natureza. Apesar de resistência doutrinária e jurisprudencial, entendo que não há dúvidas quanto a essa impossibilidade. Primeiro, pelo teor taxativo do atual texto legal, que visa a proteger o alimentando. Segundo, pelo comentado caráter personalíssimo da obrigação alimentar. Terceiro, porque a compensação acaba sendo, de forma indireta, uma forma de repetição da dívida de alimentos já paga. Contudo, consigne-se que na jurisprudência podem ser encontrados julgados que concluem pela possibilidade de compensação dos alimentos pagos a mais pelo devedor, o que seria plenamente justo diante da vedação do enriquecimento sem causa (art. 884 do CC). Comentarei sobre tais julgados no próximo tópico, que geram enorme instabilidade no tratamento do tema, a ser suprida por alteração legislativa. Como última característica, o art. 1.707 do Código Civil estabelece haver quanto aos alimentos uma obrigação impenhorável, por ser personalíssima, inacessível e inalienável, o que também tem previsão no art. 833, inc. IV, do vigente CPC, correspondente ao art. 649, inc. IV, do CPC/1973. Essa impenhorabilidade mantém relação com o tão mencionado *Estatuto Jurídico do Patrimônio Mínimo*, de Luiz Edson Fachin, por vezes invocado em nossos trabalhos. Observe-se, ao viés, que a quebra de impenhorabilidades se dá justamente diante da obrigação alimentar. A título de exemplo, o art. 3º, inc. III, da Lei n. 8.009/1990 determina que uma das exceções à impenhorabilidade do bem de família legal ocorre nos casos de obrigação de alimentos, sendo cobrados de um ou mais integrantes da entidade familiar. Em complemento, acrescente-se que os alimentos têm o condão de quebrar a impenhorabilidade dos salários e rendas em geral, conforme o art. 833, § 2º, do CPC/2015; correspondente ao art. 649, § 2º, do CPC/1973. De todas as características previstas no comando em estudo, duas outras podem ser abstraídas. A primeira delas é a irrepetibilidade, afirmação antiga relacionada com a obrigação em questão, no sentido de que, sendo pagos, em hipótese alguma caberá ação de repetição de indébito (*actio de in rem verso*). O fundamento para tal dedução, segundo a doutrina clássica, estaria na existência de uma *obrigação moral*. Sendo dessa forma, a alegação de pagamento indevido ou enriquecimento sem causa não consegue vencer a obrigação alimentar, diante da tão costumeira proteção da dignidade humana relacionada com o instituto. A título de exemplo, se proposta ação de investigação de paternidade cumulada com alimentos e fixados alimentos provisionais e depois ficar comprovado que o réu não é pai da criança, não caberá a devolução dos valores pagos, na linha de muitos julgados que aqui foram citados. Em outro caso, imagine-se um homem enganado por uma mulher, que disse que estava esperando um filho seu; sendo depois constatado, via exame de DNA, que o filho não é do sujeito e que a mulher assim o fez por má-fé. Ora, os alimentos eventualmente pagos pelo enganado, aqui, também são irrepetíveis. Entretanto, deve-se entender que, nesse caso, caberá indenização por danos morais pelo engano, desde que evidenciados os prejuízos imateriais, diante de flagrante abuso de direito por desrespeito à boa-fé objetiva, que também deve estar presente nas relações familiares. O fundamento para a ilicitude está no art. 187 do CC/2002, que consagra a vedação do abuso de direito, enunciando que também comete ato ilícito o titular de direito que, ao exercê-lo, excede manifestamente os limites impostos pelo seu fim social ou econômico, pela boa-fé ou pelos bons costumes. Como outro desdobramento do art. 1.707 do CC/2002, a obrigação alimentar não pode ser objeto de transação, ou seja, de um contrato pelo qual a dívida é extinta por concessões mútuas ou recíprocas (arts. 840 a 850 do CC/2002). Cite-se, aqui, a regra do art. 841 da codificação material pela qual apenas quanto a direitos patrimoniais de caráter privado se permite a transação. De toda sorte, cumpre salientar que é admitida a transação em relação ao *quantum* alimentar, o que não pode representar renúncia, pela dicção do art. 1.707 do CC/2002. O aplicador do Direito – especialmente o juiz da Vara da Família – deve sempre estar atento a tais acordos, para que o valor fixado não gere afronta ao patrimônio mínimo das partes envolvidas. Além de ser *intransacionável* na essência, a obrigação alimentar não pode ser objeto de compromisso ou arbitragem. Nesse sentido, prevê o art. 852 do CC/2002 que está vedado o compromisso para solução de questões de estado e de direito pessoal de família, caso dos alimentos. De qualquer modo, os alimentos podem ser objeto de mediação familiar, que não se confunde com a arbitragem, pois os mediadores apenas tentam conduzir as partes à composição amigável, não decidindo sobre qualquer questão técnica. A utilização da mediação é incentivada pelo CPC/2015, em vários de seus dispositivos; regulamentada, ainda, pela Lei n. 13.140/2015.

JURISPRUDÊNCIA COMENTADA: Sobre a possibilidade de renúncia aos alimentos pelos cônjuges ou companheiros, do Superior Tribunal de Justiça, concluindo ser válida e eficaz a cláusula de renúncia a alimentos constante da separação judicial: "A cláusula de renúncia a alimentos, constante em acordo de separação devidamente homologado, é válida e eficaz, não permitindo ao ex-cônjuge que renunciou, a pretensão de ser pensionado ou voltar a pleitear o encargo. Deve ser reconhecida a carência da ação, por ilegitimidade ativa do ex-cônjuge para postular em juízo o que anteriormente renunciara expressamente" (STJ, REsp 701.902/SP, 3.ª Turma, Rel. Min. Nancy Andrighi, j. 15.09.2005, *DJ* 03.10.2005, p. 249). O Tribunal de Justiça de São Paulo tem acompanhado esse entendimento há tempos. A título de exemplo, transcreve-se: "Alimentos. Renúncia por ex-cônjuge. Validade, mesmo após o advento do art. 1.707 do CC de 2002, dada a ausência de relação de parentesco. Autora, ademais, que é jovem e apta para o trabalho" (TJSP, Apelação Cível 338.067-4/0/SP, 3.ª Câmara de Direito Privado, Rel. Waldemar Nogueira Filho, 18.05.2004, v.u.). Em data mais recente, no ano de 2007, admitindo implicitamente essa renúncia aos alimentos, o STJ editou a Súmula n. 336, prevendo que "a mulher que renunciou aos alimentos na separação judicial tem direito à pensão previdenciária por morte do ex-marido, comprovada a necessidade econômica superveniente". Porém, diante da emergência da Emenda do Divórcio, a súmula perdeu em parte a sua eficácia. Isso porque não há mais no sistema a separação judicial e, no caso de divórcio, não há que se falar em benefício previdenciário. Na verdade, somente subsiste a súmula para o caso das pessoas separadas judicialmente antes da entrada em vigor da Emenda Constitucional n. 66/2010, havendo direito adquirido em relação ao citado benefício na linha como julgou o STF na análise do seu Tema n. 1.053, de repercussão geral. Por outra via, o STJ também concluiu justamente o contrário, aplicando a irrenunciabilidade consagrada no art. 1.707 do CC. Vejamos: "A mulher que recusa os alimentos na separação judicial pode pleiteá-los futuramente, desde que comprove a sua dependência econômica" (STJ, AgRg no Ag 668.207/MG, 5.ª Turma, Rel. Min. Laurita Vaz, j. 06.09.2005, *DJ* 03.10.2005, p. 320). Ou, do ano de 2020, restringindo a renúncia apenas às parcelas vencidas: "É irrenunciável o direito aos alimentos presentes e futuros (art. 1.707 do Código Civil), mas pode o credor renunciar aos alimentos pretéritos devidos e não prestados, isso porque a irrenunciabilidade atinge o direito, e não o seu exercício" (STJ, REsp 1.529.532/DF, 3.ª Turma, Rel. Min. Ricardo Villas Bôas Cueva, j. 09.06.2020, *DJe* 16.06.2020). Da mesma forma, o Tribunal de Justiça de São Paulo, adotando as lições constantes de outra obra de minha autoria: "Alimentos. Renúncia no divórcio. Pretensão posterior de pleiteá-los que encontra amparo no art. 1.707 do CC. Sentença de extinção afastada. Prosseguimento da instrução determinado. Recurso provido" (TJSP, Apelação Cível 646.228-4/6, 8.ª Câmara de Direito Privado, Presidente Prudente, Rel. Caetano Lagrasta, j. 17.06.2009, *DJESP* 24.06.2009). Apesar desse choque doutrinário e jurisprudencial, é forçoso concluir que, realmente, os alimentos são irrenunciáveis, pois o art. 1.707 está em sintonia com o art. 11 do CC/2002. Ora, os alimentos são inerentes à dignidade da pessoa humana, sendo o direito aos mesmos um verdadeiro direito da personalidade. A par dessa estrutura de direito subjetivo inato da pessoa humana, também são irrenunciáveis, pelo que consta no último dispositivo citado da codificação privada. Isso é também confirmado pelos comandos legais que possibilitam os *alimentos pós-divórcio*, caso dos arts. 1.708 e 1.709 do CC, que ainda serão comentados. Pontue-se que recente aresto do Superior Tribunal de Justiça seguiu essa forma de pensar o Direito de Família. Conforme publicação constante do *Informativo* n. *553* daquela Corte, em julgado que diz respeito a união estável homoafetiva: "Tendo os conviventes estabelecido, no início da união estável, por escritura pública, a dispensa à assistência material mútua, a superveniência de moléstia grave na constância do relacionamento, reduzindo a capacidade laboral e comprometendo, ainda que temporariamente, a situação financeira de um deles, autoriza a fixação de alimentos após a dissolução da união. De início, cabe registrar que a presente situação é distinta daquelas tratadas em precedentes do STJ, nos quais a renúncia aos alimentos se deu ao término da relação conjugal. Naqueles casos, o entendimento aplicado foi no sentido de que, 'após a homologação do divórcio, não pode o ex-cônjuge pleitear alimentos se deles desistiu expressamente por ocasião do acordo de separação consensual' (AgRg no Ag 1.044.922-SP, Quarta Turma, *DJe* 02.08.2010). No presente julgado, a hipótese é de prévia dispensa dos alimentos, firmada durante a união estável, ou seja, quando ainda existentes os laços conjugais que, por expressa previsão legal, impõem aos companheiros, reciprocamente, o dever de assistência. Observe-se que a assistência material mútua constitui tanto um direito como uma obrigação para os conviventes, conforme art. 2º, II, da Lei n. 9.278/1996 e arts. 1.694 e 1.724 do CC. Essas disposições constituem normas de interesse público e, por isso, não admitem renúncia, nos termos do art. 1.707 do CC: 'Pode o credor não exercer, porém lhe é vedado renunciar o direito a alimentos, sendo o respectivo crédito insuscetível de cessão, compensação ou penhora'. Nesse contexto, e não obstante considere-se válida e eficaz a renúncia manifestada por ocasião de acordo de separação judicial ou de divórcio, nos termos da reiterada jurisprudência do STJ, não pode ela ser admitida na constância do vínculo familiar. Nesse sentido há entendimento doutrinário e, de igual, dispõe o Enunciado n. 263, aprovado na *III Jornada de Direito Civil*, segundo o qual: 'O art. 1.707 do Código Civil não impede seja reconhecida válida e eficaz a renúncia manifestada por ocasião do divórcio (direto ou indireto) ou da dissolução da 'união estável'. A irrenunciabilidade do direito a alimentos somente é admitida enquanto subsista vínculo de Direito de Família'. Com efeito, ante o princípio da irrenunciabilidade dos alimentos, decorrente do dever de mútua assistência expressamente previsto nos dispositivos legais citados, não se pode ter como válida disposição que implique renúncia aos alimentos na constância da união, pois esses, como dito, são irrenunciáveis" (STJ, REsp 1.178.233/RJ, Rel. Min. Raul Araújo, j. 18.11.2014, *DJe* 09.12.2014). Como não poderia ser diferente, o *decisum* tem o meu total apoio, especialmente por reconhecer o pagamento da verba alimentar após o fim do relacionamento, com fulcro no princípio da solidariedade social, de índole constitucional. De todo modo, as minhas anotações jurisprudenciais demonstram um caos a respeito do tema, que deve ser suprido por alteração da lei, havendo proposta com tal fim na Reforma do Código Civil, ora em tramitação no Congresso Nacional. Alternando-se a temática e partindo-se para a compensação, vale citar aresto do Tribunal de Justiça do Rio Grande do Sul, que afastou a possibilidade de sub-rogação do crédito do filho em favor da mãe. Vejamos a ementa, que cita o dispositivo em análise como fundamento para a correta dedução: "Execução de alimentos. Desistência do credor. Sub-rogação da genitora no crédito alimentar. Descabimento. 1. Incontroverso que o devedor proporcionou ao filho 'viagens pelo país e exterior, assim como presentes variados e de valor, inclusive um automóvel', verificou-se o efetivo pagamento da dívida de alimentos diretamente a quem efetivamente deles faz jus, sendo válida e eficaz a desistência da ação e do crédito alimentar eventualmente existente feita pelo filho, que é maior e capaz. 2. Não existe mais dívida de alimentos, quando se vê que o devedor cumpriu a sua obrigação de pai e não apenas pagou uma conta, mas está resgatando um vínculo. 3. Descabe incluir a genitora do credor de alimentos no polo ativo da ação, pois ela não é credora de valor algum, já que a obrigação alimentar é divisível, ou seja, a obrigação de prover o sustento da prole comum é do pai e da mãe, isto é, de um e de outro, não de um ou do outro. 4. Não há possibilidade jurídica de um genitor buscar indenização do outro nem mesmo quando assume o sustento da prole comum, o que não é o caso, quando o genitor sempre pagou a verba alimentar e a execução discute apenas diferenças de valor. 5. Segundo expressa dicção do art. 1.707

do Código Civil, o crédito alimentar é insuscetível de cessão, compensação ou penhora, não havendo sub-rogação de crédito alimentar pela mãe em relação ao filho" (TJRS, Agravo de Instrumento 164402-74.2012.8.21.7000, 7.ª Câmara Cível, Porto Alegre, Rel. Des. Sérgio Fernando de Vasconcellos Chaves, j. 25.07.2012, *DJERS* 31.07.2012). Todavia, admitindo a compensação dos valores a mais pagos pelo genitor, por todos: "Alimentos. Irrepetibilidade. Possibilidade, porém, de efetuar-se a compensação excepcional dos alimentos recebidos a mais, para evitar o enriquecimento sem causa do favorecido. Orientação doutrinária e jurisprudencial" (TJSP, Agravo de Instrumento 394.691-4/7-00/SP, 5.ª Câmara de Direito Privado, Rel. Silvério Ribeiro, 06.07.2005, v.u.). Muitas vezes utiliza-se na prática o argumento de que não há uma compensação propriamente dita, mas sim um abatimento do valor que foi pago a maior anteriormente, pois as dívidas não são recíprocas. Como o devido respeito, não me filio a tal forma de julgar, uma vez que se os alimentos foram pagos a mais, não caberá a sua repetição. Não cabendo a repetição do indébito, por óbvio não cabe a sua compensação. Nota-se que a possibilidade de compensação, nos casos aqui citados, acaba sendo utilizada como forma de reaver o que foi pago, o que é vedado quando se trata de obrigação de alimentos. No que concerne ao afastamento do enriquecimento sem causa, argumento utilizado por muitos doutrinadores e julgadores, este cede espaço para uma proteção maior do alimentando, com fundamento constitucional na dignidade humana (art. 1º, incs. III, da CF/1988 e art. 8º do CPC/2015), utilizando-se a técnica de ponderação (art. 489, § 2º, do CPC/2015). A propósito, concluindo pura e simplesmente pela impossibilidade de compensação dos alimentos, colaciona-se dos Tribunais Estaduais, para ilustrar: "Agravo de instrumento. Execução de alimentos. Justificativa apresentada pelo executado não aceita. Descabimento da compensação de valor pago a maior, por equívoco da empregadora. Considerando que os alimentos são incompensáveis e irrepetíveis, inviável a compensação de valores pagos a maior postulada pelo devedor. Arts. 373, II, e 1.707 do Código Civil. Agravo de instrumento desprovido, de plano" (TJRS, Agravo de Instrumento 508158-94.2011.8.21.7000, 7.ª Câmara Cível, São Leopoldo, Rel. Des. Jorge Luís Dall'Agnol, j. 10.01.2012, *DJERS* 23.01.2012). No mesmo sentido, pelo menos em parte, é a premissa n. 16, publicada na Edição n. 65 da ferramenta *Jurisprudência em Teses* do STJ (Alimentos I, de 2016): "Não é possível a compensação dos alimentos fixados em pecúnia com parcelas pagas *in natura*". Todavia, em março de 2017, surgiu uma aparente contradição, perante outra premissa, agora publicada na Edição n. 77 da *Jurisprudência em Teses* (Alimentos II). Conforme a afirmação número 13, os valores pagos a título de alimentos são insuscetíveis de compensação, salvo quando configurado o enriquecimento sem causa do alimentando. As teses parecem conflitantes, necessitando de uma pacificação, no meu entender. Na verdade, a possibilidade de compensação de alimentos parece prevalecer na jurisprudência atual do Superior Tribunal de Justiça. Eis outro dilema a ser resolvido por alteração da lei. A propósito, em 2018, a sua Quarta Turma prolatou decisão contrária à tese n. 65 acima aposta, com o seguinte teor: "Controvérsia em torno da possibilidade, em sede de execução de alimentos, de serem deduzidas da pensão alimentícia fixada exclusivamente em pecúnia as despesas pagas 'in natura' referentes a aluguel, condomínio e IPTU do imóvel onde residia o exequente. Esta Corte Superior de Justiça, sob o prisma da vedação ao enriquecimento sem causa, vem admitindo, excepcionalmente, a mitigação do princípio da incompensabilidade dos alimentos. Precedentes. Tratando-se de custeio direto de despesas de natureza alimentar, comprovadamente feitas em prol do beneficiário, possível o seu abatimento no cálculo da dívida, sob pena de obrigar o executado ao duplo pagamento da pensão, gerando enriquecimento indevido do credor. No caso, o alimentante contribuiu por cerca de dois anos de forma efetiva, para o atendimento de despesa incluída na finalidade da pensão alimentícia, viabilizando a continuidade da moradia do alimentado" (STJ, REsp 1.501.992/RJ, 3.ª Turma, Rel. Min. Paulo de Tarso Sanseverino, j. 20.03.2018, *DJe* 20.04.2018). Assim, parece-me que a questão ainda pende de pacificação na Corte, mormente diante do surgimento da sua Súmula n. 621, segundo a qual "os efeitos da sentença que reduz, majora ou exonera o alimentante do pagamento retroagem à data da citação, vedadas a compensação e a repetibilidade". Sobre a irrepetibilidade dos alimentos pagos pelo marido enganado quanto à prole, mas reconhecendo o dever de indenizar da mulher que o engana, sem prejuízo de outros julgados aqui transcritos, colaciona-se, entre os primeiros julgados, em posição que se repete até hoje no Tribunal da Cidadania: "Responsabilidade civil. Dano moral. Marido enganado. Alimentos. Restituição. A mulher não está obrigada a restituir ao marido os alimentos por ele pagos em favor da criança que, depois se soube, era filha de outro homem. A intervenção do Tribunal para rever o valor da indenização pelo dano moral somente ocorre quando evidente o equívoco, o que não acontece no caso dos autos. Recurso não conhecido" (STJ, REsp 412.684/SP, 4.ª Turma, Rel. Min. Ruy Rosado de Aguiar, j. 20.08.2002, *DJ* 25.11.2002).

REFORMA DO CÓDIGO CIVIL: Sugere-se a revogação do dispositivo, deslocando-se o seu conteúdo para as regras gerais relativas aos alimentos, seguindo-se a nova sistemática proposta pela Comissão de Juristas. Também se almeja o aperfeiçoamento do texto, para afastar as polêmicas expostas nos meus comentários doutrinários e anotações jurisprudenciais, havendo muitas contradições, anacronismos, falta de segurança jurídica e instabilidade a respeito do conteúdo do art. 1.707 do CC. Assim, o novo art. 1.700-C, de forma bem clara, objetiva e peremptória, vedará a renúncia, a repetição do indébito, a compensação, a alienação e a penhora dos alimentos da seguinte forma: "Os alimentos são absolutamente irrenunciáveis, mesmo nas hipóteses envolvendo cônjuges ou conviventes. § 1º Os alimentos são irrepetíveis e absolutamente incompensáveis, mesmo nos casos de pagamento de valores a mais pelo devedor. § 2º Os alimentos são inalienáveis e não podem ser objeto de cessão de crédito ou de assunção de dívida. § 3º Os alimentos são impenhoráveis, observado o previsto na legislação processual". Como se pode concluir, as propostas de modificação são mais do que necessárias, tanto do ponto de vista teórico quanto prático.

Art. 1.708. Com o casamento, a união estável ou o concubinato do credor, cessa o dever de prestar alimentos.

Parágrafo único. Com relação ao credor cessa, também, o direito a alimentos, se tiver procedimento indigno em relação ao devedor.

COMENTÁRIOS DOUTRINÁRIOS: Tratando da extinção da obrigação alimentar, estabelece o *caput* do preceito em estudo que o casamento, a união estável ou o concubinato do credor ou alimentando faz cessar o dever de prestar alimentos. Sigo o entendimento doutrinário no sentido de que essa norma, e também o dispositivo seguinte, possibilitam, na atualidade, os chamados *alimentos pós-divórcio,* mesmo estando dissolvido o vínculo familiar, uma vez que é exigido um novo relacionamento do credor para a citada extinção. A questão será aprofundada nos comentários ao próximo comando, com a exposição dos julgados que tratam do tema. Ainda sobre o *caput,* há um enunciado doutrinário do Conselho da Justiça Federal totalmente justo e lógico, previsto para esse comando, o de número 265, que determina: "Na hipótese de concubinato, haverá necessidade de demonstração de assistência material pelo concubino a quem o credor de alimentos se uniu" (*III Jornada de Direito Civil,* do ano de 2004). Como se percebe, o próprio ordenamento jurídico acaba por reconhecer efeitos jurídicos para o concubinato, tratado pelo art. 1.727 do CC/2002. O que o enunciado doutrinário ressalva é que a sua mera existência em relação ao credor de alimentos não tem o condão de gerar a extinção da obrigação alimentar. Por óbvio, é necessário provar o sustento por parte do concubino, caso, por exemplo, de um homem casado. Sobre o parágrafo único do art. 1.708 do vigente Código Privado, trata-se de uma novidade frente à codificação anterior e que tem relação direta ao princípio da boa-fé objetiva, plenamente aplicável às relações familiares. Conforme o seu conteúdo, cessa a obrigação de alimentos se o credor ou alimentando tiver procedimento indigno em relação ao devedor ou alimentante. A grande dúvida é saber o que é procedimento indigno, tratando-se de uma cláusula geral, um conceito legal indeterminado a ser preenchido pelo aplicador do Direito caso a caso, de acordo com as circunstâncias que envolvem a lide. Propondo uma interpretação restritiva da norma, na *III Jornada de Direito Civil* aprovou-se o Enunciado n. 264, segundo o qual "na interpretação do que seja procedimento indigno do credor, apto a fazer cessar o direito a alimentos, aplicam-se, por analogia, as hipóteses dos incisos I e II do art. 1.814 do Código Civil". A partir desse enunciado doutrinário apenas gerariam a extinção da obrigação alimentar o homicídio doloso, ou sua tentativa, praticado pelo credor contra o devedor, a calúnia ou outro crime contra a honra, previstos como causas da indignidade sucessória. Por uma questão lógica, o inc. III do comando legal em comento foi excluído de aplicação pelo Enunciado n. 264 do CJF/STJ ("III – que, por violência ou meios fraudulentos, inibirem ou obstarem o autor da herança de dispor livremente de seus bens por ato de última vontade"). Outro dispositivo do Código Civil que também trata da indignidade de forma indireta, utilizando a palavra ingratidão, é o art. 557, que enuncia a revogação da doação se o donatário: a) atentar contra a vida do doador ou cometer crime de homicídio doloso contra ele; b) cometer ofensa física contra o doador; c) injuriar gravemente ou caluniar o doador; e d) recusar-se a prestar alimentos ao doador, que deles necessitava. Substituindo as expressões doador por credor e donatário por devedor, entendo pela possibilidade de também aplicar esse comando legal a fim de complementar a previsão do art. 1.708, parágrafo único, do CC/2002. Todavia, não é só pois, além dessas relações previstas em lei, outras hipóteses fáticas podem ser consideradas para o preenchimento do que seja um comportamento indigno e, por tal, gerar a extinção da obrigação alimentar, seja no casamento ou na união estável. Como não poderia ser diferente, o ônus de comprovação desse comportamento cabe ao devedor dos alimentos, que geralmente o alega. Imagine-se um caso concreto, que aponto em minhas aulas há tempos. Em uma pacata e pequena cidade do interior de Minas Gerais, onde uma ex-mulher paga cerca de R$ 2.000,00 (dois mil reais) por mês a título de alimentos ao ex-marido, que vive exclusivamente com o montante que lhe é pago pela ex-esposa. O ex-marido não trabalha, bebe todos os dias, é viciado em jogo, boêmio notório, violeiro cantador e diz a todos, com ares de sarcasmo, que a outra é quem lhe mantém. Tem duas amantes e vive fazendo escândalos nos bares da cidade. Nesse caso, não seria aplicado o art. 1.708, parágrafo único, do atual Código Civil? Não cessaria o dever alimentar da credora? Acredito que sim, desde que seja formulado pedido exoneratório e seja construída a prova desse comportamento indigno. Para a caracterização desse procedimento desrespeitoso, entrará em cena a tese dos deveres anexos, a qual se relaciona com a boa-fé objetiva, particularmente no que toca ao dever de respeito, que igualmente deve estar presente após a dissolução da união estável, da sociedade conjugal ou mesmo do casamento. Desse modo, acredita-se que o art. 1.708, parágrafo único, do Código Civil está a apresentar uma espécie de *responsabilidade pós-negocial casamentária* ou *convivencial* ou mesmo *pós-contratual* – para aqueles que defendem a tese pela qual o casamento e a união estável são contratos –, decorrente da boa-fé que também é exigida em todas as fases do casamento, negócio jurídico por excelência. Interessante deixar claro que a dissolução da sociedade conjugal e do casamento não põe fim aos deveres de mútua assistência, de sustento, guarda e educação dos filhos e ao dever de respeito e consideração mútuos. Os deveres de respeito e consideração por iguais são mantidos com a dissolução da união estável, o que constitui interpretação do art. 1.724 do CC/2002. Tanto no casamento como na união estável esses últimos deveres não podem ser quebrados, sendo inerentes à eticidade que regulamenta o Direito Privado, sob pena de caracterização do comportamento indigno e aplicação do art. 1.708, parágrafo único, do atual Código Civil. Porém, deve ficar claro que é preciso prudência do magistrado quanto ao preenchimento da cláusula geral contida no comando legal em comento. Assim, a título de ilustração de dúvida que sempre surge na prática, ressalto que o mero exercício de um direito afetivo ou amoroso do ex-cônjuge após o fim da união, por si só, não gera a quebra da boa-fé. Além disso, saliente-se que o art. 1.708, parágrafo único, do atual CC pode gerar tanto a extinção total como parcial da obrigação alimentar, de modo a manter o patrimônio mínimo do credor. Nesse sentido, na *IV Jornada de Direito Civil*, foi aprovado o Enunciado n. 345 do Conselho da Justiça Federal, com a seguinte redação: "O 'procedimento indigno' do credor em relação ao devedor, previsto no parágrafo único do art. 1.708 do Código Civil, pode ensejar a exoneração ou apenas a redução do valor da pensão alimentícia para quantia indispensável à sobrevivência do credor".

JURISPRUDÊNCIA COMENTADA: De início, o último enunciado doutrinário foi debatido em sede de acórdão do Tribunal Catarinense, que traz, ainda, interessante debate a respeito da caracterização do comportamento indigno. Consta de trecho de sua ementa: "Não obstante o abandono material e moral da prole possa caracterizar o 'procedimento indigno' a que alude o parágrafo único do art. 1.708 do Código Civil, por analogia ao art. 1.638, II, também do Diploma Civil, não há falar na cessação da obrigação alimentar das filhas aos pais quando as particularidades do caso mitigam tal ausência, recomendando no caso apenas a limitação aos alimentos necessários, a teor do Enunciado n. 345 das *Jornadas de Direito Civil*. Demonstradas, ainda que minimamente, as necessidades do alimentando em razão da incapacidade laboral decorrente dos sérios problemas de saúde por que passou (principalmente o derrame cerebral), e as possibilidades das filhas alimentantes que, embora tenham gastos próprios relevantes, percebem pensão previdenciária em valor considerável, mostra-se razoável a fixação de alimentos em 7% (sete por cento) de tais proventos, de forma a garantir os alimentos necessários e preservar o pouco que resta da solidariedade familiar entre as partes" (TJSC, Apelação Cível 2010.046709-8, 5.ª Câmara de Direito Civil, Santo Amaro da Imperatriz, Rel. Des. Henry Petry Junior, j. 16.08.2012, *DJSC* 05.09.2012, p. 126). Debateu-se a aplicação do preceito à união estável no seguinte julgado do STJ: "Discute-se a obrigação de prestar alimentos entre companheiros, com a peculiaridade de que o recorrente fundamenta suas razões recursais: I) em alegada quebra, por parte da recorrida, dos deveres inerentes às relações pessoais entre companheiros, notadamente o dever de respeito (art. 1.724 do CC/02); II) no suposto 'procedimento indigno' da ex-companheira em relação ao credor de alimentos (art. 1.708, parágrafo único, do CC/02); e, acaso não acolhidos os pleitos antecedentes, III) na redução dos alimentos para apenas os indispensáveis à subsistência da alimentanda, sob a perspectiva de que a situação de necessidade resultaria de culpa da pleiteante (art. 1.694, § 2º, do CC/02). Contudo, muito embora a tese apresentada pelo recorrente seja compatível com o ordenamento jurídico vigente, verifica-se, que o TJ/AC, em sua versão dos fatos imutável nesta sede especial, não imputou, à recorrida, qualquer comportamento indigno ou que tenha desrespeitado os deveres entre companheiros, tampouco declarou que a situação de necessidade resultaria de culpa da alimentanda, de modo que se mostra inviável a análise da lide sob os contornos apresentados pelo recorrente. Fundamentado no princípio da solidariedade familiar, o dever de prestar alimentos entre cônjuges e companheiros reveste-se de caráter assistencial, em razão do vínculo conjugal ou de união estável que um dia uniu o casal, não obstante o rompimento do convívio, encontrando-se subjacente o dever legal de mútua assistência. Considerando-se que o TJ/AC revisou, em termos fáticos, a questão, reduzindo o valor a patamar compatível com as necessidades e possibilidades ostentadas pelas partes, nada há para retocar no acórdão recorrido, que assegurou à ex-companheira o direito de receber alimentos, com base na situação de dependência por ela vivenciada, ao longo de aproximadamente 29 anos, em relação ao recorrente, forte no art. 7º da Lei n. 9.278/96, vigente na época do rompimento da união estável, reputando o percentual de 8% sobre os vencimentos do ex-companheiro, como suficiente para a manutenção e sobrevivência da recorrida. Assinale-se, por fim, que o revolvimento do substrato fático do processo, circunscrito ao que se extrai do acórdão recorrido, que definiu as variáveis extraídas das necessidades da credora e possibilidades do devedor de alimentos, é vedado na via recursal eleita, a teor da Súmula n. 7 do STJ. Mantém-se, portanto, o acórdão recorrido, sem descurar que, pautada a fixação de alimentos nos vetores da necessidade e possibilidade estabelecidos no art. 1.694, § 1º, do CC/02, e sendo esses dois elementos variáveis com o passar dos tempos, a revisão é permitida a qualquer momento, desde que evidenciada a mudança na capacidade econômica das partes" (STJ, REsp 995.538/AC, 3.ª Turma, Rel. Min. Fátima Nancy Andrighi, j. 04.03.2010, *DJe* 17.03.2010). Como se pode perceber, confirmou-se a inexistência de comportamento indigno, como foi feito na segunda instância. Muito além das antes mencionadas relações fechadas, o Tribunal de Justiça do Rio Grande Sul considerou haver comportamento indigno na credora na seguinte hipótese fática, que conta com o meu apoio: "O fato da alimentada ter induzido em erro o alimentante, ao dizer que estava grávida de um filho seu e, em razão disso, ensejado que ele contraísse casamento com ela, omitindo durante mais três décadas a verdadeira paternidade do filho mais velho, constitui comportamento indigno em relação ao alimentante, tendo violado o dever de lealdade e boa-fé, ferindo a dignidade (honra subjetiva) do varão, e configura, com todas as letras a hipótese de cessação do dever de prestar alimentos de que trata o art. 1.708, parágrafo único, do CCB" (TJRS, Agravo 0022288-73.2016.8.21.7000, 7.ª Câmara Cível, Santa Maria, Rel. Des. Sérgio Fernando de Vasconcellos Chaves, j. 16.03.2016, *DJERS* 29.03.2016). Por fim, sobre o ônus da prova, como antes pontuei: "Cabe ao autor/alimentante o ônus de comprovar que a ré/alimentada teve 'procedimento indigno' apto a determinar a cessação dos alimentos, como prevê o artigo 1.708, parágrafo único, do Código Civil, o que não ocorreu no caso concreto" (TJMT, Apelação 85149/2011, 1.ª Câmara Cível, Nobres, Rel. Des. Orlando de Almeida Perri, j. 15.02.2012, *DJMT* 28.02.2012, p. 9).

REFORMA DO CÓDIGO CIVIL: A Comissão de Juristas propõe mudanças substanciais no art. 1.708 do CC, que hoje são mais do que necessárias, diante das dificuldades e dos intensos debates práticos sobre o preenchimento da cláusula geral "comportamento indigno". Também se retira a atual redação do *caput*, para que não haja qualquer possibilidade do pleito dos *alimentos pós-divórcio*, o que é igualmente consagrado pela projeção de novo art. 1.704, como antes pontuei. Nesse contexto, o novo art. 1.708 passará a ter a seguinte redação: "O direito de receber alimentos poderá ser extinto ou reduzido, caso o credor tenha causado ou venha a causar ao devedor danos psíquicos ou grave constrangimento, incluindo as hipóteses de violência doméstica, perda da autoridade parental e abandono afetivo e material. Parágrafo único. A extinção total ou parcial do direito aos alimentos dependerá da gravidade dos atos praticados". De acordo com a Subcomissão de Direito de Família, também houve o objetivo de se afastar qualquer debate sobre a culpa na questão de alimentos, pois houve o objetivo de "reunir em uma normativa conjunta os casos que determinam a perda do direito alimentar, por indignidade, ou mesmo a fixação de alimentos naturais, por força de alguma conduta praticada pelo credor contra o devedor. Evita-se a indesejável menção a 'culpa', adotando-se redação mais objetiva. A ideia proposta está prevista atualmente no parágrafo único do artigo 1.708 do CC, de forma bastante incipiente. Por outro lado, o código trata da culpa do cônjuge pelo fim de relacionamento conjugal como uma hipótese de 'redução' do direito de alimentos, prevendo que o culpado receberá os alimentos naturais, ou seja, somente recursos necessários à sua subsistência, o que, como dito, não é adequado. Tendo em mente a premente necessidade de se afastar a questão da culpa pelo fim de relacionamento conjugal como fato a ser valorado na fixação de alimentos, busca-se então substituir tal regime por uma cláusula mais objetiva, passível de abarcar melhor uma vasta gama de casos, a serem analisados ao prudente critério do julgado". A menção à violência doméstica como geradora da extinção dos alimentos atende, mais uma vez, ao *protocolo de gênero*, um dos fundamentos do Anteprojeto. Por seu turno, a redução do valor dos alimentos, de acordo com a gravidade da conduta, é retirada do antes citado Enunciado n. 345 da *IV Jornada de Direito Civil*.

Art. 1.709. O novo casamento do cônjuge devedor não extingue a obrigação constante da sentença de divórcio.

COMENTÁRIOS DOUTRINÁRIOS: Devidamente confrontado com o *caput* do último dispositivo estudado, o art. 1.709 da atual codificação privada determina que o novo casamento do cônjuge devedor não extingue a obrigação constante da sentença de divórcio. Quando a sentença de divórcio determina o seu pagamento, nota-se a presença de *alimentos pós-divórcio* por imposição judicial. Isso comprova que o próprio sistema legal admite essa modalidade de alimentos, amplamente debatida no meio familiarista na atualidade. Porém, vale dizer que uma alteração econômica diante desse novo casamento pode ser motivo para a revisão dos alimentos, de acordo com a análise do caso concreto, o que tem fundamento no art. 1.699 do Código Civil e na análise do trinômio alimentar. Se a mudança for drástica, caberá até exoneração dos alimentos, o que necessita de uma ação específica para tanto.

JURISPRUDÊNCIA COMENTADA: Sobre a possibilidade dos *alimentos pós-divórcio*, o entendimento majoritário vinha respondendo negativamente, eis que não há mais o vínculo de família, que dá sustentáculo à obrigação alimentar (a ilustrar, por todos: TJSC, Apelação Cível 2012.056464-2, 5.ª Câmara de Direito Civil, Blumenau, Rel. Des. Henry Petry Junior, j. 20.09.2012, *DJSC* 09.10.2012, p. 189; TJMG, Apelação Cível 2304865-12.2007.8.13.0313, 8.ª Câmara Cível, Ipatinga, Rel. Des. Edgard Penna Amorim, j. 27.01.2011, *DJEMG* 14.03.2011; TJRS, Apelação Cível 70028862530, 8.ª Câmara Cível, Pelotas, Rel. Des. Claudir Fidelis Faccenda, j. 16.04.2009, *DOERS* 24.04.2009, p. 65; e TJSP, Apelação com Revisão 638.056.4/7, Acórdão 3983616, 3.ª Câmara de Direito Privado, Sumaré, Rel. Des. Jesus Lofrano, j. 04.08.2009, *DJESP* 24.08.2009). Ao contrário dessa solução, entendo serem possíveis os pleitos de alimentos após a dissolução do vínculo, especialmente se configurada a situação descrita nos arts. 1.694, § 2º, e 1.704, parágrafo único, o que está amparado no princípio da solidariedade social, de índole constitucional, previsto no art. 3º, inc. I, da CF/1988. Esclareça-se que alguns poucos julgados seguiam essa afirmação, cabendo a colação o seguinte, do Tribunal do Distrito Federal: "Tem direito a postular alimentos do ex-cônjuge, mesmo após o divórcio direto consensual, a ex-mulher que, com idade avançada (49 anos), durante a constância do matrimônio não exerceu atividade profissional, dedicando-se exclusivamente a cuidar do lar e da família, além de apresentar recentes problemas de saúde, com a observância ao binômio necessidade x possibilidade, requisitos presentes na hipótese vertente" (TJDF, Recurso 2009.01.1.136964-2, Acórdão 432.049, 3.ª Turma Cível, Rel. Des. Humberto Adjuto Ulhôa, *DJDFTE* 12.07.2010, p. 104). No ano de 2013, surgiu ementa do Superior Tribunal de Justiça dando fundamento à tese dos alimentos pós-divórcio, o que representa um giro de cento e oitenta graus na maneira de como a jurisprudência analisa o tema. Conforme se extrai do julgamento, "em atenção ao princípio da mútua assistência, mesmo após o divórcio, não tendo ocorrido a renúncia aos alimentos por parte do cônjuge que, em razão dos longos anos de duração do matrimônio, não exercera atividade econômica, se vier a padecer de recursos materiais, por não dispor de meios para suprir as próprias necessidades vitais (alimentos necessários), seja por incapacidade laborativa, seja por insuficiência de bens, poderá requerê-la de seu ex-consorte, desde que preenchidos os requisitos legais" (STJ, REsp 1.073.052/SC, 4.ª Turma, Rel. Min. Marco Buzzi, j. 11.06.2013, *DJe* 02.09.2013).

Filia-se a esse entendimento em parte, com a ressalva apenas quanto à afirmação de possibilidade de renúncia aos alimentos, o que está em sintonia com a proteção da dignidade humana, que fundamenta os alimentos. Ademais, destaque-se que tal entendimento ganha força com a Emenda Constitucional n. 66/2010, diante da prioridade que deve ser dada à decretação do divórcio do casal, postergando-se o debate dos alimentos para posterior momento, com a utilização do mecanismo previsto no art. 356 do CPC/2015, como antes desenvolvi. Caso não sejam admitidos os *alimentos pós-divórcio*, a Emenda do Divórcio teria retirado em parte a eficácia concreta dos alimentos entre os cônjuges, o que não é o caso. Por fim, a respeito da alteração do *trinômio* em decorrência da nova família do devedor, julgou o Superior Tribunal de Justiça, que "a constituição de nova família pelo devedor de alimentos não acarreta, por si só, revisão da quantia estabelecida a título de alimentos em favor dos filhos advindos de anterior unidade familiar formada pelo alimentante, sobretudo se não houver prova da diminuição da capacidade financeira do devedor em decorrência da formação do novo núcleo familiar. Precedentes citados: REsp 703.318/PR, 4.ª Turma, *DJ* 1º.08.2005; e REsp 1.027.930/RJ, 3.ª Turma, *DJe* 16.03.2009" (STJ, REsp 1.496.948/SP, Rel. Min. Moura Ribeiro, j. 03.03.2015, *DJe* 12.03.2015).

REFORMA DO CÓDIGO CIVIL: A Subcomissão de Direito de Família assim justificou a necessidade de alteração do dispositivo: "adaptação dos termos do artigo para abranger também a união estável e não apenas o casamento. Retira-se, ademais, a menção à sentença de divórcio como fonte da obrigação alimentar, porquanto após o rompimento da relação conjugal existem diversos outros meios para firmar essa obrigação, como acordo, escritura de divórcio e partilha etc.". Ao final, após alteração efetivada pela Relatora-Geral, Professora Rosa Maria de Andrade Nery, e análise pela Comissão de Juristas, a proposição final ficou assim: "Art. 1.709. O casamento ou a constituição de união estável do alimentante não extingue, somente por isso, a obrigação alimentar".

Art. 1.710. As prestações alimentícias, de qualquer natureza, serão atualizadas segundo índice oficial regularmente estabelecido.

COMENTÁRIOS DOUTRINÁRIOS: A encerrar o estudo das normas materiais do Código Civil em vigor a respeito dos alimentos, o seu art. 1.710 enuncia que as prestações alimentícias, de qualquer natureza, serão atualizadas segundo índice oficial regularmente estabelecido. Como anota atenta doutrina, o comando legal em questão substitui o teor do art. 22 da Lei do Divórcio, que previa os índices das ORTNs para a atualização. Não se olvide que não há índice regularmente estabelecido como quer o Código Privado, cabendo a fixação do índice de correção pelo juiz da causa. Como se tornou comum, o salário mínimo é o índice geralmente aplicado para essa correção. Não sendo o valor fixado dessa forma, por se tratar de *dívida de valor*, o montante deve ser corrigido automaticamente, com o fim de se evitar o enriquecimento sem causa.

JURISPRUDÊNCIA COMENTADA: Adotando o último caminho, a premissa número 17 da Edição n. 65 da ferramenta *Jurisprudência em Teses* do STJ, citando precedentes importantes sobre a temática: "É possível a fixação da pensão alimentícia com base em determinados números de salários mínimos". Como se retira de um dos precedentes, que diz respeito a alimentos indenizatórios pagos por acidente de trânsito, afirmação que igualmente serve para os alimentos familiares, "a fixação de alimentos em valor correspondente a determinado número de salários mínimos não encontra óbice legal, sendo vedado apenas o uso como indexador de verbas de outra natureza" (STJ, Ag. Rg. no AREsp 31.519/DF, 3.ª Turma, Rel. Min. João Otávio de Noronha, j. 08.09.2015, *DJe* 11.09.2015). Tratando da correção automática do valor, ver: "Ainda que o título judicial não tenha expressamente referido a incidência de correção monetária sobre o valor da obrigação alimentar, a incidência de correção ocorre de forma automática, segundo os índices usualmente utilizados para os cálculos judiciais, concedendo, desse modo, vigência ao artigo 1.710 do Código Civil. Precedentes doutrinários e jurisprudenciais" (TJRS, Apelação Cível 91856-84.2013.8.21.7000, 8.ª Câmara Cível, Canoas, Rel. Des. Rui Portanova, j. 15.08.2013, *DJERS* 28.08.2013). Por fim, considerando como mais correto o índice do INPC (Índice Nacional de Preços ao Consumidor), do Superior Tribunal de Justiça e traduzindo a posição que parece ser a mais correta e majoritária: "Por ser a correção monetária mera recomposição do valor real da pensão alimentícia, é de rigor que conste, expressamente, da decisão concessiva de alimentos, sejam provisórios ou definitivos, o índice de atualização monetária, conforme determina o art. 1.710 do Código Civil. Diante do lapso temporal transcorrido, deveria ter havido incidência da correção monetária sobre o valor dos alimentos provisórios, independentemente da iminência da prolação de sentença, na qual seria novamente analisado o binômio necessidade-possibilidade para determinação do valor definitivo da pensão. A hipótese, para a correção monetária, faz-se mais adequada a utilização do INPC, em consonância com a jurisprudência do STJ, no sentido da utilização do referido índice para correção monetária dos débitos judiciais" (STJ, REsp 1.258.824/SP, 3.ª Turma, Rel. Min. Nancy Andrighi, *DJe* 30.05.2014). Como último julgado a ser pontuado e analisado, no ano de 2019, concluiu a Terceira Turma da mesma Corte Superior que, "embora legalmente determinada a atualização monetária da obrigação alimentar por 'índice oficial regularmente estabelecido', a ausência de contratação expressa afasta a possibilidade de atualização automática do débito, impondo-se uma interpretação sistemática e harmônica entre a regra do Código Civil (art. 1.710) e a disposição específica acerca da correção monetária (art. 1º da Lei n. 10.192/2001). Diferentemente, a prestação alimentar não cumprida a tempo e modo está sujeita à imposição da correção monetária, a qual deve incidir desde a data do vencimento da obrigação, por força da responsabilização do devedor pelos danos decorrentes de sua mora ou inadimplemento (art. 395 do CC/2002)" (STJ, REsp 1.705.669/SP, 3.ª Turma, Rel. Min. Marco Aurélio Bellizze, j. 12.02.2019, *DJe* 15.02.2019). O aresto, assim, afastou a incidência de correção monetária automática pelo fato de os alimentos terem sido fixados por acordo entre os cônjuges. Em certa medida, acabou por afastar a afirmação de haver uma dívida de valor em casos tais, o que não conta com o meu apoio, diante do caráter especial da dívida de alimentos, que visa à manutenção da vida digna do alimentante.

SUBTÍTULO IV
DO BEM DE FAMÍLIA

Art. 1.711. Podem os cônjuges, ou a entidade familiar, mediante escritura pública ou testamento, destinar parte de seu patrimônio para instituir bem de família, desde que não ultrapasse um terço do patrimônio líquido existente ao tempo da instituição, mantidas as regras sobre a impenhorabilidade do imóvel residencial estabelecida em lei especial.

Parágrafo único. O terceiro poderá igualmente instituir bem de família por testamento ou doação, dependendo a eficácia do ato da aceitação expressa de ambos os cônjuges beneficiados ou da entidade familiar beneficiada.

COMENTÁRIOS DOUTRINÁRIOS: Como é notório, duas são as modalidades de bem de família previstas no ordenamento jurídico brasileiro. A primeira delas, tratada pelo Código Civil, é a do *bem de família voluntário* ou *convencional*, denominação que se justifica pelo fato de se originar de um comportamento de instituição do interessado, ou seja, do exercício da sua autonomia privada. A segunda modalidade é o *bem de família legal*, prevista na Lei n. 8.009/1990, que dispõe sobre a impenhorabilidade automática do imóvel rural ou urbano destinado para a residência da entidade familiar. Portanto, as duas modalidades de bem de família coexistem no sistema jurídico brasileiro, como está publicado na Edição n. 200 da ferramenta *Jurisprudência em Teses*, do STJ: "os bens de família legal (Lei n. 8.009/1990) e voluntário/convencional (arts. 1.711 a 1.722 do Código Civil) coexistem de forma harmônica no ordenamento jurídico; o primeiro, tem como instituidor o próprio Estado e volta-se para o sujeito de direito (entidade familiar) com o propósito de resguardar-lhe a dignidade por meio da proteção do imóvel que lhe sirva de residência; já o segundo, decorre da vontade de seu instituidor (titular da propriedade) e objetiva a proteção do patrimônio eleito contra eventual execução forçada de dívidas do proprietário do bem" (tese n. 1). Como está na mesma publicação, a segunda modalidade dispensa qualquer ato formal ou de registro: "o bem de família legal dispensa a realização de ato jurídico para sua formalização, basta que o imóvel se destine à residência familiar; o voluntário, ao contrário, condiciona a validade da escolha do imóvel à formalização por escritura pública ou por testamento" (Edição n. 200, Tese 2). A matéria que será aqui analisada, referente ao primeiro instituto, antes estava prevista na Parte Geral do Código Civil de 1916 (arts. 70 a 73), estando agora inserida no livro que trata do Direito de Família (arts. 1.711 a 1.722). Isso porque o instituto mantém relação direta com o direito familiar, sendo tendência da proteção dos direitos da personalidade, a partir de uma concepção social e axiológica. Pelo primeiro dispositivo relativo ao instituto, o bem de família convencional ou voluntário pode ser instituído pelos cônjuges, pela entidade familiar ou por terceiro, mediante escritura pública ou testamento, não podendo ultrapassar essa reserva um terço do patrimônio líquido das pessoas que fazem a instituição. Esse limite estabelecido pela legislação visa a proteger eventuais credores. Também pelo que consta da parte final do dispositivo, o bem de família convencional não revogou o bem de família legal, coexistindo ambos em nosso ordenamento jurídico. No caso de instituição por terceiro, devem os cônjuges aceitá-la expressamente. Deve-se ter em mente que as regras constantes do Código Civil não se aplicam, pelo menos a princípio, ao bem de família legal, tratado especificamente pela Lei n. 8.009/1990. Todavia, em muitos casos julgados, como se verá, o conteúdo das normas do Código Civil é utilizado para a interpretação das regras da lei específica, e vice-versa, em *diálogo das fontes*. Na verdade, a modalidade em estudo é de pouca relevância prática, pois a Lei n. 8.009/1990 consagra a impenhorabilidade automática do imóvel destinado para residência da família ou da pessoa. Assim sendo, desnecessária se torna a instituição por escritura pública ou testamento, o que gera gastos, inclusive de registro do bem de família. Ademais, como se verá, o bem de família voluntário tem o inconveniente de ser inalienável, além de ser impenhorável. Diante de sua pouca relevância, o anterior Projeto de Lei conhecido como Estatuto das Famílias do IBDFAM pretendia suprimir a categoria e o duplo tratamento, o que contou e conta ainda com o meu apoio doutrinário. No mesmo sentido, a proposta de Reforma do Código Civil, ora em curso no Congresso Nacional.

JURISPRUDÊNCIA COMENTADA: São encontrados muitos julgados trabalhistas com a seguinte conclusão, sobre o tratamento separado das duas categorias de bem de família, que não podem ser confundidas: "O imóvel que serve de residência para a entidade familiar é impenhorável, consoante o estatuído na Lei n. 8.009/90, a qual regulamenta a garantia prevista no art. 226 da Constituição Federal. É desnecessário o registro do bem em Cartório, pois o artigo 1.711 do Código Civil mantém as regras da Lei Especial. O registro é imprescindível se existirem vários bens imóveis como residência (art. 5º, parágrafo único, da Lei n. 8.009/90)" (TRT da 2.ª Região, AP 1000847-72.2015.5.02.0391, 5.ª Turma, Rel. Des. José Ruffolo, *DEJTSP* 14.02.2019, p. 22.307). Das Cortes Estaduais, igualmente diferenciando os dois institutos, como pontuei: "A impenhorabilidade pode decorrer da Lei ou da convenção (art. 1.711 do Código Civil). Sendo decorrente da Lei, independe de prévia anotação no registro imobiliário. Sendo o imóvel destinado à residência do devedor, é impenhorável" (TJRS, Agravo de Instrumento 0022413-70.2018.8.21.7000, 12.ª Câmara Cível, São Gabriel, Rel. Des. Pedro Luiz Pozza, j. 15.03.2018, *DJERS* 20.03.2018). Por fim, abordando hipótese em que a instituição supostamente superou um terço do patrimônio do instituidor, concluindo pela eventual manutenção da impenhorabilidade por força de lei, do Tribunal Paulista: "Impenhorabilidade pronunciada pelo juízo, de ofício. Imóvel instituído bem de família voluntário, nos moldes do art. 1.711 do Código Civil, mediante registro na matrícula. Desconstituição, ressalvada a impenhorabilidade da Lei n. 8.009/90, diante de prova de que foi ultrapassado o limite de um terço do patrimônio líquido ao tempo da instituição ou de que houve fraude. Prova não ministrada pelo exequente. Instituição do bem de família prestigiada" (TJSP, Agravo de Instrumento 2083349-08.2016.8.26.0000, Acórdão 9612320, 12.ª Câmara de Direito Privado, São Paulo, Rel. Des. Cerqueira Leite, j. 20.07.2016, *DJESP* 27.07.2016).

REFORMA DO CÓDIGO CIVIL: Na linha dos meus comentários doutrinários, e diante de sua quase inexistente aplicação prática, a Comissão de Juristas instituída no Senado Federal, para a Reforma e Atualização do Código Civil, propõe a revogação expressa dos arts. 1.711 a 1.722 do Código Civil, que tratam do bem de família voluntário ou convencional. Como consequência, deve também ser revogado expressamente o seu tratamento na Lei de Registros Públicos (Lei n. 6.015/1973, art. 167, inc. II, item 85, e o seu Capítulo XI, com os arts. 260 a 265). Os motivos apontados pela Subcomissão de Direito de Família foram os seguintes: "a) pequena incidência prática (baixo uso) do instituto; b) existência da Lei n. 8.009/1990, que dispensa tratamento mais eficaz e automático ao bem de família; c) cuidar-se de instrumento jurídico muito complexo, acessível mormente por famílias abastadas". A proposição foi aceita com unanimidade pela Relatoria-Geral e por todos os membros da comissão, não tendo havido qualquer resistência em sentido contrário.

Art. 1.712. O bem de família consistirá em prédio residencial urbano ou rural, com suas pertenças e acessórios, destinando-se em ambos os casos a domicílio familiar, e poderá abranger valores mobiliários, cuja renda será

aplicada na conservação do imóvel e no sustento da família.

COMENTÁRIOS DOUTRINÁRIOS: Para que haja a proteção do bem de família voluntário ou convencional, é necessário que o bem seja imóvel residencial, rural ou urbano, incluindo a proteção a todos os bens acessórios que o compõem, caso, inclusive, das pertenças. Aplica-se, portanto, o *princípio da gravitação jurídica*, segundo o qual o acessório segue o principal, na linha do que consta do art. 1º, parágrafo único, da Lei n. 8.009/1990. A proteção poderá ainda abranger valores mobiliários, cuja renda seja aplicada na conservação do imóvel e no sustento da família.

JURISPRUDÊNCIA COMENTADA: A Edição n. 44 da ferramenta *Jurisprudência em Teses* do STJ é dedicada ao bem de família legal. Conforme consta da afirmação número 3, "a proteção contida na Lei n. 8.009/1990 alcança não apenas o imóvel da família, mas também os bens móveis indispensáveis à habitabilidade de uma residência e os usualmente mantidos em um lar comum". Penso que tal entendimento pode ser perfeitamente aplicável ao bem de família voluntário ou convencional, apesar do tratamento em separado. São citados como alguns precedentes dos seguintes arestos: STJ, AgRg no REsp 606.301/RJ, 4.ª Turma, Rel. Min. Raul Araújo, j. 27.08.2013, *DJe* 19.09.2013; REsp 875.687/RS, 4.ª Turma, Rel. Min. Luis Felipe Salomão, j. 09.08.2011, *DJe* 22.08.2011; e Rcl 4.374/MS, 2.ª Seção, Rel. Min. Sidnei Beneti, j. 23.02.2011, *DJe* 20.05.2011.

Art. 1.713. Os valores mobiliários, destinados aos fins previstos no artigo antecedente, não poderão exceder o valor do prédio instituído em bem de família, à época de sua instituição.

§ 1º Deverão os valores mobiliários ser devidamente individualizados no instrumento de instituição do bem de família.

§ 2º Se se tratar de títulos nominativos, a sua instituição como bem de família deverá constar dos respectivos livros de registro.

§ 3º O instituidor poderá determinar que a administração dos valores mobiliários seja confiada a instituição financeira, bem como disciplinar a forma de pagamento da respectiva renda aos beneficiários, caso em que a responsabilidade dos administradores obedecerá às regras do contrato de depósito.

COMENTÁRIOS DOUTRINÁRIOS: Constituindo novidade frente ao Código Civil de 1916, os valores mobiliários constituídos como bem de família, nos termos do dispositivo anterior, não poderão exceder o valor do prédio instituído, diante da sua flagrante natureza acessória. Tais valores, ademais, devem ser individualizados no instrumento de instituição do bem de família convencional. Se se tratar de títulos nominativos, a sua instituição como bem de família também deverá constar dos respectivos livros de registro. Eventualmente, o instituidor da proteção pode determinar que a administração desses valores seja confiada a uma instituição financeira, bem como disciplinar a forma de pagamento das rendas a todos os beneficiários. Em casos tais, a responsabilidade dos administradores obedecerá às regras previstas para o contrato de depósito voluntário, constantes entre os arts. 627 e 646 do Código Civil.

Art. 1.714. O bem de família, quer instituído pelos cônjuges ou por terceiro, constitui-se pelo registro de seu título no Registro de Imóveis.

COMENTÁRIOS DOUTRINÁRIOS: A instituição do bem de família convencional deve ser efetuada por escrito e registrada no Cartório de Registro de Imóveis do local em que ele está situado. Em todos os casos, pela regra especial e expressa do art. 1.711 do CC/2002, haveria a necessidade de escritura pública ou testamento, não importando o valor do imóvel. Assim, em tese, não merecerá aplicação o art. 108 do CC/2002, que dispensa a elaboração de escritura pública nos negócios envolvendo imóveis com valor igual ou inferior a trinta salários mínimos. Todavia, pode-se cogitar a aplicação do último dispositivo, diante da função social dos contratos, com o intuito de se dispensar a escritura pública com o intuito de amparar os menos desfavorecidos economicamente.

JURISPRUDÊNCIA COMENTADA: Mais uma vez são encontrados muitos acórdãos que procuram diferenciar o bem de família convencional do legal, apontando que o último não precisa da instituição por escrito, constante da norma em estudo. Por todos: "Bem de família. Impenhorabilidade. Não merece reparos a decisão que reconheceu a impenhorabilidade do imóvel residencial da unidade familiar dos embargantes com base no artigo 1º, *caput*, da Lei n. 8.009/90. Inaplicabilidade da exigência contida no artigo 1.714, do CC/02.

Precedentes. Prova documental e oral a sustentar o uso familiar da residência" (TJRS, Apelação Cível 0188601-92.2014.8.21.7000, 18.ª Câmara Cível, Cruz Alta, Rel. Des. Heleno Tregnago Saraiva, j. 09.10.2014, *DJERS* 15.10.2014). Ou, ainda, a confirmar a desnecessidade prática do instituto em estudo: "Caso dos autos que se trata de hipótese distinta daquela prevista no Código Civil. Bem de família legal, regulado pela Lei n. 8.009/90, que independe de instituição em cartório e livra da constrição por dívidas o imóvel utilizado como moradia da família" (TJSP, Apelação 0191687-77.2011.8.26.0100, Acórdão 8157133, 8.ª Câmara de Direito Público, São Paulo, Rel. Des. Rubens Rihl, j. 28.01.2015, *DJESP* 06.02.2015).

Art. 1.715. O bem de família é isento de execução por dívidas posteriores à sua instituição, salvo as que provierem de tributos relativos ao prédio, ou de despesas de condomínio.

Parágrafo único. No caso de execução pelas dívidas referidas neste artigo, o saldo existente será aplicado em outro prédio, como bem de família, ou em títulos da dívida pública, para sustento familiar, salvo se motivos relevantes aconselharem outra solução, a critério do juiz.

COMENTÁRIOS DOUTRINÁRIOS: Com a instituição do bem de família convencional ou voluntário, o prédio se torna inalienável e impenhorável, permanecendo isento de execuções por dívidas posteriores à instituição. Entretanto, como exceções à impenhorabilidade, proteção não prevalecerá nos casos de dívidas com as seguintes origens: a) dívidas anteriores à sua constituição, de qualquer natureza; b) dívidas posteriores, relacionadas com tributos relativos ao prédio, caso do IPTU, constituindo obrigações *propter rem*, *próprias da coisa* ou *ambulatórias*; e c) despesas de condomínio, outra típica obrigação *propter rem*, mesmo posteriores à instituição. Como se percebe, são apenas três as exceções à impenhorabilidade do bem de família convencional. Essas previsões não se confundem com as sete exceções previstas para a impenhorabilidade do bem de família legal, o que merece a devida atenção pelo intérprete. Em relação à última categoria, estão em vigor no momento as seguintes exceções de impenhorabilidade do bem de família legal: a) pelo titular do crédito decorrente do financiamento destinado à construção ou à aquisição do imóvel, no limite dos créditos e acréscimos constituídos em função do respectivo contrato; b) pelo credor da pensão alimentícia, resguardados os direitos, sobre o bem, do seu coproprietário que, com o devedor, integre união estável ou conjugal, observadas as hipóteses em que ambos responderão pela dívida; c) para cobrança de impostos, predial ou territorial, taxas e contribuições devidas em função do imóvel familiar, o que inclui as dívidas de condomínio, havendo aqui previsões quanto a obrigações *propter rem*; d) para execução de hipoteca sobre o imóvel oferecido como garantia real pelo casal ou pela entidade familiar; e) por ter sido o imóvel adquirido com produto de crime ou para execução de sentença penal condenatória a ressarcimento, indenização ou perdimento de bens; e f) por obrigação decorrente de fiança concedida em contrato de locação, havendo constante debate sobre a sua inconstitucionalidade, argumento que me convence, por lesão à isonomia. Anote-se que a Lei Complementar 150/2015 retirou a previsão a respeito dos créditos de trabalhadores da própria residência e das respectivas contribuições previdenciárias, que estava expressa no inciso I do art. 3º da Lei n. 8.009/1990, ora revogado. Voltando-se ao art. 1.715 do Código Civil e ao bem de família convencional, talvez no tratamento das citadas exceções estivesse a única vantagem de constituição do bem de família em apreço. De toda sorte, a referida instituição teria o intuito de fraudar o sistema jurídico, estando carregada de ilicitude, por lesão à boa-fé e aos bons costumes (art. 187 do CC). Também pode ser arguida eventual ilicitude por fraude à lei imperativa (art. 166, inc. VI, do CC), o que depende da análise do caso concreto. Cite-se, a título de exemplo, o devedor de alimentos que constitui bem de família voluntário, antes do inadimplemento da dívida, visando de forma premeditada à proteção de imóvel determinado, o que não pode prevalecer. Como se nota, a previsão da exceção dos alimentos consta apenas da Lei n. 8.009/1990, e não do Código Civil de 2002, o que abre margem para manobras jurídicas indesejadas de devedores. A penhora deve ser admitida, pois a proteção teve como objetivo fraudar a norma de ordem pública que consagra o dever alimentar, no caso o antes comentado art. 1.694 do CC. A propósito dessa distinção dos modelos de impenhorabilidade, merece destaque a publicação constante da Edição n. 200 da ferramenta *Jurisprudência em Teses* do STJ: "a impenhorabilidade conferida ao bem de família legal alcança todas as obrigações do devedor indistintamente, ainda que o imóvel tenha sido adquirido no curso de demanda executiva, diversamente, no bem de família convencional, a impenhorabilidade é relativa, visto que o imóvel apenas estará protegido da execução por dívidas subsequentes à sua constituição" (Tese n. 3). Por fim, o parágrafo único do art. 1.715 do CC/2002 está em sintonia com a proteção da pessoa humana, estabelecendo que, no caso de execução dessas dívidas, o saldo existente deva ser aplicado em outro prédio, como bem de família, ou em títulos da dívida pública, para sustento familiar, a não ser que motivos relevantes aconselhem outra solução, a critério do juiz.

JURISPRUDÊNCIA COMENTADA: Muitos julgados utilizam a previsão do art. 1.715 do Código Civil para afirmar que entre as exceções do bem de família legal estão as dívidas de condomínio, em uma correta leitura do art. 3º, inc. IV, da Lei n. 8.009/1990. Nesse sentido: "Penhora das unidades condominiais em débito. Admissibilidade. Possibilidade de penhora de bem família para a satisfação de crédito oriundo de encargos condominiais. Hipótese prevista no art. 3º, inc. IV da Lei n. 8.009/90 e art. 1.715 do Código Civil" (TJSP, Agravo de Instrumento 2035789-02.2018.8.26.0000, Acórdão 12012642, 25.ª Câmara de Direito Privado, Santos, Rel. Des. Marcondes D'Angelo, j. 22.11.2018, *DJESP* 29.11.2018, p. 2.595). Anote-se que assim já julgou o Supremo Tribunal Federal, que entendeu que o caso é de interpretação declarativa e não extensiva: "Bem de Família: Despesas Condominiais e Penhorabilidade. A Turma negou provimento a recurso extraordinário em que se sustentava ofensa aos artigos 5º, XXVI, e 6º, ambos da CF, sob a alegação de que a penhorabilidade do bem de família prevista no art. 3º, IV, da Lei n. 8.009/1990 não compreenderia as despesas condominiais ('Art. 3º: A impenhorabilidade é oponível em qualquer processo de execução civil, fiscal, previdenciária, trabalhista ou de outra natureza, salvo se movido:... IV – para cobrança de impostos, predial ou territorial, taxas e contribuições devidas em função do imóvel familiar'). Entendeu-se que, no caso, não haveria que se falar em impenhorabilidade do imóvel, uma vez que o pagamento de contribuição condominial (obrigação *propter rem*) é essencial à conservação da propriedade, isto é, à garantia da subsistência individual e familiar – dignidade da pessoa humana. Asseverou-se que a relação condominial tem natureza tipicamente de uma relação de comunhão de escopo, na qual os interesses dos contratantes são paralelos e existe identidade de objetivos, em contraposição à de intercâmbio, em que cada parte tem por fim seus próprios interesses, caracterizando-se pelo vínculo sinalagmático" (STF, RE 439.003/SP, Rel. Eros Grau, j. 06.02.2007, *Informativo* n. *455*, 14 de fevereiro de 2007). Realmente, se o caso fosse de interpretação extensiva, a exceção não se aplicaria, pois não se pode sacrificar a moradia, valor constitucional, com tal técnica de interpretação. Por fim, sobre a aplicação do art. 1.715, parágrafo único, para o bem de família legal, julgou com correição o Tribunal Paulista: "Decisão que determinou a penhora no rosto dos autos da ação de cobrança de despesas condominiais movida contra os executados, de parte do valor remanescente obtido com a arrematação do imóvel. Alegação de que o valor remanescente será usado para aquisição de outro bem de família que não deve prosperar. Admissibilidade. Incidência da regra prevista no art. 1715, § único, do Código Civil. Simples assertiva do exequente de serem os executados proprietários de outro imóvel que não afasta a incidência deste benefício legal, atento ao disposto no art. 5º, *caput*, da Lei n. 8.009/90. Bem que, ademais, também foi penhorado em outra execução que promove. Constrição determinada que deve ser afastada" (TJSP, Agravo de Instrumento 0066298-23.2013.8.26.0000, Acórdão 6913040, 14.ª Câmara de Direito Privado, Santo André, Rel. Des. Thiago de Siqueira, j. 31.07.2013, *DJESP* 20.08.2013).

Art. 1.716. A isenção de que trata o artigo antecedente durará enquanto viver um dos cônjuges, ou, na falta destes, até que os filhos completem a maioridade.

COMENTÁRIOS DOUTRINÁRIOS: A instituição do bem de família voluntário ou convencional dura até que ambos os cônjuges faleçam, sendo que, se restarem filhos menores de dezoito anos, mesmo falecendo os pais, a instituição perdura até que todos os filhos atinjam a maioridade. Mais uma vez se percebe a intenção do legislador de proteger a célula familiar. Todavia, a extinção do bem de família convencional não afasta a impenhorabilidade prevista na Lei n. 8.009/1990, estando protegido pela última norma o imóvel de residência da entidade familiar, ou mesmo de pessoa solteira.

JURISPRUDÊNCIA COMENTADA: Sobre a impenhorabilidade do imóvel de residência de pessoa solteira, em interpretação extensiva da Lei n. 8.009/1990 e que pode servir de interpretação residual do art. 1.716 do Código Civil, restando um filho não casado no imóvel, destaque-se o teor da Súmula n. 364 do Superior Tribunal de Justiça: "O conceito de impenhorabilidade de bem de família abrange também o imóvel pertencente a pessoas solteiras, separadas e viúvas".

Art. 1.717. O prédio e os valores mobiliários, constituídos como bem da família, não podem ter destino diverso do previsto no art. 1.712 ou serem alienados sem o consentimento dos interessados e seus representantes legais, ouvido o Ministério Público.

COMENTÁRIOS DOUTRINÁRIOS: Como antes destaquei, além de impenhorável, o bem de família é inalienável por força de lei, o que desincentiva a sua instituição, pela retirada de circulação econômica do imóvel. A inalienabilidade, como regra geral, está prevista no preceito transcrito, sendo somente possível a alienação do referido bem mediante consentimento dos interessados, os membros da entidade familiar, e de seus eventuais representantes, ouvido o Ministério Público. Como fica claro pelo dispositivo, a possibilidade de alienação depende de autorização judicial, sendo relevantes os motivos para tanto. A alienação do bem de família voluntário ou convencional, não havendo preenchimento dos requisitos legais, é nula, por fraude à lei imperativa (art. 166, inc. VI, do CC).

Art. 1.718. Qualquer forma de liquidação da entidade administradora, a que se refere o § 3º do art. 1.713, não atingirá os valores a ela confiados, ordenando o juiz a sua transferência para outra instituição semelhante, obedecendo-se, no caso de falência, ao disposto sobre pedido de restituição.

COMENTÁRIOS DOUTRINÁRIOS: Como visto, o § 3º do art. 1.713 do Código Civil estabelece que o instituidor do bem de família poderá determinar que a administração dos valores mobiliários seja confiada a instituição financeira, bem como disciplinar a forma de pagamento da respectiva renda aos beneficiários, caso em que a responsabilidade dos administradores obedecerá às regras relativas ao contrato de depósito. Com o intuito de proteger a entidade familiar, em havendo eventual liquidação dessa entidade administradora, tal extinção não atingirá os valores a ela confiados. Assim, deverá a questão ser judicializada, determinando o julgador a transferência de tais montantes para outra instituição semelhante, obedecendo-se, no caso de falência, ao disposto sobre pedido de restituição. Esse pedido está tratado entre os arts. 85 e 91 da Lei n. 11.101/2005, prevendo o primeiro comando que o proprietário de bem arrecadado no processo de falência, ou que se encontre em poder do devedor na data da decretação da falência, poderá pedir sua restituição. Pelo seu parágrafo único, também pode ser pedida a restituição de coisa vendida a crédito e entregue ao devedor nos quinze dias anteriores ao requerimento de sua falência, se ainda não alienada.

Art. 1.719. Comprovada a impossibilidade da manutenção do bem de família nas condições em que foi instituído, poderá o juiz, a requerimento dos interessados, extingui-lo ou autorizar a sub-rogação dos bens que o constituem em outros, ouvidos o instituidor e o Ministério Público.

COMENTÁRIOS DOUTRINÁRIOS: Eventualmente, comprovada a impossibilidade de manutenção do bem de família convencional, poderá o juiz, a requerimento dos interessados, extingui-lo ou autorizar a sub-rogação real de bens que o constituam em outros, ouvido o instituidor e o Ministério Público. Trata-se de uma hipótese de dissolução judicial do bem protegido. Como exemplos de hipóteses de impossibilidade de manutenção, citem-se as dificuldades econômicas enfrentadas pela família, o fato de o imóvel não estar atendendo à sua função social – diante da instituição da inalienabilidade –, e conflitos graves entres os membros da entidade familiar, a fazer com que não exista mais a sua convivência.

JURISPRUDÊNCIA COMENTADA: De acordo com julgado do Tribunal Mineiro, em havendo a sub-rogação prevista na norma, os efeitos são produzidos após o registro da substituição e não da instituição do bem anterior (TJMG, Apelação Cível 1.0024.07.775606-2/0011, Belo Horizonte, 18.ª Câmara Cível, Rel. Des. Guilherme Luciano Baeta Nunes, j. 19.08.2008, *DJEMG* 29.08.2008). Conforme outro aresto, "consoante previsão do artigo 1.719 do Código Civil, a impossibilidade de manutenção do bem de família nas condições em que foi instituído deve estar devidamente comprovada nos autos. Destarte, não se encontrando provas capazes de corroborar as alegações do requerente, a improcedência do pedido é medida que se impõe" (TJSC, Apelação Cível 2013.016786-7, 4.ª Câmara de Direito Civil, Ascurra, Rel. Des. Joel Dias Figueira Júnior, j. 20.10.2014, *DJSC* 11.11.2014, p. 170).

Art. 1.720. Salvo disposição em contrário do ato de instituição, a administração do bem de família compete a ambos os cônjuges, resolvendo o juiz em caso de divergência.

Parágrafo único. Com o falecimento de ambos os cônjuges, a administração passará ao filho mais velho, se for maior, e, do contrário, a seu tutor.

COMENTÁRIOS DOUTRINÁRIOS: No que concerne à administração do bem de família convencional, salvo previsão em contrário no ato de instituição, cabe a ambos os cônjuges, sendo possível a intervenção judicial, em caso de divergência. Esse comando legal, que constitui novidade frente ao Código Civil de 1916, está em total sintonia com a igualdade consagrada no art. 226 da CF/1988 e no art. 1.511 do CC/2002. Nesse sentido, eventual previsão em contrário no ato de instituição que trouxer discriminação de um dos cônjuges deve se reputada como nula, por ilicitude do objeto (art. 166, inc. II, do CC). A norma traz também uma tendência de judicialização dos conflitos conjugais, pois o juiz irá decidir sobre a questão que interessa aos membros da entidade familiar. É importante a constatação de que essa tendência não é a atual, de fuga do Judiciário, o que pode ser captado pela leitura do Código de Processo Civil de 2015, pela valorização da desjudicialização e extrajudicialização em vários de seus comandos. No caso de falecimento de ambos os cônjuges, a administração caberá ao filho mais velho, se este for maior. Caso contrário, a administração caberá ao seu tutor.

JURISPRUDÊNCIA COMENTADA: O dispositivo em estudo tem sido utilizado pela jurisprudência para fundamentar, em termos gerais, a igualdade dos cônjuges na administração dos bens do casal, muito além do bem de família convencional. Nessa linha, por todos: "Compete a ambos os cônjuges a administração do patrimônio comum da família, como disposto nos artigos 1.663 e 1.720, do Código Civil, cabendo ao administrador dos bens em estado de mancomunhão, a obrigação de prestar contas ao outro cônjuge dos bens amealhados no decorrer da relação conjugal, sob pena de locupletamento ilícito. Precedentes: REsp 1.470.906/SP, Rel. Ministro Ricardo Villas Bôas Cueva, Terceira Turma, julgado em 06/10/2015, *DJe* 15/10/2015. 0093281-82.2012.8.19.0002. Apelação. Des. Alcides da Fonseca Neto. Julgamento: 31/05/2017. Vigésima Câmara Cível. 0036717-85.2014.8.19.0011. Apelação. Des. Gilberto Clóvis Farias Matos. Julgamento: 12/06/2018. Décima Quinta Câmara Cível" (TJRJ, Agravo de Instrumento 0037446-08.2018.8.19.0000, 1.ª Câmara Cível, Rio de Janeiro, Rel. Desig. Des. Isabela Pessanha Chagas, *DORJ* 13.12.2018, p. 210).

Art. 1.721. A dissolução da sociedade conjugal não extingue o bem de família.

Parágrafo único. Dissolvida a sociedade conjugal pela morte de um dos cônjuges, o sobrevivente poderá pedir a extinção do bem de família, se for o único bem do casal.

COMENTÁRIOS DOUTRINÁRIOS: A dissolução da sociedade conjugal, seja por separação, divórcio, morte, inexistência, nulidade ou anulabilidade do casamento, não extingue o bem de família convencional. Porém, dissolvida a sociedade conjugal por morte de um dos cônjuges, o sobrevivente poderá pedir a extinção da proteção, se for o único bem do casal. Tal dispositivo também se aplica, igualmente, aos conviventes, ou outras entidades familiares, caso das uniões e casamentos homoafetivos. Contudo, mais uma vez, a extinção do bem de família voluntário ou convencional não afasta a proteção da lei específica. Fica em dúvida a eficácia do dispositivo quando faz menção à separação jurídica e à correspondente dissolução da sociedade conjugal, eis que a Emenda do Divórcio – Emenda Constitucional n. 66/2010 –, extinguiu todas as modalidades de separação jurídica, incluindo a separação judicial e a extrajudicial, no meu entendimento. Reafirme-se que essa minha posição é mantida mesmo tendo o CPC/2015 tratado da separação jurídica ou de direito em vários de seus comandos, tendo sido a solução de extinção do instituto, mesmo que de forma autônoma, adotada pelo Supremo Tribunal Federal quando do julgamento do seu Tema n. 1.053, de repercussão geral.

JURISPRUDÊNCIA COMENTADA: Mais uma vez utilizando-se de regra relativa ao bem de família convencional para se interpretar o bem de família legal, o Tribunal Paulista manteve a impenhorabilidade do imóvel, e afastou nova penhora em execução de título extrajudicial mesmo ocorrendo a morte do devedor no curso da demanda.

Como consta do aresto, "os herdeiros são investidos na posse e adquirem a propriedade pelo simples fato de morte do autor da herança. Assumem, assim, os direitos e obrigações do falecido com todas as suas qualidades e vícios. Ademais, no caso específico de bem de família, o art. 1.721 do Código Civil prevê que a impenhorabilidade durará enquanto viver qualquer um dos cônjuges ou, na falta destes, os filhos até que completem a maioridade" (TJSP, Agravo de Instrumento 2140885-74.2016.8.26.0000, Acórdão 9765840, 37.ª Câmara de Direito Privado, Espírito Santo do Pinhal, Rel. Des. Sérgio Gomes, j. 30.08.2016, *DJESP* 13.09.2016).

Art. 1.722. Extingue-se, igualmente, o bem de família com a morte de ambos os cônjuges e a maioridade dos filhos, desde que não sujeitos a curatela.

COMENTÁRIOS DOUTRINÁRIOS: Como última regra a respeito do bem de família voluntário ou convencional, estabelece o Código Civil que se extingue a categoria com a morte de ambos os cônjuges e a maioridade dos filhos, desde que não sujeitos à curatela. Anote-se, mais uma vez por ser fundamental, que essa extinção não impede a aplicação da proteção da impenhorabilidade do imóvel de residência da entidade familiar, ou mesmo de pessoa solteira, constante da Lei n. 8.009/1990 e retirada da antes citada Súmula n. 364 do STJ.

JURISPRUDÊNCIA COMENTADA: Em debate relativo ao bem de família legal, julgou o Tribunal Regional do Trabalho da 12ª Região: "Conforme previsão insculpida no art. 1.722 do Código Civil, o bem de família extingue-se com a morte de ambos os cônjuges e a maioridade dos filhos, desde que não sujeitos à curatela. Com o falecimento do proprietário, o bem passa a fazer parte da universalidade deixada pela sucessão. O fato de um dos herdeiros passar a residir no imóvel não retira a condição do bem de responder, primeiramente, pelas dívidas contraídas pelo *de cujus*" (TRT da 12.ª Região, AP 0004013-23.2011.5.12.0026, 3.ª Câmara, Rel. Juiz Gilmar Cavalheri, *DOESC* 08.05.2013). A conclusão traz dois equívocos. Primeiro, pois acaba mal aplicando regra do bem de família convencional para o bem de família legal, afastando a proteção da moradia. Segundo, porque declina a proteção automática do bem de família constante da lei específica, não havendo exceção que justifique a impenhorabilidade no caso descrito, que não dizia respeito a empregado doméstico.

TÍTULO III
DA UNIÃO ESTÁVEL

Art. 1.723. É reconhecida como entidade familiar a união estável entre o homem e a mulher, configurada na convivência pública, contínua e duradoura e estabelecida com o objetivo de constituição de família.

§ 1º A união estável não se constituirá se ocorrerem os impedimentos do art. 1.521; não se aplicando a incidência do inciso VI no caso de a pessoa casada se achar separada de fato ou judicialmente.

§ 2º As causas suspensivas do art. 1.523 não impedirão a caracterização da união estável.

COMENTÁRIOS DOUTRINÁRIOS: Qualquer estudo da união estável deve ter como ponto de partida a Constituição Federal de 1988, que reconhece a união estável entre o homem e a mulher como entidade familiar, prevendo que a lei deve facilitar a sua conversão em casamento. Duas conclusões fundamentais poderiam ser retiradas do Texto Maior. A primeira é que a união estável não seria igual ao casamento, eis que categorias iguais não podem ser convertidas uma na outra. A segunda é que não há hierarquia entre casamento e união estável. São apenas entidades familiares diferentes, que contam com a proteção constitucional. Todavia, a afirmação de que a união estável não é igual ao casamento ficou enfraquecida, a partir do ano de 2017. Isso porque o Supremo Tribunal Federal decidiu, por maioria, que deve haver uma equiparação sucessória entre o casamento e a união estável, reconhecendo-se a inconstitucionalidade do art. 1.790 do Código Civil (STF, Recurso Extraordinário 878.694/MG, Rel. Min. Luís Roberto Barroso, publicado no seu *Informativo* n. *864*). Nos termos do voto do relator, "não é legítimo desequiparar, para fins sucessórios, os cônjuges e os companheiros, isto é, a família formada pelo casamento e a formada por união estável. Tal hierarquização entre entidades familiares é incompatível com a Constituição". A tese firmada foi a seguinte: "No sistema constitucional vigente, é inconstitucional a distinção de regimes sucessórios entre cônjuges e companheiros, devendo ser aplicado, em ambos os casos, o regime estabelecido no art. 1.829 do CC/2002". Desse modo, para a prática familiarista, passa a ser firme a premissa de equiparação da união estável ao casamento, igualmente adotada pelo CPC/2015, em vários de seus comandos. A minha posição é que a equiparação diz respeito apenas ao Direito das Sucessões. Assim, por exemplo, o companheiro deve ser tratado como herdeiro necessário, incluído na relação do art. 1.845 do Código Civil. Entretanto, ainda persistem diferenças entre as duas entidades familiares, especialmente no âmbito do Direito de Família, como no caso dos elementos para a sua caracterização. Não me convence, portanto, a afirmação de que a equiparação feita pelo STF também inclui os devidos fins familiares, sendo total. Melhor detalhando, sigo a corrente doutrinária no sentido de haver equiparação somente para os fins de *normas de solidariedade*, caso das regras sucessórias, de alimentos e de regime de bens. Quanto às *normas de formalidade*, como as relativas à existência formal da união estável e do casamento, aos requisitos para a ação de alteração do regime de bens do casamento (art. 1.639, § 2º, do CC e art. 734 do CPC) e às exigências de outorga conjugal, a equiparação não deve ser total. Essa última posição foi adotada pelo Enunciado n. 641 da *VIII Jornada de Direito Civil*, promovida pelo Conselho da Justiça Federal em abril de 2018. Conforme o seu teor, "a decisão do Supremo Tribunal Federal que declarou a inconstitucionalidade do art. 1.790 do Código Civil não importa equiparação absoluta entre o casamento e a união estável. Estendem-se à união estável apenas as regras aplicáveis ao casamento que tenham por fundamento a solidariedade familiar. Por outro lado, é constitucional a distinção entre os regimes, quando baseada na solenidade do ato jurídico que funda o casamento, ausente na união estável". Como última observação a ser feita a respeito do Texto Maior, sabe-se que não obstante estar mencionada a diversidade de sexos, o Supremo Tribunal Federal julgou favoravelmente ao reconhecimento familiar das uniões homoafetivas, aplicando-se, por analogia, todas as regras previstas para a união estável heteroafetiva, e que serão analisadas a partir de agora, entendimento que tem sido seguido pela doutrina amplamente majoritária (STF, ADI n. 4.277/DF e ADPF n. 132/RJ, Rel. Min. Ayres Britto, j. 04 e 05.05.2011, publicado no *Informativo* n. *625* da Corte). Partindo-se para o Código Civil de 2002, ele traz um capítulo próprio relativo à união estável, entre os seus arts. 1.723 a 1.727. Além disso, o outrora estudado art. 1.694 consagra direito a alimentos aos companheiros; enquanto o polêmico art. 1.790 previa o direito sucessório do companheiro. O reconhecimento da inconstitucionalidade do último comando pelo STF será estudado pelo coautor José Fernando Simão, responsável pelos comentários relacionados ao Direito das Sucessões. O atual Código Civil incorporou substancialmente o que estava tratado pela Lei n. 8.971/1994 e principalmente pela Lei n. 9.278/1996. Consigne-se que tanto a última norma quanto o CC/2002 tiveram como *mentor intelectual* e *acadêmico* o Professor Álvaro Villaça Azevedo, que participou de seus processos de elaboração. Das duas leis foram incorporados os requisitos da união estável, os seus deveres, a proteção patrimonial, o direito a alimentos e os direitos sucessórios, os últimos totalmente remodelados. Dois aspectos não foram tratados pela atual codificação material. O primeiro é a competência da Vara da Família para apreciar as questões relativas à união estável, norma processual que continua em vigor (art. 9º da Lei n. 9.278/1996). O segundo é o direito real de habitação sobre o imóvel do casal como direito sucessório do companheiro, que segundo o entendimento majoritário, ainda é vigente (art. 7º, parágrafo único, da Lei n. 9.278/1996) e será igualmente comentado por José Fernando Simão. Partindo para o conceito de união estável, repetindo o art. 1º da Lei n. 9.278/1996, enuncia o art. 1.723, *caput*, do CC/2002, que é reconhecida como entidade familiar a união estável entre o homem e a mulher, configurada na convivência pública – no sentido de notória –, contínua e duradoura e estabelecida com o objetivo de constituição de família (*animus familae*). Afirma-se, há tempos, que a união estável constitui uma *união livre*, sem os requisitos formais e solenidades do casamento. Como se pode notar, as expressões *pública, contínua, duradoura e objetivo de constituição de família* são abertas e genéricas, de acordo com o sistema adotado pela atual codificação privada, demandando análise caso a caso. Por isso, pode-se afirmar que há uma verdadeira *cláusula geral* na constituição da união estável, o que intensifica o debate jurisprudencial a respeito da sua constituição, como se verá do próximo tópico. O Código Civil também estabelece que os impedimentos matrimoniais previstos no art. 1.521 do CC impedem a caracterização da união estável, havendo, na hipótese, um concubinato, conclusão retirada do art. 1.727, que ainda será aqui estudado. Porém, o Código de 2002 passou a admitir que a pessoa casada, desde que separada de fato ou judicialmente constitua união estável. Enuncia o art. 1.723, § 1º, do CC, que "a união estável não se constituirá se ocorrerem os impedimentos do art. 1.521; não se aplicando a incidência do inciso VI no caso de a pessoa casada se achar separada de fato ou judicialmente". A norma deveria ser atualizada para incluir o separado extrajudicialmente, nos termos da anterior Lei n. 11.441/2007. Todavia, diante da entrada em vigor da Emenda do Divórcio, que na minha opinião retirou do sistema a separação jurídica, o panorama mudou. Para os novos relacionamentos apenas tem relevância a premissa de que o separado de fato pode constituir uma união estável. A menção ao separado judicialmente e a situação do separado extrajudicialmente têm pertinência apenas para os relacionamentos anteriores, existentes da vigência do Código Civil de 2002 até a Emenda do Divórcio (até 13.07.2010), argumento a ser mantido mesmo com a emergência do CPC/2015, como antes se expôs. Ilustrando, se alguém, separado judicial ou extrajudicialmente, constituiu uma convivência com outrem desde o ano de 2008, tal relacionamento pode ser tido como união estável. Ainda no que concerne à caracterização da união estável, determina o art. 1.723, § 2º, do CC/2002, que as causas suspensivas do casamento do art. 1.523 do CC não impedem a caracterização da união estável. Como decorrência lógica dessa premissa legal, entendo que as causas suspensivas do casamento não impõem o regime da separação obrigatória de bens à união estável. Como antes afirmei, o art. 1.641 do CC/2002 é norma restritiva da liberdade e da autonomia privada, não admite analogia para a união estável, aplicando-se apenas ao casamento. Essa parece ser a melhor conclusão, na esteira da mais abalizada doutrina. Entretanto, como se verá, a jurisprudência superior tem aplicado tanto o art. 1.641 do CC como a Súmula n. 377 do STF para a união estável. Como última nota doutrinária, não se pode confundir a união estável com um namoro longo, tido como um *namoro qualificado*, em expressão difundida pelo saudoso Mestre Zeno Veloso. No último caso há um objetivo de família futura, enquanto na união estável a família já existe (*animus familiae*). Para a configuração dessa intenção de família no futuro ou no presente, entram em cena o tratamento dos companheiros (*tractatus*), bem como o reconhecimento social de seu estado (*reputatio*). Nota-se, assim, a utilização dos clássicos critérios para a configuração da posse de estado de casados também para a união estável, com já havia anotado. Esses critérios e o projeto presente ou futuro igualmente servem para diferenciar a união estável de um noivado, não havendo uma entidade familiar no último caso. No *XIII Congresso Brasileiro de Direito de Família e das Sucessões* do IBDFAM, em outubro de 2021, realizado em homenagem a Zeno Veloso, aprovou-se ementa doutrinária sobre o tema. Consoante o Enunciado n. 42 do IBDFAM, "o namoro qualificado, diferentemente da união estável, não engloba todos os requisitos cumulativos presentes no art. 1.723 do Código Civil". Eis outra grande contribuição do saudoso e inesquecível Mestre do Pará, para o debate do Direito Privado Brasileiro.

JURISPRUDÊNCIA COMENTADA: Para a configuração da união estável, vários são os debates que existem no âmbito da jurisprudência e que devem ser comentados no presente tópico. De início, nota-se que a lei não exige prazo mínimo para a constituição da união estável desde a Lei n. 9.278/1996, devendo ser analisadas as circunstâncias do caso concreto. Nesse sentido, do Superior Tribunal de Justiça: "A lei não exige tempo mínimo nem convivência sob o mesmo teto, mas não dispensa outros requisitos para identificação da união estável como entidade ou núcleo familiar, quais sejam: convivência duradoura e pública, ou seja, com notoriedade e continuidade, apoio mútuo, ou assistência mútua, intuito de constituir família, com os deveres de guarda, sustento e de educação dos filhos comuns, se houver, bem como os deveres de lealdade e respeito. Assim, se nosso ordenamento jurídico, notadamente o próprio texto constitucional (art. 226, § 3º), admite a união estável e reconhece nela a existência de entidade familiar, nada mais razoável de se conferir interpretação sistemática ao art. 1.597, II, do Código Civil, para que passe a contemplar, também, a presunção de concepção dos filhos na constância de união estável. Na espécie, o companheiro da mãe da menor faleceu 239 (duzentos e trinta e nove) dias antes do seu nascimento. Portanto, dentro da esfera de proteção conferida pelo inciso II do art. 1.597, do Código Civil, que presume concebidos na constância do casamento os filhos nascidos nos trezentos dias subsequentes, entre outras hipóteses, em razão de sua morte. Dessa forma, em homenagem ao texto constitucional (art. 226, § 3º) e ao Código Civil (art. 1.723), que conferiram ao instituto da união estável a natureza de entidade familiar, aplicam-se as disposições contidas no artigo 1.597, do Código Civil, ao regime de união estável" (STJ, REsp 1.194.059/SP, 3.ª Turma, Rel. Min. Massami Uyeda, j. 06.11.2012, *DJe* 14.11.2012). Como se pode perceber, o julgado determina a aplicação do art. 1.597 do Código Civil para a união estável, como antes sustentei. A exigência de um prazo mínimo de cinco anos constava expressamente no art. 1º da Lei n. 8.971/1994, que assim dispunha: "A companheira comprovada de um homem solteiro, separado judicialmente, divorciado ou viúvo, que com ele viva há mais de cinco anos, ou dele tenha prole, poderá valer-se do disposto na Lei n. 5.478, de 25 de julho de 1968, enquanto não constituir nova união e desde que prove a necessidade". Todavia, o art. 1º da Lei n. 9.278/1996 acabou por afastar tal requisito, por não mencioná-lo – que já vinha sendo mitigado para um prazo de dois anos –, bem como a exigência de prole comum (sobre a última exigência, por todos, ver: TJMG, Acórdão 1.0024.02.652700-2/001, 1.ª Câmara Cível, Belo Horizonte, Rel. Des. Eduardo Guimarães Andrade, j. 16.08.2005, *DJEMG* 26.08.2005). De todo modo, apesar de não se exigir um prazo mínimo, julgado do STJ do ano de 2019 afastou a caracterização de uma união estável diante de uma convivência ou coabitação por apenas duas semanas: "Em relação à exigência de estabilidade para configuração da união estável, apesar de não haver previsão de um prazo mínimo, exige a norma que a convivência seja duradoura, em período suficiente a demonstrar a intenção de constituir família, permitindo que se dividam alegrias e tristezas, que se compartilhem dificuldades e projetos de vida, sendo necessário um tempo razoável de relacionamento. Na hipótese, o relacionamento do casal teve um tempo muito exíguo de duração – apenas dois meses de namoro, sendo duas semanas em coabitação –, que não permite a configuração da estabilidade necessária para o reconhecimento da união estável. Esta nasce de um ato-fato jurídico: a convivência duradoura com intuito de constituir família. Portanto, não há falar em comunhão de vidas entre duas pessoas, no sentido material e imaterial, numa relação de apenas duas semanas" (STJ, REsp 1.761.887/MS, 4.ª Turma, Rel. Min. Luis Felipe Salomão, j. 06.08.2019, *DJe* 24.09.2019). Não se exige, além disso, que os companheiros ou conviventes vivam sob o mesmo teto, o que consta da remota Súmula n. 382 do STF, que trata do concubinato e que era aplicada à união estável. A jurisprudência atual continua aplicando essa súmula (por todos: STJ, REsp 275.839/SP, 3.ª Turma, Rel. Min. Ari Pargendler, Rel. p/ Acórdão Min. Nancy Andrighi, j. 02.10.2008, *DJe* 23.10.2008). Ver, ainda, entre os julgados mais remotos: "Comprovada exaustivamente nas instâncias ordinárias que a autora e seu falecido companheiro mantiveram uma união pública, contínua e duradoura por 32 (trinta e dois) anos, não se pode afastar a configuração da existência de verdadeira união estável, não relevando, nas circunstâncias dos autos, o fato de não morarem sob o mesmo teto" (STJ,

REsp 474.581/MG, 3.ª Turma, Rel. Min. Carlos Alberto Menezes Direito, j. 12.08.2003, *DJ* 29.09.2003, p. 244). No mesmo sentido, estabelece a premissa 2, publicada na Edição 50 da ferramenta *Jurisprudência em Teses,* dedicada à união estável que "a coabitação não é elemento indispensável à caracterização da união estável". Sobre a existência de uma união livre, como antes pontuei, não há qualquer requisito formal obrigatório para que a união estável reste configurada, como a necessidade de elaboração de uma escritura pública entre as partes ou de uma decisão judicial de reconhecimento. A propósito, em importante precedente, entendeu o Ministro Luís Roberto Barroso, do STF, que "não constitui requisito legal para concessão de pensão por morte à companheira que a união estável seja declarada judicialmente, mesmo que vigente formalmente o casamento, de modo que não é dado à Administração Pública negar o benefício com base neste fundamento. [...]. Embora uma decisão judicial pudesse conferir maior segurança jurídica, não se deve obrigar alguém a ir ao Judiciário desnecessariamente, por mera conveniência administrativa. O companheiro já enfrenta uma série de obstáculos decorrentes da informalidade de sua situação. Se ao final a prova produzida é idônea, não há como deixar de reconhecer a união estável e os direitos daí decorrentes" (Supremo Tribunal Federal, julgamento do Mandado de Segurança 330.008, originário do Distrito Federal, em 3 de maio de 2016). Sobre a possibilidade de o separado de fato constituir de fato, há uma crescente aplicação da novidade do art. 1.723, § 1º, do CC (ilustrando: TJRS, Acórdão 70035099621, 8.ª Câmara Cível, Santo Augusto, Rel. Des. Claudir Fidelis Faccenda, j. 10.06.2010, *DJERS* 21.06.2010; TJMG, Apelação Cível 1.0003.01.001630-5/0011, 1.ª Câmara Cível, Abre-Campo, Rel. Des. Eduardo Guimarães Andrade, j. 09.02.2010, *DJEMG* 12.03.2010; TJSP, Apelação 994.07.013946-0, Acórdão 4266183, 1.ª Câmara de Direito Privado, Sorocaba, Rel. Des. Paulo Eduardo Razuk, j. 15.12.2009, *DJESP* 08.03.2010). Sobre o sentido da norma, vale destacar a premissa 5, publicada na Edição 50 da ferramenta *Jurisprudência em Teses* do STJ, com citação de precedentes superiores: "A existência de casamento válido não obsta o reconhecimento da união estável, desde que haja separação de fato ou judicial entre os casados". Sobre a citada aplicação analógica do art. 1.641 do Código Civil, o que tem mais relação com o art. 1.725 do CC, veja-se, por todos: STJ, REsp 1.090.722, 3.ª Turma, Rel. Min. Massami Ueda, j. 02.03.2010; e REsp 646.259/RS, 4.ª Turma, Rel. Min. Luis Felipe Salomão, j. 22.06.2010). Para a mesma jurisprudência superior, incidindo o art. 1.641 para os casos de união estável, também tem aplicação a Súmula n. 377 do STF, com a comunicação dos bens havidos durante o casamento. Porém, para o Tribunal da Cidadania, em casos de união estável, tem-se entendido há tempos que essa comunicação exige a prova do esforço comum. Nessa linha, cite-se a posição firmada pela Segunda Seção da Corte (EREsp 1.171.820/PR, 2.ª Seção, Rel. Min. Raul Araújo, j. 26.08.2015, *DJe* 21.09.2015); bem como a premissa 6 da Edição 50 da ferramenta *Jurisprudência em Teses* do STJ: "Na união estável de pessoa maior de setenta anos (art. 1.641, II, do CC/02), impõe-se o regime da separação obrigatória, sendo possível a partilha de bens adquiridos na constância da relação, desde que comprovado o esforço comum". Essa última forma de pensar o Direito de Família deve ser considerada como majoritária, para os devidos fins práticos. Como visto anteriormente, a mesma solução passou a ser adotada para o casamento, com a pacificação do tema no âmbito da Segunda Seção da Corte, no ano de 2018 (EREsp 1.623.858/MG, 2.ª Seção, Rel. Min. Lázaro Guimarães (Desembargador convocado do TRF 5.ª Região), j. 23.05.2018, *DJe* 30.05.2018). Em 2022, foi editada a Súmula n. 655 da Corte, no mesmo sentido e com a seguinte redação: "aplica-se à união estável contraída por septuagenário o regime da separação obrigatória de bens, comunicando-se os adquiridos na constância, quando comprovado o esforço comum". Assim, percorreu-se o caminho da união estável para o casamento, e não o contrário, como parecia ser a tendência. A respeito da diferenciação do casamento em relação ao namoro, bem decidiu o Superior Tribunal de Justiça, em aresto de 2015 e seguindo a linha do que anotei anteriormente: "O propósito de constituir família, alçado pela lei de regência como requisito essencial à constituição da união estável – a distinguir, inclusive, esta entidade familiar do denominado 'namoro qualificado' –, não consubstancia mera proclamação, para o futuro, da intenção de constituir uma família. É mais abrangente. Esta deve se afigurar presente durante toda a convivência, a partir do efetivo compartilhamento de vidas, com irrestrito apoio moral e material entre os companheiros. É dizer: a família deve, de fato, restar constituída. Tampouco a coabitação, por si, evidencia a constituição de uma união estável (ainda que possa vir a constituir, no mais das vezes, um relevante indício), especialmente se considerada a particularidade dos autos, em que as partes, por contingências e interesses particulares (ele, a trabalho; ela, pelo estudo) foram, em momentos distintos, para o exterior, e, como namorados que eram, não hesitaram em residir conjuntamente. Este comportamento, é certo, revela-se absolutamente usual nos tempos atuais, impondo-se ao Direito, longe das críticas e dos estigmas, adequar-se à realidade social" (STJ, REsp 1.454.643/RJ 3.ª Turma, Rel. Min. Marco Aurélio Bellizze, j. 03.03.2015, *DJe* 10.03.2015). Mencione-se, como última ilustração jurisprudencial e citando outra obra de minha autoria, acórdão de 2018 do STJ que afastou a existência de união estável quanto à data gravada nas alianças. A prova construída demonstrava divergência quanto ao início do relacionamento, tendo o Tribunal afastado a primeira data e levado em conta o início da gravidez da companheira, pois a partir daí restou configurada a intenção de constituir família no feito. Nos seus exatos termos, "embora a identificação do momento preciso em que se configura a união estável, deve se examinar a presença cumulativa dos requisitos de convivência pública (união não oculta da sociedade), de continuidade (ausência de interrupções), de durabilidade e a presença do objetivo de estabelecer família, nas perspectivas subjetiva (tratamento familiar entre os próprios companheiros) e objetiva (reconhecimento social acerca da existência do ente familiar)". E mais: "Na hipótese, deve ser afastada a data gravada nas alianças do casal – 25/08/2002 – como termo inicial da união estável, eis que ausente o requisito da convivência pública e diante da ausência de prova da específica simbologia representada pelas referidas alianças, como também deve ser afastada a data de nascimento do filho primogênito – 18/06/2004 – como termo inicial da convivência, eis que produzida prova suficiente de que os requisitos configuradores da união estável estavam presentes em momento anterior. Os elementos de prova colhidos nos graus de jurisdição, interpretados à luz das máximas de experiência e da observação do modo pelo qual os fatos normalmente se desenvolvem, somada a existência de coabitação entre as partes desde fevereiro de 2003, mantida ao tempo da descoberta da gravidez, ocorrida em 24/10/2003, do primeiro filho do casal, permitem estabelecer essa data como o momento temporal em que a união estável havida entre as partes ficou plenamente configurada" (STJ, REsp 1.678.437/RJ, 3.ª Turma, Rel. Min. Nancy Andrighi, j. 21.08.2018, *DJe* 24.08.2018). A conclusão do julgado me parece perfeita e precisa.

REFORMA DO CÓDIGO CIVIL: A Comissão de Juristas, seguindo proposição da Relatora-Geral, Professora Rosa Maria de Andrade Nery, sugere que a união estável passe a ser tratada no Capítulo IV do livro de Direito de Família, denominado "Da União Estável". Com essa nova organização, são revogados expressamente os arts. 1.723 a 1.727 do CC e incluídos os novos arts. 1.564-A e 1.564-D. Também se propõe a revogação expressa das Leis n. 8.971/1994 e 9.278/1996 para que, finalmente, o tema esteja totalmente concentrado no Código Civil de 2002. Como antes pontuado, a Comissão de Juristas preferiu o termo "conviventes" a "companheiros", por ser mais correto tecnicamente, tendo em vista a sua neutralidade em vários aspectos e a sua potencialidade em explicar melhor o fenômeno da união estável. Ademais, esse é o termo preferido do Professor Álvaro Villaça Azevedo e que constava da Lei n. 9.278/1996. Nesse contexto, o novo art. 1.564-A repete no seu *caput* os requisitos da união estável já consolidados no nosso País, apenas se retirando a menção a homem e mulher, substituída por "duas pessoas", para os fins de se reconhecer, na lei – finalmente –, a união estável homoafetiva: "é reconhecida como entidade familiar a união estável entre duas pessoas, mediante uma convivência pública, contínua e duradoura e estabelecida como família". Foi adotado, portanto, o entendimento da jurisprudência superior consolidada, do Supremo Tribunal Federal e do Superior Tribunal de Justiça, uma das orientações metodológicas da Reforma. A menção a duas pessoas fecha qualquer possibilidade de reconhecimento de vínculos poliafetivos ou concomitantes, também na linha da mesma jurisprudência superior, o que ainda será aqui analisado, em comentários ao art. 1.727. Seguindo, no § 1º do art. 1.723 ora projetado, "a união estável não se constituirá, se ocorrerem os impedimentos do art. 1.521, não se aplicando a incidência do inciso VI no caso de a pessoa casada ou o convivente se achar separado de fato ou judicialmente de seu anterior cônjuge ou convivente". É mantida, portanto, a possibilidade de a pessoa separada manter a união estável, bastando a separação de fato. Foi mantida a separação judicial na norma para que seja aplicada a quem se encontra ainda nessa situação, como está na tese final do julgamento do Tema n. 1.053 do STF, na preservação do direito adquirido dessas pessoas ("após a promulgação da EC nº 66/2010, a separação judicial não é mais requisito para o divórcio nem subsiste como figura autônoma no ordenamento jurídico. Sem prejuízo, preserva-se o estado civil das pessoas que já estão separadas, por decisão judicial ou escritura pública, por se tratar de ato jurídico perfeito (art. 5º, XXXVI, da CF"). Por um lapso, faltou na norma a menção à separação extrajudicial, por escritura pública, o que deve ser corrigido no âmbito do Congresso Nacional. Como se pode notar, ademais, não será possível o reconhecimento de união concomitante se houver uma união estável prévia, aplicando-se a monogamia também a ela, nessa previsão. Também é incluída, em boa hora, a vedação para que pessoas com menos de dezesseis anos constituam união estável, em espelhamento com o casamento, sendo possível a sua configuração para as pessoas entre dezesseis e dezoito anos desde que emancipadas ("§ 2º As pessoas com menos de dezesseis anos de idade não podem constituir união estável e aquelas com idade entre dezesseis e dezoito anos podem constituir união estável, se emancipadas"). Como última proposta, no texto do novo § 3º, "é facultativo o registro da união estável, mas, se feito, altera o estado civil das partes para conviventes, devendo, a partir deste momento, ser declarado em todos os atos da vida civil". Assim, como antes pontuado, a união estável, que é registrada no Livro E no Cartório de Registro Civil das Pessoas Naturais, passa a criar o estado civil de convivente, o que, na minha interpretação, já é a realidade jurídica advinda da Lei do SERP (Lei n. 14.382/2022). A projeção dá segurança jurídica ao instituto e confirma a realidade de uma *união estável qualificada*, equiparada ao casamento para todos os fins, nas regras de solidariedade e de formalidade. Como se pode perceber, não há qualquer menção quanto às causas suspensivas e à união estável, diante da proposta de revogação expressa do art. 1.523 do CC, desparecendo do sistema ao lado da separação obrigatória de bens (art. 1.641), o que simplifica as coisas e *destrava* a vida das pessoas.

Art. 1.724. As relações pessoais entre os companheiros obedecerão aos deveres de lealdade, respeito e assistência, e de guarda, sustento e educação dos filhos.

COMENTÁRIOS DOUTRINÁRIOS: A união estável, como entidade familiar, traz efeitos pessoais e patrimoniais para os companheiros, previstos no Código Civil, sem prejuízo do tratamento constante em outras leis, como é o caso do CPC/2015, que equiparou a união estável ao casamento para praticamente todos os fins processuais. O primeiro dos comandos a ser comentado consagra os deveres decorrentes da união estável impostos aos companheiros ou conviventes. O primeiro deles é o dever de lealdade, que guarda relação com o dever de fidelidade, mas que com ele não se confunde. Isso porque a fidelidade é decorrência do casamento exclusivamente. Já a lealdade é gênero do qual fidelidade é espécie. Pelo senso comum, a lealdade inclui a fidelidade, mas não necessariamente, o que depende de uma opção dos companheiros, no meu entender. O segundo dever é o de respeito ao outro companheiro, em sentido genérico. Como terceiro dever, há o de mútua assistência, moral, afetiva, patrimonial e espiritual. Por fim, tem-se o dever de guarda, sustento e educação dos filhos. Observa-se que a lei civil estabelece quase que os mesmos deveres que aqueles previstos para o casamento, consagrados pelo art. 1.566 do CC. Entretanto, não faz referência ao dever de convivência sob o mesmo teto, que é dispensável. Justamente por isso é que continua tendo aplicação prática o teor da Súmula n. 382 do STF para a união estável, amplamente aplicada pela jurisprudência, como pontuei na última nota jurisprudencial. Outra diferença diz respeito à menção à lealdade e não à fidelidade, o que merece maiores aprofundamentos. Ora, é possível que alguém seja leal sem ser fiel. Imagine-se, nesse contexto, um relacionamento de maior liberdade entre os companheiros, em que ambos informam previamente que há a possibilidade de traição. Abre-se, portanto, a possibilidade, como ocorre em alguns países nórdicos, de uma *cláusula de férias do relacionamento*. Essa cláusula pode ser invocada, por exemplo, nos casos de crises entre os companheiros, gerando um distanciamento físico e afetivo de ambos no período invocado. Na hipótese de uma união estável, parece-me que tal questão até pode ser regulamentada pelos conviventes, por meio do contrato firmado entre as partes. No casamento, não há essa possibilidade, uma vez que a fidelidade é, expressamente, um dever imposto aos cônjuges. Essa maior abertura na união estável serve para diferenciar substancialmente as duas entidades familiares, o que é salutar em um sistema que valoriza a pluralidade das famílias. Tal interpretação, inclusive, abriria a possibilidade de se reconhecer a validade jurídica das escrituras públicas de relações poliafetivas, como desenvolvo a seguir. Entendo, ao contrário de alguns juristas, que a lealdade ou mesmo a fidelidade não são elementos essenciais para a caracterização da união estável. Como última nota doutrinária, já adiantada em outro momento, entendo que, diante da existência de deveres na união estável, a culpa pode ser debatida em sede de dissolução da união estável, pelo menos para atribuição do valor dos alimentos e para os devidos fins de responsabilidade civil. Repise-se que a lealdade – que, em regra, engloba a fidelidade – é um dos deveres da união estável e a quebra desse dever caracteriza a culpa, que gera consequências jurídicas, conforme exposto aqui até exaustivamente.

JURISPRUDÊNCIA COMENTADA: Toda a discussão a respeito da validade jurídica das escrituras públicas de uniões poliafetivas ganhou relevo diante da elaboração de um documento pela então Tabeliã da cidade de Tupã, interior de São Paulo, Cláudia do Nascimento Domingues. O documento tinha o seguinte teor: "Os declarantes, diante da lacuna legal no reconhecimento desse modelo de união afetiva múltipla e simultânea, intentam estabelecer as regras para garantia de seus direitos e deveres, pretendendo vê-las reconhecidas e respeitadas social, econômica e juridicamente, em caso de questionamentos ou litígios surgidos entre si ou com terceiros, tendo por base os princípios constitucionais da liberdade, dignidade e igualdade". No ano de 2015, também foi noticiada a elaboração de escritura pública similar, pelo 15º Ofício de Notas do Rio de Janeiro, localizado no bairro da Barra da Tijuca, sendo responsável a Tabeliã Fernanda Leitão. O caso é diferente, por envolver três mulheres, em união poliafetiva, com elaboração de testamentos entre elas e de diretivas antecipadas de vontade, que dizem respeito a tratamentos médicos em caso de se encontrarem com doença terminal e na impossibilidade de manifestar vontade. Porém, apesar dessas tentativas de regulamentação dessas situações jurídicas, em junho de 2018, o Conselho Nacional de Justiça decidiu por maioria que a elaboração dessas escrituras de uniões poliafetivas está vedada em nosso País (CNJ, Pedido de Providências 0001459-08.2016.2.00.0000, Rel. Min. João Otávio de Noronha). A maioria dos julgadores e conselheiros do órgão considerou que essas escrituras atestam um ato de fé pública que implicam o reconhecimento de direitos garantidos aos casais ligados por casamento ou união estável, caso do direito de herança e de alimentos, o que não pode ser admitido, diante do princípio da monogamia. Nas palavras literais do Relator, "eu não discuto se é possível uma união poliafetiva ou não. O corregedor normatiza os atos dos cartórios. Os atos cartorários devem estar em consonância com o sistema jurídico, está dito na lei. As escrituras públicas servem para representar as manifestações de vontade consideradas lícitas". Com o devido respeito à decisão e ao contrário do que defendem alguns doutrinadores – caso do coautor José Fernando Simão –, não parece haver nulidade absoluta no ato, *de per si*, por suposta ilicitude do objeto (art. 166, inc. II, do CC), especialmente nas hipóteses em que todos os envolvidos são solteiros. De início, pontuo que a monogamia não está hoje expressa na legislação como princípio da união estável, parecendo haver maior liberdade nesse tipo de relacionamento, o que é retirado do dispositivo em comentário, que menciona a lealdade e não a fidelidade. Não haveria, em reforço, afronta à ordem pública ou prejuízo a qualquer um que seja, a justificar a presença de um *ilícito nulificante*. Não há que se falar, ainda, em dano social, como quer o coautor, pois esse pressupõe uma conduta socialmente reprovável, o que não é o caso. Entendo que o reconhecimento de um afeto espontâneo entre duas ou mais pessoas não parece ser o caso de dano à coletividade, mas muito ao contrário, de reafirmação de solidariedade entre as partes, algo que deve ser incentivado perante a sociedade e que demonstra a lealdade e a boa-fé dos envolvidos. Pontuo que o texto das escrituras é bem sutil, de mera valorização de um relacionamento que já existe no mundo dos fatos, podendo gerar ou não efeitos jurídicos, o que depende da análise do pedido e das circunstâncias do caso concreto. Todavia, entender pela sua invalidade prévia, por sua nulidade absoluta, não me parece a melhor solução de uma mera declaração de um fato social. Na verdade, o que me parece é que, no momento, ainda existem sérios entraves para quebrar a monogamia em nosso País, inclusive no caso de união estável, o que foi confirmado no Anteprojeto de Reforma do Código Civil. Há, ainda, pelo menos *no discurso*, um grande apego à moral e aos bons costumes, apesar de não se saber exatamente o que esses conceitos representam. Diz-se *no discurso*, pois a prática social das condutas é bem diferente. Para findar a análise desse polêmico assunto, não sendo possível o reconhecimento da validade dessas escrituras pelo Direito de Família na prática, o caminho do Direito Contratual – por contratos de sociedade de participação, por promessas de doação e de alimentos, por plano de saúde e de previdência privada e outros negócios jurídicos patrimoniais – pode indicar a solução. Se entraves morais – e até jurídicos – vedam o reconhecimento da escritura de união poliafetiva pelo Direito de Família, o mundo dos contratos pode perfeitamente aceitar o teor que ali se pretende expressar. Em vez de um ato só, a solução jurídica para casos como os relatados no início do texto estará em várias minutas. Essa minha posição, a propósito, foi citada pelo Conselheiro Arnaldo Hossepian Salles Lima Junior, quando do julgamento pelo CNJ. Quanto à afirmação de não ser a lealdade requisito essencial da união estável, julgado do Superior Tribunal de Justiça do ano de 2022 trouxe a afirmação seguida por mim, com o seguinte trecho a merecer destaque: "a lealdade ao convivente não é um elemento necessário à caracterização da união estável, mas, ao revés, um valor jurídico tutelado pelo ordenamento que o erige ao status de dever que decorre da relação por eles entabulada, isto é, a ser observado após a sua caracterização". De todo modo, o acórdão reconhece, na linha do que será desenvolvido a seguir, que "os deveres de fidelidade e de lealdade podem ser relevantes para impedir o eventual de reconhecimento de relações estáveis e duradouras simultâneas, concomitantes ou paralelas, em virtude da consagração da monogamia e desses deveres como princípios orientadores das relações afetivas estáveis e duradouras. Contudo, esses deveres não são relevantes na hipótese em que as relações estáveis e duradouras são sucessivas, iniciada a segunda após a separação de fato na primeira, e na qual os relacionamentos extraconjugais mantidos por um dos conviventes eram eventuais, não afetivos, não estáveis, não duradouros e, bem assim, insuscetíveis de impedir a configuração da união estável". Ao final reconheceu-se a existência de uma união estável justamente pelo fato de o companheiro casado estar separado de fato, nos termos do art. 1.723, § 1º, do Código Civil, conforme provado nas instâncias inferiores (STJ, REsp n. 1.974.218 /AL, 3ª Turma, Rel. Min. Fátima Nancy Andrighi, j. 08.11.2022). Sobre a discussão de culpa em ações de dissolução da união estável, muitos julgados anteriores já vinham respondendo negativamente, sendo pertinente destacar, por todos: "Possibilidade de reconhecimento sobre a existência da união estável e consequente dissolução, no caso concreto, por não conveniente a manutenção dessa condição. Descabimento de debate sobre quem seja o responsável pelo fim do companheirismo, sem ensejo a que se apliquem normas pertinentes à separação judicial, por sua natureza restritiva e não equivalência entre o casamento e a união de fato. Inexistência de bens a serem partilhados, já que o único bem imóvel das partes foi doado à apelante, pelo recorrido, em data anterior à dissolução da sociedade de fato. Impossibilidade de partilha. Recurso provido" (TJSP, 5.ª Câmara, Seção de Direito Privado, Apelação 261.520-4/2-00, Rel. Des. Mathias Coltro, voto 10.826). Ou, ainda: "Atribuição de culpa pela dissolução da união estável. Descabida a atribuição de culpa a um dos companheiros pela dissolução da união estável, uma vez que, via de regra, há concorrência de ambos para o falecimento do relacionamento. Recurso desprovido" (TJRS, Processo 70011839495, 8.ª Câmara Cível, Bagé, Rel. Juíza Catarina Rita Krieger Martins, j. 04.08.2005). Sobre a influência da culpa para os alimentos, já demonstrei que o STJ tem respondido negativamente, conclusão que prevalece também para a união estável. Porém, em sentido contrário quanto à responsabilidade civil, entendendo pela possibilidade de debate da culpa para os fins de imputação do dever de indenizar do companheiro: "O casal, seja na constância do casamento ou da união estável, tem o dever [de] lealdade e de fidelidade recíproca, nos termos dos artigos 1.566, I e 1.724 do Código Civil. Age de forma ilícita a esposa ou companheira que omite o fato da filha, nascida na constância da convivência conjugal, ser filha biológica de outro homem. É evidente o profundo abalo psicológico e sofrimento moral sofrido pelo apelante, que acreditou por quase uma década que era pai biológico da filha da apelada, vindo, inclusive a registrá-la como se sua filha fosse" (TJMG, Apelação Cível 0048099-50.2016.8.13.0471, 13.ª Câmara Cível, Pará de Minas, Rel. Des. Luiz Carlos Gomes da Mata, j. 31.01.2019, *DJEMG* 08.02.2019).

REFORMA DO CÓDIGO CIVIL: Revoga-se expressamente o art. 1.724 do Código Civil, e os deveres da união estável passarão a constar do art. 1.566, em equiparação total ao casamento, como antes pontuado ("Art. 1.566. São deveres de ambos os cônjuges ou conviventes: [...]"). Como visto, há, no Anteprojeto, uma equiparação das duas entidades familiares quanto à sua eficácia, com destaque para o tema do regime de bens, em todos os comandos aqui comentados. No que diz respeito à fidelidade, passará a ser expressamente aplicável à união estável, fechando-se definitivamente qualquer possibilidade de admissão de relações poliafetivas ou relacionamentos paralelos, pelo Direito de Família Brasileiro, pois o Anteprojeto, em várias de suas proposições, traz a aplicação da monogamia também à união estável. Essa foi a posição que prevaleceu de forma amplamente majoritária na Comissão de Juristas. Voltarei a ela nos comentários ao art. 1.727 do CC.

Art. 1.725. Na união estável, salvo contrato escrito entre os companheiros, aplica-se às relações patrimoniais, no que couber, o regime da comunhão parcial de bens.

COMENTÁRIOS DOUTRINÁRIOS: Sobre os direitos patrimoniais decorrentes da união estável, expressa o preceito em estudo que na união estável, salvo contrato escrito entre os companheiros, aplica-se às relações patrimoniais, no que couber, o regime da comunhão parcial de bens. Como primeira observação, o contrato mencionado pelo dispositivo é denominado pela doutrina como *contrato de convivência*. Tal contrato pode reconhecer a união estável e pactuar quanto ao regime de bens, optando-se por outro que não seja o da comunhão parcial de bens. Podem as partes, por exemplo, eleger o regime da separação de bens, da comunhão universal ou até um regime misto, em situação similar ao casamento. Todavia, repito a minha posição doutrinária no sentido de que o negócio celebrado não pode afastar a existência de uma união estável quando ela estiver configurada, que muitas vezes é denominado como *contrato de namoro*. Em casos de dúvidas, prevalecem a situação fática e a vontade dos envolvidos, guiadas pela máxima *in dubio pro familia*. Ainda sobre o contrato a forma é livre, sendo até dispensável a sua elaboração, já que a união estável é considerada, pelo menos em regra uma *família de fato*. Para ter validade e eficácia perante as partes, basta que o contrato de convivência tenha sido feito por instrumento particular. Conforme o Enunciado n. 30 do IBDFAM, aprovado no seu *XII Congresso Brasileiro*, em 2019, "nos casos de eleição de regime de bens diverso do legal na união estável, é necessário contrato escrito, a fim de assegurar eficácia perante terceiros". Porém, para que tenha eficácia perante terceiros (*erga omnes*), entendo que deverá ser elaborado por escritura pública e registrado no Cartório de Registro de Imóveis, assim como ocorre com o pacto antenupcial. Por questão de certeza e segurança, recomenda-se a elaboração de pelo menos uma escritura, em Tabelionato de Notas, dotada de fé pública, para que não pairem dúvidas sobre a existência da união. Aliás, quando as partes procuram regulamentar a sua convivência, a união estável deixa de ser uma mera situação de fato, passando a constituir verdadeiro negócio jurídico, ato de vontade lícito em que há uma composição de interesses com finalidade específica. Pode-se dizer, ainda, que o preenchimento dessas formalidades gera uma *união estável qualificada* ou uma *superconvivência*. Já se vinha admitido, por decisões das Corregedorias Estaduais, o registro da escritura pública ou mesmo de instrumento particular de reconhecimento de união estável no Livro E, no Cartório de Registro Civil das Pessoas Naturais, o que fomenta o debate sobre a possibilidade de a união estável criar um estado civil. Nesse sentido, destaque-se a ementa doutrinária aprovada na *II Jornada de Prevenção e Solução Extrajudicial de Litígios*, em agosto de 2021, com a seguinte redação: "É admissível a formalização de união estável por meio do registro, no livro E do Registro Civil de Pessoas Naturais, de instrumento particular que preencha os requisitos do art. 1.723 do CC/2002". A Lei n. 14.382/2022, que instituiu o Sistema Eletrônico dos Registros Públicos (SERP), introduziu o art. 94-A na Lei de Registros Públicos (Lei n. 6.015/1973), admitindo expressamente essa possibilidade de registro das uniões estáveis no Livro E do Cartório de Registro Civil. Nos termos da nova norma, os registros das sentenças declaratórias de reconhecimento e dissolução da união estável, bem como dos termos declaratórios formalizados perante o oficial de registro civil e das escrituras públicas declaratórias e dos distratos que envolvam união estável, poderão ser feitos no Livro E do registro civil de pessoas naturais em que os companheiros têm ou tiveram sua última residência. Desse registro facultativo, deverão constar: *a)* a data do registro; *b)* o nome, o estado civil, a data de nascimento, a profissão, o CPF e a residência dos companheiros; *c)* o nome dos pais dos companheiros; *d)* a data e o cartório em que foram registrados os nascimentos das partes, seus casamentos e uniões estáveis anteriores, bem como os óbitos de seus outros cônjuges ou companheiros, quando houver; e) a data da sentença, o trânsito em julgado da sentença, a vara e o nome do juiz que proferiu a eventual decisão de reconhecimento e dissolução da união estável; *f)* a data da escritura pública, mencionando o livro, a página e o tabelionato que lavrou o ato, se for o caso; *g)* o regime de bens dos companheiros; e *h)* o nome que os companheiros passam a ter em virtude da união estável. Como importante limitação, a mesma norma estabelece que não poderá ser promovido o registro, no Livro E, de união estável de pessoas casadas, ainda que separadas de fato, exceto se separadas judicialmente ou extrajudicialmente, ou se a declaração da união estável decorrer de sentença judicial transitada em julgado (novo art. 94-A, § 1º, da Lei de Registros Públicos). Afasta-se, assim e em parte, a norma do art. 1.723, § 1º, do Código Civil, não podendo a pessoa separada de fato ter essa união estável qualificada pelo registro especial. Nos dois parágrafos seguintes, há tratamento sobre o registro da união estável reconhecida no estrangeiro (§§ 2º e 3º do novo art. 94-A da Lei n. 6.015/1973). Assim, as sentenças estrangeiras de reconhecimento de união estável, os termos extrajudiciais, os instrumentos particulares ou escrituras públicas declaratórias de união estável, bem como os respectivos distratos, lavrados no exterior, nos quais ao menos um dos companheiros seja brasileiro, poderão ser levados a registro no Livro E do registro civil de pessoas naturais em que qualquer dos companheiros tem ou tenha tido sua última residência no território nacional. Para os fins desse registro, os citados atos de reconhecimento bem como os respectivos "distratos", lavrados no exterior, deverão ser devidamente legalizados ou apostilados e acompanhados de tradução juramentado. O termo entre aspas é infeliz, pois diz respeito à extinção de contratos por mútuo acordo entre as partes, por exercício de direito potestativo bilateral, nos termos do art. 472 do Código Civil. E, por ser a extinção da união estável um negócio jurídico que tem conteúdo essencialmente existencial, mais do que o patrimonial, não há, na verdade, um distrato propriamente dito. Em casos tais, de registro especial, percebe-se verdadeira evolução do instituto, que passa a ser constituído por clara opção e não por *falta de opção*. Diante dessa constatação, não se pode mais afirmar que a união estável será sempre uma situação de fato, ou um ato-fato jurídico, sendo possível que as partes regulamentem parte de suas pretensões por meio do exercício da autonomia privada. Sobre a expressão "no que couber", existem variações na interpretação pela doutrina. Para Álvaro Villaça Azevedo, criador do termo, ele significa que a união estável institui verdadeiro condomínio entre os companheiros, conforme já previa o art. 5º da Lei n. 9.278/1996. Filia-se à corrente que afirma que tal expressão somente afasta a aplicação das regras incompatíveis da comunhão parcial de bens à união estável. Ilustrando tal conclusão, entendo que não se aplica à união estável a exigência da outorga conjugal do art. 1.647 do CC/2002. Some-se a isso o fato de a norma ser restritiva da autonomia privada, não admitindo analogia. Veremos a seguir como tem sido o tema interpretado pela jurisprudência superior. Como outro aspecto doutrinário relativo ao comando, nota-se que o Código Civil de 2002 encerrou polêmica anterior prevendo expressamente que o regime legal da união estável é o da comunhão parcial de bens. Por isso, não se cogita mais a prova de eventual esforço comum para a comunicação de bens havidos na vigência da atual codificação. Nesse sentido, o Enunciado n. 115 do CJF/STJ da *I Jornada de Direito Civil*, pelo qual há presunção de comunhão de aquestos na constância da união mantida entre os companheiros, sendo desnecessária a prova do esforço comum para se comunicarem os bens adquiridos a título oneroso durante esse período. Mas surge outra dúvida, o que justifica a existência desse enunciado doutrinário: o regime da comunhão parcial já se aplicava à união estável antes do Código Civil de 2002? Vale transcrever as normas anteriores aplicáveis para a união estável, notadamente nas repercussões patrimoniais, a fim de esclarecer a intricada problemática. De acordo com o art. 3º da Lei n. 8.971/1994, "quando os bens deixados pelo(a) autor(a) da herança resultarem de atividade em que haja colaboração do(a) companheiro, terá o sobrevivente direito à metade dos bens". Como a norma mencionava a colaboração do companheiro, seguia parcialmente o sentido da Súmula n. 380 do STF, que era aplicável anteriormente à união estável, não se consagrando a comunhão parcial de bens, diante da necessidade da prova do esforço comum para que surgisse o direito ao convivente a uma participação patrimonial. Ato contínuo, preceituava o art. 5º da Lei n. 9.278/1996 que "os bens móveis e imóveis adquiridos por um ou por ambos os conviventes, na constância da união estável e a título oneroso, são considerados fruto do trabalho e da colaboração comum, passando a pertencer a ambos, em condomínio e em partes iguais, salvo estipulação contrária em contrato escrito. § 1º Cessa a presunção do *caput* deste artigo se a aquisição patrimonial ocorrer com o produto de bens adquiridos anteriormente ao início da união. § 2º A administração do patrimônio comum dos conviventes compete a ambos, salvo estipulação contrária em contrato escrito". Essa norma é que suscita maiores dúvidas a respeito de incidir ou não a comunhão parcial. Como se verá a seguir, a jurisprudência superior conclui na atualidade que, desde a entrada em vigor dessa lei, o regime legal da união estável passou a ser a comunhão parcial. Com o devido respeito, entendo que antes da entrada em vigor do Código Civil de 2002, o regime de bens da união estável não era o da comunhão parcial. O principal argumento para tal conclusão é que haveria antes a necessidade de prova do esforço comum para o direito à participação ou meação. Essa conclusão se dá pela interpretação do último comando transcrito e da citada Súmula n. 380 do STF que exigiriam a prova desse esforço para as uniões anteriores. Nesse contexto, o regime da união estável, antes, seria algo próximo da atual participação final nos aquestos. O debate é relevante, pois, segundo o Enunciado n. 346 do Conselho da Justiça Federal, aprovado na *IV Jornada de Direito Civil*, "na união estável o regime patrimonial obedecerá à norma vigente no momento da aquisição de cada bem, salvo contrato escrito". Pelo teor do enunciado doutrinário, a verificação da titularidade dos bens dos companheiros dependerá da lei vigente quando de sua aquisição, variando de acordo com o tempo, o que tem sido aplicado pela nossa jurisprudência, como se verá no desenvolvimento do próximo tópico.

JURISPRUDÊNCIA COMENTADA: De início, a respeito da escolha de regime distinto por meio de contrato *de convivência*, destaque-se: "O pacto de convivência formulado em particular, pelo casal, na qual se opta pela adoção da regulação patrimonial da futura relação como símil ao regime de comunhão universal, é válido, desde que escrito" (STJ, REsp 1.459.597/SC, 3.ª Turma, Rel. Min. Nancy Andrighi, j. 01.12.2016, *DJe* 15.12.2016). Como antes aduzi, entendo que o contrato em questão pode reconhecer a existência, a validade e a eficácia de uma união estável a partir de determinado momento. Tal reconhecimento não afasta a possibilidade de se provar que a união estável já existia antes do período mencionado, ou seja, é imperioso reconhecer a *retroatividade restritiva do contrato de convivência*. Ilustrando, os companheiros celebram um contrato de convivência, em 2012, apontando que a união estável já existia desde 2008. Isso não obsta a possibilidade de qualquer uma das partes provar que a convivência é de período anterior. De toda sorte, o entendimento da jurisprudência superior, com o fim de se evitar fraudes e de se afastar mais benefícios à união estável do que ao casamento é em sentido contrário. Como se extrai de acórdão de sua Terceira Turma, "no curso do período de convivência, não é lícito aos conviventes atribuírem por contrato efeitos retroativos à união estável elegendo o regime de bens para a sociedade de fato, pois, assim, estar-se-ia conferindo mais benefícios à união estável que ao casamento" (STJ, REsp 1.383.624/MG, 3.ª Turma, Rel. Min. Moura Ribeiro, j. 02.06.2015, *DJe* 12.06.2015). Essa posição acabou por se consolidar no âmbito da Corte Superior. Em 2021, a afirmação foi repetida em outro acórdão, com o seguinte trecho: "Em razão da interpretação do art. 1.725 do CC/2002, decorre a conclusão de que não é possível a celebração de escritura pública modificativa do regime de bens da união estável com eficácia retroativa, especialmente porque a ausência de contrato escrito convivencial não pode ser equiparada à ausência de regime de bens na união estável não formalizada, inexistindo lacuna normativa suscetível de ulterior declaração com eficácia retroativa. Em suma, às uniões estáveis não contratualizadas ou contratualizadas sem dispor sobre o regime de bens, aplica-se o regime legal da comunhão parcial de bens do art. 1.725 do CC/2002, não se admitindo que uma escritura pública de reconhecimento de união estável e declaração de incomunicabilidade de patrimônio seja considerada mera declaração de fato pré-existente, a saber, que a incomunicabilidade era algo existente desde o princípio da união estável, porque se trata, em verdade, de inadmissível alteração de regime de bens com eficácia *ex tunc*" (STJ, REsp 1.845.416/MS, 3.ª Turma, Rel. Min. Marco Aurélio Bellizze, Rel. p/ Acórdão Min. Nancy Andrighi, j. 17.08.2021, *DJe* 24.08.2021). Com o devido respeito, não estou filiado ao teor dos acórdãos, e penso que é possível sim dar um caráter retroativo ao contrato de convivência, tendo ele uma *eficácia restritiva* desde que não prejudique o companheiro, como nos casos em que se faz a opção pelo regime da separação convencional de bens, o que é comum na prática. Nas hipóteses, contudo, em que houver a última pactuação, há sim que se reconhecer a sua impossibilidade e até nulidade, caso seja feita. Sobre a questão da outorga convivencial, já respondi aqui negativamente quanto à aplicação do art. 1.647 do CC para a união estável, que é norma restritiva da autonomia privada no casamento e, como tal, não admite analogia. No âmbito da jurisprudência brasileira, podem ser encontradas três correntes, debate que, como também pontuei, foi incrementado pela entrada em vigor do CPC/2015. Seguindo essa primeira corrente jurisprudencial, a que estou alinhado, destaque-se, por todos: "Mostra-se de extrema relevância para a construção de uma jurisprudência consistente acerca da disciplina do casamento e da união estável saber, diante das naturais diferenças entre os dois institutos, quais os limites e possibilidades de tratamento jurídico diferenciado entre eles. Toda e qualquer diferença entre casamento e união estável deve ser analisada a partir da dupla concepção do que seja casamento – por um lado, ato jurídico solene do qual decorre uma relação jurídica com efeitos tipificados pelo ordenamento jurídico, e, por outro, uma entidade familiar, dentre várias outras protegidas pela Constituição. Assim, o casamento, tido por entidade familiar, não se difere em nenhum aspecto da união estável – também uma entidade familiar –, porquanto não há famílias timbradas como de "segunda classe" pela Constituição Federal de 1988, diferentemente do que ocorria nos diplomas constitucionais e legais superados. Apenas quando se analisa o casamento como ato jurídico formal e solene é que as diferenças entre este e a união estável se fazem visíveis, e somente em razão dessas diferenças entre casamento – ato jurídico – e união estável é que o tratamento legal ou jurisprudencial diferenciado se justifica. A exigência de outorga uxória a determinados negócios jurídicos transita exatamente por este aspecto em que o tratamento diferenciado entre casamento e união estável é justificável. É por intermédio do ato jurídico cartorário e solene do casamento que se presume a publicidade do estado civil dos contratantes, de modo que, em sendo eles conviventes em união estável, hão de ser dispensadas as vênias conjugais para a concessão de fiança. Desse modo, não é nula nem anulável a fiança prestada por fiador convivente em união estável sem a outorga uxória do outro companheiro. Não incidência da Súmula n. 332/STJ à união estável" (STJ, REsp 1.299.866/DF, 4.ª Turma, Rel. Min. Luis Felipe Salomão, j. 25.02.2014, *DJe* 21.03.2014). Todavia, para uma segunda corrente, a expressão "no que couber" inclui a exigência de outorga entre as regras do casamento aplicáveis à união estável, em uma tendência de equiparação total das duas entidades familiares: "A lei civil exige, para alienação ou constituição de gravame de direito real sobre bem comum, o consentimento dos demais condôminos. A necessidade é de tal modo imperiosa, que tal consentimento é, hoje, exigido da companheira ou convivente de união estável (art. 226, § 3º, da CF), nos termos da Lei n. 9.278/1996" (STJ, REsp 755.830/SP, 2.ª Turma, Rel. Min. Eliana Calmon, j. 07.11.2006, *DJ* 1º.12.2006, p. 291). Acrescente-se que, ao final de 2014, surgiu outra forma de julgar na Superior Instância, que parece indicar uma *terceira via*, respondendo "depende" para a necessidade da outorga convivencial nos casos descritos no art. 1.647 do Código Civil. Conforme acórdão publicado no *Informativo* n. *554* do Tribunal da Cidadania, de fevereiro de 2015, a invalidade da venda de imóvel comum, fundada na ausência de outorga do companheiro, depende da publicidade conferida à união estável. E essa publicidade se dá mediante averbação de contrato de convivência ou decisão declaratória da existência de união estável no Cartório de Registro de Imóveis em que cadastrados os bens comuns, ou demonstração de má-fé do adquirente (STJ, REsp 1.424.275/MT, Rel. Min. Paulo de Tarso Sanseverino, j. 04.12.2014, *DJe* 16.12.2014). Como aqui já se alertava, o debate a respeito da outorga convivencial tende a se aprofundar na vigência do Código de Processo Civil de 2015. O comando que gerará grandes repercussões é o seu art. 73 do CPC/2015, a seguir transcrito: "O cônjuge necessitará do consentimento do outro para propor ação que verse sobre direito real imobiliário, salvo quando casados sob o regime de separação absoluta de bens. § 1º Ambos os cônjuges serão necessariamente citados para a ação: I – que verse sobre direito real imobiliário, salvo quando casados sob o regime de separação absoluta de bens; II – resultante de fato que diga respeito a ambos os cônjuges ou de ato praticado por eles; III – fundada em dívida contraída por um dos cônjuges a bem da família; IV – que tenha por objeto o reconhecimento, constituição ou extinção de ônus sobre imóvel de um ou de ambos os cônjuges. § 2º Nas ações possessórias, a participação do cônjuge do autor ou do réu somente é indispensável nas hipóteses de composse ou de ato por ambos praticado. § 3º Aplica-se o disposto neste artigo à união estável comprovada nos autos". Reitero que foi mantida a regra antecedente, agora no art. 74 do CPC/2015, no sentido de que tal consentimento para as ações reais sobre imóveis possa ser suprido judicialmente quando for negado por um dos cônjuges sem justo motivo, ou quando lhe seja impossível concedê-lo. Em complemento, a falta de consentimento invalida o processo quando necessário e não suprido pelo juiz. O novo dispositivo processual deve ser confrontado com o antes exposto art. 1.647, inc. II, do Código Civil, que faz a mesma exigência, de outorga conjugal, para as ações que dizem respeito a direitos reais imobiliários. E, diante da previsão do § 3º do art. 73 do CPC/2015, essa exigência passa a ser presente nos casos de união estável comprovada nos autos, reconhecendo-se a necessidade de uma *outorga convivencial*. A dúvida diz respeito à extensão dessa exigência para todos os incisos do art. 1.647 do Código Civil, diante da nova regra processual. Apesar de toda essa argumentação, continuo a seguir a corrente pela resposta negativa, sendo essa claramente a tendência superior do STJ, ou seja, é correto afirmar que o art. 1.647 do Código Civil, em regra, não tem incidência para a união estável. Contudo, não se negue que o Código de Processo Civil atualmente em vigor tende a aprofundar o debate a respeito dessa problemática, por mencionar a necessidade da outorga conjugal para a hipótese que está prevista no inciso II do art. 1.647 do Código Civil. Além disso, penso que a decisão do STF, que em maio de 2017 equiparou a união estável ao casamento para os fins sucessórios, e com repercussão geral, também tende a fortalecer a afirmação de incidência do art. 1.647 para os companheiros; o que não é exatamente o meu entendimento, quanto ao último aspecto, repise-se (STF, Recurso Extraordinário 878.694/MG, Rel. Min. Luís Roberto Barroso, publicado no seu *Informativo* n. *864*). Isso porque o último julgado está fundado na equalização das duas entidades familiares, o que, para alguns, atingiria as regras de Direito de Família. A propósito, no final de 2017 surgiu novo julgado do STJ nessa linha de exigência da outorga do companheiro, concluindo que "revela-se indispensável a autorização de ambos os conviventes para alienação de bens imóveis adquiridos durante a constância da união estável, considerando o que preceitua o art. 5º da Lei n. 9.278/1996, que estabelece que os referidos bens pertencem a ambos, em condomínio e em partes iguais, bem como em razão da aplicação das regras do regime de comunhão parcial de bens, dentre as quais se insere a da outorga conjugal, a teor do que dispõem os arts. 1.647, inc. I, e 1.725, ambos do Código Civil, garantindo-se, assim, a proteção do patrimônio da respectiva entidade familiar". Porém, conforme o mesmo aresto, "não obstante a necessidade de outorga convivencial, diante das peculiaridades próprias do instituto da união estável, deve-se observar a necessidade de proteção do terceiro de boa-fé, porquanto, ao contrário do que ocorre no regime jurídico do casamento, em que se tem um ato formal (cartorário) e solene, o qual confere ampla publicidade acerca do estado civil dos contratantes, na união estável há preponderantemente uma informalidade no vínculo entre os conviventes, que não exige qualquer documento, caracterizando-se apenas pela convivência pública, contínua e duradoura". Ao final, como não havia registro imobiliário quanto à existência da união estável ou qualquer prova de má-fé dos adquirentes dos bens, a venda foi reconhecida como válida e eficaz em relação aos terceiros (STJ, REsp 1.592.072/PR, 3.ª Turma, Rel. Min. Marco Aurélio Bellizze, j. 21.11.2017, *DJe* 18.12.2017). Sem dúvidas, esse acórdão traz um novo tratamento do assunto, afirmando a necessidade da outorga convivencial como regra, já sob a ótica do art. 73 do CPC/2015 e citando o seu teor. Será necessário, portanto, aguardar eventual pacificação sobre o tema na Segunda Seção do Tribunal, pois o Tribunal começa a dar sinais de um novo rumo. Da minha parte, continuo a entender que o art. 1.647 do Código Civil é norma restritiva prevista para o casamento e, como tal, não pode ser aplicada por analogia à união estável. De todo modo, o tema é confuso, estando distante da desejada segurança jurídica, o que justifica a necessidade de alteração da legislação civil, o que é almejado na Reforma do Código Civil, em trâmite no Congresso Nacional. Feitas tais anotações, quanto à comunicação de bens na união estável, é preciso aqui expor duas afirmações constantes da Edição n. 50 da ferramenta *Jurisprudência em Teses* do STJ, com grande repercussão prática. Conforme a tese n. 11, "a valorização patrimonial dos imóveis ou das cotas sociais de sociedade limitada, adquiridos antes do início do período de convivência, não se comunica, pois não decorre do esforço comum dos companheiros, mas de mero fator econômico". No mesmo sentido, aliás, a tese n. 5 constante da Edição n. 113 da mesma Ferramenta, que trata da dissolução do casamento e da união estável. Estou filiado à afirmação, pois a quota é originária de fato gerador anterior à união estável. Ademais, nos termos da premissa 12 da Edição n. 50 da *Jurisprudência em Teses*, "a incomunicabilidade do produto dos bens adquiridos anteriormente ao início da união estável não afeta a comunicabilidade dos frutos, conforme previsão do art. 1.660, inciso V, do Código Civil de 2002". Nos termos do precedente que a gerou: "A valorização dos imóveis de propriedade da recorrente trata-se de um fenômeno meramente econômico, não podendo ser identificada como fruto, produto do bem, ou mesmo como um acréscimo patrimonial decorrente do esforço comum dos companheiros. Ela decorre da própria existência do imóvel no decorrer do tempo, conjugada a outros fatores, como sua localização, estado de conservação etc. Se os imóveis da recorrida não se comunicam porque foram adquiridos antes da união estável, ou na constância desta, mas a título de herança, ainda que tenham se valorizado ao longo do tempo, continuarão incomunicáveis" (STJ, REsp 1.349.788/RS, 3.ª Turma, Rel. Min. Nancy Andrighi, j. 26.08.2014, *DJe* 29.08.2014). Como se nota, a dedução segue a interpretação no sentido de que apenas não se aplicam à união estável as regras incompatíveis da comunhão parcial, o que não é o caso do último dispositivo citado. Portanto, trata-se de outra tese que tem o meu apoio. Sobre a última nota doutrinária feita por mim, a respeito de ser a comunhão parcial ou não o regime da união estável antes do Código Civil de 2002, ressalto que há acórdãos antigos apontando a desnecessidade de prova do esforço comum para os casos de união estável constituída na vigência das leis anteriores, o que nos conduz à conclusão de que o regime seria o da comunhão parcial antes do Código Civil em vigor. Assim concluindo, ainda utilizando a expressão concubinato: "No regime de concubinato instituído pelo art. 5º da Lei n. 9.278/1996, reconhecida a união estável, os bens havidos na constância dessa convivência devem ser tidos como decorrentes do esforço comum da família, descabendo, na espécie, a exigência de comprovação de tal condição pela mulher. Na hipótese, apesar de o acórdão hostilizado haver reconhecido a união estável e a sociedade de fato do casal, entendeu que a recorrente não possuía direito à meação do imóvel constrito, uma vez que fora adquirido em período que se teve como início da união estável, ocorrida há cerca de 14 anos. 3. Óbice não excetuado pelo art. 5º da Lei n. 9.278/1996" (STJ, REsp 230.991/SP, 5.ª Turma, Rel. Min. Gilson Dipp, j. 03.02.2000, *DJ* 28.02.2000, p. 116). Ou, ainda: "Direito civil. Família. Ação de reconhecimento e dissolução de união estável. Partilha de bens. Valores sacados do FGTS. A presunção de condomínio sobre o patrimônio adquirido por um ou por ambos os companheiros a título oneroso durante a união estável, disposta no art. 5º da Lei n. 9.278/1996 cessa em duas hipóteses: i) se houver estipulação contrária em contrato escrito (*caput*, parte final); ii) se a aquisição ocorrer com o produto de bens adquiridos anteriormente ao início da união estável (§ 1º). A conta vinculada mantida para depósitos mensais do FGTS pelo empregador, constitui um crédito de evolução contínua, que se prolonga no tempo, isto é, ao longo da vida laboral do empregado o fato gerador da referida verba se protrai, não se evidenciando a sua disponibilidade a qualquer momento, mas tão somente nas hipóteses em que a lei permitir. As verbas de natureza trabalhista nascidas e pleiteadas na constância da união estável comunicam-se entre os companheiros. Considerando-se que o direito ao depósito mensal do FGTS, na hipótese sob julgamento, teve seu nascedouro em momento anterior à constância da união estável, e que foi sacado durante a convivência por decorrência legal (aposentadoria) e não por mero pleito do recorrido, é de se concluir que apenas o período compreendido entre os anos de 1993 a 1996 é que deve ser contado para fins de partilha. Recurso especial conhecido e provido em parte" (STJ, REsp 758.548/MG, 3.ª Turma, Rel. Min. Nancy Andrighi, j. 03.10.2006, *DJ* 13.11.2006, p. 257). Porém, existiam ementas superiores apontando justamente o contrário, ou seja, a necessidade da prova do esforço comum, o que traz a dedução de que o regime da união estável não era o da comunhão parcial de bens antes da atual codificação, na linha da doutrina transcrita: "União estável. Partilha dos bens adquiridos no período de convivência. Prova de que tenham sido adquiridos como fruto do trabalho ou da colaboração comum. Pretensão indeferida. Não evidenciado que os bens tenham sido adquiridos mediante o esforço comum, não se determina a partilha dos bens, mesmo porque não se sabe que bens sejam esses" (STJ, REsp 550.280/RJ, 4.ª Turma, Rel. Min. Barros Monteiro, j. 01.09.2005, *DJ* 10.10.2005, p. 372). Mais atual, do mesmo Tribunal da Cidadania, enfrentando por igual o problema de direito intertemporal antes exposto e na mesma linha do Enunciado n. 346 da *IV Jornada de Direito Civil*, cabe destacar: "A presunção legal de esforço comum na aquisição do patrimônio dos conviventes foi introduzida pela Lei n. 9.278/96, devendo os bens amealhados no período anterior à sua vigência, portanto, ser divididos proporcionalmente ao esforço comprovado, direto ou indireto, de cada convivente, conforme disciplinado pelo ordenamento jurídico vigente quando da respectiva aquisição (Súmula n. 380/STF). Os bens adquiridos anteriormente à Lei n. 9.278/96 têm a propriedade – e, consequentemente, a partilha ao cabo da união – disciplinada pelo ordenamento jurídico vigente quando respectiva aquisição, que ocorre no momento em que se aperfeiçoam os requisitos legais para tanto e, por conseguinte, sua titularidade não pode ser alterada por lei posterior em prejuízo ao direito adquirido e ao ato jurídico perfeito (art. 5º, XXXVI, da CF e art. 6º da Lei de Introdução ao Código Civil). Os princípios legais que regem a sucessão e a partilha de bens não se confundem: a sucessão é disciplinada pela lei em vigor na data do óbito; a partilha de bens, ao contrário, seja em razão do término, em vida, do relacionamento, seja em decorrência do óbito do companheiro ou cônjuge, deve observar o regime de bens e o ordenamento jurídico vigente ao tempo da aquisição de cada bem a partilhar. A aplicação da lei vigente ao término do relacionamento a todo o período de união implicaria expropriação do patrimônio adquirido segundo a disciplina da lei anterior, em manifesta ofensa ao direito adquirido e ao ato jurídico perfeito" (STJ, REsp 1.124.859/MG, 2.ª Seção, Rel. Min. Luis Felipe Salomão, Rel. p/ Acórdão Min. Maria Isabel Gallotti, j. 26.11.2014, *DJe* 27.02.2015). Como se pode verificar, o julgado diz respeito à aquisição de bens efetuada antes da Lei n. 9.278/1996, concluindo pela necessidade de prova de esforço comum para a comunicação de bens havidos em período anterior da sua entrada em vigor. No entanto, para o mesmo aresto, a comunhão parcial passou a ser o regime de bens a partir da entrada em vigor da norma de 1996. O último acórdão é um dos precedentes que fez com que o Tribunal da Cidadania publicasse a premissa número 16 na Edição n. 50 da nova ferramenta *Jurisprudência em Teses*, a saber: "A presunção legal de esforço comum quanto aos bens adquiridos onerosamente prevista no art. 5º da Lei n. 9.278/1996 não se aplica à partilha do patrimônio formado pelos conviventes antes da vigência da referida legislação". Essa posição é a que deve ser considerada majoritária para os devidos fins práticos, apesar de não ter o meu apoio doutrinário. Como último julgado a ser destacado, citando a minha posição, aresto do Superior Tribunal de Justiça do ano de 2022 conclui que "a existência de contrato escrito é o único requisito legal para que haja a fixação ou a modificação, sempre com efeitos prospectivos, do regime de bens aplicável a união estável, de modo que o instrumento particular celebrado pelas partes produz efeitos limitados aos aspectos existenciais e patrimoniais da própria relação familiar por eles mantida. Significa dizer que o instrumento particular, independentemente de qualquer espécie de publicidade e registro, terá eficácia e vinculará as partes e será relevante para definir questões *interna corporis* da união estável, como a sua data de início, a indicação sobre quais bens deverão ou não ser partilhados, a existência de prole concebida na constância do vínculo e a sucessão, dentre outras. O contrato escrito na forma de simples instrumento particular e de conhecimento limitado aos contratantes, todavia, é incapaz de projetar efeitos para fora da relação jurídica mantida pelos conviventes, em especial em relação a terceiros porventura credores de um deles, exigindo-se, para que se possa examinar a eventual oponibilidade erga omnes, no mínimo, a prévia existência de registro e publicidade aos terceiros" (STJ, REsp 1.988.228/PR, 3.ª Turma, Rel. Min. Nancy Andrighi, j. 07.06.2022, DJe 13.06.2022). Como não poderia ser diferente, estou totalmente filiado ao seu conteúdo.

REFORMA DO CÓDIGO CIVIL: A Comissão de Juristas almeja um texto mais objetivo do que o atual art. 1.725, que é revogado expressamente, retirando-se a controversa locução "no que couber", que gera divergências desde o seu surgimento na codificação privada. Assim, a norma passará a prever o seguinte: "Art. 1.564-B. Aplica-se à união estável, salvo se houver pacto convivencial ou contrato de convivência dispondo de modo diverso, o regime da comunhão parcial de bens". A regra, portanto, é a equiparação das duas entidades familiares no que diz respeito ao tratamento patrimonial e do regime de bens, o que é retirado dos comentários a vários dispositivos ora desenvolvidos. Entretanto, como antes pontuado, restarão diferenças nas regras de formalidades e solenidades, hipótese em que a equiparação total entre a união estável e o casamento somente estará presente se a união estável for registrada no Livro E perante o Cartório de Registro Civil das Pessoas Naturais. Como visto, a exigência de outorga convivencial, nos termos do art. 1.647 do CC, somente será necessária se ela for devidamente registrada ("§ 3º O disposto neste artigo aplica-se à união estável devidamente registrada no Registro Civil das Pessoas Naturais"). No que diz respeito a toda a polêmica exposta a respeito da incidência do regime da separação obrigatória de bens para a união estável, reitera-se que desaparecerá do sistema, assim como as causas suspensivas do casamento, com a revogação expressa dos arts. 1.641 e 1.523 do CC. As propostas, portanto, são de simplificação, afastando debates infindáveis a respeito da matéria.

Art. 1.726. A união estável poderá converter-se em casamento, mediante pedido dos companheiros ao juiz e assento no Registro Civil.

COMENTÁRIOS DOUTRINÁRIOS: No que concerne à conversão da união estável em casamento, conforme ordena o Texto Maior (art. 226, § 3º), está previsto no Código Civil que a união estável poderá converter-se em casamento, mediante pedido dos companheiros ao juiz e assento no Registro Civil. O dispositivo sempre apresentou alguns inconvenientes. De início, a lei não possibilitava expressamente a conversão administrativa, pois haveria necessidade de autorização judicial, o que tornava dificultosa a mesma, contrariando a ordem da Constituição Federal, que, como visto, fala em facilitação para a referida conversão. Justamente por isso, o antigo Projeto Ricardo Fiuza pretendia alterar o dispositivo, no sentido de prever que a conversão deverá ocorrer "perante o oficial do Registro Civil do domicílio dos cônjuges, mediante processo de habilitação com manifestação favorável do Ministério Público e respectivo assento". No mesmo sentido, o antigo projeto de Estatuto das Famílias do IBDFAM, pela previsão do art. 65. Como o intuito é facilitar, sempre me filiei totalmente aos projetos de lei. Os Estados da Federação regulamentaram essa conversão mediante provimentos das corregedorias dos Tribunais de Justiça. É o caso do Rio Grande do Sul, pelo Provimento n. 12/2009; do Mato Grosso do Sul, via Provimento n. 1/2003; e de São Paulo, por meio do Provimento n. 25/2005. Quanto ao último, é a sua redação constante das Normas de Serviço Extrajudicial da Corregedoria-Geral de Justiça do Estado de São Paulo, atualizada conforme o Provimento n. 41/2012: "Da Conversão da União Estável em Casamento. 87. A conversão da união estável em casamento deverá ser requerida pelos companheiros perante o Oficial de Registro Civil das Pessoas Naturais de seu domicílio. 87.1. Recebido o requerimento, será iniciado o processo de habilitação sob o mesmo rito previsto para o casamento, devendo constar dos editais que se trata de conversão de união estável em casamento. 87.1.1. Em caso de requerimento de conversão de união estável por mandato, a procuração deverá ser pública e obedecer aos requisitos do item 83, do Capítulo XVII destas Normas. 87.2. Estando em termos o pedido, será lavrado o assento da conversão da união estável em casamento, independentemente de autorização do Juiz Corregedor Permanente, prescindindo o ato da celebração do matrimônio. 87.3. O assento da conversão da união estável em casamento será lavrado no Livro 'B', exarando-se o determinado no item 80 deste Capítulo, sem a indicação da data da celebração, do nome do presidente do ato e das assinaturas dos companheiros e das testemunhas, cujos espaços próprios deverão ser inutilizados, anotando-se no respectivo termo que se trata de conversão de união estável em casamento. 87.4. A conversão da união estável dependerá da superação dos impedimentos legais para o casamento, sujeitando-se à adoção do regime matrimonial de bens, na forma e segundo os preceitos da lei civil. 87.5. Não constará do assento de casamento convertido a partir da união estável a data do início ou período de duração desta, salvo nas hipóteses em que houver reconhecimento judicial dessa data ou período. 87.6. Estando em termos o pedido, o falecimento da parte no curso do processo de habilitação não impede a lavratura do assento de conversão de união estável em casamento. 87.7. Antes da lavratura do assento, qualquer um dos companheiros poderá desistir da conversão de união estável em casamento, manifestando o arrependimento por escrito ao Oficial responsável". Observe-se, a regulamentação da conversão no Estado de São Paulo sempre foi cheia de detalhes. Justamente por isso os companheiros poderiam até fazer a opção de se casarem, para afastar essas dificuldades práticas. De qualquer modo, nota-se que o provimento paulista dispensava a ação judicial, desobedecendo ao que constava do Código Civil de 2002. Porém, o citado provimento sempre esteve de acordo com o Texto Maior, pois facilita a conversão ao mencionar a via administrativa. Em suma, o provimento é ilegal em relação ao Código privado, mas legal e constitucional se for levada em conta a Norma Superior. Dando apoio doutrinário a essas normas administrativas, destaque-se o Enunciado n. 31 do IBDFAM, aprovado no *XII Congresso Brasileiro de Direito das Famílias e das Sucessões*, realizado em Belo Horizonte em outubro de 2019: "a conversão da união estável em casamento é um procedimento consensual, administrativo ou judicial, cujos efeitos serão *ex tunc*, salvo nas hipóteses em que o casal optar pela alteração do regime de bens, o que será feito por meio de pacto antenupcial, ressalvados os direitos de terceiros". Essas conclusões revelavam o certo *caos legislativo* que vivemos em nosso País. Em complemento às duas proposições legislativas antes citadas, também para sanar esse problema, o anterior *Projeto de Lei de Desburocratização*, seguindo minha sugestão, pretendia afastar a necessidade de ação judicial para que essa conversão da união estável em casamento ocorra. Nos termos do novo art. 1.726 do CC/2002 que se propunha, "a união estável poderá converter-se em casamento mediante pedido dos companheiros ao Registro Civil, submissão ao procedimento de habilitação de casamento e assento no Registro Civil". A norma também passaria a estabelecer que "é facultado aos companheiros requerer a inserção da data de início da união estável, desde que apresente declaração, com firma reconhecida, de todos os seus descendentes, unilaterais ou comuns, consentindo com a data informada ou, se for o caso, declaração de inexistência de descendentes". Por fim, propunha-se que "a data de início da união estável poderá ser impugnada por terceiros interessados a qualquer tempo, ainda que de forma incidente em processos judiciais". Como destacava nas edições anteriores deste livro, até o ano de 2022, esperava-se que uma das projeções fosse aprovada, reduzindo-se as formalidades e sanando-se o conflito com o Texto Maior. Seguindo o que estava nas normas administrativas dos Estados e o clamor doutrinário, a Lei n. 14.382/2022 (Lei do SERP) tratou de forma correta e precisa da questão, sofrendo grande influência da norma paulista e praticamente reproduzindo os procedimentos aqui antes transcritos em destaque. Conforme o novo art. 70-A da LRP, a conversão da união estável em casamento deverá ser requerida pelos companheiros perante o oficial de registro civil de pessoas naturais de sua residência. Dispensa-se, portanto, a ação judicial, para tanto seguindo-se, finalmente e por meio de norma jurídica, a ordem constitucional de sua facilitação. Consoante o seu § 1º, recebido o requerimento de conversão, será iniciado o processo de habilitação sob o mesmo rito previsto para o casamento e deverá constar dos proclamas que se trata de conversão de união estável em casamento. Além disso, em caso de requerimento de conversão de união estável por mandato, a procuração deverá ser por escritura pública e com prazo máximo de trinta dias (art. 70-A, § 2º, da Lei de Registros Públicos). Se estiver em termos o pedido, ou seja, sem qualquer problema de forma ou de essência, será lavrado o assento da conversão da união estável em casamento, independentemente de autorização judicial, prescindindo-se ou dispensando-se o ato da celebração do matrimônio (art. 70-A, § 3º, da Lei de Registros Públicos). O assento da conversão da união estável em casamento será lavrado no Livro B, sem a indicação da data e das testemunhas da celebração, do nome do presidente do ato e das assinaturas dos companheiros e das testemunhas, anotando-se no respectivo termo que se trata de conversão de união estável em casamento (art. 70-A, § 4º, da Lei de Registros Públicos). Além disso, a conversão da união estável dependerá da superação dos impedimentos legais para o casamento, previstos no art. 1.521 do Código Civil, sujeitando-se à adoção do regime patrimonial de bens, na forma dos preceitos da lei civil (art. 70-A, § 5º, da Lei de Registros Públicos). Assim, em regra, na citada conversão, será adotado o regime da comunhão parcial de bens, que é o regime legal ou supletório do casamento (art. 1.640 do Código Civil). Questão interessante diz respeito à imposição do regime da separação legal ou obrigatória de bens, tratado no art. 1.641 do Código Civil, havendo a citada conversão, como na hipótese de ser um dos cônjuges ou ambos maiores de 70 anos. Sobre a dúvida, repise-se que o Enunciado n. 261 da *III Jornada de Direito Civil* prevê que "a obrigatoriedade do regime da separação de bens não se aplica a pessoa maior de sessenta anos, quando o casamento for precedido de união estável iniciada antes dessa idade"; o que é aplicado pela jurisprudência superior, como visto. Voltando-se ao art. 70-A da Lei de Registros Públicos, o seu § 6º enuncia que "não constará do assento de casamento convertido a partir da união estável a data do início ou o período de duração desta, salvo no caso de prévio procedimento de certificação eletrônica de união estável realizado perante oficial de registro civil". Nessa previsão, como bem aponta a doutrina, haveria um erro material, pois não se saberia, ainda, o que seria o citado "procedimento de certificação eletrônica". De todo modo, a certificação eletrônica foi regulamentada pelo Conselho Nacional de Justiça, pelo seu Provimento n. 141, de 2023, depois incorporado ao Código Nacional de Normas, no seu art. 553 (CN-N-CNJ), conforme será estudado a seguir. Como última norma legal a respeito da conversão, o § 7º do novo art. 70-A da Lei n. 6.015/1973 enuncia que, se estiver em termos o pedido, o falecimento da parte no curso do processo de habilitação não impedirá a lavratura do assento de conversão de união estável em casamento. Trata-se de norma que mais uma vez segue solução dada no Estado de São Paulo, por meio de decisão de sua Corregedoria-Geral de Justiça, no ano de 2005, que será exposta a seguir. Citadas as novas previsões legais, observo que o art. 1.726 do Código Civil não foi revogado expressamente pela Lei n. 14.382/2022. Ademais, não me parece ter havido revogação tácita – nos termos do art. 2º da LINDB –, pois a Lei de Registros Públicos trata apenas da conversão extrajudicial da união estável em casamento. Sendo assim, resta aos companheiros a opção de efetivarem a conversão judicial, apesar de ser importante reconhecer que essa solução será esvaziada, na prática, pela via extrajudicial. Como pontuado, em 2023, o Conselho Nacional de Justiça regulamentou, por necessárias normas administrativas, o registro da união estável no Livro E do Cartório de Registro Civil e a sua conversão extrajudicial em casamento, matérias tratadas pela Lei do SERP, por meio dos Provimentos n. 141 e 146, que contaram com a minhas colaborações, em grupo de trabalho nomeado pelo Corregedor-Geral de Justiça, Ministro Luis Felipe Salomão. Posteriormente, as regras foram incorporadas ao Código Nacional de Normas (CNN), nos seu arts. 537 a 553. Tratarei de todos esses assuntos, nos comentários a este art. 1.726 do CC, pela sua conexão e por envolver dispositivos anteriores já analisados. De início, está previsto que é facultativo, e não obrigatório, o registro da união estável, mantida entre o homem e a mulher, ou entre duas pessoas do mesmo sexo, no Livro E do Cartório de Registro das Pessoas Naturais (art. 537 do CNN-CNJ). Esse registro confere efeitos jurídicos à união estável perante terceiros, ou seja, eficácia *erga omnes*, o que sempre foi buscado e desejado por alguns. Com a Lei do SERP, em especial com o tratamento na Lei de Registros Públicos e essa previsão normativa, penso não haver mais dúvida quanto à criação de um estado civil de companheiro no caso desse registro da união estável. O § 3º do art. 537 do Código Nacional de Normas preceitua que os títulos admitidos para registro ou averbação podem ser: *a)* sentenças declaratórias do reconhecimento e de dissolução da união estável; *b)* escrituras públicas declaratórias de reconhecimento da união estável; *c)* escrituras públicas declaratórias de dissolução da união estável, nos termos do art. 733 do CPC; e *d)* termos declaratórios de reconhecimento e de dissolução de união estável formalizados perante o oficial de registro civil das pessoas naturais, exigida a assistência de advogado ou de defensor público no caso de dissolução da união estável nos termos da aplicação analógica do art. 733 do CPC e da Resolução CNJ n. 35/2007, recentemente alterada, em agosto de 2024. Como é notório, a menção ao termo declaratório foi uma das inovações da Lei do SERP. O registro de reconhecimento ou de dissolução da união estável somente poderá indicar as datas de início ou de fim da união estável se estas constarem de um dos seguintes meios: *a)* decisão judicial; *b)* procedimento de certificação eletrônica de união estável realizado perante oficial de registro civil; ou *c)* escrituras públicas ou termos declaratórios de reconhecimento ou de dissolução de união estável, desde que a data de início ou, se for o caso, do fim da união estável corresponda à data da lavratura do instrumento e os companheiros declarem expressamente esse fato no próprio instrumento ou em declaração escrita feita perante o oficial de registro civil das pessoas naturais quando do requerimento do registro (§ 4.º do art. 537 do Código Nacional de Normas). Como não poderia ser diferente, em havendo nascituro ou filhos incapazes do casal, a dissolução da união estável somente será possível por meio de sentença judicial (art. 537, § 6º, do Código Nacional de Normas), exatamente como está previsto para o casamento, nos termos do art. 733 do Código de Processo Civil. Sobre o termo declaratório de reconhecimento e dissolução da união estável, uma das principais inovações da Lei do SERP, o art. 538 do Código Nacional de Normas estabelece que ele consistirá em declaração, por escrito, de ambos os companheiros perante o ofício de registro civil das pessoas naturais de sua livre escolha, com a indicação de todas as cláusulas admitidas nos demais títulos, inclusive a escolha de regime de bens e de inexistência de lavratura de termo declaratório anterior. A norma ainda estabelece que, lavrado esse termo, o título ficará arquivado na serventia, preferencialmente de forma eletrônica, em classificador próprio, expedindo-se a certidão correspondente aos companheiros. Esse comando também prevê que as informações de identificação dos termos deverão ser inseridas em ferramenta disponibilizada pela Central de Registro Civil. Por ser facultativo, o registro do termo declaratório dependerá de requerimento conjunto dos companheiros. Quando requerido, o oficial que formalizou o termo declaratório deverá encaminhar o título para registro ao ofício competente, por meio da Central de Registro Civil. É vedada a lavratura de termo declaratório de união estável havendo um anterior lavrado com os mesmos companheiros, devendo o oficial consultar a Central previamente à lavratura e consignar o resultado no termo. No que diz respeito às despesas, o § 6º do art. 538 do Código Nacional de Normas previu que, enquanto não for editada legislação específica no âmbito dos estados e do Distrito Federal, o valor dos emolumentos para os termos declaratórios de reconhecimento ou de dissolução da união estável será de 50% do valor previsto para o procedimento de habilitação de casamento. Já para o procedimento de certificação eletrônica da união estável, que ainda será estudado, será de 50% do valor previsto para o procedimento de habilitação de casamento. Muito se criticou, principalmente entre os notários, essa regulamentação, sustentando-se que ela estava invadindo atribuições que seriam apenas dos Tabelionatos, sobretudo quanto ao reconhecimento e à dissolução da união estável por escritura pública. Tradicionalmente, no âmbito extrajudicial, esses atos vinham sendo efetivados por esse meio. Todavia, a divisão de atribuições, agora também para os registradores civis das pessoas naturais, não veio das normas do CNJ, mas da Lei do SERP, ao tratar do registro da união estável no Livro E e da possibilidade de sua dissolução, por meio do que se convencionou chamar de "distrato", nas serventias dos Cartórios de Registros das Pessoas Naturais (RCPN). A verdade é que a realidade prática revela que a grande maioria dos brasileiros opta pela união estável para fugir dos gastos e das despesas com as solenidades do casamento, sobretudo as decorrentes da sua celebração, que ainda é excessivamente burocrática. Passa, assim, a viver uma união estável informal e livre. Todavia, com o passar dos anos, e com a aquisição de bens comuns com o companheiro, surge a necessidade, por questão de segurança jurídica, de formalizar e regulamentar a convivência, do ponto de vista civil. Nessa realidade, a formalização deve ser a mais acessível e menos custosa possível e no Cartório que tenha mais proximidade e penetração no interior do Brasil, qual seja, o Cartório de Registro das Pessoas Naturais. Foi essa a mentalidade que orientou a elaboração do Provimento n. 141 do CNJ e que me convenceu. As normas não devem ser elaboradas para atender apenas aos interesses de determinado grupo, sobretudo nas grandes metrópoles, mas, sim, para atender aos anseios de toda a sociedade desse imenso País. De todo modo, uma das críticas mais contundentes que então se formulou ao Provimento n. 141 disse respeito à necessidade de elaboração de uma escritura pública, para a partilha de bens imóveis adquiridos durante a união e com valor superior a trinta salários mínimos, nos termos do que está no art. 108 do Código Civil. Atendendo a esse *clamor*, foi editado pela Corregedoria-Geral de Justiça do CNJ o Provimento n. 146 do CNJ, que incluiu no art. 538 do Código Nacional de Normas um § 7º, prevendo que a certidão relativa ao termo declaratório de união estável é título hábil à formalização da partilha de bens realizada no termo declaratório perante órgãos registrais, respeitada, porém, a obrigatoriedade de escritura pública nas hipóteses legais, como na do art. 108 do Código Civil. Especificamente quanto ao registro dos títulos de declaração de reconhecimento ou de dissolução da união estável no Livro E, está tratado no art. 539 do Código de Nacional de Normas, devendo ser feito no Cartório de Registro das Pessoas Naturais em que os companheiros têm ou tiveram sua última residência, e dele deverão constar, no mínimo: *a)* as informações indicadas nos incs. I a VIII do art. 94-A da Lei de Registros Públicos, aqui antes estudado; *b)* a data do termo declaratório e serventia de registro civil das pessoas naturais em que formalizado, quando for o caso; *c)* caso se trate da hipótese de reconhecimento de união estável no exterior, a indicação do País em que foi lavrado o título estrangeiro envolvendo união estável com, ao menos, um brasileiro, a indicação do país em que os companheiros tinham domicílio ao tempo do início da união estável e, no caso de serem diferentes, a indicação do primeiro domicílio convivencial; e *d)* data de início e de fim da união estável, desde que corresponda à data indicada na forma autorizada conforme a própria normatização em estudo. Também nos termos do que está na Lei do SERP, no caso de união estável estrangeira, somente será admitido o registro se o título expressamente referir-se à união estável regida pela legislação brasileira ou se houver sentença de juízo brasileiro reconhecendo a equivalência do instituto estrangeiro (art. 539, § 1º, do CNN). Em havendo a inviabilidade do registro do título estrangeiro, é admitido que os companheiros registrem um título brasileiro de declaração de reconhecimento ou de dissolução de união estável, ainda que este consigne o histórico jurídico transnacional do convívio *more uxorio* (art. 539, § 2º, do CNN). Não é afastada, conforme o caso, a exigência do registro da tradução juramentada nem a prévia homologação da sentença estrangeira (art. 539, § 3º, do CNN). Por questão de segurança jurídica, e diante de uma notória aproximação entre essa união estável formalizada e o casamento, não poderá ser promovido o registro, no Livro E, de união estável de pessoas casadas, ainda que separadas de fato, exceto se separadas judicial ou extrajudicialmente, ou se a declaração da união estável decorrer de sentença judicial transitada em julgado. Na hipótese de pessoas indicadas como casadas no título, a comprovação da separação judicial ou extrajudicial poderá ser feita até a data da prenotação desse título, hipótese em que o registro deverá mencionar expressamente essa circunstância e o documento comprobatório apresentado (art. 545, parágrafo único, do CNN). De todas as certidões relativas ao registro de união estável no Livro E constará advertência expressa de que esse registro não produz os efeitos da conversão da união estável em casamento (art. 546 do CNN). Tendo em vista o fato de a Lei do SERP tratar tanto da declaração de reconhecimento quanto da extinção da união estável formalizada, por "distrato", o Conselho Nacional de Justiça, com correta motivação legal, passou a tratar da alteração extrajudicial do regime de bens na união estável. Nesse contexto, consoante o art. 547 do Código Nacional de Normas, é admissível o processamento do requerimento de ambos os companheiros para a alteração de regime de bens no registro de união estável, diretamente perante o Cartório de Registro Civil das Pessoas Naturais (RCPN), desde que o requerimento tenha sido formalizado pelos companheiros, pessoalmente diante do registrador ou por meio de procuração por instrumento público. Em tais situações, o oficial do RCPN averbará a alteração do regime de bens à vista do requerimento, consignando expressamente o seguinte: "a alteração do regime de bens não prejudicará terceiros de boa-fé, inclusive os credores dos companheiros cujos créditos já existiam antes da alteração do regime" (art. 547, § 1º, do Código Nacional de Normas). A previsão é louvável, visando à necessária proteção dos direitos de terceiros, assegurando a circulação de bens e negócios, o tráfego jurídico, sempre almejado pelo Direito Civil. Na hipótese de a certidão de interdições ser positiva, a alteração de regime de bens deverá ocorrer por meio de processo judicial, o que igualmente visa proteger terceiros e os próprios conviventes (art. 547, § 2º, do Código Nacional de Normas). Ademais, novamente para atender ao *clamor* dos notários, oriundo do Provimento n. 146, foi incluída previsão segundo a qual, quando no requerimento de alteração de regime de bens houver proposta de partilha de bens – respeitada a obrigatoriedade de escritura pública nas hipóteses legais, como na do art. 108 do Código Civil – ou quando as certidões dos distribuidores de feitos judiciais cíveis e de execução fiscal, da Justiça do Trabalho e dos tabelionatos de protestos forem positivas, os companheiros deverão estar assistidos por advogado ou defensor público, assinando com este o pedido (art. 547, § 3º, do Código Nacional de Normas). A presença do advogado ou do defensor visa à proteção dos interesses das partes, sendo fundamental essa previsão. Mais uma vez, assim como se dá no casamento, e na linha da jurisprudência do Superior Tribunal de Justiça aqui antes estudada, a alteração extrajudicial do regime de bens da união estável não pode ter efeitos *ex tunc*. Nesse contexto, como está expresso no § 4º desse preceito, o novo regime de bens produzirá efeitos a contar da respectiva averbação no registro da união estável, não retroagindo aos bens adquiridos anteriormente em nenhuma hipótese, em virtude dessa alteração. A norma observa, contudo, que, se o regime escolhido for o da comunhão universal de bens, os seus efeitos atingirão todos os bens existentes no momento da alteração, ressalvados os direitos de terceiros, o que representa efeito decorrente do regime da comunhão universal, e não da modificação do regime, que sempre tem efeitos *ex nunc*. Em continuidade de estudo, o § 5º do art. 547 do Código Nacional de Normas estatui que a averbação de alteração de regime de bens no registro da união estável informará o regime anterior, a data de averbação, o número do procedimento administrativo, o registro civil processante e, se houver, a realização da partilha, previsões que visam mais uma vez atender à segurança jurídica. Esse requerimento pode ser processado perante o ofício de registro civil das pessoas naturais de livre escolha dos companheiros, hipótese em que caberá ao oficial que recepcionou o pedido encaminhá-lo ao ofício competente por meio da Central de Registro Civil (art. 547, § 6º, do CNN). Se for o caso, quando processado perante serventia diversa daquela em que consta o registro da união estável, deverá o procedimento ser encaminhado ao ofício competente, por meio da Central, para que se proceda à respectiva averbação (art. 547, § 8º, do CNN). Mais uma vez no que diz respeito às despesas, está no seu § 7º que, enquanto não for editada legislação específica no âmbito dos estados e do Distrito Federal, o valor dos emolumentos para o processamento do requerimento de alteração de regime de bens no registro da união estável corresponderá ao valor previsto para o procedimento de habilitação de casamento. Como última regra sobre a alteração extrajudicial do regime de bens na união estável, para a instrução do seu procedimento, o oficial exigirá a apresentação dos seguintes documentos: *a)* certidão do distribuidor cível e execução fiscal do local de residência dos últimos cinco anos; *b)* certidão dos Tabelionatos de Protestos do local de residência dos últimos cinco anos; *c)* certidão da Justiça do Trabalho do local de residência dos últimos cinco anos; *d)* certidão de interdições perante o 1º ofício de registro civil das pessoas naturais do local da residência dos interessados dos últimos cinco anos; e, *e)* conforme o caso, proposta de partilha de bens – respeitada a obrigatoriedade de escritura pública nas hipóteses legais, como na do art. 108 do Código Civil, previsão incluída pelo Provimento n. 146 do CNJ –, ou declaração de que por ora não desejam realizá-la ou, ainda, declaração de que inexistem bens a partilhar. No que diz respeito ao tratamento da conversão da união estável em casamento, tema do art. 1.726 do CC, está previsto a partir do art. 549 do Código Nacional de Normas. Dele deverão constar, além dos requisitos tradicionais do assento do casamento (art. 70-A da Lei de Registros Públicos), do nome do presidente do ato e das assinaturas dos companheiros e das testemunha, os seguintes dados: *a)* registro anterior da união estável, com especificação dos seus dados de identificação (data, livro, folha e ofício) e a individualização do título que lhe deu origem; *b)* o regime de bens que vigorava ao tempo da união estável na hipótese de ter havido alteração no momento da conversão em casamento, desde que o referido regime estivesse indicado em anterior registro de união estável ou em um dos títulos admitidos para registro ou averbação; *c)* a data de início da união estável, *d)* a seguinte advertência no caso de o regime de bens vigente durante a união estável ser diferente do adotado após a conversão desta em casamento, o que novamente visa à segurança jurídica: "este ato não prejudicará terceiros de boa-fé, inclusive os credores dos companheiros cujos créditos já existiam antes da alteração do regime". Como outra regra importante para a proteção de direitos de terceiros, o art. 550 do Código Nacional de Normas estabelece que o regime de bens na conversão da união estável em casamento observará os preceitos da lei civil, inclusive quanto à forma exigida para a escolha de regime de bens diverso do legal, nos moldes do art. 1.640, parágrafo único, do Código Civil. Assim, em regra, será aplicável regime legal ou supletório da união estável, qual seja, o da comunhão parcial de bens (art. 1.725 do Código Civil). Todavia, podem os companheiros fazer a opção, na conversão, por outro regime, como a separação convencional de bens. Como premissa geral, a conversão da união estável em casamento implica a manutenção, para todos os efeitos, do regime de bens que existia no momento dessa conversão, salvo pacto antenupcial em sentido contrário (art. 550, § 1º, do CNN). Quando na conversão for adotado novo regime – caso da separação convencional de bens –, será exigida a apresentação de pacto antenupcial, salvo se o novo regime for o da comunhão parcial de bens, hipótese em que se exigirá apenas a declaração expressa e específica dos companheiros nesse sentido, quando da conversão (art. 550, § 2º, do CNN). Assim, no último caso, não se exige a formalidade da escritura pública. Seguindo sugestão por mim elaborada, o § 3º do art. 550 do CNN prevê que não se aplica o regime da separação legal de bens do art. 1.641, inc. II, do Código Civil – da pessoa maior de 70 anos – se inexistia essa obrigatoriedade na data a ser indicada como início da união estável no assento de conversão de união estável em casamento ou se houver decisão judicial em sentido contrário. Como antes pontuado, essa é a posição amplamente majoritária da doutrina e da jurisprudência, que foi incorporada à norma administrativa, o que é sempre salutar. Além disso, a normatização administrativa, novamente de forma correta e seguindo a posição consolidada da doutrina e da jurisprudência, prevê no § 4º do art. 550 do Código Nacional de Normas que não se impõe o regime de separação legal de bens, previsto no art. 1.641, inc. I, do Código Civil, se superada a causa suspensiva do casamento quando da conversão. Assim, a título de exemplo, caso um dos companheiros, viúvo ou viúva, não tenha feito a partilha dos bens do casamento anterior e caso essa divisão ocorra posteriormente, estando presente quando da conversão que ora se estuda, não se impõe o regime de separação obrigatória de bens, eis que superada a causa suspensiva que o impõe. O regime de bens a ser indicado no assento de conversão de união estável em casamento deverá ser: *a)* o mesmo do consignado em um dos títulos admitidos para registro ou averbação, se houver, ou no pacto antenupcial ou na declaração dos companheiros; *b)* o regime da comunhão parcial de bens nas demais hipóteses, que é o regime legal ou supletório da união estável (art. 550, § 5º, do CNN). Para os fins de registro no Cartório de Registro de Imóveis e eficácia *erga omnes*, o § 6º do art. 550 do CNN estabelece que, "para efeito do art. 1.657 do Código Civil, o título a ser registrado em livro especial no Registro de Imóveis do domicílio do cônjuge será o pacto antenupcial ou, se este não houver na forma do § 1.º deste artigo, será um dos títulos admitidos neste Código para registro ou averbação em conjunto com a certidão da conversão da união estável em casamento". Completando a regra do novo art. 70-A, § 7º, da Lei de Registros Públicos, incluído pela Lei do SERP, o art. 552 do Código de Normas prevê que o falecimento da parte no curso do procedimento de habilitação não impedirá a lavratura do assento de conversão de união estável em casamento, se estiver "em termos" o pedido, assim considerado quando houver pendências não essenciais, entendidas como aquelas que não elidam a firmeza da vontade dos companheiros quanto à conversão e que possam ser sanadas pelos herdeiros do falecido. Imagine-se, a título de exemplo, um caso concreto em que existem várias manifestações positivas dos companheiros, inclusive daquele que faleceu durante o procedimento, dos seus interesses e das vontades inquestionáveis em converter a união em casamento. Como não poderia ser diferente, e na linha do que pontuei, a regulamentação administrativa do CNJ também tratou do procedimento de certificação eletrônica da união estável, que está expresso no novo art. 70-A, § 6º, da Lei de Registros Públicos. Essa regulamentação era mais do que necessária e foi efetivada de forma abrangente, na linha do que foi inserido na legislação pela Lei do SERP, sobretudo diante dos tratamentos do registro da união estável no Livro E do Cartório de Registro Civil e da conversão extrajudicial da união estável em casamento. A normatização do novo instituto está no art. 553 do Código Nacional de Normas, segundo o qual o procedimento de certificação eletrônica de união estável realizado perante oficial de registro civil autoriza a indicação das datas de início e, se for o caso, de fim da união estável no registro, tendo natureza facultativa e não obrigatória. Advirta-se, porém, que, na linha da jurisprudência do Superior Tribunal de Justiça aqui antes colacionada e ora mantida, na data de início da união estável não é possível juridicamente estabelecer a adoção de um regime de bens diverso da comunhão parcial com eficácia retroativa (por todos: STJ, REsp 1.383.624/MG, 3.ª Turma, Rel. Min. Moura Ribeiro, j. 02.06.2015, *DJe* 12.06.2015). Aguardemos se, com a nova normatização, a jurisprudência superior será alterada. Porém, acredito que não. Sobre o procedimento em si, ele se inicia com pedido expresso dos companheiros para que constem do registro as datas de início ou de fim da união estável. Como está nesse § 1º do art. 553 do CNN, o pedido poderá ser eletrônico ou não, ou seja, a certificação não será obrigatoriamente eletrônica. Para comprovar as datas de início ou, se for o caso, de fim da união estável, os companheiros valer-se-ão de todos os meios probatórios em direito admitidos (art. 553, § 2º, do Código Nacional de Normas). O registrador entrevistará os companheiros e, se houver, as testemunhas para verificar a plausibilidade do pedido (art. 553, § 3º). Essa entrevista deverá ser reduzida a termo e assinada pelo registrador e pelos entrevistados (art. 553, § 4º). Em havendo suspeitas de falsidade da declaração ou de fraude, o registrador poderá exigir provas adicionais (art. 553, § 5º). Após essa tramitação do procedimento, caberá decisão fundamentada ao registrador civil, que, nos termos da Lei do SERP e da regulamentação pelo CNJ (art. 553, § 6º, do CNN), tem poder decisório, exercendo, no meu entender, jurisdição privada. Essa é, aliás, a tendência das normatizações recentes e das propostas legislativas que tramitam no Congresso Nacional, em prol da extrajudicialização e da redução de burocracias. Eventualmente, no caso de indeferimento do pedido de certificação pelo registrador civil, os companheiros poderão requerer a ele a suscitação de dúvida dentro do prazo de 15 dias da ciência (art. 553, § 7º). O registrador deverá sempre arquivar os autos do procedimento de certificação, sobretudo por trazer informações pessoais relevantes (art. 553, § 8º). Como última regra, está previsto ser dispensado o procedimento de certificação eletrônica de união estável nas hipóteses em que se admite a indicação das datas de início e de fim da união estável no registro de reconhecimento ou de dissolução da união estável, como nas situações em que ela tem origem em uma escritura pública ou em decisão judicial (art. 553, § 9º, do

Código Nacional de Normas). Como se pode perceber, confirma-se, com todas essas previsões normativas, uma equiparação total entre a união estável formalizada perante o Cartório de Registro Civil das Pessoas Naturais e o casamento, passando a haver a tão citada *união estável qualificada*, com amplo tratamento legal e com a incidência, praticamente, das mesmas normas.

JURISPRUDÊNCIA COMENTADA: Sobre o texto ainda em vigor, em julgado de 2017, entendeu o Superior Tribunal de Justiça que "os arts. 1.726 do CC e 8º da Lei n. 9.278/96 não impõem a obrigatoriedade de que se formule pedido de conversão de união estável em casamento exclusivamente pela via administrativa. A interpretação sistemática dos dispositivos à luz do art. 226, § 3º, da Constituição Federal confere a possibilidade de que as partes elejam a via mais conveniente para o pedido de conversão de união estável em casamento" (STJ, REsp 1.685.937/RJ, 3.ª Turma, Rel. Min. Nancy Andrighi, j. 17.08.2017, *DJe* 22.08.2017). Como se nota, o acórdão superior reconheceu a possibilidade da via administrativa para a conversão da união estável em casamento, mas conclui não ser ela exclusiva, entendimento que deve ser mantido com o surgimento da Lei do SERP, como acabei de expor. Surgia outra dúvida prática quanto a essa conversão, se ocorrer o falecimento de um dos conviventes no curso do seu processo. Respondendo à questão, assim decidiu a Corregedoria-Geral de Justiça do Estado de São Paulo, no ano de 2005: "Registro Civil de Pessoas Naturais. Conversão de união estável em casamento. Requerimento conjunto dos conviventes. Falecimento do varão no curso do processo de habilitação que, apesar disso, foi concluído. Inexistência de impedimento para o casamento. Desnecessidade de celebração e de assinatura dos cônjuges no assento. Possibilidade de sua lavratura. Ato do Oficial. Necessidade, apenas, de ser o requerimento submetido ao Juiz Corregedor Permanente. Antecedente desta E. Corregedoria-Geral da Justiça. Recurso provido para permitir a conversão pretendida" (Portaria de Decisão da Corregedoria-Geral da Justiça – Atos do Registro Civil – Conversão de união estável em casamento – Falecimento no curso de processo de habilitação, Proc. 834/2004 (328/2004-E), Recurso Administrativo, recorrente: Excelentíssimo Senhor Corregedor-Geral da Justiça: São Paulo, 30 de dezembro de 2004, José Marcelo Tossi Silva – Juiz Auxiliar da Corregedoria. Aprovo o parecer do MM. Juiz Auxiliar da Corregedoria e por seus fundamentos, que adoto, dou provimento ao recurso interposto. Publique-se. São Paulo, 04.01.2005. José Mário Antonio Cardinale – Corregedor-Geral da Justiça). Como visto, a decisão judicial acabou por influenciar a redação do § 7º do novo art. 70-A da Lei n. 6.015/1973, incluído pela Lei do SERP, que traz a mesma solução.

REFORMA DO CÓDIGO CIVIL: Confirmando o que está hoje na Lei do SERP, e a sua regulamentação pelo Conselho Nacional de Justiça, propõe-se a seguinte redação para o art. 1.564-C, em substituição ao art. 1.726 do CC, que é revogado expressamente: "a união estável poderá converter-se em casamento, por solicitação dos conviventes diretamente no Cartório de Registro Civil, das Pessoas Naturais, após o oficial certificar a ausência de impedimentos, na forma deste Código. Parágrafo único. Ter-se-á como data do início da união que se pretende converter em casamento a do registro e em caso de união estável de fato a data declarada pelos interessados ao oficial". De todo modo, apesar de a norma não mais mencionar a opção judicial, penso que ela ainda será possível, em casos em que houver dúvida do oficial do Cartório de Registro Civil quanto a sua viabilidade e possibilidade jurídica.

Art. 1.727. As relações não eventuais entre o homem e a mulher, impedidos de casar, constituem concubinato.

COMENTÁRIOS DOUTRINÁRIOS: Como ficou claro pelos dispositivos relativos à união estável ora comentados, não se pode confundir a união estável com o concubinato. Em relação ao último, dispõe o art. 1.727 do CC/2002 que as relações não eventuais constituídas entre o homem e a mulher impedidos de casar constituem concubinato. Em resumo, pode-se pontuar quanto à união estável que: a) constitui uma entidade familiar, nos termos do art. 226, § 3º, da CF/1988; b) pode ser constituída por pessoas solteiras, viúvas, divorciadas ou separadas de fato, judicial e extrajudicialmente; c) as partes são denominadas companheiros ou conviventes; d) há direito à meação patrimonial (art. 1.725), direito a alimentos (art. 1.694) e direitos sucessórios (art. 1.829); e e) cabe eventual ação de reconhecimento e dissolução da união estável, que corre na Vara da Família e tem regulamentação no CPC/2015. Em relação ao último aspecto, não se pode denominar a demanda como de *dissolução de* *uma sociedade de fato*, erro comum na prática. Desde a Constituição Federal de 1988 não há na união estável uma mera sociedade de fato, regida pelo Direito das Obrigações, mas uma entidade familiar. O Estatuto Processual em vigor trata dessa ação no seu art. 732, prevendo que as disposições relativas ao processo de homologação judicial de divórcio aplicam-se, no que couber, ao processo de homologação da extinção consensual de união estável. Para essa demanda também devem ser observadas as regras especiais relativas às ações contenciosas de Direito de Família, consagradas pelos arts. 693 a 699 do próprio CPC/2015. Por outra via, quanto ao concubinato: a) não constitui entidade familiar, mas uma mera sociedade de fato, regida pelo Direito das Obrigações; b) pelos termos da lei, será constituída entre pessoas casadas não separadas, ou havendo impedimento matrimonial decorrente de parentesco ou crime; c) as partes são chamadas de concubinos, denominação que não pode ser utilizada para a união estável desde CF/1988; d) não há direito à meação patrimonial, direito a alimentos ou direito sucessório, aplicando-se a antiga Súmula n. 380 do STF, que consagra direito à participação patrimonial em relação aos bens adquiridos pelo esforço comum; e e) cabe ação de reconhecimento e dissolução de sociedade de fato, que corre na Vara Cível. Interessante anotar que, no passado, a expressão concubinato também era utilizada para denotar a existência de uma união estável, falando alguns doutrinadores em *concubinato puro*. Todavia, no presente não se recomenda mais o uso de tal expressão para a entidade familiar, sendo certo que a companheira ou convivente não se confunde com a concubina. Recomenda-se, portanto, a utilização das diferenças que pontuei acima. O exemplo típico de concubinato envolve a amante de homem casado ou o amante de mulher casada, nas hipóteses em que os cônjuges não são separados, pelo menos de fato. Em casos tais, pela literalidade da norma, não há que se reconhecer a existência de uma entidade familiar. Contudo, parte da doutrina contemporânea pretende elevar à condição de companheira a concubina. O tema tem sido amplamente debatido na jurisprudência, como desenvolvo a seguir. De todo modo, não foi adotado na Reforma do Código Civil.

JURISPRUDÊNCIA COMENTADA: De início, pontue-se, no concubinato, a jurisprudência tinha o costume de indenizar a concubina pelos serviços domésticos prestados, sem prejuízo da incidência do teor da Súmula n. 380 do STF. Porém, a tendência é afastar tal direito, conforme consta do seguinte aresto: "Inviável a concessão de indenização à concubina, que mantivera relacionamento com homem casado, uma vez que tal providência eleva o concubinato a nível de proteção mais sofisticado que o existente no casamento e na união estável, tendo em vista que nessas uniões não se há falar em indenização por serviços domésticos prestados, porque, verdadeiramente, de serviços domésticos não se cogita, senão de uma contribuição mútua para o bom funcionamento do lar, cujos benefícios ambos experimentam ainda na constância da união" (STJ, Ag. Rg. no AREsp 249.761/RS, 4.ª Turma, Rel. Min. Luis Felipe Salomão, j. 28.05.2013, *DJe* 03.06.2013). Sobre os direitos das amantes ou concubinas, podem ser encontradas decisões estaduais que determinam a divisão igualitária de bens entre a esposa e a concubina, tratada como companheira. As principais ementas são do Tribunal do Rio Grande do Sul, sendo pertinente transcrever: "União estável concomitante ao casamento. Possibilidade. Divisão de bem. 'Triação'. Viável o reconhecimento de união estável paralela ao casamento. Precedentes jurisprudenciais. Caso em que a prova dos autos é robusta em demonstrar que a apelante manteve união estável com o falecido, mesmo antes dele se separar de fato da esposa. Necessidade de dividir o único bem adquirido no período em que o casamento foi concomitante à união estável em três partes. 'Triação'. Precedentes jurisprudenciais. Deram provimento, por maioria" (TJRS, Acórdão 70024804015, 8.ª Câmara Cível, Guaíba, Rel. Des. Rui Portanova, j. 13.08.2009, *DJERS* 04.09.2009, p. 49). Ou, ainda: "Apelação cível. União estável. Relacionamento paralelo ao casamento. Se mesmo não estando separado de fato da esposa, vivia o falecido em união estável com a autora/companheira, entidade familiar perfeitamente caracterizada nos autos, deve ser reconhecida a sua existência, paralela ao casamento, com a consequente partilha de bens. Precedentes. Apelação parcialmente provida, por maioria" (TJRS, Acórdão 70021968433, 8.ª Câmara Cível, Canoas, Rel. Des. José Ataídes Siqueira Trindade, j. 06.12.2007, *DOERS* 07.01.2008, p. 35). Em 2014, gerou muita polêmica julgado do Tribunal de Justiça do Maranhão. O *decisum* reconheceu a simultaneidade familiar em hipótese de homem casado que tinha uma concubina, tratada como companheira, para os fins sucessórios. Vejamos a ementa desse julgamento: "Direito de família. Apelação cível. Ação declaratória de união estável *post mortem*. Casamento e união estável simultâneos. Reconhecimento. Possibilidade. Provimento. 1. Ainda que de forma incipiente, doutrina e jurisprudência vêm reconhecendo a juridicidade das chamadas famílias paralelas, como aquelas que se formam concomitantemente ao casamento ou à união estável. 2. A força dos fatos surge como situações novas que reclamam acolhida jurídica para não ficarem no limbo da exclusão. Entre esses casos, estão exatamente as famílias paralelas, que vicejam ao lado das famílias matrimonializadas. 3. Para a familiarista Giselda Hironaka, a família paralela não é uma família inventada, nem é família imoral, amoral ou aética, nem ilícita. E continua, com esta lição: 'Na verdade, são famílias estigmatizadas, socialmente falando. O segundo núcleo ainda hoje é concebido como estritamente adulterino, e, por isso, de certa forma perigoso, moralmente reprovável e até maligno. A concepção é generalizada e cada caso não é considerado por si só, com suas peculiaridades próprias. É como se todas as situações de simultaneidade fossem iguais, malignas e inseridas num único e exclusivo contexto. O triângulo amoroso sub-reptício, demolidor do relacionamento número um, sólido e perfeito, é o quadro que sempre está à frente do pensamento geral, quando se refere a famílias paralelas. O preconceito, ainda que amenizado nos dias atuais, sem dúvida, ainda existe na roda social, o que também dificulta o seu reconhecimento na roda judicial'. 4. Havendo nos autos elementos suficientes ao reconhecimento da existência de união estável entre a apelante e o *de cujus*, o caso é de procedência do pedido formulado em ação declaratória" (TJMA, Recurso 19.048/2013, Acórdão 149.918/2014, 3.ª Câmara Cível, Rel. Des. Jamil de Miranda Gedeon Neto, j. 10.07.2014, *DJEMA* 17.07.2014). De fato, pela literalidade da norma, não há que se reconhecer o paralelismo entre casamento e união estável. Porém, a questão não é tão simples assim, merecendo duas pontuações. A primeira que deve ser feita é que se a união paralela durar muitos anos, sendo de conhecimento do outro cônjuge, parece forçoso concluir que o último aceita o relacionamento paralelo, podendo essa situação gerar efeitos jurídicos. Sendo assim, pode o fato merecer um outro tratamento, principalmente quanto à divisão de bens, já que há aceitação da união, até por certo comodismo. A segunda pontuação é que o cônjuge casado pode estar separado de fato da esposa, mesmo com ela residindo sob o mesmo teto. A separação de fato pode estar configurada pela quebra do afeto e da comunhão plena de vida descrita pelo art. 1.511 do CC/2002. Ilustrando, tal quebra pode ser provada pela cessação das relações sexuais e pelo desaparecimento do tratamento das partes como se casados fossem em casos tais. Pode-se afirmar que, nessas situações, o casamento somente existe na aparência e não na essência. Tal conclusão abre a possibilidade de o concubino ser elevado à condição de companheiro, eis que o cônjuge casado de fato pode constituir união estável. Destaque-se que o tema do paralelismo entre o casamento e o concubinato foi tratado pelo Supremo Tribunal Federal, no passado, em questão envolvendo o direito previdenciário. Um homem mantinha dois relacionamentos – um casamento e um concubinato –, e ambas as mulheres pleiteavam o benefício previdenciário com o seu falecimento. Em situação bem peculiar, o *de cujus* não era separado de fato da esposa, tendo com ela onze filhos. Com a concubina manteve relacionamento paralelo por 37 anos com a qual teve nove filhos. A conclusão da relatoria e da maioria dos Ministros foi pela existência de um concubinato e não de uma união estável, devendo o benefício previdenciário ser atribuído unicamente à esposa (STF, RE 397.762-8/BA, Rel. Min. Marco Aurélio, j. 03.06.2008). Todavia, o Ministro Carlos Ayres Britto votou de forma divergente, concluindo que a concubina deveria ser tratada como companheira. De fato, o último julgador, na situação descrita e pelas peculiaridades do caso concreto, parece ter razão. Certamente a esposa sabia do relacionamento paralelo, aceitando-o por anos a fio. Sendo assim, deveria do mesmo modo aceitar a partilha dos direitos com a concubina. Pode ser invocada a aplicação do princípio da boa-fé objetiva ao Direito de Família, notadamente da máxima que veda o comportamento contraditório (*venire contra factum proprium non potest*). Em 2021, o Pleno do STF reafirmou o seu entendimento anterior, em repercussão geral, com a seguinte tese final: "É incompatível com a Constituição Federal o reconhecimento de direitos previdenciários (pensão por morte) à pessoa que manteve, durante longo período e com aparência familiar, união com outra casada, porquanto o concubinato não se equipara, para fins de proteção estatal, às uniões afetivas resultantes do casamento e da união estável" (STF, RE 883.168/SC, Tribunal Pleno, Rel. Min. Dias Toffoli, *DJe* 07.10.2021, p. 36 – Tema 526). De toda sorte, com certa contradição com esse entendimento, em julgado de 2015, o Superior Tribunal de Justiça reconheceu o direito de uma concubina idosa continuar a receber verbas alimentares, diante de justas expectativas geradas pelo concubino. O aresto cita como fundamentos, ainda, a proteção do Estatuto da Pessoa Idosa e os princípios constitucionais da dignidade humana e da solidariedade familiar. Conforme a precisa relatoria do Ministro João Otávio de Noronha: "A leitura do acórdão recorrido evidencia que o presente feito apresenta peculiaridades que tornam o caso excepcionalíssimo. Não se trata, aqui, de aplicação da letra pura e simples da lei, pois essas singularidades demonstram a incidência simultânea de mais de um princípio no caso concreto, o da preservação da família e os da dignidade e da solidariedade humanas, que devem ser avaliados para se verificar qual deve reger o caso concreto. Indago: que dano ou prejuízo uma relação extraconjugal desfeita depois de mais de quarenta anos pode acarretar à família do recorrente? Que família, a esta altura, tem-se a preservar? Por outro lado, se o recorrente, espontaneamente, proveu o sustento da recorrida, durante esse longo período de relacionamento amoroso, por que, agora, quando ela já é septuagenária, deve ficar desamparada e desassistida? [...]. A resposta às indagações feitas surge claramente dos autos. Ficou evidenciada, com o decurso do tempo, a inexistência de risco à desestruturação da família do recorrente, bem como a possibilidade de exposição de pessoa já idosa a desamparo financeiro, tendo em vista que foi o próprio recorrente quem proveu o sustento, o que vale dizer, foi ele quem deu ensejo a essa situação e não pode, agora, beneficiar-se dos próprios atos. É evidente que, no caso específico, há uma convergência de princípios, de modo que é preciso conciliá-los para aplicar aqueles adequados a embasar a decisão, a saber, os princípios da solidariedade e da dignidade da pessoa humana, pelas razões já exaustivamente expostas" (STJ, REsp 1185337/RS, 3.ª Turma, Rel. Min. João Otávio de Noronha, j. 17.03.2015, *DJe* 31.03.2015). Como se pode notar, o acórdão reconheceu direitos adquiridos em decorrência de uma união paralela concubinária, resolvendo o problema também sob a perspectiva da boa-fé, na minha leitura, diante das expectativas que foram geradas no caso concreto. Outra questão relativa à presente temática envolve as *uniões estáveis plúrimas* ou *paralelas*, presentes quando alguém vive vários relacionamentos que podem ser tidos como uniões estáveis ao mesmo tempo. Ilustrando, imagine-se a hipótese de um homem solteiro que tem quatro companheiras, em quatro cidades distintas no interior do Brasil, sem que uma saiba da existência da outra. Como resolver a questão? Três correntes jurisprudenciais – e também doutrinárias –, podem ser encontradas a respeito da situação descrita. A primeira delas afirma que nenhum relacionamento constitui união estável, eis que a união deve ser exclusiva, aplicando-se o princípio da monogamia, o que tem prevalecido no STJ e venceu no STF, como se verá. Para a segunda corrente, o primeiro relacionamento existente deve ser tratado como união estável, enquanto os demais devem ser reconhecidos como uniões estáveis putativas, havendo boa-fé do convivente. Em suma, aplica-se, por analogia, o art. 1.561 do CC, que trata do casamento putativo. Anote-se que essa solução já foi dada pela jurisprudência estadual, em dois julgados que merecem destaque: TJRJ, Acórdão 15225/2005, 2.ª Câmara Cível, Rio de Janeiro, Rel. Des. Leila Maria Carrilo Cavalcante Ribeiro Mariano, j. 10.08.2005; e TJRS, Processo 70008648768, 02.06.2004, 7.ª Câmara Cível, Lajeado, Rel. Juiz José Carlos Teixeira Giorgis. Por fim, há quem entenda que todos os relacionamentos constituem uniões estáveis, pela valorização do afeto que deve guiar o Direito de Família. Das três correntes, no âmbito da jurisprudência superior, o Superior Tribunal de Justiça tem aplicado há tempos a primeira, repudiando a ideia de uniões plúrimas ou paralelas (por todos: REsp 789.293/RJ, 3.ª Turma, Rel. Min. Carlos Alberto Menezes Direito, j. 16.02.2006, *DJ* 20.03.2006, p. 271). Os julgados aplicam o princípio da monogamia à união estável, pois as entidades familiares não são totalmente semelhantes. Nota-se, em verdade, que a pessoa que age de má-fé, e que estabelece o paralelismo, acaba sendo beneficiado, já que não terá obrigações alimentares, pela ausência de vínculo familiar. Confirmando aquele julgado anterior, transcreve-se importante decisão publicada no *Informativo* n. *435* do STJ: "Família. Uniões estáveis simultâneas. Pensão. *In casu*, o *de cujus* foi casado com a recorrida e, ao separar-se consensualmente dela, iniciou um relacionamento afetivo com a recorrente, o qual durou de 1994 até o óbito dele em 2003. Sucede que, com a decretação do divórcio em 1999, a recorrida e o falecido voltaram a se relacionar, e esse novo relacionamento também durou até sua morte. Diante disso, as duas buscaram, mediante ação judicial, o reconhecimento de união estável, e, consequentemente, o direito à pensão do falecido. O juiz de primeiro grau, entendendo haver elementos inconfundíveis caracterizadores de união estável existente entre o *de cujus* e as demandantes, julgou ambos os pedidos procedentes, reconhecendo as uniões estáveis simultâneas e, por conseguinte, determinou o pagamento da pensão em favor de ambas, na proporção de 50% para cada uma. Na apelação interposta pela ora recorrente, a sentença foi mantida. Assim, a questão está em saber, sob a perspectiva do Direito de Família, se há viabilidade jurídica a amparar o reconhecimento de uniões estáveis simultâneas. Nesta instância especial, ao apreciar o REsp, inicialmente se observou que a análise dos requisitos ínsitos à união estável deve centrar-se na conjunção de fatores presentes em cada hipótese, como a *affectio societatis* familiar, a participação de esforços, a posse do estado de casado, a continuidade da união, a fidelidade, entre outros. Desse modo, entendeu-se que, no caso, a despeito do reconhecimento, na dicção do acórdão recorrido, da união estável entre o falecido e sua ex-mulher em concomitância com união estável preexistente por ele mantida com a recorrente, é certo que o casamento válido entre os ex-cônjuges já fora dissolvido pelo divórcio nos termos do art. 1.571, § 1º, do CC/2002, rompendo-se, definitivamente, os laços matrimoniais outrora existentes. Destarte, a continuidade da relação sob a roupagem de união estável não se enquadra nos moldes da norma civil vigente (art. 1.724 do CC/2002), porquanto esse relacionamento encontra obstáculo intransponível no dever de lealdade a ser observado entre os companheiros. Ressaltou-se que uma sociedade que apresenta como elemento estrutural a monogamia não pode atenuar o dever de fidelidade, que integra o conceito de lealdade, para o fim de inserir, no âmbito do Direito de Família, relações afetivas paralelas e, por consequência, desleais, sem descurar do fato de que o núcleo familiar contemporâneo tem como escopo a realização de seus integrantes, vale dizer, a busca da felicidade. Assinalou-se que, na espécie, a relação mantida entre o falecido e a recorrida (ex-esposa), despida dos requisitos caracterizadores da união estável, poderá ser reconhecida como sociedade de fato, caso deduzido pedido em processo diverso, para que o Poder Judiciário não deite em solo infértil relacionamentos que efetivamente existem no cenário dinâmico e fluido dessa nossa atual sociedade volátil. Assentou-se, também, que ignorar os desdobramentos familiares em suas infinitas incursões, em que núcleos afetivos justapõem-se, em relações paralelas, concomitantes e simultâneas, seria o mesmo que deixar de julgar com base na ausência de lei específica. Dessa forma, na hipótese de eventual interesse na partilha de bens deixados pelo falecido, deverá a recorrida fazer prova, em processo diverso, repita-se, de eventual esforço comum. Com essas considerações, entre outras, a Turma deu provimento ao recurso, para declarar o reconhecimento da união estável mantida entre o falecido e a recorrente e determinar, por conseguinte, o pagamento da pensão por morte em favor unicamente dela, companheira do falecido" (STJ, REsp 1.157.273/RN, Rel. Min. Nancy Andrighi, j. 18.05.2010). Em 2016, confirmando essa forma de pensar o Direito de Família, foi publicada a seguinte premissa na Edição 50 da ferramenta *Jurisprudência em Teses* do Superior Tribunal de Justiça, que trata da união estável: "Não é possível o reconhecimento de uniões estáveis simultâneas" (tese 4). Em conclusão, essa é a posição majoritária da jurisprudência superior, devendo ser assim considerada para os devidos fins práticos. Contudo, houve o surgimento de um novo julgado, prolatado pela Quarta Turma do STJ no final de 2018, que abria a possibilidade de se debater a existência de uniões estáveis putativas (REsp 1.754.008/RJ). Conforme consta da ementa do voto do Ministro Salomão, "uma vez não demonstrada a boa-fé da concubina de forma irrefutável, não se revela cabida (nem oportuna) a discussão sobre a aplicação analógica da norma do casamento putativo à espécie". Dessa forma, retira-se de tal conclusão a eventual possibilidade de se aplicar, na linha do que entendo, o art. 1.561 do Código Civil à união estável. Existiam acórdãos federais que determinavam a divisão igualitária de benefício previdenciário entre as companheiras que se apresentam como tal, preenchidos os requisitos legais da união estável e presente a simultaneidade dos relacionamentos (ver: TRF da 1.ª Região, Processo 21520-48.2010.4.01.3800/BA, 2.ª Turma, Rel. Des. Fed. Neuza Maria Alves da Silva, j. 06.08.2012, *DJF1* 27.09.2012, p. 15; TRF da 2.ª Região, Apelação 0808322-60.2007.4.02.5101, 1.ª Turma Especializada, Rel. Des. Fed. Paulo Espírito Santo, j. 27.06.2012, *DEJF* 09.07.2012, p. 55; e TRF da 4.ª Região, Apelação Cível 0005300-18.2010.404.9999/SC, 5.ª Turma, Rel. Juiz Fed. Roger Raupp Rios, j. 04.09.2012, *DEJF* 14.09.2012, p. 338). O tema estava pendente de julgamento no Supremo Tribunal Federal, especialmente para o âmbito do Direito Previdenciário e em repercussão geral (Tema 529), tendo sido encerrado em dezembro de 2020. Em setembro de 2019 iniciou-se a sua análise, em sede do Recurso Extraordinário 1.045.273/SE, que analisava concomitância de uma união estável homoafetiva com uma heteroafetiva. O Ministro Luiz Edson Fachin votou exatamente na linha do que eu sustentava, de que seriam possíveis efeitos previdenciários para atingir companheiros de boa-fé nas uniões estáveis plúrimas. No mesmo sentido julgaram os Ministros Marco Aurélio e Rosa Maria Weber. Os Ministros Barroso e Cármen Lúcia votaram também pelo reconhecimento desses efeitos, mas sem a necessidade da boa-fé, pois prevalece a equidade que deve guiar o Direito Previdenciário. Por seu turno, os Ministros Alexandre de Moraes (Relator), Gilmar Mendes, Ricardo Lewandowski, Dias Toffoli, Luiz Fux e Nunes Marques entenderam pela impossibilidade de se reconhecerem quaisquer efeitos previdenciários nas uniões concomitantes, diante do princípio da monogamia, que se aplica plenamente à união estável. Assim sendo, apenas o primeiro vínculo de união estável deve ser admitido. A tese final fixada, com votação apertada de 6 a 5, portanto, foi a seguinte: "a preexistência de casamento ou de união estável de um dos conviventes, ressalvada a exceção do artigo 1.723, parágrafo 1º, do Código Civil, impede o reconhecimento de novo vínculo referente ao mesmo período, inclusive para fins previdenciários, em virtude da consagração do dever de fidelidade e da monogamia pelo ordenamento jurídico-constitucional brasileiro". Como se pode perceber, a única exceção admitida diz respeito à pessoa separada de fato. O julgamento já fechou a possibilidade de se admitirem as uniões estáveis plúrimas, para os fins de gerarem efeitos para o Direito de Família e das Sucessões, devendo a posição dele constante ser respeitada e aplicada na prática. Deve ficar claro, contudo, que não se analisou diretamente a concomitância de casamento e de concubinato (ou de união estável), apesar da tese final exarada – o que foi objeto de outro processo na Corte, também em repercussão geral (Recurso Extraordinário 883.168/SC – Tema 526) –, mas a existência de várias uniões estáveis ao mesmo tempo. Como antes anotado, também no julgamento do Tema 526, em 2021, o STF não admitiu o reconhecimento jurídico de famílias paralelas, afirmando ser o princípio da monogamia regramento que rege tanto o casamento quanto a união estável. Essa é, portanto, a posição a ser considerada para os devidos fins práticos. Observa-se, por fim, que julgado do Superior Tribunal de Justiça do ano de 2022 trouxe a afirmação, seguida por mim, de que "a lealdade ao convivente não é um elemento necessário à caracterização da união estável, mas, ao revés, um valor jurídico tutelado pelo ordenamento que o erige ao status de dever que decorre da relação por eles entabulada, isto é, a ser observado após a sua caracterização". De todo modo, o acórdão reconheceu, na linha do que será desenvolvido a seguir, que "os deveres de fidelidade e de lealdade podem ser relevantes para impedir o eventual de reconhecimento de relações estáveis e duradouras simultâneas, concomitantes ou paralelas, em virtude da consagração da monogamia e desses deveres como princípios orientadores das relações afetivas estáveis e duradouras. Contudo, esses deveres não são relevantes na hipótese em que as relações estáveis e duradouras são sucessivas, iniciada a segunda após a separação de fato na primeira, e na qual os relacionamentos extraconjugais mantidos por um dos conviventes eram eventuais, não afetivos, não estáveis, não duradouros e, bem assim, insuscetíveis de impedir a configuração da união estável". Ao final, reconheceu-se a existência de uma união estável justamente pelo fato de o companheiro casado estar separado de fato, nos termos do art. 1.723, § 1º, do Código Civil, conforme provado nas instâncias inferiores (STJ, REsp 1.974.218/AL, 3ª Turma, Rel. Min. Fátima Nancy Andrighi, j. 08.11.2022). Esse aresto, assim, em nada altera a posição consolidada pelo Supremo Tribunal Federal, sendo certo que o Direito Brasileiro não admite as relações paralelas ou mesmo a poliafetividade.

REFORMA DO CÓDIGO CIVIL: Como antes pontuado, um dos motes da Reforma do Código Civil é de seguir o entendimento consolidado da jurisprudência superior, em prol da segurança jurídica. Além disso, como acabo de expor, tanto o Supremo Tribunal Federal quanto o Superior Tribunal de Justiça não admitem a existência jurídica de relacionamentos familiares paralelos, ou mesmo os relacionamentos poliafetivos. A monogamia é aplicada tanto ao casamento quanto à união estável. Por isso, não se inseriu na Reforma do Código Civil o tratamento de relações paralelas ou de casais formados por mais de duas pessoas, como os trisais. De todo modo, desde a Subcomissão de Direito de Família, houve proposta de se retirar a expressão "concubinato", tida como discriminatória: "Art. 1.727. As relações não eventuais entre duas ou mais pessoas impedidas de casar não constituem união estável, ressalvada a hipótese do § 1º do art. 1.723 deste Código". De acordo com as suas justificativas, "o Supremo Tribunal Federal, por meio da Ação Direta de Inconstitucionalidade (ADI) 4.277 e da Arguição de Descumprimento de Preceito Fundamental (ADPF) 132 reconheceu a união homoafetiva como entidade familiar. Posteriormente, em pioneira decisão, o Superior Tribunal de Justiça (REsp n. 1.183.378/RS, relatado pelo eminente Ministro Luis Felipe Salomão) admitiu a sua conversão em casamento. Desde 2013, aliás, a Resolução n. 175 do CNJ proíbe a recusa de habilitação, celebração de casamento civil ou de conversão de união estável em casamento entre pessoas de mesmo sexo. A alteração legislativa proposta, portanto, ao fazer menção a 'duas pessoas', não inova, mas apenas guarda sintonia com uma realidade social já admitida pela Suprema Corte brasileira. Ao lado disso, a proposta ajusta a regra que trata do concubinato, evitando o uso dessa expressão, que traz, em seu histórico, acentuada carga pejorativa". Após intensos debates, alterações feitas pela Relatora-Geral, Rosa Maria de Andrade Nery, e contribuições do consultor Maurício Bunazar, acabou prevalecendo o seguinte texto do art. 1.564-D, revogando-se expressamente o art. 1.727: "a relação não eventual entre pessoas impedidas de casar não constitui família. Parágrafo único. As questões patrimoniais oriundas da relação prevista no *caput* serão reguladas pelas regras da proibição do enriquecimento sem causa previstas nos arts. 884 a 886". Assim, o condenado termo "concubinato" é retirado do sistema. Porém, muito além de não se mencionar a existência de uma união estável, a proposição que prevaleceu, por voto da maioria nas reuniões de abril de 2024, é de não haver sequer uma família entre os amantes ou pessoas impedidas de se casarem, como nas situações de incesto. Todavia, poderá haver a geração de efeitos patrimoniais em tais hipóteses, nos termos da antiga Súmula n. 380 do STF, com a divisão dos bens havidos por esforço patrimonial comum, presente e efetivo, e desde que ele comprovado por quem o alega, tendo em vista a menção à vedação do enriquecimento sem causa no parágrafo único, nos termos dos comandos ali mencionados. Essa foi a situação intermediária encontrada na Comissão de Juristas, que consolida a posição majoritária da jurisprudência superior e traz segurança jurídica e estabilidade para o tema.

TÍTULO IV
DA TUTELA, DA CURATELA E DA TOMADA DE DECISÃO APOIADA (REDAÇÃO DADA PELA LEI N. 13.146, DE 2015)

COMENTÁRIOS DOUTRINÁRIOS INTRODUTÓRIOS: A tutela e a curatela constituem institutos de *direito assistencial* para a defesa dos interesses dos incapazes, visando à realização de atos civis em seu nome. A diferença substancial entre as duas figuras é que a tutela resguarda os interesses de menores não emancipados, não sujeitos ao poder familiar, com o intuito de protegê-los. Por seu turno, a curatela é categoria assistencial para a defesa dos interesses de maiores incapazes, devidamente interditados. Vejamos, a partir de agora e fechando o nosso estudo do Direito de Família, as regras materiais fundamentais dos dois institutos e o necessário *diálogo* com o CPC/2015, ao tratar da interdição. Ademais, o art. 1.072, II, do CPC/2015 revogou expressamente os arts. 1.768 a 1.773 do Código Civil, que tratavam da curatela. Imperioso comentar, mais uma vez, que a recente Lei n. 13.146/2015, que instituiu o Estatuto da Pessoa com Deficiência, alterou artigos do Código Civil sobre a matéria, trazendo mudanças importantes sobre o tema, como aqui outrora se desenvolveu. Todavia, alguns desses dispositivos foram revogados pelo Código de Processo Civil de 2015, em um verdadeiro *cochilo do legislador* que gerou o *atropelamento* de uma norma jurídica por outra. *A priori*, parece-me que tais normas do citado Estatuto Protetivo tiveram vigência por curto período de tempo, a partir da sua entrada em vigor, no início do mês de janeiro de 2016, até o dia 18 de março de 2016, quando passou a vigorar o então Novo CPC. Penso que é necessário e fundamental um trabalho legislativo para sanar tal impasse, não pensado pelas autoridades competentes, do Legislativo e do Executivo. Nesse sentido, o Projeto de Lei n. 757/2015, em curso originário no Senado Federal, pretendia adequar o CPC/2015 ao EPD, contando com o meu parecer e o apoio parcial. O Projeto de Reforma do Código Civil também pretende corrigir alguns desses equívocos, como se verá. Ademais, reitere-se que, sem qualquer atropelamento legislativo, o citado Estatuto da Pessoa com Deficiência alterou de forma substancial o tratamento relativo aos absoluta e relativamente incapazes, previstos nos arts. 3º e 4º do Código Civil. O objetivo foi a plena inclusão social das pessoas que apresentem algum tipo de deficiência. Reafirme-se, para fins didáticos e metodológicos, quanto aos absolutamente incapazes, passaram a ser apenas os menores de 16 anos, não havendo mais menção aos enfermos e deficientes mentais sem discernimento para a prática dos atos da vida civil (antigo inciso II do art. 3º do Código Civil). Além disso, as pessoas que por causa transitória ou definitiva não puderem exprimir vontade deixaram de compor o inciso III do art. 3º, e agora constam do art. 4º, III, como relativamente incapazes. Em suma, não existem mais pessoas maiores que são incapazes. Pontue-se, que o Projeto de Lei n. 757/2015 pretendia retomar a regra a respeito de pessoas absolutamente incapazes que não têm qualquer condição de exprimir vontade, sem que isso tenha relação com a deficiência, o que tem o meu apoio. Cite-se, a título de exemplo, a pessoa que se encontra em coma profundo. Entretanto, infelizmente, a ideia não foi adotada no parecer final apresentado pela então Senadora Lídice da Mata. Na Câmara dos Deputados, onde agora a projeção tramita, fiz sugestão no mesmo sentido ao saudoso Deputado Luiz Flávio Gomes – que nos deixou no ano de 2020 –, o que aguarda análise na Casa (PL n. 11.091/2018). No mesmo sentido, o Anteprojeto de Reforma do Código Civil, como visto, pretende corrigir esse grave problema. Em relação à pessoa com deficiência, reafirme-se que são plenamente capazes, especialmente para atos existenciais de natureza familiar (art. 6º do EPD). Eventualmente, para negócios jurídicos mais complexos, de cunho patrimonial, a pessoa com deficiência poderá fazer uso da tomada de decisão apoiada, instituto que ainda será aqui estudado, igualmente incluído pela Lei n. 13.146/2015. A nomeação de curador – ou interdição – somente será possível em casos excepcionais. No que diz respeito aos relativamente incapazes, repise-se que não houve alteração nos incisos I (menores entre 16 e 18 anos) e IV (pródigos) do art. 4º do CC/2002. Todavia, foi retirada a menção às pessoas com discernimento mental reduzido do seu inciso II. Agora somente estão expressos na norma os ébrios habituais (alcoólatras) e os viciados em tóxicos. Além disso, não há previsão quanto aos excepcionais sem desenvolvimento completo (inciso III do art. 4º, o que tinha aplicação a pessoa com *Síndrome de Down*). O preceito passou a mencionar as pessoas que por causa transitória ou definitiva não puderem exprimir sua vontade, conforme antes estava no art. 3º, inc. III, da codificação material. Eventualmente, como qualquer outra pessoa, o deficiente poderá até se enquadrar em qualquer um desses incisos do art. 4º da codificação material. Porém, em regra, é considerado como plenamente capaz para os atos civis, reafirme-se. Em suma, houve uma verdadeira revolução na teoria das incapacidades, o que repercute diretamente para os institutos de direito assistencial, em especial para a curatela. Sobre o Estatuto da Pessoa com Deficiência identifico duas correntes doutrinárias iniciais que surgiram sobre o seu conteúdo. A primeira condena as modificações, pois a dignidade de tais pessoas deveria ser resguardada por meio de sua proteção como vulneráveis (*dignidade-vulnerabilidade*). A segunda vertente aplaude a inovação, pela tutela da *dignidade-liberdade* das pessoas com deficiência, evidenciada pelos objetivos de sua inclusão. Entre uma ou outra visão, *a priori*, estou filiado à segunda corrente. Contudo, vejo sérios problemas no Estatuto, que devem ser resolvidos. A propósito, cabe lembrar que o Estatuto da Pessoa com Deficiência regulamenta a Convenção de Nova York, tratado de direitos humanos do qual o Brasil é signatário, e que gera efeitos como emenda constitucional (art. 5º, § 3º, da CF/1988 e Decreto n. 6.949/2009). Assim sendo, não é possível sustentar que o EPD é inconstitucional, mas muito ao contrário. Nos termos do seu art. 1º, o propósito da Convenção "é promover, proteger e assegurar o exercício pleno e equitativo de todos os direitos humanos e liberdades fundamentais por todas as pessoas com deficiência e promover o respeito pela sua dignidade inerente". Todavia, ressalte-se que somente o tempo e a prática poderão demonstrar se o melhor caminho é mesmo a *dignidade-liberdade*, em vez da anterior *dignidade-vulnerabilidade*.

CAPÍTULO I
DA TUTELA

SEÇÃO I
DOS TUTORES

Art. 1.728. Os filhos menores são postos em tutela:

I – com o falecimento dos pais, ou sendo estes julgados ausentes;

II – em caso de os pais decaírem do poder familiar.

COMENTÁRIOS DOUTRINÁRIOS: O grande objetivo do primeiro instituto de direito assistencial, como antes demonstrei, é a administração dos bens patrimoniais do menor, uma vez que os filhos nessas condições são postos sob tutela com o falecimento dos pais, ou sendo estes julgados ausentes ou, ainda, em casos de os pais decaírem do poder familiar. Sigo a afirmação doutrinária no sentido de haver na tutela um *munus público*, ou seja, uma atribuição imposta pelo Estado para atender a interesses públicos e sociais. Sem prejuízo do que consta do Código Civil, o ECA (Lei n. 8.069/1990) consagra no seu art. 28 que a tutela é uma das formas de inserção da criança e do adolescente em família substituta. São partes da tutela: o tutor, aquele que exerce o *munus*, e o tutelado ou pupilo, menor a favor de quem os bens e interesses são administrados. Não se pode confundir a tutela com a representação e a assistência. A tutela tem sentido genérico, sendo prevista para a administração geral dos interesses de menores, sejam eles absolutamente – menores de 16 anos, art. 3º, *caput*, do CC –, ou relativamente incapazes – menores entre 16 e 18 anos, art. 4º, inc. I, do CC. Por outra via, a representação é o instituto que busca atender aos interesses dos menores de 16 anos em situações específicas, para a prática de determinados atos da vida civil. Assim também o é a assistência, mas em relação aos menores entre 16 e 18 anos. Premissa fundamental que deve ser sempre reafirmada é a conclusão de que a tutela e o poder familiar não podem coexistir, eis que a tutela visa justamente a substituí-lo.

JURISPRUDÊNCIA COMENTADA: Sobre o conteúdo da tutela, conforme se extrai de julgado do Tribunal do Distrito Federal, "a tutela se destina a proteger crianças e adolescentes que estão afastados do poder familiar, o qual consubstancia *munus* dos pais com relação aos filhos, para a integral proteção da prole (art. 1.728 do CC)" (TJDF, Apelação Cível 2016.03.1.001460-2, Acórdão 994.114, 2.ª Turma Cível, Rel. Des. João Egmont Leoncio Lopes, j. 08.02.2017, *DJDFTE* 16.02.2017). Pela falta de preenchimento dos requisitos legais, de forma correta, concluiu o Tribunal Gaúcho que "no caso dos autos, restou caracterizada a falta de interesse de agir, porquanto a parte autora busca a tutela do menor, a fim de regularizar pendência junto ao INSS para o menor receber pensão futuramente. Todavia, esta já possui a guarda do menor, bem como os pais não são falecidos, tampouco ausentes, bem como são detentores do poder familiar, ou seja, não há o preenchimento dos requisitos do artigo 1.728 do Código Civil" (TJRS, Apelação Cível 0064630-02.2016.8.21.7000, 8.ª Câmara Cível, Tramandaí, Rel. Des. Alexandre Kreutz, j. 13.07.2017, *DJERS* 19.07.2017). Por fim, trazendo a conclusão segundo a qual tutela e poder familiar não podem conviver na mesma situação fática, conforme anotei: "O deferimento da tutela pressupõe a prévia decretação da perda ou suspensão do poder familiar, *ex vi* do art. 36, parágrafo único do Estatuto da Criança e do Adolescente e art. 1.728 do Código Civil. *In casu*, aduz a apelante, em síntese, que possui a guarda do menor, condição que, segundo seu entendimento, implicaria na suspensão do poder familiar do genitor. O referido argumento, contudo, não merece prosperar, tendo em vista que a guarda judicial não importa na destituição do poder familiar, tampouco sua suspensão. Por todo o exposto, acostando-me ao brilhante parecer exarado pela douta representante do Ministério Público, tem-se por incensurável a sentença que julgou improcedente o pedido de tutela em comento, imerecendo qualquer reparo em seus termos" (TJCE, Apelação Cível 0071031-26.2009.8.06.0001, 4.ª Câmara Cível, Rel. Des. Teodoro Silva Santos, *DJCE* 23.11.2011, p. 31).

REFORMA DO CÓDIGO CIVIL: Sugere-se uma melhora na redação do art. 1.728 do Código Civil, que, de forma mais eficiente e objetiva, passará a prever que, no caso de falecimento, ausência ou quando os genitores forem desconhecidos, tiverem sido suspensos ou forem destituídos da autoridade parental, os filhos crianças ou adolescentes, que tenham menos de dezoito anos de idade, serão postos sob tutela ou outro regime de colocação familiar, previsto na legislação especial. No trecho final há alusão à guarda prevista no Estatuto da Criança e do Adolescente, o ECA. Ademais, como visto, a menoridade é retirada do tratamento do Código, passando ele a mencionar as crianças e os adolescentes que tenham menos de dezoito anos. Por proposição da Subcomissão de Direito de Família, é também incluído um novo art. 1.728-A, "artigo criado no intuito de reforçar a doutrina da proteção integral, colocando o interesse do menor acima de qualquer outro relacionado ao tema. Embora haja certa redundância na fixação da observância ao melhor interesse do menor, externando-se a necessidade de observar a existência de prévios vínculos de convivência, afinidade e afeto do tutelado em relação aos pretensos tutores, entende-se que se cuida de providência pertinente servindo para fins didáticos ao intérprete do texto. Cria-se ainda o parágrafo segundo, prevendo a possibilidade da instituição da tutela conjunta". Assim sendo, nos termos do seu *caput*, "na atribuição da tutela o juiz deverá levar em consideração o princípio do melhor interesse da criança e do adolescente a existência de prévios vínculos de convivência, afinidade e afeto com o tutor". O seu § 1º irá expressar que, "sempre que possível, a criança ou o adolescente será ouvido, levando-se em consideração sua manifestação de vontade". Como pontuado, o § 2º do preceito preverá, em boa hora, que "é possível a instituição de dois ou mais tutores para exercício de tutela conjunta". Por fim, é incluído um § 3º no art. 1.728, para expressar que, na tutela conjunta, "havendo divergência entre os tutores acerca de questões fundamentais ao exercício da tutela, o juiz decidirá".

Art. 1.729. O direito de nomear tutor compete aos pais, em conjunto.

Parágrafo único. A nomeação deve constar de testamento ou de qualquer outro documento autêntico.

COMENTÁRIOS DOUTRINÁRIOS: O comando começa a tratar da classificação da tutela quanto à origem, em três categorias, como se retira da melhor doutrina. A primeira delas é a *tutela testamentária,* instituída por ato de última vontade, por testamento, legado ou mesmo por codicilo. Essa nomeação do tutor, nos termos da norma, compete aos pais, em conjunto, devendo constar em testamento ou em qualquer outro documento autêntico. Como segunda categoria, a *tutela legítima* ou *legal* é a concretizada na falta de tutor nomeado pelos pais, nos termos do art. 1.731 do CC/2002. Por fim, há a *tutela dativa*, presente na falta de tutela testamentária ou legítima, regulada pelo art. 1.732 do Código Civil. As duas últimas categorias serão abordadas quando dos comentários aos artigos correspondentes.

JURISPRUDÊNCIA COMENTADA: De forma correta, já se admitiu a *curatela testamentária,* pela aplicação do comando em estudo para a curatela, como ordena o art. 1.781 da própria codificação. Nesse sentido, *decisum* do Tribunal do Espírito Santo, assim ementado: "O parágrafo único do art. 1.729 do Código Civil/02, aplicável à curatela por força do disposto nos arts. 1.774 e 1.781 do mesmo diploma legal, estabelece que 'a nomeação do tutor (*rectius:* Curador) deve constar de testamento ou de qualquer outro documento autêntico'. Com efeito, estabelece o Código Civil de 2002 uma ordem legal de escolha de tutor que subsidiariamente deve ser aplicada aos casos de curatela por força do disposto no seu art. 1.774, quando não houver tutor testamentário, denominada tutela legítima ou legal, sendo observada tal modalidade pelo MM. Juiz *a quo* ao nomear a Sra. M. G. C. para exercer provisoriamente a curatela. A tutela legítima ocorre na falta de tutor (*rectius*: Curador) nomeado pelos pais. Nesse caso, será escolhido na ordem estabelecida no art. 1.731 do Código Civil/2002, segundo o qual 'na falta de tutor nomeado pelos pais, incumbe a tutela aos parentes consanguíneos do menor, por esta ordem'. Há ainda a chamada tutela dativa (CC/2002, artigo 1.732), exercida por um terceiro, estranho à consanguinidade estabelecida no art. 1.731, que ocorre na falta de tutor testamentário ou legítimo (inc. I); quando estes forem excluídos ou escusados da tutela (inciso II); quando removidos por não idôneos o tutor legítimo e o testamentário (inc. III). A substituição do curador testamentário por outro (legítimo ou dativo), ainda que em observância à ordem legal estabelecida no Código Civil, somente terá lugar se houver inaptidão do indicado, se for verificada a sua inidoneidade ou se o bem-estar e os interesses do curatelado assim o exigir, o que não se verifica na hipótese dos autos" (TJES, Agravo de Instrumento 30119000757, 3.ª Câmara Cível, Rel. Des. Eliana Junqueira Munhos, *DJES* 20.10.2011). Como se pode perceber, o julgado segue a linha da classificação que antes apontei nos meus comentários doutrinários. E traz a primeira aplicação de dispositivo relativo à tutela para a curatela, o que será comum nas notas jurisprudenciais a partir do presente momento.

REFORMA DO CÓDIGO CIVIL: Há outra proposta que veio da Subcomissão de Direito de Família – composta por Pablo Stolze Gagliano, Maria Berenice Dias, Rolf Madaleno e Ministro Marco Buzzi –, e que almeja deixar o dispositivo mais eficiente e com redação condizente com os nossos tempos. Segundo eles, em suas justificativas, "cria-se parágrafo único, de sorte a compatibilizar o texto da lei civil ao quanto previsto no art. 37 do ECA. Ao fim, aglutina-se no *caput* do artigo o disposto no atual texto do parágrafo único do art. 1.729 do CC, por questão de melhor técnica legislativa". O art. 37 do ECA, como se sabe, tem a seguinte dicção: "O tutor nomeado por testamento ou qualquer documento autêntico, conforme previsto no parágrafo único do art. 1.729 da Lei n. 10.406, de 10 de janeiro de 2002 – Código Civil, deverá, no prazo de 30 (trinta) dias após a abertura da sucessão, ingressar com pedido destinado ao controle judicial do ato, observando o procedimento previsto nos arts. 165 a 170 desta Lei. Parágrafo único. Na apreciação do pedido, serão observados os requisitos previstos nos arts. 28 e 29 desta Lei, somente sendo deferida a tutela à pessoa indicada na disposição de última vontade, se restar comprovado que a medida é vantajosa ao tutelando e que não existe outra pessoa em melhores condições de assumi-la". Assim, a norma civil passará a prever o seguinte: "Art. 1.729. Aos pais, em conjunto ou separadamente, é dado o direito de nomear tutor em testamento ou outro documento autêntico. Parágrafo único. A nomeação será confirmada pelo juiz quando comprovada ser a escolha a mais benéfica ao tutelado".

Art. 1.730. É nula a nomeação de tutor pelo pai ou pela mãe que, ao tempo de sua morte, não tinha o poder familiar.

COMENTÁRIOS DOUTRINÁRIOS: Pela norma anterior, como visto, a nomeação de tutor compete aos pais, em conjunto, devendo constar em testamento ou em qualquer outro documento autêntico. Como decorrência dessa primeira afirmação legal, haverá nulidade absoluta da tutela testamentária se feita por pai ou mãe que não tinha o poder familiar no momento da sua morte. Isso porque não haveria legitimação específica dos pais no momento do exercício da autonomia privada.

REFORMA DO CÓDIGO CIVIL: A proposta da Comissão de Juristas é de substituição do termo "poder familiar" por "autoridade parental", na linha de outras projeções de alteração do texto civil: "Art. 1.730. É nula a nomeação de tutor feita pelos pais que, ao tempo de sua morte, não exerciam a autoridade parental". Além disso, "pai" e "mãe" são alterados para "pais", a fim de a norma atender às realidades das famílias homoafetivas e pluriparentais, como se dá na multiparentalidade.

Art. 1.731. Em falta de tutor nomeado pelos pais incumbe a tutela aos parentes consanguíneos do menor, por esta ordem:

I – aos ascendentes, preferindo o de grau mais próximo ao mais remoto;

II – aos colaterais até o terceiro grau, preferindo os mais próximos aos mais remotos, e, no mesmo grau, os mais velhos aos mais moços; em qualquer dos casos, o juiz escolherá entre eles o mais apto a exercer a tutela em benefício do menor.

COMENTÁRIOS DOUTRINÁRIOS: A *tutela legítima* ou *legal,* tratada pelo comando, é a concretizada na falta de tutor nomeado pelos pais em testamento, ou seja, de forma residual e *ope legis*, pela incidência automática da lei. Incumbe-a aos parentes consanguíneos do menor, por esta ordem, que não deve ser tida como obrigatória ou peremptória, mas meramente ilustrativa: 1º) aos ascendentes, preferindo o de grau mais próximo ao mais remoto; 2º) aos colaterais até o terceiro grau – irmãos, tios e sobrinhos –, preferindo os mais próximos aos mais remotos, e, no mesmo grau, os mais velhos aos mais moços. Em uma dessas situações, o juiz escolherá entre eles o mais apto a exercer a tutela em benefício do menor, tendo em vista o princípio do melhor ou maior interesse da criança e do adolescente, o que confirma a afirmação no sentido de não ser a ordem peremptória e inafastável, mas uma mera preferência.

JURISPRUDÊNCIA COMENTADA: Confirmando não se tratar de ordem obrigatória, mas meramente exemplificativa: "Disputa entre parentes materno e paterno. Preferência estabelecida no art. 1.731 do Código Civil meramente exemplificativa. Prevalência do princípio do melhor interesse do tutelado. Lastro probatório que indica condições de ambos os parentes para assumir a tutela da menor. Adolescente que declara o desejo de residir e ser educada pela tia paterna. Sentença que mantém a escolha da tutelada. Prevalência da proteção dos interesses da menor" (TJRN, Apelação Cível 2013.007838-8, 1.ª Câmara Cível, Mossoró, Rel. Des. Expedito Ferreira de Souza, *DJRN* 18.03.2014). No mesmo sentido: "O rol estabelecido no art. 1.731 do Código Civil (CC/2002) para a escolha de tutores é relativo, privilegiando sempre o melhor interesse do menor. Presentes nos autos elementos que denotam, de um lado, a disponibilidade exclusiva da candidata à tutela, enquanto autora da ação, e de outro a concordância dos demais parentes elegíveis, não se justifica a fixação de guarda provisória compartilhada com terceira pessoa estranha à relação processual que sequer nela interveio, opondo-se a tempo e modo" (TJMG, Agravo de Instrumento 1.0056.10.010075-1/001, Rel. Des. Oliveira Firmo, j. 27.08.2013, *DJEMG* 30.08.2013). Por fim, falando em *ordem de preferência* constante da norma, na exata medida do que vislumbro o preceito: "No caso de ambos os interessados mostrarem aptidão e vantagens para o exercício da tutela, de se respeitar a vontade do infante em permanecer com os avós paternos, conscientemente manifestada judicial e extrajudicialmente, em sintonia com a ordem de preferência do art. 1.731 do Código Civil, notadamente na existência de comprovada melhora do comportamento escolar durante a guarda fática destes, preservando-se o salutar contato com o padrasto e o meio-irmão por meio da visitação acordada" (TJSC, Apelação Cível 2009.063391-6, 5.ª Câmara de Direito Civil, Criciúma, Rel. Des. Henry Petry Junior, j. 24.02.2011, *DJSC* 31.03.2011, p. 253).

REFORMA DO CÓDIGO CIVIL: Nas palavras da Subcomissão de Direito de Família, "o texto atual do CC estabelece uma ordem hierárquica dentre os parentes consanguíneos do menor, a fim de que o juízo determine a quem recairá o encargo da tutoria. Tal normativa não mais se coaduna com a ordem constitucional, e em especial ao ECA. A proposta busca compatibilizar os textos reforçando a possibilidade, e a preferência, de que o menor seja tutelado por quem mantenha certa afinidade, guardando assim maior afinidade com uma estrutura familiar". Como antes pontuado, não se trata de uma ordem peremptória, no meu sentir, o que esvazia o texto da lei. Ademais, com toda a razão, a proposta da subcomissão foi mantida, tendo a proposição o seguinte texto, revogando-se expressamente os incisos do dispositivo legal: "Art. 1.731. Na falta da nomeação pelos pais, a tutela deverá ser atribuída, prioritariamente, aos parentes que mantenham vínculos de convivência e afetividade com o tutelado. I – Revogado; II – Revogado".

Art. 1.732. O juiz nomeará tutor idôneo e residente no domicílio do menor:

I – na falta de tutor testamentário ou legítimo;

II – quando estes forem excluídos ou escusados da tutela;

III – quando removidos por não idôneos o tutor legítimo e o testamentário.

COMENTÁRIOS DOUTRINÁRIOS: Quanto à *tutela dativa*, regulada pelo dispositivo, esta se faz presente na falta de tutela testamentária ou legítima, decorrendo de nomeação judicial, relativa a pessoa idônea e residente no domicílio do menor. Essa mesma forma de tutela é prevista para os casos de exclusão do tutor, escusa da tutela ou quando removidos os tutores legítimos ou testamentários por não serem idôneos. Deve-se novamente levar em conta o princípio do melhor interesse da criança e do adolescente, o que faz com que a exigência da residência no domicílio do menor até possa ser afastada.

JURISPRUDÊNCIA COMENTADA: Acórdão do Tribunal Gaúcho admitiu ação de tutela proposta por pessoa não prevista no rol do art. 1.731 do Código Civil, corroborando a minha afirmação anterior, no sentido de ser o rol meramente exemplificativo. Porém, ao final, foi nomeado um tutor dativo pelo juiz: "O art. 1.732 do Código Civil preconiza que em caso de inexistência ou impossibilidade de se nomear parente consanguíneo como tutor, o encargo deve ser atribuído a pessoa idônea, sendo que a presente ação foi ajuizada com base nessa premissa" (TJRS, Apelação Cível 0474767-46.2014.8.21.7000, 8.ª Câmara Cível, Tapera, Rel. Des. Alzir Felippe Schmitz, j. 23.04.2015, *DJERS* 28.04.2015).

REFORMA DO CÓDIGO CIVIL: A Subcomissão de Direito de Família sugere a extinção da figura do *tutor dativo*, pouco aplicada na realidade jurídica nos mais de vinte anos do Código Civil. Nos termos das suas justificativas, cria-se a figura do *tutor patrimonial*, tendo havido "proposta de artigo em substituição ao atual 1.732 do CC, o qual previa a figura do tutor dativo para os casos em que não houvesse parentes ou tutores testamentários aptos a assunção da tutela. Busca-se adequar o texto do CC à sistemática de colocação do menor em família substituta previsto no ECA, aplicável, em simetria, nos casos em que é impossível a sua recolocação em família extensa. Por outro lado, objetivando resguardar o patrimônio do menor de idade, que esteja na condição de recolocação em família substituta, cria-se o parágrafo único, possibilitando que o juiz nomeie um tutor patrimonial, com poderes exclusivos de administração dos bens enquanto perdurar esta situação, cessando, portanto, assim que terminado o procedimento de recolocação. Essa nomenclatura, tutor patrimonial, tem em mira evidenciar que existem duas espécies de tutela, a 'existencial' e a 'patrimonial'. A primeira amoldada aos deveres de convivência e cuidado que recaem sobre o tutor para com o tutelado. A segunda com o desiderato de estabelecer um gestor ao patrimônio do menor". Nesse contexto, nos termos do novo art. 1.732, *caput*, do CC, "na ausência de parentes em condições de assumirem a tutela, ou de pessoa que se disponha a aceitar a função de tutor, a criança ou o adolescente será incluído em programa de colocação familiar, na forma prevista na legislação específica". Sobre o *tutor patrimonial*, estará em seu parágrafo único que "na hipótese de a criança ou o adolescente ser encaminhado ao programa de colocação familiar e sendo titular de patrimônio, poderá o juízo nomear tutor patrimonial, com poderes exclusivos de administração dos bens, enquanto não houver a colocação familiar definitiva". As mudanças são importantes, para tornar o texto da lei mais efetivo diante da realidade prática, tendo o meu total apoio, como Relator-Geral na Comissão de Juristas.

Art. 1.733. Aos irmãos órfãos dar-se-á um só tutor.

§ 1º No caso de ser nomeado mais de um tutor por disposição testamentária sem indicação de precedência, entende-se que a tutela foi cometida ao primeiro, e que os outros lhe sucederão pela ordem de nomeação, se ocorrer morte, incapacidade, escusa ou qualquer outro impedimento.

§ 2º Quem institui um menor herdeiro, ou legatário seu, poderá nomear-lhe curador especial para os bens deixados, ainda que o beneficiário se encontre sob o poder familiar, ou tutela.

COMENTÁRIOS DOUTRINÁRIOS: Em todas as situações expostas, em havendo irmãos órfãos, dar-se-á um só tutor comum, o que representa a consolidação do *princípio da unicidade da tutela*. Trata-se de preceito que traz conteúdo com vistas ao atendimento do melhor interesse da criança e do adolescente, pois não é recomendável a separação de irmãos. No entanto, se for nomeado mais de um tutor por disposição testamentária e sem indicação de precedência dos irmãos, entende-se que a tutela foi cometida ao primeiro que constar no testamento. Os demais lhe sucederão pela ordem de nomeação, se ocorrer morte, incapacidade, escusa do tutor ou qualquer outro impedimento. Além da instituição testamentária, é possível também nomear o menor como herdeiro ou legatário, pelo próprio testamento ou legado de nomeação. Nesse diapasão, caberá ainda a nomeação de um *curador especial* para os bens deixados, ainda que o beneficiário se encontre sob o poder familiar, ou mesmo sob tutela. Apesar de a norma prever expressamente que a tutela é única, não vejo óbice para se admitir a tutela compartilhada ou conjunta, caso essa atenda ao melhor interesse do tutelado. A título de exemplo, pode ela ser exercida por um casal, tornando-a mais funcional para atender aos interesses do tutelado.

JURISPRUDÊNCIA COMENTADA: Na linha do meu último comentário, ver: "Não obstante interpretação literal do art. 1.733 do Código Civil vigente (reprodução integral do art. 411 do Código Civil de 1916) possa indicar óbice à nomeação conjunta de casal para a função de tutor, a extinção do pátrio poder (sobre o qual estavam estabelecidas as normas familiaristas do diploma anterior) recomenda revisão da característica da unipessoalidade da tutela, uma vez que instituto supletivo do atual poder familiar. Nessa perspectiva, tratada também como forma de colocação do menor em família substituta (art. 28 do Estatuto da Criança e do Adolescente), sendo natural seu exercício concomitante por um casal, de se reconhecer a viabilidade da tutela conjunta, sobretudo porque medida que, em tese, ameniza o reconhecido encargo e possibilita melhor atendimento dos interesses materiais e morais dos tutelados" (TJSC, Apelação Cível 2010.044051-1, 5.ª Câmara de Direito Civil, Joinville, Rel. Des. Henry Petry Junior, j. 03.03.2011, *DJSC* 31.03.2011, p. 253). Ademais, como se retira de aresto do Tribunal do Espírito Santo, "o art. 1.733, do CC/02, contém o princípio da unidade e indivisibilidade da tutela ao prever a nomeação de apenas um tutor para dois irmãos órfãos. A unicidade da tutela é vantajosa por manter a união familiar, resguardando melhor os interesses que são comuns, além de permitir a melhor administração dos bens". Todavia, a norma foi afastada no caso concreto, pois não se tratada de hipótese envolvendo menores órfãos: "Contudo, é de se ressaltar que na espécie, não se trata de menores órfãos. Na verdade, a tutela foi concedida aos avós maternos, que já possuíam a guarda de fato dos menores desde o nascimento, em virtude da suspensão do poder familiar dos pais. Assim, a tutela foi concedida em virtude do disposto no art. 1.728, inc. II, do CC/02. Não há óbice legal à concessão da tutela aos avós paternos, sendo que a restrição imposta no art. 1.733, do CC/02, refere-se primeiramente a irmãos órfãos, a fim de que não sejam criados em famílias distintas, o que impõe, de regra, seja-lhes dado o mesmo tutor. Então, em vista do fim preconizado, mais certo e consentâneo com seu fim, entender que a Lei não impõe um único tutor, mas que o tutor designado seja o mesmo, ou, no caso, os mesmos tutores" (TJES, Apelação Cível 12000086699, 2.ª Câmara Cível, Rel. Des. Izaias Eduardo da Silva, j. 30.01.2007, *DJES* 05.03.2007, p. 33). Por fim, sobre o § 2º do dispositivo em estudo, julgou o Superior Tribunal de Justiça, em 2023, que "é válida a disposição testamentária que institui filha coerdeira como curadora especial dos bens deixados à irmã incapaz, relativamente aos bens integrantes da parcela disponível da herança, ainda que esta se encontre sob o poder familiar ou tutela" (STJ, REsp 2.069.181/SP, Rel. Min. Marco Buzzi, 4.ª Turma, por unanimidade, j. 10.10.2023). O *decisum* reformou acórdão do Tribunal Paulista que havia considerado como ineficaz a previsão testamentária deduzindo, de forma correta na minha opinião, que "a circunstância de a descendente, ainda criança, manter a posição de herdeira legítima e testamentária, simultaneamente, não conduz ao afastamento da disposição relacionada à instituição de curadora especial para administrar os bens integrantes da parcela disponível da testadora, expressamente prevista em lei, sem que haja qualquer necessidade de aferir a inidoneidade do detentor do poder familiar ou tutor".

REFORMA DO CÓDIGO CIVIL: Assim como as proposições anteriores sobre a tutela, mais uma vez, a Subcomissão de Direito de Família orienta a adaptação do texto do Código Civil ao ECA, visando à funcionalização do instituto, em prol dos interesses do tutelado. Consoante a suas corretas justificativas, "primeiramente, procede-se, nessa proposta, à adaptação do *caput* do artigo ao disposto no Estatuto da Criança e do Adolescente, art. 28, § 4º. Assim, os grupos de irmãos serão colocados sob adoção, tutela ou guarda da mesma família substituta, ressalvada a comprovada existência de risco de abuso ou outra situação que justifique plenamente a excepcionalidade de solução diversa, procurando-se, em qualquer caso, evitar o rompimento definitivo dos vínculos fraternais. Por outro lado, promove-se adaptação da redação do § 1º à possibilidade da instituição da tutela conjunta, facultada no texto sugerido ao art. 1.728-A, § 2º. Por fim, altera-se a nomenclatura prevista no § 2º, de curador para 'tutor patrimonial'. Tal alteração tem em mira evidenciar que existem duas espécies de tutela, a 'existencial' e a 'patrimonial'. A primeira amoldada aos deveres de convivência e cuidado que recaem sobre o tutor para com o tutelado. A segunda com o desiderato de estabelecer um gestor ao patrimônio do menor". Por tudo isso, com vistas a uma necessária funcionalização da tutela, o art. 1.733 passará a prever o seguinte: "Art. 1.733. Os grupos de irmãos, preferencialmente, deverão ser mantidos juntos sob a mesma tutela existencial, salvo se comprovada situação que justifique a excepcionalidade de solução diversa, procurando-se, em qualquer caso, evitar o rompimento definitivo dos vínculos fraternais. § 1º No caso de ser nomeado mais de um tutor pelos pais, sem ordem de preferência, a tutela será prioritariamente conjunta. § 2º Quem institui pessoa com menos de dezoito anos de idade como herdeiro ou legatário, poderá nomear-lhe tutor patrimonial para os bens deixados, ainda que o beneficiário se encontre sob a autoridade parental ou tutela existencial". Mais uma vez penso que as mudanças propostas são mais do que necessárias, sendo até urgentes.

Art. 1.734. As crianças e os adolescentes cujos pais forem desconhecidos, falecidos ou que tiverem sido suspensos ou destituídos do poder familiar terão tutores nomeados pelo Juiz ou serão incluídos em programa de colocação familiar, na forma prevista pela Lei n. 8.069, de 13 de julho de 1990 – Estatuto da Criança e do Adolescente. (Redação dada pela Lei n. 12.010, de 2009)

COMENTÁRIOS DOUTRINÁRIOS: O art. 1.734 do CC/2002 tratava, na redação original, da *tutela do menor abandonado*, que teria *tutor dativo*, ou seja, nomeado pelo juiz. Sendo impossível a nomeação desse tutor dativo, o menor abandonado seria recolhido a estabelecimento público para esse fim destinado. Na falta desse estabelecimento, o menor ficaria sob a tutela das pessoas que, voluntária e gratuitamente, se encarregariam da sua criação, havendo uma inserção em família substituta. O dispositivo foi alterado pela Lei n. 12.010, de 2009, então conhecida como Nova Lei da Adoção, passando a prescrever que as crianças e os adolescentes cujos pais forem desconhecidos, falecidos ou que tiverem sido suspensos ou destituídos do poder familiar terão tutores nomeados pelo Juiz ou serão incluídos em programa de colocação familiar, na forma prevista pela Lei n. 8.069, de 13 de julho de 1990, ou seja, em família substituta. Em suma, não se menciona mais o menor abandonado, substituindo-se a expressão por outras mais amplas e genéricas.

REFORMA DO CÓDIGO CIVIL: Propõe-se a revogação do dispositivo, para que o tema seja tratado no novo art. 1.728 do CC, aqui antes comentado.

SEÇÃO II
DOS INCAPAZES DE EXERCER A TUTELA

Art. 1.735. Não podem ser tutores e serão exonerados da tutela, caso a exerçam:

I – aqueles que não tiverem a livre administração de seus bens;

II – aqueles que, no momento de lhes ser deferida a tutela, se acharem constituídos em obrigação para com o menor, ou tiverem que fazer valer direitos contra este, e aqueles cujos pais, filhos ou cônjuges tiverem demanda contra o menor;

III – os inimigos do menor, ou de seus pais, ou que tiverem sido por estes expressamente excluídos da tutela;

IV – os condenados por crime de furto, roubo, estelionato, falsidade, contra a família ou os costumes, tenham ou não cumprido pena;

V – as pessoas de mau procedimento, ou falhas em probidade, e as culpadas de abuso em tutorias anteriores;

VI – aqueles que exercerem função pública incompatível com a boa administração da tutela.

COMENTÁRIOS DOUTRINÁRIOS: Seguindo no estudo do tema, o Código Civil de 2002, assim como o seu antecessor, continua prevendo aqueles que são incapazes de exercer tutela (art. 1.735), bem como aqueles que podem escusá-la, ou seja, não a aceitar ou pedir dispensa (art. 1.736). Pelo primeiro dispositivo, não podem ser tutores e serão exonerados da tutela: a) aqueles que não tiverem a livre administração de seus bens, como no caso dos menores ou dos pródigos; b) aqueles que, no momento de lhes ser deferida a tutela, se acharem constituídos em obrigação para com o menor, ou tiverem que fazer valer direitos contra este, e aqueles cujos pais, filhos ou cônjuges tiverem demanda contra o menor; c) os inimigos do menor, ou de seus pais, ou aqueles que tiverem sido por estes expressamente excluídos da tutela; d) os condenados por crime de furto, roubo, estelionato, falsidade, contra a família ou os costumes, tenham ou não cumprido pena; e) as pessoas de mau procedimento, ou falhas em probidade, e as culpadas de abuso em tutorias anteriores, cabendo análise caso a caso; e f) aqueles que exercerem função pública incompatível com a boa administração da tutela, caso de um juiz, de um promotor de justiça ou de um delegado de polícia. Sobre a previsão relativa aos condenados por crime, o Enunciado n. 636, aprovado na *VIII Jornada de Direito Civil* (2018), admite a sua mitigação, o que conta com o meu apoio. Nos seus termos, "o impedimento para o exercício da tutela do inc. IV do art. 1.735 do Código Civil pode ser mitigado para atender ao princípio do melhor interesse da criança". As hipóteses expostas, como se pode perceber, são de *falta de legitimação* para o ato, para o exercício da tutela. Por outra via, as hipóteses de escusa, a seguir demonstradas, são situações em que a dispensa pode ou não ocorrer, havendo um direito potestativo das pessoas elencadas. Parte da doutrina entende que essas normas vigentes não mais se justificam, sendo necessário alterar a sua atual sistemática, o que está sendo proposto pelo Anteprojeto de Reforma do Código Civil.

JURISPRUDÊNCIA COMENTADA: O Tribunal de Justiça do Rio Grande do Sul tem exigido a certidão negativa de antecedentes criminais para o exercício da tutela e da curatela, sendo pertinente transcrever, por todos: "É indispensável a apresentação de certidão negativa criminal por aquele que pretende exercer a curatela, nos termos do art. 1.735, IV, do Código Civil, aplicável à curatela por força do art. 1.774 do mesmo diploma legal. O fato de familiar da parte interditanda pretender o exercício da curatela não elimina esta necessidade, tendo em vista que o parentesco não afasta o possível cometimento de crimes, devendo ser rigorosamente observada tal formalidade, especialmente em atenção ao necessário resguardo dos interesses da pessoa incapacitada, que deve contar com curador comprovadamente idôneo e legalmente apto para o exercício do encargo" (TJRS, Apelação Cível 0309023-91.2017.8.21.7000, 8.ª Câmara Cível, Panambi, Rel. Des. Luiz Felipe Brasil Santos, j. 14.12.2017, *DJERS* 23.01.2018). Com o devido respeito, entendo que essa burocrática exigência não se sustenta, diante da presunção de inocência prevista na Constituição Federal de 1988. Assim, cabe a eventual impugnante da nomeação fazer a prova a respeito da existência de crime. Além disso, sigo o teor do Enunciado n. 636 da *VIII Jornada de Direito Civil,* no sentido de que norma pode ser mitigada, em prol do melhor interesse da criança e do adolescente. Sobre o inciso IV do art. 1.735 merece destaque acórdão do Tribunal de Justiça de São Paulo que não admitiu a nomeação de tutor condenado por roubo, sem que houvesse a devida reabilitação penal (TJSP, Apelação Cível 0002909-32.2010.8.26.0077, Acórdão 4850862, Câmara Especial, Birigui, j. 29.11.2010, *DJESP* 08.02.2011). Ainda sobre o último comando, o Tribunal de Santa Catarina afastou a regra para a nomeação de curador de condenado previamente em ação popular por conta da contratação, quando presidente de empresa de economia mista, de banca de advocacia sem o devido processo licitatório. Como consta do acórdão, trata-se de situação "que não se encaixa, dadas as peculiaridades da causa, na dicção normativa contida no artigo 1.735, V, do CC/02, que proíbe o exercício da curatela por parte das pessoas de 'mau procedimento' ou 'falhas em probidade'. Sentenças condenatórias que ainda não transitaram em julgado. Recursos especiais admitidos na origem sob o fundamento da plausibilidade das teses recursais. Ademais, curatelado que, quando sadio, e ciente dessas ações, demonstrou confiança na pessoa do curador, a quem confiou, em duas oportunidades, a vice-presidência de importante grupo empresarial. Ausência de prova quanto a má-conduta social do curador. Peculiaridades do caso concreto que indicam ser ele o escolhido pelo curatelado para a guarda de sua saúde e seus bens" (TJSC, Apelação Cível 2013.037748-2, 3.ª Câmara de Direito Civil, Joinville, Rel. Des. Maria do Rocio Luz Santa Ritta, j. 24.09.2013, *DJSC* 07.10.2013, p. 214). Filio-me totalmente à última forma de julgar, pelos seus próprios argumentos, em prol da pessoa curatelada.

REFORMA DO CÓDIGO CIVIL: Como se retira dos meus comentários doutrinários e anotações jurisprudenciais, a norma precisa ser alterada, não se justificando mais o atual sistema de falta de legitimação e de escusa da tutela. Essa também foi a opinião dos membros da Subcomissão de Direito de Família, para quem "o atual artigo 1.735 prevê uma série de situações que obstam a pessoa nelas enquadrada de exercer a tutela. São hipóteses atreladas, de regra, a conflitos de interesses entre o tutor e o tutelado, a comportamentos do tutor aptos a demonstrar sua incapacidade moral de exercer o múnus.

Visando a modernizar o dispositivo, buscou-se criar cláusulas abertas, em detrimento das situações específicas antes previstas, permitindo que o juiz examine de forma mais adequada cada caso concreto, à luz do princípio da operabilidade ou concretude (Miguel Reale)". Ao final, sugere-se a manutenção do inc. I, a alteração com abertura do texto dos incs. II e III e a revogação dos demais, passando o dispositivo a prever o seguinte: "Art. 1.735. Não podem ser tutores e serão exonerados da tutela, caso a exerçam: I – aqueles que não tiverem a livre administração de seus bens; II – mantiverem conflito de interesses com o tutelado; III – tenham comportamento contrário ao melhor interesse da pessoa com menos de dezoito anos de idade. IV – Revogado; V – Revogado; VI – Revogado". De fato, as previsões hoje presentes no texto não mais se justificam, tendo sido mitigadas.

SEÇÃO III
DA ESCUSA DOS TUTORES

Art. 1.736. Podem escusar-se da tutela:

I – mulheres casadas;

II – maiores de sessenta anos;

III – aqueles que tiverem sob sua autoridade mais de três filhos;

IV – os impossibilitados por enfermidade;

V – aqueles que habitarem longe do lugar onde se haja de exercer a tutela;

VI – aqueles que já exercerem tutela ou curatela;

VII – militares em serviço.

COMENTÁRIOS DOUTRINÁRIOS: De acordo com o dispositivo, podem escusar-se da tutela, ou seja, não a aceitar ou pedir dispensa, inicialmente, as mulheres casadas. Há proposta de revogação do dispositivo, conforme o Enunciado n. 136 do CJF/STJ da *I Jornada de Direito Civil*. Isso porque, conforme as suas justificativas, "não há qualquer justificação de ordem legal para legitimar que mulheres casadas, apenas por essa condição, possam se escusar da tutela". Realmente, é de se concordar com a proposta, pois o dispositivo parece ser herança da perversa distinção entre homens e mulheres, que não mais existe, diante do Texto Constitucional de 1988. Também cabe a escusa da tutela aos maiores de 60 anos. Igualmente nesse ponto há que se discutir se a norma é ou não discriminatória, assim como acontece com o art. 1.641, inc. II, do CC/2002, que continua a discriminar o idoso, impondo-lhe o regime da separação obrigatória de bens, agora com 70 anos de idade. Entendo, como a previsão anterior, que ela não mais se justifica. Seguindo, o inciso III do art. 1.736 do Código Civil estabelece que podem escusar-se da tutela aqueles que tiverem sob sua autoridade mais de três filhos. A ideia é que há um excesso de responsabilidades nessas hipóteses, o que pode fundamentar a declinação do *munus*. Por fim, existem outras situações que dizem respeito a motivos relevantes nos quatro últimos incisos do preceito material. Assim é o caso dos impossibilitados por enfermidade; daqueles que habitarem longe do lugar onde se haja de exercer a tutela; daqueles que já exercem uma tutela ou curatela e dos militares em serviço (art. 1.736, incs. IV a VII, do CC/2002). Anote-se que o procedimento de escusa corre perante a Vara da Infância e da Juventude, se houver. Não havendo esse juízo especializado, a competência será da Vara da Família ou da Vara Cível, pela ordem.

JURISPRUDÊNCIA COMENTADA: Afastando a escusa de curatela, aplicando-se a mesma regra prevista para a tutela, nos termos do sempre utilizado art. 1.774 do Código Civil, do Tribunal de São Paulo: "Não caracterização de uma das hipóteses do artigo 1.736 do Código Civil que justifique a cessação do encargo da autora, irmã do interditado. Existência de outras três irmãs que não possuem condições para prestar tal compromisso" (TJSP, Apelação 0002855-11.2009.8.26.0333, Acórdão 4786214, 5.ª Câmara de Direito Privado, Macatuba, Rel. Des. Christine Santini, j. 27.10.2010, *DJESP* 31.01.2011).

REFORMA DO CÓDIGO CIVIL: Como se retira dos meus comentários doutrinários, trata-se de norma que precisa ser reformada urgentemente, tendo tom hoje considerado discriminatório em algumas de suas previsões. De toda sorte, a Subcomissão de Direito de Família não propôs apenas a revogação de alguns dos incisos tidos como *problemáticos*, mas, sim, uma nova *roupagem* para a tutela e para a sua escusa, funcionalizando o instituto. Para eles, mais uma vez com razão, "com a nova roupagem da tutela, decorrente da instituição do Estatuto da Criança e do Adolescente, que prevê a doutrina da proteção integral e o resguardo ao melhor interesse da criança e do adolescente, não mais se justifica tratar o instituto como uma forma de obrigação imposta ao tutor, visando essencialmente a obrigação de administrar os bens do tutelado. Nesse panorama, impor a obrigação de que alguém sirva como tutor, independente de sua vontade, torna-se medida vetusta e que se afasta dos objetivos precípuos da mencionada doutrina da proteção integral, bem como dos próprios interesses mais imediatos da criança e do adolescente. Portanto, propõe-se a alteração legislativa para que a recusa à tutoria decorra de simples manifestação de vontade do tutor. Entende-se que, se o tutor não estiver disposto a exercer a tutoria, certamente os interesses do menor de idade ficarão comprometidos, porque sujeito ao convívio com pessoa que não está imbuída da intenção de bem cuidar". Nesse contexto, com a revogação de todos os seus incisos, a norma passará a prever pura e simplesmente o seguinte: "Art. 1.736. O tutor pode escusar-se do exercício da tutela mediante declaração expressa e motivada". Essa simplificação, no meu entender, tornará o instituto da tutela mais funcilionalizado e efetivo.

Art. 1.737. Quem não for parente do menor não poderá ser obrigado a aceitar a tutela, se houver no lugar parente idôneo, consanguíneo ou afim, em condições de exercê-la.

COMENTÁRIOS DOUTRINÁRIOS: Ainda no que diz respeito à escusa, aquele que não for parente do menor não poderá ser obrigado a aceitar a tutela, se houver no lugar parente idôneo, consanguíneo ou afim, em condições de exercê-la. Trata-se de mais uma situação de dispensa pessoal, o que a doutrina denomina como *recusa da tutela por estranho*.

REFORMA DO CÓDIGO CIVIL: Diante da alteração proposta do texto do art. 1.736 do CC, e tendo em vista as suas justificativas, o art. 1.737 perde a sua razão de ser, tendo sido recomendada a sua revogação expressa pela Subcomissão de Direito de Família, sugestão acatada pela Relatoria-Geral e por toda a Comissão de Juristas. Como se verá, é feita proposta de alteração também do texto do art. 1.765, e segundo a citada subcomissão, "diante dessa lógica, justifica-se a mudança de redação do art. 1.765, que previa hipóteses específicas que permitiam a recusa à tutela, contemplando agora a possibilidade de recusa por simples manifestação de vontade. Pela mesma linha de raciocínio, justifica-se também a revogação do art. 1.737 e, por fim, a revogação do art. 1.765 o qual estabelecia um prazo mínimo de dois anos para o exercício da tutela".

Art. 1.738. A escusa apresentar-se-á nos dez dias subsequentes à designação, sob pena de entender-se renunciado o direito de alegá-la; se o motivo escusatório ocorrer depois de aceita a tutela, os dez dias contar-se-ão do em que ele sobrevier.

COMENTÁRIOS DOUTRINÁRIOS: O art. 1.738 da codificação material de 2002 consagra prazo decadencial de dez dias, contados da sua designação, para a manifestação da escusa pelo tutor. Não havendo essa manifestação expressa, deve-se entender que a parte renunciou ao direito potestativo de alegar essa dispensa pessoal. No entanto, se o motivo escusatório ocorrer depois de aceita a tutela, os dez dias serão contados a partir do momento em que sobrevier esse motivo. O prazo para a manifestação da escusa era de cinco dias, conforme o art. 1.192 do CPC/1973. Pelo mesmo dispositivo, contar-se-ia o prazo: a) antes de aceitar o encargo, da intimação para prestar compromisso; b) depois de entrar em exercício, do dia em que sobrevier o motivo da escusa. Não sendo requerida a escusa no prazo estabelecido neste artigo, reputar-se-ia renunciado o direito de alegá-la (art. 1.192, parágrafo único, do CPC/1973). Como o Código Civil de 2002 regulamentou igual e inteiramente a matéria relativa ao prazo de escusa na tutela, sempre sustentei que prevaleceria o seu art. 1.738 em relação ao CPC de 1973. Todavia, a norma processual ainda prevaleceria no seguinte ponto, por não ter sido tratada pelo Código Civil: o juiz deveria decidir de plano esse pedido de escusa. Se não a admitisse, exerceria o nomeado a tutela ou curatela enquanto não fosse dispensado por sentença transitada em julgado (art. 1.193 do CPC/1973). Pois bem, o Código de Processo Civil de 2015 tratou do tema no seu art. 760, estabelecendo que "o tutor ou o curador poderá eximir-se do encargo apresentando escusa ao juiz no prazo de 5 (cinco) dias contado: I – antes de aceitar o encargo, da intimação para prestar compromisso; II – depois de entrar em exercício, do dia em que sobrevier o motivo da escusa. § 1º Não sendo requerida a escusa no prazo estabelecido neste artigo, considerar-se-á renunciado o direito de alegá-la.

§ 2º O juiz decidirá de plano o pedido de escusa, e, não o admitindo, exercerá o nomeado a tutela ou a curatela enquanto não for dispensado por sentença transitada em julgado". Como a norma é posterior e mais especial do que o Código Civil, entendo que sobre ela prevalece, havendo uma revogação tácita, nos termos do art. 2º da Lei de Introdução às Normas do Direito Brasileiro, notadamente por tratar inteiramente da mesma matéria. Como aspecto de organização do dispositivo, sem modificação de conteúdo, o teor do antigo art. 1.193 do Estatuto Processual de 1973 passou a compor um parágrafo do novo preceito. No mais, os conteúdos foram mantidos, devendo agora prevalecer.

REFORMA DO CÓDIGO CIVIL: Propõe-se a revogação expressa do dispositivo, pois já houve a sua revogação tácita pelo Código de Processo Civil. Também é feita sugestão para alteração do art. 760 do CPC, na linha lógica das sugestões das anteriores e passando ele a prever o seguinte: "Art. 760. O tutor ou o curador poderá eximir-se do encargo no prazo de 5 (cinco) dias contado da intimação para prestar compromisso. I – Revogado. II – Revogado. § 1º Revogado. § 2º Revogado". Nas justificativas da Subcomissão de Direito de Família, "propõe-se a mudança de redação do *caput* do art. 760 do CPC, para que a recusa (agora baseada apenas na manifestação de vontade do tutor) seja manifestada da intimação para prestar compromisso. Por consequência direta dessa mesma mudança, revogam-se os parágrafos e demais incisos do mesmo dispositivo, visto que estavam estruturados a partir da *mens legis* anterior, a qual contemplava os casos de recusa de forma específica". As propostas são louváveis e, assim como outras, funcionalizam a tutela, de acordo com o que está previsto no ECA e em prol do maior interesse do tutelado.

Art. 1.739. Se o juiz não admitir a escusa, exercerá o nomeado a tutela, enquanto o recurso interposto não tiver provimento, e responderá desde logo pelas perdas e danos que o menor venha a sofrer.

COMENTÁRIOS DOUTRINÁRIOS: Por fim no que concerne à escusa, se o juiz não a admitir, o nomeado exercerá a tutela enquanto o recurso interposto não tiver provimento. Além disso, responderá desde logo pelas perdas e danos o tutor nomeado que não atua nesse lapso temporal, como determina a lei, em relação aos prejuízos que o menor tutelado venha a sofrer.

REFORMA DO CÓDIGO CIVIL: A Subcomissão de Direito de Família propõe a revogação expressa do art. 1.739, pois ele já estaria revogado tacitamente pelo art. 640 do CPC/2015. Com o devido respeito, não concordo com a tese da sua atual revogação tácita, pois o atual dispositivo processual não trata das perdas e danos mencionados na norma civil. De todo modo, com a alteração que é proposta para o art. 640 do Estatuto Processual, de fato, a norma terá que ser revogada expressamente, mas por outra razão. Em suma, concordei com a proposta de revogação, mas com motivação diversa, o que acabou prevalecendo na Relatoria-Geral e na Comissão de Juristas.

SEÇÃO IV
DO EXERCÍCIO DA TUTELA

Art. 1.740. Incumbe ao tutor, quanto à pessoa do menor:

I – dirigir-lhe a educação, defendê-lo e prestar-lhe alimentos, conforme os seus haveres e condição;

II – reclamar do juiz que providencie, como houver por bem, quando o menor haja mister correção;

III – adimplir os demais deveres que normalmente cabem aos pais, ouvida a opinião do menor, se este já contar doze anos de idade.

COMENTÁRIOS DOUTRINÁRIOS: O Código Civil possui normas que disciplinam o exercício da tutela. A primeira delas é o art. 1.740, que traz as incumbências do tutor no exercício do seu *munus público*, a saber: a) dirigir a educação do menor, defendê-lo e lhe prestar os alimentos, conforme os seus haveres e condição; b) reclamar do juiz que tome as providências necessárias para a correção do menor, caso essa seja necessária, o que é tido como superado por parte considerável da doutrina; e c) cumprir com os demais deveres que normalmente cabem aos pais, sempre ouvida a opinião do menor, se este já contar 12 anos de idade. Como se pode perceber, há grande proximidade com os deveres relativos ao poder familiar ou autoridade parental, previstos no art. 1.631 da própria codificação privada. O descumprimento desses deveres por parte do tutor pode acarretar a sua remoção.

JURISPRUDÊNCIA COMENTADA: Assim como outros comandos aqui analisados, tem-se aplicado a norma para os casos de curatela, com fundamento no art. 1.774 da codificação: "Consoante a disposição contida no art. 1.774, do Código Civil, 'aplicam-se à curatela as disposições concernentes à tutela', entre as quais se encontra o dever do curador de prestar assistência ao curatelado (art. 1740, I, do Código Civil)" (TJMG, Apelação Cível 1.0051.11.003063-5/003, Rel. Des. Lílian Maciel Santos, j. 10.11.2016, *DJEMG* 22.11.2016). Na linha do meu comentário sobre a possibilidade de remoção, igualmente aplicando a norma para a curatela: "Existindo prova nos autos acerca da condução negativa dos interesses do curatelado, elencados nos arts. 1.740 e seguintes do Código Civil, deve ser decretada a sua remoção" (TJMG, Apelação Cível 1.0382.11.001397-8/001, Rel. Des. Albergaria Costa, j. 04.10.2012, *DJEMG* 17.10.2012).

REFORMA DO CÓDIGO CIVIL: Sobre as propostas de mudanças do art. 1.740 do CC, e o exercício da tutela, de acordo com a Subcomissão de Direito de Família, de início, "coloca-se a expressão tutor no plural, a fim de melhor adequar o texto à possibilidade de instituição de tutela conjunta. Em segundo plano, revoga-se o inciso II, visto que não mais se revela consentânea a possibilidade de o juiz aplicar métodos de correção em relação ao menor. No lugar disso, cria-se o parágrafo único, dispondo que poderá o juiz valer-se de métodos adequados ou equipe interdisciplinar, voltados a providenciar a adequação do menor ao convívio no lar dos tutores. Por fim, revoga-se o inciso III, diante da criação do inciso IV, o qual moderniza a redação da norma, prevendo que caberá ao tutor assumir os deveres inerentes à autoridade parental, atentando à manifestação de vontade do tutelado". Com todas essas necessárias alterações, o dispositivo passará a ter a seguinte redação: "Art. 1.740. Incumbe aos tutores quanto à pessoa do tutelado: I – dirigir-lhe a educação, defendê-lo e prestar-lhe alimentos, conforme os seus haveres e condição; II – Revogado. III – Revogado. IV – assumir os deveres inerentes à autoridade parental, atentando, sempre que possível, à manifestação de vontade do tutelado. Parágrafo único. Poderá o juiz valer-se de equipe interdisciplinar ou outros métodos de apoio sempre que houver dificuldade de adaptação de convívio entre tutores e tutelados". Como não poderia ser diferente, as proposições formuladas pelos especialistas foram totalmente aceitas pela Relatoria-Geral e pela Comissão de Juristas.

Art. 1.741. Incumbe ao tutor, sob a inspeção do juiz, administrar os bens do tutelado, em proveito deste, cumprindo seus deveres com zelo e boa-fé.

COMENTÁRIOS DOUTRINÁRIOS: Sem prejuízo dos deveres previstos no dispositivo anterior, que serão exercidos sem a inspeção judicial, incumbe ao tutor, agora sob a referida intervenção do juiz, administrar os bens do tutelado, sempre em proveito deste, cumprindo seus deveres com zelo e boa-fé. Mais uma vez, a quebra desse dever pode gerar a remoção do tutor.

JURISPRUDÊNCIA COMENTADA: Novamente aplicando a norma para a curatela, entendeu o Tribunal de Minas Gerais que "a interdição do incapaz não constitui fato capaz de transferir a titularidade do benefício por ele percebido, nem impede que os valores sejam pagos em seu nome, incumbindo ao seu representante legal apenas a administração de seus bens, consoante o disposto no artigo 1.741 do CC/2002, aplicável à curatela, por força do que dispõe o artigo 1.781 do mesmo diploma legal. Não se vislumbra, portanto, falha na prestação dos serviços do requerido, em manter os pagamentos no nome da requerente, verdadeira titular do benefício previdenciário pago pelo INSS, conforme se extrai dos documentos de f. 20-22, a despeito de constar no sistema desta autarquia-previdenciária a sua curadora como sendo a beneficiária" (TJMG, Apelação Cível 1.0024.11.341951-9/002, Rel. Des. Eduardo Mariné da Cunha, j. 17.12.2015, *DJEMG* 26.01.2016). E tratando da destituição, por descumprimento de deveres, mais uma vez em caso de curatela: "Nos termos do art. 1.781 c/c o art. 1.741, ambos do Código Civil de 2002, a curatela se constitui em múnus público que deverá ser exercido zelosamente e de boa-fé. Do 'relatório psicossocial', elaborado pela seção de assistência psicossocial deste Poder Judiciário, depreende-se que não houve, por parte do então curador, execução satisfatória de seus deveres, impondo, ao interditado, comprometimento de sua qualidade de vida e de sua saúde. 3. Nos termos do art. 1.766 c/c art. 1.775, § 2º, do CC/02, a destituição do antigo curador e a nomeação do filho do interditado é medida que se impõe" (TJPB, Apelação 0042338-55.2013.815.2001, 3.ª Câmara Especializada Cível, Rel. Des. José Aurélio da Cruz, *DJPB* 22.10.2015, p. 12). Como se pode notar, vários dispositivos fundamentam a aplicação da mesma regra da tutela também no art. 1.781 da codificação privada, segundo o qual as regras a respeito do exercício da tutela aplicam-se ao da curatela.

REFORMA DO CÓDIGO CIVIL: A Subcomissão de Direito de Família sugeriu que a fiscalização das tutelas – no plural, já que se insere no sistema a *tutela conjunta* – seja feita pelo Ministério Público, uma vez que, "seguindo a tendência do moderno direito de família, que busca a desjudicialização de várias situações litigiosas, tais como o divórcio, inventário e partilha, reconhecimento de filiação socioafetiva etc., retira-se do juízo e fixa-se com o Ministério Público a incumbência direta de fiscalizar as prestações de contas e demais atividades do tutor". Assim, "tal medida tem por objetivo tornar mais célere e menos burocrática a atuação do tutor, visto que bastará a aprovação do órgão ministerial para desincumbir o tutor de suas obrigações. Por outro lado, nos casos em que não houver a possibilidade de o Ministério Público resguardar integralmente os interesses do menor de idade, ficará aberta a via judicial, dado o princípio da inafastabilidade da jurisdição. Mas agora como via alternativa e excepcional". Nesse contexto, seguindo a linha de extrajudicialização da Reforma, com o apoio unânime de todos os membros da Comissão de Juristas, o art. 1.741 do CC será redigido do seguinte modo: "incumbe aos tutores, sob a inspeção do Ministério Público, administrar os bens do tutelado, em proveito deste, cumprindo seus deveres com zelo e boa-fé". Trata-se de mais uma modificação necessária, a fim de se retirar do juiz incumbência que pode ser perfeitamente exercida por outro integrante do sistema de Justiça, sem que haja qualquer prejuízo e até de forma mais eficiente.

Art. 1.742. Para fiscalização dos atos do tutor, pode o juiz nomear um protutor.

COMENTÁRIOS DOUTRINÁRIOS: Tendo em vista a fiscalização dos atos do tutor, o Código Civil passou a admitir a nomeação pelo juiz de um protutor, que igualmente assumirá um *munus público*, norteado pelas mesmas atribuições que tem o tutor, inclusive guiado pela boa-fé e pela eticidade. Trata-se, na linha da melhor doutrina, de uma forma de inspeção judicial delegada, com o monitoramento da tutela e um trabalho auxiliar. O protutor é o tutor do tutor.

JURISPRUDÊNCIA COMENTADA: Aplicando o preceito, o Tribunal de Justiça do Distrito Federal admitiu a nomeação de padrasto como protutor, "no objetivo de resguardar o melhor interesse da criança, nomeia-se seu pai afetivo (ex-companheiro da sua mãe) protutor para ajudar na administração de seus bens" (TJDF, Recurso 2009.05.1.006057-5, Acórdão 586.569, 2.ª Turma Cível, Rel. Des. Sérgio Rocha, *DJDFTE* 17.05.2012, p. 89). Assim como os comandos anteriores, tem-se admitido a aplicação da norma para a curatela, criando-se a figura do *protutor do curador* ou do interdito, como consta ao seguinte acórdão: "Legitimidade *ad causam* que é incontroversa, inclusive diante do fato de que o autor figura como protutor do interdito, na forma do artigo 1.742 do Código Civil. Modificação posterior do titular da curatela, no mais, que não prejudica a utilidade do exame sobre a correção da administração exercida pela ré enquanto representante do incapaz. Prevalência do dever consignado nos artigos 1.755 c/c 1.774 do Código Civil, cuja eficácia remanesce no que toca ao período do encargo" (TJSP, Apelação 1005929-38.2016.8.26.0292, Acórdão 11547045, 3.ª Câmara de Direito Privado, Jacareí, Rel. Des. Donegá Morandini, j. 15.06.2018, *DJESP* 21.06.2018, p. 2.446).

REFORMA DO CÓDIGO CIVIL: Propõe-se incluir na norma a menção a uma remuneração módica do protutor, com os fins de deixar a norma mais clara, a saber: "Art. 1.742. Para fiscalização dos atos dos tutores, pode o juiz nomear protutor e fixar-lhe remuneração módica".

Art. 1.743. Se os bens e interesses administrativos exigirem conhecimentos técnicos, forem complexos, ou realizados em lugares distantes do domicílio do tutor, poderá este, mediante aprovação judicial, delegar a outras pessoas físicas ou jurídicas o exercício parcial da tutela.

COMENTÁRIOS DOUTRINÁRIOS: Caso os bens e os interesses administrativos do tutelado exigirem conhecimentos técnicos, forem complexos, ou realizados em lugares distantes do domicílio do tutor, poderá este, mediante aprovação judicial, delegar a outras pessoas físicas ou jurídicas o exercício parcial da tutela. Como pontua a doutrina, o poder do tutor é uno e indivisível, sendo o encargo pessoal. Entretanto, isso não obsta a cessão parcial da tutela, uma concessão parcial do encargo, o que se denomina *tutela parcial* ou *cotutoria*. Como se percebe, a última hipótese não se confunde com a atuação do protutor, pois aqui a tutela é exercida de forma concomitante, nos limites do que for determinado pelo juiz.

JURISPRUDÊNCIA COMENTADA: Em mais um caso de extensão da regra da tutela para a curatela, julgou o Tribunal Bandeirante: "Pretensão, do curador da interdita, de delegar suas funções a terceiros, mediante outorga de procuração para a prática de atos de administração, notadamente assinaturas de créditos de cédulas de crédito rural. Alegação de que as cooperativas de produtos estariam exigindo alvará judicial para cada operação. Impossibilidade de delegação, nos moldes amplos pretendidos. Possibilidade, tão somente, de se valer da prerrogativa do artigo 1.743 do Código Civil, aplicável à curatela por força do artigo 1.781, subsequente" (TJSP, Agravo de Instrumento 2029342-71.2013.8.26.0000, Acórdão 7499423, 8.ª Câmara de Direito Privado, Bebedouro, Rel. Des. Luiz Ambra, j. 09.04.2014, *DJESP* 29.04.2014). Na mesma linha, trazendo outro debate prático a respeito dos limites do comando em estudo: "Pretensão de nomeação de procurador, com poderes para efetuar operações financeiras, de forma a auxiliar a curadora a administrar as três fazendas de propriedade da curatelada em estados distantes do seu domicílio. Cabimento. Art. 1.743 do Código Civil que expressamente prevê tal possibilidade" (TJSP, AI 994.09.287745-6, Acórdão 4413668, 1.ª Câmara de Direito Privado, São Paulo, Rel. Des. Rui Cascaldi, j. 30.03.2010, *DJESP* 10.06.2010).

REFORMA DO CÓDIGO CIVIL: Mais uma vez, na linha dos comentários que fiz ao art. 1.741 do CC, retira-se do comando em estudo incumbência que era do Poder Judiciário, atribuída agora ao Ministério Público, em prol da *desjudicialização* e da *extrajudicialização*, motes que orientaram o Anteprojeto de Reforma. Assim, o art. 1.743 do CC passará a ter a seguinte dicção: "Art. 1.743. Se os bens e interesses administrativos do tutelado exigirem conhecimentos técnicos, forem complexos, ou realizados em lugares distantes do domicílio dos tutores, poderão estes, mediante aprovação do Ministério Público, delegar a outras pessoas físicas ou jurídicas o exercício parcial da tutela". A proposta, que veio da Subcomissão de Direito de Família, foi integralmente aceita pelos Relatores-Gerais e pelos demais membros da Comissão de Juristas, em prol de uma melhor funcionalização da tutela. Somente em casos excepcionais, a questão será levada ao Poder Judiciário. Ademais, é incluído no Código Civil um novo art. 1.743-A, prevendo que, "verificando que a criança ou o adolescente mantém vínculos de afinidade e afetividade com algum parente que não reúne condições de exercer a administração do patrimônio do tutelado, poderá o juiz nomeá-lo como tutor existencial e nomear outrem como tutor patrimonial para gestão dos seus bens". Nesse caso, para a nomeação do chamado *tutor existencial*, exige-se a atuação do Poder Judiciário. Como ponderou e justificou a Subcomissão de Direito de Família, "nem sempre a pessoa com a qual o menor já tem estabelecidos vínculos de afinidade ou afetividade será capacitada para gestão de um patrimônio mais complexo, situação reconhecida, inclusive, no atual texto do art. 1.743. Entende-se, todavia, que essa falta de conhecimento não pode impedir que se mantenha o menor em convívio com aquele que melhor lhe ofereça condições de aporte moral, familiar e espiritual. Cria-se, assim, a possibilidade de conservar os interesses do menor, mantendo a tutela com determinada pessoa (tutela existencial), mas desdobrando eventuais poderes de gestão, de parte, ou da totalidade, do patrimônio, para terceiro, o qual se denomina tutor patrimonial, em simetria com o art. 1.733, § 2º, do CC. Essa nomenclatura, tutor patrimonial, tem em mira evidenciar que existem duas espécies de tutela, a 'existencial' e a 'patrimonial'. A primeira amoldada aos deveres de convivência e cuidado que recaem sobre o tutor para com o tutelado. A segunda com o desiderato de estabelecer um gestor ao patrimônio do menor". A proposta de criação das duas categorias é salutar, mais uma vez visando à funcionalização do instituto da tutela.

Art. 1.744. A responsabilidade do juiz será:

I – direta e pessoal, quando não tiver nomeado o tutor, ou não o houver feito oportunamente;

II – subsidiária, quando não tiver exigido garantia legal do tutor, nem o removido, tanto que se tornou suspeito.

COMENTÁRIOS DOUTRINÁRIOS: O Código Civil de 2002, a exemplo do anterior, continua trazendo a responsabilidade do juiz quanto à tutela havendo prejuízos ao tutelado, podendo essa responsabilidade ser direta ou subsidiária em relação ao tutor. Nos termos da lei civil, a responsabilidade do juiz será direta e pessoal quando não tiver nomeado o tutor ou não o houver feito oportunamente. Por outra via, essa responsabilidade do magistrado será subsidiária quando não tiver exigido garantia legal do tutor, nem o removido, tanto que se tornou suspeito. Nos dois casos, exige-se apenas culpa do juiz, e não o dolo, que era regra geral contida no art. 133 do CPC/1973, repetida pelo art. 143 do CPC/2015. Há quem entenda que a norma civil está prejudicada, tendo sido revogada tacitamente pelo último comando instrumental, uma vez que a responsabilidade civil do juiz é sempre subsidiária pelo Estatuto Processual em vigor, devendo responder, de início, o Estado. Parece-me que, de fato, o objetivo do legislador foi de consagrar uma responsabilidade regressiva, subsidiária e excepcional do juiz. Porém, tal opção é altamente prejudicial aos direitos das vítimas, diante das comuns dificuldades de demandar o Estado. Os casos de reconhecimento do dever de indenizar de magistrados são raríssimos, especialmente diante da adoção de um modelo fundado em atos dolosos dos julgadores. De todo modo, em relação ao art. 1.744 do Código Civil, entendo ainda estar em vigor, diante de seu caráter excepcional, aplicável à tutela.

REFORMA DO CÓDIGO CIVIL: A Comissão de Juristas sugere a revogação expressa do art. 1.744 do Código Civil, para que o tema fique concentrado no Código de Processo Civil, na linha dos meus comentários doutrinários. Consoante justificaram os membros da Subcomissão de Direito de Família, "entende-se que o CPC, em seu art. 143, regulamenta genericamente a matéria, abarcando as hipóteses do artigo em questão, sendo despicienda a menção junto ao CC. Outrossim, a disposição legal conflita com a hodierna interpretação do STF em relação ao disposto no art. 37, § 6º, da CF. Assim, não se justifica a manutenção das hipóteses de responsabilização pessoal e direta do magistrado, nos casos de trato da tutela de menor de idade". De fato, a revogação expressa da norma afastará as dúvidas ainda existentes a respeito do conflito entre as duas normas, material e processual.

Art. 1.745. Os bens do menor serão entregues ao tutor mediante termo especificado deles e seus valores, ainda que os pais o tenham dispensado.

Parágrafo único. Se o patrimônio do menor for de valor considerável, poderá o juiz condicionar o exercício da tutela à prestação de caução bastante, podendo dispensá-la se o tutor for de reconhecida idoneidade.

COMENTÁRIOS DOUTRINÁRIOS: Ainda no que tange ao exercício do *munus*, os bens do menor serão entregues ao tutor mediante termo especificado desses bens e seus valores, mesmo que os pais o tenham dispensado, o que se denomina *inventário de bens*. Entretanto, se o patrimônio do menor for de valor considerável, o que demanda análise caso a caso, poderá o juiz condicionar o exercício da tutela à prestação de uma caução bastante para tanto, podendo dispensá-la se o tutor for de reconhecida idoneidade. O Código de Processo Civil de 1973 cuidava da hipoteca legal quando da nomeação do tutor, categoria que foi extinta pelo Código Civil de 2002, o que trazia – e ainda traz –, a dedução de que tais normas anteriores foram totalmente prejudicadas (arts. 1.188 a 1.191 do CPC/1973). O Código de Processo Civil de 2015 não cuidou dessa hipoteca imposta pela norma, o que não poderia ser diferente. A citada hipoteca legal foi substituída justamente por essa caução prevista na norma em comento. A hipoteca legal constava da mesma forma dos arts. 37 e 38 do ECA (Lei n. 8.069/1990). Todavia, tais dispositivos foram alterados pela Lei n. 12.010/2009, passando a tratar de procedimentos da tutela testamentária. É a redação atual do art. 37 do ECA: "O tutor nomeado por testamento ou qualquer documento autêntico, conforme previsto no parágrafo único do art. 1.729 da Lei n. 10.406, de 10 de janeiro de 2002 – Código Civil, deverá, no prazo de 30 dias após a abertura da sucessão, ingressar com pedido destinado ao controle judicial do ato, observando o procedimento previsto nos arts. 165 a 170 desta Lei. Parágrafo único. Na apreciação do pedido, serão observados os requisitos previstos nos arts. 28 e 29 desta Lei, somente sendo deferida a tutela à pessoa indicada na disposição de última vontade, se restar comprovado que a medida é vantajosa ao tutelando e que não existe outra pessoa em melhores condições de assumi-la". Na questão relativa ao direito intertemporal, o art. 2.040 do CC/2002 enuncia que: "A hipoteca legal dos bens do tutor ou curador, inscrita em conformidade com o inciso IV do art. 827 do Código Civil anterior, Lei n. 3.071, de 1º de janeiro de 1916, poderá ser cancelada, obedecido o disposto no parágrafo único do art. 1.745 deste Código". Em suma, todas essas hipotecas legais devem ser substituídas pela caução, sob pena de não mais terem eficácia o que também pode atingir a validade da própria tutela.

JURISPRUDÊNCIA COMENTADA: Novamente constata-se a aplicação desse comando à curatela, como no caso em que houve a dispensa da caução em relação ao marido que nomeado como curador: "Circunstância que lhe confere notória idoneidade, dispensando-o de caução (art. 1.745, parágrafo único, do Código Civil), mesmo porque são comuns todos os bens do patrimônio do casal. Também não deve o marido ser obrigado à prestação de contas, pelo mesmo motivo do regime da comunhão universal (art. 1.783 do CC)" (TJSP, Apelação com Revisão 643.063.4/0, Acórdão 3925675, 1.ª Câmara de Direito Privado, São Paulo, Rel. Des. Paulo Razuk, j. 16.06.2009, *DJESP* 12.08.2009). No mesmo sentido, colaciona-se, mas com equívoco na menção à hipoteca legal, que na verdade é uma caução: "Possível a dispensa de especialização de hipoteca legal pela curadora (art. 1.745, parágrafo único do Código Civil e art. 1.190 do CPC). A agravante e a irmã já vinham administrando os bens do pai interdito por meio de procuração por ele passada no ano de 2012. Já naquela ocasião, às filhas foram conferidos amplos poderes para administrar todos os bens do pai. E pelo que se tem nos autos, não há dissenso entre as filhas quanto a quem irá exercer a curatela paterna. No mesmo passo, a própria decisão agravada reconhece que a autora tem patrimônio suficiente para garantir eventual má administração dos bens do pai. Logo, reconhecida a idoneidade da curadora, filha do interdito, é de rigor a dispensa da garantia" (TJRS, Agravo de Instrumento 78715-61.2014.8.21.7000, 8.ª Câmara Cível, Porto Alegre, Rel. Des. Rui Portanova, j. 24.04.2014, *DJERS* 02.05.2014).

REFORMA DO CÓDIGO CIVIL: Para o art. 1.745 do CC, sugere-se um mero ajuste redacional, substituindo a expressão "menor" por "tutelado", na linha de outras proposições do Anteprojeto. Assim, sem qualquer mudança de conteúdo, a norma passará a prever o seguinte: "Os bens do tutelado serão entregues ao tutor mediante termo especificado deles e seus valores, ainda que os pais o tenham dispensado. Parágrafo único. Se o patrimônio do tutelado for de valor considerável, poderá o juiz condicionar o exercício da tutela à prestação de caução bastante, podendo dispensá-la se o tutor for de reconhecida idoneidade".

Art. 1.746. Se o menor possuir bens, será sustentado e educado a expensas deles, arbitrando o juiz para tal fim as quantias que lhe pareçam necessárias, considerado o rendimento da fortuna do pupilo quando o pai ou a mãe não as houver fixado.

COMENTÁRIOS DOUTRINÁRIOS: No caso de existência de bens do menor, será ele sustentado e educado a expensas desses bens existentes, arbitrando o juiz, para tal fim, as quantias que lhe pareçam necessárias. Por conseguinte, o juiz deve considerar o rendimento da fortuna do pupilo quando o seu pai ou a sua mãe não as houver fixado.

REFORMA DO CÓDIGO CIVIL: Há proposição de trocar o termo "menor" por "criança e adolescente" seguindo outras propostas da Comissão de Juristas para a Reforma do Código Civil, a saber: "Art. 1.746. Se a criança ou o adolescente possuir bens, será sustentado e educado a expensas deles, arbitrando o juiz para tal fim as quantias que lhe pareçam necessárias, considerado o rendimento da fortuna do pupilo quando o pai ou a mãe não as houver fixado". Por um lapso, faltou também trocar "pai" e "mãe" por "pais", diante do reconhecimento das famílias homoafetivas e multiparentais pelo Anteprojeto, o que deve ser corrigido no âmbito do Congresso Nacional.

Art. 1.747. Compete mais ao tutor:

I – representar o menor, até os dezesseis anos, nos atos da vida civil, e assisti-lo, após essa idade, nos atos em que for parte;

II – receber as rendas e pensões do menor, e as quantias a ele devidas;

III – fazer-lhe as despesas de subsistência e educação, bem como as de administração, conservação e melhoramentos de seus bens;

IV – alienar os bens do menor destinados a venda;

V – promover-lhe, mediante preço conveniente, o arrendamento de bens de raiz.

COMENTÁRIOS DOUTRINÁRIOS: Além daquelas atribuições constantes do art. 1.740 da norma geral material, no seu art. 1.747, o Código Civil de 2002 traz outras funções do tutor que também independem de autorização judicial. A primeira delas é a de representar o menor, até os 16 anos, nos atos da vida civil, e assisti-lo, após essa idade, nos atos em que for parte. Deve também o tutor receber as rendas e pensões do menor e as quantias a ele devidas, sempre guiado pela boa-fé nesse recebimento. O tutor tem, ainda, a atribuição de fazer as despesas de subsistência e educação em proveito do menor, bem como as de administração, conservação e melhoramentos de seus bens. Pode, também, alienar os bens do menor destinados à venda. Por fim, cabe ao tutor promover, mediante preço conveniente, o arrendamento de bens de raiz, ou seja, dos imóveis do menor que possam ser locados.

JURISPRUDÊNCIA COMENTADA: Em outra hipótese de curatela, aplicando-se o dispositivo para o outro instituto por força do art. 1.774, entendeu o Tribunal do Distrito Federal, de forma correta, que a contratação de advogado enquadra-se no inciso III da norma em comento: "A genitora nomeada curadora da filha, portadora de moléstia mental grave sem expectativa de cura, ao contratar advogado para representar esta em juízo, está gerindo os interesses da interditada, à qual passou a se substituir nos atos da vida civil pela decretação de interdição (I do art. 1.767 do CC/02). Amolda-se à hipótese de competir à gestora fazer-lhe as despesas de subsistência e educação, bem como as de administração, conservação e melhoramentos de seus bens, prevista pelo inc. III do art. 1.747 do CC/02" (TJDF, Agravo de Instrumento 2014.00.2.032544-5, Acórdão 933285, 5.ª Turma Cível, Rel. Des. Maria de Lourdes Abreu, *DJDFTE* 15.04.2016, p. 321). Como se verá dos comentários ao próximo comando, tal entendimento não é pacífico na jurisprudência. Sobre o inciso II do preceito, entendeu o Tribunal de Justiça de São Paulo que não se pode admitir a conduta de instituição financeira que impedia que a curadora retirasse valores referentes à pensão alimentícia pertencentes à curatelada (TJSP, Apelação 0005762-27.2011.8.26.0320, Acórdão 8120405, 4.ª Câmara de Direito Privado, Limeira, Rel. Des. Fábio Quadros, j. 11.12.2014, *DJESP* 03.03.2015).

REFORMA DO CÓDIGO CIVIL: Novamente, sugere-se que a norma não use mais a expressão "menor", mas "criança e adolescente", nos seus incisos e I, II e IV, sem alteração de conteúdo: "Art. 1.747. [...] I – representar a criança ou o adolescente, até os dezesseis anos, nos atos da vida civil, e assisti-lo, após essa idade, nos atos em que for parte; II – receber as rendas e pensões da criança ou do adolescente e as quantias a ele devidas; [...] IV – alienar os bens da criança ou do adolescente destinados a venda".

Art. 1.748. Compete também ao tutor, com autorização do juiz:

I – pagar as dívidas do menor;

II – aceitar por ele heranças, legados ou doações, ainda que com encargos;

III – transigir;

IV – vender-lhe os bens móveis, cuja conservação não convier, e os imóveis nos casos em que for permitido;

V – propor em juízo as ações, ou nelas assistir o menor, e promover todas as diligências a bem deste, assim como defendê-lo nos pleitos contra ele movidos.

Parágrafo único. No caso de falta de autorização, a eficácia de ato do tutor depende da aprovação ulterior do juiz.

COMENTÁRIOS DOUTRINÁRIOS: Enquanto nos casos anteriormente listados a autorização judicial não se faz necessária, o dispositivo em comentário consagra outras incumbências, que necessitam da anuência do juiz, com a emissão de alvará judicial para tanto. O primeiro inciso prevê a hipótese de pagamento das dívidas do menor, o que tem natureza onerosa, justificando essa fiscalização. Compete também ao tutor, com autorização do juiz, aceitar pelo menor as heranças, os legados ou as doações, ainda que com encargos (doações modais, de caráter oneroso). A ele cabe, com chancela judicial, transigir, ou seja, celebrar contratos visando à extinção de dívidas. O mesmo se diga quanto ao ato de vender os bens móveis do menor, cuja conservação não convier, e os imóveis nos casos em que for permitido. Por fim, a última atribuição do tutor que necessita de autorização do juiz é a de propor em juízo as ações, ou nelas assistir o menor, e promover todas as diligências a bem deste, assim como defendê-lo nos pleitos contra ele movidos. As hipóteses apontadas são de *outorga judicial*, e a falta desta gera a ineficácia do ato, até que ocorra a confirmação posterior. Anote-se que a opção legislativa, aqui, não foi pela invalidade do ato, como ocorre com a outorga conjugal, geradora de sua nulidade relativa (arts. 1.647 e 1.649 do CC/2002).

JURISPRUDÊNCIA COMENTADA: Ao contrário do julgado do Distrito Federal colacionado nos comentários ao artigo antecedente, os Tribunais de Minas Gerais e de São Paulo já entenderam que a contratação de advogado, em caso específico de tutela necessita de autorização judicial: "Sabe-se que a administração pelo tutor dos bens do tutelado não é livre, devendo, na maioria das hipóteses, ser requerida a autorização judicial para realização de atos que importem em gasto de numerário. Na hipótese, não tendo sido demonstrada a prévia autorização judicial para que o tutor efetuasse a contratação de advogados em nome da tutelada, conforme expressa previsão constante no art. 1.748 do CC, a manutenção da decisão agravada que indeferiu o pedido de levantamento de valores para pagamento de honorários advocatícios é medida que se impõe" (TJMG, Agravo de Instrumento 1.0027.12.033761-6/002, Rel. Des. Gilson Soares Lemes, j. 27.07.2018, *DJEMG* 06.08.2018. No mesmo sentido: TJSP, Agravo de Instrumento 2020509-88.2018.8.26.0000, Acórdão 11466501, 3.ª Câmara de Direito Privado, São Paulo, Rel. Des. Donegá Morandini, j. 18.05.2018, *DJESP* 23.05.2018, p. 1.824). Em regra, fico com a posição anterior, a não ser que seja demonstrado o prejuízo ao tutelado ou curatelado. Em outro caso interessante, julgou o Tribunal do Rio Grande do Sul, novamente em hipótese relativa à curatela: "Desnecessária autorização judicial ao pagamento do exercício da curatela pelo autor ao irmão interdito à medida que o negócio foi firmado entre particulares (mãe e filho) assumindo a progenitora a obrigação de entregar ao autor a quantia de 350 sacas de arroz/ano pela curatela exercida ao irmão. O compromisso assumido pela mãe do autor não pode dilapidar o patrimônio do interdito, por corolário, devendo assim, no ponto, ser acolhido o apelo. O pagamento da dívida deve advir do patrimônio de D., porquanto a declarante não pode dispor daquilo que não lhe pertence. Sequer é curadora judicial e, mesmo que fosse, necessária ordem judicial para tanto na forma do que dispõe o artigo 1.748, IV, do Código Civil. O fato de o curador também ter sido interditado, não desnatura a pretensão, à medida que isso se deu em julho de 2008, conforme demonstra o termo de compromisso, ou seja, quando já não mais exercia a curatela de seu irmão" (TJRS, Apelação Cível 0080392-24.2017.8.21.7000, 19.ª Câmara Cível, Itaqui, Rel. Des. Eduardo João Lima Costa, j. 12.07.018, *DJERS* 20.07.2018). Por fim, entendendo pela validade e eficácia da venda, mesmo sem autorização judicial, sendo demonstrado o benefício para a pessoa sob direito assistencial, por todos: "A alienação de bem de incapaz pelo curador, por inconveniência da sua manutenção em propriedade do curatelado, depende de prévia autorização judicial. Art. 1748, IV, do Código Civil. A venda de bens móveis de incapaz, sem prévia autorização judicial, deve ser considerada válida se demonstrada a necessidade e a vantagem do negócio, preservando-se os interesses do interditado" (TJMG, Apelação Cível 1.0271.08.118648-5/001, Rel. Des. Claret de Moraes, j. 15.12.2016, *DJEMG* 27.01.2017). Trata-se, na verdade, de mitigação da regra do art. 1.750 do Código Civil, que será analisado a seguir.

REFORMA DO CÓDIGO CIVIL: As sugestões são de meros ajustes redacionais, trocando-se "menor" por "criança e adolescente", a saber: "Art. 1.748. [...] I – pagar as dívidas da criança e do adolescente; [...] V – propor em juízo as ações, ou nelas assistir a criança ou o adolescente e promover todas as diligências a bem deste, assim como defendê-lo nos pleitos contra ele movidos". Como se vê, não há qualquer alteração de conteúdo, mas apenas ajustes redacionais, para se manter a coerência do Anteprojeto.

Art. 1.749. Ainda com a autorização judicial, não pode o tutor, sob pena de nulidade:

I – adquirir por si, ou por interposta pessoa, mediante contrato particular, bens móveis ou imóveis pertencentes ao menor;

II – dispor dos bens do menor a título gratuito;

III – constituir-se cessionário de crédito ou de direito, contra o menor.

COMENTÁRIOS DOUTRINÁRIOS: Sem prejuízo do que consta da norma anterior, há atos que o tutor não pode praticar mesmo com autorização judicial, sob pena de sua nulidade absoluta. O primeiro deles é de adquirir por si, ou por interposta pessoa, mediante contrato particular, bens móveis ou imóveis pertencentes ao menor. A segunda vedação diz respeito a dispor dos bens do menor a título gratuito, ou seja, a realização de doações. Ao tutor, por fim, é vedado constituir-se cessionário de crédito ou de direito, contra o menor. Como os casos são de nulidade absoluta, cabe reconhecimento de ofício da nulidade e a ação correspondente é imprescritível (art. 169 do CC/2002), de acordo com a corrente seguida por mim.

JURISPRUDÊNCIA COMENTADA: Tratando de vedação de doação, colaciona-se, mais uma vez em caso de curatela: "Alvará Judicial. Pedido de autorização de doação de imóvel de interditada, à neta de criação, com reserva de usufruto. Impossibilidade. Art. 1.749, II do Código Civil, aplicado supletivamente à curatela (CF. Art. 1.774 e 1.782 do mesmo diploma legal), que proíbe a disposição de bens, pelo curador, a título gratuito. Ausência de elementos, nos autos, a evidenciar eventual vantagem patrimonial à apelante, decorrente do ato de liberalidade" (TJSP, Apelação 1018382-18.2018.8.26.0576, Acórdão 12022580, 6.ª Câmara de Direito Privado, São José do Rio Preto, Rel. Des. Rodolfo Pellizari, j. 26.11.2018, *DJESP* 29.11.2018, p. 2.296). Vedando a doação, mesmo que haja reserva de usufruto, ver: TJSC, Apelação Cível 0300027-77.2015.8.24.0053, 1.ª Câmara de Direito Civil, Quilombo, Rel. Des. André Carvalho, *DJSC* 08.03.2018, p. 95. Fazendo uma interpretação extensiva do inciso I, julgou bem o Tribunal Paulista que "a pretendida ampliação do imóvel mediante o endividamento do curatelado traduz-se em verdadeira aquisição de bens pelo curador mediante a redução patrimonial do interdito, na medida em que as benfeitorias ingressarão na esfera patrimonial do titular do imóvel (curador). Por conseguinte, a autorização pretendida é incompatível com a exegese do art. 1.749, I, do Código Civil, o qual veda a transferência de patrimônio do curatelado para o curador" (TJSP, Agravo de Instrumento 2206713-80.2017.8.26.0000, Acórdão 11613614, 7.ª Câmara de Direito Privado, Bauru, Rel. Des. Rômolo Russo, j. 12.07.2018, *DJESP* 17.07.2018, p. 1.654).

REFORMA DO CÓDIGO CIVIL: As propostas são de correções redacionais, trocando-se "menor" por "criança e adolescente", a saber: "Art. 1.749. [...] I – adquirir por si, ou por interposta pessoa, mediante contrato particular, bens móveis ou imóveis pertencentes à criança ou ao adolescente; II – dispor dos bens da criança ou do adolescente a título gratuito; III – constituir-se cessionário de crédito ou de direito, contra a criança ou o adolescente". Novamente, não há qualquer alteração de conteúdo, mas apenas ajustes redacionais, para se manter a coerência do Anteprojeto.

Art. 1.750. Os imóveis pertencentes aos menores sob tutela somente podem ser vendidos quando houver manifesta vantagem, mediante prévia avaliação judicial e aprovação do juiz.

COMENTÁRIOS DOUTRINÁRIOS: Em relação aos bens imóveis dos menores sob tutela, estes podem ser vendidos quando houver manifesta vantagem ao menor, mediante prévia avaliação judicial e aprovação do juiz, novamente por meio de alvará judicial. Em havendo a venda sem essa vantagem e aprovação do juiz, o negócio jurídico é nulo de pleno direito, pois a situação é de nulidade virtual, eis que a lei acaba proibindo o ato de forma inversa, sem, contudo, cominar sanção (art. 166, inciso VII, segunda parte, do CC/2002). A ilustrar, imagine-se uma situação concreta em que o menor mudou sua residência, estando em local diverso daquele onde está o imóvel de sua propriedade. Nessa outra cidade, vive ele de aluguel, havendo interesse plausível para a venda do seu imóvel, para que os seus representantes comprem outro naquele lugar onde agora mora o incapaz.

JURISPRUDÊNCIA COMENTADA: De início, tem-se entendido que a regra alcança a permuta, já que o próprio Código Civil determina a aplicação das regras da compra e venda, no que couber, à troca (art. 533): "Com efeito, a pretendida permuta de bem de incapaz curatelado não possui previsão expressa no ordenamento legal brasileiro, contudo, utiliza-se por analogia o dispositivo do art. 1.750 do Código Civil, relativo aos tutelados. Desta feita, verifica-se dos documentos colacionados aos fólios, bem como dos argumentos expendidos pelo apelante, que não visa o curador trazer ao curatelado quaisquer prejuízos com a transação que pretende realizar, mas ao contrário, pretende lhe propiciar melhores condições de vida, já que o imóvel que se pretende adquirir através da permuta possui estruturas mais favoráveis à sua situação. No caso em tela, em que pese a diferença de valor entre os bens objetos da permuta, observa-se clara vantagem para o curatelado, na medida em que o imóvel que encontra-se atualmente residindo e que pretende seja autorizada a permuta, possui melhores condições estruturais não somente para o mesmo, mas também para o seu representante, pessoa idosa, que de igual forma possui dificuldade de locomoção, visto que dispõe de somente um pavimento e melhor acessibilidade, além de área de lazer com piscina e jardim, bem como espaço para caminhadas, vantagens essas não encontradas na residência de propriedade do apelante. Isto posto, razão assiste ao apelante ao entender ser mais vantajosa a permuta do multicitado imóvel por outro equivalente, onde agora reside com seu representante legal" (TJBA, Apelação 0500425-34.2016.8.05.0150,

5.ª Câmara Cível, Salvador, Rel. Des. Marcia Borges Faria, j. 06.02.2018, *DJBA* 26.02.2018, p. 404). No mesmo sentido: "A exemplo do que ocorre na tutela, também na curatela deve ser observada a regra de que qualquer disposição acerca dos imóveis pertencentes ao curatelado somente poderá ocorrer em situações que lhe ensejem manifesta vantagem, mediante prévia avaliação judicial e aprovação do juiz, conforme o disposto no art. 1.750 do Código Civil. Verificada a perda patrimonial da curatelada, em razão do negócio jurídico celebrado, efetuado o depósito, pelo representante, da diferença financeira em conta bancária aberta especialmente para essa finalidade, inexiste prejuízo àquela no negócio jurídico" (TJDF, Apelação Cível 2016.06.1.014120-8, Acórdão 108.8607, 8.ª Turma Cível, Rel. Des. Mario-Zam Belmiro, j. 05.04.2018, *DJDFTE* 17.04.2018). Eis mais um caso em que uma norma relativa à tutela foi aplicada para a curatela, afastando-se a invalidade da troca por ser benéfica à pessoa sob o direito assistencial, nos dois casos julgados. De toda forma, fica em dúvida a extensão da regra para a permuta pois o art. 1.750 do CC é norma restritiva de direitos e, como tal, não admite analogia ou interpretação extensiva. Em outro caso interessante, o Tribunal de Minas Gerais determinou a alienação de imóvel pelo fato de que a manutenção de condomínio era prejudicial à pessoa sob curatela: "A manutenção do imóvel em condomínio não é mais benéfica ao curatelado do que aplicar a sua parte do produto da venda em instituição financeira, ainda que a rentabilidade não seja significativa, considerando-se que o apelado não utiliza o bem em questão, o qual se vem deteriorando e gerando despesas de manutenção. A intenção do legislador é a preservação do patrimônio do interditado, o que, ao que tudo indica, ocorrerá no caso em tela, mediante a venda do imóvel a preço acima do mercado e posterior aplicação de sua quota-parte em instituição financeira, sob a administração da Curadora" (TJMG, Apelação Cível 1.0071.16.005775-9/001, Rel. Des. Wander Paulo Marotta Moreira, j. 09.08.2018, *DJEMG* 14.08.2018).

REFORMA DO CÓDIGO CIVIL: A proposta é, mais uma vez, de ajuste de redação, trocando-se "menor" por "criança e adolescente": "Art. 1.750. Os imóveis pertencentes a criança ou a adolescente sob tutela somente podem ser vendidos quando houver manifesta vantagem, mediante prévia avaliação judicial e aprovação do juiz".

Art. 1.751. Antes de assumir a tutela, o tutor declarará tudo o que o menor lhe deva, sob pena de não lhe poder cobrar, enquanto exerça a tutoria, salvo provando que não conhecia o débito quando a assumiu.

COMENTÁRIOS DOUTRINÁRIOS: Antes de assumir a tutela, e diante do dever de informar anexo à boa-fé objetiva, o tutor declarará tudo o que o menor lhe deva, sob pena de não lhe poder cobrar, enquanto exerça a tutoria, salvo provando que não conhecia o débito quando a assumiu. Se o tutor não cumprir esse seu dever em momento oportuno, em regra, perderá um direito de cobrança, o que é aplicação do conceito de *supressio*, relacionado à boa-fé, constituindo esta a perda de um direito ou de uma posição jurídica pelo seu não exercício no tempo. Todavia, é importante ressaltar que esse dispositivo é aplicado aos casos excepcionais em que o tutor é credor do tutelado, cabendo um aditivo ou adendo do inventário dos bens do menor, com a inclusão das dívidas em relação ao tutor.

REFORMA DO CÓDIGO CIVIL: Sugere-se novamente um mero ajuste redacional, retirando-se a expressão "menor", para se manter a coerência do Anteprojeto, que abandona a ideia de menoridade: "Art. 1.751. Antes de assumir a tutela, o tutor declarará tudo o que lhe deva, sob pena de não lhe poder cobrar, enquanto exerça a tutoria, salvo provando que não conhecia o débito quando a assumiu".

Art. 1.752. O tutor responde pelos prejuízos que, por culpa, ou dolo, causar ao tutelado; mas tem direito a ser pago pelo que realmente despender no exercício da tutela, salvo no caso do art. 1.734, e a perceber remuneração proporcional à importância dos bens administrados.

§ 1º Ao protutor será arbitrada uma gratificação módica pela fiscalização efetuada.

§ 2º São solidariamente responsáveis pelos prejuízos as pessoas às quais competia fiscalizar a atividade do tutor, e as que concorreram para o dano.

COMENTÁRIOS DOUTRINÁRIOS: Como última regra relativa ao exercício da tutela, estabelece a codificação privada em vigor que o tutor responde pelos prejuízos que, por culpa, ou dolo, causar ao tutelado; ou seja, consagra-se a sua responsabilidade civil subjetiva. Consigne-se, contudo, que pelo ato do tutelado a responsabilidade do tutor é objetiva, notadamente se houver prejuízo a terceiros, pelo que consta dos arts. 932, inc. II, e 933 do CC/2002. Há, assim, uma responsabilidade objetiva indireta ou impura, que depende da prova de culpa do tutelado. Por outra via, o tutor tem direito a ser pago pelo que despender no exercício do *munus*, o que é um direito de reembolso, salvo nos casos descritos no art. 1.734 do CC/2002, diante da sua flagrante atuação por liberalidade ou gentileza. Além desse direito de reembolso, o art. 1.752 do Código de 2002 consagra a favor do tutor um montante pela sua atuação, proporcional ao valor dos bens administrados. Quanto ao protutor, o tutor do tutor, será arbitrada uma gratificação módica pela fiscalização efetuada. Como alerta a doutrina majoritária, que ora sigo, essa gratificação do tutor não é uma contraprestação pela sua atuação, mas sim uma espécie de indenização ou compensação diante da sua atuação. Em complemento, determina o § 2º do comando que são solidariamente responsáveis pelos prejuízos as pessoas às quais competia fiscalizar a atividade do tutor e as que concorreram para o dano. Essa hipótese de solidariedade legal, a respeito dos danos de qualquer natureza – materiais e morais, nos termos da Súmula n. 37 do Superior Tribunal de Justiça –, atinge o protutor, o juiz ou qualquer pessoa que tenha concorrido culposamente para o prejuízo, o que é subsunção da regra do art. 942 do CC/2002.

JURISPRUDÊNCIA COMENTADA: A jurisprudência, mais uma vez, tem aplicado a regra para a curatela, como se retira do seguinte julgado superior: "O curador tem direito de receber remuneração pela administração do patrimônio do interdito, à luz do disposto no art. 1.752, *caput*, do CC-02, aplicável ao instituto da curatela, por força da redação do art. 1.774 do CC-02. Afigura-se, no entanto, indevida a fixação realizada pelo próprio curador e a consequente retenção de rendas do interdito. A remuneração do curador deverá ser requerida ao Juiz que a fixará com comedição, para não combalir o patrimônio do interdito, mas ainda assim compensar o esforço e tempo despendidos pelo curador no exercício de seu múnus" (STJ, REsp 1.205.113/SP, 3.ª Turma, Rel. Min. Nancy Andrighi, j. 06.09.2011, *DJe* 14.09.2011). Seguindo essa minha linha, mas afastando o pagamento de remuneração, de forma correta no meu juízo: "A remuneração do curador somente se justifica quando do exercício do múnus haja dispêndio de tempo que impacte negativamente suas atividades remuneratórias; trata-se de curatelado sem maiores posses que esteja internado em clínica, sem depender de cuidados pessoais do curador, não se mostra razoável fixar remuneração" (TJMG, Apelação Cível 1.0145.14.021690-7/001, Rel. Des. Renato Dresch, j. 19.04.2018, *DJEMG* 24.04.2018). Por outra via, reconhecendo e majorando a remuneração a que teria direito o curador: "Nos termos do art. 1.752 do Código Civil, aplicável à curatela por força do art. 1.774 da mesma Lei Civil, o curador tem direito a perceber remuneração proporcional à importância dos bens administrados. Assim, tendo presente, de um lado, a situação financeira e o patrimônio da curatelada e, de outro lado, o trabalho exigido da apelante no exercício da curatela, é de ser majorada a remuneração fixada na sentença, para 12% da renda líquida da curatelada, que excede a R$ 17.000,00 ao mês" (TJRS, Apelação Cível 0245125-70.2018.8.21.7000, 8.ª Câmara Cível, Porto Alegre, Rel. Des. Luiz Felipe Brasil Santos, j. 04.10.2018, *DJERS* 10.10.2018).

REFORMA DO CÓDIGO CIVIL: Conforme propostas que vieram da Subcomissão de Direito de Família, é preciso modificar o art. 1.752 do CC. Primeiro, como justificaram os juristas que a compuseram, "altera-se a remissão ao disposto no art. 1.734, visto que o artigo agora foi incorporado, na sugestão, ao artigo 1.728. Ademais, utiliza-se a expressão 'salvo no caso em que o menor não possuir patrimônio a ser gerido', uma vez que a tutela não poderá implicar a criação de crédito a ser exigido do menor após o encerramento do exercício da tutela, no caso de o menor não ser titular de patrimônio. Com efeito, a remuneração destinada ao tutor tem como pressuposto a administração do patrimônio do menor, não sendo ético exigi-la nos casos em que a atividade da tutela está baseada apenas no acolhimento da criança e adolescente ao lar dos tutores". Além disso, "por fim, como foi incluída no art. 1.742 a previsão de que a remuneração devida ao protutor será módica, propõe-se, como consequência, a revogação do art. 1.752, § 1º, o qual prevê esta mesma norma". Com todas essas alterações, o dispositivo será assim redigido: "Art. 1.752. O tutor responde pelos prejuízos que, por culpa ou dolo, causar ao tutelado, mas tem direito de ser pago pelo que realmente despender no exercício da tutela e a perceber remuneração proporcional à importância dos bens administrados, salvo no caso em que o tutelado não possua patrimônio a ser gerido. 1º Revogado. § 2º São solidariamente responsáveis pelos prejuízos as pessoas às quais competia fiscalizar a atividade do tutor e as que concorreram para o dano". As propostas foram muito bem aceitas pela Relatoria-Geral e pela Comissão de Juristas, com vistas a funcionalizar o instituto da tutela, em prol dos interesses do tutelado.

SEÇÃO V
DOS BENS DO TUTELADO

Art. 1.753. Os tutores não podem conservar em seu poder dinheiro dos tutelados, além do necessário para as despesas ordinárias com o seu sustento, a sua educação e a administração de seus bens.

§ 1º Se houver necessidade, os objetos de ouro e prata, pedras preciosas e móveis serão avaliados por pessoa idônea e, após autorização judicial, alienados, e o seu produto convertido em títulos, obrigações e letras de responsabilidade direta ou indireta da União ou dos Estados, atendendo-se preferentemente à rentabilidade, e recolhidos ao estabelecimento bancário oficial ou aplicado na aquisição de imóveis, conforme for determinado pelo juiz.

§ 2º O mesmo destino previsto no parágrafo antecedente terá o dinheiro proveniente de qualquer outra procedência.

§ 3º Os tutores respondem pela demora na aplicação dos valores acima referidos, pagando os juros legais desde o dia em que deveriam dar esse destino, o que não os exime da obrigação, que o juiz fará efetiva, da referida aplicação.

COMENTÁRIOS DOUTRINÁRIOS: A codificação privada traz também regras quanto aos bens do tutelado e a prestação de contas pelo tutor. De início, em relação aos bens dos tutelados, os tutores não podem conservar em seu poder dinheiro dos tutelados além do necessário para as despesas ordinárias com o seu sustento, a sua educação e a administração de seus bens. Em havendo necessidade, os objetos de ouro e prata, pedras preciosas e móveis serão avaliados por pessoa idônea e, após autorização judicial, alienados, e o seu produto convertido em títulos, obrigações e letras de responsabilidade direta ou indireta da União ou dos Estados. Nesses casos, deve-se atender preferentemente à rentabilidade, e recolhidos ao estabelecimento bancário oficial ou aplicados na aquisição de imóveis, conforme for determinado pelo juiz. Esse mesmo destino terá o dinheiro proveniente de qualquer outra procedência, caso de bens recebidos pelo tutelado por herança. A lei enuncia ainda que os tutores respondem pela demora na aplicação dos valores antes referidos, pagando os juros legais desde o dia em que deveriam dar esse destino, o que não os exime da obrigação, que o juiz fará efetiva, da referida aplicação.

JURISPRUDÊNCIA COMENTADA: Como corretamente decidiu o Tribunal Fluminense, "o artigo 1.753, do Código Civil, não proíbe o tutor ou curador de receber bens ou direitos do tutelado ou curatelado. O que se proíbe é que esses bens ou direitos recebidos se conservem em seu poder. Para que esses bens ou direitos não sejam conservados no poder do tutor ou curador é que há o dever de aplicação dos mesmos, na forma do § 1º do artigo 1.753. O valor depositado em juízo como quitação da sentença condenatória não está abrangido na vedação do artigo 1.754, pois não cuida de verba aplicada na forma do § 1º do artigo 1.753" (TJRJ, Apelação Cível 0004370-24.2013.8.19.0208, 27.ª Câmara Cível, Rio de Janeiro, Rel. Desig. Des. João Batista Damasceno, *DORJ* 16.11.2018, p. 641). Como outro desdobramento da norma para a curatela, tem-se julgado que "descabe autorizar a pretendida liberação do valor depositado judicialmente em favor de pessoa submetida à curatela, para fins de livre movimentação pela curadora, considerando que, ao que consta dos autos, afora o benefício previdenciário pago mensalmente à curatelada (cujo valor é suficiente para satisfação de suas despesas ordinárias), o patrimônio desta se resume a tal quantia depositada em juízo, o que somente reforça a necessidade de resguardo e preservação de seus interesses" (TJRS, Agravo de Instrumento 0031528-86.2016.8.21.7000, 8.ª Câmara Cível, Soledade, Rel. Des. Luiz Felipe Brasil Santos, j. 30.06.2016, *DJERS* 06.07.2016). Por fim, também de forma correta, decide-se reiteradamente que "não cabe o deferimento do pedido de levantamento de valores sem demonstração da necessidade ou interesse do curatelado. Dicção dos artigos 1.774 e 1.753 do Código Civil" (TJSP, Agravo de Instrumento 2204785-65.2015.8.26.0000, Acórdão 9408579, 6.ª Câmara de Direito Privado, São Paulo, Rel. Des. Mário Chiuvite Junior, j. 05.05.2016, *DJESP* 25.05.2016).

Art. 1.754. Os valores que existirem em estabelecimento bancário oficial, na forma do artigo antecedente, não se poderão retirar, senão mediante ordem do juiz, e somente:

I – para as despesas com o sustento e educação do tutelado, ou a administração de seus bens;

II – para se comprarem bens imóveis e títulos, obrigações ou letras, nas condições previstas no § 1º do artigo antecedente;

III – para se empregarem em conformidade com o disposto por quem os houver doado, ou deixado;

IV – para se entregarem aos órfãos, quando emancipados, ou maiores, ou, mortos eles, aos seus herdeiros.

COMENTÁRIOS DOUTRINÁRIOS: No que concerne aos valores que existirem em estabelecimento bancário oficial, na forma do que estatui o dispositivo em estudo, estes não poderão ser retirados senão com autorização judicial e somente para as seguintes destinações: a) para as despesas com o sustento e educação do tutelado, ou a administração de seus bens; b) para a compra de bens imóveis e títulos, obrigações ou letras, nas condições previstas no § 1º do art. 1.753; c) para o emprego em conformidade com o disposto por quem os houver doado, ou deixado, havendo, por exemplo, uma doação com encargo; e d) para a entrega a órfãos, quando emancipados, ou maiores, ou, mortos eles, aos seus herdeiros. O diploma material em questão trata, portanto, do levantamento das quantias depositadas durante o exercício da tutela. O pedido de tal levantamento deve ser bem fundamentado, sendo certo que meras alegações genéricas, sem qualquer prova, não dão ensejo ao deferimento do requerido.

JURISPRUDÊNCIA COMENTADA: Seguindo exatamente a minha última afirmação, ver, de épocas distintas: TJSP, Agravo de Instrumento 2165770-21.2017.8.26.0000, Acórdão 11644908, 9.ª Câmara de Direito Privado, Mauá, Rel. Des. José Aparício Coelho Prado Neto, j. 24.07.2018, *DJESP* 07.08.2018, p. 2.085; e TJSP, Agravo de Instrumento 528.683.4/0, Acórdão 2606430, 10.ª Câmara de Direito Privado, São Paulo, Rel. Des. Ana de Lourdes, j. 08.04.2008, *DJESP* 06.06.2008. Admitindo o levantamento em hipótese de curatela, por serem bem fundamentados os argumentos do autor, destaque-se: "Restando demonstrada a insuficiência dos valores que estão sendo destinados mensalmente para manutenção das despesas da curatela, é legítimo que seu curador, pessoa idônea e devidamente compromissada, tenha acesso à integralidade das rendas que ela aufere a fim de cumprir de forma eficiente o ônus que lhe fora imposto, resguardando eventuais valores excedentes em conta de investimento bancário, tendo que prestar contas da administração dessas rendas tal como disposto em sentença. O montante que não for direcionado à manutenção das despesas ordinárias da curatelada, e que fiquem investidos em aplicação financeira para fins de reserva econômica em vista de possíveis gastos extraordinários que vierem a surgir, só pode ser resgatado pelo curador justificadamente, devendo obter autorização judicial própria para tanto, nos termos do artigo 1.754 do CC" (TJDF, Processo 0713.14.5.232017-8070000, Acórdão 109.3931, 6.ª Turma Cível, Rel. Des. Alfeu Machado, j. 03.05.2018, *DJDFTE* 11.05.2018). Como último exemplo jurisprudencial a ser destacado, trazendo a análise de valores e das necessidades da pessoa sob o direito assistencial: "Os artigos 1.753 e 1.754 do Código Civil versam sobre as regras para administração do dinheiro dos tutelados por seus tutores que, nos moldes do art. 1.781 do mesmo diploma, também devem ser aplicadas ao exercício da curatela. Os tutores não podem conservar em seu poder dinheiro dos tutelados, além do necessário para as despesas ordinárias com o seu sustento, a sua educação e a administração de seus bens. *In casu*, o valor percebido a título de pensão demonstra-se suficiente para a manutenção de todos os gastos ordinários do curatelado apresentados durante a instrução, visto que diante dos comprovantes acostados ao processo, suas despesas mensais não ultrapassam R$ 2.500,00 (dois mil e quinhentos reais), enquanto a verba referente à pensão alcançava, ainda no ano de 2008, a quantia de R$ 4.917,27 (quatro mil novecentos e dezessete reais e vinte e sete centavos), razão pela qual não restou comprovada a devida necessidade para o deferimento do pleito" (TJES, Apelação 0002690-68.2014.8.08.0048, 3.ª Câmara Cível, Rel. Des. Eliana Junqueira Munhos, j. 28.07.2015, *DJES* 07.08.2015).

SEÇÃO VI
DA PRESTAÇÃO DE CONTAS

Art. 1.755. Os tutores, embora o contrário tivessem disposto os pais dos tutelados, são obrigados a prestar contas da sua administração.

COMENTÁRIOS DOUTRINÁRIOS: No que tange à prestação de contas presente na tutela, e também aplicável à curatela na linha de vários julgados aqui já transcritos, trata-se de um dever decorrente do instituto de direito assistencial e que subsiste mesmo que haja uma disposição em contrário feita pelos pais, quando, por exemplo, da tutela testamentária. A prestação de contas visa justamente àquilo que busca o *munus*, qual seja, a proteção do tutelado ou pupilo; ou mesmo do curatelado.

JURISPRUDÊNCIA COMENTADA: Sobre o dever de prestar contas na curatela, entre vários julgados, destaco: "Na condição de curadora, a apelante tem o dever legal de prestar contas acerca do período em que exerceu a curatela e, por assim dizer, do período em que administrou o patrimônio da incapaz, consoante estabelece o art. 1.755 do Código Civil, aplicável à hipótese por força do art. 1.781 do aludido diploma" (TJRS, Agravo de Instrumento 0298323-22.2018.8.21.7000, 8.ª Câmara Cível, Rio Grande, Rel. Des. Ricardo Moreira Lins Pastl, j. 13.12.2018, *DJERS* 18.12.2018). Tem-se entendido que esse dever de prestar contas subsiste mesmo em havendo o falecimento da pessoa sob o direito assistencial: "Ainda que com a morte do interditando, perca objeto a ação de interdição, devendo ser extinta, por ser intransmissível (art. 485, IX, do CPC), subsiste o dever do curador nomeado, de prestar contas de sua gestão, em conformidade com o art. 1.781 cumulado com o art. 1.755 e seguintes do Código Civil, nos próprios autos, sem prejuízo da ação de prestação de contas, com fundamento no art. 914 do CPC, por parte de qualquer interessado. Como se extrai do art. 1.758 do Código Civil, aplicável à curatela, a responsabilidade do curador, ainda que extinta a curatela, se protrai até a aprovação das contas" (TJSP, Agravo de Instrumento 2189203-54.2017.8.26.0000, Acórdão 11411463, 4.ª Câmara de Direito Privado, São Paulo, Rel. Des. Alcides Leopoldo, j. 27.04.2018, *DJESP* 08.05.2018, p. 1.710). Sobre o conteúdo das contas, tem-se julgado que "não comprovadas condutas ruinosas das finanças do curatelado por parte da curadora, tampouco malversação da administração de seus bens e receitas, devem ser julgadas boas as contas prestadas" (TJMG, Apelação Cível 1.0342.13.011504-7/001, Rel. Des. Moacyr Lobato, j. 10.11.2016, *DJEMG* 22.11.2016).

Art. 1.756. No fim de cada ano de administração, os tutores submeterão ao juiz o balanço respectivo, que, depois de aprovado, se anexará aos autos do inventário.

COMENTÁRIOS DOUTRINÁRIOS: A lei exige nessa prestação de contas um *balanço anual*, a ser apresentado pelo tutor ao juiz, que deverá aprová-lo, anexando-o aos autos do inventário dos bens do menor. Eventualmente, havendo necessidade, o balanço pode ser exigido em tempo menor, no meu entender.

JURISPRUDÊNCIA COMENTADA: Em raro julgado de debate a respeito do balanço, a norma foi novamente aplicada para a curatela: "Sentença nos autos do processo de interdição da genitora da apelante que fixou o dever da curadora de prestar de contas anualmente nos termos do art. 1.756 do Código Civil. Ação de cumprimento de sentença que pleiteou um ano antes da curatela concedida. Óbito da curatelada no curso do processo" (TJRN, Apelação Cível 2014.004971-3, 1.ª Câmara Cível, Natal, Rel. Des. Dilermando Mota, *DJRN* 15.05.2018).

Art. 1.757. Os tutores prestarão contas de dois em dois anos, e também quando, por qualquer motivo, deixarem o exercício da tutela ou toda vez que o juiz achar conveniente.

Parágrafo único. As contas serão prestadas em juízo, e julgadas depois da audiência dos interessados, recolhendo o tutor imediatamente a estabelecimento bancário oficial os saldos, ou adquirindo bens imóveis, ou títulos, obrigações ou letras, na forma do § 1º do art. 1.753.

COMENTÁRIOS DOUTRINÁRIOS: Como premissa geral estabelecida no comando, os tutores – e também os curadores –, prestarão contas de dois em dois anos, e também quando, por qualquer motivo, deixarem o exercício da tutela ou toda vez que o juiz achar conveniente. Assim, a própria norma estabelece que é possível reduzir o prazo, para um ano ou seis meses, por exemplo. Essas contas serão prestadas em juízo e julgadas depois da audiência dos interessados, recolhendo o tutor imediatamente a estabelecimento bancário oficial os saldos, ou adquirindo bens imóveis, títulos, obrigações ou letras, na forma daquele já comentado § 1º do art. 1.753 do CC/2002. A prestação de contas será processada em juízo, nos próprios autos em que ocorreu a nomeação do tutor, na Vara da Infância, da Família ou Cível, pela ordem, se houver. Há necessidade de intervenção do Ministério Público, diante do interesse de incapazes, podendo esse também formular o pedido de prestação de contas. Havia um procedimento especial para a ação de prestação de contas entre os arts. 914 e 919 do Código de Processo anterior. Porém, como já havia comentado, o vigente CPC trata apenas, entre os procedimentos especiais, da ação de se exigir contas, a favor daquele que pode exigi-las (arts. 550 a 553). Nas situações envolvendo o que tem obrigação de prestá-las, essa medida segue o procedimento comum e não mais o especial.

JURISPRUDÊNCIA COMENTADA: Reduzindo o prazo previsto na norma para seis meses e em caso de curatela: "O curador possui obrigações tanto com relação à pessoa quanto ao patrimônio do curatelado, devendo velar pela pessoa do interditando e se empenhar na conservação, proteção e defesa dos bens do curatelado, pautando sua conduta com dedicação, proteção, seriedade e dignidade, cabendo ao juiz estabelecer as restrições necessárias à proteção da pessoa e dos interesses do interditando, à luz do art. 1.782 do Código Civil. Prestação de contas pela curadora ao juízo, nos termos dos artigos 1.755 e seguintes do Código Civil, imprimindo-se pequeno reparo de ofício na sentença para determinar a prestação de contas semestral, devendo apresentar os extratos bancários desde o exercício da curadoria provisória e mediante a comprovação das despesas mensais da interditanda, organizada na forma de planilha e acompanhada dos respectivos documentos, conforme previsto no art. 553 do CPC" (TJRJ, Apelação 0131025-43.2014.8.19.0002, 17.ª Câmara Cível, Niterói, Rel. Des. Elton Martinez Carvalho Leme, *DORJ* 21.09.2018, p. 436). Como é comum nesse procedimento, tem-se dividido a prestação de contas em duas fases. Assim, "na primeira fase da prestação de contas há de se averiguar se há, pela parte demandada, o dever de prestação de contas. No caso, ação foi ajuizada pelo Ministério Público em relação à administração pela curadora, apelante, de valores auferidos pelo curatelado. Não lhe amparam os argumentos de desconhecimento da obrigação de documentar a destinação do dinheiro, tampouco a assertiva de que se trata de parca renda mensal, uma vez que em audiência na promotoria da justiça foi esclarecida que deveria colher recibos das quantias entregues e notas fiscais das despesas efetuadas. Além disto, está informado o levantamento bancário por ela de quantia próxima de R$ 10.000,00 em meados de 2014. Justifica-se, assim, a determinação posta na sentença de prestar contas" (TJRS, Apelação Cível 0120574-52.2017.8.21.7000, 8.ª Câmara Cível, Guaíba, Rel. Des. Luiz Felipe Brasil Santos, j. 17.08.2017, *DJERS* 24.08.2017). Superada essa primeira fase, na segunda fase são analisadas as contas em si, quanto ao seu conteúdo e seus valores. Sobre a sua exigência, a "teor do disposto do art. 1.755 do Código Civil, o pedido de prestação de contas pode ser formulado nos autos tanto pelo Ministério Público, por qualquer interessado ou, ainda, ordenado pelo juiz" (TJDF, Recurso 2014.01.1.194130-5, Acórdão 886.860, 5.ª Turma Cível, Rel. Des. Silva Lemos, *DJDFTE* 18.08.2015, p. 376).

Art. 1.758. Finda a tutela pela emancipação ou maioridade, a quitação do menor não produzirá efeito antes de aprovadas as contas pelo juiz, subsistindo inteira, até então, a responsabilidade do tutor.

COMENTÁRIOS DOUTRINÁRIOS: Sendo extinta a tutela pela emancipação do menor ou a sua maioridade, a quitação do menor não produzirá efeito antes de aprovadas as contas pelo juiz, permanecendo integral, até então, a responsabilidade do tutor.

JURISPRUDÊNCIA COMENTADA: Mais uma vez com incidência à curatela, entende-se que "como se extrai do art. 1.758 do Código Civil, aplicável à curatela, a responsabilidade do curador, ainda que extinta a curatela, se protrai até a aprovação das contas" (TJSP, Agravo de Instrumento 2189203-54.2017.8.26.0000, Acórdão 11411463, 4.ª Câmara de Direito Privado, São Paulo, Rel. Des. Alcides Leopoldo, j. 27.04.2018, *DJESP* 08.05.2018, p. 1.710). Ampliando o raciocínio para o caso de morte do curatelado, na linha de outro aresto aqui já transcrito: "Ação ajuizada pelo espólio em face da curadora nomeada em ação de interdição. Procedência do pedido. Inconformismo. Desacolhimento. Prestação de contas que, de fato, deve ser efetivada em apenso aos autos da interdição. Peculiaridade do caso que justifica o ajuizamento da ação de prestação de contas em Juízo diverso. Responsabilidade da curadora que não se extingue com o óbito da interditanda. Inteligência do art. 1.758 do Código Civil. Prestação de contas que deve abranger todo o período em que a curadora esteve na administração dos bens da interditanda" (TJSP, Apelação 0000966-35.2011.8.26.0597, Acórdão 7310618, 5.ª Câmara de Direito Privado, Sertãozinho, Rel. Des. J. L. Mônaco da Silva, j. 22.01.2014, *DJESP* 20.02.2014).

Art. 1.759. Nos casos de morte, ausência, ou interdição do tutor, as contas serão prestadas por seus herdeiros ou representantes.

COMENTÁRIOS DOUTRINÁRIOS: Em complemento à regra anterior, estabelece a codificação que nos casos de morte, ausência, ou interdição do tutor – ou curador –, as contas serão prestadas por seus herdeiros ou representantes. Apesar da falta de menção no dispositivo, entendo que a regra deve ser ampliada para os casos de morte presumida sem declaração de ausência, denominada de justificação e tratada pelos arts. 7º do Código Civil e 88 da Lei de Registros Públicos (Lei n. 6.015/1973). Para lembrar que o último instituto se aplica aos casos de morte provável por desastres e acidentes, por exemplo.

JURISPRUDÊNCIA COMENTADA: Conforme julgado do Superior Tribunal de Justiça, novamente em caso de curatela, "o superveniente falecimento da pessoa a quem caberia prestar as contas não acarreta, obrigatoriamente, a extinção sem resolução do mérito da ação de prestação de contas, especialmente na hipótese em que fora desenvolvida, ainda na primeira fase da referida ação, atípica atividade cognitiva e instrutória, sob o crivo do contraditório e da ampla defesa, que excedeu o mero acertamento da legitimação ativa e passiva, adentrando às próprias contas que deverão ser prestadas pelos herdeiros e pelos beneficiários dos atos de disposição gratuita de bens de pessoa civilmente incapaz e que foram realizados por quem detinha o mandato e exercia a curatela" (STJ, REsp 1.480.810/ES, 3.ª Turma, Rel. Min. Nancy Andrighi, j. 20.03.2018, *DJe* 26.03.2018, p. 1.138). Igualmente tratando das duas fases na prestação de contas, como antes pontuei, e analisando hipótese de incapacidade superveniente da curadora, concluiu o Tribunal Mineiro: "Na primeira fase da ação de prestação de contas, julga-se a obrigatoriedade ou não da prestação, sendo certo que somente na segunda fase é que o juiz procederá ao julgamento das contas, de acordo com seu prudente arbítrio, considerando-as prestadas ou não. Ainda que se considerasse como personalíssima da obrigação de prestação de contas, verificando-se a incapacidade da curadora não encontra-se demonstrada nos autos, ficando patente o dever, até a interdição, de reunir todos os documentos e informações acerca do destino dado ao patrimônio da curatelada no período em que exercida a curatela, prestando as contas requeridas, conforme expressamente estabelecido no art. 1.759 do Código Civil" (TJMG, Apelação Cível 1.0024.13.217728-8/001, Rel. Des. Judimar Biber, j. 18.08.2016, *DJEMG* 06.09.2016).

Art. 1.760. Serão levadas a crédito do tutor todas as despesas justificadas e reconhecidamente proveitosas ao menor.

COMENTÁRIOS DOUTRINÁRIOS: Todas as despesas justificadas e reconhecidamente proveitosas ao tutelado – ou curatelado, eventualmente –, serão levadas a crédito do tutor, que terá direito ao devido reembolso, pela efetividade do proveito à pessoa sob o direito assistencial. A título de exemplo, citem-se as despesas de alimentação, de tutela da saúde ou do bem-estar da pessoa sob tutela ou curatela. O pagamento de tais valores, por questão de boa-fé, não impede o dever de prestar contas.

JURISPRUDÊNCIA COMENTADA: Conforme o meu último comentário: "As despesas realizadas pelos tutores em proveito do tutelado não impedem que as contas sejam exigidas, mas podem ser apontadas e levadas a crédito do tutor se justificadas e reconhecido o aproveitamento pelo tutelado, consoante exegese do art. 1.760 do Código Civil" (TJSP, Agravo de Instrumento 2166924-74.2017.8.26.0000, Acórdão 11042425, 7.ª Câmara de Direito Privado, Limeira, Rel. Des. Rômolo Russo, j. 06.12.2017, *DJESP* 12.12.2017, p. 2.188). Trazendo outro exemplo de despesa justificada, contando com o meu apoio doutrinário, do Tribunal Paulista: "As contas com os pedidos de alvará anteriormente deferidos foram julgadas boas, sendo que o empréstimo foi contraído em benefício do interdito, para aquisição de imóvel. Inteligência dos arts. 1.752 e 1.760 do Código Civil. Alvará deferido, com determinação de posterior prestação de contas" (TJSP, Agravo de Instrumento 0058299-19.2013.8.26.0000, Acórdão 6950451, 6.ª Câmara de Direito Privado, Guararapes, Rel. Des. Alexandre Lazzarini, j. 15.08.2013, *DJESP* 03.10.2013).

Art. 1.761. As despesas com a prestação das contas serão pagas pelo tutelado.

COMENTÁRIOS DOUTRINÁRIOS: Assim como as despesas previstas na norma anterior, os valores gastos com a prestação das contas devem ser pagos pelo tutelado (ou pelo curatelado), pois realizados no seu legítimo interesse. Em caso de adiantamentos legítimos feitos pelo tutor, por óbvio, caberá seu reembolso.

JURISPRUDÊNCIA COMENTADA: Em outro caso de curatela, julgou o Tribunal do Rio Grande do Sul: "O autor é curador do interditado e administra seu patrimônio, tendo o dever legal de prestar contas, consoante art. 1.755, aplicável à espécie por força do art. 1.781, ambos do Código Civil. Entretanto, na esteira do art. 1.761 do referido diploma legal, as despesas com a prestação de contas deverão ser suportadas pelo incapaz, com o que é possível a expedição de alvará para levantamento de valores destinados ao adimplemento das custas processuais e honorários advocatícios contratuais" (TJRS, Apelação Cível 0630506-51.2010.8.21.7000, 8.ª Câmara Cível, Osório, Rel. Des. Ricardo Moreira Lins Pastl, j. 09.04.2015, *DJERS* 17.04.2015).

Art. 1.762. O alcance do tutor, bem como o saldo contra o tutelado, são dívidas de valor e vencem juros desde o julgamento definitivo das contas.

COMENTÁRIOS DOUTRINÁRIOS: O preceito trata do *alcance do tutor*, que vem a ser, segundo a melhor doutrina, a diferença a menor verificada na prestação de contas do exercício da tutela. Tanto esse alcance quanto o saldo contra o tutelado são considerados pelo dispositivo como dívidas de valor, vencendo juros legais e correção monetária pelo índice oficial desde o julgamento definitivo das contas.

JURISPRUDÊNCIA COMENTADA: Autorizando o levantamento de valores de diferenças pelo curador, em prestação de contas, devidamente atualizados e com juros, ver: "Constatada diferença entre despesa e receita não analisada na decisão, resultando crédito ao réu. Juros que devem incidir a partir da decisão e não da citação. Inteligência do art. 441 CC/1916, atual art. 1.762 do CC/2002" (TJSP, Apelação Cível 222.285.4/3, Acórdão 2711383, 4.ª Câmara de Direito Privado, Tupi Paulista, Rel. Des. Fábio de Oliveira Quadros, j. 10.07.2008, *DJESP* 01.08.2008).

SEÇÃO VII

DA CESSAÇÃO DA TUTELA

Art. 1.763. Cessa a condição de tutelado:

I – com a maioridade ou a emancipação do menor;

II – ao cair o menor sob o poder familiar, no caso de reconhecimento ou adoção.

COMENTÁRIOS DOUTRINÁRIOS: Para encerrar o estudo da tutela, os arts. 1.763 a 1.766 do Código Civil em vigor tratam das situações de extinção da tutela. Pelo primeiro comando, a primeira delas é relacionada com a maioridade ou a emancipação do menor, uma vez que cessa a sua condição de incapaz. Essas hipóteses independem de intervenção judicial. A tutela é igualmente extinta ao cair o menor sob o poder familiar, na hipótese de reconhecimento de paternidade, maternidade ou adoção – forma de parentesco civil –, o que também independe de atuação do juiz.

JURISPRUDÊNCIA COMENTADA: Afastando a declaração de inexistência de débito em contrato contraído com instituição financeira, julgou o Tribunal: "A partir do dia em que a tutelada completou a maioridade, automaticamente cessaram as obrigações do tutor, consoante preceitua o artigo 1.763, I, do Código Civil. *In casu*, comprovado que foi M. A. quem solicitou os empréstimos e que, à época da contratação, já havia completado a maioridade, seu antigo tutor não responde pelas dívidas contraídas" (TJRS, Apelação Cível 68469-79.2009.8.21.7000, 12.ª Câmara Cível, Alvorada, Rel. Des. Umberto Guaspari Sudbrack, j. 22.09.2011, *DJERS* 27.09.2011).

REFORMA DO CÓDIGO CIVIL: Aperfeiçoando-se o texto com outras proposições, retira-se o termo "menor" e a menção ao "poder familiar", passando o dispositivo a prever o seguinte: "Art. 1.763. Cessa a condição de tutelado: I – com sua maioridade ou emancipação; II – no caso de reconhecimento ou adoção".

Art. 1.764. Cessam as funções do tutor:

I – ao expirar o termo, em que era obrigado a servir;

II – ao sobrevir escusa legítima;

III – ao ser removido.

COMENTÁRIOS DOUTRINÁRIOS: A terceira hipótese de extinção da tutela é relativa ao seu termo final, em que era obrigado a servir o tutor, sem que haja ação judicial. Como quarta situação, a tutela é extinta havendo escusa legítima prevista nas situações especificadas em lei, conforme decisão do juiz. Por derradeiro, ocorrerá o seu fim havendo remoção do tutor pelo juiz, caso não exerça a tutoria como estatui a lei.

Art. 1.765. O tutor é obrigado a servir por espaço de dois anos.

Parágrafo único. Pode o tutor continuar no exercício da tutela, além do prazo previsto neste artigo, se o quiser e o juiz julgar conveniente ao menor.

COMENTÁRIOS DOUTRINÁRIOS: No que concerne ao termo final, tratado no artigo anterior, o prazo para a atuação do tutor é de dois anos, cabendo exoneração após esse lapso temporal. Entretanto, pode o tutor continuar no exercício da tutela, além desse prazo, desde que o queira e o juiz entenda que isso é conveniente ao menor, tendo como parâmetro os princípios do melhor interesse e da proteção integral da criança e do adolescente.

REFORMA DO CÓDIGO CIVIL: Como se pontuou, e por outras propostas que vieram da Subcomissão de Direito de Família, não há mais razão de se manter no sistema o art. 1.765 do CC. Consoante as suas precisas justificativas, "se o tutor não estiver disposto a exercer a tutoria, certamente os interesses do menor de idade ficarão comprometidos, porque sujeito ao convívio com pessoa que não está imbuída da intenção de bem cuidar. Diante dessa lógica, justifica-se a mudança de redação do art. 1.735, que previa hipóteses específicas que permitiam a recusa à tutela, contemplando agora a possibilidade de recusa por simples manifestação de vontade. Pela mesma linha de raciocínio, justifica-se também a revogação do art. 1.737 e, por fim, a revogação do art. 1.765 o qual estabelecia um prazo mínimo de dois anos para o exercício da tutela". De fato, a melhor solução, com o novo sistema de funcionalização da tutela, em prol do tutelado, é a revogação expressa do art. 1.765 do Código Civil.

Art. 1.766. Será destituído o tutor, quando negligente, prevaricador ou incurso em incapacidade.

COMENTÁRIOS DOUTRINÁRIOS: A remoção ou destituição do tutor (ou do curador), além da quebra dos deveres decorrentes das categorias, cabe quando este for negligente – agir com falta de cuidado ou com omissão –, prevaricador – praticar atos de corrupção ou de desvios no exercício do *munus* –, ou tornar-se incapaz para exercer a função. Quanto à última previsão de incapacidade, deve ser entendida em sentido amplo, abrangendo não só os casos de incapacidade civil, previstas nos arts. 3º e 4º da codificação, como também a incapacidade específica para a atribuição. Esse procedimento de remoção pode ter iniciativa do Ministério Público ou de quem tenha justo interesse. No Código de Processo Civil de 1973, tal procedimento específico constava entre os arts. 1.194 e 1.198. No CPC/2015 essas antigas regras correspondem aos arts. 761 a 763, com modificações, especialmente porque não há mais um tópico especial a respeito do processo. Nos termos do art. 761 do vigente Estatuto Processual, "incumbe ao Ministério Público ou a quem tenha legítimo interesse requerer, nos casos previstos em lei, a remoção do tutor ou do curador. Parágrafo único. O tutor ou o curador será citado para contestar a arguição no prazo de 5 (cinco) dias, findo o qual observar-se-á o procedimento comum". O prazo de cinco dias já estava no art. 1.195 do CPC/1973. O art. 1.196 do CPC/1973 estabelecia a incidência de regras relativas à cautelar ao final do prazo. Assim, a conversão ao procedimento comum é inovação. Na linha do que enunciava o antigo art. 1.197 do CPC/1973, o art. 762 do CPC/2015 estatui que, em caso de extrema gravidade, o juiz poderá suspender o tutor ou o curador do exercício de suas funções, nomeando substituto interino. Igualmente, sem qualquer novidade. Aqui não houve qualquer modificação substancial. Por derradeiro, conforme o art. 763, *caput*, do CPC/2015, correspondente ao art. 1.198 do CPC/1973, cessando as funções do tutor ou do curador pelo decurso do prazo em que era obrigado a servir, ser-lhe-á lícito requerer a exoneração do encargo. Não o fazendo dentro dos dez dias seguintes à expiração do termo, entender-se-á reconduzido, salvo se o juiz o dispensar (art. 763, § 1º, do CPC/2015). A única inovação, que já era exigida na prática, consta do § 2º do novo preceito, pelo qual, cessada a tutela ou curatela, é indispensável a prestação de contas pelo tutor ou curador, na forma da lei civil.

JURISPRUDÊNCIA COMENTADA: Mais uma vez os julgados relativos ao comando dizem respeito, na sua grande maioria, à curatela. De início, afastando a destituição: "Curatela provisória que foi inicialmente deferida à segunda agravada em janeiro de 2017 e, desde então, vem sendo sucessivamente prorrogada. Manifestação do interditando, em audiência de impressão pessoal, quanto à sua vontade de permanecer com a irmã. Ausência, na espécie, das situações previstas no artigo 1.766 do Código Civil e 762 do Código de Processo Civil de 2015. Inexistência de circunstância que desabone a conduta da atual curadora" (TJRJ, Agravo de Instrumento 0047665-17.2017.8.19.0000, 10.ª Câmara Cível, Rio de Janeiro, Rel. Des. Patricia Ribeiro Serra Vieira, j. 1º.11.2017, *DORJ* 07.11.2017, p. 383). Na esteira dos meus comentários, dando interpretação extensiva ao termo incapacidade, por todos: "Inconformismo com a destituição do cargo de curador do interditado. Cerceamento de defesa. Inocorrência. Estado de saúde que requer cuidados especiais, que o curador não se mostra apto a dispensar. Remoção do curador atende aos interesses da incapaz. Conduta do apelante que se enquadra na hipótese do artigo 1.766 do Código Civil" (TJSP, Agravo de Instrumento 2128127-97.2015.8.26.0000, Acórdão 9949523, 8.ª Câmara de Direito Privado, São Paulo, Rel. Des. Silvério da Silva, j. 04.11.2016, *DJESP* 09.11.2016). Como último acórdão a ser pontuado, concluindo que a norma em estudo complementa a remoção por quebra de deveres, como antes sustentei: "O descumprimento dos deveres inerentes à curatela, relativos tanto à pessoa do curatelado quanto aos seus bens, implica na destituição do curador, o qual será, ainda, removido do encargo na hipótese de incorrer em alguma das situações previstas no artigo 1.766 do Código Civil" (TJSC, Apelação Cível 2014.035511-1, 1.ª Câmara de Direito Civil, Criciúma, Rel. Des. Sebastião César Evangelista, j. 17.07.2014, *DJSC* 28.07.2014, p. 105).

REFORMA DO CÓDIGO CIVIL: Com a funcionalização da tutela proposta pela Subcomissão de Direito de Família, e a sua adaptação aos ditames do ECA, será preciso também alterar o art. 1.766 do CC. Como bem justificaram os membros desse grupo de especialistas, "com a nova roupagem da tutela, decorrente da instituição do Estatuto da Criança e do Adolescente, que prevê a doutrina da proteção integral e o resguardo ao melhor interesse da criança e do adolescente, não mais se justifica tratar o instituto como uma forma de obrigação imposta ao tutor, visando essencialmente a obrigação de administrar os bens do tutelado. A tutela, assim como as outras formas de colocação familiar, deve ter por objetivo criar um ambiente saudável entre o menor de idade e o tutor, propiciando a geração de laços de afinidade e afeto. Portanto, propõe-se a alteração do dispositivo, atrelando como causa de destituição da tutela a hipótese em que a convivência se torne prejudicial ao tutelado, privilegiando o princípio da proteção ao melhor interesse da criança e do adolescente". Por tudo isso, de forma correta, o dispositivo terá outra redação, com um sentido mais aberto que conte com o meu total apoio, a saber: "Art. 1.766. Será destituído o tutor quando não mais reunir as condições necessárias ao exercício da função ou quando a convivência se tornar prejudicial ao tutelado. Parágrafo único. Para os fins deste artigo, sempre que possível, a vontade do tutelado será levada em conta pelo juiz". A oitiva do tutelado, no meu sentido, também em boa hora, em prol da tão citada funcionalização da tutela, em prol da proteção integral da criança e do adolescente.

CAPÍTULO II
DA CURATELA

SEÇÃO I
DOS INTERDITOS

Art. 1.767. Estão sujeitos a curatela:

I – aqueles que, por causa transitória ou permanente, não puderem exprimir sua vontade; (Redação dada pela Lei n. 13.146, de 2015)

II – Revogado pela Lei n. 13.105, de 2015.

III – os ébrios habituais e os viciados em tóxico; (Redação dada pela Lei n. 13.146, de 2015)

IV – Revogado pela Lei n. 13.105, de 2015.

V – os pródigos.

COMENTÁRIOS DOUTRINÁRIOS: Vistas as regras a respeito da tutela, a curatela igualmente é instituto de direito assistencial, para a defesa dos interesses de maiores incapazes. Como ocorre com a tutela, há um *munus público*, atribuído pela lei, sendo suas partes o *curador* e o *curatelado*. Trata-se de um instituto que visa à representação de maiores incapazes, e tratada tanto pelo Código Civil quanto pelo Código de Processo Civil, cujas principais regras serão aqui analisadas. Como visto, não existem mais absolutamente incapazes maiores, por força das alterações que foram feitas no art. 3º do Código Civil pelo Estatuto da Pessoa com Deficiência (Lei

n. 13.146/2015). Sendo assim, a curatela somente incide para os maiores relativamente incapazes que, na nova redação do art. 4º da codificação material, são os ébrios habituais – no sentido de alcoólatras –, os viciados em tóxicos, as pessoas que por causa transitória ou definitiva não puderem exprimir vontade e os pródigos. Como antes exposto, não há mais a menção às pessoas com discernimento mental reduzido e aos excepcionais, tidos agora como plenamente capazes pelo sistema, enquadrados como pessoas com deficiência. Apesar dessas constatações, reitero que seria interessante retomar alguma previsão a respeito de maiores absolutamente incapazes, especialmente para as pessoas que não têm qualquer condição de exprimir vontade e que não são necessariamente pessoas deficientes. Reitere-se, fiz proposição nesse sentido no texto original do Projeto de Lei n. 757/2015, o que infelizmente acabou por não ser adotado no parecer final da proposição legislativa. Na Câmara dos Deputados, onde agora a projeção tramita, reitero que fiz sugestão no mesmo sentido ao saudoso Deputado Luiz Flávio Gomes, o que aguarda análise na Casa (PL n. 11.091/2018). Cite-se, novamente e a esse propósito, a pessoa que se encontra em coma profundo, sem qualquer condição de exprimir o que pensa. No atual sistema, será enquadrada como relativamente incapaz, o que parece não ter sentido jurídico. Justamente por isso acompanharei seu trâmite legislativo na Câmara dos Deputados, com o fim de incluir previsão nessa linha. Como dito quanto à tutela, a curatela não se confunde com a representação e com a assistência, por ser instituto geral de administração de interesses de outrem. A curatela também não se confunde com a própria tutela, pois a última visa à proteção de interesses de menores; enquanto a primeira, à proteção dos maiores. O art. 1.767 do CC/2002, ora em estudo, traz o rol taxativo dos interditos, ou seja, daqueles que estão sujeitos à curatela. Como não poderia ser diferente, a norma foi modificada pelo Estatuto da Pessoa com Deficiência, diante da *revolução* que atingiu a teoria das incapacidades. Curioso perceber que a Lei n. 13.146/2015 traz a ideia não de interdição, mas de uma ação judicial em que haverá a nomeação de um curador ou instituição da curatela. Por outra via, o CPC/2015 está todo baseado no processo de interdição, regulando o seu procedimento. O Projeto de Lei n. 757/2015 pretendia reparar esse conflito, verdadeiro *atropelamento legislativo*, introduzindo uma expressão única não só no CPC/2015, mas em toda a legislação, que passa a ser *ação de pedido de curatela*. Constata-se que o citado Estatuto alterou o art. 1.768 do Código Civil, deixando de mencionar que "a interdição será promovida"; e passando a enunciar que "o processo que define os termos da curatela deve ser promovido". O grande problema é que esse dispositivo material foi revogado expressamente pelo art. 1.072, inc. II, do CPC/2015. Como se nota, a norma ficou em vigor por pouco tempo, entre janeiro e março de 2016, quando o Estatuto Processual passou a ter vigência. Penso que será necessária uma nova norma, no caso o PL n. 757/2015 ou outra, que deve ser aprovado, fazendo que o dispositivo trazido pelo EPD volte a vigorar. Até que isso ocorra, uma alternativa viável para fazer prevalecer o *espírito* do Estatuto é a utilização das suas regras com alento doutrinário na Convenção de Nova York, tratado internacional de direitos humanos que tem força de Emenda à Constituição. Na verdade, para trazer mais certeza e segurança quanto aos institutos, reafirmo que só a edição de uma terceira norma apontando qual das duas deve prevalecer não basta, pois o CPC em vigor é inteiramente estruturado no processo de interdição, como se nota do tratamento constante entre os seus arts. 747 a 758. Desse modo, parece-me que será imperiosa uma reforma considerável do CPC/2015, deixando-se de lado a antiga possibilidade da interdição e substituindo-a pelos termos antes propostos. Feitas tais considerações fundamentais, e voltando ao art. 1.767 do Código Civil, o seu inciso I mencionava aqueles que, por enfermidade ou deficiência mental, não tivessem o necessário discernimento para os atos da vida civil, tendo sido alterada, pois equivalia ao art. 3º, inciso II, da própria norma material, ora revogado. No sistema em vigor, passou a mencionar as pessoas que, por causa transitória ou definitiva, não puderem exprimir vontade, tidas como relativamente incapazes no novo sistema. Como consequência, foi revogado o inciso II do art. 1.767, que mencionava as últimas. Continuam podendo ser citadas as situações dos surdos-mudos, que não têm qualquer condição de exprimir sua vontade, e das pessoas que se encontram em coma profundo. Os ébrios habituais – alcoólatras viciados –, e os toxicômanos – viciados em tóxicos –, igualmente são, em tese, interditados por força do art. 1.767, inciso III, do Código Civil, ora alterado, pois não há mais a previsão a respeito das pessoas com desenvolvimento reduzido. Também não se interditam mais os excepcionais sem completo desenvolvimento mental, caso da pessoa com *Síndrome de Down*, tendo sido revogado o art. 1.767, inciso IV, do CC. Em relação aos pródigos, pessoas que gastam de maneira destemperada o próprio patrimônio, o que pode levá-los à penúria, são os últimos interditos expressos no art. 1.767, inciso V, do CC/2002. Também sobre o art. 1.767, o polêmico Enunciado n. 637, aprovado na *VIII Jornada de Direito Civil*, realizada no ano de 2018, preceitua que "admite-se a possibilidade de outorga ao curador de poderes de representação para alguns atos da vida civil, inclusive de natureza existencial, a serem especificados na sentença, desde que comprovadamente necessários para proteção do curatelado em sua dignidade". A proposta doutrinária causa perplexidade pelo texto em vigor, uma vez que não existem mais restrições para atos existenciais familiares, como está previsto nos arts. 6º e 83 do Estatuto da Pessoa com Deficiência. Por entrar em colisão com o texto legal, votei contrariamente ao seu conteúdo quando daquele evento. De todo modo, como desenvolvo a seguir, é necessário alterar o Código Civil sobre o tema, o que está sendo proposto na Reforma do Código Civil. Como última nota, vale lembrar que a interdição – ou processo de nomeação de curador – somente será possível em casos excepcionais, dizendo respeito apenas a negócios jurídicos de cunho patrimonial, como consta do art. 85 do Estatuto da Pessoa com Deficiência. Nos termos do seu *caput*, a curatela afetará tão somente os atos relacionados aos direitos de natureza patrimonial e negocial. A norma também prevê que a definição da curatela não alcança o direito ao próprio corpo, à sexualidade, ao matrimônio, à privacidade, à educação, à saúde, ao trabalho e ao voto. Também expressa essa norma específica que a curatela constitui medida extraordinária, devendo constar da sentença as razões e motivações de sua definição, preservados os interesses do curatelado. A mesma premissa é aplicada para a nomeação de curador provisório, como se retira do art. 87 do EPD, *in verbis*: "Em casos de relevância e urgência e a fim de proteger os interesses da pessoa com deficiência em situação de curatela, será lícito ao juiz, ouvido o Ministério Público, de ofício ou a requerimento do interessado, nomear, desde logo, curador provisório, o qual estará sujeito, no que couber, às disposições do Código de Processo Civil".

JURISPRUDÊNCIA COMENTADA: Pontue-se a existência de posição anterior, segundo a qual, ocorrendo a interdição de menor, em razão de certas doenças, por exemplo, este passaria a ser sujeito à curatela, o que seria melhor para a defesa dos interesses do vulnerável (nesse sentido, ver: TJRJ, Acórdão 6.043/1997, 4.ª Câmara Cível, Duque de Caxias, Rel. Des. Wilson Marques, j. 15.06.1999). Todavia, a questão já não era pacífica, pois existiam julgados que entendiam serem melhores caminhos o poder familiar e a tutela para o menor interditado (TJMG, Acórdão 1.0000.00.304048-2/000, 8.ª Câmara Cível, Uberlândia, Rel. Des. Pedro Henriques, j. 27.12.2002, *DJEMG* 30.05.2003). Anote-se que, na nova teoria das incapacidades, somente caberá tal discussão em caso de interdição relativa, pois os únicos absolutamente incapazes são os menores de 16 anos. De todo modo, parece forte o argumento, que é por mim seguido, no sentido de que os menores não podem ser interditados. Sobre o caráter excepcional da interdição ou da curatela, assim vêm se posicionando as Cortes Estaduais, em julgados prolatados já na vigência do Estatuto da Pessoa com Deficiência. Nesse sentido: "Civil e processo civil. Interdição. Curatela. Medida excepcional. Aplicação restrita. Atos relacionados aos direitos de natureza patrimonial e negocial. Novas diretrizes principiológicas. 1. A proteção à dignidade da pessoa humana se materializa na concessão de tratamento isonômico a todos os indivíduos, excepcionando-se esse padrão somente quando não restar outra alternativa para garantir a igualdade e a dignidade humana, de modo que somente se admite o rompimento da igualdade jurídico-formal quando se objetivar a garantia da igualdade material. 2. O Estatuto da Pessoa com Deficiência, Lei n. 13.146/15, em seus artigos 84 e seguintes, disciplina a curatela e seu exercício, estabelecendo sua adoção como medida protetiva extraordinária e que afeta, tão somente, os atos relacionados aos direitos de natureza patrimonial e negocial. 3. Estando, pois, a r. Sentença de acordo com as novas diretrizes principiológicas adotadas pelo Código Civil e Estatuto da Pessoa com Deficiência, negou-se provimento ao recurso" (TJDF, Apelação 2015.06.1.010882-8, Acórdão 964.739, 3.ª Turma Cível, Rel. Des. Flavio Renato Jaquet Rostirola, j. 31.08.2016, *DJDFTE* 14.09.2016). Ou, ainda: "Agravo de instrumento. Curatela. Pedido de nomeação de curador provisório. Inexistência de prova inequívoca acerca da relevância e urgência da submissão do demandado à curatela provisória. Indeferimento do pleito. De acordo com o art. 87 da Lei n. 13.146/2015 – o Estatuto da Pessoa com Deficiência – e os arts. 749 e 750 do CPC/15, somente em casos de relevância e urgência, e a fim de proteger os interesses da pessoa com deficiência em situação de curatela, é cabível a nomeação de curador provisório, competindo à parte autora especificar os fatos que demonstram a necessidade de sujeição da parte requerida à curatela, bem como juntar laudo médico para fazer prova de suas alegações, ou mesmo informar a impossibilidade de fazê-lo. Não havendo prova inequívoca que respalde a pretensão de nomeação de curador provisório, porquanto o único documento que instrui a petição inicial apenas indica as enfermidades que acometem o requerido e refere a necessidade de tratamento com psicofármacos, é de rigor o indeferimento do pleito" (TJRS, Agravo de Instrumento 0100740-97.2016.8.21.7000, 8.ª Câmara Cível, Canoas, Rel. Des. Luiz Felipe Brasil Santos, j. 11.08.2016, *DJERS* 17.08.2016). Por fim, decisão do Superior Tribunal de Justiça seguiu o teor do que consta do Enunciado n. 637, a demonstrar uma contradição quanto ao EPD e as dificuldades de sua aplicação concreta: "A Lei nº 13.146/2015 alterou o Código Civil e, em seus arts. 3º e 4º, passou a dispor que aqueles que por causa transitória ou permanente não puderem exprimir sua vontade serão considerados relativamente incapazes. Na hipótese, foi reconhecida a incapacidade relativa da curatelada e, a partir do seu quadro de comprometimento global, decidiu-se, em caráter excepcional e de forma fundamentada, que os poderes conferidos ao curador deveriam ser estendidos para outros atos da vida civil que não apenas os de caráter patrimonial e negocial, o que não se confunde com a declaração de incapacidade absoluta. A interpretação conferida aos arts. 84 e 85 da Lei nº 13.146/2015 objetiva impedir distorções que a própria Lei buscou evitar. Na situação sob exame, reconhece-se que a curatela, embora constitua medida excepcional, tem por objetivo a proteção proporcional às necessidades do curatelado, observadas as peculiaridades do caso concreto" (STJ, REsp 1.998.492/MG, Rel. Min. Ricardo Villas Bôas Cueva, 3.ª Turma, j. 13.06.2023, *DJe* 19.06.2023). Com o devido respeito, parece-me que a restrição para atos negociais e existenciais em muitas situações equivalerá, sim, à incapacidade absoluta do maior de idade, o que representa uma negação da essência do Estatuto da Pessoa com Deficiência, sobretudo à impossibilidade de reconhecer como absolutamente incapazes os maiores de idade, como se retira do art. 3º do Código Civil. Tudo isso demonstra a necessidade de alteração do Código Civil sobre o tema, o que passo a expor.

REFORMA DO CÓDIGO CIVIL: De início, é preciso alterar a nomenclatura da Seção do Capítulo, para adaptá-la à Convenção de Nova Iorque: "CAPÍTULO II. Da Curatela. Seção I. Das pessoas sujeitas à curatela". Nas palavras dos juristas que compuseram a Subcomissão de Direito de Família, "modernamente, há forte tendência dos ordenamentos jurídicos ocidentais, no sentido de facilitar o exercício da capacidade civil. Tanto assim que o Brasil, signatário da Convenção de Nova York de 2007, introduziu-a em seu ordenamento jurídico, com força de Emenda Constitucional, por se tratar de texto garantidor de direitos fundamentais. Inspirando-se nela editou-se a Lei n 13.146/15, a qual, dentre outras providências, promoveu ampla reforma no que tange ao direito das pessoas com deficiência. Nesse sentido, propõe-se a alteração da expressão 'interdito' por 'pessoas sujeitas à curatela', uma vez que o uso dos termos incapaz e interdito exprimem um caráter pejorativo em relação às pessoas sujeitas ao regime de curatela, em descompasso com a Convenção de Nova York. Busca-se prestigiar o direito humano à capacidade civil das pessoas com deficiência, em consonância com os princípios da não discriminação, da plena e efetiva participação e inclusão na sociedade, da igualdade de oportunidades, da autonomia, da independência e da dignidade humana, todos eles contemplados na Convenção de Nova York". Além disso, com as modificações propostas para a teoria das incapacidades, o art. 1.767 do CC passará a prever o seguinte: "estão sujeitos a curatela as pessoas maiores de idade na hipótese dos arts. 3º e 4º deste Código". Por um lapso, faltou propor a alteração dos dispositivos do Código de Processo Civil que ainda tratam do processo de interdição, o que ainda poderá ser feito no âmbito do Congresso Nacional, inclusive apensando-se ao Anteprojeto o antigo PL n. 757/2021.

Art. 1.768. Revogado pela Lei n. 13.105, de 2015.

Art. 1.769. Revogado pela Lei n. 13.105, de 2015.

Art. 1.770. Revogado pela Lei n. 13.105, de 2015.

Art. 1.771. Revogado pela Lei n. 13.105, de 2015.

Art. 1.772. Revogado pela Lei n. 13.105, de 2015.

Art. 1.773. Revogado pela Lei n. 13.105, de 2015.

COMENTÁRIOS DOUTRINÁRIOS E JURISPRUDENCIAIS IMPORTANTES SOBRE A REVOGAÇÃO DOS DISPOSITIVOS ACIMA: Como é notório, em relação aos maiores de idade a incapacidade não se presume, sendo necessário um processo de interdição, para dele decorrer a curatela. Sendo assim, é fundamental o estudo das regras relativas a esse processo, constantes do Código de

Processo Civil, confrontadas com a Lei n. 13.146/2015 e com o Código Civil, que foi revogado entre os seus arts. 1.768 e 1.773 pelo Estatuto Processual emergente. Iniciando-se pelos legitimados para a demanda, como primeira norma expressamente revogada pelo art. 1.072, inc. II, do CPC/2015, previa o art. 1.768, originalmente, que a interdição deveria ser promovida: a) pelos pais ou tutores; b) pelo cônjuge, ou por qualquer parente; e c) pelo Ministério Público. O motivo de revogação foi o de concentrar os legitimados para a ação de interdição no Estatuto Processual. Ademais, a expressão *deve* era criticada por ser peremptória, tendo sido substituída pelo termo *pode*. Conforme o art. 747 do CPC/2015, que unificou o tratamento do tema, "a interdição pode ser promovida: I – pelo cônjuge ou companheiro; II – pelos parentes ou tutores; III – pelo representante da entidade em que se encontra abrigado o interditando; IV – pelo Ministério Público. Parágrafo único. A legitimidade deverá ser comprovada por documentação que acompanhe a petição inicial". Vejamos a confrontação desse comando com o antigo art. 1.177, seu correspondente na codificação instrumental anterior. O inciso I do art. 747 do CPC/2015 menciona o cônjuge ou companheiro, enquanto o inciso II do art. 1.177 apenas expressava o cônjuge. Como visto em vários dos meus comentários, o CPC em vigor procurou dar um tratamento uniforme ao casamento e à união estável, o que, em regra, veio em boa hora. O inciso II do art. 747 do CPC/2015 reconhece a legitimidade aos parentes e tutores. Existe, desse modo, correspondência ao art. 1.177, incs. I e II, que expressava o pai, a mãe, o tutor e algum parente próximo. Deve-se entender pela inclusão de todas as formas de parentesco, seja por consanguinidade – todos os ascendentes e descendentes, colaterais até quarto grau, inclusive –, por afinidade – sogra, sogro, nora, genro, enteado, enteada, padrasto, madrasta – ou em decorrência de parentesco civil – adoção, inseminação heteróloga e parentalidade socioafetiva. Ainda no que diz respeito ao art. 1.768 do Código Civil, consigne-se que ele foi alterado pela Lei n. 13.146/2015, com a inclusão da possibilidade de interdição pela própria pessoa com deficiência (*autointerdição* ou *autocuratela*). Ademais, o dispositivo não trata propriamente de um processo de interdição, mas de uma demanda em que se nomeia um curador. Como estou aqui demonstrando, o CPC/2015, adotando outro caminho, está todo estruturado na ação de interdição, na contramão do Estatuto da Pessoa com Deficiência. Todavia, pelo menos *a priori*, como o dispositivo foi revogado pelo CPC/2015, somente teve aplicação a redação renovada entre a entrada em vigor do Estatuto da Pessoa com Deficiência (janeiro de 2016), e a vigência do CPC/2015 (18 de março). Espero que esse problema de direito intertemporal seja definitivamente solucionado com a emergência de uma nova norma, até porque vejo com bons olhos essa possibilidade de autointerdição. Nesse sentido foi o meu parecer dado no Senado Federal quanto ao PL n. 757/2021, que acabou por ser acatado parcialmente e agora segue para debates na Câmara dos Deputados. No Anteprojeto de Reforma do Código Civil, não foi feita proposta nesse sentido, falta que poderá ser suprida no âmbito do Congresso Nacional, caso o PL n. 757 não prospere ou não seja a ele apensado. De toda sorte, entendo mais uma vez que, doutrinariamente, enquanto a nova norma não surge para resolver o dilema, pode-se sustentar que a autointerdição ou autocuratela é viável juridicamente, diante da força constitucional da Convenção de Nova York, e por estar de acordo com o espírito do EPD. Adotando tal caminho, na *I Jornada de Direito Processual Civil*, em agosto de 2017, aprovou-se o Enunciado n. 57, segundo o qual a própria pessoa a ser curatelada tem legitimidade para promover a medida. A proposta doutrinária contou com o meu total apoio naquele evento, devendo ser seguida pela jurisprudência. Em relação à legitimidade do Ministério Público, esse órgão somente promoveria a interdição em caso de doença mental grave, se não existisse ou não requeresse a interdição alguma das pessoas designadas pela lei ou, ainda, se existindo tais pessoas, fossem elas incapazes. Essa era a regra do art. 1.769 do CC/2002, revogada expressamente pelo vigente Código de Processo Civil (art. 1.072, inc. II, do CPC/2015). Aperfeiçoando a redação do art. 1.178 do CPC/1973, o art. 748 do *Codex* passou a estabelecer que o Ministério Público só promoverá interdição em caso de doença mental grave: a) se as pessoas designadas nos incisos I, II e III do art. 747 não existirem ou não promoverem a interdição; e b) se, existindo, forem incapazes as pessoas mencionadas nos incisos I e II do art. 747. O que se percebe é que a legitimidade do MP é somente subsidiária e extraordinária, funcionando como substituto processual. Pontue-se que a matéria passou a ser concentrada somente no estatuto processual, notando-se, mais uma vez, um *atropelamento legislativo* do CPC/2015 em relação ao Estatuto da Pessoa com Deficiência. Diante da Lei n. 13.146/2015, o art. 1.769 do Código Civil passou a prever que o Ministério Público somente promoverá o processo que define os termos da curatela: a) nos casos de deficiência mental ou intelectual; b) se não existir ou não promover a interdição alguma das pessoas designadas nos incisos I e II do artigo 1.768; e c) se, existindo, forem incapazes as pessoas mencionadas no inciso antecedente. Novamente, será necessária uma norma emergente para apontar qual terá prevalência, o que poderá ser o Anteprojeto de Reforma do Código Civil. Se isso não ocorrer, parece-me que deve prevalecer o CPC/2015. Seguindo no estudo dos preceitos que foram revogados, estabelecia o art. 1.770 do Código Civil que, sendo a interdição promovida pelo MP, o juiz nomearia um defensor ao suposto incapaz, que era denominado curador especial. No mesmo sentido era a norma do art. 1.179 do CPC/1973. Todavia, o último preceito não foi reproduzido pelo Estatuto Processual emergente, que revogou também o dispositivo material, por força do seu sempre citado art. 1.072, inc. II. Sendo assim, parece estar prejudicado o meu entendimento anterior, segundo o qual, nos demais casos, ou seja, sendo a interdição promovida pelas outras pessoas elencadas pela lei, o próprio MP seria o defensor do interdito. Isso porque o art. 752, § 1º, do CPC/2015 passou a determinar que o Ministério Público intervirá como fiscal da ordem jurídica nas ações de interdição que não propõe. No sistema anterior, alguns doutrinadores defendiam, pelo menos em parte, essa tese, pela desnecessidade de atuação do Ministério Público em casos tais. Em certo sentido, parece ter sido essa a lógica adotada pelo CPC/2015, no citado art. 752, § 1º, e pela revogação do antigo art. 1.770 do Código Civil. A propósito dessa conclusão, em julgado do ano de 2017, o Superior Tribunal de Justiça acabou por concluir que, "diante da incompatibilidade entre o exercício concomitante das funções de *custos legis* e de curador especial, cabe à Defensoria Pública o exercício de curadoria especial nas ações de interdição" (STJ, REsp 1.651.165/SP, 3.ª Turma, Rel. Min. Nancy Andrighi, j. 19.09.2017). De todo sorte, a atuação do MP como fiscal da lei é essencial para que o incapaz não sofra prejuízos. Nesse sentido, decisão da mesma Terceira Turma do STJ, do ano de 2022, concluiu pela nulidade do processo de interdição, justamente pela falta de intimação do Ministério Público, para o exercício dessa função. Consoante o acórdão, "a regra do art. 178, II, do CPC/15, ao prever a necessidade de intimação e intervenção do Ministério Público no processo que envolva interesse de incapaz, refere-se não apenas ao juridicamente incapaz, mas também ao comprovadamente incapaz de fato, ainda que não tenha havido prévia declaração judicial da incapacidade. Na hipótese, a indispensabilidade da intimação e da intervenção do Ministério Público se justifica pelo fato incontroverso de que a parte possui doença psíquica grave, aliado ao fato de que todos os legitimados ordinários à propositura de eventual ação de interdição (art. 747, I a III, do CPC/15) não existem ou possuem conflito de interesses com a parte enferma, de modo que a ausência de intimação e intervenção do *Parquet* teve, como consequência, prejuízo concreto à parte. Inaplicabilidade, na hipótese, do entendimento segundo o qual não há nulidade do processo em virtude da ausência de intimação e de intervenção do Ministério Público em 1º grau de jurisdição quando houver a atuação ministerial em 2º grau, uma vez que a ciência do *Parquet* acerca da ação e da situação da parte ainda em 1º grau poderia, em tese, conduzir à ação a desfecho substancialmente diferente" (STJ, REsp 1.969.217/SP, Rel. Min. Nancy Andrighi, 3ª Turma, j. 08.03.2022, *DJe* 11.03.2022). Como se percebe, a ementa já foi prolatada em análise do conteúdo do CPC/2015. No que concerne aos procedimentos de interdição, o art. 749 do CPC/2015 preceitua que incumbe ao autor, na petição inicial, especificar os fatos que demonstram a incapacidade do interditando para administrar seus bens e, se for o caso, para praticar atos da vida civil, bem como o momento em que a incapacidade se revelou. Não há mais necessidade de prova da legitimidade, conforme estava no art. 1.180 do CPC/1973, presumindo-se esta das condições pessoais descritas pelo novo art. 747 do CPC/2015. Como inovação louvável, a Norma Instrumental passou a estabelecer que, justificada a urgência, o juiz pode nomear curador provisório ao interditando para a prática de determinados atos (art. 749, parágrafo único, do CPC/2015). Cite-se, por exemplo, a necessidade de um curador para gerir a empresa do interditando. Além disso, no que concerne a uma prova inicial mínima, o art. 750 do CPC/2015 passou a determinar que o requerente deverá juntar laudo médico para fazer prova de suas alegações, ou, pelo menos, informar a impossibilidade de fazê-lo, dentro dos ditames de boa-fé e de colaboração processual, comentados no primeiro capítulo deste livro. Julgado do Superior Tribunal de Justiça, do ano de 2021, concluiu que esse laudo médico, como elemento necessário à propositura da ação de interdição, pode ser dispensado na hipótese em que o interditando resiste em se submeter ao exame. Definiu-se, assim, a sua substituição por uma audiência de justificação posterior. Como consta do aresto, "antes de extinguir o processo sem resolução do mérito, é sempre desejável que o julgador leve em consideração as especificidades da causa e o contexto social em que se inserem os litigantes. Finalmente, anote-se que, na hipótese, diante da inexistência do laudo médico, pleiteou-se na petição inicial a designação de audiência de justificação prévia, nos termos do art. 300, § 2º, do CPC/2015, o que foi negado, a despeito de se tratar de providência suficiente para impedir a extinção do processo sem resolução do mérito. Com efeito, é bastante razoável compreender que, na ausência de laudo médico, deva o juiz, antes de indeferir a petição inicial, designar a referida audiência" (STJ, REsp 1.933.597/RO, 3.ª Turma, Rel. Min. Nancy Andrighi, j. 26.10.2021, *DJe* 03.11.2021). Seguindo nos procedimentos, o interditando será citado para, em dia designado, comparecer perante o juiz, que o entrevistará minuciosamente acerca de sua vida, negócios, bens, vontades, preferências e laços familiares e afetivos e sobre o que mais lhe parecer necessário para convencimento quanto à sua capacidade para praticar atos da vida civil. As perguntas e respostas devem ser reduzidas a termo (art. 751, *caput*, do CPC/2015). No mesmo sentido, previa o art. 1.771 do CC/2002 que, antes de pronunciar-se acerca da interdição, o juiz, assistido por especialistas, examinaria pessoalmente o arguido de incapacidade. Todavia, esse último comando material também foi revogado expressamente pelo art. 1.072, II, do CPC/2015; estando a matéria concentrada no estatuto processual. Anote-se que o dispositivo processual emergente é mais minucioso do que o art. 1.181 do CPC/1973, seu correspondente, ao fazer menção às preferências, aos laços familiares e afetivos. Mais uma vez, será necessário adaptar o CPC/2015 frente ao Estatuto da Pessoa com Deficiência, que alterou o art. 1.771 do Código Civil, passando este a prever que "antes de se pronunciar acerca dos termos da curatela, o juiz, que deverá ser assistido por equipe multidisciplinar, entrevistará pessoalmente o interditando". Aliás, afastando a possibilidade dessa entrevista, justamente por conta da revogação feita pelo CPC/2015, do Tribunal Paulista: "Ação de interdição. Pretensão à realização de entrevista multidisciplinar com fundamento no art. 1.771 do Código Civil, reformado pelo Estatuto da Pessoa com Deficiência. Dispositivo expressamente revogado pelo inciso II do art. 1.072 do CPC/2015 (Lei posterior). Inexistência de determinação legal à realização de entrevista multidisciplinar. Recurso desprovido" (TJSP, Agravo de Instrumento 2087238-67.2016.8.26.0000, Acórdão 9667462, 1.ª Câmara de Direito Privado, Limeira, Rel. Des. Alcides Leopoldo e Silva Júnior, j. 07.08.2016, *DJESP* 12.08.2016). De toda sorte, há julgado do STJ, de setembro de 2017, que considera que a entrevista – chamada no aresto de *interrogatório* –, é essencial para o processo de interdição, e a sua falta gera a nulidade do procedimento. Como consta da sua ementa, "a questão que exsurge nesse recurso é julgar se a ausência de nomeação de curador à lide e de interrogatório do interditando dão ensejo à nulidade do processo de interdição. A participação do Ministério Público como *custos legis* em ação de interdição não supre a ausência de nomeação de curador à lide, devido à antinomia existente entre as funções de fiscal da lei e o representante dos interesses do interditando. O interrogatório do interditando é medida que garante o contraditório e a ampla defesa de pessoa que se encontra em presumido estado de vulnerabilidade. São intangíveis as regras processuais que cuidam do direito de defesa do interditando, especialmente quando se trata de reconhecer a incapacidade e restringir direitos" (STJ, REsp 1.686.161/SP, Rel. Min. Nancy Andrighi, 3.ª Turma, j. 12.09.2017, *DJe* 15.09.2017). Porém, o acórdão leva em conta a realidade legislativa antes do CPC/2015, na vigência dos arts. 1.181 do CPC/1973 e 1.771 do CC/2002, ora revogados. Como outra inovação, prescreve o § 1º do art. 751 do CPC/2015 que, não podendo o interditando deslocar-se, o juiz o ouvirá no local onde estiver. Esse deslocamento já ocorria na prática, sendo costume no Poder Judiciário, inclusive em demanda da qual participei no passado, como advogado. Ademais, como outra nova previsão na lei instrumental, prevê o § 2º do art. 751 do CPC/2015 que a entrevista poderá ser acompanhada por especialista. Essa última regra também era retirada do art. 1.771 do CC/2002, ora revogado. Outra novidade é que, durante a entrevista, é assegurado o emprego de recursos tecnológicos capazes de permitir ou auxiliar o interditando a expressar suas vontades e preferências e a responder às perguntas formuladas (art. 751, § 3º, do CPC/2015). Imagine-se, por exemplo, o caso de um interditando que não consegue falar, mas sim digitar em um computador, podendo fazer uso deste. Por fim, a respeito desse procedimento, estabelece o art. 751 do CPC/2015, em seu § 4º, que, a critério do juiz, poderá ser requisitada a oitiva de parentes e pessoas próximas, o que também era praxe, mas não estava expressamente regulamentado no preceito instrumental. Após todos esses trâmites legais, dentro do prazo de 15 dias, contado da entrevista, o interditando poderá impugnar o pedido (art. 752, *caput*, do CPC/2015). Como antes visto, o Ministério Público intervirá como *fiscal da ordem jurídica* (art. 752, § 1º, do CPC/2015). Ademais, o interditando ou pessoa sob curatela poderá constituir advogado para defender-se. Não tendo sido constituído advogado pelo interditando, nomear-se-á curador especial (art. 752, § 2º, do CPC/2015). Caso o interditando não constitua advogado, o seu cônjuge, companheiro ou qualquer parente sucessível poderá intervir como assistente (art. 752, § 3º, do CPC/2015). Confrontando o novel artigo com o seu correspondente no Código de Processo Civil de 1973 (art. 1.182), algumas modificações podem ser observadas. O interditando ou pessoa sob curatela seria representado nos autos pelo órgão do Ministério Público ou, quando este fosse o requerente, pelo curador especial especificamente designado. Agora, o Ministério Público passa a atuar como fiscal da ordem jurídica. Sem prejuízo disso, o interditando poderia constituir advogado para formular a sua defesa, não havendo menção anterior ao curador especial. Além disso, qualquer parente sucessível poderia constituir-lhe advogado, com os poderes judiciais que o interditando teria transmitido, respondendo esse parente pelos correspondentes honorários advocatícios. No novel preceito apenas se menciona o cônjuge ou companheiro, atuando como assistentes. Decorrido esse prazo de 15 dias do art. 752 do CPC/2015, estabelece a norma seguinte que o juiz determinará a produção de prova pericial para avaliação da capacidade do interditando para praticar atos da vida civil (*caput* do art. 753 do CPC/2015). A perícia pode ser realizada por equipe composta por expertos com formação multidisciplinar (§ 1º). O laudo pericial indicará especificadamente, se for o caso, os atos para os quais haverá necessidade de curatela (§ 2º). Mais uma vez são notadas mudanças perante o art. 1.183 do CPC/1973. Essa norma previa que, decorrido o prazo de cinco dias mencionado no *caput* do art. 1.182 do antigo CPC, o juiz nomearia um perito, um especialista, para proceder ao exame do interditando. Apresentado o laudo, o juiz designaria a audiência de instrução e julgamento. Pelo parágrafo único do próprio art. 1.183 do CPC anterior, sendo decretada a interdição, o juiz nomearia curador definitivo ao interdito. Como se observa, os procedimentos foram aperfeiçoados para a devida cautela que deve ser tomada na interdição. A menção à formação interdisciplinar é louvável, apesar de já ocorrer na prática da interdição. Também deve ser elogiada a referência expressa aos limites da curatela constante do novo art. 753 do CPC/2015, especialmente no seu § 2º, segundo o qual, "o laudo pericial indicará especificadamente, se for o caso, os atos para os quais haverá necessidade de curatela". Isso porque, como se sabe, nos casos de interdição de relativamente incapazes, como a interdição é relativa, deve o juiz determinar os limites da curatela, ou seja, da curatela parcial. Essa era a regra retirada do art. 1.772 do CC/2002; também revogada pelo art. 1.072, II, do CPC/2015. Todavia, o objetivo da revogação foi apenas de concentrar o tema no diploma instrumental, sendo esse o mesmo sentido do art. 753, § 2º, do CPC/2015. De novo, será imperioso compatibilizar o CPC/2015 frente ao Estatuto da Pessoa com Deficiência, que alterou o art. 1.772 do CC/2002, passando este a enunciar que "o juiz determinará, segundo as potencialidades da pessoa, os limites da curatela, circunscritos às restrições constantes do art. 1.782, e indicará curador. Parágrafo único. Para a escolha do curador, o juiz levará em conta a vontade e as preferências do interditando, a ausência de conflito de interesses e de influência indevida, a proporcionalidade e a adequação às circunstâncias da pessoa". A principal novidade diz respeito à inclusão do parágrafo único, o que vem em boa hora, dando preferência à vontade da pessoa com deficiência. A respeito desse aspecto também se espera, como nos casos anteriores, que o problema de direito intertemporal seja solucionado com a edição de uma nova norma, originária do Projeto de Lei n. 757/2015, que pode ser apensado ao Anteprojeto de Reforma do Código Civil, ora em tramitação. A propósito, conforme já prescrevia o excelente Enunciado n. 574 do Conselho da Justiça Federal, aprovado na *VI Jornada de Direito Civil*, em 2013, a decisão judicial de interdição deverá fixar os limites da curatela para todas as pessoas a ela sujeitas, sem distinção, a fim de resguardar os direitos fundamentais e a dignidade do interdito. Em suma, a curatela deve ser sempre parcial. Por fim, como última norma revogada a ser comentada, regulamentando a decisão de interdição, houve revogação expressa do art. 1.773 do Código Civil, cuja redação era a seguinte: "A sentença que declara a interdição produz efeitos desde logo, embora sujeita a recurso". Esse também era o sentido do art. 1.184 do CPC/1973, igualmente sem mais aplicação. A norma processual ainda estabelecia que essa sentença seria inscrita no Registro de Pessoas Naturais e publicada pela imprensa local e pelo órgão oficial por três vezes, com intervalo de dez dias, constando do edital os nomes do interdito e do curador, a causa da interdição e os limites da curatela. Em verdade, o sistema relativo à sentença de interdição foi aperfeiçoado pelo Estatuto Processual de 2015. De início, passou o seu art. 754, mais didaticamente, a enunciar que, apresentado o laudo, produzidas as demais provas e ouvidos os interessados, o juiz proferirá sentença. Nessa decisão, o juiz deve atender a alguns requisitos que estão previstos no art. 755 do CPC/2015. Nesse contexto, deverá, inicialmente, nomear curador, que poderá ser o requerente da interdição. O magistrado também fixará os limites da curatela, segundo o estado e o desenvolvimento mental do interdito. Em complemento, conforme o inciso II do comando, o julgador considerará as características pessoais do interdito, observando suas potencialidades, habilidades, vontades e preferências, o que serve para a determinação de uma curatela parcial, como antes se expôs. A curatela deve ser atribuída a quem melhor possa atender aos interesses do curatelado, o principal interessado, que merece a devida proteção (art. 755, § 1º, do CPC/2015). Eventualmente, havendo, ao tempo da interdição, pessoa incapaz sob a guarda e a responsabilidade do interdito, o juiz atribuirá a curatela a quem melhor puder atender aos interesses do interdito e do incapaz, ao mesmo tempo (art. 755, § 2º, do CPC/2015). Na verdade, essa regra já era retirada, pelo menos parcialmente, do art. 1.778 do CC/2002, segundo o qual, a autoridade do curador estende-se à pessoa e aos bens dos filhos do curatelado, observados os casos de emancipação. O dispositivo foi repetido e ampliado pelo CPC/2015, consoante o seu art. 757, que não constava na lei processual anterior, *in verbis*: "A autoridade do curador estende-se à pessoa e aos bens do incapaz que se encontrar sob a guarda e a responsabilidade do curatelado ao tempo da interdição, salvo se o juiz considerar outra solução como mais conveniente aos interesses do incapaz". Constata-se, dessa forma, uma unicidade da curatela nessas situações e como premissa geral, assim como ocorre com a tutela, por dicção do art. 1.733 do Código Civil. De qualquer modo, nota-se pelos comandos transcritos que essa regra pode ser quebrada para atender aos interesses do incapaz. Na linha parcial do que estava na lei processual anterior, rege o § 3º do art. 755 do CPC/2015 que a sentença de interdição será inscrita no registro de pessoas naturais e imediatamente publicada na rede mundial de computadores, no sítio do Tribunal a que estiver vinculado o juízo e na plataforma de editais do Conselho Nacional de Justiça, onde permanecerá por seis meses. Essas formas de comunicação do público são inovações que vêm em boa hora. A norma continua a mencionar, ainda, a publicação na imprensa local, uma vez, e no órgão oficial, por três vezes, com intervalo de dez dias, constando do edital os nomes do interdito e do curador, a causa da interdição, os limites da curatela e, não sendo total a interdição, os atos que o interdito poderá praticar autonomamente. Como se percebe, tanto pelo dispositivo material revogado expressamente (art. 1.773 do CC/2002) quanto pelo processual anterior (art. 1.184 do CPC/1973), os efeitos da sentença de interdição, cuja natureza é predominantemente constitutiva, seriam *ex nunc*, o que não dependia de qualquer ato de publicidade. Isso porque as normas expressavam que a sentença de interdição produziria efeitos desde logo. Essas previsões sempre geraram muita polêmica, o que parece ter sido solucionado pelo CPC/2015, silente a respeito desses efeitos, e deixando a sua determinação nas mãos do julgador, inclusive com os fins de proteger terceiros adquirentes de bens de pessoas que não pareciam estar na plena consciência dos seus atos e negócios.

Art. 1.774. Aplicam-se à curatela as disposições concernentes à tutela, com as modificações dos artigos seguintes.

COMENTÁRIOS DOUTRINÁRIOS: Aplicando o teor do comando, como visto por quase todos os julgados transcritos a respeito dos dispositivos que dizem respeito à tutela, praticamente todas as normas atinentes àquele instituto incidem ao que estuda no presente momento, sendo desnecessário trazer mais exemplos ao debate e análise, mesmo que jurisprudenciais.

Art. 1.775. O cônjuge ou companheiro, não separado judicialmente ou de fato, é, de direito, curador do outro, quando interdito.

§ 1º Na falta do cônjuge ou companheiro, é curador legítimo o pai ou a mãe; na falta destes, o descendente que se demonstrar mais apto.

§ 2º Entre os descendentes, os mais próximos precedem aos mais remotos.

§ 3º Na falta das pessoas mencionadas neste artigo, compete ao juiz a escolha do curador.

COMENTÁRIOS DOUTRINÁRIOS: No que diz respeito à ordem para nomeação do curador, dispõe o comando em comentários que o cônjuge ou companheiro, não separado judicialmente ou de fato, é, de direito, o curador do outro, quando interdito (*curador legal legítimo*). Sendo o curador o cônjuge e o regime de bens do casamento o de comunhão universal, não será obrigado à prestação de contas, salvo determinação judicial (art. 1.783 do CC). A norma é especial e não se aplica aos demais casos de regime de bens e à união estável. Ainda de acordo com dispositivo em estudo, na falta do cônjuge ou do companheiro, será curador legítimo o pai ou a mãe. Na ausência destes, será nomeado como curador o descendente que se demonstrar mais apto. Entre os descendentes, os mais próximos precedem aos mais remotos. Finalmente, na falta das pessoas mencionadas neste artigo, compete ao juiz a escolha do curador dativo, que deve ser pessoa capaz e idônea para exercer a função. Deve-se entender que a ordem descrita não é obrigatória, prevalecendo sempre o melhor interesse do curatelado. Essas posições devem ser mantidas com a emergência do Código de Processo Civil de 2015, conforme consta do Enunciado n. 638, aprovado na *VIII Jornada de Direito Civil*, do ano de 2018: "A ordem de preferência de nomeação do curador do art. 1.775 do Código Civil deve ser observada quando atender ao melhor interesse do curatelado, considerando suas vontades e preferências, nos termos do art. 755, II, e § 1º, do CPC".

JURISPRUDÊNCIA COMENTADA: Na linha de não considerar a ordem do art. 1.775 como obrigatória, concluiu julgado do Tribunal Gaúcho, antes mesmo do EPD, que "ex-cunhado e irmãos concorrendo para o exercício do múnus. Prevalência do melhor interesse do interditado. No que se refere à nomeação do curador, sabido é que esta deve recair na pessoa do cônjuge ou companheiro e, na falta desses, ascendentes ou descendentes (art. 1.775, §§ 1º e 2º do Código Civil). Caberá ao juiz, ainda, a escolha de um terceiro como curador (art. 1.775, § 3º, do Código Civil), quando da impossibilidade daqueles contidos nos parágrafos anteriores. Elementos de prova que indicam que o curador nomeado de forma provisória vem exercendo de forma responsável o encargo, desmerecendo qualquer alteração" (TJRS, Apelação Cível 70059203711, 7.ª Câmara Cível, Rel. Jorge Luís Dall'Agnol, j. 28.05.2014). No mesmo sentido, falando em ordem de preferência, como deve ser considerado o comando: "No que se refere à nomeação do curador, sabido é que esta deve recair, observando-se a ordem de preferência, sobre a pessoa do cônjuge ou companheiro, do pai ou da mãe e, ainda, dos descendentes, sendo que, na falta destes, competirá ao julgador a escolha de um terceiro como curador, conforme a redação do art. 1.775 do CC/2002" (TJES, Agravo de Instrumento 0036351-72.2017.8.08.0035, 4.ª Câmara Cível, Rel. Des. Jorge do Nascimento Viana, j. 22.10.2018, *DJES* 31.10.2018). Entre muitos acórdãos no mesmo sentido, e admitindo até a superação da relação que está na lei: "a ordem indicada no artigo 1.775 do Código Civil não deve ser considerada absoluta, devendo prevalecer o melhor interesse do curatelado, que será analisado oportunamente, razão pela qual, em sede de cognição sumária, não se vislumbram os requisitos necessários à alteração da decisão combatida" (TJSP, Agravo de instrumento 2236803-61.2023.8.26.0000, Acórdão 17664257, Ribeirão Preto, 8.ª Câmara de Direito Privado, Rel. Des. Benedito Antonio Okuno, j. 11.03.2024, *DJESP* 14.03.2024, p. 1277). Merece destaque, ainda, o seguinte acórdão, por enfrentar problema constante na prática e que merece especial cuidado tendo em vista o conteúdo do EPD: "Os documentos que instruem o recurso indicam que o interditando fora diagnosticado com doença de Alzheimer, apresentando declínio cognitivo moderado e necessitando de auxílio para os seus compromissos civis, o que confere verossimilhança à alegada incapacidade para a prática dos atos da vida civil. Art. 1.775 do Código Civil que somente estabelece a ordem preferencial para a atribuição da curatela, sendo possível o seu desatendimento em prol do melhor interesse do interditando. Imperativo o exame das condições subjetivas de cada uma das partes de exercer o referido encargo. Os fatos verificados nos autos não demonstram que a agravante esteja inapta ao exercício da curatela, observando-se que vem cuidando da alimentação e higiene do marido de maneira satisfatória desde a ocorrência do AVC em 2012. A Lei Brasileira da Pessoa com Deficiência (Lei n. 13.146/2015) traz que a pessoa com deficiência tem direito à moradia digna com seu cônjuge. A dificuldade de conduzir o interditando às consultas médicas por meio do transporte público, por outro lado, indica que o agravado está, em cognição sumária, mais apto à realização de tal tarefa. A contratação de diversos empréstimos consignados pela agravante, onerando tanto o seu benefício previdenciário quanto o do marido, evidencia descontrole financeiro na gestão da renda do casal, denotando vulnerabilidade da agravante neste aspecto. Observa-se que a agravante em certos aspectos mostra-se mais apta aos cuidados com o interditando, enquanto o agravado atende melhor aos interesses deste em outras vertentes. Modificação introduzida pela Lei n. 13.146/2015 que permitiu expressamente a curatela compartilhada. Observando-se o direito do interditando de permanecer em companhia da esposa e ao mesmo tempo ter preservada a gestão de seu patrimônio, é cabível o compartilhamento da curatela do interditando, para que o agravante possa permanecer onde residia com a esposa, cabendo a ela seus cuidados cotidianos. Por outro lado, é cabível atribuir ao agravado o acompanhamento do genitor nas consultas médicas e exames, e a gestão patrimonial do interditando" (TJSP, Agravo de Instrumento

2226744-24.2017.8.26.0000, Acórdão 11613400, 7.ª Câmara de Direito Privado, Sorocaba, Rel. Des. Rômolo Russo, j. 12.07.2018, *DJESP* 17.07.2018, p. 1.655). Sobre a curatela compartilhada, veremos da análise da norma a seguir.

REFORMA DO CÓDIGO CIVIL: Seguindo proposições da Subcomissão de Direito de Família e da Relatoria-Geral, formada pela Professora Rosa Maria de Andrade Nery e por mim, são sugeridas alterações importantes no art. 1.775 do Código Civil, para se manter a coerência sistemática com outras propostas e se chancelar a posição majoritária da doutrina e da jurisprudência. Assim, de início, substitui-se o termo "companheiro" por "convivente", além de se mencionar o separado extrajudicialmente no *caput*: "o cônjuge ou convivente, não separado judicialmente, extrajudicialmente ou de fato, é, de direito, curador do outro, quando interdito". No mesmo sentido, de alteração do termo ora em vigor por expressão mais técnica a respeito da união estável, o novo § 1º: "na falta do cônjuge ou convivente, serão curadores legítimos os pais e, na falta destes, o descendente que se demonstrar mais apto". Mantém-se a regra do § 3º – "na falta das pessoas mencionadas neste artigo, compete ao juiz a escolha do curador" –, mas é incluído um novo § 4º, consagrando a premissa de que a ordem e a própria nomeação não são obrigatórias, mas facultativas, como se retira do atual Enunciado n. 638 da *VIII Jornada de Direito Civil*: "poderá o juiz afastar a ordem prevista neste artigo e nomear como curador pessoa com quem o curatelado mantenha maior vínculo de convivência e afetividade, ainda que não seja parente". Confirma-se, portanto, a jurisprudência consolidada, no sentido de sempre se atender ao princípio do melhor interesse do curatelado. Consoante as corretas justificativas da Subcomissão de Direito de Família, "a criação do parágrafo quarto objetiva tutelar situações concretas, nas quais o curatelado mantém laços de afinidade e afeto com pessoas com que, todavia, não guarda relação de parentesco. Trata-se de situação muitas vezes vivenciada na prática, razão pela qual propõe-se a permissão a que o juízo, observando que o curatelado será melhor cuidado por terceiros, afaste a ordem taxativa que determina a atribuição da curatela ao cônjuge, companheiros ou parentes mais próximos em grau. Tudo no intuito de conceber um sistema que melhor resguarde os seus interesses". A proposta, como não poderia ser diferente, teve apoio unânime na Comissão de Juristas nomeada no âmbito do Senado Federal.

Art. 1.775-A. Na nomeação de curador para a pessoa com deficiência, o juiz poderá estabelecer curatela compartilhada a mais de uma pessoa. (Incluído pela Lei n. 13.146, de 2015)

COMENTÁRIOS DOUTRINÁRIOS: O Estatuto da Pessoa com Deficiência, agora sem qualquer atropelamento legislativo pelo CPC/2015, incluiu o art. 1.775-A na codificação material, segundo o qual, na nomeação de curador para a pessoa com deficiência, o juiz poderá estabelecer *curatela compartilhada* a mais de uma pessoa. A norma segue a linha de alguns julgados anteriores, que serão expostos a seguir, em prol da proteção da pessoa sob curatela.

JURISPRUDÊNCIA COMENTADA: Confirmando a minha última anotação, vejamos, a título de ilustração, o conteúdo de dois arestos anteriores ao EPD, que viabilizam tal forma de curatela compartilhada, visando a atender aos interesses da pessoa com deficiência: "Apelação cível. Curatela compartilhada. Interdição. Nomeação de curador. Interdito portador de Síndrome de Down. Pretensão dos genitores do interdito de exercer a curatela de forma compartilhada. Possibilidade. Medida que se coaduna com a finalidade precípua do instituto da curatela. Proteção dos interesses do incapaz. Precedentes. 1. A curatela, assim como a tutela, é um *munus* público a ser exercido na proteção dos interesses do curatelado e de seus bens, incumbindo aos curadores, por exemplo, o dever de defesa, sustento e representação do interdito. Assim, a designação de curador deve se pautar pela prevalência dos interesses do incapaz. 2. Nessa perspectiva, revela-se possível o exercício da curatela compartilhada, conforme postulado pelos autores, que são pais do interdito, considerando que, embora não haja regra expressa que a autorize, igualmente não há vedação à pretensão. Em situações como a dos autos, em que expressamente requerido o exercício da curatela compartilhada e que não há, sob qualquer perspectiva, conflito entre os postulantes, nada obsta que seja ela concedida, notadamente por se tornar, na espécie, uma verdadeira extensão do poder familiar e da guarda – que, como sabido, pode ser compartilhada. 3. Além de se mostrar plausível e conveniente, no caso, a curatela compartilhada bem atende à proteção do interdito, tratando-se de medida que vai ao encontro da finalidade precípua do instituto da curatela, que é o resguardo dos interesses do incapaz, razão pela qual é de ser deferido o pleito" (TJRS, Apelação Cível 70054313796, 8.ª Câmara Cível, Pelotas, Rel. Des. Luiz Felipe Brasil Santos, j. 1º.08.2013). Em complemento: "Curatela compartilhada. Interdição. Interdito portador de Síndrome de Down. Inexistência de bens. Para o desenvolvimento do portador da Síndrome de Down, e sua inserção na sociedade e no próprio mercado de trabalho, exige-se muito mais do que vencer o preconceito e a discriminação, mas a dedicação incansável de pais e irmãos na educação e estimulação, desde o nascimento, e o acompanhamento em cursos e atividades especiais, e os cuidados perenes, havendo atualmente sobrevida até os 50 anos, mas com uma série de problemas, como o Mal de Alzheimer, de forma, até a recomendar, no caso específico, que a curatela seja compartilhada entre os genitores, e, eventualmente, pelos irmãos. Divergências podem surgir, como, também, ocorrem no exercício do poder familiar e da guarda compartilhada, e se for necessário, caberá ao juiz dirimir a questão. Ausência de vedação legal, recomendando-a a experiência no caso concreto. Recurso parcialmente provido" (TJSP, Agravo de Instrumento 0089340-38.2012.8.26.0000, 1.ª Câmara de Direito Privado, Rel. Des. Alcides Leopoldo e Silva Júnior, j. 02.10.2012). Cabe observar, contudo, que os acórdãos dizem respeito a pessoas com Síndrome de Down, que não são mais relativamente incapazes pelo Código Civil, pelo menos em regra, justamente pelas alterações que foram feitas pelo citado Estatuto da Pessoa com Deficiência. Em complemento, já prolatado na vigência da nova legislação do Tribunal Paulista, destaque-se, por todos os julgados que admitem a curatela compartilhada e sem prejuízo do último acórdão transcrito: "Agravo de instrumento. Interdição. Curatela provisória. Possibilidade de nomeação simultânea de mais de um curador. Precedentes. Art. 1.775-A do CC, incluído pelo Estatuto da Pessoa com Deficiência, que reforça a possibilidade de curatela compartilhada. Compartilhamento do encargo entre as duas irmãs que parece já ocorrer de fato, bem como, por ora, consta atender ao melhor interesse do interditando. Decisão reformada. Recurso provido" (TJSP, Agravo de Instrumento 2191636-02.2015.8.26.0000, Acórdão 9172666, 1.ª Câmara de Direito Privado, Barueri, Rel. Des. Claudio Godoy, j. 16.02.2016, *DJESP* 26.02.2016). Por fim, acórdão do Superior Tribunal de Justiça, do ano de 2021, entendeu que a curatela compartilhada não tem caráter obrigatória. Nos termos do decisum, "a curatela compartilhada é instituto desenvolvido pela jurisprudência que visa facilitar o desempenho da curatela ao atribuir o *munus* a mais de um curador simultaneamente. Muito embora as normas jurídicas e os entendimentos fixados acerca da guarda compartilhada devam servir de norte interpretativo para a exata compreensão e aplicação da curatela compartilhada, deve-se respeitar não só as peculiaridades de cada instituto, mas também as disposições legislativas próprias que regulam cada uma das matérias. Ao contrário do que ocorre com a guarda compartilhada, o dispositivo legal que consagra, no âmbito do direito positivo, o instituto da curatela compartilhada não impõe, obrigatória e expressamente, a sua adoção. A redação do novel art. 1.775-A do CC/2002 é hialina ao estatuir que, na nomeação de curador, o juiz 'poderá' estabelecer curatela compartilhada, não havendo, portanto, peremptoriedade, mas sim facultatividade. Não há obrigatoriedade na fixação da curatela compartilhada, o que só deve ocorrer quando (a) ambos os genitores apresentarem interesse no exercício da curatela, (b) revelarem-se aptos ao exercício do munus e (c) o juiz, a partir das circunstâncias fáticas da demanda, considerar que a medida é a que melhor resguarda os interesses do curatelado. Em virtude do caráter *rebus sic stantibus* da decisão relativa à curatela, não há óbice a que se pleiteie, nas vias ordinárias, a fixação da curatela compartilhada ou que, futuramente, comprovada a inaptidão superveniente da curadora para o exercício do munus, o decisum proferido neste feito venha a ser modificado" (STJ, REsp. 1.795.395/MT, Rel. Min. Nancy Andrighi, 3.ª Turma, j. 04.05.2021, *DJe* 06.05.2021).

Art. 1.776. Revogado pela Lei n. 13.105, de 2015.

COMENTÁRIOS DOUTRINÁRIOS SOBRE A REVOGAÇÃO: Previa o art. 1.776 do CC/2002, ora revogado expressamente pelo Novo CPC, que em havendo meios de recuperar o interdito, o curador promoveria o seu tratamento em estabelecimento apropriado. Todavia, a lógica do seu conteúdo foi adotada pelo novo art. 758 do CPC/2015, preceito claramente material, segundo o qual o curador deverá buscar tratamento e apoio apropriados à conquista da autonomia pelo interdito. Esses tratamentos não podem perder de vista a dignidade da pessoa humana, ao contrário do que muito ocorre na prática. O tratamento também pode ser efetuado na própria residência do interditado, junto à sua família, o que é até preferível, não sendo a última regra obrigatória. Eis aqui mais um problema de colisão de normas que deverá ser resolvido nos próximos anos, pois o Estatuto da Pessoa com Deficiência não alterou ou revogou qualquer comando do Estatuto Processual emergente. Em havendo a recuperação do interdito, ocorreria o *levantamento da interdição*, agora tratada como *levantamento da curatela*, uma vez que cessada a causa que a determinou. Conforme o art. 756 do vigente CPC, levantar-se-á a curatela quando cessar a causa que a determinou. O pedido de levantamento da curatela poderá ser feito pelo interdito, pelo curador ou pelo Ministério Público e será apensado aos autos da interdição. O juiz nomeará perito ou equipe multidisciplinar para proceder ao exame do interdito e designará audiência de instrução e julgamento após a apresentação do laudo. Acolhido o pedido, o juiz decretará o levantamento da interdição e determinará a publicação da sentença, após o trânsito em julgado, ou, não sendo possível, na imprensa local e no órgão oficial, por três vezes, com intervalo de dez dias, seguindo-se a averbação no registro de pessoas naturais. A interdição poderá ser levantada parcialmente quando demonstrada a capacidade do interdito para praticar alguns atos da vida civil. Conforme o Enunciado n. 57, aprovado na *I Jornada de Direito Processual Civil*, a pessoa sob curatela também tem o direito de fazer esse levantamento, apesar de não constar expressamente na lei. Mais uma vez, repise-se, a afirmação está amparada no *espírito* do Estatuto da Pessoa com Deficiência e da Convenção de Nova York, sendo um interessante caminho de solução prática. Como última nota, entendo que as pessoas com deficiência que se encontravam interditadas na entrada em vigor no EPD não passaram a ser, de forma automática, capazes, sendo necessária a citada ação específica de levantamento. Nesse sentido, aliás, enunciado doutrinário proposto por mim e aprovado no *XI Congresso de Direito das Famílias e Sucessões* do IBDFAM, em outubro de 2017: "Enunciado n. 25 – Depende de ação judicial o levantamento da curatela de pessoa interditada antes da vigência do Estatuto da Pessoa com Deficiência".

Art. 1.777. As pessoas referidas no inciso I do art. 1.767 receberão todo o apoio necessário para ter preservado o direito à convivência familiar e comunitária, sendo evitado o seu recolhimento em estabelecimento que os afaste desse convívio. (Redação dada pela Lei n. 13.146, de 2015)

COMENTÁRIOS DOUTRINÁRIOS: Previa originalmente o comando que os enfermos, deficientes mentais, ébrios habituais, toxicômanos e excepcionais sem desenvolvimento completo, devidamente interditados, deveriam ser tratados em estabelecimento apropriado, desde que não fosse possível o seu convívio doméstico. Esse dispositivo também foi alterado pelo Estatuto da Pessoa com Deficiência, passando a estabelecer que as pessoas referidas no inciso I do art. 1.767 – aquelas que por causa transitória ou definitiva não puderem exprimir vontade –, receberão todo o apoio necessário para ter preservado o direito à convivência familiar e comunitária, sendo evitado o seu recolhimento em estabelecimento que as afaste desse convívio. Como já defendiam alguns, e essa também era a minha posição, a internação em estabelecimento especializado passou a ser claramente uma exceção, inclusive pela ordem nominada no novo comando. Essa mudança não sofreu qualquer atropelamento legislativo do CPC/2015, não havendo qualquer problema de direito intertemporal quanto a ela.

JURISPRUDÊNCIA COMENTADA: Ratificando a minha afirmação doutrinária feita acima, cabe colacionar aresto do Superior Tribunal de Justiça, publicado no *Informativo* n. 533 do STJ, de 2013, segundo o qual "é claro o caráter excepcional da medida, exigindo-se, portanto, para sua imposição, laudo médico circunstanciado que comprove a necessidade da medida diante da efetiva demonstração de insuficiência dos recursos extra-hospitalares. A internação compulsória deve, quando possível, ser evitada, de modo que a sua adoção apenas poderá ocorrer como última opção, em defesa do internado e, secundariamente, da própria sociedade. Nesse contexto, resguarda-se, por meio da interdição civil com internação compulsória, a vida do próprio interditando e, secundariamente, a segurança da sociedade. Além disso, deve-se ressaltar que não se pretende, com essa medida, aplicar sanção ao interditado seja na espécie de pena, seja na forma de medida de segurança, haja vista que a internação compulsória em ação de interdição não tem caráter penal, não devendo, portanto, ser comparada à medida de segurança ou à medida socioeducativa" (STJ, HC 169.172/SP, Rel. Min. Luis Felipe Salomão, j. 10.12.2013).

REFORMA DO CÓDIGO CIVIL: Propõe-se que o dispositivo passe a mencionar a "institucionalização", termo que é melhor tecnicamente e atende melhor à cláusula geral de tutela da pessoa humana: "Art. 1.777. As pessoas sob curatela receberão todo o apoio necessário para ter preservado o direito à convivência familiar e comunitária, sendo evitada, sempre que possível, a sua institucionalização". Também foi incluída a expressão "sempre que possível" pois, segundo a Subcomissão de Direito de Família, ela "tem em mira resguardar situações concretas, em que a manutenção do curatelado fora de ambiente médico adequado possa causar risco direto ao próprio curatelado, aos seus familiares, ao titular da curatela ou a terceiros. Basta pensar em situação de grave estado psicótico do curatelado, no qual o convívio dele com terceiros possa representar risco de acidentes ou mesmo de vida, não só ao curatelado como aos demais. Assim, embora se entenda que a não institucionalização do incapaz deva ser a regra (o que fica claro pela redação do dispositivo), abre-se a possibilidade para o juiz, no prudente exame do caso concreto, determinar de forma excepcionalíssima essa institucionalização na hipótese em que evidenciado o já aludido risco ao curatelado ou a terceiros". Há, assim, uma proposta de uma funcionalização maior da curatela, em prol da máxima proteção do curatelado.

Art. 1.778. A autoridade do curador estende-se à pessoa e aos bens dos filhos do curatelado, observado o art. 5º.

COMENTÁRIOS DOUTRINÁRIOS: A autoridade do curador estende-se à pessoa e aos bens dos filhos do curatelado, observados os casos de emancipação, seja ela voluntária, judicial ou legal. O dispositivo foi repetido e ampliado pelo CPC/2015, consoante o seu art. 757, que não constava na lei processual anterior, *in verbis*: "A autoridade do curador estende-se à pessoa e aos bens do incapaz que se encontrar sob a guarda e a responsabilidade do curatelado ao tempo da interdição, salvo se o juiz considerar outra solução como mais conveniente aos interesses do incapaz". Constata-se, dessa forma, uma *unicidade da curatela* nessas situações e como premissa geral, assim como ocorre com a tutela, por dicção do art. 1.733 do Código Civil. De qualquer modo, nota-se pelos comandos transcritos que essa regra pode ser quebrada para atender aos interesses do incapaz.

JURISPRUDÊNCIA COMENTADA: Explicando o teor do comando, julgou o Tribunal do Mato Grosso que de acordo com a inteligência do art. 1.778, do Código Civil, "havendo interdição do detentor da guarda dos menores, seu curador é o legítimo representante dos filhos do interditado, estando legitimado para exercer todas as funções *munus* público, inclusive quanto a guarda dos filhos do curatelado e o patrimônio deles, nos casos de menoridade e de nascituro" (TJMT, Apelação 56675/2007, 3.ª Câmara Cível, Capital, Rel. Des. Antônio Horácio da Silva Neto, j. 30.03.2009, *DJMT* 16.04.2009, p. 17).

REFORMA DO CÓDIGO CIVIL: A Comissão de Juristas mantém a atual redação do art. 1.778 do CC, sem alterações, e propõe a inclusão de uma nova e necessária seção no Capítulo, a saber: "Seção I-A. Da Diretiva Antecipada de Curatela". Segundo a Subcomissão de Direito de Família, a proposição chancela, mais uma vez, a necessidade de se facilitar o exercício da capacidade civil e da autonomia privada, na linha do previsto na Convenção de Nova Iorque, que, no Brasil, tem força de Emenda à Constituição. Por isso, "propõe-se a criação da diretiva antecipada de curatela, que se trata de um 'testamento para a vida', em que o interessado delineia a forma como deseja ser tratado, no caso de perda de seu discernimento. O dispositivo, portanto, prestigia a autonomia privada da pessoa quanto a quem deve ser nomeado curador e quanto ao modo como deverá dar-se as gestões patrimonial e existencial em eventual perda de lucidez. É uma espécie de 'testamento' para essa hipótese. Trata-se de regra fundamental. Busca-se também prestigiar o direito humano à capacidade civil das pessoas com deficiência, em consonância com os princípios da não discriminação, da plena e efetiva participação e inclusão na sociedade, da igualdade de oportunidades, da autonomia, da independência e da dignidade humana, todos eles contemplados na Convenção de Nova York". Assim, de acordo com o novo art. 1.778-A, "a vontade antecipada de curatela deverá ser formalizada por escritura pública ou por instrumento particular autêntico". Em complemento, nos termos do art. 1.778-B, "o juiz deverá conferir prioridade à diretiva antecipada de curatela relativamente: I – a quem deva ser nomeado como curador; II – ao modo como deva ocorrer a gestão patrimonial e pessoal pelo curador; III – a cláusulas de remuneração, de disposição gratuita de bens ou de outra natureza". Ademais, conforme o parágrafo único, proposto para o último preceito, "não será observada a vontade antecipada do curatelado quando houver elementos concretos que, de modo inequívoco, indiquem a desatualização da vontade antecipada, inclusive considerando fatos supervenientes que demonstrem a quebra da relação de confiança do curatelado com a pessoa por ele indicada". As propostas são louváveis, sendo há tempos pleiteadas por parte considerável da doutrina brasileira, inclusive pelos juristas que compuseram a Subcomissão de Direito de Família.

SEÇÃO II

DA CURATELA DO NASCITURO E DO ENFERMO OU PORTADOR DE DEFICIÊNCIA FÍSICA

Art. 1.779. Dar-se-á curador ao nascituro, se o pai falecer estando grávida a mulher, e não tendo o poder familiar.

Parágrafo único. Se a mulher estiver interdita, seu curador será o do nascituro.

COMENTÁRIOS DOUTRINÁRIOS: A grande novidade trazida originalmente pelo Código Civil de 2002 no tocante à curatela referia-se a novas formas de curatela especial previstas nos arts. 1.779 e 1.780 do CC. Não houve qualquer alteração provocada pelo Código de Processo Civil vigente a respeito dessas categorias. Todavia, o art. 1.780 do Código Civil acabou por ser revogado pela Lei n. 13.146/2015, que instituiu o Estatuto da Pessoa com Deficiência. O primeiro dispositivo trata da curatela do nascituro, possível se o seu suposto pai falecer e estando grávida a mulher, esta não possui o poder familiar. Eventualmente, se a mulher estiver interditada, seu curador será também o do nascituro. Entendo que o dispositivo reforça a teoria concepcionista, pela qual o nascituro é pessoa, seguida por mim. Na verdade, ao admitir a curatela do nascituro, o Código Civil de 2002 dá a este o tratamento de uma pessoa absolutamente incapaz. A outra forma de curatela especial era a deferida a favor do enfermo ou portador de deficiência física, mediante o seu expresso requerimento (art. 1.780 do CC). Não sendo possível esse requerimento, poderia ele ser formulado por qualquer pessoa elencada no art. 1.768 do CC, ou seja, pelos pais, pelos tutores, pelo cônjuge, por qualquer outro parente ou pelo Ministério Público. Porém, essa modalidade não é mais possível, tendo sido revogado expressamente o art. 1.780 do CC, e sendo substituída pela *tomada de decisão apoiada*. No passado, ilustrava-se essa curatela com o caso de uma pessoa com deficiência física que necessitava da nomeação de um curador visando administrar uma empresa de sua propriedade, que se encontrava em local de difícil acesso à pessoa com deficiência. Em casos tais, seria possível a nomeação de um curador, por seu próprio pedido. Porém, a última modalidade de curatela desapareceu do sistema, pois a pessoa com deficiência física passou a ser plenamente capaz podendo fazer uso, se quiser, da tomada de decisão apoiada, prevista no art. 1.783-A do Código Civil e estudada a seguir.

JURISPRUDÊNCIA COMENTADA: Pontue-se que a última modalidade de curatela, ora extinta, era denominada por alguns julgadores de *curatela-mandato*, bastando a atribuição de poderes para a mera administração dos negócios e dos bens do curatelado. Também segundo algumas decisões, seria dispensável a "autorização para a transferência ou renúncia de direitos, o que continuará dependendo da expressa manifestação de vontade da curatelada" (TJMG, Apelação Cível 10024096395116001, 7.ª Câmara Cível, Rel. Peixoto Henriques, j. 15.10.2013). Reafirme-se que a figura desapareceu do sistema, diante da emergência do Estatuto da Pessoa com Deficiência. Nessa linha: "Emenda para curatela administrativa nos termos do artigo 1.780 do Código Civil. Sentença de procedência. Revogação do artigo 1.780 do Código Civil pelo estatuto da pessoa com deficiência. A curatela é medida extrema que só pode ser aplicada nas específicas hipóteses previstas em Lei. Elementos probatórios que demonstram ser o interditando, ainda que vítima de acidente vascular cerebral, lúcido, sendo capaz de manifestar livremente a sua vontade. Ausência de hipótese legal de curatela" (TJRN, Apelação Cível 2017.012390-8, 3.ª Câmara Cível, Natal, Rel. Des. Amaury de Souza Moura Sobrinho, *DJRN* 21.02/2018). Sobre a curatela do nascituro, parece não ter recebido até então a devida efetividade jurisprudencial.

REFORMA DO CÓDIGO CIVIL: De início, seguindo-se proposta da Subcomissão de Direito de Família, "uma vez que o artigo 1.780, que tratava da curatela da pessoa com deficiência física, foi revogado pela Lei n 13.146/2015, não mais se justifica a respectiva menção ao título da Seção", que passará a ser assim denominado, após ajuste feito pela Relatora-Geral, Professora Rosa Maria de Andrade Nery: "Da curatela do nascituro e da gestante". Também se revoga a regra do *caput*, que não se justifica na atualidade, pois não há a necessidade de curatela do nascituro se a mãe, grávida, puder exercer o *munus*. Com isso, transporta-se o que está previsto no parágrafo único para o *caput*, e com ajustes redacionais diante de outras proposições, a saber: "Art. 1.779. Se a mulher grávida estiver sob curatela ou tiver menos de 16 (dezesseis) anos de idade, o seu curador ou representante será o do nascituro. Parágrafo único. Revogado". Prevaleceu na Comissão de Juristas, após intensos debates, a afirmação segundo a qual a regra proposta ainda se justifica, especialmente porque o Anteprojeto adota a teoria concepcionista, para os fins do Direito Civil, com o tratamento do nascituro como pessoa humana.

Art. 1.780. Revogado pela Lei n. 13.105, de 2015.

SEÇÃO III

DO EXERCÍCIO DA CURATELA

Art. 1.781. As regras a respeito do exercício da tutela aplicam-se ao da curatela, com a restrição do art. 1.772 e as desta Seção.

COMENTÁRIOS DOUTRINÁRIOS: No mesmo sentido do que consta do art. 1.774, o Código Civil de 2002 determina no preceito em estudo a aplicação, para a curatela, das regras da tutela relativas ao seu exercício, com as devidas restrições. Sem prejuízo dos inúmeros julgados aqui já colacionados, repise-se que o curador também é obrigado a prestar contas, salvo a já analisada hipótese do curador cônjuge casado pelo regime da comunhão universal com o interditado (art. 1.783 do CC). Entendo que a análise jurisprudencial do assunto já foi esgotada, razão pela qual não trarei aqui mais acórdãos à colação e aos comentários.

REFORMA DO CÓDIGO CIVIL: Mantém-se no Anteprojeto, parcialmente, o texto do art. 1.781, mas são incluídos novos dispositivos, novamente com o fito de uma maior funcionalização da curatela, sobretudo no seu exercício e em prol da tutela e da proteção da pessoa curatelada. Como se retira das justificativas apresentadas pela Subcomissão de Direito de Família, "a proposta incorpora as linhas gerais, com alterações de redação, a proposta lançada no PL n. 11.091/2018, da Câmara dos Deputados. As normas visam a estabelecer os contornos do regime de curatela, exaltando seu caráter excepcional e preservando ao máximo a autonomia da vontade das pessoas, em sintonia com a Convenção de Nova York, da qual o Brasil é signatário". Nesse sentido, o art. 1.781 do CC passará a prever que "as regras a respeito do exercício da tutela aplicam-se ao da curatela, com a restrição do art. 1.772 e as desta Seção". Como primeira regra a ser incluída, o novo art. 1.781-A, em sentido idêntico com o que está previsto no art. 85, § 2º, do EPD, passará a enunciar expressamente que a curatela constitui medida extraordinária, devendo ser preservados os interesses e a vontade da pessoa curatelada, sempre que possível. Ademais, nos termos do proposto art. 1.781-B, "a curatela obriga os curadores a prestar, anualmente, contas de sua administração ao Ministério Público, apresentando o balanço respectivo" – o que corresponde ao art. 84, § 4º, do EPD. Também se insere previsão no sentido de que "a curatela pode afetar os atos relacionados aos direitos de natureza patrimonial" (art. 1.721-C). Porém, "a curatela não atinge o exercício do direito ao próprio corpo, dos direitos sexuais e reprodutivos, à privacidade, à educação, à saúde, ao trabalho, ao voto e à obtenção de documentos", o que está no seu § 1º, mais uma vez reproduzindo o texto do Estatuto da Pessoa com Deficiência (art. 85, § 1º). Além disso, "a curatela pode atingir atos de natureza existencial de modo excepcional, quando houver fundado risco de danos à vida e à saúde do próprio curatelado ou de terceiros" (proposta de art. 1.721-C, § 2º, do CC). Esta última projeção legislativa, no sentido de que a curatela também diga respeito a atos existenciais, é defendida há tempos por parte da doutrina, como se retira do Enunciado n. 637 da *VIII Jornada de Direito Civil*: "admite-se a possibilidade de outorga ao curador de poderes de representação para alguns atos da vida civil, inclusive de natureza existencial, a serem especificados na sentença, desde que comprovadamente necessários para proteção do curatelado em sua dignidade". Por fim, como última sugestão, o novo art. 1.781-D do CC preceituará que a "a intervenção do curador não pode ser exigida para o casamento nem para a união estável, salvo para a escolha de regime de bens diverso do legal". Confirma-se a afirmação de que a curatela não atinge os atos existenciais familiares, como está no art. 6º do EPD. Entretanto, como a escolha de outro regime de bens, que não seja o da comunhão parcial, acaba envolvendo disposições patrimoniais, insere-se regra expressa no sentido de se exigir a intervenção do curador. Cite-se, para ilustrar, o caso em que alguém escolhe o regime da comunhão universal de bens, ou mesmo um regime misto com a comunicação de bens anteriores. As propostas, em certa medida, trazem para o Código Civil o tratamento constante do Estatuto da Pessoa com Deficiência, para que a codificação privada retome o seu protagonismo como *norma central* do Direito Privado, o que foi perdido nos últimos anos, por numerosas alterações na legislação especial. Essa volta ao *protagonismo legislativo* do Código Civil foi um dos nortes do Anteprojeto, como tenho sempre destacado.

Art. 1.782. A interdição do pródigo só o privará de, sem curador, emprestar, transigir, dar quitação, alienar, hipotecar, demandar ou ser demandado, e praticar, em geral, os atos que não sejam de mera administração.

COMENTÁRIOS DOUTRINÁRIOS: Em relação aos pródigos, pessoas que gastam de maneira destemperada o próprio patrimônio, o que pode levá-los à penúria, são os últimos interditos, expressos no art. 1.767, inc. V, do CC/2002. Em relação à sua interdição relativa, enuncia o dispositivo colacionado que esta só os privará de, sem curador, emprestar, transigir, dar quitação, alienar, hipotecar, demandar ou ser demandado, e praticar, em geral, os atos que não sejam de mera administração. Há assim, uma interdição ou curatela parcial há tempos reconhecida no sistema jurídico, tendo a situação da pessoa com deficiência caminhado juridicamente para a mesma realidade prática. Nesse contexto pontue-se que o pródigo pode, livremente e sem assistência, casar-se – sem a imposição de qualquer regime legal ou obrigatório –, fazer testamento, reconhecer filhos e ser empregado. Há polêmica quanto à possibilidade de o pródigo fazer pacto antenupcial sem assistência. Entendo que, pelo menos quando se faz a opção pelo regime da comunhão universal de bens há disposição direta de bens, sendo necessária a assistência em hipóteses tais, sob pena de anulabilidade do ato, nos termos do art. 171, inc. I, do Código Civil.

JURISPRUDÊNCIA COMENTADA: Em raro caso de análise de prodigalidade nas Cortes Brasileiras, do Tribunal de Sergipe: "Interdição. Prodigalidade. Artigo 4º, IV, art. 1.767, V e art. 1.782 do Código Civil brasileiro. Capacidade para os atos civis comprometida. Estudo psicossocial nesse sentido. Interferência emocional clara de terceiro. Dilapidação do patrimônio. Contração de dívidas. Sentença mantida. [...]. A prodigalidade é uma limitação da capacidade de fato, ou seja, da prática de atos civis em busca de um bem maior, qual seja, a proteção do seu patrimônio de seus próprios atos impensados e irracionais" (TJSE, Apelação Cível 201500708524, Acórdão 10057/2016, 1.ª Câmara Cível, Rel. Des. Roberto Eugenio da Fonseca Porto, j. 14.06.2016, *DJSE* 17.06.2016). Ou, ainda, do Tribunal de Santa Catarina: "Sentença de procedência na origem. Reclamo do interditando. Alegação de que a interdição parcial não teria razão de ser, pois estaria em pleno gozo de suas faculdades mentais, tanto que poderia gerir sozinho seu patrimônio e praticar os demais atos da vida civil sem o amparo da curatela. Prova dos autos que reflete situação diversa. Parte que sofre de 'transtorno afetivo bipolar' (f. 31, CID 10), com histórico de surtos recorrentes e súbitos, oportunidades em que pratica atos de prodigalidade, tanto que perdeu, em tempos idos, quase a totalidade do seu expressivo patrimônio, em razão de gastos injustificáveis e ao promover investimentos irrefletidos. Perito judicial que, em seu parecer, aponta que os episódios de prodigalidade ocorrem durante as crises da moléstia psíquica. Exames e prontuários clínicos carreados em mesmo sentido, a apontarem que, durante os paroxismos da doença, o interditando se revela pródigo e pouco presente da realidade, tornando-se incapaz de reger a administração patrimonial. Interrogatório que comprovou a impossibilidade da parte de gerir seus bens de modo saudável e compatível com seus próprios interesses. Interpretação do art. 1.767, V, do Código Civil. Estado de prodigalidade devidamente comprovado nos autos. Interdição parcial, nos termos do art. 1.782 do Código Civil, que se impõe" (TJSC, Apelação Cível 0000893-76.2012.8.24.0082, 6.ª Câmara de Direito Civil, Florianópolis, Rel. Des. Stanley Braga, *DJSC* 25.11.2016, p. 180).

Art. 1.783. Quando o curador for o cônjuge e o regime de bens do casamento for de comunhão universal, não será obrigado à prestação de contas, salvo determinação judicial.

COMENTÁRIOS DOUTRINÁRIOS: A norma já foi aqui comentada, dispensando a prestação de contas ao cônjuge que seja curador do consorte, se a opção do casamento for o da comunhão universal, em que há comunicação de quase todos os bens, com exceção de apenas alguns que são tidos como incomunicáveis. A dispensa, que diz respeito ao interesse de ambos os consortes no patrimônio comum, também se aplica à união estável regida por tal regime, na minha opinião doutrinária, pois não se trata de norma restritiva de direitos ou de instituição de formalidades. Segue-se, assim, a linha de equiparação das duas entidades familiares quanto às regras de solidariedade, adotada, por exemplo, pelo CPC/2015.

JURISPRUDÊNCIA COMENTADA: Por óbvio que em havendo casamento ou união estável que esteja regido pela comunhão parcial, a norma não se aplica, sendo necessária a prestação de contas pelo cônjuge ou companheiro. Nesse sentido: "Cônjuge nomeado curador com a dispensa de prestação de contas. Necessidade de que as contas da administração sejam devidamente prestadas. Casal que convive em união estável pelo regime da comunhão parcial de bens. Exceção de desnecessidade de prestação de contas em casos de regime de comunhão universal de bens, o que não é o caso. Inteligência do artigo 1.783 do Código Civil. Bem imóvel comum ao casal e outro bem imóvel somente no nome da interditada que também recebe pensão previdenciária. Necessidade de resguardar os direitos da interditada" (TJPR, Apelação Cível 1730453-5, 11.ª Câmara Cível, Curitiba, Rel. Des. Sigurd Roberto Bengtsson, j. 25.04.2018, *DJPR* 17.05.2018, p. 78). No mesmo sentido: "Se a parte exerceu a curatela de seu companheiro e movimentou valores do incapaz, assim como administrou seus bens, é inequívoca a sua obrigação de prestar as contas quando exigidas por quem tem legitimidade. Mesmo que o curador seja o companheiro com quem convivia em união estável, que é regida pelo regime da comunhão parcial de bens, a curadora está obrigada a prestar contas. Inteligência dos arts. 1.755, 1.781 e 1.783 do Código Civil. A dispensa de prestação de contas no caso de curador e interdito serem casados entre si, somente é possível quando o regime do casamento for o da comunhão universal de bens. Como a pessoa interdita possui curador nomeado pelo juízo, os filhos dele não possuem legitimidade ativa para exigir as contas, pois o interesse que se vislumbra é meramente patrimonial e visa assegurar futura herança, o que é inadmissível, pois o ordenamento jurídico não contempla possibilidade de se questionar herança de pessoa vida" (TJRS, Apelação Cível 0064853-81.2018.8.21.7000, 7.ª Câmara Cível, Porto Alegre, Rel. Des. Sérgio Fernando de Vasconcellos Chaves, j. 20.06.2018, *DJERS* 25.06.2018).

CAPÍTULO III
DA TOMADA DE DECISÃO APOIADA

(Incluído pela Lei n. 13.146, de 2015)

Art. 1.783-A. A tomada de decisão apoiada é o processo pelo qual a pessoa com deficiência elege pelo menos 2 (duas) pessoas idôneas, com as quais mantenha vínculos e que gozem de sua confiança, para prestar-lhe apoio na tomada de decisão sobre atos da vida civil, fornecendo-lhes os elementos e informações necessários para que possa exercer sua capacidade. (Incluído pela Lei n. 13.146, de 2015)

§ 1º Para formular pedido de tomada de decisão apoiada, a pessoa com deficiência e os apoiadores devem apresentar termo em que constem os limites do apoio a ser oferecido e os compromissos dos apoiadores, inclusive o prazo de vigência do acordo e o respeito à vontade, aos direitos e aos interesses da pessoa que devem apoiar. (Incluído pela Lei n. 13.146, de 2015)

§ 2º O pedido de tomada de decisão apoiada será requerido pela pessoa a ser apoiada, com indicação expressa das pessoas aptas a prestarem o apoio previsto no *caput* deste artigo. (Incluído pela Lei n. 13.146, de 2015)

§ 3º Antes de se pronunciar sobre o pedido de tomada de decisão apoiada, o juiz, assistido por equipe multidisciplinar, após oitiva do Ministério Público, ouvirá pessoalmente o requerente e as pessoas que lhe prestarão apoio. (Incluído pela Lei n. 13.146, de 2015)

§ 4º A decisão tomada por pessoa apoiada terá validade e efeitos sobre terceiros, sem restrições, desde que esteja inserida nos limites do apoio acordado. (Incluído pela Lei n. 13.146, de 2015)

§ 5º Terceiro com quem a pessoa apoiada mantenha relação negocial pode solicitar que os apoiadores contra-assinem o contrato ou acordo, especificando, por escrito, sua função em relação ao apoiado. (Incluído pela Lei n. 13.146, de 2015)

§ 6º Em caso de negócio jurídico que possa trazer risco ou prejuízo relevante, havendo divergência de opiniões entre a pessoa apoiada

e um dos apoiadores, deverá o juiz, ouvido o Ministério Público, decidir sobre a questão. (Incluído pela Lei n. 13.146, de 2015)

§ 7º Se o apoiador agir com negligência, exercer pressão indevida ou não adimplir as obrigações assumidas, poderá a pessoa apoiada ou qualquer pessoa apresentar denúncia ao Ministério Público ou ao juiz. (Incluído pela Lei n. 13.146, de 2015)

§ 8º Se procedente a denúncia, o juiz destituirá o apoiador e nomeará, ouvida a pessoa apoiada e se for de seu interesse, outra pessoa para prestação de apoio. (Incluído pela Lei n. 13.146, de 2015)

§ 9º A pessoa apoiada pode, a qualquer tempo, solicitar o término de acordo firmado em processo de tomada de decisão apoiada. (Incluído pela Lei n. 13.146, de 2015)

§ 10. O apoiador pode solicitar ao juiz a exclusão de sua participação do processo de tomada de decisão apoiada, sendo seu desligamento condicionado à manifestação do juiz sobre a matéria. (Incluído pela Lei n. 13.146, de 2015)

§ 11. Aplicam-se à tomada de decisão apoiada, no que couber, as disposições referentes à prestação de contas na curatela. (Incluído pela Lei n. 13.146, de 2015)

COMENTÁRIOS DOUTRINÁRIOS: Para encerrar o estudo do tema da curatela, e também os meus comentários nesta obra, além de todas essas alterações e confusas revogações, o art. 115 do Estatuto da Pessoa com Deficiência determinou que o Título IV do Livro IV, da Parte Especial do Código Civil passe a vigorar com a seguinte redação: "Da Tutela, da Curatela e da Tomada de Decisão Apoiada". Com isso, foi acrescentado um art. 1.783-A no Código Civil, tratando dos procedimentos relativos a essa tomada de decisão apoiada. A categoria visa ao auxílio da pessoa com deficiência para a celebração de atos mais complexos, caso dos contratos. Foi ela inspirada na *amministratore di sostegno*, da Itália, e na *Betreuung*, da Alemanha. De início, conforme o *caput* da norma brasileira em estudo, a tomada de decisão apoiada é o processo judicial pelo qual a pessoa com deficiência elege pelo menos duas pessoas idôneas, com as quais mantenha vínculos e que gozem de sua confiança, para prestar-lhe apoio na tomada de decisão sobre atos da vida civil, fornecendo-lhes os elementos e informações necessários para que possa exercer sua capacidade. Apesar da afirmação de alguns juristas de que a medida pode ser extrajudicial, a leitura das normas relativas ao seu procedimento deixa claro que a opção do legislador foi pela via judicial. Assim, somente *de lege ferenda*, com a efetiva modificação da lei, será possível o primeiro caminho, *desjudicializando* a medida, o que seria pertinente. Parece-me que a tomada de decisão apoiada tem a função de trazer acréscimos ao antigo regime de incapacidades dos maiores, sustentado pela representação, pela assistência e pela curatela. Esclareça-se que, havendo falta de discernimento da pessoa, não é possível a opção pela tomada da decisão apoiada, como tem entendido a jurisprudência. Na mesma linha, o Enunciado n. 640, aprovado na *VIII Jornada de Direito Civil*, de 2018: "A tomada de decisão apoiada não é cabível, se a condição da pessoa exigir aplicação da curatela". A ementa doutrinária também traz conclusão pela inviabilidade de cumulação da tomada de decisão apoiada e da curatela, o que é defendido por alguns doutrinadores. Além disso, nos termos do § 1º do novo art. 1.783-A da codificação material, para formular pedido de tomada de decisão apoiada, a pessoa com deficiência e os apoiadores devem apresentar termo em que constem os limites do apoio a ser oferecido e os compromissos dos apoiadores. Desse termo devem constar, ainda, o prazo de vigência do acordo e o respeito à vontade, aos direitos e aos interesses da pessoa que devem apoiar. O pedido de tomada de decisão apoiada será requerido pela pessoa a ser apoiada, com indicação expressa das pessoas aptas a o prestarem (art. 1.783-A, § 2º, do CC/2002). Essa iniciativa não pode ser atribuída a outrem, havendo legitimidade exclusiva apenas da própria pessoa com deficiência, conforme consta do Enunciado n. 639, também da *VIII Jornada de Direito Civil*. Nos seus exatos termos, "a opção pela tomada de decisão apoiada é de legitimidade exclusiva da pessoa com deficiência". A ementa doutrinária, como se nota, também admite que a pessoa que requer o apoio manifeste antecipadamente a sua vontade de que um ou ambos os apoiadores se tornem, em caso de curatela, seus curadores. Confirmando haver claramente um procedimento judicial para tanto, o preceito seguinte determina que antes de se pronunciar sobre o pedido de tomada de decisão apoiada, o juiz, assistido por equipe multidisciplinar e após oitiva do Ministério Público, ouvirá pessoalmente o requerente e as pessoas que lhe prestarão apoio (art. 1.783-A, § 3º, do CC/2002). Não é possível, assim, que a medida seja instituída de ofício por eventual julgador. A decisão tomada por pessoa apoiada terá validade e efeitos sobre terceiros, sem restrições, desde que esteja inserida nos limites do apoio acordado (art. 1.783-A, § 4º, do CC/2002).

Nesse contexto, presente a categoria, desaparece eventual discussão a respeito da validade e eficácia dos atos praticados por incapazes, como vendas de imóveis, frente a terceiros de boa-fé, o que antes existia a respeito da interdição. Em suma, havendo uma tomada de decisão apoiada, não se cogitará sua nulidade absoluta, nulidade relativa ou ineficácia, o que vem em boa hora. Em complemento, o terceiro com quem a pessoa apoiada mantenha relação negocial pode solicitar que os apoiadores contra-assinem o contrato ou acordo, especificando, por escrito, sua função em relação ao apoiado (art. 1.783-A, § 5º, do CC/2002). Isso para que não pairem dúvidas sobre a idoneidade jurídica do ato praticado, o que tem relação direta com o princípio da boa-fé objetiva. Entretanto, em caso de negócio jurídico que possa trazer risco ou prejuízo relevante a qualquer uma das partes, havendo divergência de opiniões entre a pessoa apoiada e um dos apoiadores, deverá o juiz, ouvido o Ministério Público, decidir sobre a questão (art. 1.783-A, § 6º, do CC/2002). Eventualmente, poderá ele suprir a vontade de uma parte discordante. Além disso, se o apoiador agir com negligência, exercer pressão indevida ou não adimplir as obrigações assumidas, poderá a pessoa apoiada ou qualquer pessoa apresentar denúncia ao Ministério Público ou ao juiz, especialmente com o intuito de evitar a prática de algum negócio jurídico que possa lhe trazer prejuízo (art. 1.783-A, § 7º, do CC/2002). Se o ato for praticado, é possível cogitar a sua invalidade. Se procedente a denúncia, o juiz destituirá o apoiador e nomeará, ouvida a pessoa apoiada e, se for de seu interesse, outra pessoa para prestação de apoio (art. 1.783-A, § 8º, do CC/2002). A pessoa apoiada pode, a qualquer tempo, solicitar o término de acordo firmado em processo de tomada de decisão apoiada, inclusive para os fins de tomada de novas decisões, de acordo com a sua autonomia privada (art. 1.783-A, § 9º, do CC/2002). O apoiador pode solicitar ao juiz a exclusão de sua participação do processo de tomada de decisão apoiada, sendo seu desligamento condicionado à manifestação do juiz sobre a matéria (art. 1.783-A, § 10, do CC/2002). Por derradeiro, está previsto que se aplicam à tomada de decisão apoiada, no que couber, as disposições referentes à prestação de contas na curatela (art. 1.783-A, § 11, do CC/2002). A norma é cheia de detalhes e desperta muitas dúvidas práticas nos aplicadores do Direito, notadamente quanto à sua efetividade. Como há um processo judicial de nomeação de apoiadores, com burocracias e entraves, fica em xeque a possibilidade fática de uma pessoa com deficiência percorrer tal caminho, havendo outros disponíveis, como uma procuração firmada em Cartório ou mesmo por instrumento particular. Em verdade, o instituto tem sido pouco aplicado, muito aquém das suas potencialidades, sendo necessário reformá-lo no âmbito legislativo.

JURISPRUDÊNCIA COMENTADA: Ratificando a minha afirmação doutrinária no sentido de impossibilidade de a tomada de decisão apoiada ser instituída nos casos de notória incapacidade da pessoa com deficiência, por todos: "Tomada de decisão apoiada que só pode ser requerida por pessoa com plena capacidade e discernimento, porém vulnerável por alguma circunstância pessoal, física, psíquica ou intelectual. Agravada que sofre do mal de Alzheimer e não comprovou, ao menos neste momento, que a doença não afetou seu discernimento. Necessidade de investigação mais aprofundada pela equipe multidisciplinar e por médicos psiquiatras. Decisão nomeando dois apoiadores revogada" (TJPR, Agravo de Instrumento 1688539-5, Curitiba, 11.ª Câmara Cível, Rel. Des. Sigurd Roberto Bengtsson, j. 28.02.2018, *DJPR* 15.03.2018, p. 118). Do ano de 2020, exatamente na mesma linha: "Interditanda que, segundo laudo médico, possui quadro demencial progressivo compatível com doença de Alzheimer, apresentando desorientação tempo-espacial e limitação para tomar decisões, lidar com finanças e gerenciar seu próprio bem-estar, razão pela qual necessita de acompanhamento permanente de cuidadores e/ou familiares. Pessoas com deficiência mental/intelectual que, não obstante possuírem capacidade de direito, nem sempre terão capacidade de fato, precisando ser submetidas, para sua própria proteção, ao regime da curatela. Figura da tomada de decisão apoiada, prevista no art. 1783-A do Código Civil, não adotada na hipótese ante a ausência de capacidade da interditanda em exprimir sua vontade. Presença de interesse processual da agravada, pois o benefício previdenciário percebido por sua genitora tem natureza patrimonial, de modo que, estando a interditanda impossibilitada de praticar os atos da vida civil como a movimentação de valores bancários, necessária se faz a curatela" (TJRJ, Agravo de Instrumento 0041217-23.2020.8.19.0000, 17.ª Câmara Cível, Italva, Rel. Des. Marcia Ferreira Alvarenga, *DORJ* 08.10.2020, p. 409). No mesmo sentido, do Superior Tribunal de Justiça, reconhecendo a sua preferência em relação à interdição ou curatela, mas afastando a sua viabilidade no caso concreto: "É irrelevante o fato de ter havido a produção de prova pericial na ação de interdição que concluiu que a cônjuge possui doença de Alzheimer, uma vez que não se examinou a possibilidade de adoção do procedimento de tomada de decisão apoiada, preferível em relação à interdição e que depende da apuração do estágio e da evolução da doença e da capacidade de discernimento e de livre manifestação da vontade pelo cônjuge acerca do desejo de romper ou não o vínculo conjugal" (STJ, REsp 1.645.612/SP, 3.ª Turma, Rel. Min. Nancy Andrighi, j. 16.10.2018, *DJe* 12.11.2018, p. 1.589). Do Tribunal Paulista, não admitindo a curatela ou a interdição, e apontando ser a medida correta a tomada de decisão apoiada, pelas peculiaridades do caso concreto: "Pedido formulado pelo marido objetivando a interdição da mulher. Improcedência bem decretada. Conjunto probatório que demonstra que a interditanda possui plena capacidade para exercer os atos da vida civil. Laudo médico nesse sentido. Genitora que possui depressão. Ausência de incapacidade para gerir e administrar seus bens. Possibilidade de ajuizamento de ação de tomada de decisão apoiada" (TJSP, Apelação Cível 1019865-80.2017.8.26.0071, Acórdão 13482975, 9.ª Câmara de Direito Privado, Bauru, Rel. Des. Galdino Toledo Júnior, j. 16.04.2020, *DJESP* 23.04.2020, p. 1.839). No mesmo sentido, e do mesmo Tribunal Bandeirante, destaco outro acórdão: "Apelante que pretende decretar a interdição de seu filho, que padece de epilepsia, com sequelas neurológicas, desde a infância. Avaliação psiquiátrica que atesta comprometimento parcial do raciocínio lógico, expressão apenas parcial de desejos e necessidades, bem como da possibilidade de imprimir diretrizes de vida, resultando em restrição parcial para a prática de atos negociais e patrimoniais. Complementação da avaliação do recorrido por laudo psicossocial, que concluiu pela preferência do instituto da tomada de decisão apoiada, e de estudo social, pela desnecessidade da interdição. Desnecessidade da decretação de interdição do apelado, que poderá, se assim o desejar, formular pedido de tomada de decisão apoiada, com a indicação de duas pessoas idôneas de sua confiança para prestar-lhe apoio na tomada de decisão sobre atos da vida civil para os quais apresenta comprometimento parcial" (TJSP, Apelação Cível 1000302-73.2016.8.26.0447, Acórdão 13488625, 9.ª Câmara de Direito Privado, Pinhalzinho, Rel. Des. Angela Lopes, j. 15.03.2012, *DJESP* 24.04.2020, p. 2.391). Na linha das minhas anotações doutrinárias, como reconheceu acórdão do Tribunal de Justiça de Santa Catarina, a medida não pode ser instituída de ofício pelo julgador: "Tomada de decisão apoiada que não pode ser aplicada de ofício. Necessário que o pedido seja formulado pela própria pessoa a ser apoiada, com a nomeação daqueles que ela eleger. Inteligência do art. 1.783-A do CC. Ausência, no mais, de elementos capazes de convencer acerca da necessidade de interdição. Interditando que, segundo consta dos autos, tem plenas condições de exercer sozinho os atos da vida civil. Sentença reformada. Apelação do réu provida, prejudicado o recurso adesivo interposto pela autora" (TJSC, Apelação Cível 0001812-05.2004.8.24.0031, 3.ª Câmara de Direito Civil, Indaial, Rel. Des. Maria do Rocio Luz Santa Ritta, *DJSC* 25.05.2017, p. 72). Afastando a fungibilidade processual entre as ações de interdição e de tomada de decisão apoiada, e a sua conversão de ofício, do Tribunal do Rio Grande do Sul: "A tomada de decisão apoiada não se confunde com o pedido de interdição, porquanto diversos seus objetos e efeitos jurídicos, assim como a legitimidade ativa para os seus ajuizamentos, não havendo, portanto, fungibilidade entre elas. O magistrado não pode, *ex officio*, determinar a conversão de uma demanda em outra, sem previsão legal que o autorize, sob pena de incorrer em hipótese de nulidade insanável" (TJRS, Agravo de Instrumento 0095497-36.2020.8.21.7000, Processo 70084571389, 7.ª Câmara Cível, Passo Fundo, Rel. Des. Vera Lucia Deboni, j. 18.11.2020, *DJERS* 20.11.2020). Importante também colacionar acórdão do Tribunal do Distrito Federal que afastou a invalidade de transação celebrada por pessoa com deficiência, utilizando como argumento o fato de ter ela, à sua disposição, a tomada de decisão apoiada: "Com a alteração dos artigos 3º e 4º, do Código Civil, a maioria daqueles que eram enquadrados como absolutamente incapazes e alguns como relativamente incapazes são, agora, plenamente capazes. Diante da vulnerabilidade das pessoas com deficiência, foi criado o instituto da tomada de decisão apoiada, prevista no artigo 1.783-A, do Código Civil, sem prejuízo da adoção da curatela para alguns casos. Da análise da Lei n. 13.146/15, depreende-se que a *mens legis* parte da premissa da autonomia da pessoa com deficiência, outorgando-lhe, quando necessário, instrumentos para auxílio nos atos da vida civil. Observa-se que a doença do autor se manifestou de forma severa quando da celebração das cédulas de crédito bancário objeto da lide, mas sua situação melhorou desde que passou a se tratar. A decisão que indefere a homologação de acordo firmado pelas partes sob o simples argumento de que o autor é incapaz e que o Ministério Público atua visando a melhor proteção aos incapazes, não atende ao dever de fundamentação previsto no artigo 93, IX, da Constituição Federal, incorrendo nos vícios previstos no artigo 489, § 1º, II e III, do Código de Processo Civil, porquanto estas afirmações servem para fundamentar qualquer decisão e não enfrentam a questão de forma adequada. O autor não é incapaz, ante o regulamento da Lei n. 13.146/15, e deve a autonomia da sua vontade ser preservada ou ao menos considerada, podendo se valer do instituto da tomada de decisão apoiada. A prolação de sentença não impede a homologação de acordo. Decisão desconstituída para determinar que o Juízo *a quo* analise o pedido de homologação do termo de acordo firmado entre as partes, adotando as medidas necessárias para preservar a vontade do autor e para assegurar que sua manifestação seja livre e desembaraçada e, se for o caso, que o termo de acordo não lhe seja desvantajoso" (TJDF, Processo 07155.06-76.2018.8.07.0000, Acórdão 113.1638, 6.ª Turma Cível, Rel. Des. Esdras Neves, j. 18.10.2018, *DJDFTE* 25.10.2018). O julgado é importante, por trazer interessante visão geral sobre as mudanças engendradas pelo EPD, mormente quanto à teoria das incapacidades. Na linha do que antes pontuei, demonstrando que a tomada de decisão apoiada passa a ser a medida utilizada por deficiente físico, que não tem mais à sua disposição a curatela especial: "A Lei n. 13.146/15 reconhece o portador de impedimento físico como sendo 'pessoa com deficiência', sendo-lhe garantida proteção através do instituto da curatela e da 'tomada de decisão apoiada'. Embora preservada a capacidade mental e intelectual da interditada, mas reconhecido o impedimento físico, capaz de impedir o exercício pleno de suas faculdades civis, em igualdade de condições com as demais pessoas, deve ser deferida a curatela, limitada aos atos de natureza patrimonial e negocial, resguardado o exercício dos demais direitos, tais como aqueles elencados no § 1º do artigo 85 da Lei n. 13.146/2015" (TJMG, Apelação Cível 1.0064.15.001206-6/001, Rel. Des. Albergaria Costa, j. 04.10.2018, *DJEMG* 16.10.2018). Ou, ainda, do Tribunal de Justiça de São Paulo: "Apelação. Tomada de decisão apoiada. Medida inserida pela Lei nº 13.146/2015. Art. 1.783-A do Código Civil. Deficiência demonstrada. Cegueira bilateral. Proteção e integração à pessoa com deficiência. Limites do termo devidamente indicados e compatíveis com a cegueira. Limitação, todavia, ao prazo de 05 anos de validade. Medida suficiente à integração da apelante" (TJSP, Apelação Cível 1008392-17.2018.8.26.0248, Acórdão 13448872, 2.ª Câmara de Direito Privado, Indaiatuba, Rel. Des. Rosangela Telles, *DJESP* 07.04.2020, p. 1.755). Existem vários arestos estaduais na mesma linha dos dois últimos.

REFORMA DO CÓDIGO CIVIL: A Comissão de Juristas propõe mudanças consideráveis para a tomada de decisão apoiada (TDA), que, por excesso de burocracias legais, e por sua necessária judicialização, tem aplicação prática bem reduzida na atualidade. Assim, nos debates ocorridos no âmbito da Comissão de Juristas, sempre se afirmou a necessidade de sua extrajudicialização, para que passe a ser requerida também perante o oficial do Cartório de Registro Civil das Pessoas Naturais, que receberá mais uma atribuição. Nos termos das justificativas iniciais da Subcomissão de Direito de Família, ao tratar do instituto, "embora se cuide de um procedimento de jurisdição voluntária, observe-se que há forte burocracia para sua homologação, pois está prevista a participação do Ministério Público, de equipe interdisciplinar, oitiva do interessado e dos apoiadores por ele indicados etc. Bem por esse motivo, não se tem verificado maior repercussão prática do instituto, que, nos moldes vigentes, tem sido muito pouco utilizado, gerando críticas e sugestões da doutrina especializada e de parte da sociedade. Dentre estas sugestões, recebida inclusive pela Comissão de Reforma do Código Civil, está a possibilidade de o ato de tomada de decisão apoiada ser realizado na via extrajudicial, mediante registro direto no Registro Civil". Ainda de acordo com os seus argumentos, "a boa-fé deve ser presumida, daí por que não se pode ter o preconceito de que os apoiadores terão sempre a predisposição de aproveitar-se da pessoa com deficiência, o que justificaria a impreterível intervenção judicial para homologação do ato de apoiamento. Por outro lado, como dito, há tendência de desjudicialização de vários institutos jurídicos, notadamente no Direito de Família, razão pela qual a consagração da tomada de decisão apoiada, no campo extrajudicial, atende a necessidade da sociedade moderna de garantir maior liberalidade aos sujeitos de direito e de simplificar os atos e negócios jurídicos". Ainda segundo eles, a tomada de decisão extrajudicial (TDA) teria os seguintes moldes, conforme as suas propostas: "a) registro do ato de apoiamento perante o Cartório de Registro Civil – uma vez que diz com o estado da pessoa, após parecer favorável do Ministério Público; b) manutenção da possibilidade de a TDA ocorrer no âmbito judicial, a critério do interessado em obter o ato de apoiamento; ou, ainda, nos casos em que o Registrador se deparar com dúvida quanto à livre vontade do apoiado ou não houver aprovação do Ministério Público, hipótese na qual remeterá o pedido ao juízo competente para análise". Também foi sugerida a possibilidade de indicação de um ou mais apoiadores, "e, por fim, facilita-se o meio de encerramento da TDA, autorizando que, tanto o apoiado como o apoiador ou apoiadores, promovam-na mediante simples requerimento ao Cartório de Registro Civil de Pessoas Naturais, preservados, claro, os efeitos jurídicos já produzidos". Pois bem, essas proposições foram debatidas amplamente com os Relatores-Gerais e, após aprimoramentos e mudanças nos textos, a Comissão de Juristas sugere que a tomada de decisão apoiada, judicial ou extrajudicial, passe a ser tratada em cinco comandos, de forma mais clara, objetiva e didática. Nesse sentido, em termos gerais, o novo art. 1.783-A passará a prever, em termos gerais, que "a tomada de decisão apoiada é o procedimento, judicial ou extrajudicial, pelo qual a pessoa capaz, mas deficiente ou com alguma limitação física, sensorial, ou psíquica, bem como as declaradas relativamente incapazes, na forma do inciso II do art. 4º, que tenham dificuldades para a prática pessoal de atos da vida civil, elegem uma ou mais pessoas idôneas com as quais mantenham vínculos e que gozem de sua confiança para prestar-lhes apoio na tomada de decisões sobre atos da vida civil". Vale lembrar que, como relativamente incapazes, o art. 4º, inc. II, elencará "aqueles cuja autonomia estiver prejudicada por redução de discernimento, que não constitua deficiência, enquanto perdurar esse estado". Para formalização do ato, o solicitante e os apoiadores devem apresentar requerimento em que constem os limites do apoio a ser oferecido e os compromissos dos apoiadores, inclusive o prazo de vigência do acordo e o respeito à vontade, aos direitos e aos interesses da pessoa que devam apoiar (proposta de § 1º do art. 1.783-A). A decisão tomada por pessoa apoiada terá validade e efeitos quanto a terceiros, sem restrições, desde que esteja inserida nos limites do apoio acordado, premissa que traz a presunção de boa-fé, como propôs a subcomissão (§ 2º). No mesmo sentido de se proteger o tráfego negocial, o novo § 3º do art. 1.783-A enunciará que "terceiros com quem a pessoa apoiada mantenha relação negocial ou pessoal podem solicitar que os apoiadores contra-assinem contratos ou acordos especificando, por escrito, sua função com relação ao apoiado". São revogados expressamente os §§ 4º a 11 do atual art. 1.783, para que, reitere-se, o tratamento do instituto fique mais claro, didático e objetivo, prevendo-se parte de seu conteúdo, mas com melhoramentos e acréscimos necessários, nos dispositivos seguintes. No que diz respeito à tomada de decisão apoiada extrajudicial, ela passará a ser tratada expressamente no novo art. 1.783-B, ao lado da judicial, em seus quatro parágrafos. Assim, "a tomada de decisão apoiada poderá ser requerida diretamente no Cartório de Registro Civil das Pessoas Naturais ou judicialmente" (*caput*). A via extrajudicial é, portanto, facultativa, e não obrigatória. Será ela pedida pela pessoa a ser apoiada, judicial ou extrajudicialmente, com a indicação expressa das pessoas aptas a prestarem o apoio (§ 1º). Do procedimento extrajudicial ou judicial de tomada de decisão apoiada participará o Ministério Público, que verificará a adequação do pedido aos requisitos legais (§ 2º). Antes de se pronunciar sobre o pedido de tomada de decisão apoiada, o juiz ou o registrador civil, assistido por equipe multidisciplinar e após oitiva do Ministério Público, ouvirá pessoalmente o requerente e as pessoas que lhe prestarão apoio (§ 3º). Como se nota, o Anteprojeto, em várias de suas propostas, traz a atuação do Ministério Público nos Cartórios, assim como se dá em outros Países, como em Portugal. Em caso de dúvidas sobre a viabilidade da tomada de decisão apoiada, o oficial do Cartório de Registro Civil poderá negar seguir com o procedimento extrajudicial, remetendo as partes para o âmbito judicial (§ 4º do art. 1.783-B). No que diz respeito à eventual má atuação do apoiador, nos termos do novel art. 1.783-C do CC, se ele "agir com negligência, exercer pressão indevida sobre o apoiado ou não adimplir as obrigações assumidas, poderá a pessoa apoiada ou qualquer interessado levar o fato ao Ministério Público ou ao juiz". Se comprovados os fatos narrados, o juiz destituirá o apoiador e nomeará outra pessoa para prestação de apoio, após ouvidos a pessoa apoiada e o Ministério Público (§ 1º). Em caso de negócio jurídico que possa trazer à pessoa apoiada risco ou prejuízo relevante, havendo divergência de opiniões entre a pessoa apoiada e um dos apoiadores, deverá o juiz, ouvido o Ministério Público, decidir sobre a questão (§ 2º). Sobre a revogação da tomada de decisão apoiada, de forma unilateral e sem motivação, o art. 1.783-D enunciará que "a pessoa com deficiência pode, a qualquer tempo, revogar a tomada de decisão apoiada, independentemente do consentimento dos seus apoiadores, mediante simples requerimento ao Cartório de Registro Civil de Pessoas Naturais ou ao juiz, preservados os efeitos jurídicos já produzidos". Como *outro lado da moeda*, o parágrafo único desse comando preverá que "os apoiadores podem também, a qualquer tempo, renunciar à incumbência para a qual foram designados". Seguindo, assim como se dá com a curatela, inclui-se proposta segundo a qual a tomada de decisão apoiada também pode estar relacionada a atos existenciais, além dos patrimoniais. Como se retira da proposta de novo art. 1.783-E, "o procedimento de tomada de decisão apoiada pode ser utilizado pelas pessoas relativamente incapazes, referidas no inciso II do art. 4º do Código Civil, quando ela tiver de decidir-se sobre os atos de cunho existencial de sua vida civil". A eleição de pessoas para tomada de decisão apoiada nesses casos não prejudica a atuação do curador para os atos de cunho patrimonial da vida civil do curatelado (§ 1º). Em suma, será possível a convivência e a concomitância dos dois institutos na mesma situação concreta: uma tomada de decisão apoiada para os atos existenciais e uma curatela – sempre com caráter excepcional, como visto – para os atos patrimoniais. Sem dúvidas, trata-se de proposta que igualmente funcionaliza os institutos, em prol da proteção e tutela da pessoa humana. Como última sugestão formulada pela Comissão de Juristas, o § 2º do novo art. 1.783-E preverá, para trazer mais certeza quanto ao tema, que, "para a celebração de casamento das pessoas mencionadas no *caput* deste artigo, a tomada de decisão apoiada será realizada perante o Oficial de Registro Civil das Pessoas Naturais no procedimento anterior ao casamento, desde que o ato nupcial se inclua no termo em que constem os limites do apoio a ser oferecido". Como se pode notar, todas as propostas são mais do que necessárias, para afastar dúvidas hoje existentes sobre o instituto, tornando-o muito mais viável na prática do Direito Civil. Espera-se, portanto, a sua aprovação integral pelo Congresso Nacional.

LIVRO V
DO DIREITO DAS SUCESSÕES

TÍTULO I
DA SUCESSÃO EM GERAL

CAPÍTULO I
DISPOSIÇÕES GERAIS

Comentários de

José Fernando Simão

COMENTÁRIOS DOUTRINÁRIOS INTRODUTÓRIOS: Suceder é vir após, entrar no lugar de outrem. O vocábulo *sucessão* tem uma pluralidade de significados para o Direito, já que qualquer transmissão de bens importa em sucessão. Desse modo, podemos dizer que há dois tipos de sucessão: a sucessão por ato entre vivos (*inter vivos*) e aquela por força da morte (*causa mortis*). A sucessão por ato entre vivos ocorre quando por acordo entre as partes transferem-se bens. Isso se dá por meio dos contratos. A título de exemplo, é o que ocorre em negócios jurídicos bilaterais ou plurilaterais de cunho patrimonial, como a doação, a permuta ou a compra e venda. Por outro lado, o chamado *Direito das sucessões* cuida da transmissão de bens realizada com o advento da morte de determinada pessoa. Assim, por meio da sucessão *mortis causa* que é tratada no último livro da Parte Especial do Código Civil, ocorre a transmissão do patrimônio do falecido, ou seja, de suas relações jurídicas em geral, sejam elas ativas (créditos) ou passivas (débitos). Tal sucessão é chamada de *sucessão hereditária*. O falecido é normalmente designado *de cujus*, ou seja, aquele de quem a sucessão se trata (*de cujus sucessione agitur*).

Art. 1.784. Aberta a sucessão, a herança transmite-se, desde logo, aos herdeiros legítimos e testamentários.

COMENTÁRIOS DOUTRINÁRIOS: Com a morte da pessoa natural, é aberta a sucessão. Observe-se que a abertura da sucessão não se confunde com a abertura do processo de inventário. A morte põe fim à personalidade jurídica e, nesse momento, está aberta a sucessão. Mas qual é a importância de saber em que momento ocorreu a morte? A primeira razão dessa importância é que a lei que regula a sucessão é aquela do momento do falecimento (ver comentários ao art. 1.787 do CC). A segunda razão é que a propriedade dos bens se transmite desde logo aos herdeiros. Este é o princípio da *saisine*, um dos mais importantes do Direito Civil. Vem da frase *le mort saisit le vif*, ou seja, o morto prende o vivo, pois, com a morte, a herança transmite-se imediatamente aos sucessores, independentemente de qualquer ato do herdeiro. Trata-se de uma ficção jurídica de grande utilidade ao sistema, pois os bens da herança não ficam, em momento algum, acéfalos, sem titularidade. Isso seria nocivo, uma vez que não atende a ideia de função social da propriedade. Ademais, podem surgir danos em razão dos bens (imaginemos um animal que escapa causando mortes) e alguém responderá por eles, e há os frutos a se receber que devem ser de propriedade de alguém. Ocorre, no momento da morte, a delação – também denominada de devolução sucessória ou delação hereditária. Os bens, sem qualquer manifestação de vontade ou decisão judicial, passam ao patrimônio dos sucessores. O atual Código Civil não reproduz as expressões "domínio e posse" como fazia o revogado Código Civil. A explicação é simples. A *saisine* nem sempre transmite o domínio dos bens. Assim, pode, por testamento, o autor da herança dispor sobre bens de terceiros que não se transmitirão ao herdeiro quando da morte. Nesse sentido, pode o falecido deixar como legado um bem que não lhe pertence, mas, sim, a terceiros. Imaginemos a seguinte disposição: "Deixo meus bens a meu sobrinho João, que deverá entregar seu carro a meu sobrinho José". Trata-se da hipótese de *sublegado*, na qual o beneficiado pela deixa é chamado de *sublegatário* (art. 1.913 do CC). Sobre a não transmissão automática da posse da herança, deve-se frisar que, no caso de legado, ela também não ocorre. Enquanto, na qualidade de proprietário, a posse indireta do bem é transmitida ao legatário, a posse direta do bem não é transmitida automaticamente com o falecimento. A posse direta permanece com o herdeiro até que o legatário exerça o *direito de pedir*. Não pode o legatário entrar por autoridade própria na posse da coisa legada, ou seja, deve pedir ao herdeiro e, quando autorizado por ele, entrará na posse (art. 1.923, § 1º).

JURISPRUDÊNCIA COMENTADA: Não será necessário qualquer registro junto ao cartório de imóveis para que ocorra a transmissão da propriedade dos bens imóveis, nem junto ao registro de títulos e documentos para que ocorra a transmissão da propriedade dos bens móveis. É a morte que basta para transmissão da propriedade. É por isso que se admite penhora de direitos que, com a morte, ingressam no patrimônio do devedor, mesmo que em termos registrais não estejam em nome dele: "mesmo que não seja possível o registro junto ao Serviço Registral competente, tais direitos já se encontram no patrimônio jurídico do executado, podendo ser objeto de penhora. A falta de regularização apenas afeta a efetividade da constrição perante terceiros, não atingindo sua validade entre as partes" (TJSP, AI 2146717-20.2018.8.26.0000; 30.ª Câmara de Direito Privado, Rel. Des. Maria Lúcia Pizzotti, j. 21.11.2018). A transmissão decorrente da *saisine* se refere aos bens em seu sentido amplo, inclusive, por óbvio, as dívidas e o direito de se exigir reparação por danos causados ao patrimônio do falecido. É por isso que o STJ admitiu a transmissibilidade da pretensão indenizatória aos herdeiros, pois "o direito de exigir reparação e a obrigação de prestá-la transmitem-se com a herança" (REsp 1.591.142, Rel. Min. Paulo de Tarso Sanseverino, j. 29.08.2018). Por fim, interessante notar o teor da Súmula 642 do STJ: "O direito à indenização por danos morais transmite-se com o falecimento do titular, possuindo os herdeiros da vítima legitimidade ativa para ajuizar ou prosseguir a ação indenizatória". Da mesma forma, o STJ admite que herdeiros possam propor a ação de extinção de condomínio antes mesmo do registro do formal de partilha. É simples decorrência da saisine ser proprietário e não é o registro que cria a propriedade sobre os bens herdados.

Art. 1.785. A sucessão abre-se no lugar do último domicílio do falecido.

COMENTÁRIOS DOUTRINÁRIOS: Essa questão é importante para fins do procedimento de inventário judicial. Isso porque o art. 48 do CPC/2015 prevê que "o foro de domicílio do autor da herança, no Brasil, é o competente para o inventário, a partilha, a arrecadação, o cumprimento de disposições de última vontade, a impugnação ou anulação de partilha extrajudicial e para todas as ações em que o espólio for réu, ainda que o óbito tenha ocorrido no estrangeiro". No Brasil, admite-se a pluralidade de domicílios (ver art. 70 do CC), razão pela qual, se o *de cujus* tiver mais de um domicílio o foro de qualquer deles será competente para processar o inventário judicial. O art. 96, II do CPC/1973 continha uma regra que não mais existe: a possibilidade de o inventário ocorrer no lugar onde o *de cujus* se encontrava quando morreu, quando houvesse pluralidade de domicílios. Se não possuir domicílio certo, estamos diante do domicílio eventual, ou seja, o domicílio da pessoa que não tenha residência fixa será o local onde for encontrada (art. 73 do CC). São os casos do circense, do nômade, do cigano ou do peregrino. Nessa hipótese, o CPC (art. 48) determina ser competente: "I – o foro de situação dos bens imóveis; II – havendo bens imóveis em foros diferentes, qualquer destes; III – e não havendo bens imóveis, o foro do local de qualquer dos bens do espólio". Se o falecido for declarado ausente por força de decisão (ver arts. 22 e segs. do CC), o foro de seu último domicílio será competente para seu inventário (art. 49 do CPC). Há, ainda, a possibilidade de se optar pelo inventário extrajudicial ou por escritura pública (ver comentários ao Título IV – Do inventário e da partilha). Se as partes optarem pela modalidade extrajudicial, poderão escolher qualquer Tabelionato de Notas para a lavratura da escritura. Isso porque não há competência territorial que obriga as partes a utilizarem o Tabelionato do local onde o morto tinha domicílio, ou onde os bens se situam. O art. 8º da Lei n. 8.935/1994 assim dispõe: "é livre a escolha do tabelião de notas, qualquer que seja o domicílio das partes ou o lugar de situação dos bens objeto do ato ou negócio". A escolha do Tabelionato, independentemente de sua localização, ou do domicílio do *de cujus*, é livre, portanto. Aliás, como os emolumentos (custo de lavratura da escritura) são fixados por cada Estado, as partes podem escolher um estado exclusivamente porque o custo da escritura é menor. Inclusive, nesse aspecto, na redação do art. 1º da Resolução n. 35/2007 do Conselho Nacional de Justiça (CNJ) passou a constar que também para os procedimentos de lavratura dos atos notariais relacionados a inventário e partilha é livre a escolha pelas partes do tabelião de notas. Evidentemente que, se o falecido deixou imóveis, o posterior registro do inventário junto ao Registro de Imóveis se dará no local onde o imóvel se situa. Note-se, contudo, que, se o falecido era brasileiro e tinha bens no exterior, o Brasil não tem competência para inventariar tais bens. Os bens não poderão ser inventariados, também, por escritura pública. O inventário deve ocorrer no país em que os bens se localizam. É isso que dispõe o art. 23, II, do CPC/2015: "compete à autoridade judiciária brasileira, com exclusão de qualquer outra: II – em matéria de sucessão hereditária, proceder à confirmação de testamento particular e ao inventário e à partilha de bens situados no Brasil, ainda que o autor da herança seja de nacionalidade estrangeira ou tenha domicílio fora do território nacional".

JURISPRUDÊNCIA COMENTADA: Não é comum que a pessoa natural tenha mais de um domicílio, porém isso é possível à luz do Código Civil. Nessa hipótese, qual será o foro competente para o processamento do inventário? Qualquer um deles. E, então, será competente o foro onde primeiro for distribuído. Assim temos a seguinte decisão: "Inventário. Decisão que fixa a competência do Foro de Santos para processar e julgar o inventário. Manutenção. Para fins de fixação da competência do processo de inventário, basta saber o local onde era domiciliado o autor da herança. Inteligência do art. 1.785 do Código Civil. No caso concreto, tudo indica que a falecida possuía pluralidade de domicílios: em Santos/SP e Caldas Novas/GO. Pluralidade de domicílios expressamente admitida pelo art. 71 do CC. Em caso de pluralidade de domicílios, qualquer deles é competente para processar o inventário. Em razão do passamento da genitora do agravante, dois inventários distribuídos: o primeiro em Santos, na data da abertura da sucessão, e o segundo em Caldas Novas, quinze dias após a data do óbito. Como a pluralidade de domicílios possibilita que o inventário seja processado em qualquer deles, adota-se a distribuição como critério de prevenção do Juízo, a teor do art. 59 do CPC/2015. À míngua de elementos aptos a afastar a competência do Juízo *a quo*, correta a decisão que reconhece a competência do Juízo da Comarca de Santos, sem prejuízo de que a questão seja dirimida oportunamente caso o Juízo da Comarca de Caldas Novas também reconheça sua competência, hipótese em que restará caracterizado conflito positivo de competência. Recurso desprovido. Reza o art. 1.785 do Código Civil que 'A sucessão abre-se no lugar do último domicílio do falecido'. Sob esse enfoque, basta saber o local onde era domiciliado o *de cujus* para fins de fixação da competência do processo de inventário. No caso concreto, a autora da herança, ao que tudo indica, possuía pluralidade de domicílios em Santos/SP e Caldas Novas/GO, o que é expressamente admitido pelo artigo 71 do Código Civil. Eventual decisão do Juízo da Comarca de Caldas Novas reconhecendo igualmente sua competência caracterizará a existência de conflito positivo de competência, a ser dirimido oportunamente. Por ora, não há elementos nos autos que afastem a competência do Juízo *a quo* para processar o inventário, e disso decorre o acerto da decisão que reconhece a competência do Juízo da Comarca de Santos para processar o inventário dos bens deixados por Orcinéa Margarida Gonzaga. Não se ressente de ilegalidade a decisão atacada, razão por que fica mantida" (TJSP, AI 2032612-93.2019.8.26.0000, 1.ª Câmara de Direito Privado, Santos, Rel. Francisco j. Loureiro, j. 25.03.2019).

Art. 1.786. A sucessão dá-se por lei ou por disposição de última vontade.

COMENTÁRIOS DOUTRINÁRIOS: O Código Civil prevê duas espécies de sucessão *causa mortis*. A primeira delas é denominada *sucessão legítima*, pois os bens do falecido seguirão a ordem de vocação hereditária prevista em lei (art. 1.829 do CC). Diz-se legítima, pois decorre da lei, da norma jurídica. Entendemos que o termo *sucessão legítima* não é dos mais adequados, pois dá a falsa impressão de que haveria uma *sucessão ilegítima*. Entretanto, apesar da crítica, a expressão está cunhada historicamente e acompanha, há muito, a legislação brasileira. A segunda forma é a *sucessão testamentária*, cujos efeitos decorrem do ato de última vontade do falecido que deixa testamento ou codicilo (art. 1.786 do CC). Talvez melhor fosse se falar em sucessão voluntária (por ato de vontade), já que "sucessão voluntária" permite a inclusão do codicilo. As hipóteses em que ocorrerá a sucessão legítima estão no art. 1.788 do Código Civil. O Código Civil cuida da sucessão legítima nos arts. 1.829 a 1.856 e da testamentária nos arts. 1.857 a 1.990.

Art. 1.787. Regula a sucessão e a legitimação para suceder a lei vigente ao tempo da abertura daquela.

COMENTÁRIOS DOUTRINÁRIOS: Segundo dispõe o artigo, a lei que se aplica à sucessão é aquela vigente no momento da morte, e não da abertura do processo de inventário. Assim, se a pessoa faleceu até o dia 10 de janeiro de 2003, sua sucessão será regida pelo Código Civil de 1916, bem como pelas Leis 8.971/1994 e 9.278/1996, no caso de uma união estável. Em reforço à norma em questão, dispõe o Código Civil de 2002 que: "Art. 2.041. As disposições deste Código relativas à ordem da vocação hereditária (arts. 1.829 a 1.844) não se aplicam à sucessão aberta antes de sua vigência, prevalecendo o disposto na lei anterior (Lei n. 3.071, de 1º de janeiro de 1916)". A segunda regra que contém o artigo é que a legitimação para suceder se verifica no momento em que se abre a sucessão. Melhor seria o Código Civil utilizar capacidade sucessória ou fez bem em utilizar legitimação? A capacidade é algo genérico e a legitimação, específico. O absolutamente incapaz não pode praticar pessoalmente os atos da vida civil. A pessoa sem legitimação não pode praticar validamente atos determinados, cuja validade, em regra, exigirá a concordância de outra pessoa (ver art. 1.647 do CC). O dispositivo exige, na verdade, capacidade de direito (existir enquanto pessoa no momento da morte do *de cujus*) e legitimação para suceder, pois algumas pessoas que têm capacidade, não têm legitimação por serem excluídos da sucessão (os indignos – arts. 1.814 a 1.818 do CC – e os deserdados – arts. 1.961 a 1.965 do CC). Dessa forma, na sucessão legítima – aquela que decore da lei e não de testamento –, com a morte do *de cujus*, verifica-se a capacidade sucessória do herdeiro. Quanto à sucessão testamentária, duas observações são pertinentes. A primeira delas é que, se o herdeiro nomeado em testamento tinha legitimação para suceder na época em que o testamento foi feito, mas a perdeu no momento do falecimento, não será considerado herdeiro (hipótese de um herdeiro beneficiado em testamento com bens de pouco valor e oculta o testamento para não ser cumprido – art. 1.814, III, do CC). Já aquele herdeiro que não tinha legitimação quando o testamento foi feito, mas a adquiriu posteriormente, receberá a herança normalmente (hipótese de o indigno vir a ser perdoado – art. 1.818 do CC). Não se pode confundir a capacidade de quem faz o testamento – *capacidade testamentária ativa* – com a legitimidade ou capacidade do herdeiro em receber a herança – *capacidade testamentária passiva*. Assim, para avaliar a *capacidade do testador* (ativa), deve-se seguir a lei desde o momento da elaboração do testamento (art. 1.861 do CC). Já a avaliação da *capacidade ou legitimidade dos herdeiros* nomeados em testamento se dá no momento da abertura da sucessão (art. 1.787 do CC). Um exemplo pode ajudar a esclarecer a questão: determinado marido elabora um testamento deixando a parte disponível de seus bens à sua esposa e, posteriormente, em razão de esclerose, torna-se absolutamente incapaz. Por causa da doença, a esposa o abandona, vindo ele a falecer cinco anos depois da separação de fato do casal. No caso descrito, o testador era capaz no momento da elaboração do testamento, e sua incapacidade superveniente não retira a validade do testamento (art. 1.861 do CC). Sua esposa tinha legitimidade para receber a herança quando o testamento foi feito, mas perdeu-a no momento da abertura, pois já se encontrava separada de fato. Houve mudança radical da base do negócio jurídico e não será herdeira, portanto.

JURISPRUDÊNCIA COMENTADA:

Sobre o tema, proferiu a 4.ª Turma do STJ (REsp 1111095/RJ, Rel. Min. Carlos Fernando Mathias (Juiz Federal convocado do TRF 1.ª Região), Rel. p/ Acórdão Min. Fernando Gonçalves, 4.ª Turma, j. 01.10.2009, *DJe* 11.02.2010) decisão que contraria diretamente a norma em questão. O caso é curioso e merece destaque. Em 1950, determinado casal, por meio de pacto antenupcial, adotou o regime de separação total de bens e, depois, contraiu-se núpcias. Em junho de 2001, o marido lavrou testamento público, que incluía a totalidade de seu patrimônio, nomeando como seu único herdeiro um sobrinho. Note-se que, como o testamento foi celebrado na vigência do Código Civil de 1916, época em que o cônjuge não era herdeiro necessário, o testamento poderia produzir efeitos e a esposa nada receberia. Contudo, o óbito ocorreu em maio de 2004, ou seja, já na vigência do atual Código Civil, isto é, contando o cônjuge com a proteção da legítima (art. 1.845 do CC). Por óbvio que, em se aplicando o que dispõe o art. 1.787 do CC, caberia ao Tribunal determinar a redução das disposições testamentárias deixando 50% da herança ao sobrinho (herdeiro testamentário) e 50% à esposa (herdeira necessária). Entretanto, a decisão surpreende por seus argumentos. Segundo o Relator Ministro Fernando Gonçalves, fixado o regime de separação de bens, em pacto antenupcial firmado sob a proteção do Código Civil de 1916, em estrita observância ao princípio da autonomia da vontade, lei alguma posterior poderia alterá-lo por se tratar de ato jurídico perfeito. Assim, entendeu o STJ que, excepcionalmente, pode ser afastada a regra do art. 1.787 do CC. A decisão revela grave equívoco e afronta literalmente o texto de lei. A vontade do morto não é absoluta. O pacto antenupcial não produz efeitos após a morte dos cônjuges. A autonomia privada sofre limitação na ordem pública e a liberdade de testar encontra na legítima seu grande freio. Em suma, não haveria qualquer razão para se afastar a incidência do atual

Código Civil e garantir ao cônjuge sua participação na herança. Essa orientação não prevaleceu no STJ. Sobre a legitimação sucessória, o STJ decidiu uma situação interessante. No ano de 1972, houve uma adoção e, nos termos do Código Civil de 1916, o filho adotivo tinha direito à metade da quota que herdava o filho consanguíneo. Ademais, no regime de adoção simples, gerava-se um parentesco parcial apenas entre o adotante e o adotado. No caso concreto, no ano de 2006, morreu o tio da adotada e, pelas regras da adoção simples, ela não teria direito algum, pois não era parente do falecido. Contudo, as regras sucessórias, após a vigência da Constituição de 1988, em que houve o reconhecimento da igualdade dos filhos, sendo proibida qualquer discriminação, não produzem efeitos distintos entre parentes por consanguinidade e por adoção. Como a lei que se aplica à sucessão é a do momento da morte (e não a do momento da adoção), temos que "o caso concreto, ao tempo da abertura da sucessão *sub judice* (2006), o instituto da adoção estava submetido ao atual regime jurídico, que restringe a adoção à modalidade plena (adoção cria vínculos plenos, irrestritos do adotado com o adotante e seus familiares). Não seria possível, então, dar sobrevida à modalidade de adoção simples, própria do diploma civil revogado, para excluir os direitos sucessórios da recorrida" (AgInt no REsp 1.150.025, 4.ª Turma, Rel. Min. Marco Buzzi, j. 22.02.2017).

Art. 1.788. Morrendo a pessoa sem testamento, transmite a herança aos herdeiros legítimos; o mesmo ocorrerá quanto aos bens que não forem compreendidos no testamento; e subsiste a sucessão legítima se o testamento caducar, ou for julgado nulo.

COMENTÁRIOS DOUTRINÁRIOS: A sucessão será legítima se não houver ato de última vontade. Também será legítima a sucessão se esse ato de disposição for nulo (problema que atinge o plano da validade) ou sofrer caducidade (plano da eficácia), nos termos do artigo em comento. Note-se que o testamento é negócio jurídico unilateral com efeito *mortis causa*. Logo, passa pelos planos do negócio jurídico de Pontes de Miranda. Assim, a sucessão será legítima se: a) inexistir testamento – plano da existência; b) for inválido o testamento, seja por nulidade ou por anulabilidade – plano da validade; c) for total ou parcialmente ineficaz – plano da eficácia. Com relação à validade, a redação do dispositivo apresenta um problema. O termo que já era utilizado pelo art. 1.575 do CC/1916 e ora repetido, se o testamento "for julgado nulo", diz menos do que deveria dizer, pois deixa de fora a hipótese de anulabilidade. A doutrina, há muito, supre a falha de redação para incluir a anulabilidade. Com relação à eficácia, o Código Civil utiliza a expressão caducidade testamentária. Sendo totalmente ineficaz, a sucessão será legítima. Se João nomeia Maria sua herdeira por testamento e Maria morre antes de João, ainda que Maria tenha filhos ou parentes, a sucessão será legítima havendo caducidade subjetiva do testamento. O testador, para evitar a caducidade, pode prever substituição testamentária (arts. 1.947 a 1.960). Por fim, a sucessão será legítima se o testamento não abarcar todos os bens deixados pelo falecido. Isso porque, quanto aos bens não contemplados no testamento, segue-se a sucessão legítima, pois a eficácia do testamento é parcial. Dessa forma, se o testador legar apenas uma casa ao seu sobrinho João, todos os seus demais bens, bem como as suas dívidas, seguirão a ordem de vocação hereditária, sendo a sucessão legítima quanto a eles.

JURISPRUDÊNCIA COMENTADA: Sobre o tema, assim decidiu o TJSP sobre o testamento que cuidou apenas da parte disponível: "No caso concreto, o testador deixou para seus três filhos vivos somente a parte disponível dos seus bens, nada dispondo acerca da metade indisponível e dos demais herdeiros necessários (arts. 1.788 e 1.889 do CC e 1.746 do CPC). 1. Assim, não há que se falar em vulneração às últimas vontades. Logo, a sucessora Gisele, filha do herdeiro Wilson José, já falecido, era beneficiária de parte da metade indisponível dos bens e cedeu para os demais herdeiros tais direitos hereditários por escritura pública, nos exatos termos do artigo 1.793 do Código Civil" (TJSP, AI 2134370-86.2017.8.26.0000, 6.ª Câmara de Direito Privado, Taubaté, Rel. Ana Maria Baldy, j. 20.02.2018).

REFORMA DO CÓDIGO CIVIL: Pretende-se alterar a redação do art. 1.788, que passaria a ter o seguinte texto: "Art. 1.788. Morrendo a pessoa sem testamento, transmite-se a herança aos herdeiros legítimos; o mesmo ocorrerá quanto aos bens que não forem compreendidos no testamento; e subsiste a sucessão legítima se o testamento for inválido ou ineficaz". A proposta faz apenas ajustes redacionais que não alteram o sentido da norma. Os principais ajustes são a retirada do termo "nulo" e a inserção de "inválido" e a troca de "caducar" por "ineficácia". Em primeiro lugar, a redação atual, como explicado anteriormente, deixa de abranger, de forma equivocada, os casos de testamentos anuláveis, que passarão a ser abrangidos se a proposta de reforma for aprovada. Além disso, a Comissão propõe tirar o termo "caduca", que é pouco usado em nossa legislação, e passar a falar de "ineficácia" dos testamentos, a fim de tornar o texto mais técnico.

Art. 1.789. Havendo herdeiros necessários, o testador só poderá dispor da metade da herança.

COMENTÁRIOS DOUTRINÁRIOS: Quanto à liberdade de testar, esta não é plena, sofrendo limitações de ordem pública. Isso porque determina o Código Civil que, havendo herdeiros necessários, o testador só pode dispor da metade de seus bens (art. 1.789 do CC). Trata-se do respeito à *legítima*, porção que, por força de lei, pertencerá aos herdeiros necessários, ou seja, aos descendentes, aos ascendentes e ao cônjuge sobrevivente (art. 1.845 do CC). Se o companheiro é ou não herdeiro necessário, o tema é altamente complexo e será tratado quando da análise do art. 1.845 do CC. Os herdeiros necessários são também chamados de *herdeiros legitimários* ou *forçados*. É de se ressaltar que a parte restante da herança é chamada de *parte disponível* e, portanto, pode ser objeto de testamento livremente. Se o testador invadir a legítima, a deixa não é inválida, mas apenas ineficaz quanto ao excesso, ou seja, a parte que não poderia ser disposta (ver arts. 1.966 a 1.968 do CC). Dúvida comum diz respeito à igualdade sucessória dos filhos. É possível que um pai deixe mais bens para um filho do que para o outro? A resposta é a seguinte: em se tratando da porção legítima, ineficaz será qualquer disposição desigualando os herdeiros necessários. Já com relação à disponível, a vontade do morto é soberana, e este poderá deixar toda a porção disponível apenas para um de seus filhos. Assim, é comum verificar que pais preocupados com seu filho portador de necessidades especiais deixem para ele, além da legítima a que tem direito, toda a parte disponível. Também é comum que um pai que goste mais de um filho do que dos outros beneficie este com a parte disponível em detrimento dos demais. Isso é lícito, constitucional e está no campo da autonomia privada. A decisão do testador é soberana nessa hipótese.

JURISPRUDÊNCIA COMENTADA: Nem sempre é simples se perceber se houve ou não invasão da legítima, quer seja por meio de doações, quer seja por meio de testamento. Assim, para a convicção do juiz sobre a necessidade de redução das disposições testamentárias ou mesmo das doações, temos o seguinte: "em ação movida por herdeiros necessários, que receberam doações em vida do *de cujus*, visando à redução de disposições testamentárias em prol da viúva, para preservação da legítima (art. 1.789 do CC), pode o Juízo, visando à formação do livre convencimento, determinar a realização de perícia, para verificação dos valores envolvidos no patrimônio, nas doações e no testamento" (REsp 1.598.771, Rel. Min. Luis Felipe Salomão, j. 28.06.2018). A produção de prova pericial para avaliação de bens móveis e imóveis do *de cujus* pode ser a única forma de se verificar se houve ou não invasão da legítima.

Art. 1.790. A companheira ou o companheiro participará da sucessão do outro, quanto aos bens adquiridos onerosamente na vigência da união estável, nas condições seguintes:

I – se concorrer com filhos comuns, terá direito a uma quota equivalente à que por lei for atribuída ao filho;

II – se concorrer com descendentes só do autor da herança, tocar-lhe-á a metade do que couber a cada um daqueles;

III – se concorrer com outros parentes sucessíveis, terá direito a um terço da herança;

IV – não havendo parentes sucessíveis, terá direito à totalidade da herança.

COMENTÁRIOS DOUTRINÁRIOS: O dispositivo foi tido por inconstitucional e não mais se aplica às sucessões abertas. A ideia do legislador de 2002 de diferenciar em termos sucessórios cônjuges e companheiros não foi admitida pelo STF, por ferir diversos princípios constitucionais, a saber: isonomia, proibição do retrocesso, dignidade da pessoa humana, proporcionalidade etc. Fato é que da inconstitucionalidade declarada surgiu uma dúvida: haveria total equiparação entre casamento e união estável? O Enunciado n. 641 da *VIII Jornada de Direito Civil* diz que não: "A decisão do Supremo Tribunal Federal que declarou a inconstitucionalidade do art. 1.790 do Código Civil não importa equiparação absoluta entre casamento e união estável. Estendem-se à união estável apenas as regras aplicáveis ao casamento que tenham por fundamento a solidariedade familiar. Por outro lado, é constitucional a distinção entre os regimes, quando baseada na solenidade do ato jurídico que funda o casamento, ausente na união estável". Contudo, o tema é polêmico. Para a doutrina majoritária, em matéria sucessória, a equiparação foi completa e, por isso, o companheiro passa a ser herdeiro necessário. É essa a premissa que assumimos da leitura da decisão do STF (ver a seguir). A base do dispositivo era a de que o companheiro falecido deixava duas massas de bens: os bens onerosamente adquiridos no curso da união estável e que, normalmente, incidia a meação por força do regime da comunhão parcial de bens (ver arts. 1.725 e 1.660 do CC) e os demais bens (anteriores à união estável ou adquiridos por herança ou doação). a) *Bens onerosamente adquiridos na constância do casamento.* Sobre a primeira massa, o companheiro tinha direitos sucessórios em concorrência com os descendentes do falecido. Não os havendo, a concorrência ocorria com os ascendentes do falecido. Não havendo nem descendentes nem ascendentes, o companheiro concorria com os colaterais até 4º grau do falecido. Finalmente, se o falecido não deixasse parentes sucessíveis, o companheiro herdava a totalidade dessa massa patrimonial. O companheiro em concorrência com descendentes comuns do falecido teria uma quota igual a deles. O inciso I fala em "filhos comuns", mas esse erro foi corrigido pela doutrina. É nesse sentido o Enunciado n. 266 da *III Jornada de Direito Civil*: "Aplica-se o inc. I do art. 1.790 também na hipótese de concorrência do companheiro sobrevivente com outros descendentes comuns, e não apenas na concorrência com filhos comuns". Se houvesse descendentes exclusivos do falecido, o companheiro herdava meia quota (inciso II). Se houvesse ascendentes do falecido ou colaterais, o companheiro recebia 1/3 da herança. b) *Demais bens.* Sobre a segunda massa, o companheiro não tinha direitos sucessórios. Seria toda dos descendentes, na sua ausência dos ascendentes e na ausência de ambos dos colaterais até 4º grau. A doutrina majoritária e os julgados entendiam que, na ausência de qualquer parente do morto, o companheiro herdava essa massa por força do art. 1.844.

JURISPRUDÊNCIA COMENTADA: A ementa do julgado que reconheceu a inconstitucionalidade do artigo é a seguinte: Tema 809 – Repercussão geral: "O Tribunal, apreciando o tema 809 da Repercussão Geral, por maioria e nos termos do voto do Ministro Relator, deu provimento ao recurso, para reconhecer de forma incidental a inconstitucionalidade do art. 1.790 do CC/2002 e declarar o direito da recorrente a participar da herança de seu companheiro em conformidade com o regime jurídico estabelecido no art. 1.829 do Código Civil de 2002, vencidos os Ministros Dias Toffoli, Marco Aurélio e Ricardo Lewandowski, que votaram negando provimento ao recurso. Em seguida, o Tribunal, vencido o Ministro Marco Aurélio, fixou tese nos seguintes termos: 'É inconstitucional a distinção de regimes sucessórios entre cônjuges e companheiros prevista no art. 1.790 do CC/2002, devendo ser aplicado, tanto nas hipóteses de casamento quanto nas de união estável, o regime do art. 1.829 do CC/2002'". Ausentes, justificadamente, os Ministros Dias Toffoli e Celso de Mello, que votaram em assentada anterior, e, neste julgamento, o Ministro Luiz Fux, que votou em assentada anterior, e o Ministro Gilmar Mendes. Não votou o Ministro Alexandre de Moraes, sucessor do Ministro Teori Zavascki, que votara em assentada anterior. Presidiu o julgamento a Ministra Cármen Lúcia. Plenário, 10.05.2017" (REs 646721 e 87869). Assentou-se a tese de que a discriminação entre os modelos familiares é inconstitucional. Admite-se a diferença entre casamento e união estável quanto à formação, comprovação e dissolução. Nesse ponto, as formas familiares são realmente diferentes, pois um nasce com o reconhecimento do Estado em razão de sua habilitação, celebração e/ou registro (casamento), e a outra nasce de um simples fato, que é se comportar como família (união estável). As discriminações quanto aos efeitos são inconstitucionais, pois hierarquizam os modelos familiares e ferem a dignidade da pessoa humana e, ainda, a isonomia. A decisão teve seus efeitos modulados; só se aplica às sucessões em que não haja escritura pública de inventário já lavrada ou decisão judicial transitada em julgado. Se o STF efetivamente equiparou os modelos familiares para todos os efeitos, não se pode afirmar com certeza. O que se percebe é que da decisão do STF muitas polêmicas surgiram. A principal delas é se o companheiro passou a ser herdeiro necessário. A doutrina majoritária se posiciona positivamente (uma das poucas vozes em sentido contrário é a de Mário Delgado). Mesmo porque a aplicação pura e simples do art. 1.829, como se lê da ementa da decisão, não reflete todos os princípios constitucionais invocados como fundamentos da decisão. Assim, mesmo o STF tendo se manifestado nos embargos de declaração que a decisão não cuidou da qualidade de herdeiro necessário do companheiro, prosseguimos afirmando que todos os princípios constitucionais invocados pelo STF só levam a esta conclusão: o companheiro é herdeiro necessário a partir da inconstitucionalidade do art. 1.790. Uma nota: não acredito que essa solução tenha sido a melhor para o sistema brasileiro, pois acabou por unificar em termos de efeito casamento e união estável, retirando do cidadão importante parcela de sua autonomia privada e transformando a união estável em casamento de fato. Por fim, vale comentar que o STJ entendeu, por unanimidade, que o Tema 809, graças à modulação de efeitos dada pelo STJ, não se aplica à hipótese de acordo firmado pelas partes anteriormente à tese, porém ainda pendente de sentença homologatória. Segundo a Ministra da Nancy Andrighi, relatora do caso: "Se partes capazes e concordes podem entabular acordo de partilha de bens mediante escritura pública (art. 2.015 do CC), não há nenhuma razão para que o acordo de partilha de bens celebrado por partes capazes e concordes no curso de uma ação de inventário dependa de homologação judicial para produzir efeitos, ao menos entre os transatores" (STJ, REsp 2.050.923-MG, Rel. Nancy Andrighi, 3.ª Turma, j. 23.05.2023, *DJe* 25.05.2023).

REFORMA DO CÓDIGO CIVIL: Pretende-se revogar o art. 1.790. A Comissão, seguindo a jurisprudência do STF anteriormente apresentada, passou a equalizar os direitos sucessórios de cônjuges e companheiros. Assim, se aprovado o texto, deve-se aplicar o art. 1.829, que antes tratava apenas dos cônjuges, também aos companheiros (ou conviventes, segundo a redação proposta), não existindo, portanto, mais sentido em se manter o artigo em comento.

CAPÍTULO II
DA HERANÇA E DE SUA ADMINISTRAÇÃO

Art. 1.791. A herança defere-se como um todo unitário, ainda que vários sejam os herdeiros.

Parágrafo único. Até a partilha, o direito dos co-herdeiros, quanto à propriedade e posse da herança, será indivisível, e regular-se-á pelas normas relativas ao condomínio.

COMENTÁRIOS DOUTRINÁRIOS: Sabe-se que a sucessão aberta é considerada um bem imóvel por força de lei, ou seja, um *bem imóvel por determinação legal* (art. 80, II, do CC), ainda que a universalidade em questão seja composta apenas por coisas móveis, tais como veículos, dinheiro, ações etc. Isso significa que, na qualidade de bem imóvel, a transmissão da herança exige escritura pública (ver comentários ao art. 1.793, do CC), sob pena de nulidade. Vale dizer ainda que é imprescindível a outorga do cônjuge do disponente se o regime de casamento não for o da separação absoluta (art. 1.647, I, do CC). A cessão do quinhão hereditário pode ser onerosa ou gratuita. A herança também constitui uma *universalidade* ou *universalidade de direito* (art. 91 do CC), sendo considerada *indivisível* também por força do artigo que se comenta. Por se tratar de bem indivisível, os herdeiros serão condôminos até que ocorra a partilha. A posse indireta dos bens será dos condôminos, e o inventariante fica com a posse direta. É ele quem administra os bens da herança até que haja a partilha. Com a morte, pela *saisine*, ocorre a transmissão da propriedade dos bens, já na forma de um condomínio de bem indivisível. Assim, os frutos produzidos pelos bens da herança pertencerão a todos os herdeiros de acordo com seus respectivos quinhões, sendo certo que todos deverão arcar com as despesas de manutenção dos bens comuns na mesma proporção. Isso porque, como há um condomínio entre os herdeiros, aplica-se a regra que prevê a divisão igualitária em casos tais, prevista no art. 1.315 do CC. Outra decorrência da indivisibilidade e do desdobramento da posse é que cada um dos condôminos poderá exigir a coisa de quem injustamente a detenha. É o que se denomina *direito de sequela*, que é garantido a todos os herdeiros. Em decorrência também da indivisibilidade da herança, o Código Civil traz regras específicas sobre a cessão de direitos hereditários que analisaremos oportunamente (ver art. 1.793 do CC).

JURISPRUDÊNCIA COMENTADA: O TJSP não permitiu que um irmão despejasse outro do imóvel comum antes de ultimada a partilha que põe fim à indivisão. Assim, temos que: "Imóvel ainda objeto de partilha (inventário não finalizado), constando que o réu, filho do outro herdeiro (irmão da autora), nele residiria com seu consentimento. Herança que é um todo unitário e indivisível até o momento da partilha. Observância do art. 1791 do CC. Nega-se provimento ao recurso da autora". Segundo o relator, "assim, não bem comprovada a relação locatícia entre a herdeira Célia, alegadamente locadora, e o requerido Francis, não se olvidando que tal imóvel seria tido como universal perante os herdeiros (a autora e o Sr. Nadir) enquanto não finalizada a partilha, nos termos do art. 1.791 do CC, e o Sr. Nadir expressamente consignou que não cobra aluguéis de Francis em relação à casa em questão, e nem manifesta o desejo em cobrar" (TJSP, AP 0003553-53.2015.8.26.0156, 27.ª Câmara de Direito Privado, Cruzeiro, Rel. Campos Petroni, j. 12.11.2019). O STJ admite que "São cabíveis embargos de terceiro na defesa de posse originada de cessão de direitos hereditários". Por fim, também pertinente citar a decisão do STJ que, por unanimidade, entendeu que herdeiros coproprietários respondem solidariamente por dívida condominial, mesmo além do quinhão hereditário. Segundo o Ministro Bellizze, relator do caso, "havendo, nesse contexto, solidariedade entre os coproprietários de unidade individualizada pelas despesas condominiais após a partilha, revela-se inaplicável o disposto no art. 1.792 do CC, segundo o qual o herdeiro não responde por encargos superiores às forças da herança" (STJ, REsp 1.994.565/MG, 3.ª Turma, Rel. Marco Aurélio Bellizze, j. 26.09.2023).

REFORMA DO CÓDIGO CIVIL: Pretende-se criar os arts. 1.791-A, 1.791-B e 1.791-C, com as seguintes redações: "Art. 1.791-A. Os bens digitais do falecido, de valor economicamente apreciável, integram a sua herança. § 1º Compreende-se como bens digitais, o patrimônio intangível do falecido, abrangendo, entre outros, senhas, dados financeiros, perfis de redes sociais, contas, arquivos de conversas, vídeos e fotos, arquivos de outra natureza, pontuação em programas de recompensa ou incentivo e qualquer conteúdo de natureza econômica, armazenado ou acumulado em ambiente virtual, de titularidade do autor da herança. § 2º Os direitos da personalidade e a eficácia civil dos direitos que se projetam após a morte e não possuam conteúdo econômico, tais como a privacidade, a intimidade, a imagem, o nome, a honra, os dados pessoais, entre outros, observarão o disposto em lei especial e no Capítulo II do Título I do Livro I da Parte Geral, bem como no Livro de Direito Civil Digital. § 3º São nulas de pleno direito quaisquer cláusulas contratuais voltadas a restringir os poderes da pessoa de dispor sobre os próprios dados, salvo aqueles que, por sua natureza, estrutura e função tiverem limites de uso, de fruição ou de disposição. Art. 1.791-B. Salvo expressa disposição de última vontade e preservado o sigilo das comunicações, as mensagens privadas do autor da herança difundidas ou armazenadas em ambiente virtual não podem ser acessadas por seus herdeiros. § 1º O compartilhamento de senhas, ou de outras formas para acesso a contas pessoais, serão equiparados a disposições negociais ou de última vontade, para fins de acesso dos sucessores do autor da herança. § 2º Por autorização judicial, o herdeiro poderá ter acesso às mensagens privadas do autor da herança, quando demonstrar que, por seu conteúdo, tem interesse próprio, pessoal ou econômico de conhecê-las. Art. 1.791-C. Cabe ao inventariante, ou a qualquer herdeiro, comunicar ao juízo do inventário, ou fazer constar da escritura de inventário extrajudicial, a existência de bens de titularidade digital do sucedido, informando, também, os elementos de identificação da entidade controladora da operação da plataforma. § 1º Sendo extrajudicial o inventário, não serão praticados atos de disposição dos bens digitais até a lavratura da escritura de partilha, permitindo-se ao inventariante nomeado o acesso às informações necessárias em poder da entidade controladora. § 2º A escritura ou o formal de partilha constituem título hábil à regularização da titularidade dos bens digitais junto às respectivas entidades controladoras das plataformas". A proposta de criação dos artigos em comento pretende disciplinar a figura da herança digital. O tema é uma realidade contemporânea que merece regime jurídico no Código Civil, a fim de, principalmente, solucionar atuais divergências doutrinárias e jurisprudenciais. Em consonância com a hermenêutica do Código Civil, propõe-se separar as situações jurídicas digitais em patrimoniais, quando há objetivo de lucro; existenciais, quando refletem direitos da personalidade; e híbridas, as quais cumulam os aspectos patrimoniais e existenciais. Nessa lógica, os bens digitais existenciais e os aspectos pessoais das situações híbridas devem ser pautados sob a ótica da proteção à dignidade e merecem toda a proteção prevista pelo sistema aos direitos personalíssimos, mormente a questão do sigilo. As situações puramente patrimoniais devem ser interpretadas, além dos aspectos constitucionais fundamentais, também considerando o respeito à livre-iniciativa. De qualquer forma, é necessário ao sistema o respeito à vontade declarada pelo titular dos direitos digitais transmitidos, desde que estes não afrontem normas de ordem pública. Não se descarta, inclusive, o necessário diálogo da matéria com o Marco Civil da Internet, especialmente ao que se refere ao armazenamento dos dados pessoais, sob seus aspectos de possibilidade de armazenamento e de lapso temporal de arquivamento desses dados sob a tutela das plataformas digitais. Igualmente se destaca a previsão de nomeação de administrador digital para tais bens, buscando evitar efeitos econômicos indesejados entre o falecimento do titular dos direitos e a partilha destes.

Art. 1.792. O herdeiro não responde por encargos superiores às forças da herança; incumbe-lhe, porém, a prova do excesso, salvo se houver inventário que a escuse, demostrando o valor dos bens herdados.

COMENTÁRIOS DOUTRINÁRIOS: A função do inventário não é, conforme já dito à exaustão, transferir aos herdeiros os bens do falecido. Pelo contrário, a transferência decorre da *saisine* (ver art. 1.784). Então para que serve o inventário? Sua função primordial é descrever os bens recebidos por herança e os apartar dos demais bens que já pertenciam ao herdeiro quando da morte do *de cujus*. Essa prova (do que recebeu e do que já tinha antes da morte) é importante por conta das dívidas do morto. O herdeiro não responde com seus bens (anteriores à morte) pelas dívidas do morto. O espólio (herança em juízo) é que paga as dívidas do morto. Pagas as dívidas, os bens que restarem serão partilhados pelos herdeiros. Se, por acaso, o morto estava insolvente, ou seja, suas dívidas superavam o valor de seus bens, nada se partilha e se abrirá o concurso entre os credores do falecido.

JURISPRUDÊNCIA COMENTADA: Pode ocorrer de os bens serem partilhados entre os herdeiros sem que certo credor do falecido tenha sido pago. Esse credor pode executar diretamente o patrimônio do herdeiro, pois o espólio já não mais existe? A resposta é afirmativa. Assim decidiu o STJ: "ultimada a partilha, as dívidas remanescentes do *de cujus* são transmitidas aos herdeiros, que passam a responder pessoalmente, na proporção da herança recebida e limitadas às forças de seu quinhão" (REsp 1591288/RS, Rel. Min. Marco Aurélio Bellizze, 3.ª Turma, j. 21.11.2017, *DJe* 30.11.2017). Como os bens já foram partilhados, o credor só poderá cobrar de cada herdeiro o seu quinhão no débito. Se o devedor falecido deixou quatro filhos, o credor só poderá cobrar de cada um 25% da dívida, ressalvada a hipótese de solidariedade (ver art. 276 do CC). Porém há uma limitação legal: a responsabilidade se dá no limite das forças da herança, ou seja, apenas os bens que eram do *de cujus* por essa dívida respondem. Aqui é necessária uma explicação. Supondo que o credor penhore bem do herdeiro que não guarda relação com a herança (bem que já estava no patrimônio do herdeiro antes da morte), o ônus de provar que os bens não vieram do falecido cabe ao herdeiro e, para isso, o inventário servirá de prova. Se inventário não houver, caberá ao herdeiro provar que o falecido não deixou bens ou que ele, herdeiro, nada recebeu, sob pena de responder com seus próprios. A transmissão de dívidas não poderá atingir os bens que já eram dos herdeiros antes da morte, mas apenas os que ele recebeu do devedor falecido, e essa prova dos bens que efetivamente recebeu por herança é feita por meio de inventário. É, portanto, equivocada a orientação do STJ a respeito de que, deixando o falecido dívidas e apenas um bem impenhorável (por força de cláusula), os herdeiros devem responder pelas dívidas do falecido com os bens que já tinham quando da morte: "a responsabilidade pelas dívidas existentes não estará adstrita ao patrimônio transferido, mas tão somente limitada à proporção da parte que na herança lhe coube (que, no caso, corresponde a 100%), até a força do quinhão hereditário. Logo, ainda que o imóvel herdado seja protegido pela impenhorabilidade, a aceitação da herança operou contra o recorrente a responsabilização pessoal, dentro dos limites legais, razão pela qual, não sendo possível o alcance do bem herdado, nada obstará que outros bens respondam por aquela dívida" (STJ, REsp 1591288/RS, Rel. Min. Marco Aurélio Bellizze, 3.ª Turma, j. 21.11.2017, *DJe* 30.11.2017).

Art. 1.793. O direito à sucessão aberta, bem como o quinhão de que disponha o co-herdeiro, pode ser objeto de cessão por escritura pública.

§ 1º Os direitos, conferidos ao herdeiro em consequência de substituição ou de direito de acrescer, presumem-se não abrangidos pela cessão feita anteriormente.

§ 2º É ineficaz a cessão, pelo co-herdeiro, de seu direito hereditário sobre qualquer bem da herança considerado singularmente.

§ 3º Ineficaz é a disposição, sem prévia autorização do juiz da sucessão, por qualquer herdeiro, de bem componente do acervo hereditário, pendente a indivisibilidade.

COMENTÁRIOS DOUTRINÁRIOS: Na qualidade de bem imóvel, a transmissão da herança exige escritura pública sob pena de nulidade absoluta do ato de disposição, pois preterida uma solenidade que a lei considera essencial para a validade do ato (art. 166, IV, do CC). Em decorrência da indivisibilidade da herança, podemos chegar a duas importantes conclusões. A primeira delas é que é ineficaz a cessão pelo coerdeiro do seu direito hereditário sobre qualquer bem da herança considerado singularmente (art. 1.793, § 2º, do CC). Isso significa que, se o herdeiro alienar uma casa que compõe a herança (note-se que ele não está cedendo uma universalidade – seu quinhão –, mas um bem determinado), a alienação não produzirá efeitos, ou seja, será ineficaz. Não se pode falar, aqui, em nulidade absoluta ou relativa (plano da validade), mas apenas que a lei lhe retira os efeitos (plano da eficácia). Com a partilha, se o bem tocar ao herdeiro que fez a cessão, esta produzirá efeitos normalmente. Não há que se falar, também, na necessidade de autorização judicial para tanto, mas será essencial a escritura pública, sob pena de nulidade de ato (art. 1.793, *caput*, do CC). A segunda conclusão é de que, antes da partilha, será ineficaz a disposição, por qualquer herdeiro e sem prévia autorização do juiz da sucessão, de bem componente do acervo hereditário, se ainda pendente a indivisibilidade (art. 1.793, § 3º, do CC). Em uma primeira leitura, parece que a redação do art. 1.793, § 3º, repete a redação do § 2º do mesmo dispositivo ("É ineficaz a cessão, pelo co-herdeiro, de seu direito hereditário sobre qualquer bem da herança considerado singularmente"). Em outras palavras, pelo dispositivo em comento, é essencial à eficácia da alienação a autorização judicial, além da forma pública para sua validade. Pois bem, dessas conclusões, podemos chegar ao seguinte resumo: a) Se o herdeiro desejar transferir o seu quinhão hereditário (parte da universalidade), que significa transferir as dívidas e os bens recebidos, deverá fazê-lo por forma pública, não necessitando de autorização judicial para que essa disposição produza efeitos. b) Se o herdeiro resolver transferir apenas seu direito sobre um bem determinado, a cessão será ineficaz até a partilha, produzindo efeitos se o bem tocar ao herdeiro que fez a disposição. c) Se o herdeiro resolver alienar o bem em si, poderá fazê-lo desde que obtenha autorização judicial, sob pena de ineficácia do ato. Não se trata de cessão de herança, mas de venda de um bem determinado do acervo patrimonial. Sobre a extensão da cessão dos direitos hereditários, o Código Civil determina que esses direitos, conferidos ao herdeiro em consequência de substituição ou de direito de acrescer, presumem-se não abrangidos pela cessão feita anteriormente (art. 1.793, § 1º). Isso significa que, caso o herdeiro cedente receba mais direitos em razão do direito de acrescer ou da substituição testamentária (ver arts. 1.941 a 1.946 e 1.947 a 1.960), após ocorrer a cessão, o cessionário, em princípio, não receberá a parte acrescida ou o que recebeu em substituição. Acreditamos que a norma é perfeitamente justa, pois como recebeu o herdeiro cedente mais direitos apenas após efetivada a cessão, ou seja, direitos que não tinha na época da transmissão, tais direitos ao cedente pertencerão, salvo previsão do contrato de cessão em sentido contrário. A cessão não poderia englobar direitos que o próprio cedente desconhecia e/ou não incorporavam seu patrimônio. O direito de acrescer e a substituição são exceções à regra de que, se vários são os herdeiros ou legatários beneficiados por uma disposição testamentária, a renúncia ou exclusão de um deles significa que o seu quinhão será dividido entre os herdeiros legítimos. A matéria ainda será por nós tratada em momento oportuno.

JURISPRUDÊNCIA COMENTADA: O TJSP entendeu válida a cessão de direitos hereditários quando todos os herdeiros comparecem e anuem com a escritura pública: "Quando todos os herdeiros comparecem à escritura pública de cessão de direitos hereditários, podem acordar da melhor forma, e conforme sua conveniência, quem ficará com o que, devendo levar-se a escritura pública ao juízo da sucessão para ser homologada e, encerrando-se o arrolamento ou o inventário, o juiz possa determinar a expedição de formal de partilha de conformidade com a escritura de cessão. Verifica-se que a cessão (acordo) foi levada ao juízo, sendo a mesma devidamente homologada. Nesse sentido, da análise da decisão questionada pelo magistrado de primeiro grau (fls. 19, destes; copiada à fls. 184, dos autos originários), não há indícios de que a mesma ostente força judicial inferior ao seu conteúdo (sentença homologatória de cessão de direitos hereditários) unicamente em razão de sua forma" (TJSP, AI 2134370-86.2017.8.26.0000, 6.ª Câmara de Direito Privado, Taubaté, Rel. Ana Maria Baldy, j. 20.02.2018).

REFORMA DO CÓDIGO CIVIL: Pretende-se alterar o art. 1.793 para constar a seguinte redação: "Art. 1.793. O direito à sucessão aberta, bem como o quinhão de que disponha o coerdeiro, pode ser objeto de cessão por escritura pública ou termo judicial. § 1º Os direitos, conferidos ao herdeiro em consequência de substituição ou de direito de acrescer, presumem-se não abrangidos pela cessão feita anteriormente. § 2º É ineficaz a cessão, feita pelo coerdeiro, tendo por objeto bem ou direito destacados da universalidade e considerados singularmente, a não ser que todos os herdeiros sejam cessionários ou, não o sendo, tenham participado todos do instrumento de cessão, concordando com ela. § 3º É válida a promessa de alienação, por qualquer herdeiro, de bem integrante do acervo hereditário, mesmo pendente a indivisibilidade, mas somente será eficaz se o bem vier a ser atribuído, por partilha, ao cedente". O objetivo da proposta é simplificar as regras relativas à cessão de direitos hereditários. Assim, o que se busca é facilitar o acesso dos herdeiros ao resultado econômico do acervo transmitido pela morte do titular. O *caput* do dispositivo passaria a prever a possibilidade de formalizar a cessão também por termo nos autos, além de escritura pública, solucionando controvérsia existente atualmente perante a jurisprudência. Ademais, pretende-se possibilitar a cessão de bem singular pelos herdeiros, em convergência com a ideia de facilitar a troca econômica do acervo hereditário. Nessa linha, a proposta aduz que é possível a cessão por coerdeiro de bem singular, destacado da universalidade da herança, caso todos os herdeiros tenham participado, ou expressamente concordado, com a cessão. No mesmo sentido, a proposta também prevê que é válida promessa de alienação de bem específico que integre o acervo da herança por qualquer coerdeiro, mesmo antes da partilha, sob a condição, para sua eficácia, de que esse bem em particular seja atribuído ao herdeiro cedente pela partilha. Até a partilha, a cessão não produz efeitos (suspensão de efeitos).

Art. 1.794. O co-herdeiro não poderá ceder a sua quota hereditária a pessoa estranha à sucessão, se outro co-herdeiro a quiser, tanto por tanto.

COMENTÁRIOS DOUTRINÁRIOS: Cria, ainda, o novo Código Civil uma disposição expressa sobre o direito de preferência entre os coerdeiros: a determinação pela qual o coerdeiro não poderá ceder a sua quota hereditária à pessoa estranha à sucessão, se outro coerdeiro a quiser, tanto por tanto (art. 1.794 do CC). A regra é decorrência natural da indivisibilidade e guarda forte relação com a questão da venda de bem indivisível em condomínio, prevista na disciplina do contrato de compra e venda (art. 504 do CC). Em se tratando de coisa indivisível, os condôminos sofrem certas limitações impostas pelo direito no tocante à alienação de sua parte na coisa comum. A razão decorre do princípio pelo qual o condômino de coisa divisível permanece no regime de condomínio porque quer, pois a qualquer tempo pode manejar a ação divisória e colocar um fim ao condomínio. Já para o condômino de coisa indivisível não há essa possibilidade: a única forma de extinção do condomínio é a alienação da coisa comum, para que o valor apurado seja repartido pelos coproprietários. Como o Código Civil pretende facilitar a extinção de condomínio e todas as regras que existem são nesse sentido, pois o condomínio é a mãe das discórdias (*condominium mater rixarum est*), não pode o condômino de coisa indivisível vender sua parte sem dar direito de preferência aos outros condôminos (art. 504 do CC). Com a preferência (a lei utiliza a expressão *tanto por tanto*), o Código facilita a extinção do condomínio. Vale dizer que a preferência existe nos casos de dação em pagamento e de venda do quinhão. Nos casos de alienação gratuita ou de permuta, essa preferência não existe.

JURISPRUDÊNCIA COMENTADA: O direito de preferência se exerce em idênticas condições com as oferecidas pelo terceiro (por isso a locução *tanto por tanto*). Nesse sentido, "A alienação de direitos hereditários a pessoa estranha à sucessão exige, por força do que dispõem os arts. 1.794 e 1.795 do Código Civil, que o herdeiro cedente tenha oferecido aos coerdeiros sua quota parte, possibilitando a qualquer um deles o exercício do direito de preferência na aquisição, 'tanto por tanto', ou seja, por valor idêntico e pelas mesmas condições de pagamento concedidas ao eventual terceiro estranho interessado na cessão" (REsp 1.620.705, 3.ª Turma, Rel. Min. Ricardo Villas Bôas Cueva, j. 30.11.2017). O efeito da inobservância do direito de preferência vem disciplinado no art. 1.795 do CC.

Art. 1.795. O co-herdeiro, a quem não se der conhecimento da cessão, poderá, depositado o preço, haver para si a quota cedida a estranho, se o requerer até cento e oitenta dias após a transmissão.

Parágrafo único. Sendo vários os co-herdeiros a exercer a preferência, entre eles se distribuirá o quinhão cedido, na proporção das respectivas quotas hereditárias.

COMENTÁRIOS DOUTRINÁRIOS: Não sendo essa preferência respeitada, o coerdeiro preterido terá direito à adjudicação do quinhão. Conforme determina o artigo que se comenta, o coerdeiro preterido, depositando o preço, haverá para si a quota cedida a estranho, se o requerer até 180 dias após a referida transmissão (art. 1.795 do CC).

Observe-se que fixa a lei idêntico prazo previsto na venda de bem indivisível em que houve preterição do condômino, com a ressalva de não mencionar o início de sua contagem, o que gera enorme controvérsia (ver comentários ao art. 504 do CC). Nos dois casos, contudo, o prazo é decadencial, pois a ação de adjudicação tem natureza constitutiva (critério científico de Agnelo Amorim Filho – *RT* 300/7 e 744/725). De pronto, surge a seguinte questão: o prazo se inicia com a alienação do quinhão ou quando dela têm ciência os coerdeiros preteridos? A partir da ciência é a melhor solução, para se conciliar os valores da Justiça e da Segurança Jurídica. Não pode haver decadência de um direito potestativo patrimonial cuja existência o titular ignorava. Prescrição e decadência pressupõem incúria, falta de cuidado da parte. Ninguém age com descuido se ignora a existência o direito. Se a cessão tiver por objeto bem imóvel, é do registro do título de cessão junto ao Registro de Imóveis que inicia o prazo. Há uma presunção de ciência da cessão por força da publicidade decorrente do registro. Caso haja mais de um herdeiro interessado no quinhão, entre eles se distribuirá o quinhão cedido, na proporção das respectivas quotas hereditárias (art. 1.795, parágrafo único, do CC). É interessante notar que a lei não cria critérios de desempate entre os coerdeiros que queiram exercer suas preferências (como faz com os condôminos em geral – ver art. 1.322 do CC). Todos os interessados ficam com o quinhão na proporção de sua participação na herança. É importante dizer que a lei garante a preferência apenas entre os coerdeiros que são sucessores a título universal. Já para o legatário não haveria o direito de preferência, pois este sucede a título singular, recebendo um bem destacado e individualizado da herança. Dessa forma, a alienação do bem legado a terceiros não gera o tão conflituoso condomínio que a lei pretende evitar. Se dois legatários receberem um certo bem, as regras da preferência e de extinção de condomínio não seguirão o artigo que se comenta. Serão as regras gerais referentes ao condomínio (art. 1.322 do CC).

JURISPRUDÊNCIA COMENTADA: Note-se que, se o coerdeiro não for informado de todas as condições negociais para exercer a preferência (valor, prazo, forma de pagamento etc.), a preferência não poderá ser exercida, logo o coerdeiro foi preterido: "no caso, apesar de o recorrente ter sido chamado a se manifestar a respeito de eventual interesse na aquisição da quota hereditária de seu irmão, não foi naquele ato cientificado a respeito do preço e das condições de pagamento que foram avençadas entre este e terceiro estranho à sucessão, situação que revela a deficiência de sua notificação por obstar o exercício do direito de preferência do coerdeiro na aquisição, tanto por tanto, do objeto da cessão" (REsp 1.620.705, 3.ª Turma, Rel. Min. Ricardo Villas Bôas Cueva, j. 30.11.2017). Isso já ocorre na lei de locação quando ao locatário não é dado conhecer as condições negociais que permitem o exercício da preferência. É a hipótese, também, da notificação sem todas as informações que permitam que o herdeiro exerça sua preferência equivale à inexistência de notificação.

REFORMA DO CÓDIGO CIVIL: Pretende-se alterar o artigo em comento para constar a seguinte redação: "Art. 1.795. O coerdeiro, a quem não se der conhecimento da cessão, poderá, depositado o preço atualizado monetariamente, haver para si a quota cedida a estranho, se o requerer até cento e oitenta dias após a transmissão. Parágrafo único. O prazo para o exercício do direito de preferência previsto no *caput* é decadencial de cento e oitenta dias, a contar do registro da cessão ou da sua ciência, o que ocorrer primeiro". A redação proposta tem o objetivo de pacificar a interpretação de contagem do prazo decadencial de cento e oitenta dias a que se refere o *caput*. O parágrafo único, tal como sugerido, aduz que o prazo em tela será contado a partir do registro da cessão, presunção de publicidade do registro público, ou da ciência inequívoca pelos coerdeiros preteridos, o que ocorrer primeiro.

Art. 1.796. No prazo de trinta dias, a contar da abertura da sucessão, instaurar-se-á inventário do patrimônio hereditário, perante o juízo competente no lugar da sucessão, para fins de liquidação e, quando for o caso, de partilha da herança.

COMENTÁRIOS DOUTRINÁRIOS: O Código Civil traz um prazo para a abertura do inventário de 30 dias. O CPC/2015, em seu art. 611, determina a abertura em 2 meses a contar da abertura da sucessão. Assim, lei posterior (CPC) revoga lei anterior (Código Civil) e prevalece o prazo de 2 meses. Se for descumprido, nenhuma sanção haverá, pois a lei não pune o atraso. As sanções com a demora dirão respeito ao recolhimento do tributo, em alguns Estados o ITCMD ou ITCD. A sanção, portanto, é exclusivamente o pagamento de multa para o recolhimento do tributo que varia de acordo com cada estado. Não haverá sanção civil, mas permite-se que, com o atraso, qualquer interessado peça a abertura (art. 616 do CPC/2015). Não pode mais o juiz, de ofício, abrir o inventário, pois a regra do art. 989 do CPC/1973 não tem correspondência no atual CPC. O dever de requerer o inventário é daquele que está na posse e na administração dos bens do espólio, que é denominado *administrador provisório* (art. 615 do CPC/2015). Têm, contudo, legitimidade concorrente (art. 616): a) o cônjuge ou companheiro supérstite; b) o herdeiro; c) o legatário; d) o testamenteiro; e) o cessionário do herdeiro ou do legatário; f) o credor do herdeiro, do legatário ou do autor da herança; g) Ministério Público, havendo herdeiros incapazes; h) a Fazenda Pública, quando tiver interesse; e i) o administrador judicial da falência do herdeiro, do legatário, do autor da herança ou do cônjuge ou companheiro supérstite. Se a legitimidade é concorrente, qualquer um dos mencionados poderá abrir o inventário. O CPC/2015 determina, ainda, o encerramento do inventário em doze meses (art. 611). Há possibilidade de dilação deste prazo, tanto de ofício quanto a requerimento das partes. O Código Civil de 2002, de maneira precavida, deixa de mencionar o prazo de encerramento, mesmo porque, dependendo da comarca, do volume de trabalho forense e das sempre presentes greves do Poder Judiciário, o prazo pode ultrapassar em muito os doze meses. Ademais, a fixação de prazo final se revela inútil, pois não há sanção prevista para o seu descumprimento, salvo a eventual remoção do inventariante, caso o atraso tenha por causa a desídia no cumprimento de suas funções (art. 622, II, do CPC/2015). Sobre o lugar onde correrá o inventário, remetemos aos comentários ao art. 1.785 do CC. A lei fala em liquidação, ou seja, venda dos bens para pagamento das dívidas do falecido e, se algo sobrar, procede-se a partilha (ver comentários ao art. 1.792). A partilha (mais de um herdeiro) ou adjudicação (se existir apenas um herdeiro), por lógica, pressupõem que o falecido não deixou dívidas ou que estas já foram pagas pelo espólio, seja por meio de dinheiro que o falecido deixou, seja por meio de venda de bens para tanto.

PANDEMIA: O RJET – Regime Jurídico Emergencial e Transitório (Lei n. 14.010, de junho de 2020) – trouxe interessante regra sobre os inventários em seu art. 16: "O prazo do art. 611 do Código de Processo Civil para sucessões abertas a partir de 1º de fevereiro de 2020 terá seu termo inicial dilatado para 30 de outubro de 2020. Parágrafo único. O prazo de 12 (doze) meses do art. 611 do Código de Processo Civil, para que seja ultimado o processo de inventário e de partilha, caso iniciado antes de 1º de fevereiro de 2020, ficará suspenso a partir da entrada em vigor desta Lei até 30 de outubro de 2020". Para as mortes ocorridas entre 1º de fevereiro e 30 de outubro de 2020 temos o seguinte: o prazo de abertura do inventário de dois meses só se inicia em 31 de outubro de 2020. Isso quer dizer que, mesmo o RJET tendo entrado em vigor apenas no dia 12 de junho de 2020, ele tem aplicação a todas as mortes ocorridas a partir de 1º de fevereiro de 2020. A norma retroage para afastar a contagem do prazo de dois meses do art. 611. Como se trata de prazo processual, que, pela sistemática do CPC/2015, conta-se apenas em dias úteis, poderia surgir uma questão: o prazo se inicia efetivamente no sábado, dia 31 de outubro de 2020 (sábado é dia útil?), ou, na segunda-feira, dia 2 de novembro de 2020 (dia do feriado de finados), ou, apenas, na terça-feira, dia 3 de novembro de 2020? De início, cabe ressaltar que sábado é dia útil para fins de cumprimento das prestações contratuais. É por isso que o TST editou a Súmula n. 113, que assim dispõe: "o sábado do bancário é dia útil não trabalhado, não dia de repouso remunerado. Não cabe a repercussão do pagamento de horas extras habituais em sua remuneração". Contudo, em matéria processual a orientação é diversa. O Superior Tribunal de Justiça tem decidido que o sábado não é dia útil para fins de contagem de prazos: "A indisponibilidade do sistema eletrônico do Tribunal de origem ocorreu em 21/07/2018 (sábado) e 22/07/2018 (domingo), conforme certidão juntada à e-STJ fl. 174, ou seja, em dia não útil, quando não há contagem do prazo recursal, conforme nova regra trazida no art. 219 do CPC/2015. Logo, referido fato não acarreta a suspensão do prazo recursal como alegado no agravo interno" (STJ, Ag. Int. no AREsp 1.519.033/AL, 2.ª Turma, Rel. Min. Mauro Campbell Marques, j. 04.02.2020, *DJe* 10.02.2020). Não é esse o fundamento (sábado ser ou não dia útil) para o prazo se iniciar efetivamente no sábado, dia 31 de outubro. A redação do art. 219 do CPC/2015 é clara: "na contagem de prazo em dias, estabelecido por lei ou pelo juiz, computar-se-ão somente os dias úteis". O prazo do art. 611 não se conta em dias, pois é de dois meses, logo, se inicia em 31 de outubro de 2020 e se esgota no dia 31 de dezembro de 2020. Não se aplica a noção de dia útil, portanto, nem a regra do art. 219 do CPC. Para as mortes ocorridas antes de 1º de fevereiro de 2020, a lei suspende o prazo de finalização do inventário, ou seja, o prazo de 12 meses. Nos termos do RJET, se as mortes ocorreram antes de 1º de fevereiro de 2020, o prazo de dois meses do art. 611 do CPC para a abertura do inventário não sofre qualquer alteração. Contudo, o prazo de 12 meses para o encerramento/conclusão do processo de inventário fica suspenso a partir de 12 de junho de 2020 até 30 de outubro do mesmo ano. Assim, se, por hipótese, o inventário foi proposto em 12 de março de 2020, o prazo correu até 12 de junho, ou seja, três meses se passaram. Com a suspensão pelo RJET, tal prazo se reinicia em 31 de outubro e o inventário deve ser finalizado nos nove meses subsequentes. E qual o efeito da suspensão do prazo de 12 meses para o encerramento do inventário? O prazo de 12 meses para a conclusão do inventário ter sido suspenso pelo RJET é disposição inócua, sem qualquer feito, pois sanção não há, quer seja na legislação de direito material, quer seja na legislação processual, para "punir" o inventariante e/ou os herdeiros ou legatários caso o prazo ultrapasse os 12 meses previstos no art. 611 do CPC. Se o prazo é inútil, seu cumprimento ou descumprimento é indiferente; se sanção não há caso o processo não se ultime em 12 meses, a suspensão prevista no RJET é igualmente perfunctória, desnecessária, ineficaz e, no velho dito popular, "para inglês ver". A questão interessante que surge com a suspensão do prazo de abertura do inventário pelo RJET é a seguinte: a suspensão do prazo de dois meses do art. 611 do CPC implica automaticamente a suspensão no recolhimento do ITCMD (ITCD) sem que com isso haja incidência de multas previstas nas legislações estaduais? Imaginemos duas hipóteses distintas no tocante ao prazo para recolhimento do tributo mortis causa. Na primeira, pode a lei estadual que disciplina o ITCMD ou o ITCD (imposto por transmissão mortis causa) efetivamente vincular o pagamento do tributo ao prazo do art. 611 do CPC. Se isso ocorrer, efetivamente, o prazo para recolhimento do tributo será "dilatado", ou seja, a data para recolhimento do tributo, sem que haja mora e, portanto, incidência da multa, se protrai no tempo. Na segunda, a lei estadual pode apenas se referir à data do óbito para o início do prazo do recolhimento do tributo. Nessa hipótese, o RJET não terá qualquer efeito, pois a lei especial derroga a lei geral. Não vou aqui construir o debate se a lei federal pode (ou não) legislar em matéria tributária no tocante aos tributos estaduais. Para o deslinde da questão estamos diante do velho critério de a lei geral não derrogar a lei especial em caso de conflito. Há prazo-limite para recolhimento do tributo expresso, e, como se sabe, o prazo da lei especial para recolhimento do tributo, ao não mencionar a abertura do inventário, não se suspende pela lei especial. Aliás, a interpretação em sentido contrário ignora um fato: o tributo pode ser recolhido mesmo se inventário não houver. Em conclusão, a data da abertura do inventário, para fins da lei paulista, é irrelevante, pois o ITCMD deve ser recolhido em 180 dias da abertura da sucessão, da morte, sem qualquer relação com o prazo de dois meses do art. 611, agora "dilatado" pelo RJET. Assim, para o caso de São Paulo, o RJET é inócuo se o recolhimento do ITCMD não ocorrer no prazo máximo de 180 dias contados da morte: haverá multa de 20%. Em sentido contrário, afirma Flávio Tartuce que "estou filiado às primeiras lições, diante da competência da União Federal para tratar de temas atinentes ao Direito das Sucessões, correlato ao Direito Civil e Processual Civil. Ademais, a lei emergencial de 2020 parece ser mais específica do que as normas estaduais, como o seu próprio nome demonstra. Além disso, vale lembrar que o fim social da norma emergencial – nos termos do art. 5º da LINDB –, foi justamente o de suspender esses prazos processuais e, como consequência, as multas fiscais. Sendo assim, concluir o contrário esvaziaria sobremaneira a nova regra".

JURISPRUDÊNCIA COMENTADA: O TJSP entendeu que não poderia uma das herdeiras receber antecipação de herança por meio de pagamentos mensais antes da abertura do processo de inventário e determinou a suspensão desses pagamentos que vinham sendo feitos por determinação do juízo de primeiro grau. "Pagamentos realizados por mera liberalidade. Instauração de inventário para liquidação, e quando for o caso partilha (art. 1.796, CC). Inexistência de prova de recursos da inventariança. Probabilidade da irreparabilidade dos valores adiantados. Necessidade que pode ser suprida com ação de alimentos em face do espólio, se for o caso. Manutenção da liminar recursal que autorizou a suspensão dos pagamentos. Recurso provido. Não existe prova dos recursos da inventariança, e há necessidade da instauração do inventário para liquidação dos bens e direitos e, quando for o caso, da partilha, conforme o art. 1796 do CC" (TJSP, AI 2019295-38.2013.8.26.0000, 8.ª Câmara de Direito Privado, São Paulo, Rel. Silvério da Silva, j. 13.06.2014).

REFORMA DO CÓDIGO CIVIL: Pretende-se alterar o artigo em comento para constar a seguinte redação: "Art. 1.796. No prazo fixado na lei processual, instaurar-se-á inventário do patrimônio hereditário, preferencialmente perante tabelionato de notas, para fins de liquidação e, quando for o caso, de partilha da herança. § 1º Os valores referentes a Fundo de Garantia do Tempo de Serviço, fundo de participação PIS/PASEP, verbas trabalhistas, e benefícios previdenciários em geral, não recebidos em vida pelo autor da herança, serão pagos, em partes iguais, aos dependentes habilitados perante a Previdência Social ou àqueles designados em testamento ou codicilo e, na sua falta, aos herdeiros legítimos nominados em alvará judicial, independentemente de inventário ou arrolamento. § 2º A transferência de titularidade de bens móveis cujo valor não ultrapasse a 100 (cem) salários mínimos poderá ser efetivada por alvará judicial ou termo de autorização para alienação de bens, perante tabelionato de notas, independentemente de inventário ou arrolamento. § 3º Havendo herdeiro ou interessado incapaz, proceder-se-á ao inventário judicial e o Juiz mandará ouvir, desde logo, o Ministério Público. § 4º Se não houver oposição do curador do incapaz nem conflito com o cônjuge ou convivente supérstite, e esse for o desejo de todos os herdeiros, será expedido alvará para que o inventário se processe nos termos dos §§ 1º e 2º deste artigo, com a participação do Ministério Público". O objetivo da proposta é simplificar o procedimento de inventário e partilha dos bens da herança. Com isso, passa-se a prever expressamente o inventário extrajudicial como preferencial, além da extensão do procedimento de dispensa de inventário, tal como previsto na Lei n. 6.858/1980, para bens móveis de até cem salários mínimos, incluindo automóveis e valores em conta-corrente. Também prevê expressamente a possibilidade de inventário judicial mesmo quando existente testamento, desde que haja registro ou autorização judicial para cumprimento do testamento, em conformidade com o que já vem sendo admitido pela jurisprudência. Por fim, ainda prevê a possibilidade de inventário extrajudicial havendo herdeiros menores ou incapazes, hipóteses em que a lavratura da escritura será condicionada à aprovação do Ministério Público. Esta última proposta, como aliás já ocorre em Portugal, não me agrada. O juiz é uma garantia de maior cuidado aos interesses do menor. Essa redução de proteção não se justifica. Importante notar que a nova redação da Resolução n. 35/2007 do Conselho Nacional de Justiça (CNJ), especialmente em seu art. 12-A, adiantou esse posicionamento previsto na Reforma do Código Civil e passou a permitir, expressamente, a possiblidade de realização de inventário extrajudicial ainda que inclua interessado menor ou incapaz, condicionada ao pagamento do quinhão, ou a meação, a estes pertencentes em partes ideais em cada bem inventariado, vedada, portanto, a compensação de quinhões em bens específicos, e à consulta ao Ministério Público com o parecer favorável deste órgão. Ressalta-se que a eficácia da escritura pública ficará condicionada à concordância do Parquet a respeito da preservação do interesse do menor ou do incapaz, sendo que, em caso de discordância do Ministério Público, ou impugnação de terceiro interessado, deverá o tabelião remeter a dúvida ao juízo competente, para sua apreciação. Ademais, em casos em que o tabelião verifique que exista disposição testamentária que mencione o reconhecimento de filho, ou qualquer outra declaração irrevogável, deverá o notário se negar a lavrar a escritura e indicar as partes que procedam ao inventário judicial, conforme o § 3º do art. 12-B da Resolução em questão. O conteúdo da norma é muito parecido com o proposto pela Comissão de Juristas da Reforma do Código Civil. Contudo, nunca achei boa ideia tirar do juízo o controle do interesse dos menores. Ainda que o Ministério Público seja ouvido, o juízo é, e sempre foi, uma garantia na proteção de incapazes e no cumprimento de direitos indisponíveis. Mesmo com as ressalvas da Resolução n. 35 do CNJ, ora alterada, continuo pensando que excessos de desjudicialização não são benéficos ao sistema.

Art. 1.797. Até o compromisso do inventariante, a administração da herança caberá, sucessivamente:

I – ao cônjuge ou companheiro, se com o outro convivia ao tempo da abertura da sucessão;

II – ao herdeiro que estiver na posse e administração dos bens, e, se houver mais de um nessas condições, ao mais velho;

III – ao testamenteiro;

IV – a pessoa de confiança do juiz, na falta ou escusa das indicadas nos incisos antecedentes, ou quando tiverem de ser afastadas por motivo grave levado ao conhecimento do juiz.

COMENTÁRIOS DOUTRINÁRIOS: Até que o inventariante preste o compromisso, nos termos do art. 617, parágrafo único, do CPC/2015, continuará o espólio na posse do *administrador provisório* (art. 613 do CPC/2015). Esse administrador representa ativa e passivamente o espólio, sendo obrigado a trazer ao acervo os frutos que, desde a abertura da sucessão, houver percebido. Além disso, ele tem direito ao reembolso das despesas necessárias e úteis realizadas na administração, respondendo pelo dano a que, por dolo ou culpa, der causa quando de sua atuação. Tudo isso consta do art. 614 do CPC/2015. Percebe-se por todas essas regras que, antes da assunção da inventariança, os bens do espólio não podem ficar abandonados à própria sorte, razão pela qual o Código de Processo Civil criou a figura do *administrador provisório*, com poderes temporários, para zelar pelo espólio e representá-lo, até a nomeação do inventariante e seu correspondente compromisso. Terá o administrador poderes de representação do espólio, sendo que a sua administração se encerra com o início da inventariança. Não há nomeação judicial do administrador. É figura que surge em uma fase de transição em que o morto deixa bens e ainda não há inventariante nomeado. Normalmente, o tema não surge na vida forense. Se há litígio, os herdeiros logo pedem a nomeação de um inventariante. Pois bem, a dúvida que surge é: quem será esse *administrador provisório*? Coube ao Código Civil indicar a quem caberá essa administração provisória dos bens, de forma sucessiva, conforme o artigo em comento, a saber: 1º) ao cônjuge ou companheiro, se com o outro convivia ao tempo da abertura da sucessão; 2º) ao herdeiro que estiver na posse e na administração dos bens, e, se houver mais de um nessas condições, ao mais velho; 3º) ao testamenteiro; 4º) à pessoa de confiança do juiz, na falta ou escusa das indicadas nos incisos antecedentes, ou quando tiverem de ser afastadas por motivo grave levado ao conhecimento do juiz.

JURISPRUDÊNCIA COMENTADA: O Código Civil não menciona, e nem precisava, que o companheiro ou a companheira em relação homoafetiva tem possibilidade de ser administrador provisório. Os efeitos da união estável homoafetiva são idênticos aos da heterossexual (ADPF 132/RJ, STF, maio de 2011). O TJSP entendeu que, diante da ausência de indicação do inventariante ou outra pessoa capaz de receber citações em nome do espólio: "Impossibilidade de prosseguimento do feito – Temeridade na prática de atos inúteis – Municipalidade que, conquanto obrigada a cobrar seus créditos, não está isenta do dever processual de instruir adequadamente o feito" (TJSP, AP 1501133-82.2016.8.26.0344, 14.ª Câmara de Direito Privado, Marília, Rel. Mônica Serrano, j. 04.04.2019).

REFORMA DO CÓDIGO CIVIL: Pretende-se adicionar um parágrafo único à redação do art. 1.797, passando a prever: "Art. 1.797. [...]. Parágrafo único. A ordem estabelecida nos incisos I a IV deste artigo poderá ser alterada pelo juiz, de acordo com as circunstâncias". Tal mudança, sutil, prevê expressamente interpretação que já é dada atualmente por toda a doutrina e jurisprudência: a ordem dos indicados para o exercício da administração da herança, antes de nomeação de inventariante, com a prestação de seu compromisso, assim como a ordem de nomeação dos legitimados, é meramente preferencial. O juiz, no caso concreto, pode flexibilizá-la de acordo com as circunstâncias e, com isso, atender à celeridade e objetividade que se pretende obter com o procedimento.

CAPÍTULO III
DA VOCAÇÃO HEREDITÁRIA

Art. 1.798. Legitimam-se a suceder as pessoas nascidas ou já concebidas no momento da abertura da sucessão.

COMENTÁRIOS DOUTRINÁRIOS: Inexistente, inválido ou ineficaz o ato de última vontade, a sucessão será legítima e será observada a ordem de vocação hereditária (art. 1.788 do CC). Vocação é chamado. A lei chama os herdeiros, já que o *de cujus* não o fez por meio de testamento ou codicilo. Na sucessão legítima, legitimam-se a suceder as pessoas nascidas ou já concebidas no momento da abertura da sucessão. O dispositivo legal acaba por reforçar a regra pela qual quem não tem personalidade jurídica material ao tempo da morte do falecido não terá direitos sucessórios. Por oportuno, anote-se que somente a pessoa natural, e não a pessoa jurídica, herda pela sucessão legítima. Não só as pessoas já nascidas, como também os nascituros, ou seja, aqueles que já foram concebidos, mas ainda não nasceram, terão direito a suceder legitimamente seus parentes, independentemente da existência de testamento que os beneficie. Os *direitos patrimoniais* do nascituro são subordinados à condição resolutiva, ou seja, ao nascimento com vida. O nascituro tinha direito, inclusive, a um curador ao ventre, caso seus pais tivessem sido destituídos do poder familiar (art. 878, parágrafo único, do CPC/1973). A regra não foi reproduzida pelo CPC/2015. A figura do curador, protetiva do menor, pode ser mantida pelo juiz para atender a seu melhor interesse, mesmo sem a previsão legal expressa. Os conceitos de embrião e de nascituro não se confundem. Isso porque o nascituro já se encontra nidificado no ventre materno. Assim, as técnicas de reprodução assistida podem gerar embriões, que, antes da implantação no útero materno, não são considerados nascituros. Entretanto, a questão não é tão simples quanto pode parecer. Surgem, então, duas correntes: para a primeira, o "já concebido" mencionado neste dispositivo é apenas o nascituro e não o embrião (por todos Jones Figueirêdo Alves e Mário Delgado). Em sentido contrário, temos o entendimento de que o embrião é pessoa humana para os efeitos sucessórios e, implantando no ventre de mulher e nascido com vida, será herdeiro, pois já estava concebido quando da morte (por todos Zeno Veloso). A essa segunda corrente nos filiamos e ela está representada pelo Enunciado n. 267 da *III Jornada de Direito Civil*: "A regra do art. 1.798 do Código Civil deve ser estendida aos embriões formados mediante o uso de técnicas de reprodução assistida, abrangendo, assim, a vocação hereditária da pessoa humana a nascer cujos efeitos patrimoniais se submetem às regras previstas para a petição da herança". O embrião não pode ser "menos pessoa" ou "menos filho" por ter uma vida extrauterina. Essa é sua única diferença para o nascituro que tem uma vida intrauterina. Deve-se ressaltar, contudo, se no momento da morte havia apenas gameta masculino (espermatozoide) ou feminino (óvulo) crioconservado, não há concepção e, portanto, se ocorrer concepção *post mortem* não terá a pessoa direito à herança por sucessão legítima.

JURISPRUDÊNCIA COMENTADA:

Quanto aos direitos do nascituro, inclusive no campo dos direitos de personalidade, a jurisprudência é consolidada nesse sentido. Assim vejamos: "o ordenamento jurídico pátrio aponta sinais de que não há essa indissolúvel vinculação entre o nascimento com vida e o conceito de pessoa, de personalidade jurídica e de titularização de direitos, como pode aparentar a leitura mais simplificada da Lei. Entre outros, registram-se como indicativos de que o Direito Brasileiro confere ao nascituro a condição de pessoa, titular de direitos: exegese sistemática dos arts. 1º, 2º, 6º e 45, *caput*, do Código Civil; direito do nascituro de receber doação, herança e de ser curatelado (arts. 542, 1.779 e 1.798 do Código Civil); a especial proteção conferida à gestante, assegurando-se-lhe atendimento pré-natal (art. 8º do ECA, o qual, ao fim e ao cabo, visa garantir o direito à vida e à saúde do nascituro); alimentos gravídicos, cuja titularidade é, na verdade, do nascituro e não da mãe (Lei n. 11.804/2008); no direito penal a condição de pessoa viva do nascituro. Embora não nascida" (STJ, REsp 1.415.757/RS, 4.ª Turma, Rel. Min. Luis Felipe Salomão, j. 29.09.2014). É a teoria concepcionista que prevalece em nossos Tribunais.

REFORMA DO CÓDIGO CIVIL:

Pretende-se alterar o art. 1.798 para constar a seguinte redação: "Art. 1.798. Legitimam-se a suceder as pessoas nascidas ou já concebidas no momento da abertura da sucessão, bem como os filhos do autor da herança gerados por técnica de reprodução humana assistida *post mortem*, nos termos e nas condições previstos nos parágrafos seguintes. § 1º Aos filhos gerados após a abertura da sucessão, se nascidos no prazo de até cinco anos a contar dessa data, é reconhecido direito sucessório. § 2º O direito à sucessão legítima dos filhos concebidos ou gerados por técnica de reprodução humana assistida, concluída após a morte, quer seja por meio do uso de gameta de pessoa falecida ou por transferência embrionária em genitor supérstite ou, ainda, por meio de gestação por substituição, depende da autorização expressa e inequívoca do autor da herança para o uso de seu material criopreservado, dada por escritura pública ou por testamento público, observado o disposto nos arts. 1.629-B e 1.629-Q. § 3º A autorização de que trata o § 2º é revogável a qualquer tempo. § 4º O juiz poderá nomear curador ao concepturo em caso de ausência de genitor supérstite ou conflito de interesses com o inventariante ou com os demais herdeiros, para resguardar os interesses sucessórios do futuro herdeiro, até o seu nascimento com vida. § 5º O curador ou o genitor sobrevivente podem requerer a reserva do quinhão hereditário pelo período a que se refere o § 1º. § 6º O limite temporal do § 1º deste artigo não repercute nos vínculos de filiação e de parentesco". A proposta de alteração em comento tem o objetivo de superar as discussões existentes sobre a legitimidade sucessória dos embriões extracorpóreos. Atualmente, a doutrina majoritária já se firmou no sentido de que a regra do art. 1.798 do Código Civil deve ser estendida aos embriões criados a partir de técnicas extrauterinas de reprodução. É incompatível com a medicina avançada, com a qual já convivemos atualmente, restringir a legitimidade sucessória estritamente aos já concebidos na data da abertura da sucessão, tal como a redação atual do artigo em questão prevê, principalmente se olharmos a possibilidade de utilização de embriões formados muitos anos após a abertura da sucessão de um de seus genitores. Diante de tal possibilidade, a redação proposta do art. 1.798 prevê que, para os filhos concebidos ou gerados por meio de técnicas de reprodução assistida *post mortem*, seus direitos sucessórios não seguirão as regras sucessórias disciplinadas para o caso de petição de herança, sob pena de gerar insegurança jurídica grave aos herdeiros já existentes na abertura da sucessão. Assim, prevê-se a limitação da legitimidade sucessória aos cinco anos seguintes da morte do genitor, e à existência de autorização expressa em vida do autor da sucessão para o emprego de técnica de reprodução assistida *post mortem*. Em suma, após cinco anos da morte, o filho não pode mais pedir herança, mas, ainda, terá os direitos de personalidade (nome, por exemplo).

Art. 1.799. Na sucessão testamentária podem ainda ser chamados a suceder:

I – os filhos, ainda não concebidos, de pessoas indicadas pelo testador, desde que vivas estas ao abrir-se a sucessão;

II – as pessoas jurídicas;

III – as pessoas jurídicas, cuja organização for determinada pelo testador sob a forma de fundação.

COMENTÁRIOS DOUTRINÁRIOS: *Inciso I* – O dispositivo trata daqueles que podem suceder por testamento. Quem, então, pode ser nomeado pelo testador como herdeiro ou legatário. Permite o Código Civil que, por meio de ato de última vontade, o falecido nomeie como seu herdeiro pessoa ainda não concebida no momento de sua morte, filha de pessoa por ele indicada que deve estar viva quando da sua morte (art. 1.799, I, do CC). Trata-se, portanto, da nomeação de um *concepturo* (*nondum concepti*) como herdeiro, pois o *concepturo* é a pessoa que ainda não foi concebida e difere do nascituro que já se encontra nidificado no ventre materno. O Código Civil revogado utilizava a expressão "*prole eventual*" (art. 1.718 do CC/1916). Prole tinha um significado mais amplo: referia-se à descendência de qualquer pessoa. O CC/2002 limitou a vontade do testador. Não poderá o testador, por exemplo, nomear como herdeiro a sua própria prole eventual, pois o Código Civil em vigor determina expressamente que a pessoa cuja prole será beneficiada deve estar viva no momento da abertura da sucessão. Vejamos. O testador nomeia o primeiro filho de seu sobrinho João como sendo o seu herdeiro. Se na morte do testador João já tiver morrido, a disposição testamentária caduca (será ineficaz), porque, apesar de válida, não prevalecerá por obstáculo superveniente ao momento da elaboração do testamento. A segunda observação importante sobre a questão é que não se trata de *substituição fideicomissária* (ver arts. 1.951 a 1.960). Isso porque na substituição fideicomissária o testador nomeia João seu herdeiro (*fiduciário*), e este transmitirá quando de sua morte os bens do testador a seu primeiro filho (*fideicomissário*). O art. 1.799, I, do CC, que ora se comenta, permite que o testador nomeie diretamente e não por meio de substituição o *concepturo* como seu único herdeiro. A grande questão que se coloca é a insegurança do instituto por dois motivos distintos. O primeiro deles refere-se ao prazo que se deverá aguardar até que se saiba se realmente o concepturo beneficiado nascerá com vida e adquirirá os bens herdados. O segundo motivo decorre da seguinte indagação: quem cuidará dos bens testados, sendo responsável por sua conservação até o nascimento com vida do concepturo? As respostas estão nos comentários ao art. 1.800 do CC. Por fim, questão interessante que surge é saber o que ocorre se, em vez de concepção, houver adoção, situação em que o filho adotivo preenche a condição de "filhos ainda não concebidos" contida no art. 1.799, I, do Código Civil em vigor. Dúvida não há que a adoção produz filiação e que, nos termos da Constituição Federal, qualquer discriminação entre os filhos em razão de sua origem é proibida. Ademais, a intenção do testador era deixar ao primeiro filho de alguém, independentemente de sua origem. Assim, o inciso I deve ser compreendido como existência de filhos: seja por concepção, seja por adoção, seja por afetividade. Fazer qualquer distinção entre o filho adotivo, filho socioafetivo e o biológico não se coaduna com o sistema constitucional e cheira a ranço do passado. Se o testador quiser limitar a qualidade de herdeiros aos filhos biológicos ainda não concebidos, que o faça expressamente por testamento. *Inciso II* – A pessoa jurídica não tem capacidade para herdar por sucessão legítima, pois esta somente decorre do parentesco, do casamento ou da união estável. Por outro lado, nada impede que a pessoa jurídica seja nomeada herdeira ou legatária de determinado bem do *de cujus* pela forma testamentária. Nesse sentido, determina o Código Civil em vigor que podem ser chamadas a suceder por testamento as pessoas jurídicas existentes no momento do falecimento do testador. Isso porque, se ainda não existirem, não terão personalidade e a consequente capacidade jurídica para herdar. Para tanto, lembre-se de que a pessoa jurídica de Direito Privado, tratada no art. 44 do CC, adquire personalidade com a inscrição de seu ato constitutivo no respectivo registro (ver art. 45 do CC). Se não vier a existir essa pessoa jurídica, ocorrerá a caducidade do testamento (ineficácia) e os bens reverterão aos herdeiros legítimos. *Inciso III* – Também podem suceder por testamento as pessoas jurídicas cuja organização for determinada pelo testador sob a forma de fundação (art. 1.799, III, do CC). Trata-se de exceção em que será sucessora a pessoa jurídica que ainda não existe, mas que é criada por meio de testamento. Se assim não fosse, o testador não poderia criar por testamento a fundação (até então inexistente) e deixar bens para ela. Seria, portanto, impossível a criação de fundações por testamento.

JURISPRUDÊNCIA COMENTADA: Curiosa questão diz respeito à personalidade jurídica das organizações religiosas, que são pessoas jurídicas de Direito Privado, por força do art. 44, IV, do CC. Isso porque, em se tratando da Igreja Católica, muitas vezes, o testador deixa o bem para certa Diocese ou paróquia. O Decreto Federal n. 7.107/2010 dispõe em seu art. 3º que "a República Federativa do Brasil reafirma a personalidade jurídica da Igreja Católica e de todas as Instituições Eclesiásticas que possuem tal personalidade em conformidade com o Direito Canônico, desde que não contrarie o sistema constitucional e as leis brasileiras, tais como Conferência Episcopal, Províncias Eclesiásticas, Arquidioceses, Dioceses, Prelazias Territoriais ou Pessoais, Vicariatos e Prefeituras Apostólicas, Administrações Apostólicas, Administrações Apostólicas Pessoais, Missões *Sui Iuris*, Ordinariado Militar e Ordinariados para os Fiéis de Outros Ritos, Paróquias, Institutos de Vida Consagrada e Sociedades de Vida Apostólica. § 1º. A Igreja Católica pode livremente criar, modificar ou extinguir todas as Instituições Eclesiásticas mencionadas no *caput* deste artigo. § 2º. A personalidade jurídica das Instituições Eclesiásticas será reconhecida pela República Federativa do Brasil mediante a inscrição no respectivo registro do ato de criação, nos termos da legislação brasileira, vedado ao poder público negar-lhes reconhecimento ou registro do ato de criação, devendo também ser averbadas todas as alterações por que passar o ato". Sobre a personalidade jurídica da Santa Sé, o STJ já decidiu: "a homologação de sentenças eclesiásticas, confirmadas pelo órgão de controle superior da Santa Sé – que detém personalidade jurídica de direito internacional público –, será realizada de acordo com a legislação brasileira. Além disso, o caráter laico do Estado brasileiro não impede a homologação de sentenças eclesiásticas" (SEC 11.962-EX, Rel. Min. Felix Fischer, j. 04.11.2015, *DJe* 25.11.2015). A pergunta que se faz é se essas paróquias e dioceses têm ou não personalidade para receber os bens testados. Nesse sentido, já se entendeu que não está a Mitra Diocesana impedida de adquirir imóvel por usucapião. Tendo obtido personalidade jurídica definida e inscrição como contribuinte nas repartições fiscais, logrou a Mitra realizar a secularização da instituição religiosa que representa na região (TJSP, Embargos Infringentes 115.748-1, Rel. Des. Ernani de Paiva, j. 29.10.1990, *RJTJESP*-Lex, v. 132, p. 357). Em outro julgado do TJSP, decidiu-se que "os legados feitos a um santo, a Deus, a Jesus Cristo, se julgam feitos à Igreja Paroquial do lugar onde o testador tinha seu domicílio e se Jesus Cristo é o herdeiro, assim deve compreender a Igreja em seu lugar. [...] E se é a Igreja Católica a entidade que contém o santo adorado, a ela se destinará o imóvel, que essa é a verdadeira intenção dos fiéis" (TJSP, Apelação Cível 56.651-1, Rel. Des. Toledo César, j. 24.09.1985, *RJTJESP*-Lex, v. 100, p. 273). Da mesma forma, admitindo-se a personalidade jurídica da diocese, o Tribunal de Justiça do Mato Grosso do Sul decidiu que, se a doação foi destinada à Nossa Senhora da Abadia, deve-se retificar o registro imobiliário para que, no lugar do santo, fique constando o nome da diocese da localização do imóvel, tendo presente que a Igreja, que é quem encarna seus símbolos, tem existência real e personalidade jurídica e é o agente capaz a que a lei se refere para a validade do ato jurídico (TJMS, Apelação Cível 184/82, Rel. Des. Mendes Fontoura, j. 04.10.1982, *Revista de Direito Imobiliário*, n. 12, p. 95). Segundo o relator, a doação para a santa trata de erro plenamente justificável, porque as partes sabiam que a doação era para a Igreja em homenagem à santa e, por isso, o padre ali estava como representante da Igreja. Isso se explica pelo acórdão do TJ/SP que faz uma evolução das relações entre o Brasil e a Igreja Católica: "O Decreto n. 119-A de 07.01.1890 do Governo Provisório da República decretou a separação entre a Igreja e o Estado no Brasil, proibindo a intervenção da autoridade civil, federal ou estadual, em matéria religiosa. O art. 19, I, da Constituição Federal veda à União, ao Estado e ao Município estabelecer cultos religiosos ou igrejas, subvencioná-los, embaraçar-lhes o funcionamento ou manter com eles ou seus representantes relações de dependência ou aliança. A Concordata entre a Santa Sé e o Brasil, celebrada em 13.11.2008, foi aprovada pelo Decreto Legislativo n. 698 de 07.10.2009 e promulgada pelo

Decreto Executivo n. 7.107 de 11.02.2010, passando a integrar o ordenamento jurídico brasileiro. Por tal acordo, o Brasil reafirmou a personalidade jurídica da Igreja Católica e de todas as instituições eclesiásticas que possuem tal personalidade, em conformidade com o Direito Canônico. Enfim, dai a César o que é de César e a Deus o que é de Deus" (TJSP, AI 0247672-06.2012.8.26.0000. 1.ª Câmara de Direito Privado. Rel. Des. Paulo Eduardo Razuk, j. 19.02.2013). A questão não é pacífica. Conforme também já decidiu o Tribunal de Justiça de São Paulo, a personalidade jurídica das capelas e igrejas paroquiais distintas da Arquidiocese é bastante discutível, porque, embora tenham elas o direito de celebrar atos, manter registros, herdar bens e movimentar contas, sua situação patrimonial deverá ser atendida pela Arquidiocese (TJSP, Agravo de Instrumento 120.882-1, Rel. Des. Toledo César, j. 20.03.1990, *RJTJESP*-Lex, v. 128, p. 346). Note-se que a conclusão a que se chega é que, como a sucessão em favor da Igreja ou de qualquer outra pessoa jurídica se dá por testamento, deve-se aproveitar a vontade do testador e não simplesmente considerar nulo ou ineficaz o testamento em favor de certa paróquia ou diocese, mesmo que não tenham personalidade jurídica. Mesmo porque há o velho princípio do *favor testamenti* em que a vontade do morto deve ser preservada, observada, como forma de conservação do negócio jurídico.

REFORMA DO CÓDIGO CIVIL: Propõe a comissão de reforma do Código Civil alterar o art. 1.799 para modificar a redação do inciso I e, ainda, adicionar um parágrafo único, passando a constar: "Art. 1.799. [...] I – a prole eventual, ainda não concebida ou ainda não assumida, pela pessoa ou pelas pessoas indicadas pelo testador, desde que vivas essas ao abrir-se a sucessão, ou desde que iniciado o processo de reprodução humana assistida antes de abrir-se a sucessão; [...] Parágrafo único. Nos casos do inciso II, não estando ainda as pessoas jurídicas devidamente constituídas, com seus atos constitutivos registrados, a deixa testamentária será ineficaz". Essa medida visa adequar a redação do Código Civil para recepcionar o princípio da igualdade da filiação, tal como previsto pelo art. 227, § 6º, da Constituição Federal, ao incluir os filhos adotivos e socioafetivos no rol das pessoas legitimadas a suceder por disposição testamentária por hipótese de prole eventual, assim como é possível para os filhos de sangue. A alteração proposta pelo parágrafo único aduz expressamente que, na eventualidade de indicação de sucessão testamentária para pessoa jurídica, será tal disposição ineficaz se até a data da abertura da sucessão tal entidade não estiver devidamente registrada pelo órgão competente.

Art. 1.800. No caso do inciso I do artigo antecedente, os bens da herança serão confiados, após a liquidação ou partilha, a curador nomeado pelo juiz.

§ 1º Salvo disposição testamentária em contrário, a curatela caberá à pessoa cujo filho o testador esperava ter por herdeiro, e, sucessivamente, às pessoas indicadas no art. 1.775.

§ 2º Os poderes, deveres e responsabilidades do curador, assim nomeado, regem-se pelas disposições concernentes à curatela dos incapazes, no que couber.

§ 3º Nascendo com vida o herdeiro esperado, ser-lhe-á deferida a sucessão, com os frutos e rendimentos relativos à deixa, a partir da morte do testador.

§ 4º Se, decorridos dois anos após a abertura da sucessão, não for concebido o herdeiro esperado, os bens reservados, salvo disposição em contrário do testador, caberão aos herdeiros legítimos.

COMENTÁRIOS DOUTRINÁRIOS: O presente dispositivo regula a situação prevista no artigo anterior pela qual o testador nomeou um concepturo como herdeiro ou legatário por testamento. São pessoas ainda não concebidas no momento da morte do testador. Trata-se de hipótese em que aparentemente a herança ficará acéfala, sem titular por força de lei. Diante disso, deve-se concluir que os bens ficam na titularidade do espólio, que, na qualidade de ente despersonalizado, tem a chamada *personalidade jurídica esdrúxula*, ou seja, uma capacidade provisória até a sua extinção. A extinção ocorrerá ao fim dos dois anos, quando nascer, com vida, o concepturo ou os bens forem entregues ao sucessor legítimo (ver § 4º). Esse prazo se aplica apenas à nomeação direta de prole eventual e não ao fideicomisso (ver comentários ao art. 1.952). Poder-se-ia admitir a solução de os bens ficarem acéfalos nesse período. E, se concebido o herdeiro nos prazos legais, por ficção, este seria o dono dos bens desde a morte do testador. Não sendo concebido, os bens seguem a sucessão legítima ou o destino dado pelo testador, hipótese em que, também por ficção, os bens pertencem a tais pessoas desde o momento da morte. E quem cuida desses bens nesse período em que não há herdeiro para os bens? Os bens da herança serão confiados, após a liquidação ou partilha, a um curador nomeado pelo juiz (art. 1.800, *caput*, do CC). O curador será, salvo disposição testamentária em contrário, a pessoa cujo filho o testador esperava ter por herdeiro (art. 1.800, § 1º, do CC). Exemplificando, se o testador deixar seus bens ao primeiro filho do sobrinho João, será ele nomeado curador para a administração dos bens, até que o concepturo nasça com vida ou, decorridos os dois anos, até que a herança seja entregue aos herdeiros de acordo com a vocação hereditária. Poderá o juiz nomear, ainda, como curador dos bens do concepturo, as pessoas indicadas no art. 1.775 do Código Civil (art. 1.800, § 1º, do CC). Primeiramente, são elas o cônjuge ou o companheiro, não separado judicialmente ou de fato. Na falta do cônjuge ou do companheiro, são indicados pela lei o pai ou a mãe do falecido. Na falta destes, é indicado o descendente que se demonstrar mais apto e, entre os descendentes, os mais próximos precedem aos mais remotos. Por fim, na falta das pessoas mencionadas, compete ao juiz a escolha do curador (*curador dativo*). O dispositivo não se aplica bem à hipótese, pois o concepturo não terá cônjuge ou companheiro, muito menos descendentes. Ora, se não foi concebido ainda, como pode ser casado ou ter filhos? Realmente, do artigo em questão, aplicar-se-ia apenas a nomeação de pessoa de confiança do juiz. Isso porque os pais do concepturo são naturalmente os curadores por força do art. 1.800, § 1º, do CC. Em sua ausência, o juiz nomeará pessoa de sua confiança para assumir a guarda e conservação dos bens testados. Os poderes, deveres e responsabilidades do curador, assim nomeado, regem-se pelas disposições concernentes à curatela dos incapazes, no que couber (art. 1.800, § 2º, do CC). Na realidade, invoca o atual Código Civil para o caso em questão as regras da tutela por força do art. 1.774, pelo qual: "Aplicam-se à curatela as disposições concernentes à tutela, com as modificações dos artigos seguintes". Lembramos, por oportuno, que o Código Civil de 2002 admite a curatela do nascituro no seu art. 1.779, mas nada disciplinou sobre a matéria. Assim, podem o tutor e, assim, também o curador do concepturo: receber as rendas e pensões do concepturo, e as quantias a ele devidas; fazer-lhe as despesas de administração, conservação e melhoramentos de seus bens; alienar os bens testados destinados a venda; promover-lhe, mediante preço conveniente, a locação bens de raiz. Entretanto, não faz sentido imaginar que o curador do concepturo poderia realizar gastos com sua educação, pois ele ainda não nasceu, nem poderia aceitar a herança, pois o estaria fazendo sob condição suspensiva, o que é expressamente vedado pelo art. 1.808 do CC em vigor. É absolutamente necessário que o concepturo nasça com vida para que possa adquirir os bens testados e seus frutos e rendimentos relativos à deixa (art. 1.800, § 3º, do CC). Interessante frisar que *frutos* e *rendimentos* constituem, entre si, expressões redundantes, antes existentes no art. 60 do revogado Código Civil e não repetida pelo art. 95 do atual Código Civil. Rendimentos são frutos civis produzidos pelo principal: os juros com relação ao capital, o aluguel com relação ao imóvel locado etc. Por fim, se decorridos dois anos após a abertura da sucessão não for concebido o herdeiro esperado, os bens reservados, salvo disposição em contrário do testador, caberão aos herdeiros legítimos (segue-se a vocação hereditária). Essa regra está no mencionado art. 1.800, § 4º, do CC/2002, que não encontra correspondente na codificação anterior. O dispositivo traz uma causa de caducidade (ineficácia) do testamento (a não concepção em dois anos contados da abertura da sucessão) devendo a herança seguir para os herdeiros legítimos (segue-se a vocação hereditária), salvo expressa determinação de substituição testamentária. A hipótese é de nenhuma aplicação prática. Testar em favor de pessoa não concebida está longe de ser algo comum. A lógica do testador, em regra, é deixar bens a quem conhece, a quem estima ou a quem deles precisa.

REFORMA DO CÓDIGO CIVIL: Propõe a comissão de reforma do Código Civil alterar o art. 1.800 para modificar a redação de seus §§ 1º, 3º e 4º, passando a constar o seguinte texto: "Art. 1.800. [...] § 1º Salvo disposição testamentária em contrário, a curatela caberá, sucessivamente, à pessoa cujo filho ainda não concebido o testador esperava ter por herdeiro, aos avós e tios do herdeiro eventual e, na falta de todos esses, à pessoa indicada pelo juiz. [...] § 3º Nascendo com vida o herdeiro esperado, efetivando-se sua adoção ou reconhecendo-se o correspondente vínculo de socioafetividade, ser-lhe-á deferida a sucessão, com os frutos e rendimentos relativos à deixa, a partir da morte do testador. § 4º Se, decorridos dois anos da abertura da sucessão, não for concebido o herdeiro esperado, ou estabelecida a filiação, os bens reservados, salvo disposição em contrário do testador, caberão aos herdeiros legítimos". O objetivo da alteração proposta é disciplinar as regras pertinentes à inclusão dos filhos adotivos e socioafetivos no rol dos legitimados a suceder por disposição de testamento que preveja prole eventual. Em relação ao § 4º do artigo em tela, a Comissão justifica como marco inicial do prazo de dois anos, ali entabuladc, como sendo a data do efetivo cadastramento, como adotante, da pessoa cujo filho o testador esperava ter por herdeiro. No entanto, o texto proposto não traz este ou algum outro marco inicial para a contagem do prazo. É preciso dizer que o processo de adoção possui diversas fases, e não é incomum que todo o trâmite se prorrogue por vários meses. O primeiro passo desde procedimento é a solicitação dos adotantes perante a Vara de Infância e Juventude com a entrega dos documentos necessários. Logo após, o pedido do adotante será cadastrado e seguirá à apreciação do juiz. Portanto, considerando o critério objetivo da data do efetivo cadastramento, a Comissão sugere ser esse o marco inicial para o prazo de dois anos estabelecido no parágrafo em questão.

Art. 1.801. Não podem ser nomeados herdeiros nem legatários:

I – a pessoa que, a rogo, escreveu o testamento, nem o seu cônjuge ou companheiro, ou os seus ascendentes e irmãos;

II – as testemunhas do testamento;

III – o concubino do testador casado, salvo se este, sem culpa sua, estiver separado de fato do cônjuge há mais de cinco anos;

IV – o tabelião, civil ou militar, ou o comandante ou escrivão, perante quem se fizer, assim como o que fizer ou aprovar o testamento.

COMENTÁRIOS DOUTRINÁRIOS: A lei determina que certas pessoas, apesar de terem capacidade de direito e de exercício, não têm legitimação ou legitimidade sucessória. A norma jurídica, aqui, trata de casos relacionados com a sucessão testamentária. De antemão, frisamos que não se trata de incapacidade em geral, mas de falta de *legitimação*, pois cuida do direito à sucessão específico de certas pessoas com relação a certos testadores. Assim, não têm legitimidade para suceder por testamento ou por legado as seguintes pessoas: *Inciso I* – A regra tem motivo óbvio, pois beneficiar aquele que escreveu o testamento, ou parentes deste, a pedido do testador, seria criar enorme possibilidade de fraudes. A suspeição é clara: aquele que escreveu o testamento poderia frustrar a confiança do testador e dele se beneficiar. O dispositivo em comento não menciona o descendente daquele que escreveu a rogo como pessoa não legitimada à sucessão, mas, por força do art. 1.802, parágrafo único, do CC, este também se inclui como não legitimado. A limitação se aplica ao testamento cerrado (que pode ser escrito a rogo do testador), mas não ao particular, que deverá ser escrito necessariamente pelo próprio testador, sob pena de nulidade do ato (art. 1.876, *caput*, do CC). Quanto aos testamentos especiais, podem ser escritos a rogo, já que os testamentos marítimo e aeronáutico podem assumir a forma cerrada (art. 1.888, *caput*, do CC). *Inciso II* – A testemunha não pode ter interesse no ato, sob pena de, quando consultada a testar sua validade ou veracidade, faltar com a verdade como forma de preservação de seus interesses pessoais. Essa invalidade diz respeito apenas à deixa (legado ou herança) que beneficia a testemunha e não a todo testamento. Trata-se de nulidade absoluta, pois a locução "não pode" indica nulidade textual (art. 166, VII do CC). Desse modo, extirpa-se a cláusula nula e se aproveita o resto do ato. É, novamente, o princípio da conservação do negócio jurídico pelo qual *utile per inutile non vitiatur*. *Inciso III* – De imediato, percebe-se que a lei se equivoca redondamente ao utilizar o termo "concubino". Isso porque, como se sabe, o concubino é a pessoa que tem uma relação não eventual com quem está legalmente impedido de se casar (art. 1.727 do CC). Note-se que há ressalva admitindo a nomeação do concubino como herdeiro, se o testador estiver separado de fato do cônjuge há mais de cinco anos. Ora, se houver separação de fato e não necessariamente há mais de cinco anos, a relação não eventual entre homem e mulher (ou entre pessoas do mesmo sexo conforme admite o STF na ADP 132/RJ), pública, contínua e duradoura com o intuito de constituir família será uma união estável (art. 1.723, § 1º, do CC). Como se sabe, a união estável, que constitui uma entidade familiar com proteção constitucional, não se confunde com o concubinato, mera sociedade de fato. O dispositivo está em total desacordo com o Direito de Família atual e com as próprias disposições do Código Civil em relação à união estável. Caberia ao legislador diferenciar o concubino do companheiro, como o fez no livro de Direito de Família e não criar verdadeira confusão terminológica. Em realidade, faltou adaptar o dispositivo ao texto constitucional de 1988 e ao próprio conceito de união estável do CC. Diante disso, as conclusões a que se pode chegar diante da má redação do dispositivo são as seguintes: a) Não tem legitimação sucessória para ser nomeado herdeiro ou legatário o concubino, ou seja, a pessoa que vive relação não eventual, mas está impedida de se casar. É o caso do homem casado que lega bem à sua amante. É o caso de dois irmãos que vivem como se casados fossem. b) Se ocorrer união estável, ou seja, a relação não eventual entre pessoas (heterossexual – homem e mulher – ou homoafetiva – duas pessoas do mesmo sexo) que não estão impedidas de se casar não haverá qualquer impedimento à nomeação dos companheiros como herdeiro ou legatário. Isso vale também para as hipóteses em que haja separação de fato (sendo desnecessária a existência de cinco anos de separação de fato) ou separação de direito (na forma judicial ou extrajudicial) por interpretação sistemática do artigo que se comenta com o art. 1.723 do CC. Concluímos que melhor seria que o dispositivo simplesmente se limitasse à possibilidade de nomear como herdeiro ou legatário o concubino de pessoa casada, mas não separada de fato ou judicial ou extrajudicialmente. Essa é, em nossa opinião, a interpretação que deve ser feita do dispositivo em análise, particularmente em interpretação sistemática com as regras da união estável (arts. 1.723 a 1.727 do CC). Na *III Jornada de Direito Civil* promovida pelo Conselho da Justiça Federal e pelo Superior Tribunal de Justiça em dezembro de 2004, concluiu-se exatamente nesse sentido, com a aprovação do Enunciado n. 269, nos seguintes termos: "A vedação do art. 1.801, III, do Código Civil não se aplica à união estável, independentemente do período de separação de fato (art. 1.723, § 1º)". *Inciso IV* – Por óbvio, não poderia haver, para aquele que escreve o testamento ou o aprova, interesse no patrimônio do falecido. Aqui poderia ocorrer de a vontade de quem redige o testamento se suplantar à vontade do próprio falecido, o que justifica plenamente a falta de legitimação.

JURISPRUDÊNCIA COMENTADA: Realmente o inciso III do artigo em comento é anacrônico e conflita com as regras da união estável do Código Civil. É por isso que é perfeito o teor do Enunciado n. 269 do CJF: "a vedação do art. 1.801, III, do Código Civil não se aplica à união estável, independentemente do período de separação de fato (art. 1.723, § 1º)". É essa a aplicação que os Tribunais têm feito do dispositivo: "definida a relação como adulterina, a disposição de última vontade encontra óbice no inciso III do art. 1.801 do Código Civil. Negaram provimento ao apelo" (TJRS, AC 263657-73.2010.8.21.7000, 8.ª Câmara Cível, Rel. Des. Alzir Felippe Schmitz, j. 04.08.2011).

REFORMA DO CÓDIGO CIVIL: Propõe a comissão de reforma do Código Civil alterar o art. 1.801 para modificar a redação de seus incisos I e IV, revogar o inciso III e adicionar os incisos V e VI, passando a constar a seguinte redação: "Art. 1.801. [...] I – a pessoa que, a rogo, escreveu ou realizou a gravação do testamento, nem o seu cônjuge ou convivente, ou os seus ascendentes e irmãos; [...] III – Revogado; IV – o delegatário perante quem se fizer lavrar ou aprovar o testamento; V – os pais nas hipóteses de que tratam os §§ 1º e 2º do art. 1.857 deste Código; VI – o apoiador do testador, de que trata o art. 1.783-A deste Código". O objetivo dessas alterações foi alterar a regulação da sucessão testamentária para propor um rito com menos formalidades e, ao mesmo tempo, incentivar a prática do testamento. Tal intenção da proposta é coincidente com a visão contemporânea de que o ato de testar necessita ser simplificado e modernizado, com a finalidade de popularizar o procedimento, sem, contudo, deixar de lado a segurança que as formalidades do rito do testamento proporcionam. Assim, propõe-se a revogação da ilegitimidade da concubina para ser beneficiada nas disposições testamentárias, em consonância com a visão doutrinária atual, e também o acréscimo do inciso V ao artigo em tela com a finalidade de trazer novamente ao sistema os testamentos pupilar e quase-pupilar, institutos conhecidos no direito romano, bem como presentes em diversos outros códigos civis de origem romana. Por fim, pretende-se deixar expresso no novo inciso VI que a pessoa sujeita ao procedimento da Tomada de Decisão Apoiada, muito embora não esteja impedida de dispor em testamento, não poderá fazê-lo beneficiando a pessoa que lhe assiste, tomador. A previsão tem o objetivo de proteger a pessoa apoiada.

Art. 1.802. São nulas as disposições testamentárias em favor de pessoas não legitimadas a suceder, ainda quando simuladas sob a forma de contrato oneroso, ou feitas mediante interposta pessoa.

Parágrafo único. Presumem-se pessoas interpostas os ascendentes, os descendentes, os irmãos e o cônjuge ou companheiro do não legitimado a suceder.

COMENTÁRIOS DOUTRINÁRIOS: Realmente, o testador, para burlar a proibição legal, poderá se valer de determinados expedientes eivados de simulação. Esse vício social, a simulação, pode ser conceituado como sendo o desacordo intencional entre a vontade interna e a vontade declarada, no sentido de criar aparentemente um negócio jurídico que, de fato, não existe; ou de ocultar, sob determinada aparência, o negócio realmente pretendido.

i) *contrato oneroso simulado.* Como se sabe, uma das inovações do atual Código Civil está em prever que o negócio simulado é nulo (nulidade absoluta), e não apenas anulável, não havendo mais a outrora existente previsão de anulabilidade (art. 167 do CC/2002). Vejamos alguns casos práticos. O primeiro deles está presente no caso de venda simulada do bem. É exemplo clássico da doutrina o homem casado que simula a venda de imóvel à sua amante (concubina) para encobrir doação. O exemplo não cuida de situação de deixa testamentária nula, mas de contrato nulo, por encobrir a doação. Como a deixa seria nula por simulação revestida de contrato oneroso? Devemos imaginar um contrato oneroso simulado em que a parte beneficiada é uma pessoa que não poderia receber a herança ou legado (ver artigo anterior). Vejamos. Se o testador vende uma casa à testemunha testamentária (porque em favor dela não poderia testar) para encobrir sua disposição de última vontade, nula será a venda (contrato oneroso). Entendemos que não é necessário que o Código Civil diga serem nulas as disposições simuladas sob a forma de contrato oneroso, pois a simulação, por si só já é nula, conforme o já citado art. 167. Entretanto, o alcance que deve ter a norma em questão é que, sendo simulado o contrato oneroso para favorecer pessoa não legitimada a receber, nulo também será o negócio *dissimulado*, oculto, não sobrevivendo quando da nulificação do contrato oneroso. Com a nulidade do *negócio simulado* (contrato oneroso), desaparece também o *negócio dissimulado* (deixa testamentária à pessoa não legitimada). Dessa forma, não é aplicada a regra do art. 167, *caput*, do CC para o caso em questão, pela qual será válido o negócio dissimulado se o for na substância e na forma. Isso porque a simulação aqui é de extrema gravidade, não se justificando a aplicação do princípio da conservação dos negócios jurídicos, até porque a eventual manutenção do negócio jurídico dissimulado violaria o art. 426 do CC, que traz a notória separação entre os institutos que produzem efeitos *inter vivos* (contratos) e *mortis causa* (testamentos). As reflexões devem avançar. Se João pede à Maria para escrever o testamento a rogo (a seu pedido) não poderá deixar um imóvel em favor de Maria. Se eles simularem uma compra e venda desse imóvel, a simulação é nula e a causa da simulação, a razão de ser da simulação é o impedimento de se testar tal bem. Se João resolver doar este mesmo imóvel à Maria, nenhum problema existe. O fato de ela ter escrito o testamento a rogo não impede que receba uma doação. E mais. Se Maria efetivamente comprar a casa de João, pagando o preço, simulação não haverá. Novamente, não há impedimento que aquele que escreveu o testamento a rogo compre um bem do testador. ii) *simulação por interposta pessoa.* O segundo expediente vedado pelo artigo em comento é a interposição de pessoas, o que também acarreta nulidade absoluta da disposição testamentária. Exemplificando, se o testador casado não lega o bem à sua amante, mas ao irmão dela, ocorre a interposição de pessoas por *simulação relativa subjetiva.* Em se tratando de herança ou legado a ascendente, descendente, irmão, cônjuge ou companheiro de pessoa não legitimada, a simulação se presume irrefragavelmente (presunção *iuris et de iure*), ou seja, de maneira absoluta, para não admitir prova em sentido contrário. Caso sejam outras as *pessoas interpostas* (um amigo, a namorada, um primo) que não as mencionadas no dispositivo, necessária será a prova da simulação para a nulidade da disposição. Em qualquer caso, por se tratar de negócio nulo, não há prazos para a sua declaração (art. 169 do CC), sendo a ação declaratória correspondente não sujeita à decadência ou prescrição. Zeno Veloso, a partir do pensamento de Clóvis Beviláqua, secundado por Carvalho Santos, dá como exemplo o testamento que menciona uma venda falsa de um bem à pessoa não legitimada a suceder. Pode ser exemplo, também, da vedação prevista nesse artigo o testador que declara falsamente ser devedor em razão de mútuo de certa quantia em que o credor é pessoa não legitimada a suceder.

Art. 1.803. É lícita a deixa ao filho do concubino, quando também o for do testador.

COMENTÁRIOS DOUTRINÁRIOS: Por fim, como forma de superar uma antiga discussão, que não prospera nos dias atuais, pois perdeu toda a sua razão de ser em razão da igualdade constitucional dos filhos (art. 227, § 6º, da CF/1988), afirma o Código Civil que é lícita a deixa ao filho do concubino, quando também o for do testador (art. 1.803 do CC). Ora, em se tratando de filho do testador, sendo ele filho da esposa, da companheira, da concubina, da namorada, ou de um *caso*, a deixa será válida sem sombra de dúvidas. Inútil a disposição de lei que apenas repetiu o teor da Súmula n. 447 do Supremo Tribunal Federal, que data de priscas eras: "É válida a disposição testamentária em favor de filho adulterino do testador com sua concubina". Vale dizer que a ementa é de 1º de outubro de 1964 e não tem mais aplicação diante da igualdade entre filhos consagrada pela Constituição de 1988. Há quem afirme que o artigo cuida do filho do testador casado – concubino – que não tenha sido por ele reconhecido. Se o filho não foi reconhecido, não é menos filho, nem pode ser discriminado por isso. Se o testamento o reconhece, passa a ser filho. Se deixa a ele bens, respeitada a legítima, não há razões para se invalidar ou ineficacizar a deixa. Parece-nos que, na verdade, a ideia do legislador foi a de afastar a possível interpretação pela qual a deixa em favor do filho do testador e de sua concubina seria forma de beneficiá-la, por meio de interposta pessoa, qual seja o filho do casal. Essa presunção de fraude fica afastada por força do dispositivo que já nasce velho

REFORMA DO CÓDIGO CIVIL: Propõe a comissão de reforma do Código Civil revogar o art. 1.803. O objetivo dessa alteração foi adequar tal regra em relação ao já comentado art. 1.801. Assim, visto que naquele artigo propõe-se a revogação da ilegitimidade da concubina para ser beneficiada nas disposições testamentárias, não faria sentido a manutenção da exceção trazida no art. 1.803, especialmente considerando que a regra da vedação à disposição testamentária em favor da concubina não existiria mais no sistema. Ademais, a discriminação de filhos em razão de sua origem é inconstitucional (art. 227 da CF).

CAPÍTULO IV
DA ACEITAÇÃO E RENÚNCIA DA HERANÇA

Art. 1.804. Aceita a herança, torna-se definitiva a sua transmissão ao herdeiro, desde a abertura da sucessão.

Parágrafo único. A transmissão tem-se por não verificada quando o herdeiro renuncia à herança.

COMENTÁRIOS DOUTRINÁRIOS: O dispositivo trata da aceitação da herança no *caput* e da renúncia no parágrafo único. Melhor seria cuidar dos institutos em artigos distintos. Mas já que não foi essa a opção do legislador, vamos cuidar dos conceitos e da natureza jurídica de ambos os institutos. a) *Aceitação.* A aceitação é a manifestação de vontade pela qual o herdeiro indica querer se tornar proprietário dos bens da herança. É chamada de adição. Quanto à natureza jurídica da aceitação, à luz do pensamento de Pontes de Miranda, trata-se de um ato jurídico unilateral que produz efeitos independentemente da concordância de terceiros, tendo, portanto, natureza não receptícia, pois não precisa de comunicação para produzir efeitos. Diante desse conceito, é de se indagar se mesmo havendo a transmissão da herança ao herdeiro, pelo princípio da *saisine*, ainda se faz necessária a aceitação. A resposta é positiva, pois antes da aceitação existe uma situação provisória que findará com este ato do herdeiro: a aceitação da herança é ato de mera confirmação. Assim o é, mesmo porque o herdeiro tem o direito de sê-lo, se quiser, não sendo obrigado a tanto. Em outras palavras, não vale a máxima *filius ergo heres* (ou seja, o filho é obrigatoriamente herdeiro). Ademais, a aceitação não é exclusiva dos herdeiros. Interessados podem aceitar a herança pelo herdeiro (art. 1.807 do CC). Entendemos que a aceitação é ato jurídico em sentido estrito (*stricto sensu*), e não negócio jurídico, pois seus efeitos decorrem somente da lei e não da convenção das partes. Nesse sentido, proíbe o legislador a aceitação parcial, sob termo ou condição (art. 1.808, *caput*, do CC). Os efeitos da aceitação da herança são retroativos à data da abertura da sucessão, tendo conteúdo apenas declaratório e não constitutivo. b) *Renúncia.* A renúncia da herança constitui um ato jurídico unilateral e não receptício, pelo qual o herdeiro ou legatário recusa (afirma que não quer) a herança ou o legado, não criando, consequentemente, qualquer direito ao renunciante, pois se considera que ele nunca foi herdeiro. A renúncia à herança não pode ocorrer antes da abertura da sucessão, ou seja, antes da morte de seu autor, sob pena de nulidade absoluta, por se tratar de ato unilateral que viola uma regra estrutural do sistema e que vem espelhada na vedação ao *pacto sucessório* (art. 426 do CC). Os efeitos da renúncia são retroativos à data da abertura da sucessão, ou seja, são *ex tunc* (art. 1.804, *caput*, do CC). Em razão da retroatividade, os filhos do renunciante não herdam por representação, pois a renúncia significa que o renunciante nunca foi herdeiro (ver comentários ao art. 1.811 do CC). Aliás, se o renunciante ou o seu herdeiro não recebem os bens do falecido, como decorrência lógica não podem transmiti-los a terceiros. Quanto ao destino dos bens após efetivada a renúncia, será estudado em momento oportuno. Como ocorre com a aceitação, a renúncia da herança também tem natureza de ato jurídico em sentido estrito (*stricto sensu*), pois os seus efeitos decorrem apenas da norma jurídica, e não da vontade do renunciante (ver art. 1.808 do CC). A doutrina costuma classificar a renúncia em duas espécies: a *renúncia abdicativa* e a *renúncia translativa*. De acordo com essa estrutura conceitual, a renúncia será *abdicativa* quando o declarante simplesmente diz que não aceita a herança ou o legado, que será devolvido ao monte hereditário, visando à partilha entre os herdeiros legítimos. Por outra via, será *translativa*, ou *in favorem*, aquela renúncia em que o herdeiro recebe a herança e a transfere a certa pessoa. Entendemos que, tecnicamente, a renúncia *in favorem* não é renúncia, mas, sim, uma cessão de direitos. Isso porque a chamada renúncia *in favorem* necessita da aceitação do beneficiado para se aperfeiçoar. Desse modo, se for onerosa, corresponde a uma compra e venda; e se for gratuita corresponde a uma doação. É negócio jurídico bilateral. Por não admitirmos a natureza de renúncia, em se tratando de negócio jurídico, dever-se-á seguir a forma prevista no art. 1.793 do Código Civil, ou seja, a forma pública.

JURISPRUDÊNCIA COMENTADA: A grande diferença entre os dois tipos de renúncia é que, se realmente for abdicativa, não haverá a incidência de imposto *inter vivos*, pois se trata de ato unilateral e não bilateral. Se for translativa, haverá a incidência de impostos *inter vivos* (ITCMD se for gratuita ou ITBI se for onerosa). Nesse sentido, aliás, já entendeu o STJ: "A renúncia de todos os herdeiros da mesma classe, em favor do monte, não impede seus filhos de sucederem por direito próprio ou por cabeça. Esta renúncia não configura doação ou alienação à viúva, não caracterizando o fato gerador do ITBI, que é a transmissão da propriedade ou do domínio útil de bens imóveis" (STJ, 1.ª T., REsp 36.076/MG, Rel. Min. Garcia Vieira, j. 03.12.1998, *DJ* 29.03.1999, p. 76). E, ainda, quando instado a se manifestar se a renúncia seria translativa ou abdicativa exatamente para fins de incidência do ITCMD, o STJ conclui que "a recorrente sustenta que houve renúncia abdicativa e, portanto, não haveria fato gerador do ITCMD. Todavia, o aresto recorrido concluiu estar caracterizada a renúncia translativa. Apurar a existência de renúncia abdicativa, para concluir em sentido diverso do aresto, demandaria incursão probatória inviável no recurso especial, nos termos da Súmula n. 7/STJ" (AgRg no REsp 1254813/RJ, Rel. Min. Castro Meira, 2.ª Turma, j. 01.12.2011, *DJe* 19.12.2011). O cônjuge ou companheiro que, no processo de inventário cede gratuitamente a sua meação sobre os bens, não renuncia a herança nem a cede. Meação não compõe o monte-mor, não faz parte dos bens do falecido. É bem próprio da viúva ou viúvo. É por isso que o STJ corretamente decidiu que "a lavratura de escritura pública é essencial à validade do ato praticado por viúva consistente na cessão gratuita, em favor dos herdeiros do falecido, de sua meação sobre imóvel inventariado cujo valor supere trinta salários mínimos, sendo insuficiente, para tanto, a redução a termo do ato nos autos do inventário. Isso porque a cessão gratuita da meação não configura uma renúncia de herança, que, de acordo com o art. 1.806 do CC, pode ser efetivada não só por instrumento público, mas também por termo judicial" (REsp 1.196.992-MS, Rel. Min. Nancy Andrighi, j. 06.08.2013). Como a renúncia produz efeitos retroativos, o renunciante nunca foi herdeiro. Assim: "comprovada a renúncia à herança pelo herdeiro, de rigor o reconhecimento de sua ilegitimidade para figurar no polo passivo de execução ajuizada contra o autor da herança, devendo ser deferido o levantamento da penhora. Recurso Provido" (TJSP, AI 2155918-36.2018.8.26.0000, Ac. 11963843, 13.ª Câmara de Direito Privado, Tambaú, Rel. Des. Nelson Jorge Júnior, j. 30.10.2018, *DJESP* 05.11.2018). Ocorrendo renúncia abdicativa, "apagam-se" os efeitos da *saisine* e o renunciante nunca foi herdeiro: "diante da manifestação de renúncia à herança efetuada pelas embargantes em abril de 1996, ou seja, antes do ajuizamento da ação que gerou o título executivo, o patrimônio foi transmitido diretamente para a viúva, tendo em vista que a renúncia possui efeito *ex tunc*" (TJSP, ED 2104791-93.2017.8.26.0000, 4.ª Câmara de Direito Privado, São Paulo, Rel. Fábio Quadros, j. 30.01.2019).

Art. 1.805. A aceitação da herança, quando expressa, faz-se por declaração escrita; quando tácita, há de resultar tão somente de atos próprios da qualidade de herdeiro.

§ 1º Não exprimem aceitação de herança os atos oficiosos, como o funeral do finado, os meramente conservatórios, ou os de administração e guarda provisória.

§ 2º Não importa igualmente aceitação a cessão gratuita, pura e simples, da herança, aos demais co-herdeiros.

COMENTÁRIOS DOUTRINÁRIOS: São duas são as formas de aceitação da herança: a expressa e a tácita. a) *aceitação expressa* – é aquela que se faz por declaração escrita. Não restringindo a lei, poderá o escrito ser público ou particular, mas nenhum efeito terá se for apenas verbal. Portanto, não se poderá valer de prova testemunhal para comprovar a aceitação verbal. b) *aceitação tácita* – aquela pela qual o herdeiro ou legatário pratica atos que indicam a aceitação e que, portanto, são incompatíveis com a ideia de repúdio aos bens herdados. É o caso do herdeiro que paga os tributos do imóvel e que contrata funcionários para a sua conservação. Em síntese, haverá aceitação tácita se o herdeiro pratica atos definitivos de administração do espólio ou dos bens do falecido, ou seja, atos próprios da qualidade de proprietário, e não mero gestor de negócios. A aceitação tem forma menos rígida que a renúncia (ver art. 1.806 do CC), porque é comum aceitar herança, é isso que ocorre na grande maioria dos casos. É pouco comum, quase inexistente em termos práticos, a renúncia de herança. Daí a rigidez formal ser maior para renúncia que para aceitação. Assim, ainda que a prova da aceitação seja mais difícil no caso de aceitação tácita, normalmente a aceitação é o que ocorre. Não implicam aceitação: i) *Os atos oficiosos, como o funeral do finado, os meramente conservatórios, ou os de administração e guarda provisória*. Para que se evite qualquer confusão entre a aceitação tácita e a prática de certos atos, prevê o Código Civil em vigor que não exprimem a aceitação de herança os atos oficiosos, como o funeral do finado, os meramente conservatórios, ou os de administração e guarda provisória (§ 1º do art. em comento). Na verdade, esses atos são simples favores à pessoa do morto ou aos seus herdeiros, inexistindo a clara vontade de aceitar a herança. Decorrem da generosidade daquele que os pratica, como forma de resolver problemas urgentes que não poderiam esperar. ii) *A cessão gratuita, pura e simples, da herança, aos demais coerdeiros*. Curiosa é a regra pela qual não importa igualmente a aceitação da herança sua cessão gratuita, pura e simples, aos demais coerdeiros (art. 1.805, § 2º, do CC), introduzida pelo Código Civil de 2002 e que reproduz o art. 1.582 do diploma revogado. Se houve a cessão de direitos aos coerdeiros, é porque se aceitou a herança. Ninguém pode transmitir direitos que não tem. É por isso que o art. 1.805, § 2º, do CC é amplamente criticado pela doutrina. A solução do problema passa por uma breve nota histórica. Na redação do Projeto Beviláqua (art. 1.742), utilizava-se a locução "renúncia em favor de todos os herdeiros". Na origem histórica, com base nas Ordenações Filipinas, afirmava-se que, na cessão gratuita, não haveria aceitação da herança, mas, na cessão onerosa, haveria. Assim, se o herdeiro cedesse e nada recebesse, era como se nunca tivesse aceitado a herança, pois seu patrimônio não se alterou. Se cedesse e recebesse uma contraprestação, considerava-se que aceitou a herança. O termo "pura e simples", do parágrafo segundo deste artigo, indica que o herdeiro que cedeu a herança não praticou qualquer ato de domínio. Na realidade, a regra quer dizer o seguinte: se por meio de cessão de herança (renúncia translativa) se chegou ao mesmo efeito que teria uma renúncia abdicativa, prevalece a ideia de renúncia abdicativa e o "cedente" não é considerado herdeiro. É por isso que Beviláqua tinha razão ao utilizar o termo "renúncia em favor de todos os coerdeiros". Explicamos. Se João, Pedro e Antônia são os únicos herdeiros de Fernando e Antônia resolve renunciar à herança poderá fazê-lo por meio de renúncia abdicativa, ou seja, por um ato jurídico unilateral pelo qual ela declara não querer a herança (ela não é considerada herdeira) e sua quota será dividida entre João e Pedro (art. 1.810 do CC). Se o fizer por "renúncia" translativa gratuita (na realidade uma cessão de herança sem que a cedente nada receba) pela qual afirma que os bens por ela herdados ficarão em partes iguais para Pedro e João e ambos aceitam a cessão, sua quota será dividida entre João, Pedro e Antônia não é considerada herdeira. Em suma, se o efeito da cessão gratuita de herança (impropriamente chamada de renúncia translativa) for igual ao da renúncia abdicativa (em ambas as hipóteses os bens irão aos mesmos herdeiros, nas mesmas proporções), não houve aceitação, e sim renúncia abdicativa para fins do Código Civil. Contudo, será necessária a forma pública para a validade de tal cessão (ver comentários ao art. 1.793 do CC).

JURISPRUDÊNCIA COMENTADA: A definitividade da aceitação e da renúncia, como irrevogáveis, é reconhecida pela jurisprudência. A nomeação de advogado para abertura do inventaria é exemplo de aceitação tácita: "a aceitação da herança, expressa ou tácita, torna definitiva a qualidade de herdeiro, constituindo ato irrevogável e irretratável. O pedido de abertura de inventário e o arrolamento de bens, com a regularização processual por meio de nomeação de advogado, implicam a aceitação tácita da herança" (STJ, REsp 1.622.331, Proc. 2012/0179349-2/SP, 3.ª Turma, Rel. Min. Ricardo Villas Bôas Cueva, *DJE* 14.11.2016).

REFORMA DO CÓDIGO CIVIL: Propõe a comissão de reforma do Código Civil alterar a redação do art. 1.805, passando a constar: "Art. 1.805. A aceitação da herança pode ser expressa ou tácita. § 1º A aceitação é havida como expressa quando em documento escrito, em formato físico ou digital, o herdeiro declara aceitar a herança ou assume o título ou a condição de herdeiro. § 2º O requerimento de abertura do inventário, a simples manifestação nos autos e os atos de mera administração ou conservação dos bens hereditários, incluindo a ocupação, a habitação e proposição de medidas judiciais em defesa do patrimônio, praticados pelo eventual herdeiro, não implicam aceitação tácita da herança. § 3º Não importa igualmente aceitação tácita a cessão da herança, quando feita gratuitamente em benefício de todos aqueles a quem ela caberia se o cedente a repudiasse. § 4º Importa, porém, aceitação tácita a cessão ou alienação da herança em favor de apenas algum ou alguns dos coerdeiros". A proposta em questão tem por objetivo esclarecer a disciplina da aceitação tácita da herança. Tal tema é objeto de controvérsias doutrinárias e jurisprudenciais constantes, principalmente em relação à confusão feita com a denominada "renúncia translativa", que é, na verdade, uma espécie de aceitação tácita, com a diferenciação de que é seguida de uma cessão. Assim, a alteração proposta distingue as hipóteses de aceitação expressa e tácita, ao mesmo tempo que exclui a incidência tributária da aceitação da herança na hipótese de o herdeiro cedê-la gratuitamente a todos os demais coerdeiros de mesma classe. Assim, aniquila-se, expressamente, a interpretação desse tipo de cessão como "renúncia translativa".

Art. 1.806. A renúncia da herança deve constar expressamente de instrumento público ou termo judicial.

COMENTÁRIOS DOUTRINÁRIOS: A renúncia à herança é pouco comum, é quase inexistente na prática. Assim, para que alguém abra mão de direitos, deixe de ter as vantagens da sucessão, deve fazê-lo de forma inequívoca, sem que haja dúvidas. É por isso que, para renunciar à herança, deve o declarante fazê-lo por instrumento público ou termo judicial, sendo nula a renúncia por instrumento particular. Nota-se que a lei não permite a renúncia tácita, mas apenas a expressa, pois isso é forma de dar maior segurança ao instituto. Assim, a renúncia pode ocorrer apenas por escritura pública lavrada no Tabelionato de Notas ou por termo judicial, nos próprios autos do inventário. Se o inventário for extrajudicial, a renúncia pode ocorrer na própria escritura de inventário, não sendo necessário um instrumento próprio para ela. A renúncia pode ser feita pelo mandatário do renunciante. Nessa hipótese, o mandato deve conter os requisitos legais de validade que são exigidos para a própria renúncia: escritura pública, portanto. É por isso que o STJ decidiu que, "se a renúncia feita pelo próprio sucessor só tem validade se expressa em instrumento público ou termo judicial (art. 1.806 do CC), a transmissão de poderes para tal desiderato deverá observar a mesma formalidade" (REsp 1.236.671-SP, Rel. originário Min. Massami Uyeda, Rel. para acórdão Min. Sidnei Beneti, j. 09.10.2012). Não se pode renunciar herança por procurador se o mandato for verbal ou por instrumento particular. Será nula a renúncia. Questão relevante é saber se a renúncia da herança exige a vênia conjugal para a sua validade. Há duas correntes. A primeira entende que não é necessária a outorga, pois o art. 1.647, ao exigi-la, o faz para o negócio jurídico de alienação de bens imóveis. A renúncia não é alienação, pois alienar é tornar alheio, deixar de ser meu para ser de outrem, e na renúncia o bem nunca foi do renunciante (ver art. 1.804). Só precisa de outorga conjugal para alienar aquele que é proprietário (por todos José Luiz Gavião de Almeida). Essa interpretação da literalidade da lei não é a melhor. O objetivo do art. 1.647 ao se exigir a outorga é a proteção da família. É não permitir que um dos cônjuges pratique um ato que seja ruim para toda a família. É por isso que a renúncia necessita da outorga conjugal para ser válida (ver art. 1.649), pois implica deixar de receber bens, deixar de aumentar o patrimônio do renunciante em possível prejuízo à família (por todos, Zeno Veloso). Há, ainda, sobre o tema da necessidade de outorga conjugal para a validade da renúncia que se mencionar que a outorga é desnecessária para as pessoas casadas pelo regime de separação absoluta de bens (ver art. 1.647, *caput*) que decorre do pacto antenupcial (separação convencional de bens). Por fim, a Lei n. 14.118, de 2021, que cria o programa Casa Verde e Amarela "com a finalidade de promover o direito à moradia a famílias residentes em áreas urbanas com renda mensal de até R$ 7.000,00 (sete mil reais) e a famílias residentes em áreas rurais com renda anual de até R$ 84.000,00 (oitenta e quatro mil reais), associado ao desenvolvimento econômico, à geração de trabalho e de renda e à elevação dos padrões de habitabilidade e de qualidade de vida da população urbana e rural" (art. 1º) determina que os contratos firmados em seu âmbito "serão formalizados, preferencialmente, em nome da mulher e, na hipótese de esta ser chefe de família, poderão ser firmados independentemente da outorga do cônjuge" afastada a regra do art. 1.647 do CC. A regra da lei especial não afeta a renúncia à herança e seus requisitos de validade. Se certa mulher, proprietária de um imóvel "Casa Verde e Amarela" resolver renunciar à herança deixada por seu pai, a lei especial não afeta a regra do art. 1.647 do CC. Da mesma forma, se o imóvel "Casa Verde e Amarela" compuser o acervo da falecida e um dos filhos resolver renunciar a herança, a outorga de seu cônjuge será necessária, salvo se o herdeiro for casado por separação convencional de bens. Em matéria de outorga conjugal quando da renúncia da herança, a Lei n. 14.118/2021 não tem qualquer efeito.

JURISPRUDÊNCIA COMENTADA: No antigo Código Civil, a concordância era necessária qualquer que fosse o regime de bens, na vigência do Código Civil de 1916 (art. 235). Diante disso, a questão que surge é a seguinte: a nova disposição atinge as pessoas casadas sob a vigência do Código Civil de 1916 ou apenas as casadas pelo sistema do Código Civil de 2002? A dúvida decorre da regra de transição prevista no Código Civil de 2002, pela qual o regime de bens nos casamentos celebrados na vigência do Código Civil anterior é o por ele estabelecido (art. 2.039 do CC/2002). A resposta é positiva. Deve-se analisar o momento em que a renúncia da herança ocorreu. Se, na vigência do Código Civil de 1916, a outorga era necessária para todo e qualquer regime de bens. Se a renúncia ocorreu na vigência do Código Civil de 2002, a outorga é desnecessária para os que casaram sob o regime de separação convencional de bens, ainda que o casamento tenha ocorrido na vigência do revogado Código Civil. Nesse sentido, cuidando da venda de imóveis, impecável a decisão do Conselho Superior da Magistratura do Tribunal de Justiça de São Paulo, relatada pelo Desembargador Cardinale, data de 7 de julho de 2005: "*Registro de Imóveis* – Escritura pública de venda e compra – Recusa com base no art. 235, I, do Código Civil de 1916, combinado com o art. 2.039 do Código Civil de 2002 – Ausência de outorga uxória – Dúvida improcedente – Formalidade legal não inerente ao regime de bens adotado – Incidência do art. 1.647, I, do diploma atual, que não afeta ou modifica tal regime – Registro cabível – Recurso não provido. E, da mesma forma, não merece guarida o entendimento de que a aplicação imediata de seu art. 1.647, I (dispensando a autorização quando o regime for o da separação absoluta), viola ato jurídico perfeito, qual seja o pacto antenupcial celebrado sob a égide da legislação pretérita. Tal pacto versa, evidentemente, sobre o regime de bens em si e não acerca de aspectos exteriores a ele, como o que aqui se examina. Assim, impende concluir que os negócios jurídicos realizados na vigência do velho Código Civil, envolvendo imóveis de pessoas casadas, obedecem às regras por ele estabelecidas, enquanto aqueles celebrados sob a vigência do novo estatuto substantivo respeitarão as normas previstas neste último, de modo a dispensar a autorização do outro cônjuge nos casos de alienação e oneração de imóveis quando o regime for o da separação, ainda que o alienante tenha se casado com pacto de incomunicabilidade patrimonial sob a égide da legislação anterior" (TJSP, Apelação Cível 356-6/6). É verdade que por uma interpretação equivocada do art. 2.039 do CC, que não trata das regras gerais dos regimes de bens, mas apenas das regras específicas, em sentido contrário, entendo o TJ/SC que "permanece, em consequência, a necessidade da outorga uxória ou autorização marital para a prática desses atos nos casamentos celebrados na vigência do diploma anterior pelo regime de separação de bens" (TJSC, Apelação 2009.054193-6, 6.ª Câmara de Direito Civil, Rel. Des. Luciana Pelisser Gottardi Trentini, j. 09.05.2013). A mesma e equivocada orientação já foi adotada pelo TJ/MG: "Tendo o casamento do vendedor como regime o da separação total de bens, realizado sob a égide do Código Civil de 1916, será por este regulado, razão pela qual, havendo nele expressa disposição no sentido de que o seu cônjuge deverá prestar outorga uxória acerca da alienação de bem imóvel de sua propriedade" (TJMG; APCV 1.0028.08.016202-8/001; Rel. Des. Jair Varão, j. 10.10.2013; *DJEMG* 23.10.2013). É possível renunciar herança por procuração? Sim. "Renúncia realizada por procurador com poderes específicos para prática do ato, tomada por termo nos autos do arrolamento. Admissibilidade (art. 1.806 do CC). Ato que pode ser realizado por mandatário, desde que munido de poderes especiais e expressos, porque exorbitam do poder geral da administração (artigos 38 do CPC e 661, § 1.º, do CC)" (TJSP, AI 014087132.2013.8.26.0000, 8.ª Câmara de Direito Privado, Guaratinguetá, Rel. Silvério da Silva, j. 04.09.2013).

Art. 1.807. O interessado em que o herdeiro declare se aceita, ou não, a herança, poderá, vinte dias após aberta a sucessão, requerer ao juiz prazo razoável, não maior de trinta dias, para, nele, se pronunciar o herdeiro, sob pena de se haver a herança por aceita.

COMENTÁRIOS DOUTRINÁRIOS: O Código Civil não estabeleceu prazos para aceitação. Assim, há uma aceitação presumida na hipótese do artigo que se comenta. No caso em questão, o silêncio do herdeiro significa sua aceitação tácita. O que se pode perceber é que se trata de exceção à regra pela qual o silêncio não produz efeitos jurídicos (quem cala não consente, apesar do equívoco do dito popular em sentido contrário), que pode ser retirada do art. 111 do Código Civil. Nessas hipóteses, deve-se entender que são interessados em requerer judicialmente a aceitação não só os demais herdeiros (que terão seu quinhão reduzido pela aceitação), os que podem vir a ser herdeiros se não houver aceitação (é o caso de pai do falecido que será herdeiro se o filho do *de cujus* renunciar), como também os credores do herdeiro. No Projeto Clóvis, o herdeiro notificado teria 30 dias para declarar a aceitação, sob pena de se entender que houve renúncia. Contudo, como no sistema brasileiro a renúncia deve ser expressa, o Código Civil de 1916 se afastou dessa orientação e já determinava que o silêncio implicava aceitação. É essa a regra atual. A presunção de aceitação é mais adequada à realidade social.

JURISPRUDÊNCIA COMENTADA: Não se pode confundir o poder de exigir que o herdeiro declare se aceita ou não a herança, que se sujeita aos prazos do artigo em comento, com a inexistência de prazos para renúncia: "É certo que a renúncia à herança, nos moldes do disposto nos arts. 1.804 e 1.806 do Código Civil – que não prevê prazo para a formalização do ato –, impede sua transmissão ao herdeiro renunciante, o qual, por conseguinte, não responde por quaisquer obrigações do *de cujus*. Anote-se a inaplicabilidade do prazo estabelecido no art. 1.807 do aludido Diploma Legal ao caso em epígrafe, porque referido dispositivo regula situação diversa, qual seja, o pedido de manifestação de aceitação, dirigido ao Juízo, promovido por interessado" (TJSP, AI 2046347-38.2015.8.26.0000, 24.ª Câmara de Direito Privado, Campinas, Rel. Claudio Grieco Tabosa Pessoa, j. 30.04.2015).

Art. 1.808. Não se pode aceitar ou renunciar a herança em parte, sob condição ou a termo.

§ 1º O herdeiro, a quem se testarem legados, pode aceitá-los, renunciando a herança; ou, aceitando-a, repudiá-los.

§ 2º O herdeiro, chamado, na mesma sucessão, a mais de um quinhão hereditário, sob títulos sucessórios diversos, pode livremente deliberar quanto aos quinhões que aceita e aos que renuncia.

COMENTÁRIOS DOUTRINÁRIOS: i) *Condição ou termo.* Aceitação e renúncia são atos jurídicos em sentido estrito pela regra do artigo que ora se comenta. Isso significa que os efeitos da aceitação e da renúncia não poderão estar subordinados a um evento futuro e incerto – condição – nem a um evento futuro e certo – termo. A título de exemplo, não pode o herdeiro João aceitar a herança se o herdeiro José a ela renunciar (condição suspensiva). Também não poderá o herdeiro Pedro aceitar a herança até o ano de 2025 (termo resolutivo). Isso porque o herdeiro é a continuação da pessoa do morto para todos os efeitos (por isso sucessor universal). Pois bem, mas qual seria a consequência dessa aceitação ou renúncia sob condição ou termo? Como a regra do sistema é a aceitação, pois é isso que normalmente ocorre na prática, o elemento acidental (condição, termo e encargo) seria tido por não escrito e a aceitação produziria todos os efeitos. Já com relação à renúncia, como esta deve ser expressa (ver art. 1.806), a renúncia como um todo seria nula e, portanto, o herdeiro aceitou a herança (por todos, Carvalho Santos). ii) *Em partes.* Também a herança não pode ser aceita ou renunciada em partes, mas apenas como um todo em razão de sua indivisibilidade, regra esta que também é extraída do art. 1.808, *caput*, do Código Civil. Como visto, a herança constitui uma *universalidade de direito* e, portanto, não pode o herdeiro aceitar apenas certos bens ou direitos e renunciar a outros. Seria bom e agradável se se pudesse aceitar apenas os bens e renunciar às dívidas, mas isso o herdeiro, por razões óbvias, não pode fazer. Todavia, a regra em comento comporta duas exceções. A primeira dessas exceções refere-se ao herdeiro a quem se testarem legados, que pode aceitá-los, renunciando à herança; ou, aceitando-a, repudiá-los (art. 1.808, § 1º, do CC). Realmente, se o herdeiro também for nomeado como legatário, recebe a universalidade dos bens (a herança), bem como o bem destacado e singular (legado). A renúncia e a aceitação de um ou de outro não ferem a ideia de indivisibilidade da herança como universalidade de direito que é. Ocorre, no caso em questão, uma diversidade de causas sucessórias. No campo prático, se João e José são herdeiros legítimos do testador e José também é nomeado legatário de um piano, o último poderá aceitar a herança repudiando ao piano ou aceitar este e repudiar a herança. A regra é bastante lógica, pois, se o testamento vier a ser anulado ou revogado pelo testador, José perde o legado, mas não a condição de herdeiro legítimo. Da mesma forma, se José for nomeado herdeiro e legatário pelo testamento. Se o testador deixar 50% de seus bens a José e ainda a casa de praia, José pode aceitar a herança e renunciar ao legado ou vice-versa. Como segunda exceção, há o caso do herdeiro chamado, na mesma sucessão, a mais de um quinhão hereditário, sob títulos sucessórios diversos. Pelo que consta do art. 1.808, § 2º, do CC, esse herdeiro pode, livremente, deliberar quanto aos quinhões que aceita e que renuncia. Ilustrando, se João e José são filhos do testador e José recebe, em virtude de testamento, a parte disponível terá direito a dois quinhões hereditários – o da sucessão legítima e o da testamentária –, e poderá aceitar um quinhão e renunciar ao outro.

JURISPRUDÊNCIA COMENTADA: Seguindo a literalidade da lei, afirmou o TJSP que, "ademais, se a renúncia não expressou a real manifestação de vontade dos renunciantes, havendo vício de consentimento, tal postulação deverá ser manejada e comprovada em ação própria que vise sua desconstituição. Por fim, quanto ao pedido alternativo, não prospera a tese de que a renúncia foi apenas sobre o imóvel descrito na inicial, ante o contido no art. 1808 do CC" (TJSP, AI 014087132.2013.8.26.0000, 8.ª Câmara de Direito Privado, Guaratinguetá, Rel. Silvério da Silva, j. 04.09.2013).

REFORMA DO CÓDIGO CIVIL: Propõe a comissão de reforma do Código Civil alterar a redação do art. 1.808, passando a constar: "Art. 1.808. Não se pode aceitar ou renunciar a herança em parte, sob condição ou a termo. § 1º A renúncia não abrange bens e direitos desconhecidos pelo herdeiro na data do ato de repúdio. § 2º O herdeiro, a quem se testarem legados, pode aceitá-los, renunciando a herança; ou, aceitando-a, repudiá-los. § 3º O herdeiro, chamado, na mesma sucessão, a mais de um quinhão hereditário, sob títulos sucessórios diversos, pode livremente deliberar quanto aos quinhões que aceita e aos que renuncia. Se chamado a suceder em direitos sucessórios diversos, ainda que sob o mesmo título, pode aceitar uns e repudiar outros. § 4º O herdeiro necessário que também é chamado à sucessão por testamento pode renunciar quanto à quota disponível e aceitar quanto à legítima ou vice-versa. § 5º É ineficaz a renúncia de todos os direitos sucessórios, quando o renunciante, na data de abertura da sucessão, não possuir outros bens ou renda suficiente para a própria subsistência. § 6º Na hipótese do parágrafo anterior, o renunciante interessado, no prazo de 180 dias, pedirá ao juiz que fixe os limites e a extensão da renúncia, de modo a assegurar a sua subsistência". A alteração proposta visa a eliminação de diversas contradições entre termos no dispositivo em questão, já apontadas pela doutrina (*vide* comentários do artigo acima). A alteração propõe a mudança do caput do dispositivo em questão para eliminar uma dessas contradições. O dispositivo atual, simultaneamente, expressamente veda a renúncia parcial e traz em seus parágrafos diversas possibilidades de fazê-lo, incluindo a permissão de se renunciar à legítima e manter as benesses recebidas por testamento, e vice-versa. Ademais, a doutrina, por meio de enunciado na II Jornada de Direito Civil já admitiu a possibilidade de renúncia pelo cônjuge apenas ao direito real de habitação, sem sua renúncia à herança. Assim, pretende-se regular as hipóteses em que o herdeiro pode aceitar parte da herança, em oposição à proibição absoluta, tal como se dá no sistema atual. A maior novidade é a ineficácia da renúncia que deixe o renunciante sem bens ou renda para a subsistência. A regra é análoga à doação universal (art. 548) com uma diferença: a doação universal é nula e a renúncia é ineficaz. Trata-se de proteção do mínimo existencial.

Art. 1.809. Falecendo o herdeiro antes de declarar se aceita a herança, o poder de aceitar passa-lhe aos herdeiros, a menos que se trate de vocação adstrita a uma condição suspensiva, ainda não verificada.

Parágrafo único. Os chamados à sucessão do herdeiro falecido antes da aceitação, desde que concordem em receber a segunda herança, poderão aceitar ou renunciar a primeira.

COMENTÁRIOS DOUTRINÁRIOS: Conforme prevê o dispositivo em comento, o direito de aceitar a herança não é personalíssimo e se transfere aos filhos do herdeiro caso este faleça antes de ter aceitado a herança expressa ou tacitamente. Interessante é a disposição prevista pelo Código Civil de 2002 e inexistente no revogado Código Civil, pela qual "os chamados à sucessão do herdeiro falecido antes da aceitação, desde que concordem em receber a segunda herança, poderão aceitar ou renunciar à primeira" (art. 1.809, parágrafo único). Tem lógica a regra criada, pois, se os herdeiros da pessoa falecida não aceitarem receber a sua própria herança, não receberão o poder de aceitar aquela que pertenceria ao falecido. Vejamos. Se João morre antes de aceitar a herança deixada por sua tia Maria, seus dois filhos terão o direito de aceitá-la. A solução é que primeiramente os filhos aceitem a herança deixada por seu pai João para só, então, aceitar ou renunciar à herança que o pai deles recebera de Maria. Há uma sequência lógica. Os filhos de João só poderão aceitar a herança de Maria, por ele, se forem herdeiros de João. Se não forem, não recebem os bens deixados por João e não podem, por óbvio, exercer o direito de aceitação sobre os bens de Maria que João teria. Há uma ordem lógica, como se vê. Primeiro o herdeiro aceita a herança daquele que falece antes da aceitação e, só depois, aceita a herança por ele. Se José morre e seu filho Antonio morre logo depois, sem ter aceitado a herança do primeiro, Priscila (filha de Antonio e neta de José) deve primeiro aceitar a herança de Antonio e só depois aceitar ou renunciar a de José. Há outra consequência interessante: se Priscila aceitar a herança de Antonio, mas renunciar a de José, receberá todos os bens de Antonio, com exceção daqueles que Antonio receberia pela morte de José. Quando não ocorre a transmissão do direito de aceitação? Pelo próprio comando legal, a exceção se verifica quando a herança foi instituída ao herdeiro sob condição suspensiva ainda não verificada. Trata-se da sucessão do direito de aceitar (*jure transmissionis*). Contudo, se havia uma condição suspensiva não verificada, o *de cujus* não tinha um direito adquirido e, com a morte, nunca o terá. A regra decorre do fato de a condição suspensiva não gerar direito adquirido, mas mero direito eventual (art. 125 do CC). A título de exemplo, se o testador deixar uma casa ao jogador de futebol, sob condição de a seleção brasileira se tornar hexacampeã do mundo, antes de o evento ocorrer o jogador não tem direito adquirido. Se vier a falecer, sem aceitar a herança, seus herdeiros não poderão aceitá-la. Sobre a aceitação pelos herdeiros, surge uma dúvida importante: o que ocorre se um herdeiro aceitar a herança e o outro renunciar a ela? A solução vem do Código Civil italiano: aquele que aceitou fica com a herança e com todos os direitos e encargos, e quem renunciou nada recebe. A solução é perfeita, pois aceita a herança por um dos herdeiros e recusada pelo outro, ocorre fenômeno semelhante à renúncia, pelo qual a herança volta ao monte e se partilha entre os demais herdeiros – no caso aqueles que a aceitaram.

JURISPRUDÊNCIA COMENTADA: Seguindo a literalidade da lei, entendeu o TJSP não ser direito personalíssimo a aceitação da herança que se transmite aos herdeiros daquele que falece antes da aceitação, "mas como disse o agravante, quando da morte de Robson não havia ele, ainda, manifestado aceitação ou renunciado à herança de sua mãe, Maria de Lourdes. Quando isso ocorre, o direito de aceitar ou renunciar à herança passa aos herdeiros do herdeiro falecido que não exerceu o seu direito de aceitar ou repudiar a herança. Tratou-se a aceitação da herança como direito não personalíssimo, tanto que pode ser transmitida a opção aos herdeiros daquele que ainda não decidiu se queria ou não suceder" (TJSP, AI 9053675-75.2007.8.26.0000, 9.ª Câmara de Direito Privado, Campinas, Rel. José Luiz Gavião de Almeida, j. 25.03.2008).

Art. 1.810. Na sucessão legítima, a parte do renunciante acresce à dos outros herdeiros da mesma classe e, sendo ele o único desta, devolve-se aos da subsequente.

COMENTÁRIOS DOUTRINÁRIOS: Com a efetivação da renúncia válida na sucessão legítima, a parte do renunciante acresce aos demais herdeiros da mesma classe e, sendo ele o único daquela classe, devolve-se sua parte aos da classe subsequente (art. 1.810 do CC). O texto, na sua literalidade, deve ser compreendido da seguinte maneira: a quota do renunciante será partilhada entre os herdeiros de mesma classe que recebem a herança conjuntamente ao renunciante. O conceito de classe será explicado no Título II – Da sucessão legítima. De maneira sucinta, são classes de herdeiros aquelas estabelecidas no revogado art. 1.603 do CC/1916 e no art. 1.829 do Código Civil em vigor: os descendentes, os ascendentes, o cônjuge e companheiro sobrevivente e os colaterais até 4º grau. A título de ilustração, se tivermos *B*, *C* e *D* na qualidade de descendentes e únicos herdeiros do falecido e renunciando o primeiro à herança, a sua quota será dividida em partes iguais entre *C* e *D*, pois os três são herdeiros da mesma classe (a dos descendentes).

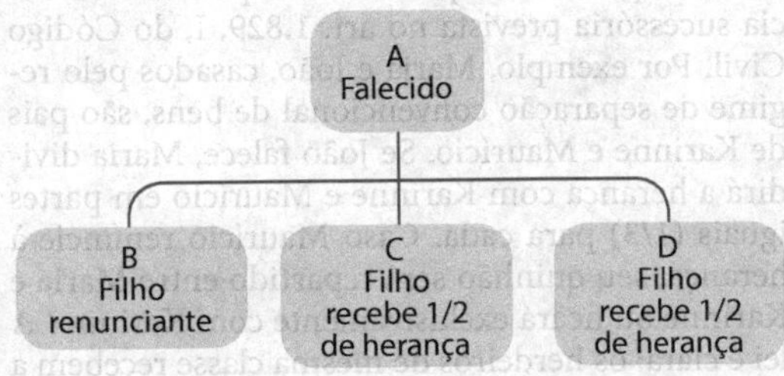

Por outro lado, se o falecido deixou apenas José, seu único filho, e Antônio e Deise, seus pais, e nenhum outro parente, cônjuge ou companheiro, se José renunciar à herança, inexistindo outros descendentes, a herança vai para a classe dos ascendentes, e Antônio e Deise a partilharão.

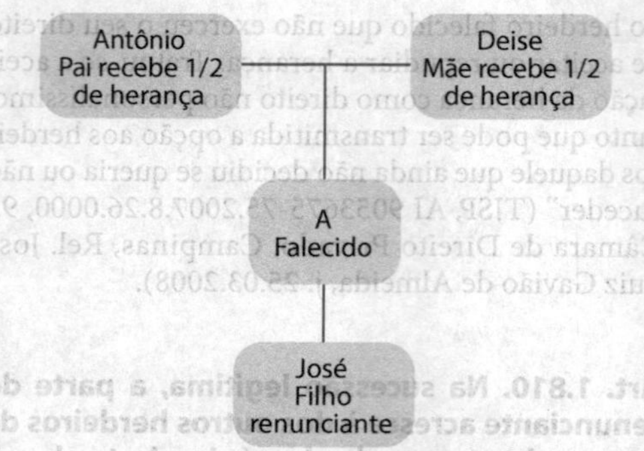

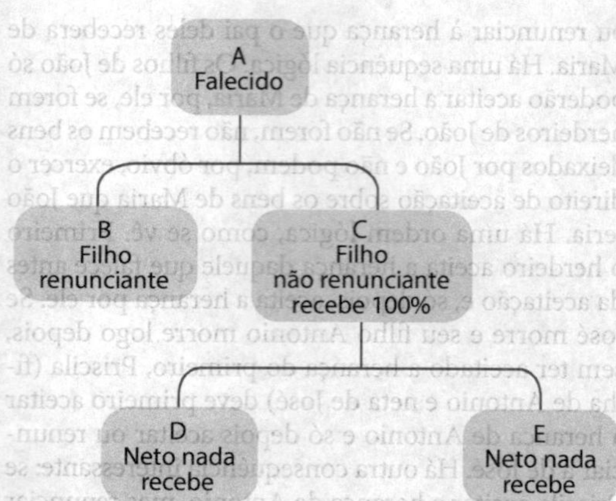

Há uma questão importante na norma em comento. O texto de lei diz menos do que deveria e a doutrina, de maneira incontroversa, afirma que a parte do renunciante acresce à dos outros herdeiros da mesma classe, de mesmo grau e de mesma linha. Isso quer dizer que, se o renunciante for filho do falecido e tiver apenas um irmão e dois sobrinhos (filhos deste irmão), o irmão (colateral de 2º grau) receberá toda a herança e os sobrinhos (colaterais de 3º grau) nada receberão.

Caso o falecido deixe como únicos herdeiros os seus ascendentes, sendo dois avós maternos e dois paternos (todos ascendentes de 2º grau), se a avó materna renunciar, seu quinhão irá apenas para o avô materno (que é ascendente de 2º grau da mesma linha: a materna), e não para os demais ascendentes (que são ascendentes de 2º grau, mas de outra linha: a paterna).

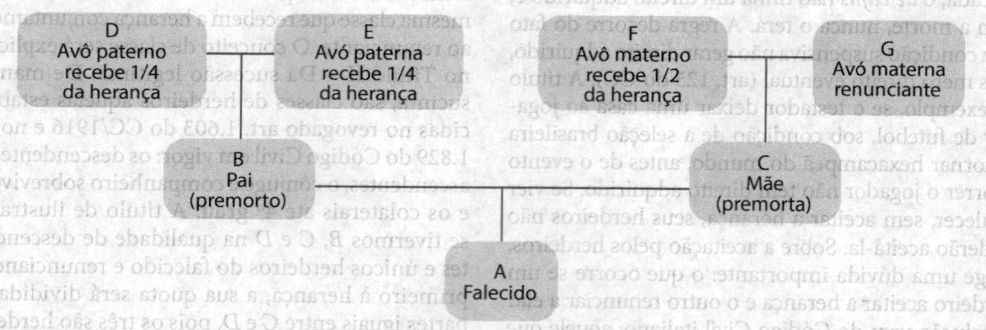

Há uma questão complexa trazida pela concorrência sucessória prevista no art. 1.829, I, do Código Civil. Por exemplo, Maria e João, casados pelo regime de separação convencional de bens, são pais de Karinne e Maurício. Se João falece, Maria dividirá a herança com Karinne e Maurício em partes iguais (1/3) para cada. Caso Maurício renuncie à herança, seu quinhão será repartido entre Maria e Karinne ou ficará exclusivamente com Karinne? A lei é clara: os herdeiros de mesma classe recebem a quota do renunciante. O descendente que renuncia ocupa a primeira classe e o cônjuge a terceira. Apesar de concorrer com o descendente, o cônjuge, diferentemente de Portugal, permanece na terceira classe. É por isso que, no exemplo em questão, Karinne recebe o quinhão de Maurício e fica com 2/3 da herança. Há, contudo, o Enunciado n. 575 da *VI Jornada de Direito Civil*, em sentido contrário: "Concorrendo herdeiros de classes diversas, a renúncia de qualquer deles devolve sua parte aos que integram a mesma ordem dos chamados a suceder". Cabe frisar que, na sucessão testamentária, a renúncia pode implicar direito de acrescer ou substituição (ver arts. 1.941 a 1.946 e 1.947 a 1.960).

JURISPRUDÊNCIA COMENTADA: Duas notas importantes sobre o tema. A primeira é que o artigo evidentemente se aplica à renúncia abdicativa e não à translativa (impropriamente chamada de renúncia, pois se trata de cessão de herança, sendo bilateral, portanto). Na translativa, há cessão de direitos hereditários e, portanto, recolhe-se o imposto *causa mortis*: "pretensão do herdeiro em renunciar à herança, cedendo seus quinhões hereditários aos filhos, por termo dos autos Renúncia translativa ou imprópria, no caso, equivalente a cessão de direitos e não abdicativa ou própria Indeferimento com base no art. 1.810 do Código Civil Inaplicabilidade do preceito, por se cuidar, como dito, de cessão ou renúncia translativa ou imprópria Inexistência de motivo a justificar a recusa da cessão dos direitos hereditários Necessidade de comprovar o recolhimento dos tributos devidos, quais sejam, imposto causa mortis, e o imposto de transmissão *inter vivos*" (TJSP, AI 2025000-46.2015.8.26.0000, Ac. 8300205, 10.ª Câmara de Direito Privado, Itapetininga, Rel. Des. João Carlos Saletti, j. 17.03.2015). A segunda nota é que há um julgado interessante sobre o tema de a quota do renunciante ir à classe seguinte de herdeiros. Todos os filhos renunciaram à herança do pai (renúncia abdicativa). Não tendo os renunciantes filhos, esgotada a classe dos descendentes (1ª classe), e não tendo o falecido ascendentes (2ª classe), a herança ficou com a esposa do falecido e mãe dos renunciantes (3ª classe). Contudo, posteriormente surge um outro filho do falecido que era desconhecido dos filhos renunciantes. Nesse momento, havendo um filho (1ª classe), toda a herança ficaria com ele e não mais com a mãe dos renunciantes. No entanto, o STJ entendeu que a renúncia tinha um claro objetivo: deixar a mãe dos renunciantes com toda a herança do falecido. Pelo fato de eles desconhecerem o outro filho do falecido, houve erro da manifestação de vontade dos renunciantes. Assim, em vez de se anular a renúncia abdicativa, pelo princípio da conservação do negócio jurídico, o STJ a considerou translativa (cessão de direitos hereditários) e, portanto, manteve todos seus efeitos. Em conclusão, "apurada a intenção dos demais herdeiros era de renunciar à herança especificamente em favor da genitora e cônjuge sobrevivente, o que configura a renúncia translativa ou cessão de direitos hereditários, a eventual existência de vícios de linguagem na celebração do negócio jurídico que poderiam induzir à existência de renúncia abdicativa pode ser relevada, a fim de que seja atingido o propósito efetivamente almejado pelas partes" (REsp 1402675/RN, Rel. Min. Nancy Andrighi, 3.ª Turma, j. 12.12.2017, *DJe* 18.12.2017).

Art. 1.811. Ninguém pode suceder, representando herdeiro renunciante. Se, porém, ele for o único legítimo da sua classe, ou se todos os outros da mesma classe renunciarem a herança, poderão os filhos vir à sucessão, por direito próprio, e por cabeça.

COMENTÁRIOS DOUTRINÁRIOS: Cabe salientar que ninguém pode suceder representando herdeiro renunciante. Se, porém, ele for o único legítimo da sua classe, ou se todos os outros da mesma classe renunciarem à herança, poderão os filhos vir à sucessão, por direito próprio, e por cabeça, segundo prevê a segunda parte do art. 1.811 do atual CC. Exemplificamos: se o falecido deixa dois filhos e três netos, e o falecido não era casado nem vivia em união estável, caso todos os filhos renunciem à herança, os três netos receberão por direito próprio e não por representação. Isso significa que, após a renúncia dos filhos do falecido, cada neto recebe 1/3 da herança.

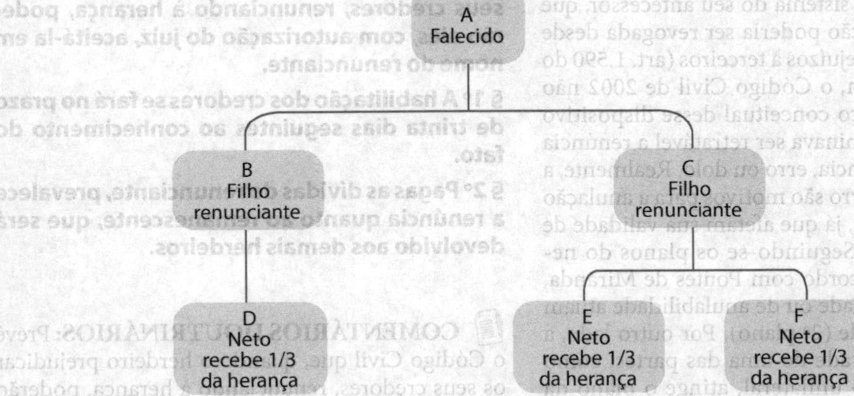

Isso decorre de o fato do Brasil, abandonando em 1916 o sistema das Ordenações, não ter adotado a troncalidade (ver comentários ao art. 1.835).

JURISPRUDÊNCIA COMENTADA: Havendo renúncia, o quinhão do renunciante acresce ao herdeiro de mesma classe e grau de parentesco.

Maria de Lourdes falece deixando dois filhos, Robson e Anderson. Robson renuncia à herança, logo, como "ninguém representa herdeiro renunciante, a parte do renunciante acresce à dos outros herdeiros da mesma classe (artigo 1.810 do CC/02). Isso quer dizer que ao herdeiro da mesma classe, Anderson, irmão de Robson, a herança tocaria. A herança, aqui, passa diretamente de Maria de Lourdes para Anderson" (TJSP, AI 9053675-75.2007.8.26.0000, 9.ª Câmara de Direito Privado, Campinas, Rel. José Luiz Gavião de Almeida, j. 25.03.2008).

Art. 1.812. São irrevogáveis os atos de aceitação ou de renúncia da herança.

COMENTÁRIOS DOUTRINÁRIOS: O Código Civil de 2002 prevê regras comuns quanto à aceitação e à renúncia da herança. O artigo que se comenta traz uma delas. Assim, tanto a renúncia quanto a aceitação da herança são irrevogáveis. De fato, não é o herdeiro obrigado a aceitar a herança, tendo ampla liberdade para repudiá-la. Contudo, os atos de aceitação e de renúncia não comportam arrependimento em razão da insegurança jurídica que isso criaria. Revogar significa tirar a voz, ou seja, o herdeiro que aceitou a herança não pode, por sua vontade, renunciá-la. Também, aquele que renunciou não pode aceitá-la. A revogação está no plano da eficácia. Logo, presume-se que a aceitação e a renúncia foram válidas. Justamente por isso, na visão romana, a aceitação era tradicionalmente irrevogável (*semel heres semper heres*). O que se percebe quanto ao tema é que o Código Civil em vigor rompe com o sistema do seu antecessor, que previa que a aceitação poderia ser revogada desde que não causasse prejuízos a terceiros (art. 1.590 do CC/1916). Também, o Código Civil de 2002 não reproduz o equívoco conceitual desse dispositivo anterior, que determinava ser retratável a renúncia decorrente de violência, erro ou dolo. Realmente, a coação, o dolo e o erro são motivos para a anulação do negócio jurídico, já que afetam sua validade de forma até sanável. Seguindo-se os planos do negócio jurídico de acordo com Pontes de Miranda, os motivos de nulidade ou de anulabilidade atuam no plano da validade (2º plano). Por outro lado, a revogação por vontade de uma das partes, como espécie de resilição unilateral, atinge o plano da eficácia do negócio jurídico (3º plano). Em resumo, tanto a aceitação quanto a renúncia poderão ser invalidadas se forem nulas (art. 166 do CC) ou anuladas (art. 171 do CC), como é o caso dos vícios do consentimento, independentemente de previsão legal expressa. Ademais, se o motivo da anulação for os vícios do consentimento presentes na Parte Geral do Código Civil, seguiremos os prazos decadenciais do art. 178 para anulação.

JURISPRUDÊNCIA COMENTADA: A regra traz uma estabilidade social e segurança jurídica. É por isso que o STJ decidiu que "a aceitação da herança, expressa ou tácita, torna definitiva a qualidade de herdeiro, constituindo ato irrevogável e irretratável. O pedido de abertura de inventário e o arrolamento de bens, com a regularização processual por meio de nomeação de advogado, implicam a aceitação tácita da herança" (REsp 1622331/SP, Rel. Min. Ricardo Villas Bôas Cueva, 3.ª Turma, j. 08.11.2016, *DJe* 14.11.2016).

REFORMA DO CÓDIGO CIVIL: Propõe a comissão de reforma do Código Civil alterar a redação do art. 1.812, passando a constar: "Art. 1.812. É irrevogável o ato de renúncia da herança". Tal medida visa a uma correção terminológica, já que o ato de renúncia da herança deve ser expresso e seguir solenidade de forma, conforme o art. 1.806, já comentado, e a aceitação da herança pode ser feita de forma tácita – *vide* art. 1.805. Em outras palavras, a aceitação da herança pode se dar por ato-fato jurídico, ao passo que a renúncia é sempre ato jurídico irrevogável.

Art. 1.813. Quando o herdeiro prejudicar os seus credores, renunciando à herança, poderão eles, com autorização do juiz, aceitá-la em nome do renunciante.

§ 1º A habilitação dos credores se fará no prazo de trinta dias seguintes ao conhecimento do fato.

§ 2º Pagas as dívidas do renunciante, prevalece a renúncia quanto ao remanescente, que será devolvido aos demais herdeiros.

COMENTÁRIOS DOUTRINÁRIOS: Prevê o Código Civil que, quando o herdeiro prejudicar os seus credores, renunciando à herança, poderão eles, com autorização do juiz, aceitá-la em nome do renunciante (art. 1.813, *caput*, do CC). Trata-se de situação em que o herdeiro renuncia à herança como forma de prejudicar seus próprios credores.

Repare que a lei não fala em credores do falecido, mesmo porque os credores do falecido não precisam "aceitar" a sua herança, podendo se habilitar no inventário para o pagamento. Os credores do falecido contam com os bens deste para responder pelas dívidas. Cabe salientar que não estamos diante da figura da fraude contra credores como vício do negócio jurídico, que exige a presença dos elementos objetivo (*eventus damni*) e subjetivo (*consilium fraudis*), atinge o plano da validade do negócio jurídico e gera a anulabilidade do ato por expressa determinação legal (art. 171, II, do CC). No caso da aceitação pelos credores do herdeiro renunciante, não se discute a validade da renúncia, mas apenas a sua eficácia. Assim, estamos no *último plano do negócio jurídico*, à luz da clássica divisão, concebida por Pontes de Miranda: plano da existência (1º plano), plano da validade (2º plano) e plano da eficácia (3º plano). Desse modo, conferem-se apenas efeitos parciais a essa aceitação pelos credores, já que, pagas as dívidas do renunciante, prevalece a renúncia quanto ao remanescente, que será devolvido aos demais herdeiros, o que decorre do art. 1.808, § 2º, do CC ("O herdeiro, chamado, na mesma sucessão, a mais de um quinhão hereditário, sob títulos sucessórios diversos, pode livremente deliberar quanto aos quinhões que aceita e aos que renuncia"). Nesse caso, e depois de pagas as dívidas do renunciante, o remanescente será devolvido aos outros herdeiros seguindo a ordem de vocação hereditária. Portanto, a renúncia produz efeitos, por exemplo, em relação aos herdeiros do renunciante que não herdam por representação, ainda que um credor aceite a herança pelo renunciante. Seria esse ato dos credores, realmente, uma forma de aceitação? Sim. Ainda que limitada em termos de eficácia ao valor que baste para a satisfação do crédito, é uma verdadeira aceitação. Não poderia também se tratar de fraude contra credores pelo fato de o credor do herdeiro, ao se tornar credor, não poder contar com um patrimônio que este ainda não dispunha (herança que viria a receber), como garantia da dívida. Havia, no momento da concessão do crédito, apenas uma expectativa de direito (no tocante aos bens que o devedor poderia um dia vir a receber), pois o devedor poderia nada receber quando do falecimento do *de cujus*, quer seja pelo fato de premorrer ao autor da herança, ou por ser declarado indigno ou deserdado, ou simplesmente pelo fato de o autor da herança nada deixar ao falecer. Os credores não podem contar com bens inexistentes no patrimônio do herdeiro quando do surgimento do crédito. Portanto, não será necessária nenhuma demanda assemelhada à *ação pauliana* a ser movida pelos credores do renunciante no caso descrito. A habilitação dos credores no inventário será feita no prazo de 30 dias seguintes ao conhecimento da renúncia, sob pena de decadência (art. 1.813, § 1º, do CC). Contudo, o CPC traz regra complementar: "antes da partilha, poderão os credores do espólio requerer ao juízo do inventário o pagamento das dívidas vencidas e exigíveis (art. 642). O CPC limita a aceitação pelo credor do renunciante à partilha. Logo, após a partilha não poderá o credor aceitar a herança, ainda que só então tenha conhecimento da renúncia. Prevê o CPC que, "concordando as partes com o pedido, o juiz, ao declarar habilitado o credor, mandará que se faça a separação de dinheiro ou, em sua falta, de bens suficientes para o pagamento" (art. 642, § 2º). Caso não haja concordância de todos os herdeiros sobre o crédito, o pedido será remetido às vias ordinárias (art. 643 do CPC). A lei não admite expressamente o mesmo direito aos credores do legatário. Assim, surge a seguinte dúvida: poderiam os seus credores aceitar o legado a que se renunciou? Se o credor pode aceitar a herança que é uma universalidade, nada obsta que, por analogia, o credor do legatário possa aceitar o legado. Não há motivos para se permitir ao credor do herdeiro que aceite a universalidade e não se permitir ao credor do legatário que aceite o bem singular.

JURISPRUDÊNCIA COMENTADA:

Exemplo da incidência no plano da eficácia dessa aceitação se verifica em importante decisão do STJ pela qual os credores de alimentos aceitaram, por seu pai, a herança que vinha dos avós dos credores, exclusivamente para se pagarem os alimentos: "os credores de prestações alimentícias podem aceitar a herança deixada ao devedor de alimentos e à qual ele renunciou (art. 1.813 do Código Civil). A aceitação de herança pelos credores não importa em alteração de rito da ação de execução, sendo cabível apenas que o valor recebido seja subtraído do valor cobrado" (RHC 31.942/SP, Rel. Min. João Otávio de Noronha, 3.ª Turma, j. 28.05.2013, *DJe* 13.06.2013). Há um limite lógico, além do temporal, para essa aceitação pelos credores. Esse pedido deve ser formulado antes que o juiz julgue a partilha. Proferida a sentença da partilha, seja essa consensual ou litigiosa, o credor não poderá mais aceitar a herança, ainda que no prazo de 30 dias previsto no dispositivo. Se prazo houver para recurso, o credor poderá manejá-lo. Se não, a faculdade de aceitação não será possível. É assim que decide o STJ: "em razão do trânsito em julgado da sentença que homologa a partilha, não cabe pedido do banco credor de aceitação de herança de renunciante (devedor), pois o requerimento só poderia ser formulado enquanto estivessem pendentes os direitos hereditários do devedor; tampouco poderia penhorar, no rosto do arrolamento, bens que foram transmitidos aos demais herdeiros. Ademais, com o trânsito em julgado da homologação da partilha, na qual houve renúncia de executado (herdeiro), extingue-se qualquer direito desse em relação aos bens transmitidos. Assim, só resta ao banco, caso comprove a fraude a credores e se preenchidos os demais requisitos, arguir, em ação própria, a anulação da partilha homologada" (STJ, REsp 754.468-PR, Rel. Min. Luis Felipe Salomão, j. 27.10.2009).

REFORMA DO CÓDIGO CIVIL: Propõe a comissão de reforma do Código Civil alterar a redação do art. 1.813, passando a constar: "Art. 1.813. Quando o herdeiro prejudicar os seus credores, renunciando à herança, poderão eles requerer habilitação no inventário, para satisfação de seu crédito à conta do quinhão que caberia ao renunciante. [...] § 3º Tratando-se de inventário extrajudicial, a renúncia será ineficaz em relação aos credores do renunciante, que poderão dirigir o seu crédito contra os coerdeiros beneficiados pelo repúdio". A proposta em questão visa corrigir imprecisão de terminologia, uma vez que não se trata de hipótese de transmissão aos credores do direito de aceitar a herança, mas, sim, versa sobre situação de ineficácia da renúncia à herança em relação aos credores do herdeiro. Ademais, a alteração prevê expressamente a mesma hipótese de ineficácia de renúncia quando manifestada pelo inventário extrajudicial.

CAPÍTULO V
DOS EXCLUÍDOS DA SUCESSÃO

Art. 1.814. São excluídos da sucessão os herdeiros ou legatários:

I – que houverem sido autores, coautores ou partícipes de homicídio doloso, ou tentativa deste, contra a pessoa de cuja sucessão se tratar, seu cônjuge, companheiro, ascendente ou descendente;

II – que houverem acusado caluniosamente em juízo o autor da herança ou incorrerem em crime contra a sua honra, ou de seu cônjuge ou companheiro;

III – que, por violência ou meios fraudulentos, inibirem ou obstarem o autor da herança de dispor livremente de seus bens por ato de última vontade.

COMENTÁRIOS DOUTRINÁRIOS: A exclusão da sucessão pode se dar por dois institutos: a indignidade (arts. 1.814 a 1.818) e a deserdação (arts. 1.961 a 1.965). Os institutos jurídicos previstos são totalmente distintos, mas geram o mesmo efeito: o excluído não participa da sucessão do falecido. Dos conceitos dos institutos, podemos perceber tanto as suas semelhanças quanto as suas diferenças. A deserdação é o instituto pelo qual o herdeiro necessário é privado de sua legítima e, por decorrer da vontade do morto, só pode ser efetuada por testamento". Já a *indignidade* é uma pena imposta para aquele que praticar certos atos que o Código Civil classifica como repreensíveis e repudiados pelo sistema. São atos reprováveis e que o Código Civil opta por punir civilmente. i) *Semelhanças entre os institutos da indignidade e da deserdação.* Tanto o indigno quanto o deserdado terão a mesma pena, qual seja a não participação da sucessão do falecido e um mesmo fundamento: a vontade do morto que é presumida na indignidade é expressa na deserdação. Tanto a indignidade quanto a deserdação deverão ser necessariamente confirmadas por sentença (arts. 1.815 e 1.965 do CC), sob pena de não produzirem efeitos e o herdeiro participar normalmente da sucessão. Tanto a ação de indignidade quanto a de deserdação só podem ser propostas após a morte do *de cujus*, pois o direito à herança só surge quando se abre a sucessão. Não há sequer, em vida, interesse jurídico em uma medida cautelar de produção antecipada de provas. As causas de indignidade coincidem com as de deserdação e vêm previstas no art. 1.814 do Código Civil em vigor. Entretanto, prevê a lei algumas causas exclusivas para a deserdação (arts. 1.962 e 1.963 do CC). Essas causas, segundo o entendimento majoritário, são causas taxativas (*numerus clausus*), e não meramente exemplificativas (*numerus apertus*). ii) *Diferenças entre os institutos da indignidade e da deserdação.* Enquanto a indignidade decorre de determinação legal e da vontade dos interessados, que devem propor ação judicial para que seja reconhecida, a deserdação resulta da vontade do falecido, que assim a determina por meio de testamento. A indignidade é matéria de sucessão legítima e testamentária; já a deserdação apenas envolve a sucessão testamentária. Isso não quer dizer que os efeitos da deserdação não alteram a sucessão legítima, mas, sim, que a deserdação só se faz por testamento, cabendo ao testador declarar expressamente os seus motivos, sob pena de esta não valer (art. 1.964 do CC). A pena de *indignidade* pode ser cominada aos *herdeiros necessários* (filhos, netos, pais, cônjuge e companheiro) ou aos *herdeiros facultativos* (sobrinhos, tios, primos, tios-avôs, sobrinhos-netos ou mesmo estranhos nomeados herdeiros por testamento). Já a pena de *deserdação* só atinge os herdeiros necessários, sendo forma própria para lhes retirar o direito à legítima (art. 1.961 do CC). Um exemplo esclarece a questão. Se o sobrinho, *herdeiro facultativo*, assassina dolosamente seu tio, os demais herdeiros podem propor a ação de exclusão por indignidade. Se o sobrinho, nomeado em testamento, tenta matar seu tio e não consegue, o tio não precisará deserdá-lo para afastá-lo da sucessão. Como não é herdeiro necessário, basta que o tio faça outro testamento que não o contemple. Por outro lado, se o filho tenta matar o pai dolosamente e não consegue, os demais herdeiros podem propor a ação de indignidade ou o pai, se quiser, pode deserdá-lo por testamento. Circunstâncias posteriores à morte do autor da herança podem ser causa de indignidade (art. 1.814, III), já a deserdação, por um a questão de lógica, pois ocorrerá por testamento, só é possível por causas anteriores à morte do autor da herança. Enquanto o indigno entra na posse dos bens da herança desde logo, pois a indignidade decorre de ação judicial que a constitua, o deserdado não entra na posse de forma imediata, pois, com a morte, não é herdeiro. A ação apenas confirmará as causas da deserdação. Assim, o indigno é herdeiro que poderá deixar de sê-lo se a ação for julgada procedente. O deserdado não é herdeiro que poderá sê-lo se a ação de deserdação não for procedente. iii) *Motivos para a indignidade.* Há causas comuns que podem ser motivo tanto de deserdação quanto de indignidade. Estão previstas no art. 1.814 do Código Civil em vigor e serão agora comentadas. As causas exclusivas de deserdação (arts. 1.962 e 1.963 do CC) serão comentadas nos dispositivos referentes à deserdação. a) *Que houverem sido autores, coautores ou partícipes de homicídio doloso, ou tentativa deste, contra a pessoa de cuja sucessão se tratar seu cônjuge, companheiro, ascendente ou descendente.* A pena não se restringe ao homicídio consumado, mas também ao tentado, exigindo que haja a intenção de matar, tratando, portanto, apenas de homicídio doloso e não do culposo. Tem lógica a previsão legal. Se por uma fatalidade o filho atropela e mata seu pai, não haveria por que puni-lo com a exclusão da sucessão. Dúvida comum suscitada diz respeito à necessidade de sentença penal condenatória para que se opere a indignidade no âmbito do Direito Civil. A doutrina não tem dúvidas em afirmar a desnecessidade de sentença penal condenatória, diante da notória divisão da responsabilidade civil e criminal, constante do art. 935 do CC em vigor ("A responsabilidade civil é independente da criminal, não se podendo questionar mais sobre a existência do fato, ou sobre quem seja o seu autor, quando estas questões se acharem decididas no juízo criminal"). Deve-se frisar que não se exige para aplicação da pena de indignidade a condenação criminal com trânsito em julgado. O juízo cível pode declarar a existência do homicídio doloso e a participação do herdeiro. Quando o Código Civil pretende que haja condenação criminal o faz de maneira expressa (ver arts. 1.521, VII e 1.814, II). Assim, a prova do fato que conduz à indignidade bem como à deserdação, no homicídio doloso, tentado ou consumado, pode ser feita tanto no juízo cível quanto no criminal. Além disso, não ocorrerá a suspensão de uma ação em razão da existência da outra, já que os objetivos em ambas são diferentes. O objetivo na ação penal é a condenação em pena privativa de liberdade daquele que, com sua conduta, ofende a ordem pública e, portanto, sofre sanção pessoal. No juízo cível, o objetivo é diverso, já que se trata apenas de uma questão patrimonial, sem relação com a ordem pública, e cuja sanção será patrimonial, ou seja, a exclusão da herança com a perda de bens herdados. Realmente, havendo decisão penal condenatória com trânsito em julgado, o juízo do próprio inventário deve aplicar a pena. Há uma situação que gera um incômodo quando se estuda essa questão: e se o indigno for absolvido no juízo penal, mas afastado da sucessão no juízo cível? Não haveria contradição nas decisões? A pergunta é excelente. A resposta vem a seguir. Se a sentença criminal for absolutória por *negativa de autoria* ou *por inexistência do fato* (art. 386, I, do CPP), não se pode reconhecer a indignidade no juízo cível, por força do já citado art. 935 do CC. Entretanto, se a absolvição decorrer da circunstância de não haver prova da existência do fato no juízo criminal (art. 386, II, do CPP), de não existir prova de ter o réu concorrido para a infração penal (art. 386, IV, do CPP) ou de não existir prova suficiente para a condenação (art. 386, VI, do CPP), não haverá impedimento à declaração cível de indignidade. Ademais, a legítima defesa, o estado de necessidade e o exercício regular de um direito são, como regra geral, fatos lícitos para o Direito Civil (art. 188 do CC) e que, portanto, não geram a exclusão por indignidade nem admitem a deserdação de quem os pratica. Em reforço, lembramos que tais atos não são considerados crimes para o direito penal (art. 23 do CP).

Um último esclarecimento deve ser feito. Na verdade, trata-se de outra indagação que surge. O fato de existir processo-crime em trâmite para se apurar a prática de homicídio doloso, seja ele tentado ou consumado, suspende os prazos para as ações cíveis, para decretar a indignidade ou para confirmar a deserdação? A resposta é não. Os prazos das ações são de natureza decadencial e, portanto, não se interrompem ou suspendem, salvo expressa previsão legal (art. 207 do CC). Os fatores que impedem, suspendem ou interrompem a prescrição, em regra, não se aplicam à decadência. Note-se que a previsão contida em lei é de suspensão da prescrição, e não da decadência, até a sentença penal definitiva quando a ação se originar de fato que deva ser apurado no juízo criminal (art. 200 do CC). b) *Que houverem acusado caluniosamente em juízo o autor da herança ou incorrerem em crime contra a sua honra, ou de seu cônjuge ou companheiro.* A interpretação do inciso pode ser dividida em duas partes. A primeira parte envolve a denunciação caluniosa em juízo do autor da herança. A denunciação caluniosa está prevista no art. 339 do Código Penal, nos seguintes termos: "Art. 339. Dar causa à instauração de inquérito policial, de procedimento investigatório criminal, de processo judicial, de processo administrativo disciplinar, de inquérito civil ou de ação de improbidade administrativa contra alguém, imputando-lhe crime, infração ético-disciplinar ou ato ímprobo de que o sabe inocente" (Redação dada pela Lei n. 14.110, de 2020). Nessa hipótese, não há necessidade de condenação pelo crime de denunciação no juízo criminal para que haja a exclusão de quem a praticou no juízo cível. Vale dizer que a prova da denunciação pode ser feita diretamente no juízo cível. A segunda parte do artigo gera maior debate. Isso porque também pode ser excluído da sucessão aquele que incorrer em crime contra a honra do autor da herança ou de seu cônjuge ou companheiro. Como se sabe, os crimes contra a honra são a injúria, a calúnia e a difamação (arts. 138 a 140 do CP). Note-se que a expressão "incorrer em crime" indica que houve necessariamente a condenação criminal. Para fins deste inciso, o fato não pode ser apreciado no juízo cível apenas. c) *Que, por violência ou meios fraudulentos, inibirem ou obstarem o autor da herança de dispor livremente de seus bens por ato de última vontade.* A hipótese que se estuda é aquela em que o herdeiro ou legatário tenta impedir o falecido de, livremente, dispor de seus bens, empregando, para tanto, violência (coação), por exemplo, com o intuito de evitar que o testamento seja cumprido. Podemos citar como exemplo o caso do herdeiro que rompe o lacre do testamento cerrado para fazer crer aos demais herdeiros que houve revogação do testamento pelo testador (art. 1.972 do CC). Um outro caso a ser mencionado é o do herdeiro que rasura o testamento particular com objetivo de torná-lo nulo (art. 1.876, § 2º). Pode-se mencionar, também, o caso do herdeiro que não informa a existência de um testamento público do qual tem ciência, para evitar a divisão da herança com terceiros, impedindo que se dê cumprimento à vontade do morto. Da mesma forma, será excluído da sucessão o herdeiro que impede o *de cujus* de fazer testamento desejado, ou exige ser beneficiado pelo testamento usando de coação ou dolo e, também, do herdeiro que impede a revogação do testamento. Como se pode perceber, não estamos diante de crimes tipificados pelo Código Penal, razão pela qual a prova se dará no juízo cível.

JURISPRUDÊNCIA COMENTADA: Deve-se ressaltar que como se trata de pena civil, o rol do art. 1.814 é taxativo, ou seja, não comporta interpretação extensiva ou analogia. Nesse sentido, "apelante que pretende excluir a viúva da partilha dos bens deixados pelo genitor, argumentando prática de maus-tratos. Hipóteses de exclusão por indignidade previstas no art. 1.814 do Código Civil que são taxativas. Pena civil que não comporta interpretação extensiva" (TJSP, APL 0019882-54.2012.8.26.0348, Ac. 7918249, 2.ª Câmara de Direito Privado, Mauá, Rel. Des. José Joaquim dos Santos, j. 07.10.2014, *DJESP* 15.10.2014). Quanto ao homicídio como causa de indignidade, há uma questão interessante a se ressaltar e que foi objeto de decisões judiciais. Se o homicídio é praticado pelo cônjuge ou companheiro que é meeiro e não herdeiro (ver art. 1.829), não pode ocorrer a perda de sua meação. A pena é deixar de receber a herança, mas não perder o bem que já é dele por força do regime de bens. Assim "homicídio praticado pelo réu contra seu cônjuge, genitora da autora. Réu que é meeiro e não herdeiro do bem a ser partilhado. Sanção civil do art. 1.814, I, do Código Civil não se aplica por analogia para atingir a meação. Ordenamento que não prevê perda de propriedade em razão de homicídio" (TJSP, APL 1024366-12.2016.8.26.0007, Ac. 11264017, 7.ª Câmara de Direito Privado, São Paulo, Rel. Des. Mary Grün, j. 14.03.2018, *DJESP* 20.03.2018). Por fim, acima explico que a indignidade por crime contra a honra do autor da herança ou de seu cônjuge ou companheiro exige, necessariamente, condenação criminal. O STJ decidiu exatamente nesse sentido no julgamento do REsp 2.023.098/DF. Segundo a Ministra Nancy Andrighi, relatora, "Faz sentido que o legislador, antevendo essa possibilidade, tenha limitado o reconhecimento da indignidade apenas à hipótese em que essas ofensas sejam realmente muito sérias e se traduzam, efetivamente, em ilícitos penais que somente podem ser apurados, em regra, por ação penal privada de iniciativa do próprio ofendido".

REFORMA DO CÓDIGO CIVIL: Propõe a comissão de reforma do Código Civil alterar a redação do art. 1.814, passando a constar: "Art. 1.814. São excluídos da sucessão os herdeiros ou legatários que: I – tiverem sido autores, coautores ou partícipes de crime doloso, ato infracional, ou tentativa destes, contra a pessoa de cuja sucessão se tratar, seu cônjuge, convivente, ascendente ou descendente; II – tiverem sido destituídos da autoridade parental da pessoa de cuja sucessão se tratar; [...] IV – tiverem deixado de prestar assistência material ou incorrido em abandono afetivo voluntário e injustificado contra o autor da herança". O objetivo da proposta é atualizar o rol taxativo das hipóteses de exclusão por indignidade para abranger outros tipos penais de gravidade relevante, além da hipótese de homicídio. Ademais, pretende-se ampliar as causas de deserdação para incluir o abandono afetivo voluntário como justificativa para ascendentes e descendentes se excluírem reciprocamente da sucessão por meio de disposição testamentária. Acertada a reforma.

Art. 1.815. A exclusão do herdeiro ou legatário, em qualquer desses casos de indignidade, será declarada por sentença.

§ 1º O direito de demandar a exclusão do herdeiro ou legatário extingue-se em quatro anos, contados da abertura da sucessão.

§ 2º Na hipótese do inciso I do art. 1.814, o Ministério Público tem legitimidade para demandar a exclusão do herdeiro ou legatário.

COMENTÁRIOS DOUTRINÁRIOS: O dispositivo cuida da legitimidade para a propositura das ações objetivando a indignidade e seu prazo. No caso de indignidade, é omissa a lei quanto à legitimidade para a propositura da demanda. No silêncio da lei e por se tratar de matéria patrimonial e que não interessa à ordem pública, entendemos que apenas os interessados na indignidade podem pleiteá-la. Assim, pode promover a ação aquele que terá seu quinhão hereditário aumentado (o irmão da Suzane Von Richtofen foi o autor da demanda que a excluiu da sucessão, ficando com 100% da herança) ou aquele que não seria herdeiro, mas passa a ser pela exclusão do indigno (o neto do falecido entra com a ação contra seu pai, pois, ao excluí-lo da sucessão, herdará por representação). Assim, não teria o Ministério Público legitimidade para tanto, salvo se objetivasse a exclusão dos herdeiros para a vacância da herança. Nessa hipótese, que atenderia ao interesse público, há uma boa vontade da doutrina em aceitar que o MP promova a ação, mesmo porque o Município é que teria legitimidade, por seus procuradores, pois é ele beneficiário da herança vacante (art. 1.844 do CC). Ademais, em se tratando de questão meramente patrimonial, não há interesse público envolvido. Supondo que o MP agisse contra a vontade dos herdeiros e propusesse a ação de indignidade contra um deles, que matou dolosamente seu pai. Tendo em vista a discordância dos demais herdeiros, irmãos do deserdado, poderiam eles beneficiar o deserdado por meios indiretos, tais como depósitos em dinheiro na conta do último. Inócua a ação promovida, então. Pior: os herdeiros beneficiados pela indignidade decorrente da ação proposta pelo MP poderiam simplesmente se opor a ela. É, portanto, inexplicável o § 2º do artigo em comento que foi acrescido pela Lei n. 13.532/2017. É verdade que na *I Jornada de Direito Civil*, promovida pelo Conselho da Justiça Federal em setembro de 2002, prevaleceu o entendimento pelo qual teria o MP legitimidade, diante do Enunciado n. 116, com o seguinte teor: "O Ministério Público, por força do art. 1.815 do novo Código Civil, desde que presente o interesse público, tem legitimidade para promover a ação visando à declaração da indignidade do herdeiro ou legatário". Contudo, isso fere a lógica do sistema em que um interesse patrimonial de terceiro é defendido pelo MP. Vejamos o caso concreto. A filha mata os pais (homicídio doloso) e o irmão não propõe a ação de indignidade. Então, o MP propõe a demanda e o irmão, único beneficiado, se opõe, diz que não concorda. A ação não pode prosseguir, pois o único beneficiado não quer o benefício decorrente da demanda. Assim, deve-se subentender que o MP só pode propor a demanda se não houver oposição expressa do beneficiado pela indignidade. A ação é constitutiva negativa, levando-se em conta o critério científico para distinguir a prescrição da decadência criado por Agnelo Amorim Filho (*RT* 300/7 e 744/725). Quanto ao prazo, ação contra o *indigno* deve ser proposta no prazo de quatro anos, contados da abertura da sucessão (art. 1.815, § 1º, do CC).

JURISPRUDÊNCIA COMENTADA: Assim decidiu o TJSP acolhendo o texto da lei: "De fato, a exclusão depende de declaração por sentença (art. 1.815 do CC) de modo que, se o herdeiro indigno também faleceu, resta propor a ação contra os seus sucessores, para que se declare a indignidade" (TJSP, AP 0105816-30.2007.8.26.0000, 8.ª Câmara de Direito Privado, Apiaí, Rel. Ribeiro da Silva, j. 26.06.2008).

REFORMA DO CÓDIGO CIVIL: Propõe a comissão de reforma do Código Civil alterar a redação do art. 1.815, passando a constar: "Art. 1.815. A exclusão do herdeiro ou legatário, em qualquer desses casos de indignidade, será declarada por sentença, em ação proposta por qualquer herdeiro sucessível do autor da herança ou pelo Ministério Público, nos crimes de ação penal pública incondicionada. § 1º Sendo a ação proposta pelo Ministério Público, os demais herdeiros devem ser cientificados da demanda para que declarem se concordam com ou não com a propositura da ação. § 2º Caso discordem e a ação seja julgada procedente, o quinhão do indigno, não havendo direito de representação (art. 1.816), será apenas dos herdeiros que com ela concordaram. Se todos discordarem, a quota do renunciante será revertida em favor de estabelecimento local de beneficência, a critério do juiz. § 3º A não manifestação no prazo decadencial de 30 dias implica concordância. § 4º O direito de demandar a exclusão do herdeiro ou legatário extingue-se no prazo decadencial de quatro anos, contados da abertura da sucessão." A proposta, na linha do que já vinha defendendo a doutrina majoritária, passa a explicitamente legitimar o MP a figurar no polo ativo de ações de indignidade nos casos de crimes de ação penal pública incondicionada. A meu ver, não segue um bom caminho a Comissão com a inserção dos novos parágrafos. Passa-se, praticamente, a coagir os herdeiros a consentirem, em todo e qualquer caso, com a ação de indignidade proposta pelo MP. A nova redação atenta contra autonomia privada de maneira indevida e aplica a pena civil contra aqueles que simplesmente do Ministério Público discordam.

Art. 1.815-A. Em qualquer dos casos de indignidade previstos no art. 1.814, o trânsito em julgado da sentença penal condenatória acarretará a imediata exclusão do herdeiro ou legatário indigno, independentemente da sentença prevista no caput do art. 1.815 deste Código. (Incluído pela Lei nº 14.661, de 2023)

COMENTÁRIOS DOUTRINÁRIOS: O artigo, introduzido pela Lei nº 14.661, de 2023, é problemático. A partir da inclusão do dispositivo, a sentença penal condenatória exclui imediata e automaticamente o herdeiro e o legatário condenados. Mesmo contra a vontade dos beneficiados, poderá um herdeiro sofrer a pena civil da indignidade. Aqui cabem exatamente as mesmas críticas que fiz, no art. 1.815 (ver comentários ao art. 1.815), sobre a legitimidade do Ministério Público para propor ação de indignidade. O Estado intervém onde não há interesse público, mas, sim, mero interesse patrimonial privado. Pior: se o irmão ou irmã do homicida quiser dar parte dos bens ao indigno, nada o impede de fazer.

Art. 1.816. São pessoais os efeitos da exclusão; os descendentes do herdeiro excluído sucedem, como se ele morto fosse antes da abertura da sucessão.

Parágrafo único. O excluído da sucessão não terá direito ao usufruto ou à administração dos bens que a seus sucessores couberem na herança, nem à sucessão eventual desses bens.

COMENTÁRIOS DOUTRINÁRIOS: Pelo que consta desse comando legal, em se tratando de *indignidade*, a pena não atinge os sucessores do indigno que não serão punidos pelos atos reprováveis deste, o que é aplicação do *princípio da intranscendência ou da personalidade da pena*. Portanto, se o indigno é excluído da sucessão de seu pai, seus filhos herdam por *representação*, instituto este que será estudado no próximo capítulo da presente obra. Nesse sentido, se *A*, pai de *B* e *C*, sem cônjuge ou companheiro, falece em razão de homicídio doloso praticado por seu filho *B*, com a declaração de indignidade deste, a herança será apenas de *C*. Entretanto, se *B* tinha dois filhos *D* e *E*, serão eles os herdeiros de 50% da herança por representação a seu pai *B*.

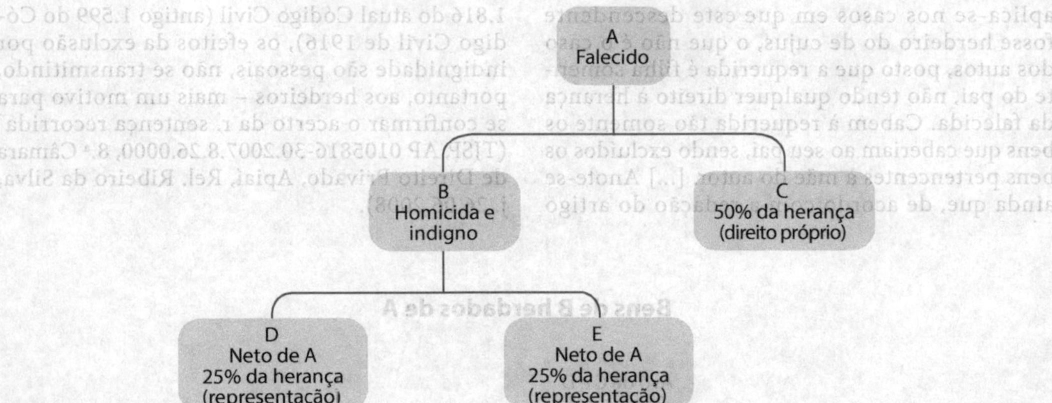

Para a efetividade da punição prevista para o indigno, caso seus descendentes (que herdaram por representação) sejam menores, não pode o excluído, na qualidade de genitor, administrar os bens herdados. Também não seria completa a pena se, em caso de morte de seus filhos, o indigno recebesse em sucessão os bens em questão. Por isso, determina o Código Civil que o excluído da sucessão não terá direito ao usufruto ou à administração dos bens que a seus sucessores couberem na herança, nem à sucessão eventual desses bens (art. 1.693, IV, e art. 1.816, parágrafo único, do CC). No último exemplo, se *D* vier a falecer, os bens que ele recebeu do avô *A*, por representação, não se transmitirão a seu pai *B*, considerado indigno. Entretanto, os demais bens que pertençam a *D* (excluindo-se os recebidos de *A*) serão transmitidos ao seu pai *B*. Com relação ao revogado Código Civil, percebe-se que se trocou a expressão "filhos", contida no art. 1.602 daquele diploma, por "sucessores" (art. 1.816, parágrafo único, do CC/2002). Parece correta a ampliação legal ocorrida, pois, em certas hipóteses, o chamado a suceder não será o filho, mas, sim, um parente colateral do indigno. Vejamos um exemplo deste último caso: *C* e *D* são irmãos, e os ascendentes de ambos já são falecidos, ou seja, ambos não têm pais, avós etc. Os únicos parentes sucessíveis vivos são os tios *A* e *B*. Caso o sobrinho *C* mate seu tio *A*, a herança ficará dividida entre seu tio *B* e seu irmão *D*.

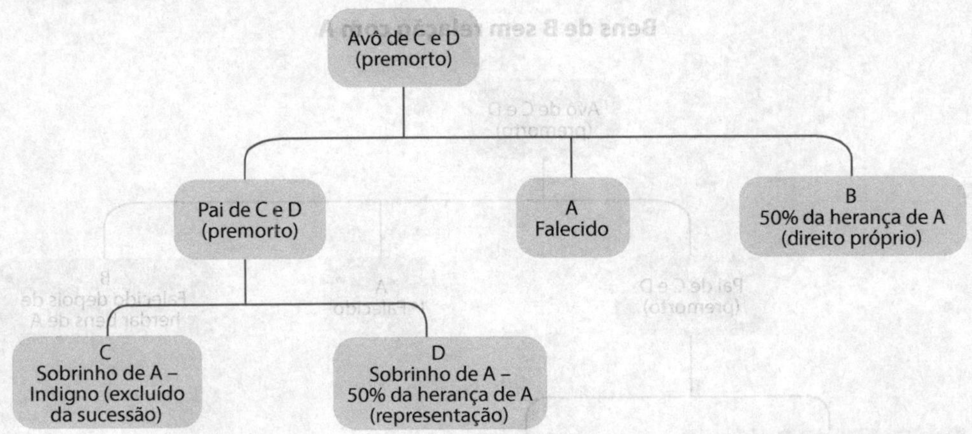

Por outro lado, se o tio *B* vier a falecer posteriormente, a herança que recebeu de *A* não será transmitida a *C* (indigno), razão pela qual está correto o Código Civil em vigor ao falar que os bens não se transmitem ao sucessor e não apenas ao filho.

JURISPRUDÊNCIA COMENTADA: Nesse sentido já esclareceu o alcance da norma o TJSP: "O artigo 1.816, quando dispõe que 'os descendentes do herdeiro excluído sucedem, como se ele morto fosse antes da abertura da sucessão', aplica-se nos casos em que este descendente fosse herdeiro do de cujus, o que não é o caso dos autos, posto que a requerida é filha somente do pai, não tendo qualquer direito à herança da falecida. Cabem à requerida tão somente os bens que caberiam ao seu pai, sendo excluídos os bens pertencentes à mãe do autor. [...] Anote-se ainda que, de acordo com a redação do artigo 1.816 do atual Código Civil (antigo 1.599 do Código Civil de 1916), os efeitos da exclusão por indignidade são pessoais, não se transmitindo, portanto, aos herdeiros – mais um motivo para se confirmar o acerto da r. sentença recorrida" (TJSP, AP 0105816-30.2007.8.26.0000, 8.ª Câmara de Direito Privado, Apiaí, Rel. Ribeiro da Silva, j. 26.06.2008).

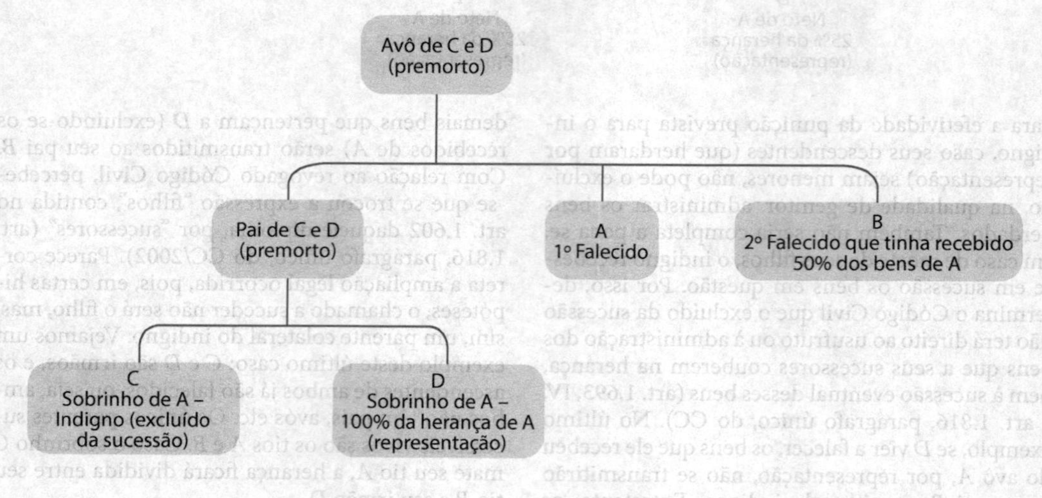

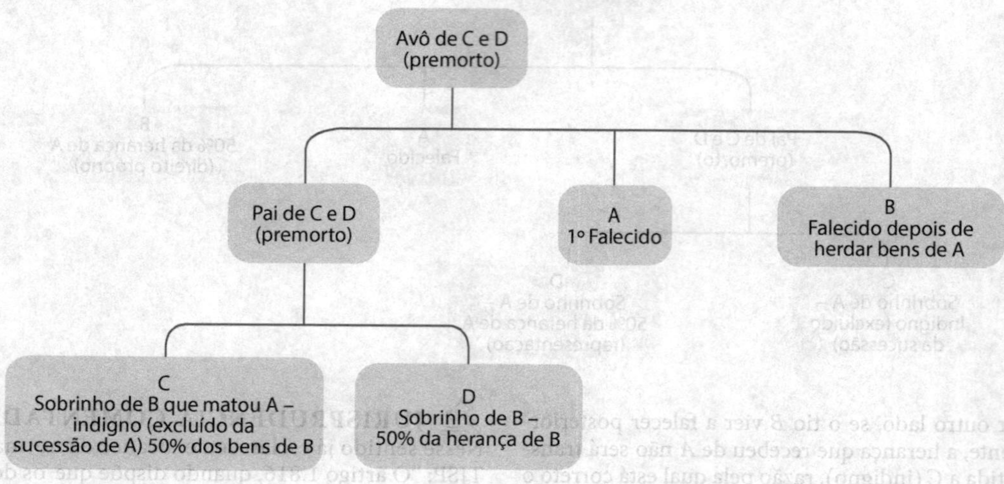

REFORMA DO CÓDIGO CIVIL: Propõe a comissão de reforma do Código Civil alterar a redação do art. 1.816, passando a constar: "Art. 1.816. São pessoais os efeitos da indignidade; os descendentes do herdeiro indigno sucedem, como se ele morto fosse antes da abertura da sucessão. § 1º O indigno não terá direito ao usufruto ou à administração dos bens que a seus sucessores couberem na herança, nem à sucessão eventual desses bens. § 2º O indigno também perde a condição de beneficiário de seguro de vida ou dependente em benefício previdenciário da vítima do ato de indignidade. § 3º O terceiro beneficiado pelo ato de indignidade e que com ele tenha compactuado perde os direitos patrimoniais a qualquer título a que teria direito". O objetivo da mudança proposta é prever que a indignidade, em seus efeitos, além de impedir o acesso à herança em si, abrange todos os eventuais benefícios que se relacionem ao patrimônio hereditário, por exemplo, usufruto, administração de bens do espólio ou pensões por morte. Pune-se, também, com a pena civil quem não praticou o ato de indignidade, mas com ele concorda, compactua.

Art. 1.817. São válidas as alienações onerosas de bens hereditários a terceiros de boa-fé, e os atos de administração legalmente praticados pelo herdeiro, antes da sentença de exclusão; mas aos herdeiros subsiste, quando prejudicados, o direito de demandar-lhe perdas e danos.

Parágrafo único. O excluído da sucessão é obrigado a restituir os frutos e rendimentos que dos bens da herança houver percebido, mas tem direito a ser indenizado das despesas com a conservação deles.

COMENTÁRIOS DOUTRINÁRIOS: A indignidade, no sistema brasileiro, não produz efeitos automáticos e necessita de sentença judicial para o seu reconhecimento. Em outras palavras, só será indigno o herdeiro após o trânsito em julgado da sentença que reconheça a indignidade. Porém, precisamos analisar a condição desse herdeiro antes do reconhecimento da exclusão, bem como a validade dos atos por ele praticados. O herdeiro nessa situação é denominado *herdeiro aparente* ou *putativo*, ou seja, é aquele que aos olhos do mundo aparenta ser realmente herdeiro, quando, na realidade, não o é, em razão do ato de indignidade praticado. É interessante frisar que dois são os grupos de requisitos essenciais para caracterizar a aparência de um direito: os *objetivos* e os *subjetivos*. Quanto aos objetivos, a situação de fato, de acordo com as circunstâncias e a normalidade das coisas, indica que o direito existe. Os subjetivos são a boa-fé daquele que erra e a ideia de que qualquer pessoa erraria. Quando decretada a exclusão do herdeiro, a sentença produz efeitos retroativos (*ex tunc*) e, portanto, o herdeiro fica excluído desde o momento da abertura da sucessão. É como se nunca tivesse sido herdeiro. Aliás, nem poderia ser diferente. Se a perda da condição de herdeiro produzisse efeitos apenas com a sentença que a reconhece (efeitos *ex nunc*), o herdeiro poderia se valer desse fato para alienar todos os bens recebidos e, quando da declaração da indignidade, não mais possuir patrimônio, escapando da punição legal. Entretanto, a análise da validade dos negócios jurídicos praticados pelo herdeiro aparente será feita à luz do princípio da boa-fé. Trata-se da análise da *boa-fé subjetiva*, ou seja, de um estado de consciência, em que o que se verifica é o conhecimento ou não de determinado fato. Analisa-se, então a validade (itens a e b) e a nulidade (itens c e d) dos atos praticados pelo herdeiro aparente. Apesar de a lei utilizar o termo "válidas as alienações", em se tratando de venda por quem parecer se dono, mas não é, pois é herdeiro aparente, a questão se resolve no plano da eficácia. Assim, a venda por quem não é dono (a *non domino*) é apenas ineficaz (existentes, válidas, mas não produzem efeitos). a) *São válidos os atos onerosos de alienações realizados para terceiros de boa-fé, ou seja, para aqueles que desconheciam a indignidade do herdeiro.* Realmente, se estivermos diante de terceiros que creem estarem comprando bens do herdeiro de fato, não poderiam eles ser prejudicados pela posterior declaração de indignidade, ainda que esta produza efeitos retroativos. A regra guarda relação com a disposição referente à fraude contra credores, em que terceiros de boa-fé devem ter os negócios jurídicos preservados (art. 159 do CC). Portanto, se antes de intentada a ação de exclusão o herdeiro aparente aliena o imóvel ao terceiro que desconhece a indignidade, a venda será válida e eficaz. Em sendo eficaz, surgem direitos do herdeiro real com relação ao aparente. No caso concreto, imagine-se que, com a indignidade, os bens do falecido passem a seu sobrinho, único parente na ordem de vocação hereditária. O sobrinho, na qualidade de herdeiro real, poderá cobrar perdas e danos do herdeiro aparente indigno que vendeu o imóvel. Pela rigidez do sistema, se alguém transmitiu direitos que não tinha (vendeu não sendo dono), a ineficácia deveria ser reconhecida. Contudo, o rigor do sistema cede diante da boa-fé do terceiro.

b) *São válidos os atos de administração legalmente praticados pelo herdeiro aparente.* Como há uma autorização legal para essa administração, não há que se falar em qualquer nulidade ou anulabilidade do ato, desde que este não contenha os vícios regulares dos atos e negócios jurídicos (arts. 166, 167 e 171 do CC). Os atos são válidos e produzem efeitos. c) *São nulos/ineficazes os atos onerosos de alienações realizados para terceiros de má-fé, ou seja, para aqueles que conheciam a indignidade do herdeiro e mesmo assim adquiriram bens sabendo que não pertenciam realmente ao herdeiro aparente.* Se estivermos diante de terceiros que sabiam da aparência e mesmo assim celebraram negócios jurídicos com o indigno, o negócio jurídico não pode prevalecer. A dúvida que surge é se esses atos são nulos (plano da validade) ou ineficazes (plano da eficácia). Nesse caso, a nulidade tem por fundamento a ilicitude do conteúdo do negócio (art. 166, II, do CC), já que a lei prevê que a herança será do herdeiro real, o que comporta análise caso a caso. Vale dizer, inclusive, que pode até estar configurada a simulação em algumas hipóteses, o que também é motivo de nulidade absoluta (art. 167 do CC). Para alguns autores (Pontes de Miranda), a hipótese é de ineficácia e não invalidade. Assim, se aquele que vendeu o que não era seu vier a adquiri-lo, a venda é eficaz. Curiosamente, com relação à petição de herança (ver art. 1.827), o Código utiliza o termo "eficaz" para as hipóteses de alienação pelo herdeiro aparente ao terceiro de boa-fé. Para nós, a situação é realmente de ineficácia e não de invalidade da alienação. Então, se após intentada a ação de exclusão do indigno, este aliena o imóvel a terceiro, há uma presunção absoluta, e que não admite prova em sentido contrário (*iuris et de iure*), de que a indignidade é conhecida e a venda, consequentemente, será nula (ou ineficaz a depender da corrente). Em sendo nula (ineficaz), surgem direitos do herdeiro real contra o terceiro que agiu de má-fé e que não pode ser beneficiado por sua torpeza. No caso concreto, imaginemos que, com a indignidade, os bens do falecido passem a seu sobrinho, único parente na ordem de vocação hereditária. O sobrinho, na qualidade de herdeiro real, poderá nulificar (ou tornar sem efeito) a venda realizada ao terceiro de má-fé, que poderá cobrar o que pagou do herdeiro aparente. Surge, com a declaração da nulidade ou ineficácia, uma relação entre o herdeiro aparente e o terceiro de má-fé. d) *Não são válidos/eficazes os atos gratuitos de alienações realizados para terceiros, independentemente de sua boa ou má-fé, ou seja, será indiferente o fato de o terceiro conhecer ou não a indignidade do herdeiro de quem adquirira gratuitamente os bens.* Novamente estamos diante de alienação por quem não é dono. O herdeiro aparente parece ser proprietário, mas não é. Aqui, também, a doutrina se divide sobre a nulidade ou a ineficácia da alienação. A regra, mais uma vez, guarda relação, mas não identidade, com a fraude contra credores, prevista entre os arts. 158 a 165 do CC. Isso porque, quanto à fraude, o negócio é meramente anulável (art. 178 do CC), já as alienações praticadas pelo herdeiro aparente são nulas (ou ineficazes a depender da corrente doutrinária). Nessa hipótese, temos de um lado um terceiro que ganhou um bem, por meio de uma doação, que de fato não pertencia ao herdeiro aparente, mas, sim, ao herdeiro real. De outro, o herdeiro real que teve um prejuízo com a alienação gratuita efetuada pelo herdeiro aparente. O legislador fez uma escolha, pois entre conferir um lucro ao terceiro (*qui certat de lucro captando*) ou evitar um prejuízo causado ao herdeiro real pela alienação gratuita efetivada pelo herdeiro aparente (*qui certat de damno vitando*), preferiu evitar o prejuízo a conceder o lucro. Em conclusão, a alienação gratuita é nula, sendo irrelevante a boa ou má-fé do terceiro. Mais uma vez, pode-se falar em fraude à lei imperativa (art. 166, VI, do CC), pois a lei determina que a herança será do herdeiro real (Beviláqua) ou ineficaz (Pontes de Miranda). Com a declaração de indignidade, os bens da herança devem ser restituídos aos herdeiros reais. Tais bens são chamados de *erepticios*. Da mesma forma, os frutos produzidos pelos bens também deverão ser restituídos pelo excluído da sucessão, pois a eficácia da declaração é retroativa (art. 1.817, parágrafo único, do CC). A lei menciona a devolução dos frutos e rendimentos, o que, conforme já explicamos, não revela boa técnica, já que os rendimentos nada mais são que espécie de frutos, os chamados *frutos civis* (aluguéis de imóvel, juros da capital, dividendos de ações, entre outros). Por outro lado, pelo mesmo dispositivo citado, o herdeiro aparente terá direito a ser indenizado pela conservação dos bens, ou seja, as benfeitorias necessárias. Não nos parece ser esta a melhor orientação, pois ele terá benefícios de sua própria torpeza. A lei admite que o torpe tenha vantagens (herdeiro aparente), mas evita enriquecimento sem causa do herdeiro real. Contudo, como o indigno está ciente dos atos praticados contra o falecido, entendemos que sua situação se equipara à do possuidor de má-fé, e, portanto, terá tal direito nos termos do art. 1.220 do CC. Em conclusão, ao herdeiro indigno, na qualidade de possuidor de má-fé, devem ser aplicadas duas seguintes regras: 1.ª Regra – O herdeiro indigno responde pela perda, ou deterioração da coisa, ainda que acidentais, salvo se provar que de igual modo se teriam dado, estando ela na posse do herdeiro real (art. 1.218 do CC). 2.ª Regra – Só serão ressarcidas as benfeitorias necessárias e não lhe assiste o direito de retenção pela importância destas nem o de levantar as voluptuárias (art. 1.220 do CC).

JURISPRUDÊNCIA COMENTADA: Para alguns autores, impõe-se a nulidade do negócio (Clóvis Beviláqua), pois a má-fé não pode ser protegida. É notório que a torpeza é repudiada pelo ordenamento. Protege-se o herdeiro real em detrimento do terceiro de má-fé. Sobre a nulidade da venda por quem não é dono temos: "não há como reconhecer a prescrição da pretensão do Ministério Público Federal, primeiro porque se trata de nulidade absoluta da venda a non domino, impossível de ser convalidada; segundo, o referido instituto não atinge os bens públicos dominicais de propriedade da União, que são regidos por lei especial (Decreto-Lei n. 9.760/1946)" REsp 1352230/PR, Rel. Min. Gurgel de Faria, 1.ª Turma, j. 19.10.2017, *DJe* 30.11.2017). Para nós, a solução pela ineficácia é mais técnica e interessante à conservação do negócio jurídico.

REFORMA DO CÓDIGO CIVIL: Propõe a comissão de reforma do Código Civil alterar a redação do art. 1.817, passando a constar: "Art. 1.817. São válidas as alienações onerosas de bens hereditários a terceiros de boa-fé, e os atos de administração legalmente praticados pelo herdeiro, antes da sentença de indignidade; mas aos herdeiros subsiste, quando prejudicados, o direito de demandar-lhe por perdas e danos. Parágrafo único. O indigno é obrigado a restituir os frutos e os rendimentos que dos bens da herança houver percebido, mas tem direito a ser indenizado das despesas com a conservação destes". O objetivo da mudança proposta é meramente textual. Trata-se de substituição das expressões "exclusão" e "excluído" por, respectivamente, "indignidade" e "indigno", ambos tecnicamente mais adequados. O direito de indenização por despesas com a conservação do bem cabe ao possuidor de má-fé com regra geral (art. 1.220).

Art. 1.818. Aquele que incorreu em atos que determinem a exclusão da herança será admitido a suceder, se o ofendido o tiver expressamente reabilitado em testamento, ou em outro ato autêntico.

Parágrafo único. Não havendo reabilitação expressa, o indigno, contemplado em testamento do ofendido, quando o testador, ao testar, já conhecia a causa da indignidade, pode suceder no limite da disposição testamentária.

COMENTÁRIOS DOUTRINÁRIOS: Como o reconhecimento da indignidade decorrerá de um procedimento judicial a ser proposto pelos interessados na sucessão, o indigno pode ser perdoado pela pessoa contra quem praticou atos que conduziriam à indignidade. Aquele que incorreu em atos que determinem a exclusão da herança será admitido a suceder, se o ofendido o tiver expressamente reabilitado em testamento, ou em outro ato autêntico. Esse fenômeno é denominado *perdão, remissão* ou *reabilitação do indigno*. Não se admite no sistema brasileiro, como regra, o perdão tácito, mas apenas sua modalidade expressa, razão pela qual deve constar de testamento ou outro ato autêntico. A exceção está presente no parágrafo único do artigo que ora se comenta, pela qual "não havendo reabilitação expressa, o indigno, contemplado em testamento do ofendido, quando o testador, ao testar, já conhecia a causa da indignidade, pode suceder no limite da disposição testamentária". Sobre o testamento que reabilita o indigno, a lei não exige forma e, portanto, pode o testador se valer de uma das formas ordinárias de testar (testamento público, cerrado ou particular) ou mesmo das formas extraordinárias (testamento militar, marítimo ou aeronáutico). Ato autêntico é a escritura pública. Não precisa a escritura ter o fim específico de perdoar o indigno. Se, por exemplo, na escritura pública de doação de um imóvel, o ascendente perdoar o descendente, a solenidade legal foi observada e o perdão é válido. A revogação do testamento (plano da eficácia) em que há o perdão não implica que o perdão deixou de existir ou produzir efeitos. Uma vez perdoado o indigno, não é possível direito de arrependimento do testador. Realmente, se fosse retratável, a insegurança jurídica seria flagrante. Concedido o perdão, este produz efeitos imediatos e, ainda que o testamento seja revogado e o testador faça outro, não é necessário que o novo testamento novamente mencione o perdão já concedido anteriormente. Por óbvio, se o testamento for declarado nulo ou anulado (plano da validade), o perdão desaparece. Assim, quando se reconhecer a anulabilidade do testamento por vício de vontade (erro, dolo, coação), não poderá o perdão produzir efeitos. Igualmente, sendo o testamento cerrado ou particular inválido, este se retira do mundo jurídico e não produzirá efeitos, sendo, portanto, ineficaz o perdão. Já o testamento público, se faltar determinada solenidade que o torne nulo, como, por exemplo, havendo a presença de apenas uma testemunha, pode servir ao perdão do indigno. Nessa hipótese, em razão da nulidade do testamento, considera-se o instrumento apenas uma escritura pública – que para a validade não precisa de qualquer testemunha, bastando que seja lavrado pelo tabelião. Trata-se, portanto, de documento autêntico, o que pode se depreender do art. 1.818, *caput*, do CC. O Código Civil de 2002 inovou ao permitir o perdão tácito do indigno quando o testador, ao testar, já conhecia a causa da indignidade e contempla o indigno no testamento. Essa é a única hipótese admitida. Este poderá suceder apenas no limite da disposição testamentária, se não havia reabilitação expressa do indigno, conforme o já comentado parágrafo único do art. 1.818. Há uma eficácia parcial do perdão tácito. Tendo em vista o teor do próprio art. 1.818 do CC, que admite a reabilitação tácita, deve-se ressaltar que esta é limitada ao teor do testamento. A título de exemplo, se determinada pessoa tenta matar seu pai e, depois, for beneficiada como legatária de um imóvel no testamento, o perdão tácito só produz efeitos para que possa receber o legado, mas não a reabilita como herdeira de toda a herança. Exemplifiquemos da seguinte maneira: se o filho indigno receber por testamento a quota disponível, não poderá perdê-la porque houve perdão tácito do testador. Porém, poderá perder a legítima, pois o perdão não foi expresso. Em conclusão, com o perdão expresso, não será possível o reconhecimento da indignidade, essa desaparece. O herdeiro que praticou o ato que ensejaria a exclusão está reabilitado. Será herdeiro para todos os efeitos. Contudo, se o perdão for tácito, ou seja, por testamento, o indigno receberá exclusivamente o que o testador lhe deixou, pois podem os demais herdeiros propor a ação para excluí-lo da sucessão.

CAPÍTULO VI
DA HERANÇA JACENTE

COMENTÁRIOS DOUTRINÁRIOS INTRODUTÓRIOS: O destino da herança, com a abertura da sucessão, é a sua entrega aos herdeiros, que, pelo princípio da *saisine*, recebem desde logo a propriedade dos bens (art. 1.784 do CC). Entretanto, pode ocorrer de o falecido não ter deixado herdeiros legítimos nem testamentários. Os herdeiros legítimos, como é notório, são os descendentes, os ascendentes, o cônjuge, o companheiro e o colateral até o 4º grau (art. 1.829 do CC). Os herdeiros testamentários são aqueles nomeados por ato de última vontade, seja ele um testamento ou um codicilo. Ocorrendo a morte de alguém, os bens da herança devem ser arrecadados e ficam sob a guarda e a administração de um curador até a sua entrega ao sucessor ou a declaração de vacância (art. 1.819 do CC). Esse é o fenômeno da *jacência da herança*. A jacência constitui-se em fase provisória e temporária, de expectativa de surgimento de interessados na herança. Importante frisar que a jacência é provisória, pois terminará com a entrega da herança aos herdeiros ou com a declaração de vacância. Em síntese, trata-se de uma situação que logo findará. Sobre a natureza jurídica da herança jacente e da herança vacante, não se pode afirmar que se trata de pessoas jurídicas, pois não têm personalidade jurídica. Há, apenas, um conjunto de bens arrecadados. Por isso é que se afirma tratar-se de *entes despersonalizados*. Além disso, pode-se dizer que, por opção do legislador, a herança jacente e vacante não consta do elenco do art. 44 do Código Civil, se seguido o entendimento de que o rol constante desse dispositivo é taxativo (*numerus clausus*). Aqui, com a finalidade de justificar a existência e a capacidade de direito da pessoa jurídica, adota-se a teoria da realidade das instituições jurídicas (Hauriou), chamada de *teoria institucionalista*. A personalidade deriva do Direito, pois já se privaram seres humanos da personalidade (*v.g.* os escravos, que eram considerados pelos romanos como *coisas*). Derivando do Direito, é este que pode concedê-la a um grupamento de pessoas ou de bens que tenha por escopo a realização de interesses humanos. Então, a personalidade jurídica é um atributo que a ordem jurídica estatal outorga a entes por opção e conveniência. Trata-se de um complexo de relações jurídicas que serão transmitidas aos herdeiros – caso surjam – ou transmitidas definitivamente ao ente público (hipótese de vacância). Apesar desse reconhecimento, é interessante frisar que o Código de Processo Civil reconhece que as heranças jacente e vacante poderão ser representadas em juízo ativa ou passivamente por seu curador (art. 74, VI, do CPC/2015). A diferença para o espólio é que neste os herdeiros são conhecidos. Na herança jacente, não o são.

REFORMA DO CÓDIGO CIVIL: Propõe a comissão de reforma do Código Civil alterar a redação do art. 1.818, passando a constar: "Art. 1.818. Aquele que incorreu em atos que determinem a indignidade será admitido a suceder, se o ofendido o tiver expressamente reabilitado em testamento ou em outro ato autêntico. Parágrafo único. Não havendo reabilitação expressa, o indigno, contemplado em testamento do ofendido, quando o testador, ao testar, já conhecia a causa da indignidade, pode suceder no limite da disposição testamentária". O objetivo da mudança proposta é meramente textual. Pretende-se alterar a expressão "exclusão da herança" por "indigno", padronizando a linguagem do Código e tornando-a mais técnica.

Art. 1.819. Falecendo alguém sem deixar testamento nem herdeiro legítimo notoriamente conhecido, os bens da herança, depois de arrecadados, ficarão sob a guarda e administração de um curador, até a sua entrega ao sucessor devidamente habilitado ou à declaração de sua vacância.

COMENTÁRIOS DOUTRINÁRIOS: De início, falecendo alguém sem deixar testamento nem herdeiro legítimo notoriamente conhecido, os bens da herança, depois de arrecadados, ficarão sob a guarda e a administração de um curador (art. 1.819 do CC e art. 738 do CPC/2015). O juiz da comarca em que tiver domicílio o falecido procederá imediatamente sem perda de tempo à arrecadação de todos os seus bens (art. 738 do CPC/2015). Para tanto, comparecerá o juiz ao domicílio do falecido, acompanhado do escrivão, que lavrará de tudo termo circunstanciado. Eventualmente, deverá estar acompanhado do curador já nomeado, ou de um depositário que se responsabilizará pelo espólio, até que o juiz nomeie um curador de sua confiança (art. 1.145, § 1°, do CC). Em casos tais, os bens devem ser entregues ao curador, somente sendo entregues a um depositário se não houver curador nomeado. Não podendo comparecer ao local, o juiz requisitará à autoridade policial que proceda à arrecadação e ao arrolamento dos bens, com 2 testemunhas, que assistirão às diligências (art. 740, § 1° do CPC/2015). Na sistemática do antigo CPC, o órgão do Ministério Público e o representante da Fazenda Pública eram intimados a assistir à arrecadação, que se realizava, porém, estando eles presentes ou não (art. 1.145, § 2°, do CPC). Como se percebe, a participação desses entes não era obrigatória, mas apenas facultativa. A regra não é reproduzida no CPC/2015, logo, atualmente, não haverá essa convocação. O Código de Processo Civil, em seu art. 739, § 1°, detalha as funções do curador, quais sejam: "I – representar a herança em juízo ou fora dele, com intervenção do Ministério Público; II – ter em boa guarda e conservação os bens arrecadados e promover a arrecadação de outros porventura existentes; III – executar as medidas conservatórias dos direitos da herança; IV – apresentar mensalmente ao juiz balancete da receita e da despesa; V – prestar contas ao final de sua gestão". Dessas atribuições, percebe-se que o curador pode defender a posse dos bens por meio das ações possessórias; pode interromper a prescrição de dívidas cujo falecido era credor; pode propor demandas judiciais tais como a cobrança de aluguéis de inquilinos de bem que componha a herança jacente; pode contratar funcionários para a manutenção dos bens, ou seja, pode praticar todos os atos necessários à conservação dos bens e que evitem o seu perecimento. A função do curador não é gratuita. O juiz fixa a remuneração a ser paga pelos bens arrecadados. O que se nota é que o objetivo da arrecadação será a conservação dos bens para a sua entrega aos eventuais herdeiros. Todo procedimento é feito com objetivo de cuidar dos bens dos herdeiros. Exatamente por isso, durante a arrecadação, o juiz ou a autoridade policial inquirirá os moradores da casa e da vizinhança sobre a qualificação do falecido, o paradeiro de seus sucessores e a existência de outros bens, lavrando-se de tudo auto de inquirição e informação (art. 740, § 3° do CPC). Com essas informações, poderá o juiz localizar todos os bens do falecido para a sua adequada conservação pelo curador. Sem prejuízo de tudo isso, o juiz examinará reservadamente os papéis, as cartas missivas e os livros domésticos e, verificando que não apresentam interesse, mandará empacotá-los e lacrá-los para serem assim entregues aos sucessores do falecido ou queimados quando os bens forem declarados vacantes (art. 740, § 4°, do CPC). Aqui, surge uma dúvida: qual seria o interesse que os documentos poderiam apresentar? Parece que interessam ao juiz os documentos que permitem a identificação de eventuais herdeiros, sua qualificação e até a sua localização. Podemos aqui citar um envelope com o nome de um sobrinho, um cartão-postal com notícias de um irmão ou mesmo um telegrama com notícias de um filho que mora em outra localidade. Também interessam documentos relativos aos bens do falecido: sua declaração de renda, os extratos bancários, escrituras de bens imóveis, dados de um cofre bancário e assim por diante. O exame deve ser feito de maneira reservada, como forma de respeito à intimidade do morto, não havendo razão para o juiz devassá-la a terceiros. Nesse sentido, pode-se aqui citar as previsões pelas quais a vida privada da pessoa natural é inviolável (art. 21 do CC e art. 5°, X, da CF/1988). A preocupação legal com o sigilo e a intimidade do falecido prossegue quando o Código de Processo Civil determina que os documentos e as missivas devem ser empacotados e lacrados para sua entrega aos sucessores (art. 740, § 4º do CPC). Como se pode perceber, os direitos da personalidade produzem efeitos *post mortem*, mesmo quando a *personalidade jurídica material* não mais existe. Pode-se afirmar, nesse sentido, que os direitos da personalidade do morto, a sua *personalidade jurídica formal*, permanecem após o falecimento, o que decorre da análise dos arts. 12, parágrafo único, e 20, parágrafo único, ambos do CC. A prova de que a arrecadação visa resguardar os interesses de eventuais herdeiros pode ser evidenciada porque não se fará a arrecadação, ou essa será suspensa, quando, iniciada, apresentarem-se para reclamar os bens o cônjuge ou companheiro, o herdeiro ou o testamenteiro notoriamente reconhecido e não houver oposição motivada do curador, de qualquer interessado, do Ministério Público ou do representante da Fazenda Pública (art. 740, § 6º, do CPC). Imagine-se o caso prático da esposa que, após trinta dias de viagem, retorna a casa e encontra o juiz arrecadando os bens em virtude do falecimento de seu marido no período. Nesse caso descrito, não há razão para se prosseguir a arrecadação, pois existe um herdeiro que terá o encargo de conservar os bens.

JURISPRUDÊNCIA COMENTADA: As críticas que se fazem ao mecanismo de herança jacente e depois vacante em que os bens são destinados ao Município evidenciam-se no problema em questão: "Procurador municipal que atuava como curador de heranças jacentes, administrando os bens que deveriam integrar o patrimônio do município, assim que a herança fosse declarada vacante. Contudo, recebeu alugueres que não repassou ao juízo do inventário e também forjou contratos e dívidas em prejuízos ao erário. Um dos imóveis foi desapropriado e engendrou situação que implicou o pagamento de indenização, quando o imóvel deveria ter sido incorporado ao patrimônio municipal, sem ônus. Simulou acordos com falsos credores dos espólios, que permitiram o pagamento de dívidas inexistentes, também em prejuízo aos cofres públicos. Também atuou contra o município na defesa de interesses privados, frente à Administração Municipal. Perícia contábil apurou o valor desviado. Juros de mora que devem ser contados de cada ilícito. Procurador demitido a bem do serviço público e condenado, nesta ação, a indenizar os prejuízos causados ao erário, além da multa civil, da suspensão de seus direitos políticos e da proibição de contratar e de receber benefícios fiscais e creditícios, mesmo por meio de pessoas jurídicas que venha a integrar" (TJSP, AP 0029775-28.2005.8.26.0053, 10.ª Câmara de Direito Privado, São Paulo, Rel. Urbano Ruiz, j. 16.05.2011).

Art. 1.820. Praticadas as diligências de arrecadação e ultimado o inventário, serão expedidos editais na forma da lei processual, e, decorrido um ano de sua primeira publicação, sem que haja herdeiro habilitado, ou penda habilitação, será a herança declarada vacante.

COMENTÁRIOS DOUTRINÁRIOS: Cabe ao curador apresentar um inventário, ou seja, uma lista com os bens do falecido e a sua descrição. Praticadas as diligências de arrecadação e ultimado o inventário, serão expedidos editais na forma da lei processual (art. 1.820 do CC). A publicação se dará na rede mundial de computadores, no sítio do tribunal a que estiver vinculado o juízo e na plataforma de editais do Conselho Nacional de Justiça, onde permanecerá por 3 (três) meses, ou, não havendo sítio, no órgão oficial e na imprensa da comarca, por 3 (três) vezes com intervalos de 1 (um) mês, para que os sucessores do falecido venham a habilitar-se no prazo de 6 (seis) meses contado da primeira publicação (art. 741 do CPC/2015). Terá o herdeiro prazo para se habilitar de seis meses, contados da publicação do primeiro edital. A habilitação se faz em autos em apenso ao da arrecadação de bens, sendo que, se julgada a habilitação do herdeiro, reconhecida a qualidade do testamenteiro ou provada a identidade do cônjuge ou companheiro, a arrecadação converter-se-á em procedimento de inventário (art. 740 do CPC/2015). Nesses casos, devem ser ouvidos na habilitação o membro do Ministério Público e o curador da herança jacente. Quem pode pleitear a habilitação? A resposta é: qualquer herdeiro legítimo, seja ele necessário (descendentes, ascendentes, cônjuge ou companheiro) ou facultativo (colaterais até 4º grau), bem como os nomeados por testamento ou codicilo. O que ocorre com o decurso de 6 meses sem que haja habilitação? O herdeiro perde a herança? A resposta está nos comentários ao art. 1.844. Se a habilitação for julgada improcedente, converte-se a herança jacente em vacante, sendo que, caso haja mais de uma habilitação, a conversão só se dá quando a última for julgada improcedente (art. 743, § 2º do CPC/2015). Há duas regras que são relevantes e devem ser mencionadas. A primeira é que, enquanto se arrecadam os bens e se publicam os editais, alguns bens que compõem a herança jacente podem ser alienados por meio de autorização judicial nas seguintes hipóteses. Esses bens estão elencados no art. 742 do CPC/2015, a saber: I – de bens móveis, se forem de conservação difícil ou dispendiosa; II – de semoventes, quando não empregados na exploração de alguma indústria; III – de títulos e papéis de crédito, havendo fundado receio de depreciação; IV – de ações de sociedade quando, reclamada a integralização, não dispuser a herança de dinheiro para o pagamento; V – de bens imóveis: a) se ameaçarem ruína, não convindo a reparação; e b) se estiverem hipotecados e vencer-se a dívida, não havendo dinheiro para o pagamento. Pelo § 1º do art. 742 do CPC/2015, não se procederá, entretanto, à venda se a Fazenda Pública ou o habilitando adiantarem a importância para as despesas (de conservação da coisa de forma a evitar sua ruína). Já os bens com valor de afeição, como retratos, objetos de uso pessoal, livros e obras de arte só serão alienados depois de declarada a vacância da herança (art. 742, § 2º CPC/2015). A regra tem lógica, já que bens de valor sentimental podem representar muito ao herdeiro que eventualmente apareça e se habilite. Nada justifica a venda das fotografias da lua de mel do falecido, do quadro que foi presente dos filhos quando das bodas de ouro do casal, ou da aliança de diamantes que pertencia à falecida.

Art. 1.821. É assegurado aos credores o direito de pedir o pagamento das dívidas reconhecidas, nos limites das forças da herança.

COMENTÁRIOS DOUTRINÁRIOS: A segunda regra a ser comentada é que os credores da herança podem se habilitar como nos inventários ou propor a ação de cobrança (art. 741, § 4º, do CPC/2015). Nesse caso, cabe ao curador providenciar a defesa da herança jacente, contratar advogados e impugnar a habilitação incorreta ou contestar a ação direta de cobrança. O direito dos credores se limita às forças da herança (art. 1.820 do CC). Isso significa que as dívidas são arcadas pela herança jacente e pelos bens que a compõem, não sendo de responsabilidade pessoal de eventuais herdeiros que se habilitem ou do Ente Público que a receba na condição de herança declarada vacante. Por óbvio, não poderia ser diferente. Se, no sistema brasileiro, poderá o credor do herdeiro aceitar a herança quando este a recusar, sendo possível também aos credores habilitar seus créditos no inventário, da mesma forma poderão se habilitar junto à herança jacente.

JURISPRUDÊNCIA COMENTADA: Havendo recusa da curadora em aceitar pagar a dívida, o TJSP afirmou que "não se questiona a idoneidade dos documentos ora apresentados pelo agravante, aptos para a reserva de bens suficientes para garantir o seu crédito. Ocorre que, ante a negativa da curadora da herança, a questão passou a ser controvertida e deve, portanto, ser dirimida em autos que possibilitem às partes o regular exercício do contraditório pleno e a produção de provas, o que não lhes é garantido em um mero incidente de habilitação" (TJSP, AI 9022916-60.2009.8.26.0000, 9.ª Câmara de Direito Privado, São Paulo, Rel. Viviani Nicolau, j. 26.05.2009).

Art. 1.822. A declaração de vacância da herança não prejudicará os herdeiros que legalmente se habilitarem; mas, decorridos cinco anos da abertura da sucessão, os bens arrecadados passarão ao domínio do Município ou do Distrito Federal, se localizados nas respectivas circunscrições, incorporando-se ao domínio da União quando situados em território federal.

Parágrafo único. Não se habilitando até a declaração de vacância, os colaterais ficarão excluídos da sucessão.

COMENTÁRIOS DOUTRINÁRIOS: A lei prevê duas situações diversas em que se decretará a vacância da herança. A primeira delas ocorre quando todos os chamados a suceder renunciarem à herança (ver comentários ao art. 1.823 do CC). O segundo caso está presente quando, após praticadas todas as diligências de arrecadação e ultimado o inventário (lista dos bens do falecido), forem expedidos os editais. Decorrido um ano da primeira publicação dos editais, sem que haja herdeiro habilitado – quer porque não apareceu, quer porque apareceu, mas suas habilitações foram julgadas improcedentes –, ou sem que penda habilitação, haverá a declaração de vacância (art. 1.820 do CC e art. 743 do CPC/2015). Note-se que o fato de não ocorrer habilitação no prazo de seis meses previsto no art. 741 do CPC/2015 não permite a declaração de vacância, senão antes de decorridos outros seis meses. Realmente, o prazo inicial de seis meses não se revela útil, pois não é dotado de sanção. Entretanto, se passado um ano da publicação e decretada a vacância, temos duas consequências: 1.ª) Os herdeiros colaterais não poderão mais pleitear a herança, sendo excluídos da sucessão (art. 1.822, parágrafo único, do CC). Esclarecendo, no tocante a irmãos, tios, sobrinhos, primos-irmãos, tios-avós e sobrinhos-netos do falecido que herdam segundo a ordem de vocação hereditária (art. 1.829 do CC), a declaração de vacância os excluirá definitivamente da sucessão. 2.ª) Os demais herdeiros, sejam eles legítimos ou testamentários, não podem ser considerados prejudicados pela declaração de vacância, porque ainda poderão requerer o recolhimento da herança, desde que o façam no prazo de cinco anos contados da abertura da sucessão (art. 1.822 do CC). Isso por meio de ação direta. É pertinente notar que é possível que o herdeiro se habilite mesmo decorridos os seis meses previstos no Código de Processo Civil, sendo que o descumprimento do prazo não lhe traz uma sanção. Isso se comprova pelo fato de que o parágrafo único do art. 1.822 do Código Civil expressamente afirma que os parentes colaterais só estão excluídos da sucessão se não se *habilitarem* até a declaração de vacância. Não diz o Código Civil se "*não pleitearem a herança*", mas se utiliza expressamente do vocábulo "*habilitar*". Assim temos: os parentes colaterais (chamados a suceder pela ordem de vocação hereditária) que não se habilitarem até a declaração de vacância efetivamente perdem a herança. Os demais herdeiros (descendentes, ascendentes, cônjuge e companheiro pela ordem de vocação hereditária ou qualquer herdeiro, inclusive o colateral, nomeado por testamento) podem pleitear a herança mesmo sem a devida habilitação até o prazo de cinco anos. Pois bem, mas a qual pessoa jurídica de direito público se destinam os bens com a declaração de vacância? Se os bens se localizarem em Municípios ou no Distrito Federal, a estes pertencerão respectivamente. Se os bens se localizarem em um Território, pertencerão à União (art. 1.822 do CC). Deve-se frisar que, atualmente, não existem mais Territórios federais, pois depois da Constituição Federal de 1988 estes foram extintos, já que Roraima e Rondônia se tornaram Estados. Vale também dizer que a Lei n. 8.049, de 20 de junho de 1990, já havia instituído o Município (ou Distrito Federal) como destinatário da herança vacante, em detrimento do Estado e da União. No Estado de São Paulo, antes da vigência da Lei n. 8.049/1990, os bens lá situados eram entregues apenas à Universidade de São Paulo (Decreto n. 27.219-A/1957) e, a partir de 1985 (Decreto estadual n. 23.296, de 1º de março de 1895), os bens caberiam à USP, à UNESP ou à UNICAMP, conforme suas áreas de influência. Interessante notar que, conforme explica o site da USP, em 1984, foi editada a Lei n. 4.264, pela qual esta Universidade de São Paulo ficou liberada a vender os imóveis de heranças vacantes, sem autorização da Assembleia Legislativa (como determinava a lei anterior), desde que aplicasse os recursos provenientes dessas vendas em: 1 – construção e melhoria das moradias estudantis; 2 – assistência social aos estudantes; e 3 – ensino e pesquisa. Entretanto, com a alteração legislativa de 1990, ocorreu a revogação dos decretos em questão e os bens passaram a pertencer ao Município. Perderam as Universidades, perdeu o ensino público. Por fim, superada a questão a respeito de qual ente público recebe os bens da herança vacante, cabe salientar que até que se complete o período de cinco anos, o ente público tem a propriedade resolúvel dos bens. Isso porque, se os herdeiros pleitearem por ação própria e que deverá ser movida nas varas especializadas – se contra o Município ou Distrito Federal nas varas da Fazenda Pública, se houver, e se contra a União, nas varas da Justiça Federal, se houver –, perdem a União, os Municípios e o Distrito Federal a propriedade dos bens, que só se torna plena após os referidos cinco anos. Como última nota que deve ser feita a respeito do tema, lembramos que o Poder Público não pode renunciar à herança recebida, em razão da inalienabilidade do bem público prevista em lei (arts. 100 e 101 do CC).

REFORMA DO CÓDIGO CIVIL: Propõe a comissão de reforma do Código Civil alterar a redação do art. 1.822, passando a constar a seguinte: "Art. 1.822-A. declaração de vacância da herança não prejudicará os herdeiros que legalmente se habilitarem; mas, decorridos cinco anos da publicação do primeiro edital, os bens arrecadados passarão ao domínio do Município ou do Distrito Federal, se localizados nas respectivas circunscrições, incorporando-se ao domínio da União quando situados em território federal. § 1º Após a declaração de vacância, os bens deverão ser destinados à prestação de serviços públicos de saúde, de educação ou de assistência social ou serão objeto de concessão de direito real de uso a entidades civis que comprovadamente tenham fins filantrópicos, assistenciais ou educativos, no interesse do Município, do Distrito Federal ou da União. § 2º Na hipótese de venda dos bens, os valores deverão ser revertidos em favor da infraestrutura dos serviços públicos de saúde, de educação ou de assistência social, vedada a utilização dos recursos para pagamento de folha de pessoal". O objetivo da proposta é adequar o momento inicial de contagem do prazo para a declaração da vacância da herança para que coincida com as providências da jacência; dessa forma, elimina-se a possibilidade de o prazo de cinco anos, se contado da abertura da sucessão, encerrar-se antes de o processo de jacência se iniciar. Assim, a proposta pretende fixar o *dies a quo* para se declarar a vacância da herança com a publicação do primeiro edital. Ademais, há um caráter social. Os bens deverão "ser destinados à prestação de serviços públicos de saúde, de educação ou de assistência social ou serão objeto de concessão de direito real de uso a entidades civis que comprovadamente tenham fins filantrópicos, assistenciais ou educativos". Há valorização da saúde, educação e filantropia.

Art. 1.823. Quando todos os chamados a suceder renunciarem à herança, será esta desde logo declarada vacante.

COMENTÁRIOS DOUTRINÁRIOS: Em caso de renúncia de todos os herdeiros, desnecessária seria a publicação de editais e todos os demais trâmites legais exigidos durante o período de vacância. Com a renúncia de todos os herdeiros, sejam eles legítimos ou testamentários, a vacância se decreta de imediato, encerrando a jacência. Se a jacência é fase preliminar à vacância, ocorrendo a renúncia, dispensa-se a fase preliminar. Trata-se de uma *vacância sumária*.

CAPÍTULO VII
DA PETIÇÃO DE HERANÇA

Art. 1.824. O herdeiro pode, em ação de petição de herança, demandar o reconhecimento de seu direito sucessório, para obter a restituição da herança, ou de parte dela, contra quem, na qualidade de herdeiro, ou mesmo sem título, a possua.

COMENTÁRIOS DOUTRINÁRIOS: O Código Civil de 1916 não continha regras referentes à petição de herança, apesar de a matéria ter sido cuidadosamente estudada pela doutrina. É a ação judicial que tem por objetivo garantir ao herdeiro que não recebeu seu quinhão hereditário que o receba. É a chamada *petitio hereditatis*. No Código Civil atual, a matéria está tratada nos arts. 1.824 a 1.828. Imagine-se o caso de um filho não reconhecido por seu pai e que, após a morte deste, obtém decisão judicial favorável e definitiva que o declara filho. Com a morte do pai, os bens podem ter sido distribuídos entre os demais filhos, hipótese em que este novo herdeiro necessário terá direito a apenas parte do patrimônio de seu pai. Por outro lado, imagine-se que ocorra o rompimento do testamento (ver arts. 1.973 a 1.95 do CC). Se o testador deixou todos os bens a um sobrinho, na ignorância da existência desse filho, o testamento estará rompido, e o filho terá direito a todos os bens do falecido. O que se pode concluir é que o objetivo da petição de herança é duplo. O primeiro deles é a declaração do direito sucessório do herdeiro. O segundo objetivo é a condenação na restituição dos bens ou da quota que lhe pertence (art. 1.824 do CC). No campo prático, percebe-se que pode o filho não reconhecido do falecido pleitear na investigatória de paternidade todos os bens a que teria direito na condição de herdeiro necessário, por meio da petição de herança. A ação, indiscutivelmente, é de natureza real, pois, por força do art. 80, II, do Código Civil, a sucessão aberta constitui um bem imóvel. Será réu na ação aquele que recebeu os bens do *de cujus* sem observar a qualidade de herdeiro do autor da ação. Será, em regra, um herdeiro aparente de parte ou da totalidade dos bens do *de cujus*. Assim, poderá ser réu o indigno declarado por sentença, ou mesmo o herdeiro aparente, no caso de rompimento do testamento, bem como o herdeiro testamentário cujo testamento foi anulado. Deve-se frisar que a ação de petição não se confunde com a reivindicatória, apesar de ambas terem natureza real. Na ação de petição de herança, a causa do pedido é a qualidade de proprietário por ser herdeiro. Na ação reivindicatória, o autor afirma apenas ser proprietário. Exemplos podem ajudar a esclarecer. O falecido tem como únicos parentes dois sobrinhos, José e Maria, sendo que apenas José, por testamento, é nomeado herdeiro de todos os bens. Maria propõe ação anulatória de testamento em razão de coação do testador. Conjuntamente com o pedido de anulabilidade, Maria proporá petição de herança, pois o que se discute é a sua condição de herdeira. Também a companheira que tiver a união estável reconhecida pode pedir a herança, bem como os direitos sucessórios dela decorrentes. Assim, se os bens do falecido foram partilhados entre os seus descendentes, provada a união estável e a condição de herdeira da companheira (a depender do regime de bens da união estável), terá esta direito à petição de herança para receber sua quota (vide art. 1.832). Por outro lado, se um bem que compõe o acervo se encontrar em mãos de um terceiro que o adquiriu por meio de falsa procuração, a ação do herdeiro contra ele será a reivindicatória. É por isso que a causa de pedir da ação de petição de herança é a condição de herdeiro e o réu tem a propriedade do bem por ser herdeiro (*pro herede*). Se estiver na posse do bem por qualquer outra razão, a ação é a reivindicatória.

JURISPRUDÊNCIA COMENTADA: O prazo para a propositura da demanda de petição de herança é questão das mais controvertidas. Há parte da doutrina (por todos, Orlando Gomes) que entende que a ação não prescreve. Pode ser proposta pelo herdeiro a qualquer tempo. Contudo, se já há prazo para usucapião dos bens por aquele que está em sua posse, a ação de petição de herança será julgada improcedente. Realmente, essa foi a solução do legislador português: "Art. 2.075. 1. O herdeiro pode pedir judicialmente o reconhecimento da sua qualidade sucessória, e a consequente restituição de todos os bens da herança ou de parte deles, contra quem os possua como herdeiro, ou por outro título, ou mesmo sem título. 2. A ação pode ser intentada a todo o tempo, sem prejuízo da aplicação das regras da usucapião relativamente a cada uma das coisas possuídas, e do disposto no art. 2.059". Entretanto, não é esta a melhor solução ao problema, pois a petição de herança é ação com conteúdo condenatório evidente. Sendo dotada de pedido de dar – entrega dos bens que compõem o acervo hereditário –, existe uma *pretensão*, que se extingue pela prescrição (art. 189 do CC). Em outras palavras, pode-se dizer que pretensão é a possibilidade conferida ao credor, autor da ação de petição de herança, de exigir do devedor, réu da ação, o cumprimento da prestação (entrega dos bens). Seguindo essa lógica, o Supremo Tribunal Federal editou a Súmula n. 149 com a seguinte regra: "É imprescritível a ação de investigação de paternidade, mas não o é a de petição de herança". Com isso, a doutrina afirmava, na vigência do revogado Código Civil, que o prazo era de 20 anos decorridos da abertura da sucessão" (art. 177 do CC/1916). Os julgados da época ajudam a esclarecer a questão: "Quanto à nulidade pleiteada pelo herdeiro que não interveio na partilha, não pairava dúvida quanto a seu prazo prescricional de 20 anos, o mesmo que o da ação de petição de herança, de que é inseparável. A respeito dessa interdependência, ponderou o v. Acórdão proferido pelo STF publicado na *RTJ* 52/193: 'Partilha. Nulidade. O julgamento da procedência da petição de herança importa a nulidade da partilha'" (TJRJ, 6.ª Câm. Cível, Apelação Cível 9.047, Rel. Des. Basileu Ribeiro Filho, j. 30.08.1979, *RT* 543/211). "Partilha. Nulidade. Herdeiro necessário excluído. Art. 1.030 do CPC. Para anular a partilha, os herdeiros dela excluídos, que não participaram do inventário, devem utilizar-se da ação de nulidade ou petição de herança vintenária e não da rescisória" (RE 93.700, Rel. Min. Rafael Mayer, *DJU* 22.10.1982, *RT* 567/235). "O pai da autora faleceu em 29.12.1977, tendo sido requerido o inventário em 11.01.1978 e julgada a partilha em 06.12.1979. A ação de investigação de paternidade foi ajuizada em 03.04.1978 e reconhecida a paternidade em 18.09.1981. Em 19.03.1983 promoveu-se a ação postulando a invalidade da partilha e a consequente inclusão da autora para fins de recebimento de seu quinhão hereditário. [...] A autora, não tendo participado do inventário, não foi alcançada pela sentença. Assim, a ação que deveria manejar é a anulatória como o fez e não a rescisória" (TJMG, Apelação Cível 72.690, Rel. Des. Sálvio de Figueiredo Teixeira, j. 14.04.1988, *RT* 631/199). Como se verifica, reconhecida a qualidade de herdeiro, as decisões consideravam o prazo para a petição de herança, coincidente com o da anulação da partilha, como sendo de 20 anos, nos termos do *caput* do art. 177 do CC/1916. Com a revogação do CC/1916, esse prazo passou a ser de 10 anos (art. 205 do CC). Como já foi dito, em se tratando de pretensão, estará realmente sujeita ao prazo prescricional de dez anos previsto no art. 205 do Código Civil. Para essa corrente, a imprescritibilidade não se coaduna com a petição de herança em razão de seu caráter eminentemente patrimonial e por envolver uma prestação de dar. Contudo, o início do prazo de 10 anos é polêmico. O prazo se inicia com a morte do *de cujus* ou com o momento em que a paternidade é declarada? Por lógica, ninguém poderá pedir a herança se não tiver reconhecida a paternidade. Reconhecer a paternidade é requisito para que seja possível a ação. Assim resolveu o STJ: "tratando-se de filho ainda não reconhecido, o início da contagem do prazo prescricional só terá início a partir do momento em que for declarada a paternidade, momento em que surge para ele a pretensão de reivindicar seus direitos sucessórios" (STJ, AREsp 1.326.509, Proc. 2018/0174534-4, RS; Rel. Min. Nancy Andrighi, j. 20.08.2018, *DJE* 24.08.2018). O problema dessa solução é que, se o filho demorar para pedir o reconhecimento da paternidade e essa ação é declaratória, logo imprescritível, poderá adiar indefinidamente o início da prescrição da ação de petição de herança. É por isso que o entendimento adequado seria o seguinte: se o autor da investigatória demorou a propô-la, mesmo sabendo quem era seu pai biológico, o início do prazo da ação de petição de herança se deu no momento da ciência. Tal prazo se suspenderia com a propositura da investigatória. Essa seria a solução mais justa para conciliação dos valores da

Justiça e da Segurança Jurídica. Historicamente era a seguinte a solução do STJ: "tratando-se de reconhecimento *post mortem* da paternidade, o início da contagem do prazo prescricional para o herdeiro preterido buscar a nulidade da partilha e reivindicar a sua parte na herança só terá início a partir do momento em que for declarada a paternidade, momento em que surge para ele a pretensão de reivindicar seus direitos sucessórios" (AgInt no AREsp 1215185/SP, Rel. Min. Marco Aurélio Bellizze, 3.ª Turma, j. 22.03.2018, *DJe* 03.04.2018). Contudo, em novembro de 2022, a Segunda Sessão do STJ (reunião das Terceira e Quarta Turmas) entendeu, por maioria de votos, que o prazo se inicia com a morte do autor da herança. Nos termos do *Informativo* n. *757* do STJ, temos o seguinte: "Portanto, aberta a sucessão, o herdeiro, independentemente do reconhecimento oficial de tal condição, poderá imediatamente postular seus direitos hereditários nas vias ordinárias, cabendo-lhe as seguintes opções: (i) propor ação de investigação de paternidade cumulada com petição de herança; (ii) propor concomitantemente, mas em processos distintos, ação de investigação de paternidade e ação de petição de herança. Em tal caso, ambas poderão tramitar simultaneamente, ou se poderá suspender a petição de herança até o julgamento da investigatória; (iii) propor ação de petição de herança, na qual deverão ser discutidas, na esfera das causas de pedir, a efetiva paternidade do falecido e a violação do direito hereditário. Tal opção, na prática, revela causas de pedir e pedidos semelhantes aos deduzidos no item 'i'. Enfim, a defesa do direito hereditário pode ser exercida de imediato, logo após a abertura da sucessão, devendo prevalecer o entendimento firmado nos paradigmas da Quarta Turma. A ausência de prévia propositura de ação de investigação de paternidade, imprescritível, e de seu julgamento definitivo não constitui óbice para o ajuizamento de ação de petição de herança e para o início da contagem do prazo prescricional. A definição da paternidade e da afronta ao direito hereditário, na verdade, apenas interfere na procedência da ação de petição de herança". Em junho de 2024 essa forma de julgar foi reafirmada pela Segunda Seção da Corte, em decisão prolatada para os fins de repercussão geral (Tema n. 1.200 do STJ). Aplicou-se, no julgamento, a vertente objetiva da *actio nata*, com a seguinte tese repetitiva: "o prazo prescricional para propor ação de petição de herança conta-se da abertura da sucessão, cuja fluência não é impedida, suspensa ou interrompida pelo ajuizamento de ação de reconhecimento de filiação, independentemente do seu trânsito em julgado" (STJ, REsp 2.029.809/MG, Rel. Min. Marco Aurélio Bellizze, 2.ª Seção, j. 22.05.2024, *DJe* 28.05.2024). Prevaleceu, então, e para a prática, tese por mim há muito defendida. Esperar a decisão da ação investigatória para que a prescrição da pretensão de petição de herança se inicie é, na prática, tornar essa ação também imprescritível.

REFORMA DO CÓDIGO CIVIL: Propõe a comissão de reforma do Código Civil alterar a redação do art. 1.824, mantendo-se o *caput* e adicionando-se dois parágrafos, com o seguinte texto: "Art. 1.824. [...] § 1º O prazo de prescrição da pretensão de petição de herança tem como termo inicial a abertura da sucessão, § 2º O prazo previsto no § 1º não se interrompe nem se suspende com a propositura de ação de investigação de paternidade, de declaração de paternidade socioafetiva ou com o nascimento do filho havido após aquela data com o emprego de técnica de procriação assistida". A proposta tem por objetivo deixar expresso, no § 1º do artigo em questão, que o início do prazo de prescrição da pretensão da petição de herança se dá com a abertura da sucessão. Tal medida é justificada para dar solução a antiga controvérsia jurisprudencial sobre o *dies a quo* do prazo prescricional em tela. Como já explicamos anteriormente, o prazo para a propositura de demanda de petição de herança é questão das mais controvertidas, que se pretende resolver, no texto da lei. O § 2º proposto pela Comissão de Reforma do Código Civil ainda faz com que corra, sem cessar, o prazo prescricional da pretensão de petição de herança com o ajuizamento das ações de reconhecimento de filiação, contribuindo para a redução de ações argentárias, exclusivamente fundadas no interesse econômico, em detrimento dos vínculos parentais.

Art. 1.825. A ação de petição de herança, ainda que exercida por um só dos herdeiros, poderá compreender todos os bens hereditários.

COMENTÁRIOS DOUTRINÁRIOS: A herança é um todo uno e indivisível, aplicando-se as regras relativas ao condomínio até que ocorra a partilha (art. 1.791 do CC). Assim, a ação de petição de herança, ainda que exercida por um só dos herdeiros, poderá compreender todos os bens hereditários. É semelhante à regra presente no condomínio, pela qual qualquer um dos condôminos tem direito de defender a coisa como um todo, mesmo sendo titular de apenas parte dela. Perante terceiros, que não os demais condôminos (no caso, coerdeiros), cada herdeiro age como se fosse proprietário exclusivo do todo. Nesses exatos termos, determina o art. 1.314 do Código Civil em vigor que cada condômino pode usar da coisa conforme a sua destinação, sobre ela exercer todos os direitos compatíveis com a indivisão, reivindicá-la de terceiro, defender a sua posse e alhear a respectiva parte ideal, ou gravá-la.

JURISPRUDÊNCIA COMENTADA: Aplicando a literalidade da lei, temos: "Ocorre que, a teor do que dispõe o art. 1.825 do Código Civil, a ação de petição de herança pode ser exercida por apenas um dos herdeiros, mesmo que compreenda todos os bens hereditários, assim, no polo ativo da demanda pode constar apenas um dos herdeiros que pretende sua inclusão nos autos de inventário. Desta forma, ainda que um só dos herdeiros verdadeiros exerça a ação petitória, pode requerer a restituição de toda a herança do possuidor ilegítimo. O real herdeiro, desde a morte do *de cujus*, é possuidor e dono de sua quota sucessória, o que autoriza às agravantes ingressarem nos autos, tendo em vista que comprovada a condição de herdeira e viúva de Benedito Messiano" (TJSP, AI 9058325-34.2008.8.26.0000, 10.ª Câmara de Direito Privado, São Paulo, Rel. Octavio Helene, j. 02.06.2009).

Art. 1.826. O possuidor da herança está obrigado à restituição dos bens do acervo, fixando-se-lhe a responsabilidade segundo a sua posse, observado o disposto nos arts. 1.214 a 1.222.

Parágrafo único. A partir da citação, a responsabilidade do possuidor se há de aferir pelas regras concernentes à posse de má-fé e à mora.

COMENTÁRIOS DOUTRINÁRIOS: Três dúvidas podem surgir com relação à ação de petição de herança: a ação de petição de herança inclui os frutos produzidos pelo bem que compõe o acervo hereditário demandado? Haverá direito de indenização pelas benfeitorias realizadas no bem? Se o herdeiro causar um dano ao bem, ele responderá por esse prejuízo? A resposta das questões se dá de acordo com a boa ou má-fé do herdeiro que se encontra na posse dos bens da herança, conforme o artigo que se comenta. A título de exemplo, se o sobrinho do falecido estava na posse dos bens que recebera por testamento, acreditando ser o único herdeiro e, posteriormente, ocorre o fenômeno do rompimento do testamento em que aparece um filho até então desconhecido (art. 1.973 do CC), perderá o sobrinho toda a herança que deverá ser restituída ao filho do falecido. Como o sobrinho estava de boa-fé (na espécie subjetiva), pois ignorava o fato de que não era realmente o herdeiro (boa-fé subjetiva), terá os seguintes direitos e deveres: – Direito aos frutos percebidos (art. 1.214 do CC). – Dever de restituição dos frutos pendentes ao tempo em que cessar a boa-fé, depois de deduzidas as despesas da produção e custeio (art. 1.214, parágrafo único, do CC). – Dever de restituição dos frutos colhidos com antecipação (art. 1.214, parágrafo único, do CC). – Não responderá pela perda ou deterioração da coisa a que não der causa (art. 1.217 do CC). – Tem direito à indenização das benfeitorias necessárias e úteis, bem como, quanto às voluptuárias, se não lhe forem pagas, a levantá-las, quando o puder sem detrimento da coisa, podendo exercer o direito de retenção pelo valor das benfeitorias necessárias e úteis (art. 1.219 do CC). – O herdeiro autor da ação de petição de herança, quando obrigado a indenizar as benfeitorias ao possuidor de boa-fé, deverá fazê-lo pelo seu valor atual (art. 1.222 do CC). Como se pode perceber, a boa-fé se refere à ignorância de uma situação, ou seja, desconhece o sujeito que perdeu a qualidade de herdeiro, e se trata, portanto, da boa-fé subjetiva. Se, por outro lado, o sobrinho coage seu tio a fazer testamento deserdando o filho e tornando-o seu único herdeiro, e o testamento for anulado em razão do vício do consentimento, o sobrinho, réu da ação de petição de herança, estava agindo de má-fé, pois sabia que não tinha direito aos bens do acervo hereditário. No caso descrito, o sobrinho terá os seguintes direitos e deveres: – Responderá por todos os frutos colhidos e percebidos, bem como pelos que, por culpa sua, deixou de perceber, desde o momento em que se constituiu de má-fé; tem direito às despesas da produção e custeio (art. 1.216 do CC). – Responderá pela perda, ou deterioração da coisa, ainda que acidentais, salvo se provar que de igual modo se teriam dado, estando ela na posse do autor da ação de petição da herança (art. 1.218 do CC). – Serão ressarcidas somente as benfeitorias necessárias, não tendo o direito de retenção pela importância destas nem o de levantar as voluptuárias (art. 1.220 do CC). – O herdeiro autor da ação de petição de herança, quando obrigado a indenizar as benfeitorias ao possuidor de má-fé, tem o direito de optar entre o seu valor atual e o seu custo (art. 1.222 do CC). Vale repetir que a boa-fé cessa com a citação do réu na ação de petição de herança (pois haverá ciência inequívoca do debate quanto à qualidade de herdeiro) e, a partir de então, devem ser aplicadas as regras referentes à má-fé (art. 1.826, parágrafo único, do CC).

JURISPRUDÊNCIA COMENTADA: É possível que a apuração do valor devido a título de benfeitorias seja relegada à fase de liquidação de sentença. "Reitero que as questões a respeito dos frutos, benfeitorias e eventual deterioração dos bens deverão ser analisadas em liquidação de sentença, com base nas regras que fazem distinção quanto aos efeitos da posse de boa-fé e de má-fé, ressaltando que, a partir da citação, aplicam-se as regras concernentes à posse de má-fé e à mora (art. 1826 do Código Civil)" (TJSP, AP 0001221-28.2010.8.26.0629, 3.ª Câmara de Direito Privado, Tietê, Rel. Donegá Morandini, j. 19.10.2015).

Art. 1.827. O herdeiro pode demandar os bens da herança, mesmo em poder de terceiros, sem prejuízo da responsabilidade do possuidor originário pelo valor dos bens alienados.

Parágrafo único. São eficazes as alienações feitas, a título oneroso, pelo herdeiro aparente a terceiro de boa-fé.

COMENTÁRIOS DOUTRINÁRIOS: É o que explicamos ao comentar o art. 1.824. Se o bem da herança estiver na propriedade de um terceiro, terá direito as medidas necessárias para tomar o bem para si. Nessa hipótese, deve se valer da ação reivindicatória, já que o réu não é outro herdeiro e a causa de pedir será a propriedade do bem. Se, eventualmente, o adquirente do bem estiver de boa-fé, a alienação onerosa é eficaz, ou seja, produz todos os efeitos. É por isso que a solução do art. 1.817, idêntica à prevista no presente artigo, também é de ineficácia e não de invalidade. Novamente, estamos diante de uma alienação onerosa (venda, permuta) por um herdeiro aparente. A boa-fé de quem compra o bem é o critério de manutenção do negócio jurídico. Se o terceiro estava de boa-fé, o negócio jurídico é eficaz (desconhecia o fato de o alienante ser herdeiro aparente). Se conhecia tal fato, sabia que existia a ação de petição de herança e mesmo assim comprou o bem, é um terceiro de má-fé e a venda é ineficaz (é o que se depreende da leitura *contrario sensu* do parágrafo único). Como se pode perceber, a boa-fé mencionada no artigo se refere à ignorância de uma situação, ou seja, desconhece o adquirente do bem que adquiriu de quem não era herdeiro ou o era parcialmente em razão da existência de ação de petição de herança. Trata-se, portanto, da boa-fé subjetiva.

JURISPRUDÊNCIA COMENTADA: Se o companheiro só tem seus direitos hereditários reconhecidos após a alienação onerosa do bem a terceiro de boa-fé (cessão onerosa de direitos hereditários), a solução será pleitear daqueles que alienaram o bem (herdeiros) uma indenização ou seu quinhão no valor por eles recebido, mas não poderá o companheiro retomar o próprio bem. Assim, "condenação dos corréus herdeiros a pagarem ao autor metade do valor recebido por ocasião da cessão de direitos hereditários" (TJSP, APL 1003228-28.2015.8.26.0361, Ac. 10776814, 3.ª Câmara de Direito Privado, Mogi das Cruzes, Rel. Des. Marcia Dalla Déa Barone, j. 05.09.2017, *DJESP* 20.09.2017).

Art. 1.828. O herdeiro aparente, que de boa-fé houver pago um legado, não está obrigado a prestar o equivalente ao verdadeiro sucessor, ressalvado a este o direito de proceder contra quem o recebeu.

COMENTÁRIOS DOUTRINÁRIOS: A questão do legado é interessante, pois o legatário é sucessor a título singular: recebe bem individualizado, destacado da herança. Assim, se o testador, da parte disponível deixa um legado à Maria e todos seus bens a seu sobrinho José, e, posteriormente, Antônia propõe a ação de petição de herança por ser filha do falecido, o legado que sai da parte disponível permanece com o legatário, pois a filha Antônia faz jus à legítima apenas. A deixa é eficaz. O legado, portanto, pago da parte disponível não pode ser reavido pelo autor da petição de herança. Se, contudo, o testador dividir a herança em legados por não ter herdeiros necessários, e nomear um dos sucessores herdeiro para cumprir os legados, há clara invasão da legítima. No exemplo citado, Antônia propõe a ação de petição de herança por ser filha do falecido e terá que reaver os legados pagos no limite da legítima (redução das disposições testamentárias – arts. 1.966 a 1.968) diretamente dos legatários e não do herdeiro que os pagou seguindo a vontade do morto. Contudo, se o herdeiro tem ciência da ação de petição de herança e mesmo assim paga os legados, agiu de má-fé e responderá pela porção legítima de forma a indenizar autor da ação por todos os prejuízos que causou, caso os bens não possam ser reavidos dos legatários aparentes e arcará, ainda, com todas as despesas para reavê-los. Mais clara e mais precisa a regra do art. 2.077, 1. Do Código Civil português: "Se o testamento for declarado nulo ou anulado depois do cumprimento de legados feito em boa-fé, fica o suposto herdeiro quite para com o verdadeiro herdeiro entregando-lhe o remanescente da herança, sem prejuízo do direito deste último contra o legatário".

TÍTULO II
DA SUCESSÃO LEGÍTIMA

CAPÍTULO I
DA ORDEM DA VOCAÇÃO HEREDITÁRIA

COMENTÁRIOS DOUTRINÁRIOS INTRODUTÓRIOS: A *sucessão legítima* recebe esta designação por decorrer da lei, mais especificamente das disposições contidas entre os arts. 1.829 a 1.856 do Código Civil em vigor. Essa forma de sucessão opõe-se à *sucessão testamentária*, pois esta toma por base um ato de última vontade do falecido, que pode se consubstanciar por meio de um testamento ou de um codicilo (arts. 1.857 a 1.990 do CC). Partindo-se dessa fundamental diferença, enquanto na sucessão testamentária serão sucessores a título singular (legatários) ou universal (herdeiros) as pessoas indicadas pelo próprio falecido (vontade declarada no instrumento), em se tratando de sucessão legítima cabe à lei indicar a ordem de vocação hereditária, ou seja, quem são as pessoas chamadas a suceder (vontade presumida do testador). Podem-se imaginar algumas situações em que a ordem de vocação hereditária, ou seja, o chamamento legal será aplicado (ver comentários ao art. 1.788 do CC). Na primeira delas, lembramos a hipótese em que o falecido não deixou ato de última vontade, situação em que a vontade do morto é substituída pela da lei. Em uma segunda hipótese, o falecido fez testamento dispondo apenas sobre parte de seus bens, situação em que a parte do patrimônio não contemplada pelo instrumento seguirá as regras da sucessão legítima. Por fim, também são aplicadas as regras da sucessão legítima na hipótese de nulidade ou anulabilidade do testamento (testamento existente, mas inválido) ou de sua caducidade (testamento existente, válido, mas ineficaz). i) *Conceitos fundamentais do direito de família para compreensão da sucessão legítima.* Para entender a ordem de vocação hereditária e suas regras, necessário se faz a compreensão das linhas de parentesco, das classes de herdeiros e dos graus de parentesco. a) *Linha de parentesco.* Inicialmente, haverá *parentesco em linha reta* quando as pessoas estão umas para com as outras na relação de ascendentes e descendentes (art. 1.591 do CC). O parentesco em linha reta é infinito, ou seja, não há limites de graus. Nesse sentido, haverá um *ascendente* quando na árvore genealógica subimos de uma pessoa para seus pais, avós, bisavós etc. Buscam-se os procriadores de certa pessoa. Por outra via, surgirá o *descendente* quando descemos de uma pessoa para seus filhos, netos, bisnetos etc. A relação de parentesco será *paterna* quando se referir à família do pai de certa pessoa, sendo *materna* quando se referir à família da mãe de certa pessoa. Em determinadas situações, ocorre a divisão da herança entre as linhas materna e paterna (ver art. 1.836 do CC). O parentesco é *colateral, transversal ou oblíquo* quando as pessoas provêm de um só tronco, sem descenderem umas das outras (art. 1.592 do CC). Desse modo, são parentes colaterais os irmãos (2º grau), o tio e o sobrinho (3º grau), os primos-irmãos, os sobrinhos-netos e os tios-avós (4º grau). Não há parentesco colateral além do 4º grau, conforme determina o referido dispositivo. b) *Classe de herdeiros.* A classe é um determinado grupo de herdeiros que guarda semelhanças entre si. Assim, a primeira classe de herdeiros é a dos descendentes do falecido, ou seja, aqueles que têm como semelhança o fato de, na árvore genealógica, encontrarem-se na posição de filhos, netos, bisnetos, trinetos etc. Os descendentes são parentes em linha reta e não em linha transversal ou colateral do falecido (art. 1.591 do CC). Dessa forma, o sobrinho do morto não é considerado seu descendente. A segunda classe de herdeiros é a dos ascendentes. Em termos de árvore genealógica, são aqueles que vierem antes do morto, tendo com ele parentesco em linha reta (art. 1.591 do CC). São ascendentes os pais, os avós, os bisavós etc. É bom ressaltar que o tio-avô não é ascendente, mas, sim, parente colateral ou transversal do falecido. A terceira classe de herdeiros é a do cônjuge e a do companheiro. Entre os cônjuges e entre os companheiros, não há parentesco, como se sabe. São aliados pela conjugalidade em sentido amplo. De qualquer forma, conforme será comentado, criou o Código Civil de 2002 (já lido de acordo com a decisão do STF na Repercussão Geral 809) uma concorrência sucessória entre o cônjuge ou companheiro e os descendentes (dependendo do regime de bens do casamento) e entre o cônjuge ou companheiro e os ascendentes (independentemente do regime de bens). A quarta e última classe é a dos parentes colaterais ou transversais. Entre os parentes colaterais, não há relação de descendência ou ascendência (art. 1.592 do CC). Os colaterais não são parentes em linha reta. A relação entre os parentes colaterais decorre do fato de estes terem um ancestral comum, mas não em linha reta. A título de ilustração, lembre-se que a ideia de classes também é bastante antiga. Com feição muito parecida com a atual, surgiu no *Direito Justinianeu* com as Novelas 118 (543 d.C.) e 127 (548 d.C.) ambas do século VI d.C. c) *Graus.* Os graus de parentesco decorrem do número de gerações que separa determinadas pessoas. A sua contagem dependerá do tipo de parentesco (art. 1.594 do CC). Se contarmos o grau de parentesco entre o neto e o avô, teremos o parentesco de 2º grau, pois o avô é parente em 1º grau de seu filho (uma geração) e em 2º grau de seu neto (mais uma geração).

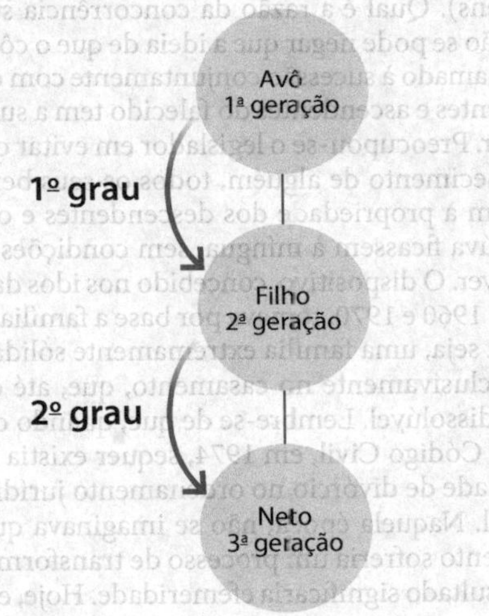

Percebe-se que cada traço vertical do diagrama que separa um parente de outro corresponde a uma geração. Entre avô e neto, o parentesco é de *2º grau* em linha reta. Entre pai e filho é de *1º grau* em linha reta. Já na linha colateral, a contagem de graus exige que se encontre um ancestral comum entre os parentes cujo grau se pretende contar. Determina o Código Civil que, na linha colateral, também sejam contados os graus pelo número de gerações, subindo de um dos parentes até o ascendente comum, e descendo até encontrar o outro parente. (art. 1.594 do CC). A regra básica para não errar essa contagem é *subir ao máximo, para depois descer.* Os irmãos são parentes colaterais ou transversais em *2º grau.* Um grau separa o irmão *A* de seu pai e outro grau separa o pai do irmão *B.* Para se saber o grau, deve-se contar o número de "saltos" (gerações) que se dá na árvore genealógica.

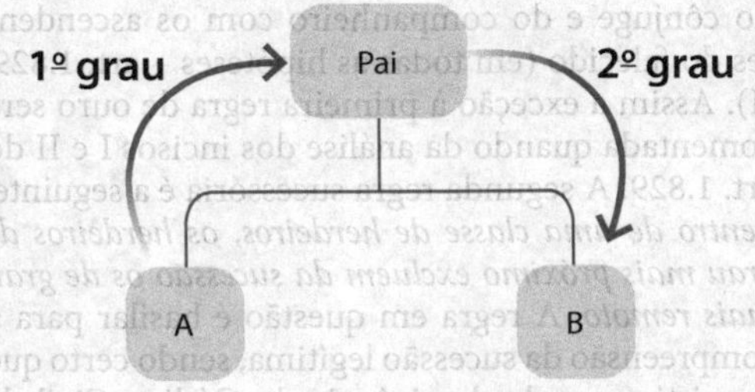

Por fim, são parentes colaterais em 4º grau os tios-avós, os primos-irmãos e os sobrinhos-netos. A contagem de graus é fundamental para que sejam resolvidos problemas de destino da herança. ii) *Duas regras de ouro da sucessão legítima.* Toda sucessão legítima toma por base o seguinte fundamento: como o falecido não fez testamento, presume a lei sua vontade, determinando o destino de seus bens. Em outras palavras, presume-se a afetividade do falecido para com seus parentes, cônjuge ou companheiro. A ordem de chamamento dos parentes, do cônjuge ou companheiro do falecido decorre, em princípio, dessa *presunção legal de afetividade.* Isso serve para responder a indagações do tipo: por que os sobrinhos do falecido nada herdam se este tiver filhos? Ora, porque a lei presume que, em uma situação de normalidade, a pessoa dedica mais carinho e afeto a seu filho do que a seu sobrinho e, portanto, deseja que seus bens sejam transmitidos ao primeiro. Da mesma forma, por que, na hipótese em que a pessoa falece deixando seu filho vivo e também seu pai, a lei determina que a herança vá para o filho? Porque a lei presume que, em uma situação de normalidade, a pessoa dedica mais carinho e afeto a seu filho do que a seu pai e, portanto, tem como vontade presumida que seus bens sejam para ele transmitidos. Com essa presunção evidente, cria-se a ordem de vocação hereditária. Se os filhos dão continuidade à estirpe dos pais, nada mais justo que sejam eles os primeiros a receber sua herança. Surge, então, a *primeira regra* muito importante: *a existência de herdeiros de uma classe exclui do chamamento à sucessão herdeiros da classe seguinte.* Se essa primeira regra era praticamente absoluta na vigência do Código Civil de 1916 e na legislação referente à união estável (Leis n. 8.971/1994 e 9.278/1996), no sistema do Código Civil de 2002, ela deve ser vista com cautela. Isso porque contém o atual Código Civil severas *ressalvas* ou exceções à sua aplicação: é a concorrência sucessória do cônjuge e do companheiro com os descendentes do falecido (a depender do regime de bens – art. 1.829, I) e do cônjuge e do companheiro com os ascendentes do falecido (em todas as hipóteses – art. 1.829, II). Assim a exceção à primeira regra de ouro será comentada quando da análise dos incisos I e II do art. 1.829. A segunda regra sucessória é a seguinte: *dentro de uma classe de herdeiros, os herdeiros de grau mais próximo excluem da sucessão os de grau mais remoto.* A regra em questão é basilar para a compreensão da sucessão legítima, sendo certo que já existia quando da vigência do Código Civil de 1916 (arts. 1.604 e 1.613 do CC/1916) e é repetida e reafirmada no Código Civil de 2002 (arts. 1.833, 1.835 e 1.840). Na realidade, a regra é muito antiga e já na Lei das XII Tábuas de 450 a.C., dentro da segunda classe de herdeiros, os *agnados* (que não se encontravam sob o pátrio poder – *patria potestas* do *de cujus*), de grau mais próximo, excluíam os de grau mais remoto. Vejamos. Se o falecido deixa dois filhos (descendentes de 1º grau) e um neto que é filho de um deles (descendente de 2º grau), não tendo esposa ou companheira, apenas os dois filhos recolherão a herança; o neto nada receberá. Da mesma forma, se o falecido *A* deixar seus dois irmãos *B* e *C* (colaterais em 2º grau) e um tio *D* (colateral em 3º grau) vivos, em não tendo descendentes, ascendentes, cônjuge ou companheiro, os irmãos tudo receberão. A exceção a essa regra é o direito de representação (arts. 1.851 a 1.856 do CC) e a hipótese de o tio do morto concorrer com o sobrinho do morto (ver art. 1.843 do CC).

Art. 1.829. A sucessão legítima defere-se na ordem seguinte:

I – aos descendentes, em concorrência com o cônjuge sobrevivente, salvo se casado este com o falecido no regime da comunhão universal, ou no da separação obrigatória de bens (art. 1.640, parágrafo único); ou se, no regime da comunhão parcial, o autor da herança não houver deixado bens particulares;

II – aos ascendentes, em concorrência com o cônjuge;

III – ao cônjuge sobrevivente;

IV – aos colaterais.

COMENTÁRIOS DOUTRINÁRIOS: Temos quatro classes de herdeiros: descendentes, ascendentes, cônjuge e companheiro e colateral. O companheiro ocupa a terceira classe sem qualquer dúvida, pois a Repercussão Geral 809 declarou inconstitucional o art. 1.790 do CC em maio de 2017. A partir de então, as regras dos arts. 1.829 a 1.844 que dizem respeito ao cônjuge, dizem também respeito ao companheiro (ver art. 1.790 do CC). Esse artigo trata da sucessão do cônjuge ou companheiro em concorrência com os descendentes (inciso I) e ascendentes (inciso II). No antigo sistema, a concorrência dependia do regime de bens para o cônjuge (art. 1.611 do CC/1916) e se dava com relação ao usufruto apenas, e não dependia do regime de bens para o companheiro (art. 2º da Lei n. 8.971/1994) e também se limitava ao usufruto. Com o atual CC, a concorrência se dá quanto à propriedade plena, ou seja, ocorrendo a concorrência o cônjuge é coproprietário dos bens juntamente com descendentes (a depender do regime de bens) ou com ascendentes (qualquer que seja o regime de bens). Qual é a razão da concorrência sucessória? Não se pode negar que a ideia de que o cônjuge será chamado à sucessão conjuntamente com os descendentes e ascendentes do falecido tem a sua razão de ser. Preocupou-se o legislador em evitar que, com o falecimento de alguém, todos os seus bens passassem à propriedade dos descendentes e o viúvo ou viúva ficassem à míngua, sem condições de sobreviver. O dispositivo, concebido nos idos das décadas de 1960 e 1970, tomava por base a família da época, ou seja, uma família extremamente sólida, baseada exclusivamente no casamento, que, até então, era indissolúvel. Lembre-se de que, quando do Projeto de Código Civil, em 1974, sequer existia a possibilidade de divórcio no ordenamento jurídico nacional. Naquela época, não se imaginava que o casamento sofreria um processo de transformação cujo resultado significaria efemeridade. Hoje, estatisticamente, sabe-se que uma boa parte dos casamentos não ultrapassa a barreira dos dez anos. Certamente, ao prever a concorrência, não pensou o legislador que um dispositivo concebido na década de 1960 teria aplicação 40 anos depois. O resultado desse anacronismo é de verdadeira perplexidade por parte de todos. Doutrinadores se digladiam tentando dar operabilidade ao sistema, enquanto a população, atônita, sem nada compreender, pergunta aos advogados o que ocorrerá com seu patrimônio após a morte. Por fim, há que se notar que, cônjuge e companheiro podem não ser herdeiros e, não sendo, por óbvio, os bens serão exclusivos dos descendentes, na sua ausência, dos ascendentes e, ausentes os ascendentes, dos colaterais até 4º grau. E se o falecido não deixou nenhum parente? A herança será vacante nos termos do art. 1.844 do CC. Os requisitos para cônjuge e companheiro serem herdeiros estão no artigo seguinte, ou seja, art. 1.830 do CC. Portanto, por uma questão didática, sugere-se a leitura do art.

1.830 antes da leitura da vocação hereditária do presente artigo. a) *Concorrência com descendentes.* Pelo novo diploma civil, haverá concorrência entre cônjuge e descendentes do autor da herança, *como regra.* Logo, no inciso I do art. 1.829, o CC traz as exceções no dispositivo, ou seja, quando o cônjuge não concorre com os descendentes. *a.1) quando concorre?* Pelo que consta do art. 1.829, I, do CC, nos regimes a seguir mencionados, o cônjuge ou companheiro não dividirá a herança deixada pelo falecido, que irá integralmente para os descendentes. i) *Na comunhão universal de bens.* O cônjuge ou companheiro supérstite já terá direito à meação e, por essa razão, o legislador entendeu que não haverá o direito à concorrência, já que o sobrevivente terá bens próprios suficientes para garantir o seu sustento. Note-se que, pela comunhão universal, os bens que pertencem ao marido (ou companheiro), em regra, também pertencem à esposa (ou companheira) e vice-versa. Assim, estará garantida ao sobrevivente sua meação e seu amparo. Um exemplo prático resolve a questão: João, casado ou unido estavelmente com Maria pelo regime da comunhão universal de bens, falece e deixa uma casa e dois filhos. De início, separa-se a meação de Maria (50% da casa), e a herança (50% da casa que pertencia a João) será apenas dos dois filhos do casal. Maria é meeira, mas não é herdeira em concorrência com os descendentes. Em resumo, fica assim o *diagrama patrimonial* de divisão dos bens: – 50% dos bens – meação de Maria; – 50% dos bens – herança a ser partilhada entre os filhos do casal. Entretanto, um aspecto interessante de se ressaltar é que, mesmo no regime da comunhão universal, podem existir bens que não são comuns, mas que pertencem a apenas um dos cônjuges ou companheiros, sendo, portanto, *bens particulares.* Tais bens estão previstos no art. 1.668 do Código Civil em vigor. Exemplificando, se o marido (ou companheiro) receber uma casa em doação gravada com *cláusula de incomunicabilidade*, apesar de casado pelo regime da comunhão universal de bens, a casa será bem particular e não haverá meação. Sobre tais bens, haverá concorrência sucessória apesar de o regime ser de comunhão universal, pois tais bens são particulares. ii) *Na separação obrigatória de bens (art. 1.641 do CC).* Duas são as razões para que não haja a concorrência sucessória entre o cônjuge (ou companheiros) e os descendentes na hipótese de separação obrigatória de bens. A *primeira razão* decorre dos motivos que impõem aos nubentes o regime da separação de bens, que estão previstos no art. 1.641 do CC/2002. Vale dizer que há um erro na remissão do legislador, que menciona, no art. 1.829, I, o art. 1.640, parágrafo único. Nessas hipóteses, a lei impediu a escolha livre de um regime de bens, impondo a separação, razão pela qual ela é chamada de separação obrigatória. Não faria sentido permitir a lei a concorrência do cônjuge (ou companheiro) casado pelo regime da separação obrigatória com os descendentes do falecido. Se a lei impediu a comunhão em vida, razão terá para impedir a concorrência *post mortem.* A regra tem a sua lógica, portanto. A *segunda razão* para justificar a disposição é a manutenção do disposto na Súmula n. 377 do Supremo Tribunal Federal, pela qual: "No regime de separação legal de bens, comunicam-se os adquiridos na constância do casamento". Vale dizer que a súmula é de 3 de abril de 1964, mas ainda aplicada pelo STJ (ver comentários de Flávio Tartuce ao art. 1.641). Mantida a aplicação da súmula mesmo na vigência do CC/2002, a concorrência seria descabida, pois os cônjuges casados ou companheiros unidos estavelmente pelo regime da separação legal teriam direito de partilhar os aquestos, ou seja, os bens adquiridos na constância do casamento ou da união estável. *iii) Na comunhão parcial de bens, em que o falecido não deixa bens particulares.* Se, no regime da comunhão parcial de bens, o autor da herança não deixou bens particulares, os bens deixados são todos comuns e quanto a eles o sobrevivente já tem sua meação. Dessa forma, a comunhão parcial sem bens particulares se aproxima da comunhão universal porque os bens são de propriedade do marido (50%) e da mulher (50%). Em havendo meação, não há que se falar em concorrência sucessória com os descendentes, pois o cônjuge sobrevivente não estará desamparado. Em todas as situações não mencionadas nas exceções supraexpostas, o cônjuge ou companheiro concorrerá com os descendentes. Assim, nos regimes a seguir estudados, o cônjuge ou companheiro dividirá a herança deixada pelo falecido com os descendentes. i) *Na separação convencional de bens.* Neste regime não haverá comunicação de qualquer tipo de bem, mesmo em caso de silêncio do pacto antenupcial quanto aos aquestos. Assim, quando os cônjuges adotarem o regime da separação de bens, cada um deles terá apenas bens particulares. Fica definitivamente superada a questão e não haverá a comunicação de nenhum bem adquirido durante o casamento, se os cônjuges optarem pelo regime da separação convencional de bens. Consequentemente, ao final do casamento, o cônjuge sobrevivente pode ficar desamparado. Não havendo meação, haverá sucessão em concorrência com os descendentes. As críticas ao dispositivo não são poucas. Isso porque, mesmo os cônjuges ou companheiros optando pela separação convencional e absoluta de bens, exatamente com o fito de evitar a comunicação de bens presentes, pretéritos e futuros, com o falecimento de um deles, o outro será herdeiro em concorrência com os descendentes. Entretanto, apesar do desconforto da regra, não quis o legislador permitir que o falecido deixasse o cônjuge em desamparo. O sistema cercou, limitou e restringiu de maneira eficaz a vontade do morto, que terá que garantir ao cônjuge supérstite pelo menos seu quinhão da legítima. ii) *Na comunhão parcial em que o autor da herança deixou bens particulares*. Esta hipótese é uma das mais tormentosas para a doutrina. Isso porque surge a seguinte dúvida: se o autor da herança deixou bens particulares, concorreria o cônjuge com os descendentes na totalidade da herança inclusive com relação aos bens em que há meação ou apenas quanto aos bens particulares? O Enunciado n. 270 da *III Jornada de Direito Civil* responde à questão: "O art. 1.829, inc. I, só assegura ao cônjuge sobrevivente o direito de concorrência com os descendentes do autor da herança quando casados no regime da separação convencional de bens ou, se casados nos regimes da comunhão parcial ou participação final nos aquestos, o falecido possuísse bens particulares, hipóteses em que a concorrência se restringe a tais bens, devendo os bens comuns (meação) ser partilhados exclusivamente entre os descendentes". Um exemplo ajudará a compreender o dispositivo. João possui um apartamento adquirido no ano de 2015 e se casa com Maria no ano de 2016 pelo regime da comunhão parcial de bens. O casal tem dois filhos. Já casados, João adquire uma casa de praia em 2017 e falece em 2019. Como fazemos o inventário de João de acordo com o texto da lei? *Dos bens particulares* – não há meação e 100% do bem será partilhado: – Um apartamento: partilhado entre Maria e os dois filhos de João. *Dos bens comuns* – 50% pertencem a Maria – meação: – Uma casa de praia – 50% (herança) – será partilhada apenas entre os filhos de João. iii) *Na participação final nos aquestos*. No regime de participação final nos aquestos, cada cônjuge possui patrimônio próprio, cabendo-lhe, à época da dissolução da sociedade conjugal, direito à metade dos bens adquiridos pelo casal, a título oneroso, na constância do casamento (art. 1.672 do CC). Desse modo, não há dúvidas de que durante o casamento haverá uma separação de bens. No caso de dissolução, não há mais propriamente uma *meação*, como prevê o Código Civil, mas uma *participação* de acordo com a contribuição de cada um para a aquisição do patrimônio, a título oneroso. Conforme o art. 1.673 do CC, integram o patrimônio próprio os bens que cada cônjuge possuía ao casar e os por ele adquiridos, a qualquer título, na constância do casamento. A administração desses bens é exclusiva de cada cônjuge, que os poderá livremente alienar, se forem móveis, na constância da união. Como se pode perceber, aqui reside a diferença em relação à comunhão parcial, pois no último caso os bens adquiridos durante a união, em regra, presumem-se de ambos. Mas, ocorrendo a dissolução da sociedade conjugal na participação final nos aquestos, deverá ser apurado o montante dos aquestos (parte comunicável), excluindo-se da soma dos patrimônios próprios alguns bens, previstos no art. 1.674 do CC. Note-se que há duas massas patrimoniais: os aquestos, sobre os quais haverá a participação quando do fim do casamento, e os demais bens, sobre os quais não há meação, sendo bens particulares. Em razão da existência de participação em certos bens (aquestos) e inexistência quanto a outros (bens particulares), três situações distintas podem ser imaginadas. A primeira situação é aquela em que todos os bens deixados pelo cônjuge ou companheiro falecido são bens particulares. Nessa hipótese, o cônjuge ou companheiro supérstite não terá direito à participação sobre eles, mas apenas direito sucessório em concorrência com os descendentes. A segunda está presente quando todos os bens deixados pelo falecido são aquestos. Nessa hipótese, o cônjuge ou companheiro supérstite terá direito à participação sobre todos eles em decorrência do regime, mas não terá direito sucessório em concorrência com os descendentes. Havendo participação em vida, não haverá concorrência quando da morte. Por fim, pode-se falar da situação em que o falecido deixa aquestos em que há a participação do cônjuge ou companheiro viúvo e bens particulares em que não há a participação. Nesse caso, quanto aos aquestos, em que há participação em razão do regime, não terá o viúvo direito sucessório em concorrência com os descendentes; quanto aos demais bens, como não tem direito à participação, terá a concorrência sucessória. *a.2) quanto recebe em concorrência com descendentes?* Remetemos aos comentários ao art. 1.832 que trata do tema. b) *Concorrência com ascendentes. b.1) quando concorre?* Considerando que o cônjuge ou companheiro preenche os requisitos previstos no art. 1.830 do CC e, portanto, é herdeiro do falecido; e considerando ainda que o falecido não deixou descendentes, os ascendentes são chamados a suceder em concorrência com o cônjuge. A matéria aqui se revela bem mais simples de explicar. Isso porque o cônjuge ou companheiro concorre com os ascendentes do falecido qualquer que seja o regime de bens do casamento. Em suma, a resposta à pergunta é: *sempre*. A herança será dividida entre o cônjuge ou companheiro e os ascendentes se o regime do casamento for o da separação obrigatória de bens, separação convencional de bens, comunhão parcial com ou sem bens particulares, comunhão universal de bens ou participação final nos aquestos. Não há, aqui, que se fazer distinção, como ocorre na concorrência do cônjuge com os descendentes. É por isso que corretamente o Enunciado n. 609 da *VII Jornada de Direito Civil* dispõe que: "O regime de bens no casamento somente interfere a concorrência sucessória do cônjuge com descendentes do falecido". Exemplos ajudam. **Exemplo 1.** João, casado ou unido estavelmente pelo regime da comunhão universal de bens, falece e deixa como herdeiros apenas Maria, sua esposa, e seus pais. Como fica a sucessão? Vejamos: *Dos bens comuns* – 50% do patrimônio constitui a meação de Maria em razão do regime de casamento da comunhão universal. Ressaltamos novamente que meação não é herança! – 50% dos bens que pertenciam a João constituem a herança e serão partilhados entre seu pai, sua mãe e Maria. Apesar de ter a meação garantida pelo regime de bens adotado, o cônjuge terá também a concorrência sucessória sobre a herança. **Exemplo 2.** João possui um apartamento adquirido no ano de 2015 e se casa com Maria no ano de 2016 pelo regime da comunhão parcial de bens. Já casados, João adquire uma casa de praia em 2017 e falece em 2019. João falece e deixa seus pais vivos (sogros de Maria). Como fazer o inventário de João? *Dos bens particulares* – não há meação e 100% do bem será partilhado: – Um apartamento: partilhado entre Maria e os pais de João. *Dos bens comuns* – 50% pertencem a Maria a título de meação: – Uma casa de praia – 50% (herança) – será partilhada entre Maria e os pais de João. **Exemplo 3.** João, casado pelo regime da separação convencional e absoluta de bens, falece e deixa como herdeiros apenas Maria, sua esposa, e seus pais. Como fazer o inventário de João? *Dos bens particulares* – 100% do patrimônio compõe a herança, pois não há meação em razão do regime de casamento. – 100% do patrimônio que pertencia a João constitui a herança que será partilhada entre seu pai, sua mãe e Maria. Verificamos, então, que a concorrência entre o cônjuge e os ascendentes ocorrerá em todo e qualquer regime de bens adotado pelos cônjuges. Cabe, então, responder qual será o quinhão do cônjuge na hipótese de concorrência com os ascendentes. *b.2) quanto recebe em concorrência com ascendentes?* Remetemos aos comentários ao art. 1.837 que trata do tema. c) *Cônjuge ou companheiro como herdeiros exclusivos* O cônjuge ou companheiro herdará a totalidade dos bens na ausência de descendentes ou ascendentes. Remetemos aos comentários ao art. 1.838 que trata do tema. d) *Colateral até quarto grau.* Não existindo descendente, ascendente, cônjuge ou companheiro, chama-se à sucessão o colateral até quarto grau. Remetemos aos comentários ao art. 1.839 que trata do tema. Com a equiparação sucessória entre cônjuges e companheiros pelo STF, o dispositivo deve ser lido da seguinte maneira: "Art. 1.829. A sucessão legítima defere-se na ordem seguinte: I – aos descendentes, em concorrência com o cônjuge ou companheiro sobrevivente, salvo se casado ou unido estavelmente este com o falecido no regime da comunhão universal, ou no da separação obrigatória de bens (art. 1.640, parágrafo único); ou se, no regime da comunhão parcial, o autor da herança não houver deixado bens particulares; II – aos ascendentes, em concorrência com o cônjuge ou companheiro; III – ao cônjuge ou companheiro sobrevivente; IV – aos colaterais".

JURISPRUDÊNCIA COMENTADA: Após longo debate, idas e vindas, entendimentos dissonantes, o STJ firmou entendimento pelo qual a concorrência entre descendentes e cônjuge só ocorre quanto aos bens particulares. Assim, como o regime de separação convencional os bens são todos particulares, haverá concorrência sucessória. Assim: "A Segunda Seção desta Corte firmou o entendimento segundo o qual, no regime de separação convencional de bens, o cônjuge sobrevivente possui a qualidade de herdeiro necessário e concorre com os descendentes do falecido. A concorrência somente fica obstada quando se tratar de regime da separação legal de bens prevista no art. 1.641 do Código Civil" (AgRg no AREsp 187.515/RS, Rel. Min. Ricardo Villas Bôas Cueva, 3.ª Turma, j. 19.09.2017, *DJe* 05.10.2017). Na comunhão parcial de bens, a concorrência se dá apenas quantos aos bens particulares. Sobre os bens comuns, já há meação, logo a parte do falecido será apenas dos descendentes. Essa é a orientação pacífica do STJ: "Segundo a orientação jurisprudencial da Segunda Seção desta Corte, consolidada por ocasião do julgamento do RESP 1.368.123/SP, Rel. Min. Sidnei Beneti, Rel. p. o acórdão Min. Raul Araújo, *DJe* 08.06.2015, nos termos do art. 1.829, I, do Código Civil, o cônjuge supérstite, casado sob o regime da comunhão parcial de bens, concorrerá com os descendentes do *de cujus* estritamente quanto aos bens particulares eventualmente constantes do acervo hereditário. 2. Recurso Especial desprovido" (STJ, REsp 1.641.867, Proc. 2015/0122731-8, MS, Rel. Min.

Paulo de Tarso Sanseverino, j. 07.02.2018). Já na separação obrigatória, não há concorrência e todos os bens do falecido são dos descendentes: "2. A jurisprudência desta Corte encontra-se consolidada no sentido de que, no regime de separação obrigatória de bens, comunicam-se aqueles adquiridos na constância do casamento desde que comprovado o esforço comum para sua aquisição, consoante interpretação conferida à Súmula n. 377/STF. 3. O regime da separação convencional de bens, escolhido livremente pelos nubentes, à luz do princípio da autonomia de vontade (por meio do pacto antenupcial), não se confunde com o regime da separação legal ou obrigatória de bens, que é imposto de forma cogente pela legislação (arts. 1.641 do Código Civil de 2002 e 258 do Código Civil de 1916) e no qual efetivamente não há concorrência do cônjuge com o descendente" (STJ, AgInt-AgRg-AREsp 233788, Proc. 2012/0183267-5, MG, 3.ª Turma, Rel. Min. Ricardo Villas Bôas Cueva, j. 19.11.2018, *DJE* 21.11.2018). Ademais, o STJ, atendendo ao determinado pelo STF, tem equiparado cônjuge e companheiro em matéria sucessória (ver comentários ao art. 1.790): "1. A diferenciação entre os regimes sucessórios do casamento e da união estável promovida pelo art. 1.790 do Código Civil de 2002 é inconstitucional. Decisão proferida pelo Plenário do STF, em julgamento havido em 10.05.2017, nos RE 878.694/MG e RE 646.721/RS. 2. Considerando-se que não há espaço legítimo para o estabelecimento de regimes sucessórios distintos entre cônjuges e companheiros, a lacuna criada com a declaração de inconstitucionalidade do art. 1.790 do CC/2002 deve ser preenchida com a aplicação do regramento previsto no art. 1.829 do CC/2002. Logo, tanto a sucessão de cônjuges como a sucessão de companheiros devem seguir, a partir da decisão desta Corte, o regime atualmente traçado no art. 1.829 do CC/2002 (RE 878.694/MG, Rel. Min. Luis Roberto Barroso). 3. Agravo não provido" (STJ, AgInt-REsp 1.551.170, Proc. 2015/0208073-4, RS, 4.ª Turma, Rel. Min. Luis Felipe Salomão, j. 18.09.2018, *DJe* 21.09.2018). Sobre o tema, temos a minuciosa e detalhada decisão do STJ: "2. A Segunda Seção do STJ já proclamou que, nos termos do art. 1.829, I, do Código Civil de 2002, o cônjuge sobrevivente, casado no regime de comunhão parcial de bens, concorrerá com os descendentes do cônjuge falecido somente quando este tiver deixado bens particulares (REsp nº 1.368.123/SP, Rel. Ministro SIDNEI BENETI, Rel. p/ Acórdão Ministro RAUL ARAÚJO, *DJe* de 8/6/2015). 3. O Supremo Tribunal Federal, no julgamento do Recurso Extraordinário nº 878.694/MG, reconheceu a inconstitucionalidade da distinção promovida pelo art. 1.790 do CC/02, quanto ao regime sucessório entre cônjuges e companheiros. Entendimento aplicável ao caso. 4. Tendo o falecido deixado apenas bens particulares que sobrevieram na constância da união estável mantida no regime da comunhão parcial, é cabível a concorrência da companheira sobrevivente com os descendentes daquele. 5. A teor do art. 1.830 do CC/02, deve ser reconhecido o direito sucessório ao cônjuge ou companheiro sobrevivente se, ao tempo da morte do outro, não estavam separados nem judicialmente e nem fato, havendo concurso quanto aos bens particulares 6. Recurso especial provido". (REsp 1844229/MT, 3.ª Turma, Rel. Min. Moura Ribeiro, j. 17.08.2021, *DJe* 20.08.2021). Agora, temos também a decisão do STJ aplicando idêntica regra à união estável por força da inconstitucionalidade do art. 1.790 do CC: "A Segunda Seção pacificou o entendimento segundo o qual 'o cônjuge, qualquer que seja o regime de bens adotado pelo casal, é herdeiro necessário (art. 1.845 do Código Civil)' (REsp 1382170/SP, Rel. Min. Moura Ribeiro, Rel. p/ Acórdão Min. João Otávio de Noronha, Segunda Seção, j. 22.04.2015, *DJe* 26.05.2015). 2. A diferenciação entre os regimes sucessórios do casamento e da união estável promovida pelo art. 1.790 do Código Civil de 2002 é inconstitucional. 3. 'Na falta de descendentes e ascendentes, será deferida a sucessão por inteiro ao cônjuge ou companheiro sobrevivente, ressalvada disposição de última vontade' (REsp 1357117/MG, Rel. Ministro Ricardo Villas Bôas Cueva, Terceira Turma, julgado em 13.03.2018, *DJe* 26.03.2018)" (REsp 1.982.343/SC, Rel. Min. Luis Felipe Salomão, j. 09.02.2022). No caso concreto, o testamento do companheiro falecido deixou quotas de uma sociedade para terceiros ignorando a legítima que a lei confere em favor da companheira conforme leitura que se faz do art. 1.845 após a declaração de inconstitucionalidade do art. 1.790. Assim decidiu o TJ/SC: "além disso, embora não tenha sido explicitamente incluída no rol do art. 1.845 do Código Civil, a figura do companheiro já é considerada como herdeiro necessário, em atendimento a equiparação ao cônjuge para fins sucessórios". Sobre o tema do testamento e eventual afronta à legítima da companheira, o STJ decidiu: "No tocante ao alcance da disposição de última vontade, a Corte local preconizou que, neste momento processual, inexiste certeza 'se o disposto pelo testamento ultrapassou a legítima', devendo 'ser mantidas as disposições testamentárias até que se verifique o alcance da reserva legal'. Portanto, trata-se de tema que, por ora, nem sequer foi objeto de apreciação pelas instâncias ordinárias, o que impede o conhecimento do apelo nobre neste particular". Sobre o tema, importante notar que a redação da Resolução n. 35/2007 do Conselho Nacional de Justiça (CNJ), especialmente em seu art. 18, traz expressamente a possibilidade de reconhecimento da situação de herdeiro do companheiro sobrevivente pelos demais herdeiros no próprio procedimento, ou, quando for o companheiro o único herdeiro, através de sentença judicial, escritura pública ou termo declaratório registrado perante o Registro de Pessoas Naturais.

REFORMA DO CÓDIGO CIVIL: Pretende-se alterar o art. 1.829, que passaria a vigorar com a seguinte redação: "Art. 1.829. A sucessão legítima defere-se na ordem seguinte: I – aos descendentes; II – aos ascendentes; III – ao cônjuge ou ao convivente sobrevivente; IV – aos colaterais até o quarto grau". O artigo em comento sofreu uma das mais importantes alterações da proposta de reforma. Conforme anteriormente explicado, o legislador de 2002 inovou e alterou a ordem de vocação hereditária em benefício do cônjuge. A partir de 2003, com a entrada em vigor do novo Código, o cônjuge, terceira classe dos sucessíveis, passou a concorrer com a primeira e segunda classes, respectivamente, com os descendentes e com os ascendentes do *de cujus*. Essa inovação legislativa, junto com a inclusão do cônjuge como herdeiro necessário, foi alvo de duras críticas pela maior parte da doutrina civilista. Vale transcrever as críticas de José de Oliveira Ascensão sobre esse "supercônjuge", que também foi criado em Portugal a partir da reforma de 1977: "esse grande reforço da posição sucessória do cônjuge surge paradoxalmente ao mesmo tempo que se torna o vínculo conjugal cada vez mais facilmente dissolúvel. A posição do cônjuge é concebida como uma posição mutável, mesmo precária. Aquele, porém, que teve a sorte de ocupar posição de cônjuge na altura da morte, esse é que vai ter uma muito privilegiada protecção sucessória" (*Direito civil – sucessões*. 5. ed. rev. Coimbra: Coimbra Editora, p. 343). Em um mundo de relações, nas palavras de Zygmunt Bauman, cada vez mais líquidas e em um cenário de maior igualdade entre homens e mulheres, a Comissão considerou não mais haver sentido na concorrência sucessória do cônjuge e resolveu suprimi-la. Retorna-se ao sistema do CC/1916 com algumas alterações, qual seja, o direito de usufruto previsto no art. 1.850, § 1º, que prevê, segundo a reforma: "§ 1º Sem prejuízo do direito real de habitação, nos termos do art. 1.831 deste Código, o juiz instituirá usufruto sobre determinados bens da herança para garantir a subsistência do cônjuge ou convivente sobrevivente que comprovar insuficiência de recursos ou de patrimônio". Há um erro topológico. Esse dispositivo deveria ser um parágrafo único do art. 1.829, pois não guarda relação com testamento.

Art. 1.830. Somente é reconhecido direito sucessório ao cônjuge sobrevivente se, ao tempo da morte do outro, não estavam separados judicialmente, nem separados de fato há mais de dois anos, salvo prova, neste caso, de que essa convivência se tornara impossível sem culpa do sobrevivente.

COMENTÁRIOS DOUTRINÁRIOS: Pelo comando legal, são requisitos para que o cônjuge seja chamado à sucessão: a) *O cônjuge não pode estar separado judicialmente nem divorciado*. A separação judicial põe termo à sociedade conjugal, enquanto o divórcio põe fim ao casamento e ao vínculo que dele decorre. Em ambos os casos, o cônjuge não mais sucederá. Acertadamente, o diploma vigente afasta o antigo cônjuge da sucessão. Não seria lógico incluí-lo, já que os cônjuges não são parentes entre si. Em reforço, também seria ilógico dizer que, rompida a sociedade (o que gera fim do regime de bens e de eventual comunhão) ou o vínculo matrimonial, existiria relação sucessória. Com o fim do casamento, não há qualquer motivo jurídico para chamar o antigo cônjuge à sucessão. A lei não menciona a separação extrajudicial (introduzida ao sistema pela Lei n. 11.441/2007) e mantida pelo CPC/2015. Obviamente esta gera iguais efeitos à separação judicial, inclusive a perda da qualidade de herdeiro. Caso haja processo de divórcio em curso e um dos cônjuges vier a falecer, o sobrevivente será herdeiro? O processo deve prosseguir até seu final julgamento, pois há interesse em sua decretação exatamente para aplicação desse dispositivo. b) *O cônjuge ou companheiro não pode estar separado de fato há mais de dois anos*. Separação de fato é o rompimento da vida em comum. É não mais se comportar como casados ou unidos estavelmente. É tratar o outro ou a outra como simples amigo, conhecido ou mesmo um estranho. É o fim do projeto conjugal. Separação de fato não é sair de casa após uma briga ou trabalhar em outra cidade durante a semana. É romper o vínculo sem processo judicial ou escritura pública. A separação de fato por mais de dois anos, historicamente, possibilitava o divórcio direto (art. 226, § 6º da CF, em sua redação original) e, então, como regra, o cônjuge sobrevivente não seria herdeiro. De outra forma, pode-se dizer que o cônjuge *será* herdeiro, pelo texto do CC, se estiver separado de fato há menos de dois anos. De qualquer modo, mesmo se estiver separado de fato há mais de dois anos, pelo texto da lei, o cônjuge poderá ainda ser chamado à sucessão se provar que a convivência se tornou impossível sem sua culpa. É a chamada culpa mortuária. A ressalva do dispositivo merece censura em razão dos inúmeros conflitos que a matéria probatória pode gerar, mormente porque o falecido, por razões evidentes, não poderá se defender no caso concreto. O debate sobre a culpa, para o Direito de Família, já é, por si, matéria que não agrada, pois os conflitos só tendem a se potencializar, tornando mais conturbadas as sensíveis relações humanas envolvendo entes ligados por vínculo familiar. É por isso que a Emenda Constitucional n. 66/10 alterou o texto do art. 226, § 6º que hoje apenas menciona que o casamento civil pode ser dissolvido pelo divórcio. A partir da Emenda n. 66/10, a leitura que se tem do dispositivo já é adaptada à nova ordem constitucional, qual seja, não se exige lapso de 2 anos de separação de fato (basta a separação de fato), nem se debate culpa em matéria sucessória. Com a equiparação do companheiro por força da decisão do STF (ver art. 1.790 do CC), os requisitos da separação de fato por mais de 2 anos e da culpa se revelam completamente descabidos. É por isso que, se houver processo de divórcio, ainda que um dos cônjuges faleça, seja ele autor ou réu, a ação deve prosseguir, pois há interesse jurídico na demanda: com a decretação do divórcio há perda da qualidade de herdeiro. Assim, a leitura que se tem do dispositivo é: "Art. 1.830. Somente é reconhecido direito sucessório ao cônjuge ou companheiro sobrevivente se, ao tempo da morte do outro, não estavam os cônjuges separados judicial ou extrajudicialmente, nem estavam os cônjuges ou companheiros separados de fato".

JURISPRUDÊNCIA COMENTADA: Curiosamente, em claro anacronismo, no ano de 2015 o STJ admitiu o debate da culpa para fins da perda da qualidade de herdeiro. E a conclusão é de que: "a tese segundo a qual compete ao cônjuge sobrevivente separado de fato há mais de dois anos comprovar, nos termos do art. 1.830 do Código Civil, que a convivência se tornara impossível sem sua culpa, e consideradas as circunstâncias fáticas delineadas pelas instâncias ordinárias no sentido de ser a prova dos autos inconclusiva, de modo que não desincumbiu a recorrida de seu ônus probatório, entendo que a cônjuge sobrevivente não ostenta a qualidade de herdeira do *de cujus*" (REsp 1513252/SP, Rel. Min. Maria Isabel Gallotti, 4.ª Turma, j. 03.11.2015, *DJe* 12.11.2015). É verdade que, pelo texto da lei, o cônjuge separado de fato há mais de 2 anos, realmente, tem o ônus de provar a culpa do falecido. Se não o faz, estando separado de fato há mais de 2 anos, perde a qualidade de herdeiro. Contudo, o STJ cita claramente a Emenda n. 66/2010: "a segunda parte da regra, porém, merece severa crítica. No caminhar da busca pela separação judicial com base no princípio da ruptura, como existente na legislação estrangeira, vislumbrando a sociedade libertar-se da culpa no rompimento afetivo, já facilitado o fundamento para a ação de separação (art. 1.573, parágrafo único, do CC), e há tempos permitindo o divórcio direto sem questionamento do motivo da ruptura, mostra-se retrógrada a previsão agora ainda mais frágil diante da EC n. 66/2010 que trouxe a possibilidade da dissolução do casamento diretamente por divórcio sem observação de tempo mínimo de vivência ou discussão de culpa". Não haveria razão, portanto, para se perquirir culpa diante da separação de fato do casal. A qualidade de herdeira se perdeu com a separação de fato. Por outro lado, de maneira técnica e adequada, deve-se entender que o processo de divórcio não deve ser extinto com a morte do autor ou do réu, pois há interesse em sua decretação póstuma para que possa cessar a qualidade de herdeiro: "é intransmissível a ação de divórcio, cujo pedido compete só aos cônjuges, com exclusividade, na forma do art. 1.582, do CC. No caso, porém, esse direito foi exercido pessoalmente pelas partes, que requereram, ambas, a declaração do divórcio. O direito foi disposto personalissimamente pelas partes, enquanto dele plenamente titulares exclusivos. [...] Sou, portanto, que a morte do requerente não importou a perda do objeto da ação do divórcio, pela razão de que o casamento terminara antes, por vontade unívoca dos cônjuges, diferido apenas o ato de homologação, por omissão do juízo, denegatória da prestação jurisdicional clamada e reclamada" (TJMG, Apelação Cível 1.0000.17.071266-5/001, 7.ª Câmara Cível, Rel. Des. Oliveira Firmo, j. 29.05.2018). Em voto divergente, admitiu-se a tese pela qual basta a separação de fato, independentemente de dois anos, para se pôr fim à qualidade de herdeiro: "A alteração promovida pela Emenda Constitucional 66/2010 suprimiu o requisito temporal mínimo para o divórcio, fazendo prevalecer a vontade dos cônjuges em permanecer, ou não, casados. Não se pode olvidar que tal alteração gerou efeitos tanto no campo do Direito de Família quanto no Direito de Sucessões. E as regras do Direito de Família são fundamentais para a compreensão da sucessão legítima, que decorre do vínculo de parentesco, do casamento ou da união estável. A retirada de uma necessária separação mínima (de fato ou judicial) a fim de se permitir o divórcio deve repercutir no prazo para a perda da qualidade de herdeiro, constante no artigo 1.830 do Código Civil, sob pena de deixar completamente incoerente este Direito Sucessório, que já era uma excepcionalidade discutível. Neste mesmo sentido, José Fernando Simão: 'Buscando-se a teleologia da regra, resta claro que o prazo de dois anos previsto no artigo 1.830 mantinha estreita relação com o prazo necessário ao divórcio direto (art. 1.580, § 2º, que decorria da redação original do art. 226, § 6º, da CF). Quem já tinha tempo suficiente de separação de fato a permitir o divórcio direto perdia a qualidade de herdeiro. A partir de agora, basta que tenha havido a separação de fato para que possa ocorrer o divórcio, já que a Emenda Constitucional nº 66 suprimiu os prazos contidos no § 6º do art. 226 da CF e, portanto, a leitura do art. 1.830 deve ser outra a partir de 14 de julho de 2010. Qualquer separação de fato implica perda do direito sucessório, sem que se exija lapso temporal de dois anos (SIMÃO, José Fernando. A Emenda Constitucional n. 66: a revolução do século em matéria de direito de família: a passagem de um sistema antidivorcista para o divorcista pleno. *Revista do Advogado*, RA-112-2011, São Paulo: Associação dos Advogados de São Paulo, p. 76)'" (TJSP, AI 2054156-40.2019.8.26.0000, 7.ª Câmara de Direito Privado, Itápolis, Rel. Luiz Antonio Costa, j. 11.11.2019).

REFORMA DO CÓDIGO CIVIL: Pretende-se alterar o art. 1.830, que passaria a vigorar com a seguinte redação: "Art. 1.830. Somente é reconhecido direito sucessório ao cônjuge ou ao convivente sobrevivente se, ao tempo da morte do outro, não estavam separados de fato, judicial ou extrajudicialmente". Como anteriormente comentado, a partir da Emenda n. 66/2010 não se exige lapso de 2 anos de separação de fato (basta a separação de fato), nem se debate culpa em matéria sucessória. A Comissão apenas ajusta a redação do artigo à interpretação que dele se fazia após a Emenda n. 66/2010.

Art. 1.831. Ao cônjuge sobrevivente, qualquer que seja o regime de bens, será assegurado, sem prejuízo da participação que lhe caiba na herança, o direito real de habitação relativamente ao imóvel destinado à residência da família, desde que seja o único daquela natureza a inventariar.

COMENTÁRIOS DOUTRINÁRIOS: O *direito real de habitação* é uma das espécies de direito real sobre coisa alheia de gozo ou de fruição (art. 1.225, VI, do CC). Em se tratando de direito real sobre coisa alheia, é imperioso imaginar que sobre um mesmo imóvel coexistem dois direitos reais de titulares distintos: há a propriedade de certa pessoa que está limitada em razão do direito de habitação de outra. O titular do direito real de habitação pode morar gratuitamente em um imóvel que não lhe pertence. Trata-se de um direito de gozo sobre o imóvel alheio bastante limitado. Isso porque somente seu titular poderá residir no imóvel, não podendo alugá-lo nem o emprestar a terceiro. Quando se diz que o titular residirá gratuitamente, isso quer dizer que o dono do imóvel não receberá qualquer remuneração, ou seja, não poderá cobrar do titular do direito de habitação qualquer espécie de aluguel ou outra forma de remuneração. Entretanto, ao titular do direito real de habitação, são atribuídos alguns deveres a serem observados. De início, cabe a ele o pagamento dos tributos incidentes sobre o imóvel, das despesas condominiais ordinárias decorrentes do uso da coisa, bem como de todas as despesas ordinárias para a sua conservação e manutenção. Se o beneficiado não cumprir os seus deveres, poderá o proprietário pedir judicialmente a extinção do direito real de habitação. Existem duas espécies de direito real de habitação. A primeira é a chamada *voluntária*, em que as partes avençam o direito por escritura pública que será registrada no Cartório de Registro de Imóveis. A segunda decorre de previsão legal (independe da vontade das partes) e dispensa o registro imobiliário (art. 167, I, 7, da Lei n. 6.015/1977 – Lei de Registros Públicos). É sobre essa segunda espécie que cuidaremos a seguir. O Código Civil de 2002 ampliou o direito real de habitação com relação ao cônjuge e ao companheiro sobrevivente. Isso porque, enquanto na sistemática do Código Civil de 1916 só teria o direito o cônjuge casado pelo regime da comunhão universal (art. 1.611, § 2º), no sistema do atual Código o cônjuge sobrevivente tem o direito de habitação independentemente do regime de bens do casamento (art. 1.831 do CC/2002). A segunda e interessante mudança é que, no Código Civil revogado, o direito real de habitação se extinguia em duas situações: *por termo incerto*, ou seja, quando da morte de seu beneficiário; e *por condição resolutiva*, enquanto não constituir novo casamento. Já o

Código Civil de 2002 amplia o limite temporal do direito real de habitação do cônjuge ou do companheiro, que não mais se extingue em razão de novo casamento ou união estável, mas apenas quando da morte do titular. Em outras palavras, trata-se de um direito real de gozo ou fruição vitalício. Isso significa que o cônjuge ou companheiro permanecem com o direito mesmo se casando ou unindo estavelmente com um terceiro. Em sentido contrário, temos a decisão do TJSP: "Direito real de habitação que não se sustenta diante do fato de que constituiu o demandante nova união estável. Inteligência do artigo 7º da Lei nº 9.278/96, que não foi derrogado pelo artigo 1.831 do novo Código Civil. Lei especial que prevalece sobre a geral. Recurso a que se nega provimento" (TJSP, Apelação Cível 1002681-91.2016.8.26.0477, 7.ª Câmara de Direito Privado, Foro de Praia Grande, 2.ª Vara de Família e Sucessões, Rel. José Rubens Queiroz Gomes, j. 24.03.2014, data de registro 22.11.2019). Outro problema bastante sério que se geraria pela redação do art. 1.831 do CC, segundo parte da doutrina, seria a possibilidade de criação do chamado *direito real de habitação de segundo grau*. Imagine-se um caso prático para a explicação do problema: João, com 87 anos de idade e pai de dois filhos, casa-se com Maria, de 18 anos, pelo regime da separação obrigatória de bens. Com a morte de João, Maria não será herdeira em concorrência com os filhos de João, mas terá garantido o direito real de habitação. Anos depois de sua viuvez, Maria se casa com Pedro, rapaz de 21 anos. Maria falece. Pedro, na qualidade de marido de Maria, teria o chamado *direito real de habitação de segundo grau*, mesmo sem ter participação na herança dela e independentemente do regime de bens. Por essa tese, os filhos de João que tiveram que suportar o direito real de habitação de Maria, mulher de seu pai, agora teriam que suportar o de Pedro, marido de sua madrasta. Não existe usufruto de 2º grau. Isso porque, ao direito real de habitação, aplicam-se, no que couber, as regras do usufruto (art. 1.416 do CC). Nesse sentido, o usufruto é direito personalíssimo e intransferível, ou seja, extingue-se com a morte do usufrutuário. Da mesma forma, o direito de habitação o é, ou seja, com a morte do titular, o direito se extingue e não se transfere para terceiros, razão pela qual, no caso exemplificado, Pedro não seria titular do direito. Outra questão interessante diz respeito à extensão do direito real de habitação, pois o atual art. 1.831 do CC limita o direito dizendo que este existe desde que seja o único imóvel daquela natureza a inventariar. Qual seria o alcance da dicção legal? Se o falecido deixou mais de um imóvel residencial, perderia o cônjuge supérstite seu direito real de habitação? A existência de outros imóveis residenciais apenas indica que o direito de habitação não recairá necessariamente sobre o imóvel em que o viúvo residia com o falecido. Poderá o juiz determinar que o direito recaia sobre outro imóvel residencial equivalente. Para isso se analisa a necessidade do titular do direito real de habitação em confronto com a necessidade dos herdeiros. A solução será aquela que melhor atender às necessidades de todos, causando menor ônus ou desconforto aos interessados. Ilógico seria imaginar que, se o falecido deixou um único imóvel residencial, o direito de habitação existe, mas se o falecido deixou mais de um imóvel residencial, o direito desaparece! Pelo contrário, se deixou apenas um imóvel, sobre aquele recairá o direito real de habitação. Se deixou mais de um, o direito de habitação recairá sobre um deles, desde que o cônjuge sobrevivente tenha um imóvel para residir, em condições semelhantes àquelas em que vivia no imóvel com o falecido. A melhor interpretação a ser feita do dispositivo é que o direito de habitação recairá, *preferencialmente*, sobre o imóvel residencial em que o cônjuge ou companheiro morava com o falecido. O direito real de habitação, com o direito real sobre coisa alheia de natureza patrimonial, pode ser renunciado. Enunciado n. 271 da *III Jornada de Direito Civil*: "O cônjuge pode renunciar ao direito real de habitação nos autos do inventário ou por escritura pública, sem prejuízo de sua participação na herança". Isso se revela óbvio, pois se a própria herança pode ser renunciada, por que o direito de habitação não poderia? Em que pese o dispositivo não mencionar o companheiro como titular do direito real de habitação quando do falecimento do outro companheiro, a questão, hoje, não gera controvérsias na doutrina, nem na jurisprudência. Assim, pelo Enunciado n. 117 da *I Jornada de Direito Civil* temos: "O direito real de habitação deve ser estendido ao companheiro, seja por não ter sido revogada a previsão da Lei n. 9.278/1996, seja em razão da interpretação analógica do art. 1.831, informado pelo art. 6º, *caput*, da CF/1988". Com a equiparação sucessória entre cônjuges e companheiros pelo STF, o dispositivo deve ser lido da seguinte maneira: "Art. 1.831. Ao cônjuge ou companheiro sobrevivente, qualquer que seja o regime de bens, será assegurado, sem prejuízo da participação que lhe caiba na herança, o direito real de habitação relativamente ao imóvel destinado à residência da família, desde que seja o único daquela natureza a inventariar".

JURISPRUDÊNCIA COMENTADA: O STJ tem reiteradas decisões que admitem o direito real de habitação em favor dos companheiros, mesmo antes da decisão do STF de equiparação dos modelos familiares em matéria sucessória. Assim temos: "A interpretação sistemática do art. 7º, parágrafo único, da Lei n. 9.278/1996, em sintonia com as regras do CC/1916 que regem a concessão do direito real de habitação, conduzem à conclusão de que ao companheiro sobrevivente é igualmente vedada a celebração de contrato de locação ou de comodato, não havendo justificativa teórica para, nesse particular, estabelecer-se distinção em relação à disciplina do direito real de habitação a que faz jus o cônjuge sobrevivente, especialmente quando o acórdão recorrido, soberano no exame dos fatos, concluiu inexistir prova de que a titular do direito ainda reside no imóvel que serviu de moradia com o companheiro falecido" (REsp 1654060/RJ, Rel. Min. Nancy Andrighi, 3.ª Turma, j. 02.10.2018, *DJe* 04.10.2018). Quer seja pela permanência do art. 7º da Lei n. 9.278/1996 no sistema, quer seja pela aplicação analógica do artigo em comento à união estável, é pacífico o entendimento que os companheiros sobreviventes têm o direito real de habitação. E a tendência da jurisprudência é manter o cônjuge ou companheiro no imóvel em que residia com o falecido, ainda que este tenha outros imóveis residenciais em seu patrimônio: "O objetivo da Lei é permitir que o cônjuge/companheiro sobrevivente permaneça no mesmo imóvel familiar que residia ao tempo da abertura da sucessão como forma, não apenas de concretizar o Direito Constitucional à moradia, mas também por razões de ordem humanitária e social, já que não se pode negar a existência de vínculo afetivo e psicológico estabelecido pelos cônjuges/companheiros com o imóvel em que, no transcurso de sua convivência, constituíram não somente residência, mas um lar. 5. Recurso Especial não provido" (STJ, REsp 1.582.178, Proc. 2012/0161093-7, RJ, 3.ª Turma, Rel. Min. Ricardo Villas Bôas Cueva, j. 11.09.2018, *DJE* 14.09.2018). Há, ainda, a questão da perda da qualidade de herdeiro. Se o cônjuge estava separado judicialmente quando da morte do outro, não terá o viúvo ou viúva direito à herança, nem mesmo ao direito real de habitação, conforme art. 1.830 do CC: "Inviabilidade de reconhecimento de direito real de habitação ao réu, que já se encontrava separado de fato e judicialmente por ocasião da morte de sua esposa" (TJSP, Apelação Cível 1001136-16.2018.8.26.0315, 1.ª Câmara de Direito Privado, Foro de Laranjal Paulista, 1.ª Vara, Rel. Francisco Loureiro, j. 07.10.2019, data de registro 07.10.2019). Por fim, decidiu o TJSP, corretamente, que o direito existe, ainda que o falecido tenha deixado apenas um imóvel residencial: "Pretensão de afastamento do direito real de habitação, considerando a existência de um único imóvel a ser inventariado. Pedido de venda do bem para o pagamento das dívidas do espólio e posterior partilha. Desacolhimento. O reconhecimento do direito real de habitação ao cônjuge sobrevivente não constitui óbice à futura alienação do imóvel, havendo consenso. Eventuais dívidas do espólio deverão ser apuradas durante a instrução. Imprescindibilidade do contraditório. Recurso improvido" (TJSP, Agravo de Instrumento 2215263-93.2019.8.26.0000, 10.ª Câmara de Direito Privado, Foro de São Bernardo do Campo, 1.ª Vara de Família e Sucessões, Rel. Silvia Maria Facchina Esposito Martinez, j. 05.11.2019, data de registro 18.11.2019). Na vigência do CC/1916, o direito real de habitação acabava havendo novo casamento de seu titular. É por isso que o STJ decidiu que, ainda que o viúvo ou viúva não se casasse, mas constituísse união estável, o direito real de habitação se extinguia. O recurso especial debate a possibilidade de equiparação da união estável ao casamento, para fins de extinção do direito real de habitação assegurado ao cônjuge supérstite. 2. Em sucessões abertas na vigência do Código Civil de 1916, o cônjuge sobrevivente tem direito real de habitação enquanto permanecer viúvo. 3. A atribuição do direito real de habitação consiste em garantia do direito de moradia por meio da limitação do direito de propriedade de terceiros, uma vez que herdeiros e legatários adquirem o patrimônio do acervo hereditário desde a abertura da sucessão, por força do princípio da saisine. 4. Conquanto o marco para extinção fizesse referência ao estado civil, o qual somente se alteraria pela contração de novas núpcias, não se pode perder de vista que apenas o casamento era instituição admitida para a constituição de novas famílias. 5. Após a introdução da união estável no sistema jurídico nacional, especialmente com o reconhecimento da família informal pelo constituinte originário, o direito e a jurisprudência paulatinamente asseguram a equiparação dos institutos quanto aos efeitos jurídicos, especialmente no âmbito sucessório, o que deve ser observado também para os fins de extinção do direito real de habitação. 6. Tendo em vista a novidade do debate nesta Corte Superior, bem como a existência de um provimento jurisdicional que favorecia o recorrido e o induzia a acreditar na legitimidade do direito real de habitação exercido até o presente julgamento, deve o aluguel ser fixado com efeitos prospectivos em relação à apreciação deste recurso especial. 7. Recurso especial provido" (STJ, REsp 1.617.636/DF, 3.ª Turma, Rel. Min. Marco Aurélio Bellizze, j. 27.08.2019, *DJe* 03.09.2019). O direito real de habitação inexiste para imóvel em condomínio. Se o falecido for coproprietário, ou seja, titular de apenas uma fração ideal do imóvel residencial, e não importa o tamanho dessa fração, o direito real de habitação inexiste, sob pena de atingir a propriedade de um terceiro. Por isso, o STJ já decidiu: "Não há direito real de habitação sobre imóvel comprado pelo falecido em copropriedade com terceiro".

REFORMA DO CÓDIGO CIVIL: Pretende-se alterar o art. 1.831, que passaria a ter a seguinte redação: "Art. 1.831. Ao cônjuge ou ao convivente sobrevivente que residia com o autor da herança ao tempo de sua morte, será assegurado, qualquer que seja o regime de bens e sem prejuízo da participação que lhe caiba na herança, o direito real de habitação, relativamente ao imóvel que era destinado à moradia da família, desde que seja o único bem a inventariar. § 1º Se ao tempo da morte, viviam juntamente com o casal descendentes incapazes ou com deficiência, bem como ascendentes vulneráveis ou, ainda, as pessoas referidas no art. 1.831-A *caput* e seus parágrafos deste Código, o direito de habitação há de ser compartilhado por todos. § 2º Cessa o direito quando qualquer um dos titulares do direito à habitação tiver renda ou patrimônio suficiente para manter sua respectiva moradia, ou quando constituir nova família". Em relação ao *caput*, seguindo a jurisprudência do STF e tentando equalizar a posição do cônjuge e do companheiro em matéria sucessória, a Comissão estabelece expressamente o direito de habitação também para o convivente (atualmente chamado de companheiro). Além disso, a redação proposta deixa claro que há direito real de habitação independentemente do regime de bens. Estende-se, ademais, no tocante ao § 1º, o direito de habitação aos descendentes incapazes ou com deficiência, aos ascendentes vulneráveis e às pessoas referidas no art. 1.831-A. Por fim, a Comissão amplia, no § 2º, regra existente na codificação de 1916 que foi revogada no Código de 2002. No antigo diploma, se o cônjuge se casasse novamente, perderia o direito de habitação. Se aprovado o texto proposto, o cônjuge ou convivente perde o direito de habitação se constituir nova família ou quando tiver renda para constituir nova moradia. Pretende-se também criar um art. 1.831-A com a seguinte redação: "Art. 1.831-A. Terão direito de habitação sobre o imóvel de moradia do autor da herança, as pessoas remanescentes da família parental, podendo habilitar-se para esse direito os que demonstrarem o convívio familiar comum por prova documental, conforme anotações feitas na forma do § 1º do art. 10 deste Código". Se aprovado o artigo em questão, a Comissão cria mais um caso de direito de habitação. Aqueles indivíduos membros da família parental (ou seja, os pais e os filhos) poderão pleitear o direito de habitação sobre o imóvel de morada do autor da herança se fizerem prova da convivência comum, por meio anotação no assento de nascimento da pessoa natural, nos termos do § 1º do art. 10. A redação família parental não é clara. Quer o artigo abranger filhos adotivos e consanguíneos já reconhecidos como tal ou também filhos socioafetivos cujo reconhecimento ainda não ocorreu? Há uma expansão complicada do direito. O direito real de habitação passa a ter mais de um titular e todos eles em concorrência. A ideia que parece boa, na prática, pode tornar a vida na mesma casa um verdadeiro inferno.

Art. 1.832. Em concorrência com os descendentes (art. 1.829, inciso I) caberá ao cônjuge quinhão igual ao dos que sucederem por cabeça, não podendo a sua quota ser inferior à quarta parte da herança, se for ascendente dos herdeiros com que concorrer.

COMENTÁRIOS DOUTRINÁRIOS: Como regra, o dispositivo determina que o cônjuge herdará quinhão igual ao dos descendentes que sucederem por cabeça. Entretanto, o artigo faz uma ressalva: a quota do cônjuge ou companheiro não poderá ser inferior a 1/4 se for ascendente dos herdeiros com quem concorrer. Aqui, é importante diferenciar a situação dos filhos comuns em relação aos filhos exclusivos. Há duas situações diversas em princípio: casos em que o cônjuge ou companheiro é ascendente dos herdeiros com quem concorrer – *filiação comum* – e casos em que o cônjuge viúvo não é ascendente dos herdeiros com quem concorrer – *filiação exclusiva*. Nesse primeiro momento, saliente-se que não vamos analisar a chamada *filiação híbrida*, em que o falecido deixa descendentes comuns e exclusivos. Exemplifica-se com as seguintes hipóteses em que o falecido deixa: a) Cônjuge ou companheiro e um filho (comum ou não): 1/2 para o filho e 1/2 para o cônjuge ou companheiro; b) Cônjuge ou companheiro e dois filhos (comuns ou não): 1/3 para o cônjuge ou companheiro e 1/3 para cada filho; c) Cônjuge ou companheiro e três filhos (comuns ou não): 1/4 para o cônjuge ou companheiro e 1/4 para cada filho; d) Cônjuge ou companheiro e *quatro filhos comuns*: 1/4 para o cônjuge ou companheiro e 3/4 a serem divididos entre os quatro filhos (cada filho herda 3/16).

Há uma reserva de quinhão; e) Cônjuge ou companheiro e *quatro filhos só do falecido* (exclusivos): 1/5 para o cônjuge ou companheiro e 1/5 para cada filho. Percebe-se que, caso o cônjuge ou companheiro sobrevivente seja ascendente dos herdeiros com quem concorrer, jamais receberá quota inferior a 1/4, ou seja, 25% da herança. O que se nota, portanto, é que se criou um verdadeiro *piso sucessório*. A diferença entre a *filiação comum* e a *filiação exclusiva* só surge a partir do momento em que deixa o falecido quatro filhos (descendentes) ou mais. Apesar de nossos exemplos trabalharem com a existência de filhos (descendentes de 1º grau), a norma se aplica também à hipótese de concorrência com netos, bisnetos ou quaisquer outros descendentes de maior grau, caso em que o cônjuge receberá quinhão igual ao que o descendente receber sucedendo por direito próprio. O piso do cônjuge ou companheiro (1/4) calcula-se na porção legítima e não inclui eventual legado ou herança que receba por testamento. Assim, se o falecido deixar sua parte disponível para seu cônjuge ou companheiro, este receberá a disponível e fará jus à quarta parte, se for ascendente dos herdeiros com quem concorrer. O fato de receber bens por testamento (vontade declarada do morto) não afasta a reserva da quarta parte (vontade presumida do morto), pois os títulos sucessórios são distintos (vontade e lei). Se o morto quisesse deixar bens, desde que estes fossem computados para pagamento da quarta parte, que o fizesse de maneira expressa. É a hipótese de pagamento da legítima por meio de certos bens (art. 2.014 do CC). Por fim, temos a denominada *filiação híbrida*, hipótese em que o cônjuge concorre com filhos comuns e exclusivos do autor da herança ao mesmo tempo. Trata-se de uma das grandes polêmicas envolvendo o Direito Sucessório atual. A grande dúvida que surge é se, na *sucessão híbrida*, haveria ou não a reserva de 1/4 da herança para o cônjuge? Após divisão da doutrina, consolidou-se o entendimento de Zeno Veloso pelo qual "na concorrência entre o cônjuge e os herdeiros do *de cujus*, não será reservada a quarta parte da herança para o sobrevivente no caso de filiação híbrida" (Enunciado n. 527 da *V Jornada de Direito Civil*). Com a equiparação sucessória entre cônjuges e companheiros pelo STF, o dispositivo deve ser lido da seguinte maneira: "Art. 1.832. Em concorrência com os descendentes (art. 1.829, inciso I) caberá ao cônjuge ou companheiro quinhão igual ao dos que sucederem por cabeça, não podendo a sua quota ser inferior à quarta parte da herança, se for ascendente de todos herdeiros com que concorrer".

JURISPRUDÊNCIA COMENTADA: Seguindo a doutrina majoritária, o STJ entendeu que, havendo filiação híbrida, não deve ser feita a reserva da quarta parte, disposta nesse artigo, ao cônjuge. Segundo Paulo de Tarso Sanseverino, relator no julgamento do REsp 1.617.501/RS, "a interpretação mais razoável do enunciado normativo do art. 1.832 do Código Civil é a de que a reserva de 1/4 da herança restringe-se à hipótese em que o cônjuge ou companheiro concorrem com os descendentes comuns. Enunciado 527 da Jornada de Direito Civil. A interpretação restritiva dessa disposição legal assegura a igualdade entre os filhos, que dimana do Código Civil (art. 1.834 do CCB) e da própria Constituição Federal (art. 227, § 6º, da CF), bem como o direito de os descendentes exclusivos não verem seu patrimônio injustificadamente reduzido mediante interpretação extensiva de norma" (STJ, REsp 1.617.501/RS, Rel. Min. Paulo de Tarso Sanseverino, 3.ª Turma, j. 11.06.2019, *DJe* 1º.07.2019).

REFORMA DO CÓDIGO CIVIL: Pretende-se alterar o art. 1.832, que passaria a ter a seguinte redação: "Art. 1.832. O herdeiro com quem comprovadamente o autor da herança conviveu, e que não mediu esforços para praticar atos de zelo e de cuidado em seu favor, durante os últimos tempos de sua vida, se concorrer à herança com outros herdeiros, com quem disputa o volume do acervo ou a forma de partilhá-lo: I – terá direito de ter imediatamente, antes da partilha, destacado do monte-mor e disponibilizado para sua posse e uso imediato, o valor correspondente a 10% (dez por cento) de sua quota hereditária; II – se forem mais de um os herdeiros nas condições previstas no *caput* deste artigo, igual direito lhes será garantido, nos termos do § 1º; III – se a herança não comportar as soluções previstas nos §§ 1º e 2º e ela consistir apenas em único imóvel de morada do autor da herança, terão as pessoas apontadas no *caput* deste artigo direito de ali manterem-se, com exclusividade, a título de direito real de habitação". Com o fim da concorrência sucessória do cônjuge (ver comentários ao art. 1.829), o que é atualmente disposto no art. 1.829 perde a razão de existir. Assim, a norma proposta é totalmente nova. A Comissão decidiu, por meio desse artigo, pensando especialmente no caso de enfermos e pessoas idosas que demandam cuidados, premiar aqueles que cuidaram do autor da herança no fim da sua vida. Segundo a proposta, o herdeiro "cuidador" teria direito à posse e ao uso imediato de parte de sua quota da herança e, em alguns casos, direito real de habitação sobre o imóvel do *de cujus*. É norma de aplicação complicada e que torna, na prática, o inventário mais demorado e moroso que o necessário. Pretende, na verdade, dar direitos antecipadamente a quem o beneficiado pelos cuidados e zelo optou por não testar em seu favor. É uma presunção de vontade já que o testador não fez testamento em favor dessa pessoa conferindo qualquer "privilégio" de antecipação. E se tiver feito testamento e não contemplou aquele que agiu com zelo e cuidado? Pode o artigo ser aplicado? Contra a vontade expressa do testador que simplesmente por isso não optou? Novamente, o projeto cria uma concorrência em direito real de habitação. Na prática, isso é viável? Se forem 10 os herdeiros que cuidaram do falecido, os 10 vão morar no mesmo imóvel?

Art. 1.833. Entre os descendentes, os em grau mais próximo excluem os mais remotos, salvo o direito de representação.

COMENTÁRIOS DOUTRINÁRIOS: Pela regra de ouro n. 1, dentro de uma classe, o herdeiro de grau mais próximo exclui o de grau mais remoto. Se *A* falece e deixa dois filhos B e C (descendentes de 1º grau) e três netos que são filhos de B e C (descendentes de 2º grau), todos os bens serão partilhados entre os filhos, pois o grau mais próximo exclui o grau mais remoto.

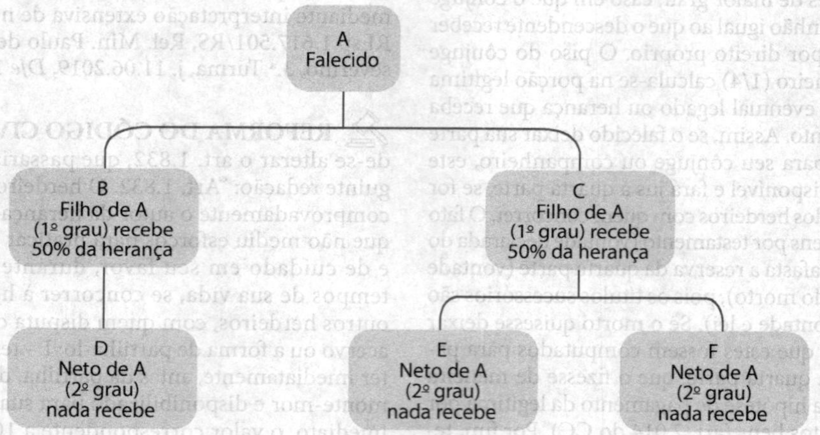

Art. 1.834. Os descendentes da mesma classe têm os mesmos direitos à sucessão de seus ascendentes.

COMENTÁRIOS DOUTRINÁRIOS: No Brasil, todos os filhos herdam por direito próprio e recebem igual quinhão. Se só houver netos, todos os netos herdam por direito próprio e recebem quinhão igual. Em ambas as hipóteses a partilha se dará por cabeça. O fato de o filho ser adotivo, ou o neto ser filho de filho adotivo, é irrelevante, pois a Constituição Federal não admite discriminação em razão da origem. Se o falecido deixou filhos (descendentes de 1º grau) e netos que são filhos de filhos premortos (descendentes de 2º grau), os filhos partilham por cabeça e os netos por estirpe (ver artigo seguinte).

JURISPRUDÊNCIA COMENTADA: Exatamente porque herdeiro de grau mais próximo (filho), exclui de grau mais remoto (neta) é que o TJSP decidiu: "Sabe-se que, no presente caso, a Agravante é neta, e não filha dos falecidos, que têm herdeiros que a superam na ordem de sucessão, nos termos do art. 1.833 do CC, e que, por isso, devem exercer a inventariança. A ordem legal de nomeação de inventariante é imperativa e só deve ser ignorada se efetivamente comprovada a inidoneidade do nomeado, o que se faz mediante incidente próprio, sujeito ao contraditório e com a necessária instrução" (TJSP, AI 2225032-67.2015.8.26.0000, 7.ª Câmara de Direito Privado, São Paulo, Rel. Luiz Antonio Costa, j. 12.08.2016).

Art. 1.835. Na linha descendente, os filhos sucedem por cabeça, e os outros descendentes, por cabeça ou por estirpe, conforme se achem ou não no mesmo grau.

COMENTÁRIOS DOUTRINÁRIOS: a) *Se todos os descendentes forem de mesmo grau, todos receberão por direito próprio, e a partilha será por cabeça.* Se A falecer e deixar três filhos (todos descendentes de 1º grau), a herança será dividida em partes iguais.

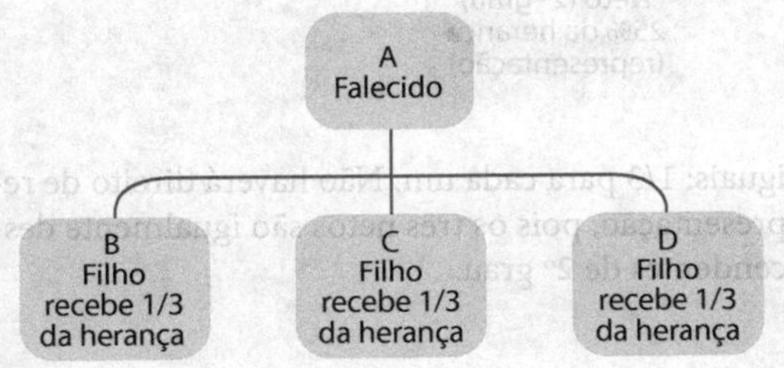

Da mesma forma, se todos os filhos forem premortos e, no momento da sucessão, o falecido deixar apenas netos (todos descendentes de 2º grau), os netos receberão por direito próprio, não havendo representação. Só haveria representação se houvesse descendentes em graus diversos, mas, como todos são descendentes de mesmo grau, a partilha se dará por cabeça.

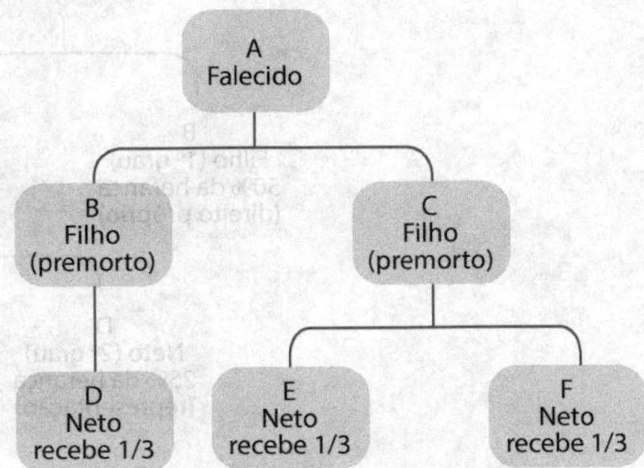

Se todos os representantes de uma geração desaparecerem, os da linha subsequente serão chamados a herdar por direito próprio ou por representação? A resposta é: herdarão por direito próprio. Exemplificando, se A falecer e deixar seus netos D e F vivos, bem como seus bisnetos G e H, e premortos, seus filhos B (pai de D) e C (pai de E e F) e o neto E (pai dos bisnetos G e H), a herança será assim partilhada: D 1/3 da herança por direito próprio; F 1/3 da herança por direito próprio; e G e H 1/6 da herança cada um em representação a E.

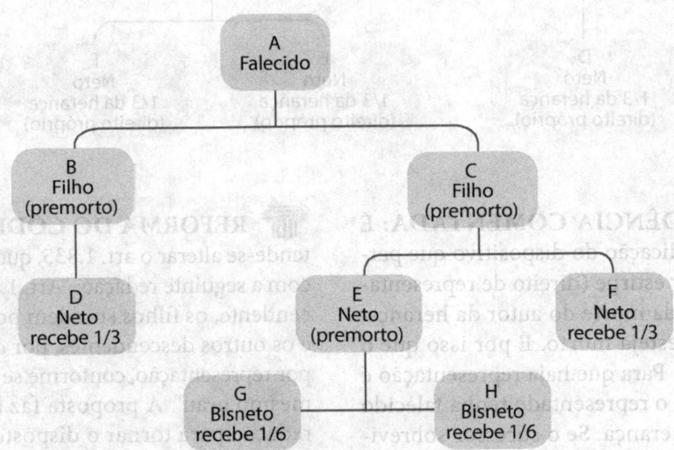

Se *A* falecer e deixar um filho B (descendente de 1º grau) e dois netos D e E (descendentes de 2º grau), que são filhos de C (filho premorto de A), os bens serão partilhados entre B, que ficará com 50% (direito próprio), e os netos D e E, que herdarão 50% (25% cada um) por representação a C.

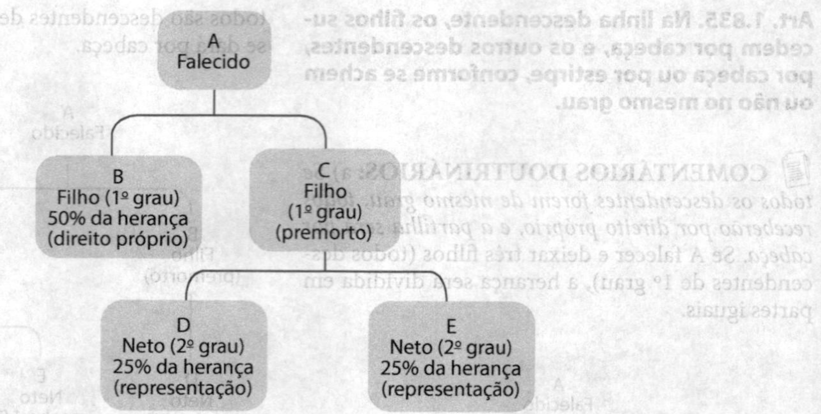

Se *A* falecer e deixar três netos D (filho do filho premorto B) e E e F (filhos do filho premorto C), os bens serão partilhados entre D, E e F em partes iguais: 1/3 para cada um. Não haverá direito de representação, pois os três netos são igualmente descendentes de 2º grau.

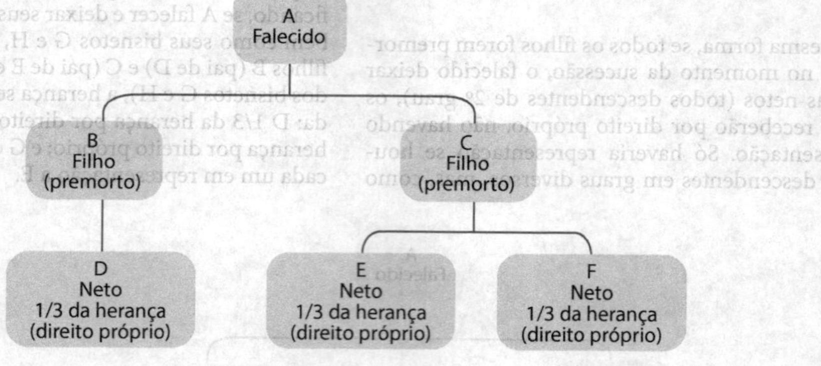

JURISPRUDÊNCIA COMENTADA: É necessário, para aplicação do dispositivo que permite a sucessão por estirpe (direito de representação), que, quando da morte do autor da herança, o representado já esteja morto. É por isso que o TJSP decidiu: "[...]. Para que haja representação é imprescindível que o representado tenha falecido antes do autor da herança. Se o sucessor sobrevive ao de cujus, ainda que por instantes, não haverá representação, porque a herança lhe foi deferida" (TJSP, ED 2006086-26.2018.8.26.0000, 11.ª Câmara de Direito Privado, Caraguatatuba, Rel. Renato Rangel Desiano, j. 01.08.2019). Se o "representado" ainda estava vivo quando da morte do *de cujus*, ele herda e depois transmite a seus herdeiros. Não há representação, portanto.

REFORMA DO CÓDIGO CIVIL: Pretende-se alterar o art. 1.835, que passaria a vigorar com a seguinte redação: "Art. 1.835. Na linha descendente, os filhos sucedem por direito próprio, e os outros descendentes, por direito próprio ou por representação, conforme se achem ou não no mesmo grau". A proposta faz apenas ajustes de redação para tornar o disposto mais claro, sem alterar, entretanto, o sentido da norma.

Art. 1.836. Na falta de descendentes, são chamados à sucessão os ascendentes, em concorrência com o cônjuge sobrevivente.

§ 1º Na classe dos ascendentes, o grau mais próximo exclui o mais remoto, sem distinção de linhas.

§ 2º Havendo igualdade em grau e diversidade em linha, os ascendentes da linha paterna herdam a metade, cabendo a outra aos da linha materna.

COMENTÁRIOS DOUTRINÁRIOS: A aplicação do dispositivo pressupõe que o falecido não deixou descendentes, pois, se os deixou, os ascendentes não serão chamados à sucessão. Nos comentários ao artigo em questão, consideramos que o falecido não deixou cônjuge ou companheiro em concorrência sucessória com os ascendentes. Para a concorrência, ver os comentários ao artigo seguinte. a) *Na classe dos ascendentes, o grau mais próximo exclui o mais remoto, sem distinção de linhas (art. 1.836, § 1º, do CC). Não há direito de representação na linha ascendente.* Se *A* falece e deixa sua mãe e seu pai vivos (ambos ascendentes de 1º grau), seu pai recebe 50% da herança e sua mãe os outros 50%, mesmo que seus avós maternos e paternos (ascendentes em 2º grau) sejam vivos.

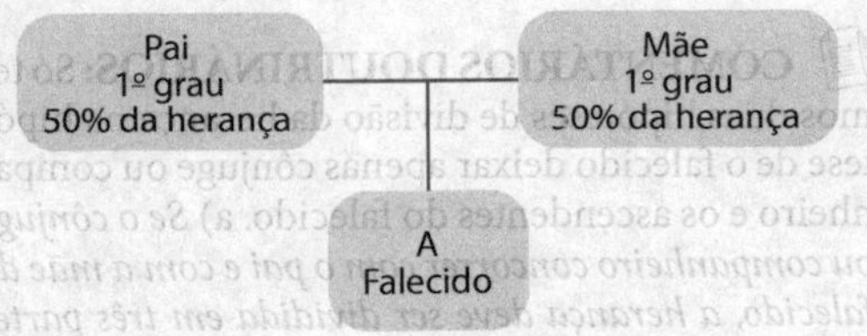

Entretanto, se *A* falecer deixando vivo seu pai (ascendente em 1º grau) e sendo premorta a sua mãe, mesmo que sejam vivos seus avós maternos (ascendentes em 2º grau), seu pai recolherá a totalidade da herança, pois o grau mais próximo (1º grau) exclui o grau mais remoto (2º grau). Não há direito de representação na linha ascendente.

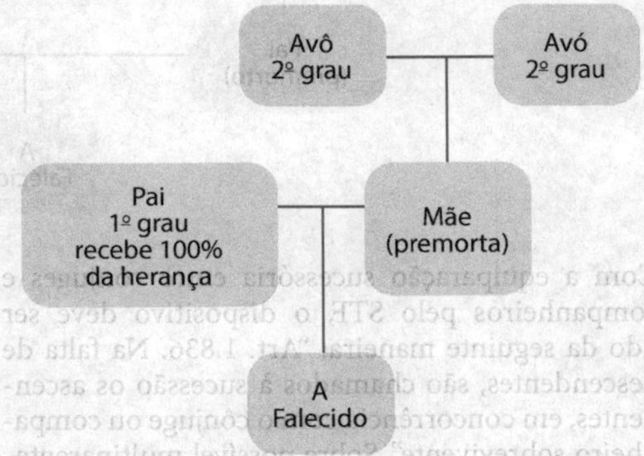

b) *Havendo igualdade em graus e diversidade em linhas, os ascendentes da linha paterna herdam a metade, cabendo a outra metade aos da linha materna (art. 1.836, § 2º, do CC).* A regra cuida da chamada sucessão por linhas (*in lineas*). A sucessão ocorre por direito próprio (como já frisado à exaustão, não há representação na linha ascendente), mas a partilha da herança se dá por linhas: metade para a linha materna e metade para a linha paterna. Dois exemplos são relevantes. Se o falecido deixar apenas seus avós paternos e avós maternos vivos (todos ascendentes em 2º grau), pois seu pai e sua mãe são premortos, cada um dos avós receberá 25% da herança que se dividiu em linhas: 50% para a linha paterna e 50% para a linha materna.

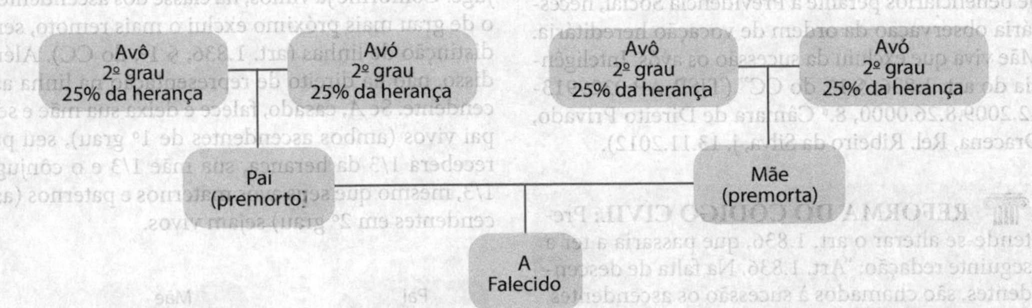

Já se o falecido deixar como herdeiros apenas sua avó paterna (ascendente em 2º grau) e seus dois avós maternos (também ascendentes em 2º grau), pois seu pai e sua mãe são premortos, cada um dos avós maternos receberá 25% da herança e a avó paterna 50%, eis que a herança se dividiu em linhas de 50% para a linha paterna e 50% para a linha materna.

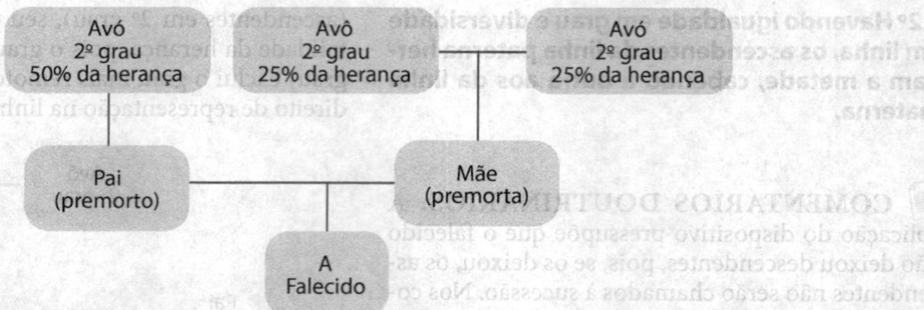

Com a equiparação sucessória entre cônjuges e companheiros pelo STF, o dispositivo deve ser lido da seguinte maneira: "Art. 1.836. Na falta de descendentes, são chamados à sucessão os ascendentes, em concorrência com o cônjuge ou companheiro sobrevivente". Sobre possível multiparentalidade, e, portanto, o falecido deixar, por exemplo, dois pais e uma mãe, damos a solução nos comentários ao artigo seguinte. Por fim, o dispositivo fala em linha paterna e/ou materna. Isso não exclui as famílias homoafetivas em que a pessoa pode ter dois pais ou duas mães (Enunciado n. 676 do CJF – art. 1.836, § 2º: A expressão "diversidade em linha", constante do § 2º do art. 1.836 do Código Civil, não deve mais ser restrita à linha paterna e à linha materna, devendo ser compreendidas como linhas ascendentes).

JURISPRUDÊNCIA COMENTADA: Se o falecido deixou a mãe viva e seus avós paternos, a mãe recebe a totalidade da herança. Assim, "Pretensão dos avós ao recebimento sob alegação de terem a guarda da falecida neta. Indeferimento. Na ausência de beneficiários perante a Previdência Social, necessária observação da ordem de vocação hereditária. Mãe viva que excluiu da sucessão os avós. Inteligência do art. 1.836, § 1º, do CC" (TJSP, AP 0329913-42.2009.8.26.0000, 8.ª Câmara de Direito Privado, Dracena, Rel. Ribeiro da Silva, j. 13.11.2012).

REFORMA DO CÓDIGO CIVIL: Pretende-se alterar o art. 1.836, que passaria a ter a seguinte redação: "Art. 1.836. Na falta de descendentes, são chamados à sucessão os ascendentes. § 1º Na classe dos ascendentes, o grau mais próximo exclui o mais remoto, sem distinção de linhas. § 2º Havendo igualdade em grau e diversidade em linha, a herança deverá ser dividida em tantas linhas quantos sejam os ascendentes chamados à sucessão". A proposta faz ajustes de redação para tornar o dispositivo mais claro, sem, entretanto, alterar o sentido da norma. Além disso, retira-se a menção à concorrência do cônjuge, que, pelo projeto, não mais concorre com descendentes, nem ascendentes (ver comentários ao art. 1.829).

Art. 1.837. Concorrendo com ascendente em primeiro grau, ao cônjuge tocará um terço da herança; caber-lhe-á a metade desta se houver um só ascendente, ou se maior for aquele grau.

COMENTÁRIOS DOUTRINÁRIOS: Só temos duas hipóteses de divisão da herança na hipótese de o falecido deixar apenas cônjuge ou companheiro e os ascendentes do falecido. a) *Se o cônjuge ou companheiro concorrer com o pai e com a mãe do falecido, a herança deve ser dividida em três partes iguais, cabendo 1/3 ao pai, 1/3 à mãe e 1/3 ao cônjuge ou companheiro supérstite.* Vamos agora analisar um caso concreto em que as regras referentes à sucessão na linha ascendente são aplicadas conjuntamente com as regras relacionadas à concorrência do cônjuge. Conforme já vimos, na classe dos ascendentes, o de grau mais próximo exclui o mais remoto, sem distinção de linhas (art. 1.836, § 1º, do CC). Além disso, não há direito de representação na linha ascendente. Se *A*, casado, falece e deixa sua mãe e seu pai vivos (ambos ascendentes de 1º grau), seu pai receberá 1/3 da herança, sua mãe 1/3 e o cônjuge 1/3, mesmo que seus avós maternos e paternos (ascendentes em 2º grau) sejam vivos.

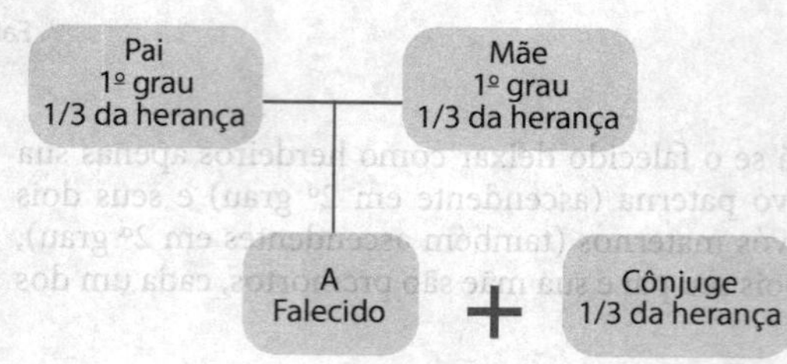

Se, em razão da multiparentalidade, A tem dois pais e uma mãe e falece deixando seu cônjuge ou companheiro, a herança se divide em quatro partes: 1 para cada linha paterna, 1 para a linha materna e 1 para o cônjuge. A divisão se dará em linhas e houve o surgimento de mais uma linha paterna.

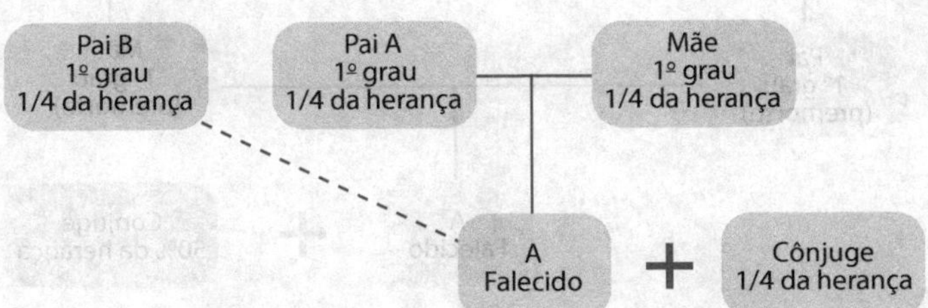

É este o teor do Enunciado n. 642 da *VIII Jornada de Direito Civil*: "Art. 1.836: Nas hipóteses de multiparentalidade, havendo o falecimento do descendente com o chamamento de seus ascendentes à sucessão legítima, se houver igualdade em grau e diversidade em linha entre os ascendentes convocados a herdar, a herança deverá ser dividida em tantas linhas quanto sejam os genitores". Poder-se-ia argumentar que o cônjuge devesse ficar com 1/3 da herança e os dois pais e mãe dividiriam 2/3, pois, pelo texto da lei, "concorrendo com ascendente em primeiro grau, ao cônjuge tocará um terço da herança". Por essa interpretação, o cônjuge teria sempre um piso de 1/3 se o falecido deixou apenas ascendentes de primeiro grau (pais e/ou mães). A interpretação não está correta. A lei não deseja conceder um mínimo ao cônjuge em concorrência com os ascendentes e, se quisesse, o faria de maneira clara (*vide* redação do art. 1.832 que trata da concorrência com os descendentes). Aliás, há um erro no dispositivo: deveria dizer "concorrendo com ascendentes em primeiro grau", e não com "ascendente em primeiro grau", pois, se o falecido só deixar pai ou mãe, ao cônjuge tocará 50% da herança. O Código determina que o cônjuge receba 1/3 da herança, pois historicamente as pessoas só tinham um pai e uma mãe e 1/3 garantia ao cônjuge quota igual a cada um dos pais (1/3 para o pai e 1/3 para mãe). Logo, não se trata de deixar 1/3, mas sim dividir a herança em partes iguais. É por isso que na multiparentalidade a herança se divide em partes iguais entre os pais e/ou mães e o cônjuge, sem qualquer reserva de 1/3. b) *Se o cônjuge concorrer apenas com o pai, apenas com a mãe ou com outro ascendente qualquer, terá direito à metade da herança. Vejamos alguns exemplos.* Se *A*, casado, falece deixando vivo seu pai (ascendente em 1º grau) e sendo premorta a sua mãe, mesmo que sejam vivos seus avós maternos (ascendentes em 2º grau), seu pai recolherá 50% da herança e o cônjuge 50%, pois o grau mais próximo (pai – 1º grau) exclui o mais remoto (avós – 2º grau).

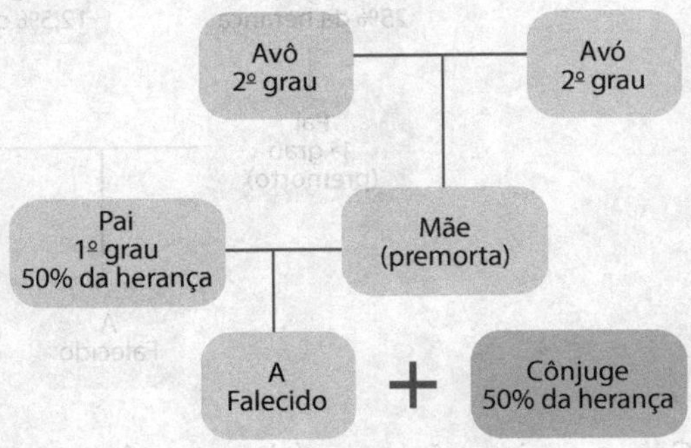

Havendo igualdade em grau e diversidade em linha, os ascendentes da linha paterna herdam a metade, cabendo a outra aos da linha materna (art. 1.836, § 2º, do CC). A regra cuida da chamada sucessão por linhas (*in lineas*). A sucessão ocorre por direito próprio, mas a partilha da herança se dá por linhas: metade para a linha materna e metade para a linha paterna. Dois exemplos são relevantes. Se o falecido, casado, deixar apenas seus avós paternos e avós maternos vivos (todos ascendentes em 2º grau) e tendo em vista que seu pai e sua mãe são premortos, o cônjuge receberá 50% da herança, e cada um dos avós receberá 12,5% da herança, eis que, descontado o quinhão do cônjuge, esta se dividiu em linhas: 25% da herança para a linha paterna e 25% para a linha materna.

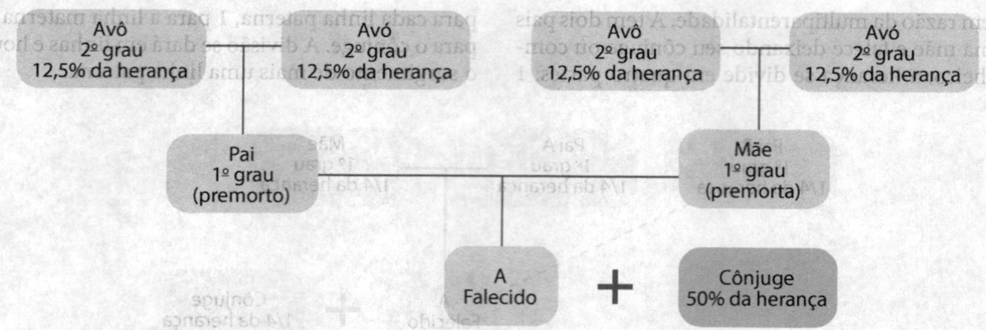

Se o falecido, casado, deixar como herdeiros apenas sua avó paterna (ascendente em 2º grau) e seus dois avós maternos (também ascendentes em 2º grau) e tendo em vista que seu pai e sua mãe são premortos, o cônjuge receberá 50% da herança, cada um dos avós maternos receberá 12,5% da herança, e a avó paterna receberá 25%, eis que, descontado o quinhão do cônjuge, a herança se dividiu em linhas: 25% da herança para a linha paterna e 25% para a linha materna.

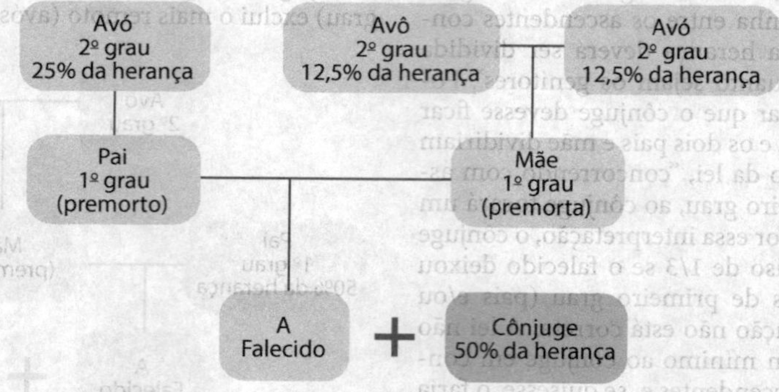

Com a equiparação sucessória entre cônjuges e companheiros pelo STF o dispositivo deve ser lido da seguinte maneira: "Art. 1.837. Concorrendo com ascendente em primeiro grau, ao cônjuge ou companheiro tocará um terço da herança; caber-lhe-á a metade desta se houver um só ascendente, ou se maior for aquele grau".

JURISPRUDÊNCIA COMENTADA: Aplicando a igualdade sucessória entre cônjuges e companheiros, seguindo a regra do artigo que se comenta, o TJSP decidiu: "[...] caber o direito à metade da herança ao companheiro sobrevivente, expurgando-se distinção entre os direitos de cônjuge e companheiro, entendendo inconstitucional tratamento desigual a pessoas na mesma condição jurídica. Assim, asseverou, como premissas da partilha, a meação dos bens adquiridos durante a união estável pela autora da herança e pelo apelado e o direito ao quinhão de metade para cada herdeiro (mãe e companheiro), se o bem foi adquirido antes da constituição da entidade familiar" (TJSP, AP 0013233-77.2009.8.26.0510, 6.ª Câmara de Direito Privado, Rio Claro, Rel. Fortes Barbosa, j. 16.06.2016).

REFORMA DO CÓDIGO CIVIL: Pretende-se revogar o art. 1.837. O cônjuge, se aprovada a reforma do Código, não mais concorrerá com ascendentes e descendentes (ver comentários ao art. 1.829). Perde, portanto, o artigo a razão de existir.

Art. 1.838. Em falta de descendentes e ascendentes, será deferida a sucessão por inteiro ao cônjuge sobrevivente.

COMENTÁRIOS DOUTRINÁRIOS: Não havendo descendentes ou ascendentes, o cônjuge ou companheiro recolherá a totalidade da herança, independentemente do regime de bens do casamento ou da união estável. Isso porque o cônjuge ou companheiro sobrevivente é o terceiro na ordem de vocação hereditária (art. 1.829, III, do CC) e a sua posição independe do regime de bens do casamento. Os colaterais não concorrem com o cônjuge ou companheiro em hipótese alguma. Só serão chamados a suceder os colaterais caso o cônjuge ou companheiro não preencha os requisitos contidos no art. 1.830 do CC (ver comentários). Trata-se de um equívoco comum imaginar que o cônjuge ou companheiro não herda todos os bens se casado ou unido estavelmente for pelo regime da separação obrigatória (art. 1.641 do CC). Não se trata de verdade, mas, sim, de um grande engano. Isso porque *a meação não se confunde com a herança*. Em outras palavras, em todos os regimes de bens, sem qualquer exceção, falecendo o cônjuge ou companheiro sem descendentes ou ascendentes, o viúvo ou a viúva herdam a totalidade dos bens. Foi a Lei Feliciano Penna (Decreto n. 1.839, de 31 de dezembro de 1907) que alterou a questão e colocou o cônjuge, independentemente do regime de bens, como terceiro na vocação hereditária. Desde 1907, então, os colaterais nada recebem na existência de cônjuge herdeiro. Como a sucessão legítima decorre da ordem de vocação hereditária, que presume a vontade do falecido e seu afeto quanto a certas pessoas, não faria sentido imaginar que o falecido tem mais estima por seus irmãos e sobrinhos do que por sua esposa ou companheira. E, se realmente tiver maior apreço, este não é presumido. Portanto, respeitando a porção legítima, poderá a pessoa fazer testamento em favor dos colaterais quanto à porção disponível. Com a equiparação sucessória entre cônjuges e companheiros pelo STF, o dispositivo deve ser lido da seguinte maneira: "Art. 1.838. Em falta de descendentes e ascendentes, será deferida a sucessão por inteiro ao cônjuge ou companheiro sobrevivente".

JURISPRUDÊNCIA COMENTADA: Com a orientação do STF em equiparar o cônjuge ao companheiro, temos, então, a exclusão dos colaterais em havendo companheiro sobrevivo: "Companheiro da autora que faleceu sem ascendentes e descendentes, deixando somente colaterais. Igualdade de direitos sucessórios entre cônjuge e companheiro, conforme decidido pelo STF. Incidência dos arts. 1.829 e 1.838 do Código Civil, pelo qual a companheira prefere aos irmãos na sucessão legítima. Companheira supérstite que herda a totalidade do patrimônio, comum e particular do falecido, independentemente da data de aquisição dos bens. Recurso provido" (TJSP, APL 0011763-34.2012.8.26.0533, Ac. 12081841, 2.ª Câmara de Direito Privado, Santa Bárbara d' Oeste, Rel. Des. Marcus Vinicius Rios Gonçalves, j. 11.12.2018, *DJESP* 19.12.2018).

REFORMA DO CÓDIGO CIVIL: Pretende-se alterar o art. 1.838, que passará a ter a seguinte redação: "Art. 1.838. Em falta de descendentes e ascendentes, será deferida a sucessão por inteiro ao cônjuge ou ao convivente sobrevivente". A proposta apenas inclui no artigo o convivente (atualmente chamado de companheiro). Como expliquei anteriormente, esse ajuste era necessário graças à equiparação sucessória entre cônjuges e companheiros feita pelo STF.

Art. 1.839. Se não houver cônjuge sobrevivente, nas condições estabelecidas no art. 1.830, serão chamados a suceder os colaterais até o quarto grau.

COMENTÁRIOS DOUTRINÁRIOS: A existência de descendentes, ascendentes, cônjuge ou companheiro exclui os colaterais. Os colaterais só são chamados se inexistirem herdeiros dessas classes. São os seguintes colaterais, parentes sucessíveis: irmãos – colaterais de 2º grau; tios e sobrinhos – colaterais de 3º grau; e tio-avô, primo-irmão e sobrinho-neto – colaterais de 4º grau. Na classe dos colaterais, os de grau mais próximo excluem os de grau mais remoto. A exceção está explicada no art. 1.853 do CC que trata do direito de representação na linha transversal ou colateral (ver comentários).

JURISPRUDÊNCIA COMENTADA: Efetivamente, o colateral só é chamado a suceder se não houver nenhum outro parente (descendente ou ascendente) nem cônjuge ou companheiro. Com a decisão do STF, o companheiro passou a ocupar a terceira classe sucessória (ver comentários ao art. 1.790 do CC). Assim: "Os parentes colaterais, tais como irmãos, tios e sobrinhos, são herdeiros de quarta e última classe na ordem de vocação hereditária, herdando apenas na ausência de descendentes, ascendentes e cônjuge ou companheiro, em virtude da ordem legal de vocação hereditária" (STJ, REsp 1.357.117, Proc. 2012/0257043-5, MG, 3.ª Turma, Rel. Min. Ricardo Villas Bôas Cueva, j. 13.03.2018, *DJE* 26.03.2018).

REFORMA DO CÓDIGO CIVIL: Pretende-se alterar o art. 1.839, que passaria a ter a seguinte redação: "Art. 1.839. Se não houver cônjuge ou convivente sobrevivente, nas condições estabelecidas no art. 1.830, serão chamados a suceder os colaterais até o quarto grau". Como no artigo anterior, simplesmente se adicionou a figura do convivente (atualmente chamado de companheiro). Esse ajuste era necessário graças à equiparação sucessória entre cônjuges e companheiros feita pelo STF.

Art. 1.840. Na classe dos colaterais, os mais próximos excluem os mais remotos, salvo o direito de representação concedido aos filhos de irmãos.

COMENTÁRIOS DOUTRINÁRIOS: Na classe dos colaterais, os de grau mais próximo excluem os de grau mais remoto. Representação concedida aos "filhos de irmão" significa que os irmãos do morto (2º grau) dividem a herança com os sobrinhos do morto (3º grau). A exceção está explicada no art. 1.853 do CC que trata do direito de representação na linha transversal ou colateral. É por isso que os parentes colaterais de 4º grau só herdam por direito próprio e jamais por representação. Assim, tio-avô, primo-irmão e sobrinho-neto só recebem a herança na ausência de irmãos (2º grau), sobrinhos ou tios do morto (terceiro grau). A existência de qualquer parente de 2º ou 3º grau do falecido significa que o de 4º grau nada recebe.

JURISPRUDÊNCIA COMENTADA: É exatamente em razão do artigo que se comenta que o TJSP decidiu que: "[...] apenas os sobrinhos herdam por representação. Nas demais situações os herdeiros de grau mais próximo excluem o direito de representação dos mais distantes. Colaterais de 4º grau. Sucessão por direito próprio, mas não por representação. Direito de suceder apenas se o falecido não tiver deixado nenhum colateral de 3º grau. Precedente do STJ – AgReg no REsp 950.301-SP" (TJSP, AP 0018804-56.2013.8.26.0100, 4.ª Câmara de Direito Privado, São Paulo, Rel. Enio Zuliani, j. 14.05.2015). A decisão menciona, ainda, julgado do TJRS: "[...] o direito de representação, no caso de sucessão de colaterais, só vai até filhos de irmãos, conforme disposto no art. 1.840 do Código Civil. Os filhos dos sobrinhos do *de cujus* não herdam por representação" (TJRS, AI 70.032.242.471, Rel. Des. José Ataídes Siqueira Trindade, j. 01.12.2009).

Art. 1.841. Concorrendo à herança do falecido irmãos bilaterais com irmãos unilaterais, cada um destes herdará metade do que cada um daqueles herdar.

COMENTÁRIOS DOUTRINÁRIOS: Se em uma determinada situação sucessória concorrem irmãos bilaterais e unilaterais, os irmãos unilaterais recebem metade do que recebem os bilaterais. É o que prevê o art. 1.841 do CC.

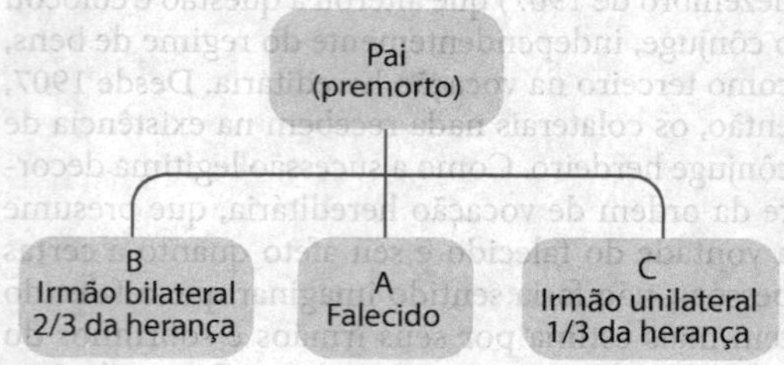

A regra que se estabelece é que o meio-irmão recebe meia quota (x) e, portanto, o irmão bilateral recebe o dobro deste ($2x$). Exemplificando, imaginemos a hipótese em que o falecido deixa dois irmãos bilaterais e três irmãos unilaterais. Para cada irmão bilateral, deve-se atribuir $2x$ ($2x \times 2 = 4x$). Para cada irmão unilateral, atribuímos x ($x \times 3 = 3x$). Somemos as quotas de todos os irmãos: $4x + 3x = 7x$. O número 7 será o divisor da fração, e a herança será distribuída da seguinte forma: para cada irmão bilateral, a fração de 2/7 da herança; para cada irmão unilateral, 1/7 da herança.

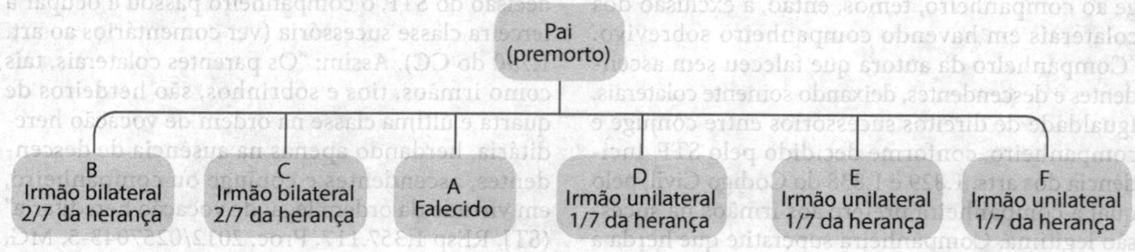

REFORMA DO CÓDIGO CIVIL: Pretende-se alterar o art. 1.841, que passaria a vigorar com a seguinte redação: "Art. 1.841. Na falta de irmãos, herdarão os filhos destes e, não os havendo, os tios". Na realidade, o texto do atual art. 1.841 foi revogado. A distinção entre irmãos bilaterais e unilaterais perdeu a sua atualidade, em especial a partir do momento em que os vínculos afetivos ganharam mais importância no Direito Civil brasileiro. O texto do art. 1.841 proposto é, na verdade, o *caput* do art. 1.843. A Comissão fez mera alteração topológica.

JURISPRUDÊNCIA COMENTADA: O STJ já entendeu que, havendo debate a respeito da validade do testamento e aplicando-se o dispositivo em comento, o devedor de aluguel do espólio deve depositar em juízo o aluguel devido: "Depósito judicial dos aluguéis auferidos de imóvel do espólio. Concorrência de irmão bilateral com irmãs unilaterais. Inteligência do art. 1.841 do Código Civil. 1. Controvérsia acerca do percentual da herança cabível em favor das irmãs unilaterais no inventário do *de cujus*, que também deixou um irmão bilateral a quem indicara em testamento como herdeiro único. 2. Discussão judicial acerca da validade do testamento. 3. Possibilidade de o irmão bilateral levantar a parte incontroversa dos aluguéis do imóvel deixado pelo *de cujus*. 4. Necessidade, porém, de depósito judicial da parcela controvertida. 5. Cálculo do valor a ser depositado em conformidade com o disposto no art. 1.841 do Código Civil ('concorrendo à herança do falecido irmãos bilaterais com irmãos unilaterais, cada um destes herdará metade do que cada um daqueles herdar'). 6. Recurso especial provido" (STJ, REsp 1.203.182/MG, 3.ª Turma, Rel. Min. Paulo de Tarso Sanseverino, *DJe* 24.09.2013, p. 242).

Art. 1.842. Não concorrendo à herança irmão bilateral, herdarão, em partes iguais, os unilaterais.

COMENTÁRIOS DOUTRINÁRIOS: Quanto aos irmãos (colaterais de 2º grau), é preciso lembrar a sua classificação. Primeiramente, há os irmãos *bilaterais ou germanos*, que são aqueles que descendem do mesmo pai e da mesma mãe. Para alguns, esse parentesco é chamado de *complexo ou completo*, pois vem tanto do pai quanto da mãe. Deixando o falecido apenas irmãos bilaterais (parentes em 2º grau), terão eles direito ao mesmo quinhão da herança. Note-se que, no exemplo a seguir, o pai de *A* é premorto, ou seja, faleceu antes de *A*.

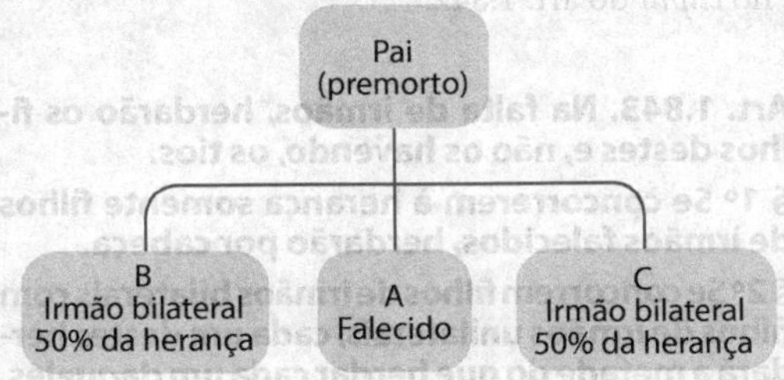

Já os irmãos *unilaterais*, popularmente chamados de meios-irmãos, são aqueles que descendem de apenas um progenitor (art. 1.842 do CC). Para alguns, o parentesco com o irmão unilateral e seus descendentes seria *simples* ou *incompleto e* divide-se em: a) *irmãos unilaterais consanguíneos* – são os que têm o mesmo pai, mas mães diferentes; e b) *irmãos unilaterais uterinos* – são os que têm a mesma mãe, mas pais diferentes. Deixando o falecido apenas irmãos unilaterais (parentes em 2º grau), terão eles direito ao mesmo quinhão da herança.

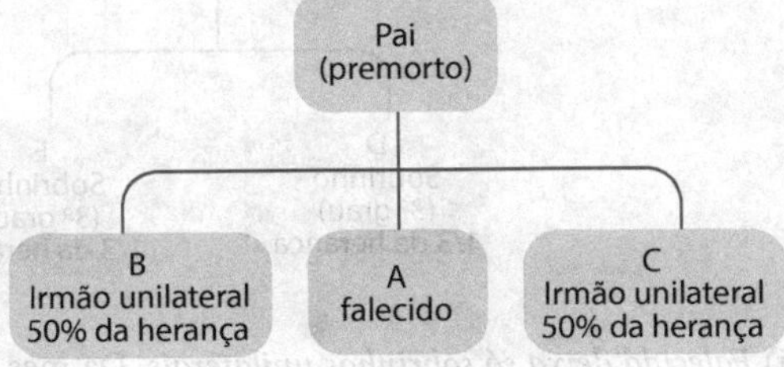

JURISPRUDÊNCIA COMENTADA: A regra nem sempre é aplicada pelas partes em inventários em que há consenso entre os herdeiros. E se a partilha é feita em inobservância da regra? Cabe uma retificação como decidiu o TJSP: "Dessa forma, não há que se questionar sobre a partilha inicialmente apresentada, onde concede quinhões iguais aos herdeiros bilaterais e unilaterais, e posteriormente retificada, em razão do que dispõe o citado art. 1.614 do Código Civil de 1916, atual art. 1.842" (TJSP, AI 0040681-13.2003.8.26.0000, 8.ª Câmara de Direito Privado, Rel. Alvares Lobo, j. 11.02.2004).

REFORMA DO CÓDIGO CIVIL: A distinção entre irmãos unilaterais e irmãos bilaterais perdeu a atualidade (ver comentários ao art. 1.842). Assim, o texto do atual art. 1.842 é, na realidade, revogado na proposta. A redação do artigo em comento apresentada pela Comissão é uma simples alteração topológica. Se aprovado o texto proposto, o § 1º do art. 1.843 transforma-se no *caput* do art. 1.842.

Art. 1.843. Na falta de irmãos, herdarão os filhos destes e, não os havendo, os tios.

§ 1º Se concorrerem à herança somente filhos de irmãos falecidos, herdarão por cabeça.

§ 2º Se concorrem filhos de irmãos bilaterais com filhos de irmãos unilaterais, cada um destes herdará a metade do que herdar cada um daqueles.

§ 3º Se todos forem filhos de irmãos bilaterais, ou todos de irmãos unilaterais, herdarão por igual.

COMENTÁRIOS DOUTRINÁRIOS: O dispositivo em comento contém algumas hipóteses:

i) *Falecido deixa só sobrinhos bilaterais.* Para dar sequência às hipóteses de sucessão do colateral, temos a situação em que A falece sem deixar irmãos, mas apenas sobrinhos. Deixando somente estes (sobrinhos – todos parentes de 3º grau), filhos de irmãos bilaterais, todos receberão quinhão igual e por direito próprio (art. 1.843, § 3º, do CC). Não havendo parentes de grau mais próximo concorrendo com parentes de grau mais remoto, não há que se falar em direito de representação (art. 1.843, § 1º, do CC).

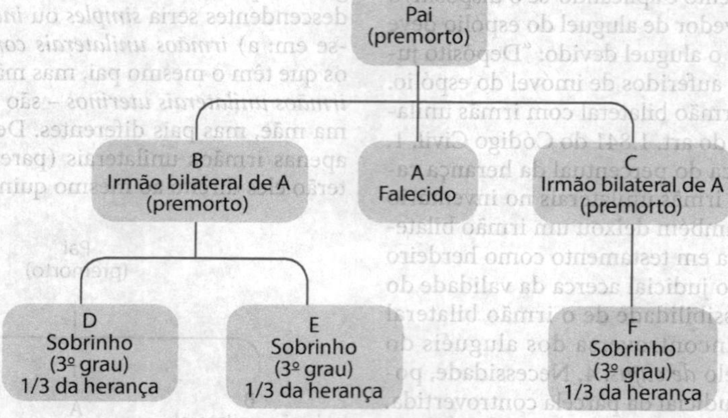

ii) *Falecido deixa só sobrinhos unilaterais.* Da mesma forma, se *A* falece e só deixa sobrinhos (todos parentes de 3º grau), filhos de irmãos unilaterais (art. 1.843, § 3º, do CC), nesse caso todos receberão quinhão igual e também por direito próprio. Não havendo parentes de grau mais próximo concorrendo com parentes de grau mais remoto, não há que se falar em representação (art. 1.843, § 1º).

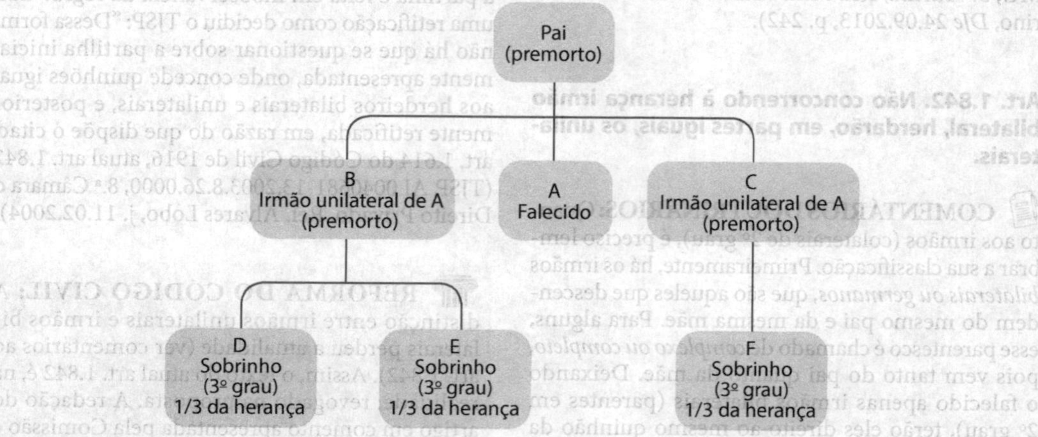

iii) *Falecido deixa sobrinhos e bi e unilaterais (concorrendo na sucessão do* de cujus*)*. Cabe também a análise da concorrência sucessória entre *sobrinhos filhos de irmão bilateral e sobrinhos filhos de irmão unilateral*. Determina a lei que se concorrerem filhos de irmãos bilaterais com filhos de irmãos unilaterais, cada um destes herdará a metade do que herdar cada um daqueles (art. 1.843, § 2º, do CC). Nesse sentido, se o falecido deixou como únicos herdeiros os sobrinhos *D* e *E*, filhos de seu irmão *bilateral B*, premorto, e seus sobrinhos *F* e *G*, filhos de seu irmão *unilateral C*, premorto, todos os sobrinhos herdarão por direito próprio – a partilha será por cabeça e não haverá representação – e a herança será dividida da seguinte maneira: 2/6 para o sobrinho D; 2/6 para o sobrinho E; 1/6 para o sobrinho F; 1/6 para o sobrinho G.

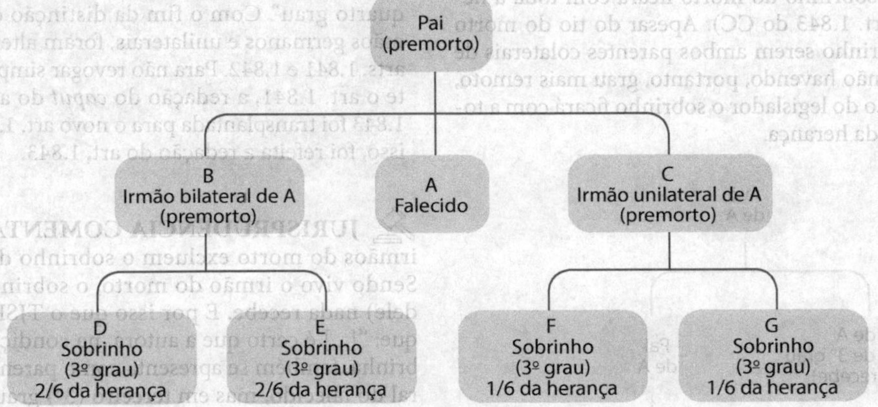

Também ilustrando, se o falecido deixou como únicos herdeiros os sobrinhos *E* e *F*, filhos de seu irmão *bilateral B*, premorto, e seus sobrinhos *G* e *H*, filhos de seu irmão *unilateral C*, premorto, e seu sobrinho *I*, filho de seu irmão *bilateral D*, todos os sobrinhos herdam por direito próprio (a partilha será por cabeça, e não haverá representação), e a herança será dividida da seguinte maneira: 2/8 para o sobrinho E; 2/8 para o sobrinho F; 2/8 para o sobrinho I; 1/8 para o sobrinho G; 1/8 para o sobrinho H.

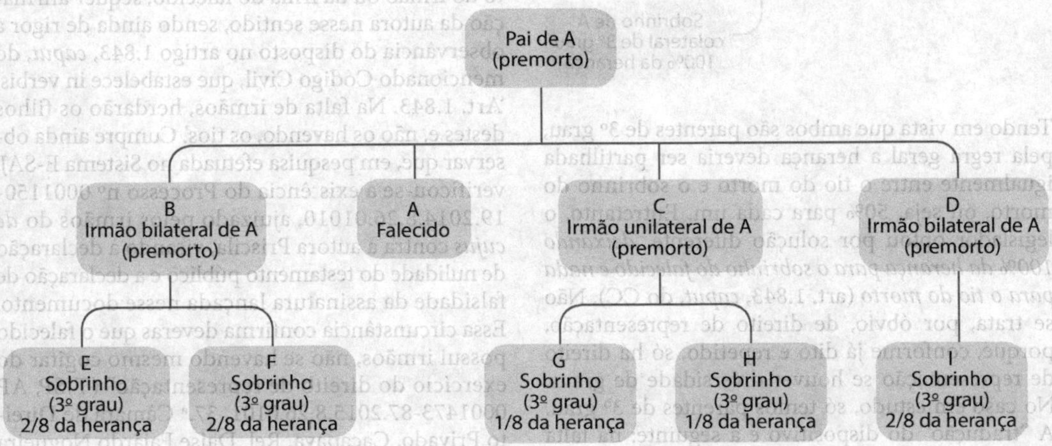

iv) *Falecido deixa seu tio e seu sobrinho (tio e sobrinho do morto)*. Cabe também o estudo de uma situação bastante especial e que traz exceção à regra. É o estudo da concorrência dos colaterais de 3º grau. O tio do morto e o sobrinho do morto são colaterais de 3º grau. Vamos contar os graus de parentesco para, então, verificar a questão sucessória. O tio do falecido é seu parente colateral de 3º grau, pois um grau separa o falecido de seu pai ("subindo"), o outro separa seu pai de seu avô ("subindo"), e o último separa seu avô de seu tio ("descendo"). O sobrinho do morto também é seu parente colateral em 3º grau, pois um grau separa o sobrinho do morto de seu pai, que é irmão do morto ("subindo"), outro grau separa o irmão do morto de seu pai ("subindo"), e o último grau separa o pai. Se o tio do morto (parente em 3º grau) concorrer com o sobrinho do morto (parente também em 3º grau), o sobrinho do morto ficará com toda a herança (art. 1.843 do CC). Apesar do tio do morto e do sobrinho serem ambos parentes colaterais de 3º grau, não havendo, portanto, grau mais remoto, por opção do legislador o sobrinho ficará com a totalidade da herança.

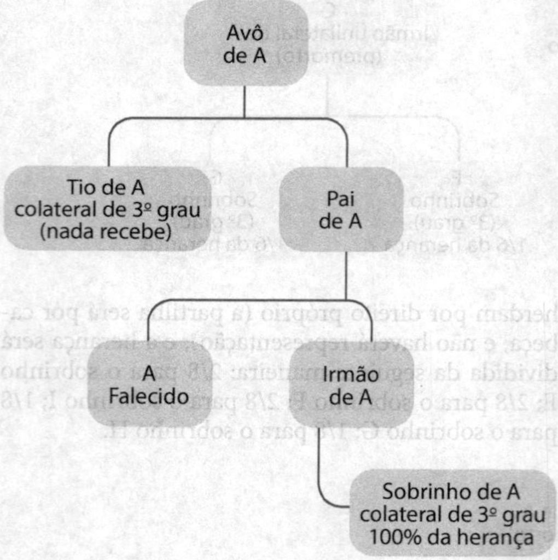

Tendo em vista que ambos são parentes de 3º grau, pela regra geral a herança deveria ser partilhada igualmente entre o tio do morto e o sobrinho do morto, ou seja, 50% para cada um. Entretanto, o legislador optou por solução diferente, *deixando 100% da herança para o sobrinho do falecido e nada para o tio do morto* (art. 1.843, *caput*, do CC). Não se trata, por óbvio, de direito de representação, porque, conforme já dito e repetido, só há direito de representação se houver diversidade de graus. No caso em estudo, só temos parentes de 3º grau. A "tradução" do dispositivo é a seguinte: na falta de *irmãos do morto* (parentes em 2º grau do falecido), herdarão os *filhos destes* (sobrinhos do morto e, portanto, parentes em 3º grau do falecido). Realmente, pela regra geral, parente de grau mais próximo – irmão – exclui o de grau mais remoto – sobrinho). Por fim, não havendo *sobrinhos* (colateral de 3º grau), herdará o *tio* do morto (também colateral de 3º grau e por isso a lei diz "e, não os havendo, os tios").

REFORMA DO CÓDIGO CIVIL: Pretende-se alterar o *caput* do art. 1.843, que passaria a ter a seguinte redação: "Art. 1.843. Se concorrerem apenas os tios, herdarão por direito próprio e, na sua falta, de igual modo, os colaterais até o quarto grau". Com o fim da distinção entre irmãos germanos e unilaterais, foram alterados os arts. 1.841 e 1.842. Para não revogar simplesmente o art. 1.841, a redação do *caput* do atual art. 1.843 foi transplantada para o novo art. 1.841. Por isso, foi refeita a redação do art. 1.843.

JURISPRUDÊNCIA COMENTADA: Os irmãos do morto excluem o sobrinho do morto. Sendo vivo o irmão do morto, o sobrinho (filho dele) nada recebe. É por isso que o TJSP decidiu que: "[...] é certo que a autora, na condição de sobrinha, também se apresenta como parente colateral do falecido, mas em terceiro (3º) grau. Porém, quanto à classe dos colaterais, o artigo 1.840 do Código Civil estabelece que 'os mais próximos excluem os mais remotos, salvo o direito de representação concedido aos filhos de irmãos'. Não se há falar em representação no caso em exame, já que não há nos autos qualquer notícia quanto a eventual falecimento do irmão ou da irmã do falecido, sequer afirmação da autora nesse sentido, sendo ainda de rigor a observância do disposto no artigo 1.843, *caput*, do mencionado Código Civil, que estabelece in verbis: 'Art. 1.843. Na falta de irmãos, herdarão os filhos destes e, não os havendo, os tios'. Cumpre ainda observar que, em pesquisa efetuada no Sistema E-SAJ, verificou-se a existência do Processo nº 0001150-19.2014.8.26.01010, ajuizado pelos irmãos do *de cujus* contra a autora Priscila, visando à declaração de nulidade do testamento público e a declaração de falsidade da assinatura lançada nesse documento. Essa circunstância confirma deveras que o falecido possui irmãos, não se havendo mesmo cogitar do exercício do direito de representação" (TJSP, AP 0001473-87.2015.8.26.0101, 37.ª Câmara de Direito Privado, Caçapava, Rel. Daise Fajardo Nogueira Jacot, j. 29.11.2017).

Art. 1.844. Não sobrevivendo cônjuge, ou companheiro, nem parente algum sucessível, ou

tendo eles renunciado a herança, esta se devolve ao Município ou ao Distrito Federal, se localizada nas respectivas circunscrições, ou à União, quando situada em território federal.

COMENTÁRIOS DOUTRINÁRIOS: Na ausência de parentes do falecido (descendente, ascendentes, colaterais até 4º grau), de cônjuge e de companheiro, a herança é considerada jacente e depois vacante. Sobre o tema em questão ver comentários aos arts. 1.819 a 1.823). A ideia pela qual o ente público recebe a herança é que, na ausência de família, há uma vontade presumida de que o falecido deixaria os bens para seu país. O afeto que é normalmente direcionado à família passa a ser da pátria. Note-se que o Município não consta da ordem de vocação hereditária como ocorria na vigência do CC/1916. Isso porque o ente público não é herdeiro e recebe a herança exatamente porque não há herdeiros. Sobre o destino dos bens em sendo a herança vacante, ler comentários ao art. 1.822.

JURISPRUDÊNCIA COMENTADA: O TJSP decidiu, antes de o STJ declarar inconstitucional o art. 1.790, que o companheiro afasta o Município e recolhe a totalidade dos bens do falecido, sejam eles comuns ou particulares: "Ação de arrecadação de herança jacente. Sentença de improcedência. Manutenção. Hipótese em que houve o reconhecimento de união estável entre a falecida e um terceiro. Companheiro que herda a totalidade da herança. Interpretação dos arts. 1.790, IV, e 1.844 do CC" (TJSP, AP 0019515-61.2013.8.26.0100, 2.ª Câmara de Direito Privado, São Paulo, Rel. José Carlos Ferreira Alves, j. 07.06.2016).

CAPÍTULO II
DOS HERDEIROS NECESSÁRIOS

Art. 1.845. São herdeiros necessários os descendentes, os ascendentes e o cônjuge.

COMENTÁRIOS DOUTRINÁRIOS: São herdeiros necessários ou legitimários aqueles que fazem jus à legítima e que, portanto, não podem ser excluídos da herança por meio de testamento (salvo por deserdação), nem podem ter seu quinhão da legítima reduzido. Se o pai falece e deixa como únicos herdeiros dois filhos, cada um deles terá o direito a 25% dos bens a título de legítima. Não poderia o pai, com relação à legítima, deixar 49% dos bens a um filho e 1% ao outro. O CC admite a clausulação de bens da legítima nos termos do art. 1.848. A legítima é a maior limitação à autonomia privada em matéria sucessória e aos atos gratuitos de disposição que o CC impõe. Por essa estrutura, a existência dos chamados herdeiros necessários limita o direito de doar (disposição *inter vivos*) e de testar (disposição *mortis causa*). Caso a doação exceda aquilo que o doador poderia deixar por testamento, será chamada de inoficiosa e nula quanto ao excedente (art. 549 do CC). Por outro lado, se houver invasão à legítima no testamento, verifica-se o instituto da redução das disposições testamentárias (arts. 1.966 e segs. do CC). Mas quem são os herdeiros necessários? No sistema do Código Civil de 1916, os herdeiros necessários eram os descendentes e os ascendentes (art. 1.721 do CC/1916). O Código Civil de 2002 estendeu a qualidade de herdeiro necessário também ao cônjuge. O companheiro passou a ser herdeiro necessário após a equiparação do STF ao cônjuge quando da decisão pela inconstitucionalidade do art. 1.790 (Recurso Extraordinário 878.694/MG – Tema 809) em que pesem divergências doutrinárias. Isso porque a decisão tem por fundamento a inconstitucionalidade de todas as regras que criam uma hierarquia entre os modelos familiares. A equiparação sucessória foi completa. Os demais herdeiros, ou seja, os parentes colaterais até quarto grau do falecido, são chamados de *herdeiros facultativos*, já que não têm direito à legítima. Quanto aos efeitos, os herdeiros necessários têm direito à metade dos bens do falecido (calculada de acordo com o que prevê o art. 1.847), só podendo ser dela privados por meio de deserdação, os herdeiros facultativos só herdam se não houver ato de última vontade do testador em sentido contrário. Basta o testador indicar um terceiro como sucessor para que o herdeiro facultativo ainda receba.

JURISPRUDÊNCIA COMENTADA: Conforme explicamos ao comentar o art. 1.829, o STJ encerrou o debate ao considerar que, no regime de separação convencional de bens, cônjuge concorre com os descendentes. Assim, desde 2015, a orientação tem sido esta: "O cônjuge sobrevivente, casado sob o regime de separação convencional de bens, ostenta a condição de herdeiro necessário e concorre com os descendentes do falecido. Jurisprudência deste STJ. 2. Agravo desprovido" (STJ, AREsp 935.939, Proc. 2016/0157252-0, RJ, 3.ª Turma; Rel. Min. Paulo de Tarso Sanseverino, *DJe* 06.11.2017).

REFORMA DO CÓDIGO CIVIL: Pretende-se alterar o art. 1.845, que passaria a vigorar com a seguinte redação: "Art. 1.845. São herdeiros necessários os descendentes e os ascendentes". Com a promulgação do Código Civil de 2002, o cônjuge se tornou herdeiro necessário. Essa mudança legislativa sempre foi alvo de muita controvérsia. Como aconteceu em Portugal, onde o cônjuge se tornou herdeiro necessário com a reforma de 1977, boa parte da doutrina civilista criticou a mudança legislativa. A Comissão entendeu que, diante da progressiva igualdade entre homens e mulheres e diante da presença cada vez maior de famílias recompostas, era preciso repensar a posição do cônjuge na sucessão hereditária. Optou-se, assim, por retirá-lo da posição de herdeiro necessário.

Art. 1.846. Pertence aos herdeiros necessários, de pleno direito, a metade dos bens da herança, constituindo a legítima.

COMENTÁRIOS DOUTRINÁRIOS: A legítima no Brasil historicamente era de 2/3 dos bens do falecido por força das Ordenações Filipinas. Esse valor foi reduzido para a metade dos bens em 1907, com a Lei Feliciano Penna (Decreto n. 1.839). O CC/1916 e o CC/2002 seguiram a orientação de 1907. Não há no Brasil legítima variável de acordo com a classe de herdeiros. Assim, seja o herdeiro necessário descendente, ascendente, cônjuge ou companheiro, seja ele o único herdeiro ou concorra com outros, a legítima é de 50%. Não se exige que a legítima seja paga sobre todos os bens da herança para todos os herdeiros. Pode o testador determinar o pagamento da legítima em certo imóvel para o filho Antônio e em outro imóvel para a filha Maria, evitando assim o condomínio (ver comentário ao art. 2.014 do CC).

JURISPRUDÊNCIA COMENTADA: A proteção à legítima de nada adiantaria se o legislador não proibisse as doações inoficiosas (art. 549) que vão além daquilo que o testador poderia dispor. Elas são nulas, pelo CC, em que pese grande debate doutrinário, quanto ao excesso. Ceder meação ao cônjuge é doação e produz o mesmo efeito: "se o testador possuir herdeiros necessários, não poderá deliberar sobre a denominada porção ou quota disponível, correspondente a 50% da herança. Em se tratando de doação, autoriza-se a liberalidade no limite da quota disponível. À doação que exceder essa porção disponível considera-se inoficiosa, sendo absolutamente nula. 4. O ato de disposição patrimonial representado pela renúncia/cessão gratuita da meação em favor da sua ex-mulher equipara-se à doação, considerando-se inoficiosa a parte que exceder a quota disponível" (STJ, REsp 1.217.154, 3.ª Turma, Rel. Min. Nancy Andrighi). Apesar de a lei prever que a doação inoficiosa é nula, o STJ tem aplicado o prazo decadencial de dez anos para sua invalidação, sob pena de decadência (ver comentários ao art. 549 do CC).

REFORMA DO CÓDIGO CIVIL: Pretende-se acrescentar um parágrafo único ao art. 1.846 com a seguinte redação: "Parágrafo único. O testador, se quiser, poderá destinar até um quarto da legítima a descendentes e ascendentes que sejam considerados vulneráveis ou hipossuficientes". Uma das grandes preocupações da Comissão foi a proteção das pessoas com deficiência, das pessoas idosas e das pessoas mais vulneráveis. A proposta permite que o testador, além da parcela disponível, possa destinar até um quarto da legítima a ascendentes ou descendentes vulneráveis ou hipossuficientes. A ideia me parece interessante, no entanto os termos "vulneráveis" e "hipossuficientes" são demasiadamente abertos, o que, em tese, pode gerar insegurança jurídica e facilitar casos de fraude à legítima. Ademais, é a mais ampla restrição à legítima que o testador será autorizado a realizar.

Art. 1.847. Calcula-se a legítima sobre o valor dos bens existentes na abertura da sucessão, abatidas as dívidas e as despesas do funeral, adicionando-se, em seguida, o valor dos bens sujeitos a colação.

COMENTÁRIOS DOUTRINÁRIOS: Em razão da existência de herdeiros necessários, o patrimônio do falecido se divide em duas partes: a *legítima* e a *quota disponível*. Enquanto a primeira pertencerá aos herdeiros necessários, a segunda pode ser transmitida a quem o testador desejar. Como se calcula a legítima? Calcula-se a legítima sobre o valor dos bens existentes no momento da abertura da sucessão, abatidas as dívidas e as despesas do funeral, adicionando-se, em seguida, o valor dos bens sujeitos à colação (art. 1.847 do CC). São três passos a se adotar: 1º – 100% do patrimônio do falecido – valor de suas dívidas e despesas de funeral

= X (herança líquida). 2º – X (herança líquida) e a ela se somam os bens doados em antecipação de legítima chegando-se a um valor Y. 3º – O valor Y deve ser dividido por dois e se chega ao valor da legítima.

Art. 1.848. Salvo se houver justa causa, declarada no testamento, não pode o testador estabelecer cláusula de inalienabilidade, impenhorabilidade, e de incomunicabilidade, sobre os bens da legítima.

§ 1º Não é permitido ao testador estabelecer a conversão dos bens da legítima em outros de espécie diversa.

§ 2º Mediante autorização judicial e havendo justa causa, podem ser alienados os bens gravados, convertendo-se o produto em outros bens, que ficarão sub-rogados nos ônus dos primeiros.

COMENTÁRIOS DOUTRINÁRIOS: Com relação à legítima, não só o falecido sofre limitação no tocante à sua distribuição, pois esta necessariamente pertencerá aos herdeiros necessários, como também há limitações no direito de apor as cláusulas de incomunicabilidade, impenhorabilidade e inalienabilidade, pois essas cláusulas limitadoras das faculdades ou poderes do proprietário apostas sobre a legítima devem ser justificadas pelo testador. A *cláusula de inalienabilidade* impede que o herdeiro ou legatário transfira a propriedade da coisa herdada ou legada. Com essa cláusula, impossível será sua venda, dação em pagamento, doação ou permuta. Nos termos da segunda parte do art. 86 do atual Código, o bem passa a ser inconsumível (*inconsuntibilidade jurídica*). Caso o bem clausulado com a inalienabilidade seja vendido, o negócio será considerado nulo, pois o seu objeto é ilícito (art. 104, II, do CC) para alguns autores (por todos, Clóvis Beviláqua) ou simplesmente ineficaz (por todos, Pontes de Miranda). A *cláusula de impenhorabilidade* significa que os bens não poderão ser objeto de penhora por parte de credores do herdeiro ou legatário, bem como não podem ser dados em garantia pelo proprietário. É por isso que se discorda do teor do Enunciado n. 27 da *I Jornada de Direito Notarial*, qual seja: "a cláusula de impenhorabilidade, imposta em doação ou testamento, não obsta a alienação do bem imóvel, nem a outorga de garantia real convencional ou o oferecimento voluntário à penhora, pelo beneficiário". A primeira parte está correta. O que é impenhorável pode ser alienado. O menos (impenhorabilidade) não tem por efeito o mais (inalienabilidade). A segunda parte está errada: a impenhorabilidade impede que o bem seja dado em garantia ou mesmo oferecido à penhora. O enunciado nega doutrina consolidada e põe em causa a utilidade da própria cláusula. Explico. Se eu devo e o bem é impenhorável, o credor não pode excuti-lo. Essa é uma limitação em proteção do devedor. Mas a ideia da cláusula restritiva não é proteger o devedor, e sim retirar dele parcelas de sua autonomia. Se eu devo e posso dar em penhora ou garantia, não haveria qualquer restrição para mim (proprietário) e tal ato serviria de burla à vontade do doador ou testador. Admite-se que o doador ou testador aponha uma cláusula de eficácia limitada por sua expressa vontade (o bem é impenhorável para fins de penhora por terceiros, mas pode ser dado em garantia ou penhora pelo proprietário). Isso, contudo, necessita de vontade expressa do instituidor da cláusula. Ela não produz efeitos quanto aos credores do testador, mas apenas dos herdeiros ou legatários. Essa cláusula não permite a penhora pelos credores dos herdeiros ou legatários, quer as dívidas sejam anteriores à morte do testador, quer sejam posteriores. Os credores do herdeiro ou legatário não têm direito a um patrimônio futuro que eventualmente será por ele recebido quando da morte do testador, mesmo que o devedor seja herdeiro necessário. É por isso que a impenhorabilidade prevalece contra todos os credores do herdeiro ou legatário, não se podendo cogitar em fraude contra credores por meio de cláusula. A *cláusula de incomunicabilidade* significa que o bem permanece exclusivamente no patrimônio do beneficiado, independentemente do regime de bens do casamento. Com a aposição da cláusula, se o testador falece e deixa os bens a seu sobrinho, mesmo se este for casado pelo regime da comunhão universal de bens, sua esposa não terá nenhum direito sobre os bens, em clara exceção à regra do regime (art. 1.668, I, do CC). Importante anotar que a Súmula n. 49 do Supremo Tribunal Federal já dispunha que as cláusulas de impenhorabilidade e incomunicabilidade estavam contidas na cláusula de inalienabilidade (ver art. 1.911 do CC). Poder-se-ia afirmar que a cláusula de incomunicabilidade seria forma de proteção do herdeiro, que pode escolher mal seu cônjuge ou companheiro e, em caso de divórcio ou dissolução da união estável, ter que partilhar o patrimônio herdado. Pode-se afirmar, ainda, que a referida cláusula é apenas um exercício da autonomia privada que decorre da lei. Tanto a inalienabilidade, quanto a incomunicabilidade e a impenhorabilidade podem ser temporárias ou vitalícias. As cláusulas se extinguem automaticamente com a morte do herdeiro que recebeu os bens clausulados, não se transferindo a seus herdeiros, sob pena de perpetuidade não admitida por lei (não é possível a clausulação de 2º grau). No caso da incomunicabilidade, a cláusula se extingue quando o bem é vendido ou doado. A incomunicabilidade e a impenhorabilidade não geram automaticamente a inalienabilidade, mas a inalienabilidade as gera. Recomenda-se a leitura dos comentários ao art. 1.911 sobre os efeitos na inalienabilidade. Mesmo os bens da legítima clausulados pela inalienabilidade poderão ser excepcionalmente vendidos desde que haja autorização judicial, e os novos bens ficarão sub-rogados nos ônus dos primeiros (art. 1.848, § 1º, do CC). Caso as cláusulas não sejam motivadas pelo testador, serão consideradas ineficazes, ou seja, não produzirão efeito. A justa causa deve ser entendida em sentido amplo: qualquer que seja a motivação trazida pelo testador, deve ela ser admitida, pois estamos no campo da autonomia privada. A noção pela qual o testador deve indicar detalhes, situações concretas a justificar a cláusula, é contrária ao sistema protetivo do herdeiro e interfere de maneira excessiva na autonomia privada. Quanto à parte disponível, esta poderá ser clausulada de acordo com a vontade do testador sem que haja necessidade de motivação ou justificação. Além de limitar as cláusulas em questão, o legislador determinou que "não é permitido ao testador estabelecer a conversão dos bens da legítima em outros de espécie diversa" (art. 1.848, § 1º, do CC). A *conversão* significa que o testador determina em seu ato de última vontade a venda de bens deixados que devem ser trocados por outros. Exemplo disso se verificaria se fosse determinado à herdeira que, após a morte do testador, a venda da fazenda para a aquisição de títulos da dívida pública. Se o testamento foi feito na vigência do CC/1916 quando a lei não exigia a motivação, o testador teve o prazo de um ano (de 11.01.2003 a 10.01.2004) para declarar os motivos da justa causa. Se não o fez após tal data, as cláusulas restritivas são ineficazes (ver art. 2.042 do CC).

JURISPRUDÊNCIA COMENTADA: A exigência de motivação é norma de ordem pública. Representa uma limitação à vontade do testador que deve justificar as cláusulas apostas sobre a legítima, sob pena de não produzirem efeitos. Se o único objetivo do testador era, por meio de testamento, clausular a legítima, mas faltou justificativa para tanto, o testamento, como um todo é ineficaz: "1. Embora o autor da herança tenha deixado testamento público no qual fez inserir, como disposição única, que todos os bens imóveis deixados aos seus filhos deveriam ser gravados com cláusula de incomunicabilidade, com a vigência do CC de 2002 passou-se a exigir a indicação de justa causa para que a restrição tivesse eficácia, tendo sido concedido o prazo de 1 (um) ano após a entrada em vigor do código, para que fosse feito o aditamento (art. 1.848 c/c 2.042 do CC), o que não foi observado, no caso, pelo testador. 2. A despeito de a ineficácia da referida cláusula afetar todo o testamento, não há que se falar em afastamento do pagamento do prêmio ao testamenteiro, a pretexto de que a sua atuação no feito teria sido singela, uma vez que o maior ou menor esforço no cumprimento das disposições testamentárias deve ser considerado apenas como critério para a fixação da vintena, que poderá variar entre o mínimo de 1% e o máximo de 5% sobre a herança líquida" (STJ, REsp 1.207.103, 3.ª Turma, Rel. Min. Marco Aurélio Bellizze, *DJe* 11.12.2014). Sobre a limitação temporal das cláusulas (que não ultrapassam a vida do donatário, legatário ou herdeiro) temos: "Conforme a doutrina e a jurisprudência do STJ, a cláusula de inalienabilidade vitalícia tem duração limitada à vida do beneficiário – herdeiro, legatário ou donatário –, não se admitindo o gravame perpétuo, transmitido sucessivamente por direito hereditário. Assim, as cláusulas de inalienabilidade, incomunicabilidade e impenhorabilidade não tornam nulo o testamento que dispõe sobre transmissão causa mortis de bem gravado, haja vista que o ato de disposição somente produz efeitos após a morte do testador, quando então ocorrerá a transmissão da propriedade" (REsp 1641549/RJ, 4.ª Turma, Rel. Min. Antonio Carlos Ferreira, j. 13.08.2019, *DJe* 20.08.2019). De 2022, temos a seguinte decisão (*Informativo* n. *753* do STJ): "Para o cancelamento de cláusulas de inalienabilidade e de impenhorabilidade em imóvel rural, os dispositivos protetivos do Estatuto da Pessoa Idosa devem ser analisados em conjunto com a exigência de justa causa para manutenção ou levantamento dos gravames" (REsp 2.022.860-MG, Rel. Min. Ricardo Villas Bôas Cueva, 3.ª Turma, v.u., j. 27.09.2022, *DJe* 30.09.2022.). Trata-se do seguinte caso: "Cabe, portanto, a ressalva de que, como o levantamento dos gravames é medida excepcional, poderá haver casos em que a manutenção das cláusulas seja a solução mais aconselhável, sem que isso represente afronta aos direitos fundamentais da pessoa idosa, devendo a análise ser feita caso a caso. Nesses moldes, a alegação de ofensa aos arts. 2º, 3º e 37 do Estatuto da Pessoa Idosa deve ser analisada em conjunto com a arguição de violação do art. 1.848 do CC/2002. Isso porque, no presente caso, não se verifica uma violação direta daquelas normas, mas, sim, uma violação reflexa. No que se refere ao art. 1.848 do CC/2002, a síntese dos fatos permite concluir que houve doação de imóvel rural em benefício dos recorrentes, na qual constou, por vontade dos doadores, as cláusulas de impenhorabilidade e inalienabilidade. Com a passagem do tempo, alegam os recorrentes que a administração do aludido imóvel se tornou dispendiosa em decorrência de suas circunstâncias pessoais. Portanto, por meio da presente ação, em procedimento de jurisdição voluntária, buscam o levantamento dessas cláusulas restritivas". E o julgado traz, ainda, os critérios para o cancelamento das cláusulas: "Nesse contexto, a possibilidade de cancelamento das cláusulas de inalienabilidade e impenhorabilidade instituída pelos doadores depende da observação de critérios jurisprudenciais: (i) inexistência de risco evidente de diminuição patrimonial dos proprietários ou de seus herdeiros (em especial, risco de prodigalidade ou de dilapidação do patrimônio); (ii) manutenção do patrimônio gravado que, por causa das circunstâncias, tenha se tornado origem de um ônus financeiro maior do que os benefícios trazidos; (iii) existência de real interesse das pessoas cuja própria cláusula visa a proteger, trazendo-lhes melhor aproveitamento de seu patrimônio e, consequentemente, um mais alto nível de bem-estar, como é de se presumir que os instituidores das cláusulas teriam querido nessas circunstâncias; (iv) ocorrência de longa passagem de tempo; e, por fim, nos casos de doação, (v) se já sejam falecidos os doadores".

REFORMA DO CÓDIGO CIVIL: Pretende-se alterar o art. 1.848, que passaria a ter a seguinte redação: "Art. 1.848. Pode o testador estabelecer cláusula de inalienabilidade, impenhorabilidade e de incomunicabilidade, sobre os bens da legítima. § 1º Com autorização judicial e havendo justa causa, podem ser alienados os bens gravados, mediante sub-rogação, ou levantados os gravames. § 2º Não é permitido ao testador estabelecer a conversão dos bens da legítima em outros de espécie diversa, salvo se a conversão for determinada em dinheiro. § 3º Pode o testador nomear curador especial aos bens da legítima dos filhos com menos de dezoito anos de idade". A principal alteração feita no art. 1.848 é a supressão da exigência de justa causa para clausular a legítima. A Comissão entendeu que o *animus* protetivo do herdeiro necessário já se mostra ínsito à própria clausulação e que deve prevalecer o direito à liberdade testamentária quando confrontado com o direito fundamental à herança dos herdeiros necessários. Assim, segue a jurisprudência, que já vem flexibilizando a rigidez da clausulação. Ademais, a justificativa da cláusula de incomunicabilidade já era repudiada pela doutrina. Sobre a conversão em dinheiro, essa orientação atende a dois propósitos: o testador tem poder de assim determinar (autonomia privada), mas de maneira limitada (proteção dos herdeiros), pois a conversão só pode ser feita para dinheiro. Isso facilita partilha e evita brigas sucessórias.

Art. 1.849. O herdeiro necessário, a quem o testador deixar a sua parte disponível, ou algum legado, não perderá o direito à legítima.

COMENTÁRIOS DOUTRINÁRIOS: O artigo explica que o herdeiro necessário pode, ainda, ser aquinhoado com bens da parte disponível, quer seja a título singular (legatário), quer seja a título universal (herdeiro), sem prejuízo da legítima. Como o herdeiro necessário tem direito à legítima, temos aqui um mínimo, que pode ainda ser aumentado sem qualquer prejuízo a esse mínimo. A regra interpreta a vontade do morto que é dar bens da parte disponível e, por isso, não implica redução da legítima. É por isso que, se o cônjuge ou o companheiro forem aquinhoados com bens por força de testamento (muitas vezes recebem toda a parte disponível), seu quinhão que vem da sucessão legítima não se altera. Assim, se o cônjuge ou companheiro concorrer com os descendentes comuns (dele e do falecido) fará jus à quarta parte dos bens que recebe por sucessão legítima e desse valor não se abate ou não se computam os bens recebidos por testamento (art. 1.832 do CC). São causas sucessórias distintas: vontade presumida (sucessão legítima) e vontade declarada (sucessão testamentária).

JURISPRUDÊNCIA COMENTADA: Não há qualquer problema, em, com a parte disponível, o testador beneficiar um de seus filhos. A igualdade se limita à legítima: "Impugnação de herdeira, sob a alegação de que foi preterida na parte disponível da herança. Descabimento. Cota disponível que o testador pode deixar a quem bem entender, não havendo que se falar em discriminação entre os filhos. Aplicação, na hipótese, do art. 252 do RITJSP" (TJSP, AP 0017288-17.2009.8.26.0625, 8.ª Câmara de Direito Privado, Taubaté, Rel. Caetano Lagrasta, j. 29.02.2012).

Art. 1.850. Para excluir da sucessão os herdeiros colaterais, basta que o testador disponha de seu patrimônio sem os contemplar.

COMENTÁRIOS DOUTRINÁRIOS: A regra é inútil e incompleta. Inútil porque, se os colaterais não são herdeiros necessários, por óbvio basta que o testador elabore testamento sem os contemplar para que eles automaticamente nada herdem. E incompleta porque, se o companheiro também era herdeiro facultativo, na concepção original do CC, deveria o dispositivo mencioná-lo em sua redação. Essa questão, atualmente, foi superada pela decisão do STF que reconheceu a inconstitucionalidade do art. 1.790. Na prática, se o testador falece sem descendentes, ascendentes ou cônjuge, pode testar ilimitadamente e dar a seus bens o destino que bem entender. Em outras palavras, não será o testador obrigado a deixar bens a seus colaterais, podendo testar em favor de terceiros a totalidade de seus bens.

REFORMA DO CÓDIGO CIVIL: Pretende-se alterar o art. 1.850, que passaria a ter a seguinte redação: "Art. 1.850. Para excluir da herança o cônjuge, o convivente, ou os herdeiros colaterais, basta que o testador o faça expressamente ou disponha de seu patrimônio sem os contemplar. § 1º Sem prejuízo do direito real de habitação, nos termos do art. 1.831 deste Código, o juiz instituirá usufruto sobre determinados bens da herança para garantir a subsistência do cônjuge ou convivente sobrevivente que comprovar insuficiência de recursos ou de patrimônio. § 2º Cessa o usufruto quando o usufrutuário tiver renda ou patrimônio suficiente para manter sua subsistência ou quando constituir nova família". A reforma no artigo visa adequar a redação à proposta de exclusão do cônjuge como herdeiro necessário (ver comentários ao art. 1.845). No entanto, para o cônjuge ou convivente não ficar desamparado, pode o juiz, em casos de necessidade, instituir usufruto sobre determinados bens para garantir a subsistência. Deve, entretanto, perdurar o usufruto só enquanto o cônjuge ou companheiro não tiver outros meios para subsistir. Esse dispositivo aplica-se a toda e qualquer sucessão, não apenas à testamentária, logo está topologicamente no lugar errado. Assim, deveria ser parágrafo único do art. 1.829, pois cria uma nova concorrência (como já fazia o CC/1916), não em termos de propriedade, mas de direito real sobre coisa alheia (usufruto).

CAPÍTULO III
DO DIREITO DE REPRESENTAÇÃO

Art. 1.851. Dá-se o direito de representação, quando a lei chama certos parentes do falecido a suceder em todos os direitos, em que ele sucederia, se vivo fosse.

COMENTÁRIOS DOUTRINÁRIOS: Apesar da diferença de graus, alguns parentes do falecido que estariam excluídos da sucessão, por serem parentes de grau mais remoto, receberão parte da herança em razão do direito de representação. Assim, as regras do direito de representação só são aplicadas quando houver parentes da mesma classe sucessória (descendentes ou colaterais) com diversidade de graus. É o afeto presumido do falecido que permite a existência da representação. Portanto, se todos os herdeiros chamados a suceder forem de mesmo grau (são todos netos do falecido ou sobrinhos deste), não haverá direito de representação. E quais são os efeitos da representação? A partilha dos bens do falecido se dá por *estirpe*. Então, os bens que caberiam ao representado serão divididos entre os membros de sua família (representantes), ou seja, justamente de sua *estirpe*. Já quando não há representação, os herdeiros recebem por direito próprio e a partilha da herança se dá por *cabeça* (descendentes) ou por linhas (ascendentes). Assim, se os herdeiros concorrerem em grau de igualdade, desde o momento da abertura da sucessão, a herança será dividida em partes iguais e essa sucessão se dará por direito próprio e a partilha, por *cabeça*. A representação é própria da sucessão legítima e não se aplica à sucessão testamentária. Isso porque também decorre da presunção de afetividade do falecido com relação a determinados parentes. Em suma, nas regras da representação, imagina a lei que, se o testador tivesse feito um testamento, os parentes previstos na vocação hereditária, apesar de serem de grau mais remoto, seriam beneficiados. Um exemplo ajuda a compreender a questão. Se o herdeiro testamentário falecer antes da morte do testador, o testamento caducará, e os filhos do herdeiro nomeado não terão direito aos bens testados. As liberalidades feitas por testamento entendem-se personalíssimas e, portanto, feitas em favor de certa pessoa designada no ato de última vontade, o que não gera direitos aos herdeiros do beneficiado pelo testamento. A forma de evitar esse problema será a nomeação de substitutos testamentários (arts. 1.947 a 1.955). Jamais haverá representação em sucessão testamentária. Apenas para anotar, o *Anteprojeto Orlando Gomes* pretendia criar a representação na sucessão testamentária, mas a ideia não prosperou. Trata-se de uma longa tradição histórica e o Código Civil de 2002 reproduziu exatamente as regras do Código Civil de 1916.

Art. 1.852. O direito de representação dá-se na linha reta descendente, mas nunca na ascendente.

COMENTÁRIOS DOUTRINÁRIOS: a) representação na linha reta descendente. É possível quando o falecido deixa descendentes de graus diversos. Se todos forem do mesmo grau não haverá representação. A lei prevê o direito de representação ilimitado na linha descendente. Não limitação de acordo com os graus. Assim, filho do morto concorre com neto do morto e com bisneto do morto. Neto do morto concorre com bisneto do morto etc. Exemplo disto se verifica quando *A* falece, sem cônjuge ou companheiro e deixa como herdeiros seu filho *B* (descendente de 1º grau) e seus netos *D* e *E* (descendentes de 2º grau), filhos de seu filho *C* (premorto). A expressão *premorto* significa que *C* morreu antes de seu pai *A*. Haverá representação em razão da diversidade de graus. Nesse caso, 50% da herança serão do filho *B* e 50% pertencerão, por representação, a *D* e *E* (estirpe de *C*), sendo que cada neto recebe 25% dos bens.

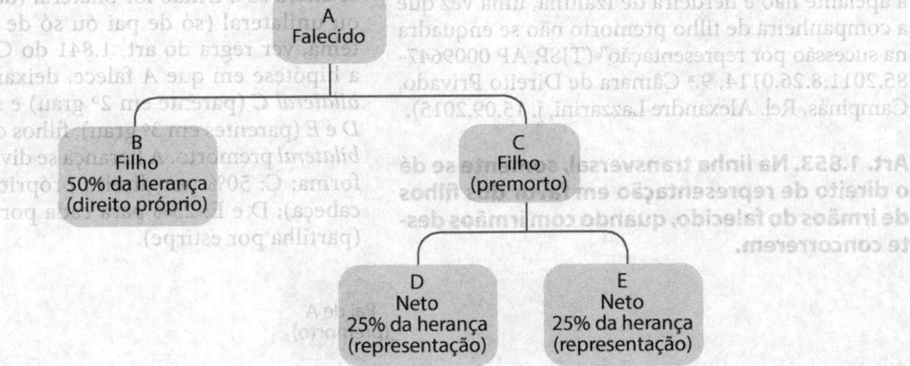

Podemos dar mais um exemplo de representação na linha descendente. A falece e deixa os seguintes descendentes vivos: neto D e bisnetos F e G. O filho C, pai do neto E, é premorto. O neto E, pai dos bisnetos F e G, também é premorto. A herança ficará dividida da seguinte maneira: 50% para o neto D; e 25% para cada um dos bisnetos F e G.

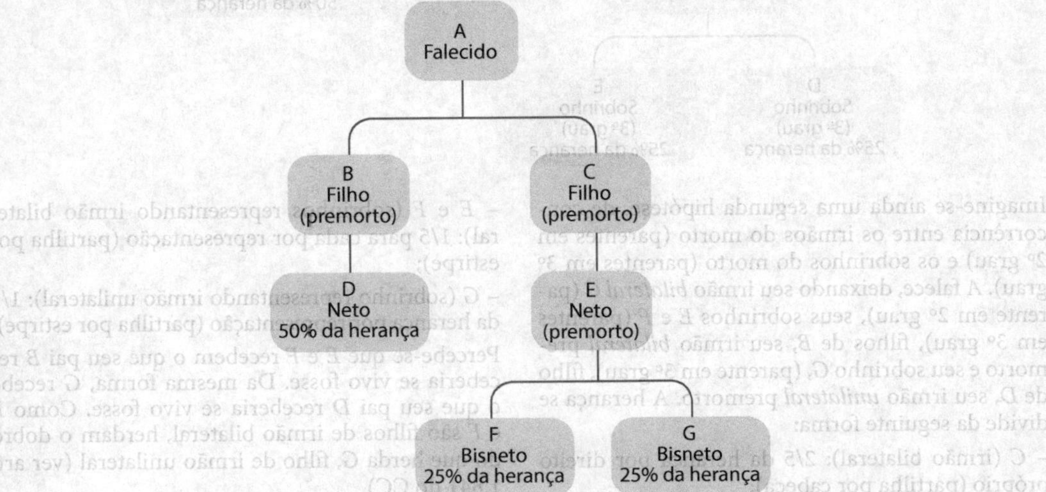

b) na linha reta ascendente, não há representação. Logo, ascendente de grau mais próximo exclui o de grau mais remoto. Se A falece e deixa como únicos herdeiros seu pai e seus quatro avós, o pai recebe a totalidade da herança (porque o pai é ascendente de 1º grau e os avós de 2º grau).

JURISPRUDÊNCIA COMENTADA: O direito de representação só se aplica aos parentes do falecido que sejam herdeiros. Como o parentesco por afinidade (ver art. 1.595 do CC) não gera relação sucessória, por óbvio que não haverá representação: "O direito de representação sucessória ocorre em linha reta descendente e, excepcionalmente, colateral, mas nunca abrange parente por afinidade, por absoluta falta de previsão legal. No caso, é certo que a apelante não é herdeira de Izaltina, uma vez que a companheira de filho premorto não se enquadra na sucessão por representação" (TJSP, AP 0009647-85.2011.8.26.0114, 9.ª Câmara de Direito Privado, Campinas, Rel. Alexandre Lazzarini, j. 15.09.2015).

Art. 1.853. Na linha transversal, somente se dá o direito de representação em favor dos filhos de irmãos do falecido, quando com irmãos deste concorrerem.

COMENTÁRIOS DOUTRINÁRIOS: Há uma única hipótese de representação na classe dos colaterais: quando o sobrinho do falecido (parente em 3º grau) concorrer com o irmão do morto (parente em 2º grau). Há algo a se esclarecer, por sugestão de Priscila Agapito. O direito de representação não se aplica em favor de sobrinhos-netos, ou seja, de colaterais de 4º grau. Se o falecido deixou irmãos (unilaterais ou bilaterais) ou sobrinhos (que são colaterais de 3º grau), o sobrinho-neto nada herda. Sobrinho-neto só herda por direito próprio e isso implica que o falecido não deixou nenhum irmão (colateral de 2º grau), nem sobrinho (colateral de 3º grau). Caso haja o direito de representação, quando sobrinho do morto concorre com irmão do morto, o cálculo dos quinhões dos colaterais se altera se o irmão for bilateral (de pai e de mãe) ou unilateral (só de pai ou só de mãe). Sobre o tema, ver regra do art. 1.841 do CC. Imagine-se a hipótese em que *A* falece, deixando seu irmão *bilateral C* (parente em 2º grau) e seus sobrinhos *D* e *E* (parentes em 3º grau), filhos de *B*, seu irmão *bilateral* premorto. A herança se divide da seguinte forma: C: 50% por direito próprio (partilha por cabeça); D e E: 25% para cada por representação (partilha por estirpe).

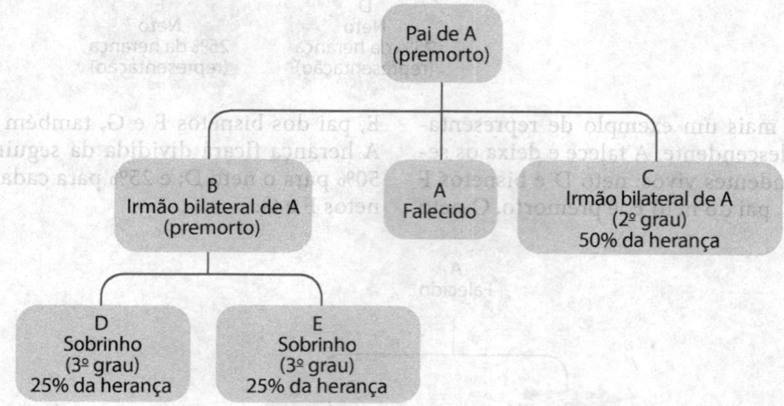

Imagine-se ainda uma segunda hipótese, de concorrência entre os irmãos do morto (parentes em 2º grau) e os sobrinhos do morto (parentes em 3º grau). *A* falece, deixando seu irmão *bilateral C* (parente em 2º grau), seus sobrinhos *E* e *F* (parentes em 3º grau), filhos de *B*, seu irmão *bilateral* premorto e seu sobrinho *G*, (parente em 3º grau), filho de *D*, seu irmão *unilateral* premorto. A herança se divide da seguinte forma:

– *C* (irmão bilateral): 2/5 da herança por direito próprio (partilha por cabeça);

– *E* e *F* (sobrinhos representando irmão bilateral): 1/5 para cada por representação (partilha por estirpe);

– *G* (sobrinho representando irmão unilateral): 1/5 da herança por representação (partilha por estirpe).

Percebe-se que *E* e *F* recebem o que seu pai *B* receberia se vivo fosse. Da mesma forma, *G* recebe o que seu pai *D* receberia se vivo fosse. Como *E* e *F* são filhos de irmão bilateral, herdam o dobro do que herda *G*, filho de irmão unilateral (ver art. 1.841 do CC).

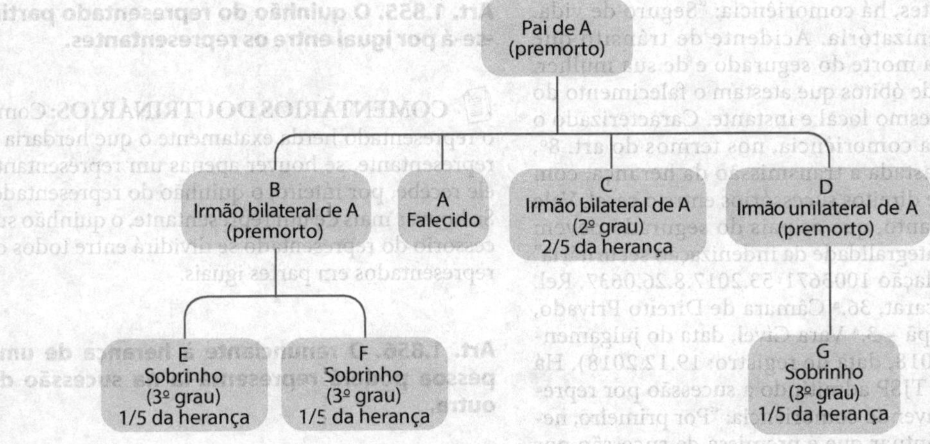

JURISPRUDÊNCIA COMENTADA: Por óbvio que o sobrinho do morto não é herdeiro, se, quando do falecimento seu pai (irmão do morto), ainda estava vivo. Pode receber bens do tio falecido quando da morte de seu pai, mas, aí, como ocorreu a pós-morte, não se fala em representação. É por isso que o TJSP já decidiu o seguinte: "Em verdade, absolutamente descabida a exclusão dos sobrinhos do coautor Benedito de Mattos, quem sejam: filhos das irmãs Sebastiana, Undina e Geralda, que faleceram após o óbito do citado coautor Benedito de Mattos. Isto porque tais sobrinhos do coautor Benedito, por evidente, não herdam por direito de representação, mas por direito de transmissão" (TJSP, ED 2006086-26.2018.8.26.0000, 11.ª Câmara de Direito Privado, Caraguatatuba, Rel. Renato Rangel Desiano, j. 01.08.2019).

Art. 1.854. Os representantes só podem herdar, como tais, o que herdaria o representado, se vivo fosse.

COMENTÁRIOS DOUTRINÁRIOS: Representado herda exatamente o que herdaria o representante. Se houver mais de um representado, o quinhão sucessório do representado se dividirá em partes iguais. Um cuidado se faz necessário. Em ocorrendo indignidade ou deserdação, os herdeiros do indigno ou deserdado são chamados a sucedê-lo por representação, pois a pena é pessoal. Indigno e deserdado são considerados mortos quando abertura da sucessão (art. 1.816 do CC). E no caso de comoriência haveria incidência da regra? Isso porque só será herdeiro do falecido aquele que, no momento de sua morte, estiver vivo. Vejamos: Se o filho morreu segundos antes de seu pai, não poderá ser seu herdeiro, por lhe faltar capacidade de direito decorrente da personalidade jurídica. Como decorrência desse fato, não há relação sucessória entre os comorientes, pois, em caso de comoriência, impossível atestar a premorte (art. 8º do CC: "Se dois ou mais indivíduos falecerem na mesma ocasião, não se podendo averiguar se algum dos comorientes precedeu aos outros, presumir-se-ão simultaneamente mortos"). Sobre o tema, dúvida comum se dá no tocante à possibilidade de o herdeiro de um dos comorientes ser chamado a receber a herança do outro. Imaginemos um acidente de carro em que falecem *A* e seu filho *B*, sem possibilidade de prova da premorte, ocorrendo a comoriência. *A* tem como descendentes seu filho *C* e seu neto *D*, que é filho de *B*. Como se divide a herança? A comoriência não afasta a representação. Isso porque *D* receberia a herança de qualquer maneira tanto no caso de premoriência de *A* (pois metade de seus bens se transmitiria a *B*, e deste a *D*), como no caso de falecimento anterior de *B* (*D* sucederia por representação de *B*). Em nenhuma hipótese, haveria sucessão exclusiva de *C* (que só teria direito à metade da herança). Em resumo, *D* receberia 50% e *C* os outros 50%. É nesse sentido o Enunciado n. 610 da *VII Jornada de Direito Civil*: "Nos casos de comoriência entre ascendente e descendente, ou entre irmãos, reconhece-se o direito de representação aos descendentes e aos filhos dos irmãos".

JURISPRUDÊNCIA COMENTADA: Se pais e filhos ou marido e mulher falecerem na mesma ocasião sem que se consiga saber quem morreu antes, há comoriência: "Seguro de vida. Ação indenizatória. Acidente de trânsito que acarretou a morte do segurado e de sua mulher. Certidões de óbitos que atestam o falecimento do casal no mesmo local e instante. Caracterizado o instituto da comoriência, nos termos do art. 8º, do CC. Afastada a transmissão da herança, com extinção de direitos sucessórios entre o casal. Vale dizer, portanto, que os pais do segurado devem receber a integralidade da indenização securitária" (TJSP, Apelação 1003671-53.2017.8.26.0637, Rel. Pedro Baccarat, 36.ª Câmara de Direito Privado, Foro de Tupã – 3.ª Vara Cível, data do julgamento: 19.12.2018, data de registro: 19.12.2018). Há decisão do TJSP admitindo a sucessão por representação havendo comoriência: "Por primeiro, necessário pontuar que é premissa da sucessão por direito de representação ou estirpe que o sucessor do morto tenha falecido antes mesmo dele (premorto) ou na mesma ocasião (comoriência). É o que dispõem os artigos 1.851 e 1.854 do Código Civil, conforme segue: 'Art. 1.851. Dá-se direito de representação, quando a lei chama certos parentes do falecido a sucederem todos os direitos, em que ele sucederia, se vivo fosse'. 'Art. 1.854. Os representantes só podem herdar, como tais, o que herdaria o representado, se vivo fosse'" (TJSP, ED 2006086-26.2018.8.26.0000, 11.ª Câmara de Direito Privado, Caraguatatuba, Rel. Renato Rangel Desiano, j. 01.08.2019).

Art. 1.855. O quinhão do representado partir-se-á por igual entre os representantes.

COMENTÁRIOS DOUTRINÁRIOS: Como o representado herda exatamente o que herdaria o representante, se houver apenas um representante ele recebe, por inteiro, o quinhão do representado. Se houver mais de um representante, o quinhão sucessório do representado se dividirá entre todos os representados em partes iguais.

Art. 1.856. O renunciante à herança de uma pessoa poderá representá-la na sucessão de outra.

COMENTÁRIOS DOUTRINÁRIOS: No caso de renúncia, não há direito de representação. A quota do renunciante é devolvida ao monte-mor, ao acervo hereditário e seguirá as regras do art. 1.810 do Código Civil. Contudo, se houver renúncia à sucessão de uma pessoa, o renunciante pode representá-la na sucessão de outra. A tem dois filhos B e C e dois netos D e E que são filhos de B. B morre e seu filho D renuncia à herança de B. Posteriormente, A falece e D e E herdam em representação a B. Note-se que o fato de D renunciar à herança de B não impede que, quando da morte de seu avô A, aceite a herança deste e herde por representação.

TÍTULO III
DA SUCESSÃO TESTAMENTÁRIA

CAPÍTULO I
DO TESTAMENTO EM GERAL

Art. 1.857. Toda pessoa capaz pode dispor, por testamento, da totalidade dos seus bens, ou de parte deles, para depois de sua morte.

§ 1º A legítima dos herdeiros necessários não poderá ser incluída no testamento.

§ 2º São válidas as disposições testamentárias de caráter não patrimonial, ainda que o testador somente a elas se tenha limitado.

COMENTÁRIOS DOUTRINÁRIOS: Não traz o Código Civil o conceito de testamento. O revogado diploma dizia que testamento é "o ato revogável pelo qual alguém, de conformidade com a lei, dispõe, no todo ou em parte, do seu patrimônio, para depois da sua morte" (art. 1.626 do CC/1916). A ausência de definição no novo diploma segue a ideia segundo a qual não cabe ao legislador dar conceitos dos institutos, sendo essa função da doutrina (Moreira Alves justifica, assim, o fato de o CC não trazer um conceito de negócio jurídico). Mesmo porque, ao conceituar o testamento, severas críticas sofreu o diploma revogado, já que a doutrina considerava incompleta a definição contida no art. 1.626. Não mencionava que o negócio é solene nem pessoal e deixava de lado as questões não patrimoniais, tais como o reconhecimento de um filho ou mesmo o perdão do indigno. Em termos de questões não patrimoniais, pode-se imaginar as orientações sobre o funeral, confissão sobre fatos, ou mesmo permitir a doação de órgãos. O Código Civil admite, inclusive, o testamento somente com conteúdo não patrimonial como decorrência da autonomia privada. O testamento é um negócio jurídico unilateral, solene, personalíssimo e revogável, pelo qual o testador faz disposições de caráter patrimonial ou pessoal, para produzir efeitos depois de sua morte. Por testamento pode-se criar uma fundação (art. 62 do CC), instituir um condomínio edilício (art. 1.332 do CC) ou uma servidão (art. 1.378 do CC), bem como criar bem de família voluntário ou convencional (art. 1.711 do CC). Em havendo herdeiros necessários, não pode o disponente testar ou legar parte dos bens que invada a *legítima* (art. 1.857, § 1º, do CC). Caso o testamento abarque a legítima, ocorrerá a redução das disposições testamentárias (arts. 1.966 e segs.). Desde o Direito Romano, entende-se que a vontade do testador deve prevalecer e toda a interpretação deve ser nesse sentido, buscando dar cumprimento ao ato de última vontade. É o chamado *favor testamenti*. O testamento vital, espécie de diretiva antecipada de vontade, não é realmente um testamento, pois produz efeitos com a pessoa viva, e tem por objetivo informar a vontade da pessoa sobre tratamentos médicos a receber ou que pretende recusar. Assim, o termo testamento vital, que é tradução do inglês *living will*, revela um equívoco conceitual. O Enunciado n. 528 da *V Jornada de Direito Civil* define o que é o testamento vital: "É válida a declaração de vontade expressa em documento autêntico, também chamado 'testamento vital', em que a pessoa estabelece disposições sobre o tipo de tratamento de saúde, ou não tratamento, que deseja no caso de se encontrar sem condições de manifestar a sua vontade".

JURISPRUDÊNCIA COMENTADA: É possível, mesmo havendo herdeiros necessários, tratar de todo o patrimônio dentro do testamento, desde que, por óbvio, se respeite a legítima. A interpretação literal do § 1º do artigo em comento pode nos levar a erro. É preciso fazer uma interpretação sistemática e teleológica da codificação civil. O legislador, no dispositivo em questão, quis simplesmente vedar a invasão à legítima no testamento. O STJ, inclusive, recentemente teve decisão nesse sentido. Segundo a relatora Ministra Nancy Andrighi, "A legítima dos herdeiros necessários poderá ser referida no testamento, especialmente nas hipóteses em que o autor da herança pretenda, em vida e desde logo, organizar, gravar e estruturar a sucessão, mas desde que seja mencionada justamente para destinar a metade indisponível, ou mais, aos referidos herdeiros". O número do processo em questão não foi revelado pelo tribunal, uma vez que tramitava em segredo de justiça.

PANDEMIA: O Provimento n. 100 do CNJ, de 26 de maio de 2020, por conta da necessidade de isolamento social gerada pela pandemia, criou o Sistema de Atos Notariais Eletrônicos (e-notariado) de modo a permitir que os atos notariais sejam feitos sem a presença física do declarante perante o tabelião ou outro funcionário do tabelionato. Apesar de o Provimento n. 100 ter sido criado em meio à pandemia, não se tratou de regra transitória, mas sim definitiva, que mudou a concepção de presença física do declarante. O Provimento n. 100/2020 foi revogado pelo Provimento n. 149, de 4 de setembro de 2023. No entanto, esse nova norma apenas consolida todos os atos normativos do Corregedor Nacional de Justiça, relativamente aos serviços notariais e registrais. O testamento, então, pode, desde o Provimento n. 100, ser feito por videoconferência notarial (art. 286, I), que será gravada e conterá a identificação, a demonstração da capacidade e a livre manifestação do testador pelo tabelião de notas; o consentimento do testador e a concordância com a escritura pública; a declaração de data e hora da prática do testamento, a indicação do livro, página e tabelionato onde está sendo lavrado o ato notarial. As assinaturas do testador e das testemunhas serão digitais (art. 287) e a plataforma a ser utilizada é o e-notariado (<www.e-notariado.org.br>). Sobre a assinatura digital, temos a regra do art. 285, III: "assinatura digital é o resumo matemático computacionalmente calculado a partir do uso de chave privada e que pode ser verificado com o uso de chave pública, cujo certificado seja conforme a Medida Provisória n. 2.200-2/2001 ou qualquer outra tecnologia autorizada pela lei". Todo o procedimento de lavratura do testamento, seja ele público, seja ele cerrado, não se altera. Muda-se, apenas, a noção de "presença física", que passa a ser física, em tempo real, mas por videoconferência. O debate que surge diz respeito à competência do tabelião. Como se sabe, o tabelião não pode praticar atos fora de sua circunscrição, pois o art. 9º da Lei n. 8.935/1994 determina: "o tabelião de notas não poderá praticar atos de seu ofício fora do Município para o qual recebeu delegação". O art. 289 do Provimento n. 149 reafirma a regra: "a competência para a prática dos atos regulados neste Provimento é absoluta e observará a circunscrição territorial em que o tabelião recebeu sua delegação, nos termos do art. 9º da Lei n. 8.935/1994". Assim, o tabelião de São Paulo não pode pegar um avião com folhas de seu livro e lavrar um testamento em Manaus. O instrumento é nulo. Por outro lado, prevê o art. 8º da Lei n. 8.935/1994 que "é livre a escolha do tabelião de notas, qualquer que seja o domicílio das partes ou o lugar de situação dos bens objeto do ato ou negócio". Isso significa que o testador, morando em Manaus, pode vir a São Paulo, buscar um tabelionato de notas desse estado, e testar fora de sua residência ou domicílio, validamente. A pergunta que surge é: no testamento eletrônico, é o tabelião que vai com as folhas do livro ao domicílio do testador fora de sua circunscrição, em afronta ao art. 9º da lei especial, ou, o testador que se dirige ao tabelionato em razão do direito que lhe confere o art. 8º? Há controvérsia sobre o tema. Contudo, filiamo-nos ao pensamento de Mário Delgado. Com base no art. 215 do CC, Mário Delgado afirma que a locução "comparecido ao ato" e "na presença das partes e demais comparecentes" não só inclui a tradicional presença física, como também a presença pelo suporte digital. Tudo que existe no mundo físico pode ser duplicado ou replicado no virtual. Em suma, pelo princípio da presença virtual, o comparecimento pelos mecanismos de comunicação em tempo real (Skype, Zoom, WhatsApp, Team Viewers ou Google Meet) produzem iguais efeitos aos da presença física. Assim, é o testador que comparece ao tabelionato, por meio virtual em tempo real, e se vale da faculdade que lhe confere o art. 8º da Lei n. 8.935/1994. É válido, portanto, o testamento feito por pessoa que se encontra em Manaus e comparece por meio virtual ao tabelionato de notas de São Paulo para testar. Sobre a validade do testamento e a flexibilização do rigor formal, sugiro ao leitor que verifique a nossa Jurisprudência Comentada que antecede o art. 1.862 (Capítulo III – Das formas ordinárias do testamento) em que compilo a decisão do STJ que dá os parâmetros para a compreensão do tema.

REFORMA DO CÓDIGO CIVIL: Pretende-se alterar a redação do art. 1.857 do Código Civil para que passe a constar: "Art. 1.857. Toda pessoa capaz, pode dispor, por testamento, da totalidade dos seus bens, ou de parte deles, para depois de sua morte. § 1º O testador pode individualizar os bens da legítima dos herdeiros necessários, bem como partilhá-los entre eles, respeitado o limite e a proporção legal. § 2º São válidas as disposições testamentárias de caráter não patrimonial, inclusive as que tenham por objeto situações existenciais, ainda que o testador somente a elas se tenha limitado. § 3º Os pais, no exercício da autoridade parental, podem instituir, por testamento público, herdeiros ou legatários aos filhos absolutamente incapazes, para o caso de eles falecerem nesse estado, ficando sem efeito a disposição logo que cesse a incapacidade. § 4º O disposto no § 1º se aplica a todos os filhos, sem distinção de idade, que não estiverem em condições de expressar sua vontade de forma livre e consciente, no momento do ato, ficando sem efeito a disposição logo que cesse a limitação volitiva". O objetivo dessa alteração é, no *caput*, adequar a redação do dispositivo em questão à Convenção sobre os Direitos das Pessoas com Deficiência, passando a dispor expressamente que a oferta de apoio à pessoa com deficiência não afasta o caráter personalíssimo do testamento. O dispositivo deixa claro que a decisão será da própria pessoa, os auxílios na formação de última vontade terão papel marginal no ato. Ademais, pretende-se adicionar dois parágrafos ao dispositivo em questão. Tais normas têm o objetivo de trazer novamente ao nosso ordenamento jurídico os testamentos pupilar e quase pupilar, institutos do direito romano. São exceções à regra de pessoalidade do testamento, tratando-se de substituições para suprir a incapacidade testamentária de um filho. Assim, o filho que não tem a possibilidade de fazer testamento válido é substituído na autoria da disposição de última vontade por seu pai. Terá o genitor, contudo, o dever de atuar com respeito, responsabilidade e atenção, com a finalidade de superar a impossibilidade de manifestação de vontade do filho, sem, contudo, desviar da verdadeira intenção deste, se pudesse fazê-lo por ele próprio. Os §§ 3º e 4º também são alterados para promoverem alterações textuais com o objetivo de compatibilizar-se com o restante do sistema. Por fim, o § 5º do dispositivo em questão busca trazer maior grau de segurança ao testamento particular.

Art. 1.858. O testamento é ato personalíssimo, podendo ser mudado a qualquer tempo.

COMENTÁRIOS DOUTRINÁRIOS: É da essência do testamento ser negócio jurídico personalíssimo e revogável a qualquer tempo. É por isso que não se pode testar por procuração (ainda que com poderes específicos e com todo o conteúdo do testamento presente na procuração), nem mesmo por representação ou com assistência. Será nulo o testamento nessas hipóteses. O absolutamente incapaz por uma doença mental não pode testar por seu curador. Uma pessoa que seja relativamente incapaz em razão de uma doença que reduza a discernimento não pode testar com assistência de seu curador. Caso ocorram essas situações, o testamento é nulo. O testamento pode ser revogado a qualquer tempo. Ainda que o testador diga que o testamento é irrevogável ou imutável, é possível mesmo assim a mudança ou revogação. Não prevalece para os testamentos a ideia de um contrato Ulisses em que a vontade original do declarante é imitável. O testador não pode limitar seu poder de revogação do testamento. A autolimitação é nula por força do dispositivo que se comenta. É norma de ordem pública em razão da essência do testamento.

JURISPRUDÊNCIA COMENTADA: É por força da possibilidade de mudança a qualquer tempo que o TJSP decidiu que: "Pretensão de herdeira instituída de provar a causa da deserdação da filha da testadora, na forma do art. 1965, do CC. Caso nítido de prova póstuma, não sendo permitido antecipar isso enquanto viva a testadora, inclusive para não romper o segredo que caracteriza essa modalidade de ato. Testamento e a deserdação serão atos válidos somente quando do falecimento, sob pena de adiantar discussão sobre herança de pessoa viva. Ademais e por ser ato personalíssimo, pode o testamento ser mudado a qualquer tempo, como prescreve o art. 1.858 do CC, de modo que se faculta à testadora retroceder no seu intento e perdoar a filha, extinguindo a deserdação" (TJSP, AP 0022658-19.2009.8.26.0320, 4.ª Câmara de Direito Privado, Limeira, Rel. Enio Zuliani, j. 12.08.2010).

Art. 1.859. Extingue-se em cinco anos o direito de impugnar a validade do testamento, contado o prazo da data do seu registro.

COMENTÁRIOS DOUTRINÁRIOS: São hipóteses de nulidade absoluta do testamento: – Se feito por pessoa absolutamente incapaz de testar (art. 1.860 do CC). Com relação à idade, deve-se frisar que os maiores de 16 anos podem testar validamente (art. 1.860, parágrafo único, do CC). – Se o beneficiário nomeado não possuir capacidade para adquirir por testamento, como, por exemplo, as pessoas não concebidas até a morte do testador (art. 1.799, I, do CC), com exceção da disposição em favor de prole eventual ou de fideicomisso. – Sendo ilícito ou impossível o objeto (art. 166, II, do CC). Assim, se o testador deixar um bem público em testamento, nulo (para alguns ineficaz) será o negócio, por impossibilidade jurídica do objeto. – Se o testamento não seguir a forma prescrita em lei (art. 166, IV, do CC). Conforme analisamos quando do estudo das espécies de testamento, a ausência de formalidades ou solenidade torna o testamento nulo. Apenas a título de exemplo, anote-se o caso de um testamento público feito por pessoa que não é tabelião, mas que se passa por tal. Não restam dúvidas de que o testamento será nulo. – Se não for observada alguma solenidade que a lei considere essencial (art. 166, V, do CC). Exemplificando, será nulo o testamento público feito por pessoa cega, em que não tenha ocorrido sua dupla leitura, uma pelo tabelião e outra por uma testemunha (art. 1.867 do CC). – Quando a lei taxativamente assim o declarar (nulidade textual – art. 166, VII, do CC) ou lhe negar efeitos. Nesse sentido, é nulo o *testamento conjuntivo*, ou seja, aquele feito por mais de uma pessoa (art. 1.863 do CC). – Se as suas disposições forem nulas (art. 1.900 do CC). Assim, é nulo o testamento que institua herdeiro ou legatário sob a *condição captatória* de que este disponha, também por testamento, em benefício do testador ou de terceiro; que se refira a pessoa incerta, cuja identidade não se possa averiguar; que favoreça a pessoa incerta, cometendo a determinação de sua identidade a terceiro; que deixe a arbítrio do herdeiro, ou de outrem, fixar o valor do legado; que favoreça as pessoas não legitimadas a suceder. Em ocorrendo nulidade absoluta do testamento, em princípio, deveríamos afirmar que os interessados não teriam prazo para pleiteá-la. Contudo, temos uma hipótese de nulidade sujeita a prazos para sua declaração. O legislador optou por afastar a regra geral pela qual a declaração de nulidade não se sujeita a prazos. Logo, qualquer hipótese de nulidade do testamento (por inobservância de solenidade, por ausência de requisito formal etc.) se convalida após 5 anos contados da data do registro. Sobre o registro dos testamentos, ver art. 735, § 2º do CPC. O prazo em questão é de natureza decadencial, já que trata de desconstituição do negócio jurídico, nos termos da lição de Agnelo Amorim Filho. Porém, causa perplexidade ao estudioso imaginar que o testamento, apesar de ser um negócio jurídico, não segue a máxima milenar de Paulo pela qual *quod initium vitiosum est, non potest tractus temporis convalescere*, ou seja, que a nulidade absoluta não convalesce com o tempo. Nunca nos agradou a disposição. Imaginar a convalidação do testamento como um negócio jurídico é negar a essência do instituto da nulidade absoluta. Por que um contrato feito por um menor de 12 anos é nulo e o seu testamento, após cinco anos, convalida-se? Por que a preterição de formalidade na compra e venda de bem imóvel cujo valor supere 30 vezes o salário mínimo torna o negócio nulo e um testamento público em que não há testemunhas pode ser convalidado após cinco anos? Mudamos de ideia após pelo argumento de que a nulidade testamentária, diferentemente das nulidades contratuais, gera desassossego e conflito no seio da família. Sua convalidação após cinco anos faz acalmar os ânimos e pretende que a família prossiga com suas mazelas, tristezas e alegrias. A convalidação do testamento nulo é forma de estabilização familiar. É por isso que o testamento nulo se convalida após cinco anos contados do registro. Temos uma hipótese de anulabilidade do testamento no art. 1.909 que não segue o prazo do presente dispositivo. Naquela hipótese, há prazo decadencial, também, mas de apenas quatro anos. Assim cabe uma indagação. Como conciliar os prazos gerais do negócio jurídico com os prazos especiais, aparentemente conflitantes? A resposta é a seguinte: Se o testamento for nulo ou sendo nula uma de suas cláusulas, o prazo para a sua declaração será de cinco anos contados de seu registro, sob pena de decadência (art. 1.859 do CC). É a hipótese de nulidade absoluta total ou parcial. Se o testamento como um todo for anulável, o prazo para o reconhecimento da anulabilidade será de cinco anos, contados de seu registro, sob pena de decadência (art. 1.859 do CC). É a hipótese de nulidade relativa total. Se uma ou algumas das cláusulas testamentárias forem anuláveis por erro, dolo ou coação, o prazo para sua declaração será de quatro anos, contados a partir do momento em que o interessado tiver conhecimento do vício (art. 1.909, parágrafo único, do CC). É a hipótese de nulidade relativa parcial, com expressa previsão legal. Se a nulidade for de apenas uma cláusula e não se tratar de erro, dolo ou coação, o prazo para o reconhecimento da nulidade relativa deverá ser de cinco anos, contados do registro do testamento, sob pena de decadência (art. 1.859 do CC). É a hipótese de nulidade relativa parcial, sem expressa previsão com referência a prazos.

JURISPRUDÊNCIA COMENTADA: O prazo é mesmo decadencial segundo a orientação da jurisprudência: "ANULAÇÃO DE TESTAMENTO. Prazo decadencial de cinco anos para o exercício do direito de impugnar a validade do testamento, contado da data do seu registro. Art. 1.859 do Código Civil. Decadência configurada" (TJSP, APL 1028748-31.2014.8.26.0100, 6.ª Câmara de Direito Privado, Rel. Des. José Roberto Furquim Cabella, j. 28.01.2016).

REFORMA DO CÓDIGO CIVIL: Pretende-se alterar o art. 1.859, que passaria a ter a seguinte redação: "Art. 1.859. Extingue-se em cinco anos o direito de requerer a invalidade, por nulidade ou anulabilidade, do testamento ou de disposição testamentária, contado o prazo da data do seu registro". A proposta traz solução para uma grande dúvida de interpretação do sistema. Não só esclarece que trata do testamento nulo ou anulável, como um todo, mas também da invalidade de uma simples disposição. Não há dúvida de que é uma redação mais clara e mais precisa. Pretende-se também criar o art. 1.859-A com a seguinte redação: "Art. 1.859-A. Não podem ser testemunhas em testamentos: I – as pessoas com menos de dezesseis anos de idade; II – aqueles que não estiverem em condições de expressar sua vontade de forma livre e consciente, no momento do ato; III – o herdeiro ou legatário instituído, seus ascendentes e descendentes, irmãos, colaterais até o quarto grau, cônjuge ou convivente; IV – o amigo íntimo ou o inimigo de qualquer herdeiro ou legatário instituído; V – os que mantenham vínculo de subordinação ou prestem serviços ao herdeiro ou legatário instituído". O Código de 1916 tinha artigo específico que dispunha sobre quem não podia ser testemunha em testamentos (art. 1.650), o Código de 2002, no entanto, suprimiu tal dispositivo. A lacuna tem sido colmatada pela jurisprudência com a aplicação do art. 228 do Código Civil, o que se tem mostrado inadequado e obscuro, por se tratar de dispositivo voltado às testemunhas judiciais. A proposta do art. 1.859-A preenche a lacuna e traz regra similar à do Código revogado.

CAPÍTULO II
DA CAPACIDADE DE TESTAR

Art. 1.860. Além dos incapazes, não podem testar os que, no ato de fazê-lo, não tiverem pleno discernimento.

Parágrafo único. Podem testar os maiores de dezesseis anos.

COMENTÁRIOS DOUTRINÁRIOS: A capacidade para testar não se confunde com a capacidade genérica para a prática dos atos da vida civil em geral. Isso porque, segundo o Código Civil, não podem testar os relativa ou os absolutamente incapazes. A consequência da incapacidade é a nulidade do testamento, nos termos do art. 166, I, do atual Código. Deve-se, contudo, ressalvar que o menor púbere, com 16 anos completos, é relativamente capaz nos termos do art. 4º, I, do CC, mas poderá testar validamente (art. 1.860, parágrafo único, do CC), e sem a necessidade de qualquer assistência de seus pais ou tutores. Aliás, se a assistência fosse necessária, o caráter personalíssimo e revogável do testamento estaria bastante comprometido, o que geraria nulidade do testamento, pelo que consta do já citado art. 1.858. Além disso, aqueles que forem legal ou voluntariamente emancipados poderão testar validamente, pois adquirem a capacidade plena por força da própria emancipação (art. 5º, parágrafo único, I, do CC). Também não poderão testar aqueles que, apesar de juridicamente capazes, não tiverem pleno discernimento (art. 1.860 do CC). Assim, alargam-se as situações de incapacidade. Como é cediço, as incapacidades em razão de doenças ou vícios (drogas, álcool) necessitam de declaração judicial, ou seja, o seu reconhecimento não é automático. Desse modo, imaginemos determinada pessoa muito idosa e com graves problemas de esclerose que não tenha sido judicialmente interditada e declarada incapaz. Nesse caso, a pessoa será civilmente capaz, mas pela falta de discernimento será incapaz para a prática do testamento. É isso que poderá ocorrer com a pessoa com deficiência. Apesar de pelo Estatuto da Pessoa com Deficiência estarmos diante de pessoa capaz para todos os atos patrimoniais da vida civil, se lhe faltar discernimento, compreensão do que está fazendo, os efeitos e as consequências, o testamento será nulo. Entretanto, o Código Civil cometeu flagrante equívoco ao não esclarecer com precisão o alcance do art. 1.860. Parece curiosa, por exemplo, a eventual determinação pela qual o pródigo não possa testar livremente. Nesse sentido, o próprio Código Civil, em seu art. 1.782, não prevê o testamento entre os atos que não podem ser praticados sem assistência por este incapaz. E também não haveria razão para tanto, tendo em vista que a proteção do pródigo visa impedir que este atinja um estado de miserabilidade e passe a depender dos amigos, parentes ou do Estado. Em suma, entendemos que o pródigo poderá testar livremente, não sendo limitada sua autonomia privada para testar, apesar de ser considerado incapaz nos termos do art. 1.860 do Código em vigor. Não podem testar, também, as pessoas jurídicas, pois a prerrogativa de elaborar atos de última vontade é exclusiva das pessoas naturais.

JURISPRUDÊNCIA COMENTADA: A incapacidade jamais se presume. A alegação de incapacidade deve vir acompanhada com provas robustas, sob pena de valer o testamento. Assim: "nulidade fundada em incapacidade da testadora que exige prova cabal e irretorquível do alegado, e não admite meros indícios. Proximidade do beneficiário com a testadora que não macula o ato. Inexistência de prova da incapacidade de testar. Perfeito juízo atestado pelo Tabelião. Reconhecimento da nulidade fundada na incapacidade do testador. Exigível prova cabal e irretorquível do quanto alegado. Inocorrência. Laudo pericial inconclusivo. Sentença mantida. Recurso desprovido" (TJSP, APL 0010353-85.2005.8.26.0047, 6.ª Câmara de Direito Privado, Rel. Des. Percival Nogueira, j. 28.04.2016).

REFORMA DO CÓDIGO CIVIL: Pretende-se alterar o art. 1.860, que passaria a ter a seguinte redação: "Art. 1.860. Além dos absolutamente incapazes, não podem testar os que não estiverem em condições de expressar sua vontade de forma livre e consciente, no momento do ato. Parágrafo único. À pessoa com deficiência, que assim a solicitar, será assegurada a utilização de tecnologia assistiva de sua escolha para manifestar sua última vontade, por testamento ou codicilo". A alteração no *caput* exclui os relativamente incapazes do rol dos impedidos de testar. Segue as regras da Convenção Internacional sobre os Direitos das Pessoas com Deficiência e ao Estatuto da Pessoa com Deficiência, que substituíram o critério do discernimento pelo da expressão da vontade, em tema de aferição da capacidade civil. A alteração no parágrafo único, por sua vez, demonstra a grande preocupação da Comissão. O uso de tecnologias assistivas melhora o acesso ao ato de testar às pessoas com deficiência e não interfere no caráter personalíssimo da manifestação de última vontade.

Art. 1.861. A incapacidade superveniente do testador não invalida o testamento, nem o testamento do incapaz se valida com a superveniência da capacidade.

COMENTÁRIOS DOUTRINÁRIOS: Questão importante a ser apontada é que a lei que rege a capacidade de testar é aquela do momento em que o testamento é elaborado (plano da validade) e não do momento da abertura da sucessão (plano da eficácia), quando a disposição de última vontade produz efeitos. Dessa forma, se o testador com plena capacidade civil elabora um testamento e posteriormente se torna incapaz, o testamento é considerado válido. Por outro lado, se pessoa incapaz elabora um testamento e, posteriormente, torna-se capaz, o testamento continua sendo nulo. Nesse sentido, é a determinação do artigo que se comenta: a incapacidade superveniente do testador não invalida o testamento, nem o testamento do incapaz se valida com a superveniência da capacidade. A pergunta que surge é a seguinte: se a pessoa era incapaz ao testar, mas posteriormente adquiriu capacidade, por que não considerar válido o testamento? Afinal, se o testador quisesse, poderia, ao adquirir a capacidade, revogá-lo. A lei faz bem em optar por solução diversa. O testamento é nulo e isso evitará debates sobre os motivos pelos quais o testamento anterior não foi revogado. Teria o testador esquecido? Teria ele efetivamente querido manter as disposições? A solução do CC dá segurança ao sistema. Vale lembrar que, visando resolver questões de direito intertemporal, determina o Código Civil de 2002 que a lei do momento da conclusão do negócio jurídico é aquela que deve ser aplicada para a verificação de sua validade (art. 2.035, *caput*). Trata-se da aplicação do princípio *tempus regit actum*. Portanto, a capacidade testamentária para os testamentos elaborados na vigência do Código Civil de 1916 deverá seguir o disposto no art. 1.627 daquele Código, mesmo que a morte do testador tenha ocorrido na vigência do Código Civil de 2002. Por fim, para aqueles que elaboraram seus testamentos a partir de 11 de janeiro de 2003, data da entrada em vigor do atual Código Civil, a capacidade testamentária ativa se verifica à luz do disposto no art. 1.860 do atual Código Civil.

JURISPRUDÊNCIA COMENTADA: A capacidade é a regra e a incapacidade exceção. É por isso que "capacidade que se presume" e as "provas produzidas que não indicam a incapacidade do testador", o testamento é válido (TJSP, AP 0008946-21.2010.8.26.0483, 5.ª Câmara de Direito Privado, Presidente Venceslau, Rel. Moreira Viegas, j. 20.02.2013).

CAPÍTULO III
DAS FORMAS ORDINÁRIAS DO TESTAMENTO

COMENTÁRIOS DOUTRINÁRIOS INTRODUTÓRIOS: As *formas ordinárias* ou *comuns* de testar são também conhecidas por *formas comuns* ou *vulgares*, e são elas: a) o testamento público (arts. 1.864 a 1.867 do CC); b) o testamento cerrado (arts. 1.868 a 1.875 do CC); e c) o testamento particular (arts. 1.876 a 1.880 do CC). A essas formas ordinárias se opõem as chamadas *formas extraordinárias* ou *especiais*, que são admitidas pelo legislador excepcionalmente e nos casos especificamente admitidos por lei: os testamentos militar, marítimo e aeronáutico (art. 1.886 do CC). Como questão jurídica importante, se não forem seguidas as formas previstas em lei, o testamento será nulo, não se admitindo no Brasil a ampla liberdade de opção, ou seja, a autonomia privada plena para testar. Pelo contrário, se o testamento não seguir alguma das modalidades previstas em lei, será considerado nulo e não produzirá os efeitos almejados pelo testador. Exemplificando, não se admite o chamado *testamento nuncupativo* em que o testador verbalmente narra perante testemunhas sua última vontade, quando está prestes a morrer. A lei só admite o casamento nuncupativo (*in extremis*) e o testamento militar nuncupativo para os feridos em guerra (art. 1.896 do CC). Assim, se João, percebendo que a morte está próxima, reúne em seu leito seus filhos e expõe sua última vontade, o testamento será nulo de pleno direito (nulidade absoluta, por infringência à forma ou às solenidades prescritas – art. 166, IV e V, do CC). Nessa hipótese, a sucessão passará a ser a legítima, seguindo a ordem prevista no art. 1.829 do CC. A solenidade é essencial para a validade do testamento em razão de sua importância, estando no segundo plano do negócio jurídico: plano da validade. Como o testamento altera o destino da herança e afasta a vocação hereditária, o legislador é muito rígido quanto às formalidades necessárias para a sua validade, de modo a garantir que realmente a vontade ali contida seja a do falecido. Vale dizer que, como a questão é de ordem pública, essa nulidade poderá ser declarada de ofício pelo juiz (art. 168, parágrafo único, do CC). Além disso, a nulidade não é sanada pelo decurso de prazo (art. 169 do CC), sendo a ação correspondente para pleitear a nulidade do ato de natureza imprescritível. De qualquer forma, interessante comentar que o Superior Tribunal de Justiça, em julgados recentes, tem mitigado a exigência das formalidades, conforme se comentará.

JURISPRUDÊNCIA COMENTADA: "Em matéria testamentária, a interpretação deve ser voltada no sentido da prevalência da manifestação de vontade do testador, orientando, inclusive, o magistrado quanto à aplicação do sistema de nulidades, que apenas não poderá ser mitigado, diante da existência de fato concreto, passível de colocar em dúvida a própria faculdade que tem o testador de livremente dispor acerca de seus bens, o que não se faz presente nos autos" (REsp 1001674/SC, 3.ª Turma, Rel. Min. Paulo de Tarso Sanseverino, j. 05.10.2010, *DJe* 15.10.2010). No mesmo diapasão, a exegese daquela C. Corte de Justiça, por amostragem: REsp 753.261/SP, 3.ª Turma, Rel. Min. Paulo de Tarso Sanseverino, j. 23.11.2010, *DJe* 05.04.2011; REsp 828.616/MG, 3.ª Turma, Rel. Min. Castro Filho, j. 05.09.2006, *DJ* 23.10.2006. Por isso o TJSP entendeu que, "conquanto o testamento configure negócio jurídico solene, não se deve ter como prioridade a forma em detrimento do conteúdo da vontade do testador. Há, assim, em algumas situações excepcionais, o abrandamento do rigor formal em prestígio à intenção do testador" (TJSP, AP 1002461-87.2016.8.26.0576, 7.ª Câmara de Direito Privado, São José do Rio Preto, Rel. Rômolo Russo, j. 22.10.2019). Sobre a validade do testamento, temos uma verdadeira cartilha a partir de decisões do STJ sobre o tema, na seguinte ementa do acórdão: "Direito Sucessório. Testamento particular. Flexibilização de requisitos. Possibilidade. Necessidade, contudo, de equilíbrio entre o respeito às formalidades essenciais do testamento e o respeito à vontade do testador. Possibilidade de afastamento dos vícios puramente formais, que se relacionam apenas com aspectos externos do testamento. Impossibilidade de superação dos vícios formais-materiais, suscetíveis de contaminar o conteúdo e colocar em dúvida a real vontade do testador. Testamento particular escrito de próprio punho sem a presença e leitura perante nenhuma testemunha. Ausência, ademais, de circunstâncias excepcionais que justificassem a ausência das testemunhas. Ausência de prova técnica sobre a veracidade da assinatura atribuída à autora da herança. Testamento nulo. O propósito recursal é definir se é válido testamento particular escrito de próprio punho que não foi lido e assinado na presença de nenhuma testemunha, sem declaração, na respectiva cédula, de circunstâncias excepcionais que justificassem a ausência, bem como sem que tenha sido tecnicamente aferida a veracidade da assinatura atribuída à testadora. A jurisprudência desta Corte revela que, em se tratando de sucessão testamentária, em especial nas hipóteses de testamento particular, é indispensável a busca pelo equilíbrio entre a necessidade de cumprimento de formalidades essenciais nos testamentos particulares e a necessidade, também premente, de abrandamento de determinadas formalidades para que sejam adequadamente respeitadas as manifestações de última vontade do testador. Nesse contexto, são suscetíveis de superação os vícios de menor gravidade, que podem ser denominados de puramente formais e que se relacionam essencialmente com aspectos externos do testamento particular, ao passo que vícios de maior gravidade, que podem ser chamados de formais-materiais porque transcendem a forma do ato e contaminam o seu próprio conteúdo, acarretam a invalidade do testamento lavrado sem a observância das formalidades que servem para conferir exatidão à vontade do testador. Precedente. Os vícios pertencentes à primeira espécie – puramente formais – são suscetíveis de superação quando não houver mais nenhum outro motivo para que se coloque em dúvida a vontade do testador, ao passo que os vícios pertencentes à segunda espécie – formais-materiais –, por atingirem diretamente a substância do ato de disposição, implicam na impossibilidade de se reconhecer a validade do próprio testamento" (REsp 2.005.877/MG, Rel. Min. Nancy Andrighi, j. 30.08.2022). No caso concreto, o STJ assim decidiu: "Na hipótese em exame, é incontroverso que o testamento particular teria sido escrito de próprio punho pelo autor da herança sem a presença e sem a leitura perante nenhuma testemunha, que não houve a declaração, na cédula testamentária, de circunstâncias excepcionais que justificassem a ausência de testemunhas (tampouco foram demonstradas tais circunstâncias na fase instrutória) e que a veracidade da assinatura atribuída à testadora, que não foi objeto de prova pericial, somente foi atestada por uma testemunha, inexistindo, pois, a possibilidade de registro, confirmação e cumprimento do testamento particular apresentado". A respeito do tema da flexibilização das formalidades testamentárias, o próprio julgado em questão traz decisões anteriores do STJ reconhecendo a validade do testamento: "1. 'a ausência de leitura do testamento perante três testemunhas reunidas concomitantemente', não seria suficiente para invalidar o testamento, pois, na referida hipótese, 'as testemunhas confirmaram que o próprio testador foi quem levou o documento para elas assinarem' e, ainda, porque 'todas as testemunhas confirmaram as assinaturas lançadas no referido documento', sendo que 'inclusive, uma delas, demonstrou saber seu conteúdo' (REsp 828.616/MG, 3ª Turma, *DJ* 23.10.2006); 2. 'se reconheceu a validade de testamento particular que, lavrado na vigência do CC/1916 – que exigia 05 (cinco) testemunhas –, somente foi assinado por 04 (quatro) testemunhas, sendo que apenas 03 (três) o confirmaram em audiência de instrução e julgamento, uma vez que, naquela hipótese, a arguição de nulidade se baseava exclusivamente no vício de forma', pois 'não se contestou, em nenhum momento, a higidez das declarações manifestadas por sua testadora' e, assim, 'o rigorismo formal deve ceder diante da necessidade de se cumprir a finalidade do ato jurídico' (REsp 701.917/SP, 4ª Turma, *DJe* 01.03.2010) e 3. 'a despeito da ausência de assinatura de próprio punho do testador e do testamento ter sido lavrado a rogo e apenas com a aposição de sua impressão digital, não havia dúvida acerca da manifestação de última vontade da testadora que, embora sofrendo com limitações físicas, não possuía nenhuma restrição cognitiva'" (REsp 1.633.254/MG, 2ª Seção, *DJe* 18.03.2020). Há, ainda, decisões pela invalidade do testamento compiladas no julgado: "não permitiu o abrandamento das exigências legais em hipótese que envolveu um testamento que não havia sido assinado pelo próprio testador – assinatura a rogo – porque havia 'fundada dúvida acerca da higidez da manifestação de vontade ali expressa' (REsp 1.618.754/MG, 3ª Turma, *DJe* 13.10.2017), entendimento que havia sido igualmente aplicado em hipótese que envolveu um testamento apócrifo (REsp 1.444.867/DF, 3ª Turma, *DJe* 31.10.2014)". Como no caso concreto o testamento, apesar de escrito de próprio punho pelo testador não contou com a presença de nenhuma testemunha, nem houve a leitura perante testemunhas, o testamento foi considerado nulo.

SEÇÃO I

DISPOSIÇÕES GERAIS

Art. 1.862. São testamentos ordinários:

I – o público;

II – o cerrado;

III – o particular.

COMENTÁRIOS DOUTRINÁRIOS: O artigo apenas indica as formas ordinárias de testar. Se não forem observadas as formas legais e as solenidades e requisitos inerentes a cada uma delas, o testamento é nulo. Não há liberdade de formas no sistema brasileiro. Isso garante que a vontade do testador seja aquela contida no testamento. As solenidades garantem a higidez do testamento e que este espelhe o que o *de cujus* efetivamente queria. Perigosa a orientação que tem sido adotada pelo STJ de reduzir a importância das formalidades testamentárias (vide comentário anterior).

JURISPRUDÊNCIA COMENTADA: É fato que a capacidade se presume e a incapacidade ou a falta de discernimento se prova. É por isso que: "A velhice por si só não é prova de alienação mental. Por ser testamento que atende a forma do art. 1.862, inciso I, do Código Civil, ou seja, testamento público, um dos requisitos para sua validade seria o comparecimento da testadora perante Tabelião Público, o que foi atendido, com mais cinco testemunhas, e comprova ainda testadora em pleno gozo de suas capacidades" (TJSP, AP 0607579-63.2008.8.26.0100, 7.ª Câmara de Direito Privado, São Paulo, Rel. Ramon Mateo Júnior, j. 10.04.2013). É importante esclarecer que a decisão menciona cinco testemunhas, pois era o número exigido pelo CC/1916.

REFORMA DO CÓDIGO CIVIL: Pretende-se adicionar um parágrafo único ao art. 1.862 com a seguinte redação: "Parágrafo único. Os testamentos ordinários podem ser escritos, digitados, filmados ou gravados, em língua nacional ou estrangeira, em Braille ou Linguagem Brasileira de Sinais (LIBRAS), pelo próprio testador, ou por outrem, a seu rogo". Uma das premissas da Comissão era adaptar o Código às novas tecnologias. Assim, se aprovada a reforma, os testamentos podem ser digitados e gravados, o que, em muitos casos, traz mais segurança jurídica e facilita o ato de testar das pessoas com deficiência. Além disso, atenta à inclusão das pessoas com deficiência, a reforma passa a permitir o testamento em Braille e em LIBRAS.

Art. 1.863. É proibido o testamento conjuntivo, seja simultâneo, recíproco ou correspectivo.

COMENTÁRIOS DOUTRINÁRIOS: Como decorrência da regra de separação dos atos *inter vivos* e dos *mortis causa*, o Código Civil proíbe o testamento conjuntivo, seja simultâneo, recíproco ou correspectivo (art. 1.863 do CC). O testamento conjuntivo ou *de mão comum* é aquele feito por mais de uma pessoa no mesmo instrumento. Na realidade, a proibição desse tipo de testamento não tem relação com a forma, mas, sim, com o fato de o legislador entender que o testamento é ato personalíssimo e que não pode ser feito por duas pessoas, sob pena de assumir caráter contratual repudiado pelo ordenamento e lhe retirar uma de suas principais características: a pessoalidade e a revogabilidade a qualquer tempo. Será *simultâneo*, quando os testadores dispõem em benefício de terceiros. Assim, é *simultâneo* o testamento quando João e Maria nomeiam no mesmo testamento Pedro como herdeiro. É *recíproco o testamento* quando os testadores instituem um ao outro como herdeiros, de modo que o sobrevivente recolha a herança do outro. Será *recíproco* o testamento quando João dispuser que em seu falecimento seus bens serão de Maria, e Maria, no mesmo instrumento, fizer idêntica disposição a favor de João. Por fim, será *correspectivo* quando o benefício previsto por um dos testadores ao outro retribui vantagem correspondente. Por exemplo, se João deixar sua casa para Maria e Maria deixar sua casa para João. No último caso, há uma troca de benefícios entre os testadores num mesmo instrumento. Note-se que a lei não impede que, em instrumentos separados, os cônjuges ou companheiros façam disposições simétricas. Podem duas pessoas, na mesma data, perante o mesmo Tabelião, elaborar dois testamentos outorgando-se os bens reciprocamente, desde que em instrumentos separados. O marido pode testar os bens disponíveis à sua mulher em um instrumento, bem como a esposa pode testar os bens ao marido em outro instrumento, ainda que celebrados na mesma data.

JURISPRUDÊNCIA COMENTADA: Sendo nulo o testamento conjuntivo, a nulidade deve ser declarada dentro do prazo de 5 anos do art. 1.859, sob pena de se convalidar: "hipótese de testamento conjuntivo simultâneo. Prática expressamente vedada pela Lei substantiva. Proteção ao caráter personalíssimo e unilateral da manifestação de última vontade. Situação que não conserva a liberdade de dispor do patrimônio individual e de redigir, modificar ou revogar as disposições testamentárias. Nulidade bem reconhecida pelo juízo singular. Exegese do art. 166, inc. VII, do Código Civil. A vontade de cada um, como ato personalíssimo que é, atuando como meio de deliberação testamentária, deve ser disposta através de instrumento próprio e individual, sendo vedada a prática dos pactos sucessórios, na exata interpretação da norma inscrita no art. 1.863 do Código Civil, que proíbe expressamente o testamento conjuntivo, seja ela simultâneo, recíproco ou correspectivo. Prazo quinquenal previsto no art. 1.859 do Código Civil não consumado. Lapso temporal estipulado para viabilizar a impugnação de validade do testamento. Termo inicial. Data do registro do testamento após o óbito do testador" (TJSC, AC 2014.090457-4, 4.ª Câmara de Direito Civil, Rel. Des. Subst. Jorge Luis Costa Beber, j. 18.06.2015). Há decisão do TJSP aplicando corretamente o dispositivo em comento: "Testamento conjunto ou de mão comum é vedado no ordenamento jurídico. Testamento é ato personalíssimo. Quando realizado por duas ou mais pessoas, no mesmo instrumento, há caracterização de verdadeiro contrato sobre herança de pessoa viva.

Extinção mantida. No caso presente, ao contrário do que afirmado, o testamento foi firmado por dois testadores no mesmo instrumento, bastando conferir o documento de fls. 07/10. A elaboração de testamento por duas ou mais pessoas em instrumento único é fulminado pela nulidade absoluta e, por isso, não pode ser confirmado para cumprimento. Ademais, a reciprocidade resultante do testamento conjuntivo poderia inviabilizar sua revogação unilateral ou após a morte de um dos testadores" (TJSP, AP 1090861-50.2016.8.26.0100, 9.ª Câmara de Direito Privado, São Paulo, Rel. Edson Luiz de Queiróz, j. 15.03.2012). Se os testamentos do marido e da mulher são lavrados no mesmo Tabelionato, no mesmo dia, ainda que sejam semelhantes, mas em cédulas distintas, serão válidos: "[...] o testamento conjuntivo, pois, é inquinado de nulidade absoluta, posto vedado por norma jurídica de ordem pública (artigo 1.863 do Código Civil). 4. Na hipótese, vislumbra-se que o finado e sua cônjuge elaboraram seus respectivos testamentos no mesmo Tabelionato, no mesmo dia, mas em instrumentos diversos. Prepararam-se para testar concomitantemente, mas cada qual a seu modo e sem unificá-los em um só. Nessa gramatura, a disposição do art. 1.630 do Código Civil (atual art. 1.863) não obsta a que duas pessoas, em atos separados, embora na mesma data e nos mesmos termos, disponham em proveito recíproco (RT 150/652)" (TJSP, AP 1002461-87.2016.8.26.0576, 7.ª Câmara de Direito Privado, São José do Rio Preto, Rel. Rômolo Russo, j. 22.10.2019).

REFORMA DO CÓDIGO CIVIL: Pretende-se alterar o art. 1.863, que passaria a vigorar com a seguinte redação: "Art. 1.863. É proibido o testamento conjuntivo, simultâneo ou correspectivo. Parágrafo único. Admite-se o testamento conjuntivo recíproco entre cônjuges e conviventes, qualquer que seja o regime de bens, sem perda da sua revogabilidade por qualquer dos testadores, nos limites de sua disposição". O testamento conjuntivo estava proscrito desde a promulgação do Código Civil de 1916. Segundo Washington de Barros Monteiro, "o Código proibiu indistintamente todas essas disposições, não só porque constituíam modalidades de pactos sucessórios, como também porque contrariavam um dos caracteres irredutíveis do testamento, sua revogabilidade. Efetivamente, em um testamento recíproco, admitir a revogação será ir de encontro à reciprocidade estipulada; não admiti-la será desnaturar a índole de ato essencialmente revogável. Todavia, em alguns países, como a Alemanha, a Suécia, a Inglaterra e muitos Estados dos EUA, são permitidos e bastante comuns testamentos conjuntivos, efetuados por marido e mulher" (*Enciclopédia Saraiva de Direito*. São Paulo: Saraiva, 1982. v. 73. p. 75-76). A proposta da Comissão é reviver o testamento conjuntivo no Brasil, seguindo, por exemplo, o Código Civil Alemão (BGB § 2265). É uma situação de exceção, ou seja, o testamento só será válido se feito por cônjuges ou conviventes.

SEÇÃO II
DO TESTAMENTO PÚBLICO

Art. 1.864. São requisitos essenciais do testamento público:

I – ser escrito por tabelião ou por seu substituto legal em seu livro de notas, de acordo com as declarações do testador, podendo este servir-se de minuta, notas ou apontamentos;

II – lavrado o instrumento, ser lido em voz alta pelo tabelião ao testador e a duas testemunhas, a um só tempo; ou pelo testador, se o quiser, na presença destas e do oficial;

III – ser o instrumento, em seguida à leitura, assinado pelo testador, pelas testemunhas e pelo tabelião.

Parágrafo único. O testamento público pode ser escrito manualmente ou mecanicamente, bem como ser feito pela inserção da declaração de vontade em partes impressas de livro de notas, desde que rubricadas todas as páginas pelo testador, se mais de uma.

COMENTÁRIOS DOUTRINÁRIOS: O testamento público é aquele elaborado pelo tabelião ou por seu substituto legal em seu livro de notas (art. 1.864, I, do CC). Portanto, a elaboração de testamento público é de competência do Tabelionato de Notas. É necessário frisar que, apesar de ser elaborado pela forma pública, o testamento não deveria ser deixado à disposição de todos para consulta, pois só produzirá efeitos após a morte do testador. O conceito de publicidade não significa amplo acesso a toda e qualquer pessoa, incluindo-se aí eventuais curiosos. Melhor seria entender que o acesso não é realmente livre, pois qualquer pessoa poderia, conhecendo o conteúdo do testamento, pressionar o testador para alterá-lo. De qualquer forma, não há nada na atual legislação que impeça o acesso ao instrumento por esses curiosos. Pois bem, visando regulamentar a questão da publicidade, em São Paulo, no ano de 2002, o Colégio Notarial criou o Registro Central de Testamentos. Para disciplinar o assunto, as Normas de Serviço da Corregedoria Geral da Justiça do Estado de São Paulo, por meio do Provimento 25 de 2005 (item 26 da Seção XIV), determinam que os serventuários dos Cartórios de Notas e dos Cartórios de Registro Civil das Pessoas Naturais e Anexos de Notas de todo o Estado de São Paulo remetam ao Colégio Notarial do Brasil, Seção de São Paulo, até o 5º dia útil de cada mês, relação em ordem alfabética dos nomes constantes dos testamentos lavrados em seus livros, e suas revogações, e dos instrumentos de aprovação de testamentos cerrados, ou informação negativa da prática de qualquer desses atos. Assim, requerida a abertura da sucessão, poderão os MM. Juízes de Direito do Estado de São Paulo oficiar ao Colégio Notarial do Brasil, Seção de São Paulo, solicitando informação sobre a existência de testamento. O item 26 ainda determina que a informação sobre a existência ou não de testamento de pessoa comprovadamente falecida somente será fornecida mediante requisição judicial ou a pedido do interessado deferido pelo juiz corregedor permanente da Comarca. O interessado deverá recolher a importância equivalente a 0,5 UFESP (Unidade Fiscal do Estado de São Paulo) e apresentar a requisição diretamente ao Colégio Notarial do Brasil, Seção de São Paulo. Isso, inclusive por vale postal ou ordem de pagamento, salvo em caso de assistência judiciária. O acesso ao testamento público no Estado de São Paulo já foi restringido pelas normas da Corregedoria do Tribunal de Justiça. Assim, o Provimento 58/89 – Corregedoria-Geral da Justiça – Normas de serviço cartórios extrajudiciais – item 152, assim dispõe: "152. As certidões de escrituras públicas de testamento, enquanto não comprovado o falecimento do testador, serão expedidas apenas a seu pedido ou de seu representante legal, ou mediante ordem judicial. 152.1. Os interessados na obtenção de certidão de escritura pública recusada pelo Tabelião de Notas poderão, expondo por escrito as razões de seu interesse, requerê-la ao Juiz Corregedor Permanente, a quem competirá, se o caso, determinar, motivadamente, a sua expedição. 152.2. Com a prova do falecimento do testador, as certidões poderão ser expedidas livremente, independente do interesse jurídico de quem a solicite, que estará dispensado de expor as razões de seu pedido". O CNJ, por sua vez, tem a seguinte regra (Provimento n. 149 do CNJ – art. 268): "Art. 268. A informação sobre a existência ou não de testamento somente será fornecida pelo CNB/CF nos seguintes casos: mediante requisição judicial ou do Ministério Público, gratuitamente; de pessoa viva, a pedido do próprio testador, mediante apresentação da cópia do documento de identidade, observado o parágrafo único deste artigo; de pessoa falecida, a pedido de interessado, mediante apresentação da certidão de óbito expedida pelo Registro Civil de Pessoas Naturais". O Tabelião verificará se o testador tem discernimento, sabe o que está fazendo e as consequências de sua vontade. Isso não quer dizer que o tabelião deva exigir exame de sanidade mental do testador, mas apenas que, se for evidente o seu estado de demência ou houver dúvidas sobre sua sanidade, deve o tabelião se negar a lavrar o testamento. A Lei n. 8.935/1994, em seu art. 20, § 4º, proibia aos substitutos que lavrassem testamentos. O dispositivo considera-se tacitamente revogado com a vigência do Código Civil de 2002 em razão da incompatibilidade das normas, já que o art. 1.864, I, prevê a possibilidade de atuação do substituto. Curioso notar que a Lei estadual paulista 12.227, de 12 de janeiro de 2006, reproduzia a orientação da Lei federal 8.935/1994, em seu art. 13, § 2º, contrariando expressamente o texto do Código Civil de 2002. Essa lei estadual foi declarada inconstitucional pela ADI 3.773, em decisão de 4 de março de 2009. Quanto às formalidades do ato, nada impede que o testador apresente minuta de seu testamento, bem como eventuais notas ou apontamentos, segundo o mesmo inciso I do art. 1.864 do CC. Porém, a lavratura será realizada pelo próprio tabelião ou por seu substituto. A lavratura do instrumento no livro próprio pode ser feita por meio manual – que praticamente não mais ocorre –, ou por meio mecânico, tal como a máquina de escrever ou o computador. A declaração deve ser inserida em partes impressas do livro de notas, com a assinatura e a rubrica do testador em todas as páginas (art. 1.864, parágrafo único, do CC). O texto deve ser escrito em português, embora a lei não diga isso expressamente. Depois de lavrado, o testamento será lido em voz alta pelo tabelião ao testador na presença de duas testemunhas, ou pelo próprio testador às testemunhas, se este assim desejar (art. 1.864, II, do CC/2002). No revogado Código Civil, o número de testemunhas era de cinco (art. 1.632, I, do CC/1916), sendo certo que a redução do número de testemunhas mantém relação com o *princípio da operabilidade*, no sentido de facilitação do ato de testar. Deve-se perceber que a presença das testemunhas à leitura é essencial, e a sua ausência acarreta a nulidade do testamento, pois, se assinarem posteriormente, não poderão comprovar se a declaração corresponde à vontade do falecido, ou se esta estava livre de interferência de terceiros. Aqui, cabe uma indagação de direito intertemporal: se o testamento público foi celebrado na vigência do revogado Código Civil e só contou com a presença de duas testemunhas, mas o falecimento só se deu na vigência do Código Civil de 2002, o testamento será válido ou nulo? Para o Direito Brasileiro, a resposta é que o testamento será nulo, pois a lei que se aplica no tocante à validade é a do momento da celebração ou formação do negócio jurídico. No caso em questão, mais uma vez, aplica-se o art. 2.035, *caput*, importante norma de direito intertemporal do atual Código Civil que adota a divisão do negócio jurídico em três planos do negócio jurídico, conforme ensina Pontes de Miranda. Ainda quanto ao ato em si, terminada a leitura, deve o instrumento ser assinado pelo testador, pelas testemunhas e pelo tabelião (art. 1.864, III, do CC).

PANDEMIA: Quanto ao testamento público digital permitido pelo Provimento n. 149/2023 do CNJ, ver comentários ao art. 1.857.

JURISPRUDÊNCIA COMENTADA: Há uma tendência em se flexibilizar as solenidades testamentárias pela jurisprudência. Assim, já se decidiu: "ausência de rubrica na primeira página do testamento que não tem o condão de invalidá-lo" (TJSP, AI 2123227-66.2018.8.26.0000, 6.ª Câmara de Direito Privado, Rel. Des. Vito José Guglielmi, j. 02.08.2018). Sobre a validade do testamento e a flexibilização do rigor formal, sugiro ao leitor que as verifique na Jurisprudência Comentada que antecede o art. 1.862 (Capítulo III – Das formas ordinárias do testamento), em que compilo a decisão do STJ que dá os parâmetros para a compreensão do tema.

REFORMA DO CÓDIGO CIVIL: Pretende-se alterar o art. 1.864, que passaria a vigorar com a seguinte redação: "Art. 1.864. São requisitos essenciais do testamento público: I – ser escrito e, também, gravado em sistema digital de som e imagem por tabelião ou por seu substituto legal, de acordo com as declarações do testador, podendo este servir-se de minuta, notas ou apontamentos, ao tempo da manifestação da vontade; II – o testamento escrito, depois de lavrado o instrumento, deve ser lido em voz alta pelo tabelião ao testador ou pelo testador ao oficial. Em seguida à leitura, o instrumento será assinado pelo testador e pelo tabelião que deverá, obrigatoriamente, realizar a gravação do ato em sistema digital de som e imagem; III – a gravação em sistema digital de som e imagem será exibida pelo tabelião ao testador que confirmará, por escrito, o teor das declarações. § 1º A certidão do testamento público, enquanto vivo o testador, só poderá ser fornecida a requerimento deste ou por ordem judicial. § 2º Caberá ao tabelião fornecer todos os recursos de acessibilidade e de tecnologia assistida disponíveis para que a pessoa com deficiência tenha garantido o direito de testar". Uma das mais importantes mudanças trazidas na proposta de reforma do Código Civil foi a possibilidade de se testar por vídeo. Como já comentado, uma das premissas da reforma era adaptar a codificação civil às novas tecnologias. A possibilidade de se fazer testamento por vídeo é uma expressão disso. O testamento por vídeo, previsto na proposta de alteração do artigo em comento, é uma forma de testar adaptada aos novos tempos, que mantém a segurança jurídica e torna mais fácil às pessoas com deficiência e às pessoas que não saibam ler o ato de testar. Note que, se aprovada a proposta de reforma, todos os testamentos deverão ser gravados. É o uso da tecnologia que traz proteção ainda maior às disposições de última vontade dos indivíduos. Não é só. Falta ao CC uma regra que não confunda a forma pública do testamento com a publicidade do seu conteúdo. Não é porque a forma é pública que o conteúdo deve ser de livre acesso. Ao contrário, antes da morte não há razão para o traslado ser entregue a outras pessoas, ressalvado o testador. Pretende-se criar também o art. 1.864-A com a seguinte redação: "Art. 1.864-A. Os hospitais, as clínicas, os asilos, as casas de repouso ou os donos da residência em que esteja pessoa que não possa se movimentar, ambular ou deslocar-se, não podem impedir o ingresso de oficiais que venham praticar atos notariais em suas dependências, cabendo ao tabelião, quando solicitado, identificar-se perante o estabelecimento, ou perante os donos da casa, declarando com precisão quem os contatou e solicitou sua presença. § 1º O estabelecimento fará constar por escrito, no prontuário do paciente, a ocorrência e dará ao oficial declaração, subscrita por médico, quanto à solicitação do tabelião e quanto a eventual causa de proibição de o paciente receber visitas. § 2º Se entender necessário, o tabelião solicitará a presença do médico que atende o declarante ou, na sua falta, trará médico de sua própria confiança para acompanhá-lo. § 3º Se a gravação a que alude o art. 1.864, a juízo do tabelião, expuser o declarante à especial constrangimento, será feita apenas para captar sua voz. § 4º A gravação de som e imagem será realizada se o declarante, informado pelo tabelião, expressamente a consentir ou tratar-se de caso em que a gravação completa não possa ser dispensada, como nos casos dos arts. 1.866, 1.867 e 1.869. § 5º Ao lavrar o ato notarial solicitado, o tabelião declinará na escritura todos os dados que permitam identificar quem o contatou e solicitou os seus serviços, o momento, o lugar e a forma como a manifestação de vontade foi colhida e a impressão que lhe causou o paciente, bem como alguma observação que o médico assistente tenha feito, a respeito do estado de saúde mental e da lucidez do declarante, bem como as razões pelas quais a gravação de imagem foi ou não realizada. § 6º Se o tabelião notar alguma irregularidade que faça supor estar o idoso ou o paciente em condições de subjugação moral ou física, por parte de familiares, de cuidadores ou dos administradores do lugar onde se encontram internados, dará notícias desse fato às autoridades competentes". Uma das grandes preocupações da Comissão, expressa em diversos artigos, foi a proteção das pessoas vulneráveis. Mais uma vez a preocupação aparece com a criação do artigo em comento. O novo dispositivo cria regras que facilitam para a pessoa idosa, para o enfermo e para os indivíduos com dificuldade de locomoção a realização de atos da vida civil que precisam ser feitos junto ao tabelionato de notas.

Art. 1.865. Se o testador não souber, ou não puder assinar, o tabelião ou seu substituto legal assim o declarará, assinando, neste caso, pelo testador, e, a seu rogo, uma das testemunhas instrumentárias.

COMENTÁRIOS DOUTRINÁRIOS: O artigo é claro e não merece maiores comentários. Caso o testador não saiba assinar ou não o possa fazer – imaginemos que tenha quebrado as mãos ou tenha sido vítima de um derrame cerebral –, o tabelião declarará a impossibilidade e assinará pelo testador, bem como uma das testemunhas a seu pedido, a seu rogo. Nesse caso, não é necessário que um terceiro, que não o tabelião ou a testemunha, assine por ele. Se o Tabelião não declarar tal fato na cédula, o testamento é nulo por inobservância da formalidade legal (art. 166, V, do CC).

JURISPRUDÊNCIA COMENTADA: O analfabetismo não impede que se teste pela forma pública: "[...] idade avançada, analfabetismo e dificuldade auditiva que não impediam o falecido de testar. Testamento público que observou os requisitos legais dos artigos 1.865 e 1.866 do Código Civil. Prova oral e documental que não indicam doença mental ou outra causa capaz de reduzir a capacidade civil do testador" (TJSP, Apelação 1001729-70.2016.8.26.0103, 10.ª Câmara de Direito Privado, Rel. J. B. Paula Lima, j. 27.11.2018).

REFORMA DO CÓDIGO CIVIL: Pretende-se alterar o art. 1.865, que passaria a ter seguinte redação: "Art. 1.865. Se o testador não souber ler ou assinar, o testamento público será obrigatoriamente realizado mediante gravação em sistema digital de som e imagem e a assinatura será lançada na escritura pública pelo sistema digital". Como comentado no art. 1.864, uma das grandes mudanças no livro de sucessões é a inclusão do testamento por vídeo. Se aprovado o texto da reforma, os testamentos dos analfabetos deverão ser feitos por vídeo obrigatoriamente. Essa é uma forma de garantir que esses indivíduos possam testar de forma segura e adequada. É regra de inclusão que não descura da proteção da pessoa que testa.

Art. 1.866. O indivíduo inteiramente surdo, sabendo ler, lerá o seu testamento, e, se não o souber, designará quem o leia em seu lugar, presentes as testemunhas.

COMENTÁRIOS DOUTRINÁRIOS: Com relação aos surdos, problema surge quando da elaboração de testamento sob a forma pública: o deficiente auditivo não tem como conferir a leitura oral, exigência esta decorrente da lei quando adotada essa forma. Entretanto, o Código Civil resolve a questão da seguinte maneira: se o surdo souber ler, poderá ele, pessoalmente, efetuar a leitura e depois assinar o testamento. Se não souber, deve designar quem o leia, ou seja, alguém que não seja o tabelião ou as testemunhas, devendo todas essas circunstâncias constar do testamento. No último caso, nada impede que um terceiro presente assine a rogo, a pedido do testador, mas isto não se faz necessário. Se não houver a leitura pelo próprio surdo ou pessoa por ele designada, o testamento é nulo por inobservância da formalidade legal (art. 166, V, do CC). O dispositivo tem natureza protetiva e não discriminatória. Garante o respeito à vontade do surdo. É, portanto, totalmente consentâneo com o Estatuto da Pessoa com Deficiência (Lei n. 13.146/2015) e não foi revogado de maneira tácita por esta lei.

JURISPRUDÊNCIA COMENTADA: A surdez que se supera por meio de aparelho auditivo não exige a aplicação do presente artigo: "[...] não foi minimamente demonstrado que o testador tivesse a capacidade civil comprometida em razão de surdez (ainda que parcial), em especial porque é incontroverso que ele utilizava aparelho auditivo, o que também se verifica das fotografias de fls. 552/553, ou perda da visão, já que o relatório médico de fls. 68 fora elaborado cerca de dois anos após a lavratura do testamento em questão. Não há, por outro lado, qualquer prova acerca dos aventados 'lapsos de memória' do *de cujus*" (TJSP, AP 1023153-12.2017.8.26.0564, 2.ª Câmara de Direito Privado, São Bernardo do Campo, Rel. Hertha Helena de Oliveira, j. 25.07.2019).

REFORMA DO CÓDIGO CIVIL: Pretende-se alterar o art. 1.866, que passaria a ter a seguinte redação: "Art. 1.866. O testamento público da pessoa surda ou com deficiência auditiva, total ou parcial, será obrigatoriamente gravado em sistema digital de som e imagem. § 1º Se souber ler, lerá o seu testamento, diante do tabelião. Não sabendo ou não podendo se expressar, designará quem o leia em seu lugar, podendo indicar um intérprete da Língua Brasileira de Sinais (LIBRAS), para simultaneamente lhe dar conhecimento do conteúdo. § 2º O tabelião deverá, obrigatoriamente, realizar a gravação do ato em sistema digital de som e imagem". A proposta adapta a redação à sugestão do testamento gravado. Como qualquer outro, se aprovada a reforma, também precisarão ser gravados os testamentos das pessoas com deficiência auditiva. Igualmente, a Comissão, atenta à questão de inclusão das pessoas com deficiência, trouxe a possibilidade de se indicar intérprete de LIBRAS para a leitura do testamento. É regra de inclusão que não descura da proteção da pessoa que testa.

Art. 1.867. Ao cego só se permite o testamento público, que lhe será lido, em voz alta, duas vezes, uma pelo tabelião ou por seu substituto legal, e a outra por uma das testemunhas, designada pelo testador, fazendo-se de tudo circunstanciada menção no testamento.

COMENTÁRIOS DOUTRINÁRIOS: Com relação aos cegos, determina a lei que estes só poderão testar por instrumento público, que lhe será lido duas vezes em voz alta: uma pelo tabelião ou substituto e outra por uma das testemunhas designadas pelo testador, constando tudo isso no testamento. A dupla leitura é imprescindível em razão da deficiência visual do testador, e a não realização da segunda leitura implica nulidade do testamento, por desrespeito à solenidade. Por se tratar de solenidade legal, tal exigência não pode ser dispensada pelo testador, ainda que confie plenamente no tabelião. Se não houver a dupla leitura, o testamento é nulo por inobservância da formalidade legal (art. 166, V, do CC). O dispositivo tem natureza protetiva e não discriminatória. É, portanto, totalmente consentâneo com o Estatuto da Pessoa com Deficiência (Lei n. 13.146/2015) e não foi revogado de maneira tácita por esta lei. Garante-se o respeito à vontade do cego por meio dessa solenidade. Uma última questão: cego é sinônimo de deficiente visual? Não, é uma espécie. A deficiência visual tem graus e o maior grau gera a cegueira, que é a total falta de aptidão para enxergar.

JURISPRUDÊNCIA COMENTADA: Já decidiu o TJSP que "cegueira temporária, por si só, não impede a lavratura de escritura de testamento. A finada não podia ler, escrever e deambular sozinha, todavia, como bem pontuado pela magistrada, 'verifica-se que ficou a senhora Antonieta com deficiência visual, mas por certo tempo, até ser operada, o que, ressalte-se, não significa que, ao testar, estava a testadora incapaz'. Friso que a escritura pública de testamento foi lavrada em 25.07.2000, quase um ano depois da emissão do documento de fl. 28, e que a condição de cegueira foi temporária. Antonieta tinha catarata e mesmo cega poderia lavrar testamento. Enfatizo que a cegueira foi temporária, durando cerca de dois anos (fl. 240). Observo que o tabelião de notas seguiu à risca os preceitos contidos no art. 1.867 do CC (fl. 27). Assevero que Antonieta lavrou o testamento oito anos antes de sua interdição e onze anos antes de morrer. Esse largo lapso temporal tem o condão de afastar qualquer indício de incapacidade durante a lavratura do testamento, pois não foi demonstrado que os problemas de saúde de Antonieta que a levaram à incapacidade estavam presentes, e de forma determinante, oito anos antes da interdição. De todo modo, a incapacidade não se presume, devendo ser demonstrada, o que não aconteceu nestes autos"

(TJSP, AP 0010695-55.2011.8.26.0510, 7.ª Câmara de Direito Privado, Rio Claro, Rel. Miguel Brandi, j. 23.09.2016).

REFORMA DO CÓDIGO CIVIL: Pretende-se alterar o art. 1.867, que passaria a ter a seguinte redação: "Art. 1.867. A pessoa com deficiência visual poderá testar por qualquer forma, com a gravação obrigatória do ato em sistema digital de som e imagem. Parágrafo único. Em se tratando de testamento público, o testador com deficiência visual pode solicitar cópia do seu testamento em formato acessível, incluindo Braille, áudio, fonte ampliada e arquivo digital acessível". A *ratio* da mudança desse artigo é a mesma dos artigos anteriores. Adapta-se a redação à nova proposta da obrigatoriedade de gravação de todos os testamentos. Além disso, como no caso das pessoas surdas, a Comissão, atenta à questão da inclusão, possibilita que possa ser solicitado testamento em formato acessível (em Braille, por exemplo). É regra de inclusão que não descura da proteção da pessoa que testa.

SEÇÃO III
DO TESTAMENTO CERRADO

Art. 1.868. O testamento escrito pelo testador, ou por outra pessoa, a seu rogo, e por aquele assinado, será válido se aprovado pelo tabelião ou seu substituto legal, observadas as seguintes formalidades:

I – que o testador o entregue ao tabelião em presença de duas testemunhas;

II – que o testador declare que aquele é o seu testamento e quer que seja aprovado;

III – que o tabelião lavre, desde logo, o auto de aprovação, na presença de duas testemunhas, e o leia, em seguida, ao testador e testemunhas;

IV – que o auto de aprovação seja assinado pelo tabelião, pelas testemunhas e pelo testador.

Parágrafo único. O testamento cerrado pode ser escrito mecanicamente, desde que seu subscritor numere e autentique, com a sua assinatura, todas as páginas.

COMENTÁRIOS DOUTRINÁRIOS: O testamento cerrado é aquele escrito pelo próprio testador ou por outra pessoa a seu pedido, sendo assinado por aquele e entregue ao tabelião ou a seu substituto para aprovação. Note-se que, nessa forma testamentária, o conteúdo não será conhecido por terceiros, e nem necessariamente pelo tabelião, que apenas fará a aprovação. Daí a sua outra denominação – *testamento místico* –, pois o seu conteúdo é um mistério; antes de sua abertura, apenas o testador conhece seu conteúdo. Qualquer pessoa, parente ou não do testador, pode escrever o testamento a seu pedido, mas será nulo o negócio jurídico se tal pessoa for beneficiária dos bens, bem como se o beneficiário for cônjuge, companheiro, ascendente ou irmão de quem escreveu a pedido do testador (art. 1.801, I, do CC). Da mesma forma, a lei não impede que o tabelião que escreveu o testamento a pedido do testador o aprove (art. 1.870 do CC), mas tal oficial não poderá ser nomeado como herdeiro ou legatário, sob pena nulidade absoluta da disposição (art. 1.801, IV, do CC). Todas essas normas têm conteúdo ético indiscutível, visando afastar qualquer dúvida quanto à vontade do testador. Sua inobservância é hipótese de nulidade absoluta. O instrumento do testamento cerrado poderá ser escrito mecanicamente – por meio de máquina de escrever ou computador –, e, assim, o testador deverá assinar todas as páginas, para que se evitem eventuais trocas de páginas com alteração de conteúdo. A ausência das assinaturas nulifica o testamento cuja veracidade seria questionável. O testador deve declarar que o testamento é seu e que quer a sua aprovação pelo tabelião (art. 1.868, II, do CC). A intervenção do tabelião nessa modalidade é imprescindível, sendo considerada uma espécie de testamento notarial. O tabelião pode ou não ter conhecimento do conteúdo do testamento. Se tiver, o testamento permanece válido. Se não tiver, a validade não se altera. Em seguida, o tabelião lavra o auto de aprovação na presença de *duas testemunhas* e lê o auto (e não o conteúdo do testamento) ao testador e às testemunhas (art. 1.864, III, do CC). No revogado Código Civil, o número de testemunhas era de cinco (art. 1.638, IV do CC/1916), havendo nessa redução do número de testemunhas o reconhecimento da facilitação do Direito Civil e que tem por objetivo tornar mais acessível essa importante forma de planejamento sucessório (princípio da operabilidade). Note-se que a presença das testemunhas à leitura do auto de aprovação é essencial, e sua ausência acarreta a nulidade do testamento, pois na hipótese de as assinaturas terem sido apostas em momento posterior, não seria possível comprovar se realmente aquele testamento foi o apresentado pelo testador ao tabelião. Mais uma vez, se o testamento cerrado foi celebrado na vigência do revogado Código Civil e só contou com a presença de duas testemunhas – quando o regime anterior exigia a presença de cinco testemunhas –, mas o falecimento só se deu na vigência do Código Civil de 2002, o testamento será nulo. Isso porque a lei que se aplica para verificar a validade do negócio jurídico é a do momento da celebração. Trata-se de outra aplicação do sempre comentado art. 2.035, *caput*, do CC. Terminada a lavratura do auto, o testamento deverá ser cerrado (fechado) e cosido (costurado).

PANDEMIA: Quanto ao testamento cerrado digital permitido pelo Provimento n. 149/2023 do CNJ, ver comentários ao art. 1.857.

JURISPRUDÊNCIA COMENTADA: Um testamento assinado pelo testador, com firma reconhecida, sem testemunhas é válido? "O fato de ter sido reconhecido firma na assinatura do documento certamente não torna o ato de disposição como testamento público, o que se extrai da mera leitura dos requisitos próprios a essa forma de testamento, conforme artigo 1.864 do Código Civil. Por outro lado, não se está, igualmente, diante de testamento cerrado, uma vez não observadas as formalidades do artigo 1.868 do Código Civil, e tampouco testamento particular, já que a declaração exibida teria que ter sido assinada na presença de três testemunhas, que deveriam subscrevê-lo, conforme artigo 1.876, § 1.º, do Código Civil, e não se está de situação de testamento de emergência, que dispensaria testemunhas, conforme artigo 1.879 do mesmo estatuto, já que o documento foi lavrado em 2010 e o óbito ocorreu em 2013" (TJSP, AP 1046384-44.2013.8.26.0100, 9.ª Câmara de Direito Privado, São Paulo, Rel. Mariella Ferraz de Arruda Pollice Nogueira, j. 23.07.2019). Verdadeira aula sobre os requisitos do testamento cerrado temos em decisão do TJSP: Cumpre observar que, à época da recepção do testamento em testilha, encontrava-se vigente o Código Civil de 1916, cujos requisitos eram previstos em seu art. 1.638, a saber: "Art. 1.638. São requisitos essenciais do testamento cerrado: I – Que seja escrito pelo testador, ou por outra pessoa, a seu rogo. II – Que seja assinado pelo testador. III – Que não sabendo, ou não podendo o testador assinar, seja assinado pela pessoa que o escreveu. IV – Que o testador o entregue ao oficial em presença, quando menos, de cinco testemunhas. V – Que o oficial, perante as testemunhas, pergunte ao testador se aquele é o seu testamento, e quer que seja aprovado, quando o testador não se tenha antecipado em declará-lo. VI – Que para logo, em presença das testemunhas, o oficial exare o auto de aprovação, declarando nele que o testador lhe entregou o testamento e o tinha por seu, bom, firme e valioso. VII – Que o instrumento de aprovação comece logo e imediatamente no fim do testamento. VIII – Que, não havendo lugar na última folha escrita do testamento, para nele começar o instrumento de aprovação, o oficial ponha o seu sinal público no testamento, e assim no instrumento o declare. IX – Que o instrumento ou auto de aprovação seja lido pelo oficial, assinando ele, as testemunhas e o testador, se souber e puder. X – Que, não sabendo, ou não podendo o testador assinar, assine por ele uma das testemunhas, declarando, ao pé da assinatura, que o faz a rogo do testador, por não saber ou não poder assinar. XI – Que o tabelião cerre e cosa o testamento depois de concluído o instrumento de aprovação. Inobstante o inconformismo, não tem sustentação fática a temática voltada à nulidade do testamento por ausência das formalidades legais que lhe são extrínsecas. Muito embora se reconheça a imprescindibilidade do cumprimento de requisitos legais para a validade formal do testamento, não há como reconhecer-se a nulidade quando materializada a real intenção de testar. Seja como for, passa-se à análise das supostas máculas apontadas pelo recorrente. Em primeiro lugar, a rubrica do testador em todas as páginas não constava dentre os requisitos exigidos à época do registro do testamento em voga. Ainda assim, é possível verificar a letra inicial do nome do testador ('N') nas duas páginas do documento (fls. 343/344), peculiaridade aparentemente ignorada pelo recorrente. Acresça-se, da r. sentença objurgada: 'O testamento (fls. 148/149) foi datilografado pelo advogado do morto e é composto de apenas duas páginas. De fato, o testador assinou apenas a segunda. Entretanto, o instrumento tem uma indubitável sequência lógica, de modo que não existe um único indício de que a folha não rubricada não corresponda ao todo desejado pelo morto. Muito pelo contrário: fica evidente que existe uma continuidade nas disposições efetivadas. Aliás, a bem da verdade, o inciso II, do art. 1.638, do CC/16 (inserido no *caput* do atual art. 1.868) pode ser interpretado no sentido de 'que a assinatura seja aposta onde terminem as disposições, isto é, onde se encontrem escritas as últimas palavras que a exprimem e ao pé destas [...]' (J.M. Carvalho Santos. *Código Civil brasileiro interpretado*. 8. ed., v. XXII, p. 39)' (fls. 1.186/1.187). Noutro vértice, com relação ao conhecimento pelas testemunhas da pessoa do testador, a lei não contém essa imposição, de modo que estas podem participar do ato independentemente de tal circunstância. Seja como for, os depoimentos colhidos ao longo da instrução sugerem que tenha havido eventual imprecisão formal, averbando-se que, mercê do tempo decorrido, as testemunhas inquiridas não foram categóricas, não se verificando, pois, nenhum indício de fraude ou supressão da vontade de testar. Fosse como fosse, os precedentes jurisprudenciais têm reconhecido a validade do testamento, mesmo que não atenda alguma das formalidades legais, quando a vontade do testador esteja expressa de forma clara no instrumento entregue ao tabelião, tal e qual a hipótese dos autos" (TJSP, AP 1002461-87.2016.8.26.0576, 7.ª Câmara de Direito Privado, São José do Rio Preto, Rel. Rômolo Russo, j. 22.10.2019). Sobre a validade do testamento e a flexibilização do rigor formal, sugiro ao leitor que verifique a nossa Jurisprudência Comentada que antecede a art. 1.862 (Capítulo III – Das formas ordinárias do testamento), em que compilo a decisão do STJ que dá os parâmetros para a compreensão do tema.

REFORMA DO CÓDIGO CIVIL: Pretende-se alterar o *caput*, os incisos I e IV e o parágrafo único do art. 1.868, que passariam a ter a seguinte redação: "Art. 1.868. O testamento escrito ou gravado em sistema digital de som e imagem pelo testador, será válido se aprovado pelo tabelião ou seu substituto legal, observadas as seguintes formalidades: I – que o testador entregue a declaração escrita em documento físico ou o arquivo digital de som e imagem ao tabelião diante de pelo menos duas testemunhas; [...] IV – que o auto de aprovação seja assinado pelo tabelião, pela testemunha e pelo testador ou por outra pessoa, a seu rogo. Parágrafo único. Quando digitado o testamento cerrado, o subscritor deve numerar e autenticar, com a sua assinatura, todas as páginas; quando gravado em sistema digital de som e imagem, deve o testador verbalizar, com a própria voz, antes de encerrar a gravação, ser aquele o seu testamento". A proposta de alteração adapta o artigo em comento às mudanças trazidas pelo testamento gravado (ver comentários ao art. 1.864). É, novamente, adaptação do testamento à nova realidade.

Art. 1.869. O tabelião deve começar o auto de aprovação imediatamente depois da última palavra do testador, declarando, sob sua fé, que o testador lhe entregou para ser aprovado na presença das testemunhas; passando a cerrar e coser o instrumento aprovado.

Parágrafo único. Se não houver espaço na última folha do testamento, para início da aprovação, o tabelião aporá nele o seu sinal público, mencionando a circunstância no auto.

COMENTÁRIOS DOUTRINÁRIOS: Logo após o testador declarar que aquele é o seu testamento, de imediato deve o tabelião lavrar o auto de aprovação, sempre em português, ainda que o testamento tenha sido redigido em outro idioma (art. 1.869 do CC). O auto começará a ser escrito logo após a última palavra escrita na cédula testamentária pelo testador (ou de quem a escreveu a seu pedido), devendo ser assinado por ele, pelas testemunhas e pelo tabelião (art. 1.868, IV, do CC). É um ato notarial dotado de fé pública pelo qual o Tabelião reconhece a identidade do testador e das testemunhas e garante que aquele instrumento exprime a vontade livre e consciente, sem vícios, do testador. É de se notar apenas que, se não houver espaço em branco na última folha do testamento, para o início da redação do auto de aprovação, como cautela para que se evite qualquer problema de alteração ou de complemento futuro, o tabelião deverá apor seu sinal público, iniciar o auto de aprovação em outra folha e nele mencionar tal fato.

JURISPRUDÊNCIA COMENTADA: E se o testamento cerrado for encontrado com seu lacre rompido? O rompimento pelo testador implica sua revogação. "Pelo que se vê, há questões que reclamam esclarecimentos, a saber: 1) O testamento foi encontrado antes ou depois da morte do testador? 2) O testamento foi aberto antes ou depois da morte do testador? Aliás, o apelado alega, nas contrarrazões, não haver prova de que 'o testamento teria sido aberto somente depois da morte do testador, inadvertidamente, pela apelante' (v. fls. 48, item '22'). E com integral razão, porque não há prova das alegações contidas na inicial. Ademais, considerando que o art. 1.869, *caput*, do Código Civil impõe ao tabelião, logo após a lavratura do auto de aprovação, o dever de cerrar e coser o instrumento, é de imperiosa necessidade apurar em que local se encontra o invólucro do testamento. Todas essas dúvidas não podem ser dirimidas nos acanhados limites do procedimento de jurisdição voluntária. Reclamam a instauração de processo de conhecimento a fim de que os herdeiros de Mario Spallicci possam provar as suas alegações. No procedimento de jurisdição voluntária não há lide, mas mera divergência passível de exame pelo magistrado. E tampouco partes, senão interessados, a ponto de o legislador, em várias oportunidades, valer-se da nomenclatura 'interessados' (*v.g.*, arts. 1.104, 1.105, 1.107, 1.113, 1.128, 1.129, 1.132,1.141)" (TJSP, AP 0029997-39.2011.8.26.0100, 5.ª Câmara de Direito Privado, São Paulo, Rel. J. L Mônaco da Silva, j. 06.03.2012).

REFORMA DO CÓDIGO CIVIL: Pretende-se alterar o art. 1.869, que passaria a ter a seguinte redação: "Art. 1.869. O tabelião deve começar o auto de aprovação declarando, sob sua fé, que o testador lhe entregou a declaração escrita em documento físico ou o arquivo digital de som e imagem para ser aprovado diante das testemunhas; passando a lacrar o invólucro em que inserido o arquivo digital. Parágrafo único. É permitido ao testador inserir no mesmo invólucro em que colocado o instrumento ou o arquivo digital do testamento, outros dispositivos eletrônicos que tenham sido dispostos em favor de herdeiros ou legatários, cabendo ao tabelião mencioná-los no auto de aprovação". A proposta faz pequenos ajustes de redação que em nada mudam o sentido da norma. Além disso, o texto proposto adapta o artigo em comento às novas tecnologias aplicadas ao testamento gravado e ao testamento digitado (ver comentários ao art. 1.864).

Art. 1.870. Se o tabelião tiver escrito o testamento a rogo do testador, poderá, não obstante, aprová-lo.

COMENTÁRIOS DOUTRINÁRIOS: Não há conflito de interesses que impeça o Tabelião que redigiu o testamento cerrado a pedido do testador que o aprove posteriormente lavrando o auto. O Tabelião tem fé pública, age em delegação de um serviço estatal e, por isso, não tem impedimento para ter dupla participação no testamento. Note-se que o Tabelião pode escrever a rogo desde que o testador saiba e possa ler (ver art. 1.872 do CC). Se não souber ou não puder ler, é nulo o testamento cerrado escrito a rogo do testador.

REFORMA DO CÓDIGO CIVIL: Pretende-se revogar o art. 1.870. No art. 1.868 foi abolida a possibilidade de o testamento cerrado ser escrito a rogo. A possibilidade de se gravar o testamento cerrado faz com que não haja mais razão para o testamento a rogo. Desse modo, com o fim dessa modalidade de testamento, perde o sentido o art. 1.870 continuar existindo. De resto, a assinatura a rogo é também excluída pelo projeto quanto ao testamento público.

Art. 1.871. O testamento pode ser escrito em língua nacional ou estrangeira, pelo próprio testador, ou por outrem, a seu rogo.

COMENTÁRIOS DOUTRINÁRIOS: O artigo é autoexplicativo. Quanto às formalidades, nada impede que o testamento cerrado seja escrito em idioma estrangeiro pelo próprio testador ou a seu rogo. A regra é importante, pois evita o debate sobre a nulidade do testamento cerrado escrito em idioma estrangeiro ou a pedido do testador (a rogo). Contudo, o testador deve saber e pode ler (art. 1.872) sob pena de nulidade do testamento cerrado escrito a rogo. O dispositivo admite tanto o idioma estrangeiro quanto que seja escrito a rogo. Isso porque o testador confirmará ao Tabelião que o que o testamento contém reflete sua vontade.

JURISPRUDÊNCIA COMENTADA: O fato de o testamento ter sido escrito no Brasil ou no exterior em língua estrangeira é irrelevante. Basta ter cumprido as formalidades legais: "Testamento Particular elaborado no exterior. Cumprimento no Brasil. Determinação de remessa dos autos ao STF. Aplicabilidade dos arts. 1.871 e 1.875 do CC. A legislação permite que o testamento seja escrito em língua estrangeira, sem distinção quanto ao seu cumprimento, desde que não se ache vício externo" (TJSP, AI 0201011-03.2011.8.26.0000, 7.ª Câmara de Direito Privado, Atibaia, Rel. Miguel Brandi, j. 07.02.2012).

REFORMA DO CÓDIGO CIVIL: Pretende-se alterar o art. 1.871, que passaria a vigorar com a seguinte redação: "Art. 1.871. O testamento pode ser manuscrito, gravado ou digitado em língua nacional ou estrangeira, em Braille ou arquivo digital acessível, pelo próprio testador, ou por outrem, a seu rogo". A proposta adapta o testamento às novas tecnologias. A principal alteração é a gravação do testamento (ver comentários ao art. 1.864). Além disso, atenta à inclusão das pessoas com deficiência, a lei traz a possibilidade de o testamento ser feito em Braille (ver comentários ao art. 1.867).

Art. 1.872. Não pode dispor de seus bens em testamento cerrado quem não saiba ou não possa ler.

COMENTÁRIOS DOUTRINÁRIOS: Não podem se valer dessa forma de testamento as pessoas que não saibam ou possam ler, pois é essencial que se certifiquem do conteúdo escrito do testamento que será entregue ao tabelião para aprovação. Assim, não poderão se utilizar dela os analfabetos ou os cegos. Se cegos ou analfabetos se valerem dessa forma de testar, ocorrerá nulidade do testamento cerrado escrito a rogo.

REFORMA DO CÓDIGO CIVIL: Pretende-se alterar o art. 1.872, que passaria a ter a seguinte redação: "Art. 1.872. Quem não saiba ou não possa ler e escrever, só pode dispor de seus bens em testamento cerrado gravado em arquivo digital de áudio visual". Como no caso do testamento público, se aprovada a reforma, os analfabetos serão obrigados a testar por meio de vídeo (ver comentários ao art. 1.865). É uma forma de inclusão da pessoa que não sabe ler, sem perder a segurança jurídica que se exige no ato de testar.

Art. 1.873. Pode fazer testamento cerrado o surdo-mudo, contanto que o escreva todo, e o assine de sua mão, e que, ao entregá-lo ao oficial público, ante as duas testemunhas, escreva, na face externa do papel ou do envoltório, que aquele é o seu testamento, cuja aprovação lhe pede.

COMENTÁRIOS DOUTRINÁRIOS: O surdo-mudo, e também aquele que só é mudo, que optar por utilizar a modalidade de testamento cerrado deverá escrevê-lo de próprio punho e assiná-lo, não podendo se valer de meios mecânicos, conferindo assim maior autenticidade à cédula. Nesse caso, pelo mesmo dispositivo, a cédula deve ser entregue perante duas testemunhas, e o testador deve escrever na face externa do papel ou do envoltório que aquele é o seu testamento cuja aprovação pede, no exato momento em que fizer a entrega. Isso porque não poderá o testador, em razão da deficiência, declarar verbalmente que aquele testamento reflete sua vontade. É por isso que, se a pessoa for surda, mas puder falar, não há necessidade dessa formalidade como requisito de validade do testamento cerrado. O dispositivo tem natureza protetiva e não discriminatória. É, portanto, totalmente consentâneo com o Estatuto da Pessoa com Deficiência (Lei n. 13.146/2015) e não foi revogado de maneira tácita por esta lei. Garante o respeito à vontade do mudo e do surdo-mudo por meio desta solenidade.

REFORMA DO CÓDIGO CIVIL: Pretende-se mudar o art. 1.873, que passaria a ter a seguinte redação: "Art. 1.873. As pessoas com deficiência visual ou auditiva podem fazer testamento cerrado por escrito ou por gravação em sistema digital de som e imagem, sendo-lhes facultada a utilização de Língua Brasileira de Sinais (LIBRAS), braille ou qualquer tecnologia assistiva de sua escolha". A proposta adapta o artigo à proposta do testamento gravado. A Comissão, ademais, atenta à proteção das pessoas com deficiência passa a autorizar o uso de LIBRAS e de Braille para auxiliar na feitura do testamento cerrado (ver comentários aos arts. 1.866 e 1.867).

Art. 1.874. Depois de aprovado e cerrado, será o testamento entregue ao testador, e o tabelião lançará, no seu livro, nota do lugar, dia, mês e ano em que o testamento foi aprovado e entregue.

COMENTÁRIOS DOUTRINÁRIOS: Depois de aprovado e cerrado, o testamento deve ser entregue ao testador. O tabelião, que não fica com cópia do testamento e sem conhecer o conteúdo da disposição, apenas lança em seu livro a nota do lugar, dia e ano em que ele foi aprovado e entregue (art. 1.874 do CC). O grande problema do testamento cerrado é o seu possível extravio. Isso porque o instrumento fica em poder do testador ou de pessoa por ele escolhida e só poderá ser aberto pelo juiz quando da morte do testador, que, antes, deverá verificar se o documento está intacto (arts. 1.875 do CC e art. 735 do CPC/2015). Assim, pode-se saber de sua existência em razão do registro junto ao livro, mas, se a cédula se perder, seu conteúdo jamais será conhecido e a vontade do morto não será cumprida.

JURISPRUDÊNCIA COMENTADA: E se o testamento cerrado tiver seu lacre rompido pelo testador? No caso em análise, clara a vontade da testadora em revogar seu testamento cerrado, nos termos do documento de fl. 35, posto que, expressamente, assinalou ter inutilizado o mesmo. Diante desta manifestação, não há como não se ter como revogado, efetivamente, o testamento em questão, até porque dele se entendesse não ter havido tal, não se teria como saber do seu conteúdo, pois, na forma do art. 1.874 do Código Civil, apenas a testadora mantinha com ela o tratado testamento, o qual, segundo a mesma, teria sito destruído, ficando impossível restabelecê-lo quanto ao conteúdo, por ser assim materialmente infactível (TJSP, AI 0152110-33.2013.8.26.0000, 10.ª Câmara de Direito Privado, São Paulo, Rel. João Batista Vilhena, j. 03.09.2013).

Art. 1.875. Falecido o testador, o testamento será apresentado ao juiz, que o abrirá e o fará registrar, ordenando seja cumprido, se não achar vício externo que o torne eivado de nulidade ou suspeito de falsidade.

COMENTÁRIOS DOUTRINÁRIOS: Falecido o testador, cabe a verificação de vício externo que o torne eivado de nulidade ou suspeito de falsidade. É isso que dispõe o CPC/2015: "Art. 735. Recebendo testamento cerrado, o juiz, se não achar vício externo que o torne suspeito de nulidade ou falsidade, o abrirá e mandará que o escrivão o leia em presença do apresentante. § 1º Do termo de abertura constarão o nome do apresentante e como ele obteve o testamento, a data e o lugar do falecimento do testador, com as respectivas provas, e qualquer circunstância digna de nota. § 2º Depois de ouvido o Ministério Público, não havendo dúvidas a serem esclarecidas, o juiz mandará registrar, arquivar e cumprir o testamento". O rompimento do lacre pelo próprio testador significa a revogação do testamento.

JURISPRUDÊNCIA COMENTADA: Se o testamento já tiver sido aberto pelo testador, é considerado revogado. Assim: "Testamento cerrado. Envelopes contendo dois testamentos que foram abertos e dilacerados pelo testador, com seu consentimento e na presença de testemunhas. Quebra de sigilo da cédula testamentária que implica em revogação e nulidade do ato de última vontade. Inteligência dos art. 1.875 e 1.972 do Código Civil" (TJSP, AP 0000251-40.2014.8.26.0418, 6.ª Câmara de Direito Privado, Paraibuna, Rel. Rodolfo Pellizari, j. 07.02.2018).

SEÇÃO IV
DO TESTAMENTO PARTICULAR

Art. 1.876. O testamento particular pode ser escrito de próprio punho ou mediante processo mecânico.

§ 1º Se escrito de próprio punho, são requisitos essenciais à sua validade seja lido e assinado por quem o escreveu, na presença de pelo menos três testemunhas, que o devem subscrever.

§ 2º Se elaborado por processo mecânico, não pode conter rasuras ou espaços em branco, devendo ser assinado pelo testador, depois de o ter lido na presença de pelo menos três testemunhas, que o subscreverão.

COMENTÁRIOS DOUTRINÁRIOS: A última forma ordinária de testar é a particular, que também é denominada *hológrafa* (grafa-se também *ológrafa*), já que pode ser redigida pelo próprio testador sem a participação de tabelião ou funcionário do Estado. Hológrafo, do grego, significa escrito por completo. Todo escrito.

O testador redigirá o testamento todo, logo, será hológrafo. Isso não quer dizer que o testador não se possa utilizar de meios mecânicos, tais como um computador, para redigir o testamento, ou redigi-lo de próprio punho. Se redigido de próprio punho, são requisitos essenciais à sua validade que o testamento seja lido e assinado por quem o escreveu, na presença de pelo menos três testemunhas, que o devem subscrever (art. 1.876, § 1º). Note-se que "quem escreveu" só pode ter sido o próprio testador, já que o testamento particular escrito ou assinado a rogo, a pedido, é nulo de pleno direito, por desrespeito à forma (art. 166, IV, do CC). O revogado Código Civil exigia a presença de cinco testemunhas. É de se observar que a redução facilita o cumprimento da exigência, valendo as mesmas observações feitas quanto ao testamento público e ao cerrado quanto à validade do negócio jurídico. Se o negócio foi celebrado na vigência do Código Civil revogado, só será válido se contiver cinco testemunhas, ainda que a morte ocorra na vigência do Código Civil de 2002. Poderia o Código Civil ter simplificado as formalidades testamentárias, mas não o fez. Poderia ter adotado a forma hológrafa simplificada, que dispensaria a presença de testemunhas. Isso incentivaria a elaboração de testamentos, prática que não é comum entre nós. Se elaborado por processo mecânico, o testamento particular não pode conter rasuras ou espaços em branco, devendo ser assinado pelo testador, depois de o ter lido na presença de pelo menos três testemunhas, que o subscreverão (art. 1.876, § 2º). Garante-se, assim, respeito à vontade do testador, que, por meio de rasuras ou espaços em branco, pode ter sua vontade alterada completamente. Imaginemos que a palavra "*não*" riscada de certa sentença altere todo o testamento. Obrigatoriamente, o testamento deve ser lido pelo testador, não se admitindo que terceiros o façam. Essa leitura deverá ocorrer na presença das testemunhas, seja ele escrito de próprio punho ou por meio mecânico.

JURISPRUDÊNCIA COMENTADA: Novamente serve a jurisprudência para flexibilizar as solenidades testamentárias para garantir o cumprimento da vontade morto. O dilema que surge, sempre, é saber se ausentes as solenidades pode-se garantir que a vontade externada no testamento era realmente a desejada. No caso em análise pelo STJ, verifica-se que "o propósito recursal é definir se o vício formal consubstanciado na leitura do testamento particular apenas a duas testemunhas é suficiente para invalidá-lo diante da regra legal que determina que a leitura ocorra, ao menos, na presença de três testemunhas". A conclusão do Tribunal é que "a jurisprudência desta Corte se consolidou no sentido de que, para preservar a vontade do testador, são admissíveis determinadas flexibilizações nas formalidades legais exigidas para a validade do testamento particular, a depender da gravidade do vício de que padece o ato de disposição. São suscetíveis de superação os vícios de menor gravidade, que podem ser denominados de puramente formais e que se relacionam essencialmente com aspectos externos do testamento particular, ao passo que vícios de maior gravidade, que podem ser chamados de formais-materiais porque transcendem a forma do ato e contaminam o seu próprio conteúdo, acarretam a invalidade do testamento lavrado sem a observância das formalidades que servem para conferir exatidão à vontade do testador". O perigo em se flexibilizar a lei é que as decisões passem a ser arbitrárias e de acordo com a convicção de cada magistrado. Criam-se categorias estranhas ao sistema e que aniquilam a segurança jurídica. A conclusão do julgado foi a seguinte: "na hipótese, o vício que impediu a confirmação do testamento consiste apenas no fato de que a declaração de vontade da testadora não foi realizada na presença de três, mas, sim, de somente duas testemunhas, espécie de vício puramente formal incapaz de, por si só, invalidar o testamento, especialmente quando inexistentes dúvidas ou questionamentos relacionados à capacidade civil do testador, nem tampouco sobre a sua real vontade de dispor dos seus bens na forma constante no documento" (STJ, REsp 1.583.314, 3.ª Turma, Rel. Min. Nancy Andrighi, j. 21.08.2018). Sobre a validade do testamento e a flexibilização do rigor formal, sugiro ao leitor que verifique a nossa Jurisprudência Comentada que antecede a art. 1.862 (Capítulo III – Das formas ordinárias do testamento), em que compilo a decisão do STJ que dá os parâmetros para a compreensão do tema.

REFORMA DO CÓDIGO CIVIL: Pretende-se alterar o *caput* e o § 2º do art. 1.876 e criar um § 3º e um § 4º: "Art. 1.876. O testamento particular pode ser escrito de próprio punho ou mediante processo mecânico, ou pode ser gravado em sistema digital de som e imagem. [...] § 2º Se elaborado por processo mecânico, não pode conter rasuras ou espaços em branco, devendo ser assinado pelo testador, depois de o ter lido diante de pelo menos duas testemunhas, que o subscreverão. § 3º Se realizado por sistema digital de som e imagem, deve haver nitidez e clareza na gravação das imagens e sons, bem como declarar a data da gravação, sendo esses os requisitos essenciais à sua validade, além da intervenção simultânea de duas testemunhas identificadas nas imagens. § 4º O testamento deverá ser gravado em formato compatível com os programas computadorizados de leitura existentes na data da celebração do ato, contendo a declaração do testador de que no vídeo consta o seu testamento, bem como sua qualificação completa e a das testemunhas". Como no caso do testamento cerrado e do testamento público, a proposta, se aprovada, passa a permitir que o testamento particular seja gravado. Isso é uma forma de adaptar o Código às novas tecnologias, de manter a segurança jurídica e de facilitar o ato de testar das pessoas com deficiência (ver comentários ao art. 1.864).

Art. 1.877. Morto o testador, publicar-se-á em juízo o testamento, com citação dos herdeiros legítimos.

COMENTÁRIOS DOUTRINÁRIOS: Com a morte do testador, determina a lei que o testamento seja publicado em juízo, com a citação dos herdeiros legítimos, ou seja, daqueles a quem caberia a herança ou legado se testamento não houvesse. Poderão requerer a publicação do testamento em juízo, depois da morte do testador, o herdeiro, o legatário ou o testamenteiro, bem como o terceiro detentor do testamento, se impossibilitado de entregá-lo a algum dos outros legitimados para requerê-la (art. 737 do CPC/2015). Duas mudanças importantes se verificam entre o CPC/1973 e o CPC/2015. A primeira é que o CPC revogado exigia inquirição das testemunhas que lhe ouviram a leitura e, depois disso, o assinaram (art. 1.130 do CPC). O atual CPC não exige a inquirição, basta ao juiz verificar a presença dos requisitos legais (art. 737, § 2º do CPC/2015). Sobre o tema, ver art. 1.878 do CC. Uma segunda mudança diz respeito ao MP. O CPC/1973 determinava a intimação do MP para a oitiva das testemunhas. O atual CPC apenas exige que o MP seja ouvido para a confirmação do testamento (art. 737, § 2º, do CPC/2015). A norma processual revogada previa, ainda, que a petição requerendo a publicação deveria ser instruída com a cédula do testamento particular (art. 1.130, parágrafo único, do CPC/1973). A norma não foi reproduzida por sua desnecessidade. O testamento a ser publicado deve, por óbvio, acompanhar a petição, sob pena de indeferimento da petição inicial.

JURISPRUDÊNCIA COMENTADA: Havendo herdeiro testamentário único, todos os herdeiros legítimos (que herdariam se não houvesse testamento) devem ser citados no procedimento de registro de testamento. Assim: "Cuida-se de abertura de inventário com pedido de adjudicação dos bens, tendo o autor da herança deixado testamento a único herdeiro. Insurge-se o recorrente contra a decisão que determinou a citação de todos os herdeiros legítimos. Desse modo, a ausência de citação e intimação de todos os herdeiros legítimos do testador, inclusive os colaterais, torna nulo o processo por violação dos mencionados artigos" (TJSP, AI 2221426-60.2017.8.26.0000, 6.ª Câmara de Direito Privado, Rio Claro, Rel. Percival Nogueira, j. 05.11. 2018).

Art. 1.878. Se as testemunhas forem contestes sobre o fato da disposição, ou, ao menos, sobre a sua leitura perante elas, e se reconhecerem as próprias assinaturas, assim como a do testador, o testamento será confirmado.

Parágrafo único. Se faltarem testemunhas, por morte ou ausência, e se pelo menos uma delas o reconhecer, o testamento poderá ser confirmado, se, a critério do juiz, houver prova suficiente de sua veracidade.

COMENTÁRIOS DOUTRINÁRIOS: O CC exige que haja a oitiva das testemunhas do testamento particular antes de o juiz o confirmar. Aliás é mais específico: exige que, em regra, todas as três testemunhas confirmem suas próprias assinaturas e que estão de acordo que o testamento lido pelo juiz foi o feito pelo testador. Há uma exceção que decorre do *favor testamenti*: se faltarem testemunhas, por morte ou ausência, e se pelo menos uma delas o reconhecer, o testamento poderá ser confirmado, se, a critério do juiz, houver prova suficiente de sua veracidade. O juiz pode, em razão do impedimento de um ou duas das testemunhas, considerar válido o testamento particular considerando outras provas que indiquem sua veracidade. Admite-se, assim, uma vasta produção de provas que permitam ao juiz confirmar o testamento apesar da ausência ou impedimento de todas as três testemunhas. É por isso que o revogado CPC trazia o procedimento de oitiva das testemunhas testamentárias. Além dos herdeiros legítimos que receberiam a herança se o falecido tivesse morrido *ab intestato*, eram chamados para a inquirição o testamenteiro, os herdeiros e os legatários que não tiverem requerido a publicação (art. 1.131 do CPC/1973). O atual CPC não traz qualquer regra sobre o tema. Contudo, como o Código Civil mantém a regra, pela ausência de revogação expressa, o art. 1.878 continua a produzir todos os efeitos e as testemunhas devem ser ouvidas ainda nos exatos termos do artigo que se comenta.

JURISPRUDÊNCIA COMENTADA: Aqui o TJSP mitigou a formalidade legal, pois entendeu que a vontade do testador ficara clara na cédula testamentária: "Abertura, registro e cumprimento de testamento. Sentença que reconheceu a validade do testamento particular, reduzindo a deixa testamentária para 50% do bem doado a somente um dos filhos do testador. Insurgência da filha e da neta herdeiras. Não acolhimento. Testamento elaborado por processo mecânico cuja autenticidade foi confirmada por uma das testemunhas testamentárias ouvida em juízo. Insurge-se a herdeira neta

Amarilis dos Santos, defendendo a invalidade do testamento pelo mesmo ter sido elaborado quando o testador, seu avô paterno, encontrava-se já com 85 anos de idade, argumentando que para a validade do documento seria necessário que a herdeira inventariante tivesse juntado aos autos laudo médico comprovando a saúde mental do testador naquela data. Na espécie, o testamento foi assinado por três testemunhas: Moacir Teixeira de Lima, Thaisi de Oliveira Moraes e Michel Lopes da Silva, sendo que o Sr. Moacir compareceu na audiência designada para ser ouvido em juízo e disse que não se lembrava se o documento fora lido em sua presença, tendo declarado ainda que as outras duas testemunhas não estavam presentes quando o mesmo fora elaborado. Logo se vê que as formalidades previstas no retrocitado art. 1.876, § 2º, do Código Civil não foram rigorosamente observadas na espécie. Contudo, é certo que os requisitos formais previstos em lei podem ser mitigados em casos excepcionais, quando não persistirem dúvidas acerca da real vontade do testador, devendo esta ser prestigiada. Também é certo que, na espécie, inexistem indícios de que o testador tinha o discernimento prejudicado na data em que firmou o documento, já que a idade avançada, por si só, não permite tal conclusão, como quer fazer crer a apelante Amarilis. A testemunha testamentária ouvida em juízo confirmou a autenticidade do documento e, muito embora seja casado com a herdeira Maria José dos Santos Lima, certo é que não vislumbro razões para questionar a veracidade de seu depoimento, já que sua cônjuge não foi a herdeira beneficiada com as disposições de última vontade do falecido" (TJSP, AP 1019858-45.2017.8.26.0344, 6.ª Câmara de Direito Privado, Marília, Rel. Rodolfo Pellizari, j. 25.04.2019). Em sentido parecido também decidiu o STJ no REsp n. 2.080.530/SP. No caso em questão, a Min. Nancy Andrighi, então relatora, afirmou que: "O exame da jurisprudência revela que esta corte tem sido ciosa na indispensável busca pelo equilíbrio entre a necessidade de cumprimento de formalidades essenciais nos testamentos particulares (respeitando-se, pois, a solenidade e a ritualística própria, em homenagem à segurança jurídica) e a necessidade, também premente, de abrandamento de determinadas formalidades para que sejam adequadamente respeitadas as manifestações de última vontade do testador".

REFORMA DO CÓDIGO CIVIL: Pretende-se alterar o art. 1.878, que passaria a vigorar com a seguinte redação: "Art. 1.878. Se as testemunhas forem contestes sobre o fato da disposição, e se reconhecerem as próprias assinaturas, ou quando, por programa de gravação, reconhecerem as suas imagens e falas, assim como as do testador, o testamento será confirmado. Parágrafo único. Se faltarem as testemunhas, por morte ou ausência, o testamento poderá ser confirmado, se, a partir dos demais elementos de prova, não houver dúvida fundamentada sobre a autenticidade da assinatura, das imagens ou sobre a higidez das declarações manifestadas pelo testador". As mudanças visam, em síntese, adaptar o dispositivo à proposta que permite o testamento por vídeo.

Art. 1.879. Em circunstâncias excepcionais declaradas na cédula, o testamento particular de próprio punho e assinado pelo testador, sem testemunhas, poderá ser confirmado, a critério do juiz.

COMENTÁRIOS DOUTRINÁRIOS: Esse artigo é a verdadeira novidade em matéria de testamentos trazida pelo CC. É inédita no direito pátrio a possibilidade de confirmação pelo juiz de um testamento sem testemunhas. As testemunhas servem para comprovar que o testamento efetivamente é do testador, que ele não estava sob coação, que sabia o que estava fazendo (não estava em confusão mental) etc. são as testemunhas a garantia da higidez do testamento e requisito essencialíssimo de validade. Dispensar testemunhas é valorizar de maneira evidente o *favor testamenti*. Devemos observar que a expressão *circunstâncias excepcionais*, constante do art. 1.879, constitui um conceito aberto deixado pelo legislador para preenchimento caso a caso. Ora, diversas são as situações em que é possível imaginar alguém impedido de testar normalmente, como, por exemplo, se alguém estiver correndo sério perigo de vida em razão de uma onda de violência que atinge uma grande cidade; se estiver perdido na selva sem conseguir achar a civilização; ou, por fim, em sendo um náufrago perdido em uma ilha. Um exemplo comum é a pessoa que passará por intervenção cirúrgica e, com medo de morrer durante o procedimento, testa sem testemunhas presentes. O testador pede ao médico papel e caneta e escreve seu ato de última vontade. Entendemos, ainda, que a cautela do juiz deve ser enorme no caso em questão, como deve ocorrer sempre quando do preenchimento das cláusulas gerais. Imagine-se a hipótese em que o testador é forçado a redigir o testamento e logo após é morto pelo beneficiário. Deve o juiz inquirir cuidadosamente as partes interessadas, buscando a real verdade dos fatos e declarando eventual nulidade do testamento que tenha por objetivo fraudar direitos sucessórios. O Enunciado n. 611 da *VII Jornada de Direito Civil*, diante da excepcionalidade dessa forma de testar, dispõe que "o testamento hológrafo simplificado, previsto no art. 1.879 do Código Civil, perderá sua eficácia se, nos 90 dias subsequentes ao fim das circunstâncias excepcionais que autorizaram a sua confecção, o disponente, podendo fazê-lo, não testar por uma das formas testamentárias ordinárias". É a aplicação analógica do prazo previsto para as formas extraordinárias de testar. Assim, temos que "caducará o testamento marítimo, ou aeronáutico, se o testador não morrer na viagem, nem nos noventa dias subsequentes ao seu desembarque em terra, onde possa fazer, na forma ordinária, outro testamento" (art. 1.891 do CC). Há uma lógica interessante: a lei admite o testamento sem testemunhas por circunstâncias especiais declaradas na cédula, porque o testador não pode cumprir todas os requisitos necessários à validade do testamento particular. Assim, se passados 90 dias o testador não falecer, razão não se tem para se dar validade a um testamento sem a presença de testemunhas. Afinal, a presença delas dá segurança e é essencial para higidez do testamento.

JURISPRUDÊNCIA COMENTADA: O dispositivo exige cuidados do magistrado na aceitação do testamento sem testemunhas. É por isso que o STJ não admitiu como válido o testamento se havia dúvidas sobre a efetiva vontade do morto: "Inexistência de circunstância emergencial que nos termos do art. 1.879 do CC/2002 autoriza seja confirmado pelo juiz o testamento particular realizado de próprio punho pelo testador sem a presença de testemunhas. No caso em apreço, o Tribunal de origem, à luz da prova dos autos, concluiu que a verdadeira intenção do testador revela-se passível de questionamentos, não sendo possível, portanto, concluir, de modo seguro, que o testamento exprime a real vontade do testador" (STJ, REsp 1.639.021, 3.ª Turma, Rel. Min. Ricardo Villas Bôas Cueva, *DJe* 30.10.2017).

REFORMA DO CÓDIGO CIVIL: Pretende-se alterar o art. 1.879, que passaria a ter a seguinte redação: "Art. 1.879. Em circunstâncias excepcionais declaradas pelo testador, o testamento particular escrito e assinado de próprio punho ou em meio digital, ou gravado em qualquer programa ou dispositivo audiovisual pelo testador, sem testemunhas ou demais formalidades, poderá ser confirmado, se, a partir dos demais elementos de prova, não houver dúvida fundamentada sobre a autenticidade da assinatura, das imagens ou sobre a higidez das declarações manifestadas pelo testador. Parágrafo único. Perde a eficácia o testamento particular excepcional, se o testador não morrer no prazo de noventa dias, contados da cessação das circunstâncias excepcionais declaradas na cédula ou no dispositivo eletrônico". Em relação ao *caput*, a proposta adapta o testamento hológrafo simplificado às novas tecnologias, tratando da possibilidade de fazer assinatura digital e por vídeo. O parágrafo único, por sua vez, positiva regra do Enunciado n. 611 da *VII Jornada de Direito Civil*, já explicado nos comentários doutrinários desse artigo.

Art. 1.880. O testamento particular pode ser escrito em língua estrangeira, contanto que as testemunhas a compreendam.

COMENTÁRIOS DOUTRINÁRIOS: Nada impede que o testamento particular seja escrito em língua estrangeira, desde que todas as testemunhas que o assinem compreendam o idioma. O artigo diz o óbvio, pois, se não compreenderem o idioma, não compreenderão a disposição testamentária e não serão de nenhuma valia no momento da confirmação do testamento. Se uma ou algumas das testemunhas não compreender o idioma em que foi feito o testamento, esse será nulo.

REFORMA DO CÓDIGO CIVIL: Pretende-se alterar o art. 1.880, que passaria a vigorar com a seguinte redação: "Art. 1.880. O testamento particular pode ser escrito em língua estrangeira ou em Braille, contanto que as testemunhas o compreendam. Parágrafo único. O testamento particular em sistema digital de som e imagem poderá ser gravado em língua estrangeira ou em Língua Brasileira de Sinais (LIBRAS), compreensível das testemunhas". Atenta às novas tecnologias e à inclusão das pessoas com deficiência, a Comissão, assim como no caso do testamento público e do testamento cerrado, permitiu o testamento particular em LIBRAS, Braille e gravado.

CAPÍTULO IV
DOS CODICILOS

Art. 1.881. Toda pessoa capaz de testar poderá, mediante escrito particular seu, datado e assinado, fazer disposições especiais sobre o seu enterro, sobre esmolas de pouca monta a certas e determinadas pessoas, ou, indeterminadamente, aos pobres de certo lugar, assim como legar móveis, roupas ou joias, de pouco valor, de seu uso pessoal.

COMENTÁRIOS DOUTRINÁRIOS: A palavra codicilo tem origem latina, significa "pequeno código, pequeno escrito", e sua origem remonta à palavra *codex*. Trata-se de ato de última vontade, assim como é o testamento, mas um ato simplificado para o qual a lei não exige solenidade em razão de seu objeto ser considerado de menor importância para o falecido e para os herdeiros. Exatamente por isso, o codicilo não serve para legar bens imóveis, pois é forma inadequada para tanto, sendo, portanto, nula disposição nesse sentido, por desrespeito à forma. O codicilo serve para legar móveis, roupas ou joias de pouco valor e de uso pessoal do falecido (art. 1.881 do CC). A noção de "pouco valor" não se afere em termos absolutos, mas, sim, relativos. Uma joia que valha muito pode ser de "pequeno valor" se comparada à totalidade dos bens do falecido (o pequeno valor se determina por comparação: a qual percentual do valor total dos bens deixados corresponde o bem deixado em codicilo?). Ainda, pode o autor do codicilo fazer disposições sobre seu próprio enterro. A título de exemplo, o autor pode dizer que quer ser enterrado em um determinado cemitério de uma cidade do interior, onde estão os seus parentes, bem como determinar que seu desejo é ser cremado. Também o codicilo é meio idôneo para deixar esmolas de pouca monta a certas e determinadas pessoas, a estabelecimentos particulares de caridade ou de assistência pública e aos pobres de certo lugar. Para a interpretação dessa disposição, o Código Civil determina que a disposição geral em favor dos pobres se refere àqueles do lugar do domicílio do testador quando de sua morte (art. 1.902 do CC). Podem ainda ser objeto de codicilo: a) sufrágios por intenção da alma do codicilante, como é o caso de celebração de uma missa na igreja católica (art. 1.998 do CC); b) nomeação e substituição de testamenteiro (art. 1.883 do CC); e c) perdão do indigno (art. 1.818 do CC). Diferentemente do testamento, o codicilo tem forma simplificada e basta que o seu autor redija um escrito particular, o date e assine, sem a necessidade de testemunhas ou de qualquer outra formalidade. Se não for datado ou assinado, o negócio jurídico em questão será nulo, também por desrespeito à forma. A lei não se refere expressamente à possibilidade de o codicilo ser redigido de forma mecânica, ou seja, por datilografia ou digitação, mas a doutrina e a jurisprudência admitem majoritariamente a validade dos codicilos elaborados dessa forma. Não poderia ser diferente. Atualmente, o testamento pode ser feito por meios mecânicos, logo não há óbice para se impedir o codicilo por tais meios. A única ressalva a ser feita é que, assim como ocorre com testamento particular, se o codicilo for feito mecanicamente, todas as páginas deverão estar assinadas pelo autor do codicilo. Quanto à capacidade para fazer codicilo, é a mesma que se exige para testar, já que ambos são atos de última vontade.

JURISPRUDÊNCIA COMENTADA: Na análise do pequeno valor, já se decidiu: "declaração de última vontade da *de cujus*, autorizando o levantamento de valores em conta bancária pela autora. *De cujus* era solteira e não deixou dependentes ou herdeiros. Valores próximos a R$ 11.000,00. Caso em que se trata de valores de pequena monta" (TJSP, APL 0000730-74.2015.8.26.0102, 3.ª Câmara de Direito Privado, Rel. Des. Carlos Alberto de Salles. j. 23.05.2017). O mesmo Tribunal entendeu que, "para saber se as esmolas e os bens móveis são de pouco valor, faz-se o confronto com o patrimônio do testador. Representando percentual mínimo de seu patrimônio, terá sido respeitado o parâmetro legal. No caso, por meio do documento fls. 361 o *de cujus* manifestou sua vontade de que 'o lote de ações de emissão do Banco Bradesco S/A e do Bradespar S/A' fossem doados à sua irmã, considerando que se destina à sua manutenção, saúde e outras necessidades" (TJSP, AI 2012097-76.2015.8.26.0000, 6.ª Câmara de Direito Privado, Barueri, Rel. Eduardo Sá Pinto Sandeville, j. 21.11.2017). E ainda decidiu o TJSP que: "Declaração subscrita pelo *de cujus* com disposição de bem para após a morte que não atende aos requisitos do Código Civil, não podendo ser aceita como codicilo pelo elevado valor da disposição, tampouco como testamento em qualquer de suas modalidades. Segundo informação da própria inicial, o saldo da conta, em 31 de outubro de 2012, era de R$ 693.921,51. A pretensão foi corretamente rejeitada. A disposição de bens para depois da morte pode ser feita por testamento ou codicilo, o que se extrai dos artigos 1.857 e 1.881, ambos do Código Civil. Claramente não se pode considerar o montante de mais de R$ 300.000,00 de esmola de pouca monta, de onde se extrai que o mecanismo de disposição de bens possível seria uma das modalidades de testamento estabelecido na legislação civil, e como bem analisou o juízo *a quo*, o documento de fls. 11/12, apresentado em cópia simples, não preenche os requisitos de um testamento, em qualquer de suas modalidades" (TJSP, AP 1046384-44.2013.8.26.0100, 9.ª Câmara de Direito Privado, São Paulo, Rel. Mariella Ferraz de Arruda Pollice Nogueira, j. 23.07.2019). Mesmo se tratando de conta bancária de valor expressivo, o TJSP admitiu a validade do codicilo em razão do total de bens do falecido: "Em primeiro lugar, o valor do empréstimo em relação ao patrimônio do finado resta incontroverso representar aproximadamente 1,03% do valor histórico do monte, ou 0,32% do monte partível do que se estimaria como valor real de mercado, em torno de um bilhão e meio de reais, sem contar crédito recentemente confirmado em ação judicial em favor do ativo do Espólio (a empresa Zillor, acionista da Coopersucar), que se estimaria na casa de mais de um bilhão de reais. Em termos diversos, o valor objeto deste codicilo é efetivamente um valor ínfimo, ou de pequeno valor, em relação ao patrimônio do finado" (TJSP, AI 2004377-53.2018.8.26.0000, 7.ª Câmara de Direito Privado, Lençóis Paulista, Rel. Luis Mario Galbetti, j. 04.12.2018).

REFORMA DO CÓDIGO CIVIL: Pretende-se alterar o art. 1.881, que passaria a vigorar com a seguinte redação: "Art. 1.881. Toda pessoa capaz de testar poderá, mediante escrito particular seu, datado e assinado, em formato físico ou digital, ou ainda mediante gravação em programa audiovisual, fazer disposições especiais sobre o seu enterro, sobre esmolas de pouca monta a certas e determinadas pessoas, ou, indeterminadamente, aos pobres de certo lugar, assim como legar móveis, roupas ou joias, de pouco valor, de seu uso pessoal. § 1º Considera-se de pouca monta ou de pouco valor a disposição que não exceder a 10% (dez por cento) do monte-mor partilhável. § 2º Tratando-se de bens digitais, tais como vídeos, fotos, livros, senhas de redes sociais, e outros elementos armazenados exclusivamente na rede mundial de computadores, em nuvem, o codicilo em vídeo dispensa a assinatura para sua validade". Em primeiro lugar, a Comissão adapta o artigo às mudanças trazidas pelas novas tecnologias. O texto, se aprovado, passa expressamente a permitir o codicilo por meios digitais e a dispensar a necessidade de assinatura para codicilos que tratem de bens digitais armazenados exclusivamente na rede mundial de computadores, em nuvem. Além disso, o texto proposto explicitamente define qual fração monte-mor partilhável pode ser disposta em codicilo. Resolve-se a controvérsia quanto à locução "pouca monta" e seu cálculo. Atualmente, essa definição fica a cargo da jurisprudência, como anteriormente demonstrado.

Art. 1.882. Os atos a que se refere o artigo antecedente, salvo direito de terceiro, valerão como codicilos, deixe ou não testamento o autor.

COMENTÁRIOS DOUTRINÁRIOS: O testamento e o codicilo podem conviver juntamente, segundo o nosso ordenamento jurídico. Dessa forma, mesmo havendo um testamento, nada impede que o testador elabore ainda um codicilo. Por outro lado, ainda que não queira fazer um testamento, poderá a pessoa fazer um codicilo, prevalecendo o princípio da autonomia entre os institutos.

Art. 1.883. Pelo modo estabelecido no art. 1.881, poder-se-ão nomear ou substituir testamenteiros.

COMENTÁRIOS DOUTRINÁRIOS: Nomeação ou substituição de testamenteiro é questão menos importante na ótica do CC. É por isso que, sem maiores formalidades ou controle da vontade do morto, admite-se que por codicilo o *de cujus* indique o testador (caso não tenha feito), ou que o substitua (caso já tenha indicado em testamento anterior). É curiosa essa flexibilização, menor rigor da lei, com relação ao testamenteiro. É ele que deve apresentar o testamento para registro e fazer cumprir a vontade do morto (ver arts. 1.976 e seguintes do CC) e normalmente receberá para isso (pagamento da vintena). Logo, a questão não é tão irrelevante quanto possa parecer, mas, mesmo assim, a lei é menos exigente em termos de forma quanto à nomeação do testamenteiro.

Art. 1.884. Os atos previstos nos artigos antecedentes revogam-se por atos iguais, e consideram-se revogados, se, havendo testamento posterior, de qualquer natureza, este os não confirmar ou modificar.

COMENTÁRIOS DOUTRINÁRIOS: Interessante notar que o codicilo pode ser revogado por outro codicilo que faça expressa menção à revogação (revogação expressa) ou que contenha disposição incompatível com o codicilo anterior (revogação tácita). Por outro lado, a elaboração de testamento posterior significa a automática revogação do codicilo anterior, se o testamento não o confirmar ou modificar. Vale aqui dizer que o nosso ordenamento não prevê a chamada *cláusula codicilar*, segundo a qual o testamento nulo deve ser aceito, ao menos, como codicilo. Contudo, pelo princípio da conservação do negócio jurídico, havendo os requisitos necessários à conversão substancial (ver art. 170 do CC), pode-se admitir como codicilo um testamento nulo. Assim, um testamento com fim único de destinar esmolas aos pobres ou um bem de pequeno valor a certa pessoa, nulo por ausência de testemunhas, vale como codicilo. Dúvida que surge quanto ao tema é se poderia um codicilo revogar um testamento. A resposta parece ser, em regra, negativa. O codicilo não tem o condão de revogar o testamento, mas o testamento pode revogar o codicilo. É verdade que pode haver ineficácia parcial do testamento anterior em razão do codicilo posterior. Isso é possível e compatível com as normas. Testador deixa todos os bens à sobrinha Maria e, posteriormente, por codicilo, deixa alguns livros (de pequeno valor) a Pedro. Há ineficácia parcial do testamento apenas quanto aos livros legados em codicilo.

Art. 1.885. Se estiver fechado o codicilo, abrir-se-á do mesmo modo que o testamento cerrado.

COMENTÁRIOS DOUTRINÁRIOS: Se o codicilo estiver fechado, sua abertura seguirá os moldes do procedimento previsto para a abertura do testamento cerrado. Em casos tais, o juiz, após verificar se o codicilo está intacto, o abrirá e mandará que o escrivão o leia em presença de quem o entregou, lavrando-se, em seguida, o auto de abertura, que será rubricado pelo juiz e assinado pelo apresentante (art. 735 do CPC/2015). Ainda, pelo § 1º do art. 735, "do termo de abertura constarão o nome do apresentante e como ele obteve o testamento, a data e o lugar do falecimento do testador, com as respectivas provas, e qualquer circunstância digna de nota". Por um equívoco evidente, o Código de Processo Civil de 1973 determinava que as regras referentes ao testamento particular se aplicavam aos codicilos (art. 1.134, IV, do CPC/1973) o que significa ouvir as testemunhas para a confirmação deste. Contudo, codicilos não exigem e não terão testemunhas normalmente, salvo opção de seu autor (o que não é comum na prática). O CPC/2015 aboliu o procedimento de confirmação do testamento particular por meio de testemunhas (ver comentários ao art. 1.878) logo o equívoco foi extirpado. Ainda assim, o CPC/2015, em seu art. 737, § 3º, mantém a regra pela qual a disciplina do testamento particular se aplica aos codicilos ("aplica-se o disposto neste artigo ao codicilo [...]").

CAPÍTULO V
DOS TESTAMENTOS ESPECIAIS

REFORMA DO CÓDIGO CIVIL: Propõe-se revogar todo o capítulo de testamentos especiais. Assim, se aprovada a reforma, os arts. 1.886 a 1.896 serão – todos – revogados. Como a seguir explico, os testamentos especiais são formas inúteis, antigas, nunca utilizadas e estão no Código Civil por amor à tradição. Além disso, todas as situações que tais testamentos poderiam contemplar já são atendidas pelo testamento hológrafo. Portanto, considerou a Comissão não haver razão para a manutenção do capítulo em comento.

SEÇÃO I
DISPOSIÇÕES GERAIS

Art. 1.886. São testamentos especiais:

I – o marítimo;

II – o aeronáutico;

III – o militar.

COMENTÁRIOS DOUTRINÁRIOS: Depois de estudadas as formas ordinárias de testar (pública, cerrada e particular), necessária se faz a análise das chamadas formas extraordinárias ou especiais (art. 1.886 do CC): o testamento marítimo e o testamento aeronáutico (arts. 1.888 a 1.892); bem como o testamento militar (arts. 1.893 a 1.896 do CC). São admitidas apenas porque o legislador imagina situações em que o testador não possa se valer das formas ordinárias. Se puder utilizar as formas ordinárias, não se admite o testamento por forma especial. É por isso que o legislador admite o testamento marítimo (navio em alto-mar, por exemplo) e aeronáutico (avião em pleno voo), mas não o testamento rodoviário em que o carro ou ônibus pode parar a qualquer tempo e a pessoa de lá sair para testar. São formas inúteis, antigas, nunca utilizadas e estão no Código Civil por amor à tradição. Devem desaparecer do sistema? A resposta é que sua manutenção ou retirada é totalmente indiferente, sendo ambas soluções que não afetam em nada a vida dos brasileiros.

Art. 1.887. Não se admitem outros testamentos especiais além dos contemplados neste Código.

COMENTÁRIOS DOUTRINÁRIOS: O testamento é um ato solene e, portanto, deverá observar, para a sua validade, as formas previstas em lei, sob pena de nulidade sendo exatamente por esse motivo que não são admitidas outras formas especiais de testar, além das previstas na codificação em vigor (art. 1.887 do CC). Como já dissemos em comentários anteriores, não prevalece no Brasil a liberdade de forma testamentária e é por isso que o testamento verbal (nuncupativo) não é válido, à exceção do testamento militar.

SEÇÃO II

DO TESTAMENTO MARÍTIMO E DO TESTAMENTO AERONÁUTICO

As regras do testamento marítimo e do aeronáutico são idênticas e, por isso, são tratadas na mesma sessão. O testamento militar tem suas especificidades, as quais serão expostas na próxima sessão.

Art. 1.888. Quem estiver em viagem, a bordo de navio nacional, de guerra ou mercante, pode testar perante o comandante, em presença de duas testemunhas, por forma que corresponda ao testamento público ou ao cerrado.

Parágrafo único. O registro do testamento será feito no diário de bordo.

COMENTÁRIOS DOUTRINÁRIOS: O comandante do navio atua como se fosse o Tabelião para o testamento público ou cerrado. Lavra o testamento (se for marítimo na forma pública) ou o auto de aprovação (se for na forma cerrada). Todas as demais formalidades devem ser obedecidas, como, por exemplo, a leitura do testamento marítimo público para que as testemunhas tenham conhecimento de seu conteúdo (forma marítima correspondente à pública) ou do auto de aprovação (forma marítima correspondente ao testamento cerrado). Bastam duas testemunhas para o testamento marítimo ser válido. O atual CC não menciona, como fazia o anterior, a possibilidade de testamento a rogo. Contudo, se o testador não puder ou não souber assinar o testamento marítimo (semelhante ao público), a autoridade declarará tal fato, assinando pelo testador e, a seu rogo, também uma das testemunhas. Aplica-se, portanto, a regra já comentada prevista no art. 1.865. O diário de bordo serve para o registro do testamento, em substituição ao livro do Tabelião.

Art. 1.889. Quem estiver em viagem, a bordo de aeronave militar ou comercial, pode testar perante pessoa designada pelo comandante, observado o disposto no artigo antecedente.

COMENTÁRIOS DOUTRINÁRIOS: Da mesma forma, se estiver em aeronave, poderá testar perante pessoa designada pelo comandante e também perante duas testemunhas. Essa pessoa designada pode ser um comissário de bordo, o copiloto ou ainda um passageiro qualquer. Percebe-se que essa pessoa designada e o comandante do avião desempenharão as funções do tabelião. O comandante lavra o testamento (se for aeronáutico na forma semelhante à pública) ou o auto de aprovação (se for na forma semelhante ao testamento cerrado). Todas as demais formalidades devem ser obedecidas, como, por exemplo, a leitura do testamento aeronáutico (semelhante ao público) para que as testemunhas tenham conhecimento de seu conteúdo ou do auto de aprovação em sendo testamento semelhante ao cerrado. O atual CC não menciona a possibilidade de testamento aeronáutico a rogo. Contudo, se o testador não puder ou não souber assinar o testamento marítimo público, a autoridade declarará tal fato, assinando pelo testador e, a seu rogo, também uma das testemunhas. Aplica-se, portanto, a regra já comentada prevista no art. 1.865. Apesar de o CC não mencionar, também para o testamento aeronáutico (ver artigo anterior), o diário de bordo serve para o registro do testamento, em substituição ao livro do Tabelião.

Art. 1.890. O testamento marítimo ou aeronáutico ficará sob a guarda do comandante, que o entregará às autoridades administrativas do primeiro porto ou aeroporto nacional, contra recibo averbado no diário de bordo.

COMENTÁRIOS DOUTRINÁRIOS: O testamento será entregue às autoridades administrativas brasileiras, no primeiro porto ou aeroporto nacional e a autoridade o encaminha aos herdeiros ou legatários para que se dê cumprimento ao ato de última vontade. Caberá aos interessados sua apresentação em juízo para o registro (abertura se a forma for cerrada) dos testamentos especiais. Essas regras estão no CPC/2015 e cuidam especificamente do testamento particular. Contudo, o art. 737 assim dispõe em seu § 3º: "aplica-se o disposto neste artigo ao codicilo e aos testamentos marítimo, aeronáutico [...]". Essas regras já foram comentadas quando da análise dos arts. 1.877 e 1.878.

Art. 1.891. Caducará o testamento marítimo, ou aeronáutico, se o testador não morrer na viagem, nem nos noventa dias subsequentes ao seu desembarque em terra, onde possa fazer, na forma ordinária, outro testamento.

COMENTÁRIOS DOUTRINÁRIOS: Perderão a eficácia os testamentos marítimo e aeronáutico se o testador não morrer na viagem ou nos noventa dias subsequentes ao seu desembarque em terra e, ainda assim, não tiver feito, na forma ordinária, outro testamento. É o que se denomina *caducidade do testamento.* A razão de ser da norma é clara: as formas especiais de testar são excepcionais e só podem ser utilizadas caso o testador não possa se valer das ordinárias. No caso em questão, não morrendo o testador e chegando em terra firme, terá 90 dias para se valer de uma das formas ordinárias de testar, sob pena de caducidade e consequente ineficácia das disposições testamentárias.

Art. 1.892. Não valerá o testamento marítimo, ainda que feito no curso de uma viagem, se, ao tempo em que se fez, o navio estava em porto onde o testador pudesse desembarcar e testar na forma ordinária.

COMENTÁRIOS DOUTRINÁRIOS: Os que se encontram em navios não poderão testar pelas formas ordinárias em razão do impedimento físico de sair do navio em meio ao oceano. Exatamente em razão da *ratio legis* é que será nulo o testamento marítimo se, no momento em que foi realizado, ainda que no curso de uma viagem, o navio estava em porto onde o testador pudesse desembarcar e testar na forma ordinária. Só se admite a forma especial, na impossibilidade de o testador se valer da forma ordinária. Não valerá é sinônimo de nulidade absoluta (art. 166 do CC), mas que se convalida após cinco anos do registro do testamento (art. 1.859 do CC).

SEÇÃO III

DO TESTAMENTO MILITAR

Art. 1.893. O testamento dos militares e demais pessoas a serviço das Forças Armadas em campanha, dentro do País ou fora dele, assim como em praça sitiada, ou que esteja de comunicações interrompidas, poderá fazer-se, não havendo tabelião ou seu substituto legal, ante duas, ou três testemunhas, se o testador não puder, ou não souber assinar, caso em que assinará por ele uma delas.

§ 1º Se o testador pertencer a corpo ou seção de corpo destacado, o testamento será escrito pelo respectivo comandante, ainda que de graduação ou posto inferior.

§ 2º Se o testador estiver em tratamento em hospital, o testamento será escrito pelo respectivo oficial de saúde, ou pelo diretor do estabelecimento.

§ 3º Se o testador for o oficial mais graduado, o testamento será escrito por aquele que o substituir.

COMENTÁRIOS DOUTRINÁRIOS: Permite a lei o testamento feito pelos militares e pelos não militares a serviço das Forças Armadas em campanha, dentro do País ou fora dele, assim como em praça sitiada ou que esteja com as comunicações interrompidas. Como se pode perceber, diante da nossa falta de *tradição beligerante*, essa forma testamentária tem nenhuma aplicação prática. Há alguns anos, pode ser citado o exemplo das tropas brasileiras enviadas ao Haiti pela ONU, em *missão de paz.* Todavia, mais uma vez, permite a lei a forma especial em razão da impossibilidade de utilização da forma ordinária. O militar em campanha ou mesmo o civil que esteja servindo às Forças Armadas não poderão testar pelas formas ordinárias em razão das dificuldades inerentes à campanha militar. São os civis em campanha pessoas sem vínculo formal com as forças armadas, mas com relação direta com a campanha: médicos sem fronteiras, por exemplo, pessoas de equipe de saúde como enfermeiros etc. Quanto às formas do testamento militar, três são as previstas em lei: a) Forma que se assemelha à pública (art. 1.893); b) Forma que se assemelha ao testamento cerrado (art. 1.894 do CC); c) Testamento militar nuncupativo (art. 1.896 do CC).

Art. 1.894. Se o testador souber escrever, poderá fazer o testamento de seu punho, contanto que o date e assine por extenso, e o apresente aberto ou cerrado, na presença de duas testemunhas ao auditor, ou ao oficial de patente, que lhe faça as vezes neste mister.

Parágrafo único. O auditor, ou o oficial a quem o testamento se apresente notará, em qualquer parte dele, lugar, dia, mês e ano, em que lhe for apresentado, nota esta que será assinada por ele e pelas testemunhas.

COMENTÁRIOS DOUTRINÁRIOS: Aqui o auditor funciona como tabelião e as testemunhas assinam uma nota como o fazem no testamento cerrado quanto ao auto de aprovação. É uma simplificação das formalidades do testamento cerrado.

Art. 1.895. Caduca o testamento militar, desde que, depois dele, o testador esteja, noventa dias seguidos, em lugar onde possa testar na forma ordinária, salvo se esse testamento apresentar as solenidades prescritas no parágrafo único do artigo antecedente.

COMENTÁRIOS DOUTRINÁRIOS: Em regra, perderá a eficácia o testamento militar se o testador estiver por noventa dias seguidos em lugar onde possa fazer, na forma ordinária, outro testamento. Essa é lógica das formas especiais de testar (vide art. 1.891 do CC). No entanto, se o testamento foi feito pelo testador, de próprio punho, na forma cerrada ou pública, com a nota de aprovação do oficial, o testamento será eficaz mesmo decorridos 90 dias. Trata-se de exceção em que se mantém eficaz um testamento especial, pois, em razão destas formalidades observadas, o legislador entende que o testamento militar reflete de maneira segura a livre e consciente vontade do testador. Como exceção que o é, o dispositivo não se interpreta analogicamente nem de maneira extensiva.

Art. 1.896. As pessoas designadas no art. 1.893, estando empenhadas em combate, ou feridas, podem testar oralmente, confiando a sua última vontade a duas testemunhas.

Parágrafo único. Não terá efeito o testamento se o testador não morrer na guerra ou convalescer do ferimento.

COMENTÁRIOS DOUTRINÁRIOS: Esta é a única forma de testamento verbal que o Código Civil admite: o testamento nuncupativo militar. Diante da insegurança total em saber se efetivamente aquela era a vontade do testador, se ele estava ou não em condições de testar, a lei abre exceção ao testamento de própria voz (nuncupativo) apenas para as pessoas empenhadas em combate ou feridas. Também perderá a eficácia o testamento militar elaborado na forma nuncupativa se o testador não morrer na guerra ou convalescer dos ferimentos. Realmente, a solução legal tinha que ser esta, já que a forma nuncupativa é bastante perigosa, eis que, não havendo registro escrito, a probabilidade de não corresponder à real vontade do testador ou sequer se conseguir saber qual era a vontade dele é enorme. Mais uma vez, temos a chamada caducidade do testamento (plano da eficácia na linguagem de Pontes de Miranda). O motivo é o mesmo, ou seja, as formas especiais de testar são excepcionais e só podem ser utilizadas caso o testador não possa se valer das ordinárias. No caso do testamento nuncupativo, não morrendo o testador ou estando por 90 dias seguidos em lugar onde possa testar por uma das formas ordinárias (para o testamento militar público ou cerrado), ocorre a ineficácia das disposições testamentárias.

JURISPRUDÊNCIA COMENTADA: Não há, na prática, testamentos militares e muito menos julgados sobre algo que é puramente teórico. No entanto, em decisão a respeito das formalidades legais testamentárias, o TJSP assim afirmou: "Manifestação da falecida que não pode ser considerada como testamento particular. Ausência das formalidades legais prescritas para a validade do testamento. '[...] a validade da disposição de última vontade precisa atender ao que preceitua a lei, sob pena de nulidade. É certo que a lei prevê formas especiais de testar' (Código Civil, artigo 1.886), inclusive com a possibilidade de sua elaboração ser feita de modo oral, como se dá no testamento militar (CC, art. 1.896). No entanto, também é certo que essa exceção deve ser entendida dentro de sua estrita prescrição, ou seja, somente (a) ao militar em campanha e (b) que vier a falecer. As razões da objeção da lei estão relacionadas com as dificuldades que se imporiam em determinadas situações, máxime em que a prova oral pudesse ter prevalência sobre a documental (CPC, art. 400, II), que, *in casu*, é essencial à natureza do ato" (TJSP, AP 1001181-10.2014.8.26.0590, 8.ª Câmara de Direito Privado, São Vicente, Rel. Pedro de Alcântara da Silva Leme Filho, j. 18.02.2016).

CAPÍTULO VI DAS DISPOSIÇÕES TESTAMENTÁRIAS

COMENTÁRIOS DOUTRINÁRIOS INTRODUTÓRIOS: Sobre as disposições testamentárias tratadas no Capítulo VI, temos três tipos de regras: as interpretativas, as permissivas e as proibitivas. Em se tratando de regras interpretativas, procura o legislador suprir a vontade do falecido, buscando seu real alcance, quando a disposição de última vontade não é suficientemente clara ou diz menos do que deveria. Na realidade, teria o legislador duas opções diante da falta de clareza e da dificuldade em fazer cumprir a vontade do morto. A primeira seria simplesmente ter por não escrita a cláusula testamentária, desprezando-se a vontade do falecido em razão da obscuridade. Nesse caso, seria o testador punido por sua falta de clareza, retirando os efeitos da deixa em questão. Contudo, o Direito Brasileiro, que cultua a inatacável vontade do *de cujus*, faz opção diametralmente oposta, e busca, no texto da lei, dar sentido à vontade que não foi expressa de maneira cristalina. As regras proibitivas limitam a vontade do testador, ora retirando a validade, ora a eficácia da deixa testamentária, bem como restringindo a ampla liberdade do testador. Como se vê, as cláusulas em questão são restritivas da autonomia privada, da vontade plena do autor da herança. As regras permissivas decorrem do art. 1.897 do Código, que expressamente permite a nomeação de herdeiro ou legatário pura e simplesmente, sob condição, para certo fim ou modo e por certo motivo.

Art. 1.897. A nomeação de herdeiro, ou legatário, pode fazer-se pura e simplesmente, sob condição, para certo fim ou modo, ou por certo motivo.

COMENTÁRIOS DOUTRINÁRIOS: Trata-se de situação em que o plano da eficácia do negócio jurídico está afetado pela vontade do falecido. Se nenhum elemento for previsto no testamento, considera-se a nomeação pura e simples, passando a produzir efeitos desde a morte do testador. Como visto, pelo princípio da *saisine*, com a morte de alguém a propriedade e a posse de seus bens se transferem aos herdeiros, sendo que, quanto ao legatário, a posse lhe será transferida oportunamente (quando pedi-la ao inventariante). Os elementos acidentais do negócio jurídico surgem para alterar esses efeitos normais do testamento. Assim, depreende-se da Parte Geral do Código Civil que a condição subordina os efeitos do testamento a um evento futuro e incerto (art. 121 do CC). Observamos que o direito sob condição não se considera adquirido, sendo apenas um direito eventual que pode ser conservado por seu titular (art. 130 do CC). Realmente, será condicional a nomeação se o testador estabelecer que o sobrinho só será seu herdeiro se estiver formado em medicina. Trata-se de condição positiva, pois, ocorrendo o fato, a disposição se torna eficaz. Poderá, também, ser negativa se o falecido estipular que somente deixará bens ao sobrinho se ele não tiver casa própria. No último caso, para que a pessoa assuma a qualidade de herdeiro, o fato previsto pelo testador ("ter casa própria") não pode ter ocorrido. Importante apontar que, em se tratando de condição ilícita, nulas serão a condição e a deixa testamentária, o que não significa, necessariamente, que todo o testamento será nulo, pois se aplica o brocardo *utile per inutile non vitiatur*, do qual decorre o princípio da conservação dos negócios jurídicos. A título de exemplo, se eu nomear no testamento João como legatário de meu carro desde que ele mate seu próprio pai, sendo José o herdeiro do restante dos bens, a nulidade do legado em favor de João não contaminará a nomeação do herdeiro José. Permite ainda o Código Civil que a nomeação de herdeiro ou legatário seja para certo modo ou fim ou por certo motivo. A noção de motivo certo nos remete à ideia de que o testador declara as razões subjetivas que o levaram a escolher certa pessoa como herdeira ou legatária. O testador justifica a sua escolha e dá os motivos para tanto, levando-nos à noção de *falso motivo*, previsto no art. 140 do CC. Se o motivo for declarado como razão determinante da deixa testamentária e se revelar falso, pode-se anular o negócio jurídico por erro essencial (arts. 138, 171, II, e 178, II, do CC). É exemplo de nomeação de herdeiro por motivo certo a hipótese em que o falecido nomeia João seu herdeiro, declarando que assim o faz pelo fato de ter sido ele o bombeiro que lhe salvou a vida em outra oportunidade, quando, na verdade, posteriormente, descobriu-se que o bombeiro foi José. Outro exemplo: se o testador nomeia determinada pessoa legatária e declara que só o fez em remuneração a certo serviço que, na verdade, não foi prestado pelo nomeado. A análise que deve ser feita no caso concreto é se o motivo realmente foi determinante para a nomeação do herdeiro ou se ocorreu simples menção de um fato. Percebe-se que o art. 1.897 não faz menção à nomeação de herdeiro a termo, nem menciona a vedação à imposição de encargos. Tratamos de ambos os temas no artigo seguinte.

Art. 1.898. A designação do tempo em que deva começar ou cessar o direito do herdeiro, salvo nas disposições fideicomissárias, ter-se-á por não escrita.

COMENTÁRIOS DOUTRINÁRIOS: Temos aqui uma regra proibitiva: a nomeação de herdeiro a termo. O termo subordina os efeitos do negócio jurídico a um evento futuro e certo e gera ao titular do negócio um direito adquirido, e não apenas direito eventual (art. 131 do CC). A disposição tem-se por não escrita, ou seja, prevalece a deixa testamentária como se o termo não houvesse. Vejamos. Se o testador disser que deixa todos seus bens à Maria, que deixará de ser proprietária em 20 de agosto de 2025, Maria prossegue sendo herdeira sem a limitação temporal. Permite ainda a lei, por não haver proibição expressa, que o herdeiro ou legatário seja nomeado por disposição modal (com encargo ou modo). Trata-se de um gravame, um verdadeiro ônus que acompanha a liberalidade e que pode ser imposto pelo testador em benefício próprio ou de terceiros. Exemplos: nomeio João meu legatário, com o encargo de ele construir uma estátua em minha homenagem ou de um terceiro; nomeio Maria minha herdeira com o encargo de ela cuidar de minha tia idosa na cidade de Jaú, Estado de São Paulo. É muito importante perceber que o encargo não se confunde com a condição, pois enquanto a condição impede a aquisição e o exercício do direito, o encargo só impede o exercício do direito e não a aquisição incorporando, consequentemente, o direito ao patrimônio do herdeiro ou legatário nomeado. Dessa forma, determina o Código Civil que o encargo não suspende a aquisição nem o exercício do direito, salvo quando expressamente imposto no negócio jurídico pelo disponente como condição suspensiva (art. 136 do CC). Além disso, considera-se não escrito o encargo ilícito ou impossível, salvo se constituir o motivo determinante da liberalidade, caso em que se invalida o negócio jurídico (art. 137 do CC). Lembramos que o herdeiro ou legatário com encargo pode ser obrigado pelo beneficiário a prestar uma caução chamada de *muciana* se assim o exigirem os interessados. A permissão de termo no caso de fideicomisso será analisada quando dos comentários dos arts. 1.951 e seguintes do CC.

JURISPRUDÊNCIA COMENTADA: O TJSP admitiu com válida a cláusula fixando termo final para a cláusula de inalienabilidade (momento em que o herdeiro completar 40 anos). Perfeita a decisão, pois não se trata de nomeação de herdeiro a termo, mas de limite temporal para eficácia da cláusula restritiva de liberdade. "Sustenta o agravante que a cláusula testamentária que condiciona a transferência da herança ao herdeiro apenas quando completar 40 anos é nula. Em primeiro lugar, observa-se que Alan Bueno Brandão, já falecido, deixou testamento no qual atribuiu ao neto, ora agravante, todos os seus bens, mas gravando os imóveis com cláusulas de inalienabilidade, impenhorabilidade e incomunicabilidade até que ele complete 40 anos, deixando também até essa data a administração do patrimônio para a testamenteira. Após a apresentação da contestação, sobreveio acordo entre a testamenteira e o herdeiro, dispondo, entre outras medidas, acerca do prazo de duração das citadas restrições, pretendendo-se sua diminuição de 40 para 31 anos. Sucede que, nos termos do sustentado na decisão agravada, não parece, ao menos a priori, cabível a alteração de cláusula testamentária pretendida pelas partes, não sendo compatível, inclusive, com a função da testamenteira a alteração das disposições do testador, pelas quais deveria antes zelar" (TJSP, AI 2050594-96.2014.8.26.0000, 1.ª Câmara de Direito Privado, Pirassununga, Rel. Claudio Godoy, j. 29.07.2014).

Art. 1.899. Quando a cláusula testamentária for suscetível de interpretações diferentes, prevalecerá a que melhor assegure a observância da vontade do testador.

COMENTÁRIOS DOUTRINÁRIOS: A principal regra de interpretação é esta, prevista no artigo em comento: "quando a cláusula testamentária for suscetível de interpretações diferentes, prevalecerá a que melhor assegure a observância da vontade do testador". Retoma-se o disposto no art. 112 do Código Civil em vigor, para os negócios jurídicos em geral, "nas declarações de vontade se atenderá mais à intenção nelas consubstanciada do que ao sentido literal da linguagem". Note-se que a determinação da busca pela vontade real deve ter como base a disposição testamentária em si. O que se percebe é a busca da vontade declarada pelo falecido e não simplesmente a vontade interna que não se manifestou. O preceito tem como inspiração a *teoria da confiança*, que decorre da boa-fé objetiva e se afasta da teoria subjetivista da declaração.

JURISPRUDÊNCIA COMENTADA: A vontade do *de cujus* é tão relevante para o sistema, que a inventariança deve ser dada à pessoa por ele determinada, mesmo não sendo observada a ordem legal prevista no CPC. Assim, "discussão sobre quem deve ser o inventariante. Substituição do agravante pela pessoa apontada pela testadora. Insurgência do herdeiro substituído. Descabimento. Vontade da *de cujus* que deve prevalecer. Ausência de provas ou indícios de que a pessoa indicada seja desidiosa na condução da abertura do testamento e na inventariança" (TJSP, AI 2274212-47.2018.8.26.0000, 7.ª Câmara de Direito Privado, Cravinhos, Rel. Miguel Brandi, j. 08.05.2019).

Art. 1.900. É nula a disposição:

I – que institua herdeiro ou legatário sob a condição captatória de que este disponha, também por testamento, em benefício do testador, ou de terceiro;

II – que se refira a pessoa incerta, cuja identidade não se possa averiguar;

III – que favoreça a pessoa incerta, cometendo a determinação de sua identidade a terceiro;

IV – que deixe a arbítrio do herdeiro, ou de outrem, fixar o valor do legado;

V – que favoreça as pessoas a que se referem os arts. 1.801 e 1.802.

COMENTÁRIOS DOUTRINÁRIOS: O artigo elenca situações relativas à pessoa do herdeiro ou legatário em que o testador está proibido de testar. Será nula a disposição em determinadas situações que digam respeito à pessoa do beneficiado pela deixa testamentária por opção do legislador. Trata-se, novamente, de regra limitadora da autonomia privada. *I – Que institua herdeiro ou legatário sob a condição captatória de que este disponha, também por testamento, em benefício do testador, ou de terceiro;* O inciso cuida da chamada condição captatória de vontade. A condição captatória pressupõe que alguém agiu com dolo em relação ao testador, mas não o dolo genérico que leva à anulabilidade dos negócios jurídicos (art. 171, II do CC), e sim o dolo relativo ao pacto sucessório. Por ser dolo que induz ao pacto sucessório, a punição imposta pelo legislador é de nulidade absoluta e não de simples anulabilidade. Estamos diante de regra que decorre do art. 426 do CC, daquela notória divisão entre institutos contratuais e sucessórios, pelo qual é nulo o contrato que tenha por objeto herança de pessoa viva (os chamados *pacta corvina*). Assim, também é nula a cláusula testamentária em que há uma troca de favores pela qual o testador declara que nomeia certa pessoa herdeira sob a condição de ela nomear um terceiro como herdeiro. Exemplo: deixo meus bens a Paulo que deixará todos os seus bens à Maria. *II – Que se refira a pessoa incerta, cuja identidade não se possa averiguar;* Nessa hipótese, sendo impossível a identificação do herdeiro, a deixa testamentária é nula, por não atingir resultado algum. É decorrência do brocardo *ad impossibilia nemo tenetur*. Se o testador deixar os bens à pessoa mais valorosa da cidade, a disposição é nula, por absoluta impossibilidade de determinação do herdeiro. Da mesma forma, se deixar os bens ao sobrinho de que mais gosto ou ao mais querido dos meus filhos. Se, contudo, a identificação for possível por critérios objetivos, a deixa é válida nos termos do artigo 1.901, I. *III – Que favoreça a pessoa incerta, cometendo a determinação de sua identidade a terceiro;* Pessoa incerta é aquela que não pode ser identificada, pois o testador não deu parâmetros objetivos para tanto. Pode haver uma errônea percepção pela qual o inciso III repete o inciso II. A diferença entre esta hipótese e a anterior é que, na primeira, a pessoa incerta era indicada pelo próprio testador. Nesta, o testador delegaria ao terceiro indicado o direito de testar, o que revela afronta ao princípio básico do testamento, pelo qual este é ato personalíssimo e intransferível. Exemplificamos. O testador deixa os bens ao mais querido dos seus sobrinhos que será indicado pelo testamenteiro Pedro. O testamenteiro é um terceiro e não pode ele, sem critérios objetivos, realizar a escolha. Se critério objetivo houver, a deixa é válida (art. 1.901, I). *IV – Que deixe a arbítrio do herdeiro, ou de outrem, fixar o valor do legado;* Novamente, a razão da nulidade é óbvia, pois, se o testador deixasse a terceiros a fixação do legado, estaria transferindo o próprio direito de testar, que é personalíssimo. O objeto do legado deve ser determinado ou determinável de acordo com os elementos contidos no próprio testamento, para que a efetiva vontade do morto, e não a do herdeiro ou legatário, seja respeitada. Aliás, todas as condições de certo negócio deixadas ao arbítrio de certa pessoa são nulas por aplicação analógica da regra que proíbe a *condição puramente potestativa* (art. 122 do CC).

V – que favoreça as pessoas a que se referem os arts. 1.801 e 1.802. A lei impede que sejam nomeados em testamento, pois de alguma maneira podem ter influenciado dolosamente a vontade do testador, ou ainda tem interesse no testamento de maneira que há um conflito entre o interesse delas e a vontade do testador. São elas: – A pessoa que, a rogo, escreveu o testamento, o seu cônjuge ou companheiro, ou os seus ascendentes e irmãos. – As testemunhas do testamento. – O concubino do testador casado, salvo se este, sem culpa sua, estiver separado de fato do cônjuge há mais de cinco anos. – O tabelião, civil ou militar, ou o comandante ou escrivão, perante quem se fizer, assim como o que fizer ou aprovar o testamento ou pessoas não legitimadas a suceder, ainda quando simuladas sob a forma de contrato oneroso, ou feitas mediante interposta pessoa. A matéria já foi analisada nos comentários aos arts. 1.801 e 1.802 aos quais remetemos o leitor.

JURISPRUDÊNCIA COMENTADA: Apesar de haver uma grande tendência do STJ em suavizar os rigores da forma do testamento e de suas solenidades, há um mínimo instransponível em que a nulidade do testamento é evidente: "Testamento. Particular. Abertura, registro e cumprimento. Inviabilidade. Cédula testamentária de que constam, como testemunhas, os próprios herdeiros. Vedação expressa, que importa a nulidade de pleno direito do testamento. Inteligência do art. 1.801, II, c/c o art. 1.900, V, do Código Civil. Ação improcedente. Sentença mantida. Recurso improvido" (TJSP, APL 1010416-79.2015.8.26.0003, Ac. 9661084, 6.ª Câmara de Direito Privado, São Paulo, Rel. Des. Vito Guglielmi, j. 04.08.2016).

Art. 1.901. Valerá a disposição:

I – em favor de pessoa incerta que deva ser determinada por terceiro, dentre duas ou mais pessoas mencionadas pelo testador, ou pertencentes a uma família, ou a um corpo coletivo, ou a um estabelecimento por ele designado;

II – em remuneração de serviços prestados ao testador, por ocasião da moléstia de que faleceu, ainda que fique ao arbítrio do herdeiro ou de outrem determinar o valor do legado.

COMENTÁRIOS DOUTRINÁRIOS: *Inciso I* – O art. 1.901 suaviza a proibição do artigo anterior trazendo hipóteses em que o testador pode, validamente, nomear um terceiro para indicar o herdeiro (inciso I) e permitir que um terceiro indique o valor do legado em favor de quem lhe presta serviços na ocasião da doença da qual faleceu (inciso II). Determina o Código Civil ser válida a disposição em favor de pessoa incerta que deva ser determinada por terceiro, dentre duas ou mais pessoas mencionadas pelo testador, ou pertencentes a uma família, ou a um corpo coletivo, ou a um estabelecimento por ele designado. Nesse caso, a deixa é válida, pois apesar de indeterminada num primeiro momento a pessoa é determinável em razão das características apontadas pelo próprio testador. Há parâmetros objetivos de identificação do herdeiro beneficiado. Se o testador deixar à pessoa que recebe menor salário de sua família, trata-se de disposição válida, por ser determinável objetivamente o herdeiro. Assim, é válida a disposição em favor do sobrinho que obteve maiores notas na escola, ou entre a instituição de caridade da cidade que atende o maior número de pessoas. O dispositivo traz uma situação interessante, pois efetivamente um terceiro indicará o beneficiário. Isso não fere o caráter personalíssimo do testamento? A resposta é negativa, pois quem deu os parâmetros foi o testador. O terceiro indica o beneficiário nos limites da vontade do testador que, se não for observada, gera uma indicação ineficaz. *Inciso II* – Como exceção ao dispositivo, valerá a disposição em remuneração de serviços prestados ao testador, por ocasião da moléstia de que faleceu, ainda que fique ao arbítrio do herdeiro ou de outrem determinar o valor do legado. Trata-se de uma *sucessão onerosa*, pois a deixa não constitui verdadeira liberalidade, já que o beneficiário prestou serviços ao falecido. O instituto traz situação que se assemelha à doação remuneratória que é feita para agradecer a um serviço prestado por uma pessoa que não se torna credora em razão deste, bem como em agradecimento por determinada atitude do donatário. Como prevê o art. 540 do atual Código, não se trata de um ato de liberalidade em si, mas somente na parte que exceder o serviço prestado. Vale dizer, contudo, que a diferença entre os institutos é que, na doação, o disponente celebra contrato que produz efeitos em vida. Já na disposição testamentária, por ser negócio jurídico unilateral, só exige a vontade do testador e a deixa só produz efeitos após sua morte.

JURISPRUDÊNCIA COMENTADA: Se o testador chamou a disposição testamentária remuneratória de doação (negócio jurídico entre vivos e que exige a aceitação do donatário), prevalece o sentido técnico da expressão "disposição testamentária remuneratória", não havendo incidência, por óbvio, das regras da colação, já que somente com o testamento o herdeiro passou a fazer jus à deixa dessa natureza. Assim temos: "Disposições remuneratórias. Hipótese que não se confunde com doação remuneratória. Validade da deixa nos limites da parte disponível. Anota a testadora no item 11 do testamento: 'Ricardo, que se sempre lhe foi prestimoso, e inclusive vem pagando com seus recursos as mensalidades do plano de saúde; Faiza, mesmo em razão de residir sob o mesmo teto e esta assim sempre presente nos momentos de necessidade; Rosalin, depois que a testadora sofreu acidente vascular cerebral que lhe tolhe os movimentos e lhe torna difícil e penoso locomover-se até mesmo no interior da residência'. 4. Por subsunção aplica-se a regra estabelecida no inciso II do art. 1.901 do Código Civil" (TJSP, AP 0023990-88.2007.8.26.0482, 7.ª Câmara de Direito Privado, Presidente Prudente, Rel. Miguel Brandi, j. 08.11.2011).

Art. 1.902. A disposição geral em favor dos pobres, dos estabelecimentos particulares de caridade, ou dos de assistência pública, entender-se-á relativa aos pobres do lugar do domicílio do testador ao tempo de sua morte, ou dos estabelecimentos aí sitos, salvo se manifestamente constar que tinha em mente beneficiar os de outra localidade.

Parágrafo único. Nos casos deste artigo, as instituições particulares preferirão sempre às públicas.

COMENTÁRIOS DOUTRINÁRIOS: A regra é perfeitamente lógica. Se o testador pretende beneficiar determinada instituição indeterminada, presume-se que a vontade do falecido seja de beneficiar alguma entidade de seu domicílio, ainda que venha a falecer longe dele. É lá que viveu e foi lá onde conviveu com instituições de caridade. No entanto, se indicar a localidade da instituição, valerá o local previsto em testamento. O critério legal pelo qual as instituições privadas têm preferência sobre as públicas é meramente decorrente de opção legislativa.

Art. 1.903. O erro na designação da pessoa do herdeiro, do legatário, ou da coisa legada anula a disposição, salvo se, pelo contexto do testamento, por outros documentos, ou por fatos inequívocos, se puder identificar a pessoa ou coisa a que o testador queria referir-se.

COMENTÁRIOS DOUTRINÁRIOS: Também determina a lei que o erro quanto à indicação da pessoa do herdeiro ou do legatário, ou da coisa legada, anula a disposição. Apenas a disposição é anulável. O prazo para se reconhecer a anulabilidade será decadencial de 4 anos nos termos do art. 1.909 do CC. Melhor colmatar a lacuna com o prazo previsto no direito das sucessões do que buscar a regra geral do art. 178 do CC, apesar de em ambos os dispositivos o prazo ser de 4 anos. Entretanto, não será anulada a cláusula se, pelo contexto do testamento, por outros documentos ou por fatos inequívocos, for possível identificar a pessoa ou coisa a que o testador queria referir-se. Assim o é em decorrência do *princípio da conservação do negócio jurídico*, bem como em razão da busca incansável do legislador em respeitar e dar efetividade à vontade do morto (*preservação da autonomia privada*). Aqui entram as minutas do testamento, as trocas de mensagens eletrônicas entre o testador e o Tabelião, eventual mensagem de voz ou vídeo que permita a identificação da pessoa ou coisa a qual se refere o testador. Assim, se o testador sempre disse à família que deixaria o carro ao sobrinho João, que é médico e precisa viajar com frequência, registrando isso em mensagens eletrônicas, mas no testamento menciona apenas que o carro será do sobrinho e não menciona qual, João receberá o carro, pois a vontade do testador era conhecida e comprovada por documentos.

JURISPRUDÊNCIA COMENTADA: Se realmente o erro for insuperável, impossível sendo a identificação da pessoa a receber a deixa testamentária, temos: "Divergência interpretativa sobre a declaração de última vontade da testadora. Disposição que indica pessoa incerta, não suprida pelo contexto, documentos ou fatos inequívocos. Nulidade caracterizada, nos termos do art. 1.903, II, do CC. Herança que não pode ser considerada jacente, dada a existência de sucessores legítimos. Colaterais que devem ser chamados à sucessão legítima do patrimônio que não constituiu legado, em razão da nulidade verificada. Isso porque, com efeito, a entidade referida no testamento com o específico nome de 'Universidade de Santo André – SEDAP' é incerta, e sua identidade não pode ser averiguada por meios que confiram elevado grau de certeza quanto à pessoa que a testadora pretendeu indicar" (TJSP, AI 2169244-63.2018.8.26.0000, 3.ª Câmara de Direito Privado, São Paulo, Rel. Viviani Nicolau, j. 13.02.2019).

Art. 1.904. Se o testamento nomear dois ou mais herdeiros, sem discriminar a parte de cada um, partilhar-se-á por igual, entre todos, a porção disponível do testador.

COMENTÁRIOS DOUTRINÁRIOS: Com relação ao montante a ser recebido pelos herdeiros ou legatários nomeados, se o testamento nomear dois ou mais herdeiros, sem discriminar a parte de cada um, partilhar-se-á por igual, entre todos, a porção disponível do testador. A título de exemplo, se Mário nomear João e José como seus herdeiros, cada um deles terá direito à metade da herança, que se presume dividida em partes iguais. Vale dizer que o texto legal traz como conteúdo a regra do *concursu partes fiunt*, da divisão igualitária em referência à obrigação divisível (art. 257 do CC).

Art. 1.905. Se o testador nomear certos herdeiros individualmente e outros coletivamente, a herança será dividida em tantas quotas quantos forem os indivíduos e os grupos designados.

COMENTÁRIOS DOUTRINÁRIOS: O Código Civil prossegue na interpretação da vontade do morto de acordo com a forma pela qual foi redigida a deixa testamentária. Se o testador nomear certos herdeiros individualmente e outros coletivamente, a herança será dividida em tantas quotas quantos forem os indivíduos e os grupos designados. Portanto, se o falecido deixar seus bens para Pedro, João, Maria e José, a herança será dividida em quatro partes iguais. Porém, se o falecido deixar seus bens para Pedro, João e também para Maria e José, estes em conjunto, criaram-se três grupos: 1/3 para Pedro, 1/3 para João e 1/3 a ser dividido entre Maria e José. Da mesma forma, se o falecido deixar os bens a Pedro, a Paulo e aos filhos de Antônio, a divisão será em três partes.

Art. 1.906. Se forem determinadas as quotas de cada herdeiro, e não absorverem toda a herança, o remanescente pertencerá aos herdeiros legítimos, segundo a ordem da vocação hereditária.

COMENTÁRIOS DOUTRINÁRIOS: A regra é inútil. Isso porque, se não contemplados todos os bens em testamento, ou se parte deles for expressamente excluída, seu destino será os herdeiros legítimos, de acordo com a ordem de vocação hereditária. É a disposição do art. 1.788 que aqui é repetida na interpretação da vontade do testador. Assim vejamos. Se o testador deixar 1/3 de seus bens ao sobrinho Pedro e 1/3 ao São Paulo Futebol Clube, e nada mencionar com relação ao 1/3 restante, tal quinhão seguirá a ordem de vocação hereditária.

Art. 1.907. Se forem determinados os quinhões de uns e não os de outros herdeiros, distribuir-se-á por igual a estes últimos o que restar, depois de completas as porções hereditárias dos primeiros.

COMENTÁRIOS DOUTRINÁRIOS: O texto do Código Civil revela um certo hermetismo que o exemplo a seguir ajuda a esclarecer. Se forem determinados os quinhões de uns e não os de outros herdeiros, distribuir-se-á por igual a estes últimos o que restar, depois de completas as porções hereditárias dos primeiros. A operação se faz em duas partes: 1ª – separa-se o quinhão daqueles que o testador determinou o valor. 2ª – o que sobrar deve ser partilhado em quinhões iguais entre aqueles herdeiros que o testador não determinou o quinhão. Se o testador deixar 1/4 de seus bens a Pedro e 1/4 a Maria e o restante a João, Antônio, José e Fernando, entregam-se aos dois primeiros seus respectivos quinhões e os 2/4 restantes serão divididos em partes iguais entre João, Antônio, José e Fernando, o que significa que cada um deles recebe 1/8 dos bens. Primeiro são pagos os quinhões determinados e o que sobra se divide em partes iguais entre as pessoas indicadas.

Art. 1.908. Dispondo o testador que não caiba ao herdeiro instituído certo e determinado objeto, dentre os da herança, tocará ele aos herdeiros legítimos.

COMENTÁRIOS DOUTRINÁRIOS: Novamente a regra é inútil. Se o testador exclui do testamento certo bem, sobre tal bem incidem as regras da sucessão legítima nos termos do art. 1.788. Se o testador deixar todos os seus bens a Maria, com exceção de um piano, o piano será partilhado segundo a ordem de vocação hereditária do art. 1.829.

Art. 1.909. São anuláveis as disposições testamentárias inquinadas de erro, dolo ou coação.

Parágrafo único. Extingue-se em quatro anos o direito de anular a disposição, contados de quando o interessado tiver conhecimento do vício.

COMENTÁRIOS DOUTRINÁRIOS: Erro é o engano espontâneo (arts. 138 a 144 do CC), dolo é o engano induzido (arts. 145 a 150 do CC) e a coação é a violência física ou moral (arts. 151 a 155 do CC). Nos três casos, por motivos diversos, a vontade real do testador difere da declarada. Nos casos de erro, dolo e coação, o parágrafo único do art. 1.909 do CC prevê um prazo decadencial de quatro anos, contados de quando o interessado tiver conhecimento do vício, para anular o testamento. O tratamento é diferente do que consta da parte geral, pois ali o prazo será contado da celebração do negócio ou de quando cessar a coação (art. 178, I e II, do CC). É curioso notar que o artigo em questão se afasta completamente de toda a sistemática do Código Civil de 2002. Isso porque, em matéria de erro, dolo, coação, lesão e estado de perigo, os chamados vícios do consentimento, os prazos para a anulação, todos de natureza decadencial, iniciam-se quando da celebração do negócio jurídico (art. 178 do CC), com exceção da coação, cujo prazo se inicia quando cessa a violência. Aliás, no que concerne ao casamento, também a lei determina que o prazo é de três anos para a sua anulação quando motivada em erro essencial quanto à pessoa do cônjuge (art. 1.560, III, do CC) e de quatro anos com relação à coação (art. 1.560, IV, do CC), iniciando-se os prazos quando da celebração do casamento (art. 1.560, *caput*, do CC). Portanto, realmente seria melhor a adoção de um padrão único de início dos prazos o que exige reforma do CC. Se o testamento for nulo, o artigo em questão não tem aplicação e o prazo para declaração de nulidade é de 5 anos do art. 1.859 (sobre os prazos todos, ver comentários ao art. 1.859). Cabe salientar um ponto importante com relação à coação. Em se tratando de coação física, a chamada *vis absoluta*, conclui-se que inexiste à vontade, também inexistente o negócio jurídico e, portanto, não há prazos para a declaração. Por fim, é possível que, por testamento, o testador reconheça dívidas inexistentes em favor de terceiros apenas para fraudar seus credores. A deixa é anulável também, apesar da ausência de menção legal, e, por analogia, aplica-se o prazo de 4 anos do parágrafo único do art. 1.909.

JURISPRUDÊNCIA COMENTADA: Cabe ao autor da ação que pretende a invalidação da cláusula testamentária por vício do consentimento fazer a prova inequívoca desse vício. Na ausência de provas contundentes, a cláusula é válida e a deixa produz efeitos: "Disposição que revela a vontade do testador, sem nenhum indício de mácula. Ausência de irregularidade capaz de gerar a pretendida nulidade do ato. Conjunto probatório que não corrobora a tese de que, em razão dos distúrbios físicos que o acometiam, decorrentes de doença em estágio terminal, o testador teve comprometida sua capacidade psíquica. Inexistência de indícios de incapacidade de testar e ausência de qualquer vício da vontade (art. 1.909 do Código Civil). Vontade hígida a validar o testamento. Disposição de última vontade que recaiu sobre a parte disponível e não atingiu direito de terceiro" (TJSP, ED 1001940-61.2017.8.26.0236/50000, 7.ª Câmara de Direito Privado, Ibitinga, Rel. Rômulo Russo, j. 22.02.2019).

REFORMA DO CÓDIGO CIVIL: Pretende-se revogar o art. 1.909. Como explicado nos comentários doutrinários desse artigo, esse dispositivo se afasta completamente de toda a sistemática do Código Civil de 2002. A nova redação sugerida ao art. 1.859 supre a questão de invalidade de cláusulas testamentárias. Com a revogação, a Comissão uniformiza o sistema e faz com que passe incidir, em relação aos vícios de vontade do testador, o disposto no art. 1.859.

Art. 1.910. A ineficácia de uma disposição testamentária importa a das outras que, sem aquela, não teriam sido determinadas pelo testador.

COMENTÁRIOS DOUTRINÁRIOS: A invalidade de uma cláusula testamentária não contamina, em regra, as demais, em decorrência do brocardo *utile per inutile non vitiatur*, ou seja, pelo princípio da conservação do negócio jurídico. Entretanto, se a invalidade atingir certa cláusula sem a qual outras não teriam sido determinadas pelo testador, a esta pode contaminar mais de uma disposição. A lei trata a questão sob a ótica da ineficácia, aqui entendida em sentido amplo, ou seja, também aplicada à invalidade (nulidade e anulabilidade). Se as partes do testamento puderem ser separadas, a invalidade de uma cláusula não atingirá as demais. Vejamos. Se o testador, sob coação, lega uma casa ao sobrinho Marcos e, por livre e espontânea vontade outra ao sobrinho Lucas, a invalidade do legado conferido a Marcos não contamina o legado deixado a Lucas. Contudo se o testador disser, no exemplo anterior, "porque leguei uma casa a Marcos, lego outra a Lucas", a coação retira a eficácia de ambas as cláusulas.

Art. 1.911. A cláusula de inalienabilidade, imposta aos bens por ato de liberalidade, implica impenhorabilidade e incomunicabilidade.

Parágrafo único. No caso de desapropriação de bens clausulados, ou de sua alienação, por conveniência econômica do donatário ou do herdeiro, mediante autorização judicial, o produto da venda converter-se-á em outros bens, sobre os quais incidirão as restrições apostas aos primeiros.

COMENTÁRIOS DOUTRINÁRIOS: Já tratamos das cláusulas ao analisar o art. 1.848 ao qual remetemos o leitor. A inalienabilidade impede que a propriedade seja transferida, quer seja por meio de negócios jurídicos gratuitos (doação) ou onerosos (venda, permuta, integralização de capital social). A inalienabilidade pode atingir todo o patrimônio do testador ou apenas parte dele. Exemplificamos. Deixo todos os meus bens a meu sobrinho Tiago sendo inalienável 50% de cada um deles. Tiago poderá alienar apenas a fração de 50%. A inalienabilidade pode atingir todos ou apenas alguns bens. Deixo à Maria todos os meus bens, sendo a casa de campo inalienável. A inalienabilidade pode ser vitalícia ou temporária. Deixo os meus bens a Pedro com cláusula de inalienabilidade que durará por 5 anos. No silêncio do testador, a cláusula de inalienabilidade é vitalícia e dura até a morte do herdeiro ou legatário. Pois bem, caso o bem clausulado com a inalienabilidade seja vendido, doado, permutado, o negócio será considerado nulo, pois o seu objeto é ilícito (art. 104, II, do CC) para alguns (Clóvis Beviláqua) e ineficaz para outros (Pontes de Miranda). A inalienabilidade não é absoluta. Isso porque o herdeiro ou o legatário poderá perder a propriedade do bem em decorrência de desapropriação, ou, ainda, mediante ação judicial, solicitar a venda do bem clausulado. Em ambos os casos, o produto apurado, quer seja o dinheiro decorrente da desapropriação, quer seja um novo bem adquirido com o dinheiro daquele clausulado, estará sujeito também à inalienabilidade (art. 1.911, parágrafo único, do CC). Também são efeitos da *cláusula de inalienabilidade* a *incomunicabilidade* e a *impenhorabilidade* do bem. Assim, a simples menção à inalienabilidade acarreta automaticamente a incomunicabilidade e a impenhorabilidade da herança testada. Esse efeito também consta do *caput* do art. 1.911 do CC e repete a velha Súmula n. 49 do STF que data de 1963: "A cláusula de inalienabilidade inclui a incomunicabilidade dos bens". A cláusula se extingue automaticamente com a morte do herdeiro que recebeu os bens clausulados, não se transferindo a seus herdeiros, sob pena de perpetuidade não admitida pelo sistema.

JURISPRUDÊNCIA COMENTADA: Se a inalienabilidade implica automaticamente impenhorabilidade e incomunicabilidade, pois afinal impede que haja a transferência de propriedade, a recíproca não é verdadeira. Se o testador apenas clausula os bens como incomunicabilidade, o herdeiro ou legatário pode vender o bem ou dá-lo em garantia. Da mesma forma, se o bem é impenhorável, pode este ser vendido, doado etc. e se comunicará se o regime for da comunhão universal de bens. Assim temos: "c) a inserção exclusiva da proibição de não penhorar e/ou não comunicar não gera a presunção do ônus da inalienabilidade; e d) a instituição autônoma da impenhorabilidade, por si só, não pressupõe a incomunicabilidade e vice-versa. 2. Caso concreto: deve ser acolhida a pretensão recursal veiculada no apelo extremo para, julgando procedente o pedido inicial, autorizar o cancelamento dos gravames, considerando que não há que se falar em inalienabilidade do imóvel gravado exclusivamente com as cláusulas de impenhorabilidade e incomunicabilidade. 3. Recurso Especial provido" (STJ, REsp 1.155.547, Proc. 2009/0171881-7, MG, 4.ª Turma, Rel. Min. Marco Buzzi, j. 06.11.2018).

CAPÍTULO VII
DOS LEGADOS

COMENTÁRIOS DOUTRINÁRIOS INTRODUTÓRIOS: O legado é a forma de disposição *mortis causa* a título singular. Trata-se de deixa testamentária pela qual um bem ou certos bens são atribuídos a certa pessoa, seja ela herdeira ou não, em decorrência da vontade do falecido. Caso o herdeiro seja nomeado legatário, o legado recebe o nome de *legado precípuo* ou *prelegado*. Em se tratando de legado, estamos diante de sucessão a título singular, diferentemente do que ocorre com a herança na qual o herdeiro recebe os bens a título universal. Tanto o herdeiro quanto o legatário são sucessores do falecido em razão de sua morte. Assim, o legatário necessariamente será nomeado por testamento ou codicilo e, em regra, não suportará as dívidas da herança. Pessoas nomeadas em testamento para receber o carro do falecido, os bens contidos em seu cofre, um terço do apartamento de praia ou determinada quantia em dinheiro são legatários.

São três as figuras presentes no legado. Primeiro, o *testador*, também chamado de legante; o *legatário*, que é o beneficiado pela deixa (credor do legado) e o herdeiro ou *onerado*, aquele que irá cumprir o legado (devedor do legado). Caso o testador não nomeie um herdeiro específico para dar cumprimento ao legado, todos os herdeiros serão responsáveis pelo seu cumprimento. O Código Civil de 2002 divide a disciplina dos legados em três partes: – Disposições gerais – arts. 1.912 a 1.922 do CC. – Dos efeitos dos legados e seu pagamento – arts. 1.923 a 1.938 do CC. – Da caducidade dos legados – arts. 1.939 a 1.940 do CC.

JURISPRUDÊNCIA COMENTADA: Acertada a jurisprudência ao afastar as regras dos legados quando se destina toda a parte disponível a uma pessoa. Toda a parte disponível é uma universalidade, logo temos um herdeiro e não um legatário: "A cláusula de testamento por meio da qual o testador destina toda a parte disponível de seus bens a apenas um beneficiário não caracteriza a estipulação de legado. A esse caso são inaplicáveis as regras previstas nos arts. 1.912 e 1.939 do Código Civil, pois a ineficácia ali prescrita diz respeito à nomeação feita pelo testador *in singulas res*, logo, à disposição de última vontade de coisa certa, o que não é, em absoluto, o caso a ser considerado nos autos" (TJDF, APC 2016.01.1.071979-2, 3.ª Turma Cível, Rel. Des. Alvaro Ciarlini, j. 14.03.2018).

SEÇÃO I
DISPOSIÇÕES GERAIS

Art. 1.912. É ineficaz o legado de coisa certa que não pertença ao testador no momento da abertura da sucessão.

COMENTÁRIOS DOUTRINÁRIOS: Em decorrência do princípio geral pelo qual ninguém pode transferir mais direitos do que possui, se o testador contemplar o legatário com um bem alheio, ou seja, que não é de propriedade do falecido, em regra, tal disposição será ineficaz, não produzindo, portanto, efeitos jurídicos. De acordo com os planos do negócio jurídico, conforme ensinamentos de Pontes de Miranda (planos de existência, validade e eficácia), essa situação de atribuir bem alheio não atinge a validade da disposição (2º plano), mas apenas lhe retira os efeitos (3º plano). Entretanto, podemos verificar duas situações de exceção em que o legado de coisa alheia produzirá efeitos: a) *Se o bem não pertencia ao testador no momento em que testou, mas lhe pertencer no momento da abertura da sucessão*. Como o testamento é negócio jurídico unilateral que só produz efeitos após a morte de seu autor, deve-se verificar a propriedade do bem legado no momento da abertura da sucessão. Caso, nesse momento, pertença o bem ao testador, o legado é considerado eficaz. b) *Se o testador determinar que o herdeiro entregue bem que lhe pertence ao legatário*. Isso se verifica quando o testador assim dispuser: "deixo meus bens a meu sobrinho João, que deverá entregar seu carro a meu sobrinho José". É a hipótese de *sublegado* na qual o beneficiado pela deixa é chamado de *sublegatário* (ver comentários ao art. seguinte).

JURISPRUDÊNCIA COMENTADA: Esse dispositivo é mencionado quando o herdeiro pretende receber, como herança, valor que um beneficiário do seguro de vida, feito pelo falecido, recebe. É o caso do seguro de vida em favor da companheira, mas, quando da morte, a filha pretende receber como herança. Tecnicamente não se trata de legado sobre coisa alheia, já que sequer havia testamento no caso decidido pelo TJSP. "Seguro de vida em grupo. Morte do segurado e pagamento da indenização à beneficiária indicada. Ação movida pela filha julgada parcialmente procedente. Direito à indenização que não integra o patrimônio do segurado. Indenização indevida. Provimento do recurso da seguradora, prejudicado aquele da autora. Na espécie, indicando o segurado a companheira como beneficiária do contrato de seguro, a indenização restou corretamente paga a ela. O direito à indenização não integra o patrimônio do segurado" (TJSP, AP 9184363-28.2007.8.26.0000, 32.ª Câmara de Direito Privado, São Paulo, Rel. Kiotsi Chicuta, j. 03.09.2009). Decisão correta, mas fundamento invocado equivocado.

REFORMA DO CÓDIGO CIVIL: Pretende-se incluir um parágrafo único ao art. 1.912 com a seguinte redação: "Parágrafo único. Podem ser objeto de legado bens corpóreos e incorpóreos, inclusive aqueles de natureza existencial". A regra introduzida na reforma visa explicitar a possibilidade de o legado contemplar bens digitais. Criou-se, no âmbito da herança digital, a divisão entre bens patrimoniais, existenciais e híbridos. Segundo as justificativas apresentadas pela Subcomissão de Direito das Sucessões da

Comissão de Reforma e Atualização do Código Civil, que se encontram disponíveis no site do Senado, deve-se separar "jurídicas digitais em patrimoniais – quando têm o objetivo de lucro e refletem a livre iniciativa –, existenciais – se traduzem projeções de direitos da personalidade – ou híbridas – que cumulam ambos os aspectos patrimoniais e existenciais".

Art. 1.913. Se o testador ordenar que o herdeiro ou legatário entregue coisa de sua propriedade a outrem, não o cumprindo ele, entender-se-á que renunciou à herança ou ao legado.

COMENTÁRIOS DOUTRINÁRIOS: É possível que o testador determine ao herdeiro ou ao legatário a entrega de bem destes a um terceiro (que será um legatário). Vejamos dois exemplos. "Deixo minha casa de praia à minha sobrinha Maria que deverá entregar seu automóvel a José". Maria é nomeada legatária e deve entregar o carro ao sublegatário José. "Deixo todos os meus bens à minha sobrinha Maria que deverá entregar seu automóvel a José". Maria é nomeada herdeira e deve entregar o carro ao legatário José. Como não tem o testador poder de legar bem alheio, essa disposição, em princípio é ineficaz, pois o herdeiro ou legatário tem possibilidade de decidir se entrega ou não a coisa legada. Trata-se de decisão que decorre do princípio da autonomia privada, não podendo o herdeiro ou legatário ser constrangido a entregar o bem que lhe pertence. Nesse caso, a liberalidade vem acompanhada de um encargo, já que traz um ônus ao herdeiro. Se cumprido o encargo ou modo, o herdeiro receberá a herança ou o legatário o legado. Caso o ônus seja descumprido pela não entrega do bem, considera-se que o herdeiro ou legatário renunciou à herança. O CC admite direito de regresso em relação aos coerdeiros daquele que entregou o bem próprio para o legatário (ver comentários ao art. 1.935 do CC).

Art. 1.914. Se tão somente em parte a coisa legada pertencer ao testador, ou, no caso do artigo antecedente, ao herdeiro ou ao legatário, só quanto a essa parte valerá o legado.

COMENTÁRIOS DOUTRINÁRIOS: Caso o testador deixe bens ao legatário que apenas em parte lhe pertençam, por decorrência lógica do princípio pelo qual ninguém pode transmitir mais direitos do que possui, o legado será eficaz quanto aos bens pertencentes ao testador no momento de sua morte e parcialmente ineficaz quanto aos demais bens. Se o testador deixar ao legatário a casa de praia (da qual é dono) e o terreno contíguo (que no momento da morte pertence a terceiro), o legado da casa é eficaz e do terreno não. Se o testador for proprietário de 50% da casa de praia e a lega por inteiro ao sobrinho João, quando da morte, o legado é eficaz parcialmente. A eficácia do testamento atinge os bens existentes no momento da morte e não na elaboração do testamento. Quanto à parte ineficaz, aplicam-se as regras já explicadas nos comentários ao artigo anterior. A regra tem por base o princípio da conservação do negócio jurídico que produzirá, ainda que parcialmente, os efeitos almejados pelo testador.

Art. 1.915. Se o legado for de coisa que se determine pelo gênero, será o mesmo cumprido, ainda que tal coisa não exista entre os bens deixados pelo testador.

COMENTÁRIOS DOUTRINÁRIOS: Na hipótese, o legado de coisa incerta é considerado eficaz. Trata-se de decorrência lógica do princípio pelo qual *genus non perit*, ou seja, o gênero não perece (art. 246 do CC). Assim, se o testador legar 100 sacas de café, ainda que no seu patrimônio inexistam sacas ou existam apenas 20, o legado é eficaz e caberá ao herdeiro obter o restante delas e entregá-las ao legatário. Isso seria impossível em se tratando de coisa certa que, perecendo, extingue a obrigação, já que não pode ser substituída por outra. Haverá, assim, um encargo para o herdeiro de adquirir o gênero legado. Nessa situação, terá o herdeiro onerado o direito de cobrar dos demais os valores e gastos com a aquisição do gênero (art. 1.935 do CC), sempre de maneira divisível e não solidária. No entanto, o testador pode prever expressamente o contrário, ou seja, que o direito de regresso não poderá ser exercido. O legatário terá o direito de exigir que o herdeiro cumpra o encargo utilizando-se dos meios coercitivos para execução da obrigação de fazer e para a entrega de coisa (arts. 247 a 249 do CC e arts. 498 e 538 do CPC/2015). Cabe ressaltar que o testador pode elaborar o legado coisa quase genérica. É aquele em que o testador limita o gênero legado. Assim, se legar cem cabeças de boi das quinhentas que tem em sua fazenda, caso as quinhentas cabeças pereçam, o legado é ineficaz, pois o gênero estava restrito pela própria vontade do testador. Não se aplica, então, o comentado art. 1.915 do CC.

Art. 1.916. Se o testador legar coisa sua, singularizando-a, só terá eficácia o legado se, ao tempo do seu falecimento, ela se achava entre os bens da herança; se a coisa legada existir entre os bens do testador, mas em quantidade inferior à do legado, este será eficaz apenas quanto à existente.

COMENTÁRIOS DOUTRINÁRIOS: A coisa singularizada é aquela infungível, que, além de ser indicada quanto à qualidade e quantidade, é única. Exemplo disso ocorre quando o testador constitui como legado determinado bem imóvel localizado na Av. Paulista, n. 575, em São Paulo. Se o bem não mais estiver no patrimônio do falecido quando da abertura da sucessão, o legado é ineficaz. Da mesma forma, se for legado o boi da raça Nelore Xanegu. Se o touro morrer antes de aberta da sucessão, será ineficaz o legado. Na hipótese em que a coisa legada existir entre os bens do testador, mas em quantidade inferior à do legado, este será eficaz apenas quanto à existente. Se o testador legar bens que, quando da morte, existam em quantidade inferior à coisa legada, o legado é parcialmente eficaz. A título de exemplo, se legar dois quadros de Portinari, mas apenas um existir quando do falecimento em virtude de o outro ter sido roubado, vale o legado quanto ao quadro existente. Da mesma forma, se o testador legar 10 terrenos que possui no loteamento Aldeia da Serra, mas quando da morte possuir apenas 8. A eficácia do testamento atinge os bens existentes no momento da morte e não na elaboração do testamento. A regra, novamente, tem por base o princípio da conservação do negócio jurídico que produzirá, ainda que parcialmente, os efeitos almejados pelo testador.

JURISPRUDÊNCIA COMENTADA: Se o bem, ao tempo da morte do testador, pertencei a terceiro, ocorreu caducidade do legado. É o que aconteceu no julgamento do TJSP: "Doravante, a outra metade e, se diga de passagem, quinhão suscetível à lídima doação, em sua completude, porque se repita, já respeitada a prestação da herança, demonstra que faz jus ao total de 50%, a dupla de donatários (Minas Fernando Kirikian e Ricardo Armen Kirikian), por ser ato que torna ineficaz o legado deixado antecipadamente pelo testamento, quer pela prévia morte de Ohanes Helvadjian (25%), quer o direito de acrescer de Mairan Kirian" (25%) (TJSP, AP 0031066-44.2013.8.26.0001, 20.ª Câmara de Direito Privado, São Paulo, Rel. Salles Rossi, j. 16.03.2018). Efetivamente, o fato de o bem não pertencer ao testador quando da morte, é hipótese de ineficácia parcial, e não de invalidade da deixa testamentária. Assim decidiu o TJSP (AP 0000088-21.2009.8.26.0132, 7.ª Câmara de Direito Privado, Catanduva, Rel. Luiz Antonio Costa, j. 04.04.2012). Contudo, invocou artigo que não tem aplicação ao caso concreto, pois a deixa testamentária dizia apenas: "Que assim, por este seu testamento, que determina que a parte disponível de todo o seu patrimônio existente por ocasião de sua morte, descontada a legítima de seu referido filho, seja atribuída em legado, para sua mulher".

Art. 1.917. O legado de coisa que deva encontrar-se em determinado lugar só terá eficácia se nele for achada, salvo se removida a título transitório.

COMENTÁRIOS DOUTRINÁRIOS: O testador, em vez de simplesmente indicar o bem legado, pode mencionar no testamento o lugar no qual os bens se encontram. Isso se verifica, por exemplo, na hipótese em que o testador legar todos os bens que estão em certo cofre, ou os móveis que estão na sala de jantar, ou todos os dólares que se encontram sob seu colchão. Caso os bens legados tenham sido removidos pelo autor da sucessão, de maneira definitiva, entende-se que a deixa se tornou ineficaz por vontade do próprio falecido. O legado de coisa certa que deva encontrar-se em determinado lugar só terá eficácia se nele for achada, salvo se removida a título transitório. A regra comporta uma exceção: se os bens foram removidos em caráter transitório, ou seja, em caráter não definitivo, o legado produzirá seus efeitos. Vejamos. Se os móveis da sala foram retirados em razão de obras na casa, para depois retornarem, o legado ainda é eficaz. Por outra via, se os mesmos móveis foram vendidos pelo testador, que precisava de dinheiro, ou enviados pelo próprio testador à sua casa de praia, o legado se tornará ineficaz. Certo é que, se terceiros removerem os bens do lugar indicado pelo falecido, o legado é considerado eficaz e, portanto, o legatário, como novo proprietário, poderá reivindicá-los de quem injustamente os possua.

Art. 1.918. O legado de crédito, ou de quitação de dívida, terá eficácia somente até a importância desta, ou daquele, ao tempo da morte do testador.

§ 1º Cumpre-se o legado, entregando o herdeiro ao legatário o título respectivo.

§ 2º Este legado não compreende as dívidas posteriores à data do testamento.

COMENTÁRIOS DOUTRINÁRIOS: O legado de crédito é chamado *legatum nominis*. O crédito, apesar de ser bem imaterial, pode ser objeto de legado, pois dotado de valor econômico. Com a morte, em se tratando de sucessão legítima, o herdeiro receberá todos os bens (inclusive os créditos) e as dívidas do falecido. Portanto, se o falecido quiser destacar um crédito que tem para receber e constituir um legado, cujo objeto é o próprio crédito, poderá fazê-lo. Note-se que, em vida, a pessoa poderia fazer uma cessão gratuita do crédito (art. 286 do CC). Quando da morte, basta que faça um testamento legando o crédito. A diferença entre a cessão gratuita de crédito e o legado é que a primeira decorre de negócio jurídico *inter vivos* (logo necessita do acordo de vontades e será bilateral) e o segundo, de negócio *mortis causa* (logo existe a partir de uma única vontade – a do testador – e será unilateral). A eficácia do legado dependerá da extensão do crédito testado e do valor deste quando da abertura da sucessão. Vejamos. Se o crédito legado for de R$ 100.000,00, mas o devedor já pagou R$ 20.000,00 ao credor antes de sua morte, o crédito legado será de apenas R$ 80.000,00. Sendo legado o crédito, estarão abrangidos todos os seus acessórios, tais como juros, multa e garantias, em razão da regra pela qual o acessório segue o principal. Caso o crédito esteja representado por um título de crédito (ex.: nota promissória ou letra de câmbio), deverá o herdeiro entregá-lo ao legatário como forma de cumprimento da deixa testamentária. Essa é a regra do art. 1.918, § 1º, do atual Código. Isso porque o devedor só pagará a quem portar o título, sob pena de ser obrigado a pagar novamente. O legado pode envolver uma quitação de dívida em que o testador é o credor e o legatário é o devedor. Nessa hipótese, caso o credor (testador) tenha em seu poder notas promissórias representativas de sua dívida, o herdeiro deverá entregá-las ao devedor, na qualidade de legatário beneficiado. Percebe-se que a situação é analógica à da remissão (perdão) de dívidas que poderia ter ocorrido durante a vida do testador (art. 385 do CC). A remissão, contudo, é negócio jurídico bilateral e exige a concordância do perdoado para existir. O legado, por decorrer de testamento que é negócio jurídico unilateral, existe apenas com a vontade do testador. E se o legatário (devedor) não quiser ser perdoado? Basta que ele renuncie ao legado de quitação. A quitação legada só pode abranger dívidas do legatário que já existiam quando da elaboração do testamento e não as posteriores (art. 1.918, § 2º, do CC). Se surgiram novas dívidas entre a feitura do testamento e a morte do falecido, estas não estarão quitadas, salvo se o testador expressamente dispuser quanto às dívidas vincendas. Por outro lado, se por ocasião da morte do testador a dívida já estava integralmente quitada, o legado caducará, pois o bem que existia no momento da feitura do testamento deixa de existir no momento da morte (art. 1.939, III, do CC).

REFORMA DO CÓDIGO CIVIL: Pretende-se criar um art. 1.918-A com a seguinte redação: "Art. 1.918-A. O legado de bens digitais pode abranger dados de acesso a qualquer aplicação da internet de natureza econômica, perfis de redes sociais, canais de transmissão de vídeos, bem como dados pessoais expressamente mencionados pelo testador no instrumento ou arquivo do testamento. § 1º É possível a nomeação de administrador aos bens digitais, sob a forma de administrador digital, por decisão judicial, negócio jurídico entre vivos, testamento ou codicilo. § 2º Se houver administrador digital, nomeado pelo autor da herança ou por decisão judicial, ficam os bens digitais submetidos à sua administração imediata até que se ultime a partilha, com a obrigação de prestação de contas". Uma das premissas da reforma do Código era justamente adaptá-lo às mudanças trazidas pela tecnologia. O artigo criado disciplina o legado de bens digitais. Além disso, cria a possibilidade de se nomear um administrador para administrar tais bens *post mortem*.

Art. 1.919. Não o declarando expressamente o testador, não se reputará compensação da sua dívida o legado que ele faça ao credor.

Parágrafo único. Subsistirá integralmente o legado, se a dívida lhe foi posterior, e o testador a solveu antes de morrer.

COMENTÁRIOS DOUTRINÁRIOS: É o chamado *legatum debiti*. Duas hipóteses devem ser analisadas. Em uma primeira hipótese, se o legatário for devedor do testador e receber um legado de crédito, por força da compensação, as dívidas se extinguem no limite daquela de menor valor. João deve R$ 20.000,00 a José. José nomeia João legatário da importância de R$ 5.000,00. A compensação se opera no limite de R$ 5.000,00. Nessa hipótese, não há legado de quitação, mas há verdadeira compensação de dívidas. Em uma segunda hipótese, o testador deve ao legatário. Assim, João deve R$ 30.000,00 à Maria e, por testamento, deixa em favor de Maria exatamente R$ 30.000,00. Afastando-se da regra geral da compensação automática, em matéria sucessória há necessidade de declaração expressa do testador para que a compensação se opere. Se o testador, contudo, expressamente determinar que a compensação ocorrerá por força de legado, a lei, que tem aplicação subsidiária à vontade do testador, não se aplica e a compensação ocorrerá quando o legatário (credor do testador) aceitar o legado. O artigo em comento é simples regra interpretativa da vontade do testador. Tecnicamente, a razão de ser da regra é a seguinte: quem faz um legado faz uma liberalidade (algo sem contrapartida, sem benefícios, sem vantagens ao testador). Se a compensação ocorresse automaticamente, o "legado" seria em verdade um pagamento pelo testador em favor do legatário (que é seu credor), e não mais uma liberalidade. Legado só haverá se o valor testado exceder ao valor que o testador deixa ao legatário. Se João deve a José R$ 25.000,00 e faz um legado em seu favor de R$ 30.000,00, o legado em verdade é de R$ 5.000,00 pois o restante é pagamento. A compensação que, em regra, é automática, por força do preceito especial, deixa de ser. Segundo o parágrafo único do dispositivo, se a dívida do testador com o legatário for posterior ao legado, o legado "subsiste integralmente" se o testador a solveu antes de morrer. A parte final do parágrafo único é confusa. O real alcance do dispositivo é o seguinte: a dívida posterior ao testamento não altera o legado anterior. Isso porque o testamento só se revoga ou altera por meio de novo testamento. Em conclusão, o legatário, na hipótese de dívida que surge após o legado, poderá exigir (i) o pagamento da dívida (cujo título é anterior à morte do testador) e também (ii) o legado (cujo título é o testamento). Contudo, se o testador antes de morrer quitou a dívida, o legatário, por óbvio, só pode exigir o legado. Assim, se João faz seu testamento legando um crédito à Maria de R$ 20.000,00 e, após o testamento, passa a dever R$ 20.000,00 à Maria, a dívida posterior não afeta o legado e Maria, quando da morte de João, poderá cobrar R$ 40.000,00. A real dicção do parágrafo único do dispositivo é a seguinte: "subsistirá integralmente o legado, se a dívida lhe foi posterior, ainda que o testador a tenha solvido antes de morrer".

Art. 1.920. O legado de alimentos abrange o sustento, a cura, o vestuário e a casa, enquanto o legatário viver, além da educação, se ele for menor.

COMENTÁRIOS DOUTRINÁRIOS: Pode o testador instituir em favor do legatário o chamado legado de alimentos, ou seja, de valores indispensáveis à subsistência do legatário (dívida de valor). Não se trata de fixação de legado representado por um pagamento mensal de certa quantia ao legatário (dívida de dinheiro – ver art. 315 do CC). O testador deve afirmar a função do legado: natureza alimentar, sob pena de se tratar apenas de uma renda constituída. Isso porque, se legada certa quantia mensal, não haverá nenhuma relação entre ela e o valor necessário à subsistência. O legado de alimentos abrange o sustento, a cura, o vestuário e a casa, enquanto o legatário viver. Se o legatário for menor, inclui também a educação. A hipótese é de legado a termo, sujeito a evento futuro e certo: finda com a morte do legatário. Desse modo, caso opte, o testador pode estabelecer termo distinto da morte do legatário. Como exemplo, podemos citar o caso de legado de alimentos pelo prazo de cinco anos contados da abertura da sucessão. O legado de alimentos pode ser pago em parcela única ou em quantias periódicas de acordo com a vontade do testador. Se não houver valor fixado pelo próprio testador, caberá ao juiz fixá-lo considerando as necessidades do legatário beneficiado e também as forças da herança, já que por elas será o encargo suportado. Se houver valor fixado em testamento, o juiz não poderá alterar tal valor, aumentando-a ou reduzindo-a, pois respeita-se a vontade do testador. Havendo valor fixado pelo testador, não existirá aplicação do critério da necessidade de quem recebe. Nem o credor, nem o devedor podem debater o valor fixado pelo testador. O legado de alimentos fixado em dinheiro é monetariamente corrigido a cada ano pelo IPC (ver art. 316 do CC) ou outro índice indicado pelo testador, pois se trata de dívida de valor. A correção monetária ocorre mesmo sem que o testador a tenha previsto (art. 1.710 do CC). O legado será pago da parte disponível da herança e, portanto, quando esgotada a parte disponível, o legado se extingue, ainda que o legatário credor esteja vivo. Deve ser pago na forma determinada pelo testador. Se for pago de forma mensal, pode o credor exigir a constituição de renda para garantir tal pagamento.

Art. 1.921. O legado de usufruto, sem fixação de tempo, entende-se deixado ao legatário por toda a sua vida.

COMENTÁRIOS DOUTRINÁRIOS: O usufruto é uma das espécies de direito real sobre a coisa alheia previsto no Código Civil (art. 1.225, IV, do CC). O nu-proprietário fica com os poderes de dispor e reaver e o usufrutuário com os poderes de usar e fruir. Por meio do usufruto, ficam cindidos os poderes da propriedade, ficando o nu-proprietário privado do uso e da fruição da coisa, sendo a posse direta transferida ao usufrutuário. Em razão de seu conteúdo econômico, o usufruto pode ser instituído por meio do legado, ou seja, pode ser objeto dessa forma de sucessão singular. O legado de usufruto poderá ser feito sob termo ou sob condição. Caso o testamento silencie a respeito, o usufruto será considerado vitalício. Se o legado de usufruto for em favor de pessoa jurídica, estará limitado ao prazo máximo de 30 anos, por aplicação analógica ao que dispõe o art. 1.410, III, do CC. É possível, mais uma vez, o legado a termo. Se o testamento não mencionar o termo final do usufruto legado em favor da pessoa natural, o usufruto será vitalício. Vale dizer que a instituição de legado de usufruto sofre a seguinte limitação: o testador não pode criar um legado de usufruto sucessivo, ou seja, o usufruto do bem para João, sendo que, depois da morte de João, este passa para José. A única forma de sucessividade admitida por lei seria a *substituição fideicomissária* que será analisada nos arts. 1.951 e seguintes. O usufruto recebido por legado não pode, por sua vez, ser objeto de legado, por parte do legatário. Com a morte do legatário (usufrutuário), ocorre a extinção do usufruto.

JURISPRUDÊNCIA COMENTADA: O legado de usufruto pode vir acompanhado de encargo, por exemplo, a administração da herança pelo herdeiro recebida até que completasse a maioridade civil. No processo julgado pelo TJSP decidiu-se: "[...] considerando que o legado foi instituído pura e simplesmente, sem qualquer condição ou encargo, bem como que não houve ato de ingratidão. De fato, do testamento deixado pelo autor da herança, verifica-se que, ao instituir o legado, o autor da herança não determinou qualquer encargo ou condição. Em razão de seu único filho ser menor de idade, no mesmo ato, o autor da herança nomeou as pessoas que, sucessivamente, deveriam administrar a herança do filho, as seguintes, na falta da anterior. Tais pessoas não receberam qualquer legado, exceto a requerida, em razão de ser esposa, e agora viúva do autor da herança. Claro está que o legado não foi instituído em razão da nomeação para administrar a herança do filho, ora autor" (TJSP, AP 0021280-31.2012.8.26.0576, 10.ª Câmara de Direito Privado, São José do Rio Preto, Rel. Carlos Alberto Garbi, j. 29.04.2014).

Art. 1.922. Se aquele que legar um imóvel lhe ajuntar depois novas aquisições, estas, ainda que contíguas, não se compreendem no legado, salvo expressa declaração em contrário do testador.

Parágrafo único. Não se aplica o disposto neste artigo às benfeitorias necessárias, úteis ou voluptuárias feitas no prédio legado.

COMENTÁRIOS DOUTRINÁRIOS: Se determinada pessoa legar um imóvel, coisa certa, e depois adquirir novos imóveis, mesmo que contíguos, o legado não compreende as novas aquisições. O legado se restringe ao bem indicado no testamento, não podendo ser ampliado por interpretação, mas apenas por expressa declaração do falecido. Vejamos. Se o testador lega o terreno localizado na Rua Rui Barbosa, 100, Jaú, São Paulo, ainda que após o testamento o testador venha a comprar o terreno vizinho, a nova aquisição não comporá o legado, salvo se assim expressamente determinar. Não há relação entre o bem novo e o antigo. Se o testador, após a elaboração do testamento, realizar benfeitorias necessárias, úteis ou voluptuárias no bem legado, estas pertencerão ao legatário, já que o acessório segue o principal (art. 1.922, parágrafo único, do CC). Há uma questão final a ser considerada: se ocorrer uma acessão que desnature o principal, haverá caducidade do legado. É o caso de o testador legar um terreno que vale R$ 100.000,00 e, com a construção de um prédio, o bem passa a valer R$ 1.000.000,00. A modificação é tão radical que o terreno deixa de existir. A interpretação que damos ao dispositivo segue a lógica do sistema. Isso porque, quando disciplina as acessões, o Código Civil admite que a construção seja considerada o bem principal e o solo acessório (art. 1.258 do CC).

SEÇÃO II

DOS EFEITOS DO LEGADO E DO SEU PAGAMENTO

Art. 1.923. Desde a abertura da sucessão, pertence ao legatário a coisa certa, existente no acervo, salvo se o legado estiver sob condição suspensiva.

§ 1º Não se defere de imediato a posse da coisa, nem nela pode o legatário entrar por autoridade própria.

§ 2º O legado de coisa certa existente na herança transfere também ao legatário os frutos que produzir, desde a morte do testador, exceto se dependente de condição suspensiva, ou de termo inicial.

COMENTÁRIOS DOUTRINÁRIOS: Desde a abertura da sucessão, com a morte do testador e pelo princípio da *saisine*, passa o legatário a ser, de imediato, proprietário do bem testado (art. 1.784 do CC). A única exceção se dá quando o bem é legado com condição suspensiva (art. 1.923 do CC). Isso porque, nos negócios celebrados sob condição suspensiva (aquela que subordina os seus efeitos a um evento futuro e incerto), não há direito adquirido, mas, sim, direito eventual (art. 130 do CC). Exemplo de legado sob condição suspensiva se verifica quando o testador deixa um carro para o sobrinho legatário desde que este ingresse na faculdade de Direito. Como consequência da imediata transferência da propriedade, todos os frutos produzidos pela coisa, após a morte do testador, pertencem ao legatário, por se tratar de bens acessórios (art. 1.923, § 2º, do CC). Certo é que se o legado for a termo ou sob condição, antes do advento destes os frutos não pertencem ao legatário. Vejamos. Se o testador deixa o bem ao legatário a partir do dia 10 de janeiro do ano de 2024 – termo inicial ou suspensivo –, o último só terá direito aos frutos produzidos após tal data. Todos os frutos produzidos no período entre a morte do testador e a data prevista pertencerão a seus herdeiros. Pode, ainda, o testador prever um termo inicial para o recebimento dos frutos (ex.: o legatário receberá os frutos a partir de dois anos contados da morte do testador). Há uma exceção que vem no art. 1.925 do CC: os juros do capital legado só são devidos com constituição do devedor em mora. Pelo fato de assumir a qualidade de proprietário do bem em decorrência da abertura da sucessão, somente a posse indireta do bem é transmitida ao legatário, permanecendo a posse direta com o herdeiro até que este o entregue ou até a partilha. Não pode o legatário entrar por autoridade própria na posse da coisa legada, ou seja, deve pedir ao herdeiro e, quando autorizado por ele, entrar na posse (art. 1.923, § 1º, do CC). O direito de pedir deverá ser formulado ao inventariante que representa o espólio. Eventualmente, se um dos herdeiros estiver na posse do bem, deve o pedido ser feito a ele. Se por acaso o inventário acabou e o legatário não recebeu o bem, deve dirigir o pedido a todos os herdeiros que estiverem na posse do bem. O pedido de entrega pode ser deduzido pelo legatário nos autos do inventário. Todavia, se o herdeiro se recusar a entregar o bem legado, caberá ao legatário a propositura de ação reivindicatória autônoma. Qualquer uma das partes ouvidas poderá discordar da entrega da posse do legado, desde que justifique os motivos para tanto. Um motivo relevante para impedir a transferência do legado está presente quando o falecido morreu insolvente e, assim, o bem legado será partilhado entre seus credores. Nesse caso, será necessário ao legatário aguardar a partilha para que, já tendo sido pagas as dívidas e não sendo necessário entregar o legado aos credores, a posse lhe seja transferida. Caso venha a falecer o legatário, o direito de pedir se transfere aos seus herdeiros, pois a propriedade já lhe foi transmitida com a morte do testador.

JURISPRUDÊNCIA COMENTADA: Seguindo a regra pela qual o acessório segue o principal, o TJSP decidiu: "[...] o legado de coisa certa existente na herança transfere também ao legatário os frutos que produzir, desde a morte do testador, exceto se dependente de condição suspensiva, ou de termo inicial. Contudo, corretamente afirma que 'agravante descuida que o que se transmite imediatamente com a morte é a propriedade do bem legado, e não sua posse'" (TJSP, AI 2071055-16.2019.8.26.0000, 9.ª Câmara de Direito Privado, São Paulo, Rel. Angela Lopes, j. 21.11.2019).

Art. 1.924. O direito de pedir o legado não se exercerá, enquanto se litigue sobre a validade do testamento, e, nos legados condicionais, ou a prazo, enquanto esteja pendente a condição ou o prazo não se vença.

COMENTÁRIOS DOUTRINÁRIOS: Fica suspensa a possibilidade de exercício do direito de pedir em três casos: a) Quando o legado for sob condição suspensiva, até que se verifique a condição. b) Quando o legado for a termo, até que este seja verificado. c) Quando pender litígio sobre a validade do testamento. Na primeira hipótese, a razão é óbvia: a condição suspensiva subordina os efeitos do negócio jurídico a um evento futuro e incerto. Se a condição suspensiva não ocorrer, a deixa testamentária é ineficaz e o legado não produzirá qualquer efeito. Assim, diante da possibilidade de nunca produzir efeitos, o Código Civil exige o cumprimento da condição para que o legado seja exigível. O termo subordina os efeitos do negócio jurídico a um evento futuro e certo. Se o testador determinou o início do exercício do direito pelo legatário, só a partir da data fixada poderá exigir a posse do legado. O legatário é dono do bem desde a morte em razão da *saisine*, mas a posse é diferida, adiada pelo termo. No caso de litígio sobre a validade de todo o testamento ou mesmo da cláusula que estipulou o legado, necessário será aguardar o trânsito em julgado da demanda e o seu desfecho. Entretanto, se a discussão versar sobre determinada cláusula apenas, como, por exemplo, o reconhecimento de um filho, a regra não se aplica, pois o vício de uma cláusula não contamina o todo, podendo o legatário pedir o legado desde logo.

JURISPRUDÊNCIA COMENTADA: A regra tem sido flexibilizada em algumas hipóteses. Assim: "[...] o disposto no art. 1.924 do Código Civil deve ser interpretado de acordo com as circunstâncias dos autos e sua aplicação não impede, no caso em exame, o recebimento dos frutos. Como dito, o legado já foi entregue ao autor. Assim, não se justifica aguardar o fim da demanda relacionada à anulação do testamento, sob pena de impedir, sem justificativa, o direito de ressarcimento do autor, direito garantido pelo art. 1.923, § 2º, do Código Civil" (TJSP, ED 0006184-32.2010.8.26.0483/50000, 10.ª Câmara de Direito Privado, Presidente Venceslau, Rel. Carlos Alberto Garbi, j. 22.10.2012).

Art. 1.925. O legado em dinheiro só vence juros desde o dia em que se constituir em mora a pessoa obrigada a prestá-lo.

COMENTÁRIOS DOUTRINÁRIOS: Com relação aos frutos produzidos pelo legado, curiosa é a regra prevista no presente artigo para o legado em dinheiro. Nessa espécie de legado, os juros só passam a ser devidos ao legatário quando for constituída em mora a pessoa obrigada a prestá-lo. O fundamento da regra seria que o dinheiro, como parte do patrimônio do testador, não produz frutos por si só. É parte de uma massa patrimonial una e indivisa. A regra teria lógica se se imaginasse que o dinheiro estaria em conta bancária sem qualquer rendimento. Isso não ocorre na prática. Esse fundamento não nos convence, mas como a lei exige a constituição em mora para início do cômputo dos juros, não poderá o legatário exigir tais juros antes de constituir o herdeiro em mora. Não há enriquecimento sem causa do herdeiro. A causa é o próprio artigo em comento. Quanto à correção monetária, não há dúvidas: o valor deve ser entregue ao legatário monetariamente corrigido desde o momento da morte, já que a correção apenas recompõe o valor de compra da moeda corrido pela inflação. A regra cede se o testador expressamente determinar o termo inicial dos juros, como, por exemplo, o momento da morte.

JURISPRUDÊNCIA COMENTADA: Ao aplicar o artigo em comento, o TJSP decidiu: "Testador que deixa a critério da testamenteira o solvimento do legado, em dinheiro ou em espécie. Pretendido cômputo de juros e correção monetária, ante a suposta mora da testamenteira. Não ocorrência de mora mesmo porque sequer efetivada a partilha. Inteligência do art. 1.925 do Código Civil. Testamenteira que ademais depois de intimada para depósito do dinheiro legado cumpriu em prazo razoável o quanto determinado no testamento. Agravo improvido (AI n. 994.08.127091-2, Relator A.C. Mathias Coltro, 5.ª Câmara de Direito Privado, j. 21.5.2008). Em caso semelhante também decidiu: A própria testadora optou pelo dólar americano, como indexador de seu legado, não podendo ser a disposição entendida de outra maneira; assim deve ser feita a correção e os juros só são exigíveis se caracterizar-se a mora, que não é o caso" (TJSP, AI 0228836-53.2010.8.26.0000, 5.ª Câmara de Direito Privado, São Paulo, Rel. J. L. Mônaco da Silva, j. 14.12.2010).

Art. 1.926. Se o legado consistir em renda vitalícia ou pensão periódica, esta ou aquela correrá da morte do testador.

COMENTÁRIOS DOUTRINÁRIOS: Em se tratando de legado de renda vitalícia (prestação paga até a morte do beneficiário) ou de pensão periódica (paga em certo período de tempo), determina o Código Civil que estas serão devidas a partir do momento da morte do testador. Há um termo inicial fixado por lei (em que pese pela regra do Código Civil o termo e a condição decorrerem da vontade – ver art. 121). Em casos tais, o pagamento deverá ocorrer da forma determinada pelo testador, ou seja, o legatário precisa pedir para entrar na posse do legado, mas, mesmo antes de pedir, os juros se iniciam. Como o legislador estabelece o termo inicial, se o pagamento não ocorrer, o herdeiro estará em mora e pagará os juros e a correção monetária desde então. Não há necessidade de interpelação pelo legatário para a constituição em mora (mora é *ex re*).

Art. 1.927. Se o legado for de quantidades certas, em prestações periódicas, datará da morte do testador o primeiro período, e o legatário terá direito a cada prestação, uma vez encetado cada um dos períodos sucessivos, ainda que venha a falecer antes do termo dele.

COMENTÁRIOS DOUTRINÁRIOS: Caso o legado determine o pagamento sem mencionar o seu termo inicial, a morte do testador será considerada como tal marco (art. 1.927 do CC). Exemplificando, se o testador determinar o pagamento de uma quantia a cada 30 dias, a primeira prestação vencerá 30 dias após sua morte e assim sucessivamente. Há, novamente, um termo inicial legal. Logo, a mora do herdeiro em pagar as rendas será automática, sem necessidade de interpelação pelo legatário (mora *ex re*). De resto, existe grande semelhança entre tais modalidades de legado e o contrato de constituição de renda (arts. 810 a 813 do CC), sendo certo que a diferença se dá pelo fato de o legado só produzir efeitos *mortis causa* (decorre de negócio jurídico unilateral) e a constituição de renda efeitos *inter vivos* (negócio jurídico bilateral). Se o pagamento for feito uma vez por ano, morrendo o legatário no primeiro dia do ano, terão os herdeiros o direito de exigir a prestação por inteiro, pois esta não é adquirida dia a dia, como ocorre na constituição de rendas (art. 811 do CC), mas por inteiro, no primeiro dia do período (art. 1.927 do CC).

Art. 1.928. Sendo periódicas as prestações, só no termo de cada período se poderão exigir.

Parágrafo único. Se as prestações forem deixadas a título de alimentos, pagar-se-ão no começo de cada período, sempre que outra coisa não tenha disposto o testador.

COMENTÁRIOS DOUTRINÁRIOS: Esse dispositivo segue explicando o legado de prestações periódicas. Difere o momento da aquisição do momento da exigibilidade. Assim, ainda que seja adquirida no início do período de forma integral, a prestação só será exigível ao final do período estipulado. O direito se adquire no primeiro dia, mas sob termo suspensivo, ou seja, os efeitos ficam suspensos até o último dia do período, não podendo ser exigido antes disso. Isso porque o direito existe, é válido, mas não é eficaz, de acordo com os planos do negócio jurídico. Exemplificando, se o testador legar a importância mensal de R$ 5.000,00 ao legatário, e morrer no dia 31 de dezembro de 2029, no dia 1º de janeiro de 2030 o legatário já terá direito ao valor integral de R$ 5.000,00, que só será exigível em 1 de fevereiro de 2030. Após o prazo de exigibilidade, inicia-se o prazo de prescrição da pretensão, que será de três anos (art. 206, § 3º, II, do atual CC). Entretanto, se a renda tiver caráter alimentar, estaremos diante de exceção à regra, e o pagamento deverá ser feito não ao final, mas no início de cada período (art. 1.928, parágrafo único, do CC).

Art. 1.929. Se o legado consiste em coisa determinada pelo gênero, ao herdeiro tocará escolhê-la, guardando o meio-termo entre as congêneres da melhor e pior qualidade.

COMENTÁRIOS DOUTRINÁRIOS: É a regra da obrigação de dar coisa incerta que se repete aqui. O herdeiro é o devedor (logo tem o direito de escolha) e o legatário é o credor. A coisa incerta é aquela determinada pelo seu gênero e quantidade; o objeto é indeterminado, porém determinável. O legado será de coisa incerta se o testador legar cem bois da raça Nelore do seu rebanho que contém quinhentos animais dessa raça. As regras da obrigação de dar coisa incerta, previstas nos arts. 243 a 246 do atual Código, são aplicadas ao legado. Como, em regra, o devedor tem o fardo obrigacional, será dele o direito de escolha das coisas a serem entregues ao credor, salvo se o contrário não resultar do título da obrigação, que no caso seria o testamento (art. 244 do CC). Dessa forma, o herdeiro, considerado o devedor, terá o direito de escolher quais bens deve entregar ao legatário, não podendo entregar os de pior qualidade, pois o critério adotado pelo legislador foi o do fator médio ou meio-termo (arts. 244 e 1.929 do CC). A regra atende aos princípios da eticidade e da equivalência das prestações. A escolha da coisa média é boa e justa para o herdeiro e para o legatário. Deve-se atentar para a redação da cláusula que institui o legado de coisa incerta, pois podemos estar diante de uma obrigação genérica (em que gênero não perece) ou quase genérica (em que o gênero é limitado pelo testador e pode perecer). Se o testador deixar ao legatário 100 cabeças de boi da raça Nelore, ainda que quando de sua morte o testador não tenha nenhum boi, caberá ao herdeiro adquirir os bois e entregá-los, pois gênero não perece. Se o testador deixar ao legatário 100 cabeças de boi da raça Nelore "do meu rebanho", se quando da morte do testador, este não tiver nenhum boi, o legado caducou, pois o gênero foi limitado por ele.

Art. 1.930. O estabelecido no artigo antecedente será observado, quando a escolha for deixada a arbítrio de terceiro; e, se este não a quiser ou não a puder exercer, ao juiz competirá fazê-la, guardado o disposto na última parte do artigo antecedente.

COMENTÁRIOS DOUTRINÁRIOS: É possível que o testador determine que a escolha será feita por um terceiro (*legatum electionis*) que não seja o herdeiro nem o legatário. Este terceiro deve seguir idêntico critério, o de entrega da coisa média, segundo prevê o art. 1.930. Por este mesmo dispositivo, se esse terceiro não quiser nem puder exercer o ato, ao juiz competirá fazê-lo, também guardado o meio-termo entre as congêneres de melhor e pior qualidade. A solução evita que a obrigação fique sem cumprimento. A escolha é exercida pelo juiz e o processo obrigacional atinge sua finalidade, seu fim, que é o adimplemento.

Art. 1.931. Se a opção foi deixada ao legatário, este poderá escolher, do gênero determinado, a melhor coisa que houver na herança; e, se nesta não existir coisa de tal gênero, dar-lhe-á de outra congênere o herdeiro, observada a disposição na última parte do art. 1.929.

COMENTÁRIOS DOUTRINÁRIOS: Poderá o testador determinar que o próprio legatário escolha a coisa legada dentro do gênero (*legatum optionis*). Nesse caso, poderá o legatário escolher a melhor coisa do gênero, não sendo obrigatório seguir o critério do meio-termo, conforme o disposto no art. 1.931. O motivo para tanto seria o fato de que, se o testador deu poderes de escolha ao legatário, na qualidade de credor, é justamente porque pretendia que este exercesse livremente a opção, sem peias. Ora, se o testador quiser, ele pode deixar a escolha para o legatário e determinar o critério da medianidade. A norma em comento não é de ordem pública, mas supletiva da vontade do testador. De qualquer modo, a parte final do art. 1.931 mitiga a regra, prevendo que, se não houver uma coisa melhor, a coisa dada será outra congênere, do mesmo tipo, observado o meio-termo previsto no já comentado art. 1.929.

JURISPRUDÊNCIA COMENTADA: É verdade que não se trata de legado de coisa incerta em que há direito de escolha da coisa genérica, pois no caso julgado pelo TJSP o legatário determinou "'quantia em dinheiro bastante e apta a proporcionar a ela a aquisição de um imóvel residencial, tendo como parâmetro o valor necessário ao tempo de meu falecimento para a compra de apartamento novo situado na cidade de São Paulo – SP, nos bairros do Jardim Paulista, no Jardim América ou Jardim Europa, com 3 dormitórios. Caso Taciana opte pela aquisição de um imóvel antigo, deverá ser entregue a ela igualmente a quantia necessária para a reforma do imóvel, nos moldes que ela desejar. Além da quantia em dinheiro necessária para a compra do imóvel nas condições acima estabelecidas, lego à minha esposa Taciana quantia em dinheiro suplementar, correspondente a 30% do valor de aquisição do imóvel aqui versado, para a finalidade de proporcionar à legatária a compra de mobiliário e itens de decoração para a residência'". A escolha se daria com relação ao imóvel a ser comprado e por isso o TJSP decidiu: "A vontade de amparar a ex-esposa está muito bem demonstrada no item 7.3 do testamento. Com efeito, o testador explicou que os legados serviriam para ampará-la porque ela não era sua herdeira necessária, em razão do regime de bens adotados. Assim, apesar de ter listado três bairros para a compra do imóvel, a questão da localização do imóvel é irrelevante, pois o escopo do falecido, como dito, era a proteção de sua esposa. No mais, o imóvel por ela escolhido localiza-se em área próxima àquelas indicadas pelo testador (basta verificar no mapa da cidade de São Paulo) e em região igualmente nobre, o que também atende à vontade do testador de dar a ela conforto e segurança. Irrelevante também que o valor do imóvel seja de cerca de R$8.000.000,00, e não o preço médio dos apartamentos das áreas indicadas pelo testador (segundo os documentos juntados pelos agravantes), pois não houve fixação de teto de gastos no testamento e porque o valor do imóvel passa longe de afetar a legítima" (Agravo de Instrumento 2229232-49.2017.8.26.0000, Lençóis Paulista, Rel. Miguel Brandi, 30.05.2018).

Art. 1.932. No legado alternativo, presume-se deixada ao herdeiro a opção.

COMENTÁRIOS DOUTRINÁRIOS: Em se tratando de *legado alternativo*, que é aquele que recai sobre uma ou outra coisa, determina a lei que a escolha será do herdeiro, na qualidade de devedor que é (art. 1.932 do CC). Como se vê, o legado alternativo segue a regra geral da obrigação alternativa (art. 252, *caput*, do CC) que decorre do *favor debitoris*. A obrigação alternativa é aquela que contém duas ou mais prestações em seu vínculo, e o devedor dela se exonera entregando apenas uma; há dois ou mais objetos no vínculo (*in obligatione*) e apenas um na execução (*in solutione*). Caso haja perda de um ou de todos os objetos alternativamente legados, devem ser aplicadas as regras dos arts. 254 e 255 do CC, analisando-se a culpa ou não do devedor (herdeiro) na perda, bem como a quem competia o direito de escolha. Isso porque o art. 1.940 do Código Civil trata apenas parcialmente do tema, ao dispor que, se uma das coisas legadas perecer – no todo ou em parte –, o legado subsiste quanto ao remanescente, ao que sobrar. Novamente, a norma não é de ordem pública e o testador pode deixar o direito de escolha ao legatário (credor) ou a um terceiro, hipótese em que se aplicam os arts. 1.930 e 1.931 do CC.

Art. 1.933. Se o herdeiro ou legatário a quem couber a opção falecer antes de exercê-la, passará este poder aos seus herdeiros.

COMENTÁRIOS DOUTRINÁRIOS: No silêncio do testamento, a escolha competirá ao herdeiro e não ao legatário (art. 1.932). Caso o direito de escolha seja do legatário ou do herdeiro e estes venham a falecer antes do exercício do direito que lhe é atribuído, este se transfere a seus herdeiros (art. 1.933 do CC). Pode haver uma pluralidade de optantes em razão da morte do herdeiro a quem competia a escolha. Caso haja mais de um herdeiro para efetuar a escolha, esta deve ser feita por unanimidade e não por maioria, por aplicação analógica do art. 252, § 3º, do CC. Pelo mesmo dispositivo, caso não haja unanimidade, o juiz deverá fixar prazo para a decisão dos herdeiros e, se, mesmo assim, não houver consenso, o juiz decidirá. A mesma regra se aplica por analogia se a escolha for do legatário (credor) e ele morrer antes de realizá-la. O parágrafo único do art. 1.701 do CC/1916 ("uma vez feita a opção é irrevogável") não foi repetido pelo CC/2002, pois a regra é inútil, já que a aceitação da herança é irrevogável, logo a escolha do legado também será (art. 1.812 do CC).

Art. 1.934. No silêncio do testamento, o cumprimento dos legados incumbe aos herdeiros e, não os havendo, aos legatários, na proporção do que herdaram.

Parágrafo único. O encargo estabelecido neste artigo, não havendo disposição testamentária em contrário, caberá ao herdeiro ou legatário incumbido pelo testador da execução do legado; quando indicados mais de um, os onerados dividirão entre si o ônus, na proporção do que recebam da herança.

COMENTÁRIOS DOUTRINÁRIOS: Caberá a todos os herdeiros o cumprimento do legado, salvo disposição específica do testador em sentido diverso (art. 1.934 do CC). Isso porque, sendo sucessor a título universal, é o herdeiro quem recebe todo o patrimônio (ativo e passivo) do falecido, e dele deve destacar o bem legado. Desse modo, cada herdeiro responde proporcionalmente por seu quinhão pelo legado a ser pago. Se Maria e Antonia são herdeiras de João, e Pedro legatário da importância de R$ 100.000,00, sairá do quinhão de cada herdeira a porção de R$ 50.000,00. Agora, se Maria recebe 70% da herança e Antonia apenas 30%, sendo Pedro legatário da importância de R$ 100.000,00, do quinhão de Maria sairá R$ 70.000,00 e de Antonia sairá R$ 30.000,00. Essa regra é supletiva da vontade do testador que pode determinar outras proporções ou que o legado seja pago exclusivamente por um dos herdeiros. E se o objeto legado for indivisível? De qualquer um dos herdeiros poderá ser exigida a coisa toda em razão da impossibilidade de fracionar o objeto legado. Caso inexistam herdeiros e a herança seja toda dividida em legados, os legatários assumirão o dever de entrega dos bens, na proporção do que herdaram.

JURISPRUDÊNCIA COMENTADA: Confirma a responsabilidade do espólio pelos frutos produzidos pelo bem legado a decisão do TJSP: "[...] qualquer herdeiro poderia ter tomado as providências necessárias no sentido de cumprir o legado estabelecido no testamento, o que, entretanto, não ocorreu (art. 1.934 do CC). O inventariante somente cumpriu o legado após pedido expresso do legatário nos autos do inventário. Além destes fatos, ao que tudo indica, não foi feita a partilha dos bens. Assim, com maior razão, tem o Espólio legitimidade para responder à pretensão do legatário ao recebimento dos frutos do objeto do legado.

2. Desde a abertura da sucessão, o legatário tem o domínio do objeto do legado. Entretanto, por não ter sido concedida a posse efetiva do bem logo após o falecimento do testador, tem direito ao pagamento dos frutos percebidos pelo Espólio. Princípio da *saisine*" (TJSP, AP 0006184-32.2010.8.26.0483, 10.ª Câmara de Direito Privado, Presidente Venceslau, Rel. Carlos Alberto Garbi, j. 14.08.2012).

Art. 1.935. Se algum legado consistir em coisa pertencente a herdeiro ou legatário (art. 1.913), só a ele incumbirá cumpri-lo, com regresso contra os co-herdeiros, pela quota de cada um, salvo se o contrário expressamente dispôs o testador.

COMENTÁRIOS DOUTRINÁRIOS: O ônus de entregar bem próprio para receber legado ou herança será apenas do herdeiro nomeado a entregar tal bem. Contudo, o Código Civil concede o direito de cobrar regressivamente dos demais herdeiros a quota de cada um, salvo disposição em contrário do testador. Deve-se frisar que o dispositivo afasta-se da regra que presume a divisão do ônus em partes iguais (*concursu partes fiunt*), para seguir o montante dos quinhões. Com um exemplo prático, a regra ficará bem compreendida. Em razão do testamento, João recebe 60% da herança, José recebe 30% e Pedro apenas 10%, e o testador institui Maria legatária da importância de R$ 10.000,00. Se o testador determinar que João cumpra o legado, somente ele será responsável pelo pagamento da importância de R$ 10.000,00. Contudo, após pagá-la, poderá cobrar regressivamente de José a quantia de R$ 3.000,00 e de Pedro, R$ 1.000,00, ou seja, proporcionalmente às suas quotas. Se o testador nada determinar sobre a quem cumpre o legado, todos os herdeiros serão responsáveis pelo pagamento, mas não de maneira solidária, e sim divisível, de acordo com o quinhão herdado. No exemplo citado, João responderá por R$ 6.000,00, José por R$ 3.000,00 e Pedro por R$ 1.000,00. Se quatro herdeiros recebem a herança e apenas João tem o ônus de entregar ao legatário um carro de sua propriedade no valor de R$ 20.000,00, após a entrega do bem poderá cobrar de cada um dos herdeiros a importância de R$ 5.000,00, ou seja, suas quotas, pois não há solidariedade presumida pelo sistema do Código Civil brasileiro (art. 265 do CC). Como os quinhões sucessórios são iguais, as quotas também o são. Se o testador, no presente exemplo, determinar que o herdeiro João deve entregar à legatária Maria o carro de R$ 100.000,00 que pertence a João, este poderá optar, nos termos do art. 1.935 do CC, por: entregar seu carro à legatária e cobrar dos demais herdeiros suas quotas na dívida, ou seja, R$ 30.000,00 de José e R$ 10.000,00 de Pedro; ou não cumprir a ordem do testador, o que significa renúncia à herança.

Art. 1.936. As despesas e os riscos da entrega do legado correm à conta do legatário, se não dispuser diversamente o testador.

COMENTÁRIOS DOUTRINÁRIOS: As despesas e os riscos da entrega da coisa correm por conta do legatário, salvo disposição em contrário do testador (art. 1.936 do CC). Isso porque, com a morte do testador, o legatário se tornou dono do objeto legado, recebendo os seus frutos e arcando com os seus custos. Sendo proprietário, aplica-se o brocardo *res perit domino*, ou seja, a coisa perece para o dono. Caberá, então, analisar se houve ou não culpa do herdeiro com a perda da coisa. Sendo o legado uma coisa certa, aplicam-se todas as regras dos arts. 233 e seguintes do Código Civil: o legatário é o credor e o herdeiro o devedor. Se for coisa incerta, aplicam-se os arts. 243 e seguintes do CC. Cabe ao legatário pagar o imposto de transmissão do bem, salvo disposição do testador em sentido contrário.

Art. 1.937. A coisa legada entregar-se-á, com seus acessórios, no lugar e estado em que se achava ao falecer o testador, passando ao legatário com todos os encargos que a onerarem.

COMENTÁRIOS DOUTRINÁRIOS: Quem tem os bônus de ser proprietário, tem também os ônus. Pela *saisine*, o legatário é proprietário do bem legado desde o momento da morte do testador. É por isso que o bem legado será entregue com os seus acessórios, no lugar e no estado em que se achava ao falecer o testador, passando ao legatário com todos os encargos que o onerarem (art. 1.937 do CC). Isso se verifica com as todas as obrigações *propter rem* incidentes sobre a coisa e que acompanham o direito de propriedade (dívidas de condomínio ou IPTU existentes, também as referentes ao foro ou laudêmio, em se tratando de bem enfitêutico), bem como dos ônus reais (hipoteca, penhor ou anticrese). O legatário, como sucessor a título singular, não responde com o bem legado pelas dívidas do morto, em regra (sobre pagamento de dívidas ver arts. 1.997 a 2.001 do CC), senão depois de esgotados os bens da herança.

JURISPRUDÊNCIA COMENTADA: O pagamento das despesas condominiais (obrigação *propter rem*) permite a penhora do bem, ou seja, da própria coisa, não importando quem seja seu titular. É verdade que o pagamento de obrigação *propter rem* não é "encargo" da coisa. O fato de o falecido ter deixado de pagar as despesas condominiais permite a penhora do bem que, por testamento, foi deixado ao legatário. Pode ele, contudo, cobrar regressivamente do espólio os valores vencidos antes da morte do testador. O TJSP já decidiu, afastando a aplicação do art. 1.937, que: "Fosse obrigação exclusivamente do espólio, e não é, a constrição somente poderia recair sobre aquele acervo patrimonial, excluídos os bens conferidos ao legatário [...]. Isto não se dá por força do art. 1.937 do Código Civil em vigor, correspondente ao art. 1.706 do diploma revogado, porque os encargos aí referidos são os inerentes à coisa legada, como, por exemplo, o usufruto em favor de terceiro, uma servidão etc., mas por conta da natureza da obrigação em execução, que é *propter rem*" (TJSP, AI 2132889-25.2016.8.26.0000, 10.ª Câmara de Direito Privado, Guarujá, Rel. Araldo Telles, j. 25.09.2018).

Art. 1.938. Nos legados com encargo, aplica-se ao legatário o disposto neste Código quanto às doações de igual natureza.

COMENTÁRIOS DOUTRINÁRIOS: Sendo o legado acompanhado de encargo, aplicam-se ao legatário as regras referentes à doação com encargo, em especial a regra do art. 553, pela qual o donatário é obrigado a cumprir o encargo. Se o encargo for descumprido, caberá ao interessado, ou seja, àquele a quem o encargo beneficia, o direito de exigir seu cumprimento. Se o encargo for de interesse geral, nos termos do parágrafo único do art. 553 do CC, o Ministério Público poderá exigir sua execução, depois da morte do doador, se este não tiver feito. Tema interessante que surge é sobre a possibilidade de os herdeiros "revogarem" a deixa testamentária por inexecução do encargo. A doação pode ser revogada pelo doador por inexecução do encargo (art. 555 do CC). Revogar vem de *re vocare*, ou seja, tirar a voz. No caso de doação, a inexecução do encargo permite a revogação da doação pelo próprio doador, ou por seus herdeiros, em caso do homicídio doloso, caso este venha a falecer (art. 561 do CC). Já com relação ao legado, não havendo previsão expressa, por ser norma restritiva de direito e que não comporta interpretação analógica, não existe a possibilidade de o herdeiro "revogar" o que o testador dispôs. Aliás, há uma impossibilidade lógica: só revoga a disposição quem a instituiu, ou seja, o testador, e, quando o encargo for descumprido, o testador já morreu e não poderia nada revogar. Em nossa opinião, o beneficiário do encargo pode exigir o seu cumprimento e, se o encargo for de interesse geral, o Ministério Público também pode exigir o seu cumprimento. Como exemplo do último caso, citamos o encargo de construir uma biblioteca ou de preservar certo parque florestal. A ideia de desfazimento da deixa por inexecução foge da sistemática sucessória. Ela é própria do contrato que é negócio jurídico bilateral. Contudo, se adotarmos a ideia de que o encargo é uma contraprestação e que é possível o desfazimento por inexecução (por todos ver Zeno Veloso), seu inadimplemento seguiria o prazo prescricional para a resolução do negócio jurídico (dez anos nos termos do art. 205 do CC). Se nos afastamos do caráter de contraprestação, aproximar-nos-íamos da hipótese de revogação por ingratidão sujeita ao prazo decadencial de um ano nos termos do art. 559 do CC (Flávio Tartuce).

JURISPRUDÊNCIA COMENTADA: Em sentido contrário, o TJSP entendeu ser possível revogação do legado com encargo. Assim: "Revogação de legado com encargo. Possibilidade. Em tese é possível a anulação do legado com encargo, por aplicação das disposições relativas à doação com encargo – art. 1.938 do CC". Vale a pena transcrever trechos da decisão: "seus herdeiros necessários ajuizaram a presente ação, que tem por objeto a revogação do legado, por descumprimento do encargo (cf. fls. 2/9), assim tendo sido formulado o pedido, *verbis*: 'a) mediante sentença constitutiva, seja declarada a revogação da doação com encargo, especialmente do legado outorgado por testamento público em favor de Maria Inês Ferreira Souza e Antônio Silvano de Souza, revogando assim todos os seus efeitos jurídicos, tendo em vista o descumprimento do encargo [...] Ocorre que, contrariamente ao determinado na r. sentença, em tese, é possível a anulação do legado com encargo, aplicando-se as disposições relativas à doação com encargo, por determinação legal expressa do art. 1.938 do CC (art. 1.707 do CC/16). Ademais, cumpre observar que as normas relativas à condição, ao termo e ao encargo (arts. 121/137 do CC/02 e arts. 114/128 do

CC/16), constantes da parte geral do Código Civil, à evidência, são aplicáveis a todos os livros da parte especial" (TJSP, AP 0078045-82.2004.8.26.0000, 5.ª Câmara de Direito Privado, Jundiaí, Rel. Carlos Giarusso Santos, j. 02.04.2008).

SEÇÃO III
DA CADUCIDADE DOS LEGADOS

COMENTÁRIOS DOUTRINÁRIOS INTRODUTÓRIOS: A caducidade é a ineficácia do legado. Algum fato se verifica entre o testamento e a morte que torna a deixa que institui o legado ineficaz. O legado, instituído de forma válida, em razão de certos motivos de fato ou de direito, perde sua força, sendo então impossível seu cumprimento. Não se trata de nulidade da disposição por vício de consentimento ou em razão de incapacidade absoluta do testador. De acordo com os planos do negócio, a caducidade do legado se encontra no plano da eficácia e não no da existência ou da validade. Se a deixa for nula ou anulável, não se discute a caducidade, pois o plano da validade precede o da eficácia. As razões para a caducidade podem ser de ordem objetiva, ou seja, dizer respeito ao objeto legado, ou de ordem subjetiva, quando o motivo se referir à pessoa do legatário.

Art. 1.939. Caducará o legado:

I – se, depois do testamento, o testador modificar a coisa legada, ao ponto de já não ter a forma nem lhe caber a denominação que possuía;

II – se o testador, por qualquer título, alienar no todo ou em parte a coisa legada; nesse caso, caducará até onde ela deixou de pertencer ao testador;

III – se a coisa perecer ou for evicta, vivo ou morto o testador, sem culpa do herdeiro ou legatário incumbido do seu cumprimento;

IV – se o legatário for excluído da sucessão, nos termos do art. 1.815;

V – se o legatário falecer antes do testador.

COMENTÁRIOS DOUTRINÁRIOS: São razões de *ordem objetiva* para a caducidade dos legados: *Inciso I – Transformação da coisa:* se depois do testamento, o testador modifica a coisa legada, ao ponto de já não ter a forma nem lhe caber a denominação que possuía (art. 1.939, I, do CC). É o caso da madeira transformada em escultura (especificação), do papel transformado em livro, do terreno sobre o qual se constrói um prédio. É importante destacar que a caducidade só ocorre quando a transformação da coisa é feita pelo testador ou à sua ordem. Na hipótese de alteração provocada por terceiro ou de caso fortuito, o legado subsistirá. *Inciso II – Alienação da coisa*: se o testador, por qualquer título, alienar no todo ou em parte a coisa legada. Nesse caso, o legado caducará até onde a coisa deixou de pertencer ao testador (art. 1.939, II, do CC). Se, em vida, o testador alienou a coisa e esta não é mais do proprietário, clara está a sua intenção de retirar os efeitos do legado, razão pela qual há caducidade, não sendo relevante se a alienação foi a título oneroso ou gratuito. *Inciso III – Perecimento da coisa*: se a coisa perecer ou for evicta, vivo ou morto o testador, sem culpa do herdeiro ou do legatário incumbido do seu cumprimento (art. 1.939, III, do CC). Caso a coisa pereça por força maior ou caso fortuito ou, ainda, em razão da evicção (quando um terceiro chamado evictor prova ser o real proprietário do objeto legado), legado – ver arts. 447 e ss. do CC), o legado caducará sem culpa do herdeiro e, portanto, haverá apenas a extinção da obrigação de entregá-la. Em outras palavras, ocorrerá a resolução sem culpa da obrigação de dar. Interessante notar que, se o legado desaparece depois da morte do testador, seja por caso fortuito ou força maior, o legatário, na qualidade de dono da coisa, suportará a perda (*res perit domino*). O legatário só não suportará tal perda se o herdeiro devedor estiver em mora, pois, nesse caso, o herdeiro suportará os ônus do caso fortuito e da força maior. No último caso, como se vê, aplica-se a regra do art. 399 do CC. Por outro lado, caso o perecimento decorra de negligência ou imprudência do herdeiro, ocorrerá a resolução culposa da obrigação de dar coisa certa (ver art. 234 do CC), hipótese em que terá o culpado o dever de indenizar o legatário. São razões de *ordem subjetiva* da caducidade: *Inciso IV – Indignidade*: se o legatário for excluído da sucessão, nos termos do art. 1.815 do CC, conforme a previsão do art. 1.939, IV. Por óbvio, se excluído da sucessão, perde o legatário a legitimidade para suceder o falecido e não poderá ser beneficiado pelo legado. *Inciso V – Premoriência*: se o legatário falecer antes do testador (art. 1.939, V, do CC). Ora, se for premorto o legatário, não terá ele capacidade de direito, pois sua personalidade, para suceder, extinguiu-se com a sua morte. Vale lembrar que é requisito essencial para que a pessoa seja herdeira ou legatária que esteja viva quando da abertura da sucessão. Além das hipóteses previstas no já analisado art. 1.939 do CC, o legado caducará quando houver renúncia do legatário, quando este falecer antes do implemento da condição suspensiva e quando for incapaz de suceder ao tempo da abertura da sucessão (art. 1.801 do CC).

JURISPRUDÊNCIA COMENTADA: É caso de caducidade subjetiva a premorte do legatário ao testador, sendo impossível em matéria de sucessão testamentária se aplicar o direito de representação. Assim: "Cuida-se do inventário de Lea Monteiro de Araujo Mendonça, falecida sem herdeiros necessários, havendo deixado testamento destinando a seus irmãos Maurício e Sérgio o apartamento 44 do Condomínio e Edifício Roosevelt e sua parte ideal do terreno; a sua irmã Dilce todos os móveis e utensílios que guarnecem o apartamento e o veículo que possuir; e os demais bens que possuir na proporção de 60% para Maria Cristina e o restante na proporção de 10% para cada um, a Sérgio, Maurício, Dilce e João de Paulo. Dos legatários, os irmãos Maurício e Sérgio faleceram anteriormente à testadora, e os filhos de Maurício requereram sua habilitação que, como sobrinhos da falecida, são herdeiros por representação do genitor, concorrendo com os tios, em conformidade com o art. 1.840 do Código Civil, no sentido de que, 'na classe dos colaterais, os mais próximos excluem os mais remotos, salvo o direito de representação concedido aos filhos de irmãos. Efetivamente, de acordo com o inciso V do art. 1.939 do Código Civil, caducará o legado 'se o legatário falecer antes do testador', e a questão, no caso, resolve-se pelo direito de acrescer entre os herdeiros e colegatários, na forma dos arts. 1.941 e 1.942 do Código Civil'" (TJSP, AI 2068949-81.2019.8.26.0000, 4.ª Câmara de Direito Privado, Santos, Rel. Alcides Leopoldo, j. 23.08.2019).

REFORMA DO CÓDIGO CIVIL: Pretende-se alterar o *caput* e o inciso IV do artigo, que passariam a ter a seguinte redação: "Art. 1.939. Será ineficaz o legado: [...] IV – se o legatário for excluído da sucessão por sentença transitada em julgado, sendo vedado o cumprimento do legado enquanto pendente a ação; [...]". Caducar é um verbo pouco usado em nossa legislação, tem significado dúbio (pois também se usa como sinônimo de decadência) sendo mais técnico falar de ineficácia. Além disso, em relação ao inciso IV, propõe-se que o legado não possa ser cumprido até o trânsito em julgado da ação de indignidade. A razão para isso? O legatário pode tomar posse do bem e logo após ser considerado indigno. Existe, em casos como esse, risco significativo de os demais herdeiros não conseguirem reaver o bem.

Art. 1.940. Se o legado for de duas ou mais coisas alternativamente, e algumas delas perecerem, subsistirá quanto às restantes; perecendo parte de uma, valerá, quanto ao seu remanescente, o legado.

COMENTÁRIOS DOUTRINÁRIOS: Se o perecimento for parcial, o legado persistirá quanto à parte intacta (art. 1.940 do CC). É o princípio da conservação do negócio jurídico que se verifica no dispositivo. Se o testador era dono de 10.000 hectares e os testou, mas, por evicção, perdeu 3.000 hectares, os restantes pertencem ao legatário quando da morte do testador. Da mesma forma, se o testador legou dois carros, mas, antes de sua morte, um deles foi roubado. Prevalece o legado quanto ao carro remanescente. Ademais, há sempre a intenção de se garantir a vontade do morto e fazer com que o testamento produza efeitos, ainda que parciais. A regra não é de ordem pública e o testador pode prever que a evicção parcial ou perda de um dos bens legados implique caducidade de todo o legado. Assim, se o testador deixar um casal de pavões ao sobrinho João, mas prever que, caso um dos animais morra, o legado caduca, João não poderá exigir o animal remanescente, se quando da morte um dos animais já havia morrido.

CAPÍTULO VIII
DO DIREITO DE ACRESCER ENTRE HERDEIROS E LEGATÁRIOS

Art. 1.941. Quando vários herdeiros, pela mesma disposição testamentária, forem conjuntamente chamados à herança em quinhões não determinados, e qualquer deles não puder ou não quiser aceitá-la, a sua parte acrescerá à dos co-herdeiros, salvo o direito do substituto.

COMENTÁRIOS DOUTRINÁRIOS: Se são vários os herdeiros ou os legatários beneficiados por uma disposição testamentária, a renúncia ou a exclusão de um deles significa que o seu quinhão será dividido entre os herdeiros legítimos. Em regra, a premorte de um herdeiro ao testador, sua renúncia ou exclusão da herança implicam que seu quinhão siga a ordem de vocação hereditária do art. 1.829. A exceção se verifica quando o testador nomear um substituto (sobre as substituições ver arts. 1.947 e seguintes do CC) ou quando se verificar o direito de acrescer (ver arts. 1.941 e seguintes). O direito de acrescer, portanto, implica aumento do quinhão de um dos herdeiros ou legatários em razão de um dos fatores supramencionados. A lei menciona apenas o herdeiro. Contudo, por analogia, aplicam-se as regras aos legatários, pois a lei não restringe a sua aplicação (os limites estão no art. 1.942 do CC). Os herdeiros podem ser nomeados de maneira conjunta ou separada, a depender da forma pela qual a deixa testamentária foi redigida. Busca-se, pela forma como a deixa foi redigida, interpretar a vontade presumida do morto, ou seja, se havia ou vontade de criar o direito de acrescer. Vejamos. Se deixar meus bens para João e José, e José falecer antes do testador, há o direito de acrescer. Nesse caso, João recolherá toda a herança. Da mesma forma, haverá direito de acrescer se o testador nomear Pedro e Paulo herdeiros de 1/3 de seus bens. É a conjunção *re et verbis*. Em uma única disposição, o testador nomeia o sucessor para uma coisa, ou para uma universalidade, sem menção de frações. *Re* é a coisa, *verbis* é a disposição ou deixa testamentária (em uma mesma frase). Há ainda direito de acrescer quando há a presença da conjunção *re tantum* em que a mesma coisa é deixada para pessoas distintas, mas em cláusulas testamentárias diferentes. Dispõe o testador: "Deixo minha casa para João". E, depois, no mesmo testamento: "Deixo, também, minha casa para José". É a *conjunção real*: somente na coisa. Note-se que a aplicação do direito de acrescer ocorre por ser a coisa indivisível. Se fosse divisível, não haveria o direito de acrescer (ver artigo seguinte). E na hipótese de o testador deixar metade dos bens para Pedro e a outra para Maria e João? O direito de acrescer só se verificará entre Maria e João (conjunção mista ou *re et verbis*), mas não com relação a Pedro (conjunção verbal ou *verbis tantum*). Como há quotas estabelecidas (metade dos bens), não há direito de acrescer. *Verbis tantum* significa que é a mesma coisa, na mesma frase, mas há quotas determinadas. Da mesma forma, o direito de acrescer não se verifica se o testador dispuser: "Deixo metade de minha casa para José e metade para João". Não haverá direito de acrescer se houver especificação de quotas para os coerdeiros. Vejamos: "deixo 1/3 de meus bens para Maria, 1/3 para Pedro e 1/3 para José". A mesma estipulação poderia ser feita da seguinte forma: "deixo os meus bens a José, Maria e Pedro divididos em três partes iguais" (*verbis tantum*). Perceba a sutileza dos detalhes na interpretação que a lei faz da vontade do morto. Se o testador apenas disser que deixa seus bens para Maria e José (conjunção mista ou *re et verbis*), existirá o direito de acrescer entre os herdeiros, mas, se disser que os deixa "em partes iguais" ou "metade para cada um" (conjunção verbal ou *verbis tantum*), o direito de acrescer não existirá. Se, contudo, o testador expressamente afastar ou expressamente determinar o direito de acrescer, a regra em comento não terá aplicação, pois a vontade declarada do morto se sobrepõe à presunção desse dispositivo.

JURISPRUDÊNCIA COMENTADA: Em aplicação ao dispositivo, decidiu o TJSP: "O testamento público de Clarice Alasmar instituiu herdeiros conjuntamente, com quinhões não determinados. Na hipótese dos autos, aplica-se o direito de acrescer, pois os quinhões não foram determinados. Em consequência, tendo falecido um dos herdeiros instituídos conjuntamente, a parte que lhe cabia deve ser acrescida à dos coerdeiros testamentários" (TJSP, AI 0230877-56.2011.8.26.0000, 2.ª Câmara de Direito Privado, Barra Bonita, Rel. Luís Francisco Aguilar Cortez, j. 24.04.2012).

Art. 1.942. O direito de acrescer competirá aos colegatários, quando nomeados conjuntamente a respeito de uma só coisa, determinada e certa, ou quando o objeto do legado não puder ser dividido sem risco de desvalorização.

COMENTÁRIOS DOUTRINÁRIOS: Haverá direito de acrescer entre os colegatários nomeados conjuntamente a respeito de uma só coisa, determinada e certa. Sendo o bem indivisível, há direito de acrescer (art. 1.942 do CC). Trata-se de conjunção mista ou *re et verbis (ver artigo anterior)*. Para ilustrar, se eu deixar minha casa para João e Pedro, haverá o direito de acrescer entre os colegatários. Se eu deixar metade para cada um, como o quinhão foi determinado não haverá direito de acrescer (*verbis tantum*). Se o bem for divisível, cada legatário receberá uma parte dos bens e, portanto, não haverá direito de acrescer. Vejamos. Deixo R$ 5.000,00 às minhas sobrinhas Antônia e Maria. Se Maria morrer antes do testador, Antônia só recebe R$ 2.500,00, pois dinheiro é divisível. A parte de Maria seguirá a ordem de vocação hereditária (art. 1.829 do CC). Sendo o bem divisível, não se aplica a conjunção *re et verbis*, nem mesmo a *re tantum*. Assim, se eu disser: "deixo o meu terreno de 20.000 m^2 localizado em Ubatuba para meu primo Pedro", e em outra cláusula eu disser: "deixo, também para Maria meu terreno de 20.000 m^2 localizado em Ubatuba", como o terreno é divisível, não haverá direito de acrescer.

JURISPRUDÊNCIA COMENTADA: Ao aplicar o artigo em comento, o TJSP decidiu: "Já em relação aos ativos financeiros e o colar de pérolas (item IX do testamento), tendo em vista que diversos legatários foram nomeados conjuntamente para receber referidos bens, a parte cabente aos premortos deverá ser acrescida aos demais beneficiários" (TJSP, AI 2016392-59.2015.8.26.0000, 9.ª Câmara de Direito Privado, São Paulo, Rel. Alexandre Lazzarini, j. 31.03.2015).

Art. 1.943. Se um dos co-herdeiros ou colegatários, nas condições do artigo antecedente, morrer antes do testador; se renunciar a herança ou legado, ou destes for excluído, e, se a condição sob a qual foi instituído não se verificar, acrescerá o seu quinhão, salvo o direito do substituto, à parte dos co-herdeiros ou colegatários conjuntos.

Parágrafo único. Os co-herdeiros ou colegatários, aos quais acresceu o quinhão daquele que não quis ou não pôde suceder, ficam sujeitos às obrigações ou encargos que o oneravam.

COMENTÁRIOS DOUTRINÁRIOS: O direito de acrescer previsto nos arts. 1.941 e 1.942 é explicado no presente dispositivo. Assim, o dispositivo deveria mencionar os artigos antecedentes e não apenas o art. 1.942. Estamos diante de hipóteses de caducidade subjetiva do testamento. Na linguagem de Pontes de Miranda, são hipóteses de ineficácia do testamento. Segundo o dispositivo, o direito de acrescer só não se verifica se houver substituição testamentária. Conforme já se explicou, a substituição, sendo vontade declarada do testador, afasta o direito de acrescer, que representaria a vontade presumida deste. É por isso que o direito de acrescer não é norma de ordem pública. É mera presunção simples da vontade do testador. Algumas notas são importantes. A morte que gera o direito de acrescer é a premorte do herdeiro ou legatário ao testador. Se houver a morte prévia do testador e posteriormente a morte de um herdeiro ou legatário nomeado em testamento, não há caducidade e o direito de aceitação passa aos herdeiros do herdeiro ou legatário falecido (ver art. 1.809 do CC). A renúncia do herdeiro ou legatário, bem como sua exclusão da sucessão por indignidade ou deserdação também geram o direito de acrescer se presentes as condições do art. 1.942. Quem recebe o acréscimo, o recebe com eventual encargo. Aliás, se o termo é "acréscimo", este ocorre exatamente nas condições impostas pelo testador. Se o testador impôs a um herdeiro o encargo de construir uma biblioteca, e este renuncia à herança ou premorre ao testador, havendo acréscimo por força da disposição testamentária, aquele que receber o acréscimo deve cumprir o encargo. Se o encargo for personalíssimo, não haverá como se exigir seu cumprimento do herdeiro cuja quota acresceu. É o caso do encargo de o sobrinho arquiteto ser beneficiado com um carro para projetar a biblioteca municipal de uma cidade. Acrescendo sua parte à parte do sobrinho médico, este não terá que cumprir o encargo. O sobrinho médico recebe o acréscimo de maneira pura e simples.

JURISPRUDÊNCIA COMENTADA: O artigo foi corretamente aplicado pelo TJSP ao decidir: "A testadora declarou a intenção de deixar seus bens 'para seus irmãos e sucessores, em partes iguais [...]'. Nos termos do art. 1.943 do CC, tendo havido o falecimento de um dos herdeiros testamentários antes do testador, a parte a ele cabente acrescerá à dos demais, salvo o direito do substituto. Ora, a alusão aos sucessores dos irmãos só pode ser compreendida atribuindo-se a eles qualidade de substitutos do pré-morte. A autora do testamento não deixou os bens apenas aos irmãos, mas aos irmãos e sucessores, fazendo entender que, na falta de um irmão, a parte dele caberia aos respectivos sucessores. O testamento não fala em 'irmãos sucessores', mas em irmãos e sucessores. O uso da conjunção aditiva faz crer que os sucessores não poderiam ser os próprios irmãos, mas os sucessores destes, nomeados em substituição para a hipótese de pré-morte de alguns deles" (TJSP, AI 2222909-57.2019.8.26.0000, 6.ª Câmara de Direito Privado, Guarujá, Rel. Marcus Vinicius Rios Gonçalves, j. 23.10.2019).

Art. 1.944. Quando não se efetua o direito de acrescer, transmite-se aos herdeiros legítimos a quota vaga do nomeado.

Parágrafo único. Não existindo o direito de acrescer entre os colegatários, a quota do que faltar acresce ao herdeiro ou ao legatário incumbido de satisfazer esse legado, ou a todos

os herdeiros, na proporção dos seus quinhões, se o legado se deduziu da herança.

COMENTÁRIOS DOUTRINÁRIOS: O artigo tem duas partes: uma cuida da herança e outra cuida do legado. No *caput*, menciona o que já falamos nos comentários aos artigos anteriores: não havendo direito de acrescer entre os herdeiros (sucessores a título universal), a quota vaga segue a ordem de vocação hereditária do art. 1.829 do CC. Contudo, não existindo o direito de acrescer entre os legatários (sucessor a título singular), o que acontece com a quota vaga? O Código Civil responde à questão, no seu art. 1.944, parágrafo único. Temos, portanto, duas situações: a se o testador deixou como herdeiros João e Paula e nomeou como legatárias da importância de R$ 100.000,00 Fernanda e Juliana, determinando que o legado será pago penas por João, caso Juliana renuncie ao legado (não há direito de acrescer, pois dinheiro é bem divisível – ver art. 1.942 do CC), apenas João terá o acréscimo de R$ 50.000,00. b) Se o testador nomeou quatro herdeiros por testamento (Priscila, Daniel, Fernando e José) e determinou o legado da metade de uma casa para João e a outra metade para Antônia (*verbis tantum*), não há direito de acrescer. Caso Antônia renuncie, a metade da casa será dividida em partes iguais entre os quatro herdeiros, pois o legado foi deduzido da herança.

JURISPRUDÊNCIA COMENTADA: Aplicando o artigo em comento, o TJSP decidiu: "Inexistência, no caso, do direito de acrescer por parte dos demais colegatários. Quotas vagas dos colegatários premortos que passam a integrar o montante partilhável entre todos os herdeiros legítimos. Art. 1.944 do CC" (TJSP, AI 2016392-59.2015.8.26.0000, 9.ª Câmara de Direito Privado, São Paulo, Rel. Alexandre Lazzarini, j. 31.03.2015).

Art. 1.945. Não pode o beneficiário do acréscimo repudiá-lo separadamente da herança ou legado que lhe caiba, salvo se o acréscimo comportar encargos especiais impostos pelo testador; nesse caso, uma vez repudiado, reverte o acréscimo para a pessoa a favor de quem os encargos foram instituídos.

COMENTÁRIOS DOUTRINÁRIOS: Herdeiro ou legatário não pode receber a herança ou legado repudiando apenas o acréscimo que lhe caiba por força de lei (art. 1.945 do CC). O acréscimo é parte da herança. Se o testador legar o imóvel a João e José, renunciando este ao legado, automaticamente haverá acréscimo à parte de João. Não pode João aceitar 50% da casa legada e repudiar a outra metade acrescida, pois não se admite a aceitação de partes da herança (art. 1.808 do CC). Como exceção, admite a lei o repúdio se o acréscimo vier acompanhado de encargos especiais. Nesse caso, repudiado o acréscimo, este pertencerá ao beneficiário do encargo. Exemplificamos: o testador nomeia João e José legatários do imóvel e determina que João terá o encargo de cuidar da tia idosa do testador. Caso surja para José o direito de acrescer, ele poderá repudiar o acréscimo e, no caso, a tia idosa receberá a metade do bem que caberia ao legatário João.

Art. 1.946. Legado um só usufruto conjuntamente a duas ou mais pessoas, a parte da que faltar acresce aos colegatários.

Parágrafo único. Se não houver conjunção entre os colegatários, ou se, apesar de conjuntos, só lhes foi legada certa parte do usufruto, consolidar-se-ão na propriedade as quotas dos que faltarem, à medida que eles forem faltando.

COMENTÁRIOS DOUTRINÁRIOS: Interessante é a regra do art. 1.946 do Código Civil a respeito do direito de acrescer entre os usufrutuários. Isso porque o usufruto voluntário pode surgir por um ato *inter vivos* (acordo de instituição de usufruto) ou por um ato *mortis causa* (testamento criando o usufruto). Se tiver por origem um ato *inter vivos*, falecendo um dos usufrutuários, haverá extinção parcial do usufruto, como regra, e o nu-proprietário receberá a parte extinta (art. 1.411 do CC). Assim, se o instituidor desejar que ocorra o acréscimo, tal direito deve estar expresso no ato de instituição. Por outro lado, se o usufruto decorrer de ato de última vontade, o direito de acrescer entre usufrutuários é automático, pois assim dispõe o art. 1.946: "Legado um só usufruto conjuntamente a duas ou mais pessoas, a parte da que faltar acresce aos colegatários". Trata-se de hipótese de conjunção mista (ou *re et verbis*). Assim temos: "deixo o usufruto da minha casa aos meus tios Pedro e Maria". Com a morte de um deles, há direito de acrescer do outro. Mas, se não houver conjunção entre os colegatários, ou se, apesar de conjuntos, só lhes foi legada certa parte do usufruto, consolidar-se-ão na propriedade as quotas dos que faltarem, à medida que eles forem faltando (art. 1.946, parágrafo único, do CC). Como se vê, não haverá o direito de acrescer. Da mesma forma, ocorrerá se for legada parte certa do usufruto (conjunção verbal ou *verbis tantum*). Para exemplificar, se o testador deixar 50% do usufruto da casa para João e 50% para José, com a morte de João não haverá acréscimo em favor de José, mas, sim, a consolidação de 50% em favor do nu-proprietário. Note-se novamente a sutileza: deixar o usufruto da casa para João e José gera direito de acrescer (*re et verbis*), mas, se o testador mencionar 50% do usufruto para cada um, não haverá tal direito (*verbis tantum*).

REFORMA DO CÓDIGO CIVIL: Pretende-se alterar o art. 1.946, que passaria a ter a seguinte redação: "Art. 1.946. O legado de usufruto pode abranger a totalidade dos bens hereditários. § 1º Legado um só usufruto conjuntamente a duas ou mais pessoas, a parte da que faltar acresce aos colegatários. § 2º Se não houver conjunção entre os colegatários, ou se, apesar de conjuntos, só lhes foi legada certa parte do usufruto, consolidar-se-ão na propriedade as quotas dos que faltarem, à medida que eles forem faltando". Na proposta. O *caput* do texto proposto pela Comissão, por sua vez, esclarece que a transmissão *mortis causa* do usufruto da totalidade de determinado individuo será considerado legado e não herança. O legado tem por objeto bens singulares, especificados, no que difere da herança. No entanto, o legado de usufruto pode abranger todo o patrimônio (sem necessariamente especificar os bens). Isso não descaracteriza a deixa como legado, pois o seu objeto não são os bens, mas o direito real de usufruto.

CAPÍTULO IX
DAS SUBSTITUIÇÕES

COMENTÁRIOS DOUTRINÁRIOS INTRODUTÓRIOS: Partindo-se da premissa pela qual, na sucessão testamentária, é a vontade do morto que determina quem será ou não seu sucessor, seja a título singular (legatário), seja a título universal (herdeiro), uma pergunta que deve ser feita é a seguinte: caso o testador deixe seus bens a determinada pessoa, mas esta vier a morrer antes mesmo do testador, para quem irá a herança? Poderia se pensar que os bens iriam para os herdeiros da pessoa nomeada no testamento. A resposta estaria equivocada, pois, se o testador nomeou certa pessoa em seu testamento, não há intenção de que seus bens sejam entregues aos herdeiros da pessoa nomeada. Assim, caso o testador faleça e seu herdeiro nomeado por testamento já tenha falecido (seja premorto), não se aplica à sucessão testamentária o instituto da representação (pois na sucessão legítima se presume a vontade do morto, mas na testamentária não). Em resumo, ressalvadas as hipóteses de direito de acrescer (ver arts. 1.941 e seguintes), haverá caducidade do testamento (ver art. 1.939), que nenhum efeito produzirá, e, portanto, a herança seguirá a ordem de vocação hereditária prevista no art. 1.829 do CC. Dessa forma, para que a sua vontade seja efetivamente cumprida, pode o testador inserir a *cláusula de substituição testamentária*, pela qual alguém será substituto do herdeiro nomeado, caso este não queira ou não possa suceder. Trata-se da segunda exceção à regra pela qual os bens seriam entregues aos herdeiros legítimos. A primeira exceção, por óbvio, se dá no direito de acrescer, anteriormente estudado. Pela substituição, indica o testador não só um herdeiro ou legatário em 1º grau, como também um substituto em 2º grau. São as espécies de substituição: a substituição vulgar e a fideicomissária. A substituição será vulgar quando o testador nomear outra pessoa para receber a herança caso o herdeiro ou o legatário não possa (exemplo: premorte do herdeiro) ou não queira recebê-la (exemplo: renúncia do herdeiro), nos termos do art. 1.947 do CC. A substituição será fideicomissária quando o testador nomear um certo herdeiro ou legatário (*fiduciário*), estabelecendo que este, com o advento de certo termo ou condição, transmita a herança à pessoa ainda não concebida quando da morte do testador (*fideicomissário*), nos termos do art. 1.951 do CC em vigor.

SEÇÃO I
DA SUBSTITUIÇÃO VULGAR E DA RECÍPROCA

Art. 1.947. O testador pode substituir outra pessoa ao herdeiro ou ao legatário nomeado, para o caso de um ou outro não querer ou não poder aceitar a herança ou o legado, presumindo-se que a substituição foi determinada para as duas alternativas, ainda que o testador só a uma se refira.

COMENTÁRIOS DOUTRINÁRIOS: As hipóteses de substituição vulgar (singular ou plural) ou de substituição recíproca são espécies da substituição direta em que nenhuma pessoa se interpõe entre o testador e o substituto (sobre as espécies de substituição vulgar, ver comentários ao art. 1.948). Em suma, o testador pode substituir outra pessoa ao herdeiro ou ao legatário nomeado, para o caso de um ou outro não querer ou não poder aceitar a herança ou o legado (art. 1.947 do CC). Presume-se que a substituição foi determinada para as alternativas de "não querer" e "não poder", ainda que o testador só a uma se refira. Assim, se o testador disser "deixo meus bens à Antônia e se ela morrer antes de mim os bens serão de Joana", se Antonia renunciar à herança, os bens são de Joana, pois a previsão do testador sobre a morte de Antonia significa que a substituição foi realizada, pois ela não poderia receber os bens. Isso equivale em termos de efeito à renúncia quando Antonia declara que não querer recebê-los. Assim, ocorre substituição vulgar quando o testador nomeia Pedro seu herdeiro, sendo que, caso ele não queira ou não possa receber a herança, esta será de Rodrigo.

JURISPRUDÊNCIA COMENTADA: Não havendo substituição prevista pelo testador, sem que haja direito de acrescer, os bens destinados ao herdeiro testamentário que morre antes do testador seguem a ordem de vocação hereditária: "[...] consigne-se que o direito de representação, em que 'a lei chama certos parentes do falecido a suceder em todos os direitos, em que ele sucederia, se vivo fosse' (art. 1.851), apenas se verifica 'na linha reta descendente' e na linha transversal somente 'em favor dos filhos de irmãos do falecido, quando com irmãos deste concorrerem'. *In casu*, por se tratar de herança deixada por tia a seus sobrinhos, nenhuma dessas hipóteses se verifica, de modo que a pretensão do herdeiro testamentário José Manuel apenas seria possível, tivesse a autora da herança expressamente consignado a possibilidade de substituição em seu testamento, tal qual admite o artigo 1.947. Pois bem, não sendo o caso de direito de representação e não havendo, ainda, direito de substituto a ser assegurado, o quinhão do herdeiro testamentário premorto não deve mesmo ser destinado a seus descendentes" (TJSP, AI 2181913-85.2017.8.26.0000, 9.ª Câmara de Direito Privado, Santos, Rel. Piva Rodrigues, j. 25.04.2018).

Art. 1.948. Também é lícito ao testador substituir muitas pessoas por uma só, ou vice-versa, e ainda substituir com reciprocidade ou sem ela.

COMENTÁRIOS DOUTRINÁRIOS: São três as espécies de substituição ordinária ou vulgar: a) substituição singular; b) substituição plural; e c) substituição recíproca. De início, será *singular* a substituição em que o testador nomear um herdeiro ou um legatário e apenas um substituto. Como exemplo: "nomeio João meu herdeiro, e se ele não quiser ou não puder Pedro receberá a herança". Será *plural* a substituição se houver um herdeiro nomeado e dois ou mais para substituí-lo. Nessa situação, os substitutos serão chamados de maneira simultânea. Por exemplo: "nomeio João meu herdeiro, e se ele não quiser ou não puder Pedro e Maria receberão a herança". Por fim, será *recíproca* a substituição na hipótese em que dois ou mais herdeiros são nomeados e substituindo-se uns aos outros. Vejamos: "nomeio João e Maria meus herdeiros, e se um deles não quiser ou não puder o outro receberá a herança". Nada impede que o testador nomeie vários substitutos sucessivamente. Isso porque, com a nomeação sucessiva, caso o primeiro da lista possa ou queira receber a herança, automaticamente todos os substitutos subsequentes deixarão de ser chamados. Dessa forma, pode o testador nomear Fernando seu herdeiro e, caso ele não queira ou não possa receber a herança, esta passa a Flávio; caso este também não a queira ou não possa recebê-la, a herança passará para Andrea, e assim sucessivamente. Portanto, cria-se uma sequência: Fernando, Flávio e Andrea. Se o primeiro aceitar a herança, cessam os efeitos da nomeação sequencial e não terão direitos os demais nomeados.

Art. 1.949. O substituto fica sujeito à condição ou encargo imposto ao substituído, quando não for diversa a intenção manifestada pelo testador, ou não resultar outra coisa da natureza da condição ou do encargo.

COMENTÁRIOS DOUTRINÁRIOS: Como se trata de substituição, o substituto fica, em regra, sujeito ao encargo ou condição imposta ao substituído (art. 1.949 do CC). Aquele que recebe os bônus que seriam de outro (do substituído) também recebe os ônus. Vejamos. Se o testador deixar a casa à legatária Joana com o encargo de ela construir uma biblioteca para determinado Município e nomear Flávio seu substituto, o encargo da construção passará ao último. A regra comporta exceções. Se o encargo for personalíssimo, por exemplo, este não se transfere ao substituto. Portanto, se o testador deixar o carro ao sobrinho Fernando, que é escultor, com o encargo de ele realizar uma escultura do falecido, e nomear Giselda, dentista, como substituta, o encargo, por sua natureza, não será transferido à substituta.

Art. 1.950. Se, entre muitos co-herdeiros ou legatários de partes desiguais, for estabelecida substituição recíproca, a proporção dos quinhões fixada na primeira disposição entender-se-á mantida na segunda; se, com as outras anteriormente nomeadas, for incluída mais alguma pessoa na substituição, o quinhão vago pertencerá em partes iguais aos substitutos.

COMENTÁRIOS DOUTRINÁRIOS: Se, porém, com as outras anteriormente nomeadas, for incluída mais alguma pessoa na substituição, o quinhão vago pertencerá em partes iguais aos substitutos. No tocante à substituição recíproca, traz o Código Civil duas regras: 1 – Se entre muitos coerdeiros ou legatários de partes desiguais for estabelecida substituição recíproca, a proporção dos quinhões fixada na primeira disposição entender-se-á mantida na segunda. 2 – Se com as outras anteriormente nomeadas for incluída mais alguma pessoa na substituição, o quinhão vago pertencerá em partes iguais aos substitutos. Assim, vejamos a primeira parte do preceito legal. Se o testador deixar 3/6 de sua herança a João, 2/6 a José e 1/6 a Maria, nomeando-os reciprocamente substitutos caso um deles não queira ou não possa receber; caso João seja declarado indigno e excluído por sentença da sucessão, seu quinhão será dividido entre José (2/6) e Maria (1/6), respeitando-se a proporção determinada. Nesse exemplo, os substituídos e os substitutos são os mesmos: João, José e Maria. Na segunda parte do preceito, há a inclusão de um substituto que não existia anteriormente. Assim, se o testador deixar 3/6 de sua herança a João, 2/6 a José e 1/6 a Maria, nomeando-os reciprocamente substitutos, bem como Antônio como substituto, caso um deles não queira ou não possa receber; se João renunciar à herança, seu quinhão será dividido entre José (1/6), Maria (1/6) e Antônio (1/6) em partes iguais. A inclusão de Antônio faz com que a divisão do quinhão vago em partes iguais.

SEÇÃO II
DA SUBSTITUIÇÃO FIDEICOMISSÁRIA

Art. 1.951. Pode o testador instituir herdeiros ou legatários, estabelecendo que, por ocasião de sua morte, a herança ou o legado se transmita ao fiduciário, resolvendo-se o direito deste, por sua morte, a certo tempo ou sob certa condição, em favor de outrem, que se qualifica de fideicomissário.

COMENTÁRIOS DOUTRINÁRIOS: Será fideicomissária a substituição quando o testador (*fideicomitente*) nomear um certo herdeiro ou legatário (*fiduciário*), estabelecendo que este, com o advento de certo termo ou condição, transmita a herança à pessoa ainda não concebida quando da morte do testador (*fideicomissário*). Trata-se de modalidade *indireta* de substituição, pois o fiduciário recebe a herança que será transmitida ao fideicomissário. Ocorrerá o instituto quando o testador assim dispuser: "Deixo meus bens a meu sobrinho José, que, quando falecer, deverá transmiti-los a seu primeiro filho" (prole eventual). No fideicomisso, há uma sucessividade. Os bens passam ao fiduciário (em um primeiro momento) e posteriormente ao fideicomissário. É importante dizer que, na substituição fideicomissária, não há relação sucessória entre o fiduciário e o fideicomissário. Não é o fiduciário que transmite os bens ao fideicomissário. É o próprio testador, por meio de seu ato de vontade, que o faz de maneira sucessiva. Há divergência na doutrina sobre o termo "substituição compendiosa". Há quem afirme que é sinônimo de fideicomisso (por todos Itabaiana de Oliveira). Há quem afirme que será compendiosa se houver substituição vulgar para o fiduciário e/ou fideicomissário (por todos Washington de Barros Monteiro). Seria compendiosa, nesse caso, a substituição se o testador determinasse o seguinte: "Deixo meus bens para João, que os transmitirá ao primeiro filho de José. Caso João não queira ou não possa receber, os bens ficarão com José, que deverá transmiti-los a seu primeiro filho". É compendiosa, pois, debaixo de um resumo (compêndio), há várias substituições. Logo, a orientação mais adequada é a segunda. Não se pode esquecer que o fideicomisso toma por base a confiança do testador (fideicomitente) na pessoa do fiduciário. Lembramos, nesse sentido, que a expressão *fidúcia* significa justamente *confiança*. É por isso que pode o fiduciário, na qualidade de proprietário, vender os bens, ainda que isso implique a quebra de confiança, e os efeitos desta alienação estão no art. 1.953.

REFORMA DO CÓDIGO CIVIL: Pretende-se alterar o art. 1.951 para passar a constar a seguinte redação: "Art. 1.951. Pode o testador instituir herdeiros ou legatários, estabelecendo que, por ocasião de sua morte, a herança ou o legado se transmita ao fiduciário, pessoa natural ou jurídica, resolvendo-se o direito dessa por sua morte, extinção, implemento de condição ou advento de termo, em favor de outrem, que também pode ser pessoa jurídica ou natural, já nascida ou concebida, ou ainda pessoas não concebidas, determinadas ou determináveis". O objetivo da proposta é muito interessante; como veremos nos comentários a seguir, o intuito da Comissão de Reforma do Código Civil é reviver o instituto do fideicomisso, alargando as possibilidades para a utilização do instituto no planejamento da sucessão do indivíduo. Conforme já explicamos nos comentários ao artigo atual, a pessoa do fideicomissário se restringe à pessoa ainda não concebida ao tempo da morte do testador, limitando as aplicações práticas do instituto. A proposta, por outro lado, especialmente na redação desse artigo, propõe expressamente permitir que o fideicomissário seja pessoa jurídica ou natural, já nascida ou concebida, determinada ou determinável, além de prever que a pessoa do fiduciário seja jurídica ou natural. Percebe-se que, a partir daí, o potencial para a utilização do instituto do fideicomisso é alargado.

Art. 1.952. A substituição fideicomissária somente se permite em favor dos não concebidos ao tempo da morte do testador.

Parágrafo único. Se, ao tempo da morte do testador, já houver nascido o fideicomissário, adquirirá este a propriedade dos bens fideicometidos, convertendo-se em usufruto o direito do fiduciário.

COMENTÁRIOS DOUTRINÁRIOS: O Código Civil de 2002 limita a possibilidade de instituição de fideicomisso, pois apenas o admite quando o fideicomissário for pessoa não concebida ao tempo da morte do testador, ou seja, a chamada prole eventual. Contudo, não há limitação temporal para a concepção, pois aquela de dois anos do art. 1.800, § 4º, pode ser afastada pela vontade do testador que institui o fideicomisso. Na ausência de prazo estabelecido em testamento, o fideicomisso dura até que ocorra uma das hipóteses legais de extinção (*vide* a caducidade prevista no art. 1.958 do CC). Sob a égide do revogado Código Civil, poderia ser fideicomissária qualquer pessoa, mesmo se nascida ou concebida. A limitação imposta pelo CC/2002 desencoraja o fideicomisso, já que, na prática, grande será o risco de não surgir a prole eventual e caducar o fideicomisso no caso concreto. Ademais, deixar bens implica, normalmente, conhecer a pessoa e querer beneficiá-la. A prole eventual é um nada no momento do testamento. Querer beneficiar prole eventual é dizer que não se quer beneficiar ninguém com quem se convive no momento. É um ato de desesperança quanto às pessoas com quem o testador convive e esperança de um futuro melhor (o qual o testador não estará vivo para ver). Na hipótese do parágrafo único (se no momento da morte do testador o fideicomissário já for nascido), a propriedade dos bens não é transmitida ao fiduciário, que receberá apenas o direito real de usufruto e, com ele, a posse direta dos bens, enquanto a nua-propriedade ficará com o fideicomissário. Não informa a lei o prazo máximo de duração desse usufruto, sendo vitalício, se não houver disposição do testador em sentido contrário. Pois bem, são três as espécies de substituição fideicomissária: a) *Substituição fideicomissária por morte do fiduciário* – caso nada diga o testador, a transmissão dos bens do fiduciário ao fideicomissário ocorre com a morte do primeiro (fideicomisso *quem morietur*). b) *Substituição fideicomissária sob certa condição* – é aquela relacionada com um evento futuro e incerto. A título de exemplo: "deixo os bens ao fiduciário João que os transmitirá ao primeiro filho de meu sobrinho Pedro, se este for homem". Caso seja menina a filha de Pedro, não haverá a transmissão ao fideicomissário. c) *Substituição fideicomissária a termo* – está relacionada com um evento futuro e certo. Exemplo: "deixo os bens ao fiduciário João pelo prazo de 10 anos, após o que este, então, os transmitirá ao primeiro filho de meu sobrinho Pedro". Há um prazo determinado para que os bens sejam transmitidos aos fideicomissários.

JURISPRUDÊNCIA COMENTADA: Sendo o fideicomissário nascido quando da morte do testador, efetivamente há desdobramento da propriedade entre fiduciário (usufrutuário) e fideicomissário (nu-proprietário): "[...] conforme se tira da documentação trazida pelo apelante, particularmente as cópias das matrículas e da r. sentença, embora inicialmente fosse do executado a propriedade, em 1986, pleiteou a permuta da parte dos imóveis gravada com fideicomisso por aqueloutro imóvel do qual já era proprietário, invertendo-se as posições jurídicas, isto é, tornou-se o executado proprietário de partes ideais de dois imóveis e usufrutuário do imóvel atualmente constrito cuja propriedade passou a pertencer ao apelante, uma vez que este já era nascido quando instituído o fideicomisso (parágrafo único do art. 1.952 do Cód. Civil)" (TJSP, AP 1000183-69.2018.8.26.0180, 37.ª Câmara de Direito Privado, Espírito Santo do Pinhal, Rel. José Tarciso Beraldo, j. 19.03.2019).

REFORMA DO CÓDIGO CIVIL: Pretende-se alterar o art. 1.952 e criar o art. 1.952-A até o art. 1.952-F com as seguintes redações: "Art. 1.952. O fideicomisso consiste em negócio jurídico por meio do qual o testador, na qualidade de instituidor, ou fideicomitente, transfere, fiduciariamente, bens ou direitos, sob condição resolutiva, a um ou mais fiduciários, que assumirão os deveres de gestão, conservação e ampliação desses bens, nos termos previstos no ato de instituição e com o propósito específico de transmiti-los, sob condição ou termo, a um ou mais beneficiários finais que se qualificam fideicomissários. Parágrafo único. Se, ao tempo da morte do testador, já houver nascido o fideicomissário, adquirirá este a propriedade dos bens fideicometidos, convertendo-se em usufruto o direito do fiduciário. Art. 1.952-A. Podem ser objeto do fideicomisso quaisquer bens e direitos, incluindo bens digitais. Art. 1.952-B. A disposição testamentária que institui o fideicomisso deve conter, no mínimo, os seguintes elementos: I – a qualificação precisa do fiduciário e do fideicomissário ou os elementos que permitam a determinação dos beneficiários finais, caso não se encontrem perfeitamente identificados pelo testador; II – o prazo de vigência, podendo ser vitalício, se o fiduciário ou qualquer dos fideicomissários for pessoa natural, ou por até 20 (vinte) anos, se todos os fideicomissários e o fiduciário forem pessoas jurídicas com prazo indeterminado de existência; III – o propósito a que se destina o patrimônio objeto do fideicomisso; IV – as condições ou termos a que estiver sujeito o fideicomisso; V – a identificação dos bens e direitos componentes do patrimônio objeto do fideicomisso, bem como a indicação do modo como outros bens e direitos poderão ser incorporados; VI – a extensão dos poderes e deveres do fiduciário na gestão do fideicomisso, em especial especificando se há ou não autorização para alienar bens do acervo em fideicomisso, gravar ou onerar os bens do patrimônio correspondente, comprar novos ativos e realizar investimentos, em todos os casos especificando as situações em que esses atos são permitidos e o modo como devem ser conduzidos; VII – os critérios de remuneração do fiduciário, se houver; VIII – a destinação dos frutos e rendimentos do patrimônio em fideicomisso; IX – as hipóteses e as formas de substituição do fiduciário; X – as hipóteses de sua extinção, antes de cumprida a sua finalidade ou do advento do termo ou do implemento da condição a que estiver sujeito; XI – previsão sobre a possibilidade de o fiduciário contratar, por sua conta e risco, terceiros para exercer a gestão do patrimônio objeto do fideicomisso, inalteradas as suas responsabilidades legais e contratuais. Art. 1.952-C. Os bens e direitos objeto do fideicomisso serão administrados ou conservados pelo fiduciário de acordo com o disposto neste Código e no testamento; Art. 1.952-D. Deve o fiduciário exercer todas as ações atinentes à defesa dos bens e direitos objeto do fideicomisso, inclusive face do fideicomissário. Art. 1.952-E. O fiduciário será pessoalmente responsável pelos prejuízos que, por dolo ou culpa, der causa; respondendo também pelos prejuízos causados por atos que violem as cláusulas previstas no ato de instituição do fideicomisso; Art. 1.952-F. O fiduciário poderá ser substituído, por decisão judicial: I – quando houver conflito de interesses com relação aos interesses do fideicomissário ou com os propósitos estabelecidos pelo testador no instrumento de instituição de fideicomisso; II – quando por dolo ou culpa, causar prejuízo ao patrimônio fideicometido por sua administração; III – por morte ou incapacidade superveniente ou quando se tornar impedido de administrar o fideicomisso ou descumprir as obrigações impostas pelo contrato ou pela lei na administração do patrimônio fideicometido. § 1º A ação de destituição de fiduciário poderá ser intentada pelo fideicomissário, seus sucessores ou qualquer interessado. § 2º Não mencionando o testador quem deva substituir o fiduciário designará o juiz um substituto". O fideicomisso, como explicado nos comentários doutrinários desse artigo, possui uma série de limitações que o tornaram muito pouco utilizado no Brasil. Uma das grandes propostas do Livro de Sucessões é fazer o resgate do fideicomisso. A proposta da Comissão, a partir da possibilidade de o fideicomissário ser também pessoa viva, conforme artigo anterior, é disciplinar nos artigos aqui analisados as regras do instituto. Nesse sentido, a introdução do fideicomisso como livre opção do testador, inclusive quanto à substituição fideicomissária, pode trazer grande utilidade ao instituto no planejamento sucessório do testador. Muito embora o novo fideicomisso proposto possa guardar alguma semelhança com o instituto anglo-saxão do *trust*, ambos não se confundem. O fideicomisso é instituto de raízes romano-germânicas, já inserido no nosso sistema, e bem-adaptado a ele. Além das previsões legais de possibilidade de substituição do fideicomissário, o que já alargaria a aplicação do instituto, a alteração também prevê expressamente a possibilidade de se realizar o fideicomisso por atos *inter vivos*, tratando-se de enorme impulso à utilização do instituto tanto em doações como em outras relações contratuais diversas. Dessa forma, espera-se que tal alteração, se prosperar, possa possibilitar um alargamento dos arranjos sucessórios, além de possibilitar, no Brasil, operações contratuais que hoje só podem ser realizadas em território estrangeiro por meio de institutos alienígenas, como o *trust*.

Art. 1.953. O fiduciário tem a propriedade da herança ou legado, mas restrita e resolúvel.

Parágrafo único. O fiduciário é obrigado a proceder ao inventário dos bens gravados, e a prestar caução de restituí-los se o exigir o fideicomissário.

COMENTÁRIOS DOUTRINÁRIOS: Com relação ao fideicomissário, sob sua propriedade penderá condição suspensiva. Já a propriedade do fiduciário é resolúvel e restrita, cabendo a ele proceder ao inventário dos bens gravados e prestar caução de restituí-los, se assim o exigir o fideicomissário (art. 1.953 do CC). Dúvida comum que surge é se o fiduciário poderá vender os bens recebidos. A resposta é positiva, pois, na qualidade de proprietário, poderá usar, gozar, dispor, gravar ou reivindicar os bens. Contudo, a venda ou a hipoteca por ele constituída torna-se ineficaz em relação ao fideicomissário quando ocorrer a resolução da propriedade. Mesmo porque o fideicomisso pode caducar e o fiduciário se tornar titular pleno do bem, hipótese em que todos os atos praticados pelo fiduciário são eficazes. As alienações e constituições de ônus reais são ineficazes com relação ao fideicomissário porque, em se tratando de bens imóveis, da matrícula constará o registro do fideicomisso, afastando eventual boa-fé de terceiros que sejam titulares de direitos reais. A adquirente ou credor estará de má-fé, pois sabe se tratar de bem sob regime do fideicomisso. Quanto aos bens móveis a questão pode ser mais complexa, pois, se o terceiro adquirir o bem do fiduciário, de boa-fé, ou seja, desconhecendo a existência do fideicomisso, a alienação será eficaz e o fideicomissário poderá, apenas, exigir indenização do fiduciário. Entendemos, contudo, se os bens móveis estiverem descritos no inventário judicial (que é de conhecimento de todos), a boa-fé do adquirente poderá ser afastada pelo fideicomissário. É por isso que o fiduciário deve prestar caução se o fideicomissário assim o exigir. Como o fideicomissário é prole eventual, ainda não concebida quando da morte do testador, quem exigirá a caução será aquele de quem a prole nascerá. Se o testador deixar os bens a João (fiduciário) que os transmitirá ao primeiro filho de Joana, Joana poderá exigir a caução para preservar os bens que serão de seu primeiro filho. Deve-se frisar, novamente, que o fideicomisso toma por base a confiança do testador ou fideicomitente na pessoa do fiduciário. De qualquer forma, se "confiar desconfiando", nada impede que clausule os bens com a cláusula de inalienabilidade, o que sequer necessitará de justificativa, já que os bens deixados em testamento não compõem a legítima, mas, sim, a porção disponível (art. 1.848 do CC).

JURISPRUDÊNCIA COMENTADA: Aplicando esse dispositivo, o TJSP entendeu que a alienação pelo fiduciário não produz efeitos para o fideicomissário: "Alienação ineficaz contra as fideicomissárias, a teor do disposto no art. 1.793, § 3º, do CC. Falecimento da fiduciária que fez consolidar a propriedade do bem, na parte que lhe cabe, em favor das fideicomissárias, considerando deter a primeira apenas a propriedade resolúvel, na forma do *caput*, do art. 1.953 do CC. Bem que deve ser objeto da partilha a ser apresentada no inventário, consoante art. 1.025, incs. I e II, do CPC. Fideicomissárias que não podem ser excluídas do inventário do fideicomitente testador, em razão do manifesto interesse na defesa de seus direitos" (TJSP, AI 2059403-12.2013.8.26.0000, 10.ª Câmara de Direito Privado, Cotia, Rel. João Batista Vilhena, j. 16.12.2013).

REFORMA DO CÓDIGO CIVIL: Pretende-se alterar o art. 1.953 e criar o art. 1.953-A com as seguintes redações: "Art. 1.953. O fiduciário tem a propriedade resolúvel da herança ou do legado, nos limites previstos no ato de instituição do fideicomisso. Parágrafo único. Salvo disposição em contrário no testamento, o fiduciário é obrigado a trazer ao inventário dos bens gravados e a prestar caução de restituí-los se o exigir o fideicomissário"; "Art. 1.953-A. Pode ser fideicomissário qualquer sujeito de direito, ente jurídico despersonalizado ou pessoa determinável, ainda que não concebida no momento da instituição do fideicomisso. Parágrafo único. Considera-se fideicomissário tanto a pessoa beneficiária da administração dos bens como aquela destinatária dos bens ao final do fideicomisso". O objetivo dessas alterações é adequar tais regras aplicáveis ao instituto do fideicomisso às novas regras dispostas nos artigos anteriores. Nessa linha, o art.

1.953, *caput*, passa a dispor que o fiduciário tem a propriedade resolúvel da herança ou do legado até o limite previsto no ato de instituição do fideicomisso, em concordância com a regra que permite o fideicomisso parcial da herança. Ademais, pelo novo artigo projetado (art. 1.952-B: "[...] VI – a extensão dos poderes e deveres do fiduciário na gestão do fideicomisso, em especial especificando se há ou não autorização para alienar bens do acervo em fideicomisso, gravar ou onerar os bens do patrimônio correspondente, comprar novos ativos e realizar investimentos, em todos os casos especificando as situações em que esses atos são permitidos e o modo como devem ser conduzidos"), o fiduciário pode ser proprietário de bens inalienáveis ou impenhoráveis. No parágrafo único, insere-se a expressão "salvo disposição em contrário", deixando claro que a imposição ao fiduciário de realizar inventário dos bens gravados e prestar caução caso o exija o fideicomissário é norma de caráter privado, podendo ser afastada pela autonomia privada do testador, não ensejando qualquer invalidade. O novo art. 1.953-A pretende deixar expresso que pode ser fideicomissário qualquer sujeito de direito, ainda que não concebido no momento da instituição do fideicomisso. Ainda, define-se como fideicomissário tanto a pessoa beneficiária da administração dos bens quanto aquela que receberá os bens ao final do fideicomisso.

Art. 1.954. Salvo disposição em contrário do testador, se o fiduciário renunciar a herança ou o legado, defere-se ao fideicomissário o poder de aceitar.

COMENTÁRIOS DOUTRINÁRIOS: Apesar de o fideicomisso ser uma forma de transmissão sucessiva (primeira ao fiduciário e depois ao fideicomissário), excepcionalmente o bem poderá ser transmitido diretamente ao fideicomissário. É a hipótese em que fiduciário renuncia à herança, podendo o fideicomissário aceitá-la, situação em que, na realidade, atinge-se o fim do fideicomisso de maneira direta, recebendo o fideicomissário, desde logo, a propriedade plena do bem. A pergunta que se faz é a seguinte: se o fideicomissário é prole eventual, ainda não concebida quando da morte do testador, como poderá haver aceitação por parte dela? Temos duas situações. Se, no momento da morte o fideicomissário for já nascido, poderá aceitar a herança (ele, diretamente, ou por seus representantes legais se for incapaz) e terá a propriedade plena dos bens, já que o usufruto em favor do fiduciário não será instituído em razão de sua renúncia. Se, contudo, quando da morte do testador e da renúncia do fiduciário, a prole ainda não tiver sido concebida, a aceitação pode ocorrer por aquele de quem a prole nascerá. Se o testador deixar os bens a João (fiduciário) que os transmitirá ao primeiro filho de Joana e João renunciar a herança, Joana poderá aceitá-la para garantir que seu primeiro filho receba os bens testados. Então surge uma segunda questão: há prazos para que a prole eventual surja? A resposta está nos comentários ao art. 1.958. E se Joana aceitar e a prole eventual não vier a ser concebida nos prazos da lei? Nessa hipótese, a aceitação é provisória e, ao fim do prazo legal, os bens seguirão a ordem de vocação hereditária (art. 1.829 do CC), se o testador não indicou seu destino.

Art. 1.955. O fideicomissário pode renunciar a herança ou o legado, e, neste caso, o fideicomisso caduca, deixando de ser resolúvel a propriedade do fiduciário, se não houver disposição contrária do testador.

COMENTÁRIOS DOUTRINÁRIOS: Caduca o fideicomisso se o fideicomissário renunciar à herança ou ao legado (art. 1.954 do CC). Nesses casos, deixa de ser resolúvel a propriedade do fiduciário, passando a haver, a partir da renúncia, uma propriedade plena. Lembramos, por oportuno, que a renúncia só pode ocorrer depois de aberta a sucessão. Em outras palavras, só pode renunciar o fideicomissário após a morte do testador, mas não precisará aguardar a morte do fiduciário, pois não há relação sucessória entre ambos. Novamente surge a questão: se o fideicomissário é prole eventual, ainda não concebida quando da morte do testador, como poderá haver renúncia da herança por parte dela? Temos duas situações. Se no momento da morte o fideicomissário for já nascido, poderá renunciar a herança, ele, diretamente, ou por seus representantes legais se for incapaz (com a necessidade de autorização judicial para tanto) e terá o fiduciário a propriedade plena dos bens, já que, com a renúncia do fideicomissário, este não terá o direito de propriedade sobre o bem. Não haverá fracionamento da propriedade plena. Se, contudo, quando da morte do testador, a prole ainda não tiver sido concebida, a renúncia poderá ocorrer por meio daqueles que serão os pais da prole eventual. Se o testador deixar os bens a João (fiduciário) que os transmitirá ao primeiro filho de Joana, Joana poderá, por meio de processo judicial, renunciar à herança, provando que o faz no interesse de sua prole eventual. Imaginemos, por exemplo, que João falece insolvente e a renúncia beneficia o fideicomissário. Ao renunciar à herança, Joana atende aos interesses da prole eventual.

Art. 1.956. Se o fideicomissário aceitar a herança ou o legado, terá direito à parte que, ao fiduciário, em qualquer tempo acrescer.

COMENTÁRIOS DOUTRINÁRIOS: Em ocorrendo acréscimo dos bens recebidos pelo fiduciário, o fideicomissário recebe também esses acréscimos. Não poderia ser diferente, já que o acréscimo não pode ser aceito, se a herança não o for, nem pode ser renunciado, se a herança não o for (art. 1.945 do CC). São as hipóteses de conjunção *re et verbis* e *re tantum* (ver art. 1.941 do CC). Se deixar meus bens para João e José (fiduciários), que deverão transmiti-los ao primeiro filho de Maria, e José falecer antes do testador, há o direito de acrescer. Nesse caso, João recolherá toda a herança e transmitirá também o acréscimo ao primeiro filho de Maria. É a conjunção *re et verbis*. Há ainda direito de acrescer quando há a presença da conjunção *re tantum* em que a mesma coisa é deixada para pessoas distintas, mas em cláusulas testamentárias diferentes. Dispõe o testador: "Deixo meus bens para João que deverá transmiti-los ao primeiro filho de Maria". E, depois, no mesmo testamento: "Deixo, também, meus bens para José que deverá transmiti-los ao primeiro filho de Maria". É a *conjunção real*: somente na coisa. Se José renunciar à herança, há o direito de acrescer, João a recolherá integralmente e transmitirá também o acréscimo ao primeiro filho de Maria.

Art. 1.957. Ao sobrevir a sucessão, o fideicomissário responde pelos encargos da herança que ainda restarem.

COMENTÁRIOS DOUTRINÁRIOS: O fideicomissário recebe os bens diretamente do testador, pois não há relação jurídica entre ele e o fiduciário. Isso quer dizer que, no momento em que a herança é recebida pelo fideicomissário, ela vem com os ônus e bônus. Logo, se houver um encargo de pagar alimentos, por exemplo, que estava sendo arcado pelo fiduciário, ele passa ao fideicomissário. Por óbvio, se o encargo já tiver sido integralmente cumprido pelo fiduciário, estará extinto, e não passará ao fideicomissário.

Art. 1.958. Caduca o fideicomisso se o fideicomissário morrer antes do fiduciário, ou antes de realizar-se a condição resolutória do direito deste último; nesse caso, a propriedade consolida-se no fiduciário, nos termos do art. 1.955.

COMENTÁRIOS DOUTRINÁRIOS: Também caduca o fideicomisso se for a termo e o fideicomissário morrer antes do fiduciário (art. 1.958 do CC). O artigo se revela curioso: pode a prole eventual (fideicomissário) morrer antes do fiduciário? Assim, podemos imaginar duas situações. Se no momento da morte do testador o fideicomissário tiver nascido e morrido, ocorrerá a caducidade do fideicomisso e o fiduciário será proprietário pleno. É o caso de José deixar os bens para João que os transmitirá ao primeiro filho de Maria. Antônio, primeiro filho de Maria, nasce em 2020 e morre em 2025. Quando o testador morrer em 2030, o fideicomissário já era morto e João é proprietário pleno. Não é sua morte propriamente dita, mas, sim, sua não existência que implica caducidade do fideicomisso.

JURISPRUDÊNCIA COMENTADA: Efetivamente, com a premorte do fideicomissário, a propriedade do fiduciário passa a ser plena: "Morte de algumas sobrinhas fideicomissárias antes do óbito da fiduciária. Caducidade do fideicomisso. Incidência do art. 1.958 do CC. Direito de representação dos sobrinhos-netos. Não caracterização" (TJSP, AI 0049959-86.2013.8.26.0000, 7.ª Câmara de Direito Privado, Campinas, Rel. Mendes Pereira, j. 03.07.2013). Essa é também a orientação do STJ: "A substituição fideicomissária caduca se o fideicomissário morrer antes dos fiduciários, caso em que a propriedade destes consolida-se, deixando, assim, de ser restrita e resolúvel (arts. 1.955 e 1.958 do CC/02). Afastada a hipótese de sucessão por disposição de última vontade, oriunda do extinto fideicomisso, e, por consequência, consolidando-se a propriedade nas mãos dos fiduciários, o falecimento de um destes sem deixar testamento, impõe estrita obediência aos critérios da sucessão legal, transmitindo-se a herança, desde logo, aos herdeiros legítimos, inexistindo herdeiros necessários. Recurso especial parcialmente conhecido e, nessa parte, provido" (REsp 820.814-SP, 3.ª Turma, Rel. Min. Nancy Andrighi, j. 09.10.2007).

REFORMA DO CÓDIGO CIVIL: Pretende-se alterar o art. 1.958, adicionando um parágrafo único e passando a constar a seguinte redação: "Art. 1.958. Será ineficaz o fideicomisso se o fideicomissário, a quem o testador não houver designado substituto, morrer antes do fiduciário, ou antes de realizar-se o termo ou a condição resolutória do direito deste último. Parágrafo único. Nos casos previstos no *caput*, a propriedade consolida-se em nome do fiduciário, nos termos do art. 1.955". A alteração proposta visa substituir o termo "caducar" por "será ineficaz" o fideicomisso na eventualidade do fideicomissário morrer antes do fiduciário. Termo mais técnico já que não se trata de hipótese de decadência e que o termo "caducidade" foi abolido pela reforma. É caso em que a disposição testamentária não produzirá mais efeitos. Ademais, também a redação traz expressamente a possibilidade de o testador indicar pessoa para substituir o fideicomissário na eventualidade de sua morte ocorrer antes do fiduciário. Neste caso, o fideicomisso subsistirá, apenas substituindo-se a pessoa do fideicomissário.

Art. 1.959. São nulos os fideicomissos além do segundo grau.

COMENTÁRIOS DOUTRINÁRIOS: Caso o testador crie um fideicomisso além do 2º grau, este será nulo quanto aos graus excedentes. Isso porque poderia haver uma situação de perpetuidade indesejada pela lei e que fere a noção de função social da propriedade. Se João for nomeado fiduciário e o primeiro filho de José, fideicomissário (prole futura), não pode o testador determinar que, depois, seus bens devam ser entregues pelo primeiro filho de José ao primeiro filho de Maria. No caso em questão, estaria sendo criado um 3º grau de fideicomisso que, portanto, é nulo. Como se contam esses graus para fins do artigo em comento? O fiduciário é herdeiro de primeiro grau. O fideicomissário é herdeiro de segundo grau. Qualquer nomeação para um novo herdeiro que suceda o fideicomissário será de terceiro grau (ou grau maior) e, portanto, tida por não escrita (nula e não produzirá feitos), prevalecendo o fideicomisso em seu primeiro e segundo grau (vide art. 1.960 do CC).

Art. 1.960. A nulidade da substituição ilegal não prejudica a instituição, que valerá sem o encargo resolutório.

COMENTÁRIOS DOUTRINÁRIOS: A nulidade do fideicomisso que vai além do segundo grau é parcial. Vale dizer que a nulidade de parte da instituição não contamina a parte válida, o que é aplicação do princípio da conservação dos negócios jurídicos (*utile per inutile non vitiatur*). Se João for nomeado fiduciário e o primeiro filho de José, fideicomissário (prole futura), não pode o testador determinar que, depois, seus bens devam ser entregues pelo primeiro filho de José ao primeiro filho de Maria. Se o fizer, vale a deixa em favor de João (primeiro grau) e do primeiro filho de José (segundo grau) e é nula a deixa em favor do primeiro filho de Maria (terceiro grau).

CAPÍTULO X
DA DESERDAÇÃO

Art. 1.961. Os herdeiros necessários podem ser privados de sua legítima, ou deserdados, em todos os casos em que podem ser excluídos da sucessão.

COMENTÁRIOS DOUTRINÁRIOS: A exclusão da sucessão pode se dar por dois institutos: a indignidade (arts. 1.814 a 1.818) e a deserdação (arts. 1.961 a 1.965). Os institutos jurídicos previstos são totalmente distintos, mas geram o mesmo efeito: o excluído não participa da sucessão do falecido. Dos conceitos dos institutos, podemos perceber tanto as suas semelhanças quanto as suas diferenças. A deserdação é o instituto pelo qual o herdeiro necessário é privado de sua legítima e, por decorrer da vontade do morto, só pode ser efetuada por testamento. Já a *indignidade* é uma pena imposta para aquele que praticar certos atos que o Código Civil classifica como repreensíveis e repudiados pelo sistema. São atos reprováveis e que o Código Civil opta por punir civilmente. A pena de *indignidade* pode ser cominada aos *herdeiros necessários* (filhos, netos, pais, cônjuge, companheiro) ou aos *herdeiros facultativos* (sobrinhos, tios, primos, tios-avôs, sobrinhos-netos ou mesmo estranhos nomeados herdeiros por testamento). Já a pena de *deserdação* só atinge os herdeiros necessários, sendo forma própria para lhes retirar o direito à legítima (art. 1.961 do CC). Um exemplo esclarece a questão. Se o sobrinho, *herdeiro facultativo*, assassina dolosamente seu tio, os demais herdeiros podem propor a ação de exclusão por indignidade. Se o sobrinho, nomeado em testamento, tenta matar seu tio e não consegue, o tio não precisará deserdá-lo para afastá-lo da sucessão. Como não é herdeiro necessário, basta que o tio faça outro testamento que não o contemple. Por outro lado, se o filho tenta matar o pai dolosamente e não consegue, os demais herdeiros podem propor a ação de indignidade ou o pai, se quiser, pode deserdá-lo por testamento. As semelhanças e diferenças entre os institutos são trabalhadas nos comentários aos arts. 1.814 e seguintes do CC. Curiosamente, o Código Civil de 2002 tornou o cônjuge herdeiro necessário (art. 1.845), mas não criou hipótese específica para a sua deserdação, como o fez com os descendentes e ascendentes. O art. 1.961 da atual codificação dispõe apenas que os herdeiros necessários podem ser privados de sua legítima, ou deserdados, em todos os casos em que podem ser excluídos da sucessão. A partir da decisão do STF (Repercussão Geral 809), o companheiro também é considerado pela doutrina majoritária herdeiro necessário. Realmente, em se tratando de rol taxativo (*numerus clausus*), suas hipóteses não podem ser ampliadas para atingir cônjuges e companheiros. Como se pode perceber, as normas aqui analisadas são restritivas de direito, não admitindo interpretação extensiva ou aplicação da analogia. Concluímos, assim, que o cônjuge e o companheiro só podem ser deserdados pelos motivos previstos no art. 1.814, em razão do disposto no art. 1.961; mas não pelos motivos previstos nos arts. 1.962 e 1.963, todos do Código Civil.

JURISPRUDÊNCIA COMENTADA: Efetivamente, para privar alguém da legítima, a única forma de fazê-lo é por testamento: "[...] pessoa viva que pretende impedir o recebimento da herança legítima por um herdeiro necessário seu, deve valer-se do testamento com expressa declaração do motivo. Nas disposições legais sobre a matéria, temos que cabe ao testador expressamente indicar em suas disposições de última vontade os motivos fundamentados da deserdação" (TJSP, AP 9216131-35.2008.8.26.0000, 9.ª Câmara de Direito Privado, São Vicente, Rel. Antonio Vilenilson, j. 28.01.2013).

Art. 1.962. Além das causas mencionadas no art. 1.814, autorizam a deserdação dos descendentes por seus ascendentes:

I – ofensa física;

II – injúria grave;

III – relações ilícitas com a madrasta ou com o padrasto;

IV – desamparo do ascendente em alienação mental ou grave enfermidade.

COMENTÁRIOS DOUTRINÁRIOS: As causas de indignidade coincidem com as de deserdação e vêm previstas no art. 1.814 do Código Civil em vigor. Entretanto, prevê a lei algumas causas exclusivas para a deserdação (art. 1.962 do CC). Essas causas são taxativas (*numerus clausus*) e não meramente exemplificativas (*numerus apertus*). Os motivos exclusivos à deserdação são aqueles contidos nos arts. 1.962 e 1.963 do Código Civil em vigor. As regras de ambos os artigos guardam reciprocidade. As previsões do art. 1.962 do CC cuidam das hipóteses de deserdação dos descendentes por seus ascendentes, ou seja, quando o filho ou neto pratica determinados atos contra seu pai ou avô e, por testamento, perde a legítima que lhe tocaria. São elas: *Inciso I – Ofensa física:* A ofensa física indica falta de respeito, de amor e de consideração dos descendentes com relação aos ascendentes. São simplesmente inadmissíveis. Não importa se foi leve ou grave, qualquer ofensa física é causa de deserdação. *Inciso II – Injúria grave:* A injúria grave é o uso de palavras escritas ou faladas que atinge a honra subjetiva do agredido, ou seja, a sua autoestima, o que ele pensa de si mesmo. O ofendido se sente humilhado em seu brio, desrespeitado na sua integridade psíquica, um direito da personalidade. É importante ressaltar que a injúria não exige que terceiros conheçam o seu conteúdo, nem que a humilhação seja pública, atingindo a honra subjetiva da pessoa. Também é pertinente enfatizar que o que para uma certa família pode constituir injúria grave, para outra pode significar apenas uma forma comum de se relacionar. O uso de palavras de baixo calão, comum para certas pessoas, pode ser considerado extremamente ofensivo por outras. Além disso, muitas vezes, o palavrão é utilizado de maneira jocosa e tolerado por alguns, mas considerado injúria grave por outros. Por fim, a época e o local do ato também influenciam a noção de injúria grave. Portanto, a época em que as palavras foram proferidas deve contar na análise judicial da expressão injúria grave. *Inciso III – Os descendentes que tiverem relações ilícitas com a madrasta ou com o padrasto:* As *relações ilícitas* devem ser consideradas como expressão sinônima de relação de cunho afetivo, íntimo ou sexual. Dessa forma, beijos lascivos, sexo oral e cópula carnal são considerados relações ilícitas. Um romance tórrido e oculto entre o descendente e sua madrasta é o típico exemplo doutrinário para a hipótese. É a *lascívia*, a *concupiscência*. Confessamos, entretanto, que a hipótese lembra mais os folhetins e as novelas do que a vida real. De pouca aplicação prática, permaneceu no Código Civil de 2002 pelo amor às tradições. Note-se que a relação ilícita entre o descendente e o companheiro do ascendente admite a deserdação, porque o art. 1.595 do CC criou o parentesco por afinidade também na união estável. Ademais, se se interpretar que o STF na Repercussão Geral 809 equiparou o casamento e a união estável para todos os efeitos, a relação ilícita com companheiros permite a deserdação. *Inciso IV – O desamparo pelo descendente do ascendente em alienação mental ou grave enfermidade:* A hipótese legal é curiosa. Se o ascendente estiver em alienação mental, falta-lhe discernimento para testar e nulo será o seu testamento (art. 1.860 do CC). Portanto, torna-se inócua a previsão legal em um primeiro momento. Entretanto, se a alienação mental for temporária, recuperando o ascendente as suas faculdades, poderá se valer de testamento para deserdar os descendentes, já que o testamento é um ato personalíssimo. Já a enfermidade grave pode ser de ordem física e não retirar o seu discernimento para testar. Imaginemos um pai acometido de câncer que, em estado terminal, é abandonado por seu filho. Entendemos que não se deveria restringir a noção de desamparo apenas ao aspecto material. Na realidade, o *abandono moral ou afetivo* pode ser pior e mais nefasto que o material. Além de constituir ato ilícito que gera a possibilidade, em nossa opinião, de indenização, o abandono moral e afetivo pode gerar ainda a deserdação. Trata-se do valor jurídico do afeto. Contudo, atualmente, o abandono afetivo não pode ser causa de deserdação.

JURISPRUDÊNCIA COMENTADA: Decorre da proteção à legítima o dispositivo em comento. Se não houver prova efetiva das causas que permitem a deserdação, a ação é julgada improcedente e o "deserdado" recebe normalmente seu quinhão da legítima. Quanto à disponível, ele nada recebe: "[...] causa fundada em desamparo imputado pelo testador gravemente enfermo a seus filhos e herdeiros necessários. Eficácia da disposição subordinada à efetiva prova de ocorrência da causa expressa no testamento. Desamparo não comprovado. Testador que não necessitava de auxílio econômico, pois provido de recursos. Insuficiência de prova quanto à ausência de amparo emocional dos filhos ao pai, enquanto se encontrava gravemente enfermo. Ônus da prova do alegado desamparo a cargo dos herdeiros instituídos ou legatários a quem aproveite a deserdação. Parte disponível da herança não atingida pela ausência de prova da causa da deserdação, como, de resto, já previsto e disposto no testamento" (TJSP, AP 0605333-94.2008.8.26.0100, 1.ª Câmara de Direito Privado, São Paulo, Rel. Francisco Loureiro, j. 21.06.2016).

REFORMA DO CÓDIGO CIVIL: Pretende-se alterar os incisos I e III e revogar o inciso IV do art. 1.962. Os incisos modificados têm a seguinte redação: "I – ofensa à integridade física ou psicológica; [...] III – desamparo material e abandono afetivo voluntário e injustificado do ascendente pelo descendente". A proposta harmoniza o instituto com a nova disciplina da indignidade, na qual se inseriram novas causas de exclusão, por exemplo, o abandono material e afetivo. As causas históricas de deserdação caíram em desuso. Estavam desatualizadas.

Art. 1.963. Além das causas enumeradas no art. 1.814, autorizam a deserdação dos ascendentes pelos descendentes:

I – ofensa física;

II – injúria grave;

III – relações ilícitas com a mulher ou companheira do filho ou a do neto, ou com o marido ou companheiro da filha ou o da neta;

IV – desamparo do filho ou neto com deficiência mental ou grave enfermidade.

COMENTÁRIOS DOUTRINÁRIOS: Enquanto o art. 1.962 do CC cuida das hipóteses de deserdação dos descendentes por seus ascendentes, ou seja, quando o filho ou neto pratica determinados atos contra seu pai ou avô e, por testamento, perde a legítima que lhe tocaria, artigo em comento prevê a situação inversa, ou seja, com as hipóteses em que os ascendentes praticam atos contra os descendentes, ou seja, o pai ou o avô pratica atos contra seu filho ou neto, que permitem sua exclusão da sucessão. As regras dos arts. 1.962 e 1.963 guardam reciprocidade e remetemos o leitor aos comentários ao art. 1.962. Contudo, cabem algumas notas específicas para a compreensão do artigo que se comenta. A ofensa física do pai com relação ao filho deve ser analisada em duas situações distintas. Se o menor ainda está sob o poder familiar, antes de completar 18 anos ou se emancipar, sua educação inclui a possibilidade de castigos moderados. Dentro do limite do bom senso e da moderação, o castigo não constitui injúria grave, em que pese conhecermos a posição de doutrinadores e psicólogos completamente avessos a qualquer punição física, por mais moderada que seja. O fato de a lei denominada Menino Bernardo (Lei n. 13.010/2014) impedir os pais de aplicarem castigos físicos não significa que qualquer castigo permite a deserdação. Há palmadas necessárias no processo de educação infantil. Por outro lado, findo o poder familiar, não há mais a possibilidade de se aplicar castigo na relação paterno-filial. Assim, qualquer ofensa física, ainda que leve, é suficiente para a deserdação. A segunda nota diz respeito ao inciso III. Pelo texto da lei, cabe a deserdação pelas relações ilícitas com a mulher ou companheira do filho ou a do neto, ou com o marido ou companheiro da filha ou o da neta. Note-se que o dispositivo iguala união estável e casamento para esse fim. Conforme dissemos nos comentários ao artigo anterior, a relação ilícita entre o ascendente e o cônjuge ou companheiro do ascendente admite a deserdação, porque o art. 1.595 do CC criou o parentesco por afinidade também na união estável.

JURISPRUDÊNCIA COMENTADA: Se efetivamente o descendente era incapaz, não poderia ele por testamento deserdar seu ascendente, pois os incapazes não podem testar (art. 1.860 do CC). Contudo, se houve abandono de pessoa com deficiência mental, os interessados podem propor a ação de indignidade (não deserdação) nos termos dos arts. 1.814 e 1.815 do CC. Foi isso que admitiu o TJSP: "[...] narra a exordial que a ré é genitora do *de cujus*, que sofria de enfermidade mental denominada oligofrenia de grau moderado e epilepsia, e de seu curador (representante do espólio), tendo abandonado os mesmos, com a destituição do seu pátrio poder [...]. O *de cujus* foi interditado enquanto ainda era menor de idade (à época da interdição). Também foi averbada, em 08.09.1983, na certidão de nascimento do *de cujus* a destituição do pátrio poder que exercia sobre os menores a sua mãe. O pai que perde o poder familiar não teria o dever de sustento, mas conservaria o direito de receber a herança do filho. No caso, não se trata apenas da perda/destituição de pátrio poder, pois, pelo artigo 1.963, *caput* e seu inciso IV, do Código Civil, o legislador acresceu às causas do artigo 1.814, do mesmo Codex, o 'desamparo do filho ou neto com deficiência mental ou grave enfermidade', hipótese que, não obstante constar como causa de deserdação, em verdade, constitui causa de indignidade. As hipóteses de exclusão da sucessão previstas no artigo 1.814 do Código Civil são resolvidas por declaração de sentença judicial, sem necessidade de deserdação por testamento" (TJSP, AP 1000127-70.2014.8.26.0602, 6.ª Câmara de Direito Privado, Sorocaba, Rel. Maria Salete Corrêa Dias, j. 12.09.2018).

REFORMA DO CÓDIGO CIVIL: Pretende-se alterar os incisos I e IV e revogar o III do art. 1.963. Os incisos alterados passariam a ter a seguinte redação: "I – ofensa à integridade física ou psicológica; IV – desamparo material e abandono afetivo voluntário e injustificado do filho ou neto". A proposta de modificação do artigo em comento tem exatamente a mesma racionalidade das modificações propostas no art. 1.962 (ver comentários ao artigo anterior).

Art. 1.964. Somente com expressa declaração de causa pode a deserdação ser ordenada em testamento.

COMENTÁRIOS DOUTRINÁRIOS: Como são normas restritivas de direito, que retiram a legítima do herdeiro necessário, ou seja, derrubam a maior restrição à liberdade de testar, a deserdação só ocorre pelas causas previstas em lei e estas devem ser mencionadas no testamento. Se não houver causa indicada no testamento, ou a causa não for uma daquelas previstas nos arts. 1.814, 1.962 e 1.963 do CC, a deserdação é ineficaz, ou seja, o herdeiro mantém todos os seus direitos sucessórios. A simples menção testamentária à deserdação, de maneira imotivada, é inócua no sistema brasileiro. É a proteção à legítima que está em jogo e, portanto, o artigo em comento atende tal desiderato.

JURISPRUDÊNCIA COMENTADA: Consagrando o princípio pelo qual a norma restritiva não comporta extensão, o que se aplica tanto à indignidade quanto à deserdação, temos: "Exclusão. Indignidade. Inocorrência. Casos de indignidade previstos no art. 1.814 do Código Civil que consagram uma tipicidade delimitativa, que comporta analogia limitada. Conduta, entretanto, do réu que não violou qualquer dos valores que os incisos de mencionado dispositivo pretenderam preservar. Manutenção do réu na linha sucessória do falecido. Deserdação, também, não verificada, pois aplica-se somente a herdeiros necessários e decorre de manifestação de vontade do autor da herança, por meio de testamento (art. 1.964 do Código Civil)" (TJSP, AP 1004640-02.2018.8.26.0001, 1.ª Câmara de Direito Privado, São Paulo, Rel. Luiz Antonio de Godoy, j. 07.10.2019).

Art. 1.965. Ao herdeiro instituído, ou àquele a quem aproveite a deserdação, incumbe provar a veracidade da causa alegada pelo testador.

Parágrafo único. O direito de provar a causa da deserdação extingue-se no prazo de

quatro anos, a contar da data da abertura do testamento.

COMENTÁRIOS DOUTRINÁRIOS: Tanto a indignidade quanto a deserdação deverão ser necessariamente confirmadas por sentença, o que pode se perceber pelos arts. 1.815 e 1.965 do CC, respectivamente. A diferença é que o indigno começa herdeiro e perde tal qualidade com a decisão judicial. O deserdado, não. Será herdeiro apenas se julgada improcedente a ação de conformação ou se decorrido o prazo decadencial sem a propositura da ação. Em ambas as hipóteses, o prazo para a demanda é decadencial, pois a ação terá natureza constitutiva negativa, levando-se em conta o critério científico para distinguir a prescrição da decadência criado por Agnelo Amorim Filho (*RT* 300/7 e 744/725). Quanto ao prazo, a diferença está no termo inicial de contagem para o seu reconhecimento. A ação contra o *indigno* deve ser proposta no prazo de quatro anos, contados da abertura da sucessão (art. 1.815, parágrafo único, do CC), enquanto a ação contra o *deserdado* deve ser proposta também em quatro anos, mas contados da abertura do testamento (art. 1.965, parágrafo único, do CC). Essa diferença é relevante. Há um equívoco do CC quanto ao início do prazo decadencial para a ação confirmatória da deserdação. O único testamento que se abre é o cerrado. Os demais são apresentados em juízo para posterior registro. Assim, se seguida a literalidade da norma para os testamentos particular e público, o prazo não se iniciaria nunca. Assim, a melhor interpretação é que o prazo se inicia com a intimação dos demais herdeiros pelo juízo que procederá ao registro do testamento. Todos os herdeiros serão intimados pelo juiz e, então, eles e o deserdado terão plena ciência da deserdação. A partir da inequívoca ciência, inicia-se o prazo de 4 anos para a confirmação da deserdação. Podem propor a ação de confirmação da deserdação todo aquele que se tornar herdeiro ou que tiver sua quota ampliada com a procedência da ação (sobre a legitimidade do MP, ver comentários ao art. 1.815 do CC). O deserdado só passa a ser considerado herdeiro com o fim do prazo decadencial de 4 anos ou com a decisão transitada em julgado da improcedência da ação que confirma a deserdação. Assim, não terá desde a morte a posse, nem a propriedade dos bens da herança.

JURISPRUDÊNCIA COMENTADA: Perfeita a decisão do TJSP que restringe ao beneficiado pela deserdação a legitimidade ativa para pleiteá-la: a condição de herdeiro é requisito para que se possa pleitear em juízo exclusão da sucessão ou deserdação. Inteligência do art. 1.965 do CC. Admitir o contrário levaria à possibilidade de qualquer um demandar deserdação de herdeiros, o que seria um verdadeiro absurdo, ainda mais quando, mesmo tendo havido possibilidade irrestrita de o fazer, o próprio morto, por testamento, não o fez" (TJSP, AP 0010085-75.2010.8.26.0008, 10.ª Câmara de Direito Privado, São Paulo, Rel. João Batista Vilhena, j. 11.09.2012).

REFORMA DO CÓDIGO CIVIL: Pretende-se alterar o art. 1.965, que passaria a ter a seguinte redação: "Art. 1.965. Ao herdeiro deserdado é permitido impugnar a causa alegada pelo testador. § 1º O direito de impugnar a causa da deserdação extingue-se no prazo decadencial de quatro anos, a contar da data do registro do testamento. § 2º São pessoais os efeitos da deserdação, sucedendo os descendentes do herdeiro deserdado por representação. § 3º O deserdado não terá direito ao usufruto ou à administração dos bens que a seus sucessores couberem na herança, nem à sucessão eventual desses bens". A alteração inverte a lógica da ação de deserdação, cuja legitimidade ativa é transferida ao deserdado, a quem caberá impugnar a causa da deserdação. Retira-se, dessa forma, o ônus dos demais herdeiros, em fortalecimento do princípio da prevalência da vontade do testador. Por fim, a disposição projetada iguala os efeitos da deserdação aos da indignidade.

CAPÍTULO XI
DA REDUÇÃO DAS DISPOSIÇÕES TESTAMENTÁRIAS

COMENTÁRIOS DOUTRINÁRIOS INTRODUTÓRIOS: A redução das disposições testamentárias decorre do princípio pelo qual a existência da legítima é uma garantia de um patrimônio mínimo em favor dos herdeiros necessários (art. 1.845 do CC). Conforme já explicado, a legítima corresponde a 50% dos bens deixados pelo falecido, sempre se descontando eventual meação do cônjuge ou da companheira, que, como vimos, não constitui um direito sucessório. Desse modo, caso haja invasão da legítima quando da elaboração do testamento, em prejuízo aos herdeiros necessários, a sanção prevista em lei será a redução das disposições testamentárias, não se falando em anulação ou nulidade do testamento. Isso porque a liberdade ou autonomia de testar são limitadas por normas de ordem pública. A redução ocorrerá se, no momento da elaboração do testamento, o herdeiro necessário já existir. É o caso do pai que, tendo filhos, deixa 60% de seus bens ao seu time de futebol. Nesse caso, o juiz reduzirá a disposição em favor do time para apenas 50%, preservando a legítima do filho. A redução aqui estudada, por óbvio, não se confunde com a hipótese de rompimento do testamento (arts. 1.973 a 1.975 do CC), em que surge um herdeiro necessário desconhecido do testador, conforme explicaremos a seguir, e cujas consequências são totalmente diferentes. É importante ressaltar que os motivos que levaram o testador a invadir a legítima (*v.g.*, erro de cálculo, desconhecimento da lei ou intenção de prejudicar os herdeiros necessários) são irrelevantes para que ocorra a redução, bastando que, objetivamente, por meio de cálculos, seja constatado que o direito à legítima foi desrespeitado. Um bom exemplo de redução das disposições testamentárias se verifica na hipótese em que certa pessoa, casada, faz um testamento deixando a totalidade de bens para seu sobrinho. Note-se que o cônjuge, na sistemática do revogado Código Civil, não era herdeiro necessário, e, portanto, tal testamento produziria normalmente seus efeitos se o testador falecesse na vigência daquele diploma. Contudo, se o testador falece na vigência do atual Código Civil, o testamento é parcialmente ineficaz, pois, em razão da disposição do art. 1.845, o cônjuge é herdeiro necessário. Ocorrendo a redução, o sobrinho fica com 50% dos bens (parte disponível) e o cônjuge com 50% (legítima).

Art. 1.966. O remanescente pertencerá aos herdeiros legítimos, quando o testador só em parte dispuser da quota hereditária disponível.

COMENTÁRIOS DOUTRINÁRIOS: O artigo repete o teor do art. 1.788. Se o testamento não dispuser de todos os bens do testador, a parte não contemplada será dos herdeiros legítimos seguindo-se a ordem de vocação hereditária. Nesse sentido, temos o Enunciado n. 118 da *I Jornada de Direito Civil*: "O testamento anterior à vigência do novo Código Civil se submeterá à redução prevista no § 1º do art. 1.967 naquilo que atingir a porção reservada ao cônjuge sobrevivente, elevado que foi à condição de herdeiro necessário". É hipótese de ineficácia parcial do testamento.

JURISPRUDÊNCIA COMENTADA: Foi exatamente esclarecendo que a invasão da legítima não acarreta nulidade ou anulabilidade do testamento que o TJSP decidiu: "[...] eventual inobservância dos limites do patrimônio disponível do *de cujus*, atingindo a parcela de bens que se circunscreve na legítima, a ser destinada aos herdeiros, não acarreta a nulidade do ato. A questão comporta a redução das disposições testamentárias no processo de inventário, adequando-se aos limites legais. Inteligência do art. 1.967 do CC" (Apelação Cível 0003711-36.2012.8.26.0602, 31.ª Câmara Extraordinária de Direito Privado, Rel. Des. Rosangela Teles, j. 08.03.2019).

Art. 1.967. As disposições que excederem a parte disponível reduzir-se-ão aos limites dela, de conformidade com o disposto nos parágrafos seguintes.

§ 1º Em se verificando excederem as disposições testamentárias a porção disponível, serão proporcionalmente reduzidas as quotas do herdeiro ou herdeiros instituídos, até onde baste, e, não bastando, também os legados, na proporção do seu valor.

§ 2º Se o testador, prevenindo o caso, dispuser que se inteirem, de preferência, certos herdeiros e legatários, a redução far-se-á nos outros quinhões ou legados, observando-se a seu respeito a ordem estabelecida no parágrafo antecedente.

COMENTÁRIOS DOUTRINÁRIOS: O Código Civil comina sanções diversas ao excesso inoficioso. Se o doador "invade a legítima", doando a parte inoficiosa, a doação será nula (art. 549 do CC), atingindo-se o plano da validade do negócio jurídico *inter vivos*. Por outro lado, se a ofensa à legítima se dá por meio de ato de última vontade (testamento), não há mácula à validade, mas apenas quanto aos efeitos que serão modificados pelo juiz (plano da eficácia). A redução poderá ocorrer nos próprios autos do inventário, já que se trata, em regra, de questão a ser resolvida por meio de documentos (art. 612 do CPC/2015). Se necessitar de outras provas, como perícia para avaliação dos bens, a redução necessitará de ação própria com o sobrestamento do inventário. A ação de redução é chamada de *actio in rem scripta* e, por óbvio, só pode ser proposta após a morte do testador, já que o testamento é ineficaz antes dela. Por se tratar de interesse privado, podem os herdeiros necessários prejudicados renunciar ao direito de promover essa demanda. E, por óbvio, não poderia ser diferente. Se ninguém é obrigado a receber a herança, podendo, inclusive, a ela renunciar, não haveria motivos para que não fosse possível a renúncia ao direito de pleitear a redução. Mas como se faz a redução? O Código Civil traz um conjunto de regras quanto ao tema, um verdadeiro roteiro, para que se faça a redução das disposições testamentárias (art. 1.967 do CC). Vejamos. 1º) Devem ser reduzidas as quotas deixadas aos herdeiros proporcionalmente ao quinhão de cada um. Assim, se o testador, tendo um filho, deixar 60% de seus bens ao sobrinho João, caberá a redução em 10% para resguardar a legítima. 2º) Se a redução dos herdeiros não for suficiente, devem-se reduzir os legados. Vejamos dois exemplos práticos. Primeira hipótese: a redução da herança é suficiente. O testador, tendo filho, deixa seus bens ao seu amigo João (conta bancária de R$ 200.000,00) e um imóvel legado em favor do sobrinho José (que vale R$ 100.000,00), sendo certo que o total de seu patrimônio é de R$ 300.000,00. João é herdeiro e José, legatário. Note-se que o filho do testador (herdeiro necessário) nada receberia em razão do testamento. Nessa situação, caberá a entrega da importância de R$ 150.000,00 ao filho do testador, a ser realizada pelo herdeiro João, tendo ele direito ao restante (R$ 50.000,00). Reduz-se apenas a herança, permanecendo intacto o legado. Segunda hipótese: a redução da herança não é suficiente. O testador, tendo filho, deixa seus bens ao seu amigo João (conta bancária de R$ 200.000,00) e um quadro do Volpi legado em favor do sobrinho José (que vale R$ 500.000,00), sendo certo que o total de seu patrimônio é de R$ 700.000,00. João é herdeiro e José, legatário. Note-se que o filho do testador (herdeiro necessário) nada receberia em razão do testamento. Nessa última situação, caberá a entrega ao filho do testador da importância de R$ 200.000,00 que pertenceria ao herdeiro João, que, então, nada receberá. Reduz-se primeiramente a herança. Como a redução não atingiu o valor necessário, o legatário perde o valor de R$ 150.000,00, referente à parte do quadro legado. Assim, o filho receberá a importância em bem e dinheiro correspondente à legítima, que é de R$ 350.000,00. As regras supraexplicadas não são de ordem pública, mas apenas refletem a possível vontade do testador, que poderá, entretanto, estipular como proceder à redução testamentária (art. 1.967, § 2º, do CC). Vejamos. Se o testador, tendo filho, deixa todo o seu patrimônio distribuído em testamento da seguinte forma: seus bens a seu amigo João (conta bancária de R$ 200.000,00) e suas ações legadas em favor do sobrinho José (que valem R$ 500.000,00). Contudo, determina no testamento que a redução se faça primeiramente no legado. Considerando-se que o total de seu patrimônio é de R$ 700.000,00, a redução será feita assim: caberá a entrega ao filho do testador da importância de R$ 350.000,00 correspondentes às ações legadas que pertenceriam a José, que então receberá apenas R$ 150.000,00. Já com relação ao herdeiro João, como a redução do legado atingiu o valor necessário para preencher a legítima, a herança lhe será entregue integralmente.

Art. 1.968. Quando consistir em prédio divisível o legado sujeito a redução, far-se-á esta dividindo-o proporcionalmente.

§ 1º Se não for possível a divisão, e o excesso do legado montar a mais de um quarto do valor do prédio, o legatário deixará inteiro na herança o imóvel legado, ficando com o direito de pedir aos herdeiros o valor que couber na parte disponível; se o excesso não for de mais de um quarto, aos herdeiros fará tornar em dinheiro o legatário, que ficará com o prédio.

§ 2º Se o legatário for ao mesmo tempo herdeiro necessário, poderá inteirar sua legítima no mesmo imóvel, de preferência aos outros, sempre que ela e a parte subsistente do legado lhe absorverem o valor.

COMENTÁRIOS DOUTRINÁRIOS: Caso a redução deva ser feita sobre um bem imóvel, as regras do Código Civil são as seguintes: a) Se o imóvel for divisível (exemplo: um terreno não inferior ao módulo rural), far-se-á a divisão de maneira a respeitar a legítima. Assim, se a invasão à legítima exigir uma redução de 40% do imóvel, divide-se o terreno em duas partes: uma de 40% em favor do herdeiro necessário, como forma de preservação de legítima; e outra de 60% para o herdeiro nomeado em testamento. Não haverá condomínio, mas divisão e, portanto, dois imóveis novos surgirão a partir desse fracionamento. É clara a noção de conservação parcial do negócio jurídico; b) Em caso de imóvel indivisível (exemplo: um apartamento), são as possíveis consequências da redução: 1ª consequência – Caso o excesso seja superior a 1/4 do valor do bem, o herdeiro necessário ficará com a propriedade e o legatário beneficiado com o prédio só terá direito de exigir deste o valor da parte disponível. Exemplificando, se o único bem do testador, um imóvel no importe de R$ 1.000.000,00, for deixado ao sobrinho João, seu filho, herdeiro necessário, nada recebe. Como o excesso é maior que ¼ do bem, pois o excesso é de R$ 500.000.00 e ¼ seria R$ 250.000,00, o herdeiro necessário fica com a propriedade toda. O imóvel ficará com o herdeiro necessário (pois o bem é restituído em substância) e o legatário João terá direito de exigir o pagamento de R$ 500.000,00 em dinheiro, que se refere à parte disponível. E se o herdeiro necessário não tiver dinheiro para pagar tal valor ao legatário? O legatário poderá penhorar parte do bem no limite de seu crédito. 2ª consequência – Caso o excesso não seja superior a 1/4 do valor do bem, o legatário beneficiado ficará com a propriedade do bem. Entretanto, deverá pagar em dinheiro ao herdeiro necessário o valor correspondente à legítima invadida. Assim, se o testador deixar ao sobrinho, João, um imóvel no importe de R$ 1.000.000,00 e a importância de R$ 800.000,00 em dinheiro ao seu filho, herdeiro necessário, deve-se realizar o seguinte cálculo: a legítima é de R$ 900.000,00, mas o filho recebeu apenas R$ 800.00,00. O excesso sobre o apartamento legado é de R$ 100.000,00, que, portanto, é menor que 1/4 do seu valor (seriam R$ 250.000,00). Conclusão: o imóvel ficará com o legatário João, e o filho, herdeiro necessário, terá o direito de exigir o pagamento de R$ 100.000,00 em dinheiro do legatário. 3ª consequência – Caso o legatário beneficiado pelo legado de bem imóvel indivisível seja também herdeiro necessário, poderá inteirar sua legítima no próprio imóvel, desde que a soma do valor do legado e da legítima represente o valor total do imóvel. Exemplifico. O falecido tem um patrimônio total R$ 200.000,00. Deixa os filhos José, Pedro, Soraia e Maria como únicos herdeiros. Faz um legado em favor de José de um apartamento que vale R$ 120.000,00. A legítima é de R$ 100.000,00, logo deverá haver a redução em R$ 20.000,00. A legítima de cada filho será de R$ 25.000,00. Assim sendo, José pode optar (não é obrigado) a ficar com o apartamento legado. Como fica com um bem de R$ 120.000,00 este sairá parcialmente da parte disponível (assim R$ 100.000,00 pagos da disponível) e o restante da legítima (R$ 20.000,00 pagos da legítima). Como José faz jus a R$ 25.000,00 da porção legítima, ainda receberá mais R$ 5.000 (dos demais bens da herança que não o apartamento legado). A locução "sempre que ela e a parte subsistente do legado lhe absorverem o valor" significa que o valor total do imóvel indivisível deve ser igual inferior ou à soma da legítima do herdeiro, que é também legatário com o valor da parte disponível do testador. Trata-se de um direito de preferência em favor do herdeiro, que é também legatário. Em todas as hipóteses, o CC evita um condomínio indesejável entre o herdeiro ou herdeiros necessários e o legatário. Afinal, o condomínio é a mãe das discórdias (*mater rixarum est*).

CAPÍTULO XII
DA REVOGAÇÃO DO TESTAMENTO

COMENTÁRIOS DOUTRINÁRIOS INTRODUTÓRIOS: À luz da teoria de Pontes de Miranda, a nulidade (art. 1.859) e a anulabilidade (art. 1.909) estão no plano da validade do testamento. A revogação, o rompimento e a caducidade apenas atingem a sua eficácia. Revogar, do latim, *re vocare*, é tirar a voz. Como se percebe, a revogação é fato superveniente (ou posterior) à formação do testamento, enquanto a invalidade se dá por motivo anterior ou simultânea à sua formação do negócio jurídico. A revogação pode ser compreendida como o ato de vontade do testador que difere da nulidade relativa ou absoluta do testamento. As nulidades surgem antes da realização do ato ou simultaneamente a este, ou seja, são motivos anteriores à celebração do ato. A revogação será admitida ainda que o próprio testador tenha dito ser o seu testamento irrevogável (art. 1.858 do CC). A cláusula de irrevogabilidade do testamento não produz efeitos e tem-se por não escrita, já que entra em conflito com a própria natureza jurídica do instituto.

Art. 1.969. O testamento pode ser revogado pelo mesmo modo e forma como pode ser feito.

COMENTÁRIOS DOUTRINÁRIOS: Assim, a regra máxima com relação à revogação é aquela que determina que o testamento pode ser revogado pelo mesmo modo e forma como pode ser feito (art. 1.969 do CC). Nesse sentido, não deve imaginar o leitor que o testamento público, por ser solene, não possa ser revogado pelo testamento particular. Testamentos elaborados pela forma ordinária podem ser revogados por outros válidos que seguem forma extraordinária e vice-versa. Qualquer forma válida de testamento revoga outra forma de testamento. Portanto, o testamento particular pode revogar o testamento cerrado ou o público, assim como o testamento militar pode revogar o público, o particular ou o cerrado. Contudo, deve-se frisar que o codicilo não tem o condão de revogar o testamento, mas o testamento pode revogar o codicilo. Também há de se apontar que não será possível a revogação do testamento por simples escritura pública.

JURISPRUDÊNCIA COMENTADA: Não pode haver presunção de revogação de testamento por força de um negócio jurídico que ocorra entre o testador e o beneficiário. Assim: "O falecido deixou testamento nomeando a ex-mulher como herdeira de metade disponível dos seus bens. Descabida a alegação de que o testamento perdeu sua validade quando o *de cujus* vendeu a sua parte em bem imóvel à ex-mulher. Não há menção a bens específicos. Ao contrário, o *de cujus* claramente nomeia Maria Aparecida como herdeira da metade disponível dos seus bens que porventura existissem no momento do seu falecimento. Não há notícia de outro testamento deixado pelo falecido, o qual poderia revogar as disposições daquele trazido aos autos. Inexistindo revogação, descabida a afirmação de que o testamento perdeu sua validade em razão da venda da parte ideal do imóvel" (TJSP, AP 0034894-47.2010.8.26.0100, 10.ª Câmara de Direito Privado, São Paulo, Rel. J. B. Paula Lima, j. 24.09.2019).

Art. 1.970. A revogação do testamento pode ser total ou parcial.

Parágrafo único. Se parcial, ou se o testamento posterior não contiver cláusula revogatória expressa, o anterior subsiste em tudo que não for contrário ao posterior.

COMENTÁRIOS DOUTRINÁRIOS: Como toda e qualquer revogação, a do testamento poderá ser total ou parcial (art. 1.970 do CC). Em certas situações, pode o testador apenas revogar determinada disposição que institui um legado ou cria certa restrição (*v.g.*, a cláusula de incomunicabilidade), hipótese em que a revogação será parcial. Nesse último caso, o antigo testamento subsistirá quanto às demais disposições. A revogação poderá ser *expressa,* caso o testador declare sua vontade em revogar o testamento anterior; ou *tácita*, se simplesmente fizer novo testamento com disposições contrárias às do testamento anterior. Assim, se no primeiro testamento o falecido deixar seu carro para o sobrinho Alexandre e em testamento posterior deixar todos os seus bens ao sobrinho Renato, o segundo testamento, por ser posterior, revogará o primeiro. Se a contradição ocorrer em um mesmo testamento, não se aplicará critério pelo qual a cláusula posterior revoga anterior, sendo nulas as disposições contraditórias.

JURISPRUDÊNCIA COMENTADA: Julgou o Superior Tribunal de Justiça, de forma correta, que a revogação parcial do testamento não se presume. Nos termos do acórdão, "a interpretação do testamento segundo a vontade do testador é relevante nas hipóteses em que a cláusula testamentária é equívoca ou suscita dúvidas acerca de seu real sentido, de modo que, ausentes tais condições, deve-se considerar como vontade do testador aquela manifestada por ele como sendo a sua declaração de última vontade, aposta de forma expressa e inequívoca na própria cédula testamentária, excluindo-se o exame de elementos colaterais, como testemunhos e declarações. Embora admissível, a revogação parcial do testamento não se presume, dependendo, obrigatoriamente, da existência de declaração de que o testamento posterior é apenas parcial ou da inexistência de cláusula revogatória expressa, que não se pode inferir pelo simples exame de compatibilidade entre o conteúdo do testamento anterior e o posterior, sobretudo se existente longo lapso temporal entre ambos" (STJ, REsp 1.694.394/DF, 3.ª Turma, Rel. Min. Nancy Andrighi, j. 22.03.2018, *DJe* 26.03.2018).

Art. 1.971. A revogação produzirá seus efeitos, ainda quando o testamento, que a encerra, vier a caducar por exclusão, incapacidade ou renúncia do herdeiro nele nomeado; não valerá, se o testamento revogatório for anulado por omissão ou infração de solenidades essenciais ou por vícios intrínsecos.

COMENTÁRIOS DOUTRINÁRIOS: O testamento revogador produz seus efeitos ainda que ocorra a sua caducidade por exclusão do herdeiro nomeado – que é declarado indigno por sentença –, pela renúncia do beneficiário nomeado, ou por sua incapacidade. Ainda que tais situações ocorram, considera-se revogado o testamento anterior (art. 1.971 do CC). A revogação só não produz efeitos em caso de invalidade do testamento revogador, seja, em razão da anulabilidade por vícios (*v.g.* dolo, coação) ou da nulidade em havendo infração à solenidade essencial (*v.g.* testamento público sem testemunhas). Contudo, a simples revogação do testamento revogador não devolve eficácia ao testamento anteriormente revogado. Em suma, não se verifica o fenômeno automático da repristinação para os casos em questão. Imaginemos que o testador fez um testamento em 2021, um segundo em 2022, revogando expressamente o primeiro, e um terceiro em 2023 revogando expressamente o segundo. A revogação do segundo testamento não revigora o primeiro anteriormente revogado, salvo declaração de vontade do testador nesse sentido. No exemplo em questão, o falecido morreu sem testamento (*ab intestato*).

JURISPRUDÊNCIA COMENTADA: Se houver invalidade declarada do testamento revogador, o testamento revogado volta a ser considerado eficaz e produzirá seus efeitos. O mesmo se verifica com a invalidade de uma ou algumas cláusulas: "O efeito da anulação é repristinatório do ato revogado. Toma a valer o ato de vontade anterior. Em outras palavras, se a revogação não vale, subsiste íntegro o ato revogado. Se, por outra parte, anuladas apenas as cláusulas visadas pela mesma demanda, em pedido subsidiário, de igual modo restaram restabelecidas as disposições anteriores com elas não conflitantes" (TJSP, AI 9038035-37.2004.8.26.0000, 10.ª Câmara de Direito Privado, Rel. João Carlos Saletti, j. 02.08.2005).

Art. 1.972. O testamento cerrado que o testador abrir ou dilacerar, ou for aberto ou dilacerado com seu consentimento, haver-se-á como revogado.

COMENTÁRIOS DOUTRINÁRIOS: Se o testador ou terceiro, com seu consentimento, abrir ou dilacerar o testamento cerrado ocorrerá a sua revogação. Note-se que a abertura do testamento cerrado pelo testador (ou terceiro à sua ordem) implica presunção absoluta de que o testador revogou o testamento cerrado. Isso porque, com a abertura, a função do testamento cerrado, que é o sigilo das disposições, perde a razão de ser. Ainda que a abertura tenha sido acidental, sem a intenção de revogar o testamento cerrado, o fato de o testador romper o lacre implica ineficácia do negócio jurídico e exigirá que ele faça novo testamento. Contudo, se o rompimento se deu por um terceiro, que, agindo dolosamente ou não, abriu o testamento e teve ciência de seu conteúdo, preserva-se a eficácia do testamento.

JURISPRUDÊNCIA COMENTADA: E se o testamento cerrado for encontrado com seu lacre rompido? O rompimento pelo testador implica sua revogação, mas se deve provar que ele efetivamente rompeu o lacre. "Pelo que se vê, há questões que reclamam esclarecimentos, a saber: 1) O testamento foi encontrado antes ou depois da morte do testador? 2) O testamento foi aberto antes ou depois da morte do testador? Aliás, o apelado alega, nas contrarrazões, não haver prova de que 'o testamento teria sido aberto somente depois da morte do testador, inadvertidamente, pela apelante' (v. fls. 48, item '22'). E com integral razão, porque não há prova das alegações contidas na inicial. Ademais, considerando que o art. 1.869, *caput*, do Código Civil impõe ao tabelião, logo após a lavratura do auto de aprovação, o dever de cerrar e coser o instrumento, é de imperiosa necessidade apurar em que local se encontra o invólucro do testamento. Todas essas dúvidas não podem ser dirimidas nos acanhados limites do procedimento de jurisdição voluntária. Reclamam a instauração de processo de conhecimento a fim de que os herdeiros de Mario Spallicci possam provar as suas alegações. No procedimento de jurisdição voluntária não há lide, mas mera divergência passível de exame pelo magistrado. E tampouco partes, senão interessados, a ponto de o legislador, em várias oportunidades, valer-se da nomenclatura 'interessados' (*v.g.*, arts. 1.104, 1.105, 1.107, 1.113, 1.128, 1.129, 1.132,1.141)" (TJSP, AP 0029997-39.2011.8.26.0100, 5.ª Câmara de Direito Privado, São Paulo, Rel. J. L. Mônaco da Silva, j. 06.03.2012). Se não houver prova, pois o lacre foi rompido por um terceiro temos: "inexistência, no entanto, de comprovação de que a abertura foi realizada com o consentimento da testadora. Pleito de revogação do testamento afastado" (TJSP, AP 0001017, 3.ª Câmara de Direito Privado, Bananal, Rel. Donegá Morandini, j. 20.07.2015).

CAPÍTULO XIII
DO ROMPIMENTO DO TESTAMENTO

COMENTÁRIOS DOUTRINÁRIOS INTRODUTÓRIOS: O rompimento do testamento, também denominado de *revogação legal*, verifica-se quando ocorre a superveniência de descendente sucessível do testador que este desconhecia quando testou, ou porque o reconheceu, nasceu ou adotou posteriormente à elaboração do testamento, bem como quando o testador desconhecia a existência de um herdeiro necessário no momento em que testou. Note-se que o rompimento significa a total desconsideração do conteúdo do testamento, como se nunca tivesse existido, razão pela qual o termo *revogação legal* exprime bem o alcance do instituto que ora se comenta. Vale ainda dizer que o rompimento do testamento é também chamado de *revogação ficta* ou *presumida*. Nas hipóteses em questão, presume a lei que a vontade do testador seria a completa revogação do testamento (como um todo), deixando a totalidade de seus bens para o filho que desconhecia quando testou, ou para aquele que reconheceu, adotou ou ainda que nasceu após o testamento ter sido feito. O que se percebe é que, em decorrência de uma circunstância posterior, alteraram-se as condições que existiam quando da elaboração do testamento. Presume a lei que, se soubesse da existência de um filho, o testador teria preferido lhe deixar toda a herança a testá-la a terceiros. O nascimento de um filho, neto ou bisneto é suficiente para romper o testamento. Imagine-se o caso de o testador elaborar testamento deixando todos os bens para o seu sobrinho, logo após a morte de seu único filho. Posteriormente, a esposa de seu filho, esperando um filho deste, dá à luz uma menina. O nascimento da neta rompe o testamento. Trata-se de presunção de afetividade criada pela lei. Isso porque, pela experiência cotidiana, nota-se que, tendo a pessoa descendente, não elabora ela testamento em favor de sobrinho ou quem quer que seja. Presume-se, então, que, se o falecido conhecesse o herdeiro, não teria feito testamento beneficiando terceiros.

Art. 1.973. Sobrevindo descendente sucessível ao testador, que não o tinha ou não o conhecia quando testou, rompe-se o testamento em todas as suas disposições, se esse descendente sobreviver ao testador.

COMENTÁRIOS DOUTRINÁRIOS: É requisito essencial para que haja o rompimento que o descendente esteja vivo quando da morte do testador. Isso porque, em caso de premorte do herdeiro, o testamento não estará rompido. Assim, se João não tinha nenhum filho quando fez seu testamento, mas nasce-lhe uns dias depois, o testamento estará rompido no caso de João falecer e seu filho estar vivo nesse momento. É a morte de João o momento em que se verifica o rompimento. O rompimento é automático. Não necessita de declaração do testador ou de ação judicial que o declare. É como se, por presunção *iuris tantum*, o testador tivesse revogado o testamento. Se, contudo, o filho de João, que nasceu anos após o testamento ter sido feito, morre antes de João, não ocorre rompimento. Ocorrendo a revogação expressa, são mantidas eficazes as disposições de natureza não patrimonial, e, portanto, o mesmo ocorre com o rompimento: "O rompimento do testamento (art. 1.973 do Código Civil) se refere exclusivamente às disposições de caráter patrimonial, mantendo-se válidas e eficazes as de caráter extrapatrimonial, como o reconhecimento de filho e o perdão ao indigno" (Enunciado n. 643 da *VIII Jornada de Direito Civil*). Sabendo da existência de um filho, se deixa o falecido todos os bens a seu sobrinho, deve ocorrer a redução das disposições, como anteriormente analisado.

JURISPRUDÊNCIA COMENTADA: Segundo interessante julgado do STJ, "o art. 1.973 somente tem incidência se, à época da disposição testamentária, o falecido não tivesse prole ou não a conhecesse, mostrando-se inaplicável na hipótese de o falecido já possuir descendente e sobrevier outro(s) depois da lavratura do testamento. Precedentes desta Corte Superior. Com efeito, a disposição da lei visa a preservar a vontade do testador e, a um só tempo, os interesses de herdeiro superveniente ao testamento que, em razão de uma presunção legal, poderia ser contemplado com uma parcela maior da herança, seja por disposição testamentária, seja por reminiscência de patrimônio não comprometido pelo testamento. Por outro lado, no caso concreto, o descendente superveniente – filho havido fora do casamento – nasceu um ano antes da morte do testador, sendo certo que, se fosse de sua vontade, teria alterado o testamento para contemplar o novo herdeiro, seja apontando-o diretamente como sucessor testamentário, seja deixando mais bens livres para a sucessão hereditária. Ademais, justifica-se o tratamento diferenciado conferido pelo morto aos filhos já existentes – que também não eram decorrentes do casamento com a então inventariante –, porque, depois do reconhecimento do filho biológico pelo marido, a viúva pleiteou sua adoção unilateral, o que lhe foi deferido. Assim, era mesmo de supor que os filhos já existentes pudessem receber, em testamento, quinhão que não receberia o filho superveniente, haja vista que se tornou filho (por adoção) da viúva meeira e também herdeira testamentária" (STJ, REsp 1.169.639/MG, 4.ª Turma, Rel. Min. Luis Felipe Salomão, j. 11.12.2012, *DJe* 04.02.2013). Também se tem entendido que a aplicação da norma não pode frustrar a vontade do falecido. Assim, em hipótese fática de adoção, entendeu-se que, "no caso concreto, o novo herdeiro, que sobreveio, por adoção *post mortem*, já era conhecido do testador que expressamente o contemplou no testamento e ali consignou, também, a sua intenção de adotá-lo. A pretendida incidência absoluta do art. 1.750 do Código Civil de 1916 (art. 1.973 do Código Civil de 2002), em vez de preservar a vontade esclarecida do testador, implicaria a sua frustração. A aplicação do texto da lei não deve violar a razão de ser da norma jurídica que encerra, mas é de se recusar, no caso concreto, a incidência absoluta do dispositivo legal, a fim de se preservar a *mens legis* que justamente inspirou a sua criação" (STJ, REsp 985.093/RJ, 3.ª Turma, Rel. Min. Humberto Gomes de Barros, Rel. p/ Acórdão Ministro Sidnei Beneti, j. 05.08.2010, *DJe* 24.09.2010). Como outra conclusão de destaque, a jurisprudência superior conclui que o art. 1.973 do Código Civil não deverá ser aplicado quando já houver o resguardo da legítima de herdeiro: "Recurso especial. Civil e Processo Civil. Herdeiro neto. Sucessão por representação. Testamento. Ruptura. Art. 1.973 do CC/2002. Não ocorrência. Legado. Direito de acrescer possibilidade. Recurso não conhecido. [...]. Com efeito, quando a Lei fala em superveniência de descendente sucessível, como causa determinante da caducidade do testamento, leva em consideração o fato de que seu surgimento altera, por completo, a questão relativa às legítimas. Aqui, tal não ocorreu, já que se resguardou a legítima do filho e, consequentemente, do neto. 4. Não havendo determinação dos quinhões, subsiste o direito de acrescer ao colegatário, nos termos do art. 1.712 do Código de 1916. 5. Recurso não conhecido" (STJ, REsp 594.535/SP, 4.ª Turma, Rel. Min. Hélio Quaglia Barbosa, j. 19.04.2007, *DJU* 28.05.2007, p. 344). Por fim, tem-se julgado que o rompimento do testamento somente se admite em casos excepcionais, preservando-se ao máximo a vontade manifestada no ato de última vontade: "O cumprimento da vontade do testador tem sido a tônica que gerencia a interpretação dos testamentos, se não por outras motivações, ao menos para dar credibilidade ao instituto e a certeza, àquele que redige um testamento, de que, ressalvadas nulidades, erros evidentes, ou raríssimas presunções que podem desconstituir o testamento, sua manifestação de vontade será integralmente cumprida. Buscando-se a consecução desse objetivo primário, sempre que houver necessidade de se interpretar um testamento, deve-se buscar a real expressão da vontade do *de cujus*, perscrutando no seu cotidiano, no seu ambiente, nas relações sociais por ele instituídas, como, efetivamente, queria ou deveria querer dispor de seu patrimônio". Nessa realidade jurídica, "o rompimento de um testamento, com a sua consequente invalidade geral, é medida extrema que somente é tomada diante da singular revelação de que o testador não tinha conhecimento da existência de descendente sucessível" (STJ, REsp 1.615.054/MG, 3.ª Turma, Rel. Min. Nancy Andrighi, julgado em agosto de 2017).

REFORMA DO CÓDIGO CIVIL: Pretende-se alterar a redação do art. 1.973 do Código Civil para que passe a constar: "Art. 1.973. Sobrevindo descendente sucessível ao testador que não tinha outros descendentes ou não os conhecia quando testou, rompe-se o testamento em todas as suas disposições patrimoniais, se esse descendente sobreviver ao testador". O objeto da mudança é puramente textual. A nova redação proposta busca deixar o conteúdo da norma mais claro ao intérprete. O sentido permanece o mesmo. Ademais, busca-se deixar expresso o que a doutrina já havia consentido: a ideia de que o rompimento do testamento se refere exclusivamente ao caráter patrimonial das disposições de última vontade.

Art. 1.974. Rompe-se também o testamento feito na ignorância de existirem outros herdeiros necessários.

COMENTÁRIOS DOUTRINÁRIOS: Determina a lei, ainda, que o testamento se rompe se feito na ignorância de existirem outros herdeiros necessários. Vejamos. Se o filho pensa que seu pai faleceu em razão de seu desaparecimento por um longo período, mas este depois retorna, o testamento estará rompido. Da mesma forma, o marido cuja esposa desaparece e ele, acreditando que ela está morta, faz o testamento em favor de uma instituição de caridade. Ao regressar a esposa, o testamento está rompido, pois presume-se que a vontade do morto não seria a mesma com o regresso da esposa. Intrigante questão diz respeito ao cônjuge que passou a ser considerado herdeiro necessário pelo Código Civil de 2002 (art. 1.845), mas não o era pela sistemática do Código Civil de 1916. Imaginemos o testamento elaborado na vigência do Código Civil de 1916 por um sujeito casado, que não tenha descendentes ou ascendentes, deixando todos os seus bens para um sobrinho. Seu falecimento se dá na vigência do Código Civil de 2002. Será que o testamento se considera rompido? A resposta é negativa. Ocorre apenas redução das disposições testamentárias. Isso porque a esposa não era desconhecida do marido. Não era herdeira necessária, apenas. Agora, se a pessoa solteira fizer um testamento e depois se casar, há rompimento do testamento. "Surgiu" um herdeiro necessário, então desconhecido do testador e a presunção de afeto indica que ele, sendo casado, não testaria em favor de terceiros.

REFORMA DO CÓDIGO CIVIL: Pretende-se revogar o artigo 1.974. Pela alteração do art. 1.973, o rompimento fica restrito ao advento de descendente apenas. O art. 1.974 alude a outros herdeiros necessários, que, no caso, seriam somente os ascendentes. A hipótese de advento de um ascendente desconhecido é muito rara, assim, a Comissão escolheu suprimir o artigo.

Art. 1.975. Não se rompe o testamento, se o testador dispuser da sua metade, não contemplando os herdeiros necessários de cuja existência saiba, ou quando os exclua dessa parte.

COMENTÁRIOS DOUTRINÁRIOS: Não se rompe o testamento nas seguintes hipóteses: 1.ª) O testador que elabora cláusula dispondo expressamente como ficará sua herança caso surja um herdeiro necessário. Se previr esta possibilidade, não há razão para rompimento do testamento, pois este só ocorre pela presunção legal segundo a qual o testador revogaria o testamento caso surgissem herdeiros necessários desconhecidos ou que não existiam quando da elaboração do testamento. 2.ª) Caso o testador apenas deixe em testamento a metade de seus bens e não contemple os herdeiros necessários de cuja existência saiba, ou quando os exclua dessa parte (art. 1.975 do CC). Ora, se o testador não dispõe da totalidade de seus bens, mas apenas de metade, surgindo o herdeiro necessário, terá ele direito à outra metade, em concorrência com os outros herdeiros necessários que o *de cujus* tiver. Da mesma forma, se houver cláusula excluindo os herdeiros necessários da porção disposta em testamento, o surgimento de um novo herdeiro não afetará a vontade do morto, que é, justamente, de deixar a porção disponível para terceiros que não sejam herdeiros necessários. Nesse sentido, a seguinte cláusula: "Deixo a parte disponível de meus bens a meu sobrinho João, excluindo meus filhos da participação quanto a tal parte". Por fim, interessante notar, entretanto, que, caso o testador já tenha um filho ou neto e venha a nascer outro após a elaboração do testamento, isto não acarretará a ruptura. Isso porque, conhecendo-se certo filho o testador pretendeu não deixar a ele a parte disponível, não se presume que, surgindo um filho então desconhecido ou inexistente, a vontade do testador se alterasse.

CAPÍTULO XIV
DO TESTAMENTEIRO

Art. 1.976. O testador pode nomear um ou mais testamenteiros, conjuntos ou separados, para lhe darem cumprimento às disposições de última vontade.

COMENTÁRIOS DOUTRINÁRIOS: O testamenteiro é a pessoa nomeada em testamento para cumprir a disposição de última vontade do falecido. Tem por função levar o testamento a juízo para seu registro e defendê-lo se houver tentativa de sua invalidação ou de declaração de ineficácia por herdeiros. É um verdadeiro prestador de serviços em favor do espólio. É por isso que recebe a vintena (5% do valor dos bens). O testador o nomeia, pois confia que ele garantirá que sua vontade, expressa no testamento, produza integralmente seus efeitos. É um verdadeiro defensor da vontade do morto. Por cautela, pode o testador nomear um único testamenteiro para que ajam conjuntamente ou mesmo pode separar suas funções. Pode haver nomeação sucessiva, caso um deles não queira ou não possa assumir a função. Nada impede que o testador nomeie como testamenteiro um parente, o cônjuge ou companheiro, um amigo, ou ainda um herdeiro ou legatário nomeados no testamento. Contudo, é necessário que o testamenteiro seja pessoa capaz, já que terá funções a desempenhar, que não podem ser exercidas pelos absoluta ou relativamente incapazes. O testamenteiro deve ser pessoa capaz, sob pena de ineficácia da nomeação. A capacidade para ser testamenteiro encontra os mesmos pressupostos da capacidade civil da pessoa natural. Deve-se salientar que a testamentaria impõe ao testamenteiro uma limitação, qual seja a de não poder comprar bens da herança, ainda que em hasta pública (art. 497, I, do CC). Trata-se de limitação à liberdade contratual e que é causa de nulidade absoluta do contrato.

JURISPRUDÊNCIA COMENTADA: A indicação de testamenteiro pode coincidir com a de inventariante. Nessa hipótese, respeita-se a vontade do testador, nomeando-se o inventariante por ele indicado e não se seguirá a ordem prevista pelo CPC. Assim: "Discussão sobre quem deve ser o inventariante. Substituição do agravante pela pessoa apontada pela testadora. Insurgência do herdeiro substituído. Descabimento. Vontade da *de cujus* que deve prevalecer. Ausência de provas ou indícios de que a pessoa indicada seja desidiosa na condução da abertura do testamento e na inventariança" (TJSP, AI 2274212-47.2018.8.26.0000, 7.ª Câmara de Direito Privado, Cravinhos, Rel. Miguel Brandi, j. 08.05.2019).

Art. 1.977. O testador pode conceder ao testamenteiro a posse e a administração da herança, ou de parte dela, não havendo cônjuge ou herdeiros necessários.

Parágrafo único. Qualquer herdeiro pode requerer partilha imediata, ou devolução da herança, habilitando o testamenteiro com os meios necessários para o cumprimento dos legados, ou dando caução de prestá-los.

COMENTÁRIOS DOUTRINÁRIOS: O testamenteiro universal, por expressa vontade do falecido, recebe a posse e a administração da herança, ou de parte dela, desde que não tenha o *de cujus* cônjuge (ou companheiro) ou herdeiros necessários (art. 1.977 do CC). A norma é redundante, pois o cônjuge também é herdeiro necessário no sistema do Código Civil de 2002 (art. 1.845 do CC). É regra que excepciona à *saisine* pela qual os herdeiros recebem, *in continenti*, a posse da herança. Se houver herdeiros necessários, o testador pode determinar que o testamenteiro tenha a posse da porção disponível. Quanto à legítima, isso não é possível, pois cabe aos herdeiros necessários e não pode, em regra, sofrer restrições. Se a herança for totalmente dividida em legados, o testamenteiro terá a posse e a administração da herança, pois não haverá herdeiro que a tenha, e o legatário só terá a posse se pedir ao testamenteiro. Na verdade, a nomeação do testamenteiro universal sofre limites, pois existindo herdeiros necessários respeita-se a vontade do morto quanto ao testamenteiro nomeado, mas a posse dos bens não lhe é entregue. Ocorre a simples ineficácia de parte da deixa testamentária em decorrência do brocardo pelo qual *utile per inutile non vitiatur*. Por outro lado, mesmo sendo universal o testamenteiro, podem os herdeiros requerer a partilha imediata ou a devolução da herança, habilitando o testamenteiro com os meios necessários para o cumprimento dos legados ou dando caução de prestá-los (art. 1.977, parágrafo único, do CC). Tal substituição somente poderá ocorrer se, na situação fática, o herdeiro solicitante estiver em plenas condições de assumir a administração da herança ou em melhor situação que o testamenteiro nomeado. E essa constatação e decisão cabem, sem dúvida, ao juiz.

JURISPRUDÊNCIA COMENTADA: E se, havendo herdeiros necessários, o testador determina que a posse dos bens fique com o testamenteiro? Prevalece o texto de lei e os bens ficam na posse dos herdeiros, e não do testamenteiro: "[...] o fato de o agravado ser herdeiro testamentário não modifica a situação. Tanto o herdeiro testamentário quanto o legítimo, caso do agravante, receberam a propriedade e posse dos bens ato contínuo à morte da falecida, nos termos do art. 1.784 (*saisine*) do Código Civil. Não há privilégio do testamenteiro ou do herdeiro testamentário, como já reconheceu a jurisprudência (decisões anotadas pelo agravante). A posse não pode ser atribuída ao testamenteiro se o autor da herança deixou cônjuge ou herdeiro necessário" (TJSP, AI 00005541-97.2012.8.26.0000, 3.ª Câmara de Direito Privado, São Paulo, Rel. Carlos Alberto Garbi, j. 20.03.2012).

REFORMA DO CÓDIGO CIVIL: Pretende-se alterar a redação do art. 1.977 do Código Civil para que passe a constar: "Art. 1.977. O testador pode conceder ao testamenteiro a posse e a administração da herança, ou de parte dela, não havendo cônjuge ou convivente em regime de comunhão universal ou parcial de bens, ou herdeiros necessários. Parágrafo único. [...]". A alteração em questão busca ampliar a liberdade testamentária, sem, contudo, comprometer a legítima dos herdeiros necessários. O direito fundamental de herança, consagrado no art. 5º, XXX, da Constituição Federal, é tido como um direito fundamental da pessoa humana, traduzindo-se, de um lado, no direito de ser herdeiro e, de outro, no direito de dispor do seu patrimônio após sua morte, seguindo seu próprio planejamento sucessório. Conforme explica Mário Luiz Delgado: "O direito de herança, dessa maneira, tanto é o direito fundamental do sucessor de reconhecimento da condição de herdeiro, como a garantia fundamental da disponibilidade do direito de propriedade pela transmissão do patrimônio, causa mortis, de acordo com os interesses do sucedido" (DELGADO, Mário Luiz. Direito fundamental de herança. São Paulo: Ed. Foco, 2023. p. 7). Seguindo essa ideia, a proposta prevê a restrição à exceção das hipóteses de o testador conceder ao testamenteiro a posse e a administração da herança, reservando-as apenas quando o testador não tiver união estável ou casamento nos regimes de comunhão de bens, parcial ou universal, ou herdeiros necessários.

Art. 1.978. Tendo o testamenteiro a posse e a administração dos bens, incumbe-lhe requerer inventário e cumprir o testamento.

COMENTÁRIOS DOUTRINÁRIOS: Pelo fato de o testamenteiro, nessa situação especial, estar com a posse dos bens da herança, caberá a ele requerer o inventário e fazer cumprir o testamento (art. 1.978 do CC). Dúvida que surge, nesse caso, é quem responde se o inventário não for aberto no prazo legal de 30 dias pelo código civil (2 meses pelo art. 611 do CPC/2015), gerando a imposição de multa ao espólio por eventual atraso no recolhimento dos tributos. Pela essência do serviço prestado, sendo inerente ao ato a boa administração por conta do testamenteiro, cabe ao testamenteiro responder pela tal multa no caso de não abertura do inventário por sua conduta culposa ou dolosa. Porém, pela sistemática lógica da responsabilidade civil, se tal impossibilidade for causada por conduta de algum ou de todos os herdeiros, haverá excludente de responsabilidade para o testamenteiro ou, eventualmente, responsabilidade concorrente. O fato de o testamenteiro abrir o inventário não significa que será ele necessariamente o inventariante, pois o Código de Processo Civil determina que o juiz nomeará inventariante de acordo com a seguinte ordem (arts. 617): I – o cônjuge ou companheiro sobrevivente, desde que estivesse convivendo com o outro ao tempo da morte deste; II – o herdeiro que se achar na posse e na administração do espólio, se não houver cônjuge ou companheiro sobrevivente ou se estes não puderem ser nomeados; III – qualquer herdeiro, quando nenhum deles estiver na posse e na administração do espólio; IV – o herdeiro menor, por seu representante legal; V – o testamenteiro, se lhe tiver sido confiada a administração do espólio ou se toda a herança estiver distribuída em legados; VI – o cessionário do herdeiro ou do legatário; VII – o inventariante judicial, se houver; VIII – pessoa estranha idônea, quando não houver inventariante judicial. Pela ordem do CPC, o testamenteiro é o quinto a ser nomeado inventariante.

JURISPRUDÊNCIA COMENTADA: No momento da fixação da vintena (ver art. 1.987 do CC), o TJSP entendeu ser irrelevante o fato de o testador não estar na posse dos bens da herança. Assim: "Interposição contra decisão que negou seguimento ao recurso de agravo de instrumento interposto pelos autores, com o objetivo de afastar o valor do prêmio destinado ao testamenteiro. Decisão mantida, em razão dos agravantes não apresentarem razões que permitissem a modificação da decisão [...]. Nada indica que o agravado tenha a posse e a administração dos bens do *de cujus*. Há notícia nos autos de que alguns bens e documentos estão na posse e administração da inventariante e da viúva meeira, inclusive os valores recebidos a título de aluguéis (fls. 326 e 329). Sua atuação não deve ser mensurada simplesmente pela quantidade de intervenções feitas nos autos, porque ele pode fiscalizar o cumprimento das disposições testamentárias, sem, contudo, apresentar impugnação. Irrelevante o fato do inventário ser aberto pela primeira agravante e não pelo testamenteiro" (TJSP, AR 2027234-69.2013.8.26.0000/50000, 7.ª Câmara de Direito Privado, São Paulo, Rel. Luis Mario Galbetti, j. 10.12.2013).

Art. 1.979. O testamenteiro nomeado, ou qualquer parte interessada, pode requerer, assim como o juiz pode ordenar, de ofício, ao detentor do testamento, que o leve a registro.

COMENTÁRIOS DOUTRINÁRIOS: *A primeira função do testamenteiro é requerer o registro do testamento.* Esse pedido de registro pode ser feito pelo próprio testamenteiro, por qualquer interessado ou pelo juiz, que poderá determiná-lo de ofício. O juiz pode determinar o registro de ofício, pois há um interesse social em ver cumprida a vontade do testador. O Código de Processo Civil de 1973 determinava que o juiz, de ofício ou a requerimento de qualquer interessado, ordenará ao detentor de testamento que o exiba em juízo para os fins legais, se ele, após a morte do testador, não se tiver antecipado em fazê-lo, sob pena de busca e apreensão (art. 1.129 do CPC/1973). O atual CPC não reproduz essa regra e apenas dispõe que qualquer interessado, exibindo o traslado ou a certidão de testamento público, poderá requerer ao juiz que ordene o seu cumprimento, observando-se, no que couber (art. 736 do CPC/2015). Não há mais permissão para o juiz, de ofício, ordenar a exibição do testamento. Contudo, o CC mantém essa possibilidade. Diante dessa aparente antinomia, o juiz prossegue com o poder de determinar a exibição do testamento. Isto atende ao interesse social que é a observância e o cumprimento da vontade do morto. Se os interessados têm o direito de requerer o registro, o testamenteiro tem um verdadeiro dever. Não exercendo, nesse contexto, tal atribuição, poderá ser-lhe imputada *culpa in omittendo* (culpa por omissão, negligência), com a consequente responsabilidade civil por má administração. Diante dessa possibilidade de responsabilização e pela sistemática dos poderes e das atribuições da testamentaria, entendemos que pode o testamenteiro promover ação de obrigação de fazer em face daquela pessoa que mantém o testamento em sua posse e se nega a levá-lo a registro.

JURISPRUDÊNCIA COMENTADA: Se o testamenteiro descumprir a vontade do morto e praticar atos apenas no seu interesse, pode o juiz substituí-lo por outro indicado no próprio testamento ou por um terceiro: "O testamenteiro não cumpriu a vontade da testadora e iniciou o inventário, sem que tivesse atentado às disposições de testamento. Ao magistrado também cabia ordenar, mesmo de ofício, que se cumprisse o testamento (art. 1.979 do CC). Extrai-se, todavia, dos elementos do contexto que não agiu Luiz Régis Galvão de má-fé, uma vez que procurou desde o início (antes da morte da testadora) preservar os seus interesses, com uma medida cautelar. Depois, atendeu à vontade dos dois herdeiros, não promovendo o cumprimento do testamento, de vez que estes renunciariam à herança, caso fossem retiradas as ações do poder do genitor, que as administrava. O agravante Luiz Régis tomou a cautela de que, por escritura pública, fosse retratada a vontade dos herdeiros" (TJSP, AI 0097099-97.2005.8.26.0000, 5.ª Câmara de Direito Privado, São Paulo, Rel. A. C. Mathias Coltro, j. 26.04.2006).

Art. 1.980. O testamenteiro é obrigado a cumprir as disposições testamentárias, no prazo marcado pelo testador, e a dar contas do que recebeu e despendeu, subsistindo sua responsabilidade enquanto durar a execução do testamento.

COMENTÁRIOS DOUTRINÁRIOS: Essa é a segunda função do testamenteiro. Na realidade, o testamenteiro pode estar na posse e na administração de bens que não lhe pertencem ou que lhe pertencem apenas em parte, caso seja herdeiro ou legatário. O Código Civil em vigor se utiliza do termo "dar contas", quando a expressão adequada seria "prestar contas". Assim como o tutor e o curador administram patrimônio alheio, o testamenteiro deve prestar contas aos herdeiros e legatários de sua administração. Caso o testamenteiro seja o único herdeiro dos bens testados, desnecessária será a prestação de contas para si mesmo, pois, se os créditos ou débitos existirem, serão todos de si mesmo. Entendemos que o prazo dos herdeiros para exigir a prestação de contas é de natureza prescricional e de 10 anos (art. 205 do CC), pois a obrigação do testamenteiro é realizar uma prestação, ou seja, uma obrigação de fazer e, portanto, para os herdeiros e legatários surge a pretensão no momento em que o testamenteiro deveria prestar contas, mas não o fez. Aqui surge outra dúvida: poderia o testamenteiro ser dispensado pelo falecido de prestar contas de sua gestão? Na vigência do revogado CPC, a resposta era negativa, pois a lei determinava ser ineficaz, ou seja, não produzir efeitos, a disposição que o libera desse encargo (art. 1.135, parágrafo único, do CPC/1973). A limitação não foi reproduzida no atual CPC e, portanto, é válida e eficaz a cláusula testamentária que dispensa o testamenteiro de prestar contas de sua gestão. Isso não significa que ele não responda por danos que causar ao espólio e aos herdeiros.

JURISPRUDÊNCIA COMENTADA: Em decisão semelhante, relativa à obrigação do mandatário de prestar contas, decidiu o Superior Tribunal de Justiça que o prazo seria de 20 anos, no sistema do Código Civil de 1916, contados do momento posterior à prática dos atos. Afirma a Ministra Fátima Nancy Andrighi, em seu voto: "Portanto, também a pretensão de exigir as contas, e o cômputo do respectivo prazo prescricional, só pode nascer em momento ulterior à prática dos atos para os quais se outorgaram os poderes" (3.ª T., REsp 474.983/RJ, Rel. Min. Nancy Andrighi, j. 03.06.2003, *DJ* 04.08.2003, p. 297). Assim, no atual CC o prazo efetivamente é de 10 anos.

Art. 1.981. Compete ao testamenteiro, com ou sem o concurso do inventariante e dos herdeiros instituídos, defender a validade do testamento.

COMENTÁRIOS DOUTRINÁRIOS: *A terceira e talvez mais importante função do testamenteiro seja defender a validade do testamento, com ou sem ajuda do inventariante ou dos herdeiros instituídos* (art. 1.981 do CC). Isso significa que, na ação em que se discute a validade do testamento, a citação do testamenteiro é obrigatória, sob pena de nulidade do processo. Em um paralelo interessante, o revogado Código Civil previa a existência do *curador do vínculo* para defender o casamento em caso de ação de anulação, enquanto o atual diploma incumbe o testamenteiro de proteger o testamento dos ataques de herdeiros, legatários ou terceiros, com o objetivo de fazer cumprir a última vontade do falecido. Problema surge se a nulidade for evidente e inquestionável, ou se contiver o testamento disposição ilícita. Não se pode exigir do testador que defenda algo evidentemente nulo ou ilícito. É o velho brocardo *ad impossibilia nemo tenetur* (ninguém pode ser compelido ao impossível). Nessa hipótese, deve desistir do encargo para possibilitar ao juiz a nomeação de outro testamenteiro. Imaginemos o caso em que o testador lega um bem a João com o encargo de assassinar certa pessoa. Como defender o indefensável? A cláusula é nula. Entretanto, se dúvidas houver quanto à sua validade, o testamenteiro deve defender a vontade do morto com persistência.

JURISPRUDÊNCIA COMENTADA: Interessante a função do testador descrita em acórdão do TJRJ: "O testamenteiro é um executor do testamento e a testamentaria é um instituto típico do Direito das Sucessões, surgindo apenas e tão somente no âmbito da sucessão testamentária. Assemelha-se ao contrato de mandato, à representação ou a encargo, mas, em verdade, com eles não se confunde. Não é mandato porque a atividade testamentária só se inicia com a morte do testador. Não é representação sem mandato porque a função do testamenteiro não é de representar legalmente o testador, função essa que incumbe ao inventariante, na forma da lei, em relação ao espólio. E também não é encargo imposto pelo testador, posto que as atribuições do testamenteiro são apenas para a proteção de interesses do falecido, não sendo obrigado a aceitar a função. Cumpre-lhe defender a validade do testamento e a execução das disposições testamentárias, sendo o defensor da última vontade do testador" (TJRJ, AP 0113258-24.2016.8.19.0001, 3.ª Câmara Cível, Rio de Janeiro, Rel. Peterson Barroso Simão, j. 01.11.2017).

Art. 1.982. Além das atribuições exaradas nos artigos antecedentes, terá o testamenteiro as que lhe conferir o testador, nos limites da lei.

COMENTÁRIOS DOUTRINÁRIOS: Cabe ao testamenteiro defender a posse dos bens da herança, apesar de o art. 1.137, III, do CPC/1973 não ter sido reproduzido pelo CPC/2015. Isso porque a defesa desses bens é a garantia de efetivação da vontade do morto exarada em testamento. Para tanto, pode se valer da legítima defesa da posse, do desforço pessoal ou das ações possessórias (art. 1.210 do CC). De acordo com o sentido da testamentaria, representando o instituto uma espécie de prestação de serviços, deverá o testamenteiro agir de acordo com as disposições de vontade estabelecidas pelo autor da herança. Assim, a testamentária tem o elemento confiança. Finalmente, é de se lembrar a advertência consubstanciada no final do art. 1.982 do CC: *nos limites da lei*. Dessa forma, não podem essas obrigações secundárias se sobreporem às atividades inerentes à "administração" do testamento.

Art. 1.983. Não concedendo o testador prazo maior, cumprirá o testamenteiro o testamento e prestará contas em cento e oitenta dias, contados da aceitação da testamentaria.

Parágrafo único. Pode esse prazo ser prorrogado se houver motivo suficiente.

COMENTÁRIOS DOUTRINÁRIOS: O principal dever do testamenteiro é cumprir a disposição testamentária no prazo estipulado ou, em sua ausência, no prazo legal de 180 dias, contados da aceitação da testamentaria (art. 1.983 do CC). Não impede a lei que o juiz prorrogue o prazo caso, por motivos não imputáveis ao testamenteiro, seja este muito exíguo para o cumprimento das disposições (art. 1.983, parágrafo único, do CC). Vale dizer que, no revogado Código Civil, esse prazo era de um ano, norma que não está mais em vigor (art. 1.762 do CC/1916). Lembramos que a redução de prazos ocorreu em todo o sistema do Código Civil de 2002, exigindo das pessoas maior rapidez na busca por seus direitos, bem como na execução de seus deveres. É a celeridade do mundo moderno refletindo nas opções do legislador. O atraso pelo testamenteiro implica reparação dos danos que causar.

Art. 1.984. Na falta de testamenteiro nomeado pelo testador, a execução testamentária compete a um dos cônjuges, e, em falta destes, ao herdeiro nomeado pelo juiz.

COMENTÁRIOS DOUTRINÁRIOS: Testamenteiro é pessoa de confiança do testador. É pessoa por ele escolhida. Contudo, no silêncio do testamento, a testamentaria será dativa e competirá ao cônjuge (ou companheiro) ou, na falta deste, ao herdeiro nomeado pelo juiz (art. 1.984 do CC). É a lei que presume ser esta a vontade do testador: nomear alguém próximo a ele para cumprir seu testamento. O termo *cabeça-de-casal* foi substituído pela expressão *cônjuge*, mais adequada à realidade atual do Direito de Família. Era um termo tradicional, ainda utilizado em Portugal, mas nada adequado à noção de igualdade familiar entre cônjuges ou companheiros. Deve-se ressaltar que, se o cônjuge for separado de fato ou separado judicialmente ou extrajudicialmente, não será testamenteiro (ver comentários ao art. 1.830 do CC). Também, nesse caso, em ocorrendo ausência, não será o cônjuge nomeado curador (art. 25 do atual Código Civil).

REFORMA DO CÓDIGO CIVIL: Pretende-se alterar o art. 1.984, que passaria a ter a seguinte redação: "Art. 1.984. Na falta de testamenteiro nomeado pelo testador, a execução testamentária compete ao cônjuge, ou convivente sobrevivente e, na falta deste, a um herdeiro nomeado pelo juiz". A Comissão, seguindo a jurisprudência do STF, decidiu equalizar a posição do cônjuge e do convivente (companheiro) em matéria sucessória. Na proposta do artigo em comento, simplesmente se inseriu a figura do convivente.

Art. 1.985. O encargo da testamentaria não se transmite aos herdeiros do testamenteiro, nem é delegável; mas o testamenteiro pode fazer-se representar em juízo e fora dele, mediante mandatário com poderes especiais.

COMENTÁRIOS DOUTRINÁRIOS: Por ser cargo de confiança, a testamentaria não se transmite aos herdeiros do testamenteiro com sua morte, nem pode ser delegada. O encargo é personalíssimo. Entretanto, pode o testamenteiro fazer-se representar em juízo e fora dele mediante mandato com poderes especiais. Por esse motivo, não poderia a testamentaria ser exercida por pessoa jurídica ou ente despersonalizado, inclusive por vedar a "profissionalização" do instituto.

JURISPRUDÊNCIA COMENTADA: Se não houver testamenteiro designado ou este falecer antes do testador, quem exercerá a função? "A preferência legal a que alude o § 4º do art. 735 vem insculpida pelo art. 1.984 do Código Civil, o qual é claro ao estabelecer que, na falta de testamenteiro nomeado pelo próprio testador, a execução testamentária compete ao cônjuge sobrevivente, e, na falta deste, a herdeiro nomeado pelo juiz, sendo que o encargo não é delegável, conforme o art. 1.985 do CCB. 2. Considerando que o testamenteiro nomeado pelo Juízo *a quo* não foi indicado pelo testador, não é cônjuge sobrevivente tampouco herdeiro, constituindo-se, pois, testamenteiro dativo, revela-se descabida tal nomeação, mormente por haver herdeira apta e interessada em exercer o encargo" (TJRS, AI 70070340351, 8.ª Câmara Cível, Rel. Luiz Felipe Brasil Santos, j. 27.10.2016); e também: "Como visto, na dicção do art. 735, § 4º, do CPC/15, a nomeação de testamenteiro dativo só teria lugar caso a pessoa indicada pelo testador, o cônjuge sobrevivente ou os herdeiros estivessem ausentes, ou não aceitassem o encargo" (TJRS, AI 70070340351, 8.ª Câmara Cível, Porto Alegre, Rel. Luiz Felipe Brasil Santos, j. 27.10.2016).

Art. 1.986. Havendo simultaneamente mais de um testamenteiro, que tenha aceitado o cargo, poderá cada qual exercê-lo, em falta dos outros; mas todos ficam solidariamente obrigados a dar conta dos bens que lhes forem confiados, salvo se cada um tiver, pelo testamento, funções distintas, e a elas se limitar.

COMENTÁRIOS DOUTRINÁRIOS: A administração pode assumir a forma *singular*, quando a função de testamenteiro é exercida somente por uma pessoa; ou *plural*, nas formas *solidária, conjuntiva (conjunta), fracionária* ou *sucessiva*. Deve-se aplicar, como primeira regra, a previsão de última vontade do testador. Se há na administração, por exemplo, ordem sucessiva estipulada pelo testador, deverão agir os testamenteiros um na falta do outro, como ocorre no mandato sucessivo e na substituição fideicomissária. A consequência da *testamentaria conjunta* é a responsabilidade solidária de todos os testamenteiros pelos atos praticados quanto aos bens confiados. Porém, se a nomeação for sucessiva ou se conjunta houver divisão das funções de cada testamenteiro, a solidariedade não ocorrerá (art. 1.986 do CC). Anote-se que a solidariedade não se presume, decorrendo de lei ou da vontade das partes (art. 265 do CC).

Art. 1.987. Salvo disposição testamentária em contrário, o testamenteiro, que não seja herdeiro ou legatário, terá direito a um prêmio, que, se o testador não o houver fixado, será de um a cinco por cento, arbitrado pelo juiz, sobre a herança líquida, conforme a importância dela e maior ou menor dificuldade na execução do testamento.

Parágrafo único. O prêmio arbitrado será pago à conta da parte disponível, quando houver herdeiro necessário.

COMENTÁRIOS DOUTRINÁRIOS: O principal direito do testamenteiro será o de receber uma remuneração pelo seu trabalho e esforço despendido. Essa remuneração se chama *prêmio* ou *vintena*. Chama-se vintena porque, na falta de determinação do testador, o testamenteiro recebe 1/20 avos ou 5% sobre a herança líquida, fixando o juiz o valor de acordo com a dificuldade na execução do testamento. No sistema atual, impõem-se limites mínimos e máximos para a fixação da remuneração do testamenteiro (1 a 5% conforme art. 1.987) e dificilmente o juiz fixará importância superior aos 5% previstos em lei, quer seja pela tradição da vintena, quer seja pela ausência, na maioria dos casos, de trabalho que o exija. Quando a lei determina que o cálculo incida sobre a herança líquida, deve-se apenas considerar a herança objeto do testamento e não todos os bens deixados pelo falecido. O valor deverá ser pago da parte disponível se houver herdeiro necessário (art. 1.987, parágrafo único, do CC). O motivo da regra é que não deve o herdeiro necessário sofrer redução da legítima para que o testamento seja cumprido, nem se cogita que os herdeiros paguem tal quantia com seus bens pessoais. Há uma importante questão. O não pagamento da vintena ao testador, quando herdeiro ou legatário, decorre do fato de que estes já são beneficiados pela deixa testamentária. Agem também no interesse próprio quando são testamenteiros e beneficiados. Se o herdeiro necessário (descendente, ascendente, cônjuge ou companheiro) ou o facultativo (colaterais) for nomeado testamenteiro apenas para cumprir essa função sem qualquer vantagem, terá direito à vintena. É o caso em que o testador nomeia seu filho João testamenteiro, sendo o único objeto do testamento deixar a parte disponível para uma instituição de caridade, João terá direito à vintena. Da mesma forma, se o testador só tiver sobrinhos e deixar a herança apenas para Maria e Paulo, nomeando Antonio testador, como não tem Antonio qualquer benefício patrimonial, fará jus à vintena.

JURISPRUDÊNCIA COMENTADA: Sobre o cálculo da vintena temos: "Acordo firmado entre a herdeira apelada e o testamenteiro acerca do valor do prêmio, sem expressa anuência do Espólio. Necessidade de apuração do valor, pelo Espólio não estar obrigado a pagar importância superior à devida, tendo por base a porcentagem de 1% sobre o total da herança líquida. A falta de correspondência do art. 1.138 do CPC/1973 na lei processual vigente, não retira ao testamenteiro o direito ao percebimento de vintena, como deflui do art. 1.987 do Código Civil, sem olvidar que na data da abertura da sucessão (11.06.2003) vigia o primeiro dispositivo, assistindo direito ao testamenteiro a um prêmio, que deve, porém, levar em conta o valor da herança líquida e o trabalho de execução do testamento. Consoante a r. decisão reproduzida às fls.99/101, dirimiu-se que 'o valor o prêmio incidirá sobre toda a herança liquida. Por líquida, entende-se a parte transmissível aos herdeiros depois de abatidos os encargos fiscais e as dívidas do espólio'" (TJSP, AP 0000433-14.2003.8.26.0094, 4.ª Câmara de Direito Privado, Brodowski, Rel. Alcides Leopoldo, j. 26.09.2019).

REFORMA DO CÓDIGO CIVIL: Pretende-se alterar o *caput* do art. 1.987, que passaria a ter a seguinte redação: "Art. 1.987. Salvo disposição testamentária em contrário, o testamenteiro, que não seja herdeiro ou legatário, terá direito a um prêmio, que, se o testador não o houver fixado, será de um a cinco por cento, arbitrado pelo juiz, sobre a herança líquida contida no testamento, conforme a importância dela e maior ou menor dificuldade na execução do testamento". Como explico nos comentários anteriores, a vintena deve ser calculada sobre a herança contida no testamento, e não sobre o total da herança. A proposta torna o artigo mais claro em relação a essa questão.

Art. 1.988. O herdeiro ou o legatário nomeado testamenteiro poderá preferir o prêmio à herança ou ao legado.

COMENTÁRIOS DOUTRINÁRIOS: Questão interessante que surge é saber se teria o herdeiro ou o legatário nomeado como testamenteiro em testamento o direito à vintena, além dos bens aos quais faz jus? Pela redação do art. 1.988 do Código Civil, a resposta é negativa: "O herdeiro ou o legatário nomeado testamenteiro poderá preferir o prêmio à herança ou ao legado". Pela leitura do dispositivo, conclui-se que só o testamenteiro que não foi nomeado herdeiro ou legatário pelo testador teria o direito ao prêmio, já que, se nomeado, a remuneração seria desnecessária em razão dos bens que recebeu em testamento. Entretanto, permite o artigo em questão que ele faça uma opção. Caso a coisa legada ou a herança deixada sejam de valor inferior à vintena, pode o testamenteiro preferir a vintena, abrindo mão, portanto, dos bens que receberia pela disposição testamentária. O espírito da lei é que, se o testador deixou bens ao testamenteiro, sua remuneração não será necessária, pois já foi compensado pelos serviços em decorrência dos bens que receberá. A disposição pode ser afastada pela vontade do testador em pagar vintena ao herdeiro nomeado em testamento. Se o testamenteiro for herdeiro necessário, chamado à sucessão por lei e não pela vontade declarada do testador, terá ele direito à vintena, pois a testamentaria é prestada de maneira onerosa, como regra, pelo sistema do CC.

O testador, pode, contudo, rogar ao testamenteiro que renuncie ao direito à vintena. Trata-se de simples pedido que não obriga o testador a isso, mas é fórmula comum nos testamentos públicos. O pagamento do prêmio será feito em dinheiro em decorrência da aplicação do *princípio do nominalismo*, previsto no art. 315 do CC em vigor. Em regra, não é permitido o pagamento em bens, salvo nas hipóteses em que o testador assim determinar.

Art. 1.989. Reverterá à herança o prêmio que o testamenteiro perder, por ser removido ou por não ter cumprido o testamento.

COMENTÁRIOS DOUTRINÁRIOS: Perde o direito ao prêmio o testamenteiro que for removido ou não der cumprimento ao testamento (art. 1.989 do CC). Na hipótese em que o testamenteiro perder a vintena em decorrência de má administração, haverá uma cláusula de reversão presumida, retornando o prêmio ao monte-mor, para ser distribuído entre os herdeiros necessários, se for o caso, ou entre os herdeiros testamentários. Pode, contudo, o testador dar à vintena perdida uma destinação diversa. O artigo em comento é norma de direito dispositivo e que pode ser afastada pela vontade do testador. No caso de substituição do testamenteiro por nomeação do magistrado, terá o novo administrador direito ao prêmio, devido caráter remuneratório da testamentaria.

JURISPRUDÊNCIA COMENTADA: Se o testamenteiro nada faz, obviamente não recebe a vintena. Nesse sentido: "Na espécie, mostra-se irretocável a decisão vergastada, que decretou a perda da vintena, pois está amplamente demonstrado que o testamenteiro deixou de cumprir o testamento e de praticar todos os demais atos que lhe incumbiam, de modo que, na esteira do art. 1.989 do CCB, não faz jus ao prêmio previsto no art. 1.987 do referido diploma legal. testamento e prestar contas, o que, a toda evidência, não foi feito. Portanto, não identifico razão plausível apta a justificar a fixação de qualquer valor a título de prêmio (vintena) em favor do testamenteiro, pois, a toda evidência, quedou-se inerte em relação às providências que lhe incumbiam para o cumprimento do testamento, termos do art. 1.987 c/c o art. 1.989, ambos do Código Civil" (TJRS, AI 70077747483, 8.ª Câmara Cível, Porto Alegre, Rel. Ricardo Moreira Lins Pastl, j. 30.08.2018). Já se o testamenteiro cumpriu suas funções até o término do inventário, temos: "Discussão em relação à remuneração devida à testamenteira. Desempenho das funções comprovado nos autos. Inexistência de aplicação das penas do art. 1.989 do CC/02. Exercido o encargo até o término do inventário. Preenchidos os requisitos legais para a obtenção do prêmio. Atente-se que, no presente caso, tais valores já se encontram previamente reconhecidos por decisão transitada em julgado, anotando-se que o Juízo do inventário fixou-a em 1% (um por cento) da herança e após recurso a fração subiu para 2% (dois por cento). Ademais, nos termos do art. 1.987 do Código Civil, observa-se que a fixação da vintena não é ato discricionário do magistrado, mas pressupõe a análise de requisitos específicos, notadamente a maior ou menor dificuldade de execução do testamento. Diante desse cenário, é possível concluir que a fixação do valor da vintena, nos autos do inventário de Smil pelos magistrados que atuaram no inventário, levou em consideração a participação da testamenteira nos procedimentos necessários para a sua concretização, destacando-se, inclusive, que houve majoração da vintena em sede de recurso, por conta do reconhecimento de trabalho desenvolvido em 9 (nove) anos. Outrossim, o reconhecimento do trabalho da testamenteira, ora autora, mostra-se ainda mais latente, quando se percebe que não fora aplicada nos autos do inventário a possibilidade contida no art. 1.989 do Código Civil, isto é, não houve o reconhecimento da perda do direito ao prêmio em favor da herança, por não ter a testamenteira cumprido o testamento, circunstância que evidencia o exercício de seu esforço e de sua intervenção para a conclusão da partilha. Em verdade, o que se percebe é que a vintena fixada em 2% (dois por cento) do valor líquido da herança foi reconhecida no curso de inventário, não sendo esta demanda o cenário jurídico ideal para discussões sobre sua necessidade, pertinência e valor, considerando as disposições legais acima indicadas" (TJSP, AP 0010058-34.2014.8.26.0176, 5.ª Câmara de Direito Privado, São Paulo, Rel. Moreira Viegas, j. 08.05.2019).

Art. 1.990. Se o testador tiver distribuído toda a herança em legados, exercerá o testamenteiro as funções de inventariante.

COMENTÁRIOS DOUTRINÁRIOS: O fato de o testamenteiro abrir o inventário não significa que será ele necessariamente o inventariante, pois o Código de Processo Civil determina que o juiz nomeará inventariante de acordo com a seguinte ordem (art. 617): I – o cônjuge ou companheiro sobrevivente, desde que estivesse convivendo com o outro ao tempo da morte deste; II – o herdeiro que se achar na posse e na administração do espólio, se não houver cônjuge ou companheiro sobrevivente ou se estes não puderem ser nomeados; III – qualquer herdeiro, quando nenhum deles estiver na posse e na administração do espólio; IV – o herdeiro menor, por seu representante legal; V – o testamenteiro, se lhe tiver sido confiada a administração do espólio ou se toda a herança estiver distribuída em legados; VI – o cessionário do herdeiro ou do legatário; VII – o inventariante judicial, se houver; VIII – pessoa estranha idônea, quando não houver inventariante judicial. Pela ordem do CPC, o testamenteiro é o quinto a ser nomeado inventariante. Contudo, o CC dispõe que, se não houver herdeiros, pois a herança foi dividida em legados, o testamenteiro será o inventariante. Isso porque o dispositivo pressupõe que o testador não tem herdeiros necessários e optou por criar apenas legados, ou seja, sucessão a título singular. A norma cede diante do CPC/2015 que é lei posterior e traz ordem específica de nomeação de inventariante. Prevalece o CPC sobre o CC. Entretanto, a leitura que se deve fazer do CPC, já que não existem herdeiros necessários, é que os incisos I a IV não terão aplicação ao caso concreto, pois descendentes, ascendentes, cônjuge e companheiro são herdeiros necessários. Assim, o inciso V passa a ser o primeiro aplicável e o testamenteiro será o inventariante. Em suma, pelo CC e pelo CPC haverá uma coincidência: se somente houver legatários e não herdeiros, o testamenteiro é o inventariante.

REFORMA DO CÓDIGO CIVIL: Pretende-se criar um art. 1.990-A com a seguinte redação: "Art. 1.990-A. Se todos os herdeiros e legatários concordarem, a abertura do testamento cerrado ou a apresentação dos testamentos público e particular, bem como o seu registro e cumprimento, a nomeação de testamenteiro e a prestação de contas poderão ser feitos por escritura pública, cuja eficácia dependerá de anuência do Ministério Público. § 1º A abertura do testamento cerrado ou a apresentação do testamento público deverá ocorrer perante o tabelião de notas, na forma física ou virtual, que lavrará escritura pública específica, atestando os fatos e indicando se há, ou não, vício externo que torne o testamento eivado de nulidade ou suspeito de falsidade; havendo qualquer vício, o tabelião não lavrará a escritura pública. § 2º Não havendo vício, o tabelião de notas submeterá a cédula à anuência do Ministério Público. § 3º Com a discordância do Ministério Público, o tabelião não lavrará a escritura". Uma das premissas da reforma é a desburocratização e desjudicialização. A inclusão desse artigo vai ao encontro de tais premissas. Ele permite que o procedimento de abertura do testamento cerrado ou de apresentação dos testamentos público e particular, bem como o seu registro e cumprimento, a nomeação de testamenteiro e a prestação de contas possam ser feitos por escritura pública, cuja eficácia dependerá de anuência do Ministério Público.

TÍTULO IV
DO INVENTÁRIO E DA PARTILHA

COMENTÁRIOS DOUTRINÁRIOS INTRODUTÓRIOS: Inventariar é listar, enumerar, fazer um rol. Partilhar é dividir. O procedimento existe para que se indiquem os bens (em sentido estrito) e as dívidas do falecido. Após o pagamento das dívidas, a partilha ou divisão ocorre. Se o herdeiro for único ou herdeiro não houver, a herança é adjudicada e não partilhada. Não serve o inventário para transmitir a propriedade dos bens (o que já ocorreu com a *saisine* – ver art. 1.784 do CC), mas para descrever os bens que eram do *de cujus* e foram transmitidos, separando-os dos bens que pertenciam ao sucessor antes da morte. O inventário pode ser feito na forma judicial ou extrajudicial. O sistema permite o inventário extrajudicial (ver art. 610, § 1º, do CPC: "Se todos forem capazes e concordes, o inventário e a partilha poderão ser feitos por escritura pública, a qual constituirá documento hábil para qualquer ato de registro, bem como para levantamento de importância depositada em instituições financeiras") se o falecido não deixou herdeiros menores, nem testamento. Determina o CPC (art. 610) que, havendo testamento ou interessado incapaz, proceder-se-á ao inventário judicial. Ainda, se todos forem capazes e concordes, o inventário e a partilha poderão ser feitos por escritura pública, a qual constituirá documento hábil para qualquer ato de registro, bem como para levantamento de importância depositada em instituições financeiras. O tabelião somente lavrará a escritura pública se todas as partes interessadas estiverem assistidas por advogado ou por defensor público, cuja qualificação e assinatura constarão do ato notarial. Contudo, vide comentários ao art. 1.796, a recente alteração da Resolução n. 35/2007 do Conselho Nacional de Justiça (CNJ) passou a admitir, em seu art. 12-A, a possibilidade de lavratura de escritura pública de inventário mesmo nos casos em que se tenha como interessado menor ou incapaz. Admite-se o chamado inventário negativo, em que se afirma apenas que o falecido nada deixou. A locução é contraditória, pois não se pode inventariar o nada, mas tem larga utilização na vida forense. A sua utilidade é grande para se permitir, por exemplo, o casamento do viúvo ou viúva pelo regime que não separação obrigatória, por imposição do art. 1.641 do CC. Como a presente obra é de comentários ao CC, não se deve aprofundar nas questões processuais. Uma nota faz-se necessária: estados da Federação, por meio de orientações dos Tribunais de Justiça, têm admitido que o juiz que processar e registrar o testamento autorize, após cumpridas as formalidades legais (ver arts. 735 a 737 do CPC), o inventário extrajudicial. Abranda-se o texto do CPC, com grande vantagem para as partes (celeridade), com nenhum prejuízo a elas. Nesse sentido, temos: São Paulo (Provimento 37 da Corregedoria-Geral); Rio de Janeiro (Provimento 21.2017 da Corregedoria-Geral de Justiça); Goiás (Provimento 24.2017 da Corregedoria de Justiça); Distrito Federal e Territórios (Provimento 29.2018 da Corregedoria); Paraíba (art. 310 do Código Geral de Justiça); Paraná (Ofício-circular 155.2018 da Corregedoria); Mato Grosso do Sul (Provimento 165/17 da CGJ); Bahia (art. 186 do Código de Normas); Ceará (Provimento 18.2017 da CGJ); Santa Catarina (Provimento 18.2017); Pará (Provimento 2.2019) e Minas Gerais (art. 195 das Normas da CG). Essa é a orientação pacífica da doutrina também. Assim temos o Enunciado n. 600, aprovado na VIII Jornada de Direito Civil, e o Enunciado n. 16, do Instituto Brasileiro de Direito da Família, ambos de 2015: "Enunciado n. 600. Após registrado judicialmente o testamento e sendo todos os interessados capazes e concordes com os seus termos, não havendo conflitos de interesses, é possível que se faça o inventário extrajudicial"; e "Enunciado n. 16. Mesmo quando houver testamento, sendo todos os interessados capazes e concordes com os seus termos, não havendo conflitos de interesses, é possível que se faça o inventário extrajudicial". Temos, ainda, mais dois enunciados frutos de jornadas: Enunciado n. 77 da I Jornada sobre Prevenção e Solução Extrajudicial de Litígios – "Havendo registro ou expressa autorização do juízo sucessório competente, nos autos do procedimento de abertura e cumprimento de testamento, sendo todos os interessados capazes e concordes, o inventário e partilha poderão ser feitos por escritura pública, mediante acordo dos interessados, como forma de pôr fim ao procedimento judicial"; e Enunciado n. 51 da I Jornada de Direito Processual Civil do CJF – "Havendo registro judicial ou autorização expressa do juízo sucessório competente, nos autos do procedimento de abertura, registro e cumprimento de testamento, sendo todos os interessados capazes e concordes, poderão ser feitos o inventário e a partilha por escritura pública". No Código de Processo Civil de 2015, as regras estão dispostas entre os arts. 610 a 667. O atual CPC acabou por repetir a maioria das regras que estavam na legislação anterior, não havendo modificações estruturais, pois o legislador entendeu que o procedimento criado nos anos de 1970 tem funcionado adequadamente. Sobre o Inventário Extrajudicial, temos o Enunciado n. 47 da *I Jornada de Direito Notarial*: "nas escrituras relativas a fatos, atos ou negócios relativos a imóveis, inclusive o inventário, separação, divórcio e dissolução de união estável, é cabível a menção à consulta feita ao sítio eletrônico da Receita Federal. A existência de débitos tributários será consignada na escritura, com a advertência das partes sobre os riscos relativos à realização do ato notarial".

PANDEMIA: Sobre a possibilidade trazida pelo Provimento n. 100 do CNJ, de 26 de maio de 2020 (esse Provimento foi absorvido pelo Provimento n. 149/2023), de inventário extrajudicial por meio eletrônico e sem a presença física das partes, remeto aos comentários ao art. 1.857 do CC. Sobre a suspensão dos prazos de abertura e de encerramento do inventário previstos no art. 611 do CPC por força do RJET (Lei n. 14.010/2020), ver os comentários ao art. 1.796 do CC.

JURISPRUDÊNCIA COMENTADA: O STJ, em decisão consentânea com a teleologia da norma, autorizou a realização de inventário extrajudicial após terminado o procedimento de registo do testamento em juízo, apesar de o TJRJ, seguindo apenas o texto frio do CPC, ter negado autorização para tanto. Afirma o acórdão da lavra do Ministro Salomão que, "na linha do art. 5º da LINDB e dos arts. 3º, § 2º, 4º e 8º do novo CPC, os fins sociais e as exigências do bem comum em relação à norma autorizativa de inventário extrajudicial são a redução de formalidades e burocracias, com o incremento do maior número de procedimentos e de solução de controvérsias por meios alternativos ao aparato estatal. Dentro desse contexto, havendo a morte, estando todos os seus herdeiros e interessados, maiores e capazes, de pleno e comum acordo quanto à destinação e partilha dos bens, não haverá necessidade de judicialização do inventário, podendo a partilha ser definida e formalizada conforme a livre vontade das partes no âmbito extrajudicial" (Recurso Especial 1.808.767/RJ (2019/0114609-4), data de julgamento 15.10.2019).

CAPÍTULO I
DO INVENTÁRIO

Art. 1.991. Desde a assinatura do compromisso até a homologação da partilha, a administração da herança será exercida pelo inventariante.

COMENTÁRIOS DOUTRINÁRIOS: As funções do inventariante são bem descritas pelo CPC. Assim, pelo art. 618 incumbe ao inventariante: representar o espólio ativa e passivamente, em juízo ou fora dele, administrar o espólio, velando-lhe os bens com a mesma diligência que teria se seus fossem; prestar as primeiras e as últimas declarações pessoalmente ou por procurador com poderes especiais; exibir em cartório, a qualquer tempo, para exame das partes, os documentos relativos ao espólio; juntar aos autos certidão do testamento, se houver; trazer à colação os bens recebidos pelo herdeiro ausente, renunciante ou excluído; prestar contas de sua gestão ao deixar o cargo ou sempre que o juiz lhe determinar; requerer a declaração de insolvência. O inventariante é o representante legal do espólio e, por isso, toma as decisões de sua administração. Decide, por exemplo, se aluga ou não certo bem, qual o valor do aluguel, onde aplicar os recursos financeiros do espólio. Sua administração se sujeita não só à prestação de contas, como também responde civilmente pelos danos causados. Pelo texto de lei, não pode o inventariante alienar bens móveis ou imóveis sem prévia autorização judicial. Contudo, a recente alteração da Resolução n. 35/2007 do Conselho Nacional de Justiça (CNJ) passou a admitir a alienação de bens do espólio antes da partilha, independentemente de autorização judicial. O art. 11-A dessa Resolução dispõe que o inventariante poderá ser autorizado através de escritura pública a alienar bens móveis e imóveis de propriedade do espólio, com ressalvas e observações. Para tanto, é necessária a discriminação de despesas do inventário, incluindo-se o pagamento dos impostos de transmissão, dos honorários de advogado, além dos emolumentos e despesas com atos notariais e registrais. O pagamento da alienação deve ser vinculado, no todo ou em parte, ao pagamento das despesas mencionadas, com condicionamento de garantia real ou fidejussória prestada pelo inventariante, com o prazo de um ano para quitação das despesas após a alienação do bem. Também é vedada a alienação na hipótese de se constar indisponibilidade sobre o bem em questão. Por fim, ressalta-se que o bem alienado integrará o cálculo do acervo hereditário para fins de tributos e cálculos de emolumentos e custas de registro, embora não integre a partilha. Na escritura pública de inventário deverá constar expressamente que a alienação foi realizada anteriormente à partilha. Tais alterações visam dar agilidade ao procedimento de inventário, que muitas vezes não termina por falta de liquidez do espólio, enquanto pendente o pagamento dos tributos e custas de transmissão. Ademais, busca-se a desjudicialização dos procedimentos, permitindo aliviar o sistema judiciário, no que for possível. A mesma Resolução também garante, expressamente, ao inventariante o poder de representar o espólio na busca de informações bancárias e fiscais necessárias ao deslinde do inventário, e para o levantamento de quantias existentes para o pagamento de despesas. Há no CPC um rol de pessoas que podem ser nomeadas inventariantes. A ordem deve ser seguida pelo magistrado. Se for o caso de não a observar, deve o juiz justificar o porquê. Assim, o juiz nomeará inventariante na seguinte ordem (art. 617 do CPC): o cônjuge ou companheiro sobrevivente, desde que estivesse convivendo com o outro ao tempo da morte deste; o herdeiro que se achar na posse e na administração do espólio, se não houver cônjuge ou companheiro sobrevivente ou se estes não puderem ser nomeados; qualquer herdeiro, quando nenhum deles estiver na posse e na administração do espólio; o herdeiro menor, por seu representante legal; o testamenteiro, se lhe tiver sido confiada a administração do espólio ou se toda a herança estiver distribuída em legados; o cessionário do herdeiro ou do legatário; o inventariante judicial, se houver; e pessoa estranha idônea, quando não houver inventariante judicial. Com a partilha, cessa a indivisibilidade da herança, e cada herdeiro poderá administrar seus bens, seguindo-se as regras do condomínio (caso esse resulte da partilha). Sobre as funções do inventariante, temos ainda o Enunciado n. 48 da *I Jornada de Direito Notarial*: "o inventariante nomeado pelos interessados poderá, desde que autorizado expressamente na escritura de nomeação, formalizar obrigações pendentes do falecido, a exemplo das escrituras de rerratificação, estremação e, especialmente, transmissão e aquisição de bens móveis e imóveis contratados e quitados em vida, mediante prova ao tabelião".

JURISPRUDÊNCIA COMENTADA: Cabe ao inventariante prestar contas ao herdeiro de sua gestão? A resposta é afirmativa: "Em relação ao mérito, extrai-se do art. 1.991 do Código Civil que a administração do espólio é exercida pelo inventariante, do momento da assinatura do compromisso até a homologação da partilha. Não obstante, a legislação também garante aos demais herdeiros, como condôminos, o direito à prestação de contas, nos termos do art. 618, VII, do Código de Processo Civil. Na situação *in casu*, o herdeiro José Gonçalves entende que a inventariante e condômina Creusa Gonçalves percebeu frutos das coisas que estão sob sua administração, sem responder aos demais herdeiros os proveitos obtidos, o que é vedado pelo art. 1.319 do Código Civil. Ademais, não se vislumbrando a realização de partilha formal, o dever de prestação de contas cabe à inventariante, como administradora dos bens, visto que os condôminos não os gerem e não têm qualquer capacidade de fazê-lo" (TJSP, AP 1000072-89.2019.8.26.0523, 2.ª Câmara de Direito Privado, Salesópolis, Rel. Hertha Helena de Oliveira, j. 15.07.2019). E se o inventariante morrer a ação de prestação de contas se extingue? A resposta é negativa: "Morte do inventariante não é motivo para extinguir ação de prestação de contas sem resolução de mérito".

REFORMA DO CÓDIGO CIVIL: Pretende-se adicionar quatro parágrafos ao art. 1.991 com as seguintes redações: "Art. 1.991. [...] § 1º Tem preferência legal sobre os demais legitimados ao exercício da inventariança, a pessoa natural ou jurídica designada pelo testador em testamento. § 2º A pessoa jurídica nomeada inventariante deverá declarar, no termo de compromisso, o nome de profissional responsável pela condução do inventário, que não poderá ser substituído sem autorização do juiz. § 3º Sem prejuízo das causas de remoção previstas na legislação processual, não será nomeado inventariante, e, se nomeado, será removido, o herdeiro que possuir conflito de interesses com os demais herdeiros. § 4º Se a maioria dos herdeiros divergir da nomeação do inventariante, na ausência de previsão em contrário em testamento, será designado inventariante dativo". A inserção do § 1º tem como objetivo deixar clara a possibilidade de o testador nomear inventariante, o que a jurisprudência e a doutrina já admitiam. Assim, em atenção ao princípio da prevalência da vontade do testador, se aprovado o texto, o inventariante escolhido pelo testador passa a ter preferência em relação à ordem de nomeação prevista na legislação processual. Quanto ao acréscimo do § 2º, a redação proposta traz menção expressa à possibilidade de a pessoa jurídica ser nomeada como inventariante, dispondo que, ao ocorrer, deverá constar, no termo de compromisso de inventariante, o nome de profissional responsável pela condução do inventário, que acompanhará este até seu deslinde. O § 3º dispõe que é proibido, sob pena de remoção, a nomeação de herdeiro como inventariante que possua conflito de interesses com os demais herdeiros. Isso, na prática, implica que, em todo o inventário que houver conflito (e isso ocorrerá em 100% dos casos em que o inventário não for consensual), o juiz nomeará um terceiro que, para tal função, cobrará valores do espólio. Isso pode gerar dois efeitos: o primeiro é uma pressa dos herdeiros em se comporem para acabar rapidamente o inventário. A segunda é que nos inventários cujo monte-mor seja de pequeno valor, a nomeação remunerada será inviável. Entendo que tal medida visa evitar ponto relevante de atrasos nos procedimentos de inventário e partilha, qual seja, conflitos entre herdeiros, mas não sei se na prática todos os inventários a comportarão. Por sua vez, o último parágrafo que se pretende adicionar, aduz que na eventualidade da maioria dos herdeiros divergir da nomeação do inventariante indicada pelo testador será designado inventariante dativo, salvo se o testamento previr o contrário.

CAPÍTULO II
DOS SONEGADOS

Art. 1.992. O herdeiro que sonegar bens da herança, não os descrevendo no inventário quando estejam em seu poder, ou, com o seu conhecimento, no de outrem, ou que os omitir na colação, a que os deva levar, ou que deixar de restituí-los, perderá o direito que sobre eles lhe cabia.

COMENTÁRIOS DOUTRINÁRIOS: A sonegação é a não indicação de determinado bem do morto para fins de partilha por certo herdeiro ou legatário. É um ilícito civil que pressupõe dolo de quem o pratica. Não é o esquecimento, um ato involuntário, que implica a sonegação. Quem deve provar a má-fé é quem alega (art. 373, I, do CPC/2015), ou seja, é autor da ação de sonegados. Não há no sistema presunção de má-fé. Pelo contrário, boa-fé presume-se e má-fé se prova. Poderia haver, por força expressa de lei, presunção de má-fé, mas não há. Quando a lei utiliza o termo "descrever" significa que o sucessor está na posse do bem e não informa sua existência para fins de partilha com os demais herdeiros. Quem sonega quer ficar com o bem para si. O sonegador pode ser um herdeiro que teria apenas parte do bem (como a irmã que sonega o anel de esmeraldas que está em sua posse para evitar partilhá-lo com os demais irmãos) ou pode ser alguém que não teria direito ao bem e o esconde para se tornar proprietário (o testador cria o legado de certas joias em favor da sobrinha Maria e os filhos do testador escondem as joias para que não sejam dadas à legatária). A sonegação implica uma pena civil que vem descrita no artigo em comento. O sonegador perde o quinhão que teria sobre o bem. E se não tiver quinhão algum? Há uma segunda consequência, que vem determinada no artigo seguinte.

JURISPRUDÊNCIA COMENTADA: Há prazos para se requerer o reconhecimento da sonegação? O TJSP entendeu que sim: "Pretensão veiculada pela ação de sonegados que, como qualquer outra que verse sobre direito patrimonial, é submetida ao regime da prescrição. *Dies a quo*. Encerramento do inventário. Decurso de dez anos. Prescrição reconhecida. Teoria da *actio nata*. O termo inicial da prescrição da ação de sonegados é o do encerramento do inventário, momento no qual se encerraram as oportunidades, pela inventariante e pelos herdeiros, de declarar o bem. Pretensão que surge quando concretizada a omissão de declaração. Código Civil brasileiro que adota o critério objetivo e estipula dez anos para a prescrição genérica, já considerando o lapso normal para ciência do dano" (TJSP, AP 1024534-60.2015.8.26.0100, 6.ª Câmara de Direito Privado, São Paulo, Rel. Costa Netto, j. 22.08.2019). Em nossa opinião, o direito de sobrepartilha do bem sonegado não sujeita a prazos, pois o proprietário (herdeiro que teve o bem sonegado) não perde a propriedade após dez anos. Ainda que não se apliquem as penas da sonegação (ver artigos seguintes), o direito ao bem sonegado é exigível.

Art. 1.993. Além da pena cominada no artigo antecedente, se o sonegador for o próprio inventariante, remover-se-á, em se provando a sonegação, ou negando ele a existência dos bens, quando indicados.

COMENTÁRIOS DOUTRINÁRIOS: É natural que perca a inventariança quem sonega bens. Se a função do inventariante, na qualidade de administrador dos bens, é geri-los da melhor maneira possível e permitir sua partilha entre os herdeiros, a sonegação indica que o inventariante está a pensar em seus próprios interesses, e não no interesse dos herdeiros. Há uma quebra de confiança. O Código de Processo Civil de 2015 determina, no seu art. 669, I (art. 1.040, I, do CPC/1973), que os bens sonegados ficarão sujeitos à sobrepartilha.

JURISPRUDÊNCIA COMENTADA: Em um caso concreto, discutia-se a sonegação de previdência privada pelo inventariante. Assim decidiu o TJSP: "A apelada, nomeada inventariante no inventário de bens deixados por Mario Catafesta (fls. 22), não ocultou os planos de previdência privada, indicados pela apelante em sua petição inicial, quais sejam (i) Plano Flex VGBL Middle RF nº 0722.0000450-4; (ii) Plano Flex VGBL Plus RF nº 0720.0059921-6; e (iii) Plano Flex VGBL Plus Investors RF nº 0737.0009974-7 e nº 0737.0009075-4 (fls. 11). Há notícia expressa da existência dos mencionados planos nas Primeiras Declarações (fls. 51/60), conforme se infere da leitura do item 'Bens isentos de tributação' (fls. 59). Mas não é só. Consta dos autos do inventário cópia dos respectivos contratos (fls. 69/75). Com efeito, não houve atuação intencional da apelada em desviar bens ou de deixar de trazê-los ao inventário, como pretende a apelante. Ademais, é de rigor consignar que os planos de previdência privada não integram o acervo hereditário" (TJSP, AP 0014814-57.2013.8.26.0100, 5.ª Câmara de Direito Privado, São Paulo, Rel. Fábio Podestá, j. 28.05.2015).

Art. 1.994. A pena de sonegados só se pode requerer e impor em ação movida pelos herdeiros ou pelos credores da herança.

Parágrafo único. A sentença que se proferir na ação de sonegados, movida por qualquer dos herdeiros ou credores, aproveita aos demais interessados.

COMENTÁRIOS DOUTRINÁRIOS: A sonegação deve ser objeto de ação autônoma. Não pode o juiz reconhecê-la nos autos do inventário. Haverá uma ação com citação do sonegador, contestação e ampla dilação probatória. Isso não significa que a sonegação não possa ser arguida no próprio inventário. Se for arguida, o sonegador pode indicar o bem sonegado livrando-se da pena. A pena contida no art. 1.992 precisa de ação autônoma para ser imposta. Contudo, a perda da inventariança pode ocorrer sem a ação própria, pois o art. 622 do CPC/2015 prevê possibilidade de remoção de ofício do inventariante (o que não era previsto pelo art. 995 do CPC/1973). Assim, temos que o inventariante será removido de ofício ou a requerimento, se sonegar, ocultar ou desviar bens do espólio. Tem legitimidade para propor a ação qualquer pessoa com direito, total ou parcialmente, sobre o bem sonegado. O autor da ação não pede para si, mas pede para que o bem seja computado no monte-mor. Um pede e todos os demais (herdeiros ou legatários) se beneficiam. A natureza da ação é constitutiva negativa. Há perda do direito do sonegador sobre o bem. Como não há prazo específico em lei, seguimos o prazo geral de dez anos, assim como ocorre com a petição de herança (art. 205 do CC). Procedente a ação, faz-se a sobrepartilha do bem sonegado. Os efeitos da decisão são no plano da eficácia, e não no da validade. A partilha anterior permanece válida.

JURISPRUDÊNCIA COMENTADA: Teria o legatário legitimidade ativa para a ação de sonegados? O TJSP entendeu que sim. "Demanda proposta pela legatária, para a qual fora atribuído, por testamento público, o percentual de 5% da herança do falecido sogro. Ilegitimidade ativa *ad causam*. Sentença extintiva. Inconformismo. Acolhimento. Legitimação específica insculpida no art. 1.994 do Código Civil que não retira a legitimidade dos demais interessados no inventário e nos bens deixados pelo *de cujus* para intentar a presente ação. Interpretação teleológica da norma. Precedente do STJ no sentido de que todo o beneficiário dos bens nos autos do inventário é parte legítima a postular em ação de sonegados, estando equiparado ao credor do espólio. Extinção afastada. Não há por que negar ao legatário a legitimidade ativa para a ação, principalmente quando a sonegação diminuir ou impedir que receba o legado. Ainda, o bem objeto da sonegação pode ser exatamente aquele bem objeto do legado. Aí sua legitimidade é inafastável" (TJSP, AP 1002333-50.2016.8.26.0032, 7.ª Câmara de Direito Privado, Araçatuba, Rel. Rômolo Russo, j. 10.10.2019). Essa é a orientação do STJ: "Todo o beneficiário dos bens nos autos do inventário é parte legítima a postular em ação de sonegados, estando equiparado ao credor do espólio (art. 1.994 do CC/02)" (Agravo de Instrumento 1.228.403/RS (2009/0141449-6), Rel. Min. Sidnei Beneti, j. 28.06.2012; e REsp 1196946/RS, j. 03.09.2010).

Art. 1.995. Se não se restituírem os bens sonegados, por já não os ter o sonegador em seu

poder, pagará ele a importância dos valores que ocultou, mais as perdas e danos.

COMENTÁRIOS DOUTRINÁRIOS: É a regra geral das perdas e danos. A melhor solução seria que o bem fosse restituído ao monte para sobrepartilha. Se não for possível, pois o bem pereceu, com culpa do devedor, ou foi alienado a terceiro de boa-fé, a solução é o pagamento do equivalente mais perdas e danos (ver art. 234 do CC). Se o bem for fungível, pode o sonegador ser obrigado a devolver bem da mesma espécie e quantidade, pois surge obrigação de dar coisa incerta (ver art. 246 do CC). O pagamento das perdas e danos independe da restituição do bem. Se prejuízo houver, ainda que o bem seja restituído, haverá pagamento de indenização pelo sonegador. É o caso de o bem ser devolvido deteriorado ou quanto aos lucros cessantes decorrentes da sonegação. Para o pagamento das perdas e danos, há um prazo prescricional de três anos do art. 206, § 3º, V, do CC. A prova do dano cabe a quem alega (art. 373, I, do CPC/2015). Tratando-se de sonegação, não há como exigir dano moral. Não há direito de personalidade, nem sofrimento decorrente de sonegação que o justifique. Ficamos no campo do dano material, apenas. Se a perda ou deterioração do bem se deu por força maior, não há o dever de indenizar (arts. 234 e 235 do CC). É o caso do sonegador que está na posse do veículo que pertence aos demais herdeiros e vê a pintura estragada em razão de fortes chuvas.

Art. 1.996. Só se pode arguir de sonegação o inventariante depois de encerrada a descrição dos bens, com a declaração, por ele feita, de não existirem outros por inventariar e partir, assim como arguir o herdeiro, depois de declarar-se no inventário que não os possui.

COMENTÁRIOS DOUTRINÁRIOS: Qual é o momento para se caracterizar a sonegação? Segundo o CPC (art. 621), só se pode arguir sonegação ao inventariante depois de encerrada a descrição dos bens, com a declaração, por ele feita, de não existirem outros por inventariar. Assim, só há configuração de sonegação após a apresentação das últimas declarações. Para os demais herdeiros, a sonegação verifica-se quando, apresentadas as últimas declarações, eles deixam de informar a existência de bens não mencionados por elas.

JURISPRUDÊNCIA COMENTADA: Efetivamente, a jurisprudência confirma que não há de se falar em sonegação antes de apresentadas as últimas declarações. Falta condição da ação: "I – A ação de sonegados deve ser intentada após as últimas declarações prestadas no inventário, no sentido de não haver mais bens a inventariar. II – Sem haver a declaração, no inventário, de não haver outros bens a inventariar, falta à ação de sonegados uma das condições, o interesse processual, em face da desnecessidade de utilização do procedimento" (STJ, REsp 26585/SP 2000/0066577-0, 4.ª Turma, Rel. Min. Sálvio de Figueiredo Teixeira, j. 20.03.2003, *DJ* 07.04.2003, p. 290; *RJAdcoas* 46/64; *RNDJ* 42/110; *RT* 816, 180). Assim o TJSP decidiu: "E, segundo a doutrina: A arguição de sonegação ao inventariante só pode ser feita, nos termos do art. 1.996 do Código Civil, depois de encerrada a descrição dos bens, com declaração de não existirem outros a inventariar; [...]. 1 Vale destacar que só se pode acusar o inventariante de sonegação depois de encerrada a descrição dos bens, com a declaração, por ele feita, de não existirem outros bens a inventariar [...]. 2. Assim, pelo quanto exposto, deve o recurso ser provido para reformar a sentença, extinguindo-se o feito sem resolução do mérito com base no art. 485, inciso VI, segunda figura, do CPC" (TJSP, AP 1003767-98.2015.8.26.0003, 9.ª Câmara de Direito Privado, São Paulo, Rel. Piva Rodrigues, j. 12.06.2018).

CAPÍTULO III
DO PAGAMENTO DAS DÍVIDAS

Art. 1.997. A herança responde pelo pagamento das dívidas do falecido; mas, feita a partilha, só respondem os herdeiros, cada qual em proporção da parte que na herança lhe coube.

§ 1º Quando, antes da partilha, for requerido no inventário o pagamento de dívidas constantes de documentos, revestidos de formalidades legais, constituindo prova bastante da obrigação, e houver impugnação, que não se funde na alegação de pagamento, acompanhada de prova valiosa, o juiz mandará reservar, em poder do inventariante, bens suficientes para solução do débito, sobre os quais venha a recair oportunamente a execução.

§ 2º No caso previsto no parágrafo antecedente, o credor será obrigado a iniciar a ação de cobrança no prazo de trinta dias, sob pena de se tornar de nenhum efeito a providência indicada.

COMENTÁRIOS DOUTRINÁRIOS: Estamos diante da regra geral pela qual os bens da pessoa (no caso, do morto) respondem por suas dívidas. Se o morto deixou mais dívidas que bens (em sentido estrito), encontrava-se insolvente e os herdeiros nada recebem, sendo os bens partilhados entre os credores do falecido. Para isso serve o inventário. Para permitir que se diferenciem os bens que já eram do herdeiro antes da morte do falecido e quais eram do *de cujus* e foram a eles transmitidos. As dívidas devem ser pagas, portanto, antes da partilha, porque sobre parte ou totalidade dos bens do morto há direito de terceiros: dos credores. Se não forem, contudo, seja porque desconhecidas pelos herdeiros, seja porque eles agiram dolosamente ao não pagar os credores, os bens que pertenciam ao falecido, agora partilhados, prosseguem respondendo pelas dívidas. Assim, a ação pode ser proposta contra o espólio (antes da partilha) ou contra os herdeiros diretamente (após a partilha) e, nessa hipótese, a penhora recai sobre os bens que eram do falecido e que estão na propriedade dos herdeiros. O prazo para a cobrança da dívida será prescricional e máximo de dez anos (art. 205), se não houver prazo menor previsto no art. 206 do CC. Antes da partilha, o credor pode informar ao juízo do inventário a existência de dívidas do falecido e requerer seu pagamento. Não havendo contestação ou impugnação por parte dos herdeiros, o pagamento deve ocorrer no próprio inventário. É o que prevê o CPC nos parágrafos do art. 642. Antes da partilha, poderão os credores do espólio requerer ao juízo do inventário o pagamento das dívidas vencidas e exigíveis. A petição, acompanhada de prova literal da dívida, será distribuída por dependência e autuada em apenso aos autos do processo de inventário. Concordando as partes com o pedido, o juiz, ao declarar habilitado o credor, mandará que se faça a separação de dinheiro ou, em sua falta, de bens suficientes para o pagamento. Separados os bens, tantos quantos forem necessários para o pagamento dos credores habilitados, o juiz mandará aliená-los. Se o credor requerer que, em vez de dinheiro, lhe sejam adjudicados, para o seu pagamento, os bens já reservados, o juiz deferir-lhe-á o pedido, concordando todas as partes. Se contestação houver, de um, alguns ou todos os herdeiros, nos termos do art. 643 do CPC/2015, será o pedido remetido às vias ordinárias, o juiz poderá determinar a reserva de certo bem para o pagamento da dívida. A manutenção dessa reserva exige uma providência do credor: que proponha a ação de cobrança no prazo máximo de 30 dias depois de realizada a reserva pelo juiz. Se não o fizer, a reserva deixa de produzir efeitos, podendo haver a partilha dos bens anteriormente reservados. A regra do CC é complementada pelo CPC: "Art. 668. Cessa a eficácia da tutela provisória prevista nas Seções deste Capítulo: I – se a ação não for proposta em 30 (trinta) dias contados da data em que da decisão foi intimado o impugnante, o herdeiro excluído ou o credor não admitido; II – se o juiz extinguir o processo de inventário com ou sem resolução de mérito".

Art. 1.998. As despesas funerárias, haja ou não herdeiros legítimos, sairão do monte da herança; mas as de sufrágios por alma do falecido só obrigarão a herança quando ordenadas em testamento ou codicilo.

COMENTÁRIOS DOUTRINÁRIOS: O dispositivo é interessante. Cuida de dívidas contraídas após a morte do *de cujus*, pois são despesas com seu funeral. São dívidas com enterro, cremação ou qualquer outro rito funerário. Caixões, flores, aluguel de velórios e tudo mais. Assim sendo, o morto não é tecnicamente devedor. Quem seria, então, devedor das despesas funerárias? Aquele que as contratou, seja ele herdeiro ou não do morto, parente ou não do morto. O que o dispositivo faz é criar uma responsabilidade por tais despesas, sendo tal responsabilidade primária dos bens do morto e subsidiária de quem contratou. Se o morto estava insolvente, por exemplo, paga aquele que contratou o funeral. Há aqui, em favor do contratante, um verdadeiro benefício de ordem. Eventuais despesas com orações pela alma do falecido, cultos religiosos, antes ou depois do sepultamento, são pagas pelos bens do morto apenas se esse assim determinou por testamento ou codicilo. Na ausência de previsão, caberá àquele que realizou tal despesa com ela arcar. A regra em sua parte final é contrária à lógica do dispositivo e só se aplica se o rito religioso for diferente daquele que seguia o falecido (interpretação teleológica da norma). Não podem os herdeiros se recusar a pagar as despesas com os ritos que o falecido seguia e a fé que professava. Se, contudo, o rito adotado por um dos herdeiros ou parente do falecido for rito incompatível com a fé que o morto professava, quem contratou arcará com essa dívida.

JURISPRUDÊNCIA COMENTADA: Aplicando o dispositivo em questão, o TJSP decidiu: "[...] note-se que, no caso dos autos, restou devidamente comprovado o falecimento da genitora da autora e o desembolso de valores para o custeio das despesas funerárias. Assim, respeitado o entendimento do MM Juiz *a quo*, tendo em vista que as despesas funerárias são dívidas da herança, desnecessária a anuência dos demais herdeiros para a concessão do alvará para ressarcir a autora dos valores despendidos com o funeral" (TJSP, AI 2108449-91.2018.8.26.0000, 9.ª Câmara de Direito Privado, Monte Aprazível, Rel. José Aparício Coelho Prado Neto, j. 12.11.2018). Há outras decisões nesse sentido: "Alvará judicial. Decisão que indeferiu requerimento de levantamento de valores em conta da falecida, para ressarcimento de despesas funerárias. Inconformismo. Acolhimento. O óbito está comprovado e o agravante demonstrou o desembolso de valores para o custeio de despesas funerárias. A concessão do alvará judicial, para o ressarcimento, tem amparo no art. 1.998 do CC. Decisão reformada. Recurso provido" (Agravo de Instrumento 2177715-39.2016.8.26.0000, 8.ª Câmara de Direito Privado, Rel. Grava Brazil, j. 23.01.2017).

REFORMA DO CÓDIGO CIVIL: Pretende-se alterar o art. 1.998, que passará a ter a seguinte redação: "Art. 1.998. As despesas funerárias, existindo ou não herdeiros, sairão do monte da herança. Parágrafo único. Se, nos casos deste artigo, o falecido era insolvente ou verificar-se a hipótese de ser negativo o inventário, responderá o herdeiro contratante de tais despesas, com direito de exigir de cada um dos herdeiros a respectiva quota". A Comissão suprimiu, em primeiro lugar, a referência às despesas com "sufrágios por alma". É algo anacrônico e sem aplicação prática. Ao mesmo tempo, esclareceu-se que há responsabilidade subsidiária do contratante dessas despesas nos casos de insolvência do de cujus ou no caso de inventário negativo. Resguardado, é claro, o direito do contratante de exigir de cada um dos herdeiros, segundo o tamanho da quota, o ressarcimento pelos valores despendidos. Frise-se: a responsabilidade pessoal do herdeiro contratante é excepcional. Não é regra.

Art. 1.999. Sempre que houver ação regressiva de uns contra outros herdeiros, a parte do co-herdeiro insolvente dividir-se-á em proporção entre os demais.

COMENTÁRIOS DOUTRINÁRIOS: Se um dos herdeiros pagar, com exclusividade, dívida do *de cujus*, terá direito de regresso contra o espólio com relação à totalidade do valor pago. Quais tipos de dívida pagará? Aquelas indivisíveis (ver art. 258 do CC) ou se o falecido for devedor solidário de bem indivisível (art. 276 do CC). Contudo, nada impede que, por conveniência, um herdeiro opte por pagar uma dívida por inteiro. Isso é muito comum no momento da morte em que, muitas vezes, há dívidas urgentes a serem pagas. O herdeiro simplesmente paga com seus próprios recursos IPTU de imóveis do falecido, empregados do falecido, conserto de um carro etc. Se os bens já foram partilhados, o direito de regresso será exercido quanto aos demais, descontando-se o valor que a ele cabia. Cada herdeiro responde de acordo com o quinhão herdado e apenas com os bens que recebeu do falecido. Se um dos coerdeiros for insolvente, sua quota se divide entre todos os demais. A divisão não se dá em partes iguais. É proporcional ao quinhão recebido. Se o testador deixa 40% de seus bens para Maria, 30% para Antônia, 20% para Pedro e 10% para Mario, e Pedro paga uma dívida de R$ 100.000,00, poderá cobrar de Maria apenas R$ 40.000,00, de Antônia apenas R$ 20.000,00 e de Mario apenas R$ 10.000,00. Caso Mario seja insolvente, poderá cobrar mais os seguintes valores: R$ 4.000 de Maria e R$ 3.000,00 de Antônia.

JURISPRUDÊNCIA COMENTADA: As despesas de funeral pagas com exclusividade por um dos herdeiros podem ser cobradas do espólio ou diretamente dos demais herdeiros, caso o espólio não tenha pagado. Assim: "Em consequência, havendo provas cabais das despesas realizadas pelo apelado para o funeral, a condenação imposta pelo D. Juízo de primeiro grau ao apelante mostra-se escorreita, pois, se a quantia paga pelo autor houvesse sido lançada como despesa do inventário, o réu teria sofrido uma redução na sua quota-parte da herança, correspondente a 1/3 da despesa do funeral. Sendo assim, como o autor antecipou a despesas, nada mais justo que o réu, cuja quota-parte da herança restou intacta, responda por 1/3 das despesas, sob pena de enriquecimento sem causa" (TJSP, AP 0027066-29.2012.8.26.0003, 6.ª Câmara de Direito Privado, São Paulo, Rel. Ana Lucia Romanhole Martucci, j. 08.08.2013).

Art. 2.000. Os legatários e credores da herança podem exigir que do patrimônio do falecido se discrimine o do herdeiro, e, em concurso com os credores deste, ser-lhes-ão preferidos no pagamento.

COMENTÁRIOS DOUTRINÁRIOS: O dispositivo parte da premissa de que o falecido morreu em situação de solvência, ou seja, com bens suficientes para pagar suas dívidas. O legatário sucede a título singular e não responde pelas dívidas do falecido com o bem legado (repito que é premissa que haja bens suficientes na herança para quitar as dívidas do falecido). É o herdeiro que paga as dívidas do falecido com a herança. É exatamente por isso que o CPC (art. 645) prevê que o legatário é parte legítima para manifestar-se sobre as dívidas do espólio, quando toda a herança for dividida em legados e quando o reconhecimento das dívidas importar redução dos legados. Havendo credores do falecido e/ou legatários, estes recebem antes dos credores do herdeiro. É por isso que tanto credores do falecido quanto legatários podem exigir que haja discriminação dos bens que eles receberão. É a *separatio bonorum* do Direito Romano. Isso permite aos credores do falecido e aos legatários que não corram o risco de os bens serem indevidamente partilhados entre os herdeiros, nem haja penhora desses bens por credores do herdeiro. Por óbvio que os credores do morto devem ser pagos antes dos credores dos herdeiros. Note-se que a separação de bens não é admitida em favor do credor do herdeiro. Para ele, é indiferente o estado de indivisão da massa, já que pode penhorar total ou parcialmente o quinhão hereditário do herdeiro devedor. A separação de um bem não torna esse bem garantia real (como um penhor ou hipoteca) nem gera privilégio para o credor que a pede com relação aos demais credores do morto. Gera, apenas, garantia de que os credores não herdeiros não poderão exigir que tal bem faça parte do quinhão do devedor.

Art. 2.001. Se o herdeiro for devedor ao espólio, sua dívida será partilhada igualmente entre todos, salvo se a maioria consentir que o débito seja imputado inteiramente no quinhão do devedor.

COMENTÁRIOS DOUTRINÁRIOS: Essa interessante disposição não atende ao processo obrigacional cuja finalidade é o adimplemento que atrai, polariza. Se o herdeiro devia ao morto, com a morte passou a dever a si próprio e aos demais herdeiros, de acordo com a ordem de vocação hereditária. O que passou a dever a si próprio se "extinguiu" em razão da confusão parcial (ver art. 382 do CC). Com relação ao restante da dívida, o herdeiro devedor prossegue devendo, só que não ao falecido, mas aos demais herdeiros (desde o momento da morte com a *saisine*). Assim, se houver concordância dos demais herdeiros, a dívida é abatida do quinhão do devedor que nada apaga aos demais, mas recebe menos da herança. Se não houver concordância, o herdeiro devedor deverá pagar a cada um dos demais herdeiros seu quinhão no débito. Mais interessante ao processo obrigacional seria exatamente o contrário. Que a dívida fosse abatida como regra do quinhão a ser recebido pelo herdeiro devedor, extinguindo-se, desde logo, quanto aos demais herdeiros (e agora credores).

JURISPRUDÊNCIA COMENTADA: Em interessante decisão, o TJSP explica o alcance da norma: "Diante do pedido do herdeiro devedor e da manifesta concordância da maioria dos herdeiros e interessados, deve ser deferida a imputação do crédito do espólio no quinhão do herdeiro devedor, nos termos do art. 2.001 do Código Civil. O que se partilha entre os herdeiros é o crédito que o espólio tem a receber, assim como é o crédito do espólio que se imputa no quinhão do devedor. O dispositivo não induz interpretação errônea, mas dessa forma seria melhor entendido: 'se o herdeiro for devedor ao espólio, o crédito (do espólio) será partilhado igualmente entre todos (os herdeiros), salvo se a maioria consentir que o crédito seja imputado inteiramente no quinhão do devedor'. E assim é para que o herdeiro devedor não seja obrigado a ter a dívida imputada no seu quinhão quando, eventualmente, tiver interesse em outro bem do espólio, ou para que a maioria dos herdeiros não seja obrigada a ficar com outros bens dos quais não tenham interesse, e não com o crédito que o espólio tem a receber. É por esse motivo que a lei determina duas condições para que o crédito do espólio seja imputado inteiramente no quinhão do devedor: o pedido do herdeiro devedor e o consentimento da maioria dos herdeiros" (TJSP, AI 0121486-98.2013.8.26.0000, 10.ª Câmara de Direito Privado, Presidente Venceslau, Rel. Carlos Alberto Garbi, j. 08.10.2013).

CAPÍTULO IV
DA COLAÇÃO

Art. 2.002. Os descendentes que concorrerem à sucessão do ascendente comum são obrigados, para igualar as legítimas, a conferir o valor das doações que dele em vida receberam, sob pena de sonegação.

Parágrafo único. Para cálculo da legítima, o valor dos bens conferidos será computado na parte indisponível, sem aumentar a disponível.

COMENTÁRIOS DOUTRINÁRIOS: A colação existe como forma de igualar as legítimas dos herdeiros necessários. A legítima é intangível, não pode ser reduzida ou clausulada, salvo expressa autorização legal (ver art. 1.848). Por isso os bens doados aos descendentes pelos ascendentes devem, em regra, ser colacionados quando da morte dos ascendentes para que haja igualdade entre as legítimas dos descendentes. Portanto, no exemplo de manuais, se o pai tem dois filhos e doa a um deles uma casa, quando da morte do pai o filho que ganhou esse imóvel o trará à colação para ficar com a legítima igual à de seu irmão. Se não o fizesse, e no momento da morte dividisse em partes iguais os bens do falecido pai, haveria uma desigualdade: ficaria com a casa recebida em vida e com metade dos bens recebidos após a morte. O filho donatário receberia quinhão maior que seu irmão. É isso o que a colação evita: a desigualdade. No sistema brasileiro, as doações de ascendentes para descendentes (bem como entre cônjuges) presumem antecipação de legítima (art. 544). Apenas não importará adiantamento, se houver expressa menção no ato de doação de que o bem não deve ser colacionado. Se houver tal menção, saindo o bem doado da parte disponível, a doação será válida e, efetivamente, no momento da morte não deverá ser trazido à colação. A regra decorre de um fato da vida, de uma máxima de experiência pela qual, em regra, os ascendentes têm igual afeto por todos os seus descendentes e não querem prejudicar ou favorecer nenhum deles. Assim, se doação houve, no momento da morte, determina a lei a colação, como forma de respeitar a vontade presumida dos ascendentes. É verdade que na hipótese de o doador dispensar a colação, um dos filhos receberá, por vontade do pai, mais bens que o outro. Não há qualquer invalidade em beneficiar um filho em detrimento de outro, desde que a doação caiba na parte disponível dos bens do doador. Se, no momento da doação, o valor do bem superar a parte disponível e invadir a legítima, a doação é considerada inoficiosa e nula quanto ao excesso (quanto à parte que invadiu a legítima) segundo o art. 549 do CC. Se o descendente recebe um bem em doação (móvel ou imóvel, inclusive dinheiro, por óbvio) e deixa de colacionar, recebe a pena de sonegação, ou seja, perde o direito que teria sobre o bem. Exige-se colação não só em razão de doação direta, como também de liberalidades que a ela equivalem. Exemplo disso se dá quando o pai perdoa a dívida do filho (remissão) ou mesmo quando o pai, na qualidade de terceiro interessado ou não, paga uma dívida do filho. Se o pagamento se der com relação ao ato ilícito praticado por filho menor sob o poder familiar (ver arts. 928 e 932 do CC), não se admite a colação, pois, nessa hipótese, não se trata de liberalidade, mas de dever de indenizar o ilícito praticado pelo filho menor ou incapaz. Se a invasão da legítima se der por força do testamento, não há que falar em colação, mas sim em redução das disposições testamentárias (arts. 1.966 a 1.968). Não há dever de colação para legatários, pois os legados saem da parte disponível dos bens do testador. Se toda a herança for dividida em legados em favor dos herdeiros necessários, nessa situação, pode haver o dever de colacionar. Há que frisar que a colação não altera o valor da disponível, ou seja, serve apenas para cálculo de eventual invasão da legítima. Somam-se os bens colacionados à legítima (parte indisponível) para, nela, se obter a igualdade entre os herdeiros necessários, conforme determina o Código Civil. Os bens colacionados não respondem pelas dívidas do falecido, pois não fazem parte de seu patrimônio desde o momento em que foram doados. Note-se, por fim, que o dever de colacionar é exigido apenas dos descendentes. Não menciona a necessidade de o cônjuge colacionar os bens que recebeu em doação. Dessa questão trataremos ao analisar o artigo seguinte.

JURISPRUDÊNCIA COMENTADA: A colação não deverá ocorrer se for inútil quanto a seu propósito, que é igualar as legítimas. "No caso sub judice os únicos herdeiros que poderiam ser prejudicados foram aquinhoados na mesma ocasião e com bens do mesmo valor, de modo que seja inoficiosa ou não a doação, a consequência seria a mesma, com manutenção dos bens e desconto do valor das respectivas doações, o que implicaria simples partilha do saldo da herança, sendo destituídos de qualquer influência os bens já doados. Ademais, negócio praticado, do qual as doações consistiram em mero instrumento de efetivação, tem natureza de verdadeira partilha parcial em vida, o que afasta o cabimento de colação. Rejeição do pedido de colação quanto aos imóveis" (TJSP, AP 0057718-10.2004.8.26.0100, 1.ª Câmara de Direito Privado, São Paulo, Rel. Éneas Costa Garcia, j. 12.11.2018).

Art. 2.003. A colação tem por fim igualar, na proporção estabelecida neste Código, as legítimas dos descendentes e do cônjuge sobrevivente, obrigando também os donatários que, ao tempo do falecimento do doador, já não possuírem os bens doados.

Parágrafo único. Se, computados os valores das doações feitas em adiantamento de

legítima, não houver no acervo bens suficientes para igualar as legítimas dos descendentes e do cônjuge, os bens assim doados serão conferidos em espécie, ou, quando deles já não disponha o donatário, pelo seu valor ao tempo da liberalidade.

COMENTÁRIOS DOUTRINÁRIOS: Do cônjuge se exige, também, o dever de colacionar os bens recebidos em doação. Isso se depreende do art. 544, lido com o artigo que ora se comenta. O cônjuge é herdeiro necessário por força do art. 1.845 e as doações que recebe de seu consorte implicam adiantamento de legítima (ver art. 544). Se a colação tem por objetivo igualar a legítima dos descendentes e do cônjuge sobrevivente (nos exatos termos do presente artigo), têm o cônjuge e o companheiro sobrevivente (após a decisão do STF na Repercussão Geral 809) o dever de colacionar os bens recebidos em doação. Se o dispositivo pretende que a colação iguale a legítima dos descendentes e do cônjuge, é natural que se exija, também dos cônjuges companheiros, a colação. Com relação aos ascendentes, não há dever de colação em que pese serem herdeiros necessários, o que significa que o Código trata de maneira desigual os herdeiros necessários, a depender de sua classe, e o faz de maneira injustificada (crítica de João Luiz Alves). Têm legitimidade para exigir a colação, então, apenas descendentes, cônjuges ou companheiros, pois será para eles que a colação trará vantagens: igualar a legítima. Credores do falecido, herdeiros ou legatários nomeados por testamento e herdeiros facultativos (colaterais) não podem exigir a colação que, para eles, nenhum efeito trará. A colação é necessária, ainda que o donatário (descendente, cônjuge ou companheiro) que recebeu o bem já não o tenha no momento da morte. O fato de o donatário ter alienado o bem, a título gratuito (doação a um filho, por exemplo) ou oneroso (vendeu ou permutou bem), não faz desaparecer o dever de colacionar. O dever persiste ainda que o bem não esteja no patrimônio do donatário quando da morte do doador. Dúvida que pode surgir do dispositivo é a seguinte: há dever de colacionar o bem ainda que se tenha perdido por força maior, ou seja, sem culpa do donatário? A resposta é afirmativa e decorre do brocardo *res perit domino* (quem sofre a perda é o dono). A questão importante a ser explicada é como se faz a colação: o próprio bem doado volta ao acervo hereditário para nova partilha? O filho que recebeu a casa em doação há 20 ou 30 anos perde parte dela quando da morte do ascendente? A colação, em regra, dá-se com valores, e não em espécie. Assim, computa-se o valor do bem doado e o herdeiro recebe bens da herança (em menor quantidade, por exemplo), descontando-se o valor da liberalidade. Em suma, o donatário recebe, quando da morte, menos (valor recebido é menor) que os demais, pois recebeu bens anteriormente. Sobre o valor a ser colacionado surge uma importantíssima questão: o valor a ser considerado é aquele que o bem tinha quando ocorreu a doação ou o valor que o bem tem no momento da morte? Existirá, certamente, variação, muitas vezes enormes, para mais ou para menos, se entre a doação e morte muito tempo houver passado. A resposta é dada, não sem polêmica, pelo art. 2.004 do CC. Pode ocorrer, contudo, de o falecido não ter deixado bens suficientes para igualar as legítimas. Novamente, valendo-nos de exemplo de manual, podemos imaginar que o pai tem duas casas de igual valor e doa uma ao filho João, sendo que a filha Maria nada recebe. A doação é válida e eficaz, pois saiu da parte disponível. A doação ocorreu em antecipação de legítima. Contudo, após a doação, o pai vende a outra casa que possuía e, no momento da morte, não tem bens. Conforme a regra que se comenta, a casa doada será colacionada por João em espécie e a filha Maria, que nada recebeu, fica com metade do bem. Há uma última questão: se quando da morte a herança não tiver bens suficientes para igualar as legítimas e o bem doado não mais pertencer ao donatário, como se fará a colação? Um exemplo ajuda a compreender a questão: o pai tem duas casas de igual valor e doa uma ao filho João e a filha Maria nada recebe. A doação é válida e eficaz, pois saiu da parte disponível. A doação ocorreu em antecipação de legítima. Contudo, após a doação, o pai vende a outra casa que possuía e, no momento da morte, não tem bens. Ocorre que João doou a casa recebida ao filho Antônio. Não será possível a colação da casa em espécie, pois não mais lhe pertence. Assim, João colaciona o valor da casa ao tempo da doação. Maria será credora da metade desse valor.

REFORMA DO CÓDIGO CIVIL: Pretende-se alterar o art. 2.003, que passaria a ter a seguinte redação: "Art. 2.003. A colação tem por fim igualar, na proporção estabelecida neste Código, as legítimas dos descendentes e dos ascendentes obrigando também os donatários que, ao tempo do falecimento do doador, já não possuírem os bens doados. Parágrafo único. Se, computados os valores das doações feitas em adiantamento de legítima, não houver no acervo bens suficientes para igualar as legítimas dos descendentes e dos ascendentes, os bens assim doados serão conferidos em espécie, ou, quando deles já não disponha o donatário, pelo seu valor ao tempo da liberalidade". Se a reforma for aprovada, os cônjuges deixarão de ser herdeiros necessários. A redação do presente artigo visa apenas adequá-lo a tal mudança. Ainda, pretende-se trazer à colação os bens recebidos pelos ascendentes, algo que não existe até o momento na realidade brasileira. A colação nunca foi exigida para os ascendentes, mesmo porque a doação de "filho para pai" é mais incomum e nunca se entendeu que o caso merecesse maior atenção do direito. Aliás, o art. 544 do CCI assim dispõe: "A doação de ascendentes a descendentes, ou de um cônjuge a outro, importa adiantamento do que lhes cabe por herança". Não fala em doação de "descendente para ascendente".

Art. 2.004. O valor de colação dos bens doados será aquele, certo ou estimativo, que lhes atribuir o ato de liberalidade.

§ 1º Se do ato de doação não constar valor certo, nem houver estimação feita naquela época, os bens serão conferidos na partilha pelo que então se calcular valessem ao tempo da liberalidade.

§ 2º Só o valor dos bens doados entrará em colação; não assim o das benfeitorias acrescidas, as quais pertencerão ao herdeiro donatário, correndo também à conta deste os rendimentos ou lucros, assim como os danos e perdas que eles sofrerem.

COMENTÁRIOS DOUTRINÁRIOS: O CC e o CPC divergem quanto ao valor a ser colacionado. A premissa do dispositivo é que o doador, agora *de cujus*, tem bens suficientes em seu acervo para igualar as legítimas, pois, se não houver, nos termos do artigo anterior, os bens são colacionados em espécie. Diante da clara contradição entre o Código Civil e o Código de Processo Civil, para fins de clareza, explicaremos primeiramente a disposição do CC e depois a do CPC. i) *Valor dos bens de acordo com CC*. Pelo texto do CC, temos que os valores a serem considerados são aqueles da época em que ocorreu a liberalidade. Assim, temos o seguinte. O ascendente doa ao filho em 2000 uma casa que valia, à época, R$ 50.000,00. Morre em 2020, e, nesse momento, a casa valorizou-se em razão de aquecimento do mercado imobiliário, e a casa vale R$ 200.000,00. A colação se dará por R$ 50.000,00, pois era o valor do bem quando da liberalidade. Da mesma forma, se o pai paga uma dívida do filho de R$ 30.000,00 em 1999, e morre em 2020, o filho colaciona apenas R$ 30.000,00, sem qualquer atualização monetária do valor, por força do dispositivo que se comenta. O valor do bem pode ser indicado no momento da doação. É o que ocorre, por exemplo, na escritura de doação de um imóvel, ou no instrumento de doação de quotas sociais ou ações de uma empresa. É o chamado valor certo ou estimado. Se, porém, estimação não houver, existirá necessidade de calcular tal valor, sempre de acordo com o momento em que a doação ocorreu. Se o pai doa cotas de uma empresa limitada à filha em 2001, e a empresa tinha um valor reduzido e pouca atividade, mas morre em 2021, quando a empresa se expandiu, ganhou o mercado e tem enorme valor econômico, o valor a ser colacionado é o das quotas em 2001 e, por isso, se dúvida houver, a prova pericial dever chegar ao valor das quotas no ano da doação. Por expressa determinação legal, ainda não se computam no valor do bem benfeitorias de qualquer natureza, frutos que os bens tenham produzido, bem como sua eventual deterioração. Em suma, a colação é do principal, e não dos acessórios. ii) *Valor dos bens de acordo com o CPC (que repetiu o dispositivo do CPC/1973)*. De acordo com o CPC/2015, pelo parágrafo único do art. 639, temos que "os bens a serem conferidos na partilha, assim como as acessões e as benfeitorias que o donatário fez, calcular-se-ão pelo valor que tiverem ao tempo da abertura da sucessão". Há uma evidente antinomia entre os diplomas. De início, o valor a ser colacionado será o da época da morte e não da doação. Vejamos os exemplos anteriores à luz do CPC/2015. O ascendente doa ao filho em 2000 uma casa que valia, à época, R$ 50.000,00. Morre em 2020, e, nesse momento, a casa valorizou-se em razão de aquecimento do mercado imobiliário, e a casa vale R$ 200.000,00. A colação se dará por R$ 200.000,00, pois é o valor do bem quando da morte do doador. Da mesma forma, se o pai paga uma dívida do filho de R$ 30.000,00 em 1999 e morre em 2020, o filho colaciona apenas R$ 30.000,00, acrescido de juros legais e correção monetária, pois é esse o valor do dinheiro no momento da morte do pai. Se o pai doa cotas de uma empresa limitada à filha em 2001, e a empresa tinha um valor reduzido e pouca atividade, e morre em 2021, quando a empresa se expandiu, ganhou o mercado e tem enorme valor econômico. O valor a ser colacionado é o das quotas em 2021. Pode ser que essa filha seja devedora dos irmãos de vultosa quantia em razão da valorização das quotas. A regra do CPC prevê, por fim, que o valor das benfeitorias e acessões não podem ser colacionados, pois já resultam do trabalho do donatário. Por isso, seus valores serão abatidos do cálculo do valor a colacionar. Note-se que, como o CC usava o momento da doação para fins do cálculo do valor, as acessões e benfeitorias posteriores, assim como danos que o bem sofresse após a doação, eram irrelevantes para fins de cálculo do valor. A opção do CC era lógica: evita-se que o trabalho e esforço de um dos filhos quanto ao bem beneficiasse o outro no momento da colação. Imagine-se o exemplo da empresa doada. A filha donatária transforma a pequena empresa familiar na maior indústria do País. Pelo CC, colacionava-se o valor que as quotas tinham no momento da doação. Para o CPC, é o valor no momento da morte. Os demais filhos terão todas as vantagens do trabalho da donatária como titular das quotas doadas. Por isso a doutrina civilista do século XX aplaudia a solução dada pelo CC. A regra do CC era mais segura e evidente. A redução do patrimônio do *de cujus* se deu com a doação, e não no momento da morte. É o momento da doação que serve para fins de cálculo. Contudo, em razão da antinomia, o CPC é lei ordinária posterior e revoga o *caput* do artigo em comento. Assim, a partir da vigência do CPC/2015, a colação se dá pelo valor que o bem doado tinha quando da morte do doador. A tentativa do Enunciado n. 119 da *I Jornada de Direito Civil* não tem lógica nem amparo na lei. Tentando conciliar o CC com o CPC/1973, que tinha regra idêntica à do CPC/2015 no tocante ao valor dos bens a colacionar, prevê o enunciado: "para evitar o enriquecimento sem causa, a colação será efetuada com base no valor da época da doação, nos termos do *caput* do art. 2.004, exclusivamente na hipótese em que o bem doado não mais pertença ao patrimônio do donatário. Se, ao contrário, o bem ainda integrar seu patrimônio, a colação se fará com base no valor do bem na época da abertura da sucessão, nos termos do art. 1.014 do CPC, de modo a preservar a quantia que efetivamente integrará a legítima quando esta se constituiu, ou seja, na data do óbito (resultado da interpretação sistemática do art. 2.004 e seus parágrafos, juntamente com os arts. 1.832 e 884 do Código Civil)". Explicamos o porquê. Com a vigência do CC/2002 e a revogação da regra do art. 1.014 do CPC/1973, a colação passou a ser feita pelo valor do bem ao tempo da doação em toda e qualquer circunstância, tendo o donatário o bem em seu patrimônio ou não. Isso porque o art. 2.004 do CC revogou o CPC nessa questão, por incompatibilidade de normas, pois, sendo clara a antinomia, lei posterior revoga anterior (revogação tácita). No entanto, com a vigência do CPC/2015, ocorreu exatamente o contrário: a colação passa a ser feita pelo valor dos bens no momento da morte. Mesmo os bens que o donatário alienou, que não mais lhe pertencem, deverão ser colacionados em espécie pelo valor que tinham no momento da morte. Isso porque a regra do CPC é clara: "Art. 639. [...] o herdeiro obrigado à colação conferirá por termo nos autos ou por petição à qual o termo se reportará os bens que recebeu ou, se já não os possuir, trar-lhes-á o valor. Parágrafo único. Os bens a serem conferidos na partilha, assim como as acessões e as benfeitorias que o donatário fez, calcular-se-ão pelo valor que tiverem ao tempo da abertura da sucessão".

JURISPRUDÊNCIA COMENTADA: O TJSP, aplicando a literalidade da lei, entendeu que "razão não assiste às apelantes no que toca ao pedido de redução da indenização por benfeitorias, uma vez que o artigo 2.004 do CC expressamente afasta da colação o valor das benfeitorias" (TJSP, AP 1004995-89.2014.8.26.0344, 5.ª Câmara de Direito Privado, Marília, Rel. Moreira Viegas, j. 13.11.2019). Há, ainda, decisão do TJSP aplicando a regra do Código Civil, e não do CPC, para resolver a antinomia quanto ao valor dos bens a serem colacionados: "Agravo de instrumento. Inventário. Colação. Regra do artigo 639, parágrafo único, do CPC, que reproduziu a regra do art. 1.014 do CPC anterior, não há de prevalecer sobre a previsão do artigo 2.004 do CC. Questão de direito material disciplinada pela lei própria" (TJSP, Agravo de Instrumento 2186091-43.2018.8.26.0000, 1.ª Câmara de Direito Privado, Foro Central Cível, 4.ª Vara da Família e Sucessões, Rel. Claudio Godoy, j. 19.12.2018).

REFORMA DO CÓDIGO CIVIL: Pretende-se alterar o art. 2.004, que passaria a vigorar com a seguinte redação: "Art. 2.004. O valor de colação dos bens doados será o valor certo ou estimativo que lhes atribuir o ato de liberalidade, corrigido monetariamente até a data de abertura da sucessão. § 1º Se do ato de doação não constar valor certo, nem houver estimação feita naquela época, os bens serão conferidos pelo que se calcular valessem ao tempo da liberalidade, corrigido monetariamente até a data da abertura da sucessão. § 2º Só o valor dos bens doados entrará em colação; excluindo-se as benfeitorias necessárias e úteis realizadas no bem e os acréscimos decorrentes do seu trabalho, os quais pertencerão ao herdeiro donatário". Como explicado nos comentários doutrinários anteriores, o CPC e o CC divergem quanto ao valor a ser colacionado. A reforma, ao alterar o artigo em comento e revogar o art. 639 do CPC/2015, elimina essa contradição e segue a orientação original do legislador de 2002, qual seja, que se deve considerar o valor do tempo da liberalidade para fins de colação (atualizando-se monetariamente tal valor até a data da abertura da sucessão). A atualização monetária traz justiça, pois implica evitar que o passar dos danos (entre doação e colação) torne o valor insignificante. Ainda, a exclusão das benfeitorias do valor a ser colacionado faz sentido pois evita enriquecimento sem causa dos demais herdeiros. O pronome possessivo "seu" do § 2º indica o trabalho do donatário que já está na posse do bem. A redação não é das melhores.

Art. 2.005. São dispensadas da colação as doações que o doador determinar saiam da parte disponível, contanto que não a excedam, computado o seu valor ao tempo da doação.

Parágrafo único. Presume-se imputada na parte disponível a liberalidade feita a descendente que, ao tempo do ato, não seria chamado à sucessão na qualidade de herdeiro necessário.

COMENTÁRIOS DOUTRINÁRIOS: Conforme explicamos anteriormente (ver comentários ao art. 2.002), os bens em que há dispensa de colação por parte dos doadores, por óbvio, não deverão ser colacionados. Pelo artigo que se comenta basta mencionar que os bens saem da parte disponível. A dispensa de colação é automática. Contudo, se a doação invadir a legítima, será considerada inoficiosa e o excesso deverá ser colacionado. Note-se que, para fins de cálculo de inoficiosidade, permanece a análise dos valores no momento da doação, sendo irrelevante o valor dos bens quando da morte. Assim, temos o seguinte exemplo: o pai tem duas casas de igual valor e doa uma ao filho João, e a filha Maria nada recebe. O pai menciona que a doação sai da parte disponível, o que afastará a necessidade de colação. A doação é válida e eficaz, pois saiu da parte disponível, que se calcula de acordo com os bens que o pai tinha no momento da doação. A doação não ocorreu em antecipação de legítima. Contudo, após a doação, o pai vende a outra casa que possuía e, no momento da morte, não tem bens. Conforme a regra que se comenta, a casa doada não será colacionada, pois não houve inoficiosidade (calculada no momento da doação). Maria nada poderá reclamar. O parágrafo único assim determina: "presume-se imputada na parte disponível a liberalidade feita a descendente que, ao tempo do ato, não seria chamado à sucessão na qualidade de herdeiro necessário". Efetivamente, pode ocorrer de a doação ser realizada a quem não é herdeiro no momento em que ela ocorre, mas passa a sê-lo posteriormente. É o caso de doação do avô para netos. Se o doador tem dois filhos (Maria e Pedro) e três netos (João que é filho de Maria e Carla e Roberto que são filhos de Pedro) e doa um bem a João, estando vivos seus filhos Maria e Pedro, não haveria necessidade de mencionar dispensa de colação, pois João não é herdeiro nesse momento (grau mais próximo exclui mais remoto). Entretanto, no momento da morte do doador, sua filha Maria é premorta. João herda por representação. Deverá ele colacionar o bem doado? A resposta é negativa. Caberá a Pedro provar eventual inoficiosidade da doação para que se exija a colação.

JURISPRUDÊNCIA COMENTADA: A regra é que a doação de ascendente para descendente é antecipação de legítima e a colação necessária. A exceção deve estar expressa no ato de doação ou em documento posterior. Assim: "não há dúvida de que houve doação da metade do imóvel pertencente ao *de cujus* às duas filhas, ora requeridas. As requeridas pretendem a dispensa da colação, tendo em vista que a doação ocorreu quase dois anos antes do nascimento da autora. No entanto, a dispensa da colação de bem doado a herdeiro necessário só é autorizada pela lei quando o doador, no ato da doação, declara expressamente que a doação se refere à parte disponível de seu patrimônio, o que não ocorreu" (TJSP, Ap. 0007000-63.2008.8.26.0360, 10.ª Câmara de Direito Privado, Rel. Des. Carlos Alberto Garbi, j. 06.05.2014). Também o STJ decidiu: "[...] todo ato de liberalidade, inclusive doação, feito a descendente e/ou herdeiro necessário nada mais é que adiantamento de legítima, impondo, portanto, o dever de trazer à colação, sendo irrelevante a condição dos demais herdeiros: se supervenientes ao ato de liberalidade, se irmãos germanos ou unilaterais. A dispensa do dever de colação só se opera por expressa e formal manifestação do doador, determinando que a doação ou ato de liberalidade recaia sobre a parcela disponível de seu patrimônio" (REsp 730.483/MG, 3.ª Turma, Rel. Min. Nancy Andrighi, j. 03.05.2005, *DJ* 20.06.2005, p. 287).

Art. 2.006. A dispensa da colação pode ser outorgada pelo doador em testamento, ou no próprio título de liberalidade.

COMENTÁRIOS DOUTRINÁRIOS: O doador pode mencionar a dispensa no próprio instrumento de doação e muitas vezes o faz. Todavia, se não o fizer no momento da liberalidade, poderá fazê-lo depois. É o caso do pai que paga a dívida do filho com terceiros e, por testamento, dispensa a colação imputando o pagamento em sua parte disponível. Ocorre também quando o ascendente faz doação de um bem ao descendente e não menciona dispensa de colação, pois não quer beneficiar o donatário e "prejudicar" o outro filho. Contudo, posteriormente, doa um bem ao outro filho e nesse momento não haveria prejuízo em dispensar da colação o bem anteriormente doado. Para isso, o doador pode se valer do testamento. A dispensa não é virtual nem presumida (salvo na hipótese do parágrafo único do artigo anterior). Deve ser expressa, pois a lei considera que, em regra, o doador não pretende desigualar seus filhos.

JURISPRUDÊNCIA COMENTADA: As decisões se repetem ao aplicar o dispositivo em questão: "[...] inicialmente, é importante notar que a escritura de doação contém cláusula de expressa dispensa de colação, por possuírem os doadores outros bens que lhe garantiam a subsistência e diante do respeito à parte de que podia dispor. Tal fato é suficiente para que o bem não seja trazido à colação" (TJSP, AI 2126141-69.2019.8.26.0000, 9.ª Câmara de Direito Privado, São Paulo, Rel. Edson Luiz de Queiróz, j. 12.10.2019). Também: "importante destacar que o dever de colacionar os bens recebidos a título de liberalidade só se dispensa por expressa manifestação do doador, determinando que a doação seja extraída da parte disponível de seus bens" (REsp 1.298.864/SP, 3.ª Turma, Rel. Min. Marco Aurélio Bellizze, *DJe* 19.05.2015).

REFORMA DO CÓDIGO CIVIL: Pretende-se alterar o art. 2.006, que passaria a ter a seguinte redação: "Art. 2.006. A dispensa da colação pode ser concedida pelo doador em testamento, no próprio título de liberalidade ou por simples declaração do doador, por escritura pública subsequente ao ato". Como dito nos comentários doutrinários desse artigo, a maior parte da doutrina entendia ser possível a dispensa de colação em momento posterior ao do da liberalidade. Se aprovado, o texto da reforma explicitamente permite que o doador dispense a colação por simples declaração, sem a necessidade de se fazer um testamento ou mesmo chamar o donatário para retificar o contrato de doação. No entanto, como a dispensa da colação é ato formal, o texto proposto exige escritura pública, não bastando genérica afirmação do doador em instrumento particular.

Art. 2.007. São sujeitas à redução as doações em que se apurar excesso quanto ao que o doador poderia dispor, no momento da liberalidade.

§ 1º O excesso será apurado com base no valor que os bens doados tinham, no momento da liberalidade.

§ 2º A redução da liberalidade far-se-á pela restituição ao monte do excesso assim apurado; a restituição será em espécie, ou, se não mais existir o bem em poder do donatário, em dinheiro, segundo o seu valor ao tempo da abertura da sucessão, observadas, no que forem aplicáveis, as regras deste Código sobre a redução das disposições testamentárias.

§ 3º Sujeita-se a redução, nos termos do parágrafo antecedente, a parte da doação feita a herdeiros necessários que exceder a legítima e mais a quota disponível.

§ 4º Sendo várias as doações a herdeiros necessários, feitas em diferentes datas, serão elas reduzidas a partir da última, até a eliminação do excesso.

COMENTÁRIOS DOUTRINÁRIOS: O dispositivo foi analisado quando dos comentários aos artigos anteriores. A doação inoficiosa (art. 549 do CC) é aquela que invade a legítima, ou seja, aquilo que o doador não poderia dispor em testamento. É nula quanto ao excesso. Se a nulidade não for pleiteada, haverá necessidade de colação, ou seja, o excesso deve ser colacionado para se igualar às legítimas. A primeira nota a se fazer é que a apuração da inoficiosidade se verifica de acordo com os valores dos bens no momento da doação. Nesse ponto, o CPC não tem qualquer influência. O pai tem duas casas de igual valor e doa uma ao filho João, e a filha Maria nada recebe. O pai menciona que a doação sai da parte disponível, o que afastará a necessidade de colação. A doação é válida e eficaz, pois saiu da parte disponível que se calcula de acordo com os bens que o pai tinha no momento da doação. A doação não ocorreu em antecipação de legítima. Contudo, após a doação, o pai vende a outra casa que possuía e, no momento da morte, não tem bens. Conforme a regra que se comenta, a casa doada não será colacionada, pois não houve inoficiosidade (calculada no momento da doação). Maria nada poderá reclamar. Qual é a forma de fazer a redução do excesso? Em espécie ou valor? O CC traz regra diferente da anterior (ver art. 2.004) para a hipótese de inoficiosidade. A redução do excesso faz-se em espécie, e não em valor. O próprio bem, no tocante ao excesso, retorna ao monte. Só se colacionará o valor, se o bem não mais pertencer ao donatário. Qual será o valor a ser colacionado? Aquele que tinha o bem quando a doação inoficiosa ocorreu ou que tinha no momento da morte? O valor será aquele que o bem teria no momento da morte do doador. Curiosamente, então, a antinomia entre o CC e o CPC, no tocante à colação, só se verifica nas hipóteses de doação em adiantamento de legítima (ver comentários ao art. 2.004). Na redução da inoficiosidade, os sistemas civil e processual civil estão em perfeita harmonia. O CPC traz a forma pela qual deve ocorrer a redução nos parágrafos do art. 640. Assim, é lícito ao donatário escolher, dentre os bens doados, tantos quantos bastem para perfazer a legítima e a metade disponível, entrando na partilha o excedente para ser dividido entre os demais herdeiros. Se a parte inoficiosa da doação recair sobre bem imóvel que não comporte divisão cômoda, o juiz determinará que sobre ela se proceda a licitação entre os herdeiros. O donatário poderá concorrer na licitação referida no § 2º e, em igualdade de condições, terá preferência sobre os herdeiros. Se houver doações sucessivas, como se reduz a inoficiosidade? Supondo que o patrimônio do doador seja de R$ 1.000.000,00, tendo ele três filhos, faça a João uma doação de uma casa de R$ 600.000,00 e posteriormente outra doação de ações de R$ 100.000,00. Há excesso de R$ 200.000,00 a ser reduzido. Primeiro, colacionam-se as ações em espécie. Depois, o excesso de R$ 100.000,00 da casa doada.

JURISPRUDÊNCIA COMENTADA: Há uma dúvida corriqueira acerca do momento em que se calcula a inoficiosidade: data da doação ou da morte do doador? "[...] para fins de constatação da alegada inoficiosidade da doação, o momento correto para avaliação do patrimônio é o momento da liberalidade, e não da abertura da sucessão, considerando-se que estão sujeitas à redução as doações que ultrapassarem o montante disponível do patrimônio do doador ao tempo da ação [...] Outra razão, entretanto, milita em favor do critério legal. É a questão da segurança das relações sociais. Se a eficácia da doação só se verificasse por ocasião da morte do doador, o domínio do donatário só se afirmaria de maneira inconteste com essa ocorrência, pois, até o advento, seria ele resolúvel. Ora, isso representa um elemento de insegurança, que o legislador deve repudiar" (TJSP, AI 2168854-93.2018.8.26.0000, 2.ª Câmara de Direito Privado, Itapetininga, Rel. Rosangela Telles, j. 20.02.2019).

Art. 2.008. Aquele que renunciou a herança ou dela foi excluído, deve, não obstante, conferir as doações recebidas, para o fim de repor o que exceder o disponível.

COMENTÁRIOS DOUTRINÁRIOS: A ideia de determinar que colacionem os bens os excluídos da sucessão, quer por indignidade, quer por deserdação, bem como os que renunciam à herança, tem lógica: se é verdade que eles nada receberão com a morte do doador, podem eles ter que restituir bens por meio da colação em espécie ou valor. É o caso do filho que recebe, em vida, doação como antecipação de legítima e, no momento da morte, renuncia a herança, por saber que o falecido não deixou outros bens. Os irmãos do renunciante terão direito à parte do bem doado, sendo necessária a colação. O CPC repete essa regra no art. 640: "o herdeiro que renunciou à herança ou o que dela foi excluído não se exime, pelo fato da renúncia ou da exclusão, de conferir, para o efeito de repor a parte inoficiosa, as liberalidades que obteve do doador".

Art. 2.009. Quando os netos, representando os seus pais, sucederem aos avós, serão obrigados a trazer à colação, ainda que não o hajam herdado, o que os pais teriam de conferir.

COMENTÁRIOS DOUTRINÁRIOS: Quem colaciona é o herdeiro donatário, ou seja, aquele que recebeu a liberalidade. Contudo, se houver sucessão por representação, o representante (neto do falecido) deverá colacionar o que o representado (seu pai e filho do falecido) deveria colacionar. Assim, se o doador tem dois filhos (Maria e José) e doa uma casa para Maria como antecipação de legítima, morrendo Maria antes de seu pai, os filhos de Maria herdam por representação. Cabe a eles o dever de colacionar a casa que Maria recebeu em doação. Ainda que o bem não mais exista no patrimônio do donatário quando de sua morte e, portanto, os representantes não sejam herdeiros desse bem, deverão colacionar o bem. Note-se que, se o neto recebeu algum bem em doação, pessoalmente, com seu pai ainda vivo, e herda por representação, não deverá colacionar esse bem, pois presume-se a doação da parte disponível (art. 2.005, parágrafo único). Se, contudo, recebe a doação com seu pai já morto, ou seja, no momento da doação ele já era herdeiro do donatário, a colação deve ocorrer por força do art. 2.002 do CC. A lei menciona apenas o dever do neto, mas deve ser lida de maneira a incluir todos os demais descendentes que herdem por representação na linha descendente: netos, bisnetos, trinetos etc.

Art. 2.010. Não virão à colação os gastos ordinários do ascendente com o descendente, enquanto menor, na sua educação, estudos, sustento, vestuário, tratamento nas enfermidades, enxoval, assim como as despesas de casamento, ou as feitas no interesse de sua defesa em processo-crime.

COMENTÁRIOS DOUTRINÁRIOS: São colacionadas liberalidades, favores e não deveres. O dever de sustento, educação e guarda dos filhos menores não é liberalidade, e sim é inerente ao poder familiar. Tudo o que se gastou com saúde, educação e formação de filho menor não se colaciona. E se o gasto for com seguro-saúde ou educação de filho maior? A lei nada diz, mas, se o filho tiver menos de 25 anos e estiver estudando, a obrigação de sustento permanece e, portanto, as despesas não podem ser colacionadas. Após essa idade, ou cessando o dever de sustento por decisão judicial, tais valores passam a ser colacionados. Da mesma forma, não se colacionam os gastos com filho maior incapaz. Nessa hipótese, entende-se que a despesa tem natureza alimentar. Por opção do legislador, não se colacionam as despesas com o casamento (aprestos), nem o que se gastou na defesa de processo-crime. Note-se que as despesas com casamento têm um sentido amplo e incluem não só os gastos com a festa, igreja, música etc., mas também o vestido, a lua de mel etc. É algo que o legislador entende que pode o pai fazer para um filho ou filha, e não para outro, sem que haja obrigação de igualdade entre eles. Mesmo porque um filho pode se casar, e outro não. O beneficiário de um seguro de vida não deve colacionar o valor recebido. Isso porque tal valor não é parte do patrimônio do falecido. Não estamos diante de doação e o pai pode fazer um seguro em favor de um dos filhos e não do outro.

JURISPRUDÊNCIA COMENTADA: A doação em dinheiro deve ser colacionada e não se confunde com as exceções previstas nesse artigo: "Doação de dinheiro de ascendente a descendente. Alegação de que a própria doadora e de cujus teria declarado que havia contemplado ambos os filhos com valores semelhantes. Insuficiência desta manifestação de vontade para dispensar a colação. A dispensa da colação é ato formal que exige escritura pública ou testamento, não bastando genérica afirmação da doadora em instrumento diverso de que haveria outros atos de liberalidade em favor da família do outro herdeiro [...]. Não há notícia de que o numerário seria gasto com filho menor (art. 1.793 do CC/16 e art. 2.010 do CC/02), tampouco de que haveria doação remuneratória (art. 1.794 do CC/16 e art. 2.011 do CC/02), pelo contrário, havendo referência à intenção de presentear o filho. Portanto, a colação é devida, sendo o recurso acolhido para esta finalidade" (TJSP, AP 0057718-10.2004.8.26.0100, 1.ª Câmara de Direito Privado, São Paulo, Rel. Éneas Costa Garcia, j. 12.11.2018).

REFORMA DO CÓDIGO CIVIL: Pretende-se alterar o art. 2.010, que passaria a ter a seguinte redação: "Art. 2.010. Não virão à colação os gastos ordinários do ascendente com o descendente, com menos de dezoito anos de idade, incapaz ou dependente econômico do autor da herança, até 25 anos, para sua educação, estudos, sustento, vestuário, tratamento nas enfermidades, enxoval, assim como as despesas de casamento, ou as feitas no interesse de sua defesa em processo-crime". Como anteriormente expliquei, embora a lei não explicitamente mencione, aplica-se o disposto no artigo aos filhos menores de 25 anos que estiverem estudando ou aos filhos incapazes. Lembro que são colacionadas liberalidades, e não "deveres". A proposta simplesmente passa a fazer menção a essas outras duas hipóteses atualmente não mencionadas. Fica mais clara a lei.

Art. 2.011. As doações remuneratórias de serviços feitos ao ascendente também não estão sujeitas a colação.

COMENTÁRIOS DOUTRINÁRIOS: A doação remuneratória não é uma liberalidade em sentido estrito, pois tem caráter oneroso. Ela vem em recompensa a uma vantagem obtida pelo doador. É o caso do paciente que não é cobrado pela consulta e manda ao médico, como doação remuneratória, uma caixa de vinhos. Como não tem caráter de liberalidade, ela não deve ser colacionada. Se não for puramente remuneratória, o excesso deve ser colacionado. É o caso do pai que, para remunerar o serviço do filho que equivale a R$ 1.000,00, doa um carro que vale R$ 50.000,00. O artigo deveria compreender, também, as doações com encargo, mas não o faz. Assim sendo, as únicas doações que não se colacionam são as remuneratórias.

JURISPRUDÊNCIA COMENTADA: Se o filho é advogado e trabalha para o pai ou suas empresas, a doação pode ter caráter remuneratório, mas isso deve ser discutido em ação própria. Assim: "[...] os documentos apresentados não revelam que as doações representaram forma de pagamento por serviços realizados para a falecida. Inexiste qualquer anotação nesse sentido na formalidade dos atos liberatórios ou mesmo no testamento da autora da herança (f. 31/32). Não há contrato de honorários advocatícios ou emissão de recibo. A documentação acostada pelo apelante apenas demonstra a prestação de serviços advocatícios em favor dos pais e da empresa familiar (f. 477/605), mas não denota como restou ajustado o pagamento ou mesmo se o trabalho seu deu *pro bono*. A natureza do serviço prestado e a sugerida contraprestação por doação, no máximo, podem ser objeto de discussão em ação própria, nos termos do art. 984 do CC/73 (art. 612 do CPC/2015)" (TJSP, AP 0178270-33.2006.8.26.0100, 5.ª Câmara de Direito Privado, São Paulo, Rel. James Siano, j. 29.09.2016).

Art. 2.012. Sendo feita a doação por ambos os cônjuges, no inventário de cada um se conferirá por metade.

COMENTÁRIOS DOUTRINÁRIOS: A doação do ascendente ao descendente pode ser feita por apenas um dos cônjuges ou por ambos. Imaginemos um casal casado por separação convencional de bens. Os bens de cada cônjuge são particulares. Se o pai doa um bem a um dos filhos, é apenas no inventário do pai que o bem deve ser colacionado. Contudo, se o casal for casado pelo regime de comunhão universal ou parcial de bens, e realizar a doação de um bem comum, temos dois doadores e a colação ocorrerá duas vezes: metade do bem será colacionado no inventário do pai e outra metade no da mãe. Da mesma forma, se o casal for casado por separação convencional de bens, mas tiver um bem em condomínio. Vamos supor que o marido tem 30% do imóvel doado ao filho e a mulher 70%. Haverá duas colações: uma de 30% no inventário do pai e outra de 70% no inventário da mãe. Se a doação for em dinheiro, e o casal for casado por comunhão universal ou parcial de bens, haverá uma presunção de se tratar de bem comum a ser colacionado, nos termos do presente artigo. Se houver prova de que o dinheiro pertence a apenas um dos cônjuges, a colação se dará apenas no inventário do doador. A regra do art. 2.012 e todos os comentários sobre ela valem, também, para companheiros.

JURISPRUDÊNCIA COMENTADA: Efetivamente, se o falecido e a esposa fizeram a doação de certo bem a um filho comum em adiantamento de legítima, no momento de sua morte se colaciona apenas 50% do bem: "portanto, apenas metade do bem deverá ser trazido à colação neste momento" (TJSP, AI 2098505-65.2018.8.26.0000, 8.ª Câmara de Direito Privado, Taubaté, Rel. Alexandre Coelho, j. 05.12.2018).

REFORMA DO CÓDIGO CIVIL: Pretende-se alterar o art. 2.012, que passaria a ter a seguinte redação: "Art. 2.012. Sendo feita a doação por ambos os cônjuges ou conviventes, no inventário de cada um se conferirá por metade". O Supremo Tribunal Federal fixou o entendimento de que a diferenciação, quanto às regras sucessórias entre cônjuge e companheiro, é inconstitucional. A equiparação ordenada pelo STF entre casamento e união estável foi fixada em repercussão geral: "No sistema constitucional vigente, é inconstitucional a distinção de regimes sucessórios entre cônjuges e companheiros, devendo ser aplicado, em ambos os casos, o regime estabelecido no art. 1.829 do Código Civil" (Tema 809). Essa equalização fez que surgisse a necessidade de alteração de vários artigos para a inclusão dos companheiros (que, com a reforma, passarão a ser chamados de conviventes) onde antes só se falava em cônjuge. O artigo em comento é um dos que precisaram passar por essa adaptação.

CAPÍTULO V
DA PARTILHA

Art. 2.013. O herdeiro pode sempre requerer a partilha, ainda que o testador o proíba, cabendo igual faculdade aos seus cessionários e credores.

COMENTÁRIOS DOUTRINÁRIOS: A partilha implica o fim do estado de indivisão da herança. Com a partilha, cessam as funções do inventariante também. Por isso não se pode permitir ao testador que determine a não partilha dos bens. É nula qualquer cláusula testamentária nesse sentido. Trata-se de direito potestativo do herdeiro exigir, a qualquer tempo, que se realize a partilha. Ademais, a partilha desejada pelo CC é aquela que evita condomínio entre os herdeiros, conforme se depreende do art. 2.014 do CC. Assim, há um verdadeiro interesse social na partilha e no fim do condomínio, o que evita brigas e litígios entre os herdeiros. O mesmo direito têm os cessionários dos direitos hereditários, pois podem ter direito a bem determinado ou a um quinhão da herança e, para eles, o condomínio não é desejável. O credor, para poder receber o crédito, também tem interesse no fim da indivisão, o que permite a penhora e execução de seu crédito.

JURISPRUDÊNCIA COMENTADA: Feita a partilha, a indivisão cessa e, portanto, "transitada em julgado a sentença que homologou a partilha, cessa o condomínio hereditário e os sucessores passam a exercer, exclusiva e plenamente, a propriedade dos bens e direitos que compõem seu quinhão, nos termos do art. 2.013 do CC/02. Não há mais falar em espólio, sequer em representação em juízo pelo inventariante [...]" (STJ, REsp 1.238.684, 3.ª Turma, Min. Nancy Andrighi, j. 03.12.2013, citado na nota 17 ao art. 75 do *Código de Processo Civil*, Theotônio Negrão, 47. ed., 2016, p. 167).

Art. 2.014. Pode o testador indicar os bens e valores que devem compor os quinhões hereditários, deliberando ele próprio a partilha, que prevalecerá, salvo se o valor dos bens não corresponder às quotas estabelecidas.

COMENTÁRIOS DOUTRINÁRIOS: Esse dispositivo é de grande importância para fins de planejamento sucessório e desfaz alguns equívocos comuns na concepção da legítima. Isso porque pode o testador estabelecer, por meio de um ato unilateral, quais bens comporão o quinhão hereditário de cada herdeiro necessário, evitando-se assim um condomínio muitas vezes indesejado entre todos os herdeiros. Novamente, um exemplo de manual ajuda a compreensão da questão. Suponha que o testador tem apenas dois filhos e dois imóveis, que são dois apartamentos idênticos em um mesmo prédio. Pode o testador pagar a legítima de cada filho com um apartamento evitando o condomínio entre ambos. Conforme o brocardo romano, *condominium mater rixarum est* (o condomínio é a mãe das discórdias). A partilha faz-se conforme previsão do testamento e de acordo com o que quer o testador. O tema não é simples, pois, se herdeiros necessários houver, em razão do respeito à legítima, não pode um dos herdeiros necessários ser prejudicado. Assim, se o testador deixar para um filho um imóvel de R$ 200.000,00 e para outro um precatório cujo valor de face seja R$ 200.000,00, a partilha será ineficaz, pois o precatório tem pagamento demorado e duvidoso (ver art. 2.017 do CC). O CPC/2015 estimula que a partilha não crie condomínio entre os herdeiros, e assim dispõe (art. 647): "o juiz facultará às partes que, no prazo comum de 15 (quinze) dias, formulem o pedido de quinhão e, em seguida, proferirá a decisão de deliberação da partilha, resolvendo os pedidos das partes e designando os bens que devam constituir quinhão de cada herdeiro e legatário". "Os bens que comporão o quinhão de cada herdeiro" é indicação de que partilhar todos os bens entre todos os herdeiros de maneira a criar condomínio é o que o CPC não determina. É contra a *mens legis*. Contudo, admite-se essa solução, pois a matéria está no campo patrimonial com grande força da autonomia privada. Se um dos herdeiros se insurgir contra o condomínio, tão usual na vida forense, caberá ao juiz seguir a determinação do art. 648: "a máxima igualdade possível quanto ao valor, à natureza e à qualidade dos bens; a prevenção de litígios futuros; a máxima comodidade dos coerdeiros, do cônjuge ou do companheiro, se for o caso". É pela prevenção de litígios que o condomínio não ocorrerá, salvo se inexistir outra forma viável de partilha.

JURISPRUDÊNCIA COMENTADA: A jurisprudência conforma que se deve respeitar a vontade do testador em evitar o condomínio entre os herdeiros: "Sob tal perspectiva, nada obsta a realização da partilha dispondo de bens diversos a cada um dos herdeiros, desde que se assegure as respectivas quotas hereditárias a cada um dos herdeiros. Outrossim, não é caso de se reconhecer a redução das cotas legadas, vez que o próprio testamento cuidou do regramento da proporcionalidade resguardada a cada legatário, ao determinar, na cláusula 'b', que 'a totalidade de sua parte disponível sobre todos os demais bens que possua ou venha a possuir, parte disponível essa que deverá ser calculada sobre o conjunto de todos os bens, mas imputada primeiramente nos bens imóveis situados no Estado de São Paulo, compensando-se as legítimas dos herdeiros com maior participação nos imóveis situados em outros Estados, de acordo com as respectivas avaliações; e, caso os bens situados no Estado de São Paulo sejam insuficientes para completar a parte disponível, esta abrangerá outros bens, mesmo que fora deste Estado" (TJSP, AP 1002461-87.2016.8.26.0576, 7.ª Câmara de Direito Privado, São José do Rio Preto, Rel. Rômolo Russo, j. 22.10.2019).

REFORMA DO CÓDIGO CIVIL: Pretende-se alterar a redação do art. 2.014, que passaria a ter a seguinte redação: "Art. 2.014. Pode o testador indicar os bens e valores que devem compor os quinhões hereditários, incluindo a legítima dos herdeiros necessários, deliberando ele próprio a partilha, que prevalecerá, salvo se o valor dos bens não corresponder às quotas estabelecidas". A mudança do dispositivo deixa mais clara a possibilidade do chamado preenchimento da legítima, que já é aceito pela doutrina e pela jurisprudência majoritárias. Como já explicado nos comentários doutrinários desse artigo, esse preenchimento consiste na possibilidade de o testador escolher quais os bens que integrarão o quinhão de cada herdeiro necessário (é, por exemplo, o caso anteriormente mencionado do pai com dois apartamentos idênticos no mesmo prédio que escolhe qual vai deixar para cada filho). Também se pretende criar um art. 2.014-A com a seguinte redação: "Art. 2.014-A. Não havendo disposição testamentária em contrário, o juiz poderá determinar, a pedido do interessado, a atribuição preferencial, na partilha: I – das participações societárias titularizadas pelo falecido ao herdeiro que já integre o quadro social ou exerça cargo de administração na sociedade, com a obrigação de pagamento do saldo aos demais herdeiros, se houver; II – do imóvel utilizado como residência ou exercício da profissão pelo herdeiro". O CPC/2015, em especial em seu art. 647, tentou dar maior celeridade ao processo de inventário judicial. A reforma, se aprovada, visa, ainda, dar celeridade a tal processo e preferências, a fim de facilitar a partilha, na atribuição de bens. Segundo o artigo proposto, o herdeiro que já participar da empresa (como administrador ou compondo seu quadro societário) terá preferência em relação às participações societárias que eram do falecido. O herdeiro que já habite ou trabalhe em determinado imóvel, por sua vez, também terá preferência de recebê-lo em uma partilha. Isso é bom para a continuidade das atividades da pessoa jurídica e também para aquele que nela já exerce atividade.

Art. 2.015. Se os herdeiros forem capazes, poderão fazer partilha amigável, por escritura pública, termo nos autos do inventário, ou escrito particular, homologado pelo juiz.

COMENTÁRIOS DOUTRINÁRIOS: Se o testador não fez a partilha, podem os coerdeiros realizá-la, obedecendo a formalidade legal: escritura pública, termos nos autos ou escrito particular homologado pelo juiz. A eventual ausência de homologação judicial não invalida a partilha. Sendo as partes capazes e inexistindo vício, a partilha obriga os coerdeiros e seus sucessores. Como qualquer acordo de vontades, tem força obrigatória, ainda que não haja homologação. A ausência de homologação tem apenas um efeito processual (mas não de direito material): diante da inexistência de sentença, implica, apenas, a ausência de trânsito em julgado. Além disso, não haverá nenhum outro efeito. Dúvida não há de que, se houver escritura, a homologação judicial não será necessária e o acordo produzirá todos os efeitos para o direito civil. Aliás, se assim não fosse, o sistema permitiria o inventário extrajudicial e depois exigiria homologação judicial? A lei não poderia ser assim interpretada, como, de resto, ninguém defende essa necessidade de homologação. O CPC/2015, ao admitir o inventário extrajudicial, deve ser sistematicamente interpretado. Ainda que o art. 656 mencione o trânsito em julgado da partilha, sem se referir à partilha por escritura pública, há de reconhecer sua desnecessidade nos inventários extrajudiciais por força do próprio art. 610 que nada exige quanto à homologação da escritura pública. Porém, a recente alteração da Resolução n. 35/2007 do Conselho Nacional de Justiça (CNJ) passou a admitir, em seu art. 12-B, que, ainda em casos de inventários que possuam testamentos, será autorizado o procedimento extrajudicial, desde que todas as partes estejam representadas por advogado, além de expressa autorização judicial, em sentença transitada em julgado, em ação de abertura e cumprimento de testamento válido e eficaz. Também na mesma Resolução, em seu art. 12-A, há a possibilidade de lavratura de escritura pública de inventário mesmo nos casos em que se tenha como interessado menor ou incapaz, vide comentários ao art. 1.796.

REFORMA DO CÓDIGO CIVIL: Pretende-se alterar o art. 2.015, que passaria a vigorar com a seguinte redação: "Art. 2.015. Se o inventário for negativo ou se todos os herdeiros forem concordes, poderão fazer o inventário ou a partilha amigável, por escritura pública, no tabelionato de notas, independente de homologação judicial e desde que as partes estejam assistidas por advogado ou defensor público, cuja qualificação e assinatura constarão do ato notarial. § 1º Se houver herdeiro incapaz, a eficácia da escritura pública dependerá de anuência do Ministério Público. § 2º Com a discordância do Ministério Público, não se lavrará a escritura". Uma das premissas para a reforma do Código Civil era a desjudicialização. Vários artigos, tentando seguir tal premissa, tiraram do Judiciário e levaram ao extrajudicial vários atos da vida civil. O artigo em comento foi um deles. O texto, se aprovado, passa a permitir o inventário e a partilha por escritura pública mesmo em casos em que existam incapazes, condicionando, nesses casos, a fim de garantir maior segurança a tais indivíduos, a eficácia da escritura à anuência do Ministério Público. A pretensão da Comissão de alteração do texto de lei, neste artigo, sintoniza com o disposto na Resolução n. 35/2007 do CNJ, tal como explicamos nos comentários do artigo atual.

Art. 2.016. Será sempre judicial a partilha, se os herdeiros divergirem, assim como se algum deles for incapaz.

COMENTÁRIOS DOUTRINÁRIOS: Havendo discordância entre os herdeiros, impossível a partilha por escritura pública ou mesmo por instrumento particular homologado judicialmente. Se os herdeiros forem concordes, à exceção de um, e fizerem uma escritura pública de partilha ou instrumento particular, este será ineficaz quanto ao herdeiro que não aderiu. Observa-se que a Resolução n. 35/2007 do CNJ, neste ponto, reforça a exigência da remessa ao judiciário para os casos em que não exista concordância entre os herdeiros.

REFORMA DO CÓDIGO CIVIL: Pretende-se alterar o art. 2.016, que passaria a ter a seguinte redação: "Art. 2.016. Serão sempre submetidos à jurisdição o inventário e a partilha, se os herdeiros ou legatários divergirem. § 1º Se todos os herdeiros e os legatários forem concordes, o inventário e a partilha poderão ser feitos por escritura pública, a qual constituirá documento hábil para qualquer ato de registro, bem como para levantamento de importância depositada em instituições financeiras. § 2º O tabelião somente lavrará a escritura pública se todas as partes interessadas estiverem assistidas por advogado ou por defensor público, cuja qualificação e assinatura constarão do ato notarial. § 3º Se houver herdeiro incapaz ou testamento, a eficácia da escritura pública dependerá de anuência do Ministério Público. § 4º Com a discordância do Ministério Público, o tabelião de notas não lavrará a escritura". A proposta incorpora o art. 610 do CPC. Além disso, basicamente se repetem os dois parágrafos desse artigo no art. 2.016, reforçando a possibilidade de se fazer inventário por escritura pública em casos que envolvam incapazes, desde que o Ministério Público dê anuência.

Art. 2.017. No partilhar os bens, observar-se-á, quanto ao seu valor, natureza e qualidade, a maior igualdade possível.

COMENTÁRIOS DOUTRINÁRIOS: A igualdade entre quinhões não poder ser absoluta. Se fosse, a única forma de se cumprir o artigo em comento seria que todos os bens fossem repartidos entre os herdeiros criando um condomínio entre eles. É exatamente o que a lei (CC e CPC) não deseja. Por isso, a locução "maior igualdade possível" não se confunde com igualdade absoluta. Trata-se de igualdade qualitativa e quantitativa. Assim, deixar dinheiro para um filho e imóveis para outro pode não atender a essa igualdade de natureza e valor. O imóvel pode ser, por exemplo, de difícil liquidação. Algumas questões devem ser ponderadas. Se um filho é médico e o pai tem uma clínica rentável, não faz sentido partilhar a clínica com o filho que é advogado, podendo este receber, em dinheiro, quinhão para compor sua legítima. Da mesma forma se um dos herdeiros mora no imóvel ou o usa para seu trabalho. É com ele que deve ficar a totalidade do bem, sendo os demais herdeiros compensados com outros imóveis ou mesmo dinheiro. Nesse sentido, determina o CPC/2015 que "o juiz poderá, em decisão fundamentada, deferir antecipadamente a qualquer dos herdeiros o exercício dos direitos de usar e de fruir de determinado bem, com a condição de que, ao término do inventário, tal bem integre a cota desse herdeiro, cabendo a este, desde o deferimento, todos os ônus e bônus decorrentes do exercício daqueles direitos" (art. 647, parágrafo único). O herdeiro não é proprietário do todo, a não ser após a partilha. Antes dela, permanece condômino dos demais herdeiros e paga, inclusive, remuneração pelo uso exclusivo da coisa comum (impropriamente chamado de aluguel). Se o bem gerar frutos (for um imóvel locado), o fruto pertencerá a todos os herdeiros em condomínio até que haja a partilha (vide art. 2.020 do CC). Não pode ser outra a interpretação do dispositivo, sob pena de favorecimento indevido e enriquecimento ilícito de um dos herdeiros em prejuízo dos demais. O dispositivo prevê apenas que tal bem será destinado ao herdeiro quando da partilha.

Art. 2.018. É válida a partilha feita por ascendente, por ato entre vivos ou de última vontade, contanto que não prejudique a legítima dos herdeiros necessários.

COMENTÁRIOS DOUTRINÁRIOS: A partilha em vida, quer seja por doação (negócio jurídico bilateral que produz efeitos imediatos), quer seja por testamento (negócio jurídico unilateral que só produz efeitos após a morte do testador), quer seja por acordo entre todos os herdeiros e o proprietário dos bens (negócio jurídico plurilateral, pois terá a vontade do titular dos bens e de seus futuros herdeiros), é admitida pelo sistema. Note-se que, se o ascendente doar um bem a determinada filha, não estaremos diante de partilha em vida, mas de doação simplesmente, que segue todas as regras dos arts. 544 e 549 do CC. A partilha em vida por doação é aquela em que o ascendente transfere todos os bens, reservando para si apenas o usufruto. Por óbvio, para que haja partilha em vida por meio de doação, todos os descendentes devem ser contemplados, respeitando-se a legítima de cada um deles. Se dúvida houver quanto à intenção do doador ou testador, partilha em vida não haverá. Só haverá, se, por meio de um único ato ou conjunto de atos, o proprietário dos bens distribuí-los entre todos seus herdeiros, respeitando a legítima de cada um, sem que haja imediata transmissão da propriedade. Se um dos filhos nada receber em razão de doações aos demais, estaremos diante de doação inoficiosa, e não de partilha em vida inválida ou ineficaz. A partilha em vida, que não por doação, nem por testamento, seria um negócio jurídico *sui generis*. Nela, não há transmissão de propriedade, como ocorre na doação. Terá com objeto os bens que comporão a futura herança e dimensionará os quinhões de cada herdeiro sobre tais bens. Como qualquer acordo, só vincula quem anuiu com ela e não terceiros, nem seus descendentes.

REFORMA DO CÓDIGO CIVIL: Pretende-se alterar o art. 2.018, que passaria a ter a seguinte redação: "Art. 2.018. Toda pessoa capaz de dispor por testamento poderá fazer a partilha em vida da totalidade de seus bens ou de parte deles, contando que respeite a legítima dos herdeiros e não viole normas cogentes ou de ordem pública". A redação não traz norma nova. Como anteriormente explicado, a partilha em vida já é amplamente aceita no Direito Civil pátrio. A proposta apenas almeja tornar essa possibilidade mais clara e explícita. Pretende-se também criar um art. 2.018-A com a seguinte redação: "Art. 2.018-A. A partilha em vida é irrevogável e poderá ser invalidada nas mesmas hipóteses previstas nos arts. 166 e 171 deste Código". Conforme já explicitado, a partilha em vida é, na realidade, uma doação, na qual o donatário reserva para si o usufruto. Assim, como outra doação qualquer, a partilha em vida é irrevogável. Além disso, submete-se às regras de validade do negócio jurídico da Parte Geral do Código. Agora, a opção por se utilizar "normas cogentes ou de ordem pública" pode gerar uma discussão totalmente inútil sobre a diferença entre as normas em questão.

Art. 2.019. Os bens insuscetíveis de divisão cômoda, que não couberem na meação do cônjuge sobrevivente ou no quinhão de um só herdeiro, serão vendidos judicialmente, partilhando-se o valor apurado, a não ser que haja acordo para serem adjudicados a todos.

§ 1º Não se fará a venda judicial se o cônjuge sobrevivente ou um ou mais herdeiros requererem lhes seja adjudicado o bem, repondo aos outros, em dinheiro, a diferença, após avaliação atualizada.

§ 2º Se a adjudicação for requerida por mais de um herdeiro, observar-se-á o processo da licitação.

COMENTÁRIOS DOUTRINÁRIOS: Como o sistema pretende evitar o condomínio, a regra do artigo em comento dá efetividade a essa ideia. Se houver um bem divisível, este será dividido entre os herdeiros, e não há razão para condomínio. Se for indivisível, haverá duas possibilidades: a) integrar a meação do cônjuge; ou b) ser atribuído a um único herdeiro. Essas duas hipóteses dependem da vontade de adjudicação devidamente manifestada. Ainda, haverá avaliação atualizada do bem e quem o adjudica repõe em dinheiro a parte dos demais. Se nenhuma das hipóteses for viável, quer seja porque o valor do bem é muito grande e não há como compensar os demais herdeiros, quer seja porque a viúva ou os demais herdeiros não o querem, a solução será sua venda judicial e divisão do dinheiro. Como ocorre no condomínio, tanto o cônjuge sobrevivente como o herdeiro terão direito de preferência quanto ao terceiro (art. 1.322 do CC). Ainda, se houver mais de um herdeiro interessado em ficar com o bem (adjudicá-lo), haverá um processo de licitação entre eles e, novamente, aplicam-se as regras do condomínio.

Assim, entre os condôminos têm preferência aquele que tiver na coisa benfeitorias mais valiosas, e, não as havendo, o de quinhão maior (art. 1.322 do CC).

REFORMA DO CÓDIGO CIVIL: Pretende-se alterar o art. 2.019, que passaria a ter a seguinte redação: "Art. 2.019. Os bens insuscetíveis de divisão cômoda, que não couberem na meação do cônjuge ou convivente sobrevivente ou no quinhão de um só herdeiro, poderão ser vendidos judicial ou extrajudicialmente, partilhando-se o valor apurado, a não ser que haja acordo para serem adjudicados a todos. § 1º Não se fará a venda judicial ou extrajudicial se o cônjuge ou convivente sobrevivente ou um ou mais herdeiros requererem lhes seja adjudicado o bem, repondo aos outros, em dinheiro, a diferença, após avaliação atualizada. § 2º Se a adjudicação for requerida por mais de um herdeiro, observar-se-á o processo da licitação. § 3º A venda extrajudicial somente é possível em se tratando de bens imóveis, e será efetivada perante o Cartório de Registro de Imóveis, em procedimento próprio a ser regulamentado pelo Conselho Nacional de Justiça. § 4º Em se tratando de bens digitais, é possível a avaliação posterior para fins de composição da sobrepartilha". Tal medida tem por objetivo atualizar e padronizar a linguagem do Código Civil no que toca às expressões "cônjuges" e "companheiros", em consonância com a equiparação quanto aos efeitos sucessórios. No mais, pretende-se adicionar o § 3º para dispor sobre a venda extrajudicial de bem imóvel, expressamente a permitindo e remetendo à legislação infralegal sua regulamentação. Tal procedimento se dará perante o Registrador de Imóveis competente. Por fim, também se pretende incluir o § 4º no mesmo dispositivo para prever que, tratando-se de bens digitais, permite-se o diferimento de sua avaliação para momento posterior à partilha, procedimento que visa ao término da partilha, sem prejuízo de eventual sobrepartilha dos bens digitais. Ademais, pretende-se criar o art. 2.019-A com a seguinte redação: "Art. 2.019-A. Qualquer herdeiro poderá requerer ao juiz que lhe seja antecipadamente adjudicado bem determinado que couber no seu quinhão, ou repondo ao espólio, em dinheiro, eventual diferença, após avaliação atualizada. Parágrafo único. Se a adjudicação for requerida por mais de um herdeiro, terá preferência aquele que aceitar o bem por maior valor". A alteração visa tornar mais efetiva o disposto no art. 647 do CPC, a fim de antecipar, pelo menos em parte, o desfecho do inventário judicial. Embora a legislação permita a fruição antecipada de bem determinado por apenas um dos herdeiros, a jurisprudência tem se mostrado reticente à aplicação da regra, somente deferindo o pedido de antecipação quando comprovada necessidade de subsistência.

Art. 2.020. Os herdeiros em posse dos bens da herança, o cônjuge sobrevivente e o inventariante são obrigados a trazer ao acervo os frutos que perceberam, desde a abertura da sucessão; têm direito ao reembolso das despesas necessárias e úteis que fizeram, e respondem pelo dano a que, por dolo ou culpa, deram causa.

COMENTÁRIOS DOUTRINÁRIOS: A posse pelo herdeiro ou cônjuge ou companheiro sobrevivente de certo bem comum implica o dever de trazer ao acervo, ou seja, depositar nos autos do inventário ou na conta do espólio, os frutos produzidos pelos bens comuns. Até que haja a partilha, persiste o condomínio iniciado com a morte do *de cujus* em razão da *saisine* (art. 1.784 do CC). Por isso, ainda que certo bem seja antecipadamente atribuído a um dos herdeiros (art. 647, parágrafo único, do CPC/2015), os frutos a ele não pertencem, se não no momento da partilha. Ademais, tem o direito ao reembolso por benfeitorias úteis e necessárias que fizerem e aqui é irrelevante sua boa ou má-fé, afastando-se o CC das regras da posse (arts. 1.219 e 1.220). Da mesma forma, responde pelos danos que causar por dolo ou culpa e, novamente, é irrelevante sua boa ou má-fé, não se aplicando as regras dos arts. 1.217 e 1.218 do CC. Em suma, para a aplicação do art. 2.020, a boa-fé subjetiva não é importante. Sua presença ou ausência não altera a incidência do dispositivo.

REFORMA DO CÓDIGO CIVIL: Pretende-se alterar o art. 2.020, que passaria a vigorar com a seguinte redação: "Art. 2.020. Os herdeiros em posse dos bens da herança, o cônjuge ou convivente sobrevivente e o inventariante são obrigados a trazer ao acervo os frutos que perceberam, desde a abertura da sucessão. Parágrafo único. As pessoas indicadas no *caput* têm direito ao reembolso das despesas que fizeram, e respondem pelo dano que, por dolo ou culpa, deram causa". A nova redação proposta desloca parte do *caput* para o parágrafo único, o que em nada altera o sentido do artigo. Além disso, como expliquei nos comentários às mudanças propostas no art. 2.012, a Comissão de Reforma do Código Civil, seguindo a jurisprudência do STF, optou por equiparar o cônjuge ao companheiro (ou conviventes, segundo o texto proposto) em matéria sucessória. Assim, se aprovada a reforma, o artigo ora em comento também passa a fazer menção aos conviventes.

Art. 2.021. Quando parte da herança consistir em bens remotos do lugar do inventário, litigiosos, ou de liquidação morosa ou difícil, poderá proceder-se, no prazo legal, à partilha dos outros, reservando-se aqueles para uma ou mais sobrepartilhas, sob a guarda e a administração do mesmo ou diverso inventariante, e consentimento da maioria dos herdeiros.

COMENTÁRIOS DOUTRINÁRIOS: O dispositivo parte do princípio de que bens "problemáticos" não devem impedir a partilha dos demais bens, pois a celeridade interessa aos herdeiros e reduz o risco de litígios. Por isso bens remotos do lugar do inventário, litigiosos, ou de liquidação morosa ou difícil, podem ser objeto de sobrepartilha. Isso ocorre na prática forense. A lei só reforça que interessa ao sistema que haja celeridade, sem necessidade de o inventário englobar todos os bens do falecido. Há uma autorização legal para que certos bens sejam intencionalmente deixados de fora do inventário e se sujeitem a posterior sobrepartilha. Isso não permite, contudo, que o imposto sobre tais bens deixe de ser recolhido. Se o recolhimento não ocorrer nos prazos legais, de acordo com cada lei estadual que trate do tema, haverá a incidência de multa. Tais bens podem ficar na posse do inventariante ou de algum herdeiro, desde que haja decisão da maioria dos herdeiros. Cabe a eles a decisão sobre a posse e administração dos bens que forem deixados para sobrepartilha.

Art. 2.022. Ficam sujeitos a sobrepartilha os bens sonegados e quaisquer outros bens da herança de que se tiver ciência após a partilha.

COMENTÁRIOS DOUTRINÁRIOS: O último dispositivo que trata da partilha tem regra inútil. Se houver sonegação e esta for comprovada e decidida antes da partilha, o bem sonegado será normalmente partilhado. Contudo, se efetivamente a decisão quanto à sonegação só se der depois, a única solução é sua sobrepartilha. Da mesma forma, se o bem for desconhecido no momento da partilha. É óbvio que não se partilhará o que se desconhece e o que foi sonegado. A solução única será a sobrepartilha.

CAPÍTULO VI
DA GARANTIA DOS QUINHÕES HEREDITÁRIOS

Art. 2.023. Julgada a partilha, fica o direito de cada um dos herdeiros circunscrito aos bens do seu quinhão.

COMENTÁRIOS DOUTRINÁRIOS: Com a partilha, acaba o estado de indivisão da herança e, por isso, cada herdeiro só tem direito sobre o seu quinhão determinado. Pode acabar, inclusive, sem condomínio se a partilha seguir o que determinam o CC e o CPC. A partir dela, os frutos só pertencem ao herdeiro ao qual o bem se destinou, os danos por ele causados são irrelevantes para os demais herdeiros e a questão das benfeitorias só a ele beneficia. Se os bens forem mantidos em condomínio, o direito de cada herdeiro se restringe a seu quinhão da propriedade e serão aplicadas depois da partilha as regras do condomínio (ver arts. 1.314 e segs. do CC).

Art. 2.024. Os co-herdeiros são reciprocamente obrigados a indenizar-se no caso de evicção dos bens aquinhoados.

COMENTÁRIOS DOUTRINÁRIOS: Note-se que a evicção é a perda da propriedade do bem em favor do real proprietário (art. 447 do CC). O dispositivo prova, novamente, que o CC não deseja a partilha em condomínio. Se todos os herdeiros ficarem com o bem em condomínio e este for perdido por evicção, evidentemente que o artigo em comento não terá aplicação. A lei presume que o herdeiro foi aquinhoado com certo bem que, posteriormente, se perdeu por evicção. Ele, o herdeiro aquinhoado, portanto, foi o único a sofrer a perda. Nessa hipótese, tem ele direito de ser "indenizado" pelos demais. Na verdade, não se trata de indenização em que se aplicam as regras da responsabilidade civil. Haverá uma compensação dos demais herdeiros para evitar a desigualdade sucessória e um enriquecimento indevido dos demais herdeiros. A evicção indica que, quando ao herdeiro foi destinado certo bem, este tinha um vício de direito. Assim, o herdeiro não pode ser prejudicado arcando com a perda.

Art. 2.025. Cessa a obrigação mútua estabelecida no artigo antecedente, havendo convenção em contrário, e bem assim dando-se a

evicção por culpa do evicto, ou por fato posterior à partilha.

COMENTÁRIOS DOUTRINÁRIOS: O dispositivo traz três hipóteses em que não há responsabilidade dos demais herdeiros por evicção. Uma das hipóteses é complexa e as outras duas padecem de impropriedade. Não há responsabilidade por evicção, se os herdeiros assim avençaram. É situação complexa, pois, ao tratar da evicção, dispõe o CC que só não haverá responsabilidade se o evicto sabia, conhecia os riscos da evicção e expressamente os assumiu (art. 449 do CC). Nessa hipótese, o herdeiro evicto nada poderá cobrar dos demais. Assumiu um risco e por ele arcará integralmente. A simples cláusula de irresponsabilidade pela evicção gera o seguinte efeito: o evicto só pode cobrar dos demais herdeiros o preço que tinha a coisa. Todos os demais efeitos da evicção são afastados (ver incisos do art. 450 do CC). A lei diz que não responderão os herdeiros por evicção, se o fato for posterior à partilha. Fato posterior à partilha não pode gerar evicção. Ou o bem já padecia de um vício de direito quando adquirido pelo *herdeiro por força da partilha* e tal vício ensejou a evicção, ou o bem não tem vício algum e não haverá perda para o real proprietário. Assim, se o *de cujus* comprou um carro roubado, que foi destinado ao herdeiro João, e este foi reivindicado pelo real proprietário, a causa da evicção é anterior à morte e remonta a aquisição do bem. Da mesma forma, ainda que o bem seja perdido por usucapião só declarada após a partilha, a causa da perda existia quando dela. E se no momento da partilha ainda não havia prazo suficiente para usucapião, o herdeiro poderia ter interrompido tal prazo quando recebeu o bem. Também a questão da culpa do evicto pela evicção é curiosa. Como o evicto pode ser culpado, se o *de cujus* adquiriu um bem com vício de direito? Pode-se imaginar a hipótese em que o *de cujus* comprou o bem do herdeiro, que, dolosamente, vendeu a ele bem que não lhe pertencia. Na realidade, o que o CC quer dizer é que, se o evicto não se defender da evicção, perder os prazos para tanto ou for revel, nada poderá cobrar dos demais herdeiros. Isso porque sua desídia na perda da coisa é considerada causa da evicção e o valor do bem perdido não será arcado pelos herdeiros.

Art. 2.026. O evicto será indenizado pelos co-herdeiros na proporção de suas quotas hereditárias, mas, se algum deles se achar insolvente, responderão os demais na mesma proporção, pela parte desse, menos a quota que corresponderia ao indenizado.

COMENTÁRIOS DOUTRINÁRIOS: O evicto demandará todos os herdeiros para receber a compensação pelo bem perdido. Cada herdeiro responde perante o evicto de acordo com o quinhão herdado e apenas com os bens que recebeu do falecido. Se um dos coerdeiros for insolvente, sua quota se divide entre todos os demais. A divisão não se dá em partes iguais. É proporcional ao quinhão recebido. Se o testador deixa 40% de seus bens para Maria, 30% para Antônia, 20% para Pedro e 10% para Mario, e Pedro perde, por evicção, um bem que valia R$ 100.000,00, poderá cobrar de Maria apenas R$ 40.000,00, de Antônia apenas R$ 20.000,00 e de Mario apenas R$ 10.000,00. Caso Mario seja insolvente, poderá cobrar mais os seguintes valores: R$ 4.000 de Maria e R$ 3.000,00 de Antônia.

CAPÍTULO VII
DA ANULAÇÃO DA PARTILHA

Art. 2.027. A partilha é anulável pelos vícios e defeitos que invalidam, em geral, os negócios jurídicos.

Parágrafo único. Extingue-se em um ano o direito de anular a partilha.

COMENTÁRIOS DOUTRINÁRIOS: A partilha recebe os efeitos do negócio jurídico, seja ela amigável ou judicial. Se for amigável, será negócio jurídico, pois se trata de autorregulamentação da vontade das partes. A vontade está na formação e na produção de efeitos. Há um prazo decadencial de um ano para sua anulação. É menor que o prazo decadencial para anulação dos negócios jurídicos em geral, que pelo art. 178 do CC é de quatro anos. Note-se que o dispositivo só trata de anulabilidade por erro, dolo, coação, lesão, estado de perigo ou fraude contra credores. Se simulação houver, a partilha será nula e não se sujeitará ao prazo decadencial de um ano para sua declaração. Quando se inicia o prazo de um ano? Se a partilha se deu por escritura pública, o prazo inicia-se no dia seguinte à sua lavratura. Se por decisão judicial, o prazo inicia-se a partir do trânsito em julgado. Contudo, o CPC/2015 (art. 657, parágrafo único) trouxe prazos para tanto: "o direito à anulação de partilha amigável extingue-se em 1 (um) ano, contado esse prazo: no caso de coação, do dia em que ela cessou; no caso de erro ou dolo, do dia em que se realizou o ato; quanto ao incapaz, do dia em que cessar a incapacidade". Quantos aos vícios não mencionados (estado de perigo, lesão e fraude contra credores), mantém-se a regra. Se a partilha se deu por escritura pública, o prazo inicia-se no dia seguinte à sua lavratura. Se por decisão judicial, o prazo inicia-se a partir do trânsito em julgado. O dispositivo aplica-se para qualquer partilha, seja ela decorrente da morte, ou do fim da conjugalidade por divórcio, ou da dissolução da união estável. Se anulada a partilhada realizada em inventário judicial, a nova partilha faz-se nos mesmos autos. Se feita por escritura pública, necessária será a lavratura de novo instrumento pelo mesmo Tabelião de Notas ou por qualquer outro.

JURISPRUDÊNCIA COMENTADA: A Quarta Turma do Superior Tribunal de Justiça entendeu que, se houver coação ou outro vício da vontade no acordo realizado em vida, o prazo para anulação da partilha nas citadas demandas [partilhas amigáveis judiciais realizadas em demandas de dissolução de casamento ou união estável], na vigência do Código Civil de 2002, é decadencial de quatro anos (REsp 1.621.610) em nítida afronta ao preceito legal. A regra geral de quatro anos cede diante da regra especial de um ano, quando se trata de partilha, independentemente de sua origem (morte ou um fim do vínculo conjugal por divórcio). É isso o que dispõe o Enunciado n. 612 da *VII Jornada de Direito Civil*: "O prazo para exercer o direito de anular a partilha amigável judicial, decorrente de dissolução de sociedade conjugal ou de união estável, extingue-se em 1 (um) ano da data do trânsito em julgado da sentença homologatória, consoante dispõem o art. 2.027, parágrafo único, do Código Civil de 2002, e o art. 1.029, parágrafo único, do Código de Processo Civil (art. 657, parágrafo único, do Novo CPC)".

REFORMA DO CÓDIGO CIVIL: Pretende-se alterar o art. 2.027, que passaria a ter a seguinte redação: "Art. 2.027. A partilha sucessória é anulável pelos vícios e defeitos que invalidam, em geral, os negócios jurídicos, previstos no art. 171 deste Código. Parágrafo único. Extingue-se em um ano o direito de anular a partilha sucessória nos casos previstos no *caput*". O artigo passa a fazer remissão ao art. 171, ou seja, o dispositivo que trata dos vícios do negócio jurídico. A alteração principal, todavia, não é essa. Como anteriormente expliquei, o prazo decadencial de um ano, previsto no artigo ora em comento, aplica-se a todos os casos de partilha (por morte ou pelo fim do vínculo conjugal ou convivencial em vida). O STJ entende, no entanto, em decisões *contra legem*, que o dispositivo só se aplica para partilhas decorrentes de morte (e que se aplica o prazo decadencial de quatro anos nos casos em que houver coação ou outro vício da vontade no acordo realizado em vida). A reforma escolheu positivar o entendimento do Superior Tribunal de Justiça e limitar a aplicação do artigo em comento às partilhas sucessórias.

LIVRO COMPLEMENTAR

Comentários de

MÁRIO LUIZ DELGADO

COMENTÁRIOS DOUTRINÁRIOS INTRODUTÓRIOS: O Livro Complementar do Código Civil estabelece as regras de direito intertemporal, necessariamente invocadas quando ocorre uma mudança de grandes leis e cujo objetivo é o de harmonizar e solucionar o "conflito de leis no tempo". O direito intertemporal vem a ser o ramo da ciência jurídica que disciplina as relações jurídicas surgidas no tempo intermédio entre o domínio de uma dada lei e o império da subsequente. *Intertemporal* porque procura estudar (e criar) um direito intermédio, um direito do *entretempo*, que servirá para atenuar o rigor do tempo jurídico que normalmente *corta* a realidade sem preocupar-se com o curso das situações da vida. Daí a necessidade de se sistematizar um conjunto de normas jurídicas e excertos doutrinários, aptos a solucionar os problemas decorrentes da entrada em vigor do CC/2002 no que tange a relações jurídicas iniciadas na vigência do CC/1916. Além dos princípios e regras gerais que compõem o direito intertemporal, pode suceder que o próprio legislador queira também dar uma determinada solução ou mesmo evitar o possível conflito de leis, regulando casuisticamente os problemas que provavelmente decorrerão do advento da nova lei e revogação da anterior. E pode fazê-lo por dois modos distintos: por meio de uma disposição de conflito ou por meio de uma disposição de transição. Em ambos os casos, o legislador estabelece regras destinadas a conciliar, por meio de critérios fundados na equidade e nos princípios gerais de direito, a lei posterior com as relações já definidas pela anterior, indicando ao Juiz qual o sistema jurídico sobre o qual devem estar lastreadas as decisões judiciais. Destinam-se tanto à prevenção como à solução do conflito de leis, que poderia resultar da aplicação da lei posterior a situações constituídas sob a regência da lei anterior. São normas de caráter temporário e excepcional, cuja vigência e eficácia se vinculam à subsistência das próprias situações por elas definidas. São também normas secundárias e sem autonomia, pois não possuem, em si mesmas, nenhum sentido, o qual só adquirem quando entram na relação com outras normas. Destaque-se ter sido a partir da edição desse tipo de disposição normativa e da maneira como elas foram acolhidas pelos destinatários das novas leis que os juristas extraíram as primeiras regras teóricas sobre a sucessão de leis no tempo. A *regra de transição* estabelece um regime intermediário entre duas leis que se sucedem cronologicamente, para permitir que os interesses particulares possam se conciliar com a nova legislação. As situações a que se referem as sucessivas leis recebem disciplina própria, um verdadeiro *mix* de regimes jurídicos, integrado por partes da lei antiga e partes da lei nova. Exemplos de "regra de transição" podem ser encontrados na Constituição Federal, na parte referente ao Ato das Disposições Constitucionais Transitórias (ADCT). Assim, ao mesmo tempo que instituiu o concurso público como única e exclusiva forma de acesso aos cargos efetivos do serviço público (art. 37), o constituinte de 1988 criou uma regra de exceção para aqueles que já ocupassem tais cargos, há mais de cinco anos, à época da promulgação da Carta, que foram considerados estáveis e, portanto, equiparados aos servidores concursados. A *regra de conflito*, por sua vez, tem por objeto direto solucionar o conflito temporal num ou noutro sentido, orientando quando se aplicará a lei antiga ou a nova, ou em que proporção se aplicará cada uma delas. A lei nova determina, ela mesma, seu campo de aplicação no tempo. O legislador se limita a escolher, dentre as leis potencialmente aplicáveis, as que devem regular no todo ou em parte aquela situação. Todas as questões que se situam no período intermédio, de transição entre duas normas cronologicamente sucessivas, quer digam respeito a conflitos normativos em sentido estrito ou a respostas legislativas transitórias, incluem-se no espectro de abrangência do direito intertemporal. Quando o legislador, por meio de uma norma transitória, previne o surgimento de um conflito temporal, ele o fará valendo-se muitas vezes de princípios e teorias construídos ao longo dos séculos e que integram esse ramo particular do conhecimento jurídico. E mesmo outras questões, como, por exemplo, o cômputo do prazo de vacância de uma lei, de modo a se determinar o início de sua vigência, ou a distinção entre as diversas formas pelas quais a lei sucessora opera a revogação da lei sucedida (se totalmente = ab-rogação; se parcialmente = derrogação) interessam diretamente ao direito intertemporal, porquanto refletirão nas soluções, quer legislativas, quer doutrinárias ou jurisprudenciais, a serem adotadas em casos concretos. Estabelecer, por exemplo, a data exata da entrada em vigor da lei posterior é fundamental para que se possam precisar quais situações jurídicas permanecerão regidas pela lei anterior e quais já receberão os influxos da nova lei. Tomando por base o quadro de matérias do Código Civil, passamos a exemplificar, a seguir, algumas das propostas teóricas do direito intertemporal tradicional e a sua aplicação concreta ao CC/2002, na solução de eventuais conflitos em relação ao CC/1916: a) *Normas sobre o estado e capacidade das pessoas naturais:* Em relação às normas que regulam o estado e a capacidade das pessoas naturais não diverge a doutrina a respeito da sua aplicação imediata, alcançando as situações em curso, com exceção daquelas já definitivamente constituídas. Ou seja, quem já era plenamente capaz quando do advento de lei que reduz a maioridade civil não retorna ao estado de incapacidade, enquanto aqueles que já tiverem alcançado a idade prevista na lei nova tornam-se automaticamente capazes. Veja-se o que ocorreu com a maioridade civil, reduzida pelo CC/2002 de 21 para 18 anos. Todos aqueles que já tinham 18 anos ou vieram a atingir tal idade depois da entrada em vigor do Código Civil tornaram-se imediatamente maiores e, portanto, plenamente capazes. Se, ao contrário, tivesse a lei nova ampliado o prazo, de 21 para 25 anos, por exemplo, aqueles que ainda não tinham completado 21 anos, na data da entrada em vigor da nova lei, teriam que aguardar até os 25 anos para se tornarem plenamente capazes, enquanto aqueles que já eram maiores de 21 anos, não obstante menores de 25, não seriam atingidos pela alteração legislativa. A lei nova, conquanto de aplicação imediata, não produzirá efeitos sobre os atos já consumados. Um contrato celebrado por menor de 18 anos, sem assistência, quando vigente o CC/1916, permanece inválido mesmo após a entrada em vigor do CC/2002; da mesma forma que os contratos celebrados por maiores de 18 anos, na vigência do CC/2002, permanecerão válidos mesmo depois de editada lei posterior ampliativa da maioridade civil. Isso porque a capacidade de agir será sempre regulada pela lei vigente à época em que praticado o ato jurídico. A grande controvérsia no que tange à redução da maioridade vai restringir-se aos efeitos concretos da cessação da incapacidade civil, com reflexos, sobretudo, no direito previdenciário e na obrigação de prestar alimentos. As pensões alimentícias e os benefícios previdenciários concedidos, em razão da menoridade do beneficiário, anteriormente a 11 de janeiro de 2003, quando a maioridade se iniciava aos 21 anos, estender-se-ão até aquele limite etário ou cessarão automaticamente tão logo ele complete 18 anos? Quanto às pensões alimentícias devidas aos filhos menores, cabe lembrar competir aos pais exercer o poder familiar, que significa, principalmente, manter, prover, alimentar, criar e educar a prole. Esse poder familiar – que, afinal, é um poder-dever – extingue-se com a maioridade do filho (Código Civil, art. 1.635, III). Pela mesma razão é que as pensões alimentícias decorrentes de sentenças de divórcio ou pensões pagas pelo Poder Público (institutos de previdência e órgãos semelhantes) devem ser pagas enquanto forem menores os beneficiados. Pelo menos esta é a regra geral. Daí por que, uma vez extinto o "poder familiar" aos 18 anos de idade, a teor dos arts. 1.630 e 1.635, III, ocorre também a extinção do dever alimentar. E, extinto o dever alimentar, desaparece, automaticamente, a causa geradora da pensão. Entretanto, mesmo extinta a obrigação alimentar, caberá ao alimentante propor a competente "ação de exoneração de pensão alimentícia", não se podendo aceitar, de forma alguma, que essa exoneração se opere automaticamente, causando transtorno irremediável aos que, pelo Código Civil velho, ainda teriam mais três anos para receber as pensões ou benefícios. Aliás, nesse sentido já dispõe a Súmula n. 358 do STJ, *in verbis*: "O cancelamento de pensão alimentícia de filho que atingiu a maioridade está sujeito à decisão judicial, mediante contraditório, ainda que nos próprios autos". Por outro lado, nada obsta que esse pedido de exoneração venha a ser rejeitado pelo Juiz de Família, com base nos mais diversos fundamentos. Pode-se argumentar que nos dias atuais a relação de dependência vem-se estendendo cada vez mais, e que "na aplicação da lei, o juiz atenderá aos fins sociais a que ela se dirige e às exigências do bem comum" (art. 5º da LINDB), o que justifica a manutenção do pensionamento, inclusive para além dos 21 anos, consoante já vinham decidindo os Tribunais, nos casos de estudantes universitários. Ou seja, mesmo cessado o dever de sustento, persiste a obrigação alimentar se comprovado que os filhos não têm meios autônomos de subsistência e necessitam de recursos para a educação. Além disso, o Código Civil não vincula a obrigação alimentar entre parentes a qualquer limite etário (ver art. 1.696). Como princípio de solidariedade familiar, os alimentos entre pais e filhos são devidos independentemente da condição de menoridade. Logo, mesmo após os 18 anos podem os filhos (como qualquer parente) postular de seus pais o direito a alimentos. E essa postulação é de se entender cabível até mesmo em sede de reconvenção oposta na própria ação exonerativa. Aliás, tomando por base o aludido art. 5º da LINDB, e desde que comprovados, de plano, todos os pressupostos do art. 1.694, pode o juiz, no exercício de seu poder geral de cautela, deferir, de ofício, os alimentos previstos no art. 1.696 do CC. A fixação liminar e *ex officio* de alimentos provisórios já era admitida nas ações revisionais. Nada impede, portanto, que sejam fixados, também, na ação de exoneração. Essa cautela *ex officio* deve ser concedida, em caráter incidental, nos mesmos autos em que postulada a exoneração da pensão, anteriormente devida em razão do poder familiar. No tocante às pensões previdenciárias, pagas pelo INSS, a situação é completamente diversa, pois óbice legal impede a pretensão exonerativa. Não haverá perda do vínculo de dependência, para fins previdenciários, do filho ao completar 18 anos, uma vez que a legislação de regência (Lei n. 8.213/1991) é específica e taxativa ao dispor: "Art. 16. São beneficiários do Regime Geral de Previdência Social, na condição de dependentes do segurado: I – o cônjuge, a companheira, o companheiro e o filho não emancipado, de qualquer condição, menor de 21 (vinte e um) anos ou inválido ou que tenha deficiência intelectual ou mental ou deficiência grave; [...] Art. 77. A pensão por morte, havendo mais de um pensionista, será rateada entre todos em partes iguais. [...] § 2º O direito à percepção da cota individual cessará: [...] II – para o filho, a pessoa a ele equiparada ou o irmão, de ambos os sexos, ao completar 21 (vinte e um) anos de idade, salvo se for inválido ou tiver deficiência intelectual ou mental ou deficiência grave". Lembrando que o art. 2.043 deste Código, harmonizando-se com os princípios fundamentais do direito intertemporal, sobretudo com o disposto no § 2º do art. 2º da LINDB (A lei nova, que estabeleça disposições gerais ou especiais a par das já existentes, não revoga nem modifica a lei anterior), esclarece que as disposições de natureza processual, administrativa (aqui incluídas também as normas de seguridade social) ou penal, constantes de leis cujos preceitos hajam sido incorporados ao Código Civil, continuarão em vigor até que de outra forma venham a ser reguladas. Ou seja, o Código Civil, não obstante tenha orientado o legislador a proceder às adaptações na legislação especial, o que poderá levar, inclusive, à posterior alteração da legislação previdenciária no que tange à qualificação etária dos dependentes, ressalvou expressamente a validade dessa mesma legislação até que lei posterior venha a alterá-la. Assim, a redução do limite etário para definição da capacidade civil aos 18 anos não altera o disposto nos arts. 16, I, e 77, § 2º, II, da Lei n. 8.213/1991, que continuam em vigor. Entretanto, o mesmo raciocínio não se aplica para outros regimes previdenciários cujos limites etários para o pagamento do benefício não estejam postos de forma expressa. Se o respectivo regime mencionar apenas que o benefício será devido até a "maioridade", sem mencionar o número de anos, por exemplo, 21 anos, como fez a Lei n. 8.213/1991, duas interpretações seriam possíveis. A primeira seria a de que a suspensão do benefício seria automática após os 18 anos do beneficiário, uma vez que a maioridade é definida pelo Código Civil e o administrador público está adstrito e vinculado ao princípio da legalidade. Uma outra interpretação, de natureza teleológica, sistemática, humanitária e progressista, seria a de que a referência à maioridade levou em conta a lei então vigente, no caso o CC/1916, que estabelecia a maioridade aos 21 anos, devendo ser este o limite etário a ser considerado. Não há dúvida ser esta a melhor interpretação, consentânea com os princípios constitucionais da dignidade da pessoa humana e da solidariedade social. b) *Normas sobre a classificação dos bens*: No que se refere à classificação dos bens, se móveis ou imóveis, se divisíveis ou indivisíveis, se públicos ou particulares, preconiza a doutrina tradicional que a lei nova tem aplicação imediata, não cabendo aos respectivos titulares a invocação de direito adquirido. Aplicam-se aí duas máximas do direito intertemporal, quais sejam, a de que "as leis relativas à condição jurídica das coisas têm aplicação imediata" e a de que "inexiste direito adquirido a institutos perpétuos". Assim, será a lei vigente a cada momento que dirá se um determinado bem é móvel ou imóvel ou se pertencerá ao domínio público ou ao domínio particular. A lei posterior que venha, por exemplo, a alterar o art. 99 do CC/2002, estabelecendo como bens públicos uma determinada classe de bens antes considerados como bens particulares, não poderá, com base na doutrina tradicional, ser contestada pelos titulares despojados de domínio, independentemente da discussão sobre eventual direito à indenização, que foge ao campo de investigação do direito intertemporal. c) *Direito das obrigações*: Em matéria de direito obrigacional, o princípio geral vigente, considerado por muitos como verdadeiro postulado do direito intertemporal, aplicável a todas as espécies de obrigações, quer legais ou convencionais, condicionais ou a termo, é o princípio *tempus regit actum*, a estabelecer que todo e qualquer fato jurídico, quer se trate de fato jurídico *stricto sensu*, quer se trate de ato ou negócio jurídico, será regrado pela lei vigente ao tempo em que foi juridicamente formado, tanto quanto aos seus requisitos extrínsecos como aos requisitos intrínsecos de validade, ou seja, tanto à forma quanto à substância. Efetivamente, qualquer ato jurídico *lato sensu* deve obedecer aos requisitos extrínsecos de validade previstos na lei vigente ao tempo em que consumado. O que era válido ao tempo da lei anterior continuará válido sob a égide da lei posterior. E o que era inválido não se validará pelo advento da lei posterior mais benéfica. Essa é a regra geral que, no entanto, comporta exceções unanimemente admitidas pela doutrina clássica. Nem todo e qualquer efeito de uma relação obrigacional obedecerá à lei do tempo em que o vínculo se constituiu. Fora da regra estariam, por exemplo, os fatos extintivos ou modificativos que não sejam considerados como efeitos próprios das obrigações. Por serem provenientes de causas extrínsecas ao vínculo, esses fatos ficam submetidos à lei nova, ou melhor dizendo, à lei do tempo em que se verificarem. Especificamente sobre o atraso do pagamento, é a lei do dia do nascimento da obrigação que definirá se houve realmente atraso ou se havia causa que o justificasse, se a constituição em mora exige notificação prévia ou não, se o devedor tem o direito de emendar a mora. A forma da notificação, contudo, quando necessária, e os procedimentos da constituição em mora serão regidos pela lei atual, pois não se relacionam com o direito do credor à execução, e sim com os atos da execução. Ou seja, a constituição em mora, diz a doutrina, regular-se-á, em parte, pela lei vigente ao tempo da obrigação, em parte pela lei vigente ao tempo da constituição em mora. Dirá a lei do tempo em que a obrigação foi contraída se terá aplicabilidade a máxima *dies interpellat pro homine*, ou se necessária será alguma formalidade especial. Quanto às formalidades exigidas (por exemplo, notificação judicial ou extrajudicial), aplica-se a lei vigente ao tempo da constituição em mora. Com relação à purgação da mora, há que se distinguir o direito material de purgar, que será regido pela lei vigente à data em que a obrigação foi constituída, das regras procedimentais pelas quais o direito material será exercido. Quanto ao procedimento, ou seja, o modo de executar a purgação ou emenda da mora (incluindo o prazo, vale dizer, até quando se pode realizar a purgação), vai regê-lo a lei vigente na data da constituição em mora e não a que vigorava na data do contrato, pois a purgação não configura efeito direto da obrigação primitiva. d) *Direito de propriedade e demais direitos reais*: Aqui o princípio prevalente é justamente o oposto daquele que rege o direito das obrigações, ou seja, a lei nova tem aplicação imediata. A justificação posta na doutrina é a de que o regime da propriedade e dos outros direitos reais apresenta um interesse predominantemente social e público, devendo sujeitar-se à nova disciplina. A lei posterior que instituir ou suprimir uma forma de aquisição ou de extinção de um direito real aplicar-se-á imediatamente e atingirá a todos os titulares daquele direito. Fica ao arbítrio exclusivo do legislador determinar as hipóteses em que a legislação anterior será excepcionalmente aplicável (ultratividade), como o fez, por exemplo, no art. 2.038 do Código Civil, ou quando incidirá imediatamente a nova lei, tal como procedeu o legislador no art. 2.040 do CC/2002. A lei posterior pode, portanto, instituir novas restrições a um direito real, limitar o seu uso ou fruição, ou mesmo extingui-lo completamente sem que o seu titular possa invocar quaisquer das cláusulas repressoras da retroatividade e da eficácia imediata da lei (direito adquirido, ato jurídico perfeito e coisa julgada). Isso porque, nessa seara, as inovações legislativas normalmente veiculam um interesse social sempre prevalente no sopesamento com o interesse individual. As divergências doutrinárias surgidas principalmente quando do advento das leis de abolição da escravatura e dos privilégios feudais restaram completamente superadas. e) *Direito de família*: A doutrina clássica do direito intertemporal, em matéria de direito de família, tem foco praticamente exclusivo na família casamentária, aplicando ao casamento, no que tange aos seus requisitos formais, o princípio *tempus regit actum*, o que equivale a dizer que o matrimônio, quanto à validade ou invalidade, obedece exclusivamente à lei vigente quando se celebrou. Quanto aos efeitos jurídicos do casamento, incluindo direitos e deveres entre os cônjuges, estados pessoais (filiação e parentesco), capacidade e legitimação para a prática de determinados atos (outorga uxória e marital), e, ainda, quanto às causas de dissolução, aplica-se imediatamente o direito novo. No tocante especificamente à dissolução do casamento, o direito intertemporal já foi, em tempos idos, chamado a esclarecer se os cônjuges casados antes do advento da Lei do Divórcio – LD poderiam postular, depois de 1977, a dissolução do vínculo matrimonial, ou se apenas poderiam fazê-lo os casados após aquela data. Evidentemente a resposta foi a mais ampla possível, no sentido da possibilidade de aplicação imediata da LD ao universo de todos os que estivessem casados, pouco importando a data do matrimônio. Por outro lado, aqueles que já estavam "desquitados" na data em que publicada a Lei do Divórcio puderam optar entre manter aquele estado civil ou postular a conversão do desquite em divórcio. A questão atualmente não comporta mais qualquer divergência. Tanto é assim que, quando da promulgação da Emenda Constitucional n. 66/2010, a permitir o divórcio direto, independentemente de prévia separação de fato ou de direito, não houve qualquer indagação na doutrina sobre o universo dos casais alcançados pela mudança legislativa, muito embora outras questões de direito intertemporal ainda pendessem de solução.

DAS DISPOSIÇÕES FINAIS E TRANSITÓRIAS

Art. 2.028. Serão os da lei anterior os prazos, quando reduzidos por este Código, e se, na data de sua entrada em vigor, já houver transcorrido mais da metade do tempo estabelecido na lei revogada.

COMENTÁRIOS DOUTRINÁRIOS: O art. 2.028 consigna regra de conflito aplicável às hipóteses de redução de prazos. Em prol da segurança das relações jurídicas, diz o Código que iniciada a contagem de determinado prazo sob a égide da lei revogada, e vindo a lei nova a reduzi-lo, prevalecerá o prazo velho, desde que transcorrido mais da metade deste, na data da entrada em vigor do CC/2002. Tomando-se como exemplo o prazo de prescrição da pretensão de reparação civil (extracontratual), que pelo Código de 1916 era de 20 anos (prazo prescricional geral para as ações pessoais) e que foi reduzido para três anos (art. 206, § 3º, V, do CC/2002), tem-se a seguinte situação concreta: ocorrido o dano e nascida, portanto, a pretensão ainda na vigência do Código anterior, iniciou-se o prazo de prescrição então vintenário. Se na data da entrada em vigor da Lei n. 10.406 já houvesse transcorrido 11 anos (mais da metade do prazo), o titular do direito de ação ainda disporia de nove anos para exercê-lo, pois, nesse caso, o Código de 2002 lhe assegurou o término da contagem do prazo estabelecido na lei revogada. A prescrição se dará normalmente de acordo com o prazo anteriormente previsto, como se modificação alguma houvesse sido feita pelo Código atual. Se, no entanto, só houvesse transcorrido nove anos (menos da metade do prazo), determinou o Código de 2002 que a prescrição seria contada com base no novo prazo, ou seja, três anos, contados a partir da entrada em vigor do Código, desprezando-se o tempo anteriormente decorrido. O tema foi bastante discutido nas Jornadas de Direito Civil, originando dois enunciados. Na *I Jornada de Direito Civil*, o Enunciado n. 50: "A partir da vigência do novo Código Civil, o prazo prescricional das ações de reparação de danos que não houver atingido a metade do tempo previsto no Código Civil de 1916 fluirá por inteiro, nos termos da nova lei (art. 206)". Enquanto na *IV Jornada de Direito Civil*, o Enunciado n. 299: "Iniciada a contagem de determinado prazo sob a égide do Código Civil de 1916, e vindo a lei nova a reduzi-lo, prevalecerá o prazo antigo, desde que transcorrido mais de metade deste na data da entrada em vigor do novo Código. O novo prazo será contado a partir de 11 de janeiro de 2003, desprezando-se o tempo anteriormente decorrido, salvo quando o não aproveitamento do prazo já vencido implicar aumento do prazo prescricional previsto na lei revogada, hipótese em que deve ser aproveitado o prazo já transcorrido durante o domínio da lei antiga, estabelecendo-se uma continuidade temporal". Em matéria de ampliação de prazos, por sua vez, tem-se a aplicação imediata da lei nova, inclusive aos prazos em curso, quer por inexistir direito adquirido ao término da contagem sob a égide da lei anterior, quer por se tratar [o prazo em curso, ainda não consumado] de situação jurídica abstrata. Se um prazo de prescrição ou decadência em curso é ampliado pela lei posterior ao início de sua contagem, por óbvio que a ultimação somente se dará ao cabo do prazo ampliado, computando-se o tempo anteriormente decorrido.

JURISPRUDÊNCIA COMENTADA: No âmbito do Superior Tribunal de Justiça, não há qualquer controvérsia sobre a aplicação do art. 2.028 como regra de transição entre os dois Códigos em matéria de prazos. O dispositivo vai incidir nos "casos em que o prazo previsto no código anterior tenha sido reduzido e não tenha decorrido a metade do prazo então previsto. Utilização da data em que o atual Código Civil entrou em vigor como termo para a contagem do novo prazo previsto – 11.01.2003" (AREsp 1.274.046, Rel. Min. Paulo de Tarso Sanseverino, *DJe* 18.12.2018). No julgamento do REsp 2.001.617, o Tribunal da Cidadania reafirmou o entendimento de que, "quando reduzidos os prazos de prescrição pelo CC/2002 e, na data da sua entrada em vigor, houver transcorrido menos da metade do prazo previsto no CC/1916, aplica-se o prazo previsto na lei nova, tendo o STJ decidido que, nessa hipótese, o marco inicial de contagem é o dia 11.01.2003, data de entrada em vigor do novo

Código, e não a data do fato gerador do direito". Por isso, especialmente "em se tratando de obrigação de trato sucessivo, podem incidir, no contexto da mesma relação jurídica, dois prazos prescricionais diferentes – CC/1916 e CC/2002 – a serem contados a partir de dois marcos temporais diferentes – data da entrada em vigor do CC/2002 e data do vencimento de cada prestação –, a depender do momento em que nasce cada pretensão, isoladamente considerada, tendo como referência a vigência do CC/2002" (REsp 2.001.617/PR, Rel. Min. Nancy Andrighi, *DJe* 05.08.2022). No entanto, a pretexto de aplicar a presente regra de transição, o STJ afastou a causa impeditiva da prescrição do art. 169 do CC/1916, considerando ter havido o início da fluência do prazo prescricional contra menor impúbere ainda na vigência do CC/1916, de modo que a aplicação do art. 2.028 não causasse prejuízo ao incapaz. Isso porque o impedimento à contagem do prazo à luz da lei revogada faria com que a pretensão do incapaz (indenização securitária advinda de DPVAT) se submetesse ao CC/2002, com prazo prescricional sensivelmente menor. Segundo esclarece o relator do caso, "o autor era menor impúbere quando sucedeu o sinistro (acidente de trânsito de seu genitor), de modo que a prescrição não poderia correr em seu desfavor até que completasse a idade de 16 (dezesseis) anos, já que era absolutamente incapaz (art. 169 do CC/1916 e art. 198 do CC/2002). [...] Ocorre que, no caso, a aplicação da aludida norma, criada para proteger o menor impúbere, no lugar de lhe beneficiar, vai, na realidade, ser-lhe nociva. Isso porque o sinistro se deu em 10/10/1991. Por sua vez, o CC/2002 entrou em vigor em 11/01/2003 e a ação foi proposta em 28/10/2010. Fazendo a contagem da prescrição sem considerar a aludida norma defensiva, ou seja, considerando o autor maior de idade, o prazo vintenário seria aplicado a partir do sinistro, a redundar no transcurso de mais de sua metade quando da vigência do CC/2002, de forma que esse lapso permaneceria regendo a situação, sucedendo a prescrição somente em 10/10/2011, data posterior ao ajuizamento da demanda. Por outro lado, aplicando a regra impeditiva da prescrição da menoridade absoluta, o termo inicial da prescrição seria 03/05/2001, data em que o autor atingiu a maioridade civil relativa. Como teria transcorrido menos da metade do prazo vintenário até a data em que o CC/2002 entrou em vigor, já incidiria o prazo trienal a partir desse marco, a resultar consumada a prescrição em janeiro de 2006". Confira-se trecho da ementa, que sintetiza a decisão: "5. Ocorre que, no caso, a aplicação do art. 169 do CC/1916 (art. 198 do CC/2002), norma criada para proteger o menor impúbere, no lugar de lhe beneficiar, vai, na realidade, ser-lhe nociva. Como sabido, a finalidade de tal dispositivo legal é amparar, em matéria de prescrição, os absolutamente incapazes, visto que não podem exercer, por si próprios, ante a tenra idade, os atos da vida civil. 6. O intérprete não deve se apegar simplesmente à letra da Lei, mas deve perseguir o espírito da norma, inserindo-a no sistema como um todo, para extrair, assim, o seu sentido mais harmônico e coerente com o ordenamento jurídico. Além disso, nunca se pode perder de vista a finalidade da Lei (*ratio essendi*), isto é, a razão pela qual foi elaborada e os resultados ao bem jurídico que visa proteger (art. 5º da LINDB). De fato, a exegese não pode resultar em um sentido contraditório com o fim colimado pelo legislador. 7. A norma impeditiva do curso do prazo de prescrição aos menores impúberes deve ser interpretada consoante sua finalidade para não gerar contradições ou incoerências jurídicas. É dizer, o intuito protetivo da norma relacionada aos absolutamente incapazes não poderá acarretar situação que acabe por lhes prejudicar, fulminando o exercício de suas pretensões, sobretudo se isso resulta em desvantagem quando comparados com os considerados maiores civilmente. 8. Não pode o autor, menor impúbere à época do sinistro, ser prejudicado por uma norma criada justamente com o intuito de protegê-lo, sendo de rigor o afastamento, no caso concreto, do art. 169, I, do CC/1916 (art. 198 do CC/2002), sob pena de as suas disposições irem de encontro à própria *mens legis*" (STJ, REsp 1.458.694, Rel. Min. Ricardo Villas Bôas Cueva, *DJe* 15.02.2019).

REFORMA DO CÓDIGO CIVIL: No que tange aos prazos de prescrição e decadência, a proposta de reforma sugere o acréscimo de um novo dispositivo, com a seguinte redação: "Art. [...] Os prazos de prescrição e de decadência, aumentados ou diminuídos por esta Lei, têm aplicação imediata para os fatos em curso, iniciando-se o prazo da sua entrada em vigor". Pretende-se, aqui, afastar a regra de transição adotada no CC/2002, referente ao critério do transcurso da metade. Quando entrou em vigor, dispôs o Código atual que, se iniciado o cômputo de um prazo sob a égide do anterior e ele fosse reduzido, prevaleceria o prazo velho, desde que transcorrido mais da metade deste, em 11 de janeiro de 2003. Ocorrendo o alongamento, aplicar-se-ia, desde logo, o prazo ampliado, computando-se o período antes decorrido. O anteprojeto se propõe a alterar esse método e adotar uma regra unificada:

todos os prazos prescricionais ou decadenciais, reduzidos ou ampliados, serão contados a partir da vigência da nova lei, desprezando-se o tempo perpassado anteriormente. Trata-se de uma escolha legislativa que leva em conta a inexistência de direito adquirido ao término da contagem de qualquer prazo sob o manto da lei anterior, pois, enquanto o prazo não se consuma, temos o que a doutrina de direito intertemporal denomina de situação jurídica abstrata. Apenas as situações jurídicas concretas dão ensejo a direitos adquiridos. A opção do legislador, por desprezar os períodos já escoados antes da reforma, concretiza o princípio da tutela da confiança, evitando, nos casos de redução de prazo, que as partes sejam surpreendidas com a extinção antecipada de sua pretensão.

Art. 2.029. Até dois anos após a entrada em vigor deste Código, os prazos estabelecidos no parágrafo único do art. 1.238 e no parágrafo único do art. 1.242 serão acrescidos de dois anos, qualquer que seja o tempo transcorrido na vigência do anterior, Lei n. 3.071, de 01.01.1916.

COMENTÁRIOS DOUTRINÁRIOS: Usucapião, já se disse em comentário anterior, constitui meio de aquisição da propriedade pela posse continuada, durante certo decurso de tempo, observados os requisitos legais (posse mansa, pacífica e ininterrupta e o decurso do prazo legalmente previsto). O Código de 2002 reduziu o prazo da usucapião extraordinária, ou seja, aquela que independe de justo título e boa-fé, de 20 para 15 anos, como regra geral, e estabeleceu, como regra excepcional, que esse prazo de 15 anos seria reduzido para dez anos "se o possuidor houver estabelecido no imóvel a sua moradia habitual, ou nele realizado obras ou serviços de caráter produtivo" (art. 1.238, parágrafo único). Na usucapião ordinária, ou seja, aquela que depende de justo título e de boa-fé, o prazo também foi reduzido para cinco anos sempre que "o imóvel houver sido adquirido, onerosamente, com base no registro constante do respectivo cartório, cancelado posteriormente, desde que os possuidores nele tiverem estabelecido a sua moradia, ou realizado investimentos de interesse social e econômico" (art. 1.242, parágrafo único). Pois bem, nessas duas hipóteses determinou o legislador que o novo prazo seria imediatamente aplicado, qualquer que fosse o tempo transcorrido na vigência do Código anterior, porém acrescido de dois anos. Em outras palavras, o parágrafo único do art. 1.238 e o parágrafo único do art. 1.242 têm aplicação imediata às posses *ad usucapionem* já iniciadas na vigência do Código de 1916, independentemente do tempo transcorrido, não se aplicando a fórmula de transição do art. 2.028, mas sim a do art. 2.029, segundo a qual serão acrescidos dois anos ao prazo reduzido, desde que o ajuizamento da demanda tenha ocorrido nos dois anos após a entrada em vigor do Código de 2002. Trata-se de disposição normativa transitória, que só vigorou pelo prazo de dois anos após a entrada em vigor do Código de 2002. Assim, até janeiro de 2005, os prazos estabelecidos no parágrafo único do art. 1.238 e no parágrafo único do art. 1.242 foram de 12 e de sete anos, respectivamente. E a aplicação desses novos prazos se fez independentemente de haver transcorrido mais ou menos da metade dos prazos estabelecidos no Código anterior. No caso do parágrafo único do art. 1.238, onde o prazo foi reduzido de 20 para dez anos, se o possuidor já estivesse exercendo a posse pelo prazo de 11 anos, ou seja, por mais da metade do prazo velho, não precisaria esperar ainda nove anos, lapso que corresponde ao término da contagem do prazo revogado, tal como dito no art. 2.028, mas apenas mais um ano, perfazendo o total de 12 anos (10 anos + 2 anos de acréscimo). Questão curiosa poderia haver surgido, no mesmo exemplo da usucapião extraordinária, se o possuidor já tivesse exercido 13 anos de posse, quando da entrada em vigor do Código. Indaga-se: já poderia ter usucapido? Parece que não, pois o acréscimo dos dois anos tem a finalidade exatamente de evitar uma surpresa ao proprietário. Nesse caso, entendemos que o acréscimo de dois anos se fez, de qualquer forma, contado a partir de 11 de janeiro de 2003. No que tange às reduções de prazo estabelecidas no *caput* do art. 1.238 (de 20 para 15 anos) e no *caput* do art. 1.242 (de 15 para dez anos), aplica-se a regra geral do art. 2.028. Ou seja, no caso da usucapião extraordinária, se em 11 de janeiro de 2003 já havia transcorrido mais da metade do prazo velho, por exemplo, 11 anos, os possuidores ainda terão que aguardar nove anos para usucapir. Se só houver transcorrido dois anos quando da entrada em vigor do novo Código, aplicar-se-á o prazo reduzido, porém contado da entrada em vigor do Código, o que equivale dizer que os possuidores teriam que esperar ainda 15 anos para adquirir a propriedade. Por outro lado, sempre que já houvesse transcorrido entre cinco e dez anos do prazo velho, e para evitar que a regra de transição implicasse ampliação do prazo, a incidência dos 15 anos seria feita com o abatimento do prazo anteriormente decorrido. O mesmo exemplo aplicado à usucapião ordinária resultaria na seguinte situação: se em 11 de janeiro de 2003 já havia transcorrido mais da metade do prazo velho, por exemplo, oito anos, os possuidores ainda tiveram que aguardar sete anos para usucapir. Se só houvesse transcorrido dois anos quando da entrada em vigor do novo Código, aplicar-se-á o prazo reduzido, porém contado da entrada em vigor do Código, o que equivale dizer que os possuidores tiveram que esperar ainda dez anos para adquirir a propriedade. Mas se houvesse transcorrido seis anos, a contagem do prazo novo se faria com o desconto do prazo decorrido na vigência da lei anterior, ou seja, os possuidores só teriam que aguardar mais quatro anos para adquirir a propriedade. Do contrário, o novo prazo resultaria mais extenso que o anterior (6 + 10 = 16 anos), ferindo a teleologia da norma, consoante sustentamos em monografia especializada. (Cf. DELGADO, Mário Luiz. *Novo direito intertemporal brasileiro*: da retroatividade das leis civis. São Paulo: Saraiva, 2014).

JURISPRUDÊNCIA COMENTADA: Na dicção do art. 2.029, determinou o legislador que o art. 1.238, parágrafo único, do CC teria aplicação imediata às posses *ad usucapionem* já iniciadas na vigência do Código anterior, qualquer que fosse o tempo transcorrido, "devendo ser respeitada a fórmula de transição, segundo a qual serão acrescidos dois anos ao novo prazo, tão somente nas hipóteses de ajuizamento da demanda nos dois anos após a entrada em vigor do Código Civil de 2002" (TJMG, APCV 0013564-37.2013.8.13.0686, Rel. Des. Estevão Lucchesi, *DJEMG* 20.03.2020). A regra de exceção do art. 2.029, a impor a incidência imediata do CC/2002, tem amparo no relevante interessante social que imantam os institutos da usucapião moradia e da usucapião *pro labore*, como bem destacam as decisões dos nossos Tribunais. Por haver reduzido o prazo da usucapião extraordinária fundada na destinação do imóvel (moradia habitual/trabalho), "o legislador conferiu o tratamento diferenciado do art. 2.029 do Código Civil, não se aplicando o disposto no art. 2.028 ao caso. Havendo a ação sido proposta em 13/06/2007, portanto, mais de dois anos após a vigência do atual Código Civil, de forma a não surpreender eventuais interessados, pela redução do prazo, não há que se acrescer os dois anos aos dez anos do prazo prescricional" (TJSP, APL 0180193-60.2007.8.26.0100, Rel. Des. Alcides Leopoldo, *DJESP* 27.11.2018). Essa regra de transição foi essencialmente provisória e só vigorou até janeiro de 2005. Superado o biênio, não se aplica mais o art. 2.029, consoante decidiu o TJMG (Cf. APCV 1.0433.10.003499-3/001, *DJEMG* 31.08.2018).

REFORMA DO CÓDIGO CIVIL: Conforme constam dos comentários ao Livro III da Parte Especial, a Comissão de Juristas sugere importantes inovações para a usucapião, a exemplo da usucapião de superfície e do direito real de laje. Entretanto, as novidades, inclusive quanto ao início da contagem dos prazos, só se aplicam a partir da data da entrada em vigor da nova lei, salvo no tocante à usucapião da servidão aparente, quando o possuidor não detiver justo título. Daí a razão da proposta de acréscimo de um novo dispositivo, com a seguinte redação: "Art. [...] As alterações promovidas por esta Lei quanto ao instituto da usucapião somente se aplicam a partir da sua entrada em vigor, inclusive quanto ao tempo decorrido anteriormente. Parágrafo único. No caso do parágrafo único do art. 1.379 da Lei nº 10.406, de 10 de janeiro de 2002 (Código Civil), deve ser computado o prazo já decorrido até a data da entrada em vigor desta Lei, com o novo prazo nela previsto". Como o Anteprojeto propõe a redução do prazo da usucapião de servidão aparente, sem justo título, de vinte para quinze anos, estabelece o parágrafo único acrescido que, apenas nesse caso, considerando a grandeza dos prazos (20 e 15 anos), deverá ser aproveitado, na contagem, o tempo escoado antes da reforma.

Art. 2.030. O acréscimo de que trata o artigo antecedente, será feito nos casos a que se refere o § 4º do art. 1.228.

COMENTÁRIOS DOUTRINÁRIOS: A disposição normativa transitória consignada no artigo antecedente aplicar-se-á igualmente à hipótese de expropriação judicial tratada nos §§ 4º e 5º do art. 1.228. Ou seja, até 11 de janeiro de 2005, o prazo ali estabelecido não será de cinco, mas de sete anos. E ainda que transcorridos mais de sete anos quando da entrada em vigor do Código Civil, deverão os ocupantes aguardar, ainda, o prazo de dois anos para postular a aquisição da propriedade. Lembrando que os §§ 4º e 5º do art. 1.228 estabelecem nova modalidade de perda do direito de propriedade, a que denominamos "desapropriação judicial". Perde-se a propriedade, mediante o arbitramento judicial de uma indenização, sempre que o imóvel reivindicado consistir em extensa área, na posse ininterrupta e de boa-fé, por mais de cinco anos, de considerável número de pessoas, e estas nela houverem realizado, em conjunto ou separadamente, obras e serviços de interesse social e econômico relevante e, simultaneamente, estejam na iminência de serem expulsas da área.

Art. 2.031. As associações, sociedades e fundações, constituídas na forma das leis anteriores, bem como os empresários, deverão se adaptar às disposições deste Código até 11 de janeiro de 2007. (Redação dada pela Lei n. 11.127/2005.)

Parágrafo único. O disposto neste artigo não se aplica às organizações religiosas nem aos partidos políticos. (Incluído pela Lei n. 10.825/2003.)

COMENTÁRIOS DOUTRINÁRIOS: O Código Civil de 2002 promoveu alterações substanciais na disciplina das pessoas jurídicas de direito privado, especialmente com a inserção do Livro II da Parte Especial, concernente ao Direito de Empresa, bem como ao trazer, desta feita na Parte Geral, regramento próprio para as associações, a quem deu tratamento técnico correto, distinto das sociedades. Essas novas regras, no entanto, restringiram em diversos aspectos a liberdade contratual, além de impor a tais pessoas jurídicas a obrigação de adaptarem os seus atos constitutivos às prescrições legais inovadas. A controvérsia originalmente instaurada dizia respeito às pessoas jurídicas anteriormente constituídas, se estariam vinculadas à imposição de adaptação dos atos constitutivos. A solução tradicional do direito intertemporal levaria à aplicação do princípio *tempus regit actum* e, por essa razão, as pessoas jurídicas já constituídas continuariam a reger-se pelo disposto na lei anterior. Sob essa ótica, um contrato social, mesmo com cláusulas em desacordo com o CC/2002, seria considerado um ato jurídico perfeito, encontrando-se, como tal, imune à obrigatoriedade de adaptação instituída no art. 2.031. Entretanto, não foi isso o que ocorreu. Prevaleceu o entendimento de que todas as pessoas jurídicas de direito privado, e também os antigos titulares de firmas individuais, teriam prazo determinado para formalizarem as necessárias alterações em seus atos constitutivos. As antigas sociedades civis de fins lucrativos, por exemplo, tiveram que optar entre adotar a forma de sociedade simples ou de sociedade empresária, conforme a atividade que exerciam. As associações tiveram, igualmente, que adequar seus estatutos às regras constantes dos arts. 53 e seguintes do CCB. Com apoio em Paul Roubier, entendeu a maioria da doutrina que os atos constitutivos das pessoas jurídicas sujeitar-se-iam a um "estatuto legal". Quando os sócios subscreveram o contrato social, submeteram-se a esse estatuto legal e, portanto, anuíram desde logo com as futuras modificações de que viesse a padecer o estatuto. Os efeitos introduzidos no estatuto não poderiam ficar a critério das partes. Quando estas contratam, sujeitam-se automaticamente ao estatuto legal e aceitam as alterações que o contrato pode sofrer em virtude do novo diploma. O contrato social de determinada sociedade constituída antes de 11 de janeiro de 2003 é ato jurídico perfeito no que tange à constituição. Em outras palavras, é ato consumado, já aperfeiçoado e que também já produziu todos os seus elementos constitutivos. Daí por que novos requisitos legais atinentes ao ato constitutivo da pessoa jurídica, especialmente requisitos formais extrínsecos, não poderiam retroagir para alcançar sociedades já constituídas. Citamos o exemplo do art. 977, que proíbe que cônjuges casados nos regimes de comunhão universal e separação obrigatória contratem sociedade entre si. Evidente que essa proibição não poderia atingir sociedade constituída quando inexistente a proibição, obrigando ao seu desfazimento. O mesmo não se pode dizer de determinadas cláusulas do contrato social que estejam em desacordo com o Código. Digamos que uma determinada sociedade limitada estabelecesse, para a alteração de seu contrato social, o *quorum* de maioria absoluta do capital social, colidindo com os arts. 1.076 e 1.071, que exigiam, então, o *quorum* de 3/4 para qualquer modificação do contrato social da sociedade limitada. Poderia a sociedade postular a permanência das cláusulas contratuais com fulcro no ato jurídico perfeito e no direito adquirido? Entendemos que não, pois aqui estamos restritos ao plano da eficácia, tratando de efeitos futuros de atos passados, e a retroatividade vedada pela Constituição diz respeito apenas aos fatos já realizados (*facta praeterita*) e às situações em curso (*facta pendentia*), não estando vedados os efeitos imediato e diferido da lei. A própria LINDB é expressa ao determinar que "a lei em vigor terá efeito imediato e geral" (art. 6º). Haveria aplicação retroativa e, portanto, condenável, se o Código pretendesse desfazer todas as alterações contratuais realizadas com a aprovação de maioria inferior à que hoje é exigida (CC/2002, arts. 1.071 e 1.076) e levadas a cabo anteriormente ao início de sua vigência. Em suma, as alterações verificadas no estatuto legal da sociedade (e demais pessoas jurídicas de direito privado) incidem imediatamente sobre o respectivo contrato social. Não se trata de retroatividade, mas de eficácia imediata da lei. Estabeleceu o art. 2.031 que as pessoas jurídicas de direito privado, excetuando-se as organizações religiosas e os partidos políticos, teriam o prazo de até 11 de janeiro de 2007 para formalizarem as necessárias alterações em seus atos constitutivos. Omitiu-se o legislador, no entanto, de sancionar as pessoas jurídicas que não realizaram as necessárias adaptações no prazo estabelecido. E não havendo sanção específica, qual seria a consequência jurídica para as pessoas jurídicas de direito privado que não realizaram tais adaptações? Na maioria dos casos, a não adaptação implicará, apenas, a ineficácia das regras estatutárias ou contratuais que estejam em conflito com o Código. Contudo, não se pode negar a controvérsia que grassa em torno dessa disposição a ponto de haverem sido aprovados dois enunciados durante a *IV Jornada de Direito Civil*, flexibilizando a obrigatoriedade de adaptação dos atos constitutivos. O Enunciado n. 394 deixa claro que, "ainda que não promovida a adequação do contrato social no prazo previsto no art. 2.031 do Código Civil, as sociedades não perdem a personalidade jurídica adquirida antes de seu advento". Já o Enunciado n. 395 dispõe que "a sociedade registrada antes da vigência do Código Civil não está obrigada a adaptar seu nome às novas disposições".

PANDEMIA: Durante a pandemia do coronavírus, entraram em vigor novas leis, de aplicação imediata, que repercutiram no funcionamento das pessoas jurídicas de direito privado constituídas em data anterior. A Lei n. 14.030, de 28 de julho de 2020, dispôs sobre as assembleias e as reuniões de sociedades anônimas, de sociedades limitadas, de sociedades cooperativas e acrescentou o art. 1.080-A ao Código Civil, para esclarecer que a reunião ou a assembleia de sócios podem ser realizadas de forma digital. O art. 5º da Lei n. 14.010, de 10 de junho de 2020, já havia estabelecido que as assembleias de todas as pessoas jurídicas de direito privado referidas nos incisos I a III do art. 44 do Código Civil poderiam ser realizadas por meios eletrônicos, independentemente de previsão nos atos constitutivos da pessoa jurídica, e que a manifestação dos participantes poderia ocorrer por qualquer meio eletrônico indicado pelo administrador, que assegurasse a identificação do participante e a segurança do voto, e produziria todos os efeitos legais de uma assinatura presencial. A Lei n. 14.030 também aumentou o prazo a que se refere o *caput* do art. 1.078 do CC, de modo que a sociedade limitada cujo exercício social tivesse se encerrado entre 31 de dezembro de 2019 e 31 de março de 2020 poderia, excepcionalmente, realizar a assembleia de sócios, não no prazo de 4 (quatro) mas, sim, no de 7 (sete) meses, contados do término do exercício social, ao mesmo tempo que prorrogou os mandatos dos administradores e dos membros do conselho fiscal, previstos para se encerrarem antes da realização da assembleia, até a sua realização. Essa lei trouxe, ainda, regra transitória dispondo que quaisquer "disposições contratuais que exijam a realização da assembleia de sócios em prazo inferior serão consideradas sem efeito no exercício de 2020", a impor de forma taxativa a prevalência do estatuto legal sobre o contrato social, descabendo à sociedade postular a permanência das cláusulas contratuais divergentes da lei, com apoio no ato jurídico perfeito. Por fim, a Lei n. 14.195, de 26 de agosto de 2021, que dispôs, entre outros assuntos, sobre "a facilitação para abertura de empresas", estipulou, em seu art. 41, que "*as empresas individuais de responsabilidade limitada existentes na data da entrada em vigor desta Lei serão transformadas em sociedades limitadas unipessoais independentemente de qualquer alteração em seu ato constitutivo*". Esse comando normativo implicou, na prática, a revogação tácita do inciso VI do art. 44 e do art. 980-A e parágrafos, do Código Civil, que versavam sobre a Empresa Individual de Responsabilidade Limitada (Eireli) e incidiu imediatamente sobre as Eirelis então constituídas, às quais também não se permitiu a invocação do ato jurídico perfeito como argumento para a manutenção daquele tipo de pessoa jurídica (sobre a extinção da Eireli, *vide* nossos comentários ao revogado art. 980-A). Com a edição da Lei n. 14.382, de 27 de junho de 2022, ocorreu, também, a revogação expressa daqueles dois dispositivos.

JURISPRUDÊNCIA COMENTADA: Tem-se decidido, na maioria dos Tribunais, que a inobservância do art. 2.031 não implica necessariamente abuso da personalidade jurídica. Também não há que se falar em perda de regularidade da sociedade, e muito menos em perda de capacidade processual para as sociedades não regularizadas que estivessem litigando em juízo. Nesse sentido: TJSP, APL 0003664-17.2007.8.26.0415, Rel. Des. Rebello Pinheiro, *DJESP* 19.12.2014. Trilhando posição contrária, o TRF da 4.ª Região decidiu que as pessoas jurídicas que não adaptaram seus atos constitutivos no prazo do art. 2.031 (e muitas não o fizeram) tornaram-se irregulares: "Se a natureza do artigo 2.031 do novo Código Civil é formal, é óbvio que a empresa que deixa de adaptar seu contrato está irregular. Uma vez reconhecida a necessidade da adaptação, aos sócios poderá ser imputada responsabilidade pessoal e ilimitada pelas atividades da sociedade durante esse período, eis que a mesma será considerada uma sociedade em comum" (TRF 4.ª Região, AI 2009.04.00.002412-3, Rel. Des. Fed. Carlos Eduardo Thompson Flores Lenz, *DEJF* 23.04.2009). Lembrando que a sociedade irregular é espécie do gênero "sociedade em comum", desprovida de personalidade jurídica (*vide* comentários ao art. 986). A ausência de personalidade jurídica pode decorrer de três causas principais. Ou a sociedade foi formalmente constituída e apenas o contrato social ou o ato constitutivo não foi levado a registro; ou o contrato foi levado a registro, mas contém irregularidades prévias e o ato não foi concluído, retornando da Junta Comercial ou do RCPJ com exigências a serem cumpridas; ou a irregularidade é superveniente, quando os sócios não arquivaram alguma alteração contratual posterior (hipótese em que a sociedade era regular e transmuda-se em irregular). A decisão proferida pelo TRF da 4.ª Região segue esse caminho, entendendo que a não adaptação dos atos constitutivos constitui irregularidade superveniente, que subtrai a personalidade jurídica da entidade. Porém, não é essa a posição prevalente na jurisprudência. De qualquer forma, independentemente da adaptação ou não do contrato social ou estatuto, o fato é que a partir de 11 de janeiro de 2003, as novas regras codificadas devem ser obedecidas por todas as pessoas jurídicas, razão pela qual o STJ considerou que a alteração do estatuto de associação esportiva, realizada "por ato do conselho deliberativo, órgão distinto da assembleia geral, é nula de pleno direito, por violação ao art. 59 do CC/2002" (REsp 1.444.707, Rel. Min. Luis Felipe Salomão, *DJe* 03.08.2016). Em dúvida suscitada por oficial do registro, o Conselho da Magistratura do TJRJ decidiu pela negativa de registro de ata de assembleia de uma associação civil sob o fundamento da necessidade de adequar o estatuto ao Código Civil em vigor: "Imperiosa necessidade de adequação do estatuto ao Código Civil em vigor. Expressa disposição legal. Inteligência dos arts. 54, 59 e 2.031 do Código Civil. Segurança jurídica que se visa preservar" (TJRJ, Proc. 0000563-87.2015.8.19.0058, Rel. Des. José Carlos Maldonado de Carvalho, *DORJ* 26.10.2021).

REFORMA DO CÓDIGO CIVIL: O anteprojeto de reforma do Código Civil sugere diversas alterações na disciplina das pessoas jurídicas, com destaque para as propostas apresentadas ao Livro II da Parte Especial, para fins de modernização e simplificação da atividade empresarial (*vide* nossos comentários aos arts. 966 e seguintes). A maioria das proposições amplia a autonomia privada e possui aplicação facultativa imediata. Apenas onde houver compulsoriedade, como nos casos de extinção de tipos societários ou novos elementos obrigatórios do contrato social, foi sugerido, pela Comissão de Juristas, um biênio transicional, nos termos seguintes: "Art. [...] As pessoas jurídicas em geral têm o prazo de 2 (dois) anos, a partir da entrada em vigor desta Lei, para se adaptarem às regras nela previstas. Art. [...] Aplicam-se imediatamente às pessoas jurídicas as novas regras de natureza eficacial, constantes desta Lei, independentemente do momento de sua constituição, respeitadas as situações consolidadas e os direitos adquiridos. § 1º As sociedades empresárias constituídas sob tipos legais extintos por esta Lei terão prazo de 2 (dois) anos, a partir da sua entrada em vigor, para a ela se adaptarem. § 2º Caso seja desatendido o prazo previsto no § 1º, não serão registradas alterações societárias que deixem de implementar tal adaptação. § 3º As sociedades empresárias constituídas sob a forma de sociedades limitadas e as sociedades estrangeiras deverão adaptar os seus contratos sociais e demais atos constitutivos ao disposto nesta Lei no prazo de 2 (dois) anos a partir da sua entrada em vigor, sob pena de aplicação da regra prevista na parte final do § 2º [...]". Os dois dispositivos esclarecem que as pessoas jurídicas anteriormente constituídas se encontram vinculadas à imposição de adaptação dos atos constitutivos, em razão do princípio da eficácia imediata previsto na LINDB ("a lei em vigor terá efeito imediato e geral" – art. 6º). No plano da eficácia, no que toca aos efeitos futuros de atos passados, a lei incide imediatamente, sem incorrer em retroatividade. A proposta de acréscimo também corrige omissão do legislador de 2002 quando, no art. 2.031, deixou de sancionar as pessoas jurídicas que não realizaram as necessárias adaptações no prazo estabelecido. A proposição apresentada pela Comissão de Juristas propõe, como sanção pelo descumprimento do prazo, que seja negado o registro de todas as "alterações societárias" das pessoas jurídicas "que deixem de implementar tal adaptação".

Art. 2.032. As fundações, instituídas segundo a legislação anterior, inclusive as de fins diversos dos previstos no parágrafo único do art. 62, subordinam-se, quanto ao seu funcionamento, ao disposto neste Código.

COMENTÁRIOS DOUTRINÁRIOS: O parágrafo único do art. 62, em sua redação original, estabelecia que a fundação somente poderia constituir-se para fins religiosos, morais, culturais ou de assistência. Isso gerou grandes discussões ao limitar a constituição da fundação. Chegamos a sustentar, em outras publicações, que a constituição de fundação para fins científicos, educacionais ou de promoção do meio ambiente estaria compreendida naquele parágrafo único. No conceito de fins culturais, por exemplo, dever-se-ia considerar todas as realizações humanas, de natureza física ou espiritual. A religião, a arte, a educação, o direito, o desejo humano de proteger a flora e a fauna constituem manifestações culturais. A controvérsia, no entanto, restou praticamente superada com a edição da Lei n. 13.151/2015, que deu nova redação ao parágrafo único do art. 62, permitindo, de forma expressa, a constituição de fundações para fins de: I – assistência social; II – cultura, defesa e conservação do patrimônio histórico e artístico; III – educação; IV – saúde; V – segurança alimentar e nutricional; VI – defesa, preservação e conservação do meio ambiente e promoção do desenvolvimento sustentável; VII – pesquisa científica, desenvolvimento de tecnologias alternativas, modernização de sistemas de gestão, produção e divulgação de informações e conhecimentos técnicos e científicos; VIII – promoção da ética, da cidadania, da democracia e dos direitos humanos; IX – atividades religiosas. O elenco de finalidades não é exaustivo nem pode ser interpretado restritivamente, sob pena de colidir com o princípio constitucional da livre-iniciativa. De toda sorte, estabeleceu o legislador que as fundações anteriormente constituídas, qualquer que fosse a finalidade, desde que lícita, não seriam atingidas pela aparente restrição do parágrafo único do art. 62, devendo, apenas, subordinar o seu funcionamento ao disposto na nova lei.

JURISPRUDÊNCIA COMENTADA: Em mandado de segurança em que se impugnou a desclassificação, em licitação, de fundação que não havia adequado o seu estatuto social, até 11 de janeiro de 2007, decidiu o TJPE que "o caráter formalista e burocrático de tal decisão, atrelado ao apego exacerbado à literalidade, olvidando de sua flexibilidade e poder de conformação frente à mutabilidade social, levou o juízo singular e a Comissão Licitante a desprezar o fim precípuo do instituto licitatório, que é a oportunidade de oferecer à Administração Pública as propostas mais vantajosas, respeitados os limites e exigência de cada caso" (TJPE, AI 0178516-8, Rel. Des. Fernando Cerqueira, j. 10.03.2009, *DOEPE* 26.03.2009).

Art. 2.033. Salvo o disposto em lei especial, as modificações dos atos constitutivos das pessoas jurídicas referidas no art. 44, bem como a sua transformação, incorporação, cisão ou fusão, regem-se desde logo por este Código.

COMENTÁRIOS DOUTRINÁRIOS: A adaptação dos atos constitutivos das pessoas jurídicas referidas no art. 44, tal como exigido pelo art. 2.031, deve obedecer às regras do Código de 2002. Assim, a adaptação do estatuto da associação só poderá ser feita em assembleia geral (art. 59, II), assim como a alteração do contrato social das sociedades simples puras só poderá ser feita com a aprovação dos sócios que representem a unanimidade dos sócios (art. 999). As operações de transformação, incorporação, cisão ou fusão estão disciplinadas nos arts. 1.113 a 1.122. Por meio de um ato jurídico denominado transformação, a sociedade passa, independentemente de dissolução e liquidação, de um tipo para outro. Ocorre a mudança da espécie societária, mediante transformação da forma da pessoa jurídica. Assim, uma sociedade limitada pode ser transformada em sociedade anônima e vice-versa, uma sociedade simples pura pode se transformar em sociedade limitada empresária, uma sociedade em nome coletivo pode se transformar em limitada etc. Tem-se um ente já personalizado que se transforma em outro. A Lei n. 14.195, de 26 de agosto de 2021, determinou, em seu art. 41, que "*as empresas individuais de responsabilidade limitada existentes na data da entrada em vigor desta Lei serão transformadas em sociedades limitadas unipessoais independentemente de qualquer alteração em seu ato constitutivo*". A incorporação é a operação pela qual uma ou mais sociedades são absorvidas por outra, que lhes sucede em todos os direitos e obrigações. A principal distinção entre transformação e incorporação é que esta é modalidade de concentração empresarial, que resulta na extinção de uma ou mais personalidades jurídicas, as quais são absorvidas por outra. O patrimônio das incorporadas funde-se ao patrimônio da incorporadora. Na transformação existe uma só pessoa jurídica, que permanece a mesma, transformando-se apenas o seu tipo societário. A fusão é a operação pela qual se unem duas ou mais sociedades para formar sociedade nova, que lhes sucederá em todos os direitos e obrigações. A principal distinção entre fusão e incorporação é que, nesta, uma sociedade absorve a outra, mantendo hígida a sua personalidade jurídica, enquanto extinguir-se-á a personalidade jurídica da incorporada. Na fusão, as duas personalidades jurídicas se extinguem, para formar um novo ente personalizado, resultante da reunião do patrimônio das duas sociedades fundidas, sucedendo-lhes em todos os direitos e obrigações. Finalmente, o Código Civil se omitiu no tocante à cisão, razão pela qual a *III Jornada de Direito Civil* aprovou o Enunciado n. 231: "A cisão de sociedades continua disciplinada na Lei n. 6.404/76, aplicável a todos os tipos societários, inclusive no que se refere aos direitos dos credores. Interpretação dos arts. 1.116 a 1.122 do Código Civil".

JURISPRUDÊNCIA COMENTADA: Qualquer modificação dos atos constitutivos das pessoas jurídicas de direito privado constituídas na vigência do Código anterior observará, obrigatoriamente, as novas regras estatuídas pelo Código Civil de 2002, especialmente a adaptação exigida pelo art. 2.031. O termo "adaptar", segundo manifestação do Superior Tribunal de Justiça, "apenas estabelece que as pessoas jurídicas deverão se amoldar, dentro do prazo estipulado, ao regime jurídico em vigor a partir de 11/01/2003. Assim, todos os atos praticados posteriormente àquela data deverão respeitar as novas disposições normativas, sob pena de nulidade e/ou ineficácia" (REsp 1.444.707, Rel. Min. Luis Felipe Salomão, *DJe* 03.08.2016).

REFORMA DO CÓDIGO CIVIL: O anteprojeto de reforma do Código Civil propõe o acréscimo de um novo dispositivo com redação semelhante à do art. 2.033: "As normas sobre dissolução parcial ou total, sobre liquidação e sobre apuração de haveres aplicam-se imediatamente aos processos em curso". Trata-se de aplicação imediata da lei nova ao plano da eficácia, atingindo os efeitos jurídicos de atos anteriores. Assim, as novas regras relativas à apuração de haveres incidirão imediatamente, alcançando os processos em curso. Apenas nas situações em que os haveres já tiverem sido apurados e pagos, antes da entrada em vigor da reforma, não será possível invocar a aplicação da lei posterior.

Art. 2.034. A dissolução e a liquidação das pessoas jurídicas referidas no artigo antecedente, quando iniciadas antes da vigência deste Código, obedecerão ao disposto nas leis anteriores.

COMENTÁRIOS DOUTRINÁRIOS: O dispositivo versa sobre a dissolução total das pessoas jurídicas de direito privado. No que se refere às sociedades, as causas gerais que levam à extinção da personalidade jurídica, com início do processo de liquidação, estão previstas no art. 1.033. O Código Civil distinguiu, de forma muito clara, a dissolução total da liquidação e da extinção propriamente dita. A dissolução é o fato jurídico que permite o início da liquidação a qual, por sua vez, constitui o processo que culminará com o término da existência da pessoa jurídica (extinção). As causas de dissolução encontram-se atualmente agrupadas no art. 1.033 em quatro hipóteses: o vencimento do prazo de duração, nas sociedades por prazo determinado; o consenso unânime dos sócios, que podem deliberar pelo encerramento da sociedade; a deliberação dos sócios, por maioria absoluta, na sociedade de prazo indeterminado; e, por último, a extinção, na forma da lei, de autorização para funcionar, no caso de sociedades dependentes de autorização. Com a entrada em vigor da Lei n. 14.195/2021, houve a revogação do inciso IV e do parágrafo único do art. 1.033, que tratavam da dissolução em decorrência da não reconstituição da pluralidade de sócios, no prazo legal. O processo judicial de dissolução total e liquidação de sociedades não ganhou regramento específico no vigente CPC, que se preocupou apenas com o processo de dissolução parcial (arts. 599 a 609). O CPC anterior, de 1973, mandava aplicar, no que fossem compatíveis, as regras dos arts. 657 e seguintes do CPC de 1939, em vigor até 17 de março de 2016 (art. 1.218, VII, do Código Buzaid). Assim, na dissolução total segue-se o procedimento comum, o que se mostra de todo inconveniente, dada a necessidade de uma cognição mais rápida e simplificada, de modo a se evitar o perecimento de ativos. Como alternativa, aconselha-se que os sócios celebrem negócios jurídicos processuais, nos termos do art. 190 do CPC, prevendo, nos contratos sociais e respectivas alterações, rito mais ágil para os processos judiciais de dissolução total. Estabelece o art. 2.034 que a dissolução e a liquidação das pessoas jurídicas de direito privado obedecerão ao disposto nas leis anteriores, sempre que a dissolução ou liquidação tiver se iniciado antes de 11 de janeiro de 2003. Nesses casos, aplicar-se-ão as regras do CC/16 e do CCom/1850. Trata-se do fenômeno da ultratividade ou pós-atividade da legislação revogada, que se caracteriza, exatamente, pela aplicação da lei para além do termo de seu período de vigência. Vale dizer, a projeção de efeitos para o futuro de legislação destituída de vigência e eficácia, cujas normas não mais incidem sobre a realidade fática subjacente.

JURISPRUDÊNCIA COMENTADA: Portanto, a dissolução e a liquidação das pessoas jurídicas referidas no art. 44 quando iniciada antes da vigência do CC/2002 "obedecerão ao disposto nas leis anteriores, o que nos remete ao art. 348 do Código Comercial de 1850, segundo o qual 'o sócio que não aprovar a liquidação ou a partilha é obrigado a reclamar dentro de 10 (dez) dias depois desta lhe ser comunicada', sob pena de 'não poder mais ser admitido a reclamar, e de se julgar por boa a mesma liquidação e partilha'" (TJSC, AC 2009.038399-4, 4.ª Câmara de Direito Civil, Capital, Rel. Des. Luiz Fernando Boller, *DJSC* 18.12.2012). De acordo com a regra de transição prevista no art. 2.034 do CC/2002, já decidiu o STJ que "nas ações de dissolução de sociedade com apuração de haveres relativos a fatos anteriores à vigência do Código Civil vigente, os juros de mora contam-se desde a citação inicial, mesmo que não tenha ainda sido quantificada a dívida" (STJ, EDcl-REsp 1.504.243, Proc. 2014/0334023-1, Rel. Min. Moura Ribeiro, *DJe* 12.03.2020).

Art. 2.035. A validade dos negócios e demais atos jurídicos, constituídos antes da entrada em vigor deste Código, obedece ao disposto nas leis anteriores, referidas no art. 2.045, mas os seus efeitos, produzidos após a vigência deste Código, aos preceitos dele se subordinam, salvo se houver sido prevista pelas partes determinada forma de execução.

Parágrafo único. Nenhuma convenção prevalecerá se contrariar preceitos de ordem pública, tais como os estabelecidos por este Código para assegurar a função social da propriedade e dos contratos.

COMENTÁRIOS DOUTRINÁRIOS: Estabelece o presente dispositivo que os requisitos de validade dos negócios e demais atos jurídicos serão aqueles estabelecidos na lei anterior, mas os seus efeitos, desde que produzidos após a vigência do novo Código, a ele estarão subordinados, salvo se houver sido prevista pelas partes determinada forma de execução. Assim, um contrato celebrado antes de 11 de janeiro de 2003, ainda que uma das partes estivesse, por exemplo, em estado de perigo (art. 156), será válido, ou pelo menos por tal vício não haverá de ser anulado. Entretanto, contratos anteriores, que ainda estejam sendo executados, como nos casos de financiamentos a longo prazo, poderão ser revistos ou resolvidos sempre que, por evento imprevisível, ocorrido após 11 de janeiro de 2003, venham a se tornar excessivamente onerosos para um dos contratantes (art. 478). Nas repactuações que venham a ser realizadas após a entrada em vigor do Código, aplicam-se integralmente todas as novas regras, desde que compreendidas como novo contrato. Imagine-se, em outro exemplo, um contrato de prestação de serviços, de trato sucessivo, onde as partes hajam fixado determinado percentual para o reajuste periódico das parcelas do preço, vindo a lei posterior (por exemplo, plano econômico de congelamento) proibir esse tipo reajuste. Ainda que o reajuste contratual só viesse a ocorrer quando já vigente a lei nova proibitiva, a teor do disposto no *caput* do art. 2.035, deve ser observada a lei da época da celebração e aplicado o percentual definido no contrato. O pagamento posterior de parcela do preço, quando já estabelecido o respectivo valor em época pretérita, não seria considerado efeito futuro de ato passado, de modo a receber os influxos da lei novata. Trata-se (o reajuste) de fato pendente de realização, porém já definitivamente assentado sob o pálio da lei revogada. A incidência da lei nova, nesse caso, caracterizaria retroatividade de "grau médio". No mesmo exemplo, houvessem as partes previsto apenas a atualização do preço de acordo com certo índice oficial, a ser apurado no mês anterior ao do reajuste, e havendo esse índice sido extinto pela lei posterior, não haveria como se pleitear a manutenção do indexador, pois o *facta pendentia* ainda não estava definitivamente assentado. Sua ultimação se daria no futuro, quando fosse apurado o percentual do indexador eleito no contrato. Extinto o índice oficial, sem que o ajuste de vontades houvesse estabelecido percentual certo nem outro índice substituto, não haveria possibilidade de se assegurar a sobrevivência da lei revogada, aplicando-se imediatamente a lei nova. Vê-se, aqui, uma situação jurídica de fato passado, cujos efeitos jurídicos ainda não foram consumados, o que possibilita a aplicação imediata da lei posterior. Nos contratos de trato sucessivo, o CC/2002 trouxe, no *caput* do art. 2.035, verdadeira regra de sobredireito plenamente adequada e consentânea à doutrina de um novo direito intertemporal brasileiro. A ideia de que o contrato, como negócio jurídico realizado sob o império de determinada lei, se enquadra no conceito de "ato jurídico perfeito", para os fins de se furtar à retroatividade da lei nova, é assimilada pelo Código, que inclui, sob a sua regência, tão somente os efeitos futuros dos contratos anteriores, desde que produzidos após a vigência da lei nova e desde que as partes não tenham previsto determinada forma de execução. Caso os contratantes tenham feito essa previsão, fica afastada a incidência imediata da lei. Fica assegurada, assim, como regra geral codificada, a pós-atividade do Código de 1916 no que tange aos requisitos de validade dos contratos e a eficácia imediata do Código de 2002 quanto aos efeitos futuros desses negócios jurídicos. A regra geral, portanto, é a da aplicação imediata da lei nova aos efeitos dos contratos em curso, salvo se as partes houverem expressamente manifestado a intenção de excluir também os efeitos futuros do âmbito de eficácia da lei posterior. Para isso, precisariam haver inserido no contrato cláusula específica, salvaguardando o regime de execução, e desde que não houvesse contrariedade a norma de ordem pública. Convém esclarecer, no entanto, não serem poucos os autores que encampam a tese da inconstitucionalidade do dispositivo. A doutrina clássica, forjada à luz do Código de 1916, se opõe firmemente à eficácia imediata da lei nova nesses casos, sacralizando o princípio do *pacta sunt servanda*. O próprio Supremo Tribunal Federal já decidiu que, "se a lei alcançar os efeitos futuros de contratos celebrados anteriormente a ela, será essa lei retroativa (retroatividade mínima) porque vai interferir na causa, que é um ato ou fato ocorrido no passado" (ADIn 493/DF, Rel. Min. Moreira Alves). Não partilhamos dessa opinião, tampouco concordamos com as conclusões do aresto do STF. A imprecada retroatividade do *caput* do art. 2.035 constitui mera hipótese de aplicação imediata da lei nova. Inexiste no ordenamento jurídico brasileiro direito adquirido aos efeitos futuros das situações jurídicas contratuais constituídas sob a égide da lei antiga. A lei nova colhe os contratos em curso de execução ou de produção de efeitos no estado em que se encontram, aplicando-se imediatamente, sem retroatividade. Apenas os efeitos já produzidos, por exemplo, a multa moratória já vencida e já paga em percentual superior ao novo teto legal, não seriam alcançados pela nova lei. Mais polêmica ainda que a regra constante do *caput* do art. 2.035 é a norma que se extrai do parágrafo único, a prever, não só a aplicação imediata, mas também a aplicação retroativa (nenhuma convenção prevalecerá) das normas de ordem pública, citando como exemplos aquelas relativas à função social dos contratos e da propriedade. O dispositivo deixa claro que está apenas a exemplificar, e quaisquer outras normas, desde que consideradas como "de ordem pública", terão aplicação imediata, contra elas não cabendo invocar direito adquirido ou ato jurídico perfeito. Defendemos, com entusiasmo, a possibilidade de se utilizar a técnica da ponderação para avaliar, em cada caso concreto, se a lei posterior pode interferir nos contratos anteriores. Se a partir da ponderação entre o valor da segurança e os princípios da segurança jurídica e do *pacta sunt servanda*, de um lado, e o valor da Justiça e os princípios da solidariedade e da função social do contrato, de outro, pudermos concluir qual o lado mais pesado da balança, esse será o critério para decidir entre a aplicação da lei anterior, vigente à data da celebração do contrato, e a lei posterior, editada quando o contrato encontrava-se em curso de produção de efeitos. Formulemos um exemplo hipotético para facilitar a compreensão da ideia. Vamos supor que o personagem João, pretendendo abrir um negócio próprio, tivesse celebrado, no ano de 2002, antes do início da vigência do atual Código Civil, um contrato de franquia, cujas obrigações do franqueado eram manifestamente desproporcionais àquelas do franqueador e com cláusula penal em valor manifestamente excessivo. Com a posterior entrada em vigor do Código Civil de 2002 e vendo-se impossibilitado de continuar a cumprir com todas as obrigações do contrato, João postula a sua revisão (ou alternativamente a resolução com redução da cláusula penal), invocando a seu favor o estatuído nos arts. 413, 421 e 2.035 do CC/2002. Depois de ponderar e sopesar normas e valores conflitantes no caso concreto (p. ex., *pacta sunt servanda* => ato jurídico perfeito => segurança jurídica *versus* função social => solidariedade => justiça social), provavelmente entenderíamos razoável a pretensão de João, e optaríamos pela aplicação imediata do CC/2002, ainda que o contrato tenha sido celebrado em data anterior. É verdade que a técnica de ponderação poderá levar, no limite, à admissão de hipóteses invalidantes supervenientes, previstas na lei posterior, o que será motivo de estupefação para a doutrina tradicional. Entretanto, nas quadras atuais, onde temos uma população cada vez maior e com crescente expectativa de vida, onde os recursos naturais (e os direitos a eles inerentes) são cada vez mais escassos, o aplicador do Direito será chamado, cada vez mais, a fazer escolhas como essa, atribuindo direitos para alguns e suprimindo direitos já considerados incorporados ou adquiridos por outros. Se não existem direitos para todos, há de se suprimir de alguns e atribuí-los a outros. A norma que se extrai do art. 2.035 ainda não foi apreendida em sua plenitude pela doutrina nacional. Durante a *IV Jornada de Direito Civil* ocorreram extensos debates, os quais resultaram na aprovação de dois enunciados. O Enunciado n. 300 esclarece que "a lei aplicável aos efeitos atuais dos contratos celebrados antes do novo Código Civil será a vigente na época da celebração; todavia, havendo alteração legislativa que evidencie anacronismo da lei revogada, o juiz equilibrará as obrigações das partes contratantes, ponderando os interesses traduzidos pelas regras revogada e revogadora, bem como a natureza e a finalidade do negócio". O Enunciado n. 396, por sua vez, versa sobre a capacidade para ser sócio, dispondo que "a capacidade para contratar a constituição da sociedade submete-se à lei vigente no momento do registro". Interessante questão de direito intertemporal surgiu com o advento da Lei n. 13.786/2018, que disciplina "a resolução do contrato por inadimplemento do adquirente de unidade imobiliária" e trouxe importantes inovações para o mercado imobiliário, especialmente o estabelecimento de limites (de até 50%) para a estipulação de cláusula penal. A indagação logo surgida era se as novas regras se aplicariam aos contratos celebrados antes de sua entrada em vigor. A aplicação analógica do art. 2.035 do Código Civil c/c o art. 6º da LINDB nos leva a conclusão de que, se não houver previsão no contrato estipulando o percentual da cláusula penal, aplica-se imediatamente a nova lei, com os limites ali previstos, pouco importando a data da celebração do negócio. Contudo, se o contrato estabelecer um percentual ou montante para a cláusula penal, essa pactuação estará ao abrigo da aplicação da nova lei.

JURISPRUDÊNCIA COMENTADA: O Superior Tribunal de Justiça, considerando que o exame da validade ou invalidade de determinado fato jurídico refere-se, sempre, ao momento de sua constituição, isto é, ao momento de sua entrada no mundo jurídico por meio do processo de juridicização ou incidência, decidiu que é válida a cláusula de reversão em favor de terceiro, nos contratos de doação celebrados à luz do Código Civil de 1916, ainda que a reversão só ocorra na vigência do CC/2002, que proíbe expressamente esse tipo de pactuação (art. 547): "É válida a cláusula de reversão em favor de terceiro aposta em contrato de doação celebrado à luz do CC/1916. É válida e eficaz a cláusula de reversão estipulada em benefício de apenas alguns dos herdeiros do donatário, mesmo na hipótese em que a morte deste se verificar apenas sob a vigência do CC/2002" (REsp 1.922.153, Rel. Min. Nancy Andrighi, *DJe* 26.04.2021). Segundo o voto condutor do acórdão, é "possível concluir que, em se tratando de direito adquirido, não poderia o novo Código Civil retroagir, prejudicando o direito dos beneficiários da cláusula de reversão, a teor do disposto no inciso XXXVI do art. 5º da Constituição Federal e do *caput* do art. 6º da LINDB, notadamente porque, ao tempo da celebração da doação, não havia qualquer vedação à referida cláusula". E, ainda "que não se reconheça, antes do implemento da condição, hipótese de verdadeiro direito adquirido, não há como se afastar a caracterização, ao menos, de direito expectativo digno de tutela jurídica", não incidindo "as disposições do CC/2002, isto é, o fato de o implemento da condição suspensiva haver ocorrido após o advento do novo Código, em nada afeta a eficácia da cláusula de reversão, que permanece hígida e garantida pela ultratividade da lei pretérita". Quanto ao parágrafo único do art. 2.035, entende o STJ que o dispositivo "impõe aos negócios jurídicos – mesmo àqueles constituídos antes da entrada em vigor deste diploma, a obediência à cláusula geral de ordem pública da boa-fé objetiva, a qual, por sua vez, sujeita ambos os contratantes à recíproca cooperação a fim de alcançar o efeito prático que justifica a própria existência do contrato. Sobretudo, também, porque a ninguém é dado vir contra o próprio ato, proibindo-se o comportamento contraditório (*nemo potest venire contra factum proprium*)" (REsp 1.217.951, 2.ª Turma, Rel. Min. Mauro Campbell Marques, *DJe* 10.03.2011). No âmbito do TJRJ, por sua vez, encontram-se diversos precedentes, em controle judicial de cláusula penal abusiva, no sentido de que a regra que permite a redução da cláusula penal "consubstancia uma norma de ordem pública, que tem como objetivos concretizar o princípio da equidade (preservação da equivalência material do contrato) e impor o paradigma da eticidade aos negócios jurídicos, sujeitando-se à incidência do parágrafo único do art. 2.035 do Código Civil" (TJRJ, APL 0002349-53.2005.8.19.0209, Rel. Des. Fernando Foch de Lemos Arigony da Silva, *DORJ* 11.01.2021).

REFORMA DO CÓDIGO CIVIL: O Anteprojeto propõe o acréscimo de duas regras de transição semelhantes ao *caput* do atual art. 2.035, no sentido de que os atos e negócios jurídicos constituídos em data pregressa, no que toca ao plano da validade, se subordinam ao disposto nas leis vigentes à data em que foram celebrados, enquanto, no plano da eficácia, ou seja, quanto aos efeitos futuros desses atos, incide imediatamente a lei nova. São elas: "Art. [...] As regras relativas ao plano da eficácia dos negócios jurídicos e contratos em geral têm aplicação imediata". Art. [...] As regras relativas ao plano de eficácia quanto aos condomínios edilícios e fundos de investimentos deste Código têm aplicação imediata". Pretende-se, aqui, reforçar a norma do art. 2.035, dispondo, expressamente, sobre a incidência imediata das alterações legais aos efeitos dos atos jurídicos anteriores. Com a entrada em vigor da reforma, poderão os condomínios edilícios, por exemplo, promover, desde logo, a modificação de suas convenções para regular a expulsão do condômino antissocial. Espanca-se, assim, qualquer dúvida sobre a possibilidade de incidência dos comandos normativos reformados, nos seus aspectos eficaciais, aos condomínios edilícios, aos fundos de investimento ou a qualquer ato ou negócio jurídico já formados antes da reforma civilista. A proposta sugere, ainda, o acréscimo de um novel dispositivo que, em concretização ao princípio da conservação do negócio jurídico, convalida o ato nulo sempre que a causa de nulidade houver sido afastada pela lei posterior. A redação é a seguinte: "Art. [...] A superação, por esta Lei, de causa de nulidade absoluta estabelecida originalmente na Lei nº 10.406, de 10 de janeiro de 2002 (Código Civil), convalida o ato". A proposição legislativa, se aprovada, vai interferir nos requisitos de validade de diversos atos. À guisa de exemplos, os testamentos públicos poderão ser lavrados sem a presença de testemunhas; alguns contratos sucessórios passarão a ser admitidos, incluindo a renúncia prévia à herança por cônjuges e companheiros; nos pactos conjugais, será admitida a cláusula de mudança automática de regime, hoje vedada; em todas essas situações, em que os elementos de validade tiverem sido alterados, o ato que poderia ser considerado nulo, à luz da lei anterior, será válido e poderá produzir efeitos na vigência da lei posterior.

Art. 2.036. A locação de prédio urbano, que esteja sujeita a lei especial, por esta continua a ser regida.

COMENTÁRIOS DOUTRINÁRIOS: Estabelece o dispositivo, expressamente, que continua em vigor a Lei do Inquilinato (Lei n. 8.245/1991). A regra é desnecessária, uma vez que, não dispondo o Código sobre locação de imóveis urbanos, a sua disciplina continuaria a ser dada pela lei especial, independentemente de previsão expressa do Código. Ademais, a solução para eventual conflito entre o Código Civil e a Lei de Locações se dá mediante a aplicação da metarregra *lex posteriori generalis non derogat priori speciali*, o que equivale dizer, em outras palavras, que a lei especial posterior derroga a lei geral anterior e a lei geral posterior não derroga a lei especial anterior. Resta responder à seguinte questão: qual é a lei especial no caso, o Código Civil ou a inquilinária? Inexistem diferenças formais entre leis gerais e leis especiais. Na verdade, o conceito de norma especial é um resultado da interpretação. Em outras palavras, o atributo da especialidade é compatível com qualquer tipo de norma. É o intérprete, diante de cada situação concreta, quem vai dizer se uma norma é geral ou especial. Num mesmo corpo normativo, podemos encontrar as duas categorias. Assim, dentro do próprio Código Civil podemos identificar determinados dispositivos que são especiais em relação a outros. A divisão entre Parte Geral e Parte Especial denota bem essa situação. Algumas leis esparsas são especiais ou gerais a depender do referencial normativo. A Lei das Sociedades Anônimas, por exemplo, é especial em relação ao Código Civil, cuja incidência às companhias se dará apenas nos casos omissos. A mesma lei, contudo, será geral em relação à Lei n. 11.101/2005, sempre que uma sociedade anônima se submeter à recuperação judicial, à recuperação extrajudicial ou à falência. Nesse prumo, o Código Civil não pode ser aprioristicamente considerado lei especial em relação à Lei de Locações ou vice-versa. Ambos os diplomas possuem notas de especialidade e de generalidade em relação às demais regras do sistema. O Código Civil disciplina os contratos em geral, enquanto a Lei n. 8.245/1991 dispõe, exclusivamente, sobre as locações dos imóveis urbanos e todos os procedimentos a elas pertinentes. A disciplina das locações urbanas, portanto, está contida nesta e não naquele. A lei especial dos contratos de locação de imóvel urbano é a Lei n. 8.245, e não a Lei n. 10.406/2002. Questão correlata, também tratada em lei especial, diz respeito ao confronto entre o Código Civil e a Lei n. 4.591/1964. O art. 1.336, § 1º, do CC/2002 reduziu a multa máxima aplicável ao condômino inadimplente que, pelo § 3º do art. 12 da Lei n. 4.591/1964, era de 20%, para 2%. Houve grande discussão na doutrina sobre o espectro de alcance da norma, ou seja, se vincularia as convenções já aprovadas antes da entrada em vigor do Código ou apenas àquelas aprovadas e registradas depois de 11 de janeiro de 2003. A questão encontra-se hoje pacificada, já havendo a jurisprudência do Superior Tribunal de Justiça uniformizado o entendimento de que o novo limite aplica-se também às convenções anteriores. A justificativa reside na natureza jurídica da convenção de condomínio, predominantemente estatutária e institucional, uma vez que a "sua força coercitiva ultrapassa as pessoas que assinaram o instrumento de sua constituição, para abraçar qualquer indivíduo que, por ingressar no agrupamento ou penetrar na esfera jurídica de irradiação das normas particulares, recebe os seus efeitos em caráter permanente ou temporário". Trata-se de verdadeira "lei interna", destinada a regular a vida, não só dos condôminos, mas de todos aqueles que venham adentrar no edifício. Por essa razão, se diz que as normas que regem o condomínio edilício seriam normas institucionais ou estatutárias. O estatuto legal do condomínio edilício antes era a Lei n. 4.591/1964 e hoje é o Código Civil. O estatuto contratual é a convenção. O estatuto legal constitui a situação jurídica primária, enquanto a convenção constitui a situação jurídica secundária. As modificações introduzidas no estatuto legal atuam sobre a convenção, que foi construída sobre a base da situação jurídica primária. Quando os condôminos subscreveram a convenção, submeteram-se ao respectivo estatuto, e, portanto, anuíram desde logo com as futuras modificações desse estatuto. Ou seja, as partes celebraram um negócio jurídico submetendo-se à lei vigente e à lei que vigerá, sujeitando-se, automaticamente, ao estatuto legal e aceitando as alterações que o seu contrato poderia sofrer em virtude do novo diploma. Quando os condôminos assinaram a convenção, estabeleceram eles os efeitos jurídicos da inadimplência (leia-se multa de até 20%), dentro do que então estabelecia a Lei n. 4.591/1964 (estatuto legal do condomínio). A vontade das partes atuou na formação do ato, mas não no que concerne aos seus efeitos, previstos inafastavelmente na lei. Assim, se a lei modifica os efeitos da inadimplência do condômino, reduzindo o limite máximo da multa, ela não modifica os efeitos de um contrato, mas os do próprio estatuto legal, motivo pelo qual não se poderia invocar violação a direito adquirido ou a ato jurídico perfeito.

Art. 2.037. Salvo disposição em contrário, aplicam-se aos empresários e sociedades empresárias as disposições de lei não revogadas por este Código, referentes a comerciantes, ou a sociedades comerciais, bem como a atividades mercantis.

COMENTÁRIOS DOUTRINÁRIOS: Todas as referências a comerciante, sociedade comercial e atividade mercantil, feitas em diplomas legislativos anteriores não revogados pelo Código atual, devem ser lidas, interpretadas e aplicadas como se tivessem referido a empresário, sociedade empresária ou atividade empresarial. As disposições de leis especiais não revogadas, de forma expressa ou tácita, permanecem em vigor. Como exemplos de leis anteriores ao CC/2002 que permanecem integralmente em vigor, pode-se citar a Lei n. 6.404/1976 (LSA), Lei n. 5.764/1971 (Cooperativas), Lei n. 8.078/1990 (CDC), Lei n. 8.934/1994 (Registro Mercantil), Lei n. 11.101/2005 (LRE) etc.

Art. 2.038. Fica proibida a constituição de enfiteuses e subenfiteuses, subordinando-se as existentes, até sua extinção, às disposições do Código Civil anterior, Lei n. 3.071, de 01.01.1916, e leis posteriores.

§ 1º Nos aforamentos a que se refere este artigo é defeso:

I – cobrar laudêmio ou prestação análoga nas transmissões de bem aforado, sobre o valor das construções ou plantações;

II – constituir subenfiteuse.

§ 2º A enfiteuse dos terrenos de marinha e acrescidos regula-se por lei especial.

COMENTÁRIOS DOUTRINÁRIOS: O princípio prevalente no direito intertemporal, no tocante a normas atinentes ao direito de propriedade e demais direitos reais, é justamente o oposto daquele que rege o direito das obrigações, ou seja, a lei nova tem aplicação imediata. A justificação é a de que o regime da propriedade e dos outros direitos reais, máxime no que se refere aos bens imóveis, apresenta um interesse predominantemente social e público, devendo sujeitar-se à nova disciplina. A lei posterior que instituir ou suprimir uma forma de aquisição ou de extinção de um direito real aplicar-se-á imediatamente e atingirá a todos os titulares daquele direito. Fica ao arbítrio exclusivo do legislador determinar as hipóteses em que a legislação anterior será excepcionalmente aplicável (ultratividade), como o fez, por exemplo, neste art. 2.038. Pretendeu aqui o legislador extinguir o instituto da enfiteuse, direito real que permite a transmissão do uso, gozo, fruição e disposição do bem, proibindo a constituição de novas, mas subordinando as existentes, até sua extinção, às disposições do Código Civil de 1916, o que, na prática, propiciará que o velho Código (arts. 678 a 694) continue em vigor ainda por muitos anos. Não obstante, mesmo subsistindo as enfiteuses anteriormente instituídas, quanto a estas fica expressamente proibida a cobrança do laudêmio ou prestação análoga nas transmissões do bem aforado, sobre o valor das construções ou plantações. Ou seja, o laudêmio e o foro somente poderão tomar por base o valor da terra nua. É o que determina o

§ 1º, que tem aplicação imediata a todas as enfiteuses, independentemente da data de constituição. Por fim, o § 2º do presente dispositivo ressalvou expressamente a enfiteuse dos terrenos de marinha, que continua a existir normalmente, regulando-se por lei especial. Ora, grande parte das enfiteuses no Brasil abrange exatamente terrenos de marinha, em razão, sobretudo, da grande extensão de nosso litoral. Assim, pretendendo extinguir a enfiteuse, não poderia o legislador haver deixado de lado os terrenos de marinha, ainda mais quando o direito de superfície, trazido ao Código como substituto da enfiteuse, pode ser concedido, indiferentemente, no tocante a terras públicas ou particulares.

JURISPRUDÊNCIA COMENTADA: Na jurisprudência, as principais discussões giram em torno da cobrança do foro e do laudêmio. As edificações e as plantações, diz o STJ, "excluem-se da base de cálculo do laudêmio, nos termos da norma inserta no art. 2.038, § 1º, I, do Código Civil de 2002, que expressamente excluiu essas acessões" (REsp 1.411.432, Rel. Min. Sidnei Beneti, *DJe* 29.11.2013). Assim, o laudêmio somente pode "ser cobrado sobre o valor da terra nua, e, em se tratando de condomínio, deverá ser calculado sobre a fração ideal" (TJRJ, APL 0013460-64.2016.8.19.0042, Rel. Des. Claudio Luis Braga Dell Orto, *DORJ* 14.02.2019). A nova base de cálculo tem incidência e eficácia imediata, caracterizando hipótese de retroatividade mínima e inocorrência de ofensa a ato jurídico perfeito ou a direito adquirido, consoante pacífica e remansosa jurisprudência do TJRJ" (Cf. APL 0023944-07.2017.8.19.0042, Rel. Desig. Des. Maria da Glória Oliveira Bandeira de Mello, *DORJ* 13.12.2018). O crédito decorrente de foro e laudêmio constitui "título executivo extrajudicial, em razão das eventuais enfiteuses que ainda existam, como no caso em exame, a considerar que a enfiteuse, cujo laudêmio é objeto da execução, fora constituída em 21 de janeiro de 1938" (TJCE, APL 0172094-89.2012.8.06.0001, Rel. Des. Maria de Fátima de Melo Loureiro, *DJCE* 20.12.2018). Lembrando que nas transferências de terrenos de marinha é obrigação do alienante comunicar à Secretaria de Patrimônio da União – SPU a transferência da ocupação do imóvel a terceiro, pois, "não havendo comunicação à SPU acerca do negócio jurídico, permanece como responsável pela quitação da taxa de ocupação aquele que figura originalmente no registro, o alienante, e não o adquirente" (REsp 1.347.342/SC, Rel. Min. Herman Benjamin, *DJe* 31.10.2012).

Art. 2.039. O regime de bens nos casamentos celebrados na vigência do Código Civil anterior, Lei n. 3.071, de 01.01.1916, é o por ele estabelecido.

COMENTÁRIOS DOUTRINÁRIOS: No que concerne às relações patrimoniais entre os cônjuges, aplicam-se as mesmas regras e princípios aplicáveis ao direito das obrigações, especialmente o *tempus regit actum*. Assim, qualquer alteração nas disposições e regras específicas relativas a cada um dos quatro regimes de bens disciplinados pelo Código Civil (arts. 1.658 a 1.688) só tem valia para os casamentos celebrados após a vigência do novo Código. Dessa forma, bens que não se comunicavam antes e que, pelo CC/2002, passaram a se comunicar, continuarão incomunicáveis nos casamentos celebrados na vigência do Código Civil anterior e vice-versa. No regime da comunhão parcial de bens, por exemplo, o CC/1916 incluía na comunhão "os frutos civis do trabalho de cada cônjuge" (art. 271, VI). O CC/2002, a seu turno, exclui da comunhão os "proventos do trabalho pessoal de cada cônjuge" (art. 1.659, VI). Entretanto, apenas aqueles casados sob tal regime após 11 de janeiro de 2003 se beneficiarão da nova regra. Para quem se casou antes, os frutos civis do trabalho continuam a entrar na comunhão. A única controvérsia surgida no tocante ao presente dispositivo, à época da entrada em vigor do CC/2002, referiu-se à aplicabilidade ou não da regra que permite a mudança do regime de bens durante o casamento (art. 1.639, § 2º). Valeria para quem se casou antes de 11 de janeiro de 2003 ou apenas para quem viesse a contrair matrimônio após a entrada em vigor do novo Código? O mesmo se diga no tocante à outorga para prestação de aval, antes dispensada e agora exigida (art. 1.647, III), ou ainda para alienação de imóveis, antes exigida inclusive no regime da separação absoluta e agora dispensada (art. 1.647, I). Tais regras só valeriam para os que se casassem após 11 de janeiro de 2003 ou se aplicariam igualmente aos casamentos anteriores. A matéria foi rapidamente superada tanto pela doutrina como pela jurisprudência, dentro da linha de entendimento que este autor já vinha sustentando em outras publicações, no sentido de que as disposições gerais sobre regimes de bens previstas nos arts. 1.639 a 1.657 seriam aplicáveis a todos os casos, inclusive para os casamentos celebrados anteriormente a 11 de janeiro de 2003. Entre outras razões, porque o art. 2.039 refere-se a regras específicas de cada regime, e não às disposições gerais comuns a todos os regimes. As disposições constantes dos arts. 1.639 a 1.657 são regras distintas e independentes daquelas que compõem os regimes de bens propriamente ditos. Integram o chamado regime matrimonial primário e prescrevem os princípios aplicáveis à sociedade conjugal, do ponto de vista dos seus interesses patrimoniais. Disciplinam, no âmbito da sociedade conjugal, a propriedade, a administração, o gozo e a disponibilidade dos bens e obrigações que os cônjuges podem ou não assumir, qualquer que seja o regime de bens. Daí por que entendemos que a norma transitória do art. 2.039 não poderia estar se referindo senão aos arts. 262 a 314 do CC/1916 (CC/2002, arts. 1.658 a 1.688), excluindo do seu campo de incidência as chamadas disposições gerais (CC/1916, arts. 256 a 261, e CC/2002, arts. 1.639 a 1.657), de onde se deflui serem tais regras aplicáveis inclusive aos casamentos celebrados antes de 11 de janeiro de 2003. Nessa senda, a conclusão da *III Jornada de Direito Civil*, expressa no Enunciado n. 260: "A alteração do regime de bens prevista no § 2º do art. 1.639 do Código Civil também é permitida nos casamentos realizados na vigência da legislação anterior". Não se deve olvidar que a alteração do regime de bens jamais será feita unilateralmente, exigindo-se, além de justificada motivação, o consenso entre os cônjuges e a submissão à verificação judicial, esta sempre atenta aos interesses de terceiros. Os seus efeitos só operam *ex nunc*, justamente para evitar prejuízos a terceiros e não violar o ato jurídico perfeito instrumentalizado pelo regime de bens anteriormente adotado, nos termos dos arts. 2.035 e 2.039 do Código Civil. Se fôssemos admitir como vedada a possibilidade de mudança de regime para os casados antes de 11 de janeiro de 2003, estaríamos, apenas, retirando operabilidade do preceito, uma vez que os seus fins poderiam ser alcançados por via transversa, como na hipótese em que o casal simular um divórcio, para, posteriormente, voltarem-se a casar-se, desta feita adotando outro regime de bens. Quanto à outorga para alienação e oneração de imóveis, antes exigida inclusive no regime da separação absoluta e agora dispensada (art. 1.647, I), deve-se observar a data da prática do ato. Se a alienação ocorreu na vigência do CC/2002, a autorização conjugal é desnecessária para os casados no regime de separação absoluta, ainda que o casamento tenha se realizado sob a égide do CC/1916. Diga-se o mesmo com relação à outorga para prestação de aval, antes dispensada e agora exigida (art. 1.647, III). Se o aval foi prestado antes de 11 de janeiro de 2003, a garantia cambial subsiste, mesmo inexistente a outorga conjugal. Isso porque, para se verificar a validade do aval prestado por pessoa casada sem a autorização do outro cônjuge, importa a data em que prestada a garantia, e não a data em que realizado o casamento.

JURISPRUDÊNCIA COMENTADA: Com relação à partilha de bens, parece não haver controvérsia na jurisprudência de que "tendo o vínculo matrimonial sido estabelecido na vigência do Código Civil de 1916, este deverá ser considerado para análise da partilha dos bens, referente ao regime vigente à época da celebração do matrimônio, consoante dispõe o art. 2.039 do Código Civil de 2002" (TJDF, Rec 2012.01.1.010257-6, Rel. Des. Sebastião Coelho, *DJDFTE* 12.03.2014). Sobre o aval, há precedentes do STJ rejeitando a "alegação de que a norma que estabelece que o aval é nulo quando ausente a outorga uxória vale somente aos casamentos posteriores à entrada em vigor do Novo Código Civil. Isso, porque, para se verificar a validade do aval perante a legislação impugnada, importa a data em que prestada a garantia, e não a data em que realizado o casamento" (AgInt no REsp 1.028.014/RS, Rel. Min. Raul Araújo, *DJe* 01.09.2016). Lembrando, apenas, que a jurisprudência do STJ também é firme sobre a desnecessidade de outorga conjugal para prestação de aval em título de crédito típico, regulado por lei especial, independentemente da data do casamento ou do regime de bens adotado, uma vez que não se pode exigir a outorga conjugal estendida, irrestritamente, "a todos os títulos de crédito, sobretudo aos típicos ou nominados, como é o caso das notas promissórias, porquanto a lei especial de regência não impõe essa mesma condição" e "condicionar a validade do aval dado em nota promissória à outorga do cônjuge do avalista, sobretudo no universo das negociações empresariais, é enfraquecê-lo enquanto garantia pessoal e, em consequência, comprometer a circularidade do título em que é dado, reduzindo a sua negociabilidade; é acrescentar ao título de crédito um fator de insegurança, na medida em que, na cadeia de endossos que impulsiona a sua circulação, o portador, não raras vezes, desconhece as condições pessoais dos avalistas" (REsp 1.644.334/SC, Rel. Min. Nancy Andrighi, *DJe* 23.08.2018). Para o STJ, a "interpretação mais adequada com o referido instituto cambiário, voltado a fomentar a garantia do pagamento dos títulos de crédito, à segurança do comércio jurídico e, assim, ao fomento da circulação de riquezas, é no sentido de limitar a incidência da regra do art. 1.647, inciso III, do CCB aos avais prestados aos títulos inominados regrados pelo Código Civil, excluindo-se os títulos nominados regidos por leis especiais" (REsp 1.526.560/MG, Rel. Min. Paulo de Tarso Sanseverino, *DJe* 16.05.2017).

REFORMA DO CÓDIGO CIVIL: O art. 2.039 do Código Civil atual consigna regra de transição bastante rígida, que afastou as disposições específicas, relativas a cada um dos quatro regimes de bens, dos casamentos celebrados antes de sua vigência. Por força dessa norma, bens que não se comunicavam antes, e, pelo CC/2002, passaram a se comunicar, continuaram incomunicáveis nos casamentos celebrados na vigência do Código Civil anterior e vice-versa. O Anteprojeto de Reforma, que trouxe inovações substanciais nos regimes patrimoniais do casamento e da união estável, como é o caso da comunicação da valorização das cotas sociais na comunhão parcial, sugere dispositivo em sentido contrário, dispondo sobre a aplicação imediata de todas as alterações, salvo nas hipóteses de extinção de regime, com a seguinte redação: "Art. 2.039. As novas regras relativas ao regime de bens aplicam-se aos casamentos celebrados e às uniões estáveis estabelecidas antes da sua entrada em vigor. Parágrafo único. No caso de regime de bens extinto, aplicam-se as regras anteriores à data da entrada em vigor desta Lei". Portanto, todas as mudanças propostas, incluindo a possibilidade de modificação extrajudicial de regime, incidem nos casamentos e uniões estáveis iniciados em data anterior. Além disso, foi acrescentado outro artigo, a contemplar a extinção da separação legal como modalidade de dissolução da sociedade conjugal, ressalvando o estado civil anterior dos que haviam se valido daquele instituto: "Art. [...] As pessoas que se encontram separadas judicialmente e extrajudicialmente na data de entrada em vigor desta Lei permanecem nesse estado, até que por ato posterior ocorra a sua alteração".

Art. 2.040. A hipoteca legal dos bens do tutor ou curador, inscrita em conformidade com o inciso IV do art. 827 do Código Civil anterior, Lei n. 3.071, de 01.01.1916, poderá ser cancelada, obedecido o disposto no parágrafo único do art. 1.745 deste Código.

COMENTÁRIOS DOUTRINÁRIOS: O CC/1916 continha previsão expressa sobre a hipoteca legal dos bens do tutor ou curador. O CC/2002, por não estabelecer mais esse tipo de hipoteca, permite que aquelas constituídas anteriormente sejam canceladas, obedecido o disposto no parágrafo único do art. 1.745. Ou seja, o tutor ou curador deverá prestar caução, que poderá ser dispensada se um ou outro for de reconhecida idoneidade.

Art. 2.041. As disposições deste Código relativas à ordem da vocação hereditária (arts. 1.829 a 1.844) não se aplicam à sucessão aberta antes de sua vigência, prevalecendo o disposto na lei anterior (Lei n. 3.071, de 01.01.1916).

COMENTÁRIOS DOUTRINÁRIOS: O Código de 2002 promoveu substanciosa alteração na ordem de vocação hereditária. As novas regras, entretanto, só valem para as sucessões abertas após a entrada em vigor da Lei n. 10.406/2002. É o que estabelece o art. 2.041, em harmonia com a regra posta no art. 1.787 (*Regula a sucessão e a legitimação para suceder a lei vigente ao tempo da abertura daquela*). Ou seja, as novas regras (e também uma nova orientação pretoriana) só valem para as sucessões abertas após a entrada em vigor da Lei posterior ou da mudança jurisprudencial. O momento exato em que ocorrido o evento morte constituirá a linha divisória entre os dois sistemas. Portanto, ainda que a lei ou a interpretação posterior tenham admitido outros herdeiros à sucessão, apenas aqueles que já o eram à data do óbito partilharão a herança. A mudança de interpretação da lei pelos Tribunais produz os mesmos resultados que a mudança legislativa. A data de publicação da jurisprudência inovadora (especialmente quando submetida a repercussão geral), e que modifica a orientação jurisprudencial anterior, deverá constituir o marco decisivo para sua incidência às sucessões abertas a partir de então. Não se pode admitir, sob pena de ferir de morte o princípio da segurança jurídica, que uma sucessão aberta em data anterior seja atingida, por exemplo, pela declaração posterior de inconstitucionalidade de um artigo do Código Civil, antes considerado constitucional. Entretanto, o Supremo Tribunal Federal, guardião maior da Constituição, parece haver aplicado entendimento diverso e destoante dos parâmetros tradicionais e universais do direito intertemporal, a impor a regência da matéria sucessória pela lei vigente à data da abertura da sucessão, quando, no julgamento dos Recursos Extraordinários 878.694 e 646.721, que equiparou a ordem de vocação hereditária no casamento e na união estável, decidiu que "o entendimento ora firmado é aplicável apenas aos inventários judiciais em que não tenha havido trânsito em julgado da sentença de partilha, e às partilhas extrajudiciais em que ainda não haja escritura pública" (Tema 809 de Repercussão Geral). Configura odiosa retroatividade a aplicação da nova interpretação jurisprudencial aos processos em curso, ou seja, às sucessões já abertas em data anterior ao julgamento, pouco importando o estágio processual do inventário. De qualquer forma, a referência ao "trânsito em julgado da sentença de partilha" a que alude o Tema 809 não pode ser interpretada de forma literal e absoluta, sob pena de atingir um universo de outras situações já consolidadas, independentemente da conclusão do processo de inventário. Basta citar, *v.g.*, os negócios jurídicos comumente utilizados nas operações de planejamento sucessório, especialmente contratos de doação e de constituição de *holdings* patrimoniais, por meio dos quais se promove a antecipação em vida dos quinhões hereditários. Ou, ainda, a partilha em vida, prevista no art. 2.018 do Código Civil. Muitos desses atos, realizados antes da decisão do STF, levaram em conta a redação então vigente do art. 1.790 do CC, a excluir, expressamente, a concorrência sucessória do companheiro sobrevivente com os descendentes e ascendentes, no tocante aos bens particulares do autor da herança. Obedecidos os requisitos de validade vigentes quando de sua celebração, tornaram-se "atos jurídicos perfeitos", fora do alcance, tanto da lei nova como da nova orientação jurisprudencial. Entretanto, não posso deixar de registrar a posição mais recente da Terceira Turma do STJ em sentido contrário ao meu entendimento, ou seja, a favor da aplicação da tese fixada no Tema 809/STF às ações de inventário em que ainda não foi proferida a sentença de partilha, ainda que tenha havido, no curso do processo, a prolação de decisão que, aplicando o art. 1.790 do CC/2002, excluiu herdeiro da sucessão (*vide* jurisprudência comentada abaixo). *Aceitação e renúncia da herança. Retratação da aceitação:* O Código anterior permitia a retratação da aceitação, se não resultasse prejuízo a credores, e a da renúncia, quando proveniente de violência, erro ou dolo, ouvidos os interessados (art. 1.519). Agora, pelo Código atual, desaparece tal possibilidade (art. 1.812). Entretanto, se aberta a sucessão quando vigente o Código anterior, aplica-se a regra de que a lei do tempo da abertura da sucessão disciplinará a aceitação e a renúncia da herança. Assim, o direito de retratação, pelo menos no tocante à aceitação da herança, ainda pode ser exercido, atualmente, desde que a sucessão tenha sido aberta antes de 11 de janeiro de 2003. No tocante à renúncia, esta sempre foi considerada irretratável, mesmo na vigência do código anterior. Vale dizer, a renúncia continua irretratável, pouco importando que a sucessão tenha sido aberta antes ou depois de 11 de janeiro de 2003. Por outro lado, existindo vício de consentimento, a nulidade do ato de vontade consubstanciado na renúncia à herança pode vir a ser declarada, quer se trate de sucessão aberta na vigência do código revogado ou do atual. Quanto à aceitação, não obstante o direito de retratação encontrar-se assegurado pela ultratividade ou pós-atividade do CC/1916, a forma pela qual se dará essa retração obedecerá à lei vigente à época em que praticado o ato. Em suma, a retração do ato de aceitação ainda pode ser feita no tocante às sucessões abertas antes de 11 de janeiro de 2003, observadas, quanto à forma, as prescrições do Código Civil de 2002. Como a retratação da aceitação equivale à renúncia, aplicam-se as normas alusivas a esta. Ou seja, deve ser feita por escritura pública ou termo nos autos (art. 1.806), assegurando-se aos credores do renunciante o direito de aceitar a herança em seu nome (art. 1.813). *Validade e eficácia dos testamentos:* O princípio vigente na doutrina de direito intertemporal é o de que o testamento é regido, quanto às formalidades, pela lei do tempo em que foi elaborado, e, quanto à substância ou conteúdo, pela lei do tempo em que verificado o evento morte. Os requisitos extrínsecos de validade do testamento, portanto, serão aqueles estabelecidos pela lei da data da lavratura. É inválido o testamento celebrado por testador que, no momento da lavratura do instrumento, não tenha, por exemplo, pleno discernimento para praticar o ato, uma vez que a lei exige a manifestação perfeita de sua vontade e a exata compreensão de suas disposições. Pouco importa que o testador tenha adquirido esse discernimento em data posterior e queira ratificar o ato. Aquele testamento continuará inválido. Assim, de nada adianta a lei posterior suprimir exigência que antes era essencial e na época do ato foi inobservada: o testamento não se convalidará. Todavia, como o testamento só adquire eficácia após a abertura da sucessão, o que implica dizer que a situação de "herdeiro testamentário" só estará "constituída" após a morte do testador, esse momento final de constituição da situação jurídica será regido pela lei então em vigor. Se a lei posterior proibiu a instituição de determinada pessoa ou alterou o quinhão disponível, pouco importa se a lei anterior autorizasse a liberalidade na forma em que foi feita. Aplica-se a lei da abertura da sucessão. Cada um dos momentos constitutivos observará a lei vigente naquele específico momento.

JURISPRUDÊNCIA COMENTADA: A jurisprudência brasileira, pelo menos no âmbito dos Tribunais estaduais e do Superior Tribunal de Justiça, tem se mantido coerente com as regras de transição estabelecidas neste Código e com os parâmetros gerais do direito intertemporal em matéria sucessória. Assim, "tendo ocorrido a abertura da sucessão durante a vigência do Código Civil de 1916 o inventário e a partilha devem ser decididos à luz do direito anterior" (TJMG, APCV 1.0024.91.827515-7/002, Rel. Des. Ângela de Lourdes Rodrigues, *DJEMG* 23.01.2018). Por isso, decidiu o STJ que "em sucessões abertas na vigência do Código Civil de 1916, a viúva que fora casada no regime de separação de bens com o *de cujus*, tem direito ao usufruto da quarta parte dos bens deixados, em havendo filhos (art. 1.611, § 1º, do CC/16). O direito real de habitação conferido pelo Código Civil de 2002 à viúva sobrevivente, qualquer que seja o regime de bens do casamento (art. 1.831 do CC/02), não alcança as sucessões abertas na vigência da legislação revogada" (REsp 1.204.347, Rel. Min. Luis Felipe Salomão, *DJe* 02.05.2012). O TJMG, em julgamento no mínimo controvertido, chegou a decidir que nem mesmo a isonomia constitucional dos filhos, prevista no art. 227, § 6º, da CF, afastaria a incidência da lei vigente na data de abertura da sucessão, de forma que, tendo ocorrido o óbito durante a vigência do Código Civil de 1916, "o herdeiro advindo de relacionamento adulterino faz jus à metade do quinhão que cabe aos filhos legítimos, conforme disposto nos artigos 1.605, § 1º, do Código Civil de 1916 e 2º, da Lei n. 883/1949, uma vez que a Lei do Divórcio, n. 6.515/1977, que estabeleceu a igualdade de condições sucessórias aos filhos do falecido independentemente da natureza de sua filiação, somente entrou em vigor após a abertura da sucessão. Não há como assegurar à herdeira advinda de relacionamento adulterino quinhão equivalente àquele destinado a seus irmãos unilaterais com fundamento na igualdade estabelecida pelo artigo 227, § 6º, da Constituição Federal, visto que conforme entendimento consolidado na jurisprudência do Supremo Tribunal Federal, o referido dispositivo é inaplicável às sucessões abertas antes da promulgação da Constituição de 1988" (APCV 1.0024.83.039766-7/001, Rel. Des. Ângela de Lourdes Rodrigues, *DJEMG* 14.03.2016). O STJ também tem se inclinado pelo aproveitamento do testamento lavrado na vigência do Código anterior, mesmo na presença de determinados vícios formais, pois "ainda que seja imprescindível o cumprimento das formalidades legais a fim de preservar a segurança, a veracidade e legitimidade do ato praticado, deve se interpretar o texto legal com vistas à finalidade por ele colimada" (REsp 701.917/SP, Rel. Min. Luis Felipe Salomão, *DJe* 01.03.2010). Especialmente em relação ao número de testemunhas instrumentais, que foi reduzido pelo CC/2002, são reiteradas as decisões do STJ no sentido de serem "suscetíveis de superação os vícios de menor gravidade, que podem ser denominados de puramente formais e que se relacionam essencialmente com aspectos externos do testamento particular, ao passo que vícios de maior gravidade, que podem ser chamados de formais-materiais porque transcendem a forma do ato e contaminam o seu próprio conteúdo, acarretam a invalidade do testamento lavrado sem a observância das formalidades que servem para conferir exatidão à vontade do testador. Na hipótese, o vício que impediu a confirmação do testamento consiste apenas no fato de que a declaração de vontade da testadora não foi realizada na presença de três, mas, sim, de somente duas testemunhas, espécie de vício puramente formal incapaz de, por si só, invalidar o testamento, especialmente quando inexistentes dúvidas ou questionamentos relacionados à capacidade civil do testador, nem tampouco sobre a sua real vontade de dispor dos seus bens na forma constante no documento" (REsp 1.583.314/MG, Rel. Min. Nancy Andrighi, *DJe* 23.08.2018). Finalmente, no que se refere à aplicação do art. 1.829 à união estável, decidiu a Terceira Turma do STJ que "ao declarar a inconstitucionalidade do art. 1.790 do CC/2002 (tema 809), o Supremo Tribunal Federal modulou temporalmente a aplicação da tese para apenas os processos judiciais em que ainda não tenha havido trânsito em julgado da sentença de partilha, de modo a tutelar a confiança e a conferir previsibilidade às relações finalizadas sob as regras antigas (ou seja, às ações de inventário concluídas nas quais foi aplicado o art. 1.790 do CC/2002)" e que não seriam "equiparáveis, para os fins da aplicação do tema 809/STF, as sentenças de partilha transitadas em julgado e as decisões que, incidentalmente, versam sobre bens pertencentes ao espólio, uma vez que a inconstitucionalidade de lei, enquanto questão de ordem pública, é matéria suscetível de arguição em impugnação ao cumprimento de sentença e que, com muito mais razão, pode ser examinada na fase de conhecimento", concluindo que se "a lei incompatível com o texto constitucional padece do vício de nulidade, a declaração de sua inconstitucionalidade, de regra, produz efeito *ex tunc*" (REsp 1904374/DF, Rel. Min. Nancy Andrighi, *DJe* 15.04.2021).

REFORMA DO CÓDIGO CIVIL: Pretende-se alterar o art. 2.041 do Código Civil e, ao mesmo tempo, acrescentar mais um dispositivo, o art. 2.041-A, que passariam a ter as seguintes redações: "Art. 2.041. As alterações procedidas nesta Lei, relativas à ordem da vocação hereditária, à concorrência sucessória, à condição de herdeiro necessário (arts. 1.829 a 1.845), bem como a todas as modificações atinentes à sucessão legítima, não se aplicam às sucessões abertas antes de sua vigência. Art. 2.041-A. As disposições deste Código relativas às formalidades testamentárias não se aplicam aos testamentos feitos antes de sua vigência, que permanecem regidos pela lei anterior, mas a capacidade testamentária passiva e a eficácia jurídica do conteúdo das disposições testamentárias obedecem à lei vigente ao tempo da abertura da sucessão". A proposta incorpora os dois princípios prevalentes do direito intertemporal sucessório. O primeiro é o de que, na sucessão legítima, incide a lei vigente na data da morte. Isso implica dizer que o Anteprojeto, se aprovado, só atingirá as sucessões abertas após a sua entrada em vigor. A requalificação sucessória do cônjuge sobrevivente, que deixa de ser herdeiro necessário, não se aplicará às sucessões já abertas, em relação às quais o supérstite manterá o direito à legítima e à concorrência sucessória. O segundo princípio é o de que, na sucessão testamentária, aplica-se, quanto às formalidades, a lei do tempo em que foi elaborado o testamento, enquanto o conteúdo das disposições testamentárias observará a lei do tempo da abertura da sucessão. Assim, a lei da data da elaboração do ato de última vontade dirá sobre os seus requisitos extrínsecos e a lei posterior incidirá sobre o conteúdo material e as causas de nulidade interna, tais como as relacionadas ao discernimento do testador, à legitimação sucessória ou à exclusão de herdeiros. Entretanto, conforme regra de transição comentada anteriormente (ver nossos comentários ao art. 2.035), se a reforma houver suprimido exigência que antes era essencial, e, na época da facção, for inobservada (*v.g.*, testamento público sem testemunhas, mas gravado em sistema de audiovisual), o ato será passível de convalidação se atender aos elementos de validade previstos na lei posterior.

Art. 2.042. Aplica-se o disposto no *caput* do art. 1.848, quando aberta a sucessão no prazo de um ano após a entrada em vigor deste Código, ainda que o testamento tenha sido feito na vigência do anterior, Lei n. 3.071, de 01.01.1916; se, no prazo, o testador não aditar o testamento para declarar a justa causa de cláusula aposta à legítima, não subsistirá a restrição.

COMENTÁRIOS DOUTRINÁRIOS: O art. 1.848, *caput*, estabelece que o testador só poderá clausular os bens da legítima com as cláusulas restritivas de inalienabilidade, incomunicabilidade e impenhorabilidade, quando houver justa causa declarada no testamento. Alguns autores consideram tais cláusulas inconstitucionais, por ofenderem o direito de propriedade e sua função social, com a ampla garantia do direito de herança (art. 5º, XXII, XXIII e XXX, da CF). Manifestamos posição diversa, pois a autonomia privada, como esteio da liberdade testamentária, também goza de idêntico amparo constitucional e deve prevalecer no confronto com o direito fundamental à herança dos herdeiros necessários. A jurisprudência, por sua vez, tem flexibilizado a rigidez da clausulação, admitindo a alienação do bem gravado para fins de cumprimento de sua função social ou atender às necessidades de subsistência do herdeiro. A nova regra impositiva da justificação das cláusulas se aplica, inclusive, aos testamentos feitos antes da entrada em vigor do CC/2002. Para esses, no entanto, trouxe o legislador *regra de conflito*, optando pela aplicação da nova lei, mesmo para os testamentos lavrados em data anterior, quando vigente o CC/1916, porém concedendo o prazo de um ano para que o testador venha a aditar o testamento, declarando a justa causa da cláusula aposta à legítima. Para as sucessões que venham a ser abertas no interstício desse prazo, valem as restrições, independentemente de justificação no testamento. Ocorrendo a abertura da sucessão após expirado o prazo de um ano, as cláusulas restritivas não justificadas serão tidas como não escritas, sem qualquer comprometimento da validade do testamento. Isso porque a exigência de justificação das cláusulas restritivas, ou melhor dizendo, a proibição de apô-las sem a devida justificação, não é pertinente à forma, mas ao conteúdo das disposições testamentárias. Trata-se de cerceamento à legítima, razão pela qual tais cláusulas só serão eficazes se permitidas pela lei do tempo da morte do testador. Acrescente-se que o testamento só produzirá efeitos após a morte do testador. Antes de verificado o passamento, conquanto existente e válido, o testamento ainda não é eficaz, não cria situação jurídica definitiva, sendo revogável *ad nutum*. E se ainda não está apto a produzir efeitos jurídicos, não há que se falar em ato jurídico perfeito, de forma que o art. 2.042 está consentâneo com os princípios e regras que informam o direito intertemporal. Por fim, cabe destacar a posição pessoal deste autor, no sentido de que só haverá necessidade de se justificar expressamente a cláusula de inalienabilidade, não se exigindo o mesmo detalhamento da justa causa – ao menos para a incomunicabilidade –, cujo animus de proteção ao herdeiro lhe é ínsito. Em outras palavras, a necessidade de uma justificação pormenorizada é privativa das cláusulas de inalienabilidade e impenhorabilidade, não atingindo a cláusula de incomunicabilidade. Isso porque a *ratio* da limitação da liberdade testamentária, com a exigência da justa causa, repousa exatamente na intangibilidade da legítima, não se admitindo que o poder de disponibilidade do herdeiro necessário sobre esses bens seja limitado, sem que haja uma boa razão para isso. Ocorre que a incomunicabilidade não configura restrição alguma à disponibilidade do bem pelo herdeiro, limitando-se a constituir norma protetiva. Não prejudica o herdeiro necessário nem desfalca ou restringe a legítima.

JURISPRUDÊNCIA COMENTADA: Se o testador faleceu antes de expirado o prazo ânuo, são válidas e eficazes as cláusulas restritivas, mesmo sem justificação, consoante já decidiu o Superior Tribunal de Justiça, vez que o testador somente não as justificou porque foi colhido "por fato jurídico – morte – que lhe impediu de cumprir imposição legal, que só a ela cabia, em prazo que ainda não se findara. O testamento é a expressão da liberdade no Direito Civil, cuja força é o testemunho mais solene e mais grave da vontade íntima do ser humano" (REsp 1.049.354, Rel. Min. Fátima Nancy Andrighi, *DJe* 08.09.2009). Todavia, ocorrendo a abertura da sucessão, após expirado o prazo de um ano, as cláusulas restritivas não justificadas serão tidas como não escritas, sem qualquer comprometimento da validade do testamento, pois desejando o autor da herança "estabelecer restrição sobre os bens que comporiam sua legítima, sendo os testamentos que elaborou lavrados ainda sob a égide do Código Civil de 1916, com a vigência do novo Código Civil, cumpria-lhe aditá-los a fim de discriminar a exigida justa causa para gravação dos quinhões com incomunicabilidade e inalienabilidade (art. 2.042 do CC), o que porém não ocorreu". Advirta-se, por fim, que a ausência de justificação "não enseja a nulidade das referidas cláusulas em sua totalidade, mas apenas a ineficácia da parte que recairia sobre a legítima" (TJDF, APC 2015.01.1.008120-5, Rel. Des. Alfeu Machado, j. 24.05.2017, *DJDFTE* 12.06.2017).

REFORMA DO CÓDIGO CIVIL: Pretende-se revogar o art. 2.042 do Código Civil. Como está sendo proposta a supressão da obrigatoriedade de justificação das cláusulas restritivas da legítima, prevista no *caput* do art. 1.848, não faria mais sentido a manutenção dessa regra de transição.

Art. 2.043. Até que por outra forma se disciplinem, continuam em vigor as disposições de natureza processual, administrativa ou penal, constantes de leis cujos preceitos de natureza civil hajam sido incorporados a este Código.

COMENTÁRIOS DOUTRINÁRIOS: O dispositivo, harmonizando-se com os princípios fundamentais do direito intertemporal, sobretudo com o disposto no § 2º do art. 2º da LINDB ("A lei nova, que estabeleça disposições gerais ou especiais a par das já existentes, não revoga nem modifica a lei anterior"), esclarece que as disposições de natureza processual, administrativa (aqui incluídas também as normas de seguridade social) ou penal, constantes de leis cujos preceitos hajam sido incorporados a este Código, continuarão em vigor, até que de outra forma venham a ser reguladas. Ou seja, o Código Civil, não obstante tenha orientado o legislador a proceder às adaptações na legislação especial, o que poderá levar, inclusive, à posterior alteração da legislação previdenciária no que tange à qualificação etária dos dependentes, ressalvou expressamente a validade dessa mesma legislação até que lei posterior venha a alterá-la. Nos termos do art. 2.043, continua vigente a legislação especial que disciplina a prescrição das dívidas da Fazenda Pública (Decreto n. 20.910/1932; Lei n. 4.597/1942). Essa questão foi controvertida nos primeiros anos de vigência do Código Civil. Questionava-se se a prescrição das ações de reparação civil contra a Fazenda Pública deveria seguir o prazo trienal previsto no Código Civil, dado o alcance geral do instituto, ou se continuaria aplicável a prescrição quinquenal estabelecida no Decreto n. 20.910/1932, para todos os direitos e ações contra a Fazenda Pública. De um lado sustentava-se que o prazo de prescrição do Código Civil alcança todas as pretensões de reparação civil indistintamente, independentemente de serem dirigidas contra pessoas físicas ou contra pessoas jurídicas de direito público ou privado. E especialmente a prescrição contra a Fazenda Pública deveria se submeter sempre ao menor prazo. Todavia, prevaleceu o entendimento de que a prescrição quinquenal estabelecida no Decreto

n. 20.910/1932 continuaria aplicável, em razão do princípio da especialidade. O que está correto, pois havendo regras específicas sobre prescrição no direito público, elas devem prevalecer, uma vez que no direito administrativo vigoram princípios informadores diversos daqueles do Direito Civil. Portanto, a prescrição trienal da pretensão de reparação civil extracontratual não repercute nas diversas leis especiais que contenham previsão de prazo diverso. Assim é que o prazo de três anos não se aplicará às ações de reparação civil decorrente de dano ao consumidor. O prazo de prescrição do CDC continua cinco anos (art. 27). Contudo, se a hipótese for de reparação civil por dano moral puro, decorrente de violação direta a direito da personalidade, a ação é imprescritível, quer tenha sido manejada contra o particular, ou contra o Estado. Com relação à aplicação no tempo das normas processuais (ou direito intertemporal processual), existem diversos sistemas (ou teorias) que procuram explicar a incidência da lei nova aos processos pendentes. Fala-se no sistema da unidade processual, segundo o qual o processo deve ser regido, do começo ao fim, por uma só lei, de forma que, proposta a ação, regê-lo-á a lei em vigor no momento da propositura e nenhuma lei superveniente atingirá o processo em curso. Há, também, o sistema das fases processuais, que preconiza ser o processo dividido em fases (postulatória, instrutória, decisória, recursal e de cumprimento de sentença) e que cada fase deve ser considerada isoladamente, regida pela lei em vigor no momento em que ela se iniciou. A lei nova editada no meio de uma fase só incide a partir da próxima fase. Finalmente, temos o sistema do isolamento dos atos processuais, que considera cada ato processual isoladamente, devendo o processo ser regido pela lei em vigor quando praticado o respectivo ato processual. Cada ato processual, pouco importando a fase em que se encontre o processo, deve obediência à lei em vigor ao tempo de sua prática. A lei nova, encontrando o processo em desenvolvimento, respeita a eficácia dos atos processuais já realizados. Desse modo, no ordenamento jurídico brasileiro, em hipótese alguma poderá a lei retroagir para alcançar ato processual já praticado, nem qualquer efeito dele decorrente. Nem a eficácia imediata pode desconfigurar os efeitos jurídicos daqueles atos processuais. Reina a unanimidade entre os doutrinadores que os atos processuais já praticados e os efeitos deles decorrentes serão sempre regidos pela lei vigente à data em que praticado o ato. Em suma, não obstante o direito intertemporal possa apontar diversos sistemas distintos para solucionar os conflitos exsurgidos da aplicação da lei processual no tempo, tanto a doutrina como a jurisprudência pátrias, de longa data, filiaram-se ao sistema dos atos isolados, proibindo a aplicação imediata da lei nova aos atos processuais já praticados. Essa orientação foi expressamente acolhida no Código de Processo Civil de 2015, cujo art. 14 estabelece: "a norma processual não retroagirá e será aplicável imediatamente aos processos em curso, respeitados os atos processuais praticados e as situações jurídicas consolidadas sob a vigência da norma revogada".

JURISPRUDÊNCIA COMENTADA: Na jurisprudência clássica e tradicional do Supremo Tribunal Federal, formada quando da entrada em vigor do CPC de 1939, é assente que "embora o novo Código de Processo Civil tenha aplicação imediata, não pode ele atingir atos pretéritos já perfeitos e acabados. Assim, tendo a ação transitado em julgamento na vivência do Código de Processo Civil anterior, a liquidação por ele se procede" (STF, RE 85.392, 1.ª Turma, *RTJ 83*/931). Consta no voto do Min. Cunha Peixoto ser "pacífico, na doutrina e jurisprudência, ter a lei processual nova aplicação imediata aos processos iniciados na vigência do diploma anterior, mas tal dogma não pode, de maneira alguma, permitir que a nova regra jurídica venha a servir para desconhecer os atos praticados na vigência da lei antiga". Pacificou-se na jurisprudência do STJ a matéria relativa à aplicabilidade da Lei n. 8.009/1990 às penhoras realizadas antes de sua vigência, como se constata pelo enunciado da Súmula n. 205 ("A Lei n. 8.009/1990 aplica-se a penhora realizada antes de sua vigência"). Os precedentes que deram origem ao enunciado sumular remontam ao início dos anos noventa. No julgamento do REsp 11.698, em 18 de fevereiro de 1992, o Tribunal, por sua 3.ª Turma, assentou que a Lei n. 8.009 tem incidência imediata, desconstituindo as penhoras já efetivadas. Logo após, ao examinar o RMS 1.036/SP, julgado em 9 de março de 1992, a 3.ª Turma ratificou o entendimento de que o imóvel residencial e os bens que o guarnecem não poderiam ser objeto de expropriação judicial, não importando que a penhora tivesse se efetuado antes ou depois da edição da norma proibitiva. Seguiram-se decisões de outras turmas do STJ, sempre no sentido de que "a circunstância de a dívida ter sido contraída anteriormente à edição da Lei n. 8.009/90, assim como de o ato constritivo também ter ocorrido de modo precedente à vigência do citado diploma legal, não afasta a impenhorabilidade" (REsp 434.856/PR, 4.ª Turma, Rel. Min. Barros Monteiro, j. 22.10.2002. Ver ainda: REsp 63.866/SP, 6.ª Turma, Rel. Min. Vicente Leal, j. 17.05.2001, *DJ* 18.06.2001, p. 198;

e REsp 156.412/MG, 1.ª Turma, Rel. Min. Milton Luiz Pereira, j. 15.02.2001, *DJ* 28.05.2001, p. 177). Os precedentes analisados, ora de forma mais profunda, ora superficialmente, incorporaram como *ratio decidendi* os postulados do direito intertemporal. Nos julgamentos que originaram a Súmula n. 205, afastou-se a tese de aplicação retroativa da lei, o que representaria violação a cláusula pétrea constitucional. Ainda que atingisse atos de constrição realizados antes de sua vigência, todos os precedentes enfatizaram que não teria havido retroatividade do ato normativo. E, para isso, o STJ se valeu da conhecida distinção entre retroatividade e eficácia imediata da lei, de modo a expungir qualquer alegação de que a invalidação das penhoras realizadas antes da vigência da Lei n. 8.009/1990 acarretaria a aplicação retroativa (e inconstitucional) da lei. A aplicação da lei nova a fatos novos, ainda que relacionados a fatos anteriores, ou mesmo a incidência da lei posterior aos efeitos atuais de fatos ocorridos na vigência da lei revogada implica apenas a eficácia imediata da lei, e não a retroatividade. A imediatidade (ou eficácia imediata) consiste, portanto, na aplicação da lei nova a situações jurídicas que já vêm do passado, criando nova regulamentação para os efeitos que se produzirem dali em diante. A eficácia imediata da lei constitui, portanto, a regra geral, aplicando-se aos efeitos dos fatos e das situações jurídicas constituídas ao tempo da lei anterior.

REFORMA DO CÓDIGO CIVIL: Pretende-se acrescentar, após o art. 2.043 do Código Civil, um novo dispositivo com a seguinte redação: "Art. 2.043-A. Para os fins do art. 66 deste Código, o instituidor ou, se for o caso, os seus sucessores, bem como o órgão estatutariamente competente ou, se for o caso, o administrador, poderão, no prazo de um ano da entrada em vigor desta Lei, dispensar o velamento do Ministério Público sobre fundações por escrito, desde que não altere a finalidade da fundação". Na linha de se ampliar a autonomia privada no âmbito das fundações de direito privado, propõe-se que o instituidor, os seus sucessores ou a própria entidade possam optar por dispensar, em documento escrito, o velamento do Ministério Público. Segundo consta do relatório apresentado pela Comissão de Juristas responsável pela elaboração do anteprojeto, "o velamento de fundações privadas pelo MP, na atualidade, não se justifica, já que (i) a receita das fundações privadas decorre, preponderantemente, de suas atividades e não de subsídios financeiros públicos; (ii) as fundações privadas estão sujeitas a mecanismos de conformidade, compliance e de auditoria externa com possibilidade de responsabilização de seus administradores tal qual em qualquer empresa privada; (iii) o MP já possui suas funções institucionais asseguradas pelo art. 129 da CF/88, que confere a ele poderes para III – promover o inquérito civil e a ação civil pública, para a proteção do patrimônio público e social, do meio ambiente e de outros interesses difusos e coletivos; (iv) na hipótese de qualquer desvirtuamento das fundações privadas em relação aos seus estatutos ou regramentos que possam interferir em seus direitos a eventuais isenções, benefícios ou imunidades fiscais ou tributárias terá o MP mecanismos para agir já constitucionalmente previstos; (v) a modernidade das relações institucionais e as evoluções legislativa e jurisprudencial que exigem, atualmente, dos administradores de instituições privadas o cumprimento de regras de conformidade e governança. Em decorrência de tudo isto pode-se compreender, sem sombra de dúvidas, que o velamento de fundações instituído pelo art. 26 do Código Civil de 1916 não mais se justifica em relação a fundações privadas que, atualmente, não detém patrimônio total ou parcial público".

Art. 2.044. Este Código entrará em vigor 1 (um) ano após a sua publicação.

COMENTÁRIOS DOUTRINÁRIOS: O Código Civil, Lei n. 10.406, de 10 de janeiro de 2002, foi sancionado e promulgado pelo Presidente Fernando Henrique Cardoso naquela data, em solenidade no Palácio do Planalto, a que tivemos a oportunidade de assistir. E foi publicado no *Diário Oficial da União*, de 11 de janeiro de 2003. Como se sabe, as leis nem sempre entram em vigor na data de sua publicação, sendo comum se reservar um determinado período de tempo entre a data da publicação e a da sua entrada em vigor, a fim de possibilitar aos governados o seu conhecimento – é a chamada *vacatio legis* ou período de vacância da lei. Em se tratando de norma da magnitude de um Código Civil com muito mais razão, fixando, então, o legislador, em um ano o seu prazo de vacância. Expirado o lapso anual, o Código entrou em vigor. Simples? Nem tanto. Para estabelecermos a data da entrada em vigor do Código Civil, devemos, obrigatoriamente, adotar como ponto de partida os comandos da Lei Complementar 95/1998, com a redação dada pela Lei Complementar 107/2001, que dispõe sobre a elaboração, a redação, a alteração e a consolidação das leis, conforme determina o parágrafo único do art. 59 da Constituição Federal. O art. 8º da aludida LC n. 95 estabelece: "Art. 8º A vigência da lei será indicada de forma expressa e de modo a contemplar prazo razoável para que dela se tenha amplo conhecimento, reservada a cláusula 'entra em vigor na data de sua publicação' para as leis de pequena repercussão. § 1º A contagem do prazo para entrada em vigor das leis que estabeleçam período de vacância far-se-á com a inclusão da data da publicação e do último dia do prazo, entrando em vigor no dia subsequente à sua consumação integral. (*Parágrafo incluído pela LC n. 107/2001.*). § 2º As leis que estabeleçam período de vacância deverão utilizar a cláusula 'esta lei entra em vigor após decorridos (o número de) dias de sua publicação oficial'. (*Parágrafo incluído pela LC n. 107/2001.*)". Ao contrário do CC/1916, que estabeleceu dia certo para o início de sua vigência (01.01.1917), e desobedecendo ao § 2º do art. 8º da Lei Complementar, acima transcrito, a determinar expressamente que as leis devem estabelecer prazo de vacância exclusivamente em dias, o Código de 2002 adotou o critério anual, prevendo, como data de sua entrada em vigor, o término do prazo de um ano após a sua publicação. Essa cláusula, em face do conflito estabelecido com a Lei Complementar referida, gerou discussões na doutrina. Em um primeiro momento várias datas foram consideradas, inclusive por este autor. Uma delas foi o dia 25 de fevereiro de 2002, partindo de uma suposta hierarquia entre lei ordinária e lei complementar. O Código Civil de 2002 é lei ordinária e mesmo posterior, não poderia revogar ou desobedecer à Lei Complementar 95/1998, que veio a lume, exatamente, para regular a forma de elaboração e redação das leis, atendendo ao comando constitucional do art. 59, parágrafo único. O Superior Tribunal de Justiça já se manifestou a favor dessa hierarquia entre lei complementar e lei ordinária, havendo decidido, em reiterados julgados, que a antinomia entre lei ordinária e lei complementar se resolve pela inconstitucionalidade da lei ordinária. Assim, por haver desobedecido ao § 2º do art. 8º da LC n. 95/1998, seria inconstitucional, portanto nula e írrita, a regra do art. 2.044, e, nessa hipótese, para suprir a lacuna, aplicar-se-ia a regra disposta no art. 1º da LINDB: "Salvo disposição contrária, a lei começa a vigorar em todo o país quarenta e cinco dias depois de oficialmente publicada". A LC n. 95/1998 (art. 8º, § 1º) afirma que a contagem do prazo para entrada em vigor das leis que estabeleçam período de vacância far-se-á com a inclusão da data da publicação e do último dia do prazo, computando-se, portanto, o *dies a quo* e o *dies ad quem*. Por esse critério, tendo sido publicado o Código Civil no dia 11 de janeiro, os 45 dias da *vacatio legis* devem ser contados a partir do mesmo dia 11 de janeiro, expirando-se, assim, no dia 24 de fevereiro de 2002. Nos termos do § 2º do art. 8º da LC n. 95/1998, as leis entram em vigor no dia subsequente ao da consumação integral do período de vacância, pelo que o Código Civil de 2002 teria começado a vigorar no dia 25 de fevereiro de 2002. A outra data discutida foi o dia 12 de janeiro de 2003. Os que defenderam essa data como a de início da vigência tomaram por base a Lei n. 810/1949, que define o ano civil como sendo o "período de doze meses contados do dia do início ao dia e mês correspondentes do ano seguinte". Ou seja, o ano civil, no caso em exame, iria de 11 de janeiro de 2002 a 11 de janeiro de 2003. E assim, aplicando o dispositivo da lei complementar que manda incluir na contagem a data da publicação e a do último dia do prazo, entrando a lei em vigor no primeiro dia subsequente, poder-se-ia concluir que o Código entrou em vigor em 12 de janeiro de 2003. Essa posição, segundo seus defensores, harmonizaria as disposições das Leis Complementares 95 e 107 com a regra prevista na Lei n. 810/1949. Entretanto, a interpretação que prevaleceu é a de que o Código entrou em vigor no dia 11 de janeiro de 2003. A LC n. 95/1998, com a redação dada pela LC n. 107/2001, estabelece, expressamente, em seu art. 8º, § 1º, acima transcrito, que "a contagem do prazo para entrada em vigor das leis que estabeleçam período de vacância far-se-á com a inclusão da data da publicação e do último dia do prazo, entrando em vigor no dia subsequente à sua consumação integral". Vê-se, portanto, que para a contagem do prazo anual inclui-se o dia 11, que foi o dia da publicação da lei, bem como o último dia do prazo. E qual foi o último dia? Se considerarmos o ano como sendo o período de 365 dias (e não se fale aqui em ano bissexto, uma vez que o ano de 2002 não o foi), temos que o período anual, iniciado a 11.01.2002, terminou no dia 10.01.2003, senão vejamos: somando 21 dias do mês de janeiro de 2002 (incluindo o dia 11.01.2002); mais 28 dias de fevereiro; mais 31 dias de março, maio, julho, agosto, outubro e dezembro; mais 30 dias de abril, junho, setembro e novembro, teremos 355 dias; para completar o período anual que é de 365 dias ficará faltando um período de 10 dias; se adicionarmos aos 355 dias transcorridos desde 11.01.2002 os 10 primeiros dias do mês de janeiro do ano subsequente (2003) teremos um período de 365 dias; assim, o período anual iniciado no dia 11.01.2002 completou-se exatamente no dia 10.01.2003. Por esse critério o novo Código Civil ano, pelo artigo 2.045 do Cód. Civil/2002" (TJSP, AC 1012079-64.2017.8.26.0562, Rel. Des. Jacob Valente, *DJESP* 10.10.2019). A jurisprudência daquele sodalício, por seu turno, é pacífica no sentido da revogação tácita do art. 12 da Lei Estadual n. 10.705/2000 pelos arts. 1.792 e 1.997 do CC, pois a base de cálculo do ITCMD é o patrimônio líquido a ser partilhado, após a dedução das dívidas e dos encargos pertencentes ao *de cujus*, não respondendo os herdeiros por encargos superiores às forças da herança (TJSP, AI 3003144-96.2021.8.26.0000, Rel. Des. Beretta da Silveira, *DJESP* 07.07.2021).

REFORMA DO CÓDIGO CIVIL: A cláusula de revogação expressa sugerida no Anteprojeto é a seguinte: "Art. [...] Revogam-se: I – a Lei nº 8.971, de 29 de dezembro de 1994; II – a Lei nº 9.278, de 10 de maio de 1996; III – a Lei nº 6.858, de 24 de novembro de 1980; IV – o Decreto-Lei nº 3.200, de 19 de abril de 1941; V – a Lei nº 11.804, de 5 de novembro de 2008; VI – a Lei nº 8.560, de 29 de dezembro de 1992; VII – os arts. 447, § 1º e incisos I, II, III e IV; 610; 639; 733; 734, §§ 1º, 2º e 3º; 760, incisos I e II e §§ 1º e 2º, todos da Lei nº 13.105, de 16 de março de 2015 (Código de Processo Civil); VIII – os arts. 69; 70; 167, inciso I, itens 1 e 12; 178, inciso V; 260 ao 265, todos da Lei nº 6.015, de 31 de dezembro de 1973; IX – o art. 19 da Lei nº 12.965, de 23 de abril de 2014; X – os arts. 181 e 182 do Decreto-Lei nº 2.848, de 7 de dezembro de 1940 (Código Penal); e XI – os arts. 4º, inciso III; 206, §§ 2º, 4º e 5º; 222; 227, parágrafo único; 228, inciso I; 232; 465; 471; 519; 546; 547, parágrafo único; 564, inciso IV; 829; 897, parágrafo único; 933; 952; 953; 954; 971, parágrafo único; 976, parágrafo único; 1.039 ao 1.051; 1.061; 1.063, § 1º; 1.091; 1.092; 1.111; 1.147, parágrafo único; 1.157; 1.158, §§ 1º e 3º; 1.338; 1.358-S, parágrafo único; 1.358-T; 1.365, parágrafo único; 1.446, parágrafo único; 1.511; 1.512; 1.513; 1.515; 1.516; 1.521, inciso V; 1.523; 1.524; 1.534; 1.537; 1.538; 1.541, § 3º; 1.550, incisos I, V e VI e § 1º; 1.551 ao 1.554; 1.556 ao 1.558; 1.560, inciso II e §§ 1º e 2º; 1.564; 1.572 ao 1.576; 1.578; 1.580; 1.591 ao 1.595; 1.597, incisos I ao V; 1.598; 1.599 ao 1.602; 1.604; 1.605, incisos I e II; 1.607; 1.608; 1.611; 1.612; 1.617; 1.636, parágrafo único; 1.641; 1.647, inciso II; 1.653; 1.656; 1.657; 1.659, incisos VI e VII; 1.668, inciso IV; 1.672 ao 1.686; 1.703; 1.705 ao 1.707; 1.711 ao 1.727; 1.731, incisos I e II; 1.734; 1.735, incisos IV a VI; 1.736, incisos I a VII; 1.737 ao 1.739; 1.740, incisos II e III; 1.744; 1.752, § 1º; 1.765; 1.779, parágrafo único; 1.783-A, §§ 4º ao 11; 1.790; 1.801, inciso III; 1.803; 1.837; 1.870; 1.886 ao 1.896; 1.909; 1.962, inciso IV; 1.963, inciso III; 1.974; e 2.042, todos da Lei nº 10.406, de 10 de janeiro de 2002 (Código Civil). Parágrafo único. Ficam suprimidos todos os agrupamentos de artigos do Livro IV da Parte Especial da Lei nº 10.406, de 10 de janeiro de 2002 (Código Civil), existentes até a vigência desta Lei, sejam Títulos, Subtítulos, Capítulos ou Seções, passando o referido Livro IV a vigorar com os agrupamentos constantes do art. 1º desta Lei". Sobre a revogação dos artigos deste Código, ver as justificativas nos respectivos comentários. A revogação expressa sugerida pela Comissão de Juristas supre omissão do CC/2002 em relação à expressa ab-rogação de diversos dispositivos já considerados tacitamente revogados, ao mesmo tempo que revoga dispositivos deste Código e de outros diplomas que entram em confronto com as propostas apresentadas.

Art. 2.046. Todas as remissões, em diplomas legislativos, aos Códigos referidos no artigo antecedente, consideram-se feitas às disposições correspondentes deste Código.

COMENTÁRIOS DOUTRINÁRIOS: O dispositivo versa sobre as chamadas "remissões legislativas" e não oferece qualquer dificuldade de interpretação. Quaisquer referências que outras leis façam ao Código Civil de 1916 ou aos artigos revogados do Código Comercial de 1850 consideram-se como se feitas às disposições correspondentes deste Código.